D1388045

le ROBERT *quotidien*

le ROBERT *quotidien*

Dictionnaires LE ROBERT

27, rue de la Glacière, 75013 PARIS.

ISBN 2-85036-298-0

direction éditoriale DICTIONNAIRES LE ROBERT :
MICHEL LEGRAIN vice-président directeur général

conception et direction de la rédaction
JOSETTE REY-DEBOVE

assistée de
MARIE-HÉLÈNE DRIVAUD

rédaction Christine de Bellefonds - Marie-Hélène Drivaud - Laurence Laporte Béatrice Lebeau-Bensa - avec le concours de Françoise Gérardin - Dominique Lopin

spécialités Aliette Lucot-Sarir (phonétique, homonymes) - Béatrice Lebeau-Bensa (graphies, variantes)

documentation informatisée Laurent Catach - Émilie Barao - Annick Dehais - Laurent Nicolas

informatique éditoriale Karol Goskrzynski - Kamal Loudiyi - Monique Hébrard - Sylvette Robson Chantal Combes - Lydia Vigné - Catherine Valat - coordination : Dominique Lopin

correction Élisabeth Huault - Michel Heron Nadine Lefort - Anne-Marie Lentaigne Françoise Maréchal - Brigitte Orcel - Méryem Puill-Châtillon - Muriel Zarka-Richard

conception technique et maquette Gonzague Raynaud
couverture Caumon

AVANT-PROPOS

Le *Robert Quotidien* est un dictionnaire complet, précis, pratique, conçu pour tous les besoins d'information sur le français écrit et oral. Il offre au lecteur une initiation constamment renouvelée au plaisir de s'exprimer et de communiquer efficacement dans le respect du bon usage.

LA NOMENCLATURE

Le *Robert Quotidien* a une vaste nomenclature de 50 000 mots, qui donnent matière à la description d'environ 150 000 sens. Ces mots représentent le vocabulaire nécessaire à un adulte pour comprendre ce qui se dit actuellement et accéder ainsi aux connaissances de son époque. Connaissance de la société française et de la francophonie par des mots culturels, qu'ils soient didactiques, d'un emploi courant ou d'un emploi familier ; connaissance de l'état des sciences et des techniques par le vocabulaire de la recherche la plus avancée.

De nombreux **mots récents** apparaissent dans cet ouvrage, tels *accidentologie, alzheimer, canyonning, cloper, cofinancer, contactologie, contaminant, covoiturage, deltiste, docudrame, euro, fatwa, filovirus, karaoké, non-respect, papy-boom, photocopillage, pit-bull, polémopsychologie, qualiticien, sondagier, subventionnite, tégéviste, vététiste, vidéosurveillance,* et bien d'autres.

Un supplément de vocabulaire est présenté en annexes (pp. 2079 à 2102) avec les **dérivés de noms propres** de personnes ou de lieux, accessibles dans les deux directions : à partir du nom propre (**Saint-Étienne**, Stéphanois) ou à partir du dérivé (**Bellifontain, aine**, Fontainebleau).

LES INFORMATIONS SUR LES MOTS

Le programme du *Robert Quotidien* est un programme d'information complet sur le mot.
Pour la **signification**, il offre des définitions, une organisation des sens (polysémie), la mention des synonymes et des contraires. L'ordre des sens est un ordre historique qui permet de comprendre l'évolution du mot.
Les **nuances d'emploi** sont signalées tant pour le contenu (péjoratif, injurieux, par exagération, etc.) que pour le niveau de langue (didactique, scientifique, familier, vulgaire, négligé, etc.).
Pour la **prononciation**, il note en alphabet phonétique tous les mots qui ne se prononcent pas comme on l'attendrait. Les règles usuelles de prononciation sont regroupées sous le nom de la lettre. Ainsi l'article consacré à la lettre **G** répertorie tous ses emplois : *g, gg, ge; gu* (trois prononciations), *gn* (deux prononciations).
Tous les **homonymes** sont signalés ; pour les verbes, on a même envisagé des formes conjuguées (*plu* de *pleuvoir*, et *plu* de *plaire*).
En ce qui concerne les **variantes** également acceptables d'un mot, elles sont données tantôt pour la prononciation (double notation phonétique), tantôt pour la graphie (variantes graphiques).

La **conjugaison** des verbes ne laisse jamais le lecteur dans le doute : chaque verbe porte un numéro qui renvoie en fin d'ouvrage (pp. 2103 à 2181) à un type donnant la conjugaison complète avec mention des formes au féminin. Certaines formes conjuguées sont accompagnées d'une prononciation. Des remarques en bas de page complètent l'information. L'ensemble des verbes du dictionnaire se trouve regroupé en 61 types, classification qui, à la différence des trois groupes traditionnels, rend compte de toutes les irrégularités, et notamment celles des verbes en *-er*. On a pris soin aussi, dans le courant des articles, de donner des exemples concernant l'accord du participe passé, information qui n'a pas sa place dans des tableaux de conjugaison.
L'**étymologie** proprement dite a été distinguée du mot formé en français dont on reconnaît les éléments. Il est inutile d'expliquer la formation de *accordéoniste*, alors que pour *accordéon* il faut informer le lecteur (all. *Akkordion* avec infl. de *orphéon*). En ce qui concerne les étymologies grecques et latines, on a présenté l'étymon dont l'information est la plus générale et la plus éclairante (*anonyme* : gr. *onoma* « nom ») plutôt que le mot dont le français est immédiatement issu (lat. *anonymus*). Lorsque la forme du mot grec ou latin est très voisine de celle du mot français, on s'est contenté d'indiquer la langue (*arbitre* : lat.). Par ailleurs, dans les cas où il y aurait un doute pour le lecteur sur la formation d'un mot en français, ce doute est levé dans la rubrique étymologique, ou par la reprise du mot étymon dans la définition : *accroc*, Déchirure faite par ce qui accroche (où l'on voit que l'étymon est *accrocher* et non *croc*, par exemple).
La **datation** des mots est rendue aisément accessible de deux façons. Considérant que l'identité d'un mot persiste à travers l'histoire en dépit des changements de forme ou de sens, on n'a pas fait le détail de ces formes et de ces sens dans l'étymologie ; la date a donc une valeur globale d'apparition du mot (le verbe *approcher* s'est d'abord écrit *aprocier*, puis *aprochier*, et on a retenu la date de 1080 qui correspond à la forme *aprocier*). D'autre part, il nous a paru suffisant de réduire la date au siècle pour les époques passées (*architecte* XIVe s. ; *attirer* XVIe s.). Le détail des années n'est donné que pour le XXe siècle qui correspond à l'expérience personnelle des usagers du français (*décongeler* 1907; *couscoussier* 1961 ; *abribus* 1974 ; *nobélisé* 1984). Il arrive que d'autres informations étymologiques très précises soient signalées dans les remarques (voir ci-dessous), lorsqu'elles sont utiles ou curieuses.

LES EXEMPLES ET LES CITATIONS

Les **exemples** sont destinés à montrer comment un mot, avec son sens, s'emploie dans une phrase ou une expression. Ce sont toujours des énoncés attendus et naturels, qui s'imposent comme particulièrement représentatifs. En cela, ils s'apparentent aux lieux communs d'une époque et de l'état social qu'elle manifeste.
Les **citations** sont des phrases d'écrivains qui ont employé le mot que l'on consulte ; elles ont plus de liberté, un contenu plus fort, et une qualité littéraire propre à servir de modèle. Les plus grands écrivains du XVIIe s. à nos jours ont été sélectionnés. Ainsi, les 25 000 citations du dictionnaire forment une **anthologie littéraire** qui répond à des besoins culturels, dans une société où la lecture est en régression. Les citations du *Robert Quotidien* sont pour la plupart originales, car le choix de phrases d'auteurs fourni par la documentation informatisée est chaque jour plus considérable ; les écrivains les plus cités sont, dans l'ordre, Gide, Balzac, Flaubert, Hugo, Proust, Jules Verne et Rousseau.

6 000 REMARQUES

L'originalité notable du *Robert Quotidien* parmi les dictionnaires de langue, c'est un apport nouveau d'informations sur l'ensemble du lexique. Le temps est révolu où des puristes cultivés dictaient leur loi sans disposer de données très nombreuses sur l'usage réel. La référence à l'usage d'une époque antérieure a peu de valeur, dans la mesure où la langue évolue chaque jour sans pour autant dégénérer autant qu'on le dit. Ce qu'il nous faut, ce sont des « **règles de lexique** », comme il existe des règles de grammaire. Nous avons pris le parti de reconstituer ces règles qui mettent de l'ordre dans les mots en les étudiant sous toutes leurs faces ; chaque mot qui présente une particularité ou

une difficulté commune avec d'autres mots se trouve impliqué dans un **réseau connecté à un mot-clé**. Il ne s'agit donc pas d'un « dictionnaire de difficultés » répertoriant des problèmes ponctuels (et souvent dépassés), mais d'éclaircissements sur le lexique qui aident la mémoire par des regroupements significatifs.
Certes il y a de vraies **exceptions** et de vraies particularités, et elles sont signalées ; ainsi, par exemple, *Méditerranéen*

❑ Se rappeler, pour la graphie, que le radical est *terre*.

– *Médiumnique* : pourquoi ce *n* inutile alors que *médiumique* est normal ?

❑ Le *n* semble dû à l'anglais qui dit *mediumnistic* (1868).

Mais l'intéressant est de **comparer**, de **rapprocher**, de **distinguer** : Pourquoi *mausolée* n. m. a-t-il un suffixe féminin ?

❑ La finale en *-ée* de certains noms masculins est d'origine grecque (*gynécée, lycée, musée, pygmée, scarabée, trophée*).

– Quand emploie-t-on *pipeline*, pourquoi ce mot anglais ?

❑ L'emploi de mots comme *gazoduc, lactoduc, oléoduc, propanoduc* apporte plus de précision et évite l'anglicisme → -duc (rem.).

– Quel est ce *levis* de *pont-levis* ?

❑ *Levis* n'existe plus seul. Il est construit comme *semis, hachis, frottis, devis*.

– Quelle famille pour le mot *prison* ?

❑ La *prison* succède à la *prise*, d'où la nécessité de ne pas *se faire prendre*. Même famille étym. que *appréhender* ♦ Autre famille savante → *carcéral, incarcérer*.

– Problème de grammaire lexicale, à *quoi*

❑ Ne pas confondre *quoi que* avec *quoique* ♦ Ne pas confondre *pourquoi* avec *pour quoi* → pourquoi (rem.).

On ne peut illustrer ici la variété de ces remarques ; les lire tout à loisir et se reporter d'un mot à un autre peut être une source de libre enrichissement. Nous avons souhaité rendre au lecteur le vif intérêt qu'il a naturellement pour la langue et que quelques-uns voudraient limiter à l'orthographe anecdotique qui est génératrice d'arbitraire et de désarroi.

La langue française se porte bien, elle vit une époque de créativité et de richesse lexicale due à une plus grande liberté d'emploi qui la préserve des emprunts étrangers trop massifs. Mais chacun de nous est partie prenante dans cette somme de discours et d'échanges sociaux. C'est une des ambitions du *Robert Quotidien* de faire connaître au lecteur que son rôle n'est pas de subir mais de choisir, et qu'il peut argumenter ses choix en faveur d'une langue plus claire, plus précise, plus logique et plus élégante.

Josette Rey-Debove

TRANSCRIPTION PHONÉTIQUE

Alphabet phonétique et valeur des signes

VOYELLES

[i] **i**l, ép**i**, l**y**re

[e] bl**é**, all**er**, ch**ez**, **é**p**ée**

[ɛ] l**ai**t, m**e**rci, f**ê**te

[a] **a**mi, p**a**tte

[ɑ] p**as**, p**â**te

[ɔ] f**o**rt, d**o**nner, s**o**l

[o] m**o**t, d**ô**me, **eau**, s**au**le, z**o**ne

[u] gen**ou**, r**ou**e

[y] r**u**e, v**ê**t**u**

[ø] p**eu**, d**eu**x

[œ] p**eu**r, m**eu**ble

[ə] pr**e**mier

[ɛ̃] br**in**, pl**ein**, b**ain**, th**ym**

[ɑ̃] s**an**s, v**en**t

[ɔ̃] t**on**, **om**bre, b**on**té

[œ̃] l**un**di, br**un**, parf**um**

SEMI-CONSONNES

[j] **y**eux, pa**ill**e, p**i**ed, pan**i**er

[w] **ou**i, f**ou**et, j**ou**a (et j**oi**e)

[ɥ] h**u**ile, l**u**i

CONSONNES

[p] **p**ère, sou**p**e

[t] **t**erre, vi**t**e

[k] **c**ou, **qu**i, sa**c**, **k**épi

[b] **b**on, ro**b**e

[d] **d**ans, ai**d**e

[g] **g**are, ba**gu**e, **gu**i

[f] **f**eu, neu**f**, **ph**oto

[s] **s**ale, **c**elui, **ç**a, de**ss**ous, ta**ss**e, mi**ss**, na**t**ion

[ʃ] **ch**at, ta**ch**e, **sch**éma, **sh**ort

[v] **v**ous, rê**v**e

[z] **z**éro, mai**s**on, ro**s**e

[ʒ] **j**e, **g**ilet, **ge**ôle

[l] **l**ent, so**l**, va**ll**ée

[ʀ] **r**ue, veni**r**

[m] **m**ot, fla**mm**e

[n] **n**ous, to**nn**e, a**n**imal

[ɲ] a**gn**eau, vi**gn**e

---

[h] **h**op ! (exclamatif)

[ŋ] mots empr. anglais, campi**ng**

[x] mots empr. espagnol, **j**ota ; arabe, **kh**amsin, etc.

REM. 1. La distinction entre [ɑ] et [a] tend à disparaître au profit d'une voyelle centrale intermédiaire (nous avons choisi de la noter [a]).
2. La distinction entre [ɛ̃] et [œ̃] tend à disparaître au profit de [ɛ̃].
3. Le [ə] note une voyelle inaccentuée *(premier)* ou caduque *(petit)*, proche dans sa prononciation de [œ] *(peur)*, qui a tendance à se fermer en syllabe ouverte (*le* dans *fais-le*).
4. Le [x], son étranger au système français, est parfois remplacé par [ʀ].
5. Un mot qui se prononce sans liaison et sans élision est précédé du signe * (*haricot).

TABLEAU DES TERMES, SIGNES CONVENTIONNELS ET ABRÉVIATIONS DU DICTIONNAIRE

I, II...	numéros généraux correspondant à un regroupement de sens apparentés ou de formes semblables
A, B...	subdivisions de **I, II,** dans les grands articles
1, 2...	numéros correspondant à un sens, et éventuellement à un emploi ou un type d'emploi (parfois regroupés sous **I, II**)
▪	sert à introduire les articles sans subdivisions
♦	signe de subdivision qui sépare les nuances de sens ou d'emploi à l'intérieur d'un sens (**1, 2,** etc.), suivi ou non d'une nouvelle définition
◆	sépare les nuances déterminées par le contexte; les emplois ou expressions à l'intérieur d'un même sens
✪	annonce une rubrique finale (contraires, homonymes)
❑	dans un encadré, sert à introduire le texte de l'explication
①, ②	avant une entrée, signale qu'il s'agit d'une forme homographe d'une autre (ex. ① **poster,** ② **poster**); ce numéro est rappelé dans les renvois et dans les contraires (ex. ⇒ ① **poster**)
1	donne le numéro de conjugaison des verbes, qui renvoie aux tableaux en annexe (→ pp. 2103 à 2181)
*	placé avant un mot, signale que l'élision et la liaison sont impossibles avant ce mot
*	placé après un mot, signifie qu'on y trouvera une explication
°	placé avant un mot, signifie qu'il s'agit d'une forme non attestée
⇒	suivi d'un mot en gras, présente un mot qui a un grand rapport de sens : 1° avec le mot traité; 2° avec l'exemple qui précède
→	dans les étymologies, présente un terme apparenté; à la nomenclature, renvoie d'une forme (souvent variante graphique) à une entrée; dans les encadrés, renvoie à un mot (à ce mot ou à l'encadré qu'il comporte)
[ ]	contient la prononciation en alphabet phonétique (voir page ci-contre) d'un mot qui ne se prononce pas selon les règles générales de la correspondance entre l'écriture et la prononciation
a.	ancien devant un nom de langue (a. fr. : ancien français)
abrév.	abréviation
absolt	absolument (en construction absolue : sans le complément attendu)
abusivt	abusivement (emploi très critiquable)
accus.	accusatif
adapt.	adapté, adaptation (d'une forme étrangère adaptée en français)
adj.	adjectif (**loc. adj.** : locution adjective)
adjt	adjectivement (emploi en valeur d'adjectif d'un mot qui ne l'est pas normalement)
adv.	adverbe; adverbial
advt	adverbialement (emploi comme adverbe d'un mot qui ne l'est pas normalement)
algér.	arabe d'Algérie
all.	allemand
allus.	allusion
altér.	altération (modification anormale d'une forme ancienne ou étrangère)
amér.	américain (adj.)
amérind.	amérindien
anc.	ancien
anciennt	anciennement : présente un mot ou un sens vivant qui désigne une chose du passé disparue. Ne pas confondre avec vx (vieux), ni avec hist.
angl.	anglais (britannique ou américain)
anglic.	anglicisme : mot anglais, de quelque provenance qu'il soit, employé en français et critiqué comme emprunt abusif ou inutile (les mots anglais employés depuis longtemps et normalement en français ne sont pas précédés de cette marque)
antiphr.	(par) antiphrase ; en exprimant par ironie l'opposé de ce qu'on veut dire
appell.	appellation
appos.	apposition (par appos. : par apposition). Se dit d'un nom qui en suit un autre et le détermine, sans mot grammatical entre eux
apr.	après
ar.	arabe
arg.	mot d'argot, emploi argotique limité à un milieu particulier, surtout professionnel (arg. scol. : argot scolaire), mais inconnu du grand public; arg. fam. : mot d'argot passé dans le langage familier; argotique. Ne pas confondre avec fam. et pop.
art.	article (**art. déf.** : article défini)
at.	atomique (n° at., m. at. : numéro, masse atomique)
attract.	attraction

augment. augmentatif

auj. aujourd'hui

auxil. auxiliaire

av. avant (av. 1970 : au plus tard en 1970)

bibl. biblique

blas. terme de blason

bot. botaniste

bret. breton

byzant. byzantin (gr. byzant. : grec byzantin, grec tardif parlé à Byzance)

c.-à-d. c'est-à-dire

card. cardinal (**adj. numér. card.** : adjectif numéral cardinal)

celt. celtique

cf. confer, comparez : sert à présenter un mot de sens différent, mais comparable ; une expression, une locution de même sens (en cas d'ambiguïté, le mot où l'on trouvera des informations est indiqué par *) ; une expression, un terme de formation semblable, dans les étymologies

changt changement

chim. chimiste

chin. chinois

(choses) présente un sens, un emploi où le mot (adjectif, verbe) ne peut s'employer qu'avec des noms de choses (s'oppose à êtres vivants ou personnes)

civ. civil

collect. collectif : présente un mot employé au singulier pour désigner un ensemble, une pluralité

compar. 1° comparaison (par compar. : par comparaison avec ce qui précède, lorsque cette comparaison est explicite [emploi de *comme, tel*]) ;
2° comparatif

compl. complément

comp. composé (temps comp. : temps composés)

condit. conditionnel

confus. confusion (par confus. : par confusion)

conj. 1° conjonction ;
2° conjonctif (**loc. conj.** : locution conjonctive)

conjug. conjugaison

contr. contraire

cour. courant : insiste sur le fait qu'un sens, un emploi est connu et employé de tous, quand le mot est d'apparence savante ou quand les autres sens sont techniques, savants, etc.

crois. croisement

d. date (d. i. : date inconnue, incertaine)

d'ab. d'abord

d'apr. d'après (tel mot) : en imitant la forme de ce mot, par son influence

déb. début (déb. XXe : au début du XXe siècle)

déf. défini (**art. déf.** : article défini)

déform. déformation. → altér.

dém. démonstratif

dér. dérivé

déterm. 1° déterminatif ;
2° déterminant

dial. 1° dialecte ;
2° dialectal : qualifie un mot ou un emploi provenant d'un dialecte, d'un patois, qui n'est pas employé comme un mot du français général et n'appartient pas à l'usage bourgeois, urbain (à la différence de régional)

didact. didactique : mot ou emploi qui n'existe que dans la langue savante (ouvrages pédagogiques, etc.) et non dans la langue parlée ordinaire. — Les mots didactiques sont présentés par didact., sc. (sciences)

dimin. diminutif

dir. direct (**tr. dir.** : transitif direct)

dr. terme de la langue du droit

égypt. égyptien ancien (langue)

ellipt elliptiquement : présente une expression où un terme attendu n'est pas exprimé

emphat. emphatique

empr. emprunt, emprunté à (telle langue)

env. environ

équiv. équivalent

esp. espagnol

étym. étymologie ; étymologique

euphém. euphémisme

évang. évangélique

ex. exemple

exagér. exagération (par exagér. : par exagération, présente un sens, une expression emphatique)

exclam. exclamation ; exclamatif, en interjection

expr. expression

ext. extension (par ext. : par extension, présente un sens plus large ; s'applique à de plus nombreux objets (s'oppose à spécialt)

f. 1° forme ;
2° féminin (**n. f.** : nom féminin)

fam. familier (mot au sens qui se rencontre dans l'usage parlé et même écrit de la langue quotidienne mais qui ne s'emploie pas dans une situation plus officielle ; concerne la situation de discours et non l'appartenance sociale, à la différence de pop.)

fém. féminin (au fém. : au féminin)

fig. figuré : sens issu d'une image (valeur abstraite correspondant à un sens concret)

flam. flamand

fr., franç. français (a. fr. : ancien français)

francis. francisation (d'un mot étranger)

fréquent. fréquentatif

frq. francique (langue)

fut. futur

gasc. gascon

gaul. gaulois

génér. général

généralt généralement, le plus souvent

germ. germanique

got. gotique

gr. grec (employé seul : grec ancien ; gr. byzant. : grec byzantin

hébr. hébreu

hispano-amér. hispano-américain (espagnol d'Amérique)

hist. historique (allus. hist. : allusion historique)

holl. hollandais.→ néerl.

hom. homonyme : présente la ou les formes ayant la même prononciation que le mot traité (parfois à la suite de la disparition possible d'une opposition de sons chez certains locuteurs)

hongr. hongrois

i. inconnu ou très incertain

ibid. ibidem (dans le même livre)

id. idem

imp. imparfait (temps du verbe)

impér. impératif (mode du verbe)

impers. impersonnel (**v. impers.** : verbe impersonnel) ; impersonnellement (emploi impersonnel d'un verbe personnel)

ind. indirect (**v. tr. ind.** : verbe transitif indirect, dont l'objet est introduit par une préposition)

indéf. indéfini

indic. indicatif (mode du verbe)

inf. infinitif

infl. influence (d'une forme ou d'un sens)

interj. interjection

interm. intermédiaire (par l'interm. : par l'intermédiaire [d'une langue qui a véhiculé le mot])

interrog. interrogation ; interrogatif

intr. intransitif (**v. intr.** : verbe intransitif, qui n'a jamais de complément d'objet dans le sens envisagé [ne pas confondre avec absolt])

intrans. intransitivement (passage d'un transitif à un emploi intransitif)

introd. introduisant (telle forme, tel mot)

inus. inusité : emploi qui est extrêmement rare, ou non attesté hors des dictionnaires

inv., invar. invariable

irland. irlandais

iron. ironique, ironiquement, pour se moquer (souvent par antiphrase)

irrég. irrégulier

island. islandais

it. italien

jap. japonais

lang. langage

langued. languedocien

lat. latin, langue latine (sans distinction d'époque ni de fonction : latin classique, latin impérial, bas latin, latin chrétien, latin médiéval, latin populaire, latin ecclésiastique, latin scientifique).

ling. terme de linguistique

littér. littéraire : désigne un mot qui s'emploie surtout dans la langue écrite élégante. Ce mot a généralement des synonymes d'emploi plus courant

littéralt littéralement, mot pour mot

loc. locution (groupe de mots formant une unité et ne pouvant pas être modifié à volonté ; certaines ont la valeur d'un mot grammatical) ; **loc. adv.** : locution adverbiale, à valeur d'adverbe ; **loc. conj.** : locution conjonctive, à valeur de conjonction ; **loc. prép.** : locution prépositive, à valeur de préposition ; **loc. adj.** : locution adjective, à valeur d'adjectif. — loc. fig. : locution(s) figurée(s) ; loc. fam. : expression familière ; loc. prov. : locution proverbiale

m., masc. 1° masculin (**n. m.** : nom masculin ; **adj. m.** : adjectif masculin ; **au masc.** : au masculin). Le nom masculin s'emploie aussi à propos d'une femme si le mot est défini par Personne qui... Autrement, la définition commence par Celui qui... ;
2° masse (m. at. : masse atomique)

masc. → m.

mérid. méridional, du Midi de la France

métaph. métaphore (par métaph. : par métaphore, comparaison implicite intermédiaire entre le propre et le figuré); métaphorique.

méton. (par) métonymie : introduit un emploi issu d'un autre emploi par cette figure

mil. milieu (devant un siècle; mil. XXe : mot apparu en français au milieu du XXe siècle, vers 1950)

milit. terme du langage militaire; militaire (adj.)

mod. moderne (insiste sur le fait qu'un sens, un emploi est d'usage actuel, quand le sens précédent ou les emplois voisins sont vieux, abandonnés)

moy. moyen (moy. fr. : moyen français, milieu XIVe à début XVIIe s.)

myth. mythologie; mythologique

n. nom (**n. m.** : nom masculin; **n. f.** : nom féminin; **n. m.** ou **f.** : nom dont le genre est fluctuant; **n. m.** et **f.** : nom pour lequel un sens correspond à un genre; **n.** : nom qui a la même forme pour les deux genres [épicène; ex. élève] ou nom avec accord morphologique [ex. chanteur, euse]; **n. m. pl.** : nom masculin pluriel; n. pr. : nom propre)

n° numéro (n° at. : numéro atomique)

néerl. néerlandais. → holl.

nord. nordique

norm. normand (langue)

norv. norvégien (langue)

numér. numéral

o. origine ou étymologie (d'o. gr. : d'origine grecque; o. i. : origine inconnue ou très incertaine)

obsc. obscur

occid. occidental

offic. officiel (recomm. offic. : recommandation officielle)

onomat. onomatopée ou formation expressive; onomatopéique

oppos. opposition (par oppos. : par opposition à)

ord. ordinal (adj. numér. ord. : adjectif numéral ordinal)

orig. origine (→ o.)

p. 1° passé (**p. compos.** : passé composé); 2° participe (**p. prés.** : participe présent; **p. p.** : participe passé)

particult particulièrement : concernant telle situation, tel objet particuliers. (Ne pas confondre avec spécialt, qui concerne le sens et non pas ce dont on parle)

partit. partitif

pass. passif (voix du verbe)

p.-ê. peut-être

péj. péjoratif; péjorativement (employé avec mépris, en mauvaise part, sans que le sens l'indique expressément)

pers. 1° personne (1re pers. du prés. : 1re personne du présent); 2° personnel (**pron. pers.** : pronom personnel)

(personnes) présente un sens, un emploi où le mot (adjectif, verbe) ne peut s'employer qu'avec des noms de personnes (s'oppose à choses)

péruv. péruvien

piémont. piémontais (langue)

pl., plur. pluriel (**n. m. pl.** : nom masculin pluriel; au plur. : au pluriel)

plais. plaisanterie (par plais.), plaisant : emploi qui vise à être drôle, à amuser, mais sans ironie

plur. → pl.

poét. mot de la langue littéraire (→ littér.) utilisé seulement en poésie

pop. populaire : qualifie un mot ou un sens courant dans la langue parlée des milieux populaires (souvent argot ancien répandu), qui ne s'emploierait pas dans un milieu social élevé. (À distinguer de fam., qui concerne une situation de communication)

port. portugais

poss. possessif (**adj. poss.** : adjectif possessif)

pr. propre (n. pr. : nom propre; au pr. : au sens propre [opposé à au figuré])

préf. préfixe

prélat. prélatin

prép. préposition; prépositif (**loc. prép.** : locution prépositive)

prés. présent (temps du verbe); **p. prés.** : participe présent

prob. probable

probablt probablement

pron. 1° pronom (**pron. pers.** : pronom personnel; **pron. dém.** : pronom démonstratif; **pron. rel.** : pronom relatif); 2° pronominal (**v. pron.** : verbe pronominal)

pronom. pronominalement (emploi pronominal isolé d'un verbe)

prononc. prononciation

propos. proposition

proprt proprement : désigne le sens premier d'un mot d'où est issu un mot français quand c'est dans un autre sens qu'il a été pris

prov. proverbial

provenç. provençal (a. provenç. : ancien provençal)

qqch. quelque chose

qqn quelqu'un

rac. racine

rad. radical

rare mot qui, dans son usage particulier (il peut être didactique, technique, etc.), n'est employé qu'exceptionnellement

récipr. réciproque (**v. pron. récipr.** : verbe pronominal réciproque)

recomm. recommandation (recomm. offic. : recommandation officielle, termes et expressions approuvés ou recommandés par arrêté ministériel, en application des décrets relatifs à l'enrichissement de la langue française)

redoublt redoublement

réfect. réfection (modification d'une forme plus ancienne, sous l'influence d'une forme du latin classique, etc.)

réfl. réfléchi (**v. pron. réfl.** : verbe pronominal réfléchi)

région. régional (mot ou emploi particulier au français parlé dans une ou plusieurs régions [France, pays francophones], mais qui n'est pas d'usage général ou qui est senti comme propre à une région). À distinguer de dial.

rel. relatif (**pron. rel.** : pronom relatif)

rem. remarque

rhét. terme de rhétorique

rom. romain (dr. rom. : droit romain)

roum. roumain

s. siècle (dans les datations, n'est pas mentionné : XVIe = XVIe siècle)

sanskr. sanskrit

sav savant (mot, dér. sav. : mot, dérivé savant, formé d'éléments grecs ou latins)

sc. terme de sciences

scand. scandinave

scol. scolaire (arg. scol. : argot scolaire)

seult seulement

sing. singulier

spécialt spécialement : dans un sens plus étroit, moins étendu, s'oppose à par ext. Ne pas confondre avec particult

subj. subjonctif (mode du verbe)

subordin. subordination

subst. substantif, substantivé (emploi comme nom de toute autre partie du discours)

substant. substantivement ; substantivation

suéd. suédois

suff. suffixe

superl. superlatif

syll. syllabe

symb. symbole (d'une unité de mesure, etc.)

syn. synonyme

t. terme (t. d'affection : terme d'affection)

tr. transitif (**v. tr.** : verbe transitif, qui a un complément d'objet [exprimé ou non] ; **tr. dir.** : transitif direct [→ dir.] ; **tr. ind.** : transitif indirect [→ ind.])

trad. traduction (de telle langue ; de tel auteur)

trans. transitivement (présente un emploi exceptionnellement transitif d'un verbe intransitif)

v. 1° verbe (**v. intr.** ; **v. tr** ; **v. pron.** ; **v. impers.**) ; 2° vers (devant une date)

var. variante

verb. verbal (loc. verb. : locution verbale)

vieilli mot, sens ou expression encore compréhensible de nos jours, mais qui ne s'emploie plus naturellement dans la langue parlée courante

voc. vocabulaire

vulg. vulgaire : mot, sens ou emploi choquant, le plus souvent lié à la sexualité et à la violence, qu'on ne peut employer dans un discours soucieux de courtoisie, quelle que soit l'origine sociale

vx vieux (mot, sens ou emploi de l'ancienne langue, incompréhensible ou peu compréhensible de nos jours et jamais employé, sauf par effet de style : archaïsme) Ne pas confondre avec ancienn.

LISTE DES AUTEURS CITÉS

Abellio Raymond ABELLIO 1907-1986 ▪ Écrivain.

ACAD. *Dictionnaire de l'Académie française.*

Adamov Arthur ADAMOV 1908-1970 ▪ Auteur dramatique.

É. Ajar ÉMILE AJAR, pseudonyme utilisé par Romain Gary*.

Alain Émile-Auguste CHARTIER, dit ALAIN 1868-1951 ▪ Philosophe et essayiste.

Alain-Fourn. Henri Alban FOURNIER, dit ALAIN-FOURNIER 1886-1914 ▪ Romancier.

d'Alemb. Jean Le Rond D'ALEMBERT 1717-1783 ▪ Philosophe, écrivain, mathématicien et encyclopédiste.

Allais Alphonse ALLAIS 1854-1905 ▪ Écrivain et humoriste.

Anouilh Jean ANOUILH 1910-1987 ▪ Auteur dramatique.

Apoll. Guillaume APOLLINAIRE 1880-1918 ▪ Poète.

Aragon Louis ARAGON 1897-1982 ▪ Poète et écrivain.

Arland Marcel ARLAND 1899-1986 ▪ Écrivain.

Arnothy Christine ARNOTHY 1930 ▪ Écrivain et journaliste.

Artaud Antonin ARTAUD 1896-1948 ▪ Écrivain et théoricien de théâtre.

M. Aubert Marcel AUBERT 1884-1962 ▪ Archéologue et historien d'art.

Aubigné Agrippa D'AUBIGNÉ 1552-1630 ▪ Écrivain et poète.

Aymé MARCEL AYMÉ 1902-1967 ▪ Écrivain.

Bachelard Gaston BACHELARD 1884-1962 ▪ Philosophe.

Bainville Jacques BAINVILLE 1879-1936 ▪ Historien.

Balz. Honoré de BALZAC 1799-1850 ▪ Écrivain.

Barbey Jules Amédée BARBEY D'AUREVILLY 1808-1889 ▪ Écrivain.

Barbusse Henri BARBUSSE 1873-1935 ▪ Écrivain.

R. Barre Raymond BARRE 1924 ▪ Économiste et homme politique.

Barrès Maurice BARRÈS 1862-1923 ▪ Écrivain et homme politique.

Barthélemy abbé Jean-Jacques BARTHÉLEMY 1716-1795 ▪ Écrivain.

Barthes Roland BARTHES 1915-1980 ▪ Critique littéraire et sémiologue.

Barthou Louis BARTHOU 1862-1934 ▪ Homme politique.

G. Bataille Georges BATAILLE 1897-1962 ▪ Écrivain.

H. Bataille Henry BATAILLE 1872-1922 ▪ Poète et auteur dramatique.

Baud. Charles BAUDELAIRE 1821-1867 ▪ Poète, écrivain et critique d'art.

Bazin Hervé BAZIN 1911-1996 ▪ Romancier.

V.-L. Beaulieu Victor-Lévy BEAULIEU 1945 ▪ Écrivain.

Beaum. Pierre Augustin Caron de BEAUMARCHAIS 1732-1799 ▪ Écrivain et auteur dramatique.

Beauv. Simone de BEAUVOIR 1908-1986 ▪ Écrivain.

Beckett Samuel BECKETT 1906-1989 ▪ Romancier et dramaturge.

Becque Henry BECQUE 1837-1899 ▪ Auteur dramatique.

Bedel Maurice BEDEL 1883-1954 ▪ Écrivain.

du Bellay Joachim DU BELLAY 1522-1560 ▪ Poète.

Benda Julien BENDA 1867-1956 ▪ Écrivain et essayiste.

P. Benoit Pierre BENOIT 1886-1962 ▪ Romancier.

Bergson Henri BERGSON 1859-1941 ▪ Philosophe.

Berlioz Hector BERLIOZ 1803-1869 ▪ Compositeur et critique musical.

Bernanos Georges BERNANOS 1888-1948 ▪ Écrivain catholique.

Cl. Bernard CLAUDE BERNARD 1813-1878 ▪ Physiologiste.

Bern. de St-Pierre Jacques Henri BERNARDIN DE SAINT-PIERRE 1737-1814 ▪ Écrivain.

Bernstein Henry BERNSTEIN 1876-1953 ▪ Écrivain et auteur dramatique.

A. Bertrand Louis, dit Aloysius BERTRAND 1807-1841 ▪ Poète et narrateur.

L. Bertrand Louis BERTRAND 1866-1941 ▪ Écrivain.

BIBLE Trois sources sont citées :
Bible catholique traduite du latin par Isaac Lemaistre de Sacy (XVIIe s.).
Bible protestante traduite de l'hébreu par Louis Segond (XIXe s.).
Bible catholique traduite de l'hébreu par Auguste Crampon (XIXe s.).

Bichat François Marie Xavier BICHAT 1771-1802 ▪ Médecin, anatomiste et physiologiste.

Billy André BILLY 1882-1971 ▪ Romancier et critique littéraire.

J.-R. Bloch Jean-Richard BLOCH 1884-1947 ▪ Écrivain.

Blondin Antoine BLONDIN 1922-1991 ▪ Romancier.

Bloy Léon BLOY 1846-1917 ▪ Écrivain et journaliste.

Boil. Nicolas BOILEAU 1636-1711 ▪ Écrivain et poète.

Bonap. Napoléon BONAPARTE. Voir Napoléon.

H. Bordeaux Henry BORDEAUX 1870-1963 ▪ Écrivain.

H. de Bornier Henri de BORNIER 1825-1901 ▪ Auteur dramatique.

Bosco Henri BOSCO 1888-1976 ▪ Romancier et poète.

Boss. Jacques Bénigne BOSSUET 1627-1704 ▪ Prédicateur et écrivain catholique.

D. Boulanger Daniel BOULANGER 1922 ▪ Écrivain.

Bourd. Louis BOURDALOUE 1632-1704 ▪ Prédicateur et écrivain catholique.

Bourget Paul BOURGET 1852-1935 ▪ Romancier.

Bousquet Joë BOUSQUET 1897-1950 ▪ Écrivain.

G. Bouthoul Gaston BOUTHOUL 1896-1980 ▪ Sociologue.

Boylesve René TARDIVEAU, dit René BOYLESVE 1867-1926 ▪ Écrivain.

Brasillach Robert BRASILLACH 1909-1945 ▪ Écrivain et journaliste politique.

Brassens Georges BRASSENS 1921-1981 ▪ Auteur, compositeur et interprète de chansons.

Brel Jacques BREL 1929-1978 ▪ Auteur, compositeur et interprète de chansons.

Breton André BRETON 1896-1966 ▪ Poète et écrivain.

Brieux Eugène BRIEUX 1858-1932 ▪ Auteur dramatique.

Brillat-Sav. Anthelme BRILLAT-SAVARIN 1755-1826 ▪ Gastronome et écrivain.

Broglie Louis, duc DE BROGLIE 1892-1987 ▪ Physicien.

Brunot Ferdinand BRUNOT 1860-1938 ▪ Grammairien et historien de la langue française.

Buff. Georges Louis LECLERC, comte de BUFFON 1707-1788 ▪ Naturaliste et écrivain.

Bugeaud Thomas Robert BUGEAUD 1784-1849 ▪ Maréchal de France.

Bussy-Rabutin Roger de RABUTIN, comte de Bussy, dit BUSSY-RABUTIN 1618-1693 ▪ Écrivain.

Butor Michel BUTOR 1926 ▪ Écrivain.

Caillois Roger CAILLOIS 1913-1978 ▪ Écrivain et essayiste.

Calvin Jean CAUVIN, dit CALVIN 1509-1564 ▪ Réformateur religieux (protestant).

Cambon Jules CAMBON 1845-1935 ▪ Administrateur et diplomate.

Camus Albert CAMUS 1913-1960 ▪ Écrivain.

Capitant Henri CAPITANT 1865-1937 ▪ Juriste.

Carco Francis CARCO 1886-1958 ▪ Écrivain.

Carcopino Jérôme CARCOPINO 1881-1970 ▪ Historien et homme politique.

M. Cardinal Marie CARDINAL 1929 ▪ Écrivain.

Carné Marcel CARNÉ 1909 ▪ Réalisateur de cinéma.

Carrel Alexis CARREL 1873-1944 ▪ Physiologiste et essayiste.

J. Cau JEAN CAU 1925-1993 ▪ Écrivain et chroniqueur.

Cayrol Jean CAYROL 1910 ▪ Poète et romancier

Céline Louis-Ferdinand DESTOUCHES, dit Louis-Ferdinand CÉLINE 1894-1961 ▪ Écrivain.

Cendrars Frédéric SAUSER, dit Blaise CENDRARS 1887-1961 ▪ Écrivain et poète.

Césaire Aimé CÉSAIRE 1913 ▪ Poète, auteur dramatique et homme politique.

Chamf. Sébastien Roch NICOLAS, dit Nicolas de CHAMFORT 1741-1794 ▪ Écrivain moraliste.

Chardonne Jacques CHARDONNE 1884-1968 ▪ Romancier et essayiste.

E. Charles-Roux Edmonde CHARLES-ROUX 1920 ▪ Écrivain et journaliste.

Chateaub. François René, vicomte de CHATEAUBRIAND 1768-1848 ▪ Écrivain et homme politique.

A. Chénier André CHÉNIER 1762-1794 ▪ Poète.

M.-J. Chénier Marie-Joseph CHÉNIER 1764-1811 ▪ Homme politique et écrivain.

Chessex Jacques CHESSEX 1934 ▪ Écrivain.

G. Chevallier Gabriel CHEVALLIER 1895-1969 ▪ Romancier.

Cioran Emil Michel CIORAN 1911-1995 ▪ Essayiste et moraliste.

Claudel Paul CLAUDEL 1868-1955 ▪ Diplomate, poète et auteur dramatique.

Clavel Maurice CLAVEL 1920-1979 ▪ Écrivain et journaliste.

Cocteau Jean COCTEAU 1889-1963 ▪ Écrivain, homme de théâtre et de cinéma, peintre.

CODE CIV. *Code civil.*

CODE PÉN. *Code pénal.*

Colette Sidonie Gabrielle COLETTE, dite COLETTE 1873-1954 ▪ Romancière.

Comte Auguste COMTE 1798-1857 ▪ Philosophe et épistémologue.

Condillac Étienne Bonnot de CONDILLAC 1715-1780 ▪ Philosophe.

Condorcet Marie Jean Antoine Nicolas de CARITAT, marquis de CONDORCET 1743-1794 ▪ Philosophe, mathématicien et homme politique.

Constant BENJAMIN CONSTANT de Rebecque 1767-1830 ▪ Homme politique et écrivain.

CONSTIT. 1958 *Constitution du 4 octobre 1958.*

Corn. Pierre CORNEILLE 1606-1684 ▪ Poète dramatique.

Th. Corn. Thomas CORNEILLE 1625-1709 ▪ Écrivain, poète dramatique, lexicographe.

Corot Jean-Baptiste Camille COROT 1796-1875 ▪ Peintre et dessinateur.

Courchay Claude COURCHAY 1933 ▪ Romancier.

P.-L. Cour. Paul-Louis COURIER 1772-1825 ▪ Pamphlétaire et épistolier.

Courtel. Georges MOINAUX, dit COURTELINE 1858-1929 ▪ Auteur de comédies.

Ch. Cros Charles CROS 1842-1888 ▪ Poète et savant.

Curtis Louis LAFFITTE, dit Jean-Louis CURTIS 1917-1995 ▪ Écrivain.

Cuvier Georges, baron CUVIER 1769-1832 ▪ Zoologiste et paléontologue.

Dabit Eugène DABIT 1898-1936 ▪ Romancier.

A. Danchin Antoine DANCHIN 1954 ▪ Biologiste et cosmologue.

Daniel-Rops Henri PETIOT, dit DANIEL-ROPS 1901-1965 ▪ Écrivain catholique.

Daninos Pierre DANINOS 1913 ▪ Écrivain humoriste.

Danton Georges Jacques DANTON 1759-1794 ▪ Homme politique et orateur.

Daud. Alphonse DAUDET 1840-1897 ▪ Écrivain.

L. Daudet Léon DAUDET 1868-1942 ▪ Journaliste et écrivain.

Dauzat Albert DAUZAT 1877-1955 ▪ Linguiste.

R. Debray Régis DEBRAY 1940 ▪ Écrivain politique.

DÉCLAR. DR. HOM. *Déclaration des droits de l'homme et du citoyen* (1789).

Delacroix Eugène DELACROIX 1798-1863 ▪ Peintre.

Delille abbé Jacques DELILLE 1738-1813 ▪ Poète.

Desc. René DESCARTES 1596-1650 ▪ Philosophe et savant.

Destouches Philippe NÉRICAULT, dit Philippe DESTOUCHES 1680-1754 ▪ Comédien et auteur dramatique.

Dider. Denis DIDEROT 1713-1784 ▪ Écrivain, philosophe et encyclopédiste.

M. Donnay Maurice DONNAY 1859-1945 ▪ Écrivain et auteur dramatique.

Dorgelès Roland LÉCAVELÉ, dit Roland DORGELÈS 1885-1973 ▪ Romancier.

Drieu la Roch. Pierre DRIEU LA ROCHELLE 1893-1945 ▪ Écrivain.

Druon Maurice DRUON 1918 ▪ Écrivain, romancier historique.

G. Duby Georges DUBY 1919 ▪ Historien.

Duham. Georges DUHAMEL 1884-1966 ▪ Écrivain.

Dumas Alexandre DUMAS 1802-1870 ▪ Écrivain, romancier historique.

Dumas fils Alexandre DUMAS, dit DUMAS FILS 1824-1895 ▪ Écrivain et dramaturge.

Duras Marguerite DURAS 1914-1996 ▪ Écrivain, auteur dramatique et cinéaste.

Durkheim Émile DURKHEIM 1858-1917 ▪ Sociologue.

Dutourd Jean DUTOURD 1920 ▪ Romancier et journaliste.

Echenoz Jean ECHENOZ 1947 ▪ Écrivain.

Eluard Eugène GRINDEL, dit Paul ELUARD 1895-1952 ▪ Poète.

Évangiles Au nombre de quatre (Évangiles selon saint Matthieu, saint Marc, saint Luc, saint Jean).

Fabre Jean Henri FABRE 1823-1915 ▪ Écrivain et entomologiste.

Faguet Émile FAGUET 1847-1916 ▪ Critique littéraire.

Fallet René FALLET 1927-1983 ▪ Écrivain.

Fargue Léon-Paul FARGUE 1876-1947 ▪ Poète.

Farrère Frédéric BARGONE, dit Claude FARRÈRE 1876-1957 ▪ Officier de marine et écrivain.

Fén. François de Salignac de La Mothe FÉNELON 1651-1715 ▪ Prélat, écrivain et pédagogue.

Ferniot Jean FERNIOT 1918 ▪ Journaliste et écrivain.

Flaub. Gustave FLAUBERT 1821-1880 ▪ Écrivain.

Fléch. Esprit FLÉCHIER 1632-1710 ▪ Prédicateur catholique et écrivain.

Florian Jean-Pierre Claris de FLORIAN 1755-1794 ▪ Écrivain et fabuliste.

R. Floriot René FLORIOT 1902-1975 ▪ Avocat.

Focillon Henri FOCILLON 1881-1943 ▪ Historien et théoricien de l'art.

Fontenelle Bernard Le Bovier de FONTENELLE 1657-1757 ▪ Philosophe et poète.

R. Forlani Remo FORLANI 1927 ▪ Romancier et essayiste.

Foucault Michel FOUCAULT 1926-1984 ▪ Philosophe.

P. Foulquié Paul FOULQUIÉ né en 1893 ▪ Philosophe.

France Anatole FRANCE 1844-1924 ▪ Écrivain.

François Ier 1494-1547 ▪ Roi de France (1515-1547).

Frédéric II FRÉDÉRIC LE GRAND 1712-1786 ▪ Roi de Prusse (1740-1786).

Frison-Roche Roger FRISON-ROCHE 1906 ▪ Écrivain et guide de haute montagne.

From. Eugène FROMENTIN 1820-1876 ▪ Peintre, écrivain et critique d'art.

Furetière Antoine FURETIÈRE 1619-1688 ▪ Écrivain et lexicographe.

Fustel de Coul. Numa Denis FUSTEL DE COULANGES 1830-1889 ▪ Historien.

M. Galliot Marcel GALLIOT 1905-1984 ▪ Linguiste.

Gambetta Léon GAMBETTA 1838-1882 ▪ Avocat et homme politique.

Garaudy Roger GARAUDY 1913 ▪ Universitaire et homme politique français.

M. Garçon Maurice GARÇON 1889-1967 ▪ Avocat et écrivain.

R. Gary Romain KACEW, dit ROMAIN GARY 1914-1980 ▪ Écrivain.

de Gaulle général Charles DE GAULLE 1890-1970 ▪ Homme d'État.

Gaut. Théophile GAUTIER 1811-1872 ▪ Écrivain et voyageur.

Gaxotte Pierre GAXOTTE 1895-1982 ▪ Historien et journaliste.

Genet Jean GENET 1910-1986 ▪ Écrivain et auteur dramatique.

Genev. Maurice GENEVOIX 1890-1980 ▪ Écrivain.

Gide André GIDE 1869-1951 ▪ Écrivain.

Ch. Gide Charles GIDE 1847-1932 ▪ Économiste.

Giono Jean GIONO 1895-1970 ▪ Écrivain.

Giraud. Jean GIRAUDOUX 1882-1944 ▪ Écrivain et auteur dramatique.

F. Giroud Françoise GIROUD 1916 ▪ Journaliste et écrivain.

Gobineau Joseph Arthur, comte de GOBINEAU 1816-1882 ▪ Diplomate et écrivain.

Goblot Edmond GOBLOT 1858-1935 ▪ Philosophe et logicien.

Goncourt Edmond (1822-1896) et Jules (1830-1870) Huot de GONCOURT ▪ Mémorialistes et écrivains.

Gougenheim Georges GOUGENHEIM 1900-1972 ▪ Linguiste.

R. de Gourmont REMY DE GOURMONT 1858-1915 ▪ Romancier et essayiste.

Gracq Louis POIRIER, dit Julien GRACQ 1910 ▪ Écrivain.

Grainville Patrick GRAINVILLE 1947 ▪ Romancier.

Green Julien GREEN 1900 ▪ Écrivain.

A. Grobéty Anne-Lise GROBÉTY 1949 ▪ Romancière.

Guéhenno Jean GUÉHENNO 1890-1978 ▪ Essayiste.

Guez de Balz. Jean Louis GUEZ DE BALZAC 1595-1654 ▪ Écrivain.

P. Guillaume Paul GUILLAUME 1893-1934 ▪ Critique d'art et collectionneur.

Guillaumin Eugène GUILLAUMIN 1899-1980 ▪ Romancier.

Guilloux Louis GUILLOUX 1899-1980 ▪ Romancier.

Guimard Paul GUIMARD 1921 ▪ Journaliste et écrivain.

P. Guiraud Pierre GUIRAUD 1788-1847 ▪ Écrivain.

Guizot François Pierre Guillaume GUIZOT 1787-1874 ▪ Homme politique et historien.

Guth PAUL GUTH 1910 ▪ Écrivain.

Hamilton Antoine HAMILTON 1646-1720 ▪ Écrivain.

Haraucourt Edmond HARAUCOURT 1856-1974 ▪ Écrivain.

Hatzfeld Adolphe HATZFELD 1824-1900 ▪ Universitaire et lexicographe.

Hazard Paul HAZARD 1878-1944 ▪ Universitaire et historien.

Hémon Louis HÉMON 1880-1913 ▪ Écrivain.

Henri IV 1553-1610 ▪ Roi de France (1589-1610).

Henriot Émile HENRIOT 1889-1961 ▪ Écrivain et critique littéraire.

Heredia José Maria de HEREDIA 1842-1905 ▪ Poète.

Hermant Abel HERMANT 1862-1950 ▪ Critique et romancier.

Herriot Édouard HERRIOT 1872-1957 ▪ Homme politique et écrivain.

Hugo Victor HUGO 1802-1885 ▪ Écrivain, homme politique et dessinateur.

R. Huyghe René HUYGHE 1906 ▪ Historien d'art.

Huysm. Joris-Karl HUYSMANS 1848-1907 ▪ Écrivain.

Ionesco Eugène IONESCO 1912-1994 ▪ Auteur dramatique.

Jaccard Roland JACCARD 1941 ▪ Critique littéraire et psychanalyste.

M. Jacob MAX JACOB 1876-1944 ▪ Poète.

Jaloux Edmond JALOUX 1878-1949 ▪ Écrivain.

Jammes Francis JAMMES 1868-1938 ▪ Poète.

Janin Jules JANIN 1804-1874 ▪ Journaliste et romancier.

Japrisot Jean-Baptiste ROSSI, dit Sébastien JAPRISOT 1931 ▪ Écrivain et scénariste.

A. Jardin Alexandre JARDIN 1965 ▪ Romancier.

Jarry Alfred JARRY 1873-1907 ▪ Écrivain et dramaturge humoriste.

Jaurès Jean JAURÈS 1859-1914 ▪ Homme politique, philosophe et historien.

Joffre Joseph Jacques Césaire JOFFRE 1852-1931 ▪ Maréchal de France.

Joubert Joseph JOUBERT 1754-1824 ▪ Écrivain moraliste.

Jouhand. Marcel JOUHANDEAU 1888-1979 ▪ Écrivain.

Jouvet Louis JOUVET 1887-1951 ▪ Comédien, metteur en scène et homme de théâtre.

Kessel Joseph KESSEL 1898-1979 ▪ Écrivain et journaliste.

Klossowski Pierre KLOSSOWSKI 1905 ▪ Essayiste et romancier.

Labiche Eugène LABICHE 1815-1888 ▪ Auteur de comédies.

La Bruy. Jean de LA BRUYÈRE 1645-1696 ▪ Écrivain moraliste.

Lacan Jacques LACAN 1901-1981 ▪ Psychiatre et psychanalyste.

Laclos Pierre Choderlos de LACLOS 1741-1803 ▪ Écrivain.

Lacretelle Jacques de LACRETELLE 1888-1985 ▪ Romancier et essayiste.

La Font. Jean de LA FONTAINE 1621-1695 ▪ Poète.

Lagache Daniel LAGACHE 1903-1972 ▪ Médecin et psychanalyste.

J. Lagneau Jules LAGNEAU 1851-1894 ▪ Philosophe.

Lalande André LALANDE 1867-1963 ▪ Philosophe.

Lamart. Alphonse de LAMARTINE 1790-1869 ▪ Poète, écrivain et homme politique.

Lamen. Félicité Robert de LAMENNAIS ou LA MENNAIS 1782-1854 ▪ Écrivain catholique.

La Motte-Houdar Antoine HOUDAR DE LA MOTTE, dit aussi LA MOTTE-HOUDAR 1672-1731 ▪ Poète dramatique.

Lanson Gustave LANSON 1857-1934 ▪ Universitaire et critique littéraire.

Larbaud Valery LARBAUD 1881-1957 ▪ Écrivain.

La Rochef. François, duc de LA ROCHEFOUCAULD 1613-1680 ▪ Écrivain moraliste.

Las Cases Emmanuel, comte de LAS CASES 1766-1842 ▪ Historien.

J. Laurent Jacques LAURENT 1919 ▪ Écrivain.

Lautréam. Isidore DUCASSE, dit le comte de LAUTRÉAMONT 1846-1870 ▪ Écrivain.

Léautaud Paul LÉAUTAUD 1872-1956 ▪ Écrivain.

Le Clézio Jean-Marie Gustave LE CLÉZIO 1940 ▪ Écrivain.

Lecomte Georges LECOMTE 1867-1958 ▪ Écrivain.

Lec. de Lisle Charles Marie LECONTE, dit LECONTE DE LISLE 1818-1894 ▪ Poète.

H. Lefebvre Henri LEFEBVRE 1901-1991 ▪ Philosophe et sociologue.

Leibniz Gottfried Wilhelm LEIBNIZ 1646-1716 ▪ Philosophe et savant allemand.

Leiris Michel LEIRIS 1901-1990 ▪ Ethnologue et écrivain.

Lemaitre Jules LEMAITRE 1853-1914 ▪ Écrivain et critique littéraire.

Leroi-Gourhan André LEROI-GOURHAN 1911-1986 ▪ Ethnologue et préhistorien.

Leroux Gaston LEROUX 1868-1927 ▪ Auteur de romans policiers.

Lesage Alain René LESAGE 1668-1747 ▪ Romancier et auteur dramatique.

Lévi-Strauss Claude LÉVI-STRAUSS 1908 ▪ Ethnologue et anthropologue.

Lévy-Bruhl Lucien LÉVY-BRUHL 1857-1939 ▪ Philosophe et sociologue.

Littré Émile LITTRÉ 1801-1881 ▪ Philologue, lexicographe, philosophe et homme politique.

Loti Julien VIAUD, dit Pierre LOTI 1850-1923 ▪ Officier de marine et romancier.

Louis XIV 1638-1715 ▪ Roi de France (1643-1715).

Louis XVI 1754-1793 ▪ Roi de France (1774-1791), puis roi des Français (1791-1792).

Louÿs Pierre LOUIS, dit Pierre LOUŸS 1870-1925 ▪ Écrivain.

Mac Orlan Pierre MAC ORLAN 1882-1970 ▪ Écrivain.

Madelin Louis MADELIN 1871-1956 ▪ Historien.

Maeterl. Maurice MAETERLINCK 1862-1949 ▪ Écrivain.

Maine de Biran Marie François Pierre GONTIER DE BIRAN, dit MAINE DE BIRAN 1766-1824 ▪ Philosophe et homme politique.

J. de Maistre comte JOSEPH DE MAISTRE 1753-1821 ▪ Homme politique, écrivain et philosophe.

Maintenon Françoise D'AUBIGNÉ, MME DE MAINTENON 1635-1719 ▪ Épouse morganatique de Louis XIV.

Malherbe François de MALHERBE 1555-1628 ▪ Poète.

Mallarmé Étienne, dit Stéphane MALLARMÉ 1842-1898 ▪ Poète.

Mallet-Joris Françoise MALLET-JORIS 1930 ▪ Romancière.

Malraux André MALRAUX 1901-1976 ▪ Écrivain et théoricien de l'art.

Mariv. Pierre Carlet de Chamblain de MARIVAUX 1688-1763 ▪ Auteur dramatique et romancier.

Marmont. Jean-François MARMONTEL 1723-1799 ▪ Écrivain.

Marot Clément MAROT 1496-1544 ▪ Poète.

Marouzeau Jules MAROUZEAU ▪ Linguiste.

La Marseillaise Chant patriotique de Rouget de Lisle écrit en 1792 (sous le titre *Chant de guerre pour l'armée du Rhin*).

Mart. du G. Roger MARTIN DU GARD 1881-1958 ▪ Écrivain.

Mass. Jean-Baptiste MASSILLON 1663-1742 ▪ Prédicateur catholique.

Th. Maulnier Jacques Louis TALAGRAND, dit THIERRY MAULNIER 1909-1988 ▪ Journaliste et écrivain.

Maupass. Guy de MAUPASSANT 1850-1893 ▪ Écrivain.

Mauriac François MAURIAC 1855-1970 ▪ Écrivain et journaliste.

Maurois Émile HERZOG, dit André MAUROIS 1885-1967 ▪ Romancier, essayiste et historien.

Mérimée Prosper MÉRIMÉE 1803-1870 ▪ Écrivain.

R. Merle Robert MERLE 1908 ▪ Écrivain.

Michaux Henri MICHAUX 1899-1984 ▪ Poète et peintre.

L. Michel Clémence Louise MICHEL, dite LOUISE MICHEL 1830-1905 ▪ Révolutionnaire anarchiste et écrivain.

Michelet Jules MICHELET 1798-1874 ▪ Historien et écrivain.

Mirab. Honoré Gabriel RIQUETI, comte de MIRABEAU 1749-1791 ▪ Écrivain, orateur et homme politique.

Mirbeau Octave MIRBEAU 1848-1917 ▪ Écrivain.

Mistral Frédéric MISTRAL 1830-1914 ▪ Écrivain.

Mitterrand François MITTERRAND 1916-1996 ▪ Homme d'État.

Modiano Patrick MODIANO 1945 ▪ Romancier.

Mol. Jean-Baptiste POQUELIN, dit MOLIÈRE 1622-1673 ▪ Auteur dramatique et comédien.

Mondor Henri MONDOR 1885-1962 ▪ Chirurgien et écrivain.

H. Monnier Henri MONNIER 1799-1877 ▪ Écrivain, comédien et caricaturiste.

Montaigne Michel Eyquem de MONTAIGNE 1533-1592 ▪ Écrivain.

Montesq. Charles de MONTESQUIEU (de SECONDAT, baron de LA BRÈDE) 1689-1755 ▪ Magistrat, juriste et écrivain.

Montherl. Henry Millon de MONTHERLANT 1895-1972 ▪ Écrivain et auteur dramatique.

Morand Paul MORAND 1888-1976 ▪ Écrivain.

E. Morin Edgar MORIN 1921 ▪ Sociologue et anthropologue.

J.-P. Morin général Jean-Pierre MORIN 1938 ▪ Général de gendarmerie.

Mounier Emmanuel MOUNIER 1905-1950 ▪ Philosophe.

Musset Alfred de MUSSET 1810-1857 ▪ Poète et auteur dramatique.

Napoléon Ier Napoléon BONAPARTE 1769-1821 ▪ Empereur des Français (1804-1815).

Nerval Gérard LABRUNIE, dit Gérard de NERVAL 1808-1855 ▪ Écrivain.

Nizan Paul NIZAN 1905-1940 ▪ Philosophe, essayiste et romancier.

Noailles Anna, COMTESSE DE NOAILLES 1876-1933 ▪ Poétesse et romancière.

Nodier Charles NODIER 1780-1844 ▪ Écrivain.

G. Nouveau GERMAIN NOUVEAU 1851-1920 ▪ Poète.

Ch. d'Orléans CHARLES D'ORLÉANS 1394-1465 ▪ Poète.

J. d'Ormesson Jean LEFÈVRE, comte D'ORMESSON 1925 ▪ Écrivain et journaliste.

Pagnol Marcel PAGNOL 1895-1974 ▪ Écrivain et cinéaste.

É. Pailleron Édouard PAILLERON 1834-1899 ▪ Écrivain.

Pasc. Blaise PASCAL 1623-1662 ▪ Savant, philosophe et écrivain.

Pasteur Louis PASTEUR 1822-1895 ▪ Chimiste et biologiste.

Paulhan Jean PAULHAN 1884-1968 ▪ Écrivain.

C. Paysan Catherine PAYSAN 1926 ▪ Écrivain.

Péguy Charles PÉGUY 1873-1914 ▪ Poète et écrivain politique.

Pennac Daniel PENNAC 1944 ▪ Romancier.

Perec Georges PEREC 1936-1982 ▪ Écrivain.

Pergaud Louis PERGAUD 1882-1914 ▪ Écrivain.

G. Péri Gabriel PÉRI 1902-1941 ▪ Homme politique et journaliste.

Perrault Charles PERRAULT 1628-1703 ▪ Écrivain.

M. Perrein Michèle PERREIN 1929 ▪ Écrivain.

Perret Jacques PERRET 1901-1992 ▪ Écrivain.

J. de Pesquidoux Joseph DE PESQUIDOUX 1869-1946 ▪ Écrivain.

Peyré Joseph PEYRÉ 1892-1968 ▪ Romancier.

Ch.-L. Philippe CHARLES-LOUIS PHILIPPE 1874-1909 ▪ Romancier.

Piaget Jean PIAGET 1896-1980 ▪ Psychologue.

Picasso Pablo PICASSO 1881-1973 ▪ Peintre, graveur et sculpteur.

H. Piéron Henri PIÉRON 1881-1964 ▪ Psychologue.

Pinget Robert PINGET 1919 ▪ Écrivain.

Planiol Marcel PLANIOL 1853-1931 ▪ Juriste.

Plisnier Charles PLISNIER 1896-1952 ▪ Écrivain.

M. Pochard Marcel POCHARD 1943 ▪ Universitaire.

Poincaré Henri POINCARÉ 1854-1912 ▪ Mathématicien.

P. Poiré Paul POIRÉ ▪ Naturaliste.

Ponge Francis PONGE 1899-1988 ▪ Poète.

Ponson du Terrail Pierre Alexis, vicomte de PONSON DU TERRAIL 1829-1871 ▪ Romancier.

Prévert Jacques PRÉVERT 1900-1977 ▪ Poète, scénariste et dialoguiste de films.

abbé Prévost Antoine François PRÉVOST D'EXILES, dit L'ABBÉ PRÉVOST 1697-1763 ▪ Romancier, traducteur et critique.

J. Prévost Jean PRÉVOST 1901-1944 ▪ Écrivain.

M. Prévost Marcel PRÉVOST 1862-1941 ▪ Romancier.

Proudh. Pierre Joseph PROUDHON 1809-1865 ▪ Théoricien socialiste et journaliste.

Proust Marcel PROUST 1871-1922 ▪ Écrivain.

Y. Queffélec Yann QUEFFÉLEC 1949 ▪ Romancier.

Queneau Raymond QUENEAU 1903-1976 ▪ Écrivain.

Rab. François RABELAIS v. 1494-1553 ▪ Écrivain, homme d'Église, médecin et humaniste.

Rac. Jean RACINE 1639-1699 ▪ Poète dramatique.

Radiguet Raymond RADIGUET 1903-1923 ▪ Romancier.

A. Rambaud Alfred RAMBAUD 1842-1905 ▪ Historien et homme politique.

Ramuz Charles Ferdinand RAMUZ 1878-1947 ▪ Écrivain.

F. Raynaud Fernand RAYNAUD 1926-1973 ▪ Fantaisiste.

J. Réda Jacques RÉDA 1929 ▪ Poète.

Regnard Jean-François REGNARD 1655-1709 ▪ Écrivain et auteur dramatique.

H. de Régnier Henri de RÉGNIER 1864-1936 ▪ Poète et romancier.

Renan Ernest RENAN 1823-1892 ▪ Historien et philosophe.

Renard Jules RENARD 1864-1910 ▪ Écrivain.

Restif Nicolas RESTIF, dit RESTIF DE LA BRETONNE 1734-1806 ▪ Écrivain.

Ribot Théodule RIBOT 1839-1916 ▪ Philosophe et psychologue.

Richelet César Pierre RICHELET 1631-1698 ▪ Lexicographe.

Richelieu Armand Jean DU PLESSIS, cardinal, duc de RICHELIEU 1585-1642 ▪ Homme d'État et homme de lettres.

Ricœur Paul RICŒUR 1913 ▪ Philosophe.

Rimb. Arthur RIMBAUD 1854-1891 ▪ Poète.

Ringuet Philippe PANNETON, dit RINGUET 1895-1960 ▪ Écrivain.

Rivarol Antoine RIVAROLI, dit le comte de RIVAROL 1753-1801 ▪ Écrivain.

Robbe-Grillet Alain ROBBE-GRILLET 1922 ▪ Romancier et cinéaste.

Robida Albert ROBIDA 1848-1926 ▪ Dessinateur, caricaturiste et graveur.

H. Rochefort Henri, marquis de ROCHEFORT-LUÇAY, dit HENRI ROCHEFORT 1831-1913 ▪ Journaliste, homme politique et écrivain.

Mme Roland Manon ROLAND DE LA PLATIÈRE, dite MME ROLAND 1754-1793 ▪ Femme politique.

R. Rolland ROMAIN ROLLAND 1866-1944 ▪ Écrivain, musicologue et historien de l'art.

Rollin Charles ROLLIN 1661-1741 ▪ Écrivain.

Romains Louis FARIGOULE, dit Jules ROMAINS 1885-1972 ▪ Écrivain et auteur dramatique.

Ronsard Pierre de RONSARD 1524-1585 ▪ Poète.

Roquebrune Robert LAROCQUE, dit Robert DE ROQUEBRUNE 1889-1978 ▪ Écrivain.

Rostand Edmond ROSTAND 1868-1918 ▪ Poète et auteur dramatique.

J. Rostand Jean ROSTAND 1894-1977 ▪ Biologiste et écrivain.

Rotrou Jean de ROTROU 1609-1650 ▪ Poète dramatique.

Rouss. Jean-Jacques ROUSSEAU 1712-1778 ▪ Écrivain et philosophe.

R. Roussel Raymond ROUSSEL 1877-1933 ▪ Écrivain.

J. Roy Jules ROY 1907 ▪ Romancier, essayiste et auteur dramatique.

J. Ruffié Jacques RUFFIÉ 1921 ▪ Biologiste et anthropologue.

Rutebeuf XIIIe s. ▪ Trouvère et poète dramatique.

Sabatier Robert SABATIER 1923 ▪ Écrivain.

Sade Donatien Alphonse François, comte de SADE, dit le marquis de SADE 1740-1814 ▪ Écrivain.

Sagan Françoise SAGAN 1935 ▪ Romancière et auteur dramatique.

Ste-Beuve Charles Augustin SAINTE-BEUVE 1804-1869 ▪ Écrivain et critique littéraire.

St-Exup. Antoine de SAINT-EXUPÉRY 1900-1944 ▪ Écrivain et aviateur.

St-John Perse Alexis LEGER, dit SAINT-JOHN PERSE 1887-1975 ▪ Poète et diplomate.

St-Simon Louis de ROUVROY, duc de SAINT-SIMON 1675-1755 ▪ Mémorialiste.

Samain Albert SAMAIN 1858-1900 ▪ Poète.

San-Antonio pseudonyme de Frédéric DARD 1921 ▪ Auteur de romans policiers.

Sand Aurore DUPIN, dite GEORGE SAND 1804-1876 ▪ Romancière.

Sandfeld Kristian SANDFELD mort en 1942 ▪ Grammairien du français.

Sarraute Nathalie SARRAUTE 1900 ▪ Écrivain.

Sarrazin Albertine SARRAZIN 1937-1967 ▪ Romancière.

Sartre Jean-Paul SARTRE 1905-1980 ▪ Philosophe et écrivain.

Saussure Ferdinand de SAUSSURE 1857-1913 ▪ Linguiste.

Sauvy Alfred SAUVY 1898-1990 ▪ Économiste et démographe.

R. Schuman Robert SCHUMAN 1886-1963 ▪ Homme politique.

Comtesse de Ségur Sophie ROSTOPCHINE, COMTESSE DE SÉGUR 1799-1874 ▪ Écrivain.

Seignobos Charles SEIGNOBOS 1854-1942 ▪ Historien.

Sembène Ousmane SEMBÈNE 1923 ▪ Écrivain et cinéaste.

Senancour Étienne Pivert de SENANCOUR 1770-1846 ▪ Écrivain.

Senghor Léopold Sédar SENGHOR 1906 ▪ Homme d'État et poète.

M. Serres Michel SERRES 1930 ▪ Philosophe.

Sév. Marie de RABUTIN-CHANTAL, MME DE SÉVIGNÉ 1626-1696 ▪ Épistolière.

Siegfried André SIEGFRIED 1875-1959 ▪ Économiste et sociologue.

Simenon Georges SIMENON 1903-1989 ▪ Écrivain.

Cl. Simon Claude SIMON 1913 ▪ Écrivain.

Simonin Albert SIMONIN 1905-1980 ▪ Écrivain et scénariste.

Siniac Pierre 1928 ▪ Auteur de romans policiers.

Socé Ousmane SOCÉ 1911-1978 ▪ Écrivain.

Sollers Philippe JOYAUX, dit Philippe SOLLERS 1936 ▪ Écrivain.

Staël Germaine NECKER, baronne de STAËL-HOLSTEIN, dite MME DE STAËL 1766-1817 ▪ Écrivain.

Stendh. Henry BEYLE, dit STENDHAL 1783-1842 ▪ Écrivain.

Suarès Félix André-Yves SCANTREL, dit André SUARÈS 1868-1948 ▪ Écrivain.

Sully Maximilien de BÉTHUNE, duc de SULLY 1560-1641 ▪ Homme politique.

Taine Hippolyte TAINE 1828-1893 ▪ Philosophe, historien et critique littéraire.

Talleyrand Charles Maurice de TALLEYRAND-Périgord 1754-1838 ▪ Diplomate et homme politique.

Teilh. de Chard. Pierre TEILHARD DE CHARDIN 1881-1955 ▪ Théologien, philosophe et paléontologue.

Tesnière Lucien TESNIÈRE 1893-1954 ▪ Linguiste.

J. Testart Jacques TESTART 1939 ▪ Embryologiste.

A. Tétry Andrée TÉTRY 1907 ▪ Biologiste et naturaliste.

Tharaud Jérôme (1874-1953) et Jean (1877-1952) THARAUD, dits LES FRÈRES THARAUD ▪ Écrivains.

A. Thérive Roger PUTHOSTE, dit André THÉRIVE 1891-1967 ▪ Écrivain et critique littéraire.

Thibaudet Albert THIBAUDET 1874-1936 ▪ Critique littéraire.

Thiers Louis Adolphe THIERS 1797-1877 ▪ Homme politique, journaliste et historien.

Toulet Paul-Jean TOULET 1867-1920 ▪ Écrivain.

Tournier Michel TOURNIER 1924 ▪ Écrivain.

Dict. de Trévoux *Dictionnaire universel français et latin*, dit *Dictionnaire de Trévoux*, fait dans cette ville par des Jésuites (XVIIIe s.).

Triolet ELSA TRIOLET 1896-1970 ▪ Écrivain.

Troyat Lev TARASSOV, dit Henri TROYAT 1911 ▪ Écrivain.

Turenne Henri de LA TOUR D'AUVERGNE, vicomte de TURENNE 1611-1675 ▪ Maréchal de France.

Vailland Roger VAILLAND 1907-1965 ▪ Écrivain.

Valéry Paul VALÉRY 1871-1945 ▪ Écrivain.

Vallès Jules VALLEZ, dit Jules VALLÈS 1832-1885 ▪ Écrivain et journaliste.

Vaugelas Claude FAVRE, seigneur de VAUGELAS v. 1585-1650 ▪ Grammairien et écrivain.

Cl. Vautel Clément VAULET, dit Clément VAUTEL 1876-1954 ▪ Romancier et journaliste.

Vauven. Luc de CLAPIERS, marquis de VAUVENARGUES 1715-1747 ▪ Moraliste.

Vercel Roger CRÉTIN, dit Roger VERCEL 1894-1957 ▪ Romancier.

Vercors Jean BRULLER, dit VERCORS 1902-1991 ▪ Romancier et essayiste.

Verhaeren Émile VERHAEREN 1855-1916 ▪ Poète belge.

Verlaine Paul VERLAINE 1844-1896 ▪ Poète.

J. Verne JULES VERNE 1828-1905 ▪ Romancier d'anticipation scientifique.

Vialar Paul VIALAR 1898-1996 ▪ Écrivain.

Vian BORIS VIAN 1920-1959 ▪ Écrivain.

Vigny Alfred, comte de VIGNY 1797-1863 ▪ Écrivain.

Villiers Auguste, comte de VILLIERS DE L'ISLE-ADAM 1838-1889 ▪ Écrivain.

Villon François VILLON 1431-apr. 1463 ▪ Poète.

Volt. François Marie AROUET, dit VOLTAIRE 1694-1778 ▪ Écrivain, auteur dramatique et pamphlétaire.

Wagner Richard WAGNER 1813-1883 ▪ Compositeur allemand.

Yourcenar Marguerite de CRAYENCOUR, dite Marguerite YOURCENAR 1903-1987 ▪ Écrivain.

Zola Émile ZOLA 1840-1902 ▪ Écrivain et journaliste.

dictionnaire de la langue française

A ① **a** [ɑ] n. m. inv. **1** Première lettre et première voyelle de l'alphabet : *a majuscule* (A), *a minuscule* (a), *a accent circonflexe* (â), *a accent grave* (à) *(çà, là, déjà)*. ➛ pronon. *a antérieur* [a] *(ta, patte)*, *a postérieur* [ɑ] *(tas, pâte)* ; *a nasal* [ɑ̃] *(enfant)*. La distinction entre *a antérieur* et *a postérieur* tend à disparaître. *Digrammes, trigrammes comportant a : au, eau* [o] ou parfois [ɔ] devant un *r (centaure)* ; *ai* (→ ① i) ; suffixe *-ail* (→ ① l) ; *an, aen, aon (faon), ain* (→ ① n) ; *æ* (→ ① e) ; *ay* comme dans *payer* (→ ① y). **2** loc. *Depuis A jusqu'à Z* (ou *de A à Z*) : du commencement à la fin, entièrement. *Il lui a tout raconté, de A à Z. Prouver, démontrer par a + b* [aplysbe], avec une rigueur mathématique. ✪ HOM. À, ah.

② **A** ou **a** abrév. et symboles **1** **A** [ɑ] n. m. inv. La note *la* (dans la nomenclature musicale anglo-saxonne et germanique). **2** **A** [gʀɑ̃tɑ] adj. inv. Masse atomique, exprimée en grammes. ➛ **A** [ɑ̃pɛʀ] n. m. inv. Ampère. **3** **Å** [aŋstʀœm] n. m. inv. Angström. **4** **a** [aʀ] n. m. inv. Are.

① **a-** ▪ Élément, du lat. *ad*, marquant la direction, le but à atteindre, ou le passage d'un état à un autre (var. *ad- ; ac-, af-, ag-, al-, an-, ar-, as-, at-*). ⇒ **à.**

② **a-** ▪ Élément tiré du gr. exprimant la négation (« pas »), ou la privation (« sans »), et dit *a privatif* (var. *an-* devant voyelle, ex. *analphabète*).

❑ Devant une consonne celle-ci n'est pas redoublée même si c'est un *s* suivi d'une voyelle (ex. *asocial*) ; même cas pour *anti-*. ♦ Attention à la confusion orale des contraires : *la symétrie, l'asymétrie.* ♦ Ne pas confondre les mots en *a-* (privatif) et *in-* (contraire). → in-.

à prép. – Xe ; lat. *ad* ▪ Contraction de *à le* en AU [o], de *à les* en AUX [o]. **I - 1** Vide de sens, introduisant un objet dit indirect. *Nuire à sa santé.* ➛ *Le recours à la force.* ➛ *Fidèle à sa parole. J'aime à le répéter.* **2** À CE QUE. *Je tiens à ce qu'il soit là.* **II - 1** Lieu de destination. *Aller à Paris. Passer à table. Droit au but ! À la porte !* ➛ *Aller à la boulangerie.* DE... À... *Du nord au sud.* **2** fig. Progression dans une série. *Du premier au dernier.* ➛ *Recevoir de 4 à 6 heures.* ➛ « *L'enfant avait douze à treize ans* » (R. Rolland). ⇒ **environ.** ➛ *Passer du rire aux larmes, de vie à trépas.* **3** Aboutissement à un point extrême. *J'en arrive à penser qu'il a raison. Il court à perdre haleine. Fou à lier.* **4** Destination de choses, but. ⇒ **pour.** *Donner un costume à nettoyer. C'est à prendre ou à laisser.* ➛ (Obligation) *C'est à voir* : il faut voir. ➛ *Nous avons à manger. Ce travail laisse à désirer.* ➛ *Un verre à liqueur.* ➛ *N'être bon à rien.* **5** Destination de personnes, attribution. *Donner de l'argent à un ami. Salut à tous !* ➛ (En dédicace) *À ma femme bien-aimée.* ➛ *Hymne au soleil.* **6** Rapprochement. *Semblable, pareil à. Conformément, relativement à.* **III - 1** Position dans un lieu. ⇒ **dans,** ① **en.** *Il vit à Paris. En France comme à l'étranger.* « *il ne veut plus de toi au magasin !* » (Céline). ➛ *Avoir mal à la tête.* ➛ *Une propriété à la campagne.* **2** fig. Position dans une situation. *Se mettre au travail.* ➛ *Être le premier à faire qqch.*, le premier qui fait qqch. ⇒ **qui.** ♦ *À vous surmener ainsi vous tomberez malade*, en vous surmenant ainsi. *À tout prendre. À dire vrai.* **3** Position dans le temps. *Partir à cinq heures.* ➛ *À demain ! À la prochaine fois !* ➛ *À ces mots, il se fâcha.* ➛ *Emprisonnement à perpétuité.* **4** Appartenance. *Ceci est à moi. À qui sont ces gants ?* ➛ *À nous la liberté !* ➛ C'EST À... DE. *C'est à moi de l'aider* : c'est mon devoir, ou c'est mon tour de l'aider. *À vous de jouer !* ➛ *C'est gentil à vous d'accepter* : vous êtes gentil d'accepter. ♦ loc. *Bête à bon Dieu. Fils à papa.* ➛ *Un cousin à moi* : un de mes cousins. *Il a un style à lui.* (renforcé) *Son but, à lui, c'est le gain. Ma petite femme à moi.* **IV - 1** Moyen, instrument. ⇒ **avec,** ① **par.** *Aller à pied. Se chauffer au mazout.* ♦ *Bateau à moteur. Pommes au four.* **2** Manière. *Il vit à l'aise. Acheter à crédit. Cuire à feu doux.* ➛ *Tissu à rayures.* ♦ À LA... *Parler à la légère*, légèrement. *Vendre à la sauvette.* **3** Prix. *Je vous le fais à cent francs.* ⇒ **pour.** ➛ *Un journal à sept francs.* ⇒ ① **de.** **4** Caractérisation par accompagnement. ⇒ **avec.** ➛ *Un pain aux raisins. Steak au poivre. L'homme au chapeau rond.* **5** Association numérique. *Ils sont venus à dix, à plusieurs*, en étant dix, plusieurs à la fois. ➛ *Deux à deux* : deux à la fois. ⇒ ① **par.** ✪ HOM. ① a, ah.

❑ L'emploi de *à* entre deux noms pour des relations personnelles est fautif (*un ami à Paul* → ① de) alors qu'il est permis avec un pronom *(un ami à lui).* ♦ Voir aussi l'emploi de *en* pour *à* → ① en.

abacule n. m. – 1933 ; lat. ▪ Petit cube constituant l'élément d'une mosaïque.

abaissant, ante adj. – XIXe ▪ Qui abaisse moralement. ⇒ **dégradant, humiliant.**

abaisse n. f. – XIVe ▪ Pâte amincie sous le rouleau à pâtisserie. ✪ HOM. Abbesse.

abaisse-langue n. m. – XIXe ▪ Palette de bois jetable qui sert à abaisser la langue pour examiner la gorge. *Des abaisse-langues* ou *des abaisse-langue.*

abaissement n. m. – XIIe **1** Action de faire descendre ; état de ce qui est descendu **(⇒ baisse).** *Abaissement du niveau d'un liquide. Abaissement de la température.* ➛ *L'abaissement d'une perpendiculaire.* **2** Action de diminuer (une valeur), de la rendre plus basse. *L'abaissement de l'âge de la retraite.* **3** vieilli ⇒ **avilissement, déchéance ; renoncement.** ✪ CONTR. Élévation. Amélioration, progrès.

abaisser v. tr. [1] – XIIe **I - 1** Faire descendre à un niveau plus bas. ⇒ **baisser.** « *Saïdi abaissa les deux manettes de déclenchement à la fois, à les casser* » (Malraux). ➛ *Abaisser une perpendiculaire*, la mener d'un point à une droite. **2** Diminuer la quantité de, faire baisser.

Abaisser la température. « *abaisser le coût de la production* » (Beauv.). *Abaisser l'âge de la retraite :* réduire le nombre d'années de travail nécessaires pour avoir droit à la retraite. 3 fig. Faire descendre à un niveau inférieur. *Abaisser une puissance.* ⇒ **abattre, affaiblir.** « *La douleur abaisse, humilie, porte à blasphémer* » (Renan). II *S'ABAISSER* v. pron. 1 Descendre à un niveau plus bas. *Le terrain s'abaisse vers la rivière.* ➛ Pouvoir être descendu. *Vitre qui s'abaisse.* 2 fig. Se mettre dans une position inférieure. ⇒ s'**humilier.** *S'abaisser à des compromissions.* ⇒ s'**avilir,** se **compromettre.** « *en acceptant, tu t'abaisses, tranchons le mot, tu te dégrades* » (Flaub.). ✪ CONTR. Élever, hausser ; glorifier. — Hausser (se). — HOM. abc.

abaisseur, euse adj. – XVIe ■ Se dit d'un muscle servant à abaisser une partie du corps. ➛ subst. *L'abaisseur du sourcil.*

abajoue n. f. – XVIIIe ; en un seul mot pour *la bajoue* ■ Poche entre la joue et la mâchoire, chez certains animaux, servant de réserve à aliments. *Les abajoues du hamster.*

abandon n. m. – XIIe ; germ. « bannir » 1 Action de renoncer (à une chose), de laisser (qqch.). *Abandon des hostilités.* ⇒ **arrêt, cessation, suspension.** ➛ *Abandon d'une accusation.* ⇒ **renonciation.** « *je fis à Marguerite l'abandon de la rente qui me venait de ma mère* » (Perec). 2 Action de quitter (un lieu dans lequel on est tenu de séjourner). *Abandon du domicile conjugal. Abandon de poste.* 3 Action de renoncer à utiliser (qqch.). *Abandon d'un traitement.* ⇒ ② **rejet.** 4 Action de renoncer à poursuivre une épreuve sportive, une compétition. 5 Action de délaisser (qqn, qqch.), de ne plus s'en occuper. *Abandon de famille :* délit constitué par le délaissement de la résidence familiale. ➛ *Abandon d'un enfant. Sentiment d'abandon* (⇒ **abandonnique).** ♦ État de ce qui est délaissé. ➛ loc. adv. *À L'ABANDON :* dans un état d'abandon. « *Julien descendit au parc. Il était à l'abandon* » (Duham.). 6 Action de se laisser aller, de se détendre ; effet agréable qui en résulte. ⇒ **détente.** ➛ Calme confiant. *S'épancher avec abandon.* ⇒ **confiance.** ✪ CONTR. Acquisition, adoption. Maintien. Méfiance, tension.

abandonnataire n. – XIXe ■ Personne à qui est fait un abandon de biens.

abandonné, ée adj. 1 Qu'on a abandonné, délaissé. *Enfants abandonnés.* ➛ *Maison abandonnée. Village abandonné.* ⇒ **déserté.** 2 Qui a de l'abandon. *Position abandonnée.* ✪ CONTR. Recherché. Tendu.

abandonner v. tr. [1] – XIe I - 1 Ne plus vouloir de (un bien, un droit). ⇒ **renoncer** (à). *Abandonner ses biens. Abandonner le pouvoir.* ♦ Laisser (un bien, un droit) à qqn. *Abandonner sa fortune à qqn.* ⇒ **donner, léguer.** ➛ par ext. *Abandonner à qqn le soin de faire qqch.* ♦ Laisser au pouvoir (de qqch.). *Vous m'abandonnez à mon triste sort.* 2 Quitter, laisser définitivement (qqn). *Abandonner ses enfants.* « *Dès qu'il ne voit plus les gens, il les oublie, il les abandonne* » (Duham.). ♦ Faire défaut. « *Ses forces subitement l'abandonnèrent* » (Flaub.). 3 Quitter définitivement (un lieu). « *Ainsi le curé dut-il abandonner ce toit après dix mois de séjour* » (Jouhand.). *Abandonner son poste.* ➛ *Abandonner le domicile conjugal.* 4 Renoncer à (une action difficile, pénible). *Abandonner la lutte.* ⇒ **capituler.** *Abandonner les recherches.* ⇒ **cesser.** *Abandonner la compétition, la partie.* ➛ *J'abandonne !* 5 Cesser d'employer, ne plus considérer comme utile, bon. *Abandonner une hypothèse.* II *S'ABANDONNER* v. pron. 1 *S'abandonner à :* se laisser aller à (un état, un sentiment). *S'abandonner au désespoir.* 2 Se détendre, se laisser aller physiquement. 3 Se livrer en toute confiance. « *Elle céda au plaisir de s'abandonner, de se confier* » (Mauriac). ✪ CONTR. Garder, maintenir. — Raidir (se). Méfier (se).

abandonnique adj. et n. – 1950 ■ Se dit d'un sujet qui vit dans la crainte d'être abandonné.

abaque n. m. – XIIe ; lat. 1 Tablette à calculer de l'Antiquité. ♦ Boulier (pour compter). ➛ Représentation graphique permettant de lire les valeurs approchées des solutions d'équations difficiles ou longues à résoudre. 2 Partie supérieure du chapiteau d'une colonne, en forme de tablette. ⇒ **tailloir.**

abasourdi, ie adj. 1 Étourdi par un grand bruit. 2 par ext. Étourdi par ce qui surprend. *D'un air abasourdi.* ⇒ **ahuri, hébété.** « *je les vis l'un et l'autre atterrés, abasourdis* » (Rouss.).

> ❑ Prononcer le *s* comme un *z*, car il n'y a pas de rapport étym. avec *sourd.*

abasourdir v. tr. [2] – XVIIe ; de l'arg. *basourdir* « tuer » 1 Étourdir par un grand bruit. 2 par ext. Étourdir de surprise. ⇒ **hébéter, sidérer.** *Cette nouvelle m'a abasourdi.*

abasourdissant, ante adj. – XIXe 1 rare Assourdissant, abrutissant. 2 Stupéfiant. *Nouvelle abasourdissante.*

abat n. m. – XIVe I vx 1 Action d'abattre. *Abat d'arbres.* 2 Action de s'abattre. *Pluie d'abat :* violente averse. II au plur. Parties accessoires d'animaux tués pour la consommation. *Abats de poulet.* ⇒ **abattis.**

abâtardir v. tr. [2] – XIIe 1 Altérer en faisant perdre les qualités de la race. ➛ pronom. *Race qui s'est abâtardie.* ⇒ **dégénérer.** 2 fig. Faire perdre ses qualités à. ⇒ **avilir,** ① **dégrader.** ➛ pronom. « *le principe d'égalité s'abâtardit en principe d'identité* » (St-Exup.). ✪ CONTR. Améliorer.

> ❑ Ainsi que dans *bâtard*, le *â* tend à se prononcer comme le *a* ordinaire.

abatis → **abattis**

abat-jour n. m. inv. – XVIIe 1 Ouverture percée obliquement dans un mur pour éclairer une pièce, un sous-sol de haut en bas. 2 Réflecteur qui rabat la lumière d'une lampe.

abat-son n. m. – XIXe ■ Ensemble de lames inclinées dont on garnit les baies des clochers pour renvoyer vers le sol le son des cloches. *Des abat-sons.*

abattage n. m. – XIIIe I - 1 Action d'abattre (des arbres). ⇒ ② **coupe.** « *ses compagnons s'employèrent à l'abattage et au charroi des arbres* » (J. Verne). 2 Action de détacher (le minerai) de la paroi d'une mine. 3 Action de tuer (un animal de boucherie). 4 fig. *AVOIR DE L'ABATTAGE.* Avoir du brio, de l'entrain. *Animateur qui a de l'abattage.* II *Vente à l'abattage :* vente à vil prix et par grandes quantités. ♦ *Maison d'abattage,* maison de passe* à bas prix.

abattant n. m. – XVIIe ■ Pièce d'un meuble, d'un siège que l'on peut lever ou abaisser à volonté. *Elle* « *replace l'ensemble sur l'abattant* » (Robbe-Grillet).

abattée n. f. – XVIIe 1 Mouvement d'un navire dont l'axe s'éloigne du lit du vent (opposé à *auloffée*). 2 Chute en piqué d'un avion à la suite d'une perte de vitesse.

abattement n. m. – XIIe 1 Diminution ; rabais sur une somme à payer. ⇒ **déduction.** ➛ Fraction de la matière imposable exemptée de l'impôt. 2 Grande diminution des forces physiques. ⇒ **épuisement, faiblesse, fatigue.** 3 Dépression morale, désespoir passif. ⇒ **accablement, dépression, neurasthénie.** *Être dans un état d'abattement profond.* « *le premier mouvement d'abattement passé, il avait repris conscience* » (Hugo). ✪ CONTR. Énergie. Exaltation.

abatteur n. m. – XIIe 1 Celui qui abat. 2 Ouvrier qui extrait le minerai, le charbon. 3 *Un grand abatteur de travail :* personne qui travaille beaucoup et efficacement.

abattis n. m. – XIIe **1** Amas de bois abattu. ➛ région. (Canada) *Abattis* ou *abatis :* terrain (entièrement ou partiellement) déboisé, qui n'est pas encore essouché. **2** au plur. *Les abattis :* abats de volaille, spécialt les pattes. ♦ fig. et fam. Bras et jambes. loc. *Numéroter ses abattis :* se préparer à une lutte comme si on risquait de perdre ses membres. *Tu peux numéroter tes abattis !* (menace).

abattoir n. m. – XIXe ▪ Bâtiment où l'on abat les animaux de boucherie. ➛ fig. *Envoyer des soldats à l'abattoir,* au massacre.

abattre v. [41] – VIIIe ; lat. pop. *abattere* **I** v. tr. **1** Jeter à bas (ce qui est vertical). *Abattre l'adversaire,* le jeter à terre. *Abattre un arbre.* « *quelques cloisons à abattre dans une vieille bâtisse* » (Romains). ➛ *Abattre du minerai,* le détacher de la paroi pour le faire choir. **2** Faire tomber en donnant un coup mortel. ⇒ **tuer.** *Abattre un cheval blessé.* par anal. *Abattre un avion.* ➛ *Abattre qqn,* l'assassiner avec une arme à feu. ⇒ fam. **descendre.** loc. *Un homme, une femme à abattre ;* fig. à vaincre, à éliminer. **3** Rabattre au sol. *La pluie abat la poussière.* **4** *Abattre de la besogne, du travail :* travailler beaucoup et efficacement. **5** fig. Rendre faible, ôter les forces à. *Cette grosse fièvre l'a abattu.* ⇒ **épuiser, fatiguer.** ♦ Ôter l'énergie, l'espoir, la joie à. ⇒ **accabler, décourager, déprimer.** loc. *Ne pas se laisser abattre :* rester calme dans une circonstance difficile ; par ext. se préoccuper de son bien-être en dépit des difficultés. **II** v. tr. par ext. Coucher (ce qui est debout). *Abattre un cheval,* pour le soigner. *Abattre un navire en carène,* pour réparer la carène. ➛ *Abattre ses cartes :* déposer ses cartes avant la fin du jeu (dans la certitude d'avoir gagné). fig. Dévoiler ses desseins et passer à l'action. **III** v. intr. Gouverner de façon à éloigner l'axe d'un bateau du lit du vent (opposé à *lofer*). **IV** S'ABATTRE (SUR) v. pron. **1** Tomber tout d'un coup. ⇒ s'**écrouler,** s'**effondrer.** *S'abattre comme une masse.* **2** Tomber brutalement, être jeté (sur). « *Une grosse pluie s'abattit sur le jardin* » (Duham.). **3** *S'abattre sur,* se laisser tomber sur, en volant. « *des volées de petits moineaux s'abattaient sur cette moisson perdue* » (Daud.). *Vautour qui s'abat sur sa proie.* ⇒ **fondre.** ➛ fig. *Le malheur, le découragement s'abattit sur lui.* ✪ CONTR. Relever, remonter.

abattu, ue adj. et n. m. **1** Qui n'a plus de force, est très fatigué (en parlant d'un malade). ⇒ **faible. 2** Triste et découragé. ⇒ **déprimé, prostré. 3** Assassiné avec une arme à feu. *Prisonniers, otages abattus.* ➛ Détruit en vol, en parlant d'un avion. **4** Abaissé. *À bride* abattue.*

> ❑ *Abattu* au sens de « tué » s'emploie surtout pour les personnes hors d'état de se défendre par les armes.

abat-vent n. m. – XIIIe ▪ Lame inclinée adaptée à une fenêtre, une cheminée, pour les protéger du vent, de la pluie. *Des abat-vent* ou *des abat-vents.* ⇒ aussi **mitre.**

abat-voix n. m. inv. – XIXe ▪ Dais placé au-dessus d'une chaire pour rabattre la voix du prédicateur vers l'auditoire.

abbatial, iale, iaux adj. – XVe ▪ Qui appartient à l'abbé, à l'abbesse ou à l'abbaye. *Fonctions abbatiales.* ➛ n. f. Église principale d'une abbaye.

abbaye [abei] n. f. – XIe **1** Couvent, monastère dirigé par un abbé ou une abbesse. **2** Bâtiments de ce monastère. *Abbaye gothique.*

> ❑ Pour la prononciation → paye (rem.).

abbé n. m. – XIe ; gr. « père » **1** Dans l'Église catholique et orthodoxe, Supérieur d'un monastère d'hommes érigé en abbaye. **2** Titre donné à un prêtre séculier. *Monsieur l'abbé.* **3** Dans le clergé français, Prêtre qui n'est pas détenteur d'un bénéfice (à la différence du curé*).

abbesse n. f. – XIIe ▪ Supérieure d'un couvent de religieuses érigé en abbaye. « *Les austères figures des abbesses célèbres pour leurs macérations* » (Balz.). ✪ HOM. Abaisse.

abbevillien, ienne adj. et n. m. – v. 1932 ; de *Abbeville* ▪ Se dit d'un type de culture du paléolithique inférieur, caractérisé par l'usage de bifaces grossièrement taillés. ⇒ **chelléen.** ➛ n. m. Période de cette culture.

abc [abese] n. m. inv. – XIIe ; des trois premières lettres de l'alphabet **1** Petit livre pour apprendre l'alphabet. ⇒ **abécédaire. 2** fig. Premiers principes d'une connaissance, d'un art. *L'abc du métier.* ⇒ **b.a.-ba.** ✪ HOM. Abaisser.

> ❑ *abc* n'est pas un sigle* mais une suite, comme dans *clavier* AZERTY.

abcéder v. intr. [6] – XVIe ▪ Se transformer en abcès, suppurer. ➛ pronom. *Nodule qui s'est abcédé.*

abcès n. m. – XVIe ; lat. *abscessus* ▪ Amas de pus formant une poche au sein d'un tissu ou d'un organe. *Abcès chaud,* accompagné d'inflammation aiguë. *Abcès froid,* qui évolue sans signes d'inflammation aiguë. *Abcès qui mûrit. Ouvrir un abcès.* loc. fig. *Crever, vider l'abcès :* prendre des mesures de manière à extirper la cause d'une discorde. *Abcès de fixation :* abcès provoqué pour localiser une infection générale ; fig. événement ou phénomène qui canalise et empêche un principe jugé dangereux de se propager. « *Le sport : un abcès de fixation que la bourgeoisie a mis du temps à découvrir* » (Mauriac).

abdicataire adj. et n. – XIXe ▪ Qui a abdiqué le pouvoir.

abdication n. f. – XVe **1** Action d'abdiquer, de renoncer à qqch. ⇒ **abandon.** « *Tout, plutôt que l'abdication de la raison* » (Mart. du G.). **2** Action de renoncer au pouvoir suprême, à la couronne.

abdiquer v. tr. [1] – XVe ; lat. **1** Renoncer à agir, se déclarer vaincu. ⇒ **abandonner.** *C'est trop difficile, j'abdique !* **2** Renoncer (au pouvoir suprême). « *Dioclétien abdiqua solennellement l'empire* » (Volt.). ♦ *Elle a dû abdiquer. Abdiquer en faveur de son fils.*

abdomen [abdɔmɛn] n. m. – XVIe ; mot lat. **1** Cavité viscérale à la partie inférieure du tronc, limitée en haut par le diaphragme. ➛ Partie antérieure de l'abdomen. ⇒ **ventre. 2** Partie postérieure du corps des arthropodes. *Abdomen d'insecte.*

abdominal, ale, aux adj. – XVIIe ▪ Qui appartient à l'abdomen. *Muscles abdominaux.* ➛ n. m. pl. *Les abdominaux.* ➛ par ext. Exercices de développement des muscles abdominaux. *Faire des abdominaux.* abrév. fam. *Des abdos* [abdo]

abducteur, trice adj. et n. m. – XVIe ; lat. *ab-* et *ducere* « conduire » **1** Qui produit l'abduction. *Muscle abducteur.* ➛ n. m. *L'abducteur du gros orteil.* **2** *Tube abducteur,* qui recueille les gaz dans une réaction chimique. ✪ CONTR. Adducteur.

abduction n. f. – XVIe ▪ Mouvement qui écarte un membre du plan médian du corps. ✪ CONTR. Adduction.

> ❑ Ne pas confondre avec *adduction* « action de faire venir l'eau ».

abécédaire n. m. – XVIe ; du nom des quatre premières lettres de l'alphabet ▪ Livre pour apprendre l'alphabet. ⇒ **abc.**

abeille n. f. – XIIIe ; lat. *apicula* **1** Insecte social hyménoptère *(apidés),* vivant en colonie (⇒ **essaim**) et produisant la cire et le miel. *Élevage d'abeilles.* ⇒ **apiculture, ruche.** *Piqûre d'abeille,* avec un aiguillon à venin. *L'abeille bourdonne.* 2 Insigne d'armoiries représentant cet insecte. *Les abeilles impériales.* « *Filles de la lumière, abeilles, Envolez-vous de ce manteau* » (Hugo).

> ❑ Les abeilles s'appelaient autrefois *avettes, mouches à miel.*

abélien, ienne adj. – XIXe ; de *Abel,* mathématicien norv. ▪ *Groupe, anneau abélien,* dont la loi de composition est commutative. ♦ *Équation abélienne,* telle que chaque racine peut s'exprimer rationnellement en fonction de l'une quelconque des autres.

aber [abɛʀ] n. m. – XIXe ; mot bret. ▪ Profond estuaire de rivière en Bretagne.

aberrant, ante adj. – XIXe 1 Qui s'écarte de la règle, est contraire à la raison. *Une idée, une conduite aberrante.* ⇒ **absurde, insensé.** 2 sc. *Espèce aberrante,* qui présente des variations rares, notamment par mutation. ✪ CONTR. Normal, régulier.

> ❑ Deux *r* comme dans *erreur,* mot de la même famille.

aberration n. f. – XVIIe ; lat. *ab-* et *errare* « errer » 1 sc. Écart entre la direction apparente d'un astre et sa direction réelle, dû aux mouvements de la Terre et à la vitesse de la lumière. ➛ Défaut de l'image donnée par un instrument d'optique (lentille, miroir grossissant), ou par l'œil (⇒ **astigmatisme, irisation).** ➛ Écart par rapport à l'espèce type. *Aberration chromosomique :* anomalie à l'origine de diverses manifestations pathologiques (notamment mongolisme). 2 Déviation du jugement, du bon sens. ⇒ **égarement, folie.** *Un moment d'aberration.* ➛ *C'est une aberration !* ⇒ **absurdité.** « *Au sortir de ces aberrations, il tombait dans des crises de dégoût* » (R. Rolland).

abêtir v. tr. [2] – XIVe ▪ Rendre bête, stupide. ⇒ **abrutir, crétiniser.** ➛ pronom. *Il s'abêtit de jour en jour.* ✪ CONTR. Éveiller.

abêtissant, ante adj. – XIXe ▪ Qui abêtit, rend stupide, est propre à le faire. ⇒ **abrutissant, crétinisant.**

abêtissement n. m. – XIXe 1 Action d'abêtir. ⇒ **abrutissement, crétinisation.** « *L'abêtissement systématique des masses* » (Beauv.). 2 État d'une personne abêtie. ⇒ **crétinisme.**

abhorrer v. tr. [1] – XIIIe ; lat. ▪ littér. Avoir en horreur, détester au plus haut point. ⇒ **détester, exécrer, haïr.** ✪ CONTR. Adorer.

> ❑ *Abhorrer* prend deux *r,* comme *horreur,* de la même famille.

abîme n. m. – XIIe ; lat. *abyssus* → abysse I - 1 littér. Gouffre très profond. ⇒ **précipice.** ➛ *Les abîmes de l'enfer.* 2 cour. par métaph. ABÎME ENTRE..., se dit d'une différence extrêmement importante. ⇒ **fossé, monde.** « *Entre elle et ses filles, un abîme s'était creusé* » (Loti). 3 littér. Se dit d'une chose insondable, notamment des infinis, du temps. « *Se perdre dans l'abîme des temps* » (La Bruy.). ♦ loc. UN ABÎME DE... « *il était plongé dans un abîme d'irrésolution* » (France). 4 Se dit d'une situation morale ou matérielle très mauvaise, quasi désespérée. ⇒ **perte, ruine.** *Être au bord de l'abîme, toucher le fond de l'abîme.* II loc. EN ABYME, rare ABÎME. 1 « *on dit d'un petit écu, qui est au milieu d'un grand, qu'il est mis en* abyme » (Dict. de Trévoux). 2 Se dit d'une œuvre montrée à l'intérieur d'une autre qui en parle : récit dans le récit, film dans le film, etc. *Mise en abyme. Un peintre* « *en train de peindre la figurine infime d'un peintre en train de peindre* [...] *une de ces images en abyme qu'il aurait voulu continuer à l'infini* » (Perec).

abîmé, ée adj. 1 Endommagé, détérioré. *Objets abîmés en solde. Peinture abîmée.* 2 pop. Blessé, défiguré, enlaidi. ⇒ **amoché, arrangé.**

abîmer v. tr. [1] – XIVe I - 1 vx Précipiter dans un abîme. ⇒ **engloutir.** fig. Plonger dans un état dangereux. 2 vx Mettre dans une mauvaise situation. « *De si grands maux sont capables d'abîmer l'État* » (Boss.). 3 mod. Mettre hors de service, endommager (qqch.). ⇒ **casser, détériorer.** *Abîmer un livre, un vêtement.* « *Il achevait de s'abîmer la vue en collationnant des textes* » (Mart. du G.). ♦ fam. *Abîmer qqn,* le meurtrir, le blesser par des coups. ⇒ **amocher, arranger.** *Il s'est fait salement abîmer.* II S'ABÎMER v. pron. 1 littér. Tomber, s'engloutir (dans qqch.). *L'avion s'abîma dans la mer.* ➛ fig. Se plonger (dans qqch.). *S'abîmer dans la contemplation.* ➛ *Être abîmé dans ses réflexions.* 2 Se détériorer, se gâter. « *le cliché s'est abîmé, la gélatine s'est déchirée* » (Léautaud).

ab intestat [abɛ̃tɛsta] loc. adv. et loc. adj. – XVe ; lat. *ab* « de » et *intestatus* « qui n'a pas testé » ▪ Sans testament. *Hériter ab intestat.* ➛ *Succession ab intestat. Défunt ab intestat* (⇒ **héritier ; succession).**

abiogenèse n. f. – XIXe ▪ Apparition de la vie à partir de la matière inanimée (cf. Génération* spontanée).

abiotique adj. – XIXe ; de ② *a-* et gr. *biôtikos* « qui concerne la vie » ▪ Où la vie est absente, ou impossible. *Milieu abiotique.*

ab irato loc. adv. et loc. adj. – XVIIIe ; lat. *(testamentum) ab irato (factum)* « (testament fait) par qqn que la colère anime » ▪ Dr. Sous l'empire de la colère. *Acte, testament ab irato.*

abject, e adj. – XVe ; lat. *ab-* et *jacere* « jeter » ▪ Digne du plus grand mépris, qui inspire une violente répulsion. ⇒ **dégoûtant, ignoble, infâme, vil.** *Il a été abject. Des sentiments abjects.* « *des délations abjectes, des vengeances de lettres anonymes* » (Goncourt).

> ❑ Pour la prononciation de la finale → exact (rem.).

abjection n. f. – XIVe 1 Extrême degré d'abaissement, d'avilissement. ⇒ **indignité, infamie.** *Vivre dans l'abjection. Ils* « *ne pouvaient choisir qu'entre l'abjection et l'héroïsme* » (Sartre). 2 Comportement, discours abject. *Cette mesure est une abjection.*

abjuration n. f. – XVe ▪ Action d'abjurer. ⇒ **apostasie.**

abjurer v. tr. [1] – XIVe ; lat. ▪ Renoncer solennellement à la religion qu'on professait. « *Le 25 juillet 1593, Henri IV abjura en l'église Saint-Denis* » (Bainville).

> ❑ Ne pas confondre avec *adjurer* « prier instamment ».

ablater v. tr. [1] – 1923 ▪ sc. Produire l'ablation de.

ablatif n. m. et adj. – XIIIe I n. m. Cas de la déclinaison latine, indiquant qu'un substantif sert de point de départ ou d'instrument à l'action. *Mettre un mot à l'ablatif.* II adj. Propre à l'ablation.

ablation n. f. – XIIIe ; lat. 1 Action d'enlever. ⇒ **amputation, excision ; -ectomie.** *Pratiquer l'ablation d'un rein.* 2 Perte de substance subie par un relief. *L'érosion est une ablation.* 3 Destruction progressive et superficielle d'un matériau par décomposition, fusion, érosion, sublimation, vaporisation.

ablégat n. m. – XVIIIe ; lat. « envoyé » ▪ Vicaire d'un légat. ➛ Envoyé du pape.

ableret n. m. – XIVe ; de *able* « ablette » ▪ Filet de pêche carré. ⇒ **carrelet.**

ablette n. f. – XIVe ; lat. *albus* « blanc » ▪ Petit poisson comestible, à écailles argentées *(cyprinidés),* qui vit en troupe dans les eaux douces.

ablution n. f. – XIIIe ; lat. *abluere* « laver » 1 Lavage du corps, d'une partie du corps comme purification religieuse.

Les ablutions des musulmans, des hindous. 2 littér. Action de se laver. *Faire ses ablutions.* « *il se tint la tête sous un robinet d'eau froide et s'offrit une longue ablution* » (Duham.).

abnégation n. f. – XIVe ; lat. « retus » ■ Sacrifice volontaire de soi-même, de son intérêt. ⇒ **désintéressement, dévouement.** « *cette grandeur passive qui repose dans l'abnégation et la résignation* » (Vigny). ✪ CONTR. Égoïsme.

❑ *Abnégation* met l'accent sur le fait de renoncer à soi et *dévouement* sur le fait de s'occuper des autres.

aboi n. m. – XIIe 1 littér. Aboiement. « *Le soir était tout vibrant d'appels de bergers, d'abois de chiens* » (Mauriac). 2 *AUX ABOIS* loc. adj. Situation de la bête entourée par la meute qui aboie. « *Les pleurs de la biche aux abois* » (Vigny). ♦ fig. Dans une situation matérielle désespérée. *Il est aux abois.*

aboiement n. m. – XIIIe ■ Cri du chien ; action d'aboyer (⇒ ① **ouah).** ➛ fig. « *Fermons l'oreille aux aboiements de la critique* » (Buff.).

abolir v. tr. [2] – XVe ; lat. « détruire, anéantir » 1 Supprimer (un texte ayant force de prescription, une coutume). *Abolir une loi* (⇒ **abroger),** *un usage.* ⇒ **annuler.** *Abolir la peine de mort.* 2 Supprimer, faire disparaître. « *C'est la nuit qui abolit tout, fatigues et passions* » (Sartre). ➛ *Usages abolis.* ✪ CONTR. Établir, fonder.

abolition n. f. – XIVe 1 dr. Le fait d'abolir, de supprimer ; son résultat. *L'abolition d'une loi.* ⇒ **abrogation.** 2 cour. Suppression (d'une coutume, d'une situation). *L'abolition de l'esclavage, de la peine de mort.*

abolitionnisme n. m. – XIXe ■ Doctrine de ceux qui demandent, ont demandé l'abolition d'une loi, d'un usage.

abolitionniste n. et adj. – XIXe 1 Partisan de l'abolitionnisme. *Un nègre « que depuis longtemps Cyrus Smith, abolitionniste de raison et de cœur, avait affranchi »* (J. Verne). 2 adj. Relatif à l'abolitionnisme. *Principes abolitionnistes.*

abominable adj. – XIIe ; lat. *abominare* « repousser comme mauvais présage » 1 Qui inspire de l'horreur. ⇒ **atroce, horrible, monstrueux.** *Crime abominable.* 2 par ext. Très mauvais. ⇒ **affreux, exécrable.** *Un temps abominable.* « *Je pensais au somptueux et abominable mobilier* » (Goncourt).

abominablement adv. – XIVe ■ D'une manière abominable. ⇒ **affreusement, horriblement.**

abomination n. f. – XIIe 1 littér. Horreur inspirée par ce qui est impie. ♦ Horreur, détestation. « *Elle les confondait décidément dans la même abomination* » (Duras). *Avoir qqn, qqch. en abomination,* en horreur. 2 Acte, chose abominable. *Elle* « *n'ajoutait aucune foi à ces abominations* » (Mauriac).

abominer v. tr. [1] – XIIe ■ littér. Avoir en horreur. ⇒ **abhorrer, détester, exécrer.** « *la peine de mort que j'abomine* » (Green).

abondamment adv. – XIIe ■ D'une manière abondante, en grande quantité. *Saler abondamment.* ⇒ **beaucoup.** *Servez-vous abondamment.* ⇒ **copieusement.** ✪ CONTR. Peu.

abondance n. f. – XIIe 1 Grande quantité, quantité supérieure aux besoins. ⇒ **pléthore, profusion, surabondance.** *L'abondance des légumes sur le marché. L'abondance des textes cités* (⇒ **multiplicité),** *de la documentation* (⇒ **richesse).** ➛ loc. adv. *EN ABONDANCE :* abondamment. ⇒ **foison** (à), **profusion** (à). 2 Ressources supérieures aux besoins. *Vivre dans l'abondance.* ⇒ **opulence, prospérité.** *CORNE D'ABONDANCE :* corne débordant de fruits, de fleurs, emblème de l'abondance. ➛ Situation économique où la quantité de biens et de services répondent aux besoins. *Société d'abondance.* 3 Richesse d'expression, d'élocution. loc. *Parler d'abondance,* avec aisance et en improvisant. ✪ CONTR. Rareté. Pénurie. Dénuement, indigence, pauvreté.

❑ La *corne d'abondance* est une corne évidée d'animal, symbole de fertilité dans l'Antiquité.

abondant, ante adj. – XIIe 1 Qui abonde, est en grande quantité. *Récolte abondante. Des arbres abondants.* ⇒ **nombreux.** « *le cocotier, si abondant sur les archipels du Pacifique* » (J. Verne). 2 littér. Qui possède (qqch.) en abondance. *Pays abondant en vin et en produits de toutes sortes.* ⇒ **fertile, riche.** 3 littér. *Style abondant,* où l'expression, le développement de l'idée sont aisés, riches. ✪ CONTR. Rare. Pauvre.

abonder v. intr. [1] – XIIe ; lat. « affluer (comme le courant) » 1 Être en abondance, en grande quantité. *Les marchandises abondent. Les fautes abondent dans ce texte.* ⇒ **foisonner, pulluler.** 2 *ABONDER DE, EN :* avoir ou produire (qqch.) en abondance. *Pays qui abonde en vigne.* ⇒ **regorger.** ➛ *ABONDER EN :* être plein de, riche en. *Le texte abonde en citations.* 3 absolt *Abonder dans le sens de qqn :* donner des arguments montrant qu'on est tout à fait de son avis.

abonné, ée adj. et n. – XVIIIe 1 Qui a pris un abonnement. *Lecteurs abonnés à un journal.* ➛ n. *Liste des abonnés du téléphone.* ⇒ **annuaire.** 2 fig. et fam. *Être abonné à :* être coutumier de. *Il a encore eu un accident ; il y est abonné !*

abonnement n. m. – XIIIe ■ Convention à prix limité global, entre un fournisseur et un client, pour la livraison régulière de produits ou l'usage habituel d'un service. « *Enfin, pour se tenir au courant, il prit un abonnement à* La Ruche médicale » (Flaub.). *Résilier un abonnement. Abonnement au gaz, au téléphone.* ➛ *Tarif, carte d'abonnement.*

abonner v. tr. [1] – XIIIe ; de *bonne,* anc. forme de *borne* ■ Prendre un abonnement pour (qqn). *Abonner un ami à un journal.* ➛ pronom. *S'abonner à une série de concerts.* ✪ CONTR. Désabonner.

abonnir v. tr. [2] – XIIe ; de ① *a-* et ① *bon* ■ rare Amender, bonifier. *Abonnir une terre.* ⇒ **améliorer.** *Abonnir le vin.* ➛ *S'ABONNIR* v. pron. Devenir meilleur. ⇒ ① **se bonifier.**

abord n. m. – XVe I - 1 vx Action d'aborder un rivage. 2 par ext. au plur. *Les abords d'un lieu,* ce qui y donne accès, l'entoure immédiatement. ⇒ **alentours, environ.** *Les abords du volcan sont dangereux.* « *nous pouvons surveiller les abords de la gare* » (Cendrars). 3 loc. adv. *EN ABORD :* le long du bord du navire. II - 1 Action d'aborder qqn, de venir le trouver, de s'adresser à lui. ➛ *Être d'un abord facile.* ⇒ **accessible.** *Sous des abords assez froids, il est charmant,* malgré une apparence, des dehors... ➛ *AU PREMIER ABORD ; DE PRIME ABORD :* dès la première rencontre ; par ext. à première vue, tout de suite. *Au premier abord, le problème paraît insoluble.* ⇒ **a priori.** 2 loc. adv. *D'ABORD.* littér. Dès le premier contact. « *sa physionomie ouverte et animée prévenait d'abord en sa faveur* » (Muss.). ♦ Au préalable. *Demandons-lui d'abord son avis, nous déciderons ensuite. Tout d'abord :* avant toute chose. ➛ En premier lieu. *Les femmes et les enfants d'abord.* ➛ Essentiellement. *Chacun lutte d'abord pour survivre.* ➛ *Moi, d'abord, je n'aime pas le café.* ✪ CONTR. Après, ensuite.

❑ On utilise aussi *d'abord* dans une argumentation : *d'abord, ensuite, enfin, donc.*

abordable adj. – XVIe 1 Où l'on peut aborder. *Côte abordable.* 2 Qu'on peut aborder en étant bien accueilli. *Il n'est pas abordable depuis quelques jours.* 3 Accessible, en parlant d'un prix. *Manteau d'un prix abordable.* ✪ CONTR. Inabordable, inaccessible. Cher.

abordage n. m. – XVIe 1 Action d'aborder (un navire). ♦ Assaut donné à un navire ennemi en s'amarrant bord à bord avec lui. *À l'abordage !* 2 Collision de deux navires.

aborder v. [1] – XIIIe ; de *à* et *bord* **I** v. tr. 1 Se mettre bord à bord avec (un navire) ; éperonner (un navire). ⇒ **abordage.** ➛ par ext. ⇒ **accoster.** 2 Heurter accidentellement (un vaisseau). **II** - 1 v. intr. Arriver au rivage, sur le bord. *Aborder dans une île.* 2 v. tr. Atteindre, toucher (le rivage). *Aborder les rochers.* ➛ par ext. Arriver à (un lieu inconnu ou qui présente des difficultés). *Aborder une montagne par la face nord.* 3 fig. *Aborder qqn :* aller près de qqn (qu'on ne connaît pas, ou peu) pour lui adresser la parole. ⇒ **accoster.** *Aborder qqn dans la rue. Se faire aborder.* 4 fig. En venir à..., pour en parler, en débattre. ⇒ **entamer.** « *ma belle-mère n'abordait jamais ce sujet* » (Mauriac). *La question a été abordée mais pas approfondie.* ⇒ **évoquer.** ➛ Arriver au bord de (une situation, un état dans lequel on veut entrer) ; commencer à s'occuper de (qqch.). *Aborder une épreuve avec courage.* 5 S'engager dans (une partie de la voie où la conduite est délicate, dangereuse). *Aborder un virage.* « *Il aborde avec prudence les carrefours dangereux* » (Romains). ✪ CONTR. ① Appareiller, ① partir. Quitter.

❑ Pour la formation → arriver (rem.).

aborigène n. et adj. – XVe ; o. prélat. « depuis l'origine » ▪ Autochtone dont les ancêtres sont considérés comme étant à l'origine du peuplement. ⇒ **indigène, natif.** *Les aborigènes d'Australie.* « *ils voudraient être les maîtres, eux, les autochtones, les aborigènes* » (Renard). ➛ adj. *Population aborigène* (opposé à *allogène*). *Plantes, animaux aborigènes,* originaires du pays où ils vivent.

abortif, ive adj. – XIVe ; lat. « qui fait avorter » 1 Qui provoque l'avortement. *Pilule du lendemain* (après le risque) *et pilule abortive.* ➛ subst. *Un abortif.* 2 Se dit d'une maladie, d'un symptôme qui cesse sans avoir accompli son évolution normale. ♦ *Fœtus abortif,* qui ne parvient pas au terme de son développement.

❑ La *pilule abortive* a pour nom scientifique *mifépristone* ou *RU486* ; elle est utilisée depuis 1988 en France, dans 25 % des interruptions de grossesse.

abouchement n. m. – XVIe Action d'aboucher ; son résultat. ⇒ **entretien, entrevue ; jonction.**

aboucher v. tr. [1] – XIIIe ; de *à* et *bouche* 1 littér. Mettre en rapport, provoquer une entrevue. pronom. *S'aboucher avec qqn.* 2 *Aboucher un conduit à un autre,* les faire communiquer par leur ouverture.

aboulie n. f. – XIXe ; gr. « irréflexion » ▪ Trouble mental caractérisé par une inaptitude à choisir, à se décider, à passer à l'acte. ⇒ **apathie.**

aboulique adj. et n. – XIXe ▪ Atteint d'aboulie.

abouter v. tr. [1] – XIIIe ▪ Mettre bout à bout, joindre par le bout.

aboutir v. [2] – XIVe 1 v. tr. ind. Arriver par un bout ; se terminer, tomber (dans). *Couloir qui aboutit dans une chambre, sur une terrasse.* ➛ Arriver finalement (dans un lieu). *Ils ont fini par aboutir dans un village.* 2 fig. ABOUTIR À... : conduire finalement à... ⇒ **mener** (à). *Tes protestations n'aboutiront à rien.* « *Toutes les révolutions modernes ont abouti à un renforcement de l'État* » (Camus). ♦ v. intr. Avoir finalement un résultat. ⇒ **réussir.** *Les négociations n'ont pas abouti.* ✪ CONTR. Commencer, ① partir (de). Échouer, rater.

aboutissant n. m. – XVIe ▪ *Les tenants et les aboutissants (d'une affaire),* tout ce qui s'y rapporte (ses causes, son origine, ses conséquences).

❑ Cette expression est empruntée au langage juridique.

aboutissement n. m. – XIIe 1 Le fait d'aboutir, d'avoir un résultat. *L'aboutissement d'un projet.* 2 Ce à quoi une chose aboutit. *L'heureux aboutissement de nos efforts.*

aboyer v. intr. [8] – XIIe ; gr. *bauzein* 1 Pousser son cri, en parlant du chien. ⇒ **japper.** 2 littér. Crier (contre qqn), invectiver. ⇒ **clabauder.** « *des gens qui aboient après nous* » (Mol.). 3 trans. au fig. Émettre, dire d'une voix furieuse. *L'adjudant aboie ses ordres.*

aboyeur n. m. – XIVe 1 Chien qui aboie. 2 Personne dont le métier exige qu'elle parle en criant. *Les aboyeurs de la Bourse.*

abracadabrant, ante adj. – XIXe ; p.-ê. hébr. ▪ Extraordinaire et incohérent. *Une histoire abracadabrante.* ⇒ **absurde, extravagant.**

❑ Ce mot est formé sur *abracadabra,* formule magique et thérapeutique en ancien grec.

abraser v. tr. [1] – XIVe ; lat. *abradere* « enlever en grattant » ▪ User (une matière, un objet) par frottement. ➛ pronom. *Pièce qui s'abrase.*

abrasif, ive n. m. et adj. – 1905 ▪ Matière qui use, nettoie, polit par frottement. ➛ adj. *Poudre abrasive.*

abrasion n. f. – XVIIe ▪ Action d'user par frottement, grattement. ♦ Usure mécanique d'une roche par le frottement des eaux ou des glaces. ⇒ **érosion.**

abréaction n. f. – 1913 ; all. *Abreagieren* ▪ Brusque libération émotionnelle par laquelle un sujet se libère d'un refoulement affectif. ⇒ **défoulement.**

abrégé n. m. – XIVe 1 Discours ou écrit réduit aux points essentiels. ⇒ **résumé.** *L'abrégé d'un livre.* ➛ par ext. Petit ouvrage présentant le résumé d'une connaissance. ⇒ ② **précis.** *Un abrégé de grammaire.* 2 loc. adv., loc. adj. *EN ABRÉGÉ :* en raccourci, avec très peu de mots ; en résumé, en passant sur les détails. *Mot en abrégé.* ⇒ **abréviation.** *Écrire en abrégé.* ✪ CONTR. Grand (en) ; détail (en).

abrégement ou **abrègement** n. m. – XIIIe ▪ Action d'abréger. ⇒ **raccourcissement.** *L'abrégement d'un texte. Abrégement d'un mot.* ⇒ **abréviation, siglaison, troncation.** ➛ Réduction de la durée d'émission d'un phonème. ✪ CONTR. Allongement.

abréger v. tr. [3] et [6] – XIIe ; lat. *brevis* « bref » 1 Diminuer la durée de. ⇒ **écourter.** « *il abrégea la séance, sous prétexte d'un rendez-vous* » (Maupass.). 2 Diminuer la matière de (un discours, un récit, un écrit). *Abréger un texte, le récit d'une histoire.* ⇒ **raccourcir, résumer.** *Abrégeons ! au fait !* (⇒ ① **bref**). 3 *Abréger un mot :* supprimer une partie des lettres. ⇒ **abréviation.** ➛ v. pron. pass. « *Madame* » *s'abrège en* « *Mme* ». ✪ CONTR. Allonger, développer.

abreuvement n. m. – XIIIe ▪ Action d'abreuver (des bêtes).

abreuver v. tr. [1] – XIIe ; lat. *bibere* « boire » 1 Faire boire abondamment (un animal). pronom. *Bétail qui vient s'abreuver.* 2 fig. *Abreuver qqn de qqch.,* lui en donner abondamment. *Abreuver qqn de compliments.* ⇒ **couvrir.** *Il l'a abreuvé d'injures.* ⇒ **accabler.** ➛ *Être abreuvé de qqch.,* nourri de ; par ext. saturé de. 3 Imbiber abondamment (une matière). *Terre abreuvée d'eau.* ✪ CONTR. Assoiffer, priver.

abreuvoir n. m. – XIIIe ▪ Lieu, récipient aménagé pour faire boire les animaux.

abréviatif, ive adj. – XVe ▪ Qui sert à abréger. *Le point est un signe abréviatif.*

abréviation n. f. – XIVe **1** Retranchement de lettres dans un mot, de mots dans une phrase pour écrire plus vite ou utiliser moins de place. *Abréviation de « kilomètre » en « km ».* ♦ Mot écrit en abrégé. *L'abréviation se prononce toujours comme le mot entier.* **2** par ext. Expression, mot abrégé à l'oral. ⇒ **acronyme, aphérèse, apocope, sigle.** « *jardin zoologique (il disait : un zoo par abréviation)* » (Bourget).

> ❑ L'abréviation au sens 1° se fait toujours en français après une consonne : *avenue* donne *av.*, *géographie* donne *géogr.* Si le mot est abrégé par le milieu et garde sa lettre finale on ne met pas de point : *qqn* est l'abréviation de *quelqu'un.*

abri n. m. – XIIe ; lat. *apricari* « se chauffer au soleil » **1** Lieu où l'on est à couvert des intempéries et du danger. ⇒ **asile, refuge.** *Un abri contre la pluie. Un abri contre les regards indiscrets.* **2** Habitation rudimentaire, provisoire. **3** Toit supporté par des montants destiné à protéger le voyageur (aux arrêts de train, d'autobus). ⇒ **gîte, refuge ; abribus. 4** Installation, au sol ou en sous-sol, destinée à protéger du feu ennemi. ⇒ **blockhaus, fortification, tranchée.** ➛ Lieu souterrain utilisé comme refuge en cas de bombardement. *Abri antiaérien.* « *l'air est raréfié comme celui des abris atomiques* » (Malraux). **5** *Abri météorologique. Température relevée sous abri.* **6** fig. Ce qui préserve de l'adversité. ⇒ **protection, refuge. 7** loc. adv. *À L'ABRI* : à couvert des intempéries, des dangers. *Se mettre à l'abri. Les dossiers sont à l'abri.* **8** loc. prép. *À L'ABRI DE* : à couvert contre (qqch.). *Se mettre à l'abri du vent.* fig. *Être à l'abri du besoin.* « *J'étais à l'abri de toute expulsion légale* » (Rouss.). *Nul n'est à l'abri de ce genre d'erreur.* ✪ CONTR. ③ Découvert (à).

abribus [abʀibys] n. m. – 1974 ; nom déposé ▪ Arrêt d'autobus équipé d'un abri pour les voyageurs.

abricot n. m. – XVIe ; gr. **1** Fruit de l'abricotier, à noyau, à chair et peau jaune orangé. **2** Couleur jaune orangé très doux. ➛ adjt *Des rubans abricot.*

abricotier n. m. – XVIe ▪ Arbre fruitier *(rosacées)*, à fleurs blanches, qui produit l'abricot.

abri-sous-roche n. m. – XIXe ▪ Cavité peu profonde au pied d'une paroi rocheuse en surplomb, ayant servi d'habitation préhistorique. *Des abris-sous-roche.*

abrité, ée adj. ▪ Se dit d'un lieu qui est à l'abri du vent.

abriter v. tr. [1] – XVIIIe **I** ◆ **1** Mettre à l'abri. *Abriter qqn sous son parapluie.* **2** Protéger, en parlant d'un abri. *Parasol qui abrite du soleil.* « *un rempart de cyprès qui m'abrite du mistral* » (Colette). **3** Recevoir (des occupants), en parlant d'une maison. ⇒ **loger.** ➛ *Ce local abrite les services commerciaux*, leur est affecté. **II** *S'ABRITER* v. pron. **1** Se mettre à l'abri (des intempéries, du danger). ⇒ se **protéger.** *S'abriter sous un arbre.* **2** fig. *S'abriter derrière qqn* : faire assumer par une personne plus puissante une responsabilité, une initiative qu'elle a partagée. ✪ CONTR. Découvrir, exposer.

abrivent n. m. – XVIIIe ▪ Paillasson vertical pour protéger les cultures du vent. ⇒ **brise-vent.** *Des abrivents.*

abrogatif, ive adj. – XIXe ▪ Qui a pour objet d'abroger. ⇒ **abrogatoire.** *Loi abrogative.*

abrogation n. f. – av. XIVe ▪ Action d'abroger. ⇒ ② **retrait.** *Abrogation d'un acte réglementaire.*

abrogatoire adj. – XIXe ▪ Abrogatif. *Mesures abrogatoires.*

abroger v. tr. [3] – XIVe ; lat. ▪ Retirer la force obligatoire à (un acte législatif ou réglementaire). ⇒ **casser, révoquer, supprimer.** *Abroger une loi.* « *il faut l'abroger formellement, ou la maintenir en vigueur* » (Rouss.). ➛ *Décisions abrogées.* ✪ CONTR. Établir, promulguer.

abrupt, e adj. et n. m. – XVIe ; lat. *rumpere* « rompre » **1** Dont la pente est quasi verticale (comme rompue). ⇒ **escarpé,** ④ **pic** (à). « *un chemin de terre abrupt* » (Mart. du G.). ➛ n. m. *Un abrupt.* **2** fig. Se dit d'une personne trop directe, qui ne prend pas de ménagements. ♦ Qui est exprimé sans précaution, sans transition. ⇒ **brutal.** *Une conclusion abrupte.* ✪ CONTR. Doux.

abruptement adv. – XIVe ▪ D'une manière directe, brutale. ⇒ **ex abrupto.** « *Vous savez bien, disait abruptement le général de Gaulle, que le bonheur n'existe pas* » (Malraux).

abruti, ie adj. et n. – XIXe **1** Dont les facultés intellectuelles sont temporairement amoindries par (un agent extérieur, la fatigue, etc.). *Être abruti de vin, de travail.* **2** fam. Sans intelligence. *Ce type est complètement abruti.* ⇒ **demeuré, idiot, stupide.** *Un air abruti.* ➛ n. Personne stupide. *Espèce d'abruti !* ⇒ **crétin.** ✪ CONTR. Éveillé, intelligent.

abrutir v. tr. [2] – XVIe ; de *à* et *brute* **1** Rendre stupide. ⇒ **abêtir, crétiniser.** *Une propagande qui abrutit les masses.* **2** Faire perdre à (qqn) la vivacité d'esprit. *Abrutir un enfant de travail. Ce vacarme nous abrutit.* ➛ pronom. *S'abrutir de travail.* ✪ CONTR. Élever, éveiller.

abrutissant, ante adj. – XVIIe ▪ Qui abrutit. *Un vacarme, un travail abrutissant.*

abrutissement n. m. – XVIe ▪ Action d'abrutir, de rendre stupide. ⇒ **abêtissement, crétinisation.** « *La presse est une école d'abrutissement parce qu'elle dispense de penser* » (Flaub.). ✪ CONTR. Éducation, élévation.

abscisse n. f. – XVIIIe ; lat. *abscissa (linea)* « (ligne) coupée » ▪ Coordonnée horizontale qui permet de déterminer, avec la coordonnée verticale (⇒ **ordonnée**), la position d'un point dans un plan.

abscons, onse adj. – XVIe ; lat. « caché » ▪ littér. Difficile à comprendre. ⇒ **abstrus.** *Un langage abscons.* ✪ CONTR. Clair.

absence n. f. – XIIIe **1** Le fait de n'être pas dans un lieu où l'on pourrait, où l'on devrait être. *Nous avons regretté votre absence.* loc. *Briller par son absence*, se dit ironiquement d'une absence remarquée. **2** Le fait d'avoir quitté la compagnie de qqn. ⇒ **éloignement, séparation.** *L'absence d'une personne aimée.* ➛ « *L'absence ni le temps ne sont rien quand on aime* » (Muss.). **3** Le fait de s'absenter, de partir ; le temps que dure cette situation. « *pendant notre absence Paris fut bombardé* » (Sand). ♦ *EN L'ABSENCE DE* : lorsque (qqn) est absent. À défaut de (qqn qui est absent). *En l'absence du directeur, voyez son adjoint.* **4** Le fait de manquer à une séance, un cours. ⇒ **absentéisme.** *Son absence du bureau, au procès. Nombreuses absences.* **5** Le fait pour une chose de ne pas se trouver (là où on s'attend à la trouver). ⇒ ② **manque.** *L'absence de rideaux aux fenêtres.* **6** Le fait de ne pas exister. ⇒ **défaut.** *Absence de loi* (cf. Vide juridique*). **7** *Avoir une absence*, une défaillance de mémoire ou un moment de distraction. **8** *Absence (épileptique)* : arrêt soudain, de courte durée, de la conscience. ✪ CONTR. Présence.

absent, ente adj. et n. – XIIe ; lat. *abesse* « être éloigné de » **1** Qui n'est pas (dans le lieu où il pourrait, devrait être), qui est éloigné (de ce lieu). *Il est absent de Paris. Elle a été absente deux mois.* ♦ *Elle était absente au procès.* **2** Qui n'est pas là où on s'attendrait à le trouver (lieu ou compagnie). « *Si on appelle au téléphone, je suis absent* » (Duham.). *Être porté absent.* ⇒ **manquer.** ♦ n. *Dire du mal des absents, des absentes.* **3** ⇒ **manquer.** *La gaieté est absente de cette maison.* **4** fig. Qui ne porte pas attention à ce qui l'entoure, qui n'est pas à ce qu'il devrait faire. *Un air absent.* ⇒ **rêveur.** ✪ CONTR. ① Présent. Attentif.

> ❑ *Absent à,* autrefois proscrit, s'emploie à juste raison s'il ne s'agit pas d'un lieu : *absent à une cérémonie, à la réunion du comité, absent à l'appel.*

absentéisme n. m. – XIXe ▪ Fait d'être fréquemment absent de son lieu de travail. *Taux d'absentéisme.*

absentéiste adj. et n. – XIXe ▪ Qui pratique l'absentéisme. ➛ n. Personne qui est souvent absente, qui manque d'assiduité (dans un travail, une obligation). ⇒ **absentéisme.**

absenter (s') v. pron. [1] – XIVe ▪ S'éloigner momentanément (du lieu où l'on doit être). *S'absenter de son poste.* ⇒ **quitter.** ➛ *Il s'est absenté quelques instants.* ⇒ s'**éclipser,** ① **sortir.** ✪ CONTR. Demeurer.

abside n. f. – XVIe ; gr. *hapsis* « voûte » ▪ Partie arrondie en hémicycle de certaines églises, derrière le chœur (⇒ **chevet).** ✪ HOM. Apside.

absidial, iale, iaux adj. – 1908 ▪ De l'abside. *Chapelle absidiale.* « *cette conque absidiale, avec ses chapelles nimbant le chœur* » (Huysm.).

absidiole n. f. – XIXe ▪ Petite chapelle en demi-cercle d'une abside.

absinthe n. f. – XIIe ; gr. *apsinthion* **1** Variété d'armoise, plante *(composées)* amère et aromatique. **2** Liqueur alcoolique toxique, de couleur verte, extraite de cette plante. ➛ Sa couleur. « *C'est vert, absinthe exactement* » (Malraux).

absinthisme n. m. – XIXe ▪ Intoxication par l'absinthe.

absolu, ue adj. et n. m. – XIe ; lat. **I** adj. **1** Qui ne comporte aucune restriction ni réserve. ⇒ **intégral, total.** *Une confiance absolue dans l'avenir. Silence absolu. Dans une absolue indifférence.* ♦ *Pouvoir absolu.* ⇒ **despotique, dictatorial, totalitaire, tyrannique.** « *le pouvoir absolu du tyran finit toujours par le rendre absolument fou* » (Tournier). *Monarchie absolue, roi absolu,* qui a le pouvoir absolu (opposé à *constitutionnel*). **2** Parfait ; aussi parfait qu'on peut l'imaginer. ⇒ ① **idéal.** *L'amour absolu.* **3** Qui ne fait aucune concession, ne supporte ni la critique ni la contradiction. *Un esprit absolu.* ⇒ **entier, intransigeant.** « *À votre âge on a des jugements absolus* » (Bernanos). **4** (Opposé à *relatif*) Qui est tel en lui-même, considéré en lui-même et non par rapport à autre chose. *Majorité* absolue.* ♦ *L'arme absolue,* contre laquelle aucune défense n'est possible. ♦ Identique pour tous les observateurs, quel que soit leur système de référence. ⇒ **invariant.** ♦ *Emploi absolu d'un verbe transitif,* sans complément d'objet. **II** n. m. **1** Ce qui existe indépendamment de toute condition ou de tout rapport avec autre chose. *Recherche, quête de l'absolu.* « *L'absolu, s'il existe, n'est pas du ressort de nos connaissances* » (Buff.). **2** loc. *DANS L'ABSOLU :* sans comparer, sans tenir compte des circonstances. *On ne peut juger de cela dans l'absolu.* ✪ CONTR. Limité, partiel. Imparfait. Libéral. Relatif. — Contingent.

absoluité n. f. – XIXe ▪ Qualité de ce qui est absolu.

absolument adv. – XIIIe **1** D'une manière absolue, qui ne souffre aucune réserve. « *Tu es absolument décidé à signer ?* » (Beauv.). **2** Tout à fait. ⇒ **complètement, entièrement, totalement.** *C'est absolument faux.* ➛ (Pour acquiescer) *C'est mieux ainsi. – Absolument.* ⇒ **oui.**

> ❑ En grammaire, se dit d'un nom, d'un verbe employé sans le complément attendu : ex. *pommes* (de terre) *frites ; il conduit mal* (sa voiture).

absolution n. f. – XIIe ; lat. *absolvere* « dégager d'une accusation » → absoudre **1** Effacement d'une faute par le pardon. ♦ Rémission des péchés accordée par le prêtre après la confession. **2** Jugement qui, tout en déclarant coupable un inculpé, le renvoie de l'accusation, sans sanction. *L'absolution n'est pas un acquittement.* ✪ CONTR. Condamnation.

absolutisme n. m. – XVIIIe ▪ Système de gouvernement où le pouvoir du souverain est absolu, n'est soumis à aucun contrôle. ⇒ **despotisme, dictature.**

absolutiste adj. et n. – XIXe ▪ Favorable à l'absolutisme. *Théorie absolutiste.* ➛ n. Partisan de l'absolutisme.

absolutoire adj. – XIVe ▪ Qui absout. *Sentence absolutoire.*

absorbant, ante adj. – XVIIIe **1** Qui absorbe les fluides, les particules, le rayonnement. ➛ *Tissu absorbant. Papier absorbant.* ⇒ **essuie-tout.** *Couches-culottes absorbantes.* **2** fig. Qui s'empare de l'esprit et l'occupe tout entier. *Un travail absorbant.* ✪ CONTR. Hydrofuge, imperméable.

absorber v. tr. [1] – XIe ; lat. **I - 1** Laisser pénétrer et retenir (un fluide, des particules, un rayonnement) dans sa substance. *Le buvard absorbe l'encre.* ⇒ ① **boire.** *La couleur noire absorbe la lumière.* ➛ Faire pénétrer en soi pour assimiler. *Les racines absorbent les éléments nutritifs de la terre.* ⇒ **pomper.** **2** Boire, manger. *Il n'a rien absorbé depuis hier.* ⇒ **prendre.** **3** fig. Faire disparaître par incorporation. *Entreprise qui en absorbe une autre.* ⇒ **racheter ; fusionner** (avec). ➛ Faire disparaître en utilisant. *Cet achat a absorbé toutes mes économies.* ⇒ **engloutir.** **4** Occuper tout entier. ⇒ **accaparer.** *Ce travail l'absorbe beaucoup.* « *ces deux jeunes filles qu'absorbe la lecture d'un roman-ciné* » (Queneau). **II** *S'ABSORBER* v. pron. Occuper son esprit tout entier (à qqch.). *S'absorber dans son travail.* ➛ au p. p. *Être absorbé dans ses pensées.* ⇒ **plonger.** ✪ CONTR. Dégorger, rejeter.

absorbeur n. m. – 1929 ▪ Appareil qui absorbe (un rayonnement, un gaz, des particules, etc.).

absorption n. f. – XVIe **1** Action d'absorber. *L'absorption de l'eau par les terrains perméables.* ➛ *Absorption digestive :* passage des produits de la digestion dans le sang. ➛ Diminution d'intensité d'un rayonnement après la traversée d'un milieu absorbant. ⇒ **diffusion.** **2** Action de boire, d'avaler, de respirer (qqch. d'inhabituel ou de nuisible). « *après l'absorption de ces mollusques naturellement épicés* » (J. Verne). *Suicide par absorption d'un poison.* ⇒ **ingestion.** **3** fig. Action de faire disparaître, en s'annexant (qqch.). *L'absorption d'une entreprise par une multinationale.* ⇒ **fusion, rachat.** ✪ CONTR. Élimination, ② rejet.

> ❑ Ne pas confondre avec *adsorption* « rétention en surface ».

absorptivité n. f. – XIXe ▪ Pouvoir d'absorber des liquides, des gaz.

absoudre v. tr. [51] – X[e] ; lat. « dégager d'une accusation » **1** Remettre les péchés de (qqn), donner l'absolution à (qqn). *Prêtre qui absout un pécheur.* **2** Pardonner à (qqn), excuser. ⇒ **disculper.** **3** Renvoyer de l'accusation (un accusé dont l'acte n'est pas qualifié de punissable par la loi). ✪ CONTR. Condamner.

> ❑ Le participe passé ancien *absolu* a donné un adjectif. ♦ Aujourd'hui les formes sont *absous, absoute,* où le rapport entre masculin et féminin est irrégulier, comme dans *dissous, dissoute.*

absoute n. f. – XIVe 1 Prières prononcées autour du cercueil, après l'office catholique des morts. 2 Absolution publique, le jeudi saint.

abstème adj. et n. – XVIe ; lat. 1 Qui, par répugnance naturelle, ne peut communier sous l'espèce du vin. 2 littér. Qui s'abstient de boire de l'alcool. ⇒ **abstinent, sobre.** n. *Les abstèmes musulmans, hindous.*

abstenir (s') v. pron. [22] – XIe ; lat. « tenir éloigné » 1 *S'abstenir de faire :* ne pas faire, volontairement. ⇒ **éviter,** s'**interdire.** *S'abstenir de manger* (⇒ **abstinence**). « *Cottard qui, d'habitude, par déontologie, s'abstenait de critiquer ses confrères* » (Proust). → sans compl. *Dans le doute abstiens-toi.* 2 Ne pas agir, ne rien faire. ♦ Ne pas voter. *De nombreux électeurs se sont abstenus* (⇒ **abstention**). 3 *S'abstenir d'une chose,* s'en passer volontairement ou s'abstenir de la faire. *S'abstenir de tout commentaire.* ✪ CONTR. Intervenir, prendre (part).

abstention n. f. – XIIe ▪ Action de s'abstenir de faire qqch. *L'abstention de qqn dans une affaire, en matière de...* ⇒ **neutralité, non-intervention.** → Le fait de ne pas voter. ⇒ **abstentionnisme.** Absence de vote d'un électeur. *Il y a eu une forte abstention aux dernières élections. La motion a été adoptée par vingt voix et deux abstentions.* ✪ CONTR. ① Action, intervention.

> ❑ On ne doit pas confondre l'absence de vote *(abstention)* et le vote qui ne constitue pas une voix *(bulletin nul).*

abstentionnisme n. m. – XIXe ▪ Attitude des personnes qui refusent de voter, ou ne votent pas.

abstentionniste n. – XIXe ▪ Partisan de l'abstention dans un vote ; personne qui ne vote pas. → adj. *Électeur abstentionniste.* ✪ CONTR. Votant.

abstinence n. f. – XIe 1 Privation de certains aliments ou boissons, pour une raison religieuse ou médicale. *Faire abstinence le vendredi.* ⇒ ① **maigre.** 2 Continence. ⇒ **chasteté.**

abstinent, ente adj. – XIIe 1 Qui observe les abstinences de sa religion. 2 Qui pratique l'abstinence, notamment en ce qui concerne l'alcool.

abstraction n. f. – XIVe 1 FAIRE ABSTRACTION DE : écarter par la pensée, ne pas tenir compte de. *Faire abstraction des difficultés. Abstraction faite de son âge,* si on ne tient pas compte de. 2 Fait de considérer à part un élément (qualité ou relation) d'une représentation ou d'une notion. *L'homme est capable d'abstraction et de généralisation.* ♦ Résultat de cette opération, qualité ou relation isolée par l'esprit. ⇒ aussi **notion.** *La couleur, la forme sont des abstractions.* 3 Idée abstraite (opposé à *représentation concrète,* à *réalité vécue*). « *Puissance obscure et sans visage, une abstraction : la Compagnie* » (Bosco). 4 Technique artistique de l'art abstrait. *Abstraction géométrique.* ✪ CONTR. Réalité.

abstraire v. tr. [50] ; inus. au passé simple et à l'imp. du subj. – XIVe ; lat. 1 Considérer par abstraction (un caractère, une qualité) en séparant, en isolant. *Abstraire la blancheur à partir des objets blancs. Il faut abstraire pour généraliser.* 2 S'ABSTRAIRE v. pron. S'isoler mentalement du milieu extérieur pour mieux réfléchir.

abstrait, aite adj. et n. m. – XIVe 1 Se dit d'une notion de qualité ou de relation considérée par abstraction. *La blancheur est une idée abstraite.* → Qui n'existe que sous forme d'idée. *La richesse, pour elle, c'est bien abstrait.* 2 Qui use d'abstractions, n'opère pas sur la réalité. *Pensée abstraite. Sciences abstraites* (mathématiques, logique, etc.). ⇒ **pur.** 3 par ext. Qui est difficile à comprendre, par le manque de représentations du monde sensible. *Un texte, un auteur trop abstrait.* ⇒ **abscons, abstrus.** 4 Se dit d'un art qui ne représente pas le monde sensible ; qui utilise la matière, la ligne et la couleur pour elles-mêmes. *Art abstrait. Peintre abstrait.* ⇒ **non-figuratif.** 5 n. m. Ce qui est abstrait. ⇒ **abstraction.** *Aller du concret vers l'abstrait.* ♦ DANS L'ABSTRAIT : sans référence à la réalité concrète. ⇒ **abstraitement.** ♦ *L'abstrait :* l'art abstrait. « *Pignon, lui, se moque du conformisme de l'abstrait* » (Mauriac). → *Un abstrait :* un peintre (homme ou femme) abstrait. ✪ CONTR. Concret, ① positif, réel. Figuratif.

abstraitement adv. – XVIe ▪ D'une manière abstraite. *S'exprimer trop abstraitement.* ✪ CONTR. Concrètement.

abstrus, use adj. – XIVe ; lat. *abstrudere* « repousser » ▪ littér. Qui est difficile à comprendre. ⇒ **abscons, abstrait, obscur.** ✪ CONTR. Clair.

absurde adj. et n. m. – XIIe ; lat. *surdus* « sourd » 1 Contraire à la raison, au sens commun. ⇒ **déraisonnable, inepte, insensé, stupide.** *C'est une idée absurde.* « *Il est dans la nature humaine de penser sagement et d'agir d'une façon absurde* » (France). → « *Il est naturel et absurde de regretter les belles choses qui ne se sont pas faites* » (Valéry). → Inopiné et qui contrarie les intentions de qqn. « *il surmonte presque aussitôt cet absurde malaise* » (Mart. du G.). → *Vous êtes absurde !* vous dites des absurdités. 2 Qui viole les règles de la logique. → n. m. Ce qui est faux pour des raisons logiques. *Raisonnement, démonstration par l'absurde.* 3 Dont l'existence ne paraît justifiée par aucune fin dernière. → n. m. *L'absurde :* l'absurdité de la condition et de l'existence humaines. « *L'absurde est la notion essentielle et la première vérité* » (Camus). ✪ CONTR. Fondé, raisonnable. ② Logique.

> ❑ Il y a deux *absurdes,* l'un par rapport au bon sens et à la logique, l'autre par rapport à l'être, au sens de la vie.

absurdité n. f. – XIVe 1 Caractère absurde. « *Il est facile de prouver l'absurdité de tous ces ragots* » (Maurois). philos. *L'absurdité de l'existence.* 2 Chose absurde. ⇒ **bêtise, ineptie.** ✪ CONTR. Bien-fondé.

abus n. m. – XIVe ; lat. « mauvais usage » 1 Action d'abuser d'une chose ; usage mauvais, excessif ou injuste. *L'abus d'alcool.* ⇒ **excès.** *Abus de langage,* mot mal employé. → Dr. *Abus de pouvoir :* acte d'un fonctionnaire qui outrepasse le pouvoir qui lui a été confié. ABUS DE CONFIANCE : délit que l'on commet en abusant de la confiance de qqn. *Abus de biens sociaux.* ⇒ **détournement.** ♦ loc. fam. *Il y a de l'abus,* de l'exagération ; les choses vont trop loin. 2 absolt Cet usage, lorsqu'il s'est établi dans une société. *Dénoncer les abus.* ⇒ **injustice.** « *on s'aperçoit à l'usage que le nouveau régime crée de nouveaux abus* » (Beaum.).

abuser v. tr. [1] – XIVe I v. tr. ind. User mal, avec excès. *Abuser de ses forces. Abuser de son autorité.* ⇒ **outrepasser.** *Abuser de la patience de qqn.* « *je n'abuse pas de la bonté de mes amis* » (Sand). → *Vraiment il abuse !* ⇒ **exagérer.** ♦ *Abuser d'une personne,* la violer. II par ext. v. tr. dir. Tromper (qqn) en abusant de sa crédulité. ⇒ **duper, leurrer.** *Abuser un client, les électeurs. Se laisser abuser.* ♦ S'ABUSER v. pron. Se tromper, se méprendre. *Ne nous abusons pas, rien n'a vraiment changé.* loc. *Si je ne m'abuse :* sauf erreur. ✪ CONTR. Détromper.

abusif, ive adj. – XIVe 1 Qui constitue un abus. *Emploi abusif d'un mot :* emploi d'un mot dans un sens qu'il n'a pas. 2 Qui abuse de son pouvoir. ⇒ **possessif.** *Mère abusive, père abusif,* qui maintient son enfant dans une trop grande dépendance affective.

abusivement adv. – XVe ▪ D'une manière abusive. *Mot employé abusivement.*

abyme → **abîme**

abyssal, ale, aux adj. – XVIe ▪ Des grandes profondeurs, qui a rapport aux abysses. ⇒ **hadal.**

abysse n. m. – XIXe ; gr. *abussos* « sans fond » ▪ Grande profondeur du relief sous-marin. ➛ fig. et littér. Abîme ; couche profonde de la personnalité.

abyssin, ine adj. et n. – XVIIIe **1** De l'Abyssinie. ➛ n. *Les Abyssins :* les habitants de l'Abyssinie. **2** *Chat abyssin :* chat à tête triangulaire, au pelage fauve et au corps svelte. ➛ n. m. *Un abyssin.*

❑ *Abyssinie* est l'ancien nom de l'Éthiopie.

abyssinien, ienne adj. et n. – XVIIIe ▪ Abyssin (1°).

acabit n. m. – XVe ; p.-ê. a. provenç. *acabir* « achever » **1** vx Manière d'être (dans des loc. : *de quel acabit ; de bon acabit*). **2** loc. mod. (souvent péj.) *De cet acabit ; de, du même acabit :* de cette nature, de même nature. « *se souvenant que son fils, à seize ans, écrivait des choses du même acabit* » (Montherl.).

acacia n. m. – XIVe ; gr. **1** Arbre à feuilles divisées en folioles, à fleurs jaunes. *Le mimosa est un acacia.* **2** Arbre à feuilles composées *(papilionacées),* à fleurs blanches ou jaunes en grappes, appelé scientifiquement *robinier* ou *faux acacia. Miel d'acacia.*

❑ Le premier sens est botanique, et inconnu dans les emplois courants.

académicien, ienne n. – XVIe **1** n. m. Disciple de Platon. ⇒ **platonicien. 2** Membre de l'Académie française. ⇒ **immortel.** ➛ Membre d'une société (artistique, littéraire, scientifique) appelée *académie. Les académiciens Goncourt.*

académie n. f. – XVIe ; gr. « jardin d'Akademos » où Platon enseignait **I - 1** Société de gens de lettres, savants, artistes. *Académie de musique, de médecine.* ♦ *L'ACADÉMIE : l'Académie française,* fondée par Richelieu en 1635. *Les membres de l'Académie* (les quarante). ⇒ **académicien, immortel.** *Siège de l'Académie.* ⇒ **fauteuil.** « *l'hostilité à l'Académie est devenue plus hargneuse* » (Mauriac). *Dictionnaire de l'Académie.* **2** École supérieure. *Académie de dessin, d'architecture.* **3** loc. *Académie de billard :* salle de jeu réservée à la pratique du billard. **4** Circonscription de l'enseignement. *Les facultés de l'académie de Paris, de Strasbourg.* **II** Exercice de peinture, de dessin où l'on travaille d'après le modèle nu ; ce modèle. ➛ fam. et vieilli Aspect du corps nu. *Elle a une superbe académie.*

académique adj. – XIVe **1** De l'école platonicienne. **2** D'une Académie ; de l'Académie française. « *ma candidature académique* » (Ste-Beuve). **3** Qui suit étroitement les règles conventionnelles, avec froideur ou prétention. « *tout est raisonné, compassé, académique et plat* » (Dider.). ➛ *Peinture académique.* ⇒ **académisme. 4** (En France) Qui a rapport à l'administration de l'académie (enseignement). ➛ région. (Belgique, Canada, Suisse) *Année académique :* année universitaire. ✪ CONTR. Naturel, spontané.

académisable adj. – 1934 ▪ Susceptible d'entrer à l'Académie française.

académisme n. m. – XIXe ▪ Observation étroite des traditions académiques ; classicisme étroit.

acadien, ienne adj. et n. – XIXe ▪ D'Acadie, qui concerne l'Acadie. *Antonine Maillet, romancière acadienne.* n. *Les Acadiens exilés en Louisiane.* ♦ n. m. Variante du français canadien parlé en Acadie. ⇒ **cajun.** ✪ HOM. Akkadien.

acajou n. m. – XVIe ; mot tupi du Brésil ▪ Arbre des régions tropicales *(méliacées),* dont le bois rougeâtre et facile à polir est utilisé en ébénisterie et en marqueterie. *Acajou d'Amérique, de Cayenne, africain.* ➛ adj. inv. D'une couleur brun rougeâtre. *Des cheveux acajou.* « *Une pouliche de robe acajou, bien soignée* » (Carco).

acalèphes n. m. pl. – XIXe ; gr. « ortie de mer » ▪ Classe d'invertébrés marins *(cœlentérés),* comprenant de grandes méduses *(scyphozoaires).* ➛ au sing. *Un acalèphe.*

acalorique adj. – 1976 ▪ Qui n'apporte pas de calories (à un organisme). *Édulcorant acalorique.*

acanthe n. f. – XVIe ; gr. « épine » **1** Plante à feuilles très découpées *(acanthacées),* dont une espèce ornementale est appelée *patte d'ours.* **2** *Acanthe* ou *feuille d'acanthe :* ornement architectural. « *une guirlande de feuilles d'acanthe précieusement dorées* » (Loti).

acanthocéphales n. m. pl. – XIXe ; gr. *akantha* « épine » et *-céphale* ▪ Embranchement de vers nématodes, parasites à l'état adulte des animaux (surtout porc) et de l'homme. ➛ au sing. *Un acanthocéphale.*

acanthoptérygiens n. m. pl. – XIXe ; gr. *akantha* « épine » et *pterux* « aile, nageoire » ▪ vieilli Ordre de poissons osseux, à nageoire dorsale épineuse. ⇒ **dorade,** ① **maquereau,** ① **perche.** au sing. *Un acanthoptérygien.*

a cappella loc. adj. et loc. adv. – XIXe ; it. « à chapelle » ▪ *Chanter a cappella,* sans accompagnement instrumental.

❑ Pas d'accent sur le *a* qui est italien. ♦ Se dit surtout de la musique classique, et spécialement des chœurs.

acariâtre adj. – XVe ; p.-ê. de *Achaorius* ▪ D'un caractère désagréable, difficile. ⇒ **aigre, hargneux, revêche.** *Un vieillard hypocondriaque et acariâtre.* ➛ *Humeur acariâtre.*

acaricide n. m. et adj. – v. 1970 ; de *acari(en)* et *-cide* ▪ Produit utilisé pour détruire les acariens, surtout les microscopiques. *Acaricide pour les matelas.*

acariens n. m. pl. – XIXe ▪ Ordre de très petits arachnides, souvent parasites et pathogènes. ⇒ **acarus.** *Destruction des acariens* (⇒ **acaricide).** ➛ au sing. *Un acarien.*

acarus [akaRys] n. m. – XVIIIe ; gr. *akarês* « minuscule » ▪ Parasite de l'ordre des acariens. *Acarus de la gale.* ⇒ **sarcopte.** *Des acarus.*

acaule adj. – XVIIIe ; gr. *a-* et *kaulos* « queue » ▪ *Plante acaule,* sans tige, sans queue apparente.

❑ Ne pas confondre avec *anoure* « (animal) qui n'a pas de queue ».

accablant, ante adj. – XVIIe **1** Qui pèse lourdement et fatigue. *Un poids accablant.* ⇒ **écrasant.** *Une chaleur accablante.* **2** Qui accable psychologiquement. « *Autour de moi, tout était accablant de haine et d'ennui* » (Céline). *Témoignage accablant en justice.* ⇒ **accusateur.** ✪ CONTR. Doux, léger. Consolant.

accablement n. m. – XVIe **1** Action d'accabler. **2** État d'une personne qui supporte une situation très pénible. ⇒ **abattement.** *Accablement physique ; moral.*

accabler v. tr. [1] – XIVe ; gr. *katabolê* « lancement » **1** vx ou littér. Écraser ou faire plier sous un poids. ⇒ ② **terrasser. 2** Faire supporter une chose pénible, dangereuse à. *Accabler les contribuables d'impôts.* ⇒ **écraser.** *Il nous accable de travail.* ⇒ **surcharger.** ➛ « *La plupart des maux dont nous sommes accablés* » (Mauriac). *Ce témoignage l'accable.* ⇒ **accuser. 3** *Accabler (qqn) de :* faire subir. *Accabler d'injures, de reproches.* ⇒ **abreuver, agonir.** « *Il les accabla de sa colère et de son mépris* » (France). **4** Combler. *Accabler de bienfaits, de cadeaux.* ✪ CONTR. Soulager ; décharger, réconforter.

accalmie n. f. - XVIIIe 1 Calme passager de la mer ; arrêt du vent. ⇒ **embellie.** ♦ Arrêt de la pluie. *Profiter d'une accalmie pour sortir.* 2 Calme, repos qui survient après l'agitation. ⇒ **apaisement.** *Moment d'accalmie.* ⇒ **trêve.** ✪ CONTR. Tempête. Agitation.

accaparant, ante adj. - XIXe 1 Qui veut garder pour soi seul (une personne, l'attention de cette personne). ⇒ **exclusif, exigeant.** *Un enfant accaparant.* 2 Qui occupe entièrement le temps (de qqn). *Un travail accaparant.*

accaparement n. m. - XVIIIe 1 Le fait d'accaparer. ⇒ **monopolisation.** 2 Le fait de prendre pour soi seul.

accaparer v. tr. [1] - XVIe ; it. *caparra* « arrhes » 1 Acheter ou retenir (une valeur, une marchandise) afin de la rendre rare et d'en faire monter le prix. *Accaparer un marché.* 2 Prendre, retenir en entier. « *le pouvoir dépendait de tous sans qu'aucun fût assez fort pour l'accaparer* » (Flaub.). *Accaparer la conversation.* ➛ *Se laisser accaparer par son travail.* 3 *Accaparer qqn,* le retenir. ✪ CONTR. Distribuer, partager.

accapareur, euse n. - XVIIIe 1 Personne qui accapare les marchandises. 2 adj. fig. Qui cherche à retenir (qqn). « *Son insistance accapareuse* » (Cl. Simon).

❑ C'est pendant la Révolution de 1789 que ce mot est devenu fréquent : *les affameurs du peuple et les accapareurs.*

accastillage n. m. - XVIIe 1 vx Partie du navire qui reste hors de l'eau. 2 mod. Ensemble des aménagements et appareils utilisés sur les superstructures des bateaux ; quincaillerie marine.

accastiller v. tr. [1] - XVIIe ; esp. *castillo* « château » ■ Mettre en place l'accastillage de (un navire).

accédant, ante n. - v. 1980 ■ *Accédant à la propriété* : personne qui devient propriétaire (d'une habitation).

accéder v. tr. ind. [6] - XIIIe ; lat. 1 Avoir accès dans un lieu, pouvoir y pénétrer. « *Nous nous assîmes sur les marches du perron par où on accédait au corps principal de l'école* » (Mauriac). ➛ fig. *Accéder au trône. Accéder à la propriété* : devenir propriétaire (d'une habitation). 2 Accepter, donner son consentement à. ⇒ **consentir, souscrire.** *Accéder aux prières, aux désirs de qqn.*

accelerando [akseleRɑ̃do] adv. - 1907 ; mot it. ■ En pressant le mouvement (musique). ➛ subst. *Des accelerando* ou *des accelerandos.*

accélérateur, trice adj. et n. m. - XVIIe I adj. Qui accélère. *Force accélératrice.* ⇒ **accélération.** II n. m. 1 Organe qui commande l'admission du mélange gazeux au moteur et permet de faire varier la vitesse. *Pédale d'accélérateur.* ⇒ fam. **champignon.** 2 Adjuvant que l'on mêle au mortier ou au béton pour en accélérer la prise. 3 Substance chimique qui accélère une réaction. 4 Appareil qui communique des énergies très élevées à des particules chargées et à des ions. ⇒ **cyclotron.** 5 Dispositif d'accélération d'un engin spatial (recomm. offic. pour *booster*).

accélération n. f. - XIVe 1 Augmentation de vitesse. *La masse humaine « qui oscille au gré des accélérations et des décélérations du train »* (Tournier). ➛ fig. *L'accélération du pouls.* 2 Variation de la vitesse en fonction du temps. *Accélération de la pesanteur.* ✪ CONTR. Ralentissement.

accéléré, ée adj. et n. m. - XVIIe 1 Rendu plus rapide qu'à l'ordinaire. *Rythme accéléré.* 2 n. m. Procédé cinématographique qui simule, à la projection, des mouvements accélérés. ✪ CONTR. Ralenti.

accélérer v. tr. [6] - XIVe ; lat. *celer* « rapide » → célérité 1 Rendre plus rapide. *Accélérer le mouvement.* ⇒ **presser.** ➛ pronom. « *Son pas s'accélère et son cœur a des b*[...] *ments plus forts* » (Loti). 2 fig. Rendre plus promp[...] ⇒ **activer.** *Il faut accélérer les travaux.* 3 intrans. Augmenter la vitesse d'une voiture, la vitesse du moteur. ✪ CONTR. Ralentir.

accélérographe n. m. - XIXe ■ Appareil permettant d'enregistrer graphiquement l'accélération d'un mouvement.

accéléromètre n. m. - XIXe ■ Appareil qui mesure les accélérations.

accent n. m. - XIIIe ; lat. 1 Augmentation d'intensité de la voix sur un son, dans la parole *(accent d'intensité).* ➛ Mise en relief d'un temps fort dans une ligne mélodique. 2 Élévation de la voix sur un son *(accent de hauteur ; accent musical).* ⇒ ② **ton.** 3 Signe graphique qui note un accent (langues anciennes ; espagnol, langues slaves, etc.). ➛ Signe qui, placé sur une voyelle, note un fait phonétique ou distinctif (en français). *Accent aigu* [aksɑ̃tegy] *(é), grave (è, à, où) circonflexe (ê).* 4 Ensemble des inflexions de la voix permettant d'exprimer un sentiment, une émotion. ⇒ **inflexion, intonation.** « *L'accent est l'âme du discours* » (Rouss.). *Un accent plaintif. Elle « murmura plusieurs fois avec un accent de colère : "L'idiot ! l'idiot !" »* (Green). 5 littér. *Les accents* : sons expressifs. « *Ces accents pleins d'amour, de charme et de terreur* » (Muss.). ➛ *Les accents guerriers du clairon.* 6 Caractère personnel (du style). ⇒ **manière, note.** « *l'accent qui sépare les figures du Parthénon de tout ce qui les précéda* » (Malraux). 7 loc. fig. *METTRE L'ACCENT SUR* : insister sur. ⇒ **souligner.** *Il a mis l'accent sur les délais.* 8 Ensemble des caractères phonétiques distinctifs d'une communauté linguistique considérés comme un écart par rapport à la norme (dans une langue donnée). *Avoir l'accent italien, anglais (en français) ; l'accent français (en espagnol).* ➛ Prononciation propre à une région, un milieu. *L'accent parisien, du Midi. Accent faubourien.* ➛ *Avoir un léger accent.*

❑ L'ancien français n'employait pas les accents (3°). Ils furent empruntés aux Grecs par les grammairiens et les imprimeurs de la Renaissance.

accentuation n. f. - XVIe 1 Le fait de mettre l'accent. *Les règles de l'accentuation grecque, russe.* ➛ Le fait de placer les signes appelés accents. 2 Le fait ou la manière de prononcer avec force ou expression. 3 Le fait d'être accentué. *L'accentuation de la décrue.*

accentué, ée adj. 1 Sur quoi porte l'accent. *Syllabe accentuée.* 2 Fort, marqué. ⇒ **prononcé.** *Traits du visage accentués.* 3 Muni d'un accent graphique. *E accentué.* ✪ CONTR. Atone.

accentuel, elle adj. - XVIIe ■ Qui porte, conserve l'accent d'intensité ou l'accent tonique. *Syllabe accentuelle.*

accentuer v. tr. [1] - XVIe 1 Élever ou intensifier la voix sur (tel son, dans la parole). *On accentue la voyelle finale, en français.* 2 Placer un accent sur (une lettre). *Accentuer un a.* ➛ *Il ne sait pas accentuer correctement.* 3 Donner de l'intensité, de l'expression à ; faire ressortir, souligner. « *la dignité de la redingote pastorale accentuait encore l'inélégance de son aspect* » (Gide). ➛ Donner un caractère plus marqué à (qqch.). ⇒ **augmenter, intensifier, renforcer.** *Accentuer son effort.* pronom. *L'amélioration s'accentue.* ✪ CONTR. Atténuer, réduire.

acceptabilité n. f. - v. 1960 ■ Caractère d'une phrase acceptable pour la syntaxe et pour le sens. ⇒ **grammaticalité.**

acceptable adj. - XIIe 1 Qui mérite d'être accepté. ⇒ **recevable.** *Une excuse acceptable.* ♦ *Phrase accep-*

ect. 2 Assez bon. ⇒ **passable.** *Des notes* ✪ CONTR. Inacceptable.

, **ante** adj. et n. – XVe ▪ dr. Qui accepte, donne nsentement à une convention.

acceptation n. f. – XIIIe Le fait d'accepter. ⇒ **accord, consentement.** *Donner son acceptation.* ◆ « *la foi suppose l'acceptation du mystère et du mal* » (Camus). ✪ CONTR. Refus.

accepter v. tr. 1 – XIIIe ; lat. *accipere* « recevoir, accueillir » 1 Recevoir, prendre volontiers (ce qui est offert, proposé). *Accepter une offre, une invitation. Accepter qqch. de qqn.* ◆ *J'accepte volontiers.* 2 dr. Donner son accord à. *Accepter un legs. Accepter une lettre de change,* promettre de la payer à échéance. 3 Admettre (qqn) auprès de soi ou dans tel rôle. « *Je t'adopte pour fils, accepte-moi pour père* » (Corn.). ◆ pronom. *S'accepter tel qu'on est.* ⇒ s'**assumer.** 4 Considérer comme vrai. ⇒ **croire.** *Accepter une thèse, une théorie.* ⇒ **adhérer** (à), **embrasser.** 5 Se soumettre à (une épreuve) ; ne pas refuser. *Accepter le risque.* « *son stoïcisme de paysan qui accepte la mort, qui la souhaite* » (Zola). 6 Consentir à (un acte proposé). *Accepter le combat.* 7 v. tr. ind. *ACCEPTER DE :* bien vouloir. ⇒ **consentir** (à). *Il a accepté de venir.* ♦ *ACCEPTER QUE :* supporter. « *Ceux qui n'acceptent pas que la vie soit une partie qu'il faut toujours perdre* » (Mauriac). ✪ CONTR. Décliner, refuser.

accepteur n. m. et adj. m. – XVIe 1 Personne qui accepte une lettre de change, une traite. ⇒ **tiré.** 2 adj. m. sc. Capable de se combiner à. *Corps accepteur d'oxygène. Atome accepteur.*

acception n. f. – XIIIe ; lat. 1 loc. *Sans acception de :* sans faire entrer en ligne de compte. *Sans acception de personnes.* 2 Sens particulier d'un mot, admis et reconnu par l'usage. ⇒ **signification.** loc. *Dans toute l'acception du terme :* au sens intégral, fort. « *Les Madrilènes sont charmantes dans toute l'acception du mot* » (Gaut.).

> ❑ De la famille étym. de *accepter,* d'où la confusion avec *acceptation* pour parler du sens d'un mot.

accès n. m. – XIIIe ; lat. *accedere* « accéder » I - 1 Possibilité d'aller, de pénétrer dans (un lieu), d'entrer. ⇒ **entrée.** *L'accès de ce parc est interdit ; une grille en interdit l'accès.* ◆ Voie qui permet d'entrer. *Les principaux accès de Paris.* ◆ loc. *Avoir accès* (à un lieu). ⇒ **accéder** (à). *Donner accès :* permettre d'entrer, fig. d'obtenir. *Un escalier « large comme pour donner accès à tout un corps d'armée »* (Loti). 2 Possibilité d'approcher (qqn). *Il est d'un accès difficile.* 3 Possibilité de connaître, de participer (à qqch.). *Le libre accès à l'information.* 4 Recherche et obtention des informations dans une mémoire d'ordinateur. II - 1 Arrivée ou retour d'un phénomène pathologique. *Accès de fièvre. Un subit accès de folie.* 2 Brusque phénomène psychologique ; sentiment vif et passager. *Des accès de mélancolie.*

accessibilité n. f. – XVIIe ▪ Possibilité d'accéder, d'arriver à. *L'accessibilité à un lieu, fig. à un emploi.*

accessible adj. – XIVe 1 Où l'on peut accéder, arriver, entrer. *Ce lieu n'est accessible que par avion.* ♦ fig. Qui ne présente pas d'obstacles. *Prix accessible.* ⇒ **abordable.** ◆ *Accessible à :* à la portée de. *Les sports d'hiver « étaient devenus accessibles aux gens de condition modeste »* (Beauv.). *Lecture accessible au profane.* ⇒ **compréhensible, intelligible.** 2 Que l'on peut approcher, rencontrer. *Il est peu accessible.* 3 Ouvert, sensible à. *Être accessible aux idées nouvelles.* ✪ CONTR. Inaccessible ; inabordable. Insensible.

accession n. f. – XIIe 1 *Accession au trône,* le fait d'y monter. ⇒ **avènement.** 2 Le fait d'accéder, d'arriver (à un état, une situation). *Accession* (des locataires) *à la propriété.* 3 *Droit d'accession :* droit qu'a le propriétaire d'une chose sur ce qui est produit par elle et sur ce qui s'y unit et s'y incorpore.

accessit [aksesit] n. m. – XVIIe ; mot lat. « il ou elle s'approche » ▪ Distinction, récompense accordée à ceux qui ont manqué de peu un prix. *Des accessits.*

accessoire adj. et n. m. – XIIIe ; lat. *accedere* « joindre » → accéder I adj. Qui vient avec ou après ce qui est principal, essentiel. *Un rôle accessoire.* ⇒ **annexe, secondaire.** ◆ *C'est tout à fait accessoire.* ⇒ **insignifiant.** ◆ subst. *Distinguer l'essentiel de l'accessoire.* II n. m. 1 Objet nécessaire à une représentation théâtrale, un film, un déguisement. « *Costumes, accessoires, décors s'efforcèrent de préciser le lieu du drame* » (Gide). 2 Élément associé à une toilette (sac, bijoux, gants, etc.). 3 Pièce constituant un complément utile pour le fonctionnement (d'un objet). *Accessoires d'automobiles.* ✪ CONTR. Essentiel, principal.

accessoirement adv. – XIVe ▪ D'une manière accessoire ; en plus d'un motif principal.

accessoiriser v. tr. 1 – 1980 ▪ Compléter (une toilette) par un ou des accessoires.

accessoiriste n. – 1902 ▪ Personne qui s'occupe des accessoires au théâtre, au cinéma, à la télévision.

accident n. m. – XIIe ; lat. *accidere* « survenir » 1 Épisode non essentiel. ◆ loc. littér. *PAR ACCIDENT :* par hasard. 2 philos. Ce qui « s'ajoute » à l'essence, peut être modifié ou supprimé sans altérer la nature. ⇒ **attribut, phénomène.** ◆ Fait accessoire (⇒ **accidentel**), secondaire. 3 Événement fâcheux, malheureux. ⇒ **ennui, malheur, mésaventure,** fam. **tuile.** *Il a cassé un verre, c'est un petit accident.* ⇒ ① **incident.** ♦ Événement imprévu et soudain qui entraîne des dégâts, des dangers. *Accident de voiture, d'avion. Accident du travail,* qui survient pendant le travail ou qui est occasionné par lui. 4 Phénomène imprévu au cours d'une maladie. ⇒ **complication.** *Accident vasculaire.* 5 Ce qui rompt l'uniformité. *ACCIDENT DE TERRAIN :* déformation de tout genre. ⇒ **aspérité, mouvement ; accidenté.** ◆ Altération (dièse, bémol, bécarre) qui n'est pas à la clé.

accidenté, ée adj. – XVIIe 1 Qui présente des inégalités. *Terrain accidenté.* 2 fam. Qui a subi un accident. *Voiture accidentée.* ◆ n. *Les accidentés de la route.* ✪ CONTR. Égal, ① plat, uni.

accidentel, elle adj. – XIIIe 1 Qui arrive par hasard, qui est produit par une circonstance occasionnelle. ⇒ **fortuit, imprévu.** *Des causes accidentelles.* ◆ *Mort accidentelle,* du fait d'un accident. 2 De l'accident, en philosophie (opposé à *absolu, substantiel* et *nécessaire*). ⇒ **accessoire, extrinsèque.**

accidentellement adv. – XVe 1 D'une manière fortuite, imprévue ; par hasard. ⇒ **inopinément ; incidemment.** 2 Par suite d'un accident. *Il est mort accidentellement.*

accidentogène adj. – 1990 ; de *accident* et *-gène* ▪ Qui est générateur d'accidents. *Carrefour accidentogène.*

accidentologie n. f. – 1986 ; de *accident* et *-logie* ▪ Partie de la traumatologie qui traite les accidents de la circulation. ♦ Partie de l'ergonomie qui étudie les accidents du travail et leur prévention. ⇒ **préventologie.**

accise n. f. – XVIe ; germ. « impôt de consommation » ▪ Impôt indirect frappant certains produits de consommation, notamment les alcools. (Toujours au plur. en Belgique) *Droits d'accises.*

acclamation n. f. – XVIe 1 Cri collectif d'enthousiasme pour saluer qqn ou approuver qqch. « *un tonnerre d'applaudissements, mêlé à une prodigieuse acclamation* » (Hugo). ⇒ **hourra, ovation.** 2 loc. adv. *Par* *acclamation :* à l'unanimité et avec enthousiasme. *Élu par acclamation.* ✪ CONTR. Huée, sifflet, tollé.

acclamer v. tr. [1] - XVIe ; lat. ▪ Saluer par des cris de joie, des manifestations publiques d'enthousiasme. ⇒ **ovationner.** ✪ CONTR. Conspuer, huer.

acclimatation n. f. - XIXe 1 Le fait d'acclimater des animaux, des plantes ; le fait de s'acclimater. 2 *JARDIN D'ACCLIMATATION :* jardin zoologique (⇒ **zoo**) où vivent des espèces exotiques.

acclimatement n. m. - XIXe ▪ Le fait, pour un organisme, de vivre et de se reproduire dans un milieu différent de son milieu d'origine. ⇒ **acclimatation.**

acclimater v. tr. [1] - XVIIIe 1 Habituer (une plante, un animal) à un nouveau climat. 2 *S'ACCLIMATER* v. pron. *Plante qui s'acclimate.* ➤ S'habituer à un nouveau milieu, à de nouvelles habitudes. *Elle s'était acclimatée à la vie de pensionnaire.*

accointances n. f. pl. - XIIe ; lat. *cognitus* « connu » ▪ loc. *AVOIR DES ACCOINTANCES* (dans un milieu) : avoir des relations, des amis.

accolade n. f. - XVIe I - 1 Le fait de mettre les bras autour du cou. ⇒ **embrassade.** *Donner, recevoir l'accolade.* 2 Geste ébauchant une embrassade, qui accompagne la remise officielle d'une décoration. II - 1 Signe à double courbure ({), qui sert à réunir plusieurs lignes ou colonnes ; trait qui permet de joindre plusieurs portées musicales. 2 Arc surbaissé à courbes et contre-courbes qui évoque une accolade horizontale.

> ❑ L'accolade est un geste hérité de la cérémonie d'adoubement (coup du plat de l'épée sur l'épaule du chevalier, suivi d'une embrassade).

accolage n. m. - XVIIIe ▪ Fixation des jeunes pousses (de vigne, d'arbres) sur un support (espalier, échalas).

accolement n. m. - XIIIe ▪ Rapprochement de deux choses accolées.

accoler v. tr. [1] - XIe ; de *col* « cou » 1 vx Embrasser en jetant les bras autour du cou. ⇒ **accolade.** 2 mod. Joindre ou fixer de manière à faire toucher, à mettre contre. « *Les bateaux étaient accolés bord à bord* » (Gaut.). ➤ *Accoler la vigne.* ⇒ **accolage.** 3 Réunir, mettre à côté. *Accoler une particule à son nom.* ⇒ **adjoindre.** 4 Réunir par une accolade. *Accoler deux paragraphes.*

accommodant, ante adj. - XVIIe ▪ Qui est facile à contenter, à satisfaire ; qui s'accommode facilement des personnes, des circonstances. ⇒ **arrangeant, conciliant, sociable.** *Il est très accommodant.*

> ❑ *Accommodant* se réfère à une disposition d'esprit durable, *arrangeant* à une circonstance précise.

accommodat n. m. - v. 1965 ▪ Modification morphologique ou physiologique, intransmissible, qui permet à un être vivant de s'adapter à un nouveau milieu.

accommodateur, trice adj. - XVIe ▪ Qui permet l'accommodation.

accommodation n. f. - XIVe 1 Action d'accommoder ou de s'accommoder (aux circonstances, aux individus). ⇒ **adaptation.** 2 Aptitude de l'œil à accommoder. *Diminution du pouvoir d'accommodation.* ⇒ **presbytie.** 3 Modification des activités mentales (surtout chez l'enfant), en vue de s'adapter à des situations nouvelles.

accommodement n. m. - XVIe 1 Règlement à l'amiable (d'un différend, d'une querelle). ⇒ **arrangement, conciliation.** 2 Expédient pour concilier, faire taire les scrupules, etc.

accommoder v. [1] - XIVe ; de ① *a-* et ① *commode* I v. tr. Préparer (des aliments) pour la consommation. ⇒ **apprêter, assaisonner, cuisiner.** *L'art d'accommoder les restes.* II v. intr. Modifier automatiquement la distance focale du cristallin pour permettre la formation d'images nettes sur la rétine. ⇒ **accommodation.** III v. pron. *S'accommoder de :* accepter comme pouvant convenir. ⇒ **accepter,** ① **supporter.** *Il s'accommode de tout* (⇒ **accommodant**). « *Les amants heureux s'accommodent volontiers de tous les cadres* » (Ste-Beuve). ⇒ s'**arranger,** se **contenter.** ✪ CONTR. Refuser.

accompagnateur, trice n. - XVIIe 1 Personne qui accompagne la partie musicale principale. 2 Personne qui accompagne et guide un groupe (de voyageurs, de touristes) ou une autre personne (enfant, infirme).

accompagnement n. m. - XIIe 1 rare Action d'accompagner ; personne(s) qui accompagne(nt). ⇒ **cortège, escorte.** 2 Ce qui accompagne, vient s'ajouter. *L'accompagnement inévitable d'un événement.* 3 Légumes qui accompagnent une viande, un poisson. ⇒ **garniture.** 4 Action de jouer une partie musicale de soutien à la partie principale ; cette partie. *Chanter sans accompagnement.* ⇒ **a cappella.** 5 Soutien physique et moral (d'un mourant).

accompagner v. tr. [1] - XIIe ; de ① *a-* et a. fr. *compain* → compagnon, copain I Se joindre à (qqn) pour aller où il va en même temps que lui. « *Comme il veut qu'elle l'accompagne partout, il n'ose plus aller nulle part* » (Gide). *Accompagnez-moi jusqu'à la gare.* par ext. *Tous nos vœux l'accompagnent.* ➤ Qui est avec une ou plusieurs autres personnes. ➤ *Accompagner un malade,* l'entourer, le soutenir à la fin de sa vie. II - 1 S'ajouter à, se joindre à (autre chose). « *Vive l'amour que l'ivresse accompagne !* » (Muss.). ➤ *Accompagner une viande de légumes.* ⇒ **garnir.** *Un vin blanc accompagnait l'entrée.* 2 Ajouter (qqch.) à (qqch.). *Il accompagna ses paroles d'un geste menaçant.* 3 Jouer avec (qqn) la partie qui soutient sa mélodie. ➤ pronom. *S'accompagner au piano.* 4 Survenir en même temps que, avoir pour effet simultané. *Douleur accompagnée de nausées.* ➤ pronom. « *Les démarrages s'accompagnaient d'un rugissement* » (Romains). ✪ CONTR. Quitter ; précéder, suivre.

accompli, ie adj. et n. m. - XIIe 1 (après le nom) Qui est parfait en son genre. ⇒ ① **idéal.** « *un spécimen accompli de la jeune fille moderne* » (Duham.). 2 Terminé. *Vingt années accomplies.* ➤ loc. *LE FAIT ACCOMPLI :* ce qui est terminé, ce sur quoi on ne peut revenir. *Il a été mis devant le fait accompli :* on ne l'a pas consulté. 3 n. m. Forme verbale exprimant une action achevée. *Les temps de l'accompli :* les temps composés et surcomposés, en français.

accomplir v. tr. [2] - Xe ; de ① *a-* et lat. *complere* « remplir » 1 Faire (qqch.) jusqu'au bout, mener à son terme. ⇒ **achever, terminer.** *Accomplir de grandes choses, des exploits.* ➤ *Mission accomplie !* 2 Faire en effet (ce qui était préparé, projeté). ⇒ **réaliser.** 3 Faire (ce qui est demandé, ordonné, proposé). *Accomplir un vœu. Accomplir la volonté de Dieu.* ⇒ **obéir.** *Accomplir sa tâche.* ➤ *La satisfaction du devoir accompli.* 4 v. pron. *S'accomplir :* se réaliser, avoir lieu. ⇒ **arriver.** « *ce qu'on désire de tout son être finit toujours par s'accomplir* » (R. Rolland). ➤ Se réaliser pleinement. *Elle s'accomplit dans le travail.* ✪ CONTR. Commencer ; échouer. Refuser.

accomplissement n. m. - XIIIe 1 Le fait d'accomplir. ⇒ **exécution.** « *l'accomplissement de l'acte irrévocable* » (Loti). 2 État de ce qui est accompli, réalisé. « *Il attendait l'accomplissement de la prophétie* » (Céline). ✪ CONTR. Ébauche, esquisse, préparation ; échec.

accon, acconage, acconier → acon, aconage, aconier

accord n. m. – XIe **I - 1** État qui résulte d'une communauté ou d'une conformité de pensées, de sentiments. ⇒ **entente,** ① **union.** *D'un commun accord. L'accord est unanime, général.* ⇒ **consensus.** ➤ *Accord de coopération entre deux États.* **2** *EN ACCORD* : en s'entendant bien. *Vivre en accord, en parfait accord avec qqn.* **3** *D'ACCORD. Être d'accord* : avoir la même opinion, la même intention. *Ils sont toujours d'accord. Ils se sont mis d'accord sur la date. Ils sont tombés d'accord.* ➤ *Être d'accord avec qqn,* être du même avis, partager son opinion. ➤ *Je ne suis pas d'accord sur ce point.* ➤ adv. *D'ACCORD* : j'y consens. *Viendrez-vous demain ? – D'accord.* ⇒ **oui ; O.K. 4** *Un accord* : arrangement entre ceux qui se mettent d'accord. ⇒ **convention, pacte, traité.** *Négocier, conclure un accord. Accord-cadre* : accord général qui peut servir de cadre à des accords ultérieurs. *Des accords-cadres.* ➤ *Nous sommes parvenus à un accord.* ⇒ **compromis, transaction.** *Accord de principe.* **5** *Donner son accord* : accepter, autoriser, permettre. **6** État qui résulte de la présence simultanée de choses qui forment un ensemble. ⇒ **concordance, équilibre.** « *L'accord des couleurs* » (Volt.). **7** *Choses qui sont en accord,* adaptées, adéquates, appropriées. *Mettre en accord.* ⇒ **accorder. II - 1** Association d'au moins trois sons simultanés ayant des rapports de fréquence. *Accords consonants, dissonants. Accords naturels, renversés, altérés. Les intervalles d'un accord. Accord de tierce, de quinte. Accord parfait* (tonique, médiante, dominante). ♦ Émission de tels sons. « *Aux premiers accords plaqués sur l'orgue* » (Huysm.). ♦ Action d'accorder un instrument ; manière d'être accordé. **2** Réglage de la fréquence (d'un appareil). *L'accord d'un récepteur sur une station émettrice.* **3** Correspondance entre des formes **(⇒ morphologie)** dont l'une est subordonnée à l'autre. *Accord du verbe avec son sujet. Accord en genre, en nombre. Règle, faute d'accord.* ✪ CONTR. Désaccord ; conflit, rupture ; opposition. — HOM. Accore, accort, acore.

accordailles n. f. pl. – XVIe ▪ vx Fiançailles.

> ❑ Pour la liste des noms féminins pluriels en *-ailles* → semailles (rem.).

accordéon n. m. – XIXe ; all. *Akkordion, -éon* par infl. de *orphéon* **1** Instrument de musique à soufflet et à anches métalliques. *Jouer de l'accordéon dans un bal musette.* **2** loc. *EN ACCORDÉON* : qui forme des plis parallèles. *Chaussettes en accordéon.* ➤ *Plissé accordéon.*

accordéoniste n. – XIXe ▪ Personne qui joue de l'accordéon.

accorder v. tr. [1] – XIe ; lat. *ad* et *cor, cordis* « cœur » **1** Mettre en harmonie, en établissant un accord. ⇒ **allier, harmoniser.** *Accorder ses principes et sa vie.* **2** Mettre (un ou plusieurs instruments) au diapason. *Accorder un piano, un violon* **(⇒ accord, accordeur).** ➤ « *cherchant sur leurs guitares accordées des accompagnements* » (Loti). ➤ loc. fig. *Accordez vos violons* : mettez-vous d'accord. ♦ Régler la fréquence de (un appareil, un circuit). ➤ Donner à (un élément linguistique) un aspect formel en rapport avec sa fonction ou avec la forme d'un élément dominant. *Accorder le verbe avec le sujet de la phrase.* **3** v. pron. récipr. *S'ACCORDER* : se mettre, être d'accord. *Leurs caractères s'accordent mal. Ils s'accordent tous pour lui donner tort.* ➤ Se concilier. « *Nul ne veut le bien public que quand il s'accorde avec le sien* » (Rouss.). ➤ *Le verbe s'accorde avec son sujet.* **4** Consentir à admettre, à reconnaître, à tenir pour vrai. ⇒ **concéder.** *Je vous accorde que j'ai eu tort.* ➤ « *Le faisan est assez beau, je vous l'accorde – mais il est bête* » (Pagnol). **5** Consentir à donner, à laisser ou à permettre ; donner son accord à. *Accorder un crédit, un délai, une faveur. Accorder sa confiance. Il lui a accordé la main de sa fille.* **6** Attribuer. *Accorder de l'importance à des broutilles.* ⇒ **attacher. 7** v. pron. réfl. *S'ACCORDER* : se donner. *S'accorder du repos.* ⇒ **s'octroyer.** ✪ CONTR. Désaccorder ; brouiller, opposer. Nier, refuser. Contraster. Interdire (s').

accordeur n. m. – XIVe ▪ Professionnel qui accorde les instruments à cordes frappées (pianos), les orgues, etc. *Elle est accordeur de pianos.*

accordoir n. m. – XVIIe ▪ Outil d'accordeur.

accore n. et adj. – XIVe ; néerl. *schore* « écueil » **1** n. m. ou f. Pièce de bois utilisée pour caler un navire tiré au sec ou en construction. **2** adj. Se dit d'un rivage à falaises abruptes qui plonge verticalement dans la mer. *Une côte accore.* ✪ HOM. Accord, accort, acore.

accort, orte adj. – XIVe ; it. ▪ littér. Gracieux et vif. ➤ par plais. *Une accorte servante.* ⇒ **aimable,** ① **avenant.** ✪ CONTR. Disgracieux, rébarbatif. — HOM. Accord, accore, acore.

> ❑ Le sens premier « habile, adroit » s'est changé en « gracieux, attirant » par mauvais rapprochement étymologique avec *cort* (« cour ») et *courtois.*

accostage n. m. – XVIe ▪ Manœuvre pour accoster ; le fait d'accoster. ♦ Opération précédant l'amarrage de deux engins lors d'un rendez-vous spatial.

accoster v. tr. [1] – XIIe ; de ① *a-* et *côte* **1** Aller près de (qqn) pour lui parler. *Être accosté par un inconnu.* ⇒ **aborder. 2** S'approcher contre, se mettre bord à bord avec. ⇒ **aborder.** ➤ *Accoster la grève. Quai où l'on peut accoster.*

> ❑ Pour la formation → arriver (rem.).

accot n. m. – XVIIIe ; de *accoter* ▪ Écran de paille, de feuilles, destiné à protéger des semis ou des jeunes plantes contre le gel.

accotement n. m. – XVIIe **1** Espace aménagé entre la chaussée et le fossé, entre un mur et un ruisseau. *Accotements stabilisés.* ⇒ **bas-côté. 2** Ballast latéral des voies ferrées.

accoter v. tr. [1] – XIIe ; lat. *cubitus* « coude » ou *cubare* « couver » **1** vx Appuyer d'un côté. « *Accotant sa tête sur son fauteuil* » (Furetière). **2** v. pron. *S'ACCOTER.* « *Un homme debout, qui s'accotait au comptoir* » (Daud.).

> ❑ *Accoter* et *accotement* n'ont pas de rapport étym. avec *côté,* en dépit du sens.

accotoir n. m. – XVIe ▪ Appui qui sert à s'accoter (accoudoir, dossier). *Les accotoirs d'un fauteuil.* ➤ Saillie d'un dossier où l'on peut appuyer sa tête.

accouchée n. f. – XIVe ▪ Femme qui vient d'accoucher. ⇒ ① **mère, parturiente.**

accouchement n. m. – XIIe **1** Le fait d'accoucher ; sortie de l'enfant hors du corps de sa mère. ⇒ **couches, enfantement, parturition ; naissance ; maternité.** *Accouchement à terme. Accouchement prématuré.* ⇒ **avortement** (cf. Fausse couche*). **2** Opération médicale par laquelle on assiste la femme qui accouche **(⇒ obstétrique).** *Ce médecin a fait des centaines d'accouchements.* ⇒ **accoucheur. 3** Méthode d'accouchement. *Accouchement sans douleur* : entraînement psychosomatique de relaxation et de contrôle des douleurs. **4** Élaboration pénible, difficile. ⇒ **maïeutique.**

accoucher v. tr. [1] – XIIe **1** tr. ind. *ACCOUCHER DE* : donner naissance à (un enfant). ⇒ **enfanter, mettre** (au monde). *Elle a accouché d'un garçon.* littér. *Elle est* accouchée d'un garçon. ➝ *Elle accouche dans un mois.* 2 tr. dir. Aider (une femme) à mettre un enfant au monde. *La sage-femme qui l'a accouchée.* 3 tr. ind. péj. Élaborer péniblement. ⇒ **créer, produire.** *Il a fini par accoucher d'un mauvais roman.* ♦ fam. Se décider à parler. *Alors, tu accouches ?*

❑ Famille de *coucher* (« s'aliter pour mettre un enfant au monde »).

accoucheur, euse n. - XVIIe ▪ Personne qui fait des accouchements, aide les femmes à accoucher. ⇒ **maïeuticien, obstétricien, sage-femme.** ➝ *Médecin accoucheur.*

accoudement n. m. - XVe ▪ Le fait de s'appuyer sur le coude ; position d'une personne accoudée.

accouder (s') v. pron. [1] - XIIe ▪ S'appuyer sur le(s) coude(s). ➝ « *accoudé au bastingage, je regardais le sillage phosphorescent du navire* » (R. Gary).

accoudoir n. m. - XIVe ▪ Appui pour s'accouder. *L'accoudoir d'une portière d'automobile* (⇒ **appuie-bras, repose-bras**), *d'un fauteuil* (⇒ **accotoir, bras**).

accouplé, ée adj. 1 Uni, joint à un autre pour former un couple ; uni sexuellement. 2 Solidaire dans le fonctionnement. *Roues accouplées d'une locomotive.*

accouplement n. m. - XIIIe 1 Le fait d'accoupler. *Bielle d'accouplement.* ➝ Dispositif établissant une liaison mécanique. ➝ fig. *Un étrange accouplement de mots.* ⇒ **assemblage, réunion.** 2 Union sexuelle du mâle et de la femelle d'une espèce animale. ⇒ **monte, saillie.** « *les bêtes fauves qui se cachent dans leurs accouplements* » (Flaub.).

accoupler v. tr. [1] - XIIe ; de ① *a-* et *couple* 1 Joindre, réunir par deux. *Accoupler des bœufs à la charrue.* ➝ *Accoupler des générateurs électriques.* ⇒ **coupler.** 2 Réunir (deux choses qui jurent entre elles). *Accoupler deux mots, deux idées disparates.* 3 Procéder à l'accouplement de (un mâle et une femelle). ➝ pronom. S'unir sexuellement (animaux). ⇒ **apparier.** *Les pigeons se sont accouplés.*

accourir v. intr. [11] - XIe ▪ Venir en courant, en se pressant. *La police est accourue* (vieilli *a accouru*). ✪ CONTR. Arrêter (s'), traîner.

accoutrement n. m. - XVe ▪ Habillement étrange, ridicule. « *Que signifie cet accoutrement ?* » (Muss.).

accoutrer v. tr. [1] - XIIIe ; lat. *cosutura* « couture » ▪ Habiller ridiculement. ⇒ **affubler, fagoter.** ➝ pronom. *Ils se sont accoutrés de vieux habits. Où va-t-elle, ainsi accoutrée ?*

accoutumance n. f. - XIIe 1 Le fait de s'habituer, de se familiariser. « *Il y a certainement une accoutumance au malheur* » (Gide). ⇒ **adaptation.** ➝ « *combien l'accoutumance hébète nos sens* » (Montaigne). ⇒ **habitude.** 2 Processus par lequel un organisme tolère de mieux en mieux un agent extérieur ; son résultat (⇒ **immunité**). ➝ État dû à l'usage prolongé d'un médicament, d'une drogue (désir de continuer, effets nuisibles, etc.). *La toxicomanie engendre l'accoutumance* (⇒ **besoin, dépendance**).

accoutumé, ée adj. 1 Ordinaire, habituel. *À l'heure accoutumée.* « *tout reprit son train accoutumé* » (Dider.). 2 loc. adv. *À L'ACCOUTUMÉE :* à l'ordinaire. *Il est passé à 8 heures, comme à l'accoutumée.*

accoutumer v. tr. [1] - XIIe ; de ① *a-* et *coutume* 1 littér. *Avoir accoutumé de faire qqch.*, en avoir l'habitude. 2 Faire prendre l'habitude de. ⇒ **familiariser, habituer.** *On ne l'a pas accoutumé à travailler.* 3 *Être accoutumé à :* avoir pris l'habitude de. « *J'étais accoutumé à ne plus la voir* » (France). 4 v. pron. *S'accoutumer à :* s'habituer à. *Mes yeux* « *ne s'accoutumèrent que graduellement à cette nuit* » (Balz.). ✪ CONTR. Désaccoutumer, déshabituer.

accouvage n. m. - 1907 ▪ Technique qui consiste à contrôler l'éclosion des œufs, en couveuses artificielles.

accréditation n. f. - XIXe ▪ Action d'accréditer (un agent diplomatique) auprès d'un gouvernement étranger.

accréditer v. tr. [1] - XVIe ; de *à* et *crédit* 1 Donner l'autorité nécessaire pour agir en qualité de. *Accréditer un ambassadeur auprès d'un chef d'État* (par des lettres de créance). ➝ *Être accrédité auprès d'une banque.* ⇒ **accréditif.** 2 Rendre croyable, plausible (qqch.). *Accréditer une rumeur.* ➝ pronom. « *Si on laisse courir des mensonges sans les démentir, ils risquent de s'accréditer* » (Queneau). ⇒ se **propager**, se **répandre.**

accréditeur n. m. - XIXe ▪ Personne qui donne sa garantie en faveur d'un tiers.

accréditif, ive adj. et n. m. - XIXe 1 Qui accrédite. 2 n. m. Lettre d'instruction par laquelle une banque met à la disposition d'un client des fonds sur une autre place financière ; cette opération.

accrescent, ente adj. - XIXe ; lat. *crescere* « croître » ▪ Se dit de parties florales qui continuent à croître après la fécondation.

accrétion n. f. - XVIIIe ; lat. *crescere* « croître » ▪ Processus d'agglomération d'éléments inorganiques, solides ou fluides. *Accrétion de nuages, de dunes.*

accro adj. et n. - 1979 ; abrév. de *(être) accroché* ▪ fam. 1 Dépendant d'une drogue. 2 Passionné par (qqch.). ⇒ **fana.** *Les accros du foot.* ✪ HOM. Accroc.

accroc n. m. - XVIe 1 Déchirure faite par ce qui accroche. *Faire un accroc à son pantalon.* ➝ fig. *Un accroc à la réputation.* 2 Difficulté qui arrête, incident aux conséquences malheureuses. ⇒ **anicroche, embarras, obstacle.** « *aucun accroc sérieux, durant ces cinq jours de marche* » (Gide). ✪ HOM. Accro.

❑ Ne pas confondre *par accroc* [paʀakʀo] et *par raccroc* [paʀʀakʀo] « par le fait d'un heureux hasard ».

accrochage n. m. - XVIe 1 Action d'accrocher ; fait d'être accroché. *L'accrochage de deux wagons.* ➝ Manière d'exposer des tableaux (dans une galerie, une exposition). 2 fam. Le fait d'entrer en relation avec (qqn, un émetteur). 3 Le fait de s'accrocher ; léger choc entre deux véhicules (⇒ **accident, collision**). *Avoir un accrochage.* 4 Bref engagement. *Accrochage entre deux patrouilles.* ➝ fam. Dispute légère. ⇒ **démêlé, querelle.** ✪ CONTR. Décrochage.

accroche n. f. - XVIe ▪ Dessin, slogan publicitaire destiné à accrocher l'attention. *Trouver une bonne accroche.*

accroche-cœur n. m. - XIXe ▪ Mèche de cheveux en croc, collée sur la tempe. *Des accroche-cœurs.* ⇒ **guiche.**

accroche-plat n. m. - XIXe ▪ Support, crochet pour accrocher un plat ornemental au mur. *Des accroche-plats.*

accrocher v. [1] - XIIe ; de ① *a-* et *croc* **I** v. tr. 1 Retenir, arrêter par un crochet, une pointe. *Être accroché par un buisson épineux. Accrocher sa jupe.* ➝ Heurter (un véhicule). *Le camion a accroché une voiture* (⇒ **accrochage**). 2 Suspendre à un crochet. *Accrocher un tableau au mur.* loc. fig. *Il faut avoir le cœur bien accroché,* ne pas être sujet aux maux de cœur ; fig. avoir du courage. ➝ pop. *Tu peux toujours te l'accrocher !* n'escompte rien. « *Si elle se marie, ils pourront se l'accrocher son héritage* » (Queneau). 3 Arrêter, retenir. *Ses cheveux accrochent la lumière.* « *leurs* oreilles accrochaient au passage des fragments d'histoires » (Goncourt). ⇒ **capter, saisir.** **4** Arrêter (qqn) au passage et le retenir pour lui parler. **5** Retenir (l'ennemi) par son action. **6** Retenir l'attention, l'intérêt de (qqn). ➤ *Cette publicité accroche.* **7** fam. *Être accroché* : être dépendant d'une drogue (⇒ **accro**). **II** *S'ACCROCHER* **v. pron.** **1** (pass.) Être retenu ou suspendu à un crochet. « *le branle-bas du soir, tous les hamacs qui s'accrochaient* » (Loti). **2** (réfl.) Se tenir avec force. ⇒ se **cramponner.** ➤ fig. *S'accrocher à son passé, à ses illusions. Il faut s'accrocher,* ne pas céder. ⇒ **tenir.** **3** fam. *S'accrocher à qqn,* maintenir des relations qui l'importunent. **4** fam. Se disputer. ⇒ s'**attraper.** **III** **v. intr.** Présenter des difficultés de fonctionnement. *La conférence a accroché sur un point délicat.* ⇒ **achopper.** ➤ *Des « nœuds où le peigne accroche et fait mal »* (Le Clézio). ✪ CONTR. Décrocher.

accrocheur, euse **adj.** et **n.** – XVIIe. **1** Très tenace. *C'est un bon vendeur, très accrocheur ; c'est un accrocheur.* ⇒ ③ **battant.** **2** Qui retient l'attention (d'une manière grossière). *Une publicité accrocheuse.* ⇒ **racoleur.**

accroire **v. tr.** – XIIe ▪ littér. **1** *FAIRE, LAISSER ACCROIRE qqch.* : faire, laisser croire une chose fausse. **2** loc. *En faire accroire (à qqn)* : tromper. *S'en laisser accroire* : se laisser tromper.

❑ Ne s'emploie qu'à l'infinitif, après les verbes *faire* et *laisser.*

accroissement **n. m.** – XIIe ▪ Le fait de croître, d'augmenter. ⇒ **augmentation, hausse, progression.** *Accroissement de la production.* « *une prospérité ascendante, en plein accroissement* » (Gaut.). ✪ CONTR. Diminution, perte.

accroître **v. tr.** [55], sauf p. p. *accru* – XIIe ; lat. *crescere* « croître » ▪ Rendre plus grand, plus important. ⇒ **augmenter, développer, étendre.** « *cette impatience que le retard accroît de seconde en seconde* » (Maupass.). ➤ **v. pron.** *S'ACCROÎTRE.* ⇒ **grandir ; croître.** *Mon amitié pour lui s'est accrue. Mon irritation « s'accrut avec le temps »* (Balz.). ➤ *ACCRU, UE. Écouter avec une attention accrue.* ✪ CONTR. Diminuer, réduire.

❑ Prend un accent circonflexe sur le *i* lorsque celui-ci précède un *t.*

accroupir (s') **v. pron.** [2] – XIIe ; de *à* et *croupe* ▪ S'asseoir les jambes repliées, sur ses talons. « *Ils s'accroupirent, les coudes aux flancs, les fesses sur leurs talons* » (Zola).

accroupissement **n. m.** – XVIe ▪ Position d'une personne accroupie. Action de s'accroupir.

accru **n. m.** – XIXe ; de *accroître* ▪ Rejeton produit par la racine.

accrue **n. f.** – XIIIe ; de *accroître* **1** Augmentation de surface par le retrait des eaux. ⇒ **accession, accroissement, laisse.** **2** Extension d'un bois par rejets naturels.

accueil [akœj] **n. m.** – XIIe **1** Manière de recevoir qqn, de se comporter avec lui quand on le reçoit ou quand il arrive. ⇒ **abord, traitement.** *Accueil chaleureux.* ➤ loc. *Faire bon, mauvais accueil à qqn. Il a reçu le meilleur accueil. Le public a fait un accueil enthousiaste à cette pièce.* **2** *Centre, bureau d'accueil,* chargé de recevoir des visiteurs, des voyageurs, des réfugiés, etc. *Hôtesse d'accueil. Terre d'accueil* (de réfugiés politiques). ♦ *Adressez-vous à l'accueil.*

❑ Pour la graphie → ① e (rem.).

accueillant, ante [akœjɑ̃, ɑ̃t] **adj.** – XIIIe **1** Qui fait bon accueil. ⇒ **aimable, cordial, hospitalier.** *Des gens très accueillants.* ♦ Bien disposé, favorable. « *Trouverait-il oreille plus accueillante* » (Duham.). ⇒ **propice.** **2** D'un abord agréable ; où l'on est bien accueilli. « *L'aérogare était un grand bâtiment rond, peu accueillant* » (Beauv.). ✪ CONTR. ① Froid, glacial, inhospitalier.

accueillir [akœjiʀ] **v. tr.** [12] – XIe ; lat. *colligere* « cueillir » **I - 1** Aller au devant de (qqn) à son arrivée, aller le chercher. *Ils sont venus m'accueillir à la gare.* ⇒ **chercher.** **2** Donner l'hospitalité à. ⇒ **héberger, loger.** *Il nous a accueillis chez lui. Foyer qui accueille les sans-abri.* ♦ Accepter (dans un groupe). ⇒ **admettre.** *Nous sommes heureux de vous accueillir parmi nous.* **3** Recevoir. *Le stade peut accueillir trente mille personnes.* ⇒ **contenir.** **II - 1** Se comporter d'une certaine manière avec (qqn qui se présente). *Le ministre a été bien accueilli.* **2** Accompagner, suivre l'arrivée de. ⇒ **saluer.** « *Les applaudissements qui avaient accueilli son entrée* » (France).

acculée **n. f.** – XIXe ▪ Embardée vers l'arrière d'un bateau qui cule.

acculer **v. tr.** [1] – XIIe ; de ① *a-* et *cul* **1** Pousser dans un endroit où tout recul est impossible. *Acculer l'ennemi à la mer.* **2** *Acculer qqn à qqch.* ⇒ **contraindre, forcer.** *Il « se trouverait acculé à la résignation »* (Mart. du G.).

acculturation **n. f.** – 1911 ▪ didact. Processus par lequel un groupe humain, un individu assimile des valeurs culturelles étrangères aux siennes. *L'acculturation des Amérindiens, d'un immigré.*

accumulateur **n. m.** – XVIe **1** Appareil qui emmagasine l'énergie électrique fournie par une réaction chimique et la restitue sous forme de courant. *Batterie d'accumulateurs,* dans les véhicules automobiles. ➤ abrév. fam. *Les accus* [aky]. loc. *Recharger les* (ou *ses*) *accus* : reprendre des forces. **2** Registre de l'unité de traitement d'un ordinateur.

accumulation **n. f.** – XIVe **1** Action d'accumuler ; le fait d'être accumulé. ⇒ **amoncellement, entassement ; amas, tas.** *Une accumulation de richesses.* ➤ *Une accumulation de preuves.* ♦ *Accumulation du capital.* ⇒ **épargne, investissement, thésaurisation.** ♦ Entassement de matériaux d'érosion. **2** Emmagasinage d'énergie électrique. *Chauffage par accumulation.* ✪ CONTR. Dispersion, éparpillement.

accumuler **v. tr.** [1] – XIVe ; lat. **1** Mettre ensemble en grand nombre. ⇒ **amasser, amonceler, entasser.** « *Les puissants du moment accumulent les richesses* » (Duham.). ➤ « *On entasse, on accumule* » (Michelet). ⇒ **capitaliser, thésauriser.** **2** Produire en grand nombre. *Accumuler des preuves.* ⇒ **réunir.** *Il accumule les gaffes.* ⇒ **collectionner.** **3** *S'ACCUMULER* **v. pron.** Augmenter en nombre, en volume dans un même endroit, à un moment donné. *Le travail en retard s'accumule.* ⇒ s'**entasser.** *La haine accumulée dans son cœur.* ✪ CONTR. Disperser, gaspiller, répandre.

accus → **accumulateur**

accusateur, trice **n.** et **adj.** – XIVe **1** Personne qui accuse. ⇒ **délateur, dénonciateur.** ➤ *Accusateur public* : magistrat chargé du ministère public (pendant la Révolution). **2** **adj.** Qui constitue ou dénote une accusation. *Un regard accusateur.*

accusatif **n. m.** – XIIe ; lat. *accusare* « faire paraître » ▪ Cas qui marque le complément d'objet ou certains compléments prépositionnels (⇒ ① **régime**).

accusation **n. f.** – XIIIe **1** Action de signaler (qqn) comme coupable ou (qqch.) comme répréhensible. *Accusations malveillantes, fausses.* ⇒ **calomnie, dénigrement, diffamation, médisance.** « *on souffre davantage des accusations justifiées que de celles qu'on ne mérite point* » (Gide). **2** Action en justice par laquelle on désigne comme coupable, devant un tribunal. ⇒ **plainte, poursuite.** *Les principaux chefs d'accusa-*

tion. Mise en accusation. ➛ *L'accusation* : le ministère public (opposé à ① *défense*).

accusatoire adj. – XIVe ▪ Relatif à l'accusation, qui la motive. *Procédure accusatoire.*

accusé, ée n. – XIIIe **1** Personne à qui on impute une faute, un délit. « *confronter les témoins et l'accusé* » (Volt.). *Le banc des accusés. Accusé, levez-vous !* **2** n. m. ACCUSÉ DE RÉCEPTION : avis informant qu'une chose a été reçue. *Lettres recommandées avec accusés de réception.*

❑ Ne pas confondre *accusé* et *inculpé* « personne mise en examen ».

accuser v. tr. [1] – Xe ; lat. **1** Signaler (qqn) comme coupable (d'une action blâmable). ⇒ **attaquer, charger, dénoncer, incriminer.** « *Je n'accuse personne et vous tiens innocente* » (Corn.). ➛ *Accuser de* : faire grief de. ⇒ **taxer.** *On l'accuse d'espionnage, d'avoir empoisonné sa femme.* ➛ pronom. S'avouer coupable. « *il se sentait le cœur plus libre, cela le soulageait de s'accuser* » (Daud.). ➛ Rendre responsable. *Accuser le sort, les événements.* **2** Déférer devant la cour d'assises. ⇒ **impliquer, inculper ; citer, poursuivre. 3** Signaler. *Accuser ses péchés.* ⇒ **confesser.** *Accuser réception* : donner avis qu'on a reçu un envoi. **4** Rendre manifeste. ⇒ **indiquer, montrer, révéler.** *Rien dans son comportement n'accusait son désarroi.* ⇒ **trahir.** *Son visage accuse la fatigue.* loc. fam. *Accuser le coup* : montrer par ses réactions qu'on est affecté. **5** Faire ressortir avec force. ⇒ **accentuer, dessiner, marquer.** *Robe moulante qui accuse les formes. Des traits accusés.*

ace n. m. – 1928 ; mot angl. ▪ Au tennis, Balle de service qui fait le point, l'adversaire n'ayant pu la toucher. ➛ Recomm. offic. *AS.* ✪ HOM. Ès, esse, ① s.

acellulaire adj. – XXe ▪ Qui n'est pas formé de cellules au cloisonnement distinct.

acéphale adj. et n. – XIVe ; ② *a-* et *-céphale* **1** Sans chef. *Gouvernement acéphale.* **2** Sans tête. *Monstre acéphale.*

acerbe adj. – XIIe ; lat. ▪ Qui cherche à blesser. ⇒ **acrimonieux, ① caustique, mordant, sarcastique.** *Critiques acerbes.*

acéré, ée adj. – XIIe ; de *acer,* forme anc. de *acier* **1** Garni d'acier pour être plus tranchant, plus effilé. *Des flèches acérées.* ♦ Dur, tranchant et pointu. *Griffes acérées.* **2** littér. ⇒ **acerbe, ① caustique.** « *une rumeur aigre, aiguë, acérée* » (Hugo).

acescence n. f. – XVIIIe ▪ Propriété, état d'un liquide acescent.

acescent, ente adj. – XVIIIe ; lat. *acescere* « aigrir » ▪ Qui s'aigrit, devient acide. *Bière acescente.*

acétate n. m. – XVIIIe ; de *acét(ique)* et suff. chim. *-ate* ▪ Sel ou ester de l'acide acétique. *Acétate d'aluminium. Acétate (de cellulose),* constituant de matières plastiques, de textiles synthétiques, de films ou de vernis. ⇒ **acétocellulose.**

acétification n. f. – XVIIIe ▪ Action de convertir en vinaigre, en acide acétique.

acétimètre ou **acétomètre** n. m. – XIXe ; lat. *acetum* « vinaigre » et *-mètre* ▪ Acidimètre servant à mesurer la concentration d'un liquide en acide acétique.

acétique adj. – XVIIIe ; lat. *acetum* « vinaigre » **1** ACIDE ACÉTIQUE : acide du vinaigre. **2** Qui a rapport au vinaigre, à l'acide acétique. *Fermentation acétique,* qui donne naissance au vinaigre. ✪ HOM. Ascétique.

acétobacter [asetobaktɛʀ] n. m. – v. 1950 ; lat. *acetum* « vinaigre » et gr. *baktêrion* « bactérie » ▪ Bactérie qui provoque la transformation de l'alcool en acide acétique.

acétocellulose n. f. – 1928 ; de *acét(ique)* et *cellulose* ▪ Acétate* de cellulose.

acétomètre → **acétimètre**

acétone n. f. – XIXe ; de *acét(ique)* et suff. chim. *-one* ▪ Liquide incolore, volatil, inflammable, utilisé comme solvant.

acétonémie n. f. – XIXe ▪ Présence anormale dans le sang d'acétone ou de cétones voisines.

acétonurie n. f. – XIXe ▪ Présence d'acétone dans les urines.

acétylcholine [asetilkɔlin] n. f. – 1914 ▪ Dérivé de la choline, intervenant comme médiateur chimique dans la transmission de l'influx nerveux (système parasympathique).

acétylcoenzyme n. f. – 1964 ▪ *Acétylcoenzyme A* : coenzyme contenant de l'acide pantothénique, jouant un rôle dans le transfert biologique des radicaux acétyles.

acétyle n. m. – XIXe ; de *acét(ique)* et *-yle* ▪ Radical univalent dérivant de l'acide acétique. *Chlorure d'acétyle.*

acétylène n. m. – XIXe ▪ Hydrocarbure non saturé, gaz incolore, inflammable et toxique, produit par action de l'eau sur le carbure de calcium. *Lampe à acétylène.*

acétylsalicylique adj. – XIXe ▪ *Acide acétylsalicylique* : aspirine.

achalandage n. m. – XIXe **1** vx Ensemble des clients d'un commerçant. **2** (sens critiqué) Ensemble des marchandises proposées à la clientèle.

achalander v. tr. [1] – XIVe ; de ① *a-* et ② *chaland* **1** rare Procurer des clients à. « *Un cinéma en plein air, chargé d'achalander les cafés* » (Gide). **2** ACHALANDÉ, ÉE. Qui a de nombreux clients. ➛ (critiqué) Qui a beaucoup de marchandises. *Une épicerie bien achalandée.*

❑ Le sens étym. de *achalandé* « fréquenté par les chalands » a fait place à « en vogue, bien fréquenté » puis, au début du XXe s., à « bien approvisionné ». L'Académie française ne mentionne pas ce dernier sens considéré comme un contresens. → chalandise (rem.).

achards n. m. pl. – XVIIe ; du malais ▪ Petits légumes, fruits et graines aromatiques, macérés dans du vinaigre.

acharné, ée adj. – XIIe **1** Qui fait preuve d'acharnement. ⇒ **enragé.** *Un travailleur acharné.* « *des concupiscents acharnés à jouir* » (Mauriac). **2** Où il entre de l'acharnement. ⇒ **furieux, opiniâtre.** *Une bataille acharnée.*

acharnement n. m. – XVIIe ▪ Ardeur furieuse et opiniâtre dans la lutte, la poursuite, l'effort. ⇒ **furie, opiniâtreté.** *Travailler avec acharnement.* ➛ *Acharnement thérapeutique* : utilisation systématique de tous les moyens médicaux pour garder en vie qqn qui est perdu. ✪ CONTR. Mollesse.

acharner v. [1] – XIIe ; de ① *a-* et a. fr. *charn* « chair » **1** v. tr. vieilli Rendre acharné. « *Des soldats qu'une férocité naturelle acharnait sur les vaincus* » (Fléch.). **2** v. pron. Attaquer, poursuivre, combattre avec acharnement. « *La guigne ne s'acharne que sur la bêtise* » (Renard). ➛ S'ACHARNER À *faire qqch.* ⇒ **s'escrimer, s'évertuer, s'obstiner.** *Elle s'est acharnée à le convaincre.*

achat n. m. – XIIe ; de *achater,* var. anc. de *acheter* **1** Action d'acheter. ⇒ **acquisition, emplette.** *Faire l'achat de qqch., faire des achats. Prix d'achat.* **2** Ce qu'on a acheté. *Montrez-moi vos achats.*

ache n. f. – XIIe ; lat. *apium* ▪ Plante ombellifère, herbacée, dont deux espèces sont le céleri à côtes et le célerirave. ✪ HOM. ① h, hache, hasch.

acheminement n. m. – XVe **1** Action, manière de progresser vers un but. « *Lent acheminement vers la* *mort* » (Proust). **2** Action de transporter à destination. *L'acheminement du courrier.*

acheminer v. tr. [1] – XIe ; de ① *a-* et *chemin* **1** Mettre dans le chemin, diriger vers un lieu déterminé. *Acheminer un colis vers Lyon.* ⇒ **envoyer.** **2** pronom. Avancer par étapes vers un but. « *doucement, sûrement, cette famille s'acheminait vers la ruine* » (P. Benoit).

achetable adj. – XIVe ▪ Qu'on peut acheter. *Des mercenaires achetables.* ⇒ **vénal.**

acheter v. tr. [5] – Xe ; lat. *captare* « chercher à prendre » **1** Acquérir contre paiement. *Acheter une voiture, le pain.* « *Elle s'acheta un prie-Dieu gothique* » (Flaub.). *Acheter à crédit. C'est un livre que j'ai acheté cent francs.* ⇒ **payer.** *Un bout de terrain que j'ai acheté à mon voisin,* qu'il m'a vendu. *Un jouet que j'ai acheté à mon petit-fils,* que je lui ai offert. **2** Obtenir à prix d'argent. *Acheter le silence, la complicité de qqn.* ♦ Corrompre. « *consuls, prêteurs* [...] *furent achetés au prix qu'ils mirent eux-mêmes* » (Montesq.). **3** Obtenir au prix d'un sacrifice. « *Il acheta cher la gloire de les avoir délivrés* » (Rac.). ⇒ **payer.** ✪ CONTR. Vendre.

acheteur, euse n. – XIIe **1** Personne qui achète. ⇒ **acquéreur, client.** « *Un lot de produits avariés qui n'a pu trouver acheteur* » (Gide). ⇒ **preneur.** ➝ adj. *Les pays acheteurs.* **2** Agent chargé d'effectuer les achats pour le compte d'un employeur. *Elle est acheteuse dans un grand magasin.* ✪ CONTR. Vendeur.

acheuléen, enne adj. et n. m. – XIXe ; de *Saint-Acheul,* localité de la Somme ▪ Se dit d'un type de culture du paléolithique inférieur caractérisé par de grands silex taillés en bifaces. ⇒ **abbevillien.**

achevé, ée adj. et n. m. – XVIe **1** littér. Parfait en son genre. ⇒ **accompli.** *Une œuvre achevée.* ♦ Qui est totalement ce qu'il est. *C'est d'un ridicule achevé.* ⇒ ① **complet, total.** **2** n. m. *Achevé d'imprimer*.* ✪ CONTR. Imparfait.

achèvement n. m. – XIIIe **1** Action d'achever ; fin. *La station sera fermée jusqu'à l'achèvement des travaux.* **2** littér. Perfection. « *L'œuvre racinienne atteint dans* Phèdre *son achèvement* » (Mauriac). ✪ CONTR. Commencement. Ébauche.

achever v. tr. [5] – XIe ; de l'a. fr. *à chief* « à bout » **1** Finir en menant à bonne fin. ⇒ **terminer.** *Il achève ses études.* pronom. Prendre fin. *La semaine s'achève.* ♦ Dire pour finir. *En achevant ces mots, il se leva.* ➝ *Laissez-le achever.* ⇒ **conclure.** ♦ « *il achève de l'apaiser avec des compliments* » (Daud.). ♦ Apporter le dernier élément nécessaire pour que se réalise pleinement un état, un fait. « *Ces derniers mots achevèrent de décontenancer Frédéric* » (Flaub.). **2** Porter le coup de grâce à. « *Ils achèveront le grand blessé, s'il alourdit l'avance d'une armée* » (St-Exup.). *Achever un cheval blessé.* **3** Ruiner définitivement la santé ou la fortune de (qqn). ⇒ **anéantir.** *Ce deuil l'a achevé, il ne s'en relèvera pas.* ➝ Fatiguer à l'extrême. *Cette longue course m'a achevée.* ✪ CONTR. Commencer. Épargner.

achigan n. m. – XVIIe ; mot algonquin « celui qui se débat » ▪ (Canada) Perche noire.

achillée [akile] n. f. – XVIe ; gr. ▪ Plante à longues feuilles très découpées *(composées).*

❑ Le héros grec Achille guérit Télèphe, qu'il avait blessé, à l'aide de cette plante, « *herbe d'Achille* » en grec.

acholie [akɔli] n. f. – XIXe ; gr. *kholê* « bile » ▪ Suppression ou diminution notable de la sécrétion biliaire.

achondroplasie [akɔ̃dʀoplazi] n. f. – XIXe ; gr. *akhondros* « sans cartilage » et *-plasie,* pour *-plastie* ▪ Affection héréditaire et congénitale caractérisée par un arrêt de la croissance des os et se manifestant par un type de nanisme.

achoppement n. m. – XIIIe ▪ vx ou littér. Obstacle contre lequel on bute, difficulté qu'on rencontre. « *il y a là un grand achoppement pour l'esprit* » (Gide). ➝ loc. *Pierre d'achoppement :* obstacle, écueil.

achopper v. tr. ind. [1] – XIIe ; de ① *a-* et *chopper* « buter » **1** vx ou littér. Buter du pied contre un obstacle, trébucher. **2** v. pron. littér. Se heurter. « *une infinie série de méprises auxquelles la Raison s'achoppe* » (Baud.).

achromat [akʀɔma] n. m. – 1960 ▪ Objectif rendu achromatique par l'association de lentilles de propriétés optiques complémentaires.

achromatique [akʀɔmatik] adj. – XVIIIe ; de ② *a-* et gr. *khrôma* « couleur » **1** Se dit d'un système optique dont la réponse est indépendante des radiations incidentes et donc de leur couleur. **2** Qui se colore mal par les colorants cytologiques usuels.

achromatisme [akʀɔmatism] n. m. – XIXe ▪ Caractère d'un système optique achromatique.

achromatopsie [akʀɔmatɔpsi] n. f. – XIXe ; gr. *akhrômatos* « sans couleur » et *-opsie* ▪ Absence de perception des couleurs. ⇒ **daltonisme, dyschromatopsie.**

achromie [akʀɔmi] n. f. – XIXe ; de ② *a-* et gr. *khrôma* « couleur » ▪ Absence de coloration normale, surtout de pigmentation de la peau. ⇒ **albinisme, dyschromie, vitiligo.** ✪ CONTR. Hyperchromie.

achylie n. f. – XIXe ▪ Absence de sécrétion d'un suc digestif ou du chyle.

aciculaire adj. – XIXe ; lat. *acicula* « petite aiguille » **1** En aiguilles ou en baguettes. *Le faciès aciculaire de certains silicates.* **2** Aigu, piquant. *Les aiguilles des pins sont des organes aciculaires.*

acidalie n. f. – XIXe ; lat. *acidalia,* appell. myth., surnom de Vénus ▪ Petit papillon nocturne, aux ailes peu colorées.

acide adj. et n. m. – XVIe ; lat. *acer* « pointu, perçant » **I** adj. **1** Qui est piquant au goût. ⇒ **aigre.** *Une saveur un peu acide.* ⇒ **acidulé.** *Fruit encore vert et acide.* ⇒ ② **sur.** ♦ Acerbe, désagréable. *Des réflexions acides.* ⇒ **acrimonieux,** ① **caustique.** « *Ces petits souvenirs-là, comme ils sont acides, irritants* » (Colette). ➝ Piquant. *Le* « *charme acide et épuisant des tentatives impossibles* » (Sartre). **2** Qui possède les propriétés des acides, est propre aux acides. *Réactions en milieu acide* (opposé à ① *basique*). ♦ *Roches acides,* abondantes en silice. ♦ Qui contient de l'acide. **II** n. m. **1** Constituant chimique universel, antagoniste de l'alcali ; selon Lavoisier, Corps oxygéné rougissant le papier de tournesol. **2** Tout corps capable de libérer des ions hydrogène (H^+), qui donne un sel avec une base et, en solution aqueuse, colore en rouge le papier de tournesol (pH inférieur à 7). ♦ *Acides gras :* acides organiques qui entrent dans la composition des graisses naturelles. *Acides aminés :* constituants importants des protéines. *Acides nucléiques :* acides organiques constituants des noyaux cellulaires (⇒ **A. D. N., A. R. N.**). ➝ *Acide nitrique, chlorhydrique, sulfurique.* ♦ arg. Drogue hallucinogène. ⇒ **L. S. D.**

❑ Ne pas confondre *acide* et *amer.* Le goût acide est piquant, comme celui du jus de citron, de l'oseille. Certaines endives, les écorces d'agrumes sont amères.

acidifiable adj. – XVIIIe ▪ Qui peut être acidifié. *Base acidifiable.*

acidifiant, iante adj. et n. m. – XIXe ▪ Qui a la propriété d'acidifier.

acidification n. f. – XVIIIe **1** Transformation en acide. **2** Injection d'acide chlorhydrique dans une couche calcaire.

acidifier v. tr. [7] – XVIIIe ▪ Rendre acide, transformer en acide. ➝ pronom. Devenir acide.

acidimètre n. m. – XIXe ▪ Instrument servant à l'acidimétrie.

acidimétrie n. f. – XIXe ▪ Détermination du titre d'une solution acide.

acidité n. f. – XVIe **1** Saveur acide. *L'acidité du citron.* ♦ Caractère mordant, causticité. *L'acidité de sa remarque.* **2** Qualité acide d'une substance. *L'acidité et la basicité d'un corps.* ➛ *Acidité gastrique* : proportion d'acide chlorhydrique dans le suc gastrique. ✪ CONTR. Alcalinité.

acidophile adj. – XIXe **1** Qui fixe les colorants acides, comme l'éosine (opposé à *basophile*). ⇒ **éosinophile. 2** Qui peut vivre dans des conditions de forte acidité.

acidose n. f. – 1909 ▪ Trouble de l'équilibre entre les acides et les bases de l'organisme (sang), avec prédominance de l'acidité.

acidulé, ée adj. – XVIIIe ▪ Légèrement acide. *Un goût acidulé.* ⇒ **aigrelet, suret.** ➛ *Bonbons acidulés.* « *un arome acidulé de verveine, de citronnelle* » (Mart. du G.). ♦ *Tons acidulés,* aux couleurs vives de bonbons acidulés.

aciduler v. tr. [1] – XVIIIe ▪ Rendre légèrement acide.

acier n. m. – XIe ; lat. *acies* « pointe, tranchant » **1** Alliage de fer et de carbone, auquel on donne des propriétés variées. *L'acier trempé est très dur. Acier doux* (jusqu'à 0,25% de carbone), *dur* (de 0,60 à 0,70%). *Acier Bessemer, Thomas, Martin. Acier inoxydable. Fabrication, affinage de l'acier.* ⇒ **métallurgie, sidérurgie.** *Immeuble de verre et d'acier.* **2** Industrie, commerce de l'acier. *Un magnat de l'acier.* **3** appos. De la couleur de l'acier. *Gris, bleu acier. Une voiture gris acier.* **4** *D'acier* : dur comme l'acier. *Des muscles d'acier.* « *Quoi ? dans leur dureté ces cœurs d'acier s'obstinent !* » (Corn.). *Un regard d'acier,* dur et froid. ➛ loc. *Avoir un moral d'acier,* à toute épreuve.

aciérage n. m. – XVIIIe ▪ Opération consistant à recouvrir d'une couche d'acier la surface d'une plaque métallique ou à donner à certains métaux la dureté de l'acier. *Aciérage de l'aluminium.*

aciérer v. tr. [6] – XVe **1** vx Convertir le fer en acier. **2** Procéder à l'aciérage de. *Fonte aciérée.*

aciérie n. f. – XVIIIe ▪ Usine où l'on fabrique l'acier.

acinus [asinys] n. m. – XIXe ; mot lat. « grain de raisin, baie » ▪ Petite cavité glandulaire en cul de sac et arrondie, se déversant dans un canal excréteur.

> ❑ Le pluriel latin (*des acini*) se rencontre aussi.

aclinique adj. – XIXe ; gr. *aklinês* « qui ne penche pas » ▪ *Lieu, point aclinique,* où l'inclinaison du champ magnétique terrestre est nulle.

acmé n. m. ou f. – XVIIIe ; gr. *akmê* « partie aiguë d'un objet » ▪ Apogée, moment du plus grand développement. ⇒ **zénith.** *L'acmé d'une doctrine philosophique.* ➛ littér. *L'acmé de la vie.*

acné n. f. – XIXe ; gr. *akhnê* « efflorescence » ▪ Lésion de la peau au niveau des follicules pilosébacés. *Acné juvénile* : comédons enflammés apparaissant à la puberté. *Ces* « *boutons d'acné qui désespèrent les jeunes gens* » (Simenon). ✪ HOM. Haquenée.

acolytat n. m. – XVIIIe ▪ Le plus élevé des ordres mineurs, dans la religion catholique.

acolyte n. m. – XIIe ; gr. *akolouthos* « suivant, serviteur » **1** Clerc élevé à l'acolytat, dont l'office est de servir à l'autel. ⇒ **servant. 2** Compagnon, complice qu'une personne traîne toujours à sa suite. *Flanqué de ses deux acolytes.*

> ❑ L'*acolyte* se contente d'accompagner qqn dans ses mauvaises actions, alors que le *complice* y prend part.

acompte [akɔ̃t] n. m. – XVIIIe ▪ Paiement partiel à valoir sur le montant d'une somme due. ⇒ **arrhes, avance, provision.** *Verser un acompte.* ♦ fam. Petit avantage qu'on reçoit ou prend en attendant mieux.

> ❑ Les *arrhes* peuvent être versées comme *acompte* ou perdues en cas de dédit.

acon ou **accon** n. m. – XVIIe ; mot poitevin, p.-ê. de l'anglo-saxon *naca* « barque » ▪ Embarcation à fond plat servant au chargement et au déchargement des navires. ⇒ **allège.**

aconage ou **acconage** n. m. – XVIIe ▪ Opération de chargement ou de déchargement d'un navire au moyen d'acons.

aconier ou **acconier** n. m. – XIXe ▪ Patron d'un acon.

aconit [akɔnit] n. m. – XIIe ; gr. ▪ Plante vénéneuse (*renonculacées*), dont les fleurs ont le sépale supérieur en forme de casque.

aconitine n. f. – XIXe ▪ Alcaloïde contenu dans la racine d'un aconit.

a contrario loc. adv. et loc. adj. – XVIIIe ; loc. lat. « par la raison des contraires » ▪ Se dit d'un raisonnement qui, partant d'une opposition dans les hypothèses, conclut à une opposition dans les conséquences.

acoquinement n. m. – XIXe ▪ vieilli Liaison peu honorable.

acoquiner (s') v. pron. [1] – XVIe ; de *coquin* ▪ Se lier (à une personne peu recommandable). *Il* « *ne tombera jamais dans l'erreur de s'acoquiner avec les libéraux* » (Yourcenar).

acore n. m. – XVIe ; gr. ▪ Plante aquatique (*aracées*), aussi appelée *roseau aromatique.* ✪ HOM. Accord, accore, accort.

à-côté n. m. – 1917 ▪ Point, problème accessoire. « *Pas d'à-côtés – pas de négligeable* » (Valéry). ♦ Gain d'appoint.

> ❑ Ne pas confondre avec la locution invariable *à côté* qui s'écrit sans trait d'union (*la maison d'à côté*).

acotylédone adj. – XVIIIe ▪ vx Cryptogame.

à-coup n. m. – XIXe ▪ Discontinuité de mouvement provoquant des secousses. ⇒ **saccade, soubresaut.** « *Cet équipage difficile à mener s'avance avec des à-coups, des arrêts* » (Loti). ➛ loc. adv. *PAR À-COUPS* : de façon irrégulière, intermittente.

acouphène n. m. – v. 1950 ; gr. *akouein* « entendre » et *phainesthai* « paraître » ▪ Sensation auditive qui n'est pas provoquée par un son extérieur (bourdonnement, tintement d'oreille).

acousticien, ienne n. – XIXe ▪ Spécialiste de l'acoustique.

acoustique adj. et n. f. – XVIIe ; gr. *akoustikos* « de l'ouïe » **I** adj. **1** Qui appartient à l'ouïe, sert à la perception des sons. *Nerf acoustique,* auditif. ♦ Qui facilite la perception des sons. **2** Relatif au son, du domaine de l'acoustique. ⇒ **sonore.** *Les phénomènes acoustiques.* **II** n. f. **1** Partie de la physique qui traite des sons et des ondes sonores. ♦ *Acoustique architecturale* : ensemble des techniques assurant une bonne propagation du son ainsi que l'isolation acoustique dans les constructions. **2** Qualité d'un local au point de vue de la propagation du son.

acquéreur n. m. – XIVe ▪ Personne qui acquiert. ⇒ **acheteur.** *Elle s'est portée acquéreur.* « *L'acquéreur attendait ses vendeurs avec leur argent* » (Balz.).

acquérir v. tr. [21] – XIIe ; lat. *acquirere* **1** Devenir propriétaire de (un bien, un droit), par achat, échange, succession. *Acquérir un immeuble.* **2** Arriver à posséder.

⇒ **gagner, obtenir.** « *On veut acquérir de la gloire* » (La Rochef.). « *L'expérience acquise au long de la carrière* » (Duham.). *Acquérir la certitude que. Il s'est acquis l'estime de ses chefs.* ➛ pronom. « *Le talent, c'est ce qui s'acquiert* » (Gide). ♦ *Ces terres ont acquis beaucoup de valeur.* ⇒ **prendre.** 3 Procurer la possession, la disposition de (qqch.) à (qqn). ⇒ **valoir.** « *trois amants que ses charmes lui acquirent successivement* » (La Bruy.). ✪ CONTR. Céder, vendre. Perdre. — HOM. *Acquîtes :* acquitte (acquitter).

❑ Seul verbe formé sur *quérir* qui prenne un *c* (cf. *conquérir, requérir,* etc.).

acquêt n. m. – XIIe ▪ Bien acquis par l'un des époux au cours de l'association conjugale, et qui fait partie de la masse commune (opposé à *propre*). *Communauté réduite aux acquêts.* ✪ HOM. Haquet.

acquiescement n. m. – XVIe 1 Adhésion d'une personne à un acte fait, une demande formée, un jugement rendu contre elle. 2 Consentement, acceptation. ⇒ **approbation, assentiment.** *Signe d'acquiescement.* ⇒ **oui.** « *Elle prit notre silence pour un acquiescement* » (Mauriac). ✪ CONTR. Opposition, refus.

acquiescer v. tr. ind. [3] – XIVe ; lat. *acquiescere* 1 Donner son acquiescement à. *Acquiescer à un jugement.* 2 Donner son entier consentement à. ⇒ **accepter, approuver, consentir.** « *poussé dans ses derniers retranchements,* [il] *finit par acquiescer au désir de tous* » (Huysm.). ➛ « *Elle acquiesce d'un signe de tête* » (Mart. du G.). « *Oui* », *acquiesça-t-il.* ✪ CONTR. Opposer (s'), refuser.

① **acquis** n. m. – XVIe 1 vieilli ou littér. Savoir acquis, expérience acquise constituant une sorte de capital. *Avoir de l'acquis.* 2 n. m. pl. Les avantages sociaux qui ont été acquis. *Défense des acquis.* ✪ HOM. Acquit.

② **acquis, ise** adj. – XIIe 1 Qui a été acquis par l'individu. « *Ses qualités tant acquises que naturelles* » (Volt.). « *une fortune acquise et non transmise* » (Balz.). ➛ *Caractères acquis,* qui n'appartiennent pas au patrimoine génétique de l'individu. 2 *Acquis à qqn :* qui est reconnu comme lui appartenant, dont il peut disposer de façon définitive et sûre. « *sa bienveillance m'était acquise* » (Daud.). ➛ *Avantages acquis.* ⇒ ① **acquis.** ➛ « *Assurez-vous sur moi, je vous suis toute acquise* » (Corn.). ♦ Reconnu sans contestation. *C'est un fait acquis.* 3 ACQUIS À : définitivement gagné à, partisan de. *Il est maintenant acquis à notre cause.* ✪ CONTR. Héréditaire, inné, naturel. Contesté, discuté. Hostile.

acquisitif, ive adj. – XVe 1 Qui appartient, équivaut à l'acquisition. 2 Qui pousse à acquérir. *Les instincts acquisitifs.* ⇒ **possessif.**

acquisition n. f. – XIIIe 1 Action d'acquérir. *Faire l'acquisition d'un terrain.* ⇒ **achat.** ♦ Bien acquis. *C'est une bonne acquisition.* 2 Fait d'arriver à posséder. *L'acquisition de connaissances.* « *L'acquisition des membres, chez les Batraciens* » (J. Rostand). 3 Prélèvement de données destinées au traitement par ordinateur. ✪ CONTR. Cession. Perte.

acquit n. m. – XIIe ; de *acquitter* ▪ Reconnaissance écrite d'un paiement. ⇒ **décharge, quittance.** *Pour acquit :* mention attestant un paiement. ♦ loc. *Par acquit de conscience :* pour se garantir de tout risque d'avoir qqch. à se reprocher. ✪ HOM. Acquis.

acquit-à-caution [akitakosjɔ̃] n. m. – XVIIIe ▪ Titre délivré par une administration financière, qui permet à des marchandises soumises à des droits, à des taxes de circuler ou d'être stockées en suspension de ces droits. *Des acquits-à-caution.*

acquittement n. m. – XIIIe 1 Action d'acquitter (une dette), d'exécuter (une obligation). ⇒ **paiement, règlement.** « *l'acquittement des impositions* » (Balz.). ♦ Action d'acquitter (un droit). 2 Action d'acquitter (un accusé). ⇒ **absolution.**

acquitter v. tr. [1] – XIe 1 Rendre quitte. *Ce dernier versement m'acquitte envers vous.* ♦ Déclarer non coupable. ⇒ ① **relaxer.** « *fût-il coupable, je le ferais acquitter* » (Stendh.). 2 Payer (ce qu'on doit). ⇒ **régler.** *Acquitter ses impôts.* ♦ Revêtir de la mention « pour acquit » et de sa signature. *Acquitter une facture.* 3 pronom. Se libérer. *S'acquitter d'une dette. S'acquitter de ses fonctions.* ⇒ **remplir.** ➛ Payer sa dette. *Un créancier envers lequel il n'a pu s'acquitter.* ✪ CONTR. Condamner. Manquer (à). — HOM. *Acquitte :* acquîtes (acquérir).

acra n. m. – d. i. ; yoruba (golfe de Guinée) *akara* « beignet de haricot » ▪ Dans la cuisine créole, Boulette de pâte et de poisson émietté ou de légumes écrasés, frite dans l'huile bouillante. *Des acras de morue.*

acre n. f. – XIIe ; lat. *ager* « champ » 1 Ancienne mesure agraire qui valait en moyenne 52 ares. 2 Mesure agraire, dans les pays anglo-saxons, de 40,47 ares ou 4046,86 mètres carrés. ➛ Au Canada, Mesure agraire valant 4840 verges carrées. ✪ HOM. Âcre.

âcre adj. – XVIe ; lat. *acer* « pointu » 1 Qui est très irritant au goût ou à l'odorat. *Une fumée âcre.* « *Une saveur âcre qu'elle sentait dans sa bouche la réveilla* » (Flaub.). 2 Où se mêle qqch. de cuisant et de douloureux. « *le mépris âcre et froid des passants* » (Hugo). ✪ CONTR. Doux, suave. — HOM. Acre.

❑ Le latin *acer* a donné deux mots en français : l'un de formation savante, *âcre,* l'autre d'évolution normale, *aigre* (→ doublet).

âcreté n. f. – XVIe ▪ Qualité de ce qui est âcre. « *l'âcreté de votre bile* » (Mol.). ♦ « *il attaque sans réserve, avec malice, avec âcreté* » (Ste-Beuve). ⇒ **acrimonie, amertume.**

acridien, ienne n. m. et adj. – XIXe ; gr. *akris* « sauterelle » ▪ *Les acridiens :* famille d'insectes de l'ordre des orthoptères sauteurs (criquets).

acrimonie n. f. – XVIe ; lat. ▪ Mauvaise humeur qui s'exprime par des propos acerbes ou hargneux. ⇒ **aigreur, hargne.** « *l'acrimonie d'une femme jalouse* » (Green). ✪ CONTR. Douceur.

❑ Bien que de la même famille que *âcre,* ce mot ne prend pas d'accent circonflexe. ♦ Ne pas confondre avec *alacrité* « entrain ».

acrimonieux, ieuse adj. – XVIe ▪ littér. Qui manifeste de l'acrimonie. ⇒ **acariâtre, acerbe, aigre, hargneux.**

acro- ▪ Élément, du gr. *akros* « qui est à l'extrémité ».

acrobate n. – XVIIIe ; *acro-* et *-bate* 1 Artiste de cirque, de music-hall, exécutant des exercices d'équilibre et de gymnastique, plus ou moins périlleux. « *Cependant que l'acrobate est en proie à l'équilibre le plus instable, nous faisons un vœu* » (Valéry). 2 n. m. Petit mammifère australien *(marsupiaux),* pourvu d'une membrane parachute.

acrobatie n. f. – XIXe 1 Art de l'acrobate ; exercice, tour d'acrobate. ♦ *Acrobatie aérienne :* ensemble des manœuvres d'adresse exécutées en avion. ⇒ **voltige.** 2 Virtuosité qui se déploie dans la difficulté. *Il considère « ce jeu des idées comme une acrobatie spirituelle »* (Maurois).

acrobatique adj. – XIXe ▪ Qui appartient à l'acrobatie, tient de l'acrobatie. *Danse acrobatique.*

acrocéphale adj. – XIXe ; *acro-* et *-céphale* ▪ Atteint d'acrocéphalie.

acrocéphalie n. f. – XIXe ▪ Malformation crânienne donnant à la tête une forme en pain de sucre.

acrocyanose n. f. – XIXe ▪ Cyanose des extrémités, occasionnelle ou chronique.

acromégalie n. f. – XIXe ; de *acro-* et gr. *megas* « grand » ▪ Affection caractérisée par une hypertrophie non congénitale des extrémités et de la tête. ⇒ **gigantisme.**

acromion n. m. – XVIe ; gr. « pointe de l'épaule » ▪ Forte apophyse prolongeant l'épine de l'omoplate.

acronyme n. m. – 1968 ; angl. *acronym* « mot formé d'initiales ou de syllabes de plusieurs mots », de *acro-* et *-onym* « nom » ▪ Sigle prononcé comme un mot (ex. ovni, sida). ➛ Mot formé de syllabes de plusieurs mots différents (ex. sonar, Benelux). ⇒ **mot-valise.**

❑ Quelques sigles* se prononcent aussi comme des acronymes. Ex. ONU [ɔɛny] ou [ɔny]. ♦ Certains sigles prononçables restent des sigles (O.P.A., C.A.P.) sans raison apparente.

acrophobie n. f. – XIXe ▪ Phobie des lieux élevés.

acropole n. f. – XVIe ; *acro-* et *-pole* ▪ Ville haute des anciennes cités grecques, comportant des fortifications et des sanctuaires. ➛ *L'Acropole :* l'acropole d'Athènes.

acrosome n. m. – 1904 ; *acro-* et *-some* ▪ Organite situé à l'extrémité antérieure des spermatozoïdes.

acrostiche n. m. – XVIe ; de *acro-* et gr. *stikhos* « vers » ▪ Poème ou strophe où les initiales de chaque vers, lues dans le sens vertical, composent un nom ou un mot-clé.

acrotère n. m. – XVIe ; gr. *akrôtêrion* « supports saillants » ▪ Socle placé aux extrémités ou au sommet d'un fronton, pour servir de support ; cet ensemble ornemental.

acrylique adj. et n. m. – XIXe ; lat. *acer* « acide » et *-yle* 1 *Acide acrylique :* acide gras éthylénique, dont les esters donnent le « verre organique ». ➛ *Résines acryliques.* ⇒ **altuglas, plexiglas.** 2 *Fibre acrylique :* fibre textile synthétique obtenue par polymérisation du nitrile acrylique. ➛ *Fourrure en acrylique.* 3 *Peinture acrylique :* émulsion obtenue par dispersion dans l'eau de pigments de couleur broyés dans un latex.

① **acte** n. m. – XIVe ; lat. *agere* « faire » **I - 1** *Acte* ou *acte juridique :* manifestation de volonté qui produit des effets de droit. *Acte législatif.* 2 Pièce écrite qui constate un fait, une convention, une obligation. ⇒ **certificat, document, titre.** *Acte de vente. Acte de naissance. Acte sous seing privé, notarié. Validité, nullité d'un acte.* ♦ *Prendre acte d'une chose,* la faire constater légalement ; en prendre bonne note. « *Je prends acte, pour l'autre vie, de ma conduite en celle-ci* » (Rouss.). ➛ *Dont acte,* formule finale d'un acte ; par ext. bonne note est prise de la chose. « *Dont acte, avec les quelques restrictions qui conviennent toujours* » (Yourcenar). 3 au plur. Recueil de procès-verbaux. *Actes des apôtres :* livre du Nouveau Testament où sont consignées les activités de saint Paul et de l'Église primitive. ♦ *Les actes d'un colloque.* **II - 1** Action humaine considérée plutôt dans son aspect objectif. « *J'appelle acte un mouvement volontaire, précédé par une intention, poursuivant un but* » (J. Laurent). *Être responsable de ses actes. Un acte de courage.* ⇒ ① **geste.** *Actes de vandalisme.* FAIRE ACTE DE... : manifester, donner une preuve de. *Faire acte de bonne volonté.* ➛ *Passer à l'acte,* de l'intention à sa réalisation. ➛ *Acte médical :* intervention médicale ou chirurgicale. ♦ Mouvement d'ensemble adapté à une fin, chez l'être vivant. *Actes réflexes, instinctifs, volontaires, involontaires.* ♦ PASSAGE À L'ACTE. Conduite impulsive par laquelle le sujet passe de l'intention à sa réalisation, consciemment ou non. ➛ *Acte manqué :* acte révélateur d'un contenu inconscient. ♦ *En acte* (opposé à *en puissance*). « *Le jugement est la connaissance en acte* » (J. Lagneau). 2 Mouvement spirituel ; prière qui l'exprime. *Acte de foi, d'espérance, de contrition.*

② **acte** n. m. – XVIe ; lat. 1 Chacune des grandes divisions d'une pièce de théâtre. *Acte II, scène 5.* 2 Phase d'une action à rebondissements. *Le dernier acte de l'affaire X.*

actée n. f. – XVIIIe ; lat. *actæa* ▪ Plante vivace des bois *(renonculacées)*, à follicules ou à baies.

acteur, trice n. – XIIIe ; lat. *actor* « celui qui agit » **1** Artiste dont la profession est de jouer un rôle dans une pièce de théâtre, dans un film. ⇒ **comédien, interprète.** « *Les acteurs sont épuisés de la fatigue de ces répétitions multipliées* » (Dider.). 2 Personne qui joue un rôle important dans une action. ⇒ **protagoniste.** *Les acteurs d'un putsch.* ✪ CONTR. Spectateur.

actif, ive adj. et n. m. – XIIe ; lat. *agere* « agir » **I** adj. **1** Qui agit, implique une activité. *Membres actifs d'une société.* ➛ *Armée active* (opposé à *la réserve*). *Officier d'active.* ➛ *Méthode active :* méthode d'enseignement faisant appel à l'initiative de l'élève. ♦ *Population active :* partie de la population d'un pays qui possède un emploi ou en recherche un. ➛ n. *Les actifs et les inactifs. Vie active :* période de la vie où l'individu exerce une activité productive. ➛ *Prendre une part active à un projet.* ♦ *Charbon actif,* activé. *Métal actif,* qui se trouve sous une forme particulièrement apte aux opérations de catalyse. 2 Propre à exprimer que le sujet est considéré comme agissant. *Verbes actifs, passifs et pronominaux.* 3 *Dettes actives :* sommes dont on est créancier. 4 Qui agit avec force. *Un remède très actif.* ⇒ **efficace.** 5 Qui aime à agir, à se dépenser. ⇒ **dynamique.** « *Occuper les loisirs d'un homme sain et actif est souvent difficile* » (Maurois). ➛ n. « *Ah ! les hommes d'action ! Les actifs !* » (Flaub.). ⇒ ③ **battant.** ♦ *Tempérament, caractère actif.* **II** n. m. **1** Ensemble des biens ou droits constituant un patrimoine. *L'actif d'une succession.* ➛ Emploi des ressources. *Excédent de l'actif sur le passif.* ➛ loc. *Avoir à son actif :* compter comme succès, comme réussite. 2 Avoir, bien, créance, droit constituant l'actif, le patrimoine. *Actif financier.* ⇒ **titre, valeur** (mobilière). *Actif monétaire.* ⇒ **monnaie.** *Actif net :* capitaux propres. ✪ CONTR. Inactif, ① passif. Paresseux.

actinide n. m. – apr. 1950 ; gr. *aktis* « rayon » ▪ Élément radioactif dont le numéro atomique est compris entre 89 et 103.

actinie n. f. – XVIIIe ; gr. *aktis* « rayon » ▪ vieilli Anémone de mer.

actinite n. f. – 1970 ▪ Inflammation de la peau due aux rayons solaires.

actinium [aktinjɔm] n. m. – XIXe ▪ Élément radioactif (Ac ; nº at. 89), de la famille des actinides.

actino- ▪ Élément, du gr. *aktis* « rayon ».

actinologie n. f. – XIXe ; *actino-* et *-logie* ▪ vieilli Science qui étudie les propriétés curatives des rayons et leur action biologique.

actinomètre n. m. – XIXe ; *actino-* et *-mètre* ▪ Instrument de mesure de l'intensité d'énergie d'un rayonnement électromagnétique.

actinomycète n. m. – 1922 ; *actino-* et *-mycète* ▪ Bactérie filamenteuse que l'on trouve dans le sol, l'eau et la matière en décomposition.

actinomycose n. f. – XIXe ▪ Infection chronique causée par des bactéries, qui atteint l'homme et les bovidés.

actinoptérygiens n. m. pl. – mil. XXe ; *actino-* et *-ptérygien* ▪ Sous-classe de poissons osseux *(ostéichtyens)*, à nageoires renforcées par des rayons osseux articulés.

actinote n. f. – XIXe ; gr. *aktinôtos* « radié » ▪ Amphibole non alumineuse, de couleur verte.

actinothérapie n. f. – 1933 ; *actino-* et *-thérapie* ▪ Traitement par rayons lumineux.

① **action** n. f. – XIIe ; lat. *actio* ▪ **I - 1** Ce que fait qqn et ce par quoi il réalise une intention ou une impulsion. ⇒ ① **acte,** ② **fait.** « *toutes les actions humaines ont pour mobile la faim ou l'amour* » (France). *Faire une bonne action.* ⇒ **B.A.** « *Il faut se prendre par la peau des fesses pour se mener de force à la moindre bonne action* » (Renard). *Action d'éclat.* ⇒ **exploit.** « *il était hardi en pensée, timide en action* » (Gaut.). *Verbe d'action,* qui exprime une action (opposé à *verbe d'état*). **2** Fait de produire un effet, manière d'agir sur qqn ou qqch. *Action personnelle d'un ministre.* ⇒ **influence, intervention.** *Moyens d'action.* « *un verre de porto épicé dont l'action réparatrice fut merveilleuse* » (Baud.). ⇒ **effet.** *Entrer, mettre en action.* ⇒ **activité.** ♦ *Action psychologique* : propagande insidieuse, tendant à accréditer dans une population certaines idées politiques. **3** Effet de l'ensemble des forces exercées par un système sur un autre. *Principe de moindre action* : en optique, principe de trajet minimal d'un rayon lumineux ; en mécanique, principe selon lequel l'action, le long d'un trajet, est minimale. ♦ *Rayon d'action.* ⇒ **portée. 4** Exercice de la faculté d'agir, déploiement d'énergie en vue d'une fin. ⇒ **activité, effort,** ① **travail.** « *La spéculation est un luxe, tandis que l'action est une nécessité* » (Bergson). *Passer à l'action,* commencer à agir. *Un homme, une femme d'action.* ➝ *Liberté d'action.* ♦ Combat, lutte. *Dans le feu de l'action. Les syndicats ont organisé une journée d'action nationale.* **II** Pouvoir légal de s'adresser à la justice. *Action judiciaire. Intenter une action contre qqn.* ⇒ **demande, poursuite, recours.** *Intenter une action en diffamation, en recherche de paternité. Action publique,* exercée au nom de la société par le ministère public. ➝ Exercice du pouvoir de répression. *Entraver l'action de la justice.* **III** Suite de faits et d'actes constituant le sujet d'une œuvre. ⇒ **intrigue.** *Exposition, nœud, dénouement d'une action tragique.* « *L'action s'y déroule à travers un perpétuel changement de décors* » (Gaut.). ♦ Animation tenant aux faits et aux actes représentés ou racontés. *Film d'action.* ✪ CONTR. Inaction.

> ❑ Au moment du tournage d'un plan de film, de document télévisé, le metteur en scène dit « Action ! ».

② **action** n. f. – XVIIe ; p.-ê. néerl. *Aktie* ▪ Titre représentant une fraction du capital d'une société de capitaux. ⇒ ① **part ; obligation.** *Acheter, vendre des actions. Action nominative, au porteur. Action cotée en Bourse.* « *il garderait les actions qu'il avait reçu ordre de vendre* [...]. *En revendant à terme, cela ferait un joli magot* » (Aragon). ➝ loc. *Ses actions sont en hausse, en baisse* : il a plus, moins de crédit.

actionnaire n. – XVIIe ▪ Propriétaire d'une ou plusieurs actions. « *L'actionnaire est un associé courant la chance des bénéfices et des pertes* » (Zola).

actionnariat n. m. – 1912 ▪ Ensemble des actionnaires. ♦ *Actionnariat ouvrier* : système de participation ouvrière aux bénéfices (ou même à la gestion) de l'entreprise. ➝ *Actionnariat des salariés.*

actionner v. tr. [1] – XIVe ▪ **1** Poursuivre en justice. « *s'il y a des dégâts, j'actionnerai la compagnie en dommages et intérêts* » (Robida). **2** Mettre en mouvement, faire fonctionner. *Actionner le dispositif de départ d'un moteur.*

actionneur n. m. – v. 1980 ▪ Organe d'un système agissant sur une machine de manière à modifier son état ou son comportement.

activateur, trice n. m. et adj. – 1910 ▪ **1** Substance qui augmente l'activité de qqch. ➝ *Substance activatrice d'un enzyme.* **2** Séquence d'A.D.N. augmentant l'activité de certains promoteurs eucaryotes. **3** *Activateur de croissance* : additif employé dans l'alimentation des animaux d'élevage en vue d'accélérer leur croissance.

activation n. f. – 1910 ▪ **1** Opération consistant à augmenter les propriétés physiques ou chimiques d'une substance. ➝ *Activation d'un enzyme.* **2** *Énergie d'activation,* nécessaire à une molécule pour passer d'un état électronique métastable à un état instable. ⇒ **phosphorescence. 3** Ensemble des changements produits dans l'œuf. **4** Fait de rendre actif, de devenir actif.

activement adv. – XIVe ▪ En déployant une grande activité. *Il s'en occupe activement.* ✪ CONTR. Mollement, passivement.

activer v. tr. [1] – XVe ▪ **1** Rendre plus prompt. ⇒ **accélérer, hâter.** *Activer les recherches.* fam. *Allons, activez !* dépêchez-vous. **2** Mettre en action, rendre actif. *Activer un module* (dans un programme informatique). **3** Rendre plus vif, plus agissant. ⇒ **aviver, stimuler.** *Le vent activait l'incendie.* ♦ Procéder à l'activation de. *Charbon activé.* **4** v. pron. Déployer une grande activité, s'affairer. « *Des indigènes reçoivent les caisses et s'activent avec de grands cris* » (Gide). ✪ CONTR. Ralentir.

activeur n. m. – 1953 ▪ Substance qui augmente l'activité d'un catalyseur. ⇒ **promoteur.**

activisme n. m. – 1911 ▪ **1** Attitude morale consistant à rechercher l'efficacité, les réalisations ; forme de pragmatisme. **2** Doctrine qui préconise l'action violente en politique. ⇒ **extrémisme, terrorisme.**

activiste n. et adj. – 1916 ▪ Partisan de l'activisme. ➝ « *Les milieux activistes d'Alger* » (Mauriac).

activité n. f. – XVe ▪ **1** Faculté d'agir, de produire un effet. *L'activité d'un poison. Volcan en activité.* ⇒ **éruption.** ➝ *Activité radioactive* : nombre de désintégrations produites par unité de temps dans un élément radioactif donné. ⇒ **radioactivité.** ➝ *Activité solaire* : ensemble de phénomènes donnant lieu à l'observation de taches, protubérances ou éruptions solaires. **2** Qualité d'une personne active. ⇒ **dynamisme, énergie.** « *Les Chinois ont une activité prodigieuse* » (Montesq.). *Faire preuve d'une grande activité.* ➝ « *cette ville de bruit et d'activité dévorante* » (Ste-Beuve). **3** Ensemble des actes coordonnés et des travaux de l'être humain ; fraction spéciale de cet ensemble. *Activité économique. Les activités industrielles, commerciales.* ➝ *J'ignore tout de ses activités.* ⇒ **occupation.** *Pratiquer une activité sportive. Activités manuelles, intellectuelles.* ♦ Ensemble des phénomènes psychiques et physiologiques correspondant aux actes de l'être vivant ; série de phénomènes de cet ordre. *L'activité volontaire, réflexe, chez l'homme. Activité mentale, motrice, sensitive.* **4** Situation d'une personne qui exerce son emploi. « *Le passage de l'activité à la retraite est le temps critique de l'employé* » (Balz.). *Fonctionnaire encore en activité,* en fonction (opposé à *en retraite, retraité*). ➝ *Industrie en pleine activité* (opposé à *en sommeil*). ✪ CONTR. Inactivité, inertie, paresse. Non-activité.

actuaire n. – XIXe ; lat. *actuarius* « scribe chargé des procès-verbaux » ▪ Professionnel de l'actuariat.

actualisation n. f. – XIXe ▪ **1** Passage de l'état virtuel à l'état réel. *L'actualisation des souvenirs.* **2** *Taux d'actualisation,* permettant la comparaison d'un revenu à venir et d'un revenu actuel. **3** Fait de mettre à jour. *L'actualisation d'une encyclopédie.*

actualiser v. tr. [1] – XVIIe ▪ **1** Faire passer de l'état virtuel à l'état réel. **2** Moderniser. *Actualiser ses méthodes* *de travail.* 3 Transformer en valeur actuelle. *Le bénéfice actualisé d'une entreprise.* 4 Faire passer (un élément du langage) du système de la langue à la réalité observable du discours. 5 Mettre à jour. *Actualiser un dictionnaire.*

actualité n. f. – XIIIe 1 Caractère de ce qui est actuel (en acte). 2 Caractère de ce qui est actuel, relatif aux choses qui intéressent l'époque actuelle. *Ce sujet n'est plus d'actualité.* 3 Ensemble des événements actuels, des faits tout récents. *L'actualité sportive.* ♦ au plur. Informations, nouvelles du moment. *Actualités télévisées.* ⇒ **journal.** ✪ CONTR. ① Passé.

actuariat n. m. – 1948 ▪ Technique appliquant les méthodes statistiques et du calcul des probabilités aux opérations financières, aux problèmes d'assurance, de prévoyance et d'amortissement.

actuariel, ielle adj. – 1908 ▪ Relatif aux méthodes mathématiques des actuaires. *Taux (de rendement) actuariel* : taux de rendement actualisé d'un capital dont le remboursement et le paiement des intérêts sont échelonnés dans le temps. *Taux (d'intérêt) actuariel brut, net,* avant ou après prélèvement fiscal.

actuel, elle adj. – XIVe ; lat. *actualis* « agissant » 1 philos. Qui est en acte. ⇒ ① **effectif.** « *cette aperception actuelle, et non seulement virtuelle* » (Bergson). 2 Qui existe, se passe au moment où l'on parle. ⇒ ① **présent.** *À l'époque actuelle.* « *Regards sur le monde actuel* », de *Valéry.* ⇒ **contemporain.** *L'actuel Premier ministre. Les techniques actuelles.* – *Constantinople, l'actuelle Istanbul.* 3 Qui intéresse notre époque, se trouve au goût du jour. ⇒ **moderne.** *Une grande œuvre toujours actuelle.* ✪ CONTR. Potentiel, virtuel. Ancien, archaïque ; obsolète.

actuellement adv. – XIVe 1 philos. En acte, effectivement. 2 Dans les circonstances actuelles, à l'heure actuelle. *Actuellement, il est en voyage.* ⇒ **présentement.** ✪ CONTR. Virtuellement. Anciennement, autrefois.

acuité n. f. – XIIIe ; lat. *acutus* « aigu » 1 Caractère aigu, intense. ⇒ **intensité.** *L'acuité du froid.* – *L'acuité de la crise économique.* ⇒ **gravité.** 2 Degré de sensibilité (d'un sens). *Mesure de l'acuité visuelle.* 3 Finesse et pénétration intellectuelle. ⇒ **perspicacité.** *Observations d'une rare acuité.*

❑ Même famille que *acupuncture.*

acul [aky] n. m. – XVIe ; de *acculer* ▪ Fond d'un parc à huîtres, du côté de la mer. ✪ HOM. Accus.

aculéates n. m. pl. – 1928 ; lat. ▪ Hyménoptères à aiguillon.

acuminé, ée adj. – XIXe ; lat. *acuminatus* ▪ Dont l'extrémité se termine en pointe fine et allongée. *Feuilles acuminées.*

acupuncteur, trice ou **acuponcteur, trice** n. – XIXe ▪ Médecin spécialisé dans l'acupuncture.

acupuncture ou **acuponcture** n. f. – XVIIIe ; lat. *acus* « aiguille » et *punctura* « piqûre » ▪ Thérapeutique d'origine chinoise consistant dans l'introduction d'aiguilles très fines en des points précis des tissus.

❑ La graphie francisée *acuponcture* reproduit la prononciation, comme dans *ponction* (latin *punctio*), *ponctuel* (latin *punctualis*).

acutangle adj. – XVIIe ▪ *Triangle acutangle,* dont les trois angles sont aigus.

acyclique adj. – v. 1920 1 *Relief acyclique,* qui ne s'explique pas par un cycle d'érosion. 2 À chaîne ouverte, en chimie. 3 Se dit d'une structure algébrique qui ne possède pas de cycle. ✪ CONTR. Cyclique, périodique, récurrent.

① **adage** n. m. – XVIe ; lat. *adagium* ▪ Maxime ancienne et populaire. « *les préparatifs de guerre, que le plus faux des adages préconise pour faire triompher la volonté de paix* » (Proust).

② **adage** n. m. – XIXe ; de *adagio* ▪ Suite de mouvements exécutés sur un rythme lent.

adagio [ada(d)ʒjo] adv. et n. m. – XVIIIe ; mot it. « à son aise, doucement » 1 adv. Indication de mouvement lent, en musique. 2 n. m. Pièce musicale à exécuter dans ce tempo. *L'Adagio d'Albinoni. Des adagios.*

adamantin, ine adj. – XVIe ; gr. « dur comme l'acier, le diamant » ▪ littér. Qui a la dureté, l'éclat du diamant. ♦ sc. Constituant l'émail des dents.

adamique adj. – XVIIe ▪ D'Adam, propre à Adam.

adamisme n. m. – XIXe ▪ Doctrine d'hérétiques nudistes du IIe siècle, adversaires du mariage.

adaptabilité n. f. – 1932 ▪ État de ce qui est adaptable. *Adaptabilité d'une espèce au milieu.*

adaptable adj. – XVIIIe ▪ Qui peut s'adapter, qu'on peut adapter.

adaptateur, trice n. – XIXe 1 Auteur d'une adaptation (au théâtre, au cinéma). 2 n. m. Dispositif permettant d'adapter un appareil ou un mécanisme à un autre usage que celui prévu initialement. ♦ Dispositif réalisant une adaptation. *Adaptateur d'impédance.*

adaptation n. f. – XVIe 1 Action d'adapter ou de s'adapter ; modification qui en résulte. *Adaptation d'un enseignement à l'âge des élèves.* 2 Résultat des modifications morphologiques et physiologiques permettant la survie d'une espèce dans un habitat modifié. ♦ *Faculté d'adaptation* : aptitude d'un individu à modifier sa structure ou son comportement. 3 Accoutumance de l'œil aux conditions d'éclairage. *Adaptation à l'obscurité.* 4 Traduction très libre d'une pièce de théâtre. *Les adaptations de Shakespeare par Ducis.* ♦ Transposition à la scène ou à l'écran d'une œuvre littéraire. « *Il s'agit de savoir si l'auteur de l'adaptation saura nous présenter, sans les dénaturer trop, les événements nécessaires à l'intrigue* » (Gide). ✪ CONTR. Inadaptation. Immutabilité.

adapter v. tr. 1 – XIIIe ; lat. *ad* et *aptus* « apte » 1 Réunir, appliquer après ajustement. ⇒ **ajuster.** *Adapter un tuyau à un robinet.* 2 Approprier à, mettre en harmonie avec. ⇒ **accorder.** « *Faute de pouvoir adapter leur sagesse aux folies de l'Europe* » (Sartre). ♦ pronom. Se mettre en harmonie avec, réaliser son adaptation biologique. ⇒ **s'acclimater, s'habituer.** « *La vie rejette ceux qui ne s'adaptent pas* » (Mauriac). – *Il faut savoir s'adapter,* être capable d'évoluer. 3 Faire l'adaptation de. *Adapter un roman pour la télévision, une pièce orchestrale pour le piano.* 4 Rendre maximum le transfert d'énergie de (un dispositif) vers un autre. *Une antenne adaptée.* ✪ CONTR. Séparer. Opposer.

addenda [adɛ̃da] n. m. – XVIIIe ; mot lat. « choses à ajouter » ▪ Ensemble de notes additionnelles à la fin d'un ouvrage. *Des addenda* ou *des addendas.*

❑ Le latin singulier *addendum* « une seule note à ajouter » est rare.

additif, ive adj. et n. m. – XIXe 1 Relatif à l'addition. *Loi additive* : loi de composition interne notée +. 2 Supplément, article additionnel. *Un additif au budget.* – *Note additive.* 3 Produit incorporé à une essence, une huile, pour l'améliorer. ♦ *Additif alimentaire* : substance ajoutée à une denrée alimentaire pour en améliorer la présentation, la conservation.

addition n. f. – XIIIe ; lat. *addere* « ajouter » 1 Action d'ajouter en incorporant. ⇒ **adjonction.** « *Cette addition de vin me paraît peu nécessaire* » (Rouss.). ♦ Chose ajoutée, élément incorporé. ⇒ **addenda, supplément.** *L'addi-*

tion d'une preuve au dossier. ⇒ **ajout.** **2** Opération consistant à réunir en un seul nombre toutes les unités ou fractions d'unité contenues dans plusieurs autres. ⇒ ① **somme.** **3** Note présentant le total des dépenses effectuées au restaurant, au café. ⇒ **note ;** fam. **douloureuse.** *Demander l'addition.* ✪ CONTR. Déduction, soustraction.

additionnel, elle adj. – XVIe ▪ Qui s'ajoute. *Un article additionnel.*

additionner v. tr. 1 – XVIe **1** Modifier, enrichir par addition d'un élément. *Jus de fruit additionné de sucre.* **2** Faire l'addition de. ⇒ ② **sommer, totaliser.** « *Il additionne tout, il ne fait pas grâce des centimes* » (Hugo). ➤ pronom. S'ajouter (les uns aux autres). *Les kilomètres s'additionnaient.* ✪ CONTR. Soustraire.

adducteur adj. m. et n. m. – XVIIe **1** *Muscle adducteur,* qui produit un mouvement d'adduction. ➤ *L'adducteur du gros orteil.* **2** *(Canal) adducteur :* canal d'adduction des eaux. ✪ CONTR. Abducteur.

adduction n. f. – XVIe ; lat. *adducere* « amener » **1** Mouvement qui rapproche un membre du plan sagittal du corps. **2** Action de dériver les eaux d'un lieu pour les amener dans un autre. *Travaux d'adduction d'eau.*

❑ Pour le double *d* étymologique → reddition (rem.).

adénine n. f. – XIXe ; gr. *adên* « glande » ▪ Base azotée purique.

adénite n. f. – XIXe ; gr. *adên* « glande » ▪ Inflammation des ganglions lymphatiques.

adénocarcinome n. m. – av. 1929 ▪ Tumeur maligne d'origine glandulaire.

adénoïde adj. – XVIe ; gr. *adên* « glande » et *-oïde* ▪ Qui a rapport au tissu ganglionnaire et à ses affections. ⇒ **lymphoïde.**

adénome n. m. – XIXe ; gr. *adên* « glande » et *-ome* ▪ Tumeur qui se développe aux dépens d'une glande.

adénopathie n. f. – XIXe ; gr. *adên* « glande » et *-pathie* ▪ Affection des ganglions lymphatiques. ⇒ **adénite.**

adénosine n. f. – 1919 ; de *adén(ine),* ① *-ose* et *-ine* ▪ Constituant important des noyaux cellulaires résultant de la combinaison de l'adénine avec la ribose. *Adénosine triphosphate.* ⇒ **A.T.P.**

adepte n. – XVIIe ; lat. *adipisci* « atteindre » **1** Personne initiée à une doctrine ésotérique, aux secrets d'un art, d'une science. « *Les adeptes se multiplient ; l'initié foisonne* » (Valéry). **2** Fidèle (d'une religion), partisan (d'une doctrine). ⇒ **disciple, prosélyte.** « *Les rares adeptes de l'Église jacobine* » (Renan). **3** Personne qui pratique une certaine activité. *Les adeptes du jogging.*

adéquat, ate [adekwa(t), at] adj. – XIVe ; lat. *adaequatus* « rendu égal » **1** Qui rend compte de son objet de manière exhaustive. **2** Exactement adapté à son but. ⇒ **approprié, juste.** *La réponse adéquate.* « *Ah ! c'est bien malheureux de n'avoir pas une force physique adéquate à sa force morale* » (Goncourt). ✪ CONTR. Inadéquat.

❑ Pour la prononciation → ① q (rem.).

adéquation [adekwasjɔ̃] n. f. – XIXe ▪ Rapport de convenance parfaite, équivalence. *L'adéquation de l'expression à l'idée.*

adhérence n. f. – XIVe ▪ État d'une chose qui adhère, tient fortement à une autre. *L'adhérence des pneus au sol.* ♦ Union pathologique de tissus contigus, dans l'organisme. ➤ *Des adhérences.* ⇒ **métastase.**

❑ Ne pas oublier le *h* comme dans *cohérence, inhérent,* même famille.

adhérent, ente adj. et n. – XIVe **1** Qui adhère, tient fortement à autre chose. « *Ces lithodomes étaient des coquillages* [...] *très adhérents aux roches* » (J. Verne). **2** n. Membre d'un parti, d'une association. *Carte d'adhérent.*

❑ Ne pas confondre la graphie de l'adjectif et celle du participe présent *(en adhérant).*

adhérer v. tr. ind. 6 – XIVe ; lat. *ad* et *haerere* « être fixé » **1** Tenir fortement par un contact étroit de la surface. ⇒ **coller.** *Des pneus qui adhèrent bien à la route.* « *Au squelette adhèrent encore des lambeaux de faux cuir* » (Duham.). **2** Se déclarer d'accord avec. *J'adhère à votre proposition.* ⇒ **approuver ;** se **rallier.** « *Cet idéal internationaliste auquel on adhère théoriquement* » (Mart. du G.). ♦ S'inscrire. *Il a adhéré très jeune au parti.* ✪ CONTR. ① Détacher (se). Rejeter ; démissionner.

adhésif, ive adj. – XVe ▪ Qui reste adhérent, collé après application. ⇒ **collant.** *Ruban adhésif,* enduit d'un produit qui le fait adhérer sans mouillage. ⇒ ② **scotch.** *Pansement adhésif.* ⇒ **sparadrap.** ➤ n. m. Tissu, papier adhésif ; substance permettant de coller des surfaces.

adhésion n. f. – XIVe **1** Force qui s'oppose à la séparation de deux corps mis en contact. **2** Approbation réfléchie. ⇒ **accord, agrément, assentiment.** *Donner, apporter son adhésion à un projet.* ♦ Acceptation par un État des obligations que comporte un traité déjà conclu entre d'autres États. *L'adhésion d'un nouveau pays à la C.E.E.* **3** Action d'adhérer à une idée, de s'inscrire à un parti... *Bulletin d'adhésion.* « *c'est une pétition contre la guerre* [...]. *Nous recueillons les adhésions par milliers* » (Sartre). ✪ CONTR. Opposition, refus ; démission.

ad hoc loc. adj. – XVIIIe ; loc. lat. « à cet effet » **1** Parfaitement qualifié, expert en la matière. *C'est l'homme ad hoc.* **2** Destiné expressément à cet usage. ⇒ **adéquat.** « *Cela est contre les règlements, il faut un ordre ad hoc* » (Stendh.). ✪ HOM. Haddock.

ad hominem [adɔminɛm] loc. adj. – XVIIe ; expr. lat. « vers l'homme » ▪ *Argument ad hominem,* qui est dirigé contre la personne de l'adversaire, lui oppose ses actes ou ses déclarations.

adiabatisme n. m. – XIXe ; gr. « qu'on ne peut traverser » ▪ État d'un système qui ne transmet ni ne reçoit aucune quantité de chaleur.

adiante n. m. – XVIe ; gr. ▪ Fougère ornementale. ⇒ **capillaire.**

adiaphorèse n. f. – XIXe ; de ② *a-* et gr. « transpiration » ▪ Diminution ou absence de transpiration.

adieu interj. et n. m. – XIIe ; pour *à Dieu* **1** Formule dont on se sert en prenant congé de qqn qu'on ne doit pas revoir avant longtemps (opposé à *au revoir*) ou qu'on ne doit plus revoir. « *Adieu, ou plutôt non, au revoir !* » (Flaub.). ♦ Formule par laquelle on marque qu'une chose est perdue pour soi. « *Adieu tranquillité, quiétude, paix, adieu repos* » (France). **2** Fait de prendre congé, de se séparer de qqn. *Faire ses adieux à qqn.* ♦ « *C'est l'adieu brûlant de l'été, qui finit avec septembre* » (From.).

❑ Utilisé couramment dans le Midi pour aborder qqn ou pour dire « au revoir ».

à-Dieu-va(t) [adjøva(t)] loc. interj. – XVIIe ▪ À la grâce de Dieu ! Advienne que pourra !

❑ À l'origine, cette formule était employée en marine, comme souhait de bonne navigation.

adipeux, euse adj. – XVIe ; lat. *adeps* « graisse » **1** De nature graisseuse. *Cellule adipeuse. Tissu adipeux :* tissu conjonctif où prédominent les cellules adipeuses. **2** Gras. « *dans ces quatre personnages adipeux, la même coulée de graisse onctueuse avait rosi, gonflé les chairs* » (Bosco).

adip(o)- ▪ Élément, du lat. *adeps* « graisse ».

adipocyte n. m. – 1970 ; *adipo-* et *-cyte* ▪ Cellule spécialisée dans le stockage des lipides.

adipolyse n. f. – 1960 ; *adipo-* et *-lyse* ▪ Dissolution des graisses par hydrolyse.

adipopexie n. f. – déb. XXe ; de *adipo-* et gr. *pêxis* « fixation » ▪ Fixation des graisses dans les tissus adipeux.

adipose n. f. – XIXe ▪ État morbide caractérisé par la surcharge graisseuse du tissu cellulaire. ⇒ **obésité.**

adiposité n. f. – XIXe ▪ Accumulation de graisse dans le tissu cellulaire sous-cutané.

adipsie n. f. – XIXe ; de ② *a-* et gr. *dipsa* « soif » ▪ Diminution ou perte complète de la soif.

adjacent, ente adj. – XIVe ; lat. *adjacere* « être situé auprès » **1** Contigu, voisin. ⇒ **attenant.** « *Qui sortant des maisons, qui des petites rues adjacentes* » (Hugo). **2** *Angles, secteurs angulaires adjacents,* qui ont même sommet, un côté commun et une intersection réduite à ce côté commun.

adjectif, ive n. m. et adj. – XIVe ; lat. *adjectivum* « qui s'ajoute » **1** n. m. Mot adjoint au substantif avec lequel il s'accorde, pour exprimer une qualité ou un rapport. *Adjectifs démonstratifs, exclamatifs, indéfinis, interrogatifs, possessifs, numéraux. Adjectifs qualificatifs* (⇒ **qualificatif**). *Adjectif verbal* : participe présent adjectivé (ex. « souriant »). **2** adj. vieilli De la nature de l'adjectif. ⇒ **adjectival.**

adjectival, ale, aux adj. – déb. XXe ▪ Qui est de la nature de l'adjectif, relatif à l'adjectif. *Locution adjectivale.*

adjectivement adv. – XVe ▪ Dans un emploi d'adjectif.

adjectiver v. tr. [1] – XIXe ▪ Employer comme adjectif. *Participe présent adjectivé.*

adjoindre v. tr. [49] – XIIe **1** Associer (une personne) pour aider, contrôler. « *Il leur a adjoint un bataillon de garde soldée* » (Michelet). *Il a dû s'adjoindre deux collaborateurs.* **2** Ajouter. *Les anciens adjoignaient souvent un surnom à leur nom patronymique.*

adjoint, ointe n. – XIVe ▪ Personne associée à une autre pour l'aider dans ses fonctions. ⇒ ② **aide, assistant, collaborateur.** *Adjoint au maire* : conseiller municipal qui assiste le maire dans ses fonctions et au besoin le supplée. ♦ *L'adjoint du directeur. Directeur adjoint.*

adjonction n. f. – XIVe ▪ Action d'adjoindre. *Jus de fruit sans adjonction de sucre.* ⇒ **ajout.** ♦ Chose adjointe, addition. « *ce sont des bavardages, des restrictions inutiles, des adjonctions oiseuses* » (Sartre).

adjudant n. m. – XVIIe ; esp. *ayudar* « aider » ▪ Sous-officier des armées de terre et de l'air au-dessus du sergent-chef. ⇒ pop. **juteux.** ➛ *Adjudant-chef,* en dessous du major. *Des adjudants-chefs.*

adjudicataire n. – XVe ▪ Bénéficiaire d'une adjudication. ⇒ **acquéreur.**

adjudicateur, trice n. – XIXe ▪ Personne qui met en adjudication.

adjudicatif, ive adj. – XVIe ▪ Qui adjuge ; relatif à l'adjudication.

adjudication n. f. – XIVe ; lat. **1** Déclaration par laquelle le juge ou un officier public attribue au plus offrant un bien mis aux enchères. *Vente par adjudication* : vente aux enchères. **2** *Adjudication administrative* : marché entre l'Administration et un particulier, l'Administration vendant au plus offrant, ou achetant à celui qui fait le rabais le plus intéressant. *Adjudication de travaux publics.*

adjuger v. tr. [3] – XIIe ; lat. *adjudicare* **1** Attribuer par un jugement. « *la fortune fut adjugée à l'héritier unique d'une famille très riche* » (Baud.). ♦ Décerner. *Adjuger un prix, une récompense.* ➛ pronom. S'approprier. *S'adjuger la meilleure part.* **2** Attribuer par adjudication. « *Le marteau du commissaire-priseur m'a adjugé le livre pour soixante-six francs* » (Nerval). *Adjugé ! vendu !*

adjuration n. f. – XVe **1** Commandement au nom de Dieu. *L'exorcisme est une des formes de l'adjuration.* **2** Prière instante. *Il s'entêtait, malgré les adjurations de sa famille.* ⇒ **supplication.**

> ❑ Ne pas confondre avec *abjuration* « abandon d'une religion ».

adjurer v. tr. [1] – XIIIe ; lat. ▪ Commander ou demander à (qqn) en adressant une adjuration. *Je vous adjure de revenir sur vos déclarations.* ⇒ **supplier.**

adjuvant n. m. – XVIe ; lat. *adjuvare* « aider » ▪ Médicament auxiliaire, destiné à renforcer la médication principale. « *une sorte d'angoisse dont ne pourra triompher le sommeil sans adjuvants* » (Gide). ♦ Produit que l'on ajoute pour améliorer. ⇒ **additif.**

ad libitum [adlibitɔm] loc. adv. – XIXe ; mots lat. ▪ À volonté, au choix (abrév. *ad lib.*).

admettre v. tr. [56] – XIIIe ; lat. *admittere* **1** Accepter de recevoir (qqn). ⇒ **accueillir, agréer.** « *Jusqu'à ce qu'il eût été admis à l'Académie* » (Ste-Beuve). *Les chiens ne sont pas admis.* ➛ *Admis à faire valoir ses droits à la retraite.* ⇒ **autoriser. 2** Considérer comme acceptable par l'esprit. « *Il admettra ou rejettera certains faits* » (Valéry). *J'admets que j'ai eu tort.* ⇒ **reconnaître.** ♦ Accepter à titre de simple hypothèse qu'on retient provisoirement. ⇒ **supposer.** *Admettre une chose comme possible.* « *En admettant que cela soit vrai en gros* » (Maurois). *Admettons !* **3** Accepter, permettre. « *Il n'admettait pas que rien pût lui résister, ni personne* » (Gide). ➛ *D'un ton qui n'admettait pas de réplique.* **4** Déclarer recevable en justice. *La chambre a admis le pourvoi.* **5** Laisser entrer. « *Ce navire [...] admettait peu de passagers* » (Hugo). ✪ CONTR. Exclure, rejeter. — HOM. *Admirent* : admire (admirer).

administrateur, trice n. – XIIe **1** Personne chargée de l'administration d'un bien, d'un patrimoine. *Administrateur judiciaire.* ⇒ **liquidateur.** *Administrateur de biens.* ⇒ **gérant, syndic.** *Administrateur de la Comédie-Française.* ♦ Qui a les qualités requises par les tâches d'administration. ⇒ **gestionnaire.** *Un bon administrateur.* **2** Membre du conseil d'administration d'une société anonyme.

administratif, ive adj. – XVIIIe **1** Relatif, propre à l'Administration. *Le personnel administratif.* « *Un éparpillement confus de paperasses administratives* » (Courtel.). *Division administrative de la France.* **2** Chargé de tâches d'administration. *Directeur administratif.*

administration n. f. – XIIe **1** Action de gérer un bien, un ensemble de biens. ⇒ **gestion.** *Administration d'une société. Administration légale* : attributs patrimoniaux se rattachant à l'autorité parentale. ♦ Action ou manière de gérer. « *Bonaparte était [...] un esprit infatigable, habile et sensé dans l'administration* » (Chateaub.). **2** Fonction consistant à assurer l'application des lois et la marche des services publics ; ensemble des services et agents chargés de cette fonction. *École nationale d'administration (E.N.A.).* « *il avait trop pris position politiquement* *pour rentrer dans l'administration* » (Aragon). ♦ Service public, ensemble des fonctionnaires qui en sont chargés. *L'administration des Douanes.* 3 Action de conférer (un sacrement), d'administrer (un remède).

❑ *L'Administration* : ce mot prend une majuscule lorsqu'il désigne l'ensemble des services de l'État.

administrativement adv. – XIXe ▪ D'un point de vue administratif, par la voie administrative.

administré, ée n. – XVIIIe ▪ Personne soumise à une autorité administrative. « *le devoir d'un maire est de se conserver à ses administrés* » (Labiche).

administrer v. tr. [1] – XIIe ; lat. 1 Gérer en faisant valoir, en défendant les intérêts. *Administrer les biens d'un mineur.* 2 Assurer l'administration de (un pays, une circonscription). *Le maire administre la commune.* ⇒ **diriger, gérer.** 3 Conférer (un sacrement). « *Le prêtre qui administrait à Clovis le baptême* » (Chateaub.). ♦ Donner l'extrême-onction à. ♦ Faire prendre. « *on lui avait administré une dose énergique de café* » (Proust). ♦ fam. Donner, infliger (des coups). « *administrer une pile n'importe à qui* » (Flaub.).

admirable adj. – XIIe 1 vx ou littér. Étonnant. « *C'est une chose admirable que tous les grands hommes ont toujours du caprice* » (Mol.). 2 D'une beauté, d'une qualité digne d'admiration. ⇒ ① **beau, merveilleux.** « *Vénus Callipyge, mon cher ! Quelque chose d'admirable et de monstrueux* » (Anouilh). *Une femme courageuse et admirable.* ✪ CONTR. Horrible, laid, lamentable.

admirablement adv. – XVe ▪ D'une manière admirable, merveilleuse. ⇒ **parfaitement.**

admirateur, trice n. – XVIe ▪ Personne qui admire. *C'est une de vos admiratrices.* ⇒ **fan, groupie.** ✪ CONTR. Contempteur.

admiratif, ive adj. – XIVe 1 Qui est en admiration. « *Bientôt, il y eut cercle autour de lui, et cercle admiratif* » (Queneau). 2 Qui marque l'admiration. ⇒ **émerveillé.** *Un regard admiratif.* ✪ CONTR. Méprisant.

admiration n. f. – XIIe ▪ Sentiment de joie et d'épanouissement devant ce qu'on juge supérieurement beau ou grand. ⇒ **émerveillement, ravissement.** « *L'admiration est une subite surprise de l'âme* » (Desc.). *Son courage force l'admiration. Il était en admiration devant ce tableau.* ⇒ **extase.** ♦ Objet de ce sentiment. « *Il devient l'admiration de la superbe Ninive* » (Mass.).

admirer v. tr. [1] – XIVe ; lat. *admirari* « s'étonner » 1 vx Considérer avec étonnement. 2 Contempler avec admiration, avoir de l'admiration pour. ⇒ **s'extasier.** « *tu n'admires pas comme il faudrait ce miracle* [...] *qu'est la vie* » (Gide). pronom. « *L'homme croit toujours émouvoir La femme qu'il désire : Elle n'est pour lui qu'un miroir Dans lequel il s'admire* » (Maurois). ♦ iron. *J'admire votre confiance.* ✪ CONTR. Dédaigner, mépriser. — HOM. *Admire* : admirent (admettre).

admissibilité n. f. – XVIIIe ▪ Fait d'être admissible. ♦ *Liste d'admissibilité.*

admissible adj. – XVe 1 vieilli Que l'esprit peut admettre, qui est recevable. *Hypothèse admissible.* ♦ mod. Tolérable, supportable. *Cela n'est pas admissible.* 2 Qui peut être admis (à un emploi). ➛ Admis à subir les épreuves définitives d'un examen. « *je me dirigeai vers la Sorbonne le cœur battant ; à la porte, je rencontrai Sartre : j'étais admissible* » (Beauv.). ➛ n. *Liste des admissibles.* ✪ CONTR. Inadmissible, irrecevable. Refusé.

admission n. f. – XVIe 1 Action d'admettre, fait d'être admis. *Admission sur concours.* 2 Action d'admettre en justice. *Admission de pourvoi.* 3 Entrée des gaz dans le cylindre, constituant le premier temps du cycle d'un moteur à explosion. *Soupape d'admission.*

admittance n. f. – XIXe ; lat. *admittere* « admettre » ▪ Grandeur inverse de l'impédance. *L'unité d'admittance est le siemens.*

admonestation n. f. – XIIIe ▪ dr. ou littér. Action d'admonester, avertissement sévère. ⇒ **remontrance, réprimande, semonce.** « *Tant de recommandations, d'admonestations, de réprimandes* » (Gide).

admonester v. tr. [1] – XIIe ; lat. *monere* « avertir » ▪ dr. ou littér. Réprimander sévèrement, en avertissant de ne pas recommencer. « *le garde se contentait d'admonester les coupables* » (Aymé).

A.D.N. ou **ADN** [adeɛn] n. m. – mil. XXe ; sigle ▪ Acide désoxyribonucléique, constituant essentiel des chromosomes. ⇒ aussi **épisome.** *Structure en double hélice de l'A.D.N.*

adolescence n. f. – XIIIe ▪ Âge qui succède à l'enfance et précède l'âge adulte, immédiatement après la puberté. « *la plus délicate des transitions, l'adolescence* » (Hugo).

adolescent, ente n. – XIVe ; lat. *adolescere* « grandir » ▪ Jeune à l'âge de l'adolescence. « *C'est bon signe qu'un adolescent soit en révolte, par nature, contre tout* » (Mart. du G.). ➛ abrév. fam. ADO. *Un camp d'ados.*

adonide n. f. – XVIIe ; de *Adonis* ▪ Plante herbacée *(renonculacées)*, aux fleurs rouges ou jaunes.

adonis [adɔnis] n. m. – XVIIe ; de *Adonis*, héros myth. 1 Jeune homme d'une grande beauté. ⇒ **apollon, éphèbe.** « *Il faut être un Adonis pour se faire peindre* » (Frédéric II). 2 Beau papillon diurne, du genre lycène.

adonner v. [1] – XIIe ; lat. *donare* « donner » **I** v. pron. S'appliquer avec constance à. « *Elle s'était adonnée passionnément à l'étude* » (Loti). **II** v. intr. En parlant du vent, Tourner dans un sens favorable.

adoptant, ante adj. et n. – XVIIIe ▪ Qui adopte légalement quelqu'un.

adopter v. tr. [1] – XIVe ; lat. 1 Prendre légalement pour fils ou pour fille. *Un orphelin adopté.* ➛ Traiter comme son propre enfant, reconnaître comme apparenté d'esprit, de goût. « *Elle avait été très vite adoptée par ce monde de savants* » (Maurois). ♦ *Adopter un chien.* 2 Faire sien. ⇒ **choisir, embrasser, suivre.** « *ce bonnet phrygien que la République adoptait alors comme emblème de la liberté* » (Balz.). ➛ Approuver par un vote. *L'Assemblée a adopté le projet de loi.* ✪ CONTR. Abandonner, rejeter.

adoptif, ive adj. – XIIe ▪ Qui est par adoption, résulte d'une adoption. *Père, fils adoptif.* « *Il baptisa son enfant adoptif et le nomma Quasimodo* » (Hugo). ♦ D'adoption. *C'est sa patrie adoptive.*

adoption n. f. – XIIIe 1 Action d'adopter, acte juridique établissant entre deux personnes des relations de droit analogues à celles qui résultent de la paternité et de la filiation. ♦ *D'adoption* : qu'on a adopté, qu'on reconnaît pour sien. *La France est devenue sa patrie d'adoption.* 2 Action d'adopter. *Adoption d'un projet de loi.*

adorable adj. – XIVe 1 Digne d'être adoré. « *l'adorable bonté divine* » (Sartre). 2 Digne d'être aimé passionnément. « *une jeune fille absolument belle, plus que belle, adorable* » (Maupass.). ➛ Extrêmement aimable et gracieux. ⇒ **charmant,** fam. **craquant, exquis.** *Un adorable chaton.*

adorateur, trice n. – XVe 1 Personne qui adore, rend un culte à. *Les Incas étaient des adorateurs du Soleil.* 2 Amoureux empressé.

adoration n. f. – XIVe 1 Action d'adorer. ⇒ **culte.** *L'Adoration des Mages.* 2 Amour fervent, culte passionné. « *Béatrix devina l'adoration* [...] *qu'elle inspirait à son voisin* » (Balz.). *Être en adoration devant qqn.* ✪ CONTR. Haine, mépris.

adorer v. tr. [1] – XIIe ; lat. *adorare* **1** Rendre un culte à. « *je meurs en adorant Dieu* » (Volt.). **2** Aimer d'un amour ou d'une affection passionnée. ⇒ **idolâtrer.** « *C'est peu de dire aimer, Elvire : je l'adore* » (Corn.). **3** fam. Avoir un goût très vif pour. « *elle adorait les animaux* » (Zola). ✪ CONTR. Détester.

ados [ado] n. m. – XVIIe ; de *adosser* ■ Talus destiné à protéger les cultures contre les intempéries.

adossement n. m. – XVe ■ État de ce qui est adossé.

adosser v. tr. [1] – XIIe ■ Appuyer en mettant le dos, la face postérieure contre. « *la maison était adossée à des rochers* » (Camus). pronom. *S'adosser dans son fauteuil.*

adoubement n. m. – XIIe ■ Au Moyen Âge, Cérémonie au cours de laquelle le jeune noble était armé chevalier.

adouber v. tr. [1] – XIe ; germ. *dubban* « frapper » **1** Armer chevalier par la cérémonie de l'adoubement. « *Quand Bayard adoube François Ier, Tristan et Perceval sont morts* » (Malraux). **2** Aux échecs, Remettre en place une pièce déplacée par accident.

adoucir v. tr. [2] – XIIe **1** Rendre plus doux, plus agréable aux sens. ⇒ **atténuer.** « *Une voix suraiguë qu'elle cherchait vainement à adoucir* » (Alain-Fourn.). pronom. « *Les vins s'adoucissent avec le temps* » (France). ♦ Opérer l'adoucissement de. *Adoucir l'eau.* **2** Rendre moins rude, moins violent. ⇒ **corriger, modérer.** « *je transcris ces notes telles quelles sans en adoucir la verdeur* » (Gide). ✪ CONTR. Aggraver, irriter.

adoucissant, ante adj. – XVIIe ■ Qui calme les irritations de la peau. ⇒ **lénitif.** Qui rend la peau plus douce. *Huile adoucissante.* ♦ n. m. Produit utilisé pour assouplir le linge. ✪ CONTR. Irritant.

adoucissement n. m. – XVe **1** Action d'adoucir, fait de s'adoucir. *Adoucissement des températures.* ➝ *Adoucissement de l'eau,* élimination des sels qui la rendent dure. **2** Soulagement, atténuation. « *Apporter de l'adoucissement à mes peines* » (Chateaub.). ✪ CONTR. Aggravation.

adoucisseur n. m. – XVIIIe ■ Appareil servant à adoucir l'eau.

ad patres [adpatʀɛs] loc. adv. – XVIe ; mots lat. « vers les pères, les ancêtres » ■ loc. fam. *Envoyer qqn ad patres,* le tuer.

adragante n. f. – XVIe ; gr. *tragacantha* ■ Gomme extraite des tiges de l'astragale, utilisée en pharmacie et pour l'apprêt des tissus. ➝ adj. *Gomme adragante.*

adrénaline n. f. – 1902 ; ① *a-* et lat. *ren* « rein » ■ Hormone sécrétée par la glande médullosurrénale, qui agit comme vasoconstricteur, régulateur de la musculature lisse et « hormone d'urgence » dans diverses agressions. *Décharge d'adrénaline.*

adrénergique adj. – 1952 ; de *adrén(aline)* et gr. *ergon* « travail » ■ *Récepteurs adrénergiques α,* dont dépendent presque tous les effets excitateurs de la stimulation sympathique. *Récepteurs adrénergiques β,* responsables de presque tous les effets inhibiteurs de la stimulation sympathique (⇒ **bêtabloquant).**

adressage n. m. – 1968 ■ Procédé par lequel est définie l'adresse d'une donnée sur un support. ♦ Création ou exploitation d'une adresse. *Adressage automatique dans la gestion d'abonnements.*

① **adresse** n. f. – XIIIe ; de *adresser* **1** Indication du domicile d'une personne. *Donner son adresse.* « *L'adresse était d'une écriture inconnue* » (Gide). *Un carnet d'adresses. Changer d'adresse,* de domicile. « *Je partirais sans laisser de traces ni d'adresse* » (Céline). **2** Action d'adresser, de s'adresser (à qqn). *À l'adresse de qqn :* à l'endroit de, à l'intention de qqn. « *elle a perçu, dans ces derniers mots, une intention à son adresse* » (Mart. du G.). ➝ loc. *Se tromper d'adresse :* s'adresser à une personne indifférente ou hostile. ♦ Expression des vœux et des sentiments d'une assemblée politique, adressée au souverain. **3** Expression représentant un emplacement de mémoire dans un ordinateur. ➝ Entrée de dictionnaire.

② **adresse** n. f. – XVIe ; de l'a. fr. *adrece* « bonne direction » **1** Habileté physique. ⇒ **dextérité.** « *une adresse de singe à se rattraper des mains, des pieds* » (Zola). *Jeux d'adresse.* **2** Qualité d'une personne qui sait s'y prendre pour obtenir un résultat. ⇒ **diplomatie, doigté, finesse, ruse.** « *elle est d'une adresse à désespérer un diplomate* » (Balz.). ✪ CONTR. Gaucherie, maladresse.

adresser v. tr. [1] – XIIe ; de ① *a-* et *dresser* **1** Émettre en direction de qqn. « *Jamais ils ne m'ont adressé la parole* » (Bosco). *Adresser des critiques à qqn.* **2** Envoyer en direction de qqn. *Il a paré le coup que son adversaire lui adressait.* ♦ Faire parvenir à l'adresse de qqn. *La dernière lettre que vous m'avez adressée.* **3** Diriger vers la personne qui convient. *Le médecin m'a adressée à un spécialiste.* **4** Définir une adresse en vue d'établir une liaison avec (un dispositif). *Adresser une mémoire, un périphérique.* **5** v. pron. *S'ADRESSER À (qqn),* lui parler ; aller le trouver, avoir recours à lui. « *J'écris trois versions différentes à la fois, suivant le public auquel je m'adresse* » (Morand). *Adressez-vous à l'hôtesse.* ♦ Être adressé, destiné. *Cette critique ne s'adresse pas à vous.*

adret n. m. – 1927 ; a. provenç. *adrech* « endroit, bon côté » ; de *droit* ■ Versant exposé au soleil, en pays montagneux. ⇒ **soulane.** ✪ CONTR. Ubac.

adroit, oite adj. – XIIe ; de ① *a-* et *droit* **1** Qui a de l'adresse dans ses activités physiques. **2** Qui se conduit, manœuvre avec adresse. ⇒ **habile, ingénieux, rusé.** ♦ Qui marque de l'adresse. *Ce n'est pas très adroit de sa part.* ✪ CONTR. Gauche, maladroit.

adroitement adv. – XIIe ■ Avec adresse. ♦ Habilement, astucieusement. « *je sais tirer adroitement mon épingle du jeu* » (Mol.). ✪ CONTR. Maladroitement.

adsorbant, ante adj. et n. m. – 1928 ■ Qui produit l'adsorption. ➝ *Le charbon de bois est un adsorbant.*

adsorber v. tr. [1] – 1907 ; lat. *ad* « sur » et *sorbere* « avaler » ■ Retenir par adsorption.

adsorption n. f. – 1904 ■ Rétention à la surface d'un solide des molécules d'un gaz ou d'une substance en solution ou en suspension. ✪ CONTR. Désorption.

adulateur, trice n. – XIVe ■ littér. Personne qui flatte bassement, courtisan servile. ⇒ **flagorneur, flatteur.**

adulation n. f. – XIIe ■ Flatterie servile. ⇒ **flagornerie.** ♦ Louange, admiration excessive. ⇒ **adoration.**

aduler v. tr. [1] – XIVe ; lat. *adulari* ■ Combler de témoignages d'admiration. « *recherché, adulé par la société la plus choisie* » (Proust). ✪ CONTR. Honnir.

adulte adj. et n. – XIVe ; lat. *adolescere* « grandir » **1** Se dit d'un être vivant parvenu au terme de sa croissance. *Animal, plante adulte. Âge adulte,* chez l'homme, à la fin de l'adolescence. ⇒ **mûr.** ➝ *Être adulte :* avoir une psychologie d'adulte (opposé à *infantile*). ⇒ **maturité.** ♦ Parvenu à son plein développement. « *Les ressources du cinéma arrivé à l'âge adulte* » (Romains). **2** n. Personne adulte. « *l'indifférence des enfants à l'égard des adultes* » (Mauriac).

adultère n. m. et adj. – XIIe ; lat. *adulterare* **1** n. m. Rapport sexuel volontaire d'une personne mariée avec une personne autre que son conjoint. ⇒ **infidélité.** 2 adj. Coupable d'adultère. ⇒ **infidèle.** *Époux adultère.* ♦ « *Des désirs adultères* » (Flaub.). ⇒ **extraconjugal.** ✪ CONTR. Fidèle.

❑ *Adulte* se rattache étymologiquement à *adolescent,* et *adultère* à *adultérer* fait sur *altérer ;* ces mots n'ont donc aucun rapport.

adultérer v. tr. [6] – XIVe ; lat. *adulterare* ■ vx Altérer, falsifier. *Beauté de ce tissage « que rien ne vient adultérer »* (Gide).

adultérin, ine adj. – XIVe ■ Né d'un adultère. *Enfants adultérins.*

adultisme n. m. – 1960 ■ Caractère du comportement adulte. ✪ CONTR. Infantilisme.

ad valorem [advalɔʀɛm] loc. adj. – XIXe ; mots lat. « suivant la valeur » ■ Se dit de droits, impôts, taxes établis proportionnellement à une valeur de référence. ✪ CONTR. Forfaitaire, spécifique.

advection n. f. – mil. XXe ; lat. « transport » ■ Déplacement d'une masse d'air dans le sens horizontal.

advenir v. intr. [22] ; inf. et 3e pers. seult – XIIIe ; lat. *advenire* 1 Survenir, se produire. ⇒ **arriver.** *Les événements (qui sont) advenus ces jours-ci,* qui ont eu lieu. loc. prov. *Advienne que pourra :* qu'il en résulte ceci ou cela, peu importe. ⇒ **à-Dieu-va(t).** 2 v. impers. « *Qu'adviendra-t-il de l'humanité* [...] ? » (Valéry). ♦ loc. *Quoi qu'il advienne :* quoi qu'il arrive.

❑ *Advenir* est la réfection étym. de l'adverbe *avenir* qui s'emploie encore dans *non avenu (nul et non avenu).*

adventice adj. et n. f. – XIIe ; lat. *adventicius* « qui s'ajoute, supplémentaire » **I** adj. 1 *Idée adventice,* qui n'est pas innée, qui vient des sens. 2 Se dit d'une plante qui colonise un territoire sans y avoir été volontairement semée. 3 Qui s'ajoute accessoirement. « *elle avait encombré sa vie de maintes préoccupations adventices* » (Gide). **II** n. f. Tunique externe d'un vaisseau ou d'un conduit.

adventif, ive adj. – XIIe ; lat. *adventicius* 1 Qui apparaît dans une position particulière, par rapport aux processus (normaux) de ramification. *Racines adventives.* 2 *Cône adventif :* cône volcanique secondaire formé par une nouvelle éruption.

adventiste n. – XIXe ; lat. *adventus* « avènement » ■ Membre d'un mouvement religieux protestant, né aux États-Unis, qui attend un second avènement du Messie. ➛ adj. *L'Église adventiste du septième jour.*

adverbe n. m. – XIIIe ; lat. ■ Mot invariable ajoutant une détermination à un verbe, un adjectif, un adverbe, ou une phrase. *Adverbes de lieu, de temps.*

❑ Dans les locutions verbales (*avoir, faire* + nom), en dépit des puristes, l'adverbe peut se mettre devant le nom bien qu'il modifie la locution tout entière (*j'ai très faim, j'ai moins soif, j'ai plutôt mal, il a vraiment tort, cela nous fait très plaisir, ça faisait trop mal, j'ai bien peur, j'en ai terriblement envie* etc.) → bien, fort, très (rem.). ♦ L'adverbe est formé sur l'adjectif au féminin. Pour la chute du *e* remplacé par l'accent circonflexe → assidûment (rem.).

adverbial, iale, iaux adj. – XVIe ■ Qui a le caractère de l'adverbe. *Locution adverbiale* (ex. « sans cesse », « à l'inverse »).

adversaire n. – XIIe ; lat. *adversarius* ■ Personne qui est opposée à une autre. ⇒ **concurrent, ennemi, rival.** « *je dépassais d'une tête mon adversaire* » (Camus). ♦ « *les adversaires du régime militariste* » (Beauv.). ✪ CONTR. Allié, ami, partenaire ; partisan.

adversatif, ive adj. – XVIe ; lat. ■ Qui marque une opposition. « *Mais* », *conjonction adversative.*

adverse adj. – XIe ; lat. ■ Opposé, contraire. « *La France est divisée en deux blocs adverses* » (Duham.). *Partie adverse,* contre laquelle on plaide. ✪ CONTR. Allié, ami.

adversité n. f. – XIIe ; lat. ■ Sort contraire, malheur. « *Il est possible d'être homme même dans l'adversité* » (Sartre).

adynamie n. f. – XIXe ; de ② *a-* et *-dynamie* ■ Extrême faiblesse musculaire. ⇒ **asthénie.**

aède n. m. – XIXe ; gr. *aoidos* « chanteur » ■ Poète épique et récitant, dans la Grèce primitive. *Homère a été le plus grand et le dernier des aèdes.*

aédès ou **aedes** [aedɛs] n. m. – XIXe ; gr. « désagréable », ou p.-ê. d'apr. *aède,* à cause du bourdonnement ■ Moustique dont l'une des espèces est le vecteur de la fièvre jaune et de la dengue.

ægagropile ou **égagropile** [egagʀɔpil] n. m. – XVIIIe ; gr. *aigagros* « chèvre sauvage » et *pilos* « balle de laine foulée » ■ Bézoard formé de poils.

❑ Ce mot (ainsi que les deux suivants) présente la ligature latine *æ,* prononcée [e] comme dans *blé.* Cette ligature a tendance à tomber en désuétude, concurrencée par la variante francisée *é ;* voir *césium, mélæna* ou *méléna, ténia* var. *tænia.*

ægosome ou **égosome** [egozom] n. m. – XIXe ; gr. *aix* « chèvre » et *sôma* « corps » ■ Insecte coléoptère à antennes rugueuses.

æpyornis ou **épyornis** [epjɔʀnis] n. m. – XIXe ; gr. *aipus* « escarpé, haut » et *ornis* « oiseau » ■ Grand oiseau fossile *(coureurs),* de Madagascar.

aérage n. m. – XVIIIe ■ Ventilation dans les galeries souterraines. « *L'aérage ne se faisait pas au fond de cette voie* » (Zola).

aérateur n. m. – XIXe ■ Appareil servant à l'aération. ⇒ **ventilateur.**

aération n. f. – XIXe ■ Action d'aérer ; son résultat. *Conduit d'aération.*

aéraulique n. f. – mil. XXe ■ Étude de l'écoulement naturel de l'air, des gaz dans les conduits. ⇒ **hydrodynamique.**

aéré, ée adj. – XIVe ■ Où l'air circule. « *La salle à manger est heureusement très aérée* » (Gide). ♦ *Centre aéré,* qui propose aux enfants des écoles des activités de plein air pendant les vacances.

aérer v. tr. [6] – XIVe ; lat. *aer* « air » 1 Faire entrer de l'air dans (un lieu clos). ⇒ **ventiler.** ♦ pronom. fam. *S'aérer,* prendre l'air. fig. « *Que deviendrais-je sans le rire ?* [...] *je m'aère* » (Proust). 2 Exposer à l'air. *Aérer la literie.* 3 Rendre moins dense. *Les bois « aérés de larges clairières »* (Zola). ♦ *Aérer un texte.* ⇒ **alléger.**

aéricole adj. – XIXe ■ Se dit d'un organisme végétal qui vit dans l'air.

aérien, ienne adj. – XIIe **I** - 1 vx Fait d'air, gazeux. « *Les Anges prennent un corps aérien* » (Furetière). ♦ Léger comme l'air. ⇒ **immatériel.** *Une grâce aérienne.* ➛ « *les architectures aériennes du dix-huitième siècle* » (E. de Goncourt). 2 Qui est à l'air libre (opposé à *souterrain*). *Métro aérien.* ➛ *Un « îlot de pandanus aux racines aériennes »* (Gide). 3 De l'air, de l'atmosphère. *Les mouvements aériens.* ♦ Suspendu en l'air. *Câble aérien.* **II** Relatif, propre à l'aviation, assuré par l'aviation. *Lignes aériennes. L'espace aérien d'un pays. Catastrophe aérienne.* ♦ *Pont aérien :* liaison effectuée par avion d'un lieu à un autre lieu accessible seulement par ce moyen. ♦ *Photographie aérienne,* prise d'avion. *Forces aériennes :* l'aviation militaire. « *Des idées de guerre, de bombardement aérien* » (Maurois).

aérifère adj. – XIXe 1 Qui conduit, distribue l'air. *Conduits aérifères.* 2 Se dit d'une structure végétale qui renferme de l'air.

aérium [aeʀjɔm] n. m. – 1948 ▪ Établissement de repos au bon air, pour les convalescents. ⇒ **préventorium.** *Des aériums.*

aéro- ▪ Élément, du gr. *aêr* « air ».

❑ Ne pas confondre les éléments *aéro- (aéroport)* et *aréo- (aréopage). Aréo-* vient de *Arès,* dieu de la guerre en Grèce.

aérobic n. f. – 1981 ; angl. *aerobics* ▪ Gymnastique qui oxygène les tissus par des mouvements rapides effectués en musique.

aérobie adj. – XIXe ▪ Se dit de micro-organismes qui ne peuvent se développer qu'en présence d'air ou d'oxygène. ➛ subst. m. *Un aérobie.* ♦ Se dit des propulseurs qui ont besoin de l'oxygène de l'air pour fonctionner. ✪ CONTR. Anaérobie.

aérobiose n. f. – 1920 ▪ Vie dans un milieu contenant de l'air ou de l'oxygène. ✪ CONTR. Anaérobiose.

aéro-club ou **aéroclub** [aeʀoklœb] n. m. – XIXe ▪ Club réunissant les amateurs pratiquant les sports aériens. *Des aéro-clubs, des aéroclubs.*

aérocolie n. f. – 1926 ▪ Accumulation d'air dans le côlon.

aérodrome n. m. – XVIIIe ; *aéro-* et *-drome* ▪ Terrain aménagé pour le décollage et l'atterrissage des avions. ➛ Petit aéroport. « *un aérodrome privé, entre deux collines* » (Sartre).

aérodynamique n. f. et adj. – XIXe 1 Partie de la physique qui étudie les phénomènes accompagnant tout mouvement relatif entre un corps et l'air où il baigne. 2 Relatif à l'aérodynamique et à ses études. ♦ Conforme aux lois de l'aérodynamique. *Profil aérodynamique d'un véhicule,* conçu pour améliorer la pénétration dans l'air.

aérodynamisme n. m. – 1942 ▪ Caractère aérodynamique. *L'aérodynamisme d'une carrosserie de voiture.*

aérodyne n. m. – av. 1926 ▪ Appareil volant plus lourd que l'air (opposé à *aérostat*).

aérofrein n. m. – mil. XXe ▪ Frein aérodynamique. → **volet.** ➛ Tout dispositif de freinage aérien.

aérogare n. f. – 1933 ▪ Ensemble des bâtiments d'un aéroport réservés aux voyageurs et aux marchandises. ♦ Lieu de départ et d'arrivée des moyens de transport assurant la liaison entre ville et aéroport. ⇒ ② **terminal.**

❑ *Une aérogare* au féminin, et non au masculin : c'est une *gare.* → autoroute.

aérogastrie n. f. – XIXe ▪ Présence d'air dans l'estomac.

aéroglisseur n. m. – 1964 ▪ Véhicule se déplaçant sur un coussin d'air.

aérogramme n. m. – mil. XXe ; *aéro-* et *-gramme* ▪ Lettre acheminée par avion.

aérographe n. m. – 1923 ▪ Pulvérisateur à air comprimé pour projeter de la couleur ou de l'encre. ⇒ **pistolet.**

aérolithe ou **aérolite** n. m. – XIXe ; *aéro-* et *-lithe* ▪ Météorite. « *les aérolithes pouvaient à tout instant franchir la barrière mauve et s'aplatir sur la terre* » (Le Clézio).

aérologie n. f. – XVIIe ; *aéro-* et *-logie* ▪ Étude des propriétés des régions inférieures de l'atmosphère.

aéromobile adj. – 1969 ▪ Transporté par voie aérienne. *Division aéromobile.* ⇒ **aéroporté.**

aéromodélisme n. m. – 1942 ▪ Technique de la construction et du vol des modèles réduits d'avions.

aéromoteur n. m. – XIXe ▪ Moteur actionné par le vent. ⇒ **éolienne.**

aéronaute n. – XVIIIe ▪ Membre de l'équipage d'un aérostat.

aéronautique adj. et n. f. – XVIIIe 1 Relatif à la navigation aérienne. *Industrie aéronautique.* 2 Science de la navigation aérienne, technique de la construction des appareils de locomotion aérienne. ⇒ **aviation.** ♦ *L'aéronautique navale :* l'aéronavale.

aéronaval, ale adj. et n. f. – 1956 ▪ Qui appartient à la fois à l'aviation et à la marine. *Forces aéronavales.* ♦ n. f. Ensemble des formations et installations aériennes de la marine militaire française.

aéronef n. m. – XIXe ▪ Appareil capable de se déplacer dans les airs. ⇒ **aérodyne, aérostat.**

❑ Est du masculin en dépit du genre de *nef.* → astronef (rem.).

aéronomie n. f. – 1954 ; *aéro-* et *-nomie* ▪ Étude des propriétés de l'ionosphère.

aéropathie n. f. – 1970 ; *aéro-* et *-pathie* ▪ Toute affection provoquée par des changements de pression atmosphérique.

aérophagie n. f. – XIXe ▪ Déglutition d'air qui pénètre dans l'œsophage et l'estomac.

aéroplane n. m. – XIXe ; de *aéro-* et *planer* ▪ VX ou plaisant Avion. « *Les aéroplanes allemands accablaient nos parages de bombes* » (Duham.).

aéroport n. m. – 1922 ▪ Ensemble d'installations nécessaires au trafic aérien intéressant une ville ou une région. *L'aéroport d'Orly. Les pistes balisées, la tour de contrôle d'un aéroport.*

❑ Ne pas confondre *aéroport, aérodrome* et *aérogare,* qui désignent des espaces généralement groupés mais différents.

aéroporté, ée adj. – 1928 ▪ Transporté par voie aérienne. *Troupes aéroportées.*

aéroportuaire adj. – v. 1970 ▪ Qui concerne un aéroport, appartient à un aéroport.

aéropostal, ale, aux adj. – 1927 ▪ Relatif à la poste aérienne.

aéroscope n. m. – XIXe ▪ Appareil servant à mesurer la quantité de poussières contenue dans l'air.

aérosol [aeʀɔsɔl] n. m. – 1928 ; de *aéro-* et ④ *sol* 1 Suspension de particules dans un milieu gazeux. 2 Appareil qui pulvérise et projette ces particules. ⇒ **atomiseur, nébuliseur.** ➛ *Bombes aérosol.*

aérosondage [aeʀosɔ̃daʒ] n. m. – 1953 ▪ Sondage par ballon des hautes régions de l'atmosphère.

aérospatial, iale, iaux adj. – v. 1960 ▪ Qui appartient aux domaines aéronautique et spatial. *Engin aérospatial.* ➛ n. f. L'industrie aérospatiale.

aérostat n. m. – XVIIIe ▪ Appareil dont la sustentation est due à l'emploi d'un gaz plus léger que l'air (opposé à *aérodyne*). ⇒ ① **ballon ; dirigeable, montgolfière.** « *Il faut alors jeter du lest, sinon l'aérostat descendra* » (Baud.).

aérostation n. f. – XVIIIe ▪ Étude, technique et manœuvre des aérostats.

aérostatique adj. et n. f. – XVIIIe ▪ Relatif aux aérostats, à l'aérostation. « *des ascensions aérostatiques* » (J. Verne). ♦ Théorie de l'équilibre de l'air et des gaz à l'état de repos.

aérostier n. m. – XVIIIe ▪ Pilote d'un aérostat.

aérotechnique n. f. – 1960 ▪ Technique ayant pour objet l'application des lois de l'aérodynamique à la conception et à la construction d'engins destinés à la navigation aérienne.

aéroterrestre adj. – 1957 ▪ Se dit d'une formation militaire composée d'éléments des armées de terre et de l'air.

aérothermique adj. – XIXe ▪ Qui a rapport à l'aéronautique et à la thermodynamique.

aérotrain n. m. – 1965 ; nom déposé ▪ Véhicule aéroglisseur circulant sur une voie monorail.

æschne [ɛskn] n. f. – XIXe ; lat. ▪ Grande libellule *(odonates)*.

æthuse ou **éthuse** [etyz] n. f. – XIXe ; gr. *aithousa* « ardente » ▪ Plante âpre et toxique *(ombellifères)*, appelée aussi *petite ciguë*.

affabilité n. f. – XIIIe ▪ Caractère, manières d'une personne affable. ⇒ **amabilité.**

affable adj. – XIVe ; lat. *affabilis* « à qui on peut parler » ▪ Qui accueille et écoute de bonne grâce ceux qui s'adressent à lui. ⇒ **aimable, bienveillant.** ➝ « *Ses manières affables, toutes rondes* » (R. Rolland). ✪ CONTR. Désagréable.

affabulation n. f. – XVIIIe ; lat. *fabula* « fable » **1** Arrangement de faits constituant la trame d'une œuvre d'imagination. « *l'affabulation de ce rêve* » (Montherl.). **2** Fabulation.

> ❑ Pour le sens → fabulation (rem.).

affabuler v. [1] – 1926 **1** v. tr. Composer les épisodes de (une œuvre de fiction). **2** v. intr. Fabuler. « *je ne veux pas qu'on déguise, qu'on affabule* » (Le Clézio).

affacturage n. m. – 1973 ▪ Gestion des comptes clients d'une entreprise par un organisme extérieur spécialiste du recouvrement et du contentieux. ➝ Recomm. offic. pour *factoring*.

affadir v. tr. [2] – XIIIe ▪ Rendre fade, priver de saveur, de force. *Affadir une sauce en y ajoutant trop de crème.* ➝ *Traduction qui affadit un texte.* ✪ CONTR. Pimenter, relever.

affadissement n. m. – XVIe ▪ Perte de saveur, de force. *L'affadissement de la tragédie classique au* XVIIIe *siècle.*

affaiblir v. tr. [2] – XIIe **1** Rendre physiquement faible. ⇒ **diminuer.** « *fatigué par le travail, affaibli par la maladie* » (France). pronom. « *Il s'affaiblissait, il se courbait davantage* » (Zola). ⇒ **baisser, décliner, dépérir.** ➝ *Affaiblir l'opposition.* **2** Priver moralement d'une partie de sa force, de son intensité. **3** Priver d'une partie de son énergie, de sa valeur expressive. ⇒ **adoucir, atténuer.** pronom. *Le sens de cette expression s'est affaibli.* ✪ CONTR. Fortifier. Renforcer. Exagérer, grossir.

affaiblissement n. m. – XIIIe ▪ Perte de force, d'intensité. « *on note un* [...] *affaiblissement des bruits du cœur* » (Cendrars). « *Satisfaite de l'affaiblissement de la Russie* » (Bainville). ⇒ **déclin.** ✪ CONTR. Amplification.

affaiblisseur n. m. – XXe ▪ Réactif chimique qui permet de diminuer l'opacité d'un cliché photographique.

affaire n. f. – XIIe ; de *à* et *faire* **I** - **1** Ce que qqn a à faire, ce qui l'occupe ou le concerne. *C'est mon affaire.* « *Il aimait à se mêler des affaires d'autrui* » (Romains). loc. *J'en fais mon affaire :* je m'en charge. ♦ loc. *Être à son affaire :* faire ce que l'on aime et que l'on sait faire. « *La politique n'est pas mon affaire* » (Volt.). ➝ *Faire son affaire à qqn,* le châtier, le vaincre ; pop. le tuer. *Cela doit faire l'affaire,* convenir. **2** *Affaire de...,* affaire où (qqch.) est en jeu. ⇒ **question.** *Une affaire d'honneur, de cœur, de gros sous.* ➝ *L'affaire :* la chose en question. « *J'écrirais, c'était une affaire entendue* » (Sartre). *C'est une autre affaire :* c'est un problème tout différent. **3** Ce qui occupe de façon embarrassante. ⇒ **difficulté, ennui.** *Ce n'est pas une mince affaire :* c'est très difficile et compliqué. *En faire toute une affaire. Une sale affaire.* ♦ Danger. *Se tirer d'affaire :* se sortir d'une situation difficile ou dangereuse. **4** Ensemble de faits créant une situation compliquée, où diverses personnes, divers intérêts sont aux prises. *C'est une affaire délicate. Il faut tirer cette affaire au clair. On a voulu étouffer l'affaire.* ♦ Événement de nature juridique, ayant des conséquences politiques. *L'affaire Dreyfus. Une affaire de fausses factures.* ➝ Procès, objet d'un débat judiciaire. *Saisir le tribunal d'une affaire. Instruire, juger, plaider une affaire. Une affaire criminelle.* **5** Combat, conflit militaire ou diplomatique. « *Et maintenant buvons, car l'affaire était chaude* » (Hugo). **6** Marché conclu ou à conclure avec qqn. *Vous avez fait une (bonne) affaire. L'affaire du siècle.* « *Ils se tapèrent dans la main pour indiquer que l'affaire était faite* » (Maupass.). **7** Entreprise commerciale ou industrielle. *Être à la tête d'une grosse affaire.* ♦ LES AFFAIRES : les activités économiques. ⇒ fam. **business.** *Les affaires reprennent. Il est dans les affaires. Homme, femme d'affaires. Il est dur en affaires. Voyage d'affaires* (par oppos. à *d'agrément*). **8** AVOIR AFFAIRE. vx *Avoir affaire de,* besoin de. « *Qu'ai-je affaire d'aller me tuer pour des gens ?* » (Montesq.). ➝ mod. *Avoir affaire à qqn :* se trouver en rapport avec qqn. « *On sait bien à qui on a affaire* » (Zola). **II** au plur. **1** Ensemble des occupations et activités d'intérêt public. *Ministère des Affaires étrangères.* **2** Situation matérielle d'un particulier. *Mettre de l'ordre dans ses affaires.* ♦ fam. État dans le développement d'une intrigue, d'une aventure. *Cela n'arrange pas mes affaires.* **3** Objets ou effets personnels. *Fouiller dans les affaires de qqn.*

> ❑ *Avoir affaire* ou *à faire. Avoir affaire (à, avec),* écrit en un seul mot, est l'usage le plus courant *(il aura affaire à moi, j'ai affaire avec lui).* Ne pas confondre avec *avoir (qqch.) à faire (avec qqn).* ♦ *Avoir affaire de* est vieilli. On écrit *avoir à faire de (qu'ai-je à faire de tout cela ?).*

affairé, ée adj. – XVIe ▪ Qui est surchargé d'affaires, très occupé. « *La maîtresse de cette auberge était fort affairée* » (Flaub.). ➝ *Un air affairé.* ✪ CONTR. Désœuvré, oisif.

affairer (s') v. pron. [1] – XIXe ▪ Se montrer actif, empressé, s'occuper activement. ⇒ s'**agiter.**

affairisme n. m. – 1921 ▪ Tendance à ne s'occuper que d'affaires lucratives à base de spéculation ; activités des affairistes.

affairiste n. – 1928 ▪ Homme d'affaires peu scrupuleux. ⇒ **spéculateur.** « *Une clique de politiciens tarés, d'affairistes sans honneur* » (de Gaulle). ➝ adj. *Un milieu affairiste.*

affaissement n. m. – XVIe ▪ Fait de s'affaisser, état de ce qui est affaissé. ⇒ **dépression, tassement.** *Affaissement de la chaussée.* ➝ « *Nouvel affaissement de la volonté* » (Gide).

affaisser v. tr. [1] – XIIIe ; de *à* et *faix* **1** rare Faire plier, baisser de niveau sous le poids. **2** v. pron. Plier, baisser de niveau sous un poids ou une pression. *Le sol s'est affaissé par endroits.* ⇒ s'**effondrer.** *Muscle qui s'affaisse.* ♦ Tomber en pliant sur les jambes.

⇒ s'**écrouler.** « *la vieille* [...] *s'affaissa comme si on lui eût fauché les jambes* » (Maupass.). ✪ CONTR. Relever. Redresser (se).

affaitement n. m. – XIIe ; lat. *facere* « faire » ▪ Dressage (des faucons) pour la chasse.

affaler v. tr. [1] – XVIIe ; néerl. *afhalen* **1** Faire descendre en tirant. *Affaler une voile.* ♦ Pousser vers la côte, faire échouer. **2** v. pron. Être porté vers la côte, s'échouer. ♦ Se laisser tomber. *S'affaler dans un fauteuil.*

affamé, ée adj. – XIIe **1** Qui souffre de la faim. *Populations affamées.* ⇒ **malnutrition. 2** Avide, passionné (de). ⇒ **altéré, assoiffé.** « *continuellement affamé d'un idéal qu'il n'atteint jamais* » (Flaub.). ✪ CONTR. Rassasié, repu.

affamer v. tr. [1] – XIIe ; lat. *fames* « faim » ▪ Faire souffrir de la faim. *Blocus qui affame la population.*

affect [afɛkt] n. m. – XVIe ; lat. *affectus* « disposition de l'âme, sentiment » ▪ État affectif élémentaire. *Les sensations et les affects.*

① **affectation** n. f. – XVe **1** Destination à un usage déterminé. *Affectation d'une somme à un budget.* ⇒ **imputation. 2** Désignation à une unité militaire, à un poste, à une fonction. ➛ *Rejoindre son affectation,* le poste auquel on a été affecté. ✪ CONTR. Désaffectation.

② **affectation** n. f. – XVIe **1** Action d'adopter (une manière d'être ou d'agir) de façon ostentatoire, mais seulement en apparence. ⇒ **étalage, exagération, imitation, simulation.** « *On n'échappe pas au ridicule par une affectation de gravité* » (Bernanos). **2** Manque de naturel, de simplicité. ⇒ **afféterie, comédie, pose, recherche.** « *Ce n'est que jeu de mots, qu'affectation pure Et ce n'est point ainsi que parle la nature* » (Mol.). ✪ CONTR. Naturel, simplicité.

affecté, ée adj. – XVe ▪ Qui manque de sincérité ou de naturel. ⇒ **étudié, forcé, hypocrite.** « *Aucune charlatanerie dans le regard, rien de théâtral et d'affecté* » (Chateaub.). *Style affecté.* ⇒ **maniéré, précieux.** *Manières affectées.* ⇒ **apprêté, compassé, contraint, guindé.** ✪ CONTR. Naturel, simple.

① **affecter** v. tr. [1] – XIVe ; lat. *affectare* « rechercher, poursuivre » **1** Prendre (une manière d'être, un comportement) de façon ostentatoire, sans que l'intérieur réponde à l'extérieur. ⇒ **afficher, feindre, simuler.** « *Chacun affecte une mine et un extérieur, pour paraître ce qu'il veut qu'on le croie* » (La Rochef.). « *il affectait de garder une attitude insouciante* » (Barrès). **2** Aimer, employer avec prédilection. ⇒ **affectionner.** « *ceux qui affectent ce langage* » (Mol.). **3** Revêtir volontiers, habituellement. « *Les agates n'affectent pas autant que les cailloux la forme globuleuse* » (Buff.).

② **affecter** v. tr. [1] – XVIe ; lat. *affectatus* « destiné, affecté » **1** Destiner, réserver à un usage ou à un usager déterminé. *Les crédits que le budget a affectés à l'Éducation nationale.* ⇒ **imputer. 2** Procéder à l'affectation de (qqn). ⇒ **désigner, nommer.** *Affecter qqn à un poste.* ✪ CONTR. Désaffecter.

③ **affecter** v. tr. [1] – XVe ; lat. *affectus* « sentiment » **1** Toucher (qqn) par une impression, une action. *Tout ce qui affecte notre sensibilité. Être affecté d'une infirmité.* ⇒ **affliger.** ♦ Toucher en faisant une impression pénible. ⇒ **frapper.** *Son échec l'a beaucoup affecté.* ➛ pronom. « *Il s'affecterait de mon inconstance* » (Rouss.). **2** Exercer son action sur. *Les perturbations qui affectent la région.* **3** Modifier une quantité par (un signe, un coefficient). *Un nombre négatif est affecté du signe* –.

affectif, ive adj. – XVe ▪ Qui concerne les états de plaisir ou de douleur. *États affectifs.* ➛ *La vie affective :* les sentiments, les plaisirs et les douleurs d'ordre moral. *Réaction affective,* non raisonnée.

affection n. f. – XIIe ; lat. **I - 1** État affectif, psychique accompagné de plaisir ou de douleur. ⇒ **affect, émotion, sentiment.** « *Je nommerai affection tout ce qui nous intéresse par quelque degré de plaisir ou de peine* » (Alain). **2** Tout processus morbide organique ou fonctionnel. ⇒ **lésion, maladie.** *Affection aiguë.* **II** Sentiment tendre qui attache une personne à une autre. ⇒ **amitié, attachement, tendresse.** *Affection maternelle, filiale.* ⇒ **amour, piété.** *Se prendre d'affection pour qqn.* « *il faut absolument que j'aime quelqu'un ; j'ai soif d'affection* » (Loti). ✪ CONTR. Aversion, désaffection, hostilité.

> ❑ Ne pas confondre *affection* « maladie » avec *infection,* les contextes étant les mêmes.

affectionné, ée adj. – XIVe ▪ Attaché par l'affection, dévoué, dans les formules de fin de lettre. *Votre fille affectionnée.*

affectionner v. tr. [1] – XIVe ▪ Chérir. « *Il affectionne beaucoup* [...] *cette vieille grand-mère qui le gâte avec adoration* » (Loti). ♦ Avoir une prédilection pour. *Le genre de robe qu'elle affectionne.* ✪ CONTR. Détester.

affectivité n. f. – XIXe ▪ Ensemble des phénomènes de la vie affective. ⇒ **sensibilité.**

affectueusement adv. – XIIIe ▪ D'une manière affectueuse. ⇒ **tendrement.** ✪ CONTR. Durement, froidement.

affectueux, euse adj. – XIIIe ▪ Qui montre de l'affection. ⇒ ② **aimant,** ② **tendre.** « *il se fit plus affectueux encore, il embrassa le petit et lui parla avec une tendresse maternelle* » (R. Rolland). *Pensées affectueuses.* ⇒ **chaleureux.** ✪ CONTR. Dur, ① froid, malveillant.

① **afférent, ente** adj. – XVIIe ; lat. *affert* « cela apporte, contribue » **1** Qui se rapporte à. *Le dossier et les documents y afférents.* **2** Qui revient à. *La part afférente à cet héritier.*

② **afférent, ente** adj. – XIXe ; lat. *afferre* « apporter » ▪ Qui va, qui amène de la périphérie vers le centre ; qui amène vers un organe. *Nerf afférent.* ✪ CONTR. Efférent.

affermage n. m. – XVe ▪ Location d'un bien rural moyennant paiement d'un fermage.

affermer v. tr. [1] – XIIIe ▪ Louer, céder par affermage.

affermir v. tr. [2] – XIVe **1** Rendre plus ferme, raffermir. *Un traitement qui affermit les seins.* **2** Rendre plus assuré, plus fort. ⇒ **consolider, renforcer.** *Affermir son autorité.* ✪ CONTR. Amollir. Affaiblir.

affermissement n. m. – XVIe ▪ Action d'affermir ; consolidation, raffermissement.

afféterie n. f. – XVe ▪ littér. Abus du maniéré. ⇒ ② **affectation, minauderie, préciosité.** ✪ CONTR. Naturel, simplicité.

affichage n. m. – XVIIIe ▪ Action d'afficher, de poser des affiches. *Panneaux d'affichage. Affichage interdit. Affichage électoral.* ♦ Présentation visuelle de données, de résultats. ⇒ **visualisation.** *Montre à affichage numérique.*

affiche n. f. – XIIe ▪ Feuille imprimée destinée à porter qqch. à la connaissance du public, et placardée sur les murs ou des emplacements réservés. ⇒ **annonce, avis, placard, proclamation.** *Affiches judiciaires, publicitaires, de théâtre.* « *sur une grande affiche, la famille américaine idéale reniflait en riant un plat de porridge* » (Beauv.). *Mur couvert d'affiches. Colleur d'affiches.* ➛ *Spectacle qui reste à l'affiche,* qu'on continue de jouer. ➛ *Les affiches de Toulouse-Lautrec, de Chéret.* ⇒ ③ **poster.**

afficher v. tr. [1] – XIe ; de *à* et *ficher* **1** Annoncer, faire connaître par voie d'affiches (ou par le tableau d'affichage). ⇒ **placarder.** *Les horaires sont affichés.* ♦ Poser des affiches. *Défense d'afficher.* ♦ Faire apparaître (une information visuelle) sur un cadran, un écran. ⇒ **éditer, visualiser.** 2 Montrer publiquement et avec ostentation, faire étalage de. *Afficher ses opinions politiques.* ➛ pronom. « *cette débauche, loin de se cacher* [...], *s'affiche et s'étale* » (Madelin). ♦ Montrer en public (qqn avec qui on est lié). ⇒ **exhiber.** ➛ pronom. *Elle s'affiche avec son amant.* ✪ CONTR. ① Cacher.

affichette n. f. – XIIe ▪ Petite affiche.

afficheur n. m. – XVIIe **1** Professionnel chargé de la pose des affiches. **2** Dispositif d'affichage. *Des afficheurs à cristaux liquides.*

affichiste n. – 1904 ▪ Dessinateur spécialisé dans la création des affiches publicitaires.

❑ Ce mot est apparu au XVIIIe s. au sens d'« auteur de libelle » et a disparu pendant deux siècles.

affidavit [afidavit] n. m. – XVIIIe ; lat. *affidare* « faire foi, attester » ▪ Déclaration faite par le porteur étranger de valeurs mobilières, qui lui permet d'être affranchi, dans le pays qui reçoit cette déclaration, des impôts dont ces valeurs sont déjà frappées dans son pays d'origine.

affidé, ée adj. et n. – XVIe ; lat. *fides* « foi » ▪ Qui se prête en agent sûr à tous les mauvais coups. ➛ n. *Un de ses affidés,* de ses complices prêts à tout. ⇒ **acolyte.** ✪ HOM. Aphidés.

affilée (d') loc. adv. – XIXe ; de *file* ▪ À la file, sans interruption. « *une rude manœuvre qui dura dix heures d'affilée* » (Loti).

affiler v. tr. 1 – XIIe ; lat. *filum* « fil (de l'épée) » ▪ Donner le fil à (un instrument tranchant). « *un second rasoir qu'il affilait au creux de sa main droite* » (Gide). ⇒ **affûter, aiguiser ; repasser.**

affiliation n. f. – XVIe ▪ Action d'affilier, fait d'être affilié. ⇒ **rattachement.**

affilier v. tr. 7 – XIVe ; lat. *filius* « fils » **1** Rattacher à une société mère. « *La société des amis de l'ABC, affiliée aux mutuellistes d'Angers* » (Hugo). **2** Admettre dans une association. pronom. *S'affilier à un parti,* y adhérer, s'y inscrire. ➛ n. *Les affiliés :* les adhérents, les membres.

affiloir n. m. – XVIIe ▪ Instrument servant à affiler.

affin, ine adj. – XIIe ; lat. **1** Qui présente une affinité. *Langues affines.* **2** ⇒ **affine.**

affinage n. m. – XIVe **1** Purification, raffinage. *Affinage des métaux.* **2** Achèvement de la maturation des fromages. *Cave d'affinage.*

affine adj. – XXe ; de *affin* **1** *Formes affines,* présentant des ressemblances ne traduisant pas toujours des liens de parenté. **2** *Transformation affine :* transformation dans le plan ou dans l'espace décrite par des équations algébriques linéaires. *Espace affine :* ensemble attaché à un espace vectoriel sur un corps commutatif.

affinement n. m. – XVIe ▪ Fait de s'affiner. *L'affinement du goût.*

affiner v. tr. 1 – XIIIe ; de *à* et ② *fin* **1** Purifier, procéder à l'affinage de. **2** *Affiner les fromages,* en achever la maturation. **3** Rendre plus fin, plus délicat. *La lecture a affiné son jugement.* pronom. « *Est-ce qu'une pensée, d'un individu à l'autre, d'un siècle à l'autre, s'affine ?* » (Le Clézio). ✪ CONTR. Alourdir, épaissir.

affinerie n. f. – XVIe ▪ Lieu où l'on affine les métaux.

affineur, euse n. – XIVe ▪ Professionnel chargé de l'affinage.

affinité n. f. – XIIe ; lat. *affinitas* **1** Rapport de conformité, de ressemblance ; liaison plus ou moins sensible. ⇒ **accord, sympathie.** *Avoir des affinités avec qqn.* **2** Action physique responsable de la combinaison des corps entre eux. « *Les Affinités électives* », *roman de Goethe.* **3** Ressemblance traduite par des formes affines. ➛ Phénomène marquant une parenté entre diverses langues. ➛ Correspondance entre les points de deux plans qui transforme les droites parallèles de l'un en droites parallèles de l'autre. Application d'un coefficient multiplicateur à l'ordonnée de tous les points d'un plan. ✪ CONTR. Antipathie. Opposition.

affiquet n. m. – XIIe ; dimin. de *affique,* var. de *affiche.* ▪ Petit bijou agrafé aux vêtements.

affirmatif, ive adj. et adv. – XIIIe **I** adj. **1** Qui constitue, exprime une affirmation. « *Il ne répondit que par un léger signe affirmatif* » (Zola). ♦ Qui affirme, est porté à affirmer avec force. *Je les trouvai « affirmatifs, dogmatiques, même dans leur scepticisme »* (Rouss.). **2** Qui constitue, exprime une affirmation dans la forme. *Proposition affirmative.* « *De toutes les réponses affirmatives, la plus simple est oui* » (Brunot). ➛ n. f. *Répondre par l'affirmative :* répondre oui. **II** adv. Oui. *M'entendez-vous ? – Affirmatif !* ✪ CONTR. Négatif.

❑ Ne pas confondre *affirmatif* et *assertif* (qui peut être négatif). → assertion.

affirmation n. f. – XIIe **1** Action d'affirmer, de donner pour vrai un jugement ; le jugement ainsi énoncé (opposé à *interrogation*). ⇒ **assertion.** *En dépit de vos affirmations, je n'en crois rien.* **2** Caractère d'une proposition dans laquelle la relation énoncée par la copule est donnée comme réelle et positive ; cette proposition. *Adverbes d'affirmation.* **3** Action, manière d'affirmer, de manifester de façon indiscutable. ⇒ **expression, manifestation.** *L'affirmation de soi.* ✪ CONTR. Doute, question ; démenti, négation.

affirmativement adv. – XVe ▪ Par l'affirmative, en disant oui. *Il a répondu affirmativement.* ✪ CONTR. Négativement.

affirmer v. tr. 1 – XIIIe ; lat. *firmus* « ferme » **1** Donner pour vrai. ⇒ **assurer, avancer, certifier, déclarer, garantir, prétendre, soutenir.** « *tant qu'on n'a pas vu de ses yeux, on n'a le droit de rien affirmer* » (Mauriac). ⇒ **jurer.** « *Moktar affirma qu'il était maître dans la préparation du café* » (Duham.). **2** Manifester de façon indiscutable. *Affirmer sa personnalité.* pronom. « *Il est bon à leur âge de s'affirmer contre nous* » (Sarraute). *Une habileté affirmée.* ✪ CONTR. Contester, démentir, nier. ① Cacher.

① **affixe** n. m. – XVIe ; lat. *affigere* « attacher » ▪ Élément susceptible d'être incorporé à un mot pour en modifier le sens ou la fonction.

② **affixe** n. f. – XIXe ▪ Nombre complexe représentant un point du plan.

affleurement n. m. – XVIe **1** Action de mettre de niveau. **2** Fait d'affleurer, d'apparaître à la surface du sol. *Affleurement d'un filon.*

affleurer v. 1 – XIVe ; de *(à) fleur (de)* **1** v. tr. Mettre au même niveau. *Affleurer au grattoir les joints d'un parquet.* **2** v. intr. Apparaître, sortir à la surface du sol. *Roc qui affleure.* ➛ « *une sensualité sous-jacente qui, de temps à autre, affleure* » (Maurois). ⇒ **émerger.** ✪ CONTR. Enfoncer (s').

afflictif, ive adj. – XIVe ; lat. *affligere* « frapper » ▪ Qui frappe le criminel dans son corps, sa vie. *Peines afflictives* (par oppos. à *infamantes*).

affliction n. f. – XIe ; lat. *afflictio* ▪ littér. Peine profonde. ⇒ **détresse, tristesse.** « *De l'accablement on monte à l'abattement, de l'abattement à l'affliction* » (Hugo). ✪ CONTR. Allégresse, joie.

❑ Ce mot s'est employé autrefois pour désigner un châtiment corporel religieux.

affligeant, ante adj. – XVIe **1** Qui afflige, frappe douloureusement. ⇒ **triste ; attristant, désolant. 2** Difficilement supportable. ⇒ **déplorable, lamentable.** *Un film d'une bêtise affligeante.* ✪ CONTR. Gai.

affliger v. tr. [3] – XIIe ; lat. *affligere* « frapper, abattre » **1** littér. Frapper durement, accabler. « *la plus vaine et tempétueuse maladie qui afflige les âmes humaines, qui est la jalousie* » (Montaigne). ➛ Pourvoir d'une qualité fâcheuse. « *la nature l'avait affligé d'une croupe de houri* » (Mart. du G.). **2** Attrister profondément, causer de l'affliction à. ⇒ ① **chagriner, peiner.** *Cette nouvelle l'a profondément affligé.* ➛ pronom. « *Nous ne savons quand nous devons nous affliger ou nous réjouir* » (Montesq.). ✪ CONTR. Consoler, gratifier, réconforter. Réjouir.

affluence n. f. – XIVe ▪ Réunion d'une foule de personnes. ⇒ **concours, presse.** *Prendre le métro aux heures d'affluence.*

affluent n. m. – XVIe ▪ Cours d'eau qui se jette dans un autre. *Les affluents de la Garonne.*

❑ Le point de rencontre est le *confluent*.

affluer v. intr. [1] – XIIe ; lat. *fluere* « couler » **1** Couler en abondance vers. *Le sang afflue au cerveau.* **2** Se porter en foule vers, arriver en grand nombre. « *Des nuées de piétons affluaient par les rues* » (Mart. du G.).

afflux [afly] n. m. – XVIIe **1** Fait d'affluer. « *On mangea peu, pour éviter l'afflux de sang à la tête* » (Maupass.). **2** Arrivée massive. ⇒ **affluence.** *Il y a eu un afflux de visiteurs.* ⇒ **flot.**

❑ Ne pas confondre avec *influx (nerveux)*.

affolant, ante adj. – XVIIe **1** Qui affole, trouble au plus haut point. ⇒ **bouleversant, troublant.** « *l'affolant mystère de la vie* » (Maupass.). **2** fam. Très inquiétant, effrayant. *Vendre une marchandise à des prix affolants.* ✪ CONTR. Rassurant.

affolé, ée adj. – XVIe **1** Rendu comme fou sous l'effet d'une émotion violente. ⇒ **effaré, épouvanté.** « *Mais allez donc faire entendre raison à des gens affolés* » (Maupass.). **2** *Boussole, aiguille affolée,* qui subit des déviations subites et irrégulières. ✪ CONTR. ② Calme, serein.

affolement n. m. – XIIIe **1** État d'une personne affolée. ⇒ **agitation, désarroi, inquiétude, peur.** *Surtout, pas d'affolement !* ⇒ **panique. 2** Variations de la boussole affolée. ✪ CONTR. ① Calme, sérénité.

affoler v. tr. [1] – XIIe ; de *fol* **1** Rendre comme fou, faire perdre la tête à. ⇒ **bouleverser.** « *certaine femme dont la vue m'affole* » (Huysm.). **2** Rendre fou d'inquiétude. ⇒ **effrayer, paniquer.** ➛ pronom. *Elle s'est affolée et a pris une décision stupide.* ✪ CONTR. Calmer, rassurer.

affouage n. m. – XIIIe ; lat. *focus* « foyer, feu » ▪ Droit de prendre du bois de chauffage dans une forêt communale.

affouillement n. m. – XIXe ▪ Creusement des eaux, dû à la butée des courants sur une rive, aux remous et tourbillons sur les piles de pont, les jetées, etc. ; dégradation ainsi produite. « *l'affouillement profond de la côte* » (Hugo).

affouiller v. tr. [1] – XIXe ; de *à* et *fouiller* ▪ Provoquer l'affouillement de. ⇒ **creuser, éroder, excaver.**

affourcher v. tr. [1] – XIIe ; de *à* et *fourche* ▪ Mouiller sur deux ancres, dont les lignes de mouillage forment un V.

affourragement ou **affouragement** n. m. – XVIIe ▪ Approvisionnement des animaux d'une ferme en fourrage.

affourrager ou **affourager** v. tr. [3] – XIVe ▪ Approvisionner en fourrage. *Affourrager les vaches.*

affranchi, ie adj. et n. – XIIIe **1** Qui a été affranchi. *Esclave affranchi.* **2** Qui s'est intellectuellement libéré des préjugés, des traditions. « *Le plus ferme et le plus affranchi des esprits* » (Ste-Beuve). **3** n. Personne qui mène une vie libre, hors de la morale courante, des lois. « *Il jouait aux affranchis* » (Sartre).

affranchir v. tr. [2] – XIIe ; de *à* et ② *franc* **1** Rendre de condition libre. ♦ Rendre politiquement indépendant. **2** Délivrer de tout ce qui gêne. « *Le savoir mourir nous affranchit de toute sujétion et contrainte* » (Montaigne). ➛ pronom. « *c'est le plus petit nombre qui s'est affranchi des traditions* » (Loti). ⇒ s'**émanciper,** se **libérer. 3** fam. Renseigner, mettre au courant. *C'est ton frère qui m'a affranchi.* **4** Rendre (une lettre, un envoi postal) exempt de taxe pour le destinataire. ➛ *Lettre insuffisamment affranchie.* ✪ CONTR. Asservir, soumettre ; assujettir, astreindre.

affranchissement n. m. – XIIIe **1** Action de rendre libre. ♦ Action de rendre politiquement indépendant. ⇒ **émancipation, libération.** « *Si le Divan voulait traiter pour l'affranchissement de la Grèce* » (Chateaub.). **2** Délivrance, libération. « *l'affranchissement et le progrès de l'esprit humain* » (Renan). **3** Acquittement préalable des frais de port (par apposition d'un timbre). *Affranchissement d'un colis.* ✪ CONTR. Asservissement, assujettissement.

affres n. f. pl. – XVe ; probablt a. provenç. *affre* « horreur » ▪ littér. Tourment, torture. *Être dans les affres de la douleur.*

affrètement n. m. – XIVe ▪ Contrat par lequel un fréteur met un moyen de transport à la disposition d'un affréteur. ⇒ **nolisement ; charte-partie.**

affréter v. tr. [6] – XIVe ; de *fret* ▪ Louer (un moyen de transport : camion, avion, navire, etc.). ⇒ **chartériser, noliser.**

affréteur n. m. – XVIIe ▪ Personne qui prend en location (un moyen de transport).

affreusement adv. – XVIe **1** D'une manière affreuse, particulièrement effrayante ou révoltante. ⇒ **horriblement.** *Il a été affreusement torturé.* **2** Extrêmement, terriblement. *Il est affreusement tard.*

affreux, euse adj. – XVe ; de *affres* **1** Qui provoque une réaction d'effroi et de dégoût. ⇒ **abominable, atroce, effrayant, horrible, monstrueux.** « *Des lambeaux pleins de sang et des membres affreux* » (Rac.). ➛ *Un affreux bonhomme.* ⇒ **méchant, vilain. 2** Qui est extrêmement laid. ⇒ **hideux, repoussant.** « *Une affreuse barbe de chèvre lui pendait au menton* » (Mart. du G.). **3** Tout à fait désagréable. ⇒ **détestable.** *C'est un affreux malentendu.* ⇒ **terrible.** ✪ CONTR. ① Beau, ① bon.

affriolant, ante adj. – XIXe ▪ Physiquement excitant. *Un déshabillé affriolant.* ♦ Séduisant, attirant. *Un programme qui n'a rien d'affriolant.* ⇒ **folichon.**

❑ Cet adjectif est resté plus usuel que le verbe *affrioler*, aujourd'hui archaïque.

affrioler v. tr. [1] – XVIe ; de l'a. v. *frioler* « frire, griller d'envie » ▪ rare Attirer, allécher. « *Aux douceurs de ce bon farniente qui nous affriole à tout âge* » (Balz.).

affriquée adj. f. – XIXe ; lat. *affricare* « frotter contre » ▪ Se dit de consonnes constituant un phonème double, occlusives au début de l'émission et constrictives à la fin (exemple *ts*).

affront n. m. – XVIe ; de *affronter* « couvrir de honte » en a. fr. ▪ Offense faite publiquement. ⇒ **humiliation, outrage.** « *Achève, et prends ma vie après un tel affront* » (Corn.). *Essuyer un affront.* ✪ CONTR. Louange.

affrontement n. m. – XVIe **1** Action d'affronter, fait de s'affronter. *Affrontements entre forces de l'ordre et* *manifestants.* 2 Action de mettre de niveau, de front. *L'affrontement des lèvres de la plaie.*

affronter v. tr. [1] – XIIe ; de *front* 1 Aller hardiment au-devant de. ⇒ **braver, s'exposer.** *Affronter l'ennemi.* « *La croyance qu'on pourra revenir vivant du combat aide à affronter la mort* » (Proust). ♦ pronom. Se heurter. « *Voilà que s'affrontent deux puissances* » (Barrès). « *Deux thèses s'affrontaient* » (Mart. du G.). 2 Mettre de front, de niveau. *Affronter deux pièces de bois.*

affubler v. tr. [1] – XIe ; lat. *fibula* « agrafe » ▪ Habiller bizarrement, ridiculement comme si on déguisait. ⇒ **accoutrer.** « *On m'avait affublé d'un chapeau haut de forme* » (Vallès). ➛ pronom. « *Elle s'affubla de la robe du prêtre* » (Volt.).

affusion n. f. – XVIe ; lat. *affusio* ▪ Procédé thérapeutique consistant à verser de l'eau sur une partie du corps. « *les heureux effets de l'affusion et de la douche dans les cas où le malade souffre du* DELIRIUM TREMENS » (Baud.).

affût n. m. – XVe ; de *affûter* 1 Bâti servant à supporter, pointer et déplacer un canon. 2 Endroit où l'on s'embusque pour attendre le gibier ; l'attente elle-même. *Chasseur à l'affût.* ♦ loc. *Être à l'affût de* : guetter l'occasion de saisir ou de faire, épier. « *à l'affût de toutes les idées neuves* » (R. Rolland).

affûtage n. m. – XVe ▪ Opération consistant à affûter.

affûter v. tr. [1] – XIIe ; de *à* et *fût* ▪ Aiguiser en reconstituant le profil de coupe. *Affûter des couteaux.* ⇒ **affiler.** ✪ CONTR. Émousser.

affûteur, euse n. – XVIe ▪ Ouvrier spécialisé dans l'affûtage. ⇒ **aiguiseur.** ♦ n. f. Machine à affûter les outils.

affûtiaux [afytjo] n. m. pl. – XVIIe ; de *affûter* ▪ fam. Objets de parure sans valeur.

afghan, ane adj. et n. – XIXe ; mot persan ▪ De l'Afghanistan. *Lévrier afghan.* ♦ n. « *des Afghans, à peau bistrée* » (J. Verne). ➛ n. m. *L'afghan,* langue du groupe iranien oriental.

aficionado n. m. – XVIIIe ; mot esp., de *afición* « goût, passion » ▪ Amateur de courses de taureaux. ♦ Amateur fervent. « *Les "aficionados" de Lope de Vega* » (Mérimée).

afin de loc. prép., **afin que** loc. conj. – XIVe ▪ Marquent l'intention, le but. ⇒ **pour.** *Elle se faisait aider afin de gagner du temps.* « *Donnez !... Afin qu'un blé plus mûr fasse plier vos granges ; afin d'être meilleurs* » (Hugo).

❑ *Afin,* comme *enfin,* sont formés sur le nom *fin.*

afocal, ale, aux adj. – mil. XXe ▪ Relatif à une lentille ou à un système optique centré dont les foyers sont rejetés à l'infini.

a fortiori loc. adv. – XIXe ; lat. *a fortiori (causa)* « par (une raison) plus forte » ▪ À plus forte raison.

❑ Attention, pas d'accent sur le *a,* c'est du latin.

africain, aine adj. et n. – XIe ▪ De l'Afrique. *Le continent africain.* ➛ n. *Les Africains* : les habitants de l'Afrique.

africanisation n. f. – v. 1965 1 Le fait d'africaniser. 2 Le fait de prendre un caractère africain.

africaniser v. tr. [1] – v. 1960 1 Remplacer les fonctionnaires et les cadres européens par des Africains, dans les pays d'Afrique noire devenus indépendants. 2 pronom. S'AFRICANISER, prendre un caractère africain.

africanisme n. m. – XVIIIe ▪ Tournure, expression propre au français d'Afrique.

africaniste n. – 1908 ▪ Spécialiste des langues et civilisations africaines.

afrikaans ou **afrikans** [afʀikɑ̃s] adj. et n. m. – 1952 ; mot néerl. ▪ Parler néerlandais d'Afrique du Sud (langue officielle avec l'anglais).

afrikaner [afʀikanɛʀ] ou **afrikander** [afʀikɑ̃dɛʀ] n. – XIXe ; néerl. *Afrikaansch* « Africain » ▪ Individu de race blanche, d'origine néerlandaise, citoyen de l'Afrique du Sud. ➛ adj. *La culture afrikaner.*

afro adj. inv. – 1971 ; angl. *afro-american* ▪ Se dit d'une coupe de cheveux crépus ou frisés formant une boule volumineuse autour du visage.

afro- ▪ Élément, du lat. *afer* « africain ».

afro-américain, aine adj. et n. – XIXe ▪ Qui est d'origine africaine, aux États-Unis. *La musique afro-américaine.*

afro-asiatique adj. et n. – 1937 ▪ Commun à l'Afrique et à l'Asie, du point de vue politique. *Les Afro-Asiatiques.*

afro-brésilien, ienne adj. et n. – mil. XXe ▪ Qui est d'origine africaine, au Brésil. *Population afro-brésilienne.*

afro-cubain, aine adj. et n. – mil. XXe ▪ Qui est d'origine africaine, à Cuba. *Les rythmes afro-cubains.*

after-shave [aftœʀʃɛv] n. m. inv. – 1959 ; mot angl. ▪ Produit que les hommes appliquent sur leur visage après s'être rasés. ⇒ **après-rasage.**

agaçant, ante adj. – XVIe ▪ Qui agace, énerve, contrarie. ⇒ **crispant, énervant, irritant.** *C'est agaçant, ce bruit.* « *Il était agaçant comme un renseigné qui tire vanité des secrets qu'il détient* » (Proust). ✪ CONTR. Agréable.

agace ou **agasse** n. f. – XIe ; germ. *agaza* ▪ région. Pie.

agacement n. m. – XVIe ▪ Énervement fait d'impatience et de mécontentement. ⇒ **irritation.** « *Il écoutait ses propres paroles avec étonnement, avec agacement* » (Mauriac).

agacer v. tr. [3] – XVIe ; crois. de *agasser* « crier » en parlant de la pie, et de l'a. fr. *aacier* « agacer », lat. *acies* « pointe » 1 Causer une légère irritation nerveuse à. *Les acides agacent les dents.* 2 Mettre (qqn) dans un état d'agacement. ⇒ **énerver, irriter ;** fam. **horripiler.** « *Et puis, ne m'appelez pas Pédro-surplus. Ça m'agace* » (Queneau). ✪ CONTR. Calmer.

agacerie n. f. – XVIIe ▪ surtout plur. Mines ou paroles inspirées par une coquetterie légèrement provocante. ⇒ **minauderie.** « *elles attiraient mon attention par quelques agaceries* » (France).

agalactie ou **agalaxie** n. f. – XIXe ; de ② *a-* et gr. *gala* « lait » ▪ Absence de la sécrétion lactée chez les femmes et les femelles des mammifères.

❑ En médecine vétérinaire, on écrit plutôt *agalaxie,* graphie malencontreuse qui évoque *galaxie.*

agame adj. – XIXe ; ② *a-* et *-game* ▪ Se dit des plantes qui n'ont ni étamine ni pistil.

agami n. m. – XVIIe ; mot caraïbe ▪ Oiseau échassier *(gruiformes)* d'Amérique du Sud, au plumage noir et roux, appelé *oiseau-trompette.* ✪ HOM. Agamie.

agamie n. f. – XIXe ; ② *a-* et *-gamie* ▪ Reproduction asexuée. ✪ HOM. Agami.

agammaglobulinémie n. f. – v. 1970 ; de ② *a-*, *gammaglobulines* et *-émie* ▪ Absence ou insuffisance de gammaglobulines dans le plasma sanguin.

agape n. f. – XVIe ; gr. *agapê* « amour » 1 Repas en commun des premiers chrétiens. « *L'agape suit la communion sainte* » (Chateaub.). 2 au plur. Festin. *Faire des agapes.*

agar-agar n. m. – XIXe ; mot malais ▪ Gélose. *Des agars-agars.*

agaric n. m. – XIIIe ; gr. *agarikon* ▪ Champignon *(agaricacées)* à chapeau et à lamelles. *Les champignons de couche, dits champignons de Paris, sont des agarics.*

agaricacées n. f. pl. – XIXe ▪ Famille de champignons basidiomycètes à lamelles.

agasse → **agace**

agate n. f. – XIIe ; gr. *akhatês* **1** Calcédoine, finement zonée, aux teintes nuancées et contrastées, utilisée comme pierre précieuse. « *le maître-autel entièrement fait d'agate brune* » (Loti). ♦ Objet en agate. *Les agates antiques.* **2** Verre marbré imitant cette pierre.

agave n. m. – XVIIIe ; gr. *agauê* « l'admirable » ▪ Plante d'origine mexicaine *(agavacées)*, aux feuilles vastes et charnues, dont on tire des fibres textiles et des boissons. « *La route courait entre des agaves, des figuiers de Barbarie aux gris bleuâtres* » (Montherl.).

age n. m. – XIXe ; var. dial. (Poitou, Berry) de *haie* ▪ Longue pièce horizontale à laquelle s'ajustent le soc et toutes les autres pièces de la charrue. ✪ HOM. Âge.

âge n. m. – XIe ; lat. *ætas* **1** Temps écoulé depuis qu'un homme est en vie. « *On ne demande pas son âge à une femme de plus de trente ans* » (Tournier). *Il ne fait, il ne paraît, il ne porte pas son âge, on ne lui donnerait pas son âge, il fait plus jeune que son âge :* à le voir, on ne croirait pas qu'il a déjà cet âge. *Un homme d'un certain âge, d'un âge avancé. Âge légal,* prescrit par la loi, pour avoir certaine capacité. *Hommes en âge de combattre,* qui ont l'âge requis pour combattre. *J'ai passé l'âge de m'occuper de cela :* je ne suis plus à l'âge où on s'en occupe. *Vieux avant l'âge,* avant l'âge où il est normal de l'être. *Groupe d'âge :* ensemble des individus dont l'âge est compris entre deux limites. ♦ *L'âge d'un arbre, d'un vin, d'une roche, de la Terre.* « *L'amour n'a point d'âge ; il est toujours naissant* » (Pasc.). **2** Période de la vie. « *Chaque âge a ses plaisirs, son esprit et ses mœurs* » (Boil.). *Le premier âge :* l'enfance. *Un enfant en bas âge :* un bébé. *Âge tendre :* enfance et adolescence. *Le jeune, le bel âge :* la jeunesse. *L'âge adulte. Le troisième âge :* l'âge de la retraite. *Le quatrième âge :* la vieillesse au delà de 75 ans. ♦ La vieillesse. « *Quand l'âge est venu, sans refroidir la jeunesse du cœur* » (R. Rolland). *Homme d'âge,* âgé. **3** Grande période de l'histoire. ⇒ **époque, ère.** loc. *Âge d'or :* époque prospère, favorable. *D'âge en âge :* de siècle en siècle, dans tout le cours de l'histoire. ➝ Grande division de la préhistoire. *Âge de la pierre.* ⇒ **paléolithique, mésolithique, néolithique.** *L'âge du bronze. L'âge du renne.* ✪ HOM. Age.

âgé, ée adj. – XIIIe **1** Qui est d'un âge avancé. → **vieux.** *Les personnes âgées.* **2** Qui a tel ou tel âge. *Âgé de trente ans.* ✪ CONTR. Jeune.

❑ *Âgé de...* s'emploie peu pour qualifier le très jeune âge : on dit plutôt *il a six mois* que *il est âgé de six mois.*

agence n. f. – XVIIe **1** Organisme administratif chargé de coordonner des moyens. *L'Agence nationale pour l'emploi (A.N.P.E.).* **2** Établissement commercial servant d'intermédiaire. *Agence matrimoniale. Agence de voyages, immobilière, de publicité.* ♦ Locaux d'un établissement de ce genre. **3** Succursale bancaire. *Directeur d'agence.*

agencement n. m. – XIIe ▪ Action, manière d'agencer ; arrangement résultant d'une combinaison. ⇒ **aménagement, disposition, ordonnance, organisation.** « *l'agencement du récit* » (Renan). ✪ CONTR. Désordre.

agencer v. tr. [3] – XIIe ; lat. *genitus* « né », « bien né » ▪ Organiser (un ensemble) par une combinaison d'éléments. ⇒ **ajuster, arranger, ordonner.** *L'art d'agencer les scènes d'une pièce.* ➝ pronom. « *Une langue se compose de mots, qui s'agencent en phrases* » (Dauzat). ♦ Aménager. ⇒ **installer.** *Un bureau bien agencé.*

agencier n. m. – v. 1965 ▪ Journaliste, rédacteur d'une agence de presse.

agenda [aʒɛ̃da] n. m. – XVIe ; mot lat. « choses à faire » ▪ Carnet sur lequel on inscrit jour par jour ce qu'on doit faire, ses rendez-vous, ses dépenses, etc.

agénésie n. f. – XIXe ; ② *a-* et *-génésie* ▪ Arrêt partiel de développement de l'embryon.

agenouillement n. m. – XIVe ▪ Action de s'agenouiller, position d'une personne à genoux. ⇒ **génuflexion.**

agenouiller (s') v. pron. [1] – XIe ▪ Se mettre à genoux. « *Nous restâmes là un moment agenouillés. Le patron priait à haute voix* » (Daud.).

agent n. m. – XIVe ; lat. *agere* « agir, faire » **I - 1** L'être qui agit (opposé à *patient,* qui subit l'action). *Complément d'agent :* complément d'un verbe passif, désignant l'auteur de l'action. **2** Ce qui agit, opère ; force, corps, substance intervenant dans la production de certains phénomènes. ⇒ **cause,** ② **facteur, principe.** *L'Argent* « *serait dans notre affaire un sûr et fort agent* » (Mol.). *Agents atmosphériques. Agent thérapeutique.* **II - 1** surtout péj. Personne chargée des affaires et des intérêts d'un individu, d'un groupe ou d'un pays, pour le compte desquels elle agit. ⇒ ① **émissaire, intendant, représentant.** « *Ils m'ont dénoncé comme un agent de l'Allemagne* » (Jaurès). **2** Personne employée par les services publics ou les entreprises privées. ⇒ **commis, employé,** ① **facteur.** *Agent d'entretien, technique, de maîtrise. Agent public, administratif, de l'État :* fonctionnaire. *Agent comptable.* ♦ Personne jouant le rôle d'intermédiaire. *Agent d'assurances, immobilier.* ⇒ **courtier, gérant, mandataire.** *Agent commercial.* ➝ *Agent artistique,* procurant des engagements aux artistes. ⇒ aussi **imprésario.** *Agent littéraire :* intermédiaire entre auteurs et éditeurs. *Agent de change :* officier ministériel et commerçant jouissant du monopole de courtage des opérations portant sur des valeurs mobilières (fonction transférée, depuis 1988, aux sociétés de Bourse). → **opérateur** (financier). *Agent en douane maritime,* agissant pour le compte d'une compagnie maritime. ♦ *Agents diplomatiques, consulaires. Agent de liaison, de transmission.* ♦ *Agent (de police) :* gardien de la paix. ⇒ fam. **flic, poulet.** *Appeler un agent.* « *au coin des rues, des pelotons d'agents formaient de noirs essaims* » (Mart. du G.). ➝ *Agent de la police judiciaire, de la sûreté.* ⇒ **inspecteur.** *Agents de renseignements, agents secrets.* ⇒ **espion ;** fam. **barbouze,** ① **taupe.** *Agent double,* qui sert deux adversaires, en trahissant l'un au profit de l'autre.

❑ On doit l'*agent de police* (1797) à la Révolution ; sous l'Ancien Régime c'était un *archer.*

ageratum [aʒeʀatɔm] n. m. – XVIIIe ; gr. ▪ Petite plante buissonnante ornementale *(composées),* à fleurs bleues.

aggiornamento [a(d)ʒjɔʀnamɛnto] n. m. – v. 1962 ; mot it. ▪ Adaptation de la tradition de l'Église à la réalité contemporaine. ➝ Adaptation à l'évolution du monde actuel.

aggloméraт n. m. – XIXe **1** Ensemble naturel d'éléments minéraux agglomérés. ⇒ **agrégat, conglomérat.** *Les agglomérats volcaniques.* **2** Ensemble plus ou moins hétéroclite de personnes ou d'objets.

agglomération n. f. – XVIIIe **1** Action d'agglomérer à l'aide d'un liant. *Agglomération sous pression.* **2** Union, association intime. « *La nation française est* [...] *une agglomération internationale de peuples* »

(Seignobos). 3 Concentration d'habitations. *Ralentir en abordant une agglomération.* ♦ Ensemble constitué par une ville et ses faubourgs ou sa banlieue. ⇒ **conurbation, métropole.** *L'agglomération lyonnaise.* ✪ CONTR. Désagrégation.

aggloméré n. m. - XIXe 1 Boulet ou briquette de poussier aggloméré servant de combustible. 2 Matériau de construction de forme régulière, obtenu par un mélange de matières diverses agrégées avec un liant et comprimées. *Panneau d'aggloméré.* ➛ abrév. fam. AGGLO.

agglomérer v. tr. [6] - XVIIIe ; lat. *glomus* « pelote » 1 rare Unir en un tout compact. ⇒ **agglutiner, agréger.** *Population agglomérée.* ➛ pronom. *Les sables se sont agglomérés en dunes.* 2 Unir en un bloc cohérent, en utilisant un liant. ✪ CONTR. Désagréger, disperser, séparer.

agglutinant, ante adj. - XVIe 1 Propre à agglutiner, à recoller. *Substances agglutinantes.* ⇒ **adhésif.** ➛ n. m. Liant, emplâtre. ♦ Qui provoque l'agglutination des germes, des bactéries. *Sérum agglutinant.* 2 Fondé sur l'agglutination. « *Le* tamoul *est une langue agglutinante. On soude tout ce qu'on peut. De trois mots, un seul* » (Michaux).

agglutination n. f. - XVIe 1 Immobilisation, réunion et sédimentation des germes d'un bouillon de culture en présence d'agglutinines. 2 Addition d'affixes aux mots-bases. ♦ Réunion d'éléments phonétiques appartenant à des morphèmes différents en un seul élément morphologique (ex. « l'ierre » devenu « lierre »). ✪ CONTR. Déglutination.

agglutiner v. tr. [1] - XIVe ; lat. *ad* et *gluten* « colle, glu » ▪ Coller ensemble, réunir de manière à former une masse compacte. ⇒ **agglomérer.** *Sérum qui agglutine les germes.* ➛ pronom. « *c'est autour de cela que s'agglutinera le souvenir* » (Gide).

agglutinine n. f. - 1903 ▪ Substance qui apparaît dans certains sérums et provoque l'agglutination soit de certains microbes, soit des globules rouges, qui renferment l'agglutinogène correspondant.

agglutinogène n. m. - 1945 ; de *agglutiner* et *-gène* ▪ Substance située à la surface des globules rouges et qui provoque leur agglutination en présence de sérum contenant l'anticorps correspondant. *Il n'y a pas d'agglutinogène dans les hématies des donneurs de sang universels.*

aggravant, ante adj. - XVIe ▪ Qui ajoute à la gravité de la faute. *Circonstance aggravante.* ✪ CONTR. Atténuant.

aggravation n. f. - XIVe 1 En droit, Augmentation (de la peine). 2 Fait de s'aggraver, d'empirer. *L'aggravation du mal.* ⇒ **recrudescence, redoublement.** *Aggravation d'un conflit.* ✪ CONTR. Atténuation, réduction. Amélioration.

aggravée n. f. - XIXe ; de l'a. adj. *agravé* « endolori par le gravier » ▪ Inflammation du pied chez les animaux qui ont trop marché sur un sol caillouteux. ✪ HOM. Aggraver.

aggraver v. tr. [1] - XIe ; lat. *gravis* « lourd » 1 Rendre plus grave, plus condamnable. « *Ce qui aggravait mon cas, c'est que je dissimulais* » (Beauv.). 2 Rendre plus dangereux. ⇒ **envenimer.** *Cette imprudence a contribué à aggraver le mal.* ➛ pronom. *La situation s'est aggravée.* ⇒ se **détériorer, empirer.** 3 Rendre plus profond. ⇒ **exaspérer, redoubler.** *Les mesures ont aggravé le mécontentement.* ✪ CONTR. Atténuer. Diminuer. Améliorer. Calmer. — HOM. Aggravée.

agha n. m. - XVIe ; mot turc « chef » ▪ Officier de la cour du sultan, dans l'ancienne Turquie. ♦ En Algérie, Chef au-dessus du caïd. ♦ *Agha Khan,* chef spirituel des musulmans adeptes de l'ismaélisme.

agile adj. - XIVe ; lat. 1 Qui a de la facilité et de la rapidité dans l'exécution de ses mouvements. ⇒ **leste, souple, vif.** « *agile comme une anguille, il s'est faufilé dans la cohue* » (Mart. du G.). 2 Prompt dans les opérations intellectuelles. ✪ CONTR. Gauche, lent, lourd.

agilement adv. - XIVe ▪ Avec agilité.

agilité n. f. - XIVe ▪ Qualité de ce qui est agile. ⇒ **aisance, légèreté, rapidité, souplesse, vivacité.** *Ils « se hissaient le long des murs avec une agilité et une malice toutes simiesques »* (Barrès). ✪ CONTR. Gaucherie, lenteur, lourdeur.

agio n. m. - XVIIe ; it. *aggio* ▪ Rémunération perçue par une banque, un intermédiaire à l'occasion de certaines opérations. *Agios pour découvert bancaire.*

❑ On trouvait aussi autrefois la graphie *agiot,* d'où *agiotage.*

a giorno → **giorno (à)**

agiotage n. m. - XVIIIe ; de *agio* ▪ Spéculation malhonnête ou illicite sur le cours des monnaies, des valeurs ou des marchandises.

agir v. [2] - XVe ; lat. *agere* **I** v. intr. 1 Poursuivre. *Agir par voie de requête.* 2 Avoir une activité qui transforme plus ou moins ce qui est. « *Nous sommes nés pour agir* » (Montaigne). ➛ (Opposé à *penser* ou à *discourir*) S'exprimer par des actes. « *Il faut se décider, agir et se taire* » (Constant). 3 Se comporter dans l'action de telle ou telle manière. *Vous avez agi à la légère. Il a agi en toute liberté.* « *ce ne sont pas les plus bêtes qui agissent le plus bêtement* » (France). « *Quiconque est loup, agisse en loup* » (La Font.). *Elle a bien agi envers eux.* ♦ Intervenir, s'employer. *Agir au nom de l'État. C'est l'intérêt qui le fait agir,* qui le pousse. *Faites agir vos amis,* faites-les intervenir. 4 Produire un effet sensible, exercer une action, une influence réelle. ⇒ **influer, opérer.** « *Laissez agir la faux du temps* » (La Font.). *Ce médicament agit vite.* **II** pronom. impers. 1 Marquant ce qui est en question, en cause, abordé ou intéressé en l'occurrence. *C'est de vous, de votre santé qu'il s'agit. De quoi s'agissait-il ?* « *Il ne peut s'agir d'autre chose* » (Mart. du G.). *Il ne s'agit pas de ça :* ce n'est pas là notre sujet. 2 Marquant ce qui est désormais le point important, le devoir à suivre. « *Trouver une bonne formule ne suffit pas, il s'agit de n'en plus sortir* » (Gide). 3 *S'agissant de :* quand il s'agit de, puisqu'il s'agit de. ✪ HOM. *Agîtes :* agite (agiter).

âgisme n. m. - 1985 ▪ Discrimination envers toute personne âgée.

agissant, ante adj. - XVIIIe ▪ Qui agit, se manifeste par des effets tangibles. ⇒ **actif,** ① **effectif, efficace.** *Un remède agissant.* ✪ CONTR. Inactif, inefficace.

agissements n. m. pl. - XVIIIe ▪ Suite de procédés et de manœuvres condamnables. ⇒ **machination, manigance, menées.** *Des agissements suspects.*

agitateur, trice n. - XVIe 1 Personne qui crée ou entretient l'agitation politique ou sociale. ⇒ **factieux, meneur.** « *De dangereux agitateurs, tel Oulianov, le futur Lénine* » (Bainville). 2 n. m. Instrument de laboratoire servant à agiter des liquides.

agitation n. f. - XIVe 1 État de ce qui est agité, parcouru de mouvements irréguliers en divers sens. ⇒ ② **trouble, turbulence.** « *le quai, jamais reposé de l'agitation de la mer* » (Michaux). ➛ *Agitation thermique :* mouvement des molécules qui augmente avec la température. 2 État d'une personne en proie à des émotions et à des impulsions diverses, et qui ne peut rester en repos. ⇒ **fièvre, nervosité.** « *J'augmentais mon agitation en me prêchant un calme qui était l'acceptation de mon infortune* » (Proust). 3 Mécontentement d'ordre politique ou social se traduisant par des manifestations, des revendications, des troubles. ⇒ **effervescence.** « *l'agitation ouvrière avait été enrayée* » (Mart. du G.). ✪ CONTR. ① Calme, paix, repos.

agitato adv. – XVIIIe ; mot it. « agité » ■ Indication de mouvement musical, de caractère passionné, tourmenté.

agité, ée adj. – XIIIe ■ En proie à une agitation quelconque. *Sommeil agité.* « *Au terme d'une vie agitée et pleine de traverses* » (France). ⇒ **mouvementé, tourmenté.** ➜ *Mer agitée, peu agitée.* ➜ *Un enfant agité.* ⇒ **nerveux.** ✪ CONTR. ② Calme, paisible.

agiter v. tr. [1] – XIIIe ; lat. 1 Remuer en divers sens, en déterminant des mouvements irréguliers. « *Pas un souffle de vent n'agitait les arbres* » (Muss.). « *un long soubresaut agita son pauvre corps* » (Daud.). ⇒ **secouer.** *Agiter les bras pour faire signe.* ♦ Remuer pour mélanger un liquide. *Agiter la bouteille avant de s'en servir.* 2 littér. Troubler en déterminant un état d'agitation. ⇒ **émouvoir, exciter, inquiéter, tourmenter.** « *la terreur des conflits futurs agitait si fortement les nerfs de cette femme* » (Bourget). 3 Examiner et débattre à plusieurs. *Nous avons longuement agité le problème.* ⇒ **discuter.** 4 v. pron. *S'AGITER :* se mouvoir, aller et venir en tous sens. ⇒ **bouger,** se **démener, gesticuler ;** fam. **gigoter.** *Ne t'agite pas comme ça.* ✪ CONTR. Calmer. — HOM. *Agite :* agîtes (agir).

agit-prop [aʒitpʀɔp] n. f. inv. – XXe ; de *agit(ation)* et *prop(agande)* ■ Agitation et propagande politique (de nature marxiste).

aglyphe adj. et n. m. – XIXe ; de ② *a-* et gr. *gluphê* « sillon » ■ Se dit des serpents non venimeux pourvus de dents sans sillons.

> ❑ Même famille que *hiéroglyphe.*

agnat [agna] n. m. – XVIIe ; lat. *agnatus* ■ Parent par agnation (opposé à *cognat*).

agnathe [agnat] adj. et n. m. – XIXe ; de ② *a-* et gr. *gnathos* « mâchoire » ■ Qui n'a pas de mâchoire, de mandibule. ➜ n. m. pl. Classe de poissons vertébrés sans mâchoires.

agnation [agnasjɔ̃] n. f. – XVIe ; lat. *agnatio* ■ Parenté par les mâles (opposé à *cognation*).

agneau, agnelle n. – XIIe ; lat. *agnus* 1 Petit de la brebis. « *Un agneau se désaltérait Dans le courant d'une onde pure* » (La Font.). ➜ *Agneau pascal,* immolé par les Israélites à la pâque. ♦ *Doux comme un agneau :* très doux, pacifique. ♦ *L'Agneau de Dieu :* Jésus-Christ. 2 Viande d'agneau. *Épaule, côtelettes, gigot d'agneau.* ♦ Fourrure d'agneau. *Manteau d'agneau.*

agnelage n. m. – XIXe ■ Mise bas, chez la brebis ; époque où la brebis met bas.

agneler v. intr. [5] – XIIe ■ Mettre bas, en parlant de la brebis.

agnelin n. m. – XIIIe ■ Peau d'agneau mégie avec sa laine.

agneline n. f. – XIIIe ■ Laine d'agneau, soyeuse et frisée, provenant de la première tonte.

agnelle ⇒ **agneau**

agnosie [agnozi] n. f. – XIXe ; gr. ■ Trouble qui empêche de reconnaître ce qui est perçu (alors que les organes sensoriels restent intacts).

agnosticisme [agnɔstisism] n. m. – XIXe ■ Doctrine d'après laquelle tout ce qui est au-delà du donné expérimental est inconnaissable.

agnostique [agnɔstik] adj. – XIXe ; gr. *agnôstos* « inconnu, inconnaissable » ■ Propre, relatif à l'agnosticisme. ➜ n. Personne qui professe l'agnosticisme. ⇒ **non-croyant.**

> ❑ Pour la prononciation de *g* + *n* → ① g.

agnus-castus [aɲyskastys ; agnyskastys] n. m. – XVe ; lat. *agnos,* mot gr. désignant cette plante, et *castus* « chaste » ■ Arbrisseau tomenteux *(verbénacées)* des régions méditerranéennes, auquel on attribuait des vertus calmantes. ⇒ **gattilier.**

-agogue, -agogie ■ Groupes suffixaux, du gr. *agein* « mener, conduire ».

agonie n. f. – XIIe ; gr. *agônia* « lutte, angoisse » 1 Moments précédant immédiatement la mort. *Une longue agonie. Être à l'agonie.* « *Toute la vie est un secret, une sorte de parenthèse énigmatique entre la naissance et l'agonie* » (Hugo). 2 Déclin précédant la fin. *L'agonie d'un règne.*

agonir v. tr. [2] – XVIIIe ; altér. prob. d'apr. *agonie,* de l'a. fr. *ahon(n)ir* « déshonorer, insulter » ■ rare Injurier, insulter. *Il s'est fait agonir.* ➜ cour. *Agonir d'injures.* ⇒ **accabler.**

> ❑ *Agonir* se conjugue comme *finir ;* c'est abusivement que certains le conjuguent comme *agoniser* (*il l'agonisait* au lieu de *il l'agonissait*).

agonisant, ante adj. et n. – XVIe ■ Qui agonise. ⇒ **moribond, mourant.** ➜ n. « *le prêtre commence la prière des agonisants* » (Daud.). ♦ Qui s'éteint, qui meurt. *Un régime agonisant.*

agoniser v. intr. [1] – XVIe ; gr. *agônizesthai* « lutter, faire effort » 1 Être à l'agonie. 2 Être près de sa fin. ⇒ **décliner,** s'**effondrer.** « *l'empire romain agonisait* » (Bainville).

agoniste adj. – XVIIIe ; lat. *agonista* « qui combat dans les jeux » ■ *Muscle agoniste,* qui concourt à l'exécution d'un mouvement (opposé à *antagoniste*). ⇒ **congénère.**

agora n. f. – XIXe ; mot gr. 1 Grande place, où siégeait l'assemblée du peuple, en Grèce. 2 Espace aménagé pour la circulation piétonnière, dans un ensemble urbain moderne.

agoraphobie n. f. – XIXe ; gr. *agora* « place » et *-phobie* ■ Phobie des espaces libres et des lieux publics. « *franchir sans agoraphobie l'espace creusé d'abîmes qui va de l'antichambre au petit salon* » (Proust).

agouti n. m. – XVIe ; tupi-guarani *acouti* ■ Petit mammifère *(rongeurs)* des Antilles et de l'Amérique du Sud. ➜ « *un pot-au-feu d'agouti* » (J. Verne).

agrafage n. m. – XIXe ■ Action d'agrafer, de poser des agrafes. *Agrafage d'une toile sur un mur.*

agrafe n. f. – XVe ; germ. *°krappa* « crochet » 1 Attache formée d'un crochet qu'on passe dans un anneau, une boucle, une bride ; bijou servant d'agrafe, broche. « *les deux agrafes de sa tunique* » (Flaub.). 2 Fil ou lamelle métallique, recourbé(e) aux deux extrémités, servant à assembler des papiers ; à tapisser, etc. ➜ Petit crochet ou petite lame en métal servant à fermer une plaie. 3 Crampon de métal servant à relier des pierres ou assises de pierre, les claveaux d'un arc, etc. ♦ Ornement sculpté, qui semble unir la clef d'un arc aux moulures de l'archivolte.

agrafer v. tr. [1] – XVIe 1 Attacher avec des agrafes ; assembler, fixer en posant des agrafes. *Agrafer son soutien-gorge.* 2 fam. Arrêter. *Il s'est fait agrafer par les flics.* ⇒ fam. **épingler.** ✪ CONTR. Dégrafer.

agrafeuse n. f. – 1912 ■ Outil servant à agrafer.

agraire adj. – XIVe ; lat. *ager* « champ » 1 Qui concerne le partage, la propriété des terres. *Réforme agraire.* 2 Qui concerne la surface des terres. *Les mesures agraires.*

agrammatical, ale, aux adj. – 1929 ■ Qui n'est pas grammatical, conforme aux règles de la grammaire. *Phrase agrammaticale* (ex. toi venir bientôt).

agrammatisme n. m. – XIXe ; gr. *agrammatos* « illettré » ■ Forme d'aphasie, trouble de l'agencement syntactique des mots.

agrandir v. tr. [2] – XIIIe 1 Rendre plus grand, plus spacieux. *Agrandir une ouverture. Agrandir une photographie.* ➜ pronom. « *je voyais une ombre se rapetisser à la taille d'un nain, s'agrandir à celle d'un géant* »

(Giraud.). ♦ Faire paraître plus grand. *Ce miroir agrandit la pièce.* 2 Rendre plus important. ⇒ **développer.** *Agrandir son entreprise.* ✪ CONTR. Diminuer, rapetisser, réduire.

agrandissement n. m. – XVIe ▪ Action d'agrandir, fait de s'agrandir. ⇒ **élargissement, extension.** *Travaux d'agrandissement d'un magasin.* ♦ Opération photographique consistant à tirer d'un cliché une épreuve agrandie. ➝ Photo ainsi obtenue. ✪ CONTR. Réduction.

agrandisseur n. m. – XIXe ▪ Appareil servant aux agrandissements photographiques.

agranulocytose n. f. – 1922 ; de ② *a-*, lat. *granulum* « petit grain », *-cyte* et ② *-ose* ▪ Disparition ou diminution des globules blancs polynucléaires du sang.

agraphie n. f. – XIXe ▪ Perte de la capacité d'écrire, par lésion des centres nerveux. « *un paralysé, atteint d'agraphie après une attaque* » (Proust).

agrarien, ienne n. et adj. – XVIIIe 1 Partisan des lois agraires, du partage des terres entre ceux qui les cultivent. *Babeuf et les agrariens.* 2 adj. Appellation politique de partis qui se proposent de défendre les intérêts des propriétaires fonciers. *L'ancien parti agrarien allemand.*

agréable adj. – XIIe 1 Qui agrée, fait plaisir. *Si cela peut vous être agréable.* 2 Qui plaît aux sens, qu'on voit, entend, sent avec plaisir. ⇒ **plaisant.** *Une musique agréable.* « *La chair du corbeau des Indes de Bontius a un fumet aromatique très agréable* » (Buff.). *Un temps agréable. Mener une vie agréable.* ⇒ **doux, heureux.** ➝ *Des gens agréables.* ⇒ **charmant,** ② **gentil, sympathique.** ➝ *Agréable à voir, à entendre, à toucher.* ♦ n. m. *Joindre l'utile à l'agréable.* ✪ CONTR. Déplaisant, désagréable, pénible.

agréablement adv. – XIIIe ▪ D'une manière agréable. *J'en ai été agréablement surpris.* ✪ CONTR. Désagréablement.

agréation n. f. – XIXe ▪ En Belgique, Agrément donné à un acte administratif.

agréer v. [1] – XIIe 1 v. tr. ind. littér. Être au gré de. ⇒ **convenir, plaire.** *Si cela vous agrée.* 2 v. tr. dir. Accueillir avec faveur. « *le roi agréa l'offre de Molière* » (Volt.). *Veuillez agréer l'expression de mes sentiments respectueux.* 3 Admettre en donnant son agrément. *Représentant agréé. Clinique agréée.* ⇒ **conventionné.**

agrégat n. m. – XVIe 1 Assemblage hétérogène de substances ou éléments qui adhèrent solidement entre eux. ⇒ **agglomérat, conglomérat.** *Les roches sont des agrégats composés de minéraux.* 2 Grandeur caractéristique de l'activité économique établie à partir des données fournies par la comptabilité nationale. *Les agrégats de production.*

agrégatif, ive n. – v. 1930 ▪ Étudiant, étudiante préparant l'agrégation.

agrégation n. f. – XIVe 1 Assemblage en un tout adhérent. 2 Admission sur concours au titre d'agrégé ; ce concours, ce titre lui-même. *Se présenter à l'agrégation de mathématiques.* « *L'agrégation lui assurerait une situation décente* » (Beauv.). ➝ abrév. fam. AGRÉG [agʀɛg]. ✪ CONTR. Désagrégation.

agrégé, ée n. – XVIIIe ▪ Personne déclarée apte, après avoir passé le concours de l'agrégation, à être titulaire d'un poste de professeur de lycée ou de certaines facultés. *Une agrégée de géographie.* ➝ adj. *Un professeur agrégé.*

agréger v. tr. [3] et [6] – XVe ; lat. *grex* « troupeau, troupe » 1 Unir en un tout. 2 Adjoindre, rattacher. ⇒ **admettre, associer, incorporer.** « *dans l'espoir de débaucher quelques éléments intéressants du petit clan et de les agréger à son propre salon* » (Proust). ✪ CONTR. Désagréger.

agrément n. m. – XVe 1 Permission, approbation émanant d'une autorité. ⇒ **consentement.** *Avoir l'agrément du ministre.* 2 Qualité d'une chose, d'un être, qui les rend agréables. ⇒ **attrait,** ② **charme, grâce.** « *ces tristes rues de province sans magasins, sans animation d'aucune sorte, ni caractère, ni agrément* » (Gide). 3 Plaisir. *Jardin d'agrément* (opposé à *potager*). *Voyage d'agrément* (opposé à *d'affaires*). ✪ CONTR. Désapprobation. Désagrément.

agrémenter v. tr. [1] – XIXe ▪ Rendre agréable, moins monotone par l'addition d'ornements. ⇒ **orner, relever.** « *un roastbeef écarlate agrémenté de condiments* » (J. Verne). ✪ CONTR. Déparer, enlaidir.

agrès n. m. pl. – XIIe ; a. scand. *greida* « équiper » ▪ Appareils utilisés pour divers exercices de gymnastique.

agresser v. tr. [1] – XIVe 1 Commettre une agression sur. ⇒ **assaillir.** *Deux individus l'ont agressé.* ♦ Faire du mal, déranger. *Des bruits qui vous agressent.* ⇒ **stresser.** 2 Provoquer, choquer (qqn), surtout par la parole. ⇒ **attaquer.** *Il l'agresse constamment.*

agresseur n. m. – XVe 1 État qui commet une agression. 2 Individu qui commet une agression sur qqn. *Elle a reconnu son agresseur.*

agressif, ive adj. – XVIIIe 1 Qui a un caractère d'agression, qui marque la volonté d'attaquer, de critiquer sans ménagement. ⇒ **menaçant, violent.** *Un ton agressif.* « *Déruchette avait le regard indolent et agressif sans le savoir* » (Hugo). ♦ Qui provoque, agresse la sensibilité. *Couleur agressive.* ⇒ **criard.** « *une moustache retroussée au fer, agressive* » (Mart. du G.). 2 Qui a tendance à attaquer, à rechercher la lutte. ⇒ **batailleur, belliqueux, combatif.** « *une Allemagne* [...] *agressive* » (Siegfried). ♦ Propre à l'instinct d'agression, qui manifeste l'agressivité. *Tempérament agressif.* ✪ CONTR. Doux, inoffensif.

agression n. f. – XIVe ; lat. *aggredi* « attaquer » 1 Attaque contre les personnes ou les biens protégés par la loi pénale. ➝ Attaque armée d'un État contre un autre. *L'agression hitlérienne contre la Pologne.* 2 Attaque violente contre une personne. *Il a été victime d'une agression.* ♦ *Instinct d'agression.* ⇒ **agressivité.** 3 Attaque de l'intégrité des fonctions physiques ou mentales de l'individu, par un agent externe. *Les agressions de la vie urbaine.* ⇒ **stress.**

agressivement adv. – XIXe ▪ De manière agressive.

agressivité n. f. – XIXe ▪ Caractère agressif. ⇒ **violence.** ♦ Manifestations de l'instinct d'agression. *Agressivité de l'enfant.* ✪ CONTR. Douceur.

agreste adj. – XIIIe ; lat. *ager* « champ » ▪ vx ou littér. Champêtre, rustique. *La vie agreste.*

agricole adj. – XIVe ; lat. *ager* « champ » et *-cole* 1 Qui se livre à l'agriculture. *La France est un pays agricole.* 2 Relatif, propre à l'agriculture. ⇒ **rural.** *Ressources agricoles. Lycée agricole. Exploitation agricole. Machines agricoles.* « *elle avait été fille de cuisine dans une grande ferme beauceronne, où il avait fallu servir plus de cent ouvriers agricoles* » (Aragon).

agriculteur, trice n. – XVe ▪ Personne exerçant une des activités de l'agriculture, en tant qu'exploitant. ⇒ **cultivateur, fermier, paysan.**

agriculture n. f. – XIIIe ; lat. ▪ Culture du sol, ensemble des travaux transformant le milieu naturel pour la production des végétaux et des animaux utiles à l'homme. « *le premier et le plus respectable de tous les arts* [techniques] *est l'agriculture* » (Rouss.). *Ministère de l'Agriculture. École d'agriculture.*

agrile n. m. – XIXe ; lat. *ager* « champ » ■ Insecte coléoptère. ⇒ **bupreste.**

agrion n. m. – XVIIIe ; gr. *agrios* « des champs, sauvage » ■ Petite libellule *(odonates)* au corps fin et coloré, appelée aussi *demoiselle.*

agriote n. m. – XIXe ■ Petit insecte coléoptère *(élatéridés).*

agripaume n. f. – XVIe ; lat. ■ Plante dicotylédone *(labiées),* à haute tige et à fleurs roses. ⇒ **léonure.**

agrippement n. m. – 1929 ■ Action d'agripper, de s'agripper. ➛ Réflexe du nourrisson qui ferme la main sur tout objet à sa portée.

❑ On emploie aussi l'anglicisme *grasping-reflex.*

agripper v. tr. [1] – XIIe ; de *à* et *gripper* ■ Saisir en serrant. *Il « agrippait Laurent par un des boutons de sa blouse »* (Duham.). ➛ pronom. S'accrocher en serrant les doigts. *« Il s'agrippe d'une main au bord de la carlingue »* (Mart. du G.). ✪ CONTR. ① Lâcher.

agro- ■ Élément, du gr. *agros* « champ ».

agroalimentaire adj. – 1971 ■ Relatif à la transformation par l'industrie des produits agricoles et halieutiques destinés à l'alimentation. *Produits agroalimentaires.* ➛ n. m. L'ensemble des activités économiques agroalimentaires.

❑ On trouve encore la graphie vieillie *agro-alimentaire.*

agrobiologie n. f. – 1948 ■ Science appliquant les recherches biologiques à l'agriculture.

agrochimie n. f. – 1960 ■ Chimie agronomique.

agroéquipement n. m. – 1995 ■ Équipement agricole moderne.

agro-industrie n. f. – v. 1985 ■ Ensemble des industries en rapport avec l'agriculture.

❑ La suppression du trait d'union est ici impossible ; elle entraînerait une prononciation fautive.

agrologie n. f. – XIXe ; *agro-* et *-logie* ■ Étude scientifique des terres cultivables.

agronome n. – XIVe ; *agro-* et *-nome* ■ Spécialiste en agronomie. *« Croyez-vous qu'il faille, pour être agronome, avoir soi-même labouré la terre ou engraissé des volailles ? »* (Flaub.). ➛ *Ingénieur agronome.*

agronomie n. f. – XIVe ■ Étude scientifique des problèmes que pose la pratique de l'agriculture. ⇒ **agrobiologie, agrochimie.**

agropastoral, ale, aux adj. – v. 1965 ■ Qui se livre à l'agriculture et à l'élevage. *Ethnies agropastorales d'Afrique.*

agrotis [agʀɔtis] n. m. – XIXe ; gr. *agrotês* « campagnard » ■ Noctuelle *(lépidoptères)* à ailes brunâtres.

agrume n. m. – XIXe ; it., du lat. *acrumen* « fruit d'une saveur acide » ■ *Les agrumes :* oranges, citrons, mandarines, pamplemousses, limes, limettes, bergamotes et autres fruits du genre citrus.

agrumiculture n. f. – 1938 ■ Culture des agrumes.

aguardiente [agwaʀdjɛnte] n. f. – XIXe ; mot esp., de *agua* « eau » et *ardiente* « ardente » ■ Eau-de-vie en usage en Amérique centrale et du Sud.

aguerrir v. tr. [2] – XVIe 1 Habituer aux dangers de la guerre. *« Il avait aguerri ses troupes dès longtemps par de continuels exercices »* (Rac.). 2 Habituer à des choses pénibles, difficiles. ➛ pronom. S'endurcir. *Elle s'est aguerrie contre les privations.* ✪ CONTR. Amollir.

aguets (aux) loc. adv. – XVIIe ; de l'a. fr. *agait* « guet, embuscade » ■ En position de guetteur, d'observateur en éveil et sur ses gardes. *« chacun semble aux aguets comme un faucon dans son nid »* (Mérimée).

agueusie n. f. – XIXe ; de ② *a-* et gr. *geusis* « goût » ■ Absence de sensibilité gustative.

agui n. m. – XVIIIe ; de *aguier* « conduire » ■ *Nœud d'agui :* nœud de chaise.

aguichant, ante adj. – XIXe ■ Qui aguiche. ⇒ **affriolant, aguicheur, provocant.**

aguiche n. f. – 1982 ; de *aguicher* ■ Énigme destinée à susciter l'attention du public, dans la phase initiale d'une campagne de publicité.

aguicher v. tr. [1] – XIXe ; de *guiche* ■ Exciter, attirer par diverses agaceries et manières provocantes. ⇒ **allumer.**

aguicheur, euse adj. et n. – XIXe ■ Aguichant. *« avec son sourire le plus aguicheur »* (Colette).

***ah** interj. – Xe ; onomat. 1 Interjection expressive, marquant un sentiment vif. ⇒ ① **ha.** *« Ah ! permettez de grâce, Que pour l'amour du grec, Monsieur, on vous embrasse »* (Mol.). 2 Interjection d'insistance, de renforcement. *Ah zut ! Ah bon ! Ah non !* ➛ *Ah oui ?* 3 (redoublé) Marque la surprise, la perplexité. *Ah ! ah ! c'est ennuyeux.* 4 Sert à transcrire le rire. *Ah ! ah ! Elle est bien bonne !* 5 n. m. inv. *Pousser des oh ! et des ah !* [deoedea]. ✪ HOM. ① A, à.

ahan n. m. – Xe ; probablt lat. *afannæ* « sottises, choses embrouillées » ■ littér. Respiration bruyante accompagnant un effort.

ahaner v. intr. [1] – XIe ■ littér. Respirer bruyamment sous l'effort.

ahuri, ie adj. et n. – XVe ■ Surpris et déconcerté au point de paraître stupide. ⇒ **abasourdi, éberlué.** *Avoir l'air ahuri.* ⇒ **hébété.** ➛ n. *Quel ahuri !*

ahurir v. tr. [2] – XIIIe ; de *hure* ■ Déconcerter complètement. ⇒ **abasourdir.**

ahurissant, ante adj. – XIXe ■ Qui ahurit. ⇒ **étonnant, sidérant, stupéfiant.** *Une nouvelle ahurissante. C'est ahurissant, ce qui m'arrive.* ➛ Scandaleux, excessif. *Il a un culot ahurissant.*

ahurissement n. m. – XIXe ■ État d'une personne ahurie. ⇒ **étonnement, stupéfaction.** *« l'ahurissement à demi somnambulique »* (Bourget).

aï [ai] n. m. – XVIe ; mot tupi-guarani ■ Petit mammifère *(édentés)* de la forêt brésilienne, aux mouvements lents, communément appelé *paresseux.* ⇒ **bradype.**

① **aide** n. f. – IXe I - 1 Action d'intervenir en faveur d'une personne en joignant ses efforts aux siens ⇒ **appui, assistance, collaboration, concours, coopération, secours, soutien.** *J'ai besoin de votre aide. Venir à l'aide de qqn, en aide à qqn. « Un artiste ne peut attendre aucune aide de ses pairs »* (Cocteau). *Avec l'aide de Dieu.* ➛ *À l'aide !* au secours ! ♦ loc. prép. À L'AIDE DE : en se servant de, au moyen de. ⇒ **avec, grâce** (à). *« À l'aide de cette machine De ce lieu-ci je sortirai »* (La Font.). 2 Assistance financière, économique. *Aide sociale,* réglementée par l'État dans le cadre départemental. ➛ *Aide judiciaire légale :* faculté accordée aux personnes défavorisées d'obtenir l'assistance d'un avocat. ➛ *Aide au retour :* ensemble des moyens mis en œuvre pour favoriser le retour des immigrés dans leur pays. ➛ *Aide au développement :* concours apporté par les pays industrialisés aux pays en voie de développement et aux pays les moins avancés. ⇒ **coopération.** II au plur. 1 Impôts indirects, sous l'Ancien Régime. *Cour des aides,* tranchant le contentieux en matière d'aides. 2 Moyens par lesquels le cavalier agit sur son cheval. ✪ CONTR. Empêchement, gêne.

② **aide** n. – XIIIe 1 Personne qui en aide une autre dans une opération et travaille sous ses ordres. ⇒ **adjoint,**

assistant, auxiliaire, second. « *les aides du bourreau* » (Zola). *Aide familiale :* personne assurant une aide aux mères de famille. *Aide-ménagère :* femme s'occupant du ménage et des courses des personnes âgées. *Aide-soignant(e) :* personne aidant les infirmiers et les infirmières à donner des soins aux malades. *Des aides-soignantes.* **2** n. m. *Aide de camp :* officier d'ordonnance d'un chef militaire.

aide-mémoire n. m. inv. – XIXe ■ Abrégé ne présentant que l'essentiel des connaissances à assimiler. ⇒ **mémento.** ➛ « *L'odorat, ce mystérieux aide-mémoire* » (Hugo).

aider v. tr. [1] – X^e ; lat. *adjutare* **I** v. tr. dir. Appuyer (qqn) en apportant son aide. ⇒ **assister, épauler, seconder, secourir, soulager, soutenir.** *Sa fille l'a aidé dans ses travaux.* « *il m'aiderait volontiers de ses conseils* » (Daud.). « *je lui tendis la main* [...] *pour l'aider à se relever* » (Giraud.). ♦ Servir, être utile. *Cela m'a beaucoup aidé.* **II** v. tr. ind. Faciliter, contribuer à. *Ces mesures pourront aider au rétablissement de l'économie.* **III** v. pron. **1** Se servir de. *Il s'aide des pieds et des mains pour grimper.* **2** loc. prov. *Aide-toi, le Ciel t'aidera :* il faut faire des efforts avant de compter sur la Providence, la chance. **3** S'entraider. ✪ CONTR. Abandonner, contrarier, ② desservir, gêner, nuire.

aïe [aj] interj. – XVe ; onomat. ■ Interjection exprimant la douleur, une surprise désagréable, un ennui. ⇒ **ouille.** « *Ces ânes-là, avec leurs drogues* [...] *ils m'ont démoli l'estomac !... Aïe !* » (Mart. du G.). ➛ (répété) *Aïe aïe aïe !* [ajajaj]. ✪ HOM. Ail.

aïeul, aïeule n. – XIIe ; lat. *avus, avia* **1** vx Grand-père, grand-mère. *Ses aïeuls paternels.* **2** au plur. littér. *Les aïeux* [ajø]. Ancêtres. « *On ne suit pas toujours ses aïeux ni son père* » (La Font.).

aigle n. m. et f. – XIIe ; lat. *aquila* **I** n. m. **1** Grand rapace diurne *(falconiformes)* au bec crochu, aux serres puissantes, qui construit son nid sur les hautes montagnes. *Aigle impérial.* ♦ *Des yeux d'aigle,* particulièrement perçants. *Nez en bec d'aigle.* ⇒ **aquilin.** *Regard d'aigle :* vue pénétrante, profonde. **2** loc. fam. *Ce n'est pas un aigle :* il n'est pas très intelligent. **3** Figure représentant un aigle. *L'aigle noir de Prusse,* décoration. **II** n. f. **1** Femelle de l'aigle. **2** Figure héraldique représentant un aigle. ♦ Enseigne militaire en forme d'aigle. *Les aigles romaines.*

aiglette n. f. – XIIIe ; de *aigle* ■ blas. ⇒ **alérion.**

aiglon, onne n. – XVIe ■ Petit de l'aigle. ♦ *L'Aiglon :* Napoléon II.

aigre adj. – XIIe ; lat. *acer* **1** Qui est d'une acidité désagréable. *Saveur, odeur aigre. Cerises aigres :* griottes. *Lait aigre.* ➛ n. m. *Ce vin sent l'aigre.* **2** Aigu, criard, perçant. « *Sa voix aigre sonnait comme une calebasse* » (Hugo). ♦ Vif, froid. ⇒ ① **piquant.** « *Une bise aigre sifflait* » (Gaut.). **3** Plein d'aigreur. ⇒ **acariâtre, acerbe, acrimonieux,** ① **amer.** « *cet ergotage aigre et puéril* » (R. Rolland). ➛ n. m. *La discussion tourne à l'aigre,* s'envenime. ✪ CONTR. Doux. Agréable.

aigre-doux, douce adj. – XVIe **1** Dont la saveur est à la fois acide et sucrée. *Porc à la sauce aigre-douce.* **2** Où l'aigreur perce sous la douceur. *Propos aigres-doux.*

aigrefin n. m. – XVIIe ; probablt emploi fig. de *églefin,* avec infl. de l'a. v. *agriffer* « saisir, voler » ■ Homme qui vit d'escroqueries, de procédés indélicats ; chevalier d'industrie. ⇒ **escroc, faisan, filou.**

aigrelet, ette adj. – XVIe ■ Légèrement aigre. ⇒ **suret.** *Un vin blanc aigrelet.*

aigrement adv. – XIIe ■ Avec aigreur. *Elle* « *lui reprochait aigrement ses moindres actes* » (Maupass.).

aigremoine n. f. – XIIIe ; gr. *agremônê* ■ Plante herbacée *(rosacées)* à fleurs jaunes et fruits à crochets adhérents.

aigrette n. f. – XIVe ; de *aigron,* forme région. de *héron* **I** Héron *(ciconiiformes),* remarquable par ses plumes effilées aux barbes espacées. **II - 1** Faisceau de plumes surmontant la tête de certains oiseaux. *L'aigrette du paon.* **2** Ornement fait d'un bouquet de plumes, ou d'un faisceau similaire. ⇒ **panache, plumet.** *Casque à aigrette.*

aigreur n. f. – XIVe **1** Saveur aigre. ⇒ **acidité.** *L'aigreur du lait tourné.* ♦ au plur. Sensation d'acidité dans la région épigastrique. ⇒ **brûlure. 2** Mauvaise humeur se traduisant par des remarques désobligeantes ou fielleuses. ⇒ **acrimonie, amertume, animosité.** « *en m'accusant, avec beaucoup d'aigreur* » (Rouss.). ✪ CONTR. Douceur. Aménité, sérénité.

aigri, ie adj. ■ Que les déceptions ont rendu irritable, agressif. ⇒ ① **amer.** « *J'étais aigri, fâché, désespéré contre elle* » (Mol.).

aigrir v. [2] – XIIe **I** v. tr. **1** Rendre aigre. ⇒ **altérer, corrompre. 2** Remplir d'aigreur, rendre aigri, amer. ⇒ **irriter.** « *tout ce qui lui rappelait la fête du jour l'aigrissait* » (Hugo). ➛ pronom. *Son caractère s'est aigri.* **II** v. intr. Devenir aigre. *Le lait s'aigrit.* ✪ CONTR. Adoucir, consoler.

aigu, uë [egy] adj. – XIe ; lat. *acutus* **1** Terminé en pointe ou en tranchant. ⇒ **acéré, coupant, pointu.** « *une épine aiguë se fiche dans son pied* » (Fén.). ➛ *Angle aigu,* plus petit que l'angle droit (opposé à *obtus*). **2** D'une fréquence élevée, en haut de l'échelle des sons. ⇒ **perçant, strident.** ➛ n. m. « *des tons allant du grave à l'aigu* » (Cendrars). **3** Paroxystique et pénétrant. ⇒ **vif, violent.** *Douleur aiguë.* ♦ *Maladie aiguë,* à apparition brusque et évolution rapide (opposé à ② *chronique*). **4** (moral) Particulièrement vif et pénétrant. ⇒ **incisif, perçant, subtil.** *Intelligence aiguë.* ✪ CONTR. Émoussé ; grave, sourd.

> ❑ Le tréma du *e* féminin sert à éviter une mauvaise prononciation. → aiguille (rem.).

aigue-marine n. f. – XVIe ; provenç. °*aiga marina* « eau de mer » ■ Pierre semi-précieuse, béryl d'un bleu vert.

aiguière n. f. – XIVe ; lat. °*aquaria* ■ Vase à eau muni d'une anse et d'un bec. *Une aiguière d'or.*

> ❑ *Aigue* se disait dans le Midi, *eau* dans le Nord (latin *aqua*). Il en est resté un nom de ville méridionale : *Aigues-Mortes.*

aiguillage [egɥijaʒ] n. m. – XIXe **1** Manœuvre des aiguilles des voies ferrées. *Poste d'aiguillage. Erreur d'aiguillage.* ➛ fig. « *ce n'était pas un couple. Deux malheureux qui ont fait une erreur d'aiguillage* [...] » (R. Gary). **2** Appareil permettant les changements de voie. ⇒ **aiguille.**

aiguillat [egɥija] n. m. – XVIe ; lat. *aculeatus* « qui a des piquants » ■ Petit requin, appelé aussi *chien de mer.*

aiguille [egɥij] n. f. – XIIe ; lat. *acus* **I - 1** Fine tige d'acier pointue à une extrémité et percée à l'autre d'un chas où passe le fil. *Aiguille à coudre.* « *Suzanne mouilla le fil entre ses lèvres, prit l'aiguille et l'enfila* » (Duham.). *Travaux d'aiguille.* ♦ loc. *Chercher une aiguille dans une botte de foin,* une chose impossible à trouver. ♦ *Aiguille à tricoter :* tige servant à confectionner un tricot à la main. **2** Tige métallique effilée servant aux injections, aux sutures. « *Il pince un pli de chair et lève la seringue* [...]. *L'aiguille s'enfonce d'un coup sec* » (Mart. du G.). **3** Tige ou lame métallique terminée en pointe. *Les aiguilles d'une pendule, d'une montre, d'un cadran. L'aiguille aimantée d'une boussole.* 4 Portion de rail mobile d'un aiguillage. **II - 1** Monument terminé en pointe au sommet. *Aiguille d'un clocher.* ⇒ ① **flèche.** « *Médine aux mille tours, d'aiguilles hérissée* » (Hugo). 2 Sommet rocheux effilé. ⇒ **dent,** ③ **pic.** 3 Poisson allongé (orphie, syngnathe, etc.). 4 Feuille de conifère. *Aiguilles de pin.*

> ❑ Pour la prononciation du *u*, la famille de *aigu* se partage en deux groupes ; seuls les dérivés de *aiguille* ont gardé le *u* prononcé, les autres mots l'ont anormalement perdu (*aiguiser*, etc.) et s'alignent sur le *gu* ordinaire (*anguille, guêpe*). → arguer (rem.).

aiguillée [egɥije] n. f. – XIIIe ▪ Longueur de fil enfilé sur une aiguille.

aiguiller [egɥije] v. tr. [1] – XIIIe 1 Diriger (un train) d'une voie sur une autre. 2 Diriger, orienter dans des démarches, une carrière. « *ses parents eurent grand souci de l'aiguiller sur un chemin normal* » (Beauv.).

aiguilleté, ée [egɥij(ə)te] adj. – v. 1965 ▪ Fabriqué par l'emmêlement des fibres textiles au moyen d'aiguilles barbelées. *Moquette aiguilletée.*

aiguillette [egɥijɛt] n. f. – XIIIe 1 Petit cordon ou ruban ferré aux deux extrémités, servant à fermer ou garnir un vêtement. « *votre haut-de-chausses, attaché au pourpoint avec des aiguillettes* » (Mol.). ♦ Ornement militaire fait de cordons tressés. 2 Tranche de filet de canard. ♦ Partie du romsteck.

aiguilleur [egɥijœʀ] n. m. – XIXe ▪ Agent chargé de la manœuvre et de l'entretien des aiguillages. ➛ *Aiguilleur du ciel :* contrôleur de la navigation aérienne.

aiguillon [egɥijɔ̃] n. m. – XIIe 1 Long bâton muni d'une pointe de fer servant à piquer les bœufs. ➛ fig. « *L'amour, l'aiguillon tout-puissant de nos activités* » (Michelet). 2 Dard effilé et rétractile de certains hyménoptères.

aiguillonner [egɥijɔne] v. tr. [1] – XIIe 1 Piquer, exciter (un bœuf) avec l'aiguillon. 2 fig. Animer, stimuler. « *Elle-même, aiguillonnée d'inquiétude et de désir* » (France). ✪ CONTR. Calmer, refréner.

aiguisage n. m. – XVe ▪ Action, manière d'aiguiser. *L'aiguisage d'un couteau.* ⇒ **affûtage.**

aiguiser v. tr. [1] – XIIe ; de *aigu* 1 Rendre tranchant ou pointu. ⇒ **affiler, affûter.** *Pierre à aiguiser.* « *le lion aiguisait ses dents et ses griffes* » (Fén.). 2 Rendre plus vif, exciter. *La marche aiguise l'appétit.* « *il revient sur toutes ses phrases, il les aiguise, il les affûte* » (Duham.). ✪ CONTR. Émousser.

aiguiseur, euse n. – XIVe ▪ Ouvrier, ouvrière procédant à l'aiguisage. ⇒ **affûteur, rémouleur.**

aiguisoir n. m. – XVe ▪ Outil à aiguiser.

aïkido n. m. – 1961 ; mot jap. « la voie de la paix » ▪ Art martial, fondé sur la neutralisation de la force antagoniste par des mouvements de rotation du corps, et l'utilisation de clés aux articulations.

ail n. m. – XIIe, lat. *al(l)ium* ▪ Plante bulbeuse *(liliacées)* dont le bulbe *(tête)* est composé de caïeux *(gousses)* à odeur forte et saveur piquante, utilisés en cuisine. *Gigot à l'ail. Des aulx* [o] (vieilli), mod. *des ails.* ✪ HOM. Aïe.

ailante n. m. – XIXe ; malais ▪ Arbre ornemental *(simarubacées)*, d'origine asiatique, à grandes feuilles, appelé aussi *vernis du Japon.*

aile n. f. – XIIe ; lat. *ala* **I - 1** Chacun des organes du vol chez les oiseaux, les chauves-souris, les insectes. *Plumes des ailes de l'oiseau. Les pingouins* « *portent la tête très haut, avec leurs ailes pendantes, comme deux bras* » (Baud.). *Coup, battement d'aile. Ailes des papillons.* ♦ *Battre de l'aile,* se dit d'un oiseau blessé ; fig. être mal en point. ➛ *Avoir du plomb dans l'aile,* se dit de l'oiseau touché par le chasseur ; fig. être compromis. *Avoir un coup dans l'aile :* être en mauvaise posture ; être ivre. *Avoir des ailes :* courir très vite. « *il court, il semble avoir des ailes* » (La Font.). *Voler de ses propres ailes :* être indépendant. ➛ *Sous l'aile de :* sous la protection de. ♦ poét. *Les ailes du temps* (qui s'en va). *Les ailes de la Victoire.* 2 Partie charnue d'une volaille comprenant tout le membre qui porte l'aile. « *une aile de poulet aspergée de Saint-Émilion* » (Daud.). **II - 1** Chacun des châssis mobiles garnis de toile d'un moulin à vent. 2 Chacun des plans de sustentation d'un avion. ⇒ **extrados, intrados.** ♦ *Aile libre, aile volante, aile delta* ou *aile.* ⇒ **deltaplane. III - 1** Partie latérale d'une armée en ordre de bataille. ⇒ **flanc.** ♦ Gauche et droite de l'attaque d'une équipe sportive (opposé à *centre*). ⇒ **ailier.** ♦ Partie d'un groupe politique caractérisée par rapport à un centre. *L'aile conservatrice d'un parti.* 2 Partie latérale d'une construction (opposé à *corps de logis*). *L'aile nord du château.* ♦ Partie de la carrosserie située au-dessus des roues d'une automobile. 3 Chacun des deux petits pétales latéraux de la corolle des papilionacées. ♦ Expansion membraneuse de certaines graines, qui les fait voler au loin. 4 *Ailes du nez :* moitiés inférieures des faces latérales du nez. ➛ Partie latérale de diverses régions du cerveau. ✪ HOM. Ale, elle, ①l.

> ❑ Les équivalents savants de *aile* sont *al-*, du latin (ex. *alaire*) et *-ptère, ptéro-*, du grec (ex. *diptère* « à deux ailes »).

ailé, ée adj. – XIIe ▪ Pourvu d'ailes. « *de rouges fourmis ailées tournoient* » (Genev.). ♦ *Le fruit ailé des érables.* ✪ HOM. Héler.

aileron n. m. – XIIe 1 Extrémité de l'aile d'un oiseau. *Les pattes et les ailerons sont des abats.* ♦ Nageoire triangulaire de certains poissons. *Ailerons de requin.* 2 Volet articulé placé à l'arrière de l'aile d'un avion. 3 Contrefort caractéristique du style baroque, en forme de console renversée.

ailette n. f. – XIIe 1 Chacune des lames métalliques fixées à un projectile pour l'équilibrer. ♦ *Écrou à ailettes.* ⇒ **papillon.** 2 Lame saillante destinée à augmenter la transmission de la chaleur d'un tuyau. *Radiateur à ailettes.* ♦ Aube du rotor d'une turbine.

ailier n. m. – 1905 ▪ Au football, Chacun des deux avants situés à l'extrême droite et à l'extrême gauche.

aillade n. f. – XVIIe 1 Sauce vinaigrette à l'ail. 2 Croûton de pain frotté d'ail et arrosé d'huile d'olive.

ailler v. tr. [1] – 1908 ▪ Piquer d'ail (un gigot), frotter d'ail (du pain). ➛ *Croûton aillé.*

ailleurs adv. – XIe ; probablt lat. *alius* « autre » 1 Dans un autre lieu, autre part. « *Quand la maison n'est qu'une triste solitude, il faut bien aller s'égayer ailleurs* » (Rouss.). *Nulle part ailleurs,* en aucun autre endroit. ➛ fig. *Il est ailleurs :* il rêve, il est distrait. ⇒ **absent.** *Avoir la tête ailleurs.* 2 *Une mode venue d'ailleurs.* ➛ subst. Lieu situé ailleurs, pays étranger ou lointain. « *Peu importe ce que soit cet ailleurs, mais il leur faut un "ailleurs"* » (Le Clézio). ♦ loc. adv. D'AILLEURS, marquant que l'esprit envisage un autre aspect des choses, introduisant donc une restriction ou une nuance nouvelle. « *le prince russe* [...] *qui d'ailleurs n'était ni prince ni Russe* » (Stendh.). ➛ *PAR AILLEURS :* d'un autre côté, à un autre point de vue.

> ❑ *Ailleurs* appartient à la même famille étym. que *alibi, altérer, aliéner.* ♦ Pour le *s* des adverbes → jusque (rem.).

ailloli n. m. – XVIIIe ▪ Mayonnaise à l'ail et à l'huile d'olive. *Ailloli au piment.* ⇒ **rouille.**

> ❑ On écrit aussi *aïoli.*

aimable adj. – XIIe **1** vx Qui mérite d'être aimé. « *toute belle, toute pleine d'attraits, toute aimable que je la trouve* » (Mol.). **2** Qui cherche à faire plaisir. ⇒ **affable,** ② **gentil, sociable.** *Il a été très aimable avec moi. Je vous remercie, vous êtes très aimable.* ⇒ **obligeant.** *Une aimable invitation.* ♦ Bienveillant, souriant. *Un postier aimable. Tu n'es guère aimable, ce matin.* ✪ CONTR. Désagréable, insupportable. Hargneux.

aimablement adv. – XIVe ■ Avec amabilité.

① **aimant** n. m. – XIIe ; gr. « fer, diamant » **1** vieilli *Aimant naturel* : magnétite. **2** *Aimant artificiel,* ou *aimant* : corps ou substance qui a reçu la propriété d'attirer le fer. *Les deux pôles d'un aimant.* **3** fig. Force d'attraction. « *comme liés ensemble par quelque invisible aimant* » (Loti).

② **aimant, ante** adj. – XVIIe ■ Naturellement porté à aimer. ⇒ **affectueux,** ② **tendre.** ✪ CONTR. ① Froid.

aimantation n. f. – XVIIIe **1** État de ce qui est aimanté. **2** Action d'aimanter. ✪ CONTR. Désaimantation.

aimanter v. tr. [1] – XIVe ■ Doter (un métal) de la propriété de l'aimant. ⇒ **magnétiser.** ➛ *Aiguille aimantée de la boussole,* dont une des pointes, par suite de son aimantation, s'oriente vers le nord. ➛ pronom. *Substances qui s'aimantent.* ✪ CONTR. Désaimanter.

aimer v. tr. [1] – X^e^ ; lat. *amare* **I - 1** Éprouver de l'affection, de l'amitié, de la tendresse, de la sympathie pour (qqn). ⇒ **chérir.** *Aimer ses parents. Un vieil ami que j'aime beaucoup.* « *Les enfants l'adoraient, lui ne les aimait point* » (Stendh.). **2** Éprouver de l'amour, de la passion pour (qqn). ⇒ **adorer.** « *Je t'aime, je suis fou, je n'en peux plus, c'est trop* » (Rostand). ➛ Être amoureux. **3** Avoir du goût pour (qqch.). ⇒ **apprécier,** ① **goûter.** *Aimer la lecture, le sport. Aimer Mozart.* « *j'aime la vie hasardeuse* » (Gide). ♦ *Aimer les fruits de mer. Cet enfant n'aime rien* **(⇒ difficile).** « *il n'aimait pas le poulet, il n'aimait pas les œufs, etc.* » (Flaub.). **4** Trouver agréable, être content de. « *J'aimais sortir avec mon père* » (Gide). *Elle n'aime pas être bousculée.* AIMER À. (littér.) « *Il aimait à fréquenter la canaille* » (France). mod. *J'aime à croire, à penser que* : je veux croire, penser que. ♦ *Cette plante aime l'eau,* a besoin d'eau pour se développer. ♦ Désirer, souhaiter. « *j'aime que les choses soient à leur place* » (Zola). **5** *AIMER MIEUX* : préférer. *J'aime mieux son premier livre. Il aime mieux jouer que travailler.* ♦ Dans le même sens, *J'aime autant ça !* **II** v. pron. **1** (réfl.) Être attaché à soi. *Il faut s'aimer pour vivre.* ♦ Se plaire, se trouver bien. *Je ne m'aime pas dans cette robe.* **2** (récipr.) Être mutuellement attachés par l'affection, l'amour. *Nous nous aimons beaucoup, ma sœur et moi. Aimez-vous les uns les autres.* ➛ par euphém. Faire l'amour. *Ils s'aimèrent toute la nuit.* ✪ CONTR. Détester, haïr. — HOM. *Aimais* : émets (émettre).

aine n. f. – XIIe ; lat. *inguen* ■ Partie du corps entre le haut de la cuisse et le bas-ventre. *Pli de l'aine* : pli de flexion de la cuisse sur l'abdomen. ✪ HOM. Haine, ① n.

aîné, ée adj. et n. – XIIe ; a. fr. *ainz* « avant » et *né* **1** Qui est né le premier. *C'est mon fils aîné, ma sœur aînée.* ♦ Descendant de l'aîné. *La branche aînée de la famille.* **2** n. Frère ou sœur plus âgé qu'un autre enfant. ⇒ **premier-né.** « *L'aînée [...] était tout le portrait de sa mère* » (Balz.). ♦ Personne plus âgée que telle autre. *Elle est mon aînée de cinq ans.* ➛ par ext. (littér.) *Nos aînés* : nos ancêtres, nos devanciers. ✪ CONTR. Benjamin, cadet, puîné.

aînesse n. f. – XIIIe ■ *Droit d'aînesse* : droit de primogéniture, aboli en 1790, qui avantageait considérablement l'aîné dans une succession.

ainsi adv. – XIe ; premier élément d'o. i. et lat. *sic* « si » **1** De cette façon (comme il a été dit ou montré). *C'est mieux ainsi. Il en a toujours été ainsi. Vous auriez tort d'agir ainsi. C'est ainsi que...* : voilà comment. « *Est-ce ainsi que les hommes vivent ?* » (Aragon). ♦ *Ainsi soit-il,* formule terminant une prière chrétienne. ⇒ **amen.** ♦ loc. *Et ainsi de suite* : en continuant de la même façon. « *Le lundi qui pousse le mardi qui pousse le mercredi et ainsi de suite les saisons* » (Prévert). ➛ *POUR AINSI DIRE,* s'emploie pour atténuer l'expression employée. *Il est pour ainsi dire le chef.* ⇒ **presque, quasiment. 2** Comme on peut le constater, par conséquent. *Ainsi, vous partez ?* ♦ Par exemple. ⇒ **tel. 3** De même. « *De même qu'un voyageur éprouve une lassitude sans bornes : ainsi la France sentit tout à coup sa blessure* » (Muss.). **4** loc. conj. *AINSI QUE.* De la même façon que, et aussi. ⇒ **comme.** *Je le connais ainsi que sa femme. Il prit la monnaie ainsi que la facture.* ➛ Comme. *Ainsi qu'il a été prouvé plus haut.*

> ❑ *Ainsi* n'a pas de rapport avec la conjonction *ains* (« mais ») de l'ancien français.

① **air** n. m. – XIIe ; lat. *aer* → aéro- **1** Fluide gazeux constituant l'atmosphère, que respirent les êtres vivants, composé principalement d'oxygène et d'azote. *L'air de la mer, de la campagne. L'air marin.* « *se griser d'air pur* » (Renard). « *l'air vicié de la chambre* » (Mart. du G.). *On manque d'air ici.* ⇒ **étouffer.** *Donner de l'air.* ⇒ **aérer.** loc. *PRENDRE L'AIR* : sortir de chez soi, aller se promener. *CHANGER D'AIR* : aller dans un lieu où règne un autre climat. fam. *NE PAS MANQUER D'AIR* : avoir de l'aplomb. *À L'AIR* : non recouvert. *Se promener les fesses à l'air,* nues. ♦ *Couche d'air atmosphérique.* ⇒ **atmosphère.** *Pesanteur de l'air.* ⇒ **pression** (atmosphérique). ➛ *Coussin d'air* : couche d'air insufflée à la base d'un véhicule terrestre ou marin et qui le maintient au-dessus du sol ou de l'eau. **2** Ce fluide en mouvement. ⇒ **vent.** *Pas un souffle d'air. En plein air* : dans le vent, au-dehors. loc. *Être libre comme l'air.* **3** Espace rempli par ce fluide au-dessus de la terre. ⇒ **ciel.** *S'élever dans les airs.* loc. fam. *Jouer la fille de l'air* : disparaître, s'enfuir. ♦ *Transports par air,* par voie aérienne. *Armée de l'air.* ➛ par ext. Aviation, transports aériens. *Ministère de l'Air. Hôtesse de l'air. Mal de l'air.* **4** loc. adv. *EN L'AIR* : en haut, vers le ciel. *Regarder en l'air. Le nez en l'air. Mettez les bras en l'air* **(⇒ ① lever).** *Les mains en l'air, c'est un hold-up !* ♦ par ext. Loin de soi. *Je vais envoyer tout ça en l'air. Ça va tout fiche en l'air,* tout faire échouer. ➛ En désordre, sens dessus dessous. *Mettre tout en l'air.* ⇒ **déranger.** ♦ loc. adj., fig. Loin des réalités. *Paroles, promesses en l'air,* peu sérieuses. ➛ *Être tête en l'air,* étourdi. **5** fig. Atmosphère, ambiance. « *Il y avait de la bagarre dans l'air, cette nuit* » (Mart. du G.). *L'air du temps* : les idées, les manières d'une époque. *Être dans l'air* : être en préparation, commencer à être senti. *Ces idées* « *étaient dans l'air* » (Renan). ✪ HOM. Aire, ère, ers, hère, ① r.

② **air** n. m. – XVIe **1** Apparence générale habituelle à une personne. ⇒ **allure, genre.** *Air modeste.* loc. *Prendre de grands airs* : faire l'important, le grand seigneur. *Avoir l'air comme il faut. Il a un drôle d'air. Il y a entre eux un air de famille. Avoir un faux air de qqn,* une vague ressemblance. **2** Apparence expressive plus ou moins durable, manifestée par le visage, la voix, les gestes, etc. ⇒ **expression,** ① **mine.** « *Il faut voir de quel air il dit cela* » (Daud.). *Avoir un air étonné.* « *Mon air froid m'attira son aversion* » (Rouss.). *Des airs entendus.* **3** *AVOIR L'AIR* : présenter tel aspect. *De quoi ai-je l'air dans cette tenue ?* ♦ ⇒ **paraître, sembler.** « *les autres jeunes gens avaient l'air de hippies* » (R. Gary). ➛ avec un adj. « *ils ont l'air triste et apeuré* » (Flaub.). (Accordé comme on ferait avec *sembler*) « *Tu as l'air bien sérieuse* » (Colette). « *Ils m'avaient l'air terriblement hardis* » (France). « *Leur* *vitesse n'avait pas l'air excessive* » (Flaub.). *Le temps a l'air de s'arranger.* fam. *Ça m'a tout l'air d'être fermé ; ça m'en a tout l'air.* ♦ N'AVOIR L'AIR DE RIEN : avoir l'air insignifiant, sans valeur, facile (mais être réellement tout autre chose). « *Du dehors, la maison n'avait l'air de rien* » (Daud.). *Ça n'a l'air de rien, mais c'est difficile.* ➛ *Sans avoir l'air de rien, sans avoir l'air d'y toucher* : discrètement.

> ❑ *Avoir l'air* est ressenti comme un verbe, et la tendance familière est d'accorder l'adjectif avec le sujet : *Elle a l'air gentille.* Cet emploi est condamné par les puristes.

③ **air** n. m. – XVIe ; it. **1** Morceau de musique classique composé pour une voix, accompagné de paroles. *Air classique.* ⇒ ② **aria.** *Un air d'opéra.* « *Me voilà maître à chanter sans savoir déchiffrer un air* » (Rouss.). **2** Chant, chanson (musique et paroles à la fois). *Des airs à boire,* bachiques. « *vieux airs à bercer les matelots* » (Loti). **3** Mélodie. *Fredonner, siffler un air. Sur l'air de* (telle chanson). *Un air d'accordéon.*

airain n. m. – XIIe ; lat. ▪ littér. Bronze.

airbag n. m. – 1992 ; angl. *bag* « sac » ▪ Équipement de sécurité d'un véhicule, composé d'un coussin qui se gonfle en cas de choc. *Airbags latéraux.*

airbus [ɛʀbys] n. m. – 1966 ▪ Grand avion de transport pour passagers.

aire n. f. – XIe ; lat. **1** Toute surface plane. **2** Terrain aplani où l'on battait le grain. « *quand on vannait sur l'aire, il fallait fermer les fenêtres* » (Giono). **3** Espace plat où nichent les oiseaux de proie. par ext. Le nid lui-même. *L'aire d'un aigle.* **4** Terrain aménagé pour une activité. *Aire d'atterrissage, de stationnement. Aire de repos,* pour permettre aux usagers de l'autoroute de faire halte. *Aire de jeux pour les enfants.* **5** Portion limitée de surface, nombre qui la mesure. ⇒ **superficie.** *Calculer l'aire d'un triangle.* **6** Région plus ou moins étendue occupée par certains êtres, lieu de certaines activités, certains phénomènes. ⇒ **champ, domaine, zone.** « *dans une aire aussi restreinte et dans un intervalle de temps si bref* » (Valéry). ♦ Portion d'espace où se rencontre une espèce vivante. *Aire de répartition d'une espèce animale* (dite *aire spécifique*). ✪ HOM. Air, ère, ers, hère, ① r.

airedale [ɛʀdɛl] n. m. – 1900 ; mot angl. « vallée *(dale)* de *l'Aire* » ▪ Chien terrier à poil dur, à corps court et musclé.

airelle n. f. – XVIe ; lat. *ater* « noir » **1** Arbrisseau des régions montagneuses porteur de baies comestibles, à la saveur légèrement acide. *L'airelle myrtille.* ⇒ **myrtille.** *L'airelle à fruits rouges. L'airelle des bois, à baie bleue.* ⇒ **bleuet.** **2** Baie de cet arbrisseau.

ais n. m. – XIIe ; lat. ▪ vx Planche. mod. Planchette de bois (recouverte d'étoffe, de peau), utilisée en reliure. ✪ HOM. Haie.

aisance n. f. – XIIIe **1** au plur. *Aisances de voirie* : droits des riverains sur la voie publique (droits d'accès, de vue, etc.). ➛ *Cabinet(s), lieux d'aisances* : cabinets, toilettes. **2** Situation de fortune qui assure une vie facile. *Vivre dans l'aisance.* **3** Facilité naturelle qui ne donne aucune impression d'effort. ⇒ **naturel.** « *la simplicité du style, l'aisance du discours* » (Taine). *S'exprimer avec aisance.* ✪ CONTR. Gêne. Difficulté, embarras.

① **aise** n. f. – XIe ; lat. *adjacere* « être adjacent, voisin » **1** État d'une personne que rien ne gêne. loc. *(ÊTRE) À L'AISE* : ne pas être gêné. *Je suis à l'aise dans ces chaussures.* Être commodément installé. « *Croyez-vous donc qu'on soit à l'aise dans cette armoire ?* » (Hugo). N'éprouver aucune crainte, aucun embarras. *L'accusé, parfaitement à l'aise, nia les faits. Pour vous mettre à l'aise je n'aborderai pas ce sujet.* ➛ *Mal à l'aise* : contraint, embarrassé, gêné. « *mal à son aise dans cette atmosphère lugubre* » (Flaub.). ➛ *À SON AISE* : sans être contraint. *En parler à son aise,* en méconnaissant les difficultés que d'autres éprouvent. *En prendre à son aise avec qqch.* : ne pas se gêner, ne faire que ce qui plaît. *Vous en prenez à votre aise avec le règlement. À votre aise !* : comme vous voudrez. ➛ fam. *À l'aise* : facilement. *Ça passe à l'aise.* ➛ *Être à son aise* : vivre dans une situation financière satisfaisante. **2** littér. Contentement, joie. *Combler, remplir d'aise.* **3** au plur. Les commodités de la vie. loc. *Aimer ses aises,* son confort, son bien-être. *Prendre ses aises* : s'installer, s'étaler de façon peu discrète.

② **aise** adj. – XIIe ▪ littér. *Bien aise, fort aise, tout aise,* content. « *Quand nous sommes las d'aimer, nous sommes bien aises qu'on nous devienne infidèle* » (La Rochef.). ✪ CONTR. Mécontent.

aisé, ée adj. – XIIIe **1** Qui a de l'aisance, où l'on ne sent aucune gêne. ⇒ **naturel.** *Il* « *prêtait à ses connaissances* [...] *un tour aisé, clair* » (Maupass.). ♦ Qui vit dans l'aisance. *Une famille aisée.* **2** Qui se fait sans peine. ⇒ **facile.** *Appareil aisé à manier.* « *ces défauts sont plus aisés à connaître qu'à corriger* » (Rouss.). ✪ CONTR. Embarrassé, gêné. Difficile, malaisé.

aisément adv. – XIIe ▪ Sans difficulté, sans peine. ⇒ **facilement.** « *Je pardonne aisément* » (Montesq.). ✪ CONTR. Malaisément.

aisseau n. m. – XIVe ; de *ais* ▪ Petite planche utilisée en construction. ⇒ **bardeau.**

aisselle n. f. – XIIe ; lat. **1** Dépression située au-dessous de la jonction du bras avec l'épaule. « *à eux deux, ils ont soulevé le corps, l'homme le tenant par les cuisses et la femme par les épaules, sous les aisselles* » (Robbe-Grillet). **2** Angle que forme la jonction entre branche et rameau, entre branche et tige ou pétiole. ⇒ **axillaire.**

ajointer v. tr. [1] – XIXe ▪ Joindre bout à bout. ⇒ **abouter.** *Ajointer des tuyaux.*

ajonc [aʒɔ̃] n. m. – XIIIe ; mot d'o. probablt prélat. ▪ Arbrisseau à feuilles en épines acérées *(papilionacées),* commun dans les landes atlantiques. « *la crépitante cosse de l'ajonc mûr* » (Colette).

ajour n. m. – XIXe ▪ Petite ouverture laissant passer le jour. ➛ Motif d'ornementation percé à jour, en broderie.

ajouré, ée adj. – XVIIe **1** blas. Dont l'ouverture laisse voir l'émail du champ. **2** Percé, orné de jours. *Des boiseries ajourées. Draps ajourés.*

ajourer v. tr. [1] – XIXe ▪ Percer, orner de jours. *Ajourer un napperon.*

ajournement n. m. – XIIIe **1** Renvoi à une date ultérieure. *Ajournement d'un procès.* **2** Fait de remettre à plus tard les décisions, d'atermoyer. *Cette habitude* « *de l'ajournement perpétuel* » (Proust).

ajourner v. tr. [1] – XIe **1** Renvoyer à un autre jour ou à une date indéterminée. ⇒ **remettre, retarder.** *Ajourner une rencontre.* « *ces rêves quotidiens d'une réunion prochaine et sans cesse ajournée* » (Proust). **2** Renvoyer (un conscrit, un candidat) à une séance ultérieure du conseil de révision, à une session d'examen ultérieure. ⇒ **refuser.** subst. *Les ajournés.*

ajout n. m. – XIXe **1** Action d'ajouter. *Sans ajout de sucre.* **2** Élément ajouté à l'original, au plan primitif. ⇒ **addition.** *Manuscrits surchargés d'ajouts.* ✪ CONTR. Suppression.

ajouter v. tr. [1] – XIe ; lat. *juxta* « près de » **I** v. tr. **1** Mettre en plus ou à côté. ⇒ **joindre.** *Ajouter du sel. Ajouter un chapitre au texte original.* ♦ Dire en plus. *Permettez-moi d'ajouter un mot.* « *Je l'ai toujours dit, ajouta-t-il* » (Mart. du G.). *Il ajouta que... Je n'ai rien à ajouter.*

2 *Ajouter foi à* : accorder créance à. ⇒ **croire.** 3 (abstrait) « *Aux inconvénients de son âge, il ajoutait les ridicules de la jeunesse* » (Green). *Cela n'ajoute rien,* n'améliore pas. **II** v. tr. ind. Augmenter, accroître. *En intervenant, il ne fait qu'ajouter à la pagaille.* **III** v. pron. Venir en plus de. *Diverses primes s'ajoutent au salaire de base.* « *Le droit de tuer, qui s'ajoute au risque de l'être, transporte le guerrier dans un univers d'une effrayante intensité* » (Caillois). ✪ CONTR. Déduire, enlever, ôter, retrancher, soustraire.

ajustage n. m. - XIVe ▪ Opération destinée à donner à une pièce la dimension exacte que requiert son ajustement à une autre ou son poids.

ajustement n. m. - XIVe 1 Action d'ajuster ; fait d'être ajusté. 2 fig. Adaptation, mise en rapport. « *le choix, l'ajustement des termes* » (Duham.). ♦ vx Arrangement de la toilette. ⇒ **mise ; habillement.**

ajuster v. tr. 1 - XIIIe ; de *juste* 1 Mettre aux dimensions convenables, rendre conforme à un étalon. ⇒ **régler.** *Ajuster une pièce mécanique, les flans des monnaies. Ajuster un tir.* Viser avec une arme à feu. *Ajuster un lièvre.* ♦ vieilli Arranger, disposer de façon appropriée. *Ajuster sa toilette.* 2 Mettre en état d'être joint à. *Ajuster un tuyau à un robinet. Vêtement ajusté,* qui dessine la taille, les formes (opposé à *ample*). pronom. *Couvercle qui s'ajuste bien au récipient. Ses vêtements « s'ajustaient mal sur son maigre corps »* (Green). 3 fig. Mettre en conformité avec, adapter. « *il ajusterait nos rôles, ferait les coupures et les additions nécessaires* » (Gaut.). ✪ CONTR. Déranger.

ajusteur n. m. - XVIe ▪ Ouvrier qui trace et façonne des métaux d'après un plan, réalise des pièces mécaniques.

ajut [aʒyt] n. m. - XVIIIe ; de *ajuster* ▪ Action de joindre (deux cordages).

ajutage n. m. - XVIIe ; var. de *ajustage* ▪ Dispositif percé, s'adaptant à l'orifice d'une canalisation, permettant de modifier l'écoulement d'un fluide. *Ajutage d'un tuyau d'arrosage.*

akène n. m. - XIXe ; de ② *a-* et gr. *khainein* « s'ouvrir » ▪ Type de fruit sec, indéhiscent, dont la graine unique n'est pas soudée au péricarpe*. *L'akène du noisetier.*

akinésie n. f. - XIXe ; gr. « immobilité » ▪ Impossibilité pathologique de faire certains mouvements.

akkadien, ienne adj. et n. m. - XIXe ▪ Du pays d'Akkad, région de la Mésopotamie centrale. *L'art akkadien.* ➡ n. m. *L'akkadien :* la plus ancienne des langues sémitiques. ✪ HOM. Acadien.

alabandite n. f. - XVIIe ; de *Alabanda,* anc. ville d'Asie Mineure ▪ Sulfure de manganèse naturel, de couleur grise à vert noirâtre.

alabastrite n. f. - XVIIIe ▪ Albâtre gypseux très blanc. *Statuette en alabastrite.*

alacrité n. f. - XVe ; lat. ▪ rare Enjouement, entrain.

> ❑ *Alacrité* est souvent pris à contresens (« acrimonie ») à cause de *âcreté ;* mais il appartient à la famille étym. de *allègre,* latin *alacer.*

alaire adj. - XIXe ▪ Qui appartient, est relatif à l'aile (d'un animal, d'un avion).

alaise → **alèse**

alambic n. m. - XIIIe ; gr. *ambix* « vase » ▪ Appareil à tubes contournés servant à la distillation.

> ❑ L'*alambic* est le symbole populaire de la recherche fantastique, en alchimie et en chimie.

alambiqué, ée adj. - XVIe ▪ Exagérément compliqué et contourné. ⇒ **subtil.** « *un esprit des plus confus, alambiqué* » (Proust). ⇒ **amphigourique, biscornu, tarabiscoté.**

alangui, ie adj. ▪ Languissant, langoureux. *Un air alangui.* ⇒ **nonchalant.** *Dans une pose alanguie.*

alanguir v. tr. 2 - XVIe ▪ Rendre languissant. ⇒ **abattre, affaiblir.** pronom. Tomber dans un état de langueur. *Je « prenais plaisir à m'alanguir, à me laisser aller »* (Montaigne). ✪ CONTR. Exciter, stimuler.

alanguissement n. m. - XVIe ▪ État d'une personne qui s'alanguit. ⇒ **langueur.** « *Pourquoi ces frissons du cœur, cette émotion de l'âme, cet alanguissement de la chair ?* » (Maupass.).

alanine n. f. - XIXe ; de *al(déhyde)* ▪ Acide aminé naturel aliphatique.

alarmant, ante adj. - XVIIIe ▪ Qui alarme, est de nature à alarmer. ⇒ **inquiétant.** *Nouvelles alarmantes.* « *D'autres bruits particulièrement alarmants* » (Mérimée). ✪ CONTR. Rassurant.

alarme n. f. - XIVe ; it. *all'arme* « aux armes ! » 1 Signal pour appeler aux armes, annoncer l'approche de l'ennemi. ⇒ ① **alerte.** *Le guetteur a donné l'alarme.* ♦ Signal avertissant d'un danger. « *Aussitôt, la cloche d'alarme sonnait* » (J. Verne). *Sirène, sonnette d'alarme. Signal d'alarme,* que les voyageurs peuvent actionner en cas de danger, et qui provoque l'arrêt du train. ♦ Dispositif de surveillance d'un local, d'un véhicule. ♦ loc. *Donner l'alarme, tirer la sonnette d'alarme :* lancer des avertissements quant à des dangers menaçants. 2 Vive inquiétude en présence d'une chose alarmante. *Ce n'était qu'une fausse alarme,* nous nous sommes inquiétés sans raison. ⇒ ① **alerte.** ✪ CONTR. Tranquillité.

> ❑ Pour le sens → ① alerte (rem.).

alarmer v. tr. 1 - XVIe ▪ Inquiéter en faisant pressentir un danger. *Il a eu une rechute qui a alarmé son entourage.* ♦ pronom. S'inquiéter vivement. *Elle s'alarme pour un rien.* ✪ CONTR. Rassurer, tranquilliser.

alarmisme n. m. - 1956 ▪ Tendance à répandre l'inquiétude en étant alarmiste. ⇒ **pessimisme.**

alarmiste n. - XVIIIe ▪ Personne qui répand intentionnellement des bruits alarmants. ➡ adj. *Article, communiqué alarmiste.*

alaterne n. m. - XVIe ; lat. ▪ Nerprun à feuilles persistantes.

alb- ▪ Élément du lat. *albus* « blanc », qui devient parfois *aub- (aubépine).*

albanais, aise adj. et n. - XVe ; de *Albania* « Albanie », nom donné en lat. médiéval à l'anc. Épire ▪ De l'Albanie. ➡ n. *Les Albanais.* n. m. *L'albanais :* langue indo-européenne parlée en Albanie.

albâtre n. m. - XIIe ; lat. ▪ Variété de gypse compact coloré ou très blanc (⇒ **alabastrite).** « *une pendule d'albâtre à colonnes* » (Zola). ➡ poét. *D'albâtre :* d'une blancheur éclatante. ♦ Objet d'art en albâtre.

albatros [albatʀos] n. m. - XVIe ; port. *alcatraz* ▪ Grand oiseau planeur blanc ou gris *(procellariiformes)* océanique ou pélagique, au bec crochu, vivant souvent en vastes colonies. « *Parfois quelque grand oiseau, albatros ou frégate, passait à portée de fusil* » (J. Verne).

albédo n. m. - 1901 ; lat. *albedo* « blancheur » ▪ Fraction du flux total de particules incidentes renvoyé par réflexion diffuse à la surface de séparation de deux milieux.

albigeois, oise adj. et n. – XIIIe ; de *Albiga,* nom lat. d'Albi ▪ D'Albi. ➛ *Les albigeois :* fraction de la secte des cathares, contre lesquels le pape Innocent III fit prêcher la croisade au XIIIe s.

albinisme n. m. – XIXe ▪ État de l'albinos, absence totale de pigment dans la peau, le système pileux et les yeux (iris), due à des facteurs génétiques. ⇒ **achromie.**

albinos [albinos] n. – XVIIe ; lat. *albus* « blanc » ▪ Individu atteint d'albinisme. *Une albinos.* ➛ adj. *Un lapin albinos.*

albuginé, ée adj. et n. f. – XIVe ; lat. *albus* « blanc » ▪ De couleur blanchâtre. ♦ n. f. ALBUGINÉE : membrane fibreuse qui enveloppe le testicule.

albugo n. m. – XIVe ; mot lat. ▪ Tache blanche de la cornée. ♦ Tache blanche des ongles.

album [albɔm] n. m. – XVIIe ; lat. *album* « tableau blanc, liste » 1 Cahier ou classeur personnel destiné à recevoir des dessins, des photos, des autographes, des collections diverses. *Un album de timbres.* « *J'ai des albums pleins de coupures de journaux qui parlaient de vous* » (Loti). 2 Livre où prédominent les illustrations. *Des albums de bandes dessinées.*

albumen [albymɛn] n. m. – XIXe ; mot lat. 1 Blanc de l'œuf. 2 Tissu de réserve d'une graine destiné à être consommé par l'embryon. « *cet albumen qui est logé dans l'ovule des plantes et dans lequel celui-ci puise sa nourriture pour se transformer en graine* » (Proust).

albumine n. f. – XVIIIe ; lat. *albumen* « blanc d'œuf » ▪ Protéine naturelle hydrosoluble et coagulable par la chaleur présente dans le lait, les œufs et de nombreux fluides biologiques. ➛ fam. *Avoir de l'albumine :* présenter de l'albuminurie.

albuminé, ée adj. – XIXe ▪ Pourvu d'albumen. *Graine albuminée.*

albuminurie n. f. – XIXe ▪ Présence d'albumine dans les urines. ⇒ **protéinurie.**

alcade n. m. – XIVe ; ar. *al-qâdi* ▪ vx Juge de paix, dans les pays espagnols. ➛ mod. Maire, en Espagne.

❑ Un grand nombre de mots en *al-* viennent de l'arabe *al,* qui signifie « le, la ».

alcali n. m. – XVIe ; ar. *al-qâly* « soude » 1 Toute base et, plus spécialement, tout sel basique que donne avec l'oxygène un métal alcalin. 2 Ammoniaque.

alcalimétrie n. f. – XIXe ▪ Détermination du titre d'une solution alcaline, à l'aide d'un appareil appelé *alcalimètre.*

alcalin, ine adj. – XVIIe ▪ Qui appartient, a rapport aux alcalis, et par ext. Qui a les propriétés d'une base (⇒ ① **basique**). « *la boue saumâtre des rivières alcalines* » (Le Clézio). *Solution alcaline,* dont le pH est supérieur à 7. *Métaux alcalins,* qui, combinés avec l'oxygène, produisent des alcalis. ⇒ **césium, francium, lithium, potassium, rubidium, sodium.** ➛ *Médicament alcalin,* ou subst. *un alcalin,* utilisé dans le traitement des aigreurs et ulcères gastriques (ex. bicarbonate de soude).

alcaliniser v. tr. [1] – XVIIe ▪ Rendre alcalin.

alcalinité n. f. – XIXe ▪ État alcalin, propriété alcaline.

alcalinoterreux, euse adj. – XIXe ▪ *Métaux alcalinoterreux :* calcium, baryum, strontium et radium.

alcaloïde n. m. – XIXe ▪ Substance organique basique d'origine végétale, contenant au moins un atome d'azote dans la molécule. *La morphine, la strychnine sont des alcaloïdes.*

alcalose n. f. – 1926 ▪ Alcalinité excessive du sang.

alcane n. m. – 1960 ; de *alc(ool)* ▪ Classe des hydrocarbures aliphatiques saturés (C_nH_{2n+2}) comprenant le méthane, l'éthane, le propane, le butane, etc.

alcarazas [alkaʀazas] n. m. – XVIIIe ; ar. *al-karaz* ▪ Vase de terre poreuse où l'on met l'eau à rafraîchir (par évaporation). ⇒ **gargoulette.**

alcazar n. m. – XVIIe ; lat. *castrum* ▪ Palais fortifié d'origine maure, en Espagne. « *Un alcazar moresque s'élève, avec une superposition de terrasses du milieu des caroubiers* » (Gaut.).

alcène n. m. – av. 1960 ; de *alc(ool)* ▪ Hydrocarbure acyclique à double liaison, de formule C_nH_{2n}, encore appelé *carbure éthylénique* ou *oléfine.*

alchémille [alkemij] n. f. – XVIIe ; lat. *alchemilla,* du rad. de *alchimie,* à cause des vertus attribuées par les alchimistes à cette plante ▪ Plante herbacée *(rosacées).*

alchimie n. f. – XIIIe ; ar. *al-kîmiyâ* ▪ Science occulte, née de la fusion de techniques chimiques gardées secrètes et de spéculations mystiques, tendant à la réalisation de la transmutation des métaux en or. ⇒ **hermétisme.** « *Ceux qui se mêlaient d'alchimie disaient que maître Cornélius savait faire de l'or* » (Balz.).

alchimique adj. – XVIe ▪ Propre à l'alchimie. *Symboles alchimiques.*

alchimiste n. – XIVe ▪ Personne qui s'occupait d'alchimie. *La pierre philosophale des alchimistes du Moyen Âge.* « *la chimie est sortie des fourneaux des alchimistes* » (Balz.).

alcool [alkɔl] n. m. – XVIe ; ar. *al-kohl* « antimoine pulvérisé » I - 1 Liquide incolore, volatil, inflammable, obtenu par la distillation du vin et des jus sucrés fermentés. ⇒ **éthanol.** *Alcool absolu,* anhydre. *Alcool à 90°* (⇒ **degré**) ou *à 90. Teneur en alcool d'un vin, d'une liqueur. Désinfecter une plaie à l'alcool.* 2 *Un alcool :* boisson alcoolique forte, en général à l'exclusion du vin, de la bière, du cidre. ⇒ **eau-de-vie, esprit, liqueur,** ② **marc, spiritueux.** loc. *Tomber, sombrer dans l'alcool. Les alcools :* les eaux-de-vie et les spiritueux. *Alcools blancs :* eaux-de-vie de fruits, incolores. « *cinq bouteilles d'alcool de fruits : kirsch, mirabelle, quetsche, prune, framboise* » (Perec). *Alcools de raisins, de grains.* ➛ Verre d'alcool. *Vous prendrez bien un petit alcool ?* 3 au sing. *L'alcool :* élément alcoolique des boissons alcoolisées (vins, bières, alcools). *Boire de l'alcool, trop d'alcool.* ⇒ **alcoolisme.** « *L'alcool tue* », slogan antialcoolique. *Taux d'alcool dans le sang.* ⇒ **alcoolémie, alcootest.** *Bière sans alcool.* II - 1 Alcool méthylique* utilisé comme combustible. *Alcool à brûler. Réchaud à alcool.* 2 Tout corps possédant les mêmes propriétés chimiques que l'alcool (suff. *-ol*).

alcoolat [alkɔla] n. m. – XIXe ▪ Solution d'essence aromatique dans de l'alcool. *L'eau de Cologne est un alcoolat.*

alcoolature [alkɔlatyʀ] n. f. – XIXe ▪ Médicament obtenu en faisant macérer de l'alcool et des plantes fraîches en parties égales.

alcoolé [alkɔle] n. m. – XIXe ▪ Médicament dont l'alcool est l'excipient.

alcoolémie [alkɔlemi] n. f. – v. 1960 ▪ Taux d'alcool dans le sang.

alcoolification [alkɔlifikasjɔ̃] n. f. – XIXe ▪ Fermentation alcoolique, par laquelle le glucose se dédouble en anhydride carbonique et en alcool.

alcoolique [alkɔlik] adj. et n. – XVIIIe 1 vieilli Qui contient de l'alcool. *Les boissons alcooliques* (⇒ **alcoolisé**). 2 Relatif à l'alcool. *Fermentation alcoolique.* 3 Qui boit trop d'alcool. *Il est alcoolique.* ➛ n. Personne atteinte d'alcoolisme chronique. ⇒ **éthylique, ivrogne.** « *de ses* *gros doigts tremblants d'alcoolique* » (Zola). abrév. fam. *Des alcoolos.* ✪ CONTR. Abstème, sobre.

❑ Les *boissons alcooliques* sont globalement appelées *alcools* et le terme *boissons alcoolisées* fait penser à un faible taux d'alcool (bière, vin, cidre, etc.).

alcoolisable [alkɔlizabl] **adj.** – XIXe ■ Qui peut être converti en alcool.

alcoolisation [alkɔlizasjɔ̃] **n. f.** – XVIIIe **1** Transformation en alcool. ⇒ **alcoolification. 2** Imprégnation de l'organisme en alcool.

alcooliser [alkɔlize] **v. tr.** [1] – XVIIe **1** Convertir en alcool. **2** Additionner d'alcool. ➛ *Boisson alcoolisée,* qui contient de l'alcool. ⇒ **alcoolique. 3** pronom., fam. Abuser des boissons alcooliques. « *Elle se dédommageait sur la boisson, et but tant d'eau-de-vie qu'elle acheva promptement de s'alcooliser* » (Flaub.).

alcoolisme [alkɔlism] **n. m.** – XIXe ■ Abus des boissons alcooliques, déterminant un ensemble de troubles morbides ; ces troubles eux-mêmes. ⇒ **éthylisme.** *La lutte contre l'alcoolisme.*

alcoologie [alkɔlɔʒi] **n. f.** – 1978 ■ Discipline médicale qui traite des troubles liés à l'alcoolisme et vise à la mise en œuvre de leur prévention.

alcoomètre [alkɔmɛtʀ] **n. m.** – XIXe ■ Densimètre destiné à mesurer la teneur des liquides en alcool éthylique. ⇒ **pèse-alcool.**

alcootest [alkɔtɛst] **n. m.** – 1967 ; nom déposé ■ Appareil portatif qui sert à mesurer l'alcoolémie. Recomm. offic. *éthylomètre*, éthylotest.* ♦ Épreuve permettant d'estimer la présence d'alcool dans l'organisme d'une personne. *Faire subir un alcootest à un automobiliste.*

alcootester [alkɔtɛste] **v. tr.** [1] – 1995 ■ Soumettre (qqn) à un alcootest. ➛ **v. pron. réfl.** *S'alcootester :* vérifier son taux d'alcoolémie au moyen d'un alcootest individuel. *L'automobiliste qui s'alcooteste avant de prendre le volant.*

alcôve **n. f.** – XVIIe ; ar. *al-qubba* « petite chambre » ■ Enfoncement ménagé dans une chambre pour un ou plusieurs lits, qu'on peut fermer dans la journée. « *les paysans les moins cultivés se calfeutrent dans des alcôves* » (Gide). ♦ Lieu de rapports amoureux. *Des histoires, des secrets d'alcôves.*

alcoyle [alkɔil] **n. m.** – 1959 ; de *alcool* ■ Radical univalent provenant d'un hydrocarbure aliphatique saturé (alcane*), auquel on a soustrait un atome d'hydrogène.

❑ On dit aussi *alkyle.*

alcyne **n. m.** – 1960 ; de *alc(ool)* ■ Type d'hydrocarbure, généralement aliphatique, de formule C_nH_{2n-2}, qui possède la liaison triple.

alcyon **n. m.** – XIIIe ; gr. **1** Oiseau marin fabuleux, dont la rencontre était un présage de calme et de paix. « *Oiseaux chers à Thétis, doux alcyons, pleurez !* » (A. Chénier). **2** Cœlentéré formant des colonies massives de petits polypes.

alcyonaires **n. m. pl.** – XIXe ■ Cnidaires à huit tentacules *(cœlentérés),* surnommés *mains de mer* ou *doigts de mort. Les bouquets « offerts du fond des mers par les alcyonaires »* (Breton).

aldéhyde **n. m.** – XIXe ; lat. *al(cohol) dehyd(rogenatum)* « alcool déshydrogéné » **1** Composé organique renfermant un groupement – CHO, obtenu par oxydation (ou élimination d'hydrogène) d'un alcool primaire. *Aldéhyde alcool :* composé renfermant une ou plusieurs fonctions aldéhyde et une ou plusieurs fonctions alcool. ⇒ **aldol. 2** *Aldéhyde acétique :* liquide volatil, d'odeur vive, provenant de l'alcool (éthylique) par enlèvement d'hydrogène.

al dente [aldɛnte] **adv.** et **adj. inv.** – v. 1970 ; it. « à la dent » ■ Peu cuit et qui reste ferme sous la dent. *Pâtes, haricots verts al dente.*

aldol **n. m.** – XIXe ; de *ald(éhyde)* et *(alco)ol* ■ Aldéhyde* alcool.

aldostérone **n. f.** – apr. 1953 ; de *aldéhyde, stérol* et suff. *-one* ■ Hormone corticosurrénale qui maintient l'équilibre entre les électrolytes du sang et accélère la néoglucogenèse*.

ale [ɛl] **n. f.** – XIIIe ; néerl. ■ Bière anglaise blonde et peu amère, fabriquée avec du malt peu torréfié. « *il n'est pas de ferme ni de maison de pêcheur où l'on ne trouve de l'ale* » (Claudel). ✪ HOM. Aile, elle, ① l.

aléa **n. m.** – XIXe ; mot lat. « jeu de dés, hasard » ■ Événement imprévisible, tour imprévisible que peuvent prendre les événements. ⇒ **hasard.** *Les aléas du métier.*

aléatoire **adj.** – XVIe ; lat. *alea* ■ Que rend incertain, dans l'avenir, l'intervention du hasard. ⇒ **problématique.** *Son succès est bien aléatoire.* ♦ *Grandeur aléatoire,* qui peut prendre plusieurs valeurs déterminées par une loi de probabilité. ♦ emploi critiqué *Musique aléatoire,* dont la conception ou l'exécution sont fondées sur l'intervention du hasard. ➛ *Œuvre aléatoire,* faisant place au choix du lecteur. ✪ CONTR. Certain.

aléatoirement **adv.** – XIXe ■ De manière aléatoire.

alémanique **adj.** et **n. m.** – XIXe ; lat. *Aleman(n)i* « les Alamans », tribu germ. installée en Souabe et en Suisse ■ Propre à la Suisse de langue allemande (dite *Suisse alémanique*). ➛ **n. m.** *L'alémanique :* parler du haut allemand.

alène **n. f.** – XIIIe ; germ. *°alisna* ■ Poinçon effilé servant à percer les cuirs. « *avec son tablier bleu, son tranchet, ses ligneuls, ses alènes, en train de faire des souliers* » (Giono). ✪ HOM. Allène, haleine.

alénois **adj. m.** – XIIIe ; lat. *Aurelianensis (urbs)* ■ *Cresson* alénois.* ⇒ **passerage.**

alentour **adv.** – XIVe ■ Dans l'espace environnant, tout autour. « *la plaine un peu nue et désolée qui s'étendait alentour* » (Loti). « *la rivière débordait et couvrait les prés d'alentour* » (Muss.).

❑ Vient de l'ancien mot *entour* « ce qui est autour », dans la locution *à l'entour* (famille de *tourner*).

alentours **n. m. pl.** – XVIIIe ■ Lieux circonvoisins, environs. ⇒ **abords, environs, proximité, voisinage.** « *aux alentours des grands boulevards* » (Aragon). « *il s'est mis à inspecter les alentours, à scruter l'horizon* » (Robbe-Grillet). *Personne aux alentours.* ♦ fig. *Aux alentours de :* marque l'approximation. *Aux alentours du 1er mai* (⇒ ① **vers**), *de 1 000 francs* (⇒ **environ**). « *il avait épousé, aux alentours de 1865, une demoiselle qui n'était pas très jolie* » (Romains).

aléoute ou **aléoutien, ienne** **adj.** et **n.** – XIXe ; mot inuit ■ Relatif à l'archipel qui s'étend entre l'Alaska et le Kamtchatka. *Les îles Aléoutiennes.* ♦ **n.** *Les Aléoutiens ; les Aléoutes.* ➛ **n. m.** *L'aléoute :* langue proche de l'eskimo, parlée par quelques centaines de personnes.

aleph **n. m.** – XVIIIe ; mot hébr. **1** Première lettre de l'alphabet hébraïque. **2** Nombre cardinal caractérisant la puissance* d'un ensemble infini (⇒ **transfini**).

alérion **n. m.** – fin XIIe ; germ. *°adalaro* ■ En héraldique, Petite aigle sans bec ni pattes.

① **alerte** **n. f.** – XVIe ; it. *all'erta* « sur la hauteur », cri milit. pour appeler à guetter, de *erto* « escarpé » **1** Signal prévenant d'un danger (surtout bombardement) et appelant à prendre toutes les mesures de sécurité utiles. *Donner l'alerte.* « *Presque aussitôt, toutes les sirènes d'alerte se mirent à glapir en même temps* » (Mart. du G.). *Alerte à la bombe :* information indiquant la présence probable d'un engin explosif dissimulé dans un lieu public. ♦ *Troupes en état d'alerte*, prêtes à intervenir. ♦ **interj.** *Alerte !* Soyez sur vos gardes ! **2** Indice d'un danger imminent. ⇒ **menace.** *Elle a eu un infarctus et, depuis cette alerte, elle a beaucoup réduit ses activités.* loc. *Une fausse alerte*, qui ne correspond à aucun danger sérieux. « *Fausse alerte. C'est à la porte de service qu'on a sonné* » (Larbaud). **3** Situation critique, dangereuse, qui nécessite des mesures.

❑ *Alerte* et *alarme* ont des sens proches. Mais *alerte* insiste sur la prévention et *alarme* sur l'inquiétude.

② **alerte** **adj.** – XVIe ; de ① *alerte* **1** Vif et leste (malgré l'âge, l'embonpoint, etc.). **2** *Un esprit alerte.* ⇒ **éveillé, fringant, rapide, vif.** ✪ CONTR. Inerte, lourd.

alerter **v. tr.** [1] – 1918 ■ Avertir en cas de danger (ou dans le cas d'une difficulté quelconque) pour que des mesures soient prises. *Alerter la police.* ⇒ **prévenir.** Mettre en garde. *Alerter l'opinion.* ♦ (choses) Signaler, faire pressentir une menace. *Ses cris ont alerté les voisins. J'ai été alerté par une vive douleur.*

alésage **n. m.** – XIXe ■ Opération consistant à parachever, en en calibrant exactement les dimensions, les trous qui traversent une pièce mécanique. ♦ Diamètre d'un cylindre automobile.

alèse ou **alaise** **n. f.** – XVe ; coupure fautive de *la laize* ■ Pièce de tissu (parfois imperméable) que l'on place dans un lit pour protéger le matelas.

alésé, ée **adj.** – XVIe ; a. fr. *alaisier* « élargir » ■ En héraldique, Se dit d'une pièce honorable diminuée de longueur (ne touchant pas les bords de l'écu).

aléser **v. tr.** [6] – XVIIe ; lat. *latus* « large » ■ Procéder à l'alésage de (une pièce métallique généralement cylindrique).

aléseur **n. m.** – XXe ■ Ouvrier spécialiste de l'alésage.

aléseuse **n. f.** – 1924 ■ Machine-outil servant à l'alésage.

aléthique **adj.** – mil. XXe ; gr. *alêthês* « réel, vrai » ■ *Modalités aléthiques* : modalités logiques (logique modale) selon lesquelles les propositions sont considérées comme vraies, fausses, nécessaires ou contingentes. ⇒ **déontique.**

aleurode **n. m.** – XIXe ; gr. *aleurôdês* « qui ressemble à de la farine » ■ Puceron qui vit sur la chélidoine et le chou.

aleurone **n. f.** – XIXe ; gr. *aleuron* « farine » ■ Substance protéique de réserve des graines de nombreux spermaphytes. ⇒ **légumine.**

alevin **n. m.** – XIIe ; lat. *allevare* « élever, nourrir » ■ Jeune poisson destiné au peuplement des rivières et des étangs. ⇒ **nourrain.**

alevinage **n. m.** – XVIIe ■ Peuplement (des eaux) en poissons.

aleviner **v. tr.** [1] – XIVe ■ Peupler d'alevins. ⇒ **empoissonner.**

alevinier **n. m.**, **alevinière** **n. f.** – XVIIIe ■ Étang, vivier où l'on élève des alevins.

alexandra **n. m.** – déb. XXe ; n. pr. ■ Cocktail fait de lait chocolaté et d'alcool. « *Nous buvons avec éclectisme* [...] *des baccardi, des alexandra, des martini* » (Beauv.).

alexandrin, ine **adj.** et **n. m.** – XIe ; lat. **1** D'Alexandrie et de la civilisation hellénistique dont cette ville fut le centre. *Poètes alexandrins* (Callimaque, Hérondas, Théocrite), érudits et raffinés. **2** *Vers alexandrin*, ou **n. m.** *un alexandrin* : vers français de douze syllabes. « *nous voudrions un vers libre* [...] *sachant briser à propos et déplacer la césure pour déguiser sa monotonie d'alexandrin* » (Hugo). *Une tragédie en alexandrins.*

❑ L'alexandrin doit son nom au poème du XIIe s., le *Roman d'Alexandre* (roi de Grèce et grand conquérant).

alexie **n. f.** – XIXe ; de ② *a-* et gr. *legein* au sens de « lire » ■ Incapacité de reconnaître à la lecture les éléments du langage, alors que les organes visuels sont intacts.

alezan, ane **adj.** et **n.** – XVIe ; ar. *al-hisan* ■ Dont la robe (cheval, mulet) est brun rougeâtre. *Une jument alezane.* ♦ **n. m.** Cheval de couleur alezan.

alfa **n. m.** – XIXe ; ar. ■ Plante herbacée *(légumineuses)* d'Afrique du Nord et d'Espagne, dont les feuilles servent de matière première à la fabrication de la sparterie et de certains papiers. « *une natte épaisse d'alfa jaune* » (Perec). ✪ HOM. Alpha.

alfatier, ière **adj.** – XIXe ■ Relatif à l'alfa. ➤ **n.** Producteur d'alfa.

algarade **n. f.** – XVIe ; ar. *al-ghâra* ■ Sortie inattendue contre qqn. *J'ai eu droit à une algarade.* ➤ *Avoir une algarade avec qqn.* ⇒ **accrochage, querelle.**

algazelle **n. f.** – XVIIIe ; ar. ■ Grande antilope blanche d'Afrique.

algèbre **n. f.** – fin XIVe ; ar. *al-jabr* « contrainte, réduction » **1** Science qui utilise les opérations sur des nombres réels ou des nombres complexes qui peuvent être représentés par des lettres. « *L'usage que l'analyse mathématique fait de l'algèbre, pour trouver les inconnues au moyen des connues* » (d'Alemb.). **2** Partie autonome de la mathématique attachée à l'étude d'ensembles constitués d'autres éléments (objets géométriques, probabilités, espaces topologiques...) et qui emploie à la place des opérations courantes les lois de composition* (internes ou externes) dont la combinaison détermine des structures algébriques. ⇒ **axiomatique ; groupe ; anneau, corps,** ① **espace.** *Algèbre de Boole*, qui soumet le raisonnement logique à des règles de calcul. ⇒ **booléen ; informatique.** « *L'algèbre est une langue bien faite et c'est la seule* » (Condillac). **3** vieilli Chose difficile à comprendre, domaine inaccessible à l'esprit. *C'est de l'algèbre pour moi.* ⇒ **chinois, hébreu.**

algébrique **adj.** – XVIe ■ Relatif à l'algèbre, qui s'effectue par l'algèbre. *Calcul numérique et calcul algébrique.* « *dans les transformations algébriques on oublie les quantités, on ne considère que les rapports* » (Alain).

algébriste **n.** – fin XVIe ; de *algèbre* ■ Spécialiste de l'algèbre.

algérien, ienne **adj.** et **n.** – XVIIe ; de *Alger*, autrefois nom de la ville et du pays ■ De l'Algérie. ♦ **n.** Maghrébin* d'Algérie. *Les Algériens. Une Algérienne.* ➤ **n. m.** *L'algérien* : l'arabe dialectal d'Algérie.

algide **adj.** – XIXe ; lat. *algidus* « froid » ■ Accompagné d'algidité. *Sueur algide.*

algidité **n. f.** – XIXe ■ sc. Refroidissement avec sensation de froid et tendance au collapsus.

algie **n. f.** – 1948 ; gr. *algos* « douleur » ■ Douleur le plus souvent diffuse, sans relation bien définie avec une cause organique.

❑ Ce mot n'est employé qu'en milieu médical.

-algie ■ Groupe suffixal, du gr. *-algia*, de *algos* « douleur ».

algine **n. f.** – XIXe ; de *alg(ue)* et *-ine* ■ Composé glucidique à caractère mucilagineux que l'on trouve dans les algues brunes.

algique **adj.** – 1912 ■ Relatif à la douleur physique.

algol **n. m.** – v. 1958 ; mot angl., de *algo(rithmic) l(anguage)* « langage algorithmique » ■ Langage de programmation destiné à l'écriture des algorithmes (calcul numérique) indépendamment de tout contexte concret. ⇒ **cobol, fortran.**

algologie n. f. – XIXe ▪ vieilli Partie de la botanique qui étudie les algues. ⇒ **phycologie.**

algonquin, ine adj. et n. – XVIIe ; de l'algonquin *algumakin* « où l'on pêche au harpon » ▪ Qui appartient à la tribu indienne du Canada portant ce nom. *Les langues algonquines.*

algorithme n. m. – XVIe ; ar. *Khawarizmi*, nom de l'inventeur du terme qui a donné *algèbre* ▪ Suite finie, séquentielle de règles que l'on applique à un nombre fini de données, permettant de résoudre des classes de problèmes semblables. ➛ Ensemble des règles opératoires propres à un calcul ou à un traitement informatique.

❑ *Algorithme* prend un *h* par rapprochement de sens avec *arithmétique.*

algorithmique adj. et n. f. – XIXe 1 Relatif au système de numération dit *algorithme.* 2 n. f. Science qui étudie l'application des algorithmes à l'informatique.

algothérapie n. f. – mil. XXe ▪ Traitement médical par les algues.

algue n. f. – XVIe ; lat. *alga* ▪ Thallophyte pourvue de chlorophylle, plante aquatique des eaux douces ou salées. *Algues vertes, brunes.* ⇒ **varech.** *Algues rouges.* ⇒ **coralline.** « *l'odeur de l'iode et des algues leur annonça la mer* » (Camus).

alias [aljas] adv. – XVe ; mot lat. « une autre fois, autrement » ▪ Autrement appelé (de tel ou tel nom). *Jacques Collin, alias Vautrin, alias Carlos Herrera.*

alibi n. m. – XIVe ; mot lat. « ailleurs » 1 Moyen de défense tiré du fait qu'on se trouvait, au moment de l'infraction, dans un lieu autre que celui où elle a été commise. *Avoir un alibi.* « *une de leurs amies habitait aux environs et s'engageait à fournir un alibi très acceptable* » (Loti). 2 Circonstance, activité permettant de se disculper, de faire diversion. ⇒ ② **prétexte.** « *l'optimisme m'est toujours apparu comme l'alibi sournois des égoïstes* » (Bernanos).

aliboufier n. m. – XVIIIe ; mot provenç. ▪ Styrax* officinal.

alidade n. f. – XVe ; ar. *al-idhâla* ▪ Règle de topographe portant un instrument de visée (pinnules* ou lunette), qui sert à déterminer une direction ou mesurer un angle. ♦ Partie mobile d'un théodolite.

aliénabilité n. f. – XVIIIe ▪ Qualité juridique d'un bien aliénable. ✪ CONTR. Inaliénabilité.

aliénable adj. – XVIe ▪ Qui peut être aliéné. ✪ CONTR. Inaliénable.

aliénant, ante adj. – 1943 ▪ Qui aliène, retire à l'individu la libre disposition de lui-même. ⇒ **asservissant, assujettissant.** *Un travail aliénant.*

aliénataire n. – XVIe ▪ Personne en faveur de qui se fait une aliénation.

aliénateur, trice n. – XVIe ▪ Personne qui transmet un bien par aliénation.

aliénation n. f. – XIIIe 1 Acte translatif de propriété ou de droit, à titre gratuit (donation, legs) ou onéreux (vente, cession). 2 Fait de céder ou de perdre (un droit, un bien naturel). *Ce serait une aliénation de ma liberté.* ♦ Pour les marxistes, État de l'individu qui, par suite des conditions sociales (économiques, politiques, religieuses), est privé de son humanité et est asservi. 3 Trouble mental, passager ou permanent, qui rend l'individu comme étranger à lui-même et à la société où il est incapable de mener une vie sociale normale. ⇒ **démence, folie.** « *il donne depuis plusieurs semaines des signes indéniables d'aliénation mentale* » (Courtel.).

❑ Le sens médical (3°) vient de l'expression ancienne *aliénation d'entendement* « perte de la raison ».

aliéné, ée n. – XVIe ▪ Personne atteinte d'aliénation mentale, dont l'état nécessite l'internement dans un hôpital psychiatrique. « *Je compris, en me voyant parmi les aliénés, que tout n'avait été pour moi qu'illusion jusque-là* » (Nerval).

aliéner v. tr. [6] – XIIIe ; lat. *alius* « autre » 1 Céder par aliénation. *Aliéner un bien.* ♦ littér. « *Par le mariage, j'aliénais volontairement une liberté que mon livre revendiquait* » (Gide). 2 *S'aliéner les esprits, la sympathie de la population,* les perdre, les écarter de soi.

aliéniste n. – XIXe ▪ vieilli Médecin spécialisé dans le traitement des aliénés. ⇒ **psychiatre.**

aligné, ée adj. – mil. XIIe 1 Disposé, rangé en ligne droite. *Des rues bien alignées.* 2 Conforme à (un parti, un gouvernement). *Les États alignés sur l'un ou l'autre des deux blocs.* ✪ CONTR. Délinéarisé. Non-aligné.

alignement n. m. – XIVe 1 Fait d'aligner, d'être aligné. *Alignement des caractères imprimés.* ♦ Mesure administrative destinée à rectifier et à élargir les voies publiques en frappant les terrains riverains d'une servitude empêchant leurs propriétaires de bâtir des constructions nouvelles et d'entretenir celles qui s'y trouvent. *Maisons frappées d'alignement.* 2 Action de s'aligner. ♦ fig. *L'alignement d'un pays sur une grande puissance.* 3 Rangée de choses alignées. *Les alignements de Carnac* : les rangées de menhirs sur des lignes parallèles, à Carnac. ✪ CONTR. Non-alignement.

aligner v. tr. [1] – XIIe ; de ① *a-* et *ligne* **I** - 1 Disposer selon une ligne droite. *Aligner des plants au cordeau.* « *je suis obligé de faire aligner le fossé de mes prés sur la route* » (Balz.). 2 Inscrire ou prononcer à la suite. *Aligner des mots, des chiffres,* en inscrire un grand nombre à la suite. « *quelques auberges célèbres, dont le menu alignait autant de mets que de vers un sonnet* » (Colette). ♦ fam. *Les aligner* : donner les billets l'un après l'autre, payer. 3 Rendre conforme à. *Aligner sa politique sur celle de qqn.* **II** *S'ALIGNER* v. pron. 1 Être disposé, se placer sur la même ligne. « *Les hommes rompirent les faisceaux, s'alignèrent et manœuvrèrent les fusils* » (Mac Orlan). 2 Affronter à plusieurs dans une compétition. *S'aligner contre l'équipe adverse.* loc. fam. *Tu peux toujours t'aligner* : tu n'es pas de taille, tu seras battu. 3 *S'aligner sur...,* se conformer fidèlement (à la « ligne » politique d'un autre).

aligoté n. m. – XIXe ; germ. *°hariôn* « déchirer » ▪ Cépage blanc de Bourgogne. ➛ Vin produit par ce cépage.

aliment n. m. – XIIe ; lat. *alere* « nourrir » 1 Toute substance susceptible d'être digérée, de servir à la nutrition d'un être vivant. ⇒ **comestible, denrée, nourriture, pâture,** ② **vivre.** *La saveur, le goût, la consistance d'un aliment. Aliment frais, déshydraté, lyophilisé, fumé, surgelé. Aliments sous vide. Valeur énergétique, nutritive d'un aliment.* 2 au plur. Moyens d'existence nécessaires à une personne dans le besoin et exigibles par elle, de certains tiers. 3 Ce qui nourrit, entretient. « *la réalité fournit enfin un aliment à cette fantaisie* » (Perec).

alimentaire adj. – XVIe 1 Qui peut servir d'aliment. « *un gros épicier de son quartier avait stocké des produits alimentaires pour les vendre au prix fort* » (Camus). 2 Relatif à l'alimentation. *Industrie alimentaire. Régime alimentaire.* 3 Qui a rapport aux moyens d'existence. *Pension alimentaire,* servie à une personne qui en a besoin, en vertu d'un accord amiable ou d'un jugement. ♦ péj. Qui n'a d'autre objet que de fournir de quoi vivre. *Un travail alimentaire.*

alimentation n. f. – XVe 1 Action ou manière d'alimenter, de s'alimenter. *L'alimentation des adolescents.* ➛ Aliments consommés. ⇒ **nourriture ; repas.** *Une alimentation équilibrée.* ♦ Commerce des denrées alimentaires. *Magasin d'alimentation.* 2 Action de fournir (à la consommation de). *Alimentation d'un village en eau, en électricité.* 3 Dispositif fournissant l'énergie électrique continue nécessaire au fonctionnement d'un appareil électronique.

alimenter v. tr. [1] – XIVe 1 Fournir une certaine alimentation à. ⇒ **nourrir.** *Vous pouvez alimenter légèrement le malade.* pronom. « *le malade s'alimente mal et garde depuis son entrée une inappétence prononcée* » (Cendrars). 2 Approvisionner. *Alimenter une chaudière. Le Jourdain « depuis des millénaires, alimente ce réservoir »* (Loti). ♦ Entretenir, nourrir. *Cela suffit à alimenter la conversation.*

alinéa n. m. – XVIIe ; de *a linea,* mots lat. « (en s'écartant) de la ligne » ▪ Renfoncement de la première ligne d'un paragraphe, dans un texte. ♦ Passage compris entre deux de ces lignes en retrait. ⇒ **paragraphe.**

❑ L'*alinéa,* articulé par le contenu du texte, permet par le retrait d'insister sur le passage à la ligne (notamment lorsque la ligne supérieure est pleine).

alios [aljos] n. m. – XIXe ; mot gasc. ▪ Grès organique ou ferrugineux constituant un des horizons du podzol des Landes.

aliphatique adj. – 1903 ; gr. *aleiphar, atos* « graisse » ▪ Se dit de corps chimiques de la série grasse, à chaîne carbonée linéaire ou ramifiée ouverte (opposé à *aromatique*).

aliquante adj. f. – XVIIe ; lat. *aliquantus* « d'une certaine grandeur » ▪ VX *Partie aliquante,* qui n'est pas contenue un nombre exact de fois dans un tout. ✪ CONTR. Aliquote.

aliquote adj. f. – XVe ; lat. *aliquot* « un certain nombre de » ▪ VX *Partie aliquote,* qui est contenue un nombre exact de fois dans un tout. ✪ CONTR. Aliquante.

alise n. f. – XIIe ; gaul. °*alisia* ▪ Fruit de l'alisier, d'un goût légèrement acidulé.

alisier n. m. – XIIIe ▪ Variété de sorbier *(rosacées),* dont le bois est recherché pour les instruments de précision.

alisma ou **alisme** n. m. – XVIIIe-XIXe ; gr. ▪ Plantain d'eau *(alismacées)* aux feuilles partiellement submergées et aux tissus remplis d'air.

alitement n. m. – XVIe ▪ Séjour forcé d'un malade au lit.

aliter v. tr. [1] – fin XIIe ▪ Faire prendre ou garder le lit à (un malade). pronom. ⇒ **se coucher.** *Il a dû s'aliter hier.*

alizarine n. f. – XIXe ; de *alizari* « racine de garance », d'o. ar. ▪ Matière colorante d'un beau rouge, extraite autrefois des racines de garance, aujourd'hui obtenue par synthèse.

alizé adj. et n. m. – XVIIe ; a. provenç. *lis* « doux (temps) » ▪ *Vent alizé* ou subst. *alizé :* vent régulier soufflant toute l'année de l'Est, sur la partie orientale du Pacifique et de l'Atlantique comprise entre les parallèles 30° N. et 30° S. « *Tant qu'on fut dans les alizés de l'hémisphère nord, il put se tenir à demeure sur le pont* » (Loti).

alkékenge n. m. – XVIe ; ar. *al-kākang* ▪ Plante vivace de l'espèce physalis*.

alkyle → **alcoyle**

allaitement n. m. – XIVe ▪ Action d'allaiter, alimentation en lait du nourrisson jusqu'au sevrage. ✪ HOM. Halètement.

allaiter v. tr. [1] – XIIe ▪ Nourrir de son lait (un nourrisson, un petit). « *les juments pleines et celles qui allaitent leurs poulains* » (Buff.). ♦ Donner le sein. « *Nombre d'entre elles allaitaient tout en travaillant* » (Gide). ✪ HOM. *Allaite :* halète (haleter).

allant, ante n. m. – XIIe ▪ Ardeur d'une personne qui va de l'avant, ose entreprendre. ⇒ **énergie, entrain.** *Soldat « plein d'initiative et d'allant »* (Madelin).

allantoïde n. f. – XVIe ; gr. *allantoeidês* « en forme de boyau » ▪ Membrane annexe embryonnaire des vertébrés à amnios, qui intervient dans l'excrétion et les échanges respiratoires.

alléchant, ante adj. – XVe ▪ Qui allèche, fait espérer quelque plaisir. *Une odeur alléchante.* ⇒ **appétissant.** *Une proposition alléchante,* séduisante, tentante. « *dans les petites salles de quartier où il avait repéré des programmes alléchants* » (Beauv.). ✪ CONTR. Repoussant.

allécher v. tr. [6] – XIIe ; lat. *allicere* « attirer » ▪ Attirer en flattant les sens, par la promesse de quelque plaisir. ⇒ **appâter.** « *Maître Renard, par l'odeur alléché* » (La Font.). ♦ Attirer, tenter. « *Afin d'allécher les lecteurs* » (Gide). ✪ CONTR. ① Repousser.

❑ Aucun rapport étym. avec *lécher ;* famille étym. de *délice, délecter.*

allée n. f. – XIIe 1 Le fait d'aller. *Allée et venue :* mouvement de gens qui vont et viennent. au plur. Démarches et déplacements divers. « *Une liberté entière était laissée aux allées et venues des hôtes* » (Cendrars). *Perdre son temps en allées et venues.* 2 Dans un jardin, une forêt, Chemin bordé d'arbres, de massifs, de verdure. « *une large allée sablée donnant sur un boulingrin* » (Balz.). 3 Dans un lieu couvert, espace pour le passage. *Les allées d'un cinéma.* ✪ HOM. Aller, haler, hâler.

allégation n. f. – XIIIe ; lat. 1 littér. Citation qu'on fait de quelque texte autorisé pour s'en prévaloir, affirmation étayée sur cette citation. 2 Affirmation quelconque (souvent péj.). *Selon les allégations du ministre... Des allégations mensongères.*

allège n. f. – XIIe ; de *alléger* ▪ Mur d'appui à la partie inférieure d'une fenêtre. *Une allège d'un mètre vingt.*

allégé, ée adj. – 1980 ▪ Qui a une teneur en lipides réduite. *Un fromage allégé.*

allégeance n. f. – XVIIe ; a. fr. *li(e)jance,* de *lige* 1 Fidélité, vassalité de l'homme lige. *Serment d'allégeance.* 2 Obligation de fidélité à une nation. ➛ Soumission. *Faire allégeance à...*

allégement ou **allègement** n. m. – XIIe 1 Diminution de poids, de charge. 2 Fait ou moyen d'alléger (ce qui constitue une charge trop lourde à supporter). *Demander l'allégement des programmes scolaires.* La vie « *n'est pas supportable sans de grands allégements* » (Flaub.). ✪ CONTR. Alourdissement, surcharge.

❑ Les deux façons d'écrire n'ont qu'une seule prononciation, qui s'aligne sur *allège.*

alléger v. tr. [6] – XIe ; lat. *levis* « léger » 1 Rendre moins lourd en débarrassant d'une partie du poids. *Alléger un bateau.* ⇒ **délester.** « *L'homme qui marche est miraculeusement allégé par le jeu des muscles* » (Duham.). 2 Rendre moins pesant. *Alléger les impôts.*

allégorie n. f. – XIIe ; gr. 1 Narration ou description métaphorique dont les éléments sont cohérents et qui représentent avec précision une idée générale. ⇒ **mythe.** « *Vous entendez bien que la pomme qui tenta la pitoyable Ève n'était point le fruit du pommier et que c'est là une allégorie dont je vous ai révélé le sens* » (France). 2 Représentation d'une entité abstraite par un être animé (le plus souvent un personnage) auxquels sont associés des attributs symboliques dans une narration (littérature, cinéma) ou un projet narratif (arts plastiques). « *L'Allégorie du printemps* » *de Botticelli.*

allégorique adj. – XIVe ▪ Qui appartient à l'allégorie, repose sur des allégories. ⇒ **métaphorique, symbolique.** *Peinture allégorique.* ✪ CONTR. Littéral, réaliste.

allégoriquement adv. – XVe ▪ D'une manière allégorique, dans un sens allégorique. ✪ CONTR. Littéralement.

allègre adj. – XIIe ; lat. *alacer* ▪ Plein d'entrain, vif. *Marcher d'un pas allègre. L'étude* « *le laissait toujours plus libre, plus allègre et plus dispos après qu'auparavant* » (Ste-Beuve).

> ❑ Les noms correspondant à *allègre* sont *allégresse* et *alacrité.* → alacrité (rem.).

allégrement ou **allègrement** adv. – XIIIe ▪ D'une manière allègre, avec entrain. ⇒ **vivement.** « *mes idées circulaient allègrement dans ma tête* » (Gide). ♦ Avec un entrain qui suppose une certaine légèreté ou inconscience. *Il nous a allégrement laissés choir.* « *Il appelait allégrement toute chose par le mot propre ou malpropre et ne se gênait pas devant les femmes* » (Hugo).

allégresse n. f. – XIIIe ▪ Joie très vive qui d'ordinaire se manifeste publiquement. ⇒ **gaieté, jubilation.** *Au milieu de l'allégresse générale.* ✪ CONTR. Consternation, tristesse.

allegretto [a(l)legʀeto] adv. et n. m. – XVIIIe ; mot it., dimin. de *allegro* ▪ adv. Dans un tempo un peu vif entre l'andante et l'allegro. ♦ n. m. Morceau exécuté dans ce tempo. *Des allegrettos.*

allegro [a(l)legʀo] adv. et n. m. – XVIIIe ; mot it. « vif » ▪ adv. Indication de mouvement musical, assez rapide (mais moins que *presto*). ♦ n. m. Morceau exécuté dans ce tempo. ➛ Premier mouvement d'une sonate.

> ❑ L'écrivain Rousseau écrit *allégro* dans son dictionnaire de musique.

alléguer v. tr. [6] – XIIIe ; lat. **1** Citer comme autorité, pour sa justification. *Alléguer un texte de loi.* **2** Mettre en avant, invoquer, pour se justifier, s'excuser. ⇒ **objecter, prétexter.** « *L'autre aussitôt de s'excuser, Alléguant un grand rhume* » (La Font.). *Il allègue qu'elle avait un alibi.*

> ❑ Pour le sens → citer (rem.).

allèle n. m. – 1936 ; abrév. de *allélomorphe,* du gr. *allêlo-* marquant la réciprocité et *-morphe* ▪ L'un quelconque des deux gènes localisés au même site sur chaque membre d'une paire de chromosomes homologues (autrefois *gène allélomorphe*).

alléluia [a(l)leluja] n. m. – XIIe ; hébr. « louez Yahweh » **1** Cri de louange et d'allégresse fréquent dans les psaumes, adopté par l'Église dans sa liturgie. ♦ Pièce musicale ornée de vocalises, chantée avant l'évangile au cours de la messe. *Des alléluias.* **2** Plante dicotylédone *(oxalydées)* qui fleurit vers Pâques.

allemand, ande adj. et n. – XIe ; lat. *Alema(n)ni* « Alamans » confédération de peuples germaniques **1** De l'Allemagne. ⇒ **alémanique, germanique, tudesque.** *Le peuple allemand.* ♦ n. *Les Allemands.* ⇒ ② **germain, teuton ;** péj. **boche, chleuh, fridolin,** ② **frisé, fritz.** ♦ *La langue allemande* ou n. m. *l'allemand :* langue du groupe germanique occidental, comprenant le *haut allemand* (devenu, depuis Luther, l'allemand classique) et le *bas allemand* (représenté aujourd'hui par divers parlers de la plaine de l'Allemagne du Nord). **2** n. f. Danse d'origine allemande, en honneur à la cour de Louis XIV.

allène n. m. – XIXe ; pour *allylène* → allyle ▪ Hydrocarbure gazeux de formule $H_2C{=}C{=}CH_2$. ✪ HOM. Alène, haleine.

① **aller** v. [9] – VIIIe ; réduction mal expliquée du lat. *ambulare* **I** v. intr. **A** Marque le déplacement d'un lieu dans un autre (emplois aux sens propre et métaphoriques). **1** Se déplacer. « *Elle allait à grands pas* » (La Font.). *Allez plus vite ! Aller à cheval, à bicyclette, en voiture. Comment irez-vous ?* (cf. Par quel moyen de locomotion*). *Je vais avec vous, nous irons ensemble. Aller à la campagne.* ⇒ se **rendre.** *Il va au Canada en juin. Qu'il aille dans sa chambre. Je suis allé chez lui. Aller à l'épicerie, chez l'épicier. Nous ne savons où aller. Il va où il veut. J'y vais. Il faut y aller. Allez-y en taxi. Elle y va seule.* loc. *Qui va là ?* formule d'interpellation du veilleur, de la sentinelle **(⇒ qui-vive).** ➛ littér. « *Je suis une force qui va* » (Chateaub.). ♦ *Nous allons dans la même direction. Aller à travers champs. Aller au-devant de qqn,* à sa rencontre. ♦ (choses) *Cette voiture va vite. Ce bus va-t-il à Neuilly ?* fam. *Votre billet ne va que jusqu'à Lille.* **2** Occuper un espace jusqu'à une limite. *La route qui va au château.* ⇒ **conduire, mener.** *Le couloir qui allait de la cuisine au salon. Le chapitre qui va de la page 21 à la page 35. Le jardin va jusqu'à la rivière.* ⇒ s'**étendre.** *L'abonnement va jusqu'en décembre,* est valable jusqu'à cette date. fam. *Pour le pain, ça ira jusqu'à lundi.* ⇒ **suffire.** ➛ fig. *Elle est allée jusqu'à lui dire que...* **3** Se déplacer pour faire qqch., le mouvement étant secondaire. *Aller à l'école, au cinéma. Aller à la chasse, à la pêche.* ➛ Se déplacer pour chercher qqch. *Aller aux nouvelles. Aller aux champignons, aux fraises. Un homme* « *qui va au lait en savates* » (Perec). **4** Être destiné à. *L'héritage va à sa fille. À lui va toute mon affection.* ♦ Devoir être mis, rangé quelque part. *Les draps vont dans le placard. Tout ceci ira à la poubelle.* ➛ Pouvoir supporter d'être mis quelque part. *Un plat qui va au feu.* **5** (avec un v. à l'inf. exprimant le but) *Aller travailler. Bonsoir, je vais me coucher. Allons nous promener. On sonne, je vais ouvrir, j'y vais ; vas-y. Va voir ce que c'est,* pop. *vas-y voir.* ♦ (Pour désapprouver une initiative) *Qu'est-ce que tu es encore allé raconter ? Qu'allez-vous imaginer ?* à l'impér. négatif *N'allez pas croire de tels ragots.* **6** loc. *Y ALLER DE* (et subst.). Participer à une activité collective. *Elle y est allée de sa chanson.* ➛ Être en jeu. *Il y va de ma santé.* **B** Marque une manière de faire ou d'être. **1** Agir (manière, durée). *Il faut aller vite.* ⇒ **agir,** ① **faire.** *C'est fragile, allez-y doucement ! Nous irons jusqu'au bout.* **2** Évoluer. *Ça va comme ça peut. Rien ne va plus !* les jeux sont faits (à la roulette). ♦ *Il en va de... comme de...* (pour comparer). ⇒ ① **être.** *Il en va de même pour...* ♦ *LAISSER ALLER :* laisser évoluer sans intervenir. *Il laisse tout aller.* ➛ pronom. *Se laisser aller :* ne plus se contrôler (dans le soin de sa personne, la direction de sa vie). spécialt Ne pas se contracter, se contraindre. *Laissez-vous aller ! Se laisser aller à* (et inf.) : ne pas faire d'effort pour s'empêcher de (faire, dire). **3** Marcher, fonctionner. *Ça va les études, ça va la santé ? Ça va ?* pour s'informer de la vie de qqn, demander de ses nouvelles. « *ça va toujours comme vous voulez ?* » (Perec). fam. *On fait aller :* ça ne va pas très bien mais on y remédie. ♦ Être dans tel état de santé. ⇒ se **porter.** *Comment allez-vous ? Je vais bien, mieux.* **4** Convenir. *Rendez-vous demain, ça vous va ? Ça va :* ça me convient. ➛ *Oh ! ça va !* ça suffit, assez ! (pour faire cesser le comportement, les paroles de l'autre). ♦ *ALLER À QQN :* être plus ou moins seyant. *Cette robe vous va bien,* à ravir. ➛ Être de la bonne taille. *Ces chaussures me vont, c'est ma taille.* **5** *ALLER AVEC, ENSEMBLE :* accompagner normalement, être adapté à. *Les serviettes qui vont avec la nappe.* ♦ *ALLER BIEN, MAL* (ou autre adv.) *AVEC, ENSEMBLE :* être plus ou moins bien assorti. *Le rose va bien avec le brun.* ⇒ s'**harmoniser.** ➛ Faire bel effet (cf. Faire* bien). Ce *fauteuil ira bien dans votre chambre.* ➛ *Ils vont bien ensemble* (personnes). **6** *NE PAS ALLER SANS* (choses abstraites) : être généralement accompagné de. ⇒ **comporter.** *Ça n'ira pas sans difficulté* : ce ne sera pas facile. **7** *ALLER CONTRE, À L'ENCONTRE DE* : s'opposer. *Je n'irai pas contre sa volonté.* **8** *ALLER SUR...* (avec indication de l'âge) : être proche d'avoir... *Il va sur (ses) 25 ans* : il a 24 ans révolus. **II** **v. auxil.** **1** Auxiliaire de temps devant l'infinitif, pour former le futur prochain Être sur le point de. *Il va partir. Ce soir, je vais me coucher tôt. Attention, le vase va tomber ! Il va pleuvoir. Tu vas aller mieux.* ➛ *J'allais justement vous écrire.* **2** Pour exprimer la simultanéité, la durée ou la progression. « *Un fiacre allait trottinant* » (chans.). *Le mal va croissant.* **III** *S'EN ALLER* **v. pron.** **1** Quitter le lieu où l'on est. ⇒ ① **partir.** *Adieu, je m'en vais. Va-t'en ! Qu'il s'en aille, nous ne le retenons pas.* « *La condition des personnes qui restent est toujours plus triste que celle des personnes qui s'en vont* » (Mariv.). *Elle s'en va dans le Midi.* **2** littér. Mourir. *Le jour où il s'en est allé*, où il nous a quittés. **3** Partir, disparaître. *La peinture s'écaille et s'en va.* ➛ littér. *Le temps, l'été s'en va.* ⇒ **passer.** **4** Pouvoir être ôté, détaché de. ⇒ **s'enlever.** *La capuche s'en va.* **5** Pouvoir être effacé. ⇒ ① **partir.** *J'ai beau frotter, la tache ne s'en va pas.* **IV** **v. tr.** loc. *Aller son chemin* : aller là où l'on a prévu d'aller. fig. *Aller son petit bonhomme* de chemin.* **V** *VA, ALLONS, ALLEZ* **interj.** **1** *VA, ALLONS, ALLEZ*, pour inciter au départ, et surtout à l'action. *Allez, au travail !* « *Allons, enfants de la patrie* » (La Marseillaise). *Allez, les verts !* (équipe sportive). *Allons, pressons* : dépêchez-vous. ➛ *Et allez-y ! Et allez donc !* formules d'encouragement ironique pour ce qu'on réprouve. ➛ *Va donc, (eh)...* suivi d'une injure, indique le mépris, le rejet. *Va donc, eh cocu !* **2** *ALLONS !* s'emploie pour dénier, dissuader, réprimander. *Allons, un peu de calme !* **3** *VA, ALLEZ*, s'emploie pour exprimer la résignation, la conciliation. *Je le sais bien, va ! Allez allez, ça ne sera rien !* « *Quand même, allez, c'était la belle vie* » (Perec). **4** *VA POUR*, servant à acquiescer. *Va pour 200 francs*, d'accord pour. ✪ CONTR. Rester. Revenir. — HOM. Allée, haler, hâler ; *alliez* : alliez (allier).

> ❑ La grande irrégularité des formes du verbe *aller* vient du fait qu'elles sont héritées de trois verbes latins : *ambulare, ire* et *vadere.* ♦ *Être allé* est souvent remplacé par *avoir été* dans la langue familière pour tous les temps composés du verbe : « *Moi aussi, je suis allé où vous avez été* » (Alain-Fournier). → ① être. ♦ *Je suis été* est très fautif.

② **aller** **n. m.** – XIIe ; de ① *aller* **1** Fait d'aller, trajet fait en allant à un endroit déterminé (opposé à *retour*). *J'ai pris à l'aller le train du matin. Il a fait l'aller et le retour dans la journée.* ♦ *Match aller* : premier match opposant deux équipes dans un championnat. **2** Billet de chemin de fer valable pour l'aller. *Un aller (simple) pour Marseille. Un aller (et) retour* : billet double comportant un coupon de retour. ✪ CONTR. Retour.

allergène **n. m. et adj.** – 1922 ▪ Substance qui détermine l'allergie et les troubles qui y sont associés. ⇒ **antigène.** ♦ **adj.** Qui détermine ou favorise l'allergie.

> ❑ On dit aussi *allergénique* adj.

allergie **n. f.** – 1906 ; de *allo-* et gr. *-ergia* « action, efficacité » ▪ Modification des réactions d'un organisme à un agent pathogène, lorsque cet organisme a été l'objet d'une atteinte antérieure par le même agent. ⇒ **sensibilisation.** *Allergie respiratoire, cutanée. Allergie aux pollens*, provoquée par les pollens. *Avoir des allergies.*

allergique **adj.** – 1920 ▪ Propre à l'allergie. ♦ Qui réagit en manifestant une allergie à (une substance). *Il est allergique aux poussières.* ♦ fig. *Être allergique à*, ne pas supporter, détester. « *Il était allergique à la chlorophylle, le verdoiement de ces pâturages l'excédait* » (Beauv.).

allergisant, ante **adj. et n. m.** – v. 1920 ▪ Qui peut provoquer des allergies.

allergologie **n. f.** – 1958 ▪ Étude et thérapeutique des allergies.

allergologue **n.** – v. 1965 ▪ Spécialiste des questions d'allergie.

> ❑ On dit aussi *allergologiste* → -logue, logiste (rem.).

alleu **n. m.** – XIIe ; germ. *°al-ôd* « totale propriété » ▪ Domaine héréditaire conservé en toute propriété, libre et franc de toute redevance. « *Près de Cluny au* X^e [siècle], *se manifeste la rivalité de multiples alleux* » (G. Duby). *Franc-alleu* [fʀɑ̃kalø]. ✪ CONTR. Fief, tenure.

> ❑ On trouve parfois le pluriel *alleus.*

alliacé, ée **adj.** – XIXe ; lat. *allium* « ail » **1** Propre à l'ail. *Odeur alliacée.* **2** *Plantes alliacées* (ail, ciboule, échalote, oignon, poireau). **3** Qui contient de l'ail, aillé. *Des anguilles* « *grillées au bois, arrosées d'un beurre alliacé* » (Morand).

alliage **n. m.** – XVIe ▪ Produit métallique obtenu en incorporant à un métal un ou plusieurs éléments. *Alliages ferreux, cuivreux.* « *l'or épais et sans alliage* » (Loti).

alliaire **n. f.** – XVIe ▪ *Alliaire officinale* : plante *(cruciféracées)* à odeur alliacée, utilisée en cuisine et comme antiseptique.

alliance **n. f.** – XIIe **1** Union contractée par engagement mutuel. ➛ Union de deux puissances qui s'engagent par un traité à se porter mutuellement secours en cas de guerre. ⇒ **coalition, entente, ligue, pacte.** *Conclure, contracter, rompre une alliance. Alliance atlantique.* **2** Lien juridique existant entre un époux et le parent de son conjoint, et entre les familles de l'un et de l'autre. ⇒ **parenté.** « *Son oncle par alliance, du côté maternel* » (Romains). ♦ Anneau nuptial, symbole de l'union. *Porter une alliance.* **3** Combinaison d'éléments divers. « *le lien indescriptible d'une alliance de mots* » (Proust). *Alliance de couleurs.* ✪ CONTR. Désunion, divorce.

allié, iée **adj. et n.** – XIVe **1** Uni par un traité d'alliance. *Les pays alliés.* **n.** *Soutenir ses alliés.* ♦ *Les Alliés* : les pays alliés contre l'Allemagne au cours des deux guerres mondiales du XXe s. **adj.** Des Alliés, en 1914-1918 et en 1939-1945. *Le commandement allié.* « *on voulait sauver l'honneur pour que la France puisse parler aux Alliés la tête haute* » (Beauv.). **2** **n.** Personne qui apporte à une autre son appui, prend son parti. ⇒ **ami, soutien.** *J'ai trouvé en lui un allié.* **3** Uni par alliance. *Une famille alliée aux Bourbons.* subst. *Les alliés* : les personnes unies par alliance. *Les parents et alliés.* ✪ CONTR. Ennemi, opposé. — HOM. Hallier.

allier **v. tr.** [7] – XIIe ; lat. *alligare* **1** **v. pron.** *S'ALLIER À, AVEC* : s'unir par une alliance. « *ces nobles français qui s'allièrent au tiers état et renoncèrent à leurs privilèges* » (Camus). **2** **v. tr.** Combiner dans un alliage. *Allier l'or et l'argent, avec l'argent.* **3** Associer (des éléments dissemblables). « *allier une avarice presque sordide avec le plus grand mépris pour l'argent* » (Rouss.). ⇒ **joindre.** ✪ HOM. *Alliez* : alliez (aller).

alligator **n. m.** – XVIIe ; esp. *el lagarto* « le lézard » ▪ Reptile *(crocodiliens)* d'Amérique du Nord (Floride surtout) pouvant atteindre plusieurs mètres de long. ⇒ aussi **caïman, crocodile.**

allitératif, ive **adj.** – mil. XIXe ▪ De l'allitération. *Un* « *enchaînement allitératif de syllabes* » (Valéry).

allitération n. f. – XVIIIe ; lat. *littera* « lettre » ▪ Répétition des consonnes initiales (et des consonnes intérieures) dans une suite de mots rapprochés (ex. « Pour qui sont ces serpents qui sifflent sur vos têtes ? » [Rac.]).

❑ Pour la graphie avec un seul *t* → oblitération (rem.). ♦ *L'allitération* a autant d'importance en poésie que la rime.

allo ou **allô** interj. – XIXe ; angl. *hallo, hello,* onomat. ▪ Interjection conventionnelle servant d'appel dans les communications téléphoniques. *Allo, allo, ne raccrochez pas.* ✪ HOM. Halo.

allo- ▪ Élément, du gr. *allos* « autre ».

❑ A pour synonyme *hétéro-* et pour contraires *auto-, homéo-, homo-.*

allocataire n. – 1917 ▪ Bénéficiaire d'une allocation. ⇒ **prestataire.**

allocation n. f. – XVe ; lat. *locus* « place » ▪ Prestation en argent consentie par la Sécurité sociale (en France) ou par un organisme similaire à différents titres de la législation sociale, pour faire face à un besoin. *Allocations familiales. Allocation de chômage.*

allocentrisme n. m. – 1951 ; de *allo-*, d'apr. *égocentrisme* ▪ sc. Attitude psychologique qui consiste à considérer les autres comme centre d'intérêt. ✪ CONTR. Égocentrisme, égoïsme, égotisme.

allochtone [alɔktɔn] adj. – 1907 ; de *allo-*, d'apr. *autochtone* ▪ sc. Qui provient d'un endroit différent. *Populations allochtones.* ⇒ **allogène.** ✪ CONTR. Autochtone.

allocutaire n. – 1936 ▪ Personne à qui l'on parle, qui reçoit le message du locuteur. ⇒ ① **récepteur.**

allocution n. f. – XVIIIe ; lat. *alloqui* « haranguer » ▪ Discours familier et bref adressé par une personnalité, dans une circonstance particulière et à un public précis. *Une allocution radiotélévisée du chef de l'État.*

❑ Ne pas confondre *allocution* et *élocution* « façon d'articuler la parole », de même radical. → locuteur.

allogamie n. f. – 1951 ; *allo-* et *-gamie* ▪ Mode de reproduction sexuée entre plantes différentes d'une même variété ou espèce.

allogène adj. – XIXe ; *allo-* et *-gène* ▪ D'une origine différente de celle de la population autochtone, et installé tardivement dans le pays. ✪ CONTR. Aborigène, autochtone, indigène. — HOM. Halogène.

allogreffe n. f. – XXe ; de *allo-* et *greffe* ▪ Greffe sur un individu d'un greffon prélevé sur un autre individu. ⇒ **hétérogreffe.** ✪ CONTR. Autogreffe.

allonge n. f. – XIIIe 1 Pièce servant à allonger. ⇒ **rallonge.** ♦ Crochet de boucherie. 2 Longueur des bras d'un boxeur. « *celui-ci avait une allonge supérieure et il n'eut pas de mal à placer quelques directs* » (Queneau).

allongé, ée adj. – XVIe 1 Étendu de tout son long. *Rester allongé.* 2 Étendu en longueur de façon caractéristique. « *une femme très brune, au visage allongé* » (Zola). 3 *Café allongé,* auquel on ajoute un peu d'eau. ✪ CONTR. Raccourci, trapu. Serré.

allongement n. m. – XIIIe 1 Fait de s'allonger. *L'allongement de la tige d'une plante.* ➛ Propriété qu'ont les métaux de s'allonger quand ils sont soumis à une traction. 2 Fait de s'accroître dans la durée ; son résultat. *L'allongement des jours au printemps.* ✪ CONTR. Raccourcissement.

allonger v. [3] – XIIe ; de ① *a-* et *long* I v. tr. 1 Rendre plus long, augmenter la longueur de. « *Tu es peut-être attachée trop court, veux-tu que j'allonge la corde ?* » (Daud.). *Allonger une jupe de quelques centimètres.* ⇒ **rallonger.** ♦ *Allonger une sauce,* l'augmenter de volume par addition d'eau, de bouillon. loc. *Allonger la sauce :* délayer ce qu'on dit, ce qu'on écrit. 2 Étendre (un membre), déployer. *Allonger le bras.* ➛ *Allonger le pas :* presser la marche en faisant des pas plus longs. ♦ fam. Donner (un coup) en étendant la main, la jambe. *Je vais t'allonger une gifle.* ♦ Tendre, verser (de l'argent). « *Il allongea ses quarante sous et fit un carton* » (Queneau). 3 Faire paraître d'une plus grande durée. « *La vie est courte mais l'ennui l'allonge* » (Renard). II v. intr. Devenir plus long. *Les jours commencent à allonger.* III S'ALLONGER v. pron. 1 Devenir ou paraître plus long (dans l'espace ou dans le temps). « *les ombres des peupliers s'allongeaient sur la berge* » (France). *L'addition s'allonge.* 2 S'étendre de tout son long. *Je vais m'allonger un peu* (sur le lit). ⇒ ① se **coucher.** ✪ CONTR. Raccourcir, réduire. Replier.

❑ *Rallonger* signifie « allonger de nouveau, plus ». *Les jours rallongent* est un emploi négligé.

allopathe adj. – XVIIIe ▪ Qui traite par l'allopathie. *Médecin allopathe.* ✪ CONTR. Homéopathe.

allopathie n. f. – XIXe ; *allo-* et *-pathie* ▪ Médecine classique, par oppos. à *homéopathie.*

allopathique adj. – XIXe ▪ Relatif à l'allopathie. ✪ CONTR. Homéopathique.

allophone n. et adj. – mil. XXe ; *allo-* et *-phone* 1 Personne dont la langue maternelle est une langue étrangère, dans la communauté où elle se trouve. 2 n. m. Se dit de formes différentes par le son qui ont la même graphie (opposé à *homophone*). *Poster* (v. tr.) *et poster* (n. m.) *sont des allophones.* ⇒ **homographe.**

allotropie n. f. – XIXe ; *allo-* et *-tropie* ▪ Propriété qu'a une espèce chimique (élément ou molécule) d'exister dans les mêmes conditions physiques sous les formes cristalline et amorphe. ⇒ **polymorphisme.**

allouer v. tr. [1] – XVe ; lat. *locus* « place » ▪ Attribuer (une somme d'argent, une indemnité). *Elle « installa Honoré dans une mansarde en lui allouant une pension »* (Gaut.). ♦ Accorder (un temps déterminé pour un travail). ⇒ **impartir.** *Les délais qui nous sont alloués.*

allumage n. m. – XIXe 1 Action d'allumer (un foyer). *Le concierge était chargé de l'allumage des poêles.* ♦ Inflammation du mélange gazeux provenant du carburateur. *Bougies d'allumage. Avance, retard à l'allumage :* dispositif permettant au gaz de s'enflammer au moment le plus favorable. ➛ loc. fam. *Avoir du retard à l'allumage :* apprendre, comprendre, réagir trop tard. ➛ Ensemble des organes assurant l'allumage. *Régler l'allumage.* 2 rare Action d'allumer (une source lumineuse). *L'allumage des feux de position.* ✪ CONTR. Extinction.

allumé, ée adj. 1 ⇒ **allumer.** *Chauffage allumé.* 2 fam. Fou, illuminé. *Il est un peu allumé.*

allume-cigare n. m. – 1900 ▪ Instrument incandescent dont est souvent muni le tableau de bord d'un véhicule. *Des allume-cigares.*

allume-gaz [alymgɑz] n. m. inv. – XIXe ▪ Briquet à étincelle servant à allumer le gaz.

allumer v. tr. [1] – XIe ; lat. °*alluminare* I - 1 Mettre le feu à. *Allumer le gaz. Allumer sa pipe* (le tabac). ♦ Faire (un feu). *Pyromane qui allume des feux de forêt.* 2 Exciter, éveiller de façon soudaine (une passion). *Allumer la colère.* ⇒ **enflammer, susciter.** 3 fam. Faire des avances à. ⇒ **aguicher, draguer.** « *elle pouvait m'allumer sans risque* » (Clavel). 4 fam. Critiquer violemment. *Le ministre s'est fait allumer par ses adversaires.* ⇒ **éreinter,** ② **taper** (sur). II Rendre lumineux en enflammant, ou par l'électricité. *Allumer les bougies. Toutes les lampes étaient allumées.* « *Il alluma brusquement sa lampe électrique* » (Bosco). *Les feux de position sont restés allumés.* ➛ pronom. Devenir lumineux. *Le voyant rouge s'est allumé.* ➛ fig. « *Une sorte de sourire s'allumait dans les yeux bleu pâle* » (Duham.). ⇒ **briller.** ♦ *Allumer la lumière, l'électricité. Voulez-vous allumer ?* donner de la lumière. ➛ pronom. *À l'heure où les lumières s'allument.* ♦ *La chambre est restée allumée.* ➛ pronom. *L'entrée s'allume à gauche de la porte.* **III** - **1** Faire fonctionner en mettant le feu. *Allumer un four. Allumer une fusée.* **2** Faire fonctionner par une prise de courant (⇒ **brancher**) ou un bouton. *Allumer la télévision. Elle* « *se retourna sur elle-même et, d'un geste décent, alluma la radio* » (Duras). ➛ pronom. *Comment s'allume la photocopieuse ?* ✪ CONTR. Éteindre ; arrêter, débrancher.

allumette n. f. - XIIIe **1** Brin de bois, de carton imprégné à une extrémité d'un produit susceptible de s'enflammer par friction. « *un homme renverse un jerrycan d'essence sur le sol de l'édifice, puis gratte une allumette* » (Le Clézio). **2** Gâteau sec allongé, en pâte feuilletée. *Allumette au fromage.* ♦ *Pommes allumettes :* frites coupées finement.

allumettier, ière n. - XVIe ▪ Fabricant d'allumettes.

allumeur, euse n. - XIVe **1** Personne chargée d'allumer et d'éteindre les appareils d'éclairage public. **2** n. f. fam. Femme aguichante. **3** n. m. Partie de l'allumage, rassemblant dans un boîtier les dispositifs d'avance à l'allumage, de rupture et de distribution du courant aux bougies. ⇒ **delco.** ➛ Dispositif automatique d'inflammation ou de mise à feu.

allure n. f. - XIIe ; de *aller* **1** Vitesse de déplacement. « *ralentissant leur allure ils durent pédaler sérieusement dans la côte* » (Zola). *Rouler à toute allure, à vive allure.* « *À l'allure où la maladie se répand* » (Camus). **2** Manière de se déplacer. ⇒ **démarche,** ② **marche,** ① **pas.** *Les allures du cheval.* fig. « *une jolie femme un peu libre d'allures* » (Larbaud). ♦ Direction que suit un navire par rapport à celle du vent. *Allures de près, de largue, de vent arrière.* **3** Manière de se tenir. ⇒ **maintien.** *Avoir belle, fière allure.* « *La distinction de son allure* » (Gide). *Changer d'allure.* ⇒ **look.** ♦ *Avoir de l'allure,* de la distinction, de la noblesse dans le maintien, la tenue. ⇒ **classe, prestance.** *Quelle allure !* **4** fam. Apparence générale d'une chose. ⇒ ② **air,** ① **tournure.** *Elle a une drôle d'allure, cette maison.* ⇒ fam. **touche.** ♦ *Avoir de l'allure :* impressionner par son apparence. ⇒ **gueule.**

alluré, ée adj. - 1929 ▪ fam. Qui a de l'allure, du chic. *Une robe très allurée.*

allusif, ive adj. - XVIIIe **1** Qui contient une allusion. **2** Qui parle par allusions. *Il s'est montré très allusif,* peu clair, embarrassé.

allusion n. f. - XVIe ; lat. *allusio* ▪ Manière d'éveiller l'idée d'une personne ou d'une chose sans en faire expressément mention. ⇒ **insinuation, sous-entendu.** *Une allusion transparente. Les allusions personnelles,* qui ont trait à la personne des gens. « *Les allusions personnelles sont interdites comme les coups au-dessous de la ceinture* » (Maurois). *Elle n'a fait aucune allusion à son départ,* elle n'a rien fait savoir de. ➛ *FAIRE ALLUSION À :* évoquer ou mentionner discrètement. « *Elle ne se dérobait pas lorsque je faisais allusion aux événements passés* » (Mauriac).

alluvial, iale, iaux adj. - XIXe ▪ Produit ou constitué par des alluvions. *Vallée alluviale.*

alluvionnement n. m. - XIXe ▪ Formation d'alluvions.

alluvions n. f. pl. - XVIe ; lat. *alluvio* ▪ Sédiments déposés par un cours d'eau, un lac (galets, graviers, boues et limons). ⇒ **colluvion.** *Alluvions récentes.* ➛ *Alluvions éoliennes,* déposées par le vent.

allyle n. m. - XIXe ; lat. *al(l)ium* « ail » et gr. *hulê* « substance » ▪ Radical non saturé univalent de nombreux esters.

allylique adj. - XIXe ▪ Qui renferme le radical allyle.

almanach [almana] n. m. - XIVe ; ar., rad. *ma-* « lune, mois » ▪ Calendrier accompagné d'observations astronomiques, de prévisions météorologiques, de conseils pratiques. ⇒ **agenda.** *Les anciens almanachs illustrés. L'almanach Vermot,* célèbre pour ses plaisanteries populaires.

almasilicium [almasilisjɔm] n. m. - 1948 ; de *al(uminium), ma(gnésium)* et *silicium* ▪ Alliage léger inoxydable d'aluminium, magnésium et silicium.

almée n. f. - XVIIIe ; ar. *aluma* « savante » ▪ Danseuse orientale. « *des almées, racolées dans le fond d'une banlieue, en train de sautiller* » (Huysm.).

almicantarat n. m. - XVIIe ; ar. *al-muquantarat* « l'astrolabe » ▪ Cercle de la sphère céleste, parallèle à l'horizon.

aloès [alɔɛs] n. m. - XIIe ; gr. ▪ Grande plante *(liliacées)* aux feuilles pointues, charnues et cassantes, des climats de type méditerranéen. ♦ *Aloès médicinal :* suc concentré de l'aloès, purgatif très amer. ⇒ **chicotin.**

❑ Pour la prononciation → faciès (rem.).

alogique adj. - XVIIe ▪ Étranger aux déterminations de la logique.

❑ Ne pas confondre avec *illogique* « contraire à la logique ». → in- ; ② a- (rem.).

aloi n. m. - XIIIe ; de l'a. fr. *aloier,* var. de *allier* **1** vx Titre légal (d'une monnaie, d'un article d'orfèvrerie). **2** *De bon, de mauvais aloi :* de bonne, de mauvaise qualité, qui mérite, ne mérite pas l'estime.

alopécie n. f. - XIVe ; gr. *alôpêx* « renard » ▪ Chute temporaire des cheveux ou des poils. ⇒ **calvitie, pelade, teigne.**

alors adv. - XIIIe ; de *à* et *lors* **I** adv. **1** À ce moment, à cette époque. *Elle avait alors trente ans.* « *aux environs immédiats de la ville de Brest dans ce qui était alors la campagne* » (Robbe-Grillet). « *jusqu'alors je ne m'étais jamais beaucoup inquiété* » (Rouss.). *Les enfants d'alors n'allaient pas tous à l'école.* **2** Dans ce cas. *Alors, n'en parlons plus.* ➛ En conséquence. « *il ne se passait rien. Alors on s'ennuyait* » (Aymé). ⇒ **aussi.** ♦ « *Ils rentrent de voyage. Et alors, ça leur a plu ?* » *Et alors ? Qu'est-ce que ça change ?* **3** Permet de renforcer l'expression. *Alors, ça va ? Alors, ça vient ? Ça alors ! Ou alors,* ou bien. **II** loc. conj. de subordin. *ALORS QUE.* **1** vieilli Lorsque. *Elle arriva alors qu'il partait.* ⇒ **quand.** **2** À un moment où au contraire... *Il traînait alors qu'il aurait dû se presser.* ⇒ **tandis que.** **3** (sans notion de temps) En dépit du fait que, contrairement au fait que. *On l'accuse alors qu'il n'est pas coupable. Nous y croyons, alors que lui n'y croit pas.* « *l'agresseur choisit le lieu, l'heure et les moyens, alors que le défenseur s'énerve à garder toutes ses lignes* » (Duham.).

alose n. f. - XIIe ; o. gaul. ▪ Poisson *(clupéiformes)* apparenté aux sardines et harengs, qui remonte les rivières au printemps pour frayer.

alouate n. m. - XVIIIe ; d'un mot indigène de la Guyane ▪ Singe hurleur d'Amérique centrale, au pelage roux *(cébidés).*

alouette n. f. - XIIe ; o. gaul. ▪ Petit oiseau à plumage gris ou brunâtre *(passériformes).* ⇒ ① **calandre, mauviette.** *Au chant de l'alouette,* à l'aube. ♦ *Pâté d'alouettes. Alouette sans tête :* paupiette.

alourdir v. tr. 2 - XIIe **1** Rendre lourd, plus lourd. ⇒ **charger, surcharger.** « *Ces grosses poulies* [...] *alour-*

dissaient beaucoup le gréement » (Loti). 2 Rendre pesant, moins alerte. « *un embonpoint assez visible, qui alourdissait sa taille* » (Maupass.). pronom. *Sa démarche s'est alourdie.* ♦ *Cette tournure alourdit la phrase.* 3 Augmenter (ce qui pèse à payer). *Alourdir les charges.* ✪ CONTR. Alléger.

alourdissement n. m. - XIVe ▪ Le fait d'alourdir, de s'alourdir. ⇒ **lourdeur.** ✪ CONTR. Allégement.

aloyau n. m. - XIVe ; probablt de *alouette* ▪ Région lombaire du bœuf renfermant le filet, le romsteck et le contre-filet. « *les tronçons filandreux d'un aloyau sans suc* » (Huysm.).

❑ Attention, le *y* entre deux voyelles change le son de la première : *payer, aloyau, tuyau* [peje, alwajo, tɥijo].

alpaga n. m. - XVIe ; esp. *alpaca,* mot quechua 1 Mammifère *(ruminants)* voisin du lama et de la vigogne, domestiqué en Amérique du Sud. 2 Tissu mixte, autrefois à base de laine d'alpaga, aujourd'hui de soie et de laine. « *Sa jaquette d'alpaga dont les basques flottaient au vent* » (Mart. du G.).

alpage n. m. - XVIe ▪ Pâturage de haute montagne.

alpaguer v. tr. 1 - 1935 ; de *alpaga* « manteau » ▪ arg. Appréhender, arrêter. ⇒ fam. **épingler.** ➤ Mettre la main sur, s'emparer de, saisir (qqn).

alpax [alpaks] n. m. - 1920 ; de *al(uminium)* et lat. *pax* « paix » ▪ Alliage d'aluminium et de silicium affiné.

alpe n. f. - XVe ▪ Pâturage des Alpes. ⇒ **alpage.**

alpenstock [alpɛnstɔk] n. m. - XIXe ; mot all. « bâton des Alpes » ▪ vieilli Bâton ferré utilisé autrefois pour les excursions en montagne.

❑ Souvent prononcé [alpɛ̃stɔk], ce qui montre que le rapprochement avec *Alpen, Alpes* n'est pas fait.

alpestre adj. - XVIe ; mot it. ▪ Propre aux Alpes. ⇒ **alpin.** *Plantes alpestres.* « *les pâturages alpestres et les glaciers* » (Romains).

alpha n. m. - XIIe ; mot gr. 1 Première lettre (α) de l'alphabet grec. ♦ *L'alpha et l'oméga* : le commencement et la fin. 2 Première étoile d'une constellation. *Alpha du Centaure.* 3 *Particule alpha,* composée de deux protons et deux neutrons. ⇒ **hélion.** *Rayons, rayonnement alpha* : flux de particules α. ✪ HOM. Alfa.

alphabet n. m. - XIIe ; gr. *alpha* et *bêta* 1 Système de signes graphiques (lettres) servant à la transcription des sons (consonnes, voyelles) d'une langue ; série des lettres, rangées dans un ordre traditionnel. *Les Phéniciens ont établi le premier modèle d'alphabet. Alphabet grec, romain* (le nôtre), *arabe.* ♦ Ensemble de caractères utilisé dans un système informatique ou de transmission de l'information. ⇒ **langage.** 2 Livre contenant les premiers éléments de la lecture. ⇒ **abc, abécédaire.**

alphabétique adj. - XVe 1 Qui repose sur l'alphabet. *Écriture alphabétique,* où les unités sont des lettres (pas de sens). « *par ordre alphabétique ou par ordre de matière* » (Queneau). 2 Qui est dans l'ordre alphabétique. *Liste alphabétique.*

❑ L'ordre alphabétique, malgré son arbitraire, regroupe des mots apparentés par leur radical initial ou leur préfixe. ♦ Dans l'ordre alphabétique on ne tient pas compte du trait d'union, mais l'ordre des voyelles dans les mots est : sans accent, avec accent aigu, accent grave, accent circonflexe (e, é, è, ê par ex.).

alphabétiquement adv. - XVIIe ▪ Dans l'ordre alphabétique.

alphabétisation n. f. - 1913 ▪ Enseignement de l'écriture et de la lecture aux personnes analphabètes ou ne connaissant pas un alphabet donné. *Alphabétisation des immigrés.*

alphabétiser v. tr. 1 - XIXe ▪ Apprendre à lire et à écrire à (un groupe social partiellement analphabète ou ignorant un système d'écriture). ➤ *Population alphabétisée.*

alphabétisme n. m. - XIXe ▪ Système d'écritures reposant sur un alphabet.

alphanumérique adj. - 1960 ; de *alpha(bet)* et *numérique* ▪ Qui comporte ou utilise les lettres d'un alphabet et des chiffres. *Affichage alphanumérique.*

alphapage n. m. - 1987 ; nom déposé, de *alpha(numérique)* et de l'angl. *to page* « appeler » ▪ Appareil de radiomessagerie qui affiche en toutes lettres des messages reçus par téléphone ou par minitel.

alpin, ine adj. - XIIIe 1 Des Alpes. ⇒ **alpestre.** *La chaîne alpine.* ➤ *Chasseurs alpins* : militaires chargés de la défense des Alpes. 2 De haute montagne. *Plantes alpines.* ➤ *Ski alpin,* combinant le slalom et la descente. 3 *Cycle alpin,* débutant au trias, se poursuivant au tertiaire. 4 D'alpinisme. *Club alpin.*

alpinisme n. m. - XIXe ▪ Sport des ascensions en montagne. ⇒ **escalade, montagne, varappe.**

alpiniste n. - XIXe ▪ Personne qui pratique l'alpinisme. *Cordée d'alpinistes.* « *Le harnachement de ce parfait alpiniste* » (Daud.).

alpiste n. m. - XVIIe ; esp. *alpista* ▪ Graminée cultivée pour ses graines qui servent à la nourriture des oiseaux.

alsacien, ienne adj. et n. - XVIIIe ▪ De l'Alsace. *Choucroute alsacienne. Costume régional d'Alsacienne.* « *Nattée à l'alsacienne, deux petits rubans voletant au bout de mes deux tresses* » (Colette). ➤ n. m. Ensemble des parlers germaniques d'Alsace.

altéragène adj. et n. m. - apr. 1950 ▪ Se dit d'une substance ou d'un facteur qui provoque une altération de l'environnement.

altérant, ante adj. - XVIe 1 Qui donne soif. 2 Qui provoque une altération. ✪ CONTR. (du 1°) Désaltérant.

altération n. f. - XIIIe **I - 1** rare Changement, modification. « *Ces altérations de sens des mots* » (Proust). ➤ Transformation des roches, due à des facteurs chimiques et biologiques. 2 Signe modifiant la hauteur d'une note de musique. ⇒ **bécarre, bémol, dièse.** **II - 1** Changement en mal. ⇒ ① **dégradation, détérioration.** « *Je fus frappé de l'altération de son visage* » (Chateaub.). *Altération d'une marchandise.* ⇒ **corruption, pourriture.** 2 Modification qui a pour objet de fausser le sens, la destination ou la valeur d'une chose et d'où résulte un préjudice. ⇒ **falsification.**

altercation n. f. - XIIIe ; lat. ▪ Échange bref et brutal de propos vifs, de répliques désobligeantes. ⇒ **dispute.** « *ils eurent une vive altercation avec un malotru* » (Duham.).

alter ego [altɛrego] n. m. inv. - XIXe ; lat. « autre moi » ▪ Personne de confiance qu'on peut charger de tout faire à sa place. *Mon alter ego* : un autre moi-même.

altérer v. tr. 6 - XIVe ; lat. *alter* « autre » **I - 1** Provoquer l'altération de. ⇒ **modifier, transformer.** pronom. *Les minéraux riches en fer s'altèrent rapidement.* 2 Changer en mal. ⇒ **abîmer, corrompre, gâter.** *La chaleur altère les denrées périssables.* ➤ *L'émotion altérait ses traits.* ⇒ **troubler.** *Il* « *a répété sa question d'une voix un peu altérée* » (Camus). ♦ pronom. « *De tout temps, le sens des mots s'est altéré ou dévalué ou compliqué* » (Aymé). 3 Falsifier, fausser. *Altérer la vérité* : mentir, chercher à tromper. **II** Exciter la soif de. ⇒ **assoiffer.** *La promenade m'a altéré.* « *altérés, affamés, moulus de fatigue* » (Gaut.). ➤ fig. *Tyran altéré de sang.* ✪ CONTR. (du II) Désaltérer.

altérité n. f. – XIVe ; lat. *alter* « autre » ■ Fait d'être un autre, caractère de ce qui est autre. « *lorsqu'on a déchiffré les significations des choses* [...] *il demeure un résidu inassimilable, qui est l'altérité* » (Sartre). ✪ CONTR. Identité.

alternance n. f. – XIXe **1** Succession répétée, dans l'espace ou dans le temps, qui fait réapparaître dans un ordre régulier les éléments d'une série. *L'alternance des saisons.* **2** Variation subie par un phonème ou un groupe de phonèmes dans un système morphologique donné. **3** Demi-période d'un phénomène sinusoïdal. **4** Succession au pouvoir de deux tendances politiques par le jeu du suffrage. *Alternance démocratique.*

alternant, ante adj. – XVIe ■ Qui alterne. *Pouls alternant :* arythmie caractérisée par la succession régulière d'une pulsation normale et d'une pulsation faible. ✪ CONTR. Continu.

alternat n. m. – XVIIIe ■ Droit d'occuper tour à tour le premier rang (pour des États, des villes). ♦ Rotation (des cultures).

alternateur n. m. – XIXe ■ Génératrice de courants alternatifs.

alternatif, ive adj. – XIVe **1** Qui présente une alternance. ⇒ **périodique, successif.** *Présidence alternative.* ♦ *Mouvement alternatif :* mouvement régulier qui a lieu dans un sens puis dans l'autre. ➤ *Courant alternatif,* dont l'intensité varie selon une sinusoïde (opposé à *continu*). **2** Qui énonce deux assertions dont une seule est vraie. *Proposition alternative.* « *la conjonction alternative* OU » (Beaum.). **3** Qui constitue une solution de remplacement. *Peines alternatives.* spécialt Qui, par sa pratique, s'oppose aux choix imposés par les sociétés industrielles et technologiques. *Médecine alternative.* ⇒ **doux, parallèle.**

① **alternative** n. f. – XVe **1** (au plur.) Phénomènes ou états opposés se succédant régulièrement. « *des alternatives de colère et d'espoir* » (Flaub.). **2** Situation dans laquelle il n'est que deux partis possibles. *Dans cette alternative, il faut choisir.* ♦ En logique, Système de deux propositions dont l'une est vraie, l'autre fausse, nécessairement. **3** Solution de remplacement. *Il n'y a pas d'alternative à cette mesure impopulaire.*

> ❑ Sous l'influence de l'anglais, on entend *choisir entre deux alternatives,* qui est incorrect pour le sens 2° ; le sens 3° est également critiqué. Il vaut mieux employer *solution* et *solution de rechange.*

② **alternative** n. f. – XIXe ■ Cérémonie donnant au jeune novillero le droit d'alterner dans les courses avec les toreros.

alternativement adv. – XIVe ■ En alternant ; tour à tour. ⇒ **successivement.** « *son rôle alternativement inhibant et stimulant* » (Caillois).

alterne adj. – XIVe ■ Qui présente une alternance d'ordre spatial. *Structure alterne. Disposition alterne :* disposition des organes placés alternativement et non face à face. *Disposition alterne des feuilles.* ♦ *Angles alternes,* formés par deux droites avec les côtés opposés de la sécante.

alterné, ée adj. ■ En alternance. *Vers alternés,* distiques. *Rimes alternées,* croisées. ♦ *Série alternée,* série numérique dont les termes sont alternativement positifs et négatifs. ♦ *Chant alterné,* où un soliste et un chœur se répondent. ⇒ **antienne.**

alterner v. [1] – XVIe ; lat. **1** v. intr. Se succéder en alternance. *Deux personnes qui alternent.* ⇒ se **remplacer,** se **relayer.** « *Avec les lourdes pluies d'orage alternent les merveilleux beaux temps* » (Loti). **2** v. tr. Faire succéder alternativement (les cultures) par rotation (⇒ **assolement**).

altesse n. f. – XVIe ; lat. *altus* « haut » ■ Titre d'honneur donné aux princes et princesses du sang. *Votre Altesse.* ♦ Personne portant ce titre. « *deux altesses sans beauté* » (Proust).

althæa [altea] n. f. et m. – XVIe ; lat. **1** n. f. Plante vivace (*malvacées*) qui comprend la guimauve officinale et la rose trémière. *Des althæas.* **2** n. m. Variété non tropicale de l'hibiscus.

altier, ière adj. – XVIe ; lat. *altus* « haut » ■ Qui a ou marque la hauteur, l'orgueil du noble. ⇒ **hautain.** « *La race altière des Guermantes* » (Proust).

altimètre n. m. – XVIe ■ Appareil indiquant l'altitude du lieu où l'on se trouve.

altimétrie n. f. – XVIIe ■ Méthode de mesure de l'altitude. ♦ Signes qui, sur une carte, représentent le relief.

altiport n. m. – v. 1960 ; de *alti(tude)* et *(aéro)port* ■ Petit terrain d'atterrissage en haute montagne.

altise n. f. – XIXe ; gr. *haltikos* « bon sauteur » ■ Insecte coléoptère sauteur (*chrysomélidés*), qui cause des dégâts dans les vignes et les potagers.

altiste n. – XIXe ■ Instrumentiste qui joue de l'alto. *Une altiste.*

altitude n. f. – XVe ; lat. *altus* « haut » **1** Élévation verticale d'un point par rapport au niveau de la mer. « *je navigue à sept cent cinquante mètres d'altitude sous le plafond de lourds nuages* » (St-Exup.). **2** Grande altitude. *En altitude :* en montagne, à une altitude élevée.

> ❑ À la différence de *hauteur, altitude* s'emploie seulement pour un point très élevé. Néanmoins, *altitude* est en géographie le terme général, quelle que soit la hauteur (*altitude :* 300 m ; *altitude :* 100 m au-dessous de la mer). Au-delà de l'atmosphère, on ne parle plus d'*altitude* mais de *distance* (astronautique).

alto n. – XVIIIe ; mot it. « haut » **1** n. f. Contralto. **2** n. m. Instrument de la famille des violons, d'une quinte plus grave et un peu plus grand. ♦ n. Instrumentiste qui joue de cet instrument. ⇒ **altiste.** *Les altos.* **3** adjt *Saxophone alto, clarinette alto.* ➤ n. m. *Improvisation de Charlie Parker à l'alto.*

altocumulus [altokymylys] n. m. – XIXe ■ Nuage d'altitude moyenne (vers 4000 m), formant une couche de lamelles ou de flocons assez réguliers.

altostratus [altostʀatys] n. m. – XIXe ■ Nuage d'altitude moyenne (vers 4000 m) formant un voile épais et sombre.

altruisme n. m. – XIXe ; lat. *alter* « autre » ■ Disposition à s'intéresser et à se dévouer à autrui (⇒ aussi **allocentrisme, dévouement, philanthropie**). « *La misère poursuit implacablement et minutieusement l'altruisme et les plus gentilles initiatives sont impitoyablement châtiées* » (Céline). ✪ CONTR. Égoïsme.

> ❑ Ce mot s'emploie moins, les besoins collectifs étant dominants aujourd'hui. → solidarité.

altruiste adj. et n. – XIXe ■ Empreint d'altruisme, propre à l'altruisme. n. *C'est un altruiste.* ✪ CONTR. Égoïste.

altuglas [altyglas] n. m. – 1958 ; nom déposé, de *Altu(lor),* n. pr. et all. *Glas* « verre » ■ Matière synthétique translucide ou teintée, très résistante. ⇒ **plexiglas.** « *un grand fau-*

teuil moderne, fait d'une gigantesque demi-sphère d'altuglas cerclée d'acier » (Perec).

alu → **aluminium**

alucite n. f. – XVIIIe ; lat. « moucheron » ▪ Petit papillon aux ailes fendues et plumeuses. ♦ *Alucite des céréales :* teigne des blés.

aluminage n. m. – XIXe ▪ Imprégnation d'un mordant par dépôt d'alumine.

aluminate n. m. – XIXe ▪ Sel où l'alumine joue le rôle d'anhydride d'acide.

alumine n. f. – XVIIIe ; lat. « alun » ▪ Oxyde (*alumine anhydre* Al_2O_3) ou hydroxyde $Al(OH)_3$ d'aluminium. *L'alumine anhydre, colorée ou non, constitue plusieurs pierres précieuses (rubis, saphir, etc.).*

aluminer v. tr. [1] – XIXe 1 Combiner avec l'alumine. 2 Recouvrir d'aluminium. ⇒ **aluminiage.**

alumineux, euse adj. – XVe ▪ Qui contient de l'alumine ou un autre composé de l'aluminium.

aluminiage n. m. – 1948 ▪ Procédé de protection du fer par une couche d'aluminium.

aluminium [alyminjɔm] n. m. – XIXe ▪ Élément atomique (Al ; n° at. 13 ; m. at. 27), métal blanc léger très répandu dans la nature. ⇒ **alumine, bauxite.** *Des casseroles en aluminium. Papier d'aluminium.* ➛ abrév. fam. ALU.

aluminothermie n. f. – XIXe ▪ Production de hautes températures basée sur la réaction de l'aluminium en poudre sur divers oxydes métalliques. ⇒ **thermite.**

alun n. m. – XIIe ; lat. 1 Sulfate double de potassium et d'aluminium, utilisé en teinture, mégisserie, médecine. 2 Sulfate double.

aluner v. tr. [1] – XVIe ▪ Imprégner d'alun.

alunir v. intr. [2] – 1921 ▪ Aborder sur la Lune, prendre contact avec la Lune.

> ❑ On a critiqué ce mot parce qu'il n'est pas formé sur le modèle d'*atterrir* (c'est la terre ferme et non la planète Terre, à preuve *amerrir* de la même série). ♦ Les puristes demandaient aussi deux *l*, graphie plus régulière.

alunissage n. m. – 1923 ▪ Fait d'alunir. *L'alunissage des cosmonautes américains en 1969.*

alunite n. f. – XIXe ▪ Sulfate naturel d'aluminium et de potassium.

alvéolaire adj. – XVIIIe ▪ Qui appartient aux alvéoles dentaires. « *une dentition travaillée par la pyorrhée alvéolaire* » (Le Clézio). ♦ Qui appartient aux alvéoles pulmonaires.

alvéole n. m. (vx) ou f. – XVIe ; lat. *alveus* « cavité » 1 Cellule de cire que fait l'abeille. 2 *Alvéoles dentaires :* cavités où sont implantées les racines des dents. « *la reconstruction du monstre d'après l'empreinte de l'ongle ou l'alvéole de la dent* » (Hugo). ♦ *Alvéoles pulmonaires :* culs-de-sac terminaux des subdivisions bronchiques. 3 Cavité ou dépression d'une roche.

> ❑ La majorité des mots en *-ole* sont du féminin ; c'est l'usage qui a changé le genre d'*alvéole.*

alvéolé, ée adj. – XIXe ▪ Qui présente des alvéoles, des creux réguliers. *Matelas en caoutchouc alvéolé. Emballage alvéolé de protection.*

alvin, ine adj. – XIXe ; lat. *alvus* « intestin » ▪ sc. Qui se rapporte au ventre, aux intestins. *Évacuations alvines.* ✪ HOM. Alevin.

alysse n. f. – XVIe ; gr. *alusson* ▪ Plante dicotylédone *(crucifères)* à fleurs blanches ou jaunes, cultivée dans les jardins.

alyte n. m. – XIXe ; gr. *alutos* « qu'on ne peut dénouer » ▪ Batracien d'Europe *(anoures)*, aussi appelé *crapaud accoucheur*, qui porte autour de ses pattes les chapelets d'œufs pondus par la femelle.

alzheimer [alzajmœʀ] n. m. – 1988 ; n. pr. ▪ Maladie d'Alzheimer, démence présénile due à une atrophie cérébrale diffuse. *Après 65 ans, une personne sur dix est menacée d'un alzheimer.*

> ❑ On trouve également la graphie avec une majuscule *(un Alzheimer).* ♦ L'hypothèse selon laquelle l'alzheimer serait une maladie génétique due au chromosome 21 a été récemment réfutée.

a. m. [aɛm ; eɛm] loc. adv. – sigle angl., de la loc. lat. *ante meridiem* ▪ Avant midi, dans les pays où les heures sont comptées jusqu'à douze. *8 heures a. m. :* 8 heures du matin (opposé à *p. m.*).

amabilité n. f. – XIIIe ▪ Qualité d'une personne aimable, manifestation de cette qualité. ⇒ **affabilité, gentillesse, obligeance.** « *Son Excellence eut même l'amabilité d'accompagner son visiteur jusque sur le palier* » (Mart. du G.). ♦ au plur. Prévenances, paroles aimables. ⇒ **civilité.** ✪ CONTR. Grossièreté.

amadou n. m. – XVIIe ; mot provenç. « amoureux » ▪ Substance spongieuse provenant de l'amadouvier, préparée pour être inflammable. *Briquet à amadou.*

amadouer v. tr. [1] – XVIe ; probablt de *amadou* ▪ Apaiser (qqn) par des flatteries, des amabilités afin d'obtenir ce qu'on veut.

amadouvier n. m. – XVIIIe ▪ Champignon polypore *(basidiomycètes)* des arbres feuillus et des bois morts, dont on tire l'amadou.

amagnétique adj. – v. 1980 ▪ Qui n'a pas de propriété magnétique.

amaigrir v. tr. [2] – XIIe ▪ Rendre maigre. « *Là, consul jeune et fier, amaigri par les veilles* » (Hugo).

amaigrissant, ante adj. et n. m. – XVIe 1 Qui fait maigrir. *Régime amaigrissant.* ⇒ **hypocalorique.** 2 n. m. Médicament utilisé pour faire maigrir.

amaigrissement n. m. – XIIIe ▪ Fait de maigrir, d'avoir maigri. « *L'état général s'altère, l'amaigrissement progresse* » (Cendrars).

amalgamation n. f. – XVIIe ▪ Opération métallurgique consistant à combiner le mercure avec un autre métal, ou à extraire l'or et l'argent de certains minerais au moyen du mercure.

amalgame n. m. – XVe ; probablt d'o. ar. 1 Alliage du mercure et d'autres métaux (qu'il liquéfie). *Amalgame d'argent-étain pour les obturations dentaires.* ➛ *Obturer une carie avec de l'amalgame.* ⇒ **eugénate.** 2 fig. Mélange hétérogène de personnes ou de choses de nature différente. « *Le général voulait l'amalgame de toutes les unités combattantes avec l'armée régulière* » (Malraux). 3 Fait d'englober artificiellement diverses formations politiques afin de les discréditer. *Journaliste qui pratique l'amalgame.* 4 Fusion indissociable de plusieurs morphèmes (ex. « au » pour « à le »).

amalgamer v. tr. [1] – XIVe 1 Combiner (un métal) avec du mercure. 2 Unir (des choses de nature différente) dans un mélange. ⇒ **incorporer.** ♦ fig. *Mirabeau* « *amalgamait* [...] *dans sa parole sa passion personnelle et la passion de tous* » (Hugo). ⇒ **associer.** 3 pronom. (réfl.) *S'amalgamer à qqch., avec qqch. :* se combiner à. « *il ne pouvait s'amalgamer avec les éléments d'un gouvernement légal* » (Chateaub.). ➛

(récipr.) Se mêler de façon à former un tout. ⇒ **fusionner.**

aman n. m. - XVIIIe ; mot ar. ▪ En pays musulman, Octroi de la vie sauve à un ennemi ou un rebelle vaincu. « *Le F.L.N. contraint par la force à demander l'aman* » (Mauriac). ✪ HOM. Amant.

amandaie n. f. - XVIe ▪ Plantation d'amandiers.

❑ Ce mot est mal formé (comparer avec *châtaigneraie*) et on a tendance à rétablir *amanderaie.*

amande n. f. - XIIIe ; gr. *amugdalê* ; cf. *amygdale* 1 Drupe oblongue de l'amandier, dont la graine comestible est riche en huile. *Amande douce ; amère* (utilisée en pâtisserie). *Pâte d'amandes. Amandes salées,* pour l'apéritif. *Amandes effilées. Croissant aux amandes.* ♦ *En amande :* en forme d'amande. ⇒ **oblong.** *Les yeux en amande.* 2 Graine d'un fruit à noyau. *L'amande de la cerise, de l'abricot.* 3 *Vert amande,* vert clair très doux. « *des casaques de jockeys, cerise ou vert amande* » (Morand). 4 *Amande de mer :* coquillage arrondi de couleur brune et comestible. ✪ HOM. Amende.

amandier n. m. - XIVe ▪ Arbre du genre prunus, à fleurs blanches, cultivé dans le sud-est de la France pour ses fruits.

amandine n. f. - XIXe ▪ Gelée faite d'huile d'amandes douces et de sucre. ➛ cour. Petit gâteau frais aux amandes. ⇒ **financier.**

amanite n. f. - XVIIe ; gr. ▪ Champignon à lamelles *(agaricacées),* très commun dans nos forêts, comportant plusieurs espèces, certaines comestibles (*amanite des Césars* ou *oronge vraie*), vénéneuses *(amanite tue-mouche)* ou mortelles *(amanite phalloïde).*

amant, ante n. - XIIe 1 vx Personne qui aime d'amour et qui est aimée. ⇒ **amoureux, soupirant.** « *Une amante en fureur qui cherche à se venger* » (Rac.). 2 n. m. *L'amant d'une femme,* celui qui a des relations sexuelles amoureuses avec elle sans être son mari. *Ils sont amant et maîtresse.* « *ces femmes qui vont d'amant en amant, le plus souvent sans amour* » (Maurois). *Sa femme a des amants* (⇒ **adultère**). ➛ Compagnon d'un homosexuel. 3 au plur. *Les amants :* l'amant et sa maîtresse. ✪ HOM. Aman.

❑ Avec l'évolution des mœurs, ce mot tombe en désuétude. On dit plutôt *ami, compagnon, partenaire.*

amarante n. f. - XVIe ; gr. 1 Plante ornementale, aux fleurs rouges en grappes ; fleur de cette plante. ⇒ **queue-de-renard.** 2 *Bois d'amarante :* acajou de Cayenne, employé en ébénisterie. 3 adj. inv. De la couleur de l'amarante. « *des rampes de velours amarante* » (Zola).

amareyeur, euse n. - XIXe ; de *marée* ▪ Ouvrier, ouvrière qui travaille dans les parcs à huîtres. ⇒ **ostréiculteur.**

amaril, ile adj. - XIXe ; esp. *amarillo* « jaune » ▪ Relatif à la fièvre jaune.

amarinage n. m. - XIXe ▪ Fait de s'amariner.

amariner v. tr. [1] - XIIIe ; a. provenç. « équiper un navire » 1 Faire occuper par un équipage (un navire pris à l'ennemi). 2 Habituer (qqn, un équipage) à la mer. pronom. *Vous ne tarderez pas à vous amariner.*

amarrage n. m. - XVIe 1 Action, manière d'amarrer. « *une bitte d'amarrage en fonte d'où part une grosse corde tendue* » (Robbe-Grillet). 2 Assemblage dans l'espace d'engins spatiaux. ⇒ **arrimage.** ✪ CONTR. Démarrage.

amarre n. f. - XIVe ▪ Câble, cordage servant à retenir un navire, un ballon en l'attachant à un point fixe. *Larguer les amarres.*

amarrer v. tr. [1] - XIVe ; germ. 1 Maintenir, retenir avec des amarres. « *une barque suspecte et sans fanal, amarrée près de la berge* » (Loti). 2 Fixer, attacher (un cordage, une chaîne). 3 Attacher (qqch.) avec des cordages. ⇒ **arrimer.** ✪ CONTR. Démarrer.

amaryllis [amaʀilis] n. f. - XVIIIe ; gr. *Amarullis* ▪ Plante *(amaryllidacées)* bulbeuse ornementale, dont il existe de nombreuses espèces, aux fleurs éclatantes et odorantes.

amas n. m. - XIVe 1 Ensemble de divers objets accumulés. ⇒ **amoncellement, entassement,** ① **masse, monceau, tas.** « *un amas de paperasses* [...] *encombrait la table* » (Mart. du G.). ♦ Accumulation de ce qui s'est amassé en un point. *Un amas de neige.* 2 *Amas d'étoiles, amas stellaire :* groupe d'étoiles liées physiquement. ⇒ **galaxie, nébuleuse.** 3 Gisement minier étendu dans les trois dimensions.

amasser v. tr. [1] - XIIe 1 Réunir en quantité considérable, par additions successives. ⇒ **accumuler, amonceler, entasser.** ➛ *Amasser des richesses, de l'argent,* ou absolt. *Il* « *avait tant amassé Qu'il ne savait où loger sa finance* » (La Font.). ♦ pronom. S'entasser, se rassembler en un point. *La neige s'amasse en congères. La foule s'était amassée sur le quai.* 2 Rassembler, recueillir en grande quantité. *Amasser des documents, des preuves.* ✪ CONTR. Disperser ; dépenser.

amateur n. m. - XVe ; lat. *amare* « aimer » 1 Personne qui aime, cultive, recherche (certaines choses). *Un amateur de musique. Il, elle est amateur de bonne cuisine. Amateur d'art :* collectionneur averti d'objets d'art. ♦ Acheteur éventuel (d'une marchandise). ⇒ **preneur.** ➛ loc. fam. *Je ne suis pas amateur :* je ne suis pas acheteur ; cela ne m'intéresse pas. loc. *Avis aux amateurs !* 2 Personne qui cultive un art, une science, sans en faire profession. « *un amateur qui barbouille des toiles le dimanche* » (Sartre). « *L'histoire démontre que l'amateur tombe souvent le professionnel, à preuve Pasteur qui n'était même pas médecin* » (Duham.). ➛ adjt *Un musicien amateur.* 3 Athlète, joueur qui pratique un sport sans recevoir de rémunération directe (opposé à *professionnel*). 4 péj. Personne qui exerce une activité de façon négligente. ⇒ **dilettante.** *C'est un travail d'amateur.*

❑ S'emploie toujours au masculin pour les femmes. Le féminin *amatrice,* rare, est à encourager : « *Cette capitale est pleine d'amateurs et surtout d'amatrices* » (Rousseau).

amateurisme n. m. - XIXe 1 Condition de l'amateur, en sport (définie par un statut). 2 péj. Caractère d'un travail d'amateur (négligé, non fini, etc.).

amathie n. f. - XIXe ; gr. *Amatheia* ▪ Crustacé *(décapodes brachyoures)* des bords de la Méditerranée.

amatir v. tr. [2] - XIIe ▪ Rendre mat (l'or, l'argent), en ôtant le poli. ➛ *Argent amati.*

amaurose n. f. - XVIe ; gr. « obscurcissement » ▪ Perte de la vue, sans lésions décelables ni troubles fonctionnels (⇒ **amblyopie, cécité**).

a maxima loc. adj. - XVIIIe ; lat. ▪ *Appel a maxima,* formé par le ministère public pour diminuer la peine. ✪ CONTR. A minima.

amazone n. f. - XIIIe ; lat. « femmes guerrières d'Asie Mineure » 1 littér. Femme guerrière, virile. 2 Cavalière en jupe longue. ➛ loc. *Monter en amazone :* monter à cheval avec les deux jambes du même côté de la selle. 3 Jupe longue et ample portée par une cavalière. 4 fam. Prostituée qui racole en voiture.

ambages n. f. pl. - XIVe ; lat. ▪ loc. adv. SANS AMBAGES [sɑ̃zɑ̃baʒ] : sans détours, sans s'embarrasser de circonlocutions. « *je suis médecin, laissez-moi vous parler sans ambages* » (Mart. du G.).

ambassade n. f. – XIVe ; lat. *ambactia* « service », d'o. gaul. ■ Députation auprès d'un souverain ou d'un gouvernement étranger. ♦ Représentation permanente d'un État auprès d'un État étranger. ➛ par ext. Ensemble du personnel assurant cette mission ; résidence de l'ambassadeur et de ses services. « *Toutes les ambassades pliaient bagage* » (Loti).

ambassadeur, drice n. – XIVe 1 Envoyé d'un État auprès d'un État étranger. 2 Représentant permanent d'un État auprès d'un État étranger ou d'un organisme international, le plus élevé dans la hiérarchie diplomatique. *L'ambassadeur de France à Londres. Madame l'ambassadeur* ou *Madame l'ambassadrice.* ➛ n. f. vieilli Épouse d'un ambassadeur. 3 Personne chargée d'un message, d'une mission. 4 Personne qui représente à l'étranger (une caractéristique de son pays). *Un ambassadeur de la chanson québécoise.*

> ❑ *Ambassadrice* est le seul mot où *...rice* n'est pas précédé de *t* (mot italien) ; cette terminaison n'est pas un suffixe.

ambi- ■ Élément, du lat. *ambo* « deux à la fois, les deux ensemble ».

ambiance n. f. – XIXe ■ Atmosphère matérielle ou morale qui environne une personne, une réunion de personnes. ⇒ **climat, milieu.** *Il avait l'impression d'une ambiance hostile. Ambiance chaleureuse.* ⇒ **convivialité.** ♦ fam. *Il y a de l'ambiance ici,* une atmosphère gaie, pleine d'entrain. ♦ loc. adj. D'AMBIANCE. *Thermostat d'ambiance,* pour régler la température d'un lieu clos. ➛ *Lumière d'ambiance :* éclairage de faible intensité. ➛ *Musique d'ambiance :* musique de fond, douce et agréable.

ambiant, iante adj. – XVIe ; lat. *ambire* « entourer » ■ Qui entoure de tous côtés, constitue le milieu où l'on se trouve. *La température ambiante.* ➛ fig. « *Enivré de ces rumeurs, soulevé par cet enthousiasme ambiant* » (Daud.).

ambidextre adj. et n. – XVIe ; lat. *ambo* « tous les deux » et *dextra* « main droite » ■ Qui peut faire la même chose de la main droite ou de la main gauche, avec autant de facilité. ➛ n. *Un, une ambidextre.* « *Le gaucher dit contrarié devient-il ambidextre ? Non, plutôt un corps croisé* » (M. Serres).

ambigu, uë [ɑ̃bigy] adj. – XVe ; lat. 1 Qui présente deux ou plusieurs sens possibles ; dont l'interprétation est incertaine. ⇒ **double, équivoque.** *Une réponse ambiguë. Le terme est ambigu.* ⇒ **amphibologique.** *Sourire ambigu.* ♦ En linguistique, *Phrase ambiguë* (ex. « il loue sa maison »). *Mot ambigu.* ⇒ **plurivoque, polysémique.** « *le mot de reconnaissance a d'ailleurs par lui-même un sens ambigu* » (Beauv.). 2 Dont la nature est équivoque. *Un personnage ambigu.* ⇒ **ambivalent.** 3 *Théorème ambigu,* pour lequel il existe plusieurs démonstrations. ✪ CONTR. Clair, univoque.

> ❑ Le tréma du *ë* dans *ambiguë, aiguë* et *exiguë,* indique qu'il faut prononcer le *u,* de même celui du *ï* de *ambiguïté.*

ambiguïté [ɑ̃bigɥite] n. f. – XIIIe 1 Caractère de ce qui est ambigu dans le langage. ⇒ **amphibologie, équivoque.** ➛ *Ambiguïté d'une phrase, d'un mot.* ⇒ **polysémie.** 2 Caractère ambigu (d'un acte, d'un comportement). 3 Caractère de ce qui est philosophiquement ambigu. ⇒ **ambivalence.** ✪ CONTR. Clarté, univocité.

ambigument adv. – XVIe ■ De façon ambiguë. ✪ CONTR. Clairement.

ambiophonie n. f. – 1972 ; marque déposée, de *ambiance* et *-phonie* ■ Ambiance sonore créée par augmentation artificielle de la réverbération des sons.

ambisexué, ée [ɑ̃bisɛksɥe] adj. – av. 1970 1 ⇒ **bisexué.** 2 Se dit d'un individu dont le comportement reflète à la fois des tendances de type masculin et féminin.

ambitieusement adv. – XIVe ■ D'une manière qui dénote de l'ambition.

ambitieux, ieuse adj. – XIIIe 1 Qui a de l'ambition, désire passionnément réussir. *Être ambitieux.* ➛ « *L'ambitieux court toujours après quelque chose* » (Alain). 2 Qui marque de l'ambition. *Une politique ambitieuse.* « *la nécessité d'avoir des fonds pour accomplir un ambitieux projet* » (Balz.). ♦ péj. Qui marque trop d'ambition. ⇒ **présomptueux, prétentieux.** ✪ CONTR. Modeste, simple.

ambition n. f. – XIIIe ; lat. *ambire* « aller autour » 1 Désir ardent d'obtenir les biens qui peuvent flatter l'amour-propre. « *l'ambition furieuse et aveugle d'un conquérant qui élargit son empire* » (Zola). *Ambition professionnelle.* ⇒ **arrivisme, carriérisme.** 2 Désir ardent de réussite, dans l'ordre intellectuel, moral. « *Les magnifiques ambitions font faire les grandes choses* » (Hugo). 3 AMBITION DE. Désir ou prétention. « *Toute mon ambition est maintenant de fuir les embêtements* » (Flaub.).

ambitionner v. tr. [1] – XVIe ■ Rechercher avec ou par ambition. *Ambitionner les honneurs, la présidence.* ♦ *Ambitionner de :* désirer, souhaiter vivement de. *Il ambitionne de créer sa propre entreprise.* ✪ CONTR. Dédaigner, mépriser.

ambitus [ɑ̃bitys] n. m. – XVIIIe ; lat. *ambire* « entourer » ■ Étendue d'une mélodie, d'une voix, d'un instrument de la note la plus grave à la note la plus aiguë. ⇒ **registre, tessiture.**

ambivalence n. f. – 1911 1 Caractère de ce qui comporte deux composantes de sens contraire. *Ambivalence affective :* état de conscience comportant des dispositions affectives contraires. 2 Caractère de ce qui se présente sous deux aspects. *L'ambivalence d'une attitude.*

ambivalent, ente adj. – 1924 ■ Qui comporte deux valeurs contraires. ⇒ **double.** *Un comportement ambivalent.*

amble n. m. – XIIe ■ Allure d'un quadrupède (chameau, girafe, etc.) qui se déplace en levant en même temps les deux jambes du même côté. « *le petit cheval trottait l'amble* » (Flaub.).

ambler v. intr. [1] – XIIe ; a. provenç. *amblar,* du lat. *ambulare* « se promener » ■ Aller l'amble.

ambly- ■ Élément, du gr. *amblus* « émoussé, affaibli ».

amblyope adj. et n. – XIXe 1 Atteint d'amblyopie. ➛ n. *Un, une amblyope.* ⇒ **malvoyant.** *Publication pour amblyopes* (à gros caractères). 2 (animaux) Qui a les yeux très petits, qui ne voit presque pas. ➛ n. m. *Les amblyopes.*

amblyopie n. f. – XVIIe ; gr. *ambly-* et *-ôpos* « qui voit » ■ Affaiblissement de la vue, sans lésion organique apparente. ⇒ **amaurose, cécité.**

amblyoscope n. m. – 1970 ■ Appareil servant à l'examen complet de la vision binoculaire et à l'évaluation d'une amblyopie.

amblystome n. m. – XIXe ; de *ambly-* et gr. *stoma* « bouche » ■ Genre d'amphibien urodèle d'Amérique du Nord et centrale (axolotl, salamandre dorée, etc.).

ambon n. m. – XVIIIe ; gr. ■ Tribune surélevée à l'entrée du chœur de certaines basiliques et églises anciennes.

ambre n. m. – XIIIe ; ar. 1 *Ambre gris :* substance parfumée provenant des concrétions intestinales des cachalots ; parfum très précieux extrait de cette substance. ⇒ **ambréine.** 2 *Ambre jaune* : résine fossilisée d'origine végétale, dure et transparente. ⇒ **succin.** « *C'était un lourd collier de cuivre, d'ambre et d'os, un bijou exotique* » (Beauv.). *(Couleur) d'ambre* : de la couleur jaune doré de l'ambre. « *ses cheveux d'ambre pâle* » (Barbey).

ambré, ée adj. – XVIIe 1 Parfumé à l'ambre gris. *Savon ambré.* 2 Qui a les teintes dorées de l'ambre jaune. « *Son teint ambré, ses yeux en amande* » (Mart. du G.).

ambréine n. f. – XIXe ▪ Alcool de la série terpénique, constituant principal de l'ambre gris.

ambroisie n. f. – XVe ; gr. « immortelle » 1 Nourriture des dieux de l'Olympe, source d'immortalité. ⇒ **nectar.** 2 Plante aromatique utilisée en infusions (thé du Mexique). ⇒ **ansérine.**

ambulacre n. m. – XVIe ; lat. « avenue » ▪ Pied tubulaire rétractile, muni de ventouses, des échinodermes.

ambulance n. f. – XVIIIe 1 anciennt Hôpital militaire ambulant. « *des ambulances manquaient de médicaments* » (Dorgelès). 2 Véhicule aménagé pour le transport des malades ou des blessés. ⇒ aussi **SAMU.** « *de longues ambulances blanches qui filaient à toute allure* » (Camus).

ambulancier, ière n. – XIXe 1 anciennt Infirmier, infirmière d'une voiture d'ambulance. 2 Personne qui conduit une ambulance.

ambulant, ante adj. – XVIe ; lat. *ambulare* « marcher, se promener » 1 Qui se déplace pour exercer à divers endroits son activité professionnelle. ⇒ **itinérant.** *Comédiens ambulants.* 2 *Érysipèle ambulant,* qui s'étend par plaques successives.

> ❑ Même famille que *funambule, noctambule, déambuler.*

ambulatoire adj. – XVe 1 vx *Juridiction, tribunal ambulatoire,* qui n'a pas de siège fixe. 2 littér. De la marche. « *emporté par une sorte de lyrisme ambulatoire* » (Gide). Capable de marcher, de se déplacer seul. *Malade ambulatoire.* ➛ Qui laisse au malade la possibilité de mener une vie active. *Traitement ambulatoire.*

âme n. f. – XIIIe ; lat. *anima* « souffle » **I** - 1 Principe spirituel de l'homme, conçu comme séparable du corps, immortel et jugé par Dieu. *Sauver son âme. Prier pour le repos de l'âme de qqn.* 2 Un des deux principes composant l'homme, principe de la sensibilité et de la pensée. « *Ma vie réelle, celle de mon âme, l'histoire de mes sentiments les plus secrets* » (Rouss.). ➛ loc. *Se dévouer corps et âme. De toute son âme.* 3 Principe de la vie morale, conscience morale. *La paix de l'âme.* « *J'ai l'habit d'un laquais et vous en avez l'âme* » (Hugo). ➛ iron. *Les bonnes âmes* : les bien-pensants hypocrites. 4 Ensemble des fonctions psychiques et des états de conscience. *État d'âme* : sentiment éprouvé ; réaction affective considérée comme déplacée. *Le ministre a des états d'âme.* ➛ *Être musicien dans l'âme,* profondément. 5 Principe de la vie végétative et sensitive. ➛ loc. *Rendre l'âme* : mourir. ♦ Sentiment, vie. *Une maison sans âme.* 6 Être vivant, personne. *Une ville de dix mille âmes.* ⇒ **habitant.** ➛ loc. *Ne pas rencontrer âme qui vive* : ne rencontrer personne. iron. *Rencontrer l'âme sœur,* une personne avec laquelle on a beaucoup d'affinités sentimentales. **II** - 1 Ensemble des états de conscience communs aux membres d'un groupe. *L'âme d'un peuple.* 2 Personne qui anime une entreprise collective. *Il était l'âme de la conjuration.* fig. « *La peur est l'âme de l'avarice* » (Alain). ⇒ **moteur. III** Partie essentielle (d'une chose). ♦ Petit cylindre de bois qui réunit la table et le fond d'un instrument à cordes. ♦ Évidement intérieur d'une bouche à feu. *L'âme d'un canon.* ♦ Partie médiane ou principale. ⇒ **centre, noyau.** *L'âme d'une poutre, d'une machine.*

amélanchier n. m. – XVIe ; provenç. ▪ Arbuste des terrains calcaires pauvres *(rosacées),* à floraison précoce et à petites feuilles cotonneuses.

améliorable adj. – XIXe ▪ Susceptible d'être amélioré. ⇒ **perfectible.**

améliorant, ante adj. et n. m. – XIXe 1 Qui améliore la fertilité du sol. *Plantes améliorantes.* 2 n. m. Substance destinée à améliorer l'action de la levure dans les pâtes levées.

amélioration n. f. – XVe 1 Ensemble de travaux ou dépenses faits sur un bien et lui procurant une plus-value. ⇒ **impense.** *Faire des améliorations dans une maison.* 2 Action d'améliorer (un sol). ⇒ **améliorant.** 3 Action de changer en mieux ; fait de devenir meilleur, plus satisfaisant. ⇒ **progrès.** *Les « inventions humaines qui tendent à l'amélioration de la vie »* (Duham.). *L'amélioration de son état de santé.* ⇒ **détente.** « *il souhaite l'amélioration matérielle de son sort* » (Sartre). ✪ CONTR. Aggravation, détérioration.

améliorer v. tr. [1] – XIIe ; lat. *melior* « meilleur » 1 Apporter des améliorations à (un lieu, une maison). ➛ Rendre (un sol) plus fertile. ⇒ **amender.** *Des terres améliorées.* 2 Rendre meilleur, changer en mieux. ➛ pronom. Devenir meilleur. *Ce vin s'améliore avec l'âge.* ⇒ ① se **bonifier.** « *la comtesse, dont la santé ne s'améliorait pas* » (Barbey). fam. (personnes) *Il ne s'améliore pas* (caractère, comportement). ⇒ s'**arranger.** ✪ CONTR. ① Dégrader, détériorer, empirer.

amen [amɛn] interj. et n. m. inv. – XIIe ; hébr. « vrai, certain » ▪ Mot par lequel se terminent les prières en latin, qui signifie « Ainsi soit-il ». ➛ loc. *Dire amen à tout ce que dit qqn,* l'approuver sans réserve. ➛ n. m. inv. « *Un amen éternel* » (Boss.). ✪ HOM. Amène.

aménageable adj. – 1960 ▪ Qui peut être aménagé. *Combles aménageables.*

aménagement n. m. – XIVe 1 Réglementation de l'exploitation des forêts. 2 Action, manière d'aménager, de disposer. ⇒ **arrangement, disposition, organisation.** *L'aménagement d'une maison.* 3 Organisation matérielle de l'espace, destinée à satisfaire les besoins des populations intéressées. *Aménagement du territoire*.* 4 Action d'adapter, de modifier qqch. pour le rendre plus adéquat. *Aménagement des horaires de travail.* ➛ Dispositions particulières, réserves ou modifications dans un texte. ⇒ **amendement.** ✪ CONTR. Dérangement, désorganisation.

aménager v. tr. [3] – XIVe ; de *ménage* 1 Régler l'aménagement de (une forêt). ⇒ **aménagiste.** 2 Disposer et préparer en vue d'un usage déterminé. ⇒ **agencer, arranger.** *Aménager un loft.* « *Le tennis avait été aménagé sur une place à bâtir* » (Aymé). 3 Organiser par l'aménagement. *Aménager un secteur.* ➛ *Aménager son emploi du temps.*

aménagiste n. – XIXe ▪ Spécialiste de l'aménagement des forêts.

amende n. f. – XIIe 1 Peine pécuniaire infligée en cas d'infraction, de délit ou de crime. ⇒ **contravention, P.-V.** « *On avait inventé le moyen de subvenir aux amendes dont le Charivari était accablé* » (Baud.). ♦ Sanction pécuniaire infligée à qqn. *Vous êtes à l'amende.* 2 *Amende honorable* : peine infamante qui consistait dans l'aveu public de la faute. ➛ loc. *Faire amende honorable* : reconnaître ses torts. ✪ HOM. Amande.

> ❑ Dans *amende honorable* l'adjectif signifie « d'honneur » (comme dans *parole d'honneur*).

amendement n. m. – XIIe 1 Opération visant à améliorer les propriétés physiques d'un sol ; substance incorporée au sol à cet effet. ⇒ **amélioration, fertilisa-**

[amendeme]nt n. 2 Modification proposée à un texte soumis à [u]ne assemblée délibérante. *Voter un amendement.*

amender v. tr. [1] - XIe ; lat. 1 Améliorer, corriger. « *mauvais sujets que rien n'amende* » (Gide). ➜ v. pron. « *je vous ai promis de m'amender* » (Ionesco). 2 Améliorer (une terre) par des amendements. 3 Modifier par amendement. *Amender une proposition de loi.* ✪ CONTR. Détériorer, gâter.

amène adj. - XIIIe ; lat. ▪ littér. Agréable, avenant. ⇒ **aimable, courtois ; aménité.** *Un ton, des propos amènes.* ✪ CONTR. Acerbe, désagréable. — HOM. Amen.

amenée n. f. - XIVe 1 Action d'amener l'eau. *Canal, tuyaux d'amenée.* 2 Dispositif permettant d'amener un fluide. *Des amenées de gaz.*

amener v. tr. [5] - XIe 1 Mener (un être animé) auprès de qqn. « *Son impuissance à sauver tous les pauvres bougres qu'on lui amenait* » (Zola). ➜ Mener (une personne, un animal) à un endroit. *Amener ses enfants à la piscine. Si tu le veux, amène ton chien.* (choses qui avancent) *Amenez la voiture sur le pont de graissage.* 2 fig. *Amener (qqn) à,* conduire, entraîner petit à petit à (quelque acte ou état). « *Si l'Angleterre et la France étaient amenées à intervenir par la force* » (Mauriac). 3 Faire venir à une destination. *Le taxi qui nous a amenés. Cette rivière* « *que les Romains avaient captée et amenée jusqu'à Nîmes par l'aqueduc* » (Gide). ♦ fig. Diriger, conduire. *N'amenons pas la conversation sur ce sujet.* ➜ *Une conclusion bien amenée.* 4 Avoir pour suite assez proche. ⇒ **occasionner.** « *Cette habitude, dit-on, amène la satiété* » (Muss.). 5 v. pron. fam. Venir, arriver. ⇒ se **pointer, rappliquer.** *Amène-toi ici !* « *Si les bourres s'amenaient, raflaient tout ?...* » (Céline). 6 Abaisser (les voiles). *Amener les voiles.* ♦ par ext. Tirer à soi. *Pêcheur qui amène son filet.* 7 Faire sortir (aux jeux de hasard). « *si un joueur de dés a amené les six deux fois coup sur coup* » (Baud.).

> ❑ En principe *amener* ne s'emploie que pour les personnes, les êtres qui se déplacent, les choses qui avancent (la brouette, l'eau par ex.) et que l'on ne porte pas ; autrement c'est *apporter* qui convient. Mais la confusion est fréquente pour les objets : « *J'avais amené de Paris, dans ma poche fessière, un petit revolver* » (Duhamel). Même remarque pour *ramener.* ♦ Distinguer *amener* et *emmener qqn quelque part.* → emmener (rem.).

aménité n. f. - XIVe ; lat. ▪ Amabilité pleine de charme. ⇒ **affabilité.** *Traiter qqn sans aménité,* durement.

aménorrhée n. f. - XVIIIe ▪ Absence anormale des règles d'une femme.

> ❑ *Dysménorrhée,* mot de la même famille. Attention au *rrh* dans les deux mots. ♦ Ne pas confondre l'*aménorrhée* et la *ménopause* « arrêt naturel des règles ».

amentifère adj. et n. f. - XIXe ; lat. *amentum* « cordon » et *-fère* ▪ sc. Se dit des végétaux à inflorescences en cordons ou chatons. ➜ n. f. pl. *Les peupliers sont des amentifères.*

amenuisement n. m. - XIIIe ▪ Action d'amenuiser, fait de s'amenuiser. ⇒ **amincissement, diminution.** ✪ CONTR. Épaississement. Augmentation.

amenuiser v. tr. [1] - XIIe ; de *menuiser* → ① menu 1 Rendre plus menu (un objet). ➜ pronom. Devenir plus petit. *Son visage s'est amenuisé.* 2 fig. Rendre moins important. pronom. *Nos revenus s'amenuisent.* ✪ CONTR. Épaissir, grossir. Augmenter.

> ❑ *Menuiserie* est de la même famille étym. (travail plus fin que la *charpenterie*).

① **amer, ère** [amɛʀ] adj. et n. m. - XIIe ; lat. 1 Qui produit au goût une sensation caractéristique le plus souvent désagréable (ex. la bile), parfois stimulante (ex. l'écorce de citron). *Chocolat amer. Confiture d'oranges amères.* 2 n. m. Liqueur obtenue par infusion d'herbes ou d'écorces amères, tonique et apéritive. ⇒ **bitter, vermouth.** « *la bouteille d'amer qu'on avait débouchée pour nous la veille* » (Gide). 3 fig. Qui est cause de rancœur. *Des regrets amers.* « *elle était prête à sombrer dans un amer défaitisme* » (Beauv.). ♦ Qui exprime, marque l'amertume. *Il m'a fait d'amers reproches.* ➜ *Il est très amer,* triste, plein de ressentiment. ✪ CONTR. Doux ; jubilant, satisfait.

② **amer** [amɛʀ] n. m. - XVIIe ; → marque ▪ Objet fixe et visible servant de point de repère en mer ou sur la côte.

amèrement adv. - Xe ▪ Avec amertume. *Il a commencé* « *de me faire amèrement regretter de l'avoir suivi* » (Duham.).

américain, aine adj. et n. - XVIe ; du nom de *Amerigo Vespucci* 1 De l'Amérique. ⇒ **américano-.** *Le continent américain. Les langues américaines,* parlées par les autochtones (de l'Amérique du Nord, du Mexique et de l'Amérique centrale, de l'Amérique du Sud). « *la reconnaissance de l'indépendance des républiques américaines par l'Espagne* » (Balz.). ➜ n. *Les Américains du Nord* (⇒ **nord-américain**), *du Sud* (⇒ **latino-américain, sud-américain**). *Les Américains autochtones.* ⇒ **amérindien.** 2 Des États-Unis d'Amérique. *Le cinéma américain.* ➜ n. *Les Américains.* ⇒ **étasunien, yankee.** *L'américain :* l'anglais parlé aux États-Unis (⇒ **américanisme**). ♦ *Vedette américaine,* qui passe sur scène juste avant la vedette. ➜ *Homard à l'américaine,* cuit dans une sauce aux tomates, échalotes, oignons, vin blanc, etc. ➜ *Football* (ou *rugby*) *américain :* forme de rugby très violent.

> ❑ On n'a aucune preuve pour affirmer que *homard à l'américaine* est une confusion avec *à l'armoricaine ;* bien au contraire, vu la recette.

américanisation n. f. - XIXe ▪ Action d'américaniser, fait de s'américaniser.

américaniser v. tr. [1] - XIXe ▪ Revêtir, marquer d'un caractère américain (2°). « *de mornes avenues qui avaient américanisé l'aspect du quartier* » (Huysm.). ➜ pronom. « *la Seine s'américanise entre une rangée double de verseurs-tracteurs-pousseurs* » (Céline).

américanisme n. m. - XIXe 1 vieilli Imitation du mode de vie des États-Unis. 2 Idiotisme américain (par rapport à l'anglais). ➜ Emprunt du français à l'anglais des États-Unis (ex. « western, fax »).

américaniste adj. et n. - XIXe 1 n. Spécialiste du continent américain. *Américaniste qui a écrit sur les Incas.* 2 Spécialiste de la langue et de la civilisation des États-Unis.

américano- ▪ Élément servant à former des adjectifs exprimant un rapport entre les États-Unis et un autre pays.

américium [ameʀisjɔm] n. m. - 1948 ; de *America* ▪ Élément chimique artificiel et radioactif (Am ; no at. 95).

amérindien, ienne adj. et n. - 1930 ▪ Relatif aux Indiens d'Amérique. *Langues amérindiennes.* ➜ n. *Les Amérindiens.*

amerrir v. intr. [2] - 1912 ▪ Se poser à la surface de l'eau (hydravion, cabine spatiale).

amerrissage n. m. - 1912 ▪ Action d'amerrir.

amertume n. f. - XIIe 1 Saveur amère. *La légère amertume des endives.* ♦ Maladie des vins, qui les rend amers. 2 Sentiment durable de rancœur, lié à une humiliation, une déception, une injustice. ⇒ **dégoût, dépit, ressentiment.** « *Il en vint à exhaler toute son amertume contre le testament de son beau-père* »

(Zola). ➝ Caractère de ce qui engendre un tel sentiment. « *Toute l'amertume de l'existence* » (Flaub.). ✪ CONTR. Douceur ; joie, satisfaction.

amétallique adj. – mil. XXe ▪ *Système amétallique* : système monétaire ne se référant à aucun étalon métallique, comme l'or.

améthyste n. f. – XIe ; gr. ▪ Pierre fine violette, variété de quartz. *Améthyste montée en bague.* ➝ adj. inv. De la couleur de cette pierre.

amétrope adj. – XIXe ; gr. *ametros* « disproportionné » et *ôpos* « œil » ▪ Atteint d'amétropie. ✪ CONTR. Emmétrope.

amétropie n. f. – XIXe ▪ Défaut dans la structure optique de l'œil ayant pour conséquence l'astigmatisme, la myopie ou l'hypermétropie. ✪ CONTR. Emmétropie.

ameublement n. m. – XVIe 1 Ensemble des meubles d'un logement, considéré dans son agencement. ⇒ **décoration, mobilier.** *Tissus d'ameublement.* 2 Industrie, commerce des objets destinés à meubler.

ameublir v. tr. [2] – XVe I Faire entrer dans la communauté (des immeubles propres à un des époux), ce qui conduit à les traiter comme des biens meubles. II Rendre meuble (la terre). ⇒ **biner, herser, labourer.** ➝ *Un champ ameubli.*

ameublissement n. m. – XVIIe 1 Convention matrimoniale consistant à ameublir des immeubles. 2 Opération consistant à ameublir les terres. ⇒ **binage, hersage, labour.**

ameuter v. tr. [1] – XIVe 1 Assembler (les chiens) en meute pour la chasse. 2 Attrouper dans une intention de manifestation hostile. « *On ameute la foule* » (Hugo). ➝ fig. *Arrête de crier, tu vas ameuter tout le quartier.* ⇒ **alerter.**

amharique n. m. – XVIIe ; de *Amhara*, province d'Éthiopie ▪ Langue sémitique du groupe méridional parlée dans la majeure partie du haut plateau abyssin. *L'amharique est la langue officielle de l'Éthiopie.*

ami, ie n. et adj. – X^e ; lat. *amicus, amica* 1 Personne liée d'amitié avec (une autre personne), ou qui est l'objet de l'amitié de qqn. ⇒ fam. **copain, pote.** *Un de mes bons, de mes vieux amis. Mon meilleur ami.* « *Il avait été recommandé par des amis communs* » (Loti). *Un ami d'enfance.* « *Les amis de notre ami Henri Pollak ne sont pas obligatoirement nos amis, Dieu merci* » (Perec). « *il y a une chambre d'amis qui sera arrangée. Vous l'habiterez* » (Flaub.). ♦ Amant, maîtresse. *Son petit ami* (⇒ fam. **copain, jules, mec**), *sa petite amie* (⇒ fam. **copine, nana** ; région. **doudou**). ➝ vx ou région. *C'est sa bonne amie*, une fille avec laquelle il est très lié, qu'il courtise. ♦ *Mon jeune ami*, appellation condescendante. 2 Personne qui est bien disposée, a de la sympathie envers une autre ou une collectivité. « *Ils vinrent non en adversaires mais en amis* » (Maurois). *Ce sont des amis de la France*, des francophiles. ➝ *Le chien est l'ami de l'homme.* ♦ fig. L'artisan, défenseur d'une cause. *Les amis de la liberté, de la nature.* 3 *Faux ami* : mot d'une langue qui présente une similitude trompeuse avec un mot d'une autre langue (par ex. l'angl. « actually » correspond au français « effectivement » et non à « actuellement »). 4 adj. D'un ami, d'amis. ⇒ **amical.** *Une main amie.* ✪ CONTR. Ennemi, hostile. — HOM. Amict.

amiable adj. – XIIe ; lat. *amicabilis* ▪ Qui a lieu ou agit par la voie de la conciliation, sans procédure judiciaire. *Constat amiable* : déclaration d'accident (non corporel) de la circulation établie d'un commun accord par les conducteurs. ➝ *Amiable compositeur* : arbitre chargé de régler à l'amiable un différend entre deux personnes. ♦ loc. adv. À L'AMIABLE : par voie de conciliation, de gré à gré. *Divorcer à l'amiable.*

> ❑ *Amiable* est un doublet de *aimable* et de *amical*, famille étym. de *ami*.

amiante n. m. – XVIe ; gr. ▪ Variété de silicate de fer, magnésium et calcium, à contexture fibreuse ; fibres extraites de ce minéral, résistantes à l'action du feu et pouvant être tissées. *Plaque d'amiante.* ➝ Tissu composé de ces fibres. *Combinaison en amiante.* ➝ n. m. *Amiante-ciment* : ciment auquel on a incorporé des fibres d'amiante. *Des amiantes-ciments.*

amibe n. f. – XIXe ; gr. *ameibein* « changer » ▪ Protozoaire pourvu d'un noyau *(rhizopodes)*, des eaux douces et salées, dont une espèce parasite l'intestin de l'homme.

amibiase n. f. – 1909 ▪ Parasitose due à des amibes, caractérisée par la dysenterie.

amibien, ienne n. et adj. – XIXe 1 n. m. pl. *Les amibiens* : ordre de la classe des rhizopodes, comprenant les amibes proprement dites *(amibes nues)* et les amibes dites *à coquille*. 2 adj. Causé par les amibes. *Dysenterie amibienne.*

amiboïde adj. – XIXe ▪ *Mouvements amiboïdes*, semblables à ceux des amibes qui se déplacent par émission de pseudopodes.

amical, ale, aux adj. et n. f. – XVIIIe 1 Empreint d'amitié, qui marque de l'amitié. ⇒ **chaleureux, cordial, sympathique.** *Nos relations sont amicales. Il* « *le congédia d'une tape amicale sur la joue* » (Daud.). ♦ AMICALE (n. f.) : association de personnes ayant une même activité ou liées par leurs souvenirs. *L'amicale des anciens élèves de l'école de...* ♦ Qui parle, se comporte avec amitié, avec sympathie. 2 Se dit d'une rencontre sportive ne comptant pas pour un championnat. *Match amical.* ✪ CONTR. Hostile, inamical, malveillant.

amicalement adv. – XVIIIe ▪ D'une façon amicale.

amict [ami] n. m. – XIIe ; lat. ▪ Rectangle de toile fine dont le prêtre se couvre les épaules avant de revêtir l'aube. ✪ HOM. Ami.

amide n. m. – XIXe ; de *oxamide*, de *oxalique* et *ammoniac* ▪ Composé organique dérivant de l'ammoniac ou d'une amine par substitution de radicaux acides à l'hydrogène.

amidon n. m. – XIIIe ; gr. *amylum* ▪ Glucide de poids moléculaire élevé, de formule $(C_6H_{10}O_5)_n$ (polymère du glucose), emmagasiné par les organes de réserve des végétaux sous forme de granules qui fournissent un empois. ⇒ **fécule.** *Empesor à l'amidon.* « *elle poussait lentement le fer, laissant à l'amidon le temps de ressortir et de sécher* » (Zola).

amidonnage n. m. – XIXe ▪ Action d'amidonner. ⇒ **empesage.**

amidonner v. tr. [1] – XVIe ▪ Enduire (le linge) d'amidon. ⇒ **empeser.**

amidonnerie n. f. – XVIIIe ▪ Usine de production d'amidon.

amidopyrine n. f. – 1960 ; de *amide, pyro-* et *-ine* ▪ Médicament fébrifuge et analgésique.

amincir v. tr. [2] – XIIIe 1 Rendre plus mince. ♦ pronom. Devenir plus mince. « *Peu à peu elles s'amincissent, semblent fondre* » (Maupass.). ♦ intrans. fam. ⇒ **mincir.** *Elle a aminci.* 2 Faire paraître plus mince. *Sa robe noire l'amincit.* ✪ CONTR. Épaissir, grossir.

amincissant, ante adj. – 1962 ▪ Qui amincit. ➝ Qui fait mincir. *Crème amincissante.* ⇒ **amaigrissant.**

amincissement n. m. – XVIIIe ▪ Action d'amincir, fait de s'amincir. ➜ État de ce qui est aminci.

amine n. f. – XIXe ; de *ammoniac* ▪ Tout composé obtenu par substitution de radicaux hydrocarbonés univalents à l'hydrogène de l'ammoniac. *Amines de réveil.* ⇒ **amphétamine.** ➜ en appos. *Fonction amine* (– NH_2).

> ❑ Ne pas confondre avec *amide,* autre mot scientifique.

aminé, ée adj. – 1903 ▪ *Acide aminé :* corps possédant les deux fonctions amine et acide, constituant organique fondamental des protéines. ⇒ **aminoacide.**

a minima loc. adj. – XVIIe ; lat. ▪ *Appel a minima :* appel que le ministère public interjette lorsqu'il estime la peine insuffisante. ✪ CONTR. A maxima.

> ❑ Attention le *a* ne prend pas d'accent ; c'est du latin.

aminoacide n. m. – 1903 ▪ Acide aminé*.

aminoplaste n. m. – 1948 ; de *amine* et *plastique* ▪ Résine synthétique obtenue par action de l'urée sur le formol.

amiral, ale, aux n. – XIe ; ar. *âmir* « chef » **1** n. m. Officier du grade le plus élevé dans la marine. ⇒ **contre-amiral, vice-amiral.** ♦ adj. *Vaisseau amiral,* ayant à son bord un amiral, le chef d'une formation navale. **2** n. f. Femme d'un amiral.

amirauté n. f. – XIVe ▪ Corps des amiraux, haut commandement de la marine ; siège de ce commandement. ➜ Dignité d'amiral.

amitié [amitje] n. f. – XIe **1** Sentiment réciproque d'affection ou de sympathie ; relations qui en résultent. « *L'amitié entre hommes et femmes est délicate* » (Cocteau). *Une preuve d'amitié.* ➜ vieilli *Amitié particulière :* liaison homosexuelle. ♦ Rapports amicaux. ⇒ **entente.** *L'amitié entre deux pays.* **2** Marque d'affection, de bienveillance. *Faites-nous l'amitié de venir.* ➜ au plur. *Mes amitiés à votre mari.* ✪ CONTR. Antipathie, inimitié.

amitose n. f. – XIXe ▪ Le plus simple des processus de division cellulaire (sans mitose).

ammonal n. m. – 1909 ; de *ammon(ium)* et *al(uminium)* ▪ Mélange de nitrate d'ammonium et d'aluminium, utilisé pour la fabrication des explosifs. *Des ammonals.*

ammoniac, iaque adj. et n. m. – XIVe ; lat. *ammoniacum* « de la région du temple d'*Ammon* », en Libye **1** *Gomme ammoniaque :* gomme-résine d'une plante d'Afrique. **2** *Gaz ammoniac,* ou n. m. *ammoniac :* combinaison gazeuse d'azote et d'hydrogène (NH_3), gaz à odeur piquante. ✪ HOM. Ammoniaque.

ammoniacal, ale, aux adj. – XVIIIe ▪ Relatif à l'ammoniac ; contenant de l'ammoniac. « *l'exhalaison ammoniacale de la litière* » (Zola).

ammoniaque n. f. – XIXe ▪ Solution aqueuse de l'ammoniac. ⇒ **alcali.** ✪ HOM. Ammoniac.

> ❑ L'*ammoniaque* (n. f.) est un liquide, l'*ammoniac* (n. m.) un gaz.

ammoniaqué, ée adj. – XIXe ▪ Qui contient de l'ammoniaque.

ammonite n. f. – XVIIIe ; lat. « corne d'*Ammon* » ▪ Mollusque céphalopode fossile de l'ère secondaire, à coquille enroulée.

ammonium [amɔnjɔm] n. m. – XIXe ▪ Radical univalent NH_4 jouant le rôle de métal alcalin dans les sels ammoniacaux.

ammophile adj. – XIXe ; gr. *ammos* « sable » et *-phile* ▪ Qui vit dans le sable (animaux, plantes). ⇒ **arénicole.**

amnésie n. f. – XVIIIe ; gr. « oubli » ▪ Perte totale ou partielle, temporaire ou définitive, de la mémoire.

> ❑ De la même famille étym. que *amnistie.*

amnésique adj. et n. – XIXe ▪ Atteint d'amnésie. ➜ n. *Un amnésique.*

amniocentèse [amnjosɛ̃tɛz] n. f. – 1970 ; de *amnios* et *-centèse* ▪ Prélèvement, par ponction, de liquide amniotique.

amnios [amnjos] n. m. – XVIe ; gr. ▪ Membrane enveloppant l'embryon des mammifères, oiseaux et reptiles.

amnioscopie n. f. – 1962 ▪ Examen du liquide amniotique à l'aide d'un endoscope.

amniotique adj. – XIXe ▪ Qui appartient à l'amnios. *Liquide amniotique,* où baigne le fœtus.

amnistiable adj. – XIXe ▪ Qu'on peut amnistier.

amnistiant, iante adj. – XIXe ▪ Qui a les effets de l'amnistie. *Grâce amnistiante.*

amnistie n. f. – XVIe ; gr. *amnêstos* « oublié » ▪ Acte du pouvoir législatif annulant les conséquences pénales de certaines infractions.

> ❑ De la même famille étym. que *amnésie* et *anamnèse.* ♦ Ne pas confondre avec *armistice,* de sens très voisin.

amnistier v. tr. [7] – XVIIIe ▪ Faire bénéficier d'une amnistie (des délinquants ou des délits). ➜ *Des condamnés amnistiés,* ou subst. *des amnistiés.* ➜ Supprimer (les effets d'une mesure de justice) par l'amnistie.

amocher v. tr. [1] – XIXe ; de *moche* n. m. « écheveau de fils » ▪ fam. Blesser par des coups. ➜ Détériorer. ⇒ **abîmer.** *Il a amoché sa voiture.* ➜ pronom. *Elle s'est bien amochée.*

amodiation n. f. – XVe ▪ Location d'une terre ou d'une mine moyennant une prestation périodique, en nature ou en argent.

amodier v. tr. [7] – XIIIe ; lat. *modius* « boisseau » ▪ Louer (une terre, une mine) par un contrat d'amodiation.

amoindrir v. tr. [2] – XIIe ; de *moindre* ▪ Diminuer (la force, la valeur, l'importance) ; diminuer l'importance de (qqch.). ⇒ **réduire.** ➜ *Il est très amoindri depuis son accident.* ➜ pronom. Décroître, diminuer. « *Le vieil horloger s'en allait peu à peu. Ses facultés tendaient évidemment à s'amoindrir* » (J. Verne). ➜ *Force amoindrie.* ✪ CONTR. Accroître, augmenter.

amoindrissement n. m. – XIIe ▪ Diminution, réduction. ✪ CONTR. Accroissement, augmentation.

amollir v. tr. [2] – XIIe **1** Rendre mou, moins ferme. *L'asphalte était amolli par la chaleur.* ⇒ **ramollir. 2** vieilli Rendre moins ferme, moins énergique. *Cette vie oisive l'amollit.* ⇒ **affaiblir, alanguir.** ➜ pronom. « *Il sentit son cœur s'amollir et se dissoudre* » (Volt.). ✪ CONTR. Affermir, durcir, endurcir.

amollissant, ante adj. – XVe ▪ Qui amollit, ôte l'énergie. ✪ CONTR. Exaltant, ① tonique.

amollissement n. m. – XVIe ▪ Action d'amollir ; état de ce qui est amolli. ⇒ **affaiblissement, relâchement.** ✪ CONTR. Endurcissement ; dureté.

amonceler v. tr. [4] – XIIe ▪ Réunir en monceau. ⇒ **entasser.** « *pour la ranimer on amoncelait de la neige sur elle* » (Gaut.). ➜ pronom. *Les nuages s'amoncellent.* ⇒ s'**amasser.** ♦ fig. Accumuler. « *amonceler des évidences* » (Hugo).

amoncellement n. m. – XIIe ▪ Entassement, accumulation. ⇒ **amas, monceau, tas.** « *à l'abri d'un amoncellement de caisses* » (Gide).

amont n. m. – XIe ; pour *à mont* « vers la montagne » **1** Partie d'un cours d'eau comprise entre un point considéré et sa source. *En allant vers l'amont.* ➝ loc. prép. *En amont de :* au-dessus de (tel point d'un cours d'eau). ♦ Côté de la montagne, au-dessus du skieur. ➝ adj. inv. Qui est situé plus haut (que l'autre ski). *Le ski amont.* 2 Ce qui vient avant le point considéré, dans un processus. *Les industries en amont fournissent les matières premières.* ✪ CONTR. ① Aval.

amoral, ale, aux adj. – XIXe ▪ Moralement neutre, indifférent aux idées de bien et de mal. ✪ CONTR. Moral.

❑ Ne pas confondre avec *immoral* « contraire à la morale ». → in- ; ② a- (rem.).

amoralisme n. m. – 1905 ▪ Conception philosophique de la vie étrangère à toute considération de valeur morale. ➝ Attitude d'un être amoral. ✪ CONTR. Moralisme.

amoralité n. f. – XIXe ▪ Caractère de ce qui est amoral. ✪ CONTR. Moralité.

amorçage n. m. – XIXe 1 Action ou manière d'amorcer. *Amorçage d'une pompe.* 2 Fait de garnir d'un appât. *L'amorçage d'une ligne de pêche.* ✪ CONTR. Désamorçage.

amorce n. f. – XIIIe ; a. fr. *amordre* « faire mordre » **I** Produit jeté dans l'eau pour attirer le poisson (et par ext. disséminé pour attirer le gibier dans le piège). **II** - 1 Petite masse de matière détonante servant à provoquer l'explosion d'une charge de poudre ou d'explosif ; dispositif de mise à feu. ⇒ **détonateur.** « *les amorces portaient la trace du percuteur* » (Malraux). ➝ Petite charge enfermée dans une capsule, et capable de détoner. ⇒ **pétard.** *Pistolet à amorces pour enfants.* 2 *Bande-amorce* ou *amorce :* ruban coloré qu'on colle à l'extrémité d'un film ou d'une bande magnétique pour mettre en place le dispositif. 3 Début d'une action ; ébauche de qqch. *L'amorce d'une amélioration.* ✪ CONTR. Achèvement, conclusion.

amorcer v. tr. [3] – XIVe 1 Garnir d'un appât. *Amorcer l'hameçon, la ligne.* ♦ Attirer (le poisson, le gibier) en répandant des amorces. ➝ *Amorcer avec du blé.* 2 Garnir d'une amorce (une charge explosive). 3 Mettre en état de fonctionner. *Amorcer une pompe,* en la remplissant d'eau. 4 Entamer, ébaucher (un mouvement). *Amorcer un geste, un virage.* ♦ Ouvrir la voie à, mettre en train. ⇒ **commencer, entamer.** « *chaque voyage important amorce une mue en profondeur* » (Tournier). ♦ pronom. Commencer, débuter. *La reprise s'amorce.* ✪ CONTR. Désamorcer. Achever, conclure.

amorphe adj. – XVIIIe ; gr. *morphos* « forme » 1 Qui n'est pas constitué de cristaux, en parlant d'un corps. 2 Sans énergie, sans réaction. ⇒ **apathique, atone,** ① **mou.** *Il est resté complètement amorphe.* ✪ CONTR. Dynamique, énergique, vif.

amorti n. m. – 1931 ▪ Manière de toucher le ballon, la balle en amortissant le coup ; coup ainsi exécuté.

amortir v. tr. [2] – XIIe ; lat. *mortus* → ① mort 1 Rendre moins violent, atténuer l'effet de. ⇒ **affaiblir, diminuer, réduire.** *Les feuilles amortirent sa chute.* ➝ *La terre* « *amortissait le bruit des pas* » (Flaub.). ⇒ **assourdir, étouffer.** 2 Rendre moins vif. ⇒ **calmer.** ➝ « *Bourdet a un air sinon délabré, du moins terriblement amorti* » (Drieu La Roch.). 3 Éteindre (une dette, un emprunt) par remboursement. « *amortir dix mille francs pendant trois ans ce n'est pas impossible* » (Proust). 4 Préserver la capacité de renouveler (un bien capital, un investissement) par l'amortissement. *Il a amorti son camion en deux ans.* ✪ CONTR. Augmenter, exagérer.

amortissable adj. – XVe ▪ Qui peut être amorti. *Emprunt amortissable.*

amortissement n. m. – XIIIe 1 *Amortissement financier :* extinction graduelle d'une dette, d'un emprunt par un remboursement échelonné. ♦ Imputation en comptabilité des sommes nécessaires au maintien en état du capital qui se déprécie dans le temps. ➝ Reconstitution du capital employé à une acquisition grâce aux bénéfices qu'on en tire. *L'amortissement d'une voiture.* 2 Couronnement d'un édifice, d'un ouvrage, qui va en se réduisant progressivement. 3 Action, manière d'amortir, de réduire l'effet. *Amortissement d'un choc.* ➝ Diminution progressive de l'amplitude d'un mouvement oscillatoire.

amortisseur n. m. – XIXe ▪ Dispositif destiné à amortir la violence d'un choc, la trépidation d'une machine, l'intensité d'un son. *Changer les amortisseurs.*

amour n. m. – IXe ; lat. 1 Disposition à vouloir le bien d'une entité humanisée et à se dévouer à elle. *L'amour du prochain. Pour l'amour de Dieu :* par amour pour Dieu, sans motif intéressé, par pitié. *Laissez-moi, pour l'amour de Dieu !* je vous en prie. 2 Affection entre les membres d'une famille. *L'amour maternel, filial, fraternel.* « *Oh ! l'amour d'une mère ! amour que nul n'oublie* » (Hugo). 3 Inclination envers une personne, le plus souvent à caractère passionnel, fondée sur l'instinct sexuel. « *Nous parlions d'amour de peur de nous parler d'autre chose* » (Constant). *Vivre un grand amour. Amour fou.* ⇒ **passion.** *Amour illégitime.* ⇒ **concubinage, liaison.** *Amour libre,* hors du mariage. *Amour passager.* ⇒ ① **amourette, passade.** *Déclaration d'amour. Lettre, histoire d'amour.* ♦ au plur. Liaison, aventure amoureuse. *Comment vont tes amours ? Des amours passagers.* ➝ littér. au fém. « *Le vert paradis des amours enfantines* » (Baud.). 4 Relations sexuelles. *La saison des amours chez les animaux.* ⇒ **pariade, rut.** ➝ *FAIRE L'AMOUR :* avoir des rapports sexuels. ⇒ fam. ① **baiser,** ① **coucher.** 5 Personne aimée. *Mon amour,* se dit en s'adressant à l'être aimé. ➝ par ext. fam. *Vous seriez un amour si :* vous seriez très gentil de. 6 Personnification mythologique de l'amour. *L'Amour avec son arc et son carquois.* « *Des amours joufflus et dorés soutenaient* [...] *des rideaux de brocart* » (Maurois). ➝ *Elle est jolie comme un amour, c'est un amour. Un amour d'enfant.* 7 Attachement désintéressé et profond à quelque valeur. *L'amour du bien, de la justice, de la vérité. Avoir l'amour de son métier.* 8 Goût très vif pour une chose, une activité qui procure du plaisir. ⇒ **passion.** *L'amour de la nature. Pour l'amour de l'art.* ✪ CONTR. Antipathie, haine ; aversion.

❑ Ce mot est souvent féminin au pluriel, même en prose (sauf au sens 6°). ♦ Au singulier, le féminin est populaire ou ironique : « *Décidément, c'était le grand béguin, la belle histoire, la vraie amour* » (Queneau).

amouracher (s') v. pron. [1] – XVIe ▪ péj. Tomber amoureux (de). ⇒ **s'éprendre ;** fam. **s'enticher,** se **toquer.**

① **amourette** n. f. – XIIe ▪ vieilli Amour peu sérieux, passager, sans conséquence. ⇒ **passade, tocade.**

② **amourette** n. f. – XVIe ; lat. *amalusta* « camomille » 1 région. Nom de diverses plantes des champs (muguet, brize, etc.). « *la flouve qui sent bon l'amourette qui tremble* » (Hugo). 2 *Bois d'amourette :* bois d'un acacia d'origine exotique utilisé en marqueterie.

amourettes n. f. pl. – XVIIIe ▪ Morceaux de moelle épinière de veau (de bœuf, de mouton) servis comme garnitures.

amoureusement adv. – XIIIe ▪ Avec amour, tendrement. ♦ Avec un soin tout particulier. ✪ CONTR. Froidement, négligemment.

amoureux, euse adj. et n. – XIIIe 1 Qui éprouve de l'amour, qui aime. ⇒ **épris.** *Tomber, être amoureux de qqn.* ⇒ s'**amouracher,** s'**éprendre.** *Un jeune homme « est éperdument amoureux de vous »* (Muss.). *Amoureux fou* (ou *fou amoureux*). ◆ n. *Un amoureux transi.* ♦ Porté à l'amour (physique surtout). *Un tempérament amoureux.* ⇒ **ardent, voluptueux.** ♦ Propre à l'amour, qui marque de l'amour. *La vie amoureuse de X.* ◆ Qui concerne l'amour physique. ⇒ **sexuel.** *Expérience amoureuse.* 2 Qui a un goût très vif pour (qqch.). ⇒ **féru, fervent, fou, passionné.** *La « peinture vénitienne dont je suis amoureux »* (Flaub.). ✪ CONTR. ① Froid, indifférent ; ennemi.

amour-propre n. m. – XVIe ▪ Sentiment vif de la dignité et de la valeur personnelle, qui fait qu'un être souffre d'être mésestimé et désire s'imposer à l'estime d'autrui. ⇒ **fierté.** *« cet esprit triomphait dans l'art de torturer les amours-propres »* (Stendh.). ✪ CONTR. Abnégation. Humilité.

amovibilité n. f. – XVIIIe ▪ Caractère d'une fonction ou d'un fonctionnaire amovible. ✪ CONTR. Inamovibilité.

amovible adj. – XVIIe ; lat. *amovere* « écarter » 1 (D'un fonctionnaire, d'un magistrat) Qui peut être déplacé, changé d'emploi, révoqué. 2 Qu'on peut enlever ou remettre à volonté. *Doublure, capuche amovible.* ✪ CONTR. Inamovible.

ampélologie n. f. – XIXe ; gr. *ampelos* « vigne » ▪ Étude de la vigne.

ampélopsis [ɑ̃pelɔpsis] n. m. – XIXe ; gr. *ampelos* « vigne » et *opsis* « apparence » ▪ Plante grimpante ornementale *(vitacées)*, à vrilles terminées en crampons, appelée *vigne vierge.*

ampérage n. m. – 1905 ▪ (incorrect en sc.) Intensité de courant électrique.

ampère n. m. – XIXe ; de *Ampère,* physicien ▪ Unité d'intensité des courants électriques (symb. A).

ampère-heure n. m. – XIXe ▪ Unité de quantité d'électricité qui vaut 3600 coulombs. *3 ampères-heures.*

ampèremètre n. m. – XIXe ▪ Instrument destiné à mesurer l'intensité d'un courant électrique. ⇒ **galvanomètre.**

amphétamine n. f. – v. 1945 ; mot-valise angl. ▪ Médicament employé comme excitant du système nerveux central et comme anorexigène. *Dopage aux amphétamines.*

amphi → **amphithéâtre**

amphi-, ampho- ▪ Éléments signifiant « en double » ou « autour ».

amphiarthrose n. f. – XVIIe ; d'après *diarthrose* ▪ Symphyse.

amphibie adj. et n. m. – XVIe ; *amphi-* et *-bie* 1 Capable de vivre à l'air ou dans l'eau. *La grenouille est amphibie. Végétal amphibie.* ◆ n. m. *Un amphibie.* 2 Conçu pour avancer sur terre ou dans l'eau. *Voiture, char amphibie.*

amphibiens n. m. pl. – XIXe ▪ Classe de vertébrés tétrapodes amphibies qui subissent une métamorphose. ⇒ **batracien ; anoure, apode, urodèles.**

amphibole n. f. – XVIIIe ; gr. « ambigu » ▪ Groupe de silicates à double clivage.

amphibologie n. f. – XVIe ; gr. ▪ Double sens d'une phrase. ⇒ **ambiguïté, équivoque.**

amphibologique adj. – XVIe ▪ Qui présente une amphibologie. ⇒ **ambigu, équivoque.**

amphigouri n. m. – XVIIIe ; o. i. ▪ vieilli Écrit embrouillé et incompréhensible.

amphigourique adj. – XVIIIe ▪ Qui tient de l'amphigouri. *« un compliment amphigourique »* (Gide).

amphimixie n. f. – 1905 ; gr. *mixis* « mélange » ▪ Fusion des deux gamètes mâle et femelle des plantes, provenant de thalles ou de rameaux de sexe différent.

amphineures n. m. pl. – XIXe ; gr. *neura* « nerf, corde » ▪ Classe de mollusques primitifs, sans yeux ni tentacules.

amphioxus [ɑ̃fjɔksys] n. m. – XIXe ; gr. *oxus* « pointu » ▪ Petit animal marin primitif pourvu d'une notocorde*, à reproduction sexuée.

amphisbène n. m. – XVIIe ; gr. *bainein* « aller » ▪ Reptile fouisseur *(lacertiliens)*, lézard apode capable de se déplacer dans les deux sens.

amphithéâtre n. m. – XIIIe ; gr. 1 Vaste édifice circulaire à gradins étagés, occupé au centre par une arène, destiné aux combats de gladiateurs, puis à divers spectacles. ◆ par compar. *« la ville étagée en long amphithéâtre »* (Hugo). ♦ *Amphithéâtre morainique :* moraines disposées en arc de cercle autour de l'extrémité d'une langue glaciaire. 2 Salle de cours en gradins dans une université. ◆ abrév. fam. AMPHI. *Le grand amphi.*

amphitryon, onne n. – XVIIIe ; nom pr. ▪ littér. Hôte qui offre à dîner.

ampholyte n. m. – 1920 ▪ Substance protidique qui agit dans certains cas comme acide et dans d'autres comme base.

amphore n. f. – XVIe ; gr. ▪ Vase antique à deux anses, pansu, à pied étroit, pour contenir des liquides, des aliments.

amphotère adj. – XIXe ; gr. « l'un et l'autre » ▪ Qui possède à la fois un caractère acide et un caractère basique.

ample adj. – XIIe ; lat. 1 Qui a de l'ampleur. ⇒ **large.** *Manteau ample* (opposé à *cintré, ajusté*). ♦ D'une amplitude considérable. *« l'ample geste tragique d'un conspirateur d'opéra »* (Courtel.). 2 Abondant, qui se développe largement. *Donnez-moi de plus amples renseignements. Jusqu'à plus ample informé*.* ✪ CONTR. Étroit, restreint.

amplement adv. – XIIe ▪ Avec ampleur, d'une manière développée. ⇒ **abondamment.** *Il m'a amplement exposé l'affaire.* ♦ En allant au-delà du nécessaire. *C'est amplement suffisant.* ⇒ **largement.** ✪ CONTR. Brièvement ; peu.

ampleur n. f. – XVIIIe 1 Largeur étendue au-delà du nécessaire, ou volume considérable. *L'ampleur d'une jupe.* ♦ Amplitude. *« l'ampleur lente de ses mouvements »* (Loti). 2 Caractère de ce qui est abondant, a une grande extension ou importance. ⇒ **abondance, développement.** *Le mouvement, la manifestation a pris de l'ampleur. Devant l'ampleur du désastre.* ✪ CONTR. Étroitesse, petitesse.

ampli → **amplificateur**

ampliatif, ive adj. – XVe ▪ dr. Qui développe et complète ce qui a été dit dans un acte précédent.

ampliation n. f. – XVIe ; lat. *amplus* « ample » 1 Duplicata authentifié d'un acte notarié ou administratif. *Pour ampliation :* pour copie conforme. 2 Augmentation du volume de la cage thoracique lors de l'inspiration.

amplificateur, trice n. m. et adj. – XVIe 1 Appareil ou dispositif destiné à augmenter l'amplitude d'un phénomène (oscillations électriques en particulier) et qui fournit une puissance supérieure à la puissance d'entrée. *Amplificateur de lumière.* ⇒ **laser.** ♦ Élément d'une chaîne acoustique qui précède les haut-parleurs. ◆ abrév. fam. AMPLI. *Des amplis.* 2 adj. rare *Circuit amplificateur.*

amplification n. f. – XIVe 1 Action d'amplifier. ◆ Opération consistant à accroître une amplitude ou une puissance à l'aide d'un amplificateur. 2 Action d'amplifier (la réalité). ⇒ **exagération, grossissement.** 3 Action de s'amplifier. *Amplification des mouvements de grève.*

amplifier v. tr. 7 – XVe 1 Augmenter les dimensions, l'intensité de (notamment à l'aide d'amplificateurs). 2 Grossir, exagérer. « *Au lieu de combattre ses tics, il les amplifiait* » (Giraud.). 3 S'AMPLIFIER v. pron. Prendre plus d'amplitude. « *les oscillations s'amplifièrent* » (Mart. du G.). ➛ Prendre plus d'importance. ⇒ se **développer,** s'**intensifier.** *Les combats s'amplifient.* ✪ CONTR. Diminuer.

amplitude n. f. – XVe ; lat. 1 Différence entre les valeurs extrêmes d'une grandeur. *Amplitude d'un mouvement oscillatoire :* valeur maximale de l'élongation du corps oscillant autour de sa position d'équilibre. 2 Écart entre deux valeurs extrêmes de la température (jour, mois, année). 3 (D'un mouvement du corps) « *Les mouvements qu'autorise la posture sont d'ailleurs de faible amplitude* » (Robbe-Grillet). 4 rare Ampleur (2°).

ampoule n. f. – XIIe ; lat. 1 Tube de verre effilé et fermé, destiné à la conservation d'une dose déterminée de médicament liquide ; son contenu. *Une ampoule buvable, injectable.* 2 Globe de verre vide d'air (ou rempli d'un gaz sous faible pression) contenant le filament des lampes à incandescence, les électrodes des tubes électroniques. *Ampoule globe, flamme.* 3 Cloque de la peau formée par une accumulation de sérosité, à la suite de frottement, d'échauffement, etc. ⇒ ② **bulle, phlyctène, vésicule.** *Avoir des ampoules aux mains, aux pieds.*

ampoulé, ée adj. – XVIe ; de *ampoule* ▪ *Style, discours ampoulé,* utilisant de grands mots.

amputation n. f. – XVe ; lat. 1 Opération chirurgicale consistant à couper un membre, un segment de membre, une partie saillante. 2 Retranchement important. ⇒ **mutilation.** *Ce serait une amputation de son patrimoine.*

amputé, ée adj. et n. ▪ Qui a subi une amputation. ⇒ **mutilé.** ➛ n. *Un amputé du bras.*

amputer v. tr. 1 – XVe ; lat. *amputare* « tailler » 1 Enlever un membre à (qqn). *Amputer un blessé. On l'a amputé de la jambe gauche.* 2 Priver par suppression. ⇒ **diminuer.** *La pièce a été amputée de plusieurs scènes.*

amuïr (s') v. pron. 2 – XIXe ; lat. *mutus* « muet » ▪ Devenir muet, ne plus se prononcer (en parlant d'un son).

amuïssement n. m. – XIXe ▪ Fait de s'amuïr.

❑ L'accent circonflexe indique souvent l'amuïssement d'un *s* (ex. *beste* donne *bête*) qui persiste ailleurs (*bestial*).

amulette n. f. – XVIe ; ar. *hamilat* ▪ Petit objet qu'on porte sur soi dans l'idée superstitieuse qu'il préserve des maladies, dangers, maléfices, etc. ⇒ **fétiche, grigri, mascotte, porte-bonheur, talisman.** « *Ils portaient plus volontiers des médailles protectrices ou des amulettes de saint Roch* » (Camus).

amure n. f. – XVIIe ; provenç. *amurar* « fixer au mur » 1 *Point d'amure :* point de fixation d'une voile le plus bas et le plus au vent. 2 Côté d'où un bateau reçoit le vent. « *On cinglait tribord amures* » (Tournier). *Changer d'amure(s).* ⇒ **virer.**

amurer v. tr. 1 – XVIe ▪ Fixer (une voile) par son point d'amure.

amusant, ante adj. – XVIIe ▪ Qui amuse. ⇒ **comique, divertissant, drôle.** « *m'exercer à la lecture par des livres amusants* » (Rouss.). « *elles sont fraîches, gaies, amusantes, bonnes filles* » (Gaut.). *C'est amusant à voir. Il serait amusant d'essayer.* ✪ CONTR. Ennuyeux, triste.

amuse-bouche n. m. – 1955 ▪ (Au restaurant) ⇒ **amuse-gueule.** *Assortiment d'amuse-bouches* ou *d'amuse-bouche.*

amuse-gueule n. m. – 1946 ▪ fam. Petit sandwich, biscuit salé, etc., servi avec l'apéritif, ou au cours d'une réception. *Des amuse-gueules* ou *des amuse-gueule.*

amusement n. m. – XVIe ▪ Action de distraire, ou de se distraire agréablement. ⇒ **divertissement.** *Faire qqch. par amusement. Pour l'amusement des enfants.*

amuser v. tr. 1 – XIIe ; de *muser* **I** - 1 vx Tromper en donnant de faux espoirs. « *Les promesses trompeuses dont le faux prophète [...] amusait le peuple* » (Boss.). 2 Distraire agréablement ; faire rire ou sourire. ⇒ **délasser, divertir.** « *Il les amusait par ses boutades* » (Romains). loc. fam. *Amuser la galerie :* faire rire l'assistance en concentrant l'attention sur soi. *Si ça t'amuse :* si tu en as envie. **II** S'AMUSER v. pron. 1 Perdre son temps. *L'étape est longue, il ne faudra pas s'amuser en route.* 2 Se distraire agréablement. *Nous nous sommes amusés comme des fous.* ⇒ fam. s'**éclater.** ➛ *Les enfants s'amusaient avec leurs jouets, à grimper aux arbres.* ✪ CONTR. Ennuyer.

amusette n. f. – XVIIe ▪ vieilli Distraction sans importance.

amuseur, euse n. – XVIe ▪ Personne qui amuse, distrait (un public). ⇒ **bateleur, bouffon, clown, comique ; animateur.**

amusie n. f. – XIXe ; gr. *mousia* « muse » ▪ Perte de la capacité de chanter, de jouer, de reconnaître une musique.

amygdale [amidal] n. f. – XIVe ; gr. « amande » ▪ Chacun des deux organes lymphoïdes situés sur la paroi latérale du larynx, entre les piliers du voile du palais. absolt *Être opéré des amygdales.* ♦ *Amygdale pharyngienne,* dont l'hypertrophie constitue les végétations*.

❑ La prononciation sans [g] était autrefois considérée comme familière, ce qui n'est plus le cas.

amygdalectomie [amidalɛktɔmi] n. f. – 1927 ; de *amygdale* et *-ectomie* ▪ Ablation chirurgicale des amygdales.

amygdalite [amidalit] n. f. – XVIIIe ; de *amygdale* et *-ite* ▪ Inflammation des amygdales palatines. ⇒ **angine.**

amylacé, ée adj. – XVIIIe ; lat. *amylum* « amidon » ▪ De la nature de l'amidon ; qui contient de l'amidon.

amylase n. f. – XIXe ▪ Enzyme provoquant l'hydrolyse de l'amidon en maltose, puis en glucose. ⇒ **diastase.** *Amylase salivaire.* ⇒ **ptyaline.**

amylène n. m. – XIXe ▪ Hydrocarbure obtenu par déshydratation des alcools amyliques.

amylique adj. – XIXe ▪ *Alcool amylique :* tout alcool de formule $C_5H_{11}OH$.

amylobacter [amilobaktɛʀ] n. m. – XIXe ; d'après *bactérie* ▪ Bactérie anaérobie, agent de la fermentation butyrique.

amyotrophie n. f. – XIXe ; *myo-* et *-trophie* ▪ Atrophie musculaire.

an n. m. – XIe ; lat. *annus* 1 Durée conventionnelle, voisine de celle d'une révolution de la Terre autour du Soleil, qui sert de mesure. ⇒ **année.** *Elle a quarante ans :* elle est âgée de quarante ans. ⇒ fam. **balai,** ② **berge,** ③ **pige.** ➛ loc. *Bon an, mal an :* en faisant la moyenne entre les bonnes et les mauvaises années. 2 Année en tant que point du temps. *L'an dernier. Le jour, le premier de l'an :* le premier janvier. *L'an 2000.* ✪ HOM. En, han.

❑ Indique l'âge avec un numéral cardinal, alors que *année* s'emploie avec un ordinal (*il a neuf ans ; il est dans sa dixième année*). ♦ *An* n'est jamais accompagné d'un adjectif qualificatif sauf dans *bon an mal an*. → année (rem.).

an- → ② a-

ana- ▪ Élément signifiant « de bas en haut », « en arrière », « en sens contraire ».

anabaptiste [anabatist] **n. et adj.** – XVIe ▪ Adhérent à l'un des mouvements religieux issus de la Réforme qui n'admettent pas le baptême des enfants et soumettent leurs adeptes à un second baptême à l'âge de raison.

anabiose **n. f.** – XIXe ; gr. *bios* « vie » ▪ Reprise d'une vie active après une phase de dormance* prolongée.

anabolisant, ante **n. m. et adj.** – 1969 ▪ Substance stimulant l'anabolisme, et entraînant un accroissement du système musculaire. *Un athlète qui prend des anabolisants.*

anabolisme **n. m.** – XIXe ; gr. *bolos* « jet » ▪ Phase du métabolisme comprenant les phénomènes de biosynthèse. *Anabolisme et catabolisme.*

anabolite **n. m.** – 1970 ▪ Substance produite lors de l'anabolisme*.

anacardier **n. m.** – XVIIIe ; gr. *kardia* « cœur » ▪ Arbre tropical *(anacardiacées)*, donnant la noix de cajou*.

anachorète [anakɔʀɛt] **n. m.** – XVIe ; gr. ▪ Religieux contemplatif retiré dans la solitude (opposé à *cénobite*).

anachorétique [anakɔʀetik] **adj.** – XIXe ▪ Propre aux anachorètes. ⇒ **érémitique.**

anachronique [anakʀɔnik] **adj.** – XIXe **1** Entaché d'anachronisme. **2** Qui est déplacé à son époque, qui est d'un autre âge. *Une coutume anachronique.* ⇒ **désuet, obsolète.**

anachronisme [anakʀɔnism] **n. m.** – XVIIe ; gr. *khronos* « temps » **1** Attribution à une époque de ce qui appartient à une autre. **2** Caractère de ce qui est désuet, obsolète ; chose anachronique. ⇒ **survivance.**

anaclitique **adj.** – 1953 ; gr. « replier sur soi-même » ▪ *Dépression anaclitique :* arrêt de développement survenant pendant la première année de la vie chez l'enfant brusquement séparé de sa mère.

anacoluthe **n. f.** – XVIIIe ; gr. « sans suite » ▪ Rupture ou discontinuité dans la construction d'une phrase (ex. « Arrivés dans les bois, il se mit à pleuvoir »).

anaconda **n. m.** – XIXe ; o. i. ▪ Grand boa constricteur *(squamés)* d'Amérique du Sud. ⇒ **eunecte.**

anacrouse **n. f.** – XIXe ; gr. ▪ Mesure incomplète par laquelle débute parfois un morceau de musique.

anaérobie **adj.** – XIXe ▪ Se dit des micro-organismes qui se développent normalement dans un milieu dépourvu d'air ou d'oxygène. ✪ CONTR. Aérobie.

anaérobiose **n. f.** – XIXe ▪ Vie des organismes anaérobies.

anaglyphe **n. m.** – XVe ; gr. *gluptos* « gravé » **1** Ouvrage sculpté ou ciselé en bas-relief. **2** Couple de photographies stéréoscopiques en deux couleurs complémentaires.

anaglyptique **adj.** – XIXe ▪ Se dit d'une écriture ou d'une impression en relief à l'usage des aveugles.

❑ Même famille étym. que *hiéroglyphe*.

anagogique **adj.** – XIVe ; gr. ▪ Se dit d'un sens spirituel de l'Écriture que l'on tire du sens littéral.

anagramme **n. f.** – XVIe ; gr. *gramma* « lettre » ▪ Mot obtenu par transposition des lettres d'un autre mot (ex. « Marie » et « aimer »).

❑ Du genre féminin (comme *épigramme*), contrairement aux autres mots en *-gramme*.

anal, ale, aux **adj.** – XIXe ▪ Qui concerne l'anus. *Sphincter anal. Coït anal.* ⇒ **sodomie.** ♦ *Stade anal :* stade de la libido antérieur au stade génital, selon Freud. ✪ HOM. Annal, annales.

❑ Ne pas confondre *anal* et *rectal*. → rectal (rem.).

analeptique **adj.** – XVIe ; gr. ▪ Qui rétablit les forces, stimule les fonctions de l'organisme. ⇒ **reconstituant, stimulant.**

analgésie **n. f.** – XIXe ; gr. *algos* « douleur » ▪ Suppression de la sensibilité à la douleur. ⇒ **anesthésie.**

analgésique **adj. et n. m.** – XIXe ▪ Qui supprime ou atténue la douleur. ⇒ **antalgique.** ➤ **n. m.** *Un analgésique.*

analité **n. f.** – mil. XXe ▪ Prédominance de l'érotisme anal et des valeurs symboliques qui lui sont attachées. ✪ HOM. Annalité.

anallergique **adj.** – 1967 ▪ Qui ne provoque pas d'allergie. *Crème de beauté anallergique.* ⇒ **antiallergique, hypoallergénique.**

analogie **n. f.** – XVe ; gr. **1** Ressemblance entre deux ou plusieurs objets de pensée essentiellement différents. ⇒ **lien, parenté, relation.** *L'univers poétique « présente de grandes analogies avec l'univers du rêve »* (Valéry). ➤ Relation entre les mots qui sont apparentés par le sens (ex. « grenouille » et « têtard »). ♦ *Raisonnement par analogie,* qui conclut d'une ressemblance partielle à une autre ressemblance plus générale. ⇒ **induction. 2** Action assimilatrice qui fait que certaines formes du langage changent sous l'influence d'autres formes plus courantes. « *Vous disez* » (incorrect) *est formé par analogie avec « vous lisez ».* ✪ CONTR. Opposition ; différence.

analogique **adj.** – XVIe ; gr. **1** Fondé sur l'analogie (1°). *Dictionnaire analogique.* **2** *Raisonnement analogique,* qui se fonde sur des rapports de similitude entre des objets différents. **3** Qui vient de l'analogie (2°). *Formation analogique des mots.* **4** SC. Dont la mesure est continue (opposé à *numérique,* ② *digital*).

analogon **n. m.** – 1936 ▪ Élément signifiant dans une analogie. ⇒ **analogue.** « *montrer la réalité à travers un analogon matériel* » (Beauv.).

analogue **adj. et n. m.** – XVIe ▪ Qui présente une analogie. ⇒ **comparable, semblable, similaire.** « *Le gouffre est analogue à la nuit* » (Hugo). ♦ **n. m.** Être ou objet analogue à un autre. ⇒ ① **équivalent.** *Trouver « des pendants et des analogues dans les différents arts »* (Baud.). ✪ CONTR. Différent, opposé.

analphabète **adj. et n.** – XVIe ▪ Qui n'a pas appris à lire et à écrire. ⇒ **illettré** (2°). ➤ *Une analphabète.*

❑ Signifie étymologiquement « qui ne sait ni A ni B » (et non pas « sans alphabet »).

analphabétisme **n. m.** – 1907 ▪ État de l'analphabète, des analphabètes d'un pays. *Analphabétisme et illettrisme*.*

analycité **n. f.** – v. 1965 ▪ Caractère d'un jugement analytique* (II, 1°).

analysable **adj.** – XIXe ▪ Qui peut être analysé. *Cette sensation « était trop une pour être analysable même par la réflexion »* (Lamart.).

analysant, ante **n.** – 1924 ▪ Personne qui est en analyse, se fait psychanalyser.

analyse n. f. – XVIe ; gr. *lusis* « dissolution » I Décomposition en éléments. 1 Examen, souvent minutieux, qui tente de dégager les éléments propres à expliquer une situation, un sentiment, une personnalité. ⇒ **étude.** *Analyse de la situation politique. Analyse objective, partiale. Avoir l'esprit d'analyse.* ➙ *Analyse d'un roman, d'un film.* ⇒ **compte rendu,** ② **critique.** ♦ Décomposition d'une phrase en mots *(analyse grammaticale),* en propositions *(analyse logique).* 2 *Analyse chimique :* séparation d'un composé pour identification et dosage de ses composants. ♦ *Analyse du sang, des urines.* ⇒ **examen.** *Laboratoire d'analyses.* 3 Décomposition d'un problème posé pour en déceler les éléments constituants, en vue du traitement sur machine. ⇒ **analyste.** ♦ *Analyse d'une image de télévision :* décomposition d'une image à transmettre en éléments séparés. II Psychanalyse. *Être en analyse* (⇒ **analysant).** *Faire une analyse.* III Résolution. 1 Étude de fonctions, d'ensembles (munis de leurs structures topologiques) et des liens entre les objets. ⇒ **topologie.** *L'analyse est le résultat du calcul infinitésimal.* 2 Opération de logique consistant à remonter d'une proposition à d'autres propositions reconnues pour vraies d'où on puisse ensuite la déduire (⇒ **analytique,** II, 1°). ✪ CONTR. Synthèse.

analyser v. tr. [1] – XVIIe 1 Faire l'analyse de. « *il analyse ses propres symptômes avec une héroïque technicité* » (Maurois). ⇒ **disséquer, examiner ;** fam. **décortiquer, éplucher.** ➙ pronom. (réfl.) *Il s'analyse trop.* ⇒ s'**étudier.** 2 Faire l'analyse chimique de. 3 Psychanalyser. *Elle s'est fait analyser.* ⇒ **analysant.**

analyseur n. m. – XVIIIe ▪ Appareil qui analyse. ➙ Système optique permettant de déterminer l'état de polarisation d'une lumière.

> ❑ Ne pas confondre avec *analyste,* qui désigne une personne.

analyste n. – XVIIe 1 Spécialiste d'un type d'analyse. *Mathématicien analyste. Informaticien-analyste,* compétent pour l'analyse d'un programme. 2 Personne psychologue. « *La Rochefoucauld, cet implacable analyste de l'égoïsme humain* » (Gaut.). 3 Psychanalyste. ✪ HOM. Annaliste.

> ❑ Ne pas confondre avec *analyseur,* qui désigne un appareil.

analyste-programmeur, euse n. – v. 1960 ▪ Informaticien chargé de l'analyse et de la programmation correspondante. *Des analystes-programmeurs.*

analytique n. f. et adj. – XVIe I n. f. Chez Aristote, Partie de la logique qui traite de la démonstration. II adj. 1 *Jugement analytique,* qui est vrai par sa seule signification et indépendamment des faits (ex. les célibataires ne sont pas mariés). ⇒ **analycité, tautologie.** 2 *Géométrie analytique :* application de l'algèbre à la géométrie. 3 Qui considère les choses dans leurs éléments plutôt que dans leur ensemble. ➙ *Langues analytiques,* qui ordonnent logiquement les mots, comme le français. 4 Qui constitue une analyse, un sommaire. *Compte rendu, table analytique.* 5 Psychanalytique. ✪ CONTR. Synthétique.

anamnèse n. f. – XIXe ; gr. *mnêsis* « mémoire » ▪ didact. Évocation volontaire du passé ; spécialt Renseignements fournis par le sujet interrogé sur son passé et sur l'histoire de sa maladie.

anamorphose n. f. – XVIIIe ; gr. *morphê* « forme » 1 Transformation, par un procédé optique ou géométrique, d'un objet que l'on rend méconnaissable, mais dont la figure initiale est restituée par un miroir courbe ou par un examen hors du plan de la transformation ; image ainsi obtenue. 2 Métamorphose où la larve naît avec un nombre de segments différent de celui de l'adulte, qu'elle acquiert ultérieurement.

ananas [anana(s)] n. m. – XVIe ; mot tupi-guarani ▪ Gros f[ruit] oblong, écailleux, surmonté d'une touffe de feuill[es] et dont la pulpe est sucrée et très parfumée. Plante *(broméliacées)* qui produit ce fruit.

anapeste n. m. – XVIe ; gr. *anapaistos* « frappé à rebours » ▪ Pied composé de deux brèves et une longue en grec, en latin. « *les pieds de trois syllabes, anapestes ou dactyles* » (Gide).

anaphase n. f. – XIXe ▪ Stade de la mitose où les chromosomes divisés se séparent et migrent vers deux pôles.

anaphore n. f. – XVIe ; gr. ▪ Répétition d'un mot en tête de plusieurs membres de phrase, pour obtenir un effet de renforcement ou de symétrie. ➙ Reprise d'un segment de discours (antécédent) par un anaphorique*.

anaphorèse n. f. – 1928 ; gr. *phorêsis* « action de porter » ▪ Déplacement des particules vers l'anode au cours de l'électrophorèse.

anaphorique adj. et n. m. – XIXe ▪ Qui représente un mot ou une phrase antérieurs. ➙ n. m. « *Elle, celui-là, ce dernier* » *sont des anaphoriques.*

anaphrodisiaque adj. et n. m. – XIXe ▪ Qui diminue le désir sexuel. ➙ n. m. *Les anaphrodisiaques.* ✪ CONTR. Aphrodisiaque.

anaphrodisie n. f. – XIXe ▪ Absence ou diminution du désir ou du plaisir sexuel. ⇒ **anorgasmie, frigidité.**

anaphylactique adj. – 1902 ▪ Propre à l'anaphylaxie. *Choc anaphylactique.*

anaphylaxie n. f. – 1902 ; gr. *phulaxis* « protection » ▪ Augmentation de la sensibilité à une substance étrangère après que celle-ci a été introduite dans l'organisme. ⇒ **allergie, sensibilisation.**

anaplastie n. f. – XIXe ▪ Réparation d'une partie mutilée.

anar → **anarchiste**

anarchie n. f. – XIVe ; gr. « absence de chef » 1 Désordre résultant d'une carence d'autorité. « *la guerre civile et l'effroyable anarchie qui suivit la mort de Boris Godounof* » (Mérimée). ♦ Confusion due à l'absence de règles ou d'ordres précis. *C'est l'anarchie dans ce collège.* 2 Anarchisme.

anarchique adj. – XVIe ▪ Caractérisé par l'anarchie, le désordre. *Un développement anarchique, incontrôlé.* ♦ Propre à l'anarchisme. ✪ CONTR. Maîtrisé, organisé.

anarchiquement adv. – XIXe ▪ D'une façon anarchique, désordonnée.

anarchisant, ante adj. – 1925 ▪ Qui a des sympathies pour l'anarchisme.

anarchisme n. m. – XIXe 1 Conception politique qui tend à supprimer l'État, à éliminer de la société tout pouvoir disposant d'un droit de contrainte. 2 Refus de toute autorité, de toute règle.

anarchiste n. et adj. – XVIIIe ▪ Partisan de l'anarchisme. ⇒ **libertaire.** abrév. fam. ANAR. *Des anars.* ➙ adj. *Parti anarchiste.* ♦ Personne qui rejette toute autorité, toute règle.

anarchosyndicalisme [anaʀkosɛ̃dikalism] n. m. – XIXe ▪ Syndicalisme révolutionnaire et antiétatiste, né de l'entrée massive des anarchistes dans le mouvement syndical.

> ❑ À la différence des autres mots de la famille, se prononce avec [k].

anarthrie n. f. – XIXe ; gr. *arthron* « articulation » ▪ Trouble de l'articulation des sons, par lésion des centres moteurs du langage. ⇒ **dysarthrie.**

[ana]statique adj. – XIXe ; gr. *anastasis* « résurrection » ▪ *Repro[du]ction anastatique* : réimpression d'un ouvrage [an]cien sans recomposition.

[a]nastigmat [anastigmat] adj. m. – XIXe ▪ Se dit d'un sys[t]ème optique dépourvu d'astigmatisme.

anastomose n. f. – XVIe ; gr. *stoma* « bouche » ▪ Communication entre deux organes, deux vaisseaux, deux conduits de même nature ou deux nerfs.

anastomoser v. tr. [1] – XVIIIe ▪ Réunir par anastomose. ⇒ **aboucher.** ➙ pronom. Former une anastomose.

anathématiser v. tr. [1] – XIVe ; gr. ▪ Frapper d'anathème. ⇒ **excommunier.** ♦ fig. Condamner avec force, maudire.

anathème n. m. – XIIe ; mot gr. ▪ Excommunication majeure prononcée contre les hérétiques ou les ennemis de la foi catholique. « *fulminant l'anathème contre la race calviniste* » (Gaut.). ♦ fig. « *Ils se sont fait acclamer en jetant l'anathème sur les gouvernements* » (Mart. du G.).

anatife n. m. – XIXe ; lat. *anas, anatis* « canard » et *-fère* ▪ Petit crustacé à coquille blanche qui se fixe aux objets flottant en mer.

❑ Ce mot vient d'une légende nordique selon laquelle ce crustacé donnait naissance à des oiseaux marins.

anatomie n. f. – XIVe ; lat. « dissection » 1 Étude scientifique de la structure et de la forme des êtres organisés ainsi que des rapports entre leurs différents organes. ⇒ **morphologie.** *Anatomie humaine.* ♦ *Anatomie artistique* : étude des formes extérieures en vue de la représentation par l'art. ⇒ **écorché.** 2 Structure de l'organisme ainsi étudié. « *Ils étaient devenus étiques, et leur pauvre petite anatomie se faisait jour* » (Gaut.). ➙ Les formes extérieures (étudiées par l'anatomie artistique). *Une belle anatomie.* 3 Analyse. « *L'anatomie des passions de l'âme* » (Fén.).

anatomique adj. – XVIe ▪ Relatif à l'anatomie. « *un gros livre de médecine plein de planches anatomiques* » (Simenon).

anatomiste n. – XVIe ▪ Spécialiste de l'anatomie.

anatomopathologie n. f. – XIXe ▪ Science qui a pour objet l'étude des lésions anatomiques.

anatoxine n. f. – 1923 ▪ Toxine bactérienne soumise à un traitement par le formol qui lui fait perdre ses propriétés toxiques tout en lui conservant ses propriétés immunisantes.

anavenin n. m. – 1970 ▪ Vaccin contre le venin de serpent.

ancestral, ale, aux adj. – XIXe ▪ Des ancêtres, qui remonte très loin dans le temps. ⇒ **immémorial.** *Une haine ancestrale.*

ancêtre n. – XIIe ; lat. *antecessor* 1 Personne qui est à l'origine d'une famille, dont on descend. « *Tel trait d'un ancêtre reparaît soudain à la quinzième génération* » (Maurois). 2 Se dit d'une espèce dont une autre provient. *Le mammouth est l'ancêtre de l'éléphant.* ➙ (choses) *La draisienne est un ancêtre de la bicyclette.* 3 Initiateur lointain, devancier. ⇒ **précurseur.** 4 au plur. Ceux qui ont vécu avant nous, les hommes des siècles passés. *Nos ancêtres les Gaulois.*

❑ Rare au féminin. On dit plutôt *aïeule.*

anche n. f. – XVIe ; germ. ▪ Languette mobile dont les vibrations produisent le son dans les instruments dits *à anche* (clarinette, saxophone, etc.) ou les tuyaux d'orgue. ✪ HOM. Hanche.

anchoïade n. f. – XIXe ▪ Sauce à base d'huile et d'anchois pilés. « *des crudités qu'on trempait dans l'anchoïade* » (Sabatier).

anchois n. m. – XVIe ; lat. *apua* ▪ Petit poisson de mer *(clupéiformes)*, commun en Méditerranée, qu'on consomme surtout mariné et salé. *Filets d'anchois à l'huile. Beurre d'anchois* : beurre mêlé de filets d'anchois écrasés.

ancien, ienne adj. – XIe ; du lat. *ante* « avant » 1 Qui existe depuis longtemps, qui date d'une époque bien antérieure. ⇒ **antique, vieux.** *Une coutume très ancienne.* ⇒ **séculaire.** ♦ (après le nom) Qui a été fabriqué autrefois et en tire sa valeur. *Acheter un meuble ancien* (⇒ **antiquaire, brocanteur).** « *des casseroles de cuivre ancien, martelées* » (Colette). ➙ loc. adv. *À l'ancienne* : à la manière d'autrefois. 2 (devant le nom) Qui est caractéristique du passé et n'existe plus. ⇒ **archaïque, désuet.** *Un ancien modèle. L'Ancien Régime.* ➙ Qui a été autrefois tel et ne l'est plus. ⇒ ② **ex-.** « *Un ancien forçat libéré, nommé Jean Valjean* » (Hugo). 3 Qui a existé il y a longtemps. ⇒ **antique,** ③ **passé.** *L'histoire ancienne,* de l'Antiquité. ➙ loc. fam. *C'est de l'histoire ancienne* : c'est du passé. ♦ subst. *Les Anciens* : les peuples et les écrivains de l'Antiquité. 4 Qui a un certain âge ou de l'ancienneté. *Il est plus ancien que moi dans le métier. Pline l'Ancien et Pline le Jeune.* ✪ CONTR. Jeune, nouveau, récent ; actuel, moderne.

❑ Attention à la place de l'adjectif. *Un ancien ami* n'est plus votre ami, mais *un ami ancien* l'est depuis longtemps.

anciennement adv. – XIIe ▪ Dans les temps anciens, autrefois. ✪ CONTR. Récemment.

ancienneté n. f. – XIIe 1 Caractère de ce qui existe depuis longtemps. ⇒ **antiquité.** « *un préjugé que son ancienneté a pu sacrer tradition* » (Proust). 2 Temps passé dans une fonction ou un grade. *Avoir dix ans d'ancienneté.* ✪ CONTR. Nouveauté.

ancillaire [ɑ̃silɛʀ] adj. – XIXe ; lat. *ancilla* « servante » ▪ plaisant Se dit de liaisons avec des servantes. *Des amours ancillaires.*

ancolie n. f. – XIVe ; lat. *aquilegus* « qui recueille l'eau » ▪ Plante herbacée *(renonculacées)*, dont certaines espèces, ornementales, possèdent des fleurs bleues, blanches ou roses aux cinq pétales terminés en éperon recourbé.

ancrage n. m. – XVe 1 Dispositif de mouillage à poste fixe. *L'ancrage d'une bouée, d'une balise.* ♦ Lieu où un navire est ancré. 2 Action d'attacher à un point fixe. ⇒ **fixation.** *Ancrage des câbles d'un pont suspendu.* 3 Implantation. ⇒ **enracinement.** « *la survenue d'un enfant* [...] *un ancrage qui m'aurait sauvé de mes vieilles obsessions de suicide* » (Tournier). *Point d'ancrage.* ✪ HOM. Encrage.

ancre n. f. – XIIe ; lat. *ancora* 1 Lourd instrument d'acier qui immobilise le navire, auquel il est relié par une ligne de mouillage, en se fixant sur le fond. *Jeter l'ancre* : mouiller. *Lever l'ancre* : appareiller ; fam. s'en aller. 2 Motif décoratif qui figure une ancre. « *l'ancre d'or terni sur la manche de son costume marin* » (Larbaud). 3 Barre de fer, en forme de T, de X, etc., destinée à empêcher l'écartement d'un mur. ♦ Pièce oscillante, en forme d'ancre, qui règle l'échappement* (dit *à ancre*) d'une horloge. ✪ HOM. Encre.

ancrer v. tr. [1] – XIIe 1 Retenir (un navire) en jetant l'ancre. ➙ pronom. Mouiller. 2 Fixer solidement. ⇒ **enraciner, implanter.** *Ce piteux résultat* « *l'ancra davantage dans sa résolution* » (Carco). « *le malheur est ancré au plus profond de nous-mêmes* » (Le Clézio). ✪ HOM. Encrer.

andain n. m. – XIVe ; o. i. ▪ Ligne de foin séché, que l'on forme après le fanage* et avant le ramassage. « *on retournait les andains sans les éparpiller* » (Flaub.). ✪ HOM. Andin.

andalou, ouse adj. et n. – XVIIIe ▪ D'Andalousie. ♦ n. *Les Andalous.*

andante [ɑ̃dɑ̃t ; andante] adv. et n. m. – XVIIIe ; mot it. ▪ adv. Indication de tempo désignant un mouvement modéré, plus vif que l'adagio. ♦ n. m. Morceau exécuté dans ce tempo. *Les andantes de Mozart.*

andésite n. f. – XIXe ; de *Andes* ▪ Variété de feldspath à sodium et calcium. ⇒ **plagioclase.**

andin, ine adj. et n. – XIXe ▪ Des Andes. ✪ HOM. Andain.

andouille n. f. – XIIe ; lat. *inducere* « introduire » **1** Charcuterie à base de boyaux de porc ou de veau, coupés en lanières et enserrés dans une partie du gros intestin, qui se mange froide. *Andouille de Vire, de Guéméné.* **2** fam. Imbécile. *Il fait l'andouille.*

andouiller n. m. – XIVe ; lat. *ante* « devant » et *oculus* « œil » ▪ Ramification des bois des cervidés (permettant de déterminer l'âge de l'animal). ⇒ ① **cor.**

andouillette n. f. – XVIIe ▪ Petite andouille qui se mange chaude.

-andre, -andrie ▪ Groupes suffixaux, du gr. ⇒ **andro-.**

andrène n. m. – XIXe ; gr. *anthrênê* « frelon » ▪ Abeille solitaire, qui creuse son nid dans la terre.

andro- ▪ Élément, du gr. *anêr, andros* « homme, mâle ». ⇒ **-andre, -andrie.**

androcée n. m. – XIXe ▪ Ensemble des pièces fertiles mâles de la fleur. ⇒ ② **étamine.**

androcéphale adj. – XIXe ; *andro-* et *-céphale* ▪ À tête d'homme. *Taureau androcéphale.*

androgène adj. et n. m. – 1945 ▪ Qui provoque l'apparition des caractères sexuels masculins. *Hormones androgènes.* ⇒ **mâle.**

androgenèse n. f. – 1936 **1** Développement d'un gamète mâle sans fécondation. ⇒ aussi **parthénogenèse. 2** Production dans l'organisme d'hormones mâles.

androgyne adj. et n. – XIVe ; *andro-* et *-gyne* **1** Qui présente des caractères du sexe opposé, dont les organes génitaux externes sont mal différenciés. ⇒ **hermaphrodite. 2** Dont la morphologie ressemble à celle de l'autre sexe. ➝ n. *Un, une androgyne.* **3** Qui possède, sur le même individu, des fleurs mâles et des fleurs femelles.

androïde adj. – XVIIe ; *andr(o)-* et *-oïde* ▪ Qui ressemble à l'homme, présente les caractères de l'humain. subst. *Les androïdes des romans de science-fiction.* ⇒ **humanoïde.**

> ❑ Le mot *androïde* laisserait supposer qu'il n'y a que des mâles. *Humanoïde* est meilleur.

andrologie n. f. – av. 1970 ▪ Discipline médicale qui étudie la physiologie et la pathologie de l'appareil génital masculin.

andropause n. f. – 1952 ▪ Cessation naturelle de la fonction sexuelle chez l'homme âgé.

androstérone n. f. – 1931 ▪ Hormone sexuelle mâle, dérivée de la testostérone.

âne n. m. – X^e ; lat. *asinus* **1** Mammifère *(équidés),* plus petit que le cheval, à grosse tête et longues oreilles, à robe généralement grise. ⇒ **ânesse, ânon, baudet, bourricot, bourrique** ; et aussi **bardot,** ① **mulet.** *Âne sauvage.* ⇒ **hémione,** ① **onagre.** *L'âne brait* (⇒ **hihan).** ➝ loc. *Têtu comme un âne.* ♦ *Dos d'âne :* élévation ou bosse présentant deux versants opposés. ⇒ ② **cassis.** « *un pont de pierre en dos d'âne* » (Maupass.). **2** ⇒ **idiot, ignorant.** « *il est nul, c'est un âne, un demeuré* » (Cocteau). **3** fam. vieilli *Peau d'âne :* diplôme.

> ❑ L'*ignorant* n'a pas reçu d'instruction alors que l'*âne* y est rétif.

anéantir v. tr. [2] – XIIIe ; de *néant* **1** Détruire au point qu'il ne reste rien. ⇒ **annihiler, détruire.** *Anéantir une armée* (⇒ **écraser). 2** Plonger dans un abattement total. ⇒ **abattre, briser, exténuer.** « *elle était anéantie de bien-être* » (Duras). **3** v. pron. Disparaître complètement. ⇒ **sombrer.** « *le désir de mourir soi-même ou de s'anéantir* » (Camus).

> ❑ Pour le sens → néantiser (rem.).

anéantissement n. m. – XIVe ▪ Destruction complète. ⇒ **disparition, effondrement,** ① **mort.** « *l'effacement, l'anéantissement de l'individu* » (Duham.). ♦ Abattement total. ⇒ **épuisement, prostration.**

anecdote n. f. – XVIIe ; gr. « choses inédites » ▪ Récit d'un fait curieux ou pittoresque, historiette. « *l'un deux avait une anecdote à raconter* » (Maurois). ⇒ **histoire.** ♦ *L'anecdote :* le détail ou l'aspect secondaire, sans généralisation et sans portée. *Dépasser l'anecdote.*

anecdotier, ière n. – XVIIIe ▪ Personne qui raconte des anecdotes, aime l'anecdote. ⇒ **chroniqueur.**

anecdotique adj. – XVIIIe ▪ Qui s'en tient à l'anecdote, ne présente pas d'intérêt général. *Détail anecdotique.* « *la conversation est gaie, anecdotique* » (Stendh.).

anémiant, ante adj. – XIXe ▪ Qui anémie. ⇒ **débilitant.**

anémie n. f. – XVIIIe ; gr. *haima* « sang » ▪ Diminution du nombre des globules rouges du sang et de leur teneur en hémoglobine, qui entraîne un état de faiblesse.

anémier v. tr. [7] – XIXe ▪ Rendre anémique. ⇒ **affaiblir, épuiser.** ♦ fig. « *Une France anémiée par le ralentissement de l'activité économique* » (Jaurès).

anémique adj. – XIXe ▪ Atteint d'anémie. ⇒ **faible.** « *Cette vie sans soleil le rendait aussi anémique qu'une laitue* » (J. Verne). ♦ fig. Sans ressort, sans force. « *cette lumière anémique* [...] *des ampoules électriques* » (Aragon).

anémo- ▪ Élément, du gr. *anemos* « vent ».

anémographe n. m. – XIXe ▪ Anémomètre enregistreur.

anémomètre n. m. – XVIIIe ▪ Appareil servant à mesurer la vitesse du vent, de l'écoulement d'un fluide gazeux.

anémone n. f. – XIVe ; gr. **1** Plante herbacée *(renonculacées),* à fleurs sans corolle, de couleurs vives, à floraison précoce. ➝ Fleur de cette plante. *Bouquet d'anémones.* **2** *Anémone de mer :* animal marin carnivore, polype à tentacules paralysants. ⇒ **actinie.**

anémophile adj. – XIXe ▪ Se dit des plantes dont les fleurs se prêtent à l'entraînement du pollen par le vent.

anencéphale adj. et n. – XIXe ▪ Privé d'encéphale. ⇒ **acéphale.**

anencéphalie n. f. – XIXe ▪ Monstruosité caractérisée par l'absence d'encéphale.

anergie n. f. – 1922 ▪ Disparition de l'allergie.

ânerie n. f. – XVe ; de *âne* ▪ Propos ou acte stupide. ⇒ **bêtise,** fam. **connerie.** *Dire des âneries.*

anéroïde adj. m. – XIXe ; gr. *aeroeidês* « aérien » ▪ *Baromètre anéroïde,* dans lequel la force de pression est équilibrée par la force d'élasticité d'une paroi métallique.

ânesse n. f. – XIIe ▪ Femelle de l'âne. *Lait d'ânesse.*

anesthésiant, ante adj. – XIXe ▪ Qui anesthésie. ⇒ **anesthésique.** ➝ n. m. *Des anesthésiants locaux.*

anesthésie n. f. – XVIIIe ; gr. *aisthêsis* « sensation » ■ Suppression de la sensibilité, notamment de la sensibilité à la douleur, obtenue par l'emploi des anesthésiques. ⇒ **insensibilisation, narcose.** *Anesthésie générale, locale. L'opéré est sous anesthésie.*

anesthésier v. tr. [7] – XIXe ■ Insensibiliser par l'action d'un anesthésique*. ⇒ **endormir.** *Anesthésier un malade pour l'opérer.* ♦ fig. Apaiser, endormir. *Anesthésier l'opinion.*

anesthésiologie n. f. – 1950 ■ Branche de la médecine qui traite de l'anesthésie et de la réanimation.

anesthésique adj. et n. m. – XIXe ■ Se dit d'une substance médicamenteuse employée pour obtenir une anesthésie générale ou locale. ⇒ **anesthésiant.** ➛ n. m. *Injection d'anesthésique.*

anesthésiste n. – XIXe ■ Médecin qui pratique l'anesthésie.

aneth n. m. – XIIIe ; gr. ■ Plante aromatique *(ombellifères),* appelée aussi *fenouil* bâtard,* sauvage et cultivée pour ses feuilles et ses graines utilisées comme condiment. *Saumon mariné à l'aneth.*

anévrismal, ale, aux adj. – XVe ■ Relatif ou propre à l'anévrisme.

anévrisme n. m. – XVe ; gr. *aneurusma* « dilatation » ■ Tumeur qui se forme sur le trajet d'une artère ou par le sang épanché hors d'une artère. *Rupture d'anévrisme.*

❑ L'Académie de médecine et beaucoup de médecins se sont prononcés en faveur de la graphie *anévrysme,* plus conforme à l'étymologie.

anfractuosité n. f. – XVIe ; lat. *fractus* « brisé » ■ Cavité profonde et irrégulière. ⇒ **creux, crevasse, trou.** *Des mouettes « qui nichaient dans les anfractuosités du granit »* (J. Verne).

angarie n. f. – XIXe ; gr. *aggareia* ■ Droit, pour un État belligérant, de réquisitionner des navires neutres se trouvant dans ses eaux territoriales.

ange n. m. – XVIe ; gr. *aggelos* « messager » 1 Être spirituel, intermédiaire entre Dieu et l'homme, ministre des volontés divines. *Les ailes des anges. L'ange Gabriel.* « *L'homme n'est ni ange ni bête, et le malheur veut que qui veut faire l'ange fait la bête* » (Pasc.). fig. *Le bon, le mauvais ange de qqn :* la personne qui exerce une bonne, une mauvaise influence sur qqn. ➛ *Anges gardiens,* appelés à protéger chacun des hommes. *Une patience d'ange,* à toute épreuve. ♦ loc. *Être aux anges,* dans le ravissement. *Un ange passe,* se dit quand il se produit dans une conversation un silence gêné et prolongé. « *Lorsque la conversation tombe et qu'il y a des silences on dit :* Un ange passe... » (Mauriac). *Discuter du sexe des anges :* se livrer à des discussions byzantines, oiseuses. 2 Personne très gentille. *Vous seriez un ange si vous vouliez bien me rendre ce service.*

angéite n. f. – XIXe ; de *angi(o)-* ■ Inflammation des vaisseaux sanguins (surtout artères) ou lymphatiques. ⇒ **artérite, lymphangite, phlébite.**

① **angélique** adj. – XIIIe 1 Qui appartient à l'ange, est propre aux anges. 2 Digne d'un ange, qui évoque la perfection, l'innocence de l'ange. ⇒ **séraphique.** *Une douceur, une patience angélique.* « *l'innocence angélique d'un sourire d'enfant* » (R. Gary).

② **angélique** n. f. – XVIe ■ Grande ombellifère aromatique. ♦ Tige confite au sucre de cette plante. *Gâteau décoré d'angélique.*

angélisme n. m. – 1939 ■ Disposition à se croire désincarné, à se comporter en pur esprit.

angelot n. m. – XIIe ■ Ange représenté dans l'art religieux sous forme d'un très jeune enfant.

angélus [ɑ̃ʒelys] n. m. – XVIIe ■ Prière de dévotion mariale qui se dit le matin, à midi et le soir ; son de cloche qui l'annonce. « *On entend l'angélus tinter et d'un saint bruit Convoquer les esprits qui bénissent la nuit* » (Lamart.).

angevin, ine adj. et n. – XIe ■ D'Angers, de l'Anjou. « *la douceur angevine* » (du Bellay). ➛ n. *Un Angevin.*

angiectasie n. f. – XIXe ; *angi(o)-* et *-ectasie* ■ Dilatation permanente d'un vaisseau. ⇒ **anévrisme, angiome.**

angine n. f. – XVIe ; gr. *ankhonê* « action d'étrangler » 1 Inflammation de l'isthme du gosier et du pharynx. 2 *ANGINE DE POITRINE :* douleurs constrictives dans la région précordiale, accompagnées d'angoisse. ⇒ **angor.**

angi(o)- ■ Élément, du gr. *aggeion* « capsule ; vaisseau ».

angiocardiographie n. f. – 1937 ■ Examen radiologique du cœur et des gros vaisseaux qui s'y abouchent (aorte, artère pulmonaire).

angiocholite [ɑ̃ʒjokɔlit] n. f. – XIXe ; gr. *kholê* « bile » ■ Inflammation des canaux biliaires du foie.

angiographie n. f. – 1952 ■ Radiographie des vaisseaux après injection d'un liquide opaque aux rayons X.

angiologie n. f. – XVIIe ■ Partie de l'anatomie qui étudie les artères, les veines et les canaux lymphatiques.

angiome n. m. – XIXe ■ Tuméfaction due à une agglomération de vaisseaux sanguins ou lymphatiques.

angioneurotique adj. – 1924 ■ *Œdème angioneurotique :* manifestation allergique se caractérisant par un gonflement du visage.

angioplastie n. f. – v. 1960 ■ Opération visant à réparer ou remodeler un vaisseau (suture, désobstruction, élargissement).

angiosperme adj. et n. f. – XVIIIe ; gr. *sperma* « graine » ■ Dont les ovules sont enclos et les graines enfermées dans des fruits (opposé à *gymnosperme*). ➛ n. f. pl. *LES ANGIOSPERMES.*

angiotensine n. f. – 1968 ; de *tension* ■ Peptide formé par l'action d'enzymes spécifiques sur une protéine plasmatique, et ayant une action hypertensive.

anglais, aise adj. et n. – XIIe ; de *Angles,* peuple établi en Grande-Bretagne 1 De l'Angleterre, (et abusivt de Grande-Bretagne). ⇒ **britannique.** *La monarchie anglaise.* ♦ *La langue anglaise,* ou n. m. *l'anglais :* langue du groupe germanique, parlée principalement en Grande-Bretagne *(l'anglais britannique),* aux États-Unis *(l'anglais américain)* et dans tout l'ancien Empire anglais. *Parler anglais* (⇒ **anglophone**). ♦ n. Personne qui habite l'Angleterre, et par ext. (abusivt) les îles Britanniques. *Un Anglais, une Anglaise.* 2 loc. adv. *À L'ANGLAISE :* à la manière, la mode anglaise. « *les massifs d'un parc à l'anglaise* » (Balz.). *Pommes de terre à l'anglaise,* cuites à la vapeur. ➛ loc. *Filer à l'anglaise :* s'esquiver. ✪ HOM. Anglet.

anglaise n. f. – XVIIIe 1 Écriture cursive penchée à droite. 2 au plur. Longues boucles de cheveux verticales roulées en spirales.

anglaiser v. tr. [1] – XVIIIe ; de *(couper la queue) à l'anglaise* ■ *Anglaiser un cheval,* lui couper les muscles abaisseurs de la queue afin qu'elle reste horizontale.

angle n. m. – XIIe ; lat. *angulus* 1 Saillant ou rentrant formé par deux lignes ou deux surfaces qui se coupent. ⇒ **arête, coin, encoignure, renfoncement.** *À l'angle de* *la rue. Former un angle* (⇒ **angulaire**). *Meuble d'angle.* ♦ loc. fig. *Sous (tel, un certain...) angle* : envisagé, présenté, pris de telle façon. « *la dialectique est considérée sous l'angle de la production et du travail* » (Camus). ⇒ **aspect.** 2 Figure formée par deux lignes ou deux plans qui se coupent, dont on mesure l'ouverture en degrés*, grades*, gons* ou radians*. *Angle aigu, droit, obtus. Angle plat,* de 180°. — *Angle de champ d'un objectif. Objectif à grand angle.* ⇒ **grand-angle.**

angledozer [ɑ̃glədozœʀ] n. m. – 1946 ; mot angl. ▪ Engin de travaux publics qui creuse le sol en l'attaquant sous un angle oblique et en rejetant les déblais sur le côté. Recomm. offic. *bouteur biais.*

anglet n. m. – XVIIIe ▪ Cavité (entaille, moulure) à angle droit qui sépare les bossages. ⇒ **refend** (de). ✪ HOM. Anglais.

anglican, ane adj. et n. – XVIe ▪ Qui appartient à l'anglicanisme. *Église anglicane. Évêque, pasteur anglican.* — n. *Les anglicans.*

anglicanisme n. m. – XIXe ▪ Religion officielle de l'Angleterre, établie à la suite de la rupture de Henri VIII avec Rome au XVIe s., sorte de compromis entre le catholicisme et le calvinisme.

angliciser v. tr. [1] – XVIIIe ▪ Donner un caractère, un aspect anglais à (qqn ou qqch.). *Angliciser son nom.* — pronom. *Le français s'anglicise.*

anglicisme n. m. – XVIIe ▪ Emprunt à la langue anglaise (et aussi à l'anglais d'Amérique ⇒ **américanisme**).

❑ Le français emprunte à l'anglais des mots *(design, eye-liner, tee-shirt...)* mais aussi des sens *(opportunité* « occasion », *initier* « créer »), des expressions *(en charge de, donner le feu vert, la cerise sur le gâteau).*

angliciste n. – 1939 ▪ Spécialiste de la langue, de la littérature et de la civilisation anglaises.

anglo-américain, aine adj. et n. – XIXe ▪ Commun à l'Angleterre et aux États-Unis. — n. m. Langue anglaise parlée aux États-Unis.

anglo-arabe n. m. et adj. – XIXe ▪ Cheval issu d'un croisement de pur-sang anglais et arabe. *Des anglo-arabes.*

anglomanie n. f. – XVIIIe ▪ Attitude de ceux qui admirent sans discernement ce qui vient d'Angleterre.

anglo-normand, ande adj. – XVIIIe ▪ Qui réunit des éléments anglais et normands. *Les îles Anglo-Normandes* : l'archipel britannique de la Manche. ♦ n. m. *L'anglo-normand* : dialecte français (langue d'oïl) parlé en Angleterre au Moyen Âge, dans les classes cultivées.

anglophile adj. et n. – XIXe ; *anglo-* et *-phile* ▪ Qui a ou marque de la sympathie pour les Anglais (notamment en politique). ✪ CONTR. Anglophobe.

anglophilie n. f. – XIXe ▪ Sympathie pour les Anglais et ce qui est anglais. ✪ CONTR. Anglophobie.

anglophobe adj. et n. – XIXe ; *anglo-* et *-phobe* ▪ Qui déteste les Anglais. ✪ CONTR. Anglophile.

anglophobie n. f. – XIXe ▪ Aversion pour les Anglais et ce qui est anglais. ✪ CONTR. Anglophilie.

anglophone adj. et n. – XIXe ; *anglo-* et *-phone* ▪ De langue anglaise. *Pays anglophone.* — n. *Les anglophones du Canada.*

anglo-saxon, onne adj. et n. – XVIIe 1 Relatif aux envahisseurs germaniques (Angles, Saxons, Jutes) de la Grande-Bretagne au VIe s. 2 Relatif aux peuples de civilisation britannique. — n. *Les Anglo-Saxons.*

angoissant, ante adj. – XIIIe ▪ Qui cause de l'angoisse. « *j'ai l'angoissante certitude que les mots m'échappent* » (Sartre). ✪ CONTR. Rassurant.

angoisse n. f. – XIIe ; lat. *angustia* « lieu resserré, gêne » ▪ Malaise psychique et physique, né du sentiment de l'imminence d'un danger, avec constriction épigastrique ou laryngée (gorge serrée). ⇒ **anxiété, peur.** « *Je sens remonter en moi toutes les vieilles angoisses de l'enfance* » (Le Clézio). *Médicament contre l'angoisse.* ⇒ **anxiolytique.** « *L'attente devint insupportable, l'espérance redoublait l'angoisse* » (Zola).

❑ *Angoisse* et *anxiété* appartiennent à la même famille étymologique.

angoissé, ée adj. ▪ Qui éprouve ou exprime de l'angoisse. *Un regard angoissé.* ⇒ **affolé, paniqué.** ♦ subst. *Un, une angoissé(e).* ⇒ **anxieux.**

angoisser v. [1] – XIe 1 v. tr. Inquiéter au point de faire naître l'angoisse. *Cette situation l'angoisse.* 2 v. intr. fam. Se faire du souci. ⇒ ② **flipper.** ✪ CONTR. Apaiser, calmer, tranquilliser.

angon n. m. – XVe ; germ. « crochet » ▪ Ancienne arme franque, sorte de javelot à crocs.

angor n. m. – XIXe ; lat. « serrement, oppression » ▪ Douleur brutale, dans l'angine de poitrine.

angora adj. – XVIIIe ; de *Angora,* ville de Turquie, auj. *Ankara* 1 Se dit de races d'animaux (chèvres, chats, lapins) aux poils longs et soyeux. *Des chèvres angoras.* ⇒ **mohair.** — n. m. *Un angora* : un chat, un lapin angora. 2 *Laine angora,* ou subst. masc. *Pull-over en angora.*

angström [ɑ̃gstʀøm] n. m. – 1906 ; nom d'un physicien suédois ▪ Unité de longueur employée en microphysique, valant un dix-millième de micron, soit 10^{-10} mètre (symb. Å).

anguiforme adj. – XIXe ; lat. *anguis* « serpent » ▪ Qui a la forme d'un serpent.

anguille n. f. – XIIe ; lat. ▪ Poisson de forme très allongée *(anguilliformes),* à peau glissante, qui effectue sa croissance en eau douce et va se reproduire dans la mer des Sargasses. « *Il se tortillait comme une anguille* » (Maupass.). *Matelote d'anguille.* — loc. *Il y a anguille sous roche* : il y a une chose cachée qui se prépare et qu'on soupçonne.

anguillère n. f. – XVIe ▪ Vivier ou pêcherie à anguilles.

anguilliforme adj. et n. m. – XIXe ▪ Qui a la forme de l'anguille. — n. m. *L'ordre des anguilliformes.*

anguillule n. f. – XIXe ▪ Ver rond *(nématodes)* vivant dans les matières fermentescibles, les sols humides, en parasite des plantes.

angulaire adj. – XIVe 1 Qui forme un angle. *Pierre angulaire* : pierre fondamentale faisant l'angle extérieur d'un bâtiment. fig. « *la pierre angulaire de la Société* » (France), l'élément fondamental. 2 *Secteur angulaire* (d'un plan euclidien) : intersection de deux demi-plans dont les frontières sont des droites sécantes en un point appelé sommet. ♦ *Distance angulaire de deux points* : angle formé par les rayons visuels joignant l'œil de l'observateur à ces points. *Distance angulaire de deux étoiles.*

anguleux, euse adj. – XVIe ▪ Qui présente des angles, des arêtes vives. « *sa face anguleuse au nez droit* » (Alain-Fourn.).

angustura n. f. – XIXe ; de *Angostura,* au Venezuela ▪ Écorce de certaines rubiacées d'Amérique du Sud, employée comme fébrifuge et comme ingrédient d'un amer. ♦ Cet amer, consommé en apéritif, en digestif ou dans des cocktails.

anhélation n. f. – XVIe ; lat. ▪ Respiration courte et précipitée. ⇒ **essoufflement.**

anhidrose ou **anidrose** n. f. – XIXe ; gr. *hidrôs* « sueur » ▪ Absence ou diminution importante de la transpiration. ⇒ **dysidrose.**

❑ S'écrit avec *i*. Ce mot vient du grec *hidrôs* « sueur » et non de *-hydre* « eau ».

anhistorique adj. – XXe ▪ Qui ne tient pas compte du point de vue historique.

anhydre adj. – XIXe ; de ② *a-* et *-hydre* « eau » ▪ Qui ne contient pas d'eau. ✪ CONTR. Aqueux.

anhydride n. m. – XIXe ▪ Corps qui, combiné avec de l'eau, peut donner un acide.

anhydrite n. f. – XIXe ▪ Sulfate naturel anhydre de calcium, présent dans les dépôts d'évaporation des eaux marines.

anhydrobiose n. f. – XIXe ; gr. *bios* « vie » ▪ État de vie ralentie permettant à un organisme de supporter une longue dessiccation.

anicroche n. f. – XVIe ▪ Petite difficulté qui accroche, petit obstacle qui arrête. ⇒ **accroc,** ① **incident.**

anidrose → **anhidrose**

ânier, ière n. – XIIe ▪ Personne qui conduit les ânes.

anilide n. m. – XIXe ; de *anil(ine)* ▪ Tout amide dérivé de l'aniline.

aniline n. f. – XIXe ; port. *anil* « indigo » ▪ Amine aromatique, de formule $C_6H_5-NH_2$, liquide huileux, incolore, toxique, employé dans la fabrication des colorants, des vernis, des carburants de fusée.

animadversion n. f. – XVIe ; lat. ▪ littér. Blâme, antipathie, réprobation.

① **animal, aux** n. m. – XIIe ; lat. *anima* « souffle, vie » **1** (Concept général, incluant l'homme) Être vivant organisé, doué de sensibilité et de motilité (opposé à *végétal*). *L'homme « est un animal social. Il ne peut vivre qu'en groupe »* (Maurois). **2** Être vivant non végétal, ne possédant pas les caractéristiques de l'espèce humaine (langage articulé, fonction symbolique, etc.). ⇒ **bête.** *« la grâce d'un animal qui court et qui saute »* (Maupass.). *Étude des animaux.* ⇒ **zoologie.** *Animaux d'une région.* ⇒ ② **faune.** *Animaux sauvages* (⇒ **fauve**), *domestiques. L'homme et l'animal.* ⇒ **bête, brute.** *Société protectrice des animaux (S.P.A.).*

② **animal, ale, aux** adj. – XIIIe **1** Qui a rapport à l'animal (opposé à *végétal* et incluant l'homme). *Règne animal. Chaleur animale,* dégagée par le corps. ♦ Qui en l'homme est propre à l'animal. ⇒ **bestial,** ① **physique.** *« Le magnétisme animal, il n'y en a plus. C'est tous des minets, maintenant »* (É. Ajar). **2** Qui est propre à l'animal (excluant l'homme). *Graisse, matière animale,* qui provient des bêtes.

animalcule n. m. – XVIe ; d'apr. *homoncule* ▪ Animal microscopique.

animalerie n. f. – v. 1960 ▪ Lieu où l'on élève les animaux et notamment, dans un laboratoire, ceux qui sont destinés aux expériences scientifiques.

animalier, ière n. et adj. – XVIIIe **1** n. m. Peintre, sculpteur d'animaux. en appos. *Un peintre animalier.* ♦ adj. Qui concerne les animaux. *Littérature animalière.* **2** Personne chargée de l'entretien des animaux, dans un laboratoire, un zoo.

animalité n. f. – XIIe ▪ La partie animale de l'homme. ⇒ **bestialité, instinct.** *« L'ascendant croissant de notre humanité sur notre animalité »* (Comte).

animateur, trice n. – XIXe **1** Personne qui mène, anime un groupe humain par son ardeur et son allant. *« le chef, l'animateur, l'entraîneur qu'était Bonaparte »* (Madelin). **2** Personne qui présente et commente un spectacle ou une émission (radio, télévision). ⇒ **meneur** (de jeu), **présentateur.** *L'animateur d'un débat.* **3** Auteur de dessins animés, technicien responsable de l'animation. **4** Spécialiste de l'animation dans une collectivité. *Animateur de centre aéré.*

animation n. f. – XIVe ; lat. **1** Méthode permettant de donner, par un défilement d'images, l'impression du mouvement. *Cinéma d'animation :* dessin animé, marionnettes filmées. **2** Caractère de ce qui est animé. *« elle parlait avec animation, riait, faisait du bruit »* (R. Rolland). ⇒ **chaleur, passion.** *« C'était une de ces tristes rues de province, sans magasins, sans animation d'aucune sorte »* (Gide). ⇒ **activité, mouvement.** *Mettre de l'animation dans une réunion.* ⇒ **entrain.** **3** Méthodes de conduite d'un groupe qui favorisent l'intégration et la participation de ses membres à la vie collective (cf. Dynamique de groupe).

animé, ée adj. **1** Doué de vie. ⇒ ② **vivant.** *Les êtres animés,* les animaux et les végétaux. ♦ Qui donne l'impression de la vie, est plein de mouvement. ⇒ **agité.** *Des rues très animées. Conversation animée.* **2** Doté de mouvement. *Dessins* animés.* ⇒ **animation.** **3** Qui est plein de vivacité, d'éclat. *« une jolie femme au teint animé par une course »* (Renard). *Un débat animé.* ⇒ **vif.** ✪ CONTR. Inanimé.

❑ Ne pas confondre les sens « vivant » et « en mouvement ». *Les plantes sont des êtres animés.*

animer v. tr. 1 – XIVe ; lat. **1** Douer de vie, insuffler la vie à. *« une volonté meut l'univers et anime la nature »* (Rouss.). ➛ Égayer. *Ce jeu anima la soirée.* **2** Communiquer son ardeur, son enthousiasme à (qqn). ⇒ **stimuler.** *« il animait les six chanteurs de la voix et du geste »* (Hugo). ♦ Être à l'origine de l'activité de. *Animer un spectacle.* **3** Donner de l'éclat, de la vivacité à (qqch.). *Un doigt de vin « anima les regards »* (France). ♦ Constituer le principe de l'activité de. ⇒ **inspirer, mener.** **4** pronom. Naître à la vie, au mouvement. *La rue s'anime dès le matin.* ➛ Devenir loquace, plein d'entrain. *« s'animer par l'envie de plaire »* (Balz.). ♦ Prendre de la vivacité. *La conversation s'animait.*

animisme n. m. – XVIIIe ; lat. *anima* « âme » ▪ Attitude consistant à attribuer aux choses une âme analogue à l'âme humaine. *L'animisme de l'enfant.* ➛ Attitude religieuse traditionnelle, en Afrique. *Coexistence de l'animisme et de l'islam.*

animiste adj. et n. – XVIIIe ▪ Qui professe l'animisme. *Populations africaines animistes.* ➛ n. *Un, une animiste.*

animosité n. f. – XIVe ; lat. ▪ Sentiment persistant de malveillance qui porte à nuire à qqn. ⇒ **antipathie, haine, inimitié.** *Je le dis sans animosité. « La guerre recommença avec plus d'animosité que jamais »* (Volt.). ✪ CONTR. Bienveillance, cordialité.

anion n. m. – XIXe ; gr. « ce qui s'élève » ▪ Ion à charge négative qui, dans une électrolyse, se dirige vers l'anode (opposé à *cation*).

anis [ani(s)] n. m. – XIIIe ; gr. ▪ Plante dicotylédone *(ombellifères),* cultivée pour ses propriétés aromatiques et médicinales. *Boissons à l'anis.* ⇒ **anisette, ouzo, pastis, raki.** ♦ *Anis étoilé.* ⇒ **badiane.**

❑ Le *s* final est prononcé dans le Midi (comme dans *pastis*).

aniser v. tr. 1 – XVIe ▪ Parfumer à l'anis. *« Après le dîner [...] ils buvaient une liqueur anisée »* (Camus).

anisette n. f. – XVIIIe ▪ Liqueur préparée avec des graines d'anis.

anisogamie n. f. - 1960 ; de *isogamie* ■ ⇒ **hétérogamie.**

anisotrope adj. - XIXe ; de *isotrope* ■ Se dit d'une substance, d'un corps dont les propriétés varient selon la direction considérée, même si le milieu, la matière est homogène. *Le cristal est anisotrope.*

anisotropie n. f. - XIXe ■ État d'une substance anisotrope.

ankylose n. f. - XVIIIe ; gr. *agkulôsis* ■ Diminution ou impossibilité absolue des mouvements d'une articulation. ⇒ **courbature, paralysie.** « *il faut éviter l'ankylose totale de ses muscles* » (Tournier). ✪ CONTR. Souplesse.

ankyloser v. tr. [1] - XVIIIe ■ Paralyser par ankylose. ➝ « *afin de rétablir la circulation dans sa jambe ankylosée* » (Mart. du G.). ➝ pronom. « *Voyons, Léontine, bouge-toi, tu t'ankyloses* » (Proust).

ankylostome n. m. - XIXe ■ Ver, nématode parasite de l'intestin grêle, provoquant une anémie pernicieuse.

annal, ale, aux adj. - XIIe ; lat. *annalis* ■ dr. Annuel. ✪ HOM. Anal, annales.

annales n. f. pl. - XVe ; lat. *annalis* « de l'année » **1** Ouvrage rapportant les événements dans l'ordre chronologique. ⇒ ① **chronique.** ♦ Histoire. *Célèbre dans les annales du crime.* **2** Titre de revues, de recueils périodiques. *Annales de géographie.* ✪ HOM. Anal ; annal.

annaliste n. - XVIe ■ Auteur d'annales ; historien. « *Un écrivain touche à bien des plaies en se faisant l'annaliste de son temps* » (Balz.). ⇒ **mémorialiste.** ✪ HOM. Analyste.

annalité n. f. - XIXe ■ Caractère de ce qui est annal, annuel. *Annalité d'une possession.* ✪ HOM. Analité.

annamite adj. et n. - XIXe ■ Relatif à l'Annam ou à ses habitants.

❑ Se disait surtout quand l'Annam, région centrale du Viêtnam, était sous protectorat français (1883-1945).

anneau n. m. - XIe ; lat. *an(n)ellus* **I - 1** Cercle de matière dure qui sert à attacher ou à retenir. ⇒ **boucle.** *Anneaux de rideau. L'anneau d'un porte-clés.* ➝ *Anneau d'amarrage.* ♦ *Les anneaux d'une chaîne.* ⇒ **chaînon, maillon.** ➝ fig. « *Remontant depuis le dernier anneau de la chaîne des êtres jusqu'à l'homme* » (Chateaub.). **2** Petit cercle de métal précieux qu'on met au doigt. ⇒ **bague ; alliance.** ➝ *Porter un anneau d'or à une oreille.* **3** au plur. Appareil de gymnastique composé de deux cercles métalliques fixés au bout de deux cordes suspendues. **II - 1** Forme circulaire. *Anneaux olympiques.* ➝ Collerette à la partie supérieure du pied d'un champignon. ➝ Dépôt annuel de bois secondaire chez les végétaux supérieurs ligneux. ⇒ **cercle** (annuel), **cerne.** ➝ Segment d'un arthropode. ⇒ **métamère.** ♦ *Anneau routier* : rocade interne la plus proche du centre-ville. **2** *Les anneaux de Jupiter, de Saturne, d'Uranus* : ceintures concentriques composées de fragments solides entourant ces planètes. **3** Structure algébrique, triplet formé d'un ensemble et de deux lois de composition sur cet ensemble, la loi d'addition et la loi de multiplication. ♦ *Anneau sphérique* : portion de surface d'une sphère comprise entre deux cercles parallèles. ✪ HOM. Anaux (anal), annaux (annal).

année n. f. - XIIe ; lat. *annus* **1** Temps de révolution de la Terre autour du Soleil. Temps de révolution d'une planète autour du Soleil, d'un satellite autour d'une planète. *L'année de Mars, l'année lunaire. Année tropique* : temps qui s'écoule entre deux passages successifs de la Terre au point vernal. ♦ Période de douze mois commençant le 1er janvier et finissant le 31 décembre. *Année civile.* « *de jour en jour, de mois en mois, d'année en année* » (Proust). ➝ *Souhaiter à qqn la bonne année,* au nouvel an. ➝ « *On déclara la guerre à l'Espagne [...] à la fin de l'année 1739* » (V[illegible] *En quelle année ? L'année dernière, prochaine.* C[illegible] *une bonne année pour le bourgogne.* ⇒ **millésime.** au plur. *Les années 60. Les années folles* : les anné[es] 1920-1930. **2** Période égale à douze mois commençant à une date quelconque. ⇒ **an.** *Il doit une année de loyer.* ➝ *Année budgétaire* : période d'exercice d'un budget. ♦ Cette période, à dater du jour de la naissance. *Une fille d'une vingtaine d'années.* **3** Période d'activité considérée d'année en année. *Année scolaire, théâtrale.* ➝ Durée annuelle d'études. *Étudiant de deuxième année.*

❑ *Année* ne s'emploie jamais pour l'âge après un nombre cardinal : *vingt ans, vingtième année, vingtaine d'années.* → an (rem.).

année-lumière n. f. - XIXe ■ Unité astronomique de longueur correspondant à la distance parcourue par la lumière dans le vide en une année, soit env. $9,461.10^{15}$ mètres, ou 0,307 parsec (symb. al). *Cinq années-lumière.*

❑ Les scientifiques préfèrent dire *année de lumière.*

annelé, ée adj. - XVIe ■ Disposé en anneaux. *Vers annelés* : annélides. ♦ *Colonne annelée,* ceinturée d'anneaux.

annélides n. m. pl. - XIXe ■ Embranchement des vers à segments.

annexe adj. et n. f. - XIIIe ; lat. *annectere* « attacher à » **I** adj. **1** Qui est rattaché à un élément principal. ⇒ **complémentaire, secondaire.** *Bâtiment annexe. Les pièces annexes d'un dossier.* **2** Qui est accessoire. *Questions annexes.* ⇒ ① **mineur. II** n. f. **1** Bâtiment, pièce, organe annexe. ⇒ **dépendance, succursale. 2** Élément qui se rattache à un organe principal. *Annexes embryonnaires* : organes temporaires situés en dehors du corps de l'embryon. **3** Pièces additives et complémentaires. *Les annexes d'un traité. En annexe à, de ce dossier.* ⇒ **appendice.** ✪ CONTR. Essentiel (I).

annexer v. tr. [1] - XIIIe **1** Joindre à un objet principal. ⇒ **incorporer, rattacher.** *Annexer des pièces à un dossier.* **2** Faire passer sous sa souveraineté l'ensemble ou une partie d'un État. ♦ fam. *S'annexer (qqn, qqch.),* se l'attribuer de façon exclusive. ✪ CONTR. ① Détacher, séparer ; céder.

annexion n. f. - XIVe ■ Action d'annexer. *L'annexion de la Savoie à la France.* ⇒ **incorporation, rattachement.** ✪ CONTR. Cession, séparation.

❑ Ne pas confondre *annexion,* juridique, avec *invasion, occupation* qui désignent un état de fait.

annexionniste adj. et n. - XIXe ■ Qui a pour objet l'annexion d'un pays à un autre. *Politique annexionniste.* ♦ Qui absorbe, revendique comme sien. « *certaines tendances réductionnistes ou plus précisément annexionnistes* » (Piaget).

annihilation n. f. - XIVe **1** Anéantissement, annulation. *L'annihilation de ses projets.* « *Les idées de création et d'annihilation* » (Rouss.). **2** Transformation d'une paire (particule et antiparticule) en un rayonnement de particules de nature différente. ⇒ **dématérialisation.**

annihiler v. tr. [1] - XIVe ; lat. *nihil* « rien » ■ Réduire à rien. ⇒ **anéantir, annuler, détruire, paralyser.** *Leur désaccord a annihilé ses efforts.* « *l'émotion l'annihile* » (Montherl.). ✪ CONTR. Créer, fortifier, maintenir.

anniversaire adj. et n. m. - XIIe ; lat. **1** adj. Qui ramène le souvenir d'un événement arrivé à pareil jour une ou plusieurs années auparavant. *Jour anniversaire.* ⇒ **commémoratif. 2** n. m. Jour anniversaire. *Le* *ème anniversaire de leur mariage.* ♦ Jour anni- saire de la naissance de qqn. *Bon anniversaire !* *e n'ai pas de mémoire. Excepté pour ton anniver- ıire, chéri* » (Giraud.).

annonce n. f. - XVe 1 Action d'annoncer, de faire savoir qqch. verbalement ou par écrit. ⇒ **avis, communication, nouvelle, publication.** « *l'annonce que la troisième semaine de peste avait compté trois cent deux morts ne parlait pas à l'imagination* » (Camus). ♦ *À l'annonce d'une nouvelle,* au moment où on l'apprend. 2 Écrit contenant un avis annonçant qqch. *Annonces publicitaires.* ⇒ **message.** ➛ *Annonce judiciaire, légale,* devant être insérée dans les journaux. ♦ *PETITE ANNONCE :* texte bref, offre ou demande de biens ou de services. *Rubrique des petites annonces dans un journal.* 3 Déclaration par chaque joueur de ses cartes marquantes ou du contrat qu'il se propose de remplir. 4 Ce qui laisse prévoir une chose, anticipe un événement. ⇒ **indice, présage, signe.** « *Cette apparente stupidité qui est l'annonce des âmes fortes* » (Rouss.).

annoncer v. tr. [3] - XIIe ; lat. *annuntiare* 1 Faire savoir, porter à la connaissance. ⇒ **apprendre, communiquer,** ① **dire.** *Annoncer à qqn une bonne nouvelle.* « *En voilà un idiot. On lui annonce qu'il n'ira plus en classe et il pleure* » (Cocteau). *Annoncer deux sans atout* (aux cartes), en faire l'annonce. ♦ Publier par un avis verbal ou écrit. *Les journaux ont annoncé son mariage.* ♦ Signaler (qqn) comme arrivant. « *une sonnette dont le tintement aigu annonçait l'entrée des clientes* » (Zola). 2 Prédire. *Les prophètes annonçaient la venue du Messie.* 3 Être l'indice, le signe de. ⇒ **dénoter, indiquer, marquer.** « *Ce ton menaçant annonçait qu'on se croyait fort* » (Michelet). ⇒ **révéler.** ♦ Indiquer comme devant prochainement arriver ou se manifester. *Cette fleur qui annonce l'automne.* ⇒ **préluder** (à). 4 pronom. Se présenter comme un bon ou un mauvais début. *La rentrée s'annonce plutôt bien.* ✪ CONTR. ① Cacher, taire.

annonceur, euse n. - XIIe ▪ Personne qui fait passer une annonce ou un message publicitaire dans un journal, à la radio, etc.

annonciateur, trice n. - XVe ▪ rare Personne qui annonce. ➛ adj. Qui présage, avant-coureur. ⇒ **précurseur.** « *ces premiers craquements, en Russie soviétique, étaient annonciateurs* [...] *d'une débâcle immense* » (Mauriac).

annonciation n. f. - XIIe ▪ Message de l'ange Gabriel à la Vierge pour lui annoncer sa conception miraculeuse.

annoncier, ière n. - XIXe ▪ Personne qui est chargée de la composition et de l'insertion des annonces dans un journal.

> ❑ Ne pas confondre avec *annonceur* « personne qui demande l'insertion d'une annonce ».

annotateur, trice n. - XVIe ▪ Personne qui annote. ⇒ **commentateur, éditeur, scoliaste.**

annotation n. f. - XIVe ▪ Note qui accompagne un texte. ⇒ **apostille, glose, remarque.** ➛ Note de lecture qu'on inscrit sur un livre.

annoter v. tr. [1] - XVe ▪ Accompagner (un texte) de notes. *Exemplaire annoté par l'auteur.*

annuaire n. m. - XVIIIe ▪ Recueil qui contient des renseignements remis à jour tous les ans. *Consulter l'annuaire des téléphones.* ⇒ **bottin.** ➛ *Annuaire électronique.* ⇒ **minitel.**

annualiser v. tr. [1] - 1985 ▪ Donner une périodicité annuelle à ; établir sur la base de l'année. ➛ *Salaire annualisé.*

annualité n. f. - XVIIIe ▪ Qualité de ce qui est annuel, valable pour une seule année. *L'annualité du budget.*

annuel, elle adj. - XIe 1 Qui a lieu, revient chaque année. *Banquet annuel. Publication annuelle.* ⇒ **annuaire.** 2 *Plantes annuelles,* qui ne vivent qu'un an (opposé à *bisannuelles, vivaces*).

> ❑ En droit, on emploie aussi *annal.*

annuellement adv. - XIIIe ▪ Par an.

annuité n. f. - XIVe ▪ Montant annuel de la somme que doit verser un débiteur à son créancier pour le remboursement d'une dette, capital et intérêts. ♦ Dans le décompte des pensions, Équivalent d'une année de service.

annulable adj. - XIXe ▪ Qui peut être annulé. *Une promesse de vente annulable.*

① **annulaire** n. m. - XVIe ; lat. *(digitus) anularis* « (doigt) propre à l'anneau » ▪ Doigt auquel on met l'anneau, le quatrième à partir du pouce.

② **annulaire** adj. - XVIe ▪ En forme d'anneau. *Éclipse annulaire.*

annulation n. f. - XIVe ▪ Décision judiciaire ou administrative déclarant un acte sans effet. ⇒ **abrogation, invalidation, révocation.** ➛ Suppression. *L'annulation d'une commande.* ✪ CONTR. Confirmation, maintien, ratification.

annuler v. tr. [1] - XIIIe ; lat. *nullus* « nul » 1 Déclarer ou rendre sans effet, frapper de nullité. ⇒ **abroger, casser.** *La Cour a annulé le jugement.* ➛ Supprimer, rendre nul. *Annuler un contrat* (⇒ **résilier**), *un rendez-vous. Le vol pour Madrid a été annulé.* 2 v. pron. Produire un résultat nul en s'opposant. *Ces deux forces s'annulent.* ⇒ se **neutraliser.** ✪ CONTR. Confirmer, ratifier, valider.

anoblir v. tr. [2] - XIVe ▪ Conférer un titre de noblesse à. « *Le roi Jean anoblit son chancelier* » (Volt.).

> ❑ Ne pas confondre avec *ennoblir* « conférer une grandeur, une noblesse morale ».

anoblissement n. m. - XIVe ▪ Action d'anoblir. *Lettres d'anoblissement.*

anode n. f. - XIXe ; gr. *anodos* « chemin vers le haut » ▪ Électrode positive (opposé à *cathode*).

anodin, ine adj. - XVIe ; de ② *a-* et gr. *odunê* « douleur » ▪ Inoffensif, sans danger. « *Une potion anodine* [...] *pour faire reposer Monsieur* » (Mol.). *Une plaisanterie anodine.* ♦ Sans importance, insignifiant. *Un personnage bien anodin.* ⇒ ② **falot,** ① **terne.** ✪ CONTR. Dangereux, important.

anodique adj. - XIXe ▪ Qui est relatif à l'anode (opposé à *cathodique*).

anodisation n. f. - mil. XXe ▪ Oxydation superficielle d'un métal par le passage d'un courant anodique. ⇒ **carburation, cémentation ; galvanisation.**

anodiser v. tr. [1] - mil. XXe ; de *anode* ▪ Faire subir une oxydation anodique à (un métal). ➛ *Aluminium anodisé.*

anodonte adj. et n. m. - XIXe ; gr. *anodontos* « édenté » 1 Qui ne possède pas de dents. *Maxillaire anodonte.* 2 Mollusque bivalve d'eau douce *(lamellibranches)*, dont la charnière est dépourvue de dents, appelé aussi *moule d'étang.*

anomal, ale, aux adj. - XIIe ; gr. *omalos* « pareil » ▪ Aberrant, hors de l'ordinaire. ⇒ **irrégulier.** *Maladie anomale.* ✪ CONTR. Régulier.

> ❑ Ce mot, de la même famille que *anomalie,* est sans rapport étym. avec *anormal,* de sens voisin.

anomale n. m. - XIXe ▪ Insecte coléoptère *(scarabéidés)* dont une espèce est nuisible à la vigne.

anomalie n. f. - XVIe ; gr. « irrégularité, inégalité » 1 Construction grammaticale anomale. ⇒ **irrégularité.** 2 Déviation du type biologique normal. ⇒ **difformité, monstruosité.** ➤ Bizarrerie, singularité par rapport à une norme. *Il y a une anomalie.* ✪ CONTR. Régularité.

anomalon n. m. - 1984 ; mot angl., de *anomal(ous)* et *(electr)on* ▪ Fragment d'un noyau atomique présentant, dans les interactions avec la matière, un comportement anormal.

anomie n. f. - XIXe ; gr. ▪ Absence d'organisation ou de loi, disparition des valeurs communes à un groupe.

ânon n. m. - XIIe ▪ Petit d'un âne et d'une ânesse.

anone n. f. - XVIe ; esp. *anona*, même o. que *ananas* ▪ Fruit appelé aussi *pomme cannelle* (⇒ **corossol**), d'un arbre des régions équatoriales ; cet arbre lui-même *(anonacées)*.

ânonnement n. m. - XVIIe ▪ Action d'ânonner. « *Lecture du second acte par les acteurs.* [...] *malgré les ânonnements, je sens que ça y est* » (Renard).

ânonner v. tr. [1] - XVIIe ; de *ânon* ▪ Lire, parler, réciter d'une manière pénible et hésitante. ⇒ **bredouiller.** « *Dans ces fables qu'on nous fait ânonner* » (Lacretelle).

anonymat n. m. - XIXe ▪ État de la personne ou de la chose qui est anonyme. *Garder l'anonymat.* ⇒ **incognito.**

> ❑ Pour le sens → incognito (rem.).

anonyme adj. - XVIe ; gr. *onoma* « nom » 1 Dont on ignore le nom, ou qui ne fait pas connaître son nom. *Un poète anonyme. Un dénonciateur anonyme.* 2 Dont le, la responsable n'a pas laissé son nom ou l'a caché. *Lettre, coup de téléphone anonyme.* « *Une médisance anonyme est peut-être plus honteuse qu'une calomnie signée* » (Hugo). 3 Impersonnel, neutre, sans originalité. « *Ses vêtements anonymes s'adaptaient à tous les décors* » (St-Exup.). 4 Dont le nom du propriétaire n'est pas connu. *Bon du Trésor anonyme. SOCIÉTÉ ANONYME :* société par actions qui n'est désignée par le nom d'aucun des associés. ✪ CONTR. Connu ; signé ; personnalisé. ② Nominatif.

anonymement adv. - XVIIIe ▪ En gardant l'anonymat.

anophèle n. m. - XIXe ; gr. *anôphelês* « nuisible » ▪ Moustique *(culicidés)*, dont la femelle est l'agent de transmission du paludisme, de la dengue et de la filariose.

anorak n. m. - XIXe ; mot inuit ▪ Veste de sport, imperméable, bien fermée. ⇒ **doudoune, parka.**

anordir v. intr. [2] - XVIIIe ▪ Tourner au nord (vent). ⇒ **nordir.**

anorexie n. f. - XVIe ; gr. ▪ Perte ou diminution pathologique de l'appétit. ⇒ **inappétence.** « *Que je souffre d'anorexie, c'est trop dire : le pire c'est que je n'en souffre presque pas* » (Gide). *Anorexie mentale :* refus de s'alimenter lié à un conflit psychique. ✪ CONTR. Boulimie.

anorexigène adj. et n. m. - 1967 ▪ Propre à diminuer l'appétit. ⇒ **coupe-faim.**

anorexique adj. et n. - 1903 1 Relatif à l'anorexie. *Troubles anorexiques.* 2 Qui souffre d'anorexie. *Jeune fille anorexique.* ✪ CONTR. Boulimique.

anorganique adj. - XIXe ▪ Se dit d'un trouble qui n'est pas dû à une lésion organique.

anorgasmie n. f. - XXe ▪ Absence ou insuffis d'orgasme. ⇒ **anaphrodisie, frigidité.**

> ❑ Ce mot désigne une absence de plaisir inaccoutum dont la cause est psychologique.

anormal, ale, aux adj. et n. - XIIIe 1 Qui n'est pa conforme aux règles générales ou aux lois reconnues. ⇒ **irrégulier.** *Il fait une température anormale pour la saison.* 2 Qui provoque la surprise ou l'inquiétude. *Il se passe quelque chose d'anormal.* ⇒ **bizarre, inhabituel, insolite.** ➤ Exceptionnel par son intensité. *Une force anormale.* ♦ n. m. *L'horreur « du morbide, de l'anormal »* (Gide). 3 Qui est atteint d'une anomalie dans son développement. *Des enfants anormaux.* ⇒ **inadapté, handicapé.** ➤ n. « *Une folle, une cinglée, une malade, une anormale* [...] : *elle avait entendu ce refrain pendant toute son adolescence* » (Beauv.). ✪ CONTR. Normal.

anormalement adv. - XIXe ▪ D'une manière anormale. ✪ CONTR. Normalement.

anormalité n. f. - XIXe ▪ Caractère de ce qui est anormal. ⇒ **anomalie.** « *L'anormalité est aussi légitime que la règle* » (Flaub.).

anosmie n. f. - XIXe ; gr. *anosmos* « inodore » ▪ Diminution ou perte complète de l'odorat.

anoure adj. et n. m. - XIXe ; de ② *a-* et gr. *oura* « queue » ▪ SC. Qui n'a pas de queue (animal). *Un batracien anoure.* ➤ n. m. pl. Amphibiens sans queue à l'état adulte et pourvus de membres postérieurs allongés adaptés au saut.

anovulation n. f. - 1960 ▪ Suspension ou arrêt de l'ovulation.

anovulatoire adj. - 1960 ▪ Qui ne présente pas d'ovulation. *Cycle anovulatoire.*

anoxémie n. f. - XIXe ; de ② *a-*, *ox(ygène)* et *-émie* ▪ Diminution de la quantité d'oxygène contenue dans le sang.

anoxie n. f. - 1950 ; de ② *a-* et *ox(ygène)* ▪ Diminution de la quantité d'oxygène que le sang distribue aux tissus.

anse n. f. - XIIe ; lat. « poignée » 1 Partie recourbée et saillante de certains ustensiles, permettant de les saisir. ⇒ **anneau, poignée.** *Anse d'un panier.* 2 Petite baie peu profonde. ⇒ **calanque, crique.** « *Nous abordâmes à une des petites anses de l'île* » (Lamart.). 3 Arc dont la courbe surbaissée a la forme d'une demi-ellipse. 4 Portion d'organe en forme d'arc. *Anse intestinale.* ✪ HOM. Hanse.

ansé, ée adj. - XVIIe ▪ Qui porte une anse.

ansériforme adj. et n. m. - 1907 ; lat. *anser* « oie » et *-forme* 1 Qui a l'apparence de l'oie. 2 n. m. pl. Ordre d'oiseaux aquatiques palmipèdes et lamellirostres.

ansérine n. f. - XVIIIe ; lat. *anser* « oie » ▪ Plante annuelle *(chénopodiacées)*, dont une variété, l'ambroisie, a des vertus médicinales. ➤ Potentille des lieux humides *(rosacées)*.

antagonique adj. - XIXe ▪ Qui est en antagonisme, en opposition. ⇒ **adverse, opposé ; concurrent.** *Intérêts antagoniques.* ✪ CONTR. Allié.

antagonisme n. m. - XVIIIe ; gr. 1 Opposition fonctionnelle de deux muscles, de deux systèmes (opposé à *synergie*). 2 État d'opposition de deux forces, de deux principes. ⇒ **conflit, opposition, rivalité.** *Antagonisme entre deux partis.* ✪ CONTR. Accord, concordance, harmonie.

> ❑ Mot de la même famille que *agonie* « lutte contre la mort ».

antagoniste adj. et n. - XVIe 1 Qui est en antagonisme (1°). *Muscles antagonistes* (opposé à *agonistes*). 2 Opposé, rival. ⇒ **antagonique.** « *les propositions les*

…ntagonistes de ma nature » (Gide). ➝ n. « des …onistes qui se livrent […] à des gesticulations …onstratives » (Robbe-Grillet). ✪ CONTR. Ami ; allié.

…algique adj. – XVIIIe ; *ant(i)-* et *-algie* ▪ Qui calme la dou…r. ⇒ **analgésique, calmant.** ➝ n. m. *Prendre un antal…que.*

…ntan (d') loc. adj. – XIIe ; lat. °*anteannum* « l'an passé » ▪ littér. D'autrefois, du temps passé. « *Mais où sont les neiges d'antan ?* » (Villon).

antarctique adj. – XIVe ; mot gr. de *arktos* « ours » ▪ Se dit du pôle Sud et des régions qui l'environnent. ♦ Propre à ce continent. *Faune antarctique* (opposé à *arctique*).

ante n. f. – XVIe ; lat. ▪ Pilastre carré. ✪ HOM. Ente.

anté- ▪ Élément, du lat. *ante* « avant ». ⇒ ② **anti-**.

antébois, antebois → **antibois**

antécambrien, ienne adj. – 1959 ▪ ⇒ **précambrien.**

antécédence n. f. – XVIe ▪ Phénomène caractérisant un cours d'eau dont le tracé est antérieur aux déformations tectoniques.

antécédent, ente adj. et n. m. – XIVe ; de *anté-* et lat. *cedere* « aller » **I** adj. rare Antérieur. ⇒ **précédent.** ➝ Qui présente un phénomène d'antécédence. *Vallée antécédente.* **II** n. m. **1** Proposition logique d'où résulte la conclusion, ou qui énonce la condition. ⇒ **implication.** ➝ *Antécédent d'un élément :* élément qui, dans une relation mathématique, admet celui-ci pour image. **2** Mot représenté par le pronom qui le reprend. *Dans* « l'homme qui parle », « l'homme » *est antécédent du pronom relatif* « qui ». **3** Fait antérieur à une maladie. « *aucun antécédent pathologique du côté respiratoire !* » (Mart. du G.). **4** Chacun des actes, des faits appartenant au passé de qqn. *Les antécédents de l'accusé.* ✪ CONTR. Conséquent.

antéchrist [ɑ̃tekʀist] n. m. – XIIe ; lat. ▪ Ennemi du Christ qui, selon l'Apocalypse, viendra prêcher peu avant la fin du monde. « *les deux papes* [Clément et Urbain] *se traitaient mutuellement d'antéchrist* » (Volt.).

antédiluvien, ienne adj. – XVIIIe ; de *anté-* et lat. *diluvium* « déluge » **1** Antérieur au déluge. **2** par plais. Très ancien, tout à fait démodé. « *Figurez-vous une voiture antédiluvienne* » (Gaut.).

antéhypophyse n. f. – v. 1970 ▪ Partie antérieure de l'hypophyse.

anténatal, ale adj. – mil. XXe ▪ Qui concerne la vie avant la naissance. ⇒ **prénatal.** *Des diagnostics anténatals.* ✪ CONTR. Postnatal.

antenne n. f. – XIIIe ; lat. **1** Vergue longue et mince des voiles latines. **2** Appendice sensoriel à l'avant de la tête de certains arthropodes. *Antennes d'un papillon.* loc. *Avoir des antennes,* de l'intuition. **3** Conducteur aérien destiné à capter ou à diffuser les ondes électromagnétiques. ⇒ **aérien.** *Antenne de télévision.* ♦ fig. *Être à l'antenne.* « *Déjà cette heure-là ? Et moi qui dois être sur l'antenne dans dix minutes !* » (Vian). *Garder l'antenne.* **4** *Antenne chirurgicale :* unité avancée du service de santé militaire. Tout poste avancé en liaison avec un centre.

antenniste n. – 1984 ▪ Installateur d'antennes (3°).

antépénultième adj. et n. f. – XVe ▪ Qui précède l'avant-dernier. ➝ n. f. Syllabe qui précède la pénultième.

antéposer v. tr. [1] – XVIe ▪ Placer devant, à gauche de (un autre élément de la phrase). *Antéposer l'épithète.* ➝ *Adjectif antéposé.* ✪ CONTR. Postposer.

antérieur, ieure adj. – XVe ; lat. **1** Qui est placé en avant, devant, dans l'espace. *La face antérieure de l'omoplate. Les membres antérieurs,* ou n. m. pl. *les antérieurs, d'un cheval.* ♦ Se dit d'une voyelle articulée dans la région du palais dur. ⇒ **palatal. 2** Qui est avant, qui précède, dans le temps. ⇒ **précédent.** « *un codicille révoquant* […] *tous les testaments antérieurs* » (Volt.). *Vie antérieure,* qu'on aurait menée avant la vie présente. *Fait antérieur de dix ans à un autre.* ♦ Qui marque l'antériorité par rapport à une autre action exprimée dans la phrase (ex. quand il eut fini, il partit ; quand il aura fini, il partira). *Passé, futur antérieur.* ✪ CONTR. Postérieur. Ultérieur.

> ❑ Attention, un document *postérieur* à la date qu'il porte est antidaté (date *antérieure* à la vraie date). ♦ Pour l'emploi avec *plus* ou *très* → postérieur (rem.).

antérieurement adv. – XVIe ▪ À une époque antérieure. ⇒ **auparavant, précédemment.** ✪ CONTR. Postérieurement ; après, ultérieurement.

antériorité n. f. – XVIe ▪ Caractère de ce qui est antérieur. ⇒ **priorité.** *L'antériorité d'une découverte par rapport à une autre.* ✪ CONTR. Postériorité.

antérograde adj. – XIXe ; de *antérieur* et *-grade* ▪ *Amnésie antérograde :* perte de la mémoire concernant des faits postérieurs à l'accident ou à la maladie qui en sont responsables (opposé à *rétrograde*).

antéversion n. f. – XIXe ; de *anté-* et lat. *vertere* « tourner » ▪ Inclinaison en avant, sans flexion, d'un organe selon son axe vertical. *Antéversion de l'utérus.* ✪ CONTR. Rétroversion.

anthémis [ɑ̃temis] n. f. – XVIe ; gr. « camomille » ▪ Plante herbacée *(composées),* ornementale, annuelle ou vivace, dont les fleurs ressemblent à de petites marguerites blanches.

anthère n. f. – XVIIe ; gr. *anthêros* « fleuri » ▪ Partie supérieure de l'étamine, contenant ordinairement deux loges polliniques.

anthéridie n. f. – XIXe ▪ Organe mâle contenant les anthérozoïdes (opposé à *archégone*).

anthérozoïde n. m. – XIXe ; de *anthère,* d'apr. *spermatozoïde* ▪ Gamète mâle (opposé à *oosphère*).

anthèse n. f. – XIXe ; gr. *anthêsis* « floraison » ▪ sc. Épanouissement de la fleur.

antho-, -anthe ▪ Éléments, du gr. *anthos* « fleur ».

anthologie n. f. – XVIe ; gr. ▪ Recueil de morceaux choisis d'œuvres littéraires ou musicales. ➝ *Morceau d'anthologie :* page brillante digne de figurer dans une anthologie. ⇒ **chrestomathie.** ➝ *Une anthologie du cinéma.* « *les anthologies érotiques* » (Mac Orlan).

> ❑ Composé sur le grec *anthos* « fleur », par métaphore. → florilège.

anthonome n. m. – XIXe ; gr. « qui se nourrit de fleurs » ▪ Charançon *(curculionidés)* dont la femelle dépose ses œufs dans les bourgeons des arbres fruitiers.

anthozoaires n. m. pl. – XIXe ; gr. *anthos* « fleur » et *-zoaire* ▪ Classes de cœlentérés comprenant les coraux et les anémones de mer.

anthracène n. m. – XIXe ; de *anthracite* ▪ Hydrocarbure extrait du goudron de houille.

anthracite n. m. – XIXe ; gr. *anthrax* « charbon » ▪ Charbon donnant peu de cendres lors de sa combustion lente. « *C'était un fauteuil en moleskine noire* […] *Il luisait bizarrement comme l'anthracite* » (Le Clézio). ♦ adj. inv. Gris foncé. *Des vestes anthracite.*

anthracnose n. f. – XIXe ; gr. *anthrax* « charbon » et *nosos* « maladie » ▪ Maladie des végétaux due à un champignon microscopique. ⇒ **charbon, rouille.**

anthracose n. f. – XVIIIe ▪ Maladie professionnelle due à l'inhalation des poussières. ⇒ aussi **silicose.**

anthrax [ɑ̃tʀaks] n. m. – XVe ; mot gr. ▪ Amas de plusieurs furoncles. ✪ HOM. Entraxe.

❑ Ce mot est relié à *anthracite* : il a d'abord désigné les éruptions noirâtres du charbon (maladie).

anthrène n. m. – XVIIIe ; gr. *anthrênê* « frelon » ▪ Insecte dont la larve détériore les fourrures.

-anthrope, -anthropie, -anthropique ▪ Groupes suffixaux, du gr. *anthrôpos* « homme ». ⇒ **anthropo-.**

anthropique adj. – 1973 ▪ sc. Fait par l'homme ; dû à l'existence et à la présence de l'homme.

anthropo- ▪ Élément, du gr. *anthrôpos* « homme ». ⇒ **-anthrope.**

❑ Ne pas confondre *anthropo-* « humain » (n. m.) et *andro-* « humain mâle ». → homme.

anthropocentrique adj. – XIXe ▪ Qui fait de l'homme le centre du monde.

anthropocentrisme n. m. – 1907 ▪ Philosophie, vue anthropocentrique.

anthropogénie n. f. – XVIIIe ; *anthropo-* et *-génie* ▪ Étude de l'origine et de l'évolution de l'espèce humaine ; cette origine.

anthropoïde adj. et n. – XIXe ; *anthropo-* et *-oïde* ▪ Qui ressemble à l'homme. *Singe anthropoïde.* ♦ n. m. Singe de grande taille, le plus proche de l'homme, dépourvu de queue (orang-outan, chimpanzé, gorille et gibbon).

❑ Ne pas confondre ce terme de zoologie avec *humanoïde.*

anthropologie n. f. – XIXe ; *anthropo-* et *-logie* 1 Branche de l'ethnologie qui étudie les caractères anatomiques et biologiques de l'homme. 2 Ensemble des sciences qui étudient l'homme. « *Anthropologie structurale* », de *Lévi-Strauss.*

anthropologique adj. – XIXe ▪ Relatif à l'anthropologie.

anthropologue n. – XIXe ▪ Spécialiste d'anthropologie. ⇒ **ethnologue.**

anthropométrie n. f. – XVIIIe ; *anthropo-* et *-métrie* ▪ Technique de mensuration du corps humain et de ses diverses parties. *Anthropométrie judiciaire* : méthode d'identification des criminels par ces mensurations (⇒ **bertillonnage**).

anthropométrique adj. – XIXe ▪ Qui a rapport à l'anthropométrie. *Signalement anthropométrique.*

anthropomorphe adj. – XIXe ; *anthropo-* et *-morphe* ▪ Qui a la forme, l'apparence d'un homme. *Le chat botté, personnage anthropomorphe.*

anthropomorphique adj. – XIXe ▪ Qui a rapport à l'anthropomorphisme. *Description anthropomorphique d'un comportement d'animal.*

anthropomorphisme n. m. – XVIIIe ; *anthropo-* et *-morphisme* 1 Tendance à concevoir la divinité à l'image de l'homme. 2 Tendance à décrire un phénomène comme s'il était humain, à attribuer aux êtres et aux choses des réactions humaines.

anthroponymie n. f. – 1938 ; *anthropo-* et *-onymie* ▪ Partie de l'onomastique qui étudie les noms de personnes ou *anthroponymes.*

anthropophage adj. et n. – XIVe ; *anthropo-* et *-phage* ▪ Qui mange de la chair humaine (en parlant des humains). *Tribu anthropophage.* ➡ n. *Un anthropophage.* ⇒ **cannibale.**

anthropophagie n. f. – XVIe ▪ Pratique des anthropophages. ⇒ **cannibalisme.** « *Il faut des légumes frais aux missionnaires, car l'anthropophagie est contagieuse* » (Eluard).

anthropophile adj. – v. 1960 ; *anthropo-* et *-phile* ▪ Se dit des animaux et des plantes qui vivent au contact de l'homme ou dans des lieux qu'il fréquente.

❑ Comparer à *philanthrope* qui ne se dit que des personnes.

anthropopithèque n. m. – XIXe ; gr. *pithêkos* « singe » ▪ Primate fossile présenté comme intermédiaire entre le singe et l'homme.

❑ Ne pas confondre avec *pithécanthrope,* mot formé des mêmes éléments et de sens proche (primate plus évolué).

anthyllis [ɑ̃tilis] n. f. – XVIe ; gr. ▪ Plante herbacée *(légumineuses)* dont une espèce est fourragère (⇒ **vulnéraire**).

① **ant(i)-** ▪ Élément, du gr. *anti* qui signifie « en face de, contre, qui protège de ». ⇒ ② **para-.** ✪ CONTR. Pro-.

❑ La soudure sans trait d'union est impossible devant *i* et gênante devant les autres voyelles, car le *i* de *anti-* est pris pour une semi-consonne. → antioxydant. ♦ Devant un *s*, *anti-* (tout comme le *a-* privatif) ne redouble pas la consonne *(antisatellite, antisocial).* ♦ *Anti-* est souvent suivi d'un nom pour former un adjectif, d'où des problèmes d'accord *(des remèdes antidouleur).*

② **anti-** ▪ Élément, du lat. *ante* « avant » (ex. *antichambre, antidater*). ⇒ **anté-.**

antiadhésif, ive adj. – av. 1975 ▪ Qui empêche les aliments d'attacher. *Poêle à revêtement antiadhésif.*

antiaérien, ienne adj. – 1916 ▪ Qui s'oppose aux attaques aériennes. *Défense antiaérienne.* ⇒ **D.C.A.**

antialcoolique [ɑ̃tialkɔlik] adj. – XIXe ▪ Qui combat l'alcoolisme. *Ligue antialcoolique.*

antiallergique adj. et n. m. – v. 1980 ▪ Qui prévient ou traite les allergies. ⇒ **anallergique.**

antiamaril, ile adj. – mil. XXe ▪ Propre à combattre la fièvre jaune (fièvre amarile*).

antiaméricanisme n. m. – 1948 ▪ Attitude hostile à l'égard des États-Unis.

antiatomique adj. – 1945 ▪ Qui s'oppose aux effets nocifs des radiations atomiques. *Abri antiatomique.*

antiavortement n. m. – 1992 ▪ Opposition à l'avortement légal. *Militer pour l'antiavortement.* ➡ adj. inv. *Des commandos antiavortement.*

antibiogramme n. m. – 1960 ; de *antibio(tique)* et *-gramme* ▪ Analyse permettant de déterminer l'action d'un antibiotique sur une souche de bactéries.

antibiothérapie n. f. – 1959 ▪ Thérapeutique par les antibiotiques.

antibiotique adj. et n. m. – XIXe ; de ① *anti-* et gr. *biôtikos* « de la vie » 1 Se dit d'une substance chimique produite par des micro-organismes et qui est capable de détruire ou d'empêcher la croissance d'autres micro-organismes. 2 n. m. Cette substance, naturelle ou synthétique. ⇒ **bactéricide, bactériostatique.** *Être sous antibiotique.*

antiblocage adj. inv. – XXe ▪ Qui contrôle le freinage du véhicule en évitant le blocage des roues.

antibois n. m. – XVIe ; o. i. ▪ Baguette posée sur le plancher, maintenue à une certaine distance des murs, pour les préserver du contact des meubles.

❑ On dit aussi *antébois, antebois.*

[a]ntibourgeois, oise adj. – XIXe ▪ Qui s'oppose aux [m]odes de vie et de pensée bourgeois. « *Notre anar[c]hisme antibourgeois* » (Beauv.).

antibrouillage n. m. – mil. XXe ▪ Dispositif tendant à atténuer le brouillage d'une émission.

antibrouillard adj. et n. m. – 1949 ▪ *Phares antibrouillards,* qui percent le brouillard. ➛ n. m. *Un antibrouillard, des antibrouillards.*

antibruit adj. inv. – 1932 ▪ Destiné à faire écran au bruit. *Mur antibruit.*

anticalcaire adj. inv. – 1972 ▪ Qui s'oppose au dépôt du calcaire. *Des lessives anticalcaire.*

anticancéreux, euse adj. – XVIIIe ▪ Qui combat le cancer. ✪ CONTR. Cancérigène.

anticathode n. f. – XIXe ▪ Petite lame de métal qui, placée à l'intérieur d'un tube électronique, reçoit les rayons cathodiques et émet des rayons X.

antichambre n. f. – XVIe ; it. *anticamera* « chambre de devant » **1** Pièce d'attente placée à l'entrée d'un grand appartement, d'un bureau. ⇒ **vestibule.** « *les solliciteurs familiers des antichambres ministérielles* » (Courtel.). ➛ loc. *FAIRE ANTICHAMBRE :* attendre pour être reçu. **2** Situation provisoire qui en précède une autre plus importante. « *Le vieillissement prématuré, l'antichambre de la mort* » (Curtis).

antichar adj. – 1928 ▪ Qui s'oppose à l'action des blindés. *Mines antichars.*

antichoc adj. – 1907 ▪ Qui protège des chocs. *Bourrelets antichocs.* ➛ Qui est conçu pour subir sans dommage des chocs. *Montre antichoc.*

❑ Ne pas confondre *antichoc* et le *pare-chocs,* qui blinde les carrosseries.

antichrèse [ɑ̃tikʀɛz] n. f. – XVIIe ; gr. ▪ Contrat par lequel un débiteur transfère à son créancier la possession de son immeuble, pour qu'il en perçoive les fruits jusqu'au remboursement de sa dette. ⇒ **nantissement.**

anticipation n. f. – XVe **1** Exécution anticipée d'un acte. *Régler une dette par anticipation.* **2** Mouvement de la pensée qui imagine, prévoit d'avance un événement. ⇒ **prévision.** « *La religion est, par anticipation, la justice divine* » (Balz.). ➛ *Roman, film d'anticipation,* dont le fantastique est emprunté aux réalités supposées de l'avenir. ⇒ **science-fiction.** ♦ Faculté de prévoir l'attaque de l'adversaire et d'en préparer la parade.

anticipé, ée adj. – XVIe ▪ Qui se fait par anticipation. *Avec mes remerciements anticipés. Retraite anticipée.* ✪ CONTR. Retardé, tardif.

anticiper v. [1] – XVe ; de ② *anti-* et lat. *capere* « prendre » **1** v. tr. Exécuter avant le temps déterminé. ⇒ **devancer.** ♦ Imaginer et éprouver à l'avance. *Le cœur* « *anticipe les maux qui le menacent* » (Chateaub.). ♦ Agir en prévoyant la réaction de l'adversaire (en sports). **2** v. intr. Empiéter. « *Je me retiens d'anticiper sur le récit que j'écrirai plus tard* » (Mauriac). ➛ *N'anticipons pas :* ne devançons pas l'événement. « *n'anticipons pas ici sur ce triste sujet* » (Rouss.). ✪ CONTR. ② Différer, retarder ; revenir (sur).

anticlérical, ale, aux adj. et n. – XIXe ▪ Opposé à l'influence et à l'intervention du clergé, notamment dans la vie publique. « *un brave homme de radical, antibondieusard, anticlérical, bon ouvrier de la laïcité* » (Aymé).

anticléricalisme n. m. – XIXe ▪ Attitude, politique anticléricale.

anticlinal, ale, aux adj. et n. m. – XIXe ; gr. *antiklinein* « pencher en sens contraire » ▪ *Pli anticlinal :* pli convexe. ➛ n. m. *Faux anticlinal,* dans lequel les couches situées au cœur de la structure sont les plus récentes (opposé à *faux synclinal*). ✪ CONTR. Synclinal.

❑ Même famille que *incliner, décliner.*

anticoagulant, ante adj. et n. m. – XIXe ▪ Qui empêche ou retarde la coagulation du sang.

anticodon n. m. – 1963 ▪ Triplet de nucléotides, complémentaire du codon, présent sur l'A.R.N. de transfert.

anticolonialisme n. m. – 1903 ▪ Opposition au colonialisme.

anticommunisme n. m. – 1936 ▪ Hostilité au communisme. « *l'anticommunisme viscéral* » (Mauriac).

anticommuniste adj. et n. – XIXe ▪ Animé par l'anticommunisme.

anticommutatif, ive adj. – mil. XXe ▪ Se dit d'une opération mathématique telle que, dans une permutation des éléments, les membres sont opposés de signe ou de sens.

anticonceptionnel, elle adj. et n. m. – 1905 **1** vieilli Opposé au contrôle des naissances. **2** vx ⇒ **contraceptif.**

anticonformisme n. m. – mil. XXe ▪ Attitude opposée au conformisme, hostilité aux normes, aux usages établis. ⇒ **non-conformisme.** ✪ CONTR. Conformisme.

anticonformiste adj. et n. – 1953 ▪ Qui s'oppose au conformisme. ⇒ **non-conformiste.** *Attitude anticonformiste.* ➛ n. *Un, une anticonformiste.* ⇒ **marginal,** ② **original.** ✪ CONTR. Conformiste.

anticonjoncturel, elle adj. – mil. XXe ▪ Qui est destiné à redresser une mauvaise conjoncture économique.

anticonstitutionnel, elle adj. – XVIIIe ▪ Contraire à la constitution. ⇒ **inconstitutionnel.** ✪ CONTR. Constitutionnel.

anticonstitutionnellement adv. – XIXe ▪ D'une manière anticonstitutionnelle. ⇒ **inconstitutionnellement.** ✪ CONTR. Constitutionnellement.

❑ Ce n'est pas, comme on le dit, le mot le plus long de la langue française, mais les autres ont généralement un trait d'union (ex. *électro-encéphalographique*).

anticorps [ɑ̃tikɔʀ] n. m. – XIXe ▪ Immunoglobuline dont la synthèse est déclenchée dans l'organisme par introduction d'un antigène, avec lequel elle se combine. ⇒ **antitoxine.** « *L'infection légère nous immunise contre de plus graves, en favorisant la multiplication des anticorps* » (Bernanos).

anticorrosion adj. inv. – v. 1970 ▪ Qui protège contre la corrosion.

anticryptogamique adj. – XIXe ▪ Qui préserve les végétaux des maladies cryptogamiques. ⇒ **fongicide.**

anticyclique adj. – 1958 ▪ Se dit d'une politique qui tente de remédier aux crises économiques cycliques.

anticyclone n. m. – XIXe ▪ Zone de hautes pressions atmosphériques (opposé à *cyclone*), qui correspond à du beau temps. *L'anticyclone des Açores.* ✪ CONTR. Dépression.

anticyclonique adj. – XIXe ▪ Relatif à un anticyclone. ✪ CONTR. Cyclonique.

antidate n. f. – XVe ; de ② *anti-* ▪ Date inscrite sur un document, antérieure à la date réelle où il a été établi. ✪ CONTR. Postdate.

antidater v. tr. [1] - XVe ▪ Marquer d'une antidate. *Antidater un contrat.* ✪ CONTR. Postdater.

antidémocratique adj. - XVIIIe ▪ Opposé à la démocratie, à l'esprit démocratique. *Lois antidémocratiques.* ✪ CONTR. Démocratique.

antidépresseur adj. m. et n. m. - v. 1957 ▪ Qui combat les états dépressifs. *Médicament antidépresseur.* ➛ n. m. *Un antidépresseur.* ⇒ **thymoanaleptique, tranquillisant.**

antidérapant, ante adj. - XIXe ▪ Propre à empêcher le dérapage. *Pneus antidérapants.*

antidétonant, ante adj. et n. m. - 1927 ▪ Qui résiste à la détonation. ➛ n. m. Additif qui augmente l'indice d'octane d'un carburant.

antidiphtérique adj. - XIXe ▪ Propre à combattre la diphtérie.

antidiurétique adj. et n. m. - 1959 ▪ Qui diminue la sécrétion d'urine. *Hormone antidiurétique.* ⇒ **vasopressine.**

antidopage adj. - v. 1960 ▪ Qui s'oppose au dopage. *Contrôle antidopage.*

antidote n. m. - XIIe ; gr. 1 Contrepoison. « *Il s'agit* [...] *d'administrer quelque puissant antidote. Quel est le poison ?* » (Flaub.). 2 Remède contre un mal moral. « *d'excellents antidotes contre la mélancolie* » (Montesq.).

❑ *Un antidote,* ce mot est masculin. ♦ On dit *antidote de* ou *contre qqch.*

antidouleur adj. inv. - v. 1970 ▪ Qui supprime ou atténue la douleur. ⇒ **analgésique.**

❑ Comme beaucoup d'adjectifs en *anti-* terminés par un nom (⇒ ① anti-) ce mot pose des problèmes d'accord. → antireflet, antisida.

antidrogue adj. inv. - v. 1960 ▪ Qui est destiné à lutter contre le trafic et l'usage de la drogue, des stupéfiants. *Lutte antidrogue.*

antidumping [ɑ̃tidœmpiŋ] adj. inv. - 1929 ▪ Qui est destiné à lutter contre le dumping.

antiéconomique adj. - XIXe ▪ Qui est contraire aux principes d'une bonne économie.

antiémétique adj. et n. m. - XVIIIe ▪ Propre à arrêter les vomissements.

antienne [ɑ̃tjɛn] n. f. - XIIe ; gr. *antiphôna* ▪ Refrain repris par le chœur entre chaque verset d'un psaume, ou chanté seulement avant et après le psaume.

antienzyme [ɑ̃tiɑ̃zim] n. m. ou f. - 1922 ▪ Substance qui neutralise un enzyme.

antiesclavagiste adj. et n. - XIXe ▪ Opposé à l'esclavage.

antifading n. m. - 1929 ▪ Dispositif électronique limitant les effets du fading.

antifasciste [ɑ̃tifaʃist] adj. et n. - 1924 ▪ Opposé au fascisme.

antiféministe adj. et n. - mil. XXe ▪ Hostile au féminisme.

antifeu adj. inv. - 1995 ▪ Destiné à protéger du feu, à lutter contre les incendies. *Fossés antifeu d'une forêt. Portes antifeu.*

antifongique adj. et n. m. - mil. XXe ▪ Qui détruit les champignons ou empêche leur développement. ⇒ **antimycosique, fongicide.**

antifriction n. m. - XIXe ▪ Alliage réduisant le frottement, utilisé dans la fabrication de certains organes de machine.

antifumée n. m. et adj. inv. - v. 1970 ▪ Substance incorporée à un produit pétrolier destinée à diminuer les fumées. ➛ adj. inv. *Produits antifumée.*

antigang [ɑ̃tigɑ̃g] adj. et n. f. - 1965 ▪ *Brigade antigang,* ou *l'antigang* : brigade de la police judiciaire spécialisée dans la lutte contre le grand banditisme.

antigel n. m. et adj. inv. - 1923 ▪ Produit qui abaisse le point de congélation de l'eau. *Antigel pour radiateurs d'automobiles.* ➛ adj. inv. *Produits antigel.*

antigène n. m. - 1904 ; ① *anti-* et *-gène* ▪ Substance dont l'injection provoque la synthèse d'anticorps (⇒ **immunogène**).

antigivrant, ante adj. et n. m. - 1949 ▪ Qui empêche la formation de givre. ✪ CONTR. Givrant.

antiglisse adj. inv. - v. 1970 ▪ *Vêtements antiglisse* : vêtements de ski conçus pour éviter de glisser sur la neige en cas de chute.

antigouvernemental, ale, aux adj. - XIXe ▪ Qui est contre le gouvernement.

antigravitation n. f. - mil. XXe ▪ Force physique hypothétique, de même nature que la gravitation, qui lui serait symétrique et de sens contraire.

antigravitationnel, elle adj. - mil. XXe ▪ Relatif à l'antigravitation.

antigrève adj. - 1948 ▪ Qui s'oppose à une grève. *Des mesures antigrève(s).*

antihalo adj. inv. et n. m. - 1907 ▪ Qui supprime ou atténue l'effet de halo sur une photographie. ➛ n. m. *Des antihalos.*

antihausse adj. inv. - 1955 ▪ Qui lutte contre la hausse des prix. ⇒ **anti-inflationniste.**

antihéros n. m. - 1948 ▪ Personnage, héros n'ayant aucune des caractéristiques du héros traditionnel.

antihistaminique adj. et n. m. - 1939 ▪ Qui combat les effets de l'histamine.

antihygiénique adj. - XIXe ▪ Contraire à l'hygiène. ✪ CONTR. Hygiénique.

anti-inflammatoire adj. et n. m. - XXe ▪ Qui combat l'inflammation. ⇒ **antiphlogistique.**

anti-inflationniste adj. - 1949 ▪ Qui combat l'inflation. ⇒ **déflationniste.** ✪ CONTR. Inflationniste.

❑ Les mots en *anti-* prennent un trait d'union s'il y a rencontre de deux *i.* → ① anti- (rem.).

antilithique adj. et n. m. - 1971 ▪ Qui prévient la formation des calculs (notamment urinaires).

antillais, aise adj. et n. - XIXe ▪ Des Antilles, spécialement des « petites Antilles ». *Rhum antillais. Créole antillais.* ♦ *Les Antillais.*

antillanisme n. m. - XXe ▪ Fait de langue usité dans le français des Antilles.

antilogarithme n. m. - XVIIIe ▪ Fonction inverse de la fonction logarithme. ♦ Nombre correspondant à un logarithme donné (⇒ **exponentielle**).

antilogie n. f. - XVIIe ; ① *anti-* et *-logie* ▪ Contradiction formelle d'idées, dans un discours, un écrit. « *Mort vivant* » *est une antilogie.*

❑ Le contraire est la *tautologie* (ex. *vivant en vie*).

antilope n. f. - XVIIe ; a. fr. *antelop* « animal fabuleux » ; lat. *ant(h)alopus* ▪ Mammifère ruminant *(bovidés),* aux pattes grêles et aux longues cornes arquées.

antimatière n. f. – 1958 ▪ Matière dans laquelle chaque particule serait remplacée par son antiparticule.

antimilitarisme n. m. – XIXe ▪ Opposition à l'esprit, aux institutions militaires. « *Du service de trois ans naîtra* [...] l'antimilitarisme » (R. Rolland).

antimilitariste adj. et n. – v. 1900 ▪ Animé par l'antimilitarisme.

antimissile adj. – 1960 ▪ Relatif à la défense et à la riposte contre des missiles.

antimite adj. et n. m. – XIXe ▪ Qui protège contre les mites. « *son bel uniforme d'officier de l'air rangé avec des boules antimites* » (Tournier).

antimitotique adj. et n. m. – 1958 ▪ Se dit d'un agent qui inhibe certaines phases de la mitose, empêchant ainsi la multiplication des cellules.

antimoine n. m. – XIIIe ; probablt de l'ar. *'itmid*, gr. *stimmi* ou *stibi* « noir d'antimoine » ▪ Corps simple (symb. Sb ; n° at. 51 ; m. at. 121,76), solide blanc argenté, cassant, dont le principal minerai est la stibine. « *le grand œil osirien allongé d'antimoine* » (Gaut.).

antimonarchique adj. – XVIIIe ▪ Opposé au gouvernement monarchique.

antimonarchiste n. – XIXe ▪ Adversaire du régime monarchique.

antimoniure n. m. – XIXe ▪ Combinaison de l'antimoine avec un autre corps simple.

antimycosique adj. et n. m. – mil. XXe ▪ ⇒ **antifongique.**

antinataliste adj. – v. 1960 ▪ Qui cherche à limiter la natalité. ⇒ **malthusien.** ✪ CONTR. Nataliste.

antinational, ale, aux adj. – XVIIIe ▪ Qui est contraire à l'intérêt national.

antinaupathique adj. et n. m. – apr. 1950 ; de ① *anti-* et gr. *naus* « navire » ▪ Propre à combattre le mal de mer.

antinazi, ie adj. et n. – 1936 ▪ Hostile au nazisme. ⇒ **antifasciste.** ➛ n. « *Les antinazis allemands continuaient à prédire le proche effondrement d'Hitler* » (Beauv.).

antineutrino n. m. – 1958 ▪ Antiparticule du neutrino.

antineutron n. m. – 1956 ▪ Antiparticule du neutron.

antinévralgique adj. et n. m. – XIXe ▪ Propre à combattre la névralgie.

antinomie n. f. – XVIe ; gr. **1** Contradiction entre deux lois, deux principes. ⇒ **opposition.** « *l'impossible accord du plaisir et de la durée, dont les hommes éprouvent à la fois la fascination et l'antinomie* » (Malraux). **2** Chez Kant, Conflit entre les lois de la raison pure. **3** ⇒ **paradoxe.** ✪ CONTR. Accord.

antinomique adj. – XIXe ▪ Qui forme une antinomie. ⇒ **contradictoire, contraire, opposé.** ✪ CONTR. Concordant.

antinucléaire adj. et n. – 1960 ▪ Hostile à l'utilisation de l'énergie nucléaire.

antioxydant, ante adj. et n. m. – 1960 ▪ Qui ralentit ou empêche un processus d'oxydation.

> ❑ La suite ...*tio*... se prononce en deux syllabes puisqu'il s'agit de *anti-*. → ① anti- (rem.).

antipaludéen, enne adj. et n. m. – 1968 ▪ Qui agit sur le paludisme ou qui protège contre lui. ⇒ **chloroquine, quinine.**

antipape n. m. – XIVe ; lat. ▪ Pape non reconnu par l'Église. *Henri IV « fait introniser son antipape Guibert, et est couronné solennellement par lui »* ([illegible])

antiparallèle adj. – XVIIIe **1** *Vecteurs antiparallèles*, de même direction et de sens opposé. **2** *Spins antiparallèles* : moments cinétiques représentables par des vecteurs antiparallèles. **3** Se dit des deux chaînes de l'acide désoxyribonucléique qui sont de polarité opposée.

antiparasite adj. – 1928 ▪ Qui s'oppose à la production et la propagation de parasites radiophoniques.

antiparlementaire adj. et n. – XIXe ▪ Hostile au parlementarisme, au parlement.

antiparlementarisme n. m. – déb. XXe ▪ Opposition au régime parlementaire.

antiparticule n. f. – 1956 ▪ Particule de même masse, même durée de vie, même spin que la particule fondamentale à laquelle elle est associée, et n'en différant que par sa charge électrique (ou l'une des trois composantes de son spin isotopique). ⇒ **antineutrino, antineutron, antiproton.**

antipathie n. f. – XVIe ; ① *anti-* et *-pathie* ▪ Aversion instinctive, irraisonnée pour qqn. ⇒ **répugnance.** « *C'est du choc des caractères et non de la lutte des idées que naissent les antipathies* » (Balz.). ✪ CONTR. Sympathie.

antipathique adj. – XVIe ▪ Qui inspire de l'antipathie. ⇒ **déplaisant.** « *Cet "ennemi" ne lui est nullement antipathique* » (Gide). ✪ CONTR. Sympathique.

antipatriotique adj. – XVIIIe ▪ Contraire aux intérêts de la patrie.

antipelliculaire adj. – XIXe ▪ Destiné à lutter contre les pellicules du cuir chevelu.

antipéristaltique adj. – XVIIe ▪ Se dit de contractions de l'œsophage et de l'intestin qui peuvent faire remonter les aliments. ✪ CONTR. Péristaltique.

antipersonnel adj. inv. – v. 1950 ▪ Se dit des armes et engins employés contre les hommes, et non contre le matériel.

antiphlogistique adj. et n. m. – XVIIIe ▪ vieilli Qui combat les inflammations. ⇒ **anti-inflammatoire.**

antiphonaire n. m. – XIIe ; gr. *antiphôna* « antienne » ▪ Recueil de chants liturgiques.

antiphrase n. f. – XIVe ; gr. ▪ Manière d'employer un mot, une locution dans un sens contraire du sens véritable, par ironie ou euphémisme (ex. un joli monsieur : « un sale type »).

antipode n. m. – XIVe ; de ① *anti-* et gr. *pous* « pied » **1** Lieu de la terre diamétralement opposé à un autre. *La Nouvelle-Zélande est aux antipodes de la France.* ➛ *Il part aux antipodes*, très loin. **2** fig. *Être aux antipodes de* : être à l'opposé de. *Être aux antipodes de la vérité.*

antipodisme n. m. – 1935 ▪ Exercice acrobatique exécuté avec les pieds en étant couché sur le dos.

antipoison adj. inv. – v. 1970 ▪ *Centre antipoison* : centre médical spécialisé dans la prévention et la thérapeutique des intoxications (toxiques d'origine animale, végétale, minérale, médicamenteuse).

antipoliomyélitique adj. – 1924 ▪ Qui combat la poliomyélite.

antipollution adj. inv. – v. 1970 ▪ Propre à combattre la pollution.

antiprotectionniste adj. et n. – XIXe ▪ rare Opposé au protectionnisme. ⇒ **libéral.**

antiproton n. m. – 1956 ▪ Antiparticule du proton.

antiprurigineux, euse adj. et n. m. – 1970 ▪ Qui combat les démangeaisons, le prurit.

antipsychiatre [ɑ̃tipsikjatʀ] n. – 1971 ▪ Psychiatre partisan de l'antipsychiatrie.

antipsychiatrie [ɑ̃tipsikjatʀi] n. f. – 1967 ▪ Ensemble des théories [illegible] les signes cliniques de la maladie mentale à une vaste symptomatologie sociale ; pratique thérapeutique conforme à ces théories.

antipsychotique [ɑ̃tipsikɔtik] adj. et n. m. – 1957 ▪ Destiné à traiter les états psychotiques.

antipyrétique adj. et n. m. – XVIIIe ; de ① *anti-* et gr. *puretos* « fièvre » ▪ Qui combat la fièvre. ⇒ **fébrifuge.**

❑ Même famille que *pyromane.*

antipyrine n. f. – XIXe ; all. ▪ Médicament à noyau benzénique, antipyrétique et analgésique.

antiquaille n. f. – XVIe ▪ Objet ancien sans valeur. ⇒ **vieillerie.**

antiquaire n. – XVIe ▪ Marchand, marchande d'objets d'art, d'ameublement et de décoration anciens.

antique adj. et n. – XIIIe ; lat. *antiquus* « très ancien » **I** adj. **1** Qui appartient à une époque reculée, à un lointain passé. « *Je viens, selon l'usage antique et solennel* » (Rac.). **2** Très vieux. ⇒ **usé, vétuste.** « *Une Bible en images, très antique, toute dépenaillée* » (France). ➛ Qui n'est plus à la mode. ⇒ **démodé, suranné.** ➛ loc. adv. *À L'ANTIQUE :* comme dans l'Antiquité. *Drapé à l'antique.* **3** Qui appartient à l'Antiquité. *La Grèce antique.* **II** n. **1** n. m. L'art, les œuvres d'art antiques. **2** n. m. ou f. Œuvre d'art antique. *Cabinet des antiques.* ✪ CONTR. Moderne.

antiquité n. f. – XIe **1** vieilli Caractère de ce qui est très ancien. ⇒ **ancienneté. 2** Temps très ancien, très reculé. ➛ loc. *De toute antiquité :* de tout temps. « *Le cens avait de toute antiquité appartenu au roi* » (Montesq.). **3** Les plus anciennes civilisations. *L'antiquité égyptienne.* ➛ *L'Antiquité :* la civilisation gréco-romaine. **4** plur. Monuments, œuvres d'art qui restent de l'Antiquité. ♦ Objets d'art, meubles anciens. *Magasin d'antiquités.* ⇒ **antiquaire. 5** fam. et iron. Objet démodé, qui n'a plus d'usage. ⇒ **antiquaille, vieillerie.** ✪ CONTR. Nouveauté.

antirabique adj. – XIXe ▪ Qui agit contre la rage ou la prévient.

❑ Le *b* vient du latin *rabia* « rage ».

antiracisme n. m. – 1958 ▪ Opposition au racisme.

antiraciste adj. et n. – 1938 ▪ Opposé au racisme. *Manifestation antiraciste.*

antiradar n. m. et adj. – mil. XXe ▪ Qui sert à empêcher la détection par radar.

antiradiation adj. – v. 1960 ▪ Qui protège de certains types de radiations.

antireflet adj. – v. 1960 ▪ Se dit d'un revêtement qui diminue les reflets. ➛ *Des lunettes antireflets.*

antiréflexif, ive adj. – XXe ▪ *Relation antiréflexive :* relation binaire dans un ensemble E, telle qu'aucun élément de E n'est en relation avec lui-même.

antiréglementaire adj. – XIXe ▪ Contraire au règlement. « *comprenant ce que son attitude avait d'antiréglementaire il changea de ton* » (Daud.).

antirejet adj. inv. – XXe ▪ Qui s'oppose au rejet d'une greffe. *Médicaments antirejet.*

antireligieux, ieuse adj. – XVIIIe ▪ Opposé à la religion.

antirides ou **antiride** adj. – 1917 ▪ Qui prévient ou combat les rides. *Crème antirides.*

antirouille adj. inv. et n. m. – XIXe ▪ Qui protège contre la rouille, ôte les taches de rouille (⇒ **anticorrosion).** *Peinture antirouille pour le métal.*

antiroulis adj. – 1989 ▪ Qui tend à diminuer l'amplitude ou à s'opposer à l'apparition du roulis.

antisatellite [ɑ̃tisatelit] adj. – v. 1980 ▪ Propre à neutraliser les satellites ennemis.

❑ Pour le *s* non redoublé → ① anti- (rem.).

antiscientifique adj. – XIXe ▪ Contraire à l'esprit scientifique.

antiscorbutique adj. – XVIIe ▪ Propre à combattre ou à guérir le scorbut.

antiségrégationniste [ɑ̃tisegʀegasjɔnist] adj. – mil. XXe ▪ Qui s'oppose à la ségrégation raciale.

antisémite [ɑ̃tisemit] n. et adj. – XIXe ▪ Raciste animé par l'antisémitisme. ➛ « *Démagogie antisémite et nationaliste* » (Jaurès).

antisémitisme [ɑ̃tisemitism] n. m. – XIXe ▪ Racisme dirigé contre les Juifs. « *un antisémitisme bourgeois et latent* » (Proust).

❑ Pour la formation → sémitisme (rem.)

antisepsie [ɑ̃tisɛpsi] n. f. – XIXe ▪ Ensemble des méthodes destinées à prévenir ou combattre l'infection en détruisant des microbes.

antiseptique [ɑ̃tisɛptik] adj. et n. m. – XVIIIe ▪ Qui empêche l'infection en détruisant les microbes. ⇒ **désinfectant.** ✪ CONTR. Septique.

antisérum [ɑ̃tiseʀɔm] n. m. – 1960 ▪ Sérum d'un animal immunisé par injection d'un antigène, contenant l'anticorps correspondant.

antisida [ɑ̃tisida] adj. inv. – 1985 ▪ Destiné à combattre le sida ; relatif à la lutte contre le sida.

antisismique [ɑ̃tisismik] adj. – 1979 ▪ Conçu pour résister aux séismes. ⇒ **parasismique.**

antisocial, iale, iaux [ɑ̃tisɔsjal, jo] adj. – XVIIIe ▪ Contraire à la société, à l'ordre social. ♦ Qui n'est pas social, va contre les intérêts des travailleurs. ♦ Qui transgresse les règles de la vie en société et la morale sociale. ⇒ **asocial.**

❑ Pour le *s* non redoublé → ① anti- (rem.).

anti-sous-marin, ine adj. – 1948 ▪ Qui sert à combattre les sous-marins.

antispasmodique adj. et n. m. – XVIIIe ▪ Qui combat les spasmes, les convulsions.

antisportif, ive adj. – XIXe ▪ Contraire à l'esprit du sport.

antistatique adj. et n. m. – 1969 ▪ Qui empêche ou limite le développement de l'électricité statique. *Une moquette antistatique.*

antistrophe n. f. – XVIe ; gr. ▪ Seconde stance du chœur lyrique antique.

antisudoral, ale, aux [ɑ̃tisydɔʀal, o] adj. et n. m. – XIXe ▪ Qui diminue la transpiration.

antisymétrique [ɑ̃tisimetʀik] adj. – 1947 ▪ Se dit d'une relation binaire entre des éléments d'un ensemble telle que si elle se vérifie pour (a, b) et (b, a), les éléments du couple sont identiques.

antitabac [ɑ̃titaba] adj. inv. – v. 1960 ▪ Qui lutte contre l'usage du tabac.

antiterroriste adj. – XVIIIe ▪ Qui lutte contre le terrorisme, est relatif à cette lutte. *Mesures antiterroristes.*

antitétanique adj. – XIXe ▪ Qui agit contre ou qui prévient le tétanos.

antithèse n. f. – XVIe ; gr. **1** Opposition de deux pensées, de deux expressions que l'on rapproche dans le discours pour en faire mieux ressortir le contraste. ♦ Chez Kant, Proposition radicalement opposée à la thèse et constituant avec elle une antinomie ; dans la dialectique hégélienne, Seconde démarche de

…prit, niant ce qu'il avait affirmé dans la thèse. …se, *antithèse et synthèse.* 2 Chose ou personne …ièrement opposée à une autre ; contraste entre …ux aspects. ⇒ **contraire, inverse.** ✪ CONTR. Thèse.

…ntithétique adj. – XVIIe ▪ Qui emploie l'antithèse, …orme antithèse. ♦ Opposé, contraire. *Des idées antithétiques.*

antithyroïdien, ienne adj. et n. m. – 1904 ▪ Qui diminue la sécrétion de l'hormone thyroïdienne ; qui combat l'hyperthyroïdie.

antitoxine n. f. – XIXe ▪ Anticorps élaboré par l'organisme qui réagit contre les toxines.

antitoxique adj. – XIXe ▪ Qui agit contre une toxine.

antitrust [ɑ̃titʀœst] adj. – mil. XXe ; angl. *Anti-Trust Act* ▪ Qui s'oppose à la constitution, l'action des trusts.

antitrypsine n. f. – 1903 ▪ Protéine plasmatique synthétisée dans le foie.

antituberculeux, euse adj. – XIXe ▪ Propre à combattre la tuberculose. *Vaccin antituberculeux.* ⇒ **B.C.G.**

antitussif, ive adj. et n. m. – 1970 ; de ① *anti-* et lat. *tussis* « toux » ▪ Qui combat, calme la toux.

antivariolique adj. – XIXe ▪ Qui prévient ou combat la variole.

antivenimeux, euse adj. – XIXe ▪ Propre à combattre l'action des venins.

> ❑ *Antivénéneux* existe pour les poisons végétaux (champignons, etc.). → antipoison.

antiviral, ale, aux adj. – v. 1950 ▪ Se dit d'une substance active contre les virus. ⇒ **virocide.**

antivol n. m. et adj. inv. – 1932 ▪ Dispositif destiné à empêcher le vol des véhicules. *Il plaça « l'antivol sur la jante de la roue avant »* (Le Clézio). ➛ adj. inv. Qui garantit contre le vol. *Des bips antivol.*

antonomase n. f. – XVIIe ; gr. ▪ Figure de style qui consiste à désigner un personnage par un nom commun ou une périphrase qui le caractérise, ou, inversement, à désigner un individu par le personnage dont il rappelle le caractère typique (ex. un harpagon : « un avare »).

antonyme n. m. – XIXe ▪ Mot, syntagme, qui, par le sens, exprime le contraire d'un autre. ⇒ **contraire.** *« Large » et « étroit » sont des antonymes.* ✪ CONTR. Synonyme.

> ❑ Pour la formation du mot → -onyme, onomatopée (rem.). ♦ Ne pas confondre *antonyme* et *autonyme* « mot dont on parle ».

antonymie n. f. – XIXe ; ① *ant(i)-* et *-onymie* ▪ Opposition de sens entre antonymes.

antre n. m. – XVe ; lat. *antrum* « creux » 1 littér. Caverne, grotte. *L'antre d'une bête fauve.* ♦ Lieu où l'on aime se retirer. *Se réfugier dans son antre.* 2 Cavité organique. *Antre mastoïdien.* ✪ HOM. Entre.

anurie n. f. – XIXe ; ② *a-* et *-urie* ▪ Absence d'urine dans la vessie.

anus [anys] n. m. – XIVe ; mot lat. ▪ Orifice du rectum. ⇒ **fondement ; proct(o)- ;** fam. **trou** (de balle, du cul). ♦ *Anus artificiel :* orifice pratiqué sur l'intestin et abouché à la peau de l'abdomen.

anxiété n. f. – XIIe ; lat. ▪ Trouble psychique violent causé par le sentiment de l'imminence d'un danger intérieur. ⇒ **angoisse, raptus.** ♦ État d'inquiétude extrême causé par l'appréhension d'un événement. *« il connut une minute d'atroce anxiété »* (Mart. du G.). ✪ CONTR. ① Calme, confiance, sérénité.

anxieusement adv. – XIXe ▪ Avec anxiété.

anxieux, ieuse adj. et n. – XIVe ; lat. *anxius* 1 Qui s'accompagne d'anxiété, marque de l'anxiété. *Regard anxieux.* 2 Qui éprouve de l'anxiété. ⇒ **angoissé, inquiet, tourmenté ;** fam. **bileux.** *« ému, agité, anxieux »* (Maupass.). ➛ n. *« tous les agités, tous les anxieux, tous les cinglés qui composent le plus clair de notre société »* (Duham.). ➛ Impatient. *« anxieux et désireux d'acquérir certaines qualités »* (Gide). ✪ CONTR. ② Calme, confiant, serein.

anxiogène adj. – 1968 ▪ Qui suscite l'anxiété.

anxiolytique adj. et n. m. – 1970 ▪ Propre à combattre l'anxiété. ⇒ **tranquillisant.**

aoriste n. m. – XVIe ; gr. *aoristos* « indéfini » ▪ Temps de la conjugaison grecque à valeur de passé.

> ❑ Beaucoup d'emprunts au grec viennent d'une forme de l'aoriste.

aorte n. f. – XVIe ; gr. ▪ Artère qui prend naissance à la base du ventricule gauche du cœur, tronc d'origine de tout le système artériel. *« Il avait longtemps souffert d'un rétrécissement de l'aorte »* (Camus).

aortite n. f. – XIXe ▪ Inflammation de l'aorte.

août [u(t)] n. m. – XIIe ; lat. *augustus* « mois d'Auguste » ▪ Le huitième mois de l'année. *Prendre ses vacances en août.* *« Une pluie chaude noircissait ce matin d'août »* (Colette). ➛ *Le 15 août.* ⇒ **assomption.** ✪ HOM. Hou, houe, houx, ou, où.

aoûtat [auta] n. m. – XIXe ▪ Larve d'un acarien (⇒ **trombidion**) provoquant des lésions très prurigineuses à la fin de l'été.

aoûtement [autmɑ̃] n. m. – XIXe ▪ Lignification des jeunes rameaux vers la fin de l'été.

aoûtien, ienne [ausjɛ̃, jɛn] n. – v. 1965 1 Vacancier du mois d'août. 2 Personne qui reste dans une grande ville, en août.

apache adj. et n. – XVIIIe ; d'une langue indienne 1 Relatif aux Indiens Apaches qui vivaient au sud des États-Unis. *Tribu apache.* ➛ subst. *Les Apaches.* 2 n. m. vieilli Malfaiteur, voyou de grande ville. ⇒ **malfrat.**

apaisant, ante adj. – XIXe ▪ Qui apporte l'apaisement, le calme. ⇒ **rassurant.** *Paroles apaisantes.* ✪ CONTR. Agressif, provocant.

apaisement n. m. – XIIe ▪ Fait d'être apaisé ; retour à la paix, au calme. ⇒ **rémission.** *« l'apaisement de mes souffrances et de ma jalousie »* (Proust). ➛ *Une politique d'apaisement,* qui cherche à mettre fin à une tension. ♦ Parole, argument qui rassure. *Il lui a donné des apaisements sur ce point.* ✪ CONTR. Agression, provocation.

apaiser v. tr. [1] – XIIe ; de *paix* 1 Amener à des dispositions plus paisibles, plus favorables. ⇒ **calmer ; amadouer.** *« des maîtres cruels, que l'on apaisait avec des supplications »* (Flaub.). *Apaiser les esprits.* ➛ *Un visage apaisé.* ⇒ **paisible.** 2 Rendre (un trouble moral) moins violent. ⇒ **adoucir.** *Apaiser les craintes, les soupçons de qqn.* 3 Faire cesser (un besoin physique). *Apaiser sa faim, sa soif.* 4 pronom. Devenir calme. *Sa douleur s'apaise.* ➛ *La mer s'est apaisée.* ✪ CONTR. Agacer, énerver, exciter ; allumer, déchaîner, envenimer, raviver.

apanage n. m. – XIIIe ; lat. *panis* « pain » 1 Portion du domaine royal accordée aux cadets de la Maison de France. 2 Ce qui est le propre de qqn ou de qqch. ⇒ **exclusivité, lot.** *« Le fanatisme et les contradictions sont l'apanage de la nature humaine »* (Volt.).

aparté n. m. – XVIIe ; it. *a parte* « à part, à l'écart » 1 Mot ou parole que l'acteur dit à part soi (et que le spectateur seul est censé entendre). 2 Propos échangés à l'écart, dans une réunion. *Faire des apartés.* ➛ *S'entretenir en aparté avec qqn.*

apartheid [apaʀtɛd] n. m. – 1954 ; mot afrikaans « séparation » ▪ Ségrégation des populations de races différentes, pratiquée officiellement en Afrique du Sud jusqu'en 1990.

apathie n. f. – XIVe ; de ② -a et gr. *pathos* « passion » ▪ Incapacité d'être ému ou de réagir. ⇒ **indolence, inertie, paresse, passivité, résignation.** *Retomber dans l'apathie.* ♦ Affaiblissement de l'initiative et de l'activité, lié à une profonde indifférence affective. *Apathie liée à un état dépressif.* ✪ CONTR. Sensibilité ; activité, énergie, enthousiasme.

> ❑ Même famille étym. que *antipathie* et *sympathie.*

apathique adj. et n. – XVIIe ▪ Caractérisé par l'apathie ; sans ressort, sans activité. ⇒ **amorphe, indifférent, indolent, inerte,** ① **mou.** « *elle abuse des tranquillisants, c'est ce qui lui donne cet air apathique* » (Beauv.). ✪ CONTR. Actif, dynamique, énergique, vif.

apatite n. f. – XIXe ; gr. *apatân* « tromper » ▪ Phosphate de calcium en cristaux ou agrégats, présent dans certaines roches éruptives.

> ❑ Ce minéral a l'aspect trompeur d'une pierre précieuse.

apatride adj. et n. – v. 1920 ; de ② *a-* et gr. *patris* « patrie » ▪ Qui est dépourvu de nationalité légale, qu'aucun État ne considère comme son ressortissant.

apax → **hapax**

aperception n. f. – XVIIIe ; de *apercevoir* ▪ Prise de conscience réfléchie de l'objet de la perception. ⇒ **appréhension.**

> ❑ Attention de ne pas confondre à l'oral *l'aperception* et *la perception.*

apercevoir v. [28] – XIe **I** v. tr. **1** Distinguer par la vue, après un effort d'attention, et plus ou moins nettement. ⇒ **discerner, entrevoir, repérer.** « *On aperçoit des sentiers qui serpentent au milieu des précipices* » (Chateaub.). ♦ Voir, en un acte de vision généralement bref. ⇒ **découvrir, remarquer.** *On l'a aperçu qui traversait la rue.* **2** Avoir conscience, se rendre compte de. ⇒ **comprendre, constater, deviner, sentir, voir.** « *Pascal voit la faiblesse des hommes, mais, derrière elle,* [...] *il aperçoit leur incurable blessure* » (Faguet). **II** v. pron. **1** Prendre conscience, se rendre compte (de, que). ⇒ **constater, remarquer.** *Il s'aperçut qu'il s'était trompé.* « *Elle était joyeuse, au contraire, sans s'apercevoir de l'abîme où elle se précipitait* » (Flaub.). **2** Apercevoir son image. *Elle s'est aperçue dans la vitre.* ➛ Se voir mutuellement. *Ils se sont aperçus dans la rue.* ✪ CONTR. Perdre (de vue).

aperçu n. m. – XVIIIe ▪ Examen rapide, exposé sommaire sur une question. ⇒ **estimation, vue.** *Donner un simple aperçu de la situation.*

apériodique adj. – XIXe **1** Qui tend sans oscillation vers un régime stable. **2** Dépourvu de période. *Fonction apériodique.* ⇒ **acyclique.**

apériteur, trice n. et adj. – XIXe ; lat. *aper(i)tor* « celui qui inaugure » ▪ Premier assureur, qui établit et gère le contrat dans le cas d'une coassurance. ➛ *Société apéritrice.*

apéritif, ive adj. et n. m. – XIVe ; lat. *aperire* « ouvrir » **1** littér. Qui ouvre, stimule l'appétit. *Promenade apéritive.* **2** n. m. Boisson à base de vin ou d'alcool que l'on prend avant le repas. ⇒ pop. **apéro.** *Verre à apéritif.* « *Un apéritif, ça ne se refuse pas* » (Aragon). ➛ *Apéritifs sans alcool.* ♦ Moment où l'on prend l'apéritif.

apéro n. m. – 1901 ; abrév. de *apéritif* ▪ pop. Apéritif. *Prendre l'apéro.*

aperture n. f. – XVIe ; lat. *aperire* « ouvrir » ▪ Écartement des organes au point d'articulation d'un phonème pendant la tenue.

> ❑ *Aperture* est un doublet savant de *ouverture.* → ou[...] ture (étym.).

apesanteur n. f. – v. 1960 ▪ Absence de pesanteur d[...] à l'annulation ou à un extrême affaiblissement d[...] champ de gravitation. ⇒ aussi **microgravité.** *En éta[...] d'apesanteur.*

apétale adj. et n. f. – XVIIIe ▪ Qui n'a pas de pétales. ➛ n. f. pl. Ancienne sous-classe des dicotylédones.

à-peu-près n. m. inv. – XVIIe **1** Approximation grossière. **2** Chose imprécise, imparfaite. « *on patauge dans l'à-peu-près* » (Gide).

> ❑ *Un à-peu-près,* avec traits d'union. La locution *à peu près* n'en prend pas : *il est à peu près vide.*

apeuré, ée adj. – XIXe ▪ En proie à la peur. ⇒ **effarouché.** « *Apeuré déjà par ce soupçon qui pesait sur lui* » (Maupass.).

apeurer v. tr. [1] – XIXe ; de *peur* ▪ littér. Effrayer. « *Quand il les aurait bien apeurés* » (Sand).

apex [apɛks] n. m. – XVIIIe ; mot lat. « *pointe* » **1** Partie sommitale d'un organe. *L'apex de la langue.* ♦ Sommet de l'enroulement hélicoïdal de la coquille des gastéropodes. **2** Dans les inscriptions latines, Sorte d'accent aigu marquant la quantité longue d'une voyelle. **3** Point du ciel vers lequel semble se diriger le Soleil.

aphasie n. f. – XIXe ; gr. « incapacité de parler » ▪ Trouble de l'expression et/ou de la compréhension du langage oral ou écrit, dû à une lésion cérébrale localisée. « *Il avait parfois* [...] *de l'aphasie ; les mots lui échappaient* » (Maurois).

aphasique adj. et n. – XIXe ▪ Relatif à l'aphasie. *Troubles aphasiques.* ♦ Atteint d'aphasie. *Un vieillard aphasique.*

aphélie n. m. – XVIIe ; gr. *hêlios* « Soleil » ▪ Apoastre d'une planète dans son mouvement autour du Soleil (opposé à *périhélie*).

aphérèse n. f. – XVIe ; gr. *hairein* « prendre » ▪ Chute d'un phonème ou d'un groupe de phonèmes au début d'un mot (opposé à *apocope*). ⇒ **troncation.** « *Car* » *pour* « *autocar* » *se dit par aphérèse.*

aphidés n. m. pl. – XIXe ; lat. *aphis* ▪ Famille d'insectes piqueurs *(hétéroptères).* ✪ HOM. Affidé.

aphone adj. – XIXe ; ② *a-* et *-phone* ▪ Qui n'a plus de voix. *Un homme* « *presque aphone et qui pourtant faisait de son mieux pour chanter* » (Gide).

> ❑ On est *aphone* pour des raisons physiologiques et non cérébrales (à la différence de l'*aphasique*).

aphonie n. f. – XVIIe ▪ Perte plus ou moins complète de la voix. ⇒ **extinction** (de voix).

aphorisme n. m. – XIIIe ; gr. *aphorismos* « définition » ▪ Formule concise résumant une théorie, une série d'observations ou renfermant un précepte. ⇒ ① **adage, formule, maxime, sentence.** *Les aphorismes d'Hippocrate.*

aphrodisiaque adj. et n. m. – XVIIIe ; gr. *Aphroditê* « Aphrodite » **1** Propre (ou supposé tel) à exciter le désir sexuel. *Les vertus aphrodisiaques de la cantharide.* ➛ n. m. *Un aphrodisiaque.* **2** En l'honneur d'Aphrodite. *Le culte aphrodisiaque.*

> ❑ *Aphrodite,* nom de la déesse de l'amour (*Vénus* dans la mythologie latine → vénérien).

[aphte] n. m. - XVIe ; gr. ■ Petite ulcération sur la [mu]queuse de la bouche, du pharynx ou des parties [gén]itales.

> *Un aphte,* n. m. Un seul autre mot ainsi terminé, *[é]aphte,* est du féminin.

aphteux, euse adj. - XVIIIe ■ Caractérisé par la présence d'aphtes. ➝ *Fièvre aphteuse :* maladie éruptive, due à un virus, atteignant surtout les bovidés.

aphylle adj. - XIXe ; ② *a-* et *-phylle* ■ Dont la tige est dépourvue de feuilles.

api (d') loc. adj. - XVIe ; lat. *appiana (mala)* « pommes d'Appius » ■ *Pomme d'api :* pomme d'un rouge très vif sur un seul côté.

> ❑ *Un api, des apis,* n. m., est rare.

A. P. I. ■ Sigle de *Association Phonétique* Internationale.*

> ❑ On croit généralement que le *A.* signifie « alphabet ».

à-pic n. m. - XIXe ■ Dénivellation naturelle importante du sol, présentant une paroi verticale. ⇒ **abrupt.** « *le paysage était fermé, à droite et à gauche, par deux à-pics de roches* » (Pagnol).

> ❑ *Un à-pic,* le nom s'écrit avec un trait d'union. La locution *à pic* n'en prend pas : *couler à pic, falaise à pic.*

apical, ale, aux adj. et n. f. - XIX[e] ; lat. *apex* « sommet » 1 Relatif à l'apex. 2 Dont l'articulation est caractérisée par l'application de la pointe de la langue contre les dents, ou les alvéoles, ou la voûte du palais. *R apical.* ⇒ **roulé.** ➝ n. f. Consonne apicale (ex. [t], [d]).

apicole adj. - XIX[e] ■ Qui a rapport à l'apiculture.

apiculteur, trice n. - XIX[e] ■ Personne qui élève des abeilles.

apiculture n. f. - XIX[e] ; lat. *apis* « abeille » ■ Technique de l'élevage des abeilles pour leur production de miel et de cire.

> ❑ Dans quelques mots en *-culture,* il s'agit d'élevage d'animaux (*ostréiculture,* etc.). → ① culture (rem.).

apiol n. m. - XIXe ; lat. *apium* « persil » ■ Principe actif, extrait des graines de persil, employé comme emménagogue et fébrifuge.

apion n. m. - XIXe ; mot gr. « poire » ■ Petit charançon *(coléoptères).*

apiquer v. tr. [1] - XVIIe ■ Agir sur (un espar) de manière qu'il soit à pic, ou qu'il se rapproche de la verticale.

apitoiement n. m. - XVIIIe ■ Fait de s'apitoyer. ⇒ **compassion, pitié.** ✪ CONTR. Indifférence.

apitoyer v. tr. [8] - XIIIe ; de *pitié* ■ Toucher (qqn) de pitié. ⇒ **attendrir, émouvoir.** ➝ *Des consolations apitoyées.* ➝ v. pron. Être touché de pitié. ⇒ **compatir.** *S'apitoyer sur le sort de qqn.*

aplanétique adj. - XIXe ; gr. *aplanêtos* « qui ne dévie pas » ■ Qui ne présente pas d'aberration géométrique. *Système optique aplanétique.*

aplanir v. tr. [2] - XIe 1 Rendre plan ou uni. ⇒ **égaliser, niveler.** *Aplanir un terrain.* 2 Lever (une difficulté). « *La Providence qui sait toujours aplanir les voies au génie* » (Balz.). ➝ pronom. *Les obstacles se sont aplanis.* ✪ CONTR. Compliquer, soulever.

> ❑ Distinguer *aplanir* « niveler, égaliser (une surface) » et *aplatir* « donner une forme plate à (un objet) ».

aplasie n. f. - XIXe ; de ② *a-* et gr. *plasis* « façon, modelage » ■ Arrêt ou insuffisance du développement d'un tissu ou d'un organe (opposé à *hyperplasie*).

aplat n. m. - XIXe ■ Teinte plate appliquée de façon uniforme.

aplati, ie adj. - XVIIe 1 Dont la courbure ou la saillie est moins accentuée que dans l'état premier ou habituel. *La sphère terrestre est aplatie aux pôles.* 2 Étendu en largeur de façon caractéristique. *Ellipsoïde aplati* (opposé à *allongé*).

aplatir v. tr. [2] - XIVe 1 Rendre (qqch.) plat ou plus plat. ⇒ **écraser.** *Aplatir au laminoir. Aplatir une couture au fer à repasser.* ➝ Réduire le volume de. *Aplatir ses cheveux.* ➝ *Aplatir (le ballon) :* au rugby, poser ou plaquer le ballon dans l'en-but de l'adversaire. 2 v. pron. Se faire aussi plat que possible. *S'aplatir pour passer sous les barbelés.* ♦ *S'aplatir devant qqn,* ramper, s'humilier. ✪ CONTR. Gonfler, redresser.

aplatissage n. m. - XIXe ■ Action d'aplatir (des feuilles métalliques, des grains). ⇒ **compression, laminage.**

aplatissement n. m. - XIVe ■ Action d'aplatir ; état de ce qui est aplati. *L'aplatissement de la Terre.* ♦ Écrasement ; abaissement, platitude.

aplatisseur n. m. - XIXe ■ Machine servant à écraser les grains pour l'alimentation animale.

aplomb [aplɔ̃] n. m. - XVIe 1 Verticalité indiquée par le fil à plomb ; équilibre (d'un corps) en position verticale. ♦ État d'équilibre du corps reposant sur les membres. *Les aplombs du cheval,* la direction de ses membres par rapport au sol. 2 Assurance qui va jusqu'à l'audace effrontée. « *Il avait un sacré aplomb, un toupet du tonnerre* » (Zola). ⇒ **culot, impudence, toupet.** *Quel aplomb !* 3 loc. adv. *D'APLOMB :* suivant la verticale. ➝ En équilibre stable. ♦ En bon état physique et moral. « *Ce mois de solitude me remit d'aplomb* » (Gide). ✪ CONTR. Obliquité. Déséquilibre. Timidité.

> ❑ *Aplomb* résulte de la soudure de la locution *à plomb.*

apnée n. f. - XVIIe ; gr. *apnoia* « absence de vent, de souffle » ■ Suspension de la respiration. *Plonger en apnée,* en retenant l'air inspiré, sans matériel de plongée.

> ❑ Même famille étym. que *pneumatique, pneumonie.*

apoastre n. m. - 1962 ; gr. *apo-* « loin de » et *astre* ■ Position (d'un satellite, d'une planète) lorsqu'il (elle) est, sur son orbite, à la distance maximale de l'astre autour duquel il (elle) gravite (opposé à *périastre*). ⇒ **aphélie, apogée.**

apocalypse n. f. - XIIe ; gr. *apokaluptein* « découvrir, révéler » 1 *L'Apocalypse :* dernier livre du Nouveau Testament. *Les quatre cavaliers de l'Apocalypse.* ♦ Ouvrage d'eschatologie. *Les apocalypses juives.* 2 Fin du monde. *Une vision d'apocalypse.*

> ❑ *L'Apocalypse,* avec majuscule, lorsqu'il s'agit du titre du livre.

apocalyptique adj. - XVIe 1 Relatif, propre à l'Apocalypse, à une apocalypse. ⇒ **prophétique.** 2 Qui évoque la fin du monde, de terribles catastrophes. *Un paysage apocalyptique.* ⇒ **dantesque.**

apocope n. f. - XVIe ; gr. *apokoptein* « couper » ■ Chute d'un phonème, d'une ou plusieurs syllabes à la fin d'un mot (opposé à *aphérèse*). ⇒ **troncation.** *On dit « photo » pour « photographie » par apocope.*

apocryphe adj. et n. m. - XIIIe ; gr. 1 Que l'Église n'admet pas dans le canon biblique. *Évangiles apocryphes.* 2 Dont l'authenticité est douteuse. ⇒ **controuvé,** ① **faux, inauthentique.** « *des mémoires apocryphes fabriqués* *de son vivant* » (Ste-Beuve). ✪ CONTR. Authentique, canonique. Reconnu.

apode adj. et n. m. – XVIe ; ② *a-* et *-pode* ▪ sc. Dépourvu de pieds, de pattes, de nageoires. ➛ n. m. pl. Ordre d'amphibiens des régions tropicales.

apodictique adj. – XVIe ; gr. ▪ philos. Qui a une évidence absolue. ⇒ **nécessaire.**

apogamie n. f. – XIXe ; gr. *apo-* marquant l'éloignement et *-gamie* ▪ Développement d'un individu à partir d'une seule cellule diploïde.

apogée n. m. – XVIe ; gr. *apogaion* « point éloigné de la Terre » 1 Apoastre du mouvement réel de la Lune et du mouvement apparent du Soleil autour de la Terre (opposé à *périgée*). 2 Le plus haut degré. ⇒ **apothéose,** ① **comble, faîte, maximum, pinacle, sommet, summum, zénith.** « *le zénith de la vertu, le solstice de l'honneur et l'apogée de la gloire* » (Guez de Balz.).

❑ *Un apogée,* n. m. Il ne s'agit pas du suffixe féminin *-ée* mais du radical *géo-, -gée* « terre ». → endogé, hypogée, périgée. ♦ Ne pas confondre avec *apothéose* « moment de triomphe officiel ».

apolitique adj. et n. – 1926 ▪ Qui n'affiche aucune opinion politique. ✪ CONTR. Politisé.

apolitisme n. m. – 1933 ▪ Caractère, attitude apolitique.

apollinien, ienne adj. – XIXe ▪ Selon Nietzsche, Propre à Apollon, c'est-à-dire mesuré, équilibré, maître de soi (opposé à *dionysiaque*).

apollon n. m. – XVIIIe ; lat. *Apollo* 1 Papillon d'Europe et d'Asie. ⇒ **parnassien.** 2 fam. Homme d'une grande beauté de visage et de corps. ⇒ **adonis, éphèbe.**

apologétique adj. et n. – XVe 1 Qui contient une apologie, a un caractère d'apologie. 2 n. m. Apologie de la religion chrétienne. *L'Apologétique de Tertullien.* ♦ n. f. Discipline ayant pour but de défendre la religion contre les attaques dont elle est l'objet. ✪ CONTR. ② Critique.

apologie n. f. – XVe ; gr. 1 Discours oral ou écrit visant à défendre, à justifier une personne, une doctrine. ⇒ ① **défense, plaidoyer.** *Faire une apologie de la contraception.* 2 Éloge. ⇒ **dithyrambe, louange, panégyrique.** ✪ CONTR. Attaque, condamnation.

❑ L'emploi de *apologie* dans le sens d'« éloge » est critiqué, bien que courant. *Panégyrique* est, dans ce sens, le mot juste.

apologiste n. – XVIIe ▪ Auteur, personne qui fait l'apologie de qqn, d'une doctrine, d'un acte. ⇒ **défenseur.** ➛ Défenseur de la religion chrétienne. ✪ CONTR. Censeur, ② critique.

apologue n. m. – XVe ; gr. ▪ Petite fable visant à illustrer une leçon de morale. ⇒ ① **parabole.**

apomorphine n. f. – XIXe ▪ Dérivé de synthèse de la morphine par perte d'une molécule d'eau.

aponévrose n. f. – XVIe ; gr. *aponeurôsis* ▪ Membrane fibreuse qui enveloppe un muscle. ⇒ **fascia.**

apophonie n. f. – XIXe ; gr. *apo-* marquant l'éloignement et *-phonie* ▪ Alternance vocalique (ex. je b*oi*s, nous b*u*vons).

apophtegme n. m. – XVIe ; gr. *phtegma* « bruit, son » ▪ Parole mémorable ayant une valeur de maxime.

apophysaire adj. – XIXe ▪ Qui concerne les apophyses.

apophyse n. f. – XVIe ; gr. *apophusis* → -physe ▪ Éminence à la surface d'un os. ⇒ **protubérance, saillie, tubérosité.** « *Une tête de mort véritable, avec ses trous, ses sutures, ses apophyses* » (Duham.).

apoplectique adj. et n. – XIIIe ; gr. « qui a perdu la raison ; estrc impotent » 1 Relatif, propre à l'apoplexie. 2 Qui annonce une prédisposition à l'apoplexie. « *so visage apoplectique était près d'éclater comme u obus* » (Flaub.).

apoplexie n. f. – XIIIe ▪ Arrêt brusque des fonctions cérébrales, avec perte de la connaissance et du mouvement volontaire. « *il fut frappé d'apoplexie, foudroyé sur les ruines de son entreprise* » (R. Rolland).

❑ Aujourd'hui, on dit plutôt *congestion (cérébrale).*

aporétique adj. – XIXe ; gr. *aporein* « être embarrassé » 1 Qui se heurte à une contradiction. *Un raisonnement aporétique.* 2 Sceptique.

aporie n. f. – XVIIIe ; gr. ▪ Difficulté d'ordre rationnel paraissant sans issue, dans un raisonnement. ⇒ **antinomie, paradoxe.**

aposiopèse n. f. – XVIe ; gr. ▪ Interruption brusque d'une phrase, traduisant une émotion, une hésitation, une menace. ⇒ **réticence.**

apostasie n. f. – XIIIe ; gr. ▪ Abandon de la foi et de la vie chrétiennes. « *coupable d'hérésie, d'apostasie, d'évocation des démons* » (Huysm.). ➛ Renonciation aux vœux. ✪ CONTR. Conversion.

apostasier v. intr. [7] – XVe ▪ Faire acte d'apostasie. ✪ CONTR. Convertir (se).

apostat, ate adj. et n. – XIIIe ; gr. ▪ Qui a apostasié. « *jadis l'apostat repenti* [...] *obtenait la grâce de mourir dans le cirque* » (Balz.).

❑ Le féminin est rare. ♦ On écrit *Julien l'Apostat,* avec un A majuscule.

aposté, ée adj. – XVe ▪ vieilli Placé à un poste pour guetter ou faire un mauvais coup.

a posteriori [apɔsteʀjɔʀi] loc. adv., adj. inv. et n. m. inv. – XVIIe ; loc. lat. « en partant de ce qui vient après » ▪ En partant des données de l'expérience. *Raisonner a posteriori.* ♦ adj. inv. *Notion a posteriori,* acquise grâce à l'expérience. ➛ *Un a posteriori.* ✪ CONTR. A priori.

❑ Aucun accent, tout est latin (*a* signifie « à »). → a priori.

apostille n. f. – XVe ▪ Addition faite en marge d'un écrit, d'une lettre. ⇒ **annotation, note, post-scriptum.**

apostiller v. tr. [1] – XVe ; lat. *postilla* « ensuite » ▪ Mettre une apostille, des apostilles à.

apostolat n. m. – XVIe ; de *apôtre* 1 Ministère d'un apôtre. 2 Prédication, propagation de la foi. « *son goût de l'apostolat, du combat pour ses idées, du prosélytisme* » (Lecomte). ♦ Mission qui requiert de l'énergie et du désintéressement. *L'enseignement devrait être un apostolat.*

apostolique adj. – XIIIe ; de *apôtre* 1 Qui vient des apôtres. *L'Église catholique, apostolique et romaine.* 2 Qui appartient aux apôtres, ou qui est conforme à leur exemple. « *la fermeté d'une vertu vraiment apostolique* » (Balz.). 3 Qui émane ou dépend du Saint-Siège. *Bénédiction apostolique.*

① **apostrophe** n. f. – XVIe ; gr. 1 littér. Figure de rhétorique par laquelle un orateur interpelle tout à coup une personne ou une chose qu'il personnifie. ➛ *Mot en apostrophe. Le pronom « toi » est en apostrophe dans « Toi, regarde-moi ! ».* 2 Interpellation brusque, sans politesse. « *Cette apostrophe me déconcerte et me réduit au silence* » (Dider.).

apostrophe n. f. – XVIe ; gr. ▪ Signe (') qui marque l'élision d'une voyelle (ex. *e* dans *l'amour*).

❑ L'apostrophe tend à disparaître dans l'orthographe des mots composés, au profit du trait d'union ou de la soudure (*grand-rue, entracte* pour *grand'rue, entr'acte*). Ce signe était ambigu étant le même que celui de l'élision grammaticale (ex. *l'air*). → trait d'union.

apostropher v. tr. [1] – XVIIe ▪ Adresser la parole à (qqn) de loin et fort, sans politesse. « *il apostrophe son vainqueur et se répand en reproches* » (Duham.). ➤ pronom. *Ils s'apostrophaient d'une voiture à l'autre.*

apothécie n. f. – XIXe ; du gr. *apothêkê* « dépôt » ▪ Réceptacle élaboré par les champignons ascomycètes.

apothème n. m. – XVIIIe ; gr. *apotithenai* « déposer, abaisser » ▪ Médiatrice d'un côté d'un polygone régulier. ➤ Distance du sommet d'un cône de révolution à un point quelconque du cercle de base.

apothéose n. f. – XVIe ; gr. *theos* « Dieu » **1** Déification des empereurs romains, des héros après leur mort. **2** Honneurs extraordinaires rendus publiquement à qqn. ⇒ **consécration, triomphe.** **3** Le plus haut degré. ⇒ **apogée.** « *La morale de Descartes est l'apothéose de la volonté résistante* » (Faguet). ➤ La partie ultime et la plus brillante d'une manifestation (artistique, sportive, etc.).

apothicaire n. m. – XIIIe ; gr. *apothêkê* « boutique » ▪ vx Pharmacien. ♦ *Compte d'apothicaire*, très long et compliqué.

apôtre n. m. – XIe ; gr. *apostolos* « envoyé » **1** Chacun des douze disciples que Jésus-Christ choisit pour prêcher l'Évangile. *Actes des apôtres* : livre canonique écrit par saint Luc. ➤ Celui qui propage la foi chrétienne. **2** Personne qui propage, défend une doctrine, une opinion. *Se faire l'apôtre d'une idée.* **3** *Faire le bon apôtre* : contrefaire l'homme de bien pour tromper autrui. ➤ « *S'il faut donner son sang, Allez donner le vôtre, Vous êtes bon apôtre Monsieur le Président* » (Vian).

appalachien, ienne adj. – 1952 ▪ Des Appalaches. *Relief appalachien*, caractérisé par des alternances de lignes de crête de hauteur constante et de dépressions allongées, orientées parallèlement.

apparaître v. intr. [57] – XIe ; lat. *apparere* **1** Devenir visible ; se montrer tout à coup aux yeux. ⇒ se **manifester**, se **montrer, paraître,** se **présenter,** se **révéler, surgir, survenir, venir.** « *Et je vis, à travers le crépuscule humide Apparaître la haute et sombre pyramide* » (Hugo). ♦ *L'ange Gabriel apparut à la Vierge* (⇒ **apparition**). **2** Se faire jour, commencer d'exister. *Cette espèce a apparu, est apparue à l'ère tertiaire.* ➤ « *Il apparaît de temps en temps sur la surface de la terre des hommes rares* » (La Bruy.). ➤ Se révéler à l'esprit par une manifestation. ⇒ se **découvrir,** se **dévoiler, jaillir.** « *Les difficultés n'apparaissent qu'à l'exécution* » (Romains). ♦ Se présenter à l'esprit (avec telle ou telle qualité). ⇒ **paraître, sembler.** « *La Révolution semblait grande. Elle apparaît infinie* » (Michelet). ➤ *Ce témoignage fait apparaître sa culpabilité*, la montre. **3** IL APPARAÎT QUE... : il est apparent, clair, évident, manifeste que... ⇒ ① **ressortir.** *Il apparaît, à la lecture des textes, que la loi est pour vous. Il m'est apparu que nous avions raison.* ✪ CONTR. ① Cacher (se), disparaître, éclipser (s'), évanouir (s').

❑ Se conjugue avec l'auxiliaire *avoir* et avec l'auxiliaire *être* (toujours *être* avec le verbe impersonnel).

apparat n. m. – XIIIe ; lat. « préparatif » **1** Éclat pompeux, solennel. « *un homme peu sensible aux recherches de l'apparat* » (J. Verne). *Des vêtements d'apparat.* **2** *Apparat critique* : notes et variantes d'un texte. ✪ CONTR. Simplicité.

apparatchik [apaʀatʃik] n. m. – 1965 ; mot russe ▪ Membre d'un parti politique, d'un syndicat.

❑ À l'origine, cet emprunt désignait un membre de l'*appareil* du parti communiste soviétique.

apparaux n. m. pl. – XIIe ; de *appareil* **1** Matériels destinés à des manœuvres de force, sur un bateau. **2** Agrès de gymnastique.

❑ *Apparaux* est un pluriel ancien de *appareil.*

appareil n. m. – XIIe ; de ① *appareiller* **1** vx ou littér. Déroulement d'un cérémonial aux yeux des spectateurs. « *J'aime aujourd'hui la guerre et son mâle appareil* » (Hugo). ♦ mod. *Dans le plus simple appareil* : tout nu. **2** Ensemble d'éléments qui concourent au même but en formant un tout. *L'appareil des lois*, l'ensemble de leurs dispositions. ➤ *L'appareil d'un parti* : l'ensemble des structures permanentes assurant la direction et l'administration. ♦ Ensemble des organes qui concourent à une même fonction. ⇒ **système.** *Appareil digestif.* ♦ Agencement des pierres d'une construction, les dimensions des matériaux, l'épaisseur des pierres utilisées dans la maçonnerie. *Pierre de grand, de moyen, de petit appareil.* **3** Assemblage de pièces ou d'organes réunis en un tout pour exécuter un travail, observer un phénomène, prendre des mesures. ⇒ **machine ; instrument ; engin.** *Appareil électrique. Appareils ménagers. Appareil photographique* ou *appareil photo.* ♦ Téléphone. *Allo, qui est à l'appareil ?* ➤ Avion. « *durant un dixième de seconde, j'imagine mon appareil pulvérisé* » (St-Exup.). ➤ Dentier ; dispositif pour redresser les dents. *Porter un appareil.* **4** Agrès. *Faire des exercices aux appareils.* ⇒ **apparaux** (2°).

❑ En anatomie, distinguer *système* et *appareil*. → système (rem.).

appareillage n. m. – XIVe **1** Ensemble d'appareils et d'accessoires disposés pour un certain usage. *Appareillage électrique.* **2** Action d'appareiller des pierres ; disposition en résultant. **3** Action d'appareiller, de quitter le port. ⇒ ① **départ.** **4** Pose d'appareils de prothèse. ✪ CONTR. Accostage, mouillage.

① **appareiller** v. [1] – XIe ; lat. *apparare* « préparer » **I** v. tr. **1** Gréer (un navire). **2** *Appareiller des pierres*, les tailler, les agencer en vue de la construction. **3** Placer un appareil de prothèse sur. *Appareiller un bras, un blessé.* **II** v. intr. Quitter le mouillage, le port. « *Nous appareillâmes le lendemain pour retourner en Angleterre* » (Volt.). ✪ CONTR. Mouiller ; jeter (l'ancre).

② **appareiller** v. tr. [1] – XIIe ; de ① *a-* et *pareil* **1** Trouver (qqch.) pour assortir à autre chose ; unir (deux choses pareilles). ⇒ **apparier, assortir.** *Elle* « *avait tenté d'appareiller, dans le chalet, les rideaux, les couvertures* [...], *la vaisselle* » (Giraud.). **2** Accoupler (des animaux) pour la reproduction. ⇒ **apparier.** ✪ CONTR. Dépareiller.

appareilleur, euse n. – XIIIe ▪ Maître-maçon qui surveille la coupe et la pose des pierres destinées à la construction.

apparemment adv. – XIIe ▪ Selon toute apparence. ⇒ **vraisemblablement.** *Apparemment, il a renoncé.* « *un second coup cassa apparemment la patte à un chien, car il se mit à pousser des cris lamentables* » (Stendh.). ✪ CONTR. Effectivement.

apparence n. f. – XIIIe ; de *apparoir* **1** Aspect de ce qui nous apparaît ; ce qu'on voit d'une personne ou d'une chose, manière dont elle se présente. ⇒ ② **air, allure,**

① **mine,** ① **tournure.** *Les diverses apparences de la Lune.* ⇒ **phase.** « *au coin de deux rues un restaurant de piètre apparence* » (Mart. du G.). **2** L'aspect, l'extérieur d'une chose considérés comme distincts de cette chose. « *La femme a une puissance singulière qui se compose de la réalité de la force et de l'apparence de la faiblesse* » (Hugo). *On ne doit pas se fier aux apparences. Les apparences sont contre lui.* ➛ loc. *Sauver les apparences :* ne laisser rien apercevoir de ce qui pourrait nuire à la réputation. ⇒ **convenance.** ♦ loc. adv. *EN APPARENCE :* extérieurement, autant qu'on peut en juger. « *Des qualités en apparence si peu françaises* » (Gide). **3** Phénomène, par opposition à la chose en soi, l'être, la substance. *La conscience* « *est une pure apparence en ce sens qu'elle n'existe que dans la mesure où elle apparaît* » (Sartre). **4** *Selon toute apparence :* d'après ce que l'on voit. « *J'étais perdu et condamné selon toute apparence à chercher mon chemin toute la nuit* » (France). *Contre toute apparence,* en dépit de ce qui paraît. ✪ CONTR. Fond ; essence, réalité, substance.

apparent, ente adj. – XIIe ; de *apparoir* **1** Qui apparaît, se montre clairement. ⇒ **ostensible, visible.** *Grossesse peu apparente. Plafond aux poutres apparentes.* ♦ *Sans cause apparente.* ⇒ ① **manifeste.** *Une ruse trop apparente.* **2** Qui n'est pas tel qu'il paraît être, qui n'est qu'une apparence. *Le mouvement apparent du Soleil autour de la Terre* (opposé à *propre*). « *Cette hésitation apparente signifiait une volonté arrêtée* » (Proust). ✪ CONTR. Caché, ① secret. Réel, véritable, vrai.

apparenté, ée adj. – XIIIe **1** Qui a des rapports de parenté. *Ils sont apparentés avec les Untel.* **2** Allié par l'apparentement électoral. *Listes apparentées.* ➛ n. Parlementaire proche d'un groupe. *Une apparentée socialiste.* **3** Qui ressemble à, est en rapport avec. « *Étrange style, apparenté tout à la fois à Montesquieu et à Saint-Simon* » (Gide).

apparentement n. m. – 1912 ▪ Action de s'apparenter. *Apparentement à, avec qqn.* ♦ Alliance électorale entre deux listes qui groupent leurs voix, de telle sorte que les voix d'une liste puissent être reportées sur l'autre dans une répartition proportionnelle de sièges.

apparenter (s') v. pron. [1] – XIIe ▪ *S'APPARENTER À.* **1** S'allier par le mariage. **2** S'allier par l'apparentement électoral. **3** (choses) Avoir une ressemblance avec, être de même nature que. *Le goût de l'orange s'apparente à celui de la mandarine.*

appariement n. m. – XVIe **1** littér. Action d'apparier. « *Ce qui fait un chef-d'œuvre, c'est [...] un appariement heureux entre le sujet et l'auteur* » (Gide). **2** Association de simples brins complémentaires d'A.D.N. pour former une double hélice.

apparier v. tr. [7] – XIIIe ; a. fr. *pairier* « parier, accoupler » **1** littér. Assortir par paire, par couple. ⇒ ② **appareiller, coupler.** **2** Accoupler le mâle avec la femelle, particulièrement certains oiseaux. ➛ pronom. *Les tourterelles se sont appariées.* ✪ CONTR. Déparier.

appariteur n. m. – XIVe ; lat. *apparere* « apparaître » ▪ Huissier ; spécialt Huissier de faculté. *Les appariteurs de la Sorbonne.*

apparition n. f. – XIIe ; lat. **1** Action d'apparaître, de se montrer aux yeux. ⇒ **manifestation.** *Apparition d'une comète. Apparition de boutons sur la peau.* ⇒ **éruption.** ♦ (personnes) Le fait d'arriver, d'apparaître dans une compagnie. ⇒ **arrivée, venue.** *Faire une, son apparition quelque part.* ➛ Visite. *Il n'a fait qu'une courte apparition.* **2** Fait de venir à l'existence, de se manifester pour la première fois. *L'apparition de la vie sur la Terre.* ➛ *L'apparition de la roue.* ⇒ **invention.** ♦ (abstrait) Le fait de se révéler, de devenir manifeste. *L'apparition d'idées nouvelles.* ⇒ **émergence.** **3** Manifestation d'un être invisible qui se montre tout à coup sous une forme visible. *Apparition de la Vierge à Bernadette.* ♦ Être que le visionnaire croit apercevoir. ⇒ **fantôme, revenant, spectre.** « *l'apparition s'était évanouie, ce qui prouvait bien son caractère infernal* » (Aragon). ✪ CONTR. Disparition, éclipse.

apparoir v. intr. usité seulement à l'inf. et à la 3e pers. du sing. de l'indic. prés. – XIe ; lat. *apparere* « apparaître » ▪ dr. Être apparent, manifeste. *Faire apparoir de son bon droit :* en montrer l'évidence. *Il appert de cet acte :* il apparaît, il ressort.

❑ *Apparoir* survit également dans *apparence, apparent.*

appartement n. m. – XVIe ; esp. *apartarse* « se séparer, se mettre à part » ▪ Partie de maison, d'immeuble, composée de plusieurs pièces qui servent d'habitation. ⇒ **logement.** « *la coquette apparence et l'intimité d'un petit appartement parisien, au troisième sur la cour* » (Colette). *Appartement de deux, trois étages.* ⇒ **duplex,** ② **triplex.** *Plantes d'appartement,* d'intérieur. ➛ abrév. fam. *APPART* [apaʀt]. *Visiter des apparts.* ➛ au plur. Ensemble de pièces dans une demeure luxueuse. iron. *Se retirer dans ses appartements.*

appartenance n. f. – XIIe ▪ Fait d'appartenir. ♦ Fait pour un individu d'appartenir à une collectivité (race, pays, classe, parti). *L'appartenance politique, sociale.* « *j'avais conscience d'un privilège, du fait de mon appartenance à la race blanche* » (Siegfried). ♦ Propriété d'être un élément d'un ensemble, notée $\in$. *Relation d'appartenance.* ⇒ **inclusion.**

appartenir v. tr. ind. [22] – XIe ; lat. *ad* et *pertinere* « se rattacher à » ▪ *APPARTENIR À.* **1** Être à qqn en vertu d'un droit, d'un titre. *Il est en possession d'un bien qui ne lui appartient pas.* **2** Être le bien, la chose de qqn. « *je l'avais ; il était à moi ; il m'appartenait* » (Mauriac). ♦ pronom. *S'APPARTENIR :* être libre, ne dépendre que de soi-même. *Avec tous ces enfants, je ne m'appartiens plus.* **3** Être propre à qqn. *Pour des raisons qui m'appartiennent.* ♦ impers. Convenir, être l'apanage de. *Il appartient aux parents d'élever leurs enfants. Il n'appartient qu'à toi de :* toi seul es capable de, c'est à toi de. **4** Faire partie de (qqch.). *Appartenir à une vieille famille. Cette question appartient à la philosophie.* ⇒ **relever** (de) ; **concerner.** ➛ math. *Élément qui appartient à un ensemble* (⇒ **appartenance**).

appas → **appât** (II)

appât n. m. – XVIe **I** *Un appât, des appâts.* **1** Pâture qui sert à attirer des animaux pour les prendre. *Mettre l'appât à un piège, à l'hameçon.* ⇒ **amorce.** *Poisson qui mord à l'appât.* **2** Ce qui attire, pousse à faire qqch. ⇒ **carotte.** *L'appât du gain.* **II** *Les appas.* vx ou littér. Attraits, charmes d'une femme qui excitent le désir. « *Pleine d'appas, jeune et de bonne grâce* » (La Font.).

❑ *Appas,* pluriel ancien de *appât,* est spécialisé dans le sens d'« attraits ». L'Académie (1986) propose dans ce sens *appas* ou *appâts.*

appâter v. tr. [1] – XVIe ; lat. *pascere* « nourrir » **1** Attirer avec un appât. *Appâter des oiseaux, des poissons.* ⇒ **amorcer, attirer.** **2** Attirer (qqn) par l'appât d'un gain, d'une récompense. ✪ CONTR. ① Repousser.

❑ Même famille étym. que *paître, pasteur* (sans rapport avec *pâte*).

appauvrir v. tr. [2] – XIIe **1** Rendre pauvre. *Les guerres ont appauvri le pays.* ⇒ **ruiner.** **2** *Appauvrir une terre,* en diminuer la fécondité, la fertilité. ⇒ **épuiser.** *Appauvrir le sang.* ⇒ **anémier.** « *Pourquoi appauvrir la langue ? un mot consacré par Corneille et Bossuet* *peut-il être abandonné ?* » (Volt.). **3** v. pron. Devenir pauvre. « *les riches qui se sont appauvris pour aider les pauvres* » (Boss.). ✪ CONTR. Enrichir.

appauvrissement n. m. – XIIIe ▪ Action d'appauvrir ; état de ce qui est appauvri. *L'appauvrissement des plus défavorisés.* ⇒ **paupérisation.** ♦ fig. *L'appauvrissement du sol.* ⇒ **épuisement.** *Appauvrissement du sang.* ⇒ **anémie.** « *L'appauvrissement qu'entraîne une simplification trop sommaire* » (Gide). ✪ CONTR. Enrichissement.

appeau n. m. – XIIe ; a. var. de *appel* **1** Instrument avec lequel on imite le cri des oiseaux pour les attirer. ⇒ **leurre. 2** Oiseau dressé à appeler les autres et à les attirer dans les filets. ⇒ **appelant,** ① **chanterelle.**

appel n. m. – XIe **1** Action d'appeler de la voix pour faire venir à soi ou pour manifester sa présence. *Nos appels restaient sans réponse. Appel au secours. Répondre à un appel.* « *le soir était tout vibrant d'appels de bergers* » (Mauriac). « *le Dr Thérivier* [...] *se tient prêt à venir au moindre appel* » (Mart. du G.). ➜ *Appel au moyen d'un instrument* (cloche, corne d'appel, sifflet, etc.). ➜ *Appel téléphonique* : fait d'appeler qqn, d'être appelé au téléphone (⇒ **communication).** *Numéro d'appel. Recevoir des appels.* ➜ *Appel radio.* ➜ *Appel d'un sous-programme* : suspension d'un programme informatique en cours et branchement à un sous-programme. **2** Action d'appeler l'attention sur soi par un signe. *Appel du regard.* ⇒ **œillade.** ➜ loc. *Appel du pied* : invite. **3** Action d'appeler par un signal des hommes à s'assembler, à se rassembler. « *le muezzin est monté chanter l'appel à la prière* » (Gide). ➜ spécialt Signal donné par le clairon ou le tambour pour assembler les soldats. *Battre, sonner l'appel.* **4** Action d'appeler à haute voix des personnes par leur nom afin de s'assurer de leur présence. *Faire l'appel. Être présent à l'appel. Répondre, manquer à l'appel.* **5** Action d'appeler sous les drapeaux. *Appel du contingent, de la classe.* ⇒ **recrutement ; incorporation.** *Appel aux armes.* ⇒ **mobilisation ; levée** (en masse). **6** *APPEL DE FONDS* : nouvelle demande de versement de fonds à des actionnaires, des associés, des souscripteurs. *APPEL D'OFFRES* : mode de conclusion de marchés publics par lequel l'Administration met publiquement les candidats en concurrence. **7** Discours ou écrit dans lequel on s'adresse au public pour l'exhorter. ⇒ **exhortation.** *Appel à la révolte, à la vengeance.* ⇒ **excitation, invitation.** ➜ *L'appel du général de Gaulle* (18 juin 1940). **8** *FAIRE APPEL (À)* : demander, requérir comme une aide. *Faire appel à qqn, à sa générosité.* ⇒ **solliciter.** ➜ « *faisant appel à tout mon courage, j'entrai dans notre chambre* » (Daud.). **9** (choses) « *les adolescents, eux, sont écartelés entre l'appel de la chair et la terreur du péché* » (Maurois). *L'appel du large* : le désir de partir en mer. ➜ *L'appel de la religion.* ⇒ **vocation. 10** Recours à une juridiction supérieure en vue d'obtenir la réformation d'un jugement. *Faire appel d'un jugement de première instance, se pourvoir en appel.* ⇒ **pourvoi.** ➜ *Juger SANS APPEL,* en premier et en dernier ressort. fig. *Sans appel* : irrémédiablement. *Le monde « est voué sans appel à la platitude, à la médiocrité »* (Renan). **11** *Appel d'air* : tirage qui facilite la combustion dans un foyer. **12** Départ du saut proprement dit, après la course d'élan, dans lequel le pied, frappant le sol, donne l'impulsion nécessaire au sauteur. *Pied, jambe d'appel.*

appelant, ante n. et adj. – XIVe **1** n. m. Oiseau (vivant ou simulé) qui sert d'appeau. **2** adj. dr. Qui appelle d'un jugement. *La partie appelante.* ➜ n. *Les appelants.* ✪ CONTR. Intimé.

appelé, ée adj. et n. m. – XIVe **1** Qui est prédestiné à. « *Car il y a beaucoup d'appelés, mais peu d'élus* » (Évangile). **2** *Appelé à* (faire qqch.), désigné pour, dans la nécessité de. *Les personnes appelées à partir.* **3** n. m. Jeune homme incorporé dans l'armée pour faire son service national.

> ❑ Dans le contexte militaire, *appelé* a remplacé *conscrit* devenu archaïque.

appeler v. tr. [4] – XIe ; lat. **1** Inviter (qqn) à venir en prononçant son nom, par un mot, un cri, un bruit. ⇒ **apostropher, interpeller.** « *Il appelle à lui, d'une voix forte, tous les chefs de l'armée* » (Fén.). *Réponds quand on t'appelle !* « *Il appela le garçon, paya avec un billet de cent dollars* » (Malraux). *Appeler son chien.* ⇒ **siffler.** *Appeler l'infirmière.* ⇒ **sonner.** *Il l'appelait à son aide.* absolt *Appeler à l'aide, au secours.* **2** *Appeler qqn au téléphone.* ⇒ **téléphoner.** absolt *Je vous appelle demain.* pronom. récipr. *À bientôt, on s'appelle !* ➜ Faire fonctionner (un programme informatique). **3** Inviter (qqn) à venir. ⇒ **convier, convoquer, demander.** *On a appelé le médecin.* ➜ *Appeler l'ascenseur, un taxi,* le faire venir. ➜ *Appeler qqn en justice ; l'appeler à comparaître.* ⇒ **assigner, citer.** ➜ *Appeler un contingent* ou absolt *appeler.* ⇒ **convoquer, incorporer, mobiliser ; appel.** ♦ *Appeler qqn à une responsabilité.* ⇒ **choisir, désigner, élire, nommer.** par ext. *Ses qualités l'appellent à ce poste.* ⇒ **désigner** (pour). **4** Demander, essayer d'obtenir (qqch.). ⇒ **aspirer** (à), **désirer, souhaiter.** *J'appelle votre attention sur ce sujet.* ⇒ **attirer. 5** (choses) Demander, exiger, entraîner. *Le devoir m'appelle.* « *ce domaine où les appelaient sans cesse des intérêts de toute sorte* » (Maupass.). **6** v. tr. ind. *Appeler d'un jugement,* en réclamer la réformation devant une juridiction supérieure. ⇒ **recourir.** ➜ *EN APPELER* : appeler d'un jugement devant une juridiction supérieure. ➜ fig., littér. *En appeler à.* ⇒ se **référer, remettre** (s'en). *J'en appelle à votre clémence.* **7** Donner un nom à. *Ils ont appelé leur fille Agnès.* ⇒ **baptiser, nommer, prénommer.** *Voici Jean, on l'appelle Jeannot. Appeler un médecin « docteur »* (⇒ **appellatif).** péj. « *C'est cela que vous appelez un pistolet-mitrailleur propre ?* » (Perec). ➜ loc. *Appeler les choses par leur nom* : être franc, direct. « *J'appelle un chat un chat et Rolet un fripon* » (Boil.). ♦ Procéder à l'appel de. *Il était absent quand on l'a appelé.* **8** *S'APPELER* v. pron. Avoir pour nom. *Comment vous appelez-vous ? Je m'appelle Pierre. Comment s'appelle cette plante ?* ⇒ **onomasiologie.** fam. *Cela s'appelle parler, voilà ce qui s'appelle parler* : voilà un langage ferme et franc. ➜ Avoir ou se donner pour titre. *L'Empereur d'Éthiopie s'appelait le roi des rois.* ✪ CONTR. Chasser, congédier, expulser, renvoyer.

> ❑ Un seul *l* quand le *e* est muet : *nous appelons.* Le problème d'*interpeller* est plus complexe.

appellatif, ive adj. – XIVe ▪ didact. Mot permettant d'appeler qqn à qui l'on s'adresse (ex. Monsieur, maman, mon chou).

appellation n. f. – XIIe ▪ Action, façon d'appeler une chose. ⇒ **dénomination, désignation.** ♦ Nom qu'on donne à une chose. ⇒ **mot, nom, vocable.** *Appellation courante, usuelle d'une plante.* ♦ *Appellation d'origine* : désignation d'un produit par le nom du lieu où il a été récolté ou fabriqué. *Vin d'appellation d'origine contrôlée (A. O. C.).*

> ❑ Ce mot a été autrefois utilisé dans le sens « action de nommer les lettres » ; il est aujourd'hui remplacé par *épellation.*

appendice [apɛ̃dis] n. m. – XIIIe ; lat. « ce qui pend, addition » **1** Partie qui prolonge une partie principale, semble ajoutée à elle. ⇒ **extrémité, prolongement.** ♦ Partie accessoire, prolongement d'une structure, d'un organe. *Appendice xiphoïde.* ➝ spécialt *Appendice vermiforme, vermiculaire* ou *iléocæcal* : prolongement en doigt de gant du cæcum. absolt *Inflammation de l'appendice.* ⇒ **appendicite.** ➝ *Appendice caudal* : segment terminal de certains animaux. ⇒ **queue.** ➝ plais. Long nez. « *je m'enorgueillis d'un pareil appendice* » (Rostand). 2 Supplément placé à la fin d'un livre et qui contient des notes, des documents. ⇒ **addition.**

appendicectomie [apɛ̃disɛktɔmi] **n. f.** – XIXe ■ Ablation de l'appendice vermiforme.

appendicite [apɛ̃disit] **n. f.** – XIXe ■ Inflammation de l'appendice vermiforme. *Crise d'appendicite.* ➝ abusivt *Être opéré de l'appendicite* (⇒ **appendicectomie**).

> ❑ *On m'a opéré de l'appendicite* est négligé. Dire : *on m'a enlevé l'appendice.*

appendiculaire [apɛ̃dikylɛʀ] **adj. et n.** – XIXe 1 Relatif ou semblable à un appendice. 2 **n. m. pl.** Sous-classe de tuniciers nageurs à long appendice caudal.

appendre **v. tr.** [41] – XIe ; lat. ■ vx ou littér. Suspendre. « *le givre appendu aux branches* » (Chateaub.). ✪ CONTR. ② Dépendre.

appentis **n. m.** – XIIe ; de *appendre* 1 Toit en auvent à une pente, adossé à un mur et soutenu par des poteaux ou des piliers. 2 Petit bâtiment adossé à un grand et servant de hangar, de remise. « *les prêtres logeaient dans des appentis de bois adossés à la muraille* » (Volt.).

appenzell [apɛnzɛl] **n. m.** – XXe ; du nom d'un canton suisse ■ Fromage suisse voisin du comté.

appert (il) → **apparoir**

appertisation **n. f.** – 1928 ; de *Appert,* inventeur du procédé ■ Procédé de conservation des aliments par stérilisation à la chaleur, dans des récipients hermétiquement clos.

appertiser **v. tr.** [1] – v. 1950-1960 ■ Traiter (des aliments) par appertisation. ➝ *Conserves appertisées.*

appesantir **v. tr.** [2] – XIIe 1 rare Rendre pesant. ⇒ **alourdir.** 2 Rendre moins agile. ➝ « *ses pas appesantis par la tristesse* » (France). 3 Appuyer avec force, rendre plus oppressif. *Appesantir son autorité.* 4 S'APPESANTIR **v. pron.** rare Devenir pesant. ⇒ s'**alourdir.** « *Sa tête s'appesantit et se pencha sur la poitrine de Marie* » (Sand). ♦ Devenir plus oppressif. « *une fatalité s'appesantissait sur eux* » (Mart. du G.). ♦ *S'appesantir sur un sujet,* s'y arrêter, en parler trop longuement. ⇒ **insister.** absolt *Inutile de s'appesantir davantage.* ✪ CONTR. Alléger. Glisser, passer (sur).

appesantissement **n. m.** – XVIe 1 littér. Action d'appesantir, de s'appesantir. 2 État d'une personne rendue moins agile. ⇒ **engourdissement, lourdeur.** ✪ CONTR. Allégement.

appétence **n. f.** – XVIe ; lat. ■ littér. Tendance qui porte l'être vers ce qui peut satisfaire ses besoins, ses instincts. ⇒ **appétit, désir, envie.** « *une fiévreuse appétence de nouveauté* » (Jaloux). ✪ CONTR. Inappétence.

> ❑ Ce mot est le substantif de l'ancien verbe *appéter* « désirer, rechercher ».

appétissant, ante **adj.** – XIVe 1 Qui met en appétit ; qu'on a envie de manger. *Un plat appétissant.* ⇒ **alléchant, ragoûtant.** 2 Qui met en goût, plaît. ⇒ **affriolant, attirant, séduisant.** ➝ *Cunégonde était* « *fraîche, grasse, appétissante* » (Volt.). ✪ CONTR. Dégoûtant, repoussant.

appétit **n. m.** – XIIe ; lat. « désir » 1 *Un, des appétits.* Mouvement qui porte à rechercher ce qui peut satisfaire un besoin organique, un instinct. ⇒ **appétence, désir.** *Appétit sexuel.* 2 *L'appétit.* Désir de nourriture, plaisir que l'on trouve à manger. *Avoir de l'appétit, un solide appétit. Un appétit maladif.* ⇒ **boulimie.** *Manger sans appétit.* ⇒ **chipoter.** *Donner de l'appétit.* ⇒ **faim ; apéritif ;** fam. **creuser.** *Mettre en appétit.* ⇒ **allécher.** *L'émotion lui a coupé l'appétit.* ➝ *Bon appétit,* souhait adressé à qqn qui mange ou va manger. 3 Désir pressant (de qqch.). ⇒ **aspiration, passion, soif.** « *ce furieux appétit de vengeance* » (Montaigne). « *L'appétit de savoir naît du doute* » (Gide). ✪ CONTR. Anorexie, inappétence, satiété.

applaudimètre **n. m.** – v. 1955 ; de *applaudi(ssements)* et *-mètre* ■ Instrument servant à mesurer l'intensité des applaudissements, et par là le succès d'une vedette.

applaudir **v.** [2] – XIVe ; lat. **I v. intr.** Battre des mains en signe d'approbation, d'admiration, ou d'enthousiasme. *Applaudir à tout rompre,* très fort. *Des gens payés pour applaudir* (⇒ ① **claque**). **II v. tr. ind.** littér. *Applaudir à qqch.* : témoigner une vive approbation, donner son assentiment à. *J'applaudis à votre initiative.* ⇒ **approuver. III v. tr. dir.** 1 Accueillir, saluer par des applaudissements. *Applaudir un chanteur, un orateur.* ⇒ **acclamer.** « *En cinq minutes, elle applaudit avec enthousiasme et siffle avec frénésie le même acteur* » (Maupass.). *Son discours a été chaleureusement applaudi.* 2 S'APPLAUDIR **v. pron.** Être content, heureux (de qqch.). ⇒ se **féliciter,** se **réjouir.** ✪ CONTR. Huer, siffler. Désapprouver.

> ❑ *Applaudir des deux mains* est un pléonasme courant qui signifie « approuver sans réserve ».

applaudissement **n. m.** – XVIe ■ Battement des mains en signe d'approbation ou d'enthousiasme. ⇒ **bravo.** *Les applaudissements crépitent. Tonnerre, tempête d'applaudissements. La salle croule sous les applaudissements.* « *Il n'y a rien* [...] *qui chatouille davantage que les applaudissements* » (Mol.). ✪ CONTR. Huée, sifflet.

applicabilité **n. f.** – XIXe ■ didact. Possibilité d'être appliqué. *L'applicabilité d'une théorie.*

applicable **adj.** – XIIIe ■ Qu'on peut appliquer (à qqch., qqn). « *il n'est méthode ni théorie qui soit applicable indifféremment à chacun* » (Gide). ➝ dr. Susceptible d'être mis en pratique. *Fonds applicables à une dépense.* ⇒ **imputable.** *Cette loi n'est pas applicable aux étrangers.* ✪ CONTR. Inapplicable.

applicage **n. m.** – XIXe ■ Action d'appliquer un ornement sur un objet. *Applicage d'un motif sur une poterie.*

applicateur, trice **n. et adj.** – XIXe 1 Personne qui applique, met en pratique (une loi, une théorie, une invention). « *rigides applicateurs des lois* » (Lecomte). 2 **adj.** Qui sert à appliquer un produit. *Pinceau applicateur.* ➝ **n. m.** *Un applicateur.*

application **n. f.** – XIVe 1 Action de mettre une chose sur une autre de manière qu'elle la recouvre et y adhère. *Application de feuilles de bois ou de métal précieux.* ⇒ **placage.** « *je crains un phlegmon et je ne sais que faire, sinon application de compresses humides* » (Gide). ♦ Ornement appliqué (⇒ **applique**). 2 Correspondance entre un ou plusieurs éléments de l'ensemble de départ et un élément de l'ensemble d'arrivée, telle qu'à tout élément du premier soit associé un élément unique du second. *Application de l'ensemble A vers l'ensemble B.* ➝ *Point d'application d'une force* : origine du bipoint, du vecteur caractérisant la force. 3 Utilisation. *Application d'une somme à une dépense.* ⇒ ① **affectation, attribution, imputation.** 4 Utilisation possible, cas d'utilisation (souvent plur.). ⇒ **destination.** *Les applications sont multiples. Les applications d'une découverte.* ➝ Programme informatique écrit en vue d'une utilisation précise.

Applications d'un système d'exploitation. 5 Mise en pratique. *Mise en application d'une loi.* ⇒ **vigueur.** « *L'application machinale des règles* » (Bergson). *Le décret entrera en application dans un mois.* 6 Action d'appliquer son esprit, de s'appliquer ; qualité d'une personne appliquée. *Travailler avec application.* ⇒ **attention, zèle.** « *lourd d'esprit, sans facilité aucune, son application prodigieuse triomphait des pires obstacles* » (Bourget). ✪ CONTR. Distraction, négligence.

applique n. f. – XVe 1 Ce qui est appliqué sur un objet pour l'orner ou le consolider. 2 Appareil d'éclairage fixé au mur.

appliqué, ée adj. – XIVe 1 Placé (sur, contre qqch.). ➛ Donné franchement. *Un coup, un baiser bien appliqué.* 2 Qui s'applique. *Un écolier appliqué.* ⇒ **sérieux, studieux, travailleur.** « [...] *le pianiste appliqué mais maladroit* » (Duham.). *Une écriture appliquée,* qui témoigne d'application. 3 Mis en pratique. *Arts appliqués,* à vocation utilitaire. *Recherche appliquée* (opposé à *fondamentale*). ✪ CONTR. Inappliqué, négligent.

appliquer v. tr. [1] – XIIIe ; lat. **I** - 1 Mettre (une chose) sur (une autre) de manière à faire toucher, recouvrir, adhérer ou à laisser une empreinte. ⇒ ① **placer, poser.** *Appliquer une couche de vernis sur ses ongles.* ⇒ **étendre.** « *je trempai mon mouchoir, l'appliquai à mon front* » (Gide). ➛ *Appliquer son oreille sur une cloison.* ⇒ **coller.** par ext. *Il lui appliqua un baiser sur la joue.* 2 Faire servir (pour telle ou telle chose). ⇒ **employer, utiliser.** « *les mathématiciens de Sicile appliquaient leurs découvertes aux machines* » (Taine). *Appliquer une somme à une dépense.* ⇒ ② **affecter, consacrer, destiner, imputer.** ♦ Rapporter (à un objet) ce qui était dit d'un autre. *Appliquer un exemple à qqn.* ⇒ **attribuer, donner.** ♦ littér. *Appliquer son esprit à l'étude.* ⇒ **concentrer, diriger** (vers), **occuper.** *Appliquer tous ses soins à faire qqch.* ♦ Mettre en pratique. « *si on appliquait la moitié de ses idées, ça nettoierait du coup la société* » (Zola). *La peine sera appliquée sans délai.* ⇒ **exécuter.** **II** *S'APPLIQUER* v. pron. 1 Se placer, être appliqué. ⇒ **s'adapter, recouvrir.** *Ce crépi s'applique au rouleau.* 2 Être adapté, applicable à. ⇒ **convenir, correspondre,** se **rapporter.** *Le règlement s'applique à tout le monde.* ⇒ **concerner.** 3 Apporter une attention soutenue à qqch., prendre soin de faire qqch. *S'appliquer à un travail. Molière* « *s'est appliqué à peindre les défauts des hommes* » (Faguet). ♦ absolt Travailler avec zèle, application. « *Si je veux m'appliquer, je ne fais rien de bon* » (Léautaud). ✪ CONTR. ① Écarter, enlever, ôter, séparer. Distraire (se), dissiper (se).

appoggiature ou **appogiature** [apɔ(d)ʒjatyʀ] n. f. – XIXe ; it. *appoggiare* « appuyer » ▪ Petite note d'agrément dissonante et étrangère à l'accord ou à la note qu'elle précède.

appoint n. m. – XIVe ; de ① *appointer* 1 Complément d'une somme en petite monnaie. *FAIRE L'APPOINT* : ajouter le complément en petite monnaie ; régler en remettant exactement la somme due. 2 Ce qu'on ajoute à une chose pour la compléter. ⇒ **complément ; accessoire.** « *l'élevage, qui constitue l'appoint le plus rémunérateur* » (Gide). *Chauffage d'appoint.* ♦ Aide qui s'ajoute. *Apporter son appoint.* ⇒ **apport, concours, contribution.**

appointage n. m. – XIXe ▪ Action d'appointer ②.

appointements n. m. pl. – XIVe ; de ① *appointer* ▪ Rétribution fixe, attachée à une place, à un emploi régulier (surtout pour les employés). ⇒ **paie, salaire, traitement.** *Appointements mensuels.*

① **appointer** v. tr. [1] – XIIIe ; de ① *a-* et *point* ▪ Donner des appointements à (qqn). ⇒ **payer, rétribuer.** *Appointer un employé.*

> ❑ *Appointer* vient probablement de *apoint,* vx, « situation favorable ».

② **appointer** v. tr. [1] – XIIe ; de ① *a-* et *pointe* ▪ rare Tailler en pointe. « *je le regardais qui appointait un crayon* » (Gide).

appontage n. m. – 1948 ▪ Action d'apponter. *Manœuvres d'appontage.*

appontement n. m. – XVIIIe ; de ① *a-* et *pont* ▪ Plateforme avec tablier et pont sur pilotis le long de laquelle un navire vient s'amarrer. ⇒ **wharf.** « *ces appontements de bois usé* » (Morand).

apponter v. intr. [1] – 1948 ▪ Se poser sur la plateforme d'un porte-aéronefs (avions, hélicoptères).

apponteur n. m. – 1960 ▪ Officier de marine qui dirige l'appontage.

apport n. m. – XIIe 1 vx ou spécialt Action d'apporter. 2 Ce qu'on apporte. *Apport personnel.* « *d'imprévus apports extérieurs* » (Gide). ♦ dr. *Apports en communauté* : biens que chaque époux apporte à la communauté. ♦ *Apport en société* : biens apportés par un associé. ➛ plur. Immeubles ou objets mobiliers autres que du numéraire. 3 Contribution positive de qqn ou de qqch. ⇒ **appoint, concours, participation.** « *L'apport surréaliste* » (Breton). ✪ CONTR. Reprise, restitution, ② retrait. Emprunt.

apporter v. tr. [1] – Xe ; lat. *ad* et *portare* → ① porter 1 *Apporter* (qqch.) *à* (qqn) : porter (qqch.) au lieu où est qqn. *Apportez-moi les journaux.* « *Elle se levait la première et* [...] *nous apportait le petit déjeuner au lit* » (Sartre). ♦ *Apporter une chose* (quelque part), la porter avec soi en venant. « *Il n'envoya point l'étoffe, il l'apporta* » (Flaub.). ♦ (sujet chose) *Les nuages apportent la pluie.* 2 Fournir pour sa part. *Apporter sa contribution.* 3 Manifester, montrer (auprès de qqn, quelque part). ♦ *Apporter du soin, de l'attention, à qqch., à faire qqch.* ⇒ **employer, mettre, prendre.** « *il apportait à recruter ses clients un zèle agressif* » (Duham.). 4 Donner, fournir (un élément de connaissance) à. *Apporter une information de dernière minute.* « *la science n'apporte pas l'explication du monde* » (Maurois). ⇒ **apprendre.** *Son enseignement m'a beaucoup apporté.* (sans compl. en *à*) *Son article n'apporte rien.* 5 Fournir (ce qu'on a produit, ce qu'on a fait naître) à. « *J'aurais fait je ne sais quoi pour apporter un soulagement à sa détresse* » (Gide). 6 (choses) Être la cause de (qqch.). *Les changements que l'automobile a apportés dans la vie quotidienne.* ⇒ **amener,** ① **causer, entraîner, produire, provoquer.** ✪ CONTR. Emporter, enlever, remporter.

> ❑ Distinguer *apporter* et *amener. On apporte qqch.* en venant et en portant, transportant avec soi ; *on amène,* on fait venir une, des personnes avec soi, ou ce qui peut se déplacer sans être porté. → amener (rem.).

apporteur n. m. – XIIe ▪ Celui qui apporte (qqch.). « *les grands apporteurs de vérités* » (Hugo). ➛ adj. m. *Actionnaire apporteur,* qui apporte une part de capital dans une société.

apposer v. tr. [1] – XIIe 1 Poser sur qqch. ⇒ **appliquer, mettre.** *Apposer une plaque sur un mur.* 2 *Apposer les scellés* : appliquer l'empreinte d'un sceau public sur une porte, un meuble, un pli de telle sorte qu'on ne puisse l'ouvrir sans briser les scellés. 3 *Apposer sa signature, son paraphe* : signer. 4 dr. *Apposer une clause à un acte,* l'insérer.

apposition n. f. – XIIe 1 Action d'apposer. *Apposition d'un sceau.* 2 Procédé par lequel deux termes simples (noms, pronoms) ou complexes (propositions) sont juxtaposés sans lien ; le terme juxtaposé. *Dans « tarte maison », « maison » est en apposition* (⇒ **épithète**).

appréciabilité **n. f.** – XIXe ▪ didact. Caractère de ce qui est appréciable.

appréciable **adj.** – XVe **1** Qui peut être perçu, évalué. ⇒ **évaluable.** *La différence est à peine appréciable.* ⇒ **sensible, visible.** *Objet d'une valeur difficilement appréciable.* ⇒ **estimable. 2** Assez considérable. ⇒ **important, notable.** « *ils marchaient depuis un bout de temps appréciable* » (Giono). **3** Qui a son prix, de l'agrément. *Des avantages appréciables.* ⇒ **précieux.** ➜ Digne de considération. *Des qualités appréciables.* ✪ CONTR. Inappréciable.

appréciateur, trice **n.** – XVIe ▪ Personne qui apprécie (qqch., qqn). ⇒ ① **arbitre, juge.** « *je devins un juste appréciateur de leur mérite* » (Lesage).

appréciatif, ive **adj.** – XVIIe ▪ Qui marque l'appréciation. *État appréciatif des marchandises.* ⇒ **estimatif.**

appréciation **n. f.** – XIVe **1** Action d'apprécier, de déterminer le prix, la valeur (de qqch.). ⇒ **estimation, évaluation. 2** Le fait de juger. ⇒ **jugement.** *Laisser une décision à l'appréciation de qqn.* ♦ Opinion. *Appréciations du professeur sur une copie.* ⇒ **observation. 3** *Appréciation d'une monnaie,* augmentation de sa valeur par rapport à une autre. ✪ CONTR. Dépréciation.

> ❑ *Appréciation,* dans le sens « action de juger », n'a pas forcément la valeur positive du verbe.

apprécier **v. tr.** [7] – XIVe ; lat. *ad* et *pretium* « prix » **1** didact. Déterminer le prix, la valeur de (qqch.). ⇒ **estimer, évaluer.** *L'expert a apprécié les bijoux à tel prix.* ➜ fig. Déterminer approximativement l'importance de (qqch.). *Apprécier l'ampleur d'un travail.* « *Mon avocat a triomphé bruyamment et a déclaré que les jurés apprécieraient* » (Camus). ⇒ ① **juger. 2** Déterminer approximativement, par les sens. *Apprécier une distance, la vitesse.* ⇒ **estimer,** ① **juger.** ➜ (abstrait) Sentir, percevoir. *Apprécier les nuances.* ⇒ **discerner, saisir. 3** Porter un jugement favorable sur ; aimer, goûter. *Apprécier la musique. Je n'apprécie pas beaucoup ce procédé.* ➜ *Apprécier qqn.* ⇒ **estimer,** ① **priser.** *Il sait se faire apprécier.* ➜ pronom. « [...] *s'apprécier même en se combattant* » (Ste-Beuve). **4 v. pron.** (en parlant d'une monnaie par rapport à une autre) Augmenter de valeur. *Le mark s'est apprécié vis-à-vis du dollar.* ✪ CONTR. Décrier, déprécier, mépriser.

> ❑ La synonymie de *apprécier* et *estimer* est presque totale ; en parlant d'une personne, *estimer* touche plus à la morale et *apprécier* à la compétence.

appréhender **v. tr.** [1] – XIIIe ; lat. *apprehendere* « prendre » **I** ➜ **1** dr. Saisir au corps. ⇒ **arrêter.** *Le coupable a été appréhendé par la police.* **2** Saisir par l'esprit. *Appréhender une notion, un phénomène.* **II** Envisager (qqch.) avec crainte, s'en inquiéter par avance. ⇒ **craindre, redouter ; appréhension.** *Il appréhende cet examen.* « *Il appréhendait et désirait tout à la fois la venue de cette lettre* » (Mac Orlan). ✪ CONTR. Relâcher. — Espérer.

appréhension **n. f.** – XIIIe **1** philos. Opération par laquelle l'esprit atteint un objet de pensée simple. ⇒ **aperception.** *Appréhension et compréhension.* **2** Action d'envisager qqch. avec crainte ; crainte vague, mal définie. ⇒ **angoisse, anxiété, inquiétude, peur.** *Éprouver de l'appréhension. Avoir une appréhension.* « *une appréhension sans cause, tenace et confuse comme un pressentiment* » (Maupass.). ➜ littér. (avec un compl.) « *La vague et confuse appréhension d'une menace* » (Bourget). *L'appréhension d'échouer.* ✪ CONTR. Confiance, espoir, sérénité.

> ❑ À l'oral, ne pas confondre *l'appréhension* et *la préhension.*

apprenant, ante **n.** – mil. XXe ▪ Personne qui apprend, suit un enseignement. *Dictionnaire pour apprenants* (d'apprentissage d'une langue).

apprendre **v. tr.** [58] – Xe ; lat. *apprehendere* « saisir, comprendre » **I** Acquérir la connaissance de. **1** Être avisé, informé de (qqch.). *Ils ont appris la nouvelle par la radio.* « *Apprenez que tout flatteur vit aux dépens de celui qui l'écoute* » (La Font.). **2** Acquérir (des connaissances) par un travail intellectuel ou par l'expérience. « *Tout ce que je sais, je l'ai appris à mes dépens* » (Loti). *Apprendre sa leçon.* ⇒ **potasser, repasser.** *Il a encore beaucoup à apprendre.* ♦ absolt S'instruire, acquérir des connaissances. *Apprendre facilement. Le désir, le goût d'apprendre.* **3** *Apprendre une langue* (⇒ **apprenant**), *une technique, un métier* : acquérir les connaissances et les procédés nécessaires pour les pratiquer. ⇒ **s'initier, mettre** (s'y). *Apprendre le ski, le piano.* **4** APPRENDRE À (et l'inf.) : devenir capable de (par le travail de l'esprit, l'expérience). *Le petit enfant apprend à marcher. Apprendre à lire, à conduire, à nager.* « *Apprendre à se connaître est le premier des soins* » (La Font.). **II** Faire connaître. **1** Porter à la connaissance de qqn. *Apprendre qqch., une nouvelle à qqn.* ⇒ **avertir,** ② **aviser, communiquer.** *Tu ne m'apprends rien, j'étais déjà au courant.* **2** Donner la connaissance, le savoir de (qqch.). « *Un livre n'est excusable qu'autant qu'il apprend quelque chose* » (Volt.). *Le maître apprend le calcul aux élèves.* ⇒ **enseigner.** ➜ *Son échec ne lui a rien appris,* il n'en a tiré aucun enseignement. **3** *Apprendre à qqn un art, un métier, la pratique d'un sport,* lui faire acquérir les connaissances et les moyens de pratiquer. ⇒ **enseigner, exercer** (à). *Le moniteur lui apprend le chasse-neige.* **4** *Apprendre à qqn à* (et l'inf.). *Apprendre à lire à un enfant.* ♦ loc. fig. *Cela lui apprendra à vivre* : cela lui servira de leçon. *Je vais vous apprendre à vous moquer de moi !* (menace). *Ça lui apprendra.* ✪ CONTR. Désapprendre, oublier. Ignorer.

apprenti, ie **n.** – XIIe **1** Personne en apprentissage. ⇒ **élève, stagiaire.** *L'apprentie d'une couturière.* « *Chez la modiste, il y avait une* [...] *équipe d'ouvrières et d'apprenties* » (Cendrars). ⇒ **arpète. 2** Personne qui apprend. « *L'homme est un apprenti, la douleur est son maître* » (Muss.). *En amour, je ne suis qu'un apprenti.* ⇒ **débutant, novice ; bleu. 3** (avec un subst. en appos.) *Un apprenti pâtissier.* ♦ loc. *L'apprenti sorcier* : celui qui déchaîne des événements dont il ne peut arrêter le cours. ✪ CONTR. Maître, ① patron. Instructeur, moniteur.

apprentissage **n. m.** – XIVe **1** Le fait d'apprendre un métier manuel ou technique ; ensemble des activités de l'apprenti. ⇒ **formation, instruction.** *Mettre un garçon, une fille en apprentissage. Le C.A.P. sanctionne l'apprentissage.* ➜ État d'apprenti ; temps que l'on passe dans cet état. ⇒ **stage. 2** littér. Les premières leçons, les premiers essais. ⇒ **expérience, initiation.** *Faire son apprentissage.* ⇒ **début.** ♦ *Faire l'apprentissage de qqch.,* en commencer la pratique, s'y initier. *Ce pays fait l'apprentissage de la démocratie.* **3** Modifications durables du comportement d'un sujet (humain ou animal) grâce à des expériences répétées. ➜ par ext. Processus d'acquisition des automatismes sensorimoteurs et psychiques. ✪ CONTR. Maîtrise.

apprêt **n. m.** – XIVe **1** vieilli (plur.) Action d'apprêter. *Les apprêts d'une fête.* ⇒ **disposition, préparatif. 2** vieilli Manière d'apprêter (les aliments). ⇒ **préparation.** *L'apprêt des viandes.* **3** Opération que l'on fait subir aux matières premières (cuirs, textiles) avant de les availler ou de les présenter. ♦ Substance qui sert à apprêter (colle, empois, gomme). ♦ Enduit que l'on étend sur une surface à peindre ; préparation subie par la toile. *L'apprêt des plafonds.* 4 Manière affectée d'agir ou de s'exprimer. ⇒ ② **affectation.** loc. adv. *Sans apprêt :* naturellement. « *Parle sans fard et sans apprêt !* » (R. Rolland). ✪ HOM. Après.

apprêtage n. m. – XVIIIe ▪ Action d'enduire d'apprêt (les étoffes, le feutre, etc.).

apprêté, ée adj. – XVIIIe ▪ Qui est trop étudié, peu naturel. ⇒ **affecté.** « [...] *une sorte de négligence apprêtée* » (Gide). ✪ CONTR. Naturel.

apprêter v. tr. [1] – Xe ; lat. *præsto* « à portée » **I - 1** Préparer (la nourriture). « *l'art d'apprêter les mets* » (Brillat-Sav.). ⇒ **accommoder.** ♦ Parer (qqn). *On apprête la mariée.* 2 Soumettre à un apprêt. *Apprêter des cuirs, du papier.* **II** v. pron. 1 (pass.) Être préparé. « *il sentait qu'une chose infâme s'apprêtait* » (Maupass.). 2 (réfl.) Se préparer (à). *S'apprêter au combat.* ⇒ se **disposer.** *S'apprêter à faire qqch. :* se mettre en état de. « *Les Allemands* [...] *s'apprêtent à se retirer et à résister le temps qu'il faudra* » (Gide). 3 ⇒ s'**habiller,** se **parer,** se **préparer.** *Les dames* « *montèrent dans leurs chambres s'apprêter pour le bal* » (Flaub.).

apprêteur, euse n. – XVIe 1 Personne qui apprête, donne l'apprêt. ♦ Dans plusieurs industries, Ouvrier, ouvrière qui prépare les matières premières. 2 n. f. Modiste qui pose des ornements sur les chapeaux. ♦ Ouvrière qui prépare les éléments des pièces de lingerie.

apprivoisable adj. – XVIIIe ▪ Qui peut être apprivoisé. ✪ CONTR. Inapprivoisable.

apprivoisement n. m. – XVIe ▪ Action d'apprivoiser ; son résultat. *L'apprivoisement précède la domestication.*

apprivoiser v. tr. [1] – XIIe ; lat. *privatus* « particulier, privé » 1 Rendre moins craintif ou moins dangereux (un animal farouche, sauvage), rendre familier, domestique. *Apprivoiser un oiseau de proie.* ⇒ **dresser.** *Apprivoiser et réduire à l'obéissance.* ⇒ **dompter.** ➛ *Panthère apprivoisée.* 2 littér. Rendre plus docile, plus sociable. ⇒ **adoucir, amadouer.** *Apprivoiser un enfant.* ➛ « *La Mégère apprivoisée* », *comédie de Shakespeare.* ♦ *Apprivoiser sa peur.* 3 v. pron. pass. Devenir moins sauvage (animaux). Devenir moins farouche, plus familier (personnes). « *Les trois garçons, qui se montraient très craintifs d'abord, s'apprivoisent* » (Gide). ✪ CONTR. Effaroucher.

> ❑ *Apprivoisée* depuis longtemps, une espèce animale devient *domestique.*

approbateur, trice n. et adj. – XVIe 1 littér. Personne qui approuve (qqch.). « *Les femmes furent au* XVIIIe *s. les ferventes approbatrices de toutes les nouveautés* » (Lanson). 2 adj. *Geste, sourire approbateur.* ⇒ **approbatif, favorable.** ✪ CONTR. Désapprobateur.

approbatif, ive adj. – XVe ▪ Qui marque, exprime l'approbation. *Ils* « *lui firent un signe de tête approbatif* » (Flaub.). ⇒ **approbateur.** *Mention approbative* (au-dessus d'une signature). ⇒ **approuvé.** ✪ CONTR. Réprobateur.

approbation n. f. – XIIIe 1 Le fait d'approuver (qqch.) ; accord que l'on donne. *Soumettre un projet à l'approbation de qqn.* ⇒ **acceptation, adhésion, agrément, assentiment, autorisation, consentement.** *Donner son approbation. L'approbation du signataire.* ⇒ **approuvé.** 2 Jugement favorable ; témoignage d'estime ou de satisfaction. *Manifester son approbation par des applaudissements. Murmure d'approbation.* ⇒ **approbateur, approbatif.** « *On le consultait, on quêtait son approbation, on craignait son blâme* » (Mart. du G.). ✪ CONTR. Refus. Blâme, ② critique, réprobation.

approbativité n. f. – XIXe ▪ Tendance pathologique à approuver toutes les opinions qu'on entend. ✪ CONTR. Contradiction (esprit de).

approchable adj. – XVIe ▪ Dont on peut approcher. *Sa porte est bien gardée, il est difficilement approchable.* ⇒ **abordable, accessible.**

approchant, ante adj. – XVIe 1 Qui se rapproche de. ⇒ **proche, voisin** (de). Qui a du rapport, de la ressemblance avec. ⇒ **semblable.** « *Il y a peu de pensées synonymes, mais beaucoup d'approchantes* » (Vauven.). ➛ « *une petite théâtreuse* [...] *nommée Jacotte ou quelque chose d'approchant* » (Courtel.). 2 adv. *Il est midi, ou approchant.* ⇒ **approximativement, environ.** ✪ CONTR. Éloigné, lointain. Différent, opposé.

approche n. f. – XVe **I - 1** Le fait de s'approcher de qqch., d'aller à la rencontre de qqn ; mouvement par lequel on s'avance vers qqch., qqn. ⇒ **arrivée,** ① **rencontre.** ➛ À L'APPROCHE DE. « *La chatte ne fuyait pas à mon approche* » (Colette). ➛ D'APPROCHE (et adj.). *Une personne d'approche facile.* ⇒ **abord.** fig. *Une œuvre d'une approche difficile.* ⇒ **accès.** 2 Phase de vol d'un avion qui s'approche d'un terrain d'atterrissage. *Procédure d'approche.* 3 loc. TRAVAUX D'APPROCHE : démarches intéressées, manœuvres pour arriver à un but. 4 Manière d'aborder un sujet de connaissance quant au point de vue et à la méthode. *L'approche sociologique d'une étude littéraire.* **II** plur. Ce qui est près de. ⇒ **abord, accès, parages.** « *les approches dangereuses d'Ouessant les soirs d'hiver* » (Loti). **III - 1** (choses) Le fait d'approcher, d'être sur le point de se produire. ⇒ **venue.** *Aux approches de l'hiver.* « *le souvenir d'une joie n'est pas une nouvelle approche du bonheur* » (Gide). ➛ *À l'approche, aux approches de la trentaine.* 2 (en loc.) Action de rapprocher une chose d'une autre. *Lunette* d'approche.* 3 Blanc placé de part et d'autre d'un signe typographique. *Réduire les approches.* ✪ CONTR. ① Départ, écartement, éloignement, séparation.

> ❑ Le sens critiqué mais courant « manière d'aborder un sujet de connaissance » vient de l'anglais *approach.*

approché, ée adj. – XVIIIe ▪ Qui se rapproche de la réalité. ⇒ **approximatif.** *Ce qui* « *donne une idée plus approchée de l'esprit bourgeois* » (Alain). ➛ *Valeur approchée par défaut, par excès,* calculée par approximation.

approcher v. [1] – XIe ; lat. *prope* « près » **I** v. tr. dir. 1 Mettre près, plus près. *Approcher une échelle du mur. Approcher deux objets.* ⇒ **rapprocher.** ➛ *Approche ta chaise.* ⇒ **avancer.** 2 Venir près, s'avancer auprès de (qqn). « *Arrête, a-t-elle dit, et ne m'approche pas* » (Rac.). ♦ Aborder, réussir à voir (qqn). *Approcher une vedette.* ➛ Avoir libre accès auprès de qqn, le voir habituellement. ⇒ **côtoyer, fréquenter.** *C'est un homme qu'on ne peut approcher,* dont l'accès, ou la fréquentation, est difficile. ⇒ **approchable.** *Une fonction* « *qui me permettra d'approcher un des hommes les plus intelligents de ce temps* » (Duham.). **II** v. tr. ind. et intr. 1 Venir près, plus près (de qqn, qqch.). « *Si on approche de ces endroits, on entend le bruit mortel des abeilles* » (Le Clézio). ♦ Venir près de la personne qui s'exprime. *N'approchez pas ou je tire.* 2 Être près, sur le point d'atteindre. *Approcher du but, du résultat.* ⇒ ① **toucher** (à). ➛ Arriver à (un moment). *Approcher de la trentaine.* ⇒ **friser.** *Approcher de l'hiver, des vacances,* aller vers. 3 Être imminent, proche (dans le temps). *Noël approche.* ⇒ **arriver, venir.**

4 Être proche de, presque identique à. *Approcher de la vérité, de la perfection.* ⇒ **avoisiner,** se **rapprocher.** III *S'APPROCHER (de)* **v. pron.** Venir près, aller se mettre auprès de. *Le navire s'approche de la terre.* ⇒ **serrer ; accoster.** *Le serveur s'approche du client.* « *Les colons s'approchèrent alors du singe et le considérèrent attentivement* » (J. Verne). ♦ fig. *C'est moins bien, mais ça s'en approche* (⇒ **approchant).** ✪ CONTR. ① Écarter, séparer. Éloigner. — Reculer.

approfondir **v. tr.** [2] - XIIIe 1 Rendre plus profond, creuser plus profondément. *Approfondir un fossé, un puits. Les eaux ont approfondi le lit de la rivière.* ⇒ **affouiller.** ➛ pronom. *La plaie s'est approfondie.* 2 Pénétrer plus avant dans la connaissance de ; étudier à fond. *Cette idée mérite d'être approfondie.* ⇒ **creuser, fouiller, pénétrer, sonder.** *C'est un sujet délicat qu'il ne faut pas trop approfondir.* ⇒ s'**appesantir, appuyer, insister** (sur). ➛ « *la connaissance approfondie d'une belle œuvre* » (R. Rolland). ✪ CONTR. Combler. Effleurer.

approfondissement **n. m.** - XVIe 1 Action d'approfondir ; son résultat. ⇒ **creusement.** 2 Fait d'approfondir (2°). *L'approfondissement d'un sujet.* ⇒ **analyse ; étude, examen, méditation.** ➛ Fait de s'approfondir. *L'approfondissement d'un sentiment avec le temps.* ✪ CONTR. Comblement. Effleurement ; appauvrissement.

① **appropriation** **n. f.** - XIVe 1 Action de rendre propre à un usage, à une destination. ⇒ **adaptation.** « *une église italienne* [...] *où la beauté résulte de la parfaite appropriation de toutes les parties à leur destination* » (Proust). 2 Action de s'approprier qqch., d'en faire sa propriété. *Appropriation par expropriation, par nationalisation. Appropriation par violence ou par ruse.* ⇒ **conquête, usurpation,** ② **vol.** ✪ CONTR. Inadaptation. Abandon, aliénation.

② **appropriation** **n. f.** - XIXe ; de *propre* « net » ■ vx ou région. (Belgique) Nettoyage.

approprié, iée **adj.** - XIIIe ■ Qui convient, qui est propre. ⇒ **adapté, adéquat, conforme, convenable,** plais. **idoine, pertinent.** *Ce n'est pas le terme approprié.* ⇒ **juste.** « *Ce jeu du silence, si bien approprié à sa nature* » (J. Verne). ✪ CONTR. Inapproprié.

① **approprier** **v. tr.** [7] - XIIIe 1 Rendre propre, convenable à un usage, une destination. *Approprier un discours aux circonstances.* ⇒ **accorder, adapter, conformer.** 2 *S'APPROPRIER :* faire sien ; s'attribuer la propriété de. « *La famille s'est approprié cette terre en y plaçant ses morts* » (Fustel de Coul.). ⇒ **occuper.** ➛ S'attribuer de manière illicite. *Ils se sont approprié le dépôt qui leur était confié.* ⇒ s'**adjuger,** s'**arroger,** s'**emparer, empocher,** se **saisir, usurper.** « *Du faible au fort, ce serait voler ; du fort au faible, c'est seulement s'approprier le bien d'autrui* » (Rouss.). *S'approprier une découverte,* s'en attribuer la paternité. ✪ CONTR. Abandonner, rendre.

② **approprier** **v. tr.** [7] - XIXe ; lat. *proprius* « propre » ■ vx ou région. (Belgique) Nettoyer.

approuvé **p. p. inv.** - XVIe ■ S'emploie, par ellipse, au bas d'un acte, d'un compte, qu'on approuve. *Lu et approuvé. Approuvé l'écriture ci-dessus.* ➛ n. *Des approuvés.*

approuver **v. tr.** [1] - XIIe ; lat. *probare* « éprouver ; agréer » 1 Donner son accord à (qqch.) (⇒ **approbation).** *Approuver une décision, une réforme.* ⇒ **accepter, acquiescer** (à), **admettre, adopter, agréer, entériner, homologuer, ratifier, sanctionner.** *Approuver à la majorité, à l'unanimité.* ⇒ **plébisciter.** ➛ Autoriser par un acte, un témoignage authentique. *Ouvrage approuvé par l'autorité ecclésiastique* (⇒ **imprimatur).** ♦ Reconnaître l'exactitude de faits relatés (dans un acte). *Approuver un procès-verbal de déposition.* Reconnaître la validité de (un engagement). *Approuver un contrat.* ⇒ **souscrire.** 2 Juger bon, trouver louable. *Il approuve votre initiative.* ⇒ **apprécier, encourager,** ① **louer ; approbateur.** ➛ *Je n'approuve pas qu'il y aille.* ♦ *Approuver qqn,* être de son opinion ; le louer. « *je ne puis approuver que ceux qui cherchent en gémissant* » (Pasc.). *Ils* « *l'approuvaient d'adopter un chien* » (Maurois). ✪ CONTR. Désapprouver.

❑ *Approuver* n'a pas de dérivés : ce sont les emprunts aux dérivés latins qui jouent ce rôle (*approbateur, approbation,* etc.).

approvisionnement **n. m.** - XVIIe 1 Action d'approvisionner. *L'approvisionnement d'une ville en vivres.* ⇒ **alimentation, fourniture, ravitaillement.** « *une répartition nouvelle de l'approvisionnement dans les quartiers pauvres* » (Zola). 2 Ensemble des provisions rassemblées. ⇒ **réserve, stock.** ♦ Matières premières, produits semi-finis, fournitures utilisés par une entreprise ; fait de faire venir ces produits. *Politique d'approvisionnement visant à réduire les stocks.*

approvisionner **v. tr.** [1] - XIVe 1 Fournir de provisions (spécialt de provisions de bouche). ⇒ **alimenter, ravitailler.** *Approvisionner une place de munitions.* ⇒ **munir, pourvoir.** *Approvisionner un marché. Approvisionner un village en eau.* ➛ *Un magasin bien, mal approvisionné.* ⇒ **achalandé, fourni.** ➛ *Approvisionner son compte bancaire,* y verser de l'argent. ⇒ **provisionner.** 2 **v. pron.** Se munir de provisions. *S'approvisionner en carburant.* ✪ CONTR. Désapprovisionner. Dégarnir, vider.

approvisionneur, euse **n. et adj.** - XVIIIe ■ Personne qui approvisionne. ⇒ **fournisseur, pourvoyeur, ravitailleur.**

approximatif, ive **adj.** - XVIIIe 1 Fait par approximation. *Calcul, nombre approximatif.* ⇒ **approchant, approché.** ♦ Déterminé grossièrement. *Indiquez-moi un prix approximatif.* 2 péj. Imprécis, vague. *Des connaissances très approximatives.* ✪ CONTR. ① Précis, rigoureux.

approximation **n. f.** - XIVe ; lat. *proximus* « très proche » 1 Calcul par lequel on approche d'une grandeur réelle ; détermination approchée. *Méthodes de résolution d'une équation par approximation.* ⇒ **itération.** *Approximation par défaut, par excès.* Estimation par à peu près. ⇒ **évaluation.** 2 Valeur approchée. *Une première approximation.* ✪ CONTR. Précision.

approximativement **adv.** - XIXe ■ D'une manière approximative. *Cela fait approximativement 10%.* ⇒ **environ.** ✪ CONTR. Exactement, précisément.

appui **n. m.** - XIIe I - 1 Action d'appuyer, de s'appuyer sur qqch. *L'appui du corps sur les jambes.* ➛ *Prendre appui sur :* s'appuyer sur. ♦ *Servitude d'appui,* qui donne le droit d'appuyer des constructions, des poutres et solives sur le mur du voisin. ♦ *Hauteur d'appui :* hauteur suffisante pour s'appuyer sur le coude. « *une fenêtre à hauteur d'appui* » (Gide). ♦ *Mur d'appui,* à hauteur d'appui. ⇒ **muret, parapet ; allège.** ♦ *POINT D'APPUI :* point fixe sur lequel une chose s'appuie. *Le point d'appui d'un levier.* ➛ Position sur laquelle s'appuie une armée, une flotte. ⇒ **base.** spécialt Organisation défensive de l'effectif d'une compagnie. 2 *Consonne, voyelle d'appui,* ajoutée dans un mot ou une expression pour en faciliter la prononciation. ⇒ **épenthèse.** *Appui de la voix sur une syllabe.* ⇒ **accent.** II - 1 Ce qui sert à soutenir. ⇒ **soutien, support.** *Appui pour le coude.* ⇒ **accotoir, accoudoir, appuie-bras.** ♦ Élément en général à hauteur du coude, sur lequel on peut s'appuyer. *Appui d'un balcon, d'une terrasse.* ♦ *Les appuis d'une voûte, d'un mur* (⇒ **adossement, arc-boutant, contrefort, éperon),** *d'un pont* (⇒ **culée, butée, palée,** ① **pile, pylône).**

2 Soutien moral ou aide matérielle. *Ce projet a reçu l'appui du ministère.* ⇒ **assistance, concours, protection, secours.** *Comptez sur mon appui. Avoir un appui, de puissants appuis.* ⇒ **accointances,** fam. **piston, relation.** *Appui financier.* ⇒ **commandite, mécénat, subvention.** « *c'était moi qui me sentais tomber : je cherchais une aide, un appui une main fraternelle* » (Bernanos). ➛ *Appui tactique, aérien* : aide apportée par une unité militaire à une autre exécutant une action principale. 3 loc. prép. *À L'APPUI DE* : pour appuyer, confirmer. *À l'appui de sa demande.* « *de multiples raisons seraient aisément échafaudées à l'appui de cette thèse* » (Robbe-Grillet). ➛ *À L'APPUI. Affirmer, démontrer preuves à l'appui. Il* « *cite, à l'appui, une lettre de je ne sais quel collègue* » (Gide). ✪ CONTR. Abandon, lâchage.

appuie-bras n. m. inv. – 1928 ▪ Support pour appuyer le bras (dans une voiture). ⇒ **accoudoir, repose-bras.**

❑ On écrit aussi *un appui-bras, des appuis-bras,* moins compréhensible par la construction du mot.

appuie-main n. m. – XVIIe ▪ Baguette sur laquelle le peintre appuie la main qui tient le pinceau. *Des appuie-main* ou *des appuie-mains.*

❑ On écrit aussi *un appui-main, des appuis-main.* → appuie-bras (rem.).

appuie-tête n. m. – XIXe 1 Dispositif destiné à soutenir la tête. ⇒ **repose-tête.** *Des appuie-tête* ou *des appuie-têtes.* ♦ Dispositif réglable placé à la partie supérieure du siège d'un véhicule et destiné à protéger le passager en cas de choc. 2 Tissu orné qui protège l'étoffe d'un siège, à l'emplacement de la tête. ⇒ **têtière.** *Les fauteuils* « *revêtus d'un appui-tête au crochet* » (Proust).

❑ On écrit aussi *un appui-tête, des appuis-tête.* → appuie-bras (rem.).

appuyé, ée adj. 1 *Regard appuyé,* insistant. 2 Qui est exprimé, émis en appuyant (II) ; qui insiste trop. *Un compliment trop appuyé.* ✪ CONTR. ① Discret.

appuyer v. [8] – XIe ; lat. *podium* « support » **I v. tr. 1** Soutenir ou faire soutenir, supporter. ⇒ **maintenir, tenir.** *Appuyer un mur par des arcs-boutants, des contreforts.* ⇒ **arc-bouter, ② buter, contrebuter, épauler, étayer.** ♦ *Appuyer* (une chose) *contre, à,* la placer contre une autre qui lui serve d'appui. ⇒ **appliquer.** *Appuyer une échelle contre un arbre, son dos au mur.* ⇒ **adosser, plaquer.** ♦ *Appuyer (qqch.) sur...* ⇒ **mettre, poser.** *Appuyer ses coudes sur la table.* ⇒ s'**accouder.** « *Atala appuyait une de ses mains sur mon épaule* » (Chateaub.). 2 (abstrait) Soutenir, rendre plus ferme, plus sûr. ⇒ **baser, fonder.** *Appuyer ses dires sur des preuves.* ⇒ **confirmer, corroborer, fortifier, renforcer.** 3 Fournir un moyen d'action, un soutien à. ⇒ **aider, encourager, patronner, protéger, recommander.** *Appuyer un candidat à une élection.* ⇒ **soutenir.** ➛ *Appuyer la candidature de qqn.* ⇒ **pistonner.** 4 Appliquer, presser (une chose sur, contre une autre). *Appuyer le pied sur la pédale. Éponine* « *appuyait en parlant sa main percée sur sa poitrine* » (Hugo). **II v. intr. 1** Être soutenu ; être posé sur. *La voûte appuie sur les arcs-boutants.* ⇒ **① porter, ① reposer, retomber.** 2 Peser plus ou moins fortement sur. ⇒ **presser.** « *il appuya sur un autre bouton* [du magnétophone] *et les bobines s'arrêtèrent* » (Le Clézio). *Appuyer sur la sonnette.* 3 Mettre l'accent sur. *Appuyer sur une note.* ➛ « *il appuyait sur certaines voyelles, sur les diphtongues* » (Mart. du G.). ⇒ **accentuer.** 4 Insister avec force. ⇒ s'**appesantir, souligner.** *Il a appuyé sur l'aspect humain de la question.* 5 Prendre une direction. *Appuyez sur la droite, à gauche.* ⇒ se **diriger. III** *S'APPUYER* v. pron. 1 S'aider, se servir comme d'un appui, d'un soutien. *S'appuyer sur une canne.* « *Laissez-moi vous bander les yeux* [...], *vous vous appuierez sur mon bras, et je vous conduirai moi-même* » (Balz.). *S'appuyer au mur.* ⇒ se **tenir.** « *il s'était appuyé contre un arbre pour ne pas tomber* » (Maupass.). 2 Faire fond sur. *Vous pouvez vous appuyer entièrement sur lui.* ⇒ **compter,** se **reposer.** *Il s'appuie sur sa propre expérience.* ⇒ se **baser,** se **fonder,** se **référer.** *Sur quoi s'appuient vos soupçons ?* ⇒ **① reposer.** 3 fam. Faire (une corvée) par obligation, contre son gré. ⇒ fam. se **taper.** *Il* « *s'était appuyé toutes les courses* » (Céline). ➛ Devoir supporter (qqn). ⇒ se **faire,** se **farcir, subir.** ✪ CONTR. Enlever, ôter, retirer. ① Lâcher. Opposer (s'), rejeter. — Effleurer.

❑ Tous les verbes en ...*uyer* font entendre un *i (ennuyer, essuyer).*

apragmatisme n. m. – mil. XXe ▪ Incapacité psychique de réaliser des actes élémentaires dont le sujet possède les moyens instrumentaux de réalisation. ⇒ **aboulie.**

apraxie n. f. – 1900 ; gr. « inaction » ▪ Incapacité d'effectuer des mouvements volontaires adaptés à un but, alors que les fonctions motrices et sensorielles sont normales.

âpre adj. – XIIe ; lat. *asper* **I - 1** D'une rudesse désagréable. *Froid âpre.* ⇒ **cuisant, rigoureux.** « *Ondées brusques certes, fouettées par un vent de traverse âpre* » (Bosco). *Goût âpre.* « *d'une voix âpre, il cria un ordre à ses matelots* » (Flaub.). ♦ Qui a un goût âpre, racle la langue, la gorge. *Un fruit, un vin âpre.* ⇒ **râpeux.** 2 Dur, pénible. *Lutte âpre. Vie âpre.* ⇒ **austère, rude, sévère. II** vx ou littér. Qui se porte avec trop d'ardeur (à qqch., à la poursuite de qqch.). ⇒ **ardent, avide, cupide, violent.** « *les plus âpres à exiger leurs droits* » (Mass.). ➛ loc. *Être âpre au gain,* avide. ✪ CONTR. Doux. Facile ; agréable. — Désintéressé.

âprement adv. – XIIe ▪ Avec une énergie dure, cruelle. *Combattre âprement.* ⇒ **farouchement.** *Défendre âprement ses droits.* ⇒ **durement, rudement.** ✪ CONTR. Doucement, mollement.

après prép. et adv. – X^e ; lat. *pressus* « serré » **I prép. 1** Postériorité dans le temps. *L'automne vient après l'été. Après onze heures.* ⇒ **② passé.** *Après des années d'absence. Je viendrai après (le) dîner. Après plusieurs essais. Après mûre réflexion. Après vous,* formule de politesse pour inviter qqn à faire qqch. le premier. ➛ *Ils président l'un après l'autre,* alternativement. *Ces événements sont arrivés les uns après les autres,* successivement. *Jour après jour.* ➛ *Après ce que...* : à la suite de, étant donné. *Après ce que j'ai fait pour lui, me traiter d'égoïste ! Après cela, après quoi* : ensuite, après ce dont il vient d'être question. « *Et quand je vous aurais payé au double tout ce que je vous dois, après cela, je ne serais pas encore quitte* » (Volt.). ⇒ **avec.** ♦ loc. conj. *APRÈS QUE* (et l'indic.). « *Il faut bonne mémoire après qu'on a menti* » (Corn.). « *On n'est sage qu'après qu'il en a cuit de ne pas l'être* » (R. Rolland). ♦ *APRÈS* (et l'inf. passé). « *Après avoir versé leur sang le long des routes* » (Duham.). ➛ (et l'inf. présent) *Après boire, après manger* : après avoir bu, mangé. ♦ loc. adv. *APRÈS COUP* : après l'événement ; trop tard. *Je n'ai compris qu'après coup.* 2 Postériorité dans un espace orienté. ♦ (situation de lieu) « *Au bas de la côte, après le pont, commence une chaussée* » (Flaub.). *Être après qqn sur une liste alphabétique.* ⇒ **① derrière.** ♦ (mouvement) Derrière (qqn qui se déplace). *Après vous, je vous en prie* : passez devant (formule de politesse). ➛ Avec un verbe de mouvement, indique une poursuite, une recherche. *Courir après qqch., qqn,* pour le rejoindre, le rattraper. 3 Exprime un mouvement spatial ou affectif en direction de qqch. ou qqn. *Languir, soupirer après qqch., qqn.* ⇒ **désirer.** ♦ vieilli, région. ou pop. *Attendre après qqch., qqn,* avec impatience. ➤ *On a demandé après vous.* ➤ *ÊTRE APRÈS QQN,* le suivre partout, le surveiller. ⇒ **harceler, importuner.** ➤ *Elle s'acharne après lui. Crier, se mettre en colère après qqn.* ⇒ **contre.** *Il en a après tout le monde.* **4** (Subordination dans un ordre, une hiérarchie) *Après le lieutenant vient le sous-lieutenant.* ⇒ **sous. 5** loc. adv. *APRÈS TOUT :* après avoir tout considéré, envisagé. *Après tout, cela ne me regarde pas.* « *Mais, madame, après tout, je ne suis pas un ange* » (Mol.). **6** loc. prép. *D'APRÈS :* à l'imitation de. ⇒ **selon,** ② **suivant.** *Un dessin d'après Goya.* ➤ En se référant à. *Juger d'après l'expérience.* ⇒ **conformément** (à), ① **sur.** « *En histoire comme en physique, ne prononçons que d'après les faits* » (Chateaub.). ➤ Selon les propos, l'avis de. *D'après les témoins. D'après moi, il a raison.* **II** adv. **1** (temps) ⇒ **postérieurement, ultérieurement.** *Les événements qui survinrent après.* ⇒ **ensuite.** *Aussitôt après.* ⇒ ① **sur** (ce). *Peu de temps, longtemps après.* ➤ *Le jour, l'année d'après.* ⇒ ① **suivant.** ♦ *APRÈS ?* pour engager qqn à poursuivre son récit. ⇒ **ensuite.** *Eh bien ! après ?... Que se passe-t-il ?* ➤ *Et après ?* que ferez-vous après, quelles seront les conséquences ? *Vous renverserez le gouvernement ; et après ?* ➤ S'emploie aussi pour marquer le défi, rejeter une objection. *Oui, j'ai tort, et après ?* **2** (espace ; ordre ou situation) ⇒ ① **derrière, ensuite.** *Venir après :* suivre. *La réussite professionnelle passe après,* est d'une importance secondaire. *La page d'après.* ⇒ ① **suivant.** *Cent mètres après.* ⇒ **loin** (plus loin). ➤ loc. adv. *CI-APRÈS :* plus loin (dans un texte). ⇒ **ci-dessous, infra.** ✪ CONTR. ① Avant. ① Avant (en), ① devant. — Abord (d'), auparavant, priorité (en) ; ① dessus (ci-), supra. — HOM. Apprêt.

❑ L'emploi du subjonctif à la suite de *après que* est fautif, *après* excluant l'hypothèse (le fait a eu lieu).

après-demain adv. – XIIIe ▪ Le jour qui suivra demain, dans deux jours. ⇒ aussi **surlendemain.** « *hier Baltimore, aujourd'hui Knoxville, après-demain la Nouvelle-Orléans, et puis nous nous envolons* » (Sartre).

après-dîner n. m. – XIVe ▪ région. Partie de la journée qui suit le dîner en tant que repas de midi. ⇒ **après-midi.** *Des après-dîners.*

après-guerre n. m. – 1903 ▪ Période qui suit une guerre. *Des après-guerres.* ✪ CONTR. Avant-guerre.

après-midi n. m. ou f. inv. – XVIe ▪ Partie de la journée comprise entre le déjeuner et le dîner. *Pour* « *me ménager un plus long après-midi* » (Rouss.). « *un homme que je n'ai vu qu'une après-midi* » (Rouss.). *Cet après-midi.* ➤ *Hier après-midi. Lundi après-midi.*

❑ L'emploi au féminin est plus fréquent pour le moment de la journée. Mais avec des qualifications, on préfère le masculin : *un bel après-midi.*

après-rasage n. m. et adj. – mil. XXe ▪ Lotion rafraîchissante que les hommes appliquent sur leur visage après s'être rasés. ⇒ **after-shave.** *Des après-rasages.*

après-shampoing ou **après-shampooing** [apʀɛʃɑ̃pwɛ̃] n. m. et adj. – mil. XXe ▪ Produit destiné à démêler et embellir les cheveux, que l'on applique après le shampoing. *Des après-shampoings.*

après-ski n. m. – 1936 ▪ Bottillon chaud de montagne que l'on porte par temps de neige, lorsqu'on ne skie pas. *Des après-ski* ou *des après-skis.*

après-vente adj. inv. – v. 1960 ▪ *Service après-vente* (S.A.V. [ɛsave]) : ensemble des services d'installation, d'entretien et de réparation après la vente d'un matériel. ⇒ ② **maintenance.**

âpreté n. f. – XIIe **1** Caractère de ce qui est âpre. *Âpreté au goût. L'âpreté d'un vin. L'âpreté d'une voix.* Caractère dur, pénible, rude ou violent. *Âpreté d'une lutte, d'une discussion.* ⇒ **ardeur, violence.** « *Cette âpreté du catholicisme provincial* » (Balz.). ✪ CONTR. Douceur. Facilité. Modération.

❑ *Âpreté* et *aspérité* viennent tous deux du latin *asperitas,* dérivé de *asper* « âpre ».

a priori loc. adv., loc. adj. inv. et n. m. inv. – XVIIe ; lat. *prior* « le premier » **1** En partant de données antérieures à l'expérience. *Prouver a priori.* ♦ loc. adj. inv. Qui ne se fonde pas sur l'expérience. *Argument a priori,* rationnel ; non fondé sur les faits. ➤ n. m. inv. ⇒ **préjugé.** *Des a priori favorables.* **2** Au premier abord, avant toute expérience. *A priori, c'est une bonne idée.* ✪ CONTR. A posteriori.

❑ Le *a* est latin et ne porte pas d'accent. → a posteriori. ♦ Cette expression comporte quatre syllabes [apʀijɔʀi].

apriorique adj. – XIXe ▪ Fondé sur des données antérieures à l'expérience. ⇒ **aprioriste.**

aprioriste adj. – XIXe ▪ Qui est fondé sur des idées a priori.

à-propos n. m. – XVIIe ▪ Ce qui vient à propos, est dit ou fait opportunément. ⇒ **opportunité, pertinence.** loc. *Esprit d'à-propos :* présence d'esprit. ✪ HOM. Propos (à).

apsara n. f. – XIXe ; mot hindi ▪ Déesse inférieure, dans la mythologie indienne ; sa représentation dans l'art.

apside n. f. – XVIe ; gr. *apsis* « voûte » ▪ *Ligne des apsides :* grand axe de l'orbite elliptique d'une planète. ✪ HOM. Abside.

apte adj. – XIVe ; lat. **1** Qui est naturellement ou juridiquement capable de qqch. **2** Qui a des dispositions pour, qui peut (faire qqch.). *Apte au service militaire.* « *Aucun artiste n'est plus universel que lui, plus apte à se mettre en contact avec les forces de la vie* » (Baud.). ✪ CONTR. Inapte, incapable.

aptère adj. – XVIIIe ; ② *a-* et *-ptère* **1** Qui est dépourvu d'ailes. *Insecte aptère.* **2** *La Victoire aptère :* statue de la Victoire privée d'ailes (pour qu'elle demeure à Athènes). ➤ *Temple aptère,* sans colonnade latérale. ✪ CONTR. Ailé.

aptéryx [apteʀiks] n. m. – XIXe ; → aptère ▪ ⇒ ① **kiwi.**

aptitude n. f. – XIVe **1** Capacité légale, juridique. *Aptitude à exercer ses droits.* **2** Disposition naturelle. ⇒ **penchant, prédisposition, talent.** *Avoir une grande aptitude à* (ou *pour*) *faire qqch.,* être doué pour. « *les marins ont une aptitude remarquable pour le métier de couturière* » (J. Verne). « *La bêtise, c'est l'aptitude au bonheur. C'est le souverain contentement* » (France). ♦ *Test d'aptitude.* **3** Capacité acquise et reconnue. *Un métier en rapport avec ses aptitudes. Certificat d'aptitude professionnelle.* ⇒ **C.A.P.** ✪ CONTR. Inaptitude, incapacité.

apurement n. m. – XIVe ▪ Vérification de la régularisation d'un compte après laquelle un comptable est reconnu quitte. *Apurement du passif :* acquittement d'une dette ou du solde débiteur d'un compte.

apurer v. tr. [1] – XIIe ; de ① *a-* et *pur* ▪ Reconnaître un compte exact après vérification des pièces justificatives.

apyre adj. – XVIIIe ; gr. *pur* « feu » ▪ Réfractaire au feu. ⇒ **incombustible, ininflammable.** ✪ CONTR. Inflammable.

apyrétique adj. – XIXe ; gr. *puretos* « fièvre » ▪ Qui n'est pas accompagné de fièvre, n'a pas de fièvre.

apyrexie n. f. – XVIe ▪ Absence de fièvre (entre deux accès). ✪ CONTR. Fièvre, pyrexie.

aqua- ▪ Élément, du lat. *aqua* « eau ».

uacole [akwakɔl] adj. – XIXe ; *aqua-* et *-cole* 1 Qui vit dans l'eau. ⇒ **aquatique.** 2 Qui se rapporte à l'aquaculture.

quaculteur, trice [akwakyltœʀ, tʀis] n. – XIXe ▪ Personne qui pratique l'aquaculture.

aquaculture [akwakyltyʀ] n. f. – XIXe 1 Élevage d'espèces aquatiques en vue de leur étude ou de leur commercialisation. 2 Procédé de culture des plantes aquatiques dans lequel on substitue un milieu liquide au sol habituel.

aquafortiste [akwafɔʀtist] n. – XIXe ; it. *acquaforte* « eau-forte » ▪ Graveur à l'eau-forte.

aquagym [akwaʒim] n. f. – 1988 ▪ Gymnastique pratiquée en milieu aquatique artificiel. *Faire de l'aquagym en piscine au cours d'une thalassothérapie.*

aquanaute [akwanot] n. m. – 1967 ; *aqua-* et *-naute* ▪ Spécialiste des expéditions sous-marines. ⇒ **océanaute.**

aquaplane [akwaplan] n. m. – 1920 ; de *aqua-* et *planer* ▪ Planche tirée par un bateau à moteur et sur laquelle on se tient debout en s'aidant d'une corde. – Sport pratiqué avec cette planche.

❑ L'aquaplane a été remplacé par le ski nautique, le surf et la planche à voile.

aquaplaning [akwaplaniŋ] n. m. – 1968 ; mot angl. ▪ Perte d'adhérence d'une automobile sur une chaussée mouillée. – Recomm. offic. AQUAPLANAGE n. m.

aquarelle [akwaʀɛl] n. f. – XVIIIe ; it. *acqua* « eau » 1 Peinture légère sur papier avec des couleurs transparentes délayées dans de l'eau. « *il possédait des talents, il peignait à l'aquarelle* » (Flaub.). 2 Œuvre ainsi obtenue. *Une aquarelle de Boudin.*

❑ Pour la prononciation de *qu* → ① q (rem.).

aquarelliste [akwaʀelist] n. – XIXe ▪ Peintre à l'aquarelle.

aquariophilie [akwaʀjɔfili] n. f. – 1949 ; de *aquarium* et *-philie* ▪ Élevage en aquarium des poissons d'ornement.

aquarium [akwaʀjɔm] n. m. – XIXe ; mot lat. « réservoir » ▪ Réservoir à parois de verre dans lequel on entretient des plantes et des animaux aquatiques. ◆ Établissement où l'on entretient des aquariums. *L'aquarium de Monaco.*

aquatinte [akwatɛ̃t] n. f. – XIXe ; it. « eau teinte » ▪ Gravure à l'eau-forte imitant le lavis. ⇒ **gravure.**

aquatique [akwatik] adj. – XIIIe ; lat. 1 Qui croît, vit dans l'eau ou au bord de l'eau. *Animaux aquatiques.* « *une bulle formée contre une plante aquatique par l'eau de la rivière* » (Proust). 2 *Centre, parc aquatique,* qui propose des attractions, des jeux en relation avec l'eau. ⇒ **nautique.** ✪ CONTR. Aérien, terrestre.

❑ Pour la prononciation de *qu* → ① q (rem.).

aquavit [akwavit] n. m. – 1923 ; mot suéd. ▪ Eau-de-vie scandinave, parfumée d'épices (cumin, anis).

aqueduc n. m. – XVIe ; lat. *aqua* « eau » et *ductus* « conduite » 1 Canal souterrain ou aérien destiné à capter et à conduire l'eau d'un lieu à un autre. 2 Conduit anatomique. *Les aqueducs de l'oreille.*

aqueux, euse adj. – XVe ; lat. *aqua* « eau » 1 Qui est de la nature de l'eau ou qui contient de l'eau. *Un fruit aqueux.* 2 *Solution aqueuse,* dont le solvant est l'eau. ✪ CONTR. Anhydre, sec.

à quia → **quia (à)**

aquifère [akɥifɛʀ] adj. – XIXe ; lat. *aqua* « eau » et *-fère* ▪ Qui contient de l'eau.

aquilin adj. m. – XVe ; lat. *aquila* « aigle » ▪ *Nez aquilin,* fin et recourbé en bec d'aigle. « *à son profil antique, à son nez aquilin, on reconnaissait un prince de la grande race des Bourbons* » (Vigny).

aquilon n. m. – XIIe ; lat. *aquila* « aigle » ▪ poét. Vent du nord, froid et violent. « *Tout vous est aquilon, tout me semble zéphyr* » (La Font.).

aquosité n. f. – XIVe ▪ État de ce qui est aqueux. ✪ CONTR. Siccité.

❑ Attention, la prononciation du *qu* est normale comme dans *aqueux.*

ara n. m. – XVIe ; tupi ▪ Grand perroquet d'Amérique du Sud *(psittaciformes),* au plumage brillant. « *je distinguai un gros ara rouge, bleu, jaune et vert qui s'ébrouait* » (Tournier). ✪ HOM. Haras.

arabe adj. et n. – XIe ; gr. *araps* 1 Originaire de la péninsule arabique. *Tribus arabes. Les pétroles arabes.* ◆ Des peuples sémitiques d'Arabie et par ext. Des populations arabophones du Proche-Orient et du nord de l'Afrique. *Le monde arabe. Les pays arabes.* ◆ n. *Les Arabes.* ⇒ **maure,** ① **sarrasin.** ◆ Personne originaire du Maghreb. ⇒ **maghrébin.** – *Jeune Arabe de deuxième génération.* ⇒ **beur.** 2 Issu de la civilisation arabe (⇒ **arabité**). *L'art arabe.* « *Un haut-parleur diffusait de la musique arabe : modulations stridentes* [...], *litanies d'une flûte au son aigre, bruits de crécelle des tambourins et des cithares* » (Perec). *Calligraphie arabe. Chiffres arabes :* les dix signes de notre numération (opposé à *romain*). 3 n. m. Langue sémitique du groupe méridional, divisée en nombreuses formes dialectales.

❑ Les Arabes appellent les chiffres arabes « chiffres indiens ». ◆ Ne pas confondre *arabe* avec *islamique, musulman,* qui se rapportent à la religion.

arabesque n. f. – XVIe ; it. « arabe, qui est propre aux Arabes » 1 Ornement formé de lettres, de lignes, de feuillages entrelacés. ⇒ **entrelacs, rinceau.** « *une très vieille fontaine* [...] *toute sculptée d'exquises arabesques* » (Loti). 2 Ligne sinueuse de forme élégante. ⇒ **spirale, volute.** ◆ fig. Enjolivement, fantaisie musicale ou littéraire. « *Deux Arabesques* », *de Cl. Debussy.* ◆ Pose de danse sur une jambe, l'autre levée en arrière.

arabica n. m. – v. 1970 ; lat. « arabe » 1 Caféier originaire d'Arabie. 2 Café produit par l'arabica. *Boire une tasse d'arabica.*

arabique adj. – XIIIe ▪ D'Arabie. *Péninsule arabique.*

arabisant, ante n. – XVIIe ▪ Spécialiste de la langue, de la littérature arabes.

arabisation n. f. – 1903 ▪ Fait d'arabiser.

arabiser v. tr. 1 – XVIIIe ▪ Rendre arabe, donner un caractère (social, culturel) arabe à. ⇒ **islamiser.** *Les Maures arabisèrent l'Espagne.*

arabisme n. m. – XVIIIe 1 Idiotisme, tournure propre à la langue arabe. ◆ Emprunt à la langue arabe. 2 Idéologie nationaliste arabe.

arabité n. f. – v. 1960 1 Trait propre à la civilisation arabe ; appartenance à la communauté arabe. 2 Ensemble des valeurs culturelles du monde arabe.

arable adj. – XIIe ; lat. *arare* « labourer » ▪ Qui peut être labouré. ⇒ **cultivable, labourable.** « *les hauteurs, plus difficilement converties en terres arables, tendent à conserver davantage leurs arbres* » (Yourcenar). ✪ CONTR. Incultivable.

❑ Même famille étym. que *araire, aratoire.*

arabophone adj. et n. – 1903 ▪ Qui parle arabe. *Populations arabophones.* – *Un, une arabophone.*

arachide n. f. – XVIIIe ; gr. *arakhidna* « gesse » 1 Plante tropicale *(légumineuses),* cultivée pour ses fruits (graines) qui se développent sous terre. 2 Graine de cette plante. ⇒ **cacahouète.** *Huile d'arachide.*

arachnéen, enne [araknẽɛ̃, ɛn] adj. – XIXe 1 Qui est propre à l'araignée. 2 littér. Qui a la légèreté, la finesse de la toile d'araignée. « *Un déshabillé de Chantilly noir, arachnéen* » (Maurois). ✪ CONTR. Grossier.

arachnides [araknid] n. m. pl. – XIXe ; gr. *arakhnê* « araignée » et *-ide* ▪ Classe d'arthropodes terrestres à huit pattes. *Les acariens, les araignées, les scorpions sont des arachnides.*

arachnoïde [araknɔid] n. f. – XVIe ; gr. *arachnoeidês* « en forme de toile d'araignée » ▪ Membrane qui enveloppe le cerveau et la moelle épinière des mammifères.

aragonaise n. f. – XXe ▪ Danse populaire de l'Aragon (Espagne). ⇒ **jota.**

aragonite n. f. – XIXe ; de *Aragon* région d'Espagne ▪ Carbonate de calcium cristallisé qui peut former des stalactites.

araignée n. f. – XIIe ; lat. *aranea* 1 Arachnide *(aranéides)* muni de crochets à venin et de glandes séricigènes. *Toile d'araignée* : réseau de soie que l'animal tisse pour capturer ses proies (⇒ **arachnéen**). « *ici, c'est le nid de l'araignée, l'endroit où, à la moindre alerte, elle se précipite en se laissant couler le long du fil maître* » (Le Clézio). ♦ loc. fam. *Avoir une araignée au plafond* : avoir l'esprit quelque peu dérangé. 2 Crochet de fer, tendeur à plusieurs branches. 3 Filet de pêche à mailles carrées. 4 *Araignée de mer ; crabe araignée* : crustacé à longues pattes (⇒ **maïa**). ➝ *Araignée d'eau.* ⇒ **hydromètre.** 5 Morceau de viande de bœuf, sillonné de nervures.

❑ Attention, les araignées ne doivent pas être assimilées à des insectes, comme on le fait souvent.

araire n. m. – XIIe ; lat. *arare* « labourer » ▪ Charrue simple sans avant-train, souvent en bois.

arak n. m. – XVIe ; ar. *araq (at-tamr)* « vin (de palme) » ▪ Spiritueux obtenu à partir du riz fermenté ou du jus de canne à sucre.

araméen, enne adj. et n. – XVIIIe ; hébr. *Aram* « Syrie » ▪ Des Sémites de Syrie et de haute Mésopotamie (dans l'Antiquité). ♦ n. *Les Araméens.* ➝ n. m. *L'araméen* : ensemble de parlers sémitiques répandus en Syrie, Palestine, Égypte (surtout pendant l'Antiquité).

aramide adj. – 1974 ; de *ar(omatique)* et *amide* ▪ Se dit de fibres et de fils synthétiques qui possèdent de bonnes propriétés mécaniques. ⇒ **kevlar.** ➝ n. m. *Un avion en aramide.*

aramon n. m. – XIXe ; nom d'une ville du Gard ▪ Cépage du Languedoc.

arasement n. m. – XIVe 1 Le fait de mettre à ras, de niveau. 2 Dernière assise d'un mur (qui le met de niveau). 3 Nivellement d'un relief par l'érosion.

araser v. tr. [1] – XIIe 1 Mettre de niveau (un mur). 2 Diminuer la partie de (une pièce qui doit s'emboîter). 3 User (un relief) jusqu'à disparition.

aratoire adj. – XVe ; lat. *arare* « labourer » ▪ Qui a rapport au labourage, au travail de la terre. *Instruments aratoires.*

❑ Même famille étym. que *arable, araire.*

araucaria n. m. – XIXe ; mot lat., de *Arauco*, région du Chili ▪ Arbre d'ornement d'origine andine *(araucariacées)* au tronc et aux branches couverts d'écailles.

arbalète n. f. – XIe ; lat. *arcus* « arc » et *ballista* « baliste » ▪ Arme de trait, arc d'acier monté sur un fût et dont la corde se bandait avec un mécanisme. *Tir à l'arbalète.*

arbalétrier n. m. – XIIe 1 Soldat armé d'une arbalète. 2 fig. Martinet noir (oiseau). 3 Poutre oblique portant un des deux versants du toit.

arbalétrière n. f. – XIIe ▪ Meurtrière pour tirer avec l'arbalète. ⇒ **archère.**

arbitrable adj. – XIXe ▪ Qui peut être arbitré. *Conflit arbitrable.*

arbitrage n. m. – XIIIe 1 Règlement d'un différend ou sentence arbitrale rendue par une ou plusieurs personnes (⇒ ① **arbitre**), auxquelles les parties ont décidé, d'un commun accord, de s'en remettre. « *L'Allemagne* [...] *semble faire tout ce qu'il faut pour torpiller la réunion d'arbitrage* » (Mart. du G.). 2 Opération d'achat et de vente en vue de tirer bénéfice des différences de cours entre deux choses. 3 En sport, Fonction d'arbitre ; exercice de ces fonctions.

arbitragiste adj. et n. – XIXe ▪ Qui est relatif aux opérations d'arbitrage boursier. ➝ *Un, une arbitragiste.*

arbitraire adj. et n. m. – XIVe I adj. 1 Qui dépend de la seule volonté *(libre arbitre)*, n'est pas lié par l'observation de règles. *Choix arbitraire.* ➝ Qui ne tient pas compte de la réalité, des exigences de la science. ⇒ **artificiel, discutable.** *Interprétation arbitraire.* 2 Qui dépend du bon plaisir, du caprice de qqn. ⇒ **despotique, tyrannique.** *Décision arbitraire.* ⇒ **injuste.** *Arrestation arbitraire.* ⇒ **illégal.** « *les tortures, la séquestration arbitraire, la loi violée par les magistrats* » (Mauriac). II n. m. 1 Caractère de ce qui est soumis au libre arbitre, à la fantaisie de qqn. 2 Autorité qui s'exerce selon le bon vouloir d'une personne ou d'un groupe. 3 *L'arbitraire du signe* : en linguistique, l'absence de lien de ressemblance entre le signe et la réalité qu'il désigne. ✪ CONTR. Naturel ; ① objectif. Juste, légitime. — Justice, légalité. Motivation.

arbitrairement adv. – XIVe ▪ D'une manière arbitraire. *Des prix fixés arbitrairement.* « *les rhétoriques, les prosodies ne sont pas des tyrannies inventées arbitrairement* » (Baud.). ✪ CONTR. Objectivement. Légalement.

arbitral, ale, aux adj. – XIIIe ▪ dr. Qui est prononcé par un ou plusieurs arbitres. ♦ Qui est composé d'arbitres. *Tribunal arbitral.*

arbitralement adv. – XVIIe ▪ dr. Par arbitres. *Affaire jugée arbitralement.*

① **arbitre** n. – XIIIe ; lat. 1 Personne désignée par les parties pour trancher un différend, régler un litige (⇒ **arbitrage**). ♦ Personne prise pour juge dans un débat, une dispute. « *Un saint homme de chat, bien fourré, gros et gras, Arbitre expert sur tous les cas* » (La Font.). ♦ Personne qui est capable de décider de qqch. *Elle est l'arbitre des élégances.* 2 Personne que son autorité désigne pour concilier des intérêts opposés. ⇒ **conciliateur, médiateur.** 3 Personne désignée pour veiller à la régularité d'une compétition, d'une épreuve sportive, de manœuvres militaires. *L'arbitre siffle la fin du match.*

② **arbitre** n. m. – XIIIe ▪ ⇒ **libre arbitre.**

arbitrer v. tr. [1] – XIIIe 1 Agir, intervenir, juger en qualité d'arbitre. *Arbitrer un différend, un litige.* ⇒ ① **juger, trancher.** ➝ *Arbitrer des personnes.* 2 *Arbitrer des valeurs, des marchandises* : faire un arbitrage sur ces valeurs, ces marchandises. 3 Contrôler la régularité de (une compétition, une épreuve). *Arbitrer un tournoi de tennis.*

arboré, ée adj. – XVIe 1 Parsemé d'arbres isolés ou en bouquets. *Savane arborée.* 2 région. (Belgique) Planté d'arbres. *Jardin arboré.*

❑ Ne pas confondre *arboré* et *abhorré* « détesté », deux mots rares.

arborer v. tr. [1] – XIVe 1 Dresser, élever (droit comme un arbre). *Arborer des bannières, des enseignes.* 2 Porter ostensiblement. *Arborer un insigne à sa boutonnière.* « *des garçonnes aux nuques rasées qui* arboraient des cravates, parfois des monocles » (Beauv.). ♦ Montrer, faire étalage de. ⇒ **afficher.** « *Pauline avait arboré un air de triomphe qui manquait de mesure et de tendresse* » (Maurois). ➛ *Arborer des opinions extrémistes.* ✪ CONTR. Baisser. ① Cacher.

arborescence n. f. – XIXe **1** État d'un végétal arborescent. ➛ Partie arborescente d'une plante. **2** Forme arborescente. *Les arborescences du givre.* **3** Graphe en arbre qui possède une racine. *Les arborescences d'un programme.*

arborescent, ente adj. – XVIe **1** Qui prend la forme ramifiée, le port d'un arbre. *Fougères arborescentes.* **2** Dont la forme rappelle celle d'un arbre. ♦ *Classification arborescente,* en arbre.

arboretum [arbɔretɔm] n. m. – XIXe ; mot lat. ▪ Plantation d'arbres d'essences variées, en vue de l'expérimentation ou de l'ornement. *Les arboretums du mont Aigoual.*

arbor(i)- ▪ Élément, du lat. *arbor* « arbre ».

arboricole adj. – XIXe ; *arbori-* et *-cole* **1** Qui vit sur les arbres. **2** Qui a rapport à l'arboriculture.

arboriculteur, trice n. – XIXe ▪ Personne qui pratique l'arboriculture.

arboriculture n. f. – XIXe ▪ Culture des arbres. *Arboriculture forestière.* ⇒ **sylviculture.** *Arboriculture d'ornement.* ⇒ **horticulture.** ➛ *Arboriculture fruitière.*

arborisation n. f. – XVIIIe ▪ Dessin naturel ressemblant à des végétations, à des ramifications. ⇒ **arborescence.** *Les arborisations du givre sur les vitres.*

❑ Ne pas confondre avec *herborisation* « cueillette de collection de plantes ».

arborisé, ée adj. – XVIIIe ▪ Qui présente des arborisations. *Agate arborisée.* ⇒ **arborescent.**

❑ On emploie à tort *herborisé.* → arborisation (rem.).

arbouse n. f. – XVIe ; lat. *arbuteus* ▪ Fruit rouge et aigrelet de l'arbousier.

arbousier n. m. – XVIe ▪ Arbre à feuilles persistantes *(éricacées)* et aux fruits écarlates, commun dans la région méditerranéenne.

arbovirose n. f. – 1966 ▪ Infection à arbovirus.

arbovirus [arbovirys] n. m. – 1963 ; de l'angl. *arthropod-born virus* « virus transporté par les arthropodes » ▪ Virus qui se transmet par piqûre d'arthropode.

arbre n. m. – XIe ; lat. *arbor* **I** Grand végétal ligneux qui possède un tronc et dont la tige ne porte de branches qu'à partir d'une certaine hauteur. *Étude des arbres.* ⇒ **dendrologie.** ♦ *Petit arbre, jeune arbre.* ⇒ **arbuste.** *Les racines, la tige* (⇒ **fût, tronc**), *les branches, les feuilles d'un arbre. Collet, pied de l'arbre. À l'ombre d'un arbre.* ⇒ ① **couvert, ombrage.** *La cime d'un arbre. Arbre en espalier. Arbre en fleur. Arbre qui bourgeonne, perd ses feuilles* (⇒ **défoliation**). *Arbre à feuilles persistantes* (⇒ **sempervirent, vert**), *à feuilles caduques. Espèces d'arbres.* ⇒ **essence.** *Arbre nain.* ⇒ **bonsaï.** *Arbre centenaire. Arbre mort. Culture des arbres.* ⇒ **arboriculture, sylviculture.** *Arbre fruitier* (⇒ **verger**). *Arbre d'agrément, d'ornement. Lieu planté d'arbres.* ⇒ **bois, forêt.** *Une avenue plantée d'arbres. Planter des arbres.* ⇒ **boiser, reboiser.** *Abattre les arbres* (⇒ **bois,** ② **coupe, grume, souche ; débiter**). ➛ *Monter dans un arbre, grimper aux arbres.* « *soit qu'il grimpât au sommet d'un arbre pour y fixer les cordes d'abattage* » (J. Verne). ➛ *Arbre à palabres,* sous lequel on se réunit en Afrique. ♦ *Arbre de Noël :* sapin ou branche de sapin auquel on suspend des jouets, des décorations, à Noël. **II** - **1** *Arbre de la croix :* la croix où fut attaché Jésus. **2** Axe qui reçoit ou transmet un mouvement de rotation. *Arbre moteur, arbre manivelle.* ⇒ **vilebrequin.** *Arbre à cames. Arbre de couche,* qui transmet le mouvement des machines aux propulseurs d'un navire. **3** *Arbre de vie :* arborisation que présente la coupe longitudinale du cervelet. **4** *Arbre généalogique :* figure représentant un arbre dont les ramifications montrent la filiation des diverses branches d'une même famille (et fig. une évolution). **5** Représentation graphique de la structure d'une phrase en constituants* immédiats, selon des classes syntagmatiques (grammaire transformationnelle). *Classification en arbre,* présentation des sens d'un mot selon cette structure.

❑ La plupart des noms d'arbres et de plantes à fruits sont formés sur le nom du fruit et le suffixe *-ier : citronnier, poirier, fraisier,* etc. Ce suffixe ne faisant pas entendre le *i* lorsqu'il suit *ill (groseillier)* et *gn (châtaignier),* attention à l'orthographe. Quelques noms d'arbres ont le suffixe *-er (pêcher, oranger).*

arbrisseau n. m. – XIIe ▪ Végétal ligneux de petite taille. « *Les arbres, les arbrisseaux, les plantes, sont la parure et le vêtement de la terre* » (Rouss.).

arbuste n. m. – XVe ▪ Petit arbre dont le tronc est bien différencié. ⇒ **arbrisseau.** « *Or cet arbuste étant un chêne devait énormément grandir* » (Gide).

arbustif, ive adj. – XVIe ▪ Qui se rapporte aux arbustes. *Végétation arbustive.*

① **arc** n. m. – XIe ; lat. **1** Arme formée d'une tige souple (de bois, de métal) que l'on courbe au moyen d'une corde attachée aux deux extrémités pour lancer des flèches. *Bander, tendre son arc. Tir à l'arc.* ⇒ **archerie.** *Soldat armé d'un arc.* ⇒ **archer.** ➛ loc. *Avoir plus d'une corde à son arc :* avoir plus d'une ressource pour réussir, pour atteindre son but. **2** Portion de courbe d'un seul tenant. *Arc de cercle.* ➛ *En arc de cercle :* courbe, arqué, cintré. **3** Ce qui a la forme d'un arc. « *la face allongée, le nez en bec d'aigle, l'arc des sourcils très prononcé* » (Gaut.). ➛ Partie courbe de certains organes. *Arc du côlon.* ♦ *Arc électrique :* émission de lumière intense provoquée par le passage d'un courant, dans le vide ou dans un gaz, entre deux électrodes de potentiel différent. *Soudure à l'arc.* ➛ Courbure. *Arc montagneux,* d'une chaîne de montagnes. *Arc insulaire,* d'un archipel. **4** Courbe décrite par une voûte et qui est formée par un ou plusieurs arcs de cercle. *Le cintre d'un arc,* sa courbure intérieure. *Arc en plein cintre :* demi-cercle régulier. « *J'ai identifié l'arc en plein cintre, les arcs surbaissés, surhaussés, brisés, outrepassés* » (Beauv.). **5** *Arc de triomphe, arc triomphal :* arcade monumentale élevée pour célébrer l'entrée d'un souverain dans une ville, la victoire d'une armée.

❑ Jusqu'au XVIe s., on ne prononçait pas le *c* de *arc* (cas actuel de *marc, porc, clerc*). ♦ → arquebuse (rem.).

② **ARC** n. m. inv. – 1985 ; acronyme de l'angl. ***A**ids **R**elated **C**omplex* « syndromes associés au sida » ▪ Infection de l'organisme par le virus du sida, se manifestant par des signes cliniques mineurs (appelée aussi *pré-sida*).

arcade n. f. – XVIe **1** Ouverture en arc ; ensemble formé d'un arc et de ses montants ou points d'appui. *Les arcades d'un cloître, d'une galerie* (⇒ **arcature**). *Arcades en plein cintre, en ogive.* ⇒ ① **arc, archivolte.** ➛ *Arcades de verdure.* **2** Ce qui a une forme arquée. *Arcade sourcilière :* proéminence au-dessus de chaque orbite, où poussent les sourcils.

arcane n. m. – XIVe ; lat. « secret » ▪ Opération mystérieuse, réservée aux initiés. *Les arcanes de la science, de la politique.* ⇒ **mystère,** ② **secret.**

❑ Attention : *arcane* est masculin, ce que l'emploi fréquent au pluriel ne montre pas.

arcature n. f. – XIXe ▪ Série de petites arcades décoratives.

arc-boutant n. m. – XIVe 1 Maçonnerie en forme d'arc qui s'appuie sur un contrefort pour soutenir de l'extérieur un mur subissant la poussée d'une voûte ou d'un arc. *Les arcs-boutants d'une cathédrale gothique.* 2 Pièce servant à maintenir l'écartement des galhaubans. Bossoir servant à suspendre les embarcations.

arc-bouter v. tr. [1] – XVIIe 1 Soutenir au moyen d'un arc-boutant. ⇒ **étayer.** *Arc-bouter un mur, une voûte.* 2 *S'ARC-BOUTER* v. pron. Prendre appui sur une partie du corps pour exercer une poussée, un effort de résistance. « *Sarah s'arc-bouta contre la voiture et poussa de toutes ses forces* » (Sartre).

arc-doubleau n. m. – XIVe ▪ Arc en saillie sous l'intrados d'une voûte. *Des arcs-doubleaux.* ⇒ **doubleau.**

arceau n. m. – XIIe 1 Partie cintrée d'une arcade, d'une voûte, d'une ouverture. ⇒ ① **arc.** 2 Objet en forme de petite arche. *Arceaux du jeu de croquet,* sous lesquels passe la boule. *Arceaux d'une tonnelle.*

arc-en-ciel n. m. – XIIe ▪ Phénomène météorologique lumineux et coloré, en forme d'arc, produit par la réfraction, la réflexion et la dispersion de la lumière solaire par des gouttes d'eau. *Des arcs-en-ciel.* ➛ loc. fam. *Passer par toutes les couleurs de l'arc-en-ciel* (sous l'effet d'émotions, etc.).

archaïque [arkaik] adj. – XVIIIe 1 Qui est ancien ou présente un caractère d'ancienneté. *Mot, tournure archaïque* (⇒ **archaïsme).** ♦ Désuet, périmé. *Des méthodes archaïques.* 2 Antérieur aux époques classiques artistiques. *La période archaïque de l'art grec.* ⇒ **primitif.** « *tous les arts ont reparu, de plus en plus archaïques* » (Malraux). ✪ CONTR. Moderne. Décadent.

archaïsant, ante [arkaizɑ̃, ɑ̃t] adj. et n. – 1905 ▪ Qui fait usage d'archaïsmes, qui affecte l'archaïsme. ✪ CONTR. Moderniste.

archaïsme [arkaism] n. m. – XVIIe ; gr. *arkhaios* « ancien » 1 Caractère d'ancienneté, en littérature et en art. Imitation de la manière des Anciens. 2 Mot, expression, tour ancien qu'on emploie alors qu'il n'est plus en usage. 3 Caractère de ce qui est périmé. *L'archaïsme de certaines méthodes de travail.* ✪ CONTR. Modernisme, nouveauté. Néologisme.

archal [arʃal] n. m. sing. – XIIe ; gr. *oreikhalkos* « laiton » ▪ vx ou littér. *Fil d'archal,* de laiton.

archange [arkɑ̃ʒ] n. m. – XIIe ▪ Être qui est placé au-dessus de l'ange, dans la hiérarchie angélique. « *Son œil héroïque et souverain faisait songer à un archange* » (Hugo).

archangélique [arkɑ̃ʒelik] adj. – XVe ▪ Qui tient de l'archange. ✪ CONTR. Diabolique.

① **arche** n. f. – XIIe ; lat. *arca* « coffre, armoire » 1 *Arche de Noé,* ou *arche* : vaisseau fermé qui permit à Noé d'échapper aux eaux du déluge, selon la Bible. 2 *L'arche d'alliance, l'arche sainte* : coffre où les Hébreux gardaient les Tables de la loi.

② **arche** n. f. – XIIe ▪ Voûte en forme d'arc qui s'appuie sur les culées ou les piles d'un pont. *Les arches d'un aqueduc.* « *Une de ces cavernes, dans laquelle on pénètre par l'arche surbaissée d'un pont naturel* » (Lamart.). ♦ Monument en forme d'arc. *L'arche de la Défense, près de Paris.*

archéen, enne [arkeɛ̃, ɛn] adj. et n. m. – XIXe ; gr. *arkhaios* « ancien » ▪ Antérieur au cambrien. ➛ n. m. Ensemble des terrains archéens ; période la plus ancienne des temps géologiques.

archégone [arkegɔn ; arkegon] n. m. – XIXe ; gr. *arkhê* « principe » et ② *-gone* ▪ Organe femelle qui, chez les cryptogames vasculaires, les mousses, les gymnospermes renferme l'oosphère.

archelle n. f. – d. i. ; lat. *axis* « planche » ▪ région. (Belgique) Étagère de salle à manger, munie de crochets pour ustensiles à anses.

archéo- ▪ Élément, du gr. *arkhaios* « ancien ».

archéobactérie [arkeobakteri] n. f. – 1984 ▪ Bactérie procaryote, dont les caractères biochimiques sont néanmoins très différents de ceux des eubactéries.

archéologie [arkeɔlɔʒi] n. f. – XVIe ; *archéo-* et *-logie* ▪ Étude des civilisations anciennes par l'analyse des vestiges matériels.

archéologique [arkeɔlɔʒik] adj. – XVIe ▪ Qui a rapport à l'archéologie. *Fouilles archéologiques. Des « ruines, qui sont en train de se muer en sites archéologiques »* (Malraux).

archéologue [arkeɔlɔg] n. – XIXe ▪ Personne qui s'occupe d'archéologie.

archéoptéryx [arkeɔpteriks] n. m. – XIXe ; de *archéo-* et gr. *pterux* « aile » ▪ Oiseau fossile du jurassique présentant encore certains caractères des reptiles (dents, longue queue) dont il est issu.

> ❑ L'archéoptéryx est le premier oiseau connu dans l'évolution animale.

archer, ère n. – XIIe 1 n. m. Soldat armé de l'arc. 2 n. m. Agent de police, sous l'Ancien Régime. « *Allons vite à la justice. Des archers après eux !* » (Mol.). 3 Tireur, tireuse à l'arc.

archère ou **archière** n. f. – XIIIe ▪ Ouverture pratiquée dans les fortifications pour le tir à l'arc, à l'arbalète. ⇒ **arbalétrière, meurtrière.**

archerie n. f. – XIVe 1 Art du tir à l'arc. 2 Matériel pour le tir à l'arc.

archet n. m. – XIIe 1 Baguette tendue des crins qui servent à faire vibrer les cordes de divers instruments de musique. *Archet de violon, de contrebasse.* « *Qu'importe la mélodie, à qui s'enquiert de l'archet, et de la main qui tient l'archet ?* » (Colette). 2 Châssis courbé en arc (⇒ **arceau),** arc d'acier dont on se sert dans différents métiers. 3 Appareil de stridulation des sauterelles.

archétype [arketip] n. m. – XIIIe ; gr. ▪ Type primitif ou idéal ; original qui sert de modèle. ⇒ ② **étalon, modèle, prototype.** ➛ Chez Jung, Symbole primitif, universel, appartenant à l'inconscient collectif. « *ce que Jung appelle les archétypes, les fictions mères de toute pensée humaine et les personnages des contes* » (Maurois). ✪ CONTR. Copie.

archevêché n. m. – XIIe 1 Territoire sous la juridiction d'un archevêque. 2 Dignité d'archevêque. ⇒ **archiépiscopat.** ➛ Siège (⇒ **métropole),** palais archiépiscopal. ➛ Administration archiépiscopale.

archevêque n. m. – XIe ▪ Évêque placé à la tête d'une province ecclésiastique (⇒ **archevêché)** et qui a plusieurs évêques pour suffragants. ⇒ ① **métropolitain.**

archi → **architecture**

① **arch(i)-** ▪ Élément, du gr. *arkhi-,* qui exprime la prééminence, le premier rang (surtout dans les titres).

② **archi-** ▪ Élément, de ① *archi-,* qui exprime le degré extrême ou l'excès et qui s'emploie pour former des adjectifs. ⇒ **extrêmement, très.** *L'autobus est archiplein. C'est archifaux.*

archicube n. m. – XIXe ▪ arg. scol. Ancien élève de l'École normale supérieure.

archidiacre n. m. – XIIe ▪ Dignitaire ecclésiastique investi par l'évêque d'une sorte de juridiction sur les curés du diocèse. ⇒ **vicaire** (général).

archidiocésain, aine adj. – XVIIIe ▪ D'un archevêché.

archidiocèse n. m. – XIXe ▪ Diocèse d'un archevêque.

archiduc, archiduchesse n. – XVe ▪ Titre des princes et princesses de l'ancienne maison d'Autriche.

-archie ▪ Élément, du gr. *arkhein* « commander », qui sert à former des mots désignant des gouvernements (ex. *monarchie, énarchie, anarchie*). ⇒ **-arque ; -cratie.**

archiépiscopal, ale, aux adj. – XIVe ▪ Qui appartient à l'archevêque.

archiépiscopat n. m. – XVe ▪ Dignité, fonction d'archevêque.

archière → **archère**

archimandrite n. m. – XVIe ; gr. *mandra* « cloître » ▪ Supérieur de certains monastères dans l'Église grecque.

archipel n. m. – XIVe ; gr. *Aigaion pelagos* « la mer Égée » ▪ Groupe d'îles.

❑ Ce mot n'est pas formé avec l'élément *archi-*.

archiphonème n. m. – 1929 ▪ Phonème qui représente les traits communs à deux phonèmes minimaux.

archiprêtre n. m. – XIIe ▪ Titre honorifique conféré à un curé.

archiptère n. m. – XIXe ; ① *archi-* et *-ptère* ▪ Insecte à ailes finement nervurées, dont les métamorphoses sont incomplètes.

architecte n. – XIVe ; gr. *tektôn* « charpentier » **1** Personne diplômée, capable de tracer le plan d'un édifice et d'en diriger l'exécution. *Elle est architecte. Une étude d'architecte. Table d'architecte.* « *L'architecte est celui qui a vocation par son art d'édifier quelque chose de nécessaire et de permanent* » (Claudel). ♦ *Architecte d'intérieur.* ⇒ **décorateur.** **2** fig. Personne ou entité qui élabore et construit qqch. ⇒ **créateur.** *L'Architecte du monde, de l'univers :* Dieu. ➛ « *Notre conscience est l'architecte de notre songe* » (Hugo). ✪ CONTR. Démolisseur.

❑ Il s'agit, selon l'étymologie grecque, du « charpentier chef ». ♦ Même famille étym. que *tectonique*.

architectonie n. f. – 1943 ▪ Disposition régulière, organisation architecturale d'un espace.

architectonique adj. et n. f. – XIVe ▪ Qui a rapport à l'art de l'architecte ; qui est conforme à la technique de l'architecture. ♦ n. f. L'art, la technique de la construction. ➛ Organisation, structure. *L'architectonique d'une œuvre musicale.*

architectural, ale, aux adj. – XIXe ▪ Qui a rapport à l'architecture, qui en a le caractère. « *Cette église parasite* [...], *verrue architecturale poussée au dos de l'édifice arabe* » (Gaut.). ➛ *L'équilibre architectural d'un roman.*

architecture n. f. – XVIe **1** L'art de construire les édifices. *Style d'architecture.* « *Nous redescendîmes pour voir la chapelle ; c'est une merveille d'architecture* » (Nerval). ➛ abrév. fam. ARCHI. *École d'archi.* **2** Disposition d'un édifice. ⇒ **ordonnance, proportion.** Caractère architectural. *La belle architecture d'une église.* ♦ Édifice. « *D'éblouissantes architectures* » (Proust). **3** fig. ⇒ **forme, structure ; charpente.** « *Une tête de mort véritable, avec ses trous* [...], *son architecture apparente et secrète* » (Duham.). **4** Organisation des éléments composant un système informatique. *Architecture parallèle.*

architecturer v. tr. [1] – XIXe ▪ Construire avec rigueur, comme on construit un bâtiment. ⇒ **structurer.** ➛ *Roman bien architecturé.*

architrave n. f. – XVIe ; lat. *trabs* « poutre » **1** Partie inférieure de l'entablement qui porte directement sur le chapiteau de colonnes. ⇒ **épistyle, linteau.** **2** Poutre soutenant certaines parties du navire.

archivage n. m. – 1961 ▪ Action d'archiver.

archiver v. tr. [1] – XIXe ▪ Classer (un document) dans les archives.

archives n. f. pl. – XIIIe ; gr. *arkhê* « commencement ; pouvoir » **1** Ensemble de documents anciens, rassemblés et classés à des fins historiques. « *Les chants de Pindare forment, avec les ouvrages d'Homère, les brillantes archives de la Grèce* » (Chateaub.). *Document d'archives. Archives sur microfilms.* **2** Lieu où les archives sont conservées. ⇒ **bibliothèque, cabinet, dépôt.** *Archives nationales,* qui centralisent les documents relatifs à l'histoire de France.

archiviste n. – XVe ▪ Personne préposée à la garde, à la conservation des archives. ➛ *Archiviste-paléographe :* archiviste diplômé de l'École nationale des chartes.

archivistique adj. et n. f. – 1952 **1** Relatif à la science des archives. ➛ Des archives. *Pièce archivistique.* **2** n. f. Science des archives. *L'archivistique des manuscrits.*

archivolte n. f. – XVIIe ▪ Bande moulurée concentrique à l'intrados d'une arcade. ➛ Ensemble des voussures d'une arcade, d'un portail.

archonte [aʀkɔ̃t] n. m. – XIIIe ; gr. ▪ Titre des magistrats qui gouvernaient les républiques grecques.

❑ *Archonte* vient du grec *arkhôn,* participe présent du verbe *arkhein* « commander ». → -archie.

arçon n. m. – XIe ; lat. *arcus* « arc » **1** L'une des deux pièces ou arcades qui forment le corps de la selle. ⇒ **pommeau, troussequin.** *Vider les arçons :* tomber de cheval (⇒ **désarçonner**). **2** Instrument en forme d'archet pour battre la laine, la bourre. **3** Sarment de vigne que l'on courbe pour le faire fructifier.

arc-rampant n. m. – XIXe **1** Arc dont les naissances sont de hauteur inégale. *Des arcs-rampants.* **2** Courbe métallique qui soutient une rampe.

arctique adj. – XIVe ; gr. *arktos* « ours » ▪ Qui concerne la Grande Ourse (constellation), les régions polaires du nord. ⇒ **septentrional ; boréal.** *Les* « *régions aplaties qui avoisinent le cercle arctique* » (Baud.). ➛ n. m. *Aller dans l'Arctique.* ✪ CONTR. Antarctique, austral, méridional.

arcure n. f. – XIIIe **1** Courbure en arc. **2** Opération qui consiste à courber une branche, un sarment, afin de le faire mieux fructifier (⇒ **arçon**).

-ard ▪ Élément, d'o. germ., de noms et d'adjectifs auxquels il donne une nuance péjorative ou vulgaire.

ardemment [aʀdamɑ̃] adv. – XIIe ▪ Avec ardeur. « *J'aime cette demeure comme on aime ce qu'on désire ardemment posséder* » (Maupass.). ✪ CONTR. Faiblement, mollement.

ardent, ente adj. – Xe ; lat. **1** Qui est en feu, en combustion ; qui brûle. *Charbons ardents.* ⇒ **incandescent.** ➛ *Buisson ardent :* buisson qui brûlait sans se consumer, forme sous laquelle Dieu apparut à Moïse. **2** Qui est allumé. *Flambeau ardent.* loc. *Chapelle ardente :* chambre mortuaire éclairée de nombreux cierges. **3** Qui a la couleur ou l'éclat du feu. *Cheveux d'un blond ardent. Des yeux ardents de colère,* qui brillent de colère. **4** Qui dégage une forte chaleur. *Soleil ardent.* ⇒ **chaud ; brûlant, torride.** **5** *Chambre ardente :* sous l'Ancien Régime, tribunal d'exception qui pouvait appliquer au condamné la peine du feu. **6** Qui cause une sensation de chaleur, de brûlure. *Fièvre ardente. Soif ardente.* subst. *Le mal des ardents :* nom donné au Moyen Âge à l'ergotisme. **7** Qui a de l'ardeur, prompt à s'enflammer. *Personne, nature ardente.* ⇒ **bouillant, emporté, exalté, fervent, fougueux, impétueux, passionné, violent, volcanique.** ➛ *Tempérament ardent,* porté à l'amour. ⇒ **chaud, sensuel. 8** Qui est très vif. *Une ardente conviction.* ⇒ **profond.** « *Madame Swann faisait profession du nationalisme le plus ardent* » (Proust). ➛ « *enchantée d'avoir soufflé sur l'ardente bataille qu'elle flairait* » (Zola). ✪ CONTR. ② Calme, engourdi, frigide, ① froid, languissant, ① mou, tiède.

ardeur n. f. – XIIe **1** Chaleur vive. *Ardeur du soleil.* littér. *Les ardeurs de l'été.* **2** fig. Énergie pleine de vivacité. ⇒ **force, vie, vigueur, vitalité.** « *Les charpentiers travaillèrent donc avec ardeur* » (J. Verne). *Quelle ardeur !* ⇒ ① **fougue, impétuosité.** *Soutenir une opinion avec ardeur.* ⇒ **exaltation, ferveur,** ① **feu, passion, véhémence.** « *aux rendez-vous dont jadis elle appelait avec tant d'ardeur l'heure délicieuse* » (France). ✪ CONTR. Indifférence, indolence, mollesse. Tiédeur. Froideur.

ardillon n. m. – XIIIe ; de *hard* « lien, corde » → hart ▪ Pointe de métal qui fait partie d'une boucle et s'engage dans un trou de courroie, de ceinture.

ardoise n. f. – XIIe ; mot du Nord ; o. i. **1** Pierre tendre et feuilletée (⇒ **schiste**), noire ou d'un gris bleuâtre, imperméable à l'humidité. *Carrière d'ardoise.* ⇒ **ardoisière.** ♦ Plaque d'ardoise. *Toit d'ardoises.* **2** Plaque d'ardoise ou de carton enduit sur laquelle on écrit avec un crayon spécial ou une craie et qu'on nettoie après usage. **3** fig. Compte de marchandises, de consommations prises à crédit. « *Hier matin, il n'était pas capable de régler son ardoise chez le bistrot et on a refusé de lui servir à boire* » (Simenon). **4** Couleur bleutée, cendrée de cette pierre. *Bleu, gris ardoise.*

ardoisé, ée adj. – XVIe ▪ Qui est de la couleur de l'ardoise.

ardoisier, ière adj. et n. m. – XVIe **1** Qui est de la nature de l'ardoise ou contient de l'ardoise. ➛ Qui a rapport à l'ardoise. *Industrie ardoisière.* **2** n. m. Personne qui exploite une carrière d'ardoise ou y travaille. ♦ région. (Belgique) Couvreur.

ardoisière n. f. – XVIe ▪ Carrière d'ardoise.

ardu, ue adj. – XIVe ; lat. **1** Difficile à gravir. *Chemin ardu.* ⇒ **escarpé. 2** fig. Qui présente de grandes difficultés. ⇒ **difficile, pénible, rude.** *Une entreprise ardue.* ✪ CONTR. Aisé, facile.

are n. m. – XVIIIe ; lat. *area* « aire » ▪ Unité de mesure agraire de superficie valant cent mètres carrés (symb. a). *Cent ares.* ⇒ **hectare.** « *La parcelle de terre, d'une cinquantaine d'ares à peine* » (Zola). ✪ HOM. Arrhes, ars, art, hart.

❑ Le mot a été créé par la Convention en 1793, avec l'ensemble du système métrique.

arec n. m. – XVIe ; it. ▪ Aréquier. *Noix d'arec :* fruit de cet arbre, dont l'amande contient du cachou.

aréflexie n. f. – 1920 ▪ Absence, abolition des réflexes.

areg → ① **erg**

aréique adj. – 1926 ; de ② *a-* et gr. *rhein* « couler » ▪ Sans réseau hydrographique permanent. *Le Sahara est une région aréique.*

areligieux, ieuse adj. – 1907 ▪ Qui n'a aucune religion (⇒ **irréligieux**), repousse tout ce qui la concerne. ✪ CONTR. Religieux.

arénacé, ée adj. – XVIIIe ; lat. *arena* « sable » ▪ Qui est de la nature du sable. ⇒ **sablonneux.** *Roche arénacée.*

arénavirus [aʀenaviʀys] n. m. – 1972 ; lat. *arena* « sable » et *vi*[rus] ▪ Virus à A.R.N., protégé par une capside.

arène n. f. – XIIe ; lat. *arena* « sable » **1** Aire sablée d'un amphithéâtre où se déroulaient les jeux romains, où ont lieu les courses de taureaux. ➛ loc. *Descendre dans l'arène :* accepter un défi, s'engager dans une lutte. *L'arène politique.* **2** au plur. ARÈNES : ancien amphithéâtre romain. *Les arènes de Lutèce.* ♦ Amphithéâtre où se déroulent des corridas. *Les arènes de Malaga.* **3** Produit de consistance sableuse, issu de l'altération d'une roche cristalline.

arénicole adj. et n. f. – XIXe ; lat. *arena* « sable » et *-cole* **1** Qui vit dans le sable. ⇒ **ammophile. 2** n. f. Ver segmenté *(polychètes),* qui vit dans le sable.

aréolaire adj. – XIXe **1** Qui se rapporte à l'aréole (du sein). **2** *Érosion aréolaire,* latérale. **3** *Vitesse aréolaire d'un point mobile décrivant une trajectoire plane,* aire balayée par unité de temps, par le rayon vecteur de ce point.

aréole n. f. – XVIIe ; lat. *area* « aire » **1** Cercle pigmenté qui entoure le mamelon du sein. **2** En médecine, Aire rougeâtre qui entoure un point enflammé.

aréomètre n. m. – XVIIe ; gr. *araios* « peu dense » et *-mètre* ▪ Instrument qui sert à mesurer le poids spécifique d'un liquide et qui est gradué de manière arbitraire, selon le liquide.

aréopage n. m. – XVe ; gr. *Areios pagos* « la colline d'Arès » **1** Tribunal d'Athènes qui siégeait sur la colline d'Arès. ➛ *Les membres de l'Aréopage.* **2** fig. Assemblée de juges, de savants, d'hommes de lettres très compétents.

aréostyle n. m. – XVIe ; gr. *araios* « rare » et *stulos* « colonne » ▪ Édifice dont les colonnes sont très espacées.

aréquier n. m. – XVIIe ▪ Grand palmier d'Asie équatoriale dont le fruit est la noix d'arec. « *un matin bleu pâle sur les lotus et les aréquiers du Cambodge* » (Malraux).

arête n. f. – XIIe ; lat. *arista* **1** Barbe de l'épi de certaines graminées. **2** Tige du squelette des poissons osseux. ➛ *S'étrangler avec une arête.* **3** Segment de droite constituant la frontière commune de deux faces d'un polyèdre. « *Chacun peut savoir ce que c'est qu'un cube, par des définitions, arêtes égales, angles égaux, faces égales* » (Alain). ➛ Ligne d'intersection de deux plans. *L'arête d'un toit* (⇒ **arêtier, arêtière**). « *Juste au coin de la dernière maison, debout contre l'arête du mur* » (Robbe-Grillet). *Arête du nez. Arête d'une chaîne de montagnes.* ⇒ **crête.**

arêtier n. m. – XIVe ▪ Pièce de charpente qui forme l'encoignure d'un comble, recouvre l'arête ou les arêtes d'un toit.

arêtière n. f. – XVIIe ▪ Tuile qui recouvre l'arête ou les arêtes du toit.

areu areu interj. ▪ Onomatopée censée transcrire l'un des premiers sons du langage que le bébé émet en signe de bien-être.

argas [aʀgɑs] n. m. – XVIIIe ; mot gr. ▪ Acarien *(arachnides),* parasite extérieur des volailles et des mammifères.

argent n. m. – IXe ; lat. **1** Métal blanc (Ag ; n° at. 47 ; m. at. 107,87), très ductile et malléable, que l'on trouve en filons. ➛ *Alliages d'argent, imitant l'argent. Vaisselle d'argent.* ⇒ **argenterie.** *Bijou en argent. Fil, étoffe d'argent* (brocart). *Argent colloïdal,* utilisé en médecine. ⇒ **collargol.** *Nitrate d'argent. Blanc d'argent.* ⇒ **céruse.** ♦ *Vif-argent.* ⇒ **mercure. 2** loc. adj. *D'argent :* de la couleur, de l'éclat de l'argent. ⇒ **argenté. 3** Monnaie métallique de ce métal. **4** Toute sorte de monnaie (métallique, scripturale, papier-monnaie). ➛ Ce qui représente cette mon-

…aie. ⇒ ② **capital, fonds, fortune, richesse ;** fam. **blé, flouze, fric, grisbi, pèze, pognon, rond, sou, thune.** *Somme d'argent.* ➝ *Payer en argent, en espèces* (opposé à *en nature*). *Déposer son argent à la banque. Gagner de l'argent. Rentrée d'argent. Dépenser de l'argent. Amasser de l'argent. Mettre de l'argent de côté, à gauche.* ⇒ **économiser, épargner.** « *Daniel, en son nom, avait emprunté de l'argent à l'imprimeur* » (Daud.). ➝ loc. *Jeter l'argent par les fenêtres :* dépenser en gaspillant. *Avoir de l'argent.* ⇒ **fortuné, riche.** *Être à court d'argent, sans argent.* ⇒ **indigent, pauvre ; fauché.** « *l'argent : la machine dangereuse et compliquée dont nous n'avons ni le droit ni le pouvoir de nous servir* » (Larbaud). ♦ loc. *En avoir pour son argent,* en proportion de ce qu'on a donné (en argent ou autrement). ➝ *Prendre qqch. pour argent comptant :* croire naïvement ce qui est dit ou promis. **5** Un des métaux employé dans les armoiries et représenté par de l'argent, du blanc.

argentan n. m. – XIXe ■ Alliage de cuivre, zinc et nickel imitant l'argent. ⇒ **maillechort.** *Couverts en argentan.*

argenté, ée adj. – XVe **1** Qui est recouvert d'une couche d'argent (⇒ **argenture**). *Métal argenté.* **2** Qui a la couleur, l'éclat de l'argent. *Cheveux argentés. Gris argenté.* **3** fam. (seult négatif) Qui a de l'argent disponible. *Il n'est pas très argenté en ce moment.* ⇒ **riche.** ✪ CONTR. Désargenté.

argenter v. tr. [1] – XIIIe **1** Recouvrir d'une feuille, d'une couche d'argent (⇒ **argenture**). *Argenter des couverts.* **2** fig. Donner la couleur, l'éclat de l'argent à. « *des montagnes de feuillages qu'argentait l'éclatante lumière de la lune* » (Bosco). pronom. *Ses tempes s'argentent.* ✪ CONTR. Désargenter.

argenterie n. f. – XIIIe ■ Vaisselle, couverts, ustensiles en argent ou en métal argenté.

argenteur n. m. – XIIIe ■ Ouvrier qui argente.

argentier n. m. – XIIIe ■ *Le grand argentier :* le surintendant des finances ; auj., par plais. le ministre des Finances.

argentifère adj. – XVIe ■ Qui contient de l'argent. *Minerai argentifère.*

① **argentin, ine** adj. – XIIe ■ Qui résonne clair comme l'argent. « *les clochettes se mirent à tintinnabuler* [...] *avec leurs petites voix grêles, argentines et cuivrées* » (Gaut.).

② **argentin, ine** adj. et n. – XIXe ■ D'Argentine. *Le tango argentin.* ➝ n. *Les Argentins.*

❑ *Argentine* vient de l'espagnol *La Argentina* (environs du *Rio de la Plata* « rivière de l'*argent* »).

argentique adj. – XIXe ■ Qui contient de l'argent (préparations chimiques ou médicamenteuses).

argentite n. f. – XIXe ■ Minerai d'argent (sulfure), gris noir. ⇒ **argyrose.**

argenture n. f. – XIVe **1** Action d'argenter. ➝ Art de l'argenteur. **2** Couche d'argent que l'on applique sur un corps (métal, verre) pour lui donner l'apparence, l'éclat du métal précieux. ⇒ **plaqué.**

argile n. f. – XIIe ; lat. **1** Roche terreuse provenant surtout de la décomposition des feldspaths, imperméable et plastique. *Argile blanche.* ⇒ **calamite, kaolin.** *Argile rouge, jaune.* ⇒ **ocre, sil.** ➝ *Argile plastique* (terre glaise). *Argile grasse, maigre,* plastique ou peu plastique selon son imbibition d'eau. *Argile réfractaire.* « *un de ces pots d'argile poreuse qui font l'eau si fraîche* » (Gaut.). ➝ *Argile à silex* (paléosol datant du miocène). ♦ Limon dont Dieu pétrit l'homme. ➝ loc. *Colosse aux pieds d'argile :* personne, puissance vulnérable malgré les apparences. **2** Silicate hydraté d'aluminium et d'autres métaux, constituant principal de l'argile.

argileux, euse adj. – XIIe ■ Qui est de la nature de l'argile. « *Le sol de cette vaste dépression est entièrement argileux, par conséquent imperméable* » (J. Verne).

argon n. m. – XIXe ; gr. *argos* « inactif » ■ Corps simple (Ar ; n° at. 18 ; m. at. 39,948), gaz inerte, incolore et inodore, de la série des gaz rares. *Laser à argon.*

argonaute n. m. – XVe ; gr. *argonautês* « les Argonautes » **1** Nom des héros grecs qui, sous la conduite de Jason, allèrent en Colchide conquérir la Toison d'or. **2** Mollusque céphalopode *(octopodes).* ⇒ **nautile.** **3** Petit voilier monotype.

argot n. m. – XVIIe ; o. i. **1** Langage cryptique des malfaiteurs, du milieu. *Dictionnaire d'argot.* « *On sentait le chiqué, comme dans les livres des auteurs qui s'efforcent pour parler argot* » (Proust). ➝ Langue familière contenant des mots argotiques. *Mots d'argot.* **2** Langage particulier à une profession, à un groupe de personnes, à un milieu fermé. *Argot parisien. Argot militaire, scolaire, sportif. Argot de métier.* ⇒ ① **jargon.** « *Ce système, appelé dans l'argot du journalisme, la blague* » (Balz.).

❑ Le sens courant « manière de parler populaire et incorrecte, niveau de langue très familier » diffère du sens linguistique.

argotique adj. – XVIIe ■ Qui a rapport à l'argot.

argotisme n. m. – XIXe ■ Mot, expression argotique.

argotiste n. – XIXe ■ Linguiste spécialisé dans l'étude de l'argot.

argousier n. m. – XVIIIe ; probablt mot préroman, du rad. *arg-* « épine » ■ Arbrisseau vivace, épineux *(éléagnacées),* des terrains pauvres et des friches.

argousin n. m. – XVe ; ar. *alghozz* ■ Bas officier des galères. ➝ péj. et vieilli Agent de police. « *tous les argousins de la Préfecture* » (Zola).

arguer [aʀgɥe] v. tr. [1] – XIe ; lat. **1** littér. *Arguer qqch.* (de qqch.), en tirer argument. *Vous ne pouvez rien arguer de ce fait.* ⇒ **argumenter, conclure, déduire.** ♦ dr. *Arguer une pièce de faux,* en affirmer la fausseté. ⇒ **contester.** **2** v. tr. ind. *Arguer de qqch. :* mettre qqch. en avant, s'en servir comme argument ou prétexte. ⇒ **alléguer, invoquer, prétexter.** (avec *que*) « *Elle argua vainement qu'il était bien dangereux de se faire de tels ennemis* » (Mauriac).

❑ Le *u* doit être prononcé parce qu'il appartient au radical, comme dans *tuer,* et non au groupe *gu* comme dans *narguer* (famille de *argument, argutie*). Cf. l'anglais *to argue* [ɑ:gju:].

argument n. m. – XIIe **1** Raisonnement destiné à prouver ou à réfuter une proposition ; preuve à l'appui ou à l'encontre d'une proposition. *Démontrer par des arguments. Appuyer une affirmation sur de bons arguments. Argument irréfutable. Des arguments massue. Être à court d'arguments.* « *On sait que le grand argument des partisans de la peine de mort est l'exemplarité du châtiment* » (Camus). ♦ *Tirer argument de :* se servir comme d'une preuve, d'une raison. ⇒ **arguer.** **2** Exposé sommaire du sujet que l'on va développer (au théâtre, au cinéma, en littérature). **3** Angle du vecteur avec l'axe d'origine, dans la représentation d'un nombre complexe. **4** Variable dont la valeur détermine la valeur d'une fonction.

argumentaire adj. et n. m. – 1970 ■ Qui concerne les arguments de vente. *Liste argumentaire.* ➝ n. m. Document utilisé par le vendeur, contenant l'ensemble des arguments de vente.

argumentant n. m. – XVIIe ▪ dr. Celui qui argumente dans un acte public contre le répondant.

argumentateur, trice n. – XVIe ▪ Personne qui se plaît à argumenter. ⇒ **ergoteur, raisonneur, rhétoricien.**

argumentation n. f. – XIVe 1 Action, art d'argumenter. ⇒ **dialectique.** 2 Ensemble d'arguments tendant à une même conclusion.

argumenter v. intr. [1] – XIIe ▪ Présenter des arguments ; prouver par arguments. *Argumenter contre qqn. Argumenter de qqch.*, en tirer des conséquences. ➛ *Une plaidoirie argumentée.*

argus [aʀgys] n. m. – XVIe ; n. pr. lat. 1 littér. Surveillant, espion vigilant. « *c'est un argus, c'est un geôlier, un tyran* » (Gaut.). 2 Publication qui fournit des renseignements spécialisés. *L'Argus de l'automobile*, qui donne la cote des voitures de moins de huit ans. *Voiture cotée à l'Argus.* 3 Oiseau exotique *(phasianidés)*, de la taille d'un faisan.

❑ Le géant mythologique Argus (grec *Argos*) possédait cent yeux et était chargé par Héra, épouse jalouse de Zeus, de surveiller Io, la jeune maîtresse du dieu.

argutie [aʀgysi] n. f. – XVIe ; lat. ▪ (souvent plur.) Raisonnement pointilleux, subtilité de langage. « *les controverses et les arguties des docteurs* » (Gide).

❑ Pour la prononciation de la finale → minutie (rem.).

argyrisme n. m. – XIXe ; *argyr(o)-* et *-isme* ▪ Intoxication par les sels d'argent, dont l'une des manifestations est l'argyrose*.

argyr(o)- ▪ Élément, du gr. *arguros* « argent ».

argyronète n. f. – XIXe ; de *argyro-* et gr. *nêo* « je file » ▪ Araignée aquatique qui tisse dans l'eau une sorte de cloche qu'elle remplit d'air.

argyrose n. f. – XIXe ; *argyr(o)-* et ② *-ose* 1 Minerai d'argent (sulfure d'argent). ⇒ **argentite.** 2 Coloration brunâtre de la peau ou des muqueuses, due à une imprégnation par des sels d'argent.

① **aria** n. m. – XVe ; a. fr. *harier* « tourmenter, harceler » ▪ vx Ennui, souci, tracas. « *le blanchissage, quel aria pour un garçon !* » (Huysm.).

❑ L'emploi de ce mot est resté courant au Canada où il est familier.

② **aria** n. f. – XVIIIe ; mot it. « air » ▪ Solo vocal accompagné ou pièce instrumentale à caractère mélodique.

arianisme n. m. – XVIe ; de *arien* ▪ Hérésie des ariens, qui niait la consubstantialité du Fils avec le Père et fut condamnée au concile de Nicée (325).

aride adj. – XIVe ; lat. *arere* « être sec » 1 Qui ne porte aucun végétal, faute d'humidité. ⇒ **stérile.** « *une campagne aride et dévorée de soleil* » (Loti). 2 littér. Qui ne produit rien, n'a ni sensibilité ni imagination. *Esprit aride.* ⇒ **stérile.** ♦ Qui est dépourvu d'intérêt, d'agrément, d'attrait. *Sujet aride.* ⇒ **ingrat, rébarbatif.** ✪ CONTR. Humide. Fécond, fertile. Agréable, attrayant.

❑ De même famille étym. que *ardent*.

aridité n. f. – XIIe 1 État de ce qui est aride. ⇒ **sécheresse.** *Aridité du sol.* 2 littér. *Aridité du cœur.* ⇒ **insensibilité, sécheresse.** ➛ *Aridité d'un sujet.* ✪ CONTR. Humidité. Fertilité. Sensibilité. Agrément, attrait.

arien, ienne adj. et n. – XIIIe 1 D'Arius. *L'hérésie arienne.* 2 Partisan de l'arianisme. ✪ HOM. Aryen.

ariette n. f. – XVIIIe ; it., dimin. de *aria* « air » ▪ Petite pièce vocale ou instrumentale de caractère mélodique.

arioso n. m. – XIXe ; it. *aria* « air » ▪ Pièce vocale de caractère dramatique qui tient de l'aria et du récitatif. *Des ariosos.*

aristocrate n. – XVIe 1 Partisan de l'aristocratie (1°). ➛ À la Révolution, Partisan des privilèges, noble. « *Les aristocrates à la lanterne !* » 2 Membre de l'aristocratie (2°). ⇒ **noble.** *Avoir des manières d'aristocrate.* ➛ abrév. fam. ARISTO. ✪ CONTR. Démocrate, prolétaire. Plébéien.

aristocratie n. f. – XIVe ; gr. *aristos* « le meilleur » et *kratos* « force, puissance » 1 Forme de gouvernement où le pouvoir souverain appartient à un petit nombre de personnes, et particulièrement à une classe héréditaire. *Aristocratie et oligarchie.* 2 La noblesse. 3 Petit nombre de personnes qui détiennent une prééminence en quelque domaine. ⇒ **élite.** *Une aristocratie d'écrivains.* ✪ CONTR. Démocratie. Peuple.

aristocratique adj. – XIVe ; gr. ▪ Qui est digne d'un aristocrate. ⇒ **élégant, distingué, raffiné.** *Manières aristocratiques.* « *une beauté grêle et pour ainsi dire aristocratique* » (Balz.). ✪ CONTR. Grossier, vulgaire.

❑ Ce mot aux connotations positives n'était pas usité pendant la Révolution.

aristoloche n. f. – XIIIe ; gr. *aristos* « excellent » et *lokhos* « accouchement », cette plante étant censée le faciliter ▪ Plante grimpante aux feuilles en cœur, aux fleurs jaunes à corolle tubulaire.

aristotélicien, ienne adj. et n. – XVIIe ▪ Relatif à la doctrine d'Aristote et à la tradition philosophique qui s'en inspire. ♦ Partisan de la doctrine d'Aristote. ⇒ **péripatéticien.**

aristotélisme n. m. – XVIIIe ; lat. *Aristoteles* « Aristote » ▪ Doctrine, philosophie d'Aristote et des aristotéliciens.

arithméticien, ienne n. – XVe ▪ Mathématicien spécialiste de l'arithmétique.

① **arithmétique** adj. – XIVe ▪ Relatif à l'arithmétique, fondé sur la science des nombres rationnels. *Opérations arithmétiques.* ⇒ **addition, division, multiplication, soustraction.** ➛ *Progression* ou *suite arithmétique* (opposé à *progression géométrique*) : série de termes dont l'un procède du précédent par addition d'un nombre constant. *1, 4, 7, 10, 13... est une progression arithmétique de raison* 3.*

② **arithmétique** n. f. – XIIe ; gr. *arithmos* « nombre » ▪ Partie des mathématiques qui étudie les propriétés élémentaires des nombres rationnels. ⇒ ① **calcul.**

arlequin n. m. – XVIe ; a. fr. *hellequin*, nom d'un diable, avec infl. de l'it. *arlecchino* ▪ Personnage bouffon de la commedia dell'arte, qui porte un costume fait de pièces triangulaires bariolées, un masque noir, et un sabre de bois. ♦ loc. *Un habit d'arlequin :* un tout formé de parties disparates.

arlequinade n. f. – XVIIIe ▪ Bouffonnerie. ➛ Action ridicule, inconséquence choquante.

arlésien, ienne adj. et n. – XIXe 1 D'Arles. 2 loc. *Jouer l'arlésienne :* ne pas se montrer (par allusion à l'opéra de Bizet, où le personnage de l'Arlésienne n'apparaît jamais sur scène).

armada n. f. – XIXe ; mot esp. « armée navale » ▪ Grand nombre de choses ou de personnes ressenties comme agressives. *Une armada de photographes.*

armagnac n. m. – XIXe ▪ Eau-de-vie de raisin produite en Armagnac. *Des armagnacs hors d'âge.* ➛ Verre de cette eau-de-vie.

armateur n. m. – XVIe ; lat. ▪ Personne qui se livre à l'exploitation commerciale d'un navire. *Un cabaret* où des capitaines et des armateurs viennent enrôler les matelots » (Loti).

armature n. f. – XIIIe ; lat. **1** Assemblage de pièces de bois ou de métal qui sert à maintenir les parties d'un ouvrage, à consolider une matière fragile. ⇒ **charpente ; carcasse.** *Armature du béton :* barres et fils d'acier placés dans les coffrages. ➸ *Soutien-gorge à armature.* ➸ Plaques, lames métalliques d'un condensateur électrique, d'un électroaimant. **2** Ce qui sert à maintenir, à soutenir. ⇒ **charpente.** « *ouvrir une brèche dans l'armature des institutions* » (Mart. du G.). **3** Ensemble des dièses et des bémols placés à la clé pour indiquer la tonalité d'un morceau de musique.

arme n. f. – XIe ; lat. **I - 1** Instrument ou dispositif servant à tuer, blesser ou à mettre un ennemi dans l'impossibilité de se défendre. *Détention, port d'armes prohibées. Armes blanches* ; armes à feu* (pistolets, fusils, carabines...). *Braquer, pointer une arme sur qqn.* ♦ Dispositif ou ensemble de moyens offensifs. *L'arme chimique* (gaz), *bactériologique, atomique ou nucléaire.* ♦ *L'arme du crime,* tout objet ayant servi au meurtre. **2** loc. *Prendre les armes :* s'apprêter au combat. *Être en armes,* prêt à combattre. *Déposer, rendre les armes :* se rendre, s'avouer vaincu. *Passer par les armes :* fusiller. *Passer l'arme à gauche :* mourir. **3** *Les armes :* l'épée, le fleuret ou le sabre. ⇒ **escrime.** *Salle d'armes. Maître d'armes.* **4** Corps de l'armée. « *Dans quelle arme ? – Les chars* » (Malraux). **5** littér., plur. Le métier militaire. *La carrière, le métier des armes. Compagnons d'armes.* **6** Combat, guerre. *Régler un différend par les armes.* ➸ loc. *Faire ses premières armes,* sa première campagne ; fig. débuter dans une carrière. **7** Ce qui peut attaquer, faire du mal, agir contre un adversaire. ⇒ **argument,** ② **moyen** (d'action). « *une ironie mordante, l'arme des gens sans cœur* » (Balz.). **II** plur. Signes héraldiques. ⇒ **armoiries.** *Les armes d'une famille, d'une ville.*

> ❑ On retrouve ce mot dans *alarme* (*à l'arme* « appel au combat à l'approche de l'ennemi ») et *gendarme* (*gens d'armes* « gens armés, soldats »). ♦ Pour le sens héraldique → armoiries (rem.).

① **armé** n. m. – XIXe ▪ Position d'une arme prête à tirer. *Le cran de l'armé.*

② **armé, ée** adj. – X^e **1** Muni d'armes. *Armés de pied en cap, jusqu'aux dents,* très bien armés. *Vol à main armée.* ⇒ **hold-up.** ♦ Qui se fait avec des armes. *Conflit armé.* ⇒ **guerre.** **2** ARMÉ DE : garni, pourvu de (ce qui est comparé à une arme). « *les pattes armées de fortes griffes* » (J. Verne). ➸ Pourvu de moyens de défense. *Il est bien armé dans la lutte pour la vie.* **3** Renforcé de métal. *Béton armé.*

armée n. f. – XIVe ; de *armer ;* a remplacé *ost* **1** Réunion importante de troupes assemblées pour combattre. ⇒ **troupe.** *Lever une armée. Armée d'occupation. Commander une armée.* ➸ « *la fuite générale de son armée, qui se dispersa avant d'être vaincue* » (Volt.). *Armée en déroute.* **2** Ensemble des forces militaires d'un État. ⇒ ① **défense** (nationale). *L'armée française. Armée de terre. Armée de l'air.* ⇒ **aviation.** *Être dans l'armée.* ⇒ **militaire.** *Être à l'armée :* effectuer son service national. ⇒ **soldat.** **3** Grande unité réunissant plusieurs divisions formées de régiments et éventuellement réunies en *corps d'armée. La Ve armée.* **4** Grande quantité (avec une idée d'ordre ou de combat). ⇒ **armada, troupe.** « *une armée de balayeurs s'avançait, sur une ligne, à coups réguliers de balai* » (Zola).

armement n. m. – XIIIe **A - 1** Action d'armer, de pourvoir d'armes. « *Il s'était seul opposé à l'armement des milices* » (Malraux). **2** Ensemble des moyens d'attaque ou de défense dont sont pourvus un soldat, une troupe. ⇒ **arme, équipement, matériel.** *Armement conventionnel*.* **3** plur. Préparatifs de guerre, ensemble des moyens offensifs ou défensifs d'un pays. *Course aux armements.* **4** Technique des armes. *Ingénieur de l'armement.* **B - 1** Action d'armer, d'équiper un navire. **2** Le fait d'armer une arme à feu. *Levier d'armement.* ✪ CONTR. Désarmement.

arménien, ienne adj. et n. – XVIIe ▪ D'Arménie. ♦ n. *Les Arméniens.* ➸ n. m. *L'arménien :* groupe de parlers indo-européens du Caucase.

armer v. tr. [1] – X^e **I** v. tr. **A - 1** Pourvoir d'armes ou de matériel militaire. *Armer les recrues. Armer un pays.* ♦ *Armer qqn chevalier,* le faire chevalier en lui remettant des armes. ⇒ **adouber.** **2** *Armer* (qqn) *de,* lui donner comme arme, comme moyen d'attaque ou de défense. ♦ *Armer qqn contre qqn,* l'inciter à l'attaquer. ⇒ **exciter, soulever.** **3** Garnir d'une sorte d'armure ou d'armature. *Armer le béton, le ciment.* **B - 1** Équiper (un navire), le pourvoir de tout ce qu'il faut pour prendre la mer. ⇒ **avitailler, gréer.** **2** Mettre (une arme à feu) dans la position de l'armé. **3** Tendre le ressort de (un mécanisme de déclenchement). *Armer un appareil photo* (l'obturateur). **II** S'ARMER v. pron. **1** Se munir (d'armes). ➸ « *les nations s'arment furieusement* » (Bernanos). **2** *S'armer de courage, de patience :* rassembler, mobiliser son courage, sa patience. **3** Se munir. *S'armer d'une loupe.* ✪ CONTR. Désarmer.

armet n. m. – XVIe ; a. fr. *helmet* « heaume » ▪ Petit casque fermé en usage du XIVe au XVIe s.

armeuse n. f. – 1960 ▪ Machine qui dispose l'armure de protection des câbles électriques (fils, rubans métalliques).

armillaire [aʀmilɛʀ] adj. – XVIe ; lat. *armilla* « bracelet » ▪ *Sphère armillaire :* globe formé d'anneaux ou de cercles représentant le ciel et les astres, d'après l'ancienne astronomie.

armilles n. f. pl. – XIIe ; lat. *armilla* « bracelet » ▪ Petites moulures qui entourent le chapiteau dorique.

armistice n. m. – XVIIe ; lat. *arma* « armes » et *sistere* « arrêter » ▪ Convention conclue entre les belligérants afin de suspendre les hostilités. ⇒ **trêve.** *Conclure, signer un armistice.* ➸ (En France) *L'Armistice :* l'anniversaire de l'armistice de 1918, fêté le 11 novembre.

> ❑ Ne pas confondre avec *amnistie,* de sens très voisin.

armoire n. f. – XIIe, lat. *arma* « ustensile » **1** Meuble de rangement haut et fermé par des battants, garni de tablettes. *Armoire à linge.* ➸ *Armoire à glace,* dont les battants sont recouverts d'un miroir ; fig. et fam. personne de carrure impressionnante. **2** *Armoire à pharmacie, armoire de toilette :* petit meuble fixé au mur. ➸ *Armoire frigorifique :* grand réfrigérateur.

> ❑ L'*armoire* au sens actuel peut être déplacée, alors que le *placard* est inamovible et généralement à niveau des murs intérieurs.

armoiries n. f. pl. – XIVe ; de *arme* ▪ Ensemble des emblèmes symboliques qui distinguent une famille noble ou une collectivité. ⇒ **arme** (II), **blason.** *L'héraldique, science des armoiries.*

> ❑ *Armes* désigne ce qui est représenté sur l'écu, tandis que *armoiries* désigne l'ensemble du blason, sa forme, sa couleur, etc.

armoise n. f. – XIIe ; gr., plante d'*Artémis* ▪ Plante herbacée aromatique *(composées),* comprenant plusieurs espèces (absinthe, estragon, citronnelle, génépi...).

armorial, iale, iaux adj. et n. m. – XVIIe ; de *armoiries* ▪ Relatif aux armoiries. ➸ n. m. Recueil d'armoiries.

armorier v. tr. [7] – XIVe ▪ Orner d'armoiries, peindre des armoiries sur (qqch.). ➛ *« sa main droite encombrée d'une lourde bague armoriée »* (Yourcenar).

armure n. f. – XIIe **I - 1** Harnais composé d'un assemblage de plaques que revêtait l'homme d'armes pour se protéger. *Les preux « Dorment couchés dans leur armure »* (Hugo). **2** Ce qui couvre, défend, protège comme une armure. ⇒ ① **défense, protection. II - 1** Mode d'entrecroisement des fils de chaîne et de trame. *Armure toile.* **2** En musique, *Armure (de clé).* ⇒ **armature** (3°).

armurerie n. f. – XIVe ▪ Atelier, magasin d'armurier.

armurier n. m. – XIIIe **1** Celui qui vend ou fabrique des armes. **2** Celui qui est chargé de l'entretien des armes.

A.R.N. ou **ARN** [aɛʀɛn] n. m. – v. 1960 ; sigle de *acide ribonucléique* ▪ Acide ribonucléique, acide nucléique formé d'un enchaînement de nucléotides constitués de ribose et d'une base purique ou pyrimidique.

❑ On emploie parfois l'anglicisme *RNA*, de *ribonucleic acid.*

arnaque n. f. – XIXe ▪ fam. Escroquerie, vol. *« ils font de l'arnaque au marché noir »* (Aymé).

arnaquer v. tr. [1] – XIXe ; pour *harnaquer, harnacher* « escroquer » ▪ fam. **1** Escroquer, voler*. *Il s'est fait arnaquer !* ⇒ **estamper, filouter. 2** Arrêter, prendre. ⇒ **alpaguer, épingler.**

arnaqueur, euse n. – XIXe ▪ fam. Escroc, filou.

arnica n. f. – XVIIe ; gr. *ptêrnikê*, de *ptarnos* « éternuement » **1** Plante de montagne à fleurs jaunes *(composées).* **2** Teinture qui en est extraite, utilisée contre les ecchymoses, les foulures.

arolle n. m. ou f. – XVIIIe ; préroman ▪ région. (Suisse) Pin montagnard croissant entre 1200 m et 2500 m d'altitude.

aromate n. m. – XIIIe ; gr. ▪ Substance végétale odoriférante ; épice, condiment. *Le basilic, la cannelle, le cumin, le poivre, l'origan, le thym, sont des aromates. « le vieux Nice aux parfums de fruits et d'aromates »* (Apoll.).

❑ Du genre masculin, comme la plupart des mots en *-ate.* ♦ Il existe un certain flou dans la répartition des mots *aromate, condiment* et *épice.*

aromathérapie n. f. – 1965 ; de *aroma(tique)* et *-thérapie* ▪ Utilisation médicale des huiles aromatiques (huiles essentielles).

aromatique adj. – XIIIe **1** De la nature des aromates, qui en a l'odeur agréable et pénétrante. *Plante aromatique.* **2** *Hydrocarbure aromatique,* qui possède un cycle analogue à celui du benzène.

aromatisant n. m. – 1964 ▪ Produit de synthèse ajouté aux aliments, aux médicaments pour leur donner un arôme déterminé.

aromatisation n. f. – XVIe **1** Action d'aromatiser. **2** Transformation (d'un hydrocarbure) en carbure aromatique.

aromatiser v. tr. [1] – Xe ; gr. ▪ Parfumer avec une substance aromatique. *« du chocolat espagnol, épais et fortement aromatisé de cannelle »* (Gide).

arôme ou **arome** n. m. – XIIIe ; gr. *arôma* « parfum » **1** Odeur agréable de certaines essences naturelles de végétaux, d'essences chimiques, ou d'acides volatils. ⇒ **parfum.** *« il humait avec gourmandise l'arôme du thé »* (Mart. du G.). **2** Additif alimentaire destiné à donner un parfum particulier à un aliment. *Arôme naturel, artificiel.*

❑ Pour l'accent circonflexe → symptôme (rem.).

aronde n. f. – XIIe ; lat. *hirundo* « hirondelle » ▪ *À, en queue d'aronde,* se dit d'un assemblage de charpente ou de menuiserie dans lequel le tenon et la mortaise vont s'élargissant en forme de queue d'hirondelle.

arpège n. m. – XVIIIe ; it. « jeu de harpe » ▪ Accord exécuté sur un instrument, en égrenant rapidement les notes.

arpéger v. tr. [3] et [6] – XVIIIe ▪ Exécuter (un passage) en arpèges. ➛ *Accord arpégé* (opposé à *plaqué*).

arpent n. m. – XIe ; gaul. ▪ Ancienne mesure agraire qui valait cent perches, de 20 à 50 ares. *« Il exploitait cent arpents de vigne »* (Balz.).

arpentage n. m. – XIIIe ▪ Mesure de la superficie (d'un terrain) selon les techniques de l'arpenteur ; ensemble de ces techniques.

arpenter v. tr. [1] – XIIIe **1** Mesurer (une terre) en unités de mesures agraires (autrefois en arpents). **2** Parcourir à grands pas, à grandes enjambées. *« Il s'est mis à arpenter la chambre de long en large »* (Bernanos).

arpenteur n. m. – XIIIe ▪ Professionnel des techniques de calcul et mesure des surfaces et des relèvements de terrains. ⇒ **métreur.**

arpenteuse n. f. – XIXe ▪ Chenille de la phalène. ⇒ **géomètre.**

arpète ou **arpette** n. f. – XIXe ; all. *Arbeiter* « travailleur » ▪ fam. Jeune apprentie couturière.

arpion n. m. – XIXe ; provenç. *arpioun* « petite griffe » ▪ pop. Pied.

-arque ▪ Élément, du gr. *arkhein* « commander ». ⇒ **-archie.**

arqué, ée adj. – XVIe ▪ Courbé en arc. *« La bouche est arquée avec des lèvres pleines »* (Camus). ✪ CONTR. ① Droit.

arquebuse n. f. – XVe ; néerl. *hakebusse* « canon *(busse)* à crochet *(hake)* » ▪ Ancienne arme à feu qu'on faisait partir au moyen d'une mèche ou d'un rouet.

❑ Cet emprunt au néerlandais a été altéré sous l'influence de *arc* et de *buse* (la métaphore associant les oiseaux de proie aux armes à feu est fréquente).

arquebusier n. m. – XVIe ▪ Soldat armé d'une arquebuse. ♦ Fabricant d'arquebuses.

arquer v. [1] – XIIIe ; lat. *arcus* « arc » **1** v. tr. Courber en arc. ➛ pronom. *La pauvre barque « commençait à s'arquer »* (Hugo). **2** v. intr. fam. Marcher. *Il (ne) peut plus arquer.* ✪ CONTR. Redresser.

arrachage n. m. – XVIe **1** Action d'arracher (une plante). *Arrachage des pommes de terre.* ⇒ **récolte.** *Arrachage des mauvaises herbes.* **2** fam. *L'arrachage d'une dent.* ⇒ **avulsion, extraction.** ✪ CONTR. Plantation.

arraché n. m. – XIXe **1** Exercice d'haltères qui consiste à porter d'un seul effort le poids pris à terre à la verticale (bras tendus au-dessus de la tête). **2** loc. adv. *À L'ARRACHÉ :* par un effort violent, une action brutale. *Obtenir qqch. à l'arraché.*

arrachement n. m. – XVIe **1** rare ⇒ **arrachage, extirpation.** *L'arrachement d'un fragment d'os.* ⇒ **extraction. 2** Vive douleur morale causée par une séparation, un sacrifice. ⇒ **déchirement.** *Ce départ fut un véritable arrachement.*

arrache-pied (d') loc. adv. – XVIe ▪ Sans désemparer, en soutenant un effort pénible. *« nous luttons d'arrache-pied, nous luttons désespérément »* (Péguy).

arracher v. tr. [1] – XIIe ; lat. *radix, radicis* « racine » **I** v. tr. **1** Enlever de terre (une plante qui y tient par ses racines). ⇒ **déraciner, déterrer.** *Défricher en arrachant les mauvaises herbes.* ⇒ **débroussailler, désher-**

ber. 2 Détacher avec un effort plus ou moins grand (une chose qui tient ou adhère à une autre). ⇒ **enlever, extirper, extraire, ôter.** *Arracher un clou avec une pince. Arracher une croûte avec ses ongles. Un obus lui a arraché le bras.* ⇒ **emporter.** ♦ loc. *S'arracher les cheveux* : être désespéré. 3 Enlever de force à une personne ou à une bête, lui faire lâcher (ce qu'elle retient). ⇒ **prendre, ravir.** *Arracher une arme des mains de qqn, un oiseau des griffes d'un chat.* 4 Obtenir (qqch.) de qqn avec peine, après quelque résistance. ⇒ **obtenir ; extorquer.** « *Il ne peut digérer les cinq cents écus que je lui arrache* » (Mol.). ⇒ **soutirer.** *Arracher des aveux.* « *On ne pouvait lui arracher une parole* » (France). 5 *Arracher qqn à (qqn)*, l'en séparer violemment. *On l'a arrachée toute petite à sa mère.* 6 *Arracher qqn de (un lieu)...*, le lui faire quitter par force, malgré lui. ⇒ **tirer ; chasser.** *Arracher qqn du lit*, le forcer à se lever. 7 *Arracher qqn à un état, une situation*, l'en faire sortir malgré les difficultés ou malgré sa résistance. *Arracher qqn au sommeil. Arracher qqn à la misère.* ⇒ **soustraire.** II *S'ARRACHER* **v. pron.** 1 loc. *S'arracher les yeux* : se disputer violemment. 2 *S'arracher qqch.* : se disputer qqch. pour se l'approprier. « *On s'arrachait les feuilles. Poincaré élu !* » (Aragon). ♦ *S'arracher qqn* : se disputer sa présence. « *Je le retrouvai brillant, les dames se l'arrachaient* » (Rouss.). 3 *S'ARRACHER DE, À* : se détacher, se soustraire avec effort, difficulté, peine ou regret. *S'arracher des bras d'une personne.* « *Je m'arrache à cette contemplation* » (Mauriac). ✪ CONTR. Fixer, implanter, planter. Attacher.

arracheur, euse **n.** – XIIIe 1 Personne qui arrache. *Des arracheurs de pommes de terre.* ♦ loc. *Mentir comme un arracheur de dents* (qui assure que ça ne fera pas mal) : mentir effrontément. 2 **n. f.** Outil ou machine qui sert à arracher des tubercules, des racines, des graines.

arrachis **n. m.** – XIIIe 1 Arrachage des arbres. 2 Plant arraché.

❑ Même type de formation que *coulis, frottis, semis*, etc.

arraisonnement **n. m.** – XIIe ▪ Action d'arraisonner un navire.

arraisonner **v. tr.** [1] – XIe ; de ① *a-* et *raison* ▪ *Arraisonner un navire* : procéder à un interrogatoire ou à une visite. ⇒ **aborder, reconnaître.**

arrangeant, ante **adj.** – XIXe ▪ Qui est disposé à aplanir toute difficulté. ⇒ **accommodant, conciliant.** *Elle s'est montrée très arrangeante pour le partage.* ✪ CONTR. Difficile, exigeant.

❑ Pour le sens → accommodant (rem.).

arrangement **n. m.** – XIIIe 1 Action de disposer dans un certain ordre ; disposition qui en résulte. ⇒ **disposition.** « *elle modifia l'arrangement de sa chambre, déplaça des meubles* » (Mart. du G.). ⇒ **agencement, aménagement, installation.** ♦ Adaptation d'une composition musicale à d'autres instruments ; composition ainsi adaptée. ⇒ **transcription.** ♦ *Arrangement de* m *objets* p *à* p : les groupes que l'on peut former en prenant *p* éléments parmi les *m*, chaque groupe différant des autres (par la nature ou l'ordre des éléments). ⇒ **combinatoire.** 2 Convention entre particuliers ou collectivités tendant à régler une situation juridique. ⇒ **accommodement, compromis, conciliation.** « *j'ai pris des arrangements avec les créanciers* » (France). ✪ CONTR. Dérangement, désordre. Brouille, dispute.

arranger **v. tr.** [3] – XIIe ; de ① *a-* et *ranger* **I v. tr. 1** Mettre dans l'ordre que l'on juge convenable, disposer de la manière correcte ou préférée. ⇒ **disposer.** *Arranger des fleurs dans un vase.* ♦ *Arranger un morceau pour l'orchestre.* ⇒ **adapter, orchestrer.** ♦ Mettre sur pied, organiser. ⇒ **combiner, préparer.** *Arranger un voyage, une entrevue.* 2 fam. Maltraiter. ⇒ **amocher.** *Tu t'es fait drôlement arranger !* 3 Remettre en état. *Je l'ai arrangé tant bien que mal.* ⇒ **rafistoler, retaper.** 4 Régler (une mésentente, une affaire mal engagée). 5 Être utile, pratique pour (qqn). ⇒ **agréer, convenir.** *Cela m'arrangerait. Cet horaire ne m'arrange pas.* II *S'ARRANGER* **v. pron.** 1 Aller mieux. ⇒ s'**améliorer.** *Les choses se sont arrangées à la fin.* ♦ fam. *Il, elle ne s'est pas arrangé(e)* : il, elle a enlaidi ; ses défauts ont empiré. 2 Prendre ses dispositions, ses mesures en vue de. « *il s'arrangeait pour déjeuner presque tous les jours avec elle* » (France). ⇒ se **débrouiller.** 3 Se mettre d'accord. *S'arranger à l'amiable.* ⇒ s'**entendre.** « *Avec Edwige, Papa, je m'arrangerai toujours* » (Duham.). 4 *S'arranger de qqch.* ⇒ s'**accommoder,** se **contenter,** se **satisfaire.** *Ça ira, je m'en arrangerai.* ✪ CONTR. Déranger, dérégler, désorganiser, envenimer.

arrangeur, euse **n.** – XVIIe ▪ Personne qui fait un arrangement musical.

arrérager **v.** [3] – XIIIe 1 **v. intr.** Être en retard de paiement, rester dû. 2 **v. pron.** *Les termes s'arréragent*, restent dus.

arrérages **n. m. pl.** – XIIIe ; de *arrière* 1 Toute redevance périodique dont l'échéance est passée. ⇒ **arriéré.** 2 Montant échu d'une rente. ⇒ **coupon.**

❑ Éviter la forme fautive *arriérage*, d'après *arrière*.

arrestation **n. f.** – XIVe ; lat. ▪ Action d'arrêter une personne pour l'emprisonner ; état d'une personne arrêtée. *Procéder à une arrestation. Être en état d'arrestation* : être arrêté. ✪ CONTR. Délivrance, liberté.

arrêt **n. m.** – XIIe 1 Action de s'arrêter (dans sa marche, son mouvement) ; état de ce qui n'est plus en mouvement. *Ne pas descendre avant l'arrêt complet du train. Nous ferons quelques arrêts au cours de notre voyage.* ⇒ **étape.** ➛ fam. *Arrêt(-)buffet, arrêt(-)pipi* : halte au cours d'un déplacement pour se restaurer, satisfaire un besoin naturel. ➛ *Voitures à l'arrêt.* ⇒ **stationnement.** ➛ *Chien d'arrêt*, qui s'immobilise quand il sent le gibier. *Tomber en arrêt ;* fig. s'immobiliser, en alerte. 2 Fin ou interruption d'un fonctionnement. *Arrêt d'un moteur. Arrêt du cœur* : syncope. ♦ Fin ou interruption d'une activité, d'un processus. *Arrêt des hostilités. Arrêt du travail.* ⇒ **cessation.** *Arrêt de travail* : congé de maladie. ♦ *SANS ARRÊT* : sans interruption, sans discontinuer. ⇒ **cesse.** *Ils se disputent sans arrêt.* ➛ *Marquer un temps d'arrêt.* ⇒ **pause.** 3 Endroit où doit s'arrêter un véhicule de transport en commun. ⇒ **station.** *Attendre à l'arrêt d'autobus.* 4 *Mandat d'arrêt* : ordre d'arrestation et de mise en détention provisoire délivré par le juge d'instruction contre un inculpé en fuite. ➛ *Maison d'arrêt* : prison. ♦ plur. Sanction disciplinaire infligée à un officier ou un sous-officier. *Mettre un militaire aux arrêts.* 5 Pièce, chose qui arrête. ⇒ **arrêtoir, butée, taquet.** *L'arrêt d'un fusil.* 6 Décision d'une cour souveraine ou d'une haute juridiction. ⇒ **jugement.** *Arrêt de la Cour de cassation. Rendre un arrêt.* ✪ CONTR. ② Marche, mouvement. Continuation. — HOM. Haret.

① **arrêté** **n. m.** – XVe 1 Règlement définitif. *Arrêté de compte.* 2 Décision écrite d'une autorité administrative. « *Un arrêté préfectoral expropria les occupants* » (Camus).

❑ Ne pas confondre avec *arrêt* « jugement ».

② **arrêté, ée** **adj.** – fin XIIe 1 Convenu, décidé. *C'est une chose arrêtée.* 2 Inébranlable, irrévocable (idées, projets). ⇒ ① **ferme.** « *Ils sont venus dans le pays avec l'idée bien arrêtée d'y faire fortune* » (Gide). ✪ CONTR. Indécis. Provisoire.

arrête-bœuf, plur. **arrête-bœufs** [aʀɛtbœf, aʀɛtbø] **n. m.** - XIIIe ; de *arrêter* et *bœuf,* les racines arrêtant la charrue ▪ région. Bugrane*.

arrêter v. [1] - XIIe ; lat. *restare* « s'arrêter » **I v. tr. 1** Empêcher (qqn ou qqch.) d'avancer, d'aller plus loin ; faire rester sur place. ⇒ **immobiliser, retenir.** *Au voleur ! Arrêtez-le ! Arrêter sa voiture.* ⇒ ① **stopper.** ➛ Suspendre le fonctionnement de (un mécanisme). *Arrête la radio !* ⇒ **éteindre. 2** Interrompre ou faire finir (une activité, un processus). *Arrêter une hémorragie.* loc. *On n'arrête pas le progrès.* fam. *Arrête ton cirque !* **3** Empêcher (qqn) d'agir ou de poursuivre une action. *Se trouver arrêté par une difficulté. « le prix de trois mille francs l'arrêta, car il fallait payer d'avance »* (Maupass.). ♦ Empêcher de parler. ⇒ **interrompre.** *Là, je vous arrête tout de suite.* **4** Appréhender, retenir prisonnier. *Les gendarmes l'ont arrêté à l'aube.* ⇒ s'**emparer** (de) ; fam. **coffrer, cueillir, emballer, embarquer, épingler.** *Il « fut arrêté, puis relâché, faute de preuves »* (Balz.). **5** fam. Interrompre l'activité professionnelle de (qqn) par un arrêt de travail. *Le médecin l'a arrêtée (pour) huit jours.* **6** Empêcher (qqch.) de bouger, de remuer, maintenir en place. ⇒ **bloquer, maintenir.** *Le cliquet arrête la roue.* ⇒ ② **enrayer.** *Arrêter les mailles d'un tricot.* ⇒ **rabattre. 7** Tenir fixé. *Arrêter ses regards sur qqch. Arrêter son attention.* ⇒ **fixer. 8** *Arrêter son choix, sa décision, son parti sur qqch.* ⇒ **fixer.** ♦ Fixer par un choix. *Arrêter le lieu, le jour d'un rendez-vous.* ⇒ **convenir** (de), **décider, déterminer, fixer.** ➛ Prendre un arrêté. *Le ministre arrête que...* **II v. intr. 1** Cesser d'avancer, faire halte. *Chauffeur, arrêtez !* **2** Cesser de parler ou d'agir. *Arrêtez ! N'en dites pas plus.* **3** *Arrêter de* (et l'inf.) : cesser de. *Arrête de gesticuler.* **III** *S'ARRÊTER* **v. pron. 1** Suspendre sa marche, ne pas aller plus loin. *Passer sans s'arrêter. S'arrêter pour se reposer. « Au geste de sa canne levée, un taxi s'arrêta »* (Colette). *La route s'arrête ici.* ⇒ se **terminer.** ➛ *Ne vous arrêtez pas en si bon chemin ! :* ne renoncez pas à une entreprise qui avait bien commencé. ♦ Ne plus fonctionner (mécanisme). *Ma montre s'est arrêtée.* **2** S'interrompre ou finir (processus, action). *Le bruit s'arrête.* ♦ Cesser d'agir, d'exercer une action. ⇒ **cesser.** *Ils se sont arrêtés de fumer.* ➛ Cesser de parler. *Il s'arrêta net, court.* **3** Fixer son attention sur, prendre garde, faire attention à. *« Elle ne s'arrêta pas un moment à l'idée de revoir Darcy »* (Mérimée). *Il ne faut pas s'arrêter aux détails.* **4** Fixer son choix sur. *« nous nous sommes arrêtés à l'idée d'un partage »* (Maupass.). ✪ CONTR. ① Aller, marcher, mouvoir (se) ; accélérer, hâter. — Poursuivre, reprendre.

arrêtoir n. m. - XIXe ▪ Saillie, butée, qui limite le mouvement d'une pièce mobile. ⇒ **arrêt.**

arrhes n. f. pl. - XIIe ; lat. *arrha* « gages » ▪ Somme d'argent que l'on donne au moment de la conclusion d'une promesse de vente, d'achat. *Donner, verser des arrhes à titre d'acompte, pour réserver une chambre d'hôtel.* ✪ HOM. Are, ars, art, hart.

> ❑ Pour le sens → acompte (rem.).

arriération n. f. - 1909 ▪ *Arriération mentale :* état de qqn dont l'âge mental est inférieur à l'âge réel. ⇒ **débilité, faiblesse** (d'esprit), **idiotie, imbécillité, oligophrénie.**

① **arrière** adv. - XIe ; lat. *ad* et *retro* « en arrière » **I - 1** Injonction faite à qqn de s'éloigner, de se retirer. ➛ *« Arrière la rancune abominable »* (Verlaine). **2** Par-derrière. *Avoir vent arrière,* en poupe. **II** *EN ARRIÈRE.* **1** Dans une direction opposée au sens de la marche normale ou du regard. *« le cou si enflé que la tête s'en trouvait rejetée en arrière »* (Zola). *Cheveux tirés en arrière.* ♦ *Faire machine, marche (en) arrière :* faire aller en arrière ; fig. revenir sur ses pas, sur ses dires. ⇒ se **rétracter. 2** À une certaine distance derrière. *Rester en arrière,* en retrait, à la traîne. **3** *EN ARRIÈRE DE :* loin derrière. *Se tenir en arrière de qqn ou de qqch.* ✪ CONTR. ① Avant ; avance.

② **arrière** n. m. et adj. inv. - XVIIe **I n. m. 1** La partie postérieure d'une chose. ⇒ ② **derrière, dos.** *L'avant et l'arrière d'une voiture. Des bateaux « trop chargés à l'arrière et qui relèvent le nez »* (Morand). **2** Territoire ou population qui se trouve en dehors de la zone des opérations militaires. *Le front et l'arrière.* ➛ *Les arrières d'une armée :* les lignes de communication. *Protéger ses arrières.* ➛ loc. *Assurer ses arrières :* se ménager une position de repli en cas de difficulté. **3** Joueur qui est placé derrière tous les autres (rugby, basket) ou derrière la ligne des demis (football, hockey, water-polo). **II adj. inv.** Qui est à l'arrière. *Les feux arrière d'une auto.* ✪ CONTR. ② Avant, ② devant.

arrière- ▪ Élément de noms composés, signifiant « qui est derrière », « loin dans le temps ».

> ❑ Reste invariable dans les mots composés. Il a une valeur spatiale *(arrière-plan)* ou temporelle *(arrière-saison).* → ① avant.

arriéré, ée adj. et n. - XVIIIe **I - 1** Qui reste dû. ⇒ **impayé.** *« il n'a eu ni solde arriérée, ni frais de route »* (Balz.). **2** péj. Qui appartient au temps passé. ⇒ **obsolète, suranné.** *Des idées arriérées. Ils sont un peu arriérés dans ce village,* en retard. **3** En retard dans son développement mental. ⇒ **attardé, demeuré.** ➛ **n.** *Une arriérée mentale.* **II n. m.** Dette échue et qui reste due. *Régler l'arriéré.* ✪ CONTR. Avancé, évolué, moderne. — Avance.

arrière-ban n. m. - XIIe ; germ. ▪ Convocation par le roi (ou un grand suzerain) de tous ses vassaux et arrière-vassaux pour le service armé. ♦ L'ensemble des troupes convoquées. *Le ban* et l'arrière-ban.*

arrière-bec n. m. - XVIIIe ▪ Angle, éperon d'une pile de pont du côté de l'aval (opposé à *avant-bec*). *Des arrière-becs.*

arrière-bouche n. f. - XIXe ▪ Partie postérieure de la bouche. ⇒ **pharynx.** *Des arrière-bouches.*

arrière-boutique n. f. - XVIe ▪ Pièce de plain-pied située en arrière d'une boutique. *Des arrière-boutiques.*

arrière-cerveau n. m. - XIXe ▪ Région arrière de l'encéphale, qui prolonge la moelle épinière. *Des arrière-cerveaux.*

arrière-chœur [aʀjɛʀkœʀ] n. m. - XVIIIe ▪ Chœur placé derrière le maître-autel. *Des arrière-chœurs.*

arrière-corps [aʀjɛʀkɔʀ] n. m. inv. - XVIe ▪ Partie d'un bâtiment en retrait sur l'alignement de la façade (opposé à *avant-corps*).

arrière-cour n. f. - XVIe ▪ Cour sur l'arrière d'un bâtiment. *Des arrière-cours.*

arrière-cuisine n. f. - 1913 ▪ Petite pièce qui donne dans la cuisine. *Des arrière-cuisines.*

arrière-fond n. m. - XIXe ▪ Arrière-plan. *On aperçoit la mer en arrière-fond.*

arrière-garde n. f. - XIIe **1** Partie d'un corps d'armée qui ferme la marche. *Des arrière-gardes.* loc. *Un combat d'arrière-garde :* une lutte que l'on continue quand on est certain de l'échec. **2** *D'arrière-garde :* dépassé, démodé.

arrière-gorge n. f. - XIXe ▪ Fond de la gorge. *L'odeur « desséchait le nez jusqu'à l'arrière-gorge »* (Aymé). *Des arrière-gorges.*

arrière-goût n. m. - XVIIIe **1** Goût qui reste dans la bouche après l'absorption. *Un arrière-goût de médi-*

ment. Des arrière-goûts. 2 État affectif qui subsiste après le fait qui l'a provoqué (opposé à *avant-goût*). *Sa visite « lui avait laissé cet arrière-goût de déception »* (Mart. du G.).

❑ Le plus souvent, ce mot désigne un goût désagréable.

arrière-grand-mère n. f. – XVIIIe ▪ Mère de la grand-mère ou du grand-père. ⇒ **bisaïeul.** *Des arrière-grands-mères.*

arrière-grand-oncle [aʀjɛʀgʀɑ̃tɔ̃kl] n. m. – XIXe ▪ Frère de l'arrière-grand-père ou de l'arrière-grand-mère. *Des arrière-grands-oncles.*

arrière-grand-père n. m. – XVIIIe ▪ Père du grand-père ou de la grand-mère. *Des arrière-grands-pères.*

arrière-grands-parents n. m. pl. – mil. XXe ▪ L'arrière-grand-père et l'arrière-grand-mère. ⇒ **bisaïeul.**

arrière-grand-tante n. f. – 1900 ▪ Sœur de l'arrière-grand-père ou de l'arrière-grand-mère. *Des arrière-grands-tantes.*

arrière-main n. m. – XIIe ▪ Partie postérieure du cheval, en arrière de la main du cavalier (opposé à *avant-main*). *Des arrière-mains.*

arrière-neveu n. m. – XVIe ▪ Fils du neveu ou de la nièce, par rapport à l'oncle ou à la tante. *Des arrière-neveux.*

arrière-pays [aʀjɛʀpei] n. m. inv. – XIXe ▪ Région située en arrière d'une région côtière. ⇒ **hinterland.**

❑ Le *Dictionnaire des termes officiels* recommande l'emploi de *arrière-pays portuaire* à la place de l'allemand *Hinterland.*

arrière-pensée n. f. – XVIe ▪ (souvent péj.) Pensée, intention que l'on dissimule. *Sans arrière-pensée. « des arrière-pensées malveillantes »* (Mauriac). ✪ CONTR. Démonstration, manifestation.

arrière-petite-fille n. f. – XVIIe ▪ Fille d'un petit-fils, d'une petite-fille. *Des arrière-petites-filles.*

arrière-petite-nièce n. f. – XIXe ▪ Fille d'une petite-nièce ou d'un petit-neveu. *Des arrière-petites-nièces.*

arrière-petit-fils [aʀjɛʀpətifis] n. m. – XVIe ▪ Fils d'un petit-fils ou d'une petite-fille. *Les arrière-petits-fils.*

arrière-petit-neveu n. m. – XVIIIe ▪ Fils d'un petit-neveu ou d'une petite-nièce. *Des arrière-petits-neveux.*

arrière-petits-enfants [aʀjɛʀpətizɑ̃fɑ̃] n. m. pl. – XVIe ▪ Enfants des petits-enfants.

arrière-plan n. m. – XIXe 1 Plan le plus éloigné de l'œil du spectateur (opposé à *premier plan*). ⇒ **arrière-fond.** *« les arrière-plans de forêts noyés dans la brume »* (J. Verne). 2 *Être à l'arrière-plan :* dans une position secondaire. *Ce projet est passé à l'arrière-plan.*

arrière-port n. m. – XIXe ▪ Partie reculée d'un port (opposé à *avant-port*). *Des arrière-ports.*

arrière-saison n. f. – XVIe La dernière saison de l'année, l'automne ; la fin de l'automne. *Des arrière-saisons.* ✪ CONTR. Printemps.

arrière-salle n. f. – XIXe ▪ Salle située derrière une autre. *Les « arrière-salles de bistro où elle disait ses vers »* (Carco).

arrière-train n. m. – XIXe ▪ Partie postérieure du corps d'un quadrupède. *Chien assis sur son arrière-train.* ➤ fam. Fesses.

arrière-vassal, aux n. m. – XVIe ▪ Vassal d'un suzerain, lui-même vassal d'un autre seigneur. *Les arrière-vassaux.*

arrière-voussure n. f. – XVIe ▪ Voûte construite en arrière d'une baie pour couronner l'embrasure. *Des arrière-voussures.*

arrimage n. m. – XIVe ▪ Action d'arrimer. ⇒ ① **calage.** ➤ Arrangement des marchandises arrimées. ⇒ **chargement.**

arrimer v. tr. [1] – XIVe ; germ. *rum* « espace, place » 1 Répartir, ranger (la cargaison) dans la cale. 2 Caler avec des cordes (un chargement, des colis). ⇒ **amarrer.**

arrimeur n. m. – XIVe ▪ Ouvrier qui arrime les marchandises à bord d'un navire. ⇒ **docker.**

arriser v. tr. [1] – XVIIe ; de ① *a-* et ② *ris* ▪ Diminuer la surface de (une voile) en prenant un ou plusieurs ris.

arrivage n. m. – XIIIe ▪ Arrivée de marchandises par mer ou par une autre voie ; ces marchandises. *Un grand arrivage de fruits aux halles.*

arrivant, ante n. – XIXe ▪ Personne qui arrive quelque part. *Il tendit « à l'arrivant, une main grasse »* (Duham.).

❑ Ne pas confondre avec *entrant* n., plus spécialisé : « arrivant qui entre ». → entrant.

arrivé, ée adj. – XIIe 1 *Premier, dernier arrivé :* celui qui est arrivé le premier, le dernier. *« Vous opérez demain la nouvelle arrivée »* (Goncourt). 2 Qui a réussi (socialement, professionnellement). *Le « mépris perçant pour le voisin moins arrivé »* (Proust).

arrivée n. f. – XVIe 1 Action d'arriver ; moment où l'on arrive. *L'arrivée du bateau, du train. Heure d'arrivée.* ➤ *Il m'annonce son arrivée pour le mois prochain.* ⇒ **venue.** *Je vous verrai à mon arrivée, dès mon arrivée.* ➤ *Ligne d'arrivée.* 2 Passage (d'un fluide) qui arrive quelque part. *Arrivée d'essence.* 3 *L'arrivée du printemps.* ⇒ **apparition, début.** 4 Lieu où arrivent des voyageurs, des coureurs, etc. ✪ CONTR. ① Départ, sortie.

arriver v. intr. [1] – XIe ; lat. *ad* et *ripa* « rive » **I - 1** Parvenir près du port, au port. *Arriver en bateau.* 2 Toucher au terme de son voyage ; parvenir au lieu où l'on voulait aller. *Arriver en France, à Lille.* ♦ *Nous voici, nous voilà arrivés. Arriver de Londres.* ⇒ **venir** (de). *Arriver par le train, en avion. Je suis arrivée de bonne heure, en retard. « la tortue arriva la première »* (La Font.). ➤ *Il est arrivé des stagiaires en votre absence.* 3 Approcher, venir vers qqn. *Le voici qui arrive.* ⇒ fam. s'**amener, rappliquer.** *Il arrive en courant.* 4 Parvenir à atteindre (qqn), après des difficultés. *« comment arriver jusqu'à elle ? »* (Flaub.). 5 Atteindre à une certaine taille. *Cet enfant m'arrive à l'épaule.* 6 ARRIVER À (et subst.) : atteindre, parvenir à (un état). *Arriver à un certain âge. Arriver au terme de son existence.* ⇒ **atteindre, parvenir,** ① **toucher.** *Arriver à ses fins.* ARRIVER À (et l'inf.) : réussir à ; finir par. ⇒ **parvenir** (à). *Il n'arrive pas à dormir.* 7 Réussir. *Il veut à tout prix arriver* (⇒ **arriviste**). *« la misère anonyme, le néant de celui qui n'arrive pas »* (Goncourt). 8 ARRIVER À (un sujet, un point d'une discussion) : aborder (un sujet). *Quant à cette question, j'y arrive.* 9 EN ARRIVER À : en venir à (qqch.). *« Il en arrivait maintenant à une passion exclusive »* (Zola). ➤ En venir à ; être sur le point de, après une évolution (et souvent malgré soi). *« J'en arrivais à bannir de moi la sympathie »* (Gide). *Comment peut-on en arriver là ?* **II - 1** Parvenir à destination, en un lieu. *Le bateau est arrivé au port. Une lettre est arrivée de Paris. « Il arrive le maquereau, maquereau frais »* (Proust). ➤ *Un tuyau par lequel arrive l'eau,* par lequel elle est conduite. 2 Arriver jusqu'à (qqn). *« des bribes de son discours arrivaient jusqu'à moi »* (Beckett). 3 Atteindre un certain niveau. ⇒ s'**élever, monter.** *L'eau lui arrive à la ceinture.* 4 Venir, être sur le point d'être. *Quand arrivent les vacances. Son heure arrivera bientôt. Un jour arrivera où...* ⇒ **venir.** loc. *Tout arrive* (ce qu'on attendait). ➤ *Il arrive un moment où il faut choisir.* 5 En parlant d'un fait, d'un événement, d'un accident. ⇒ **advenir,** se

passer, se **produire, survenir.** *Un malheur est si vite arrivé. Ce sont des choses qui arrivent. Tout peut arriver.* ➛ *Cela ne m'est jamais arrivé. Cela peut arriver à tout le monde :* tout le monde est exposé à pareil accident. *Cela ne m'arrivera plus, je vous le promets :* c'est une chose que je ne recommencerai plus. *Qu'est-ce qui t'arrive ?*, qu'est-ce que tu as ? ♦ *IL ARRIVE. Il oublie « la valeur* [de l'argent] *comme il arrive souvent aux marins »* (Loti). *Quoi qu'il arrive :* en tout cas. *Il arrive qu'il prenne ses repas au restaurant.* ♦ *« il lui arrivait de l'attendre des heures, sous le porche glacial »* (Courtel.). ✪ CONTR. ① Aller (s'en aller), éloigner (s'), ① partir. Échouer.

❑ *Arriver* est un terme de marine dont le sens s'est élargi, comme *aborder* et *accoster* (« toucher la rive, le bord, la côte »).

arrivisme n. m. – 1903 ▪ Caractère ou comportement de l'arriviste.

arriviste n. – XIXe ▪ Personne dénuée de scrupules qui veut arriver, réussir à tout prix. ⇒ **carriériste.** *« les arrivistes arrivaient par la littérature et par la mondanité »* (Péguy). ➛ adj. *Ambitieux, mais pas arriviste.*

arroche n. f. – XIIe ; lat. *atriplex* ▪ Plante *(chénopodiacées)* à feuilles triangulaires comestibles.

arrogance n. f. – XIIe ▪ Insolence méprisante ou agressive. ⇒ ① **morgue, suffisance,** ① **superbe.**

arrogant, ante adj. – XIIIe ▪ Qui manifeste une insolence méprisante. *Une personne arrogante.* ➛ *Air, ton arrogant.* ⇒ **impudent, insolent, méprisant, suffisant.**

arroger (s') v. pron. [3] – XIVe ; lat. *ad* et *rogare* « demander » ▪ S'attribuer (un droit, une qualité) sans y avoir droit. ⇒ s'**approprier,** s'**attribuer.** *Ils se sont arrogé des droits. « un tyran est un particulier qui s'arroge l'autorité royale »* (Rouss.).

❑ Même famille que *prérogative* et *interrogation.*

arroi n. m. – XIIIe ; a. fr. *areer, arroyer* « arranger » ▪ vx Équipage accompagnant un personnage. ♦ loc. littér. *EN GRAND ARROI. La reine de Saba arrivait « avec une suite brillante, en grand arroi »* (Daniel-Rops).

❑ *Désarroi,* « désorganisation », est de même origine.

arrondi, ie adj. et n. m. – XIIIe 1 De forme à peu près ronde. *Un visage arrondi.* ⇒ **plein, potelé.** ➛ *Voyelle arrondie,* prononcée avec les lèvres arrondies (ex. [y] dans « lu », [u] dans « loup »). 2 n. m. Contour arrondi. ⇒ **courbe.** *« le moelleux arrondi des épaules »* (Mart. du G.). ♦ Manœuvre finale d'un atterrissage permettant d'amener l'avion tangentiellement au sol. ✪ CONTR. Aigu, pointu ; ① droit.

arrondir v. tr. [2] – XIIIe ; de ① *a-* et *rond* I v. tr. 1 Rendre rond. *L'embonpoint arrondit son visage.* ♦ loc. *Arrondir les angles :* atténuer les oppositions, les dissentiments. 2 Rendre plus important (un bien). ⇒ **augmenter.** *« un propriétaire désireux d'arrondir son champ »* (Queneau). ♦ Ajuster le dernier chiffre significatif* conservé à droite d'un nombre. *Arrondir au franc supérieur.* II *S'ARRONDIR* v. pron. Devenir rond. *Son ventre s'arrondit* (embonpoint ou grossesse). ⇒ **grossir.** ✪ CONTR. Allonger. Diminuer, réduire.

arrondissage n. m. – XIXe ▪ Opération qui consiste à arrondir une chose.

arrondissement n. m. – XVe ▪ En France, Circonscription administrative intermédiaire entre le département* et les cantons*. *Chef-lieu d'arrondissement.* ⇒ **sous-préfecture.** ➛ (À Paris, Lyon, Marseille) *Le Ve arrondissement.*

arrosage n. m. – XVIIe 1 Action d'arroser. ⇒ **affusion, arrosement, aspersion, douche.** *L'arrosage d'un jardin. Lance, tuyau d'arrosage.* 2 Bombardement, mitraillage méthodique. *L'arrosage des lignes ennemies par l'artillerie.* 3 Gratification pour service rendu, obtention d'une faveur. ⇒ **bakchich, dessous-de-table, pot-de-vin.** ✪ CONTR. Assèchement, drainage.

arrosé, ée adj. – XIVe 1 Mouillé par arrosage. *« la sueur fraîche des pelouses arrosées »* (Maupass.). 2 À travers quoi coule un cours d'eau. *Région bien arrosée.* 3 *Un repas bien arrosé,* au cours duquel on a bien bu. ➛ *Un café arrosé,* dans lequel on a versé de l'alcool.

arrosement n. m. – XIIe ▪ L'action d'arroser ou le fait d'être arrosé.

❑ S'emploie surtout concrètement, à la différence de *arrosage.*

arroser v. tr. [1] – XIIe ; lat. *ad* et *ros, roris* « rosée » 1 Humecter ou plus souvent mouiller en versant un liquide, de l'eau sur. *Arroser des plantes. « du sang de la chair immolée Les prêtres arrosaient l'autel et l'assemblée »* (Rac.). ⇒ **inonder, mouiller.** ➛ fam. *Se faire arroser :* se faire mouiller par la pluie. ⇒ **doucher, tremper ;** fam. **saucer.** 2 Couler à travers. ⇒ **traverser.** ➛ Fertiliser. ⇒ **irriguer.** *Le fleuve « traverse sans l'arroser cette vallée misérable »* (From.). 3 Répandre un liquide sur (un mets) pour en améliorer le goût. *Arroser le poulet en cours de cuisson.* 4 Accompagner (un repas, un mets) de boisson alcoolisée. ♦ fam. Fêter (un événement) en buvant et en offrant à boire. *On va arroser ça !* pronom. *Ça s'arrose !* 5 fam. Pourvoir (qqn) d'argent, de cadeaux à des fins intéressées. *Arroser ses élus.* 6 Bombarder, mitrailler méthodiquement. ✪ CONTR. Sécher ; assécher, dessécher.

arroseur, euse n. – XVIe 1 Personne qui arrose. 2 n. m. Appareil d'arrosage. *« les arroseurs lancent des panaches de pluie blanche »* (Maupass.). 3 n. f. Véhicule muni d'un réservoir d'eau et destiné à l'arrosage des voies publiques. *Une arroseuse municipale.*

arrosoir n. m. – XIVe ▪ Ustensile destiné à l'arrosage, récipient muni d'une anse et d'un long col terminé par une *pomme* d'arrosoir.*

arrow-root [aʀoʀut] n. m. – XIXe ; mot angl., de *arrow* « flèche » et *root* « racine » ▪ Fécule comestible fournie par les rhizomes d'une plante d'Amérique tropicale (Antilles). *Des arrow-roots.*

arroyo [aʀɔjo] n. m. – XIXe ; mot esp. « cours d'eau » ▪ Chenal reliant deux cours d'eau (en pays tropicaux). *Des arroyos.*

ars n. m. – XIIIe ; lat. *armus* ▪ Jonction du poitrail et des membres antérieurs du cheval. ✪ HOM. Arc, arrhes, art, hart.

arsenal, aux n. m. – XVe ; ar. 1 Centre de construction, de réparation et d'armement des navires de guerre. 2 Dépôt d'armes et de munitions. 3 fam. Matériel compliqué. *« l'arsenal de la pharmacopée »* (Valéry).

arséniate n. m. – XVIIIe ▪ Sel ou ester de l'acide arsénique.

arsenic n. m. – XIVe ; gr. 1 Composé toxique de l'arsenic (2°). *Arsenic blanc* (anhydride arsénieux). 2 Élément (As ; n° at. 33 ; m. at. 74,92) du même groupe que l'azote, le phosphore et l'antimoine. *Sulfure d'arsenic.* ⇒ **orpiment, réalgar.**

arsenical, ale, aux adj. – XVIe ▪ Qui contient de l'arsenic.

arsénieux adj. m. – XVIIIe ▪ Se dit de certains composés de l'arsenic trivalent. *Anhydride arsénieux :* arsenic blanc (As_2O_3) employé comme raticide et insecticide.

arsénique adj. – XVIe ▪ *Acide arsénique :* acide (H_3AsO_4) dans lequel l'arsenic a la valence cinq.

arsénite n. m. – XIXe ▪ Sel de l'acide arsénieux.

arséniure n. m. – XIXe ▪ Tout composé de l'arsenic avec un autre corps simple, par exemple un métal. *Arséniure d'argent.*

arsin adj. m. – XIIe ; a. fr. *ardre* « brûler » ▪ *Bois arsin :* bois sur pied endommagé par le feu.

arsine n. f. – XIXe ▪ Hydrogène contenant de l'arsenic, gaz incolore à odeur forte, très toxique (AsH_3).

arsouille n. – XVIIIe ; de *arsouiller,* o. i. ▪ fam. et vx Voyou.

art n. m. – Xe ; lat. *ars, artis* **I - 1** vx Moyen d'obtenir un résultat (par l'effet d'aptitudes naturelles) ; ces aptitudes (adresse, habileté). ➛ *L'art de faire qqch.* ⇒ **façon, manière.** « *Vous avez trouvé l'art d'être maître des cœurs* » (Corn.). ➛ *Faire qqch. avec art.* ⇒ ② **adresse, habileté.** loc. *Faire qqch. pour l'amour de l'art,* par plaisir, et non par intérêt. ♦ (appliqué à la littérature, à l'art [II]) L'habileté jointe à la connaissance des moyens. *C'est du grand art.* **2** vx Métier exigeant une aptitude et des connaissances (apprentissage). « *La critique est aisée et l'art est difficile* » (Destouches). ♦ *L'art culinaire, militaire. L'homme de l'art :* le spécialiste compétent. *Consulter un homme de l'art,* un médecin. *Le noble art :* la boxe. ♦ loc. *Les règles de l'art :* la manière correcte, réglée, de procéder. *Il m'a reçu dans toutes les règles de l'art.* ➛ La Quintinie « *a créé l'art de la culture des arbres, et celui de les transplanter* » (Volt.). **3** plur. *Conservatoire des arts et métiers* (arts mécaniques). *Les arts ménagers :* industries et techniques visant à améliorer le confort dans la vie quotidienne. ➛ *Arts d'agrément :* musique, tapisserie, aquarelle. **II - 1** Expression par les œuvres de l'homme, d'un idéal esthétique ; ensemble des activités humaines créatrices visant à cette expression. « *l'art est constamment au-dessous de la nature, surtout lorsqu'il cherche à l'embellir !* » (Muss.). ♦ (excluant les disciplines du langage et souvent limité aux arts plastiques). La création d'œuvres en architecture, peinture, musique, etc. *Œuvre, objet d'art. Livre d'art,* contenant des reproductions d'œuvres d'art. *Histoire de l'art.* **2** Chacun des modes d'expression de la beauté. *L'art dramatique. Les arts plastiques.* ➛ loc. *Le septième art :* le cinéma. **3** Création des œuvres d'art ; ensemble des œuvres (à une époque ; dans un lieu particulier). *L'art contemporain. Musée national d'Art moderne. L'art nègre.* ➛ *Art nouveau,* se dit des styles d'art plastique développés en Europe entre 1885 et 1914. ⇒ **modern style.** *Des chambres art nouveau. Art déco* **(⇒ décoratif).** ➛ *Les arts populaires.* ➛ (selon les styles) *Art classique, baroque. Art abstrait, figuratif* (en peinture, sculpture). ✪ HOM. Arc, arrhes, ars, hart.

artefact [aʀtefakt] n. m. – 1905 ; lat. *artis factum* « fait par l'art » ▪ Phénomène d'origine humaine, artificielle (dans l'étude de faits naturels).

artel n. m. – XIXe ; mot russe « confrérie d'artisans » ▪ Coopérative, dans l'ancienne Russie et dans l'ex-U.R.S.S. **(⇒ kolkhoze).**

artère n. f. – XIIIe ; gr. **1** Vaisseau à ramifications divergentes qui porte le sang du cœur à tout le corps. *Les artères communiquent avec les veines* par les capillaires. Artère pulmonaire. Inflammation, lésion des artères.* ⇒ **anévrisme, artériosclérose, artérite, athérome.** *Oblitération d'une artère.* ⇒ **embolie, infarctus, thrombose.** ➛ *On a l'âge de ses artères* (axiome de Cazalis). **2** Rue importante d'une ville. *Les grandes artères.*

> ❑ De même origine que *aorte.*

artériectomie n. f. – XVIe ; *artéri(o)-* et *-ectomie* ▪ Ablation d'une artère.

artériel, ielle adj. – XVIe ▪ Des artères. *Pression artérielle.*

artéri(o)- ▪ Élément, du lat. *arteria* « artère ».

artériographie n. f. – XVIIIe ; *artério-* et *-graphie* ▪ Radiographie d'une ou de plusieurs artères après injection d'un produit opaque aux rayons X. ⇒ **angiographie.**

artériole n. f. – XVIIe ▪ Petite artère.

artériosclérose n. f. – XIXe ▪ Maladie des artères qui se durcissent progressivement.

> ❑ À sa création, ce terme désignait également l'athérosclérose*.

artériotomie n. f. – XVIe ; *artério-* et *-tomie* ▪ Incision pratiquée dans une artère.

artérite n. f. – XIXe ▪ Affection artérielle d'origine inflammatoire. ⇒ **coronarite.**

artésien, ienne adj. et n. – XVIe **1** De l'Artois. **2** PUITS ARTÉSIEN : trou foré jusqu'à une nappe d'eau souterraine jaillissante.

arthralgie n. f. – XIXe ; *arthr(o)-* et *-algie* ▪ Douleur articulaire.

arthrite n. f. – XVIe ; gr. « goutte » ▪ Affection articulaire d'origine inflammatoire.

arthritique adj. et n. – XIIe ▪ Atteint d'arthrite ou d'arthritisme. ➛ n. *Un, une arthritique.*

arthritisme n. m. – XIXe ▪ vieilli Ensemble de maladies, de caractère souvent familial et pouvant coexister chez le même individu (goutte, rhumatisme chronique, lithiase biliaire, obésité). ⇒ **diathèse.**

arthr(o)- ▪ Élément, du gr. *arthron* « articulation ».

arthrographie n. f. – 1958 ; *arthro-* et *-graphie* ▪ Radiographie d'une articulation après injection d'un produit de contraste.

arthropathie n. f. – XIXe ; *arthro-* et *-pathie* ▪ Affection articulaire.

arthropodes n. m. pl. – XIXe ; *arthro-* et *-pode* ▪ Embranchement d'invertébrés comprenant des animaux dont le corps recouvert de chitine est formé de pièces articulées (ex. crustacés, myriapodes, insectes, arachnides).

arthroscopie n. f. – v. 1970 ; *arthro-* et *-scopie* ▪ Examen d'une cavité articulaire à l'aide d'un endoscope.

arthrose n. f. – XVIIe ; *arthr(o)-* et ② *-ose* ▪ Altération chronique de diverses articulations, sorte de vieillissement, souvent prématuré, des cartilages articulaires. *Arthrose cervicale.*

artichaut n. m. – XVIe ; ar. *harsufa* ▪ Plante potagère vivace *(composées),* dont on consomme la fleur ou capitule, dont le réceptacle charnu *(fond d'artichaut)* porte des bractées *(feuilles d'artichaut)* à base également charnue. ♦ Capitule de cette plante. *Cœurs d'artichauts :* les feuilles du cœur de petits artichauts dont le haut est coupé. ♦ loc. fam. *Avoir un cœur d'artichaut :* être inconstant en amour.

artichautière [aʀtiʃotjɛʀ] n. f. – XVIe ▪ Terrain planté en artichauts.

article n. m. – XIIe ; lat. *articulus* « articulation » **I** Pièce articulée des arthropodes. ⇒ **articulé. II - 1** Partie (numérotée ou non) qui forme une division (d'un texte légal, juridique, diplomatique, religieux, littéraire). *Les articles de la Déclaration des droits de l'homme. Article premier.* ♦ dr. Chacun des éléments d'un fait dont la preuve doit être établie devant la justice. ➛ *Article de foi :* point formel de croyance dans une religion. loc. *Prendre qqch. pour article de foi,* y croire fermement. **2** Partie (d'un écrit). *Pour, sur cet article :* sur ce point. « *Pour cet article, j'ai tort* » (Mol.). ♦ loc. *Être à l'article de la mort,* sur le point de mourir, à l'agonie. **3** Écrit formant par lui-même un tout distinct, mais faisant partie d'une publication. *Les articles d'un dictionnaire.* ➛ *Article de journal.* ⇒ fam. **papier.** *Publier un article, une série d'articles dans une revue.* III - 1 Objet de commerce. *Nous n'avons pas cet article en magasin. Articles de sport, de bureau, de pêche. Articles pour fumeurs. Articles de luxe.* 2 loc. *Faire l'article :* vanter sa marchandise pour la vendre ; péj. faire valoir (qqch., qqn), (en) faire l'éloge pour un motif intéressé. « *cette grande bourgeoise fit résolument l'article pour sa fille* » (Montherl.). IV Dans certaines langues, Mot qui, placé devant un nom (ou l'adj. antéposé au nom), sert à le déterminer plus ou moins précisément, et peut prendre la marque du genre et du nombre. ⇒ **déterminant.** *Article défini, indéfini, partitif.*

> ❑ Devant un nom désignant une partie du corps, on emploie plutôt un article qu'un adjectif possessif : *j'ai mal à la gorge, elle s'est cassé une jambe en skiant.* Néanmoins on peut dire *elle a coupé ses cheveux* et *montrez-moi votre gorge.* → possessif.

articulaire adj. – XVIe ▪ Relatif aux articulations. *Rhumatisme articulaire.*

articulation n. f. – XVe ; lat. I - 1 Mode d'union des os entre eux ; ensemble des parties molles et dures par lesquelles s'unissent deux ou plusieurs os voisins. ⇒ **arthr(o)- ; jointure, ligament.** *L'articulation du genou, du coude.* « *deux longues mains, à articulations noueuses* » (Flaub.). ♦ Région du tégument des arthropodes où la chitine s'amincit et le rend flexible, ce qui permet le mouvement. 2 Assemblage de plusieurs pièces mécaniques mobiles les unes sur les autres. ⇒ **cardan, charnière, rotule.** 3 Organisation en éléments distincts contribuant au fonctionnement d'un ensemble. *L'articulation des différentes parties d'un discours.* ♦ Imbrication (de deux processus). II Action de prononcer distinctement les différents sons d'une langue à l'aide des mouvements des lèvres et de la langue. ⇒ **prononciation.** III Énonciation écrite de faits, article par article, à l'appui d'une demande en justice. *L'articulation des griefs dans la procédure du divorce.*

articulatoire adj. – XVIe ▪ Qui concerne l'articulation (II).

articulé, ée adj. et n. m. – XIIIe 1 Formé de sons différents reconnaissables. *Langage articulé* (opposé à *inarticulé*). 2 Qui s'articule (I). *Lampe à tige articulée.* ♦ n. m. pl. VX LES ARTICULÉS ⇒ **arthropodes.** ♦ *Poupée articulée,* dont on peut bouger la tête, plier les membres. 3 n. m. *Articulé dentaire :* engrènement des dents antagonistes lorsque les maxillaires sont en position d'occlusion.

articuler v. tr. [1] – XIIIe ; lat. *articulus* « articulation » I - 1 (surtout pronom.) Réunir (deux ou plusieurs os voisins) par une articulation. *Os qui s'articule à, avec un autre.* 2 Assembler par des jointures qui permettent le mouvement. ➛ pronom. *L'organe de transmission s'articule sur l'arbre.* 3 pronom. *S'articuler :* s'organiser en éléments distincts concourant au fonctionnement d'un ensemble. *Les chapitres de ce livre s'articulent bien.* II - 1 Émettre, faire entendre les sons vocaux à l'aide de mouvements des lèvres et de la langue. ⇒ **prononcer.** *Articulez !* parlez distinctement. 2 Produire (un élément de langage) en articulant. « *Le nouveau articule d'une voix bredouillante un nom inintelligible* » (Flaub.). III dr. Énoncer article par article. *Articuler des faits, des griefs.* ✪ CONTR. Désarticuler, disloquer.

artifice n. m. – XIIIe ; lat. « art, métier » 1 Moyen habile, ingénieux. *Résoudre un problème de mathématiques par un artifice de calcul.* 2 Moyen trompeur et habile pour déguiser la vérité, subtilité pour tromper. ⇒ **combinaison, feinte, ruse, subterfuge.** *Artifices juridiques, politiques.* 3 FEU D'ARTIFICE : ensemble de compositions pyrotechniques qu'on fait brûler d'ordinaire pour un divertissement. *Le feu d'artifice du 14 juillet.* « *d'éblouissants feux d'artifice allaient mêler aux étoiles leurs panaches de feu* » (Maupass.). ➛ Ce qui éblouit par le nombre et la rapidité des images ou des traits brillants. *Son discours était un vrai feu d'artifice.* ✪ CONTR. Droiture, naturel, vérité.

artificialité n. f. – 1916 ▪ Caractère de ce qui est artificiel.

artificiel, ielle adj. – XIVe 1 Produit par la technique, par l'activité humaine finalisée, et non par la nature. ⇒ **fabriqué, factice.** (Opposé à *naturel*) *Jambe artificielle. Respiration artificielle. Lac artificiel. Fleurs artificielles.* « *quant au noir artificiel qui cerne l'œil et au rouge qui marque la partie supérieure de la joue* [...] *ils représentent la vie, une vie surnaturelle et excessive* » (Baud.). *Soie artificielle.* 2 Créé par la vie sociale, la civilisation, et considéré comme non nécessaire. *Des besoins artificiels.* 3 Qui ne tient pas compte des caractères naturels, des faits réels. *Classification artificielle.* ⇒ **arbitraire.** « *tout ce que la seule logique construit reste artificiel et contraint* » (Gide). 4 Qui manque de naturel. ⇒ **affecté, feint, forcé.** *Sourire artificiel.* ✪ CONTR. Naturel, véritable, vrai.

> ❑ Pour les produits, le mot *artificiel* a vieilli ; on dit *chimique, synthétique, prothétique* et souvent *faux**.

artificiellement adv. – XIIIe ▪ D'une manière artificielle. ✪ CONTR. Naturellement, spontanément.

artificier n. m. – XVIe 1 Celui qui fabrique des pièces d'artifice, organise ou tire des feux d'artifice. 2 Militaire employé aux travaux pyrotechniques.

artificieux, ieuse adj. – XIIIe ▪ littér. Qui est plein d'artifices, de ruse. ⇒ **retors, rusé, trompeur.** ✪ CONTR. Sincère.

artillerie n. f. – XIIIe ; o. germ., d'apr. *art* 1 Matériel de guerre comprenant les canons, obusiers, etc. *Artillerie légère ; lourde. Tir d'artillerie.* « *quelques batteries françaises qui renforçaient l'artillerie britannique* » (Maurois). ➛ loc. fam. *Faire donner l'artillerie :* attaquer avec force. *La grosse artillerie :* les grands moyens. 2 Corps de l'armée qui est chargé du service de ce matériel. *Bataillon d'artillerie.*

artilleur n. m. – XIVe ▪ Militaire appartenant à l'artillerie.

artimon n. m. – XIIIe ; lat. *artemo* ▪ Mât le plus arrière sur un navire à deux mâts et plus. ♦ Voile gréée sur ce mât. ⇒ **brigantine.**

artiodactyles [aʀtjɔdaktil] n. m. pl. – XIXe ; gr. *artios* « pair » et *-dactyle* ▪ Ordre de mammifères ongulés dont le nombre de doigts est pair (porcins, ruminants, etc.).

artiozoaire [aʀtjɔzɔɛʀ] n. m. – XIXe ; du gr. *artios* « pair » et *-zoaire* ▪ Animal à symétrie bilatérale.

artisan, ane n. – XVIe ; it. *arte* « art » 1 Personne qui exerce un métier manuel pour son propre compte, aidée souvent de sa famille, de compagnons, apprentis, etc. *Le serrurier, le cordonnier sont généralement des artisans. Artisan d'art,* qui fait des objets, des bibelots d'art. *Une femme artisan.* 2 Auteur, cause d'une chose. « *Mon père, seul artisan de sa fortune* » (Balz.). *Elle a été l'artisan de son malheur.*

> ❑ *Artisane* s'entend assez souvent au sens propre, mais pas au sens figuré d'« auteur ».

artisanal, ale, aux adj. – 1923 1 Qui est relatif à l'artisan. « *des produits artisanaux et des produits* *usinés* » (Beauv.). **2** Qui n'est pas industrialisé. *Cette exploitation est restée artisanale.*

artisanalement adv. – v. 1950 ■ D'une manière artisanale, sans machine ni organisation complexe.

artisanat n. m. – 1923 **1** Métier, condition d'artisan. *Les artisanats d'art.* **2** Ensemble des artisans en tant que groupe social ou professionnel.

artiste n. et adj. – XIVe ; lat. *ars* « art » **I** n. **1** Personne qui se voue à l'expression du beau, pratique les beaux-arts, l'art (II). *L'inspiration, la sensibilité de l'artiste.* « *il en juge arbitrairement, selon son goût et son caprice, à son idée, en artiste enfin !* » (France). ➛ péj. *Hé, l'artiste !* **2** Créateur d'une œuvre d'art, d'une œuvre plastique. ⇒ **peintre ; dessinateur, graveur ; sculpteur ; architecte.** *La signature de l'artiste.* « *J'appelle artiste celui qui crée des formes* [...] *et artisan celui qui les reproduit* » (Malraux). **3** Personne qui interprète une œuvre musicale ou théâtrale (opposé à *auteur, compositeur, écrivain*). ⇒ **acteur, comédien, interprète, musicien.** *Entrée des artistes.* **II** adj. Qui a le sentiment de la beauté, le goût des beaux-arts. *Elle est née artiste.* « *Le Tout-Paris artiste invitait le Tout-Paris mondain* » (Maupass.). *Style artiste.*

artistement adv. – XVIe ■ Avec goût ; avec sens esthétique. « *C'est un des privilèges prodigieux de l'Art que l'horrible, artistement exprimé, devienne beauté* » (Baud.).

> ❑ Pour le sens → artistiquement (rem.).

artistique adj. – XIXe **1** Qui a rapport à l'art, à l'artiste ou aux productions de l'art. *Le patrimoine artistique d'un pays.* « *Comme ils n'assimilent pas ce qui dans l'art est vraiment nourricier, ils ont tout le temps besoin de joies artistiques* » (Proust). **2** Qui est fait, présenté avec art. *Patinage artistique. Nu artistique.*

artistiquement adv. – XIXe ■ D'une manière artistique, avec art. ⇒ **artistement.** *Artistiquement présenté, décoré.*

> ❑ On a voulu voir une différence de sens avec *artistement.* En fait, *artistiquement* a vieilli au profit de *artistement.*

artocarpe n. m. – XIXe ; gr. *artos* « pain » et *-carpe* ■ Arbre lactescent de l'Asie tropicale et de l'Océanie *(urticacées)*, appelé aussi *arbre à pain*, dont le fruit comestible a une chair blanche, féculente.

arum [aʀɔm] n. m. – XVIe ; gr. ■ Plante sauvage ou cultivée *(aracées)*, ornementale, à fleurs disposées sur un spadice entouré d'une large spathe en cornet de couleur blanche ou verdâtre. « *d'énormes arums dressent leurs cornets entr'ouverts* » (Gide).

aruspice n. m. – XIVe ; lat. *haruspex* ■ Dans l'Antiquité romaine, Devin qui examinait les entrailles des victimes pour en tirer des présages. *Les aruspices et les augures.*

> ❑ Vient du latin *spicere* « observer » (comme dans *auspices*) et de l'étrusque *haru* « entrailles ». ♦ On a écrit *haruspice.*

aryen, enne n. et adj. – XVIe ; lat. *arianus* ou *arienus* **1** *Les Aryens :* peuple de l'Antiquité qui envahit le nord de l'Inde. ➛ adj. Relatif à ce peuple. **2** (Voc. des doctrines racistes, sans fondement scientifique) Grand dolichocéphale blond issu de ce peuple, qui représenterait l'élément pur et supérieur de la race blanche. ➛ adj. *La race aryenne.* ✪ HOM. Arien.

arythmie n. f. – XVIIIe ; de ② *a-* et gr. *rhuthmos* « rythme » ■ Irrégularité d'un rythme, notamment du rythme cardiaque. ⇒ **extrasystole.**

as [ɑs] n. m. – XIIe ; lat. *as,* unité de monnaie, de poids, de mesure **I** Pièce de monnaie romaine en cuivre. **II - 1** Côté du dé à jouer (ou moitié de domino) marqué d'un seul point ou signe. **2** Carte à jouer, marquée d'un seul point ou signe, qui est carte maîtresse dans de nombreux jeux. *As de carreau, de cœur.* « *Elle choisit un as de trèfle, se ravisa, prit un dix de carreau* » (Green). ➛ Le numéro un, au tiercé, au quarté, au quinté. ➛ La table numéro un (restaurant). ♦ loc. fam. *Être ficelé, fichu comme l'as de pique :* être mal habillé. ➛ *Être plein aux as :* avoir beaucoup d'argent. ➛ *Passer qqch. à l'as* (par allus. aux jeux où l'on *passe*) : l'escamoter. **3** Personne qui réussit excellemment dans une activité. *Un as du volant.* ⇒ **champion,** ① **crack.** ➛ fam. *C'est un as :* il (ou elle) est très fort(e). **4** Recomm. offic. pour *ace.*

> ❑ *As de...* est vieilli ; il s'emploie encore sans complément, mais on préfère *champion, crack, roi.*

ASA n. m. inv. – mil. XXe ; mot angl., acronyme de ***A****merican* ***S****tandards* ***A****ssociation* ■ Unité qui désigne les indices de sensibilité des émulsions photographiques. *Une pellicule 400 ASA.*

asbestose n. f. – 1960 ; gr. « incombustible » ■ Pneumoconiose due à l'inhalation de poussières d'amiante.

> ❑ Vient de *asbeste,* ancien nom de l'amiante.

ascaride ou **ascaris** [askaʀis] n. m. – XIVe ; gr. ■ Ver rond *(nématodes)*, dont une espèce *(Ascaris lumbricoides)*, parasite de l'intestin grêle de l'homme et du cheval, peut atteindre vingt-cinq centimètres.

> ❑ Ne pas confondre *ascaride* et *ténia* (ver solitaire).

ascaridiose ou **ascaridiase** n. f. – XIXe ■ Ensemble des troubles causés par les ascarides.

ascendance n. f. – XVIIIe **1** Ligne généalogique par laquelle on remonte de l'enfant aux parents, aux aïeux ; ensemble des générations qui précèdent qqn. ⇒ **ancêtre,** ② **ascendant.** *Ascendance paternelle, maternelle.* **2** *Ascendance thermique :* ascension d'air chaud dans l'atmosphère. ✪ CONTR. Descendance.

① **ascendant, ante** adj. – XVIe ; lat. *ascendere* « monter » ■ Qui va en montant, vers le haut. ⇒ **montant.** *Mouvement ascendant.* « *une gamme ascendante d'abois aigus* » (Bernanos). ➛ En mathématiques, *Progression ascendante,* dont les termes vont en croissant. ✪ CONTR. Descendant.

② **ascendant** n. m. – XIVe **1** Degré du zodiaque qui monte sur l'horizon au moment de la naissance de qqn. *Elle est Scorpion, ascendant Capricorne.* « *Ne dites-vous pas que l'ascendant est plus fort que tout ?* » (Mol.). **2** Influence dominante. ⇒ **emprise, influence,** ② **pouvoir.** *Avoir, prendre de l'ascendant sur qqn.* **3** (souvent au plur.) Parents dont on descend. ⇒ **aïeul, ancêtre.** « *les ascendants de la ligne paternelle* » (Huysm.). ✪ CONTR. Descendant.

ascenseur n. m. – XIXe ; lat. *ascendere* « monter » ■ Appareil qui sert à monter verticalement des personnes aux différents étages d'un immeuble, et le plus souvent aussi à les descendre ; la cabine où se tiennent les passagers. *Appeler, prendre l'ascenseur. Un cri « fusant de haut en bas le long des vide-ordures et des cages d'ascenseur »* (Le Clézio). ➛ loc. fam. *Renvoyer l'ascenseur :* répondre à un acte (généralement obligeant) par un acte de même nature.

> ❑ Pour les objets à monter, on dit *monte-charge.*

ascension n. f. – XIIe ; lat. *ascendere* « monter » **1** Élévation miraculeuse de Jésus-Christ dans le ciel, après sa résurrection. ➛ (avec une majuscule) Fête célébrée par l'Église, jour anniversaire de ce miracle. *Le jeudi de* *l'Ascension.* **2** *Ascension droite d'une étoile* : arc de l'équateur compté en sens inverse du mouvement diurne à partir d'un point pris pour origine. **3** Action de gravir une montagne. ⇒ **escalade.** *La première ascension du mont Blanc eut lieu en 1786.* **4** Action de s'élever dans les airs. *Ascension d'un ballon.* « *Pour modérer notre ascension, le seul moyen est* [...] *de faire échapper du gaz par une soupape* » (Baud.). **5** Montée vers un idéal ou une réussite sociale. ⇒ **élévation, progression.** *Ascension sociale.* ✪ CONTR. Descente ; chute, déclin.

❑ *Ascension* n'a pas de verbe de la même famille : on dit *monter, grimper, s'élever* et *escalader.* Le verbe *ascensionner,* créé au XIXe s., ne s'emploie plus.

ascensionnel, elle adj. – XVIIe **1** Qui tend à monter. ⇒ ① **ascendant.** *Mouvement ascensionnel.* **2** Qui fait monter dans les airs. *Vitesse ascensionnelle. Parachute ascensionnel.*

ascèse n. f. – XIXe ; gr. *askêsis* « exercice » ▪ Discipline qu'une personne s'impose pour tendre vers la perfection morale, l'affranchissement de l'esprit, dans le domaine religieux ou spirituel. ⇒ **ascétisme.** ♦ Privation voulue et héroïque de ce qui fait plaisir. ✪ CONTR. Hédonisme, jouissance, plaisir.

ascète n. – XVIe ; gr. *askêtês* « celui qui s'exerce » **1** Personne qui pratique l'ascétisme, s'impose, par piété, des exercices de pénitence, des privations, des mortifications. **2** Personne qui mène une vie austère. *Pas de vin ? Quel ascète !* ✪ CONTR. Jouisseur, noceur, sybarite, viveur.

ascétique adj. – XVIIe **1** Qui appartient aux ascètes, à l'ascétisme. *Maigreur ascétique.* **2** Austère, rigoriste. ⇒ **monacal.** « *retour à la vie ascétique du large, à la séquestration sur le couvent flottant* » (Loti). ✪ CONTR. Hédoniste. — HOM. Acétique.

ascétisme n. m. – XIXe **1** Genre de vie religieuse des ascètes, ensemble des pratiques ascétiques. **2** Vie austère, continente, frugale, rigoriste. ✪ CONTR. Hédonisme.

ascidie n. f. – XVIIIe ; gr. *askidion* « petite outre » **1** Échinoderme marin *(tuniciers),* en forme d'outre, qui se fixe par des prolongements aux objets environnants. **2** Organe en forme d'urne des plantes carnivores.

ASCII [aski] n. m. – 1982 ; acronyme angl. de ***A****merican* ***S****tandard* ***C****ode for* ***I****nformation* ***I****nterchange* ▪ *Code ASCII* : code utilisé dans les échanges entre un périphérique et un ordinateur, ou pour le codage interne des données.

❑ Le *Dictionnaire des termes officiels* ne propose rien pour remplacer ce mot dont la prononciation est sans rapport avec la graphie.

ascite n. f. – XIVe ; gr. *askitês* « hydropisie » ▪ Épanchement de sérosité dans le péritoine. « *tout se paie bien entendu. Éthylisme : ascite et cirrhose* » (Anouilh).

① **asclépiade** n. f. – XVIe ; lat. « plante d'*Asklêpios* (Esculape) » ▪ Plante *(asclepiadacées)* cultivée pour ses fleurs roses odorantes.

② **asclépiade** n. m. – XVIIIe ; de *Asclepiades,* nom d'un poète grec ▪ Vers lyrique grec ou latin composé d'un spondée, deux choriambes et un iambe.

ascomycètes n. m. pl. – XIXe ; gr. *askos* « outre » et *-mycète* ▪ Classe de champignons dont les spores se forment dans des asques (aspergille, morille, pézize, truffe).

ascorbique adj. – 1932 ; de *scorb(ut)* ▪ *Acide ascorbique* : vitamine C, contre le scorbut.

ascospore n. f. – XIXe ▪ Spore qui se forme à l'intérieur d'un asque chez les ascomycètes.

-ase ▪ Élément, tiré de *diastase,* servant à désigner certains ferments (enzymes). ➝ n. f. pl. *Les ases* [ɑz] : les enzymes.

❑ Les noms en *-ase* désignant des enzymes sont tous féminins.

aselle n. m. – XVIIIe ; lat. *asellus* « petit âne » ▪ Petit cloporte *(isopodes)* d'eau douce.

asémantique [asemɑ̃tik] adj. – XXe ; de *sémantique,* adj. ▪ Se dit d'une phrase qui n'a pas de sens, bien qu'elle puisse être bien construite (grammaticalement). Ex. « Le silence vertébral indispose la voile licite » (Tesnière).

asepsie [asɛpsi] n. f. – XIXe ; gr. *sêptos* « qui engendre la putréfaction » **1** Méthode préventive qui s'oppose aux infections en empêchant, par des moyens appropriés, l'introduction de microbes dans l'organisme. ⇒ **antisepsie, désinfection, pasteurisation, prophylaxie, stérilisation.** **2** Absence d'agents microbiens. *Dans des conditions d'asepsie.* ✪ CONTR. Contamination.

❑ Le *s* n'est pas redoublé entre voyelles après le *a-* privatif. → ② a-, ① s (rem.).

aseptique [asɛptik] adj. – XIXe **1** Qui a rapport à l'asepsie. **2** Exempt de tout germe infectieux. *Pansement aseptique.* ✪ CONTR. Septique.

aseptisation [asɛptizasjɔ̃] n. f. – 1907 ▪ Action d'aseptiser. ⇒ **désinfection, stérilisation.**

aseptiser [asɛptize] v. tr. [1] – XIXe **1** Rendre aseptique. *Aseptiser une plaie.* **2** Débarrasser de toute impureté, de tout élément considéré comme dangereux. « *des beaux quartiers aseptisés* » (R. Debray).

asexué, ée [asɛksɥe] adj. – XVIIIe ; de *sexué* **1** Qui n'a pas de sexe. *Fleur asexuée.* ➝ *Multiplication asexuée,* qui se fait sans participation des gamètes* (⇒ **scissiparité ; végétatif**). **2** péj. Se dit d'une personne sans besoins sexuels, ou qui semble l'être. ✪ CONTR. Sexué.

❑ Pour le *s* unique → ② a- (rem.).

ashkénaze [aʃkenaz] n. et adj. – XIXe ; n. pr. hébr. ▪ Membre d'une communauté juive d'un pays d'Europe non méditerranéen (par oppos. à *séfarade*). ➝ adj. *Un juif ashkénaze.*

ashram [aʃʀam] n. m. – 1960 ; sanskr. ▪ En Inde, Monastère groupant des disciples autour d'un gourou. *Des ashrams.*

asialie [asjali] n. f. – XIXe ; gr. *sialon* « salive » ▪ Absence de salive.

asiate n. et adj. – XIXe ▪ péj. ou iron. Personne originaire de l'Asie. ⇒ **asiatique.**

asiatique adj. et n. – XVIe ▪ Qui appartient à l'Asie ou qui en est originaire. « *L'Europe deviendra-t-elle ce qu'elle est en réalité, c'est-à-dire un petit cap du continent asiatique ?* » (Valéry). *Grippe asiatique.* ➝ n. *Un, une Asiatique.*

asiatiser v. tr. [1] – 1912 ▪ Rendre asiatique. *Production asiatisée.* ➝ pronom. *Si la Russie « se reconnaît solidaire de l'Occident et renonce à s'asiatiser »* (Mauriac).

asilaire adj. – 1955 ▪ Relatif à l'asile de vieillards ou à l'hôpital psychiatrique.

asile n. m. – XIVe ; gr. *asulon* « lieu sacré inviolable » **1** Lieu où l'on se met à l'abri, en sûreté contre un danger. ⇒ **abri, refuge.** *Chercher, trouver asile, un asile.* ♦ *Droit d'asile politique* : droit pour un État d'ouvrir ses frontières aux réfugiés politiques et de refuser leur extradition à l'État poursuivant. *Étranger qui demande l'asile politique. Les demandeurs d'asile. Il « demanda asile au canton de Fribourg »* (Chateaub.). ♦ littér. Lieu où l'on trouve la paix, le calme, la sérénité. *Un asile de paix.* ⇒ **havre.** **2** Établissement d'assistance publique ou privée. ♦ *Asile de nuit,* qui recueille, pendant la nuit, les indigents sans abri.

asinien, ienne adj. – XVIe ; lat. *asinus* « âne » ▪ De l'âne.

asociabilité [asɔsjabilite] n. f. – 1963 ▪ Caractère d'une personne qui n'est pas sociable. ✪ CONTR. Sociabilité.

asocial, iale, iaux [asɔsjal, jo] adj. et n. – 1912 ; de ② *a-* et *social* ▪ Qui n'est pas adapté à la vie sociale, s'y oppose violemment. *Comportement asocial.* ➙ n. *Les loubards sont considérés comme des asociaux.* ⇒ **marginal.** ✪ CONTR. Sociable ; adapté.

> ❑ Ne pas confondre avec *antisocial* « qui ne tient pas compte des classes défavorisées ». ♦ Pour le *s* unique → ② a- (rem.).

asparagine n. f. – XIXe ; de *asparagus* « asperge » ▪ Acide aminé naturel, amide de l'acide aspartique.

asparagus [asparagys] n. m. – XVIIIe ; mot lat. « asperge » ▪ Plante ornementale *(liliacées)* voisine de l'asperge, au feuillage très fin décoratif.

aspartame n. m. – v. 1970 ; angl. ▪ Peptide composé d'acide aspartique et de phénylalanine, à fort pouvoir édulcorant, utilisé comme succédané du sucre (⇒ **sucrette).**

aspartique adj. – XIXe ; de *asparagine* ▪ *Acide aspartique :* acide aminé naturel possédant une seconde fonction acide. ⇒ **aspartame.**

aspect [aspɛ] n. m. – XVe ; lat. *aspicere* « regarder » **1** vx Vue. « *Habituée aux aspects calmes, elle se tournait au contraire vers les accidents* » (Flaub.). loc. *À l'aspect de :* à la vue de, en voyant. ⇒ **vue.** « *À l'aspect d'un accident tragique, l'objet, la sensation et l'effet se touchent* » (Dider.). *Au premier aspect :* en voyant pour la première fois ; en envisageant pour la première fois. ⇒ **abord. 2** Manière dont qqn, qqch. se présente aux yeux. ⇒ ② **air, apparence.** *Des fruits de bel aspect.* « *l'aspect sévère de cette chambre tapissée de livres* » (Daud.). *Un homme d'aspect inquiétant.* **3** Manière dont une chose ou un être se présente à l'esprit. ⇒ **angle, côté, face.** *Vous ne considérez qu'un seul aspect de la question, il faut l'envisager sous tous ses aspects. Sous un aspect nouveau.* **4** Distinction formelle indiquant la manière dont l'action exprimée par le verbe est envisagée dans sa durée, son développement ou son achèvement (ex. l'aspect du verbe à l'imparfait et au passé simple).

> ❑ Pour la prononciation → exact (rem.). ♦ Pas de liaison au singulier après *aspect.* ♦ *Aspect* peut être suivi d'un nom : *l'aspect chaumière de la maison.* Cet emploi est critiqué.

asperge n. f. – XIIe ; lat. *asparagus* **1** Plante monocotylédone *(liliacées),* herbacée, vivace, dont la griffe produit chaque année des bourgeons qui s'allongent en tiges charnues (turions) que l'on consomme cuites ; la tige et la pointe comestibles. *Botte d'asperges. Asperges à la vinaigrette.* **2** fam. Personne grande et maigre.

asperger v. tr. [3] – XIIe ; lat. *spargere* « répandre » ▪ *Asperger (qqch., qqn) de :* répandre (un liquide) sur (qqch., qqn) sous forme de gouttes, par la projection d'un jet. ⇒ **arroser.** *Asperger une plante.* « *il brandit sa lance, aspergea furieusement la carlingue* » (Malraux). ➙ pronom. *Elle* « *versait la sauce à côté du plat, s'aspergeait de graisse* » (Huysm.).

aspergès [aspɛʀʒɛs] n. m. – XIVe ; lat. *asperges* « tu aspergeras » ▪ Dans la liturgie catholique, Goupillon qui sert à l'aspersion. ⇒ **aspersoir.** ♦ Moment de l'office où le prêtre fait l'aspersion d'eau bénite.

aspergille [aspɛʀʒil] n. f. – XIXe ; lat. *aspergillum* « goupillon » ▪ Moisissure *(ascomycètes),* qui se développe sur les substances en décomposition, les substances sucrées (confitures), et parfois dans l'organisme. ⇒ **aspergillose.**

aspergillose [aspɛʀʒiloz] n. f. – XIXe ▪ Affection causée par le développement d'une aspergille dans l'organisme.

aspérité n. f. – XIIe ; lat. *asper* « âpre » ▪ (généralt au plur.) Parties saillantes d'une surface inégale. ⇒ **rugosité, saillie.** « *Le sol était parfaitement lisse, sans la moindre aspérité* » (Le Clézio). ✪ CONTR. ② Poli.

asperme adj. – XIXe ; gr. *aspermos* « sans semence » ▪ sc. Qui ne produit pas de graines. *Fruit asperme.*

> ❑ Pour le sens du radical → semence, sperme (rem.).

aspermie n. f. – XIXe ; de ② *a-* et *sperme* ▪ Absence de production du sperme dans l'organisme (stérilité masculine).

asperseur n. m. – v. 1970 ▪ Dispositif d'arrosage qui répartit l'eau en fines gouttelettes à la surface du sol. *Asperseur tournant.*

aspersion n. f. – XIIe ; lat. ▪ Action d'asperger. ♦ Action d'asperger d'eau bénite (une personne, un cercueil...). *Baptême par aspersion* (opposé à *par immersion*).

aspersoir n. m. – XIVe **1** Goupillon qui sert à jeter de l'eau bénite. ⇒ **aspergès. 2** Pomme d'arrosoir à très petits trous.

asphaltage n. m. – XIXe ▪ Action d'asphalter (une rue, un trottoir) ; revêtement d'asphalte.

asphalte n. m. – XIIe ; gr. **1** Mélange noirâtre naturel de calcaire, de silice et de bitume. **2** Préparation destinée au revêtement des chaussées, à base de brai de pétrole et de gravillons. ⇒ **bitume, goudron.** ♦ Chaussée, trottoir ainsi revêtus. « *Le crissement soyeux des roues sur l'asphalte sec* » (Mart. du G.).

asphalter v. tr. [1] – XIXe ▪ Recouvrir d'asphalte. ⇒ **bitumer, goudronner.** « *Les routes asphaltées de ce qui fut l'Empire britannique* » (Malraux).

asphodèle n. m. – XVIe ; gr. ▪ Plante *(liliacées),* dont la hampe florale nue se termine par une grappe de grandes fleurs étoilées blanches ou jaunes, très ornementales. « *Un frais parfum sortait des touffes d'asphodèle* » (Hugo).

> ❑ Attention, ce mot est masculin. *Un asphodèle blanc.*

asphyxiant, iante adj. – XIXe **1** Qui cause l'asphyxie. *Gaz asphyxiant :* arme chimique (employé pour la première fois pendant la guerre de 1914-1918). « *un fantassin qui passe, aveuglé par les gaz asphyxiants* » (Apoll.). **2** Qui empêche tout épanouissement moral ou intellectuel. ⇒ **étouffant.** *Atmosphère asphyxiante d'un milieu, d'une profession.*

asphyxie n. f. – XVIIIe ; gr. *asphuxia* « arrêt du pouls » **1** État pathologique déterminé par le ralentissement ou l'arrêt de la respiration. *Mort par asphyxie* (absence d'oxygène, gaz toxiques, strangulation, pendaison, etc.). **2** Étouffement de facultés intellectuelles ou morales (dû à la contrainte ou au milieu de vie). ⇒ **étouffement, oppression.** *Asphyxie intellectuelle.* **3** Paralysie plus ou moins grande (d'un secteur économique).

asphyxié, iée adj. et n. – XVIIIe **1** Qu'on a, qui s'est asphyxié. ➙ n. *Soins à donner aux asphyxiés.* **2** Qui est étouffé par une contrainte ou le milieu de vie.

asphyxier v. tr. [7] – XIXe **1** Causer l'asphyxie de (qqn). *L'oxyde de carbone asphyxie.* « *du charbon de terre qui brûlait mal et nous asphyxiait* » (Cendrars). ➙ pronom. *S'asphyxier :* causer sa propre asphyxie. **2** Étouffer par une contrainte ou la suppression d'une chose vitale. *Un manque de crédit qui asphyxie l'industrie.*

① **aspic** n. m. – XIIe ; lat. *aspis* ■ Vipère des montagnes *(vipéridés)*, vivant en Europe. ♦ *Aspic d'Égypte, de Cléopâtre* : serpent venimeux d'Afrique et du Moyen-Orient *(élapidés)*. ⇒ **naja.**

> ❑ Le *c* final n'est pas normal (latin et grec *aspis*), mais ne vient pas de ② *aspic*.

② **aspic** n. m. – XVe ; provenç. *espic* « épi » ■ Lavande mâle *(labiées)*, croissant à basse altitude en Provence. ⇒ **spic.** « *la brise par moments passait sur la colline, m'apportant l'odeur de l'aspic et de la menthe sauvage* » (Bosco).

③ **aspic** n. m. – XVIIIe ; de ① *aspic* (moule en forme de serpent roulé) ■ Plat composé de viande, de poisson froid, etc., dressé sous de la gelée moulée. *Aspic de volaille.*

aspidistra n. m. – XIXe ; du gr. *aspis* « bouclier » ■ Plante verte d'appartement *(liliacées)*, à larges feuilles lancéolées, d'un vert foncé luisant. « *on décorait le vestibule de grands pots d'aspidistras* » (Perec).

aspirant, ante n. m. et adj. – XVe **1** n. m. Grade qu'un sous-officier supérieur obtient après avoir suivi avec succès l'enseignement d'une école militaire. ➛ Élève de deuxième année de l'École navale. abrév. fam. ASPI. **2** adj. Qui aspire (un fluide). *Pompe aspirante*, qui aspire de l'eau, l'élève en faisant le vide.

aspirateur n. m. – XIXe ■ Appareil électroménager servant à aspirer la poussière, les débris, etc., pour nettoyer. *Passer l'aspirateur sur la moquette, dans le salon.* ♦ Appareil servant à aspirer, évacuer un liquide. *Aspirateur chirurgical ; aspirateur de dentiste* (pour la salive).

aspiration n. f. – XIIe **I** - **1** Action de porter ses désirs vers (un idéal). *L'aspiration au bonheur.* ♦ ⇒ **désir, rêve, souhait.** *Les aspirations d'un peuple, de la jeunesse. Cela répond à mes aspirations.* « *une foule d'aspirations confuses que je croyais mortes depuis longtemps* » (Mauriac). **2** Bruit de frottement produit au passage de la glotte par l'air expiré. *L'aspiration du « h » en allemand.* **II** - **1** Résultat d'une inspiration d'air dans les poumons ; l'inspiration elle-même. ⇒ **inspiration** (plus cour.). *Aspiration et expiration.* ⇒ **respiration. 2** Action d'aspirer des gaz, des liquides, des poussières, etc. *Tuyau d'aspiration d'un corps de pompe.* ♦ *Interruption de grossesse par aspiration* (méthode Karman). ✪ CONTR. Expiration, refoulement.

aspiratoire adj. – XIXe ■ Qui a rapport à l'aspiration (II).

aspirer v. tr. [1] – XIIe ; lat. *aspirare* « souffler vers » **I** - **1** v. tr. ind. ASPIRER À : porter ses désirs vers un objet. ⇒ **désirer, souhaiter ; prétendre.** « *J'aspirai aux fonctions de surveillant du port de Hambourg* » (Giraud.). « *Courtisé par les femmes chic ou aspirant à le devenir* » (Proust). **2** v. tr. Émettre (un son), en soufflant. *Le h aspiré.* **II** v. tr. **1** Attirer (l'air) dans ses poumons. ⇒ **inspirer.** *Aspirer et expirer.* **2** Attirer (un liquide, un fluide, des poussières, etc.) en créant un vide. *Aspirer une boisson avec une paille. Les pompes aspirent, refoulent ou compriment les fluides. Il « aspira la fumée de son cigare et la rendit par le nez »* (Balz.) ✪ CONTR. Dédaigner. Expirer, refouler.

> ❑ Le *h* est vraiment aspiré en angl. (ex. « here », « home ») ; en français, seulement dans des interjections (« hop ! »). Ce qu'on appelle couramment *h aspiré* est un *h* qui ne permet ni l'élision ni la liaison (ex. « héron », « hibou »). ♦ *Aspirer* (II) ne se dit pas que de la respiration, à la différence de *inspirer*.

aspirine n. f. – XIXe ; ② *a-* et lat. *spiræa*, littéralt « fait sans spirée », parce que cet acide synthétique n'est pas tiré de cette plante qui le contient naturellement ■ Acide acétylsalicylique, remède analgésique et antipyrétique. « *un fébrifuge du même ordre que l'aspirine* » (Proust). *Comprimé,* (abusivt) *cachet d'aspirine.* ♦ Ce comprimé. *Prendre une aspirine, deux aspirines.* ♦ loc. fam. *Blanc comme un cachet d'aspirine*, très blanc de peau (notamment, pas bronzé).

asque n. m. – XIXe ; gr. *askos* « outre » ■ Organe à l'intérieur duquel se forment les ascospores* de certains champignons (ascomycètes).

assagir v. tr. [2] – XIIe ; de ① *a-* et *sage* **1** Rendre sage (rare avec un sujet de personne). *Le malheur assagit les hommes.* ♦ Rendre plus calme, moins vif, moins exubérant. *Le temps assagit les passions.* ⇒ **calmer, modérer.** « *il atténue les roses trop suaves de ses nuages, assagit et tonifie ses harmonies* » (Gide). **2** S'ASSAGIR v. pron. Devenir sage (raisonnable ou rangé). ✪ CONTR. Déchaîner. Dévergonder (se).

assaillant, ante adj. et n. m. – XIIe **1** Qui assaille. *L'armée assaillante.* **2** n. m. Personne qui assaille, attaque. ⇒ **attaquant.** *Repousser les assaillants.* ✪ CONTR. Défenseur.

assaillir v. tr. [13] – X^e ; lat. *assilire* « sauter sur » **1** Se jeter sur (qqn) pour l'attaquer ; attaquer* avec violence. ⇒ **agresser, fondre** (sur). *Être assailli par l'ennemi.* ➛ *Il l'assaillira à l'improviste.* ♦ Se précipiter en masse vers. ⇒ se **ruer.** *La foule « assaillant les autobus comme une nuée de sauterelles »* (Queneau). **2** *Assaillir qqn de, par.* ⇒ **accabler, harceler.** *Je l'ai assailli de questions.* **3** Agir avec force et de manière dangereuse sur (qqn). *Le doute l'assaille.* ✪ CONTR. Défendre.

assainir v. tr. [2] – XVIIIe ; *sain* **1** Rendre sain ou plus sain. *Assainir une région marécageuse.* ⇒ **assécher, drainer. 2** Contrôler l'application des règles, réglementer les pratiques professionnelles. *Assainir un marché. Assainir une institution ; un quartier.* ✪ CONTR. Corrompre.

assainissement n. m. – XVIIIe **1** Action d'assainir, résultat de cette action. *Travaux d'assainissement.* « *il travaillait à l'assainissement d'un secteur de cinq cents hectares* » (Tournier). **2** Action de donner l'équilibre, le calme, l'honnêteté à. *Assainissement du marché financier, du système bancaire.* ✪ CONTR. Corruption, infection.

assainisseur n. m. – 1960 ■ Produit ou appareil pour supprimer les mauvaises odeurs.

assaisonnement n. m. – XVIe **1** Action d'assaisonner. **2** Ingrédient utilisé en cuisine pour relever le goût des aliments, à l'exception du sucre (sel, poivre, vinaigre, huile, fines herbes*, moutarde, ail, oignon, piment...) ; préparation qui sert à assaisonner. ⇒ **aromate, condiment, épice.** *Plat fade qui manque d'assaisonnement.* « *elle m'apprit que le persil était employé dans les ragoûts et servait d'assaisonnement aux viandes grillées* » (France).

assaisonner v. tr. [1] – XIIIe ; de ① *a-* et *saison* **1** Accommoder (un mets) avec des ingrédients qui en relèvent le goût. ⇒ **épicer, relever.** *Salade bien, mal assaisonnée.* **2** littér. Ajouter de l'agrément, du piquant à (son discours, ses écrits, ses actes). ⇒ **agrémenter, pimenter.** « *Un peu d'inconstance, assaisonnée quelquefois de perfidie* » (Régnard).

> ❑ Autrefois *assaisonner* voulait dire « préparer selon la saison » ; le sens actuel apparaît au XVIe siècle.

assassin, ine n. m. et adj. – XVIe ; ar. *assasin*, plur. de *assas* « gardien » **I** n. m. Personne qui commet un meurtre avec préméditation ou guet-apens. ⇒ **criminel, meurtrier, tueur.** « *des gendarmes et des agents de police en quête d'un assassin* » (Balz.). *L'assassin était une femme. Elle est un assassin. Assassins terroristes*.* **II** adj. **1** littér. ou plaisant Qui touche, blesse (l'amoureux). *Œillade assassine.* ⇒ **provocant. 2** littér. Qui tue. *Une* *main assassine.* « *Ça n'empêche pas les horreurs, les atrocités assassines !* » (Céline).

assassinat n. m. – XVIe ▪ Meurtre commis avec préméditation. ⇒ **attentat, crime, homicide, meurtre.** *L'assassinat du duc de Guise, de Jean Jaurès, du président Kennedy.* « *Jamais assassinat si mystérieux, si embrouillé, n'a été commis à Paris* » (Baud.). ♦ Exécution d'un innocent. *L'assassinat du duc d'Enghien.*

assassiner v. tr. [1] – XVIe 1 Tuer par assassinat. ⇒ **tuer ;** fam. **trucider.** *Il est mort assassiné.* ➛ *Assassiner qqn du regard,* le regarder très méchamment. ♦ péj. Tuer injustement. *Au front, on assassine vos enfants.* ⇒ **massacrer.** 2 Causer un grave préjudice, un profond chagrin à (qqn). ⇒ **accabler.** « *C'est Mozart qu'on assassine* » (en empêchant les dons, le talent de s'exprimer). ♦ fam. Demander à (qqn) des sommes fabuleuses en paiement de qqch. *Je suis raisonnable, je ne veux pas vous assassiner.*

assaut n. m. – XIe ; lat. *saltus* « saut » 1 Action d'assaillir, d'attaquer de vive force. ⇒ **attaque, offensive.** *L'assaut d'une forteresse. Chars d'assaut.* ➛ *Aller, monter à l'assaut. Résister aux violents assauts de l'ennemi.* ➛ *À l'assaut !* 2 littér. *Prendre d'assaut un lieu,* s'y précipiter en grand nombre. ⇒ **assiéger.** « *Les pâtisseries étaient prises d'assaut* » (Mart. du G.). 3 Combat, exercice au fleuret, à l'épée. ♦ loc. *Faire assaut de :* lutter à qui l'emportera. *Elles font assaut d'élégance.* ⇒ **rivaliser.** « *l'esprit de Valéry et de Cocteau ne s'efforçait que de dénigrer; ils faisaient assaut d'incompréhension, de déni* » (Gide). ✪ HOM. Asseau.

asseau n. m. – XIXe ; lat. *ascia* ▪ Marteau de couvreur dont l'une des extrémités est une lame tranchante. ✪ HOM. Assaut.

> ❑ On trouve aussi *assette* n. f.

assèchement n. m. – XVIe ▪ Action d'assécher, fait d'être asséché. *Assèchement d'un marais.* ✪ CONTR. Irrigation.

assécher v. [6] – XIIe ; lat. *adsiccare* « sécher » 1 v. tr. Évacuer l'eau, l'humidité (du sol). *Assécher un terrain marécageux.* ⇒ **assainir, drainer.** ➛ pronom. *Un cours d'eau qui s'assèche.* 2 v. intr. *Port qui assèche,* dont les fonds sont découverts à marée basse. ✪ CONTR. Arroser, inonder, irriguer ; remplir.

assemblage n. m. – XVe 1 Action de fixer ensemble (des éléments) pour former un tout, un objet. *Assemblage des feuillets d'un livre* (cousus ou collés). ➛ *Assemblage d'une automobile.* ⇒ **montage.** ♦ Moyen par lequel on assemble. *Assemblage par soudure.* ➛ *Assemblage à clous, à chevilles, à vis.* 2 Réunion de choses assemblées. ⇒ **arrangement, combinaison.** *Un cahier est un assemblage de feuilles.* ⇒ ② **ensemble.** « *Chaque naissance est un miracle inédit* [...], *un assemblage entièrement neuf* » (Mart. du G.). 3 Suite finie de symboles utilisée dans le calcul des prédicats*. ♦ *Langage d'assemblage :* langage de programmation qui utilise des symboles représentant des éléments du langage machine. ⇒ **assembleur.** ✪ CONTR. Disjonction, séparation.

assemblé n. m. – XVIIIe ▪ Saut avec une jambe, l'autre étant en l'air, où le danseur retombe sur les deux pieds réunis.

assemblée n. f. – XIIe 1 Ensemble de personnes réunies en un même lieu pour un motif commun. *En présence d'une nombreuse assemblée.* ⇒ **assistance, auditoire, public.** *Une joyeuse assemblée.* 2 Réunion des membres d'un corps constitué ou d'un groupe de personnes, régulièrement convoqués pour délibérer en commun d'affaires déterminées, particulières ou publiques. « *le gros de l'assemblée fut de l'avis du premier ministre* » (Rac.). ♦ L'ASSEMBLÉE : l'Assemblée nationale. *L'Assemblée et le Sénat constituent le Parlement français. Le président de l'Assemblée.* ➛ Le bâtiment qui l'accueille. « *l'Assemblée nationale est un hémicycle* » (Malraux). 3 ASSEMBLÉE GÉNÉRALE (abrév. fam. *A. G.* [aʒe]), où tous les membres (d'une association, d'une société) sont convoqués (pour approuver la gestion, prendre des décisions importantes). ♦ Les membres de ce corps. *Convoquer une assemblée. Délibérations d'une assemblée.*

assembler v. tr. [1] – XIe ; lat. *assimulare* « mettre ensemble » 1 Mettre (des choses) ensemble. ⇒ **joindre.** *Assembler des sons. Assembler des mots, des idées.* 2 Recueillir pour préparer un ensemble. ⇒ **rassembler.** *Assembler des papiers.* ⇒ **réunir.** 3 Faire tenir ensemble. ⇒ **attacher.** *Assembler des feuilles volantes* (⇒ **agrafer**), *le dos et le devant d'un pantalon* (⇒ **bâtir, épingler**). *Assembler les pièces d'un meuble,* etc. ; *assembler un meuble, une maquette.* ⇒ **monter.** *Assembler les pièces d'un puzzle.* 4 S'ASSEMBLER v. pron. Se réunir (en parlant d'un groupe). « *les indigènes du village viennent s'assembler autour du foyer* » (Céline). ⇒ se **masser.** ✪ CONTR. Séparer ; disjoindre, disloquer, éparpiller.

assembleur, euse n. – XIIIe 1 Ouvrier, ouvrière qui assemble des pièces. ⇒ **monteur.** ➛ n. f. Machine pour assembler les feuilles imprimées. 2 n. m. Programme écrit pour un ordinateur déterminé et destiné à traduire les instructions d'un langage d'assemblage* en langage machine.

assener ou **asséner** [asene] v. tr. [5] et [6] – XIIe ; a. fr. *sen* « direction dans laquelle on marche ; raison, intelligence » 1 Donner (un coup violent, bien appliqué). ⇒ **appliquer.** *Il lui asséna plusieurs coups sur la tête.* 2 Imposer (une assertion) sans possibilité de dialogue. *Des savants, des philosophes qui nous assènent des vérités.* « *La propagande assénée par les journaux et les ondes* » (Colette).

> ❑ La récente graphie *asséner* est en accord avec la prononciation d'aujourd'hui (autrefois, *assener* avec [ə] comme *mener*). → refréner (rem.).

assentiment n. m. – XIIe ; lat. *assentire* « donner son assentiment » ▪ Acte par lequel on acquiesce (expressément ou tacitement) à une opinion, une proposition. ⇒ **acquiescement, approbation.** *Donner, refuser son assentiment à qqch. Demander, obtenir l'assentiment de qqn. Avec son assentiment. Il* « *marquait son assentiment par de légers mouvements de tête* » (Gide). ✪ CONTR. Désapprobation, désaveu, récusation.

asseoir [aswaʀ] v. tr. [26] – fin XIe ; lat. *assidere* I v. tr. 1 Mettre (qqn) dans la posture d'appui sur le derrière (sur un siège, etc.). *Asseoir un enfant sur une chaise.* ⇒ **installer.** 2 littér. Poser sur sa base, établir solidement. *Asseoir une maison sur le roc.* ♦ Fonder sur une base solide ; rendre plus assuré, plus ferme, plus stable. ⇒ **affermir.** *Asseoir son autorité.* II S'ASSEOIR v. pron. Prendre appui sur son derrière (sur un siège, etc.), le dos restant dans la position verticale. *Il s'assoit, il s'assied.* « *elles s'assirent par terre* » (Loti). « *Tu t'assoiras d'abord un peu loin de moi* » (St-Exup.). *S'asseoir sur une chaise, dans un fauteuil, par terre, à une table.* « *Il s'asseyait au piano et jouait* » (R. Gary). *S'asseoir à sa place** (au spectacle, dans le train, l'avion, etc.). *Asseyez-vous. S'asseoir en tailleur.* ♦ loc. fam. *Je m'assois dessus :* je n'en tiens aucun compte. *Ses conseils, je m'assois dessus !* ♦ *Faire asseoir (qqn),* le faire s'asseoir. « *elle l'avait fait asseoir près d'elle* » (Proust). ➛ *Être assis,* dans la position assise. ⇒ **assis.**

> ❑ Éviter la faute courante à l'impératif *assis-toi* pour *assieds-toi* ou *assois-toi.* ♦ Préférer les formes en *e (il s'assied, asseyez-vous)* aux formes en *oi,* souvent plus populaires *(il s'assoyait, assoyez-vous).*

assermenté, ée adj. – XIVe ; de ① *a-* et *serment* ▪ Qui a prêté serment devant le tribunal. *Expert assermenté.* ♦ *Prêtres assermentés* (opposé à *insermentés, réfractaires*), qui avaient prêté le serment de fidélité à la constitution civile du clergé (1790).

assertion n. f. – XIIIe ; lat. *assertio* « affirmer » ▪ Proposition (qui, dans sa forme, peut être affirmative ou négative) que l'on avance et que l'on soutient comme vraie. « *Il fallait voir dans son livre des observations et non des assertions* » (Stendh.). ⇒ **affirmation, thèse.** *Assertion vraie ou fausse. Les faits ont corroboré, justifié, vérifié mes assertions.* ⇒ ② **dire.** ➝ En grammaire, toute phrase qui n'est ni une interrogation ni une exclamation (phrase *assertive*).

asservir v. tr. [2] – XIIe ; de ① *a-* et *serf* 1 Réduire à la servitude, à l'esclavage. ⇒ **assujettir, soumettre.** *Asservir des hommes, un pays. Un peuple asservi.* « *l'anarchie déchaîne les masses et asservit les indépendances individuelles* » (Chateaub.). 2 S'ASSERVIR v. pron. Se soumettre comme un esclave. *Elle s'est asservie à son parti ; à son idéologie.* 3 Relier par un dispositif d'asservissement. *Moteur électrique asservi.* ✪ CONTR. Affranchir, délivrer, libérer.

asservissant, ante adj. – XVIIIe ▪ Qui asservit. *Travail asservissant.* ⇒ **aliénant, assujettissant.**

asservissement n. m. – XVe 1 Action d'asservir ou état de ce qui est asservi. *Tenir des hommes dans l'asservissement,* sous la contrainte, le joug, la tyrannie de qqn. ⇒ **assujettissement, esclavage, oppression.** ➝ *Asservissement des consciences.* 2 État d'une grandeur physique qui impose ses variations à une autre grandeur, sans être influencée par elle ; relation entre ces deux grandeurs ; dispositif à contre-réaction basé sur cette relation. *Asservissement en chaîne.* ✪ CONTR. Affranchissement, délivrance, émancipation, libération.

asservisseur n. m. – XIXe ▪ Dispositif d'asservissement. ⇒ **commande, régulation ; servo-.**

assesseur n. m. – XIIIe ; lat. *assessor* « celui qui aide, qui conseille qqn » ▪ Personne qui assiste qqn dans ses fonctions ou le supplée en son absence. *Elle est assesseur du bureau de vote.* ➝ Juge qui assiste le président d'un tribunal. « *il voyait à peine les fauteuils du président et des deux assesseurs* » (Zola).

> ❑ Il n'y a pas de féminin possible en *euse* puisqu'il n'existe pas de verbe °*assesser* (comparer à *danser, danseur, danseuse*). → -eur (rem.).

assette → **asseau**

assez adv. – XIe ; lat. *satis* « assez » I En suffisance. ⇒ **suffisamment.** *Juste assez. Pas assez :* trop peu. *Plus qu'assez :* trop. 1 avec un adj. qu'il précède « *Le ciel n'est-il pas assez vaste, cet amour n'est-il pas assez doux ?* » (Flaub.). 2 avec un adv. *Elle va assez vite.* 3 avec un verbe *J'ai assez mangé, je n'ai plus faim. Cela a assez duré. Tu ne dors pas assez. Assez discuté, il faut agir !* ➝ C'EST ASSEZ : c'est suffisant, il suffit. *C'est assez de deux.* exclam. *Assez ! En voilà assez !* ça suffit. 4 ASSEZ DE : suffisamment. *Il est tombé assez de pluie. Assez de paroles, des actes !* ➝ AVOIR ASSEZ DE (qqch.). *Avez-vous assez d'argent ? Il n'en a jamais assez. Il n'y en a pas assez pour tout le monde.* ➝ fam. EN AVOIR ASSEZ de qqch., de qqn : en être fatigué, ne plus pouvoir supporter, tolérer. *J'en ai assez de ces histoires, de ces enfants.* 5 (dans tous les emplois précédents) ASSEZ... POUR marque le degré suffisant pour entraîner telle conséquence. *Il est bien assez intelligent pour comprendre. C'est bien assez bon pour eux !* ➝ *Avoir assez de place pour écrire. J'ai assez pour vivre.* II Marque une atténuation ou (emploi affectif) un renforcement. Moyennement. ⇒ **passablement, plutôt.** *Elle est assez jolie. Il lui rend assez souvent visite.* ✪ CONTR. Guère, insuffisamment, peu.

> ❑ La liaison de *assez* en z tend à disparaître et est sentie comme appartenant plutôt au langage élégant ; on dit : *il est assez aimable* [aseɛmabl].

assidu, ue adj. – XIIe ; lat. *assiduus* « qui se tient continuellement quelque part » 1 Qui est régulièrement présent là où il doit être. ⇒ **ponctuel, régulier.** *Étudiant assidu aux cours.* 2 Qui est continuellement, fréquemment auprès de qqn. *Un médecin assidu auprès d'un malade. Amoureux assidu.* 3 ⇒ **constant, régulier, soutenu.** *Efforts assidus.* « *l'étude assidue de deux langues mortes est, dans un siècle sordide, preuve de désintéressement* » (Duham.). ✪ CONTR. Irrégulier. Intermittent, occasionnel.

assiduité n. f. – XIIe 1 Présence régulière en un lieu où l'on s'acquitte de ses obligations. « *vous serez de la plus grande assiduité aux offices de la paroisse* » (Volt.). 2 Présence continuelle, fréquente auprès de qqn. *Fréquenter qqn avec assiduité.* ✪ CONTR. Absentéisme, négligence. Relâchement.

assidûment adv. – XIIe ▪ D'une manière assidue, régulière. « *notre maison qu'auparavant il fréquentait assidûment* » (France). ⇒ **régulièrement.** ✪ CONTR. Irrégulièrement.

> ❑ Certains adverbes en *...ument* prennent l'accent circonflexe pour figurer le *e* disparu, d'autres pas (*absolument*), sans raison valable.

assiégé, ée adj. et n. – XVIe ▪ Qui subit un siège. *Ville assiégée.* ♦ n. *Les assiégés n'ont plus de munitions.* ✪ CONTR. Assiégeant.

assiégeant, ante adj. et n. – XVe ▪ Qui assiège. *L'armée assiégeante.* ♦ n. « *les assiégeants, de leur côté faisaient rage* » (Sand). ✪ CONTR. Assiégé.

assiéger v. tr. [3] et [6] – XIe ; de ① *a-* et *siège* 1 Faire le siège de. *Assiéger une ville, une forteresse.* ⇒ **encercler, investir.** 2 Entourer ; tenir enfermé dans. ⇒ **cerner, encercler.** *Les flammes les assiégeaient de toutes parts.* ♦ Entourer ; essayer de pénétrer dans. ⇒ **se presser.** « *des civils, des militaires assiégeaient les guichets* » (Mart. du G.). 3 littér. Fatiguer (qqn) de ses assiduités, de ses sollicitations. ⇒ **importuner, poursuivre.** *Vous venez m'assiéger jusque dans ma campagne ! Être assiégé par des journalistes.* ♦ Presser, poursuivre. ⇒ **accabler, assaillir, tourmenter.** « *toutes les séductions qui entourent et assiègent une actrice à la mode* » (Muss.). ✪ CONTR. Abandonner, ① lever (le siège). Délivrer, libérer.

assiette n. f. – XIIIe ; lat. de °*assedere* « asseoir » I - 1 Équilibre, tenue du cavalier en selle. *Avoir une bonne assiette :* bien monter. 2 loc. *Ne pas être dans son assiette :* ne pas se sentir bien (physiquement ou moralement). « *Tu n'es pas dans ton assiette ordinaire, mon enfant* » (Balz.). 3 Fermeté, équilibre (d'un objet posé sur un autre). *L'assiette d'une poutre.* 4 Base d'un calcul. *Assiette d'un impôt :* évaluation de la base d'imposition appliquée à la matière imposable. II - 1 Pièce de vaisselle individuelle, le plus souvent ronde, servant à contenir des aliments. *Pile d'assiettes. Assiette de porcelaine. Assiette en carton. Assiette creuse, à soupe* (en Belgique, *assiette profonde*). *Assiette à dessert. Soucoupe* qui sert d'assiette.* 2 Contenu d'une assiette. ⇒ **assiettée.** *Une assiette de potage. Finir son assiette.* ♦ *Assiette assortie, anglaise :* assortiment de viandes froides, de charcuterie. « *Quand l'assiette assortie fut pesée, il fallut* *que la charcutière ajoutât de la gelée et des cornichons* » (Zola).

assiettée n. f. – XVIIe ▪ Ce que contient ou peut contenir une assiette. « *Prenez encore une assiettée de soupe* » (Barrès).

assignable adj. – XVIIe ▪ Qui peut être assigné (à qqn, qqch.). *La part assignable à chacun.*

assignat n. m. – XIVe ▪ Papier-monnaie émis sous la Révolution qui était en principe assigné (gagé) sur les biens* nationaux.

assignation n. f. – XIIIe **1** Action d'assigner qqch. à qqn pour sa part. ⇒ **attribution. 2** Exploit d'huissier par lequel le demandeur cite son adversaire à comparaître devant le juge. ♦ *ASSIGNATION À RÉSIDENCE* : obligation faite à un étranger de résider en un lieu déterminé.

assigner v. tr. [1] – XIIe ; lat. *assignare* **I - 1** Attribuer (un bien) à qqn pour sa part. ⇒ ② **affecter, donner.** *Assigner une part dans un legs.* « *le petit dortoir qui m'était assigné en commun avec dix-huit ou vingt autres écoliers* » (Baud.). ⇒ **destiner.** ➛ *Assigner une tâche à qqn.* **2** Déterminer, fixer. *Assigner un terme à une durée, des limites à une activité.* « *À ces qualités mauvaises diverses, elle assignait une origine commune* » (France). ⇒ **donner, conférer. II** Citer par acte d'huissier à comparaître en justice. « *je vais vous assigner en référé, reprit Villemot* » (Balz.). ♦ *Assigner qqn à résidence* (⇒ **assignation,** 2°).

assimilable adj. – XIXe **1** Qu'on peut assimiler à qqch., traiter comme semblable. ⇒ **comparable, semblable.** *L'aliéné est assimilable à un mineur.* **2** Qui est susceptible d'assimilation. *L'huile de ricin n'est pas assimilable.* **3** Qui peut être compris et retenu. *Ces connaissances ne sont pas assimilables par un enfant.* **4** Qui peut être intégré à une culture. « *Je crois que les juifs sont extraordinairement assimilables* » (France). ✪ CONTR. Inassimilable.

assimilateur, trice adj. et n. – XIXe ▪ Qui opère l'assimilation. *Fonctions assimilatrices.* ♦ *Le génie assimilateur de la France.* « *Shakespeare était un puissant assimilateur. Il s'amalgamait le passé* » (Hugo).

assimilation n. f. – XIVe **1** Acte de l'esprit qui considère (un objet) comme semblable (à un autre). ⇒ **identification, rapprochement.** *L'assimilation d'une chose à une autre, avec une autre.* « *Ce que l'esprit comprend, il le comprend par assimilation, ou par comparaison ou par analogie* » (Dider.). *Assimilation abusive de personnes.* ⇒ **amalgame. 2** Processus par lequel les êtres organisés transforment en leur propre substance les matières qu'ils absorbent. ➛ *Assimilation chlorophyllienne.* ⇒ **photosynthèse.** ♦ Modification que subit un phonème sous l'influence d'un phonème proche, qui tend à réduire les différences entre les deux (ex. le groupe *bs* se prononce comme *ps* dans *absolu*). **3** Acte de l'esprit qui s'approprie les connaissances qu'il acquiert. ⇒ **absorption, imprégnation.** *Pouvoir d'assimilation.* **4** Action d'assimiler des hommes, des peuples ; processus par lequel ces hommes, ces peuples s'assimilent. *L'assimilation progressive des immigrants.* ⇒ **insertion, intégration.** ✪ CONTR. Distinction, séparation. Dissimilation. Autonomie, indépendance, isolement.

assimilé, ée adj. et n. m. – XVIe **I** adj. **1** Rendu semblable ; considéré comme semblable. *Les farines et les produits assimilés.* **2** Intégré. *Substances assimilées.* ➛ *Connaissances bien assimilées.* **II** n. m. Personne qui a le statut attaché à une fonction sans en avoir le titre. *Fonctionnaires et assimilés.*

❑ On dit d'un mot étranger qu'il est assimilé si sa forme orale et graphique ressemble à du français (ex. l'anglais *to electrocute* [ilektʀəkju:t] qui donne *électrocuter*). C'est le cas de la plupart des verbes, qui doivent porter la marque française de l'infinitif.

assimiler v. tr. [1] – XVe ; lat. *similis* « semblable » **I** v. tr. **1** *ASSIMILER À* : considérer, regarder, traiter comme semblable (à). ⇒ **confondre.** « *Cette folie d'assimiler la réalité à l'apparence, le corps à l'âme* » (France). **2** Transformer, convertir en sa propre substance. *Enfant qui assimile mal (un aliment).* ➛ *L'expérience qu'ils se sont assimilée.* **3** *Assimiler ce qu'on apprend, s'assimiler qqch.* : faire sien, intégrer des éléments acquis (connaissances, influences) à sa vie intellectuelle. « *en s'assimilant les pensées de ses habitués* » (Balz.). **4** Rendre semblable au reste de la communauté. ⇒ **incorporer, intégrer.** « *Pourquoi l'Empire n'avait-il pas su mieux assimiler les Barbares ?* » (Larbaud). **II** *S'ASSIMILER* v. pron. **1** Devenir semblable ; se considérer comme semblable. *S'assimiler au héros du roman.* **2** Être assimilé. *Il est des aliments qui s'assimilent plus ou moins facilement.* **3** Devenir semblable aux citoyens d'un pays. ⇒ s'**intégrer.** *Aux États-Unis, de nombreux immigrants se sont assimilés.* ✪ CONTR. Différencier, distinguer, séparer ; isoler.

assis, ise adj. – XIIe **1** Appuyé sur son derrière (⇒ **asseoir**). *Restez assis. Travailler assis.* « *Les gens, assis à des tables, boivent du vin en discutant* » (Robbe-Grillet). ♦ *Assis !* ordre donné à un chien pour qu'il s'asseye ; à un spectateur debout qui empêche les autres de voir. **2** *Places assises,* où l'on peut s'asseoir. « *à la voir debout dans le métro parisien, le plus enragé butor lui céderait une place assise* » (Duham.). **3** *MAGISTRATURE ASSISE* (par opposition à *magistrature debout*) : corps des magistrats qui rendent la justice assis sur leur siège. **4** Affermi, assuré, ferme, stable. *Une situation assise.* « *c'est à l'instant que le gouvernement paraît mieux assis qu'il s'écroule* » (Chateaub.). ✪ CONTR. Debout, levé.

❑ On a critiqué *place assise, place debout* (il s'agit de la personne et non de la place), mais cet emploi est devenu normal. Comparer à *blessé léger* → blessé (rem.).

assise n. f. – XIIe ; de *asseoir* **1** Rangée de pierres qu'on pose horizontalement pour construire un mur. **2** ⇒ **base, fondement.** *Les assises d'une doctrine.* **3** Ensemble de cellules disposées sur une couche. ➛ *Assises génératrices* (qui produisent les tissus secondaires : liège, liber, bois), *pilifères.*

assises n. f. pl. – XIIIe **1** *COUR D'ASSISES* ou *ASSISES* : juridiction criminelle française, composée de magistrats et de jurés, chargée de juger les personnes renvoyées devant elle par un arrêt de mise en accusation. *Être envoyé aux assises.* « *un homme traduit aux assises pour attentats aux mœurs* » (Balz.). **2** Réunion (d'un parti politique, d'un syndicat). ⇒ **congrès.** *Le parti a tenu ses assises à Paris.*

assistanat n. m. – 1962 **1** Fonction d'assistant, dans l'enseignement supérieur. **2** péj. Secours donnés aux personnes socialement nécessiteuses. ⇒ **assistance.**

❑ Pour dire « assistance », ce mot est abusif et critiqué. Néanmoins, à cause du suffixe *-at,* il évoque un « statut » qui modifie le sens. → -at (rem.).

assistance n. f. – XVe **I** Personnes réunies. *Il y eut des protestations dans l'assistance.* ⇒ **auditoire, public.** « *Cessez le match, cria l'assistance* » (Hugo). **II - 1** Action de venir en aide à qqn ; appui, secours donné ou reçu. ⇒ **secours, service.** *Prêter son assistance. Demander assistance auprès de qqn.* « *nous naissons dépourvus de tout, nous avons besoin d'assistance* »

(Rouss.). 2 Secours donnés aux personnes dans le besoin. *Le « Congo français où l'assistance médicale fait si grand défaut »* (Gide). ➛ Institution ou administration qui en est chargée. *L'Assistance publique* (on dit maintenant *aide* sociale*). *Un enfant de l'Assistance.* ♦ *Assistance technique :* aide apportée aux pays en voie de développement. ⇒ **coopération.** 3 Garantie par laquelle une société spécialisée s'engage à venir en aide à ses adhérents. *Assistance automobile.* ✪ CONTR. Abandon, non-assistance.

assistant, ante n. – XVe I n. m. pl. *Les assistants :* ceux qui assistent à qqch. ⇒ **assistance, public.** II Personne qui assiste qqn pour le seconder. ⇒ **adjoint,** ② **aide, auxiliaire.** *C'est l'assistante du directeur.* ♦ *Assistante sociale,* chargée de remplir un rôle social (aide matérielle, médicale et morale) auprès de ceux qui en ont besoin. *Assistante maternelle :* nourrice. ♦ Dans l'enseignement supérieur, Enseignant chargé d'assurer les travaux pratiques et les travaux dirigés. *Elle était maître assistant(e).*

assisté, ée adj. – XVe 1 n. péj. Personne qui bénéficie d'une aide, spécialt de l'État. *Refuser le statut d'assisté.* 2 Pourvu d'un système permettant d'amplifier, de réguler ou de répartir l'effort exercé par l'utilisateur. *Direction assistée* (d'une automobile). 3 Qui bénéficie des progrès d'une science, d'une technique. *Procréation assistée.* ➛ ASSISTÉ PAR ORDINATEUR : qui utilise les ressources de l'informatique. *Conception assistée par ordinateur (C. A. O.).*

assister v. [1] – XIVe ; lat. *ad* et *sistere* « se tenir auprès » I v. intr. ASSISTER (À) : être présent, comme témoin ou spectateur. *Assister à une conférence, à un procès. Assister à un match de tennis. « ils avaient assisté à la bagarre et vu tomber Olivier »* (R. Rolland). ♦ Constater, observer (un événement nouveau, une évolution). *On assiste à une baisse des effectifs.* II v. tr. ASSISTER (qqn). 1 Seconder (qqn) dans ses fonctions, dans sa tâche. ⇒ **aider.** *Deux procureurs « assistés d'un notaire et d'un clerc »* (Nerval). *Assister qqn dans son travail.* 2 vieilli ⇒ **secourir.** *« Assister les plus nécessiteux dans leur misère »* (Sand). ♦ Être aux côtés d'un mourant. *« Je n'ai pas pu l'assister dans ses derniers moments »* (Jaloux). ✪ CONTR. Abandonner, délaisser.

associatif, ive adj. – XVe 1 Relatif à l'association des idées ; qui procède par association. *Mémoire associative.* 2 *Opération associative,* dans laquelle l'ordre des facteurs n'affecte pas le résultat. *L'addition est associative, mais pas la soustraction.* 3 Relatif à une association. *Mouvement associatif.*

association n. f. – XVe 1 Action d'associer qqn à qqch. ⇒ **participation.** *L'association des travailleurs aux bénéfices de l'entreprise.* ⇒ **intéressement.** 2 Action de se réunir d'une manière durable, surtout dans les affaires ; état de ceux qui sont réunis. *L'association d'une personne et d'une autre, de deux personnes.* ⇒ **alliance, partenariat.** ♦ Groupement de végétaux, d'animaux qui croissent dans des conditions écologiques spécifiques. 3 Groupement de personnes qui s'unissent en vue d'un but déterminé. *Former une association.* ⇒ **sociétaire.** *Association politique, professionnelle.* ♦ Mise en commun permanente des activités de plusieurs personnes dans un but non lucratif (loi du 1er juillet 1901) (opposé à *société*). *Association reconnue d'utilité publique. Association de consommateurs.* 4 Action de réunir des éléments divers pour former un ensemble. ⇒ **assemblage.** *Association de couleurs.* 5 Fait psychologique par lequel les représentations et les concepts sont susceptibles de s'évoquer mutuellement. *« par une funeste association d'idées, il ramenait tout à sa monomanie »* (J. Verne). *La libre association,* en psychanalyse. ✪ CONTR. Autonomie, isolement. Désunion, dissociation, dissolution, division, rupture, scission.

associationnisme n. m. – XIXe ; angl. ■ Doctrine qui ramène toutes les opérations de la vie mentale à l'association automatique des idées et des représentations (Stuart Mill, Taine).

associativité n. f. – XIXe ■ En mathématiques, Caractère de ce qui est associatif (loi de composition, opération associative*).

associé, iée n. – XVIe ■ Personne qui partage avec une ou plusieurs autres ses occupations ou préoccupations. ⇒ **collaborateur, partenaire.** ♦ Personne qui met en commun son activité ou ses biens dans une entreprise. *« l'actionnaire est un associé courant la chance des bénéfices et des pertes »* (Zola).

associer v. tr. [7] – XIIIe ; lat. *socius* « compagnon » I v. tr. 1 Mettre ensemble (des choses). *Associer des mots. « deux êtres qui associent leurs destinées »* (Bourget). 2 Réunir (des personnes) par une communauté de travail, d'intérêt, de sentiment. ⇒ **lier, rapprocher, unir.** *Deux êtres que le malheur associe.* 3 ASSOCIER (qqn) À (qqch.), le faire participer à (une activité commune, un bien commun). *« des enfants qui les aimeraient s'ils avaient la sagesse de les associer au pouvoir »* (Maurois). *Associer qqn à ses affaires,* le prendre pour associé, collaborateur. 4 ASSOCIER (une chose) À (une autre). ⇒ **allier, unir.** *« Il associait le courage à la prudence »* (Littré). ♦ *Associer une chose avec une autre, à une autre,* les joindre intimement. *Associer un parfum au souvenir de qqn.* 5 S'ASSOCIER (qqn), l'associer à soi, le prendre comme associé. ⇒ **s'adjoindre.** II S'ASSOCIER v. pron. 1 *S'associer à qqn, avec qqn pour une opération, une entreprise.* ⇒ **s'allier.** *« Je m'associai avec des chevaliers d'industrie »* (Lesage). 2 Participer à ; faire sien. *« les autres habitants s'associaient à l'affliction de cette famille »* (Balz.). *Je ne m'associe pas à ce point de vue.* 3 Former société. ⇒ se **réunir** ; se **grouper.** *États qui s'associent.* ⇒ s'**allier,** se **fédérer.** 4 S'allier à, avec. ⇒ s'**accorder,** se **combiner,** se **marier,** s'**unir.** *Le plaisir de la table « peut s'associer à tous les autres plaisirs »* (Brillat-Sav.). ✪ CONTR. Dissocier, diviser, isoler, séparer.

assoiffé, ée adj. et n. – XVIIe 1 Qui a soif. *Bêtes assoiffées.* 2 *Être assoiffé d'argent, de plaisirs.* ⇒ **affamé, avide.** *« les esprits assoiffés de méditation »* (Duham.). 3 n. *« Elle but de nouveau comme une assoiffée »* (Duras).

> ❑ *Assoiffé* est le mot courant ; *altéré* est littéraire. → désaltérer (rem.).

assoiffer v. tr. – XIXe ; de ① *a-* et *soif* ■ Donner soif à (qqn). *Un plat épicé qui assoiffe.*

> ❑ Pour le sens → désaltérer (rem.).

assolement n. m. – XIXe ; de *assoler* « partager en soles » ■ Procédé de culture par succession et alternance sur un même terrain (pour conserver la fertilité du sol). *Assolement triennal,* à alternance de trois cultures. *Les labours « bons à redonner du blé après le trèfle et l'avoine de l'assolement triennal »* (Zola).

assombrir v. tr. [2] – XVIe ; de ① *a-* et *sombre* 1 Rendre sombre. *Les nuages assombrissent le ciel.* ⇒ **obscurcir.** pronom. *« le ciel acheva de s'assombrir »* (Gide). 2 Rendre triste. ⇒ **attrister.** *Les malheurs ont assombri son caractère.* Rendre soucieux. *Cette nouvelle a assombri les assistants.* ➛ Rendre inquiétant. *De graves menaces assombrissent l'avenir.* ⇒ **peser** (sur). ♦ pronom. *Son visage s'assombrit.* ⇒ se **rembrunir.** ✪ CONTR. Éclaircir, éclairer. Égayer. Épanouir (s').

assombrissement n. m. – XIXe ■ Le fait d'assombrir ou de s'assombrir ; état de ce qui est assombri. *L'assombrissement du ciel.* ➛ *L'assombrissement de l'humeur.* ⇒ **tristesse.** ✪ CONTR. Éclaircissement, éclairement.

assommant, ante adj. – XVIe ■ fam. Qui ennuie, agace. ⇒ **ennuyeux** ; fam. **casse-pieds.** *« Les sermons des pères* et les rabâcheries des oncles sont aussi assommants sur le théâtre que dans la réalité » (Gaut.). ✪ CONTR. Agréable, plaisant.

assommer v. tr. [1] – XIIe ; de ① *a-* et ③ *somme* **1** Tuer à l'aide d'un coup violent sur la tête. *Assommer un bœuf avec un merlin.* ⇒ **abattre.** **2** Frapper sur (qqn), de manière à étourdir. ⇒ fam. **estourbir.** « *L'ordre était de le battre, et non de l'assommer* » (Mol.). *Le voleur a assommé le gardien de nuit.* **3** Accabler sous le poids de l'ennui. ⇒ **ennuyer, excéder, fatiguer** ; fam. **barber, empoisonner.** *Il nous assomme avec ses discours.* « *tout les ennuie, tout les excède, tout les assomme* » (Gaut.).

assommoir n. m. – XVIIIe ▪ vx Cabaret où les consommateurs s'assomment d'alcool. « *les assommoirs de la place Maubert grouillaient d'une multitude en loques* » (Carco). « *L'Assommoir* », *roman de Zola.*

assomption [asɔ̃psjɔ̃] n. f. – XIIe ; lat. *assumptio* « action de prendre, d'admettre » ▪ Dans la religion catholique, Enlèvement miraculeux de la Sainte Vierge au ciel par les anges. ♦ *L'Assomption* : jour où l'Église célèbre cette fête (15 août).

> ❑ Ne pas confondre *Assomption* et *Ascension* (du Christ), termes de religion. ♦ *Assomption* employé pour *hypothèse* est un anglicisme inutile *(assumption).*

assonance n. f. – XVIIe ; lat. *sonus* « son » ▪ Répétition du même son, de la voyelle accentuée à la fin de chaque vers (*belle* et *rêve*). « *des assonances et des allitérations qui constituent la substance sonore de la poésie* » (Valéry).

> ❑ Comparer avec *consonance, résonance* et *dissonance* pour le *n* unique. → sonner (rem.).

assonancé, ée adj. – XIXe ▪ Qui présente une, des assonances. *Vers assonancés.*

assonant, ante adj. – XVIIIe ▪ Qui produit une assonance. *Rimes assonantes.*

assorti, ie adj. – XVIe **1** Qui est en harmonie, qui va bien avec autre chose. *Couple bien assorti,* dont le mari et la femme vont bien ensemble. *Rideaux assortis au papier peint.* ⇒ **coordonné.** « *de grands parterres brillants de couleurs bien assorties* » (Muss.). **2** *Magasin, rayon bien assorti,* bien pourvu de marchandises. **3** plur. Variés (aliments). *Bonbons assortis.*

> ❑ Éviter d'employer *achalandé* pour *assorti,* car un *chaland* c'est un client. → achalander (rem.).

assortiment n. m. – XVIe **1** Manière dont sont assemblées des choses qui produisent un effet d'ensemble. ⇒ **assemblage, association.** *Un heureux assortiment de couleurs.* **2** Assemblage complet de choses qui vont ordinairement ensemble. ⇒ ② **ensemble, série.** *Assortiment de vaisselle, de linge de table.* ⇒ **service.** ♦ Collection de marchandises de même sorte. *Assortiment de tournevis.* ♦ Plat composé de divers aliments de même sorte. *Un assortiment de charcuterie.*

assortir v. tr. [2] – XIVe ; de ① *a-* et *sorte* **1** Mettre ensemble (des choses qui se conviennent). ⇒ **harmoniser.** *Assortir des vêtements.* ♦ *Assortir une cravate à un costume.* ➛ pronom. *Ces couleurs s'assortissent bien.* **2** *Assortir qqch. de,* lui ajouter. ⇒ **accompagner.** *Commentaires* « *assortis quelquefois de détails tout à fait saugrenus* » (Robbe-Grillet). ➛ pronom. *Sa lecture s'assortissait de remarques.* ✪ CONTR. Désassortir. Jurer (avec).

assoupi, ie adj. – XVIe ▪ À demi endormi. ⇒ **somnolent.** *Un malade assoupi.* « *le monde assoupi palpite et vit encore* » (Lamart.). « *les douleurs assoupies se réveillent* » (Huysm.). ✪ CONTR. Éveillé.

assoupir v. tr. [2] – XVIe ; lat. *sopire* « endormir » **1** Porter à un demi-sommeil. ⇒ **endormir.** *Le bercement du train assoupit les voyageurs.* ➛ littér. Affaiblir ou suspendre momentanément. ⇒ **engourdir.** *Assoupir une douleur, un remords.* **2** S'ASSOUPIR v. pron. Se laisser aller doucement au sommeil, s'endormir à demi. ⇒ **somnoler.** « *D'autres s'assoupissaient sous l'effort de la digestion* » (Duham.). ➛ *Les haines peu à peu s'assoupissent.* ⇒ s'**apaiser.** ✪ CONTR. Réveiller ; ranimer.

assoupissant, ante adj. – XVIe ▪ littér. Qui assoupit. *Chaleur assoupissante.* « *une bonne petite religion assoupissante* » (Green).

assoupissement n. m. – XVIe Le fait de s'assoupir ; état voisin du sommeil. ⇒ **somnolence.** *Il* « *était alors sous l'empire d'un assoupissement profond dont il ne fut plus possible de le tirer* » (J. Verne).

assouplir v. tr. [2] – XIIe ; de ① *a-* et *souple* **1** Rendre souple, plus souple. *Les exercices de gymnastique assouplissent le corps.* **2** Rendre plus malléable, maniable. ⇒ **adoucir.** « *assouplir la règle dans le dessein de la parfaire* » (Duham.). **3** S'ASSOUPLIR v. pron. Devenir plus souple. *Le cuir s'assouplit à l'eau.* ➛ *Son caractère s'est assoupli.* ✪ CONTR. Durcir, raidir.

assouplissant n. m. – XIXe ▪ Produit ménager qu'on ajoute à l'eau de rinçage pour garder au linge sa souplesse. ⇒ **adoucissant.**

assouplissement n. m. – XIXe **1** Action d'assouplir, fait de s'assouplir ; état de ce qui est assoupli. *Exercices d'assouplissement* (du corps). **2** Fait de rendre plus malléable, moins rigide. *Assouplissement des horaires de travail.* ✪ CONTR. Durcissement, tension.

assourdir v. tr. [2] – XIIe ; de ① *a-* et *sourd* **1** Causer une surdité passagère chez (qqn) ; rendre comme sourd. ⇒ **abasourdir, étourdir.** *Ne criez pas si fort, vous m'assourdissez !* **2** Fatiguer par trop de bruit, de paroles. ⇒ **assommer, excéder.** **3** Rendre moins sonore. ⇒ **amortir, étouffer.** « *la neige qui assourdissait comme un tapis le bruit de mes pas* » (Daud.). *D'une voix assourdie.* **4** S'ASSOURDIR v. pron. Devenir plus sourd, moins sonore. *Les bruits s'assourdissent vers le soir.*

assourdissant, ante adj. – XIXe ▪ Qui assourdit. « *Des gens se hâtaient, en tous sens, dans un vacarme assourdissant* » (Mart. du G.).

> ❑ Le mot *abrutissant* est devenu, avec le même sens, plus courant que *assourdissant.*

assourdissement n. m. – XVIe **1** Action d'assourdir (qqn) ; état d'une personne assourdie. *Mon assourdissement dura plusieurs minutes.* **2** Amortissement des sons.

assouvir v. tr. [2] – XIIe ; lat. *assequi* « atteindre » **1** Calmer complètement (un violent appétit). ⇒ **apaiser, rassasier.** *Étancher sa soif et assouvir sa faim.* **2** Satisfaire pleinement (un désir, une passion). *Assouvir sa curiosité. Assouvir une vengeance.* « *C'est pour assouvir Ton moindre désir Qu'ils viennent du bout du monde* » (Baud.). **3** S'ASSOUVIR v. pron. *Sa colère s'est assouvie.* ✪ CONTR. Affamer ; exciter. Inassouvi, insatisfait.

assouvissement n. m. – XIVe ▪ Action d'assouvir, de s'assouvir ; fait d'être assouvi. ⇒ **satisfaction.** *L'assouvissement des désirs.* « *l'hébétude d'un assouvissement morne* » (Mauriac). ✪ CONTR. Frustration, insatisfaction.

assuétude n. f. – XIXe ; lat. *assuetudo* « habitude » ▪ sc. Accoutumance à une substance toxique. *Assuétude médicamenteuse.* ⇒ **dépendance, toxicomanie.**

assujetti, ie n. – XVe ▪ Personne soumise par la loi au paiement d'un impôt, d'une taxe ou à l'affiliation à un groupement. *Une assujettie.*

assujettir v. tr. [2] – XVIe ; de ① *a-* et *sujet* **1** vx ou littér. Rendre sujet, mettre dans sa dépendance. *Les peuples que Rome avait assujettis.* ⇒ **asservir, soumettre. 2** *ASSUJETTIR À* : soumettre, astreindre à. « *une jeune fille* [...] *opprimée, assujettie à des soins domestiques* » (Ste-Beuve). *Être assujetti à l'impôt.* ➛ pronom. *S'assujettir à une règle.* ⇒ se **plier,** se **soumettre. 3** Rendre (qqch.) fixe, immobile, stable. ⇒ **attacher, fixer.** *Il « assujettit la barre de la porte et la verrouilla »* (Hugo). *Assujettir un chargement.* ✪ CONTR. Affranchir, délivrer, dispenser, exempter, libérer.

assujettissant, ante adj. – XVIIe ▪ Qui assujettit, exige beaucoup d'assiduité. « *C'est un métier assujettissant : il faut être toujours là* » (Duham.). ⇒ **astreignant.**

assujettissement n. m. – XVIe **1** vx État de dépendance. ⇒ **soumission.** *L'assujettissement d'un peuple à un autre, par un autre.* **2** Fait d'être assujetti. *L'assujettissement à un impôt.* ✪ CONTR. Affranchissement, délivrance, indépendance, liberté.

assumer v. tr. [1] – XVe ; lat. *assumere* **1** Prendre à son compte ; se charger de. *Assumer une responsabilité.* ⇒ **endosser,** ① **supporter.** ➛ *Charges assumées par la collectivité.* **2** Accepter consciemment (une situation, un état psychique et leurs conséquences). *Assumer mal sa condition. J'assume de me tromper ; que je me sois trompée.* ➛ *J'assume.* « *avec une propension naturelle à assumer toujours et ne se dérober devant rien* » (Gide). ♦ pronom. S'accepter, se prendre en charge. *Elle s'assume pleinement.* ✪ CONTR. Décharger (se). Refuser, rejeter.

assurable adj. – XIXe ▪ Qui peut être assuré, garanti par un contrat d'assurance. *Biens assurables.*

assurage n. m. – 1932 ▪ Ensemble des techniques permettant de prévenir ou d'enrayer les chutes, en montagne.

assurance n. f. – XIIe **1** Confiance en soi. ⇒ **aisance.** *Parler avec assurance. Prendre, avoir de l'assurance. Manquer d'assurance. Perdre son assurance* : se démonter. **2** Sentiment de certitude ou d'intime conviction. ⇒ **certitude.** *L'assurance d'être chômeur n'encourage pas ses efforts.* **3** Promesse ou garantie qui rend certain de qqch. *Il s'était appuyé « sur l'assurance qu'elle lui avait donnée de lui garder fidélité »* (Mauriac). ➛ (dans une formule de politesse) *Veuillez agréer l'assurance de ma considération distinguée.* ⇒ **expression.** ♦ plur. Ce que l'on donne ou affirme (à qqn) pour procurer une garantie. ⇒ **gage, garantie.** « *Zamian m'avait donné des assurances* » (Duham.). **4** Contrat par lequel un assureur garantit à l'assuré, moyennant une prime ou une cotisation, le paiement d'une somme convenue en cas de réalisation d'un risque déterminé. ⇒ **garantie.** *Contrat, police d'assurance. Assurance contre les dégâts des eaux, l'incendie, le vol. Assurance vie. Assurance automobile. Compagnie d'assurances.* ♦ fam. Compagnie d'assurances. *L'assurance ne nous a pas encore indemnisés.* ♦ *Assurances sociales,* garantissant les travailleurs et les ayants droit contre la maladie, les accidents du travail, le chômage (cf. Sécurité* sociale). ✪ CONTR. Crainte, doute, embarras, hésitation, incertitude, timidité.

❑ Pour faire plus court on emploie *assurance* suivi d'un nom épithète *(assurance vieillesse, assurance maladie)* dans le style administratif.

assuré, ée adj. et n. – XIIe **1** littér. Qui est certain*. ⇒ **sûr.** *Tenez pour assuré qu'il viendra.* ➛ Dont on est assuré. *Succès assuré.* ⇒ **garanti. 2** Qui manifeste l'équilibre physique. *D'un pas mal assuré.* « *il est de taille bien prise et de démarche très assurée* » (Gide). ♦ Qui manifeste l'assurance, la confiance en soi. *Un air assuré,* sûr de soi. **3** n. Personne garantie par un contrat d'assurance. (emploi critiqué) *Les assurés sociaux* : les assurés affiliés aux assurances sociales. ✪ CONTR. Douteux, hésitant, timide.

assurément adv. – XIIe ▪ vieilli D'une manière certaine. ⇒ **certainement, certes.** « *Assurément les sentiments aussi vieillissent* » (Gide).

assurer v. tr. [1] – XIe ; lat. *securus* « sûr » **I - 1** *ASSURER (à qqn) QUE,* lui affirmer, lui garantir que. ⇒ **certifier.** *Il nous a assuré qu'il s'occupera (s'occuperait) de tout.* « *je t'assure qu'ils ont fait tout ce qu'ils ont pu* » (Sartre). *Ce n'est pas facile, je t'assure !* **2** *Assurer qqn de qqch.,* le prier de n'en pas douter. « *je l'assurai de ma bien vive reconnaissance* » (Céline). **3** *ASSURER DE* : rendre certain ; permettre de croire à. *Sa conduite passée nous assure de l'avenir.* ⇒ **garantir, répondre, témoigner. II - 1** Rendre sûr ; mettre à l'abri des accidents, des risques. *Assurer sa fuite.* ➛ *ASSURER (qqch.) À (qqn). Quelques leçons particulières « m'assuraient mon pain quotidien »* (Beauv.). **2** Mettre (une chose) dans une position stable, empêcher de bouger. ⇒ **fixer.** *Assurer un volet.* **3** Faire qu'une chose fonctionne, ne s'arrête pas. *Navette qui assure le transfert des passagers. Assurer une garde, une permanence, un service.* **4** Garantir par un contrat d'assurance. *C'est telle compagnie qui assure cet immeuble contre l'incendie.* ♦ *Être assuré tous risques.* **5** Dans une cordée, Garantir la sécurité, empêcher la chute de (un alpiniste). **6** v. intr. fam. Être à la hauteur des difficultés, les affronter efficacement. *Elle assure, en planche à voile ! Un directeur qui assure.* **III** *S'ASSURER.* **1** Devenir sûr (de, que). ⇒ **contrôler, vérifier.** *Assurez-vous de l'exactitude de cette nouvelle. Assurez-vous si la porte est bien fermée. Un besoin « de m'assurer que tout était en ordre »* (Duham.). **2** Contracter une assurance. *S'assurer contre l'incendie.* **3** Prendre une position ferme, solide, stable. ⇒ s'**affermir.** *S'assurer en selle.* **4** *S'ASSURER (qqch.),* faire en sorte d'en avoir et d'en garder l'usage, la possession ou la maîtrise. *S'assurer la protection, la faveur de qqn.* ⇒ **gagner.** « *Une femme qui se soit assuré, par son travail, le droit de penser ce qui lui plaît* » (Mart. du G.). ✪ CONTR. Contester, démentir, nier ; compromettre, exposer, risquer ; ébranler. Perdre.

❑ Au sens de « bien affronter les difficultés », le mot est à la mode : *Il assume et il assure !*

assureur n. m. – XVIe ▪ Personne qui assure, garantit qqch. par contrat d'assurance. ⇒ **courtier** (d'assurance). *Assureur-conseil.* ✪ CONTR. Assuré.

assyrien, ienne adj. et n. – XIIIe ▪ De l'Assyrie, partie septentrionale de la Mésopotamie. *L'art assyrien.* ♦ n. *Les Assyriens.* ➛ n. m. *L'assyrien* : langue morte parlée autrefois par les Assyriens, appartenant au groupe sémitique du nord.

assyriologie n. f. – XIXe ▪ Étude de l'Antiquité assyrienne, babylonienne (et parfois sumérienne, akkadienne).

astasie n. f. – XIXe ; gr. « instabilité » ▪ Trouble du sujet qui ne peut se tenir debout.

astate n. m. – XIXe ; gr. *astatos* « instable » ▪ Élément artificiel (At ; n° at. 85 ; m. at. 210) et radioactif, le plus lourd des halogènes.

astatique adj. – XIXe ; gr. *astatos* « instable » ▪ Qui est en équilibre dans toutes les positions. *Système astatique* : ensemble de deux aiguilles aimantées identiques disposées en sens inverse, sur lequel le champ magnétique est sans action.

aster [astɛʀ] n. m. – XVI ; mot gr. « étoile » **1** Plante *(composées)* à petites fleurs décoratives en forme d'étoiles. *Aster d'automne.* ⇒ **vendangeuse. 2** Figure formée de lignes rayonnantes qui apparaît pendant la mitose. ⇒ **fuseau.** ✪ HOM. Hastaire.

astéréognosie [asteʀeognozi] n. f. – 1916 ; de ② *a-*, gr. *stereos* « solide » et *-gnosie* ■ Incapacité de reconnaître les objets par le toucher.

astérie n. f. – XVIIIe ; lat. *asteria,* nom d'une pierre précieuse ■ Échinoderme appelé couramment *étoile* de mer.*

❑ Même famille que *astéroïde.*

astérisque n. m. – XVIe ; gr. « petite étoile » ■ Signe typographique en forme d'étoile (*) qui indique un renvoi ou auquel on attribue un sens convenu.

❑ Genre masculin en dépit de *étoile* n. f. ♦ Ce signe peut servir à masquer un nom qu'on ne veut pas dévoiler ou dont on indique seulement l'initiale ; ex. la duchesse de B*** (lu *B trois étoiles*).

astéroïde n. m. – XVIIIe ; gr. *astêr* « étoile » et *eidos* « aspect » 1 Petite planète du système solaire. 2 Petit corps céleste. ⇒ **météorite.**

asthénie n. f. – XVIIIe ; gr. *sthenos* « force » ■ Manque de force, de vitalité physique et psychique ; état de dépression, de faiblesse.

asthénique adj. et n. – XIXe ■ Relatif à l'asthénie. ♦ Atteint d'asthénie. ➛ n. *Un, une asthénique.*

asthénosphère n. f. – 1914 ; gr. *astheneia* « faiblesse » et *sphère* ■ Couche non rigide du manteau de la Terre (entre 150 et 700 km de profondeur) sur laquelle flotte la lithosphère*.

asthmatique [asmatik] adj. et n. – XIVe ■ Relatif à l'asthme. *Toux asthmatique.* ♦ Qui a de l'asthme (bronchique). ➛ n. *Un, une asthmatique.*

asthme [asm] n. m. – XIIIe ; gr. « respiration difficile » ■ Affection caractérisée par une gêne respiratoire et une suffocation intermittente. *Crise d'asthme.*

asti n. m. – XIXe ■ Vin blanc mousseux récolté près d'Asti (Italie). *Des astis* ou *des asti.*

asticot n. m. – XIXe ; p.-ê. de *asticoter* ■ fam. Larve de la mouche à viande utilisée comme appât pour la pêche. ⇒ **ver** (blanc).

asticoter v. tr. [1] – XVIIIe ; de *dasticoter* « parler allemand », de l'all. *dass dich Gott... !* « que Dieu te... » ■ fam. Agacer, harceler (qqn) pour de petites choses.

astigmate adj. et n. – XIXe ■ Atteint d'astigmatisme. ⇒ **amétrope.** *Il est myope et astigmate.*

astigmatisme n. m. – XIXe ; de ② *a-* et gr. *stigma* « point » 1 Défaut de courbure des milieux réfringents de l'œil. 2 Défaut d'un instrument d'optique qui ne donne pas une image ponctuelle d'un point.

astiquage n. m. – XIXe ■ Action d'astiquer.

astiquer v. tr. [1] – XIXe ; germ. « piquer » ■ Faire briller en frottant. « *des bretelles de cuir bien astiquées* » (Bosco). ⇒ **polir.**

astragale n. m. – XVIe ; gr. I Os du pied formant avec le calcanéum la rangée postérieure du tarse. II Moulure ronde qui sépare le fût d'une colonne de son chapiteau. III Plante *(papilionacées)* dont une espèce produit la gomme adragante.

astrakan n. m. – XVIIIe ; ville de Russie ■ Fourrure à poils bouclés d'agneau caracul tué très jeune. ⇒ **breitschwanz.** *Manteau d'astrakan.*

astral, ale, aux adj. – XVIe ■ Des astres. *Les influences astrales.* ⇒ **céleste, sidéral, stellaire, zodiacal.** *Thème astral.* ⇒ **astrologique.** ♦ *Corps astral :* aura, ectoplasme qui est supposé entourer le corps humain.

astre n. m. – XIIe ; gr. *astron* 1 Corps céleste naturel visible (à l'œil nu ou dans un instrument). ⇒ **astéroïde, comète, étoile, planète, planétoïde, satellite.** *Les astres brillent, luisent, scintillent.* « *Le dôme obscur des nuits, semé d'astres sans nombre* » (Hugo). *Étude des astres.* ⇒ **astronomie, cosmographie.** ♦ loc. *Il est beau comme un astre,* resplendissant, superbe (souvent iron.). 2 (dans des loc.) Corps céleste considéré par rapport à son influence sur les hommes (⇒ **astrologie).**

❑ Le *désastre* est littéralement un « mauvais astre ».

astreignant, ante adj. – XIXe ■ Qui astreint. *Une tâche astreignante.* ⇒ **assujettissant.**

astreindre v. tr. [52] – XIIIe ; lat. *astringere* « serrer ; obliger » ■ Obliger strictement (qqn) à (qqch.). ⇒ **contraindre, forcer.** *Il les astreint, il les astreignait à une discipline.* ⇒ **imposer.** ♦ S'ASTREINDRE v. pron. *Ils se sont astreints à se lever tôt.* ✪ CONTR. Dispenser, exempter.

astreinte n. f. – XIXe 1 Condamnation au paiement d'une certaine somme pour chaque jour de retard dans l'exécution d'un acte ordonné par une juridiction civile. ⇒ **amende, moratoire.** 2 Obligation rigoureuse, contrainte. « *les tâches intellectuelles représentent pour lui des astreintes fort pénibles* » (Duham.).

astringent, ente adj. et n. m. – XVIe ; lat. *astringere* « serrer » ■ Qui resserre les tissus vivants. *Lotion astringente.*

❑ De même origine que *astreindre.*

astro- ■ Élément, du lat. *astrum* « astre ».

astrolabe n. m. – XIIe ; gr. 1 Instrument qui servait à déterminer la hauteur des astres au-dessus de l'horizon. 2 Instrument qui sert à déterminer la latitude et l'heure sidérale d'un lieu d'observation.

astrologie n. f. – XIIIe ; *astro-* et *-logie* ■ Art de déterminer le caractère et de prévoir le destin des hommes par l'étude des influences astrales. ⇒ **horoscope.**

❑ Ne pas confondre avec *astronomie* « science des astres ».

astrologique adj. – XVIe ■ De l'astrologie. *Thème astrologique* (ou *thème astral*) : carte du ciel de naissance établie suivant les règles de l'astrologie.

astrologue n. – XVe ■ Personne qui s'adonne à l'astrologie. « *on a vu souvent des prédictions d'astrologues réussir* » (Volt.).

astrométrie n. f. – XIXe ; *astro-* et *-métrie* ■ Branche de l'astronomie qui étudie la position et le mouvement des astres.

astronaute n. – 1928 ; *astro-* et *-naute* ■ Personne qui se déplace dans un véhicule spatial, hors de l'atmosphère terrestre. ⇒ **cosmonaute, spationaute.**

❑ Vient du terme américain, tandis que *cosmonaute* était réservé aux membres des expéditions soviétiques ; on préfère aujourd'hui *spationaute.*

astronautique n. f. – XIXe ; gr. *nautikê* « navigation » ■ Science qui a pour objet l'étude de la navigation spatiale. ⇒ **balistique.**

astronef n. m. – av. 1956 ■ Vaisseau spatial.

❑ Bien que formé sur *nef,* ce mot est masculin.

astronome n. – XIIIe ■ Spécialiste d'astronomie.

astronomie n. f. – XIIe ; *astro-* et *-nomie* ■ Science des astres, des corps célestes (y compris la Terre) et de la structure de l'Univers. *Astronomie de position.* ⇒ **astrométrie.** *Astronomie physique.* ⇒ **astrophysique.** *Appareils d'astronomie.* ⇒ **astrolabe, lunette, radiotélescope, télescope.**

❑ Ne pas confondre l'*astronomie* et la *cosmologie,* science de la formation de l'Univers.

astronomique adj. – XIVe 1 De l'astronomie. *Tables astronomiques.* ⇒ **éphéméride.** ◆ *Lunette astronomique.* 2 *Chiffres, nombres astronomiques,* très longs, très grands. *Prix astronomique,* exagéré. ⇒ **faramineux.**

astronomiquement adv. – XVIe 1 Suivant les principes de l'astronomie. « *Astronomiquement, l'été comptait déjà deux jours* » (J. Verne). 2 De manière astronomique (2°). *Les prix ont augmenté astronomiquement.*

astrophotographie n. f. – XIXe ▪ Ensemble des techniques photographiques utilisées en astronomie.

astrophysicien, ienne n. – 1964 ▪ Spécialiste de l'astrophysique.

astrophysique n. f. – 1903 ▪ Branche de l'astronomie qui étudie la nature physique, la formation et l'évolution des astres.

astuce n. f. – XIIIe ; lat. *astutia* 1 Petite invention qui suppose de l'ingéniosité. ⇒ **artifice, ficelle, finesse,** ① **truc.** *Les astuces du métier. Déjouer des astuces.* 2 fam. Plaisanterie. *Il fait des astuces.* 3 Qualité d'une personne ingénieuse et inventive. *Elle est pleine d'astuce.*

astucieusement adv. – XVIe ▪ D'une manière astucieuse. *C'est astucieusement conçu.*

astucieux, ieuse adj. – XVe 1 Qui a une habileté fine. ⇒ **adroit, malin.** 2 Qui dénote de l'astuce, de la finesse. *Raisonnement astucieux.* ♦ Qui est bien conçu, bien agencé, pratique. *C'est astucieux, ce sac de voyage.*

asymbolie [asɛ̃bɔli] n. f. – 1900 ▪ Perte de la compréhension des symboles, des signes. ⇒ **agnosie.**

asymétrie [asimetʀi] n. f. – XVIIe ▪ Absence de symétrie.

> ❑ Ne pas confondre avec *dissymétrie* qui signifie plutôt « défaut de symétrie ». ♦ Pour le *s* unique → ② a- (rem.). ♦ Attention à la confusion *la symétrie, l'asymétrie.*

asymétrique [asimetʀik] adj. – XIXe 1 Qui n'est pas symétrique. *Visage asymétrique.* 2 sc. Privé de tout élément de symétrie. *Figure asymétrique.*

asymptomatique [asɛ̃ptɔmatik] adj. – mil. XXe ▪ *Porteur asymptomatique* : personne susceptible de transmettre une maladie alors qu'elle n'en présente pas les symptômes cliniques, porteur sain*.

asymptote [asɛ̃ptɔt] n. f. et adj. – XVIIe ; gr. *sumpiptein* « tomber sur » 1 Droite telle que la distance d'un point d'une courbe à cette droite tend vers zéro lorsque le point s'éloigne à l'infini sur la courbe. *L'asymptote s'approche de la courbe sans jamais la rencontrer.* 2 adj. *Courbes asymptotes* (l'une de l'autre).

asymptotique [asɛ̃ptɔtik] adj. – XVIIe ▪ Relatif à l'asymptote. *Courbe asymptotique.*

asynchrone [asɛ̃kʀon] adj. – XIXe ▪ Qui n'est pas synchrone. ◆ *Moteur asynchrone,* dont la vitesse dépend de la charge (et non de la fréquence du courant).

asyndète [asɛ̃dɛt] n. f. – XIXe ; gr. *sundein* « lier » ▪ Absence de liaison (par une conjonction, etc.) entre deux termes ou groupes de termes en rapport étroit (ex. *bon gré, mal gré*).

asynergie [asinɛʀʒi] n. f. – XIXe ▪ Manque de coordination des mouvements qui concourent à l'accomplissement d'un acte.

asystolie [asistɔli] n. f. – XIXe ; de ② *a-* et *systole* ▪ vieilli Insuffisance cardiovasculaire, troubles de la circulation qui en résultent.

-at ▪ Élément de noms masculins, du latin *-atum,* qui désigne la fonction sociale, un état, une dignité.

> ❑ Ce suffixe qui désigne une fonction, un état, peut s'ajouter directement à un nom *(cardinalat, sultanat),* devenir ...*orat* pour les mots en *-eur (doctorat, professorat)* et ...*ariat* pour les mots en *-aire (notariat, vicariat).* Pour les barbarismes → vedettariat (rem.).

ataca → **atoca**

ataraxie n. f. – XVIe ; gr. « absence de trouble » ▪ Tranquillité de l'âme. Chez les stoïciens, État d'une âme que rien ne trouble, idéal du sage. ⇒ ① **calme, détachement, sérénité.** ✪ CONTR. Agitation, inquiétude, passion.

> ❑ Ne pas confondre avec *ataxie* « trouble nerveux ».

atavique adj. – XIXe ▪ Qui est lié ou qui résulte de la transmission des caractères héréditaires. « *un alcoolique profond, invétéré, atavique* » (Tournier). ◆ *Une haine atavique,* ancestrale.

atavisme n. m. – XIXe ; lat. *atavi* « ancêtres » ▪ Réapparition, chez un individu, d'un caractère primitif après un nombre indéterminé de générations. ♦ Hérédité biologique (supposée) de caractères psychologiques. *Ils aiment le jardinage par atavisme.*

ataxie n. f. – XVIIIe ; gr. « désordre » ▪ Incoordination des mouvements volontaires causée par une affection des centres nerveux.

> ❑ Ne pas confondre avec *ataraxie* « tranquillité ».

ataxique adj. et n. – XVIIIe ▪ Relatif à l'ataxie. ♦ Atteint d'ataxie.

atchoum [atʃum] interj. – XIXe ; onomat. ▪ Bruit produit par un éternuement.

atèle n. m. – XIXe ; gr. *atelês* « incomplet », à cause de sa main sans pouce ▪ Singe de l'Amérique du Sud, dit *singe-araignée* à cause de la longueur démesurée et de la gracilité de ses membres et de sa queue. ✪ HOM. Attelle.

atelier n. m. – XIVe ; a. fr. *astelle* « petit morceau de bois » 1 Lieu où des artisans, des ouvriers travaillent en commun. *L'atelier d'un garagiste. Atelier de couture.* 2 Section d'une usine où des ouvriers travaillent à un même ouvrage. *Atelier de montage. Chef d'atelier.* ♦ Groupe de travail. *Ateliers de théâtre.* 3 Lieu où travaille un artiste (peintre, sculpteur). ♦ Ensemble des artistes qui travaillent en atelier sous la direction d'un maître. 4 Compagnie de francs-maçons groupés sous un même vocable. Local où ils se réunissent. ⇒ **loge.**

> ❑ Mot de même origine que *attelle.* ♦ L'*atelier* a d'abord désigné tout lieu de travail du bois (tonnellerie, menuiserie, etc.).

atellanes n. f. pl. – XVIe ; de *Atella,* ville des Osques ▪ Dans l'Antiquité romaine, Petites pièces de théâtre de caractère bouffon. ⇒ ② **farce**

atémi ou **atemi** [atemi] n. m. – 1950 ; mot jap. ▪ Coup porté avec une partie du corps sur un point sensible, dans les arts martiaux japonais. *Des atémis, des atemi.*

a tempera → **tempera (a)**

atemporel, elle adj. – 1933 ▪ Qui n'est pas concerné par le temps. ⇒ **intemporel.** ♦ Qui n'exprime pas un temps. *Présent atemporel.*

atermoiement n. m. – XVIIe 1 Délai accordé à un débiteur pour l'exécution de ses engagements. 2 Action de différer, de remettre à un autre temps. ⇒ **délai, tergiversation.** « *on tire de l'extrême jeunesse des raisons d'atermoiements* » (Chateaub.). ✪ CONTR. Décision.

atermoyer v. intr. [8] – XIIe ; de ① *a-* et a. fr. *termoier* « vendre à *terme,* ajourner » ▪ Chercher à gagner du temps par des faux-fuyants. ⇒ **attendre,** ② **différer, remettre.** « *S'il continuait d'atermoyer, ce serait elle qui dirait non* » (Montherl.). ✪ CONTR. Décider (se).

athée **n.** et **adj.** – XVIe ; gr. *theos* « dieu » ▪ Personne qui ne croit pas en Dieu, nie l'existence de toute divinité. ⇒ **incroyant.** « *les athées de Sade posent en principe l'inexistence de Dieu* » (Camus). ♦ **adj.** *Un monde athée.* ✪ CONTR. Croyant, déiste, religieux, théiste.

❑ Attention, il ne s'agit pas du suffixe féminin *-ée ;* ce mot garde son *e* au masculin.

athéisme **n. m.** – XVIe ▪ Attitude ou doctrine de l'athée. ⇒ **incroyance, irréligion, matérialisme.** ✪ CONTR. Croyance, religion, ① théisme.

athématique **adj.** – XIXe ▪ Qui n'est pas thématique. *Les mots les plus fréquents* (mots grammaticaux de relation) *sont athématiques.*

athénée **n. m.** – XVIIIe ; gr. « temple d'Athéna », lieu des concours de poésie ▪ En Belgique, Établissement secondaire d'enseignement public. ⇒ **collège, lycée.**

athermane **adj.** – XIXe ; gr. *thermainein* « chauffer » ▪ Parfaitement imperméable à la chaleur. *Paroi athermane.* ✪ CONTR. Diathermane.

athermique **adj.** – XIXe ▪ Qui ne dégage ni n'absorbe de chaleur. ✪ CONTR. Thermique.

athéromateux, euse **adj.** et **n.** – XVIIIe ▪ De l'athérome. ♦ Atteint d'athérome.

athérome **n. m.** – XVIe ; gr. *athêra* « bouillie » ▪ Dégénérescence graisseuse de la surface interne d'une artère.

athérosclérose **n. f.** – 1904 ; de *athéro(me)* et *sclérose* ▪ Épaississement et perte d'élasticité des parois internes des artères, accompagnés de formation d'athéromes*. *L'infarctus du myocarde, manifestation de l'athérosclérose.*

❑ Pour l'emploi → artériosclérose (rem.).

athlète **n.** – XIVe ; gr. *athlos* « combat » 1 Personne qui pratique l'athlétisme. ⇒ **coureur, lanceur, perchiste, sauteur.** *Les athlètes françaises. Un corps d'athlète.* ♦ *C'est un athlète,* un homme fort, bien musclé. 2 PIED D'ATHLÈTE : dermatose des orteils et des pieds, due à la prolifération de champignons microscopiques.

athlétique **adj.** – XVIe ; gr. 1 Qui a rapport aux athlètes. *Exercices athlétiques.* 2 Fort et musclé. « *un gaillard athlétique, en jeans, maillot de corps, biceps* » (R. Gary).

athlétisme **n. m.** – XIXe ▪ Ensemble des exercices physiques individuels auxquels se livrent les athlètes : course, lancer (du disque, du poids, du javelot), saut. ⇒ **décathlon, heptathlon, pentathlon, triathlon ; marathon.** *Épreuve d'athlétisme.*

athrepsie **n. f.** – XIXe ; gr. *threpsis* « nutrition » ▪ Dénutrition et dépérissement des nouveau-nés.

athymie **n. f.** – XVIIIe ; gr. *thumos* « cœur, sentiment » ▪ Absence ou perte de l'affectivité, fréquente dans la schizophrénie.

atlante **n. m.** – XVIe ; gr. *Atlas* ▪ Figure d'homme soutenant un entablement, à la manière d'Atlas portant le ciel sur ses épaules. ⇒ **cariatide, télamon.**

atlantique **adj.** et **n. m.** – XIVe ; gr. « d'Atlas (montagne d'Afrique) » 1 *L'océan Atlantique,* et **n. m.** *l'Atlantique* : l'océan qui sépare l'Europe et l'Afrique de l'Amérique. 2 Qui a rapport à l'océan Atlantique, aux pays qui le bordent. *Le littoral atlantique.* ➛ *Le pacte atlantique (OTAN),* entre l'Europe et les États-Unis. *L'alliance atlantique.*

atlantisme **n. m.** – mil. XXe ▪ Politique conforme au Pacte atlantique.

atlas [atlas] **n. m.** – XVIe ; nom d'un personnage myth. 1 Recueil de cartes géographiques. 2 Première vertèbre cervicale.

❑ La première vertèbre cervicale soutient la tête comme le géant Atlas soutenait le ciel.

atmosphère **n. f.** – XVIIe ; gr. *atmos* « vapeur » et *sphaira* « sphère » 1 Couche gazeuse qui entoure le globe terrestre, certains corps célestes. *La Lune n'a pas d'atmosphère.* ♦ *Atmosphère stellaire :* couche superficielle d'une étoile qui émet son rayonnement. 2 Partie de l'atmosphère terrestre la plus proche du sol, siège des nuages, de la pluie, de la neige. *Étude de l'atmosphère.* ⇒ **météorologie.** 3 Air que l'on respire en un lieu. *Une atmosphère confinée.* 4 Le milieu, au regard des impressions qu'il produit sur nous, de l'influence qu'il exerce. ⇒ **ambiance, climat.** *Une atmosphère de travail, de vacances.* fam. *Changer d'atmosphère* (d'où la réplique d'Arletty dans *Hôtel du Nord* de Prévert et Carné : « *Atmosphère, atmosphère !... Est-ce que j'ai une gueule d'atmosphère ?* »). 5 Unité de mesure de la pression des gaz équivalant à 1 013 hectopascals. *Une pression de dix atmosphères.*

atmosphérique **adj.** – XVIIIe ▪ Relatif à l'atmosphère. *Pression atmosphérique,* exercée par l'atmosphère en un lieu donné et mesurée avec le baromètre. *Conditions, perturbations atmosphériques.* ⇒ **météorologie, temps.**

atoca ou **ataca** **n. m.** – XVIIe ; mot amérind. « airelle des marais » ▪ Au Canada, Baie rouge de saveur acidulée. ⇒ **canneberge.**

atoll **n. m.** – XVIIe ; mot des îles Maldives ▪ Récif corallien annulaire des mers chaudes, enfermant un lagon* communiquant avec la haute mer. *Des atolls.*

atome **n. m.** – XIVe ; gr. « indivisible » 1 Particule d'un élément chimique qui forme la plus petite quantité susceptible de se combiner. *La molécule d'eau* (H_2O) *contient deux atomes d'hydrogène et un d'oxygène. L'atome est formé d'un noyau** (⇒ **proton ; neutron)** *et d'un nuage d'électrons*. Fission du noyau de l'atome* **(⇒ atomique, nucléaire).** 2 Chose d'une extrême petitesse. *Il n'a pas un atome de bon sens.* ⇒ **brin, parcelle.** « *recueillir le moindre atome de joie* » (Duham.).

❑ Les progrès de la science ont prouvé que l'atome était sécable, et la valeur étym. du mot *atome* a disparu.

atome-gramme **n. m.** – 1933 ▪ Masse d'une mole* d'atomes d'un élément égale à la masse atomique exprimée en grammes. *Des atomes-grammes.*

atomicité **n. f.** – XIXe 1 Nombre d'atomes constituant la molécule d'un corps. 2 Caractère d'un marché composé d'un grand nombre de petits offreurs et de petits demandeurs.

atomique **adj.** – XVIe 1 Relatif aux atomes. *Masse atomique :* rapport de la masse de l'atome considéré au douzième de la masse du carbone 12. ➛ *Nombre* ou *numéro atomique :* nombre d'électrons (ou de protons) d'un atome, correspondant à son numéro dans la classification périodique des éléments. 2 Qui concerne le noyau de l'atome et sa désintégration. ⇒ **nucléaire.** *Énergie atomique,* libérée par la fission des noyaux. *Bombe atomique,* dont la grande puissance destructive est produite par l'énergie atomique. ♦ Qui utilise les engins atomiques. *La guerre* *atomique.* ♦ Qui produit ou utilise l'énergie nucléaire. *Centrale atomique. Sous-marin atomique.*

❏ En 1995, cinq pays sont officiellement détenteurs de la bombe atomique : les U.S.A., la Chine, la France, la Grande-Bretagne et la Russie.

atomisation n. f. – 1920 ▪ Action d'atomiser, de disperser.

atomiser v. tr. [1] – XIXe I Réduire (un corps) en particules très ténues, en fines gouttelettes. ⇒ **pulvériser, vaporiser.** II Soumettre à des radiations atomiques dans un but de destruction. ➛ *Ville atomisée.* subst. *Les atomisés d'Hiroshima.*

atomiseur n. m. – 1928 ▪ Petit flacon qui atomise le liquide qu'il contient lorsqu'on presse sur l'embout. ⇒ ① **bombe, spray.** *Eau de toilette en atomiseur.*

❏ Pour les substances médicamenteuses, on dit plutôt *aérosol, nébuliseur.*

atomisme n. m. – XVIIIe ▪ Doctrine des Grecs (Démocrite, Épicure, Lucrèce) qui considère l'univers comme formé d'atomes associés en combinaisons fortuites.

atomiste n. et adj. – XVIIe I Partisan de l'atomisme philosophique. II Spécialiste de la physique atomique. ➛ adj. *Des savants atomistes.*

atomistique adj. et n. f. – XIXe I - 1 *Théorie atomistique* ou *atomique,* prenant l'atome pour base. ➛ n. f. *L'atomistique.* 2 Physique nucléaire. II adj. Ponctuel et isolé ; divisé en nombreuses petites parties. *Des actions atomistiques.*

atonal, ale, aux adj. – 1914 ▪ Qui ne s'organise pas selon le système tonal, dans la composition musicale. *Musique atonale dodécaphonique,* utilisant le principe de la série. ⇒ **sériel.** ✪ CONTR. Tonal.

atone adj. – XIXe ; gr. 1 Qui manque de ton, de tonicité, en parlant des tissus vivants. *Un intestin atone.* ⇒ **paresseux.** 2 Qui manque de vie, de vigueur, de vitalité, d'énergie. *Un être « affaissé, atone, sans ressort ni vitalité »* (Léautaud). ⇒ **amorphe,** ① **mou.** ➛ Qui manque d'expression. *Un regard atone.* ⇒ **inexpressif.** 3 Qui n'est pas accentué. *Voyelle atone.* ✪ CONTR. Actif, dynamique, vif. Accentué, ① tonique.

atonie n. f. – XIVe ; gr. 1 Diminution de la tonicité, de l'élasticité d'un organe contractile. *Atonie musculaire.* ⇒ **hypotonie.** 2 littér. Manque de vitalité, d'énergie. ⇒ **langueur, léthargie, torpeur.** *Atonie intellectuelle.* ✪ CONTR. Hypertonie. Vitalité ; énergie.

atour n. m. – XIIe ; a. fr. *atourner* « parer » ▪ surtout plur. (vx ou plais.) Toilette et parure féminine. *« elle portait sans distinction ses beaux atours »* (Sand). ⇒ **vêtement.**

❏ L'expression ancienne la plus connue est *« revêtu(e) de ses plus beaux atours ».*

atout n. m. – XVe ; de *à* et *tout* 1 Dans un jeu de cartes, Couleur qui l'emporte sur les autres ; carte de cette couleur. *Atout cœur. Avoir de l'atout.* 2 Moyen de réussir. ⇒ **chance.** *Il a des atouts, un atout majeur.*

atoxique adj. – XIXe ▪ Qui n'est pas toxique.

A.T.P. [atepe] n. f. – 1939 ; acronyme ▪ Adénosine* triphosphate.

atrabilaire adj. – XVIe ▪ Porté à la mauvaise humeur, à l'irritation, à la colère. ⇒ **coléreux, irritable.** ➛ n. *« un vieil atrabilaire que tout exaspère »* (Sarraute).

atrabile n. f. – XVIe ; lat. *atra bilis* « bile noire » ▪ vx Bile noire à laquelle on attribuait les accès de mélancolie et d'hypocondrie.

âtre n. m. – XIIe ; gr. *ostrakon* « coquille », puis « morceau de brique » ▪ Partie dallée de la cheminée où l'on fait le feu ; la cheminée elle-même. ⇒ **foyer.** *« elle enfouissait la bûche sous les cendres et s'endormait devant l'âtre, son rosaire à la main »* (Flaub.).

❏ De même origine que *ostracisme.*

atrium [atʀijɔm] n. m. – XVIe ; mot lat. ▪ Cour intérieure de la maison romaine, généralement entourée d'un portique couvert. *L'atrium avec son bassin central* (⇒ **impluvium**).

atroce adj. – XIVe ; lat. *ater, atrum* « noir » 1 Qui est horrible, d'une grande cruauté. ⇒ **abominable, affreux, effroyable, épouvantable, monstrueux.** *Crime atroce.* ♦ Insupportable. *« Le régime de la prison n'avait rien d'atroce »* (Malraux). 2 fam. Très désagréable. *Un temps atroce.* ⇒ **ignoble.** ✪ CONTR. Doux ; agréable.

atrocement adv. – XVIe ▪ D'une manière atroce, cruelle. *Il souffre atrocement.*

atrocité n. f. – XIVe 1 Caractère de ce qui est atroce. *L'atrocité d'un supplice.* ⇒ **cruauté.** 2 Action atroce, affreusement cruelle. *Les « atrocités commises par les envahisseurs, pillage, vol, incendie, meurtres »* (J. Verne). ♦ Imputation calomnieuse. ⇒ **horreur.** *« les atrocités que mes ennemis répandent sur mon compte »* (Louis XVI).

atrophie n. f. – XVIe ; gr. *trophê* « nourriture » ▪ Diminution du volume d'une structure vivante (organe, tissu, cellule), par défaut de nutrition, manque d'usage, etc. *Atrophie musculaire.* ✪ CONTR. Hypertrophie ; développement.

atrophié, iée adj. – XVIe ▪ Dont le volume est anormalement petit, par suite d'une atrophie. *La jambe atrophiée d'un poliomyélitique.* ✪ CONTR. Hypertrophié.

atrophier (s') v. pron. [7] – XIXe 1 Dépérir par atrophie. ⇒ **diminuer.** *« Les organes s'atrophient ou deviennent plus forts ou plus subtils selon que le besoin qu'on a d'eux croît ou diminue »* (Proust). 2 S'arrêter dans son développement. ⇒ **s'étioler.** *« si on n'exerce pas la mémoire, elle s'atrophiera »* (Flaub.). ✪ CONTR. Développer.

atropine n. f. – XIXe ; gr. *Atropos,* nom de la Parque qui tranche le fil de la vie ▪ Alcaloïde toxique extrait de la belladone, utilisé en médecine comme dilatateur de la pupille et antispasmodique.

attabler (s') v. pron. [1] – XVe ; de ① *a-* et *table* ▪ S'asseoir à table pour manger, boire ou jouer. *Les convives « passèrent dans la salle à manger et s'y attablèrent »* (Balz.). *Le curé « attablé devant un verre de vin blanc »* (Aymé).

attachant, ante adj. – XVIIe ▪ Qui attache, retient en touchant la sensibilité. *Il a une personnalité attachante.* ⇒ **séduisant.**

attache n. f. – XIIe I Action d'attacher, de retenir par un lien quelconque. (dans des expr.) *Point d'attache d'un muscle. Chien à l'attache,* attaché. ➛ *Port d'attache,* où un navire est immatriculé. II Ce qui attache, sert à attacher. 1 Objet servant à attacher. *L'attache d'un bracelet. Réunir deux lettres par une attache.* ⇒ **trombone.** *Attaches de sécurité* (sur des skis). ⇒ **fixation.** 2 Partie qui joint un membre au corps, au pied ou à la main. ♦ plur. *Les attaches :* le poignet et la cheville. *Avoir des attaches fines.* 3 au plur. Rapports affectifs, relations d'habitude qui lient à qqn ou à qqch. *Conserver des attaches avec son pays natal.* ⇒ **lien.** *« des miséreux sans attaches et sans histoires »* (Duham.).

① **attaché, ée** p. p. et adj. – XIIe 1 Fixé, lié. *Prisonnier attaché.* 2 Fermé par une attache. *Porter une veste attachée ou ouverte.* 3 *Attaché à* (qqch.), qui fait corps avec. *Sac attaché à la ceinture.* ♦ Qui est associé, joint à. ⇒ **inhérent.** *« Les fonctions attachées à ce titre* *de Roi* » (Chateaub.). 4 *Attaché à* (qqn ou qqch.), lié par un sentiment d'amitié, une habitude, un besoin, un goût. *Elle lui est très attachée.* « *elle était trop timorée, attachée à sa petite ville* » (R. Rolland). ✪ CONTR. Libre ; détaché. Indifférent.

② **attaché, ée** n. – XVIIIe ▪ Personne attachée à un service. *Attaché d'ambassade. Attaché de direction.* ♦ *Attaché(e) de presse* : dans une entreprise, un organisme, personne chargée des relations avec les médias.

attaché-case [ataʃekɛz] n. m. – v. 1960 ; mot angl., de *case* « étui, boîte » et *attaché*, empr. au fr. ▪ Mallette rectangulaire plate qui sert de porte-documents. *Des attachés-cases.*

❑ Ce mot a vieilli au profit de *malette*.

attachement n. m. – XIIIe 1 Sentiment qui unit une personne aux personnes ou aux choses qu'elle affectionne. ⇒ **affection, amitié, amour, lien.** « *l'attachement féodal du serviteur au maître* » (Balz.). « *l'attachement sentimental de chaque Américain pour son pays* » (Sartre). *Attachement au passé, à la famille.* 2 Relevé des travaux quotidiens exécutés par une entreprise de construction. ✪ CONTR. Détachement ; aversion, indifférence.

attacher v. tr. [1] – XIe ; a. fr. *estache* « pieu » **I** v. tr. 1 Faire tenir (à qqch.) au moyen d'une attache, d'un lien. ⇒ **fixer, lier, maintenir.** *Attacher une chèvre à un arbre avec une chaîne.* ♦ Joindre par une attache. *Attacher les mains d'un prisonnier.* ♦ Fermer, ajuster par une attache. *Attacher son tablier, son collier.* 2 intrans. fam. Coller au fond du récipient de cuisson. *Le ragoût a attaché.* ➛ Laisser attacher. *Cette poêle n'attache pas.* 3 Faire tenir, joindre ou fermer, en parlant de l'attache. *La ficelle qui attache le paquet.* 4 Unir par un lien moral (volonté, sentiment, obligation). ⇒ **lier.** *Les sentiments qui m'attachent à vous.* 5 *S'attacher qqn*, lui inspirer de l'attachement, s'en faire aimer. *Ce professeur a su s'attacher ses élèves.* 6 Mettre (une personne) au service d'une autre. ⇒ **engager.** *Il l'a attaché à son cabinet.* 7 *Attacher son regard, les yeux sur* : regarder avec insistance. ⇒ **fixer.** 8 Adjoindre par l'esprit, rapporter (à qqch.). *Attacher un sens à un mot.* ♦ Attribuer (une qualité à qqch.). *Attacher du prix, de l'importance, de la valeur à qqch.* ⇒ **accorder.** **II** S'ATTACHER v. pron. 1 Être attaché (à qqch.). *Les muscles s'attachent aux points d'insertion.* 2 Se fermer, s'ajuster (d'une certaine manière). ⇒ se **fermer.** *Cette jupe s'attache sur le côté.* 3 Être uni à, accompagner. *Les avantages qui s'attachent à ce poste.* 4 Prendre de l'attachement pour (qqn, qqch.). ⇒ **tenir** (à). *Je me suis beaucoup attaché à ce pays.* 5 S'appliquer avec constance (à faire qqch.). ⇒ **chercher,** s'**efforcer** (de). *Nous nous sommes attachés à respecter le manuscrit.* ✪ CONTR. ① Détacher ; libérer, ① écarter, séparer. — ① Détacher (se), ouvrir (s').

attagène n. m. – XVIIe ; gr. ▪ Insecte coléoptère *(dermestidés)* dont la larve s'attaque aux fourrures, matelas, tapis.

attaquable adj. – XVIe ▪ Qui peut être attaqué, qui est exposé aux attaques. *Cette procédure n'est pas attaquable.* ✪ CONTR. Inattaquable.

❑ Pour la graphie → critiquable (rem.).

attaquant, ante n. – XVIIIe 1 Personne qui attaque, engage le combat. ⇒ **assaillant.** *Les attaquants furent repoussés.* 2 Joueur qui fait partie de la ligne d'attaque dans les sports d'équipe. *Les attaquants et les défenseurs.* ✪ CONTR. Défenseur.

❑ Le *Dictionnaire des termes officiels* recommande l'emploi de ce mot pour l'anglicisme *raider*.

attaque n. f. – XVIe 1 Action d'attaquer, de commencer le combat. ⇒ **offensive.** *Déclencher, lancer une attaque. Passer à l'attaque. À l'attaque ! Repousser une attaque. Attaque aérienne.* ⇒ **bombardement, raid.** 2 Initiative pour remporter un point, dépasser l'adversaire (dans un jeu, une compétition). ♦ Ensemble des joueurs qui attaquent. *L'attaque et la défense.* 3 Acte de violence contre une ou plusieurs personnes. *L'attaque de la diligence* (dans les westerns). *Attaque à main armée.* ⇒ arg. **braquage, hold-up.** 4 Paroles qui critiquent durement. ⇒ **accusation,** ② **critique, insulte.** *Une attaque de l'opposition contre le gouvernement.* ➛ surtout au plur. *Être en butte à de constantes attaques.* 5 Accès brutal de certaines maladies, brusque retour d'un état morbide. ⇒ **accès, crise.** *Avoir une attaque (d'apoplexie).* 6 Action d'attaquer (une note, un morceau). « *L'attaque vivement rythmée d'une valse* » (M. Prévost). 7 fam. *Être d'attaque*, prêt à affronter les fatigues, en pleine forme. « *ma femme n'était pas d'attaque, elle n'en pouvait plus* » (Mauriac). ✪ CONTR. ① Défense, défensive. Protection. Apologie.

attaquer v. tr. [1] – XVIe ; it. *attaccare* « assaillir » **I** - 1 Porter les premiers coups à (l'adversaire), commencer le combat. *À l'aube, l'armée allemande attaqua la Pologne. Les assiégeants nous attaquaient de toutes parts.* 2 S'élancer, tomber sur (qqn) pour le battre, le violer, le voler ou le tuer. ⇒ **agresser, assaillir ;** fam. **sauter** (sur). *Attaquer qqn à coups de couteau. Être attaqué par deux loubards.* ♦ S'élancer sur (une proie). « *Le lion n'attaque jamais l'homme à moins qu'il ne soit provoqué* » (Buff.). ➛ Détruire en consommant. *Puceron qui attaque le rosier.* 3 En sport, Faire une attaque. 4 Intenter une action judiciaire contre. *Attaquer qqn en justice.* ➛ Émettre des jugements qui nuisent à (qqn, qqch.). ⇒ **combattre, critiquer.** *Dans un article qui attaque le ministre.* 5 S'adresser avec vivacité à (qqn) pour obtenir une réponse. *Attaquer qqn sur un sujet.* 6 Chercher à surmonter, à vaincre (un obstacle). *Attaquer de front une difficulté. Attaquer le mal à sa racine.* **II** Détruire la substance de (une matière). ⇒ **entamer, ronger.** *La rouille commence à attaquer la grille.* **III** - 1 Aborder sans hésitation. *Attaquer un sujet.* ⇒ **commencer.** ♦ Commencer à faire qqch. (qui exige un effort). *Attaquer la journée de travail. Allez, on attaque !* on commence. 2 fam. Commencer à manger (qqch.). *Attaquer le pâté.* ⇒ **entamer.** 3 Commencer l'émission, l'exécution de (un morceau de musique, une note). « *Au loin, les deux violons, le violoncelle et l'alto, attaquaient un air de menuet* » (Mart. du G.). **IV** S'ATTAQUER À. 1 Diriger une attaque contre qqn (matériellement ou moralement). ⇒ **combattre, critiquer.** *S'attaquer à plus fort que soi.* ♦ *L'éléphant ne s'attaque pas à l'homme.* 2 Chercher à résoudre. « *Les plus grands penseurs, depuis Aristote, se sont attaqués à ce problème* » (Bergson). ✪ CONTR. Défendre, protéger.

attardé, ée adj. – XIIe 1 Qui est en retard. « *des passants attardés qui voulaient rentrer chez eux avant le couvre-feu* » (Sartre). 2 littér. Qui est d'un autre âge, appartient au temps passé. *Des idées attardées.* ⇒ **rétrograde.** 3 Qui est en retard dans sa croissance, son développement, son évolution. *Un enfant attardé.* ⇒ **arriéré.** ✪ CONTR. Avance (en), avancé, précoce.

attarder (s') v. pron. [1] – XIIe ; de ① *a-* et *tard* 1 Se mettre en retard. ⇒ se **retarder.** *Il faut rentrer avant la nuit, ne nous attardons pas.* « *On s'attardait à boire, à discuter, à fumer* » (Daud.). ⇒ **demeurer, rester.** 2 Rester en arrière. *Elle s'est attardée derrière le groupe.* ♦ Perdre du temps. *Ne vous attardez pas à (sur) ces détails.* « *Il ne faut pas s'attarder aux vains regrets du passé* » (France). ⇒ s'**appesantir,** s'**arrêter.** ✪ CONTR. Avancer, dépêcher (se).

atteignable adj. – XVe ▪ Qu'on peut atteindre. « *L'endroit le plus en vue et le plus atteignable* » (Aragon). ⇒ **accessible.**

atteindre v. tr. [49] – XIe ; lat. *attingere* « toucher » **I - 1** Parvenir à rattraper (qqn). ⇒ **joindre, rejoindre.** *Le plaisir « D'atteindre le fuyard et de le ressaisir »* (Hugo). ♦ Parvenir à (un lieu). ⇒ **arriver** (à), **gagner.** *Atteindre le sommet.* ♦ fig. *Atteindre l'objectif qu'on s'était assigné.* **2** Parvenir à toucher, à prendre (qqch.). *Pouvez-vous atteindre ce livre sans vous déranger ?* ⇒ **attraper. 3** Parvenir à (un degré). *Le sommet du pic atteint 5 000 mètres.* ⇒ **s'élever.** *Le tableau a atteint deux millions aux enchères. La douleur a atteint son paroxysme.* **II - 1** Toucher au moyen d'une arme, d'un projectile. *Atteindre la cible.* ⇒ ① **toucher.** ♦ *Le missile a atteint son objectif.* **2** Avoir un effet nuisible sur, faire du mal à (qqn). ⇒ ① **toucher.** *Le malheur qui l'a atteint.* ♦ Faire un effet psychologique (le plus souvent pénible) à. ⇒ **blesser.** « *une femme trop haut située pour que l'injure puisse l'atteindre* » (Balz.). *Ça ne m'atteint pas !* (réponse à une attaque, une critique). ✪ CONTR. Manquer, rater.

> ❑ La construction indirecte est plus littéraire : « *La journée atteignait à sa perfection* » (Montherlant).

atteint, einte adj. – XVe **1** Touché par un mal. *Il est atteint du sida.* ➛ *Le foie est atteint.* **2** fam. Troublé mentalement. *Il est bien atteint.*

atteinte n. f. – XIIIe **1** Possibilité d'atteindre. *L'atteinte d'un objectif.* ➛ *Hors d'atteinte* : qui ne peut être touché, pris ; fig. inattaquable. *Sa réputation est hors d'atteinte.* **2** Dommage matériel ou moral. *C'est une atteinte à ma réputation.* ⇒ **injure, outrage.** *Les atteintes du temps. Atteinte à la sûreté de l'État, à la liberté individuelle.* ♦ loc. *Porter atteinte à.* ⇒ **attaquer.** « *une familiarité qui porte atteinte à son pouvoir* » (Vigny). ♦ Effet d'une maladie. *Il « avait eu quelques atteintes des mauvaises fièvres »* (Loti).

attelage n. m. – XVIe **1** Action ou manière d'atteler des bêtes à un véhicule ou à une machine aratoire. **2** Ce qui sert à atteler. ⇒ **harnachement, harnais, joug.** ♦ Dispositif qui sert à atteler des véhicules entre eux. *Attelage d'une remorque.* **3** Les bêtes attelées ensemble. « *le cocher lança son attelage au galop* » (Gaut.). ✪ CONTR. Dételage.

atteler v. tr. [4] – XIIe ; lat. *protelare* « conduire jusqu'au bout » **1** Attacher (une ou plusieurs bêtes) à une voiture, une charrue. ➛ « *deux chevaux attelés en flèche* » (Loti). ♦ *Atteler une voiture*, y atteler le cheval. **2** Attacher (un véhicule à un autre). *On attelle une locomotive aux wagons.* **3** Faire entreprendre à (qqn) un travail souvent long et difficile. ➛ pronom. *Je vais m'y atteler dès ce soir.* ✪ CONTR. Dételer.

attelle n. f. – XIIe ; lat. *assula*, dimin. de *assis* « planche » → ais **1** Partie du collier des chevaux à laquelle les traits sont attachés. **2** Planchette, plaque destinée à maintenir un membre fracturé ou endommagé. ✪ HOM. Atèle.

> ❑ De même origine que *atelier*, mais sans rapport avec *atteler*.

attenant, ante adj. – XIVe ; lat. *attinere* « toucher à » ▪ Qui tient, touche (à un autre terrain, une autre construction, etc.). ⇒ **adjacent, contigu.** « *un fumoir attenant à un élégant tripot* » (Baud.). ✪ CONTR. Distant, éloigné.

attendre v. tr. [41] – XIe ; lat. « faire attention » **I** v. tr. **1** *Attendre qqn, qqch.* : se tenir en un lieu où une personne doit venir, une chose arriver ou se produire et y rester jusqu'à cet événement. *Je vous attendrai jusqu'à midi.* ➛ *Attendre le bus.* **2** ATTENDRE *(qqch., qqn)* POUR : rester dans la même attitude, ne rien faire avant (que qqch. ou qqn arrive). *Attendre le moment favorable* (pour agir). ➛ *On n'attend plus que vous pour partir.* ➛ ATTENDRE QUE... *Nous attendons qu'il se manifeste.* ➛ ATTENDRE DE. « *Pour juger de ce qu'il est, attendez de savoir ce qu'il a fait* » (Rouss.). **3** (sans compl.) Rester dans un lieu pour attendre qqn ou qqch. *Attendre longtemps. J'ai attendu (pendant) deux heures.* ➛ « *Le meilleur moyen de faire attendre patiemment le public, c'est de lui affirmer qu'on va commencer tout de suite* » (Hugo). ♦ Laisser passer du temps. *Il vaut mieux attendre avant d'agir.* ⇒ **patienter, temporiser.** *Répondez sans attendre. Attendons, on verra bien.* ♦ interj. *Attends ! Attendez !* **4** Être prêt pour (qqn). « *un banquet monstre l'attend* » (Cendrars). *Le sort qui nous attend*, qui nous est destiné, promis, réservé. *Il ne se doute pas de ce qui l'attend ! Le repas se fait attendre.* ⇒ **désirer. 5** Compter sur (qqn ou qqch. dont on souhaite ou redoute la venue) ; prévoir (un événement). ⇒ **escompter, prévoir.** « *En attendant Godot* », *pièce de S. Beckett. Attendre un coup de fil. Le contraire de ce qu'on attendait.* ➛ loc. *Attendre qqn comme le Messie*, en mettant en lui un grand espoir. *Attendre un enfant* : être enceinte. ♦ ATTENDRE QQCH. DE. ⇒ **compter** (sur), **espérer.** « *Ce qu'ils attendaient de la métropole était souvent déraisonnable* » (Malraux). *Je n'attends rien de lui.* **6** *Attendre qqn à...*, attendre qu'il s'engage dans une difficulté pour le juger ou pour le vaincre. fam. *Je l'attends au tournant*, au moment difficile. **7** tr. ind. région. *Attendre après qqn*, l'attendre avec impatience. **8** loc. adv. EN ATTENDANT : jusqu'à tel moment. ⇒ **provisoirement.** *J'ai rendez-vous dans une heure ; en attendant, prenons un verre.* ➛ Quoi qu'il en soit, toujours est-il. *C'est peut-être nécessaire, mais, en attendant, c'est très désagréable.* ➛ loc. conj. *En attendant que* : jusqu'à ce que. ➛ loc. prép. *En attendant de* (et l'inf.). **II** v. pron. **1** S'ATTENDRE À *qqch.* : penser que cette chose arrivera. ⇒ **prévoir.** *De sa part, il faut s'attendre à tout. On s'attendait au pire.* « *au moment où il s'y attend le moins (c'est toujours à ce moment précis que les malheurs arrivent)* » (Renard). « *Je le savais. Je m'y attendais* » (Muss.). *Il fallait s'y attendre*, c'était prévisible. **2** S'ATTENDRE QUE littér. « *Il faut s'attendre que de telles transformations deviennent la règle* » (Valéry). ♦ cour. S'ATTENDRE À CE QUE. *On s'attend à ce qu'il soit élu au premier tour.* ✪ CONTR. ① Aller (s'en aller), ① partir. Agir, hâter.

attendrir v. tr. [2] – XIIe **1** Rendre plus tendre, moins dur. *Attendrir une viande* (⇒ **attendrisseur**). **2** Rendre sensible aux autres, faire naître l'émotion chez. ⇒ **émouvoir,** ① **toucher.** *N'essayez pas de m'attendrir ! Se laisser attendrir* : être touché et céder. ⇒ **fléchir.** ➛ pronom. *S'attendrir sur qqn, sur soi-même.* ⇒ **s'apitoyer.** ♦ *D'un air attendri.* ⇒ **ému.** ✪ CONTR. Durcir, endurcir. Agacer.

attendrissant, ante adj. – XVIIIe **1** Qui excite la compassion, l'émotion. « *Les scènes attendrissantes qui font verser des larmes* » (Volt.). **2** Qui porte à une indulgence attendrie (plutôt péj.). ⇒ **désarmant,** ② **touchant.** *Une naïveté attendrissante.* ✪ CONTR. Sévère ; irritant.

attendrissement n. m. – XVIe ▪ Fait de s'attendrir ou d'être attendri ; état d'une personne attendrie. ➛ « *ce visage où ne se lit aucune commisération, aucun attendrissement devant la souffrance humaine* » (Proust). ✪ CONTR. Dureté, insensibilité ; agacement, irritation.

attendrisseur n. m. – v. 1960 ▪ Appareil de boucherie pour attendrir la viande.

attendu, ue adj., prép. et n. m. – XVe **1** Qu'on attend, qu'on a attendu. « *lasse d'espérer le miracle attendu* » (Zola). *Une déclaration très attendue du Premier ministre.* ➛ Prévu ; auquel on s'attend. **2** prép. Étant donné. ⇒ ② **vu.** « *Attendu ses mœurs solitaires, il était* *à peine connu d'elles* » (Muss.). ♦ loc. conj. (vieilli) ATTENDU QUE : étant donné que. ⇒ **parce que, puisque.** ➥ dr. Sert à introduire les motifs d'un jugement. **3** n. m. pl. *Les attendus d'un jugement.* ⇒ **considérant, motif.** ✪ CONTR. Inattendu, imprévu. ① Bien (que), malgré.

attentat n. m. – XIVe **1** Tentative criminelle contre une personne (notamment une personne en vue ou dans un contexte politique). *Commettre un attentat. Être victime d'un attentat. Attentat à la bombe, à la voiture piégée.* ➥ Acte de terrorisme. *Attentat revendiqué* (par son auteur). **2** dr. ou littér. Tentative criminelle contre qqch. « *Attentat à la vie, à la liberté* » (CODE PÉN.). *Attentat à la sûreté de l'État.* ⇒ **atteinte.** ➥ *ATTENTAT À LA PUDEUR :* acte exercé sur une personne majeure ou mineure, et qui porte atteinte à sa pudeur.

❑ Ce mot a changé de contexte, les attentats ne visant plus toujours les responsables mais des innocents → terrorisme (rem.).

attentatoire adj. – XVIIe ■ Qui attente, porte atteinte à (qqch.). *Une mesure attentatoire à la liberté.*

attente n. f. – XIe **1** Le fait d'attendre ; temps pendant lequel on attend. *Deux heures d'attente. L'attente des résultats.* « *L'attente d'être heureux* » (Muss.). ➥ *DANS L'ATTENTE DE (qqch.). Dans l'attente de vous voir, je vous prie d'agréer...* ♦ *Salle, salon D'ATTENTE,* aménagé pour les personnes qui attendent. ♦ *EN ATTENTE. Voyageurs en attente.* ⇒ **stand-by.** ➥ *Dossiers en attente.* **2** État de conscience de qqn qui attend. « *L'attente devint insupportable, l'espérance redoublait l'angoisse* » (Zola). **3** Le fait de compter sur qqch. ou sur qqn. ⇒ **prévision ; désir ; espoir.** *Répondre à l'attente de qqn,* correspondre à ce qu'il escomptait. ➥ *Contre toute attente :* contrairement à ce qu'on attendait. « *contre toute attente, il s'était montré assez bon bougre* » (Yourcenar).

attenter v. tr. ind. [1] – XIIIe ; lat. « faire une tentative audacieuse » ■ *ATTENTER À :* faire une tentative criminelle contre (⇒ **attentat**). *Attenter à la vie de qqn. Attenter à ses jours :* tenter de se suicider. *Attenter à la sûreté de l'État.* ➥ *Attenter à la pudeur, aux mœurs.* ♦ Porter atteinte. *Attenter à la liberté de qqn.* ✪ CONTR. Respecter.

attentif, ive adj. – XIIe **1** Qui écoute, regarde, agit avec attention. *Auditeur, spectateur, conducteur attentif.* ➥ Qui dénote l'attention. *Un air attentif.* **2** littér. Qui se préoccupe avec soin (de), qui veille (à). *Être attentif à ses intérêts.* ➥ « *attentif seulement à ne pas perdre une goulée* » (R. Rolland). **3** Qui marque de la prévenance, des attentions. *Soins attentifs.* ⇒ **assidu, délicat.** ✪ CONTR. Inattentif ; distrait ; indifférent.

❑ Ne pas confondre avec *attentionné* « qui a des attentions ».

attention n. f. – XVIe ; lat. *attendere* « tendre son esprit vers » **1** Action de fixer son esprit sur qqch. ; concentration de l'activité mentale sur un objet déterminé (⇒ **attentif**). *Grande attention.* ⇒ **application, concentration.** ➥ *Écouter avec attention.* « *Elle m'observe avec plus d'attention que par le passé* » (France). *Attirer, éveiller l'attention de qqn. Votre attention s'il vous plaît :* veuillez écouter. *Fixer son attention. Redoubler d'attention. Détourner l'attention de qqn* (⇒ **distraire**). *Relâcher son attention.* « *elle ne prêtait pas grande attention à la mauvaise humeur de Jenny* » (Mart. du G.). ♦ *À l'attention de,* mention utilisée en tête d'une lettre, pour préciser son destinataire. ♦ *FAIRE ATTENTION À* (qqch., qqn), l'observer, s'en occuper, et par ext. en avoir conscience (⇒ **s'aviser, remarquer**). « *Jamais il n'avait fait attention au balancement de sa taille* » (Zola). fam. *Fais bien attention à toi :* sois prudent. ➥ *FAIRE ATTENTION QUE, À CE QUE :* prendre garde, veiller que, à ce que. « *faites attention de ne pas vous refroidir, au sortir du lit* » (Romains). ♦ interj. *ATTENTION !* prenez garde ! ⇒ ② **gare.** **2** Disposition à la prévenance, aux soins attentifs envers qqn. ⇒ **obligeance, sollicitude.** *Être plein d'attention pour qqn.* ⇒ **attentionné.** « *j'étais d'une assiduité, d'une attention, d'un zèle, qui charmaient tout le monde* » (Rouss.). ♦ Attitude, comportement prévenant. ⇒ **égard, gentillesse.** « *Jamais une parole gentille, jamais une "attention"* » (Montherl.). *Entourer qqn d'attentions.* ✪ CONTR. Inattention ; absence, distraction. Brutalité, grossièreté.

❑ Suivi du subjonctif, *faire attention que* insiste sur l'éventualité d'un fait *(fais attention qu'on ne te suive pas)* ; avec l'indicatif, sur sa réalité (« *Fais attention que nous sommes dans un camp. Tu ne sais pas le mot de passe* » [Gide]). ♦ Ne pas confondre *à l'attention de* et *à l'intention de* → intention (rem.).

attentionné, ée adj. – XIXe ■ Plein d'attentions, de prévenances pour qqn.

❑ Ne pas confondre avec *attentif* « qui agit avec attention, concentration ».

attentisme n. m. – v. 1918 ■ Attitude politique consistant à attendre les événements pour prendre une décision. ⇒ **immobilisme, opportunisme.** ♦ Attitude d'attente passive.

attentiste adj. et n. – v. 1918 ■ Qui adopte une politique d'attente. ⇒ **opportuniste,** ① **passif.**

attentivement adv. – XVIe ■ D'une manière attentive. ✪ CONTR. Distraitement.

atténuant, ante adj. – XVIe ■ *CIRCONSTANCES ATTÉNUANTES :* faits qui atténuent la gravité d'une infraction. *Bénéficier des circonstances atténuantes.* ➥ fig. *Il a quelques circonstances atténuantes.* ⇒ **excuse.** ✪ CONTR. Aggravant.

atténuateur n. m. – 1948 ■ Dispositif servant à atténuer l'amplitude, la puissance d'un signal. ✪ CONTR. Amplificateur.

atténuation n. f. – XIVe **1** Action d'atténuer (surtout un mal). ⇒ **diminution, réduction.** **2** *Atténuation de peine,* par application d'excuses ou de circonstances atténuantes. ✪ CONTR. Aggravation, augmentation.

atténuer v. tr. [1] – XIIe ; lat. *tenuis* « mince » ■ Rendre moins fort, moins violent. ⇒ **amoindrir, diminuer, réduire.** *Les calmants atténuent la douleur.* ⇒ **apaiser.** *La moquette atténue le bruit des pas.* ⇒ **amortir, assourdir, étouffer.** ➥ *Cette lettre est trop brutale, il faut en atténuer les termes.* ⇒ **adoucir, modérer.** ➥ pronom. *La vibration* « *montait puis s'atténuait pour reprendre* » (Bosco). ✪ CONTR. Aggraver, augmenter ; amplifier.

atterrage n. m. – XVIe **1** Espace de la mer situé au voisinage de la terre. ⇒ **parages.** **2** Lieu où l'on peut aborder. « *ce littoral ne présentait aucun atterrage* » (J. Verne).

atterrant, ante adj. – XVIIe ■ Qui atterre. ⇒ **accablant, affligeant.** *Une nouvelle atterrante.*

atterrer v. tr. [1] – XIIe ■ Consterner, accabler. *Ça m'atterre.* ➥ *Elle était atterrée par cette nouvelle.*

atterrir v. intr. [2] – XIVe **1** Toucher terre, en parlant d'un navire (⇒ **atterrage**). **2** Prendre contact avec le sol, en parlant d'un engin volant (opposé à *décoller*). ⇒ **se poser ; atterrissage.** *L'avion vient d'atterrir. Atterrir en catastrophe.* ➥ par ext. *Atterrir sur la Lune* (⇒ **alunir**). **3** fam. Arriver finalement. *Le dossier a atterri sur son bureau.*

atterrissage n. m. – XIXe **1** Action de prendre terre (opposé à *appareillage*). **2** Action de se poser à terre (en parlant d'un engin volant). *L'atterrissage d'un avion, l'amerrissage d'un hydravion. Atterrissage forcé* (⇒ **crash).** ➛ *Pistes d'atterrissage.* ⇒ **aérodrome.** ➛ par ext. Fait de se poser (sur la surface d'une planète autre que la Terre). *L'atterrissage de la fusée sur la Lune.* ⇒ **alunissage.** ✪ CONTR. Décollage, envol.

❑ Le *Dictionnaire des termes officiels* (1994) et le *Dictionnaire de l'Académie* (1986) recommandent d'employer *atterrissage* dans tous les cas. → alunir (rem.).

attestation n. f. – XIIIe **1** Action d'attester ; acte par lequel qqn atteste l'existence, la réalité d'un fait. ⇒ **affirmation, assurance ; témoignage.** ♦ Écrit, pièce qui atteste qqch. ⇒ **certificat, visa.** *Une attestation d'assurance automobile. Une attestation de paiement.* ⇒ **quittance,** ① **reçu.** ♦ Marque, preuve. **2** Fragment de texte ou d'une bande sonore qui atteste l'usage (d'une forme, d'un emploi de la langue). ✪ CONTR. Contestation, démenti.

attesté, ée adj. – XVIIe ■ Dont il existe des exemples connus. *Mot, emploi attesté* (par un texte).

attester v. tr. [1] – XIIe ; lat. *testis* « témoin » **1** Rendre témoignage de (qqch.). ⇒ **certifier, garantir.** *J'atteste que cet homme est innocent. Le fait est attesté par tous les témoins.* ➛ *C'est un fait attesté,* certain. **2** Servir de témoignage. ⇒ **démontrer, prouver ; témoigner** (de). *Ce document atteste la véracité des faits.* **3** *ATTESTER DE.* Donner, rappeler (qqch.) pour preuve. ⇒ se **référer** (à). « *J'en atteste l'effroi des lecteurs* » (Rouss.). *J'atteste de sa bonne foi.* ✪ CONTR. Contester, démentir, infirmer.

atticisme n. m. – XVIe ; gr. **1** Forme particulière au dialecte attique. **2** littér. Délicatesse de langage, finesse ; style pur, élégant.

attiédir v. tr. [2] – XIIIe **1** Rendre tiède. *Les vents « attiédissent les saisons brûlantes »* (Fén.). **2** littér. Rendre moins ardent, moins vif. ➛ pronom. « *Avec le temps, ce désir s'attiédissait* » (France). ✪ CONTR. Attiser, exalter.

attifement n. m. – XIIe ■ fam. et péj. Action, manière d'attifer, de s'attifer. ⇒ **accoutrement, habillement.**

attifer v. tr. [1] – XIIIe ; de ① *a-* et *tifer* « parer », d'o. germ. ■ fam. et péj. Habiller, parer avec une recherche excessive ou d'une manière ridicule. ⇒ **accoutrer.** ➛ pronom. « *Je ne m'attife pas ainsi qu'un freluquet* » (Rostand).

❑ *Tif* (fam.) pour « cheveu », est de même origine.

attiger v. intr. [3] – XIXe ; esp. *aquejar* « tourmenter » ou a. fr. *aquis* « accablé » ■ fam. Exagérer. *Il attige un peu !* ⇒ **charrier, pousser.**

attique adj. et n. m. – XVIe **I** Qui a rapport à l'Attique, à Athènes, aux Athéniens. *Le dialecte attique,* ou n. m. *l'attique. Goût, finesse attique.* ⇒ **atticisme. II** n. m. Étage placé au sommet d'une construction, de proportions moindres que l'étage inférieur.

attirail n. m. – XVe ; a. fr. *atir(i)er* « accommoder, arranger » ■ fam. Équipement compliqué, encombrant ou ridicule. ⇒ **barda, fourbi.** « *notre attirail de couchage* » (Gide).

attirance n. f. – XIXe **1** rare Effet d'une force qui attire. ⇒ **attraction.** *L'attirance du vide.* **2** Force qui s'exerce sur les êtres et les attire vers (qqn ou qqch.). *Attirance physique.* ⇒ **désir.** *Son attirance pour la musique.* ⇒ **goût.** ✪ CONTR. Dégoût, répugnance.

attirant, ante adj. – XVIe ■ Qui attire, exerce un attrait, une séduction. ✪ CONTR. Rebutant, repoussant.

attirer v. tr. [1] – XVIe **1** Tirer, faire venir à soi par une action matérielle, ou en exerçant une force. *L'aimant attire le fer. Prendre qqn par le bras et l'attirer dans un coin.* ⇒ **entraîner.** *Il l'attira dans ses bras.* ➛ pronom. *Les astres s'attirent selon les lois de la gravitation* (⇒ **attraction).** **2** Inciter, déterminer (un être vivant) à aller (dans un lieu). *La lumière attire les papillons. Sa réputation de guide « lui attirait la clientèle des grands hôtels »* (Mac Orlan). **3** Capter, solliciter (le regard ou l'attention). *Une couleur violente attire le regard. J'attire votre attention sur ce point.* **4** Inspirer à (qqn) un sentiment agréable qui l'incite à vouloir qqch., à se rapprocher de qqn. *Son charme attire tout le monde.* ⇒ **captiver, séduire.** ➛ *Elle est très attirée par lui. Ce pays ne m'attire pas.* ⇒ **intéresser, plaire** (à). **5** *ATTIRER* (qqch.) *À, SUR* (qqn), lui faire avoir qqch. d'heureux ou de fâcheux. *Sa franchise lui attira la clémence du jury.* ⇒ **procurer, valoir.** *Ses procédés lui attireront des ennuis.* ⇒ ① **causer, entraîner, occasionner.** ➛ *S'ATTIRER* (qqch.), l'attirer à soi, sur soi. « *Vous vous êtes attiré des haines implacables* » (Balz.). ✪ CONTR. Chasser, détourner, éloigner, rebuter, ① repousser.

❑ *Attirer* a supplanté l'anc. verbe *attraire* (→ *attraction, attrait*), comme *tirer* a remplacé *traire.*

attiser v. tr. [1] – XIIIe ; lat. *titio* « tison » **1** Aviver, ranimer (un feu). **2** Rendre plus vif. *Attiser les convoitises de qqn.* ⇒ **exciter.** « *l'orgueil attise le courroux* » (Ronsard). ✪ CONTR. Éteindre, étouffer. Calmer.

attitré, ée adj. – XIIe **1** Qui est en titre, chargé par un titre de telle ou telle fonction. *Fournisseur attitré de la cour d'Angleterre.* **2** Habituel. *Avoir sa place attitrée.*

attitude n. f. – XVIIe ; lat. *aptitudo* → aptitude **1** Manière de tenir son corps. ⇒ **maintien,** ② **port, posture.** *Attitude naturelle, gracieuse, gauche.* « *un mannequin drapé, simulant les attitudes de la vie* » (Gaut.). **2** Manière de se tenir, comportement qui correspond à une certaine disposition psychologique. ⇒ ② **air, allure, expression.** *Attitude arrogante, évasive. Changer d'attitude.* « *L'innocent accusé d'espionnage se trouble. Toute son attitude l'accuse* » (Cocteau). ♦ Affectation de ce qu'on n'éprouve pas. *Se composer une attitude. Ce n'est qu'une attitude.* **3** Disposition, état d'esprit (à l'égard de qqn ou qqch.) ; ensemble de jugements et de tendances qui pousse à un comportement. *Adopter une attitude intransigeante dans une affaire.* ⇒ **comportement, conduite.**

atto- ■ Élément, du danois *atten* « dix-huit ». Préfixe (symb. a) qui divise par 10^{18} l'unité dont il précède le nom.

attorney n. m. – XVIIIe ; mot angl., de l'a. fr. *ato(u)rner* « régler, assigner », de *tourner* ■ En Grande Bretagne, Procureur ou avoué. ▪ Aux États-Unis, Avoué ou notaire.

attouchement n. m. – XIIe ■ Action de toucher avec la main. ➛ Caresse légère, délicate. *Le pollen tombe au moindre attouchement.* ♦ Caresse sexuelle ; masturbation.

attractif, ive adj. – XIIIe **1** Qui a la propriété d'attirer. *Force attractive de l'aimant.* **2** littér. Qui attire. ⇒ **attachant, captivant. 3** Attrayant. ⇒ **attirant, séduisant.** *Des prix très attractifs.* ✪ CONTR. Répulsif.

❑ Le sens d'« attrayant » s'emploie surtout dans un contexte commercial, publicitaire ; c'est un anglicisme critiqué (un seul mot *attractive,* en anglais).

attraction n. f. – XIIIe ; lat. *trahere* « tirer » **1** Force qui attire les corps matériels entre eux. ⇒ **gravitation.** *Loi de l'attraction universelle. L'attraction du Soleil, de la Terre.* ♦ *Attraction magnétique* (⇒ ① **aimant).** *Attraction électrostatique.* ♦ *Force d'attraction moléculaire,* qui assure la cohésion des gaz, liquides, cristaux. **2** Force qui tend à attirer les êtres vers qqn ou qqch. ➛ *Zone d'attraction commerciale.* ⇒ **chalandise. 3** Modification d'une lettre, d'une forme, d'un mode, par influence d'une lettre, d'une forme, d'un mode voisin. *Attraction des genres* (ex. *un* espèce d'idiot). 4 Ce qui attire le public ; centre d'intérêt. *Une attraction pour les touristes.* ➛ fam. Chose ou personne qui est un objet de curiosité. 5 Spectacle de variétés, dans un autre spectacle (cinéma, etc.). ➛ Dans une foire, Entreprise de distraction populaire. *Parc d'attractions.* ✪ CONTR. Répulsion.

attrait n. m. - XIIe 1 Qualité de ce qui attire agréablement, séduit. ⇒ ② **charme, séduction, tentation.** « *L'attrait du danger est au fond de toutes les grandes passions* » (France). 2 plur. Aspect plaisant, qui attire. *La campagne a bien des attraits.* 3 plur. ; vx ou littér. Ce qui attire, chez une femme. ⇒ **appas,** ② **charme ; sex-appeal.** 4 Fait d'être attiré, de se sentir attiré. ⇒ **goût, penchant.** « *j'éprouve pour la montagne un attrait extraordinaire* » (Romains). ✪ CONTR. Répulsion ; dégoût, éloignement.

attrape n. f. - XIIIe ■ Objet destiné à tromper qqn par amusement. *Magasin de farces et attrapes.*

attrape-mouche n. m. - XVIIIe 1 Plante dont les feuilles ou les fleurs se referment sur les insectes qui viennent à s'y poser. ⇒ **dionée, droséra.** *Des attrape-mouches.* 2 Piège à mouche.

attrape-nigaud n. m. - XVIIIe ■ Ruse grossière qui ne peut attraper qu'un nigaud ; tromperie, mystification. « *Elle flaire l'attrape-nigaud, la mystification* » (Beauv.). *Des attrape-nigauds.*

attraper v. tr. [1] - XIIe ; de ① *a-* et *trappe* 1 Prendre (un animal) à un piège, prendre comme proie. *L'araignée attrape les mouches dans sa toile.* 2 Rejoindre (qqn, un animal) et s'en saisir. *Gare à toi si je t'attrape ! Il fut impossible d'attraper le chat. Attraper une souris par la queue.* 3 fam. Décevoir, prendre par ruse. *Te voilà bien attrapé !* 4 fig. *Attraper qqn à* (faire qqch.), le prendre sur le fait. ⇒ **surprendre.** 5 Faire de vifs reproches, de vives critiques à (enfantin). ⇒ **gronder, réprimander.** 6 Arriver à prendre, à saisir. *Attraper un ballon. Je n'arrive pas à attraper les livres du haut.* ⇒ **atteindre.** ➛ fig. *Attraper quelques bribes de conversation.* ⇒ **saisir, surprendre.** 7 Recevoir, subir (une chose fâcheuse). *Tiens, attrape ça !* (coup, gifle). *Attraper une contravention.* ➛ *Attraper un rhume.* ⇒ ① **contracter ;** fam. **choper.** « *on attrape un chaud et froid* » (Camus). « *dans une auberge sale, ils attrapèrent la gale et des poux* » (Maurois). ➛ pronom. *Cette maladie s'attrape facilement.* 8 Réussir à atteindre (un véhicule qui part). *Attraper le train de justesse.* ⇒ ① **avoir.** 9 Arriver à saisir par l'esprit, l'imitation. ⇒ **rendre.** *Attraper un style. Le dessinateur a bien attrapé la ressemblance.* ✪ CONTR. ① Lâcher, relâcher ; manquer.

❑ On a tendance à mettre deux *p* à cause de *trappe*.

attrayant, ante adj. - XIIIe ■ Qui attire, exerce de l'attrait, qui plaît. *C'est une idée attrayante.* ⇒ **attirant, attractif, séduisant.** *Cet endroit n'a rien d'attrayant.* « *Les tsiganes sont généralement attrayantes* » (J. Verne). ✪ CONTR. Déplaisant, rebutant.

❑ Sur la différence d'emploi avec *attractif* → attractif (rem.).

attribuable adj. - XVIe ■ Qui peut être attribué (à), qui a pour cause. ⇒ **dû.** *Accident attribuable à une fuite de gaz.*

attribuer v. tr. [1] - XIVe ; lat. *ad* et *tribuere* « répartir entre les tribus » 1 Allouer (qqch. à qqn) dans un partage, une répartition. *Attribuer une part à un héritier.* ⇒ **adjuger, assigner, lotir.** ♦ Accorder (un avantage) à qqn, attacher (une prérogative) à un emploi, une fonction. *Attribuer un crédit à une dépense.* ⇒ **octroyer.** ⇒ ② **affecter, imputer.** 2 Considérer comme propre (à qqn ou qqch.). ⇒ **prêter, supposer.** « *on lui attribuait une certaine sûreté de jugement* » (Romains). *Attribuer à un mot un sens qu'il n'a pas.* ⇒ **donner.** 3 Rapporter (une production) à un auteur. *On lui attribue ce mot célèbre. Toile attribuée à Rubens.* 4 Rapporter (qqch.) à une cause. *À quoi attribuez-vous cette évolution ?* « *Tout le mal répandu sur la terre, il l'attribuait naïvement au pouvoir* » (Flaub.). 5 *S'ATTRIBUER QQCH.* : attribuer à soi, se donner en partage (une chose matérielle ou morale). ⇒ s'**adjuger,** s'**approprier.** *Elles se sont attribué tout le mérite de l'opération.* ✪ CONTR. Refuser. Décliner, rejeter.

❑ Une œuvre *attribuée à qqn* est *présumée être de lui*, mais sans certitude historique. → paternité.

attribut n. m. - XIVe 1 Ce qui est propre, appartient particulièrement à un être, à une chose. ⇒ **caractère, caractéristique, particularité, propriété, qualité.** *La raison est un attribut essentiel de l'homme.* ➛ Partie du corps propre à un être animé. *Attributs féminins, attributs virils.* ⇒ **organe.** 2 Emblème caractéristique qui accompagne une figure mythologique, un personnage, une chose personnifiée. *Le sceptre est l'attribut de la royauté.* ⇒ **symbole ; signe.** 3 Ce qui s'affirme ou se nie du sujet d'une proposition. ⇒ **prédicat.** ➛ En grammaire, Terme relié au sujet ou au complément d'objet par le verbe être, un verbe d'état comme sembler, paraître, devenir (ex. « grande » et « médecin » dans « elle devient grande », « elle est médecin »).

attributaire n. et adj. - XIXe ■ dr. Personne qui a bénéficié d'une attribution. ⇒ **bénéficiaire.** ➛ adj. *L'héritier attributaire.*

attributif, ive adj. - XVIe 1 dr. *Acte attributif de droit,* qui attribue un droit (opposé à *acte déclaratif*). *Acte attributif de compétence.* 2 *Proposition attributive,* qui affirme ou nie un attribut, une qualité d'un sujet.

attribution n. f. - XIVe 1 Action d'attribuer. *Le protocole règle l'attribution des places. L'attribution d'un prix, d'un poste à qqn.* ⇒ **distribution, remise.** ♦ dr. Action d'attribuer (un bien, un droit) dans un partage. 2 au plur. Pouvoirs attribués (au titulaire d'une fonction, à un corps ou service). ⇒ **compétence,** ② **pouvoir, prérogative.** « *il se faisait sur les attributions des syndicats des idées très superficielles* » (Aragon). *Cela n'entre pas, ne rentre pas* (abusif) *dans ses attributions.*

attristant, ante adj. - XVIe ■ Qui attriste. ⇒ **affligeant, chagrinant, désolant, navrant.** *Nouvelles attristantes. Une attristante médiocrité.* ✪ CONTR. Amusant, réconfortant.

attrister v. tr. [1] - XVe ■ Rendre (qqn) triste. ⇒ **affliger,** ① **chagriner, désoler, peiner.** « *J'avais pris l'engagement de ne point l'attrister par mes lamentations* » (Carco). *Attristé par notre départ.* ➛ pronom. *S'attrister de qqch.* ✪ CONTR. Divertir, réconforter, réjouir.

attrition n. f. - XVIe ; lat. « frottement » I Regret d'avoir offensé Dieu, causé par la crainte des peines. ⇒ **contrition, regret.** II - 1 Usure destinée à éliminer les parties anguleuses (de particules). 2 Érosion de la peau ou d'une autre surface (émail dentaire), par frottement.

attroupement n. m. - XVIe ■ Réunion de personnes sur la voie publique. ⇒ **rassemblement.** « *le service d'ordre improvisé s'efforçait de disperser l'attroupement* » (Mart. du G.).

attrouper v. tr. [1] - XIIIe ■ Assembler en troupe, en groupe nombreux et souvent tumultueux sur la voie publique. ⇒ **rassembler.** *Ses cris attroupèrent les passants.* ➛ v. pron. *S'ATTROUPER.* « *en face, sur le trottoir, la foule s'attroupait* » (Zola). ✪ CONTR. Disperser.

atypique adj. – XIXe ▪ Qui n'a pas de type déterminé (permettant une identification, un classement, etc.). *Maladie atypique.* ✪ CONTR. Typique.

au → **à** et ① **le**

aubade n. f. – XVe ▪ Concert autrefois donné, à l'aube ou dans la matinée, sous les fenêtres de qqn.

aubaine n. f. – XIIIe ; germ. « d'un autre ban » **1** *Droit d'aubaine* : droit en vertu duquel le seigneur recueillait les biens que l'étranger non naturalisé laissait à sa mort. **2** Avantage inattendu, inespéré. *Profiter de l'aubaine.* ⇒ **chance, occasion. 3** région. (Canada) Vente à prix réduit. ⇒ ② **solde.** ✪ CONTR. Malchance.

❑ *Bonne aubaine* est un pléonasme qui s'emploie souvent (à éviter).

① **aube** n. f. – XIe ; lat. *albus* « blanc » **1** Première lueur du soleil levant qui blanchit l'horizon. Moment de cette lueur. ⇒ ① **point** (du jour) ; **matin.** *Dès l'aube* : de très bonne heure. *« dans l'horrible clarté d'avant l'aube »* (Gide). *Exécutés à l'aube.* **2** fig. et littér. ⇒ **commencement, début.** *On était à l'aube d'une révolution.* ✪ CONTR. Crépuscule.

❑ Pour le sens → aurore (rem.).

② **aube** n. f. – XIe ▪ Vêtement ecclésiastique de lin blanc que les officiants revêtent pour célébrer la messe. ➛ Longue robe blanche des premiers communiants.

③ **aube** n. f. – XIe ; probablt lat. *alapa* « gifle » ▪ Palette d'une roue hydraulique. *Les aubes d'une roue de moulin. Navire à aubes.* ➛ Partie d'une turbine servant à canaliser les fluides.

aubépine n. f. – XIIe ; lat. *alba spina* « épine blanche » ▪ Arbuste ou arbre épineux *(rosacées),* à fleurs odorantes blanches ou roses, utilisé pour les haies vives. ⇒ **épine.** *« M. Seguin avait derrière la maison un clos entouré d'aubépines »* (Daud.). ➛ Branche fleurie de cet arbre.

aubère adj. et n. m. – XVIe ; p.-ê. ar. *hubârâ* « outarde » ▪ Se dit d'un cheval alezan dont la robe est mêlée de poils blancs. *Une jument aubère.* ➛ n. m. Cette couleur de robe. ✪ HOM. Haubert.

auberge n. f. – XVIIe ; de *héberger* **1** Maison, petit hôtel simple, généralement à la campagne, où l'on trouvait à loger et manger en payant. ➛ fig. *AUBERGE ESPAGNOLE* : lieu, situation où l'on ne trouve que ce qu'on a soi-même apporté. fam. *On n'est pas sorti de l'auberge* : on est loin d'en avoir fini avec les problèmes. ♦ mod. Hôtel ou hôtel-restaurant, souvent d'une classe élevée, mais d'apparence rustique. ⇒ **hostellerie.** *« quelques auberges célèbres dont le menu alignait autant de mets que de vers un sonnet »* (Colette). **2** *AUBERGE DE (LA) JEUNESSE* : centre d'accueil hébergeant les jeunes voyageurs pour une somme modique.

aubergine n. f. et adj. inv. – XVIIIe ; ar. **1** Plante potagère *(solanacées),* originaire de l'Inde, cultivée pour ses fruits. ♦ Fruit oblong et violacé de cette plante, consommé comme légume. *Aubergines farcies.* **2** adj. inv. De la couleur violet foncé de l'aubergine. *« Elle sortit d'un coffre oriental deux larges écharpes aubergine »* (Gide).

aubergiste n. – XVIIe ▪ Personne qui tenait une auberge. ⇒ **hôte, hôtelier.**

aubette n. f. – XVe ; germ. *hûbe* « ce qui coiffe un édicule » ▪ En Belgique, Kiosque à journaux ou abri pour usagers des transports en commun. ➛ (ouest de la France) Abri aux arrêts des transports publics. ➛ Recomm. offic. pour *abribus.*

aubier n. m. – XIVe ; lat. *albus* « blanc » ▪ Partie tendre et blanchâtre qui se forme chaque année entre le bois dur et l'écorce d'un arbre, et où circule la sève. *« considérez donc cette rosace merveilleuse que fait une rondelle de l'aubier du sapin »* (Hugo).

auburn [obœʀn] adj. inv. – XIXe ; mot angl. ▪ vieilli Se dit d'une couleur de cheveux châtain roux aux reflets cuivrés.

aucuba n. m. – XVIIIe ; o. i. ▪ Arbuste ornemental très répandu *(lauracées),* à feuilles persistantes vertes tachées de jaune, originaire d'Asie.

aucun, une adj. et pron. – X^e ; proprt « quelqu'un (lat. *unum*) d'autre (*aliquem*) » **I** adj. Pas un, nul, personne. *Aucun physicien n'ignore que... N'avoir aucun talent. On n'autorise aucune sortie, ni aucune visite. On ne peut comparer cette expérience à aucune autre. En aucune façon, en aucun cas.* ⇒ **aucunement.** *Sans aucun doute,* certainement. ellipt *Avez-vous des nouvelles ? – Aucune.* ➛ littér. *« Le fût s'élance sans branche aucune et d'un seul jet »* (Gide). **II** pron. **1** vx ou littér. *Aucun de* : quiconque parmi, l'un de. *Je doute qu'aucun d'eux réussisse. Plus serviable qu'aucune autre.* ➛ vx ou littér. *D'AUCUNS* : certains, plusieurs. *D'aucuns disent, prétendent...* **2** cour. *Je ne connais aucun de ses amis, aucun d'eux. Je n'ai confiance en aucun autre que lui.* ➛ ellipt *Lequel préférez-vous ? – Aucun.* ✪ CONTR. Beaucoup, maint, plusieurs, tout (tous).

❑ On trouve le mot au pluriel devant un nom qui n'a pas de singulier *(aucuns frais).*

aucunement adv. – XIIe ▪ En aucune façon, en rien. ⇒ **nullement.** ➛ *« Je n'ai aucunement l'idolâtrie du succès »* (Romains). ➛ ellipt *Cela vous dérange-t-il ? – Aucunement* : pas du tout.

❑ Cet adverbe, comme *nullement,* est d'un emploi assez recherché.

audace n. f. – XIIe ; lat. *audere* « désirer, vouloir » **1** Disposition ou mouvement qui porte à des actions extraordinaires, au mépris des obstacles et des dangers. ⇒ **courage, hardiesse, intrépidité** ; fam. **cran.** *« Pour les vaincre, Messieurs, il nous faut de l'audace, encore de l'audace, toujours de l'audace, et la France est sauvée ! »* (Danton). ➛ *Il a toutes les audaces.* **2** Procédé, détail qui brave les habitudes. ⇒ **innovation, originalité.** *Les audaces de la mode. Écrivain qui se permet quelques audaces. « Ses plus extrêmes audaces, par certains côtés, sont des naïvetés »* (Sartre). **3** péj. Hardiesse impudente. ⇒ **aplomb, insolence** ; fam. **culot, toupet.** *Cet individu ne manque pas d'audace. Quelle audace ! « S'il a l'audace de se présenter à moi, je lui mettrai mon pied au derrière »* (Romains). ✪ CONTR. Lâcheté, peur, timidité. Humilité, réserve.

audacieux, ieuse adj. et n. – XVe **1** vieilli ou littér. Qui a de l'audace. ⇒ **hardi, intrépide** ; fam. **culotté, gonflé.** *Un homme audacieux.* ➛ n. *« l'audacieux préfère son risque à sa vie et même à sa gloire »* (Bernanos). **2** Qui dénote de l'audace. ♦ Qui s'écarte des règles, des voies ordinaires. *Théorie audacieuse, politique.* ⇒ **hardi, novateur.** *Architecture audacieuse.* **3** vieilli D'une hardiesse impudente. ⇒ **effronté, insolent.** *Jeune audacieux !* ✪ CONTR. Peureux, timide. Sage, timoré.

au-dedans, au-dehors, au-delà, au-dessous, au-dessus → **dedans, dehors, delà,** ② **dessous,** ② **dessus**

au-delà n. m. – XIXe ▪ Le monde supraterrestre ; la vie, l'activité imaginée après la mort. *« croyance en un monde de l'au-delà »* (Claudel). *Des au-delàs.*

au-devant de → ② **devant** (3°)

audibilité n. f. – XIXe ■ Qualité de ce qui est audible. *Seuil d'audibilité d'un son.*

audible adj. – XVe ■ Qui est perceptible par l'oreille. *Sons à peine audibles.* ➛ n. m. *L'audible* : l'ensemble des sons perceptibles (par l'oreille humaine). ✪ CONTR. Inaudible.

❑ Ce qui est *audible* peut n'être pas *écoutable.*

audience n. f. – XIIe ; lat. *audire* « entendre » 1 vx ou littér. Action de bien vouloir écouter qqn. ⇒ **attention.** « *Je vous demande un moment d'audience* » (Mol.). ♦ Intérêt porté à qqch. par le public. *Ce projet a obtenu une très large audience.* « *l'audience des fatrasies du moyen âge* » (Malraux). 2 Réception où l'on admet qqn pour l'écouter. ⇒ **entretien, rendez-vous.** *Demander une audience.* 3 Séance d'un tribunal. *Audience publique. Audience à huis clos.* « *la première audience fut levée sur cette audacieuse allégation* » (Balz.). 4 par ext. vieilli Les personnes à qui on donne audience ou qui assistent à une audience. ⇒ **assistance, auditoire.** 5 Public touché par un média. *Mesure de l'audience d'une chaîne de télévision,* de son taux d'écoute (⇒ **audimat ; audimétrie**).

❑ Sur l'emploi de *audience* pour *auditoire* → auditoire (rem.).

audimat [odimat] n. m. – 1981 ; nom déposé, de *audi(mètre)* et *(auto)mat(ique)* ■ Audimètre permettant de mesurer l'audience (5°) des diverses chaînes de télévision ; système d'évaluation de cette audience. ➛ par ext. L'audience mesurée. *Des audimat* ou *des audimats.*

audimètre n. m. – 1964 ; *audi(o)-* et *-mètre* ■ Appareil placé sur un récepteur de radio ou de télévision, servant à mesurer la répartition des temps d'audience des diverses stations d'émissions. ⇒ **audimat.**

audimétrie n. f. – v. 1970 ■ Mesure du taux d'écoute des chaînes de radio et de télévision.

audimutité n. f. – 1909 ■ Mutité congénitale non associée à une surdité.

❑ Attention, ce mot ne désigne pas l'état de sourd-muet.

audio adj. inv. – 1982 ■ Qui concerne l'enregistrement ou la transmission des sons (opposé à *vidéo*). *Cassettes audio.*

audi(o)- ■ Élément, du lat. *audire* « entendre ».

audioconférence n. f. – 1978 ■ Réunion organisée entre des participants éloignés, par l'intermédiaire du réseau de télécommunication.

audiofréquence n. f. – v. 1960 ■ Fréquence à laquelle une vibration d'un milieu matériel est perceptible par l'oreille humaine.

audiogramme n. m. – 1951 ; *audio-* et *-gramme* ■ Représentation graphique traduisant le degré d'acuité auditive d'une personne.

audiologie n. f. – mil. XXe ; *audio-* et *-logie* ■ Étude de l'audition.

audiomètre n. m. – XIXe ; *audio-* et *-mètre* ■ Appareil permettant de mesurer l'acuité auditive (⇒ **audiométrie**) ou d'évaluer le degré d'intensité d'un signal radioélectrique. ⇒ **sonomètre.**

audiométrie n. f. – mil. XXe ■ Ensemble des méthodes servant à évaluer l'acuité auditive.

audionumérique adj. – 1983 ■ Dont le son est enregistré sous forme de signaux numériques. *Disque audionumérique.* ⇒ **disque** (compact).

audiophone n. m. – XIXe ; *audio-* et *-phone* ■ Petit appareil acoustique renforçant les sons, que les personnes qui entendent mal portent près de l'oreille. ⇒ **sonotone.**

audioprothésiste n. – v. 1960 ■ Prothésiste spécialiste des déficiences de l'ouïe.

audiovisuel, elle adj. et n. m. – 1947 1 Se dit d'une méthode pédagogique qui joint le son à l'image. 2 Qui ajoute aux éléments du langage l'utilisation de l'image dans la communication. *Moyens de communication audiovisuels* (cinéma, télévision). 3 n. m. *L'audiovisuel* : les moyens, les procédés de communication, d'apprentissage audiovisuels. ➛ L'ensemble des chaînes de télévision. *Le* « *monde de l'audiovisuel, qui affleure, et dont le cinéma n'est plus qu'une province* » (Malraux).

① **audit** [odit] n. m. – av. 1950 ; mot angl., du lat. *auditus* « entendu » 1 Procédure de contrôle de la comptabilité et de la gestion (d'une entreprise). *Cabinet d'audit.* 2 Personne, entreprise chargée de cette mission. ⇒ **auditeur, consultant.**

② **audit** → **dit**

auditer v. tr. [1] – 1977 ■ Soumettre à un audit. *Auditer une société.*

auditeur, trice n. – XIIIe 1 Personne qui écoute. *Les auditeurs d'un conférencier.* ⇒ **auditoire, public, salle.** ♦ En linguistique, *Locuteur et auditeur.* ⇒ **allocutaire,** ① **récepteur.** ♦ Personne qui écoute la radio. *Chers auditeurs...* « *Ce soir, c'est une émission du Poste parisien ; j'imagine les milliers d'auditeurs à l'écoute* » (Mauriac). 2 *AUDITEUR LIBRE* : personne admise à assister à un cours de faculté sans y être inscrite. 3 Fonctionnaire qui débute au Conseil d'État, à la Cour des comptes (⇒ **auditorat**). 4 Personne chargée de l'audit d'une société. ✪ CONTR. Orateur ; locuteur.

auditif, ive adj. – XIVe 1 Qui se rapporte à l'ouïe. *Troubles auditifs.* ➛ n. « *on comprend que l'on est un auditif et qu'on parle à un visuel* » (Gide). 2 Qui se rapporte à l'oreille. *Nerf auditif.*

audition n. f. – XIVe 1 Fonction du sens de l'ouïe, perception des sons. 2 Action d'entendre ou d'être entendu. « *aussi tonique que l'audition d'une marche militaire* » (Morand). *Juger d'une pièce de théâtre à la première audition.* ➛ Action d'entendre ou d'être entendu en justice. *Procéder à l'audition des témoins.* ♦ Séance d'essai donnée par un artiste en vue de se faire engager. ⇒ **essai.** *Passer une audition.* ♦ Séance de musique pendant laquelle on écoute une œuvre, un artiste.

auditionner v. [1] – XVIIIe 1 v. intr. Donner une audition pour obtenir un engagement (en parlant d'un musicien, d'un comédien). 2 v. tr. Écouter (un artiste qui donne une audition) dans l'intention de l'engager.

auditoire n. m. – XIIe 1 L'ensemble des personnes qui écoutent. ⇒ **auditeur ; assemblée, assistance, public.** « *Il est permis d'endormir son auditoire, mais pas de l'impatienter* » (Rouss.). ♦ par ext. L'ensemble des lecteurs. *Ouvrage qui rencontre un bon auditoire.* 2 région. (Belgique, Suisse) Amphithéâtre, salle de cours (d'une université).

❑ On observe une tendance à employer *audience* pour *auditoire* d'après l'anglais *audience* : *Le conférencier a une belle audience.*

auditorat n. m. – XVIIIe ■ Fonction d'auditeur au Conseil d'État, à la Cour des comptes.

auditorium [oditɔʀjɔm] n. m. – 1906 ; mot lat. ■ Salle spécialement aménagée pour les auditions musicales et théâtrales, et pour les enregistrements sonores. *Des auditoriums.*

auge n. f. – XIIe ; lat. *alvus* « ventre » 1 Bassin qui sert à donner à boire (⇒ **abreuvoir**) ou à manger (⇒ **mangeoire**) aux animaux domestiques. 2 Récipient de bois dans lequel les maçons délaient le plâtre. *Il l'a* envoyé « *avec les maçons pour les servir et leur passer leurs auges et leurs pierres* » (Claudel). 3 Godet d'une roue hydraulique. *Roue à auges.* 4 *Auge glaciaire* : vallée modelée en forme de berceau ou de baquet par une langue glaciaire. ⇒ **fjord.** 5 Chez le cheval, Vide entre les deux branches du maxillaire.

augmentatif, ive adj. – XIVe ▪ Se dit de morphèmes ou de mots qui renforcent le sens d'un mot, d'une expression (ex. « simple » → « archisimple, simplissime »). ✪ CONTR. Diminutif.

augmentation n. f. – XIVe 1 Action d'augmenter ; son résultat. ⇒ **accroissement.** *Augmentation de volume.* ⇒ **amplification.** *Augmentation de longueur, de durée.* ⇒ **allongement.** *Augmentation de hauteur.* ⇒ **élévation.** *Augmentation des prix.* ⇒ **hausse.** *Augmentation d'intensité.* ⇒ **accentuation.** 2 Accroissement d'appointements, de traitement, de salaire. « *votre demande d'augmentation est repoussée* » (Zola). 3 Ce que l'on ajoute à l'édition nouvelle d'un ouvrage. ✪ CONTR. Diminution ; baisse, réduction.

> ❑ Il est négligé de dire *l'augmentation de l'essence* pour *l'augmentation du prix de l'essence.*

augmenter v. [1] – XIVe ; lat. *augere* « faire croître » **I** v. tr. 1 Rendre plus grand, plus considérable par addition d'une chose de même nature. ⇒ **accroître, amplifier.** *Augmenter la longueur, la durée.* ⇒ **allonger, étendre.** *Augmenter la hauteur.* ⇒ **élever, hausser.** *Augmenter les prix, les salaires, la valeur.* ⇒ **hausser.** *Augmenter la vitesse.* ⇒ **accélérer.** *Augmenter la force, la puissance.* « *la patronne augmenta un peu le volume de la radio* » (Duras). *Ils* « *doivent sans cesse augmenter la dose pour ressentir encore quelque effet* » (Léautaud). *Augmenter l'appétit.* ⇒ **aiguiser, exciter, ouvrir, stimuler.** ➛ *Édition revue et augmentée.* 2 v. pron. *S'AUGMENTER* : devenir plus grand, plus considérable. *S'augmenter de qqch.* 3 *Augmenter qqn,* augmenter son salaire ou ses charges. **II** v. intr. Devenir plus grand, plus important. ⇒ **croître, grandir.** *La population augmente chaque année. Augmenter à vue d'œil. Aller en augmentant.* ➛ Devenir plus élevé (prix), plus cher (marchandise). *L'essence a augmenté.* ✪ CONTR. Diminuer ; baisser, décroître, réduire.

> ❑ De *augmenter un prix,* on passe aisément à *augmenter un objet* et même *augmenter qqn* : « *mon oncle augmente ses locataires* » (Labiche). Cet emploi est devenu courant.

① **augure** n. m. – XIVe ; lat. *augur* 1 Dans l'Antiquité, Prêtre chargé d'observer le vol, le chant des oiseaux, etc., afin d'en tirer des présages. ⇒ **aruspice, devin.** 2 mod. Personne qui fait des conjectures, prétend prédire l'avenir. ⇒ **prophète.**

② **augure** n. m. – XIIe ; lat. *augurium* 1 Observation et interprétation des signes par les augures. ⇒ **auspices.** 2 Présage tiré de cette observation. ➛ loc. *Être de bon, de mauvais augure* : présager une issue favorable défavorable. *Oiseau de bon, de mauvais augure* : personne qui annonce de bonnes, de mauvaises nouvelles. 3 littér. *Accepter l'augure de* : recevoir comme un signe ce qui va arriver. ⇒ **prédiction.** « *J'en accepte l'augure* » (Corn.).

augurer v. tr. [1] – XIVe 1 En parlant des augures, Observer les signes et en tirer des présages. 2 *Augurer une chose d'une autre,* en tirer quelque conjecture ou présage. ⇒ **présager.** « *Quelle est cette aventure ? et qu'en puis-je augurer ?* » (Mol.). *Cela laisse augurer que la faillite est proche.* ➛ (sans compl.) *J'augurais mieux de cette rencontre.* ⇒ **espérer.** ➛ loc. fam. *Ça n'augure rien de bon* : c'est mauvais signe.

① **auguste** adj. – XIIIe ; de ① *augure* ▪ littér. Qui inspire un grand respect, de la vénération ou qui en est digne. ⇒ ① **sacré, vénérable.** « *les exploits victorieux de notre auguste monarque* » (Mol.). *L'ombre* « *était nuptiale, auguste et solennelle* » (Hugo). ✪ CONTR. ① Bas, méprisable.

> ❑ Ce mot ne s'emploie plus qu'avec une pointe d'amusement : *dans cette auguste assemblée.* « *Afin d'assurer la protection de l'auguste vieillard* » (R. Gary).

② **auguste** n. m. – XIXe ; adapt. d'une expr. all. d'apr. ① *auguste* ▪ Type de clown au maquillage violent et caricatural, à faux nez rond et rouge. *L'auguste et le clown blanc.*

augustinien, ienne adj. – XVIIe 1 Qui concerne saint Augustin (IVe s.), sa pensée. *Sémiotique augustinienne.* 2 Qui adopte la théorie de saint Augustin sur la grâce.

aujourd'hui adv. et n. m. – XIIe 1 En ce jour même, au jour où est la personne qui parle ; par ext. n. m. Ce jour même. *C'est aujourd'hui dimanche. Il part aujourd'hui. Il y a aujourd'hui huit jours qu'il est arrivé. Aujourd'hui en huit* : dans une semaine. « *aujourd'hui qu'elle commence à se civiliser* » (Volt.). *C'était vrai jusqu'(à) aujourd'hui.* « *Cueillez dès aujourd'hui les roses de la vie* » (Ronsard). *C'est terminé pour aujourd'hui.* loc. fam. *C'est pour aujourd'hui (ou pour demain)* ? exprime l'impatience. ➛ n. m. littér. Le jour présent. « *tous les aujourd'huis* » (Péguy). 2 par ext. Au temps où nous sommes ; par ext. n. m. Le temps où nous sommes. ⇒ **actuellement, maintenant.** *Les jeunes d'aujourd'hui.* ✪ CONTR. Demain, hier ; autrefois.

> ❑ La prononciation de *ou* avec un o [oʒɔʀdɥi] est fréquente et très négligée. ♦ Ne s'emploie pas (à la différence de *hier* et de *demain*) avec *matin, soir.* On dit *ce matin* ou *aujourd'hui dans la matinée.*

aula n. f. – XIXe ; mot lat. ▪ (Suisse) Amphithéâtre d'une université ; grande salle d'un établissement scolaire.

aulnaie [o(l)nɛ] n. f. – XIIIe ▪ Lieu planté d'aulnes.

aulne [o(l)n] n. m. – XIIIe ; lat. ▪ Arbre d'Europe *(bétulacées)* qui croît dans les lieux humides. ⇒ région. **vergne.**

> ❑ La prononciation du *l* est devenue très courante comme dans *Le Roi des Aulnes* [oln] ; Jules Verne écrit *aune,* comme il l'entendait à l'époque.

auloffée ou **aulofée** n. f. – XVIIIe ; de *au lof* ▪ Mouvement du bateau qui lofe, qui vient au vent (opposé à *abattée*). « *une soudaine auloffée avait amené* la Virginie *presqu'en travers du vent* » (Tournier).

aulx → **ail**

aumône n. f. – déb. Xe ; gr. *eleos* « pitié » 1 Don charitable fait aux pauvres. ⇒ **bienfait, charité, obole.** *Demander l'aumône.* ⇒ **mendier.** « *Ne faites pas seulement l'aumône, faites la charité* » (Rouss.). 2 fig. Faveur sollicitée humblement ou accordée par grâce. ⇒ **grace.** *Accordez-lui l'aumône d'un regard.*

aumônerie n. f. – XIIe 1 Charge d'aumônier. 2 Ensemble des aumôniers. 3 Lieu où un aumônier exerce ses fonctions.

aumônier n. m. – XIe 1 Ecclésiastique qui desservait la chapelle d'un grand, d'un prélat. ⇒ **chapelain.** ➛ *Grand aumônier de France,* titre du premier aumônier de la cour des rois de France. 2 mod. Ecclésiastique chargé de l'instruction religieuse. *L'aumônier du lycée.* ⇒ **ministre** (du culte). *Aumônier militaire.*

aumônière n. f. – XIIe ▪ Bourse à coulant qu'on portait autrefois à la ceinture. ➛ mod. *Aumônière de première communiante.*

aumusse n. f. – XIIe ; lat. ▪ Fourrure que les chanoines et les chantres portaient sur le bras en allant à l'office.

aune n. f. – XIe ; germ. *alina* « avant-bras » ▪ Ancienne mesure de longueur (1,18 m, puis 1,20 m) supprimée en 1840.

« *une aune de ruban rouge sur le noir de sa toge* » (Daud.). ✪ HOM. Aulne.

aunée n. f. – XIIIe ; lat. *(h)elenium* ▪ Plante *(composées)* des lieux humides, à fleurs jaunes. *Grande aunée* ou *aunée officinale* : variété dont la racine est tonique et aromatique. ⇒ **inuline.**

auparavant adv. – XIVe ▪ Avant tel événement, telle action (priorité dans le temps). ⇒ **abord** (d'), **préalable** (au). ✪ CONTR. Après.

❑ *Avant* s'emploie aussi comme adverbe, plus couramment mais de façon un peu négligée. *Il est plutôt mieux qu'avant.* → ① avant (rem.).

auprès adv. – XVe **I** loc. prép. AUPRÈS DE. **1** Tout près, à côté de. *Approchez-vous, venez vous asseoir auprès de moi.* « *Enivré du charme de vivre auprès d'elle* » (Rouss.). **2** fig. *S'enquérir de qqch. auprès de qqn.* **3** (Point de vue) *Il passe pour un avare auprès d'elle,* à ses yeux, dans son opinion. *Être en faveur auprès de qqn.* **4** En comparaison de. *Ce service n'est rien auprès de ce qu'il a fait pour moi.* **II** adv. littér. Tout près, dans le voisinage. « *Les autres, étendus tout auprès pour dormir* » (Gide). ✪ CONTR. Loin.

auquel → **lequel**

aura n. f. – XVIIIe ; mot lat. « souffle » **1** Sorte de halo enveloppant le corps, visible aux seuls initiés (sciences occultes). ♦ fig. et littér. Atmosphère qui entoure ou semble entourer un être. *Il flottait autour d'elle une aura de mystère.* ⇒ **émanation. 2** Sensation ou ensemble de symptômes qui marquent le début d'une attaque, d'une crise d'épilepsie, etc.

aurélie n. f. – XIXe ; lat. *aurum* « or » ▪ Méduse *(cœlentérés)* rose, blanche, mauve, fréquente dans les mers de la zone tempérée.

auréole n. f. – XIIIe ; lat. *aurum* « or » **1** Cercle doré ou coloré dont les peintres entourent la tête de Jésus-Christ, de la Vierge et des saints. ⇒ **nimbe.** ➛ par métaph. *Une auréole de cheveux blonds.* **2** Cercle lumineux que l'œil voit autour d'un astre, d'un objet. ⇒ **halo. 3** fig. Degré de gloire qui distingue qqn. *L'auréole du martyre, de la vertu.* « *Dépouille ta grandeur, quitte ton auréole* » (Hugo). *Perdre son auréole.* ♦ Éclat qui semble émaner de qqn. ⇒ **émanation ; atmosphère, aura. 4** Trace circulaire laissée sur le papier, le tissu par une tache qui a été nettoyée.

❑ Ne pas confondre avec *aréole,* aussi de forme circulaire.

auréoler v. tr. [1] – XIXe **1** Entourer d'une auréole. ⇒ **ceindre. 2** fig. Donner de l'éclat, du prestige à (qqn, qqch.). ⇒ **glorifier, magnifier.** ➛ pronom. réfléchi « *Il s'auréolait de prestige à mes yeux* » (Gide). ➛ *Auréolé de gloire.*

auréomycine n. f. – 1950 ; nom déposé, du lat. *aureus* « d'or » et *-myc(e)* ▪ Antibiotique *(Streptomyces aureofaciens)* utilisé contre de nombreux microbes.

❑ Même famille que *mycose, mycologie.*

au revoir → **revoir**

auriculaire adj. et n. m. – XVIe ; lat. **1** Qui a rapport à l'oreille. *Pavillon auriculaire.* ➛ littér. *Témoin auriculaire,* qui a entendu de ses propres oreilles ce qu'il rapporte (par oppos. à *témoin oculaire*). « *Plus de confession auriculaire. La confession générale suffit* » (Green). **2** n. m. mod. *L'auriculaire* : le petit doigt de la main. **3** Qui a rapport aux oreillettes et auricules du cœur.

auricule n. f. – XIVe ▪ Diverticule prolongeant les oreillettes du cœur. *Auricule droite. Auricule gauche.*

auriculothérapie n. f. – v. 1970 ; lat. *auricula* « oreille » et *-thérapie* ▪ Méthode thérapeutique dérivée de l'acupuncture, consistant à traiter différentes affections en stimulant des points déterminés du pavillon de l'oreille.

aurifère adj. – XVIe ▪ Qui contient de l'or. *Terrain aurifère.*

aurifier v. tr. [7] – XIXe ▪ Obturer (une dent) avec de l'or. ✪ HOM. Horrifier.

aurige n. m. – XIXe ; lat. « cocher » ▪ Conducteur de char, dans les courses antiques.

aurignacien, ienne adj. et n. m. – 1907 ▪ Se dit de l'industrie préhistorique d'Aurignac (début du paléolithique supérieur) qui présente les premières œuvres d'art. ➛ n. m. Période de cette industrie. « *une Vénus aurignacienne* » (Malraux).

aurique adj. – XVIIIe ; germ., du lat. *auris* « oreille » ▪ *Voile aurique,* qui a la forme d'un quadrilatère irrégulier.

aurochs [ɔʀɔk] n. m. – XVe ; all. *Ochs* « bœuf » et germ. *Auer* qui a donné le lat. *urus* → urus ▪ Grand bœuf d'Europe *(bovidés),* dont la race est éteinte.

❑ Le *s* final n'est pas la marque du pluriel, mais Flaubert a écrit ce mot sans *s* au singulier : « *des buccins faits d'une corne d'auroch* ».

auroral, ale, aux adj. – XIXe ▪ De l'aurore, spécialt De l'aurore polaire.

aurore n. f. – XIIIe ; lat. **1** Lueur brillante et rosée suit l'aube*. « *L'aurore est rose, d'un rose intense* » (Maupass.). ♦ en appos. *Sauce aurore,* composée d'un fond de volaille ou de veau et de purée de tomate. **2** Moment où le soleil va se lever. *Se lever à l'aurore, dès l'aurore ;* fam. *aux aurores.* **3** *Aurore polaire* : phénomène lumineux atmosphérique **(⇒ météore),** apparaissant aux latitudes élevées, provenant de la recombinaison dans l'ionosphère de protons d'une éruption solaire. *Aurore boréale, australe.* ✪ CONTR. Crépuscule.

❑ L'aube et l'aurore sont très proches dans le temps et par le sens. Mais *aube* insiste sur le commencement et *aurore* sur la couleur. *Aurore* est aussi un prénom.

auscultation n. f. – XVIe ▪ Action d'écouter les bruits qui se produisent à l'intérieur de l'organisme pour faire un diagnostic. ⇒ **exploration, percussion.**

ausculter v. tr. [1] – XVIe ; lat. « écouter » ▪ Explorer les bruits de l'organisme par l'auscultation. « *il commença de l'examiner, le palpa, l'ausculta, le pesa* » (Romains). ➛ fig. Examiner attentivement. ⇒ **étudier, sonder.** *Ausculter le marché financier.* « *J'auscultai mes souvenirs* » (Morand).

❑ *Ausculter* est le doublet savant de *écouter.*

auspices n. m. pl. – XIVe ; lat. *avis* « oiseau » et *spicere* « examiner » **1** Dans l'Antiquité romaine, Présage tiré du vol, de l'appétit, du chant des oiseaux, etc. ⇒ ② **augure. 2** mod. *Sous de favorables, funestes, tristes auspices.* ➛ *Sous les auspices de qqn,* avec son appui, en invoquant sa recommandation. ⇒ **égide, protection.** ✪ HOM. Hospice.

aussi adv. et conj. – XIIe ; lat. *aliud* « autre » et *sic* « ainsi » **I** adv. **1** Terme de comparaison exprimant un rapport d'égalité ou de similitude. ⇒ **autant, également.** *Il s'est conduit tout aussi mal que la dernière fois. Viens aussi vite que possible.* « *Il a été aussi amical et aussi ouvert avec moi que le permet son caractère froid* » (Stendh.). AUSSI BIEN... QUE : de même que. ⇒ **autant**

(que), **comme.** « *L'absence est aussi bien un remède à la haine Qu'un appareil contre l'amour* » (La Font.). 2 À ce point. *Je n'ai rien vu d'aussi joli.* ⇒ ② **si.** « *Je ne me propose point d'autre ordre dans une matière aussi importante* » (Mass.). ♦ *Aussi invraisemblable que cela paraisse. Aussi beau soit-il.* 3 De la même façon. *Lorsque le physique est atteint, le moral l'est aussi.* ⇒ **pareillement.** *C'est aussi mon avis.* ⇒ **également.** « *le regret aussi est un amplificateur du désir* » (Proust). *Je pars moi aussi.* ⇒ fam. et région. **itou.** *Dormez bien. Vous aussi.* ⇒ **même** (de même). Pareillement et de plus. ⇒ **encore.** *Il parle l'anglais et aussi l'allemand.* 4 littér. *AUSSI BIEN* : en tout état de cause. « *ces rêveries des Platoniciens qui, aussi bien, tombent d'elles-mêmes* » (Boss.). 5 *MAIS AUSSI. Mais aussi, pourquoi a-t-il accepté ?* **II conj.** Marque un rapport de conséquence avec la proposition qui précède. *Il est peu aimable, aussi (bien) tout le monde l'évite.* « *Aussi le microscope posa-t-il d'abord plus de problèmes qu'il n'en put résoudre* » (J. Rostand).

> ❑ Avec la négation, il est aujourd'hui obligatoire de remplacer *aussi* par *non plus* : *elle reste et lui aussi ; elle ne part pas, lui non plus.* ♦ *J'ai aussi faim que toi* est critiqué. → adverbe (rem.).

aussière → **haussière**

aussitôt adv. – XIIIe 1 Dans le moment même, au même instant. *J'ai compris aussitôt ce qu'il voulait. Il s'enfuit aussitôt.* ⇒ **immédiatement ;** fam. **illico.** *Aussitôt après son départ.* « *aussitôt après, quoi qu'il advînt, elle partirait* » (Mart. du G.). 2 loc. conj. *AUSSITÔT QUE* : dès que. *Il le reconnut aussitôt qu'il le vit.* ⇒ **sitôt.** « *des volontés satisfaites aussitôt qu'exprimées* » (Gaut.). ➛ *Aussitôt arrivée, elle se coucha.* ➛ loc. *Aussitôt dit, aussitôt fait* : il dit la chose et la fait aussitôt.

> ❑ Ne pas confondre avec le comparatif : *pourquoi est-il parti aussi tôt ?* → tôt.

austénite n. f. – 1903 ; de *Austen,* métallurgiste angl. ▪ Constituant micrographique des aciers (à face cubique centrée) contenant une solution d'environ 2% de carbone. ⇒ **ferrite.**

austère adj. – XIIe ; gr. « sec » 1 Qui se montre sévère pour soi, ne s'accorde aucun luxe ou plaisir. *Un homme austère.* ⇒ **puritain, rigoriste.** ➛ par ext. ⇒ **dur, rigoureux.** *La vie austère d'un ascète. Morale, discipline austère.* 2 Triste et froid ; sans ornement. ⇒ **sévère.** *Cette robe est un peu austère. Un monument austère.* ⇒ **dépouillé.** ✪ CONTR. Dissolu, voluptueux. Aimable, gai.

austérité n. f. – XIIIe 1 Caractère de ce qui est austère. *L'austérité de l'ascète, du puritain.* ⇒ **rigorisme.** *L'austérité d'une vie, des mœurs.* ⇒ **sévérité ; rigueur.** « *J'aime une sagesse gaie et civile, et fuit l'âpreté des mœurs et l'austérité* » (Montaigne). ♦ *L'austérité d'une façade.* ⇒ **dépouillement.** 2 au plur., littér. Exercices, pratiques austères. 3 Gestion stricte de l'économie, visant à la diminution des dépenses de consommation. ⇒ **rigueur.** *Une période d'austérité,* de restrictions. ✪ CONTR. Facilité, plaisir.

austral, ale adj. – XIVe ; lat. *auster* « vent du midi » ▪ Qui est au sud du globe terrestre. *Pôle austral.* ⇒ **antarctique.** *Hémisphère austral. Afrique australe.* ➛ *Terres australes,* avoisinant le pôle Sud. ✪ CONTR. Boréal.

> ❑ Le masculin pluriel est *australs,* mais il se trouve que les emplois concernent plutôt des noms féminins.

australopithèque n. m. – av. 1955 ; lat. *australis* « austral » et gr. *pithêkos* « singe » ▪ Hominoïde découvert en Afrique du Sud, qui savait déjà tailler la pierre et faire du feu. ⇒ **zinjanthrope.**

autan n. m. – XVIe ; lat. *altanus* « vent de la haute mer » ▪ Dans le midi de la France, Vent orageux qui souffle du sud ou du sud-est. « *une lueur qui tremble au souffle de l'autan* » (Hugo). ✪ HOM. Autant.

autant adv. – XIIe ; lat. *alterum* « autre » et *tantum* « tant » 1 *AUTANT QUE.* Marque une relation d'égalité entre deux termes de comparaison. « *Je lis la Bible autant que l'Alcoran* » (Boil.). ellipt (péj.) *Si c'est comme ça, autant tout abandonner* ; fam. *autant se flinguer tout de suite.* ♦ En même quantité, au même degré. *J'en souffre autant que vous.* ⇒ **comme.** « *Je te hais autant que je t'aime* » (Baud.). *Vous tous, autant que vous êtes* : tous sans exception. ➛ ellipt *Je ne l'ai jamais vu manger autant.* ♦ Dans la mesure où. *Autant que j'en puisse juger.* ➛ loc. *Autant que possible* : dans la mesure du possible. *Autant que je sache* : dans la mesure où je suis au courant. 2 *AUTANT DE, QUE* : la même quantité, le même nombre de. *Il est né autant de garçons que de filles.* ➛ (avec *en*) La même chose. *Je ne peux en dire autant. Elle en a fait autant.* (défi) *Faites-en autant !* ➛ *POUR AUTANT. Il a fait un effort mais il n'a pas progressé pour autant.* ➛ (sans compar.) Une telle quantité, un tel nombre de. *Je ne pensais pas qu'il aurait autant de patience.* ⇒ **tant, tellement.** 3 *AUTANT... AUTANT...* introduisant les éléments d'une comparaison. *Autant il est charmant avec elle, autant il est désagréable avec nous.* 4 loc. adv. *D'AUTANT* : à proportion. *Cela augmente d'autant son profit.* ➛ loc. conj. *D'AUTANT QUE* : vu, attendu que. ➛ loc. conj. *D'AUTANT PLUS QUE* : encore plus à mesure que, pour la raison que. ➛ loc. adv. *D'AUTANT PLUS. D'autant plus !* à plus forte raison. ➛ *D'AUTANT MIEUX (QUE)* : surtout du fait que. *La chaleur se conserve d'autant mieux que vous fermez plus vite la porte.* ➛ *D'AUTANT MOINS (QUE). J'ai d'autant moins envie de le faire que je l'ai déjà fait une fois.* ✪ CONTR. Moins, plus. — HOM. Autan.

> ❑ Avec les expressions *avoir faim, soif, peur,* etc., les grammairiens recommandent d'employer *autant (j'ai autant faim que toi)* bien que *autant* devant un nom soit suivi par *de* ; néanmoins *aussi* est courant à cause de l'emploi de *très,* lui-même critiqué *(j'ai très faim, j'ai aussi faim que toi).* ♦ Ne pas confondre avec *au temps pour moi.* → temps (rem.).

autarcie n. f. – XVIIIe ; gr. *autos* « soi-même » et *arkein* « suffire » ▪ État d'une collectivité humaine qui se suffit à elle-même, qui vit en économie fermée. *Vivre en autarcie.* ➛ par ext. État de ce qui se suffit à soi-même. *Autarcie intellectuelle.*

autarcique adj. – 1938 ▪ Fondé sur l'autarcie.

autel n. m. – XIe ; lat. *altus* « haut » 1 Dans l'Antiquité, Tertre de gazon, table de pierre à l'usage des sacrifices offerts aux dieux. ➛ loc. *Dresser des autels à qqn,* l'égaler à une divinité. 2 Table où l'on célèbre la messe catholique. *L'autel d'une église. Autel central ou grand autel,* de la grande nef. ➛ *Table d'autel. Peinture d'autel* : retable. *Autel portatif d'un aumônier.* ➛ loc. *S'approcher de l'autel* : communier. vx *Conduire à l'autel,* épouser (une femme). 3 *L'AUTEL* : la religion, l'Église. *Le trône et l'autel.* ✪ HOM. Hôtel.

auteur n. m. – XIIe ; lat. « celui qui accroît, qui fonde » 1 Personne qui est la première cause (d'une chose), qui est à l'origine (d'une chose). ⇒ **créateur.** « *un Dieu auteur de l'univers* » (Chateaub.). *Être l'auteur de son destin.* ⇒ **artisan.** « *Le peuple, soumis aux lois, en doit être l'auteur* » (Rouss.). *L'auteur d'un système, d'une découverte.* ⇒ **fondateur, inventeur.** *L'auteur d'un attentat.* ⇒ **responsable.** ➛ littér. « *Les auteurs de mes jours* » (Rac.), mes parents. 2 Personne qui a écrit (un livre), réalisé (une œuvre d'art). *L'auteur d'un tableau, d'un roman.* « *Je pense que l'auteur du film a* *reculé devant la crainte du scandale* » (Gide). 3 absolt Personne qui a fait un ou plusieurs ouvrages littéraires. ⇒ **écrivain** (cf. Homme, femme de lettres*). *Étudier les œuvres des grands auteurs. Auteur d'un best-seller.* ➛ « *Des femmes auteurs* » (Rouss.). *Elle est auteur.* ➛ *Auteur qui publie chez tel éditeur.* ➛ *DROIT D'AUTEUR :* droit de propriété incorporelle exclusif et opposable à tous d'un auteur sur son œuvre. ⇒ **copyright.** cour. *Droits d'auteur :* argent que perçoit un auteur proportionnellement au nombre d'exemplaires vendus, de représentations, etc. ♦ Œuvre, texte d'un auteur. « *Je viens de lire un auteur qui commence par ces mots* » (Volt.). *Citer un auteur.* 4 par ext. Personne qui écrit des textes de chansons. ⇒ **parolier.** *Auteur-compositeur,* qui écrit les paroles et compose la musique. ✪ HOM. Hauteur.

authenticité n. f. – XVIe 1 *Authenticité d'un acte public, notarié :* qualité d'un acte revêtu des formes légales. 2 Qualité d'un écrit, d'un discours, d'une œuvre émanant réellement de l'auteur auquel on l'attribue. *L'authenticité d'une signature.* 3 par ext. Qualité de ce qui mérite d'être cru, qui est conforme à la vérité. *L'authenticité d'un témoignage.* 4 par ext. Qualité d'une personne, d'un sentiment authentique. ⇒ **sincérité ; naturel, vérité.** « *Ce qui me plaît en Montherlant c'est un accent d'indéniable authenticité* » (Gide). ✪ CONTR. Fausseté, imitation.

authentification n. f. – 1933 ▪ Action d'authentifier. *L'authentification d'un tableau.*

authentifier v. tr. [7] – XIXe 1 Rendre authentique. ⇒ **certifier, constater, légaliser.** 2 Reconnaître comme authentique. *Faire authentifier un tableau.*

❑ Il existait, il y a quelques décennies, un verbe *authentiquer.*

authentique adj. – XIIe ; gr. *authentes* « auteur responsable » 1 *Acte authentique* (opposé à *acte sous seing privé*) : acte qui fait loi en raison des formes légales dont il est revêtu. ⇒ **notarié, public, solennel.** *Testament authentique.* ➛ Qui est attesté, certifié conforme à l'original. *Copie authentique.* 2 Qui est véritablement de l'auteur auquel on l'attribue. *Un Rembrandt authentique.* ⇒ **vrai.** 3 par ext. Dont l'autorité, la réalité, la vérité ne peut être contestée. ⇒ **certain, réel, véridique, vrai.** *Fait authentique.* 4 Conforme à son apparence. ⇒ **vrai.** *Un diamant authentique. C'est un authentique crétin.* 5 Qui exprime une vérité profonde de l'individu et non des habitudes superficielles, des conventions. ⇒ **sincère.** *Un sentiment authentique.* « *une vocation religieuse authentique n'est pas ressentie comme la conséquence d'un choix* » (Malraux). ➛ *Il n'est pas très authentique.* ✪ CONTR. Privé. Apocryphe, ① faux, inauthentique. Douteux, irréel. Affecté, conventionnel.

autisme n. m. – 1921 ; gr. *autos* « soi-même » ▪ Pathologie mentale caractérisée par un repli sur soi-même et par la perte du contact avec les réalités extérieures.

autiste adj. et n. – 1913 1 Atteint d'autisme. *Un enfant autiste.* ➛ n. *Un, une autiste.* 2 Relatif à l'autisme. « *Une indifférence terriblement autiste* » (Lévi-Strauss).

autistique adj. – 1913 ▪ Relatif à l'autisme ; caractérisé par de l'autisme.

auto n. f. – XIXe ; abrév. de *automobile* ▪ Automobile. ⇒ **voiture.** « *en auto, en moto, ils se sont tous taillés* » (Sartre). ♦ *Autos tamponneuses*.* ➛ Voiture miniature.

❑ *Auto* est un mot qui vieillit au profit de *voiture,* depuis que la voiture à cheval a disparu. ♦ Quand *auto* entre dans un mot composé *(autochenille, autoécole),* ne pas confondre avec *auto-* « soi-même » *(autoguidé, autoallumage).* → auto-, micro- (rem.).

auto- ▪ Élément, du gr. *autos* « soi-même, lui-même ». ⇒ **homo-.** ✪ CONTR. Hétér(o)- ; allo-.

❑ *Auto-* se relie sans trait d'union dans les mots composés, sauf s'il y a rencontre avec la lettre *i* ou la lettre *u (auto-immun, auto-induction).* ♦ Ne pas confondre avec les mots composés sur *auto.* → auto (rem.). ♦ Dans beaucoup de noms d'action *auto-* correspond au *se... soi-même* du verbe (ex. *se détruire* donne *autodestruction*). → s'autodétruire (rem.).

autoaccusation n. f. – 1900 ▪ Fait de s'accuser soi-même. ⇒ **aveu.** *Des autoaccusations.*

autoadhésif, ive adj. et n. m. – 1972 ▪ Fait pour adhérer de soi-même (sans être humecté ou encollé). ⇒ **autocollant.** ➛ n. m. *Des autoadhésifs.*

autoallumage n. m. – 1904 ▪ Allumage spontané anormal du mélange carburant dans un moteur à explosion.

autobiographie n. f. – XIXe ▪ Biographie de l'auteur faite par lui-même. ➛ Genre littéraire qui y correspond.

autobiographique adj. – XIXe ▪ Qui concerne la vie de l'auteur, ses souvenirs sur lui-même.

autobronzant, ante adj. – 1981 ▪ Se dit d'un produit cosmétique permettant de bronzer sans soleil. ➛ n. m. *Les autobronzants.*

autobus [ɔtɔbys ; otobys] n. m. – 1906 ; de *auto* n. f. et *(omni)bus* ▪ Véhicule automobile pour le transport en commun des voyageurs, dans les villes. ⇒ ① **bus.** *Prendre l'autobus.* « *La foule emplit les rues* [...] *assaillant les autobus comme une nuée de sauterelles* » (Queneau). *Arrêt* (⇒ **abribus, aubette**), *ligne d'autobus.* ➛ (Canada) *Autobus scolaire :* car de ramassage scolaire.

autocar n. m. – XIXe ; mot angl. « voiture *(car)* qui se meut par elle-même *(auto-)* » ▪ Grand véhicule automobile de transport en commun. *Autocar de ligne régulière, de tourisme. Excursion, voyage en autocar.* ⇒ ② **car.** « *l'autocar fit une embardée pour éviter un Arabe à bicyclette* » (Sartre).

autocaravane n. f. – 1980 ; de *auto* n. f. ▪ Recomm. offic. pour *camping-car, mobile home, motor-home.*

autocariste n. – 1962 ▪ Propriétaire, gérant d'une compagnie d'autocars.

autocassable adj. – v. 1970 ▪ *Ampoule autocassable,* faite pour être ouverte sans l'aide d'une lime.

autocastration n. f. – 1926 ▪ Castration qu'on s'inflige à soi-même, mutilation des organes génitaux.

autocatalyse n. f. – 1904 ▪ Catalyse d'une réaction chimique par un des produits formés au cours de cette réaction.

autocensure n. f. – v. 1960 ▪ Censure exercée sur soi-même. « *Privée de ma liberté par un jeu de barrages et d'autocensures* » (Beauv.).

autochenille n. f. – 1922 ; de *auto* n. f. ▪ Véhicule militaire ou d'exploration (automobile) monté sur chenilles.

autochrome [otokʀom] adj. et n. f. – 1906 ; *auto-* et *-chrome* ▪ Qui enregistre les couleurs. *Plaque photographique autochrome,* ou n. f. *une autochrome.*

autochtone [ɔtɔktɔn ; otokton] adj. et n. – XVIe ; gr. *autos* « soi-même » et *khthôn* « terre » 1 Qui est né sur le territoire même où il habite. ⇒ **aborigène, indigène, originaire.** *Peuple, race autochtone.* ♦ n. *Les touristes et les autochtones.* 2 Qui n'a pas subi de déplacement (géologie). *Terrains autochtones.* ✪ CONTR. Étranger.

❑ Il faut préférer *autochtone* à *indigène* qui a un autre sens ancien plus connu.

autocinétique adj. – mil. XXe ▪ Capable de se mouvoir sans recevoir d'impulsion extérieure.

autoclave adj. et n. m. – XIXe ; lat. *clavis* « clé » ▪ Qui se ferme de soi-même. *Appareil autoclave.* ♦ n. m. Récipient métallique à fermeture extérieure hermétique, résistant à des pressions élevées. ⇒ **étuve.**

autocollant, ante adj. et n. m. – 1971 ▪ Qui adhère de soi-même, sans être humecté. ⇒ **autoadhésif.** *Étiquettes, enveloppes autocollantes.* ➛ n. m. Image, vignette autocollante. *Mettre des autocollants sur sa voiture.*

autocommutateur n. m. – 1911 ▪ Dispositif destiné à établir automatiquement une liaison téléphonique à partir d'un signal constitué d'un numéro d'appel.

autoconduction n. f. – XIXe ▪ Production de courants dans un corps non relié à un circuit, mais placé à l'intérieur d'un solénoïde.

autocopiant adj. m. – déb. XXe ▪ Se dit d'un papier qui, par pression, reproduit un tracé.

autocopie n. f. – 1917 ▪ Procédé par lequel on reproduit un écrit, un dessin, par pression sans papier carbone intercalaire.

autocrate n. m. – XVIIIe ; de *auto-* et gr. *kratein* « gouverner » ▪ Souverain dont la puissance n'est soumise à aucun contrôle. ⇒ **despote, dictateur.**

autocratie n. f. – XVIIIe ▪ Forme de gouvernement où le souverain exerce lui-même une autorité sans limite. ⇒ **absolutisme, despotisme, dictature.** ✪ CONTR. Démocratie.

autocratique adj. – XVIIIe ▪ Qui appartient à un autocrate, à l'autocratie. *Gouvernement, régime autocratique.* « *Tout pouvoir sans contrepoids, sans entraves, autocratique, mène à l'abus, à la folie* » (Balz.). ✪ CONTR. Constitutionnel, démocratique.

autocritique n. f. – XIXe ▪ Critique de son propre comportement. « *Les séances d'autocritique ont été souvent des séances d'accusation, suivies d'exclusion, d'arrestations et d'exécutions* » (Malraux). ➛ loc. *Faire son autocritique* : reconnaître ses torts (notamment dans le domaine politique).

autocuiseur n. m. – 1917 ▪ Appareil pour cuire les aliments sous pression, plus rapidement. ⇒ ② **cocotte.**

autodafé n. m. – XVIIe ; port. *auto da fe* « acte *(auto)* de foi *(fe)* » **1** Cérémonie au cours de laquelle les hérétiques condamnés au supplice du feu étaient conviés à faire *acte de foi* pour mériter leur rachat dans l'autre monde. « *le public des autodafés et des jeux sanglants* » (Duham.). ➛ Supplice du feu. **2** Action de détruire par le feu. *Faire un autodafé de livres.*

❑ Ce mot s'écrivait autrefois avec un ou deux traits d'union, selon l'étymologie.

autodéfense n. f. – 1936 ▪ Défense de soi-même par soi-même contre un agresseur, sans faire appel à la police.

autodérision n. f. – 1985 ▪ Fait de se moquer de soi-même avec sarcasme.

autodestructeur, trice adj. – 1946 ▪ Qui vise à se détruire soi-même. *Tendances autodestructrices.*

autodestruction n. f. – XIXe ▪ Destruction de soi (matérielle ou morale) par soi-même.

autodétermination n. f. – 1907 ▪ Détermination du statut politique d'un pays par ses habitants.

autodétruire (s') v. pron. [38] – mil. XXe ▪ Se détruire soi-même.

❑ *S'autodétruire* se trouve dans le même cas de redondance que *se suicider (sui- = auto-).* Mais il est justifié par le fait que *se détruire* est ambigu (il peut être passif, réciproque). → se (rem.).

autodictée n. f. – av.1978 ▪ Exercice scolaire pour l'apprentissage de l'orthographe, consistant à retranscrire un texte appris par cœur.

autodidacte adj. et n. – XVIe ; gr. *didaskein* « s'instruire » ▪ Qui s'est instruit lui-même, sans maître. ➛ n. *Un, une autodidacte.* « *Le nombre des autodidactes de l'art ne cesse de s'accroître* » (Malraux).

❑ Même famille que *didactique.*

autodirecteur n. m. – 1976 ▪ Dispositif permettant de guider automatiquement un missile à partir d'un signal provenant de la cible même.

autodiscipline n. f. – 1919 ▪ Discipline que l'on s'impose sans intervention extérieure.

autodrome n. m. – XIXe ; de *auto* n. f. et *-drome* ▪ Piste fermée pour courses ou essais d'automobiles. ⇒ **circuit.**

auto-école ou **autoécole** n. f. – v. 1906 ; de *auto* n. f. ▪ École de conduite des automobiles. *Des auto-écoles, des autoécoles.*

autoérotique adj. – 1912 ▪ Qui a le caractère de l'autoérotisme.

autoérotisme n. m. – 1913 ▪ Érotisme qui prend sa source dans le sujet même. *L'autoérotisme est une manifestation normale de la sexualité infantile.*

autoexcitateur, trice adj. – XIXe ▪ Dont le courant est fourni par l'induit même. *Machine autoexcitatrice.*

autofécondation n. f. – XIXe ▪ Fécondation (d'une plante) par les gamètes mâle et femelle provenant du même individu. ⇒ **autogamie.** ♦ *Autofécondation des animaux hermaphrodites,* qui sont à la fois mâles et femelles.

autofinancement n. m. – v. 1943 ▪ Financement d'un projet, d'une activité, par les propres ressources d'une entreprise, d'une personne.

autofinancer v. tr. [1] – 1952 ▪ Financer en utilisant ses ressources propres, sans recourir à l'emprunt. ➛ pronom. *Entreprise qui s'autofinance.*

autofocus [otofɔkys] adj. – v. 1980 ; angl., de *to focus* « mettre au point » ▪ Se dit d'un appareil photo, d'une caméra, d'un projecteur équipé d'un système de mise au point automatique. ➛ n. m. Appareil équipé de ce système.

autogamie n. f. – 1904 ; *auto-* et *-gamie* ▪ Mode de reproduction par union de gamètes provenant du même individu. ⇒ **autofécondation.** ✪ CONTR. Allogamie.

autogène adj. – XIXe ; *auto-* et *-gène* **1** VX Qui a été fait, existe par soi-même. *Dieu est autogène.* **2** Qui se développe à l'aide de ses éléments propres, sans secours extérieur.

autogestion n. f. – 1960 ▪ Gestion (d'une entreprise, d'une collectivité) par ceux qui y travaillent.

autogestionnaire adj. – 1970 ▪ Relatif à l'autogestion. *Socialisme autogestionnaire.*

autogire n. m. – 1923 ; de *auto-* et gr. *guros* « cercle » ▪ Appareil volant à rotor où ce dernier n'assure que la sustentation. ⇒ **giravion, girodyne.**

❑ Selon les mots, le radical « tourner » s'écrit *gir- (autogire, giravion)* ou *gyr- (lévogyre, gyrostat).*

autographe adj. et n. m. – XVIe ; de *-graphe* ▪ Qui est écrit de la propre main de qqn. « *il remet au Ministère une lettre autographe* » (Mart. du G.). ♦ Texte écrit à la main par une personne célèbre. *Une collection d'autographes.* ✪ CONTR. Copie, reproduction.

❑ La notion de lettre *autographe* était importante lorsqu'il n'y avait que des manuscrits (écrivains publics, secrétaires, copistes, etc.).

autographie n. f. - XVIIIe ▪ Procédé qui permet de reproduire par impression un écrit, un dessin tracés avec une encre spéciale.

autogreffe n. f. - 1920 ▪ Greffe dans laquelle le greffon provient du sujet lui-même. ⇒ **autoplastie.** ✪ CONTR. Allogreffe.

autoguidage n. m. - 1951 ▪ Procédé par lequel un mobile dirige lui-même son mouvement.

autoguidé, ée adj. - 1949 ▪ Qui se dirige lui-même par autoguidage. *Missile autoguidé.*

auto-immun, une adj. - 1973 ▪ *Maladie auto-immune,* atteignant des individus qui synthétisent des anticorps dirigés contre leurs propres protéines.

auto-induction n. f. - XIXe ▪ Induction produite dans un réseau électrique par les variations du courant qui le parcourt. ⇒ **self-induction.**

auto-infection n. f. - XIXe ▪ Infection par des éléments déjà présents dans l'organisme.

auto-intoxication n. f. - XIXe ▪ Troubles produits par la mauvaise élimination des toxines. *Auto-intoxication urémique.*

autolubrifiant, iante adj. - déb. XXe ▪ Se dit d'une pièce mécanique constituée d'un matériau dont la composition assure la lubrification.

autolyse n. f. - 1903 ; *auto-* et *-lyse* 1 Destruction des tissus par leurs enzymes. 2 sc. Suicide.

automate n. m. - XVIe ; gr. *automatos* « qui se meut de soi-même » 1 Appareil mû par un mécanisme intérieur et imitant les mouvements d'un être vivant. ⇒ **robot.** « *combien de divers automates, ou machines mouvantes, l'industrie des hommes peut faire sans y employer que fort peu de pièces* » (Desc.). ♦ (des personnes) « *Je marchais comme un automate* » (Duham.). ⇒ **marionnette, pantin.** « *Gestes d'automate : te lever, te laver, te raser, te vêtir* » (Perec). 2 Structure mathématique constituée d'un ensemble de règles définissant les états et les transitions d'un processus abstrait ou concret. ➛ *Automate programmable :* dispositif programmable, à base de microprocesseurs, destiné au contrôle d'automatismes industriels.

automaticien, ienne n. - v. 1960 ▪ Spécialiste de l'automatique et de l'automatisation.

automaticité n. f. - 1906 ▪ Caractère de ce qui est automatique. ⇒ **automatisme.**

automatique adj. et n. - XVIIIe ; de *automate* I adj. 1 Qui s'accomplit sans la participation de la volonté. ⇒ **inconscient, involontaire, machinal, mécanique, réflexe, spontané.** *Les gestes automatiques du somnambule. Un rire* « *intermittent et presque automatique, de l'enfance* » (Proust). 2 Qui, une fois mis en mouvement, fonctionne de lui-même ; qui opère par des moyens mécaniques. *Boîte de vitesses automatique* (opposé à *mécanique*). *Arme automatique,* dans laquelle la pression des gaz de combustion est utilisée pour réarmer. « *Le matelot sortit un pistolet automatique* » (Morand). 3 Qui s'accomplit avec une régularité déterminée. *Prélèvement automatique du montant d'une facture.* 4 fam. Qui doit forcément se produire. ⇒ **forcé, sûr.** *Augmentez son salaire, il sera content, c'est automatique.* ⇒ ② **logique.** « *le déshonneur automatique et la honte inexpiable* » (Céline). II n. m. Pistolet automatique. ⇒ **browning.** ♦ Réseau téléphonique automatique, sans intervention de standardiste. III n. f. Ensemble des disciplines scientifiques et des techniques utilisées pour la conception de la commande et du contrôle des processus. ⇒ **informatique, cybernétique, robotique.** ✪ CONTR. Délibéré, volontaire. Aléatoire

automatiquement adv. - XIXe 1 *La distribution se fait automatiquement.* ⇒ **mécaniquement.** 2 D'une manière déterminée d'avance. *Il changera automatiquement d'échelon au bout de trois ans d'ancienneté.* ♦ *J'ai répondu « non » automatiquement,* sans réfléchir. ⇒ **machinalement.** 3 fam. Par voie de conséquence, d'une manière quasi automatique. ⇒ **fatalement, forcément, inévitablement, logiquement, obligatoirement.** *Si vous ne mettez pas d'engrais, automatiquement la récolte sera médiocre.* ✪ CONTR. Délibérément. Éventuellement.

❑ *Automatiquement* au sens d'« obligatoirement » est devenu très courant aux dépens des synonymes traditionnels ; cet abus est critiqué, toutes les conséquences n'étant pas « automatiques ».

automatisation n. f. - XIXe 1 Utilisation de machines pour la réalisation d'un programme de travail, l'intervention humaine étant réduite à l'établissement du programme. 2 Transformation d'un procédé ou d'une installation en vue de les rendre automatiques. *Automatisation d'une imprimerie.*

automatiser v. tr. [1] - XVIIIe ▪ Rendre automatique. ➛ *Automatiser le poinçonnage des billets de transport.*

automatisme n. m. - XVIIIe 1 Accomplissement de mouvements, d'actes sans participation de la volonté ; activité d'un organe sans intervention du système nerveux central. *Automatisme du centre respiratoire.* ♦ Activité rendue automatique par habitude. « *se soumettre aux automatismes profitables, c'est connaître ses limites et s'y résigner* » (Mauriac). *Automatismes professionnels.* 2 sc. Dispositif destiné au contrôle et à la régulation de processus. *Un automatisme séquentiel.* 3 Régularité dans l'accomplissement de certains actes, le déroulement d'événements. *Automatisme d'un processus économique.* ♦ Processus ou procédé automatique. ⇒ **habitude, réflexe.** « *On peut parler sans penser. Il y a pour cela à notre disposition les clichés, c'est-à-dire les automatismes* » (Ionesco). ✪ CONTR. Hasard. Improvisation.

automédication n. f. - 1966 ▪ Emploi de médicaments sans prescription médicale.

automitrailleuse n. f. - 1906 ; de *auto* n. f. et *mitrailleuse* ▪ Voiture blindée armée de mitrailleuses.

automnal, ale, aux [ɔtɔnal ; otɔnal, o] adj. - XIIe ▪ D'automne. *Les brumes automnales.* « *des feuillages automnaux* » (Proust).

automne [ɔtɔn ; otɔn] n. m. - XIIIe ; lat. *autumnus* 1 Saison qui succède à l'été et précède l'hiver, caractérisée par le déclin des jours, la chute des feuilles (dans le climat de la zone tempérée nord : 22/23 septembre-21 décembre). *Équinoxe d'automne.* « *les grands souffles d'automne emportant les feuilles roussies* » (Gide). « *Tes jours, sombres et courts comme des jours d'automne* » (Lamart.). 2 Symbole de maturité ou de déclin. *L'automne de la vie.* ✪ CONTR. Printemps ; jeunesse.

❑ Seul mot terminé par ...*mne* où l'on n'entend pas le *m* (comparez à *indemne, hymne*).

automobile adj. et n. f. - XIXe ; *auto-* et *-mobile* 1 adj. Qui est mû par un moteur. *Chemin de grande randonnée interdit aux véhicules automobiles.* « *dans le vrombissement des canots automobiles* » (Beauv.). 2 n. f. Véhicule routier généralement à quatre roues, progressant de lui-même à l'aide d'un moteur, à l'exclusion des grands véhicules utilitaires et de transport collectif. ⇒ **auto, voiture.** « *En cette fin de 1908, les* *cochers raillent encore les pannes d'automobiles* » (Romains). ♦ La conduite des automobiles, le sport ; les activités économiques liées à la construction, à la vente des automobiles. *Salon de l'automobile.* **3** adj. Relatif aux automobiles, aux voitures. *Construction, industrie, parc automobile. Compétition, course automobile.*

❑ *Automobile* n'est vraiment courant que comme adjectif et dans *Salon de l'automobile* (on ne dit pas *de la voiture*).

automobilisme n. m. – XIXᵉ ▪ Tout ce qui concerne l'automobile.

automobiliste n. – XIXᵉ ▪ Personne qui conduit une automobile. ⇒ **conducteur.**

automorphisme n. m. – v. 1949 ; gr. *morphê* « forme » ▪ Isomorphisme d'un ensemble sur lui-même. *Automorphisme de groupe, d'anneau.*

automoteur, trice adj. et n. – XIXᵉ **1** Qui se déplace à l'aide d'un moteur. ⇒ **autotracté.** *Tondeuse automotrice.* **2** n. m. Péniche à moteur. **3** n. f. Petit train électrique rapide pour les courtes distances.

automutilation n. f. – 1910 ▪ Mutilation qu'on s'inflige à soi-même.

autoneige n. f. – 1934 ; de *auto* n. f. et *neige* ▪ (Canada) Véhicule automobile monté sur chenilles pour circuler sur la neige.

autonettoyant, ante adj. – 1973 ▪ *Four autonettoyant :* four qui brûle les dépôts graisseux par pyrolyse ou catalyse.

autonome adj. – XVIIIᵉ ; gr. *nomos* « loi » **1** Qui s'administre lui-même. *Gouvernement autonome.* ⇒ **indépendant, libre, souverain.** ➛ Qui est administré par une collectivité autonome. *Port autonome.* **2** Qui se détermine selon des règles librement choisies. ⇒ **libre.** ➛ Qui ne dépend de personne. *Mener une vie autonome.* **3** *Gestion autonome,* dans une entreprise où chaque unité de production est considérée comme autonome. **4** Qui n'est pas connecté à un calculateur central ; qui est indépendant des autres éléments d'un système. *Unité autonome.* ✪ CONTR. Dépendant.

autonomie n. f. – XVIᵉ **1** Droit de se gouverner par ses propres lois. ⇒ **indépendance, liberté, self-government.** « *L'Occident qui en dix ans a donné l'autonomie à une douzaine de colonies* » (Camus). « *Autonomie ou intégration ? Eh bien les deux routes demeurent ouvertes* » (Mauriac). *Autonomie administrative, communale.* ⇒ **décentralisation, personnalité.** ➛ *Autonomie financière :* gestion financière indépendante. **2** Droit pour l'individu de déterminer librement les règles auxquelles il se soumet. ➛ Liberté, indépendance matérielle ou intellectuelle. *Elle tient à son autonomie.* **3** Distance que peut franchir un véhicule, un avion, un navire sans être ravitaillé en carburant. *Une autonomie de vol de six mille kilomètres.* ➛ *L'autonomie d'un appareil électrique sans fil.* ✪ CONTR. Dépendance, tutelle.

autonomisation n. f. – 1980 ▪ Fait de devenir autonome. *L'autonomisation des adolescents.*

autonomiste n. – XIXᵉ ▪ Partisan de l'autonomie (en matière politique). ⇒ **indépendantiste, nationaliste, sécessionniste, séparatiste.** « *il me parle du grand nombre d'autonomistes bretons* » (Green). ➛ adj. *Mouvement autonomiste.*

autonyme adj. – 1957 ; *auto-* et *-onyme* ▪ Qui se désigne lui-même comme signe dans le discours (ex. « *très* » dans *très est un adverbe*). ➛ n. m. Mot autonyme. ⇒ **métalangage.**

❑ Attention à l'écriture manuscrite où l'on peut confondre avec *antonyme* « mot de sens contraire », les contextes étant les mêmes.

autonymie n. f. – 1970 ▪ Caractère d'un mot, d'un énoncé autonyme.

autopalpation n. f. – 1978 ▪ Palpation par soi-même. *Autopalpation des seins pour détecter une tumeur.*

autoplastie n. f. – XIXᵉ ; *auto-* et *-plastie* ▪ Implantation chirurgicale de greffon provenant de l'individu même. ⇒ **autogreffe.**

autopompe n. f. – 1928 ; de *auto* n. f. ▪ Camion équipé d'une pompe à incendie actionnée par le moteur (⇒ **motopompe**).

autoporteur, euse adj. – 1957 ▪ Dont la stabilité est assurée par la forme (sans support). *Voûte autoporteuse.*

❑ On dit aussi *autoportant, ante.*

autoportrait n. m. – 1928 ▪ Portrait d'un dessinateur, d'un peintre exécuté par lui-même. *Les autoportraits de Goya.*

autopropulsé, ée adj. – v. 1950 ▪ Qui est propulsé par ses propres moyens, se dirige sans pilote. ⇒ **autoguidé.** *Engin autopropulsé.*

autopropulsion n. f. – 1932 ▪ Propulsion d'engins par un dispositif automatique.

autopsie n. f. – XVIᵉ ; gr. *autopsia* « action de voir de ses propres yeux » **1** Examen de toutes les parties d'un cadavre (notamment pour déterminer les causes de la mort). « *Je demande qu'on fasse mon autopsie et je souhaite qu'elle rende service à la cause de la science* » (Duham.). *Les résultats de l'autopsie.* **2** littér. Examen attentif, approfondi. ⇒ **analyse, dissection.**

❑ Mot de la même famille : *biopsie* (radical *-ops-* « vue »).

autopsier v. tr. [7] – XIXᵉ ▪ Faire l'autopsie de. ➛ fig. « *C'est cette idée de virilité* [...] *qu'il faudrait autopsier* » (Tournier).

autopunition n. f. – 1926 ▪ Conduite par laquelle le sujet prévient ou atténue un sentiment de culpabilité en s'infligeant une punition.

autoradio adj. inv. et n. m. – 1956 ; de *auto* n. f. et *radio* n. f. ▪ *Poste autoradio :* poste de radio conçu pour être fixé sur le tableau de bord d'une automobile. *Des postes autoradio.* ➛ n. m. *Des autoradios extractibles.*

❑ On entend souvent *une autoradio,* ce qui est plus logique. → autoroute (rem.).

autoradiographie n. f. – 1906 ▪ SC. Détection de l'image créée sur un film photographique par des molécules marquées radioactives.

autorail n. m. – 1928 ; de *auto* n. f. ▪ Véhicule automoteur pour le transport sur rail.

autoréglage n. m. – 1932 ▪ Propriété d'un appareil, d'une installation qui retrouve automatiquement son régime fonctionnel après une perturbation. ⇒ **autorégulation.**

autorégulateur, trice adj. – XIXᵉ ▪ Qui produit une autorégulation. *Mécanismes biologiques autorégulateurs.*

autorégulation n. f. – XIXᵉ ▪ Régulation par l'organisme, par l'ensemble fonctionnel lui-même, sans intervention extérieure. *Autorégulation de la glycémie.*

autorisation n. f. – XVᵉ **1** Action d'autoriser. *L'autorisation de qqn,* donnée par qqn. ⇒ **accord, consentement, permission.** ♦ Droit accordé par la personne qui autorise. *J'ai l'autorisation de sortir.* ⇒ **permission.** *Demander une autorisation.* « *J'obtiens de mes chefs l'autorisation de partir* » (Loti). *Donner, refuser une autorisation.* **2** Acte, écrit par lequel on autorise.

⇒ **permis.** « *aller chercher une autorisation de mariage chez le curé* » (Cendrars). *Autorisation de sortie du territoire,* pour les mineurs qui ne sont pas accompagnés de leurs parents. ✪ CONTR. ① Défense, interdiction.

autorisé, ée adj. – XIVe 1 Qui fait autorité, est digne de créance. ⇒ **compétent, qualifié.** *Les milieux autorisés démentent la nouvelle.* ⇒ **officiel.** « *Le plus autorisé de nos érudits d'ici, en matière généalogique* » (Sainte-Beuve). 2 Qui a reçu autorité ou autorisation. *Association autorisée. Je me crois autorisé à dire que...* ⇒ **fondé.** 3 Qui est permis. *Stationnement autorisé.* ✪ CONTR. Illicite, ① interdit.

autoriser v. tr. [1] – XIIe ; lat. *auctor* « garant » 1 littér. Donner de l'autorité, du crédit à. ⇒ **accréditer, justifier.** « *Ils ne se servent de la pensée que pour autoriser leurs injustices* » (Volt.). 2 *AUTORISER (QQN) À :* accorder à (qqn) un droit, une permission. *Autoriser qqn à faire qqch.* « *à moins que vous ne m'autorisiez à plaider votre cause* » (Camus). *Si vous m'y autorisez.* par euphém. (quand qqn est dans son tort) *Qui vous a autorisé à vous installer ici ?* ♦ Donner le droit, la faculté, la possibilité. ⇒ **permettre.** *Rien ne vous autorise à croire cela.* 3 *AUTORISER (QQCH.) :* rendre licite. *Autoriser les sorties.* ⇒ **permettre, tolérer.** « *Les catholiques autorisent ce singulier usage* » (Rouss.). *Elle s'est autorisé un peu de repos,* elle se l'est accordé. ♦ Rendre possible. « *Je suis passionné pour la vérité et pour les mensonges qu'elle autorise* » (Renard). 4 v. pron. *S'AUTORISER DE :* s'appuyer sur une autorité, prendre prétexte pour. « *cela créait un précédent dont il s'autorisa pour s'introduire* » (Gide). *Je m'autorise de votre bienveillance pour...* ✪ CONTR. Défendre, empêcher, interdire.

autoritaire adj. – XIXe 1 Qui aime l'autorité ; qui en use ou abuse. *Une politique autoritaire. Régime autoritaire.* ⇒ **absolu, absolutiste, dictatorial.** 2 Qui aime à être obéi. *Homme autoritaire.* ⇒ **despotique, intransigeant, tyrannique.** *Elle est trop autoritaire avec ses enfants. Ton autoritaire,* qui n'admet pas la contradiction. ⇒ **impérieux.** ✪ CONTR. Doux, conciliant, faible ; libéral.

autoritarisme n. m. – XIXe ▪ Caractère d'un régime, d'un gouvernement autoritaire. ♦ Caractère, comportement d'une personne autoritaire. ⇒ **autorité.** ✪ CONTR. Libéralisme.

> ❑ L'*autorité* est considérée comme positive, alors que l'*autoritarisme* est nettement négatif.

autorité n. f. – XIIe ; lat. *auctor* « auteur » 1 Droit de commander, pouvoir d'imposer l'obéissance. ⇒ **commandement, domination, force, puissance, souveraineté.** *L'autorité suprême. L'autorité du chef de l'État. Autorité parentale. Autorité absolue, sans limite. Imposer son autorité.* « *par manque d'autorité naturelle, on cherche à régner par la terreur* » (Gide). *Être sous l'autorité de qqn. Abus d'autorité.* ➝ *Autorité de justice :* pouvoir permettant aux juges d'ordonner des mesures. ♦ *DE L'AUTORITÉ DE... Agir de sa propre autorité,* sans autorisation. ➝ *D'AUTORITÉ :* sans tolérer de discussion ; sans consulter personne. *Il lui avait donné, d'autorité, une tâche impossible.* abrév. fam. *D'AUTOR* [dɔtɔʀ]. 2 Les organes du pouvoir. *Les représentants de l'autorité.* ⇒ **gouvernement ; administration.** *L'autorité législative, administrative, militaire.* ♦ *LES AUTORITÉS :* les personnes qui exercent l'autorité. *Les autorités civiles, militaires, religieuses.* ⇒ **dignitaire, officiel.** « *Les autorités françaises ont estimé que cette répression mettait un point final à la rébellion* » (Camus). 3 Force obligatoire, exécutoire d'un acte de l'autorité publique. *Autorité des lois. Autorité de la chose jugée :* présomption de vérité qui s'attache à ce qui a été définitivement jugé. 4 Attitude autoritaire ou très assurée. *Il* « *luttait contre la timidité par des effets d'autorité tranchante* » (Maurois). ⇒ **assurance.** 5 Pouvoir de se faire obéir. *Avoir beaucoup d'autorité. Des parents sans autorité.* 6 Supériorité de mérite ou de séduction qui impose l'obéissance, le respect, la confiance. ⇒ **considération, crédit, influence, poids, prestige, réputation.** *L'autorité dont il jouit.* ⇒ ② **ascendant.** ➝ Le fait de s'imposer, de servir de référence, de règle, par le mérite reconnu. « *Invoquerai-je contre vous l'autorité des deux Testaments ?* » (France). *L'autorité de l'imprimé.* ♦ *FAIRE AUTORITÉ :* s'imposer auprès de tous comme incontestable, servir de règle dans un domaine (⇒ **autorisé).** *Un historien, un ouvrage qui fait autorité.* 7 Personne qui fait autorité. *C'est une autorité en volcanologie.* ✪ CONTR. Démission, mollesse.

autoroute n. f. – 1927 ; de *auto* n. f. 1 Large route à double chaussée, réservée aux véhicules automobiles, sans croisements ni passages à niveau. *Autoroute à péage. Autoroute à quatre voies. Bretelle d'autoroute. Aires de repos d'une autoroute.* 2 fig. *Autoroute de l'information :* réseau à large bande et haut débit transportant des informations de l'usager vers le distributeur de services ou la banque de données, et réciproquement. ⇒ **inforoute.**

> ❑ On a dit *un autoroute.* L'*autoroute* étant *une route,* il vaut mieux mettre le mot au féminin.

autoroutier, ière adj. – 1957 ▪ Qui concerne les autoroutes. *Réseau autoroutier.*

autosatisfaction [otosatisfaksjɔ̃] n. f. – 1963 ▪ Contentement de soi. *Une autosatisfaction déplaisante.* ⇒ **suffisance, triomphalisme.**

autoscopie n. f. – 1902 ; *auto-* et *-scopie* 1 Hallucination par laquelle on croit se voir soi-même. 2 Technique pédagogique consistant à filmer et enregistrer un sujet qui peut ainsi analyser son comportement.

autos-couchettes adj. – 1962 ; de *auto* n. f. ▪ *Train autos-couchettes :* train de nuit transportant à la fois les voyageurs et leur voiture.

autosome n. m. – 1936 ; de *auto-* et *(chromo)some* ▪ Chromosome non sexuel.

auto-stop ou **autostop** n. m. – 1938 ; de *auto* n. f. et angl. *stop* ▪ Le fait d'arrêter une voiture pour se faire transporter gratuitement. ⇒ fam. **stop.** *Faire de l'auto-stop.*

> ❑ Cette pratique est importée des États-Unis où elle a un autre nom : *hitch-hiking.*

auto-stoppeur, euse ou **autostoppeur, euse** n. – 1953 ▪ Personne qui fait de l'auto-stop. « *Ici on ignore le geste du pouce levé des auto-stoppeurs européens* » (Tournier).

autosuffisance [otosyfizɑ̃s] n. f. – 1964 ▪ Capacité de subvenir à ses propres besoins (⇒ aussi **autarcie).** *Autosuffisance énergétique d'un pays.*

autosuffisant, ante [otosyfizɑ̃, ɑ̃t] adj. – v. 1970 ▪ Dans une situation d'autosuffisance.

autosuggestion [otosygʒɛstjɔ̃] n. f. – XIXe ▪ Suggestion exercée sur soi-même, volontairement ou non ; idée, sentiment qu'on se persuade peu à peu d'avoir.

autotomie n. f. – XIXe ; *auto-* et *-tomie* ▪ Mutilation réflexe d'une partie du corps chez certains animaux pour échapper à un danger, ou au cours d'un phénomène de régénération.

autotracté, ée adj. – 1968 ▪ Conçu pour être tracté par un dispositif intégré. *Tondeuse à gazon autotractée.*

autotransfusion n. f. – 1932 ▪ Injection à un sujet de son propre sang conservé.

autotrophe adj. – 1905 ; gr. *trophê* « nourriture » ■ Qui est capable d'élaborer ses propres substances organiques à partir d'éléments minéraux. *Les végétaux sont autotrophes à la différence des animaux.* ✪ CONTR. Hétérotrophe.

① **autour** adv. – XVe ; de *au* et ③ *tour* 1 loc. prép. *AUTOUR DE :* dans l'espace qui environne qqn, qqch. *Jeter ses bras autour du cou de qqn. Satellite qui tourne autour de la Terre. Ils se sont assis autour de la table. Regarder tout autour de soi.* ♦ Dans l'entourage, le voisinage. ⇒ **auprès, près.** « *Je réunis autour de moi une société d'écrivains* » (Chateaub.). ♦ *Il a autour de cinquante ans.* ⇒ **approximativement, environ.** 2 adv. Dans l'espace qui environne. ⇒ **alentour.** *La maison est isolée, il y a une épaisse forêt autour, tout autour.* ➛ *Il faut mettre de la ficelle autour.*

② **autour** n. m. – XIe ; lat. *accipiter* « épervier » ■ Oiseau rapace diurne *(falconiformes)* apprécié en fauconnerie. « *Parfois, les autours et les pies-grièches dévalaient doucement d'un pli des nuages* » (Giono).

autovaccin n. m. – 1926 ■ Vaccin préparé par culture des germes du malade lui-même.

autre adj., pron. et n. m. – XIe ; lat. *alter* **I** adj. 1 Qui n'est pas le même, qui est distinct. *Par l'autre bout.* « *Nous approuvons, pour une idée, un système, un intérêt, un homme, ce que nous blâmons pour une autre idée, un autre système, un autre intérêt, un autre homme* » (Chateaub.). *Bien d'autres, beaucoup d'autres choses encore. En un autre lieu.* ⇒ **ailleurs.** *C'est une autre question, une autre histoire. Je ne vois aucun autre moyen. Il y a deux autres possibilités. Avez-vous trouvé quelque autre solution ? Il n'a pas réalisé d'autre film que celui-là.* loc. *Autre temps, autres mœurs.* ➛ *SANS AUTRE :* sans plus de..., sans (chose) supplémentaire. *On verra, dit-il sans autre commentaire.* ➛ *Une autre fois, un autre jour :* à un autre moment ; un peu plus tard. *D'autres fois :* à d'autres moments. ➛ *L'autre fois, l'autre jour :* dans le passé plus ou moins récent. ➛ *Tomates, carottes, artichauts et autres légumes.* 2 Qui n'est pas le même tout en étant très semblable. *C'est un autre Versailles. C'est un autre moi-même.* ⇒ **alter ego.** ♦ La même (chose) une seconde fois. « *Je boirais bien un autre demi* » (Queneau). *Elle veut un autre enfant.* 3 Différent par quelque supériorité. *C'est un tout autre écrivain.* 4 *AUTRE CHOSE. C'est autre chose, c'est tout autre chose :* c'est différent. *Parlons d'autre chose. C'est cela, et pas autre chose.* 5 Qui est devenu différent de ce qu'il était. « *Le monde peut être autre [...] selon que nous l'aménageons et gouvernons* » (Alain). *Devenir autre.* « *Il était jeune, et elle aussi ; elle est tout autre* » (Pasc.). 6 fam. (renforçant *nous, vous*) *Nous autres, nous partons.* **II** pron. 1 Quelqu'un, quelque chose de différent. *Prendre qqn pour un autre, une chose pour une autre.* « *le premier abus toléré en amène un autre* » (Rouss.). *Il en aime une autre.* « *J'aime mieux te voir crevée que de te voir à un autre* » (Mol.). « *L'enfer, c'est les autres* » (Sartre). ⇒ **autrui.** loc. *Cela n'arrive qu'aux autres :* on ne se croit pas concerné. ♦ fam. *L'autre, cet autre,* désigne avec mépris une personne. ➛ loc. *Comme dirait l'autre, comme dit l'autre :* comme on dit. ➛ *À d'autres !* allez raconter ça à des gens plus crédules. « *Tomber amoureuse d'un type comme ça, à d'autres !* » (Beauv.). ♦ *Qui d'autre proposez-vous ? Quoi d'autre ? Quelqu'un d'autre. Aucun autre. Nul autre. Personne d'autre. Rien d'autre.* ➛ *ENTRE AUTRES :* parmi plusieurs. *J'ai visité les cathédrales d'Espagne, entre autres celle de Tolède.* ♦ *D'AUTRES :* d'autres choses. loc. *Il n'en fait jamais d'autres :* il fait toujours les mêmes sottises. *J'en ai vu bien d'autres ! Parler de choses et d'autres.* 2 *Un autre :* un de plus, encore un. *Il n'y a pas assez de verres, apportez-en d'autres, deux autres, plusieurs autres.* 3 *L'UN... L'AUTRE ; LES UNS... LES AUTRES.* « *L'un commandait le respect, l'autre cherchait à l'obtenir* » (Balz.). *Aller de l'une à l'autre.* littér. *D'un château l'autre* (Céline). ➛ *L'UN ET L'AUTRE :* les deux ou l'un aussi bien que l'autre. *L'un et l'autre sont venus.* « *Une singularité que j'ai observée chez l'un et chez l'autre* » (Valéry). *L'un comme l'autre. Les uns et les autres :* tout le monde sans distinction. ➛ *L'UN OU L'AUTRE. Être toujours chez l'un ou chez l'autre :* être souvent en visite. ➛ loc. *C'est l'un ou c'est l'autre :* il faut choisir, on ne peut avoir les deux. *C'est tout l'un ou tout l'autre :* il n'y a pas de milieu. ➛ *NI L'UN NI L'AUTRE. Ils ne sont venus ni l'un ni l'autre.* ♦ *Aimez-vous les uns les autres.* ♦ *L'UN... L'AUTRE* « *Il aurait dû nous présenter l'un à l'autre* » (Sartre). *Marcher l'un à côté de l'autre, à côté l'un de l'autre, l'un derrière l'autre. Jamais l'un sans l'autre.* « *Mais voici l'heure du danger. Alors on s'épaule l'un l'autre* » (St-Exup.). ➛ loc. *L'un dans l'autre :* tout compte fait. **III** n. m. *L'AUTRE.* Ce qui n'est pas le sujet, ce qui n'est pas moi, nous. « *L'autre est indispensable à mon existence* » (Sartre). ⇒ **autrui.** *L'autre a droit à la différence.* ✪ CONTR. Même ; identique, pareil, semblable.

❑ On mettait autrefois le verbe au singulier avec *l'un et l'autre :* « *l'un et l'autre approcha, ne craignant nulle chose* » (La Fontaine). ♦ Pour l'accord de *tout autre* → tout. ♦ *L'autre* a tendance à remplacer *autrui, le prochain,* termes un peu vieillis : *respecter l'autre, accepter l'autre.*

autrefois adv. – XIIe ■ Dans un temps passé. ⇒ **anciennement, jadis.** « *une nation autrefois si puissante* » (Chateaub.). « *ce n'est plus la ville chinoise d'autrefois* » (Claudel). ⇒ **antan** (d'). ✪ CONTR. Aujourd'hui, encore, maintenant.

autrement adv. – XIe 1 D'une façon autre, d'une manière différente. ⇒ **différemment.** « *Il ne peut en être autrement* » (Valéry). « *Il agit autrement qu'il parle ou qu'il ne parle* » (ACAD.). ♦ *AUTREMENT DIT, autrement appelé, autrement.* ⇒ **alias.** « *George Sand, autrement Madame Dudevant* » (Chateaub.). ➛ En d'autres termes. ⇒ **c'est-à-dire.** *Elle ne rentre pas dîner, autrement dit nous dînerons seuls.* 2 Dans le cas contraire. ⇒ **sinon.** *Faites attention, autrement vous aurez affaire à moi.* 3 *PAS AUTREMENT :* pas beaucoup. ⇒ **guère, peu.** *Je ne m'en étonne pas autrement.* 4 Bien plus. ⇒ **plus ; beaucoup.** *Celui-ci est autrement intéressant.* ♦ *C'est autrement plus utile.* « *un merveilleux autrement plus vaste* » (Mart. du G.).

❑ *Autrement plus* a été condamné par Gide qui conseille le choix entre *bien plus* et *autrement.*

autrichien, ienne adj. et n. – XVIe ■ D'Autriche. *Le schilling autrichien.* ➛ *L'Autrichienne :* la reine Marie-Antoinette.

autruche n. f. – XIIe ; gr. *strouthiôn* 1 Oiseau coureur d'Afrique *(struthioniformes),* le plus grand des oiseaux actuels. « *coiffé d'un chapeau à plumes d'autruche* » (Maupass.). ♦ loc. *Avoir un estomac d'autruche :* digérer n'importe quoi. *La politique de l'autruche,* qui refuse de voir le danger. *Le « bonheur, qui est pour une grande part paix de l'esprit et qui fait toujours l'autruche »* (R. Gary). 2 Peau tannée de cet oiseau. *Chaussures en autruche.*

autrui pron. – XIe ; cas régime de *autre* ■ Un autre, les autres hommes. ⇒ **prochain.** *Agir pour le compte d'autrui. Voler le bien d'autrui. L'amour d'autrui* (⇒ **altruisme**). « *L'on ne prête à autrui que les sentiments dont l'on est soi-même capable* » (Gide).

❑ *Autrui* n'est plus un mot courant. → autre (rem.).

autunite n. f. – XIXe ; de *Autun* ■ Phosphate naturel d'uranium et de calcium.

auvent n. m. – XIIe ; crois. du celt. *talo-penno* et du lat. *alapa* ▪ Petit toit en saillie. ⇒ **abri, avant-toit.** *Auvent vitré.* ⇒ **marquise.**

auvergnat, ate adj. et n. – XIIIe ▪ D'Auvergne. *Bourrée auvergnate.* ➡ n. m. Les parlers dialectaux d'Auvergne.

aux → **à** et ① **le**

auxiliaire adj. et n. – XVIe ; lat. *auxilium* « secours » **1** Qui agit, est utilisé en second lieu, à titre de secours. ⇒ **accessoire, adjoint, annexe, complémentaire, second.** *Force auxiliaire,* qui s'ajoute à une autre pour la fortifier. ➡ *Moteur auxiliaire.* ➡ *Personnel auxiliaire. Le service auxiliaire de l'Armée. « Hubert était mobilisé dans les services auxiliaires »* (Mauriac). ➡ *Maître auxiliaire.* **2** n. Personne qui aide en apportant son concours. ⇒ **adjoint, assistant, collaborateur.** *Une précieuse auxiliaire.* ♦ *Auxiliaires d'une armée :* combattants qui ne font pas partie d'une armée régulière. ♦ Employé recruté à titre provisoire par l'Administration. ⇒ **vacataire.** ♦ *Auxiliaire de justice* (avocat, huissier...). *Auxiliaires hospitaliers.* **3** *Verbes auxiliaires, les auxiliaires :* formes verbales réduites à la fonction grammaticale de formation des temps composés des verbes. Avoir *et* être *sont les auxiliaires purs. Semi-auxiliaires :* verbes qui servent à construire des formes composées mais gardent un sens (venir, aller, devoir, faire, laisser). **4** n. m. pl. Machines non motrices, dans un bateau. ✪ CONTR. Adverse, contraire. Principal, titulaire.

auxiliairement adv. – XIXe ▪ rare D'une manière auxiliaire. ⇒ **accessoirement.**

auxine n. f. – v. 1931 ; gr. *auxein* « accroître » ▪ Hormone végétale qui régit la croissance longitudinale d'une plante, celle des bourgeons et la formation des racines.

auxotrophe n. m. et adj. – 1956 ; gr. *auxein* « accroître » et *trophê* « nourriture » ▪ sc. Mutant ne pouvant se développer dans un milieu où croît le type sauvage dont il dérive.

auxquels, auxquelles → **lequel**

avachi, ie adj. – XVIe **1** Devenu informe pour avoir été trop porté. ⇒ **déformé, fatigué,** ① **flasque.** *Chaussures avachies.* **2** Sans aucune énergie, sans fermeté. ⇒ ① **mou ; amorphe, indolent, veule.** *« Aujourd'hui tassée, avachie, elle portait ses soixante-cinq ans en matrone »* (Zola).

avachir v. tr. [2] – XVe ; germ. *°vaikjan* « amollir », avec infl. de *vache* **1** rare Rendre mou, flasque. ⇒ **amollir, déformer, ramollir. 2** v. pron. Devenir mou, flasque. ⇒ **s'affaisser, s'aplatir,** se **déformer.** *Ces souliers commencent à s'avachir.* ➡ fam. Se laisser aller physiquement et moralement.

> ❑ Au XIXe s., *être vache* avait ce dernier sens, inconnu de nos jours, qui explique le sens du verbe.

avachissement n. m. – XIXe ▪ Action de s'avachir. État de ce qui est avachi. *« un peu d'embonpoint, un certain avachissement de la chair et de l'esprit »* (Romains).

① **aval** n. m. – XIe ; de *à* et *val* **1** Le côté vers lequel descend un cours d'eau ; la partie inférieure d'un cours d'eau, d'une vallée. *Des avals.* ♦ Côté de la vallée. *Ski aval.* **2** loc. prép. EN AVAL DE : au-delà, en descendant la pente ; vers la mer. *« Il n'eut pas même un regard, ni en amont ni en aval, pour la rivière lente et limpide »* (Zola). *En aval de Rouen.* **3** Ce qui vient après le point considéré, dans un processus. ➡ *Si la production se ralentit, cela créera des problèmes en aval.* ✪ CONTR. Amont.

② **aval** n. m. – XVIIe ; ar. *hawâla* « mandat » **1** Engagement par lequel une personne s'oblige à payer un effet de commerce en cas de défaillance du débiteur principal. ⇒ **caution, garantie.** *Bon pour aval.* **2** Soutien, caution. ⇒ **accord.** *Donner son aval à une politique.*

avalanche n. f. – XVIe ; bas lat. *labina* « glissement de terrain » **1** Masse de neige qui se détache d'une montagne. *Chien d'avalanche,* dressé pour retrouver les personnes enfouies sous une avalanche. ➡ Chute de cette masse de neige. *Risque d'avalanche au moment du redoux. Couloir d'avalanche. Cône d'avalanche :* masse de débris transportés par l'avalanche. **2** Grande quantité qui tombe. *une avalanche de coups.* ⇒ **déluge, pluie.** *« une avalanche de malheurs ou de maladies se succédant sans interruption »* (Proust). *« lâchant des avalanches de paperasses »* (Courtel.). **3** Multiplication d'ions dans un gaz par collision du premier ion avec des atomes ou molécules neutres. ➡ Augmentation brutale, à partir d'un certain seuil de tension, du courant dans une jonction semi-conductrice.

avalancheux, euse adj. – 1927 **1** Susceptible de provoquer une avalanche. **2** Se dit d'un lieu où il se produit des avalanches. *Couloir avalancheux.*

avalant, ante adj. et n. m. – XVe ; de *avaler* « descendre » ▪ En parlant d'un bateau, Qui descend le cours d'une rivière. ⇒ ① **aval.** ✪ CONTR. Montant.

avaler v. tr. [1] – XIe ; de ① *aval* **1** Faire descendre par le gosier. ⇒ **absorber,** ① **boire, ingérer, ingurgiter,** ① **manger.** *Avaler d'un trait. « je n'avalais quelques bouchées qu'au prix de grands efforts »* (Gide). *Je n'ai plus faim, je ne peux plus rien avaler. « Il avala sa salive et s'apprêta à poursuivre son discours »* (Mac Orlan). ➡ *Avaler de travers,* l'épiglotte ayant laissé passer des particules alimentaires dans la trachée. ➡ *Avaler la fumée de sa cigarette.* ➡ *Avaler ses mots en parlant :* ne pas prononcer toutes les syllabes. ♦ fam. *Avoir avalé sa langue :* rester obstinément silencieux. ➡ *Il a l'air d'avoir avalé son parapluie :* il est très guindé. *Avaler la pilule :* supporter sans protester une chose désagréable. ➡ fam. *Avaler son acte (son bulletin) de naissance :* mourir. **2** Absorber, s'approprier. ⇒ **dévorer.** *Avaler un livre,* le lire avec avidité. **3** Accepter sans critique. ⇒ **croire ;** fam. **gober.** *« Ça n'est pas un bobard ? On peut vous faire avaler n'importe quoi »* (Sartre). ➡ Supporter. *C'est un peu dur à avaler.*

> ❑ Dérivé de ① *aval,* ce verbe a d'abord signifié « descendre (notamment un cours d'eau) ». → avalant.

avaleur, euse n. – XVe ▪ *Avaleur de sabres :* saltimbanque qui introduit (ou fait mine d'introduire) une lame par le gosier dans son tube digestif.

avaliser v. tr. [1] – XIXe ; de ② *aval* ▪ Donner son aval, cautionner par un aval. *Avaliser un effet de commerce.* ♦ Appuyer, donner caution à. *Avaliser une décision.*

avaliseur, euse adj. et n. – 1934 ▪ Qui donne son aval.

à-valoir n. m. inv. – XVIIIe ▪ Paiement partiel. ⇒ **acompte, arrhes.**

avance n. f. – XIVe **1** Action d'avancer. ⇒ **avancée.** *Accroître, ralentir son avance.* ⇒ ② **marche, progression.** *« les péripéties et les arrêts de l'avance allemande en Russie »* (Duham.). **2** Espace qu'on a parcouru avant qqn, distance qui en sépare. *Le premier coureur a cent mètres d'avance sur le second.* ♦ Anticipation sur un moment prévu. *Avoir une heure d'avance.* ➡ *Avance à l'allumage :* anticipation du déclenchement de l'allumage dans un moteur à explosion. ♦ (Belgique) *Il n'y a pas d'avance :* cela n'avance à rien. **3** loc. adv. À L'AVANCE : avant le moment fixé ; par anticipation. *Tout a été préparé à l'avance.* ⇒ ① **avant.** *« le patron va jusqu'à déterminer à l'avance les gestes et les conduites du travailleur »*

(Sartre). ♦ *D'AVANCE :* avant le temps, avant un moment quelconque. *Merci d'avance.* « *On sait d'avance ce qu'on va se dire* » (Muss.). ♦ *EN AVANCE :* avant le temps fixé, l'horaire prévu. « *Arriver toujours en avance* [...] *c'est une forme de l'inexactitude* » (Duham.). ➛ Avancé dans son développement. *Il est en avance pour son âge.* ⇒ **précoce.** *Il a des idées très en avance pour son époque.* ⇒ **avancé, évolué.** ♦ *PAR AVANCE :* à l'avance ; d'avance. « *Prédestiné signifie destiné par avance au bonheur ou au malheur* » (Balz.). 4 Somme versée par anticipation. *Faire une avance sur salaire. Avance sur commande.* ⇒ **acompte, arrhes, provision.** ➛ Crédit, prêt à court terme. *Avance bancaire.* ⇒ **crédit,** ② **découvert, escompte, facilité** (de caisse), ② **prêt.** *Avance sur créance :* prêt garanti par le gage d'une créance. *Avance sur recette pour la réalisation d'un film.* 5 *AVANCES :* premières démarches auprès d'une personne pour nouer ou renouer des relations avec elle. ⇒ **approche.** *Répondre aux avances de qqn.* ➛ (domaine amoureux) *C'est elle qui lui a fait des avances.* ✪ CONTR. Recul, repli, ① retraite. Arrêt. Retard.

avancé, ée adj. – XVIe 1 Qui est en avant. « *ce baobab était la sentinelle avancée d'une forêt de même essence* » (Tournier). *Poste avancé.* 2 Dont une grande partie est écoulée. *La saison est déjà bien avancée.* « *Il atteint sans défaillances un âge très avancé* » (Gide). 3 Qui est en avance sur les autres. *Une végétation avancée pour la saison.* ➛ Précoce. « *Je puis dire que j'étais bien avancé pour mon âge* » (Lesage). ♦ *Civilisation avancée.* ⇒ **évolué, perfectionné.** ♦ D'avant-garde. *Idées avancées. Société libérale avancée.* 4 Qui se rapproche du terme, touche à sa fin. *Maladie à un stade très avancé.* ➛ *Vous voilà bien avancé !* ce que vous avez fait ne vous a servi à rien. « *Il serait bien avancé, quand il aurait attrapé un mauvais coup* » (Aragon). 5 Qui commence à se gâter. *Viande avancée.* ✪ CONTR. Arriéré, retard (en), retardataire. ① Frais.

avancée n. f. – XVIIIe 1 Ce qui avance, forme saillie. « *la façade tout en avancées et retraits* » (Morand). 2 La partie la plus avancée, l'extrémité d'une galerie qu'on creuse. 3 Partie de la ligne qui est près de l'hameçon. 4 Fait d'avancer. ⇒ ② **marche, progression.** *L'avancée de l'ennemi.* ⇒ **avance.** *Empêcher l'avancée de la marée noire.*

avancement n. m. – XIIe 1 État de ce qui avance, progresse. ⇒ **progrès.** *L'avancement des travaux.* 2 Progrès dans le domaine moral ou intellectuel. ⇒ **amélioration, développement.** « *il ne paraît pas que l'avancement des connaissances et la multiplicité des inventions aient beaucoup amélioré les mœurs* » (France). 3 Le fait de s'élever dans la voie hiérarchique ou dans celle des honneurs. ⇒ **promotion.** *Obtenir de l'avancement.* 4 *Avancement d'hoirie :* donation faite à un héritier présomptif, par anticipation. ✪ CONTR. Creux, renfoncement. Recul.

avancer v. 3 – XIIe **I** v. tr. 1 Pousser, porter en avant. *Avancer une chaise.* « *Il tendit la main, elle avança la sienne* » (Mart. du G.). ⇒ ① **tendre.** 2 Mettre en avant, proposer comme vrai. *Avancer une thèse.* ⇒ **affirmer, alléguer, prétendre.** « *je n'avance rien que je ne prouve* » (Pasc.). 3 Faire arriver avant le temps prévu ou normal. *Avancer l'heure du dîner. Il a avancé la date de son retour.* 4 Faire progresser qqch. *Avancer son ouvrage.* ♦ *À quoi cela vous avancera-t-il ?* quel avantage en aurez-vous ? 5 *Avancer de l'argent à qqn.* ⇒ **prêter.** **II** v. intr. 1 Aller, se porter en avant. *Avancer lentement, rapidement. Avancez vers moi !* ⇒ **approcher, venir.** « *les rivières où des barques s'évertuent sans avancer* » (Proust). *Faire avancer sa voiture.* 2 Être placé en avant, faire saillie. « *La lèvre inférieure* [de Stendhal] *avançait légèrement* » (Sainte-Beuve). 3 Avoir déjà fait beaucoup. ⇒ **progresser.** *Avancer dans son travail.* ➛ Aller vers son achèvement. « *Voyant que les réparations de ma chaumière n'avançaient pas* » (Chateaub.). 4 Progresser. *Faire avancer la science.* 5 Obtenir de l'avancement. 6 S'écouler, être en train de passer ; approcher de sa fin. *La nuit avance, il est déjà bien tard.* ➛ « *Avancer en âge, c'est s'enrichir d'habitudes* » (Mauriac). 7 Être en avance. *La pendule avance d'une heure.* **III** *S'AVANCER* v. pron. 1 Aller, se porter en avant. *Le voici qui s'avance.* ⇒ **approcher, venir.** 2 Faire saillie. *Une plante* « *avec des feuilles en forme de main qui s'avancent au-dessus de lui* » (Robbe-Grillet). 3 Émettre des idées peu sûres, peu fondées ou compromettantes. « *On s'était trop avancé pour reculer* » (Michelet). *S'avancer jusqu'à dire.* ⇒ **s'aventurer.** 4 S'écouler. *La nuit s'avance.* ✪ CONTR. Reculer, retarder. Replier (se), retirer (se). Arrêter (s').

avanie n. f. – XVIe ; it. ■ Traitement humiliant, affront public. *Supporter les avanies de qqn.*

> ❑ Ne pas confondre avec *avarie* « dommage » *(les avaries d'un navire, d'un avion),* les deux mots signifiant une chose désagréable.

① **avant** prép. et adv. – IXe ; lat. *ab* et *ante* « avant » **I** prép. 1 « *L'affût du matin un peu avant le lever du soleil* » (Daud.). *Avant Jésus-Christ* (abrév. *av. J.-C.*). *Il est arrivé avant moi,* plus tôt que moi. *Deux jours avant les examens. Soldes avant travaux.* ➛ *Il n'arrivera pas avant longtemps.* ♦ loc. prép. *AVANT DE. Réfléchissez bien avant de vous décider. Avant de partir.* ♦ littér. « *Ne verrez-vous point Phèdre avant que de partir ?* » (Rac.). ♦ loc. conj. *AVANT QUE. Ne parlez pas avant qu'il ait fini, qu'il n'ait fini.* 2 Antériorité dans l'espace ; priorité de situation ou d'ordre. *La maison se trouve juste avant la gare.* ➛ *Faire passer qqn avant les autres. Avant toute chose :* d'abord ; d'une manière primordiale. 3 Priorité dans une hiérarchie. *Faire passer qqn avant les autres.* 4 loc. adv. *AVANT TOUT. Avant tout, il faut éviter la guerre.* ⇒ **essentiellement, principalement.** **II** adv. 1 *Quelques jours avant,* plus tôt. ⇒ **auparavant.** *La nuit d'avant :* la nuit précédente. *Réfléchissez avant, vous parlerez après.* ⇒ **abord** (d'abord), **préalablement.** 2 *Voyez avant.* ⇒ **ci-dessus, haut** (plus haut), **supra.** *Lequel des deux doit on mettre avant ?* 3 littér. *S'enfoncer trop avant dans la forêt.* ⇒ **loin, profondément.** ➛ *Aller plus avant dans une recherche.* **III** *EN AVANT* [ɑ̃navɑ̃] 1 loc. adv. *EN AVANT :* vers le lieu, le côté qui est devant, devant soi. *En avant, marche ! Se pencher en avant.* ➛ *Regarder en avant,* vers l'avenir. ♦ *METTRE QQCH. EN AVANT,* l'utiliser comme argument. ⇒ **alléguer, avancer.** ➛ *Se mettre en avant :* se faire valoir. « *je n'aimais pas à me mettre en avant* » (Yourcenar). 2 loc. prép. *EN AVANT DE.* ⇒ ① **devant.** *L'éclaireur marche en avant de la troupe.* ✪ CONTR. Après, depuis, ensuite. ① Arrière, ① derrière. — HOM. Avent.

> ❑ Pour l'adverbe → auparavant. ♦ *Avant que* entraîne le subjonctif à la différence de *après que.* → après (rem.). ♦ Dans les mots composés, il reste invariable, avec une valeur spatiale *(avant-scène)* ou temporelle *(avant-veille).*

② **avant** n. m. – XVe 1 Partie antérieure. *L'avant d'un navire.* ⇒ **proue.** *Gaillard d'avant. Vers l'avant du train. Vous serez mieux à l'avant.* ♦ loc. *ALLER DE L'AVANT :* faire du chemin en avançant ; s'engager résolument dans une affaire. « *Le chemin qu'on a pris est toujours le meilleur, pourvu qu'il permette d'aller de l'avant !* » (Mart. du G.). 2 La région des combats. ⇒ **front.** 3 Joueur de la ligne d'attaque, au football. 4 adj. inv. Qui est à l'avant. *Les roues avant d'une voiture.* ✪ CONTR. ② Arrière.

avantage n. m. – XIIe ; de ① *avant* **I** - 1 Ce par quoi on est supérieur ; supériorité. *Avantage acquis. Jouir d'un* avantage. *L'avantage de la fortune. Cette audacieuse allégation « donna l'avantage à la défense »* (Balz.). ➝ *« L'avantage de l'amour sur la débauche, c'est la multiplication des plaisirs »* (Montesq.). ♦ *TIRER AVANTAGE DE (qqch.)*, en tirer un bénéfice. ♦ *À L'AVANTAGE DE (qqn)* : de manière à lui donner le dessus, une supériorité. *« tourner ses défauts mêmes à son avantage »* (Gide). ➝ *Être à son avantage* : être momentanément supérieur à ce qu'on est d'habitude. **2** *Prendre, perdre l'avantage.* ⇒ ② **dessus.** ♦ *Avoir l'avantage sur son adversaire. Donner l'avantage à l'adversaire au début d'une épreuve sportive.* ⇒ **handicap.** ♦ Au tennis, Point marqué lorsque la marque est à 40 partout. **3** Ce qui rompt l'égalité au profit de qqn. *Avantage au profit d'un associé.* **II - 1** Ce qui est utile, profitable. ⇒ **bénéfice, intérêt.** *Cette solution offre de précieux avantages. Retirer un avantage appréciable de qqch. Avantage pécuniaire.* ♦ *AVOIR AVANTAGE À. « nous ne pouvons pas être absolument naturels, et nous n'avons pas grand avantage à l'être »* (Larbaud). **2** Plaisir, honneur. *Avoir l'avantage de rencontrer qqn.* ✪ CONTR. Désavantage, détriment, handicap, préjudice.

avantager v. tr. [3] - XIIe ▪ Accorder l'avantage à qqn ; rendre supérieur par une qualité, un bien, un don. ⇒ **doter, douer, favoriser, gratifier.** *La nature l'a avantagé.* ➝ *Il « voudrait faire à son testament je ne sais quel codicille pour avantager son petit-fils »* (Gide). ♦ Faire valoir les avantages naturels. *Cette robe l'avantage.* ⇒ **embellir, flatter.** ✪ CONTR. Désavantager, ② desservir, frustrer, léser.

avantageusement adv. - XVe ▪ D'une manière avantageuse, favorable, flatteuse. ⇒ ① **bien, favorablement.** *Il est connu avantageusement.* ⇒ **honorablement.** ➝ *Personne, chose qui remplace avantageusement qqn, qqch.*, qui le remplace en mieux.

avantageux, euse adj. - XVe **1** Qui offre, procure un avantage. ⇒ ① **bon ; intéressant, profitable.** *Offre avantageuse. Prix avantageux.* ➝ *Le petit format est moins avantageux.* ⇒ **économique. 2** Qui est à l'avantage de qqn, propre à le flatter, à lui faire honneur. ⇒ **favorable, flatteur.** VX *« Il en avait fait un portrait fort avantageux »* (Hamilton). MOD. *Présenter qqn sous un jour avantageux.* **3** Qui tire vanité des avantages qu'il possède ou qu'il s'attribue. ⇒ **fat, présomptueux.** ➝ *Un air, un ton avantageux.* ✪ CONTR. Désavantageux ; défavorable, nuisible, pénalisant.

avant-bec n. m. - XVe ▪ Éperon en angle aigu qui, dans une pile de pont, fend l'eau du côté d'amont (opposé à *arrière-bec*). *Des avant-becs.*

avant-bras n. m. inv. - XIIIe ▪ Partie du bras qui va du coude au poignet. *« une ancre tatouée sur l'avant-bras gauche »* (Sartre). *Os de l'avant-bras.* ⇒ **cubitus, radius.**

avant-centre n. m. - XIXe ▪ Joueur qui, dans un sport d'équipe est placé le plus près du centre du terrain. *Des avants-centres. « Il jouait avant-centre droit, avec ceux qui conduisent l'attaque »* (Le Clézio).

> ❑ *Avant* est ici *un avant* n. m., ce qui explique l'accord au pluriel : *des avants-centres.* Tous les autres composés (*avant-dernier, avant-projet*, etc.) sont formés sur ① *avant*, adverbe qui reste invariable.

avant-corps [avɑ̃kɔʀ] n. m. inv. - XVIIe ▪ Partie d'un bâtiment qui est en saillie sur l'alignement de la façade (opposé à *arrière-corps*).

avant-coureur adj. m. - XIVe ▪ Qui annonce, qui laisse prévoir. ⇒ **annonciateur, précurseur.** *« les signes avant-coureurs du changement qui se prépare »* (Taine). ✪ CONTR. Postérieur.

> ❑ Cet adjectif n'a pas de féminin. Certains auteurs utilisent *avant-courrière* (*« Une cigale, avant-courrière des chaleurs »* R. Belleau), féminin de *avant-courrier*, mot littéraire.

avant-dernier, ière adj. - XVIIIe ▪ Qui est avant le dernier. *« la barbe atteignait l'avant-dernier bouton du gilet »* (Queneau). *L'avant-dernière syllabe d'un mot* (⇒ **pénultième**). ➝ n. *Les avant-derniers.*

> ❑ Il arrive que l'on désigne ce qui précède *l'avant-dernier* par *l'avant-avant-dernier.*

avant-garde n. f. - XIIe **1** Partie d'une armée qui marche en avant du gros des troupes. *Des avant-gardes.* ➝ *À L'AVANT-GARDE DE* : à la pointe de, en tête de. *Être à l'avant-garde du progrès.* **2** loc. adj. *D'AVANT-GARDE* : qui joue ou prétend jouer un rôle de précurseur, par ses audaces. ⇒ **avancé.** *Cinéma d'avant-garde.* ✪ CONTR. Arrière-garde.

avant-gardisme n. m. - 1918 ▪ Le fait d'être de l'avant-garde.

avant-gardiste adj. et n. - 1918 ▪ Qui appartient à l'avant-garde littéraire, artistique.

avant-goût n. m. - XVIIe ▪ Sensation que procure l'idée d'un bien, d'un mal futur (opposé à *arrière-goût*). ⇒ **anticipation.** *« Qu'aimes-tu tant dans les départs, Ménalque ? Il répondit : – L'avant-goût de la mort »* (Gide). *Des avant-goûts.*

avant-guerre n. m. ou f. - 1913 ▪ Période qui a précédé l'une des deux guerres mondiales. *« le monde stable du roman français d'avant-guerre »* (Sartre). ➝ loc. adv. *Avant-guerre* : dans les années qui ont précédé la guerre. ✪ CONTR. Après-guerre.

avant-hier [avɑ̃tjɛʀ] adv. - XIIe ▪ Dans le jour qui a précédé hier. ⇒ aussi **avant-veille.**

avant-main n. f. - XVIe ▪ Partie antérieure du cheval, en avant de la main du cavalier (opposé à *arrière-main*).

avant-midi n. m. ou f. inv. - XVIIIe ▪ région. (Belgique n. m. ; Canada, surtout fém.) Matin.

avant-port n. m. - XVIIIe ▪ Entrée d'un port qui se trouve en avant des divers bassins (opposé à *arrière-port*). *Des avant-ports.*

avant-poste n. m. - XVIIIe ▪ Poste avancé. *« Des cacolets revenant des avant-postes avec les blessés »* (Daud.).

avant-première n. f. - XIXe ▪ Présentation d'un spectacle à la presse avant la première représentation au public. *Des avant-premières.* ➝ *Projeter un film en avant-première.*

avant-projet n. m. - XIXe ▪ Rédaction provisoire, esquisse d'un projet. *Des avant-projets.*

avant-propos n. m. inv. - XVIe ▪ Courte introduction (présentation, avis au lecteur, etc.). ⇒ **avertissement, préface.** ✪ CONTR. Conclusion, postface.

avant-scène n. f. - XVIe **1** Loge placée le plus près de la scène, sur le côté. *Louer des avant-scènes.* **2** Partie de la scène située entre le rideau et la rampe.

avant-toit n. m. - XIVe ▪ Avancée, saillie d'un toit. *Des avant-toits.* ⇒ **auvent.** *Le palier « Qu'un avant-toit défend du vent et de la neige »* (Lamart.).

avant-train n. m. - XVIIe ▪ Partie antérieure du corps d'un quadrupède (opposé à *arrière-train*). *Exportation d'avant-trains de bœufs.*

avant-veille n. f. - XIIIe ▪ Jour qui précède la veille. *Des avant-veilles.*

> ❑ L'adverbe correspondant à *avant-veille* est *avant-hier* ; on dit plus couramment *deux jours avant mon départ* que *l'avant-veille de mon départ.*

avare adj. et n. – XVIe ; lat. *avarus* **1** vx Qui a la passion des richesses et se complaît à les amasser sans cesse. ⇒ **avide, cupide, intéressé.** ♦ mod. Qui a de l'argent et craint, refuse de le dépenser. ⇒ **avaricieux, pingre ;** fam. **radin, rapiat.** « *Il n'était certes pas avare, mais strict dans ses dépenses* » (Duham.). **2** n. Personne qui amasse et garde tout son argent. « *C'est l'enfer ! c'est l'enfer qu'attend les avares !* » (Queneau). ⇒ **grippe-sou, harpagon.** « *L'Avare* », *de Molière.* **3** AVARE DE *(qqch.).* Qui ne prodigue pas. ⇒ **économe.** *Il est assez avare de compliments.* **4** Qui accorde parcimonieusement. *Une terre avare.* ⇒ **aride.** ✪ CONTR. Dépensier, généreux, prodigue. Fertile.

avarice n. f. – XIIe ■ Attachement excessif à l'argent, passion d'accumuler, de retenir les richesses. *Une avarice sordide.* ⇒ **pingrerie, radinerie.** « *La peur est l'âme de l'avarice* » (Alain). ✪ CONTR. Désintéressement, générosité, prodigalité.

❑ L'*avarice*, d'abord nom d'un des sept péchés capitaux, représente de nos jours un comportement pathologique de rétention.

avaricieux, ieuse adj. – XIIIe ■ vx ou plaisant Qui se montre d'une avarice mesquine. ⇒ **avare.** ➛ n. « *La peste soit de l'avarice et des avaricieux !* » (Mol.).

❑ *Avaricieux* était plus péjoratif que *avare*.

avarie n. f. – XIIe ; o. ar. ■ Dommage survenu à un navire ou aux marchandises qu'il transporte. *Réparer les avaries.* ➛ Dommage survenu au cours d'un transport terrestre ou aérien.

❑ Ne pas confondre avec *avanie* « affront ». → avanie (rem.).

avarié, iée adj. – XVIIIe **1** Qui a subi une avarie. « *Quand l'avion avarié plongera dans la mer* » (St-Exup.). **2** Détérioré. ⇒ **gâté, pourri.** « *un lot de produits avariés qui n'a pu trouver acheteur* » (Gide).

avarier v. tr. [7] – XVIIIe ■ Causer une avarie. ⇒ **endommager.**

avatar n. m. – XVIIIe ; sanskr. « descente » **1** Dans la religion hindoue, Chacune des incarnations du dieu Vishnou. **2** Métamorphose, transformation. « *Par quelles interventions de prodigieux avatars, de lentes transformations* [...] *Gabrielle était devenue Tata ?* » (Courtel.). **3** Mésaventure, malheur. *On a eu toutes sortes d'avatars au cours de ce voyage.*

❑ Sous l'influence probable de *aventure, avanie*, le sens non équivoque de « transformation » a glissé vers celui de « transformation à caractère négatif » et de là au sens souvent critiqué de « mésaventure ».

à vau-l'eau → **vau-l'eau (à)**

Ave → **Ave Maria**

avec prép. et adv. – XIe ; lat. *apud* « auprès de » et *hoc* « cela » **I - 1** En compagnie de. *Dîner avec un ami. Il a toujours son chien avec lui.* ➛ « *Elle était maintenant avec un homme très riche* » (Flaub.). *Qui n'est pas avec moi est contre moi.* ♦ En tenant, en portant, en ayant (qqch.). *Il est sorti avec son imperméable.* ♦ (Marquant l'association) *Être d'accord avec qqn. Travailler avec qqn. Mélangez la farine avec les œufs.* ⇒ **et.** ♦ *Je pense avec cet auteur que.* ⇒ **comme. 2** (Marque des relations quelconques avec des personnes) *Faire connaissance avec qqn. Comment se comporte-t-il avec vous ?* ⇒ ① **envers, vis-à-vis** (de). « *elle usait avec son amie des mêmes mots qu'avec moi* » (Proust). ➛ *Être bien, mal avec qqn,* en bonnes ou mauvaises relations avec lui. **3** (opposition) *La guerre avec l'Allemagne.* ⇒ **contre.** *Il s'est battu avec son frère.* **4** (en tête de phrase) *Avec lui, il n'y a que l'argent qui compte,* à l'entendre. ♦ En ce qui concerne (qqn). *Avec lui, on ne sait jamais à quoi s'en tenir.* **II - 1** En même temps que. *Se lever avec le jour.* ➛ *Ces symptômes apparaissent avec telle maladie.* **2** ⇒ **ainsi** (que), **et.** « *leurs épaules, qu'elles étalent avec leur gorge, leurs bras* » (La Bruy.). ➛ fam. *Avec cela :* en plus, en outre. ⇒ **encore.** « *Et avec cela ? – Ce sera tout, merci.* » **3** ⇒ **malgré.** *Avec la meilleure volonté du monde, on n'y arrivera pas.* **4** Étant donné la présence, l'action de. « *Avec la buée chaude qui régnait là-dedans, on se serait cru dans quelque vaste établissement de bains* » (Daud.). ➛ fam. *Avec lui tout est compliqué.* **5** Qui comporte. ⇒ **à.** *Une chambre avec vue sur la mer. Condamnation avec sursis.* **III - 1** À l'aide de, grâce à, au moyen de. ⇒ **à.** *Il se ruine avec toutes ces dépenses. Il croit m'éblouir avec ses grands airs.* ⇒ ① **par.** *Manger avec les doigts. Tout s'arrange avec le temps,* grâce à lui. **2** (manière) *J'accepte avec joie. Travailler avec acharnement.* « *L'esprit et l'adresse avec lesquels il jouait ses mauvais tours* » (France). **IV** adv. fam. *Il a pris son manteau et il est parti avec.* loc. *Il faudra bien faire avec !* se débrouiller avec ce qu'on a. ✪ CONTR. Sans.

❑ Dans le nord de la France et en Belgique, on dit : *tu viens avec ?* pour : *tu m'accompagnes ?*

aveline n. f. – XIIIe ; lat. *(nux) abellana* « (noisette) d'Abella (ville de Campanie) » ■ Noisette de l'avelinier.

avelinier n. m. – XIIIe ■ Noisetier à gros fruits allongés.

Ave Maria [avemaʀja] n. m. inv. – XIVe ; lat. *ave* « salut », déb. de la prière ■ Prière que l'on adresse à la Sainte Vierge. ➛ abrév. AVE. *Dire trois Pater et deux Ave.*

aven [avɛn] n. m. – XIXe ; a. fr. *avenc* « gouffre » ■ Orifice naturel creusé à la surface d'un plateau calcaire par les eaux d'infiltration. ⇒ **gouffre.**

① **avenant, ante** adj. – XIe ; de l'a. v. *avenir* → advenir ■ Qui plaît par son bon air, sa bonne grâce. ⇒ **agréable, aimable, gracieux.** « *on ne pouvait imaginer jeune épouse plus avenante* » (Gide). ✪ CONTR. Désagréable, rebutant.

② **avenant (à l')** loc. adv. – XIIIe ; de l'a. v. *avenir* → advenir ■ En accord, en conformité, en rapport. ⇒ **même** (de même), **pareillement.** « *un brin de fesse, un brin de téton et puis tout à l'avenant* [...] *et c'est proprement une gonzesse* » (Duham.). ✪ CONTR. Inverse (à l'), opposé (à l').

③ **avenant** n. m. – XIIIe ; de l'a. v. *avenir* → advenir ■ Clause additionnelle, modification apportée à un contrat. *Avenant à une police d'assurance.*

avènement n. m. – XIIe ; de l'a. v. *avenir* → advenir **1** Arrivée. *L'avènement du Messie.* ⇒ **venue. 2** Accession au trône, élévation au pouvoir souverain. « *En 700, soixante ans avant l'avènement de Charlemagne* » (Hugo). **3** Début du règne de (qqch.). *L'avènement d'un monde meilleur.* ✪ CONTR. Abdication, déchéance, ① fin, ① mort.

avenir n. m. – XVe **1** Le temps à venir. ⇒ **futur.** *Le passé, le présent et l'avenir. Dans un proche avenir.* ⇒ **bientôt, prochainement.** *Penser, songer à l'avenir. Préparer l'avenir.* ➛ *Projets d'avenir.* ➛ *Prédire, prévoir l'avenir. Lire l'avenir dans les lignes de la main.* loc. *L'avenir le dira :* nous ne saurons que plus tard. ➛ loc. adv. *À L'AVENIR :* à compter de ce jour. ⇒ **désormais, dorénavant.** *À l'avenir soyez plus prudent.* **2** *L'avenir de qqn, son avenir.* ⇒ ② **carrière, destin, destinée.** *Assurer son avenir et celui de ses enfants. Il est promis au plus brillant avenir.* ♦ *D'AVENIR :* qui a de l'avenir, qui réussira. *Une technique d'avenir.* ♦ Existence future. « *ils étaient bien d'avis que l'aviation avait un avenir illimité* » (Romains). **3** Les générations futures.

⇒ **postérité.** *Travailler pour l'avenir.* ✪ CONTR. ① Passé, ① présent.

❑ Nous disposons en français de deux mots voisins *avenir* et *futur*, dont les emplois sont différents. → futur (rem.).

avent n. m. – XIIe ; lat. *adventus* « arrivée, venue (de Jésus-Christ) » ▪ Temps pendant lequel l'Église catholique se prépare à la fête de Noël. *Sermons de l'avent.* ✪ HOM. Avant.

aventure n. f. – XIe ; lat. *advenire* « advenir » 1 vx Ce qui doit arriver à qqn. ⇒ **destin.** ♦ mod. *BONNE AVENTURE. Dire la bonne aventure à qqn* : lui prédire son avenir par la divination. 2 Ce qui arrive d'imprévu, de surprenant ; ensemble d'événements qui concernent qqn. « *Quel beau mot : l'aventure ! ce qui doit advenir. Tout le surprenant qui m'attend* » (Gide). *Une fâcheuse aventure.* ⇒ **affaire, mésaventure.** *Il lui est arrivé toutes sortes d'aventures. En route pour de nouvelles aventures ! Roman, film d'aventures.* ♦ Relation amoureuse passagère. ⇒ **intrigue, passade ; liaison.** « *de médiocres aventures où la chair seule est intéressée* » (Mauriac). ♦ Entreprise dont l'issue est incertaine. *Il faut tenter l'aventure.* 3 Ensemble d'activités, d'expériences qui comportent du risque, de la nouveauté, et auxquelles on accorde une valeur humaine. *Aimer l'aventure. L'esprit d'aventure.* 4 loc. adv. *À L'AVENTURE* : au hasard, sans dessein arrêté. « *Je cheminai quelque temps à l'aventure* » (France). ♦ littér. *D'AVENTURE ; PAR AVENTURE* : par hasard. « *Félix qui, par aventure, avait revêtu un complet clair* » (Simenon).

aventuré, ée adj. – XIIe ▪ littér. (choses) Exposé au risque. « *Des hypothèses fantaisistes, des affirmations aventurées* » (Duham.). ⇒ **hasardeux, risqué.** ✪ CONTR. Sûr.

❑ Ne pas confondre *aventuré* et *aventureux* où s'ajoute l'idée de danger.

aventurer v. tr. 1 – XIIe 1 Exposer avec un certain risque. ⇒ **hasarder, risquer.** *Aventurer une grosse somme dans une affaire.* ➤ Dire (qqch.) en prenant des risques. « *Je regardais M. Capoulié pendant qu'il aventurait ses observations* » (Duham.). 2 v. pron. Se risquer, aller avec un certain risque. *Les cosmonautes « s'aventureront là-haut dans la poussière de cette boule morte* [la lune] » (Yourcenar). *À votre place, je ne m'y aventurerais pas. Il s'est aventuré dans une affaire dangereuse.* ⇒ **s'embarquer.** ➤ *Je ne pense pas m'aventurer beaucoup en affirmant que.*

aventureux, euse adj. – XIIe 1 Qui aime l'aventure, se lance volontiers dans les aventures. ⇒ **audacieux, hardi, téméraire.** *Homme aventureux.* 2 Qui est plein d'aventures. *Vie aventureuse.* 3 (choses) Plein d'aléas, de risques. ⇒ **dangereux, hasardeux.** *Une politique trop aventureuse.* « *le sommeil, ce voyage aventureux de tous les soirs* » (Baud.). ✪ CONTR. Circonspect, prudent, sage. Sûr.

aventurier, ière n. – XVe 1 Personne qui cherche l'aventure, par curiosité et goût du risque. 2 Personne qui vit d'intrigues, d'expédients, de malhonnêtetés. ⇒ **escroc, intrigant.** « *Vous pensez bien qu'il n'y a qu'un aventurier pour épouser cette fille-là* » (Proust).

aventurine n. f. – XVIIe ; de *aventure* ▪ Quartz translucide à inclusions de mica.

❑ Substance naturelle, *l'aventurine* est aussi un produit synthétique qui aurait été découvert *par aventure* « par hasard ».

aventurisme n. m. – 1906 ▪ Tendance à prendre des décisions politiques hâtives et dangereuses.

aventuriste adj. et n. – 1918 ▪ Partisan de l'aventurisme politique.

avenu, ue adj. – XIIIe ; de l'a. v. *avenir* « advenir » ▪ *NUL ET NON AVENU* [nylenɔnav(ə)ny] : inexistant. *Je considère cette déclaration comme nulle et non avenue.*

avenue n. f. – XVIe ; de l'a. v. *avenir* « arriver » 1 Voie plantée d'arbres qui conduit à une habitation. ⇒ **allée.** ➤ Large voie urbaine (⇒ **boulevard, cours**). « *les phares des autos balayaient l'avenue où brillaient les hauts buildings* » (Beauv.). 2 littér. Voie d'accès. « *je suis engagé dans les avenues de la vieillesse* » (Montaigne).

❑ L'abréviation de *avenue* est *av.* et non pas *ave* comme en anglais (faute trop courante).

avéré, ée adj. – XVIe ▪ Reconnu vrai. ⇒ **certain, sûr.** *C'est un fait avéré.* ✪ CONTR. Contestable, douteux ; ① faux.

avérer v. tr. 6 – XIIe ; de ① *a-* et lat. *verus* « vrai » 1 vx ou didact. Donner comme certain. *Avérer un fait.* 2 v. pron. ⇒ **apparaître, paraître,** se **révéler.** « *Ce dépuratif s'avère trop inefficace* » (Morand). ➤ (abusif et critiqué) *S'avérer inexact.* ♦ *Il s'est avéré que vous aviez raison.* ✪ CONTR. Démentir, infirmer.

❑ Au regard de l'étym., *s'avérer vrai* est un pléonasme et *s'avérer faux* une contradiction. On peut pourtant dire *c'est vraiment faux.*

avers n. m. – XIXe ; lat. *adversus* « qui est en face » ▪ Face avant (d'une monnaie, d'une médaille). « *des médailles d'or aux millésimes différents sur l'avers et le revers* » (Aragon). ✪ CONTR. ② Envers, revers.

averse n. f. – XVIIe ; de *(pleuvoir) à la verse* ▪ Pluie soudaine et abondante. ⇒ **grain, ondée.** *Essuyer une averse. Averse de printemps.* ⇒ **giboulée.** « *Tout absorbait, se trempait, tout reverdissait dans l'averse* » (Zola). ♦ *Une averse de coups.*

aversion n. f. – XIIIe ; lat. *avertere* « détourner » ▪ Grande répugnance, violente répulsion. ⇒ **dégoût, horreur.** *Avoir de l'aversion pour qqn. Inspirer de l'aversion* : dégoûter. « *J'ai une aversion mortelle pour la prison* » (Volt.). ➤ loc. littér. *EN AVERSION. Avoir qqn, qqch. en aversion* : le détester, l'abhorrer. ✪ CONTR. Amour, goût, sympathie.

averti, ie adj. – XVIe ▪ Qui connaît bien, est au courant. ⇒ **avisé, expérimenté, instruit.** « *des lecteurs très avertis* » (Gide). *Le film est pour un public averti* : il ne doit pas être vu par tous. ♦ *Il est assez averti de ces problèmes.* ✪ CONTR. Ignorant.

avertir v. tr. 2 – XIe ; lat. *advertere* « tourner vers » ▪ Informer (qqn) de qqch., afin qu'il y prenne garde. ⇒ ② **aviser, prévenir, renseigner.** *Avertir qqn d'un danger* (⇒ **alerter**). « *Pour l'avertir, Rodolphe jetait contre les persiennes une poignée de sable* » (Flaub.). *Avertir qqn de ses intentions.* ➤ *Je vous avertis qu'il faudra changer de conduite.*

avertissement n. m. – XIVe 1 Action d'avertir ; appel à l'attention, à la prudence. ⇒ **avis, conseil, information, recommandation.** « *Je négligeais ces sages avertissements, et j'eus lieu de m'en repentir* » (France). 2 Petite préface. ⇒ **avis, introduction.** 3 Déclaration par laquelle un particulier ou une autorité publique attire l'attention de qqn sur un droit, une obligation. ⇒ **avis, préavis.** ♦ Avis adressé au contribuable, lui faisant connaître le montant de ses impôts. 4 Réprimande. ⇒ **admonestation, observation, remontrance.** ➤ Mesure disciplinaire. « *L'affaire va être étouffée après quelques avertissements et sanctions* » (Gide).

avertisseur, euse n. m. et adj. – XIIIe 1 Appareil destiné à avertir, à donner un signal. ⇒ **alarme, signal, sonnerie, sonnette.** *Avertisseur d'incendie. Avertisseur sonore.* ⇒ **corne, klaxon, sirène, trompe.** « *un concert exaspéré d'avertisseurs s'éleva de la file* [...] *des véhicules* » (Camus). ➤ Indice relatif à l'évolution d'une grandeur économique. ⇒ **clignotant, indicateur.** 2 adj. Qui avertit. *Panneau avertisseur.*

aveu n. m. – XIIIe ; de *avouer* **I - 1** Déclaration écrite constatant l'engagement du vassal envers son seigneur. ⇒ **hommage.** ♦ *Homme sans aveu :* personne sans scrupule. **2** vx ou littér. Action de déclarer qu'on agrée, qu'on autorise. ⇒ **consentement.** « *on nous marie sans notre aveu* » (Loti). **II - 1** Action d'avouer, de reconnaître certains faits plus ou moins pénibles à révéler ; ce que l'on avoue. ⇒ **confession, déclaration.** « *Elle avait* [...] *interprété ce silence comme un aveu* » (Mart. du G.). *Arracher un aveu à qqn.* « *Par un aveu, combien de fautes tu pourrais racheter* » (Proust). ➛ plur. Reconnaissance de sa culpabilité ; reconnaissance de l'imputabilité des faits faisant l'objet de la poursuite. *Passer aux aveux.* **2** loc. *DE L'AVEU DE :* au témoignage de. « *la comédie de Molière existait, avait la vogue, de l'aveu des contemporains* » (Faguet). ✪ CONTR. Désaveu ; dénégation. Silence ; ② secret.

> ❑ *Aveu* est dérivé de formes anciennes du verbe *avouer* à l'indicatif présent : *il aveue...*

aveuglant, ante adj. – XVIe ▪ Qui éblouit. ⇒ **éblouissant.** « *L'aveuglante réverbération du soleil sur la roche nue* » (Gide). ♦ abstrait Qui éclate avec force. ⇒ **évident, flagrant.** *Une vérité aveuglante.*

aveugle adj. et n. – XIe ; lat. *ab* et *oculus* « œil » **I** adj. **1** Qui est privé du sens de la vue (⇒ **amaurose, cécité).** *Être aveugle de naissance.* « *Je deviens à peu près aveugle* » (Volt.). **2** Dont la raison, le jugement, est incapable de rien discerner. *La passion le rend aveugle. Je ne suis pas aveugle :* je sais ce qui se passe. ➛ Qui trouble le jugement, ne permet ni réflexion ni jugement. « *l'ambition furieuse et aveugle d'un conquérant* » (Zola). *Une soumission, une foi aveugle.* ⇒ **absolu, total.** ➛ *L'amour est aveugle.* ♦ *Attentat aveugle,* qui frappe n'importe qui, au hasard. **3** Qui ne laisse pas passer le jour. *Mur aveugle,* sans fenêtres. « *une chaumière basse, aveugle* » (Aragon). **II** n. **1** Personne privée de la vue. ⇒ **non-voyant** ; et aussi **amblyope, malvoyant.** *L'alphabet, l'écriture des aveugles.* ⇒ **braille.** « *ce noir absolu qui doit exister seulement dans l'œil éteint des aveugles* » (From.). **2** loc. adv. *EN AVEUGLE :* sans discernement, sans réflexion. ⇒ **aveuglément, aveuglette** (à l'). *Elle* « *se livre en aveugle au bonheur d'aimer* » (Stendh.). ✪ CONTR. Voyant. Clairvoyant, éclairé, lucide.

aveuglement n. m. – XIIe **1** vieilli Privation du sens de la vue. ⇒ **cécité. 2** État d'une personne dont la raison est obscurcie. ⇒ **égarement,** ② **trouble.** *Dans l'aveuglement de la colère.* « *L'aveuglement, l'imbécillité, qui présida aux massacres* » (Michelet). ✪ CONTR. Clairvoyance, discernement, lucidité, perspicacité, sagacité ; vision.

aveuglément adv. – XVe ▪ Sans réflexion, en aveugle. *Obéir aveuglément.* « *Elle le suivait aveuglément, avec une confiance totale* » (Mauriac). ✪ CONTR. Lucidement, prudemment.

aveugler v. tr. [1] – XIe **1** Rendre aveugle. « *Le malheureux était condamné à être aveuglé* » (J. Verne). **2** Gêner la vue, empêcher de voir par un trop vif éclat. ⇒ **éblouir.** *Les phares du camion aveuglaient les automobilistes.* **3** Priver de l'usage de la raison, du jugement. ⇒ **affoler, égarer, troubler.** « *cet espoir m'anime et ne m'aveugle pas* » (Volt.). ➛ *Il est aveuglé par ses préjugés.* ➛ Empêcher de fonctionner normalement. « *Sa vanité de diplomate aveuglait complètement sa prudence politique* » (Michelet). ♦ v. pron. Se cacher la vérité, refuser de la voir. « *Il ne s'aveuglait pas sur les défauts de ses amis* » (Fléch.). **4** Rendre aveugle, boucher. « *Peut-être que ces fenêtres et ces portes sont murées, aveuglées* » (Le Clézio). ⇒ **calfater.** ✪ CONTR. Dessiller, ouvrir (les yeux). Éclairer, guider.

aveuglette (à l') loc. adv. – XVe **1** Sans y voir clair. ⇒ **tâtons** (à). **2** fig. Au hasard, sans prendre de précautions. ⇒ **aveuglément.** *Se lancer à l'aveuglette dans une aventure.*

aveulir v. tr. [2] – XIVe ▪ littér. Rendre veule. ⇒ **affaiblir, amollir.**

aviaire adj. – XIXe ; lat. *avis* « oiseau » ▪ sc. Qui concerne les oiseaux.

aviateur, trice n. – XIXe ; lat. *avis* « oiseau » ▪ Personne qui pilote un avion, appartient au personnel navigant de l'aviation. « *Il portait une combinaison d'aviateur en toile bleue* » (Mart. du G.).

aviation n. f. – XIXe ; lat. *avis* « oiseau » **1** Activité, pratique de la locomotion aérienne, emploi des avions ; ensemble des techniques et des activités relatives à la circulation aérienne, au transport aérien. ⇒ **aéronautique,** ① **air.** *Aviation militaire, commerciale. Aviation de tourisme. Compagnie d'aviation. Terrain d'aviation.* ⇒ **aérodrome, aéroport.** « *Beaucoup de villes, pour le pilote, ne sont qu'un camp d'aviation, qu'un terrain d'atterrissage* » (Maurois). **2** Arme aérienne ; armée de l'air. **3** Industrie et technique de la fabrication des engins aériens. ⇒ **aéronautique, avionique, avionnerie.**

> ❑ Au XIXe s., ce mot désignait la technique du vol, y compris celle des oiseaux.

avicole adj. – XIXe ; lat. *avis* « oiseau » et *-cole* ▪ De l'aviculture. *Coopérative avicole.*

aviculteur, trice n. – XIXe ▪ Éleveur, éleveuse d'oiseaux, de volailles.

aviculture n. f. – XIXe ; lat. *avis* « oiseau » et *-culture* ▪ Élevage des oiseaux, des volailles.

> ❑ Pour le sens de culture → ① culture (rem.).

avide adj. – XVe ; lat. *avere* « désirer vivement » **1** Qui a un désir ardent, immodéré de nourriture. ⇒ **glouton, vorace.** « *j'aime à manger sans être avide : je suis sensuel, et non pas gourmand* » (Rouss.). **2** Qui désire immodérément les biens, l'argent. ⇒ **cupide, rapace.** « *Un homme vil, avide, bas, intrigant* » (Mirab.). ♦ *AVIDE DE :* qui désire avec passion. *Être avide d'honneurs.* « *Égoïste, avide de soins et d'amour, je voulais que l'univers entier s'occupât de moi* » (France). *Être avide d'apprendre.* **3** Qui exprime l'avidité. *Regards, yeux avides.* ✪ CONTR. Assouvi, rassasié. Désintéressé, indifférent.

> ❑ Même famille étym. que *audace, avare, oser.*

avidement adv. – XVIe ▪ D'une manière avide. ⇒ **voracement.** *Manger avidement.* ➛ « *Je lus la Bible avidement, gloutonnement, mais avec méthode* » (Gide).

avidité n. f. – XIVe **1** Désir ardent, immodéré de qqch. ; vivacité avec laquelle on le satisfait. *Manger avec avidité.* ⇒ **gloutonnerie, voracité.** ➛ « *Il lit beaucoup, dévore livre après livre, avec une avidité juvénile* » (Gide). « *Son avidité insatiable d'accroître sa fortune* » (Chateaub.). **2** Recherche immodérée du profit. ⇒ **cupidité, rapacité.** ✪ CONTR. Détachement, indifférence.

avifaune n. f. – 1966 ; lat. *avis* « oiseau » et ② *faune* ▪ Ensemble des oiseaux d'un lieu ou d'une période déterminés. *L'avifaune d'un marais.*

avilir v. tr. [2] – XIVe **1** v. tr. Rendre vil, indigne de respect, méprisable. ⇒ **abaisser, corrompre, déshonorer, diminuer, discréditer.** *Ils* « *commencèrent par travailler à m'avilir, pour parvenir dans la suite à me diffamer* » (Rouss.). ➛ *Violences qui avilissent l'homme.* **2** v. pron. Devenir vil, abject. ⇒ **déchoir.** « *Il s'avilissait, se ravalait peu à peu au niveau de ce peuple d'ivrognes* » (Loti). ✪ CONTR. Élever, exalter, glorifier, honorer.

avilissant, ante adj. – XVIIIe ▪ littér. Qui avilit. ⇒ **abaissant, dégradant, déshonorant, humiliant.** ✪ CONTR. Digne, honorable, noble.

avilissement n. m. – XVIe 1 littér. Action d'avilir, de s'avilir ; état d'une personne avilie. ⇒ **abjection, déshonneur.** « *L'avilissement inévitable des volontés par la misère* » (R. Rolland). 2 Le fait de se déprécier. ⇒ **baisse, dévaluation.** « *L'avilissement de l'argent, la cherté de la vie* » (Bainville). ✪ CONTR. Élévation. Dignité, honneur. Hausse.

aviné, ée adj. – XIIIe ▪ Qui a bu trop de vin. ⇒ **ivre.** « *Des braillards avinés se rotaient au visage* » (Perec). ➝ *Une haleine avinée.*

❑ Ne pas confondre avec *enviné* « qui a pris l'odeur du vin ».

avion n. m. – XIXe ; lat. *avis* « oiseau » ▪ Appareil de locomotion aérienne plus lourd que l'air, muni d'ailes et d'un organe propulseur. ⇒ **aéronef, aéroplane, appareil, hydravion ;** fam. **coucou,** ① **taxi, zinc.** *Avion monoplan, biplan. Avions à moteurs, à hélices. Avion à réaction, supersonique. Avion léger.* ⇒ **U. L. M.** *Avion commercial, postal. Avion de ligne. Avion de transport.* ⇒ **gros-porteur ; long-courrier, moyen-courrier.** « *C'était un avion de tourisme, assez rapide* » (Malraux). *Avion militaire. Avion sanitaire. Avion de lutte contre les incendies.* ⇒ **bombardier** (d'eau), **canadair.** *Avion-cargo. Avion-citerne.* ⇒ **ravitailleur.** *Avion affrété, nolisé.* ⇒ **charter.** *Groupe d'avions.* ⇒ **escadrille,** ① **flotte, formation.** *Défense, batteries contre avions.* ⇒ **D. C. A.** ➝ *Pilote d'avion. Prendre l'avion. Accident d'avion. Détournement d'avion. L'avion décolle, se pose, atterrit.* ➝ *Lettre par avion.*

❑ Mot créé par Clément Ader vers 1875. Il désignait alors les modèles successifs de l'inventeur : l'*Avion I*, l'*Avion II*... Le mot *avion* a supplanté *aéroplane* dans les années 1920.

avionique n. f. – v. 1960 ; *avion* et *(électro)nique* ▪ Ensemble des techniques appliquées à l'aviation. ➝ Ensemble des équipements techniques à bord d'un avion.

avionnerie n. f. – XIXe ▪ (Canada) Usine de constructions aéronautiques.

avionneur n. m. – XIXe ▪ Constructeur d'avions, de cellules d'avions.

aviron n. m. – XIIe ; a. fr. *viron* « tour, cercle » 1 Rame légère, à long manche, des embarcations sportives. ➝ région. (Canada) ⇒ **pagaie.** 2 Sport nautique pratiqué sur des embarcations propulsées à l'aide d'avirons. *Faire de l'aviron.*

avis n. m. – XIIe ; lat. *(mihi est) visum* « il m'a semblé bon » 1 Ce que l'on pense, ce que l'on exprime sur un sujet. ⇒ **jugement ; opinion, point de vue.** *Donner un avis, son avis sur qqch. Être du même avis que qqn. Je suis de votre avis. Les avis sont partagés :* tout le monde n'a pas la même opinion. « *Il changera peut-être d'avis* [...] *après avoir subi cette épreuve* » (Loti). loc. *Changer d'avis comme de chemise,* très souvent. ♦ *Être d'avis de faire, qu'on fasse qqch.* ♦ *À mon avis, à mon humble avis. À votre avis.* « *à votre avis,* [...] *est-il utile ou néfaste ?* » (Giraud.). ♦ vx ou région. *M'est avis que :* il me semble que. 2 Opinion exprimée dans une délibération. ⇒ **suffrage, voix, vote.** *Tous les membres ont émis un avis.* 3 vx ou littér. Opinion que l'on donne à qqn touchant la conduite qu'il doit avoir. ⇒ **conseil, recommandation.** « *Et tu voudrais que j'écoute l'avis d'un guignol pareil ?* » (Queneau). *Prendre l'avis d'un expert.* 4 Ce que l'on porte à la connaissance de qqn. ⇒ **communication, information, notification.** *Avis préalable.* ⇒ **préavis.** *Jusqu'à nouvel avis. Sauf avis contraire.* ➝ *Avis à la population !* ♦ Papier qui avertit. *Avis de réception* (d'une lettre recommandée). *Avis de décès. Avis au lecteur* (au début d'un livre).

❑ *Avis* a signifié « bon sens », d'où l'adjectif *avisé, ée.*

avisé, ée adj. – XIIe ; de *avis* ▪ Qui agit avec à-propos et intelligence, avec prudence et sagacité. « *Tu es la fille la plus avisée que j'aie jamais rencontrée* » (Sand). *Être bien, mal avisé de :* agir avec, sans à-propos. *J'ai été bien avisé d'attendre.* ✪ CONTR. Imprudent, irréfléchi, malavisé.

❑ Ce mot s'emploie surtout aujourd'hui avec *de* et l'infinitif.

① **aviser** v. tr. [1] – XIe ; de ① *a-* et *viser* **I** v. tr. 1 littér. Apercevoir, commencer à regarder. ⇒ **remarquer, voir.** « *j'avisai au grenier une vieille petite malle* » (Alain-Fourn.). 2 tr. ind. AVISER À. Réfléchir, songer a. « *J'aviserai à ce que je dois faire* » (Sand). ➝ *On avisera le moment venu.* **II** v. pron. 1 Faire attention à qqch. que l'on n'avait pas remarqué tout d'abord ; trouver une idée à laquelle on n'avait pas encore songé. ⇒ **s'apercevoir.** *Je ne m'en étais jamais avisé.* « *on s'avisa à la fin de lui donner de l'émétique* » (Mol.). ⇒ **penser, songer** (à). « *Haverkamp s'avisa qu'il ne serait pas maladroit de s'éclipser* » (Romains). 2 *S'aviser de :* être assez audacieux, assez téméraire pour. ⇒ **essayer.** « *Si les gens s'avisent de rire, je leur montrerai ma façon de penser* » (Duham.).

② **aviser** v. tr. [1] – XIIIe ; de *avis* ▪ Avertir par un avis. ⇒ **apprendre, informer, prévenir.** ➝ *Elle avait été avisée du mariage de son frère par le consulat.*

❑ Pour l'emploi → prévenir (rem.).

aviso n. m. – XVIIIe ; esp. *barca de aviso* « barque d'avis (pour porter des messages) » ▪ Petit bâtiment de guerre rapide. « *un aviso battant le pavillon tricolore* » (R. Gary).

avitaillement n. m. – XVe 1 Action d'avitailler (un navire, un avion). 2 Ensemble des provisions (d'un navire).

avitailler v. tr. [1] – XIIe ; a. fr. *vitaille* « vivres » 1 vx Approvisionner (un navire). ➝ pronom. *S'avitailler en eau.* 2 Ravitailler en carburant (un avion). ⇒ **ravitailler.**

avitailleur n. m. – XIVe ▪ Dispositif servant à approvisionner un avion en carburant.

avitaminose n. f. – 1919 ▪ Maladie de carence déterminée par la privation de vitamines.

avivage n. m. – XVIIIe ▪ Action d'aviver, de donner de l'éclat par polissage. *L'avivage d'un métal.*

avivement n. m. – XIIe ▪ Action de mettre une plaie à vif, afin de favoriser la cicatrisation.

aviver v. tr. [1] – XIIe 1 Rendre plus vif, plus ardent ou plus éclatant. ⇒ **animer.** *Aviver le feu.* ⇒ **activer, attiser.** *Aviver le teint.* ⇒ **rehausser.** 2 Rendre plus vif, plus fort. ⇒ **exciter ; exalter.** « *La marche a quelque chose qui anime et avive mes idées* » (Rouss.). *Aviver une douleur. Aviver une querelle.* ⇒ **attiser, envenimer.** *Aviver un souvenir.* 3 *Aviver une plaie* (⇒ **avivement**). 4 *Aviver une poutre,* la tailler à vive arête. ✪ CONTR. Apaiser, calmer, éteindre.

avocaillon n. m. – XIXe ▪ fam. Piètre avocat.

avocasserie n. f. – XIVe ▪ vieilli, péj. Mauvaise chicane d'avocat.

① **avocat, ate** n. – XIIe ; lat. *advocatus* « appelé à côté » 1 Personne qui, régulièrement inscrite à un barreau, conseille en matière juridique ou contentieuse, assiste et représente ses clients en justice. *Maître X, avocat à la Cour.* « *la gloire d'un bon avocat consiste à gagner de mauvais procès* » (Balz.). *Consulter, prendre un avocat. Avocat commis d'office. L'ordre des avocats.* ⇒ **barreau, conseil** (de l'ordre). *Plaidoirie d'un avocat. Ne parler qu'en présence de son avocat.* ♦ *Avocat général :* magistrat qui assiste et supplée le procureur général. 2 *Avocat, avocate de :* personne qui défend. ⇒ **défenseur.** *Elle s'est faite l'avocate de* sa sœur. « *Devenir aussi l'avocat de la science, son apôtre, son prophète* » (Duham.). ♦ AVOCAT DU DIABLE : celui qui est chargé, dans la chancellerie romaine, de contester les mérites d'une personne dont la canonisation est proposée. ➙ Personne qui prend le contrepied d'une accusation, d'une critique habituelle.

❑ Le féminin *avocate* est courant : *maître Sylvie X, avocate,* mais le masculin est également en usage en parlant d'une femme : *elle est avocat.*

② **avocat** n. m. – XVIIe ; du caraïbe ■ Fruit comestible de l'avocatier, de la grosseur d'une poire, à peau verte ou violette, dont la chair a la consistance du beurre. *L'avocat se mange le plus souvent salé.*

avocatier [avɔkatje] n. m. – XVIIIe ■ Arbuste originaire d'Amérique centrale *(lauracées),* cultivé pour ses fruits (⇒ ② **avocat).**

avocette n. f. – XVIIIe ; p.-ê. lat. *advocare* « appeler » ■ Oiseau *(récurvirostridés),* échassier limicole, au bec recourbé vers le haut.

avoine n. f. – XIIe ; lat. *avena* ■ Céréale originaire du Moyen-Orient *(graminées),* à épillets en panicules. *Picotin d'avoine. Balle, paille d'avoine.* ➙ *Avoine stérile, folle avoine.* ➙ *Bouillie d'avoine. Semoule d'avoine.* ⇒ **gruau.**

① **avoir** v. tr. [34] – IXe ; lat. *habere* **I - 1** Être en possession, en jouissance de. ⇒ **posséder.** *Avoir une maison.* fam. *Qu'est-ce que vous avez comme voiture ? Avoir de l'argent, de quoi vivre.* « *Les hommes veulent tout avoir* » (Fén.). ➙ Porter sur soi. *Avez-vous du feu ? Auriez-vous un stylo ? Je n'ai pas ma montre. Avez-vous l'heure ?* ➙ *Avoir le droit de.* ⇒ **bénéficier, jouir** (de). *Avoir le temps, la place, les moyens de.* ⇒ **disposer** (de). *Avoir de la chance ; des diplômes ; un métier.* ➙ *Nous avons eu beau temps.* ♦ EN AVOIR POUR : acquérir une quantité d'une chose moyennant (une somme). loc. *En avoir pour son argent :* faire un marché normal ou avantageux. ➙ Mettre (un certain temps) à une action. *J'en ai pour cinq minutes.* ♦ AVOIR (qqn) : se dit des relations de parenté, de hiérarchie, d'affection. *Avoir des enfants, des amis ; des employés, un patron. Avoir un bon médecin. Heureusement que je vous ai. Je n'ai que toi. Il a encore son père :* son père est vivant. ➙ *Avoir du monde à dîner :* recevoir à dîner. ➙ *Nous avons les peintres jusqu'à demain.* **2** Entrer en possession de. ⇒ **obtenir, se procurer.** *J'ai eu ce livre pour presque rien.* ⇒ **acheter, acquérir.** *Il a eu son bachot,* il a été reçu. *Avoir un prix.* ⇒ **recevoir, remporter.** ♦ *Avoir une femme,* la posséder physiquement. « *Je n'ai jamais désiré que vous pour amant, et je ne vous ai pas eu* » (Gaut.). ➙ fam. Duper, tromper. *Il nous a bien eus.* ⇒ **posséder ;** fam. ⓘ **baiser, couillonner, entuber.** « *faut pas croire que les médecins militaires sont des cons. On les a pas si facilement* » (Perec). *On les aura !* ⇒ **battre, vaincre.** ♦ Attraper. *Avoir son train de justesse.* **II - 1** Présenter en soi. *Il a des cheveux gris.* « *Je le vis : son aspect n'avait rien de farouche* » (Rac.). *Elle avait un chapeau.* ⇒ ① **porter.** *Cela n'a rien d'extraordinaire. Ce mur a deux mètres de haut.* ⇒ **mesurer.** ➙ *Avoir vingt ans.* ➙ *Avoir du charme, du caractère. Avoir du culot, du courage.* **2** Éprouver dans son corps, sa conscience. ⇒ **éprouver, ressentir, sentir.** *Avoir mal à la tête. Avoir faim, soif ; envie de.* ➙ *Avoir de la peine, des soucis, le cafard. Avoir de l'amitié pour qqn.* ♦ *Je ne sais pas ce qu'il a à pleurer ainsi.* ➙ *Il n'a rien,* n'est pas blessé, n'a pas de maladie. ➙ *Qu'est-ce qu'elle a, cette télé ?* ♦ EN AVOIR CONTRE, APRÈS (fam.) *qqn. Avoir des griefs contre qqn. Je ne sais après qui il en a.* **3** Présentant l'attribut, le complément ou l'adverbe qui détermine le substantif. *Il a les mains sales. Avoir la tête qui tourne. Cette voiture a le moteur à l'arrière.* **III** verbe auxiliaire **1** AVOIR À : être dans l'obligation de. ⇒ ① **devoir.** *Je n'ai rien à faire. Avoir des lettres à écrire.* ellipt. *J'ai à faire. Il a sa famille à nourrir.* ➙ *J'ai à lui parler. Il n'a pas à se plaindre.* N'AVOIR QU'À : avoir seulement à. *Vous n'avez qu'à tourner le bouton.* fam. *Tu n'as qu'à t'en aller. Tu n'avais qu'à faire attention,* tu aurais dû. *N'avoir plus qu'à :* ne plus avoir d'autre solution que. **2** Auxiliaire servant à former, avec le participe passé, tous les temps composés des verbes transitifs, de la plupart des intransitifs, de ceux de *être* et de *avoir. J'ai écrit. Sans l'avoir voulu. Quand il a eu fini.* **IV** IL Y A [ilja]. Expression impersonnelle servant à présenter une chose comme existant. *Hier il y avait du brouillard. Devant la gare, il y a un hôtel. Il y a du monde. Il n'y a pas que lui :* il n'est pas le seul. « *Il n'y a de vrai que la richesse* » (Muss.). *Il y a gros à parier que.* ➙ *Il y a deux kilomètres d'ici au village. Il y a trois ans qu'il est parti.* ⇒ **voilà.** ➙ *Qu'est-ce qu'il y a ?* [kɛski(l)ja] : que se passe-t-il ? ➙ *Il n'y a pas de :* il est inutile de dire. « *Il n'y a pas de voyons, c'est ainsi* » (Huysm.). ♦ IL N'Y A QU'À [ilnjaka], fam. [jaka] : il faut seulement, ou simplement. *Il n'y a plus qu'à attendre.* ♦ *Il n'y en a que pour lui :* il prend beaucoup de place, on ne s'occupe, on ne parle que de lui. ✪ CONTR. Manquer (de). Rater. — HOM. *Ai :* es, est (① être), hais (haïr).

❑ *Avoir* est l'un des mots les plus anciennement attestés du français (v. 880). ♦ Les écrivains transcrivent parfois *ya* [ja] pour *il y a, ya pas* pour *il n'y a pas,* quand ils veulent reproduire la prononciation familière.

② **avoir** n. m. – XIe **1** Ce que l'on possède. ⇒ ② **bien, possession.** « *le père dépense au cabaret tout son avoir* » (Loti). **2** La partie d'un compte où l'on porte les sommes dues. ⇒ **actif, crédit.** ➙ Papier attestant qu'un commerçant doit de l'argent à un client. ♦ AVOIR FISCAL : crédit d'impôt dont bénéficient les contribuables ayant perçu des dividendes au cours de l'année. ✪ CONTR. ② Débit, doit, ② passif.

avoirdupoids n. m. – XIXe ■ Système de mesure de masse des pays anglo-saxons, dans lequel la livre vaut 453,59 g, et qui s'applique à toutes les marchandises autres que les métaux précieux et les médicaments.

❑ On écrivait autrefois *avoir-du-pois.*

avoisinant, ante adj. – XVIIIe ■ Qui est voisin, dans le voisinage. ⇒ **attenant, contigu, proche.** « *Les terres avoisinantes étaient sévèrement gardées* » (Sand). ✪ CONTR. Éloigné, lointain.

avoisiner v. tr. [1] – XIVe **1** Être dans le voisinage, à proximité de. **2** fig. Être proche de, ressembler à. ⇒ **approcher.** « *son expérience avoisinait la mienne* » (Yourcenar). *Un prix qui avoisine le million.*

avortement n. m. – XIIe **1** Expulsion d'un fœtus avant terme, naturelle (⇒ **fausse couche)** ou provoquée. *Avortement thérapeutique. Pratiquer un avortement.* ♦ Interruption volontaire de grossesse. ⇒ **I.V.G. 2** Échec d'une entreprise, d'un projet. ⇒ **faillite, insuccès.** ✪ CONTR. Aboutissement, réussite, succès.

avorter v. [1] – XIIe ; lat. *ab-* et *ortus* « né » **I** v. intr. **1** Accoucher avant terme d'un fœtus ou d'un enfant mort. *Un remède qui fait avorter* (⇒ **abortif). 2** Ne pas arriver à son plein développement, en parlant des fruits, des fleurs. **3** Être arrêté dans son développement. ⇒ **échouer.** « *Devant la menace d'une invasion étrangère, tout mouvement d'insurrection avorterait* » (Mart. du G.). **II** v. tr. Faire subir un avortement. *Le médecin qui l'a avortée.* ✪ CONTR. Aboutir, développer (se), réussir.

❑ On dit *faire une fausse couche* lorsque l'avortement est naturel.

avorteur, euse n. – XIXe ▪ Personne qui pratiquait l'avortement clandestin.

avorton n. m. – XIIIe 1 vx Fœtus sorti avant terme. 2 rare Animal ou végétal qui n'a pas atteint son développement normal. 3 Être petit, chétif, mal conformé. ⇒ **nabot, nain.**

avouable adj. – XIVe ▪ Qui peut être avoué sans honte. *Des sentiments avouables.* ⇒ **honnête.** ✪ CONTR. Inavouable.

avoué n. m. – XIe ; lat. *advocare* « appeler auprès de soi » ▪ Officier ministériel chargé de représenter les parties devant les cours d'appel, d'y faire les actes de procédure.

❑ Le féminin *avouée*, forme normale, ne semble pas usité, bien qu'il y ait beaucoup de femmes dans la profession.

avouer v. tr. [1] – XIIe ; lat. *advocare* « appeler auprès de soi » 1 littér. Reconnaître pour sien. « *Tout honnête homme doit avouer les livres qu'il publie* » (Rouss.). 2 Reconnaître qu'une chose est ou n'est pas ; reconnaître pour vrai. ⇒ **admettre, convenir, déclarer, reconnaître.** *J'avoue qu'il a raison.* « *je suis dans un fichu état, avouez-le* » (Mart. du G.). *Je vous avoue mon ignorance.* « *Le rationnement dont je souffre le plus c'est, je l'avoue, celui du tabac* » (Gide). *Il avoua s'être grossièrement trompé.* ♦ Reconnaître après avoir tenté de dissimuler. *Avouer une faute. Avouer avoir menti.* ⇒ **confesser.** 3 Faire des aveux. *Le voleur a fini par avouer.* 4 pronom. Reconnaître qu'on est. *S'avouer vaincu.* ✪ CONTR. ① Cacher, désavouer, dissimuler, nier, taire.

❑ Même famille étym. que ① *avocat*.

avril n. m. – XIe ; lat. *aprilis* ▪ Le quatrième mois de l'année. *Le mois d'avril a 30 jours.* « *De légères pluies, en avril, avaient donné une belle poussée aux fourrages* » (Zola). ➛ *POISSON D'AVRIL* : plaisanterie, mystification traditionnelle du 1er avril. *Faire un poisson d'avril à qqn.*

avulsion n. f. – XIVe ; lat. *avellere* « arracher » ▪ didact. Action d'arracher. ⇒ **arrachement.** *L'avulsion d'une dent.* ⇒ **extraction.**

avunculaire [avɔ̃kylɛʀ] adj. – XVIIIe ; du lat. *avunculus* « oncle » ▪ dr. Qui a rapport à un oncle ou une tante.

awalé → **walé**

axe n. m. – XIVe ; lat. *axis* « essieu » 1 Ligne idéale autour de laquelle s'effectue une rotation. *Axe du monde.* ♦ Droite autour de laquelle tourne une figure plane pour engendrer un solide de révolution. *L'axe d'un cylindre. Axe de rotation.* 2 Droite munie d'un vecteur unitaire et d'une origine. ➛ *Axe de symétrie.* ➛ *Axe d'oscillation d'un pendule.* 3 Pièce allongée qui sert à faire tourner un objet sur lui-même ou à assembler d'autres pièces en les articulant. ⇒ **arbre, charnière, essieu, pivot.** *L'axe d'une roue.* « *un tourniquet de cartes postales grinçait sur son axe lorsqu'on le poussait du doigt* » (Green). 4 Ligne qui passe par le centre, dans la plus grande dimension. *L'axe du corps.* ➛ Voie routière ou fluviale importante. *Les grands axes de la circulation.* ♦ Partie d'un végétal qui porte des appendices latéraux. ♦ *Axe cérébrospinal,* formé par la moelle épinière et l'encéphale. 5 Direction générale. ⇒ **ligne.** « *Cheminons sans écart dans l'axe de notre sujet* » (Barrès). ♦ Lien politique, économique, alliance entre deux pays. *L'axe Rome-Berlin.*

axel n. m. – 1961 ; de *Axel Polsen,* patineur suédois ▪ Figure de patinage artistique, saut au cours duquel le patineur tourne une fois et demie sur lui-même. *Triple axel.*

axénique adj. – mil. XXe ; de ② *a-* et gr. *xenos* « étranger » ▪ Qui se développe ou est élevé dans un milieu stérile. *Animaux axéniques nés par césarienne.*

❑ Bien prononcer le *x* [ks] cf. prononciation de *xénophobie.*

axénisation n. f. – 1972 ▪ Purification par élimination d'éléments étrangers.

axer v. tr. [1] – XVIe 1 Diriger, orienter suivant un axe. *Axer une construction sur une ligne nord-sud.* 2 fig. Orienter. *Axer sa vie sur le travail.* ➛ *Politique commerciale axée sur le profit.* ✪ CONTR. Désaxer.

axérophtol n. m. – 1939 ; de ② *a-*, *xérophtalmie)* et *-ol* ▪ Vitamine A.

axial, iale, iaux adj. – XIXe ▪ Qui a rapport à l'axe, qui est dans l'axe. *Direction axiale. Plan axial,* d'un plissement, d'un pli montagneux. ➛ *Vecteur axial* (opposé à *polaire*). *Symétrie axiale* : symétrie orthogonale (par rapport à un axe). ✪ CONTR. Périphérique.

axile adj. – XVIIe ▪ Qui forme un axe. *Filaments axiles.*

axillaire [aksilɛʀ] adj. – XIVe ; lat. *axilla* « aisselle » 1 Qui a rapport à l'aisselle. *Ganglions axillaires.* 2 Qui est situé à l'aisselle d'un organe. *Bourgeon, inflorescence axillaire.*

❑ Même famille étym. que *aile* ; sans rapport avec *axe.*

axiologie n. f. – 1902 ; gr. *axios* « qui vaut » et *-logie* ▪ Science et théorie des valeurs morales.

axiologique adj. – 1927 ▪ De l'axiologie (opposé à *ontologique*).

axiomatique adj. et n. f. – XVIe 1 Des axiomes ; qui a le caractère des axiomes. ⇒ **évident, indémontrable.** 2 Qui peut servir de base à un système de déduction ; qui procède par déduction. *Méthode axiomatique.* 3 Qui a pour objet des symboles. ⇒ **formalisé.** *Sémantique axiomatique.* 4 n. f. Mode d'exposition d'une théorie par déduction logique ou mathématique, à partir d'axiomes énoncés, exempts de contradictions et indépendants les uns des autres.

axiomatisation n. f. – 1936 ▪ Action d'axiomatiser ; état de ce qui a été axiomatisé. ⇒ **formalisation.**

axiomatiser v. tr. [1] – v. 1935 ▪ Organiser sous forme axiomatique par un système déductif ou par la formalisation. ➛ *Théorie axiomatisée.*

axiome n. m. – XVIe ; gr. *axioun* « juger digne, valable » 1 Vérité indémontrable mais évidente pour quiconque en comprend le sens, et considérée comme universelle. *Postulat et axiome.* ⇒ **évidence, prémisse.** *Un axiome mathématique, philosophique.* « *Ces propositions claires et intelligibles par elles-mêmes s'appellent axiomes* » (Boss.). 2 Proposition admise par tout le monde sans discussion. ➛ ⇒ ① **adage, aphorisme, apophtegme, maxime, sentence.** « *nous vivons tous* [...] *sur cet axiome que l'idée de révolution est incompatible avec l'idée d'ordre* » (Mart. du G.). 3 Proposition admise à la base d'une théorie, relation entre les notions premières de la théorie, choisie arbitrairement. ⇒ **postulat.**

① **axis** [aksis] n. m. – XIXe ; mot lat. « axe » ▪ Deuxième vertèbre du cou qui sert d'axe pour les mouvements de rotation de la tête.

② **axis** [aksis] n. m. – XVIIIe ; mot lat. « bœuf sauvage de l'Inde » ▪ Petit cerf d'Asie à bois courts, au pelage roux tacheté de blanc.

axisymétrique [aksisimetʀik] adj. – 1972 ▪ Se dit d'un système mécanique présentant une symétrie de révolution.

axolotl [aksɔlɔtl] n. m. – XVIIe ; mot aztèque ▪ Larve d'amblystome qui peut se reproduire à l'état larvaire.

axone n. m. – XIXe ; gr. *axôn* « axe » ▪ Prolongement de la cellule nerveuse.

axonge n. f. – XIVe ; lat. « graisse de porc » ■ Graisse fondue de la panne de porc (⇒ **saindoux**) utilisée en pharmacie.

> ❑ Ce mot est composé du latin *ax- (axis)* « essieu » et *ungia* « graisse » (on graissait les essieux des chars avec cette substance).

axonométrie n. f. – 1960 ; gr. *axôn* « axe » et *-métrie* ■ Représentation d'une figure à trois dimensions par projection orthogonale ou oblique.

ayant → ① **avoir**

ayant cause n. m. – XIVe ■ Personne qui a acquis d'une autre un droit ou une obligation. ⇒ **acheteur, donataire, héritier, légataire.** *Les ayants cause.*

> ❑ La langue juridique a conservé dans ce mot (et dans *ayant droit*) l'ancien usage qui faisait varier le participe présent en nombre : *des ayants cause.*

ayant droit n. m. – XIXe ■ Personne qui a des droits à qqch. *Les ayants droit à une prestation.*

> ❑ Pour le pluriel → ayant cause (rem.).

ayatollah [ajatɔla] n. m. – 1977 ; mot ar. « verset de Dieu *(Allah)* » ■ Religieux musulman chiite d'une haute dignité.

aye-aye [ajaj] n. m. – XVIIIe ; mot indigène ■ Primate nocturne *(daubentoniidés)* de Madagascar, de la taille d'un chat, à queue très longue. → **lémuriens.** *Des ayes ayes.*

> ❑ Pour la prononciation → paye (rem.).

azalée n. f. – XVIIIe ; gr. *azaleos* « desséché » ■ Arbuste à feuilles persistantes ovales, vertes et luisantes *(éricacées)*, cultivé pour ses fleurs très colorées. « *un de ces marchés de mars, si fleuris de primevères et d'azalées* » (Zola).

> ❑ L'emploi fautif au masculin est courant.

azéotrope adj. – 1933 ; de ② *a-*, gr. *zein* « bouillir » et *-trope* ■ *Mélange azéotrope*, formé de deux liquides, dont la distillation se fait à température constante et produit une vapeur de même composition que le mélange lui-même.

azerole n. f. – XVIe ; ar. *az-zou'-roûr* ■ Fruit de l'azerolier, ressemblant à une petite pomme.

azerolier n. m. – XVIIe ■ Aubépine à fleurs blanches ou roses, cultivée pour son fruit. « *Un sentier de chèvres* [...] *ombragé de figuiers sauvages et d'azeroliers* » (Lamart.).

AZERTY adj. inv. – v. 1980 ; suite des lettres des six premières touches d'une machine à écrire conçue pour le français ■ *Clavier AZERTY*, clavier français (par oppos. à *QWERTY*).

azimut [azimyt] n. m. – XVe ; ar. *az-samt* « le chemin » 1 Angle formé par le plan vertical d'un astre et le plan méridien du point d'observation. ➤ *Azimut magnétique :* angle formé par une horizontale quelconque avec le méridien magnétique. 2 loc. fam. *Tous azimuts, dans tous les azimuts :* dans toutes les directions, dans tous les sens. *Défense tous azimuts. Recherches tous azimuts.*

> ❑ Ce mot ne prend pas d'*h*, mais on a aussi écrit *azimuth* avec *h* final : « *l'ombre d'un arbre exprime aussi l'azimuth et la hauteur du soleil* » (Alain). Cette lettre muette est maintenue dans *zénith*, de même origine.

azimuté, ée adj. – 1937 ■ fam. Qui a perdu son bon sens ; qui a perdu la boussole, le nord. ⇒ **fou.**

① **azoïque** adj. – XIXe ; de ② *a-* et gr. *zôon* « animal » ■ Privé de vie animale. (⇒ **abiotique**). ➤ *Roche azoïque*, qui ne contient pas de fossiles.

② **azoïque** adj. – XIXe ; de *azote* ■ Se dit de colorants renfermant dans leur molécule le groupement –N=N–.

azoospermie n. f. – XIXe ; de ② *a-*, gr. *zôon* « animal » et *sperma* « semence » ■ Absence de spermatozoïdes dans le sperme animal.

azote n. m. – XVIIIe ; de ② *a-* et gr. *zôê* « vie » ■ Corps simple (symb. N ; n° at. 7 ; m. at. 14,008), gaz incolore, inodore, chimiquement peu actif, qui entre dans la composition de l'atmosphère (4/5) et des tissus vivants. *Peroxyde d'azote. Protoxyde d'azote :* gaz hilarant.

> ❑ L'azote était appelé autrefois *nitrogène*, mot dont l'initiale sert de symbole chimique à ce corps.

azoté, ée adj. – XIXe ■ Qui contient de l'azote. Engrais azotés.

azotémie n. f. – 1909 ■ Quantité d'azote du sang.

azothydrique adj. – XIXe ; de *azote* et *hydrique* ■ *Acide azothydrique :* acide explosif à l'état anhydre.

azotique adj. – XVIIIe ■ vieilli ⇒ **nitrique.**

azoture n. m. – XIXe ■ Sel de l'acide azothydrique.

azoturie n. f. – XIXe ■ Quantité d'azote éliminée par les urines.

AZT [azɛdte] n. m. – 1985 ; nom déposé, de ***az****ido****t****hymidine* ■ Médicament inhibiteur de la transcription génétique, utilisé dans le traitement du sida. ⇒ **zidovudine.**

aztèque adj. – XIXe ; mot mexicain ■ Qui a rapport aux Aztèques, peuple de l'Amérique précolombienne. *Art aztèque.*

azulejo [asulexo] n. m. – XVIe ; mot esp., de *azul* « bleu » ■ Carreau de faïence émaillée, orné de dessins (ordinairement de couleur bleue). *Une église* « *avec son petit cloître bleu et ses azulejos représentant une quantité de scènes populaires* » (Claudel).

> ❑ Au pluriel, forme la plus fréquente, le *s* final se prononce : [asulexɔs].

azur n. m. – XIe ; ar. *lâzaward* 1 Lapis, aussi appelé *pierre d'azur.* ♦ Verre coloré en bleu par l'oxyde de cobalt. ⇒ **safre, smalt.** 2 littér. Couleur d'un beau bleu clair ; couleur du ciel, des flots. « *Sur la rive, je poursuis de grands papillons noirs lamés d'azur* » (Gide). *Des pantalons bleu azur.* ♦ Le ciel, l'infini. 3 Le bleu, l'un des neuf émaux des armoiries.

azurage n. m. – XIXe ■ Opération consistant à parfaire l'effet de blancheur de certaines matières, en ajoutant un produit donnant une légère coloration bleutée.

azuré, ée adj. – XIIIe ■ littér. Qui est de couleur d'azur.

azurer v. tr. [1] – XVIe 1 Teindre en couleur d'azur. 2 Blanchir le linge en le passant au bleu.

azurite n. f. – XIXe ■ Carbonate naturel de cuivre, de couleur bleue.

azygos [azigos] adj. et n. f. – XVIe ; gr. *azugos* « non accouplé » ■ *Veine azygos*, ou *l'azygos :* importante veine qui relie le système de la veine cave inférieure au tronc de la veine cave supérieure.

azyme adj. – XIIIe ; de ② *a-* et gr. *zumê* « levain » ■ Sans levain. *PAIN AZYME :* pain que les juifs mangent au temps de la Pâque ; pain dont on fait les hosties. ➤ n. m. Pain azyme. *La fête des Azymes :* la Pâque (juive). ❑ Même famille que *enzyme.*

B ① **b** [be] **n. m. inv.** ▪ Deuxième lettre et première consonne de l'alphabet : *b majuscule* (B), *b minuscule* (b). ➝ prononc. Lettre qui note l'occlusive labiale sonore [b] *(bain, bob)* ou la sourde correspondante [p] quand elle est suivie d'une consonne sourde *(absent, obscur)* (⇒ **assimilation**). ✪ HOM. Bée. ❑ *b* est généralement prononcé à la finale sauf pour la famille de *plomb* et pour *radoub*.

② **b** abrév. et symboles **1 B** [be] **n. m. inv.** La note *si* (dans la notation anglo-saxonne et germanique ; correspond à *si bémol* dans la notation allemande). **2 B** [bɛl] **n. m. inv.** Bel. ➝ **b** [baʀn] Barn. ➝ **B** [gʀɑ̃be] Induction magnétique. **3** *Groupe B,* l'un des quatre groupes sanguins.

B.A. [beɑ] **n. f.** – 1920 ; sigle ▪ Bonne action, dans le langage des scouts. *Faire une, sa B.A.* ✪ HOM. Béat.

① **baba adj.** – XVIIIe ; p.-ê. onomat. ▪ fam. Frappé d'étonnement. ⇒ **ébahi, étonné, stupéfait, surpris.** *Elles en sont restées babas.*

② **baba n. m.** – XVIIIe ; mot polonais ▪ Gâteau à pâte légère imbibé de sirop alcoolisé. *Des babas au rhum.*

❑ Le polonais *baba* désigne une vieille femme, mot et sens communs à toutes les langues slaves.

③ **baba n. m.** – 1905 ; p.-ê. du rad. de *babines* ▪ arg. Postérieur. ➝ loc. pop. *L'avoir dans le baba* : être refait.

④ **baba n.** – v. 1975 ; hindi « papa » ▪ fam. Jeune personne marginale, non violente, plus ou moins nomade, souvent mystique, vivant parfois en communauté. ⇒ **hippie.** ➝ *Des babas cool.*

b.a.-ba [beaba] **n. m. sing.** – XIXe ; de l'épellation *b a* qui fait *ba* ▪ Première connaissance élémentaire. *Le b.a.-ba des maths.* ⇒ **a.b.c.**

babélisme n. m. – XIXe ; de *Babel* ▪ didact. Caractère d'un discours formé de mots de diverses langues. ➝ Jargon incompréhensible.

babeurre n. m. – XVIe ; de *bas* et *beurre* ▪ Liquide blanc qui reste après le barattage.

babil n. m. – XVe **1** vx ou littér. Abondance de paroles futiles. ⇒ **babillage, bavardage, caquet.** ♦ Bavardage agréable et vif (d'enfants, de jeunes filles). **2** Bruit rappelant une voix qui babille. *Le babil d'une source.* ⇒ **gazouillis, murmure.**

babillage n. m. – XVIe ▪ Action de babiller. ⇒ **babil, bavardage.** « *un de ces petits garçons pétulants* [...] *qui nous étourdissent de leur babillage, de leur toupet* » (Romains).

babillard, arde adj. – XVe ▪ littér. Bavard.

babiller v. intr. [1] – XIIe ; o. onomat. **1** Parler beaucoup d'une manière enfantine. ⇒ **bavarder.** *Les jeunes enfants babillent.* ⇒ **gazouiller.** « *on les entendait babiller et chanter ensemble comme deux merles dans une branche* » (Sand). **2** Pousser son cri, en parlant de certains oiseaux (pie, merle).

❑ Le radical onomatopéique du mouvement des lèvres apparente ce mot à *babines, bébé, baba, bave* et *blabla.*

babines n. f. pl. – XVe ; rac. onomat. **1** Lèvres pendantes de certains animaux. *Les babines du boxer.* « *Le renard retroussa ses babines et montra les dents* » (Giono). **2** fam. Les lèvres (d'une personne). *Se lécher, se pourlécher les babines,* en signe de satisfaction après un bon repas ; fig. se réjouir d'avance.

babiole n. f. – XVIe ; it. *babbola* « bêtise, enfantillage » **1** Petit objet de peu de valeur. ⇒ **bibelot, colifichet.** *Offrir une babiole.* **2** Chose sans importance. ⇒ **bagatelle, rien.** *Il s'est fâché pour une babiole.*

babiroussa n. m. – XVIIIe ; malais « cochon-cerf » ▪ Sanglier de Malaisie, aux défenses recourbées.

bâbord n. m. – XVe ; néerl. *bakboord* « côté du dos », parce que le pilote manœuvrait en tournant le dos au côté gauche ▪ Côté gauche d'un navire, en tournant le dos à la poupe. *Une île à bâbord !* ✪ CONTR. Tribord.

babouche n. f. – XVIe ; persan ▪ Pantoufle de cuir sans quartier ni talon, servant de chaussure dans les pays d'Islam. « *Le Turc partit en traînant majestueusement ses babouches* » (Chateaub.).

babouin n. m. – XIIIe ; rac. onomat. ▪ Singe cynocéphale d'Afrique *(primates),* vivant en société organisée. ⇒ **papion.** « *la férocité du babouin* » (J. Verne).

baby [babi ; bebi] **adj. inv.** et **n. m.** – XIXe ; mot angl. ▪ *Un baby scotch* ou *un baby* : demi-scotch servi dans un café, un bar. *Des babys* ou *des babies.*

❑ Pour le pluriel → ① y (rem.).

baby-boom [babibum ; bebi-] **n. m.** – 1954 ; mot angl., de *baby* « bébé » et *boom* « hausse » ▪ Forte augmentation de la natalité. *Des baby-booms.*

baby-foot [babifut] **n. m. inv.** – 1951 ; nom déposé ; de l'angl. *baby* « de petite taille » et *foot* ▪ Football de table. ➝ La table de jeu.

baby-sitter [babisitœʀ ; bebi-] **n.** – 1953 ; mot angl., de *baby* « bébé » et *to sit* « couver » ▪ Personne qui, moyennant rétribution, garde à domicile de jeunes enfants, occasionnellement. *Des baby-sitters.*

baby-sitting [babisitiŋ ; bebi-] **n. m.** – v. 1960 ▪ Garde de jeunes enfants par un, une baby-sitter. *Faire du baby-sitting. Des baby-sittings.*

① **bac n. m.** – XIIe ; lat. « récipient » **I** Bateau à fond plat servant à passer un cours d'eau, un lac, un bras de mer. ⇒ région. **traversier.** « *Un bac, un de ces immenses radeaux où l'on embarque les voitures* » (Daud.). ⇒ **ferry-boat. II - 1** Récipient servant à divers usages. ⇒ **auge, baquet, bassin, cuve.** « *l'eau fuyait goutte à goutte dans un bac de cuivre posé sur le sol* » (Tournier). *Évier à deux bacs. Bac à sable.* ➝ *Bac à glace,* servant à former les glaçons dans un réfrigérateur. 2 Récipient assez grand où l'on fait pousser des plantes, des arbres. ⇒ **jardinière.** « *les bacs à fleurs pleins de terre craquelée* » (Le Clézio).

② **bac** n. m. – XIXe ; abrév. ■ fam. Baccalauréat. ➛ ellipt *Ingénieur bac+5,* ayant fait cinq années d'études supérieures.

bacante → ② **bacchante**

baccalauréat n. m. – XVIIe ; lat. *baccalaris* « bachelier » 1 Grade universitaire conféré à la suite d'examens qui terminent les études secondaires ; ces examens. ⇒ fam. ② **bac,** ② **bachot ; bachelier.** *Passer le baccalauréat.* « *Toute cette jeunesse a le baccalauréat en poche, et court après quelque licence en droit* » (Alain). 2 (Canada) Études universitaires de premier cycle ; diplôme qui les sanctionne. *Baccalauréat ès arts* (*B.A.* [bea]), *ès sciences* (*B.Sc.* [beɛsse]).

> ❑ En Suisse, l'examen qui correspond au *baccalauréat* (1°) est la *maturité.*

baccara n. m. – XIXe ; p.-ê. provenç. « rien du tout » ■ Jeu de cartes où le dix, appelé *baccara,* équivaut à zéro. ✪ HOM. Baccarat.

baccarat n. m. – XIXe ■ Cristal de la manufacture de Baccarat. *Des verres en baccarat.* ✪ HOM. Baccara.

bacchanale [bakanal] n. f. – XIVe 1 plur. Fêtes en l'honneur de Bacchus. 2 vieilli Débauche bruyante.

① **bacchante** [bakɑ̃t] n. f. – XVIe ■ Prêtresse de Bacchus, femme qui célébrait les Bacchanales. ⇒ **ménade, thyade.** « *Semblable à une bacchante qui remplit l'air de ses hurlements* » (Fén.).

② **bacchante** ou **bacante** n. f. – XIXe ; all. *Backe* « joue » ■ fam. (souvent plur.) Moustache. *De belles bacchantes.*

baccifère adj. – XVIe ; lat. *bacca* « baie » et *-fère* ■ Qui porte des baies. *Le groseillier est une plante baccifère.*

bacciforme adj. – XIXe ; lat. *bacca* « baie » et *-forme* ■ Qui a la forme d'une baie, ressemble à une baie.

bâchage n. m. – XIXe ■ Action de bâcher. *Le bâchage du camion.*

bâche n. f. – XVe ; du lat. d'o. gaul. *bascauda* 1 Réservoir d'eau alimentant une machine (chaudière, etc.) ou recevant l'eau refoulée par une pompe. 2 Coffre recouvert d'un châssis et servant de petite serre. 3 Carter d'une turbine hydraulique. 4 Pièce de forte toile imperméabilisée qui sert à protéger des intempéries. ⇒ **banne, prélart.** *Des* « *camions aux bâches jaunes de poussière* » (Malraux).

bachelier, ière n. – XIe ; gaul. 1 n. m. Sous la féodalité, Jeune gentilhomme qui aspirait à devenir chevalier. 2 Titulaire du baccalauréat. « *mais, étant bachelier ès lettres... je me suis cru poète !* » (Labiche).

bâcher v. tr. [1] – XVIIIe ■ Couvrir, recouvrir d'une bâche. ➛ *Camion bâché.* ✪ CONTR. Découvrir.

bachi-bouzouk n. m. – XIXe ; mot turc « mauvaise tête » ■ Cavalier de l'ancienne armée turque, enrôlé en temps de guerre. *Des bachi-bouzouks.*

bachique adj. – XVe ■ Relatif à Bacchus. *Fêtes bachiques.* ⇒ **bacchanale.** ➛ *Chanson bachique* : chanson à boire. « *la chanson gaie, bachique, épicurienne* » (Ste-Beuve).

① **bachot** n. m. – XVIe ■ Petit bac (①), petite barque à fond plat. « *un bachot que le courant berçait* » (Mart. du G.).

② **bachot** n. m. – XIXe ; de *bachelier* ■ fam. vieilli Baccalauréat. « *Il avait seize ans l'année qu'il passa le bachot latin-grec* » (Aragon).

bachoter v. intr. [1] – XIXe ; de ② *bachot* ■ Préparer hâtivement le baccalauréat, un examen.

> ❑ Les noms en *-ot* donnent des verbes qui prennent tantôt un *t* tantôt deux *t* (*grelot, grelotter*). → -oter (rem.).

bacillaire [basilɛʀ] adj. et n. – XIXe 1 Dû à un bacille. *Dysenterie bacillaire.* 2 n. Malade qui élimine des bacilles tuberculeux et qui est contagieux. ➛ adj. *Il n'est plus bacillaire.*

bacille [basil] n. m. – XIXe ; lat. « baguette » 1 Bactérie en forme de bâtonnet qui se présente en chaîne, produit des spores. *Les bacilles sont des aérobies.* ➛ Toute bactérie pathogène. *Bacille de Koch* (abrév. *B.K.* [beka]), agent de la tuberculose. ⇒ **bacillose.** *Bacille intestinal.* ⇒ **colibacille.** « *le bacille trapu de la peste* » (Camus). 2 Insecte herbivore ressemblant à une brindille. ⇒ **phasme.**

> ❑ Attention aux deux *l* qu'on pourrait oublier à cause de la prononciation.

bacilliforme [basilifɔʀm] adj. – XIXe ■ didact. En forme de bacille.

bacillose [basiloz] n. f. – XIXe ; de *bacille* et ② *-ose* 1 rare Maladie due à un bacille. 2 Tuberculose. *Bacillose rénale.*

bacillurie [basilyʀi] n. f. – 1909 ; de *bacille* et *-urie* ■ Présence de bacilles de Koch dans les urines.

backgammon [bakgamɔn] n. m. – XIXe ; du moy. angl. *gamen* (*game* « jeu ») et *back* « en arrière » ■ Jeu de dés très proche du jacquet et du trictrac.

background [bakgʀaund] n. m. – 1953 ; mot angl., de *back* « qui est derrière » et *ground* « sol » ■ Arrière-plan (recomm. offic.), cadre, contexte (d'une action, d'un événement).

bâclage n. m. – XVIIIe ■ fam. Exécution à la hâte (d'un travail).

bâcle n. f. – XIXe ; de *bâcler* ■ Barre de bois ou de fer pour fermer de l'intérieur une porte, une fenêtre.

bâcler v. tr. [1] – XIIIe ; lat. *baculum* « bâton » ■ fam. Faire (un travail) à la hâte et sans soin. ⇒ **expédier ;** fam. **cochonner, saloper, torcher.** « *Les paresseux qui bâclent leur thème* » (Larbaud). ➛ *C'est du travail bâclé.* ✪ CONTR. Fignoler, soigner.

bacon [bekɔn] n. m. – XIe ; repris à l'angl. ; germ. « jambon » 1 Lard fumé, assez maigre, débité en tranches fines. *Œufs au bacon.* 2 En France, Filet de porc fumé et maigre.

> ❑ Du XIIe au début du XVIIe s., ce mot désignait le jambon et se prononçait [bakɔ̃].

bactéricide adj. et n. m. – XIXe ; de *bactérie* et *-cide* ■ didact. Qui tue les bactéries. *Produit bactéricide.*

bactérie n. f. – XIXe ; gr. « petit bâton » ■ Micro-organisme unicellulaire formant un règne autonome, de formes très variées, pouvant vivre en saprophytes (sol, eau, organismes vivants) ou comme parasites de l'homme, des animaux et des plantes (⇒ **microbe**). *Bactérie arrondie* (⇒ **coccus ; -coque**), *en forme de bâtonnet* (⇒ **bacille**), *de spirale* (⇒ **spirille, spirochète, vibrion**).

bactérien, ienne adj. – XIXe ■ Relatif aux bactéries. *Contamination bactérienne.*

bactéri(o)- Élément, du gr. *baktêria* « bâton », signifiant « bactérie ».

bactériologie n. f. – XIXe ; de *bactérie* et *-logie* ▪ Partie de la microbiologie qui s'occupe des bactéries. ➝ abrév. fam. BACTERIO.

bactériologique adj. – XIXe ▪ Relatif à la bactériologie. *Analyse bactériologique.* ➝ *Guerre bactériologique,* utilisant le pouvoir pathogène des bactéries comme arme.

bactériologiste n. – XIXe ▪ Biologiste, médecin spécialiste de bactériologie.

bactériophage n. m. – 1918 ; *bactério-* et *-phage* ▪ Virus à A.R.N. ou A.D.N. qui infecte des bactéries et provoque leur lyse. ➝ abrév. *Phage.*

bactériostatique adj. – 1945 ▪ Qui arrête la prolifération des bactéries. ⇒ **antibiotique.**

badaud, aude n. et adj. – XVIe ; provenç. *badar* « bayer » ▪ (rare au fém.) Personne qui s'attarde à regarder le spectacle de la rue. ⇒ **curieux, flâneur.** *Attroupement de badauds.* ➝ adj. *Le Parisien est badaud.*

baderne n. f. – XVIIIe ; gr. *pterna* « talon, sabot » ▪ fam. *Baderne, vieille baderne :* homme (souvent militaire) âgé et borné. « *Tu me prends déjà pour un vieillard ? pour un gâteux ? pour une baderne ?* » (Queneau).

badge n. m. – XIVe ; mot angl. **1** (parfois n. f.) Insigne métallique rond, qui correspond à un brevet de spécialité chez les scouts. « *J'ai déjà mes badges de bricoleur, de conducteur de locomotive, de terrassier, de nœuds, de code morse* » (Vian). **2** Insigne, porté en broche, signalant l'identité du porteur, dans une réunion, un service public. ♦ Insigne muni d'un dessin, d'une inscription, porté sur un vêtement. « *un blouson* [...] *bleu ciel agrémenté de badges fantaisie* » (Perec). ♦ Document d'identité codé, perforé ou magnétique, permettant l'accès à certains locaux et éventuellement le pointage.

> ❑ Ce mot anglais du XIVe s. désignait alors en France l'insigne d'un chevalier et de ses suivants ; il a été repris en Angleterre par Baden-Powell, vers 1908, pour les scouts.

badiane n. f. – XVIIe ; persan ▪ Arbuste asiatique *(magnoliacées)* aux fruits aromatiques (anis* étoilé).

badigeon n. m. – XVIIe ; o. i. ▪ Couleur en détrempe à base de lait de chaux, dont on protège ou dont on peint les murs. « *ce sanctuaire étrange aux murailles attristées par un badigeon verdâtre* » (Duham.).

badigeonnage n. m. – XIXe ▪ Action de badigeonner ; son résultat. « *le beau badigeonnage jaune dont nos vandales archevêques ont barbouillé leur cathédrale* » (Hugo). ♦ *Badigeonnage de la gorge.*

badigeonner v. tr. [1] – XVIIIe **1** Enduire d'un badigeon. **2** Enduire (une partie du corps) d'une préparation pharmaceutique. *Se badigeonner la gorge au bleu de méthylène.* « *Il souleva le petit bras inanimé, le badigeonna d'iode* » (Mart. du G.).

badigoinces n. f. pl. – XVIe ; p.-ê. de *bader* « bavarder », et *goincer* « crier comme un porc » ▪ fam. et plais. Lèvres. *Se lécher les badigoinces.*

① **badin, ine** adj. – XVe ; mot provenç. de *badar* « bayer » ▪ littér. Qui aime rire, plaisanter. ⇒ **espiègle, gai.** ➝ *Humeur badine.* ⇒ **enjoué, léger.** « *Le ton de la conversation y est galant sans fadeur, badin sans équivoque* » (Rouss.). ✪ CONTR. Grave, sérieux.

② **badin** n. m. – 1949 ; du nom de l'inventeur ▪ Anémomètre qui sert à indiquer la vitesse relative d'un avion.

badinage n. m. – XVIe ▪ Action de badiner. ⇒ **amusement, plaisanterie.** « *à l'abri de ce badinage, je dis des vérités* » (Volt.). ✪ CONTR. Gravité, sérieux.

badine n. f. – XVIIIe ; p.-ê. de *badiner* ▪ Baguette mince et souple qu'on tient à la main. ⇒ **jonc,** ① **stick.**

badiner v. intr. [1] – XVIe ▪ Plaisanter avec enjouement et légèreté. ⇒ s'**amuser, jouer.** *Je le dis pour badiner. Ne pas badiner avec* (une chose abstraite) : prendre très au sérieux, n'admettre aucune négligence vis-à-vis de. « *On ne badine pas avec l'amour* », comédie de Musset.

badinerie n. f. – XVIe ▪ littér. Ce qu'on fait, dit en badinant. ⇒ **plaisanterie.**

badminton [badmintɔn] n. m. – XIXe ; mot angl., nom d'un château ▪ Jeu de volant apparenté au tennis.

baffe n. f. – XIIIe ; onomat. ▪ fam. Gifle. *Une paire de baffes.*

baffle n. m. – 1948 ; mot angl. « écran » ▪ Panneau sur lequel est monté le diffuseur d'un haut-parleur et qui limite les interférences sonores entre les deux faces. Recomm. offic. *écran.* ➝ abusivt Enceinte* acoustique. *Les baffles d'une chaîne.*

> ❑ Il semble que ce mot ait pénétré en français avec le vocabulaire du cinéma américain.

bafouer v. tr. [1] – XVIe ; onomat. ▪ Traiter avec un mépris outrageant, tourner en dérision. ⇒ se **moquer, outrager, ridiculiser.** *On le bafoua devant tout le monde.* ⇒ **conspuer, vilipender.** « *Il se vit bafoué, Berné, sifflé, moqué, joué* » (La Font.). ➝ *Bafouer les droits de l'homme, les institutions.* ✪ CONTR. Exalter.

> ❑ *Bafouer* est devenu plus rare quand l'objet est une personne.

bafouillage n. m. – XIXe ▪ fam. Action de bafouiller. ♦ Propos incohérents.

bafouille n. f. – XIXe ▪ fam. Lettre. « *Je torchais des bafouilles au Chef* » (Sarrazin).

bafouiller v. intr. [1] – XIXe ; p.-ê. de *barbouiller* d'apr. *fouiller* ▪ fam. Parler d'une façon embarrassée, inintelligible. ⇒ **bredouiller.** « *Il bafouillait un petit peu, il s'est gouré dans tous les noms* » (Céline). ➝ trans. *Il bafouilla des excuses.*

bafouilleur, euse n. et adj. – XIXe ▪ Personne qui bafouille.

bâfrer v. tr. [1] – XVIe ; onomat. ▪ fam. Manger gloutonnement et avec excès. « *Cyprien avait bâfré et pinté comme quatre* » (Huysm.).

bâfreur, euse n. – XVIe ▪ fam. Personne qui bâfre. ⇒ **glouton, goinfre, goulu.**

bagad, plur. **bagadou** n. m. – d. i. ; mot bret. « ensemble » ▪ région. Formation musicale à base d'instruments bretons traditionnels (bombardes, binious).

bagage n. m. – XIIIe ; angl. *bag* « paquet » **1** vx Matériel d'une armée. ➝ loc. fig. *Se rendre, capituler avec armes et bagages :* accepter une entière défaite. fam. *Avec armes et bagages :* avec tout ce dont on a besoin. « *Nous étions donc allés vivre à la ferme, avec armes et bagages* » (M. Cardinal). **2** (Toujours au sing.) vieilli Ce qu'on emporte avec soi en déplacement, en voyage. ⇒ **équipement.** *Elle avait pour tout bagage un sac et un parapluie.* « *tout son bagage dans une minuscule valise de cuir* » (Bernanos). loc. *Plier bagage :* s'en aller, partir. ♦ *LES BAGAGES :* l'ensemble des valises, sacs, coffres, etc. qu'emporte un voyageur. ⇒ **cantine, coffre, malle,** ① **sac, valise, vanity-case.** *Faire ses bagages,* les remplir. *Enregistrer ses bagages. Excédent de bagages. Bagages à main,* qu'on garde avec soi. *Chariot à bagages.* ⇒ ② **caddie.** ➝ au sing. *Un seul bagage ?* **3** Ensemble des connaissances acquises. *Un solide bagage.* ✪ HOM. Baguage.

bagagiste n. – 1922 ▪ Préposé à la manutention des bagages dans un hôtel, une gare ou un aéroport.

bagarre n. f. – XVIIe ; basque *bagarro* **1** Mêlée de gens qui se battent. ⇒ **échauffourée, rixe.** *Des bagarres ont éclaté* entre la police et les manifestants. « *Des gens qui erraient dans la bagarre, éperdus* » (Hugo). 2 fam. Échange de coups. ⇒ **bataille ;** fam. **baston, castagne.** *Chercher la bagarre.* ♦ Lutte âpre, sans échange de coups. ⇒ **corrida.** *La bagarre pour le pouvoir.*

bagarrer v. [1] - 1905 **I** v. pron. *SE BAGARRER.* fam. 1 Se battre. *Voyous qui se bagarrent.* ⇒ se **castagner.** *Il s'est bagarré avec son frère.* « *il faut se bagarrer pour approcher des étalages* » (Simenon). ♦ Se quereller. 2 Lutter, se démener (surtout avec *il faut*). *Il va falloir nous bagarrer contre la concurrence.* **II** v. intr. fam. Lutter (pour). *Il a dû bagarrer pour l'obtenir.*

bagarreur, euse adj. et n. - 1927 ▪ fam. Qui aime la bagarre. ⇒ **agressif, batailleur, combatif ;** ③ **battant.**

bagasse n. f. - XVIIIe ; esp. *bagazo* « marc » ▪ Résidu des tiges de canne à sucre dont on a extrait le jus.

bagatelle n. f. - XVIe ; lat. *baca* « baie » 1 Somme d'argent peu importante. *Je l'ai eu pour une bagatelle.* ➛ par antiphr. Somme considérable. *Il l'a payé la bagatelle de 10 000 francs.* 2 Chose sans importance. ⇒ **broutille.** *S'amuser à des bagatelles.* ⇒ **bêtise, fadaise, futilité, rien.** « *Vous voilà bien embarrassés tous deux pour une bagatelle !* » (Mol.). ⇒ **vétille.** 3 fam. *La bagatelle :* l'amour physique, le sexe. *Être porté sur la bagatelle.*

bagnard, arde n. - XIXe ▪ Forçat qui était interné dans un bagne.

bagne n. m. - XVIIe ; it. *bagno* « bain » 1 Pénitencier où furent internés les forçats après la suppression des galères. *Le bagne de Toulon, de Cayenne.* 2 Lieu de transportation où se purge la peine des travaux forcés. ➛ Cette peine. *Trente ans de bagne.* 3 Séjour où l'on est astreint à un travail pénible. ⇒ **enfer, galère.** *Quel bagne !*

bagnole n. f. - XIXe ; de *banne* « tombereau » ▪ fam. Automobile. *Une belle bagnole. On ira en bagnole.* « *passé vingt ans, ils ont tous une bagnole* » (Aragon).

bagout n. m. - XVIe ; de *goule* « gueule » ▪ Loquacité visant à convaincre, à faire illusion ou à duper. ⇒ **faconde,** fam. **tchatche, volubilité.** *Avoir du bagout.* « *Il avait à peine dix-huit ans et il avait déjà un bagout du tonnerre de Dieu pour exhiber ses saloperies* » (Queneau).

baguage n. m. - XIXe 1 Incision annulaire (d'un arbre) pour arrêter la descente de la sève. 2 Action de baguer (3°). ✪ HOM. Bagage.

> ❏ Le *u,* non nécessaire devant un *a,* vient du radical *bague, baguer.*

bague n. f. - XIVe ; p.-ê. moy. néerl. 1 Anneau que l'on met au doigt (⇒ **alliance, anneau, jonc),** spécialt lorsqu'il est orné. *Bague de fiançailles. Diamant en bague,* serti sur une bague. ⇒ **solitaire.** *Bague à large chaton* (⇒ **chevalière),** *à chaton allongé* (⇒ **marquise).** « *Elle baissa sa main, l'étala devant elle et enfila la bague dans son annulaire* » (Duras). ➛ loc. *La bague au doigt :* en étant marié. 2 Anneau que l'on fixe à la patte d'un oiseau pour l'identifier (⇒ **baguer).** 3 Anneau de papier, autour d'un cigare, qui porte le nom de la marque. ♦ Moulure circulaire qui divise horizontalement une colonne. ♦ Anneau, cercle métallique servant à joindre, maintenir deux éléments d'une machine. ⇒ **collier, manchon.** *Bague de serrage.*

baguenaude n. f. - XVe ; langued. *baga* « poche, sac » 1 Fruit du baguenaudier, petite gousse remplie d'air, qui éclate avec bruit lorsqu'on la presse. 2 fam. Flânerie. *Être en baguenaude.* ⇒ **balade.**

baguenauder v. intr. [1] - XVe ▪ Se promener en flânant. ⇒ se **balader, musarder.** ➛ pronom. « *Des gens se baguenaudaient par les allées* » (Queneau).

baguenaudier n. m. - XVIe ▪ Arbrisseau méditerranéen *(papilionacées),* à fleurs jaunes en grappes et à gousses renflées (⇒ **baguenaude).**

baguer v. tr. [1] - XVe 1 Garnir de bagues ou d'anneaux. ➛ *Mains baguées.* 2 Enlever un anneau d'écorce à (un arbre). ⇒ **baguage.** 3 Fixer un anneau à la patte de (un oiseau migrateur, une volaille). *Baguer un pigeon voyageur.* ➛ Soutenir (une fleur) par un anneau de métal. *Baguer des œillets.*

baguette n. f. - XVIe ; lat. *baculum* 1 Petit bâton mince et flexible. ⇒ **badine, canne, jonc,** ① **stick, verge.** *Baguette d'officier.* loc. *Mener* (qqn) *à la baguette,* avec autorité et rigueur. ♦ *BAGUETTE MAGIQUE,* servant aux fées, enchanteurs et magiciens pour accomplir leurs prodiges. loc. *D'un coup de baguette (magique) :* comme par enchantement. ♦ *Baguette de chef d'orchestre :* avec laquelle il dirige. ♦ *BAGUETTES DE TAMBOUR :* avec lesquelles on bat la caisse. ➛ fam. *Des cheveux raides comme des baguettes (de tambour),* très raides. 2 Petite moulure arrondie ou plate. *Baguettes décoratives.* ⇒ ② **frette, listel, membron.** *Fils électriques sous baguette.* 3 (En France) Pain long et mince. *Une demi-baguette.* 4 Chacun des deux instruments en forme de baguette avec lesquels on mange en Extrême-Orient. *Il* « *porte le bol à ses lèvres et enfourne tout ce riz, en le poussant avec ses deux baguettes jusqu'au fond de son gosier* » (Loti).

bah interj. - XIIe ; onomat. ▪ Interjection exprimant l'insouciance, l'indifférence. *Bah ! j'en ai vu d'autres.* ⇒ **bof.** ✪ HOM. Bas, bât.

bahut n. m. - XIIIe ; o. i. 1 Coffre de voyage dont le couvercle était bombé. 2 Buffet rustique large et bas. *Bahut breton.* « *l'on voyait, sur le bahut, étinceler les plats et les grands cuivres rouges* » (Bosco). 3 Chaperon bombé d'un mur d'appui, d'un parapet. 4 fam. Lycée, collège. ⇒ **boîte.** « *Pour me remettre du service militaire et des années de bahut qui ont précédé* » (Romains). 5 fam. Taxi ; camion.

bai, baie adj. - XIIe ; lat. *badius* « brun » ▪ D'un brun rouge, en parlant de la robe d'un cheval. *Une jument baie.* ➛ *Bolet bai.* ✪ HOM. Baie, bey.

① **baie** n. f. - XVe ; a. fr. *ba(i)er, beer* « être ouvert » ▪ Échancrure d'une côte (plus petite qu'un golfe*). « *le ciel d'azur qui répand sur la baie de Naples sa sérénité lumineuse* » (France). *Une petite baie.* ⇒ **anse, calanque, crique.** ✪ HOM. Bai, bey.

② **baie** n. f. - XIIe ; a. fr. *baer* « béer » ▪ Ouverture pratiquée pour faire une porte, une fenêtre. *Baie vitrée. Il admira* « *la grande baie sur le jardin fleuri* » (Maurois).

③ **baie** n. f. - XIe ; lat. *baca* ▪ En botanique, Fruit charnu, indéhiscent, contenant des graines ou pépins dispersés dans la pulpe (opposé à *drupe*). *Le raisin, la tomate sont des baies.* ♦ Petit fruit sauvage arrondi. « *un genévrier chargé de baies odorantes* » (Bosco).

baignade n. f. - XVIIIe 1 Action de se baigner (2°). ⇒ **bain.** *Baignade interdite.* 2 Endroit (d'un cours d'eau, d'un lac) où l'on peut se baigner.

baigner v. [1] - XIIe ; lat. *balneare* **I** v. tr. 1 Mettre et maintenir dans l'eau ou un autre liquide pour laver, rafraîchir, imbiber. ⇒ **immerger, plonger, tremper** (et faire tremper). *Baigner ses pieds dans l'eau.* « *L'homme et l'enfant baignaient encore leur face et lavaient leurs mains* » (Le Clézio). ♦ Faire prendre un bain à (qqn) pour le laver. *Baigner un enfant.* 2 Entourer, toucher, en parlant de la mer. *La mer qui baigne cette côte.* ➛ fig. « *la lumière baignait à plein la chair du visage* » (Mart. du G.). ⇒ **inonder.** 3 Mouiller. ⇒ **arroser, inonder.** *Visage baigné de larmes.* **II** v. intr. Être plongé entièrement dans un liquide. *Des cornichons baignant dans du vinaigre.* ⇒ **tremper.** *La viande baignait dans la sauce.* ⇒ **nager.** loc. fam. *Ça* (ou *tout*) *baigne (dans l'huile)* : ça va très bien. ➝ par exagér. *Baigner dans son sang.* III SE BAIGNER v. pron. 1 Prendre un bain dans une baignoire. 2 Prendre un bain pour le plaisir, pour nager. « *Il aurait voulu qu'elle sache bien nager pour se baigner avec lui dans la mer* » (Duras).

baigneur, euse n. – XIVe 1 Personne qui se baigne (III, 2°). « *la piscine pouvait contenir à la fois cinq cents baigneurs* » (Zola). 2 n. m. Poupée de celluloïd figurant un bébé.

❑ Le mot a désigné jusqu'au XIXe s. une personne qui tient un établissement de bains publics, au temps où les salles de bains étaient rares.

baignoire n. f. – XIVe 1 Cuve plus ou moins allongée, dans une maison, où l'on peut se baigner (III, 1°). 2 Loge de rez-de-chaussée, dans une salle de spectacle. « *Elle avait à toutes les premières une grande baignoire* » (Proust). 3 Partie supérieure du kiosque (d'un sous-marin) qui sert de passerelle.

bail, baux n. m. – XIIIe ; de *bailler* ▪ Contrat par lequel l'une des parties (⇒ **bailleur**) s'oblige à faire jouir l'autre (⇒ **preneur ; locataire ; fermier**) d'une chose pendant un certain temps moyennant un certain prix (⇒ **loyer ; fermage**) que celle-ci s'oblige de lui payer. *Baux à loyer. Bail d'une maison, d'un fonds de commerce. Bail commercial. Bail de trois, six, neuf ans. Bail emphytéotique. Donner, prendre à bail.* ⇒ **affermer,** ② **louer.** « *Le bail finit en avril 1830, votre nabab pourra le renouveler, s'il se trouve bien* » (Balz.). ♦ fig. et fam. *Il y a, cela fait un bail* : voilà bien longtemps. ✪ HOM. Baille, bau, baud, beau, bot.

baille n. f. – XIVe ; lat. *bajulus* « porteur » 1 Baquet utilisé sur un navire. ♦ Bateau qui n'avance pas vite. 2 arg. L'eau, la mer. *Jeter qqn à la baille.* ➝ *La Baille* : l'École navale. ✪ HOM. Bail.

bâillement n. m. – XIIe 1 Action de bâiller (1°). *Étouffer un bâillement d'ennui.* 2 Action de bâiller (2°), état de ce qui bâille. ✪ CONTR. Fermeture, jointure.

bailler v. tr. [1] – XIe ; lat. *bajulare* « porter » ▪ vx Donner. ♦ loc. *Vous me la baillez belle* (ou *bonne*) : vous cherchez à me tromper. ✪ HOM. Bâiller, bayer.

bâiller v. intr. [1] – XIe ; lat. *batare* « tenir la bouche ouverte » 1 Ouvrir involontairement et largement la bouche, avec une contraction spasmodique des muscles du gosier. *Bâiller de sommeil, d'ennui.* « *Joseph Pasquier ouvrit une bouche énorme et bâilla prodigieusement* » (Duham.). loc. *Bâiller à se (s'en) décrocher la mâchoire. Lecture, spectacle qui fait bâiller,* qui ennuie, endort. 2 Être entrouvert, mal fermé ou ajusté. « *un soupirail bâillant sur le cloître* » (Gide). *Col trop grand qui bâille.* ✪ HOM. Bailler, bayer.

❑ Attention, c'est à *bayer* qu'il faut chercher *bayer aux corneilles.*

bailleur, bailleresse n. – XIIIe 1 dr. Personne qui donne une chose à bail. *Le bailleur et le preneur.* 2 *Bailleur de fonds* : personne qui fournit des fonds pour une entreprise déterminée. ⇒ **commanditaire.**

❑ Pour le féminin → enchanteur (rem.).

bailli n. m. – XIIe ; lat. *bajulus* « porteur » ▪ Officier d'épée ou de robe qui rendait la justice au nom du roi ou d'un seigneur. *Les baillis et les sénéchaux.*

bâillon n. m. – XVe 1 Morceau d'étoffe placé entre les mâchoires ou contre la bouche de qqn pour l'empêcher de parler, de crier. 2 Empêchement à la liberté d'expression. « *L'art n'a que faire des lisières, des menottes, des bâillons* » (Hugo).

bâillonnement n. m. – XIXe ▪ Action de bâillonner. ♦ fig. *Le bâillonnement de l'opposition par les pouvoirs publics.*

bâillonner v. tr. [1] – XVIe 1 Mettre un bâillon à (qqn). *Les voleurs ont attaché et bâillonné leur victime.* 2 Empêcher la liberté d'expression, réduire au silence. *Bâillonner la presse.* ⇒ **museler.** « *Mais lorsque Bonaparte saisit le pouvoir, que la pensée fut bâillonnée, la vérité disparut* » (Chateaub.).

bain n. m. – XIe ; lat. *balneum* 1 Action de plonger le corps ou une partie du corps dans l'eau ou quelque autre liquide (pour se laver, se soigner). *Bain de propreté.* ⇒ **ablution, toilette.** *Bain de pieds. Bain de bouche,* par lequel on fait circuler dans la bouche une solution antiseptique. *Bain thérapeutique, médical.* ⇒ **balnéation, balnéothérapie.** *Bain de boue. Bain de vapeur.* ⇒ **hammam, sauna.** ♦ Fait de plonger le corps dans l'eau contenue dans un récipient approprié pour se laver, se délasser. *Prendre un bain.* ⇒ **se baigner ; baignoire.** *Salle de bains. Serviette de bain.* « *Le duc de Guermantes, inénarrable en pyjama rose et peignoir de bain* » (Proust). ➝ L'eau, le liquide dans lequel on se baigne. *Faire couler un bain. Sortir du bain. Bain à remous.* ⇒ **jacuzzi.** *Un bain moussant* ; par méton. substance qui fait mousser l'eau du bain. *Flacon de bain moussant.* ➝ loc. fam. *Envoyer qqn au bain,* le renvoyer comme on fait d'un importun. ⇒ **envoyer** (promener, etc.) ; **éconduire.** ➝ *ÊTRE DANS LE BAIN* : être compromis, ou pleinement engagé dans quelque entreprise et bien au courant. ➝ *Mettre dans le même bain* : mal juger de la même manière. 2 Action d'entrer, d'être dans l'eau pour le plaisir, pour nager. *Bain de mer, de rivière.* ⇒ **baignade.** *Bain en piscine. Maillot, slip de bain.* ⇒ **bikini, deux-pièces, maillot.** *Cabine de bain.* ♦ Bassin (d'une piscine). *Le grand, le petit bain.* 3 *BAIN DE SOLEIL* : exposition volontaire au soleil, pour bronzer (⇒ fam. **bronzette**), se soigner (⇒ **héliothérapie**). 4 Action de se plonger dans, de s'imprégner de. *Un bain de pureté.* « *L'âme y prend un bain de paresse, aromatisé par le regret et le désir* » (Baud.). ➝ loc. *BAIN DE FOULE* : fait de se mêler à la foule (spécialt, d'un personnage éminent). *Le président a pris un bain de foule.* ➝ *BAIN DE LANGUE* ou *BAIN LINGUISTIQUE* : fait de vivre un certain temps dans un pays pour en apprendre la langue. 5 plur. Établissement public où l'on prend des bains (1°). *Bains publics.* ⇒ **thermes.** 6 Substance par l'intermédiaire de laquelle on chauffe un vase (⇒ **bain-marie**) pour distiller son contenu. *Une éprouvette mise au bain de sable.* ➝ Préparation liquide dans laquelle on plonge un corps. *Un bain de mercure.* ♦ Solution de colorants dans laquelle on plonge les objets à teindre. *Ces deux pelotes de laine sont du même bain.* ♦ Dissolution dans laquelle on plonge les préparations photographiques sensibles. ✪ HOM. Bun.

❑ On écrit *salle de bains,* mais *cabine de bain, maillot de bain.*

bain-marie n. m. – XVIe ▪ Liquide chaud (eau, le plus souvent) dans lequel on met un récipient contenant ce qu'on veut faire chauffer sans risque d'atteindre les 100°. *Faire une sauce au bain-marie.* ♦ Récipient à cet usage. *Des bains-marie.*

❑ Ce mot est composé de *bain* et de *Marie,* nom d'une alchimiste appelée aussi *Marie-la-Juive* ; d'abord terme d'alchimie, il s'est répandu ensuite dans l'usage courant, notamment en cuisine.

baïonnette n. f. – XVIe ; de *Bayonne* 1 Lame amovible qui s'ajuste au canon du fusil. *Charge à la baïonnette.* 2 *À* *baïonnette* : dont le mode de fixation rappelle celui de la baïonnette. *Ampoule électrique à baïonnette ou à vis.*

baisable adj. – XIXe ▪ fam. Qui peut être baisé (2°). ⇒ **désirable** ; fam. **consommable.** *Il est plutôt baisable.*

❑ On emploie aussi le mot *baisant,* de sens un peu plus fort « qui incite à baiser ».

baise n. f. – 1973 **1** fam. Action de baiser (2°). *La bouffe et la baise.* ➛ *Une, des baises* : acte sexuel. **2** région. (Belgique) Petit baiser affectueux. ⇒ ② **bise, bisou.**

baise-en-ville n. m. inv. – 1934 ▪ fam. Petite valise, sac de voyage qui peut contenir ce qu'il faut pour passer la nuit hors de chez soi.

baisemain n. m. – XIVe ▪ Geste de politesse qui consiste pour un homme à baiser la main d'une dame. *Faire le baisemain.*

① **baiser** v. tr. [1] – Xe ; lat. *basiare* **1** Poser ses lèvres sur (qqn, qqch.) par affection, respect. ⇒ **embrasser.** *Baiser la main d'une dame* (⇒ **baisemain**). *Baiser un crucifix.* **2** fam. Posséder (sexuellement). « *Dans un autre lupanar nous avons baisé des Grecques et des Arméniennes passables* » (Flaub.). ➛ p. p. subst. *Un mal-baisé, une mal-baisée* : personne frustrée dans sa vie sexuelle. ➛ absolt Faire l'amour. *Il, elle baise bien.* **3** fam. Duper, tromper. *Il s'est fait baiser.*

❑ L'emploi du verbe *baiser* au sens sexuel, est récent. À cause de cet emploi, on ne peut plus dire *baiser une personne* « embrasser », comme autrefois.

② **baiser** n. m. – XIe ; de ① *baiser* ▪ Action de poser ses lèvres (sur le visage, la main ou une autre partie du corps de qqn). Résultat de cette action. *Un baiser sur la joue.* ⇒ ② **bise, bisou** ; fam. **bécot** ; région. **baise, bec.** *Chaste baiser. Baiser brûlant, voluptueux.* « *ô baiser ! Mystérieux breuvage* » (Muss.). *Baiser langue en bouche.* ⇒ fam. **patin, pelle.** « *Donnez-moi donc un petit baiser pour gage de votre parole* » (Mol.). ⇒ **embrasser.** *Recevoir, rendre un baiser.* ⇒ se **bécoter.** *Couvrir, manger, dévorer qqn de baisers.* « *Ah ! dans ces premiers temps où l'on aime, les baisers naissent si naturellement !* » (Proust). ♦ loc. *Baiser de Judas* : témoignage d'affection perfide.

baiseur, euse n. – XIVe ▪ fam. Personne qui aime, recherche les rapports sexuels, fait bien l'amour. *C'est un sacré baiseur.* « *des baiseuses comme ma femme, t'en as pas connu beaucoup* » (R. Merle).

baisodrome n. m. – v. 1940 ; de ① *baiser* et *-drome* ▪ fam., plaisant Lieu réservé aux ébats amoureux. « *le petit baisodrome privé contigu à la salle de danse* » (Vian).

baisse n. f. – XVIe **1** Le fait de baisser de niveau, de descendre à un niveau plus bas. ⇒ **diminution ; abaissement, affaissement, descente.** *La baisse des eaux, de la marée.* ⇒ **décrue, reflux.** *Baisse de pression.* ⇒ **chute.** *Baisse du pouvoir d'achat.* ➛ fig. *Baisse d'influence.* ⇒ **affaiblissement, perte.** **2** Diminution de prix, de valeur. *La baisse du blé, du dollar, des actions* (⇒ **glissade, recul, repli**). *Baisse des ventes.* ⇒ **effritement, tassement.** *Une forte baisse des prix.* ⇒ **affaissement, chute, effondrement.** ➛ *L'or est à la baisse* (en Bourse). ➛ *Jouer à la baisse* : spéculer sur la baisse des marchandises ou des valeurs (⇒ **baissier**). ➛ loc. fig. *Réviser, revoir à la baisse,* en diminuant ses objectifs. ➛ EN BAISSE : en train de baisser. *Les cours sont en baisse.* fig. et fam. *Popularité en baisse.* ✪ CONTR. Hausse, montée ; augmentation.

baisser v. [1] – XIe ; lat. *bassus* « bas » **I** v. tr. **1** Mettre plus bas. ⇒ **abaisser, descendre.** « *Je baissai le store bleu qui ne laissa passer qu'une raie de soleil* » (Proust). *Baisser son col.* ⇒ **rabattre.** ➛ loc. *Baisser pavillon devant qqn* : s'avouer battu. **2** Incliner vers la terre (une partie du corps). *Baisser la tête.* ⇒ **courber, pencher.** « *Hélène sourit, baissa ses paupières ornées de longs cils couleur tabac* » (Duham.). *Baisser les yeux* : diriger son regard vers le bas. ➛ loc. fig. *Se jeter tête baissée* (dans une entreprise), au mépris du danger. *Baisser le nez* : être confus, honteux. *Baisser les bras* : renoncer à agir. **3** Diminuer la hauteur de. *Baisser un mur.* **4** Diminuer la force, l'intensité de (un son). *Baisser la voix.* fam. *Baisser la radio,* diminuer l'intensité de ses sons. ➛ fig. *Baisser le ton* : être moins arrogant. **5** Diminuer (un prix). **II** v. intr. **1** Diminuer de hauteur. ⇒ **décroître, descendre.** *Le niveau de l'eau a baissé. La rivière a baissé d'un mètre.* par ext. *Le thermomètre a baissé.* fig. *Il a baissé dans mon estime.* **2** Diminuer d'intensité. ➛ *Le jour baisse,* sa clarté diminue. ⇒ **décliner.** ➛ *Baisser d'un ton* ; fig. (cf. supra, I, 4°). ➛ *Ses forces baissent.* ⇒ **décliner, diminuer, faiblir.** *Sa vue baisse.* ➛ par ext. Se dit d'une personne qui, par l'effet de l'âge, perd sa vigueur et ses moyens intellectuels. *Il a beaucoup baissé.* **3** Diminuer de valeur. *Ses notes ont baissé. Les cours, les prix ont considérablement baissé.* ⇒ s'**effondrer.** « *Les imbéciles vendent quand tout baisse* » (Maurois). **4** Ne pas tenir la tonalité initiale en descendant dans l'échelle des sons. ⇒ **détonner.** *Une corde neuve baisse souvent.* **III** SE BAISSER v. pron. (réfléchi) ⇒ s'**abaisser,** se **courber,** s'**incliner,** se **pencher.** « *Le geste de sa mère qui se baissait pour l'embrasser exterminait aussitôt l'inquiétude et l'insomnie* » (Proust). ➛ loc. *Il n'y a qu'à se baisser (pour les ramasser),* il y en a en grande quantité ; c'est extrêmement facile (à obtenir). ➛ (passif) *Comment ça se baisse, ce store ?* ✪ CONTR. Élever, hausser, ① lever, monter. Augmenter.

baissier, ière n. m. et adj. – XIXe **1** Spéculateur qui joue à la baisse*. **2** adj. Qui concerne la baisse. *Signes baissiers.* ✪ CONTR. Haussier.

bajoue n. f. – XIVe ; de ① *bas* et *joue* **1** Partie latérale de la tête de certains animaux, de l'œil à la mâchoire. ⇒ **abajoue.** *Bajoues de porc, de veau.* **2** Joue grosse et pendante (d'une personne).

❑ Ne pas confondre avec *abajoue* « poche dans la joue de certains animaux ».

bajoyer n. m. – XVIIIe ; de *bajoue* ▪ Paroi latérale d'une chambre d'écluse. ➛ Mur qui consolide les berges d'une rivière.

bakchich [bakʃiʃ] n. m. – XIXe ; mot turc ▪ Pourboire, pot-de-vin, en Orient. *Des bakchichs.*

❑ Ce mot, d'abord relevé dans le *Voyage en Orient* de Nerval et chez les écrivains orientalistes du XIXe s. (comme Th. Gautier) s'est répandu au XXe s.

bakélite n. f. – 1907 ; marque déposée, de *Baekeland,* nom de l'inventeur ▪ Résine synthétique utilisée comme succédané de l'ambre, de l'écaille, etc. « *la bakélite noire comme la nuit* » (Le Clézio).

baklava n. m. – XIXe ; mot turc ▪ Gâteau oriental à pâte feuilletée, au miel et aux amandes.

bal n. m. – XIIe ; a. fr. *baller* « danser » **1** Réunion où l'on danse. *Aller au bal. Ouvrir le bal,* y danser le premier. *Les bals du 14 Juillet. Bal costumé, masqué. Robe de bal. Salle de bal.* « *Les dames, ensuite, montèrent dans leurs chambres s'apprêter pour le bal* » (Flaub.). ➛ loc. fig. *Conduire, mener le bal* : être le responsable (d'une action collective). **2** Lieu où se donnent des bals. *Un petit bal musette.* ⇒ **dancing, guinguette** ; pop. **bastringue.** ✪ HOM. Balle.

balade n. f. – XIXe ▪ fam. Action de se balader. *Faire une balade. Être en balade.* ⇒ **promenade** ; fam. **baguenaude,** ② **vadrouille.** ➛ Sortie d'agrément ou touristique, vers des lieux assez proches. *Une belle balade.* ⇒ **excursion.** ✪ HOM. Ballade.

balader v. tr. [1] – XIXe ; de *ballade* ■ fam. 1 Promener sans but précis. « *des bonnes femmes qui baladaient leurs mômes* » (Queneau). 2 *SE BALADER* v. pron. Se promener sans but. ⇒ **baguenauder, errer, flâner.** « *Ç'aurait été fameux de se balader rue Pigalle, au clair de lune, en sifflant un petit air* » (Sartre). ➛ Faire des excursions touristiques. « *On a tout juste quinze jours pour se balader* » (Beauv.). ➛ (avec ellipse du pronom) loc. *Envoyer balader* (qqn, qqch.) : s'en débarrasser sans ménagement. ⇒ **paître.**

baladeur, euse adj. et n. – XVe 1 *Avoir l'humeur baladeuse* : aimer se promener, se déplacer. ➛ fam. *Main baladeuse,* qui s'égare en attouchements érotiques. ➛ *Train baladeur* : train d'engrenages d'un changement de vitesse. ➛ *Micro baladeur* : microphone muni d'un long fil ou d'un émetteur haute fréquence incorporé et que l'on peut ainsi déplacer. 2 n. f. Lampe électrique entourée d'un grillage et munie d'un long fil. 3 n. m. Appareil portatif servant à écouter de la musique, constitué d'un casque léger relié à un lecteur de cassettes ou de disques compacts, à un poste de radio. Recomm. offic. pour *walkman.*

❑ Pour le sens étymologique du nom de l'appareil → walkman (rem.).

baladin, ine n. – XVIe ; p.-ê. mot provenç., de *balar* « danser » ■ vieilli Bouffon de comédie, comédien ambulant. ⇒ **saltimbanque.** « *Dans la plaine les baladins S'éloignent au long des jardins* » (Apoll.).

❑ Ne pas confondre avec *paladin* « chevalier ».

balafon n. m. – XVIIe ; du malinké (Guinée) *balafo* « jouer du *bala* (cet instrument) » ■ Instrument à percussion de l'Afrique noire comparable au xylophone.

balafre n. f. – XVIe ; crois. a. fr. *leffre* « lèvre » avec *balèvre* ■ Longue entaille faite par une arme tranchante, particulièrement au visage. ⇒ **coupure, estafilade, taillade.** ➛ Cicatrice de cette blessure. « *Il avait le front court et traversé d'une profonde balafre* » (Mart. du G.).

balafrer v. tr. [1] – XVIe ■ Blesser par une balafre. ⇒ **taillader.** « *Le prince lui balafra le visage* » (St-Sim.). *Un visage balafré.*

balai n. m. – XIIe ; o. celt. (bret. ou gaul.) 1 Ustensile composé d'un manche auquel est fixé un faisceau de brindilles, de crins ou une brosse (⇒ **balai-brosse**) et qui sert à enlever la poussière, à pousser des détritus, des ordures. *Petit balai.* ⇒ **balayette, écouvillon.** *Balai de crin, de soies.* fam. *Balai de chiottes* : balayette employée pour nettoyer la cuvette des W.-C. *Balai de marine.* ⇒ **faubert, goret,** ① **vadrouille.** *Placard à balais. Passer le balai* (⇒ **balayer**). *Donner un coup de balai.* « *c'est dégoûtant ici ; un coup de balai, s'il vous plaît* » (Courtel.). ➛ loc. fig. *COUP DE BALAI* : licenciement collectif. fam. *Du balai !* allez-vous-en ! dehors ! ♦ *MANCHE À BALAI* : bâton par lequel on tient le balai. ➛ Commande du gouvernail (d'un avion) de profondeur et de direction. 2 *BALAI MÉCANIQUE* : appareil à brosses roulantes, monté sur un petit chariot. 3 Queue des oiseaux de proie. 4 Pièce conductrice permettant d'assurer, par contact glissant, la liaison électrique d'un organe mobile avec un organe fixe. *Balais de dynamo.* 5 *Balai d'essuie-glace* : lame de caoutchouc fixée à la tige de l'essuie-glace, et qui nettoie la vitre. 6 Accessoire de musique formé d'un manche court et d'un faisceau métallique, servant à produire un bruit rythmé par contact et frottement sur certaines caisses. *Balais de percussionniste.* 7 fam. Dernier métro ou autobus de la journée. 8 fam. Année d'âge. *Il a cinquante balais.* ✪ HOM. Balais, ballet.

balai-brosse n. m. – mil. XXe ■ Brosse de chiendent montée sur un manche à balai, pour frotter le sol. *Des balais-brosses.*

balais adj. m. – XIIIe ; du nom de la province perse *Balahsan* (actuellement *Badakshan*) ■ *Rubis balais* : rubis de couleur rouge violacé ou rose. ✪ HOM. Balai, ballet.

❑ Ce mot ne s'emploie qu'en épithète, avec *rubis.*

balalaïka n. f. – XVIIIe ; mot russe ■ Instrument de musique russe à cordes pincées, à caisse triangulaire.

① **balance** n. f. – XIIe ; lat. *bis* « deux fois » et *lanx* « plateau (de balance) » **I** - 1 Instrument qui sert à peser, formé d'un fléau mobile et de plateaux dont l'un porte la chose à peser, l'autre les poids, et par ext. Tout appareil servant à peser. *Parties d'une balance.* ⇒ **aiguille, couteau, fléau, joug, languette, plateau.** *Équilibrer les deux plateaux d'une balance* (⇒ **tare**). *Faire pencher la balance. Balance rudimentaire.* ⇒ **peson.** *Balance de précision, d'essai.* ⇒ **microbalance, pesette, trébuchet.** *Balance électronique,* indiquant le poids et le prix. *Balance à bascule,* à bras inégaux pour le pesage des lourdes charges. ⇒ **bascule.** *Balance romaine,* à poids constant et mobile par rapport au point de suspension. *Se peser sur une balance.* ⇒ **pèse-personne.** *La balance, symbole de la justice.* « *Grands compositeurs de riens, pesant gravement des œufs de mouche dans des balances de toile d'araignée* » (Volt.). ♦ Potentiomètre permettant le réglage des puissances sonores diffusées par les voies (⇒ **stéréophonie**) d'une chaîne électroacoustique ; ce réglage. 2 Petit filet en forme de poche pour la pêche aux écrevisses. ⇒ **caudrette, truble.** 3 Constellation de l'hémisphère austral. ♦ Septième signe du zodiaque (23 septembre-22 octobre). ➛ *Ils sont Balance,* nés sous le signe de la Balance. **II** - 1 Moyen ou manière d'apprécier, de juger les personnes et les choses. ➛ loc. *Mettre dans la balance* : mettre en parallèle. ⇒ **comparer.** *Mettre en balance* (deux choses) : opposer le pour et le contre. ⇒ **peser.** « *Quand on rend la justice, on met tout en balance* » (Corn.). ➛ *Peser dans la balance* : être d'une grande importance, d'un grand poids dans l'examen, le jugement d'une question. ➛ *Tenir la balance égale entre deux personnes, deux opinions,* ne pas favoriser l'une aux dépens de l'autre. « *Bonaparte continuait à vouloir simplement tenir, entre les anciens partis, la balance égale* » (Madelin). ➛ *Faire pencher la balance en faveur de, du côté de* (qqn, qqch.) : favoriser qqn, un parti. ⇒ **avantager.** « *Et le Ciel, qui pour moi fit pencher la balance* » (Rac.). 2 État d'équilibre. *La balance des forces.* ⇒ **équilibre, pondération.** 3 Compte récapitulatif faisant apparaître l'équilibre entre les débits et les crédits. *La balance de l'actif et du passif. Balance des paiements* : document comptable recensant les opérations (commerciales, financières) d'un pays avec le reste du monde pendant une période donnée. ⇒ **bilan.** ➛ *Balance commerciale* : comparaison entre les importations et les exportations d'un pays donné. *La balance est excédentaire. Le déficit de la balance. Balance des comptes* : solde partiel qui indique la position débitrice ou créancière d'un pays à l'égard de l'extérieur. ➛ *Balances financières* : avoirs* liquides en devises obtenus par des non-résidents. *Balances dollars.*

❑ Jusqu'au XVIe s. le mot désignait un seul plateau de l'instrument et on employait le pluriel *balances* pour désigner l'ensemble.

② **balance** n. f. – v. 1930 ; de *balancer* ■ arg. Dénonciateur, dénonciatrice. *Dites au commissaire que je ne suis pas une balance !*

balancé, ée adj. – XXe ■ Équilibré, harmonieux. « *Les phrases balancées de Chateaubriand* » (Sartre). ➛ fam. (personnes) *BIEN BALANCÉ* : bien bâti. « *ce sont trois hommes ni plus ni moins, mal fichus ou bien balancés* » (Tournier).

① **balancelle** n. f. – XIXe ; génois ■ Embarcation à avant pointu et relevé.

② **balancelle** n. f. – 1927 ; de ① *balance* ■ Fauteuil balançoire à plusieurs places, avec un toit en tissu, qu'on met dans les jardins.

balancement n. m. – XVe 1 Mouvement alternatif et lent d'un corps, de part et d'autre de son centre d'équilibre. ⇒ **bercement, oscillation, va-et-vient.** *Le balancement des bras. Le balancement d'un navire.* ⇒ **roulis, tangage.** 2 État d'équilibre. ⇒ ① **balance, pondération.** ➛ Disposition symétrique. ⇒ **symétrie.** *Balancement des masses dans un tableau. Le balancement des phrases dans le discours.* 3 Hésitation. ⇒ **flottement.** « *C'est alors qu'il se fait un balancement douteux entre la vérité et la volupté* » (Pasc.).

balancer v. [3] – XIIe ; de ① *balance* **I** v. tr. 1 Mouvoir lentement tantôt d'un côté, tantôt d'un autre. *Balancer les bras, les hanches* (⇒ **onduler**) *en marchant. Balancer un enfant pour l'endormir.* ⇒ **bercer.** « *Le taureau Gamma releva la tête et se mit à mugir en balançant la gueule* » (Giono). 2 fam. Jeter (avec un mouvement de balancement, de bascule). *Balancer un objet par la fenêtre.* ⇒ **envoyer.** ➛ *Balancer une gifle à qqn.* ♦ Faire passer, communiquer (une information). 3 fam. Se débarrasser de (qqch., qqn). ⇒ **jeter.** *Il a balancé ses vieux vêtements.* 4 arg. Dénoncer. ⇒ **donner ;** ② **balance.** *Ils l'ont balancé aux flics.* 5 Mettre en équilibre. ⇒ **équilibrer.** *Balancer une cargaison.* ➛ *Balancer ses phrases.* ➛ *Balancer un compte* : rendre égales les sommes du crédit et du débit en ajoutant un solde à la moins élevée. 6 vieilli Mettre en balance. ⇒ **comparer, examiner, opposer, peser.** « *Tout bien balancé* » (Boil.). **II** v. intr. littér. 1 Être incertain, indécis. ⇒ **hésiter, tergiverser.** « *Elle réprima sa répugnance, et sans balancer davantage, s'y rendit* là cette adresse! » (Mart. du G.). 2 fam. *Ça balance !* il y a du rythme (d'une musique). **III** *SE BALANCER* v. pron. 1 Se mouvoir alternativement d'un côté et de l'autre. ⇒ **osciller.** « *Un spectre de flamme se balança un moment dans les airs* » (Sartre). *Ne te balance pas sur ta chaise. Le navire se balance.* ⇒ **rouler, tanguer.** ➛ Être sur une balançoire en mouvement. 2 fam. *S'EN BALANCER* : s'en moquer. ✪ CONTR. Décider, trancher.

❑ En général, celui qui *balance* (II, 1°) a plusieurs partis à prendre ; celui qui *hésite* peut n'en avoir qu'un.

balancier n. m. – XIIIe 1 Pièce dont les oscillations régularisent le mouvement (d'une machine). « *comme au balancier d'une horloge, il mesurait le temps aux battements de son cœur* » (France). 2 Long bâton dont se servent les danseurs de corde pour maintenir leur équilibre. ♦ Flotteur de bois fixé à une embarcation pour la stabiliser. *Voilier, pirogue à balancier.* 3 Presse servant à frapper des monnaies. 4 Organe stabilisateur des diptères.

balancine n. f. – XVIe 1 Cordage servant à soulager un espar ou à régler son inclinaison. 2 Chacune des roulettes au bout des ailes d'un avion, servant de stabilisateur au sol.

balançoire n. f. – XVIe 1 Pièce de bois mise en équilibre sur un point d'appui et sur laquelle se balancent deux personnes placées chacune à un bout. ⇒ **bascule.** 2 Planchette, nacelle, etc., suspendue entre deux cordes et sur laquelle on se balance. ⇒ **escarpolette.**

balane n. f. – XVIe ; gr. *balanos* « gland » ■ Crustacé *(cirripèdes)*, qui vit enfermé dans une loge cylindrique calcaire, accroché aux rochers sous-marins, aux mollusques, aux coques des navires.

balanite n. f. – XIXe ; gr. *balanos* « gland » et *-ite* ■ Inflammation de la muqueuse du gland de la verge.

balayage n. m. – XVIIIe 1 Action de balayer. « *les tâches les plus emmerdantes telles que le balayage, l'épluchage des patates* » (Queneau). 2 Éclaircissement de la chevelure par la décoloration légère de fines mèches. 3 Action de parcourir une étendue donnée avec un faisceau d'ondes ou de particules (⇒ ① **scanner**). ➛ *Microscope à balayage électronique.* ♦ Déplacement commandé d'un spot sur l'écran d'un tube cathodique. *Balayage ligne* ou *balayage horizontal. Balayage trame* ou *balayage vertical.*

balayer v. tr. [8] – XIIIe **I** - 1 Pousser, enlever avec un balai. *Balayer la poussière, la neige.* ➛ absolt Enlever la poussière, les ordures avec un balai. *Balayer sous les meubles.* loc. fig. *Balayer devant sa porte* : mettre de l'ordre dans ses affaires avant de se mêler de celles des autres. 2 Entraîner avec soi. *Le vent balaye les nuages.* ⇒ **chasser, emporter.** 3 Pousser dehors, faire disparaître. ⇒ **chasser,** se **débarrasser, rejeter,** ① **repousser, supprimer.** *Balayer les obstacles.* « *L'énorme mouvement social qui finira par les balayer* » (Duham.). *L'ennemi a été balayé.* **II** - 1 Nettoyer avec un balai. *Balayer la cuisine.* 2 Passer sur. *Son long manteau balaie le sol.* « *Les grands vents balayent la Lorraine* » (Barrès). « *Des faisceaux lumineux balayaient la voûte nocturne* » (Mart. du G.). ⇒ **parcourir.**

balayette n. f. – XIXe ■ Petit balai à manche court.

balayeur, euse n. – XIIIe 1 Employé(e) de la voirie qui balaie les rues. 2 n. f. Véhicule muni d'une brosse rotative et destiné au balayage des voies publiques.

balayures n. f. pl. – XIVe ■ Ce que l'on enlève avec un balai. ⇒ **ordure ; débris, détritus.** « *Des odeurs écœurantes, froides et viles, montaient des tas de balayures* » (Larbaud).

balbutiant, iante adj. – XIXe 1 Qui balbutie. *Elle répondit, toute balbutiante.* 2 Qui en est encore à ses débuts (recherche). *Une science encore balbutiante.*

balbutiement n. m. – XVIIIe 1 Action de balbutier, manière de parler de qqn qui balbutie. *Le balbutiement du bègue.* ⇒ **bégaiement.** *Le balbutiement d'une personne émue.* ⇒ **bredouillement.** « *Son allégresse s'épancha dans des balbutiements de gâteux :... ba... bou... bibi... ne sais comment exprimer* » (Courtel.). 2 (surtout plur.) Première tentative maladroite (dans un art ou un autre domaine). ⇒ **commencement, début.** *Les balbutiements de l'aviation.*

balbutier v. [7] – XIVe ; lat. *balbus* « bègue » 1 v. intr. Articuler d'une manière hésitante et imparfaite. « *Il balbutia, sans presque mouvoir les lèvres* » (Mart. du G.). ⇒ **bafouiller, bégayer, bredouiller.** ♦ fig. S'exprimer confusément ou maladroitement. « *Ces sciences commençantes, ces sciences où l'hypothèse balbutie* » (Zola). 2 v. tr. Dire en balbutiant. *Balbutier des excuses.* ⇒ **bégayer, bredouiller.**

balbuzard n. m. – XVIIIe ; angl. ■ Oiseau rapace diurne *(falconiformes)*, piscivore, appelé aussi *aigle* pêcheur.*

❑ Francisation de l'anglais *bald buzzard* « busard chauve », ainsi nommé parce que ses pattes ne portent pas de plumes. L'anglais *buzzard* est lui-même emprunté au français *busard* (XIIe s.).

balcon n. m. – XVIe ; germ. « poutre » 1 Plateforme en saillie sur une façade et qui communique avec l'intérieur par une ou plusieurs ouvertures. *Balcon fermé de jalousies.* ⇒ **moucharabieh.** *Se mettre au balcon.* « *J'étais sur le balcon à travailler au frais* » (Mol.). ➛ loc. fam *Il y a du monde au balcon* : elle a une poitrine opulente. 2 Balustrade (2°) d'un balcon. *Balcon* *en fer forgé.* **3** Galerie d'une salle de spectacle s'étendant d'une avant-scène à l'autre. **4** Rambarde avant et arrière d'un bateau de plaisance.

balconnet n. m. – 1926 ; dimin. de *balcon* ▪ Soutien-gorge découvrant largement le haut de la poitrine.

baldaquin n. m. – XIVe ; toscan *Baldacco* « Bagdad » **1** Ouvrage de tapisserie en forme de dais et garni de rideaux, au-dessus d'un lit **(⇒ ciel),** d'un catafalque, d'un trône. « *un grand lit à baldaquin revêtu d'une indienne à personnages représentant des Turcs* » (Flaub.). **2** Ouvrage soutenu par des colonnes et couronnant un trône, un autel. ⇒ **dais.**

baleine n. f. – XIe ; gr. **1** Mammifère marin *(mysticètes),* cétacé de très grande taille (jusqu'à 20 m de long), à la bouche garnie de lames cornées (fanons). *Baleine bleue.* ⇒ **rorqual.** *Baleine blanche.* ⇒ **bélouga.** *Les baleines se nourrissent essentiellement de plancton et de krill.* « *La baleine a du lait, comme la chèvre ou la vache, et donne à téter à ses petits* » (Romains). *Pêche à la baleine.* ⇒ ① **baleinier, baleinière.** ➛ *Blanc de baleine :* graisse extraite de la baleine ou du cachalot, entrant dans la fabrication de produits de beauté. ⇒ **spermaceti.** ➛ loc. fam. *Rire, se tordre comme une baleine,* en ouvrant la bouche toute grande. **2** Fanon de baleine, corne forte et flexible, dont on garnissait les corsets. ⇒ **busc.** ➛ Tige ou lame flexible servant à renforcer, à tendre un tissu. *Baleines de parapluie.*

baleiné, ée adj. – XIVe ▪ Maintenu par des baleines (2°). *Soutien-gorge, col baleiné.*

baleineau n. m. – XVIe ▪ Petit de la baleine.

① **baleinier** n. m. – XIXe ▪ Navire-usine équipé pour le traitement industriel des baleines capturées par de plus petits bateaux.

② **baleinier, ière** adj. – XIXe ▪ Relatif à la pêche à la baleine. *Port baleinier.*

baleinière n. f. – XIXe ▪ Embarcation longue et légère employée autrefois pour la pêche à la baleine. ♦ Canot de forme identique, sur les bateaux de gros tonnage.

baleinoptère n. m. – XIXe ; lat. *ballæna* « baleine » et *-ptère* ▪ Nom scientifique du rorqual (cétacé).

balèvre n. f. – XIIe ; germ. *°balu* « mauvais » et *lèvre* ▪ Saillie d'une pierre sur les autres dans un mur. *Abattre les balèvres.* ➛ Bavure faisant saillie à la surface d'une pièce fondue ou coulée.

balèze adj. et n. – 1916 ; provenç. « grotesque ; gros » ▪ fam. ou pop. Grand et fort. *Elle est balèze.* n. *Un gros balèze.*

> ❑ On écrit aussi *balèse,* cette finale étant plus largement représentée en français.

balisage n. m. – XVe **1** Action de poser des balises et autres signaux pour indiquer au navigateur les dangers à éviter ou la route à suivre ; ces signaux. *Le balisage d'un chenal, d'un aérodrome.* « *La rampe de balisage découpa en rouge un morceau de nuit* » (St-Exup.). **2** Ensemble de signaux placés dans l'axe du tracé d'une route, d'une voie de chemin de fer, etc. *Le balisage d'une piste de ski.*

① **balise** n. f. – XVe ; lat. *palus* « pieu » **1** Objet (bouée, poteau), dispositif lumineux, sonore ou radioélectrique destiné à guider le navigateur, le pilote en lui signalant les endroits dangereux, la route à suivre. *Les balises d'une piste d'atterrissage.* « *les balises rouges se rapprochent et je sens le choc des roues qui touchent la piste* » (Beauv.). *Service des phares et balises.* **2** Émetteur radioélectrique permettant au pilote d'un navire ou d'un avion de se diriger **(⇒ radiobalisage).** ➛ *Balise de télédétection :* émetteur placé sur un mobile et permettant de suivre ses déplacements **(⇒ radiolocalisation).**

② **balise** n. f. – XIXe ▪ Fruit du balisier.

baliser v. [1] – XVe **1** v. tr. Garnir, jalonner de balises. ⇒ **balisage.** *Baliser un port, un aérodrome.* **2** v. intr. fam. Avoir peur.

baliseur n. m. – XVe ▪ Poseur de balises. ♦ *Bateau baliseur* ou *baliseur :* bâtiment équipé pour la pose des balises, bouées, etc.

balisier n. m. – XVIIe ; de *baliri,* mot des Caraïbes ▪ Plante monocotylédone *(cannacées)* d'origine tropicale, cultivée en Europe pour l'ornement des jardins. ⇒ **canna.** *Baies noires du balisier.* ⇒ ② **balise.**

baliste n. f. et m. – XVIe ; gr. *ballein* « lancer » **1** n. f. Machine de guerre de l'Antiquité qui servait à lancer des traits, des projectiles. « *on voit encore les brèches ouvertes par les catapultes, les balistes, les béliers* » (Gaut.). **2** n. m. Poisson *(tétraodontiformes)* dont les mâchoires constituent une puissante pince. *Baliste gris.*

balisticien, ienne n. – 1907 ▪ Spécialiste de balistique (2°).

balistique adj. et n. f. – XVIIe ; de *baliste* **1** Relatif aux projectiles. *Machines balistiques. Engin balistique :* fusée. **2** n. f. Science du mouvement des projectiles et des engins uniquement soumis aux forces de gravitation. ⇒ **cinématique, cinétique, dynamique, mécanique ; astronautique.**

balivage n. m. – XVIIe ▪ Choix et marquage des baliveaux.

baliveau n. m. – XIIIe ; p.-ê. a. fr. *baïf* « étonné » **1** Arbre réservé dans la coupe des taillis pour qu'il puisse croître en futaie. ⇒ **lais. 2** Support vertical des échafaudages.

baliverne n. f. – XVe ; p.-ê. a. fr. *baller* et *verner* « tourner » ▪ (généralt plur.) Propos futile et creux. ⇒ **billevesée, calembredaine, faribole, sornette.** « *Je n'entends rien à toutes ces balivernes* » (Mol.). ➛ *Trêve de balivernes !* revenons à des choses plus sérieuses.

balkanique adj. – XIXe ▪ Des Balkans. *La péninsule balkanique.*

balkanisation n. f. – 1941 ▪ Morcellement politique d'un pays, d'un empire.

ballade n. f. – XIIIe ; provenç. *ballar* « danser » **1** Chanson à danser et danse qu'elle accompagnait. **2** Petit poème de forme régulière, composé de trois couplets ou plus, avec un refrain et un envoi. « *La Ballade des pendus* », *de François Villon.* **3** Poème de forme libre, d'un genre familier ou légendaire. « *Odes et Ballades* », *de Victor Hugo.* **4** Morceau instrumental de forme quelconque qui illustre le texte d'une ballade. *Ballades de Chopin.* ✪ HOM. Balade.

ballant, ante adj. et n. m. – XVIIe ; de *baller* « danser » **1** Qui remue, se balance (faute d'être appuyé, fixé). « *Son énorme poitrine ballante dans un caraco de toile bleue* » (Maurois). « *Je restais là, bras ballants et bouche bée* » (France). **2** n. m. Mouvement d'oscillation. *Une voiture chargée en hauteur a du ballant.*

ballast [balast] n. m. – XIVe ; germ. « lest » **1** Pierres concassées que l'on tasse sous les traverses d'une voie ferrée. **2** Réservoir de plongée d'un sous-marin. ⇒ **water-ballast.** ➛ Compartiment servant au lestage et à l'équilibrage d'un navire. **3** Résistance qui stabilise le courant dans un circuit électrique.

> ❑ Ce mot, au sens de « pierres concassées », a été emprunté à l'anglais et est passé en français avec un grand nombre de termes de chemins de fer (*rail, locomotive,* etc.).

ballaster v. tr. [1] – XVIIe **1** Répartir du ballast sur (une voie de chemin de fer). **2** Équilibrer (un navire) en en remplissant ou vidant les ballasts.

① **balle** n. f. – XVIe ; it. *palla* 1 Petite sphère élastique dont on se sert pour divers jeux. ⇒ ① **ballon, pelote.** « *Une petite balle de caoutchouc, vieille, noire, pleine, dure* » (Beckett). *Jouer à la balle. Balle de ping-pong. Prendre la balle au bond.* ➛ Coup. *Faire des balles :* échanger quelques balles sans compter les points, au tennis. *Balle de match :* le coup qui décide du match. ♦ loc. fig. *Prendre, saisir la balle au bond :* saisir avec à-propos une occasion favorable. *La balle est dans son camp :* c'est à lui d'agir. *Se renvoyer la balle :* répliquer avec vivacité. ♦ *Enfant de la balle :* à l'origine, fils d'un maître de jeu de paume, élevé dans la profession de son père ; par ext. comédien, acteur, etc. dont les ascendants faisaient le même métier. 2 Petit projectile métallique dont on charge les armes portatives ou automatiques et certaines pièces d'artillerie. « *une balle ne va pas toujours à son adresse !* » (J. Verne). *Balle de revolver, de fusil, de mitrailleuse. Le calibre d'une balle. Être blessé, tué par balle. Son corps était criblé de balles.* 3 loc. fam. *Peau de balle :* absolument rien. ✪ HOM. Bal.

② **balle** n. f. – XIIIe ; germ. « paquet » → déballer, emballer ▪ Gros paquet de marchandises enveloppé de toile. *Une balle de coton, de café.* ♦ *Balle cylindrique :* paquet de foin, de paille (remplaçant les meules).

③ **balle** n. f. – XVIe ; gaul. ▪ Enveloppe des graines de céréales.

④ **balle** n. f. – XVIIe ; o. i., p.-ê. de ① *balle* ▪ fam. Franc. *Une pièce de dix balles. J'en ai eu pour cent balles.*

ballerine n. f. – XIXe ; it. de *ballare,* « danser » 1 Danseuse de ballet. 2 Chaussure de femme rappelant un chausson de danse.

ballet n. m. – XVIe ; it. *ballo* « bal » 1 Danse figurée, exécutée sur scène par plusieurs personnes. *L'art du ballet.* ⇒ **chorégraphie.** *Ballet classique, contemporain. Le corps de ballet :* l'ensemble des danseurs. « *Les ballets ne sont que de la sculpture qui bouge* » (Green). ♦ Ce spectacle de danse. ♦ La musique de cette danse. 2 fig. Activité intense accompagnée de changements, d'échanges. *Ballet diplomatique.* ✪ HOM. Balai, balais.

① **ballon** n. m. – XVIe 1 Vessie de caoutchouc gonflée d'air et recouverte de cuir, de peau ou de caoutchouc épais, dont on se sert pour jouer ou pratiquer certains sports. ⇒ ① **balle.** *Jouer au ballon. Le ballon rond du football, ovale du rugby.* 2 Sphère formée d'une pellicule très mince gonflée de gaz, colorée, et qui peut s'envoler. *Ballon de baudruche. Marchand de ballons.* 3 *Manche ballon :* manche courte et gonflante. 4 Aérostat gonflé d'un gaz plus léger que l'air et qui peut s'élever dans l'atmosphère. ⇒ **montgolfière ; dirigeable, zeppelin.** « *"Lâchez tout !" Le ballon s'éleva lentement, mais j'éprouvai une commotion qui me renversa au fond de la nacelle* » (J. Verne). ♦ *BALLON D'ESSAI :* petit ballon qu'on lance pour connaître la direction du vent. fig. Expérience que l'on tente pour sonder les dispositions des gens. ⇒ ② **test.** 5 *Ballon d'eau chaude :* appareil de production d'eau chaude à réservoir. ⇒ **chauffe-eau, cumulus.** 6 Vase utilisé dans les laboratoires. ♦ Verre à boire sphérique, muni d'un pied. *Des verres ballons.* « *il débarrassait la table de quatre verres à pied d'une forme que l'on appelle ballon* » (Genet). ➛ Contenu d'un tel verre. *Un ballon de rouge.* ➛ (Suisse) Verre d'une contenance d'un décilitre. 7 *Ballon d'oxygène :* réservoir rempli d'oxygène, pour faire respirer et ranimer qqn. fig. Ce qui ranime, empêche l'asphyxie. *Cette offre est un ballon d'oxygène.* ➛ *Ballon d'alcootest,* destiné au contrôle du taux d'alcoolémie. *Souffler dans le ballon.*

② **ballon** n. m. – XVIe ; calque de l'all. *Belchen* ▪ Montagne des Vosges. *Le ballon d'Alsace.*

ballonné, ée adj. – XVIe ▪ Gonflé, distendu. ➛ *Avoir le ventre ballonné,* distendu par les gaz intestinaux.

ballonnement n. m. – XIXe ▪ Gonflement de l'abdomen, dû à l'accumulation des gaz intestinaux. ⇒ **flatulence, météorisme.**

ballonnet n. m. – XIXe ▪ Petit ballon.

ballon-sonde n. m. – XIXe ▪ Ballon muni d'appareils enregistreurs pour l'étude météorologique. *Des ballons-sondes.*

ballot n. m. – XVe 1 Petite balle de marchandises. ➛ Paquet individuel (d'affaires personnelles). ⇒ fam. **balluchon.** *Un ballot de vieux vêtements.* 2 fam. et vieilli Imbécile, idiot. « *l'émotion l'annihile, et il reste là comme un ballot* » (Montherl.). ➛ adj. m. *Ça, c'est ballot,* c'est bête.

ballote n. f. – XVIe ; gr. ▪ Plante herbacée *(labiacées),* dont une variété à odeur fétide est commune dans les décombres. ⇒ **marrube** (noir).

ballotin n. m. – XVIIIe ▪ Emballage pour confiseries, fermé par quatre rabats.

ballottage n. m. – XVIe ; de *ballotte* n. f. « boule pour voter », de l'it. ▪ Dans une élection au scrutin majoritaire à deux tours, Résultat négatif d'un premier tour, aucun des candidats n'ayant réuni la majorité requise. *Plusieurs candidats sont en ballottage* (entre le premier et le second tour).

ballottement n. m. – XIXe ▪ Mouvement d'un corps qui ballotte. « *les ballottements du métro* » (Robbe-Grillet).

ballotter v. [1] – XVIe ; de *ballotte* → ballottage 1 v. tr. Faire aller alternativement dans un sens et dans l'autre. ⇒ **balancer, secouer.** ➛ « *Le chalutier repartit encore, courant sur le dos des flots, ballotté, secoué, ruisselant* » (Maupass.). ♦ fig. *Constamment ballotté entre son père et sa mère.* ⇒ **tiraillé.** 2 v. intr. Être agité, secoué en tous sens. « *Elle avait une tête piriforme, des joues qui ballottaient* » (Huysm.).

❑ Pour l'orthographe des mots en ...*ot(t)er* → -oter (rem.).

ballottine n. f. – XVIIIe ; de *ballotte* → ballottage 1 Pièce de viande désossée, roulée et ficelée. *Ballottine de volaille.* 2 abusif ⇒ **galantine.**

ball-trap [baltʀap] n. m. – XIXe ; angl. ▪ Appareil à ressort qui lance des disques d'argile servant de cibles pour le tir au fusil. *Des ball-traps.*

❑ Ce mot est formé d'après l'anglais *ball* « balle » et *trap* « piège », mais il ne semble pas que l'anglais ait connu la forme *ball-trap.* ♦ Dans ce mot, *ball* est toujours prononcé comme *balle.* → football (rem.).

balluchon ou **baluchon** n. m. – XIXe ▪ fam. Petit paquet d'effets maintenus dans un carré d'étoffe nouée. ⇒ **ballot.** ➛ loc. *Faire son balluchon :* partir de là où l'on vivait.

balnéaire adj. – XIXe ; lat. *balneum* « bain » ▪ Relatif aux bains de mer. *Station balnéaire.*

balnéation n. f. – XIXe ▪ Action de prendre ou de donner des bains à des fins thérapeutiques. « *Étienne suivait d'un œil distrait l'activité amoindrie de ses collègues en balnéation* » (Queneau).

balnéothérapie n. f. – XIXe ; lat. *balneum* « bain » et *-thérapie* ▪ Traitement médical par les bains. ⇒ **hydrothérapie, thalassothérapie.**

❑ On distingue nettement ce mot général, aujourd'hui, de la *thalassothérapie* (eau de mer).

balourd, ourde n. et adj. – XVe 1 Personne maladroite et sans délicatesse. « *Si je n'étais pas l'obstiné, le maladroit, le balourd que je suis* » (Duham.). ➛ adj. *Elle* *est un peu balourde.* ⇒ **lourd.** 2 n. m. Déséquilibre dans une pièce tournante dont le centre de gravité n'est pas sur l'axe de rotation. ✪ CONTR. Adroit, délicat, ② fin.

❑ Ancienne forme *bellourd*, préfixe *bes-*, *bis-* à valeur péjorative *(bistouille)*.

balourdise n. f. - XVIIe 1 Propos ou action du balourd. ⇒ **maladresse, stupidité.** « *Si je me force à parler aux gens que je rencontre, je dis une balourdise, infailliblement* » (Rouss.). 2 Caractère balourd. *Il est d'une balourdise étonnante.* ⇒ **lourdeur.** ✪ CONTR. Finesse, subtilité.

balsa [balza] n. m. - XVIIIe ; mot esp. ■ Bois très léger utilisé pour les maquettes.

balsamier [balzamje] n. m. - XIIe ■ Arbre ou arbuste des régions chaudes *(burséracées)* qui produit la myrrhe. ⇒ **baumier.**

balsamine [balzamin] n. f. - XVIe ; lat. « baume » ■ Plante sauvage ou cultivée *(balsaminacées)*, dont les capsules éclatent au moindre contact, en libérant des graines. « *des balsamines mauves* » (Gide).

balsamique [balzamik] adj. - XVIe ■ Qui a des propriétés comparables à celles du baume. « *cet air vierge et balsamique qui doit ranimer mes forces* » (Chateaub.). *Bonbon balsamique*, qui contient un baume. ➛ n. m. *Un balsamique.* ✪ CONTR. Irritant.

❑ Le *s* entre consonne et voyelle se prononce assez rarement [z], cf. le prénom *Elsa*.

balte adj. et n. - 1928 ■ Se dit des pays bordiers de la mer Baltique. *Les pays baltes* : Lituanie, Lettonie, Estonie. ➛ *Les populations baltes. Les langues baltes.* ➛ n. *Les Baltes.*

balthazar n. m. - XVIe ; n. pr. ■ Grosse bouteille de champagne équivalant à 16 bouteilles normales.

❑ Ce mot apparaît avec le sens de « festin » et vient du nom d'un personnage biblique, Balthazar, roi de Babylone, célèbre pour avoir offert un festin à mille grands du royaume alors que sa ville était assiégée.

baluchon → **balluchon**

balustrade n. f. - XVIe 1 Rangée de balustres portant une tablette d'appui. *Balustrade d'une terrasse.* « *La plate-forme était entourée d'une balustrade de marbre blanc* » (Volt.). 2 Barrière à hauteur d'appui et à jour. ⇒ **garde-corps.** *La balustrade d'un escalier.* ⇒ **rampe.**

balustre n. m. - XVIe ; it. 1 Courte colonnette renflée, supportant un appui. « *Des balustres pansus soutenaient l'appui des balcons* » (Gaut.). *Ensemble de balustres.* ⇒ **balustrade.** 2 Colonnette ornant le dos d'un siège. 3 *Compas à balustre* ou *balustre* : compas dont l'ouverture peut être réglée au moyen d'une tête à ressort et d'une vis antagoniste.

bambin, ine n. - XVIe ; it. ■ fam. Jeune enfant, âgé environ de deux à quatre ans. ⇒ **enfant, gamin.**

bamboche n. f. - XVIIe ; it. « pantin », → bambin ■ fam. et vieilli Petite débauche. *Faire bamboche.* ⇒ **bamboula,** ② **bringue, fête.**

bambou n. m. - XVIe ; malais 1 Plante *(graminées)* tropicale ou semi-tropicale, à tige cylindrique ligneuse, cloisonnée au niveau des nœuds. ➛ *Pousses de bambou*, les bourgeons comestibles, utilisés dans la cuisine chinoise. 2 fam. *C'est le coup de bambou* : c'est très cher.

bamboula n. f. - XVIIe ; mot bantou « tambour » ■ fam. vieilli *Faire la bamboula* : faire la fête. ⇒ **bamboche, fête, java, nouba.**

bambouseraie n. f. - mil. XXe ■ Plantation de bambous.

❑ La plante ne s'appelant pas *bambousier* (cf. le cas de *palmier*), ce mot est anormalement formé ; ce devrait être °*bambousaie*.

ban n. m. - XIIe ; germ. 1 ancienn Proclamation officielle d'un ordre, d'une défense. ➛ mod. Proclamation solennelle d'un futur mariage à l'église. *On a publié les bans.* 2 Roulement de tambour, lors d'une cérémonie militaire. *Ouvrir, fermer le ban.* ➛ par ext. fam. Applaudissements rythmés. ⇒ **ovation.** 3 Convocation des vassaux par le suzerain, et par ext. le corps de la noblesse ainsi convoqué. ➛ loc. fig. *Convoquer le ban et l'arrière-ban*, tout le monde. 4 Exil qui était imposé par proclamation. ⇒ **bannissement.** *Mettre qqn au ban.* ⇒ **bannir.** ➛ loc. fig. *En rupture de ban*, affranchi des contraintes de son état. 5 *Mettre qqn au ban de la société, un pays au ban des nations*, le déclarer indigne, le dénoncer au mépris public. 6 région. (Suisse) loc. *Mettre à ban* : interdire, par décision judiciaire, l'accès de. ✪ HOM. Banc.

❑ Bien distinguer *ban* et *banc* dans des expressions voisines comme *être au ban de la société* et *être au banc des accusés*.

banal, ale adj. - XIIIe I *Banal, ale, aux.* Qui appartenait au ban, circonscription du suzerain. *Fours, moulins banaux*, dont les gens d'une seigneurie étaient tenus de se servir en payant une redevance au seigneur. II *Banal, ale, als.* fig. Qui est extrêmement commun, sans originalité. ⇒ ① **courant, ordinaire.** *Un cas assez banal. Propos banals.* ⇒ **cliché.** « *pour que l'événement le plus banal devienne une aventure, il faut et il suffit qu'on se mette à le raconter* » (Sartre). ➛ n. m. « *Il avait moins que Gide l'horreur du banal, de l'ordinaire* » (Maurois). ✪ CONTR. Curieux, nouveau, ② original.

banalement adv. - XIXe ■ D'une manière banale. « *la population, d'ordinaire banalement riche et cosmopolite, de ces sortes d'hôtels de grand luxe* » (Proust).

banalisation n. f. - XIXe 1 Action de rendre ou de devenir banal, ordinaire, d'entrer dans les mœurs. 2 Suppression de toutes marques distinctives (sur un véhicule, etc.). ⇒ **banalisé.** 3 Action de banaliser (2°). *La banalisation d'un campus universitaire.* 4 Action de banaliser (3°).

banalisé, ée adj. - v. 1960 ■ Dépourvu de ses signes distinctifs. *Une voiture de police banalisée.*

banaliser v. tr. [1] - XIXe 1 Rendre banal, ordinaire. *Banaliser un thème.* ➛ pronom. *Idée originale qui finit par se banaliser.* ♦ Rendre commun, faire entrer dans les habitudes sociales. *On a banalisé le divorce.* 2 Mettre (un bâtiment administratif) sous le régime du droit commun. ➛ *Bâtiment banalisé.* 3 *Banaliser une voie de chemin de fer*, la mettre en circulation tantôt dans un sens tantôt dans l'autre ; l'équiper d'une double signalisation. ➛ *Voie banalisée.*

banalité n. f. - XVIe 1 En droit féodal, Obligation pour les gens d'une seigneurie de se servir du four, du moulin banal, moyennant redevance. 2 mod. Caractère de ce qui est banal. « *La banalité de la vie est à faire vomir de tristesse* » (Flaub.). 3 Idée, propos, écrit banal. *Ce livre est un tissu de banalités.* ⇒ **cliché,** ① **lieu** (commun), **platitude, poncif, truisme.** « *des banalités d'une fadeur insurpassable* » (Gide). ✪ CONTR. Nouveauté, originalité.

banane n. f. - XVIe ; bantou 1 Fruit comestible du bananier, oblong (baie), à pulpe farineuse et à épaisse peau jaune. *Un régime de bananes. Peler une banane. Banane plantain*, consommée cuite (aux Antilles, en Afrique), comme légume. ➛ loc. fig. PEAU DE BANANE : procédé déloyal destiné à « faire tomber » qqn. 2 fam.

Décoration militaire. ♦ Butoir de pare-chocs. ♦ *Fiche-banane* ou *banane* : fiche mâle à broche unique, en électronique. ♦ Coiffure masculine consistant en une épaisse mèche gominée enroulée au-dessus du front. ➛ *Chignon banane,* où les cheveux sont ramassés de manière à former un rouleau vertical. ♦ Sac-ceinture qui se porte sur le ventre.

❑ Le fruit était déjà connu en France au XIIIe s. et s'appelait alors *pomme* (« fruit ») *de paradis.*

bananeraie n. f. – 1928 ▪ Plantation de bananiers.

① **bananier** n. m. – XVIIe 1 Plante herbacée géante des zones tropicales humides *(musacées),* dont le fruit est la banane. *Bananier textile,* qui donne le chanvre de Manille. *Plantation de bananiers.* ⇒ **bananeraie.** « *un cochon de lait à l'estouffade, servi dans une feuille de bananier* » (Cendrars). 2 Cargo spécialement équipé pour le transport des bananes.

② **bananier, ière** adj. – 1985 1 Qui concerne la culture des bananes. 2 *République bananière,* apparemment démocratique, mais régie par les intérêts privés de la prévarication.

banc [bɑ̃] n. m. – XIe ; germ. I Long siège, avec ou sans dossier, sur lequel plusieurs personnes peuvent s'asseoir à la fois. « *un banc de pierre qui s'adossait à la maison* » (Duham.). *Banc rembourré.* ⇒ **banquette.** ♦ Ce siège, réservé, dans une assemblée. *Banc des accusés,* au tribunal. loc. *(Être) au banc des accusés,* dans une situation d'accusation. II Bâti, assemblage de montants et de traverses. *Un banc de tourneur, de menuisier.* ⇒ ① **établi, table.** ♦ *Banc de mesure* : ensemble d'instruments de mesure destinés au contrôle et à la maintenance d'appareils. ♦ *BANC D'ESSAI* : bâti sur lequel on monte des moteurs ou des machines pour les éprouver. fig. Épreuve à laquelle est soumise une personne, une chose. *Mettre au banc d'essai.* ♦ *BANC-TITRE* : dispositif sur lequel sont fixés une caméra et les documents à filmer pour l'intégration du texte à l'image. III - 1 Amas de diverses matières formant une couche. *Banc de sable. Banc de glace.* ⇒ **banquise.** *Banc de coraux.* ⇒ **récif.** ➛ région. (Canada) *Banc de neige* : amas de neige entassée. 2 *BANC DE POISSONS* : grande quantité de poissons assemblés par espèce. « *à travers les eaux noires où fuyaient des bancs de poissons bleuâtres* » (Bosco). 3 Se dit des couches géologiques qui composent un terrain. ✪ HOM. Ban.

❑ Bien distinguer *banc* et *ban.* → ban (rem.).

bancable ou **banquable** adj. – XIXe ▪ Se dit de titres remplissant les conditions requises pour être réescomptés auprès de la Banque de France.

bancaire adj. – 1912 ▪ Qui a rapport aux banques, aux opérations de banque. *Compte bancaire. Chèque bancaire.* ➛ « *le contraste est brutal entre la misère des pauvres et le luxe des familles papales et bancaires* » (Yourcenar).

bancal, ale adj. – XVIIIe ; de *banc* 1 Qui a une jambe ou les jambes torses, et dont la marche est inégale. ⇒ **boiteux, claudicant.** *Des enfants bancals.* 2 Se dit d'un meuble dont les pieds sont inégaux et qui n'est pas d'aplomb. « *Dans une cage jaune posée sur le comptoir bancal* » (Camus). 3 Qui manque de rigueur, d'équilibre. *Un raisonnement bancal.* ⇒ **boiteux.**

bancarisation n. f. – 1973 ▪ Importance de la population titulaire d'un compte en banque.

bancarisé, ée adj. – 1984 ▪ Dont la plupart des habitants ont un compte en banque.

banche n. f. – XVIIIe ; de *banc* ▪ Côté d'un moule à pisé, à béton. Le moule lui-même.

bancher v. tr. [1] – 1953 ▪ Couler (du béton, du pisé) dans des banches.

banco n. m. – XVIIe ; mot it. « banc, comptoir de banque » ▪ *Faire banco* : tenir seul l'enjeu contre la banque, au baccara et à d'autres jeux.

bancoulier n. m. – XIXe ; de *Bancoulen,* ville de Sumatra ▪ Grand arbre des îles de la Sonde.

bandage n. m. – XVIe I - 1 rare Action de fixer un pansement. 2 cour. Bandes de tissu ainsi appliquées. ⇒ ① **bande, pansement.** « *Elle dénoua le bandage sanglant et l'ôta par petites secousses* » (Sartre). 3 Bande qui entoure la jante d'une roue. *Bandages métalliques des charrettes.* ➛ Partie extérieure du pneumatique qui enveloppe la chambre à air. II Action de tendre. *Le bandage d'un arc.*

bandagiste n. – XVIIIe ▪ Personne qui fabrique, qui vend des bandages chirurgicaux. ⇒ **orthopédiste.**

bandana n. m. – v. 1985 ; hindi ▪ Petit foulard carré de coton imprimé.

bandant, ante adj. – 1920 ▪ fam. 1 Qui provoque l'excitation sexuelle. ⇒ **excitant, désirable.** 2 Qui donne du plaisir, intéresse. ⇒ **passionnant.** *Ça n'est pas très bandant.*

① **bande** n. f. – XIIe ; germ. « lien » 1 Morceau d'étoffe, de cuir, de papier, de métal, etc., long et étroit, qui sert à lier, maintenir, recouvrir, border ou orner qqch. ⇒ **lien ; courroie, lanière, ruban.** ➛ *Bande Velpeau* : bande élastique servant à maintenir un pansement, une partie du corps. ➛ *Bande molletière,* dont les soldats entouraient leurs mollets. ➛ *Bande de roulement* : partie de l'enveloppe d'un pneumatique en contact avec le sol. ♦ Pellicule cinématographique. *La bande a sauté à la projection. Bande sonore* ou *bande-son* : support de l'enregistrement sonore (d'un film). *Des bandes-son. Bande-annonce* : extraits d'un film servant à le présenter au public avant sa sortie. *Des bandes-annonces.* ➛ *Bande magnétique d'un magnétophone, d'un ordinateur.* ⇒ **cassette.** *Bande vidéo* : bande magnétique pour l'enregistrement des images, et éventuellement des sons. ⇒ **magnétoscope ; vidéo.** 2 Partie étroite et allongée de qqch. *Bande de terrain. Bande d'arrêt d'urgence* : sur une autoroute, voie aménagée sur laquelle on peut stationner en cas de panne ou d'accident. ➛ Large rayure. ⇒ ① **raie.** *Tissu à bandes bleues.* ➛ Pièce honorable allant de l'angle dextre du chef de l'écu à l'angle sénestre de la pointe. ♦ *BANDE DESSINÉE* : suite de dessins **(⇒ cartoon)** qui racontent une histoire. ⇒ fam. **B.D., bédé.** 3 Rebord élastique qui entoure le tapis d'un billard. ➛ loc. fig. *Faire qqch. par la bande,* par des moyens indirects. *Je l'ai su par la bande.* 4 *Bande de fréquences* (d'un rayonnement) : domaine de fréquences compris entre deux valeurs limites. *Bande passante* (d'un amplificateur) : bande de fréquences entre les limites de laquelle l'amplification est acceptable.

② **bande** n. f. – XIVe ; germ. « étendard » 1 Groupe d'hommes qui combattent ensemble sous une même bannière, un même chef. ⇒ **troupe.** 2 Groupe organisé et stable de personnes associées pour quelque dessein. *Bande de voleurs, d'agitateurs.* ♦ Regroupement occasionnel de personnes ayant des points communs. « *Il demanda si on n'avait pas entendu parler de cette bande de jeunes gens qui avaient fait tant de fracas dans les environs* » (Volt.). *Lui et toute sa bande.* ➛ *Bande de cons !* ⇒ **tas.** ➛ loc. *FAIRE BANDE À PART* : se mettre à l'écart d'un groupe (en parlant de plusieurs personnes). 3 Groupe d'animaux. ⇒ **banc, horde, meute.**

❑ Suivi d'un nom de personnes d'un même corps de métier, *bande* est toujours péjoratif par rapport à *groupe (une bande de journalistes).*

③ **bande** n. f. – XVIIe ; germ. ■ Inclinaison que prend un navire sur un bord. ⇒ **gîte.** *Bateau qui donne de la bande,* qui penche d'un côté.

bandé, ée adj. – XVIIe ; de ① *bande* ■ blas. Qui porte plusieurs bandes. *Écu bandé d'or et de sable.*

bandeau n. m. – XIIe 1 Bande qui sert à ceindre le front, la tête. ⇒ **serre-tête, turban.** *Les cheveux retenus par un bandeau. Bandeau royal,* dont les anciens rois ceignaient leur front. ⇒ **diadème ; couronne.** « *Je vous ceins du bandeau préparé pour sa tête* » (Rac.). ➙ Partie d'une coiffure qui ceint le front. *Bandeau de religieuse.* 2 Cheveux qui serrent le front, les tempes, dans une coiffure féminine. « *Ses cheveux noirs comme du jais s'ouvraient sur le front en deux larges bandeaux* » (Dumas). 3 Morceau d'étoffe qu'on met sur les yeux de qqn pour l'empêcher de voir. ➙ loc. fig. *Avoir un bandeau sur les yeux :* s'aveugler, refuser d'admettre la vérité. 4 Moulure plate, autour d'une baie de porte ou de fenêtre. ⇒ **frise.** 5 Bande de papier qui entoure un livre et porte un texte publicitaire.

bandelette n. f. – XIVe 1 Petite bande de tissu. 2 Petite moulure plate.

bander v. [1] – XIIe I v. tr. 1 Entourer d'une bande que l'on serre. *Bander le front d'un blessé* (⇒ **bandage**). « *le bras bandé par le chirurgien et soutenu d'une écharpe* » (Gaut.). 2 Couvrir (les yeux) d'un bandeau. ➙ *Les yeux bandés.* 3 Tendre avec effort. *Bander la corde d'un arc ;* par ext. *bander un arc.* ♦ fig. *Bander ses muscles.* II v. intr. fam. Être en érection. « *Plus l'homme cultive les arts, moins il bande* » (Baud.). ✪ CONTR. Détendre, relâcher.

banderille n. f. – XVIIIe ; esp. *bandera* « bannière » ■ Chacun des deux dards ornés de bandes multicolores que les toreros plantent dans le garrot du taureau pendant la corrida.

banderillero [bɑ̃deʀijeʀo] n. m. – XVIIIe ; mot esp. ■ Le torero qui pose les banderilles.

banderole n. f. – XVe ; it. *bandiera* « bannière » 1 Petite bannière en forme de flamme. 2 Grande bande de tissu qui porte une inscription. *Banderoles des manifestants.*

bandit n. m. – XVIIe ; it. *bandire* « bannir » 1 Malfaiteur vivant hors la loi. *Un bandit de grands chemins,* qui s'attaquait aux voyageurs. ⇒ **brigand.** ♦ par ext. Malfaiteur se livrant à des attaques à main armée. ⇒ **gangster, voleur ;** fam. **braqueur, malfrat, truand.** 2 par ext. vieilli Homme avide et malhonnête. *Ce commerçant est un bandit.*

❑ Le mot s'est répandu au XIXe sous l'influence de la mythologie du *bandit corse* diffusée par des écrivains comme Mérimée. ♦ *Gangster* n'a pas les mêmes connotations. → gangster (rem.). ♦ Attention au paronyme *pandit.*

banditisme n. m. – XIXe 1 Comportement du bandit. ⇒ **brigandage.** *C'est du banditisme !* 2 Ensemble d'actes criminels. ⇒ **criminalité.** *Lutte contre le banditisme.*

bandonéon n. m. – 1905 ; de *H. Band,* nom de l'inventeur ■ Petit accordéon hexagonal, en usage dans les orchestres de tango.

bandoulière n. f. – XVIe ; catalan *bandoler* « hors-la-loi, bandit » ■ Bande de cuir ou d'étoffe que l'on passe d'une épaule à la hanche opposée et qui supporte une arme ou tout autre objet. ➙ EN BANDOULIÈRE. *Fusil en bandoulière,* suspendu derrière le dos au moyen de la bretelle. « *Elle porte en bandoulière un grand sac de toile écrue* » (Perec).

bang [bɑ̃g] interj. et n. m. inv. – 1953 ; empr. à l'angl. 1 Onomatopée exprimant le bruit d'une explosion. 2 n. m. inv. Déflagration perceptible lorsqu'un avion franchit le mur du son. « *Un avion supersonique me coupe d'un bang la pensée* » (Aragon). ➙ ⇒ **big-bang.**

banian n. m. – XVIe ; port. ■ Figuier de l'Inde *(moracées)* à racines adventives aériennes. ➙ *Figuier banian.*

banjo [bɑ̃(d)ʒo] n. m. – XIXe ; esp. *bandurria* « mandore » ■ Instrument de musique à cordes, sorte de guitare ronde dont la caisse de résonance est formée d'une membrane.

❑ La prononciation sans le [d] est moins courante.

banlieue n. f. – XIIe ; de *ban* et *lieue* ■ Ensemble des agglomérations qui entourent une grande ville. ⇒ **faubourg, périphérie ; suburbain.** *La grande banlieue :* la banlieue la plus éloignée. *La proche banlieue.* « *banlieue, pays des petites maisons, des petits jardins, des petits rêves et des ambitions malingres* » (Duham.). ♦ absolt La banlieue de Paris. ⇒ **couronne.** *Il habite en banlieue* (⇒ **banlieusard**).

❑ À l'origine, terme de féodalité désignant l'espace d'environ une *lieue,* autour d'une ville, dans lequel l'autorité faisait proclamer les *bans* et avait juridiction.

banlieusard, arde n. – XIXe ■ Personne qui habite la banlieue de Paris. ➙ adj. *Habitudes banlieusardes.*

banne n. f. – XIIIe ; gaul. « véhicule léger en osier » 1 Tombereau servant au transport du charbon, du fumier, etc. ♦ Grand panier d'osier. ⇒ ② **manne.** 2 Toile tendue au-dessus d'une devanture, servant à protéger les marchandises.

banneton n. m. – XIIIe ■ Panier d'osier sans anses utilisé par les boulangers.

banni, ie adj. ■ Qui est banni de son pays. ➙ n. *Rappeler les bannis.* ⇒ **exilé, proscrit.**

bannière n. f. – XIIe ; p.-ê. de *ban* 1 Enseigne du seigneur à la guerre (⇒ **drapeau**). ➙ loc. fig. *Se ranger sous la bannière de qqn,* avec lui, dans son parti. 2 Étendard d'une paroisse, d'une confrérie ou d'une association. ⇒ **oriflamme.** ➙ loc. fig. *C'est la croix et la bannière :* c'est difficile, c'est toute une affaire (pour faire, obtenir qqch.).

bannir v. tr. [2] – XIIIe ; de *ban* 1 Condamner (qqn) à quitter son pays, avec interdiction d'y rentrer. ⇒ **exiler, expulser, proscrire** (cf. Mettre au ban*). 2 fig. Écarter, supprimer. « *le ciel a banni de mon âme toutes ces indignes ardeurs* » (Mol.). *C'est une idée qu'il faut bannir de votre esprit.* ⇒ **chasser, exclure,** ① **repousser.** ✪ CONTR. Rappeler. Accueillir, adopter.

bannissement n. m. – XIIIe ■ Action de bannir ; résultat de cette action. ♦ dr. Peine criminelle qui consiste à expulser temporairement qqn de son pays.

banquable → **bancable**

banque n. f. – XVe ; it. « table, comptoir des changeurs » 1 Commerce de l'argent et des titres fiduciaires de toute nature, effets de commerce et valeurs de Bourse. *Virements en banque.* 2 Établissement habilité à gérer des fonds reçus du public. *Des comptes en banque. Déposer de l'argent à la banque. Employé de banque. Banque centrale,* qui émet la monnaie fiduciaire et assure l'exécution de la politique monétaire nationale. *La Banque de France.* 3 Somme que l'un des joueurs tient devant lui pour payer les gagnants. loc. *Faire sauter la banque :* gagner tout l'argent mis en jeu. 4 *Banque d'organes, du sang :* service médical qui recueille des organes destinés aux greffes, du sang, aux transfusions. *Banque du sperme*, pour les inséminations artificielles. ♦ *Banque de données* : ensemble d'informations (exploitables par les réseaux télématiques), recouvrant un domaine particulier des connaissances.

❑ Les emplois récents (4°), comme *banque de données*, viennent de l'anglais *bank*. ♦ Une partie de la famille de *banque* prend un *c* (*bancaire*), alors que certains mots de la famille de *banc* prennent *qu* (*banquiste*).

banquer v. intr. [1] - XIXe ▪ fam. Payer.

banqueroute n. f. - XVe ; it. *banca rotta* « banc rompu » 1 Faillite accompagnée d'actes délictueux. ⇒ **déconfiture.** ➛ par ext. *Banqueroute d'État* : défaillance d'un État qui n'exécute pas les contrats d'emprunt qu'il a conclus. 2 Échec total. *La banqueroute d'un parti.*

❑ Ce mot tire son origine de la coutume italienne de briser le comptoir du banquier en cas de faillite. ♦ On retrouve dans *route* la même étymologie. → route (rem.).

banquet n. m. - XIVe ; it. « petit banc » ▪ Repas d'apparat où sont conviées de nombreuses personnes. *Salle pour noces et banquets.*

banqueter v. intr. [4] - XIVe 1 Prendre part à un banquet. 2 Faire bonne chère. ⇒ **festoyer.**

❑ *Je banquette, tu banquettes* sont rarement utilisés à cause du n. f. homonyme.

banquette n. f. - XVe ; provenç. I Siège à plusieurs places, avec ou sans dossier. *Banquettes de restaurant, de train. La banquette arrière d'une voiture.* II - 1 *Banquette de tir* : plateforme située derrière une tranchée et de laquelle on peut tirer à couvert. 2 *Banquette de sûreté* : parapet de terre établi le long d'une route. 3 Petit chemin pour les piétons le long d'une voie, d'un canal. ⇒ **trottoir.** 4 Banc en pierre pratiqué dans l'embrasure d'une fenêtre.

banquier n. m. - XIIIe 1 Personne qui fait le commerce de la banque, dirige une banque. ⇒ **financier.** *Une femme banquier* (ou *une banquière*). 2 Personne qui tient la banque, au jeu.

banquise n. f. - XVIIIe ; a. nord. *pakki* « paquet » et *iss* « glace » ▪ Amas de glaces flottantes formant un immense banc. *Iceberg détaché de la banquise.*

banquiste n. m. - XVIIIe ; de *banque* « étal », fém. de *banc* ▪ Dans les cirques et les spectacles forains, Celui qui présente et vante le spectacle. ⇒ **bonimenteur.** ♦ Forain.

❑ *Saltimbanque* (« saute-en-banc ») est de même origine.

bantou, oue n. et adj. - XIXe ; bantou « hommes » 1 Africain appartenant à un groupe d'ethnies qui s'étendent du Cameroun à l'Afrique du Sud. ➛ adj. *Les civilisations bantoues.* 2 n. m. Famille de langues parlées par ces ethnies. ➛ adj. *Langues bantoues.*

bantoustan n. m. - v. 1960 ; afrikaans *bantustan* « territoire bantou » ▪ Territoire attribué à une population noire, en Afrique du Sud.

❑ On emploie aussi l'anglicisme *homeland.*

banyuls [banjyls ; banjuls] n. m. - XIXe ; de *Banyuls-sur-Mer* ▪ Vin doux naturel du Roussillon.

baobab [baɔbab] n. m. - XVIIIe ; ar. ▪ Arbre d'Afrique tropicale *(bombacées)*, à tronc énorme et fruit comestible. « *les baobabs ne sont pas des arbustes, mais des arbres grands comme des églises* » (St-Exup.).

baptême [batɛm] n. m. - XIe ; gr. *baptizein* « immerger » 1 Sacrement destiné à laver du péché originel et à faire chrétienne la personne qui le reçoit. ⇒ **baptiser ; parrain, marraine.** *L'eau du baptême. Les fonts du baptême.* ⇒ **baptistère ; baptismal.** *Nom de baptême* : prénom donné à la personne baptisée. ➛ Cérémonie qui accompagne le baptême. 2 par ext. *Le baptême d'une cloche, d'un navire*, etc. ⇒ **bénédiction.** ➛ *Baptême du feu* : premier combat. *Baptême de l'air* : premier vol en avion.

baptiser [batize] v. tr. [1] - XIe 1 Administrer le baptême à. *Faire baptiser un nouveau-né.* « *Je te baptise au nom du Père, du Fils et du Saint-Esprit* ». 2 par ext. *Baptiser une cloche, un navire*, les bénir en leur donnant un nom. 3 Donner un nom de baptême à. ➛ par ext. Donner un sobriquet, une appellation à. ⇒ **appeler, surnommer.** « *Le monde, qui baptise du nom de progrès sa tendance à une précision fatale* » (Valéry). ✪ CONTR. Débaptiser.

baptismal, ale, aux [batismal, o] adj. - XIIe ▪ Qui a rapport au baptême. *Fonts baptismaux.*

baptisme [batism] n. m. - XIXe ▪ Dans la religion chrétienne, Doctrine d'après laquelle le baptême doit être administré à des personnes en âge de raison, et par immersion complète.

baptistaire [batistɛʀ] adj. - XVIe ▪ Qui constate un baptême. *Registre baptistaire.* ➛ n. m. *Le baptistaire* : l'extrait de baptême. ✪ HOM. Baptistère.

baptiste [batist] adj. et n. - XVIIIe ▪ Qui a rapport au baptisme. ♦ Partisan du baptisme. ✪ HOM. Batiste.

baptistère [batistɛʀ] n. m. - XIe 1 Édifice annexé à une cathédrale pour y administrer le baptême. *Le baptistère de Florence.* 2 Chapelle des fonts baptismaux. ✪ HOM. Baptistaire.

baquet n. m. - XIIIe ; de ① *bac* 1 Récipient de bois, à bords bas. ⇒ **cuve.** « *le petit baquet contenait aisément une vingtaine de litres* » (Zola). 2 Siège bas très emboîtant des voitures de sport et de course. appos. *Siège baquet.*

① **bar** n. m. - XIXe ; mot angl. « barre de comptoir » 1 Débit de boissons où l'on consomme debout, ou assis sur de hauts tabourets, devant un long comptoir. « *nous allions, de bar en bar, pour nous saouler* » (Genet). ♦ *Bar-tabac* : café où se trouve un bureau de tabac. 2 Le comptoir lui-même. « *autour du bar les entraîneuses bavardaient* » (Beauv.). ➛ par ext. *Installer un bar dans son salon.* ✪ HOM. Bard, barre.

❑ Même relation entre *barre* et *bar* qu'entre *banc* et *banque.* ♦ Pour l'emploi → taverne (rem.).

② **bar** n. m. - XIIe ; néerl. *baers* ▪ Poisson marin *(perciformes)*, à chair très estimée. ⇒ **loup.**

③ **bar** n. m. - 1917 ; gr. *baros* « pesanteur » ▪ Unité de mesure de pression des fluides, utilisée notamment en météorologie et valant 10^5 pascals (⇒ **millibar).**

❑ Ne s'abrège pas, contrairement à la plupart des noms d'unités.

baragouin n. m. - XIVe ; p.-ê. bret. *bara* « pain » et *gwin* « vin » ▪ fam. Langage incorrect et inintelligible. Langue que l'on ne comprend pas et qui semble barbare. ⇒ **charabia,** ① **jargon.**

baragouiner v. [1] - XVIe 1 v. tr. fam. Parler (une langue) en l'estropiant. 2 v. intr. fam. « *En buvant et baragouinant nous achevâmes de nous familiariser* » (Rouss.).

baraka n. f. - 1903 ; mot ar. « bénédiction » ▪ fam. Chance. *Avoir la baraka.*

❑ Mot apparenté par l'étymologie au verbe *baraquer.*

baraque n. f. - XIVe ; catalan « hutte » 1 Construction provisoire en planches. ⇒ **cabane.** *Baraques foraines.* 2 fam. Maison mal bâtie, peu solide. ♦ fig. et péj. Maison où l'on ne se trouve pas bien. *On gèle dans cette* *baraque.* ♦ loc. fam. *Casser la baraque :* remporter un succès fracassant (arg. du spectacle) ; faire échouer brutalement les projets de qqn.

baraqué, ée adj. – 1954 ▪ fam. Fait, bâti (d'une personne). *Il est (bien) baraqué,* grand et fort. ⇒ **balèze.**

baraquement n. m. – XIXe ▪ Ensemble de baraques. « *Les ouvriers rentrent à leurs baraquements* » (Genet).

baraquer v. intr. [1] – 1923 ; ar. *baraka* « s'agenouiller » ▪ S'accroupir en parlant du chameau.

baraterie n. f. – XIIIe ; o. i. ▪ Faute commise dans l'exercice de ses fonctions par le capitaine, maître ou patron du navire.

baratin n. m. – 1911 ; provenç. *barater* « tromper » ▪ fam. Discours abondant destiné à séduire ou à tromper. ⇒ **boniment.**

baratiner v. [1] – 1926 ▪ fam. **1** v. intr. Faire du baratin. **2** v. tr. Essayer d'abuser (qqn) par un baratin. ⇒ **embobiner.** *Baratiner un client.*

baratineur, euse n. et adj. – 1935 ▪ fam. Personne qui baratine, dit ce qu'il faut pour séduire (même des mensonges).

barattage n. m. – XIXe ▪ Action de baratter (la crème) pour obtenir le beurre.

baratte n. f. – XVIe ▪ Instrument ou machine à baratter.

baratter v. tr. [1] – XIIe ; p.-ê. gr. *prattein* « agir » ▪ Battre (la crème) pour en extraire le beurre.

barbacane n. f. – XIIe ; o. i. (ar. ou persan) **1** Au Moyen Âge, Ouvrage avancé, percé de meurtrières. ➝ Meurtrière pratiquée dans le mur d'une forteresse pour tirer à couvert. **2** Ouverture verticale et étroite dans le mur d'une terrasse pour l'écoulement des eaux.

barbant, ante adj. – 1907 ▪ fam. Qui barbe, ennuie. « *Ce n'est pas une mauvaise fille, mais elle est barbante* » (Proust).

barbaque n. f. – XIXe ; p.-ê. roum. *berbec* « mouton », ou esp. *barbacoa* « gril servant à fumer la viande » (→ barbecue) ▪ fam. Mauvaise viande. ➝ par ext. Viande. ⇒ **bidoche.**

barbare adj. et n. – XIVe ; gr. **1** Étranger, pour les Grecs et les Romains et, plus tard, pour la chrétienté. *Les invasions barbares.* ➝ n. « *Rome, devenue la proie des barbares* » (Boss.). **2** vieilli Qui n'est pas civilisé. ⇒ **primitif, sauvage.** ➝ n. « *Dès qu'on gratte un peu le vernis : des petits barbares !* » (Loti). ➝ fig. *C'est un barbare,* un inculte. ⇒ **brute, ignorant. 3** Qui choque, est contraire aux règles, au goût, à l'usage. ⇒ **grossier.** *Musique barbare. Une façon de parler barbare.* ⇒ **incorrect ; barbarisme. 4** Cruel, sauvage. *Un crime barbare.* ✪ CONTR. Civilisé, policé, raffiné. ① Bon, humain.

> ❑ Connote la grossièreté des mœurs, l'absence de civilisation. ♦ En histoire, distinguer *barbare* de *barbaresque.*

barbaresque adj. et n. – XVIe ▪ Relatif aux pays autrefois désignés sous le nom de *Barbarie* (Afrique du Nord).

barbarie n. f. – XVe **1** Manque de civilisation, état d'un peuple non civilisé. **2** Absence de goût, grossièreté. « *Il y a une espèce de barbarie à latiniser des noms français* » (Volt.). **3** Cruauté, férocité. ⇒ **inhumanité, sauvagerie.** *Actes de barbarie.* « *la barbarie du crime commis* » (Stendh.). ✪ CONTR. Civilisation. Raffinement. Bonté, humanité.

barbarisme n. m. – XIIIe ▪ Faute grossière de langage, emploi de mots forgés ou déformés. ⇒ **impropriété, incorrection, solécisme.** *Faire un barbarisme* (ex. « aréoport » pour « aéroport »). ➝ Mot ainsi employé.

> ❑ Ne pas confondre *barbarisme* et *néologisme,* le mot nouveau étant souvent jugé « barbare » par les puristes.

① **barbe** n. f. – XIe ; lat. **1** Poils du menton, des joues et de la lèvre supérieure. ⇒ **favoris, moustache.** *Visage sans barbe.* ⇒ **glabre, imberbe.** « *il se faisait la barbe, se parfumait* » (Balz.). ⇒ **raser** (se). *Femme à barbe* (⇒ **virilisme**). ♦ loc. *Rire dans sa barbe,* à part soi. *Parler dans sa barbe,* de manière inaudible. ➝ *Au nez et à la barbe de qqn,* devant lui, en dépit de sa présence. ♦ BARBE À PAPA : friandise en filaments légers de sucre. **2** Poils qu'on laisse pousser sur le menton et le bas des joues. ⇒ **barbiche, bouc, collier.** *Porter la barbe. Fausse barbe.* **3** interj. fam. *La barbe !* assez, cela suffit. *Quelle barbe !* quel ennui ! (⇒ **barbant**). **4** Longs poils que certains animaux ont à la mâchoire. ➝ Cartilages servant de nageoire aux poissons plats (ex. limande ; barbue). **5** Chacune des pointes effilées de certains épis. ⇒ **barbu.** ➝ *Barbe-de-capucin :* chicorée sauvage. ♦ Chacun des filaments serrés formant la plume (de chaque côté du tuyau). ⇒ **barbule. 6** *Barbes :* filaments au bord d'une pièce de métal qui vient d'être découpée.

② **barbe** n. m. – XVIe ; it. ▪ Cheval d'Afrique du Nord. *Les chevaux arabes* « *sont plus grands et plus étoffés que les barbes* » (Buff.).

> ❑ L'italien *barbero* désignait un *cheval barbaresque* (de *Barbarie,* nom ancien du Maghreb).

① **barbeau** n. m. – XIIe **1** Poisson d'eau douce, à barbillons *(cypriniformes),* à chair estimée. **2** fam. et vieilli Souteneur. ⇒ ② **maquereau.**

② **barbeau** n. m. – XVIIe ; de ① *barbe* ▪ Plante vivace *(astéracées)* à fleur bleue. ⇒ **bleuet, centaurée.** ➝ adj. *Bleu barbeau :* bleu vif.

barbecue [baʀbəkju ; baʀbəky] n. m. – 1948 ; mot angl. → barbaque **1** Brasero à charbon de bois, pour faire des grillades en plein air. **2** Repas en plein air où l'on se sert d'un barbecue. *Être invité à un barbecue.*

> ❑ Le *Dictionnaire des termes officiels* (1994) ne signale aucun mot pour remplacer cet anglicisme.

barbelé, ée adj. et n. m. – XIIe **1** Garni de pointes disposées comme les barbes d'un épi. *Fil de fer barbelé.* **2** n. m. Fil de fer barbelé. *Un rouleau de barbelé.* ➝ *Entourer un terrain de barbelés.* ➝ loc. *Derrière les barbelés :* dans un camp de prisonniers.

barbelure n. f. – XIVe ▪ Réseau de pointes disposées en barbes d'épi. *Les barbelures des grilles d'un parc.*

barber v. tr. [1] – XVIIe ▪ fam. Ennuyer. *Cela me barbe d'y aller.* ⇒ **barbant.** *Vous le barbez avec vos histoires* ♦ pronom. *On s'est barbé toute la journée.*

barbet n. m. – XIIIe ▪ Espèce d'épagneul à poil long et frisé. ➝ adj. *Chien barbet.* ⇒ **caniche.**

barbiche n. f. – XVIIe ▪ Petite barbe qu'on laisse pousser au menton.

barbichette n. f. – 1913 ▪ fam. Petite barbiche.

barbier n. m. – XIIIe ▪ Celui dont le métier était de faire la barbe au rasoir à main. « *Le Barbier de Séville* », *de Beaumarchais.* ➝ région. (Canada) Coiffeur pour hommes.

barbillon n. m. – XIVe **1** Filament charnu aux bords de la bouche de certains poissons comme le barbeau. ⇒ **palpe. 2** Petite pointe (d'un hameçon, d'une flèche) qui empêche la prise de s'échapper.

barbital n. m. – 1959 ▪ Barbiturique hypnotique et sédatif. *Des barbitals.*

barbiturique adj. et n. m. – XIXe ; all. *Barbitursäure,* créé par Baeyer, et *urique* ▪ Se dit d'un acide dont les dérivés sont utilisés comme sédatifs, somnifères. ⇒ **barbital, gardénal, véronal.** ➝ n. m. Médicament dérivé de cet acide. « *se calfater l'estomac de barbituriques, fait un bon dodo* » (Perec).

barbiturisme n. m. - 1953 ▪ Intoxication par les barbituriques.

barbon n. m. - XVIe ▪ vx ou plaisant Homme d'âge plus que mûr. ⇒ **birbe.** « *Lui déjà vieux barbon, elle jeune et jolie* » (La Font.).

barbotage n. m. - XVIe 1 Action de barboter dans l'eau. 2 Passage d'un gaz dans un liquide.

barboter v. [1] - XIIe ; p.-ê. de *bourbe* **I** v. intr. 1 S'agiter, remuer dans l'eau, la boue. 2 Traverser un liquide (gaz). **II** v. tr. fam. Voler. *On lui a barboté son portefeuille.*

❏ Attention un seul *t* → -oter (rem.).

barboteur, euse n. - XVIe 1 Personne qui barbote (II). 2 n. m. Appareil de chimie où barbote un gaz.

barboteuse n. f. - 1920 ▪ Vêtement de jeune enfant, d'une seule pièce, à courte culotte bouffante.

barbotin n. m. - XIXe ; nom de l'inventeur 1 Couronne de métal sur laquelle viennent s'engrener les maillons d'une chaîne d'ancre. 2 Roue dentée entraînant la chenille d'un véhicule.

barbotine n. f. - XVIe 1 Pâte délayée que l'on emploie pour fixer les ornements des céramiques ainsi que dans la technique du coulage*. 2 Mélange très fluide de ciment et d'eau.

barbouillage n. m. - XVIe ▪ Action de barbouiller ; son résultat. ⇒ **gribouillage, gribouillis.** ➛ Mauvaise peinture.

barbouille n. f. - 1927 ▪ fam. et péj. *La barbouille :* activité de l'artiste peintre ou du peintre en bâtiment.

barbouiller v. tr. [1] - XVe ; p.-ê. de *barboter* 1 Couvrir d'une substance salissante. ⇒ **salir ; souiller, tacher.** ➛ « *le faux nègre, barbouillé de suie* » (Céline). 2 Étendre grossièrement une couleur sur (qqch.). ➛ Peindre sans talent. « *Un amateur qui barbouille des toiles le dimanche* » (Sartre). 3 Charger de gribouillages, de griffonnages. 4 fam. *Avoir l'estomac barbouillé :* avoir une sensation d'écœurement. ✪ CONTR. Débarbouiller, laver, nettoyer.

barbouilleur, euse n. - XVe ▪ Personne qui barbouille. ♦ Mauvais peintre.

barbouze n. f. - 1926 ▪ fam. 1 Barbe. 2 Agent secret.

❏ Le genre est mal assuré au sens 2°, le mot désignant des hommes.

barbu, ue adj. et n. m. - XIIIe 1 Qui a de la barbe, porte la barbe. ➛ n. m. *Un barbu :* un homme barbu. 2 Garni de filaments, de barbes. *Blé barbu.* 3 n. m. Oiseau des forêts tropicales continentales *(piciformes),* aux ailes courtes. ✪ CONTR. Glabre. — HOM. Barbue.

barbue n. f. - XIIIe ▪ Poisson de mer plat *(pleuronectiformes),* à chair délicate. ✪ HOM. Barbu.

barbule n. f. - XIXe ▪ Chacun des petits crochets qui relient une barbe de plume à la barbe contiguë.

barcarolle n. f. - XVIIIe ; it. *barca* « barque » ▪ Chanson des gondoliers vénitiens. ➛ Pièce de musique sur un rythme berceur à trois temps.

barcasse n. f. - XIXe ▪ Grosse barque.

bard n. m. - XIIe ; p.-ê. a. fr. *bail* « poutre » ▪ Civière à claire-voie pour le transport à bras des fardeaux. ✪ HOM. Bar, barre.

❏ *Débarder* signifie « décharger d'un *bard* ».

barda n. m. - XIXe ; ar. « bât » 1 arg. Équipement du soldat. 2 fam. Chargement, bagage encombrant. ⇒ **attirail.**

bardage n. m. - XIXe ; de ② *barde* 1 vieilli Transport sur des bards. ➛ Transport des matériaux lourds, sur un chantier. 2 Protection en planches autour d'un ouvrage d'art.

bardane n. f. - XVe ; lat. *bardana,* ou *baritare* « s'opposer à, diverger » ▪ Plante commune dans les décombres *(composées),* dont les fruits, munis de crochets, s'accrochent aux vêtements, aux toisons.

① **barde** n. m. - XVIe ; gaul. ▪ Poète et chanteur celtique.

② **barde** n. f. - XIIIe ; ar. → barda 1 Armure qui protégeait le cheval. 2 Tranche de lard dont on entoure les viandes à rôtir.

bardeau n. m. - XIVe ; p.-ê. de ② *barde* → bardot ▪ Planchette en forme de tuile utilisée dans la couverture des maisons, notamment en montagne. ⇒ **aisseau,** région. **tavillon.** ✪ HOM. Bardot.

① **barder** v. tr. [1] - XVe 1 Couvrir (un cheval) d'une barde. ➛ par ext. « *un animal préhistorique, bardé d'écailles* » (Beauv.). ⇒ **cuirassé.** ➛ fig. *Être bardé de décorations, de diplômes.* 2 Entourer de bardes. *Barder un rôti.*

② **barder** v. intr. impers. [1] - XIXe ; p.-ê. du rad. *bard-* → bardane ▪ fam. Devenir dangereux, prendre une tournure violente. ⇒ **chauffer.** « *Il paraît que ça barde à Madrid* » (Mac Orlan).

bardot n. m. - XIVe ; ar. *barda'a* « couverture de selle » ; → barda, ② barde ▪ Petit mulet, croisement du cheval et de l'ânesse. ✪ HOM. Bardeau.

-bare Élément, du gr. *barus* « lourd », servant à désigner la pression atmosphérique. ⇒ **baro-.**

barème n. m. - XIXe ; de *Barrême,* n. pr. ▪ Recueil de tableaux numériques donnant le résultat de certains calculs. *Barème des salaires.* ➛ Table, répertoire de tarifs, de notes.

baresthésie n. f. - XXe ; de ③ *bar* et *-esthésie* ▪ Sensibilité à la pesanteur ou à la pression.

① **barge** n. f. - XVIe ; p.-ê. du lat. *bardea* « alouette huppée » ▪ Oiseau échassier des marais *(charadriiformes),* apparenté à la bécasse.

② **barge** n. f. - XIe ; même o. que *barque* 1 Embarcation à fond plat et à voile. ➛ Grande péniche plate. 2 Meule de foin rectangulaire.

③ **barge** → **barjo**

barguigner v. intr. [1] - XIIe ; germ. « emprunter » ▪ loc., vieilli *Sans barguigner :* sans hésiter. ✪ CONTR. Décider (se).

barigoule n. f. - XVIIIe ; provenç. « agaric » ▪ *Artichauts à la barigoule,* farcis et cuits dans l'huile d'olive.

baril [baʀi(l)] n. m. - XIIe ; lat. *barrica* « barrique » 1 Petit tonneau, petite barrique. ⇒ **futaille, tonnelet.** *Baril de poudre.* ➛ *Un baril de lessive.* ♦ Le contenu du baril. 2 Unité anglo-saxonne de mesure du pétrole (158,987 l). *Le prix du baril.* ✪ HOM. Baryè.

❏ Ne prend qu'un *r* à la différence de *barrique,* de la même famille. ♦ Pour la prononciation du *l* → chenil (rem.).

barillet [baʀijɛ ; baʀilɛ] n. m. - XIIIe 1 Petit baril. 2 Dispositif de forme cylindrique. *Barillet d'un pistolet,* où sont logées les cartouches. *Barillet de serrure,* partie cylindrique du bloc de sûreté.

bariolé, ée adj. - XVIe ; p.-ê. de deux mots d'a. fr. de même sens *barré* et *riolé* « rayé, bigarré » ▪ Coloré de tons vifs, variés. ⇒ **bigarré, multicolore.** « *les casaques bariolées des jockeys* » (Romains). ✪ CONTR. Neutre, uni.

barioler v. tr. [1] - XVIIIe ▪ Peindre de diverses couleurs. ⇒ **bigarrer.**

barjo adj. - déb. XXe ; interversion (verlan) de *jobard* ▪ fam. Fou, farfelu. *Elle est un peu barjo.* abrév. BARGE. ➛ n. *Bande de barjos !*

barmaid [barmɛd] n. f. – XIXe ; mot angl. ▪ Serveuse d'un bar. *Des barmaids.*

barman [barman] n. m. – XIXe ; mot angl. ▪ Serveur d'un bar qui sert au comptoir les boissons qu'il prépare. *Des barmans* ou *des barmen* [barmɛn]. « *Le barman, tout en blanc, avec des sortes de galons sur les épaules* » (Triolet).

❑ À distinguer de *garçon de café.* Le *barman* travaille dans un *bar* et sait composer des cocktails.

barn n. m. – 1950 ; mot angl. ▪ Unité de mesure de superficie (symb. b) utilisée en physique nucléaire (10^{-28} m^2).

baro- Élément, du gr. *baros* « pesanteur ». ⇒ **-bare.**

barographe n. m. – XIXe ; *baro-* et *-graphe* ▪ Baromètre enregistreur des altitudes d'un avion. ⇒ **altimètre.**

baromètre n. m. – XVIIe ; *baro-* et *-mètre* ▪ Instrument qui sert à mesurer la pression atmosphérique. *Baromètre à mercure. Le baromètre est au beau fixe, à la pluie.* ♦ fig. Ce qui est sensible à des variations et permet de les apprécier. *L'emploi, baromètre de la reprise.*

barométrique adj. – XVIIIe ▪ Qui a rapport au baromètre. *Variations barométriques.*

① **baron, onne** n. – Xe ; germ. *baro* « homme libre » 1 Grand seigneur féodal. 2 Possesseur du titre de noblesse entre celui de chevalier et celui de vicomte. 3 fam. Personnage important. *Les barons de la finance.* ⇒ **magnat.**

② **baron** n. m. – XIXe ; p.-ê. de ① *baron,* parfois interprété en *bas rond* ▪ *BARON D'AGNEAU :* pièce de viande comprenant les deux gigots et toute la région lombaire.

baronnage n. m. – XIIe ▪ Qualité de baron (①). Ensemble des barons.

baronnet n. m. – XVIIe ▪ En Angleterre, Titre héréditaire d'un ordre de chevalerie.

baronnie n. f. – XIIe ▪ Seigneurie et terre d'un baron (①).

baroque adj. et n. m. – XVIe ; port. *barroco* « perle irrégulière » 1 *Perle baroque,* de forme irrégulière. 2 D'une irrégularité bizarre, inattendue. ⇒ **bizarre ; biscornu, étrange.** *Idées baroques.* 3 Se dit d'un style artistique et littéraire qui s'est développé du XVIe au XVIIIe s., caractérisé par la liberté des formes et la profusion des ornements. *Sculpture, peinture, art baroque.* subst. *Le baroque,* ce style. ➙ par ext. Se dit de la période et des œuvres caractérisées par l'art baroque. *Siècle baroque. Musique baroque.* n. m. *Les maîtres du baroque* (en musique). ➙ *Musicien baroque.* ✪ CONTR. Normal, régulier. Classique.

baroquisme n. m. – 1959 ▪ Caractère baroque (d'une œuvre d'art). ✪ CONTR. Classicisme.

baroud [barud] n. m. – 1924 ; berbère du Maroc ▪ arg. milit. Combat. ➙ loc. *BAROUD D'HONNEUR :* dernier combat d'une guerre perdue, livré pour l'honneur. fig. Combat, lutte sans illusion.

baroudeur n. m. – 1923 ▪ fam. Celui qui aime le baroud. *Vieux baroudeur.*

barouf n. m. – XIXe ; it. *baruffa* « querelle » ▪ fam. Grand bruit. *Faire du barouf.*

barque n. f. – XIVe ; lat. ▪ Petit bateau. ⇒ **embarcation, esquif.** *Barque à rames, à moteur. Promenade en barque.* ➙ loc. *Mener la barque :* diriger. *Elle mène bien sa barque,* se débrouille bien.

barquette n. f. – XIIIe 1 Tartelette allongée. *Barquette aux fraises.* 2 Petit contenant jetable, rigide et léger. *Plats cuisinés en barquettes individuelles.*

barracuda [barakyda ; barakuda] n. m. – XIXe ; angl. ▪ Gros poisson *(perciformes)* des mers chaudes, carnivore du genre sphyrène*.

barrage n. m. – XIIe 1 Action de barrer. *Le barrage d'une rue.* ➙ loc. *Faire barrage à :* empêcher de passer, d'agir. 2 Ce qui barre, sert à empêcher le passage. ⇒ **barrière.** *Établir un barrage à l'entrée d'une rue. Un barrage de police. Forcer, franchir un barrage.* 3 Obstacle, difficulté. *Je n'ai pas rencontré de barrage.* ♦ Arrêt brusque d'une activité, traduisant une réaction de défense, chez certains malades mentaux. ➙ Rejet involontaire d'une réalité psychique qui perturbe, trouble. ⇒ **blocage,** ① **défense, résistance.** « *Privée de ma liberté par un jeu de barrages et d'autocensures* » (Beauv.). 4 *Match de barrage,* destiné à départager plusieurs concurrents. 5 Ouvrage hydraulique qui a pour objet de relever le plan d'eau, d'accumuler ou de dériver l'eau d'une rivière. *Lac de retenue d'un barrage. Barrage d'une usine hydroélectrique.* ✪ CONTR. Ouverture.

barre n. f. – XIIe ; lat. *varus* « opposé » 1 Pièce longue et rigide. *Barre de bois, de fer.* ➙ loc. fam. *COUP DE BARRE :* coup qui étourdit. *Avoir un coup de barre :* se sentir soudain très fatigué. *C'est le coup de barre :* c'est très cher. ♦ Lingot. loc. fam. *C'est de l'or en barre,* une valeur, un placement sûr. ♦ *Barre de chocolat. Barre aux céréales.* 2 *BARRE D'APPUI :* élément allongé qui sert d'appui à une fenêtre. ➙ *Barre de danse :* barre scellée au mur, qui sert d'appui aux danseurs pour leurs exercices. *Exercices à la barre.* ➙ *BARRE FIXE :* traverse horizontale sur deux montants. ➙ *Barres parallèles,* horizontales, de même hauteur sur des montants. *Barres asymétriques,* horizontales, fixées à des hauteurs différentes. ➙ *Barre de saut. La barre est à 1,80 m.* loc. *Placer la barre trop haut :* exiger trop. *Le dollar a passé la barre des 10 francs,* le seuil des 10 francs. ➙ *Barre d'accouplement,* qui relie les roues directrices et assure leur parallélisme. ⇒ **direction.** *Barre de torsion :* barre élastique de la suspension d'un véhicule. ➙ *Barre de commande, de contrôle, de sécurité :* tige d'un matériau absorbant les neutrons, pouvant être plongée plus ou moins profondément dans le cœur d'un réacteur nucléaire pour contrôler la fission. 3 Dispositif au moyen duquel on actionne le gouvernail d'un navire. *L'homme de barre.* loc. *Prendre, tenir la barre, être à la barre :* prendre, avoir la direction. *Redresser la barre :* rétablir la situation. 4 Lieu où comparaissent les témoins, où plaident les avocats. *Le témoin s'avança à la barre.* 5 Amas de sable qui barre l'entrée d'un port ou l'embouchure d'un fleuve. ➙ Déferlement violent de la houle sur les hauts-fonds. ⇒ **mascaret.** ➙ Déferlement parallèle à la côte. 6 Espace vide de la mâchoire (du cheval) entre les crochets et les molaires. 7 Trait droit. *Barre de fraction. Barre oblique. La barre du* t. ♦ Trait qui sépare obliquement l'écu de gauche à droite, de l'angle sénestre du chef à l'angle dextre de la pointe. ♦ *Barre de mesure :* trait vertical qui sépare les mesures sur une portée. *Double barre,* indiquant la fin d'un morceau. 8 plur. Jeu de course entre deux camps limités chacun par une barre tracée sur le sol. ➙ loc. *AVOIR BARRE SUR QQN,* être en situation d'imposer sa volonté. 9 Douleur interne aiguë, ressentie comme horizontale. *Avoir une barre sur l'estomac.* 10 Immeuble massif construit en longueur (opposé à ① *tour*). ✪ HOM. Bar, bard.

barré, ée adj. et n. m. – XIIe 1 Fermé d'une barre qui empêche le passage. *Rue barrée.* ♦ *Dent barrée,* aux racines recourbées rendant l'extraction difficile. ♦ *Femme barrée,* dont la symphyse du pubis est anormalement développée dans le sens transversal. 2 Rayé d'une ou plusieurs barres. ♦ Divisé en parties égales (en héraldique). *Écu barré de huit pièces.* 3 Se dit d'un équipage de course ou de son bateau quand il est dirigé par un barreur*. 4 **n. m.** Action d'appuyer simultanément sur plusieurs cordes avec l'index le long du manche de certains instruments à cordes pincées. *Exécuter un barré à la guitare.*

barreau **n. m.** – XIIIe 1 Petite barre servant de clôture ou de support. *Les barreaux d'une cage.* loc. *Derrière les barreaux,* en prison. ➝ *Les barreaux d'une échelle* (⇒ **échelon**). ➝ *Les barreaux d'une chaise,* les bâtons qui servent à maintenir les montants. loc. fam. *Un barreau de chaise :* un très gros cigare. 2 Petite barre. 3 Espace réservé au banc des avocats dans les salles d'audience. ⇒ **barre.** ♦ Profession d'avocat. ➝ Ordre des avocats exerçant auprès d'un même tribunal de grande instance. *Être inscrit au barreau.* ✪ HOM. Barrot.

barrement **n. m.** – XIVe ▪ Action de barrer un chèque.

barrer **v. tr.** [1] – XIIe 1 Fermer (une voie) au moyen d'une barre. ♦ Fermer (un chemin, un passage, etc.). ⇒ **bloquer,** ① **boucher, couper, obstruer.** *Des rochers nous barraient la route.* ➝ loc. *Barrer le passage, la route à qqn,* lui faire obstacle. 2 Tenir la barre de (une embarcation). 3 Marquer d'une ou plusieurs barres, d'un trait droit. *Barrer un* t. ♦ Être placé en travers de. *Son complet « dont le revers était barré d'un crêpe noir »* (Beauv.). 4 Annuler au moyen d'une barre. ⇒ **biffer, raturer, rayer.** *Barrer un mot.* 5 **v. pron.** fam. Partir, s'enfuir. « *On m'a dit que la mienne* [ma femme] *s'était barrée* » (Maurois). ➝ loc. fam. *Être mal barré :* être mal parti, s'annoncer mal. ✪ CONTR. Ouvrir.

> ❑ Un mot *barré* ou *rayé* porte souvent un seul trait et reste lisible. Ce n'est pas le cas du mot *raturé.*

① **barrette** **n. f.** – XIVe ; it. ▪ Toque carrée à trois ou quatre cornes, des ecclésiastiques.

> ❑ De même origine que *béret.*

② **barrette** **n. f.** – XVIIIe 1 Petite barre portée comme ornement vestimentaire. ⇒ **broche.** *La barrette de la Légion d'honneur.* ⇒ **décoration.** 2 Pince à cheveux qui maintient la coiffure. *Barrette en écaille.*

barreur, euse **n.** – XIXe ▪ Personne qui tient la barre du gouvernail. ⇒ **skipper.** *Les ombrelles « des barreuses s'épanouissaient à l'arrière des canots »* (Maupass.).

barricade **n. f.** – XVIe ; de *barrique* ▪ Obstacle fait de l'amoncellement d'objets divers pour se mettre à couvert dans un combat de rues. *Dresser, élever des barricades.* ➝ *Les barricades :* la guerre civile, la révolution. ➝ loc. *Être de l'autre côté de la barricade,* dans le camp opposé. ⇒ **barrière.**

barricader **v. tr.** [1] – XVIe **I v. tr.** 1 Fermer par une, des barricades. *Les émeutiers avaient barricadé la rue.* 2 Fermer solidement. « *Qu'on barricade tout, afin qu'il ait plus chaud* » (Rac.). **II** *SE BARRICADER* **v. pron.** 1 Se retrancher derrière une barricade. 2 S'enfermer soigneusement. ➝ S'enfermer pour ne voir personne. *Elle s'est barricadée dans sa chambre.*

barrière **n. f.** – XIVe 1 Assemblage de pièces de bois, de métal qui ferme un passage, sert de clôture. *Les barrières d'un passage à niveau.* ♦ *BARRIÈRE DE DÉGEL :* signal routier réglementant l'accès des poids lourds à une route en cours de dégel. 2 Porte qui fermait l'entrée d'une ville, d'un château. ♦ Double porte en lattes de bois d'un jardin, d'un parc. 3 Obstacle naturel qui s'oppose au passage, à l'accès. *Barrière de corail.* ⇒ **récif.** 4 Ce qui sépare, fait obstacle. « *Retourner à Genève était mettre entre elle et moi une barrière presque insurmontable* » (Rouss.). ➝ *Les barrières sociales, linguistiques.* ➝ loc. *Être de l'autre côté de la barrière,* dans l'autre camp. ♦ *Barrières douanières :* mesures destinées à freiner les importations dans un pays. 5 Limite à ne pas franchir. *Barrière thermique :* vitesse limite d'un engin spatial, au-delà de laquelle les effets thermiques sont destructeurs. ✪ CONTR. Accès, ouverture, trait d'union.

barrique **n. f.** – XVe ; gasc. ▪ Tonneau d'environ 200 litres. *Mettre du vin en barrique.* ➝ Contenu de ce tonneau. ➝ loc. fam. *Être plein comme une barrique,* pour avoir trop mangé, trop bu.

> ❑ Prend deux *r,* à la différence de *baril,* de la même famille.

barrir **v. intr.** [2] – XVIe ; lat. *barrus* « éléphant » ▪ Pousser un barrissement.

barrissement **n. m.** – XIXe ▪ Cri de l'éléphant.

barrot **n. m.** – XIVe ; de *barre* ▪ Poutrelle transversale qui se fixe sur les membrures et soutient le bordé de pont. ⇒ **bau.** ✪ HOM. Barreau.

bartavelle **n. f.** – XVIIIe ; lat. *bertabella* « loquet » ▪ Perdrix rouge des montagnes du Midi.

> ❑ Le chant de la perdrix évoquerait le bruit d'un loquet.

bary- Élément, du gr. *barus* « lourd ».

barycentre **n. m.** – XIXe ▪ Point unique d'un espace affine associé à une collection de points de cet espace affectés chacun d'un scalaire, et défini par extension de la notion de centre de gravité*.

barye **n. f.** – 1922 ; gr. *barus* « lourd » ▪ Ancienne unité de pression du système C.G.S. valant 0,1 pascal. ⇒ ③ **bar.** ✪ HOM. Baril.

barymétrie **n. f.** – XIXe ; *bary-* et *-métrie* ▪ Estimation des poids par les mensurations.

baryon **n. m.** – v. 1959 ; de *bary-* et *(électr)on* ▪ Hadron lourd, particule élémentaire formée de trois quarks.

barysphère **n. f.** – 1910 ▪ Noyau central hypothétique de la Terre.

baryte **n. f.** – XVIIIe ; gr. *barus* « lourd » ▪ Protoxyde ou hydroxyde de baryum.

baryton **n. m.** – XVIe ; gr. *barus* « grave » et *tonos* « ton » 1 rare Mot grec qui n'a pas l'accent sur la dernière syllabe ou dont la finale est dépourvue de ton (opposé à *oxyton*). 2 Voix d'homme qui tient le milieu entre le ténor et la basse. ➝ Chanteur qui a cette voix. *Un baryton de l'Opéra.* ♦ *Saxophone, trombone baryton,* dont l'échelle sonore correspond à celle du baryton.

baryum [baʀjɔm] **n. m.** – XIXe ; angl. ▪ Élément atomique (Ba ; n° at. 56 ; m. at. 137,34), métal alcalinoterreux d'un blanc argenté, qui décompose l'eau à la température ordinaire.

barzoï [baʀzɔj] **n. m.** – v. 1932 ; mot russe ▪ Lévrier russe à poil long.

① **bas, basse** **adj., n. m.** et **adv.** – XIIe ; lat. *bassus* **I - 1** Qui a peu de hauteur. *Maison basse. Un appartement bas de plafond. Table basse.* loc. *Être bas sur pattes :* avoir les pattes, les jambes courtes. 2 Qui se trouve à une faible hauteur. *Les branches basses d'un arbre. Pantalon taille basse.* ➝ *Les nuages sont bas ; ciel bas. Soleil bas,* proche de l'horizon. ➝ *CE BAS MONDE :* la terre (par oppos. au ciel, au paradis). *En ce bas monde.* 3 Dont le niveau, l'altitude est faible. *Les basses eaux. À marée basse.* ➝ *Les Pays-Bas. Les basses Alpes. Le bas Rhin :* la région où le Rhin coule à faible altitude. ⇒ **inférieur.** *La partie basse d'une ville.* 4 Baissé (opposé à *levé*). *S'en aller l'oreille basse.* ➝ *Faire main basse sur qqch.,* s'en emparer. ➝ *Avoir la vue basse,* une vue courte qui force à se baisser pour distinguer un objet ; fig. manquer de perspicacité. 5 ⇒ **faible.** *Zones de basse pression. À basse*

altitude. ➛ *Les notes basses.* ⇒ **grave.** *Une voix basse.* ⇒ ① **basse.** ♦ *À voix basse* : en parlant très doucement. ➛ *Messe basse* (opposé à *grand-messe*) : messe non chantée. loc. fam. *Faire des messes basses* : dire qqch. à qqn en faisant en sorte que les autres n'entendent pas. ⇒ **aparté.** 6 Peu élevé dans l'échelle des valeurs. *Acheter à bas prix.* ⇒ **modéré, modique.** *Une politique de bas salaires.* ➛ AU BAS MOT : en faisant l'évaluation la plus faible. *Cela vaut un million, au bas mot.* ➛ *Bas morceaux* : en boucherie, les morceaux de qualité inférieure. ♦ ⇒ **inférieur, subalterne.** *Le bas clergé. Basse extraction.* ♦ Dicté par l'instinct égoïste, l'intérêt, l'absence de sens moral. ⇒ **avilissant, dégradant, grossier, ignoble, indigne, infâme, mesquin, odieux, vil.** « *L'intérêt est quelque chose de si bas* » (Mol.). *Sentiments bas. Basses besognes. Une basse vengeance.* **II** Qui est au début. *Enfant en bas âge,* très jeune. ➛ Se dit de la partie d'une période historique qui est la plus récente. *Le Bas-Empire* : l'Empire romain après Constantin. ➛ *Le bas latin* : celui qui succède au latin impérial. **III** n. m. 1 La partie inférieure. *Le bas d'une montagne.* ⇒ **base, pied.** *Le bas de l'escalier. Notes en bas de page.* ➛ *Le bas de la hiérarchie. Un produit bas de gamme.* ➛ DU HAUT, DE HAUT EN BAS. *Elle* « *parcourait du haut en bas tout le clavier* » (Flaub.). *Du bas jusqu'en haut. Regarder qqn de bas en haut,* des pieds à la tête. ➛ *Apposer sa signature au bas d'une page.* 2 *Des hauts et des bas* : des alternances de bon et de mauvais état. *Le malade a des hauts et des bas.* **IV** adv. 1 À faible hauteur, à un niveau inférieur. *Les hirondelles volent bas. S'incliner très bas en saluant. Il habite deux étages plus bas.* ⇒ **au-dessous.** *Des cheveux* « *très bruns, plantés bas* » (Simenon). ➛ loc. *Ça vole bas* : c'est d'un faible niveau intellectuel, c'est peu intéressant. ➛ fam. *Mettre qqn plus bas que terre,* le rabaisser en en disant beaucoup de mal. ♦ TOMBER BAS. *Le thermomètre est tombé très bas,* au-dessous de zéro. ➛ *Est-il possible de tomber si bas ?* à un tel degré d'abjection. ♦ ÊTRE BAS, en mauvais état physique ou moral. *Le malade est bien bas.* ♦ METTRE BAS : mettre à terre. « *Il met bas son fagot* » (La Font.). ➛ *Mettre bas les armes,* se rendre, s'avouer vaincu. ➛ *Mettre bas* : mettre au monde des petits. ➛ fam. *Bas les pattes !* n'y touchez pas ! 2 PLUS BAS : plus loin, dans un écrit. ⇒ **après** (ci-après), **ci-dessous, infra, loin** (plus loin). *Voyez plus bas.* 3 Sur un ton grave. ♦ À voix basse. *Parler tout bas.* ➛ TOUT BAS : intérieurement, à part soi. *Dire tout haut ce que chacun pense tout bas.* 4 loc. adv. À BAS. *Mettre, jeter à bas.* ⇒ **abattre, détruire, renverser.** « *le petit prince jeté à bas de son trône* » (Tournier). ➛ Cri d'improbation (s'oppose à *vive !*). *À bas le fascisme !* ◇ EN BAS : vers le bas, vers la terre. *La tête en bas.* ➛ Au-dessous, en dessous. *Il loge en bas, au rez-de-chaussée. Le bruit vient d'en bas.* 5 loc. prép. EN BAS DE. *Attendez-moi en bas de l'immeuble.*
✪ CONTR. Haut ; élevé. Levé, ① relevé. Aigu, ① fort. Considérable, élevé. Noble, sublime. — HOM. Bah, bât.

> ❑ En géographie, *bas* qui veut dire « moins haut » ou « moins au nord », tend à disparaître à cause des connotations péjoratives. → inférieur (rem.). ♦ Pour *au bas de,* qui n'est pas une locution, voir ci-dessus III 1°.

② **bas** n. m. – XVIe ; de *bas-de-chausses* 1 Vêtement souple qui couvre le pied et la jambe. *Bas de laine, de soie. Une paire de bas.* ♦ Vêtement féminin qui couvre le pied et la jambe jusqu'au haut des cuisses. 2 BAS DE LAINE : cachette où l'on met l'argent économisé ; cet argent.

basal, ale, aux adj. – XIXe 1 Qui concerne ou constitue la base d'un organe. *Os basal.* 2 Fondamental, essentiel. ⇒ ② **basique.**

basalte n. m. – XVIe ; lat. ▪ Roche éruptive dont la pâte compacte et noire est formée de microlithes avec de grands cristaux de feldspath, d'olivine.

basaltique adj. – XVIIIe ▪ Formé de basalte.

basane n. f. – XIIe ; ar. « doublure » ▪ Peau de mouton tannée. *Livre relié en basane.* ➛ Peau très souple garnissant un pantalon de cavalier.

basané, ée adj. – XVIe ▪ Se dit d'une peau brune. *Teint basané.*

> ❑ Qualifie plutôt une couleur de peau naturelle (à la différence de *bronzé, hâlé*) et peut avoir des connotations racistes.

bas-bleu n. m. – XVIIIe ; angl. *blue stocking* ▪ Femme à prétentions littéraires. « *vous me faites pérorer comme un bas-bleu* » (Loti). ➛ *Elles sont trop bas-bleus.* ⇒ **pédant.**

> ❑ Le terme anglais désignait l'habitué d'un salon littéraire qui portait des chaussettes de laine bleue (au lieu des bas de soie noire) pour imiter un écrivain à la mode.

bas-côté n. m. – XVIIe 1 Nef latérale d'une église, à la voûte plus basse que la nef principale. ⇒ **collatéral.** 2 Côté non aménagé d'une voie, où les piétons peuvent marcher. ⇒ **accotement.**

basculant, ante adj. – 1922 ▪ Qui peut basculer. *Pont basculant.*

bascule n. f. – XVe ; de *bas* adv. et *cul* 1 Pièce ou machine mobile sur un pivot et dont on fait lever une extrémité en abaissant l'autre. *Bascule d'un pont-levis.* ➛ *Fauteuil à bascule.* ⇒ **rocking-chair ; berceuse.** *Cheval à bascule.* ♦ *Jeu de bascule.* ⇒ **balançoire, tapecul.** 2 Alternance de mouvements en sens contraire. « *le mouvement de bascule qui substitue le gouverné au gouvernant* » (Alain). 3 Appareil à plateforme qui sert à peser les objets lourds. ⇒ ① **balance.** ➛ *Pont-bascule* : plateforme qui pèse les véhicules. 4 Dispositif électronique prenant l'un des deux états possibles (0 ou 1).

basculement n. m. – XIXe ▪ Action de basculer. *Le basculement de l'électorat dans l'opposition.*

basculer v. [1] – XIVe 1 v. intr. Faire un mouvement de bascule. ➛ Se renverser en culbutant, tomber la tête la première. *Il bascula dans le vide.* 2 Passer brusquement d'un état à un autre de façon irréversible. *Basculer dans l'opposition.* 3 v. tr. Renverser, culbuter. *Basculer une brouette pour la vider.*

basculeur n. m. – XIXe 1 Appareil qui sert à faire basculer. *Basculeur de wagon.* ⇒ **culbuteur.** 2 Relais électrique à deux positions.

base n. f. – XIIe ; gr. *basis* « marche, point d'appui » **I** - 1 Partie inférieure sur laquelle qqch. porte, repose. ⇒ **appui** (point d'appui), **assiette, assise,** ① **dessous, fond, fondement.** *La base de l'édifice repose sur une plateforme de maçonnerie.* ⇒ **fondation.** *De la base au sommet.* ♦ Partie inférieure. *La base d'une montagne.* ⇒ ① **bas, pied.** *À la base des poils.* ⇒ **racine.** ➛ La plus grande face d'un organe *(base du cœur),* la partie inférieure d'un organe *(base du poumon)* ou d'une structure *(base du crâne).* ♦ Produit appliqué sous un autre. *Base de maquillage.* 2 Droite ou plan à partir duquel on mesure perpendiculairement la hauteur (d'un corps ou d'une figure géométrique plane). ➛ Ligne choisie sur le terrain pour point de départ d'une triangulation. 3 Ligne sur laquelle s'appuie une armée en campagne. *Se replier sur ses bases.* ♦ Lieu aménagé et équipé pour le stationnement et l'entretien du matériel et du personnel. *Base navale. Base de lancement* (des engins spatiaux). 4 Nombre qui sert à définir un système de numération, de référence, de logarithmes, etc. ⇒ **numération.** *La base dix du système décimal.* ➛ *Base d'un espace vectoriel* : famille de vecteurs telle que tout vecteur de l'espace peut s'écrire de façon unique comme combinaison linéaire de ces vecteurs. ⇒ **repère.** 5 Substance susceptible de céder un doublet électronique et de réagir avec les acides pour former des sels. ⇒ **hydroxyde.** 6 Purine ou pyrimidine constituant des acides nucléiques. 7 Principal ingrédient d'un mélange. *Base d'un parfum.* ➛ *Un cocktail à base de gin.* 8 Radical qui est un mot de la même langue que le dérivé. 9 Électrode d'un transistor bipolaire. 10 *BASE DE DONNÉES :* ensemble de données logiquement reliées entre elles et accessibles au moyen d'un logiciel spécialisé. **II** Principe fondamental sur lequel repose un raisonnement, une proposition, un système, une institution. « *La famille sera toujours la base des sociétés* » (Balz.). *Jeter les bases d'une science.* ➛ *Ce raisonnement pèche par la base.* ➛ *Être à la base de qqch.*, à l'origine, à la source. ➛ *Vocabulaire de base*, fondamental, le plus important. *Année de base :* référence pour des comparaisons temporelles. *Salaire de base*, le plus bas, qui sert de référence. ➛ *SUR LA BASE DE :* en prenant comme point de départ. *Être payé sur la base de tant la page.* ♦ plur. Fondement des connaissances de qqn. *Elle a de bonnes bases en mathématiques.* **III** - 1 Ensemble des militants d'un parti, d'un syndicat. *Consulter la base.* 2 Masse des travailleurs. *Mouvement de grève déclenché par la base.*

base-ball ou **baseball** [bɛzbol] **n. m.** - XIXe ; mot angl., de *base* « ligne ou piquet de jeu » et *ball* « balle » ▪ Jeu de balle dérivé du cricket.

> ❑ Pour la prononciation → football (rem.).

baser **v. tr.** [1] - XVe 1 Faire reposer. *Baser un système sur des faits.* ⇒ **appuyer, fonder.** « *Il n'y a d'autorité vraie que basée sur l'amour et le respect* » (Duham.). ➛ **v. pron.** S'appuyer, se fonder. *Sur quoi te bases-tu pour dire cela ?* 2 *Être basé quelque part*, avoir pour base. *Avions basés sur un porte-avions.*

> ❑ Ce verbe, ni récent ni rare, est condamné par les puristes qui lui préfèrent *fonder.*

bas-fond **n. m.** - XVIIIe 1 Partie du fond de la mer, d'un fleuve, où l'eau est peu profonde mais où la navigation est praticable. 2 Terrain bas et enfoncé. ⇒ **creux, dépression, ravin.** *Un bas-fond marécageux.* 3 plur. Couches misérables de la société où l'homme se dégrade moralement. « *Les Bas-Fonds* », *drame de Gorki.* ✪ CONTR. Hauteur, sommet.

> ❑ Attention, l'eau est encore moins profonde dans les *hauts-fonds* qui affleurent, rendant la navigation impossible.

basic **n. m.** - 1965 ; sigle angl. de ***B****eginners* ***A****ll-Purpose* ***S****ymbolic* ***I****nstruction* ***C****ode* « code symbolique universel pour enseigner aux débutants » ▪ Langage évolué, bien adapté au mode conversationnel sur micro-ordinateur. ✪ HOM. Basique.

basicité **n. f.** - XIXe ▪ Qualité de base (chimie).

baside **n. f.** - XIXe ; gr. *basis* « base » ▪ Cellule reproductrice localisée dans l'hyménium des basidiomycètes et à l'extrémité de laquelle se développent les spores.

basidiomycètes **n. m. pl.** - XIXe ; lat. *basidium* « baside », et *-mycètes* ▪ Classe de champignons supérieurs chez lesquels la méiose, accomplie dans les basides, donne naissance à quatre spores.

basilaire **adj.** - XIVe ▪ SC. Qui sert de base, appartient à une base. *Os basilaire*, à la base du crâne.

① **basilic** **n. m.** - XIIe ; gr. *basiliskos* « petit roi » 1 Reptile auquel les Anciens attribuaient le pouvoir de tuer par son seul regard. 2 Reptile saurien d'Amérique *(lacertiliens)*, grand lézard à crête dorsale, voisin de l'iguane. ✪ HOM. Basilique.

② **basilic** **n. m.** - XVe ; gr. *basilikos* « royal » ▪ Plante à feuilles aromatiques *(labiées)*, employée en cuisine comme condiment. ⇒ **pistou.**

basilical, ale, aux **adj.** - XVIe ▪ Qui appartient à la basilique. (en architecture) *Plan basilical* (opposé à *plan centré*).

① **basilique** **n. f.** - XVe ; gr. *basilikê* « royal » 1 Dans l'Antiquité, Édifice civil rectangulaire, qui servait de tribunal, de lieu de rendez-vous. 2 Église chrétienne bâtie sur le plan des basiliques romaines. 3 Titre conféré par le pape à certains sanctuaires. *La basilique de Lourdes.* ✪ HOM. Basilic.

> ❑ La distinction entre *église* et *basilique* ne tient pas aux dimensions, ni au style de l'édifice, mais à un titre honorifique accordé par le Saint-Siège.

② **basilique** **adj.** et **n. f.** - XIVe ; gr. *basilikos* « royal » ▪ *Veine basilique*, ou *la basilique :* veine superficielle de la face interne du bras.

basin **n. m.** - XIIIe ; it. *bambagia* « coton » 1 Étoffe croisée à chaîne de fil et trame de coton. 2 Tissu damassé présentant des effets de bandes longitudinales.

① **basique** **adj.** - XVIe 1 Qui se rapporte à une base, en a les propriétés. *Sel basique*, capable de se combiner avec un acide pour former un sel neutre. ➛ *Roche basique*, qui contient peu de silice (40 à 55%). ⇒ **alcalin.** 2 De base. *Vêtements basiques.* ✪ HOM. Basic.

② **basique** **adj.** - v. 1950 ; angl. *basic*, sigle de ***B****ritish* ***A****merican* ***S****cientific* ***I****nternational* ***C****ommercial* ▪ (critiqué) *L'anglais, le français basique*, de base, fondamental.

① **basket** [baskɛt] ou **basket-ball** [baskɛtbol] **n. m.** - XIXe ; mot angl., de *basket* « panier » et *ball* « ballon » ▪ Jeu entre deux équipes de cinq joueurs qui doivent lancer le ballon dans le panier du camp adverse.

> ❑ Traduit parfois par *balle au panier*, et au Québec par *ballon-panier.* ♦ Pour la prononciation → football (rem.).

② **basket** [baskɛt] **n. f.** - 1953 ▪ Chaussure montante lacée, en toile, à semelle et rebords de caoutchouc. ➛ loc. fam. *Être à l'aise dans ses baskets :* être à l'aise, décontracté. *Lâche-moi les baskets :* laisse-moi tranquille.

> ❑ D'abord masculin, ce mot a pris le genre féminin de *chaussure.*

basketteur, euse **n.** - 1930 ▪ Joueur, joueuse de basket.

bas-mât **n. m.** - XIXe ▪ Partie inférieure d'un mât composé. *Des bas-mâts.*

basoche **n. f.** - XVe ; p.-ê. lat. *basilica* « église » 1 Autrefois, Communauté des clercs dépendant des cours de justice. 2 fam. Les gens de justice.

basophile **adj.** - 1903 ; de *bas(ique)* et *-phile* 1 Qui fixe les couleurs basiques (opposé à *acidophile*). *Leucocytes basophiles.* 2 *Plante basophile*, qui vit de préférence sur un sol alcalin (basique).

basquaise **adj.** et **n. f.** - XIXe ▪ Du Pays basque. *La race bovine basquaise.* ➛ *Une Basquaise :* une femme originaire du Pays basque. ⇒ ② **basque.** ♦ *À la basquaise :* avec des tomates, des poivrons et du jambon cru. ➛ *Poulet basquaise.*

① **basque** **n. f.** - XIVe ; provenç. *basto* ▪ Partie rapportée (d'une veste) qui part de la taille et descend plus ou moins bas. ⇒ **queue.** « *un pied pris dans la basque de son habit* » (Dider.). ➛ loc. fam. *S'accrocher (être pendu, suspendu) aux basques de qqn*, ne pas le quitter d'un pas.

② **basque** **adj.** et **n.** - XVIe ; lat. *Vasco* 1 Se dit du pays commun à la France et à l'Espagne, autrefois appelé

Biscaye et de ce qui s'y rapporte. ⇒ **euskarien.** *Le Pays basque. Béret basque.* ➝ n. *Les Basques.* loc. *Parler le français comme un Basque espagnol*, très mal. 2 n. m. Langue non indo-européenne parlée au Pays basque. 3 *Tambour de basque* : petit tambour à grelots.

❑ La variante familière *parler français comme une vache espagnole* viendrait d'une altération de *vasces* « Gascon, Basque ». ♦ Pour les mots d'origine basque → orignal (rem.).

basquine n. f. – XVIe ▪ Jupe régionale basque.

bas-relief n. m. – XVIe ; de *bas* « petit » ▪ Ouvrage de sculpture en faible saillie sur un fond uni. *Des chapiteaux « ornés de bas-reliefs représentant des êtres animés »* (Stendh.). ✪ CONTR. Haut-relief, ronde-bosse.

❑ Attention, il ne s'agit pas de la hauteur du relief.

① **basse** n. f. – XVIIe ; it. *basso* « bas » 1 Celle des parties qui fait entendre les sons les plus graves des accords dont se compose l'harmonie. 2 *Voix de basse* ou *basse* : voix d'homme la plus grave. « *les ténors et les basses soignent leurs effets* » (Huysm.). ➝ loc. fam. *Doucement les basses !* n'exagérez pas, modérez-vous ! ♦ Chanteur qui a cette voix. 3 Se dit d'instruments dont l'échelle sonore correspond à la voix de basse. *Basse de viole.* « *un long charivari de basses ronflant* » (Flaub.). En jazz, Contrebasse*. Guitare basse. 4 plur. Grosses cordes de certains instruments. ✪ CONTR. ② Dessus. Ténor.

② **basse** n. f. – XVe ▪ Banc de roches ou de corail, situé à faible profondeur.

basse-cour n. f. – XIIIe 1 Cour de ferme réservée à l'élevage de la volaille et des petits animaux domestiques. « *les épiceries pillées, les basses-cours dévastées* » (Dorgelès). 2 L'ensemble des animaux de la basse-cour. « *une poule blessée que toute la basse-cour vient picoter* » (Montherl.).

❑ Désigne à l'origine la cour des dépendances (cf. *bas*), par opposition à la cour principale des maîtres.

basse-fosse → **cul-de-basse-fosse**

bassement adv. – XIIe ▪ D'une manière basse, indigne, vile. « *tout est petit, tout est bassement méchant* » (Volt.). ✪ CONTR. Noblement.

bassesse n. f. – XIIe 1 Manque d'élévation dans les sentiments, les pensées. Absence de dignité, de fierté. ⇒ **mesquinerie, servilité.** « *La bassesse qui le faisait être plat devant la dureté et répondre par l'insolence à la douceur* » (Proust). 2 Action basse, servile, qui fait honte. ⇒ **indignité, lâcheté.** « *La plus grande bassesse de l'homme est la recherche de la gloire* » (Pasc.). ✪ CONTR. Fierté, générosité, grandeur, noblesse.

① **basset** n. m. – XIIe ▪ Chien courant très bas sur pattes (⇒ **beagle, teckel).**

② **basset** n. m. – XIXe ; it. ▪ *Cor de basset*, clarinette basse.

basse-taille n. f. – XVIe ▪ vx Voix de basse au registre élevé. « *le volume des colossales basses-tailles* » (Balz.).

bassin n. m. – XIIe ; lat. *baccus* « récipient » 1 Récipient portatif creux. ⇒ ① **bac, bassine, cuvette.** ♦ *Bassin (hygiénique)* : récipient dans lequel les malades alités font leurs besoins. 2 Construction destinée à recevoir de l'eau. *Le grand bassin des Tuileries.* ⇒ **pièce** (d'eau). *Le grand bassin, le petit bassin d'une piscine. Bassin d'arrosage.* ⇒ **citerne, réservoir.** « *un jet d'eau dans un bassin de marbre* » (Loti). ⇒ **vasque.** ➝ *Bassin de pisciculture.* ⇒ **parc ; bouchot.** ➝ *Bassin de décantation*, où sont traitées les eaux usées (⇒ **épuration).** 3 Enceinte, partie d'un port dans laquelle les navires sont à flot. *Bassin naturel, ouvert.* ⇒ ① **rade.** *Bassin artificiel.* ⇒ **darse, dock.** *Bassin de calfatage, de radoub, de carénage*, que l'on assèche pour réparer ou construire des navires. ⇒ ① **cale** (sèche). 4 Territoire arrosé par un fleuve et ses affluents. *Le bassin de la Seine.* ➝ Vaste dépression naturelle. ⇒ **cuvette.** *Le Bassin parisien.* ➝ Groupement de gisements. *Bassin minier.* 5 Enceinte osseuse qui forme la base du tronc et sert de point d'attache aux membres inférieurs (⇒ **hanche),** constituée par les deux os iliaques réunis en avant par la symphyse pubienne et en arrière par le sacrum* et le coccyx*. ⇒ **pelvis.**

❑ Mot de même origine que *bac.*

bassinant, ante adj. – XIXe ▪ fam. vieilli Qui bassine, ennuie. ⇒ **barbant, rasant.**

bassine n. f. – XVIe ▪ Bassin large et profond servant à divers usages domestiques ou industriels ; son contenu. *Bassine à confitures.*

bassiner v. tr. 1 – XIVe ; de *bassin* 1 Humecter doucement. « *Ma mère me bassinait le visage* » (Rouss.). 2 Chauffer avec une bassinoire. *Bassiner un lit.* 3 fam. Importuner trop longtemps. « *Tu me bassines avec ton amour* » (Daud.).

bassinet n. m. – XIIe ; de *bassin* 1 Calotte de fer que les hommes d'armes portaient sous le casque. ➝ Casque du XIVe s. 2 Partie de la platine d'une arme à feu à silex, dans laquelle on mettait l'amorce. « *son fusil n'a pas servi, le bassinet était clair* » (Balz.). 3 Partie élargie des voies excrétrices du rein, à la confluence des grands calices, et qui se continue en bas par l'uretère. 4 vx Petit bassin. ➝ loc. fam. *Cracher au bassinet* : verser de l'argent à la requête de qqn.

bassinoire n. f. – XVe ▪ Bassin à couvercle percé dans lequel on met de la braise et qu'un manche permet de promener dans un lit pour le chauffer.

bassiste n. – XIXe ▪ Contrebassiste.

basson n. m. – XVIIe ; it. *bassone* « grosse basse » 1 Instrument à vent en bois, à anche double, formant dans l'orchestre la basse de la série des bois. 2 Musicien qui joue du basson.

❑ On appelle aussi le musicien *bassoniste.*

basta interj. – XIXe ; mot it. « assez » ▪ fam. Ça suffit ! Assez !

bastaing → **basting**

bastaque n. f. – XIXe ; néerl. *bakstag* ▪ Hauban mobile qui retient le mât sur l'arrière.

baste interj. – XVIe ; it. *basta* « il suffit » ▪ vx Interjection marquant l'indifférence, le dédain. ⇒ **bah.** « *Baste ! fût-elle, le travail ?* » (Bernanos).

bastide n. f. – XIVe ; provenç. « bâtie » 1 Au Moyen Âge, Ouvrage de fortification (⇒ **bastille).** ➝ Dans le Sud-Ouest, Village fortifié. 2 En Provence, Ferme ou maison de campagne pouvant avoir la taille d'un petit château.

bastille n. f. – XIVe ; de *bastide* ▪ Au Moyen Âge, Ouvrage de fortification, château fort. ➝ *La Bastille*, qui servit de prison d'État à Paris. *La prise de la Bastille* (14 juillet 1789).

basting ou **bastaing** [bastɛ̃] n. m. – XIXe ; a. fr. *bastir* « apprêter » ▪ Madrier de sapin.

bastingage n. m. – XVIIIe ; provenç. *bastengo* « toile matelassée » 1 Coffres ou caissons à hamacs disposés autour du pont d'un vaisseau. 2 Parapet bordant le pont d'un navire. ⇒ **garde-corps, garde-fou.** « *accoudé au bastingage, je regardais le sillage phosphorescent du navire* » (R. Gary).

bastion n. m. – XVe ; lat. *bastire* « bâtir » 1 Ouvrage de fortification faisant saillie sur l'enceinte d'une place forte. 2 Ce qui défend efficacement, forme le plus ferme soutien. *L'Espagne, bastion du catholicisme.* ⇒ **citadelle, rempart.**

baston n. m. ou f. – 1926 ; de *bastonner* « cogner, frapper » ■ arg. Bagarre. ⇒ **castagne.**

bastonnade n. f. – XVe ■ Volée de coups de bâton donnés à qqn.

bastos [bastos] n. f. – 1916 ; nom d'une marque de cigarettes ■ fam. Balle de fusil, de revolver.

bastringue n. m. – XVIIIe ; p.-ê. néerl. *bas drinken* « boire beaucoup » ■ fam. 1 Bal populaire. *Elle « gambillait dans un bastringue »* (Queneau). 2 *Piano bastringue,* volontairement désaccordé. ♦ Bruit violent et confus. ⇒ **tapage, vacarme.** 3 Choses, affaires. ⇒ **attirail, bazar, fourbi.** *Emporter tout son bastringue.*

bas-ventre n. m. – XVIIe ■ Partie inférieure du ventre, au-dessous du nombril. ⇒ **hypogastre.**

bât n. m. – XIIIe ; lat. *bastare* « porter » ■ Dispositif que l'on place sur le dos des bêtes de somme pour le transport de leur charge. ⇒ **harnais, selle.** ➛ loc. *C'est là que le bât blesse :* c'est là le point sensible, faible. ✪ HOM. Bah, bas.

bataclan n. m. – XVIIIe ; onomat. ■ fam. Attirail, équipage embarrassant. ⇒ **bazar.**

bataille n. f. – XIe ; lat. *battuere* « battre » 1 Action de deux armées qui se livrent combat. ⇒ ① **action, opération.** *Bataille terrestre, navale, aérienne. La bataille de Stalingrad. « La France a perdu une bataille, Mais la France n'a pas perdu la guerre »* (de Gaulle). ♦ *BATAILLE RANGÉE,* qui oppose des troupes manœuvrant en rangs. ➛ fig. Mêlée générale. ♦ *CHAMP DE BATAILLE :* terrain où se livre la bataille. ⇒ **champ** (d'honneur). ➛ fig. Lieu en désordre. ⇒ fam. **bazar, chantier.** ♦ *CHEVAL DE BATAILLE :* cheval propre à être monté un jour de bataille. ⇒ ① **coursier, destrier.** ➛ fig. Sujet favori, argument sur lequel on revient sans cesse. ♦ *PLAN DE BATAILLE :* plan dressé en vue de la bataille. ➛ fig. Ensemble de dispositions prévues pour le succès d'une entreprise. 2 Échange de coups, lutte. ⇒ **bagarre, combat, mêlée, rixe.** *Bataille de rue. « La dispute dégénérait en bataille »* (Cocteau). 3 Lutte d'une personne qui se trouve aux prises avec les hommes ou les événements. *Bataille électorale. « la bataille du progressisme et de l'intégrisme »* (Mauriac). 4 *Stationnement en bataille,* dans lequel la voiture est en position oblique par rapport au trottoir. ➛ *Avoir les cheveux, la barbe en bataille,* en désordre. 5 Jeu de cartes très simple. ➛ *Bataille navale :* jeu de société où chacun des deux joueurs dispose des pièces figurant des navires de guerre sur du papier réglé et tente de couler la flotte adverse.

batailler v. intr. [1] – XIIe ■ Contester, disputer avec ardeur pour persuader. *Batailler pour faire entendre raison.* ➛ fam. S'évertuer à surmonter une difficulté, un obstacle. ⇒ se **battre,** s'**escrimer, lutter ;** fam. se **bagarrer.** *Il m'a fallu batailler pour m'imposer.*

batailleur, euse adj. et n. – XIIe ■ Qui aime à batailler, à se battre. ⇒ **agressif, belliqueux, combatif.** *« ces galopins batailleurs qui se jettent les uns sur les autres »* (Mart. du G.). ⇒ **bagarreur.** ✪ CONTR. Conciliant, pacifique.

bataillon n. m. – XVIe ; it. *battaglia* « bataille » 1 Unité militaire groupant plusieurs compagnies. *Bataillon de parachutistes. Bataillon d'Afrique* (arg. *Bat' d'Af*) : bataillon disciplinaire. ♦ loc. fam. *Inconnu au bataillon :* totalement inconnu. 2 Un grand nombre. ⇒ **légion, régiment, troupe.** *Un bataillon de touristes. Ils sont tout un bataillon.*

bâtard, arde adj. et n. – XIIe ; p.-ê. « engendré sur le *bât* », ou germ. 1 Né hors mariage. *Enfant bâtard.* ⇒ **naturel ; illégitime.** *Les « branches bâtardes ou déchues des familles nobles »* (Tournier). ➛ n. *Légitimer un bâtard.* 2 Qui n'est pas de race pure. ⇒ **croisé, hybride.** *Chienne bâtarde.* ⇒ **mâtiné.** ➛ *« Son chien Dick, affreux bâtard de caniche et de barbet »* (Maurois). ⇒ **corniaud.** 3 Qui tient de deux genres différents, n'exprime pas une option précise. *Une solution bâtarde.* ♦ n. f. Écriture intermédiaire entre la ronde et l'anglaise. 4 n. m. Pain de fantaisie d'une demi-livre. ✪ CONTR. Légitime ; race (de race).

> ❑ Ce mot (1°) a une valeur péjorative, voire insultante, sauf s'il s'agit de grandes familles.

batardeau n. m. – XVe ; p.-ê. a. fr. *bastart* « (digue) bâtarde » ■ Digue, barrage provisoires établis sur un cours d'eau pour exécuter à sec des travaux.

bâtardise n. f. – XVIe ■ État de bâtard.

batavia n. f. – XVIIIe ; n. lat. du pays des Bataves (les Pays-Bas) ■ Laitue à feuilles ondulées et croquantes.

batavique adj. – XVIIIe ; de *Batave* « Hollandais » ■ *LARMES BATAVIQUES :* gouttes de verre effilées, produites par le contact du verre fondu et de l'eau froide.

batayole [batajɔl] n. f. – XVIe ; it. *battaglia* « bataille » ■ Montant vertical d'une rambarde de navire. ⇒ **chandelier.**

> ❑ Attention à la prononciation de ce mot emprunté. → hayon (rem.).

-bate Élément, du gr. *batein* « marcher, s'appuyer » (ex. *acrobate*).

bateau n. m. – XIIe ; a. angl. *bât* 1 Construction flottante destinée à la navigation. ⇒ **navire ; bâtiment, embarcation, vaisseau.** *« le port bleu, les bateaux blancs, la dentelle géométrique des cordages et des mâts »* (Colette). *Monter sur un bateau, prendre le bateau.* ⇒ s'**embarquer.** *Le capitaine d'un bateau. Mauvais bateau.* ⇒ **rafiot.** *Bateau qui prend la mer, fait escale, rentre au port. Bateau à la dérive, qui s'échoue, coule, sombre, est perdu corps et biens.* ➛ *Bateaux à rames, à voiles, à vapeur, à moteur. Bateau de commerce.* ⇒ **cargo, paquebot.** *Bateau de pêche, de sauvetage, de plaisance.* ➛ *BATEAU-CITERNE,* pour le transport des liquides. *Des bateaux-citernes.* ➛ *BATEAU-MOUCHE :* permettant de voir de la Seine les monuments de la capitale. *Les bateaux-mouches.* 2 La navigation de plaisance. ⇒ ② **voile, yachting.** *Faire du bateau.* 3 En forme de bateau. *Lit bateau.* ➛ *Encolure bateau :* décolleté droit dégageant les épaules. 4 Dépression du trottoir, devant une porte cochère, une porte de garage. *Stationnement interdit devant un bateau.* 5 loc. fam. *Monter un bateau à qqn, mener qqn en bateau :* inventer une plaisanterie, une histoire pour le tromper, le mystifier. 6 adj. inv. fam. Banal, rebattu. *Des idées bateau.*

> ❑ *Bateau* est un terme générique, alors que *navire* et *bâtiment* évoquent un tonnage important, et *embarcation* des petits bateaux de plaisance (barque, canot, etc.).

batée n. f. – XIXe ; de *battre* ■ Récipient conique pour laver les terres et les sables aurifères. ✪ HOM. Bâter, battée.

batelage n. m. – XVe 1 Droit ou salaire payé au batelier. 2 Service de bateaux assurant la communication des navires avec le rivage ou entre eux.

bateleur, euse n. – XIIIe ; p.-ê. a. fr. *baastel* « escamotage » ■ vieilli Personne qui fait des tours d'acrobatie, d'escamotage, de force sur les places publiques.

batelier, ière n. et adj. – XIIIe 1 Personne dont le métier est de conduire un bateau sur les rivières et canaux. ⇒ **marinier.** ➛ Personne qui transporte des passagers d'une rive à l'autre. ⇒ **passeur.** 2 adj. Relatif aux bateaux qui naviguent sur les rivières. *Compagnie batelière.*

batellerie n. f. – XIVe 1 Industrie du transport fluvial. 2 Ensemble des bateaux de rivière.

bâter v. tr. [1] - XVIe ▪ Mettre un bât à (une bête). ➝ vieilli *ÂNE BÂTÉ* : ignorant, lourdaud. ✪ HOM. Batée, battée ; *bâtez* : battez (battre).

bat-flanc n. m. inv. - XIXe ; de *battre* ▪ Pièce de bois qui, dans les écuries, sépare deux chevaux. ➝ Cloison en bois dans un dortoir.

❑ On confond souvent avec °*bas flanc* avec la prononciation [bɑ].

bath adj. inv. - XIXe ; p.-ê. de *battant (neuf)* ▪ fam. vieilli Chic, serviable. « *T'es bath, Fernande. Tu m'as passé le filon* » (Carco). ➝ Agréable, beau. ⇒ ② **chouette, épatant.**

bathy- Élément, du gr. *bathus* « profond ».

bathyal, yale, yaux adj. - v. 1953 ▪ didact. Qui concerne la zone sous-marine comprise entre 200 et 2 000 m.

bathymétrie n. f. - XIXe ; *bathy-* et *-métrie* ▪ Mesure des profondeurs marines. ⇒ **sondage.**

bathyscaphe n. m. - 1946 ; *bathy-* et *-scaphe* ▪ Appareil destiné à conduire des observateurs dans les grandes profondeurs sous-marines.

❑ Même famille que *scaphandre.*

bathysphère n. f. - 1928 ; *bathy-* et *sphère* ▪ Sphère très résistante reliée à la surface par un câble pour explorer les grandes profondeurs sous-marines.

① **bâti, ie** adj. 1 Sur lequel est construit un bâtiment. *Propriété non bâtie.* 2 *Homme bien, mal bâti.* ⇒ ① **fait** ; fam. ② **fichu, foutu,** et aussi **baraqué.**

② **bâti** n. m. - XVIIe 1 Assemblage de montants et de traverses. ⇒ **cadre.** ➝ Support sur lequel sont assemblées les diverses pièces d'une machine. *Le bâti d'une charrue.* 2 Couture provisoire à grands points. « *Attention à mes épingles ! Attention à mes bâtis* » (Duham.).

batifolage n. m. - XVIe ▪ fam. Action de batifoler. ⇒ **badinage.**

batifoler v. intr. [1] - XVIe ; it. *batre* « battre » et *folar* « fouler » ▪ fam. S'amuser à des jeux folâtres. ⇒ **folâtrer.**

batik n. m. - XIXe ; mot javanais ▪ Technique artisanale de décoration des tissus par application, préalable à la teinture, de réserves à la cire. ➝ Tissu ainsi décoré.

bâtiment n. m. - XIIe 1 L'ensemble des industries et métiers qui concourent à la construction des édifices. *Ouvrier du bâtiment. Peintre en bâtiment.* ➝ loc. fam. *Être du bâtiment* : être du métier, de la partie. 2 Construction en maçonnerie, servant à loger des hommes, des animaux ou des choses. ⇒ **bâtisse, édifice, immeuble, maison.** « *Les bâtiments s'alignent, granges, magasins, réserves* » (Cendrars). 3 Bateau de fort ou de moyen tonnage. ⇒ **navire ; vaisseau.** *Un bâtiment de guerre.* « *je me cachai à fond de cale d'un bâtiment marchand* » (Vigny).

❑ Pour l'emploi → bateau (rem.).

bâtir v. tr. [2] - XIIe ; p.-ê. o. germ. 1 Élever sur le sol, à l'aide de matériaux assemblés. ⇒ **construire, édifier, ériger.** *Bâtir une maison. Bâtir une ville.* ⇒ **fonder.** ➝ *Terrain à bâtir,* destiné à la construction. pronom. *Brasilia s'est bâtie très rapidement.* ➝ loc. *Bâtir sur le sable* : entreprendre sur des bases peu solides. ♦ Faire (son nid). 2 Établir. *Bâtir sa fortune.* « *Et sur de grands exploits bâtir sa renommée* » (Corn.). 3 Assembler provisoirement et à grands points les parties de (un vêtement). ⇒ **faufiler.** ✪ CONTR. Démolir, détruire. Débâtir. — HOM. *Bâtirent* : battirent ; *bâtis* : battis (battre).

bâtisse n. f. - XVIIe 1 La partie en maçonnerie, le gros œuvre d'un bâtiment. 2 Bâtiment de grandes dimensions. « *une grande bâtisse muette, guindée dans sa solennité provinciale* » (Sartre).

❑ Ce mot évoque souvent la tristesse, la laideur.

bâtisseur, euse n. - XVIe ▪ Personne qui bâtit, fait beaucoup bâtir. ⇒ **architecte, constructeur.** *Les bâtisseurs de cathédrales.* ✪ CONTR. Démolisseur.

batiste n. f. - XVe ; de *battre* ▪ Toile de lin très fine. ⇒ **linon.** « *la chemisette de batiste blanche, très fine* » (Colette). ✪ HOM. Baptiste.

bâton n. m. - XIe ; lat. *bastare* « porter » 1 Long morceau de bois rond que l'on peut tenir à la main et faire servir à divers usages. ⇒ **baguette,** vx **verge.** *Bâton de berger.* ⇒ **houlette.** *S'appuyer sur un bâton. Bâton d'alpiniste.* ⇒ **alpenstock, piolet.** *BÂTON (DE SKI)* : tige d'acier munie d'une poignée et d'une rondelle près de l'extrémité inférieure, sur laquelle le skieur s'appuie. ➝ *BÂTON DE VIEILLESSE,* sur lequel s'appuie le vieillard ; fig. soutien d'un vieillard. *Cet enfant sera un jour votre bâton de vieillesse.* 2 (Servant à frapper) *Donner, recevoir des coups de bâton, une volée de coups de bâton.* « *Cinq ou six coups de bâton [...] ne font que ragaillardir l'affection* » (Mol.). ♦ Arme en escrime. *Escrime au bâton.* ➝ loc. *RETOUR DE BÂTON* : réaction imprévue en sens opposé. 3 (Symbole de l'autorité, du commandement) *BÂTON DE MARÉCHAL* : cylindre orné d'étoiles, insigne de la dignité de maréchal ; fam. la plus haute dignité à laquelle on puisse parvenir. 4 *BÂTON DE CHAISE* : morceau de bois qui sert à relier les montants d'une chaise. ♦ Montant qui servait à porter les chaises à porteur. ➝ loc. fam. *Mener une vie de bâton de chaise,* une vie agitée, déréglée. 5 Objet de forme allongée et plus ou moins cylindrique. loc. *METTRE DES BÂTONS DANS LES ROUES* : susciter des difficultés, des obstacles. ♦ vx Baguette de tambour. ➝ mod. *Parler à bâtons rompus,* de manière peu suivie, en changeant de sujet. 6 Morceau (d'une substance) en forme de bâton. ⇒ ① **stick.** *Bâton de craie, de réglisse.* « *les enfants se suspendaient aux jupons de leurs mères pour obtenir quelque bâton de sucre* » (Baud.). 7 Trait vertical que les enfants tracent pour apprendre à écrire. *Faire une ligne de bâtons.* 8 fam. Somme de un million de centimes. ⇒ **brique.**

❑ Le *â* est la marque d'un *s* disparu, récemment réapparu dans l'argot *baston.* ♦ Le bâton du chef d'orchestre, appelé autrefois *bâton de mesure* (1771), a cédé la place à la *baguette.*

bâtonnat n. m. - XIXe ▪ Fonctions de bâtonnier de l'Ordre des avocats ; durée de ces fonctions.

bâtonnet n. m. - XIIIe 1 Objet en forme de petit bâton. *Un bâtonnet de colle.* ⇒ ① **stick.** *Bâtonnet d'engrais pour fleurs en pots.* 2 Cellule nerveuse de la rétine fonctionnant en lumière faible. *Cônes et bâtonnets.*

bâtonnier n. m. - XIVe ; de *baston* « bâton » ▪ Avocat élu par ses confrères pour représenter l'Ordre et faire observer la discipline professionnelle.

batoude n. f. - XIXe ; it. *battere* « battre » ▪ Tremplin très flexible, en usage dans les cirques.

batracien n. m. - XVIIIe ; gr. *batrakhos* « grenouille » 1 *Les batraciens* : ancien nom de la classe des amphibiens. 2 Animal de la classe des amphibiens, notamment crapaud, grenouille. « *Quant au protée, ce batracien aveugle et cavernicole* » (Queneau).

battage n. m. - XIVe 1 Action de battre. *Le battage des tapis.* ♦ Opération qui consiste à séparer les graines de l'épi ou de la tige. *Le battage du blé.* ♦ *Battage de l'or,* pour le réduire en feuilles très minces servant à la dorure. 2 Publicité tapageuse, exagérée. ⇒ **bruit.** *On a fait beaucoup de battage autour de ce livre.*

① **battant** n. m. – XIIIe 1 Pièce métallique en massue suspendue à l'intérieur d'une cloche contre les parois de laquelle elle vient frapper. « *d'abord le choc formidable du battant contre l'airain du vase* » (Huysm.). 2 Partie d'une porte, d'une fenêtre, d'un meuble, mobile sur ses gonds. ⇒ **vantail.** *Porte à double battant.* 3 *Battant d'un pavillon,* sa dimension horizontale (qui bat au gré du vent).

② **battant, ante** adj. – XVIIIe ▪ Qui bat. *Pluie battante,* très violente. *Porte battante,* qui se referme d'elle-même. ➝ *Le cœur battant :* avec une grande émotion. ♦ loc. adv. *Tambour battant :* au son du tambour ; rapidement, rondement. *Mener une affaire tambour battant.*

③ **battant, ante** n. – 1907 ▪ Sportif qui se signale par sa combativité. ➝ Personnalité très combative.

batte n. f. – XIVe 1 Instrument qui sert à battre, fouler, tasser. ⇒ **bâton, battoir, maillet, massue, palette, tapette.** *Batte de maçon.* ♦ *Batte de cricket, de base-ball :* battoir qui sert à renvoyer la balle. 2 Action de battre (un métal) pour le réduire en feuilles. *La batte de l'or.* ✪ HOM. Bath.

battée n. f. – XIXe ▪ Partie du dormant contre laquelle vient battre une porte quand on la ferme. ✪ HOM. Batée, bâter.

battellement n. m. – XVIIe ; de l'a. fr. *bateiller* « créneler » ▪ Double rang de tuiles terminant le bas du toit.

battement n. m. – XIIe 1 Choc de ce qui bat ; bruit qui en résulte. ⇒ **coup, heurt ; frappement.** *Le battement du fer sur l'enclume.* ⇒ **martèlement.** *Le battement de la pluie contre les vitres.* ➝ *Battement de mains.* ⇒ **applaudissement.** ➝ « *Parfois, quand la pensée était subtile, elle approuvait d'un battement des cils* » (Mart. du G.). ⇒ **cillement.** 2 En danse, Mouvement de la jambe élevée en l'air et ramenée à son point de départ. 3 *Battement du cœur :* mouvement alternatif de contraction et de dilatation du cœur. *Battement du pouls.* ⇒ **pulsation, rythme.** « *la susurration des mouches se confondait avec le battement de ses artères* » (Flaub.). *Avoir des battements de cœur :* sentir son cœur battre plus fort. ⇒ **palpitation.** 4 Variation périodique de l'amplitude d'une oscillation résultant de la composition de deux ondes légèrement différentes. 5 Intervalle de temps. *Nous avons vingt minutes de battement pour changer de train.* 6 *Battement d'une porte, d'une fenêtre :* couvre-joint fixé sur l'un des battants ; montant fixe sur lequel viennent s'appuyer les deux battants. ➝ *Battement d'un volet :* pièce métallique scellée en dehors de la fenêtre pour l'empêcher de battre.

batterie n. f. – XIIe ; de *battre* 1 Réunion de pièces d'artillerie et du matériel nécessaire à leur service. *Batterie mobile de missiles. Mettre en batterie,* en position de tir. ➝ Unité d'un régiment d'artillerie. ♦ vieilli, au plur. Moyen qu'on emploie pour atteindre un objectif ou faire échouer une tentative. ⇒ **combinaison, machination,** ③ **plan.** « *nous avons préparé un bon nombre de batteries pour renverser ce dessein ridicule* » (Mol.). mod. loc. *Dévoiler ses batteries.* 2 *Batterie de cuisine :* ensemble des ustensiles de cuisine qui servent à la cuisson des aliments. ♦ Réunion d'éléments générateurs de courant électrique. *Batterie d'accumulateurs. La batterie est à plat.* ➝ loc. fam. *Recharger ses batteries :* reprendre des forces. ♦ Ensemble d'éléments, série. ➝ *Élevage en batterie,* en logeant les animaux dans des box ou des cages en grand nombre. ♦ *Batterie de tests.* 3 Manière de battre le tambour. ♦ Suite de notes égrenées ou détachées en arpèges, répétée pendant plusieurs mesures. ➝ Manière de jouer de la guitare en battant les cordes au lieu de les pincer. ➝ *Batterie d'anches :* ensemble des jeux d'orgue les plus éclatants, du type trompette. 4 Ensemble des instruments à percussion d'un orchestre. ⇒ **caisse, cymbale, timbale.** *Un solo de batterie.* 5 Série de mouvements de danse où les jambes battent.

batteur n. m. – XIIe 1 *Batteur d'or, d'étain :* ouvrier qui réduit l'or, l'étain en feuilles très minces. 2 Personne qui joue de la batterie. ⇒ **drummer, percussionniste.** *Elle est batteur.* 3 Ustensile ménager servant à battre, mêler. ⇒ **fouet, mixeur.** *Batteur à œufs.* ➝ Organe principal d'une batteuse agricole. Machine à éplucher le coton. 4 Joueur qui frappe avec une batte la balle reçue du lanceur.

batteuse n. f. – XIXe 1 Machine qui sert à l'égrenage des céréales, des plantes fourragères. ⇒ **moissonneuse-batteuse.** « *La batteuse, grosse mouche qui bourdonne dans le village* » (Renard). 2 Appareil qui bat le métal, le réduit en feuilles.

battitures n. f. pl. – XVIe ; it. *battere* « battre » ▪ Parcelles de métal qui jaillissent sous le marteau du forgeron.

battle-dress [batœldʀɛs] n. m. inv. – 1943 ; mot angl. « tenue *(dress)* de combat *(battle)* » ▪ Blouson militaire en toile. « *un garçon de plage, vêtu d'un vieux "battledress"* [sic] » (Perec).

battoir n. m. – XIVe 1 Palette de bois avec laquelle on battait le linge. « *les coups de battoir des blanchisseuses* » (Zola). 2 fam. Main large et forte. ⇒ fam. **paluche.**

battre v. [41] – XIe ; lat. *battuere,* d'o. gauloise **I** v. tr. 1 Donner des coups répétés, frapper à plusieurs reprises. ⇒ **frapper, maltraiter, molester, rosser, rouer** (de coups) ; fam. **arranger, cogner, corriger, dérouiller, écharper, estourbir,** ① **piler, sonner, tabasser,** ② **taper.** *Battre qqn avec un fouet. Battre à coups de pied, de poing. Ivrogne qui bat sa femme. Battre un enfant pour le punir.* ➝ *Battre un homme, un ennemi à terre ;* accabler qqn qui ne peut plus se défendre. 2 Avoir le dessus sur (un adversaire). *Battre l'ennemi.* ⇒ **vaincre ; défaire, écraser, tailler** (en pièces). *Il a battu son adversaire aux élections. L'équipe a été battue par trois à zéro. Se faire battre :* être battu. ⇒ **perdre.** *Battre un record.* ⇒ fam. **pulvériser.** 3 Frapper (un corps solide) avec un instrument. *Battre un tapis. Battre l'or, l'argent, le cuivre,* le réduire en feuilles très minces. ➝ loc. *Battre le fer pendant qu'il est chaud :* profiter sans tarder d'une situation propice. ➝ BATTRE FROID *à qqn,* le traiter avec froideur. « *M. Chalgrin me battait froid, j'avais dû faire une maladresse énorme* » (Duham.). 4 *Battre monnaie :* fabriquer de la monnaie. ⇒ **frapper.** 5 Frapper sur ou dans (qqch.) pour remuer, agiter. *Battre le beurre.* ⇒ **baratter.** *Battre des œufs en neige.* ➝ *Battre les cartes.* ⇒ **brouiller, mêler ;** fam. ① **brasser.** 6 *Battre les buissons,* avec un bâton pour faire lever le gibier. 7 Parcourir pour rechercher, explorer. *Battre le pays, les chemins.* ⇒ **fouiller, reconnaître.** « *Je battais les taillis et les prés gorgés d'eau en chien indépendant qui ne rend pas de comptes* » (Colette). ♦ loc. *Esprit qui bat la campagne.* ⇒ **divaguer, extravaguer.** ➝ *Battre le pavé :* errer par les rues, marcher sans but. ➝ *Battre la semelle :* frapper le sol avec ses pieds pour les réchauffer. 8 *Battre le tambour,* le frapper avec des baguettes pour en tirer des sons. ⇒ **tambouriner.** *Battre la retraite. Battre le tambour, la caisse, la grosse caisse,* pour attirer l'attention, publier une nouvelle. 9 *Battre la mesure :* marquer la mesure, indiquer le rythme. ➝ *Battre un entrechat, des entrechats :* battre les pieds l'un contre l'autre au cours d'un saut. 10 Heurter, frapper (son corps). *Battre sa poitrine.* ➝ loc. *Se battre les flancs :* faire des efforts inutiles. fam. *Je m'en bats l'œil :* je m'en moque. 11

Heurter. *Les vagues battent la falaise,* se brisent contre elle. — Heurter en se balançant. « *La martingale de Fouillard lui bat minablement les fesses* » (Dorgelès). 12 Frapper de projectiles. ⇒ **canonner.** *L'artillerie commença à battre les positions ennemies.* 13 *Battre pavillon :* naviguer sous un pavillon. « *Les navires qui venaient s'y approvisionner en eau, choux palmistes et viandes battaient pavillon espagnol* » (Tournier). II **v. tr. ind.** et **intr.** 1 Produire des mouvements répétés. *Battre des mains.* ⇒ **applaudir, claquer.** « *Cécile battait des paupières et fit un sourire boréal* » (Duham.). — *Battre des ailes.* — *Voile qui bat au vent.* ⇒ **faseyer.** 2 Tirer ou produire des sons. *Battre du tambour. Battre avec des baguettes.* 3 Être animé de battements. « *Son cœur battait dans sa poitrine et ses tempes menaçaient d'éclater* » (Mac Orlan). 4 *BATTRE CONTRE.* ⇒ **frapper, heurter.** *La pluie bat contre la vitre.* 5 Heurter périodiquement par un balancement. *Le vent fait battre les volets.* III SE BATTRE **v. pron.** 1 Lutter. *Se battre comme des chiffonniers.* ⇒ se **bagarrer,** se **colleter,** s'**empoigner,** s'**étriper,** s'**expliquer ;** fam. se **bigorner,** se **tabasser.** « *Pour un âne enlevé deux voleurs se battaient* » (La Font.). *Se battre en duel. Se battre au couteau. Les troupes se sont battues pendant trois jours.* ⇒ **combattre.** — *Ne vous battez pas, il y en aura pour tout le monde.* ⇒ se **chamailler,** se **disputer,** se **quereller.** 2 Combattre contre un adversaire. *Se battre avec, contre qqn, à coups de poing, au pistolet. Il s'est battu comme un lion.* « *Vos hommes savent se battre, mais ils ne savent pas combattre* » (Malraux). 3 *Se battre avec quelque chose,* avoir des difficultés. *Voilà une heure qu'il se bat avec cette serrure.* ⇒ se **débattre.** 4 Lutter, faire de grands efforts. ⇒ **batailler, lutter.** *Se battre pour un idéal, pour obtenir un avantage. Il va falloir se battre.* ⇒ se **bagarrer,** se **démener.** *Se battre contre la concurrence. Il faut vous battre, ne vous laissez pas faire.* ✪ HOM. *Battis :* bâtis ; *battirent :* bâtirent (bâtir) ; *battez :* bâtez (bâter).

❑ Les mots de la famille de *battre* prennent deux *t,* à l'exception de *batée, combatif* et *combativité.*

battu, ue **adj.** – XIe 1 Qui a reçu des coups. *Avoir l'air d'un chien battu. Les enfants battus.* ⇒ **martyr.** 2 Vaincu. *Une armée battue.* — *Battu au jeu.* ⇒ **perdant.** — *Ne pas se tenir pour battu :* ne pas se résigner à sa défaite. 3 *Avoir les yeux battus,* le tour des yeux bleuâtre. ⇒ **cerné.** 4 *Œufs battus en neige.* ⇒ **fouetté.** *Lait battu.* ⇒ **milk-shake.** — *Tennis en terre battue. Suivre les sentiers battus,* les procédés ordinaires, les moyens connus, les usages établis. 5 *Pas battu :* pas de danse classique accompagné de croisements très rapides des jambes. *Jeté battu.*

battue **n. f.** – XVe 1 Action de battre les taillis, les bois pour en faire sortir le gibier. *Organiser une battue avec des rabatteurs.* « *on tue quelquefois quatre ou cinq cents lièvres dans une seule battue* » (Buff.). ♦ *Policiers qui font une battue pour rechercher un disparu.* 2 Action de battre la mesure.

bau **n. m.** – XIIIe ; germ. °*balk* « poutre » ▪ Traverse qui maintient l'écartement des murailles et soutient les bordages. ⇒ **poutre.** ✪ HOM. Baud, baux (bail), beau, bot.

baud **n. m.** – 1929 ; du nom de l'inventeur *Baudot* ▪ Unité de mesure de la vitesse de modulation d'un signal. *Le baud correspond à un bit par seconde pour une modulation à deux niveaux.* ✪ HOM. Bau, baux (bail), beau, bot.

baudet **n. m.** – XVIe ; a. fr. *bald* « lascif » ▪ fam. Âne. loc. *Être chargé comme un baudet,* très chargé. — Âne mâle, étalon de l'ânesse ou de la jument.

❑ *Baudet* est d'abord attesté chez Rabelais comme surnom injurieux pour un homme.

baudrier **n. m.** – XIIe ; p.-ê. lat. *balteus* « bande » ▪ Bande de cuir ou d'étoffe qui se porte en écharpe (⇒ **bandoulière**) et soutient un sabre, une épée. « *portant à cru le baudrier d'un sabre sur sa poitrine sans chemise* » (Flaub.).

baudroie **n. f.** – XVIe ; mot marseillais ▪ Grand poisson de mer *(lophiiformes)* à grosse tête surmontée de tentacules, appelé aussi *lotte de mer.*

baudruche **n. f.** – XVIIe ; o. i. 1 Pellicule provenant du cæcum de bœuf ou de mouton. 2 Mince pellicule de caoutchouc. *Ballon de baudruche.* ♦ Homme sans consistance.

bauge **n. f.** – XVe ; p.-ê. gaul. °*balc* « fort » et « terre inculte » 1 Gîte fangeux. « *Ce sanglier était sale et couvert de la boue de sa bauge où il s'était vautré* » (Fén.). — Lieu très sale. ⇒ **taudis.** 2 Mortier fait de terre et de paille. ⇒ **pisé.**

bauhinie **n. f.** – XVIIIe ; de *Bauhin,* nom d'un botaniste ▪ Arbrisseau de l'Inde *(papilionacées),* à grandes fleurs blanches ou purpurines.

baume **n. m.** – XIIe ; gr. *balsamon* 1 Plante odoriférante. « *Des roches tapissées de sauge et de baumes sauvages* » (Chateaub.). 2 Résine odoriférante, sécrétée par certaines plantes. *Baume du Pérou.* 3 Préparation contenant des principes balsamiques et employée comme calmant. ⇒ **liniment.** « *elle fut frottée à loisir avec du baume tranquille* » (Sév.). ♦ Ce qui adoucit les peines. ⇒ **adoucissement, apaisement, consolation, dictame, remède.** *Mettre du baume au cœur.* « *Une idée est un baume, une parole un pansement ; la poésie est un médecin* » (Hugo). ✪ HOM. Bôme.

baumier **n. m.** – XIIIe ▪ ⇒ **balsamier.**

bauquière **n. f.** – XVIe ; de *bau* ▪ Ceinture intérieure d'un navire qui sert à lier les couples entre eux, et à soutenir les baux.

bauxite **n. f.** – XIXe ; de *Baux-de-Provence,* nom de ville ▪ Roche siliceuse alumineuse renfermant de l'alumine.

bavard, arde **adj.** et **n.** – XVIe ; de *bave* « bavardage » 1 Qui aime à parler, parle avec abondance, intempérance. ⇒ **babillard,** vx **jaseur, loquace, prolixe, verbeux, volubile.** *Bavard comme une pie.* « *bavard comme le sont les diplomates qui parlent sans jamais rien trahir de leurs secrets* » (Balz.). — **n.** *Quel bavard !* ⇒ **discoureur, phraseur ;** fam. **moulin** (à paroles), **robinet** (d'eau tiède). 2 Qui raconte avec indiscrétion. ⇒ **cancanier, indiscret.** *Une femme bavarde.* ⇒ **commère.** ✪ CONTR. Muet, silencieux. ① Discret.

bavardage **n. m.** – XVIIIe 1 Action de bavarder. ⇒ **papotage, parlote ;** fam. **tchatche.** *Élève puni pour bavardage.* — Le fait d'être prolixe et diffus (par écrit). ⇒ **verbiage.** 2 Propos de bavard. *Assez de bavardages !* — « *j'ai eu peur des bavardages, des caquets* » (Balz.). ⇒ **bruit, commérage.** ✪ CONTR. Mutisme.

bavarder **v. intr.** [1] – XVIe 1 Parler beaucoup, de choses et d'autres. ⇒ ① **parler ; babiller,** ② **causer, discuter ;** fam. **bavasser, tchatcher.** *Perdre son temps à bavarder.* ⇒ **papoter.** 2 Divulguer des choses qu'on devrait taire, commettre des indiscrétions. *Quelqu'un aura bavardé.* ⇒ **cancaner, jaser.** ✪ CONTR. Taire (se).

bavaroise **n. f.** – XVIIIe ; de *Bavaria,* forme anc. de *Bavière* ▪ Entremets froid à base de gelée, d'œufs, de crème et diversement parfumé. *Bavaroise aux abricots.*

❑ On trouve parfois le mot au masculin : *un bavarois.*

bavasser **v. intr.** [1] – XVIe ; de *baver* « bavarder » ▪ fam. et péj. Bavarder. — Dire des médisances.

bave **n. f.** – XVe ; lat. *baba,* onomat. exprimant le babil des enfants 1 Salive visqueuse qui s'écoule de la bouche de l'homme et de la gueule de certains animaux.

Essuyer la bave d'un bébé. Bave d'un chien enragé. ⇒ **écume.** ➝ Propos méchant, venimeux. ⇒ **venin.** 2 Liquide gluant que sécrètent certains mollusques. *La bave de l'escargot.*

baver v. intr. [1] – XIVe 1 Laisser couler de la bave. *Un enfant « qui crie et bave pour toute réponse »* (Rouss.). 2 fam. *Baver de :* rester la bouche ouverte. *Baver d'admiration.* 3 fam. *EN BAVER :* peiner, souffrir. *Il va vous en faire baver.* 4 *Baver sur :* souiller par des médisances. *Baver sur la réputation de qqn.* 5 Se répandre, s'étaler en produisant des bavures. *La couleur a bavé.*

bavette n. f. – XIIIe 1 Grand bavoir. ➝ Pièce de tissu portée par les chirurgiens devant leur bouche. 2 Haut d'un tablier, d'une salopette, qui couvre la poitrine. « *un grand tablier à bavette bleu sur le ventre* » (Goncourt). ➝ Rabat de la robe d'avocat. 3 Partie inférieure de l'aloyau. *Bifteck dans la bavette.* ➝ *Une bavette aux échalotes.* 4 loc. fam. *Tailler une bavette :* bavarder.

baveux, euse adj. – XIIe 1 Qui bave (1°). *Bouche baveuse.* ➝ *Omelette baveuse,* dont l'intérieur est peu cuit. 2 *Lettres baveuses,* dont l'encre macule les contours. ✪ CONTR. ② Net.

bavoir n. m. – XVIIIe ▪ Pièce de lingerie qui protège la poitrine des bébés. ⇒ **bavette.**

bavolet n. m. – XVIe ; de *bas* et *volet* « sorte de voile » ▪ Autrefois, Coiffure de paysanne couvrant les côtés et le derrière de la tête. ➝ Morceau d'étoffe ornant une coiffure de femme par-derrière. « *vêtue de noir avec un chapeau muni d'un bavolet de la même couleur* » (Green). ♦ Rabat flottant d'un manteau qui protège les épaules. *Trench-coat à bavolet.*

bavure n. f. – XIVe 1 Trace, saillie que les joints d'un moule laissent sur l'objet moulé. ⇒ ① **barbe, masselotte.** 2 Trace d'encre empâtant une écriture, un dessin, une épreuve d'imprimerie. ⇒ **tache ; macule.** loc. fam. *SANS BAVURE(S) :* parfaitement exécuté. *Un travail net et sans bavure.* 3 Erreur pratique, abus ayant des conséquences fâcheuses. *Bavure policière.*

bayadère [bajadɛʀ] n. f. – XVIIIe ; port. *bailar* « danser » 1 Danseuse sacrée de l'Inde. 2 *Tissu bayadère,* à larges rayures multicolores.

bayer [baje] v. intr. [1] – XIIe ; de *béer* ▪ vx Rester la bouche ouverte. ➝ mod. loc. *Bayer aux corneilles :* perdre son temps en regardant en l'air niaisement. ✪ HOM. Bailler, bâiller.

❑ Doublet de *béer (bouche bée).*

bayou [baju] n. m. – XVIIe ; mot indien *bajuk* « rivière » ▪ En Louisiane et dans le bas Mississippi, Eaux peu profondes à faible courant, ou stagnantes. ⇒ **marigot.**

bazar n. m. – XVe ; persan *bâzâr* « souk » 1 Marché public en Orient. ⇒ **souk.** 2 Magasin où l'on vend toutes sortes d'objets. ⇒ **droguerie.** ➝ *De bazar :* de mauvaise qualité. « *Galanterie de bazar* » (Maupass.). 3 fam. Lieu en désordre. *Quel bazar !* ⇒ fam. **chantier, foutoir.** ➝ Objets en désordre. ➝ ⇒ **attirail, barda,** région. **chenil.** *Emporter tout son bazar.*

bazarder v. tr. [1] – XIXe ▪ fam. Se débarrasser, se défaire rapidement de. ⇒ **abandonner, liquider, vendre ;** fam. **balancer, virer.** « *Il parle de tout bazarder, de laisser là Paris, d'aller habiter Londres* » (Gide).

❑ Même formation que *cauchemar, cauchemarder.* → cauchemarder (rem.).

bazooka [bazuka] n. m. – 1942 ; mot angl. ▪ Lance-roquettes antichar.

❑ *Bazooka* désignait à l'origine un instrument de musique en forme de tuyau de poêle inventé par le comédien américain Bob Burns.

B.C.B.G. [besebeʒe] adj. – v. 1980 ; sigle ▪ Bon chic bon genre*. *Des femmes B.C.B.G.*

B.C.G. [beseʒe] n. m. – 1933 ; nom déposé, sigle de bacille *Bilié de Calmette et Guérin* ▪ Vaccin antituberculeux.

B.D. [bede] n. f. – 1966 ; sigle ▪ fam. Bande* dessinée. ⇒ **bédé.**

beagle [bigl] n. m. – XIXe ; mot angl. ▪ Basset à jambes droites.

béance n. f. – XIIIe 1 rare ou littér. État de ce qui est béant, grand ouvert. « *Une béance énorme* » (Céline). 2 État (d'un organe) qui présente une ouverture.

béant, ante adj. – XVIe 1 Grand ouvert. « *une barre de fer pendait du plafond béant* » (Sartre). 2 Qui ouvre grand la bouche, les yeux. *Béant de surprise.*

béarnais, aise adj. et n. – XVIe 1 Du Béarn. ➝ *Le Béarnais :* Henri IV. ➝ n. m. Le dialecte béarnais. 2 *Sauce béarnaise* ou n. f. *une béarnaise :* sauce épaisse au beurre, aux œufs et à l'échalote.

béat, ate adj. – XIIIe ; lat. *beatus* « heureux » 1 didact. Qui est heureux en Dieu. 2 Exagérément satisfait et tranquille ; qui exprime la béatitude. *Un air béat.* ⇒ **niais.** « *l'expression béate d'un ruminant* » (Troyat). ✪ CONTR. Inquiet, tourmenté. — HOM. B.A.

béatement adv. – XIXe ▪ D'une manière béate. *Sourire béatement.*

béatification n. f. – XIVe ▪ Acte de l'autorité pontificale par lequel une personne défunte est mise au rang des bienheureux.

❑ La *béatification* diffère de la *canonisation* en ce que la personne canonisée est mise au rang des saints.

béatifier v. tr. [7] – XIVe ; lat. *beatus* « heureux » ▪ Mettre au nombre des bienheureux.

béatifique adj. – XVe ▪ Qui procure la béatitude.

béatitude n. f. – XIIIe ; lat. *beatus* « heureux » 1 Félicité parfaite dont jouissent les élus. 2 Bonheur parfait. ⇒ **bien-être, extase, satisfaction.** *Plongé dans une douce béatitude.* « *De vous dépend ma peine ou ma béatitude* » (Mol.). ✪ CONTR. Inquiétude, peine.

beatnik [bitnik] n. – 1959 ; de l'angl. *beat generation* « génération foutue » et de *-nik,* suff. yiddish d'o. slave ▪ Personne en révolte contre le conformisme bourgeois et la société de consommation, qui vit d'expédients. *Les beatniks des années 60.* ⇒ aussi **hippie.**

① **beau (ou bel), belle** adj. – Xe ; lat. *bellus* « joli » I Qui fait éprouver une émotion esthétique. ⇒ **admirable, charmant, délicieux, éblouissant, éclatant, enchanteur, exquis, joli, magnifique, majestueux, merveilleux, ravissant, splendide,** ② **superbe.** *Une belle vue. Belle maison.* ⇒ **somptueux.** « *Il n'y a de vraiment beau que ce qui ne peut servir à rien ; tout ce qui est utile est laid* » (Gaut.). *Chose belle à entendre.* « *Un beau vers est comme un archet promené sur nos fibres sonores* » (France). ♦ Dont le physique, le visage répond à certains canons de beauté. *Un bel homme.* ⇒ **adonis.** « *Un époux beau, bien fait, jeune* » (La Font.). *Une belle femme.* ⇒ **vénus ;** fam. ② **canon.** *Beau, belle comme un astre, comme un dieu, comme le jour, comme un ange.* ➝ *Une belle tête.* ➝ adv. *Porter beau :* avoir belle allure. ♦ Bien habillé, apprêté. *Se faire beau, belle.* ➝ *Le beau monde :* la société élégante, brillante. II - Admirable. *Un beau talent. Une belle page.* ⇒ ① **fort, magistral.** ➝ *Une belle âme, un beau geste, une belle* *action.* ⇒ **admirable,** ① **bon, élevé, généreux, grand, noble, sublime.** Fam. *Ce n'est pas beau de mentir.* ⇒ ① **bien.** 2 Qui est très satisfaisant, très réussi dans son genre. *Une belle prise. Avoir un beau jeu. Un beau voyage.* ⇒ **agréable, intéressant.** *C'est la belle vie ! Le bel âge* : la jeunesse. *De beaux résultats.* ⇒ ① **brillant, remarquable.** *Une belle situation. Un beau coup,* bien exécuté. ➤ *C'est trop beau pour être vrai. Ce serait trop beau* (cette chose que l'on souhaite). ♦ Clair, dégagé. *Un beau temps.* ⇒ **clair, ensoleillé, radieux, splendide.** *Il fait beau.* subst. *Le baromètre est au beau.* ➤ *Un beau jour* : un certain jour. *Un beau jour tu le regretteras.* ♦ Calme. *La mer était belle.* 3 Qui est grand, nombreux, important. *Un beau poulet.* ⇒ **gros.** *Il en reste un beau morceau.* ⇒ ① **bon.** *Elle est belle femme,* bien en chair. ➤ *Une belle salle.* ⇒ **vaste.** *Une belle somme.* ⇒ **coquet, rondelet.** *Il y a beau temps de cela* : il y a longtemps. *Au beau milieu* : en plein milieu. 4 Mauvais, vilain. ⇒ ① **sacré.** *Une belle bronchite.* ⇒ ① **bon, joli.** *C'est du beau travail ! C'est un beau gâchis. La belle affaire !* ce n'est pas si important. ➤ subst. *En faire, en dire de belles. J'en apprends de belles.* ➤ fam. *C'est du beau !* se dit à un enfant qui se conduit mal. ♦ *Un beau salaud. Une belle menteuse.* 5 loc. *AVOIR BEAU* : s'efforcer en vain de. « *Morel avait beau jouer merveilleusement, les sons que rendait son violon me parurent singulièrement perçants* » (Proust). ➤ littér. *IL FAIT BEAU* : il est commode de. « *Il fait beau croire aux prodiges lorsque les prodiges nous arrangent* » (Cocteau). *Il ferait beau voir que* : il serait incroyable ; ce serait trop commode. 6 loc. adv. *BEL ET BIEN* : réellement, véritablement. « *Le magnifique vase* [...] *était bel et bien en porcelaine* » (Gaut.). ➤ *DE PLUS BELLE* : de nouveau et encore plus fort. *Il pleut de plus belle.* ✪ CONTR. Affreux, hideux, laid, vilain. Mauvais, médiocre. — HOM. Bau, baud, baux (bail), bot ; bel.

> ❑ Dès le XIIIe s., *beau, belle,* pris comme terme de courtoisie, se combine avec un terme de parenté *(famille, fille, fils, frère, mère, parent, père, sœur).*

② **beau, belle** n. I n. m. 1 Ce qui fait éprouver une émotion esthétique. ⇒ **beauté.** « *Les règles du beau sont éternelles, immuables et les formes en sont variables* » (Delacroix). « *Le beau est l'épanouissement du vrai* » (Hugo). 2 Choses de belle qualité. *Elle n'aime que le beau.* II - 1 n. m. *Un vieux beau* : un vieil homme trop coquet, qui cherche encore à plaire. ➤ *Faire le beau* : se tenir debout sur ses pattes postérieures, en parlant d'un chien. 2 n. f. Belle femme, fille. « *La Belle au bois dormant* », *conte de Perrault.* ➤ *Il est avec sa belle,* sa fiancée, sa maîtresse. ⇒ ② **mie.** III n. f. 1 Occasion favorable ; liberté recouvrée par évasion. *Se faire la belle* : s'évader. 2 Dans un jeu, Partie qui doit départager deux adversaires. *Jouer la belle après la revanche.* ✪ CONTR. Laid, laideur.

beaucoup adv. – XIIIe ; de *beau* et *coup* 1 *BEAUCOUP DE. On a coupé beaucoup d'arbres.* ⇒ ① **bien** (des), **maint, nombre** (de), **nombreux.** *Avec beaucoup de détails.* ⇒ **force.** *Beaucoup de gens.* ⇒ **foule, multitude.** ➤ *Avoir beaucoup d'argent.* ⇒ **plein.** *En avoir beaucoup.* ⇒ **amplement, énormément, largement.** *Il n'en a pas beaucoup.* ⇒ **peu.** *Il n'y a pas beaucoup de monde.* ⇒ **grand.** *Beaucoup de patience.* 2 (nominal) De nombreuses choses, personnes. *Beaucoup sont de notre avis. Il a beaucoup à apprendre. Il en sait beaucoup à ce sujet. Ça ne fait pas beaucoup.* ♦ *DE BEAUCOUP* : avec une grande différence. *Il s'en faut de beaucoup.* ⇒ **loin** (s'en faut). *Se tromper de beaucoup. Il est de beaucoup le plus vieux.* 3 *Boire beaucoup.* ⇒ **copieusement.** *Il a beaucoup travaillé.* ⇒ **énormément.** *Plaire beaucoup.* ⇒ ① **bien, infiniment.** *S'intéresser beaucoup à qqch.* ⇒ **vivement.** *Il a beaucoup changé.* ⇒ **terriblement** ; fam. **bougrement, drôlement, rudement, sacrément, vachement.** « *Elle avait fait beaucoup parler d'elle* » (Mauriac). *Merci beaucoup.* 4 (avec des adv. de quantité) *C'est beaucoup plus rapide.* ⇒ ① **bien.** *Beaucoup mieux. J'en ai beaucoup trop.* « *Pauline prenait son parti beaucoup moins facilement qu'elle ne le disait* » (Gide). ✪ CONTR. Peu. Rien. Aucun, nul, ② personne.

beauf n. m. – p.-ê. v. 1930 ; abrév. de *beau-frère* ■ fam. 1 Beau-frère. 2 Petit-bourgeois aux idées étroites.

beau-fils [bofis] n. m. – XVe ; de *beau,* t. d'affection, et *fils* 1 Fils que l'autre conjoint a eu précédemment. *Il a épousé une veuve, et il a deux beaux-fils.* 2 ⇒ **gendre.**

beaufort n. m. – d. i. ; de *Beaufort,* nom d'une ville de Savoie ■ Fromage de lait de vache (Savoie) à pâte pressée et cuite.

beau-frère n. m. – XIVe ; de *beau,* t. d'affection, et *frère* 1 Frère du conjoint. ⇒ fam. **beauf.** 2 Mari de la sœur ou de la belle-sœur (1°). *Des beaux-frères.*

beaujolais n. m. – XIXe ■ Vin du Beaujolais. *Le beaujolais nouveau.*

> ❑ L'argot *beaujolpif* (1952) semble être un croisement de *beaujolais* et de l'argot *olpif* ou *holpif* « beau, excellent ».

beau-père n. m. – XIIIe ; de *beau,* t. d'affection, et *père* 1 Père du conjoint. « *Est-ce ainsi que d'un gendre, un beau-père est l'appui ?* » (Corn.). 2 Nouveau mari de la mère. ⇒ vx **parâtre.** *Des beaux-pères.*

beaupré n. m. – XIVe ; angl. *bouspret* ■ *Beaupré* ou *mât de beaupré* : mât placé à l'avant du navire, plus ou moins obliquement. « *Une vigie était placée sur le beaupré, une autre dans le petit hunier du grand mât* » (Chateaub.).

beauté n. f. – XIe 1 Caractère de ce qui est beau ; manifestation du beau. ⇒ **harmonie, joliesse, majesté, splendeur.** *La beauté d'un paysage, d'un poème, d'une symphonie.* « *La mode même et les pays règlent ce que l'on appelle beauté* » (Pasc.). ♦ *Un diamant de toute beauté,* très beau. ➤ *Terminer une course en beauté,* magnifiquement. 2 Qualité d'une personne belle. ⇒ ② **charme, grâce, vénusté.** *Beauté d'une femme. Beauté classique. Être dans tout l'éclat de sa beauté. Produits de beauté.* ⇒ **cosmétique.** « *La beauté que les ans ne peuvent moissonner* » (Mol.). ➤ *La beauté du diable* : la beauté que confère la jeunesse. ➤ *Être en beauté* : paraître plus beau, plus belle que d'habitude. ➤ fam. *Se faire une beauté* : se coiffer, se farder. 3 Femme très belle. ⇒ **vénus.** *Ce n'est pas une beauté.* 4 au plur. Les belles choses, les beaux détails d'un lieu, d'un objet, d'une personne, d'une œuvre. *Les beautés artistiques de l'Italie.* 5 Caractère de ce qui est moralement admirable. *Pour la beauté du geste* : dans un esprit désintéressé. ✪ CONTR. Laideur.

beaux-arts [bozaʀ] n. m. pl. – XVIIe ■ Arts qui ont pour objet la représentation du beau (⇒ **art**) ; spécialt du beau plastique (⇒ **architecture, gravure, peinture, sculpture**).

beaux-enfants [bozɑ̃fɑ̃] n. m. pl. – d. i. ; de *beau,* t. d'affection, et *enfant* ■ Enfants que l'autre conjoint a eus précédemment. ⇒ **beau-fils, belle-fille.**

beaux-parents n. m. pl. – XVIIIe ; de *beau,* t. d'affection, et *parent* ■ Le père et la mère du conjoint. ⇒ **beau-père, belle-mère.**

bébé n. m. – XVIIIe ; angl. *baby* 1 Enfant en bas âge. ⇒ **nourrisson, nouveau-né, poupon, tout-petit.** « *Un bébé fait sa joie* » (Hugo). *Bébé-éprouvette,* conçu par fécondation in vitro. ➤ *Attendre un bébé* : être enceinte. ➤ *Faire le bébé* : se conduire d'une façon puérile. adjt *Elle est restée très bébé.* ➤ loc. *Jeter le bébé avec l'eau du bain* : supprimer l'objet même de la préoccupation. ♦ fam. Affaire, problème difficile à résoudre. *Refiler le bébé à qqn.* 2 *Un bébé en celluloïd.* ⇒ **baigneur.** 3 Très jeune animal. *Bébés phoques.*

bébête adj. et n. f. – XIXe ■ fam. 1 Un peu bête, niais. « *quelque chose dans la joue de trop rond, de bébête* » (Colette). *Il est bébête.* ⇒ fam. **nunuche.** 2 n. f. Petite bête. *La bébête qui monte, qui monte, qui monte !*

be-bop [bibɔp] n. m. – v. 1945 ; onomat. angl. ■ vieilli 1 Style de jazz. 2 Danse rapide comprenant des figures acrobatiques, sur une musique de jazz.

> ❑ Condamné par les puristes, cet emprunt ne peut avoir d'équivalent français. Les musiciens ne l'emploient pas et disent *bop.*

bec n. m. – XIIe ; lat. *beccus,* o. gauloise I - 1 Bouche cornée et saillante des oiseaux, formée de deux mandibules qui recouvrent les maxillaires supérieur et inférieur, démunis de dents. ⇒ **-rostre.** « *Le héron au long bec emmanché d'un long cou* » (La Font.). *Oisillon qui ouvre son bec pour recevoir la becquée. Coup de bec.* ➛ Bouche de certains animaux. *Bec de tortue.* ♦ loc. *Se défendre bec et ongles,* de toutes ses forces. *Se retrouver le bec dans l'eau :* se retrouver sans rien, sans avoir bénéficié de la situation. 2 fam. La bouche de l'homme. *Puer du bec. La cigarette au bec.* « *il reste auprès de nous, sans ouvrir le bec* » (Mart. du G.). ➛ *Un bec fin :* un gourmet. ➛ loc. *Avoir bon bec :* être bavard, volontiers médisant. « *Il n'est bon bec que de Paris* » (Villon). *Une prise de bec :* une altercation. *Clouer le bec à qqn,* le faire taire par intimidation, argumentation. 3 Extrémité en pointe. *Bec d'une plume,* sa partie effilée. ➛ Petite avancée en pointe d'un récipient, pour verser le liquide. *Bec verseur.* ♦ Pointe de terre qui s'avance dans l'eau. ⇒ **cap, promontoire.** *Bec d'Ambès.* ♦ Embouchure de certains instruments à vent. 4 BEC DE GAZ. ⇒ **réverbère.** « *un de ces becs de gaz vieillots dont la flamme ressemble à un papillon jaune, avec un cœur bleu* » (Bernanos). loc. fam. *Tomber sur un bec* (de gaz) : rencontrer un obstacle imprévu, insurmontable. II région. (Belgique, Canada, Suisse, Nord) fam. Baiser. ⇒ **bécot.**

bécane n. f. – XIXe ; de *bec* 1 fam. Bicyclette. ⇒ **vélo.** ➛ Moto, mobylette. 2 Machine, ordinateur.

bécard n. m. – XVIe ; de *bec* 1 Saumon au museau allongé. 2 Brochet adulte. ✪ HOM. Bécarre.

bécarre n. m. – XVe ; it. *b quadro* « b carré » ■ Signe d'altération ou d'accident (noté ♮) placé devant une note de musique, annulant l'effet d'un dièse ou d'un bémol. ➛ adj. inv. *Des mi bécarre.* ✪ HOM. Bécard.

> ❑ Certains accordent *bécarre* comme adjectif : *des do bécarres.* → bémol (rem.).

bécasse n. f. – XIIe 1 Oiseau échassier migrateur au long bec *(charadriiformes),* à chair très estimée. « *J'assiste encore au coucher des grives, au* [sic] *croule des bécasses* » (Renard). 2 fam. Sotte, nigaude. *Quelle bécasse !* ➛ adj. *Elle est un peu bécasse.*

bécasseau n. m. – XVIe 1 Petit de la bécasse. 2 Bécassine.

bécassine n. f. – XVIe 1 Petit échassier *(charadriiformes),* au bec fin. 2 Jeune fille niaise.

bec-croisé n. m. – XVIIIe ■ Passereau *(passériformes)* à bec croisé. *Des becs-croisés.*

bec-d'âne → **bédane**

bec-de-cane n. m. – XVIe ■ Serrure sans clé avec bouton ou béquille. ♦ La béquille qui ouvre la porte. *Des becs-de-cane.*

bec-de-corbeau n. m. – XIXe ■ Pince coupante. Outil tranchant recourbé à une extrémité. *Des becs-de-corbeau.*

bec-de-corbin n. m. – XVe 1 Arme en forme de marteau. 2 Ciseau à fer pointu et recourbé. *Des becs-de-corbin.*

bec-de-lièvre n. m. – XVIe ■ Malformation congénitale de la face, qui se présente ordinairement sous la forme d'une fissure de la lèvre supérieure. « *Son bec-de-lièvre, sa hideur et son baragouin écartaient de sa personne* » (Flaub.). *Des becs-de-lièvre.*

becfigue n. m. – XVIe ; it. *beccare* « becquer » et *fico* « figue » ■ Passereau appelé aussi *bec-fin.* ➛ Fauvette.

bec-fin n. m. – XIXe ■ Passereau à petit bec droit, mince et effilé. ⇒ **becfigue.** *Des becs-fins.*

bêchage n. m. – XVIIe ■ Action de bêcher. *Bêchage d'un massif.*

béchamel n. f. – XVIIIe ; n. pr. ■ Sauce blanche à base de lait. *Endives à la béchamel.* ➛ *Sauce béchamel.*

bêche n. f. – XIe 1 Outil de jardinage composé d'un fer large et tranchant, adapté à un manche. 2 *Bêche de crosse :* soc à l'extrémité d'un affût de canon, qui, en s'enfonçant dans le sol, limite le recul de la pièce.

> ❑ La *bêche* et la *pelle* (de maçon) peuvent être semblables ; mais la *bêche* est toujours de forme rectangulaire et non pas arrondie.

① **bêcher** v. tr. [1] – XIIe ; lat. *bessus* « bêche » ■ Fendre, retourner (la terre) avec une bêche. ⇒ **labourer.** « *il s'agissait de réparer les dégâts de la grêle, de bêcher, de replanter les légumes* » (Zola).

② **bêcher** v. tr. [1] – XIXe ; p.-ê. de ① *bêcher* ■ fam. Être prétentieux et snob à l'égard de (qqn). ⇒ **snober.** *Il nous bêche !*

bêcheur, euse n. – XIXe ■ fam. Personne prétentieuse et snob. ⇒ **crâneur, ramenard.** *Une petite bêcheuse.*

bécot n. m. – XVIIIe ; de *bec* ■ fam. et vieilli Petit baiser. ⇒ ② **bise, bisou.** « *ils se déposaient mutuellement sur les deux joues des bécots sonores* » (Queneau).

bécoter v. tr. [1] – XIXe ■ fam. Donner des bécots à. ⇒ **embrasser.** ➛ pronom. *Amoureux qui se bécotent en public.*

becquée n. f. – XVIe ■ Ce qu'un oiseau prend dans son bec pour se nourrir ou nourrir ses petits. *Donner la becquée.* ✪ HOM. Béké.

becquerel n. m. – 1975 ; du nom du physicien ■ Unité de mesure de l'activité d'un radionucléide (symb. Bq), correspondant à la désintégration d'un atome par seconde (⇒ ② **curie, microcurie).**

becquet → **béquet**

① **becqueter** v. tr. [4] – XIIIe ■ Piquer avec son bec pour se nourrir. ⇒ **picorer.** « *Deux beaux pigeons* [...] *becquetant des grains de maïs* » (Lamart.).

② **becqueter** → **becter**

bectance ou **becquetance** n. f. – 1907 ; de *becter, becqueter* ■ très fam. Nourriture. ⇒ ② **bouffe, bouffetance.** « *Il apportait son panier. Dedans, y avait toute sa bectance* » (Céline).

becter [1] ou **becqueter** [4] v. tr. – XVIIIe ; de *bec* ■ fam. Manger. ⇒ **bouffer.** *Ils ont tout becté. C'est l'heure de becter.*

> ❑ *Becter* est plus facile à conjuguer que *becqueter* qui donnerait *becquette ;* même cas que celui de *débecter.* → moufter (rem.).

bedaine n. f. – XVe ; a. fr. *boudine* « nombril, ventre » ■ fam. Ventre rebondi. ⇒ **bedon, bide, bidon.** « *un homme vaste, à gros visage* [...] *dont la lourde bedaine surplombait les cuisses* » (Baud.).

> ❑ Pour le sens de *bedaine* et *bedon* → bedon (rem.).

bédane n. m. – XIVe ; de *bec* et a. fr. *ane* « canard » ▪ Burin étroit dont le tranchant est dans le sens de l'épaisseur de la barre d'acier qui le constitue.

❑ On dit aussi *bec-d'âne.*

bédé n. f. – 1974 ; de *B. D.* ▪ fam. Bande* dessinée. *Lire des bédés.*

bedeau n. m. – XIIe ; germ. °*bidil* « messager de justice » ▪ Employé laïque préposé au service matériel et à l'ordre dans une église. ⇒ **marguillier, suisse.** « *le bedeau, pendu à la corde d'une cloche, se tenait prêt à commencer le carillon joyeux que commandait la circonstance* » (Loti).

bedon n. m. – XIVe ; a. fr. *boudine* « nombril, ventre » ▪ fam. Ventre rebondi. ⇒ **bedaine, bide, bidon.**

❑ On dit *petit bedon* et *grosse bedaine,* ce qui semble indiquer des sens un peu différents.

bedonnant, ante adj. – XIXe ▪ Qui bedonne, a un gros ventre. ⇒ **ventripotent.** *Un monsieur bedonnant.*

bedonner v. intr. [1] – XIXe ▪ Prendre du ventre, de l'embonpoint. « *Il était rond et petit, bedonnait de l'estomac* » (Huysm.).

bédouin, ine n. et adj. – XIIe ; ar. *badawi* « habitant du désert » ▪ Arabe nomade du désert. *Caravane de Bédouins.* ➝ adj. *Tentes bédouines.*

bée adj. f. – XIIe ▪ *BOUCHE BÉE :* la bouche ouverte d'admiration, d'étonnement, de stupeur. ⇒ **béant.** « *Je restais là, bras ballants et bouche bée* » (France). ➝ loc. *Être bouche bée devant qqn,* l'admirer sans réserve. ✪ HOM. ① B.

❑ Le verbe *bayer* et l'adjectif *bégueule* sont de la même famille étymologique.

beefsteak → **bifteck**

béer v. intr. [1] – XIIe ; lat. °*batare* « bâiller » 1 rare Être grand ouvert. « *À ses pieds béait la valise bigarrée d'étiquettes multicolores* » (Mart. du G.). 2 littér. Avoir la bouche ouverte en regardant qqch. (⇒ **bayer**). *Béer d'admiration.*

❑ Ce verbe est surtout employé à l'infinitif, au participe présent et participe passé *(bouche bée),* ainsi qu'au présent et à l'imparfait de l'indicatif. ♦ Doublet de *bayer.*

beffroi n. m. – XIIe ; germ. *bergfrid* « qui garde la paix » 1 Tour de bois mobile employée au Moyen Âge dans le siège des villes. 2 Tour municipale d'où l'on faisait le guet. ➝ Tour d'une église, d'un hôtel de ville (surtout nord de la France et Belgique). ⇒ ① **clocher ; campanile.** *Le beffroi de Calais.* « *le fracas subit des cloches du beffroi qui signalent notre arrivée* » (Loti).

bégaiement n. m. – XVIe 1 Trouble de la parole qui se manifeste par la répétition saccadée d'une syllabe ou d'un mot ou par un blocage empêchant l'émission d'un mot. 2 Langage mal articulé de l'enfant qui commence à parler. ⇒ **balbutiement.** 3 Premiers essais ; tentative hésitante, maladroite. ⇒ **tâtonnement.** *Les premiers bégaiements d'une technique.* « *depuis son premier bégaiement dans l'art jusqu'à son mot suprême* » (Gaut.).

bégayant, ante adj. – XVe 1 Qui bégaie. *Orateur bégayant.* ⇒ **bredouillant.** 2 Qui s'exprime avec hésitation. ⇒ **balbutiant.** « *Une volonté vacillante et bégayante* » (Ste-Beuve).

bégayer v. intr. [8] – XVe 1 Souffrir de bégaiement. 2 S'exprimer d'une manière maladroite, hésitante, confuse. ⇒ **bafouiller, balbutier, bredouiller.** ➝ trans. *Bégayer une excuse.*

bégonia n. m. – XVIIIe ; de *Bégon,* nom d'un intendant de Saint-Domingue ▪ Plante d'Amérique tropicale *(bégoniacées),* ornementale dans nos régions. « *parterres de bégonias et de géraniums, bordures de myosotis ou d'héliotropes* » (Maurois).

❑ Ce mot a donné au XXe s. les locutions familières *charrier dans les bégonias* « exagérer » et *tomber dans les bégonias* « s'évanouir », sans que le choix du nom de cette plante soit expliqué ; c'est néanmoins un végétal de *plate-bande*.*

bègue adj. et n. – XIIIe ; moy. néerl. °*beggen* « bavarder » ▪ Qui bégaie. ➝ n. « *Je ne connais pas de gens qui aiment plus à parler que les bègues* » (Dider.).

bégueter v. intr. [5] – XVIe ; a. fr. *béguer* « bégayer » ▪ rare Pousser son cri, en parlant de la chèvre. ⇒ **bêler, chevroter.**

bégueule n. f. – XVIIIe ; de *bée gueule* « bouche bée » ▪ Femme qui manifeste une pudibonderie exagérée, souvent affectée. ⇒ **prude.** ➝ adj. (aussi au masc.) « *Ah ! ces anciennes maîtresses, une fois mariées, il n'y a pas plus bégueules qu'elles* » (Daud.). ✪ CONTR. Libertin, libre.

❑ La *bégueule* ouvre la bouche dans l'indignation provoquée par sa pudeur.

béguin n. m. – XIVe 1 Coiffe que portaient les béguines. Coiffe qui s'attache sous le menton par une bride. 2 fam. Passion passagère. « *Décidément, c'était le grand béguin, la belle histoire, la vraie amour* » (Queneau). ➝ Personne qui en est l'objet. ⇒ **amoureux.**

béguinage n. m. – XIIIe ▪ Maison, communauté de béguines.

béguine n. f. – XIIIe ; néerl. *beggaert* « moine mendiant » ▪ Religieuse de Belgique et des Pays-Bas soumise à la vie conventuelle sans avoir prononcé de vœux.

bégum [begɔm] n. f. – XVIIe ; hindi *begam* ▪ Titre de l'Hindoustan, équivalant à celui de princesse. *Des bégums.*

behaviorisme [bievjɔʀism ; beavjɔʀism] n. m. – 1922 ; angl. *behaviour* « comportement » ▪ Théorie du comportement. ⇒ **comportementalisme.**

❑ On trouve aussi *béhaviorisme* [bea], compromis peu satisfaisant ; c'est pourquoi le synonyme récent *comportementalisme* doit lui être préféré.

behavioriste [bievjɔʀist ; beavjɔʀist] n. – 1922 ▪ Personne qui professe le behaviorisme. ⇒ **comportementaliste.** ➝ adj. Qui concerne le behaviorisme. *Une attitude behavioriste.*

❑ On trouve aussi *béhavioriste* [beavjɔʀist]. → behaviorisme (rem.).

beige adj. et n. m. – XIIIe ; p.-ê. de l'it. *bombagia* « coton » ▪ Brun très clair. ⇒ ① **bis,** ① **sable ; grège.** *Des gabardines beiges.* « *La tête coiffée d'un chapeau melon beige de guingois sur le haut du crâne* » (Mac Orlan). ➝ n. m. *Un beau beige.*

beigeasse adj. – mil. XXe ▪ D'un vilain beige. *Un imperméable beigeasse.*

beigne n. f. et m. – XIVe ; p.-ê. rad. celt. *bun-* « souche d'arbre » I n. f. fam. Gifle. ⇒ **baffe.** II n. m. région. (Canada) Pâte frite glacée ou saupoudrée de sucre glace. ⇒ **beignet.** *Un beigne au miel.*

beignet n. m. – XIIIe ; de *buyne* « bosse » ▪ Mets composé d'un aliment enrobé de pâte et frit. *Beignets aux pommes.* ➝ Mets sucré fait de pâte frite. ⇒ **merveille, pet-de-**

nonne, roussette. « *Il y eut des beignets, de la confiture d'airelles, du lait de chèvre chaud* » (Giono).

béjaune n. m. – XIIIe ; de *bec* et *jaune* ■ Jeune oiseau non dressé qui a encore sur le bec une membrane jaune.

❑ On a écrit aussi *bec-jaune*, avec le *c* prononcé ou non.

béké n. – d. i. ; mot créole ■ Créole né aux Antilles françaises. *De riches békés.* ➞ adj. *Planteurs békés.* ✪ HOM. Becquée.

① **bel** → ① **beau**

② **bel** n. m. – 1928 ; de *Graham Bell* ■ Unité sans dimension utilisée pour exprimer le rapport de deux puissances par l'intermédiaire du logarithme décimal de ce rapport (symb. B). ⇒ **décibel.** ✪ HOM. Belle (beau).

bêlant, ante adj. 1 Qui bêle. 2 fam. Plaintif et niais. *Un orateur bêlant.*

bel canto [bɛlkɑ̃to] n. m. inv. – XIXe ; mots it., « beau chant » ■ L'art du chant selon la tradition de l'opéra italien des XVIIe et XVIIIe s.

bêlement n. m. – XVIe ■ Cri des moutons, de la chèvre. « *des hennissements de chevaux, des bêlements d'agneaux, des grognements de cochons* » (Flaub.).

bélemnite n. f. – XVIIIe ; gr. *belemnitês* « pierre en forme de flèche » ■ Mollusque céphalopode marin fossile.

bêler v. intr. [1] – XIIe ; lat. *balare, belare,* onomat. 1 Pousser un bêlement. ⇒ **bégueter, chevroter.** « *La chèvre prit séance sur son derrière, et se mit à bêler, en agitant ses pattes de devant* » (Hugo). 2 fam. Se plaindre sur un ton niais. « *Elle était désespérée, la pauvre dame ; elle bêlait dans l'appareil* » (Mart. du G.).

belette n. f. – XIIIe ; dimin. de *belle* « jolie bête » ■ Petit mammifère carnivore *(mustélidés),* bas sur pattes, de forme effilée, de couleur fauve, plus claire sous le ventre. « *Demoiselle belette au corps long et fluet* » (La Font.).

belge adj. et n. – XVIe ■ De Belgique. *Bière belge.* ➞ n. *Les Belges flamingants.*

belgicisme n. m. – XIXe ■ Mot, tournure du français parlé en Belgique.

bélier n. m. – XVe ; p.-ê. néerl. *belhamel* « mouton à clochette » 1 Mâle de la brebis. 2 Constellation zodiacale de l'hémisphère boréal figurant un bélier. ♦ Premier signe du zodiaque (21 mars-20 avril). ➞ *Elle est Bélier,* née sous ce signe. 3 Machine de guerre composée d'une poutre terminée souvent par une tête de bélier, qui servait à enfoncer les portes, à ouvrir une brèche dans les murailles. ➞ loc. COUP DE BÉLIER : choc violent. « *des battements de cœur qui la frappaient sous la poitrine comme à grands coups de bélier* » (Flaub.). 4 *Bélier (hydraulique)* : machine qui utilise la surpression causée par l'arrêt brutal d'une colonne d'eau pour élever une partie de l'eau. *Coup de bélier* : choc dû aux variations de pression. 5 Machine à enfoncer les pieux. ⇒ **mouton, sonnette.**

bélière n. f. – XVe ; a. fr. *berlière* 1 Anneau auquel est suspendu le battant d'une cloche, une médaille. ➞ Bracelet de cuir ou de métal qui servait à suspendre au ceinturon le fourreau d'une arme. 2 Clochette du bélier qui conduit un troupeau.

bélinogramme n. m. – 1907 ; de *Belin,* nom de l'inventeur, et *-gramme* ■ Document transmis par bélinographe.

bélinographe n. m. – 1907 ; de *Belin,* nom de l'inventeur ■ Ancien appareil destiné à la transmission d'images fixes par le réseau téléphonique.

belladone n. f. – XVIIe ; p.-ê. it. *bella donna* « belle dame » ■ Plante toxique *(solanacées)* à baies noires, contenant de l'atropine.

bellâtre n. m. – XVIe ■ Bel homme fat et niais.

belle → ① **beau**

belle-dame n. f. – XVIIe 1 Arroche. 2 Papillon du genre vanesse. *Des belles-dames.*

belle-de-jour n. f. – XVIIIe ■ Liseron dont la fleur s'épanouit dans la journée et se ferme à la tombée du jour. *Des belles-de-jour.*

belle-de-nuit n. f. – XVIIe 1 Mirabilis. *Des belles-de-nuit.* 2 Prostituée dont l'activité est nocturne.

belle-doche n. f. – 1935 ; de *belle* et *doche* « mère » ■ fam. Belle-mère (2°). *Des belles-doches.*

belle-famille n. f. – XIXe ; de *belle,* t. d'affection, et *famille* ■ Famille du conjoint.

belle-fille n. f. – XVe ; de *belle,* t. d'affection, et *fille* 1 Épouse du fils. ⇒ **bru.** *Des belles-filles.* 2 Fille que le conjoint a eue précédemment.

belle-mère n. f. – XVe ; de *belle,* t. d'affection, et *mère* 1 La nouvelle femme du père. ⇒ vx **marâtre.** 2 Mère du conjoint. ⇒ fam. **belle-doche.** « *une belle-mère aime son gendre, n'aime point sa bru* » (La Bruy.). *Des belles-mères.*

belle-sœur n. f. – XVe ; de *belle,* t. d'affection, et *sœur* 1 Sœur du conjoint. 2 Femme du frère ou du beau-frère. « *J'habite chez mon frère et ma belle-sœur mais je ne vous invite pas à dîner chez eux : ils ne sont pas drôles* » (Sartre).

bellicisme n. m. – XIXe ; lat. *bellum* « guerre » ■ Amour de la guerre. ✪ CONTR. Pacifisme ; neutralisme.

belliciste adj. et n. – XIXe ■ Qui est partisan de la force dans le règlement des conflits internationaux, qui pousse à la guerre. *Les* « *menées bellicistes de l'entourage du tsar* » (Tournier). ✪ CONTR. Pacifiste ; neutraliste.

belligérance n. f. – XIXe ■ État de belligérant. ⇒ **guerre.** ✪ CONTR. Neutralité, non-belligérance.

belligérant, ante adj. et n. – XVIIIe ; lat. *bellum* « guerre » 1 Qui prend part à une guerre. *Puissances belligérantes.* 2 n. Personne qui prend part aux opérations de guerre dans l'armée régulière. ⇒ **combattant.** *Belligérants et non-belligérants.* ✪ CONTR. Neutre.

belliqueux, euse adj. – XVe ; lat. *bellum* « guerre » 1 Qui aime la guerre. ⇒ **guerrier.** *Peuple belliqueux.* ➞ Qui excite à la guerre. *Propos belliqueux.* « *Je n'ai jamais entendu sans une certaine joie belliqueuse la fanfare du clairon* » (Chateaub.). 2 Qui cherche la dispute. ⇒ **agressif, batailleur, querelleur.** *Humeur belliqueuse.* ✪ CONTR. Pacifique, pacifiste. Paisible.

❑ Mot de la même famille : *rebelle.*

belluaire n. m. – XIXe ; lat. *bellua* « bête fauve » ■ Gladiateur qui combattait les bêtes féroces dans les amphithéâtres. ⇒ ① **bestiaire.**

belon n. f. parfois m. – mil. XXe ; nom d'une rivière bretonne ■ Huître plate et arrondie, à chair brune, très savoureuse.

belote n. f. – déb. XXe ; de *Belot,* nom de la pers. qui aurait mis au point ce jeu ■ Jeu de cartes facile et très populaire. « *On est pas là pour se faire engueuler ; on est là pour faire une p'tite belote* » (Vian).

❑ Comparer la prononciation du premier *e* dans *belote* et *pelote.* ♦ En français d'Afrique, on emploie couramment le verbe *beloter* « jouer à la belote ».

bélouga ou **béluga** [beluga] n. m. – XVIe ; russe *biely* « blanc » 1 Mammifère cétacé aussi appelé *baleine blanche* qui vit dans les eaux arctiques *(monodontidés).* ➞ En Bretagne, Dauphin ou gros poisson. 2 Espèce d'esturgeon. *Caviar de bélouga.* ➞ Ce caviar.

belvédère n. m. – XVIe ; it. *bel* « beau » et *vedere* « voir » Construction privée établie en un lieu élevé, et d'où la vue s'étend au loin. ⇒ **kiosque, pavillon.** ➞ Lieu d'où la vue est étendue.

❑ Les belvédères publics présentent souvent une table de pierre couverte d'une carte émaillée et légendée de ce qu'on voit.

bémol n. m. – XIVe ; it. *b molle* « b à panse ronde » 1 Signe d'altération ou d'accident (♭) qui abaisse d'un demi-ton chromatique la note de musique devant laquelle il est placé. *Les dièses et les bémol. Double bémol* (♭♭). ➛ adj. inv. *Des mi bémol.* « *Ah ! que la grâce de ce mi bémol ainsi perlé paraît donc sûre de son affaire* » (Gide). 2 loc. fam. *Mettre un bémol :* parler moins fort ; se radoucir.

❑ Certains accordent *bémol* adj. *(des mi bémols)* ce qui obligerait à écrire des *notes* °*bémoles,* forme inconnue.

bémoliser v. tr. [1] – XVIIIe ▪ Mettre un ou plusieurs bémols à.

ben [bɛ̃] adv. – d. i. ; var. de *bien* ▪ fam. Bien. « *Ah ben dis donc c'est pas croyable* » (Céline). ✪ HOM. Bain.

bénarde n. f. – XVe ; de *Bernard* « pauvre sire » ▪ Serrure dont la clé n'est pas forée et qui s'ouvre aussi bien de l'intérieur que de l'extérieur.

bénédicité n. m. – XIIe ; lat. *benedicite* « bénissez » ▪ Prière dite avant le repas.

bénédictin, ine n. – XIIIe ; lat. *Benedictus* « Benoît » 1 Religieux, religieuse de l'ordre de Saint-Benoît. *Monastère de bénédictins.* ➛ adj. *Abbaye bénédictine.* ♦ Érudit qui se consacre au travail. *Un travail de bénédictin,* qui exige beaucoup de patience et de soins. 2 n. f. marque déposée Liqueur fabriquée à l'origine dans un couvent de bénédictins.

bénédiction n. f. – XIIe ; lat. 1 Grâce et faveur accordées par Dieu. « *Elle avait accueilli mon retour imprévu comme une bénédiction du ciel* » (Loti). ♦ fam. *C'est une bénédiction.* ⇒ **bonheur, chance.** 2 Action du prêtre qui bénit les fidèles. *Bénédiction urbi et orbi.* ➛ Action du prêtre qui asperge des objets d'eau bénite. 3 Formule exprimant l'adhésion du cœur, souhaitant le bonheur, la prospérité, la protection divine. ⇒ **vœu.** « *je donne à mon fils ma bénédiction paternelle* » (Balz.). ➛ Sentiment et expression de satisfaction ou de gratitude. ⇒ **reconnaissance, remerciement.** ✪ CONTR. Malédiction ; exécration.

bénéfice n. m. – XIIe ; lat. *bene* « bien » et *facere* « faire » I - 1 Avantage. *Laissons-lui le bénéfice du doute.* « *Je n'eus pas trop grand-peine à la persuader que tout le bénéfice de cet air tonique était acquis* » (Gide). ⇒ **profit.** *Donner un spectacle au bénéfice d'une œuvre,* au profit d'une œuvre. 2 Droit, faveur, privilège que la loi accorde à qqn. « *le bénéfice des circonstances atténuantes* » (Carco). ➛ *Bénéfice d'inventaire :* droit de l'héritier de n'être tenu au paiement des dettes que jusqu'à concurrence des biens qu'il a recueillis. ➛ loc. *Sous bénéfice d'inventaire :* sous réserve de vérification. 3 Au Moyen Âge, Concession de terres faite à ses fidèles par le roi ou le seigneur. 4 *Bénéfice ecclésiastique :* patrimoine attaché à une fonction, une dignité ecclésiastique. II Gain financier. ⇒ **boni, excédent, profit, rapport, revenu, superbénéfice.** abrév. fam. BÉNEF. *Faire, réaliser, dégager des bénéfices.* ➛ Différence entre le prix de vente et le prix de revient. *Faire cinq cents francs de bénéfice.* ➛ Résultat final de l'exercice. *Impôt sur les bénéfices.* ✪ CONTR. Désavantage, inconvénient, préjudice. Déficit, perte.

bénéficiaire n. et adj. – XVIIe 1 Personne qui bénéficie d'un avantage, d'un droit, d'un privilège. *Le bénéficiaire d'un chèque.* 2 adj. Qui a rapport au bénéfice commercial. *Marge bénéficiaire.* ✪ CONTR. Déficitaire.

bénéficier v. tr. ind. [7] – XIIIe 1 BÉNÉFICIER DE : profiter de. *Bénéficier d'un traitement de faveur.* « *il bénéficiait d'un sursis en raison de ses études* » (Aragon). ➛ « *comme par hasard, il bénéficie toujours d'un non-lieu* » (Mart. du G.). 2 BÉNÉFICIER À : apporter un profit à. *La croissance économique n'a pas bénéficié aux classes moyennes.* ✪ CONTR. Pâtir, souffrir (de).

bénéfique adj. – XVIe ; lat. ▪ Qui fait du bien. ⇒ **salutaire.** *Ce séjour lui a été bénéfique.*

❑ Le mot employé par Rabelais avec le sens du latin « bienfaisant » a été repris par les astrologues pour qualifier (1690) un astre favorable par opposition à *maléfique.*

benêt n. m. et adj. m. – XVIe ; de *benoît* « béni » ▪ Niais. ⇒ **sot ; godiche, nigaud.** « *Un grand benêt de fils aussi sot que son père* » (Mol.). ➛ *Un air benêt.* ⇒ fam. **bébête, nunuche.** ✪ CONTR. Futé, malin.

bénévolat n. m. – 1954 ▪ Situation d'une personne qui accomplit un travail gratuitement et sans y être obligée.

bénévole adj. – XIIIe ; lat. *bene* « bien » et *volo* « je veux » ▪ Qui fait qqch. sans obligation et gratuitement. « *en sa qualité de trésorier bénévole* » (Aymé). ⇒ **volontaire.** ➛ n. *Faire appel à des bénévoles.* ♦ Fait gratuitement et sans obligation. *Aide bénévole.* ⇒ **désintéressé, gracieux, gratuit.** ✪ CONTR. Onéreux, payé, rétribué.

bénévolement adv. – XVIe ▪ Volontairement et gratuitement. *Il travaille bénévolement.*

bengali [bɛ̃gali] n. et adj. – XVIIIe ; mot hindi 1 n. m. Petit oiseau *(passériformes)* au plumage bleu et brun, originaire des Indes. 2 n. m. Langue parlée au Bengale. 3 Habitant du Bengale ou du Bangladesh. *Une Bengali.* ➛ adj. *Dialectes bengalis.*

bénignité n. f. – XIIe ▪ Caractère de ce qui est bénin. *La bénignité d'une maladie.* ✪ CONTR. Gravité.

bénin, igne adj. – XIIe ; lat. *benignus* « bienveillant » ▪ Sans conséquence grave. ⇒ **inoffensif.** *Tumeur bénigne* (opposé à *tumeur maligne*). *Accident bénin.*

bénir v. tr. [2] ; p. p. *béni* – XIe ; lat. *bene* « bien » et *dicere* « dire » I - 1 En parlant de Dieu, Répandre sa bénédiction sur. ⇒ **protéger.** 2 Appeler la bénédiction de Dieu sur. ⇒ **consacrer, oindre, sacrer.** *Je te bénis au nom du Père, du Fils et du Saint-Esprit.* ➛ *Les temps bénis où... :* l'époque heureuse. ♦ Consacrer par une bénédiction, par des cérémonies rituelles (⇒ **bénit).** II - 1 Louer et glorifier Dieu pour le remercier. *Béni soit Dieu !* « *Soyez béni, mon Dieu, qui donnez la souffrance comme divin remède à nos impuretés* » (Baud.). 2 Exalter pour manifester sa satisfaction et sa reconnaissance. ⇒ **applaudir, exalter.** *Je bénis le jour où je l'ai rencontré.* ✪ CONTR. Maudire ; exécrer.

❑ Ne pas confondre le participe passé *béni,* ie avec l'adjectif *bénit, bénite.*

bénit, ite adj. – XVe ; a. fr. *benoît,* p. p. du v. *bénir* ▪ Qui a reçu la bénédiction du prêtre. « *M. le Curé prit de l'eau bénite dont il aspergea le malade et le lit* » (France). ➛ loc. fam. *C'est pain bénit :* c'est une aubaine.

❑ Ne pas confondre avec *béni* du verbe *bénir.*

bénitier n. m. – XIIIe ; a. fr. *benëir* « bénir » 1 Vasque destinée à contenir l'eau bénite. « *elle s'assoupit doucement à la langueur mystique qui s'exhale* [...] *de la fraîcheur des bénitiers* » (Flaub.). ➛ loc. fam. *Se démener, s'agiter comme un diable dans un bénitier :* être mal à l'aise. *Grenouille de bénitier :* bigote. 2 Mollusque dont la large coquille peut être utilisée comme bénitier. ⇒ **tridacne.**

benjamin, ine [bɛ̃ʒamɛ̃, in] **n.** – XVIIe ; nom du plus jeune fils de Jacob, et son préféré, dans la Bible **1** Le, la plus jeune d'une famille, d'un groupe. ⇒ **cadet, dernier-né.** **2** Jeune sportif appartenant à la catégorie d'âge comprise entre les poussins et les minimes. ✪ CONTR. Aîné.

> ❑ Ce mot désignait aussi autrefois l'enfant préféré de ses parents. ♦ Pour le sens → cadet (rem.).

benjoin [bɛ̃ʒwɛ̃] **n. m.** – XVe ; ar. *luban djawi* « encens de Java » ▪ Substance aromatique et résineuse riche en acide benzoïque, sécrétée par le tronc du styrax. « *Il est des parfums* [...] *Ayant l'expansion des choses infinies, Comme l'ambre, le musc, le benjoin et l'encens* » (Baud.).

benne **n. f.** – XVIe ; de *banne* **1** Sorte de caisse servant au transport de matériaux dans les mines, les chantiers. *Benne roulante.* **2** Partie basculante d'un engin, d'un camion, pour décharger des matériaux. *Camion à benne automatique.* ➝ Le camion lui-même. *Benne à ordures.* **3** Caisse de chargement d'une grue. **4** Cabine de téléphérique (⇒ **télébenne**).

benoît, oîte **adj.** – Xe ; a. fr. *beneïr* « bénir » **1** VX Bon et doux. **2** Qui prend un air doucereux.

benoîte **n. f.** – XVIe ▪ Plante des bois *(rosacées)* à fleurs jaunes, appelée aussi *herbe de Saint-Benoît.*

benthique [bɛ̃tik] **adj.** – 1905 ▪ Relatif au benthos.

benthos [bɛ̃tos] **n. m.** – XIXe ; mot gr. « profondeur » ▪ Ensemble des organismes qui vivent sur les fonds des mers et s'y déplacent peu.

bentonite [bɛ̃tɔnit] **n. f.** – 1928 ; de *Fort-Benton,* nom d'une ville des États-Unis ▪ Minéral argileux gonflant au contact de l'eau.

benzédrine [bɛ̃zedʀin] **n. f.** – 1942 ; nom déposé, de *benz(o)-* et *(éph)édrine* ▪ Amphétamine agissant comme stimulant du système nerveux. « *J'avalai une pastille de benzédrine ; j'avais besoin de secours pour traverser ces journées où je devais réapprendre heure par heure qu'il ne m'aimait plus* » (Beauv.).

benzène [bɛ̃zɛn] **n. m.** – XIXe ; de *benz(oïque)* ▪ Hydrocarbure, liquide incolore, insoluble dans l'eau, inflammable et toxique, dissolvant les corps gras, extrait des goudrons de houille.

benzénique [bɛ̃zenik] **adj.** – XIXe ▪ Qui a rapport au benzène. *Série benzénique.* ⇒ **aromatique.**

benzine [bɛ̃zin] **n. f.** – XIXe ; de *benz(oïque)* ▪ Mélange d'hydrocarbures employé comme détachant.

> ❑ Les mots en *ben...* + consonne se prononcent [bɛ̃] ; une exception : *térébenthine.*

benz(o)- Élément marquant la parenté avec le benzène ou l'acide benzoïque.

benzodiazépine [bɛ̃zodjazepin] **n. f.** – mil. XXe ▪ Composé chimique utilisé comme anxiolytique et antidépresseur. ➝ abrév. *B.Z.D.*

benzoïque [bɛ̃zɔik] **adj.** – XVIIIe ; lat. *benzoe* « benjoin » ▪ *Acide benzoïque :* acide organique extrait du benjoin ou produit à partir du toluène.

benzol [bɛ̃zɔl] **n. m.** – XIXe ▪ Mélange de carbures de la série aromatique (benzène, toluène et xylène).

benzolisme [bɛ̃zɔlism] **n. m.** – 1938 ▪ Intoxication professionnelle par les benzols.

béotien, ienne **n.** et **adj.** – XVIIIe ; de *Béotie* **1** Personnage lourd, peu ouvert aux lettres et aux arts, de goûts grossiers. *C'est un béotien.* ➝ **adj.** *Avoir des goûts béotiens.* **2** Personne profane (dans un domaine). *C'est un béotien en musique.*

> ❑ Ce sens vient de l'attitude méprisante des habitants de l'Attique (Grèce ancienne) pour ceux de Béotie. → attique.

B.E.P., B.E.P.C. → **brevet**

béquet ou **becquet** **n. m.** – XIIe ; de *bec* **1** Petit morceau de papier sur une épreuve imprimée pour signaler une correction, un ajout. ⇒ **post it.** **2** Fragment de scène ajouté par l'auteur au cours des répétitions d'un spectacle. **3** Pièce de carrosserie ajoutée à l'avant et à l'arrière d'une automobile pour la rendre aérodynamique.

béquille **n. f.** – XVIIe ; de *bec* **1** Bâton surmonté d'une traverse sur laquelle on appuie l'aisselle ou la main pour se soutenir lors de la marche. *Marcher avec des béquilles.* « *Une très vieille femme boiteuse, appuyée sur une béquille* » (Chateaub.). **2** Bec-de-cane. **3** Instrument ou dispositif de soutien, de support pour maintenir debout, dans une position particulière. ⇒ ② **cale,** ② **étai, étançon, tin.** *Béquille de moto.*

béquiller **v.** [1] – XVIIe **1** **v. intr.** Marcher avec des béquilles. **2** **v. tr.** Étayer (un navire) avec des béquilles. ♦ Mettre (une moto) sur sa béquille.

ber [bɛʀ] **n. m.** – XIIe ; a. fr. *berz* « berceau » **1** Support d'un navire en construction, qui glisse à la mer avec lui lors du lancement. ⇒ **berceau.** **2** Ridelle de charrette.

> ❑ *Ber* « berceau » est archaïque depuis le XVIIe s. mais a subsisté dans des dialectes.

berbère **adj.** et **n.** – XVIIe ; ar. ▪ Relatif au peuple autochtone d'Afrique du Nord. *Tribus berbères.* ➝ **n.** *Les Kabyles, les Touareg sont des Berbères.* ➝ **n. m.** *Le berbère :* langue sémitique parlée par les Berbères.

berbéris [bɛʀbeʀis] **n. m.** – XVIe ; gr. « coquillage » ▪ Épine-vinette.

bercail **n. m.** – XIVe ; lat. *verbex* « brebis » **1** Le sein de l'Église. *Ramener au bercail une brebis égarée.* **2** plaisant Famille, maison ; pays natal. *Quitter le bercail.* « *Ces fugues sont fréquentes. Ça se termine classiquement par une rentrée au bercail* » (Aragon).

① **berce** **n. f.** – XVIIe ; p.-ê. all. *Bartsch* ▪ Grande ombellifère des lieux humides.

② **berce** **n. f.** – d. i. ▪ région. (Belgique) Berceau (1°).

berceau **n. m.** – XVe ; a. fr. *bers* **1** Petit lit de bébé, qui, souvent, peut être balancé. ⇒ région. ② **berce, bercelonnette.** « *Mon berceau s'adossait à la bibliothèque* » (Baud.). *Berceau d'osier. Corbeille servant de berceau* ⇒ **couffin, moïse.** ♦ fig. Symbole du très jeune âge. *Un enfant au berceau. Du berceau à la tombe.* **2** Lieu de naissance, d'origine. « *La Corse, ce berceau de Bonaparte* » (Dumas). **3** Voûte engendrée par un arc en plein cintre. *Voûte en berceau.* « *cette nef, voûtée de pesants berceaux* » (Huysm.). ➝ Voûte de feuillage ⇒ **charmille, tonnelle.** « *Une haute allée d'ormes arrondie en berceau* » (Gaut.). ♦ *Berceau de moteur* partie où il s'appuie. ➝ Ber.

bercelonnette **n. f.** – XVIIIe ; de *Barcelone,* avec infl. de *berceau* Berceau léger, monté sur deux pieds en forme de croissants pour permettre un balancement facile.

bercement **n. m.** – XVIe ▪ Action de bercer ; mouvement de va-et-vient analogue à celui du berceau. ⇒ **balancement.** *Le bercement des vagues.*

bercer **v. tr.** [3] – XIIe **1** Balancer dans un berceau. Balancer, agiter doucement. *Bercer un enfant dans ses bras.* « *elle se sentait bercée avec plaisir par le mouvement du navire* » (Vigny). **2** *Être bercé par* accompagné de façon continue par (qqch d'agréable). ⇒ **imprégner, nourrir.** « *l'imagination était bercée par les plus charmants dialogues* » (Stendh.). 3 Leurrer. *On l'a bercé de vaines promesses.* ⇒ **tromper.** ➛ pronom. *Se bercer d'illusions.* ⇒ s'**illusionner.**

berceur, euse adj. – XIXe ▪ Qui berce. « *dans le mouvement berceur du coupé aux lanternes claires* » (Daud.).

berceuse n. f. – XIXe 1 Chanson pour endormir un enfant. ➛ Morceau de musique de rythme semblable. *Une berceuse de Schumann.* 2 Siège à pieds courbes sur lequel on peut se balancer. ⇒ **rocking-chair.**

béret n. m. – XIXe ; lat. *birrum* ▪ Coiffure de laine souple, ronde et plate, sans bord. *Béret basque.* « *une vingtaine d'étudiants qui portaient presque tous le béret de velours* » (Sartre). ➛ *Les bérets verts* : les légionnaires. *Les bérets rouges* : les parachutistes.

bérézina n. f. – v. 1980 ; de la déroute de l'armée napoléonienne en 1812 ▪ fam. *(C'est) la bérézina,* la catastrophe, l'échec total.

bergamasque n. f. – XVIe ; de *Bergame* ▪ Danse et air de danse à la mode au XVIIIe s. « *Votre âme est un paysage choisi Que vont charmant masques et bergamasques* » (Verlaine).

bergamote n. f. – XVIe ; p.-ê. turc *beg-armâdé* « poire du Seigneur » ▪ Fruit aromatique du bergamotier. *Essence de bergamote,* utilisée en parfumerie et en confiserie. *Thé à la bergamote.* « *une haleine agréable qui sentait le gingembre et la bergamote* » (Duham.). ♦ Bonbon à la bergamote. *Les bergamotes de Nancy.*

❑ Le mot désigne d'abord, comme son étymon, une espèce de poire fondante.

bergamotier n. m. – XIXe ▪ Arbre du sud de l'Italie *(rutacées)* dont le fruit, la bergamote, est un agrume.

① **berge** n. f. – XIVe ; gaul. 1 Bord exhaussé d'un cours d'eau. *La berge du fleuve.* ⇒ **rive.** « *Devant eux, sur la rivière, un ponton de débarcadère affleurait la berge* » (Flaub.). 2 Bord relevé d'un chemin, d'un fossé. ⇒ **talus.**

② **berge** n. f. – XIXe ; tsigane ▪ fam. Année d'âge. « *des types de cinquante berges* » (Carco).

berger, ère n. – XIIe ; lat. *verbex* « brebis » 1 Personne qui garde les moutons. « *Il s'habille en berger, endosse un hoqueton, Fait sa houlette d'un bâton* » (La Font.). *Cabane de berger. Chien de berger,* dressé à la garde des troupeaux. loc. *La réponse du berger à la bergère* : le mot de la fin. ➛ *L'étoile du berger* : la planète Vénus. 2 Pasteur des âmes, prêtre. *Le bon berger.* 3 n. m. Chien de berger. *Berger allemand, berger des Pyrénées. Berger belge, écossais.*

bergère n. f. – XVIIIe ▪ Fauteuil large et profond à joues pleines, au siège garni d'un coussin.

bergerie n. f. – XIIe 1 Lieu, bâtiment où l'on abrite les ovins. *Les brebis d'une bergerie.* ➛ loc. fig. *Laisser entrer le loup dans la bergerie* : introduire qqn dans un lieu où il est le plus dangereux. 2 Œuvre évoquant les amours des bergers. ⇒ **églogue ; bucolique, pastorale.** « *Tandis que la tragédie rougissait les rues, la bergerie florissait au théâtre* » (Chateaub.).

bergeronnette n. f. – XIIIe ; de *bergère* ▪ Petit oiseau *(passériformes)* vivant au bord de l'eau. ⇒ **hochequeue, lavandière.**

béribéri n. m. – XVIIe ; malais ▪ Avitaminose B1, causée par la consommation exclusive de riz décortiqué, et qui se manifeste essentiellement par des troubles nerveux (⇒ **polynévrite**).

berk [bɛʀk] ou **beurk** [bœʀk] interj. – v. 1960 ; onomat. ▪ Interjection exprimant le dégoût. ⇒ **pouah.**

berkélium [bɛʀkeljɔm] n. m. – 1950 ; de *Berkeley,* université amér. ▪ Élément radioactif artificiel (Bk ; n° at. 97), de la famille des actinides.

berline n. f. – XVIIe ; de *Berlin* 1 Voiture hippomobile suspendue, à quatre roues et à deux fonds. 2 Automobile à quatre portes et quatre places. *Les berlines et les coupés.* 3 Wagonnet de mine.

berlingot n. m. – XVIe ; it. 1 Bonbon aux fruits, à la menthe, en forme de tétraèdre. 2 Emballage pour les liquides, de la forme du bonbon. *Un berlingot de lait.* ➛ Conditionnement de plastique souple, pour les petites doses de liquide. *Berlingot d'eau de Javel.*

berlue n. f. – XIIIe ; de *belluer* « éblouir » ▪ *Avoir la berlue,* des visions. « *Si je n'ai la berlue, Je le vois qui revient* » (Mol.). fig. Se faire des illusions.

berme n. f. – XVIIe ; néerl. « talus » 1 Chemin étroit entre le pied d'un rempart et un fossé. 2 Chemin entre une levée et le bord d'un canal, d'un fossé. ⇒ ① **berge.**

bermuda n. m. – 1958 ; mot angl. « Bermudes » ▪ Short long et collant s'arrêtant au genou. *Porter un bermuda, des bermudas.*

bernache ou **bernacle** n. f. – XVIe ; p.-ê. irland. 1 Oie sauvage du nord de l'Amérique, migrant au sud des États-Unis. 2 Anatife.

bernardin, ine n. – XVIe ▪ Membre de l'ordre de Saint-Benoît, réformé au XIIe s. par saint Bernard. ⇒ **cistercien.**

bernard-l'ermite ou **bernard-l'hermite** n. m. inv. – XVIe ; de *Bernard,* sobriquet de nombreux animaux, et *ermite* ▪ Crustacé qui loge dans des coquilles abandonnées. ⇒ **pagure.**

❑ L'*ermite* vit seul à l'étroit dans sa cabane.

berne n. f. – XVIe ; p.-ê. de *berme* ▪ *Pavillon en berne,* hissé à mi-drisse en signe de deuil ou de détresse. ➛ *Drapeau en berne,* non déployé, roulé.

berner v. tr. [1] – XVe ; de *bren* « ③ son » ▪ Tromper en ridiculisant. ⇒ **duper, jouer.** « *Mais cette comédie du sport avec laquelle on berne et fascine toute la jeunesse du monde, j'avoue qu'elle me semble assez bouffonne* » (Duham.). ✪ CONTR. Démystifier, détromper.

bernicle ou **bernique** n. f. – XVIIIe ; bret. ▪ Patelle. « *Nous prenions les berniques au bout de nos couteaux, et nous les mangions toutes vivantes* » (Loti).

bernique interj. – XVIIIe ; p.-ê. de *bren* « ③ son » ▪ fam. et vieilli Exprime que l'espoir qu'on a est mal fondé et sera déçu. ⇒ **rien** (à faire). « *Il faut de l'argent pour être heureux ; sans argent, bernique !* » (Balz.). ⇒ **macache.**

bersaglier [bɛʀsaglije ; bɛʀsaljɛʀ] n. m. – XIXe ; it. ▪ Soldat de l'infanterie légère italienne. *Le chapeau à plumes de coq des bersagliers,* ou plur. it. *des bersaglieri.*

❑ Pour la prononciation du *gl* → tagliatelle (rem.).

bertillonnage n. m. – XIXe ; de *Bertillon,* l'inventeur ▪ Système d'identification des criminels fondé principalement sur l'anthropométrie.

❑ Le verbe *bertillonner* « identifier par le procédé du bertillonnage » est attesté.

béryl n. m. – XIIe ; gr. ▪ Silicate naturel d'aluminium et de béryllium cristallisé. *Béryl vert* (⇒ **émeraude**), *bleu clair* (⇒ **aigue-marine**). « *Pierres précieuses enchâssées dans l'or, sardoine, onyx et béryl* » (Volt.).

❑ Le mot a été introduit avec la pierre qu'il désigne à l'époque hellénistique, et vient de l'Inde.

béryllium [beʀiljɔm] n. m. – XIXe ; de *béryl* ▪ Élément (Be ; n° at. 4 ; m. at. 9,01), métal dur et léger utilisé sous forme d'alliages.

berzingue (à tout, à toute) loc. adv. – 1935 ; de *à*, *tout* et var. de *brindezingue* ▪ fam. 1 À toute vitesse. *Filer à toute berzingue.* 2 Au maximum. *Mettre la radio à tout berzingue.*

besace n. f. – XIIIe ; lat. « double sac » 1 Sac long, ouvert par le milieu et dont les extrémités forment deux poches. « *C'était un vieillard en froc de bure, avec un chapelet au côté, une besace sur l'épaule, toute l'apparence d'un ermite* » (Flaub.). 2 *Appareil en besace,* dont les pierres sont posées alternativement en longueur et en largeur. *Un mur en besace.*

besaiguë [bəzegy] n. f. – XIIe ; lat. « deux fois aiguë » 1 Outil de charpentier, muni d'un bout taillé en ciseau, l'autre en bédane. 2 Marteau de vitrier.

besant n. m. – XIe ; lat. *byzantium* ▪ didact. 1 Monnaie byzantine d'or et d'argent répandue au temps des croisades. 2 Disque saillant sculpté sur un bandeau, une archivolte. 3 Pièce de l'écu circulaire d'or et d'argent.

bésef ou **bézef** adv. – XIXe ; ar. ▪ fam. Beaucoup (surtout emploi négatif). *Il n'en a pas bésef.*

besicles [bezikl ; bəzikl] ou **bésicles** [bezikl] n. f. pl. – XIVe ; de *beril* « béryl », qui a servi à faire des loupes ▪ vx ou plaisant Lunettes. *Chausser ses besicles.*

bésigue n. m. – XIXe ; o. i. ▪ Ancien jeu de cartes se jouant avec plusieurs jeux de 32 cartes. « *l'abbé Donissan ne se trouvait libre qu'à minuit passé, ayant alors perdu la partie de bésigue quotidienne de M. Menou-Segrais* » (Bernanos).

> ❑ L'origine de ce mot est inconnue ; toutefois l'élément initial évoque *bis-*, le jeu se jouant le plus souvent à deux personnes.

besogne n. f. – XIIe ; fém. de *besoin* ▪ Travail imposé par la profession ou par toute autre cause. ⇒ **occupation, ouvrage, tâche.** *Abattre de la besogne.* « *La monotonie des besognes quotidiennes était, en fin de compte, intolérable* » (Duham.). ➛ loc. *Aller vite en besogne :* travailler rapidement ; brûler les étapes, précipiter les choses.

besogner v. intr. [1] – XIIe ; germ. « se soucier de » ▪ Faire un travail fatigant, pénible, inintéressant. ⇒ **peiner, trimer.** *On entend « besogner les démolisseurs »* (Duham.). ✪ CONTR. ① Reposer (se).

besogneux, euse adj. – XVe ▪ Qui fait une médiocre besogne mal rétribuée. *Un gratte-papier besogneux.* ➛ subst. *Les besogneux.*

besoin n. m. – XIe ; germ. « soin » **I** - 1 Exigence née de la nature ou de la vie sociale. ⇒ **appétence, appétit, désir, envie, faim, goût, nécessité, soif.** *Les désirs naissent des besoins. Besoin de nourriture. Besoin d'affection.* « *L'esprit a ses besoins, ainsi que le corps* » (Rouss.). *Sentir, ressentir le besoin de* (qqch., faire qqch.). « *le besoin d'apprendre ne cessait de me poindre* » (Duham.). ♦ plur. Choses considérées comme nécessaires à l'existence, obtenues par de l'argent. *Subvenir, pourvoir aux besoins de qqn* **(⇒ entretenir).** *Se créer des besoins.* ➛ *Les besoins en énergie augmentent.* ♦ fam. *Un besoin naturel, les besoins naturels, ses besoins :* la nécessité d'uriner, d'aller à la selle. *Un besoin pressant.* « *je vais aller faire mes petits besoins* » (Courtel.). ♦ *Le(s) besoin(s) de la cause :* ce qu'il est nécessaire de dire à l'appui de la cause que l'on défend. *Mentir pour les besoins de la cause.* ♦ *État de besoin,* créé par l'accoutumance. ⇒ ① **manque ; dépendance.** ➛ L'objet du besoin. *Le tabac est un besoin impérieux pour lui.* 2 loc. verb. *AVOIR BESOIN DE* (qqn ou qqch.). ♦ (subjectif) Ressentir la nécessité de, vouloir comme nécessaire, utile. ⇒ **désirer, exiger, réclamer,** ① **vouloir.** *Avoir besoin d'argent.* « *L'homme a toujours besoin de caresse et d'amour* » (Vigny). ♦ (objectif) ⇒ **falloir.** *Elle a besoin de vacances, de repos.* « *Ayant besoin de joie comme les plantes de soleil* » (France). « *Gagner sa vie sans avoir besoin de personne* » (Fén.). fam. (choses) *Ce tapis a besoin d'un coup de brosse.* ➛ *AVOIR BESOIN DE* (et l'inf.) : éprouver, voir la nécessité, l'utilité de. « *il avait besoin d'y voir clair dans son âme* » (Stendh.). *Je n'ai pas besoin de dire, d'ajouter que :* inutile de. iron. et fam. *Vous aviez bien besoin de lui en parler !* ➛ *AVOIR BESOIN QUE* (et subj.) : il faut ; il est nécessaire que. *Il a besoin qu'on le soutienne.* 3 *ÊTRE BESOIN* impers. (littér.). « *Qu'est-il besoin d'aller chercher l'enfer dans l'autre vie ?* » (Rouss.). ➛ *S'il en est besoin, si besoin est :* si nécessaire. 4 loc. adv. *AU BESOIN :* en cas de nécessité, s'il le faut. *Au besoin, téléphonez-moi.* **II** État de privation. ⇒ **dénuement, gêne, indigence, misère, pauvreté.** *Être dans le besoin :* manquer d'argent. ✪ CONTR. Dégoût, satiété. Abondance, aisance, bien-être, fortune, opulence, prospérité, richesse.

> ❑ L'expression *Il en a bien besoin* est courante alors que l'adverbe *bien* ne saurait se mettre devant un nom. *Besoin* en locution verbale *avoir besoin* est aussi accompagné d'autres adverbes comme *grandement, fortement, sérieusement,* etc. → adverbe (rem.).

bessemer [bɛsmɛʀ] n. m. – XIXe ; nom de l'inventeur ▪ Convertisseur pour transformer la fonte en acier.

besson, onne n. – XIIe ; lat. *bis* « deux fois » ▪ vx ou région. Jumeau, jumelle. « *Il soignait et câlinait son besson à plein cœur* » (Sand). ➛ adj. *Des frères bessons.*

① **bestiaire** n. m. – XVe ; lat. *bestia* « bête » ▪ Gladiateur qui combattait les bêtes féroces, ou leur était livré au cours des jeux du cirque. ⇒ **belluaire.**

② **bestiaire** n. m. – XIIe ▪ Recueil de fables, de moralités sur les bêtes.

bestial, iale, iaux adj. – XIIe ▪ Qui tient de la bête, qui assimile l'homme à la bête. ⇒ ② **animal, brutal, sauvage.** *Air bestial. Amour bestial.* « *Frédéric sentit* [...] *un désir de volupté bestiale* » (Flaub.). ✪ CONTR. Délicat, raffiné.

bestialité n. f. – XIIIe 1 Caractère bestial. ⇒ **animalité, brutalité.** 2 vieilli Comportement sexuel déviant qui consiste à avoir des relations avec des animaux. ⇒ **zoophilie.**

bestiaux n. m. pl. – XVe ▪ Ensemble des animaux qu'on élève dans une exploitation agricole (sauf animaux de basse-cour). ⇒ **bétail.** *Marché aux bestiaux. Wagons à bestiaux.* « *ce couloir où ils étaient parqués comme des bestiaux* » (Mart. du G.).

bestiole n. f. – XIIe ▪ Petite bête. « *Les rats, les souris et autres bestioles* » (Queneau). ➛ spécialt Insecte.

best-seller [bɛstsɛlœʀ] n. m. – 1947 ; mot angl., de *best* « mieux » et *to sell* « vendre » ▪ Livre qui a obtenu un grand succès de librairie avec de gros tirages. *Des best-sellers.*

① **bêta** n. m. inv. et adj. inv. – XIXe ; mot gr. 1 Deuxième lettre de l'alphabet grec (β). 2 adj. inv. *Rayons, rayonnement bêta* (β) : flux d'électrons (β^-) [plus rarement, de positons (β^+)] émis spontanément par certains éléments radioactifs. *La radioactivité β.*

② **bêta, asse** n. et adj. – XVIe ▪ fam. Personne bête. ⇒ **benêt, niais, sot.** *C'est un grand bêta. Gros bêta !* ➛ adj. « *leurs plaisanteries qui caractérisaient le "genre" moitié prétentieux, moitié bêta, de la maison* » (Proust).

bêtabloquant n. m. – av. 1972 ; de ① *bêta* et *bloquer* ▪ Substance qui empêche la fixation d'adrénaline sur les récepteurs adrénergiques β. *Utilisation des bêtabloquants dans le traitement de l'hypertension.*

bétail n. m. – XIIIe ▪ Ensemble des bêtes entretenues pour la production agricole. ⇒ **bestiaux ; cheptel,**

troupeau. *Tête de bétail. Le gros* (bovins, chevaux), *le petit bétail* (ovins, porcins). ♦ péj. « *Cet étouffement chaud des chambrées les mieux tenues, qui sentent le bétail humain* » (Zola).

> ❑ Ce mot n'est pas employé au pluriel ; mais on pourrait écrire : *ils avaient des bétails différents.*

bétaillère n. f. – 1953 ▪ Fourgon automobile à claire-voie, réservé au transport des chevaux et des animaux de boucherie.

bêtathérapie n. f. – 1923 ▪ Traitement par les rayonnements bêta*.

bêtatron n. m. – v. 1936 ; de ① *bêta* et *(cyclo)tron* ▪ Cyclotron à électrons.

bête n. f. et adj. – XIe ; lat. *bestia* **I** – **1** Tout être animé, l'homme excepté. ⇒ ① **animal.** *Bêtes et gens.* « *L'homme n'est ni ange ni bête, et le malheur veut que qui veut faire l'ange fait la bête* » (Pasc.). ➝ *Une petite bête.* ⇒ **bestiole ; bébête.** *Des peaux de bêtes. Nos amies les bêtes.* ➝ *Bête féroce.* ➝ *Les bêtes à cornes.* ♦ *LES BÊTES.* ⇒ **bestiaux, bétail.** *Nourrir les bêtes.* ➝ Les animaux féroces de l'arène. *Martyr livré aux bêtes.* ➝ Les insectes, la vermine. « *les bêtes translucides qui* [...] *étaient si bien à nous que le pou d'un autre que de nous deux nous dégoûtait* » (Genet). ♦ *Bête à bon Dieu* : coccinelle. **2** loc. fig. *Chercher la petite bête,* le détail qui fait problème. *C'est sa bête noire* : il a cette personne, cette chose en horreur. *Regarder qqn comme une bête curieuse,* avec une insistance déplacée. **II** – **1** par compar. ou métaph. (Idée de force, de violence) *Être malade comme une bête. Travailler comme une bête.* ♦ *Une bête à concours* : personne qui travaille beaucoup et réussit aux concours. ⇒ **bûcheur.** *Une bête de scène* : un artiste qui se donne à fond. *C'est une bête !,* qqn que rien n'arrête. **2** (Idée de bas instinct, de danger) « *La Bête humaine* », *roman de Zola* (⇒ **bestial).** *Une sale bête* : une personne méchante. **3** (Manque d'intelligence) *Faire la bête* : feindre l'ignorance ; faire, dire des bêtises, des âneries (⇒ **bêtifier).** ➝ fam. *Grande bête, grosse bête !* ⇒ ② **bêta, nigaud. III** adj. **1** Qui manque d'intelligence, de jugement. *Il (elle) est bête comme un âne, une oie ; comme ses pieds ; bête à manger du foin.* ⇒ **idiot, imbécile, sot, stupide ;** fam. **con, crétin.** *Il est bête et méchant. Plus bête que méchant. Il n'est pas bête, il est loin d'être bête ;* fam. *il a oublié d'être bête.* ➝ *Pas si bête* : pas assez sot pour se laisser berner. ♦ *Une idée, une histoire bête.* ⇒ **idiot, inepte.** subst. *Ce film est d'un bête !* ➝ loc. *C'est bête à pleurer. C'est tout bête, c'est bête comme chou,* facile à faire, à deviner. ⇒ **enfantin, simple. 2** Qui manque d'attention, d'à-propos. *Suis-je bête, ça m'a échappé !* ⇒ **étourdi. 3** Absurde et regrettable (événement). ⇒ **stupide.** *Un accident bête.* « *Impossible de retrouver son nom, tout d'un coup... ah, c'est bête* » (Aragon). ✪ CONTR. ② Fin, intelligent. — HOM. Bette.

bétel n. m. – XVIe ; malayalam (langue dravidienne de l'Inde) **1** Poivrier grimpant originaire de Malaisie, dont les feuilles desséchées contiennent des principes stimulants et astringents. **2** Masticatoire tonique et astringent, composé de feuilles de bétel et de tabac, de chaux vive et de noix d'arec, utilisé dans les régions tropicales. « *les vieilles chiqueuses de bétel* » (Duras).

bêtement adv. – XIVe ▪ D'une manière bête. ⇒ **sottement, stupidement ;** fam. **connement.** *Agir bêtement.* « *Hommes ou femmes, ce ne sont pas les plus bêtes qui agissent le plus bêtement* » (France). ♦ *Tout bêtement* : tout simplement. ⇒ **bonnement.**

bêtifiant, iante adj. – XIXe ▪ Qui bêtifie.

bêtifier v. intr. [7] – XVIIIe ▪ Se rendre bête par des niaiseries. *Bêtifier avec un enfant.* « *une grande personne qui ne bêtifiait pas et la traitait en égale* » (Cocteau).

bêtise n. f. – XVe ; de *bête* **1** Défaut d'intelligence et de jugement. ⇒ **crétinerie, idiotie, imbécillité, sottise, stupidité.** *Il est d'une bêtise ! Il a eu la bêtise de les croire.* « *La terre a des limites, mais la bêtise humaine est infinie* » (Flaub.). **2** Action ou parole sotte ou maladroite. ⇒ **bévue, sottise.** *Faire des bêtises.* ⇒ **bourde,** ② **gaffe.** *Élève qui répond une bêtise.* ⇒ **ânerie.** *Dire des bêtises.* ⇒ **absurdité, ineptie, insanité ;** fam. **connerie.** ♦ Action, parole, chose sans valeur ou sans importance. ⇒ **babiole, bagatelle, baliverne, enfantillage.** *Se brouiller pour une bêtise,* pour un motif futile. « *Vous dois-je beaucoup d'argent pour cette petite bêtise ?* » (Balz.). **3** Action déraisonnable, imprudente. ⇒ **folie.** « *Si je n'avais pas soixante ans passés* [...] *Je ferais la bêtise de l'épouser* » (Zola). ➝ (en parlant d'un enfant) Acte inconsidéré, désagréable pour les adultes de l'entourage. *Quelle bêtise as-tu encore faite ?* **4** *BÊTISES (DE CAMBRAI)* : berlingots à la menthe. ✪ CONTR. Intelligence ; esprit, finesse, ingéniosité, subtilité.

bêtisier n. m. – XIXe ▪ Recueil plaisant de bêtises. ⇒ **sottisier.**

bétoine n. f. – XIIe ; lat. *bettonica* ▪ Plante vivace des bois *(labiées),* parfois cultivée pour ses fleurs pourpres. *Bétoine officinale.*

bétoire n. f. – XVIIe ; lat. *bibere* « boire » **1** Gouffre des terrains calcaires où se perdent certaines rivières. ⇒ **aven. 2** Puisard pour les eaux pluviales.

béton n. m. – XIIe ; lat. *bitumen* « bitume » ▪ Matériau de construction formé d'un mortier et de gravier. *Le béton durcit dans l'eau. Pont en béton. Béton coloré.* ⇒ **granito.** « *La ville n'était faite que de pierres, immeubles de béton, plaques de marbre, rues de macadam* » (Le Clézio). *Béton armé.* ➝ *Le béton* : les constructions massives des zones urbanisées. ♦ fig. *Un alibi en béton,* solide, inattaquable. ➝ adj. *Des arguments béton.*

bétonnage n. m. – XIXe **1** Action de bétonner (1° et 2°). **2** Maçonnerie en béton.

bétonner v. [1] – XVIIe **1** v. tr. Construire avec du béton. ♦ Renforcer (sa position). **2** v. intr. Au football, Jouer la défense à outrance.

bétonnière n. f. – XIXe ▪ Machine comprenant une grande cuve tournante, pour fabriquer le béton.

> ❑ On trouve aussi le mot *bétonneuse* dont l'emploi est déconseillé, la machine ne servant pas à *bétonner* mais à préparer le béton.

bette ou **blette** n. f. – XIIe ; lat. *beta* ▪ Plante potagère *(chénopodiacées)* dont on consomme en légume les côtes et parfois les feuilles. ⇒ **carde, poirée.** ✪ HOM. Bête ; blette (blet).

betterave n. f. – XVIIe ; de *bette* et *rave* ▪ Plante potagère *(chénopodiacées)* dont on consomme la racine charnue. *Betterave potagère* ou *betterave rouge,* à racine ronde, rouge et sucrée, qui se mange cuite. *Salade de betterave(s).* ➝ *Betterave fourragère,* rouge ou jaune, pour l'alimentation du bétail. ➝ *Betterave sucrière, betterave à sucre,* dont on extrait industriellement le sucre (saccharose) et les produits secondaires (mélasse). *Sucre de betterave.*

betteravier, ière adj. et n. m. – XIXe **1** Relatif à la betterave. *Culture betteravière.* **2** n. m. Producteur de betteraves sucrières.

bétyle n. m. – XVIe ; gr. ▪ Pierre sacrée de l'Arabie préislamique, adorée comme une idole.

beuglant n. m. – XIXe ▪ fam. et vx Café-concert populaire, à la fin du XIXe s.

beuglante n. f. – 1907 ▪ fam. Chanson criée à tue-tête. ♦ Protestation bruyante. *Pousser une beuglante.*

beuglement n. m. – XVIe ▪ Cri des bovins. ⇒ **meuglement, mugissement.** « *le taureau tomba à genoux en poussant un beuglement douloureux* » (Gaut.). ♦ fam. Son puissant et prolongé. *Le beuglement de la radio.*

beugler v. intr. 1 – XIIe ; lat. *buculus* « bouvillon » 1 (animaux) Pousser des beuglements. ⇒ **meugler, mugir.** *Le taureau « se mit à courir çà et là, à beugler affreusement »* (Gaut.). 2 Produire un son intense, prolongé, désagréable. *Poste de radio qui beugle.* ➤ fam. Pousser des hurlements, crier très fort. ⇒ **brailler, hurler ; beuglante.** « *Non, il ne se taisait pas, le morveux, il beuglait* » (Maupass.).

beur n. et adj. – v. 1980 ; verlan, de *Arabe* ▪ fam. Jeune Maghrébin né en France de parents immigrés. *Les beurs et les blacks.* ➤ adj. *La beauté beur.* ✪ HOM. Beurre.

❑ Le féminin peut être *beur, beure* ou *beurette.*

beurk → **berk**

beurre n. m. – XIIe ; gr. *bouturon* 1 Corps gras alimentaire, onctueux, obtenu en barattant la crème du lait. *Lait de beurre.* ⇒ **babeurre.** *Beurre doux, beurre salé. Beurre rance. Motte de beurre. Pot à beurre.* ⇒ **beurrier.** *Morceau, noix de beurre.* « *des coquillages tout crus avec du pain et du beurre* » (Loti). ➤ *Cuisine au beurre. Croissant au beurre.* ♦ BEURRE NOIR : beurre fondu qu'on a laissé noircir. *Raie au beurre noir.* ➤ fig. et fam. *Œil au beurre noir,* tuméfié. ⇒ **coquard.** ♦ BEURRE BLANC : sauce émulsionnée à base de beurre. ♦ loc. fig. et fam. *Ça rentre comme dans du beurre,* facilement. *Mettre du beurre dans les épinards* : améliorer sa situation financière. ➤ *Faire son beurre de* (qqch.), en faire son profit. ➤ *Compter pour du beurre* : être une quantité négligeable. *Il n'y a pas plus de* (telle chose, telle personne) *que de beurre en broche, en branche, aux fesses, au cul* : il n'y a rien du tout, personne. ➤ *Vouloir le beurre et l'argent du beurre* : vouloir jouir d'un bien et du fruit de sa vente. ♦ *Des gants beurre-frais,* de la couleur du beurre. ➤ *Des haricots beurre* : des mange-tout de couleur jaune. 2 Pâte formée d'une substance écrasée dans du beurre. *Beurre d'anchois. Beurre d'ail.* 3 Réserve lipidique de la graine ou de l'amande de divers végétaux. *Beurre de cacao ; de karité.* ✪ HOM. Beur.

beurré n. m. – XVIe ▪ Sorte de poire fondante. *Beurré Hardy.*

beurrer v. tr. 1 – XIIIe 1 Recouvrir, enduire de beurre. *Beurrer du pain ; un moule.* 2 fam. *Se beurrer* : se soûler. *Il est complètement beurré.*

beurrerie n. f. – XIXe 1 Lieu où l'on fait, où l'on conserve le beurre. ⇒ **laiterie.** 2 Industrie du beurre.

❑ Avec le *e* muet intérieur, on entend deux *r* [bœʀʀi].

beurrier, ière adj. et n. m. – XIIIe 1 adj. Relatif au beurre. *Industrie beurrière.* 2 n. m. Récipient, plat dans lequel on conserve, on sert le beurre.

beuverie n. f. – XIIe ▪ Partie de plaisir où l'on boit beaucoup. ⇒ **orgie, soûlerie.** *Le repas dégénéra en beuverie.*

bévatron n. m. – 1953 ; de *BeV,* unité de un milliard d'électronvolts, d'apr. *cyclotron* ▪ Synchrotron à protons de très grande énergie.

bévue n. f. – XVIIe ; lat. *bis* « deux fois » et *vue* ▪ Méprise grossière due à l'ignorance ou à l'inadvertance. ⇒ **bêtise, erreur, impair, maladresse, sottise ;** fam. **boulette, bourde, connerie,** ② **gaffe.** *Commettre une bévue.* « *Ses bévues faisaient la joie des valets de chambre* » (Stendh.).

bey n. m. – XVIe ; turc *beg* « seigneur » ▪ Souverain vassal du sultan ; haut fonctionnaire turc. *Les beys de Tunis.* ✪ HOM. Bai, baie.

❑ Ne pas confondre avec *dey (le dey d'Alger).*

beylical, ale, aux adj. – XIXe ▪ Du bey. *Le gouvernement beylical.*

bézef → **bésef**

bézoard n. m. – XIVe ; persan « chasse-poison » ▪ Concrétion minérale se formant dans le corps des animaux (ruminants) et parfois de l'homme (psychopathes avalant des matières non digestibles).

bi- Élément, du lat. *bis,* indiquant le redoublement par répétition ou duplication. ⇒ **deux ; bis-, di-.**

biais, biaise adj. et n. m. – XIIIe ; lat. *bis* « deux fois » et *axis* « axe » I adj. Oblique par rapport à une direction principale. II n. m. 1 Ligne, direction oblique. ⇒ **oblique, obliquité.** *Le biais d'un mur.* ♦ Dans un tissu, Sens de la diagonale par rapport au droit fil. *Tailler dans le biais.* ➤ Bande d'étoffe coupée en diagonale. *Encolure bordée d'un biais.* 2 L'un des différents côtés (d'un caractère), des différents aspects (d'une chose). *Par quel biais aborder le problème ?* ➤ Moyen détourné, artificieux d'atteindre un but. ⇒ **détour.** « *Mon esprit répugne au plus simple et prend irrésistiblement le biais* » (Gide). *Par le biais de...* 3 Fait susceptible de rendre un fait statistique non représentatif. 4 loc. adv. DE BIAIS ; EN BIAIS. ⇒ **obliquement.** *Regarder de biais, en biais.* « *Il se leva, ayant jeté de biais un coup d'œil sur la pendule* » (Courtel.). ✪ CONTR. Fil (droit fil).

biaiser v. 1 – XVe 1 v. intr. vieilli ou littér. Aller ou être en biais, de travers. ⇒ **obliquer.** 2 Employer des moyens détournés, artificieux. ⇒ **louvoyer, tergiverser.** *Avec lui, inutile de biaiser.* « *il biaisait et tergiversait sans cesse ; il semblait ne parler que pour me faire parler* » (Rouss.). 3 v. tr. Introduire un biais dans (un échantillon statistique).

biathlon n. m. – 1958 ; de *bi-,* d'apr. *pentathlon, triathlon* ▪ Épreuve olympique consistant en une course de ski de fond associée au tir à la carabine.

biaural, ale, aux ou **binaural, ale, aux** adj. – XXe ; de *bi-* et lat. *auris* « oreille » ▪ Des deux oreilles, en ce qui concerne leur fonction. ⇒ **biauriculaire.**

biauriculaire ou **binauriculaire** adj. – XIXe ▪ Qui appartient aux deux oreilles. ⇒ **biaural.**

biaxe adj. – XIXe ▪ *Cristal biaxe,* qui possède deux axes optiques dans la direction desquels le cristal n'est pas biréfringent*.

bibelot n. m. – XIIe ; onomat. ▪ Petit objet curieux, décoratif. ⇒ **babiole,** fam. **bricole.** « *trois étagères qui supporteraient des bibelots : des agates et des œufs de pierre, des boîtes à priser* » (Perec). ⇒ **bimbeloterie.**

biberon n. m. – XIVe ; lat. *bibere* « boire » ▪ Petite bouteille graduée munie d'une tétine, pour donner à boire à un enfant ; son contenu. *Enfant nourri au biberon* (opposé à *au sein*). « *un poupon d'un an, à qui il donnait le biberon* » (Cendrars). *Il a bu tout son biberon.* ➤ loc. fam. *Prendre qqn au biberon,* à un âge excessivement jeune.

biberonner v. intr. 1 – XIXe ▪ fam. Boire souvent et avec excès (du vin, des boissons alcoolisées).

① **bibi** n. m. – XIXe ; onomat. ▪ fam. Petit chapeau de femme.

② **bibi** pron. – XIXe ; lang. enfantin ▪ fam. et vx Moi. *C'est pour bibi.*

bibine n. f. – XIXe ; p.-ê. du rad. *bib-* de *biberon* ▪ fam. Mauvaise boisson. « *Ils croyaient noyer dans un vin illusoire, une bibine acide, la peur d'hier et celle de demain* » (Bernanos). ♦ Bière de qualité inférieure.

bible n. f. – XIIe ; gr. « livres saints » **1** *LA BIBLE* : recueil de textes inspirés des juifs et des chrétiens. ⇒ **évangile, testament** (I) ; **écriture** (sainte). *Interprétation de la Bible.* ⇒ **exégèse.** *La Sainte Bible.* **2** Le livre lui-même. « *Une Bible en images, très antique, toute dépenaillée* » (France). **3** *Papier bible* : papier d'imprimerie opaque très mince. **4** Ouvrage faisant autorité pour un individu, un groupe, une époque. *C'est sa bible.*

biblio- Élément, du gr. *biblion* « livre ».

> ❑ Le mot grec *biblion* vient lui-même du grec *biblio* « papyrus ». ♦ *Biblio-* a toujours trois syllabes.

bibliobus [biblijobys] n. m. – 1930 ; de *biblio(thèque)* et *(auto)bus* ▪ Véhicule itinérant aménagé en bibliothèque de prêt.

bibliographe n. – XVIIe ▪ Personne versée dans la science du livre, de l'édition ou qui écrit sur cette matière. ♦ Auteur de bibliographies.

bibliographie n. f. – XVIIe ; *biblio-* et *-graphie* **1** Science des documents écrits (analyse, description, classification, publication), des livres. **2** Répertoire des écrits relatifs à un sujet donné. *Consulter la bibliographie d'une thèse,* la liste des ouvrages cités, des sources. *Bibliographie d'un auteur.* ⇒ **biobibliographie.** **3** Liste périodique d'ouvrages récents.

bibliographique adj. – XVIIIe ▪ Relatif à la bibliographie. *Notice bibliographique.*

bibliophile n. – XVIIIe ; *biblio-* et *-phile* ▪ Personne qui aime et recherche les éditions originales, les livres rares, précieux. *L'ex-libris d'un bibliophile.* « *un bibliophile sérieux ne communique pas ses livres* » (Nerval).

bibliophilie n. f. – XIXe ▪ Passion, science du bibliophile.

bibliothécaire n. – XVIe ▪ Responsable d'une bibliothèque. ⇒ **archiviste, chartiste, conservateur.** *Une bibliothécaire documentaliste.*

bibliothéconomie n. f. – XIXe ▪ Science de l'organisation et de la gestion des bibliothèques.

bibliothèque n. f. – XVe ; *biblio-* et *-thèque* **1** Meuble ou assemblage de tablettes permettant de ranger des livres. ⇒ **armoire,** ② **rayon,** ② **rayonnage.** *Une bibliothèque vitrée.* **2** Salle, édifice où sont classés des livres pouvant être consultés. ⇒ aussi **médiathèque.** *Bibliothèque municipale, universitaire. Bibliothèque itinérante.* ⇒ **bibliobus.** *La Bibliothèque nationale, à Paris. Salle de lecture d'une bibliothèque. Travailler en bibliothèque. Emprunter un livre à la bibliothèque.* « *Je pensai brusquement que la Bibliothèque fermait à sept heures* » (Sartre). ➝ *Un rat de bibliothèque* : personne qui passe son temps à compulser des livres, dans les bibliothèques. ♦ Pièce d'une habitation où l'on range des livres. ⇒ **bureau, cabinet** (de lecture). **3** *Bibliothèque de gare* : librairie, kiosque (à journaux). **4** Collection de livres. *Enrichir sa bibliothèque.* ♦ Ensemble de livres publiés chez un même éditeur et présentant un caractère commun. ⇒ **collection.** *La bibliothèque rose* (livres d'enfants). **5** Collection de supports d'informations. *Bibliothèque de programmes.* **6** Groupe de fragments clonés représentant toute la complexité de l'A.D.N. dont ils proviennent.

biblique adj. – XVIIe ▪ Relatif, propre à la Bible. *Récits bibliques. Ce peuple demeuré* « *tel qu'il était aux temps bibliques* » (Maupass.). ♦ Qui évoque le texte de la Bible. *Scène biblique.*

bic n. m. – 1960 ; marque déposée ▪ fam. Stylo à bille. ✪ HOM. Bique.

bicaméralisme n. m. – 1928 ; de *bi-* et lat. *camera* « chambre » ▪ Système politique à deux assemblées représentatives. *Le bicaméralisme britannique.*

> ❑ On trouve aussi, dans le même sens, le mot *bicamérisme.*

bicarbonate n. m. – XIXe ▪ Carbonate acide. ⇒ **sel.** *Bicarbonate de soude* (de sodium), employé contre les maux d'estomac.

bicarré, ée adj. – XIXe ▪ *Équation bicarrée,* ne comportant que des puissances paires (4, 2 et 0) de l'inconnue.

bicentenaire adj. et n. m. – 1939 **1** Qui a deux cents ans. **2** n. m. Deux centième anniversaire d'un événement important. *Le bicentenaire de la Révolution française.*

bicéphale adj. – XIXe ; *bi-* et *-céphale* ▪ À deux têtes. *L'aigle bicéphale.* ➝ *Pouvoir bicéphale,* à deux chefs.

biceps [bisɛps] n. m. – XVIe ; mot lat., de *bis* et *caput* « tête » **1** Muscle composé de deux portions (ou têtes) distinctes. *Biceps brachial, crural.* **2** Muscle du bras qui gonfle quand on fléchit l'avant-bras. ⇒ fam. **biscoteau.** « *un gaillard athlétique en jeans, maillot de corps, biceps, chaussures de basket* » (R. Gary).

> ❑ L'adjectif correspondant à *biceps* est *bicipital.*

biche n. f. – XIIe ; lat. *bestia* « bête » ▪ Femelle du cerf. *La biche brame. Le petit de la biche.* ⇒ **faon.** *Une troupe de biches.* ⇒ **harpail.** ➝ t. d'affection *Ma biche.*

bicher v. intr. [1] – XIXe ; de *bec* ▪ fam. **1** vieilli Aller bien. « *au début, ça bichait très bien entre nous, mon oncle et moi* » (Bernanos). **2** Se réjouir. *Il biche !*

bichlamar n. m. – XIXe ; port. ▪ Pidgin utilisé dans les îles du Pacifique où l'on parle anglais.

> ❑ Ce mot peut prendre diverses formes : « *je ne sais quel beach-la-mer, ou bêche-de-mer, biche-de-mer, biche-la-mare, ainsi que l'on appelle ce parler du Pacifique où se mêlent les mots anglais, français, espagnols aux dires des îles* » (Aragon).

bichlorure [biklɔʀyʀ] n. m. – XIXe ▪ Sel renfermant deux atomes de chlore par molécule.

bichon, onne n. – XVIe ; de *barbichon,* de ① *barbe* ▪ Petit chien d'appartement, au nez court, au poil long et soyeux.

bichonner v. tr. [1] – XVIIe ; de *bichon* **1** Arranger avec soin et coquetterie. ⇒ ① **parer, pomponner.** pronom. « *Le Dimanche, il passe son temps à se bichonner pour aller à la messe et aux vêpres* » (Renard). **2** Être aux petits soins pour. ⇒ **soigner.** *Je vais vous bichonner !*

bicipital, ale, aux adj. – XIXe ▪ Relatif au biceps. *Tendons bicipitaux.*

bicolore adj. – XIXe ▪ De deux couleurs. *Chaussures bicolores.*

biconcave adj. – XIXe ▪ Qui a deux surfaces concaves opposées. *Lentille biconcave.*

biconvexe adj. – XVIIIe ▪ Qui a deux surfaces convexes opposées. *Lentille biconvexe d'une loupe.*

bicoque n. f. – XVIe ; it. « petit fort » ▪ Petite maison de médiocre apparence. Habitation mal construite ou mal tenue. ♦ fam. Maison (souvent péj.). ⇒ **baraque.** « *il venait de s'installer pour huit jours dans la bicoque de Louise* » (Aymé).

bicorne adj. et n. m. – XIVe 1 rare Qui a deux cornes. *Rhinocéros bicorne.* 2 n. m. Chapeau à deux pointes. *Bicorne d'académicien.*

bicot n. m. – XIXe ; ar. *arbi* « arabe » ou it. *arabico* ■ vieilli, fam. et péj. (injure raciste) Nord-Africain. « *Les ouvriers rentrent à leurs baraquements* [...] *la plupart sont des Italiens, des Espagnols, quelques Bicots, quelques Français* » (Genet).

❑ Ne se dit pas pour une femme.

bicouche n. f. – attesté 1977 ■ Double couche de molécules lipidiques dont les extrémités hydrophiles sont dirigées vers l'extérieur et les extrémités hydrophobes vers l'intérieur.

bicross [bikʀɔs] n. m. – 1984 ; nom déposé, de *bi(cyclette)* et *cross* ■ Vélo tout-terrain, sans suspension ni garde-boue. → V.T.T. ♦ Sport pratiqué avec ce vélo. ⇒ **cyclocross.**

biculturalisme n. m. – 1962 ■ Coexistence de deux cultures nationales dans un même pays. *Le biculturalisme du Canada.*

biculturel, elle adj. – 1959 ■ Qui possède deux cultures.

bicuspide adj. – XIXe ■ Pourvu de deux cuspides. *Dent bicuspide.*

bicycle n. m. – XIXe ■ Vélocipède à deux roues de taille inégale.

bicyclette n. f. – XIXe ■ Véhicule formé d'un cadre portant à l'avant une roue directrice commandée par un guidon et, à l'arrière, une roue motrice entraînée par un pédalier. ⇒ ② **cycle, vélo ;** fam. **bécane.** *Ancêtres de la bicyclette.* ⇒ **célérifère, draisienne, vélocipède.** *Bicyclette à moteur.* ⇒ **cyclomoteur, vélomoteur.** *Bicyclette double.* ⇒ **tandem.** *Bicyclette d'appartement.* ⇒ **pédaleur.** « *La chaîne de la bicyclette se mit à produire un bruit désagréable* » (Robbe-Grillet). *Monter à bicyclette, sur une bicyclette. Aller à bicyclette.*

❑ L'emploi de la préposition *en* dans *aller, venir, partir en bicyclette* est critiqué, le lieu n'étant pas clos (comme *en voiture*). Mais *en* se répand au détriment de *à*. → ski (rem.).

bidasse n. m. – 1930 ; n. pr., dans une chanson ■ fam. Simple soldat.

bide n. m. – XIXe ; de *bidon* ■ fam. 1 Ventre. *Avoir du bide.* « *Qu'est-ce qu'il tient comme bide !* » (Colette). 2 Échec complet. *La pièce a fait un bide.* ⇒ **four.** « *Cinq pour cent des voix, c'est ce qu'on appelle un bide* » (F. Giroud).

bident n. m. – XIXe ■ Fourche à deux dents.

bidet n. m. – XVIe ; o. i. 1 Cheval. « *À dada sur mon bidet* » (comptine). « *des bidets* [...] *peu dignes d'un officier bien ficelé et requinqué comme vous* » (Stendh.). 2 Cuvette oblongue et basse, sur pied, servant à la toilette intime.

❑ Ce mot vient peut-être de l'ancien français *bider* « trotter ».

bidimensionnel, elle adj. – déb. XXe ■ À deux dimensions. *Projection bidimensionnelle d'un volume.*

bidoche n. f. – XIXe ; de *bidet* (1°) ■ fam. Viande. « *De la carne ou de la bidoche* [...] *ce sont les inélégants synonymes d'une irréductible viande* » (Huysm.).

bidon n. m. – XVIe ; scand. *bida* « vase » 1 Récipient portatif pour les liquides, généralement de métal, et que l'on peut fermer. *Bidon de lait. Bidon d'essence.* ⇒ **nourrice ; jerrycan.** *Bidon pour la boisson.* ⇒ **gourde.** 2 fam. Ventre. ⇒ **bide.** 3 fam. *Du bidon* : des mensonges, du bluff. « *c'est pas du bidon, c'est tout ce qu'il y a de plus sérieux* » (Queneau). ♦ adj. inv. Simulé, truqué (⇒ **bidonner).** *Des élections bidon.* ➤ *Il est bidon* : il n'est pas ce qu'il prétend être (compétences, pouvoir).

bidonnage n. m. – 1985 ■ fam. Action de bidonner (un reportage, des photos...). ⇒ **bluff, trucage.**

bidonnant, ante adj. – v. 1950 ■ fam. Très drôle. *Un sketch bidonnant.*

bidonner v. tr. [1] – XIXe ; de *bidon* 1° ■ fam. 1 v. pron. *Se bidonner* : rire beaucoup. 2 Truquer (un reportage, une émission...) en simulant des événements qui ne correspondent à aucune réalité. ⇒ **bidouiller.** ➤ *Un reportage bidonné.*

bidonville [bidɔ̃vil] n. m. – av. 1950 ; de *bidon* (1°) et *ville* ■ Groupement d'abris de fortune, de baraques sans hygiène (souvent à la périphérie des grandes villes). « *le contraste est brutal* [...] *entre la pègre dorée de la dolce vita et les habitants des grottes et des bidonvilles* » (Yourcenar). *Les bidonvilles de Rio.* ⇒ **favela.**

❑ Le mot a été employé d'abord pour désigner des agglomérations de fortune au Maroc où la tôle et les bidons dominaient.

bidouillage n. m. – 1976 ■ Action de bidouiller. ➤ fig. *Bidouillage électoral.*

bidouiller v. tr. [1] – 1975 ; de *biduler*, de *bidule* ■ fam. Faire fonctionner, arranger en bricolant. *Bidouiller un logiciel.* ➤ fig. Truquer. ⇒ **trafiquer.** *Un scrutin bidouillé.*

bidouilleur, euse n. – 1975 ■ fam. Personne qui bidouille. ⇒ **bricoleur.**

bidule n. m. – v. 1940 ; p.-ê. de *bidoule* « boue » (Nord) ■ fam. Objet, personne quelconque, dont on ignore ou dont on a oublié le nom. ⇒ **machin,** ① **truc.** « *J'ai lu des choses, des machins, des trucs, des bidules, des livres, quoi !* » (Prévert).

-bie Élément, du gr. *bioun* « vivre » : *aérobie.* ⇒ **bio-.**

bief n. m. – XIIe ; gaul. « canal, fossé » 1 Portion d'un cours d'eau entre deux chutes, d'un canal entre deux écluses. « *Voici le quai du Louvre, et l'écluse, et le bief* » (Péguy). 2 Canal de dérivation qui conduit les eaux d'un cours d'eau vers une machine hydraulique. *Le bief d'un moulin.*

bielle n. f. – XVIe ; o. i. 1 Tige rigide, articulée aux extrémités, destinée à transmettre un mouvement entre deux pièces mobiles. *Bielle d'un moteur,* transmettant le mouvement des pistons au vilebrequin*. ⇒ **embiellage.** « *les bielles n'imprimaient aucun mouvement à l'arbre de couche* » (J. Verne). *Bielle d'accouplement d'une locomotive,* répartissant l'effort de traction entre les essieux moteurs. 2 Pièce rigide destinée à la transmission d'une force, d'une poussée.

biellette n. f. – 1921 ■ Petite bielle. Levier en forme de bielle. *Les biellettes d'une arme automatique.*

① **bien** adv. et adj. – X[e] ; lat. *bene* ❑ Compar. de *bien* ⇒ **mieux**
I adv. 1 adv. de manière (opposé à ② *mal*) D'une manière satisfaisante. ⇒ **convenablement.** *Très bien.* ⇒ **admirablement, parfaitement.** *Une femme bien faite. Il raisonne bien. Bien vu, bien joué.* ⇒ **astucieusement, habilement.** « *Travaillons donc à bien penser : Voilà le principe de la morale* » (Pasc.). *Cela tombe bien. Tiens-toi bien.* ⇒ **correctement.** *On l'a bien conseillé.* ⇒ **judicieusement, sagement.** *Agir, se conduire bien.* ⇒ **honnêtement, honorablement.** *Ni bien ni mal.* ⇒ **médiocrement, moyennement.** ♦ BIEN FAIRE : faire ce qu'il faut. *J'ai cru bien faire. Vous avez bien fait.* ➤ *Vous feriez bien de vous dépêcher.* ⇒ ① **devoir.** ➤ *C'est bien fait !* ce qui lui arrive est mérité. 2 (Indiquant le degré, l'intensité, la quantité) ⇒ **tout** (à fait), **très.** *Vous vous y prenez bien mal. Du linge bien blanc. Servir bien chaud. Nous sommes bien contents. Il y en a bien assez. Bien souvent. Bien au contraire.* ⇒ **tout**

(au). ➝ (devant un compar.) *Bien mieux, bien pire.* ➝ *Il est bien jeune pour cet emploi.* ⇒ **trop.** ♦ (avec un nom sans art.) ⇒ ② **fort, très.** *J'en ai bien peur. C'est bien dommage.* ♦ (avec un verbe) ⇒ **beaucoup.** *Nous avons bien ri. J'espère bien vous voir. Je t'aime bien* (moins fort que *je t'aime*). ♦ *BIEN DE, DES* : beaucoup de. *Vous avez bien de la chance. Je l'ai pris bien des fois.* ⇒ **nombreux.** « *ces pages contiendront bien des ratures* » (Yourcenar). 3 (avec un numér., une quantité) Au moins. ⇒ **largement.** *Il y a bien une heure qu'il est sorti. J'ai bien appelé vingt fois. Cela vaut bien le double.* 4 (Renforçant l'affirmation) ⇒ **réellement, véritablement, vraiment, tout** (à fait). *Il part bien demain ? Il faut bien l'avouer. C'est bien fini. C'est bien lui, je le reconnais. Ce n'est pas un oubli, mais bien une erreur.* ⇒ **plutôt.** *Il a bien un vélo, mais il ne s'en sert pas.* 5 En fait et en dépit des difficultés (quoi qu'on dise, pense, fasse ; quoi qu'il arrive). *Attendons, nous verrons bien. Il faut bien accepter. Il le fait bien, pourquoi pas moi ?* ➝ (avec un condit.) *J'écrirais bien, mais répondra-t-il ?* je pourrais écrire, j'écrirais volontiers. (Comme souhait) *J'irais bien avec vous.* 6 *EH BIEN !* Marque l'interrogation, une hésitation dans la réponse (⇒ fam. **ben**). *Eh bien ! qu'en dites-vous ?* (⇒ **alors**) ; le reproche : *Eh bien ! ne vous gênez pas. Eh bien ! soit, j'accepte.* II emploi adjectival 1 (attribut) ⇒ **satisfaisant.** *Ce sera très bien ainsi. Bien !* ⇒ ① **bon, parfait.** ♦ En bonne santé, en forme. *Je me sens bien. Elle se porte bien.* ➝ fam. *Il n'est pas bien, lui :* il est fou. ♦ ⇒ **juste, moral.** *Ce n'est pas bien d'agir ainsi.* ♦ Capable de faire ce qu'il faut. *Elle est bien, dans ce rôle. Il a été très bien.* ⇒ **parfait.** ♦ Beau. *Elle est encore très bien.* ♦ À l'aise. *Nous sommes bien chez nous* (⇒ **bien-être**). *Êtes-vous bien dans ces chaussures ?* ➝ iron. *Nous voilà bien,* dans une situation désagréable. ♦ *ÊTRE BIEN AVEC* qqn, être en bons termes avec lui. *Il est bien avec tout le monde.* ♦ *FAIRE BIEN* : produire un bel effet. *Ces rideaux font bien.* fam. Avoir bon effet, paraître élégant. *Ce titre fait bien sur une carte de visite.* 2 (épithète, apr. le nom) Convenable, comme il faut, en parlant des gens. *C'est qqn de bien, de très bien. Des gens bien.* ⇒ **chic.** ♦ Qui a des qualités morales. *C'est un type bien.* III loc. conj. *BIEN QUE.* Marque la concession. ⇒ **encore** (que), **quoique.** *J'accepte, bien que rien ne m'y contraigne. Bien qu'elle fût malade, il n'en paraissait rien.* « *Bien qu'ayant vécu chez eux* » (France). ➝ (avec ellipse du verbe et du sujet) (opposé à *parce que*) « *Ses moustaches étaient assez courtes, bien que jamais coupées* » (Loti). « *Bien que philosophe, M. Homais respectait les morts* » (Flaub.). ✪ CONTR. ② Mal.

❑ La tendance à introduire l'adverbe *bien* devant un nom dans une locution verbale *(j'ai bien faim, c'est bien dommage, il a bien envie de, il en a bien besoin)* est parallèle à celle de l'adverbe *très.* → adverbe (rem.). ♦ Avec les mots composés commençant par *bien* (*bien-aimé, bienfaisant, bien-pensant, bienséant, bienvenu*), on évite généralement le comparatif.

② **bien** n. m. – xe ; de *bien,* adverbe **I** - 1 Ce qui est avantageux, agréable ; ce qui est utile à une fin donnée. ⇒ **avantage, bénéfice, bienfait, intérêt, profit, satisfaction, service, utilité.** *Ce remède lui a fait du bien, beaucoup de bien, le plus grand bien.* « *Le bien public est fait du bonheur de chacun* » (Camus). ⇒ **intérêt.** *C'est pour ton bien. Un ami qui vous veut du bien* (signature de lettre anonyme). *Grand bien vous fasse !* faites comme vous le voulez, je doute que cela vous fasse du bien, peu m'importe. ➝ *Dire du bien de* (qqn, qqch.), en parler favorablement. « *Voulez-vous qu'on croie du bien de vous ? N'en dites pas* » (Pasc.). ➝ *Les biens de ce monde.* ⇒ **richesse.** *La santé est le plus précieux des biens.* ➝ *EN, À BIEN. Parler en bien de qqn, de qqch. Changer qqch. en bien.* ⇒ **améliorer.** *Mener une affaire, une entreprise à bien :* faire en sorte qu'elle réussisse. 2 Chose matérielle susceptible d'appropriation, et tout droit faisant partie du patrimoine. ⇒ **acquêt,** ② **capital, cheptel, domaine, fortune,** ① **fruit, héritage, possession, produit, propriété, récolte, richesse.** *Avoir du bien, des biens. Léguer ses biens à une œuvre charitable.* ♦ dr. *Biens publics, privés. Biens communs et biens propres,* qui appartiennent aux deux ou à un seul des époux. ⇒ **communauté ; acquêt.** *Biens successoraux.* ⇒ **succession.** *Administrateur de biens.* ⇒ **gérant, syndic.** ➝ Choses matérielles qui procurent une jouissance. *Les biens et les services. Biens fongibles, non fongibles. Biens vacants ou sans maître,* susceptibles d'appropriation. *Biens nationaux,* confisqués à la Révolution. « *ces achats de biens au soleil qui attestent presque arrogamment la fortune d'un homme* » (Yourcenar). **II** Ce qui possède une valeur morale, ce qui est juste, honnête. ⇒ ② **devoir,** ② **idéal, perfection.** *Discerner le bien du mal. Faire le bien.* ⇒ **charité.** ➝ loc. fam. *En tout bien tout honneur :* d'une manière honnête, sans désir ni projet de relation sexuelle. *Elle* « *avait désiré faire, en tout bien tout honneur, une visite à mon logis* » (Loti). ✪ CONTR. ③ Mal. Dommage, préjudice. Injustice.

bien-aimé, ée [bjɛ̃neme] adj. et n. – xve 1 Qui est aimé d'une affection particulière. « *ce Fils bien-aimé qu'on nomme Jésus-Christ* » (Ronsard). ➝ n. *Louis XV, dit le Bien-Aimé.* 2 n. Personne aimée d'amour. ⇒ **amant, amoureux ; belle, dulcinée, maîtresse.** *Des bien-aimés.* « *en oiseau bleu encore il vient chanter à la fenêtre de la bien-aimée* » (Alain). ✪ CONTR. Mal-aimé.

❑ Pour le comparatif → ① bien (rem.).

bien-dire n. m. inv. – xvie ▪ littér. Art de bien parler. ⇒ **éloquence, rhétorique.**

bien-être [bjɛ̃nɛtʀ] n. m. inv. – xvie 1 Sensation agréable procurée par la satisfaction de besoins physiques (⇒ **euphorie**), l'absence de tensions psychologiques. ⇒ **béatitude, bonheur, félicité, plaisir, quiétude, sérénité.** *Il* « *éprouvait le bien-être des appétits repus* » (Huysm.). 2 Situation matérielle qui permet de satisfaire les besoins de l'existence. ⇒ **aisance,** ② **confort, mieux-être.** « *l'ouvrier français, comblé, crèverait de bien-être* » (Bernanos). ✪ CONTR. Gêne, malaise. Besoin.

bienfaisance [bjɛ̃fəzɑ̃s] n. f. – xive 1 littér. Habitude de faire le bien. ⇒ **bonté, charité, générosité.** 2 Action de faire du bien dans un intérêt social ; ce bien. ⇒ **assistance.** *Gala de bienfaisance. Association, œuvre de bienfaisance.* ⇒ **caritatif ; ouvroir, patronage.** ✪ CONTR. Malfaisance.

❑ Ce mot ne s'employait guère jusqu'au XVIIIe s. ; on disait *charité.*

bienfaisant, ante [bjɛ̃fəzɑ̃, ɑ̃t] adj. – xiie ▪ Qui fait du bien, apporte un mieux, un soulagement. ⇒ **bénéfique, salutaire.** *Bienfaisant à, pour qqn. L'action bienfaisante d'une cure.* « *la franchise à tout prix, préférable certes aux bienfaisants mensonges* » (Yourcenar). ✪ CONTR. Malfaisant.

❑ Pour le comparatif → ① bien (rem.). ♦ Pour la prononciation → malfaisant (rem.).

bienfait n. m. – xiie 1 vx ou littér. Acte de générosité, bien que l'on fait à qqn. ⇒ **aumône, cadeau,** ① **don, faveur, largesse, libéralité, obole,** ② **présent.** *Accabler, combler de bienfaits.* « *L'amitié d'un grand homme est un bienfait des dieux* » (Volt.). 2 Action bienfaisante, effet salutaire. ⇒ **bénéfice, profit, service.** « *Le bienfait, le baume, la délivrance sortant de ce livre* » (Romains). ➝ Le plus souvent au plur. *Les bienfaits de la civilisation, de la science.* ⇒ **avantage.** « *Or des principaux bienfaits de la vertu est le mépris de la mort* » (Montaigne). ✪ CONTR. Méfait.

bienfaiteur, trice n. – XIIe ▪ vieilli Personne qui a fait du bien, qui a répandu des bienfaits. ⇒ **donateur, mécène, protecteur, sauveur.** *Un généreux bienfaiteur.* ➛ adj. *Les membres bienfaiteurs d'une association.* ♦ *Bienfaiteur du peuple, de la patrie.* ⇒ **sauveur.** *Les bienfaiteurs du genre humain, de l'humanité* : les grands inventeurs. ✪ CONTR. Ennemi.

bien-fondé n. m. – XIXe ▪ Conformité au droit (en parlant d'une prétention). ⇒ **recevabilité.** *Le bien-fondé d'une réclamation. Des bien-fondés.* ♦ Conformité à la raison, à une autorité. *Reconnaître le bien-fondé d'une opinion.* ⇒ **légitimité, pertinence.**

bien-fonds n. m. – XIXe ▪ Bien immeuble tel que fonds de terre, bâtiment. ⇒ **immeuble.** *Des biens-fonds.*

bienheureux, euse [bjɛ̃nœʀø, øz] adj. et n. – XIIe 1 littér. Qui jouit d'un grand bonheur. ⇒ **heureux, ravi.** *Bienheureux celui qui vit en paix.* ♦ Qui rend très heureux. *Une bienheureuse nouvelle.* ⇒ **agréable.** 2 Qui jouit de la béatitude. *Bienheureux les pauvres en esprit** (IV, 1°). ➛ n. fam. « *Il passa l'heure suivante à roupiller comme un bienheureux* » (Perec). ♦ n. Personne dont l'Église catholique reconnaît la perfection chrétienne en autorisant qu'on lui rende un culte local (⇒ **béatification**). *Vénérable, bienheureux et saint.* ✪ CONTR. Malheureux. Damné, maudit.

bien-jugé n. m. – XVIIIe ▪ Conformité au droit (en parlant d'une décision judiciaire). *Des bien-jugés.* ✪ CONTR. Mal-jugé.

biennal, ale, aux adj. et n. f. – XVIe ; *bi-* et lat. *annus* « an » 1 Qui dure deux ans. *Office, emploi biennal.* ♦ Qui a lieu tous les deux ans. ⇒ **bisannuel.** 2 n. f. Manifestation qui a lieu tous les deux ans. *La biennale de Venise.*

> ❑ Le nom est apparu en 1936 à propos de la première biennale de Venise qui eut lieu en 1934.

bien-pensant, ante adj. et n. – XVIIIe ▪ Dont les idées sont conformistes, conventionnelles. *Des gens bien-pensants.* ➛ *Une revue bien-pensante.* ➛ n. « *les "bien-pensants" voulaient l'anéantissement des "intellectuels", et réciproquement* » (Beauv.).

> ❑ On entend parfois au comparatif *mieux-pensant* comme si *pensant* était indépendant. → ① bien (rem.).

bienséance n. f. – XVIe ▪ Conduite sociale en accord avec les usages, respect de certaines formes. ⇒ **correction, décence, politesse, savoir-vivre.** *Les règles de la bienséance.* « *la bienséance m'empêche de pousser trop loin mes questions* » (Loti). ♦ plur. Usages à respecter. ⇒ **convenances, étiquette, protocole.** *Respecter les bienséances.* « *ayant pour principe la crainte de manquer aux bienséances* » (Rouss.). ✪ CONTR. Impolitesse, inconvenance.

bienséant, ante adj. – XIIIe ; de ② *seoir* ▪ vieilli Qu'il convient de faire, de dire. ⇒ **convenable, correct, décent,** ① **poli.** *Une attitude bienséante à une jeune fille. Il est bienséant de* (et inf.), *que* (et subj.). ✪ CONTR. Malséant.

> ❑ Ne supporte pas d'être précédé de *plus.* → ① bien (rem.).

bientôt adv. – XIVe 1 Dans peu de temps, dans un proche futur. ⇒ **incessamment, prochainement.** *Nous reviendrons bientôt,* (fam.) *très bientôt.* « *vous n'avez pas bientôt fini de faire le phoque ?* » (Courtel.). *C'est bientôt la fin. Il est bientôt minuit.* ⇒ **presque.** ➛ loc. adv. *À BIENTÔT* (en quittant qqn que l'on désire ou pense revoir bientôt). 2 vieilli ou littér. En un court espace de temps. ⇒ **rapidement, tôt, vite.** *Il eut bientôt résolu le mystère.* ✪ CONTR. Longtemps (dans). Lentement.

> ❑ Ne pas confondre avec *bien tôt (vous partez bien tôt !).* → tôt. ♦ *Très bientôt* est critiqué sans raison valable (même construction que *très prochainement*).

bienveillance n. f. – XIIe ▪ Disposition favorable envers une personne inférieure (en âge, en mérite). ⇒ **bonté, indulgence.** *Je sollicite de votre haute bienveillance...,* formule de politesse lors d'une requête. ⇒ **faveur, grâce.** ➛ Mise en valeur des qualités. *Parler avec bienveillance d'une œuvre, de son auteur.* ✪ CONTR. Malveillance.

bienveillant, ante adj. – XIIe ; de ① *bien* et anc. p. prés. de *vouloir* ▪ Qui a de la bienveillance. ⇒ **débonnaire, généreux, indulgent.** *Se montrer bienveillant à l'égard de qqn, pour qqn.* « *pour obtenir de la vieille dame au moins une bienveillante neutralité* » (Camus). *Critique bienveillante. Un sourire bienveillant.* ⇒ **aimable, cordial.** ✪ CONTR. Désobligeant, malveillant.

> ❑ Il n'est pas impossible de faire précéder cet adjectif de *plus.*

bienvenu, ue adj. et n. – XIIIe 1 Qui arrive à propos. ⇒ **opportun ; juste.** *Remarque bienvenue.* 2 n. Personne, chose accueillie avec plaisir. « *Étrangers, soyez les bienvenus dans la maison de Paddy O'Moore* » (J. Verne). *Votre offre est la bienvenue.*

> ❑ Pour le sens « qui arrive à propos », on ne peut employer le comparatif. → ① bien (rem.).

bienvenue n. f. – XIIIe ▪ (dans un souhait) Heureuse arrivée de qqn. *Souhaiter la bienvenue à qqn. Cadeau, discours de bienvenue.* « *Anne criait à la sourde d'inutiles paroles de bienvenue* » (Mauriac). *Bienvenue à nos hôtes.*

① **bière** n. f. – XVe ; néerl. ▪ Boisson alcoolique fermentée, faite avec de l'orge germée et aromatisée avec des fleurs de houblon. ⇒ fam. ① **mousse ; brasserie,** ① **brasseur.** *Bière brune, blonde. Bière anglaise* (⇒ **ale, pale-ale,** ② **porter, stout**), *belge* (⇒ **faro, gueuze, lambic**), *allemande. Bière d'Alsace, de Lorraine. Mauvaise bière.* ⇒ **bibine.** *Verres à bière.* ⇒ **bock, chope, demi.** « *Je boirais bien un autre demi, mais pas panaché, un vrai demi de vraie bière* » (Queneau). ➛ Verre de cette boisson.

> ❑ Ce mot a évincé *cervoise,* mot d'origine gauloise.

② **bière** n. f. – XIe ; germ. « civière » ▪ Caisse oblongue où l'on enferme un mort. ⇒ **cercueil.** *Mise en bière.*

biface n. m. – 1953 ▪ Outil de silex taillé sur ses deux faces, en triangle ou en amande, caractéristique du paléolithique acheuléen et abbevillien. ⇒ **coup-de-poing** (2°).

biffer v. tr. [1] – XVIe ; a. fr. *biffe* « étoffe rayée » ▪ Rayer d'autorité (ce qui est écrit) pour supprimer. ⇒ **barrer, raturer ; biffure.** « *en biffant le mot guerre pour écrire à la place : pacification* » (Mauriac).

biffure n. f. – XIXe ▪ Action de biffer. ♦ Trait par lequel on biffe. ⇒ **rature.** « *Ces trois exemplaires sont condamnés à toutes les ratures et biffures* » (P.-L. Cour.).

bifide adj. – XVIIIe ; lat. *findere* « fendre » ▪ didact. Fendu en deux. *Pétale bifide. Sabot, langue bifide.*

bifidus [bifidys] n. m. – 1900 ; mot lat. « fendu en deux » ▪ Bactérie anaérobie, composant de la flore intestinale des nourrissons, utilisée industriellement comme ferment lactique.

bifilaire adj. – XIXe ■ Constitué de deux fils. *Suspension bifilaire.* ➜ *Liaison, enroulement bifilaire,* par deux fils électriques à courants de sens opposés.

bifocal, ale, aux adj. – v. 1930 ■ Qui a deux foyers. *Lunettes bifocales* (pour la vision à distance et la vision rapprochée).

bifteck n. m. – XVIIIe ; angl. *beefsteak* « tranche de bœuf » ■ Tranche de bœuf grillée ou destinée à l'être. ⇒ **steak.** *Un bifteck dans le filet, dans la bavette. Des biftecks hachés. Il convient « de dire adieu aux côtelettes grillées et aux biftecks saignants »* (Huysm.). par ext. *Bifteck de cheval.* ➜ loc. fam. *Gagner son bifteck* : gagner sa vie. *Défendre son bifteck,* ses intérêts.

❑ Attention à la disparité des graphies de *bifteck* et *steak.*

bifurcation n. f. – XVIe 1 didact. Division en deux branches. ⇒ **dichotomie, fourche.** 2 Endroit où une voie de communication se dédouble. *Bifurcation d'une route* (⇒ **embranchement, fourche**), *d'une voie de chemin de fer* (⇒ **aiguillage, embranchement**). 3 Possibilité d'option entre plusieurs voies. *« cette année, j'entre dans les classes supérieures. C'est l'année de la bifurcation. J'ai une grande résolution à prendre »* (France). ✪ CONTR. Jonction, réunion.

bifurquer v. intr. [1] – XVIe ; lat. *furca* « fourche » 1 Se diviser en deux, en forme de fourche. ⇒ se **dédoubler, diverger.** *La route bifurque.* 2 Abandonner une voie pour en suivre une autre. 3 Prendre une autre direction. *Bifurquer vers les sciences. « Une illumination soudaine semble parfois faire bifurquer une destinée »* (St-Exup.). ✪ CONTR. Raccorder (se).

bigame adj. et n. – XIIIe ; *bi-* et *-game* ■ Qui est marié à deux personnes en même temps. *Il est bigame.* ➜ n. *Une bigame.* ⇒ **polygame ; polyandre.** ✪ CONTR. Monogame.

bigamie n. f. – XVe ■ Dans les sociétés occidentales, Situation de qqn qui a contracté un second mariage sans dissolution du premier. ⇒ **polygamie ; polyandrie.** ✪ CONTR. Monogamie.

bigarade n. f. – XVIIe ; provenç. « bigarré » ■ Orange amère. adj. *Des oranges bigarades.*

bigaradier n. m. – XVIIIe ■ Oranger dont le fruit est la bigarade.

bigarré, ée adj. – XVe ; de l'a. fr. *garre* « de deux couleurs » ; o. i. 1 Qui a des couleurs variées. ⇒ **bariolé, chamarré.** *Tapis bigarré.* 2 Formé d'éléments disparates à la vue. ⇒ **hétéroclite, hétérogène, mêlé, varié.** *« Une foule immense, bigarrée, diaprée, fourmillante »* (Gaut.). ✪ CONTR. Uni. Homogène, uniforme.

bigarreau n. m. – XVIe ; de *bigarrer* ■ Cerise rouge et blanche, à chair ferme. ⇒ **burlat.** *Bigarreaux Napoléon.*

bigarrer v. tr. [1] – XVIe ■ Marquer de couleurs qui tranchent l'une sur l'autre. ⇒ **chamarrer.** *« les pampres tamisant le soleil, bigarraient d'ombre et de clair sa charmante figure »* (Gaut.).

bigarrure n. f. – XVIe ■ Aspect bigarré. ♦ Marque de ce qui est bigarré. *Les bigarrures du papillon.* ✪ CONTR. Uniformité.

big-bang [bigbãg] n. m. – 1956 ; angl. *big bang,* de *big* « grand » et *bang,* onomat. ■ Théorie cosmologique selon laquelle l'Univers a son origine dans une formidable explosion primordiale depuis laquelle il est toujours en expansion.

❑ Cet américanisme pourrait être avantageusement remplacé par *grand boum.* ♦ La théorie du *big-bang* est remise en cause parmi les chercheurs européens.

bigler v. [1] – XVIe ; p.-ê. lat. *bis* « deux fois » et *oculare* « regarder » ■ fam. 1 v. intr. Loucher. 2 v. tr. vieilli Regarder du coin de l'œil. *« il me biglait de travers, buté, méchant »* (Céline).

bigleux, euse adj. et n. – 1936 ■ fam. 1 Qui louche. 2 Qui voit mal. *Là, sous tes yeux ! tu es bigleuse !*

bignole n. f. – 1927 ; de *bigner* « regarder » ■ pop. Concierge (femme).

bignonia n. m. – XVIIe ; de *Bignon,* n. pr. ■ Arbrisseau grimpant *(bignoniacées),* à fleurs orangées en trompette, cultivé comme plante d'ornement. *« entre les lames des contrevents un bignonia poussait dans la pénombre de la salle à manger, d'énormes tiges blanches et molles »* (Gide).

❑ C'est en l'honneur de J. P. Bignon (1662-1743), prédicateur du roi, que Tournefort nomma cette plante. ♦ Ne pas confondre *bignonia* et *bégonia,* autre plante.

bigophone n. m. – XIXe ; de *Bigot,* l'inventeur, et *-phone* 1 Mirliton en zinc dans lequel on chante un air. 2 fam. Téléphone. *Je te passerai un coup de bigophone.*

bigorne n. f. – XIVe ; lat. *bicornis* → bicorne 1 Petite enclume à deux cornes. *Bigorne d'orfèvre.* 2 Ciseau de calfat pour briser les clous gênant le calfatage. 3 Masse en bois pour fouler les peaux.

bigorneau n. m. – XVe ; de *bigorne* ■ Petit coquillage à coquille noire spiralée, qui se mange cuit. ⇒ **littorine,** ① **vigneau.**

bigorner v. tr. [1] – XVIIe 1 Forger sur la bigorne. 2 pop. Abîmer, tordre. *Bigorner sa bagnole contre un arbre.* ➜ pronom. *SE BIGORNER* : se battre. *Ils se sont bigornés.*

bigot, ote adj. et n. – XIIe ; a. angl. *bî god (by god)* « par Dieu » 1 Qui manifeste une dévotion outrée et étroite. ⇒ **bondieusard, calotin, dévot.** ➜ *« le parler y est bigot, le silence est bigot et les figures sont bigotes »* (Balz.). 2 n. Personne bigote. *Une vieille bigote.*

bigoterie n. f. – XVe ■ Dévotion étroite du bigot. *La bigoterie d'une dame patronnesse.*

bigouden, ène [bigudɛ̃, ɛn] n. et adj. – XIXe ; mot bret. 1 n. f. *BIGOUDÈNE* : haute coiffe cylindrique portée dans la région de Pont-l'Abbé. 2 adj. De la région de Pont-l'Abbé. *Le pays bigouden.* ➜ n. Habitant, originaire de la région de Pont-l'Abbé.

bigoudi n. m. – XIXe ; o. i. ■ Petit rouleau autour duquel on enroule chaque mèche de cheveux pour les mettre en plis. *« ces bigoudis qui la faisaient ressembler [...] à une Méduse coiffée de serpents »* (Yourcenar).

bigre interj. – XVIIIe, euphém. pour *bougre* ■ vieilli (Exprime l'étonnement, l'admiration, la crainte). *« "Bigre de bigre !" fait le professeur de langues »* (Bernanos).

bigrement adv. – XIXe ■ fam. Très. ⇒ **bougrement.** *Il fait bigrement chaud !*

bigue n. f. – XVIIe ; provenç. « poutre » ■ Grue de levage très puissante, formée de montants réunis au sommet et soutenant un palan. ⇒ **chèvre.** *Les bigues d'un port.*

biguine n. f. – 1935 ; mot des Antilles ■ Danse des Antilles, à la mode en France entre 1930 et 1950.

❑ On dit parfois *béguine* dans la langue populaire.

bihebdomadaire adj. – XIXe ■ Qui a lieu, qui paraît deux fois par semaine. *Revue bihebdomadaire.*

bihoreau n. m. – XIVe ; o. i. ■ Oiseau échassier des marais *(ciconiiformes),* sorte de petit héron.

bijectif, ive adj. – mil. XXe ■ Qui possède les caractères de la bijection.

bijection n. f. – mil. XXe ; de *bi-* et *(in)jection* ■ En mathématiques, Application qui, à tout élément de l'ensemble de départ, associe un et un seul élément de l'ensemble d'arrivée.

bijou n. m. – XVe ; bret. *biz* « doigt » 1 Petit objet de parure, précieux par la matière ou par le travail. ⇒ **joyau.** *Commerce, fabrication des bijoux.* ⇒ **bijouterie, joaillerie, orfèvrerie.** *Bijou fantaisie. Faux bijou.* ⇒ ② **toc, pacotille.** « *Les hommes les couvrirent de bijoux au prorata de leurs bilans* » (Duras). *Bijoux de famille,* qui se transmettent d'une génération à l'autre ; (loc. fam.) le pénis et les testicules. 2 fig. Objet, ouvrage d'une facture très soignée. *Ce studio est un bijou.* ⇒ **chef-d'œuvre, merveille.** *La Chapelle* « *vrai bijou d'orfèvrerie lapidaire* » (Flaub.).

bijouterie n. f. – XVIIIe 1 Fabrication, industrie des bijoux. ➛ Vente, commerce des bijoux. 2 Lieu où l'on vend, où l'on expose des bijoux. 3 Ensemble des objets de ce commerce, de cette industrie.

bijoutier, ière n. – XVIIe ▪ Personne qui fabrique, qui vend des bijoux. ⇒ **joaillier, orfèvre.** *Un horloger-bijoutier.*

bikini n. m. – 1946 ; marque déposée ; nom d'un atoll du Pacifique ▪ vieilli Maillot de bain deux pièces. ⇒ **deux-pièces.** « *elle est vêtue d'un bikini blanc où sont incrustés de petits bigorneaux de nacre* » (Le Clézio).

> ❑ Une femme en *bikini* était censée faire le même effet que la bombe atomique (dont le premier essai fut fait à Bikini en 1946).

bilabial, iale, iaux adj. et n. f. – 1905 ▪ *Consonne bilabiale,* ou n. f. *une bilabiale :* consonne qui s'articule avec les deux lèvres (ex. b, p, m).

bilabié, iée adj. – XIXe ▪ Partagé en deux lèvres, en parlant des calices et corolles.

bilame n. m. – XIXe ▪ Bande métallique formée de deux lames de métaux inégalement dilatables, dans certains dispositifs thermostatiques.

bilan n. m. – XVIe ; it. *bilancio* « balance » 1 Inventaire périodique de tout ce qu'une entreprise possède et de tout ce qu'elle doit. ⇒ ① **balance, état.** *Dresser, arrêter un bilan. Bilan positif. Analyse de bilan* (⇒ ① **audit**). ➛ *Dépôt de bilan :* acte par lequel un commerçant se déclare en faillite. « *Vient-il avec cette assurance et cet air glorieux m'annoncer qu'il dépose son bilan ?* » (Maurois). 2 État, résultat global. *Le bilan de la catastrophe est très lourd.* ➛ *Le bilan d'une vie. Faire son bilan.* ♦ *Bilan de santé :* ensemble d'examens médicaux permettant d'apprécier l'état et le fonctionnement des organes. ⇒ **check-up.**

bilatéral, ale, aux adj. – XIXe 1 Qui a deux côtés, qui se rapporte à deux côtés. *Stationnement bilatéral,* des deux côtés d'une voie. 2 Qui a deux côtés symétriques. ♦ Qui affecte les deux côtés du corps, deux organes symétriques. *Strabisme bilatéral.* 3 Qui engage les parties contractantes les unes envers les autres. ⇒ **réciproque.** *Contrat bilatéral* (opposé à *contrat unilatéral*). ✪ CONTR. Unilatéral.

bilboquet n. m. – XVIe ; de *bille* et *bouque* « boule » ▪ Jouet formé d'un petit bâton pointu à une extrémité et d'une boule percée qui lui est reliée par une cordelette. *Jouer au bilboquet :* lancer la boule et la rattraper en l'enfilant sur le bâton.

> ❑ Le *bilboquet* était en faveur à la cour du roi Henri III (fin du XVIe s.).

bile n. f. – XVIe ; lat. 1 Liquide visqueux et amer sécrété par le foie, qui s'accumule dans la vésicule biliaire d'où il est déversé dans le duodénum au moment de la digestion. 2 fig. vieilli *Échauffer la bile :* exciter la colère. 3 fam. *Se faire de la bile :* s'inquiéter, se tourmenter. « *puisqu'il déclare avoir agi de son propre mouvement, ne te fais pas de bile* » (Carco). ✪ HOM. Bill.

> ❑ La *bile* faisait partie des quatre humeurs dans l'ancienne médecine. → humeur (rem.).

biler (se) v. pron. [1] – XIXe ▪ fam. S'inquiéter, se faire de la bile. ⇒ ① **faire** (s'en faire). *Il passe bientôt ses examens, mais il ne se bile pas beaucoup.*

bileux, euse adj. – XIXe ▪ fam. Qui se fait de la bile. ⇒ **anxieux, bilieux, tourmenté.** ✪ CONTR. Insouciant.

> ❑ S'emploie surtout dans une phrase négative. ♦ Ce mot a vieilli.

bilharzie n. f. – XIXe ; de *Bilharz* ▪ Ver trématode *(schistosoma)* hébergé par des mollusques d'eau, qui parasite l'homme et provoque la bilharziose, de l'hématurie. ⇒ **schistosome.**

bilharziose n. f. – XIXe ▪ Maladie parasitaire, surtout tropicale, causée par la bilharzie. *La bilharziose intestinale, vésicale.*

biliaire adj. – XVIIe ▪ Qui a rapport à la bile.

bilieux, ieuse adj. – XVIe 1 Qui abonde en bile ; qui résulte de l'abondance de bile. *Teint bilieux des hépatiques.* 2 fig. et littér. Qui, par son humeur inquiète, est enclin à la colère. « *ce tempérament bilieux qui est celui du génie, et jette sur toutes les actions comme un vernis de passion* » (Stendh.). ✪ CONTR. Enjoué, jovial.

bilinéaire adj. – 1903 ▪ En mathématiques, *Application, forme bilinéaire pour un couple de variables,* linéaire par rapport aux deux variables.

bilingue adj. – XIIIe ; lat. 1 Qui est en deux langues. *Dictionnaire bilingue français-anglais. Enseignement bilingue.* 2 Qui parle, possède parfaitement deux langues. subst. *Les bilingues.* 3 Où l'on parle deux langues. *Une région bilingue.*

bilinguisme [bilɛ̃gɥism] n. m. – 1911 ▪ Qualité d'une personne, d'une région bilingue. ♦ Situation d'un pays qui a deux langues officielles.

bilirubine n. f. – XIXe ; de *bile* et lat. *rubens* « rouge » ▪ Pigment rouge de la bile.

biliverdine n. f. – XIXe ; de *bile* et *vert* ▪ Composé de dégradation de la bile, d'une couleur verte.

bill [bil] n. m. – XVIIe ; mot angl. ▪ Projet de loi du Parlement en Grande-Bretagne. *Des bills.* ➛ La loi votée. ✪ HOM. Bile.

billard n. m. – XIVe 1 Jeu pratiqué sur une table spéciale où les joueurs font rouler des billes, en poussant l'une avec une queue. *Table, queue de billard. Boule de billard.* ➛ *Académie de billard :* établissement où l'on joue au billard. ➛ Partie de billard. ♦ Salle de billard. 2 *Billard électrique :* jeu qui consiste à faire toucher par une bille des mécanismes électriques situés sur un plateau incliné. ⇒ ① **flipper.** « *une demi-douzaine de billards électriques étaient allumés* » (Le Clézio). 3 Table rectangulaire, munie de rebords élastiques (⇒ ① **bande**), sur laquelle on joue au billard. *Tapis de billard.* « *penché sur le billard, il est en train de combiner un magnifique effet de recul* » (Daud.). ♦ fig. et fam. Table d'opération. *Passer sur le billard :* subir une opération. 4 fig. et fam. *C'est du billard :* c'est facile.

① **bille** n. f. – XIIe ; p.-ê. germ. *bikkil* « dé » 1 Boule d'ivoire ou de matière synthétique, avec laquelle on joue au billard. *Billes blanches. Bille rouge.* ♦ loc. fig. *BILLE EN TÊTE :* avec audace. ➛ fam. *Toucher sa bille :* être compétent. 2 Petite boule de pierre, d'argile, de verre, servant à des jeux d'enfant. *Un sac de billes.* « *C'est une bille de verre ordinaire, d'environ deux centimètres de diamètre* » (Robbe-Grillet). ♦ *Les billes :* ce jeu. « *Ces gamins, à l'âge où d'autres jouent aux* *billes* » (Romains). ➛ loc. fig. *Reprendre ses billes :* cesser de participer à une action collective, en reprenant ce qu'on a donné, concédé. ♦ fam. *Les billes :* les yeux. *Rouler des billes :* regarder avec étonnement. 3 *Roulement à billes,* où des billes d'acier suppriment le contact direct entre des pièces en rotation. ➛ Petite sphère métallique imbibée d'encre grasse, qui remplace la plume ordinaire. *Un stylo à bille* ou *stylo-bille.* 4 fam. Figure, face. ⇒ **tête ;** fam. ② **bouille.**

② **bille** n. f. – XIVe ; lat. « tronc d'arbre » 1 Pièce de bois découpée dans une grume. ⇒ **billon.** « *de toute son existence passée à traîner des billes de loupe de la forêt jusqu'à la plaine* » (Duras). 2 région. *Bille de chocolat* **(⇒ barre).**

billet n. m. – XIVe ; d'apr. ② *bille* 1 Courte lettre. ⇒ **missive, mot.** *Billet doux :* lettre d'amour. ⇒ fam. **poulet.** ♦ Petit article de journal **(⇒ billettiste).** 2 Promesse écrite, engagement de payer une certaine somme. ⇒ **reconnaissance.** *Billets de commerce.* ⇒ **effet** (II), **traite.** *Billet au porteur,* payable au détenteur à l'échéance. ➛ *Billet à ordre,* par lequel une personne **(⇒ souscripteur)** s'engage à payer une somme à qqn **(⇒ bénéficiaire)** ou à son ordre. ⇒ **lettre** (de change). 3 *BILLET (DE BANQUE) :* papier-monnaie émis par les banques centrales. ⇒ **coupure.** *La circulation des billets a augmenté, a diminué* **(⇒ inflation ;** ② **déflation).** *Billet de cent francs, de vingt marks, de vingt dollars. Il* « *m'orna la main d'un billet de mille* » (Queneau). *Distributeur de billets.* ⇒ **billetterie.** *Le billet vert :* le dollar américain. ♦ fam. Somme de mille anciens francs, de dix francs. ⇒ ① **sac.** 4 Petit imprimé donnant entrée, accès quelque part. ⇒ **carte, ticket.** *Acheter un billet. Billet de théâtre. Billet de train, de bateau, d'avion.* ⇒ **titre** (de transport). « *Je pris un billet pour Gournay* » (Tournier). *Composter son billet.* ➛ *Billet de loterie. Billet gagnant.* ⇒ **numéro.** « *Que m'importe, si je n'ai point de billet de la loterie, que tel ou tel numéro sorte de l'urne ?* » (Valéry). 5 Papier reconnaissant ou attestant une chose. ⇒ **attestation, certificat.** ➛ loc. fam., vieilli *Je vous donne, je vous fiche mon billet que.* ⇒ **certifier, garantir, parier.**

billeté, ée adj. – XIIIe ▪ En héraldique, Semé de billettes.

billette n. f. – XIVe ; de ② *bille* 1 Bois de chauffage fendu. ➛ Lingot d'acier de section carrée. 2 Pièce d'armoiries en forme de rectangle **(⇒ billeté).** 3 Ornement composé de tronçons de tore.

billetterie n. f. – 1973 1 Ensemble des opérations relatives à l'émission et à la délivrance de billets (voyages, spectacles...). ➛ Lieu où ces billets sont délivrés. 2 Distributeur automatique de billets de banque fonctionnant avec une carte de crédit.

billettiste n. – mil. XXe 1 Auteur d'un billet dans un journal. 2 Personne qui délivre des titres de transport dans une agence de voyages.

billevesée [bilvəze] n. f. – XVe ; mot de l'Ouest, p.-ê. de *beille* « boyau » et *vezé* « gonflé » ▪ vieilli Parole vide de sens, idée creuse. ⇒ **baliverne, sornette.**

> ❑ Surtout employé au pluriel. ♦ Style recherché ; on dit *sottises* ou d'autres mots familiers.

billion [biljɔ̃] n. m. – XVIe ; de *bi-* et *(mi)llion* 1 vx Mille millions, soit 10^9. ⇒ **milliard.** 2 Million de millions, soit 10^{12} **(⇒ téra-).**

> ❑ On évite d'employer ce mot en raison du risque de confusion entre l'ancienne et la nouvelle acception.

billon n. m. – XIIIe ; de ② *bille* 1 Autrefois, Monnaie de cuivre mêlé ou non d'argent. ➛ Monnaie divisionnaire métallique de faible valeur intrinsèque. ⇒ **pièce.** *Du billon* (ou *monnaie de billon*). 2 Bille de bois courte. 3 Ados formé dans un terrain avec la charrue (entre deux sillons).

billonnage n. m. – XVIe ▪ Labourage en billons. ➛ Tronçonnage des arbres abattus.

billot n. m. – XVIe ; de ② *bille* 1 Tronçon de bois gros et court sur lequel on coupe la viande, le bois. ♦ Bloc de bois sur lequel on décapitait les condamnés. ➛ loc. fig. *J'en mettrais ma tête sur le billot :* j'en suis absolument certain. 2 Bloc de bois ou de métal à hauteur d'appui, sur lequel on fait un ouvrage. *Billot de tonnelier.* ➛ Pièce de bois soutenant la quille d'un navire en construction. ⇒ **tin.** 3 Bâton d'entrave pour les animaux.

bilobé, ée adj. – XVIIIe ▪ Qui a deux lobes.

bimane adj. et n. – XVIIe ; *bi-* et ① *-mane* ▪ Qui a deux mains à pouces opposables. « *L'homme est le seul qui soit bimane et bipède, parce qu'il est le seul qui ait deux mains et deux pieds* » (Buff.). ➛ n. *Un bimane.*

bimbeloterie n. f. – XVIIIe 1 Fabrication ou commerce des bibelots. 2 Ensemble de bibelots. *Boutique de bimbeloterie.* ⇒ **bazar.**

bimbelotier, ière n. – XVe ▪ Personne qui fabrique ou vend des bibelots.

bimensuel, elle adj. et n. m. – XIXe ▪ Qui a lieu, qui paraît deux fois par mois. ➛ n. m. *Un bimensuel.*

bimestre n. m. – XIXe ▪ Durée de deux mois.

bimestriel, ielle adj. et n. m. – XIXe ▪ Qui a lieu, qui paraît tous les deux mois. ➛ n. m. *Un bimestriel.*

bimétallique adj. – XIXe 1 Relatif au bimétallisme. 2 Composé de deux métaux.

bimétallisme n. m. – XIXe ▪ Système monétaire dans lequel deux métaux servent d'étalon (opposé à *monométallisme*).

bimétalliste adj. – XIXe ▪ Relatif au bimétallisme, où le bimétallisme est en vigueur. *État bimétalliste.*

bimillénaire [bimi(l)lenɛʀ] adj. et n. m. – XIXe ▪ Qui est deux fois millénaire ; qui a deux mille ans, ou plus. ♦ n. m. Deux millième anniversaire (d'un événement).

bimoteur adj. – 1921 ▪ Muni de deux moteurs. *Avion bimoteur.* ⇒ aussi **biréacteur.** ➛ n. m. *Un bimoteur.*

binage n. m. – XIVe ▪ Action de biner. ➛ Désherbage. ⇒ **sarclage.**

binaire adj. – XVIe ; lat. *bini* « deux éléments formant couple » 1 Composé de deux unités, deux éléments. *Nombre binaire.* ♦ *Code, langage binaire d'un ordinateur.* ♦ *Alliage binaire.* 2 *Mesure binaire,* dont les temps sont divisibles par deux. *Rythme binaire,* à deux temps.

binational, ale, aux adj. – 1944 ▪ Qui possède une double nationalité, qui relève de deux pays.

binaural → **biaural**

binauriculaire → **biauriculaire**

biner v. tr. [1] – XIIIe ; lat. *binare* « refaire deux fois » ▪ Ameublir et aérer la couche superficielle de (la terre). ♦ Désherber. ⇒ **sarcler.** « *le caporal binait le talus après l'avoir arrosé* » (Duras).

① **binette** n. f. – XVIIe ▪ Instrument servant au binage.

② **binette** n. f. – XIXe ; probablt de *bobine* ▪ fam. Visage. ⇒ **trombine.**

bineuse n. f. – XIXe ▪ Machine destinée au binage.

bing [biŋ] interj. – XIXe ; onomat. ▪ Onomatopée évoquant un bruit sec (souvent métallique) résultant d'un choc ou d'un heurt.

bingo [biŋgo] n. m. – 1944 ; mot angl., p.-ê. de *bing* ▪ Jeu de loto public.

> ❑ Ce jeu est très répandu en Amérique du Nord, en Grande-Bretagne et en Irlande.

biniou n. m. – XVIIIe ; mot bret. 1 Cornemuse bretonne. *Un sonneur de biniou. Des binious.* 2 arg. des musiciens Instrument à vent ; cuivre.

binoclard, arde adj. et n. – XIXe ▪ fam. Qui porte des lunettes. *Un vieux professeur binoclard.*

binocle n. m. – XVIIe ; lat. *bini* (→ binaire) et *oculus* « œil » ▪ Autrefois, Lorgnon. ⇒ **besicles, pince-nez.** « *son nez qu'un binocle d'écaille chevauchait* » (Courtel.). ♦ au plur. fam. Lunettes. *Où sont passés mes binocles ?*

binoculaire adj. et n. f. – XVIIe 1 Relatif aux deux yeux. *Vision binoculaire* : formation simultanée de deux images d'un même objet sur la rétine des deux yeux. 2 Qui comporte deux oculaires. *Microscope binoculaire.* 3 n. f. Jumelle à prisme employée pour l'observation dans l'armée.

binôme n. m. – XVIe ; lat. *bis* et *nomen* « nom, terme » 1 Quantité algébrique formée par la somme ou la différence de deux monômes. 2 arg. des écoles Condisciple avec qui l'on effectue des travaux pratiques, un devoir.

binomial, iale, iaux adj. – XVe ▪ Relatif au binôme.

bintje [bintʃ] n. f. – 1947 ; mot néerl. ▪ Pomme de terre d'une variété à chair jaune farineuse. *Des bintjes.*

binz ou **bin's** [bins] n. m. – v. 1950 ; de *cabin's*, apocope de *cabinets* ▪ fam. Chose, situation confuse, compliquée. *C'est tout un binz pour aller chez lui.* ♦ Désordre.

bio → **biologique**

bio- Élément, du gr. *bios* « vie ».

> ❑ Les composés récents servent généralement à désigner le rapport entre une science, une technique et la biologie. ♦ Attention, ne pas confondre *bio-* et *bi-* suivi d'un mot commençant pas o (ex. *bioxyde*).

biobibliographie n. f. – XIXe ; *bio-, biblio-* et *-graphie* ▪ Étude de la vie et des œuvres d'un auteur.

biocarburant n. m. – 1985 ▪ Carburant de substitution d'origine végétale.

biocatalyseur n. m. – mil. XXe ▪ Substance qui active ou accélère une réaction biochimique.

biocénose n. f. – 1908 ; gr. *bios* « vie » et *koinos* « commun » ▪ Association d'animaux et de végétaux qui vivent en équilibre dans un biotope ou dans une station donnés.

biochimie n. f. – XIXe ▪ Partie de la chimie qui traite de la chimie des êtres vivants.

biochimique adj. – XIXe ▪ Relatif à la biochimie.

biochimiste n. – 1920 ▪ Spécialiste de la biochimie.

biocide n. m. – 1969 ▪ Produit qui détruit les micro-organismes. ⇒ **fongicide, herbicide, pesticide.**

bioclimatique adj. – 1966 ▪ Qui concerne l'influence du climat sur les organismes vivants. ◆ Relatif à la bioclimatologie.

bioclimatologie n. f. – 1960 ▪ Science qui étudie l'influence des facteurs climatiques sur le développement des êtres vivants.

biocompatible adj. – v. 1970 ▪ Qui est toléré par l'organisme.

biodégradable adj. – 1966 ▪ Susceptible d'être dégradé par des bactéries.

> ❑ Ce mot est devenu courant avec le développement du mouvement écologique : les déchets doivent être *biodégradables* ou *recyclés*.

biodégradation n. f. – 1966 ▪ Dégradation de certaines substances par des organismes vivants. ⇒ **putréfaction.**

bioénergétique adj. – 1911 ▪ Qui concerne les transformations de l'énergie dans les tissus vivants.

bioénergie n. f. – v. 1975 ▪ Thérapie visant à rendre à l'individu son équilibre en l'aidant à libérer son énergie vitale.

bioéthique n. f. – 1982 ▪ Discipline étudiant les problèmes moraux soulevés par la recherche biologique, médicale ou génétique.

biogène adj. – XIXe ; *bio-* et *-gène* ▪ Qui est d'origine animale ou végétale.

biogenèse n. f. – XIXe ▪ vieilli Théorie biologique selon laquelle un être vivant ne peut provenir que d'un autre être vivant. ⇒ **évolutionnisme, transformisme.**

biogéographie n. f. – 1907 ▪ Science qui étudie la répartition de la flore, de la faune et des milieux biologiques. ⇒ **phytogéographie, zoogéographie.**

biographe n. – XVIIe ▪ Auteur de biographies.

biographie n. f. – XVIIIe ; *bio-* et *-graphie* ▪ Écrit qui a pour objet l'histoire d'une vie particulière. *Écrire sa propre biographie.* ⇒ **autobiographie.** *Biographie des saints.* ⇒ **hagiographie.** « *Ordinairement les biographies d'artistes commencent par le récit des obstacles qu'élève la famille contre la vocation* » (Gaut.).

biographique adj. – XVIIIe ▪ Relatif à la biographie.

bio-industrie n. f. – av. 1979 ▪ Industrie fondée sur les biotechnologies.

> ❑ La soudure de ce mot est impossible à cause de la mauvaise lecture *(oin)* qu'elle entraînerait.

biologie n. f. – XIXe ; *bio-* et *-logie* ▪ Science qui a pour objet l'étude de la vie chez les êtres vivants et l'étude des phénomènes qui la caractérise. *Biologie animale, végétale.* ⇒ **phytobiologie.**

> ❑ Attention à l'analyse de *microbiologie* → microbiologie (rem.). ♦ On réserve plutôt les termes *zoologie, botanique,* à la description des espèces.

biologique adj. – XIXe 1 Relatif à la biologie. ♦ Qui a rapport à la vie, aux organismes vivants. *Rythme biologique.* ⇒ **biorythme.** *Père biologique,* dont le sperme a servi à la fécondation in vivo ou in vitro. *Mère biologique,* non adoptive. *Les « énergies de destruction qui sapent aussi dangereusement l'existence biologique que la santé du monde et de la société »* (Caillois). ◆ *Arme biologique,* utilisant des virus, des bactéries. 2 De la vie spontanée, naturelle. ⇒ **écologique.** *Culture biologique,* sans pesticides ni engrais de synthèse. abrév. fam. BIO. *Des produits bios* ou *bio.*

biologisme n. m. – 1936 ▪ Doctrine selon laquelle les phénomènes psychologiques et sociaux auraient une source biologique.

> ❑ Le mot a été créé par Sartre.

biologiste n. – XIXe ▪ Spécialiste de la biologie. ◆ adj *Un médecin biologiste.*

bioluminescence n. f. – v. 1929 ▪ Production de lumière par un être vivant, due à une réaction de biochimie. ⇒ **fluorescence, phosphorescence.**

biomagnétisme n. m. – XIXe ▪ Sensibilité des êtres vivants aux champs magnétiques, naturels ou créés artificiellement.

biomasse n. f. – 1966 ■ Masse de matière vivante subsistant en équilibre sur une surface donnée du globe terrestre.

biomatériau n. m. – 1982 ■ Matériau toléré par l'organisme, utilisé pour les prothèses, etc.

biomécanique n. f. – XIXe ■ Discipline qui étudie les structures et les fonctions physiologiques des organismes en relation avec les lois de la mécanique.

biomédical, ale, aux adj. – v. 1970 ■ Qui concerne à la fois la biologie et la médecine.

biométrie n. f. – XIXe ■ Étude statistique des variations biologiques à l'intérieur d'un groupe déterminé.

bionique n. f. – 1958 ; de *bio-* et *(électro)nique* ■ Science qui s'inspire de certains processus biologiques en vue d'une application de processus analogues dans l'électronique.

biopesticide n. m. – v. 1980 ■ Petits animaux prédateurs (insectes, arachnides, vers) élevés pour participer à la protection phytosanitaire.

❑ Les *biopesticides* ne sont pas polluants, à la différence des *pesticides* chimiques.

biophysique n. f. et adj. – v. 1920 ■ Discipline qui étudie les divers domaines de la biologie à l'aide de la physique. → adj. *Exploration biophysique.*

biopsie n. f. – XIXe ; de *bio-* et gr. *opsis* « vue » ■ Prélèvement sur un être vivant d'un fragment de tissu en vue d'un examen microscopique.

biorythme n. m. – 1972 ; angl. ■ Variation périodique du rythme biologique (⇒ **chronobiologie**). *Biorythme diurne, annuel. Biorythme cardiaque.*

biosphère n. f. – XIXe ■ Zone occupée par l'ensemble des êtres vivants au contact de la terre (⇒ **lithosphère**), de l'air (⇒ **atmosphère**) et dans les eaux (⇒ **hydrosphère**).

biosynthèse [bjosɛ̃tɛz] n. f. – 1950 ■ Synthèse d'une substance organique dans un être vivant. ⇒ **anabolisme ; photosynthèse.**

biote n. m. – 1955 ; gr. *bios* « vie » **1** La flore et la faune. **2** Vie animale et végétale caractéristique d'une zone donnée.

biotechnologie [bjotɛknɔlɔʒi] n. f. – 1980 ■ Ensemble des méthodes utilisant les données et les techniques de l'ingénierie et de la technologie, mettant en œuvre des organismes vivants ou des enzymes en vue d'utilisation industrielle.

❑ On a employé dans le même sens *biotechnique* n. f. → technologie (rem.).

biothérapie n. f. – 1909 ; *bio-* et *-thérapie* ■ Traitement par des cultures d'organismes vivants (ferments, levures, etc.) ou par des substances provenant d'organismes vivants (suc gastrique, vaccins, etc.).

biotine n. f. – mil. XXe ; gr. *bios* « vie » et *(vitam)ine* ■ Vitamine du groupe B.

biotique adj. – 1969 ; de *biote* ■ Qui concerne le développement des êtres vivants.

biotite n. f. – XIXe ; de *J.-B. Biot* ■ Mica noir, utilisé comme matériau d'isolation.

biotope n. m. – 1947 ; *bio-* et *-tope* ■ Milieu biologique déterminé offrant à une biocénose des conditions d'habitat relativement stables.

biotype n. m. – 1946 ■ Type d'une biotypologie. ♦ Génotype.

biotypologie n. f. – 1925 ■ Science qui tente d'établir une typologie humaine d'après les types physiques.

bioxyde n. m. – XIXe ■ Oxyde contenant deux atomes d'oxygène par molécule. ⇒ **dioxyde.** *Solution de bioxyde d'hydrogène* : eau oxygénée.

bip [bip] n. m. – v. 1957 ; onomat. **1** Signal sonore émis à intervalles réguliers par certains appareils. **2** fam. Dispositif d'alarme, émettant ce type de signal. ⇒ **eurosignal.** *Vêtements munis de bips antivol dans un magasin.*

❑ Est apparu sous la forme *bip-bip* à l'occasion du lancement du premier spoutnik dans l'espace.

bipale adj. – 1960 ■ À deux pales.

biparti, ie ou **bipartite** adj. – XIVe ; lat. *bi- (bis)* et *partire* « partager » ■ Qui est divisé en deux parties. « *ces portillons bipartis, dont le haut ne se ferme que le soir* » (Bazin). ♦ Qui est composé de deux éléments, de deux groupes. *Un gouvernement bipartite. Un accord bipartite.* « *Il n'est rien qui, dans l'univers, ne soit susceptible de former une opposition bipartite* » (Caillois).

bipartisme n. m. – 1948 ■ Système politique qui s'appuie sur la coexistence de deux partis.

bipartition n. f. – XVIIIe ■ Division en deux parties. *Bipartition cellulaire.*

bipède adj. et n. m. – XVIe ; lat. **1** Qui marche sur deux pieds. *L'homme est bipède.* → subst. « *les bipèdes et quelques rares quadrupèdes se jetaient dans la gare* » (Queneau). **2** n. m. Ensemble constitué par deux des jambes du cheval. *Le bipède antérieur.*

bipenné, ée adj. – XIXe ■ *Feuille bipennée à ramification,* deux fois pennée, dont les folioles sont disposées symétriquement en arête de poisson.

biphasé, ée adj. – déb. XXe ■ Se dit d'un système formé de deux courants monophasés de même valeur efficace et de signe contraire. → subst. *Du biphasé.*

bipied n. m. – XXe ■ Support d'un fusil mitrailleur formé de deux pieds.

biplace adj. – 1917 ■ Qui comporte deux places. *Un avion biplace,* ou n. m. *un biplace.*

biplan n. m. – XIXe ■ Avion à deux plans de sustentation.

bipoint n. m. – mil. XXe ■ Couple de points d'un espace affine dont l'un est l'origine et l'autre l'extrémité (⇒ **vecteur**).

bipolaire adj. – XIXe ■ Qui a deux pôles. *Aimant bipolaire.* → *Coordonnées bipolaires* : couple (r, r') constitué par des distances du point à deux pôles. ♦ fig. « *Martin du Gard, nature bipolaire, oscilla longtemps entre Jacques, le révolté lyrique, et Antoine, le stoïque réaliste* » (Maurois).

bipolarisation n. f. – 1926 ■ Tendance au regroupement des forces politiques d'une nation en deux blocs.

bipolarité n. f. – XIXe ■ État, propriété de ce qui est bipolaire. → fig. *Bipolarité de la vie politique.*

biquadratique [bikwadʀatik] adj. – XVIIIe ■ Qui est du quatrième degré. *Une équation biquadratique.* → n. f. Courbe gauche obtenue par l'intersection de deux courbes du second degré.

bique n. f. – XVIe ; p.-ê. altér. de *biche* par *bouc* ■ fam. **1** Chèvre. *Une peau de bique.* « *le bêlement d'une vieille bique en délire* » (Loti). **2** *Vieille bique* : vieille femme méchante. ✪ HOM. Bic.

biquet, ette n. – XVe ■ fam. Petit de la bique. ⇒ **cabri, chevreau.** → t. d'affection *Ma biquette, mon biquet.*

biquotidien, ienne adj. – XIXe ▪ Qui se fait deux fois par jour.

❑ On écrit aussi *bi-quotidien* : « *l'achat bi-quotidien de son journal à la petite librairie de la gare* » (Green).

birbe n. m. – XIXe ; it. « coquin » ▪ fam. *Vieux birbe* : vieux monsieur ennuyeux et ratiocinant.

biréacteur n. m. – v. 1945 ▪ Avion à deux réacteurs.

biréfringence n. f. – XIXe ▪ Propriété qu'ont certains corps transparents de diviser en deux le rayon lumineux qui les pénètre.

biréfringent, ente adj. – XIXe ▪ Qui produit une biréfringence.

birotor adj. et n. m. – v. 1960 ▪ Qui fonctionne avec deux rotors. *Des hélicoptères birotors.*

biroute n. f. – 1914 ; o. i. 1 arg. Pénis. 2 arg. milit. Manche à air.

① **bis, bise** [bi, biz] adj. – XIe ; o. i., de ② *bis* ▪ D'un gris tirant sur le brun. *Du pain bis,* gris à cause du son qu'il renferme. ♦ *Un teint bis,* brun. ⇒ **bistre.** ✪ HOM. Bise.

② **bis** [bis] interj. et adv. – XVIIe ; lat. « deux fois » **1** interj. Cri par lequel on demande la répétition de ce que l'on vient de voir ou d'entendre (⇒ **bisser**). ➛ n. m. *Un, des bis.* ⇒ **rappel.** « *Les bis se redemandaient sans fin, on s'enthousiasmait de l'auteur* » (Dider.). **2** adv. Une seconde fois. ➛ Sert à répéter un numéro. *Habiter au 12 bis de la rue.*

bis- Élément indiquant le redoublement (⇒ **bi-, di-**) ou ajoutant une nuance péjorative.

bisaïeul, eule n. – XIIIe ▪ littér. Père, mère des aïeuls. ⇒ **arrière-grand-père, arrière-grand-mère.** « *Je vous ai pris pour son bisaïeul* [...] *il y a au moins trois générations entre elle et vous* » (Beaum.). *Des bisaïeuls.* ⇒ **arrière-grands-parents.**

bisannuel, elle adj. – XVIIIe **1** Qui revient tous les deux ans. ⇒ **biennal. 2** Dont le cycle vital est de deux ans (en parlant d'une plante). ➛ n. f. *Les bisannuelles et les vivaces.*

❑ Ne signifie pas « deux fois par an », sens qui revient à *semestriel.*

bisbille n. f. – XVIIe ; it. *bisbiglio* « murmure » ▪ fam. Petite querelle pour un motif futile. ⇒ **chamaillerie.** *Être en bisbille avec qqn.*

biscornu, ue adj. – XIVe **1** Qui a une forme irrégulière, présentant des saillies. ⇒ **difforme. 2** fig. et fam. Compliqué et bizarre. ⇒ **saugrenu.** « *Cette idée biscornue de travailler au bureau comme secrétaire de son mari* » (Simenon).

biscoteau n. m. – 1930 ; de *biceps,* avec infl. de *costaud* ▪ fam. Biceps. *Il a des gros biscoteaux.*

biscotte n. f. – XIXe ; it. « cuit deux fois » ▪ Tranche de pain de mie séchée et dorée au four industriellement. *Paquet de biscottes.*

biscotterie n. f. – mil. XXe ▪ Industrie des biscottes. ➛ Bâtiments destinés à cette industrie.

biscuit n. m. – XIIe ; de *bis-* et *cuit* **I - 1** (au sing.) Aliment en forme de galette de farine de blé passée au four, puis déshydratée, autrefois destiné à l'armée. « *les navigateurs au long cours nourris de biscuit et de coups de fouet* » (Genet). **2** Petit gâteau sec qui se conserve longtemps. *Paquet de biscuits. Biscuits salés,* pour l'apéritif. **3** Gâteau frais à base de farine, de sucre et d'œufs. *Biscuit roulé.* **II** Porcelaine blanche non émaillée, cuite au four, qui imite le grain du marbre. *Une statuette en biscuit.* par ext. Objet fait en cette matière. *Un biscuit de Saxe.*

biscuiterie n. f. – XIXe ▪ Industrie de gâteaux secs. ➛ Bâtiments destinés à cette industrie.

① **bise** n. f. – XIIe ; p.-ê. germ. « vent du nord-est » ▪ En France, Vent sec et froid soufflant du nord ou du nord-est. « *une bise aigre s'était levée, qui charriait de la neige fondue* » (Mart. du G.). ✪ HOM. Bise (① bis).

❑ Dans le Grand Nord ce vent est le *blizzard.*

② **bise** n. f. – 1911 ▪ fam. Baiser sur la joue. ⇒ région. **bec.** *Une grosse bise.* ⇒ **bisou.** *Se faire la bise* (réciproquement). ⇒ s'**embrasser.**

biseau n. m. – XVIe ; probablt même orig. que *biais* **1** Bord taillé obliquement. ⇒ **biais,** ② **chanfrein.** « *ménager des biseaux dans le marbre des parements* » (Valéry). ♦ *EN BISEAU. Une vitre en biseau. Tailler en biseau.* ⇒ **biseauter, ébiseler. 2** Outil dont le tranchant est en biseau. *Biseau de menuisier.* **3** Extrémité d'un tuyau d'orgue. Bec de certains instruments à vent.

biseauter v. tr. [1] – XVIIIe **1** Tailler en biseau. *Une glace biseautée.* **2** Marquer la tranche des cartes à jouer pour tricher. « *Les cartes biseautées sont des cartes dont une tranche a été très finement limée* » (Cendrars).

biser v. tr. [1] – XIXe ▪ fam. et vieilli Donner une bise à (qqn). ⇒ **embrasser.** *Viens que je te bise !*

biset n. m. – XVIe ▪ Pigeon sauvage de couleur bise. adjt *Un pigeon biset.*

bisexualité [bisɛksɥalite] n. f. – XIXe **1** Caractère des plantes et des animaux à reproduction bisexuée. **2** Disposition sexuelle du psychisme, à la fois masculine et féminine, inhérente à tout individu. **3** Conduite des bisexuels.

bisexué, ée [bisɛksɥe] adj. – XIXe ▪ Qui porte des organes des deux sexes. ⇒ **hermaphrodite, monoïque.** ✪ CONTR. Unisexué.

bisexuel, elle [bisɛksɥɛl] adj. – XIXe **1** Qui concerne les deux sexes dans l'individu humain. *Tendances bisexuelles.* **2** Qui est indifféremment hétérosexuel et homosexuel. ➛ n. *Un bisexuel, une bisexuelle.*

❑ Comme dans tous les dérivés modernes, on ne redouble plus le *s* du radical. → ① s (rem.).

bismuth n. m. – XVIIe ; all. *Wismut* ▪ Élément atomique (Bi ; n° at. 83 ; m. at. 208,98) du même groupe que le phosphore, l'arsenic et l'antimoine. ♦ Sel ou composé du bismuth (citrate, carbonate) utilisé comme médicament.

bison n. m. – XIVe ; germ. ▪ Grand bovidé sauvage *(artiodactyles)* à cou bossu. *Bison d'Amérique. Bison d'Europe.* ⇒ **urus.** *Le massacre des bisons.* « *Quand les bisons ont adopté une direction rien ne pourrait ni enrayer ni modifier leur marche* » (J. Verne).

❑ En Amérique du Nord, *bison* se dit *buffalo* (cf. Buffalo Bill).

bisou n. m. – av. 1901 ▪ fam. Baiser, bise. *Fais-moi des gros bisous.*

❑ Ce mot appartenait à l'origine au langage enfantin ; il s'est généralisé vers les années 1970, et a quasiment remplacé *bise* et *bécot.*

bisque n. f. – XVIe ; p.-ê. provenç. *bisco* « potage » et « petit morceau » ▪ Potage fait de crustacés broyés finement avec leur carapace. *Bisque d'écrevisses.*

bisquer v. intr. [1] – XVIIIe ; p.-ê. roman « aller de biais » ▪ fam. et vieilli Éprouver du dépit, de la mauvaise humeur. ⇒ **rager, râler.** *Faire bisquer qqn.* ⇒ **enrager.**

bissecteur, trice adj. et n. f. – XIXe ▪ Qui divise en deux secteurs égaux. ➛ n. f. *Une bissectrice* : demi-droite qui, partant du sommet d'un angle, le partage en deux angles égaux.

bissection n. f. – XVIIIe ▪ Division en deux parties égales.

bisser v. tr. [1] – XIXe 1 Faire répéter en criant *bis* et en applaudissant. ➛ *Bisser un musicien.* ⇒ **rappeler.** 2 Répéter à la demande du public. *Il a bissé l'adagio.*

bissexte n. m. – XIIe ; lat. *bis-* et *sextus* « sixième » ▪ vieilli Vingt-neuvième jour ajouté au mois de février des années bissextiles.

> ❑ On l'appelait aussi *jour bissextil,* et ce masculin est inconnu aujourd'hui.

bissextile adj. f. – XVIe ▪ *Année bissextile :* année de 366 jours, le 366e jour étant le 29 février (⇒ **bissexte**), qui revient généralement tous les quatre ans.

bistable adj. – v. 1950 ▪ Qui comporte deux états stables (en parlant d'un circuit électronique).

bistorte n. f. – XIIIe ; lat. *bis-* et *torta* « tordue » ▪ Plante vivace *(polygonacées),* à fleurs roses, dont le rhizome est deux fois tordu. ⇒ **serpentaire.**

bistouille n. f. – XIXe ; p.-ê. de *bis-* et *touiller* ▪ fam. Mauvais alcool. ♦ région. (Nord) Café mêlé d'eau-de-vie.

> ❑ La prononciation dans le Nord est [bistul], transcrite *bistoule* par Verlaine (1895).

bistouri n. m. – XVe ; p.-ê. lat. *pistorium* « de Pistoia (ville) » ▪ Instrument à lame tranchante utilisé en chirurgie pour faire des incisions dans les chairs. ⇒ **scalpel.** ➛ *Bistouri laser.*

bistourner v. tr. [1] – XIIe ; de *bis-* et *tourner* 1 vieilli Tourner, courber (un objet). 2 Châtrer (un animal) en tordant les testicules.

bistre n. m. et adj. – XVIe ; o. i. 1 Matière d'un brun noirâtre, faite de suie détrempée servant de couleur. *Un dessin au bistre* (⇒ **lavis**). ➛ Cette teinte. « *ses paupières fardées de bistre sur ses yeux verts* » (Robbe-Grillet). 2 adj. inv. *Couleur bistre. Un teint bistre.* ⇒ **basané, hâlé.**

> ❑ *Bistre* adj. est parfois accordé au pluriel.

bistré, ée adj. – XIXe ▪ Qui a la couleur du bistre. « *des Afghans à peau bistrée* » (J. Verne).

bistrer v. tr. [1] – XIXe ▪ Donner la couleur du bistre à (qqch.).

bistrot ou **bistro** n. m. – XIXe ; p. ê. rapport avec *bistouille* ▪ fam. 1 vieilli Marchand de vin tenant café. ♦ n. f. BISTROTE. Femme qui tient un café. 2 cour. Débit de boissons ; restaurant modeste. ⇒ **troquet.** « *Il cherchait un bar, n'apercevait que des bistrots* [...] *qui n'avaient certainement pas de whisky* » (Simenon). appos. *Chaises bistrot.*

> ❑ L'étymologie selon laquelle ce mot viendrait du russe au sens de « vite » est fausse.

bistrotier, ière n. – 1978 ▪ fam. Personne qui tient un café. ⇒ **cafetier.**

bisulfate [bisylfat] n. m. – XIXe ▪ Sel acide de l'acide sulfurique.

bit [bit] n. m. – 1959 ; mot angl., mot-valise de ***bi**nary digi**t*** « élément discret binaire » 1 Élément d'une chaîne binaire. *Un mot de huit bits.* ⇒ **octet.** 2 Unité de mesure de l'information, égale au logarithme de base deux du nombre de possibilités d'un événement. ♦ Unité de mesure d'une quantité d'informations binaires. ✪ HOM. Bite, bitte.

bite n. f. – XVIe ; germ. *bita* « mordre » ▪ fam. Pénis. ⇒ **pine, queue, zob.** ✪ HOM. Bit, bitte.

> ❑ On a écrit aussi *bitte,* vx.

biter v. tr. [1] – 1905 ; de *bite* ▪ fam. Comprendre*. *Je n'y bite rien* (⇒ **imbitable**).

bitonal, ale, aux ou **als** adj. – 1920 ▪ Qui comporte deux tons (ou sons).

bitoniau n. m. – 1987 ; probablt de *bitte* ▪ fam. Petit bouton, petite protubérance permettant d'actionner un mécanisme. *Tourne le bitoniau jaune.*

bitord n. m. – XVIIe ▪ Cordage formé de fils de caret tordus.

bitte n. f. – XIVe ; germ. *biti* « poutre transversale sur un navire » ▪ Pièce verticale sur le pont d'un navire ou sur un quai pour enrouler les amarres. « *une bitte d'amarrage en fonte d'où part une grosse corde tendue* » (Robbe-Grillet). ✪ HOM. Bit, bite.

bitter [bitɛʀ] n. m. – XVIIIe ; holl. *bitter* « amer » ▪ Boisson apéritive amère, alcoolisée ou non. ⇒ ① **amer, vermouth.**

bitture → **biture**

bitumage n. m. – XIXe ▪ Action de bitumer. *Le bitumage d'une route.* ⇒ **asphaltage.** ➛ Résultat de cette action.

bitume n. m. – XIIe ; lat. 1 Mélange d'hydrocarbures. *Bitumes naturels.* ⇒ **asphalte, naphte.** « *ces tons de bitume qu'affectionnent les peintres espagnols* » (Gaut.). 2 Cette substance, utilisée comme revêtement imperméable des chaussées et des trottoirs. ⇒ **goudron, macadam.** ➛ fam. Le sol lui-même. *Arpenter le bitume.*

> ❑ Même famille étym. que *béton.*

bitumer v. tr. [1] – XVIe ▪ Enduire de bitume. *Route bitumée.*

bitumeux, euse adj. – XIIIe ▪ Fait avec du bitume. ➛ Couleur de bitume. « *Quatre Chardin, dans une tonalité plus chaude, plus bitumeuse* » (Goncourt).

> ❑ Ne pas confondre avec *bitumineux* « qui contient du bitume ».

bitumineux, euse adj. – XIVe ▪ Qui contient du bitume. *Schiste bitumineux.*

biture n. f. – XVIe ; de *bitte* 1 Longueur de câble ou de chaîne, élongée sur le pont d'un navire avant de mouiller l'ancre. ⇒ **mouillage.** 2 loc. fig. et fam. *Prendre une biture :* s'enivrer. ⇒ **cuite.**

> ❑ La locution vient probablement du fait que les marins vont boire après avoir mouillé l'ancre. ♦ On a écrit *bitture.*

biturer (se) v. pron. [1] – XIXe ▪ fam. S'enivrer. ⇒ **se soûler.**

biunivoque adj. – av. 1937 ▪ *Correspondance biunivoque entre deux ensembles,* telle qu'un élément du premier ensemble correspond à un seul élément du second, et réciproquement. ⇒ **bijectif.**

bivalence n. f. – mil. XXe ▪ Caractère de ce qui est bivalent.

bivalent, ente adj. – XIXe ; *bi-* et *-valent* 1 Dont la valence est 2. *Molécule bivalente.* 2 *Logique bivalente,* la plus simple, qui ne considère que deux valeurs de vérité, le vrai et le faux. 3 fam. Qui a deux fonctions. ⇒ **polyvalent.** *Professeur bivalent.*

bivalve adj. – XVIIIe ▪ Dont la coquille est composée de deux valves jointes par un muscle charnière. *Mollusque bivalve.* ➛ subst. m. *Les bivalves :* les lamellibranches. ♦ Qui s'ouvre en deux valves. *La coque de noix est bivalve.*

bivitellin, ine adj. – mil. xxe ; de *bi-* et lat. *vitellus* « jaune de l'œuf » ▪ *Jumeaux bivitellins,* provenant de deux œufs différents. ⇒ **dizygote.**

❑ Ces jumeaux sont appelés couramment *faux jumeaux.* Ils peuvent être de sexe différent.

bivouac n. m. – XVIIe ; suisse all. *Biwacht* « patrouille supplémentaire de nuit » ▪ Installation en plein air de troupes en campagne. ➛ Le lieu où la troupe est installée. ♦ par ext. Campement provisoire (en montagne, dans la brousse, etc.). « *C'était un feu de bivouac qu'ils avaient couvert en partant* » (Sand).

bivouaquer v. intr. [1] – XVIIIe ▪ S'installer en bivouac. ⇒ **camper.**

biwa [biwa] n. m. – XIXe ; mot jap. ▪ Luth japonais utilisé dans la musique traditionnelle.

bizarre adj. – XVIe ; esp. *bizarro* « brave » 1 Qui s'écarte de l'ordre commun, qui est inhabituel, qu'on explique mal. ⇒ **curieux, étrange, singulier ;** fam. **marrant.** *Un homme bizarre et imprévisible. Idée bizarre.* « *Un bizarre dessin de ponts, ceux-ci droits, ceux-ci bombés* » (Rimb.). *Elle n'écrit pas, c'est bizarre.* ⇒ **anormal, surprenant.** *Il était tout bizarre,* pas comme d'habitude. ♦ subst. m. Ce qui est bizarre. « *l'horreur du particulier, du bizarre, du morbide, de l'anormal* » (Gide). 2 (personnes) Qui est dans un état inhabituel et incompréhensible. *Tout le monde l'a trouvé bizarre aujourd'hui. Je me sens toute bizarre.* ✪ CONTR. Banal, normal, ordinaire.

bizarrement adv. – XVIe ▪ D'une manière bizarre. ⇒ **curieusement, étrangement.** « *J'ai été un enfant doux, triste et malingre, bizarrement olivâtre* » (Gaut.).

bizarrerie n. f. – XVIe 1 Caractère de ce qui est bizarre. ⇒ **étrangeté, singularité.** *La bizarrerie de son comportement.* 2 Chose, action bizarre. *Les bizarreries de la langue française.* ⇒ **anomalie.** ✪ CONTR. Banalité.

❑ Comme le *e* ne se prononce pas entre les deux *r (bizarre+-rie),* il faut faire entendre deux *r* à la suite [bizaRRi] ; même cas pour les verbes en *...rer* au futur.

bizarroïde adj. – XIXe ▪ fam. Étrange, bizarre. *Des bibelots bizarroïdes.*

bizness → **business**

bizut ou **bizuth** [bizy(t)] n. m. – XIXe ; o. i. ▪ Élève nouveau dans une grande école. ⇒ **bleu.** ➛ par ext. Débutant, novice. ✪ CONTR. Ancien.

bizutage n. m. – 1949 ▪ Cérémonie estudiantine d'initiation des bizuts, comportant diverses brimades.

bizuter v. tr. [1] – 1949 ▪ Faire subir le bizutage à (qqn).

blabla n. m. – 1929 ; cf. dial. *blabla* « bavard » ▪ fam. Propos verbeux. *Tout ça, c'est du blabla.* ⇒ **baratin, boniment.**

❑ On disait autrefois *blablabla ;* influence probable de l'anglais *blabla.*

black n. et adj. – 1970 ; mot angl. « noir » ▪ fam. Personne de race noire. ➛ adj. *Musiciens blacks. Mode, musique black.*

blackbouler v. tr. [1] – XIXe ; angl. *to blackball,* de *black* « noir » et *ball* « boule » 1 vx Rejeter par un vote en mettant dans l'urne une boule noire. par ext. mod. Mettre en minorité dans un vote. *Se faire blackbouler aux élections.* 2 fam. Rejeter, infliger un échec à. ⇒ **coller.** *Blackboulé à un concours.*

black-out [blakaut] n. m. inv. – 1941 ; angl. *black* « noir » et *out* « complètement » 1 Obscurité totale commandée par la défense passive. « *Au mépris du black-out qui plongeait la ville dans les ténèbres, la façade de l'Impérial demeurait éclairée* » (Carco). 2 fig. Silence gardé (sur une nouvelle, une décision officielle). *Faire le black-out.*

❑ Ne pas confondre le *black-out* et le *couvre-feu,* qui ne concerne pas les lumières.

black-rot [blakRɔt] n. m. – XIXe ; mot angl. « pourriture noire » ▪ Maladie de la vigne due à un champignon ascomycète. *Des black-rots.*

blafard, arde adj. – XVIe ; germ. *bleichvar* « de couleur pâle » ▪ D'une teinte pâle et sans éclat. ⇒ ① **blanc, blême, décoloré.** « *les ampoules brillent d'un éclat jaune dans le jour blafard* » (Robbe-Grillet). *Teint blafard.* ⇒ **exsangue, livide.** ✪ CONTR. Coloré, vif ; vermeil.

blaff n. m. – XXe ; mot créole ▪ Plat de poisson cuit au court-bouillon et aromatisé (cuisine antillaise).

blague n. f. – XVIIIe ; néerl. *balg* « enveloppe » 1 Petit sac de poche à tabac. ⇒ **tabatière.** *Blague à tabac.* 2 Histoire imaginée pour tromper ou pour faire rire. ⇒ **mensonge, plaisanterie.** *Raconter des blagues.* ➛ *Prendre tout à la blague.* ⇒ **rigolade.** loc. *Blague à part :* pour parler sérieusement. « *Voyons, blague à part, elle est blonde ou brune ?* » (Huysm.). *Sans blague !* interjection qui marque le doute, l'ironie. 3 Farce, plaisanterie. 4 Erreur, maladresse. ⇒ **bévue.**

blaguer v. intr. [1] – XIXe ▪ fam. Dire des blagues. ⇒ **mentir, plaisanter.** ➛ fig. *Il ne faut pas blaguer avec la santé.* ⇒ fam. **déconner, rigoler.**

❑ *Blaguer* s'employait aussi avec un complément direct au sens de « se moquer de » : « *Il la blaguait* » (Zola) ; « *Ceux qui blaguent l'amour* » (chanson).

blagueur, euse n. et adj. – XIXe ▪ fam. Qui a l'habitude de dire des blagues. ⇒ **plaisantin.** *Une créature* « *blagueuse et pleine de drôlerie* » (Maupass.). ✪ CONTR. Sérieux.

blair n. m. – XIXe ; abrév. de *blaireau* ▪ arg. fam. Nez. ⇒ **blase,** ② **tarin.**

blaireau n. m. – XIVe ; germ. « avec une tache blanche sur le front » 1 Mammifère carnivore *(mustélidés),* plantigrade, de pelage clair sur le dos, à demeure souterraine. *Blaireau d'Amérique.* ⇒ **carcajou.** *Blaireau d'Europe.* 2 Pinceau fait de poils de blaireau. ➛ Brosse ronde pour se faire la barbe (souvent en poil de blaireau).

blairer v. tr. [1] – 1914 ▪ fam. (avec la négation) Aimer, apprécier (qqn). « *il ne blairait pas les flics* » (Proust). *Je ne peux pas le blairer.* ⇒ **pifer, sentir.**

blâmable adj. – XIIIe ▪ Qui mérite le blâme, la désapprobation. ⇒ **condamnable, critiquable, répréhensible.** *Cela n'a rien de blâmable.* ✪ CONTR. ① Louable.

blâme n. m. – XIe 1 Jugement de désapprobation de qui en a l'autorité sur qqn ou qqch. ⇒ **condamnation,** ② **critique, réprobation, reproche.** 2 Sanction disciplinaire officielle. *Le blâme est une sanction plus forte que la réprimande.* ✪ CONTR. Éloge, louange.

blâmer v. tr. [1] – XIe ; lat. « faire des reproches » 1 Porter, exprimer un jugement moral défavorable sur (qqn, son comportement). ⇒ **condamner, critiquer*, désapprouver.** *Blâmer qqn de* (ou *pour*) *son attitude.* absolt « *Écoute, Landry, lui dit-elle, je suis plus à plaindre qu'à blâmer* » (Sand). ➛ pronom. *Je me blâme d'avoir cédé.* ⇒ se **reprocher.** 2 Punir d'un blâme, réprimander officiellement. ✪ CONTR. Approuver, féliciter, ① louer.

① **blanc, blanche** [blɑ̃, blɑ̃ʃ] adj. et n. – X^e ; germ. « brillant » I adj. 1 Qui est d'une couleur combinant toutes les fréquences du spectre, et produisant une impression visuelle de clarté neutre. *Blanc comme la neige, le lait. La canne blanche des aveugles.* 2 D'une couleur pâle voisine du blanc. *Peau blanche* (dans la race blanche). ⇒ **clair.** *Teint blanc.* ⇒ **blafard, blême.** *Être blanc :* avoir mauvaise mine ; n'être pas bronzé ; pâlir sous le coup d'une émotion. *Être blanc comme un linge, blanc de peur.* ➝ *Cheveux blancs.* ♦ Se dit de choses claires, par opposition à celles de même espèce qui sont d'une autre couleur. *Raisin, vin blanc. Viandes blanches. Sauce blanche,* à base de beurre, de farine et d'eau. *Pain blanc. Du verre blanc.* ⇒ **incolore.** ARME BLANCHE (opposé à *arme à feu*). ➝ *Race blanche.* 3 Qui n'est pas écrit. *Page blanche.* ➡ **vierge.** *Bulletin* (de vote) *blanc.* advt *Voter blanc.* loc. fig. *Donner carte blanche à qqn,* lui donner tous pouvoirs pour agir. 4 De cette couleur et propre (⇒ ② **blanc**). *Dents blanches.* loc. *Col blanc.* ⇒ **col.** ➝ advt (publicité) *Cette lessive lave plus blanc.* ➝ Dont la couleur claire évoque l'innocence. fig. Innocent, pur. « *il sortirait blanc comme neige de ma déclaration* » (Chateaub.). « *Je ne suis pas toute blanche, Ernesto, faut pas t'y tromper* » (Duras). 5 Qui n'a pas tous les effets habituels. *Examen blanc. Voix blanche,* sans timbre. *Vers blancs,* sans rime. *Elle avait consenti* « *au mariage avec un vieillard, parce qu'elle avait cru ce mariage destiné à rester blanc* » (Maurois). 6 *Corps blanc,* qui réfléchit ou diffuse toute la lumière visible. *Lumière blanche,* dont la composition spectrale donne à l'œil humain la sensation de lumière du jour. II n. UN BLANC, UNE BLANCHE : un homme, une femme appartenant à un groupe ethnique caractérisé par une faible pigmentation de la peau et des yeux non bridés. *Les Blancs, les Noirs et les Jaunes.* « *les enfants d'un blanc et d'une noire* » (Buff.). ✪ CONTR. Noir.

❑ Les notions de *race blanche* ou de *Blancs* sont archaïques du point de vue scientifique. Mais le critère de pigmentation étant perceptible par tous, il continue de fonctionner dans la langue courante.

② **blanc** n. m. – XIe I - 1 Couleur blanche. *Un blanc éclatant, mat, laiteux. Un blanc écru* (comme celui de la laine naturelle), *ivoire.* ⇒ **crème.** *Blanc cassé.* « *petites fleurs blanc rosé* » (Gide). *Linge d'un blanc douteux.* ♦ Vêtements blancs. *Être vêtu de blanc.* 2 Matière colorante. ♦ Peinture blanche, badigeon blanc. *Blanc de zinc* : oxyde de zinc. *Blanc d'argent, de plomb.* ⇒ **céruse.** *Blanc d'Espagne* : carbonate de calcium naturel. ♦ *Passer au blanc,* à la pâte blanche (correcteur). 3 EN BLANC : avec la couleur blanche. *Peint en blanc.* « *Si je me marie en blanc, on me fera le charivari* » (Simenon). *Photo en noir et blanc.* ➝ Sans écriture. *Chèque en blanc.* « *la désignation des lots seuls demeurait en blanc, à la suite des noms* » (Zola). 4 loc. adv. *Chauffer* À BLANC, de manière à rendre blanc. « *une tôle chauffée à blanc* » (Daud.). fig. *Salle de concert chauffée à blanc,* exaltée. ➝ *Saigner à blanc,* en vidant de son sang. fig. Épuiser. *Les impôts saignent à blanc le contribuable.* ➝ *Tirer à blanc* : avec des balles inoffensives, ou sans balle. II - 1 Partie blanche (de qqch.). *Blanc de poireau.* ♦ *Blanc de poulet* : la chair blanche de la poitrine (⇒ ② **filet**). ➝ *Blanc d'œuf* : partie incolore et visqueuse formée d'albumine. *Battre des blancs en neige.* ➝ *Le blanc de l'œil.* ⇒ **sclérotique.** fig. *Regarder qqn dans le blanc des yeux,* bien en face. ♦ Intervalle, espace libre qu'on laisse dans un écrit. ⇒ **interligne.** *Laisser des blancs.* ♦ par ext. Interruption momentanée dans une conversation, un programme sonore. 2 Nom de diverses choses caractérisées par la couleur blanche. ♦ Maladie des plantes provoquée par un cryptogame. *Le blanc de la vigne.* ⇒ **oïdium.** ♦ Linge de maison blanc, ou qui supporte le même genre de lavage. ♦ Vin blanc. *Il* « *commande un litre de blanc pour lui tout seul* » (Queneau). *Un verre de blanc. Blanc de blanc(s)* : vin blanc fait de raisin(s) blanc(s).

blanc-bec [blɑ̃bɛk] n. m. – XVIIIe ▪ vieilli Jeune homme sans expérience et sûr de soi. *Des blancs-becs.*

❑ Il n'existe pas de mot moderne convenable : l'équivalent serait *petit con* (fam.).

blanc-étoc [blɑ̃ketɔk] ou **blanc-estoc** [blɑ̃kɛstɔk] n. m. – XVIIIe ▪ Coupe complète d'une forêt. *Des blancs-étocs* [blɑ̃ketɔk].

❑ L'emploi actuel ne fait plus souvent la liaison du *c*.

blanchaille n. f. – XVIIe ▪ Menu poisson blanc, servant souvent d'appât. ➝ **fretin.**

blanchâtre adj. – XIVe ▪ D'une teinte tirant sur le blanc. « *de grands éclairs blanchâtres s'épanouissaient au-dessus de l'île* » (J. Verne).

blanche n. f. – XVIIe I Note de musique qui vaut deux noires. *Blanche pointée,* valant trois noires. II Femme de race blanche. ⇒ ① **blanc.** III fam. Héroïne (②). *Dealer de blanche.*

blancheur n. f. – XIIe ▪ Couleur blanche ; qualité de ce qui est blanc. *Les montagnes* « *étincelaient de blancheur sous leur capiton de neige* » (Beauv.). *Linge d'une blancheur immaculée, impeccable.*

blanchiment n. m. – XVIe 1 Action de recouvrir de blanc. *Le blanchiment d'un mur.* 2 Action de décolorer pour rendre blanc. ➝ Action de blanchir (des légumes). 3 fig. Action de blanchir (de l'argent). *Blanchiment de fonds d'origine frauduleuse.*

blanchir v. [2] – XIIe I v. tr. 1 Rendre blanc. ⇒ **décolorer, éclaircir.** *L'eau de Javel blanchit le linge. L'aube blanchissait le ciel.* ➝ Passer (des légumes) à l'eau bouillante pour ôter l'âcreté. *Blanchir des choux.* ♦ par ext. *Blanchir une page,* en augmenter les blancs, les interlignes, les marges. ⇒ **éclaircir.** 2 Couvrir d'une couche blanche ; enduire de blanc. *La neige blanchit les sommets. Blanchir un mur.* 3 Nettoyer (le linge blanc). ♦ *Linge blanchi.* par ext. *Employé nourri, logé, blanchi,* dont on lave le linge. 4 Disculper, innocenter. *Blanchir qqn d'un scandale.* « *une opinion qui tende à blanchir un personnage illustre* » (Dider.). ➝ pronom. *Chercher à se blanchir.* ♦ Donner une existence légale à (des fonds dont l'origine est frauduleuse ou illicite). *Blanchir l'argent de la drogue.* II v. intr. Devenir blanc. *Blanchir de rage.* ⇒ **blêmir, pâlir.** ➝ *Ses cheveux blanchissent. Il a blanchi.* ✪ CONTR. Accuser, noircir.

blanchissage n. m. – XVIe 1 Action de nettoyer, de blanchir le linge. ⇒ **lessive.** ➝ *Envoyer du linge au blanchissage.* 2 Opération de raffinage qui convertit le sucre brut en sucre blanc.

blanchissant, ante adj. – XVIe ▪ Qui devient blanc. *L'aube blanchissante.* « *une toison dense et laineuse, d'un blond blanchissant* » (Mart. du G.). ♦ Qui rend blanc. *Produits blanchissants.*

blanchissement n. m. – XIVe ▪ Le fait de blanchir. *Le blanchissement des cheveux.* ➝ **canitie.**

blanchisserie n. f. – XVIIe ▪ Établissement où l'on fait le blanchissage. ⇒ **laverie, pressing, teinturerie.**

blanchisseur, euse n. – XVIe ▪ Personne dont le métier est de blanchir le linge et de le repasser. ⇒ **teinturier** ; région. **buandier.** ➝ n. f. Ouvrière qui fait le blanchissage.

blanc-manger n. m. – XIIIe ▪ Gelée faite avec du lait, des amandes, du sucre. ➝ Gelée de viande blanche. *Des blancs-mangers.*

blanc-seing [blɑ̃sɛ̃] n. m. – XVe ▪ Signature apposée sur un document vierge qui sera ultérieurement rédigé par celui auquel le titre est remis. *Des blancs-seings.*

blandice n. f. – XIVe ; lat. « flatterie » ▪ littér. (surtout plur.) Séduction exercée par qqch. qui flatte. *Les blandices de la célébrité.*

❑ Ce mot faisait partie de toute une famille de mots disparue ; donné comme vieux par l'Académie en 1694, il a été repris par des écrivains au XIXe s.

① **blanquette** n. f. – XVIIe ▪ Vin blanc mousseux du Languedoc. ⇒ **clairette.**

② **blanquette** n. f. – XVIIIe ▪ Ragoût de viande blanche. *Blanquette de veau.* « *on ne lierait la sauce de la blanquette qu'au moment de se mettre à table* » (Zola).

blaps [blaps] n. m. – XVIIIe ; gr. *blaptein* « nuire » ▪ Grand coléoptère *(ténébrionidés)* de couleur noire, actif la nuit.

blase ou **blaze** n. m. – XIXe ; p.-ê. de *blason* ▪ arg. fam. 1 Nom de personne. *Un faux blase.* 2 Nez. ⇒ **blair,** ② **tarin.**

blasé, ée adj. – XVIIIe ▪ Dont les émotions ont perdu leur vigueur, qui n'éprouve plus de plaisir à rien. ⇒ **indifférent, insensible.** « *Les gens qui se disent blasés n'ont jamais rien éprouvé : la sensibilité ne s'use pas* » (Renard). « *Vous êtes moins blasé que moi sur ce genre de commérages* » (Romains). *Blasé de tout.* ➛ subst. *Faire le blasé.* ✪ CONTR. Enthousiaste, inassouvi.

blaser v. tr. [1] – XVIe ; néerl. *blasen* « gonfler » ▪ littér. Atténuer (une sensation, une émotion) par l'abus. ⇒ **lasser.** ➛ *Cette vie luxueuse l'a blasé.* ➛ pronom. *Le touriste se blase vite.* « *L'amour vrai ne se blase point* » (Hugo).

blason n. m. – XIIe ; o. i., probablt germanique I - 1 Ensemble des signes distinctifs et emblèmes d'une famille noble, d'une collectivité. ⇒ **armes, armoiries,** ① **écu.** « *La guerre, qui détachait soudain du blason des grands empires les animaux héraldiques* » (Giraud.). ➛ loc. fig. *Redorer son blason* : rétablir sa fortune par un riche mariage. par ext. Rétablir son prestige par une réussite. 2 Connaissance, art relatif aux armoiries. ⇒ **héraldique.** *Termes de blason.* II littér. Poésie décrivant de manière détaillée ce dont on veut faire l'éloge ou la satire. *Le blason du corps féminin.*

blasonner v. tr. [1] – XIVe 1 Peindre (les armoiries). ➛ Orner d'armoiries. « *un porte-cigares tout bordé de soie verte et blasonné à son milieu* » (Flaub.). 2 Décrire, expliquer (les armoiries) selon les règles du blason.

blasphémateur, trice n. et adj. – XIVe ▪ Personne qui blasphème.

blasphématoire adj. – XVIe ▪ Qui contient ou constitue un blasphème. ⇒ **impie,** ② **sacrilège.** *Discours blasphématoire.*

blasphème n. m. – XIIe ▪ Parole qui outrage la Divinité, la religion. ⇒ **jurement,** ① **sacrilège.** *Dire des blasphèmes. Le* « *crime d'hérésie qui comprenait alors le parjure, le blasphème, le sacrilège* » (Huysm.). ♦ fig. et littér. Propos déplacés et outrageants pour une personne ou une chose considérée comme quasi sacrée.

blasphémer v. [6] – XIIe ; gr. « injurier, calomnier » 1 v. intr. Proférer des blasphèmes. ♦ fig. et littér. Proférer des imprécations. *Blasphémer contre qqn.* 2 v. tr. vx Insulter. « *blasphémer la religion chrétienne* » (Pasc.). ✪ CONTR. Vénérer.

blast(o)-, -blaste Éléments, du gr. *blastos* « germe ».

blastoderme n. m. – XIXe ▪ Partie de l'œuf fécondé des mammifères qui donnera naissance à l'embryon.

blastogenèse n. f. – XIXe ; *blasto-* et *-genèse* ▪ Formation du blastoderme.

blastomère n. m. – XIXe ; de *blasto-* et gr. *meros* « partie » ▪ Cellule provenant de la première division de l'œuf fécondé (⇒ **blastula, morula).**

blastula n. f. – XIXe ; gr. *blastos* « germe » ▪ Stade du développement embryonnaire caractérisé par la formation d'une cavité au sein des blastomères.

blatérer v. intr. [6] – XIXe ; lat. ▪ Pousser son cri, en parlant du chameau.

blatte n. f. – XVIe ; lat. ▪ Insecte aux ailes épaisses et aux longues antennes *(dyctioptères)*, que l'on trouve surtout dans les endroits habités. ⇒ **cafard, cancrelat.**

blaze → **blase**

blazer [blazɛʀ ; blazœʀ] n. m. – v. 1920 ; mot angl., de *to blaze* « flamboyer » 1 Veste en flanelle de couleur vive ou à rayures, portée dans les collèges anglais. 2 Veste de sport en flanelle. « *ses pantalons de flanelle,* [...] *son blazer bleu sombre, ses mocassins* » (Sagan).

❑ La prononciation la plus francisée est la plus fréquente et la meilleure.

blé n. m. – XIe ; germ. « produit de la terre » 1 Plante herbacée de la famille des graminées ; céréale dont le grain sert à l'alimentation (farine, pain). ⇒ **froment.** *Blé commun* ou *blé tendre. Blé dur.* ➛ *Blé en herbe, blé vert.* « *Juste de quoi manger, du blé pour nous et de l'herbe pour les vaches* » (Zola). ♦ au plur. *Les blés,* l'ensemble des épis. « *Les blés mûrs et houleux, torturés par les averses* » (Duras). ➛ loc. *Blond comme les blés.* 2 Grain de cette plante. *Farine, semoule de blé.* 3 par ext. Se dit de graminées distinctes du froment. *Blé noir.* ⇒ ② **sarrasin.** *Blé cornu.* ⇒ **seigle** (ergoté). *Blé d'Inde,* au Québec, maïs. 4 fam. Argent. ⇒ **fric.**

bled [blɛd] n. m. – XIXe ; mot ar. 1 En Afrique du Nord, L'intérieur des terres, la campagne. 2 fam. Lieu, village éloigné, isolé. « *on ne doit pas s'amuser beaucoup dans votre bled* » (Queneau).

blédard n. m. – 1926 ▪ Soldat français qui servait dans le bled, en Afrique du Nord.

blême adj. – XVe ▪ D'une blancheur maladive, en parlant du visage. ⇒ **blafard,** ① **blanc, cadavérique, livide.** « *Le garçon était blême, avait visiblement le trac* » (Green). *Blême de colère.* ♦ D'une couleur pâle et déplaisante. *Une aube blême.* ✪ CONTR. Coloré, hâlé.

blêmir [blemiʀ] v. intr. [2] – XIe ; germ. *blasmi* « couleur pâle » ▪ Devenir blême. *Blêmir de peur, de rage.* ⇒ **pâlir, verdir** (fig.). ♦ « *on voit le jour blêmir* » (Hugo). ✪ CONTR. Colorer (se).

blêmissant, ante adj. – XIXe ▪ littér. Qui blêmit. « *la campagne blêmissante* » (From.).

blende [blɛ̃d] n. f. – XVIIIe ; all. ▪ Minerai de sulfure de zinc. ✪ HOM. Blinde.

blennie n. f. – XVIe ; lat. ▪ Poisson des eaux douces ou du littoral, à grosse tête, et qui peut survivre hors de l'eau à marée basse.

blenno- Élément, du gr. *blennos* « humeur visqueuse ».

blennorragie n. f. – XVIIIe ; de *blenno-* et gr. *rhagê* « éruption » ▪ Maladie sexuellement transmissible due au gonocoque. ⇒ **urétrite, vaginite ;** fam. et arg. **chaude-pisse, chtouille.**

blennorrhée n. f. – XVIIIe ; *blenno-* et *-rrhée* ▪ Écoulement de mucosités et de pus par un conduit naturel. *Blennorrhée oculaire.* ➛ Blennorragie chronique.

blépharite n. f. – XVIIIe ; gr. *blepharon* « paupière » ▪ Inflammation de la paupière.

blèsement n. m. – XIXe ▪ Action de bléser. ⇒ **zézaiement.**

bléser v. intr. [6] – XIIIe ; lat. « qui confond les lettres » ▪ Parler avec un défaut de prononciation qui consiste à substituer ch [ʃ] à s [s], j [ʒ] à z [z]. ⇒ **zézayer.**

blessant, ante adj. – XIIe ▪ Qui fait souffrir dans l'amour-propre. ⇒ **offensant.** *Paroles blessantes.* « *donner issue à la colère sans rien dire de blessant ni d'irréparable* » (Alain). ➙ par ext. *Il a été blessant.*

blessé, ée adj. et n. – XIIe **1** Qui a reçu une blessure. *Soigner un soldat blessé.* « *légèrement blessé à l'épaule* » (J. Verne). ➙ *Membre, genou blessé.* ♦ fig. *Blessé dans son amour-propre.* ⇒ **mortifié, offensé.** ➙ *Vanité, fierté blessée.* **2** n. Personne qui a reçu des blessures. *Cet accident a fait trois blessés.* ⇒ **accidenté.** *Des blessés de guerre.* ⇒ **invalide, mutilé.** « *le râle épais d'un blessé qu'on oublie* » (Baud.).

❑ Les expressions *blessé léger, blessé grave* sont courantes mais abusives (c'est la *blessure* qui est légère ou grave). Comparer avec *place assise.* → assis (rem.).

blesser v. tr. [1] – XIe ; germ. « meurtrir » **1** Causer une lésion aux tissus vivants, par un coup, un contact. ⇒ **contusionner, meurtrir, mutiler ;** fam. **amocher, esquinter.** *Blesser grièvement qqn. Blessé par balles.* ⇒ ① **toucher.** *Blesser mortellement.* ➙ pronom. *Il s'est blessé avec son couteau.* ♦ Occasionner une blessure à. *Il est tombé sur un tesson qui l'a blessé au genou.* ♦ Causer une douleur, faire mal à (qqn, une partie du corps). « *il avait chaussé des souliers neufs dont les empeignes le blessaient* » (Sartre). **2** Causer une impression désagréable, pénible à (un organe des sens). *Des sons qui blessent l'oreille.* ⇒ **écorcher. 3** fig. Porter un coup pénible à, toucher ou impressionner désagréablement. ⇒ **choquer, offenser, outrager, ulcérer.** *Blesser qqn dans ses sentiments. Blesser l'amour-propre de qqn. Un rien le blesse* (⇒ **susceptible).** *Des paroles qui blessent.* **4** vx ou littér. Enfreindre (les convenances). ⇒ **heurter.** *Blesser la pudeur, l'honnêteté.* ✪ CONTR. Flatter, ① louer.

❑ Avec l'indicatif, on emploie *de ce que (blessé de ce qu'on l'oubliait)* et avec le subjonctif on emploie *que (blessé qu'on l'oubliât).*

blessure n. f. – XIIe **1** Lésion faite aux tissus vivants par une cause extérieure, involontairement ou pour nuire. *Blessure grave, mortelle.* « *le bulletin définit ma blessure comme "plaie perforante de l'abdomen"* » (R. Gary). *Être couvert de blessures. Soigner une blessure. Cicatrice d'une blessure. Inculpé pour coups et blessures. Blessures involontaires.* **2** Atteinte morale. ⇒ **douleur, offense.** *Blessure d'amour-propre.* ⇒ **humiliation.** *Rouvrir, raviver une blessure.* « *Tout lui était souci, chagrin, blessure* » (Chateaub.).

blet, blette adj. – XIIIe ; même o. que *blesser* ▪ Dont la chair, trop mûre, s'est ramollie. *Poire blette.* ✪ CONTR. Vert.

blette → **bette**

blettir v. intr. [2] – XVe ▪ Devenir blet.

blettissement n. m. – XIXe ; de *blettir* ▪ Excès de maturité qui rend un fruit blet.

bleu, bleue adj. et n. m. – XIe ; germ. **I - 1** Qui est d'une couleur, entre l'indigo et le vert, dont la nature offre de nombreux exemples, comme un ciel dégagé au milieu du jour (⇒ **azur),** certaines fleurs (le bleuet), le saphir. *Des yeux bleus. Un gris bleu.* n. f. *La grande bleue* : la Méditerranée. ➙ *Le métal bleu* : le cobalt. ♦ par ext. et fig. *Menton bleu,* qui porte la trace d'une barbe très sombre. ➙ fig. *Sang bleu,* noble. ♦ *Bifteck bleu,* très saignant, à peine grillé. **2** D'une couleur livide*, après une contusion, un épanchement de sang. *Œdème bleu. Maladie bleue* : malformation cardiovasculaire congénitale avec cyanose des téguments. **3** ⇒ **livide.** *Être bleu de froid. Peur bleue.* **II** n. m. **1** Couleur bleue. *Le bleu, le rouge et le jaune, couleurs primaires. Le bleu du ciel.* ➙ *Des yeux bleu clair. Des* « *costumes tailleur gris, bruns, bleu sombre* » (Colette). *Bleu ciel. Bleu lavande ; bleu pervenche* (⇒ **mauve) ;** *bleu roi ; bleu marine. Bleu-vert, bleu turquoise.* « *les femmes prétendent que le bleu est le fard des blonds* » (Barbey). ➙ loc. fig. *N'y voir que du bleu* : ne s'apercevoir de rien. ♦ Matière colorante bleue. ⇒ **indigo,** ① **pastel, tournesol.** *Bleu de Prusse* : cyanure de fer. *Bleu d'outremer* : silicate double d'aluminium, de sodium, etc. « *l'accord des ocres avec les bleus sombres* » (Malraux). **2** Jeune recrue (les soldats d'autrefois arrivant souvent à la caserne en blouse bleue). ⇒ **conscrit, nouveau, novice.** « *pour épater les bleus, on parlait fort, on crânait* » (Dorgelès). ♦ Nouvel élève. ⇒ **bizut.** ➙ loc. *Tu me prends pour un bleu !* ⇒ **novice. 3** Marque livide sur la peau résultant d'un coup. ⇒ **ecchymose, meurtrissure.** *Il est couvert de bleus.* **4** *Gros bleu* : vin rouge ordinaire de très mauvaise qualité. **5** *AU BLEU* : façon de préparer certains poissons en les jetant vivants dans un court-bouillon. *Truite au bleu.* **6** Fromage dont la pâte comporte des moisissures internes bleuâtres. ⇒ **fourme, gorgonzola.** *Bleu d'Auvergne.* **7** *Bleu de méthylène* : produit analgésique et antiseptique. **8** vieilli *PETIT BLEU* : télégramme (sur papier bleu). **9** Combinaison d'ouvrier, généralement en toile bleue. *Des bleus de travail.*

❑ *Des vestes bleu marine, bleu clair* : dans ce cas les expressions sont invariables (= d'un bleu marine, d'un bleu clair) ; de même *des maillots rayés blanc et bleu.*

bleuâtre adj. – XVe ▪ Qui tire sur le bleu, n'est pas franchement bleu. « *deux tourbillons de fumée bleuâtre* » (J. Verne).

bleuet n. m. – XIVe **1** Centaurée à fleur bleue, commune dans les blés. **2** région. (Canada) Baie bleue de l'airelle des bois, ou myrtille d'Amérique. *Tarte aux bleuets.*

❑ On disait autrefois *bluet* [blyɛ] pour la fleur.

bleuetière [bløetjɛʀ] n. f. – 1937 ; mot canadien ▪ région. (Canada) Terrain à bleuets ou myrtilles. *Les bleuetières du Saguenay.*

bleuir v. [2] – XIIIe **1** v. tr. Rendre bleu. *Doigts bleuis par le froid. Se bleuir les paupières.* **2** v. intr. Devenir bleu. ➙ *L'horizon bleuit.*

bleuissant, ante adj. – XIXe ▪ Qui devient bleu. *Champignon bleuissant.*

bleuissement n. m. – XIXe **1** Le fait de devenir bleu. *Le bleuissement du ciel quand le brouillard se dissipe.* **2** Action de bleuir (qqch.).

bleuté, ée adj. – XIXe ▪ Qui a une nuance bleue ; légèrement bleu ou bleui. *Blanc bleuté.* « *leurs yeux charbonnés ou bleutés, leurs cils à rallonges* » (Cendrars).

blindage n. m. – XVIIIe **1** Action de blinder avec du bois. ⇒ ① **blinde.** ➙ Coffrage pour éviter les éboulements. **2** Protection d'un navire, d'un abri, d'un véhicule par des plaques de métal. ⇒ **cuirassement.** *Blindage d'un char.* ➙ Ces plaques. ⇒ **cuirasse.** ➙ *Blindage d'une porte.* ♦ Dispositif destiné à isoler un appareil électrique, un réacteur ou un engin nucléaire.

① **blinde** n. f. – XVIIe ; all. *blenden* « aveugler » ▪ Pièce de bois soutenant les fascines d'un abri, d'une tranchée. ✪ HOM. Blende.

② **blinde** n. f. – 1931 ; o. i. ▪ loc. adv. fam. *À toute blinde* : à toute vitesse.

blindé, ée adj. – XIXe **1** Qui est blindé. *Voiture blindée. Porte blindée.* ➙ Composé de véhicules blindés. « *Hitler massera quatre divisions blindées à la frontière tchèque* » (Sartre). ➙ n. m. *Un blindé* : un véhicule blindé. **2** fig. et fam. Endurci. ⇒ **immunisé, protégé.** *Il en a vu d'autres, il est blindé.* **3** fam. Ivre. ✪ CONTR. Vulnérable.

blinder v. [1] – XVIIe **I** v. tr. **1** Garnir de blindes (un ouvrage de fortification). **2** Entourer (un navire, un véhicule) d'une cuirasse, de plaques de métal. ➛ Isoler (un appareil électrique, un réacteur ou un engin nucléaire) par une protection. 3 fig. et fam. Endurcir, armer. *Cette expérience l'a blindé.* pronom. *Se blinder contre la critique.* **II** v. intr. Miser avant d'avoir vu son jeu, au poker.

❑ Au sens figuré, on disait autrefois *se bronzer* : « *il faut que le cœur se brise ou se bronze* » (Chamfort).

blinis [blinis] n. m. – XIXe ; russe ▪ Petite crêpe épaisse servie avec le caviar, le poisson fumé.

blister [blistɛʀ] n. m. – 1967 ; mot angl. « bulle, soufflure » ▪ Emballage de plastique transparent appliqué exactement contre la marchandise à vendre, quelle que soit sa forme. *Saumon sous blister. Des blisters.*

blitz [blits] n. m. – 1940 ; all. *Blitzkrieg* « guerre éclair » 1 Guerre, combat de courte durée. 2 Partie d'échecs où le temps de réflexion des joueurs est très limité.

blizzard n. m. – XIXe ; mot angl. ▪ Vent glacial accompagné de tourmentes de neige, en Amérique du Nord.

bloc n. m. – XIIIe ; germ. « tronc abattu » 1 Masse compacte et pesante. *Un bloc de marbre. Bloc de bois.* ⇒ ② **bille, grume.** *Taillé dans un seul bloc.* ⇒ **monolithe, monolithique.** « *Un énorme bloc de glace* [...] *barrait toute la largeur du chenal* » (J. Verne). ♦ Compartiment de l'écorce terrestre limité par des failles. 2 Ensemble de feuillets de même dimension, collés ensemble sur un seul côté et facilement détachables (autrefois *bloc-notes*). « *elle sortit du classeur le bloc à en-tête* » (Mart. du G.). ♦ *Bloc d'habitations* : pâté de maisons. 3 Réunion d'éléments en un tout homogène. *FAIRE BLOC* : former un ensemble solide. *Faire bloc contre l'agresseur.* ⇒ s'**unir.** 4 Ensemble d'éléments groupés dans un espace restreint. *Bloc-cuisine, bloc-évier,* (⇒ aussi **bloc-cylindres, bloc-moteur**). ➛ *Bloc (opératoire)* : ensemble des locaux et du matériel servant aux opérations chirurgicales (hôpital, clinique). ➛ Suite de caractères traités ensemble, dans un fichier, une mémoire. 5 loc. adv. *EN BLOC* : tout ensemble, en totalité. ⇒ **globalement.** *Il* « *ne voulait plus vendre en bloc et parlait de diviser les Moulineaux* » (Balz.). *Admettre en bloc un système.* 6 loc. adv. de *bloquer À BLOC.* Complètement, à fond. *Vissé à bloc. Serrer les freins à bloc.* ⇒ **bloquer.** 7 fam. Prison. ➛ Salle de police. « *Le lieutenant-colon le fixait comme s'il voulait le mettre au bloc* » (Proust).

blocage n. m. – XVIe **I** Matériau de comblement (moellons, briques, pierrailles, mortier) qui remplit les vides entre les deux parements d'un mur. **II** - 1 Action de bloquer. *Blocage du ballon,* au football. *Blocage des freins.* fig. *Blocage des prix* : mesure économique limitant de manière autoritaire la hausse des prix. ⇒ **gel.** *Blocage du crédit.* ⇒ **encadrement.** 2 Fait d'être bloqué, de ne plus fonctionner. *Blocage intestinal.* « *l'esprit est exposé à des coincements et blocages de mécanismes* » (Romains). 3 Impossibilité psychologique d'agir ou de réagir d'un être vivant dans une situation donnée. *Faire un blocage.*

bloc-cylindres n. m. – 1960 ▪ Bloc métallique contenant les cylindres d'un moteur. *Des blocs-cylindres.*

bloc-diagramme n. m. – 1959 ▪ Représentation d'une zone géographique en perspective et en coupe. *Des blocs-diagrammes.*

blockhaus [blɔkos] n. m. – XVIIIe ; all. *Blockhaus,* de *Block* « poutre » et *Haus* « maison » ; → blocus ▪ Ouvrage militaire défensif, fortifié ou blindé. ⇒ ① **bunker, casemate, fortin.**

bloc-moteur n. m. – 1904 ▪ Ensemble constitué par le moteur, l'embrayage et la boîte de vitesses. *Des blocs-moteurs.*

bloc-système n. m. – XIXe ; angl. *block-system* ▪ Dispositif de signalisation automatique sur des sections de voie de chemin de fer pour éviter les collisions. *Des blocs-systèmes.*

blocus [blɔkys] n. m. – XIVe ; néerl. *blokhuis* ; → blockhaus 1 VX Fortin, blockhaus. 2 Investissement d'une ville ou d'un port (⇒ **siège**), d'un littoral, d'un pays entier, pour l'isoler, l'empêcher de se ravitailler. *Imposer, lever un blocus.* ➛ *Blocus économique.* ⇒ **boycott, embargo.**

blond, blonde adj. et n. – XIe ; p.-ê. germ. °*blund* 1 Se dit du poil, des cheveux de l'homme, de la couleur naturelle la plus claire, proche du jaune. ⇒ **doré.** *Barbe blonde.* ➛ Qui a les cheveux blonds. *Il est blond comme les blés.* 2 n. *UN BLOND, UNE BLONDE* : une personne blonde. *Un petit blond.* ⇒ ① **blondin, blondinet.** *Une vraie, une fausse blonde.* « *deux belles blondes leur passent devant le nez* » (Queneau). ♦ (Canada) *La blonde (d'un homme),* sa maîtresse, sa fiancée. 3 n. m. La couleur blonde. *Blond cendré, doré, vénitien. Des cheveux (d'un) blond filasse.* 4 par ext. D'un jaune très doux. « *un peigne en écaille blonde, d'une transparence rare* » (Loti). *Sauce blonde. Bière blonde.* subst. *Un demi de blonde.* ➛ *Tabac blond. Cigarette blonde,* ellipt *une blonde.* ✪ CONTR. Brun, noir.

blondasse adj. – XVIe ▪ D'un vilain blond. *Des cheveux blondasses.*

blonde n. f. – XVIIIe ▪ Dentelle légère au fuseau, faite à l'origine de soie écrue. « *ces larges épaules épanouies dans la blonde noire de l'échancrure de sa robe* » (Barbey).

blondeur n. f. – XIIIe ▪ Caractère de ce qui est blond. *La blondeur des cheveux.*

① **blondin, ine** n. – XVIIe ▪ Enfant, jeune homme, jeune fille à cheveux blonds. ⇒ **blondinet.** « *ces petites têtes de blondines aux doux cheveux* » (Goncourt). ♦ VX Jeune galant.

② **blondin** n. m. – 1923 ; de *Blondin,* n. pr. ▪ Benne à fond mobile pour le transport du béton entre deux pylônes.

blondinet, ette n. – XIXe ▪ Enfant blond.

blondir v. [2] – XIIe 1 v. intr. Devenir blond. *Elle a blondi.* ➛ *Faire blondir des oignons.* 2 v. tr. Rendre blond. *Le soleil blondit les cheveux.* ✪ CONTR. Brunir, foncer.

bloody mary [blɔdimaʀi] n. m. inv. – mil. XXe ; mots angl. « Marie la Sanglante » ▪ Cocktail composé de vodka et de jus de tomate.

❑ Il s'agit de la reine Marie Tudor qui persécuta les protestants au XVIe s.

bloquer v. tr. [1] – XVe **I** - 1 Réunir, mettre en bloc. ⇒ **grouper,** ① **masser.** *Bloquer les jours de congé.* 2 Garnir de blocage. **II** - 1 Fermer par un blocus. ⇒ **cerner, investir.** *Bloquer une ville.* ⇒ **assiéger.** 2 par ext. Empêcher de se mouvoir. ⇒ **immobiliser.** *Bloquer une porte. Navire bloqué par les glaces.* ⇒ **paralyser.** *Rester bloqué dans un embouteillage.* ➛ *Bloquer le ballon* (football ⇒ ① **stopper**). ➛ pronom. *Freins qui se bloquent.* ♦ Arrêter le passage du courant dans (un circuit). ♦ fig. *Bloquer un compte en banque* (⇒ **saisie**[-arrêt]). *Compte bloqué* : dont on ne peut disposer pour un temps déterminé, et sur lequel sont versés des intérêts. ➛ *Bloquer les prix, les salaires,* en interdire l'augmentation. ⇒ **geler.** 3 par ext. Boucher, obstruer. *Bloquer le passage.* « *les chantiers du métro* [...] *achevaient d'étrangler les rues, de bloquer les carrefours* » (Romains). *La route est bloquée.* ♦ Perturber en inhibant. *Son échec l'a complètement bloqué.* ➛ *Être bloqué* (dans ses réactions) : être arrêté, perturbé par une cause inconsciente. ✪ CONTR. Répartir. Débloquer, dégager.

blottir (se) v. pron. [2] – XVIe ; all. *blotten* « écraser » 1 Se ramasser sur soi-même, de manière à occuper le moins de place possible. ⇒ se **pelotonner,** se **recroqueviller,** se **tapir.** *Se blottir sous ses couvertures.* « *je me blottis dans l'angle de ma voiture* » (Chateaub.). 2 Se mettre à l'abri, en sûreté. ⇒ se **réfugier.** *Elle* « *vint se blottir entre ses bras* » (Maurois).

blousant, ante adj. – 1926 ▪ Qui blouse. *Robe à dos blousant.* ✪ CONTR. Ajusté.

① **blouse** n. f. – XVIIe ; o. i., probablt germ. ▪ Trou d'une table de billard américain (et des anciens billards). ✪ HOM. Blues.

② **blouse** n. f. – XVIIIe ; o. i. 1 Autrefois, chemise d'homme de grosse toile froncée dans le haut (paysans, ouvriers). « *les Celtes avec leurs capuchons de laine, leurs blouses assez semblables à celles de nos paysans de naguère* » (Yourcenar). 2 Vêtement de travail que l'on met par-dessus les autres pour les protéger. ⇒ **bourgeron, sarrau, tablier.** *Blouse blanche des infirmières.* ➝ *Les blouses blanches :* le personnel médical. 3 Chemisier ample de femme, parfois fermé dans le dos. ⇒ **corsage.** *Blouse de soie.*

① **blouser** v. tr. [1] – XVIIe ; de ① *blouse* ▪ fam. Tromper. *Elle s'est fait blouser.*

② **blouser** v. intr. – XIXe ; de ② *blouse* ▪ Bouffer à la taille, comme fait un chemisier. *Faire blouser un chemisier au-dessus de la ceinture.*

blouson n. m. – XIXe ; de ② *blouse* ▪ Veste courte et ample, resserrée aux hanches. *Blouson de cuir, de jean.* ➝ *BLOUSON NOIR :* dans les années soixante, jeune voyou vêtu d'un blouson de cuir noir.

blue-jean [bludʒin] n. m. – 1941 ; mot angl., de *Gênes*, ville → jean ▪ Jean bleu. *Des blue-jeans.*

> ❑ On a écrit *blue-jeans* au singulier conformément à l'étymologie (*Gênes*, la ville) : « *vêtu d'un blue-jeans et d'un sweater blanc* » (Le Clézio).

blues [bluz] n. m. – 1919 ; mot angl. « idées noires ; cafard » 1 Forme musicale élaborée par les Noirs des États-Unis d'Amérique, caractérisée par une formule harmonique constante, un rythme lent à quatre temps. ♦ Air de cette musique et danse correspondante. « *on mit un phono en marche avec les mêmes tangos, les mêmes blues* » (Simenon). *Chanter, danser un blues.* 2 fam. Cafard, mélancolie. ⇒ **spleen.** ✪ HOM. Blouse.

bluet → **bleuet**

bluette n. f. – XVIe ; a. fr. °*belue* « étincelle » ▪ vx Petit ouvrage littéraire léger et spirituel, sans prétention.

bluff [blœf] n. m. – XIXe ; mot angl. 1 Aux cartes, Attitude destinée à impressionner l'adversaire en lui faisant illusion. 2 Attitude destinée à en faire accroire, à intimider l'adversaire sans en avoir les moyens. → **tromperie ;** fam. **chiqué, cinéma, épate, esbroufe.** *Il nous a eus au bluff.*

bluffer [blœfe] v. [1] – XIXe 1 v. intr. Pratiquer le bluff ; tenter de donner le change, de faire illusion. *Je n'en crois rien, il bluffe.* 2 v. tr. Abuser (qqn). *Il cherche à nous bluffer.* ⇒ **intimider.** ➝ (sujet chose) Impressionner. « *Ça me bluffait, ces étranges façons* » (Céline).

bluffeur, euse [blœfœʀ, øz] n. et adj. – XIXe ▪ Personne qui bluffe. ⇒ **menteur, vantard ;** fam. **bidon, frimeur.** *C'est une bluffeuse.* ➝ adj. *Il est un peu bluffeur.*

blush [blœʃ] n. m. – 1969 ; mot angl. « afflux de sang au visage » ▪ Fard à joues sec. *Des blushs.*

blutage n. m. – XVIe ▪ Séparation du son et de la farine. ⇒ **tamisage.**

bluter v. tr. [1] – XIIIe ; germ. ▪ Tamiser (la farine) pour la séparer du son.

blutoir n. m. – XIVe ▪ Appareil servant à bluter.

boa n. m. – XIVe ; mot lat. « serpent d'eau » 1 Gros serpent carnassier des zones tropicales *(boïdés)*, non venimeux, qui avant d'avaler sa proie l'étouffe dans ses anneaux. ⇒ **anaconda, eunecte.** 2 Tour de cou en plumes.

boat people [botpipɔl] n. m. inv. – 1979 ; mots angl. « gens des bateaux » ▪ (surtout plur.) Réfugiés politiques fuyant leur pays sur des bateaux. *Les boat people.*

bob n. m. – 1950 ; mot angl., dimin. de *Robert*, désignant les marins américains et aussi leur bonnet ▪ Chapeau en toile à bords rabattus sur la calotte.

bobard n. m. – XIXe ; onomat. *bob*, idée de « gonflé », et *beau* ▪ fam. Propos fantaisiste et mensonger qu'on imagine par plaisanterie pour tromper ou se faire valoir ; fausse nouvelle. ⇒ **mensonge ;** fam. **craque.** « *Je lui avais raconté des bobards et des tas de menteries* » (Cendrars). ✪ CONTR. Vérité.

bobèche n. f. – XIVe ; p.-ê. onomat. *bob*, idée de « gonflé » ▪ Disque légèrement concave adapté aux chandeliers et destiné à recueillir la cire coulant des bougies.

bobinage n. m. – XIXe 1 Action d'enrouler un fil sur une bobine. 2 Enroulement de fils conducteurs autour d'un noyau.

bobine n. f. – XVe ; rad. *bob* → bobèche 1 Petit cylindre à rebords pour enrouler du fil, du ruban. *Bobine de fil.* ♦ Cylindre de bois, de cuivre ou de carton sur lequel s'enroule un fil conducteur isolé qu'un courant électrique peut parcourir. *Bobine de dérivation. Bobine d'allumage*, formant transformateur pour l'alimentation des bougies d'un moteur à explosion. 2 fam. et péj. Figure, tête. ⇒ **trombine, tronche.** *Faire une drôle de bobine.*

bobiner v. tr. [1] – XVIIe ▪ Dévider et enrouler (une matière souple) sur une bobine. ⇒ **embobiner.** « *du fil de cuivre bobiné* » (Cendrars). ✪ CONTR. Débobiner.

bobinette n. f. – XVIIe ▪ Loquet mobile en bois maintenu par une petite cheville, qui servait à fermer les portes.

bobineur, euse n. – XVIIIe 1 Personne chargée du bobinage. 2 n. m. Appareil pour enrouler un fil conducteur sur un support (bobine).

bobinier, ière n. – XVIIIe ▪ Ouvrier, ouvrière qui effectue les bobinages électriques.

bobinoir n. m. – XIXe ▪ Bobineuse mécanique.

bobo n. m. – XVe ; onomat. 1 lang. enfantin Douleur physique. → ③ **mal.** *Avoir bobo.* 2 Petite plaie insignifiante, petit bouton infecté. « *il n'y eut aucune victime : quelques écorchures et quelques bobos* » (J. Verne). *Il s'affole pour le moindre bobo.*

bobonne n. f. – XIXe ; redoublement de *bonne* ▪ fam. péj. (sans déterm.) Épouse. *Il est venu avec bobonne.* ➝ (appellatif) « *Bobonne, tu nous serviras à boire* » (Simenon). ♦ (avec déterm.) Femme d'âge moyen, établie dans une vie petite-bourgeoise. *Elle s'habille comme une bobonne.*

bobsleigh [bɔbslɛg] n. m. – XIXe ; mot angl., de *to bob* « se balancer » et *sleigh* « traîneau » ▪ Traîneau articulé à plusieurs places muni d'un volant de direction, pour glisser à grande vitesse sur des pistes de neige aménagées. *Course de bobsleighs.* ➝ abrév. fam. *BOB.* ♦ Sport pratiqué avec cet engin. *Piste de bobsleigh.*

bocage n. m. – XIIe ; dér. de *bosc*, a. forme de *bois* 1 vieilli Verdure qui donne de l'ombre. « *au mois de juin, sous des bocages frais* » (Rouss.). 2 Paysage caractéristique de l'ouest de la France, formé de prés enclos par des haies vives, des arbres. *Le bocage vendéen.*

bocal, aux n. m. – XVIe ; gr. *baucalis* « vase à rafraîchir » ▪ Récipient cylindrique ou sphérique à col très court, à large ouverture et à couvercle, qui sert généralement à conserver des aliments. *Un bocal de cornichons. Stérilisation des bocaux.* ♦ Petit aquarium de cette forme. « *Les poissons rouges dans leur bocal* » (Romains).

bocard n. m. – XVIIIe ; all. *Pochhammer* « marteau à écraser » ▪ Machine à broyer les minerais, à réduire en poudre certaines substances.

boche n. et adj. – XIXe ; de *Alboche*, « allemand » ▪ vieilli, fam. et injurieux Allemand. *Les Boches.* « *des avions boches ont bombardé la gare !* » (Mart. du G.).

bock n. m. – XIXe ; all. *Bockbier* « bière d'Einbeck » 1 Verre à bière à pied, d'un huitième de litre. *Bocks et demis*.* ♦ Son contenu. *Boire un bock.* « *il était revenu à la bière, et de demi-heure en demi-heure laissait tomber ce mot "Bock !"* » (Flaub.). 2 Récipient muni d'un tuyau terminé par une canule qu'on utilise pour les injections.

bodhisattva [bɔdisatva] n. m. – XIXe ; mot hindi, de *bodhi* « sage » et *sattva* « qualité, état » ▪ Dans le bouddhisme, Sage ayant franchi tous les degrés de la perfection sauf le dernier qui fera de lui un bouddha. ➝ Statue qui le représente.

body n. m. – XXe ; mot angl. « corps » ▪ Vêtement, sous-vêtement féminin très collant, d'une seule pièce, à manches, formant culotte. ⇒ **justaucorps.** *Des bodys* (ou *des bodies*).

❑ Pour le pluriel → ① y (rem.).

bodybuilding [bɔdibildiŋ] n. m. – v. 1980 ; mot angl., de *body* « corps » et *to build* « construire » ▪ Musculation destinée à remodeler le corps. ⇒ **culturisme,** fam. **gonflette.**

bœuf, plur. **bœufs** [bœf, bø] n. m. – XIe ; lat. *bos, bovis* 1 Mammifère artiodactyle ruminant domestique (incluant *taureau, vache, veau*). *Les bœufs, avec les moutons et les antilopes, constituent la famille des bovidés. Le bœuf beugle, meugle, mugit.* 2 Le bœuf (1°) mâle (opposé à *vache, génisse*), castré (opposé à *taureau*), adulte (opposé à *veau*). *Bœuf de trait, de labour. Joug de bœuf. Bœuf de boucherie,* élevé pour l'alimentation. *Bœuf charolais, nivernais.* ♦ loc. *Fort comme un bœuf,* très fort. ➝ *Travailler comme un bœuf,* beaucoup et sans manifester de fatigue. ⇒ **bête.** 3 Viande de bœuf ou de vache, de génisse. *Bœuf grillé, rôti* (faisant partie des viandes rouges). ⇒ **bifteck, chateaubriand, onglet, rosbif, tournedos.** *Côte de bœuf.* « *Un carré de filet de bœuf rôti saignant* » (Romains). *Bœuf miroton. Bœuf bourguignon.* 4 adj. inv. fam. *Un effet, un succès bœuf,* très grand et étonnant. ⇒ **énorme, monstre.** 5 Improvisation collective de jazz. ⇒ **jam-session.**

bof interj. – 1968 ; onomat. ▪ Interjection exprimant le mépris, la lassitude, l'indifférence. « *Tout est flou autour de moi hormis l'objet de mon désir* [...] *le reste ? Bof !* » (Tournier).

B.O.F. [beoɛf] n. et adj. – 1944 ; sigle de ***b**eurre, **œ**ufs, **f**romages* 1 vieilli Crémier. 2 Pendant la dernière guerre, Commerçant enrichi par le marché noir.

bogie [bɔʒi] ou **boggie** [bɔgi] n. m. – XIXe ; mot angl. ▪ Chariot à deux essieux (quatre roues) sur lequel est articulé par pivot le châssis d'une voiture (wagon) pour lui permettre de prendre les courbes.

❑ Pour la graphie *boggie* on prononce parfois [bɔgʒi].

bogomile n. et adj. – XVIIIe ; bulgare *bog* « Dieu » et *mile* « ami » ▪ Membre d'une secte hérétique s'appuyant sur les doctrines manichéennes, qui exista entre le Xe et le XIIIe s.

① **bogue** n. f. – XVIe ; bret. *bolc'h* ▪ Enveloppe piquante de la châtaigne (bractées soudées de l'akène).

② **bogue** n. f., cour. n. m. – 1980 ; angl. *bug* « bestiole nuisible », « défaut » ▪ Défaut d'un logiciel entraînant des anomalies de fonctionnement. ➝ Recomm. offic. pour *bug**.

bohème n. – XIVe ; du n. pr. *Bohême* ▪ vieilli Personne (généralt artiste) qui vit sans règles, en marge de la société. ⇒ **marginal.** *Mener une vie de bohème.* « *ils s'imaginaient... vieux bohèmes, cols roulés et pantalons de velours chaque soir à la même terrasse de Saint-Germain* » (Perec). ➝ adj. *Avoir un caractère bohème.* ⇒ **artiste, fantaisiste.** ♦ *La bohème* (vieilli) : l'ensemble des bohèmes. ✪ CONTR. Bourgeois, pantouflard. (de l'adj.) Rangé, réglé.

bohémien, ienne n. – XVe ; de *Bohême* ▪ vieilli Tsigane nomade, membre d'un groupe vivant d'artisanat, de mendicité, etc. ⇒ **gitan, romanichel, tsigane, zingaro ;** fam. **manouche.** « *la bohémienne dansait ; elle faisait tourner son tambourin* » (Hugo).

❑ Attention, l'habitant de la *Bohême,* en République tchèque est un *Bohêmien* (accent circonflexe).

① **boire** v. tr. [53] – X^e ; lat. *bibere* 1 Avaler (un liquide). ⇒ **absorber, ingurgiter, prendre.** *Boire du vin. Voulez-vous boire quelque chose ?* « *Vous boirez bien une goutte de calva ?* » (Vian). *Un liquide bon à boire.* ⇒ **buvable, potable.** ➝ *Boire un coup, un verre.* ➝ *Boire chaud, froid, glacé. C'est ma tournée, je vous paye à boire. Servir, verser à boire à qqn. Buvons à ta santé.* ➝ péj. *Il y a à boire et à manger,* se dit d'un liquide dans lequel se trouvent anormalement des éléments solides ; il y a de bonnes et de mauvaises choses. ➝ *Boire un bouillon :* avoir un revers de fortune. ➝ *Boire du petit-lait :* se réjouir, se délecter de qqch., d'une flatterie. ⇒ se **gargariser,** se **régaler.** ➝ *Ce n'est pas la mer à boire :* ce n'est pas difficile. ➝ *On ne saurait faire boire un âne qui n'a pas soif :* on ne peut pas forcer qqn. ➝ *Le vin est tiré, il faut le boire :* on ne peut reculer, il faut achever ce qui est commencé. ➝ *Qui a bu boira :* on ne se corrige pas de ses vieux défauts. ♦ fig. *Boire les paroles de qqn,* les écouter avec attention et admiration. 2 Prendre des boissons alcoolisées avec excès. ⇒ s'**enivrer,** se **soûler ;** fam. **picoler, pinter.** *Il nous a fait boire. Boire comme un trou.* « *un fainéant qui n'aimait qu'à boire* » (Balz.). « *elle s'était mise à boire pour échapper à elle-même* » (Goncourt). 3 SE BOIRE v. pron. Devoir ou pouvoir être bu. *Ce vin se boit au dessert, se boit frais.* 4 Absorber, en parlant d'un corps poreux, perméable. *Papier qui boit* (l'encre).

② **boire** n. m. – XIIe ▪ *Le boire et le manger :* la boisson et l'alimentation. loc. *En perdre, en oublier le boire et le manger :* être entièrement absorbé par une occupation, un souci.

bois n. m. – XIe ; lat. *boscus* I - 1 Espace de terrain peu étendu couvert d'arbres. *L'orée d'un bois. Bois de châtaigniers, de pins. Le Bois de Boulogne à Paris. Couper à travers bois.* ♦ *Les bois :* la forêt. *Au fond des bois.* « *Salut ! bois couronnés d'un reste de verdure !* » (Lamart.). *Fraises des bois :* fraises sauvages. 2 Les arbres en général. *Abattage du bois.* II - 1 Matière ligneuse et compacte des arbres. *Bois mort, sec. Couper, scier, fendre, tronçonner du bois.* loc. fam. *Être du bois dont on fait les flûtes :* être très accommodant. ♦ Tissu rigide des végétaux vasculaires, formé de fibres ligneuses, de parenchyme et de vaisseaux. ⇒ **xylème.** *Le liber, l'écorce du bois.* ♦ *Bois de chauffage. Du petit bois. Ramasser du bois.* « *il dépensait un stère de bois, et lésinait sur une allumette* » (R. Rolland). *Poêle à bois. Feu de bois.* loc. *On verra de quel bois je me chauffe,* quelle personne je suis (menace). ♦ *Bois de construction. Panneau de bois. Bois précieux. Bois blanc :* sapin, bois léger. ♦ loc. fam. *Toucher du bois* (souvent accompagné du geste concret), pour conjurer le mauvais sort. ♦ *DE BOIS ; EN BOIS :*

fabriqué avec du bois. *Meubles en bois. Cheval de bois.* ♦ loc. fig. *N'être pas de bois :* ne pas manquer de sensualité. *Gueule de bois :* bouche empâtée et sèche après un excès de boisson. ➛ péj. *Langue de bois :* langage figé de la propagande politique ; façon de s'exprimer qui abonde en formules figées et en stéréotypes non compromettants. ➛ fam. *Chèque en bois,* sans provision. 2 Objet en bois. *Un bois de lit :* le cadre en bois qui supporte le sommier. ♦ Gravure sur bois. ♦ plur. *LES BOIS :* les instruments à vent munis de trous, en bois (parfois en métal), à embouchure de flûte ou à anche* (flûte, hautbois, clarinette, cor anglais, basson, saxophone). « *un adagio où alternent les cordes et les bois* » (Tournier). ♦ *Bois de raquette,* la partie en bois. ➛ Club de golf en bois. ⇒ ① **driver.** 3 Cornes ramifiées et caduques des cervidés. « *Un grand cerf emporté par le poids de ses bois formidables* » (Tournier).

❑ À la différence des *bois* des cervidés, les *cornes* sont simples et ne tombent pas.

boisage n. m. - XVIᵉ 1 Action de boiser (1°), de garnir avec du bois de menuiserie. *Boisage d'un navire.* 2 Ensemble du bois servant à boiser.

boisé, ée adj. - XVIIᵉ 1 Où poussent des bois. *Région boisée.* 2 Recouvert, orné de boiseries. « *un petit salon boisé, doré et musqué comme une bonbonnière* » (Muss.). 3 Qui sent le bois. *Vin boisé.*

boisement n. m. - XIXᵉ ▪ Action de boiser (2°), de garnir d'arbres un terrain. ✪ CONTR. Déboisement.

boiser v. tr. [1] - XVIIᵉ 1 Garnir avec du bois. *Boiser une mine.* ⇒ **cuveler.** 2 Planter d'arbres (un terrain) pour former un bois. ⇒ **reboiser.** ✪ CONTR. Déboiser.

boiserie n. f. - XVIIIᵉ 1 Revêtement des murs en bois de menuiserie, parfois décoré. « *cette salle était lambrissée d'une boiserie de chêne à petits panneaux* » (Gaut.). ⇒ **lambris.** 2 au plur. Éléments de menuiserie d'une maison, à l'exclusion des parquets (portes, fenêtres, plinthes, escaliers, etc.). *Les boiseries seront peintes en gris clair.* « *Des boiseries sans aucune peinture ni vernis* » (Loti).

boiseur n. m. - XVIIIᵉ ▪ Ouvrier employé aux travaux de boisage.

boisseau n. m. - XIIᵉ ; lat. °*buxitellum,* « petite boîte » 1 Ancienne mesure de capacité (environ un décalitre). Récipient de forme cylindrique utilisé pour les matières sèches ; son contenu. « *deux à trois boisseaux de blé furent moulus* » (J. Verne). ♦ loc. *Mettre qqch. sous le boisseau :* dissimuler, taire. 2 Tuyau s'emboîtant dans un autre. *Boisseaux de cheminée.*

boisselier n. m. - XIVᵉ ▪ Ouvrier, artisan qui fabriquait des boisseaux (1°) et autres ustensiles en bois cintré (tamis, etc.), dits de *boissellerie.*

boisson n. f. - XIIIᵉ ; lat. *bibere* « boire » 1 Liquide qui se boit. ⇒ **breuvage.** *Commander, servir des boissons. Boisson fraîche, chaude. Boissons alcoolisées.* 2 Boisson contenant de l'alcool. *Débit de boissons.* ⇒ ① **bar, buvette, café.** 3 *LA BOISSON,* alcool consommé en trop grande quantité et habituellement. ⇒ **alcoolisme.** « *Un mari plus jeune qu'elle, mais usé par la boisson* » (Rouss.). *Renoncer à la boisson.*

boîte n. f. - XIᵉ ; lat. *pyxis* 1 Récipient de matière rigide (carton, bois, métal, plastique), facilement transportable, généralement muni d'un couvercle. *Le fond, les parois d'une boîte. Boîte de conserve. Boîte qui s'ouvre avec un ouvre-boîte, une clé, une languette. Haricots en boîte.* « *Les soupes en sachets, les soupes en boîte* » (Perec). *Boîte de sardines.* ➛ *Boîte à outils. Boîte à ordures.* ⇒ **poubelle.** *Boîte d'allumettes.* ➛ fam. *METTRE QQN EN BOÎTE,* se moquer de lui, le faire marcher. ♦ Contenu d'une boîte. *Finir une boîte de chocolats.* 2 *Boîte à musique,* dont le mécanisme reproduit quelques mélodies. « *une boîte à musique dont on remonte la manivelle répète interminablement le même air* » (Maupass.). ♦ *Boîte à gants.* ⇒ **vide-poche.** ♦ *Boîte aux lettres, à lettres :* dispositif installé sur la voie publique, destiné à recevoir le courrier à acheminer par le service postal. « *Je jetai la lettre à la boîte* » (Verlaine). ➛ Boîte privée d'une maison où le facteur dépose le courrier. *Servir de boîte aux lettres,* d'intermédiaire dans un échange de lettres, de messages. ♦ *Boîte postale :* boîte aux lettres réservée à un particulier ou à une entreprise, dans un bureau de poste (abrév. *B. P.*). 3 Cavité, organe creux qui protège et contient un organe, un mécanisme. *Boîte crânienne :* partie du crâne qui renferme le cerveau. ➛ *Boîte de vitesses :* organe renfermant les engrenages des changements de vitesse. ♦ *BOÎTE NOIRE :* appareil électronique placé à bord d'un avion, d'un camion, enregistrant certaines données (altitude, vitesse, etc.) et destiné à contrôler a posteriori le déroulement du vol, du trajet. ♦ *Boîte de dérivation,* permettant, dans une installation électrique, de réaliser des dérivations, une jonction. 4 fam. et péj. Maison, entreprise, lieu de travail. *Changer de boîte.* ➛ Lycée. ⇒ **bahut.** *Boîte à bachot.* 5 *BOÎTE (DE NUIT) :* petit cabaret ouvert la nuit où l'on boit, danse, et qui présente des attractions. « *Cette boîte ultra-snob qu'on a inaugurée avant-hier ?* » (Beauv.). fam. *Aller en boîte* (lang. des jeunes).

boiter v. intr. [1] - XVIᵉ ; de *boiste* (boîte) « cavité d'un os » ▪ Marcher en inclinant le corps d'un côté plus que l'autre, ou alternativement de l'un et de l'autre. ⇒ **boitiller, claudiquer, clopiner.**

❑ Ne prend pas d'accent circonflexe malgré l'étymologie. ♦ *Boiter* peut manifester une infirmité (jambe plus courte) ou un ennui provisoire (pied, cheville, genou).

boiterie n. f. - XIXᵉ ▪ Infirmité, mouvement de celui qui boite. ⇒ **claudication.**

boiteux, euse adj. - XIIIᵉ ; de *boiste* (boîte) « cavité d'un os » 1 Qui boite de façon permanente. ⇒ **claudicant ;** fam. **bancal.** ➛ subst. *Un boiteux, une boiteuse.* 2 (chose) Qui n'est pas d'aplomb sur ses pieds. ⇒ **bancal.** *Une chaise boiteuse.* ♦ *Vers boiteux,* qui a une syllabe en plus ou en moins (poésie régulière). 3 Qui manque d'équilibre, de solidité. *Un raisonnement boiteux.* « *négocier une paix boiteuse, tandis qu'il en était encore temps* » (Mart. du G.). ✪ CONTR. Ingambe ; harmonieux, symétrique.

boîtier n. m. - XIIIᵉ 1 Boîte à compartiments destinée à recevoir différents objets. 2 Boîte renfermant un mécanisme. *Boîtier de montre. Boîtier d'une lampe de poche. Boîtier d'appareil photo :* corps de l'appareil sans son objectif.

boitillant, ante adj. - XXᵉ ▪ Qui boitille.

boitiller v. intr. [1] - XIXᵉ ▪ Boiter légèrement. « *La bête est fatiguée, elle boitille un peu* » (Alain-Fourn.).

boit-sans-soif n. inv. - XIXᵉ ; de *qui boit sans* (avoir) *soif* ▪ fam. Ivrogne. *Des boit-sans-soif.*

① **bol** n. m. - XVIIIᵉ ; angl. *bowl* 1 Pièce de vaisselle, récipient individuel hémisphérique servant à contenir des liquides (⇒ **jatte**), et spécialt la boisson chaude du matin. *Bol de porcelaine.* ➛ *Cheveux coupés au bol,* courts et en arrondi. 2 Contenu d'un bol. *Boire un bol de café au lait.* ➛ *Prendre un bol d'air :* aller au grand air. 3 arg. Cul. loc. fam. *Avoir du bol,* de la chance. ⇒ fam. **pot.** *Coup de bol,* de chance.

❑ De la même famille, le mot *ras-le-bol.*

② **bol** n. m. - XIIIᵉ ; gr. *bôlos* « motte » ▪ *BOL ALIMENTAIRE :* masse d'aliments mastiqués, imprégnés de salive, et qui sera déglutie en une fois.

bolchevik [bɔlʃəvik ; bɔlʃevik] n. – 1903 ; russe « partisan de la majorité » ▪ Autrefois en Russie, Partisan du bolchevisme*. ✪ HOM. Bolchevique.

bolchevique [bɔlʃəvik ; bɔlʃevik] adj. – 1917 ▪ vieilli Qui a rapport au bolchevisme. ✪ HOM. Bolchevik.

bolchevisme [bɔlʃəvism ; bɔlʃevism] n. m. – 1917 ▪ Doctrine des majoritaires conduits par Lénine en Russie (⇒ **bolchevik**), élaborée à partir de 1903. ⇒ **collectivisme, marxisme.**

boldo n. m. – XIXe ; mot esp. d'Amérique ▪ Petit arbre originaire du Chili, dont les feuilles, utilisées en infusion, possèdent des propriétés médicinales (cholagogues).

bolduc n. m. – XIXe ; de *Bois-le-Duc,* ville des Pays-Bas ▪ Ruban décoratif coloré, utilisé dans le ficelage des petits paquets, des paquets-cadeaux.

-bole Élément, du gr. *bolé* « action de jeter, lancer ».

bolée n. f. – XIXe ▪ Contenu d'un bol. « *on avait déposé la bolée de mûres blanches* » (Giono). *Une bolée de cidre.*

boléro n. m. – XIXe ; esp. « danseur », de *bola* « boule » **1** Danse espagnole à trois temps, de mouvement très modéré. ♦ Air sur lequel on la danse. *Le « Boléro », de Ravel.* **2** Petit gilet très court, non ajusté, souvent sans fermeture.

bolet n. m. – XVIe ; lat. ▪ Champignon charnu, à pied central *(basidiomycètes),* dont le dessous du chapeau présente des tubes qui s'ouvrent en minuscules alvéoles. *Bolets comestibles.* ⇒ **cèpe.** *Le bolet Satan, à chapeau blanc, est vénéneux.*

bolide n. m. – XVIe ; gr. *bolis* « sonde, jet » **1** Météorite ignée qui parvient au voisinage de la Terre sans être volatilisée. ➛ *Passer, filer comme un bolide :* très vite, très brusquement. **2** Véhicule, voiture très rapide. « *un bolide lumineux passait en trombe à travers le feuillage* » (Mart. du G.).

bolier ou **boulier** n. m. – XVIIe ; lat. *bolus* « coup de filet » ▪ Grand filet de pêche traîné par bateau le long des côtes.

bolivar n. m. – XIXe ; de *S. Bolivar* **1** Autrefois, Chapeau haut de forme à larges bords. **2** Unité monétaire du Venezuela.

boliviano n. m. – 1987 ; mot esp. ▪ Unité monétaire de Bolivie.

bollard n. m. – 1943 ; mot angl. ▪ Bitte d'amarrage de grande taille au bord d'un quai.

bolomètre n. m. – XIXe ; gr. *bolê* « trait » ▪ Thermomètre à résistance électrique, servant à mesurer de faibles dégagements de chaleur.

bombage n. m. – 1972 ▪ fam. Action d'écrire, de dessiner avec de la peinture en bombe sur des murs privés ou publics ; inscription faite à la bombe. ⇒ **tag.** *Le bombage est interdit.*

bombance n. f. – XIe ; d'un rad. onomat. *bob,* idée de « gonflé » ▪ Très bon repas. ⇒ **festin, ripaille.** *Faire bombance.*

bombarde n. f. – XIVe ; lat. *bombus* « bruit sourd » **1** Au Moyen Âge, Machine de guerre qui servait à lancer des boulets. **2** Ancien instrument à vent à anche double, ancêtre du basson. ♦ Jeu d'orgue sonnant une octave au-dessous du jeu de trompette. *Il « ouvrait toutes grandes aux souffles de l'orgue les puissances de la bombarde, du basson et de la trompette »* (Bosco).

bombardement n. m. – XVIIe **1** Action de bombarder, de lancer des bombes ou des obus. *Le bombardement d'une ville par l'aviation ennemie.* **2** sc. *Bombardement atomique :* projection de particules élémentaires (neutrons, protons) sur des noyaux d'atome.

bombarder v. tr. [1] – XVIe **1** Attaquer, endommager en lançant des bombes, des obus. *Bombarder une usine, une gare, un port. Villes bombardées.* **2** Lancer de nombreux projectiles sur (qqn ou qqch.). *Bombarder de tomates.* ➛ fam. Accabler, harceler. *Bombarder qqn de lettres, de requêtes.* **3** sc. Projeter des particules élémentaires à grande vitesse sur (un noyau). **4** fam. Nommer brusquement, élever avec précipitation (qqn) à un poste, un emploi, une dignité. *On l'a bombardé directeur.*

bombardier n. m. – XVe **1** Avion de bombardement. *Escadrille de bombardiers.* ♦ *Bombardier d'eau :* avion qui largue de l'eau sur les incendies. ⇒ **canadair. 2** Aviateur chargé du lancement des bombes. « *un bombardier qui revient d'Allemagne et qui a une grosse bosse au front* » (Cendrars).

bombardon n. m. – XIXe ▪ Instrument de musique, cuivre très grave, à piston, utilisé dans les fanfares.

① **bombe** n. f. – XVIIe ; lat. *bombus* « bruit retentissant » **1** Projectile creux, rempli d'explosif, lancé autrefois par des canons, de nos jours lâché par des avions. ➛ *Bombe explosive, incendiaire, au napalm. Lâcher, larguer des bombes sur un objectif.* « *cette petite bombe qui peut tuer cent mille hommes d'un coup* » (Sartre). *Désamorcer une bombe. Faire sauter une bombe. Une bombe a explosé.* ➛ *Bombe atomique* (ou *bombe A*), utilisant l'énergie nucléaire. *Bombe à hydrogène* (ou *bombe H,* ou *bombe thermonucléaire*). *Bombe à neutrons.* ♦ Tout appareil explosible que fait éclater un mécanisme quelconque. *Bombe à retardement. Attentat à la bombe.* **2** fam. *Tomber, arriver comme une bombe,* brusquement, sans qu'on s'y attende. *La nouvelle a fait l'effet d'une bombe.* ➛ Nouvelle surprenante. **3** *Bombe glacée :* crème glacée en tronc de cône, en pyramide. ➛ *Bombe volcanique :* fragment de lave renflé en son milieu, projeté au-dessus d'un cratère. **4** *Bombe au cobalt :* générateur de rayons gamma qui utilise le cobalt radioactif, servant au traitement des cancers. **5** Casquette hémisphérique des cavaliers. **6** Atomiseur de grande dimension. ⇒ **aérosol.** *Déodorant en bombe. Une bombe de peinture.*

② **bombe** n. f. – XIXe ; de *bombance* ▪ fam. Repas, partie de plaisir où l'on boit beaucoup. *Faire la bombe.* ⇒ **fête,** ① **foire, java.**

bombé, ée adj. – XVIIe ▪ Qui est ou qui est devenu convexe. ⇒ **arrondi, renflé.** « *leur front élevé, bombé et non fuyant* » (J. Verne). *Boîte de conserve bombée,* qui dénote une fermentation. ✪ CONTR. Concave, creux.

bombement n. m. – XVIIe ▪ État de ce qui est bombé, convexe. ⇒ **convexité.** ✪ CONTR. Concavité.

bomber v. [1] – XVIIIe **I - 1** v. tr. Rendre convexe comme une bombe sphérique. ➛ loc. *Bomber le torse :* faire le fier. **2** v. intr. Devenir convexe. *Une planche qui bombe.* ⇒ **gondoler, gonfler. 3** v. intr. fam. Aller très vite. ⇒ **foncer. II** v. tr. fam. Peindre, inscrire à la bombe. ⇒ **taguer.** *Bomber des slogans sur un mur.* ✪ CONTR. Aplatir, creuser.

bombyx [bɔ̃biks] n. m. – XVIe ; gr. *bombux* « ver à soie » ▪ Papillon *(lépidoptères)* dont la larve tisse un cocon de soie. *Bombyx du mûrier,* dont la larve est le ver à soie.

bôme n. f. – XVIIIe ; holl. *boom* « mât » ▪ Grand espar horizontal sur lequel sont enverguées les voiles auriques et triangulaires. « *à plat ventre, pour ne pas être heurté par la bôme* » (Mac Orlan). ✪ HOM. Baume.

① **bon, bonne** adj. et adv. – X^e ; lat. *bonus.* **I** adj. **1** Qui a les qualités utiles qu'on en attend ; qui fonctionne bien. ⇒ **satisfaisant.** *De bonnes chaussures. Avoir une bonne vue. Bon conseil.* ⇒ **avisé.** *Le compte est bon.* ⇒ **exact, juste.** *Bonne excuse.* ⇒ **valable.** *Une bonne terre.* ⇒ **fertile.** ♦ *Il est bon de, que,* souhaitable, nécessaire. *Il est bon de le savoir.* ♦ lang. enfantin *Avoir tout bon ; avoir bon* (à un problème) : avoir trouvé la bonne solution. ➛ fam. (adultes) *Avoir tout bon* : avoir raison, réussir (opposé à *avoir tout faux*). 2 Qui fait bien son métier, son travail ; tient bien son rôle. *Un bon acteur.* « *Vous voyez que je suis bon Français* » (Volt.). *Une bonne élève. Un bon copain.* ♦ ÊTRE BON EN [bɔ̃ɑ̃] : réussir dans un domaine. *Il est bon en anglais.* 3 BON POUR : qui convient bien, est utile à (telle chose). ⇒ **adapté, approprié.** *L'alcool n'est pas bon pour la santé.* ⇒ **bénéfique, bienfaisant.** ➛ *Bon pour le service* : apte à faire son service militaire. fam. *On est bon !* ⇒ **cuit,** ① **fait,** ② **fichu.** ♦ BON À [bɔ̃a]. *Toute vérité n'est pas bonne à dire. C'est bon à savoir.* ➛ iron. *C'est tout juste bon à nous faire perdre notre temps.* ➛ *Il n'est pas bon à grand-chose* : il ne sait rien faire. ⇒ **inutile.** subst. *C'est un bon à rien, une bonne à rien.* ♦ À QUOI BON ? à quoi cela sert-il ? ⇒ **pourquoi.** *À quoi bon continuer ?* 4 Qui est bien fait, mérite l'estime. *C'est du bon travail. Un bon film.* 5 Qui répond aux exigences de la morale. ⇒ **convenable, honorable.** *Avoir de bonnes lectures.* ⇒ ① **sain.** *Être de bonne famille.* 6 Agréable au goût ou à l'odorat. *Un bon gâteau. Bonne odeur.* 7 Qui donne du plaisir. ⇒ **agréable.** *L'eau est bonne,* assez chaude pour se baigner. *Passer de bonnes vacances.* ➛ *Qu'il est bon de ne rien faire !* ⇒ **doux.** ➛ *Tout recommencer ! tu en as de bonnes* : tu plaisantes ! ➛ (En souhait) *Bonne fête ! Bon voyage !* 8 LE BON (et subst.) : la chose, la personne qui convient et non une autre. *Arriver au bon moment. Trouver la bonne réponse. Nous sommes sur la bonne voie.* 9 **interj.** *Bon !* marque la satisfaction, notamment après une affaire faite, terminée. ⇒ ① **bien.** *Bon, on y va !* ➛ Marque la surprise. *Ah, bon ?* ➛ iron. Marque le mécontentement. *Allons bon ! voilà que ça recommence !* ♦ *C'est bon !* cela suffit. 10 POUR DE BON : réellement, véritablement. *Il est fâché pour de bon.* 11 Qui veut du bien, fait du bien à autrui (après le nom, surtout attribut). ⇒ **charitable, généreux, humain.** *Elle est trop bonne. C'est un homme bon.* « *Comme c'est difficile d'être bon !* » (Renard). ♦ Qui entretient avec autrui des relations agréables ; qui a une certaine rondeur, de la bonhomie. ⇒ **brave, complaisant,** ② **gentil, serviable.** *Un bon garçon. Bon vivant. Être bon public,* bienveillant. *Merci, vous êtes bien bon, trop bon.* ⇒ **aimable, obligeant.** ➛ fam. *Vous êtes bon, vous, ce n'est pas si facile !* 12 Qui exprime la bonté, témoigne de la bonté. *Bonne volonté. Allons, un bon mouvement !* ➛ par antiphr. *Les bonnes langues.* 13 fam. À LA BONNE. *Avoir qqn à la bonne,* avoir pour lui toutes les indulgences. 14 (apr. *un* ou un numer.) Qui atteint largement la mesure exprimée ; grand. *Une bonne pincée.* ⇒ **gros.** « *Il avait maintenant trois bons kilomètres à faire pour revenir* » (Cl. Simon). 15 Définitif, total. *Finissons-en une bonne fois pour toutes.* 16 Intense, violent. *Une bonne gifle.* II **adv. de manière** *Sentir bon. Il fait bon* : la température est agréable. ➛ *Il fait bon* : il est agréable de. « *Il fait bon vivre chez vous* » (Vigny). ✪ CONTR. Mauvais. Méchant. Petit. — HOM. Bond.

> ❑ Le comparatif de *bon* est *meilleur,* mais *plus... bon* peut s'employer lorsque les deux mots ne se suivent pas : *plus ou moins bon.* ♦ Devant un mot composé commençant par *bon,* on évite d'employer *plus.* →bonhomme, bon vivant. ♦ L'adjectif se dénasalise devant un mot commençant par une voyelle ou un *h* muet : *bon anniversaire* [bɔnanivɛʀsɛʀ]. ♦ La famille de *bon* comporte des mots avec deux *n (débonnaire)* et avec un *n (bonification, bonasse).*

② **bon** **n. m.** – XVe I - 1 Ce qui est bon. « *Discernant le bon d'avec le mauvais* » (Fléch.). 2 *Avoir du bon* : présenter des avantages. *Cette solution a aussi du bon.* 3 (surtout au plur.) Personne qui est bonne. *Les bons et les méchants.* II Formule écrite constatant le droit d'une personne d'exiger une prestation, de toucher une somme d'argent, etc. *Bon de commande. Bon pour... Bon du Trésor.*

bonace **n. f.** – XIIe ; gr. *malakos* « mou » ▪ Calme plat de la mer après ou avant une tempête. ✪ CONTR. Tempête. — HOM. Bonasse.

bonapartisme **n. m.** – XIXe 1 Forme de gouvernement dont les principes rappellent ceux du gouvernement des Bonaparte. 2 Attachement à la dynastie des Bonaparte ou à leur système politique.

bonapartiste **adj.** et **n.** – XIXe ▪ Qui a rapport au bonapartisme. ♦ **n.** Partisan du bonapartisme. « *le garde champêtre, un bonapartiste farouche* » (Zola).

bonard, arde ou **bonnard, arde** **adj.** – XIXe ▪ fam. Beau, bon, satisfaisant. *C'est bonard, ça marche.* ➛ (personnes) *Je ne suis pas bonnard pour y aller.*

bonasse **adj.** – XVe ; p.-ê. it. *bonaccio* ▪ Qui est faible, d'une bonté excessive par simplicité d'esprit, par peur des conflits. ⇒ ① **mou.** ➛ *Un air, un ton bonasse.* « *une espèce d'inertie bonasse* » (Sartre). ✪ CONTR. Énergique, sévère. — HOM. Bonace.

bonbon **n. m.** – XVIIe ; redoublement de *bon* ▪ Petite friandise faite de sirop aromatisé et parfois coloré. *Bonbons acidulés. Bonbons à la menthe.* « *elles s'assirent par terre, pour manger des bonbons achetés [...] chez le confiseur* » (Loti). ♦ (Belgique) Biscuit. ♦ loc. fam. *Coûter bonbon* : coûter cher.

bonbonne **n. f.** – XIXe ; provenç. *boumbouno* « sorte de bouteille » ▪ Récipient bombé à col étroit et court servant à conserver certains liquides. ⇒ **dame-jeanne, tourie.**

> ❑ Ce mot s'écrit parfois *bombonne* (*m* devant *b*) conformément à l'étymologie. Cette orthographe régulière cède devant *bonbonne* (*n* devant *b*), par analogie avec *bonbon, bonbonnière.*

bonbonnière **n. f.** – XVIIIe 1 Petite boîte à bonbons. 2 Petit appartement coquet, très décoré.

bond **n. m.** – XIVe 1 Action de bondir, de s'élever de terre par un mouvement brusque. ⇒ **saut.** « *D'un bond, il fut debout* » (Zola). *Faire des bonds de joie.* ♦ loc. *Ne faire qu'un bond* : se précipiter. ➛ fig. *Bond en avant* : progrès soudain et rapide. 2 Rejaillissement d'un corps inerte qui heurte un obstacle. *Les bonds d'une balle.* ⇒ **rebond.** ♦ loc. *Faire* FAUX BOND *à qqn* : manquer un rendez-vous ; se dérober au dernier moment. ✪ HOM. Bon.

> ❑ *Bond* a une valeur intensive par rapport à *saut.* ♦ Pour le sens → bondissement (rem.).

bonde **n. f.** – XIIIe ; gaul. *bunda* 1 Ouverture de fond, destinée à vider l'eau (d'un étang, d'un évier, d'un appareil sanitaire). ➛ Système de fermeture de la bonde. 2 Trou pratiqué dans une douve de tonneau, pour le remplir ou le vider ; pièce de bois permettant d'obturer ce trou.

bondé, ée **adj.** – XIXe ; de *bonder* « remplir un tonneau jusqu'à la *bonde* » ▪ Qui contient le maximum de personnes. ⇒ **bourré,** ② **comble, plein.** « *des omnibus, des express, des pleins, des bondés, des vides* » (Queneau). ✪ CONTR. Vide.

bondelle **n. f.** – XIVe ; gaul. *bunda* « fond » ▪ (Suisse) Poisson du genre corégone.

bondérisation **n. f.** – 1934 ; de *Bonder,* nom déposé ▪ Phosphatation superficielle des produits ferreux pour les protéger de la rouille.

bondieusard, arde **adj.** et **n.** – XIXe ; de *bon Dieu* ▪ fam. et péj. D'une piété ostentatoire. *L'abbé Pierre* « *si loin du discours bondieusard* » (F. Giroud).

bondieuserie **n. f.** – XIXe ; de *bon Dieu* 1 Bigoterie. 2 Objet de piété de mauvais goût.

bondir v. intr. [2] – XIe ; lat. *bombire* « bourdonner » 1 S'élever brusquement en l'air par un saut. ⇒ **sauter,** s'**élancer.** *Le tigre bondit sur sa proie.* « *Aussitôt que j'avais atteint* [...] *le bois, je me mettais à courir, à sauter, à bondir* » (Chateaub.). ♦ *Bondir de joie.* ♦ *Cela me fait bondir* (d'indignation). 2 S'élancer précipitamment. ⇒ **courir,** se **précipiter.** *J'ai bondi dans son bureau.*

❑ Le sens étym. exprime la notion de bourdonnement (même famille que *bombyx, bombarde*). Le sens actuel « faire des sauts » apparaît au XIIIe s., l'impression auditive (sons montants, descendants) faisant place à l'impression visuelle.

bondissant, ante adj. – XVIe ▪ Qui bondit.

bondissement n. m. – XIVe ▪ littér. Action de bondir, suite de bonds. *Le bondissement du tigre.* ⇒ **bond, saut.**

❑ Le *bondissement* est le « *mouvement* de celui qui bondit » ; le *bond* représente *l'acte* lui-même.

bondon n. m. – XIIIe ▪ Morceau de bois court et cylindrique servant à boucher la bonde d'un tonneau. ⇒ **bouchon.**

bondrée n. f. – XVIe ; p.-ê. breton *bondrask* « grive » ▪ Oiseau rapace diurne, à longue queue, de la taille d'une buse.

bon enfant [bɔnɑ̃fɑ̃] adj. inv. – XVIe ▪ Qui a une gentillesse simple et naïve. ⇒ **bonhomme.** *Des manières bon enfant.*

❑ On peut dire au comparatif *plus bon enfant.* → ① bon (rem.).

bonheur [bɔnœʀ] n. m. – XIIe ; de ① *bon* et *heur* I - 1 Chance. *Puisque j'ai le bonheur de vous rencontrer.* ⇒ **heur.** *Porter bonheur :* donner de la chance. ⇒ **porte-bonheur.** « *Non, Monsieur, non, ça ne vous portera pas bonheur* » (Huysm.). loc. fam. *Au petit bonheur (la chance) :* au hasard. loc. adv. *PAR BONHEUR :* par chance. ⇒ **heureusement.** *Par bonheur, il était encore là.* 2 littér. Réussite, succès (précédé de *avec*). *Cette œuvre allie avec bonheur des qualités très opposées.* II - 1 État de la conscience pleinement satisfaite. ⇒ **béatitude, bien-être, félicité, satisfaction.** *Le bonheur parfait, suprême. Nager dans le bonheur. Le bonheur de vivre.* « *le vrai bonheur ne se décrit pas, il se sent* » (Rouss.). *Faire le bonheur de qqn,* le rendre heureux. ➛ loc. *L'argent ne fait pas le bonheur.* 2 Ce qui rend heureux. ⇒ **joie.** « *Ah ! mon vieil ami, quel bonheur de se promener ensemble par ce beau temps !* » (Proust). ✪ CONTR. Malheur ; malchance ; échec, inquiétude, peine.

bonheur-du-jour [bɔnœʀdyʒuʀ] n. m. – XVIIIe ▪ Petit bureau à tiroirs, surmonté d'un gradin, en vogue au XVIIIe s. *Des bonheurs-du-jour.*

bonhomie [bɔnɔmi] n. f. – XVIIIe ▪ Simplicité dans les manières, unie à la bonté du cœur. ⇒ **bonté, simplicité.** « *une sorte de bonhomie cordiale, dont elle ne se départait point, décourageait l'ironie* » (Gide). ✪ CONTR. ② Affectation, suffisance.

❑ On écrivait *bonhommie* au XVIIIe s. Dérivé de *bonhomme,* ce mot devrait prendre deux *m. Prud'homie* et *prud'homme* présentent la même particularité.

bonhomme [bɔnɔm], plur. **bonshommes** [bɔ̃zɔm] n. m. – XIIe I adj. (plur. *bonhommes* [bɔnɔm]). Plein de bonhomie. *Des airs bonhommes.* ⇒ **bon enfant.** II n. m. 1 fam. (peu respectueux) Homme, monsieur. « *Je pense à ce drôle de bonhomme dans le train... Il était bien suspect...* » (Cendrars). ⇒ **mec, type.** *Une bonne femme et deux bonshommes.* ♦ (avec une nuance admirative) *C'est un grand bonhomme.* ⇒ **quelqu'un.** 2 Terme d'affection en parlant à, d'un petit garçon. *Ce petit bonhomme a déjà cinq ans.* 3 fam. Figure humaine dessinée ou façonnée grossièrement. *Un bonhomme de neige.* 4 loc. *Aller, poursuivre son petit bonhomme de chemin :* poursuivre ses entreprises sans hâte, sans bruit, mais sûrement.

❑ Dans ce nom composé et écrit en un seul mot, les éléments *bon* et *homme* gardent leur autonomie au pluriel, *des bonshommes,* comme dans *mesdames* (de *madame*), *messieurs.* ♦ L'emploi de *bonhomme* et *bonne femme* sans qualificatif pour désigner un homme, une femme quelconque, est négligé et discourtois.

boni n. m. – XVIIe ; lat. *bonus* ▪ Excédent des recettes sur les dépenses ; surplus de recette, économie de dépense par rapport aux prévisions. ⇒ **bénéfice,** ② **bonification, guelte.** *Boni de liquidation. Des bonis.* ✪ CONTR. Déficit.

boniche ou **bonniche** n. f. – XIXe ; de *bonne* ▪ péj. et insultant Bonne. « *Une petite bonniche n'a pas les moyens de se payer des mélancolies de millionnaire, voyez-vous !* » (Bernanos).

① **bonification** n. f. – XVIe ; de ① *bonifier* ▪ Action d'améliorer, de rendre meilleur. ⇒ **amélioration.** *La bonification d'un vin.* ✪ CONTR. Détérioration.

② **bonification** n. f. – XVIIIe ; de ② *bonifier* ▪ Action de donner à titre de boni, de surplus. ⇒ **rabais, remise, ristourne.** ➛ La somme donnée à titre de boni. ♦ *Bonification d'intérêt :* allégement du taux d'intérêt des prêts consentis à certains emprunteurs, grâce à une subvention de l'État.

① **bonifier** v. tr. [7] – XVe ; lat. *bonificare* 1 Rendre meilleur, d'un meilleur produit. ⇒ **améliorer.** 2 v. pron. S'améliorer. *Le vin se bonifie en vieillissant.* ✪ CONTR. Aggraver, gâter.

② **bonifier** v. tr. [7] – XVIIIe ; de *boni* ▪ Donner à titre de boni.

boniment n. m. – XIXe ; arg. *bon(n)ir* « dire » 1 Discours trompeur pour vanter une marchandise, séduire le client. ⇒ **battage, baratin.** *Faire du boniment.* 2 fam. Tout propos mensonger pour tromper qqn. ⇒ **mensonge ; bobard.** *Raconter des boniments.*

bonimenteur, euse n. – XIXe ▪ vieilli Personne qui fait le boniment.

bonite n. f. – XVIe ; lat. *bonus* « bon » ▪ Variété de thon des mers chaudes. ⇒ **pélamide.** *Bonite à dos rayé.*

bonjour n. m. – XIIIe 1 Salutation (proprement « jour heureux »), qu'on emploie à toute heure du jour lorsqu'on rencontre qqn. *Souhaiter le bonjour à qqn.* ➛ « *On se criait de loin : "Bonjour ! – Ça va bien ?"* » (Flaub.). ♦ loc. fam. *Bonjour les dégâts !* il va y avoir des dégâts, ça va aller mal. ♦ Le mot *bonjour. Il m'a dit bonjour.* ➛ loc. *Simple comme bonjour,* très facile. 2 région. (Canada) Pour prendre congé de qqn, le jour. Au revoir !

bon marché → **marché**

bonnard, arde → **bonard**

bonne n. f. – XVIIIe 1 vieilli *Bonne à tout faire.* ⇒ **domestique.** ➛ *Bonne d'enfants.* ⇒ **gouvernante, nurse.** 2 Domestique, employée de maison qui vit chez ses employeurs. ⇒ péj. **boniche.** *Chambre de bonne.*

bonne (à la) → ① **bon**

bonne-maman n. f. – XIXe ▪ Terme d'affection des enfants à leur grand-mère. ⇒ **grand-mère, mamie.** *Des bonnes-mamans.*

bonnement adv. – XIIe ▪ *Tout bonnement* : tout simplement. « *Dire tout bonnement ce qui me viendra* » (Stendh.).

bonnet n. m. – XIIe ; p.-ê. germ. « ce qui est lié sur » **I** Coiffure souple, sans bord, dont la forme varie, couvrant une partie importante du crâne. *Bonnet de nuit*, qu'on portait pour dormir. *Bonnet de bain*, en caoutchouc, pour protéger les cheveux de l'eau. *Bonnet de laine*. ♦ *Quel bonnet de nuit !* se dit d'une personne triste, ennuyeuse. *Avoir la tête près du bonnet* : être colérique, prompt à s'emporter. *Prendre qqch. sous son bonnet*, en prendre la responsabilité. ➝ *C'est blanc bonnet et bonnet blanc* : cela revient au même. ➝ *Un gros bonnet* : un personnage éminent, influent. ⇒ **huile**. *Les gros bonnets de la drogue*. ⇒ **caïd**. **II - 1** Second estomac des ruminants. **2** Chacune des deux poches d'un soutien-gorge.

bonneteau n. m. – XVIIIe ▪ Jeu d'argent dans lequel le bonneteur intervertit rapidement trois cartes retournées, le parieur devant deviner où se trouve une de ces cartes.

bonneterie [bɔn(ə)tʀi ; bɔnɛtʀi] n. f. – XVe ▪ Fabrication, industrie, commerce d'articles d'habillement en tissu à mailles ; ces articles (bas, collants, chaussettes, slips...). ⇒ **lingerie**, ① **maille**.

bonneteur n. m. – XVe ; de *bonnet* ▪ Celui qui tient un jeu de bonneteau.

❑ Au XVe s., le *bonneteur* était un filou faisant assaut de civilités, à « coups de *bonnet* », pour mieux berner les gens.

bonnetier, ière n. – XVe **1** Personne qui fabrique ou vend des articles de bonneterie. **2** n. f. BONNETIÈRE. Petite armoire à une porte utilisée à l'origine pour ranger des coiffes.

bonnette n. f. – XIVe ; de *bonnet* « étoffe » **1** Petit ouvrage de fortification avancé. **2** Voile carrée supplémentaire que l'on installe à l'aide de bouts-dehors. **3** Lentille amovible modifiant la distance focale.

bonniche → **boniche**

bon-papa n. m. – XIXe ▪ Terme enfantin d'affection pour *grand-père*. ⇒ **papi**. *Des bons-papas*.

bonsaï [bɔ̃(d)zaj] n. m. – v. 1975 ; mot jap., de *bon* « pot » et *saï* « arbre » ▪ Arbre volontairement nanifié par atrophie des racines et ligature des tiges et rameaux. *Des bonsaïs*.

bon sens → ① **sens**

bonshommes → **bonhomme**

bonsoir n. m. – XVe ▪ Salutation adressée à qqn qu'on rencontre en fin d'après-midi ou le soir, ou pour quitter qqn en fin de journée. *Souhaiter le bonsoir*. *Bonsoir Monsieur*. *Bonsoir, je vais me coucher*. ♦ Le mot *bonsoir*. « *Elle était très respectée, et cela se voyait rien que dans les bonsoirs que les gens lui donnaient* » (Loti).

❑ Seul mot de la série qu'on dit en se rencontrant et en se quittant, comme salutation du soir. Comparer à *bonne soirée* qui est un souhait, et non pas un salut.

bonté n. f. – XIe ; lat. *bonus* « bon » **I** rare Qualité de ce qui est bon ; bonne qualité. ⇒ **excellence**. *Bonté d'une terre*. **II - 1** Qualité morale qui porte à faire le bien, à être bon pour les autres. ⇒ **altruisme, bienveillance, humanité, indulgence**. « *Toute cette bonté me tue. Si je m'interdis d'être un peu méchant à quoi suis-je bon ?* » (Renard). *Traiter qqn avec bonté*. **2** au plur. Acte d'amabilité. *Merci des bontés que vous avez eues pour moi*. ✪ CONTR. Méchanceté.

bonus [bɔnys] n. m. – 1930 ; mot lat. « bon » ▪ Réduction sur le montant d'une prime d'assurance automobile, accordée au conducteur qui n'a pas eu d'accident (opposé à *malus*). *Des bonus*.

bon vivant n. m. et adj. – XVIIe ▪ Homme d'humeur joviale et facile qui aime les plaisirs. *Des bons vivants*. adj. « *Il était bon vivant, joyeux, farceur, puissant mangeur et fort buveur, et vigoureux trousseur de servantes* » (Maupass.). ✪ CONTR. Triste, rabat-joie.

❑ On évite le comparatif avec *plus*. → ① bon (rem.).

bonze n. m. – XVIe ; jap. *bozu* « prêtre » **1** Prêtre de la religion bouddhique. **2** fam. Personnage en vue, quelque peu prétentieux. ⇒ ② **ponte, pontife**.

boogie-woogie [bugiwugi] n. m. – 1945 ; mot angl. ▪ Façon de jouer le blues au piano sur un rythme rapide. ➝ Blues ainsi joué, sur lequel on danse. *Des boogie-woogies*.

bookmaker [bukmɛkœʀ] n. m. – XIXe ; mot angl., de *book* « livre » et *maker* « celui qui fait » ▪ Celui qui, dans les courses de chevaux, prend les paris.

booléen, enne [buleɛ̃, ɛn] adj. – v. 1950 ; du mathématicien angl. *G. Boole* ▪ Relatif à l'algèbre de Boole. *Variable booléenne*, qui ne peut prendre que deux valeurs distinctes. ⇒ **binaire**.

boom [bum] n. m. – XIXe ; mot angl. « détonation » ▪ Brusque hausse du cours de valeurs ou de marchandises. ⇒ **bond**, ① **boum**. *Le boom des prix*. ⇒ **flambée**. ➝ *Boom démographique*. ⇒ **baby-boom, explosion**. loc. *Être en plein boom*, en plein travail. ✪ CONTR. Chute, krach. — HOM. Boum.

boomerang [bumʀɑ̃g] n. m. – XIXe ; mot angl., d'une langue australienne ▪ Arme de jet des indigènes australiens, formée d'une pièce de bois dur courbée, capable de revenir à son point de départ si le but est manqué. ➝ fig. Se dit d'un acte d'hostilité qui se retourne contre son auteur. *Effet boomerang*.

booster [bustœʀ] n. m. – 1934 ; mot angl., proprement « accélérateur » **1** Propulseur externe auxiliaire destiné à accentuer la poussée des engins spatiaux. ➝ Recomm. offic. *propulseur auxiliaire, pousseur*. **2** Amplificateur accroissant la puissance d'un autoradio. ➝ Recomm. offic. *suramplificateur*.

bootlegger [butlegœʀ] n. m. – 1925 ; mot angl. « celui qui cache sa bouteille dans sa botte » ▪ Aux États-Unis, Contrebandier d'alcool, pendant la prohibition.

boots [buts] n. f. pl. – 1966 ; mot angl. ▪ Bottes courtes de ville s'arrêtant au-dessus de la cheville.

boqueteau n. m. – XIVe ; a. fr. *bosc* « bois » ▪ Petit bois ; bouquet d'arbres. ⇒ **bosquet**.

❑ À la différence du *bosquet* « groupe d'arbres planté pour l'agrément », le *boqueteau* est un petit bois d'origine naturelle. Ces mots sont cependant donnés comme quasiment synonymes.

bora n. f. – XVIIe ; gr. *borras*, « vent du Nord » ▪ Vent du nord-est, froid et violent qui souffle l'hiver sur les régions septentrionales de l'Adriatique.

borasse n. m. – XIXe ; gr. *borassos* « datte » ▪ Palmier à feuilles en éventail dont on fait le vin de palme et dont les bourgeons sont comestibles (cœurs de palmier). ⇒ **rônier**.

borate n. m. – XVIIIe ; de *borax* ▪ Sel ou ester de l'acide borique.

borax [bɔʀaks] n. m. – XIIIe ; ar. *buraq* « salpêtre » ▪ Sel cristallin blanc ($Na_2B_4O_7$), à saveur alcaline.

borborygme n. m. – XVIe ; gr. *borborugmos* ▪ Bruit produit par le déplacement des gaz dans l'intestin ou dans l'estomac. ⇒ **gargouillement**.

bord n. m. – XIIe ; germ. « bordage d'un vaisseau » **I - 1** Extrémité supérieure de chaque côté des bordages d'un navire.

⇒ **bâbord, tribord.** *Jeter (qqch., qqn) par-dessus bord,* à la mer. 2 Chaque côté du navire, considéré par rapport au vent. *Virer de bord.* 3 Distance parcourue par un voilier entre deux virements. *Tirer des bords.* 4 (À, DE, DU BORD). Le navire lui-même. *Monter à bord. Journal, livre de bord* : compte rendu de la vie à bord tenu par les officiers de quart. ➛ *À bord d'une voiture, d'un avion.* ➛ loc. *Les moyens du bord,* ceux qu'offre la situation. *Il faudra se débrouiller avec les moyens du bord.* 5 fig. *Nous sommes du même bord,* du même parti, de la même opinion. *Changer de bord.* **II - 1** Contour, limite, extrémité d'une surface. ⇒ **bordure, côté.** *Le bord d'une table, d'une assiette. Passer ses vacances au bord de la mer.* « *Il y a une guinguette au bord de l'eau* » (Sartre). ➛ *Le bord de la route.* ➛ *Verre plein à ras bord.* ➛ *Bord d'un vêtement.* BORD À BORD : en mettant un bord contre l'autre, sans les croiser. adj. *Manteau bord à bord.* 2 Partie circulaire d'un chapeau, perpendiculaire à la calotte. « *le vieux Borsalino au large bord rabattu* [...] *sur l'œil droit* » (R. Gary). 3 *ÊTRE AU BORD DE* (qqch.), en être tout près. *Être au bord des larmes,* près de pleurer. ➛ loc. fam. *SUR LES BORDS* : légèrement, à l'occasion. « *Il était un peu faux jeton sur les bords* » (Queneau). ✪ CONTR. Centre, milieu ; fond. Loin. — HOM. Bore, bort.

① **bordages** n. m. pl. - XVe ■ Ensemble de planches épaisses ou de tôles recouvrant la membrure d'un navire.

② **bordages** n. m. pl. - XVIIe ■ Au Canada, Bordures de glace des cours d'eau, des rives.

bordé n. m. - XVIIe 1 Ensemble des bordages. « *le bordé s'était fatigué et ouvert,* [...] *le navire avait fait de l'eau* » (Hugo). 2 Galon servant à border un vêtement, un tapis. ⇒ **bordure, frange, lisière.**

bordeaux n. m. - XVIIIe ; du nom de la ville 1 Vin des vignobles du département de la Gironde. *Un bordeaux rouge, blanc.* ⇒ **graves, saint-émilion, sauternes.** 2 adj. D'un rouge foncé. ⇒ **grenat.** *Des chaussures bordeaux.*

bordée n. f. - XVIe 1 Salve de l'artillerie du bord. « *L'un des vaisseaux lâcha à l'autre sa bordée* » (Volt.). ➛ loc. *Une bordée d'injures.* 2 Partie de l'équipage de service à bord. *Bordée de quart.* 3 Route parcourue par un navire qui louvoie sans virer de bord. ♦ loc. fam. *Tirer une bordée* : courir les bars.

bordel n. m. - XIIe ; germ. *bord* « planche » 1 vulg. Maison de prostitution. ⇒ **boxon,** ③ **claque, lupanar** (cf. Maison close*). *Aller au bordel.* 2 fam. Grand désordre. ⇒ **foutoir, pagaille.** « *Tu excuseras ce bordel ; je n'ai pas eu le temps de faire de l'ordre* » (Beauv.). ♦ Grand tapage. ⇒ ② **boucan, raffut.**

❑ Le mot *bordeau, bordel* a perdu son sens étym. « maison de planches », au XVIe s. Il s'est spécialisé en « lieu de prostitution » v. 1200, les prostituées exerçant leur commerce à l'écart, dans des *bordes* « cabanes ».

bordelais, aise adj. et n. - XIIIe 1 De Bordeaux ou de sa région. *Le vignoble bordelais.* ➛ n. *Les Bordelais.* ➛ loc. *À la bordelaise* : accompagné d'une sauce au vin rouge. 2 n. f. Futaille contenant environ 225 litres, utilisée dans le commerce des vins de Bordeaux. ♦ Bouteille de forme particulière, contenant environ 75 centilitres.

bordélique adj. - av. 1970 ■ fam. Où il y a du bordel, du désordre. ➛ (personne) Qui est très désordonné.

border v. tr. [1] - XIIe 1 S'étendre le long du bord, occuper le bord de (qqch.). *Route bordée d'arbres.* 2 Garnir d'un bord, d'une bordure. *Mouchoir bordé de dentelle.* 3 *Border un lit* : replier le bord des draps, des couvertures sous le matelas. ♦ *Border qqn dans son lit, border qqn.* 4 *Border une voile,* tendre les écoutes pour la raidir. 5 *Border un navire* : revêtir la membrure de bordages. ✪ CONTR. Déborder.

bordereau n. m. - XVe ; probablt de *bord* « relevé porté sur le bord du cahier » ■ Relevé détaillé énumérant les divers articles ou pièces d'un compte, d'un dossier, d'un inventaire, d'un chargement. *Bordereau de livraison.*

borderie n. f. - XIVe ; germ. *borda* « cabane » ■ région. Petite métairie. ⇒ ② **ferme.**

① **bordier, ière** adj. - XVIIe 1 *Mer bordière,* située en bordure d'un océan. 2 n. m. (Suisse) Riverain.

② **bordier, ière** n. et adj. - XIIe ; d'un germ. *borda* « cabane » ■ région. Métayer.

bordigue ou **bourdigue** n. f. - XVIIe ; a. provenç. ■ Enceinte en clayonnages qui, au bord de la mer, sert à prendre ou garder du poisson.

bordure n. f. - XIIIe 1 Ce qui garnit, occupe le bord d'une chose en l'ornant ou la renforçant. ⇒ **bord, garniture,** ③ **tour.** « *Une tunique blanche à bordure dorée* » (Balz.). 2 Ce qui s'étend près du bord, occupe le bord, les bords. *Fleurs pour bordures.* 3 Pièce honorable qui occupe le pourtour intérieur de l'écu. ⇒ **orle.** ➛ *Bordure de chaussée* : rang de gros pavés qui retient latéralement une chaussée. 4 *EN BORDURE* : sur le bord, le long du bord. *Villa en bordure de mer.*

bore n. m. - XIXe ; de *borax* ■ Élément atomique (B ; n° at. 5 ; m. at. 11) du même groupe que l'aluminium, le gallium et l'indium. ✪ HOM. Bord, bort.

boréal, ale, aux adj. - XVe ; gr. *boreas* « vent du Nord » ■ Qui est au nord, appartient au nord du globe terrestre. *Hémisphère boréal.* ➛ Voisin du pôle Nord. *Régions boréales.* ✪ CONTR. Austral.

borgne adj. et n. - XIIe ; o. i. 1 Qui a perdu un œil, qui ne voit que d'un œil. « *Quasimodo était né borgne, bossu, boiteux* » (Hugo). 2 *Fenêtre borgne,* donnant du jour, mais aucune vue. ⇒ aussi **aveugle.** ♦ *Hôtel borgne,* mal famé.

❑ Le n. f. *borgnesse* est rare et considéré comme péjoratif.

borique adj. - XIXe ; de *bore* ■ *Acide borique* : poudre blanche, cristalline, à propriétés faiblement antiseptiques.

boriqué, ée adj. - XIXe ■ Qui contient de l'acide borique. *Eau, vaseline boriquée,* antiseptiques.

bornage n. m. - XIIIe 1 Opération consistant à délimiter une propriété par la pose de bornes. 2 Navigation côtière. ⇒ **cabotage.**

borne n. f. - XIIe ; lat. *bodina* 1 Pierre ou autre marque servant à délimiter un champ, une propriété foncière. ⇒ **limite, terme.** 2 Pierre plantée, petite butte de ciment servant de limite, de repère. *Borne kilométrique,* indiquant les distances sur une route. ➛ loc. *Rester planté comme une borne,* immobile. ♦ Dispositif de communication placé dans un lieu public. 3 fam. Kilomètre. *Il reste cent bornes à faire.* 4 Chacune des deux pièces d'un appareil générateur d'électricité auxquelles est relié un circuit extérieur. ⇒ **pôle.** ➛ Point d'un circuit électrique. 5 (plur.) Frontières. *Reculer les bornes de la connaissance.* « *la patience humaine a des bornes, et la mienne est à bout* » (Proust). ➛ loc. adv. *Sans borne(s)* : infini, très grand. « *C'est un idéaliste qui a une foi sans bornes dans le pouvoir souverain de l'esprit* » (R. Rolland). ➛ Limite permise. *Vous dépassez les bornes.* 6 En mathématiques, *Borne inférieure ou supérieure d'un ensemble* : élément extrême, inférieur ou supérieur, de cet ensemble.

borné, ée adj. - XVe 1 Qui est limité, arrêté par un obstacle. *Horizon borné.* 2 Dont les facultés intellectuelles sont limitées. « *un esprit borné mais très* droit » (Zola). *Esprit borné.* ⇒ **étroit, obtus.** 3 En mathématiques, Qui admet une, des bornes. *Partie bornée d'un ensemble ordonné :* partie à la fois majorée et minorée. ✪ CONTR. Étendu. Intelligent.

borne-fontaine n. f. – XIXe ▪ Fontaine publique en forme de borne. *Des bornes-fontaines.*

borner v. tr. [1] – XIIe 1 Délimiter (un terrain) par des bornes ou d'autres marques. ⇒ **limiter, marquer.** ♦ Arrêter, limiter. *Montagnes bornant l'horizon.* 2 *SE BORNER À* v. pron. *Se borner au strict nécessaire.* ⇒ se **contenter** (de), **tenir** (s'en tenir à). « *je me bornais à venir signer la feuille de présence* » (Lecomte). ♦ Se limiter à. « *Ses séjours à Berck se bornaient, chaque mois, à une visite de cinq à six jours* » (Mart. du G.). ✪ CONTR. Élargir, étendre.

bornoyer v. [8] – XIIIe ; de *borgne* 1 v. intr. Regarder d'un œil en fermant l'autre pour vérifier un alignement, une surface plane. ⇒ ① **viser.** 2 v. tr. Placer des jalons pour construire, planter, tracer en ligne droite.

bort n. m. – XIXe ; angl. *bort* ▪ Diamant inutilisable en bijouterie et servant d'abrasif. ✪ HOM. Bord, bore.

bortsch ou **bortch** [bɔʀtʃ] n. m. – XIXe ; russe ▪ Plat russe, soupe à la betterave et au chou. *Des bortschs, des bortchs.*

bosco n. m. – XIXe ; altér. de *bosseman,* mot angl. ▪ Maître de manœuvre sur un bateau. ✪ HOM. Boscot.

boscot, otte adj. et n. – XIXe ; altér. de *bossu* ▪ pop. vieilli Bossu (rare au fém.). ✪ HOM. Bosco.

boskoop [bɔskɔp] n. f. – 1952 ; du nom d'une ville des Pays-Bas ▪ Variété de pomme à chair ferme et acidulée, à peau rugueuse.

boson n. m. – 1958 ; du nom du physicien indien *Bose* et *-on* de *électron* ▪ Particule fondamentale (symb. W+, W–), atome dont le nombre de spin est entier ou nul, régi par la statistique de Bose-Einstein (mésons, photons, etc.).

bosquet n. m. – XVIe ; a. provenç. *bosc* « bois » ▪ Petit bois ; groupe d'arbres plantés pour l'agrément. ⇒ ① **bouquet.**

❑ Ne pas confondre avec *boqueteau.* → boqueteau (rem.).

boss [bɔs] n. m. – XIXe ; mot angl. ▪ fam. Patron, chef d'une entreprise. ✪ HOM. Bosse.

bossage n. m. – XVIIe 1 Saillie laissée à la surface d'un moellon comme ornement d'un mur. 2 Saillie, sur une pièce, destinée à servir d'appui.

bossa-nova n. f. – v. 1962 ; mots port., « nouvelle vague » ▪ Musique de danse brésilienne influencée par le jazz de tendance cool. Cette danse elle-même. *Des bossas-novas.*

bosse n. f. – XIIe ; lat. *bottia* I - 1 Enflure due à un choc sur une région osseuse. *Se faire une bosse au front.* 2 Saillie du dos, difformité de la colonne vertébrale. ⇒ **cyphose, gibbosité.** ➝ loc. fam. *Rouler sa bosse :* mener une vie aventureuse. ⇒ **bourlinguer.** 3 Saillie arrondie à la surface d'un os plat. ➝ *Bosse du crâne :* protubérance du crâne considérée autrefois comme le signe d'une aptitude. ➝ fam. *Avoir la bosse des mathématiques,* être doué pour... ⇒ ① **don, génie.** 4 Protubérance naturelle sur le dos de certains animaux. *Bosses d'un chameau.* 5 Élévation ou saillie arrondie sur une surface plane. « *la chaussée aux pavés anciens, pleine de creux et de bosses* » (Robbe-Grillet). *Ski de bosses.* 6 Décoration en relief. *Travailler en bosse un ouvrage d'orfèvrerie.* II Cordage utilisé pour saisir solidement un objet quelconque. *Bosse d'amarrage, bosse de ris.* ✪ CONTR. Cavité, creux, trou. — HOM. Boss.

bosselage n. m. – XVIIIe ▪ Travail en bosse, en relief, exécuté sur les pièces d'orfèvrerie.

bosseler v. tr. [4] – XIIe ▪ Déformer par des bosses. ⇒ **cabosser.** *Pare-chocs bosselé.* ✪ CONTR. Débosseler.

❑ À la différence de *bossuer, bosseler* ne se dit que des objets rigides qui ne reprennent pas naturellement leur forme.

bosselure n. f. – XVIe 1 Relief sur une pièce d'argenterie. 2 Déformation d'une surface par des bosses.

① **bosser** v. tr. [1] – XVIe ▪ Sur un bateau, Fixer, retenir avec des bosses.

② **bosser** v. intr. [1] – XIXe ; p.-ê. région. *bosser du dos* « être courbé (sur le travail) », de *bosse* ▪ fam. Travailler. *On bosse ensemble.* ➝ trans. *Bosser un examen.* ✪ CONTR. Glander.

bossette n. f. – XIIe 1 Ornement en bosse sur le mors, sur les œillères d'un cheval. 2 *Bossettes d'une arme à feu :* petits renflements de la tête de gâchette.

① **bosseur, euse** n. et adj. – 1908 ; de ② *bosser* ▪ fam. Personne qui travaille beaucoup. ⇒ **bûcheur.**

② **bosseur** n. m. – 1995 ▪ Skieur qui est spécialiste des bosses.

bossoir n. m. – XVIIe ; de *bosse* ▪ *Bossoir d'embarcation :* arc-boutant servant à suspendre une embarcation, à la larguer, à la hisser.

bossu, ue adj. et n. – XIIe ▪ Qui a une ou plusieurs bosses par un vice de conformation. ⇒ **gibbeux.** « *Mme de Guise, bossue et contrefaite à l'excès* » (St-Sim.). n. *Un bossu, une bossue.* ➝ loc. fam. *Rire comme un bossu :* rire à gorge déployée.

❑ Une relation entre les bossus et la chance, établie dans le folklore, explique *rire comme un bossu* et aussi *se payer une bosse de rire.*

bossuer v. tr. [1] – XVIe ▪ Déformer provisoirement par des bosses. ⇒ **bosseler, cabosser.** *Bossuer son chapeau.* ✪ CONTR. Aplatir, unir.

❑ Pour le sens → bosseler (rem.).

bostryche n. m. – XIXe ; gr. *bostrukhos* « boucle de cheveux » ▪ Insecte phytophage *(coléoptères)* à corselet velu, dont les larves vivent dans le bois des chênes.

bot, bote adj. – XVe ; germ. *butta* « émoussé » ▪ *Pied bot,* rendu difforme par rétraction de tendons et de ligaments, souvent associée à des malformations osseuses. *Il avait lu* « *l'éloge d'une nouvelle méthode pour la cure des pieds bots* » (Flaub.). *Main bote.* ✪ HOM. Bau, baud, baux (bail), beau ; botte.

botanique adj. et n. f. – XVIIe ; gr. *botanê* « plante » 1 Relatif à l'étude des végétaux. *Jardin botanique.* « *Nos recherches botaniques ne furent pas heureuses, les plantes étaient peu variées* » (Chateaub.). 2 n. f. Discipline qui regroupe l'ensemble des sciences végétales.

botaniste n. – XVIe ▪ Personne qui s'occupe de botanique.

bothriocéphale n. m. – XIXe ; gr. *bothrion* « fossette » et *kephalê* « tête » ▪ Ver dont la tête possède deux ventouses latérales qui se fixent au tissu qu'il suce. ⇒ **ténia.**

botrytis [bɔtʀitis] n. m. – 1975 ; gr. *botrus* « grappe » ▪ Champignon *(moniliacées)* affectant des plantes de grande culture, dont une espèce produit la pourriture noble de la vigne qui confère à certains vins une qualité spéciale.

① **botte** n. f. – XIIe ; néerl. *bote* « touffe de lin » ▪ Assemblage de végétaux de même nature dont les tiges sont liées ensemble. ⇒ **faisceau.** *Botte de paille, de foin.* ⇒ **gerbe.** ➝ *Bottes d'oignons, de radis, d'asperges.* ✪ HOM. Bote (bot).

② **botte** n. f. – XIIe ; p.-ê. de *bot* ▪ Chaussure qui enferme le pied et la jambe et parfois la cuisse. *Une paire de bottes. Bottes cavalières. Bottes fourrées.* ➛ par anal. de forme *La botte de l'Italie.* ♦ loc. fam. *Cirer, lécher les bottes de qqn,* le courtiser, le flatter bassement. « *Tu lui lèches les bottes à celui-là, tu es assez bête pour croire qu'il est le plus fort* » (Zola). fam. *En avoir plein les bottes :* être fatigué d'avoir trop marché. ➛ *Sous la botte :* sous l'oppression militaire. *Être à la botte de qqn,* à sa dévotion, à ses ordres. ♦ arg. Ensemble des élèves les mieux classés à la sortie de l'École polytechnique. *Sortir dans la botte.*

③ **botte** n. f. – XVIe ; it. *botta* « coup » ▪ Coup porté à un adversaire avec le fleuret, l'épée. *Porter une botte. Botte secrète,* dont la parade est inconnue de l'adversaire ; fig. coup secret.

bottelage n. m. – XIVe ▪ Action de botteler.

botteler v. tr. [4] – XIVe ▪ Lier en bottes.

botteleur, euse n. – XIVe **1** Personne qui fait des bottes de foin, de paille, etc. **2** n. f. Machine à botteler.

botter v. tr. [1] – XIIIe **1** Pourvoir, chausser (qqn) de bottes. *Cavalier botté de cuir fauve.* **2** fam. Plaire à. *Ça me botte.* ⇒ ① **aller, convenir.** **3** fam. Donner un coup de botte, un coup de pied à. « *Il s'en est fallu de peu que je lui botte le cul* » (Romains). ➛ Au football, au rugby, Frapper du pied le ballon. *Botter en touche.*

bottier n. m. – XVe **1** Celui qui fabrique des bottes. **2** Artisan qui fabrique et vend des chaussures sur mesure. ⇒ **chausseur.**

bottillon n. m. – XIXe ▪ Chaussure montante et confortable. *Une paire de bottillons fourrés.*

bottin n. m. – XIXe ; nom déposé, de *S. Bottin* qui édita le premier annuaire ▪ Annuaire des téléphones. *Consulter le bottin. Être dans le bottin,* y avoir son nom. ♦ *Le Bottin mondain,* répertoriant les personnalités du grand monde.

bottine n. f. – XIVe ▪ Chaussure montante ajustée, à élastique ou à boutons. *Bottines vernies. Il était* « *chaussé de bottines à tiges de daim pâle* » (Maurois). ➛ loc. *Des yeux en boutons de bottine,* ronds, petits et inexpressifs.

botulique adj. – XIXe ▪ *Bacille botulique :* bactérie anaérobie présente dans les conserves ou la charcuterie avariées, agent du botulisme.

botulisme n. m. – XIXe ; lat. *botulus* « boudin » ▪ Intoxication très grave, souvent mortelle, causée par une toxine sécrétée par le bacille botulique et caractérisée par la paralysie musculaire, des troubles de la vision et de la respiration.

boubou n. m. – XIXe ; mot malinké (Guinée) désignant un singe, puis sa peau ▪ Longue tunique ample portée par les Noirs d'Afrique.

bouc n. m. – XIIe ; p.-ê. du gaul. *bucco* ou de *bouquer* « frapper avec des cornes » **1** Mâle de la chèvre *(bovidés). La barbe du bouc. Puanteur de bouc.* ⇒ **hircin.** ♦ *Bouc émissaire :* personne sur laquelle on fait retomber les torts des autres. **2** Petite barbe au menton. ⇒ **barbiche.**

① **boucan** n. m. – XVIe ; tupi *moukem* « viande fumée » ▪ vx Viande fumée, chez les Caraïbes. ⇒ **boucanier.**

② **boucan** n. m. – XVIIe ; p.-ê. de *boucaner* « imiter le *bouc* » ▪ fam. Grand bruit. ⇒ **tapage, vacarme.** *Faire du boucan.*

> ❑ Ce mot a eu le sens de « lieu de débauche », considéré comme bruyant.

boucaner v. [1] – XVIe ; de ① *boucan* **1** v. tr. Faire sécher à la fumée (de la viande, du poisson). *Viandes boucanées.* **2** v. intr. Aller chasser les bœufs sauvages pour en recueillir les peaux.

boucanier n. m. – XVIe ; de ① *boucan* ▪ Aventurier coureur de bois des Caraïbes. ♦ Pirate qui infestait l'Amérique. *Boucaniers et flibustiers.*

boucau n. m. – XVIe ; provenç. *bouco* « bouche » ▪ région. Entrée d'un port, dans le Midi. ✪ HOM. Boucaud.

boucaud n. m. – 1960 ; dimin. de *bouc* ▪ région. Crevette grise. ✪ HOM. Boucau.

> ❑ On remarque que *crevette,* déformation de *chevrette* fait la même référence animale.

bouchage n. m. – XVIIIe ▪ Action, manière de boucher. ⇒ **fermeture.** *Le bouchage des bouteilles.*

boucharde n. f. – XVIIe ; p.-ê. de *bocard,* sous l'infl. de *bouche* ▪ Marteau de tailleur de pierre à tête carrée garnie de pointes. ➛ Rouleau muni d'aspérités servant à donner à une surface de ciment frais un aspect pointillé.

bouche n. f. – XIe ; lat. *bucca* **1** Cavité située à la partie inférieure du visage de l'homme, bordée par les lèvres, communiquant avec l'appareil digestif et les voies respiratoires. ⇒ fam. **bec, gueule.** *Ouvrir, fermer la bouche. S'embrasser sur la bouche.* ♦ Les lèvres et leur expression. *Une belle bouche.* « *elle écoutait, bouche entrouverte et les yeux clos* » (Montherl.). ➛ loc. fam. *La bouche en cœur,* en minaudant. ♦ LA BOUCHE, siège du goût. *Avoir la bouche pleine.* ➛ *Vin long, court en bouche,* dont la saveur persiste, ne persiste pas après l'absorption. ➛ loc. *Garder qqch. pour la bonne bouche,* garder le meilleur pour la fin. *Avoir l'eau à la bouche :* être mis en appétit, désirer. ♦ Personne qui mange. *Une bouche à nourrir :* une personne que l'on doit nourrir (dans une famille, une collectivité). ♦ LA BOUCHE, organe de la parole. ⇒ fam. **clapet, gueule.** « *je n'ouvrirai plus la bouche. Je ne dirai plus un mot* » (Duham.). ⇒ ① **parler.** *Avoir toujours le même mot à la bouche,* le répéter constamment, parler toujours du même sujet. *Avoir plein la bouche de qqch.,* en parler continuellement et avec enthousiasme. ➛ *De bouche à oreille :* sans intermédiaire, sans publicité. ➛ *Bouche cousue !* gardez le secret. ♦ Cavité buccale de certains animaux. *La bouche du cheval.* **2** L'ouverture, l'entrée de qqch. ⇒ **orifice.** *Bouche de métro. Bouche d'égout. Bouche d'aération.* ♦ *Bouche d'un fleuve.* ⇒ **delta, embouchure.** ✪ HOM. Bush.

> ❑ On dit *la bouche du cheval, du bœuf, d'un poisson,* etc. On emploie *gueule* pour les animaux carnassiers et *bec* pour les oiseaux.

bouché, ée adj. – XVIe **1** ⇒ **fermé, obstrué.** *Un trou mal bouché. Un temps bouché.* ⇒ ① **bas,** ② **couvert.** *Avoir le nez bouché* (par des mucosités). ➛ *Du cidre bouché* (opposé à *au tonneau*). **2** Qui ne comprend rien. ⇒ **borné.** ✪ CONTR. Clair, dégagé, ouvert.

bouche-à-bouche n. m. inv. – 1964 ▪ Procédé de respiration artificielle par lequel une personne insuffle avec sa bouche de l'air dans la bouche de l'asphyxié. *Faire le (du) bouche-à-bouche à un noyé.*

bouchée n. f. – XIIe **1** Morceau, quantité d'aliment qu'on met dans la bouche en une seule fois. « *il ne put avaler une bouchée* » (Sand). ➛ loc. *Pour une bouchée de pain :* pour un prix dérisoire. ➛ *Ne faire qu'une bouchée d'un adversaire,* en triompher aisément. *Mettre les bouchées doubles :* aller plus vite (dans un travail, etc.). **2** *BOUCHÉE À LA REINE :* croûte feuilletée garnie de viandes blanches en sauce. ⇒ **vol-au-vent.** ♦ *Bouchée (au chocolat) :* bonbon de chocolat fin fourré. ✪ HOM. Boucher.

① **boucher** v. tr. [1] – XIIIe ; lat. *bosca* « broussailles » ▪ Fermer (une ouverture). ⇒ **clore, obturer.** *Boucher hermé-*

quement un récipient. ➛ *Se boucher le nez* (en le pinçant), pour ne pas sentir une odeur. ➛ *Se boucher les yeux, les oreilles :* refuser de voir, d'entendre. ♦ *Tu bouches le passage. La rue est bouchée par un camion.* ⇒ **bloquer.** *Ce mur bouche la vue.* ⇒ ① **cacher.** ➛ fam. *En boucher un coin* (à qqn), l'étonner, le rendre muet d'étonnement. ⇒ **épater.** « *Dites donc, ça vous en bouche un coin, mes enfants* » (Proust). ♦ SE BOUCHER **v. pron.** *Un carburateur qui se bouche.* ✪ CONTR. ① Déboucher, ouvrir. — HOM. Bouchée.

❑ Ce verbe a eu le sens propre d'« obstruer au moyen d'une poignée de paille » proche de l'étymon.

② **boucher, ère** **n.** – XIIe ; mot gallo-roman, p.-ê. de °*buccus* « bouc », le boucher étant à l'origine chargé d'abattre les boucs **1** Marchand de viande de boucherie au détail ; personne qui travaille dans une boucherie. ⇒ arg. **loucherbem.** *Acheter un gigot chez le boucher. Garçon boucher.* ➛ *Boucher hippophagique,* qui ne vend que de la viande de cheval. **2** *C'est un vrai boucher,* en parlant d'un chirurgien maladroit, d'un officier peu économe de la vie de ses hommes.

boucherie **n. f.** – XIIIe **1** Commerce de la viande crue de bœuf, de mouton, de porc, et parfois de cheval. **2** Magasin où l'on vend cette viande. *Boucherie charcuterie.* ➛ *Boucherie chevaline, hippophagique,* où l'on ne vend que du cheval. **3** *Animaux de boucherie :* mammifères (bétail) élevés pour leur chair (bœufs, moutons, porcs). **4** Massacre, carnage. ⇒ **tuerie.** « *Vous oubliez que la guerre sera toujours une boucherie* » (Renard).

bouche-trou **n. m.** – XVIIe ▪ fam. Personne, objet n'ayant pas d'autre utilité que de combler une place vide. *Des bouche-trous.*

bouchon **n. m.** – XIIIe ; a. fr. *bousche* « touffe de feuillage pour boucher » **I - 1** Poignée de paille ou de foin tortillé servant notamment à frictionner un cheval. ➛ *Vêtement en bouchon,* froissé. **2** Terme familier de tendresse. « *Que je t'aime, mon petit bouchon !* » (Mol.). **II - 1** Pièce ordinairement cylindrique entrant dans le goulot des bouteilles, des carafes, des flacons, et qui sert à les boucher. « *Le bouchon de champagne fit paf ! et la bouteille bava* » (Aragon). « *Plus léger qu'un bouchon, j'ai dansé sur les flots* » (Rimb.). *Vin qui sent le bouchon* (⇒ **bouchonné).** ♦ Petite pièce cylindrique creuse, de métal ou de matière plastique, qui se visse à l'ouverture d'un bidon, d'un tube pour les fermer. *Bouchon d'un tube de dentifrice.* **2** (ancien jeu) loc. fam. *C'est plus fort que de jouer au bouchon !* c'est un peu fort, c'est extraordinaire. ➛ *Pousser (jeter) le bouchon un peu (trop) loin :* exagérer, aller trop loin, y aller fort. **3** Flotteur d'une ligne de pêche. **4** Ce qui bouche accidentellement un conduit. *Bouchon de cérumen.* ➛ Encombrement de voitures qui arrête la circulation. ⇒ **embouteillage, retenue.**

bouchonné, ée **adj.** – XXe ▪ *Vin bouchonné,* qui a goût de bouchon.

bouchonnement **n. m.** – XIXe ▪ Action de bouchonner. *Le bouchonnement d'un cheval.* ⇒ **pansage.**

bouchonner **v. tr.** [1] – XVIe **1** vieilli *Bouchonner du linge.* ⇒ **chiffonner. 2** *Bouchonner un cheval :* frictionner l'animal avec un bouchon de paille ou de foin. **3** intrans. fam. Former un bouchon, un embouteillage. *Ça bouchonne sur l'autoroute.*

bouchonnier **n. m.** – XVIIIe ▪ Celui qui fabrique, qui vend des bouchons de liège.

bouchot **n. m.** – XIXe ; lat. *bucca* « bouche » ▪ Clôture en bois sur les bords de la mer, servant à la culture des moules et autres coquillages. *Moules de bouchot.*

bouclage **n. m.** – XIXe **1** fam. Mise sous clé. **2** Opération militaire, policière par laquelle on boucle une région, un quartier. **3** Fait de terminer la mise au point rédactionnelle et la mise en pages définitive de l'édition d'un journal. *Le bouclage d'un quotidien.*

boucle **n. f.** – XIIe ; lat. *buccula* « petite joue » **1** Sorte d'anneau, de rectangle en matière rigide garni d'une ou plusieurs pointes montées sur axe et qui sert à tendre une courroie, une ceinture. *Boucle de ceinture.* **2** *Boucle d'oreille :* petit bijou (souvent en forme de boucle) que l'on fixe à l'oreille. *Des boucles d'oreilles en or.* **3** Ligne courbe qui s'enroule, se recoupe. *Boucle de cheveux.* ♦ *Boucle d'un lacet de soulier.* ♦ Courbe fermée ou quasi fermée. « *Le fleuve, au sortir de la ville, décrit une large boucle* » (Duham.). ♦ Cercle vertical décrit par un avion (⇒ **looping).** *Boucler la boucle :* faire un cercle complet ; fig. se retrouver au point de départ. **4** *Boucle (de programme) :* suite d'instructions d'un programme informatique exécutée de manière répétitive.

boucler **v.** [1] – XVe **I v. tr. 1** Attacher, serrer au moyen d'une boucle. *Boucler sa ceinture.* ➛ *Boucler sa valise,* la fermer. **2** fam. Fermer. *Boucler sa porte.* ➛ *La boucler :* se taire. ♦ fam. Enfermer, emprisonner. *Boucler un prisonnier.* ➛ « *Moi, je ne peux pas aller à Paris, je suis bouclé ici* » (Mart. du G.). **3** Donner la forme d'une boucle à. ⇒ **friser, onduler.** ➛ « *Elle avait une forêt de grands cheveux noirs, naturellement bouclés* » (Rouss.). ♦ *Boucler son budget,* le mettre en équilibre. **4** Entourer complètement par des troupes. *Boucler un quartier.* **II v. intr. 1** Avoir, prendre la forme de boucles. *Ses cheveux bouclent naturellement.* **2** En informatique, Exécuter une suite d'instructions de manière répétitive. ✪ CONTR. Déboucler.

bouclette **n. f.** – XIVe ▪ Petite boucle. ➛ **adj.** *Laine bouclette :* laine à tricoter qui forme de petites boucles.

bouclier **n. m.** – XIIe ; de *escut bucler* « écu à bosse » **1** Arme défensive, épaisse plaque portée autrefois au bras par les gens de guerre pour se protéger. ⇒ ① **écu, pavois.** *Bouclier de bronze.* ➛ *Levée de boucliers :* protestation générale contre un projet. ➛ loc. *Faire un bouclier de son corps (à qqn) :* se mettre devant qqn pour le protéger. **2** Plaque de blindage d'un canon. ➛ Appareil servant à étayer les terrains tendres pendant une excavation. ➛ *Bouclier thermique :* blindage qui entoure un réacteur nucléaire ; dispositif destiné à protéger une partie d'un engin spatial contre l'échauffement cinétique. **3** Plateforme étendue de roches primitives. *Le bouclier canadien.*

bouddha **n. m.** – XVIIIe ; mot sanskr. « éveillé, illuminé », surnom de Siddhārta Gautama, fondateur du bouddhisme ▪ Dans la religion bouddhiste, Titre donné à celui qui est parvenu à la sagesse et à la connaissance parfaites. ➛ Représentation peinte ou sculptée d'un bouddha. *Des bouddhas en jade.*

bouddhique **adj.** – XIXe ▪ Relatif au bouddhisme. *Temple bouddhique.*

bouddhisme **n. m.** – XVIIIe ▪ Doctrine religieuse fondée dans l'Inde et qui est une réforme du brahmanisme. ⇒ **lamaïsme, tantrisme, zen.**

bouddhiste **n.** et **adj.** – XIXe ▪ Adepte du bouddhisme. « *la patience des bouddhistes* » (Malraux). ➛ **adj.** *Prêtre bouddhiste.* ⇒ **bonze.**

bouder **v.** [1] – XIVe ; probablt d'un rad. expressif *bod-*, désignant qqch. d'enflé **1 v. intr.** Montrer du mécontentement par une attitude renfrognée, maussade que l'on entretient à dessein. *Bouder dans son coin.* **2 v. tr.** Montrer du mécontentement à (qqn) par une attitude maussade ou indifférente. « *Je continue, par principe, à le bouder, à lui marquer de la rancune* » (Duham.). ♦ fam. Ne plus rechercher (qqch.). « *ils boudent la société ou s'insurgent contre elle* » (Caillois).

❑ Même famille étym. que *bedaine, boudin.*

bouderie n. f. – XVIIe ▪ Action de bouder ; état d'une personne qui boude. ➝ « *Cette affaire avait plutôt l'air d'une bouderie que d'une rupture* » (Rouss.). ⇒ **fâcherie.**

boudeur, euse adj. et n. f. – XVIIe ▪ Qui boude fréquemment, habituellement. *Un enfant boudeur.* ➝ Qui marque la bouderie. *Mine boudeuse.*

boudin n. m. – XIIIe ; du rad. onomat. *bod-* exprimant l'enflure **1** Préparation de charcuterie à base de sang et de gras de porc, assaisonnée, enserrée dans un boyau et cuite. *Boudin noir. Boudin antillais,* de petite taille et très épicé. ➝ *Boudin blanc,* fait avec du lait et des viandes blanches. ♦ loc. *S'en aller en eau de boudin :* mal tourner, échouer progressivement. **2** *Ressort à boudin,* hélicoïdal. ➝ Fusée cylindrique avec laquelle on met le feu à une mine. ⇒ **saucisson.** ➝ Saillie interne de la jante d'une roue qui en assure le maintien sur un rail. ➝ Bourrelet de protection qui entoure une embarcation. ➝ Grosse moulure en cordon. ⇒ **tore. 3** fam. Fille grosse et sans grâce.

boudiné, ée adj. – XVIIIe **1** Serré dans un vêtement étriqué. **2** En forme de boudin. *Doigts boudinés.*

boudiner v. tr. [1] – XIXe **1** Tordre un fil métallique en spirale. **2** fam. Serrer, en parlant d'un vêtement. *Cette robe la boudine.*

boudineuse n. f. – XIXe ▪ Machine servant à mouler des matières malléables.

boudoir n. m. – XVIIIe ; de *bouder,* « pièce où l'on peut se retirer (pour bouder) » **1** Petit salon élégant de dame. « *Ils s'étaient retirés tous les deux dans un petit boudoir japonais* » (Maupass.). **2** Biscuit oblong recouvert de sucre cristallisé.

boue n. f. – XIIe ; gaul. *bawa* « saleté » **1** Terre, poussière détrempée dans les rues, les chemins. ⇒ **bourbe, fange, gadoue ;** fam. **bouillasse.** *Patauger dans la boue.* ♦ loc. *Traîner* (qqn) *dans la boue, couvrir de boue,* l'accabler de propos infamants. **2** Terre détrempée. *Hutte de boue séchée.* ⇒ **bauge, pisé.** ♦ Fin dépôt de terre gorgé d'eau. ⇒ **sédiment.** ➝ Vase des bassins océaniques. *Boues thermales. Bains de boue.* **3** Dépôt. *La boue d'un encrier.* **4** Au pluriel, Déchets des grandes usines. *Boues industrielles, radioactives.* ✪ HOM. Bout.

bouée n. f. – XIVe ; germ. *bauk-* « signal » **1** Corps flottant qui signale l'emplacement d'un mouillage, d'un écueil, d'un obstacle ou qui délimite une passe, un chenal. ⇒ ① **balise,** ② **flotteur.** *Bouée de corps-mort.* **2** Corps flottant insubmersible constitué d'un anneau de caoutchouc ou de plastique permettant à qqn de se maintenir à la surface de l'eau. *Bouée de sauvetage.*

① **boueux, boueuse** adj. – XIIe ▪ Rempli, couvert de boue. ⇒ **bourbeux, fangeux.** *Chemin boueux. Il* « *pataugea dans l'eau boueuse qui s'étalait comme une crème* » (Mac Orlan).

❑ *Boueux* a deux syllabes, à la différence de *bouée.*

② **boueux** n. m. – XIXe ▪ fam. Employé chargé d'enlever les ordures ménagères sur la voie publique. ⇒ **éboueur.**

❑ Ce mot a tendance à vieillir ; on dit plutôt *éboueur.*

bouffant, ante adj. – XVe ▪ Qui bouffe. *Un pantalon bouffant. Manches bouffantes.* ⇒ ① **ballon.** « *Comme elle me parut jolie* […] *avec son haut faux col blanc et ses cheveux clairs bouffants !* » (Larbaud). ✪ CONTR. Collant, ① plat.

bouffarde n. f. – XIXe ; de *bouffée* ▪ fam. Grosse pipe à tuyau court. ⇒ **brûle-gueule.**

① **bouffe** adj. – XVIIIe ; it. *buffone* « bouffon » ▪ Qui appartient au genre lyrique léger. *Opéra bouffe.* ⇒ **opérette.** ➝ n. m. *Les Bouffes :* à l'origine, théâtre italien. *Le théâtre des Bouffes du Nord, à Paris.* ✪ CONTR. Sérieux.

② **bouffe** n. f. – XVIIe **1** fam. Le fait de bouffer, de manger. « *En attendant la bouffe, on ne dit rien* » (Queneau). **2** fam. Aliments. ⇒ **nourriture.** *Il aime la bonne bouffe.*

bouffée n. f. – XIIe **1** Souffle qui sort par intermittence de la bouche. *Il aspire* « *une longue bouffée de tabac qu'il laisse échapper par petits nuages* » (Gaut.). **2** Souffle d'air qui arrive par intermittence. *Une bouffée d'air frais.* ➝ *Bouffée de chaleur :* sensation de chaleur qui monte brusquement à la face. **3** Manifestation, mouvement subit, passager. ⇒ **accès, explosion.** *Une bouffée de colère.* ➝ *Bouffée délirante :* épisode délirant très brusque. ⇒ **raptus.**

bouffer v. [1] – XIIe ; de *buff-,* onomat. désignant ce qui est gonflé **1** v. intr. Se maintenir de soi-même gonflé, en parlant d'une matière légère, non rigide. « *Leurs longues jupes, bouffant autour d'elles* » (Flaub.). **2** fam. Manger. ⇒ **boulotter.** « *Avec ça que je n'ai pas pris seulement le temps de bouffer* » (Bernanos). **3** fam. Absorber complètement, accaparer. *Son travail le bouffe complètement.* **4** v. tr. fam. Consommer. *Une voiture qui bouffe de l'huile.* ♦ *Bouffer des kilomètres :* rouler beaucoup en voiture. ✪ CONTR. Aplatir (s'). Jeûner.

bouffetance n. f. – v. 1930 ▪ fam. Nourriture. ⇒ **bectance,** ② **bouffe.**

bouffeur, euse n. – XVIe ▪ fam. Personne qui bouffe. ⇒ **mangeur.**

bouffi, ie adj. – XIIe **1** Gonflé, de manière disgracieuse. ⇒ **enflé, gonflé.** *Yeux bouffis de sommeil.* loc. fam. *Tu l'as dit, bouffi !* tu as raison. **2** *Bouffi d'orgueil.* ⇒ **plein, rempli.** ✪ CONTR. Creux, émacié, ① maigre.

bouffir v. tr. [2] – XIIIe ; var. de *bouffer* ▪ (surtout pass.) Produire une enflure morbide, disgracieuse. *Visage bouffi par l'alcool.* ⇒ **boursouflé.** ✪ CONTR. Émacier.

bouffissure n. f. – XVIe ▪ Enflure morbide et disgracieuse des chairs. ⇒ **boursouflure, gonflement.** « *des ombres soulignent la bouffissure des yeux, la chute des joues* » (Mart. du G.).

bouffon, onne n. m. et adj. – XVIe ; it. *buffa* « plaisanterie » **I** n. m. **1** Personnage de théâtre dont le rôle était de faire rire. **2** Personnage qui était chargé de divertir un grand par ses plaisanteries. ⇒ **fou.** *Le bouffon du roi.* **3** littér. Celui qui amuse, fait rire par ses facéties. ⇒ **amuseur. II** adj. Qui prête au gros rire. ⇒ **comique, ridicule.** « *les exagérations bouffonnes, les plaisanteries souvent ordurières* » (Gaut.). ✪ CONTR. Rabat-joie. Grave, sérieux.

bouffonnerie n. f. – XVIe ▪ littér. **1** Caractère de ce qui est bouffon. ⇒ **drôlerie. 2** Action ou parole bouffonne. ⇒ ② **farce, pitrerie.** ✪ CONTR. Gravité.

bougainvillée [bugɛ̃vile] n. f. – XIXe ; de *Bougainville,* navigateur français ▪ Arbrisseau grimpant *(nyctaginacées)* à feuilles persistantes, à fleurs entourées de bractées violettes, roses ou orangées.

❑ Certains dictionnaires ont mentionné la forme *bougainvillier* pour désigner la plante, réservant *bougainvillée* à la fleur.

bouge n. m. – XIIe ; lat. *bulga* « bourse de cuir » **I** Partie renflée ou incurvée d'un objet. ⇒ **bombement, convexité, renflement.** *Bouge d'un moyeu de roue.* ♦ Convexité latérale des baux et des ponts d'un navire. ⇒ **tonture. II - 1** Logement misérable. ⇒ **taudis.** « *il aime mieux périr de froid dehors que de dormir dans la malpropreté de ce bouge* » (Loti). **2** Café, cabaret mal famé. ⇒ **bouiboui.** *Les bouges des grands ports.*

bougeoir n. m. – XVIe ■ Chandelier bas dont le pied, élargi en plateau pour recevoir la cire, est muni d'un anneau pour le tenir à la main.

bougeotte n. f. – XIXe ■ fam. Manie de bouger ; envie, habitude de se déplacer, de voyager. *Avoir la bougeotte.*

bouger v. 3 – XIIe ; lat. *bullire* « bouillonner » **I** v. intr. 1 Faire un mouvement. ⇒ **remuer.** *Haut les mains, que personne ne bouge !* ➝ *Le vent fait bouger les branches.* 2 Changer de place. ⇒ se **déplacer,** se **mouvoir,** ① **partir.** *Je ne bouge pas de chez moi aujourd'hui.* 3 fam. Changer, s'altérer (surtout négatif). ⇒ se **modifier.** *Les prix n'ont pas bougé.* 4 Agir pour protester. ⇒ se **soulever.** *Le peuple commence à bouger.* 5 Passer à l'action. *Les investisseurs n'ont pas bougé.* **II** v. tr. fam. Remuer, déplacer. *Sans bouger le petit doigt.* ⇒ ① **lever.** ➝ pronom. « *Voyons, Léontine, bouge-toi, tu t'ankyloses* » (Proust). ✪ CONTR. Arrêter (s'), rester, stagner.

bougie n. f. – XIIIe ; de *Bougie,* anc. nom de *Bejaïa,* ville d'Algérie 1 Bâtonnet formé d'une mèche tressée enveloppée de cire ou de stéarine dont la combustion fournit une flamme éclairante. ⇒ **chandelle.** *Allumer, souffler une bougie.* ➝ *Bougie d'autel.* ⇒ **cierge.** 2 Sonde chirurgicale que l'on introduit dans un canal pour l'explorer ou le dilater. ⇒ **cathéter.** 3 Appareil d'allumage des moteurs à explosion. *Bougie encrassée.*

bougnat n. m. – XIXe ; de *charbougna* (charbonnier), imitation plaisante du parler des Auvergnats ■ fam. et vieilli Marchand de charbon et souvent, de vin.

bougnoul n. m. – XIXe ; mot wolof « noir » ■ fam. péj. (injure raciste) Maghrébin, arabe. ⇒ **bicot, raton.**

bougon, onne adj. – XIXe ■ Qui a l'habitude de bougonner. ⇒ **grognon, ronchon.** *Elle est bougon* (ou *bougonne*) *aujourd'hui.*

bougonner v. intr. 1 – XVIIe ; o. i. ■ Exprimer pour soi seul, souvent entre les dents, son mécontentement. ⇒ **grommeler, maugréer.**

bougre, bougresse n. – XIIe ; lat. *Bulgarus* « Bulgare » 1 fam. Drôle, gaillard. *Sacrée bougresse !* ♦ n. m. Individu. ⇒ **type.** « *Son impuissance à sauver tous les pauvres bougres qu'on lui amenait* » (Zola). *Un bon bougre* : un brave type. 2 péj. *Bougre d'idiot !* ⇒ **espèce.**

> ❑ Ce mot a signifié « hérétique » puis « homosexuel(le) », d'après les mœurs prêtées aux hérétiques bulgares. ♦ L'interjection *bigre* est apparentée à ce mot.

bougrement adv. – XVIIIe ■ vieilli, fam. Beaucoup, très. ⇒ **bigrement, drôlement.**

boui-boui ou **bouiboui** n. m. – XIXe ; o. i. ■ fam. Café-concert, café, restaurant de dernier ordre. ⇒ **gargote.** *Des bouis-bouis* (ou *des bouibouis*).

bouillabaisse n. f. – XIXe ; provenç., p.-ê. de *bouillir* et *peis* « poisson » ■ Matelote de poissons méditerranéens, parfumée au safran, accompagnée d'un ailloli épicé (⇒ **rouille**). *Elle* « *commençait à verser* [...] *le bouillon de la bouillabaisse* » (Zola).

bouillant, ante adj. – XIIe 1 Qui bout. *Eau bouillante.* 2 par exagér. Très chaud. *Boire son café bouillant.* ⇒ **brûlant.** ♦ Ardent, emporté. *Bouillant d'ardeur.* ✪ CONTR. ① Froid, glacé ; ② calme, pondéré.

bouillasse n. f. – XXe ■ fam. Boue. ⇒ **gadoue.**

① **bouille** n. f. – XVe ; p.-ê. lat. *buttis* « tonneau » ■ Hotte pour la vendange.

② **bouille** n. f. – XIXe ; de *bouillotte* ■ fam. ⇒ **figure, tête.** *Avoir une bonne bouille.*

bouilleur n. m. – XVIIIe 1 Distillateur d'eau-de-vie. « *Elle revoyait la venue du vieux bouilleur* [...] *avec son alambic de cuivre rouge tiré par une petite jument noire* » (Perec). *BOUILLEUR DE CRU* : propriétaire qui distille chez lui ses récoltes de fruits pour sa consommation personnelle. « *D'incontrôlables ventes clandestines chez tous les fermiers bouilleurs de cru* » (Gide). 2 Cylindre de tôle en contact direct avec le feu, et qui est destiné à augmenter la surface de chauffe des chaudières à vapeur.

bouilli, ie adj. et n. m. – XIVe ■ Qu'on a fait bouillir. *Eau bouillie.* ➝ *Pommes de terre bouillies.* ♦ n. m. Viande bouillie. ✪ HOM. Bouillie.

bouillie n. f. – XIIe 1 Aliment plus ou moins épais fait de lait ou d'un autre liquide et de farine bouillis ensemble, destiné surtout aux bébés. ➝ loc. fam. *C'est de la bouillie pour les chats,* se dit d'un texte confus, incompréhensible. 2 *EN BOUILLIE* : écrasé jusqu'à présenter la consistance de la bouillie. fam. *Mettre qqn en bouillie.* « *On l'a ramassé, la figure en bouillie* » (Mart. du G.). 3 Liquide pâteux. ➝ *Bouillie bordelaise* : liquide à base de sulfate de cuivre pour traiter les végétaux. ✪ HOM. Bouilli.

bouillir v. intr. 15 – XIe ; lat. *bullire* « former des bulles » 1 Être en ébullition, s'agiter en formant des bulles sous l'action de la chaleur. *L'eau bout à 100 degrés. Quand l'eau bouillira, la bouilloire sifflera.* 2 Cuire dans un liquide qui bout. *Bouillir à petit feu.* ♦ Stériliser ou nettoyer dans l'eau qui bout. « *Il faut d'abord faire bouillir la seringue* » (Gide). 3 *Bouillir de colère, d'impatience* : être emporté par la colère, l'impatience. ✪ CONTR. Geler.

bouillissage n. m. – XVIIIe 1 En papeterie, Première opération subie par la pâte de chiffon au cours du blanchiment. 2 En sucrerie, Cuisson du jus sucré pour faire précipiter les sels de calcium.

bouilloire n. f. – XVIIIe ■ Récipient métallique pansu, muni d'un couvercle, d'un bec et d'une anse, destiné à faire bouillir de l'eau. *Bouilloire électrique.*

bouillon n. m. – XIIe **I** - 1 Bulles qui se forment au sein d'un liquide en ébullition. ⇒ **bouillonnement.** *Bouillir à gros bouillons,* très fort. ➝ Bulle d'air emprisonnée dans le verre, dans les métaux fondus. 2 Grosse fronce bouffante d'une étoffe. ⇒ **bouillonné.** 3 Ensemble des invendus d'une publication. **II** - 1 Liquide dans lequel certaines substances ont bouilli. ⇒ **court-bouillon.** *Bouillon de légumes.* ⇒ **potage.** *Bouillon de pot au feu. Il humait* « *avec lenteur le savoureux bouillon* » (Maupass.). ➝ loc. fam. *Bouillon d'onze heures* : breuvage empoisonné. « *ces mauvaises herbes qui entrent dans la préparation des bouillons d'onze heures* » (Mac Orlan). 2 *Boire un bouillon* : avaler de l'eau en nageant ; fig. fam. essuyer une perte considérable par suite d'une mauvaise spéculation. 3 *Bouillon de culture* : liquide destiné à la culture des micro-organismes ; milieu favorable. « *La perfidie ne va pas sans la dissimulation, qui est comme son bouillon de culture* » (L. Daud.).

bouillon-blanc n. m. – XVe ; lat. *bugillo* ■ Plante bisannuelle *(scrofulariacées),* à fleurs jaunes utilisées dans la composition d'une tisane pectorale (tisane des quatre fleurs). ⇒ **molène.** *Des bouillons-blancs.*

bouillonnant, ante adj. – XVIe ■ Qui bouillonne. *Eau bouillonnante d'un torrent. Bain bouillonnant.* ⇒ **jacuzzi.** ➝ fig. En effervescence. *Idées bouillonnantes.*

bouillonné n. m. – XIXe ■ Bande de tissu froncée en bouillons.

bouillonnement n. m. – XVIe ■ Agitation, mouvement d'un liquide qui bout ou bouillonne. *Le bouillonne-*

ment d'une source. ➛ fig. État d'agitation violente. *Le bouillonnement des idées.* « *des bouillonnements de rage et d'ennui* » (Flaub.).

bouillonner v. [1] – XIIIe **I** v. intr. **1** En parlant d'un liquide, Être agité en formant des bouillons. « *la source s'élançait en bouillonnant* » (Mérimée). ➛ fig. *Bouillonner d'idées.* **2** Avoir de nombreux exemplaires invendus. *Journal qui bouillonne.* **II** v. tr. Froncer (une étoffe) en bouillons. ➛ « *Manches bouillonnées* » (Mallarmé).

bouillotte n. f. – XVIIIe **1** vieilli ⇒ **bouilloire.** **2** Récipient étanche de caoutchouc que l'on remplit d'eau bouillante pour se chauffer dans un lit trop froid.

> ❑ Autrefois, on mettait des braises rouges dans un instrument de métal.

bouillotter v. intr. [1] – XVIIIe ▪ Bouillir doucement ou trop doucement. *La friture bouillotte.*

> ❑ Cas peu fréquent (avec *frisotter*) de dérivé d'un verbe où *-oter* redouble le *t* → -oter (rem.).

boulaie n. f. – XIIIe ▪ Terrain planté de bouleaux. ✪ HOM. Boulet.

boulange n. f. – XIXe ▪ fam. Métier ou commerce du boulanger. *Bois de boulange,* pour le four.

① **boulanger, ère** n. – XIIe ; de *boule* (de pain) **1** n. m. Personne dont le métier est de faire du pain. **2** Personne qui tient une boulangerie. ➛ *Pommes (à la) boulangère,* cuites et dorées avec des oignons.

> ❑ Autrefois tous les *boulangers* faisaient leur pain eux-mêmes pour le vendre.

② **boulanger** v. intr. [3] – XVe ▪ Faire du pain.

boulangerie n. f. – XIVe **1** Fabrication et commerce du pain. ⇒ fam. **boulange.** **2** La boutique du boulanger, où l'on vend du pain et souvent d'autres produits. *Boulangerie-pâtisserie.* « *La boulangerie* [...] *avait une bonne tiédeur de pâte cuite* » (Zola).

boulangisme n. m. – XIXe ▪ Parti politique attaché à la personne ou à la doctrine du général Boulanger (1837-1891).

boulbène n. f. – XVIIIe ; gasc. ▪ Terre de la région toulousaine, composée de sable, de limons argileux rougeâtres et de cailloux.

boulder [buldœʀ] n. m. – 1925 ; angl. ▪ Bloc de pierre arrondi par l'érosion, roulé par les eaux, les glaces.

boule n. f. – XIIIe ; lat. *bulla* **1** Corps sphérique. ⇒ **sphère.** *Rond comme une boule. Boule de pain.* ⇒ **miche.** *Boules Quies* marque déposée : petites boules de cire qu'on met dans les oreilles pour s'isoler du bruit. ➛ *Boule de glace. Cornet à deux boules.* ➛ *Boule de neige.* loc. *Faire boule de neige* : augmenter de volume en roulant ; fig. grossir. *Boule de cristal d'une voyante.* ♦ *Boule de gomme* : bonbon de gomme. **2** EN BOULE : en forme de boule. *Des arbres taillés en boule.* ➛ *Un chat roulé en boule.* loc. fam. *Être, se mettre en boule,* en colère. ♦ *Col boule* : col roulé très large. **3** Corps plein sphérique qu'on fait rouler dans certains jeux. ⇒ aussi ① **bille.** *Boule de billard, de bowling. Jeu de boules* (*boule lyonnaise* et pétanque*). *Jouer aux boules* (⇒ **boulisme).** *Petite boule.* ⇒ **cochonnet.** ♦ Jeu de hasard, dans les casinos, proche de la roulette. **4** fam. Tête. *Perdre la boule* : devenir fou. **5** fam. *Avoir les boules* : en avoir assez, être énervé. ✪ HOM. Boulle.

bouleau n. m. – XVIe ; lat. *betulla* ▪ Arbre des sols sableux (*bétulacées*), des régions froides et tempérées, à petites feuilles. *Bouleau blanc,* à l'écorce blanc argenté. « *des bouleaux gluants de sève douce* » (Giono). ✪ HOM. Boulot.

boule-de-neige n. f. – XIXe ▪ Nom familier de l'obier (arbre). *Des boules-de-neige.*

bouledogue n. m. – XVIIIe ; angl. *bulldog* « chien-taureau » ▪ Petit dogue à mâchoires saillantes. ♦ fig. Personne peu engageante.

> ❑ Emprunt ancien graphiquement bien francisé ; mais *boule* n'évoque pas le taureau (*bull*). → bulldozer (rem.).

bouler v. [1] – XIVe **1** v. intr. Rouler comme une boule (⇒ **roulé-boulé).** « *se laisser bouler pour ne pas se faire mal quand on tombe* » (Cendrars). ➛ fam. *Envoyer bouler (qqn, qqch.),* s'en débarrasser sans ménagement. ⇒ ① **repousser.** **2** v. tr. Garnir de boules de cuir (les cornes d'un taureau).

boulet n. m. – XIVe **1** Projectile sphérique de métal dont on chargeait les canons (⇒ **obus).** ➛ loc. fig. *Tirer à boulets rouges sur qqn,* l'attaquer violemment. **2** Boule de métal qu'on attachait aux pieds de certains condamnés (bagnards, etc.). « *le boulet au pied, une planche pour dormir* » (Hugo). ➛ loc. *Traîner un boulet,* une charge dont on ne peut se délivrer. **3** Aggloméré de charbon de forme ovoïde. **4** Articulation de l'os canon du cheval avec la première phalange. ✪ HOM. Boulaie.

boulette n. f. – XIVe **1** Petite boule façonnée à la main. *Boulette de pain, de papier.* ➛ Petite boule de viande hachée. **2** fam. Bévue*. ⇒ ② **gaffe.** *Faire une boulette.*

boulevard n. m. – XIVe ; néerl. **1** Large voie faisant le tour d'une ville. ⇒ **périphérique.** **2** Rue très large, généralement plantée d'arbres (abrév. *bd*). ⇒ **avenue, cours.** « *Le boulevard, ce fleuve de vie* » (Maupass.). ♦ *Théâtre, pièce de boulevard,* d'un comique léger, traditionnel et assez populaire. ⇒ **vaudeville.**

> ❑ On observe une tendance à abréger le mot en *bld,* alors que *bd* suffit (*14, bd de Magenta*).

boulevardier, ière adj. – XIXe ▪ Qui a les caractères du théâtre de boulevard.

bouleversant, ante adj. – XIXe ▪ Qui bouleverse (2°), est très émouvant. (personnes) *Elle est bouleversante dans ce rôle.*

bouleversement n. m. – XVIe ▪ Action de bouleverser ; son résultat. ⇒ **changement, renversement.** *Bouleversements politiques, économiques.* ⇒ **révolution.**

bouleverser v. tr. [1] – XVIe ; de *bouler* et *verser* **1** Mettre en grand désordre, par une action violente. ⇒ **chambouler, déranger, renverser.** *Fouiller en bouleversant tout.* ♦ fig. *Une démarche* « *qui risquait de bouleverser son existence intime* » (Bourget). **2** Causer une émotion violente et pénible, un grand trouble à (qqn). ⇒ **ébranler, émouvoir, perturber, retourner, troubler.** « *cette vieille histoire le bouleversait toujours comme une révélation* » (Proust). ➛ p. p. adj. « *pâle, hagard, bouleversé par tous ces excès d'émotion* » (Hugo).

① **boulier** → **bolier**

② **boulier** n. m. – XIXe ▪ Abaque constitué de tringles le long desquelles coulissent des boules.

boulimie n. f. – XVIe ; gr. « faim (*limos*) de bœuf (*bous*) » **1** Besoin irrépressible de manger de grandes quantités d'aliments accompagnant certains troubles physiques ou mentaux. **2** Désir intense. ⇒ **appétit.** *Ce héros* « *atteint d'une boulimie de terres et d'empires* » (Mauriac). ✪ CONTR. Anorexie.

boulimique adj. et n. – XIXe ▪ Relatif à la boulimie. ♦ Atteint de boulimie. ➛ n. *Une boulimique.* ✪ CONTR. Anorexique.

boulin n. m. – XVe ; de *boule* ▪ Trou pratiqué dans un mur pour un support d'échafaudage.

bouline n. f. – XIIe ; angl. *bowline* ▪ Cordage qui servait à tenir une voile de biais, pour lui faire prendre le vent de côté. *Naviguer à la bouline.*

boulingrin n. m. – XVIIe ; angl. *bowling-green* « gazon pour jouer aux boules » ▪ Parterre de gazon généralement entouré de bordures, de talus. « *un boulingrin animé par plusieurs corbeilles de fleurs* » (Balz.).

> ❑ Modèle de francisation réussie d'un emprunt ; mais ce composé devient inanalysable en aucune langue.

boulisme n. m. – 1935 ▪ Ensemble des jeux de boules.

bouliste n. – 1902 ▪ Personne qui joue aux boules. ➛ adj. *Association bouliste.*

boulle n. m. inv. – XIXe 1 Style de mobilier incrusté (d'ivoire, de cuivre, d'ébène) inspiré de celui de l'ébéniste Boulle. « *les grandes consoles de faux boulle* » (Mauriac). 2 Meuble de ce style. ✪ HOM. Boule.

boulocher v. intr. [1] – v. 1965 ▪ Former, à l'usage, de petites boules de fibres en surface (de tricots, de tissus). ⇒ **pelucher.**

boulodrome n. m. – XIXe ▪ Lieu réservé au jeu de boules.

bouloir n. m. – XVIIIe ; de *boue* ▪ Instrument servant à remuer la chaux, le mortier.

boulon n. m. – XIIIe ; de *boule* ▪ Ensemble constitué par une vis et un écrou de même filetage. ➛ loc. *Resserrer les boulons :* réorganiser de manière plus efficace, plus sévère.

boulonnage n. m. – XIXe 1 Action de boulonner (1°) ; ensemble des boulons d'un assemblage. 2 Réunion (de deux fragments d'un os fracturé) au moyen d'un boulon.

boulonner v. [1] – XVIIe 1 v. tr. Fixer au moyen de boulons. « *gigantesque ventre de métal, boulonné, rivé* » (Zola). 2 v. intr. fam. Travailler. « *Si je veux, je boulonne et j'me tiens* » (Carco).

boulonnerie n. f. – XIXe ▪ Fabrique, industrie des boulons et accessoires (écrous, rondelles, goupilles). ➛ Ensemble de ces produits.

① **boulot, otte** adj. et n. – XIXe ▪ Gros et court. *Pain boulot.* ➛ n. *Une petite boulotte.* ✪ HOM. Bouleau.

② **boulot** n. m. – XIXe ; de *bouler* « rouler » ▪ fam. ⇒ ① **travail.** *C'est du bon boulot. Aller au boulot. Il a trouvé un petit boulot.* ⇒ **emploi, job.**

boulotter v. [1] – XIXe ; o. i. ▪ pop. Manger*. *Ils « me payaient à boire mais jamais à boulotter »* (Cendrars).

> ❑ Vient peut-être de *pain boulot,* qui désignait le pain rond ordinaire, base de l'alimentation.

① **boum** [bum] interj. et n. m. – XIXe 1 interj. Bruit de ce qui tombe, explose. (lang. enfantin) *Faire boum :* éclater ; tomber. *Jeannot a fait boum.* 2 n. m. Bruit sonore. *Ça a fait un grand boum en tombant.* ➛ (confondu avec *boom**) fig. Succès brutal, retentissant. *Sa pièce a fait un boum.* ⇒ ② **tabac.** ♦ loc. *Être en plein boum,* en plein travail. ✪ HOM. Boom.

② **boum** [bum] n. f. – v. 1965 ; abrév. ▪ Surboum.

boumer v. intr. [1] – 1925 ; de ① *boum* « réussite » ▪ pop. *Ça boume :* ça va bien. ⇒ **baigner, gazer.**

① **bouquet** n. m. – XVe ; a. fr. *bos(c)* « bois » 1 Groupe serré (d'arbres, de végétaux). ⇒ **boqueteau, bosquet.** 2 Assemblage décoratif de fleurs, de feuillages coupés dont les tiges sont disposées dans le même sens. ⇒ ① **botte, gerbe.** *Bouquet de violettes.* ♦ *Bouquet garni :* thym, persil et laurier ajoutés à la cuisson d'un plat cuisiné. ♦ Fleurs, feuilles, fruits naturellement groupés en touffe. *Bouquet de cerises.* 3 Groupe de fusées spectaculaires à la fin (d'un feu d'artifice). *Le bouquet final.* ♦ iron. loc. *C'est le bouquet :* c'est l'ennui qui vient couronner les autres. « *Il nous manquait plus que ça comme tuile !... Alors vraiment ça serait le bouquet !...* » (Céline). 4 Parfum d'un vin, d'une liqueur. ⇒ **arôme, odeur ; nez.** *Ce vin a du bouquet.*

② **bouquet** n. m. – XIXe ; de *bouc,* à cause des « barbes » ▪ Crevette rose à chair ferme, qui rougit à la cuisson.

bouqueté, ée adj. – XIXe ▪ Qui a du bouquet (4°). *Un vin bouqueté.*

bouquetière n. f. – XVIe ; de ① *bouquet* ▪ Vendeuse de fleurs dans la rue ou dans les restaurants, les cafés élégants.

bouquetin n. m. – XIIIe ; all. « bouc de rocher » ▪ Chèvre des montagnes d'Eurasie, aux longues cornes annelées. « *les bouquetins et les chamois de nos montagnes, qui bondissent sur un rocher escarpé* » (Volt.).

bouquin n. m. – XVe ; néerl. *boek* 1 Vieux livre (⇒ **bouquiniste).** 2 fam. Livre. *Ranger ses bouquins.*

bouquiner v. intr. [1] – XVIIe ; de *bouquin* 1 vieilli Chercher des livres d'occasion, des éditions originales (⇒ **bibliophile).** 2 fam. Lire un livre. *Bouquiner au lit.*

bouquiniste n. – XVIIIe ▪ Marchand(e) de livres d'occasion. *Les bouquinistes des quais* (à Paris).

> ❑ Ne pas confondre le *bouquiniste* avec le *libraire de livres anciens* (de grande valeur).

bourbe n. f. – XIIe ; gaul. ▪ Boue qui s'accumule au fond des eaux stagnantes.

bourbeux, euse adj. – XVIe ▪ Plein de bourbe. ⇒ ① **boueux.** « *Elle revit la ferme, la mare bourbeuse* » (Flaub.).

bourbier n. m. – XIIIe ▪ Lieu creux plein de bourbe. *S'enfoncer dans un bourbier.* ⇒ **s'embourber.** ♦ fig. Situation où l'on s'enlise. *Les « bourbiers des plaisirs »* (Gaut.).

bourbillon n. m. – XVIIe ; de *bourbe* ▪ Amas de pus et de tissu nécrosé au centre d'un furoncle.

bourbon n. m. – 1907 ; mot amér., nom d'un comté du Kentucky ▪ Whisky américain à base de maïs.

> ❑ Le bourbon s'oppose au scotch* et au rye*, dont il n'a pas le goût. → whisky (rem.).

bourdaine n. f. – XIIIe ; o. i. ▪ Arbuste des sous-bois humides *(rhamnacées)* dont l'écorce est laxative.

bourde n. f. – XIIe ; provenç. *borda* « mensonge » ▪ Faute lourde, grossière. *Faire une bourde.* ⇒ **bévue,** ② **gaffe.**

bourdigue → **bordigue**

① **bourdon** n. m. – XIIIe ; lat. *burdus* « mulet » 1 Long bâton de pèlerin surmonté d'un ornement en forme de pomme. 2 *Point de bourdon :* point de broderie qui tourne autour d'un bourrage et forme relief.

② **bourdon** n. m. – XIIIe ; onomat. **I** - 1 Insecte de l'ordre des hyménoptères, au corps lourd et velu, apparenté à l'abeille. 2 *Faux bourdon :* mâle de l'abeille. 3 loc. fam. *Avoir le bourdon,* le cafard. **II** - 1 Ton qui sert de basse continue dans certains instruments (vielle, musette, cornemuse, etc.). 2 Grosse cloche à son grave.

③ **bourdon** n. m. – XVIIe ; de *bourde* ▪ Faute d'un compositeur qui a omis un ou plusieurs mots de la copie à imprimer.

bourdonnant, ante adj. – XVIe ▪ Qui bourdonne. « *les oreilles bourdonnantes sous la réaction sanguine* » (Zola).

bourdonnement n. m. – XVIᵉ 1 Bruit sourd et continu que font en volant certains insectes (bourdon, mouche). 2 Bruit sourd et grave. *Bourdonnement d'un moteur d'avion.* ⇒ **vrombissement.** « *Un bourdonnement confus de voix, d'appels, de cliquetis de verres* » (Maupass.). ♦ *Bourdonnement d'oreilles.* ⇒ **acouphène.**

❑ Le terme courant de *bourdonnement d'oreilles* est parfois impropre ; il peut s'agir de sifflements.

bourdonner v. intr. [1] – XIIIᵉ ; de ② *bourdon* 1 Faire entendre un bourdonnement. 2 Émettre un son grave et continu, vibrant. ⇒ **vrombir.** « *La musique du bal bourdonnait encore à ses oreilles* » (Flaub.).

bourg [buʀ] n. m. – XIᵉ ; lat. *burgus* « château fort » ▪ Gros village où se tiennent ordinairement des marchés. ⇒ **bourgade.** ✪ HOM. Bourre.

❑ *Faubourg* désigne « ce qui est en dehors *(fors)* du bourg », c'est-à-dire la partie de la ville située hors de l'enceinte.

bourgade n. f. – XVᵉ ▪ Petit bourg dont les maisons sont disséminées sur un assez grand espace (⇒ **village**).

bourgeois, oise n. et adj. – XIᵉ ; de *bourg* 1 Au Moyen Âge, Citoyen d'un bourg, d'une ville, bénéficiant d'un statut privilégié. *Les bourgeois de Calais.* 2 Personne qui n'appartenait ni au clergé ni à la noblesse, ne travaillait pas de ses mains et possédait des biens. « *Le Bourgeois Gentilhomme* », *comédie de Molière.* ➛ (Opposé à *noble*) ⇒ **roturier.** 3 Dans la société actuelle, Personne de la classe moyenne et dirigeante, de condition aisée, et caractérisée par un certain conformisme intellectuel (⇒ **petit-bourgeois**). « *Terroriser le bourgeois pantouflard* » (Romains). ♦ adj. Propre à cette classe. *Éducation bourgeoise. Quartier bourgeois.* ⇒ **résidentiel.** « *Château, ou maison bourgeoise très cossue* » (Romains). *Cuisine bourgeoise,* simple et bonne. 4 (Opposé à *militaire*) *Sortir en bourgeois.* ⇒ **civil.** 5 n. f. pop. *Ma bourgeoise :* ma femme. ✪ CONTR. Manant. Noble. Populaire.

bourgeoisement adv. – XVIIᵉ ▪ D'une manière bourgeoise (3°). *Vivre bourgeoisement.* ♦ dr. *Occuper bourgeoisement un local,* sans en faire un usage artisanal ni commercial.

bourgeoisie n. f. – XIIIᵉ 1 Qualité de bourgeois (1°). ♦ En Suisse, Droit de cité que possède toute personne dans sa commune d'origine. 2 (Opposé à *noblesse*) *L'ascension de la bourgeoisie à partir du XVIIᵉ siècle.* 3 Ensemble des bourgeois (3°). *La petite, la moyenne, la grande bourgeoisie. Vieille bourgeoisie nantaise.*

bourgeon n. m. – XIIᵉ ; lat. *burra* « bourre » 1 Excroissance végétale formée de pièces très jeunes, ébauches d'organes se développant après éclosion. *Bourgeons à bois, à feuilles.* ⇒ **œil.** *Bourgeons à fleurs, à fruits.* ⇒ **bouton.** *Arbres en bourgeons.* « *un bourgeon pointu, enflé d'un pleur de sève* » (Colette). 2 *Bourgeon gustatif :* zone de la papille gustative contenant les cellules gustatives. *Bourgeon conjonctif* ou *charnu :* petite granulation rougeâtre de tissu conjonctif contribuant à cicatriser les plaies.

bourgeonnement n. m. – XVIᵉ 1 Formation des bourgeons. ➛ Mode de multiplication des levures. 2 Mode de reproduction asexuée de certains invertébrés. ⇒ **blastogenèse.** 3 Formation de bourgeons charnus à la surface (d'une plaie).

bourgeonner v. intr. [1] – XIIᵉ 1 Produire des bourgeons. 2 fig. *Son visage, son nez bourgeonne,* se couvre de boutons.

bourgeron n. m. – XIXᵉ ; lat. *burra* « bourre » ▪ vieilli Courte blouse de travail en grosse toile.

bourgmestre [buʀgmɛstʀ] n. m. – XIVᵉ ; all. *Burgmeister* « maître du bourg » ▪ Premier magistrat des communes belges (⇒ **maïeur**), suisses, néerlandaises, allemandes. *Le bourgmestre est l'équivalent du maire.*

bourgogne n. m. – XIXᵉ ; n. pr. orig. germ. ▪ Vin des vignobles de Bourgogne. *Préférer les bourgognes aux bordeaux.*

bourguignon, onne adj. et n. – XIIᵉ ▪ De la Bourgogne. *Accent bourguignon.* n. *Les Bourguignons.* ♦ *Bœuf bourguignon,* cuit avec du vin rouge et des oignons.

bourlinguer v. intr. [1] – XVIIIᵉ ; o. i. 1 Avancer péniblement contre le vent et la mer. ⇒ **rouler.** 2 fam. Voyager beaucoup en menant une vie aventureuse.

bourrache n. f. – XIIIᵉ ; ar. *abu rach* « père de la sueur » ▪ Plante des lieux incultes *(borraginacées),* à fleurs bleues et dont les feuilles sont utilisées en tisane sudorifique et diurétique. ➛ Cette tisane.

bourrade n. f. – XVIᵉ ▪ Poussée que l'on donne à qqn, avec le poing, le coude, la crosse d'un fusil, etc. « *D'une bourrade le chef l'écarta* » (Courtel.).

bourrage n. m. – XVᵉ 1 Action de bourrer. *Le bourrage d'un coussin.* ⇒ **garnissage.** ➛ Dysfonctionnement d'une machine par accumulation anormale de produits ou de matériaux l'alimentant. *Le bourrage du papier dans une imprimante.* 2 fam. BOURRAGE DE CRÂNE : propagande intensive. ⇒ **intoxication, matraquage.** « *la propagande du "Frente Popular", c'est du bourrage de crâne* » (Cendrars).

bourrasque n. f. – XVIᵉ ; it. ▪ Coup de vent violent et de courte durée. ⇒ **tornade, tourbillon, tourmente.** *Le vent souffle en bourrasques.* « *Des bourrasques de pluie, portées par le vent du large* » (Mart. du G.).

bourratif, ive adj. – mil. XXᵉ ▪ fam. Qui bourre, en parlant d'un aliment. ✪ CONTR. Léger.

① **bourre** n. f. – XIIIᵉ ; lat. *burra* 1 Amas de poils servant à faire du feutre. 2 Déchets de laine, coton, soie pour remplir les coussins. *Des* « *usines de textile rejettent des ballots de bourre de laine* » (Tournier). ➛ loc. fam. *De première bourre :* excellent. 3 Duvet qui recouvre les bourgeons de certains arbres. 4 Corps inerte qui maintient en place la charge d'une arme à feu. *Bourre de fusil, de cartouche.* ✪ HOM. Bourg.

② **bourre** n. f. – déb. XXᵉ ; de *bourrer* ▪ loc. fam. *Être à la bourre :* être en retard dans ce qu'on a à faire.

bourré, ée adj. – XVIᵉ 1 *Bourré de... :* entièrement plein de... *Portefeuille bourré de billets. Dictée bourrée de fautes.* ⇒ **truffé.** *Il est bourré de complexes, d'idées.* 2 Très plein, trop plein. *Valise bourrée. Wagon bourré.* ⇒ **bondé,** ② **comble.** 3 fam. Ivre. « *elle était bourrée, elle voulait tout le temps m'inviter à danser* » (Sartre).

❑ Souvent employé à tort dans *bourré de remords,* au lieu de *bourrelé de remords.* → bourrelé (étym.).

bourreau n. m. – XIVᵉ ; de *bourrer* « frapper » 1 Celui qui exécute les peines corporelles ordonnées par la justice, et spécialement la peine de mort. ⇒ **exécuteur.** 2 Personne qui torture, martyrise qqn (⇒ **tortionnaire**), le fait souffrir moralement. *Bourreau d'enfants.* « *Si vous voulez ressembler à Jésus-Christ, soyez martyrs, et non pas bourreaux* » (Volt.). ♦ plaisant *Bourreau des cœurs :* homme à succès. ⇒ **séducteur.** 3 loc. *Bourreau de travail :* personne qui abat beaucoup de travail. ✪ CONTR. Victime.

bourrée n. f. – XVIᵉ ▪ Danse populaire de diverses régions du centre de la France ; air sur lequel on l'exécute. *La bourrée auvergnate.* ♦ *Pas de bourrée :* pas de danse classique.

bourrelé, ée adj. – XVIᵉ ; de *bourreau* ▪ Torturé moralement. *Il est bourrelé de remords.*

❑ Confusion avec *bourré* → bourré (rem.).

bourrèlement n. m. - XIXe ▪ Torture morale.

bourrelet n. m. - XIVe ; de ① *bourre* 1 Coussinet circulaire pour porter un fardeau sur la tête. ⇒ **tortillon.** 2 Bande de feutre, de mousse, etc., que l'on fixe au bord des battants des portes et des fenêtres pour arrêter les filets d'air. 3 *Bourrelet (de graisse)* : pli arrondi et disgracieux en certains endroits du corps (nuque, ventre, estomac, etc.).

bourrelier, ière n. - XIIIe ; de ① *bourre* ▪ Personne qui fait et vend des harnais, des sacs, des courroies. ⇒ **sellier.**

bourrellerie n. f. - XIIIe ▪ Métier et commerce du bourrelier.

bourrer v. [1] - XIVe **I** v. tr. 1 Emplir de bourre (un coussin, etc.). ⇒ **rembourrer.** 2 Remplir complètement en tassant. *Bourrer sa pipe. Bourrer un sac de vêtements.* ➛ par ext. *Bourrer qqn de nourriture.* ⇒ **gaver.** pronom. *Elle s'est bourrée de gâteaux.* ⇒ se **goinfrer.** ➛ *Un aliment qui bourre.* ⇒ **bourratif.** ♦ *Bourrer le crâne à qqn,* lui raconter des histoires, essayer de lui en faire accroire. 3 *Bourrer qqn de coups,* le frapper à coups redoublés. « *mon voisin me bourra les côtes à coups de coude* » (Tournier). **II** v. intr. 1 Perturber le fonctionnement d'une machine par accumulation de matériaux. *Le papier bourre dans l'imprimante.* 2 fam. Précipiter le mouvement, aller très vite. ⇒ se **presser.**

bourriche n. f. - XVIe ; o. i. ▪ Long panier sans anse servant à transporter du gibier, du poisson, des huîtres.

bourrichon n. m. - XIXe ▪ loc. fam. *Monter le bourrichon à qqn,* lui monter la tête. « *je ne me monte pas le bourrichon, je sais que je ne ferai pas de vieux os* » (Zola). ⇒ s'**illusionner.**

bourricot n. m. - XIXe ; esp. *borrico* ▪ Petit âne. *Être chargé comme un bourricot.*

bourride n. f. - XVIIIe ; provenç. *boulido* « bouilli » ▪ Plat de poissons méditerranéen, voisin de la bouillabaisse, servi avec un ailloli.

> ❑ La *bourride* est la spécialité de Sète, dans l'Hérault. ♦ Mot de la famille étym. de *bouillabaisse.*

bourrin n. m. - 1903 ; de *bourrique* ▪ pop. Cheval.

bourrique n. f. - XVIIe 1 Âne, ânesse. ➛ loc. *Têtu comme une bourrique. Faire tourner qqn en bourrique,* l'abêtir à force d'exigences, de contrordres. 2 fam. Personne bête et têtue.

bourroir n. m. - XVIIIe ▪ Pilon servant à bourrer.

bourru, ue adj. - XVIe 1 Grossier comme la bourre. *Fil bourru. Vin bourru* : vin nouveau, non fermenté. *Lait bourru,* qui vient d'être tiré. *Elle prenait* « *du lait bourru, à l'étable même* » (Giraud.) 2 Peu aimable, peu civil, peu disert. « *avec son air bourru, c'était le meilleur homme du monde* » (Daud.) ⇒ **désagréable, renfrogné.** ✪ CONTR. Affable, liant.

① **bourse** n. f. - XIIe ; lat. *bursa* « cuir » 1 Petit sac arrondi, généralement à fronces ou à soufflets, destiné à contenir des pièces de monnaie. ➛ loc. *Tenir les cordons de la bourse* : disposer des finances. *Sans bourse délier* : gratuitement. 2 L'argent lui-même. *Faire bourse commune* : partager les dépenses. *À la portée de toutes les bourses* : bon marché. ♦ *Bourse d'études* : pension accordée à un élève, à un étudiant (⇒ ① **boursier**). 3 *Bourses séreuses, synoviales* : poches membraneuses des articulations. ➛ absolt *Les bourses* : l'enveloppe des testicules. ⇒ **scrotum.**

② **Bourse** n. f. - XVIe ; de *Van der Burse,* banquier à Bruges 1 Marché* public organisé où s'effectuent des transactions sur des valeurs, des marchandises ou des services ; le lieu de ce marché. ➛ *Bourse des valeurs,* où se négocient les valeurs mobilières. ➛ *Bourse de commerce,* où se négocient les marchandises, les services. 2 Ensemble des opérations traitées à la Bourse (des valeurs). *Jouer à la Bourse.* ⇒ **spéculation ; agiotage ; boursicoter.** *Société cotée* en Bourse. Les cours de la Bourse.* ⇒ **cote.** ♦ Les cours de la Bourse. « *Les affaires sont dans le marasme, la Bourse dégringole* » (Sartre) (⇒ **krach**). 3 *Bourse du travail* : réunion des syndicats pour la défense de leurs intérêts et l'organisation de services d'intérêt collectif ; lieu où se tient cette réunion.

> ❑ La Bourse de Paris est appelée aussi *le palais Brongniart,* du nom de l'architecte.

bourse-à-pasteur n. f. - XIVe ▪ ⇒ **capselle.**

boursicoter v. intr. [1] - XVIe ▪ Faire de petites opérations en Bourse. ⇒ **spéculer.**

> ❑ Le *boursicot* était une petite bourse, un petit pécule. L'évolution du sens a été influencée par ② *Bourse.*

boursicoteur, euse n. - XIXe ▪ Personne qui boursicote.

① **boursier, ière** n. - XIVe ▪ Élève, étudiant qui bénéficie d'une bourse* d'études.

② **boursier, ière** n. et adj. - XVIe 1 Personne qui exerce sa profession à la Bourse. ⇒ **agent** (de change), **courtier, remisier ; broker.** 2 adj. Relatif à la Bourse. *Opérations boursières.*

boursouflage n. m. - XVIIIe ▪ État de ce qui est boursouflé. ⇒ **boursouflement.**

boursouflé, ée adj. - XIIIe ; de *soufflé* et *bou-* « idée de gonflement » 1 Qui présente des gonflements disgracieux. *Visage boursouflé.* ⇒ **bouffi, enflé, gonflé.** *Plaie boursouflée.* 2 (du style) Emphatique et vide. « *la forme est détestable ! C'est boursouflé, pâteux, chargé de bavardages !* » (Mart. du G.). ⇒ **ampoulé.**

> ❑ Ne prend qu'un *f,* bien que formé à partir de *soufflé.* → souffle (rem.).

boursouflement n. m. - XVIe ▪ Boursouflage.

boursouflure n. f. - XVIe 1 Sorte de distension, de gonflement que présente par endroits une surface unie. *Le plâtre* « *sous l'effet de l'humidité, formait des boursouflures dont plusieurs avaient éclaté* » (Aymé). ⇒ **cloque.** *Boursouflure du visage.* ⇒ **bouffissure.** 2 *Boursouflure du style.* ⇒ **emphase, enflure.**

bousculade n. f. - XIXe 1 Remous de foule. *La bousculade du métro.* ⇒ **cohue.** « *l'inévitable bousculade de la sortie* » (Queneau). ⇒ **ruée.** 2 Grande hâte. *Pour finir avant midi, c'est la bousculade !* ⇒ **cavalcade, course.**

bousculer v. tr. [1] - XVIIIe ; de *bousser* « heurter » et *culer* 1 Mettre en désordre en poussant, en renversant. « *Bousculant les couvertures, il se jeta hors du lit* » (Queneau). ⇒ **bouleverser, déranger.** ♦ fig. Modifier avec une certaine brusquerie. « *Il a bousculé le régime impuissant ou décomposé* » (Valéry). 2 Pousser, heurter brutalement par inadvertance. *Se faire bousculer.* ➛ pronom. (récipr.) *On se bouscule à l'exposition.* ➛ fig. *Les idées se bousculent dans sa tête.* 3 Faire se dépêcher. ⇒ **brusquer, presser.** *Il n'aime pas qu'on le bouscule.*

bouse n. f. - XIIe ; o. i. ▪ Excrément des bovins. *De la bouse de vache.* « *cette étable, pleine de bouses sèches* » (Beckett).

bouseux n. m. - XIXe ▪ fam. et péj. Paysan.

bousier n. m. - XVIIIe ▪ Scarabée coprophage qui roule en boulettes les excréments des mammifères. ⇒ **géotrupe.**

bousillage n. m. – XVIe 1 Pisé, torchis. *Mur en bousillage.* 2 fam. Action de mal exécuter un travail **(⇒ massacre)**, de détériorer un objet. ⇒ **saccage.**

bousiller v. [1] – XVIe ; de *bouse* 1 v. intr. Maçonner en bousillage. 2 v. tr. Gâcher (un travail). ⇒ fam. **cochonner, saloper.** 3 fam. Rendre inutilisable. ⇒ **abîmer.** *Il a bousillé son moteur.* – p. p. adj. *Sa montre est bousillée.* ♦ pop. Tuer. *Des types « se sont fait bousiller pour ça : c'est bien du sang perdu ! »* (Beauv.).

bousin n. m. – XVIIe ; de *bouse* ■ Tourbe de qualité inférieure.

boussole n. f. – XVIe ; it. ■ Instrument qui indique le nord magnétique à l'aide d'une aiguille aimantée mobile, fixée au centre d'un cadran. ⇒ **compas.** *S'orienter à la boussole.* ♦ loc. fam. *Perdre la boussole :* perdre la tête.

boustifaille n. f. – XIXe ; de *bouffer* ■ pop. Nourriture, repas. « *on faisait un bon contrat, ensuite une bonne boustifaille* » (Hugo).

boustrophédon n. m. – XVIe ; gr. *bous* « bœuf » et *strophein* « tourner » ■ Écriture primitive (du grec et de l'étrusque, notamment) dont les lignes allaient sans interruption de gauche à droite et de droite à gauche.

bout n. m. – XIIe ; de *bouter* **I** - 1 Partie d'un objet qui le termine dans le sens de la longueur. ⇒ **extrémité.** *Ciseaux à bouts ronds. Bout aigu.* ⇒ **pointe.** *Être assis en bout de table.* – *Le bout du nez. Tirer à bout portant* (de façon que le bout de l'arme touche le but) : de très près. – *Mettre bout à bout.* ⇒ **abouter, joindre.** – loc. *Avoir du mal à joindre les deux bouts :* parvenir difficilement à équilibrer, à boucler son budget. *Tenir le bon bout :* être en passe de réussir. 2 Limite d'un espace. *Le bout du tunnel.* « *à l'autre bout de l'horizon* » (Proust). – *Aller jusqu'au bout de ses idées.* ⇒ **jusqu'au-boutiste.** – loc. *À tout bout de champ :* à chaque instant, à tout propos, pour un oui pour un non. 3 La fin d'une durée, de ce qui dure, s'épuise. ⇒ ① **fin, limite, terme.** *Il a écouté jusqu'au bout.* ♦ *Être, arriver au bout de,* à la fin de. *Vous n'êtes pas au bout de vos misères ! Au bout d'un moment.* ⇒ **après.** ♦ *ÊTRE À BOUT DE... :* ne plus avoir de... *Être à bout de forces, d'arguments.* absolt *Être à bout :* n'en pouvoir plus, être épuisé. *Ma patience est à bout. Pousser qqn à bout,* l'exaspérer. *Venir à bout d'une difficulté, d'un adversaire.* ⇒ **triompher** (de). **II** - 1 Partie, fragment quelconque de qqch. ⇒ **morceau.** *Un bout de papier. Bout de pain, de beurre. Un bout de bois.* – loc. fam. *En connaître un bout :* être compétent. ♦ loc. fam. *Mettre les bouts :* s'en aller. 2 Ce qui est petit, incomplet. *Un bout de lettre :* une lettre courte, rapide. *Un petit bout de femme. Un bout de chou :* un petit enfant. *Un bout de terrain.* ⇒ **lopin.** *Un bon bout de temps :* un temps assez long. **III** (On prononce [but]) Cordage. ✪ CONTR. Milieu ; tout. — HOM. Boue.

boutade n. f. – XVIe ; de *bouter* ■ Trait d'esprit. ⇒ **plaisanterie.** *Ce n'est qu'une boutade.*

boutargue → **poutargue**

bout-dehors n. m. – XIXe ; de *bouter* et *dehors* ■ *Bout-dehors (de foc) :* espar horizontal à l'avant d'un bateau, pour amurer le(s) foc(s) en avant de l'étrave **(⇒ beaupré).** *Des bouts-dehors.*

boute-en-train n. m. inv. – XVIIIe ; de *bouter* ■ Personne qui met de l'ambiance dans une réunion. ⇒ **amuseur.**

bouteille n. f. – XIIIe ; lat. *buttis* « tonneau » 1 Récipient à goulot étroit, souvent en verre, destiné à contenir un liquide. *Une bouteille de vin, d'huile, d'eau. Le col, le goulot, le ventre, le cul d'une bouteille. « La bouteille est un litre ordinaire en verre incolore »* (Robbe-Grillet). *Petite bouteille.* ⇒ **flacon.** *Grande bouteille.* ⇒ **fiasque, magnum.** *Bouteille de bière.* ⇒ ② **canette.** *Boire à la bouteille.* – loc. fam. *Prendre de la bouteille :* acquérir de l'expérience en vieillissant ; vieillir. *C'est la bouteille à l'encre,* un problème insoluble. – par appos. *Vert bouteille,* assez sombre. ♦ (Opposé à *litre*) Récipient contenant à peu près 75 cl. *Bouteille de bourgogne* (bourguignonne), *de bordeaux* (bordelaise), *de champagne. Vin en bouteille, vin en carafe*.* ♦ Son contenu. *Une bonne bouteille.* 2 Récipient métallique destiné à contenir un gaz sous pression, de l'air liquide. *Bouteille d'oxygène, de butane.* – *Bouteille isolante, thermos*.* – *Bouteille de Leyde :* condensateur électrique.

❑ Selon la région et la contenance, le nom et la forme des bouteilles varient beaucoup (*balthazar, canette, dame-jeanne, fillette, jéroboam, nabuchodonosor, topette,* etc.).

bouteiller n. m. – XIIe ■ Grand officier de la Couronne qui avait l'intendance du vin, des vignobles.

bouter v. tr. [1] – XIe ; germ. « frapper » ■ vx ou littér. ⇒ **pousser, refouler.** *Bouter l'ennemi hors de France.*

❑ Disparu de l'usage, ce verbe a une nombreuse descendance (*aboutir, arc-boutant, bout, boutade, boute-en-train, boutisse, boutoir, bouton, bouture, débouter, emboutir, rebouteux,* etc.).

bouterolle n. f. – XIIIe ; de *bouter* 1 Garniture métallique au bas d'un fourreau d'épée. 2 Une des gardes de la serrure. – Fente de la clé qui la reçoit. 3 Outil avec lequel on repousse le métal.

bouteur n. m. – 1973 ; de *bouter* ■ rare Bulldozer. *Bouteur biais :* recomm. offic. pour *angledozer*.*

boutique n. f. – XIIIe ; gr. *apothêkê* 1 Local situé au rez-de-chaussée d'un immeuble, où un marchand, un artisan expose, vend sa marchandise au détail. ⇒ ① **échoppe, magasin ; commerce.** *L'épicier dans sa boutique. La devanture* d'une boutique.* ⇒ **étalage, vitrine.** 2 Magasin de confection d'un grand couturier. adjt *Des robes boutique.*

boutiquier, ière n. – XIVe 1 Personne qui tient boutique, petit commerçant (souvent péj.). ⇒ **marchand.** 2 adj. *Un esprit boutiquier,* qui fait des calculs mesquins.

boutisse n. f. – XVe ; de *bouter* ■ Pierre taillée placée dans un mur selon sa longueur, de manière à ne montrer qu'un de ses bouts. par appos. *Pierre boutisse.*

boutoir n. m. – XVIIe ; de *bouter* ■ Extrémité du groin et canines avec lesquels le sanglier, le porc fouissent la terre. *Le sanglier a « le boutoir plus fort et la hure plus longue que le cochon »* (Buff.). – loc. *Coup de boutoir :* attaque brutale.

bouton n. m. – XIIe ; de *bouter* « pousser » 1 ⇒ **bourgeon.** 2 *Bouton de fleur :* la fleur avant son épanouissement. *Bouton de rose. Pivoines en boutons.* 3 Petite tumeur faisant saillie à la surface de la peau. ⇒ **pustule.** *Bouton d'acné, de varicelle. Éruption de boutons.* loc. fig. *Donner des boutons à qqn,* l'insupporter, le dégoûter. 4 Petit objet souvent circulaire servant à fermer un vêtement grâce à une boutonnière ou une bride. *Bouton de chemise. Un « uniforme brun à boutons d'or »* (Aragon). 5 Petite saillie ronde. *Bouton de fleuret. Bouton de porte.* ♦ Commande d'un mécanisme ou d'un appareil électrique, que l'on tourne ou sur lequel on appuie. ⇒ fam. **bitoniau.** « *il tourna à fond le bouton de la puissance* » (Le Clézio). *Appuyer sur le bouton de la minuterie.* ⇒ **commutateur, interrupteur.** 6 *BOUTON DE CULOTTE :* très petit fromage de chèvre de Bourgogne à saveur piquante. 7 Petite touffe de textile prise dans le fil, de même couleur ou non. *Les boutons du tweed* **(⇒ boutonné).**

bouton-d'argent n. m. – XIXe ■ Matricaire. *Des boutons-d'argent.*

bouton-d'or n. m. – XVIIIe ▪ Renoncule âcre à fleurs jaune doré, commune dans les prés. ⇒ **ficaire.** *Des boutons-d'or.* ♦ adj. inv. *Des soies bouton-d'or.*

boutonnage n. m. – XIXe 1 Action de boutonner (un vêtement). 2 Manière dont un vêtement se boutonne. *Veste à double boutonnage.*

boutonné, ée adj. – XIIe 1 Qui se ferme avec des boutons. *Robe boutonnée devant.* 2 Qui présente des boutons (7°).

boutonner v. tr. [1] – XIIe 1 Fermer, attacher (un vêtement) au moyen de boutons. ➛ fam. v. pron. réfl. *Se boutonner :* boutonner ses vêtements. 2 v. pron. pass. *Robe se boutonnant sur le côté.* ✪ CONTR. Déboutonner.

boutonneux, euse adj. – XIXe ▪ Qui présente des boutons sur la peau, de l'acné. *Un adolescent boutonneux.*

boutonnier, ière n. – XIIIe ▪ Personne qui fait des boutons.

boutonnière n. f. – XVIe 1 Petite fente faite à un vêtement pour y passer un bouton. *Boutonnière brodée, passepoilée.* ♦ La boutonnière du revers de veste. « *Le beau gardénia crémeux qui décorait sa boutonnière* » (Duham.). 2 Incision chirurgicale longue et étroite. « *On lui fit une très belle boutonnière et on lui glissa dans la vessie une sonde spéciale* » (Duham.). 3 Bombement du terrain aplani et entaillé par l'érosion. *La boutonnière du pays de Bray.*

bouton-poussoir n. m. – mil. XXe ▪ Commutateur électrique que l'on manœuvre par pression. *Des boutons-poussoirs.*

bouton-pression n. m. – 1928 ▪ Attache ronde composée de deux parties métalliques qui s'engagent l'une dans l'autre. ⇒ **pression.** *Des boutons-pression.*

boutre n. m. – XIXe ; ar. ▪ Petit navire arabe à voiles, à l'arrière très élevé.

> ❑ Comme le français *bateau,* ce mot est apparenté à l'anglais *boat.*

bout-rimé n. m. – XVIIe ▪ Pièce de vers composée sur des rimes données. *Des bouts-rimés.*

bouturage n. m. – XIXe ▪ Action de multiplier des végétaux par boutures.

bouture n. f. – XVe ; de *bouter* « pousser » ▪ Fragment de végétal susceptible de former une nouvelle plante par reconstitution des organes manquants. *Faire des boutures. La bouture a pris.*

bouturer v. tr. [1] – XIXe ▪ Multiplier (une plante) par boutures.

bouverie n. f. – XIIe ; de *bœuf* ▪ Étable à bœufs.

bouvet n. m. – XVIe ▪ Rabot servant, en menuiserie, à faire des rainures (comme le bœuf trace des sillons). ⇒ **gorget.**

bouveteuse n. f. – 1920 ▪ Machine à bois servant à faire des rainures.

bouvier, ière n. – XIIe ; lat. *bos, bovis* « bœuf » 1 Personne qui garde et conduit les bœufs de labour. *Elles* « *regardaient les bouviers en train de dételer les taureaux* » (Giono). 2 n. m. *Bouvier des Flandres :* chien de berger de haute taille.

bouvière n. f. – XVIIIe ; o. i. ▪ Poisson osseux *(cyprinidés),* au corps couvert de grosses écailles.

bouvillon n. m. – XVe ▪ Jeune bœuf châtré.

bouvreuil n. m. – XVIIIe ; de *bœuf* ▪ Oiseau des jardins d'Amérique et d'Eurasie *(passériformes),* au plumage gris et noir, rouge sur la poitrine.

bouvril n. m. – XIXe ▪ Lieu où on loge les bœufs dans les abattoirs.

bovarysme n. m. – XIXe ; de *Madame Bovary,* roman de Flaubert ▪ Évasion dans l'imaginaire par insatisfaction.

> ❑ C'est Flaubert lui-même qui créa ce mot à partir du nom de son héroïne.

bovidés n. m. pl. – XIXe ▪ Famille de mammifères *(artiodactyles),* dont le genre type est le bœuf, comprenant les bovins, les ovins et les antilopes.

bovin, ine adj. et n. m. – XIIe 1 Qui a rapport au bœuf (espèce). ➛ fam. *Regard, œil bovin* (d'une personne), éteint, morne et sans intelligence. 2 n. m. pl. Sous-famille de bovidés comprenant les bœufs actuels (yack, bison, buffle, zébu) et fossiles (aurochs).

bowling [buliŋ] n. m. – v. 1950 ; mot angl. « jeu de boules » ▪ Jeu de quilles sur piste, avec une grosse boule percée de trois trous pour les doigts. *Jouer au bowling.* ➛ Lieu installé pour y jouer.

bow-window [bowindo] n. m. – XIXe ; angl., de *bow* « arc » et *window* « fenêtre » ▪ Fenêtre en saillie sur le mur d'une maison. *Des bow-windows.* ➛ Recomm. offic. *oriel.*

① **box** [bɔks] n. m. – 1920 ; nom d'un bottier angl. ▪ Cuir de veau tanné au chrome. *Un sac en box noir.* ✪ HOM. Boxe.

> ❑ On a dit *box-calf* (de *calf* « veau ») ; des *box-calfs.*

② **box** [bɔks] n. m. – XIXe ; mot angl. « boîte » 1 Stalle d'écurie servant à loger un seul cheval. ♦ Compartiment cloisonné d'un garage. ⇒ **stalle.** 2 Espace cloisonné ou à demi cloisonné d'un lieu public. *Les box d'un dortoir.* ♦ *Le box des accusés* (au tribunal).

> ❑ Le pluriel anglais *(des boxes)* est à éviter, tous les mots français en *x* étant invariables.

boxe n. f. – XVIIIe ; angl. *box* « coup » ▪ Sport de combat où deux adversaires portant des gants spéciaux *(gants de boxe)* se frappent à coups de poing *(boxe anglaise),* à coups de poing et de pied *(boxe française).* ⇒ **savate.** *Match, combat de boxe.* ⇒ ① **arbitre, reprise, ring, round.** *Coups de la boxe.* ⇒ **crochet,** ② **direct, swing, uppercut.** ✪ HOM. Box.

① **boxer** v. [1] – XVIIIe 1 v. intr. Livrer un combat de boxe, pratiquer la boxe. 2 v. tr. fam. Frapper à coups de poing. « *Ce n'est pas dans mes procédés de boxer les clients* » (Carco).

② **boxer** [bɔksɛʀ] n. m. – 1919 ; mot all. « boxeur » ▪ Chien de garde à poil ras, à robe fauve ou tachetée.

> ❑ La combativité de ce chien lui a valu son nom.

③ **boxer** [bɔksœʀ] n. m. – 1966 ; angl. *boxer-short* « culotte de boxeur » ▪ Short léger de sport ou de plage, doublé d'un slip. *Des boxers.*

boxeur n. m. – XVIIIe ▪ Celui qui pratique la boxe. ⇒ **pugiliste.** « *les deux boxeurs ouvrent leur garde, tapent en fermant les yeux* » (Camus). rare *Une boxeuse.*

box-office n. m. – 1950 ; mot angl. « guichet de théâtre » ▪ Échelle de succès d'un spectacle, d'une vedette, etc., calculé d'après le montant des recettes. ⇒ aussi **hit-parade.** *Des box-offices.*

boxon n. m. – XIXe ; mot angl., de *box* → ② box ▪ vulg. Bordel. *Ils venaient* « *au boxon pour la rigolade* » (Céline).

boy [bɔj] n. m. – XIXe ; mot angl. « garçon » 1 Jeune domestique indigène dans les pays autrefois colonisés. 2 Danseur de music-hall.

> ❑ Au sens 1°, il existe un féminin *(boyesse),* à ne pas confondre avec l'équivalent féminin du sens 2° *(girl).*

boyard [bɔjaʀ] **n. m.** – XVe ; mot russe ▪ Noble, autrefois en Russie. *Les moujiks et les boyards.*

boyau **n. m.** – XIIe ; lat. *botellus* « petite saucisse » **1** Intestin d'un animal (ou, fam. au plur., de l'homme). ⇒ **entrailles, tripe, viscère.** *Boyaux de porc, de veau utilisés en charcuterie.* ⇒ **andouille, boudin, saucisse.** ♦ Mince corde faite avec la membrane intestinale de certains animaux pour garnir des instruments (violon, harpe, guitare) ou corder des raquettes. – *Boyau de chat.* ⇒ **catgut. 2** Passage étroit. « *la grand'rue se rétrécit, forme un boyau* » (Mart. du G.). ♦ Conduit, tuyau souple. **3** Pneumatique pour bicyclette de course, mince, sans chambre à air.

boyauter (se) **v. pron.** 1 – 1901 ; de *boyau* ▪ fam. Se tordre de rire.

boycott [bɔjkɔt] **n. m.** – XIXe ; angl. ▪ Boycottage. *Boycott commercial.* ⇒ **blocus, embargo.** *Des boycotts.*

boycottage [bɔjkɔtaʒ] **n. m.** – XIXe ▪ Interdit ou blocus matériel et moral prononcé contre un individu, un groupe, un pays et contre les biens qu'il met en circulation. ♦ Refus de participer (à qqch.). *Le boycottage des élections.* ⇒ **abstention.**

boycotter [bɔjkɔte] **v. tr.** 1 – XIXe ; de *Boycott*, propriétaire irland. mis en quarantaine ▪ Soumettre au boycottage. « *Nos marchandises furent boycottées* » (Claudel). ♦ Refuser de prendre part à (qqch.). *Boycotter des élections.*

boy-scout [bɔjskut] **n. m.** – 1910 ; mot angl. ▪ vieilli Scout. ♦ fam. Idéaliste naïf. *Une mentalité de boy-scout. Des boy-scouts.* – **adj.** *Il est un peu boy-scout.*

bracelet **n. m.** – XIVe ; de *bras* **1** Bijou en forme d'anneau, de cercle qui se porte autour du poignet, parfois de la cheville. ⇒ **gourmette.** « *Un bracelet à double rang en perles d'or et de cornaline entourait son poignet* » (Gaut.). ♦ Cercle de cuir, d'étoffe ou bijou qui tient la montre au poignet. ⇒ **bracelet-montre.** ♦ fam. plur. Menottes. **2** Lien élastique circulaire, plat et assez large.

bracelet-montre **n. m.** – 1909 ▪ Montre montée sur un bracelet. *Des bracelets-montres.*

brachial, iale, iaux [bʀakjal, jo] **adj.** – XVIe ; lat. *brachium* « bras » ▪ Du bras. *Muscle brachial.* ⇒ **biceps, triceps.**

brachiation [bʀakjasjɔ̃] **n. f.** – 1964 ; lat. *brachium* « bras » ▪ Mode de déplacement de certains singes arboricoles à l'aide des bras par balancement de branche en branche.

brachiopodes [bʀakjopɔd] **n. m. pl.** – XIXe ; lat. *brachium* « bras » et *-pode* ▪ Embranchement d'invertébrés marins enfermés dans une coquille à deux valves, souvent fixés par un pédoncule.

brachy- Préfixe, du gr. *brakhus* « court ».

brachycéphale [bʀakisefal] **adj.** et **n.** – XIXe ; *brachy-* et *-céphale* ▪ Qui a le crâne arrondi, presque aussi large que long. *Homme brachycéphale.* ✪ CONTR. Dolichocéphale.

brachydactyle [bʀakidaktil] **adj.** et **n.** – XIXe ; *brachy-* et *-dactyle* ▪ Qui a les doigts ou les orteils anormalement courts.

brachyoure [bʀakjuʀ] **n. m.** – XIXe ; *brachy-* et gr. *oura* « queue » ▪ Crustacé dont l'abdomen très court est replié sous le corps.

braconnage **n. m.** – XIXe ▪ Action de braconner.

braconner **v. intr.** 1 – XIIIe ; germ. « braque » ▪ Chasser, pêcher, sans permis, ou à une période, en un lieu, avec des engins prohibés.

braconnier, ière **n.** – XVIIe ▪ Chasseur (ou pêcheur) qui se livre au braconnage. *Les terres « sévèrement gardées contre les braconniers et les pêcheurs »* (Sand).

bractée **n. f.** – XVIIIe ; lat. *bractea* « feuille de métal » ▪ Feuille à la base de laquelle se développe la fleur ou l'inflorescence. ⇒ **glume, glumelle, involucre, spathe.**

bradage **n. m.** – v. 1960 ▪ Action de brader.

bradel (à la) **loc. adj.** – XIXe ; de *Bradel*, relieur ▪ ***Reliure à la bradel***, où le bloc des cahiers est emboîté dans un cartonnage léger.

brader **v. tr.** 1 – XIXe ; all. *braten* « rôtir » ▪ Se débarrasser de (un bien) à n'importe quel prix. ⇒ **liquider, sacrifier.** ♦ fig. « *Un gouvernement de traîtres nous brade notre empire* » (Césaire).

braderie **n. f.** – XIXe ▪ Foire où chacun peut vendre des soldes, des vêtements ou objets usagés.

bradeur, euse **n.** – 1957 ▪ Personne qui brade.

bradycardie **n. f.** – XIXe ; gr. *bradus* « lent » et *-cardie* ▪ Ralentissement du rythme cardiaque.

bradype **n. m.** – XIXe ; gr. *bradus* « lent » et *pous* « pied » ▪ Mammifère *(édentés)*, aussi appelé *paresseux** ou *aï.*

braguette **n. f.** – XVIe ; provenç. *braga* « braies » ▪ Ouverture verticale sur le devant d'un pantalon.

brahmane **n. m.** – XIIIe ; sanskr. ▪ Membre de la caste sacerdotale, la première des castes de l'Inde.

brahmanique **adj.** – XIXe ▪ Propre au brahmanisme. *Une « superstition brahmanique tolérée par le bouddhisme »* (Morand).

brahmanisme **n. m.** – XIXe ▪ Système social et religieux de l'Inde caractérisé par la suprématie des brahmanes et l'intégration de tous les actes de la vie civile aux rites et devoirs religieux.

brai **n. m.** – XIIe ; de *brayer* « enduire de goudron » ▪ Résidu pâteux de la distillation des goudrons, pétroles et autres matières organiques. ✪ HOM. Braies.

braies **n. f. pl.** – XIIe ; lat. *braca(e)*, mot gaul. ▪ Pantalon ample, en usage chez les Gaulois et les peuples germaniques. ✪ HOM. Brai.

> ❑ Était *débraillé* celui dont la ceinture retenant les *braies* n'était pas attachée.

braillard, arde **n.** et **adj.** – XVIe ▪ fam. Personne qui braille. ⇒ **brailleur,** ② **gueulard.**

braille **n. m.** et **adj. inv.** – 1927 ; nom de l'inventeur ▪ Alphabet conventionnel en points saillants (également applicable aux chiffres, à la musique et la sténo), à l'usage des aveugles.

braillement **n. m.** – XVIe ▪ Cri de qqn qui braille.

brailler **v. intr.** 1 – XIIIe ; lat. ▪ fam. Crier fort, parler ou chanter de façon assourdissante. *Bébé qui braille.*

> ❑ Apparenté à *braire*, qui s'est employé d'abord pour les personnes.

brailleur, euse **n.** et **adj.** – XVIe ▪ Personne qui braille. ⇒ **braillard.**

braiment **n. m.** – XIIe ▪ Cri de l'âne. ⇒ **hi-han.**

brain drain [bʀɛndʀɛn] **n. m.** – v. 1960 ; mot angl. « drainage de cerveaux » ▪ Recrutement de cadres à l'étranger, au profit des États-Unis. *Des brain drains.*

> ❑ *Exode des cerveaux* est une adaptation possible.

brainstorming [bʀɛnstɔʀmiŋ] **n. m.** – 1958 ; mot angl. « tempête *(storming)* des cerveaux *(brain)* » ▪ Technique de recherche des idées, réunion où chacun fournit ses suggestions.

> ❑ La recommandation officielle *remue-méninges* s'entend au Québec.

brain-trust [brɛntrœst] **n. m.** – 1933 ; angl. « trust du cerveau (brain) » ▪ Petite équipe d'experts, de techniciens, etc., qui assiste une direction. *Des brain-trusts.*

braire **v. intr.** 50 – XIe ; lat. **1** Pousser son cri, en parlant de l'âne. **2** fam. *Faire braire qqn,* l'ennuyer profondément, l'importuner.

① **braise** **n. f.** – XIIe ; germ. ▪ Matière incandescente qui ne jette plus de flammes. *Souffler sur la braise, les braises.* ➛ *Des yeux de braise,* noirs et brillants. ♦ Bois incomplètement réduit en charbons.

② **braise** **n. f.** – XVIIIe ; de ② *brésiller* ▪ arg. vieilli Argent*. « *Eh toi, loufiat, cria-t-il au garçon, voilà de la braise* » (Huysm.).

braiser **v. tr.** 1 – XVIIIe ▪ Faire cuire à feu doux et à l'étouffée. ➛ *Bœuf braisé.*

braisière **n. f.** – XVIIIe ▪ Récipient de fonte (⇒ ② **cocotte**) muni d'un couvercle creux à rebord où l'on met de l'eau pour empêcher l'évaporation et favoriser la cuisson à feu doux. ⇒ **daubière.**

bramement **n. m.** – XVIIIe ▪ Cri du cerf en rut. « *le bramement guttural du cerf* » (Goncourt).

❑ On dit aussi *le brame,* plus rare.

bramer **v. intr.** 1 – XVIe ; germ. ▪ Pousser un cri prolongé, en parlant des cervidés. ⇒ **raire.**

bran **n. m.** – XIIe ; gaul. **1** Partie la plus grossière du son. *Bran de scie :* sciure de bois. **2** vx ou région. Excrément.

❑ On trouve aussi *bren* [brɑ̃ ; brɛ̃], cf. les adjectifs régionaux *embrené, bréneux* « merdeux ».

brancard **n. m.** – XVe ; de *branche* **1** Bras d'une civière ; civière. ⇒ **litière.** *Transporter un blessé sur un brancard.* **2** Chacune des deux pièces de bois entre lesquelles on attache une bête de trait. ⇒ ② **limon, longeron.** « *les charrettes, brancards en l'air* » (Céline).

brancardier **n. m.** – XVIIe ▪ Porteur de brancard, de civière.

branchage **n. m.** – XVe ▪ Ensemble des branches d'un arbre. ⇒ aussi ① **ramée, ramure.** *Élaguer le branchage d'un arbre.* ♦ au plur. Branches coupées. *Hutte de branchages.*

branche **n. f.** – XIe ; lat. *branca* « patte (d'un animal) » **I - 1** Ramification latérale de la tige ligneuse (d'un arbre). *Les branches et le tronc. Branche de houx.* **2** Ramification d'une partie quelconque de la plante. *Les branches d'une racine.* ♦ *Épinards, céleris en branches,* avec la tige complète. **3** loc. *Être comme l'oiseau sur la branche :* occuper une position précaire. *Scier la branche sur laquelle on est assis* : compromettre sa position. *Se rattraper aux branches :* rétablir une situation critique en saisissant une opportunité. **II - 1** Ramification ou division qui part d'un axe ou d'un centre. *Les branches d'un compas, d'une paire de lunettes.* ➛ *Branches terminales d'un nerf.* ➛ Branchement informatique. ♦ Élément partant d'un nœud, dans un graphique en arbre. *Les branches d'un arbre généalogique.* « *Elle était de la branche des ducs de La Rochefoucauld* » (Proust). ➛ *Branche infinie d'une courbe. Branche parabolique,* qui admet une direction asymptotique. **2** Division. *Les branches du « Roman de Renart ». Les branches de l'enseignement.* ⇒ **discipline, spécialité. 3** Ensemble des unités de production fabriquant le même type de biens. ⇒ **secteur.** *Les branches de l'industrie touchées par la crise.* **4** *Cheval qui a de la branche,* qui a le garrot bien sorti, la tête petite, l'encolure longue. ♦ loc. *Avoir de la branche :* être racé. **5** fam. *Vieille branche :* vieux camarade. ⇒ **pote.** « *Je te recommande cette vieille branche chaudement* » (Verlaine).

branché, ée **adj.** et **n.** – v. 1960 ▪ fam. Au courant de tout ce qui est dans le vent. *Quelqu'un de branché.* ♦ À la mode. *La jeunesse branchée.*

❑ Le verlan a fourni *chébran,* de même sens.

branchement **n. m.** – XVIe **1** Action de brancher. ⇒ **connexion. 2** Circuit secondaire partant de la voie principale pour aboutir au point d'utilisation.

brancher **v. tr.** 1 – XVIe **1** Rattacher (un circuit secondaire) au réseau principal. ⇒ **connecter, relier.** *Brancher une lampe sur une prise. Brancher le téléphone.* ➛ *Brancher l'aspirateur, le fer à repasser.* ♦ pronom. *L'appareil se branche sur la batterie.* **2** Orienter, diriger. *Brancher la conversation sur tel sujet.* **3** fam. Mettre au courant ; intéresser vivement.

branchial, iale, iaux **adj.** – XVIIIe ▪ Des branchies.

branchie **n. f.** – XVIIe ; gr. ▪ Organe de respiration des animaux aquatiques, constitué par des touffes ou des lamelles du tégument ou de fentes du pharynx. *Les branchies des poissons, des mollusques.*

branchiopodes [brɑ̃kjɔpɔd] **n. m. pl.** – XIXe ; de *branchie* et *-pode* ▪ Sous-classe de crustacés primitifs possédant sur le tronc des appendices aplatis, leurs branchies.

brandade **n. f.** – XVIIIe ; provenç. *brandar* « remuer » ▪ Morue émiettée, mêlée à de l'huile, du lait (ou de la crème), de l'ail pilé. ➛ abusivt Purée de pommes de terre à la morue.

brande **n. f.** – XVe ; germ. « tison » **1** Ensemble des plantes de sous-bois. « *un feu sournois qui rampe sous la brande* » (Mauriac). ➛ Terre infertile où poussent ces plantes. ⇒ **friche, lande. 2** Fagot de brins de bruyère, enduit d'une substance inflammable.

brandebourg [brɑ̃dbur] **n. m.** – XVIIe ; nom d'un land allemand ▪ Passementerie (galon, broderie) ornant une boutonnière. *Un « militaire avec dolman à brandebourgs »* (Giono).

brandir **v. tr.** 2 – XIe ; germ. « tison, épée » ▪ Agiter en tenant en l'air de façon menaçante. *Brandir un gourdin.* ♦ Agiter en élevant pour attirer l'attention. « *le type brandissait des journaux* » (Sartre).

brandon **n. m.** – XIIe ; germ. « tison » **1** vx Torche de paille enflammée servant à éclairer ou à mettre le feu. ⇒ **flambeau. 2** Débris enflammé qui s'échappe d'un incendie.

brandy **n. m.** – XVIIe ; mot angl., abrév. de *brand wine* ▪ Eau-de-vie de raisins. *Des brandys.*

branlant, ante **adj.** – XIVe ▪ Qui branle, est instable. ⇒ **chancelant, vacillant.** « *ces passerelles branlantes qui fléchissent sous les pieds* » (Robbe-Grillet). ➛ *Château branlant,* se dit d'un enfant qui commence à marcher. ✪ CONTR. Solide, stable.

branle **n. m.** – XIIe ; de *branler* **1** Ample mouvement d'oscillation. ⇒ **balancement.** *Mettre en branle une cloche.* **2** Première impulsion. *Donner le branle à une affaire.* ♦ loc. *Se mettre en branle :* se mettre en mouvement, en action. **3** Ancienne danse en chaîne ouverte ou fermée.

branle-bas **n. m. inv.** – XVIIe ; ordre de mettre *bas* les *branles* « hamacs », qui étaient sur les entreponts ▪ *Branle-bas de combat :* ensemble des dispositions prises rapidement sur un navire de guerre pour qu'il soit prêt au combat. ♦ Agitation vive et souvent désordonnée, lors de la préparation de quelque opération. ⇒ **bouleversement, remue-ménage.** *Le « branle-bas provoqué par le retour du commandant »* (Mac Orlan).

branlée n. f. – 1936 ▪ fam. et vulg. 1 Masturbation. ⇒ **branlette.** 2 Fait d'être battu. ⇒ **raclée.** *Ils ont pris une branlée.*

branlement n. m. – XIVe ▪ *Branlement de tête :* action, manière de branler la tête.

branler v. [1] – XIe ; de *brandeler* « osciller » ▪ vx ou en loc. (à cause de l'emploi vulg.). I v. tr. 1 *Branler la tête,* la remuer. ⇒ **balancer, hocher, secouer.** *Ils « branlent la tête comme de vieilles femmes »* (Hugo). 2 vulg. Masturber. ➛ pronom. *« Je me suis souvent branlé pour elle »* (Céline). ♦ Faire. *« Qu'est-ce que tu pourrais branler d'important ? »* (Queneau). ⇒ ① **foutre.** *J'en n'ai rien à branler.* II v. intr. Être instable, mal fixé. ⇒ **chanceler, osciller, vaciller.** *Une dent qui branle.* ➛ *Branler dans le manche,* se dit d'un outil mal emmanché. ✪ CONTR. Tenir.

branlette n. f. – XIXe ▪ fam. et vulg. Masturbation. ⇒ **branlée.**

branleur, euse n. et adj. – XVIIe ▪ fam. 1 Personne qui masturbe (qqn), qui se masturbe. 2 Personne qui ne fait rien de son temps. ⇒ **glandeur, jean-foutre.** *« Branleur, timide, intellectuel et tout »* (Céline).

branque n. m. et adj. – XIXe ; p.-ê. infl. de *braque* ▪ fam. Sot, imbécile. ♦ Fou.

brante n. f. – XVIe ; rad. préroman °*brenta* ▪ (Suisse) Récipient en bois servant à transporter la vendange à dos d'homme ; son contenu.

braquage n. m. – XIXe 1 Action de braquer les roues d'une voiture, les gouvernes d'un avion. *Angle de braquage. Rayon de braquage,* du cercle tracé par les roues extérieures dans un virage. 2 fam. Attaque à main armée. *Le braquage d'une banque.* ⇒ **hold-up.**

braque n. m. et adj. – XVe ; germ. 1 Chien de chasse à poil ras et à oreilles pendantes. 2 adj. fam. Un peu fou, très fantasque. ➛ n. *« c'est un maniaque, un braque »* (Labiche).

braquemart n. m. – XIVe ; néerl. 1 Épée courte à deux tranchants (XIVe et XVe s.). 2 fam. Pénis.

braquer v. tr. [1] – XVIe ; p.-ê. lat. *brachium* « bras » 1 Tourner (une arme à feu, un instrument d'optique) en visant. ⇒ **diriger,** ① **pointer.** *Braquer un revolver sur qqn.* ♦ Fixer (le regard, l'attention). *Je gardais « mon attention braquée sur la lettre »* (Baud.). ♦ fam. Mettre en joue (qqn) ; attaquer à main armée. *Braquer une banque.* 2 v. intr. Faire tourner un véhicule, en manœuvrant la direction. ⇒ **contrebraquer.** *Braquer pour se garer. Braque à fond !* ➛ *Voiture qui braque mal,* qui a un trop grand rayon de braquage. 3 *Braquer qqn contre,* l'amener à s'opposer définitivement à. ⇒ **dresser.** pronom. *« Combien lui demander ? Si c'est trop, il se braquera »* (Dorgelès). ⇒ ② se **buter,** se **cabrer.** ✪ CONTR. Détourner.

braquet n. m. – 1900 ; angl. *bracket* ▪ Rapport de multiplication (entre le plateau et le pignon) réglant le développement d'une bicyclette. *Le dérailleur permet de changer de braquet.*

braqueur, euse n. – 1931 ▪ fam. Personne qui commet un vol à main armée. *Braqueur cagoulé.*

bras n. m. – XIe ; gr. *brakhiôn* 1 Segment du membre supérieur compris entre l'épaule et le coude (opposé à *avant-bras*). ♦ Le membre supérieur, de l'épaule à la main. *« Le bébé a un joli pli entre le poignet et le bras »* (France). *Croiser les bras. Tenir, brandir à bout de bras,* en déployant un grand effort, sans aide. *« Le soutenir ainsi à bout de bras, c'était tuant ! »* (Montherl.). *Tenir, serrer qqn entre, dans ses bras. Tomber dans les bras l'un de l'autre. « un désir fou de me précipiter dans ses bras »* (Proust). ➛ *Donner, offrir le bras à qqn,* pour s'y appuyer en marchant. *Être au bras de qqn. Marcher bras dessus, bras dessous,* en se donnant le bras. ➛ *BRAS DE FER :* jeu opposant deux adversaires qui ont un coude posé sur la table, leurs avant-bras l'un contre l'autre, et essayent de faire plier le bras du partenaire ; fig. épreuve de force. ➛ *BRAS D'HONNEUR :* geste injurieux. ♦ loc. *Jouer les gros bras :* jouer les durs. *Couper bras et jambes à qqn,* lui enlever ses moyens d'action. *Les bras m'en tombent :* je suis stupéfait. *Baisser les bras :* renoncer. ➛ *Rester les bras croisés :* attendre sans rien faire. *Avoir le bras long,* du crédit, de l'influence. *Tendre, ouvrir les bras à qqn,* lui porter secours, lui pardonner. ➛ *Se jeter dans les bras de qqn :* faire les avances, se donner hâtivement. ➛ *Recevoir qqn à bras ouverts,* l'accueillir avec effusion, empressement. ➛ *Être dans les bras de Morphée :* dormir. ➛ *Avoir qqn ou qqch. sur les bras,* en être chargé, embarrassé. 2 Symbole de la force guerrière, du pouvoir. *« Ton bras est invaincu, mais non pas invincible »* (Corn.). *Le bras séculier :* la puissance temporelle, opposée à celle de l'Église. 3 Personne qui agit, travaille, combat. ⇒ **travailleur.** *L'agriculture manque de bras.* ♦ *Le bras droit de qqn,* son principal agent d'exécution. 4 loc. adv. *À BRAS :* à l'aide des seuls bras. *« On leur fait tourner à bras l'arbre des moulins à sucre »* (Volt.). *Charrette à bras.* ➛ *Se jeter sur qqn à bras raccourcis,* le frapper avec la plus grande violence. 5 Dans le membre antérieur du cheval, Partie qui fait suite à l'épaule et qui a pour base l'humérus. ♦ Tentacule des céphalopodes. 6 Manœuvre servant à orienter un espar. ♦ Brancard ; pièce allongée. *Les bras d'une chaise à porteurs, d'une brouette.* ➛ Accoudoir. *Les bras d'un fauteuil.* ➛ Partie mobile. *« les bras des bielles poussent les rayons des roues »* (Le Clézio). ➛ *BRAS DE LEVIER :* distance d'une force à son point d'appui. 7 Division d'un cours d'eau que partagent des îles. *Bras mort,* où l'eau ne circule plus. ➛ *Bras de mer :* détroit, passage.

brasage n. m. – XIXe ▪ Assemblage par brasure.

braser v. tr. [1] – XIIIe ; de ① *braise* ▪ Assembler par brasure. ⇒ **souder.**

brasero [bʀazeʀo] n. m. – XVIIIe ; mot esp., de *brasa* « braise » ▪ Bassin de métal, rempli de charbons ardents, posé sur un trépied.

> ❑ On peut mettre des braseros dehors pour empêcher les arbres de geler.

brasier n. m. – XIIe ; de ① *braise* ▪ Masse d'objets ou matières en complète ignition lors d'un incendie.

brasiller v. intr. [1] – XIIIe ; de ① *braise* ▪ Scintiller, présenter une traînée de lumière. ⇒ **briller, étinceler.**

bras-le-corps (à) [abʀal(ə)kɔʀ] loc. adv. – XVIIIe ▪ Avec les bras et par le milieu du corps. *« Saisi à bras-le-corps, soulevé, il gigota une seconde »* (Mart. du G.).

① **brassage** n. m. – XIVe 1 Ensemble des opérations consistant à brasser la bière. 2 Mélange. ♦ *Le brassage des races, des peuples, des populations, des cultures.* ⇒ **creuset, melting-pot.**

② **brassage** n. m. – XIXe ▪ Action de brasser une vergue.

brassard n. m. – XVIe ; it. 1 Pièce d'armure qui couvrait le bras. 2 Bande d'étoffe ou ruban servant d'insigne, qu'on porte au bras. *Brassard d'infirmier.*

brasse n. f. – XIe ; lat. *bracchium* « bras » 1 Mesure de profondeur valant environ 1,60 m. *« la sonde ne marquait plus que quatre brasses sur un banc de sable »* (Chateaub.). 2 Nage ventrale qu'on réalise en détendant et en pliant alternativement les bras et les jambes ; chacun des espaces successifs ainsi parcourus. *Nager la brasse. Traverser le bassin en dix brasses.*

brassée n. f. - XIIe ▪ Ce que les bras peuvent contenir, porter. « *sa brassée d'épis, qu'elle posait ensuite en javelle* » (Zola).

① **brasser** v. tr. [1] - XIIe ; lat. *braces* « épeautre » 1 *Brasser la bière* : préparer le moût en faisant macérer le malt dans l'eau ; fabriquer la bière. 2 Remuer en mêlant. *Brasser la salade.* ⇒ fam. **fatiguer.** *Le ventilateur brassait l'air.* ➡ Troubler (l'eau) en (la) remuant. ♦ Rendre plus lisse et liquide en remuant. *Fromage blanc brassé.* ♦ Manier en faisant des affaires. *Il brasse des milliards.*

② **brasser** v. tr. [1] - XVIIe ; de *bras* ▪ Orienter (un espar) en agissant sur son (ses) bras.

brasserie n. f. - XIVe 1 Fabrique de bière ; industrie de fabrication de la bière. 2 Grand café-restaurant où il y a un choix de bières. *Une brasserie alsacienne.*

① **brasseur, euse** n. - XIIIe 1 Personne qui fabrique de la bière ou en vend en gros. 2 *Un brasseur d'affaires* : personne qui fait de nombreuses affaires.

② **brasseur, euse** n. - 1932 ▪ Nageur, nageuse de brasse.

❑ L'homonymie avec le nom du producteur de bière a rendu ce mot peu usuel.

brassière n. f. - XIIIe ; de *bras* ▪ Petite chemise de bébé qui se ferme dans le dos. « *Il nouait gauchement la petite brassière* » (Hugo). ♦ Gilet de sauvetage.

brassin n. m. - XIIe ▪ Cuve où l'on brasse la bière ; son contenu.

brasure n. f. - XIXe ▪ Procédé consistant à assembler des pièces métalliques à l'aide d'un autre métal dont le point de fusion est inférieur à celui de ces pièces. ➡ Cet alliage.

bravache n. m. et adj. - XVIe ; it. *bravo* « brave » ▪ Faux brave qui fanfaronne. ⇒ **fanfaron, matamore.** ➡ adj. *Un air bravache.* ✪ CONTR. Brave.

bravade n. f. - XVe ; it. *bravare* « faire le brave » ▪ Ostentation de bravoure. ⇒ **rodomontade.** « *Je mettais une espèce de bravade à traiter cette adversaire en ami* » (Yourcenar).

brave adj. et n. - XVIe ; lat. *barbarus* « étranger » 1 Courageux au combat, devant un ennemi. ⇒ **vaillant.** « *Murat était audacieux, mais nullement brave* » (Michelet). ➡ n. (rare au fém.) ⇒ **héros.** « *il vous suffira de dire : J'étais à la bataille d'Austerlitz pour que l'on vous réponde : Voilà un brave !* » (Napoléon). 2 Honnête et bon avec simplicité. « *Ta mère est une brave femme* » (Green). ➡ (vieilli) *Mon brave,* appellation condescendante à l'égard d'un inférieur. ♦ D'une bonté ou d'une gentillesse un peu naïve et attendrissante. *Il est bien brave, mais il m'ennuie.* ⇒ ② **gentil.** ✪ CONTR. Lâche, peureux. Malhonnête, mauvais.

❑ La place de l'adjectif est déterminante pour le sens (« *c'est un brave homme et un homme brave — un des officiers les plus braves que j'aie connus* » [Malraux]).

bravement adv. - XVe ▪ Avec bravoure, courageusement. ⇒ **hardiment.** ✪ CONTR. Lâchement, timidement.

braver v. tr. [1] - XVIe 1 Défier orgueilleusement en montrant qu'on ne craint pas. « *Elle vient me braver, jouer avec ma colère* » (Muss.). ⇒ **narguer, provoquer.** « *lorsqu'on osait braver ses ordres* » (Mauriac). ⇒ s'**opposer.** 2 Se comporter sans crainte devant. *Braver le danger.* ⇒ **mépriser.** ♦ Ne pas craindre de ne pas respecter. « *braver les règles, les lois, les entraves quelconques de ce monde* » (Loti). ⇒ se **moquer.** ✪ CONTR. Éviter, fuir, respecter, soumettre (se).

bravo interj. et n. m. - XVIIIe ; mot it. « beau, excellent » 1 Exclamation dont on se sert pour applaudir, pour approuver. 2 n. m. Applaudissement, marque d'approbation. « *des trépignements, des explosions de bravos* » (Gaut.). ⇒ **vivat.** ✪ CONTR. Huée, sifflet.

❑ Jusqu'au XIXe s., on employait *brava* pour une femme et *bravi* pour plusieurs personnes, comme en italien.

bravoure n. f. - XVIIe 1 Qualité d'une personne brave. ⇒ **audace, courage, héroïsme, vaillance.** *Se battre avec bravoure.* 2 *Morceau de bravoure* : récit, ou passage d'une œuvre que son auteur a voulu particulièrement brillant. ✪ CONTR. Lâcheté.

❑ *Bravoures* au pluriel s'employait au XVIIIe s. avant *bravo* avec le même sens, conservé dans *morceau de bravoure* (« pour obtenir des bravos »).

brayer n. m. - XIIe ; de *braie* ▪ Bande soutenant le battant d'une cloche. ♦ Corde dont les maçons se servent pour élever du moellon ou du mortier.

❑ Se prononce [bʀeje], ce qui est régulier.

① **break** [bʀɛk] n. m. - XIXe ; mot angl. 1 Voiture à quatre roues, ouverte, avec un siège de cocher élevé et deux banquettes longitudinales à l'arrière. 2 Carrosserie automobile en forme de fourgonnette, mais à arrière vitré.

② **break** [bʀɛk] n. m. - 1909 ; mot angl. « interruption » 1 Au tennis, Écart de deux jeux creusé par un joueur en prenant le service sur son adversaire, puis en gagnant le sien. 2 En jazz, Interruption du jeu de l'orchestre pendant quelques mesures, créant un effet d'attente. 3 Danse acrobatique sur une musique de rap. ⇒ **smurf.** 4 (critiqué) Pause. *Faire un break.*

❑ Le *Dictionnaire des termes officiels* (1994) préconise de remplacer *break* au tennis par *brèche (faire la brèche, balle de brèche).*

breakfast [bʀɛkfœst] n. m. - XIXe ; mot angl. ▪ Petit déjeuner à l'anglaise. « *Je rentre pour le breakfast : porridge, thé, fromage ou viande froide, ou œufs* » (Gide).

❑ L'anglais emploie la même figure que le français *déjeuner,* « ce qui rompt *(to break)* le jeûne *(fast)* ».

brebis n. f. - XIe ; lat. *vervex* « mouton » 1 Femelle adulte du mouton. ⇒ **agnelle.** « *les brebis qui bêlent, avec leurs tendres agneaux* » (Fén.). *Lait de brebis. Fromage de brebis,* de lait de brebis. 2 Chrétien fidèle à son pasteur. ⇒ **ouaille.** ➡ loc. *Brebis galeuse* : personne dangereuse et indésirable dans un groupe.

① **brèche** n. f. - XIIe ; germ. « fracture » 1 Ouverture dans une enceinte fortifiée. ⇒ **trouée.** « *Une fois que vous aurez fait la brèche, on charge* » (Dorgelès). *Colmater une brèche.* ➡ loc. *Être toujours sur la brèche* : être toujours en pleine activité. *Battre en brèche* : attaquer vivement. 2 Petite entaille sur un objet d'où s'est détaché un éclat. *Brèches sur une lame d'acier.* ✪ CONTR. Fermeture.

② **brèche** n. f. - XVIIe ; o. ligure ▪ Conglomérat d'éléments anguleux liés par un ciment naturel. *Les colonnes* « *de jaspe, de brèche verte et violette* » (Gaut.).

bréchet n. m. - XIVe ; angl. *brisket* ▪ Crête osseuse saillante et verticale sur la face externe du sternum de la plupart des oiseaux. ⇒ **fourchette.**

bredouillant, ante adj. - XIXe ▪ Qui bredouille. ⇒ **bégayant.** *Il se sentait* « *si bredouillant devant cet homme si disert* » (Proust).

bredouille adj. - XVIe ; de *bredouiller* ▪ *Revenir bredouille,* sans avoir rien pris, sans avoir rien obtenu. *Ils sont rentrés bredouilles.*

bredouillement n. m. – XVIIᵉ ▪ Action de bredouiller ; paroles confuses. ⇒ **balbutiement.**

bredouiller v. [1] – XVIᵉ ; a. fr. *bretonner* « parler comme un *Breton* » 1 v. intr. Parler d'une manière précipitée et peu distincte. ⇒ **bafouiller, balbutier, marmonner.** *Il « cherchait ses phrases, bredouillait »* (Daud.). 2 v. tr. Dire en bredouillant. *Bredouiller une excuse. Il bredouilla qu'il n'y était pour rien.* ✪ CONTR. Articuler.

bredouilleur, euse n. et adj. – XVIIᵉ ▪ Personne qui bredouille.

① **bref, brève** adj. et adv. – XIᵉ ; lat. *brevis* I adj. 1 De peu de durée. *Une brève rencontre.* ⇒ ① **court, momentané.** *Une brève allocution.* ⇒ **succinct.** *Soyez bref* : parlez en peu de mots, ne faites pas un long discours. ⇒ **concis, laconique.** « *il est habituellement bref, précis et clair* » (Baud.). 2 Se dit d'un son dont la durée d'émission est brève. ⇒ **brève.** II adv. 1 Pour résumer les choses en peu de mots. ⇒ **enfin.** « *il ne la trompe pas ou bien c'est en voyage et à la sauvette, bref, le plus fidèle des maris* » (Sartre). 2 *EN BREF* : en peu de mots. ⇒ **brièvement.** *L'actualité en bref.* ✪ CONTR. Ample, long. Prolixe ; délayé, verbeux.

❑ *Enfin bref,* très courant, est considéré à tort comme un pléonasme, *enfin* gardant une valeur temporelle (dernières paroles).

② **bref** n. m. – XIᵉ ▪ Rescrit du pape, de caractère privé.

bréhaigne adj. f. – XIIᵉ ; du préroman *bar-* et *haigne* ▪ Stérile. *Jument, biche bréhaigne.*

breitschwanz [bʀɛtʃvɑ̃ts] n. m. – 1910 ; mot all. « large queue » ▪ Astrakan.

brelan n. m. – XIIᵉ ; germ. *bretling* « tablette » ▪ Réunion de trois cartes de même valeur. *Avoir un brelan de rois, au poker.* ➛ À certains jeux de dés, Coup amenant trois faces semblables.

brêler v. tr. [1] – XIXᵉ ; de *braie* ▪ Assembler à l'aide de cordages.

breloque n. f. – XVIᵉ ; o. i. 1 Petit bijou fantaisie qu'on attache à une chaîne de montre, à un bracelet. ⇒ **babiole.** « *une grosse chaîne d'or terminée par un paquet de breloques hétéroclites* » (Balz.). 2 Batterie de tambour qui appelait les soldats à une distribution de vivres, ou faisait rompre les rangs. ➛ loc. vieilli *BATTRE LA BRELOQUE* : fonctionner mal, cafouiller ; être dérangé, un peu fou.

brème n. f. – XIIᵉ ; germ. ▪ Poisson d'eau douce *(cyprinidés),* au corps long et plat.

bren → **bran**

brésil n. m. – XIIᵉ ; de *braise,* par anal. de couleur ▪ Bois d'un arbre de la famille des césalpinées, contenant un colorant rouge-orange.

❑ Ce bois a donné son nom au pays (*Terra do brazil,* 1512).

brésilien, ienne adj. et n. – XVIᵉ ▪ Du Brésil. *La samba, danse brésilienne.* ➛ n. *Les Brésiliens.* ➛ n. m. Portugais parlé au Brésil.

brésiller v. [1] – XVIᵉ ; p.-ê. a. provenç. *brezilh* « sable fin » ▪ littér. 1 v. tr. Réduire en menus morceaux, pulvériser. ♦ pronom. S'émietter, tomber en poussière. 2 v. intr. Tomber en poussière. *Ce tabac brésille.*

bretèche n. f. – XIIᵉ ; lat. ▪ Petit ouvrage à mâchicoulis en saillie sur une façade, à rôle défensif.

❑ Reste employé en histoire et dans des toponymes (*Saint-Nom-la-Bretèche*).

bretelle n. f. – XIIIᵉ ; germ. *brettil* « rêne » 1 Bande de cuir, d'étoffe que l'on passe sur les épaules pour porter un fardeau. ⇒ **bandoulière, bricole.** *Bretelle d'un fusil.* ➛ loc. fam. *Piano à bretelle(s)* : accordéon. 2 au plur. Bandes de tissu, de ruban, qui retiennent les pièces de lingerie féminine ou de certains vêtements. ⇒ **épaulette.** *Bretelles d'un soutien-gorge. Robe à bretelles.* ➛ Bandes élastiques, passant sur les épaules, servant à retenir un pantalon. *Une paire de bretelles.* « *Au lieu du beau costume demi-arabe que portent les gens de sa classe, il avait un pantalon européen et des bretelles* » (Sand). loc. fam. *Remonter les bretelles à qqn,* le sermonner, le réprimander. 3 Dispositif d'aiguillage permettant de passer d'une voie ferrée à une voie voisine. ♦ Ligne intérieure de défense entre deux lignes latérales. ♦ Voie de raccordement. *La bretelle d'une autoroute.*

breton, onne adj. et n. – XIᵉ ; lat. *Britto* ▪ De Bretagne. *Les coiffes bretonnes. Crêpes bretonnes.* « *Son sang breton le rendait d'ailleurs frondeur en politique* » (Chateaub.). ♦ n. *Les Bretons.* ♦ n. m. Langue celtique parlée en Bretagne.

bretonnant, ante adj. – XIVᵉ ▪ Qui garde ou fait revivre les traditions et la langue bretonnes. *Bretons bretonnants.*

brette n. f. – XVIᵉ ; lat. *britto* « breton » ▪ vx Ancienne épée longue et étroite. ♦ Outil de maçon, à face armée de dents pour faire les crépis.

bretteler v. tr. [4] – XVIIᵉ ▪ Rayer, strier avec un outil dentelé. *Bretteler un mur.*

bretteur, euse n. – XVIIᵉ ▪ Personne qui aime se battre à l'épée. « *Ce sont les cadets de Gascogne, De Carbon de Castel-Jaloux ; Bretteurs et menteurs sans vergogne* » (Rostand).

bretzel n. m. – XIXᵉ ; all. *Brezel* ▪ Biscuit léger, en forme de huit ou de bâtonnet, parsemé de grains de sel.

❑ Ces biscuits salés ont été introduits dans les brasseries françaises au XIXᵉ s. pour accompagner la bière.

breuvage n. m. – XIIᵉ ; de *beivre, boivre,* var. anc. de *boire* ▪ Boisson. « *Qui te rend si hardi de troubler mon breuvage ?* » (La Font.).

brève n. f. – XVIIᵉ 1 Voyelle, syllabe brève. 2 Information brièvement annoncée. ♦ loc. fam. *BRÈVE DE COMPTOIR* : remarque populaire et comique qu'on entend dans les cafés.

brevet n. m. – XIIIᵉ ; de ② *bref* 1 *Brevet,* ou *acte en brevet* : acte notarié dont l'original est remis aux parties. 2 Titre ou diplôme délivré par l'État, permettant au titulaire d'exercer certaines fonctions et certains droits. ➛ *BREVET D'INVENTION* : titre par lequel le gouvernement confère à toute personne qui prétend être l'auteur d'une découverte ou d'une invention industrielle et en fait le dépôt, un droit exclusif d'exploitation pour un temps déterminé. *Déposer un brevet.* ➛ *Brevet de capacité,* attestant certaines connaissances. *Brevet de capacité en droit.* ➛ *Brevet des collèges* (ou *B. E. P. C.*). *Brevet d'études professionnelles* (ou *B. E. P.*). *Brevet de technicien supérieur* (ou *B. T. S.*). *Brevets militaires. Brevet d'enseignement militaire supérieur. Brevet sportif populaire.* ➛ *Brevet d'apprentissage* : certificat délivré par un patron à son apprenti au terme de la période d'apprentissage.

brevetable adj. – XIXᵉ ▪ Susceptible d'être protégé par un brevet. *Procédé brevetable.*

breveté, ée adj. – XIXᵉ ▪ Qui a obtenu un brevet. « *De bons ingénieurs brevetés sortiront de ces écoles* » (Duham.). ⇒ **diplômé.** ♦ Garanti par un brevet. *Procédé breveté.*

breveter v. tr. [4] – XVIIIe ■ Protéger par un brevet. *Faire breveter une invention.* « *Quand tu as une idée le premier, tu la fais breveter : elle est à toi* » (St-Exup.).

bréviaire n. m. – XIIIe ; lat. *breviarium* « abrégé » 1 Livre de l'office divin, renfermant les formules de prières par lesquelles l'Église loue Dieu chaque jour et à toute heure. « *il apercevait le curé qui allait et venait* [...] *en lisant son bréviaire* » (Mauriac). 2 Livre servant de modèle et contenant un enseignement. ⇒ **bible.**

bréviligne adj. – XIXe ; lat. *brevis* « court » et *ligne* ■ Qui a l'aspect trapu, les membres et la colonne vertébrale relativement courts. ✪ CONTR. Longiligne.

briard, arde adj. et n. m. – XIXe ■ De la Brie. *Chien briard* ou *briard :* chien de berger à poil long.

bribe n. f. – XIVe ; probablt d'un rad. expressif ■ Menu morceau, petite quantité. ⇒ **fragment, parcelle.** « *Jacques saisissait au passage des bribes de conversation* » (Duham.). ✪ CONTR. ① Masse, tout.

bric-à-brac n. m. inv. – XIXe ; formation expressive ■ Amas d'objets hétéroclites en désordre. ⇒ **bazar.** « *Là* [...] *traînait un bric-à-brac d'objets de toutes sortes* » (Zola).

bricelet n. m. – XVIe ; du moy. fr. *bresseau* ■ (Suisse) Gaufre très mince et croustillante.

❑ On écrit aussi *brisselet.*

bric et de broc (de) loc. adv. – XVIIe ; formation expressive ■ En employant des morceaux, au hasard des occasions. *Une chambre meublée de bric et de broc.*

① **brick** n. m. – XVIIIe ; angl. *brig.*, abrév. de *brigantine* ■ Voilier à deux mâts gréés à voiles carrées. « *Vers le soir, le brick fut tout à fait engagé dans ces écueils mouvants* » (J. Verne). ✪ HOM. Brique.

② **brick** n. m. – v. 1960 ; mot ar. de Tunisie ■ Beignet salé fait d'une pâte très fine. *Brick à l'œuf.*

③ **brick** ou **brik** → **brique** (2°)

bricolage n. m. – 1927 1 Action, habitude de bricoler. 2 Réparation ou travail manuel effectués approximativement. *Un bricolage rapide.* ♦ Travail peu soigné. *C'est du bricolage !*

bricole n. f. – XIVe ; it. *briccola* 1 Courroie du harnais qu'on applique sur la poitrine du cheval. 2 Petit accessoire, menu objet ; chose insignifiante. ⇒ **babiole, brimborion.** ♦ loc. fam. *Il va lui arriver des bricoles,* des ennuis. ⇒ **broutille.**

bricoler v. [1] – XVe 1 v. intr. Gagner sa vie en faisant toutes sortes de petites besognes. ➛ Se livrer à des travaux manuels. « *En hiver, après l'angélus, on a le temps de bricoler, n'est-ce pas ?* » (Mart. du G.). 2 v. tr. Installer, aménager en amateur et avec ingéniosité ; réparer tant bien que mal. *Bricoler un moteur.*

bricoleur, euse n. – XVIIIe ■ Personne qui aime bricoler. « *Tous bricoleurs ! La fonction a désormais dans nos mœurs son crédit* » (Colette).

bride n. f. – XIIIe ; germ. *brîdel* « rêne » 1 Pièce du harnais fixée à la tête du cheval pour le diriger, le conduire. ⇒ **bridon.** ♦ loc. *Tenir son cheval en bride,* le maintenir à l'aide de la bride. « *Retiens un peu la bride à tes bouillants désirs* » (Corn.). ➛ *Tenir la bride haute à qqn,* ne pas lui laisser la liberté d'action. ➛ *Avoir la bride sur le cou :* être libre, sans contrainte. « *En Angleterre, l'adolescence a la bride sur le cou* » (Hugo). ➛ *À bride abattue :* sans retenue. « *suivre à bride abattue le vol rapide de son imagination* » (Vigny). ➛ *Tourner bride :* changer d'avis, de conduite. 2 Lien servant à retenir. « *la marquise de Villeparisis en robe de laine noire, avec un bonnet à brides* » (Proust). ➛ Arceau de fils, de ganse servant à retenir un bouton, une agrafe, ou servant de point d'arrêt ; fils rejoignant les motifs d'une dentelle. ➛ Collier qu'on serre sur un objet pour retenir les pièces qui le composent ; pièce d'assemblage de deux tuyaux. ➛ Repli cutané ou travée fibreuse reliant anormalement deux parties anatomiques. *Bride mongolique.*

bridé, ée adj. – XVIe 1 *Yeux bridés :* yeux caractéristiques de nombreux Asiatiques, présentant à l'angle interne un repli cutané qui retient la paupière supérieure quand l'œil est ouvert. 2 *Moteur bridé,* dont on a volontairement limité le nombre de tours minute. ➛ *Une imagination bridée.*

brider v. tr. [1] – XIIIe 1 Mettre la bride à (un cheval). 2 Serrer avec une bride. *Brider deux tuyaux.* ➛ *Brider une volaille,* ficeler ses membres pour empêcher toute déformation à la cuisson. ⇒ **trousser.** *Brider un arbre,* l'empêcher de grandir. ➛ vieilli *Ce veston me bride,* me serre trop. 3 littér. Contenir dans son action, gêner dans son développement. ⇒ **freiner, réprimer.** « *une familiarité qu'elle ne tentait pas de brider* » (Colette). ➛ *Brider qqn dans ses élans.* ✪ CONTR. Débrider, libérer.

① **bridge** n. m. – XIXe ; mot angl., p.-ê. d'o. russe ■ Jeu de cartes, issu du whist, qui se joue à quatre. *Tournoi de bridge. Table de bridge.* « *un soir qu'il jouait au bridge dans un cercle très conservateur dont il était membre* » (Romains).

② **bridge** n. m. – 1901 ; mot angl. « pont » ■ Appareil de prothèse dentaire servant à maintenir une ou plusieurs dents artificielles, en prenant appui sur des dents solides ou des implants.

bridger v. intr. [3] – 1906 ■ Jouer au bridge.

bridgeur, euse n. – XIXe ■ Personne qui joue au bridge. « *Le danseur et le bridgeur, ne pouvant vivre sans partenaires, sont sociables par nécessité* » (Maurois).

bridon n. m. – XVIIe ■ Bride légère à mors brisé et articulé.

brie n. m. – XVIIe ; pour *fromage de (la) Brie,* province de France ■ Fromage de lait de vache fermenté, à pâte molle et croûte fleurie, en forme de grand disque. ✪ HOM. Bris.

briefer [bʀife] v. tr. [1] – v. 1970 ■ Mettre au courant par un briefing.

❑ Ce terme est critiqué ; cependant il pallie l'absence d'un verbe français signifiant « informer collectivement pour une action ». On a proposé l'équivalent *breffer.*

briefing [bʀifiŋ] n. m. – v. 1945 ; mot angl. ■ Réunion où les équipages reçoivent, avant de partir en mission aérienne, les dernières instructions. ♦ Réunion d'information entre personnes devant accomplir une même action.

❑ Ce terme est critiqué ; aucune équivalence précise n'a pu être proposée.

brièvement adv. – XIIe ■ En peu de mots. ⇒ **succinctement.** *Expliquer brièvement qqch.* ⇒ **rapidement.** ✪ CONTR. Longuement.

brièveté n. f. – XIIe ■ Courte durée. « *Toute femme préfère à rien un bonheur dont elle sait la brièveté* » (Montherl.). ♦ Concision dans l'expression, le langage. ⇒ **laconisme.** *La brièveté d'une réponse.* ✪ CONTR. Ampleur, longueur ; prolixité, verbosité.

brigade n. f. – XIVe ; it. *brigata* 1 Unité tactique à l'intérieur de la division. *Général de brigade. Brigade aérienne.* ➛ *Brigades internationales :* formations de volontaires qui combattirent aux côtés des républicains pendant la guerre civile espagnole. ➛ *Brigades rouges :* organisation terroriste italienne fondée en 1970. 2 Petit groupe d'hommes sous les ordres d'un chef. *Brigade de gendarmerie.* ➛ Subdivision de la police. ♦ Équipe d'ouvriers. *Brigade de balayeurs.* ➝ Équipe de cuisiniers, de commis et d'apprentis, dans un restaurant. *Chef de brigade.*

brigadier n. m. – XVIIe 1 Officier supérieur dans certaines armées. *Brigadier général.* 2 Celui qui avait, dans la cavalerie, l'artillerie et le train, le grade le moins élevé (correspondant à caporal). *Brigadier-chef :* militaire du grade immédiatement supérieur à celui de brigadier. ♦ Chef d'une brigade. ♦ Gradé de police. 3 Bâton qui sert à frapper les trois coups annonçant le début d'une pièce.

brigand n. m. – XIVe ; it. 1 vieilli Personne qui se livre au brigandage. ⇒ **bandit, gangster, malfaiteur, pillard, voleur.** *Un repaire de brigands.* « *Le roi Jean, délivré, vécut encore quatre ans qu'il passa à nettoyer le pays des brigands qui l'infestaient* » (Bainville). ➝ *Des histoires de brigands :* des histoires invraisemblables, des mensonges. 2 vieilli Homme malhonnête. ⇒ **crapule, escroc.** *Tous des brigands !* ➝ fam. « *Ces brigands de musiciens, et leur rage de faire du bruit* » (Montherl.).

brigandage n. m. – XVe ▪ Vol commis à main armée par des malfaiteurs généralement en bande. ⇒ **pillage,** ② **vol.**

brigandine n. f. – XVe ; de *brigand* « soldat à pied » ▪ Corselet d'acier en usage aux XVe et XVIe s.

brigantin n. m. – XIVe ; it. ▪ Navire à deux mâts.

brigantine n. f. – XIXe ; de *brigantin* ▪ Voile trapézoïdale de l'arrière, enverguée sur la corne d'artimon. « *la brigantine fut alors éventée, et le brick, serrant le vent se trouva par le travers de la Mercy* » (J. Verne).

brigue n. f. – XIVe ; it. ▪ littér. Manœuvre secrète consistant à engager des personnes dans ses intérêts en vue d'obtenir par faveur quelque avantage ou poste immérité. ⇒ **intrigue.** « *Vous l'avez eu par brigue, étant vieux courtisan* » (Corn.).

briguer v. tr. 1 – XVe ▪ Rechercher avec ardeur. ⇒ **ambitionner, convoiter, solliciter.** *Briguer un poste.*

brillamment adv. – XVIIIe ▪ D'une manière brillante, avec éclat. *Passer brillamment un examen.* ✪ CONTR. Médiocrement.

brillance n. f. – 1926 1 Luminance. 2 littér. Caractère de ce qui est brillant. ⇒ **éclat.** « *la vivacité du teint, la brillance du regard* » (Le Clézio).

① **brillant, ante** adj. – XVIe 1 Qui brille. ⇒ **étincelant, flamboyant, luisant, lumineux, phosphorescent, scintillant.** « *deux yeux froids et brillants comme l'acier* » (Daud.). 2 Qui s'impose par sa qualité. ⇒ ① **beau, éblouissant, magnifique, somptueux, splendide.** « *charmé par la brillante compagnie qu'il y rencontra* » (Madelin). *Faire une brillante carrière.* ➝ *Une brillante démonstration. Conversation brillante.* ⇒ **pétillant, spirituel.** « *Mardi dernier, de même, j'étais "brillant". Je veux dire que mes idées circulaient allégrement dans ma tête* » (Gide). *Un brillant élève.* ⇒ **doué, remarquable.** 3 *Le résultat n'est pas brillant,* est médiocre. *Sa santé n'est pas brillante.* ✪ CONTR. Éteint, ② mat, sombre, ① terne ; effacé, médiocre.

② **brillant** n. m. – XVIIe 1 Éclat, caractère brillant. ⇒ **clarté.** *Donner du brillant aux cheveux.* « *Vivement séduit par le brillant de l'esprit de Lucien* » (Balz.). 2 Diamant taillé en 58 facettes. 3 *Brillant à lèvres :* fard pour les lèvres.

brillanter v. tr. 1 – XVIIIe 1 Tailler (une pierre précieuse). 2 littér. Parsemer de choses brillantes. ⇒ **iriser.** « *Les blanches clartés des bougies* [...] *passaient à travers ses boucles soyeuses en les brillantant* » (Balz.). ♦ Revêtir d'un aspect brillant. *Brillanter une surface métallique.* ➝ *Coton brillanté.* ✪ CONTR. Ternir.

brillantine n. f. – XIXe ▪ Pommade, huile parfumée, servant à donner du brillant aux cheveux. ⇒ **gel, gomina.**

> ❑ Au début du XIXe s., *brillantine,* formé sur des noms d'étoffes en *-ine* comme *popeline,* désignait une percale brillante servant à doubler les vêtements.

brillantiner v. tr. 1 – 1914 ▪ Enduire de brillantine. ➝ *Cheveux brillantinés.*

brillat-savarin n. m. inv. – XIXe ; nom du gastronome ▪ Fromage triple crème, à pâte molle et croûte fleurie, fabriqué en Normandie.

briller v. intr. 1 – XVIe ; it. *brillare* 1 Émettre ou réfléchir et répandre une lumière vive. ⇒ **chatoyer, étinceler, luire, miroiter,** ① **rayonner, resplendir, rutiler, scintiller.** *Le soleil brille.* « *L'étui d'argent brilla entre ses doigts* » (Mart. du G.). ➝ *Faire briller des chaussures,* en les cirant. ♦ Avoir de l'éclat, être resplendissant. ⇒ s'**illuminer.** « *Ses yeux doux et farouches brillaient sous un voile magnifique de longs cils noirs* » (France). 2 Se manifester avec éclat, se distinguer par quelque qualité brillante. « *je brillerais dans une conversation* » (Montesq.). ➝ fam. *Il ne brille pas par le courage :* il est plutôt peureux. ✪ CONTR. Assombrir (s') ; obscurcir (s') ; pâlir. Effacer (s').

brimade n. f. – XIXe ▪ Épreuve vexatoire, souvent aggravée de brutalité, que les anciens imposent aux nouveaux dans les régiments, dans les écoles. ⇒ **bizutage.** ♦ Avanie, vexation. « *les brimades qu'invente la jalousie* » (Mauriac).

brimborion n. m. – XVe ; lat. *breviarium* « bréviaire » ▪ vieilli Petit objet de peu de valeur. ⇒ **babiole, bricole.**

brimer v. tr. 1 – XIXe ; de *brime* « coup de vent froid » ▪ Soumettre à des vexations, des tracasseries, des contraintes. *Se sentir brimé.*

brin n. m. – XIVe ; o. i., p.-ê. gaul. 1 Tige fine (d'une plante) qui sort de terre ; jeune pousse. *Un brin d'herbe, de muguet, de persil.* ♦ loc. fam. *Un beau brin de fille :* une fille grande et bien faite. 2 Filament délié de chanvre, de lin. ➝ Filament qui constitue un fil, une corde. *Les brins d'une corde. Les brins d'un fil électrique.* 3 Petite partie longue et mince. *Un brin de paille.* ⇒ **fétu.** *Un brin de laine.* 4 *Un brin de :* une parcelle, une quantité infime de. *Faire un brin de cour à une femme.* ⇒ **doigt.** « *Pierrot fit un brin de toilette et descendit boire son café* » (Queneau). *Il n'a pas un brin de jugeote.* ➝ *Un brin :* un petit peu. ⇒ fam. **poil.** « *vous devez bien être un brin empêtrée* » (Muss.). ✪ HOM. Brun.

brindezingue adj. – XVIIIe ; déform. arg. de *brinde* → ② bringue ▪ fam. Un peu fou.

brindille n. f. – XVIe ; de *brin* ▪ Menue branche. « *Les flammes bondissent joyeusement dans les brindilles* » (Le Clézio).

① **bringue** n. f. – XVIIIe ; probablt de *brin* ▪ fam. *Une grande bringue :* une grande fille dégingandée. ⇒ ① **gigue.**

② **bringue** n. f. – XVIIe ; de *brinde,* adapt. de l'all. *bringe dirs* « je te porte (un toast) » 1 fam. Beuverie, noce, foire. *Faire la bringue.* ⇒ ② **bombe, fête, nouba.** 2 région. (Suisse) Querelle. ♦ Rengaine.

bringuebalement n. m. – 1948 ▪ Fait de bringuebaler.

bringuebaler v. intr. 1 – XIXe ; de *baller* « danser » ▪ Osciller de façon brusque et irrégulière. ⇒ **cahoter.** « *Leur interminable colonne bringuebalait sur les pavés avec un grincement de café qu'on moud* » (Mart. du G.).

> ❑ On a dit aussi *brimbal(l)er, brinquebal(l)er.*

brio **n. m.** – XIXe ; mot it. « vivacité », d'un rad. gaul. ■ Technique musicale aisée et brillante. ⇒ **maestria.** *Une petite étude « qu'il mena d'un train d'enfer et avec un étourdissant brio »* (Gide). ➝ Talent brillant, virtuosité. *Parler avec brio. « cette gaieté italienne pleine de brio et d'imprévu »* (Stendh.). ✪ CONTR. Maladresse.

brioche **n. f.** – XVe ; de *brier*, forme norm. de *broyer* **1** Pâtisserie légère de forme souvent ronde, faite avec une pâte levée. *Ce soleil « faisait partie pour Jean du dimanche comme les cloches et comme la brioche »* (Proust). **2** fam. Ventre. ⇒ **bedaine.**

brioché, ée **adj.** – 1955 ■ Qui a la consistance, le goût de la brioche. *Pain brioché.*

brique **n. f.** – XIIe ; néerl. *bricke* **1** Matériau fabriqué avec de la terre argileuse pétrie, façonnée et séchée. *Brique plate, creuse. Brique réfractaire. Four à briques. Mur de briques. « une petite fumée bleuâtre, montant de la cheminée de brique »* (Daud.). *Maison en brique(s).* ➝ *Revêtement en brique.* ➝ loc. fam. *Bouffer des briques :* n'avoir rien à manger. ➝ *Couleur brique :* rouge, brun plus ou moins soutenu. *Des chaussettes brique.* **2** Matière compacte moulée en forme de parallélépipède. ⇒ **briquette.** *Une brique de savon.* ➝ *Brique à pont :* pierre de grès fin servant à briquer. ♦ Emballage en forme de parallélépipède utilisé pour des liquides alimentaires. *Une brique de lait.* **3** fam. Liasse de billets d'une valeur de un million de centimes ; la somme équivalente. ⇒ **bâton.** *Gagner cent briques au loto. « les bagnol's qui coûtent trois briques »* (Vian). **4** région. (Est, Suisse) Fragment, éclat. *Mettre en briques :* casser en nombreux morceaux. ✪ HOM. Brick.

> ❑ On écrit aussi *brick* ou *brik*, nom déposé, pour l'emballage.

briquer **v. tr.** [1] – XIXe ■ Nettoyer (les ponts, les mâts) à la brique. ➝ Nettoyer en frottant vigoureusement. ⇒ **astiquer.** *« Je descends briquer la bagnole »* (Beauv.).

① **briquet** **n. m.** – XVIIIe ; de *brique* « morceau » **1** vx Pièce d'acier dont on se servait pour tirer du feu d'un caillou. ⇒ **fusil.** *Battre le briquet :* heurter la pierre à briquet pour en tirer une étincelle. **2** mod. Appareil pouvant produire du feu à répétition. *Briquet à essence. Pierre à briquet. Briquet jetable. « Une petite flamme de briquet jaillit »* (Dorgelès).

② **briquet** **n. m.** – XVe ; probablt de *braque* ■ Petit chien de chasse.

briquetage **n. m.** – XIVe **1** Maçonnerie de briques. *Isolation par briquetage.* ♦ Enduit sur lequel on trace des lignes figurant des briques. **2** Fabrication des briquettes.

briqueter **v. tr.** [4] – XVe **1** Construire en briques. ♦ Revêtir (la paroi intérieure des murs) de briques qui servent d'isolant. **2** Transformer en briquettes.

briqueterie [bʀik(ə)tʀi ; bʀikɛtʀi] **n. f.** – XVe ■ Fabrique de briques.

briquetier **n. m.** – XVIe ■ Ouvrier d'une briqueterie.

briquette **n. f.** – XVIIe **1** Petite brique employée pour le revêtement. *Sol en briquettes.* ⇒ **tomette.** **2** Combustible en forme de brique. *Briquette de tourbe.*

bris **n. m.** – XVe ■ Action de briser ou de se briser ; son résultat. *Assurance couvrant le bris de glaces.* ♦ Destruction intentionnelle constituant un délit. ⇒ **effraction.** *Bris de clôture.* ✪ HOM. Brie.

① **brisant** **n. m.** – XVIe ■ Rocher éloigné de la côte sur lequel la mer se brise et déferle. ⇒ **écueil, récif.** *« Dans les brisants, parmi les lames en démence »* (Hugo). ♦ Écume qui se forme sur un écueil.

② **brisant, ante** **adj.** – XIXe ■ Doté d'une vitesse de détonation et d'un pouvoir de fragmentation très élevés. *Explosif brisant.*

briscard **n. m.** – XIXe ; de *brisque* « chevron d'un soldat rengagé », d'o. i. ■ Soldat chevronné. ➝ loc. fam. *Vieux briscard :* homme pourvu d'une longue expérience.

> ❑ On a écrit aussi *brisquard.*

brise **n. f.** – XVIe ; mot probablt frison ■ Vent peu violent. *« Une brise délicieuse comme une eau tiède coulait pardessus le mur »* (Alain-Fourn.). *La brise fraîchit, mollit. Brise de mer, de terre,* soufflant de la mer vers la terre, de la terre vers la mer. ✪ HOM. Brize.

brisé, ée **adj.** ■ *Ligne brisée,* composée de segments de droites qui se succèdent en formant des angles. ♦ *Arc brisé :* arc à deux branches concaves se rejoignant en pointe au faîte (opposé à *plein cintre*). *Comble brisé,* dont le toit présente deux pentes différentes sur le même versant. ⇒ **mansarde.** ♦ *Dos brisé :* dos de reliure fixé au mors, qui s'écarte du dos des cahiers quand on ouvre le volume. ♦ *Pâte brisée,* utilisée pour faire des tartes, des quiches.

brisées **n. f. pl.** – XIIIe ■ Branches que le veneur rompt pour marquer la voie de la bête. ♦ *Aller, marcher sur les brisées de qqn,* entrer en concurrence avec lui sur un terrain qu'il s'était réservé. *« Comment, pendard, tu as l'audace d'aller sur mes brisées ? »* (Mol.). ✪ HOM. Briser.

brise-fer [bʀizfɛʀ] **n. m. inv.** – XIXe ■ fam. Personne qui casse, par maladresse, les objets les plus solides. ⇒ **brise-tout.** ➝ **adj. inv.** *Des enfants brise-fer.*

brise-glace **n. m.** – XVIIIe **1** Saillie d'amont d'une pile de pont destinée à briser les glaces flottantes. ⇒ **avant-bec.** **2** Navire à étrave renforcée, spécialement construit pour la navigation arctique. *Des brise-glaces.*

brise-jet **n. m.** – 1906 ■ Embout que l'on adapte à un robinet pour atténuer et diriger le jet. *Des brise-jets.*

brise-lames ou **brise-lame** **n. m.** – XIXe ■ Construction élevée à l'entrée d'un port pour le protéger contre les vagues du large. ⇒ **digue.** *Des brise-lames.*

brisement **n. m.** – XIIe ■ rare Action de briser ou de se briser. ⇒ **bris.** ➝ *Brisement de cœur :* affliction profonde.

brise-mottes ou **brise-motte** **n. m.** – XVIIIe ■ Rouleau servant à écraser les mottes de terre. ⇒ **croskill.** *Des brise-mottes.*

briser **v. tr.** [1] – XIe ; p.-ê. o. gaul. **1** littér. ou région. (Québec) Casser, mettre en pièces. ⇒ **démolir, fracasser.** *Briser une vitre. « et enfin, brisant une dure écorce, l'obscure tendresse de l'enfant jaillissait »* (Mauriac). ➝ *Briser des chaussures neuves,* les assouplir en les portant. **2** Réduire à néant, supprimer. *Briser la résistance.* ⇒ **écraser, étouffer,** ① **mater.** *Briser une grève,* la faire échouer. *Briser l'élan de qqn. Briser qqn.* ⇒ **abattre, anéantir.** *Être brisé de chagrin. Briser le cœur de qqn,* l'affliger profondément. ⇒ **fendre.** ➝ *Voix brisée par l'émotion.* ♦ Interrompre. ⇒ **rompre.** *« pressé de briser ce charme ou bien de s'y soumettre »* (Loti). *Briser la carrière de qqn.* ➝ *Briser un ménage. « Brise là ce discours dont mon amour s'irrite »* (Corn.). vx ou par plais. *Brisons là :* cessons cette conversation. **3** pronom. Se casser. *La porcelaine se brise facilement. « La plaine de glace se brisa tout entière »* (J. Verne). ♦ Déferler, en parlant de la mer. *« des rochers contre lesquels les flots irrités se brisaient avec un bruit horrible »* (Fén.). ♦ Échouer. *L'assaut vint se briser sur les lignes ennemies.* ✪ CONTR. Consolider, réparer. — HOM. Brisées.

brise-soleil **n. m. inv.** – v. 1966 ■ Dispositif fixé contre la façade d'un bâtiment vitré de façon à le protéger du soleil.

brise-tout n. inv. – XIVe ■ fam. Personne maladroite qui casse tout ce qu'elle touche. ⇒ **brise-fer.** adj. *Elle est brise-tout.*

❑ De nombreux mots composés sont formés avec *tout : essuie-tout, fourre-tout, mange-tout, risque-tout, va-tout, tout-puissant.*

briseur, euse n. – XIIIe ■ Personne qui brise (qqch.). ♦ *Briseur de grève :* ouvrier qui ne fait pas la grève lorsqu'elle a été décidée (⇒ **jaune**) ; ouvrier embauché pour remplacer un gréviste.

brise-vent n. m. – XVIIe ■ Obstacle abritant les cultures du vent. ⇒ **abrivent.** *Des brise-vent* ou *des brise-vents.*

brisselet → **bricelet**

bristol n. m. – XIXe ; mot angl., de *Bristol board* « carton (originaire) de Bristol » ■ Papier fort et blanc, employé pour le dessin, les cartes de visite. ➝ Carte de visite ou d'invitation.

❑ Le sens de « carte de visite » est archaïque ou s'applique aux usages mondains de la Belle Époque.

brisure n. f. – XIIIe 1 Cassure, fente. « *Le verre n'est jamais si bleu qu'à sa brisure* » (Aragon). ♦ Petit morceau. *Brisures de riz.* ♦ Articulation par charnière de deux parties d'un ouvrage de menuiserie. 2 Modification apportée à un écu pour distinguer la branche cadette de la branche aînée, la branche bâtarde de la branche légitime.

britannique adj. et n. – XVIe ; lat. ■ Qui se rapporte à la Grande-Bretagne et à l'Irlande, au Royaume-Uni. ⇒ **anglais, anglo-saxon.** *Les îles Britanniques. Le flegme britannique.* « *La conversation britannique est un jeu, comme le cricket ou la boxe : les allusions personnelles sont interdites comme les coups au-dessous de la ceinture* » (Maurois).

british [bʀitiʃ] adj. – v. 1960 ; mot angl. « britannique » ■ Qui, pour un Français, semble typiquement britannique. *Un costume, un accent très british.*

❑ Ce mot a remplacé *angliche (english)* aujourd'hui démodé.

brize n. f. – XVIe ; gr. ■ Plante herbacée *(graminées)*, à épillets très sensibles au vent. ⇒ ② **amourette.** ✪ HOM. Brise.

broc [bʀo] n. m. – XIVe ; p.-ê. gr. *brokhis* ■ Récipient profond, à anse, à bec évasé, dont on se sert pour transporter des liquides. *Broc à eau.* ⇒ **cruche, pichet.** ➝ Son contenu. « *à intervalles réguliers la femme de lessive versait sur le lit de cendres un broc d'eau bouillante* » (Colette).

brocante n. f. – XVIIIe 1 Commerce du brocanteur. ⇒ ② **chine.** *Foire à la brocante.* 2 Magasin du brocanteur.

brocanter v. intr. [1] – XVIIe ; p.-ê. néerl. *brok* « morceau », ou germ. *Brocken* ■ Faire commerce d'objets anciens et de curiosités qu'on achète d'occasion pour la revente. ⇒ ② **chiner.**

brocanteur, euse n. – XVIIe ■ Personne qui brocante. ⇒ **antiquaire, chineur, fripier, revendeur.** « *le brocanteur qui logeait sous l'allée étalait par terre ses ferrailles* » (Flaub.).

① **brocard** n. m. – XVIIIe ; du nom latinisé du juriste *Burckard* ■ Adage juridique. « *on se servit du brocard :* Le mort saisit le vif » (Planiol). ✪ HOM. Brocart.

② **brocard** n. m. – XVe ; de *broquer* « piquer » ■ vx Petit trait moqueur, raillerie. ✪ CONTR. Flatterie, louange.

③ **brocard** n. m. – XIVe ; de *broque* « dague » ■ Chevreuil mâle d'un an environ.

brocarder v. tr. [1] – XVe ■ vx ou littér. Railler par des brocards. *Brocarder une institution.*

brocart n. m. – XVIe ; it. *broccato* « broché » ■ Riche tissu de soie rehaussé de dessins brochés en fils d'or et d'argent. « *sa robe en brocart d'or, divisée régulièrement par des falbalas de perles* » (Flaub.). ✪ HOM. Brocard.

brocatelle n. f. – XVIIe 1 vx Brocart à petits dessins. « *une pièce tendue de brocatelle rouge* » (Zola). 2 Marbre coquillier.

broccio [bʀɔtʃ(j)o] n. m. – attesté 1960 ; mot corse ■ Fromage frais de Corse (lait de chèvre ou de brebis). ⇒ ② **brousse.**

❑ On dit aussi *bruccio* [bʀutʃjo].

brochage n. m. – XIXe 1 Action, manière de brocher. ⇒ **reliure.** 2 Procédé de tissage des étoffes brochées. 3 Méthode d'usinage de pièces métalliques, utilisant une broche, pour usiner ou calibrer des trous, des profils extérieurs. 4 Contention d'une fracture à l'aide de broches.

broche n. f. – XIIe ; lat. *broccus* « saillant » 1 Tige de fer pointue qu'on passe au travers d'une volaille ou d'une pièce de viande à rôtir, pour la faire tourner pendant la cuisson. ⇒ **brochette.** « *tirez de la broche cet oison, il est à point !* » (Gaut.). *Poulet à la broche.* ♦ Tige de fer recevant la bobine sur les métiers à filer. ♦ Tige métallique utilisée pour fixer un os fracturé. ➝ Tige métallique d'une prise électrique mâle. ⇒ ① **fiche.** ➝ Partie tournante d'une machine-outil portant un outil ou la pièce à usiner. Outil portant des arêtes tranchantes le long d'une tige cylindrique et servant à l'usinage de pièces métalliques. 2 Bijou composé d'une épingle et d'un fermoir. ⇒ aussi **badge, pin's.** « *des broches de diamant, un pendentif fait de deux saphirs* » (Aragon). 3 au plur. Premiers bois du chevreuil. ♦ Défenses du sanglier. ⇒ **dague.**

❑ En ancien français *broche* désigne une aiguille à tricoter.

broché n. m. – XVIIIe ■ Tissu broché.

brocher v. tr. [1] – XIe ; de *broche* 1 Relier sommairement, après pliage des feuilles et assemblage des cahiers, avec une couverture de papier. *Livre broché.* 2 Tisser en entremêlant sur le fond des fils de soie, d'argent ou d'or, de manière à former des dessins en relief. *Robe brochée de soie.* 3 loc. *Brochant sur le tout :* en plus, de surcroît. 4 Enfoncer (des clous) dans le sabot d'un cheval qu'on ferre. 5 Usiner à l'aide d'une broche.

brochet n. m. – XIIIe ; de *broche* ■ Poisson d'eau douce *(salmoniformes)*, long et étroit, carnassier aux dents aiguës, à chair délicate. ⇒ **bécard.** *Quenelles de brochet.*

brochette n. f. – XIIe 1 Petite broche servant à faire rôtir ou griller de petits morceaux d'aliments. *Rognons en brochette.* ➝ Les morceaux embrochés. *Brochette de mouton, de volaille.* ➝ fam. Ensemble, rangée (de personnes). *Une brochette de stars.* 2 Petite broche servant à porter sur l'habit plusieurs médailles ou décorations.

brocheur, euse n. – XVIIe 1 Ouvrier, ouvrière dont le métier est de brocher. 2 n. f. Machine pour le brochage.

brochure n. f. – XIVe 1 Décor d'un tissu broché. *Brochure d'argent.* 2 Petit ouvrage imprimé et broché. ⇒ **livret, opuscule, tract.** *Une brochure publicitaire.*

brocoli n. m. – XVIe ; it. « pousses de choux » ■ Chou *(crucifères)* originaire d'Italie, dont on consomme les fleurs vertes en bouquets.

❑ Attention, un seul *c* en français. ♦ En italien, *broccoli* est le pluriel de *broccolo*.

brodequin n. m. – XVe ; de *broissequin*, ou *brussequin* « étoffe teinte à l'écorce de noyer » 1 Chaussure des acteurs de comédie de l'Antiquité. 2 Chaussure montante de marche, lacée sur le cou-de-pied. *Brodequins militaires.* « *son costume de sport et ses brodequins à crampons* » (Carco).

broder v. tr. 1 – XIIe ; o. germ. 1 Orner (un tissu) de broderies. *Broder un napperon.* « *Un petit sac brodé de fleurs ou de rébus* » (Baud.). *Coton à broder.* ♦ Exécuter en broderie. *Broder des initiales sur une chemise.* 2 Raconter qqch. en ajoutant des détails inventés. *Tu brodes, ça ne s'est pas tout à fait passé comme ça.*

broderie n. f. – XIVe ▪ Ouvrage consistant en points qui recouvrent un motif dessiné sur un tissu ou un canevas ; art d'exécuter de tels ouvrages. ⇒ **dentelle, guipure, tapisserie.** *Faire de la broderie. Broderie à l'aiguille.* ➤ « *la casaque écarlate, en broderie d'or, d'argent et de soie* » (Vigny). ➤ *Broderie anglaise*, effectuée autour de parties évidées. ➤ Tissu ainsi orné. *Jupon en broderie anglaise.* ♦ Commerce, industrie des brodeurs.

brodeur, euse n. – XIIIe 1 Ouvrier, ouvrière en broderie. *Ciseaux de brodeuse.* 2 n. f. Métier, machine à broder.

broiement n. m. – XVe ▪ Acte consistant à écraser avant une extraction chirurgicale. *Broiement des calculs.* ⇒ **lithotritie.**

broker [bʀɔkœʀ] n. m. – 1980 ; mot angl. « courtier » ▪ Intermédiaire dans les opérations financières, commerciales. ⇒ **trader.** Recomm. offic. *courtier**.

bromate n. m. – XIXe ▪ Sel de l'acide bromique.

① **brome** n. m. – XVIe ; gr. *bromos* « sorte d'avoine » ▪ Plante herbacée *(graminées)* aux longs épillets, utilisée comme fourrage ou gazon.

② **brome** n. m. – XIXe ; gr. *brômos* « puanteur » ▪ Élément atomique (Br ; no at. 35 ; m. at. 79,90) halogène. *Le brome est un gaz très toxique.*

bromhydrique adj. – XIXe ▪ *Acide bromhydrique*, produit par la combinaison de l'hydrogène et du brome.

bromique adj. – XIXe 1 Qui contient du brome de valence 5. 2 Dû au brome. *Acné bromique.*

bromisme n. m. – XIXe ▪ Intoxication par le brome et ses composés.

bromure n. m. – XIXe 1 Composé du brome avec un métal ou un radical organique ; sel de l'acide bromhydrique. « *le tissu, rendu photosensible par une imprégnation de bromure d'argent* » (Tournier). ➤ Bromure de potassium. « *Ce soir j'avalerai un gramme de bromure de potassium ; cela m'assagira les sens* » (Huysm.). 2 Papier photographique au bromure d'argent. *Photocomposeuse éditant une épreuve sur bromure.* ➤ Épreuve sur ce papier dans l'industrie graphique.

bronche n. f. – XVIe ; gr. *brogkhia* ▪ Conduit aérien du poumon. *Avoir les bronches fragiles.* « *déjà les bronches se dégageaient, la respiration devenait plus aisée* » (Mart. du G.).

bronchectasie n. f. – XIXe ▪ Dilatation pathologique des bronches.

❑ On dit aussi *bronchiectasie*.

broncher v. intr. 1 – XIIe ; lat. 1 vx Faire un faux pas. *Un cheval qui bronche sur une pierre.* ⇒ **achopper,** ② **buter, trébucher.** 2 mod. Réagir, manifester de la résistance, de l'humeur. ⇒ **protester.** *Sans broncher* : sans sourciller, en restant impassible. « *Moi j'ai horreur des scènes, je les trouve ignobles, je suis capable de souffrir n'importe quoi sans broncher* » (Bernanos).

❑ Au sens de « protester », ce mot ne s'emploie guère que précédé de *sans*.

bronchiole n. f. – XIXe ▪ Ramification terminale des bronches.

bronchique adj. – XVIe ▪ Qui se rapporte aux bronches.

bronchite n. f. – XIXe ▪ Inflammation de la muqueuse des bronches. *Bronchite chronique.*

bronchitique adj. et n. – XIXe ▪ Propre à la bronchite. ♦ Atteint de bronchite.

broncho- Élément, du gr. *brogkhia* « bronches ».

bronchopneumonie [bʀɔ̃kopnømɔni] n. f. – XIXe ▪ Affection caractérisée par l'inflammation du parenchyme pulmonaire et de l'arbre bronchique, d'origine infectieuse.

bronchorrhée [bʀɔ̃kɔʀe] n. f. – XIXe ; *broncho-* et *-rrhée* ▪ Hypersécrétion et expectoration du mucus bronchique.

bronchoscopie [bʀɔ̃kɔskɔpi] n. f. – 1904 ; *broncho-* et *-scopie* ▪ Examen de l'intérieur des bronches à l'aide d'un endoscope.

brontosaure n. m. – XIXe ; gr. *brontê* « tonnerre » et *-saure* ▪ Reptile fossile gigantesque *(dinosauriens)* de l'ère secondaire.

❑ Ce mot est emprunté au lat. *brontosaurus* forgé par O.-C. Marsh en 1879 d'après le grec.

bronzage n. m. – XIXe 1 Action de bronzer (le métal, le bois, le plâtre, etc.) ; son résultat. *Bronzage par galvanoplastie.* 2 Fait de bronzer sous l'action du soleil ou de radiations artificielles. ⇒ fam. **bronzette.** « *Mes mollets blanchâtres* [...] *semblent réfractaires au bronzage* » (Daninos). *Séance de bronzage.* ♦ Couleur de la peau bronzée. ⇒ **hâle.**

bronzant, ante adj. – v. 1975 ▪ Qui facilite, qui provoque le bronzage. *Crème, huile bronzante.* ⇒ **solaire.**

bronze n. m. – XVIe ; p.-ê. du gr. ou du persan 1 Alliage de cuivre et d'étain. ⇒ **airain.** « *des vases de bronze contenaient des touffes de fleurs qui alourdissaient l'atmosphère* » (Flaub.). *Médaille de bronze* : 3e prix dans une compétition. *Sculpter dans le bronze. Vert bronze.* ➤ *L'âge du bronze* : période de diffusion de la technique du bronze (environ IIe millénaire av. J.-C.). 2 Objet d'art en bronze ; médaille, monnaie de bronze antique. 3 littér. *De bronze* : dur, inflexible, insensible. *Un cœur de bronze.* ⇒ **marbre, pierre.** « *Sa main de fer, son visage de bronze, son activité sombre et brusque à la fois, nous comprimaient tous* » (Balz.).

bronzé, ée adj. – XVIe ▪ Qui a la couleur du bronze. ♦ Hâlé. ⇒ **basané, brun, tanné.** « *leurs grands chapeaux blancs rabattus sur leurs figures bronzées* » (Loti). ➤ n. péj. Personne de teint foncé ou noir. ✪ CONTR. ① Blanc, clair, pâle.

❑ Pour le sens → basané (rem.).

bronzer v. tr. 1 – XVIe 1 Recouvrir d'une couche de bronze ou de substances qui donnent l'aspect du bronze. *Bronzer une statue de plâtre.* 2 vx Endurcir. ⇒ **blinder.** pronom. « *il faut que le cœur se brise ou se bronze* » (Chamf.). 3 Brunir (qqn). ⇒ **cuivrer, dorer, hâler.** « *Il a plu à la Providence de bronzer les hommes aux Grandes Indes* » (Volt.). pronom. « *sur le sable de la petite plage bretonne, elle se bronzait au soleil* » (Aymé). ➤ intrans. Devenir bronzé, brunir. *Crème à bronzer.*

bronzette n. f. – 1972 ▪ fam. Action de se faire bronzer au soleil. *Faire bronzette.*

bronzeur n. m. – XIXe ▪ Ouvrier procédant aux opérations de bronzage.

bronzier n. m. – XIXe ▪ Artiste ou fabricant en bronzes d'art.

brook [bʀuk] n. m. – XIXe ; mot angl. « ruisseau » ▪ Fossé rempli d'eau constituant un des obstacles d'un parcours de steeple-chase.

❑ *Fossé* est un excellent équivalent.

broquette n. f. – XVIe ; de *brochette* ▪ Petit clou à large tête. ⇒ **semence.**

brossage n. m. – XIXe ▪ Action de brosser.

brosse n. f. – XIVe ; lat. *bruscum* « nœud de l'érable » 1 Ustensile de nettoyage, formé d'un assemblage de filaments fixés sur une monture perpendiculaire. *Brosse à chaussures.* « *une brosse à habits dont se recourbait la poignée* » (Giraud.). *Brosse à ongles, à dents, à cheveux. Se donner un coup de brosse* : se coiffer. *Brosse en soies de sanglier. Tapis-brosse* : paillasson. *Brosse cylindrique.* ⇒ **écouvillon, goupillon.** ➛ fam. *Passer la brosse à reluire* : être servilement flatteur. ♦ *Cheveux en brosse,* coupés court et droit. « *un groupe de commères aux cheveux en brosse* » (Morand). 2 Pinceau de peintre. *Peindre à la brosse.* 3 Rangées de poils sur les pattes ou le torse de certains insectes.

brosser v. tr. [1] – XIVe 1 Nettoyer, frotter avec une brosse. ⇒ **épousseter.** « *Joseph brossait et revêtait l'une après l'autre les pièces de son uniforme* » (Duham.). *Elle s'est brossé les dents, les cheveux, les ongles. Brosser un cheval.* ⇒ **étriller.** ➛ pronom. fam. *Tu peux toujours te brosser* : tu te passeras de ce que tu désires. ⇒ **courir,** se **fouiller, repasser.** ♦ région. (Belgique) fam. *Brosser un cours,* ne pas y assister volontairement. ⇒ **sécher.** 2 Peindre à la brosse par grandes touches. *Brosser un fond.* ➛ *Brosser le tableau de la situation,* la décrire à grands traits.

brosserie n. f. – XIXe ▪ Fabrication, commerce des brosses et ustensiles analogues.

brossier, ière n. – XVIe ▪ Ouvrier, ouvrière en brosserie.

brou n. m. – XVIe ; de *brout* « pousse » ▪ Péricarpe externe de divers fruits. ⇒ **écale.** ♦ BROU DE NOIX : teinture brune faite avec le brou de la noix. *Passer du bois blanc au brou de noix.* ✪ HOM. Brout.

brouet n. m. – XIIIe ; germ. « bouillon » ▪ vx Bouillon. ➛ *Brouet noir* : mets simple et grossier des anciens Spartiates.

brouette n. f. – XIIIe ; lat. *birota* « (véhicule) à deux roues » ▪ Petit véhicule à une seule roue placée à l'avant, muni de deux brancards et qui sert à transporter des fardeaux à bras d'homme. *Pousser une brouette.*

brouettée n. f. – XIVe ▪ Contenu d'une brouette.

brouetter v. tr. [1] – XIVe ▪ Transporter dans une brouette. « *Philippe, qui brouette du sable en plein soleil* » (Renard).

brouhaha n. m. – XVIe ; p.-ê. hébr. *bārūkh habbā* « béni soit celui qui vient » ▪ Bruit confus qui s'élève d'une foule. ⇒ **rumeur.** *Le brouhaha des conversations.* « *Des éclats de rire aigus, un petit brouhaha d'accueil dans le hall* » (Colette).

❑ Le mot a d'abord été employé comme une interjection attribuée au diable et destinée à inspirer la terreur.

brouillage n. m. – XVIe ▪ Trouble dans la réception des ondes de radio, de télévision, de radar dû à l'addition d'un signal différent du signal émis.

① **brouillard** n. m. – XVIe ; de *brouiller* 1 Phénomène atmosphérique produit par de fines gouttelettes d'eau en suspension dans l'air près du sol qui limitent la visibilité. ⇒ **brume,** ① **vapeur ; bruine, crachin.** « *un brouillard épais dansait sur le fleuve* » (Daud.). *Nappe de brouillard. Brouillard givrant. Après dissipation des brouillards matinaux.* ♦ loc. *Être dans le brouillard* : ne pas voir clair dans une situation qui pose des problèmes. 2 Suspension de gouttelettes dans un gaz saturé en vapeur. ⇒ **aérosol.**

② **brouillard** n. m. – XVIe ; de *brouiller* ▪ Livre de commerce.

brouille n. f. – XVIIe ▪ Mésentente survenant entre des personnes, des groupes qui entretenaient des rapports familiers ou affectueux. ⇒ **brouillerie, fâcherie, rupture.** « *Le goût de la brouille est un héritage de famille* » (Mauriac). ✪ CONTR. Réconciliation.

brouiller v. tr. [1] – XIIIe ; germ. °*brod* « bouillon » 1 Mêler en agitant, en dérangeant. ⇒ **embrouiller, mélanger.** ➛ *Œufs brouillés,* mêlés en cours de cuisson. « *à travers les flots dorés des œufs brouillés, de petites flottilles imperceptibles de lard* » (Proust). 2 Rendre trouble. ⇒ **altérer, troubler.** *Des yeux* « *brouillés par les larmes* » (Duham.). *Brouiller le teint,* altérer sa fraîcheur. ➛ pronom. *Le temps se brouille.* ➛ *Brouiller une émission de radio,* la troubler par brouillage. 3 Rendre confus, troubler. « *Quel accident nouveau te brouille ainsi le sens ?* » (Corn.). ♦ Confondre. « *elle brouillait les époques, les dates, les âges de son cœur [...] mêlait hier avec demain, le souvenir avec l'espérance* » (Maupass.). 4 Désunir en provoquant une brouille. « *Ah ! ne me brouillez pas avec la République* » (Corn.). ♦ pronom. Cesser d'être ami. ⇒ se **fâcher.** *Elles se sont brouillées. Se brouiller avec qqn.* ♦ fam. *Il est brouillé avec les chiffres, avec l'orthographe,* il est nul dans ces domaines. ✪ CONTR. Classer, débrouiller, démêler ; clarifier, éclaircir. Raccommoder, réconcilier.

brouillerie n. f. – XVe ▪ vieilli Brouille passagère. « *À quoi bon faire part aux autres de nos petites brouilleries ?* » (Muss.).

brouilleur n. m. – 1937 ▪ Émetteur qui brouille la réception d'un signal, d'une détection radar.

① **brouillon, onne** adj. – XVIe ; de *brouiller* ▪ Qui mêle tout, n'a pas d'ordre, de méthode. ⇒ **confus, désordonné.** *Un esprit brouillon.* ✪ CONTR. Méthodique, ordonné.

② **brouillon** n. m. – XVIe ▪ Première rédaction d'un écrit qu'on se propose de mettre au net par la suite. « *Nous fîmes plusieurs brouillons de lettres que nous brûlâmes* » (Proust). *Rédiger au brouillon. Un cahier de brouillon.*

broum [bʀum] interj. – mil. XXe ; onomat. ▪ Onomatopée imitant le ronflement et la trépidation d'un moteur. ⇒ **vroum.**

broussaille n. f. – XVIe ; de *brosse* ▪ Végétation touffue des terrains incultes, composée d'arbustes et de plantes rabougris, rameux et épineux. « *Enveloppé par les broussailles je ne réussis qu'à m'égratigner* » (Bosco). *Feu de broussailles.* ♦ *Cheveux en broussaille,* emmêlés et touffus.

broussailleux, euse adj. – XIXe ▪ Couvert de broussailles. ♦ En broussaille. ⇒ **hirsute.** « *Les sourcils broussailleux, la barbe de chèvre, étaient devenus tout à fait blancs* » (Mart. du G.).

broussard, arde n. – XIXe ▪ fam. Personne qui vit dans la brousse.

❑ En français d'Afrique le mot a aussi le sens péjoratif de « campagnard, provincial ».

① **brousse** n. f. – XIXe ; provenç. *brousso* « broussaille » ▪ Végétation arbustive xérophile des pays tropicaux. « *Sur la rive gauche, au loin, quelques lumières, un feu de brousse* » (Gide). ➤ Zone éloignée des centres urbains, en Afrique. ⇒ **bled.** *Vivre dans la brousse, en brousse.*

② **brousse** n. f. – XVIe ; p.-ê. germ. « ce qui est brisé » ▪ Fromage frais de Provence, fait avec du lait de chèvre ou de brebis. ⇒ **broccio.**

brout [bʀu] n. m. – XVIe ; germ. °*brust* « bourgeon » ▪ Pousse des taillis au printemps. ✪ HOM. Brou.

broutard n. m. – XIXe ▪ Jeune bovin de trois à dix mois environ, sevré et mis au pâturage.

broutement n. m. – XVIe ▪ Action de brouter.

brouter v. [1] – XIIe **1** v. tr. Manger en arrachant sur place. ⇒ **paître.** « *Des lapins sortirent de leurs terriers, et broutaient le gazon* » (Flaub.). **2** v. intr. Se dit d'un outil tranchant ou d'un organe mécanique qui fonctionne de manière irrégulière et saccadée. *Voiture qui broute au démarrage.*

broutille n. f. – XIVe ; a. fr. *brost* « brout » ▪ Objet ou élément sans valeur, insignifiant. ⇒ **babiole, bricole, rien.** *Perdre son temps à des broutilles.* ⇒ **vétille.**

brownie [bʀoni] n. m. – 1993 ; mot angl., de *brown* « brun » ▪ Biscuit américain au chocolat. *Des brownies aux noix de pécan.*

brownien, ienne [bʀonjɛ̃, jɛn] adj. – XIXe ; du nom de *R. Brown* ▪ *Mouvement brownien* : mouvement désordonné des particules en suspension dans un liquide, dû à l'agitation thermique. ⇒ **colloïdal.**

browning [bʀoniŋ] n. m. – 1907 ; nom de l'inventeur ▪ Pistolet automatique (7,65 mm). ⇒ **colt.**

> ❑ Ce mot a vieilli ; il connote les romans et films policiers de l'entre-deux-guerres.

broyage n. m. – XIXe ▪ Action de broyer. *Broyage du lin.*

broyat n. m. – 1920 ▪ Ce qui a été broyé.

broyer v. tr. [8] – XIIe ; p.-ê. germ. °*brekan* « briser » **1** Réduire en parcelles très petites, par pression ou choc. ⇒ **concasser, écraser, moudre,** ① **piler, pulvériser, triturer.** « *ses dents* [...] *faites pour ne plus broyer que de la chair crue* » (J. Verne). ⇒ **mâcher,** ① **mastiquer.** *Broyer le chanvre, le lin* : écraser les tiges pour en séparer la matière textile. loc. *Broyer du noir* : s'abandonner à des réflexions tristes. « *Il avait la migraine, broyait du noir, était franchement insupportable et faisait de la neurasthénie aiguë. Encore un hystérique* » (Cendrars). **2** Écraser. *L'engrenage lui a broyé deux doigts.*

broyeur, euse n. et adj. – XVe **1** Ouvrier chargé du broyage. *Broyeur de lin, de minerai.* **2** n. m. Machine à broyer. ⇒ **bocard, concasseur.** *Broyeur à ordures. W.-C. à broyeur.* **3** adj. Qui broie. *Insectes broyeurs.*

brrr interj. – XVIIIe ; onomat. ▪ S'emploie pour exprimer une sensation de frisson.

bru n. f. – XIIe ; got. °*bruths* « jeune mariée » ▪ vieilli ou région. Belle-fille (1°). « *La vieille, à son tour, baisa sa belle-fille avec une réserve hostile. Non, ce n'était point la bru de ses rêves !* » (Maupass.).

bruant n. m. – XVIe ; de *bruyant* ▪ Petit oiseau (*passériformes*) nichant à terre ou très près du sol.

bruccio → **broccio**

brucella n. f. – 1953 ; du nom de *D. Bruce* ▪ Bactérie appartenant à un genre dont les espèces sont les agents des brucelloses.

brucelles n. f. pl. – XVIIIe ; lat. *bersella* ▪ Pince fine à ressort servant à saisir de petits objets. *Brucelles d'horloger.*

brucellose n. f. – 1946 ▪ Maladie infectieuse causée par les brucellas, transmise à l'homme par des animaux domestiques.

bruche n. m. – XVIIIe ; gr. *broukhos* ▪ Petit insecte (*coléoptères*) dont la larve parasite le pois et le haricot.

brucine n. f. – XIXe ; du nom de *J. Bruce* ▪ Alcaloïde extrait de la noix vomique.

brugnon n. m. – XVIIe ; lat. *pruna* « prune » ▪ Nectarine, à peau lisse, non duveteuse et à chair ferme. « *ces brugnons très mûrs des pays du Midi, qui sont d'une couleur chaude et dorée* » (Loti).

bruine n. f. – XIIe ; lat. *pruina* « frimas », avec infl. de *brume* ▪ Petite pluie très fine et souvent froide qui résulte de la précipitation du brouillard. ⇒ **crachin.**

bruiner v. intr. impers. [1] – XVIIe ▪ Tomber de la bruine. *Il a bruiné toute la journée.* ⇒ **pleuviner.**

bruire v. intr. [2] ; défectif (inf., 3e pers., p. prés.) – XIIe ; crois. du lat. *rugire* « rugir » et °*bragere* « braire » ▪ Produire un bruit léger, confus. ⇒ **bruisser.** « *Le souffle frais qui faisait bruire les feuillages de l'avenue* » (Mart. du G.).

> ❑ Ce verbe s'est conjugué comme *fuir* (cf. bruyant), puis comme *finir* (participe présent *bruissant*, d'où l'apparition d'un verbe *bruisser*).

bruissement n. m. – XVe ▪ Bruit faible, confus et continu. ⇒ **frémissement.** « *Le bruissement régulier des palmes, si semblable aux gouttes de la pluie tombante* » (Louÿs).

bruisser v. intr. [1] – XIXe ▪ Bruire. « *leurs pas faisaient bruisser les feuilles mortes* » (Simenon).

bruit n. m. – XIIe ; de *bruire* **1** Sensation auditive produite par des vibrations. ⇒ ② **son.** *Émettre, faire un bruit.* « *On n'entendait aucun bruit, un accablement indicible pesait dans l'air* » (Flaub.). *Le bruit du vent, du tonnerre, de la pluie, des vagues. Bruit de pas. Les bruits de la rue. Bruit de moteur. Bruits de voix. Bruit assourdissant, confus, faible, intense, mat, métallique, strident ; intermittent, régulier ; discordant, mélodieux. Bruit léger. Bruit de fond*, auquel se superpose un autre bruit. *Bruit sourd.* ♦ *Faire du bruit, trop de bruit. Ne pas supporter le bruit. Il y a un bruit d'enfer.* ⇒ **tintamarre, tumulte, vacarme.** « *trop de bruit nous assourdit* » (Pasc.). *Marcher sans faire de bruit.* « *Les vents sont assoupis, les bois dorment sans bruit* » (Ronsard). ♦ loc. *Faire grand bruit, du bruit* : avoir un grand retentissement. ➤ *Faire grand bruit de qqch.* : accorder une grande importance à qqch. **2** Nouvelle répandue, propos rapportés dans le public. ⇒ **rumeur.** *Un bruit qui court.* ⇒ **on-dit.** *Répandre le bruit que...* « *Sophie faisait encore circuler d'autres bruits particulièrement alarmants* » (Mérimée). **3** Phénomène aléatoire gênant qui se superpose à un signal utile et en perturbe la réception. ⇒ **neige, parasite, souffle.** *Bruit de fond* : bruit provoqué par les résistances et les éléments actifs*. ✪ CONTR. Silence.

> ❑ *Bruit* se trouve en relation avec trois verbes : *bruire, bruisser* et *bruiter*.

bruitage n. m. – 1946 ▪ Reconstitution artificielle des bruits naturels (au théâtre, au cinéma, à la radio, à la télévision).

bruiter v. tr. [1] – mil. XXe ▪ Faire le bruitage de. *Bruiter un film.*

bruiteur, euse n. – 1922 ▪ Spécialiste du bruitage.

brûlage n. m. – XVIe ▪ Action de brûler. *Brûlage des terres* : opération consistant à brûler les herbes sèches, les broussailles. ⇒ **brûlis.** *Brûlage des cheveux,* traitement consistant à en flamber la pointe.

brûlant, ante adj. – XIIe 1 Qui donne une sensation de chaleur intense, peut causer une brûlure. ⇒ **chaud.** *Boire un thé brûlant.* ⇒ **bouillant.** *Le sable est brûlant.* « *L'après-midi était encore brûlant et le soleil était haut dans le ciel* » (Duras). ♦ *Un terrain brûlant* : un sujet qu'il convient d'éviter. ⇒ **dangereux, délicat, épineux.** *Sujet d'une actualité brûlante.* 2 Affecté d'une sensation de chaleur intense. *Il a les mains brûlantes, brûlantes de fièvre.* 3 Ardent, passionné. *Un regard brûlant.* ⇒ **enflammé.** ✪ CONTR. ① Froid, glacé.

① **brûlé, ée** n. – XVIIe 1 n. m. Odeur, goût d'une chose qui brûle. « *Ça sent bougrement le brûlé ; on entend craquer et éclater les pignes* » (Giono). ➛ fig. *Ça sent le brûlé* : l'affaire tourne mal. ⇒ **roussi.** ♦ Chose brûlée. *Gratter le brûlé au fond de la casserole.* 2 Personne atteinte de brûlures. *Les grands brûlés.*

② **brûlé, ée** adj. 1 Qui a brûlé. *Des hectares de forêt brûlée.* 2 loc. *Une tête brûlée* : un individu exalté, épris d'aventures et de risques. 3 Dont l'activité clandestine est désormais connue de l'adversaire. *Notre agent est brûlé,* démasqué. ♦ Qui a perdu tout crédit. « *toujours sans le sou, brûlé chez tous les usuriers* » (Lemaitre).

brûle-gueule n. m. – XVIIIe ▪ Pipe à tuyau très court. ⇒ **bouffarde.** *Des brûle-gueules* ou *des brûle-gueule.*

brûle-parfum n. m. – XVIIIe ▪ Cassolette à parfums. ⇒ **encensoir.** « *C'est là que fument les brûle-parfums en filigrane d'or et d'argent* » (Gaut.).

brûle-pourpoint (à) loc. adv. – XVIIe ▪ Sans préparation, brusquement. ⇒ **abruptement.** *Poser une question à brûle-pourpoint.*

brûler v. [1] – XIIe ; probablt lat. *ustulare* **I** v. tr. 1 Détruire par le feu. ⇒ **calciner, carboniser, consumer, embraser,** ① **griller, incendier ;** fam. **cramer.** *Brûler des mauvaises herbes. Brûler des lettres d'amour.* « *les juges d'Abbeville ordonnèrent [...] qu'on brûlât son corps à petit feu* » (Volt.). ♦ Consumer. *Brûler du bois, du charbon, du fioul, du gaz. Alcool à brûler.* ➛ *Brûler de l'électricité. Brûler des calories.* 2 Altérer par l'action du feu, de la chaleur. *Brûler du linge en repassant.* ⇒ **roussir.** *Brûler un gâteau.* ⇒ **calciner.** *Se brûler les doigts.* ♦ Cautériser. *Brûler une verrue.* 3 Produire les mêmes effets, les mêmes sensations qu'une brûlure. *La neige brûle les mains.* « *ces escarres qui le brûlaient comme un fer rouge* » (Mart. du G.). ♦ Irriter. *La fumée* « *brûlait ses yeux* » (Mauriac). ♦ Enflammer, enfiévrer. ⇒ **dévorer, embraser.** « *la même ardeur me brûle* » (Corn.). ➛ loc. *L'argent lui brûle les doigts,* il ne peut le conserver. 4 Passer sans s'arrêter à. *L'autobus a brûlé l'arrêt.* « *Le voyage s'effectue rapidement. La chaise de poste brûle les étapes* » (Cendrars). *Brûler un feu rouge.* ⇒ ① **griller. II** v. intr. 1 Se consumer par le feu. *Ce bois brûle lentement.* ♦ Flamber. *La maison brûle.* ♦ Être trop cuit. *Le rôti a brûlé.* ♦ Se consumer en éclairant. *La bougie brûle.* 2 Être passionné, animé d'une vive ardeur. *Brûler d'impatience, d'envie.* ➛ BRÛLER DE : être impatient de. « *je brûlais de vous parler, pour m'ouvrir à vous d'un secret* » (Mol.). ➛ vieilli *BRÛLER POUR qqn,* en être épris. « *On dit qu'il a longtemps brûlé pour la princesse* » (Rac.). ➛ Dans les jeux de recherche, les devinettes, Être tout près du but. *Tu brûles !* **III** v. pron. Subir une brûlure. *Elle s'est brûlée à la main.*

brûlerie n. f. – XVe ▪ Usine, atelier de torréfaction. *Une brûlerie de café.*

brûleur, euse n. – XIIIe 1 Bouilleur de cru ; ouvrier, ouvrière procédant à la torréfaction. 2 n. m. Appareil destiné à mettre en présence un combustible et un comburant afin de permettre et de régler la combustion à sa sortie. *Brûleur à mazout.*

brûlis n. m. – XIIe ▪ Étendue de terrain où l'on a mis le feu aux herbes et aux broussailles, pour améliorer le sol. *Culture sur brûlis.* ⇒ **écobuer.**

brûloir n. m. – XVIIIe ▪ Appareil de torréfaction. ⇒ **torréfacteur.**

brûlot n. m. – XVIIe 1 Petit navire chargé de matières combustibles et destiné à incendier les bâtiments ennemis. « *Les vaisseaux [...] embrasés par les brûlots, sautent en l'air* » (Rac.). ♦ Idée, objet, écrit susceptible de causer un scandale. *Les* Cahiers *sont* « *un brûlot au flanc de la Sorbonne* » (Péguy). 2 (Canada) Moustique dont la piqûre donne une sensation de brûlure. 3 Eau-de-vie sucrée et flambée.

brûlure n. f. – XIIIe 1 Lésion produite sur une partie du corps par l'action du feu, de la chaleur, des radiations ou d'une substance corrosive. *Se faire une brûlure à la main. Brûlures du premier, du deuxième, du troisième degré.* « *une brûlure enflait sa cloque d'eau* » (Colette). ♦ Tache ou trou à l'endroit où une matière a brûlé. *Brûlure de cigarette sur une moquette.* 2 Sensation de chaleur intense, d'irritation dans l'organisme. « *on sent la brûlure de la fièvre à travers une manche de mousseline* » (Mart. du G.). *Des brûlures d'estomac.* ⇒ **aigreur.** 3 Altération produite sur les végétaux par le soleil ou la gelée.

brumaire n. m. – XVIIIe ; de *brume* ▪ Deuxième mois du calendrier républicain, commençant trente jours après l'équinoxe d'automne (du 22 octobre au 21 novembre). *Le coup d'État du 18 Brumaire.*

❑ Sainte-Beuve emploie *brumairien, ienne* « partisan du 18 Brumaire, bonapartiste ».

brume n. f. – XVIe ; lat. *bruma* « (solstices d') hiver » 1 Brouillard. « *un soleil tamisé d'une brume argentée et flottante* » (Daud.). *Brume de chaleur.* ♦ Brouillard de mer. *Corne de brume,* pour signaler sa présence sur l'eau. 2 Ce qui empêche de voir, de comprendre clairement. ⇒ ① **vapeur.** « *Réalisme, idéalisme, autant de brumes* » (Renard).

brumeux, euse adj. – XVIIIe 1 Couvert, chargé de brume. *Temps brumeux.* 2 fig. Qui manque de clarté. ⇒ **obscur, flou.** *Une philosophie brumeuse.* ⇒ **fumeux, nébuleux.** ✪ CONTR. Clair, lumineux ; ① précis.

brumisateur n. m. – 1970 ; marque déposée, de *brume* ▪ Atomiseur pour les soins de la peau avec de l'eau ou une lotion.

brun, brune adj. et n. – XIe ; germ. 1 De couleur sombre, entre le roux et le noir. ⇒ **bistre, brunâtre, châtain, chocolat,** ② **kaki,** ① **marron, mordoré, puce, sépia,** ① **tabac, terreux.** « *Henrika avait une jupe de coton à carreaux blanc et brun* » (Rimb.). *Bière brune, tabac brun* (opposé à *blond*). ➛ *Produits bruns* (opposé à *blanc*) : radio, hi-fi et matériel audiovisuel. ➛ *Ours brun. Cheval à robe brune.* ⇒ **alezan, bai.** *Des cheveux bruns. Peau brune.* ⇒ **foncé ; bronzé, hâlé.** *Pigment brun de la peau.* ⇒ **mélanine.** ♦ Qui a les cheveux (souvent le teint) bruns. « *un homme de haute taille, très brun, moustaches noires* » (J. Verne). ➛ n. « *Une jeune brune habillée de liberty mandarine bordé de cygne blanc* » (Aragon). 2 n. m. Cette couleur. *Cheveux d'un brun roux* ou *brun-roux, brun foncé.* ♦ Substance de cette couleur en peinture. *Un tube de brun.* ✪ HOM. Brin.

brunante n. f. – XIXe ; de *brunir* ▪ (Canada) Tombée de la nuit. ⇒ **brune.**

brunâtre adj. – XVIe ▪ Tirant sur le brun. « *un liquide brunâtre qui ne ressemble guère au pétrole du commerce* » (Robbe-Grillet).

brunch [brœnʃ] n. m. – v. 1970 ; mot angl., de *br(eakfast)* « petit déjeuner » et *(l)unch* « déjeuner » ▪ Repas qui sert à la fois de petit déjeuner et de déjeuner. *Des brunchs* (ou *brunches*).

> ❑ Cette pratique anglo-américaine s'est bien implantée dans l'usage hôtelier français. *Petit déjeuner* et *déjeuner* se prêtent mal à la formation d'un mot-valise équivalent ; on a proposé *grand déjeuner*.

brune n. f. – XVe ; de *brun* ▪ vx *À la brune :* au crépuscule.

brunet, ette n. – XIIe ▪ vieilli Petit brun, petite brune. *Une jolie brunette.*

bruni n. m. – XIXe ; de *brunir* ▪ Partie polie (d'un métal). ✪ CONTR. ② Mat.

brunir v. [2] – XIe **1** v. tr. Procéder au brunissage de. *Brunir de l'acier.* ♦ Rendre brun ; teindre en brun. *Le soleil brunit la peau.* ⇒ **bronzer, hâler. 2** v. intr. Devenir brun. *Les blonds brunissent en grandissant.* ⇒ **foncer.** « *le ciel mat et rouge qui brunit* » (Verlaine). ✪ CONTR. Matir ; éclaircir.

brunissage n. m. – XVIIe **1** Opération consistant à polir un métal. *Brunissage de l'or.* **2** Opération consistant à dorer la surface des aliments cuits au micro-ondes.

brunisseur, euse n. et adj. – XIVe **1** Ouvrier chargé des opérations de brunissage. **2** adj. *Papier, plat brunisseur,* favorisant le brunissage des aliments.

brunissoir n. m. – XVIe ▪ Outil servant au brunissage.

brunissure n. f. – XVe **1** Poli d'un ouvrage bruni. **2** Action de brunir par la teinture les nuances des étoffes.

brunoise n. f. – XVIIIe ; o. i. ▪ Légume coupé en très petits dés, utilisé comme garniture.

brushing [bʀœʃiŋ] n. m. – v. 1966 ; procédé déposé ; mot angl. « brossage » ▪ Mise en plis où les cheveux sont travaillés mèche après mèche avec une brosse ronde et un séchoir à main.

> ❑ Les équivalents français *(séchage à la brosse ; séchage-brossage)* n'ont qu'un succès d'estime.

brusque adj. – XVIe ; it. *brusco* « âpre, non poli, rude » **1** Qui agit avec une certaine rudesse et d'une manière soudaine. ⇒ **brutal, nerveux, rude, vif, violent.** « *des gens brusques qui vous expédient en peu de paroles* » (La Bruy.). *Brusque envers qqn, avec qqn.* ➛ *Mouvements, gestes brusques.* ♦ D'une vivacité rude pouvant aller jusqu'à l'agressivité. *Manières brusques.* **2** Qui est soudain, que rien ne prépare ni ne laisse prévoir. ⇒ **imprévu, inattendu, inopiné, subit.** « *Il y eut un brusque coup de frein et l'autobus s'arrêta* » (Sartre). « *J'éprouvai un brusque et poignant besoin de retrouver la maison* » (Duham.). ✪ CONTR. Doux, mesuré, posé ; progressif.

brusquement adv. – XVIe ▪ D'une manière brusque, soudaine. ⇒ **inopinément, soudainement, subitement.** « *un frémissement houleux fit brusquement osciller le cortège* » (Mart. du G.). ✪ CONTR. Doucement, graduellement, progressivement.

brusquer v. tr. [1] – XVIIe **1** Traiter d'une manière brusque, sans se soucier de ne pas heurter. ⇒ **bousculer, secouer.** *Vous avez tort de brusquer cet enfant.* **2** Précipiter. ⇒ **hâter, presser.** « *Il était trop prudent pour brusquer les choses* » (Sand). *Il ne faut rien brusquer.* ✪ CONTR. ① Ménager ; ralentir.

brusquerie n. f. – XVIIe **1** Façons brusques dans le comportement envers autrui. ⇒ **rudesse.** « *avec cette brusquerie familière, ces gestes impétueux* » (Bosco). **2** littér. Caractère de ce qui est soudain, non préparé. ⇒ **précipitation.** *La brusquerie d'une décision.* ⇒ **soudaineté.** ✪ CONTR. Douceur.

brut, brute [bʀyt] adj. – XIIIe ; lat. **1** Qui est à l'état naturel, n'a pas encore été façonné ou élaboré par l'homme. ⇒ **naturel, sauvage, vierge.** *Minerai brut. Pétrole brut,* non raffiné. *Diamant brut,* non taillé. *Or brut.* ⇒ **natif.** *Soie brute.* ⇒ **grège.** ♦ Qui résulte d'une première élaboration. *Toile brute.* ⇒ **écru.** *Métal brut. Béton brut de décoffrage.* fam. *Brut de décoffrage :* qui n'a pas subi de transformation, qui apparaît sous sa forme première. ➛ *Champagne brut,* dont la teneur en sucre est inférieure à 2%. **2** Qui n'a subi aucune élaboration intellectuelle. *Les faits bruts.* « *Les idées s'offraient presque toujours à l'état brut* » (R. Rolland). ♦ *Art brut,* spontané, échappant à toute influence culturelle. **3** Dont le montant est évalué avant déduction des taxes et des frais divers. *Salaire brut.* ♦ *Poids brut,* total, y compris l'emballage. ➛ adv. *Cette caisse pèse brut cinquante kilos.* ✪ CONTR. Évolué, façonné, ouvré, raffiné, travaillé. ② Net.

brutal, ale, aux adj. – XIVe ; lat. **1** Qui use volontiers de violence. ⇒ **violent.** « *Le mari grossier, brutal, la femme féline et menteuse* » (Daud.). **2** Qui est sans ménagement, ne craint pas de choquer. ⇒ **abrupt, brusque,** ① **direct.** *Le réalisme brutal de cette description.* ⇒ ② **cru.** *Une réponse brutale.* **3** Qui est brusque et violent. *Changement brutal. Le choc a été brutal.* ✪ CONTR. Spirituel ; aimable, doux.

brutalement adv. – XVe **1** D'une manière brutale. ⇒ **durement, rudement, violemment.** « *Il n'osait plus la manier brutalement, la saisir, la frapper* » (France). **2** Avec soudaineté et violence. ⇒ **brusquement.** *Freiner brutalement.* ✪ CONTR. Délicatement, doucement.

brutaliser v. tr. [1] – XVIe ▪ Traiter d'une façon brutale. ⇒ **battre, malmener, maltraiter, molester, rudoyer.** *Brutaliser un enfant.*

brutalité n. f. – XVIe **1** Caractère d'une personne brutale. ⇒ **dureté, sauvagerie, violence.** « *Puis, en hâte, avec la brutalité des gens timides, il aborda la chose* » (Zola). ♦ Acte brutal, violence. *Victime des brutalités policières.* ⇒ **sévices.** *Brutalités exercées sur des enfants.* ⇒ **maltraitance. 2** Caractère brutal, inattendu et violent. « *Étourdi par la brutalité du choc* » (Mart. du G.). ✪ CONTR. Amabilité, douceur.

brute n. f. – XVIe ; de *brut* **1** littér. L'animal considéré dans ce qu'il a de plus éloigné de l'homme. ⇒ **bête. 2** Personne grossière, sans esprit. « *Des abrutis, des brutes, pas un atome d'initiative, d'intérêt pour ce qu'ils font, pas la moindre trace de goût* » (Sarraute). fam. *Brute épaisse.* **3** Personne brutale, violente. *Sale brute !*

bruyamment [bʀyjamɑ̃ ; bʀɥijamɑ̃] adv. – XIVe ▪ D'une manière bruyante. *Protester bruyamment.* ✪ CONTR. Silencieusement.

> ❑ Pour la prononciation → bruyant (rem.).

bruyant, ante [bʀyjɑ̃ ; bʀɥijɑ̃, ɑ̃t] adj. – XIIe ; de *bruire* **1** Qui fait beaucoup de bruit. ⇒ **assourdissant, sonore.** « *la rue, envahie par une jeunesse bruyante* » (Camus). **2** Où il y a beaucoup de bruit. ✪ CONTR. Silencieux, tranquille.

> ❑ La règle veut que la prononciation fasse entendre le *i*, comme dans *fuyant.* → tuyau (rem.).

bruyère [bʀyjɛʀ ; bʀɥijɛʀ] n. f. – XIIe ; gaul. °*bruko* **1** Arbrisseau des landes *(éricacées)* à tiges rameuses, à floraison tardive variant du blanc au pourpre. « *Bourbe, bruyère à hauteur de genou, imperceptibles sentiers de brebis* » (Beckett). ➛ *Terre de bruyère :* terre légère formée notamment par la décomposition des bruyères. ♦ Racine de cette plante. *Une pipe de bruyère.* **2** Lieu où pousse la bruyère. ⇒ **brande,**

lande. « *je m'égarais sur de grandes bruyères terminées par des forêts* » (Chateaub.).

bryone n. f. – XIIIe ; gr. *bruônia* ▪ Plante commune des haies *(cucurbitacées)*, herbacée, vivace, à baies rouges ou noires.

bryophytes n. f. pl. – 1924 ; gr. *bruon* « mousse » et *-phyte* ▪ Embranchement du règne végétal regroupant les cryptogames non vasculaires.

bryozoaire n. m. – XIXe ; du gr. *bruon* « mousse » et *-zoaire* ▪ Invertébré marin *(ectoproctes)* dont l'enveloppe externe, ramifiée, est cornée ou calcaire.

B.T.S. → **brevet**

buanderie n. f. – XVe 1 Local réservé à la lessive, aux lavages. *Le linge sèche dans la buanderie.* 2 (Canada) Blanchisserie.

buandier, ière n. – XVe ; de l'a. v. *buer* « faire la lessive » ▪ Ouvrier, ouvrière assurant le lavage du linge.

bubale n. m. – XVIIIe ; gr. *boubalos* ▪ Grande antilope d'Afrique *(bovidés)* aux cornes en forme de lyre.

bubon n. m. – XIVe ; gr. *boubôn* « tumeur à l'aine » ▪ Inflammation et gonflement des ganglions lymphatiques. ⇒ **adénopathie.** « *J'ai pratiqué l'incision des bubons* » (Camus).

bubonique adj. – XIXe ▪ Caractérisé par des bubons. *Peste bubonique.*

buccal, ale, aux adj. – XVIe ; lat. *bucca* « bouche » ▪ Qui appartient, a rapport à la bouche. ⇒ **oral.** « *Morphine, toute la journée, par voie buccale* » (Mart. du G.).

buccin n. m. – XIVe ; lat. *bucina* « trompette » 1 Trompette romaine. 2 Gros mollusque comestible *(gastéropodes)* des côtes de l'Atlantique. ⇒ **bulot.**

> ❑ Jusqu'au XIXe s. on trouve aussi *buccine* [byksin] n. f., pour désigner la trompette.

buccinateur n. m. et adj. m. – XVIe ; lat. 1 Sonneur de trompette, à Rome. « *Partout sonne l'appel clair des buccinateurs* » (Heredia). 2 adj. m. *Muscle buccinateur,* ou *le buccinateur* : muscle de la joue, qui tire vers l'extérieur les commissures labiales.

buccodentaire adj. – 1922 ; de *bucco-* « bouche » et *dentaire* ▪ Qui se rapporte à la bouche et aux dents. *Hygiène buccodentaire.*

buccogénital, ale, aux adj. – 1948 ; de *bucco-* « bouche » et *génital* ▪ Qui concerne les rapports entre la bouche et les parties génitales.

① **bûche** n. f. – XIIe ; p.-ê. germ. °*buskum* 1 Morceau de bois de chauffage. « *Une bûche s'écroula dans les cendres* » (Mart. du G.). ◆ BÛCHE DE NOËL : pâtisserie en forme de bûche servie aux fêtes de fin d'année. 2 fam. *Avoir la tête dure comme une bûche* : être entêté. *Une vraie bûche, quelle bûche !* personne stupide et apathique.

② **bûche** n. f. – XIXe ; de *bûcher* « frapper, heurter, buter » ▪ fam. Chute. *Ramasser, prendre une bûche* : tomber. ⇒ **pelle.**

① **bûcher** n. m. – XIIIe ; de ① *bûche* 1 Local où l'on range le bois à brûler. 2 Amas de bois disposé pour la crémation. « *des bûchers s'allument pour brûler les morts* » (Artaud). ♦ Amas de bois sur lequel on brûlait les condamnés au supplice du feu, les livres interdits. *Jeanne d'Arc fut condamnée au bûcher.*

② **bûcher** v. tr. [1] – XIIIe ; de ① *bûche* 1 Dégrossir (une pièce de bois) à coups de hache. 2 fam. Étudier, travailler avec acharnement. ⇒ ② **bosser.**

bûcheron, onne n. – XVIe ; du rad. *bosc* → bois ▪ Personne dont le métier est d'abattre du bois, des arbres dans une forêt. « *On entendait, pulsation régulière et lamentable de la forêt, le coup assommé de la hache des bûcherons* » (Giraud.).

> ❑ Pour l'emploi de *bûcheron* et de *forestier* → forestier (rem.).

bûchette n. f. – XIIe ▪ Petit morceau de bois sec.

bûcheur, euse n. et adj. – XIXe ▪ fam. Personne qui étudie, travaille avec acharnement. ⇒ ① **bosseur.** ✪ CONTR. Paresseux.

bucolique n. f. et adj. – XIIIe ; gr. 1 littér. Poème pastoral. ⇒ **églogue, idylle.** *Les « Bucoliques » de Virgile.* 2 adj. Qui concerne, évoque la poésie pastorale. « *Je vis aux champs, j'aime et je rêve : je suis bucolique et berger* » (Hugo).

bucrane n. m. – XIXe ; gr. ▪ Motif ornemental constitué par une tête de bœuf sculptée.

> ❑ Pas de *â* bien qu'il s'agisse de *crâne* (gr. *kranion*).

buddleia [bydleja] n. m. – XVIIIe ; du nom du botaniste *Buddle* ▪ Arbuste *(loganiacées)* aux fleurs en longs panicules violets ou mauves.

budget n. m. – XVIIIe ; mot angl., du fr. *bouge* « sac, valise » 1 « Acte par lequel sont autorisées les recettes et les dépenses annuelles de l'État ou des autres services que les lois assujettissent aux mêmes règles » (Décret du 5 mai 1862). *Le budget de l'État. Discuter, voter, refuser, exécuter le budget. Équilibre du budget. Budget de l'Éducation nationale. Budget d'un département, d'une commune.* « *le maire Hourdequin déclarait le budget trop grevé déjà* » (Zola). 2 État prévisionnel et limitatif des recettes et dépenses d'une période donnée. *Budget familial. Boucler son budget.* ◆ Somme dont on peut disposer pour une dépense précise. ⇒ **enveloppe.** *Le budget des vacances.*

budgétaire adj. – XIXe ▪ Qui a rapport au budget. *Prévision budgétaire.*

budgétisation n. f. – 1953 ▪ Inscription au budget. ✪ CONTR. Débudgétisation.

budgétiser v. tr. [1] – XIXe ▪ Inscrire au budget. ✪ CONTR. Débudgétiser.

> ❑ On dit aussi *budgéter,* mieux formé et moins courant.

budgétivore adj. et n. – XIXe ▪ plaisant Qui vit aux dépens du budget de l'État.

buée n. f. – XIIIe ; de *buer* « faire la lessive » ; p.-ê. germ. °*bukon* ▪ Vapeur qui se dépose en fines gouttelettes formées par condensation. *Des vitres couvertes de buée.* « *la Loire, comme étamée, envoyait une buée de cuve chaude* » (Daud.).

buffet n. m. – XIIe ; p.-ê. rad. onomatopéique *buff-* 1 Meuble servant à ranger la vaisselle, l'argenterie, le linge de table, certaines provisions. ⇒ **bahut, crédence,** ② **desserte, dressoir, vaisselier.** *Buffet de cuisine. Buffet Henri II.* « *Un buffet gigantesque de chêne* » (Courtel.). 2 Table garnie de plats froids, de pâtisseries, de rafraîchissements à l'occasion d'une réception ; l'ensemble de ces mets et boissons. ⇒ **cocktail, lunch.** ♦ *Buffet de gare* : café-restaurant installé dans une gare. ⇒ **buvette, cafétéria.** ◆ *Buffet roulant* : voiturette qui vend, sur les quais d'une gare, des sandwichs et des boissons. 3 Menuiserie d'un orgue contenant les parties mécaniques et acoustiques.

4 *Buffet d'eau :* table de pierre, de marbre, supportant des coupes, des bassins disposés en gradins.

buffle n. m. - XIIe ; lat. *bubalus* ■ Mammifère ruminant *(bovidés)* aux longues cornes arquées. « *il faisait front comme un buffle qui va foncer* » (Mart. du G.). *Valise en (peau de) buffle.*

buffleterie [byflɛtʀi ; byflɛtʀi] n. f. - XVIIIe 1 Méthode de chamoisage des peaux de buffle, de bœuf. 2 Partie de l'équipement en cuir qui soutient les armes.

bufflonne n. f. - XIXe ■ Femelle du buffle. *Mozzarella au lait de bufflonne.*

buggy [bygi ; bœge] n. m. - XIXe ; mot angl. ■ Voiture tout terrain découverte, à pneus très larges et au moteur placé à l'arrière. *Des buggys* ou *des buggies.*

❑ Pour le pluriel → ① y (rem.).

bugle n. m. - XIXe ; mot angl. ■ Instrument à vent à pistons (cuivres).

bugrane n. f. - XVIe ; lat. ■ Plante épineuse *(légumineuses),* à fleurs roses ou jaunes.

❑ Autre forme de *bucrane,* étymologiquement « crâne de bœuf ».

building [b(ɥ)ildiŋ] n. m. - XIXe ; mot angl., de *to build* « construire » ■ vieilli Vaste immeuble moderne, à nombreux étages. ⇒ **gratte-ciel,** ① **tour.** « *l'avenue où brillaient les hauts buildings* » (Beauv.).

❑ Cet anglicisme critiqué s'emploie de moins en moins ; on dit plutôt *grand immeuble, tour, barre.* → gratte-ciel (rem.).

buis n. m. - XIVe ; lat. *buxus* ■ Arbuste à feuilles persistantes *(buxacées),* souvent utilisé dans les jardins. « *Des bordures de buis rigoureusement taillées* » (Malraux). ♦ Bois jaunâtre, dense et dur de cette plante.

buisson n. m. - XIe ; de *bois* 1 Bouquet, touffe d'arbrisseaux sauvages et rameux. ⇒ **broussaille, hallier.** *Buisson épineux. Ronces en buisson.* « *comme un mouton Qui laisse sa laine au buisson* » (Muss.). ♦ *Arbre en buisson,* ou ellipt *buisson,* taillé de façon à ne pas dépasser trois mètres de haut. *Rosiers buissons et rosiers tiges.* 2 Mets arrangé en forme de pyramide hérissée. *Buisson d'écrevisses.*

buisson-ardent n. m. - XVIIe ■ Cotonéaster. *Haie de buissons-ardents.*

buissonnant, ante adj. - XIXe ■ Qui se présente sous forme de buisson.

buissonneux, euse adj. - XIIe 1 Couvert de buissons. 2 En buisson, fait de buissons. « *Une énorme et buissonneuse végétation* » (Duham.).

buissonnier, ière adj. - XVIe 1 *École buissonnière :* école clandestine tenue au Moyen Âge en plein champ. ➡ loc. *Faire l'école buissonnière :* jouer, se promener au lieu d'aller en classe. 2 Qui habite les buissons. *Merle buissonnier.*

bulbaire adj. - XIXe ■ Relatif au bulbe* rachidien. *Syndrome bulbaire.*

① **bulbe** n. m. - XIXe ; angl. *bulb* « oignon ; bulbe » ■ Renflement de la partie inférieure de la quille, destiné à diminuer la résistance à l'eau.

② **bulbe** n. m. - XVe ; lat. 1 Organe de réserve souterrain de certaines plantes *(monocotylédones),* de forme renflée, pourvu de racines adventives. *Bulbe de jacinthe* (⇒ **oignon).** *Le bulbe germe. Les caïeux du bulbe d'ail.* ⇒ **tête.** « *des perce-neige en pied avec leur bulbe gangué de terre* » (Colette). 2 Renflement arrondi de certains organes. *Bulbe rachidien* ou *bulbe :* segment inférieur de l'encéphale. 3 Coupole dont le haut est resserré en pointe. *Église à bulbes.*

❑ Ne pas confondre les *bulbes* de plantes et les *rhizomes,* qui ne sont que des tiges souterraines renflées.

bulbeux, euse adj. - XVIe 1 Qui a un bulbe. *La tulipe, plante bulbeuse.* 2 Renflé, en forme de bulbe.

bulbille n. f. - XIXe ■ Organe de propagation assurant le bouturage naturel de certains végétaux. *Les bulbilles de l'ail.* ⇒ **caïeu.**

bulgare adj. et n. - XVIIIe ■ De Bulgarie. *Le peuple bulgare.* n. *Les Bulgares.* ➡ n. m. *Le bulgare :* langue slave du groupe méridional.

bulgomme n. m. - mil. XXe ; marque déposée ■ Sous-nappe en tissu enduit de mousse de caoutchouc, imperméable.

bullaire n. m. - XVIIIe ■ Recueil des bulles des papes. ♦ Scribe qui copiait ces bulles.

bulldozer [byldɔzɛʀ ; buldozœʀ] n. m. - 1927 ; mot angl. 1 Engin de terrassement très puissant. Recomm. offic. *bouteur.* ➡ abrév. BULL [byl]. « *le défoncement d'une colline avec une équipe de deux bulls* » (Tournier). 2 fig. et fam. Personne décidée que rien n'arrête.

❑ Ce mot vient de *to bull-doze* « intimider », littéralement « dose *(dose)* de taureau *(bull)* ».

① **bulle** n. f. - XIIe ; lat. « médaillon, ornement en forme de boule » 1 Lettre patente du pape, désignée par les premiers mots du texte (ex. *bulle Unigenitus*). *Bulle d'excommunication.* « *il s'agissait bien de bulles, et non de brefs, car seules les bulles sont scellées avec du plomb* » (Perec). ♦ Acte, ordonnance des empereurs d'Allemagne. 2 Tête de clou richement ornée, décorant des vantaux, des coffres. ✪ HOM. Bull (bulldozer).

② **bulle** n. f. - XVIe ; lat. 1 Petite quantité d'air ou de gaz qui s'élève sous une forme sphérique à la surface d'un liquide en mouvement. « *comme une bulle d'air détachée des profondeurs d'une eau dormante par le passage d'une bête invisible* » (Bosco). *Liquide qui fait des bulles.* ⇒ **effervescent, gazeux, pétillant.** ➡ loc. fam. *Coincer la bulle :* se reposer. ⇒ **buller.** ♦ Globe formé d'une pellicule remplie d'air. *Faire des bulles de savon.* ♦ Globule gazeux qui se forme dans une matière en fusion. *Les bulles du verre* (⇒ **bullé).** 2 Enceinte stérile dans laquelle sont placés les enfants atteints de déficience immunitaire. *Des bébés-bulle.* 3 Soulèvement de l'épiderme ménageant une cavité remplie de sérosité. ⇒ **ampoule, cloque, vésicule.** 4 Espace délimité par une ligne fermée, où sont inscrites les paroles ou les pensées d'un personnage dessiné, photographié. *Bulles des bandes dessinées.* ⇒ ① **ballon.**

❑ Même famille étym. que *bouillir.*

③ **bulle** n. m. - XVIIIe ; o. i. ■ Papier jaunâtre, de qualité très ordinaire. adj. m. inv. « *une petite enveloppe de papier bulle* » (Simenon).

bullé, ée adj. - XIXe ■ Qui contient des bulles, en parlant d'un solide. *Verre bullé.*

buller v. intr. [1] - 1966 ■ fam. Ne rien faire. ⇒ **paresser ;** fam. **glander.**

❑ Ce verbe vient de *coincer la bulle* → ② bulle.

bulletin n. m. - XVIe ; a. fr. *bullette* « sceau » 1 Information émanant d'une autorité, d'une administration, et communiquée au public. ⇒ **communiqué.** *Bulletin météorologique. Bulletin d'état civil,* établi dans les mairies à l'occasion des actes de l'état civil. *Bulletin de santé,* par lequel les médecins rendent compte de l'état de santé d'un personnage important. *Bulletin officiel d'un ministère* (abrév. *B.O.* [beo]). ➡ Rapport contenant les notes de travail et de conduite d'un élève. ⇒ **carnet.** ♦ Article de journal résumant et commentant des nouvelles dans un certain domaine. ➛ Titre de certaines revues. ➛ *Bulletin d'information,* à la radio, à la télévision. ⇒ **flash.** 2 Certificat ou récépissé délivré à un usager. ➛ *Bulletin de salaire, de paye.* ⇒ **feuille,** ① **fiche.** ♦ Imprimé à remplir et à retourner à un organisme. *Des bulletins-réponses.* 3 *Bulletin de vote :* papier indicatif d'un vote, que l'électeur dépose dans l'urne. « *imagine qu'on nous ait fait voter* [...] *avec entière liberté, à bulletins secrets* » (Romains).

bulleux, euse adj. – XIXe ▪ En médecine, Qui présente des bulles. *Dermatose bulleuse.*

bull-finch [bulfinʃ] n. m. – XIXe ; mot angl., de *bull-fence* « clôture à taureaux » ▪ Talus surmonté d'une haie sur les pistes de steeple-chase. *Des bull-finchs* ou *des bull-finches.*

bull-terrier [bultɛʀje] n. m. – XIXe ; mot angl. ▪ Chien d'une race anglaise, bon ratier. *Des bull-terriers.*

bulot n. m. – XIXe ; germ. *wullok* ▪ Gros mollusque *(gastéropodes)* des côtes de l'Atlantique, qui se mange cuit. ⇒ **buccin, escargot** (de mer).

bun [bœn] n. m. – XIXe ; mot angl. ▪ Petit pain rond au lait.

buna n. m. – 1948 ; nom déposé, de *bu(tadiène)* et *Na,* symbole du sodium ▪ Caoutchouc synthétique utilisé notamment dans la fabrication des pneus.

bungalow [bœ̃galo] n. m. – XIXe ; mot angl., de l'hindi *bangla* « du Bengale » ▪ Maison indienne basse entourée de vérandas. « *La mère avait fait de très grands semis près du bungalow* » (Duras). ➛ Petit pavillon simple servant de résidence de vacances.

① **bunker** [bunkœʀ ; bunkɛʀ] n. m. – v. 1942 ; mot all., d'ab. « soute à charbon » ▪ Casemate très protégée. ⇒ **blockhaus.** « *Dans leurs bunkers de béton aux murs épais* » (Le Clézio).

② **bunker** [bœnkœʀ] n. m. – 1902 ; mot angl. « banc, coffre » ▪ Au golf, Fossé rempli de sable qui entoure un green.

bupreste n. m. – XIVe ; gr. ▪ Insecte coléoptère, aux couleurs métalliques, dont la larve mange le bois.

buraliste n. – XVIIe ▪ Personne préposée à un bureau de recette, de poste, etc. ➛ Personne qui tient un bureau de tabac.

bure n. f. – XIIe ; probablt lat. → ① bourre ▪ Grossière étoffe de laine brune. « *Les chaussons sont en bure brune. La sueur les rend rigides* » (Genet). Vêtement de cette étoffe. *La bure du moine.*

bureau n. m. – XIIe ; p.-ê. de *bure* 1 Table sur laquelle on écrit, on travaille. ➛ Meuble à tiroirs et à tablettes. ⇒ **secrétaire.** *Être assis à son bureau. Bureau ministre :* grand bureau. « *de l'autre côté du bureau d'acajou couvert de feuilles manuscrites* » (Robbe-Grillet). 2 Pièce où est installée la table de travail, avec les meubles indispensables. ⇒ **cabinet.** « *Le géographe est trop important pour flâner. Il ne quitte pas son bureau. Mais il y reçoit les explorateurs* » (St-Exup.). 3 Lieu de travail des employés (d'une administration, d'une entreprise). *Mobilier, équipement de bureau* (⇒ **bureautique**). *Chef de bureau. Employé de bureau.* ⇒ péj. **bureaucrate.** *Heures de bureau.* ➛ *Aller au bureau.* ♦ Établissement ouvert au public et où s'exerce un service d'intérêt collectif. *Bureau de poste. Bureau d'accueil.* ➛ BUREAU DE TABAC, où se fait la vente au détail du tabac et des articles de la Régie. ⇒ ① **débit ; buraliste.** ♦ Guichet. *Bureau d'un théâtre.* 4 Service (assuré dans un bureau). *Le bureau administratif. Les bureaux d'un état-major. Deuxième Bureau :* autrefois, service de renseignements de l'armée. *Bureau d'aide sociale. Bureau d'études :* établissement privé qui fait certaines études à la demande de ses clients. ➛ vieilli *Bureau de placement.* 5 vx Ensemble des employés travaillant dans un bureau. 6 Membres d'une assemblée élus par leurs collègues pour diriger les travaux. *Bureau politique d'un parti,* sa direction. 7 *Bureau de vote :* section du corps électoral communal ; organisme qui préside au vote dans une section. 8 Groupe de délégués chargés d'étudier une question. ⇒ **comité, commission.**

> ❑ Le mot a d'abord désigné l'étoffe servant à faire des tapis pour les *bureaux,* du temps où ils étaient en bois, en marbre. Même cas pour *toilette,* de *toile.* → toilette (rem.).

bureaucrate n. – XVIIIe ▪ Fonctionnaire rempli du sentiment de son importance et abusant de son pouvoir sur le public. péj. Employé de bureau. ⇒ **gratte-papier, rond-de-cuir.**

bureaucratie n. f. – XVIIIe 1 Pouvoir politique des bureaux ; influence abusive de l'administration. 2 L'ensemble des fonctionnaires considérés du point de vue de leur pouvoir dans l'État.

bureaucratique adj. – XVIIIe ▪ Propre à la bureaucratie. « *vers la fin de la journée bureaucratique, aux environs de quatre heures et demie* » (Verlaine).

bureaucratisation n. f. – 1905 ▪ Transformation en bureaucratie ; accroissement du pouvoir des services administratifs.

bureaucratiser v. tr. [1] – XIXe ▪ Transformer par la mise en place d'une bureaucratie. ✪ CONTR. Débureaucratiser.

bureautique n. f. – 1976 ; *burotique* nom déposé ; de *bureau* et *(informa)tique* ▪ Ensemble des techniques (informatique, télématique...) visant à automatiser les travaux de bureau.

burelé, ée adj. – XIIIe ; a. fr. *burel* « tapis (rayé) » ▪ En héraldique, Divisé par des burelles. ♦ *Fond burelé* (d'un timbre), rayé.

burelle ou **burèle** n. f. – XVe ▪ Fasce rétrécie sur un écu.

burette n. f. – XIVe ; de *buire* 1 Flacon destiné à contenir les saintes huiles, ou l'eau et le vin de la messe. « *L'ostensoir était suspendu à sa patère ; les burettes sur une crédence* » (Bosco). 2 Petit flacon à goulot. ♦ Récipient à tubulure pour verser un liquide goutte à goutte.

burgau n. m. – XVIe ; probablt mot antillais ▪ Coquillage univalve nacré. ➛ Nacre de ce coquillage. « *une belle boîte incrustée de burgau* » (Colette).

burgrave n. m. – XVe ; germ. *burcgrâve* « comte d'un château, d'une ville » ▪ Dans le Saint Empire, Commandant d'une ville ou d'une citadelle. « *Les Burgraves* », *drame de V. Hugo.*

burin n. m. – XVe ; germ. « foret » ▪ Ciseau d'acier que l'on pousse à la main et qui sert à graver. ➛ Gravure au burin. *Livre illustré de burins du XVIIIe siècle.* ♦ Ciseau d'acier pour couper les métaux, dégrossir les pièces. ♦ Instrument pour entailler l'os.

buriné, ée adj. 1 Gravé au burin. 2 fig. *Visage buriné ; traits burinés,* marqués et énergiques.

buriner v. tr. [1] – XVIe ▪ Graver au burin. ♦ Travailler au burin (les métaux) pour ébarber des pièces.

burineur n. m. – XIXe ▪ Ouvrier travaillant les pièces métalliques au burin.

burlat n. f. – 1955 ; du nom du botaniste *Burlat* ▪ Variété de bigarreau, grosse cerise rouge foncé à chair ferme.

burlesque adj. et n. m. – XVIe ; it. *burla* « plaisanterie » 1 D'un comique extravagant et déroutant. ⇒ **bouffon, comique, loufoque.** ♦ Tout à fait ridicule et absurde. ⇒ **grotesque.** *Quelle idée burlesque !* « *leurs crinolines énormes qui nous semblent aujourd'hui burlesques* » (France). 2 n. m. Caractère d'une chose absurde et ridicule. *Le burlesque d'une situation.* ♦ Genre cinématographique comique. 3 *Le genre burlesque,* ou *le* *burlesque* : genre littéraire parodique à la mode au XVIIe s. ✪ CONTR. Grave, tragique.

burlingue n. m. – XIXe ▪ arg. Bureau (lieu de travail).

❑ Le suffixe populaire est *-ingue* (*lourdingue, folingue, sourdingue,* etc.) ; le *l* est inexpliqué.

burnous [byʀnu(s)] n. m. – XVIe ; ar. ▪ Grand manteau de laine à capuchon et sans manches (en usage dans les pays du Maghreb). « *Le capuchon de son burnous flottait au vent* » (Flaub.).

bursite n. f. – 1970 ; lat. *bursa* « bourse » et *-ite* ▪ Inflammation des bourses séreuses des articulations. ⇒ aussi **hygroma.**

① **bus** [bys] n. m. – XIXe ; abrév. de *omnibus* ▪ fam. Autobus.

② **bus** [bys] n. m. – mil. XXe ; de l'angl. *omnibus* ▪ Dans un ordinateur, Ensemble de conducteurs électriques transmettant des données.

busard n. m. – XIIe ; → ① buse ▪ Oiseau rapace diurne *(falconiformes),* à longues ailes et longue queue.

busc n. m. – XVIe ; it. **1** Lame de métal, baleine qui servait à maintenir le devant d'un corset. **2** Coude de la crosse d'un fusil. **3** Saillie contre laquelle viennent buter les portes d'une écluse.

① **buse** n. f. – XVe ; lat. *buteo* **1** Oiseau rapace diurne *(falconiformes),* aux formes lourdes, qui se nourrit de rongeurs. ⇒ **bondrée. 2** fig. et fam. Personne sotte et ignorante. ⇒ **bête.** « *Et le patron, ce grand lâche, cette triple buse de Félix Juin* » (Cendrars).

❑ Rien dans le comportement de l'oiseau ne permet d'expliquer le sens figuré.

② **buse** n. f. – XIIIe ; p.-ê. germ. *bu(y)se,* ou a. fr. *busel* « tuyau » ▪ Conduit, tuyau. *Buse en ciment. Buse d'aérage,* dans les mines. *Buse de carburateur* : pièce formant un étranglement qui accroît la dépression.

bush [buʃ] n. m. – XIXe ; mot angl. « broussailles » ▪ Association végétale des pays secs (Afrique orientale, Madagascar, Australie) formée de buissons serrés et d'arbres isolés. ✪ HOM. Bouche.

business [biznɛs] n. m. – XIXe ; mot angl. ▪ fam. **1** vx Travail. **2** vieilli Affaire embrouillée. *C'est plutôt compliqué ce business-là.* ➝ Chose, truc. ⇒ **bidule. 3** mod. Commerce, affaires. *Faire du business,* des affaires plus ou moins licites.

❑ On trouve aussi la graphie *bizness,* conforme à la prononciation.

businessman [biznɛsman] n. m. – XIXe ▪ vieilli Homme d'affaires. « *notre affreux monde de businessmen, d'agents, de financiers* » (Carco). *Des businessmans* ou *des businessmen.*

busqué, ée adj. – XVIe ▪ Qui présente une courbure convexe (comme le devant d'un corset muni d'un busc). ⇒ **arqué.** *Nez busqué.*

busserole n. f. – XVIIIe ; provenç. *bouis* « buis » ▪ Arbuste spontané des lieux ensoleillés *(éricacées),* à feuillage persistant, aux baies rouges appelées *raisin* d'ours.*

buste n. m. – XIVe ; it. **1** Partie supérieure du corps humain, du cou à la ceinture. ⇒ **torse, tronc.** « *le buste est penché en avant, la tête inclinée* » (Robbe-Grillet). spécialt Poitrine des femmes, seins. ⇒ littér. **gorge. 2** Sculpture représentant la tête et une partie des épaules, de la poitrine, souvent sans les bras. *L'enlèvement d'un buste de Louis-Philippe, jeté au feu avec les tentures* » (Yourcenar). par ext. *Représenter, photographier en buste* : représenter, photographier la tête et la partie supérieure du corps.

bustier n. m. – 1955 ▪ Sous-vêtement féminin ou corsage sans bretelles, qui maintient le buste jusqu'à la taille.

but [by(t)] n. m. – XIIIe ; probablt germ. « souche, billot » **1** Point visé, objectif. ⇒ ② **blanc, cible.** *Viser le but. Atteindre le but. Manquer le but.* ➝ loc. fig. DE BUT EN BLANC [d(ə)bytɑ̃blɑ̃] : sans préparation, brusquement. « *nous lui demandâmes de but en blanc ce qu'il pensait de la guerre* » (Perec). **2** Point que l'on se propose d'atteindre. ⇒ **terme.** *Un but de promenade.* ♦ Chacune des deux limites avant et arrière d'un terrain de jeu, encadrées par les touches ; sur cette limite, espace déterminé que doit franchir le ballon. *Gardien de but.* ⇒ **goal.** *Envoyer la balle dans les buts.* ⇒ **cage.** ➝ Point marqué quand le ballon franchit cette ligne. *Marquer un but. Gagner deux buts à un.* **3** fig. Ce que l'on se propose d'atteindre, ce à quoi l'on tente de parvenir. ⇒ **dessein,** ① **fin, intention,** ② **objectif.** *Avoir un but dans la vie. Se fixer un but. Toucher le but.* ⇒ **aboutir.** *Le but d'une visite.* ⇒ **raison.** *Association sans but lucratif.* ➝ loc. *Aller droit au but,* sans détour. ➝ *Complément de but,* marquant dans quel but on accomplit l'action. ➝ loc. prép. *Dans un but, dans le but de* : dans le dessein, l'intention de. « *dans le seul but de faire du bruit ou d'épater les bourgeois* » (Robbe-Grillet). ⇒ **afin de, pour.** ✪ HOM. Butte.

❑ *Poursuivre un but* est critiqué, le but ne se déplaçant pas à la différence de la *cible.*

butadiène n. m. – 1913 ; de *buta(ne)* et *di(éthyl)ène* ▪ Hydrocarbure éthylénique employé dans la fabrication du caoutchouc synthétique (⇒ **buna**).

butane n. m. – XIXe ; de *but(ylique)* et suff. chim. *-ane* ▪ Hydrocarbure saturé, gazeux et liquéfiable, employé comme combustible. *Le butane et le propane. Une bouteille de butane.* ➝ *Gaz butane.*

butanier n. m. – 1950 ▪ Navire destiné au transport du butane liquéfié.

buté, ée adj. – XVIIe ▪ Entêté dans son opinion, dans son refus de comprendre. ⇒ **obstiné, têtu.** ➝ Qui exprime cet entêtement. « *sa mine fleurie, son air ouvert et pourtant buté* » (Sartre). ✪ CONTR. Ouvert. — HOM. Butée, buter, butter.

butée n. f. – XVIIe **1** Massif de maçonnerie destiné à supporter une poussée. ➝ Culée d'un pont. **2** Organe, pièce supportant un effort axial. *Butée d'un tiroir,* qui l'arrête en fin de course. ✪ HOM. Buté, buter, butter.

① **buter** v. tr. [1] – XIXe ; arg. *but(t)e* « échafaud » ▪ fam. Tuer, assassiner. ✪ HOM. Buté, butée, butter.

② **buter** v. [1] – XIIIe **1** v. intr. Heurter le pied (contre qqch. de saillant). ⇒ **achopper, trébucher.** *Buter contre un caillou.* Cogner, être arrêté. *Un tiroir qui bute contre un taquet.* ➝ fig. Se heurter (à une difficulté). *Buter contre l'indifférence. Buter sur un mot, à chaque mot* : avoir du mal à comprendre, à lire. ♦ S'appuyer, être calé. *La poutre bute contre le mur.* **2** v. tr. Appuyer, étayer. *Buter un mur au moyen d'un arc-boutant.* ⇒ **épauler.** ♦ Réduire (qqn) à une position de refus entêté. ⇒ **braquer. 3** v. pron. Se heurter. « *se buter à d'autres cordons de police* » (Simenon). ➝ S'entêter, être buté. « *Et Durtal se butait* [...] *contre des théories confuses* » (Huysm.).

buteur n. m. – 1904 ▪ Footballeur qui sait tirer au but et marquer. ✪ HOM. Butteur.

butin n. m. – XIVe ; germ. « partage » **1** Ce qu'on prend à l'ennemi, pendant une guerre, après la victoire. *Un lourd butin.* **2** Produit d'un vol, d'un pillage. *Un butin* de plusieurs millions de francs. 3 littér. Produit, récolte qui résulte d'une recherche. *Le butin d'un archéologue.* « *ces Grecs semblables à l'abeille, qui du butin des fleurs compose son miel* » (Dider.).

butiner v. [1] - XIVe 1 v. intr. Aller de fleur en fleur pour y chercher le pollen, le nectar. *Les abeilles butinent sur les roses.* 2 v. tr. Visiter pour récolter le pollen. *Les abeilles butinent les fleurs.* ♦ fig. Récolter çà et là. *Butiner des renseignements.* ⇒ **glaner.**

butineur, euse adj. - XVe ▪ Qui butine. *Une abeille butineuse,* et subst. *une butineuse.*

❑ Ce mot a d'abord désigné l'officier gardant le *butin.*

butoir n. m. - XVIIIe ; p.-ê. de ② *buter* 1 Pièce ou dispositif servant à arrêter (une chose mobile). ⇒ **butée, heurtoir.** *Butoir d'une porte. Butoir de chemin de fer,* placé à l'extrémité d'une voie de garage. *Le chauffeur* « *sait à quel niveau il doit stopper pour que son dernier wagon ne percute pas le butoir* » (Tournier). 2 fig. *Date butoir :* dernier délai. ⇒ **limite.** ✪ HOM. Buttoir.

butome n. m. - XVIIIe ; gr. ▪ Plante aquatique (*butomacées*), appelée communément *jonc fleuri,* aux fleurs blanches ou roses. « *C'étaient principalement des joncs et des butomes, qui formaient un réseau inextricable* » (J. Verne).

butor n. m. - XIIe ; lat. *buteo, butio* « buse » et probablt *taurus* « taureau » 1 Oiseau échassier des marais au plumage fauve et tacheté *(ciconiiformes),* dont le cri évoque le mugissement du taureau, appelé aussi *bœuf d'eau.* 2 vieilli ou plaisant Grossier personnage, sans finesse ni délicatesse. ⇒ **goujat, rustre.** « *Maraud, faquin, butor de pied plat ridicule !* » (Rostand).

buttage n. m. - XIXe ▪ Action de butter (une plante). *Le buttage des asperges.*

butte n. f. - XIVe ; de *but* 1 Tertre naturel ou artificiel où l'on adosse la cible. *Butte de tir.* ➛ loc. fig. *ÊTRE EN BUTTE À :* être exposé à (comme si on servait de cible). « *en butte à l'hostilité des membres des sociétés secrètes* [...] *il eut bientôt la nation contre lui* » (Morand). 2 Petite éminence de terre. ⇒ **monticule, tertre.** *La butte Montmartre,* ou *la Butte.* ♦ Petit tas de terre que l'on fait au pied d'une plante **(⇒ butteur, buttoir).** ✪ CONTR. Creux, dépression. — HOM. But.

❑ Attention à ne pas confondre *butte* avec *but* dans *être en butte à,* qu'on ne sait plus analyser.

butter v. tr. [1] - XVIIIe ▪ Disposer (de la terre) en petites buttes ; garnir (une plante) de terre qu'on élève autour du pied. ⇒ **chausser.** *Butter les pommes de terre.* ✪ CONTR. Déchausser. — HOM. Buté, butée, buter.

butteur n. m. - XIXe ▪ Outil de jardin dont l'embout sert à ramener la terre au pied des plants. ✪ HOM. Buteur.

buttoir n. m. - XIXe ▪ Petite charrue employée au buttage. ✪ HOM. Butoir.

butyle n. m. - XIXe ; de *but(yrique)* et *-yle* ▪ Radical univalent dérivé du butane.

butylène n. m. - XIXe ▪ vieilli Butène.

butylique adj. - XIXe ▪ Se dit des alcools, esters et composés contenant le radical butyle.

butyreux, euse adj. - XVIe ; lat. *butyrum* « beurre », du gr. ▪ Qui a l'apparence ou les caractères du beurre. *Taux butyreux du lait,* sa teneur en matière grasse. « *une sorte de crème épaisse et presque butyreuse* » (Gide).

butyrine n. f. - XIXe ▪ Triester du glycérol, dont les trois fonctions sont estérifiées par l'acide butyrique.

butyrique adj. - XIXe 1 Qui se rapporte au beurre. 2 *Acide butyrique :* acide organique d'odeur désagréable, présent dans le beurre rance, la sueur.

butyromètre n. m. - XIXe ▪ Appareil servant à mesurer la richesse du lait en matière grasse.

buvable adj. - XIIIe 1 Qui peut se boire, n'est pas désagréable au goût. *Eau buvable.* ⇒ **potable.** *Le bouillon* « *n'était pas buvable. Il était infect* » (Renard). ➛ *Ampoule buvable,* à prendre par la bouche (opposé à *injectable*). 2 fam. *Ce type n'est pas buvable,* il est insupportable. ✪ CONTR. Imbuvable.

buvard n. m. - XIXe 1 Sous-main garni de papier poreux qui boit l'encre. 2 *Papier buvard,* ou *buvard,* ce papier ; feuille de ce papier. *Sécher une lettre avec un buvard.*

buvette n. f. - XVIe ▪ Petit local ou comptoir où l'on sert à boire. *Buvette d'une gare.* ⇒ **buffet.** *Tenir la buvette à une kermesse.* ♦ Dans les stations thermales, Endroit où les curistes vont boire les eaux.

buveur, euse n. - XIIIe 1 Personne qui aime boire du vin, des boissons alcoolisées. ⇒ **alcoolique, ivrogne.** « *ces hommes, grands mangeurs, grands buveurs, bourrés de victuailles échauffantes* » (Barbey). 2 Personne qui est en train de boire. *Les buveurs à la terrasse d'un café.* ⇒ **consommateur.** ♦ Personne qui a l'habitude de boire (telle ou telle boisson). *Un buveur d'eau, de café, de coca.*

bye-bye [bajbaj] interj. - 1934 ; mot angl. ▪ fam. Au revoir, adieu. abrév. BYE. « *Vous direz au revoir aux autres pour moi. Allez, bye !* » (Sarrazin). ⇒ **salut, tchao.**

❑ *Bye-bye* est une forme familière de *goodbye,* lui-même déformation de *God be with you* « Dieu soit avec vous ». ♦ Devient plus rare, au profit de *tchao* (italien *ciao*).

by-pass [bajpas] n. m. inv. - v. 1922 ; mot angl., de *pass* « passage » et *by-* « proche, secondaire » 1 Canal de dérivation pratiqué sur le trajet d'un fluide. ♦ par ext. Voie de déviation routière permanente. ➛ Recomm. offic. *dérivation, déviation, contournement,* et *bipasse* (n. m.). 2 vx ⇒ **pontage.**

byssinose n. f. - XIXe ; gr. *bussinos* « de lin, de coton » ▪ Maladie pulmonaire qui atteint les ouvriers qui travaillent le coton.

byssus [bisys] n. m. - XVIe ; gr. *bussos* « lin très fin, coton » ▪ Faisceau de filaments soyeux, sécrétés par une glande de certains lamellibranches, leur permettant de se fixer. *Byssus de la moule.*

byte [bajt] n. m. - apr. 1964 ; mot angl. ▪ Ensemble de plusieurs bits constituant une unité complète d'information. ➛ abusivt Octet*.

byzantin, ine adj. - XVIIIe 1 De Byzance, propre à Byzance et à son empire. *L'Empire byzantin :* l'Empire romain d'Orient (fin IVe-1453). *Le grec byzantin :* forme ancienne du grec, encore employée dans la liturgie grecque orthodoxe. ➛ *L'art byzantin.* « *On a tenu la mosaïque chrétienne, byzantine surtout pour un art décoratif* » (Malraux). ➛ n. *Les Byzantins.* 2 fig. Qui évoque, par son excès de subtilité, par son caractère oiseux, les disputes théologiques de Byzance. « *Les amateurs de querelles byzantines et autres fendeurs de fils en quatre* » (Duham.).

byzantinisme n. m. - XIXe ▪ Tendance aux discussions byzantines.

byzantinologie n. f. - v. 1950 ▪ Étude de l'histoire et de la civilisation byzantines.

B. Z. D. → **benzodiazépine**

C ① **c** [se] n. m. inv. ▪ Troisième lettre et deuxième consonne de l'alphabet : *c majuscule* (C), *c minuscule* (c), *c cédille* (ç). ➝ Lettre qui note une occlusive vélaire sourde [k] devant *a, o, u (car, cure)* et devant une consonne ou en finale *(clou, fac)*, ou une fricative alvéolaire sourde [s] devant *i, e, y (ciel, cerise, cygne, face)*. *ç* note [s] *(reçu)*. *Digrammes, trigrammes comportant c : cc*, qui note [k] devant *a, o, u (accord, occasion)* et devant consonne *(accroître)*, ou [ks] devant *i, e* et *y (accepter, occident ; coccyx) ; sc* qui note [sk] devant *a, o, u (scandale, scout)* ou [s] devant *e, i (scélérat, scier) ; ck*, qui note [k] *(stock, nickel) ; ch*, qui note la fricative sourde [ʃ] *(chat, chirurgie, patch)* ou parfois [k] *(chœur, chiromancie, orchestre) ; sch*, qui note [ʃ] *(schéma, kirsch)*. ✪ HOM. Ces (ce), ses (① son). ❑ *C* est généralement prononcé à la finale. ♦ Dans le mot *second* et ses dérivés, ainsi que dans le mot *zinc*, *c* se prononce [g]. ♦ Éviter la production fautive d'un *e* après les mots terminés par un *c* prononcé (*arc de triomphe* : [aʀkədətʀijɔ̃f]).

② **c** abrév. et symboles **1 C** [sɑ̃] adj. numér. card. Cent, en chiffres romains. **2 C** [se] n. m. inv. Carbone. **3 ℂ** n. m. sing. Ensemble des nombres complexes*. **4 C** n. m. inv. La note *do* (dans la notation anglo-saxonne et germanique). **5 C** [kulɔ̃] n. m. inv. Coulomb. **6 c** n. m. inv. Vitesse de la lumière, constante de l'espace-temps. $E = mc^2$. **7 °C** [dəgʀesɛlsjys] n. m. inv. Degré Celsius. **8 c** [sɑ̃ti] Centi-.

C.A. ▪ Abrév. de *chiffre* d'affaires.*

① **ça** pron. dém. – XVIIe ; de *cela* **I** (valeur pronom.) **1** fam. Cela, ceci. *Il ne manquait plus que ça. À part ça. Regarde-moi ça. Ça dépend. Ça y est* [sajɛ] : c'est fini. « *Est-ce que ça va, dis ? – Oui, ça va, c'est très bien* » (Zola). ➝ *Avec ça* : en plus. *Et avec ça ?* ➝ *C'était donc ça !* (la raison). ➝ *Sans ça* : sinon. ➝ (Belgique) *Ça est* : c'est. **2** Pour marquer l'approbation. *C'est ça !* ♦ Pour marquer ironiquement l'importance, l'exagération de qqch. *Rien que ça !* **3** généralt péj. (désignant des personnes) « *Ça bavardait, ça racontait mille choses, des histoires du quartier* » (Ferniot). ⇒ **il.** *C'est ça, votre protégé ?* ⇒ **lui.** ♦ (choses) fam. *Ça sent bon.* **4** L'acte sexuel. « *On dirait qu'elles ne pensent qu'à ça et qu'il n'y a que ça dans la vie* » (Queneau). **II** (valeur interjective ; d'apr. *çà*) **1** Marque l'étonnement, l'indignation. *Ça, par exemple ! Ah, ça alors !* **2** Marque l'insistance dans l'interrogation. *Qui ça ?* fam. « *Et où ça qu'il était né ?* » (Céline). Dans l'affirmation, la négation. *Ça oui.* ✪ HOM. Çà, sa (① son).

② **ça** n. m. – 1926 ; all. *Es*, Freud (1923) ▪ Ensemble des pulsions* inconscientes. *Le ça, le moi et le surmoi.* « *un nœud de tendances inconscientes, instinctives et sentimentales, le ça* » (Tournier).

çà adv. et interj. – XIe ; lat. *ecce hac* « voici par ici » **1** adv. de lieu *ÇÀ ET LÀ* : de côté et d'autre. ⇒ **ici.** « *de petites lampes dont les abat-jour diffusent çà et là une lumière rousse* » (Robbe-Grillet). **2** interj. *Çà, allez-vous vous taire !* (menace, impatience). ✪ HOM. Ça, sa (① son).

❑ Il est gênant que *çà* s'oppose à *là* alors que l'opposition est marquée par *i* et *à* (*ici* et *là*, *-ci* et *-là*).

cab n. m. – XIXe ; mot angl., de *cabriolet* ▪ Cabriolet où le cocher était placé derrière. *Des cabs.*

❑ Le premier emploi du mot est de Th. Gautier.

cabale n. f. – XVIe ; hébr. « tradition » **I - 1** ⇒ **kabbale. 2** vieilli Science occulte prétendant faire communiquer ses adeptes avec des êtres surnaturels. ⇒ **magie, occultisme. II** littér. **1** Manœuvres secrètes, concertées contre qqn ou qqch. ; association de ceux qui s'y livrent. ⇒ **brigue, complot, conjuration, intrigue.** « *Et voilà qu'il se forme contre moi une cabale dans laquelle entre même la servante* » (Jouhand.). **2** Ensemble des membres d'une cabale. ⇒ **clique, coterie, faction, ligue.** « *Les propos incessamment rebattus de la cabale philosophique* » (Rouss.).

cabalistique adj. – XVIe **1** ⇒ **kabbalistique. 2** Relatif à la science occulte. ⇒ **ésotérique, magique.** *Termes cabalistiques.* **3** Mystérieux, incompréhensible. *Signes cabalistiques.* ✪ CONTR. Clair, limpide.

caban n. m. – XVe ; ar. « tunique » ▪ Manteau court en gros drap de laine à deux rangées de boutons. ⇒ **vareuse.**

cabane n. f. – XIVe ; lat. **1** Petite habitation rudimentaire. ⇒ **baraque, bicoque, cabanon, cahute, hutte.** *Cabane de berger, de pêcheur. Cabane en rondins. Cabane à outils.* « *il habite maintenant une sorte de cabane derrière l'usine de produits chimiques* » (Queneau). ♦ (Suisse) Refuge de haute montagne. ♦ (Canada) *Cabane (à sucre)* : bâtiment destiné à la fabrication du sucre et du sirop d'érable, dans une érablière. ⇒ **sucrerie. 2** *Cabane à lapins* : casier pour élever les lapins. ⇒ **clapier. 3** Case où l'on place les vers à soie pour qu'ils y filent leur cocon. **4** fam. Prison.

cabaner v. tr. [1] – XVIe ▪ Renverser (une embarcation), la mettre quille en l'air.

cabanon n. m. – XVIIIe **1** Cachot où l'on enfermait les fous jugés dangereux. « *Cela devait être un fanatique religieux* [...]. *Il s'était peut-être échappé du cabanon* » (Beckett). ➝ fam. *Il est bon pour le cabanon* : il est fou. **2** En Provence, Petite maison de campagne. « *vous viendrez encore au cabanon, dimanche ?* » (Pagnol). ➝ Chalet de plage. « *Un petit cabanon de bois à l'extrémité de la plage* » (Camus). **3** Petite cabane de jardin.

cabaret n. m. – XIIIe ; picard « petite chambre » **1** vieilli Établissement où l'on sert des boissons. ⇒ **café, ① débit** (de boissons), **estaminet. 2** Établissement où l'on présente un spectacle et où les clients peuvent boire, souper, danser. ⇒ **café-concert, boîte** (de nuit). **3** Petit meuble ou coffret contenant un service à liqueurs. « *ces magnifiques cabarets en bois précieux* » (Balz.). ⇒ ① **cave** (à liqueurs).

cabaretier, ière n. – XIVe ▪ vx Personne qui tient un cabaret (1°).

cabas n. m. – XIVe ; lat. *capax* « qui contient beaucoup » ▪ Panier aplati à deux anses, ou sac à provisions que l'on porte au bras. « *Des ménagères aux cabas vides erraient en quête de provisions* » (Carco).

cabestan n. m. – XIVe ; p.-ê. provenç. *cabestre* « corde » ▪ Treuil à arbre vertical qui sert à tirer des fardeaux. *Cabestan électrique. Petit cabestan.* ⇒ **winch.** *Haler un navire au cabestan.*

cabiai n. m. – XVIIIe ; tupi *cabi* « herbe » et *aica* « manger » ▪ Grand rongeur semi-aquatique d'Amérique du Sud, encore appelé *cochon d'eau.*

❑ Le cabiai est le plus gros des rongeurs ; il peut atteindre 1,20 m de longueur.

cabillaud n. m. – XIIIe ; néerl. ▪ Églefin. ➝ Morue fraîche. *Filets, œufs de cabillaud* (⇒ **tarama**). ✪ HOM. Cabillot.

cabillot n. m. – XVIIe ; provenç. *cabilha* « cheville » ▪ Cheville à laquelle on amarre les manœuvres courantes. *Cabillot d'amarrage.* ✪ HOM. Cabillaud.

cabin-cruiser [kabinkʀuzœʀ] n. m. – 1960 ; mot angl. de *cabin* « cabine » et *cruiser* « croiseur » ▪ Yacht de croisière à moteur. *Des cabin-cruisers.*

cabine n. f. – XVIe ; angl. par le picard, o. i. 1 Petite chambre, à bord d'un navire. *Cabine de luxe.* 2 Petit local à usage déterminé. *Cabine d'essayage* (dans les magasins). ➝ *Cabine téléphonique.* « *il ne m'appelait pas du ministère mais d'une cabine publique* » (Simenon). ➝ *Cabine de douche :* ensemble des parois qui enferment le bac à douche et protègent des projections d'eau. 3 Partie d'un véhicule (camion, avion) réservée au conducteur ou au pilote. « *Au-dessus de la cabine du chauffeur, il y a une cheminée qui crache la vapeur bleue* » (Le Clézio). ➝ Partie habitable d'un vaisseau spatial, qui revient sur la Terre.

cabinet n. m. – XVe ; de *cabine* **I - 1** Petite pièce à l'écart. ⇒ ② **réduit.** *Cabinet de débarras.* ⇒ **cagibi.** CABINET NOIR, sans fenêtre. ➝ *Cabinet particulier,* dans un café, un restaurant. ➝ CABINET DE TOILETTE : petite salle d'eau (avec lavabo, et parfois douche). *Chambre d'hôtel avec cabinet de toilette ou salle de bains.* 2 Lieu où l'on place, où l'on expose des objets de curiosité, d'étude. ⇒ **musée.** 3 vieilli Pièce où l'on se retire pour travailler, converser en particulier. *Cabinet de travail, d'étude.* ⇒ **bureau.** 4 vieilli *Cabinet d'aisances,* cour. *les cabinets.* ⇒ **toilettes.** « *les cabinets tapissés de mosaïque mauve du Terminus-Saint-Lazare* » (Genet). 5 Lieu d'exercice de certaines professions libérales (avocat, médecin...). *Ouvrir un cabinet. Cabinet dentaire. Cabinet d'affaires.* ⇒ **agence.** ♦ Ensemble des affaires, des clients d'un avocat, d'un cabinet d'affaires, etc. *Acheter un gros cabinet.* **II - 1** Ensemble des ministres, dans le régime parlementaire. ⇒ **gouvernement.** *Le cabinet Daladier.* ♦ *Conseil de cabinet :* réunion des ministres présidée par le Premier ministre. 2 Service chargé de la préparation des dossiers dans un ministère, une préfecture. *Le cabinet du ministre. Chef de cabinet.* **III** Meuble à plusieurs compartiments où l'on rangeait des objets précieux. *Cabinet chinois.* ♦ vieilli *Cabinet d'orgue :* menuiserie d'un orgue. ⇒ **buffet.**

câblage n. m. – XIXe 1 Fabrication d'un câble ; torsion des fils d'un câble. 2 Réalisation des connexions (d'un appareil électrique ou électronique) ; ces connexions. *Câblage d'un téléviseur.* 3 Envoi par câble (d'une dépêche). 4 Action de câbler (3°).

câble n. m. – XIIe ; lat. *capulum,* avec infl. de l'a. fr. *chaable* « catapulte » **I - 1** Faisceau de fils (textiles, métalliques, etc.) tressés. ⇒ **corde.** *Torons formant un câble. Câble de levage, de traction.* ⇒ **remorque.** ➝ Gros cordage de marine, ou forte amarre. *Filer, mouiller un câble,* le lâcher en le déroulant. *Câble de la bouée d'une ancre* (⇒ **orin**), *de la barre du gouvernail* (⇒ **drosse**). *Câble de halage, de remorque.* ⇒ **remorque, touée.** « *un marin n'est jamais embarrassé, quand il s'agit de câbles ou de cordages* » (J. Verne). ➝ *Câble de téléphérique.* ➝ *Câble de frein.* 2 Fil conducteur métallique, ou faisceau de fils protégé par des enveloppes isolantes. *Câble électrique.* « *De grosses bobines de câble sont posées par terre, devant la génératrice* » (Le Clézio). *Câble aérien. Câble télégraphique, téléphonique. Câble coaxial, câble à fibres optiques, utilisés en télédistribution. Télévision par câbles.* ⇒ **câblodistribution.** 3 *Câble hertzien :* liaison par faisceau d'ondes hertziennes. **II** Câblogramme. *Envoyer un câble.* ⇒ **câbler.**

câblé, ée adj. et n. m. – XVIIe 1 *Fil câblé,* retordu. 2 Construit par câblage (2°). *Circuits câblés.* ➝ *Réseau câblé de télédistribution. Chaînes de télévision câblées.* 3 fam. Au courant ; dans le coup. ⇒ **branché.** 4 n. m. Gros cordon de passementerie de fils tortillés. ➝ Fil à coudre. *Du câblé six fils.*

câbleau → **câblot**

câbler v. tr. [1] – XVIIe 1 Assembler (plusieurs fils, torons) en les tordant ensemble en un seul câble. ⇒ **toronner.** 2 Envoyer (une dépêche) par câble télégraphique. 3 Réaliser le câblage de (un circuit). ➝ Munir d'un réseau câblé. *Câbler une ville.*

câblerie n. f. – 1905 ▪ Fabrication, fabrique de câbles. ⇒ **corderie.**

câbleur, euse n. – 1913 ▪ Spécialiste de la pose et du montage de câbles électriques.

câblier n. m. – 1908 1 Navire équipé pour le transport, la pose et l'entretien des câbles sous-marins. 2 Fabricant de câbles.

câbliste n. – 1973 ▪ Agent chargé de manipuler les câbles d'une caméra, lors des prises de vue.

câblodistribution n. f. – v. 1965 ▪ Procédé de diffusion d'émissions télévisées par câbles, utilisé pour des réseaux d'abonnés ou en circuit fermé. ⇒ **télédistribution.**

câblogramme n. m. – XIXe ▪ vieilli Télégramme transmis par câble. ⇒ **câble,** II.

câblot n. m. – XVe ▪ Câble de grosseur moyenne servant d'amarre.

❑ On trouve aussi la graphie *câbleau,* les suffixes *-eau* et *-ot* ayant des sens voisins.

cabochard, arde adj. et n. – XVIe ▪ fam. Entêté.

caboche n. f. – XIIIe ; a. fr. *boce* « bosse » et préf. péj. 1 fam. Tête. « *dans leurs sacrées caboches où n'entrent jamais deux idées à la fois* » (Bernanos). 2 Clou à grosse tête pour ferrer les souliers.

cabochon n. m. – XIVe 1 Pierre fine ou précieuse polie mais non taillée en facettes. 2 Clou à tête décorée. *Cabochon de cuivre.*

cabosse n. f. – XVIIIe ; même o. que *caboche* ▪ Fruit (drupe) du cacaoyer contenant les fèves.

cabosser v. tr. [1] – XVIe ; de *bosse* et préf. péj. ▪ Faire des bosses à. ⇒ **bosseler, bossuer, déformer.** *Cabosser un chapeau.* ➝ *Une valise cabossée.*

❑ *Cabossé* est plus proche de *bossué* que de *bosselé.*

① **cabot** n. m. – XIIIe ; p.-ê. lat. *caput* « tête » 1 fam. et péj. Chien. *À la niche, sale cabot !* 2 Chabot (poisson).

② **cabot** n. m. – XIXe ; de *caporal* ▪ fam. Caporal. « *être caporal c'est un métier de chien. Le cabot est le clebs de ses hommes* » (Cendrars).

③ **cabot** n. m. et adj. – XIXe ▪ Cabotin. *Un vieux cabot.* ➛ adj. *Elle est un peu cabot.*

cabotage n. m. – XVIIe ▪ Navigation le long des côtes (opposé à *navigation hauturière*). ⇒ **bornage.**

caboter v. intr. [1] – XVIIe ; p.-ê. de *cap* ▪ Faire du cabotage. *Caboter de port en port.*

caboteur n. m. – XVIe ▪ Navire côtier.

cabotin, ine n. – XVIIIe ; o. i., p.-ê. nom d'un comédien ou picard « homme petit » **1** fam. Mauvais acteur. ⇒ ③ **cabot. 2** Personne qui cherche à se faire valoir par des manières affectées. ⇒ ③ **cabot.** ➛ adj. *Des mimiques cabotines.* ✪ CONTR. Naturel, sincère.

❑ Ce mot a d'abord eu le sens de « comédien ambulant ».

cabotinage n. m. – XIXe **1** fam. Façon de jouer d'un cabotin. « *le cabotinage des acteurs de Favart et du Conservatoire* » (Stendh.). **2** Comportement du cabotin. ⇒ ② **affectation.** « *un peu de ce cabotinage innocent, dont presque aucun être ne peut se dégager quand il se sait observé* » (R. Rolland). ✪ CONTR. Naturel ; simplicité.

cabotiner v. intr. [1] – XVIIIe ▪ fam. Faire le cabotin (2°).

caboulot n. m. – XIXe ; mot franc-comtois, d'o. gaul. ▪ fam., vieilli Café, cabaret mal famé. « *manger la soupe à l'oignon avec elle dans tel ou tel caboulot des Halles* » (Cendrars).

cabrage n. m. – XIXe ▪ Action de (se) cabrer. *Le cabrage d'un avion.*

cabré, ée adj. ▪ Qui se cabre, se révolte. ⇒ **agressif, combatif.** « *sa volonté si impétueuse, si cabrée, si hardie à sauter les obstacles* » (Proust).

cabrer v. tr. [1] – XIIe ; lat. *capra* « chèvre » **I** SE CABRER v. pron. **1** Se dresser sur les pattes de derrière. « *les chevaux, effrayés, soufflaient fortement et se cabraient au lieu d'avancer* » (Mérimée). *Faire cabrer son cheval* (ellipse de *se*). **2** Se dresser contre (qqch. ou qqn). ⇒ se **révolter.** « *Le libéralisme de votre esprit se cabre contre les vieilleries du dogme* » (Flaub.). ⇒ se **rebeller. II** v. tr. **1** Faire se dresser (un animal). *Cabrer son cheval.* **2** Dresser, révolter (qqn), l'inciter à résister, à s'opposer. *On l'a cabré contre son père.* ⇒ **braquer. 3** Redresser l'avant de (un avion). ➛ « *On cabre pour sauver son altitude* » (St-Exup.).

cabri n. m. – XIVe ; mot provenç., du lat. *capra* « chèvre » **1** Petit de la chèvre. ⇒ **biquet, chevreau.** « *Il gambillait comme un cabri d'un bout à l'autre du terrain* » (Céline). **2** Chèvre naine à poils ras, en Afrique noire.

cabriole n. f. – XVIe ; it. *capriola* « chevrette » **1** au plur. Bonds légers, capricieux, désordonnés. *Faire des cabrioles.* ⇒ **gambade.** ➛ Culbute, pirouette. *Les cabrioles des clowns.* **2** Saut de danse dans lequel les jambes, projetées en avant ou en arrière, battent l'une contre l'autre. **3** Plaisanterie par laquelle on coupe court à une discussion embarrassante. ⇒ **échappatoire, pirouette.** *Il s'en est tiré par une cabriole.*

cabrioler v. intr. [1] – XVIe ▪ Faire la cabriole, des cabrioles. ⇒ **caracoler.**

cabriolet n. m. – XVIIIe **1** Voiture légère à cheval, à deux roues, à capote mobile. ⇒ **cab, tilbury.** ♦ Automobile décapotable. **2** Chapeau de femme porté en arrière et dont les bords encadrent le visage. ⇒ **capote. 3** Fauteuil de petite dimension à dossier incurvé.

❑ Le *cabriolet,* au sens de « véhicule », est une « voiture qui *cabriole* ».

cabus adj. m. – XIIIe ; mot provenç., du lat. *caput* « tête » ▪ CHOU CABUS, à tête ronde (⇒ **pommé**) et à feuilles lisses.

C.A.C. [kak] n. m. – 1988 ; acronyme de ***C****ompagnie des* ***A****gents de* ***C****hange* ▪ *Indice C.A.C. 40 :* indice établi sur la base de 40 titres cotés à la Bourse de Paris. ✪ HOM. Caque.

caca n. m. – XVIe ; lat. *cacare* « chier » **1** fam. (lang. enfantin) Excrément, matière fécale. « *Je faisais caca comme un oiseau entre deux orages* » (Céline). ♦ Ordure, saleté. loc. *Être dans le caca* (⇒ **merde**). **2** *Caca d'oie :* couleur jaune verdâtre. ➛ adj. inv. *Des robes caca d'oie.*

cacaber v. intr. [1] – XVIe ; gr. *kakkabê* « perdrix » ▪ rare Crier, en parlant de la perdrix, de la caille.

cacahouète ou **cacahuète** [kakawɛt] n. f. – XIXe ; aztèque « cacao de terre » ▪ Fruit de l'arachide ; graine qu'il contient. *Cacahouètes grillées, salées. Il* « *acheta des cacahuètes qu'il se mit à manger voracement* » (Mauriac).

cacao n. m. – XVIe ; aztèque **1** Graine du cacaoyer (⇒ **fève**) qui sert à fabriquer le chocolat. *Pâte de cacao,* obtenue en écrasant les graines de cacao. *Beurre de cacao :* matière grasse extraite du cacao, ou de la pâte de cacao. **2** Poudre obtenue à partir de la pâte de cacao. *Cacao non sucré.* ♦ Boisson préparée avec cette poudre. *Un bol de cacao.* ⇒ **chocolat.** « *les mérites comparatifs du cacao et du café crème* » (Céline).

cacaoté, ée adj. – 1947 ▪ Qui contient du cacao. *Petit déjeuner cacaoté.* ⇒ **chocolaté.**

cacaoui n. m. – XVIIe ; algonquin ▪ (Canada) Petit canard sauvage, appelé aussi *canard à longue queue de Terre-Neuve.*

cacaoyer [kakaɔje] n. m. – XVIIe ▪ Arbuste tropical *(sterculiacées),* dont les fruits (⇒ **cabosse**) sont récoltés pour leurs graines (⇒ **cacao**).

❑ On trouve aussi la forme *cacaotier,* comme *indigotier* de *indigo.*

cacaoyère [kakaɔjɛʀ] n. f. – XVIIe ▪ Plantation de cacaoyers.

❑ On trouve aussi la forme *cacaotière.*

cacarder v. intr. [1] – XVIIe ; onomat. ▪ rare Crier, en parlant de l'oie.

cacatoès [kakatɔɛs] n. m. – XVIIe ; malais ▪ Oiseau grimpeur *(psittaciformes)* portant une huppe érectile.

❑ Pour le è → faciès (rem.).

cacatois n. m. – XVIIe ; var. de *cacatoès* ▪ Petite voile carrée au-dessus du perroquet. *Mât de cacatois, le cacatois,* mât qui porte cette voile.

cachalot n. m. – XVIIe ; port. *cachola* « grosse tête » ▪ Grand mammifère marin *(cétacés),* à tête cylindrique, pourvu de dents. « *Le cachalot est un animal disgracieux, plutôt têtard que poisson* » (J. Verne). *Pêche au cachalot. Produits extraits du corps du cachalot :* ambre gris, blanc de baleine.

① **cache** n. f. – XVIe ▪ Cachette. *Une cache d'armes.* « *sa cache,* [...] *son trou au coin d'un mur* » (Le Clézio). ✪ HOM. Cash.

② **cache** n. m. – XIXe ▪ Papier à surface opaque destiné à cacher une partie de la pellicule à impressionner. ♦ Tout élément destiné à masquer une partie d'une surface lors d'une opération effectuée sur cette surface.

caché, ée adj. 1 Qu'on a caché ; qui se cache. ⇒ **dissimulé.** *Trésor caché.* ♦ Qui n'est pas visible. *La face cachée de la Lune.* 2 Secret, non exprimé ; impossible à déceler, à comprendre. *Sentiments cachés.* ⇒ **intime, profond.** *Sens caché d'un symbole.* ⇒ **ésotérique, mystérieux, occulte.** « *chercher le sens caché des gestes, des paroles qu'elle avait notés dans la journée* » (Beauv.). ✪ CONTR. Apparent, visible.

cache-cache n. m. inv. – XVIIIe ▪ Jeu où l'un des joueurs doit découvrir les autres qui sont cachés. ➙ fig. *Jouer à cache-cache* : se manquer tour à tour, se chercher. « *plus l'heure est grave, plus on joue à cache-cache avec soi-même* » (Mart. du G.).

cache-cœur n. m. – mil. XXe ▪ Gilet court, croisé sur la poitrine. *Des cache-cœurs.*

cache-col n. m. – XVIe ; de *col* « cou » ▪ Écharpe qui entoure le cou. ⇒ **cache-nez.** *Des cache-cols* ou *des cache-col.*

cachectique adj. – XVIe ▪ Relatif à la cachexie. *État cachectique.* ♦ Atteint de cachexie. ➙ n. *Un cachectique.*

cache-flamme n. m. – av. 1965 ▪ Appareil fixé au bout du canon d'une arme à feu pour éteindre la flamme produite au départ du coup. *Des cache-flammes* ou *des cache-flamme.*

cachemire n. m. – XIXe ; nom d'un État de l'Inde 1 Tissu ou tricot fin en poil de chèvre du Cachemire ou du Tibet, mêlé de laine. *Gilet en cachemire* ou (plus cour.) *cashmere.* « *un chandail de cashmere à dessins écossais* » (Perec). 2 *Châle de cachemire,* à impression de feuilles stylisées. ➙ *Impression cachemire.*

❑ *Cashmere* est la graphie anglaise du nom de cet État.

cache-misère n. m. inv. – XIXe ▪ Vêtement de bonne apparence sous lequel on dissimule des habits ou du linge misérables. ♦ Ce qui masque les défauts, le mauvais état. *Un rideau qui sert de cache-misère.*

cache-nez n. m. inv. – XVIe ▪ Écharpe qui protège le cou et le bas du visage. ⇒ **cache-col.** *Un petit homme pâle* « *emmailloté de flanelle, de foulards, de cache-nez* » (Zola).

cache-pot n. m. – XVIIe ▪ Vase orné qui sert à cacher un pot de fleurs. *Des cache-pots* ou *des cache-pot.*

cache-poussière n. m. – XIXe ▪ Long manteau en tissu léger. *Des cache-poussière* ou *des cache-poussières.*

cache-prise n. m. – 1979 ▪ Dispositif de sécurité qui se fixe dans une prise de courant pour rendre les contacts inaccessibles (aux enfants). *Des cache-prises* ou *des cache-prise.*

① **cacher** v. tr. [1] – XIIIe ; lat. *coactare* « contraindre » **I** v. tr. 1 Soustraire à la vue ; mettre dans un lieu où on ne peut trouver. ⇒ **camoufler, dissimuler,** fam. **planquer.** *Cacher des bijoux, de l'argent. Cacher un objet volé.* ⇒ **receler.** *Cacher dans la terre.* ⇒ **enfouir, ensevelir, enterrer.** *Cacher les mains derrière son dos. Cacher sa nudité.* ➙ *Cacher un évadé chez soi.* 2 Empêcher de voir. ⇒ **dissimuler, masquer.** *Ce mur nous cache le soleil, la vue.* ⇒ **arrêter,** ① **boucher ; éclipser, occulter.** loc. *Un train peut en cacher un autre* (aux passages à niveau). ♦ Contenir sans montrer. *Un placard qui cache des trésors.* 3 *CACHER SON JEU* : ne pas montrer ses cartes ; fig. dissimuler son but ou les moyens par lesquels on cherche à l'atteindre. « *cachant bien leur jeu et mal leur émotion* » (Perec). 4 Soustraire, dérober à la connaissance (⇒ **déguiser, dissimuler**) ; ne pas exprimer (⇒ **rentrer**). *Cacher son émotion.* « *Il nous est aussi nécessaire de cacher notre pensée que de porter des vêtements* » (France). ⇒ **camoufler.** ➙ *Cacher ses larmes.* ♦ Ne pas dire, ne pas faire connaître. ⇒ **celer, dissimuler, étouffer, taire.** « *mentir, c'est cacher une vérité que l'on doit manifester* » (Rouss.). *Elle cache son âge. Je ne vous cache pas que...* : j'avoue, je reconnais que... *Pour ne rien vous cacher.* **II** *SE CACHER* v. pron. 1 Faire en sorte de n'être pas vu, trouvé, se mettre à l'abri, en lieu sûr. ⇒ se **tapir,** se **terrer ;** fam. se **planquer.** *Un fuyard, un évadé qui se cache. Se cacher derrière un arbre, sous un drap.* ➙ *Le soleil s'est caché* (derrière un nuage). ⇒ **disparaître.** 2 *SE CACHER DE* (qqn), lui cacher ce que l'on fait ou dit. « *On trompe Iphigénie ; on se cache d'Achille* » (Rac.). ➙ *Il ne s'en cache pas* : il en convient. ✪ CONTR. Montrer ; déceler, découvrir. Avouer, exprimer, révéler. Apparaître, manifester (se), paraître.

② **cacher** → **casher**

cache-radiateur n. m. – 1935 ▪ Revêtement grillagé qui cache un radiateur d'appartement. *Des cache-radiateurs.*

cache-sexe n. m. – XIXe ▪ Petit triangle d'étoffe couvrant le bas-ventre, culotte minuscule. ⇒ ② **slip, string.** *Des cache-sexes* ou *des cache-sexe.*

cachet n. m. – XVe ; de *cacher* « presser » 1 Plaque ou cylindre d'une matière dure gravée avec laquelle on imprime une marque (sur de la cire). ⇒ **sceau.** *Armes gravées sur un cachet. Appliquer, apposer, mettre un cachet sur...* ➙ Matière portant l'empreinte du cachet. *Briser un cachet.* ➙ *LETTRE DE CACHET* : lettre au cachet du roi, contenant un ordre d'emprisonnement ou d'exil sans jugement. *Le roi embastillait par lettre de cachet.* 2 Marque apposée à l'aide d'un cachet (ou d'un timbre en caoutchouc, d'un tampon). ⇒ **empreinte.** *Le cachet de la poste faisant foi* (pour la date). ⇒ **oblitération.** *Le cachet d'un fabricant.* ⇒ **estampille.** 3 Marque, signe caractéristique, distinctif. *Ce village a du cachet.* « *se félicitant* [...] *du calme de la rue, du cachet de leurs plafonds bas* » (Perec). 4 loc. *Courir le cachet* : chercher à donner des leçons à domicile, avoir des engagements à la soirée. ➙ Rétribution d'un artiste, pour un engagement déterminé. *Un gros cachet* (⇒ **cachetonner).** 5 Enveloppe de pain azyme contenant un médicament en poudre. ⇒ **capsule, gélule.** ➙ abusivt Comprimé. *Cachet d'aspirine.*

cache-tampon n. m. inv. – XIXe ▪ Jeu d'enfants où l'on cache un objet que les joueurs doivent découvrir.

cacheter v. tr. [4] – XVe ▪ Fermer, marquer d'un cachet. ⇒ **estampiller, sceller.** *Cacheter une lettre.* « *la mère Bouquet a fait cacheter le goulot de ses litres* [...] *c'est devenu du vin bouché* » (Dorgelès). ➙ *Bouteille cachetée.* ♦ Fermer (une enveloppe gommée ou autocollante). *Sous pli cacheté.*

cachetonner v. intr. [1] – mil. XXe ▪ fam. Courir le cachet (4°). *Un* « *comédien raté, cachetonnant dans les* [... *comédies de boulevard* » (C. Paysan).

cachette n. f. – XIVe 1 loc. adv. *EN CACHETTE* : en se cachant. ⇒ **clandestinement, furtivement, secrètement.** *Fumer en cachette.* loc. prép. *En cachette de* : à l'insu de. *Il* « *partait sans un seul pisteur, pieds nus en cachette de la mère* » (Duras). 2 Endroit propice à cacher qqch. ou qqn. ⇒ ① **cache,** fam. **planque.** *Une bonne cachette. Sors de ta cachette.* ✪ CONTR. Franchement, ouvertement.

cachexie n. f. – XVIe ; gr. *kakos* « mauvais » et *hexis* « constitution » vieilli État d'amaigrissement et de fatigue généralisée dû à la sous-alimentation (⇒ **athrepsie)** ou lié à la phase terminale d'une maladie (⇒ **consomption).**

cachot n. m. – XVIe 1 Cellule obscure, souvent souterraine, dans une prison. ⇒ **cul-de-basse-fosse, ergastule, geôle, in pace.** *Mettre, jeter qqn dans un cachot, au cachot.* ♦ Toute prison. loc. *La paille humide des cachots* : la prison. 2 Punition (dans une prison) qui consiste à être isolé dans une cellule. *Trois jours de cachot.* ⇒ arg. **mitard.**

❑ *Cachot* a d'abord eu le sens de « lieu secret ».

cachotterie n. f. – XVIIe ▪ (surtout au plur.) Petit secret que l'on affecte de taire. *Faire des cachotteries.*

cachottier, ière n. – XVIIe ▪ Personne qui aime à faire des cachotteries. *Un petit cachottier.* « *Je ne suis pas une cachottière, moi, je ne m'entoure pas de mystère* » (Beauv.). ➛ adj. « *Est-elle cachottière ? – Non, une certaine réserve, mais pas de cachotteries* » (Mart. du G.).

cachou n. m. – XVIIe ; malais **1** Matière colorante brune (autrefois végétale) utilisée pour la teinture du coton. **2** Extrait astringent du fruit d'un acacia d'Asie ou de la noix d'arec. ➛ Pastille parfumée au cachou. *Boîte de cachous.* **3** adj. inv. Brun-rouge. *Une maison « agrémentée de volets cachou »* (Huysm.).

cacique n. m. – XVIe ; mot caraïbe **1** Chef indigène des anciens habitants d'Amérique centrale. **2** Personnalité nantie d'une fonction importante (politique, administrative ; ⇒ **hiérarque**) ou d'une influence notable sur un groupe. **3** Major du concours d'entrée à l'École normale supérieure, par ext. d'un concours.

cacochyme adj. – XVe ; gr. *kakos* « mauvais » et *khumos* « humeur » ▪ vx ou plaisant D'une constitution faible, d'une santé déficiente. ⇒ **maladif, valétudinaire.** *Vieillard cacochyme.* ✪ CONTR. Vigoureux ; valide.

cacographie n. f. – XVIe ; gr. *kakos* « mauvais » et *-graphie* ▪ plaisant État d'un écrit très fautif (graphies, syntaxe, vocabulaire, style). ⇒ **charabia.**

cacolet n. m. – XIXe ; mot béarnais, p.-ê. basque ▪ Bât composé de deux sièges à dossier fixés de chaque côté du dos de la bête de charge. « *des longs sacs de toile en cacolet sur l'échine* » (Cendrars).

cacophonie n. f. – XVIe ; gr. *kakos* « mauvais » et *-phonie* **1** Rencontre ou répétition de sons désagréables. ⇒ **dissonance.** *Cacophonie de l'orchestre qui accorde ses instruments.* **2** Mélange confus de plusieurs bruits, de plusieurs voix. ✪ CONTR. Euphonie.

cacophonique adj. – XIXe ▪ Qui fait une cacophonie. *Sons cacophoniques.* ✪ CONTR. Euphonique, harmonieux.

cactées n. f. pl. – XIXe ▪ Famille de plantes dicotylédones dialypétales au tissu succulent, aux feuilles réduites à des épines. ⇒ **cactus.** ✪ HOM. Caqueter.

cactus [kaktys] n. m. – XVIIIe ; gr. *kaktos* « artichaut épineux » **1** Plante grasse *(cactées)*, des régions chaudes et arides, naturalisée en Europe méridionale, à tiges épineuses riches en suc. « *l'aloès et le cactus se hérissaient parmi les broussailles* » (Nerval). **2** fam. Difficulté, ennui. ⇒ **os.** *Il y a des cactus.*

c.-à-d. [sɛtadiʀ] → **c'est-à-dire**

cadastral, ale, aux adj. – XVIIIe ▪ Du cadastre. *Plan cadastral.*

cadastre n. m. – XVIe ; gr. *kata* « de haut en bas » et *stikhos* « rang, ligne » **1** Registre public définissant l'emplacement, la surface et la valeur des propriétés foncières (d'une commune). *Consulter le cadastre.* **2** Administration fiscale qui établit et conserve ce document. *Les « fonctionnaires du cadastre chargés de répartir les lotissements entre les demandeurs »* (Duras).

cadastrer v. tr. [1] – XVIIIe ▪ Mesurer, inscrire au cadastre. ➛ « *cette partie de la forêt non encore cadastrée par les Blancs* » (Duras).

cadavéreux, euse adj. – XVIe ▪ littér. Qui tient du cadavre. *Teint cadavéreux.* ⇒ **cadavérique.**

cadavérique adj. – XVIIIe ▪ Propre au cadavre. *Rigidité cadavérique.* ♦ Qui rappelle un cadavre. *Pâleur cadavérique.* ⇒ **cadavéreux.**

cadavre n. m. – XVIe ; lat. *cadaver* **1** Corps mort, surtout en parlant de l'homme et des gros animaux. ⇒ **corps, dépouille,** ③ **mort ;** pop. **macchabée.** « *un cadavre de cheval écorché qu'un chien dépèce* » (Claudel). *Embaumer* (⇒ **momie**), *enterrer, incinérer un cadavre. Cadavre décomposé.* ⇒ **charogne.** *Dépôt des cadavres à la morgue. Autopsier un cadavre. Êtres qui se nourrissent de cadavres.* ⇒ **charognard, nécrophage.** *Amoncellement de cadavres.* ⇒ **charnier.** ♦ loc. fam. *Un cadavre ambulant :* une personne pâle et maigre. ➛ *Il y a un cadavre entre eux :* ils sont liés par un crime. **2** fam. Bouteille bue, entièrement vidée. **3** CADAVRE EXQUIS *:* jeu surréaliste consistant à composer collectivement une phrase en écrivant un mot sur un papier que l'on plie avant de le passer au suivant. ✪ CONTR. ② Vivant.

> ❑ Lorsque le mort est connu, on ne dit jamais *cadavre* mais corps. ♦ Le jeu surréaliste tire son nom de la première phrase ainsi obtenue : *Le cadavre exquis boira le vin nouveau.*

① **caddie** n. m. – XIXe ; mot angl., du fr. *cadet* ▪ Au golf, Garçon qui porte les clubs du joueur. ⇒ **cadet.** *Des caddies.* ✪ HOM. Cadi.

> ❑ On trouve aussi la graphie *caddy*, les deux venant de l'anglais.

② **caddie** n. m. – 1952 ; nom déposé ; angl. *caddie cart* « chariot de caddie » ▪ Petit chariot métallique pour transporter les achats dans les libres-services, les bagages dans les gares, les aéroports. ♦ Poussette pour faire le marché.

> ❑ Ce chariot est appelé *trolley* au Royaume-Uni et *cart* aux États-Unis.

cade n. m. – XVIe ; lat. ▪ Genévrier méditerranéen, dont le bois est utilisé en marqueterie. *Huile de cade :* produit de distillation du bois du cade, utilisé en pharmacopée.

cadeau n. m. – XVe ; lat. *caput* « tête » ▪ Objet que l'on offre à qqn. ⇒ ① **don,** ② **présent.** *Un beau cadeau. Les bras chargés de cadeaux.* ➛ *Cadeaux de mariage.* ⇒ **corbeille,** ② **liste** (de mariage). *Cadeau d'anniversaire, de Noël. Faire un cadeau à qqn.* ⇒ **offrir.** ➛ « *Mme Théo m'a fait cadeau de son béret* » (Gide). fam. *Je vous fais cadeau des détails.* ⇒ **épargner.** ➛ loc. *Ne pas faire de cadeau à qqn,* être dur (en affaires, etc.) avec lui. *Ils ne se font pas de cadeaux :* ils ne se laissent rien passer. *C'est pas un cadeau :* c'est difficile à supporter. « *des mecs comme ça c'était pas un cadeau* » (Perec). ♦ *Papier cadeau. Paquet-cadeau, paquet cadeau.*

cadenas n. m. – XVIe ; lat. *catena* « chaîne » ▪ Boîtier métallique renfermant une serrure, capable de bloquer l'extrémité libre d'un arceau métallique monté sur charnière. ⇒ **antivol.** « *une porte fermée par un cadenas* » (Le Clézio). ⇒ **cadenasser.**

cadenasser v. tr. [1] – XVIe ▪ Fermer avec un cadenas. *Cadenasser la porte de la cave.*

cadence n. f. – XVe ; lat. *cadere* « se terminer » **1** Rythme de l'accentuation, en poésie ou en musique ; effet produit. ⇒ **harmonie, nombre.** *La cadence d'un alexandrin.* ➛ Mesure réglant le mouvement d'un danseur. ⇒ **rythme. 2** Terminaison d'une phrase musicale, résolution d'un accord dissonant sur un accord consonant. ♦ Dans un concerto (forme sonate), Morceau de virtuosité développant le thème d'un mouvement. **3** Rythme d'un mouvement régulier. *La cadence de la marche.* ➛ EN CADENCE *:* d'une manière rythmée, régulière. « *Le cœur de Guillaume sautait en cadence, battait des coups sourds de mineur* » (Cocteau). **4** Rythme du travail, de la production. *Une* *cadence infernale. Accélérer les cadences.* ◆ *Cadence de tir d'une arme* : nombre de coups à la minute.

cadencé, ée adj. – XVIe 1 Qui a de la cadence, une cadence sensible. *Prose cadencée.* 2 Rythmé. *Défiler au pas cadencé.*

cadencer v. tr. 3 – XVIIIe 1 Donner de la cadence à (des phrases, des vers). ⇒ **rythmer.** 2 Conformer (ses mouvements) à un rythme.

cadenette n. f. – XVIIe ; de *Cadenet*, n. pr. ■ Longue mèche de cheveux portée sur le côté ; tresse que les soldats d'infanterie portaient de chaque côté du visage.

cadet, ette n. – XVe ; gascon *capdet* « chef » 1 Personne qui, par ordre de naissance, vient après l'aîné (⇒ **second),** et par ext. après un aîné. ⇒ **puîné.** *Le cadet, la cadette de qqn,* son frère, sa sœur plus jeune. *C'est mon cadet.* ◆ *C'est le cadet* (de la famille), le second ou le dernier. ⇒ **benjamin.** ♦ adj. *Elle a deux frères cadets. Sa fille cadette.* ◆ *Branche cadette,* issue d'un cadet. 2 Personne moins âgée (sans lien de parenté). *Elle « avait épousé un homme magnifique, son cadet de dix ans, un Suisse nommé Jules Laporte »* (Zola). 3 loc. *C'est le cadet de mes soucis,* le dernier, le moindre. 4 Gentilhomme qui servait comme soldat, puis comme officier subalterne, pour apprendre le métier des armes. *Les cadets de Gascogne.* 5 Jeune sportif appartenant à la catégorie d'âge comprise entre les minimes et les juniors (ex. en athlétisme, de 16 à 17 ans). 6 n. m. ⇒ ① **caddie.**

> ❑ Ne pas confondre avec *benjamin* « le plus jeune d'une famille ». De trois enfants, on dira : l'aîné, le cadet et le benjamin.

cadi n. m. – XIVe ; ar. « juge » ■ Magistrat musulman qui remplit des fonctions civiles, judiciaires et religieuses. ✪ HOM. Caddie.

cadmiage n. m. – v. 1925 ■ Revêtement d'une surface métallique par dépôt électrolytique de cadmium.

cadmie n. f. – XVe ; de *Cadmée,* citadelle de Thèbes ■ surtout plur. Résidu (composé surtout d'oxyde de zinc) se déposant sur les parois des fourneaux, lors de la métallurgie du zinc.

cadmium [kadmjɔm] n. m. – XIXe ■ Corps simple (Cd ; n° at. 48 ; m. at. 112,40), métal blanc, ductile et malléable, utilisé en alliage (protection des métaux). ◆ *Jaune de cadmium* : sulfure de cadmium (pigment).

cadrage n. m. – XIXe 1 Mise en place de l'image (photo, cinéma, télévision). Le résultat. *Un bon cadrage.* 2 Grandes lignes fixant les orientations (d'un projet, d'une politique).

cadran n. m. – XIIIe ; lat. *quadrare* « être carré » 1 Plan où sont indiqués les chiffres des heures. *CADRAN SOLAIRE,* où l'heure est marquée par l'ombre d'un style projetée par le soleil. ⇒ **gnomon.** *« des esclaves chargés de crier l'heure d'après la clepsydre et le cadran solaire »* (Nerval). 2 Cercle divisé en heures (et minutes), sur lequel se déplacent les aiguilles (d'une montre, horloge, pendule). *Cadran lumineux.* ◆ loc. *Faire le tour du cadran* : dormir douze heures d'affilée. 3 Surface plane, divisée et graduée, de divers appareils à aiguilles. *Cadran d'une boussole.* ◆ *Cadran de téléphone,* portant les lettres et les chiffres et permettant de composer un numéro. ✪ HOM. Quadrant.

cadrat n. m. – XVIIe ; lat. *quadratus* « carré » ■ Petit lingot de métal plus bas que les caractères d'imprimerie, utilisé pour laisser des blancs et remplir la justification ; le blanc.

cadratin n. m. – XVIIe ■ Cadrat de l'épaisseur du caractère. ◆ Espace correspondant à un cadrat.

cadrature n. f. – XVIIIe ; lat. ■ Assemblage des pièces qui meuvent les aiguilles d'une montre, etc., les relient entre elles et au mouvement. ✪ HOM. Quadrature.

cadre n. m. – XVIe ; lat. *quadrus* « carré » I – 1 Bordure entourant une glace, un tableau, etc. ⇒ **encadrement.** *Cadre rectangulaire, rond, ovale. Mettre une photographie dans un cadre.* ⇒ **encadrer.** par ext. Tableau. *Accrocher un cadre au mur.* 2 Sur un bateau, Couchette de toile montée sur un châssis en bois. 3 Châssis fixe. *Le cadre d'une porte, d'une fenêtre.* ⇒ **chambranle, encadrement.** *Cadre d'une raquette.* ♦ Charpente métallique d'une bicyclette. ♦ Conteneur capitonné servant au transport du mobilier. ♦ *CADRE MOBILE* : bobinage rectangulaire qui, parcouru par un courant, tend à s'orienter dans un champ d'induction. *Galvanomètre à cadre mobile.* ◆ Circuit électrique plan jouant le rôle d'une antenne. II – 1 Ce qui circonscrit, et par ext. entoure un espace, une scène, une action. ⇒ **décor, entourage, milieu.** *Cette banlieue « cadre des scènes les plus troublantes des romans-feuilletons et des films à épisodes »* (Aragon). *Un cadre agréable.* ♦ CADRE (DE VIE) : milieu physique ou humain dans lequel on vit. ⇒ **environnement.** *Changer de cadre.* 2 Arrangement des parties d'un ouvrage. ⇒ ③ **plan.** *Le cadre d'un roman.* 3 LE CADRE DE : les limites prévues, imposées par. *Sortir du cadre de la légalité. Dans le cadre de ses fonctions* (⇒ **compétence).** ◆ (critiqué) *Dans le cadre du festival,* à l'occasion de. III – 1 Ensemble des officiers et sous-officiers qui dirigent les soldats d'un corps de troupe (⇒ **encadrer).** ◆ *Le cadre de réserve* : corps des officiers généraux qui ne sont plus en activité, mais restent disponibles pour le temps de guerre. ◆ *Le Cadre noir* : les écuyers militaires de l'École de Saumur. 2 Tableau des emplois et du personnel qui les remplit. *Figurer sur les cadres. Être rayé des cadres* : être libéré ou licencié. *« Un ancien administrateur des colonies rayé des cadres »* (R. Gary). 3 plur. Personnel appartenant à la catégorie supérieure des salariés d'une entreprise ; personnel d'encadrement. *Confédération générale des cadres (C. G. C.).* ◆ au sing. *Un cadre moyen, supérieur* (⇒ **décideur).** *Il est passé cadre. Jeune cadre dynamique.* ⇒ **yuppie.** *Elle est cadre.*

cadrer v. 1 – XVIe 1 v. intr. Aller bien avec qqch. ⇒ **s'accorder, s'assortir, coïncider, concorder, convenir.** *Les témoignages ne cadrent pas ensemble. « Je revins à l'idée de pièce, estimant que le théâtre cadrerait mieux avec l'histoire »* (Cocteau). ◆ *Ça ne cadre pas.* ⇒ **coller.** 2 v. tr. Disposer, mettre en place (les éléments à photographier ou à filmer). *Cadrer une scène.* Projeter en bonne place sur l'écran. *Image mal cadrée.* 3 Immobiliser (le taureau) avant de l'estoquer. ✪ CONTR. Contredire.

cadreur n. m. – 1952 ■ Personne chargée du maniement de la caméra de cinéma, de télévision. Recomm. offic. pour *caméraman**.

caduc, uque adj. – XIVe ; lat. *cadere* « tomber » 1 Qui n'a plus cours. ⇒ **démodé, dépassé, obsolète, périmé, vieux.** *« le despotisme caduc de l'ancienne royauté »* (Chateaub.). ◆ *Acte juridique caduc.* ⇒ **annulé, nul.** *Legs caduc,* annulé par la mort du légataire. *Loi caduque* tombée en désuétude ou remplacée par une nouvelle loi. 2 Qui est destiné à tomber, à se détacher. ⇒ **décidu.** *Feuilles caduques* (opposé à *persistantes*). *Les bois caducs des cerfs.* ◆ *Membrane caduque,* et subst. *la caduque.* ⇒ **déciduale.** ✪ CONTR. Jeune, ② neuf, ① vivace.

> ❑ *Caduc* qualifiant le malade atteint d'épilepsie (« malade qui tombe ») a été abandonné au profit de *épileptique.*

caducée n. m. – XVe ; gr. *kerukeion* « insigne de héraut » ▪ Attribut de Mercure constitué par une baguette entourée de deux serpents entrelacés et surmontée de deux courtes ailes. ♦ Emblème des professions médicales et paramédicales (avec un seul serpent).

caducité n. f. – XVe ▪ État de ce qui est caduc. *Caducité d'une institution, d'un acte juridique.*

cæcal, ale, aux [sekal, o] adj. – XVIIe ▪ Qui appartient au cæcum.

cæcum [sekɔm] n. m. – XVIe ; mot lat. « (intestin) aveugle » ▪ Première partie du gros intestin, en forme de cul-de-sac, fermée à sa base et communiquant en haut avec le côlon droit, et latéralement, du côté interne, avec le dernier segment de l'intestin grêle (iléon). ⇒ **appendice** (vermiforme).

cæsium → **césium**

C.A.F. [seaɛf] ou **CAF** [kaf] adj. ou adv. – XXe ; abrév. de *Coût, Assurance, Fret* ▪ Où les frais de transport maritime et d'assurance de la marchandise jusqu'au port de destination sont acquittés par le vendeur. *Vente C.A.F. Valeur en douane d'une importation calculée C.A.F.*

cafard, arde n. – XVIe ; ar. *kâfir* « infidèle » **1** Personne qui dénonce sournoisement les autres. ⇒ **dénonciateur, mouchard. 2** n. m. Blatte. **3** *Avoir le cafard,* des idées noires. ⇒ **blues,** fam. ② **bourdon, mélancolie, spleen, tristesse.** « *c'est dur, ça me fout le cafard, bon Dieu !* » (Bernanos). *Un coup de cafard.* ⇒ **déprime.** ✪ CONTR. Gaieté.

cafardage n. m. – XVIIIe ▪ Fait de cafarder, de rapporter.

cafarder v. [1] – XVe ▪ fam. **1** v. tr. Dénoncer en faisant le cafard (1°). ⇒ **rapporter ;** fam. **cafter, moucharder.** *Il m'a cafardé.* ➛ « *Presque toutes les grandes étaient au courant ; une aura cafardé* » (Larbaud). **2** v. intr. Avoir le cafard, être déprimé.

cafardeur, euse n. – XIXe ▪ Personne qui cafarde (1°). ⇒ **cafard.** ✪ HOM. Cafardeuse (cafardeux).

cafardeux, euse adj. et n. – 1919 ▪ Qui a le cafard. ⇒ **déprimé, mélancolique, triste.** *Être un peu cafardeux.* ➛ n. « *Je veux pas des cafardeuses ici* » (Céline). ✪ HOM. Cafardeuse (cafardeur).

café n. m. – XVIe ; ar. *qahwa* **I - 1** Graines du fruit du caféier, contenant un alcaloïde aux propriétés stimulantes (⇒ **caféine**). *Récolte du café. Balle de café.* ⇒ ① **farde.** *Variétés de café.* ⇒ **arabica, robusta ; moka.** *Café vert,* non grillé. *Griller, torréfier du café.* ♦ Ces graines torréfiées. *Café en grains, café moulu.* ➛ *Café soluble.* **2** Caféiers. *Une plantation de café.* ⇒ **caféière. 3** Boisson obtenue par infusion de grains torréfiés et moulus. ⇒ fam. **caoua, jus.** *Faire le café, du café, un café* (⇒ **cafetière, percolateur**). « *nous allions derrière la maison prendre le café dans un cabinet frais et touffu* » (Rouss.). *Café fort, serré ; léger, allongé. Une tasse de café. Tasse, cuillère, service à café. Filtre à café en papier.* ➛ *Café noir,* nature. *Café décaféiné. Café au lait.* « *un café arrosé qui répandait une forte odeur de rhum* » (Simenon). ⇒ **bistouille, gloria.** fam. *Un café calva. Du mauvais café.* ⇒ **lavasse.** ➛ *Glace, éclair au café.* ➛ Tasse, bol de café. *Mettre deux sucres dans son café.* ➛ Préparation à base de café. *Café irlandais.* ⇒ **irish coffee.** ➛ loc. fam. *C'est (un peu) fort de café :* c'est exagéré, invraisemblable. allus. littér. *Racine passera comme le café* (faussement attribué à Mme de Sévigné). allus. hist. *La France, ton café fout le camp !* (attribué à Louis XV). ♦ Le moment où l'on prend le café, après le repas. *Offrir des liqueurs au café.* **4** adj. inv. *Café au lait :* brun clair. **II** Lieu public où l'on consomme des boissons. ⇒ ① **bar, brasserie, buvette,** ① **débit** (de boissons) ; vieilli **cabaret, estaminet ;** fam. **bistrot, zinc,** arg. ② **rade.** *Petit café populaire.* ⇒ **boui-boui, caboulot, troquet.** *Le patron d'un café.* ⇒ **bistrot, bistrotier, cafetier, tenancier.** *Garçon de café. Le zinc, le comptoir, la salle, la terrasse d'un café.* ➛ *Café littéraire, artistique,* où se réunissent écrivains, artistes.

café-concert n. m. – XIXe ▪ Théâtre où les spectateurs pouvaient écouter des chanteurs, des fantaisistes, des comiques troupiers tout en consommant. ⇒ **cabaret ;** fam. **beuglant.** « *C'est un music-hall, ici, ce n'est pas un café-concert* » (Colette). *Des cafés-concerts.* ➛ abrév. fam. *caf'conc'* [kafkɔ̃s].

caféier n. m. – XVIIIe ▪ Arbuste tropical, originaire d'Abyssinie *(rubiacées),* dont le fruit **(⇒ cerise)** contient deux graines (grains de café*).

caféière n. f. – XVIIIe ▪ Plantation de caféiers.

caféine n. f. – XIXe ▪ Alcaloïde présent dans les grains de café, les feuilles de thé **(⇒ théine),** le maté, la cola, etc.

caféisme n. m. – XIXe ▪ Intoxication chronique par le café ou par d'autres produits contenant de la caféine (thé, maté).

cafetan ou **caftan** n. m. – XVIe ; turc ▪ Vêtement oriental, ample et long. « *je porte fez et cafetan* » (Loti).

cafeter → **cafter**

cafétéria [kafeterja] n. f. – 1925 ; esp. « boutique où l'on vend du café » ▪ Lieu public (souvent en libre-service) où l'on peut consommer du café, des boissons (surtout non alcoolisées), se restaurer. ⇒ **restoroute, snack-bar.** *Cafétéria d'un centre commercial, d'un hôpital.* ♦ Buvette dans une entreprise. *Des cafétérias.* ➛ abrév. fam. *cafèt'* [kafɛt].

> ❑ On trouve aussi la graphie anglaise *cafeteria.* « *on servait déjà des petits déjeuners dans la* cafeteria *du coin* » (Simenon).

café-théâtre n. m. – v. 1965 ▪ Petite salle où l'on peut éventuellement consommer et où se donnent des spectacles scéniques (souvent comiques) échappant aux formes traditionnelles. *Des cafés-théâtres.*

cafetier, ière n. – XVIIe ▪ vieilli Personne qui tient un café. ⇒ **limonadier, mastroquet.**

> ❑ Ce mot s'emploie rarement au féminin, en raison de l'homonymie avec le nom de l'ustensile.

cafetière n. f. – XVIIe **1** Ustensile pour préparer le café. ⇒ **percolateur.** *Cafetière électrique.* ♦ Récipient pour servir le café. ⇒ **verseuse.** *La cafetière et la théière.* **2** fam. Tête. *Recevoir un coup sur la cafetière.*

cafouillage n. m. – XVIIIe ▪ fam. Le fait de cafouiller ; mauvais fonctionnement. ⇒ **cafouillis.** *Quelques minutes de cafouillage au départ.*

cafouiller v. intr. [1] – XVIIIe ; de *fouiller* et préf. péj. ▪ fam. Agir de façon désordonnée, confuse ; marcher mal. ⇒ **merdoyer, vasouiller.** « *Ils ne savent pas se conduire, ça cafouille* » (Sartre). *Cafouiller dans ses explications.* ⇒ **s'embrouiller.**

cafouilleux, euse adj. – XIXe ▪ Qui cafouille, fonctionne mal, a un aspect confus et désordonné. *Un récit cafouilleux.*

cafouillis n. m. – XIXe ▪ fam. Grande confusion. ⇒ **cafouillage.** *Cafouillis près des buts.*

cafre adj. et n. – XVIIe ; ar. *kâfir* « infidèle » ▪ De la Cafrerie (Afrique du Sud). *Les Cafres :* ethnie noire d'Afrique australe.

caftan → **cafetan**

cafter ou **cafeter** v. tr. ① – 1900 ; de *cafard* ▪ fam. Dénoncer. ⇒ **cafarder** (1°). *Il m'a cafté au prof.*

cafteur, euse ou **cafeteur, euse** n. – 1914 ▪ fam. Celui, celle qui cafte. ⇒ **cafard, mouchard.**

cage n. f. – XIIe ; lat. *cavus* « creux » **I** - **1** Loge garnie de barreaux servant à enfermer des animaux sauvages. *Les cages d'une ménagerie, d'un cirque. Le dompteur entre dans la cage aux lions.* **2** Petite loge garnie de minces barreaux et dans laquelle on enferme des oiseaux (⇒ **volière**), des petits rongeurs domestiques. « *Les oiseaux en cage me font tout autant de pitié que les peuples en esclavage* » (Flaub.). ➛ fig. *Cage à poules* : logement exigu. ♦ Récipient à claire-voie ; nasse ; grillage fermant la bonde d'un étang. **3** Prison. *Être, mettre* (qqn) *en cage.* **4** Au football, But délimité par le filet. **II** - **1** Espace clos servant à enfermer, à limiter qqch. ➛ *La cage d'une maison* : les gros murs. *La cage d'une mine. Cage d'extraction* : benne servant à monter le minerai, les mineurs. ➛ Bâti, carter (d'un mécanisme). *La cage d'un laminoir. Cage de boîte d'essieu* (sur une locomotive). ♦ CAGE DE FARADAY : enceinte servant à intercepter les phénomènes électrostatiques. **2** CAGE D'ESCALIER, D'ASCENSEUR : l'espace où est placé l'escalier, où fonctionne l'ascenseur. « *des profondeurs de la cage d'escalier montait un souffle obscur et humide* » (Camus). **3** CAGE THORACIQUE, formée par les vertèbres, les côtes, le sternum et le diaphragme, enserrant le cœur et les poumons.

cageot n. m. – XVe ; de *cage* **1** Emballage à claire-voie, généralement sans couvercle, servant au transport des denrées alimentaires périssables. ⇒ **clayette.** *Des cageots de salades, de melons.* ⇒ **cagette, caisse.** **2** fam. Fille vilaine, mal faite.

caget n. m. – 1922 ; de *cage* ▪ Claie sur laquelle on met les fromages à égoutter, à affiner.

cagette n. f. – XIVe ▪ Petit cageot.

cagibi n. m. – 1902 ; mot de l'Ouest, de *cabagit*, du norm. *cabas* « vieux meubles » ▪ Petit local généralement sans fenêtre, à usage de rangement. ⇒ **débarras,** ② **réduit.** « *un cagibi sans fenêtre, où ma mère rangeait ses seaux et ses balais* » (Simenon).

cagna n. f. – 1914 ; annamite *kai-nhà* « la maison » ▪ arg. milit. Abri militaire. ➛ vieilli Cabane.

❑ Terme militaire de l'armée française en Indochine.

cagnard n. m. – XVe ; lat. *cuneus* « coin » ou *cagne* « chienne » ▪ région. Lieu ensoleillé, abrité du vent. ♦ Soleil brûlant.

cagne ; cagneux → **khâgne ; khâgneux**

cagneux, euse adj. – XVIIe ; de *cagne* « chienne » ▪ Qui a les genoux tournés en dedans. *Un cheval cagneux* (opposé à ① *panard*). « *Quasimodo, borgne, bossu, cagneux* » (Hugo). ♦ *Genoux cagneux,* vilains, osseux. ✪ HOM. Khâgneux.

cagnotte n. f. – XIXe ; provenç. « cuveau pour la vendange » **1** Dans les jeux d'argent, Boîte, corbeille dans laquelle les joueurs déposent leurs mises ou leurs dus. ♦ Caisse commune d'une association, d'un groupe. **2** Argent d'une cagnotte. *Toucher la cagnotte.*

cagot, ote n. – XVIe ; mot béarnais « lépreux » ▪ vieilli Faux dévot ; bigot, hypocrite. *Une « conjuration de cagots et de vieilles filles »* (Anouilh). ➛ adj. « *La Bretagne leur aurait convenu, sans l'esprit cagot des habitants* » (Flaub.).

cagouille n. f. – XVIIe ; o. i., p.-ê. lat. *conchylium* « coquille » ▪ région. Escargot.

cagoulard, arde n. – v. 1935 ▪ Membre de la Cagoule (4°). « *j'entendis les concierges de mon voisinage crier haro contre le "cagoulard"* » (Drieu La Roch.).

cagoule n. f. – XIIe ; lat. *cucullus* « capuchon » **1** Manteau sans manches, muni d'un capuchon percé d'ouvertures à la place des yeux et de la bouche, que portaient les moines. ⇒ **froc.** « *un interminable défilé de pénitents en cagoule* » (Daud.). **2** Capuchon pointu, fermé, percé à l'endroit des yeux. *Cagoules du Ku Klux Klan. Bandits en cagoules.* ⇒ **cagoulé, encagoulé.** **3** Passe-montagne, porté surtout par les enfants. **4** *La Cagoule,* nom donné au *Comité secret d'action révolutionnaire,* groupe d'extrême droite (dans les années 1930).

cagoulé, ée adj. – 1985 ▪ Qui porte une cagoule pour ne pas être reconnu. *Indépendantistes cagoulés.* ⇒ **encagoulé.**

cahier n. m. – XIIe ; lat. *quaterni* « par quatre » **1** Assemblage de feuilles de papier cousues, agrafées, etc. ensemble, et munies d'une couverture. ⇒ **album, bloc, calepin, carnet, livret, registre.** « *l'odeur spécifique des cahiers vierges et des moleskines cirées des cartables* » (Valéry). *Cahier de cent pages. Cahier à spirale. Cahier de brouillon. Cahier de français, de musique,* consacré à ces matières. ➛ *Un cahier de papier à cigarettes.* **2** Ensemble, plié et coupé dans l'ordre voulu, des pages fournies par une feuille d'impression. *Brocher les cahiers d'un livre.* **3** Mémoires présentés par les membres d'une assemblée au souverain. *Les cahiers de doléances des états généraux.* ➛ *Cahier des charges* : document fixant les modalités de conclusion et d'exécution des marchés publics, et par ext. de tout contrat. Document indiquant les caractéristiques que devra présenter une réalisation technique, et les stades de sa mise en œuvre. ⇒ **descriptif, échéancier.** **4** Publication périodique. ⇒ **revue.** *Les « Cahiers de la Quinzaine », de Péguy.* ✪ HOM. Caillé, cailler.

cahin-caha adv. – XVIe ; onomat. ▪ fam., vieilli Tant bien que mal. « *tous clopin-clopant, cahin-caha, se ruant vers la lumière* » (Hugo). ✪ CONTR. Aisément, lestement.

cahot n. m. – XVe ▪ Saut que fait une voiture en roulant sur un terrain inégal. ⇒ **heurt, secousse.** « *Entre les phrases, les cahots jetaient les interlocuteurs l'un sur l'autre* » (Aragon). ✪ HOM. Chaos, K.-O.

cahotant, ante adj. – XVIIIe **1** Qui fait cahoter. *Route cahotante.* ⇒ **cahoteux.** **2** Qui cahote. « *leurs guimbardes cahotantes et bringuebalantes* » (Sartre).

cahotement n. m. – XVIIIe ▪ Fait de cahoter, d'être cahoté. « *le cahotement d'une charrette s'éloignait* » (Mauriac).

cahoter v. ① – XVIe ; néerl. « secouer » **1** v. tr. Secouer par des cahots. *Être cahoté.* **2** v. intr. Éprouver des cahots ; être secoué. *Voiture qui cahote.* ⇒ **bringuebaler.** « *Elle était attelée de trois chevaux* [...] *et, lorsqu'on descendait les côtes, elle touchait du fond en cahotant* » (Flaub.).

cahoteux, euse adj. – XVIIe ▪ Qui fait éprouver des cahots. *Chemin cahoteux.* ⇒ **cahotant.**

cahute n. f. – XIIe ▪ Mauvaise hutte. ⇒ **cabane, cagna, hutte.** « *une ruine d'homme, adossé contre un des poteaux de sa cahute* » (Baud.).

❑ Bien que venant de *hutte, cahute* ne prend qu'un *t.*

caïd n. m. – XIVe ; ar. *qāda* « conduire » **1** En Afrique du Nord, Fonctionnaire musulman qui cumule les attributions de juge, d'administrateur, de chef de police. **2** fam. Chef de bande. « *vous vous prenez pour des caïds. Vous méprisez vos camarades* » (Sartre). ➛ Personnage considérable dans son milieu. *Un caïd de la drogue.* ➛ loc. *Faire le caïd, son caïd* : imposer ses volontés, abuser de son pouvoir. *Jouer les caïds.*

caïeu [kajø] n. m. – XVIIe ; lat. *catellus* « petit chien » ▪ Bulbille qui se développe sur un bulbe. *Caïeu d'ail* (⇒ **gousse**). *La* *reproduction « des plantes par racines ou par caïeux »* (Buff.).

caillage n. m. – XIXe ▪ Action de cailler ; état de ce qui est caillé. *L'addition de présure et le caillage du lait,* premières opérations de la fabrication des fromages. ⇒ **coagulation.**

caillasse n. f. – XIXe ▪ fam. Cailloux, pierraille. *Il « commence à monter vers le plateau, à travers la caillasse et les broussailles »* (Le Clézio).

caille n. f. – XIIe ; onomat. 1 Oiseau migrateur des champs et des prés *(galliformes),* voisin de la perdrix. *La caille cacabe, carcaille, margote* (⇒ **courcaillet**). *Le « chant monotone des cailles »* (Chateaub.). ◆ *Cailles aux raisins.* ◆ loc. fam. *Gras, rond comme une caille :* grassouillet, rondelet. *Chaud comme une caille,* dont le corps est chaud. 2 fam., terme d'affection *Ma caille.*

caillé n. m. – XIVe ▪ Partie coagulée du lait caillé. ⇒ **caillebotte.** ✪ HOM. Cahier, cailler.

caillebotis n. m. – XVIIe ; de *caillebotte* 1 Treillis recouvrant les écoutilles d'un navire. ◆ Treillis amovible servant de plancher dans un lieu humide. *Le caillebotis d'un sauna.* 2 Panneau de lattes ou assemblage de rondins servant de passage (sur un sol boueux, meuble).

caillebotte n. f. – XVIe ; de *cailler* et *botte* 1 Masse de lait caillé. 2 Fromage frais non salé (lait de vache) du Poitou.

cailler v. [1] – XIIe ; lat. *coagulare* **I** v. tr. Faire prendre en caillots. ⇒ **coaguler, figer.** *La présure caille le lait* (⇒ **caillé**). ◆ pronom. *« on sait que le lait se caille toujours dans l'estomac »* (Rouss.). *Sang caillé.* ⇒ **caillot.** **II** v. intr. 1 Prendre en caillots. *Faire cailler le lait.* 2 fam. Avoir froid. *On caille.* ◆ impers. Faire froid. *Ça va cailler cette nuit.* ✪ HOM. Cahier, caillé.

caillette n. f. – XIVe ▪ Quatrième poche de l'estomac des ruminants, qui sécrète le suc gastrique (⇒ **présure**). *Le feuillet et la caillette.*

caillot n. m. – XVIe ▪ Petite masse de liquide caillé (⇒ **grumeau**), spécialt de sang coagulé. ⇒ **coagulum.** *Caillot de sang,* formé par la fibrine retenant les globules rouges. *« un caillot de sang compact comme la pulpe d'un fruit »* (Mart. du G.). *Embolie causée par un caillot.* ⇒ **thrombose.**

caillou n. m. – XIIIe ; gaul. 1 Fragment de pierre, de roche, de petite ou moyenne dimension. ⇒ **pierre ; gravier.** *Cailloux de ballast, d'empierrement* (⇒ **cailloutis, rudération**). *Tas de cailloux.* ◆ *Cailloux roulés,* arrondis par l'érosion des eaux. ⇒ **galet.** ♦ Rocher, petite île mal signalés. ◆ *Le Caillou :* la Nouvelle-Calédonie. 2 Fragment de cristal de roche, de quartz, employé en joaillerie. *Cailloux du Rhin.* ◆ fam. Pierre précieuse, diamant. 3 fam. Crâne. *N'avoir pas un poil sur le caillou :* être chauve. *« Plus de mousse sur le caillou, quatre cheveux frisant à plat dans le cou »* (Zola).

cailloutage n. m. – XVIIe 1 Action de caillouter. *Le cailloutage d'un chemin.* 2 Pavage de cailloux. 3 Béton fait de cailloux noyés dans la chaux hydraulique. *« un lit de grosses pierres, [...] une couche de cailloutage »* (Chateaub.). 4 Pâte de faïence faite d'argile et de silex ou de quartz pulvérisé.

caillouter v. tr. [1] – XVIIIe ▪ Revêtir de cailloux. ⇒ **empierrer.** *Caillouter une voie ferrée* (⇒ **ballaster**).

caillouteux, euse adj. – XVIe ▪ Où il y a beaucoup de cailloux. *Chemin caillouteux.* ⇒ **pierreux.** *« la campagne caillouteuse que la pluie fertilisait »* (Le Clézio).

cailloutis n. m. – XVIIIe ▪ Revêtement ou ouvrage de petits cailloux concassés et agglomérés. ◆ *Cailloutis glaciaire :* cailloux, graviers et sables charriés par un glacier.

caïman n. m. – XVIe ; caraïbe 1 Reptile aquatique d'Amérique tropicale et équatoriale *(crocodiliens)* à museau large et court. 2 arg. Préparateur ou directeur d'études à l'École normale supérieure.

caïque n. m. – XVIe ; turc ▪ Embarcation légère, étroite et effilée, en usage dans la mer Égée et sur le Bosphore. *« quel ravissement d'être étendu dans ce caïque, sur cette eau qui s'apaise »* (Loti).

❑ Le mot a d'abord été féminin.

cairn n. m. – XVIIIe ; gaélique « tas de pierres » 1 Monticule ou tumulus de terre ou de pierres recouvrant les sépultures mégalithiques. 2 Pyramide de pierres élevée par des alpinistes, des explorateurs.

caisse n. f. – XIVe ; lat. *capsa* « coffre » **I - 1** Grande boîte ou coffre rigide (de bois, de métal) servant à l'emballage, au transport des marchandises. ⇒ **caissette, colis, conteneur.** *Caisse à claire-voie.* ⇒ **cageot, harasse.** *Clouer une caisse. Charger, expédier des caisses. Une caisse de champagne.* ◆ fig. et fam. *Caisse à savon :* meuble grossier, en bois blanc. 2 Grande boîte, coffre servant à d'autres usages. *Caisse à outils. Caisse à fleurs.* ⇒ ① **bac, jardinière.** *Orangers en caisse.* ◆ *Caisse du chat :* bac à litière. 3 Dispositif rigide (de protection, etc.). ⇒ **caisson.** *Caisse d'horlogerie,* renfermant le mouvement. ♦ Carrosserie d'automobile (opposé à *châssis*). fam. Voiture. loc. fam. *À fond la caisse :* très vite. 4 *Caisse du tympan :* cavité du fond de l'oreille contenant les osselets. 5 fam. Poitrine. loc. *Partir de la caisse :* être tuberculeux. *« Lui s'en va de la caisse, moi de la prostate »* (Beckett). **II - 1** Coffre dans lequel on dépose de l'argent, des valeurs. ⇒ **cassette, coffre-fort.** ◆ *Caisse enregistreuse :* appareil qui calcule, enregistre les ventes, protège les sommes encaissées (⇒ **tiroir-caisse**) et délivre un *ticket de caisse.* 2 Bureau, guichet où se font les paiements, les versements (⇒ **caissier**). *Passer à la caisse ;* fig. être congédié. *« le soir même il passait à la caisse et le lendemain il déménageait »* (Larbaud). ◆ Lieu où s'effectuent les paiements dans un magasin, etc. *Les caisses d'un supermarché, d'un cinéma. Faire la queue à la caisse.* 3 Les fonds qui sont en caisse. ⇒ **encaisse.** *Partir avec la caisse. Bon de caisse :* titre émis par une entreprise ou une banque, représentatif d'un emprunt producteur d'intérêts. ⇒ **obligation.** *Livre de caisse :* registre où sont inscrits les mouvements de fonds. *Les caisses de l'État :* le Trésor public. *Caisse noire :* fonds qui n'apparaissent pas dans la comptabilité officielle et financent des opérations secrètes. 4 Établissement où l'on dépose des fonds pour les faire valoir ou les administrer. *Caisse des dépôts et consignations,* qui reçoit les dépôts judiciaires, les cautionnements. *Caisse d'épargne. Caisse de retraite, d'allocations familiales.* **III** *Caisse de résonance :* cavité d'un instrument à cordes dont elle amplifie les vibrations par résonance. ◆ Instrument de la famille du tambour. *Caisse claire* ou *caisse plate. Grosse caisse,* que l'on frappe avec une mailloche.

caissette n. f. – XIXe ▪ Petite caisse.

caissier, ière n. – XVIe ▪ Personne qui tient la caisse (II). *Caissier d'une banque. Caissière d'un grand magasin.*

caisson n. m. – XVe ; it. *cassone* « grande caisse », avec infl. de *caisse* 1 Grande caisse montée sur roues, qui servait à transporter des munitions, des vivres. 2 Caisse métallique pleine d'air permettant d'effectuer des travaux sous l'eau. ⇒ ① **cloche** (à plongeur). *Caisson à air comprimé* (⇒ **hyperbare**). ◆ *Maladie, mal des caissons :* accidents de décompression. 3 Compartiment creux d'un plafond, orné de moulures. *« les parquets de chêne mosaïqués répondaient aux pla-*

fonds à caissons peints » (Tournier). 4 fam. Tête. loc. *Se faire sauter le caisson :* se tirer une balle dans la tête.

cajeput [kaʒpyt] n. m. – XVIIIe ; malais *kayu* « bois » et *putih* « blanc » ▪ Arbre des Indes *(myrtacées),* dont on extrait une essence huileuse verte, utilisée en pharmacie ; cette essence.

cajoler v. tr. [1] – XVIe ; moy. fr. *gayoler* « babiller comme un oiseau » ; infl. de *enjôler* ▪ Avoir envers (qqn) des manières, des paroles tendres et caressantes. ⇒ **choyer, dorloter.** « *Elle s'abandonnait, aimant à se faire cajoler* » (Zola). ✪ CONTR. Brusquer, malmener.

cajolerie n. f. – XVIIe ▪ Paroles ou manières caressantes et tendres.

cajoleur, euse adj. – XVIe ▪ Qui cajole. « *voulant être utile et non cajoleur, il ne savait point flatter les gens qu'il n'estimait pas* » (Rouss.). ✪ CONTR. Bourru, brusque, revêche, rude.

cajou n. m. – XVIIIe ; de *acajou* ▪ Fruit de l'anacardier, dont l'amande réniforme se mange comme la cacahouète. *Des noix de cajou. Des cajous.*

cajun n. et adj. inv. en genre – XIXe ; de *acadien* dans sa graphie angl. ▪ Francophone de Louisiane qui parle une langue d'origine acadienne. *Les Cajuns.* ➛ adj. *Les parlers cajuns.* ⇒ **acadien.**

❑ Les spécialistes emploient *cadjin,* fém. *cadjine.*

cake [kɛk] n. m. – XVIIIe ; mot angl., abrév. de *plum-cake* « gâteau aux raisins secs » 1 Gâteau garni de raisins secs, de fruits confits. *Une tranche de cake. Des cakes.* 2 *En cake,* se dit d'un cosmétique moulé en pâte compacte. *Mascara en cake.*

cake-walk [kɛkwɔk] n. m. – XIXe ; mot angl. « marche du gâteau » ▪ Danse négro-américaine, en vogue vers 1900. *Des cake-walks.*

❑ Le cake-walk connut un grand succès en France au début du XXe siècle. Debussy composa *Golliwog's Cake-Walk,* pour le piano, en 1908.

① **cal** n. m. – XIVe ; lat. *callus* 1 Épaississement et durcissement de l'épiderme produits par frottements ou pression répétée. ⇒ **callosité.** *Avoir des cals aux pieds.* 2 Formation osseuse qui soude les deux fragments d'un os fracturé. 3 Amas de cellulose qui obstrue les tubes du liber de certaines plantes à l'approche de l'hiver. ✪ HOM. Cale.

② **cal** et **Cal** ▪ Symbole de la calorie.

calabrais, aise adj. et n. – XIXe ; de *Calabre,* nom d'une province du sud de l'Italie ▪ De Calabre. ➛ n. *Les Calabrais.* ➛ n. m. Dialecte italien parlé en Calabre.

caladium [kaladjɔm] n. m. – XIXe ; malais *keladi* ▪ Plante d'ornement *(aracées)* herbacée, tubéreuse, à larges feuilles colorées. « *les Caladium* [sic], *dont les feuilles en fer de lance, blanches et à nervures vertes, ressemblent à de larges ailes de papillon* » (Zola).

① **calage** n. m. – XIXe ▪ Action de caler, de fixer, d'étayer avec une cale ou de monter avec précision (une pièce).

② **calage** n. m. – XIXe ▪ Arrêt brutal d'un moteur provoqué par un défaut d'alimentation au moment d'une demande de puissance.

calaison n. f. – XVIIIe ▪ Enfoncement d'un navire, suivant son chargement. ⇒ **tirant** (d'eau).

calamar → **calmar**

calame n. m. – XVIe ; lat. *calamus* « chaume, roseau » ▪ Roseau taillé dont les Anciens se servaient pour écrire. « *son livre saint, son calame, son chapelet d'ébène* » (Le Clézio).

calamine n. f. – XIIIe ; lat. *cadmia* « cadmie » 1 Silicate hydraté naturel de zinc. 2 Résidu de la combustion d'un carburant qui se dépose et encrasse les cylindres d'un moteur.

calaminer (se) v. pron. [1] – XVIe ▪ Se couvrir de calamine (2°).

calamistrer v. tr. [1] – XIVe ; lat. *calamistrum* « fer à friser » ▪ Friser, onduler. « *Des cheveux noirs, soigneusement calamistrés, se tordaient au long des joues en spirales brillantes* » (Gaut.). ➛ Lustrer. *Cheveux calamistrés,* pommadés, gominés.

calamite n. f. – XIIIe ; gr. *kalamos* « roseau » ▪ Plante fossile *(ptéridophytes)* du carbonifère inférieur, sorte de prêle géante répandue dans les terrains houillers.

calamité n. f. – XIVe ; lat. *calamitas* 1 Grand malheur public. ⇒ **cataclysme, catastrophe, désastre, fléau.** *La famine, la guerre, les épidémies sont des calamités. George III* « *n'est point responsable des calamités de son règne* » (Hugo). 2 Grande infortune personnelle. ⇒ **désolation, malheur.** *Sa mort est une calamité pour la famille.* ✪ CONTR. Bonheur ; bénédiction, félicité.

calamiteux, euse adj. – XVIe ▪ vx ou littér. Désastreux ; qui abonde en calamités. ⇒ **catastrophique, funeste.**

calancher v. intr. [1] – XIXe ; p.-ê. de *caler* « s'arrêter » ▪ pop. et vieilli Mourir. ⇒ **clamser, claquer.**

calandrage n. m. – XVIIIe ▪ Action de calandrer.

① **calandre** n. f. – XIIIe ; gr. *kalandros* « alouette à huppe » 1 Grande alouette du sud de l'Europe. 2 Charançon, prédateur des grains de céréales.

② **calandre** n. f. – XVe ; gr. *kulindros* « cylindre » 1 Machine formée de cylindres, de rouleaux, qui sert à lisser, lustrer les étoffes, à glacer les papiers. 2 Garniture métallique verticale sur le devant du radiateur de certaines automobiles. « *les calandres des Pontiac faisaient siffler dans l'air leurs enjoliveurs* » (Le Clézio).

calandrer v. tr. [1] – XVe ▪ Faire passer (une étoffe, un papier, un matériau) à la calandre. ⇒ ① **lisser, lustrer, moirer.**

calandreur, euse n. – XIVe 1 Personne qui calandre. 2 n. m. Cylindre de calandre.

calanque n. f. – XVIIe ; provenç. *calanco* ▪ Crique étroite et allongée, bordée de rochers abrupts (spécialement en Méditerranée). *Les calanques de Piana.* « *une petite calanque, dont le sable fin brillait à travers la transparence d'une eau profonde* » (Lamart.).

calao n. m. – XVIIe ; mot malais ▪ Grand oiseau des forêts tropicales d'Afrique et d'Asie *(coraciiformes),* au bec énorme, recourbé, surmonté d'une ou de deux excroissances cornées. « *Ici, le calao se nourrit des fruits du strychnos, l'arbre à strychnine* » (Malraux).

calcaire adj. et n. m. – XVIIIe ; lat. *calx* « chaux » 1 Qui contient du carbonate de calcium. *Eau calcaire.* ➛ *Relief calcaire.* ⇒ **karstique.** 2 n. m. *Le calcaire :* roche sédimentaire constituée de carbonate de calcium. ⇒ **cipolin, comblanchien, craie.**

calcanéum [kalkaneɔm] n. m. – XVIe ; lat. « talon » ▪ Os du tarse qui forme le talon.

calcédoine n. f. – XIIe ; gr. *Khalkêdôn* « Chalcédoine », nom d'une ville de Bithynie ▪ Silice composée de quartz et d'opales de couleurs variées. ⇒ **agate, chrysoprase, cornaline, jaspe, onyx, sardoine.** « *Les calcédoines sont quelquefois ondées ou ponctuées de rouge ou d'orangé* » (Buff.).

calcémie n. f. – 1951 ; *calc(o)-* et *-émie* ▪ Teneur du sang en calcium. *Calcémie normale :* 0,1 g par litre.

calcéolaire n. f. – XVIIIe ; lat. *calceolus* « petit soulier » ■ Plante ornementale *(scrofulariacées)* à belles fleurs en forme de sabot.

calcicole adj. – XIXe ; *calci(o)-* et *-cole* ■ Qui pousse bien en sol calcaire. *La betterave et la luzerne sont calcicoles.* ✪ CONTR. Calcifuge, silicicole.

calciférol n. m. – 1934 ; de *calci(o)-* et lat. *ferre* « apporter » ■ Forme de la vitamine D (vitamine D2), à pouvoir antirachitique.

calcification n. f. – XIXe ■ Dépôt de sels de calcium dans les tissus organiques.

calcifié, iée adj. – XIXe ; *de calc(aire)* ■ Converti en sels de calcium.

calcifuge adj. – XIXe ; *calci(o)-* et *-fuge* ■ Qui végète maigrement en sol calcaire. ⇒ **silicicole.** *Le châtaignier est calcifuge.* ✪ CONTR. Calcicole.

calcin n. m. – XVIIIe ; de *calciner* 1 Débris de verre réutilisés comme matière vitrifiable. 2 Dépôt de carbonate de chaux laissé sur les pierres calcaires par l'eau de pluie.

calcination n. f. – XVIe ■ Opération par laquelle on modifie la structure d'un corps en le soumettant à une haute température.

calciner v. tr. [1] – XIVe ; lat. *calx* « chaux » 1 Transformer (des pierres calcaires) en chaux par l'action d'un feu intense. 2 Soumettre (un corps) à l'action d'une haute température. 3 Dessécher, brûler. « *des poutres si noires qu'elles semblaient calcinées* » (Aymé). ⇒ **carbonisé.**

calci(o)-, calc(o)- Éléments, du lat. *calx* « chaux », signifiant « calcium » ou « calcaire ».

calcique adj. – XIXe ■ Qui se rapporte au calcium ou à la chaux ; qui en contient.

calcite n. f. – XIXe ; all. *Calcit* ■ Carbonate naturel de calcium, cristallisé.

calcitonine n. f. – 1965 ; de *calci(o)-* et *ton(us)* ■ Hormone thyroïdienne modulant les taux sanguins du calcium et du phosphore.

calcium [kalsjɔm] n. m. – XIXe ; lat. *calx* « chaux » ■ Élément atomique (Ca ; n° at. 20 ; m. at. 40,08), métal du groupe des alcalinoterreux. *Carbonate de calcium.* ⇒ **aragonite, calcaire, calcite.**

❑ Le calcium a été découvert par Berzelius en 1808.

calciurie n. f. – 1956 ; *calci(o)-* et *-urie* ■ Quantité de calcium présente dans l'urine.

calc(o)- → **calci(o)**

① **calcul** n. m. – XVe I - 1 Action de calculer, opération(s) numérique(s). *Faire un calcul. Le calcul d'un prix de revient.* ◆ Technique des opérations arithmétiques. *Erreur de calcul.* 2 LE CALCUL. Pratique des opérations arithmétiques. *Être bon en calcul.* ◆ CALCUL MENTAL, par la seule pensée, sans poser l'opération. 3 Estimation d'un effet probable. *D'après mes calculs, il devrait arriver à 16 heures.* 4 Moyens que l'on combine pour arriver à une fin. ⇒ ③ **plan, projet, stratégie.** *Faire un mauvais calcul.* « *quand les femmes n'y mettent que calcul, prudence, dissimulation et diplomatie* » (Léautaud). ◆ *Agir par calcul,* d'une manière intéressée. II - 1 Opération ou ensemble d'opérations effectuées sur des symboles représentant des grandeurs (⇒ **algèbre,** ② **arithmétique).** *Calcul différentiel, matriciel, vectoriel.* 2 Opérations sur des symboles logiques. *Calcul modal. Calcul des prédicats.*

② **calcul** n. m. – XVIe ; lat. *calculus* « caillou » ■ Concrétion solide de sels minéraux ou de matières organiques, formée dans un organe, un conduit ou une glande, et pouvant provoquer divers troubles. *Calcul biliaire. Calcul rénal, urinaire.* ⇒ **gravelle, lithiase, pierre.** *Traitement des calculs par lithotritie.*

calculable adj. – XVIIIe ■ Qui peut se calculer. ✪ CONTR. Incalculable.

① **calculateur, trice** n. et adj. – XVIe 1 Personne qui sait calculer. *Un bon calculateur.* « *L'homme d'affaires, c'est un hybride du danseur et du calculateur* » (Valéry). 2 adj. Qui calcule ce qui lui est profitable et agit en conséquence. ⇒ **intéressé.**

② **calculateur, trice** n. – XIXe 1 n. f. Machine permettant d'effectuer des opérations arithmétiques. *Calculatrice de poche.* ⇒ **calculette.** 2 n. m. Ordinateur spécialisé effectuant plus de calculs que de tâches de gestion. *Un calculateur de vol.* ◆ *Calculateur numérique.* ⇒ **ordinateur.**

calculer v. tr. [1] – XIVe ; lat. *calculus* « caillou ; jeton servant à compter » 1 Chercher, déterminer par le calcul. *Calculer la surface d'un triangle.* « *On a calculé qu'il faudrait vingt-sept jours et demi pour jouer tout Bach* » (Giraud.). ◆ Faire des calculs. *Calculer de tête,* mentalement. *Machine à calculer.* ⇒ **calculette,** ② **calculateur.** 2 Ne dépenser qu'avec mesure. *Dépenser sans calculer,* sans compter. 3 Apprécier (qqch.) ; déterminer la probabilité de (un événement). ⇒ **estimer, évaluer.** *Calculer ses chances de réussite. Un hypocrite* « *calcule un triomphe et endure un supplice* » (Hugo). 4 Décider ou faire après avoir prémédité, réglé. ⇒ **combiner.** *Calculer son coup. Une générosité calculée,* intéressée.

calculette n. f. – v. 1970 ■ Machine à calculer de petite dimension, de poche.

caldarium [kaldaʀjɔm] n. m. – XIXe ; mot lat. ■ Étuve, dans les thermes romains (opposé à *frigidarium*).

caldeira n. f. – XIXe ; mot port. « chaudière » ■ Grand cratère volcanique, formé par l'effondrement de la partie supérieure du cône.

caldoche n. – v. 1960 ; de *Calédonie* ■ fam. Blanc de la Nouvelle-Calédonie. ⇒ **calédonien.** *Les Caldoches et les Kanaks.* ◆ adj. *L'électorat caldoche.*

① **cale** n. f. – XIIIe ; de ① *caler* 1 Espace situé entre le pont et le fond d'un navire. *Mettre la cargaison dans la cale.* « *je me cachai à fond de cale d'un bâtiment marchand* » (Vigny). ◆ Compartiment de la cale. *Cale à charbon.* ⇒ **soute.** 2 Partie en pente d'un quai. *Cale de chargement.* 3 Plan incliné servant à la construction, à la réparation des navires. *Cale sèche, cale de radoub,* où l'on peut mettre le navire à sec, pour réparer la coque. ⇒ **bassin.** ✪ HOM. Cal.

② **cale** n. f. – XVIe ; all. *Keil* « coin » ■ Ce que l'on place sous un objet pour lui donner de l'aplomb, pour le mettre de niveau ou pour l'empêcher de bouger. *Mettre une cale à une table bancale.*

calé, ée adj. – XIXe ; de ② *caler* ■ fam. 1 Savant, instruit. *Il est rudement calé en maths.* ⇒ ① **fort, trapu.** « *Malheureusement les spécialistes les plus calés disent que c'est une explication fantaisiste* » (Duham.). 2 Difficile. *Ce problème est trop calé pour moi.* ⇒ **ardu, compliqué.**

calebasse n. f. – XVIe ; esp. *calabaza* ■ Fruit du calebassier et de certaines plantes de la famille des cucurbitacées qui, vidé et séché, sert de récipient.

calebassier n. m. – XVIIe ■ Arbre d'Amérique tropicale *(bignoniacées),* dont le fruit est la calebasse.

calèche n. f. – XVIIe ; mot tchèque ■ Voiture à cheval, découverte, à quatre roues, munie d'une capote mobile à soufflet à l'arrière, et d'un siège surélevé à l'avant. « *Nous fîmes le trajet en calèche* » (Gaut.).

caleçon n. m. – XVIe ; it. *calzone* « vêtement d'homme ou de femme » 1 Sous-vêtement masculin, culotte à jambes longues (*caleçon long*) ou courtes. *Il préfère le caleçon au slip.* 2 Pantalon de maille, très collant, pour femmes. « *son gros derrière pris dans une sorte de bref caleçon collant* » (Green).

calédonien, ienne adj. et n. – XVIIe ; de *Calédonie*, ancien nom de l'Écosse **I** *Cycle calédonien* : cycle orogénique du début de l'ère primaire qui a produit les chaînes de Scandinavie, d'Écosse, d'Irlande, et, en partie, des Appalaches. ➝ *Plissements calédoniens.* **II** De Nouvelle-Calédonie. ➝ n. *Les Calédoniens* (ou *Néo-Calédoniens*). ⇒ **caldoche, kanak.**

caléfaction n. f. – XIVe ; lat. *calefacere* « chauffer » ▪ Phénomène par lequel une goutte de liquide projetée sur une plaque de métal fortement chauffée prend une forme sphérique.

calembour n. m. – XVIIIe ; p.-ê. de *calem-* (→ calembredaine) et *bour(de)* (→ bourde) ▪ Jeu de mots fondé sur la différence de sens entre des mots qui se prononcent de manière identique ou approchée. *Faire des calembours.*

calembredaine n. f. – XVIIIe ; même rad. que *calembour* ▪ vieilli. surtout au plur. Propos extravagant.

calendes n. f. pl. – XIIe ; lat. *calendæ* ▪ Premier jour de chaque mois chez les Romains. ➝ loc. *Renvoyer, remettre qqch. aux calendes grecques* : remettre à un temps qui ne viendra jamais (les Grecs n'ayant pas de calendes).

❑ Les Romains employaient déjà la locution *ad calendas græcas* « aux calendes grecques », au sens de « jamais » (Suétone l'attribue à Auguste).

calendrier n. m. – XIIe ; lat. *calendarium* « livre d'échéances », de *calendæ* « calendes » **1** Système de division du temps en années, en mois et en jours. *Calendrier romain.* ⇒ **calendes, ides, none.** *Calendrier julien* ou *vieux calendrier. Nouveau calendrier* ou *calendrier grégorien*, après la réforme de Grégoire XIII. *Calendrier républicain*, créé par Fabre d'Églantine et utilisé en France de 1793 à 1806. **2** Tableau, bloc de feuillets présentant pour une année déterminée la suite des mois et des jours, et des renseignements divers (fêtes, saints du jour, heures du lever, du coucher du soleil, etc.). ⇒ **almanach ; agenda, éphéméride.** *Calendrier des postes.* **3** État, date par date, d'un ensemble d'activités sur une période donnée. ⇒ **échéancier, programme.** *Avoir un calendrier très chargé.* ⇒ **emploi** (du temps). « *il devait connaître son calendrier des courses par cœur* » (Simenon).

cale-pied n. m. – 1928 ; de ② *caler* et *pied* ▪ Petit butoir qui maintient le pied du cycliste sur la pédale. *Des cale-pieds.*

calepin n. m. – XVIe ; de *Calepino*, lexicographe it. ▪ Petit carnet de poche sur lequel on note des renseignements, des impressions. ⇒ **agenda, bloc.**

❑ En Belgique, le mot désigne aussi un cartable.

① **caler** v. [1] – XIIe ; gr. *khalan* « détendre » **1** v. tr. Baisser, faire descendre. *Caler une voile.* **2** v. intr. S'enfoncer dans l'eau (navire). ⇒ **calaison.** **3** fam. Céder, reculer. *Il a calé devant la difficulté.*

② **caler** v. tr. [1] – XVIIe ; de ② *cale* **1** Mettre d'aplomb au moyen d'une cale. ⇒ **fixer.** *Caler une table.* ♦ Rendre stable. ⇒ **stabiliser.** ➝ pronom. *Il « se cala sur le divan avec le mouvement du cavalier qui s'affermit en selle »* (Colette). ➝ fam. « *Je venais de me caler les joues. Les drinks se succédaient* » (Cendrars). *Je suis calé* : j'ai l'estomac plein. **2** Rendre fixe ou immobile (une pièce). ⇒ **assujettir, fixer.** *Caler une clavette.*

③ **caler** v. intr. [1] – 1905 ; de ① et ② *caler* **1** S'arrêter, s'immobiliser. *Moteur qui cale.* **2** S'arrêter, être bloqué. *C'est trop fort pour moi, je cale.* ➝ fam. Ne plus pouvoir continuer à manger.

caleter → **calter**

calf n. m. – 1964 ; abrév. de *box-calf* ▪ Box. ⇒ ① **box.**

calfat n. m. – XVIIe ▪ Ouvrier chargé de calfater un navire.

calfatage n. m. – XVIe ▪ Action de calfater un navire ; son résultat.

calfater v. tr. [1] – XIVe ; ar. *qalfata* ▪ Boucher avec de l'étoupe goudronnée les interstices de la coque de (un navire). « *comme on calfate des vaisseaux qui ont une voie d'eau* » (Volt.).

calfeutrage n. m. – XVIe ▪ Action de calfeutrer ; résultat de cette action.

calfeutrer v. tr. [1] – XIVe ; altér. de *calfater*, d'apr. *feutre* **1** Boucher hermétiquement les fentes, les joints de (une porte, une fenêtre) pour empêcher l'air de pénétrer. **2** SE CALFEUTRER v. pron. S'enfermer. « *Quand il faisait mauvais à Réveillon on se calfeutrait au coin de son feu* » (Proust).

calibrage n. m. – XIXe **1** Action de donner ou de mesurer le calibre. ➝ Triage d'après le calibre. *Le calibrage des pommes.* **2** Évaluation de la longueur qu'atteindra un texte une fois imprimé.

calibre n. m. – XVe ; ar. *qâlib* « forme, moule » **I - 1** Diamètre intérieur d'un tube. *Calibre d'une conduite d'eau.* ♦ Diamètre intérieur (d'un canon, d'une arme à feu). *Un pistolet de calibre 7,65 ; de 7,65 de calibre (un 7,65).* **2** Instrument de mesure matérialisant une longueur, une épaisseur, un angle ou un diamètre, et servant pour le contrôle des dimensions de pièces mécaniques. ⇒ ② **étalon.** *Calibre d'épaisseur.* **II - 1** Grosseur d'un projectile. *Obus de gros calibre.* **2** Grosseur mesurée ou mesurable d'un objet arrondi. *Calibre des œufs.*

calibrer v. tr. [1] – XVIe **1** Donner le calibre convenable à. *Calibrer des balles.* **2** Mesurer le calibre de. ➝ Classer suivant le calibre. *Calibrer des melons.* **3** Évaluer le nombre de signes, de lignes et de pages que représente l'impression de (un texte) avant sa composition.

calibreur n. m. et **calibreuse** n. f. – XIXe ▪ Machine qui permet d'effectuer le tri de divers produits suivant leur calibre.

calice n. m. – XIIe ; gr. *kalux* **I** Vase sacré où se fait la consécration du vin, lors du sacrifice de la messe. **II - 1** Enveloppe externe du périanthe formée par les sépales, qui a pour la fleur un rôle protecteur. « *le calice de la gentiane dont le bleu est si profond* » (Proust). **2** *Calices du rein* : canaux membraneux, collecteurs d'urine, à extrémité élargie en coupe.

caliche n. m. – XIXe ; mot esp. ▪ Mélange naturel de sels alcalins dont on extrait le nitrate de sodium et l'iode.

calicot n. m. – XVIIe ; de *Calicut*, ville de la côte de Malabar ▪ Toile de coton assez grossière. « *une vieille robe de chambre en calicot imprimé* » (Balz.). ➝ Bande de calicot portant une inscription. ⇒ **banderole.**

calicule n. m. – XVIe ; lat. *calyx* « corolle des fleurs » ▪ Deuxième calice, formé de sépales supplémentaires (bractées), insérés en dehors et dans l'intervalle des sépales ordinaires.

calier n. m. – XIXe ▪ Matelot chargé du service de la cale. « *le cri des caliers qui remontèrent sur le pont en s'écriant : "Nous coulons ! nous coulons !"* » (J. Verne).

califat n. m. – XVe **1** Dignité de calife. **2** Territoire soumis au calife. **3** Durée du règne d'un calife ou d'une dynastie.

❑ On trouve la graphie *khalifat*, forme arabisée.

calife n. m. – XIe ; ar. *khalifa* « successeur » ▪ Souverain musulman, successeur de Mahomet, et investi du pouvoir spirituel et temporel. *Le calife de Bagdad.*

❑ On trouve la graphie *khalife,* forme arabisée.

californium [kalifɔʀnjɔm] n. m. – 1953 ; de *Californie* ▪ Élément atomique transuranien de la série des actinides* (Cf ; n° at. 98), dont tous les isotopes sont radioactifs.

❑ Le *californium* a été découvert à l'université de *Californie.*

califourchon (à) loc. adv. – XVIe ; p.-ê. breton *kall* « testicules » et *fourche* ▪ À cheval, les jambes de part et d'autre de la monture. *Monter à califourchon.* ➛ « *Je m'assis à califourchon sur une grosse branche* » (Pagnol).

❑ Pour le suffixe → reculons (rem.).

câlin, ine adj. et n. m. – XVIe **I** adj. Qui aime câliner ou être câliné. *Un enfant câlin.* ➛ Doux et caressant. « *l'œil câlin et fatal* » (Baud.). **II** n. m. Échange de tendresses, de caresses. *Un gros câlin.* ➛ loc. fam. *Faire (un) câlin à qqn.* ♦ euphém. Rapports sexuels. ✪ CONTR. Brusque, brutal.

câliner v. tr. [1] – XVIIe ; lat. °*calina* « chaleur de l'été » ▪ Traiter quelqu'un avec douceur et tendresse. ⇒ **cajoler, dorloter.** *Câliner un enfant.* ✪ CONTR. Brusquer, rudoyer.

câlinerie n. f. – XIXe ▪ Manières câlines.

caliorne n. f. – XVIIe ; p.-ê. gr. *kalôs* « câble » ▪ Gros palan.

calisson n. m. – XIXe ; provenç. *canisso* « claie de roseau » ▪ Petit gâteau de pâte d'amandes, au dessus glacé, en forme de losange. *Les calissons d'Aix.*

calleux, euse adj. – XIVe **1** Dont la peau est durcie et épaissie. *Les* « *mains rendues calleuses par le balai* » (Gaut.). **2** *Corps calleux :* large bande médullaire blanche qui réunit les deux hémisphères du cerveau des mammifères. ✪ CONTR. Doux, ① lisse.

call-girl [kolgœʀl] n. f. – 1960 ; angl. *to call* « appeler » et *girl* « fille » ▪ Prostituée que l'on appelle chez elle par téléphone. « *Les réseaux de call-girls, putains de luxe et concubines* » (Robbe-Grillet).

calli- Élément, du gr. *kallos* « beauté ».

calligramme n. m. – av. 1918 ; *calli-* et *-gramme* ▪ Poème dont les vers sont disposés de façon à former un dessin évoquant le même objet que le texte. « *Calligrammes* », *recueil de poèmes d'Apollinaire.*

❑ Ce mot a été formé par Apollinaire.

calligraphe n. – XVIIIe ▪ Spécialiste de la calligraphie.

calligraphie n. f. – XVIe ; *calli-* et *-graphie* **1** Art de bien former les caractères d'écriture ; écriture formée selon cet art. *La calligraphie arabe.* **2** Œuvre de calligraphe. *Une calligraphie du XVIIe siècle.*

calligraphier v. tr. [7] – XIXe ▪ Former avec art (les caractères écrits). ➛ Écrire avec beaucoup d'application. *Adresse calligraphiée.*

calligraphique adj. – XIXe ▪ Relatif à la calligraphie.

callipyge adj. – XVIIIe ; de *calli-* et gr. *pugê* « fesse » ▪ Aux belles fesses. *La Vénus callipyge :* nom d'une statue du musée de Naples.

callosité n. f. – XIVe ; lat. *callus* « cal » ▪ Épaississement et durcissement de l'épiderme dus à des frottements répétés (aux mains, aux pieds, aux genoux). ⇒ ① **cal,** ② **cor, durillon.**

calmant, ante adj. et n. m. – XVIIIe **1** Qui calme la douleur, qui rend calme. ⇒ **apaisant, lénifiant. 2** Se dit d'un médicament qui calme la douleur ou l'anxiété. ⇒ **analgésique, sédatif, tranquillisant.** ➛ n. m. *Prendre un calmant pour dormir.* ✪ CONTR. Excitant, irritant, stimulant.

calmar ou **calamar** n. m. – XIIIe ; lat. *calamarius* « contenant le roseau pour écrire » ▪ Mollusque *(céphalopodes)* à la tête entourée de bras munis de ventouses, dont la coquille interne est cornée. ⇒ **encornet.** « *une immense troupe de calmars, curieux mollusques, très voisins de la seiche* » (J. Verne).

❑ Ce mollusque est différent de la seiche → seiche (rem.).

① **calme** n. m. – XVe ; gr. *kauma* « chaleur brûlante », d'où « calme de la mer par temps très chaud » **1** État d'immobilité de l'atmosphère, de la mer. *Calme plat :* calme absolu de la mer. ⇒ **bonace.** ➛ *Calme équatorial,* dans la zone de basses pressions près de l'équateur. **2** Absence d'agitation, de trouble, de bruit. ⇒ **paix, tranquillité.** *Chercher le calme, aspirer au calme.* ➛ Absence d'agitation sociale et politique. *Rétablir le calme dans un pays.* **3** État d'une personne qui n'est ni énervée, ni agitée, ni inquiète ; impression de repos qui en résulte. ⇒ **quiétude, sérénité.** « *Papa se mit à sourire, son calme devint effrayant* » (Duham.). *Conserver, garder son calme.* ⇒ **flegme, maîtrise** (de soi). *Perdre, retrouver son calme.* ✪ CONTR. Ouragan, tempête ; agitation, désordre, émotion, ② trouble.

② **calme** adj. – XVe **1** Qui n'est pas troublé, agité. ⇒ **tranquille.** *Un lieu calme et tranquille. Mer calme,* où aucune vague n'est décelable. ♦ Sans agitation, sans violence. *Tout est calme, vous pouvez sortir.* **2** Qui n'est ni agité, ni bruyant. *Des enfants calmes.* ➛ Qui résiste aux émotions. ⇒ **flegmatique, impassible, imperturbable, maître** (de soi), **serein, tranquille ;** fam. **cool, décontracté, relax.** *Rester calme.* « *Calme, flegmatique, l'œil pur, la paupière immobile* » (J. Verne). **3** Qui a une faible activité. ⇒ **stagnant.** *Les affaires sont calmes.* ✪ CONTR. Agité, ① fort, gros ; désordonné, troublé ; actif.

calmement adv. – XVIe ▪ Dans le calme, d'une manière calme. *Réfléchir calmement.*

calmer v. tr. [1] – XVe **1** Atténuer, diminuer (une sensation, un sentiment) en apaisant. *Calmer une douleur.* ⇒ **soulager.** *Calmer sa colère.* ⇒ **apaiser.** loc. *Calmer le jeu :* apaiser une querelle ; atténuer les tensions, l'agressivité. **2** Rendre (qqn) plus calme. ⇒ **apaiser.** *Calmer les esprits.* **3** SE CALMER v. pron. Devenir calme. *La mer s'est calmée.* ⇒ **calmir.** fam. *On se calme !* ♦ Reprendre son sang-froid. *Calmez-vous, je vous en prie.* ✪ CONTR. Agiter, attiser, énerver, exciter, irriter, troubler.

calmir v. intr. [2] – XVIIIe ; var. de *calmer* ▪ Devenir calme. *La mer, le vent calmit.*

calmoduline n. f. – 1980 ; de *cal(cium)* et *modul(er)* ▪ Protéine se liant à l'ion calcium, qui joue un rôle dans la contraction musculaire.

calo n. m. – 1922 ; mot esp. ▪ Argot espagnol moderne qui emploie de nombreux mots gitans. ✪ HOM. Calot.

calomel n. m. – XVIIIe ; gr. *kalos* « beau » et *melas* « noir », p.-ê. à cause de la couleur de la substance qui servit à l'obtenir ▪ Chlorure mercureux, autrefois utilisé comme purgatif et antiseptique intestinal. « *une pommade particulièrement écœurante à base de calomel* » (R. Gary).

calomniateur, trice n. – XIIIe ▪ Personne qui calomnie. ⇒ **diffamateur.** ➛ adj. *Propos calomniateur.* ⇒ **calomnieux.** ✪ CONTR. Apologiste, défenseur, laudateur.

calomnie n. f. – XIVe ; lat. *calumnia* ▪ Accusation mensongère qui attaque la réputation, l'honneur. ⇒ **attaque, diffamation.** *Être en butte à la calomnie.* « *Le venin de la calomnie est en ceci que l'on voit bien qu'elle n'épargnera personne* » (Alain). ✪ CONTR. Apologie, ① défense, éloge.

calomnier v. tr. [7] – XIVe ▪ Attaquer, tenter de discréditer (qqn) par des calomnies. ⇒ **décrier, diffamer, noir-**

cir. *On a indignement calomnié cet homme d'État.* ✪ CONTR. Défendre, glorifier.

calomnieux, ieuse adj. – XIVe ; lat. ▪ Qui contient une calomnie, des calomnies. ⇒ **diffamatoire.** *Propos calomnieux.* ✪ CONTR. Élogieux, flatteur, laudatif.

caloporteur adj. et n. m. – 1958 ; lat. *calor* « chaleur » et *porteur* ▪ *Fluide caloporteur,* ou *un caloporteur,* qui évacue la chaleur d'une machine thermique.

calor(i)- Élément, du lat. *calor* « chaleur ». ⇒ **therm(o)-.**

calorie n. f. – XIXe ; lat. *calor* « chaleur » **1** Ancienne unité de mesure de quantité de chaleur (abrév. cal), valant 4,184 joules. *Grande calorie :* 1 000 calories. ⇒ **kilocalorie. 2** Unité de mesure de la valeur énergétique des aliments (abrév. Cal) utilisée en diététique, valant 1 000 calories. *Un adulte a besoin de 2 500 calories par jour. Un menu basses calories.* ⇒ **hypocalorique.**

❑ Le mot est devenu usuel avec la mode de la diététique.

calorifère n. m. – XIXe ; *calori-* et *-fère* ▪ vieilli Appareil de chauffage. ⇒ ② **poêle.** « *Les gueules de cuivre des calorifères soufflent sans interruption* » (Gaut.).

calorification n. f. – XIXe ▪ Production de chaleur dans un organisme vivant.

calorifique adj. – XVIIIe ▪ Qui donne de la chaleur, produit des calories. ⇒ **thermique.** *Capacité calorifique d'un corps homogène :* produit de sa masse par sa chaleur spécifique.

calorifuge adj. et n. m. – XIXe ; *calori-* et *-fuge* ▪ Qui empêche la déperdition de la chaleur, étant mauvais conducteur. *Revêtement calorifuge en liège.* ➛ n. m. *Un calorifuge.* ⇒ **isolant.**

calorifuger v. tr. [3] – 1926 ▪ Recouvrir d'un calorifuge. *Conduite de vapeur calorifugée.*

calorimètre n. m. – XVIIIe ; *calori-* et *-mètre* ▪ Instrument destiné à mesurer la quantité de chaleur absorbée ou dégagée par un corps.

calorimétrie n. f. – XIXe ▪ Mesure des échanges calorifiques entre les corps, les systèmes thermodynamiques.

calorimétrique adj. – XIXe ▪ Relatif à la calorimétrie.

calorique adj. – 1960 ▪ Relatif à l'apport en calories d'un aliment. *La valeur calorique d'un plat* (⇒ aussi **énergétique**).

① **calot** n. m. – XVIIe ; a. fr. *cale* « coiffure » ▪ Coiffure militaire dite aussi *bonnet de police.* « *Le calot plat est en bure brune* » (Genet). ✪ HOM. Calo.

② **calot** n. m. – XVIIe ; de *écale* « coque de noix » ▪ Grosse bille.

calotin n. m. – XVIIIe ▪ fam. et péj. Ecclésiastique. Partisan des prêtres. ⇒ **clérical.** ➛ Bigot.

calotte n. f. – XIVe ; a. fr. *cale* « coiffure » **I - 1** Petit bonnet rond qui ne couvre que le sommet de la tête. ➛ Coiffure ecclésiastique. *Calotte rouge d'un cardinal.* ➛ *Calotte des juifs pratiquants.* ⇒ **kippa. 2** péj. *La calotte :* le clergé ; ses partisans. ⇒ **calotin.** *À bas la calotte !* **3** fam. Tape sur la tête, la figure. ⇒ **gifle. II** *Calotte du crâne :* partie supérieure de la boîte crânienne. ➛ *Calottes sphériques :* les deux surfaces déterminées par l'intersection d'une sphère avec un plan ne passant pas par son centre. *Calotte glaciaire :* glacier de forme convexe, très épais, qui recouvre tout le relief.

caloyer, yère [kalɔje, jɛʀ] n. – XVIe ; gr. *kalos* « beau » et *gerôn* « vieillard » ▪ Moine grec, religieuse grecque, de l'ordre de saint Basile. ➛ Religieux de l'Église d'Orient.

calque n. m. – XVIIIe **1** Reproduction exacte d'un dessin, d'un modèle, obtenue en calquant. *Calque d'une carte.* ➛ *Papier calque* ou *calque :* papier transparent pour calquer. **2** Traduction littérale dans une autre langue. « Lune de miel » *est un calque de l'anglais* « honeymoon ».

❑ Le *calque* est une sorte d'emprunt déguisé souvent difficile à repérer.

calquer v. tr. [1] – XVIIe ; it. *calcare* « presser » **1** Reproduire (un dessin) en suivant exactement ses traits, par transparence ou par tout autre moyen. ⇒ **décalquer. 2** Imiter exactement. « *Ils calquent les modes françaises sur l'habit romain* » (Rouss.).

calter v. intr. [1] – XIXe ; de ① *caler* « reculer » ▪ pop. S'en aller en courant, fuir. ⇒ se **barrer,** se **tirer.** « *Inutile de revenir demain. Allez, calte* » (Queneau).

❑ La graphie *caleter* est à éviter à cause des difficultés de conjugaison. → becter, moufter (rem.).

calumet n. m. – XVIIe ; forme normanno-picarde de *chalumeau* ▪ Pipe à long tuyau que les Indiens fumaient pendant les délibérations graves. *Le calumet de la paix.*

calvados [kalvados] n. m. – XIXe ▪ Eau-de-vie de cidre fabriquée dans le Calvados et certains départements avoisinants. *Un vieux calvados.* ➛ abrév. fam. CALVA.

calvaire n. m. – XIIe ; lat. *calvaria* « crâne », donné dans la trad. lat. des Évangiles pour traduire *Golgotha* **1** Représentation de la crucifixion, de la passion du Christ. ➛ Croix, dressée généralement sur une plateforme ou à un carrefour, qui commémore la passion du Christ. *Calvaires bretons.* **2** Épreuve longue et douloureuse. ⇒ **martyre.** *Sa vie n'aura été qu'un long calvaire.*

calvinisme n. m. – XVIe ▪ Doctrine du réformateur Calvin, qui créa le protestantisme en France. ⇒ **réforme.**

calviniste adj. et n. – XVIe ▪ Qui concerne le calvinisme. ⇒ **protestant, réformé.** ➛ n. Personne qui se réclame de la religion de Calvin. *Calvinistes et luthériens.*

calvitie [kalvisi] n. f. – XIVe ; lat. *calvus* « chauve » ▪ Absence totale ou partielle de cheveux. ⇒ **alopécie.** « *La calvitie vous ira très mal !* » (Gide).

calypso n. m. – 1957 ; du nom de la nymphe *Calypso,* esp. ▪ Danse à deux temps, originaire de la Jamaïque ; musique qui l'accompagne.

camaïeu n. m. – XIIIe ; p.-ê. de l'ar. *qum'ul* « bourgeon » ▪ Peinture où l'on n'emploie qu'une couleur avec des tons différents. « *un camaïeu d'ocres, hérité ou non des vases grecs* » (Malraux). *Des camaïeux* ou *des camaïeus.* ➛ *Gravure en camaïeu,* ton sur ton.

camail n. m. – XIIIe ; lat. *caput* « tête » et *macula* « maille » **1** Au Moyen Âge, Capuchon de mailles métalliques. **2** Courte pèlerine des ecclésiastiques. ⇒ **mosette. 3** Longues plumes du cou et de la poitrine chez le coq.

camarade n. – XVIe ; lat. *camera* « chambre » **1** Personne qui, en partageant les mêmes activités, les mêmes habitudes qu'une autre, contracte avec elle des liens de familiarité. ⇒ **copain,** fam. **pote,** pop. **poteau.** « *un camarade d'enfance, avec qui vous avez daigné jouer à cache-cache* » (Baud.). ➛ fam. Ami. *Un vieux camarade.* **2** Appellation que se donnent entre eux les membres des partis socialistes, communistes. *Le camarade Untel a raison.* ✪ CONTR. Inconnu ; ennemi.

camaraderie n. f. – XVIIe ▪ Relations familières entre camarades. ⇒ **amitié.**

camard, arde adj. et n. – XVIe ; de *camus* **1** *Nez camard,* aplati. **2** n. f. *La camarde :* la mort.

camarilla n. f. – XIXe ; esp. *camara* « chambre » ▪ péj. Coterie influente autour d'un personnage important.

cambiaire adj. – XXe ; it. *cambio* « change » **1** Relatif aux effets de commerce. *Le droit cambiaire.* **2** *Opérations* *cambiaires :* opérations de change pratiquées par des banques pour leur propre compte.

cambiste n. – XVIIe ; it. *cambio* « change » ▪ Spécialiste des opérations de change dans une banque.

cambium [kɑ̃bjɔm] n. m. – XVIe ; lat. *cambiare* « changer » ▪ Assise génératrice annuelle des tiges et des racines qui donne naissance au bois et au liber secondaires. ⇒ **méristème.**

cambouis n. m. – XIVe ; o. i. ▪ Graisse, huile noircie après un usage prolongé dans les rouages d'une machine ou d'un véhicule. « *les doigts tachés de noir, comme par du cambouis* » (Robbe-Grillet).

❑ *Cambouis* pourrait venir du verbe lyonnais *cambouillir* « bouillir à gros bouillons ».

cambrage n. m. – XIXe ▪ Opération par laquelle on cambre (qqch.). *Cambrage des tiges de chaussures.*

cambré, ée adj. ▪ Qui forme un arc. *Taille cambrée,* creusée par-derrière.

cambrer v. tr. [1] – XIIIe ; lat. *camurum* « courbé » 1 Courber légèrement en forme d'arc. *Cambrer les reins.* ➝ *Cambrer la semelle d'une chaussure.* 2 SE CAMBRER v. pron. Pencher légèrement le haut du corps vers l'arrière, en creusant les reins.

cambrien, ienne n. m. et adj. – XIXe ; de *Cambria,* nom bret. du pays de Galles ▪ Première période de l'ère primaire. ⇒ **acadien, paléozoïque.** ➝ adj. *La faune cambrienne.*

cambriolage n. m. – XIXe ▪ Vol par effraction. ⇒ fam. ③ **casse, fric-frac.** « *Il a été condamné plusieurs fois pour vol et cambriolage de villas* » (Proust).

cambrioler v. tr. [1] – XIXe ; de l'arg. *cambriole* « chambre » ▪ Dévaliser (un local) en y pénétrant par effraction. ⇒ ② **voler.** *Cambrioler une maison. Ils se sont fait cambrioler.*

cambrioleur, euse n. – XIXe ▪ Malfaiteur qui commet des cambriolages. ⇒ **voleur.**

cambrousse n. f. – XVIIe ; provenç. *cambrousso* « cahute » ▪ fam. et péj. Campagne. *Il n'est jamais sorti de sa cambrousse.*

cambrure n. f. – XVIe 1 État de ce qui est cambré. ⇒ **cintrage, courbure.** ➝ *Cambrure des reins.* → **ensellure.** 2 *Cambrure du pied,* partie médiane arquée. ➝ Partie courbée entre la semelle et le talon d'une chaussure.

cambuse n. f. – XVIIIe ; néerl. *kombuis* 1 Magasin d'un navire où sont conservés et distribués les vivres, les provisions. « *Le cuistot sort de la cambuse, il lance à bouffer aux oiseaux* » (Céline). 2 péj. Chambre, logis pauvre, mal tenu.

cambusier n. m. – XVIIIe ▪ Matelot qui a la responsabilité de la cambuse.

① **came** n. f. – XVIIIe ; all. *Kamm* « peigne » ▪ Pièce dont le profil est déterminé pour transformer un mouvement circulaire en un mouvement de translation. ARBRE À CAMES : arbre possédant un ensemble de cames destinées à l'ouverture et à la fermeture des soupapes dans un moteur à explosion.

② **came** n. f. – XIXe ; de *camelote* ▪ fam. 1 Marchandise. 2 Drogue. « *Pour la came, cocaïne et morphine* » (Cendrars).

camé, ée adj. et n. – mil. XXe ▪ fam. Drogué. ✪ HOM. Camée.

camée n. m. – XVIIIe ; it. ▪ Pierre fine (agate, améthyste, onyx) sculptée en relief pour mettre en valeur ses couches diversement colorées. « *le visage classique qu'on appelle un visage de camée* » (Barbey). « *Émaux et Camées* », *poèmes de Th. Gautier.* ✪ CONTR. Intaille. HOM. Camé, camer.

caméléon n. m. – XIIe ; gr. *khamaileôn* « lion nain » 1 Grand lézard d'Afrique et d'Inde *(lacertiliens)* gris verdâtre. *Le caméléon se camoufle en changeant de couleur selon l'endroit où il se trouve.* 2 vieilli Personne qui change de conduite, d'opinion, de langage, suivant les circonstances.

camélia n. m. – XVIIIe ; lat. *camellia* (Linné) en l'honneur du père *Camelli* ▪ Arbuste à feuilles persistantes *(théacées),* à somptueuse floraison précoce. ♦ Fleur de cet arbuste. « *La Dame aux camélias* », *roman de Dumas fils.*

camelle n. f. – XIXe ; lat. *camelus* « chameau », à cause du profil irrég. de la crête ▪ Tas de sel, dans un marais salant.

camelot n. m. – XIXe 1 Marchand ambulant qui vend des marchandises à bas prix. 2 *Camelot du roi :* partisan du roi vendant des journaux monarchistes.

❑ L'expression *camelot du roi* date de 1910.

camelote n. f. – XVIIIe ; probablt de *camelotier* « gros mercier » ▪ fam. Marchandise de mauvaise qualité. *De la camelote.* « *Ici tout est bon marché, clinquant et camelote, sauf les boutiques d'objets religieux* » (Morand).

camembert n. m. – XIXe ; nom d'un village de l'Orne 1 Fromage de lait de vache, à pâte molle affinée et à croûte fleurie, de forme ronde, fabriqué en Normandie. *Camembert au lait cru. Camembert bien fait.* 2 Graphique rond divisé en secteurs.

camer (se) v. pron. [1] – 1952 ; de ② *came* ▪ arg. Se droguer. ✪ HOM. Camée.

caméra n. f. – XIXe ; lat. *camera* « chambre » ▪ Appareil cinématographique de prises de vues. *Caméra super-huit.* ➝ *Caméra de télévision :* tube électronique de prises de vues. *Caméra vidéo.* ⇒ **caméscope.**

❑ *Caméra* est le doublet savant de *chambre.*

caméraman ou **cameraman** [kameʀaman] n. m. – 1919 ; mot angl., de *camera* « caméra » et *man* « homme » ▪ Opérateur de prises de vues de cinéma, de télévision. ⇒ **cadreur** (recomm. offic.). *Des caméramans* ou *des cameramen* [kameʀamɛn].

camérier n. m. – XIVe ; it. *camera* « chambre » ▪ Officier de la chambre du pape ou d'un cardinal.

camériste n. f. – XVIIIe ; esp. *camara* « chambre » ▪ Dame qui servait une princesse en Espagne, en Italie.

camerlingue n. m. – XVe ; it. *camerlingo* ▪ Cardinal de la cour pontificale qui administre la justice et le trésor, préside la chambre apostolique et gouverne quand le Saint-Siège est vacant.

caméscope n. m. – 1982 ; de *camé(ra)* et *(magnéto)scope* ▪ Appareil portatif intégrant une caméra vidéo et un magnétoscope.

① **camion** n. m. – XIVe ; o. i. 1 Gros véhicule automobile transportant des marchandises. → **poids** (poids lourd). *Petit camion.* ⇒ **camionnette.** *Camion de quinze tonnes. Chauffeur de camion.* ⇒ **camionneur,** ② **routier.** *Camion de déménagement.* « *On arrive sur une place : le camion est là. Un trente-deux tonnes* » (Duras). ➝ *Camion militaire.* 2 Récipient des peintres pour délayer la peinture.

② **camion** n. m. – XVIe ; o. i. ▪ Très petite épingle.

camion-citerne n. m. – 1949 ▪ Camion pour le transport des liquides en vrac. *Des camions-citernes.*

camionnage n. m. – XIXe 1 Transport par camion. ⇒ **roulage.** 2 Prix d'un transport par camion.

camionner v. tr. [1] – XIXe ▪ Transporter par camion.

camionnette n. f. – 1917 ▪ Véhicule automobile utilitaire de faible tonnage. ⇒ **fourgonnette, pick-up.**

camionneur n. m. – XVIe 1 Conducteur de camion. ⇒ ② **routier.** 2 Personne qui possède, gère une entreprise de transports par camion. ⇒ **transporteur.**

camisard n. m. – XVIIe ; de l'occitan *camiso* « chemise » ■ Calviniste cévenol insurgé, durant les persécutions qui suivirent la révocation de l'Édit de Nantes.

> ❑ Les camisards portaient une chemise blanche qui leur permettait de se reconnaître lors de leurs attaques nocturnes.

camisole n. f. – XVIe ; provenç. *camisa* « chemise » ■ *Camisole de force* : chemise à manches fermées garnie de liens paralysant les mouvements, utilisée pour maîtriser les malades mentaux. *Camisole chimique* : tranquillisants utilisés en psychiatrie.

camomille n. f. – XIVe ; gr. *khamai* « à terre » et *mêlon* « pomme » 1 Plante herbacée aromatique *(composées)*, dont les capitules floraux sont utilisés pour leurs propriétés. ⇒ **anthémis, matricaire.** 2 Infusion des fleurs de cette plante. « *Il but ensuite une tasse de camomille, afin de faciliter sa digestion* » (Romains).

> ❑ Le parfum de la camomille évoquait pour les Grecs celui de la pomme.

camouflage n. m. – XIXe 1 Le fait de camoufler du matériel de guerre, des troupes ; ce qui est utilisé à cet effet. *Soldat en tenue de camouflage.* 2 Le fait de cacher en modifiant les apparences. ⇒ **maquillage.** *Camouflage de bénéfices.* ⇒ **dissimulation.**

camoufler v. tr. [1] – XIXe ; probablt du rad. de *camouflet* 1 Déguiser de façon à rendre méconnaissable ou indécelable. ⇒ ① **cacher, dissimuler, maquiller.** *Camoufler du matériel de guerre.* 2 Dissimuler. *Camoufler un meurtre en suicide.*

camouflet n. m. – XVIe ; de *moufle* « museau » 1 littér. Mortification, vexation humiliante. ⇒ **affront, offense.** *Essuyer un camouflet.* 2 Fourneau de mine destiné à détruire une galerie ennemie.

> ❑ *Camouflet* désignait autrefois une fumée épaisse soufflée malicieusement au nez de qqn avec un cornet de papier enflammé.

camp n. m. – XVe ; lat. *campus* 1 Zone provisoirement ou en permanence réservée pour les rassemblements de troupes de toutes armes, soit pour des manœuvres, des exercices *(camp d'instruction)*, soit pour des essais, des études *(camp d'expérimentation)*. ⇒ **campement.** *Camp retranché, fortifié.* « *Sur la grande place, transformée en camp que gardaient de nombreuses sentinelles* » (J. Verne). 2 *Camp (de prisonniers)*, où sont groupés des prisonniers de guerre. ⇒ **oflag, stalag.** ♦ Zone d'habitations sommaires édifiées pour une population qui fait l'objet d'une ségrégation. *Camps de réfugiés.* ➝ CAMP DE CONCENTRATION : lieu où l'on groupe, en temps de guerre ou de troubles, les suspects, les étrangers, les nationaux ennemis. ➝ *Camps d'extermination*, où furent affamés, suppliciés et exterminés certains groupes ethniques (Juifs), politiques et sociaux. *Les camps de la mort.* ♦ *Camp de travail.* ⇒ **goulag.** 3 Espace de terrain où s'installent des campeurs. ⇒ **camping.** *Feux de camp. Camp scout. Camp de nudistes.* ♦ CAMP DE BASE : campement où sont déposés matériel et ravitaillement et qu'utilisent des alpinistes, des explorateurs polaires comme relais ou position de repli. 4 *Lit de camp* : lit (pliant, léger) facilement transportable. 5 CAMP VOLANT : camp militaire provisoire. ➝ *Lever le camp* ; fam. *fiche, ficher, foutre le camp* : s'en aller, partir. ⇒ **décamper.** *Fiche-moi le camp de là !* ➝ *La peinture fiche le camp*, ne tient pas. 6 Groupe qui s'oppose à un autre, se bat contre lui. « *la paresse de l'esprit l'engagerait à ne jamais changer de camp* » (Valéry). ➝ *Choisir son camp. Passer dans le camp de l'opposition.* ⇒ **groupe,** ① **parti.** ✪ HOM. Khan, quand, quant.

campagnard, arde adj. et n. – XVIIe 1 Qui vit à la campagne. *Gentilhomme campagnard.* ⇒ **hobereau.** ➝ Qui évoque la campagne. *Un aspect campagnard.* ⇒ **rustique.** 2 n. Personne qui vit à la campagne. « *J'ai pris d'un campagnard l'allure, le langage, le costume, le laisser-aller, l'incurie de tout ce qui est grimace* » (Balz.). ⇒ **paysan,** péj. **rustre ;** fam. et péj. **bouseux, cul-terreux.** ✪ CONTR. Bourgeois, citadin, urbain ; raffiné.

campagne n. f. – XVIe ; lat. *campania* « plaine » I - 1 *La campagne* : les terres cultivées, hors d'une zone urbaine (opposé à *ville*). *Les travaux de la campagne.* ⇒ **champ, terre.** 2 Ensemble des lieux fertiles, hors des villes. *Passer le week-end à la campagne.* ⇒ fam. **cambrousse.** « *je veux élever Émile à la campagne, loin de la canaille des valets* » (Rouss.). *Curé, médecin de campagne.* ♦ *Maison de campagne* : résidence secondaire à la campagne. ➝ *Pain, pâté de campagne*, préparés comme à la campagne. II - 1 Étendue de terrain, zone où les armées se déplacent, lorsqu'elles sont en guerre (opposé à *camp, place forte*). *Combattre en rase campagne.* 2 L'état de guerre, les combats, pour une armée. *Les troupes sont en campagne.* ⇒ **combat, guerre.** « *Le grand attirail de soldat en campagne* » (Robbe-Grillet). ♦ *Hôpital de campagne*, mobile et servant à assurer les urgences. ♦ *Une campagne* : ensemble des opérations militaires sur un théâtre d'activité et à une époque déterminés. ⇒ **opération.** *La campagne d'Égypte.* ♦ loc. *Se mettre en campagne* : se mettre sur le pied de guerre, commencer une opération ; partir pour une recherche méthodique. ⇒ **chercher, rechercher.** 3 Ensemble de travaux civils menés pendant une période déterminée, et destinés à se reproduire. *Campagne de fouilles archéologiques.* ♦ Action de communication limitée à une période précise et à un objet précis. *Campagne de presse. Campagne publicitaire. Campagne électorale. Faire campagne pour, contre qqn, qqch.*

> ❑ Même origine que *champagne.* → ① champagne.

campagnol n. m. – XVIIIe ; it. *campagnolo* « campagnard » ■ Mammifère rongeur *(muridés)*, au corps plus ramassé que le mulot, à queue courte et poilue.

campane n. f. – XIVe ; lat. ou it. *campana* « cloche » 1 vieilli Sonnaille. « *Le bidet fait sonner sa campane* » (Giono). 2 Chapiteau en forme de cloche renversée.

campanile n. m. – XVe ; mot it. 1 Clocher à jour. ➝ Tour isolée, souvent près d'une église, où se trouvent les cloches. *Le campanile de Florence.* 2 Lanterne surmontant le toit de certains édifices civils.

campanule n. f. – XVIIe ; lat. *campana* « cloche » ■ Plante herbacée *(campanulacées)*, à fleurs régulières en forme de cloche.

campé, ée adj. – XVe 1 ⇒ ② **établi, posté.** *Solidement, bien campé sur ses jambes.* 2 *Bien campé* : bien représenté ou décrit. *Un personnage bien campé.*

campêche n. m. – XVIIe ; nom d'une ville du Mexique ■ Arbre de l'Amérique tropicale *(césalpinées)* qui fournit un bois dur et compact renfermant une matière colorante rouge.

campement n. m. – XVIe 1 Action de camper. ⇒ **camping.** 2 Lieu, installations où l'on campe. ⇒ **bivouac, camp, cantonnement.** « *Dans les campements, les braseros rougeoyaient dans la dernière ombre* » (Le Clézio). 3 Installation provisoire et désordonnée. *Ma chambre est un campement.*

camper v. [1] – XIIe I v. intr. 1 S'établir, être établi dans un camp. ⇒ **bivouaquer, cantonner.** ➝ Coucher sous la tente, faire du camping. « *je campais en montagne, je faisais mes quarante kilomètres dans la journée, sac au dos* » (Montherl.). 2 S'installer provisoirement quelque part. *Nous campons à l'hôtel.* 3 *Camper sur ses positions,* les maintenir fermement, refuser toute concession. II v. tr. 1 Établir dans un camp. 2 Placer, poser (qqch.) avec décision, avec une certaine audace. ⇒ **installer, planter.** *Camper son chapeau sur sa tête.* ➛ *Camper un personnage,* le représenter avec vigueur. III *SE CAMPER* v. pron. Se tenir en un lieu dans une attitude fière, hardie ou provocante. « *elle se campa devant moi de profil, rejeta la tête en arrière* » (Gide).

campeur, euse n. - 1913 ▪ Personne qui pratique le camping.

camphre n. m. - XIIIe ; ar. *kâfoûr* ▪ Substance aromatique blanche, transparente, d'une odeur vive, provenant du camphrier.

camphré, ée adj. - XVIe ▪ Qui contient du camphre. *Alcool camphré.*

camphrier n. m. - XVIIIe ▪ Arbuste d'Asie du Sud-Est *(lauracées),* dont le bois distillé donne le camphre.

camping n. m. - 1903 ; mot angl., de *to camp* « camper » 1 Activité touristique qui consiste à vivre en plein air, sous la tente, et à voyager avec le matériel nécessaire. *Terrain de camping. Faire du camping. Camping sauvage.* 2 Terrain aménagé pour camper. *Camping municipal.*

❑ La pratique du *camping* est liée en Angleterre à l'avènement du scoutisme ; aucun mot francisé n'a été proposé pour le remplacer.

camping-car n. m. - 1974 ; faux anglic., du fr. *camping* et angl. *car* « automobile » ▪ Camionnette aménagée pour le camping. ⇒ **motor-home.** *Des camping-cars.* ➛ Recomm. offic. *autocaravane.*

camping-gaz [kɑ̃piŋgaz] n. m. inv. - v. 1960 ; marque déposée ▪ Petit réchaud portatif à gaz butane pour le camping.

① **campo** n. m. - XIXe ; mot port. du Brésil « plaine » ▪ Savane des plateaux du Brésil.

② **campo** n. m. - XVe ; du lat. *ire ad campos* « aller aux champs » ▪ fam. et vieilli Congé, repos accordé aux écoliers, étudiants, etc. « *on avait donné campo à Adrien* » (Aragon).

campus [kɑ̃pys] n. m. - XIXe ; lat. « champ » ▪ Aux États-Unis, Parc d'un collège, d'une université. ➛ Université construite hors d'une ville, les bâtiments étant répartis autour d'un vaste espace. *Le campus de Nanterre.*

camus, use adj. - XIIIe ; p.-ê. de *museau* ▪ Qui a le nez court et plat. ⇒ **camard.** *Face camuse.*

canada n. f. - XIXe ; nom de pays ▪ Variété de pomme de reinette. *Des canada* (ou *canadas*) *grises.*

canadair n. m. - v. 1972 ; nom déposé ▪ Avion équipé pour larguer de l'eau sur les incendies. ⇒ **bombardier** (d'eau). « *Le passage des canadairs au ras des incendies* » (Japrisot).

canadianisme n. m. - XIXe ▪ Fait de langue (mot, tournure) propre au français parlé au Canada. ⇒ **québécisme.**

canadien, ienne adj. et n. - XVIe ; de *Canada,* mot huron « village » ▪ Du Canada ou qui concerne le Canada. *Le Saint-Laurent, fleuve canadien.* ➛ n. *Les Canadiens anglais. Un Canadien français* (Acadien, Québécois), qui parle franco-canadien. *Canadiens anglophones, francophones.*

canadienne n. f. - 1928 1 Long canot à pagaies. 2 Longue veste doublée de peau de mouton. 3 Petite tente de camping.

canaille n. f. et adj. - XVe ; it. *cane* « chien » 1 vieilli Ramassis de gens méprisables ou considérés comme tels. ⇒ **pègre, racaille.** *Fréquenter la canaille.* ⇒ s'**encanailler.** 2 Personne digne de mépris, malhonnête, nuisible. *Cette vieille canaille d'Untel.* ⇒ **crapule, fripouille.** « *les vieilles canailles de la politique, qui sont toujours réélues* » (Proust). 3 adj. Vulgaire, avec une pointe de perversité. ⇒ **arsouille.** *Des manières canailles.* ✪ CONTR. Aristocratie. Honnête, loyal, probe. Convenable, distingué.

canaillerie n. f. - XIXe 1 vieilli Caractère canaille (de qqn, qqch.). ⇒ **malhonnêteté.** 2 Action malhonnête. ⇒ **crapulerie.** 3 Polissonnerie vulgaire. « *une pointe de canaillerie faubourienne pimentait* [...] *l'amusement de ce qu'il disait* » (Courtel.).

canal, aux n. m. - XIIe ; lat. *canna* « roseau » 1 Lit ou partie d'un cours d'eau. ⇒ **bras.** 2 Cours d'eau artificiel. ⇒ **chenal.** *Canal navigable. Écluses d'un canal. Canal d'irrigation.* ➛ *Canal maritime.* « *des villes nouvelles s'établiront sur cet isthme, après le percement du canal de Suez* » (J. Verne). ➛ *Le grand canal de Venise. Les canaux d'Amsterdam.* ♦ Pièce d'eau étroite et longue. ⇒ **bassin, miroir** (d'eau). *Le grand canal du parc de Versailles.* 3 Bras de mer. ⇒ **détroit,** ② **passe.** *Canal de Mozambique.* 4 Conduit naturel ou artificiel permettant le passage d'un fluide. *Canal cylindrique.* ⇒ **conduite, tube, tuyau.** *Canal à ciel ouvert.* ⇒ **caniveau, rigole, tranchée.** *Canal d'adduction d'eau.* ➛ Zone conductrice située entre la source et le drain d'un transistor à effet de champ. 5 Structure tubulaire par laquelle s'écoulent divers liquides ou matières organiques *(canal excréteur d'une glande, canal biliaire)* ou qui livre passage à un vaisseau ou à un nerf *(canal osseux, fibreux).* 6 fig. Agent ou moyen de transmission. ⇒ **intermédiaire.** *Ayant reçu* « *par le canal de la succession la propriété du duché* » (Rac.). ♦ Ensemble des moyens sensoriels par lesquels une information est transmise. *Les animaux communiquent fréquemment par le canal olfactif.* ➛ Voie de communication dans un système de traitement de l'information. ➛ Bande de fréquence allouée pour la transmission d'informations. ➛ (Canada) *Canal de télévision.* ⇒ **chaîne.** 7 *Canal de distribution :* circuit de commercialisation d'un produit. 8 Sillon en spirale de la volute ionique. ⇒ **gorge, rainure.** ✪ HOM. Canot.

canalicule n. m. - XIXe ▪ Petit canal. *Canalicules biliaires du foie.*

canalisable adj. - XIXe ▪ Qui peut être canalisé. fig. *Mouvement d'opinion canalisable.*

canalisation n. f. - XIXe 1 Action de canaliser. *La canalisation du Rhône.* 2 Réseau de conduites, de tuyaux (ou de câbles protégés) destinés au transport des fluides, de l'énergie. *Canalisations de gaz, d'électricité, d'eau.*

canaliser v. tr. [1] - XIXe 1 Rendre (un cours d'eau) navigable. 2 Sillonner (une région) de canaux. 3 Empêcher de se disperser, diriger dans un sens déterminé. ⇒ **concentrer, grouper.** *Canaliser les manifestants.* « *Un artiste doit capter son génie. Canalise ta force* » (R. Rolland). ✪ CONTR. Disperser, éparpiller.

cananéen, enne adj. et n. - XIIIe ▪ Du pays de Canaan (Palestine et Phénicie). ➛ n. m. Langue sémitique occidentale comprenant notamment l'hébreu et le phénicien.

canapé n. m. - XIIe ; gr. *kônôps* « moustique » 1 Long siège à dossier où plusieurs personnes peuvent s'asseoir ensemble et qui peut servir de lit de repos. « *Les deux hommes s'assirent sur un petit canapé à deux places* » (Maupass.). *Canapé-lit,* transformable en lit. ⇒ **convertible.** *Des canapés-lits.* 2 Tranche de pain sur laquelle on dresse certains mets. *Canapé au caviar. Anchois sur canapés.*

❑ Étymologiquement, ce mot signifie « rideau de lit, moustiquaire », d'où « sorte de lit entouré d'une moustiquaire ».

canaque → **kanak**

canard n. m. – XIIIe ; *ca-* onomat. (a. v. *caner* « caqueter ») ; *-ard*, d'apr. *malard* 1 Oiseau palmipède *(anatidés)*, au bec large, aux ailes longues et pointues. *Femelle, petits du canard.* ⇒ **cane,** ① **caneton, canardeau.** *Canard domestique, canard sauvage.* ⇒ **halbran.** « *Le canard, ce porc de la gent volatile* » (Hugo). ➛ « *Le vilain petit canard* », *conte d'Andersen.* ➛ *Canard rôti. Canard aux navets, au sang. Canard laqué. Magret de canard. Foie gras de canard.* 2 fam. *Marcher comme un canard.* ⇒ se **dandiner.** *Marcher en canard*, les pieds en dehors. ➛ *Mouillé, trempé comme un canard* : très mouillé. ➛ *Canard boiteux* : personne mal adaptée au milieu dans lequel elle se trouve. 3 Morceau de sucre trempé dans une liqueur, dans du café. *Prendre un canard.* 4 Son criard, fausse note. ⇒ **couac.** 5 fig. et fam. vieilli Fausse nouvelle lancée dans la presse pour abuser le public. ⇒ **bobard.** « *tous ces bruits qui circulent et tous ces canards qui paraissent dans les journaux* » (Cendrars). ➛ Journal. 6 t. d'affection *Oui, mon canard.*

canardeau n. m. – XVIe ▪ Jeune canard.

canarder v. [1] – XVIe 1 v. tr. fam. Tirer sur (qqn) d'un lieu où l'on est à couvert, comme dans la chasse aux canards. *Se faire canarder* : se faire tirer dessus. ➛ *Ça commence à canarder.* ⇒ **tirer.** 2 v. intr. Faire une fausse note, un canard. ♦ *Navire qui canarde*, plonge par l'avant et embarque de l'eau.

canardière n. f. – XVIIe 1 Mare à canards. ➛ Lieu aménagé pour la chasse au canard. 2 Long fusil pour tirer les canards sauvages. « *de longues canardières à balles explosives* » (J. Verne).

canari n. m. – XVIe ; esp. *canario* ▪ Serin des Canaries *(fringillidés)*, à la livrée jaune et brun olivâtre. ➛ adj. inv. *Des robes jaune canari.*

canasson n. m. – XIXe ; altér. péj. de *canard* ▪ Mauvais cheval. ➛ fam. Cheval.

canasta n. f. – v. 1945 ; mot esp. « corbeille » ▪ Jeu de cartes (2 jeux de 52 et 4 jokers) qui consiste à réaliser des séries de 7 cartes de même valeur.

① **cancan** n. m. – XVIe ; lat. *quanquam* « quoique » ▪ Bavardage calomnieux, malveillant. ⇒ **commérage,** ② **ragot.** « *les papotages, les parlotes, les cancans des laitières et des concierges* » (Huysm.).

② **cancan** n. m. – XIXe ; du nom enfantin du *canard* ▪ Quadrille populaire excentrique et tapageur. ⇒ **french cancan.**

cancaner v. intr. [1] – XVIIe ▪ Faire des cancans. ⇒ **jaser, médire.** ♦ Crier (canard).

cancanier, ière adj. et n. – XIXe ▪ Qui fait, rapporte des cancans, des ragots. « *Cette province cancanière* » (Daud.). ➛ n. *C'est une cancanière.* ⇒ **commère.**

cancer [kɑ̃sɛʀ] n. m. – XIVe ; mot lat. « crabe » 1 Constellation zodiacale de l'hémisphère boréal figurant un crabe. ♦ Quatrième signe du zodiaque (22 juin-22 juillet). ➛ *Elle est Cancer*, née sous ce signe. 2 Tumeur ayant tendance à s'accroître, à détruire les tissus voisins et à donner lieu à des métastases. ⇒ **néoplasme.** *Avoir un cancer. Traitement d'un cancer* (⇒ **chimiothérapie, radiothérapie).** *Cancer généralisé.* ➛ *Cancer du sang.* ⇒ **leucémie.** 3 fig. Ce qui ronge, détruit ; ce qui prolifère de manière anormale et dangereuse. *Le cancer du chômage.*

❑ De même famille étym. : *chancre, cancre.*

cancéreux, euse adj. et n. – XVIIIe 1 De la nature du cancer. *Tumeur cancéreuse.* ♦ fig. Qui prolifère d'une façon malsaine et dangereuse. 2 Qui est atteint d'un cancer. ➛ n. *Un, des cancéreux.*

cancérigène adj. – v. 1920 ▪ Capable de provoquer une tumeur maligne, un néoplasme. ➛ Recomm. offic. *cancérogène.*

cancérisation n. f. – XIXe ▪ Transformation (d'une tumeur bénigne) en cancer.

cancériser v. tr. [1] – 1920 ▪ Transformer en cancer. ➛ *Tumeur bénigne cancérisée.* ➛ pronom. *Tumeur qui se cancérise.*

cancéro- Élément de composés savants signifiant « relatif au cancer ».

cancérogène adj. – v. 1960 ▪ Qui peut provoquer un cancer. ⇒ **cancérigène, carcinogène, oncogène.**

cancérogenèse n. f. – mil. XXe ; *cancéro-* et *-genèse* ▪ Processus de formation du cancer. ⇒ **carcinogenèse.**

cancérologie n. f. – 1920 ; *cancéro-* et *-logie* ▪ Étude du cancer. ⇒ **carcinologie, oncologie.**

❑ Comme dans beaucoup de mots scientifiques récents la base est traitée comme un élément par ajout d'un *o* ; on a donc deux formes : *cancérologie* et *carcinologie.*

cancérologue n. – 1920 ▪ Spécialiste du cancer, des recherches sur le cancer. ⇒ **oncologue.**

cancérophobie n. f. – 1954 ; *cancéro-* et *-phobie* ▪ Phobie du cancer.

canche n. f. – XVIIIe ; o. i. ▪ Graminée des prairies utilisée comme fourrage.

cancoillotte [kɑ̃kwajɔt] n. f. – XIXe ; de *caillot*, et *can-*, élément obscur ▪ Fromage de Franche-Comté, à pâte molle et fermentée.

cancre n. m. – XIIIe ; lat. *cancer* ▪ fam. Écolier paresseux et nul. « *un cancre, mot affreux, sens large et plus clément que rébarbatif au fond* » (Verlaine).

cancrelat n. m. – XVIIIe ; néerl. ▪ Blatte d'Amérique.

candela [kɑ̃dela] n. f. – 1949 ; mot lat. « chandelle » ▪ Unité d'intensité lumineuse (symb. cd).

candélabre n. m. – XIe ; lat. *candela* « chandelle » 1 Grand chandelier à plusieurs branches. ⇒ **flambeau, torchère.** 2 vieilli Colonne métallique portant un dispositif d'éclairage. ⇒ **lampadaire.** 3 Élément décoratif figurant une torchère.

candeur n. f. – XIVe ; lat. « blancheur » ▪ Qualité d'une personne pure et innocente, sans défiance. ⇒ **ingénuité, innocence, naïveté.** *Un air de candeur. Plein de candeur.* ⇒ **candide.** « *Toute la personne de Cosette était naïveté, ingénuité, transparence, blancheur, candeur rayon* » (Hugo). ✪ CONTR. Dissimulation, fourberie, ruse.

candi adj. m. – XIIIe ; ar. « sucre de canne » ▪ *Sucre candi* dépuré et cristallisé.

candida n. m. inv. – XXe ; mot lat. « blanche » ▪ Genre de levures, dont la plus importante *(Candida albicans)* provoque des affections de la peau et des muqueuses, chez l'être humain (⇒ **candidose**). ✪ HOM. Candidat.

candidat, ate n. – XIIIe ; lat. *candidus* « blanc » 1 Personne qui postule une place, un poste, un titre. *Être candidat à un poste* (⇒ **briguer).** *Se porter candidat à des élections. Une table « séparait les candidats de MM. les Examinateurs en robe rouge »* (Flaub.). 2 Médicament à l'essai. *Des candidats vaccins. Candidats antiviraux.* ✪ HOM. Candida.

❑ Les candidats aux fonctions publiques à Rome étaient revêtus d'une toge blanche.

candidature n. f. – XIXe ▪ État de candidat. *Faire acte de candidature* : se porter candidat. « *ils maintien* *draient tous deux leurs candidatures* » (Aragon). *Retirer sa candidature.* ⇒ se **désister.**

candide adj. – XVIe 1 Qui a de la candeur. ⇒ **ingénu, innocent, naïf, pur, simple.** *Homme candide. Âme, cœur candide.* 2 Qui exprime la candeur. *Air candide.* « *quelques centaines de pingouins les regardèrent d'un œil candide* » (J. Verne). ✪ CONTR. ① Faux, fourbe, rusé.

candidement adv. – XVIe ▪ Avec candeur.

candidose n. f. – 1959 ▪ Mycose (surtout de la peau et des muqueuses) causée par une levure *(Candida albicans).*

candir (se) v. pron. [2] – XVIe ▪ Se cristalliser.

candomblé n. m. – XIXe ; mot port. du Brésil ▪ Au Brésil, Culte adopté par des communautés religieuses suivant des croyances et des pratiques d'origine africaine. ⇒ **vaudou.** ◆ Lieu de ce culte.

cane n. f. – XIVe ▪ Femelle du canard. ✪ HOM. Canne.

canebière → **chènevière**

canepetière n. f. – XVIe ; de *cane* et *petière,* de *pet* ▪ Petite outarde à collier blanc.

canéphore n. f. – XVIe ; gr. *kaneon* « corbeille » et *pherein* « porter » ▪ En Grèce, dans l'Antiquité, Jeune fille qui portait sur la tête une corbeille sacrée dans certaines fêtes.

① **caner** v. intr. [1] – XIXe ; de *cane* ▪ fam. Reculer devant le danger ou la difficulté. ⇒ **céder,** fam. se **dégonfler, flancher.** « *ce gaillard-là n'avait pas cané devant l'ouvrage* » (Courtel.). ✪ HOM. Canné, canner.

② **caner** v. intr. [1] – XIXe ; de *canne* « jambe » ▪ arg. S'enfuir (jouer des cannes). ⇒ **calter, décaniller.** fig. Mourir. *Il est cané.*

canetage n. m. – 1948 ▪ Opération qui consiste à mettre sur canette les fils de trame.

canetière n. f. – XIXe 1 Ouvrière chargée de disposer la soie sur les canettes. 2 Machine employée à garnir les canettes.

① **caneton** n. m. – XVIe ▪ Petit du canard.

② **caneton** n. m. – 1931 ; probablt de ① *caneton* ▪ Petit dériveur à voiles, monotype pour régates à deux équipiers.

① **canette** n. f. – XIIIe ▪ Petite cane. ◆ Sarcelle.

② **canette** n. f. – XIVe ; de *canne* ▪ Petite bouteille de bière, à l'origine bouchée par un cône de porcelaine maintenu par un ressort ; son contenu. ◆ Boîte métallique contenant une boisson.

❑ On trouve aussi la graphie *cannette.*

③ **canette** n. f. – XIIIe ; it. de Gênes *cannetta* ▪ Bobine sur laquelle est enroulé le fil dans la navette d'un métier à tisser, ou le fil d'une machine à coudre.

❑ On trouve aussi la graphie *cannette.*

canevas n. m. – XIIIe ; de *chanvre* 1 Grosse toile claire et à jour qui sert de fond aux ouvrages de tapisserie à l'aiguille. 2 Ensemble des points géodésiques relevés. ⇒ **triangulation.** 3 Donnée première d'un ouvrage. ⇒ **ébauche, esquisse.** *Le canevas d'un discours. Ce n'est encore qu'un canevas.*

cange n. f. – XVIIe ; ar. ▪ Barque à voiles qui servait sur le Nil à transporter les voyageurs. « *Les canges ont toutes deux grandes voiles croisées* » (Flaub.).

cangue n. f. – XVIIe ; probablt. chinois « portant sur les épaules » ▪ En Chine, Carcan dans lequel on engageait le cou et les poignets du condamné. ♦ Le supplice lui-même.

caniche n. m. – XVIIIe ; de *cane,* ce chien aimant barboter dans l'eau ▪ Chien barbet à poil frisé. « *un caniche royal gris, taillé comme un jardin de Le Nôtre* » (R. Gary). loc. *Suivre qqn comme un caniche,* pas à pas, fidèlement.

caniculaire adj. – XVe ▪ De la canicule. *Chaleur caniculaire.* ⇒ **torride.**

canicule n. f. – XVe ; lat. *canicula* « petite chienne », appliqué à l'étoile Sirius ▪ Époque de grande chaleur attribuée autrefois à l'étoile Sirius ou *Canicule* qui, du 22 juillet au 22 août, se lève et se couche avec le Soleil. ◆ Grande chaleur de l'atmosphère. « *rentrer à Paris, en pleine canicule serait me tuer* » (Bernanos). ✪ CONTR. ② Froid.

canidés n. m. pl. – XIXe ; lat. *canis* « chien » ▪ Famille de mammifères carnivores digitigrades, au corps élancé, aux pattes hautes. *Le chien, le loup, le renard, le chacal sont des canidés.*

canier n. m. – XIXe ; lat. *canna* « roseau » ▪ région. Lieu où poussent les roseaux. ⇒ **cannaie.**

canif n. m. – XVe ; germ. ▪ Petit couteau de poche à une ou plusieurs lames qui se replient dans le manche. ◆ Outil de graveur sur bois. ◆ loc. *Donner un coup de canif dans le contrat* (de mariage) : être infidèle à son conjoint.

canin, ine adj. – XIVe ; lat. *canis* « chien » 1 Relatif au chien. 2 fig. *Une faim canine,* dévorante.

canine n. f. – XVIe ; de *canin* ▪ Dent pointue entre les prémolaires et les incisives.

caninette n. f. – 1982 ; nom déposé ▪ Moto équipée d'un dispositif pour aspirer les excréments des chiens, dans les grandes villes.

canisse n. f. – XVe ; lat. *canna* « roseau » ▪ région. Assemblage de cannes de Provence refendues formant des claies. *Cultures protégées du vent par des canisses.*

❑ On trouve aussi la graphie *cannisse,* plus conforme à l'étymon (*canne* de roseau).

canitie n. f. – XIIIe ; lat. *canus* « blanc » ▪ État des cheveux devenus blancs.

❑ Ne pas confondre *canitie* et *calvitie* « absence de cheveux ».

caniveau n. m. – XVIIe ; o. i. 1 Pierre creusée en rigole pour faire écouler l'eau. 2 Bordure d'une rue, le long d'un trottoir, destinée à évacuer les eaux de ruissellement. « *tu regardes dans les caniveaux, dans l'espace plus ou moins large qui sépare les voitures garées du rebord de la chaussée* » (Perec).

canna n. m. – XIXe ; mot lat. ▪ Balisier. « *en respirant l'odeur des cannas et en écoutant chanter les canaris* » (Mac Orlan). ✪ HOM. Khanat.

cannabique adj. – apr. 1970 ▪ Qui se rapporte au cannabis.

cannabis [kanabis] n. m. – XIXe ; mot lat. « chanvre » ▪ Chanvre indien cultivé pour la production de stupéfiant. ⇒ **haschisch.**

cannabisme n. m. – 1945 ▪ Intoxication par le cannabis.

cannage n. m. – XVIIIe ▪ Le fait de canner un siège. ◆ Partie cannée (d'un siège). *Refaire le cannage d'un fauteuil.*

cannaie n. f. – XVIIe ▪ Plantation de cannes à sucre, de roseaux.

canne n. f. – XIIIe ; lat. *canna* « roseau » 1 Tige droite de certaines plantes (roseau, bambou, balisier). ♦ Plante herbacée *(graminées),* roseau à grande tige rigide. *Canne à sucre :* espèce tropicale dont on extrait du sucre. *Sucre de canne.* 2 CANNE À PÊCHE : gaule portant une ligne de pêche. **3** pop. Jambe. *Ne plus tenir sur ses cannes.* **4** Objet façonné (bâton, roseau) sur lequel on appuie la main en marchant. « *Ses souliers à clous, sa canne ferrée m'inspiraient beaucoup de respect* » (Bosco). ➛ *Canne anglaise,* munie d'un support pour l'avant-bras et d'une poignée. ⇒ **béquille.** ➛ *Canne blanche d'aveugle.* par ext. *Les cannes blanches :* les aveugles. ➛ *Canne-épée :* canne creuse dissimulant une épée. ♦ *Poussette canne,* qui se replie en forme de canne. ✪ HOM. Cane.

canné, ée adj. – XIXe ▪ Garni de brins de jonc ou de rotin entrelacés. *Chaise cannée.* ✪ HOM. Caner, canner.

canneberge n. f. – XVIIe ; o. i. ▪ Arbuste des marais et tourbières des régions froides *(éricacées),* à feuilles persistantes, à baies comestibles. par ext. La baie rouge, acidulée. ⇒ région. **atoca.**

cannebière → **chènevière**

cannelé, ée adj. – XIVe ▪ Qui présente des cannelures. « *une boiserie à colonnes cannelées d'ordre ionique* » (Gaut.). *Il* « *avait les ongles cannelés et courts* » (Hugo). ✪ CONTR. ① Lisse.

canneler v. tr. [4] – XVIe ▪ Garnir de cannelures.

cannelier n. m. – XVIe ▪ Laurier dont l'écorce fournit la cannelle.

cannelle n. f. – XIIe ; de *canne* « tuyau » ▪ Écorce du cannelier, dépouillée de son épiderme. ➛ Substance aromatique tirée de cette écorce et utilisée dans l'alimentation. *Vin chaud à la cannelle.* ➛ adj. inv. *Couleur cannelle,* brun clair.

cannelloni n. m. – 1918 ; mot it. → canne ▪ au plur. Pâtes alimentaires en forme de gros cylindre, que l'on farcit. *Des cannellonis* (ou plur. it. *des cannelloni*).

cannelure n. f. – XVIe **1** Sillon longitudinal creusé dans du bois, de la pierre, du métal. ⇒ **moulure, rainure, strie. 2** Strie qui parcourt la tige de certaines plantes. *Les cannelures du céleri.* ⇒ **côte. 3** Sillon creusé dans une surface. *Cannelure d'une vis.* **4** Sillon creusé dans la roche par l'érosion.

① **canner** v. tr. [1] – XVIIe ▪ Garnir le fond, le dossier de (un siège) avec des cannes de jonc, de rotin entrelacées. ✪ HOM. Caner, canné.

② **canner** v. tr. [1] – XIXe ; de *canne,* d'apr. l'angl. *to can* ▪ région. (Canada) fam. Mettre en boîtes de conserve.

cannetille n. f. – XVIe ; esp. *caña* « roseau » → canne ▪ Fil d'or, d'argent, servant à des travaux de broderie, de passementerie.

cannette → ② et ③ **canette**

canneur, euse n. – XIXe ▪ Personne qui canne les sièges.

cannibale n. – XVIe ; arawak (langue indienne) *caniba,* désignant les Caraïbes antillais **1** Anthropophage. « *Les nègres nus crient, rient et se querellent en montrant des dents de cannibales* » (Gide). ♦ région. (Belgique) *Cannibale* (n. m.) ou *toast cannibale :* pain de mie grillé garni de viande crue hachée et assaisonnée. **2** Se dit d'un animal qui se nourrit d'un animal de la même espèce.

cannibalesque adj. – XIXe ▪ Digne d'un cannibale.

cannibaliser v. tr. [1] – 1984 ; angl. *to cannibalize* **1** Démonter (un appareil) pour fournir des pièces de rechange à un autre. **2** Concurrencer (un produit semblable) du même producteur. **3** fig. Absorber et détruire. ⇒ **phagocyter.**

cannibalisme n. m. – XVIIIe ▪ Pratique consistant à manger son semblable. « *dans un geste de cannibalisme vivifiant, de fortifiante théophagie* » (Caillois). ➛ fig. ⇒ **férocité.**

canoë [kanɔe] n. m. – XIXe ; arawak des Bahamas → canot ▪ Embarcation légère et portative mue à la pagaie. ⇒ **pirogue ; kayak.** ➛ Sport de ceux qui s'en servent.

> ❑ La prononciation française et la nécessité du tréma sont sans rapport avec le mot anglais *canoe* [kənu] ; même problème pour *R. Crusoë.*

canoéiste n. – XIXe ▪ Personne qui pratique le sport du canoë.

> ❑ *Canoéiste* est la francisation de l'anglais *canoeist.*

① **canon** n. m. – XIIIe ; de *canne* **I - 1** Pièce d'artillerie servant à lancer des projectiles lourds. ⇒ **mortier, obusier.** *Canon antiaérien, canon de D.C.A. Canon antichar.* ➛ *La portée d'un canon. Tir au canon. Tirer un coup de canon, tirer le canon.* ⇒ **bombarder, canonner.** ♦ loc. fam. *Chair à canon :* les soldats exposés à être tués. ♦ *Canon lance-harpon,* pour la capture des grands cétacés. **2** Tube d'une arme à feu. *Le canon d'une carabine, d'un revolver. Fusil à canon scié.* ➛ *Baïonnette au canon,* fixée au bout du fusil. **3** *Canon à électrons :* générateur d'un faisceau intense d'électrons. ➛ *Canon à neige :* appareil qui fabrique et projette de la neige artificielle sur les pistes de ski. **II - 1** Partie creuse et cylindrique (de divers objets). *Canon d'une clé,* sa partie forée. **2** Au XVIIe s., Pièce de toile ornée de dentelle, de rubans qu'on attachait au-dessous du genou. **3** Partie des membres du cheval entre le genou et le boulet (membres antérieurs) et le jarret et le boulet (membres postérieurs). **4** Ancienne mesure de capacité. ➛ fam. Verre de vin. *Boire un canon.*

② **canon** n. m. – XIIIe ; gr. *kanôn* « règle » **1** Loi ecclésiastique en matière de foi et de discipline. *Canon d'un concile œcuménique.* ♦ adj. *Droit canon :* droit ecclésiastique. **2** Ensemble des livres admis comme divinement inspirés. *Canon de l'Ancien, du Nouveau Testament* (⇒ **bible). 3** *Canon de la messe :* partie de l'office qui va de la Préface au Pater. **4** Ensemble de règles fixes pour déterminer les proportions idéales de l'être humain ; cet idéal. ➛ adj. inv. fam. Conforme à un idéal de beauté. *Une fille canon.* **5** Composition polyphonique dans laquelle toutes les voix exécutent la même mélodie en débutant à des temps différents. « *un papas chantait le même verset sur un air différent et en canon* » (Chateaub.).

cañon → **canyon**

canonial, iale, iaux adj. – XIIe **1** Qui est réglé par les canons (⇒ ② **canon) ;** conforme à la règle. « *des carillons chantant les heures canoniales* » (Huysm.). **2** Qui a rapport au canonicat.

canonicat n. m. – XVIIe ▪ Dignité, office, bénéfice de chanoine.

canonicité n. f. – XVIIe ▪ Caractère de ce qui est canonique (1°, 3°).

canonique adj. – XIIIe **1** Conforme aux canons. *Peines canoniques. Droit canonique :* droit canon. **2** *Âge canonique :* âge de quarante ans (minimum pour être servante chez un ecclésiastique). ➛ *Être d'un âge canonique,* très âgé. **3** Qui pose une règle ou correspond à une règle. ⇒ **normatif.** *Forme canonique et variantes d'un mot* (⇒ **lemme).**

canonisation n. f. – XIIIe ▪ Action de canoniser. *La canonisation est prononcée par le pape.*

canoniser v. tr. [1] – XIIIe ▪ Mettre au nombre des saints selon les règles de l'Église.

canoniste n. m. – XIVe ▪ Spécialiste du droit canon.

canonnade n. f. – XVIe ▪ Tir soutenu d'un ou plusieurs canons. « *les canonnades de l'été précédent n'avaient pas laissé une seule vitre intacte* » (Yourcenar).

canonner v. tr. [1] – XVe ▪ Tirer au canon sur (un objectif). ⇒ **bombarder, pilonner.**

canonnier n. m. – XIVe ▪ Artilleur chargé du service d'une pièce de canon.

canonnière n. f. – XVe ▪ Navire armé d'un ou de plusieurs canons. adj. *Chaloupe canonnière.*

canope n. m. – XIXe ; gr. *kanôpos,* nom d'une ville d'Égypte ▪ Urne funéraire de l'Égypte antique ayant pour couvercle une tête emblématique, destinée à contenir les viscères d'une momie. ➝ adj. *Vase canope.*

canot n. m. – XVIe ; d'une langue des Caraïbes → canoë **1** région. (Canada) Embarcation légère qui avance à l'aviron, à la pagaie. ⇒ **canadienne, canoë, kayak.** « *Les grands canots d'écorce couraient sur les vagues* » (Roquebrune). **2** Embarcation légère non pontée. ⇒ **barque, chaloupe.** *Canot à rame, à moteur, à voile.* ➝ *Canot de sauvetage. Canot pneumatique,* gonflé à l'air. ⇒ **raft.** *Canot à moteur.* ✪ HOM. Canaux (canal).

❑ Les marins prononcent [kanɔt].

canotage n. m. – XIXe ▪ Action de canoter. *Les joies du canotage.*

canoter v. intr. [1] – XIXe ▪ Se promener en canot, en barque.

canoteur, euse n. – XXe ▪ Personne qui se promène en canot.

canotier, ière n. – XVIe **1** Rameur, sur une embarcation. **2** n. m. Chapeau de paille à bords ronds et à fond plat.

cantabile [kɑ̃tabile] n. m. – XVIIIe ; mot it., du lat. *cantabilis* « digne d'être chanté » ▪ Passage musical lent, souvent empreint de mélancolie. ➝ adj. *Moderato cantabile.* ➝ adv. *Jouer cantabile.*

cantal n. m. – XVIIe ▪ Fromage de lait de vache, fabriqué dans le Cantal. ⇒ **fourme.** *Des cantals.*

cantaloup [kɑ̃talu] n. m. – XVIIIe ; de *Cantalupo,* villa près de Rome ▪ Melon à côtes rugueuses vert foncé et à chair orange.

cantate n. f. – XVIIIe ; it. *cantata* « ce qui se chante » ▪ Scène lyrique à un ou plusieurs personnages avec accompagnement ; musique d'une telle scène. *Les cantates de J.-S. Bach.*

cantatrice n. f. – XVIIIe ; mot it. ; lat. *cantare* « chanter » ▪ Chanteuse professionnelle d'opéra ou de chant classique. ⇒ **diva, prima donna.** « *Malibran, aussi grande tragédienne que grande cantatrice* » (Gaut.).

canter [kɑ̃tɛʀ] n. m. – XIXe ; mot angl., p.-ê. de *Canterbury* ▪ Galop d'essai d'un cheval de course.

cantharide n. f. – XIVe ; gr. **1** Insecte coléoptère *(méloïdés)* de couleur vert doré et brillant, appelé aussi *mouche d'Espagne* ou *de Milan.* **2** Corps de l'insecte réduit en poudre et utilisé autrefois comme aphrodisiaque.

cantilène n. f. – XVIe ; lat. « petit chant, air rebattu » **1** vx Chant profane. ♦ Chant monotone, mélancolique. **2** littér. Texte lyrique et épique. ⇒ **complainte.**

cantilever [kɑ̃tiləvɛʀ ; kɑ̃tilevœʀ] adj. inv. – XIXe ; mot angl., de *cant* « rebord » et *lever* « levier » ▪ Qui est suspendu en porte-à-faux (sans câbles). *Pont cantilever.*

cantine n. f. – XVIIe ; it. *canto* « coin, réserve » **1** Salle où l'on sert à manger, à boire aux personnes d'une collectivité. ⇒ **buvette, réfectoire, restaurant.** *Cantine d'une école, d'une entreprise.* « *Aussi était-il du bivouac et mangeait-il à notre cantine* » (Vallès). **2** Coffre de voyage, malle rudimentaire. ⇒ **marmotte.**

cantinière n. f. – XVIIIe ▪ Jusqu'en 1914, Gérante d'une cantine militaire. ⇒ **vivandière.**

cantique n. m. – XIIe ; lat. *canticum* « chant religieux » **1** Chant d'action de grâces consacré à la gloire de Dieu. *Le cantique de la Vierge Marie.* ⇒ **magnificat. 2** Chant religieux en langue commune (et non en latin). ⇒ **hymne, motet, psaume.** *Les cantiques de Noël.* « *ceux qui s'agenouillent et entonnent des cantiques* » (Gide). ✪ HOM. Quantique.

canton n. m. – XIIIe ; a. provenç. *can* « côté » **I - 1** vx Coin de pays, région. ➝ mod. *Canton de route, de voie ferrée :* portion de cette route, de cette voie, délimitée en vue de sa signalisation, de son entretien (⇒ **cantonnier**). **2** L'un des vingt-trois États composant la Confédération helvétique. **3** En France, Division territoriale de l'arrondissement. *Chef-lieu de canton.* « *une consultation entièrement gratuite, réservée aux habitants du canton* » (Romains). ♦ Au Canada, Division cadastrale de cent milles carrés environ. **II** Petit quartier de l'écu ; partie de l'écu formée par les pièces (croix, sautoirs) dont il est chargé.

❑ Les dérivés de *canton* prennent un *n* (ex. *cantonal*) ou deux *n* (ex. *cantonnier*).

cantonade n. f. – XVe ; provenç. « coin de rue » → canton ▪ Les coulisses d'un théâtre. loc. *Parler à la cantonade :* parler à qqn qui est supposé être dans les coulisses ; parler à un groupe sans s'adresser précisément à qqn.

cantonal, ale, aux adj. – XIXe **1** (en Suisse) *Les autorités, les lois cantonales* (opposé à *fédéral*). **2** (en France) *Élections cantonales* ou n. f. *les cantonales :* élections des conseillers généraux.

cantonnement n. m. – XVIIe **1** Action de cantonner des troupes. ⇒ **bivouac, campement. 2** Lieu où cantonnent les troupes. *Prendre ses cantonnements.* ⇒ **quartier.**

cantonner v. tr. [1] – XIIIe **I - 1** vieilli Établir (des troupes) en un lieu. ➝ mod. intrans. « *les divers hôtels où les troupes devaient cantonner* » (Carco). **2** Orner dans les angles. *Tour cantonnée de clochetons.* **3** Maintenir d'autorité (qqn) dans un lieu, un état. ⇒ **reléguer.** *Cantonner qqn dans des emplois subalternes.* **II** SE CANTONNER v. pron. **1** Se tenir (dans un lieu) sans sortir. ⇒ se **confiner. 2** fig. Limiter ses activités, s'en tenir (à un point particulier).

cantonnier n. m. – XVIIIe ▪ Ouvrier qui travaille à l'entretien des routes.

cantonnière n. f. – XVIe ▪ Bande d'étoffe qui encadre une baie, et masque le haut des rideaux.

cantor n. m. – v. 1900 ; lat. ▪ Chantre ; maître de chapelle et maître de chœur.

canular n. m. – 1913 ; de *canuler* ▪ Mystification. *Monter un canular.* ➝ Blague, farce.

❑ Pour la graphie en ...*ar* → racontar (rem.).

canule n. f. – XVe ; lat. *canna* « tuyau » → canne ▪ Petit tuyau souple ou rigide, servant à introduire un liquide ou un gaz dans une cavité ou un conduit de l'organisme. ⇒ **cathéter, drain, sonde.**

canuler v. tr. [1] – XIXe ; de *canule* ▪ fam. Importuner (qqn) par le même propos répété.

canut, use n. – XIXe ; p.-ê. de *canne* « bobine de fil » → ③ canette ▪ Ouvrier, ouvrière spécialiste dans le tissage de la soie à Lyon.

canyon [kanjɔ̃ ; kanjɔn] ou **cañon** [kaɲɔn] n. m. – XIXe ; esp. du Mexique *caño* « tube » ▪ Gorge très profonde creusée par un cours d'eau dans une chaîne de montagnes. ➝ Longue et profonde dépression sous-marine.

canyonning [kanjɔniŋ] n. m. – 1993 ▪ Sport nautique consistant à descendre des gorges au parcours difficile.

canzone [kɑ̃tzɔne] n. f. – XIXe ; mot it., du lat. *cantare* « chanter » ▪ Petit poème italien divisé en stances égales, et terminé par une stance plus courte. ▸ Chanson. *Des canzones* [kɑ̃tsɔne].

C.A.O. [seao] n. f. ▪ Sigle de *conception assistée* par ordinateur.*

caoua n. m. – XIXe ; mot ar. d'Algérie ▪ fam. Café.

caouane n. f. – XVIIe ; d'une langue d'Amérique du Sud ▪ Grande tortue de mer. ⇒ aussi ② **caret.**

caoutchouc [kautʃu] n. m. – XVIIIe ; mot d'o. péruv. **1** Substance élastique, imperméable, provenant du latex de diverses plantes ou élaborée artificiellement. ⇒ **gomme.** *Arbre à caoutchouc.* ⇒ **hévéa, landolphia.** *Caoutchouc synthétique. Bottes, jouet en caoutchouc.* « *une petite balle de caoutchouc, vieille, noire, pleine, dure* » (Beckett). ▸ Industrie du caoutchouc. **2** *Un caoutchouc :* un vêtement caoutchouté (⇒ **imperméable**). ▸ Lien de caoutchouc. ⇒ **élastique.** ▸ plur., vieilli Chaussures de caoutchouc. « *il s'était procuré des caoutchoucs et il prit l'habitude de les laisser* [...] *près du porte-parapluies* » (Simenon). ⇒ **snow-boot. 3** Plante arbustive du genre ficus, aux larges feuilles épaisses et brillantes. « *les rives lointaines, couvertes de palmiers, de caoutchoucs et de lianes* » (Larbaud).

caoutchouter v. tr. [1] – XIXe ▪ Enduire de caoutchouc. ▸ *Tissu caoutchouté,* imperméabilisé.

> ❑ Le *t* sert souvent de consonne d'appui pour les mots en *-ou : clouter, chouchouter,* etc. ♦ L'évolution des techniques du plastique a démodé ce mot et a donné naissance à *plastifier.*

caoutchouteux, euse adj. – 1908 ▪ Qui a la consistance du caoutchouc.

cap n. m. – XIIIe ; lat. *caput* « tête » **I** vx Tête. ⇒ **chef.** ▸ mod. loc. *De pied en cap* [dəpjetɑ̃kap] : des pieds à la tête. ⇒ **complètement.** *Armés de pied en cap.* **II - 1** Pointe de terre qui s'avance dans la mer. ⇒ **bec, pointe, promontoire.** *Le cap Horn.* « *Que dis-je, c'est un cap ?... c'est une péninsule !* » (Rostand). **2** loc. fig. *Passer, dépasser le cap :* franchir une étape difficile. ▸ *Franchir, doubler le cap de* (avec un nom de nombre), une étape, un palier. *L'entreprise a dépassé le cap des mille employés.* **3** Direction d'un navire, d'un avion. « *des navires mettaient déjà le cap sur notre port* » (Camus). *Changer de cap,* de direction. ✪ HOM. Cape.

C.A.P. [seape] n. m. inv. – 1946 ; sigle **1** Certificat d'aptitude professionnelle. **2** Certificat d'aptitude pédagogique.

C.A.P.A. [kapa] n. m. inv. – 1941 ; acronyme ▪ Certificat d'aptitude à la profession d'avocat. ✪ HOM. Kappa.

capable adj. – XIVe ; lat. *capere* « contenir, être susceptible de » **I - 1** vx Qui a le pouvoir, la possibilité de recevoir, de supporter. « *Je n'aurais jamais cru être capable d'une si grande solitude* » (Rac.). **2** Qui est en état, a le pouvoir d'avoir (un comportement, une activité). *Il « s'est cru capable d'immenses passions, de hautes entreprises* » (Flaub.). *Il est capable du meilleur comme du pire. Voyons de quoi il est capable.* loc. *Capable de tout,* prêt à tout faire, sans être arrêté par aucune prudence, aucun scrupule. ♦ (avec un verbe) ⇒ **apte** (à). *Elle est capable de réussir,* de taille à réussir. fam. *Il est capable de ne pas venir, il en est bien capable !* abrév. fam. CAP [kap]. *T'es pas cap !* ♦ (sujet chose) *Un train capable de rouler à 200 km à l'heure. Cette émotion est capable de la tuer.* **3** Qui sait faire ce qu'il fait. ⇒ **compétent.** *Un ouvrier, un ministre très capable.* **4** Qui a le droit, la capacité légale. *Capable en justice.* **II** sc. *Arc capable* (relatif à un angle $\widehat{AMB}$ et deux points A et B) : arc de cercle, lieu géométrique des points M tels que l'angle $\widehat{AMB}$ soit constant. ✪ CONTR. (de I) Incapable ; inapte, incompétent, nul.

> ❑ *Capable de* (+ inf.) est correct en parlant des choses, selon Littré. Mais le verbe *pouvoir* est plus courant, et l'adjectif *susceptible* plus normal.

capacitaire n. et adj. – XIXe ▪ Titulaire du diplôme de la capacité en droit.

capacité n. f. – XIVe ; lat. *capax* « qui peut contenir » (→ capable) **1** Propriété de contenir une certaine quantité de substance. ⇒ **contenance, mesure, quantité, volume.** *Réservoir d'une grande capacité. Capacité d'un coffre de voiture.* Propriété de contenir des gens. *Capacité d'un avion, d'un ascenseur.* ♦ *Capacité thoracique vitale :* la plus grande quantité d'air que peuvent absorber les poumons. **2** par ext. *Capacité d'un accumulateur :* quantité d'électricité (en ampères-heures) qu'il peut restituer. **3** Puissance de faire qqch. ⇒ **aptitude, faculté.** *Il a une grande capacité de travail.* ▸ *Capacité productrice d'une société.* ♦ (avec inf.) *Sa capacité de faire volte-face, à changer d'avis.* **4** Qualité d'une personne qui est en état de comprendre, de faire qqch. ⇒ **compétence, faculté, talent, valeur.** *Il a une haute capacité professionnelle. Quelles sont vos capacités ?* que savez-vous faire ? « *quelques jeunes médecins sans ressources* [...] *dont il utiliserait les capacités* » (Mart. du G.). *Capacités intellectuelles, artistiques.* **5** Aptitude juridique à agir valablement pour soi-même. **6** *Capacité en droit :* diplôme délivré aux étudiants après deux ans d'études. ✪ CONTR. Inaptitude, incapacité.

caparaçon n. m. – XVe ; esp. *capa* « manteau » ▪ Armure ou harnais d'ornement dont on équipe les chevaux. *Le caparaçon du cheval du picador protège la bête des coups de corne du taureau.*

caparaçonner v. tr. [1] – XVIe ▪ Revêtir, couvrir d'un caparaçon. ▸ fig. *Sportif qui se caparaçonne les tibias.*

> ❑ Le *caparaçon,* qui est « comme une carapace », entraîne la forme fautive *carapaçonner.* → carapace (rem.).

cape n. f. – XVe ; it. **1** Vêtement de dessus, sans manches, qui enveloppe le corps et les bras. ⇒ **houppelande, pèlerine.** *La cape des mousquetaires. Cape de berger.* ▸ *Roman, film de cape et d'épée,* dont les personnages sont des héros chevaleresques. ▸ loc. fig. SOUS CAPE. En cachette, secrètement. *Rire sous cape.* **2** Pièce de tissu jaune et violet utilisé dans la corrida pour faire les passes. « *il lui secoue sa cape devant le mufle* » (Gaut.). *Passes de cape* (⇒ ② **véronique**) *et passes de muleta.* **3** Allure d'un voilier qui réduit sa voilure, diminue sa vitesse, et gouverne de façon à dériver. **4** Feuille de tabac très mince qui forme l'enveloppe extérieure du cigare. ⇒ **robe.** ✪ HOM. Cap.

capelage n. m. – XVIIIe ▪ Ensemble des boucles des manœuvres fixes entourant l'extrémité d'une vergue, la tête d'un mât.

capelan n. m. – XVIe ; mot provenç. « chapelain » ▪ Poisson osseux *(gadidés),* voisin de la morue. *Grand, petit capelan.*

capeler v. tr. [4] – XVIIe ; mot probablt norm., de *capel* « chapeau » ▪ Entourer d'une boucle de cordage, d'une bague. *Il capelle la vergue avec une estrope.* ▸ Attacher solidement.

capeline n. f. – XIVe ; a. provenç. « chapeau de fer » ▪ Chapeau de femme à très larges bords souples.

C.A.P.E.S. [kapɛs] n. m. – 1945 ; acronyme ▪ Certificat d'aptitude au professorat de l'enseignement secondaire.

capésien, ienne [kapesjɛ̃, jɛn] n. – v. 1950 ▪ fam. Professeur titulaire du C.A.P.E.S. ✪ HOM. Capétien.

> ❑ La prononciation du *s* reste la même que dans *C.A.P.E.S.,* bien que le *s* soit entre voyelles.

capétien, ienne adj. - XIVe ; de *Capet,* lat. *cappa* « cape » ▪ Relatif à la dynastie des rois de France du sacre de Hugues Capet (987) à la mort de Charles IV le Bel (1328). *La dynastie capétienne.* ➛ subst. *Les Capétiens.* ✪ HOM. Capésien.

capeyer v. intr. [1] - XVIIe ▪ Être à la cape (3°).

capharnaüm [kafaʀnaɔm] n. m. - XVIIe ; ville de Galilée ▪ fam. Lieu qui renferme beaucoup d'objets en désordre. *Sa chambre, quel capharnaüm !*

> ❑ Nom de lieu tiré des Évangiles (en araméen « village de Nahum »). Le lien sémantique n'est pas clair.

cap-hornier n. m. - 1944 1 Grand voilier qui passait par le cap Horn. *Des cap-horniers.* 2 Navigateur qui a passé le cap Horn.

capillaire [kapilɛʀ] adj. et n. m. - XIVe ; lat. *capillus* « cheveu » 1 Se dit des vaisseaux sanguins les plus fins, dernières ramifications du système circulatoire, qui relient artérioles et veinules. *Veines, vaisseaux capillaires.* ➛ *Inflammation des capillaires.* ♦ Très fin. *Tube capillaire,* de très petite section par rapport à sa longueur. 2 Relatif aux cheveux, à la chevelure. *Lotion capillaire.* 3 n. m. Fougère des rochers et des murs, à pétioles très fins. ⇒ **adiante.**

capillarite [kapilaʀit] n. f. - 1932 ; lat. *capillaris* « capillaire » et *-ite* ▪ Altération des petits vaisseaux cutanés.

capillarité [kapilaʀite] n. f. - XIXe ; lat. *capillus* « cheveu » 1 État de ce qui est ténu comme un cheveu. 2 Ensemble des phénomènes qui se produisent à la surface des liquides. ⇒ **tension** (superficielle). *L'eau monte dans le sol par capillarité.*

capilliculture [kapilikyltyʀ] n. f. - v. 1960 ; lat. *capillus* « cheveu » et *-culture* ▪ Soins donnés aux cheveux.

capilotade n. f. - XVIe ; esp. *capirotada* « ragoût aux câpres » ▪ *EN CAPILOTADE :* complètement écrasé, en compote. « *Mon nez était en capilotade mais à l'infirmerie, les dégâts internes furent jugés peu graves* » (R. Gary).

capitaine n. m. - XIVe ; lat. *caput* « tête » **I - 1** Chef militaire. *Les grands capitaines de l'Antiquité.* 2 Officier qui commande une compagnie d'infanterie, un escadron de cavalerie, une batterie d'artillerie. *Le capitaine porte trois galons. Mon capitaine.* « *Le capitaine lança ses hommes contre la barricade* » (Hugo). ➛ *Capitaine de gendarmerie, des pompiers.* 3 Officier qui commande un navire de commerce. *Capitaine au long cours. Capitaine de port,* chargé de la police d'un port. ➛ loc. fam. *L'âge du capitaine,* symbolisant une donnée absurde dans l'énoncé d'un problème. ♦ Appellation du lieutenant de vaisseau lorsqu'il ne commande pas un bâtiment. *Capitaine de corvette, de frégate, de vaisseau.* 4 Gouverneur de résidences royales. *Capitaine de louveterie,* des chasses. 5 Chef d'une équipe sportive. *Capitaine d'une équipe de football.* 6 fig. *Capitaine d'industrie,* directeur d'une grande entreprise. **II** Gros poisson d'eau douce d'Afrique à la chair estimée.

capitainerie n. f. - XIIIe 1 vx Charge de capitaine des chasses ou d'une résidence royale. ➛ Résidence, circonscription, juridiction de ce capitaine. 2 Bureau du capitaine de port.

① **capital, ale, aux** adj. - XIIe ; lat. *caput* « tête » 1 Qui coûte la tête à (qqn). *Peine capitale,* de mort. ➛ Qui entraîne la peine de mort. *Procès capital.* 2 Qui est le plus important, le premier par l'importance. ⇒ **essentiel, fondamental, primordial, principal, suprême.** « *Alceste est l'œuvre capitale de Gluck* » (R. Rolland). « *Nos grand-mères attachaient une importance capitale à la cuisine* » (Jouhand.). *Jouer un rôle capital.* ➛ vx *Lettre capitale.* ⇒ **capitale.** ✪ CONTR. Accessoire, secondaire ; insignifiant.

> ❑ Pas de degrés de comparaison, sauf *tout à fait capital.*

② **capital, aux** n. m. - XVIe ; de ① *capital* 1 Somme constituant une dette (opposé à *intérêt*). ⇒ **principal.** 2 Ensemble des biens que l'on fait valoir dans une entreprise. *Capital technique, réel. Capital fixe,* utilisé pendant plusieurs cycles de production. *Capitaux circulants,* qui s'aliènent ou se transforment pour produire d'autres biens. *Capital monétaire :* valeur monétaire du capital technique. *Capital improductif. Capital immatériel :* éléments incorporels. *Capital humain.* ➛ La partie de la richesse évaluable en monnaie de compte. *Capitaux propres :* ensemble des ressources financières définitivement à la disposition de l'entreprise. *Capital social :* montant des richesses apportées à une société. « *une petite société au capital de six millions* » (Maurois). *Augmentation de capital.* ➛ *Capital-décès :* somme versée au moment du décès d'un assuré aux ayants droit qui étaient à sa charge. ♦ Valeurs monétaires, financières. ⇒ **argent, épargne.** *Placer des capitaux dans une affaire.* Ensemble des richesses possédées. ⇒ **fortune.** *Dilapider son capital.* ➛ fig. *Petit capital :* virginité d'une jeune fille. 3 Richesse destinée à produire un revenu ou de nouveaux biens ; moyens de production. *Le capital provient du travail et des richesses naturelles.* « *Le Capital* », *ouvrage de Karl Marx.* ➛ *Les capitaux :* les sommes en circulation, valeurs disponibles. *Circulation des capitaux. Fuite des capitaux. Capitaux privés, étrangers. Immobiliser des capitaux.* 4 Ensemble de ceux qui possèdent les richesses, les moyens de production. *Le grand capital.*

capitale n. f. - XVIe 1 Ville qui occupe le premier rang dans un État, une province ; siège du gouvernement. *Rome, capitale de l'Italie.* ➛ Ville la plus importante dans un domaine. ⇒ **métropole.** « *la capitale politique, littéraire, scientifique, financière, commerciale d'un grand pays* » (Valéry). 2 Lettre imprimée qui sert à commencer une phrase, un nom propre, écrire un titre. *Capitale en romain, en italique. Grande, petite capitale.* « *des noms de vedettes se détachaient en capitales grasses sur ceux de la distribution* » (Carco). ♦ Lettre manuscrite de même fonction. ⇒ **majuscule.** *Écrivez votre nom en capitales.*

> ❑ Depuis que la *majuscule* calligraphiée est abandonnée au profit de la *capitale* d'imprimerie, on tend à confondre les deux mots.

capitalisable adj. - XIXe ▪ Qui peut être capitalisé. *Revenus capitalisables.*

capitalisation n. f. - XIXe ▪ Action de capitaliser. ♦ *Capitalisation boursière :* évaluation d'un titre ou d'un ensemble de titres selon leur cotation à la Bourse des valeurs.

capitaliser v. [1] - XVIIIe 1 v. tr. Convertir, transformer en capital. *Capitaliser des intérêts.* ♦ Déterminer la valeur de (un capital) d'après son revenu. *Capitaliser une rente.* 2 v. intr. Amasser de l'argent. ⇒ **thésauriser.**

capitalisme n. m. - XVIIIe 1 Régime économique et social dans lequel les capitaux, sources de revenu, n'appartiennent pas, en règle générale, à ceux qui les mettent en œuvre par leur propre travail. *Capitalisme d'État* (⇒ **étatisme**). 2 Ensemble des capitalistes, des pays capitalistes. *Capitalisme international.*

capitaliste n. et adj. - XVIIIe **I** n. 1 Personne qui possède des capitaux et en tire un revenu. ➛ Possesseur de valeurs mobilières. *Petit capitaliste.* 2 fam. Personne riche. *Un gros capitaliste.* « *maintenir la valeur de la monnaie et la confiance des capitalistes* » (Maurois). **II** adj. Relatif au capitalisme. *Économie capitaliste.* → **libéral.** ✪ CONTR. Prolétaire.

capital-risque n. m. – v. 1980 ■ Financement du développement d'une entreprise sous la forme d'une prise de participation.

capitan n. m. – XVIe ; it. *capitano* ■ Personnage ridicule, d'une bravoure affectée, de la comédie italienne du XVIe s. ⇒ **bravache, fanfaron, matamore.**

capitanat n. m. – mil. XXe ■ Fonction de capitaine d'équipe.

capitation n. f. – XVIe ; bas lat. *capitatio* « impôt par tête » ■ Impôt féodal, taxe levée par individu. ⇒ **prestation.**

capiteux, euse adj. – XIVe ; lat. *caput* « tête » ■ Qui monte à la tête, qui échauffe les sens. ⇒ **enivrant, excitant.** « *je me sentais surexcité, vibrant, comme si j'avais bu des vins capiteux* » (Maupass.). « *Le charme capiteux de ce jeune corps* » (Mart. du G.).

capitole n. m. – XVIIe ; lat. *Capitolium*, nom d'une des sept collines de Rome, de *caput* « tête » ■ Édifice public où se concentre la vie municipale et politique, dans certaines villes. *Le Capitole de Toulouse.*

capiton n. m. – XIVe ; it. *capitone* « grosse tête » 1 Bourre de soie. 2 Chacune des divisions arrondies et en relief formées par la piqûre dans un siège rembourré. 3 Épaisseur protectrice. ⇒ **rembourrage.** 4 Amas graisseux dans les tissus. « *un insuffisant capiton de chair ne me permet pas de ne plus sentir indiscrètement mon squelette* » (Gide).

> ❑ Ce sont les mots italiens qui ont apporté en français un suffixe *-on* augmentatif (ex. *caisson, ceinturon*).

capitonnage n. m. – XIXe ■ Action de capitonner. ➛ Ensemble des capitons. *Un capitonnage moelleux.*

capitonner v. tr. [1] – XVIe ■ Rembourrer en piquant d'espace en espace. *Fauteuil capitonné.* « *un pouf blanc, sorte de siège capitonné bas et large* » (É. Ajar).

capitoul n. m. – XIVe ; mot langued. ; lat. *capitulum* « chapitre » ■ Magistrat municipal de Toulouse sous l'Ancien Régime.

capitulaire adj. et n. m. – XIIIe ; lat. *capitulum* « chapitre » 1 Relatif aux assemblées d'un chapitre. « *Les salles capitulaires de la cathédrale de Tolède* » (Gaut.). 2 *Lettre capitulaire*, ornée, enluminée, qui commence le premier mot d'un chapitre. 3 n. m. Ordonnance d'un roi ou d'un empereur franc.

capitulard, arde n. – XIXe ■ Personne qui capitule, veut cesser la guerre.

capitulation n. f. – XVe 1 (au plur.) Conventions, traité par lesquels une puissance s'engageait à respecter certains droits et privilèges sur les territoires soumis à sa juridiction. *Les capitulations de l'Empire ottoman.* 2 Convention par laquelle une place forte, une armée se rend à l'ennemi. ⇒ **reddition.** *Capitulation honorable, honteuse.* ⇒ **paix.** *Capitulation sans conditions.* 3 Abandon total d'une position que l'on soutenait. ⇒ **abdication, renoncement.** *Renoncer au combat social serait une capitulation.*

capitule n. m. – XVIIIe ; lat. *capitulum* « petite tête » ■ sc. Inflorescence dans laquelle les fleurs sont insérées les unes à côté des autres sur l'extrémité du pédoncule élargi en réceptacle. *Les capitules de la pâquerette.*

capituler v. intr. [1] – XVe ; lat. *capitulum* « clause » 1 Se rendre à un ennemi par la capitulation. *Armée qui capitule.* ⇒ se **rendre.** « *contraindre militairement la Serbie à capituler* » (Mart. du G.). *Capituler avec les honneurs de la guerre.* 2 Abandonner sa position. ⇒ **céder.** ✪ CONTR. Résister, tenir.

capon, onne adj. et n. – XVIIe ; f. picarde de *chapon* ■ vx Poltron, lâche. ⇒ **couard.** *Il est « né faible, envieux, capon »* (Vallès). ✪ CONTR. Courageux.

> ❑ La référence au *chapon* (animal châtré) est à rapprocher de l'emploi moderne de *chicken* « froussard » en anglais.

caponnière n. f. – XVIIe ; esp. *caponera* « cage à chapons » ■ Niche dans un tunnel de chemin de fer.

caporal, aux n. m. – XVIe ; it. *capo* « tête » 1 Celui qui a le grade le moins élevé dans les armes à pied, l'aviation. ⇒ **brigadier,** arg. ② **cabot.** *Caporal d'ordinaire*, chargé de la cuisine. loc. *Quatre hommes et un caporal*, une aide trop importante pour faire qqch. *Le Petit Caporal* : Napoléon Ier. ➛ *CAPORAL-CHEF* : celui qui a le grade supérieur à celui de caporal. *Des caporaux-chefs.* 2 Tabac juste supérieur au tabac de troupe.

caporalisme n. m. – XIXe ■ vx Régime de dictature militaire. ➛ Autoritarisme tyrannique et mesquin.

① **capot** n. m. – XVIe ; de *cape* 1 Construction légère ou bâche de protection. 2 Couverture métallique protégeant un moteur. *Capot d'une automobile. Le chauffeur « se penche dans le capot ouvert, pour nettoyer le gicleur »* (Le Clézio). ✪ HOM. Kapo.

② **capot** adj. inv. – XVIe ; du provenç., rad. *cap* « tête », ou de ① *capot* ■ *Être capot* : aux cartes, ne pas faire une seule levée. *Elles sont capot.*

capotage n. m. – XIXe 1 Retournement sens dessus dessous d'un véhicule. 2 fam. Échec. *Le capotage des négociations.*

capote n. f. – XVIIe ; de ① *capot* 1 Grand manteau à capuchon. ➛ Manteau militaire. « *Capote aux deux pans relevés, molletières, grosses chaussures de marche : l'uniforme est celui de l'infanterie* » (Robbe-Grillet). 2 Couverture mobile de certains véhicules. *Abaisser la capote d'une voiture décapotable.* 3 fam. *Capote (anglaise)* : préservatif masculin. ⇒ **condom.** « *Quant aux grecques et aux juives, elles vous sont permises si vous avez des capotes* » (Mérimée).

① **capoter** v. tr. [1] – XIXe ■ Garnir d'une capote ; fermer la capote de. *Capoter une voiture.*

② **capoter** v. intr. [1] – XVIIIe ; de ② *capot* 1 Être renversé (bateau). ⇒ **chavirer.** ➛ Culbuter, se retourner (véhicule). 2 fam. Échouer. *Son plan a capoté.*

cappuccino [kaputʃino] n. m. – 1937 ; mot it. « capucin » ■ Café noir nappé de crème fraîche mousseuse.

câpre n. f. – XVe ; lat. *capperis* ■ Bouton à fleur du câprier, que l'on confit dans le vinaigre. *Raie aux câpres.*

> ❑ Attention, ce mot est féminin : *de grosses câpres.*

capricant, ante adj. – XVIe ; lat. *capra* « chèvre » ■ Inégal, saccadé. *Pouls capricant.*

> ❑ Même famille que *capricieux.*

capriccio [kapʀitʃo ; kapʀisjo] n. m. – av. 1900 ; mot it. « caprice » ■ Morceau instrumental de forme libre, de caractère folklorique. *Capriccio espagnol.*

caprice n. m. – XVIe ; lat. *capra* « chèvre » 1 Détermination arbitraire, envie subite et passagère, fondée sur la fantaisie et l'humeur. ⇒ **désir, envie ; coup** (de tête), **fantaisie, foucade, lubie, tocade.** « *il en juge arbitrairement, selon son goût et son caprice* » (France). *Passer à qqn tous ses caprices.* 2 plur. Changements fréquents, imprévisibles. *Les caprices de la mode.* 3 Amour qui naît brusquement et ne dure pas.

⇒ ① **amourette, béguin, passade, tocade.** 4 Attitude d'exigence obstinée accompagnée de colère. *Un enfant qui ne cesse de faire des caprices.*

capricieusement adv. – XVIIe ■ De façon capricieuse. « *Un large plateau semé de bouquets d'arbres capricieusement distribués* » (J. Verne).

capricieux, ieuse adj. et n. – XVIe 1 Qui a des caprices. ⇒ **changeant, fantasque, inconséquent, irréfléchi, lunatique.** *Enfant capricieux.* – *Humeur capricieuse.* 2 Dont la forme, le mouvement varie. ⇒ **fantaisiste, irrégulier.** *Mode capricieuse.* « *son orthographe est aussi capricieuse que son langage* » (Duham.). *Le temps est capricieux.* ✪ CONTR. Constant, persévérant.

capricorne n. m. – XIIe ; lat. *caper* « bouc » et *cornu* « corne » 1 Animal fabuleux à tête de chèvre et queue de poisson, dont le nom désigne une constellation zodiacale de l'hémisphère austral. *Tropique du Capricorne,* tropique sud. ♦ Dixième signe du zodiaque (21 décembre-19 janvier). – *Elle est Capricorne,* née sous le signe du Capricorne. 2 Grand coléoptère *(cérambycidés)* dont la larve creuse de longues galeries dans le bois. ⇒ **cérambyx.**

câprier n. m. – XVIe ■ Arbre ou arbrisseau à tige souple, à grandes fleurs d'un blanc rosé **(⇒ câpre).**

caprification n. f. – XVIIIe ; lat. *caprificus* « figuier à bouc » ■ Opération qui consiste à suspendre parmi les branches d'un figuier cultivé des figues sauvages pour faciliter la fécondation.

caprin, ine adj. – XIIIe ; lat. *capra* « chèvre » ■ Relatif à la chèvre. *Les chevaux « n'ont pas l'humeur caprine »* (Queneau).

caprique adj. – XIXe ; lat. *capra* « chèvre » ■ *Acide caprique :* acide gras saturé à dix atomes de carbone.

caproïque adj. – XIXe ; lat. *capra* « chèvre » ■ *Acide caproïque :* acide gras saturé à six atomes de carbone.

caprylique adj. – XIXe ■ *Acide caprylique :* acide gras saturé à huit atomes de carbone.

capselle n. f. – XVIe ; lat. « coffret » ■ Plante des chemins *(crucifèracées),* appelée *bourse-à-pasteur.*

capside n. f. – 1959 ; lat. *capsa* « boîte » ■ Coque protéique de virus, formée par l'assemblage d'unités dont le nombre est constant pour un virus donné.

capsulage n. m. – XIXe ■ Fixation sur le goulot d'une bouteille d'une capsule métallique. ✪ CONTR. Décapsulage.

capsulaire adj. – XVIIe 1 En forme de capsule. *Fruit capsulaire,* s'ouvrant de lui-même lorsqu'il est mûr. ⇒ **déhiscent ; follicule.** 2 Relatif à une capsule articulaire.

capsule n. f. – XVIe ; lat. *capsa* « caisse » 1 Formation anatomique qui a une disposition en enveloppe. *Capsule articulaire.* ♦ Fruit déhiscent dont l'enveloppe est sèche et dure. *Capsule de pavot, de genêt.* « *les plantes à coton du pays, renversant leurs capsules épanouies, ressemblent à des rosiers blancs* » (Chateaub.). ♦ Sporange des mousses et des hépatiques. ⇒ **urne.** 2 Petite enveloppe de cuivre dont le fond est garni de poudre fulminante, employée dans les armes à feu. ⇒ **détonateur.** – *Capsule d'une cartouche :* l'amorce. 3 Calotte de métal qui sert à fermer une bouteille. 4 Enveloppe soluble de médicaments. ⇒ **cachet.** « *une petite capsule pharmaceutique qu'elle avale sans hésiter* » (Robbe-Grillet). 5 Habitacle, élément récupérable d'un véhicule spatial.

capsuler v. tr. [1] – XIXe ■ Coiffer d'une capsule. *Capsuler une bouteille.* ✪ CONTR. Décapsuler.

captage n. m. – XIXe ■ Action de capter (un fluide, un courant). *Captage des eaux d'une source.*

captateur, trice n. – XVIIe ■ Personne qui use de captation. *Captateur de succession.*

captatif, ive adj. – 1946 ■ Qui cherche à accaparer quelqu'un, à prendre pour soi. ⇒ **possessif.** *Amour captatif* (opposé à *oblatif*).

captation n. f. – XVIe 1 Manœuvre répréhensible en vue de déterminer une personne à consentir une libéralité. ⇒ **dol, suggestion.** *Captation d'héritage.* 2 Action de capter. *Captation cellulaire du glucose.*

capter v. tr. [1] – XVe ; lat. *captare* « essayer de prendre » 1 Chercher à obtenir (qqch.). *Capter l'attention de qqn.* 2 Recueillir (un fluide, une énergie) pour un usage. *La fontaine « que les Romains avaient captée et amenée jusqu'à Nîmes par l'aqueduc fameux du Pont du Gard »* (Gide). – *Capter le courant électrique.* 3 Recevoir les ondes, les images de (un émetteur). *Capter une télévision étrangère.*

capteur n. m. – v. 1960 ■ Dispositif assurant la conversion d'une grandeur physique en une autre grandeur physique. ⇒ **senseur.** *Capteur solaire,* assurant la conversion de l'énergie solaire en énergie électrique ou thermique.

captieux, ieuse adj. – XIVe ; lat. *capere* « prendre » ■ littér. Qui tend, sous des apparences de vérité, à surprendre, à induire en erreur. ⇒ **fallacieux, insidieux, spécieux.** « *des raisonnements captieux dont il fut si souvent la victime* » (Rouss.). ✪ CONTR. Correct, vrai.

captif, ive adj. et n. – XVe ; lat. *capere* « prendre » 1 littér. Qui a été privé de liberté par l'ennemi. *Captifs militaires* **(⇒ prisonnier),** *civils.* – *Captifs réduits en esclavage.* 2 *Un ballon captif,* retenu par un câble. « *ces ballons captifs que les troupiers appellent des "saucisses"* » (Duham.). ♦ Se dit d'une nappe d'eau entre deux couches imperméables. 3 littér. Soumis à une contrainte. ⇒ **asservi, esclave.** 4 *Marché captif,* réservé à un très petit nombre de fournisseurs. ✪ CONTR. Libre.

captivant, ante adj. – XIXe ■ Qui captive (2°). *Une lecture captivante.* ⇒ **passionnant, prenant.** *Un homme captivant.* ⇒ **envoûtant, fascinant.** ✪ CONTR. Ennuyeux, inintéressant.

captiver v. tr. [1] – XVe 1 vx Retenir captif. ⇒ **enchaîner.** « *Cessez, indignes fers, de captiver un roi* » (Corn.). 2 mod. Attirer et fixer l'attention de ; retenir en séduisant. ⇒ **charmer, enchanter, ensorceler, séduire.** *Captiver un auditoire.* ✪ CONTR. Libérer. Ennuyer.

> ❑ *Captiver* est sorti du champ actuel de *captif,* qui autrefois était courant dans le langage amoureux.

captivité n. f. – XIIIe ■ État d'une personne captive ; privation de liberté d'un prisonnier de guerre, d'un otage, d'un déporté dans un camp. ⇒ **emprisonnement ; détenu.** *Vivre en captivité. Un compagnon de captivité. À son retour de captivité.* – *Animaux en captivité.* ✪ CONTR. Libération, liberté.

> ❑ Ne se dit pas pour les prisonniers de droit commun ; on emploie *détention, incarcération, réclusion.*

capture n. f. – XVe ; lat. *capere* « prendre » 1 Action de capturer. ⇒ **prise, saisie.** *Capture d'un criminel.* ⇒ **arrestation.** « *ses captures de marchandises de contrebande* » (Loti). 2 Ce qui est capturé. ⇒ **butin, prise.** 3 Acquisition d'une particule par un noyau atomique.

capturer v. tr. [1] – XVIe ■ S'emparer de. ⇒ **arrêter, prendre.** *Capturer un animal sauvage.* ✪ CONTR. ① Lâcher, libérer.

❑ *Capturer* ne s'emploie qu'à propos de ce qui bouge ou fuit. → s'emparer (rem.).

capuche n. f. – XVIe ; de *cape* ▪ Capuchon muni d'une collerette qui protège les épaules. ➛ Petit capuchon de poche. ♦ Capuchon amovible d'un vêtement. *Anorak à capuche.*

capuchon n. m. – XVIe ; it. *cappuccio* **1** Large bonnet formant la partie supérieure d'un vêtement, et que l'on peut rabattre sur la tête. ⇒ **capuche, chaperon.** « *un Kobold en capuchon, tunique et chaussures rouges* » (France). ♦ Vêtement imperméable à capuche. *Mets ton capuchon !* **2** Garniture de tôle sur un tuyau de cheminée. **3** Bouchon qui s'adapte à un objet pour le fermer, le protéger. *Capuchon de stylo.*

capucin, ine n. – XVIe ; it. *cappuccino* « porteur de capuchon » **1** Religieux, religieuse d'une branche réformée de l'ordre de saint François. ⇒ **franciscain.** **2** n. m. Singe d'Amérique à longue barbe. ⇒ **saï, sapajou.**

capucine n. f. – XVIIe ; de *capucin* ▪ Plante ornementale *(tropéolacées)* à feuilles rondes. « *des fenêtres qu'égayaient des capucines et des géraniums* » (Mart. du G.). ➛ Fleur de cette plante.

caque n. f. – XIVe ; a. nord. *kaggi, kaggr* « tonneau » ▪ Barrique où l'on conserve les harengs salés. « *Nous serons tassés comme des harengs en caque* » (Renard). ✪ HOM. C.A.C.

caquelon n. m. – XVIIIe ; de *kakel* mot du canton de Neuchâtel « brique vernissée » ▪ Poêlon.

caquet n. m. – XVe **1** Gloussement de la poule quand elle pond. **2** Bavardage intempestif. *Le caquet des vendeuses.* loc. *Rabattre, rabaisser le caquet à qqn,* l'obliger à se taire, le remettre à sa place. « *pour rembarrer vos raisonnements et rabaisser votre caquet* » (Mol.). ♦ au plur. Bavardages malveillants. ⇒ ① **cancan.**

caquetage n. m. – XVIe **1** Action de caqueter. **2** ⇒ **bavardage, caquet, piaillerie.**

caquetant, ante adj. – XIXe ▪ Qui caquète.

caquètement n. m. – XVIe ▪ Action de caqueter. ⇒ **caquetage.**

caqueter v. intr. [5] – XVe **1** Glousser au moment de pondre. *Les poules caquètent.* **2** Bavarder d'une façon intempestive. ⇒ **jacasser.** ✪ CONTR. Taire (se). HOM. Cactées.

❑ On écrivait aussi *elle caquette* ([4]).

① **car** conj. – XIIe ; lat. *quare* « c'est pourquoi » ▪ Conjonction de coordination qui présente une raison expliquant ce qui précède, qui justifie ce qu'on a dit. ⇒ **parce que, puisque.** *Nous irons vite, car nous avons peu de temps. Je sais, car on me l'a dit, que c'est pour bientôt. Notre héros, car c'était lui, parut alors. Car enfin, car pourquoi, car si.* « *car comment joindre les pieds, étant donné l'état de mes jambes ?* » (Beckett). ✪ CONTR. Donc, néanmoins. — HOM. Carre, quart.

❑ Ce mot, critiqué au XVIIe s., reste d'un emploi plutôt écrit qu'oral (discours soutenu). ♦ Il est presque toujours précédé d'un signe de ponctuation (souvent d'un point).

② **car** n. m. – 1928 ; abrév. de *autocar* ▪ Autocar. *Prendre le car. Un car de touristes.*

carabe n. m. – XVIIe ; gr. *karabos* « crabe » ▪ Insecte coléoptère *(carabidés),* à reflets métalliques, grand destructeur d'insectes, de larves.

carabin n. m. – XVIe ; p.-ê. de *escarrabin,* mot du Midi, de la famille de *escarbot* « nécrophore » ▪ vx Étudiant en médecine.

carabine n. f. – XVIe ; de *carabin* « cavalier » ▪ Fusil léger à canon court. ⇒ **rifle.** *Tir à la carabine.* « *d'un coup de carabine il zigouille le militaire* » (Queneau).

carabiné, ée adj. – XVIIe ; de *carabiner* « se battre à la *carabine* » ▪ fam. Fort, violent. « *une brise carabinée, qui vers midi se changea en tempête* » (Baud.). *Une grippe carabinée.* ✪ CONTR. Doux, faible.

carabinier n. m. – XVIIe **1** Soldat à pied ou à cheval armé d'une carabine. **2** En Italie, Gendarme ; en Espagne, Douanier. « *Appréhendé au corps par deux carabiniers, au détour d'un sentier* » (Loti). ➛ loc. fam. *Arriver comme les carabiniers,* trop tard.

caracal n. m. – XVIIe ; turc *qara qâlaq* « oreille noire » ▪ Petit lynx *(carnivores)* d'Afrique et d'Asie du Sud. *Des caracals.*

caraco n. m. – XVIIIe ; p.-ê. turc *kerake* **1** Corsage de femme. « *Elle a un caraco rouge à pois blancs* » (Giono). **2** Sous-vêtement féminin droit et court, à bretelles, couvrant le buste.

caracoler v. intr. [1] – XVIIe ; esp. *caracol* « colimaçon » ▪ Faire des voltes, des sauts. « *Des chevaux sautaient, caracolaient, se cabraient* » (Chateaub.). ➛ (personnes) « *des cavaliers qui partout galopent, caracolent sur des bêtes fières* » (Loti).

caractère n. m. – XIIIe ; gr. *kharactêr* « signe gravé, empreinte » **I - 1** Signe gravé ou écrit, élément d'une écriture. ⇒ **chiffre, lettre, signe, symbole.** *Caractères grecs, arabes, chinois, hébraïques, romains, gothiques, cyrilliques. Écrire en gros, en petits caractères.* ♦ Élément d'un alphabet codé par une suite binaire. ⇒ **digit.** *Un caractère alphanumérique. Caractère de commande, de contrôle,* destiné à la gestion des périphériques. ♦ Critère sur lequel est fondée une étude statistique. *Caractère qualitatif, quantitatif.* **2** Tige de métal portant une lettre, utilisée autrefois pour l'impression typographique. *Caractères d'imprimerie, caractères typographiques.* « *Le caractère était neuf. Il avait cet éclat métallique un peu voilé du plomb vierge* » (Duham.). ♦ Empreinte d'un caractère typographique. *Caractères romains, italiques ; gras, maigres. Caractères très lisibles.* **II - 1** Trait propre à une personne, à une chose, et qui permet de la distinguer d'une autre. ⇒ **caractéristique, particularité, propriété, qualité, signe,** ① **trait.** ➛ *Caractères spécifiques,* communs à tous les individus d'une espèce. *Caractères héréditaires* (⇒ **génotype**), *acquis* (⇒ **phénotype**). *Ces études* « *ont le caractère commun d'être des essais* » (Valéry). **2** Élément propre. ⇒ **qualité.** *Ces lettres ont le caractère d'une correspondance privée.* ⇒ **nature.** *Caractère officiel, confidentiel d'une démarche.* ➛ « *La ferme avait, comme eux, un caractère d'ancienneté* » (Flaub.). ⇒ ② **air, allure, apparence, aspect.** *Sa maladie ne présente aucun caractère de gravité.* « *un caractère moral s'attache aux scènes de l'automne* » (Chateaub.). **3** Air personnel, original. ⇒ **cachet, originalité, personnalité, relief.** *Un style plat et sans caractère. Leur maison a du caractère.* ⇒ **allure, style ;** fam. **gueule. III - 1** Ensemble des manières habituelles de sentir et de réagir qui distinguent un individu d'un autre. ⇒ **individualité, personnalité, tempérament.** *Le caractère est une manière d'être constante, l'humeur une disposition passagère. Être jeune de caractère. Traits de caractère.* « *ce caractère indomptable et fier* [...] *qui m'a tourmenté tout le temps de ma vie* » (Rouss.). ➛ Manière d'agir habituelle. ⇒ **comportement, nature.** *Caractère autoritaire.* ➛ *Avoir bon caractère :* être affable, conciliant, sociable. ➛ *Avoir mauvais caractère :* être acerbe, agressif, emporté, hargneux, irascible. fam. *Avoir un caractère de cochon.* **2** *Avoir du caractère.* ⇒ **courage, détermination, énergie, fermeté, ténacité, volonté.**

« *elle manque un peu de caractère, comme on dit, et elle cherche à dissimuler sa timidité* » (Le Clézio). **3** Personne considérée dans son individualité, son originalité, ses qualités morales. ⇒ **personnalité.** « *Je n'ai d'amour que pour les caractères d'un idéalisme absolu, martyrs, héros, utopistes* » (Renan). **4** littér. Mœurs ; leur description. « *Peindre des caractères, c'est-à-dire des types généraux, voilà donc l'objet de la haute comédie* » (Bergson).

caractériel, ielle adj. et n. – XIXe ▪ Du caractère. *Troubles caractériels,* qui concernent les tendances et les réactions affectives d'un individu rendant difficile son adaptation au milieu. ◆ Qui a des troubles caractériels. *Un enfant caractériel.* ➙ n. *C'est une caractérielle.*

caractérisation n. f. – XIXe ▪ Le fait de caractériser ; manière dont une chose est caractérisée.

caractérisé, ée adj. – XVIe ▪ Dont le caractère est bien marqué. ⇒ ② **net, typique.** *Une rougeole caractérisée.*

caractériser v. tr. [1] – XVIe **1** Indiquer avec précision, dépeindre les caractères distinctifs de. *Terme qui caractérise l'objet qu'il désigne* (ex. « tire-bouchon »). **2** Constituer le caractère ou l'une des caractéristiques de. ⇒ **définir, déterminer, individualiser.** *La générosité qui vous caractérise.* « *Ce qui caractérisait nos cérémonies, c'était la rapidité* » (Camus). ➙ pronom. *Son style se caractérise par des métaphores.*

caractéristique adj. et n. f. – XVIe **I** adj. Qui constitue un élément distinctif reconnaissable. *Signe, trait caractéristique.* ⇒ **déterminant, essentiel, particulier, spécifique, typique.** **II** n. f. **1** Ce qui sert à caractériser. ⇒ **caractère, indice, marque, signe,** ① **trait.** *Le* s *est la caractéristique du pluriel en français. Les caractéristiques d'un avion.* ⇒ **particularité.** *Avoir pour caractéristique.* « *cette crainte du risque, la caractéristique de notre classe moyenne* » (Bourget). **2** Partie non décimale (d'un logarithme), par oppos. à *mantisse.* Exposant de la base d'un nombre écrit en virgule* flottante.

caractérologie n. f. – 1909 ▪ Étude psychologique des types de caractères.

caracul [kaRakyl] n. m. – XVIIIe ; de *Karakoul,* ville d'Ouzbékistan **1** Mouton de l'Asie centrale d'une espèce chez laquelle les agneaux nouveau-nés ont une toison bouclée. ⇒ **astrakan, breitschwanz.** **2** Fourrure de ces agneaux. *Manteau de caracul.*

> ❑ On écrit aussi *karakul.*

carafe n. f. – XVIe ; ar. *gharaf* **1** Récipient de forme pansue, à col étroit. *Carafe de cristal. Carafe d'eau.* ➙ Contenu d'une carafe. **2** loc. fam. *Rester en carafe :* être oublié, laissé de côté. **3** fam. Tête. ⇒ **carafon.**

> ❑ En ancien argot *carafe* a signifié « bouche » et *en carafe* « bouche bée » ; l'origine de la locution n'est pas claire.

carafon n. m. – XVIIe ; it. *caraffone* « grande carafe » **1** Petite carafe. *Vin servi en carafon.* ➙ Contenu d'un carafon. **2** fam. Tête. *Un coup sur le carafon.*

> ❑ Le suffixe augmentatif italien *-on* (*caisson, ceinturon*) a été compris comme diminutif (*chaton*).

caraïbe adj. et n. – XVIe ; mot indigène *karib* ▪ De la population indigène des Antilles et des côtes voisines. *Les Indiens caraïbes.* ➙ n. m. Groupe de langues amérindiennes.

carambolage n. m. – XIXe **1** Au billard, Coup dans lequel une bille en touche deux autres. « *Le champion vient d'accomplir son quatorzième carambolage* » (Queneau). **2** fam. Série de chocs, de heurts. *Il y a eu un carambolage sur l'autoroute.*

caramboler v. [1] – XVIIIe ; de *carambole* « boule de billard » ; esp. et port. *carambola,* mot du sud de l'Inde **1** v. intr. Toucher deux billes avec la sienne, au billard. **2** v. tr. Bousculer, heurter. ➙ pronom. *Plusieurs voitures se sont carambolées au carrefour.*

carambouillage n. m. ou **carambouille** n. f. – 1918 ; probablt de *carambole* → caramboler ▪ Escroquerie consistant à revendre une marchandise non payée. « *ce que, dans les régions moins élevées de la vie économique, on appelle de la carambouille* » (Simenon).

caramel n. m. – XVIIe ; probablt lat. *calamus* « roseau » **1** Produit brun, brillant, aromatique, de la déshydratation du sucre par la chaleur. *Faire un caramel. Crème (au) caramel.* **2** Bonbon au caramel. *Caramels mous.* **3** adj. inv. Roux clair. *Des soies caramel.*

caraméliser v. tr. [1] – XIXe **1** Réduire en caramel. ➙ pronom. *Le sucre se caramélise.* **2** Mêler, recouvrir de caramel. *Dessert caramélisé.*

carapace n. f. – XVIe **1** Organe dur, formé de téguments épaissis, qui protège le corps de certains animaux. ⇒ **exosquelette.** *Carapace des tortues, des crustacés.* **2** Ce qui recouvre d'une enveloppe dure. *Carapace métallique.* ⇒ **blindage.** *Une carapace de boue.* ➙ fig. *La carapace de l'égoïsme.* ⇒ **armure, cuirasse.** **3** Concrétion épaisse, dure, à la surface du sol. *Carapace de latérite.*

> ❑ Ne pas confondre *carapace* et *caparaçon* qui sert aussi de protection. Le Clézio a employé *carapaçonné* (adj.) qui est soit une faute soit un mot nouveau. → caparaçonner.

carapater (se) v. pron. [1] – XIXe ; de *patte* et p.-ê. arg. *se carrer* « se cacher » ▪ fam. S'enfuir, s'en aller vivement. ⇒ **décamper,** se **sauver,** fam. se **tirer.** « *la patronne, qui n'avait pas le temps de se carapater derrière son comptoir* » (Cendrars).

> ❑ Un seul *t* en dépit de l'origine *patte,* comme dans *épater.*

carassin n. m. – XVIIe ; all. *Karas,* du tchèque ▪ Poisson d'eau douce voisin de la carpe. *Carassin doré :* poisson* rouge (⇒ **cyprin).**

carat n. m. – XIVe ; gr. *keration* « tiers d'obole » **1** Chaque vingt-quatrième d'or fin contenu dans une quantité d'or en alliage. *Or à dix-huit carats.* « *L'or le plus fin est, comme on le sait, à 24 carats* » (Buff.). **2** Unité de mesure de masse valant 0,2 gramme, utilisée dans le commerce de joaillerie. **3** loc. fam. *Dernier carat :* dernière limite. *Viens à 6 heures, dernier carat.*

caravane n. f. – XIIe ; p.-ê. sanskr. *karabha* « chameau » **1** Groupe de voyageurs réunis pour franchir une contrée désertique, peu sûre. *Une caravane de nomades, de marchands.* « *j'entendis le cri du chamelier qui conduisait une caravane éloignée* » (Chateaub.). *Relais des caravanes.* ⇒ **caravansérail.** **2** Groupe de personnes qui se déplacent. *Une caravane de touristes.* ➙ *La caravane du Tour de France.* **3** Remorque d'automobile, aménagée pour servir de logement. ⇒ vx **roulotte.** « *des troglodytes manqués, qui dans leur caravane, qui dans la tente, qui même dans un sac de couchage* » (Queneau).

caravanier, ière n. – XVIIe **1** n. m. Conducteur des bêtes de somme d'une caravane (1°). **2** Personne qui possède une caravane (3°) et l'utilise pour camper.

caravaning n. m. – 1932 ▪ Camping en caravane.

> ❑ Mot formé en français avec *-ing,* suffixe anglais ; on a préconisé *caravanage,* inusité. → camping (rem.).

caravansérail n. m. – XVe ; persan *karwanserai* « logement de caravane » ▪ Vaste cour, entourée de bâtiments où les caravanes faisaient halte ; auberge, hôtellerie qui en dépendent. ⇒ **fondouk,** ② **khan.** *Des caravansérails.*

❑ La forme initiale *carvansera* a été influencée par *sérail.*

caravelle n. f. – XVe ; lat. *carabus* « langouste » ▪ Navire de petit ou moyen tonnage (XVe-XVIe s.). *Les caravelles de Christophe Colomb.*

carbet n. m. – XIXe ; mot tupi ▪ région. Grande case collective aux Antilles. ➥ Abri pour embarcations, engins de pêche.

carbo- Élément, du lat. *carbo* « charbon » signifiant « charbon » ou « carbone ».

carbochimie n. f. – 1959 ▪ Partie de la chimie industrielle englobant les procédés de transformation de la houille et de ses dérivés.

carbogène n. m. – XIXe ; *carbo-* et *-gène* ▪ Mélange gazeux (90% oxygène, 10% gaz carbonique) employé pour ranimer les asphyxiés.

carboglace n. f. – 1935 ; nom déposé ▪ Dioxyde de carbone solidifié utilisé pour réfrigérer (neige carbonique).

carbohémoglobine n. f. – mil. XXe ▪ Combinaison du gaz carbonique et de l'hémoglobine.

carbonade n. f. – XIIIe ; it. *carbone* « charbon » ▪ Plat de bœuf braisé, aux oignons, parfois cuit à la bière.

carbonarisme n. m. – XIXe ▪ Mouvement politique des carbonari.

carbonaro, plur. **carbonari** n. m. – XIXe ; mot it. « charbonnier » ▪ Membre d'une société secrète italienne qui, au début du XIXe s., combattait pour la liberté nationale.

carbonatation n. f. – XIXe ▪ Fait de carbonater, ou d'être carbonaté.

carbonate n. m. – XVIIIe ▪ Sel ou ester de l'acide carbonique.

carbonater v. tr. [1] – XIXe ▪ Transformer en carbonate. ➥ Additionner de carbonate. ➥ « *du fer magnétique non carbonaté* » (J. Verne). *Eaux carbonatées.*

carbone n. m. – XVIIIe ; lat. *carbo* « charbon » **1** Élément atomique (C ; n° at. 6 ; m. at. 12,01), très répandu dans la nature. *Carbone minéral amorphe* (⇒ **charbon**), *cristallisé* (⇒ **diamant, graphite**). *Carbone organique.* ⇒ **hydrocarbure, glucide, lipide, protide.** *Oxyde de carbone :* gaz toxique résultant de la combustion incomplète du carbone. ♦ *Carbone 14.* ⇒ **radiocarbone.** ♦ *Fibre de carbone :* filament de carbone utilisé dans les matériaux composites. **2** (PAPIER) CARBONE : papier chargé de couleur et destiné à obtenir des doubles, en dactylographie, etc. ♦ *Un carbone,* le double ainsi obtenu. « *des gens n'hésitent pas à contester un carbone* » (Simenon).

❑ *Carbone* et tous ses dérivés ne prennent qu'un seul *n.*

carboné, ée adj. – XVIIIe ▪ Qui contient du carbone. *Roches carbonées.*

carbonifère adj. et n. m. – XIXe **1** Qui contient du charbon. *Terrain carbonifère.* **2** n. m. Époque géologique de la fin de l'ère primaire, précédant le permien.

carbonique adj. – XVIIIe ▪ Qui résulte de la combinaison du carbone avec l'oxygène. *L'anhydride carbonique ou gaz carbonique est un gaz incolore, incombustible.* ➥ *Neige carbonique.* ⇒ **carboglace.**

carbonisation n. f. – XVIIIe ▪ Transformation (d'une substance organique) en charbon (par la chaleur).

carboniser v. tr. [1] – XIXe **1** Réduire en charbon. ⇒ **brûler, calciner, consumer.** *Carboniser du bois.* **2** Brûler complètement. *L'incendie a carbonisé la forêt.* ➥ Cuire (un aliment) en le brûlant. *Le rôti est carbonisé.*

carbonyle n. m. – XIXe ; de *carbon(e)* et *-yle* ▪ Radical bivalent. adj. *Métal carbonyle :* composé d'un métal avec l'oxyde de carbone.

carborundum [karbɔrɔ̃dɔm] n. m. – XIXe ; nom déposé ; mot angl., de *carbon* « carbone » et *corundum* « corindon » ▪ Siliciure de carbone utilisé comme abrasif, comme matériau réfractaire.

carboxylase n. f. – 1953 ▪ Enzyme qui catalyse la fixation de gaz carbonique sur un composé organique. ✪ CONTR. Décarboxylase.

carboxyle n. m. – XIXe ; de *carbo(ne), ox(ygène)* et *-yle* ▪ Groupement monovalent caractéristique des acides organiques.

carburant adj. et n. m. – XIXe ; de *carbure* **I** adj. Qui contient du carbure d'hydrogène (ou un autre combustible). *Mélange carburant.* **II** n. m. **1** Combustible qui, mélangé à l'air, peut être utilisé dans un moteur à explosion, dans un moteur à turbine, un réacteur. *Indice d'octane d'un carburant.* « *des dépôts de carburants avaient pris feu, répandant* [...] *une épaisse fumée* » (Gide). **2** Produit utilisé pour enrichir un alliage métallique en carbone.

carburateur n. m. – XIXe ▪ Appareil dans lequel un carburant vaporisé est mélangé à l'air pour alimenter un moteur à explosion. *Gicleur d'un carburateur. Carburateur d'automobile, d'avion. Réglage du carburateur. Moteur à carburateur et moteur à injection.*

carburation n. f. – XIXe **1** Enrichissement en carbone. *Carburation du fer.* ⇒ **aciérage. 2** Formation d'un mélange gazeux inflammable par mélange de l'air et d'un carburant. *Carburation de l'essence dans le carburateur d'un moteur à explosion.*

carbure n. m. – XVIIIe ; de *carbone* **1** Composé binaire du carbone. « *le sol de l'Asie centrale est comme une éponge imprégnée de carbures d'hydrogène liquides* » (J. Verne). **2** Carbure de calcium. *Mettre du carbure dans une lampe à acétylène.*

carburéacteur n. m. – 1959 ; de *carbu(rant)* et *réacteur* ▪ Combustible pour moteur d'avion à réaction ou à turbine.

carburer v. [1] – XIXe ; de *carbure* **I** v. intr. **1** Effectuer la carburation. *Ce moteur carbure mal.* **2** fam. Aller (bien ou mal). « *– Qu'est-ce qu'il y a vous deux ? dit Colin. Ça n'a pas l'air de carburer fort* » (Vian). ➥ loc. *Carburer à la vodka,* etc., en boire de manière habituelle pour « fonctionner ». **II** v. tr. Enrichir (un métal) en carbure. ➥ *Métal carburé.*

carcailler v. intr. [1] – XVe ; onomat. ▪ rare Pousser son cri, en parlant de la caille.

carcajou n. m. – XVIIIe ; mot amérind. du Canada ▪ Blaireau du Labrador. ⇒ **glouton.**

❑ Ne pas confondre avec *kinkajou* « petit mammifère d'Amérique tropicale ».

carcan n. m. – XIIe ; lat. *carcannum* d'o. i. **1** Collier de fer fixé à un poteau pour y attacher par le cou un criminel condamné à l'exposition publique. ⇒ **pilori ; cangue.** « *les carcans, ces mains ouvertes, prenaient ces misérables par le cou* » (Hugo). ➥ *Être condamné au carcan.* **2** Ce qui engonce, serre le cou. *Ce col est un vrai carcan.* **3** Ce qui entrave la liberté. ⇒ **assujettissement, contrainte.** *Le carcan de la discipline.*

carcasse n. f. – XVIe ; p.-ê. à rapprocher de l'a. fr. *charcois,* lui-même d'o. i. **1** Ensemble des ossements décharnés du corps (d'un animal). ⇒ **squelette.** « *J'ai vu le long des routes désolées des carcasses de chameaux blanchir* » (Gide). ➥ Animal de boucherie dépecé. ♦ *La carcasse d'une volaille,* ce qui reste après avoir enlevé les cuisses, les ailes et les blancs. **2** fam. et péj. Le corps humain. « *Tu trembles, carcasse !* » (Turenne). *Amène ta carcasse !* **3** Charpente d'un appareil, d'un ouvrage. ⇒ **armature.** « *les carcasses des charmilles* » (Mauriac). ♦ Structure résistante d'un pneumatique.

Pneu à carcasse radiale. 4 Ce qui reste d'une machine devenue inutilisable. *Carcasse de voiture.* « *Des carcasses de bateaux engravés ou coulés* » (Morand).

carcéral, ale, aux adj. – 1959 ; lat. *carcer* « prison » ■ De la prison. *Le milieu carcéral.*

> ❑ Ce mot savant apparenté à *incarcérer* double la famille française de *prendre* (*prise, prison, emprisonner* → prison). ♦ En espagnol, *prison* se dit *carcel.* ♦ Pour le sens → pénitentiaire (rem.).

carcino- ■ Élément, du gr. *karkinos* « crabe ; chancre (aujourd'hui cancer) ».

carcinogène adj. – v. 1920 ; *carcino-* et *-gène* ■ Qui peut causer le cancer. ⇒ **cancérigène, cancérogène, oncogène.**

carcinogenèse n. f. – 1968 ; *carcino-* et *-genèse* ■ Processus de formation du cancer. ⇒ **cancérogenèse.**

carcinologie n. f. – XIXe ; *carcino-* « crabe », « cancer » et *-logie* 1 Étude des crustacés. 2 Étude du cancer. ⇒ **cancérologie, oncologie.**

> ❑ La forme plus récente *cancérologie* est aussi plus courante. → cancérologie (rem.).

carcinome n. m. – XVIe ; gr. *karkinôma* ■ Tumeur cancéreuse épithéliale ou glandulaire. ⇒ **épithélioma.**

cardage n. m. – XVIIIe ■ Opération par laquelle on démêle les fibres textiles, on les isole et on les nettoie.

cardamine n. f. – XVIe ; gr. *kardamon* « cresson » ■ Plante (*crucifères*) des herbages humides, appelée aussi *cresson des prés.* « *la cardamine des prés avec sa nuance lilas* » (Bourget).

cardamome n. f. – XIIe ; gr. ■ Plante de l'Inde (*zingibéracées*) dont les graines ont une saveur poivrée et aromatique.

cardan n. m. – XIXe ; du nom du savant it. *Cardano* 1 Système de suspension dans lequel le corps suspendu conserve une position invariable malgré les oscillations de son support. *Réchaud à cardan, sur un bateau.* 2 *Cardan* ou *joint de cardan* : articulation servant à transmettre un mouvement de rotation entre deux arbres d'axes concourants.

carde n. f. – XIIIe, mot picard ; soit lat. *carduus* « chardon », soit de *carder* 1 Instrument servant à carder la laine. ⇒ **peigne.** ➤ Machine à tambours servant au cardage dans les filatures. « *la filature, où tournaient doucement les blancs et doux matelas des cardes* » (Maurois). 2 Côte comestible des feuilles de cardon et de bette.

-carde, -cardie ■ Groupes suffixaux, du gr. *kardia* « cœur ».

cardé, ée adj. – XIVe ■ *Laine cardée,* dont les fibres ne sont pas rectilignes et donnent au fil un aspect grossier (opposé à *peignée*). *Coton cardé.* ♦ n. m. Tissu de laine cardée. *Le cardé et le peigné.*

carder v. tr. [1] – XIIIe ; de *carde* ■ Peigner, démêler. *Carder de la laine, du coton.* ➤ *Carder un matelas.*

cardère n. f. – XVIIIe ; o. i. ■ Plante des lieux incultes (*dipsacacées*) qui porte des capitules à bractées épineuses.

cardeur, euse n. – XIVe 1 Personne effectuant le cardage. 2 n. f. Machine à carder les fibres textiles.

cardi- → **cardi(o)-**

cardia n. m. – XVIe ; mot lat. « cœur » ■ Orifice par lequel l'estomac communique avec l'œsophage, à la hauteur du cœur. *Ulcère du cardia.*

cardial, iale, iaux adj. – v. 1930 ■ Relatif au cardia.

> ❑ Ne pas confondre *cardial* et *cardiaque* « du cœur ».

cardialgie n. f. – XVIe ; gr. *kardia* « cœur » et *algos* « douleur » 1 Douleur dans la région cardiaque. 2 Douleur au niveau du cardia.

cardiaque adj. et n. – XIVe ; gr. *kardia* « cœur » 1 Du cœur. *Le muscle cardiaque* : le cœur. « *les battements cardiaques se précipitent et le pouls bat à 136 par minute* » (Cendrars). *Insuffisance cardiaque.* ➤ *Chirurgie cardiaque.* 2 Qui est atteint d'une maladie de cœur. *Un cardiaque.*

> ❑ Ne pas confondre avec *cardial* « du cardia ».

cardigan n. m. – 1928 ; mot angl., du *comte Cardigan* ■ Veste de tricot à manches longues, et boutonnée devant jusqu'au cou.

① **cardinal, aux** n. m. – XIIe ; lat. *cardo* « gond, pivot principal » 1 Prélat choisi par le pape pour être membre du Sacré Collège. *Cardinaux réunis en conclave. Barrette de cardinal.* ⇒ **cardinalice.** 2 Oiseau d'Amérique et d'Afrique (*passériformes*) au plumage rouge foncé.

② **cardinal, ale, aux** adj. – XIIIe 1 littér. Qui sert de pivot, de centre. ⇒ ① **capital, essentiel, fondamental, principal.** *Je peux « considérer comme une date cardinale celle de dimanche »* (Duham.). ♦ *Nombres cardinaux* (opposé à *nombres ordinaux**) : nombres désignés successivement par 0, 1, 2, 3, 4, 5, 6, 7, 8, 9 en numération à base décimale. ➤ n. m. *Les cardinaux finis forment l'ensemble* ℕ *des entiers naturels. Le cardinal d'un ensemble E fini (card. E) est le nombre de ses éléments.* ⇒ **puissance.** ♦ *Les (quatre) points cardinaux* (nord, est, sud, ouest), à partir desquels on détermine la situation des autres points de l'horizon. 2 *Veines cardinales* : les quatre premières veines de l'embryon chez les mammifères. ✪ CONTR. Accessoire, secondaire.

cardinalat n. m. – XVIe ■ Dignité de cardinal. « *c'est bien assez que sa Majesté ait daigné le nommer au cardinalat* » (Vigny).

cardinalice adj. – XVIe ■ Qui appartient aux cardinaux. *Revêtir la pourpre cardinalice.*

cardi(o)- ■ Élément, du gr. *kardia* « cœur ».

cardiogramme n. m. – 1901 ; *cardio-* et *-gramme* ■ Enregistrement des mouvements du cœur.

cardiographie n. f. – XIXe ; *cardio-* et *-graphie* ■ Enregistrement, par des techniques graphiques, des mouvements du cœur.

cardiologie n. f. – XVIIIe ; *cardio-* et *-logie* ■ Étude du cœur. ➤ Médecine cardiaque. *Le service de cardiologie d'un hôpital.*

cardiologique adj. – XIXe ■ De la cardiologie. *Examen cardiologique.*

cardiologue n. – v. 1920 ■ Médecin spécialisé dans les maladies du cœur.

cardiopathie n. f. – XIXe ; *cardio-* et *-pathie* ■ Affection du cœur. *Cardiopathie congénitale.*

cardiorespiratoire adj. – XIXe ■ Qui concerne la physiologie du cœur et des poumons. *Maladies cardiorespiratoires.*

cardiotomie n. f. – XIXe ; *cardio-* et *-tomie* ■ Incision du cœur.

cardiotonique adj. et n. m. – v. 1920 ■ Qui augmente la tonicité du muscle cardiaque. ⇒ **tonicardiaque.**

cardiovasculaire adj. – 1910 ■ Relatif à la fois au cœur et aux vaisseaux. *Maladies cardiovasculaires.*

cardite n. f. – XVIIIe ; lat. *cardia* « cœur » 1 Mollusque lamellibranche à coquille épaisse. 2 Maladie inflammatoire du cœur.

cardon n. m. – XVIe ; lat. *cardo* 1 Artichaut sauvage. « *quelques dunes hérissées de cardons* » (J. Verne). 2 ⇒ **carde** (2°).

carême n. m. – XIIe ; lat. *quadragesima (dies)* « le quarantième (jour avant Pâques) » 1 Période de quarante-six jours d'abstinence et de privation entre le mardi gras et le jour de Pâques, pendant laquelle, à l'exception des dimanches, l'Église catholique prescrivait, puis recommandait le jeûne, la prière. ➛ loc. prov. *Arriver comme mars* (ou *comme marée*) *en carême,* inévitablement, à propos. 2 Jeûne, abstinence que l'on fait pendant le carême. ⇒ **jeûne.** *Faire carême.* loc. *Face de carême,* maigre et pâle ; maussade, sinistre. 3 Jeûne du ramadan, en Afrique.

❑ On appelait *carême-prenant* une personne accoutrée de manière grotesque ; on a employé *carnaval* en ce sens.

carénage n. m. – XVIIe 1 Action de caréner. 2 Lieu où l'on carène des navires. *Un navire au carénage.* ⇒ **radoub.** « *Le carénage regorge de bâtiments au radoub* » (Hugo). 3 Carrosserie aérodynamique.

carence n. f. – XVe ; lat. *carere* « manquer » 1 Absence ou insuffisance de ressources d'un débiteur ou d'une personne décédée. 2 Le fait de se dérober devant ses obligations, de manquer à sa tâche. *La carence du gouvernement.* ⇒ **impuissance, inaction.** 3 Absence ou insuffisance d'un ou de plusieurs éléments indispensables à l'équilibre ou au développement d'un organisme. ⇒ **malnutrition.** *Carence en fer.* « *les trois-quarts des maladies dont souffrent les indigènes sont des maladies de carence* » (Gide). 4 *Carence affective :* manque ou insuffisance de liens affectifs de l'enfant avec la mère. ✪ CONTR. Solvabilité ; ① action, présence.

carencer v. tr. 3 – 1922 1 sc. Priver d'éléments nutritifs indispensables à l'équilibre physiologique, afin d'expérimenter. 2 *Enfant carencé,* souffrant d'une carence affective.

carène n. f. – XIIIe ; lat. *carina* « coquille de noix » 1 Partie immergée de la coque (d'un navire), située sous la ligne de flottaison. « *Le navire avait un trou au ventre, quelque part sous la flottaison, fort avant sous la carène* » (Hugo). *Calfater une carène.* 2 Pièce formée par les deux pétales inférieurs des fleurs des légumineuses papilionacées.

caréner v. tr. 6 – XVIIe 1 Nettoyer, réparer la carène de (un navire). ⇒ **radouber.** 2 Donner un profil aérodynamique à. *Automobile bien carénée.*

carentiel, ielle adj. – 1950 ▪ Qui provient d'une carence. *Maladie carentielle.*

caressant, ante adj. – XVIIe 1 Qui caresse, aime à caresser. ⇒ **cajoleur, câlin,** ② **tendre.** « *Son naturel était bon et sincère mais peu caressant* » (Fén.). 2 Doux comme une caresse. « *La voix plus cajoleuse que vraiment caressante* » (Gide). ✪ CONTR. ① Froid, brutal, rude.

caresse n. f. – XVIe ; lat. *carus* « cher » 1 Attouchement tendre, affectueux ou sensuel. *Caresse de la main, des lèvres. Caresse affectueuse, amoureuse, légère, tendre. Faire des caresses à qqn, à un animal.* ➛ « *Le soleil donnait à la création cette caresse de lumière* » (Hugo). 2 vx Démonstration d'affection, de bienveillance. ⇒ **affection, cajolerie, mamours.** « *J'aurais faveur du Roy, caresse, et bon visage* » (Ronsard). ✪ CONTR. Coup.

caresser v. tr. 1 – XVe 1 Faire des caresses en signe de tendresse. *Caresser un chien.* ⇒ **flatter.** *Caresser un enfant.* ⇒ **cajoler, câliner.** « *Je lui donnai un baiser, lui caressai les cheveux* » (Romains). ➛ *Caresser qqn du regard,* le regarder amoureusement. – pronom. *On les a vus se caresser.* 2 Effleurer. *Caresser un objet.* « *le soleil dont la bonne tiédeur lui caressait l'épaule* » (Courtel.). 3 Entretenir complaisamment. ⇒ **nourrir.** *Caresser un projet.* « *Occupé de caresser sa chimère, un désir déjà vieux de douze ans* » (Balz.). ✪ CONTR. Brutaliser, frapper, rudoyer.

① **caret** n. m. – XIVe ; mot picard, de *car* « char » ▪ Dévidoir des cordiers. ➛ FIL DE CARET : gros fil de chanvre, qui servait à fabriquer les cordages pour la marine.

② **caret** n. m. – XVIIe ; malais *karah* ▪ Grande tortue carnivore *(chéloniens)* des mers chaudes, de Méditerranée. ⇒ **caouane.** ➛ Écaille de cette tortue.

carex [kaʀɛks] n. m. – XVIIIe ; mot lat. ▪ Plante herbacée *(cypéracées)* des bords de l'eau, appelée aussi *laîche,* à feuilles coupantes, à fleurs en épis et à fruits en capsules, qui croît en touffes.

car-ferry [kaʀfeʀi] n. m. – 1958 ; mot angl., de *car* « voiture » et *ferry* « passage » ▪ Bateau servant au transport des passagers et de leur voiture. ⇒ **ferry-boat, transbordeur,** région. **traversier.** *Des car-ferrys* ou *des car-ferries.* Abrév. FERRY.

❑ Pour le pluriel → ① y (rem.).

cargaison n. f. – XVIe ; a. provenç. *cargar* « charger » 1 Marchandises chargées sur un navire. ⇒ **charge, chargement, fret.** *Arrimer une cargaison. Cargaison avariée. Une cargaison de bananes.* 2 fam. Grande quantité. ⇒ **collection, provision.** « *toute une cargaison d'infortunes* » (Flaub.).

cargo n. m. – 1906 ; mot esp. « charge » ▪ Navire destiné au transport des marchandises. *Cargo pétrolier, bananier.* « *C'est un cargo chargé de munitions qui saute* » (Gide). *Cargo mixte,* qui peut prendre des passagers. ➛ *Avion-cargo,* pour le transport du fret aérien.

cargue n. f. – XVIIe ▪ Cordage servant à carguer les voiles.

carguer v. tr. 1 – XVIIe ; esp. *cargar* « charger » ▪ Serrer (les voiles) contre leurs vergues ou contre le mât au moyen des cargues. « *les voiles hautes avaient été carguées* » (J. Verne).

cari → **curry**

cariacou n. m. – XVIIIe ; probablt brésilien *cuguacu-apara* ▪ Cerf de Virginie *(cervidés).*

cariatide n. f. – XVIe ; gr. *karuatides* « femmes de *Karyes* », ville du Péloponnèse ▪ Statue de femme soutenant une corniche sur sa tête. *Atlantes et cariatides.*

❑ Parfois écrit *caryatide,* selon le grec.

caribou n. m. – XVIIe ; mot canadien, de l'algonquin « qui creuse avec une pelle » ▪ Renne du Canada *(cervidés). Des caribous.*

❑ Chateaubriand a écrit *des cariboux,* ce qui est aujourd'hui considéré comme une faute.

caricatural, ale, aux adj. – XIXe 1 Qui tient de la caricature, qui y prête. ⇒ **ridicule.** *Un nez caricatural.* 2 Qui déforme la réalité par exagération de certains aspects défavorables. *Une description caricaturale.* « *La majorité fabrique une image caricaturale de l'homme minoritaire et le force à incarner cette image* » (Tournier).

caricature n. f. – XVIIIe ; it. *caricare* « charger » 1 Dessin, peinture qui, par le trait, le choix des détails, accentue ou révèle certains aspects peu flatteurs. *Les caricatures de Daumier. La caricature d'un homme politique dans un journal satirique.* 2 Description à la fois simplifiée et outrée. ⇒ **charge.** « *Parfois l'imitation proustienne nous paraît aller jusqu'à la caricature* » (Maurois). 3 Ce qui évoque sous une forme caricaturale. ⇒ **parodie, simulacre.** « *se contenter d'une caricature de Société des Nations* » (Mart. du G.). 4 vieilli Personne laide et ridiculement accoutrée.

caricaturer v. tr. [1] – XIXe 1 Faire la caricature de. *Ministre cruellement caricaturé.* 2 Présenter sous une forme caricaturale, satirique. ⇒ **charger, contrefaire, parodier, railler, ridiculiser.** ◆ Déformer par une simplification excessive ou par l'outrance. *Caricaturer la pensée de qqn.* ✪ CONTR. Enjoliver, idéaliser.

caricaturiste n. – XIXe 1 Artiste qui caricature. *Le talent de caricaturiste de Goya, de Lautrec.* « *Daumier a poussé son art très loin. C'est un grand caricaturiste* » (Baud.). 2 Professionnel de la caricature graphique. *Caricaturiste et auteur de bandes dessinées.*

carie n. f. – XVIe ; lat. *caries* « pourriture » 1 Destruction progressive des tissus osseux. ⇒ **ostéite.** ◆ *Carie (dentaire)* : lésion qui détruit l'émail et l'ivoire de la dent et évolue vers l'intérieur. 2 *La carie du blé,* infection produite par un champignon au moment de la germination.

carier v. tr. [7] – XVIe ■ Attaquer par la carie. ⇒ **gâter.** ◆ pronom. *Une dent qui se carie.* ◆ *Dent cariée.* ✪ HOM. Carrier.

carillon n. m. – XIIe ; lat. *quaternio* « groupe de quatre cloches » 1 Ensemble de cloches accordées à différents tons. *Le carillon d'une église.* 2 Sonnerie (d'une horloge) qui se déclenche automatiquement pour indiquer les heures. ♦ Sonnerie produisant plusieurs sons différents. *Le carillon d'une porte d'entrée.* ⇒ **sonnette.** 3 Air exécuté par un carillon (1°) ; sonnerie de cloches vive et gaie.

carillonnement n. m. – XIXe ■ rare Action de carillonner ; bruit produit par un carillon.

carillonner v. intr. [1] – XVe 1 Sonner en carillon. *Les cloches carillonnent.* ◆ trans. *Carillonner une fête,* l'annoncer par un carillon. *Fête carillonnée :* grande fête. 2 Sonner bruyamment la cloche, la sonnette d'une porte d'entrée. *Carillonner à la porte.* « *à tout hasard, avant de carillonner, elle essaya d'entrer avec sa clef* » (Mart. du G.). 3 trans. Proclamer bruyamment (une nouvelle). *Carillonner la victoire de qqn.* ⇒ **claironner.**

carillonneur n. m. – XVIIe ■ Personne chargée de sonner le carillon (1°). ⇒ **sonneur.**

cariogène adj. – 1970 ■ Qui provoque la carie dentaire.

cariste n. m. – 1972 ; probablt lat. *carrus* « chariot » ■ Conducteur de chariot automoteur, d'engin de manutention.

caritatif, ive adj. – XIVe ; lat. *caritas* « charité » ■ Qui a pour but de porter secours aux défavorisés. *Association caritative.*

> ❑ On employait autrefois *charitable*, mot qui s'est dévalorisé comme *charité*. → charité (rem.).

carlin n. m. – XIXe ; surnom de l'acteur it. Carlo Bertinazzi ■ Petit chien d'agrément à poil ras, au museau noir et écrasé. ⇒ **dogue.**

carline n. f. – XVIe ; soit esp. *cardina* « jachère », soit it. *carlina* ■ Plante sauvage à feuilles épineuses *(composées),* à grandes fleurs entourées de bractées vertes ou argentées.

carlingue n. f. – XIVe ; scand. *kerling* 1 Pièce de bois parallèle à la quille destinée à renforcer la carène. 2 Partie du fuselage d'un avion où se trouve le poste de pilotage.

carlinguier n. m. – 1942 ■ Ouvrier chargé du montage des carlingues d'avion.

carmagnole n. f. – XVIIIe ; de la ville de *Carmagnola* 1 Veste étroite, à revers très courts, garnie de plusieurs rangées de boutons. 2 Ronde chantée et dansée par les Révolutionnaires. *Dansons la carmagnole !*

carme n. m. – XIIIe ; du *mont Carmel* en Palestine ■ Religieux de l'ordre de Notre-Dame du Mont-Carmel. *Carmes et carmélites**.

carmélite n. f. – XVIIe ■ Religieuse de l'ordre du Mont-Carmel. « *Dialogues des Carmélites* », *œuvre de Bernanos.*

carmin n. m. – XIIe ; ar. *kermiz* « kermès » 1 Colorant rouge vif, tiré à l'origine des femelles de cochenilles. 2 Couleur rouge intense. ⇒ **rouge.** ◆ adj. inv. *Des lèvres carmin.*

carminé, ée adj. – XVIIIe ■ D'un rouge intense. *Laque carminée.* « *le teint carminé comme un Apache* » (Daud.).

carnage n. m. – XVIe ; a. fr. *char* « chair » ■ Massacre sanglant. ⇒ **boucherie, hécatombe, tuerie.** *Un affreux carnage.* « *l'ordre universel, qui est la lutte, le carnage et l'aveugle jeu des forces contraires* » (France).

carnassier, ière adj. et n. – XVIe ; lat. *caro* « chair » 1 Qui se nourrit de chair crue. *La loutre est carnassière.* 2 *Dents carnassières, les carnassières :* les molaires tranchantes de chaque côté de la mâchoire des carnivores. 3 n. m. pl. *LES CARNASSIERS,* les carnivores.

carnassière n. f. – XVIIIe ■ Sac servant au chasseur pour porter le gibier. ⇒ **carnier, gibecière.**

carnation n. f. – XVe ; it. *carne* « chair » ■ Couleur, apparence de la chair d'une personne. ⇒ ① **teint.** « *le deuil allait bien à Micheline* [...] *Le noir faisait valoir sa blondeur et sa carnation* » (Aymé). ◆ (en peinture) « *Ces chairs satinées, ces carnations épanouies* » (Gaut.).

carnaval n. m. – XIIIe ; it. *carnelevare* « ôter *(levare)* la viande *(carne)* » 1 Période réservée aux divertissements, du jour des Rois au carême. 2 Divertissements publics de cette période avec des cortèges de chars, des déguisements et des masques. ⇒ **corso.** *Les carnavals de Venise, de Nice et de Rio.* « *Tout invite à regarder le carnaval moderne comme une sorte d'écho moribond de fêtes antiques, du type des Saturnales* » (Caillois). ◆ fam. et péj. Groupe de personnes agitées et ridicules. *Qu'est-ce que c'est que ce carnaval ?*

carnavalesque adj. – XIXe 1 Relatif au carnaval. 2 Digne d'un carnaval ; grotesque.

carne n. f. – XIXe ; mot it. *carne* « viande » 1 fam. Viande de mauvaise qualité ou très dure. « *Comment appeliez-vous le gigot qui vous déplaisait, à Chartres ? – De la carne ou de la bidoche* » (Huysm.). 2 fam. et vieilli Vieux cheval. *Une vieille carne.* ⇒ **rosse.**

carné, ée adj. – XVIIe ; lat. *caro* « chair » 1 Couleur de chair. « *des tons carnés et soufrés* » (Gide). 2 Composé de viande. *Alimentation carnée.*

carnet n. m. – XVe ; a. fr. *caer* « cahier » 1 Petit cahier de poche. ⇒ **agenda, calepin.** *Carnet d'adresses. Carnet de notes, de croquis. Tenir un carnet.* ⇒ **journal.** « *peut-être ce carnet aidera-t-il à empêcher la mésinterprétation de mes œuvres* » (Gide). ♦ *Carnet de santé, de maternité.* ◆ *Carnet scolaire,* consignant les notes d'un élève. ⇒ **bulletin.** ◆ *Carnet de commandes,* où l'on note les commandes ; total des commandes d'une entreprise. 2 fig. *Carnet (mondain) :* rubrique d'un journal consacrée à l'état civil. 3 Assemblage de feuillets détachables. *Carnet de chèques.* ♦ Réunion de tickets, timbres, coupons, etc., détachables. *Carnet de tickets de métro.*

carnier n. m. – XVIIIe ■ Petite carnassière. ⇒ **gibecière.**

carnification n. f. – XVIIIe ■ Altération d'un tissu qui prend l'aspect de chair musculaire.

carnivore adj. et n. – XVIIIe ; lat. *caro* « chair » et *vorare* « dévorer » 1 Qui se nourrit de chair animale. *Animaux carni-*

vores. ⇒ **carnassier, insectivore, piscivore.** *Poisson carnivore. Oiseau carnivore.* ⇒ **rapace.** « *L'haleine des abattoirs reflue* [...] *C'est le sanctuaire de l'humanité carnivore* » (Duham.). ➛ *Plantes carnivores,* qui capturent de petits insectes, des vers pour s'en nourrir par l'action d'enzymes que sécrètent les feuilles. *La droséra est une plante carnivore.* **2** **n. m. pl.** LES CARNIVORES : ordre de mammifères à griffes, caractérisés par la mâchoire et la dentition qui permettent de dépecer les proies. *Les dents des carnivores sont plus ou moins développées selon leur alimentation.* **3** (personnes) **adj.** et **n.** Qui aime la viande saignante.

carolingien, ienne **adj.** et **n.** – XIXe ; lat. *Carolus* « Charles » ▪ Relatif à la dynastie qui tire son nom de Charlemagne, et qui régna de Pépin le Bref à Louis V.

caronade **n. f.** – XVIIIe ; angl. *carronade,* de *Carron,* ville d'Écosse ▪ Ancien canon court dans l'infanterie et la marine.

caroncule **n. f.** – XVIe ; lat. *caro* « chair » **1** Excroissance externe d'une graine. ⇒ **hile.** **2** Petite excroissance charnue. *Caroncule lacrymale,* à l'angle interne des paupières de l'homme. ♦ Excroissance charnue, rouge, sur la tête ou la gorge de certains oiseaux. ⇒ ③ **fraise.**

❑ On retrouve le même élément diminutif *-oncule* dans *pédoncule* (variantes *-uncule, -icule*).

carotène **n. m.** – XIXe ; de *carotte* ▪ Pigment rouge trouvé dans des végétaux ou dans certains tissus animaux.

❑ Un seul *t* à *carotène* en dépit de son origine *carotte.*

carotide **n. f.** – XVIe ; gr. *karoûn* « assoupir » ▪ Chacune des deux grosses artères qui conduisent le sang vers la tête. *L'assassin lui a tranché la carotide.*

❑ Ne pas confondre avec *parotide* « glande salivaire ».

carotidien, ienne **adj.** – XVIIIe ▪ Relatif à une artère carotide.

carottage **n. m.** – XIXe **1** Escroquerie, extorsion. **2** Extraction de carottes (4°) d'un terrain par sondage.

carotte **n. f.** – XIVe ; gr. **1** Plante potagère *(ombellifères)* cultivée pour sa racine charnue riche en carotène, en sucre et en vitamines. *Fanes de carottes. Botte de carottes.* **2** Racine comestible de cette plante. « *une soupe qui embaumait la carotte et le poireau* » (Zola). *Carottes râpées,* crues et assaisonnées. ♦ loc. fam. *Les carottes sont cuites :* tout est fini, perdu. ➛ *La carotte ou le bâton :* l'incitation ou la menace. **3** *Carotte de tabac :* rouleau de feuilles de tabac. ➛ Enseigne rouge, à double pointe, des bureaux de tabac français. **4** Échantillon cylindrique retiré du sol par sonde. ♦ Matière qui remplit le canal d'alimentation d'une presse à matières plastiques. **5** **adj. inv.** *Rouge carotte. Avoir les cheveux carotte.* ⇒ **roux.** « *Poil de carotte* », de Jules Renard.

❑ *La carotte ou le bâton* est un calque de l'anglais *(the carrot or the stick).*

carotter **v. tr.** [1] – XVIIIe ▪ fam. **1** Extorquer par ruse. ⇒ **escroquer, soutirer,** ② **voler.** « *il carotte des cigares aux Américains et aux hôpitaux pour les revendre* » (Colette). **2** Extraire du sol une carotte (4°).

❑ *Carotter* signifiait « jouer peu d'argent (en Bourse) », la carotte étant un aliment de pauvre. Il est resté dans *carotter* « voler » cette nuance de petitesse et d'amateurisme.

carotteur, euse **adj.** et **n.** – XIXe ▪ Personne qui carotte (qqch.), qui escroque (qqn). « *Est-ce qu'ils sont très voleurs ?* Carotteurs *tout au plus* » (Nerval).

carotteuse **n. f.** – 1929 ▪ Appareil servant à prélever des carottes (4°).

caroube **n. f.** – XVIe ; de l'ar. ▪ Fruit du caroubier, gousse longue et épaisse renfermant une pulpe sucrée.

caroubier **n. m.** – XVIe ▪ Arbre méditerranéen *(légumineuses césalpinées)* à feuilles persistantes, à fruits bruns. « *les caroubiers mettent une odeur d'amour sur toute l'Algérie* » (Camus).

carpaccio [kaʀpatʃ(j)o] **n. m.** – 1980 ; mot it., du nom du peintre ▪ Plat composé de tranches de filet de bœuf cru coupées très fines.

① **carpe** **n. f.** – XIIIe ; wisigoth **1** Gros poisson *(cyprinidés)* vivant en eau douce, profonde, à bouche munie de quatre barbillons, à chair estimée. ➛ *Carpe farcie,* mets juif d'Europe centrale. ♦ loc. *Bâiller comme une carpe :* bâiller fortement et plusieurs fois de suite, comme la carpe qui sort de l'eau. ➛ *Être, rester muet comme une carpe.* **2** SAUT DE CARPE : étant couché, rétablissement sur les pieds d'un coup de rein et sans appui des mains. « *Nello était très fort sur le saut de carpe* » (Goncourt).

② **carpe** **n. m.** – XVIe ; gr. *karpos* « poignet » ▪ Double rangée de petits os, située entre les os de l'avant-bras et le métacarpe.

-carpe I Élément, du gr. *karpos* « fruit ». II Élément, du gr. *karpos* « poignet ».

carpelle **n. m.** – XIXe ; gr. *karpos* « fruit » ▪ Élément de la partie reproductrice femelle d'une fleur.

carpette **n. f.** – XVIe ; angl. *carpet ;* lat. *carpere* « cueillir » **1** Petit tapis. ⇒ **descente** (de lit). « *Carpettes secouées, signe de propreté* » (Céline). ➛ loc. fig. *S'aplatir comme une carpette* (devant qqn), être à ses pieds, le flatter bassement. **2** fam. Personnage plat, rampant, servile. ⇒ **paillasson.**

carpettier **n. m.** – 1909 ▪ Tisseur spécialisé dans le tissage mécanique des tapis.

carpiculture **n. f.** – 1929 ▪ Élevage de carpes.

carpien, ienne **adj.** – XIXe ▪ Relatif au carpe.

carpillon **n. m.** – XVIe ▪ Très petite carpe ; petit de la carpe.

❑ On a dit aussi *carpeau.*

carpocapse **n. m.** ou **f.** – XIXe ; gr. *karpos* « fruit » et *kaptein* « dévorer » ▪ Petit papillon *(lépidoptères)* dont la chenille se développe dans les fruits.

carquois **n. m.** – XIIIe ; persan *terkech* ▪ Étui à flèches. *Le carquois de Cupidon.*

carragheen [kaʀagɛn] **n. m.** – XIXe ; nom de lieu irlandais ▪ Algue jaune *(Chondrus crispus)* du littoral de l'Atlantique nord, contenant un mucilage.

carre **n. f.** – XVe ; de *carrer* ▪ Angle qu'une face d'un objet forme avec les autres faces. Épaisseur d'un objet coupé à angle droit. ♦ Baguette d'acier qui borde la semelle d'un ski. ✪ HOM. Car, quart.

carré, ée **adj.** et **n. m.** – XIIe ; lat. *quadrare* « rendre carré » **I** **adj.** **1** Qui forme un quadrilatère dont les angles sont droits et les quatre côtés égaux. *Nappe carrée.* ♦ (indique une surface mesurée) *Mètre carré :* mesure de surface d'un carré ayant un mètre de côté. *Cent mètres carrés.* ⇒ **are.** ➛ *Matrice carrée,* dont les nombres de lignes et de colonnes sont égaux. ♦ *Racine carrée d'un nombre n* ($\sqrt{n}$) : nombre dont le carré est *n.* **2** Qui a quatre côtés (approximativement) égaux. *Fenêtre carrée. La Cour carrée du Louvre.* ➛ **n. m.** région. (Québec) Place carrée. *Le carré Saint-Louis, à Montréal.* ⇒ **place, square.** ♦ Qui a la base ou l'une des faces carrée. *La Maison carrée de Nîmes.* « *un camp fortifié avec des tours carrées* » (Stendh.). ➛ *Visage carré,* aux angles fortement marqués. *Épaules carrées,* larges et formant angle droit. **3** Dont le caractère est nettement tranché, accentué. *Être carré en affaires,* direct et droit. **4** Se dit de voiles en trapèze qui se fixent aux vergues installées en croix. *Mât carré,* portant ces voiles. ➤ *Un trois-mâts carré,* à voiles carrées. **II** **n. m.** **1** Quadrilatère dont tous les côtés sont égaux et tous les angles droits. *Les carrés d'un damier, d'un échiquier.* ⇒ **case.** **2** Produit d'un nombre par lui-même. *Carré d'un élément x :* élément $x \times x$ ou x^2. *16 est le carré de 4. Carré parfait :* nombre dont la racine carrée est un entier. **3** Figure rappelant un carré. *Carré de choux, de salades dans un jardin.* ⇒ **planche.** « *un carré de ciel bleu lavé de pluie se montre entre les nuages* » (Alain). ⇒ **coin.** ♦ Morceau de tissu en forme de carré, qu'on plie suivant la diagonale. ⇒ **foulard.** *Carré de coton.* ⇒ **bandana.** « *un grand carré de soie décoré de paons et de feuillages* » (Perec). **4** Objet ayant une forme carrée ou cubique. *Les carrés de chocolat d'une plaque.* ➤ Ensemble de côtelettes d'un seul tenant. *Carré d'agneau.* « *avec un couteau mince, elle séparait les côtelettes d'un carré de porc* » (Zola). ➤ *Carré de l'Est :* fromage de lait de vache fermenté à pâte molle. **5** Troupe disposée pour faire face des quatre côtés. *Le dernier carré.* **6** Chambre d'un navire servant de salon ou de salle à manger aux officiers. **7** Ensemble de quatre éléments semblables. *Un carré d'as, au poker.* **8** loc. *AU CARRÉ :* à angles droits. ➤ *Coupe* (de cheveux) *au carré,* sans dégradé, les cheveux étant égalisés. ➤ fam. *Mettre, faire* (à qqn) *la tête au carré,* le frapper ; fig. le mécontenter.

carreau **n. m.** – XIe ; lat. *quadrus* « carré » **I - 1** Petite plaque servant à revêtir le sol, les murs. *Carreau de terre cuite* (⇒ **tomette).** ♦ Plaque de plâtre pour édifier des cloisons. **2** vx ou région. Sol pavé de carreaux. ⇒ **carrelage.** *Laver le carreau.* ➤ *Laisser qqn sur le carreau,* le laisser pour mort. *Rester sur le carreau :* être laissé pour compte. ♦ *Le carreau des Halles :* endroit des anciennes Halles de Paris où l'on étalait et où l'on vendait les fruits, les légumes. ➤ *Carreau de mine :* emplacement où sont déposés les produits extraits. **3** Plaque de verre dont sont munies les fenêtres, les portes vitrées. ⇒ **vitre.** *Carreau cassé. Laveur de carreaux.* « *l'un des petits carreaux de verre dépoli dont toutes les fenêtres de classes étaient garnies* » (Tournier). **4** fam. Verre de lunettes ; (au plur.) lunettes. ♦ Œil. « *tu as les plus beaux carreaux de la terre* » (Fallet). **5** Petit métier portatif de dentellière. **6** Gros fer à repasser de tailleur. **II - 1** Dessin symétrique formé par le croisement à angle droit de lignes, de bandes verticales et horizontales. *Étoffe à carreaux.* ⇒ **écossais, vichy.** *Papier à petits carreaux.* **2** *Carreaux de réduction, d'agrandissement, de reproduction de dessins, de cartes :* quadrillage que l'on reporte sur le modèle à reproduire. **3** Dans les cartes à jouer, Série dont la marque distincte est un carreau rouge. *L'as de carreau.* ♦ loc. *Se tenir à carreau :* être sur ses gardes.

carrée **n. f.** – XIIIe ■ arg. fam. Chambre. ⇒ **piaule, turne.** « *Elle avait une vraie carrée avec un vrai lit* » (Céline).

carrefour **n. m.** – XIIe ; bas lat. *quadrifurcum* « à quatre fourches » **1** Endroit où se croisent plusieurs voies. ⇒ **bifurcation, croisement, embranchement, étoile, fourche, intersection, patte-d'oie, rond-point.** *Ralentir à un carrefour.* « *Il y avait de grands calvaires plantés aux carrefours des chemins* » (Loti). **2** Conjoncture où l'on doit choisir entre diverses voies. *Se situer au carrefour de plusieurs tendances.* ➤ Réunion, rencontre en vue d'une confrontation d'idées. ⇒ **forum, symposium.**

carrelage **n. m.** – XVIIe **1** Action de carreler. **2** Pavage, revêtement fait de carreaux assemblés. ⇒ **dallage,** ① **mosaïque.** *Poser un carrelage.*

carreler **v. tr.** [4] – XIIe ; de *carrel* « carreau » **1** Paver, revêtir avec des carreaux. *Piscine carrelée.* **2** Tracer des carrés sur. ⇒ **quadriller.** *Carreler un dessin pour le reproduire.*

carrelet **n. m.** – XIVe ; de *carrel* « carreau » **1** Poisson plat *(pleuronectiformes)* quadrangulaire comestible. ⇒ **plie.** **2** Filet de pêche carré tendu sur deux portions de cerceau qui se croisent et sont attachées au bout d'une perche. *Pêche au carrelet.* **3** Grosse aiguille à pointe quadrangulaire dont se servent les bourreliers, les relieurs. ♦ Règle quadrangulaire. ♦ Lime à plusieurs pans.

carreleur, euse **n.** – XVe ■ Personne spécialisée dans la pose des carrelages. ⇒ **paveur.**

carrément **adv.** – XIIIe **1** vieilli À angles droits, d'équerre. « *les cheveux ras, la barbe taillée carrément* » (Zola). **2** D'une façon nette, décidée. ⇒ **franchement, hardiment.** *Allez-y carrément, tirez fort ! Dire carrément ce que l'on pense,* sans détours ni précautions. ♦ fam. Vraiment, tout à fait. *Il est carrément nul.* ✪ CONTR. Indirectement, mollement, timidement.

carrer **v. tr.** [1] – XIIe ; lat. *quadrare* « rendre carré » **1** Donner une forme carrée à. **2** **v. pron.** *Se carrer dans un fauteuil,* s'y installer confortablement. ⇒ ② se **caler,** ① **s'étaler.**

carrick **n. m.** – XIXe ; mot angl. « voiture légère » et « manteau du cocher » ■ Redingote d'homme à plusieurs collets étagés, portée au XIXe siècle.

carrier **n. m.** – XIIIe ■ Celui qui exploite une carrière. ✪ HOM. Carier.

① **carrière** **n. f.** – XIIe ; lat. *quadrus* « carré » ■ Lieu d'où l'on extrait des matériaux de construction. *Carrière à ciel ouvert ; souterraine* (⇒ ② **mine).** ♦ Exploitation d'extraction à ciel ouvert. « *Carrières de marbre, salines, gisements de platine et d'or* » (J. Verne).

② **carrière** **n. f.** – XVIe ; lat. *carrus* « char » **1** vx Arène, lice pour les courses de chars. « *Il excelle à conduire un char dans la carrière* » (Rac.). **2** *DONNER CARRIÈRE (À) :* laisser le champ libre ; donner libre cours. « *La littérature m'a empêché de donner carrière à mes vertus comme à mes vices* » (Flaub.). **3** littér. Voie où l'on s'engage. « *Nous entrerons dans la carrière* » (La Marseillaise). ➤ fig. La vie. *Être au bout de sa carrière.* « *Le but de notre carrière, c'est la mort* » (Montaigne). **4** Métier, profession qui présente des étapes, une progression. ⇒ **profession, situation.** *Le choix d'une carrière.* « *Embrasser la carrière de limonadier* » (Balz.). *Faire carrière :* réussir dans une profession. *La carrière des armes. Une brillante carrière.* ➤ *Un militaire de carrière,* de métier. ♦ *La Carrière :* la carrière diplomatique. *Il est dans la Carrière.*

carriérisme **n. m.** – 1908 ■ péj. Recherche de la réussite professionnelle, sociale.

carriériste **n.** – 1909 ■ péj. Personne qui recherche avant tout la réussite en se construisant une carrière, souvent sans s'embarrasser de scrupules. ⇒ **arriviste.**

❑ Le *carriériste* veut faire carrière et l'*arriviste* veut arriver par n'importe quel moyen.

carriole **n. f.** – XVIe ; lat. *carrus* « char » ■ Petite charrette campagnarde. ⇒ **chariot.**

carrossable **adj.** – XIXe ; de *carrosse* ■ Dont la nature et l'état permet la circulation des voitures. ⇒ **praticable.** *Chemin, piste carrossable.*

carrossage **n. m.** – XIXe **1** Action de carrosser. **2** Inclinaison des extrémités d'un essieu vers le sol.

carrosse **n. m.** – XIIIe ; lat. *carrus* « char » ■ Ancienne voiture hippomobile de luxe, à quatre roues, suspendue et couverte. ➤ loc. *Rouler carrosse :* être dans l'aisance. « *il roulait carrosse et jetait l'argent par les fenêtres* » (Muss.).

carrosser **v. tr.** [1] – XIXe ■ Munir d'une carrosserie. *Voiture française carrossée par Ghia.*

carrosserie n. f. – XIXe ; de *carrosse* 1 Industrie, commerce des carrossiers. 2 Caisse d'une voiture (⇒ ② **bâti, caisse**), spécialt d'une voiture automobile. *Carrosserie endommagée dans un accident.* ♦ *La carrosserie d'une machine à laver.*

carrossier n. m. – XVIe 1 Autrefois, Fabricant de carrosses. 2 Tôlier spécialisé dans la construction de carrosseries d'automobiles. Fabricant de carrosseries de luxe. ➛ Dessinateur, concepteur de carrosseries.

carrousel n. m. – XVIe ; p.-ê. napolitain *carusello,* de *caruso* « tête rasée » 1 Parade où des cavaliers divisés en quadrilles se livrent à des exercices. 2 Lieu où se donnait cette parade. 3 Panier circulaire pour les diapositives, qui s'utilise avec un projecteur. 4 Ronde, succession rapide d'objets, de personnes, dans un espace réduit. *Un carrousel d'avions.* ➛ *Un carrousel ministériel.* 5 région. (Belgique, Nord, Suisse) Manège forain, chevaux de bois.

> ❏ Il semble que les deux *r,* non étymologiques, viennent de l'attraction de *carrosse.* ♦ On entend parfois le *s* prononcé à tort comme *ss.*

carroyage n. m. – 1917 ; de *carreau* ▪ Quadrillage de voies. ➛ Quadrillage pour reproduire un dessin.

carrure n. f. – XIIe ; de *carrer* 1 Largeur du dos, d'une épaule à l'autre. « *le col et la carrure d'un athlète* » (Loti). ➛ Largeur d'un vêtement aux épaules. 2 Force, valeur. *Son prédécesseur était d'une autre carrure.* ⇒ **envergure, stature.**

cartable n. m. – XVIIe ; lat. *charta* « papier » ▪ Sacoche dans laquelle les écoliers mettent et transportent leurs livres, leurs cahiers, etc. « *son petit cartable brinquebalant sur son dos* » (Duras).

carte n. f. – XIVe ; lat. *charta* « papier » I CARTE À JOUER ou CARTE : petit carton rectangulaire dont l'une des faces porte une figure, utilisé dans différents jeux. *Jeu de cartes :* ensemble de cartes de couleurs et de valeurs diverses. *Jeu de 32, de 52 cartes. Une partie de cartes. Jouer aux cartes. Tricher aux cartes. Battre, couper, distribuer les cartes. Étaler ses cartes.* ➛ loc. *Brouiller les cartes :* compliquer, obscurcir volontairement une affaire. *Jouer sa dernière carte :* tenter sa dernière chance, mettre son espoir dans un suprême effort. ⇒ **va-tout.** *Jouer cartes sur table :* agir franchement, loyalement. « *Alors, jouons cartes sur table, une bonne fois* » (Anouilh). *Abattre, montrer ses cartes :* dévoiler brusquement ses intentions. *Connaître le dessous des cartes,* ce que l'on s'efforce de garder secret. ♦ *Tirer les cartes.* ⇒ **cartomancie.** *Construire des châteaux de cartes :* faire des rêves, des projets fragiles et vains. ➛ *Carte forcée :* offre qui prive d'un choix et à laquelle on ne peut se dérober. ⇒ **obligation.** II Représentation ou projection à échelle réduite de la surface totale ou partielle du globe terrestre. *Carte de géographie. Carte du globe.* ⇒ **mappemonde, planisphère.** *Une carte d'Europe, de l'Europe. Recueil de cartes.* ⇒ **atlas.** *Carte au 1/1000.* ⇒ **échelle.** *Carte géologique, météorologique. Carte routière, touristique. Carte d'état-major.* ➛ *Carte astronomique :* représentation d'une configuration du ciel, de la position d'un astre. ⇒ **cosmographie.** *Carte photographique du ciel.* ➛ *Carte marine.* ⇒ **portulan.** III - 1 Feuille de carton. ♦ loc. *Donner, laisser carte blanche à* (qqn) : laisser (qqn) libre de toute initiative dans l'action ou le choix. *Avoir carte blanche.* 2 Liste des plats, des consommations avec leurs prix. *La carte des vins. La carte des desserts.* « *la carte du Café anglais me paraît bien maigre* » (Gaut.). ➛ À LA CARTE. *Manger à la carte,* en choisissant librement sur la carte (opposé à *au menu, à prix fixe*). ➛ *À la carte,* au choix. *Programme, horaire à la carte.* 3 CARTE DE VISITE : petit rectangle de papier fort sur lequel on fait imprimer son nom, son adresse, ses titres. ⇒ **bristol.** *Joindre une carte de visite à un bouquet de fleurs.* 4 CARTE POSTALE : carte dont l'une des faces sert à la correspondance, l'autre étant illustrée par une image, une photo. *Envoyer des cartes postales.* ➛ Rectangle de carton, souvent illustré, utilisé dans certaines circonstances pour transmettre un message. *Carte de vœux.* 5 Papier, document établissant certains droits. *Carte d'étudiant. Carte d'électeur.* ➛ *Carte de séjour,* délivrée aux étrangers qui résident plus de trois mois en France. *Carte de travail,* permettant à un étranger d'occuper en France un emploi salarié. ➛ *Carte de représentant.* ➛ *Carte d'invitation.* ⇒ fam. **carton.** *Carte de fidélité.* ➛ *Carte d'abonnement.* ➛ *Carte orange :* carte d'abonnement mensuel ou annuel qui permet d'utiliser librement les transports urbains et suburbains à Paris. *Carte vermeil :* carte de réduction pour les personnes âgées. ➛ *Carte grise :* titre de propriété d'un véhicule automobile. ♦ vx *Fille en carte,* qui a une carte de prostituée la soumettant à des visites médicales. 6 *Carte perforée :* fiche sur laquelle sont mémorisées, sous forme de perforations à des emplacements déterminés, des données utilisables par une machine informatique. 7 Document ayant l'aspect d'une carte plastifiée, utilisable par son titulaire comme moyen de paiement, de retrait d'espèces, etc. *Carte de paiement, de crédit*. Carte à mémoire, à puce. Carte de téléphone.* ⇒ **télécarte.** ✪ HOM. Kart, quarte.

cartel n. m. – XVIe ; it. *carta* « papier » 1 vx Carte, papier, par lequel on provoquait qqn en duel. 2 Cartouche ornemental qui entoure certaines pendules ; la pendule. *Un cartel Louis XV.* 3 Concentration horizontale où de grandes entreprises s'entendent en vue de contrôler la concurrence et le marché. ⇒ **association, consortium, entente, trust.** *Cartel de production. Les cartels de la drogue.* ♦ Association de groupements en vue d'une action commune. *Le cartel des gauches.*

> ❏ Le sens d'« association » a été emprunté à l'all. *Kartell* à la fin du XIXe siècle.

carte-lettre n. f. – XIXe ▪ Feuille de papier qui, pliée et collée, peut être envoyée par la poste sans ajout d'enveloppe. *Des cartes-lettres.*

cartellisation n. f. – 1959 ▪ Groupement (d'entreprises) en cartel.

① **carter** v. tr. [1] – 1964 ▪ Enrouler (du fil), présenter (de petits objets) sur une carte. ⇒ **encarter.** *Carter des boutons.* ✪ HOM. Quarté.

② **carter** [kaʀtɛʀ] n. m. – XIXe ; mot angl., du nom de l'inventeur ▪ Garniture extérieure de métal servant à protéger un mécanisme. *Le carter du différentiel d'un moteur de voiture.*

carte-réponse n. f. – 1972 ▪ Carte jointe à un questionnaire, utilisée en réponse. *Des cartes-réponses.*

carterie n. f. – XIXe ▪ Commerce de cartes postales.

cartésianisme n. m. – XVIIe ▪ Philosophie de Descartes ou de ses disciples.

cartésien, ienne adj. et n. – XVIIe 1 Relatif à Descartes, à ses théories, à sa philosophie. *Le rationalisme cartésien. Coordonnées cartésiennes.* 2 *Esprit cartésien,* qui présente les qualités intellectuelles considérées comme caractéristiques de Descartes. ⇒ **clair,** ② **logique, méthodique, rationnel, solide.** ✪ CONTR. Confus, mystique, obscur.

carte-vue n. f. – 1901 ▪ région. En Belgique, Carte postale. *Des cartes-vues.*

cartier n. m. – XVIe ▪ Fabricant de cartes à jouer. ✪ HOM. Quartier.

cartilage n. m. – XIVe ; lat. ▪ Tissu conjonctif, translucide, résistant mais élastique, recouvrant les surfaces osseuses des articulations et constituant la charpente de certains organes (ex. aile du nez, trachée) et le squelette de certains vertébrés inférieurs. « *ces ventouses* [de la pieuvre] *sont des cartilages cylindriques, cornés, livides* » (Hugo). ✪ HOM. Quartilage.

cartilagineux, euse adj. – XIVe ▪ Composé de cartilage. *Tissu cartilagineux.* ➝ *Poissons cartilagineux.* ⇒ **chondrichtyens.**

cartisane n. f. – XVIIe ; p.-ê. it. *carta* « papier » ▪ Petit morceau de carton recouvert de fil d'or, d'argent, et qui fait relief dans les dentelles, les broderies. *Broderies à cartisane.*

cartogramme n. m. – XIXe ; de *carto(graphie)* et *-gramme* ▪ Schéma cartographique où un certain type d'information est seul symbolisé.

cartographe n. – XIXe ▪ Spécialiste qui dresse et dessine les cartes de géographie.

cartographie n. f. – XIXe 1 Établissement du dessin et de l'édition des cartes et plans. 2 Établissement de la disposition des gènes sur le chromosome.

cartographique adj. – XIXe ▪ De la cartographie.

cartomancie n. f. – XIXe ▪ Divination par l'interprétation des cartes à jouer, des tarots. « *il avait en outre le talent de prédire l'avenir par la cartomancie* » (Nerval).

cartomancien, ienne n. – XIXe ▪ Personne qui tire les cartes, qui pratique la cartomancie. ⇒ **tireur** (de cartes) ; **voyant.**

carton n. m. – XVIe ; it. *cartone,* augment. de *carta* « papier » 1 Feuille assez épaisse, faite de pâte à papier. *Carton-pâte,* fait de vieux papiers, de rognures. *Carton ondulé. Valise en carton.* « *des parades de théâtre avec des épées de fer-blanc et des casques en carton* » (R. Rolland). 2 fig. DE, EN CARTON-PÂTE : factice. *Un paysage de carton-pâte.* ➝ *Des sentiments de carton-pâte,* sans profondeur, faux. 3 Boîte, réceptacle en carton fort. *Mettre ses affaires dans un carton. Carton à chaussures.* ♦ Casier à couvercle brisé, destiné à recevoir des papiers, des dossiers. loc. *Rester dans les cartons :* être complètement oublié. 4 CARTON À DESSIN : grand portefeuille de carton servant à ranger des dessins, des plans. 5 Dessin en grand, d'après lequel un artiste réalise une fresque, une tapisserie ou un vitrail. *Les cartons de Raphaël.* ⇒ **étude,** ② **patron,** ③ **plan, projet.** 6 Plaque de carton servant de cible au tir. *Faire un carton :* tirer sur une cible ; fam. tirer sur qqn avec une arme à feu ; fig. marquer des points, réussir. 7 fam. *Taper le carton :* jouer aux cartes. 8 fam. Carte d'invitation. 9 *Carton jaune, rouge :* sanction infligée à un footballeur par l'arbitre et exprimée par la présentation d'une carte de couleur.

cartonnage n. m. – XVIIIe 1 Industrie de la fabrication des objets en carton. 2 Ouvrage en carton. 3 Reliure comprenant généralement un dos en toile. *Cartonnage pleine toile.* 4 Emballage en carton. ⇒ **emboîtage.**

cartonné, ée adj – XVIIIe 1 Garni de carton, en carton. *Chemise cartonnée.* 2 Relié en carton. *Livre cartonné.*

cartonner v. tr. [1] – XVIIIe 1 Garnir de carton. 2 intrans. (fam.) Faire un carton (6°) ; marquer des points.

cartonnerie n. f. – XVIIIe ▪ Fabrication, commerce, industrie du carton. ➝ Usine où l'on fabrique du carton.

cartonneux, euse adj. – XIXe ▪ Qui a certains caractères du carton. *Consistance cartonneuse.*

> ❑ Ne pas confondre *cartonné* et *cartonneux ;* comme beaucoup d'adjectifs en *-eux, cartonneux* est volontiers péjoratif.

cartonnier n. m. – XVIIe 1 Fabricant, marchand de carton. 2 Meuble de bureau pour le classement des dossiers, comportant de nombreux tiroirs. *Les boîtes « qu'ils sortaient du comptoir même, pareilles aux tiroirs étiquetés d'un cartonnier »* (Zola).

cartoon [kaʀtun] n. m. – 1930 ; mot angl. « dessin » ▪ Dessin destiné à composer un film de dessins animés. Le film lui-même. *Un auteur de cartoons.*

cartothèque n. f. – 1959 ▪ Collection de cartes géographiques.

① **cartouche** n. m. – XVIe ; it. *carta* « papier » 1 Ornement sculpté ou dessiné, en forme de feuille à demi déroulée et destiné à recevoir une inscription, une devise, des armoiries. ⇒ **encadrement.** 2 Encadrement elliptique (dans les inscriptions hiéroglyphiques). 3 Emplacement réservé à la légende ou au titre, situé au bas d'un tableau, d'une carte géographique, etc.

② **cartouche** n. f. – XVIe ; it. *carta* « papier » 1 Ensemble formé par la douille ou l'étui renfermant la charge de poudre et le ou les projectiles des armes à feu portatives. *Cartouche de chasse. Cartouche à blanc. Cartouche à plomb, à balle.* « *J'ai pris aussi une des carabines et quelques cartouches* » (J. Verne). ➝ loc. *Les dernières cartouches :* les derniers moyens, arguments dont on peut user. 2 Boîte renfermant des matières inflammables. 3 Petit étui cylindrique. *Une cartouche d'encre.* ⇒ **recharge.** 4 Paquets de cigarettes du même type emballés et vendus ensemble. 5 Gaine métallique contenant un barreau d'uranium et servant de combustible dans un réacteur nucléaire.

cartoucherie n. f. – XIXe ▪ Fabrique, dépôt de cartouches. *La cartoucherie d'un arsenal.*

cartouchière n. f. – XVIIIe ▪ Sac ou boîte à cartouches.

cartulaire n. m. – XIVe ; lat. *chartularium* « recueil d'actes » ▪ Recueil de chartes. *Une « homélie qu'il lisait, tout imprimée, dans un cartulaire à enluminures »* (Daud.).

carvi n. m. – XIVe ; ar. *karâwiyâ* « racine à sucre » ▪ Plante sauvage *(ombellifères),* appelée aussi *cumin des prés,* qui produit des fruits aromatiques utilisés comme condiment.

caryatide → **cariatide**

caryo- ▪ Élément, du gr. *karuon* « noix, noyau ».

caryocinèse n. f. – XIXe ; de *caryo-* et gr. *kinêsis* « mouvement » ▪ ⇒ **mitose.**

caryophyllacées n. f. pl. – XVIIe ; gr. *karuophullon* « girofle » ▪ Famille de plantes *(dicotylédones dialypétales)* comprenant des arbustes et des herbes.

caryopse n. m. – XIXe ; de *caryo-* et gr. *opsis* « apparence » ▪ Akène dont la graine est soudée au péricarpe. *Le caryopse du blé.*

caryotype n. m. – 1961 ; *caryo-* et *-type* ▪ Arrangement caractéristique des chromosomes d'une cellule.

① **cas** n. m. – XIIe ; lat. *cadere* « tomber » I - 1 Ce qui arrive ou est supposé arriver. ⇒ **accident, aventure, circonstance, conjoncture, événement, éventualité,** ② **fait, hypothèse, occasion, occurrence, possibilité, situation.** *Un cas spécial, particulier, rare, extrême. Un cas limite. Plusieurs cas sont à envisager. Dans le premier, le second cas. Dans le cas présent ; dans ce cas-là. Dans le cas contraire, dans le cas où il viendrait.* « *ils s'étaient munis d'armes pour le cas où ils auraient à se défendre* » (J. Verne). *Son cas est diffi-*

cile, embarrassant. « *ce qui aggravait mon cas, c'est que je dissimulais* » (Beauv.). ➤ EN CE CAS. ⇒ **alors.** *En tel cas, en pareil cas.* Pour « *savoir s'il pleuvrait Dimanche, auquel cas son cross-country était fichu* » (Montherl.). *Le cas échéant**. *En certains cas.* ➤ EN CAS DE. *En cas de malheur :* s'il arrivait malheur. *En cas de besoin :* s'il est besoin. ➤ EN AUCUN CAS. ⇒ **façon.** *Je n'accepterai en aucun cas.* ⇒ **jamais.** ➤ *C'est le cas ou jamais.* ⇒ **moment.** fam. *C'est le cas de le dire,* marque l'opportunité de ce que l'on dit. **2** loc. conj. EN CAS QUE ; AU CAS OÙ : en admettant que, à supposer que. ⇒ **quand,** ① **si.** *En cas qu'il vienne. Au cas où il viendrait.* vieilli « *l'accueil qui m'attendait à Genève, au cas que j'eusse envie d'y retourner* » (Rouss.). ♦ loc. adv. EN TOUT CAS : quoi qu'il arrive, de toute façon. ♦ *Dans le cas où... Dans tous les cas où :* chaque fois, toutes les fois que. **3** FAIRE CAS DE. ⇒ **apprécier, considérer, estimer.** *Il en fait grand cas. Ne faire aucun cas de (qqn, qqch.).* **II - 1** Situation définie par la loi. ⇒ ① **action, crime,** ① **délit.** *Cas prévu par la loi. Cas de légitime défense. Se mettre dans un mauvais cas.* **2** CAS DE CONSCIENCE : scrupule. *Cette décision m'a posé un véritable cas de conscience.* **3** État et évolution de l'état d'un sujet, du point de vue médical. ⇒ **maladie.** *Un cas grave, désespéré. Il y a de nombreux cas de méningite dans la région.* ➤ Le sujet lui-même. **4** CAS SOCIAL : situation d'une personne vivant dans un milieu défavorisé ; la personne elle-même. ✪ HOM. ① K.

② **cas** n. m. – XIIIe ; lat. *casus,* calque du gr. *ptôsis* « chute » « terminaison » ▪ Chacune des formes d'un mot qui présente des flexions. ⇒ **désinence ; déclinaison.** *Les cas du latin. Cas-sujet, cas-régime en ancien français.*

casanier, ière adj. – XVIe ; p.-ê. it. *casa* « maison » ▪ Qui aime à rester chez soi. ⇒ **sédentaire ; pantouflard.** *Une femme casanière.* ➤ *Vie casanière.* « *profession sédentaire et casanière* » (Rouss.). ✪ CONTR. Bohème, nomade.

casaque n. f. – XVe ; probablt du turc *quzzak* ou *kazak* « aventurier » **1** vx Vêtement de dessus à larges manches. *Casaque des mousquetaires.* **2** *Tourner casaque :* présenter le dos, fuir ; fig. changer de parti. « *ceux des nôtres qui tournaient carrément casaque et qui allaient s'enrégimenter dans les rangs de nos ennemis* » (Cendrars). **3** Veste en soie de couleur vive, que portent les jockeys. **4** vieilli Courte jaquette de femme.

casbah n. f. – XIXe ; ar. *qaçba* « citadelle » ▪ Citadelle d'un souverain, dans les pays arabes. ➤ *La Casbah d'Alger :* le quartier qui s'étend autour de la casbah.

cascade n. f. – XVIIe ; it. *cascare* « tomber » **1** Chute d'eau. ⇒ ① **cataracte.** ➤ fig. « *Deux cascades de cheveux châtains descendant par ondes au long de ses joues* » (Gaut.). **2** Ce qui se produit par saccades, par rebondissements successifs. *Une cascade d'applaudissements.* ➤ *Événements en cascade.* **3** Exécution de scènes dangereuses au cinéma, d'exercices sportifs périlleux.

❏ Le mot s'est spécialisé au sens propre dans « chute d'eau », mais il désignait aussi bien des chutes de pierres, etc.

cascader v. intr. [1] – XIXe **1** rare Tomber en cascade. *Le liquide* « *cascadait le long des rigoles* » (Le Clézio). **2** Effectuer des cascades (3°) en série.

cascadeur, euse n. – XIXe **1** Acrobate qui exécute des séries de chutes, de sauts. **2** Personne qui tourne les scènes dangereuses d'un film.

cascatelle n. f. – XVIIIe ; it. ▪ littér. Petite cascade. ➤ fig. « *La glycine en cascatelles* » (Colette).

cascher → **casher**

case n. f. – XIIIe ; lat. *casa* « chaumière » **I - 1** vx Cabane. **2** Habitation traditionnelle, dans certaines civilisations des pays tropicaux. *Cases africaines, antillaises.* ⇒ **hutte, paillote ;** région. **carbet.** *Case de terre sèche.* « *Ces cocos, là-bas, sont à eux, et leur case est plus grande que les autres* » (Le Clézio). **II - 1** Espace délimité par des lignes se coupant à angle droit, sur une surface. ⇒ **carré, carreau.** *Cases noires d'une grille de mots-croisés. Cocher une case.* ➤ Chaque division tracée sur un damier, un échiquier, etc. *Les 64 cases de l'échiquier.* « *On voyait très bien le tapis de la roulette aux cases chiffrées* » (Romains). ➤ loc. *Revenir à la case départ :* revenir à une situation que l'on croyait dépassée. **2** Compartiment, subdivision. *Les cases d'une ruche d'abeilles.* ⇒ **alvéole, cellule.** ➤ Espace ménagé sous un pupitre d'écolier pour ranger ses livres. ⇒ **casier.** ➤ (Suisse, Québec) *Case postale :* boîte postale. **3** fam. *Il lui manque une case, il a une case vide :* il est anormal, fou.

caséeux, euse adj. – XVIe ; lat. *caseus* « fromage » **1** De la nature du fromage. **2** *Lésion, nécrose caséeuse* (les tissus lésés présentent l'aspect du fromage).

caséification n. f. – XIXe ; lat. *caseus* « fromage » **1** Transformation en fromage. **2** Développement d'une nécrose caséeuse.

caséine n. f. – XIXe ▪ Phosphoprotéine du lait. *Caséine végétale :* matière azotée extraite des tourteaux.

casemate n. f. – XVIe ; it. *casa* « maison » et *matta* « folle », ou gr. *kasma* « gouffre » ▪ Abri militaire enterré, protégé contre les obus, les bombes. ⇒ **blockhaus, fortin.** *Casemate de béton. Les casemates d'un fort.*

caser v. tr. [1] – XVIIIe **1** fam. Réussir à faire entrer dans un espace limité. *J'ai réussi à caser toutes mes affaires dans le tiroir.* ⇒ **fourrer.** « *Tout y était casé, rangé, prévu, voulu* » (Hugo). pronom. *J'ai pu me caser au dernier rang,* me placer. **2** Établir dans une situation. *Elle a deux filles à caser,* à marier. pronom. Se marier. *Il cherche à se caser.*

caseret n. m. – XVIe ; lat. *caseus* « fromage » ▪ Moule à fromage.

caserne n. f. – XVIe ; provenç. *cazerna* « groupe de quatre », lat. *quaterna* **1** Bâtiment destiné au logement des troupes. ⇒ **baraquement, casernement, quartier.** « *on lui enseigne, dans la cour d'une vilaine caserne, à tuer régulièrement des hommes* » (France). *Caserne de pompiers. Être à la caserne :* être soldat. ♦ Ensemble des soldats logés dans une caserne. *Plaisanteries de caserne.* **2** fig. Vilain grand immeuble. « *ces casernes grisonnantes, que l'on nomme des H. L. M.* » (Duham.).

casernement n. m. – XIXe **1** Action de caserner. *Le casernement des troupes.* **2** Ensemble des constructions d'une caserne.

caserner v. tr. [1] – XVIIIe ▪ rare Loger dans une caserne.

cash adv. et n. m. – 1916 ; mot angl. ▪ fam. **1** adv. Par un règlement comptant. *Payer cash.* ⇒ **comptant.** **2** n. m. Espèces. *Du cash ou un chèque ?* ✪ HOM. Cache.

casher ou **kascher** [kaʃɛʀ] adj. inv. – XIXe ; mot hébr. ▪ Préparé rituellement et dont la consommation est autorisée par la loi hébraïque. *Des plats casher.*

❏ On écrit aussi *cacher, cascher.*

cash-flow [kaʃflo] n. m. – 1966 ; mot angl., de *cash* « comptant » et *flow* « écoulement » ▪ Solde comptable indiquant la capacité d'autofinancement d'une entreprise. *Des cash-flows.* Recomm. offic. *MBA.*

cashmere → **cachemire**

casier n. m. – XVIIIe **1** Nasse pour gros crustacés. « *pour tresser les casiers à prendre les homards* » (Loti). **2** Ensemble de cases, de compartiments formant rangement. **3** CASIER JUDICIAIRE : relevé des condamnations prononcées contre qqn ; service qui l'établit.

L'inculpé a déjà un casier, a déjà été condamné. ➛ *Casier fiscal :* relevé des impositions et éventuellement des amendes fiscales.

casino n. m. – XVIIIe ; mot it., de *casa* « maison » ▪ Établissement public proposant distractions et jeux d'argent. *Le casino municipal. La salle de jeux d'un casino.*

casoar n. m. – XVIIe ; malais **1** Oiseau coureur de Nouvelle-Guinée *(casuariiformes)* à la tête et au cou déplumés, casqué d'un appendice corné. *Le casoar à casque.* **2** Plumet ornant le shako des saint-cyriens.

casque n. m. – fin XVIe ; esp. *cascar* « briser » **I - 1** Coiffure rigide qui couvre et protège la tête. *Casque d'armure.* ⇒ **heaume, morion,** ② **salade.** *Casque de dragon, de cuirassier. Casque à pointe :* casque des soldats allemands en 1870. ➛ *Les Casques bleus :* les troupes internationales de l'O.N.U. **2** Coiffure protectrice. *Casque de moto. Casque de pompier, de scaphandrier. Casque de mineur, de spéléologue,* muni d'une lampe. **3** Dispositif formé de deux écouteurs reliés par un serre-tête. *Casque d'un baladeur.* **4** Sèche-cheveux en forme de casque. ⇒ **séchoir.** *Être sous le casque.* **II - 1** Protubérance cornée sur la tête ou le bec de certains oiseaux. **2** Partie supérieure de la corolle, parfois du calice, de certaines fleurs. *Le casque de la sauge.*

casqué, ée adj. – XVIIIe ▪ Coiffé d'un casque. « *les motards casqués, là-bas, sur toutes les routes* » (Le Clézio).

casquer v. intr. [1] – XIXe ; it. *cascare* « tomber » ▪ fam. Donner de l'argent, payer. « *Comme cela me donnait barre sur elle, j'ai casqué, sans protester* » (Romains).

casquette n. f. – XIXe ▪ Coiffure formée d'une coiffe souple ou rigide et garnie d'une visière. *Casquette de paysan, d'ouvrier, de sportif, de chasseur... Casquette militaire, d'uniforme.* « *portant veston étriqué et casquette à la russe* » (Loti). *Casquette de jockey.* ♦ loc. fig. *Avoir plusieurs casquettes,* plusieurs fonctions importantes, dans différents domaines ou entreprises.

> ❑ La *casquette* est devenue la coiffure masculine la plus répandue, et le traditionnel *béret* devient rare.

casquettier n. m. – XIXe ▪ Chapelier qui fabrique ou vend des casquettes.

cassable adj. – XVe ▪ Qui peut se casser facilement. ⇒ **cassant, fragile ; autocassable.** ✪ CONTR. Incassable.

cassage n. m. – XIXe ▪ Action de casser. *Cassage des minerais.* ⇒ **concassage.**

cassant, ante adj. – XVIe **1** Qui se casse aisément. ⇒ **cassable, fragile.** *Cassant comme du verre.* **2** Qui manifeste son autorité par des paroles dures qui découragent la réplique. ⇒ **brusque, dur, impérieux, tranchant.** *Elle est trop cassante avec ses collaborateurs.* ➛ « *Son air supérieur et son ton cassant* » (R. Rolland). **3** fam. (en emploi négatif) Fatigant*. *Ce n'est pas très cassant.* ⇒ **foulant.** ✪ CONTR. Flexible, pliant, résistant, solide. Conciliant, doux.

cassate n. f. – v. 1950 ; it. ▪ Glace à plusieurs parfums, aux fruits confits.

① **cassation** n. f. – XVe ; de *casser* **1** dr. Annulation (d'une décision) par une cour compétente. *La cassation d'un acte, d'un testament.* ➛ COUR DE CASSATION : juridiction suprême de l'ordre judiciaire. **2** Peine militaire par laquelle un caporal ou un sous-officier est cassé de son grade. ⇒ ① **dégradation.**

② **cassation** n. f. – XIXe ; it. « départ » ▪ Divertissement musical pour instruments à vent, à cordes, destiné à être exécuté en plein air.

cassave n. f. – XVIe ; mot d'Haïti ▪ Galette de farine de manioc.

① **casse** n. f. – XIIIe ; gr. **1** Cassier*. **2** Pulpe de la gousse de cassier, laxative et purgative.

② **casse** n. f. – XVIe ; it. « caisse » ▪ Boîte compartimentée contenant les caractères d'imprimerie nécessaires au compositeur. *Les cassetins de la casse. Bas de casse :* partie inférieure de la casse contenant les caractères courants. *BAS DE CASSE* n. m. : ce caractère, lettre minuscule (opposé à *capitale*). *Texte composé en bas de casse.*

③ **casse** n. f. et m. – XVIIe **I** n. f. **1** Action de (se) casser ; son résultat. ⇒ **bris.** *Déménagement où il y a de la casse.* ⇒ **dégât.** *Payer la casse. Il* « *réclamait des dommages-intérêts pour "la casse"* » (J. Verne). **2** *Mettre une voiture à la casse,* à la ferraille. *Vendre à la casse,* au poids, au prix de la matière première. ♦ Commerce du ferrailleur (⇒ **casseur**). **II** n. m. fam. Cambriolage. *Faire un casse.* « *Il me dit aussi quelques mots de ses casses, de son travail dehors* » (Genet).

cassé, ée adj. **1** Rompu, brisé. *Jambe, dent cassée.* ➛ fig. *Blanc cassé,* mêlé d'une quantité infime de couleur. *De la peinture blanc cassé à l'ocre.* **2** Dont le corps est plié, voûté. *Un vieillard cassé.* ⇒ **courbé, voûté. 3** *Voix cassée,* faible, rauque. ⇒ **éraillé.**

casseau n. m. – XVIIIe ▪ Moitié de casse (②) à grands compartiments, contenant les caractères spéciaux.

casse-cou n. – XVIIIe **I** n. m. **1** Passage, lieu où l'on risque de tomber. ⇒ fam. **casse-gueule. 2** *Crier casse-cou à qqn,* l'avertir d'un danger. ⇒ ② **gare.** ➛ adj. *C'est trop casse-cou.* ⇒ **dangereux, risqué. II** n. fam. (plus cour.) Personne qui s'expose, sans réflexion, à un danger, qui commet témérairement des imprudences. ⇒ **imprudent, risque-tout.** *Des casse-cou* ou *des casse-cous.* adj. inv. *Elle est casse-cou.*

casse-croûte n. m. inv. – XIXe ▪ Repas léger et sommaire pris rapidement. ⇒ **en-cas ;** fam. **casse-dalle.** *Randonneurs qui emportent leur casse-croûte.*

> ❑ Le *casse-croûte* est souvent emporté avec soi, comme l'*en-cas,* à la différence de la *collation.* ♦ Jamais de *s,* c'est *la croûte* au sens familier de « pain, nourriture ».

casse-croûter v. intr. [1] – 1985 ▪ Faire un casse-croûte. *On casse-croûtait sur des bancs de square.*

casse-cul [kasky] n. et adj. inv. – XVIIIe ▪ fam. Personne qui importune. *Des casse-cul* ou *des casse-culs.* ➛ adj. inv. *Il est casse-cul avec toutes ses histoires !* ⇒ **casse-pieds, emmerdant.** ➛ (sujet chose) *C'est casse-cul, ces recherches !*

casse-dalle n. m. inv. – 1960 ▪ fam. Repas sommaire.

casse-gueule n. m. inv. et adj. inv. – XIXe **1** fam. Lieu où l'on risque de tomber ; entreprise hasardeuse, risquée. ⇒ **casse-cou.** ➛ *Aller au casse-gueule,* à la guerre. ⇒ **casse-pipe. 2** adj. inv. fam. Périlleux, risqué. ⇒ **dangereux.** « *Le second pilote voulait descendre tellement c'était casse-gueule* » (Kessel).

casse-noisette n. m. – XVIIe ▪ Pince qui sert à casser les noisettes. *Des casse-noisettes.*

> ❑ On écrit aussi *un casse-noisettes.*

casse-noix n. m. inv. – XVIe **1** Instrument analogue au casse-noisette* mais d'ouverture plus grande, pour casser les noix. **2** *Casse-noix moucheté :* gros oiseau d'Europe du Nord, espèce de corneille.

casse-pattes n. m. – 1928 ▪ fam., vieilli Eau-de-vie forte et de mauvaise qualité. *Des casse-pattes.*

> ❑ Cet alcool fort a pour principal effet de couper les moyens, les jambes, d'où son nom.

casse-pieds n. et adj. inv. – 1948 ▪ fam. Personne importune, sans-gêne. ⇒ **emmerdeur, enquiquineur, raseur.**

Des casse-pieds. ➛ adj. inv. Ennuyeux*. ⇒ **assommant, emmerdant, rasant.** *Ce qu'il peut être casse-pieds.* ⇒ **gonflant.** *Un livre casse-pieds.*

casse-pierre n. m. – XVIe 1 Masse ou machine pour casser les pierres. *Des casse-pierres.* 2 Pariétaire (plante).

casse-pipe n. m. inv. – 1918 ▪ fam. Guerre meurtrière. *Aller au casse-pipe.*

casser v. [1] – XIe ; lat. *quatere* « secouer » **I** v. tr. **1** Mettre en morceaux, diviser (une chose rigide) d'une manière soudaine, par choc, coup, pression. ⇒ **briser, broyer, disloquer, écraser, fracasser, rompre.** *Casser qqch. en deux, en mille morceaux.* « *On cassa préalablement le minerai en petits morceaux* » (J. Verne). *On a cassé le mur de Berlin en 1989.* ⇒ **démolir.** ➛ *Casser une assiette, un verre.* ➛ *Casser la pointe* **(⇒ épointer),** *le manche* **(⇒ démancher)** *d'un instrument. Endommager un vase en cassant le bord.* ⇒ **ébrécher, écorner.** ➛ *Casser un œuf,* en briser la coquille. ➛ *Casser du bois,* le couper (à la hache). loc. fam. *Casser du* (et nom de collectivité) : s'attaquer à (propre et fig.). ♦ loc. fig. *Casser du sucre sur le dos de qqn,* en médire. ➛ *Casser sa pipe :* mourir **(⇒ casse-pipe).** ♦ *CASSER LA TÊTE* (à qqn) : assourdir, fatiguer, importuner. *Se casser la tête à :* travailler avec acharnement à **(⇒ casse-tête).** fam. *Se casser la tête,* réfléchir, essayer de comprendre. « *Te casse pas la tête. La guerre, la paix c'est égal* » (Sartre). ➛ fam. *Casser la figure, la gueule à qqn,* le frapper. ⇒ **tabasser.** *Se casser la figure, la gueule :* tomber ; avoir un accident ; se tuer. **2** Disjoindre l'articulation ou rompre l'os de (un membre, le nez, etc.). *Il lui a cassé trois dents d'un coup de poing. Il s'est cassé la jambe en faisant du ski.* ⇒ **fracturer.** « *les vieilles dames se cassent facilement le fémur* » (Beckett). « *Tu n'as rien de cassé ?* » (Zola). ➛ *Un bras cassé*.* ➛ loc. fig. *Se casser le nez à la porte de qqn :* trouver porte close. fam. *Se casser le nez, la gueule :* échouer. ♦ fam. *Casser les pieds (à qqn),* l'importuner. ⇒ **casse-pieds.** *Tu nous casses les pieds avec tes histoires !* vulg. *Casser les couilles, les bonbons.* par euphém. *Tu nous les casses !* ⇒ **briser.** ➛ *Casser les oreilles à qqn :* faire trop de bruit. **3** Endommager, empêcher le fonctionnement de. ⇒ **abîmer.** *Il a cassé sa montre, sa bicyclette. La télévision est cassée.* ➛ fig. *Casser le moral à qqn,* le démoraliser. ➛ loc. *Se casser la voix,* la rendre rauque par un effort excessif. ⇒ **cassé.** **4** loc. fig. et fam. *ÇA NE CASSE RIEN (ça ne casse pas trois pattes à un canard, ça ne casse pas des briques, les vitres) :* ça n'a rien de remarquable. ♦ *À TOUT CASSER* loc. adv. : très fort. *Frapper à tout casser.* ➛ fig. Tout au plus. *Dix mille francs à tout casser.* ➛ loc. adj. Extraordinaire. *Une fête à tout casser.* **5** v. pron. *SE CASSER* (pass.). *Ampoule qui se casse. C'est fragile, ça se casse.* ♦ (réfl.) fam. Se donner du mal. *Il ne s'est pas cassé pour préparer son cours.* ⇒ se **fatiguer,** se **fouler.** ♦ (réfl.) fam. S'en aller au plus vite, s'enfuir*. *Casse-toi !* **6** Annuler (un acte, un jugement, une sentence). ⇒ **abroger ;** ① **cassation.** *Casser une condamnation, un mariage.* « *le Corps législatif venait de casser son élection* » (Zola). **7** Dégrader, démettre de ses fonctions. *Casser un officier.* ⇒ ② **démettre, destituer, révoquer.** **8** Interrompre ou gêner. *Casser une grève.* ⇒ **briser.** ♦ *Casser les prix* **(⇒ dumping).** **II** v. intr. Se rompre, se briser. *Mon lacet a cassé.* ⇒ **craquer, péter.** *Une branche qui casse.* ⇒ **céder.** ➛ Se rompre facilement **(⇒ cassant).** « *le coton qui, filé trop fin, casse* » (Balz.). ♦ loc. fig. *Tout passe, tout lasse, tout casse :* tout a une fin. ✪ CONTR. Réparer. Confirmer, ratifier, valider.

casserole n. f. – XVIe ; a. fr. *casse* « récipient » **1** Ustensile de cuisine servant à la cuisson, de forme cylindrique, à manche. ⇒ **sauteuse ; caquelon, poêlon.** *Casserole en aluminium, émaillée.* « *des casseroles de cuivre ancien, martelées* » (Colette). *Batterie de casseroles. Casserole sur le feu.* ➛ Son contenu. *Une casserole d'eau.* **2** loc. fam. *Passer à la casserole :* être dans une mauvaise situation. ➛ spécialt Se dit d'une femme dans l'obligation d'accepter l'acte sexuel. ♦ *Faire un bruit de casserole :* produire un son désagréable. ➛ *Traîner une casserole,* une affaire compromettante. **3** Mauvais piano. *Accordez cette casserole !*

casse-tête n. m. – XVIIe **1** Massue grossière servant d'arme de guerre. ➛ Arme consistant en un court bâton plombé. ⇒ **matraque.** **2** Jeu de patience, assemblage compliqué. *Casse-tête chinois.* ➛ fig. Problème très difficile à résoudre. *Des casse-tête* ou *des casse-têtes.*

cassetin n. m. – XVIe ▪ Chacune des petites loges d'une casse* d'imprimerie.

cassette n. f. – XIVe ; a. fr. *casse* « caisse, coffre » **1** Petit coffre où l'on rangeait de l'argent, des bijoux. ⇒ **boîte, coffret.** *La cassette d'Harpagon.* **2** Trésor particulier (d'un prince) ; épargne personnelle. *Je prendrai cette somme sur ma cassette.* ⇒ **cagnotte, réserve.** **3** Boîtier contenant une bande* magnétique permettant l'enregistrement et la lecture du son **(⇒ minicassette),** de l'image ou de données informatiques. *Livre-cassette.* ⇒ ① **livre.** *Lecteur* de cassettes* (⇒ aussi **radiocassette).** *Cassette vidéo pour magnétoscope.* ⇒ **vidéocassette.** ➛ Cette bande. *Cassette vierge.*

cassettothèque n. f. – 1972 ; de *cassette* et *-thèque* ▪ Lieu où sont conservées et classées des cassettes (3°).

casseur, euse n. – XVIe **1** Personne qui casse (qqch.). *Un casseur de pierres.* **2** Personne qui fait le commerce des pièces en bon état de voitures mises à la casse*. ⇒ **épaviste.** **3** Personne qui profite d'une manifestation pour briser les vitrines et voler. « *les casseurs brisent les vitrines, envahissent les épiceries* » (Green). **4** arg., puis fam. Cambrioleur.

cassier n. m. – XVIe ▪ Arbre tropical *(légumineuses césalpinées),* dont les fruits produisent la casse* (①). ⇒ **séné.**

① **cassis** [kasis] n. m. – XVIe ; lat. *ca(s)sia* « cannelier » **1** Groseillier à baies noires et à feuilles odorantes. **2** Fruit de cette plante. *Gelée de cassis. Crème de cassis :* liqueur de cassis. **3** Liqueur fabriquée avec ce fruit. *Vin blanc-cassis.* ⇒ **kir.** **4** fam. Tête. « *la vieille lui vide sur le cassis toute sa bassine* » (Céline).

> ❑ L'arbuste est aussi appelé *cassissier.*

② **cassis** [kasi] n. m. – XVe ; de *casser* **1** Rigole pratiquée en biais au travers d'une route pour l'écoulement des eaux. **2** Dépression transversale assez brusque d'une route mal entretenue. *Les cassis et les dos d'âne sont signalés par des panneaux.*

> ❑ *Cassis* est formé avec le suffixe *-is,* comme *semis, frottis, ramassis ;* par confusion avec ① *cassis,* on prononce le plus souvent le *s* final.

cassitérite n. f. – XIXe ; gr. « étain » ▪ Oxyde d'étain naturel.

cassolette n. f. – XVIe ; a. fr. *casse* « récipient » **1** Réchaud au couvercle ajouré, pour brûler des parfums. ⇒ **brûle-parfum, encensoir.** *Des « cassolettes remplies de nard, d'encens »* (Flaub.). **2** Petit récipient utilisé pour cuire un mets au feu ou au four et que l'on présente sur la table. *Escargots en cassolette.*

casson n. m. – XIVe ; de *casser* **1** Débris de verre destiné à être refondu pour la fabrication du verre. **2** Pain de sucre informe.

cassonade n. f. – XVIe ▪ Sucre roux en morceaux ou en poudre qui n'a été raffiné qu'une fois et qui a un goût prononcé. *Biscuits à la cassonade.*

cassoulet n. m. – XIXe ; mot langued. ; a. provenç. *cassa* « poêle » ▪ Ragoût de haricots blancs et de viandes (oie, porc, mouton), préparé et servi dans une terrine.

cassure n. f. – XIVe ; de *casser* 1 Endroit où un objet a été cassé. ⇒ ① **brèche, brisure, crevasse,** ② **faille, fente, fissure, fracture.** *Le vitrail « sous les plombs qui tenaient en équilibre les nombreuses cassures du verre »* (Flaub.). ◆ *Cassure dans les couches géologiques.* ⇒ **diaclase,** ② **faille,** ② **joint.** 2 *La cassure d'un pantalon,* l'endroit où le pantalon se plie sur la chaussure. 3 Coupure, fêlure, rupture. *Une cassure dans sa vie.* ✪ CONTR. Recollage, soudure.

castagne n. f. – XIXe ; mot gasc. « châtaigne » ▪ arg. *La castagne :* la bagarre.

castagner v. [1] – d. i. ▪ arg. 1 v. intr. Cogner. *Ça castagnait dur.* 2 v. tr. Battre, cogner. *Se faire castagner.* ♦ SE CASTAGNER v. pron. récipr. Se bagarrer.

castagnettes n. f. pl. – XVIe ; dimin. esp. de *castaña* « châtaigne » ▪ Petit instrument à percussion composé de deux pièces creusées, réunies par un cordon, et que le joueur s'attache aux doigts pour les faire claquer l'une contre l'autre. *Paire de castagnettes.* « *des toréadors, des joueuses de castagnettes, voilà ce qu'ils demandaient à l'Espagne* » (Montherl.).

caste n. f. – XVIIe ; port. 1 Classe sociale fermée, observée d'abord en Inde. *La caste des prêtres* (⇒ **brahmane**), *des artisans.* « *Gandhi, résolu à détruire l'intouchabilité, l'avait-il été à détruire les castes ?* » (Malraux). 2 péj. Groupe social attaché à ses mœurs et à ses privilèges et qui exclut toute personne étrangère. ⇒ **clan.** *Esprit de caste.* 3 Groupe d'insectes sociaux spécialisés par leur morphologie et leur fonction. *Les trois castes des abeilles.*

castel n. m. – XVIIIe ; mot provenç. ▪ Petit château. ⇒ **gentilhommière.** « *le castel dessinant ses faîtages pointus sur le ciel* » (Gaut.).

castillan, ane adj. et n. – XVIe ; de *Castille* ▪ De Castille. ♦ n. *Les Castillans.* ◆ n. m. *Le castillan :* langue officielle de l'Espagne. ⇒ **espagnol.**

> ❑ On emploie parfois *castillan* pour désigner l'espagnol d'Europe par rapport à l'espagnol d'Amérique. Mais tous les locuteurs sont *hispanophones.*

castine n. f. – XVIIe ; all. *Stein* « pierre » et *Kalk* « chaux » ▪ Pierre calcaire que l'on mélange au minerai de fer pour en faciliter la fusion.

casting n. m. – av. 1972 ; mot angl. ▪ Sélection des acteurs, des figurants, etc. (d'un spectacle). ◆ Recomm. offic. *distribution* artistique.*

castor n. m. – XIIe ; gr. 1 Mammifère rongeur des rivières et des lacs, à pattes palmées et à large queue plate. « *Les castors avaient construit une digue, un peu arquée en amont* » (J. Verne). 2 Fourrure de cet animal. « *la femme avait des bottes et un manteau de castor* » (Carco). ♦ *Castor du Canada :* fourrure de rat musqué.

castorette n. f. – 1925 ▪ Peau traitée de manière à évoquer la fourrure du castor.

castoréum [kastɔʀeɔm] n. m. – XIIIe ▪ Substance huileuse, à odeur forte, obtenue à partir des glandes sexuelles du castor, utilisée en parfumerie et en pharmacie.

castrat n. m. – XVIIIe ; it. 1 Individu mâle castré. ⇒ **eunuque.** 2 Chanteur que l'on émasculait dès l'enfance pour lui conserver une voix de soprano ou d'alto. *Les castrats de la chapelle Sixtine.*

> ❑ L'existence des *castrats,* qui remonte à la basse Antiquité, s'expliquait par l'interdiction faite aux femmes de se produire en public (église, théâtre).

castrateur, trice adj. – v. 1930 ▪ Qui provoque un complexe de castration* chez quelqu'un, qui exerce une action tyrannique. « *mère dénaturée ; castratrice* » (Sarraute).

castration n. f. – XIVe 1 Opération par laquelle on prive un individu, mâle ou femelle, de la faculté de se reproduire. ⇒ **stérilisation.** *Castration radiologique,* par irradiation des gonades. *Castration par ablation des testicules* (⇒ **émasculation**), *des ovaires* (⇒ **ovariectomie**). 2 *Complexe, angoisse de castration,* liés à la menace imaginaire, chez l'enfant mâle, de la suppression du pénis par le père.

> ❑ Bien que le mot concerne autant les individus mâles que femelles, la langue courante n'emploie *castration* que pour les mâles.

castrer v. tr. [1] – XVIIe ; lat. ▪ Pratiquer la castration de. ⇒ **châtrer, émasculer.** *Faire castrer un chat, une chienne.* ⇒ **couper.** ◆ *Lapin castré.*

castrisme n. m. – v. 1960 ▪ Mouvement révolutionnaire de Fidel Castro ; politique qui s'en inspire.

castriste adj. et n. – v. 1960 ▪ Relatif au castrisme. ♦ Partisan du castrisme.

casuarina n. m. – XVIIIe ; lat. ▪ Grand arbre d'Australie et de Malaisie *(casuarinacées),* appelé *bois-de-fer* à cause de son bois très dur. ⇒ **filao.**

① **casuel, elle** adj. et n. m. – XIVe ; lat. *casus* « accident » 1 didact. Qui peut arriver ou non, suivant les cas. ⇒ **accidentel, contingent, éventuel, fortuit, occasionnel.** 2 n. m. Honoraires que les fidèles donnent parfois au curé. « *Voici cinq ans que je suis desservant sans casuel* » (Balz.). ✪ CONTR. Assuré, certain, invariable.

② **casuel, elle** adj. – XIXe ; lat. *casus* « cas » ▪ Qui comporte des cas (②). *Langues casuelles.* ◆ Relatif aux cas. *Désinences casuelles.*

casuiste n. – XVIIe ; lat. *casus* « cas de conscience » 1 n. m. Théologien qui s'applique à résoudre les cas de conscience par les règles de la raison et du christianisme. « *plusieurs casuistes ont trouvé moyen de décharger les personnes les plus riches de l'obligation de donner l'Aumône* » (Pasc.). 2 Personne qui aime composer, transiger avec sa conscience. ⇒ **sophiste.**

casuistique n. f. – XIXe 1 Partie de la théologie morale qui traite des cas de conscience. 2 péj. Subtilité complaisante (en morale).

casus belli [kazysbɛlli ; -beli] n. m. inv. – XIXe ; lat. « cas de guerre » ▪ Acte de nature à motiver, pour un gouvernement, une déclaration de guerre. *Cette intervention constitue un casus belli.*

cata- ▪ Élément, du gr. *kata* « en dessous, en arrière ».

catabolisme n. m. – XIXe ▪ Phase du métabolisme qui comprend les processus de dégradation des composés organiques. ✪ CONTR. Anabolisme.

catabolite n. m. – v. 1960 ▪ Substance formée lors du catabolisme.

catachrèse [katakʀɛz] n. f. – XVIe ; gr. ▪ Figure de rhétorique qui consiste à détourner un mot de son sens propre (ex. À cheval sur un mur). ◆ Métaphore lexicalisée (ex. Les pieds d'une table).

cataclysme n. m. – XVIe ; gr. « inondation » 1 Bouleversement de la surface du globe, causé par un phénomène naturel destructeur (tremblement de terre, cyclone, etc.). *Ce rocher « est une étrangeté géologique, une fantaisie des cataclysmes primitifs »* (Loti). 2 Désastre, bouleversement (dans une société, un groupe, etc.). ⇒ **calamité, fléau.**

cataclysmique adj. – XIXe ▪ didact. 1 Qui fait intervenir le bouleversement causé par un cataclysme. *Théorie* *cataclysmique de la formation de l'écorce terrestre.* 2 Qui évoque un cataclysme. ⇒ **désastreux, ravageur, terrible.** *Un vent d'une violence cataclysmique.*

catacombe n. f. – XIIIe ; du gr. *kata* « en bas » et lat. *tumba* « tombe » ▪ souvent plur. Cavité souterraine ayant servi de sépulture aux chrétiens, avant Constantin, empereur converti. « *Rome chrétienne redescend peu à peu dans ses catacombes* » (Chateaub.). ♦ Excavation où ont été réunis des ossements. ⇒ **ossuaire.** *Les catacombes de Paris.*

❑ Le changement du *t (tombe)* en *c* est dû à un rapprochement avec le lat. *cumbere* « être couché ».

catadioptre n. m. – mil. XXe ▪ Cataphote.

catadioptrique adj. et n. f. – XVIIIe ; de *catoptrique* et *dioptrique* 1 Qui comprend des appareils de réflexion et de réfraction. *Télescope catadioptrique.* 2 n. f. vieilli Étude de la réflexion et de la réfraction. ⇒ **optique.**

catafalque n. m. – XVIIe ; lat. ▪ Estrade décorée sur laquelle on place un cercueil. « *le ministre des autels est obligé de veiller au cercueil du villageois comme au catafalque du monarque* » (Chateaub.). ♦ Décoration funèbre au-dessus du cercueil.

cataire ou **chataire** n. f. – XVIIIe ; lat. *cattus* « chat » ▪ Plante rudérale dont l'odeur attire les chats (d'où son nom d'*herbe aux chats*). ⇒ **népète.**

catalan, ane adj. et n. – XVe ; catalan ▪ De Catalogne (française et espagnole). ♦ n. *Les Catalans.* ➛ n. m. *Le catalan :* langue romane parlée en Catalogne, aux Baléares.

catalepsie n. f. – XVIe ; gr. « action de saisir » ▪ Suspension du mouvement volontaire des muscles (schizophrénie, état hypnotique). ⇒ **léthargie, paralysie.** *Tomber en catalepsie.*

cataleptique adj. – XVIIIe ▪ Relatif à la catalepsie. *Un sommeil cataleptique.* ♦ Atteint de catalepsie. ➛ n. *Un cataleptique.*

catalogage n. m. – 1928 1 Opérations par lesquelles on élabore un catalogue. 2 péj. Action de ranger (qqn, qqch.) dans une catégorie. « *Renoncez donc pour moi à ce jeu de catalogage qui est celui de tous les "partisans"* » (R. Rolland).

catalogne n. f. – XVIIe ; de *Catalogne*, n. pr. ▪ région. (Québec) Étoffe dont la trame est faite de bandes de tissu. ⇒ **lirette.** ➛ Tapis fait de cette étoffe.

catalogue n. m. – XIIIe ; gr. « liste » 1 Liste méthodique accompagnée de détails, d'explications. ⇒ **index, inventaire, nomenclature, répertoire, rôle, table.** *Catalogue par ordre alphabétique, par ordre de matières. Le catalogue d'une bibliothèque.* 2 Brochure présentant des produits à vendre. *Catalogue de jouets. Catalogue de vente par correspondance. Commander sur catalogue. Objet au catalogue.*

cataloguer v. tr. [1] – XIXe 1 Classer, dénombrer, inscrire par ordre dans un catalogue. *Cataloguer les livres d'une bibliothèque.* ♦ Dresser le ou les catalogues de. *Cataloguer un musée.* 2 Classer (qqn, qqch.) en le jugeant de manière définitive. *Ce monde* « *où d'avance tout est classé, catalogué, connu, compris et irrémédiablement jugé* » (Beauv.).

catalpa n. m. – XVIIIe ; mot amérind. ▪ Arbre ornemental *(bignoniacées)*, à feuilles cordiformes, à floraison en larges panicules blanches. « *un catalpa* [...] *envahit la rue où pendent ses vertes guirlandes* » (Morand).

catalyse n. f. – XIXe ; gr. « dissolution » ▪ Modification (surtout accélération) d'une réaction chimique sous l'effet d'une substance **(⇒ catalyseur)** qui ne subit pas de modification. *Catalyse de l'oxydation de l'aluminium par le mercure.*

catalyser v. tr. [1] – XIXe 1 Provoquer la catalyse de (une réaction). 2 Déclencher, produire par sa seule présence. *Catalyser la haine.*

catalyseur n. m. – XIXe ▪ Substance qui provoque la catalyse. ♦ fig. « *un catalyseur de l'agressivité* » (Curtis). ➛ adj. m. *Le* « *rôle catalyseur de la trouvaille* » (Breton).

catalytique adj. – XIXe ▪ De la catalyse. *Action catalytique.* ➛ *Pot catalytique :* pot d'échappement antipollution utilisant la catalyse.

catamaran n. m. – XVIIe ; tamoul *katta* « lien » et *maram* « bois » 1 Embarcation à deux coques accouplées. 2 Système de flotteurs d'hydravion.

cataphote n. m. – v. 1931 ; nom déposé, du gr. *kata* « contre » et *phos, photos* « lumière » ▪ Système optique renvoyant la lumière en sens inverse et dans l'exacte direction d'où elle lui parvient. ♦ Dispositif réfléchissant la lumière et rendant visible la nuit ce qui le porte. ⇒ **catadioptre.** *Bicyclette munie d'un cataphote.*

cataplasme n. m. – XIVe ; gr. « emplâtre » 1 Topique pâteux appliqué sur la peau pour combattre une inflammation. « *Vous préparez un cataplasme de farine de moutarde, afin d'appliquer des sinapismes aux pieds de monsieur* » (Balz.). 2 fam. Aliment épais et indigeste. *Cette purée est un cataplasme.* ⇒ **emplâtre.**

cataplexie n. f. – XVIIIe ; gr. *kata* « sur » et *plêssein* « frapper » 1 Perte soudaine de tonicité musculaire due à une vive émotion. 2 Catatonie.

catapultage n. m. – déb. XXe ▪ Action de catapulter. ➛ Lancement (d'un avion) au moyen d'une catapulte.

catapulte n. f. – XIVe ; gr. 1 Ancienne machine de guerre qui projetait de lourds projectiles. ⇒ **baliste,** ① **onagre.** « *les brèches ouvertes par les catapultes, les balistes, les béliers* » (Gaut.). 2 Dispositif de lancement d'avions (sur un porte-avions).

catapulter v. tr. [1] – déb. XXe 1 Lancer par catapulte (2°). *Catapulter un avion d'un navire.* 2 Lancer, projeter violemment. *Catapulté dans le vide par son siège éjectable.* ♦ fig. Placer subitement (qqn) dans un lieu éloigné, à un poste, généralement plus élevé que le précédent. ⇒ **bombarder.**

① **cataracte** n. f. – XVIe ; gr. « chute » ▪ Chute des eaux (d'un grand cours d'eau). ⇒ **cascade.** *Les cataractes du Nil.* ➛ fig. *Il tombe des cataractes,* une très forte pluie. *Le rapide* « *sifflant sans interruption et versant des cataractes de vapeur !* » (Larbaud).

② **cataracte** n. f. – XIVe ; → ① cataracte ▪ Opacité totale ou partielle du cristallin. *Cataracte sénile.*

catarhiniens n. m. pl. – XIXe ; gr. *kata* « en bas » et *rhis, rhinos* « nez » ▪ Sous-ordre de singes* à cloison nasale étroite et sans queue préhensile (ex. gibbon, gorille, macaque, orang-outan).

❑ Même famille de mots que *rhinocéros, rhinite.*

catarrhe n. m. – XVe ; gr. « écoulement » ▪ vx Inflammation des muqueuses donnant lieu à une hypersécrétion. « *sur son grabat, où il gisait, continuellement secoué par un catarrhe* » (Flaub.). ✪ HOM. Cathare.

catarrheux, euse adj. – XVIe ▪ Du catarrhe. *Toux catarrheuse.* ♦ Atteint de catarrhe. ➛ n. *Un catarrheux.*

catastrophe n. f. – XVIe ; gr. « bouleversement » 1 didact. Dernier et principal événement (d'un poème, d'une tragédie). ⇒ **dénouement.** « *La catastrophe de ma pièce est peut-être un peu trop sanglante* » (Rac.). 2 Malheur effroyable et brusque. ⇒ **calamité, désastre, drame.** *Courir à la catastrophe. Éviter la catastrophe.* « *si tous laissent les choses aller, la catastrophe est inévi-*

table » (Mart. du G.). ➛ Accident, sinistre causant la mort de nombreuses personnes. *Catastrophe aérienne. Le bilan d'une catastrophe.* appos. *Film catastrophe,* relatant un événement catastrophique, un accident grave. *Des films catastrophe.* ♦ loc. EN CATASTROPHE : en risquant le tout pour le tout ; d'urgence. *Atterrir en catastrophe.* **3** fam. Événement fâcheux. ⇒ **désastre, drame.** *Les vignes ont gelé, c'est la catastrophe !* **4** *Théorie des catastrophes :* théorie qui, à partir d'observations empiriques de la forme d'un système ou de processus discontinus, tente de construire un modèle dynamique continu.

> ❑ Le sens 4° reprend le sens étymologique.

catastrophé, ée adj. – XIXe ▪ fam. Frappé(e) par une catastrophe. ⇒ **consterné.** *Il prit un air catastrophé pour annoncer la nouvelle.*

catastrophique adj. – XIXe **1** Qui a les caractères d'une catastrophe. ⇒ **affreux, désastreux, effroyable, épouvantable.** *Événement catastrophique.* **2** fam. Qui provoque ou peut provoquer une catastrophe. *Décision, gestion catastrophique.* **3** Qui constitue un événement grave et irrémédiable. ⇒ **dramatique.** *C'est inquiétant, mais rien de catastrophique.* ⇒ **irréparable.** ♦ par ext. *Ce roman est catastrophique,* très mauvais.

catastrophisme n. m. – XIXe ▪ Attitude qui consiste à prévoir, à envisager le pire. ⇒ **pessimisme.**

catatonie n. f. – XIXe ; gr. *kata* « en dessous » et *tonos* « tension » ▪ État de passivité, d'inertie motrice et psychique, alternant souvent avec des états d'excitation, caractéristique de la schizophrénie*.

catch n. m. – 1919 ; mot angl., de *catch as catch can* « attrape comme tu peux » ▪ Lutte libre et spectaculaire. *Prise de catch. Catch féminin.*

catcher v. intr. [1] – 1952 ▪ Pratiquer le catch.

catcheur, euse n. – 1924 ▪ Lutteur, lutteuse qui pratique le catch.

catéchèse n. f. – XVIe ; gr. ▪ didact. Enseignement oral de la religion chrétienne. « *il leur reste à découvrir le Christ directement, sans passer par aucune catéchèse* » (Mauriac). ♦ par ext. ⇒ **catéchisme.**

catéchiser v. tr. [1] – XIVe ; gr. « instruire » **1** Instruire (qqn) dans la religion chrétienne (⇒ **catéchisme**). **2** Chercher à persuader. ⇒ **endoctriner, prêcher, sermonner.**

catéchisme n. m. – XIVe **1** Instruction dans les principes de la foi chrétienne. « *Ma mère, mécréante, permit cependant que je suivisse le catéchisme quand j'eus onze ou douze ans* » (Colette). par ext. *Aller au catéchisme,* au cours d'instruction religieuse. ♦ Livre contenant cette instruction. péj. « *Style de catéchisme* » (Gaut.). **3** Ce qui est pour qqn article de foi. ⇒ **credo, dogme.** *Le catéchisme maoïste.* « *Élevé dans les ordures des Halles, il épelait le catéchisme poissard* » (Zola).

catéchiste n. – XVIe ▪ Personne qui enseigne le catéchisme. ➛ appos. *Dame catéchiste.*

catéchistique adj. – XVIIIe ▪ didact. Du catéchisme ; de la catéchèse.

catécholamine [katekɔlamin] n. f. – 1958 ; de *catéchol* « catéchine, principe actif du cachou » et *amine* ▪ Substance du groupe des amines sécrétée par la médullosurrénale, affectant le système nerveux sympathique et jouant un rôle de neurotransmetteur (ex. l'adrénaline).

catéchumène [katekymɛn] n. – XIVe ; gr. **1** Personne qu'on instruit dans la foi chrétienne, pour la disposer à recevoir le baptême. **2** Personne que l'on instruit, que l'on initie.

> ❑ Seul mot de la famille de *catéchisme* où le *ch* se prononce [k].

catégorème n. m. – XVIe **1** Notion universelle, mode général d'énonciation (genre, espèce, différence ; propre, accident). **2** Catégorie (1°).

catégorie n. f. – XVIe ; gr. **1** Qualité que l'on peut attribuer à un sujet. ⇒ **prédicat.** *Les dix catégories d'Aristote :* substance, quantité, qualité, relation, lieu, temps, situation, avoir, agir, pâtir (subir). ➛ spécialt Chez Kant, Concept fondamental de l'entendement. *Les quatre grandes classes de catégories :* modalité, qualité, quantité, relation. **2** Classe à l'intérieur de laquelle sont placés les éléments d'un vocabulaire. *Catégories grammaticales.* **3** Classe* dans laquelle on range des objets de même nature. ⇒ **espèce, famille, genre, groupe, ordre, série.** *Ranger des livres par catégories.* **4** Ensemble de personnes ayant des caractères communs (⇒ **classe**). « *il appartient à la catégorie nombreuse, assez banale, qui s'intéresse à tout et ne fiche rien* » (Colette). *Catégorie socioprofessionnelle.* ➛ *Champion du monde toutes catégories.*

catégoriel, ielle adj. – 1943 **1** Des catégories (1°). par ext. Conceptuel, abstrait. **2** Propre à une catégorie de travailleurs ou de salaires. *Revendications catégorielles.*

catégorique adj. – XVe **1** Relatif aux catégories. *Proposition, jugement catégorique :* assertion sans condition (opposé à *hypothétique*). **2** Qui ne permet aucun doute, ne souffre pas de discussion. ⇒ **absolu, indiscutable.** *Affirmation, réponse catégorique.* ⇒ **formel.** « *son refus catégorique et à peine motivé d'entrer en possession de sa part d'héritage* » (Mart. du G.). *Un ton catégorique,* sans réplique, sans appel. ➛ par ext. *Il a été catégorique sur ce point.* ✪ CONTR. Équivoque, évasif.

catégoriquement adv. – XVIe ▪ D'une manière catégorique. ⇒ **carrément, franchement.** *Refuser catégoriquement.*

catégorisation n. f. – XIXe ▪ didact. Classement par catégories.

catelle n. f. – XVIe ; suisse all. *chachel* « écuelle » ▪ (région.) Carreau de faïence vernissée, en Suisse.

caténaire adj. – XIXe ; lat. *catena* « chaîne » **1** Relatif à une chaîne de ganglions. **2** didact. Qui se produit en chaîne*. *Réaction caténaire.* **3** *Suspension caténaire* ou n. f. *une caténaire,* système de suspension consistant à soutenir le fil d'alimentation électrique à distance constante d'une voie de chemin de fer.

> ❑ C'est une faute courante d'en faire un nom masculin. ♦ Même famille que *concaténation.*

caténane n. f. – 1985 ; lat. *catena* « chaîne » ▪ Groupe de molécules constituées d'anneaux entrelacés.

catergol n. m. – 1948 ; de *cat(alyseur)* et *ergol* ▪ Propergol* dont la réaction exothermique nécessite un catalyseur.

catgut [katgyt] n. m. – XIXe ; mot angl. « boyau de chat » ▪ Fil obtenu à partir de l'intestin grêle d'animaux (surtout mouton) et utilisé pour les sutures et ligatures chirurgicales. *Les catguts se résorbent.*

cathare n. et adj. – XVIIe ; gr. « pur » ▪ *Les cathares :* secte manichéenne (XIe-XIIIe s.) du Sud-Ouest (⇒ **albigeois**) préconisant une absolue pureté de mœurs. « *L'extermination des cathares a été un des plus graves péchés de la France* » (Green). ➛ adj. *Les châteaux cathares.* ✪ HOM. Catarrhe.

catharsis [kataʀsis] n. f. – XIXe ; gr. « purification » **1** Selon Aristote, Effet de « purgation des passions » produit sur les spectateurs d'une représentation dramatique. 2 Réaction de libération ou de liquidation d'affects traumatisants refoulés. ⇒ **abréaction.**

cathartique adj. – XVIe 1 Qui agit comme purgatif puissant. 2 Qui purifie, libère des éléments considérés comme impurs. ⇒ **purificatoire.** 3 Relatif à la catharsis (2°).

❑ Les noms en *...sis* avec *s* prononcé ont un adjectif en *...tique* (ex. *synopsis* donne *synoptique*).

cathédral, ale, aux adj. – XIIe ; lat. *cathedra* « siège épiscopal » ▪ didact. Du siège de l'autorité épiscopale. *Église cathédrale.* ⇒ **cathédrale.** « *Le vrai saint cathédral est saint Pierre* » (Hugo).

cathédrale n. f. – XVIIe 1 Église épiscopale d'un diocèse. ➛ (En tant que monument) *La cathédrale de Chartres, de Reims.* « *J'allai voir la cathédrale, vaisseau gothique à flèche élevée* » (Chateaub.). « *Grand bois, vous m'effrayez comme des cathédrales* » (Baud.). 2 appos. *Verre cathédrale,* translucide, à la surface inégale.

cathèdre n. f. – XVIe ; lat. « chaise (à dossier) ; chaire » ▪ didact. Chaise gothique à haut dossier.

cathepsine n. f. – 1931 ; gr. *kathepsein* « se réduire » ▪ Protéase intracellulaire.

catherinette n. f. – XIXe ▪ Jeune fille qui coiffe* sainte Catherine. *Chapeau de catherinette.*

cathéter [katetɛʀ] n. m. – XVIe ; gr. ▪ Tige pleine ou creuse introduite dans un canal, un orifice du corps. ⇒ **canule, sonde.**

cathétérisme n. m. – XVIIe ▪ Introduction d'un cathéter, d'une sonde dans un conduit ou une cavité naturels (urètre, vessie, œsophage, etc.) dans un but diagnostique ou thérapeutique. *Cathétérisme cardiaque.* ⇒ **sondage.**

cathétomètre n. m. – XIXe ; gr. *kathetos* « vertical » et *metron* « mesure » ▪ Appareil servant à mesurer la distance verticale de deux points ou de deux plans horizontaux avec un viseur optique.

catho → **catholique**

cathode n. f. – XIXe ; gr. *kata* « en bas » et *hodos* « chemin » ▪ Électrode négative (opposé à *anode*).

cathodique adj. – XIXe 1 De la cathode, émis par la cathode. *Rayons cathodiques :* faisceau d'électrons émis par la cathode d'un tube contenant un gaz raréfié. *Oscilloscope à rayons cathodiques.* 2 Relatif à l'image des rayons cathodiques focalisée sur un écran. *Affichage cathodique.* 3 Relatif à la télévision en tant que média. ⇒ **télévisuel.**

catholicisme n. m. – XVIe ▪ Religion chrétienne dans laquelle le pape exerce l'autorité en matière de dogme et de morale. ⇒ **église** (I). *Se convertir au catholicisme.* « *Le catholicisme n'a rien de prude, de bégueule, de pédant, d'inquiet* » (Barbey).

catholicité n. f. – XVIe 1 Conformité d'une doctrine à celle de l'Église catholique. ⇒ **orthodoxie.** « *Rome tient évidemment en lisière ce courant qui doit rester dans les limites de la catholicité* » (Tournier). 2 Ensemble des catholiques. ⇒ **église** (I). *Le pape est le chef de la catholicité.*

catholique adj. – XIIIe ; gr. « universel » 1 Relatif au catholicisme. *La religion catholique. L'Église catholique, apostolique et romaine.* 2 Qui professe le catholicisme. ➛ n. *Les catholiques. Isabelle la Catholique. Un bon catholique.* ⇒ **croyant, pratiquant.** « *Les catholiques d'Irlande égorgèrent presque tous les protestants de leur île en 1641* » (Volt.). ➛ abrév. fam. CATHO [kato]. *Les cathos.* 3 fam. *Une affaire, un individu pas très catholique,* louche, dont on se méfie. ⇒ **douteux.** « *tout cela ne me paraît pas très catholique* » (Queneau). ✪ CONTR. Incroyant, païen. Hérétique.

❑ À la différence des religions anciennes, le christianisme n'était pas lié à un peuple et se voulait universel, ce qui explique le nom.

catilinaire n. f. – XIXe ; du nom des harangues de Cicéron contre *Catilina* ▪ littér. Discours violemment hostile.

catimini (en) loc. adv. – XIVe ; gr. ▪ En cachette, discrètement, secrètement. « *il était rentré de bonne heure, en catimini, par la porte de service* » (Aragon).

catin n. f. – XVIe ; dimin. de *Catherine* ▪ vieilli Prostituée. ⇒ **putain.** « *C'était la grande retape* [...], *le raccrochage des catins illustres* » (Zola). ➛ en insulte *Ta sœur, cette catin !*

cation [katjɔ̃] n. m. – XIXe ; gr. *kata* « en bas » et *ion* ▪ Ion chargé positivement (opposé à *anion*).

❑ *Cation* et *himation* « manteau sans manches dans l'Antiquité grecque » sont les deux seuls mots en *-tion* que l'on prononce avec un *t*.

catoblépas [katɔblepɑs] n. m. – XVIe ; gr. *katoblepein* « regarder par-dessous » ▪ littér. Animal légendaire à long cou grêle, dont la tête traîne à terre.

catogan n. m. – XVIIIe ; de *Cadogan,* n. pr. 1 Nœud qui attache les cheveux sur la nuque. « *des catogans de soie verte* » (Loti). 2 Coiffure réunissant les cheveux sur la nuque. « *Un gros nœud de ruban s'épanouissait sur ses cheveux relevés en catogan* » (Mauriac).

catoptrique adj. et n. f. – XVIe ; gr. *katoptron* « miroir » ▪ Relatif à la réflexion de la lumière. ➛ n. f. Partie de l'optique qui étudie la réflexion.

cattleya n. m. – XIXe ; de *W. Cattley,* bot. angl. ▪ Orchidée à grandes fleurs richement colorées. « *les catleyas surtout, qui étaient, avec les chrysanthèmes, ses fleurs préférées* » (Proust).

cauchemar n. m. – XVe ; mot picard, de *cauchier* « fouler, presser » et néerl. *mare* « fantôme » 1 Rêve pénible dont l'élément dominant est l'angoisse. *Faire des cauchemars.* ⇒ **cauchemarder.** 2 fam. Personne ou chose qui effraie, obsède. ⇒ **hantise.** « *Les pronoms relatifs ont été le cauchemar de Flaubert* » (Thibaudet). *J'ai vécu une journée de cauchemar. Encore un attentat, quel cauchemar !*

❑ La finale *...mar,* du néerlandais, est la même que celle de l'anglais *nightmare,* même sens que *cauchemar.* → caviar (rem.).

cauchemarder v. intr. [1] – XIXe ▪ Faire des cauchemars.

❑ La finale *-ard* étant très courante, on a tendance à ajouter un *d* aux mots en *ar* pour former les dérivés (ex. *bazar* donne *bazarder, caviar* donne *caviarder*).

cauchemardesque adj. – 1902 ▪ De cauchemar. *Une vision cauchemardesque.*

❑ On a employé la forme plus régulière *cauchemaresque* au XIXe s. (pas de *d* à *cauchemar*).

caudal, ale, aux adj. – XVIIIe ; lat. *cauda* « queue » ▪ Relatif à la queue ou à la partie postérieure du corps d'un animal. *Appendice caudal. Nageoire caudale.* « *douze plumes caudales plutôt courtes* » (Tournier).

caudataire n. m. – XVIe ; lat. *cauda* « queue » 1 Celui qui, dans les cérémonies, porte la queue de la robe (du pape, d'un prélat, d'un roi). *Vêtus* « *du manteau de* *moire rouge, dont les caudataires tenaient la queue »* (Zola). 2 littér. Homme obséquieux et flatteur. *Les caudataires du dictateur.*

caudé, ée adj. – XVIIe ; lat. *cauda* « queue » ■ sc. Pourvu d'une queue. ➝ *Noyau caudé :* formation du corps strié* contribuant à former les parois du ventricule latéral.

caudillo [kaodijo] n. m. – v. 1940 ; mot esp. « capitaine » ■ Général espagnol ayant pris le pouvoir (titre repris par Franco, en 1936). ➝ Dictateur militaire (dans un pays de langue espagnole).

❑ Pour désigner Franco, on écrit avec la majuscule : *le Caudillo.*

caudrette n. f. – XVIIIe ; picard ■ Filet à crustacés en forme de poche, monté sur un cercle. ⇒ ① **balance.**

caulescent, ente adj. – XVIIIe ; lat. *caulis* « tige » ■ *Plante caulescente,* à tige apparente. ✪ CONTR. Acaule.

cauli-, -caule ■ Éléments, du lat. *caulis* « tige ».

cauri ou **cauris** n. m. – XVIIe ; tamoul ■ Coquillage du groupe des porcelaines. *Les cauris ont servi de monnaie en Afrique.*

causal, ale, als ou **aux** adj. – XIIIe ■ Qui concerne la cause, lui appartient, ou la constitue (⇒ **causatif**). *Des liens causals.* « *le rapport unique de la loi causale dans le monde de la science* » (Proust). ♦ *Conjonctions causales* (car, parce que...).

causalgie n. f. – XIXe ; gr. *kausis* « brûlure » et *-algie* ■ Vive douleur des extrémités donnant une sensation de brûlure.

causalisme n. m. – XIXe ■ Théorie de la causalité.

causalité n. f. – XIVe ■ Relation de la cause à l'effet qu'elle produit. *Lien, rapport de causalité.* ♦ *Principe, loi de causalité :* axiome en vertu duquel tout phénomène a une cause (⇒ **déterminisme**).

causant, ante adj. – XVIIe ■ fam. Qui parle volontiers ; qui aime causer (②). ⇒ **bavard, loquace.** *Il n'est pas très causant.*

causatif, ive adj. – XVe ■ Qui annonce ou indique la cause. ⇒ **causal.** *Conjonctions causatives* (vu que, parce que). ♦ *Verbe causatif.* ⇒ **factitif.**

cause n. f. – XIIe ; lat. « cause » et « procès » **I** - **1** Ce par quoi un événement, une action humaine arrive, se fait. ⇒ **origine ; motif, objet, raison,** ③ **sujet.** *L'analyse « fait voir comment les effets dépendent des causes »* (Desc.). *Mêmes causes, mêmes effets. « Élucider ses causes, c'est désarticuler l'angoisse »* (Ionesco). ➝ *La, une cause de... :* ce qui produit, occasionne (qqch.). « *La cause de ma gêne, de ma rougeur, elle se nomme timidité* » (Colette). ♦ *Être (la) cause de.* ⇒ ① **causer, occasionner.** « *Je sais que l'argent est la cause de tous les maux qui désolent nos sociétés* » (France). *Vous serez (la) cause de sa perte.* vx *Être cause que.* ♦ loc. prép. À CAUSE DE : par l'action, la faute de. *Tout est arrivé à cause de lui, de sa bêtise. « la gorge déjà malade à cause du tabac »* (Mauriac). par ext. En raison de. *Je lui pardonne, à cause de son âge.* ➝ POUR CAUSE DE. *Magasin fermé pour cause d'inventaire.* ➝ *Et pour cause,* cela se comprend, la cause est claire. *Il est mécontentent, et pour cause.* **2** Principe d'où une chose tire son être ; le fait d'un être (⇒ **agent, auteur, créateur**) qui modifie un autre être (le détruit ou plus souvent le crée). ⇒ **fondement, moteur, origine, principe.** *Cause première,* au-delà de laquelle on ne peut en concevoir d'autre. *Causes finales :* but pour lequel chaque chose aurait été faite. ⇒ **finalité.** *Rechercher une cause.* ⇒ **étiologie. 3** vx ou loc. Ce pour quoi on fait qqch. ⇒ **but, intention, mobile, motif, occasion,** ② **prétexte, raison,** ③ **sujet.** *Cause grave, légitime, juste. « j'ai certaine cause Qui me fait demander ce récit »* (Mol.). *Pour la bonne cause :* pour des motifs honorables. **4** dr. *Cause d'une convention, d'une obligation :* but en vue duquel une personne s'oblige envers une autre. ⇒ **objet ; fondement.** *Cause licite.* **II** - **1** Affaire qui se plaide. ⇒ **procès.** *Cause civile, criminelle. « avec une animation de suspect qui soutient sa cause »* (Maupass.). *Plaider, gagner une cause.* fam. *Un avocat sans causes,* sans clientèle. ➝ loc. *Avoir, obtenir gain de cause :* l'emporter, obtenir ce qu'on voulait. *La cause est entendue, jugée :* les débats sont clos. ♦ loc. EN CAUSE. *Être en cause :* être l'objet du débat. *Les intérêts en cause,* en jeu. *Tu n'es pas en cause,* concerné. ♦ *Mettre en cause (qqn),* l'appeler, le citer au débat. ➝ Attaquer, suspecter. *Être mis en cause.* ⇒ **accuser.** *Mettre hors de cause.* ⇒ **disculper.** ➝ *Remettre en cause un acquis.* ⇒ **question. 2** L'ensemble des intérêts à soutenir, à faire prévaloir. ⇒ ① **parti.** *Défendre, soutenir la cause de qqn. « servir toute grande cause qui fût vraiment digne d'un sacrifice total »* (Mart. du G.). *Pour une noble cause.* ➝ loc. *Prendre fait et cause pour qqn,* le défendre. *Faire cause commune avec qqn :* mettre en commun ses intérêts. ✪ CONTR. Conséquence, effet, produit, résultat.

① **causer** v. tr. [1] – XIIIe ■ Être cause de. ⇒ **amener, entraîner, motiver, occasionner, produire, provoquer, susciter.** *Causer de la peine, du chagrin à qqn* (⇒ **contrarier ;** ① **chagriner**). (choses) *L'orage a causé des dégâts. L'huître « pouvait même causer des empoisonnements »* (Nerval). ✪ CONTR. Procéder (de), venir (de).

② **causer** v. intr. [1] – XIIIe ; lat. *causari* « faire un procès ; plaider, alléguer » **1** S'entretenir familièrement (avec qqn). ⇒ ① **parler ; bavarder.** « *Le duc d'Orléans daigna un jour causer avec moi* » (Volt.). *Nous causons ensemble.* ➝ *Assez causé :* n'en parlons plus, brisons là. ➝ fam. *Comme tu causes bien !* ⇒ s'**exprimer.** *Cause toujours (tu m'intéresses) :* tu peux parler, je ne t'écoute pas. « *Tu causes, tu causes, c'est tout ce que tu sais faire* » (Queneau). ♦ v. tr. ind. Parler, discuter (de qqch.). *Causer de choses et d'autres. On pourrait en causer entre nous. « ils causèrent du beau temps, du bien que ça faisait à la vigne »* (Zola). ellipt « *je viens causer affaires avec vous* » (Maupass.). **2** Parler trop, avec indiscrétion (⇒ **jaser**), avec malignité (⇒ **cancaner**). « *Voyez la médisance et comme chacun cause !* » (Mol.). *On commence à causer.* ✪ CONTR. Taire (se).

❑ Attention aux confusions d'emploi entre *causer* et *parler. Causer à qqn* est populaire : « *Renée, je te cause* » (Colette).

causerie n. f. – XVIe ; de ② *causer* **1** vieilli Entretien familier. ⇒ **conversation.** « *il ne fallait pas perdre son temps en causeries* » (Loti). **2** Discours, conférence sans prétention. *Une causerie littéraire. « la leçon dégénérait en causerie »* (Gide).

causette n. f. – XVIIIe ■ fam. Entretien familier. *Faire la causette, un brin de causette :* bavarder familièrement. « *Elle venait prendre le thé et faire la causette* » (Courtel.).

causeur, euse adj. et n. – XVIe **1** rare Qui aime à causer (②). ⇒ **bavard, loquace.** « *C'était un enfant très causeur et très moqueur* » (Sand). ⇒ **causant. 2** n. Personne qui parle bien ou aime la conversation. « *des causeurs de qui aucun interrupteur ne peut obtenir le silence* » (Proust). *Un brillant causeur.* ✪ CONTR. Silencieux, taciturne.

❑ Dans la langue classique et jusqu'au XIXe s. ce mot désignait une personne bavarde avec indiscrétion, voire malveillance. → babillard. Au contraire, les emplois modernes sont plutôt laudatifs.

causeuse n. f. – XVIIIe ▪ Petit canapé (où deux personnes peuvent s'asseoir pour causer). « *assis sur une causeuse auprès d'une très illustre marquise* » (Balz.).

causse n. m. – XVIIIe ; lat. *calx* « chaux » ▪ Plateau calcaire, dans le centre et le sud de la France. *Causse du Quercy. Les avens des causses.*

causticité n. f. – XVIIIe 1 didact. Caractère d'une substance caustique (①). ⇒ **acidité.** 2 littér. Tendance à dire, à écrire des choses caustiques, mordantes. ⇒ **aigreur, malignité, mordant.** « *l'idée qu'il* [Chamfort] *a imprimée de lui est celle de la causticité même, d'une sorte de méchanceté envieuse* » (Ste-Beuve). ✪ CONTR. Bienveillance.

① **caustique** adj. et n. m. – XVe ; gr. « brûlant » 1 Qui attaque, corrode les tissus vivants. ⇒ **acide, brûlant, corrodant, corrosif.** *Soude caustique.* ▸ n. m. *Le nitrate d'argent est un caustique.* 2 Qui attaque, blesse par la moquerie et la satire. ⇒ **acerbe, moqueur, mordant, narquois,** ① **piquant, satirique.** *Être d'une humeur caustique.* ✪ CONTR. Bienveillant.

② **caustique** n. f. – XVIIIe ; de *courbe caustique,* parce que les rayons lumineux brûlent ▪ Surface à deux nappes ; enveloppe des rayons d'un faisceau lumineux, qui lui sont tangents.

cautèle n. f. – XIIIe ; lat. ▪ littér. Prudence rusée. ⇒ **défiance, rouerie.** « *la finesse particulière aux gens qui font leur fortune par la cautèle* » (Balz.). ✪ CONTR. Franchise, naïveté.

cauteleux, euse adj. – XIIIe ▪ Qui agit d'une manière hypocrite et habile. ⇒ **hypocrite, sournois.** « *Il n'est pas franc, c'est un monsieur cauteleux, toujours ente le zist et le zest* » (Proust). ▸ *Air cauteleux.* ⇒ ① **patelin ; mielleux.** ✪ CONTR. ② Franc, naïf.

cautère n. m. – XIIIe ; gr. *kaiein* « brûler » ▪ Instrument dont la pointe, chauffée au rouge, sert à brûler les tissus. ⇒ **thermocautère ; moxa.** loc. *Un cautère sur une jambe de bois :* un remède inefficace.

cautérisation n. f. – XIVe ▪ Destruction (de tissus) au moyen d'un cautère ou de substances caustiques. *La cautérisation des amygdales.*

cautériser v. tr. [1] – XIVe ▪ Brûler au cautère. *Cautériser une plaie.*

caution n. f. – XIIIe ; lat. *cavere* « prendre garde » 1 Garantie d'un engagement pris pour soi-même ou pour autrui. ⇒ **cautionnement ; assurance, gage, sûreté.** *Verser une caution,* de l'argent en garantie. ▸ *Mise en liberté sous caution,* à condition qu'une caution soit versée. ♦ littér. Assurance, garantie. « *la lettre de son meilleur ami lui est une caution suffisante* » (Mol.). ▸ *Caution morale.* 2 loc. adj. SUJET À CAUTION : sur quoi l'on ne peut compter. ⇒ **douteux, suspect.** *Nouvelle sujette à caution.* 3 littér. Personne qui fournit une garantie, un témoignage. ⇒ **garant, témoin.** ▸ dr. Personne qui s'engage à garantir l'exécution d'une obligation souscrite par une autre personne en cas de défaillance de celle-ci. *Se porter caution.* ⇒ **cautionner.**

cautionnement n. m. – XVIe 1 Contrat par lequel la caution (3°) s'engage envers le créancier ; acte qui en constate l'existence. 2 Dépôt destiné à servir de garantie à des créances éventuelles. *Déposer une somme en cautionnement.* ⇒ **gage, garantie.** ▸ *Cautionnement électoral :* somme d'argent à déposer par les candidats à une élection. 3 Fait de cautionner (2°).

cautionner v. tr. [1] – XIVe 1 dr. Se rendre caution pour (qqn). 2 Se porter garant de (une idée, une action) en l'approuvant. *Il ne veut pas cautionner cette politique.*

① **cavaillon** n. m. – 1922 ; lat. *caballio* « petit cheval » ▪ Bande de terre entre les pieds de vigne, que la charrue ne peut labourer.

② **cavaillon** n. m. – XIXe ; de *Cavaillon,* n. pr. ▪ Melon à chair jaune, très parfumé.

cavalcade n. f. – XIVe ; it. *cavalcare* « chevaucher » 1 Chevauchée animée. « *l'ultime cavalcade d'un western* » (Bazin). ♦ fam. Agitation. ⇒ **bousculade.** 2 Défilé de cavaliers, de chars. *Cavalcade de mi-carême.*

cavalcader v. intr. [1] – XIXe ▪ Courir en troupe bruyante et désordonnée. *Les enfants cavalcadaient dans toute la maison.*

① **cavale** n. f. – XVIe ; lat. *caballus* « cheval » ▪ littér. Jument de race. *Une fière cavale.*

② **cavale** n. f. – XIXe ; de *cavaler* ▪ arg. Fuite après évasion ou pour ne pas être arrêté. *Être en cavale.*

❑ D'abord mot du langage des malfaiteurs et de la police, ce terme est passé (2e moitié du XXe s.) dans l'usage général grâce à la presse, le roman d'Albertine Sarrazin, *La Cavale,* ayant stimulé cette évolution.

cavaler v. intr. [1] – XVIe ; de ① *cavale* ▪ fam. Courir, fuir. « *Je cavale derrière toi et je te mets toute la police aux fesses !* » (Aymé). ▸ Se déplacer beaucoup, sans relâche (⇒ **cavalcade**). ♦ Rechercher les aventures érotiques (⇒ **cavaleur**).

cavalerie n. f. – XIVe 1 Ensemble de troupes à cheval, d'unités de cavaliers. *Charge de cavalerie. Cavalerie légère* (chasseurs, hussards, spahis). *Grosse cavalerie* (cuirassiers). « *Toute cette cavalerie, sabres levés, étendards et trompettes au vent* » (Hugo). 2 L'un des corps de l'armée comprenant, à l'origine, des troupes à cheval. *La cavalerie moderne est motorisée.* ⇒ **blindé,** ① **char.** 3 Ensemble de chevaux. ⇒ **écurie.** *La cavalerie d'un cirque.*

cavaleur, euse n. et adj. – 1901 ▪ fam. Personne qui cavale, cherche les aventures érotiques. ⇒ **coureur.**

cavalier, ière n. et adj. – XVe ; it. *cavallo* « cheval » **I** - 1 Personne qui est à cheval ou sait monter à cheval. *Un bon cavalier.* ⇒ **écuyer.** *Cavalier qui monte en course.* ⇒ **jockey.** *Cavalier dans une course de taureaux.* ⇒ **picador.** *Une cavalière.* ⇒ **amazone.** ▸ adj. *Piste, allée cavalière,* réservée aux cavaliers (dans un parc, une forêt). 2 n. m. Militaire servant dans la cavalerie (2°). ⇒ **chasseur, cuirassier, dragon, spahi.** 3 Pièce du jeu d'échecs représentant une tête de cheval et qui progresse obliquement. ♦ Carte du tarot, entre la dame et le valet. **II** - 1 n. m. Titre de politesse, au XVIIe s. ⇒ **chevalier, seigneur.** 2 L'homme qui accompagne une dame. *Elle donnait le bras à son cavalier. Elle* « *épousait les moindres ondulations de son cavalier, semblait n'avoir jamais dansé qu'avec lui* » (Mart. du G.). ▸ n. f. Partenaire (d'un danseur). *Changer de cavalière.* ▸ loc. fig. *Faire cavalier seul :* agir isolément ; se mettre à l'écart. 3 adj. péj. Qui manque de considération. ⇒ **brusque, désinvolte, insolent.** *Procédé cavalier, réponse cavalière.* ⇒ **impertinent.** *Plaisanterie un peu cavalière.* ⇒ **inconvenant, leste. III** n. m. 1 Ouvrage de fortification dominant les retranchements, à l'arrière. ♦ adj. *Perspective* cavalière. Plan cavalier,* selon cette perspective. 2 Papier de format 0,46 x 0,62 m. 3 Clou, pièce métallique en forme d'U. ⇒ **crampillon.** 4 Engin de manutention qui enjambe et soulève la charge. ✪ CONTR. Piéton. Fantassin. — Emprunté ; respectueux, sérieux.

cavalièrement adv. – XVIIe ▪ D'une manière cavalière, dégagée et un peu insolente. *Répondre cavalièrement.* ✪ CONTR. Sérieusement ; respectueusement.

cavatine n. f. – XVIIIe ; it. *cavare* « creuser » 1 Pièce vocale assez courte, plus brève que l'air, dans un opéra. 2 Pièce instrumentale très mélodique, sans développement.

① **cave** n. f. – XIIe ; lat. *cavus* « creux » 1 Local souterrain, ordinairement situé sous une habitation. *Cave voû-*

tée. Cave à charbon. Soupirail d'une cave. « Cette forte et fraîche odeur de cave qui, l'été, se répand au dehors » (Carco). loc. *De la cave au grenier :* de bas en haut, entièrement. 2 Cellier aménagé dans une cave. *Avoir du vin en cave. Cave viticole.* ⇒ **chai.** ♦ CAVE À LIQUEURS : coffret compartimenté contenant des verres, des flacons de liqueur. ♦ Meuble conçu pour la conservation de certains produits. *Cave à vins* (armoire climatisée). *Cave à cigares.* 3 Cave servant de cabaret, de dancing. ⇒ **caveau.** *Les caves de Saint-Germain-des-Prés* (à Paris). 4 Les vins conservés dans une cave. *Une bonne cave. La cave d'un restaurant* (⇒ **caviste**).

② **cave** adj. – XIIe ; lat. *cavus* « creux » 1 littér. Qui présente une cavité, un renfoncement. ⇒ **creux.** *« il releva la tête, son œil cave parut plein de lumière »* (Hugo). 2 *Veines caves* (*supérieure* et *inférieure*), amenant le sang veineux à l'oreillette droite.

③ **cave** n. f. et m. – XVIIe ; de ② *caver* I n. f. Le fonds d'argent que chaque joueur met devant soi (par ex. au poker). ⇒ **enjeu, mise.** II n. m. arg. Celui qui n'est pas du milieu* et peut être trompé, volé. ♦ Personne naïve, dupe. *Pauvre cave !* ➜ adj. *Ce qu'elle est cave !*

caveau n. m. – XIIIe 1 Petite cave (①). *« des petits caveaux voûtés de poutres vermoulues »* (Loti). 2 Cabaret, théâtre de chansonniers. 3 Sépulture souterraine dans une église, un cimetière. *Caveau de famille.*

caveçon n. m. – XVIe ; it. *cavezza* « bride » ▪ Demi-cercle de métal enserrant les naseaux d'un cheval qu'on veut dompter.

① **caver** v. tr. [1] – XIIe ; lat. *cavus* « creux » ▪ vx ou région. Creuser, miner. intrans. *La truie « donne du groin en avant et elle cave »* (Colette). ➜ *Ses yeux se sont cavés.*

② **caver** v. intr. [1] – XVIIe ; it. *cavare* « creuser » puis « tirer de sa poche » ▪ Miser une somme (⇒ ③ **cave**) à certains jeux (poker). ➜ trans. *Caver mille francs.*

caverne n. f. – XIIe ; lat. *cavus* « creux » 1 Cavité naturelle creusée dans la roche. ⇒ **grotte.** *Habitant des cavernes.* ⇒ **cavernicole, troglodyte.** ➜ *L'âge des cavernes* : la préhistoire. *L'homme des cavernes. « Quel langage parlent les bisons des cavernes ? »* (Malraux). 2 Cavité pathologique formée dans un parenchyme (surtout du poumon) après élimination des tissus nécrosés, souvent d'origine tuberculeuse.

caverneux, euse adj. – XIIIe 1 *Tissu caverneux*, qui contient des capillaires dilatés, susceptibles de gonfler fortement. ⇒ **érectile.** *Corps caverneux de la verge.* ♦ Relatif aux cavernes (2°) (⇒ **cavitaire**). *Râles caverneux.* 2 Qui semble venir des profondeurs d'une caverne. *Voix caverneuse.* ⇒ **grave, profond, sépulcral.** ✪ CONTR. Plein.

cavernicole adj. et n. m. – XIXe ▪ didact. Qui habite les cavernes, les lieux obscurs. *Insectes cavernicoles. « Quant au protée, ce batracien aveugle et cavernicole »* (Queneau).

cavet n. m. – XVIe ; it. ▪ Moulure concave au profil en quart de cercle.

caviar n. m. – XVe ; turc 1 Œufs d'esturgeon préparés, salés, constituant un mets estimé et très coûteux. *Caviar russe, iranien. « Ces hors-d'œuvre, servis à part, tels que caviar, harengs coupés en petites tranches, eau-de-vie de seigle anisée, destinés à stimuler l'appétit »* (J. Verne). ♦ (Symbole du luxe). iron. (appos.) *La gauche caviar.* 2 *Passer au caviar :* noircir à l'encre (procédé de censure sous le tsar Nicolas Ier). ⇒ **caviarder.**

❑ C'est au début du XXe s. que ce mets très onéreux est consommé en France, développant une symbolique où il est fréquemment associé au champagne, au foie gras, au vison, etc. ♦ La plupart des noms terminés en *...ar* sont des emprunts à diverses langues étrangères (*bazar, calmar, cauchemar, dollar, drakkar, jaguar, malabar, nénuphar, samovar,* etc.). Pour les mots français → racontar (rem.).

caviarder v. tr. [1] – 1907 ▪ Biffer à l'encre noire. Supprimer (un passage censuré) dans un texte. ⇒ **censurer.**

❑ Pour l'ajout du *d* à *caviar* → cauchemarder (rem.).

cavicorne adj. et n. m. – XIXe ; lat. *cavus* « creux » et *cornu* « corne » ▪ Qui a des cornes creuses (ex. bovidés).

caviste n. – XVIIIe 1 Personne chargée des soins de la cave (①), des vins. *Le sommelier et le caviste d'un restaurant.* 2 Ouvrier qui colle, filtre, soutire les vins. *Le maître de chai et les cavistes.*

cavitaire adj. – XIXe ▪ Qui se rapporte à une caverne pulmonaire. *Lésion cavitaire.*

cavitation n. f. – 1902 ▪ Formation de cavités gazeuses dans un liquide soumis à des ondes ultrasonores.

cavité n. f. – XIIIe ; lat. *cavus* « creux » ▪ Espace vide à l'intérieur d'un corps solide. ⇒ **creux, excavation, trou.** *Agrandir, combler, boucher une cavité. Cavités naturelles du sol et du sous-sol.* ⇒ **gouffre ; caverne, grotte.** ➜ Partie creuse (d'un organe, d'une structure). *Cavité buccale. Les cavités du nez* (⇒ **narine**), *des yeux* (⇒ **orbite**). ♦ Excavation formée dans un tissu ou un organe à la suite d'un processus pathologique. *Cavité dans une dent.* ⇒ **carie.**

C.B. [sibi] n. f. – v. 1975 ; sigle de ***C****itizens'* ***B****and* ▪ Bande de fréquences (radio) mise à la disposition du public (notamment des automobilistes) pour exploiter diverses radiocommunications (⇒ **cibiste**).

CD → **disque** (4°)

CD-I [sedei] n. m. – 1988 ; n. déposé, sigle angl. ***C****ompact* ***D****isc* ***I****nteractive* ▪ CD-ROM qui se lit par l'intermédiaire d'un lecteur relié au téléviseur ; ce lecteur.

CD-ROM [sedeʀɔm] n. m. inv. – 1985 ; sigle de ***C****ompact* ***D****isc* ***R****ead* ***O****nly* ***M****emory* ▪ Disque optique numérique à lecture seule (non inscriptible) où sont stockées et consultables des données (texte, son, image). ➜ Recomm. offic. *disque optique compact* (fam. *doc*).

① **ce (cet** devant voyelle ou *h* muet au masc.**), cette, ces** adj. dém. – IXe ; lat. *ecce istum*, de *iste* « celui-ci » ▪ Devant un nom, pour montrer la chose ou la personne désignée dans la réalité, dans la pensée ou par ce qu'on vient de dire. *Regardez cet arbre. Cette femme vécut au* XVIe *siècle. Ces remarques sont justes.* ➜ Sert à indiquer un temps rapproché. *Cette semaine. Ce soir.* ➜ Renforcé par les particules adverbiales *-ci* et *-là*, après le nom. *Ce livre-ci. Cet homme-là. Ce jour-là. Ces jours-ci.* ✪ HOM. Se ; sept, set ; ① C, ses (① son).

② **ce (c'** devant *en*, et les formes du v. *être* commençant par une voyelle, **ç'** devant *a***)** pron. dém. – Xe ; lat. *ecce hoc*, de *hoc* « ceci » ▪ Sert à désigner la chose que la personne qui parle montre ou a dans l'esprit. I - 1 C'EST, CE DOIT (PEUT) ÊTRE, met en valeur un membre de phrase. *C'était le bon temps. Ce ne peut être lui. Ce sont de braves gens. Ce sont, c'étaient eux* (mais *c'est vous, c'est nous*). *C'est beau. Ce sera mieux ainsi.* 2 *Ce* dans une phrase interrogative. *Qui était-ce ?* ➜ Redoublement de CE. *Qu'est-ce que c'est ?* 3 C'EST... QUI ; C'EST... QUE, sert à détacher en tête un élément de pensée. *C'est un gros défaut que l'orgueil. C'est vous qui le dites !* ➜ *C'est une bonne idée que tu as eue.* ♦ C'EST QUE (exprime la cause). *S'il est malade, c'est qu'il a trop travaillé.* ➜ (Exprime l'effet). *Puisque vous m'avez* *appelé, c'est donc que vous voulez me parler.* 4 C'EST À... DE... *C'est à lui de jouer.* ➝ *C'est à mourir de rire.* II CE QUE, QUI, DONT... ; CE À QUOI, POUR QUOI. 1 *Regarde ce qu'il fait.* « *Ce que l'on conçoit bien s'énonce clairement* » (Boil.). *Ce dont on parle. Ce à quoi tu penses.* ➝ *Elle a tout ce qu'elle désire.* 2 fam. *Ce que* : combien, à quel point. ⇒ **comme.** *Ce que c'est beau ! Ce que t'es bête !* III CE, objet direct (sans *que, qui...*). *Ce me semble* : il me semble. *Ce disant, ce faisant* : en disant, en faisant cela. *Pour ce faire.* ➝ *Sur ce* : là-dessus. *Sur ce, il nous quitta.*

> ❑ Le verbe *être* ayant pour sujet le pronom personnel *ce* (I, 1°) se met ordinairement au pluriel quand l'attribut est un pronom de la 3e pers. du plur. *(ce sont eux)* ; mais le singulier *(c'est eux)* est assez fréquent dans la langue familière et semble prévaloir dans les propositions négatives ou interrogatives.

céans adv. – XIIe ; de *çà* et a. fr. *enz* « dedans » ▪ *Le maître de céans* : le maître du logis, des lieux. ✪ HOM. Séant.

ceci pron. dém. – XIIe ▪ Désigne la chose la plus proche (opposé à *cela*) ; ce qui va suivre ou simplement une chose opposée à une autre. ⇒ ② **ci.** *Retenez bien ceci. Ceci n'empêche pas cela. Ceci dit. Ceci mis à part.*

cécidie n. f. – 1904 ; gr. *kêkis, -idos* « noix de galle » ▪ Excroissance hypertrophique produite chez un végétal par un parasite.

cécité n. f. – XIIIe ; lat. *cæcus* « aveugle » 1 État d'une personne privée de la vue. ⇒ **amaurose, amblyopie.** *Être atteint de cécité.* ⇒ **aveugle** (cf. Non voyant). « *Ce n'était pas de mort mais de cécité qu'allait être frappé Michel Strogoff* » (J. Verne). 2 *Cécité verbale* : incapacité de reconnaître le sens des mots écrits ou imprimés. ⇒ **aphasie ; alexie.** ✪ CONTR. Clairvoyance.

> ❑ Ce mot savant est le seul correspondant pour *aveugle* ; *aveuglement* est figuré.

cédant, ante n. – XVIIe ▪ Personne qui cède un droit. ✪ CONTR. Cessionnaire.

céder v. [6] – XIVe ; lat. « s'en aller » I v. tr. 1 Abandonner, laisser à qqn. ⇒ **concéder, donner, passer,** pop. **refiler.** « *Voici Britannicus : je lui cède ma place* » (Rac.). ➝ loc. *Céder du terrain* : reculer, battre en retraite ; faire des concessions, un compromis. 2 Transporter la propriété de (qqch.) à une autre personne. ⇒ **vendre.** *Céder un fonds, un bail* (⇒ **cession**). 3 *Il ne lui cède en rien* : il est son égal. II v. tr. ind. et intr. 1 CÉDER À : ne plus résister, se conformer à la volonté de (qqn). ⇒ **acquiescer, obéir,** se **soumettre.** *Céder à qqn, à ses prières. Sa mère lui cède en tout,* lui passe tous ses caprices. ➝ Se laisser aller. ⇒ **succomber.** *Céder à la tentation. Elle* « *céda au plaisir de s'abandonner, de se confier* » (Mauriac). 2 ⇒ **capituler, fléchir, plier,** se **rendre, renoncer.** *Céder par faiblesse, par lassitude. Il finira bien par céder.* ➝ *Nous ne céderons pas sur ce point.* 3 Ne plus résister à la pression, à la force. ⇒ s'**affaisser,** s'**écrouler, rompre.** *La corde a cédé. Une branche qui cède sous le poids des fruits.* 4 Disparaître, cesser. ⇒ ① **tomber.** « *toute mélancolie cédait devant la verve intarissable de quelques esprits éclatants* » (Nerval). ✪ CONTR. Conserver, garder. — Résister. Opposer (s'), ① repousser, tenir (bon).

cédétiste adj. et n. – 1973 ; de *C. (F.) D. T.* ▪ De la Confédération française démocratique du travail (C. F. D. T.).

cedex [sedɛks] n. m. – 1966 ; acronyme de ***C****ourrier d'****E****ntreprise à* ***D****istribution* ***Ex****ceptionnelle* ▪ Système de distribution qui permet aux entreprises d'avoir leur courrier tôt le matin, à charge pour elles de le faire prendre au bureau de poste.

cédille n. f. – XVIIe ; esp. « petit *c* » ▪ Petit signe en forme de *c* retourné, que l'on place sous la lettre *c* suivie des voyelles *a, o, u,* pour indiquer qu'elle doit être prononcée [s] (*façade* [fasad]). « *ç* » *est épelé* « *c cédille* ».

cédraie n. f. – XXe ▪ Forêt de cèdres.

cédrat n. m. – XVIe ; lat. *citrus* « citronnier » ▪ Fruit du cédratier, plus gros que le citron.

cédratier n. m. – XIXe ▪ Citronnier sauvage *(rutacées)*, originaire d'Asie, aux fruits gros et verts.

cèdre n. m. – XIIe ; gr. *kedros* ▪ Grand conifère *(abiétacées)* d'origine méditerranéenne, à cime conique et à branches peu inclinées. *Cèdre bleu. Cèdre du Liban.* « *le cèdre de la maison forestière, qui allongeait ses palmes noires sur le bleu du ciel* » (Mart. du G.). ♦ *Cèdre blanc* : conifère du Canada appelé aussi *thuya d'Occident.*

cédrière n. f. – XVIIe ▪ (Canada) Terrain planté de cèdres blancs ou thuyas.

cégétiste adj. et n. – 1908 ; de *C. G. T.* ▪ De la Confédération générale du travail.

ceindre v. tr. [52] – XIe ; lat. *cingere* « entourer » 1 vx ou littér. Entourer, serrer (une partie du corps). « *son crâne dénudé, ceint d'une couronne de cheveux blancs* » (France). 2 Mettre autour de son corps, de sa tête (qqch.). *Ceindre l'écharpe municipale* : être maire. ✪ HOM. *Ceigne* : saigne (saigner).

ceinturage n. m. – XIXe ▪ Fait de marquer un arbre à abattre.

ceinture n. f. – XIIe ; lat. *cingere* « ceindre » I - 1 Bande servant à serrer la taille, à ajuster les vêtements à la taille. *Boucler, attacher, serrer, desserrer sa ceinture. La boucle, la patte, l'agrafe, l'œillet, le cran d'une ceinture.* « *une ceinture marocaine de cuir jaune ornée de broderies de couleurs vives serrait à la taille leurs petites robes très courtes* » (Mac Orlan). ➝ *Ceinture de judo* : bande d'étoffe qui retient le kimono (sa couleur qualifie la classe des judokas). *Être ceinture noire,* de la catégorie la plus forte. ♦ loc. fam. *Se mettre, se serrer la ceinture* : se priver de nourriture ; se passer de qqch. ♦ Partie d'une jupe, d'un pantalon qui l'ajuste autour de la taille. *Jupe trop large de ceinture.* 2 *Ceinture de chasteté* : au Moyen Âge, appareil muni d'un cadenas, qui enveloppait tout le bassin des femmes, leur rendant impossibles les relations sexuelles. 3 Dispositif qui entoure la taille. *Ceinture de sauvetage,* qui permet de se maintenir sur l'eau. *Ceinture de sécurité* : dispositif qui, dans un avion ou une voiture, maintient les passagers attachés à leur siège. *Attachez vos ceintures !* II - 1 Partie du corps serrée par la ceinture. ⇒ **taille.** *Entrer dans l'eau jusqu'à la ceinture. La méthode* « *prescrivait que les patients se présentassent tous à la file et nus jusqu'à la ceinture* » (Duham.). *Coup au-dessous de la ceinture,* au bas-ventre (cf. Coup* bas). *Plaisanterie au-dessous de la ceinture,* triviale. 2 Ensemble des pièces osseuses rattachant les membres au tronc. *Ceinture scapulaire* : les deux clavicules et les deux omoplates. III Ce qui entoure. ➝ Petite moulure à la base, au faîte (d'une colonne). Bande d'ébénisterie qui entoure le siège (d'un fauteuil). ➝ *La Petite Ceinture* : ligne d'autobus desservant le pourtour de Paris.

ceinturer v. tr. [1] – XVIe 1 Entourer d'une enceinte. *Ceinturer une ville de murailles.* 2 Prendre (qqn) par la taille, en le serrant de ses bras. *Ceinturer un adversaire. Ils* « *le ceinturent et le clouent sur le sol à la renverse* » (Sartre). ✪ CONTR. Desserrer. Relâcher.

ceinturon n. m. – XVIe ▪ Solide ceinture de l'uniforme militaire supportant un équipement (cartouchière, étuis d'armes). ♦ Large ceinture.

cela pron. dém. – XIIIe 1 (Opposé à *ceci*) Désigne ce qui est plus éloigné ; ce qui précède. 2 Cette chose. ⇒ ① **ça.**

Ne parlez pas de cela. Cela ne fait rien. Il y a dix ans de cela.

❑ Dans tous les cas où il n'y a pas opposition avec *ceci,* le mot *cela,* surtout sous la forme *ça,* tend à l'emporter.

céladon n. m. et adj. inv. – XVIIe ; nom d'un personnage de *L'Astrée,* type d'amoureux platonique ▪ *Vert céladon,* pâle. ♦ *Porcelaine céladon,* ou *un céladon :* porcelaine chinoise recouverte d'émail craquelé, le plus souvent vert pâle. « *Il y avait une orchidée dans un vase céladon* » (Giraud.).

-cèle ▪ Élément, du gr. *kêlê* « tumeur ».

célébrant n. m. – XIVe ▪ Celui qui célèbre la messe. ⇒ **officiant.**

célébration n. f. – XIIe ▪ Action de célébrer une cérémonie, une fête. *Célébration d'un mariage.*

célèbre adj. – XVIe ; lat. *celeber* ▪ Très connu. ⇒ **fameux, illustre, notoire, renommé, réputé.** « *les ouvrages célèbres dès le début gardent longtemps leur réputation et sont estimés encore après être devenus inintelligibles* » (France). *Personnage célèbre. Se rendre célèbre :* se faire connaître. « *C'était une très belle fille déjà célèbre à Turin pour sa beauté* » (Giono). ✪ CONTR. Ignoré, inconnu, obscur.

célébrer v. tr. 6 – XIIe ; lat. 1 Accomplir solennellement (une action, une cérémonie publique, officielle). *Le maire a célébré le mariage.* ➛ Accomplir (une cérémonie religieuse). *Célébrer la messe.* 2 Marquer (un événement) par une cérémonie, une démonstration. *Célébrer une victoire.* ⇒ **commémorer.** 3 Faire publiquement et avec force l'éloge, la louange de. ⇒ **chanter, glorifier,** ① **louer.** *Célébrer la mémoire de qqn.* ✪ CONTR. Décrier, déprécier, fustiger, ravaler.

célébrité n. f. – XIVe 1 Très grande notoriété. ⇒ **popularité, renom, renommée.** *La célébrité d'une personne, d'un nom, d'une œuvre.* « *La célébrité la plus complète ne vous assouvit point* » (Flaub.). 2 Personne célèbre, illustre. *Les célébrités du monde artistique* (⇒ **star, vedette).** ✪ CONTR. Obscurité, oubli. Inconnu.

❑ Pour le sens → réputation (rem.).

celer [sәle ; sele] v. tr. 5 – XIe ; lat. *celare* ▪ vx ou littér. Garder, tenir secret. ⇒ ① **cacher, dissimuler, taire.** « *Qui ne sait celer ne sait aimer* » (Stendh.). ✪ CONTR. ① Dire.

céleri [sɛlʀi] n. m. – XVIIe ; gr. *selinon* « ache » ▪ Plante alimentaire *(ombelliféracées)* dont les côtes *(branches de céleri, céleri en branches)* ou la racine charnue *(céleri-rave)* sont consommées cuites ou crues. « *ils mangèrent des sardines à l'huile et du céleri rémoulade comme hors-d'œuvre* » (Simenon). ✪ HOM. Sellerie.

❑ On écrirait mieux *cèleri,* plus conforme à la prononciation.

célérifère n. m. – XVIIIe ; lat. *celer* « rapide » ▪ Ancien appareil de locomotion composé de deux roues (bicycle) reliées par un cadre de bois (⇒ **draisienne).**

célérité n. f. – XIVe ; lat. *celer* « rapide » ▪ Promptitude dans l'exécution. ⇒ **rapidité, vitesse.** *Agir avec une étonnante célérité.* « *avec la célérité de ces oiseaux de proie* » (Balz.). ➛ *Célérité d'une onde,* sa vitesse de propagation. ✪ CONTR. Lenteur.

célesta n. m. – XIXe ; de *céleste* ▪ Instrument de musique à clavier, commandant la percussion de lames d'acier qui produisent un son cristallin.

❑ Ce nom a été créé par l'inventeur Auguste Mustel qui trouvait l'instrument « céleste ».

céleste adj. – XIe ; lat. *cælum* « ciel » 1 Relatif au ciel (I, 1°). *La voûte céleste :* le ciel, le firmament. 2 Qui appartient au ciel, considéré comme le séjour de la Divinité, des bienheureux. *La cité céleste.* ⇒ **paradis.** 3 littér. Merveilleux, surnaturel. *Une beauté céleste.* ➛ *Voix céleste :* jeu d'orgue au son doux et voilé. 4 *Le Céleste Empire :* la Chine, l'ancien empereur de Chine étant considéré comme le Fils du Ciel. ✪ CONTR. Terrestre.

célibat n. m. – XVIe ; lat. *cælebs* « célibataire » ▪ État d'une personne en âge d'être mariée et qui ne l'est pas, ne l'a jamais été. ⇒ **célibataire.** « *L'homme n'est pas fait pour le célibat* » (Rouss.). ✪ CONTR. Mariage.

célibataire adj. et n. – XVIIIe 1 Qui vit dans le célibat. *Il est célibataire.* 2 n. Personne qui vit dans le célibat. « *l'égoïsme raffiné d'un vieux célibataire* » (France). *C'est une célibataire endurcie.* ♦ *Mère célibataire* (remplace *fille*-mère*).

cella n. f. – XVIIIe ; mot lat. « loge » ▪ Lieu du temple (grec, romain) où était la statue du dieu.

celle → **celui**

cellérier, ière n. – XIIe ; lat. *cellarius* « chef de l'office » ▪ vieilli Économe dans un couvent.

cellier n. m. – XIIe ; lat. *cella* « chambre à provisions » ▪ Lieu aménagé pour y conserver du vin, des provisions. ⇒ ① **cave.** « *Les cuves, le pressoir, le cellier, les futailles, n'attendaient que la douce liqueur pour laquelle ils sont destinés* » (Rouss.). ✪ HOM. Sellier.

cellophane n. f. – 1914 ; marque déposée, de *cell(ulose)* et *-phane* ▪ Hydrate de cellulose façonné en pellicule transparente, utilisée pour l'emballage. *Il* « *ouvrit le sac de cellophane et prit un bonbon* » (Robbe-Grillet).

cellulaire adj. – XVIIIe I - 1 Relatif à la cellule. *Constituants cellulaires.* ⇒ **cytoplasme, membrane, noyau, organite, paroi.** *Division cellulaire.* ⇒ **méiose, mitose.** 2 Qui comporte des cellules, des alvéoles. *Texture cellulaire d'une roche.* II Relatif aux cellules pénitentiaires. *Fourgon cellulaire,* divisé en compartiments et qui sert à transporter les prisonniers sans qu'ils puissent communiquer entre eux. ⇒ **panier** (à salade).

cellular n. m. – 1902 ; mot angl. « cellulaire » ▪ Tissu à mailles lâches.

cellulase n. f. – 1911 ▪ Enzyme hydrolysant la cellulose.

cellule n. f. – XVe ; lat. *cella* « chambre » I - 1 *Cellule de moine, d'ermite.* 2 Local où une seule personne est enfermée. ⇒ **cachot.** *Détention en cellule.* « *Sur le mur de la cellule de punition, je viens de lire les graffiti amoureux* » (Genet). II - 1 vieilli Cavité qui isole ce qu'elle enferme. ⇒ **compartiment, loge.** *Cellule d'un gâteau de cire.* ⇒ **alvéole.** 2 Unité morphologique et fonctionnelle constitutive de tout être vivant, formée en général d'un noyau entouré d'un cytoplasme limité lui-même par une membrane périphérique. *Constituants de la cellule* (⇒ **cellulaire).** *Cellules nerveuses.* ⇒ **neurone.** « *L'œuf se divise d'abord en deux cellules ; chacune d'elles, à son tour, se divise en deux, et ainsi de suite* » (J. Rostand). « *la vie est faite du perpétuel renouvellement des cellules* » (Proust). 3 Ensemble des structures d'un avion (ailes, fuselage). 4 Élément (d'habitation, d'équipement). *Cellules d'habitation.* 5 Unité productrice d'énergie. *La cellule d'un appareil de photo.* ⇒ **posemètre.** III - 1 Élément constitutif. *La famille, cellule de la société.* 2 Groupement de personnes ayant un fonctionnement propre. *Une cellule de crise.* ➛ *Réunion de cellule* (du parti communiste). ⇒ **section.**

cellulite n. f. – XIXe ▪ Gonflement du tissu conjonctif sous-cutané, qui donne à la peau un aspect « capitonné », dit *en peau d'orange.*

cellulitique adj. – 1952 ▪ Qui a rapport à la cellulite.

celluloïd n. m. – XIXe ; de *cellulose* ▪ Matière plastique flexible, inflammable, à base de cellulose nitrique plastifiée par le camphre. *Baigneur en celluloïd.*

cellulose n. f. – XIXe ; de *cellule* ▪ Substance principale des parois cellulaires et des fibres de tous les tissus végétaux, utilisée dans la fabrication du papier, des textiles et d'explosifs.

cellulosique adj. – XIXe ▪ Constitué de cellulose.

celtique adj. et n. m. – XVIIIe ▪ Qui a rapport aux Celtes, groupe de peuples de langue indo-européenne, dont la civilisation s'étendit sur l'Europe occidentale (Xe au IIIe s. av. J.-C.). « *la sombre énigme celtique éparse sous ses formes diverses, — menhirs, peulvens, longues pierres, pierres des fées* » (Hugo).

❑ On dit aussi *l'art celte* d'après le nom propre, *les Celtes*.

celui (m. sing.) ; **celle** (f. sing.) ; **ceux** (m. plur.) ; **celles** (f. plur.) pron. dém. – Xe ; lat. °*ecce illui* ▪ Désigne la personne ou la chose dont il est question dans le discours. 1 Suivi de la prép. *de, du, des,* puis d'un subst., d'un adv. ou de l'inf. *La porte de la chambre et celle du salon. Les paysages d'Europe sont plus variés que ceux d'Asie.* 2 Suivi d'une relative *(qui..., que..., dont...). De tous ses amis, c'est celui qu'il préfère. Ceux à qui je m'adresse. Celle dont j'ai parlé.* ➞ *Faire celui qui...* : faire semblant de... ✪ HOM. (de celle) Sel, selle.

❑ Le verbe qui suit *celui, celle, ceux qui...* s'accorde le plus souvent avec *celui, celle, ceux* (3e pers.). *Tu feras celui qui sait ; vous ferez ceux qui savent.* Il y a des exceptions, notamment dans l'énoncé biblique : *Je suis celui qui suis* (Exode, III, 14).

celui-ci (XIVe), **celui-là** (XIIIe) pron. dém. m. sing. (et **celle-ci, celle-là** f. sing. ; **ceux-ci, ceux-là** m. plur. ; **celles-ci, celles-là** f. plur.) ▪ *CELUI-CI* désigne en principe ce qui est le plus rapproché ; ce dont il va être question ; *CELUI-LÀ,* ce qui est le plus éloigné ; ce dont il a été question (cf. Ceci et cela). *De ces deux maisons, celle-ci est la plus grande, mais celle-là est la plus confortable.*

cément n. m. – XVIe ; lat. *cæmentum* « moellon » 1 Substance qui, chauffée au contact d'un métal, diffuse certains de ses éléments plus ou moins profondément dans le métal. 2 Revêtement de nature osseuse qui recouvre l'ivoire de la racine des dents.

cémentation n. f. – XVIe ▪ Opération par laquelle on chauffe un métal ou un alliage au contact d'un cément pour lui faire acquérir certaines propriétés.

cémenter v. tr. [1] – XVIIe ▪ Traiter par cémentation.

cénacle n. m. – XIIIe ; lat. *cena* « repas du soir » ▪ littér. 1 Salle où Jésus-Christ se réunit avec ses disciples quand il institua l'Eucharistie. 2 Réunion d'un petit nombre d'hommes de lettres, d'artistes, de philosophes, etc. *Un cénacle littéraire.*

cendre n. f. – XIe ; lat. *cinis, -eris* 1 Résidu pulvérulent de la combustion de matières minérales ou organiques. *Cendre de houille, de charbon.* ⇒ **escarbille.** ♦ *La cendre d'un foyer, d'un poêle.* « *Ce tas de cendre éteint qu'on nomme le passé* » (Hugo). *Faire cuire des pommes de terre sous la cendre. Le feu sous la cendre* (en parlant d'une passion qui couve). ➞ loc. *Mettre, réduire en cendres* : détruire par le feu, l'incendie. « *Sans lui déjà nos murs seraient réduits en cendre* » (Rac.). ♦ *Cendres de cigarette.* « *il alla au cendrier et fit tomber la cendre de sa cigarette* » (Proust). 2 Matière pulvérulente. ➞ *Cendres volcaniques* : résidus d'éruption. ⇒ **lapilli ; cinérite.** 3 *Les cendres de qqn,* ce qui reste de son cadavre après incinération. *Recueillir les cendres de qqn dans une urne. Paix à ses cendres !* à sa mémoire. 4 *Les Cendres,* symbole de la dissolution du corps, avec lesquelles le prêtre trace une croix sur le front des fidèles le premier jour du carême, le *mercredi des Cendres.* ✪ HOM. Sandre.

cendré, ée adj. – XIVe ▪ Qui a la couleur grisâtre de la cendre. « *des cheveux cendrés d'une beauté peu commune* » (Rouss.). *Elle a les cheveux blond cendré. Héron cendré.*

cendrée n. f. – XIIe 1 Petit plomb pour la chasse du menu gibier ou le lestage des lignes de pêche. 2 Mâchefer aggloméré revêtant une piste de course. ➞ Cette piste. *Une course sur cendrée.*

cendrer v. tr. [1] – XVIe 1 Rendre grisâtre, cendré. 2 Couvrir de cendres, de cendrée. *Cendrer une piste.*

cendreux, euse adj. – XIIIe ▪ Qui contient de la cendre, a l'aspect de la cendre. *Teint cendreux.*

cendrier n. m. – XIIIe 1 Partie d'un four, d'un foyer, généralement mobile, où tombent les cendres. 2 Petit récipient, plateau où les fumeurs font tomber les cendres de leur cigarette, de leur pipe.

cène n. f. – Xe ; lat. *cena* « repas du soir » ▪ *La Cène* : repas que Jésus-Christ prit avec ses apôtres la veille de la Passion et au cours duquel il institua l'Eucharistie. ✪ HOM. Saine (sain), scène, seine, sen, senne.

-cène ▪ Élément, du gr. *kainos* « récent ».

cenelle n. f. – XIIe ; p.-ê. lat. *acinus* « grain de raisin » ▪ Baie rouge de l'aubépine et du houx.

cenellier n. m. – XIXe ▪ (Canada) Aubépine.

cénesthésie n. f. – XIXe ; gr. *koinos* « commun » et *aisthesis* « sensibilité » ▪ Impression générale d'aise ou de malaise résultant d'un ensemble de sensations internes non spécifiques.

❑ La graphie *cœnesthésie* est archaïque. ♦ Ne pas confondre avec *synesthésie,* trouble de la perception sensorielle.

cénesthésique adj. – XIXe ▪ Relatif à la cénesthésie. *Hallucination cénesthésique,* de la sensibilité générale.

cénobite n. m. – XIIIe ; gr. *koinobion* « monastère » ▪ Religieux qui vivait en communauté (dans les premiers siècles chrétiens). ⇒ **moine.**

cénobitique adj. – XVIe ▪ Relatif au cénobite. ⇒ **ascétique.**

cénotaphe n. m. – XVIe ; gr. « tombeau vide » ▪ Tombeau élevé à la mémoire d'un mort et qui ne contient pas son corps. ⇒ **sépulcre.**

cénozoïque adj. – 1924 ; gr. *koinos* « commun » ▪ *Ère cénozoïque,* groupant les ères tertiaire et quaternaire.

cens [sɑ̃s] n. m. – XIIe ; lat. *census* « recensement » 1 Dénombrement des citoyens romains et évaluation de leur fortune effectués tous les cinq ans. 2 Redevance fixe que le possesseur d'une terre payait au seigneur du fief. ⇒ **champart.** 3 Quotité d'imposition nécessaire pour être électeur ou éligible. *Le cens a été aboli en France en 1848.* ✪ HOM. Sens.

censé, ée adj. – XVIIe ; lat. *censere* « estimer, juger » ▪ Qui est supposé, réputé (suivi d'un v. à l'inf.). ⇒ **présumé.** *Mon* « *concierge est censé me faire mon ménage trois jours par semaine* » (Romains). *Elle n'est pas censée le savoir. Nul n'est censé ignorer la loi.* ✪ HOM. Sensé.

censément adv. – XIXe ▪ Selon ce que les apparences laissent supposer. ✪ HOM. Sensément.

censeur n. m. – XIIIe ; lat. « celui qui blâme » 1 Chez les Romains, Magistrat chargé d'établir le cens et qui avait le droit de contrôler les mœurs des citoyens. 2 littér. Personne qui contrôle, critique les opinions, les actions des autres. « *Je m'érigerai en censeur des actions d'autrui, jugerai mal de tout le monde* » (Mol.). 3 Membre d'une commission de censure. 4 Autrefois, personne qui dans un lycée était chargée de la surveillance des études, de la discipline. ✪ HOM. Senseur.

❑ Pas de forme féminine possible, comme pour *assesseur, prédécesseur* → -eur (rem.).

censier, ière adj. et n. – XIIe 1 Qui recevait ou payait le cens. *Seigneur, fermier censier.* 2 n. m. Registre sur lequel étaient inscrites les contributions du cens.

censitaire n. m. et adj. – XVIIIe 1 Celui qui payait le cens (pour être électeur ou éligible). 2 adj. *Suffrage censitaire,* réservé aux électeurs qui payaient le cens (3°).

censorial, iale, iaux adj. – XVIIIe ▪ De la censure.

censure n. f. – XIVe 1 Examen des œuvres littéraires, des spectacles et publications, exigé par le pouvoir, avant d'en autoriser la diffusion. *Journal interdit par la censure. Commission de censure. Visa de censure d'un film.* ➛ Ensemble des personnes chargées de délivrer cette autorisation ; lieu où elles exercent leur fonction. *La censure a ordonné des coupures.* 2 Sanction défavorable à l'égard de la politique d'un gouvernement, votée par une assemblée. *Parti qui vote la censure.* 3 Refoulement dans l'inconscient des éléments de la vie psychique que la société, les parents (ou leur image) ne tolèrent pas (doctrine de Freud).

censurer v. tr. [1] – XVIe 1 Interdire (en totalité ou en partie) une publication, un spectacle. *Censurer un journal.* ⇒ **caviarder.** ➛ *Scène censurée.* 2 Refouler par la censure (3°).

① **cent** adj. numér. et n. – XIe ; lat. *centum* **I** adj. numér. card. (inv., sauf s'il est précédé d'un nombre qui le multiplie et n'est pas suivi d'un autre adj. numér.) 1 Nombre entier naturel équivalant à dix fois dix (100 ; C). *Deux cent mille. Trois cents millions. Les cent premiers. Deux cents mètres. Cent litres. La guerre de Cent Ans.* ♦ *Cent un. Dix-sept cents* ou *mille sept cents.* loc. *Attendre (pendant) cent sept ans,* un temps très long. ♦ *Un cent mètres :* une course d'une longueur de 100 m. fam. *Piquer un cent mètres :* courir très vite sur une courte distance. ♦ *Vivre à cent à l'heure,* à un rythme très rapide. 2 pronom. *Donnez-m'en cent. Nous serons cent.* 3 Un grand nombre de. *Cent fois pire. Répéter cent fois la même chose. Avoir cent fois raison.* ➛ *Faire les cent pas :* se promener de long en large (notamment en attendant). *Être aux cent coups :* être très inquiet. **II** adj. numér. ord. inv. 1 *Page 100* (ou *cent*). *Le numéro quatre cent.* ➛ *En 1700 (dix-sept cent* ou *mille sept cent).* 2 subst. m. Ce qui porte le numéro 100. *Habiter (au) 100, rue de... Le cent a gagné.* **III** n. m. *Multiplier par cent.* ⇒ **centupler.** ♦ POUR CENT (précédé d'un adj. card.) : pour cent unités (abrév. %), dans une proportion, un pourcentage (⇒ **pourcentage, taux**). « *je veux bien vous abandonner une commission de six pour cent* » (Pagnol). *Neuf pour cent (ou 9%) d'intérêt,* de neuf francs pour cent francs. ➛ *(À)* CENT POUR CENT : complètement, entièrement. *Il est favorable à cent pour cent. Une chemise cent pour cent coton.* ⊙ HOM. Sang, sans.

❑ On fait la liaison devant un nom : *cent ans* [sɑ̃tɑ̃] ; [sɑ̃] dans les autres cas : *cent un* [sɑ̃œ̃]. ♦ *Pour cent* est suivi d'un verbe au pluriel ou au singulier selon la nature du nom : *soixante pour cent des gens* (pluriel) *ont voté ; quarante pour cent de la population* (singulier) *s'est abstenue.* ♦ La locution *à cent pour cent* (1924) calque l'américain *one hundred per cent* (expression attribuée à Roosevelt) ; elle est née à propos de la surveillance de l'immigration ; chacun voulait être « cent pour cent américain ».

② **cent** [sɛnt] n. m. et f. – XIXe ; mot angl. « centième » 1 n. m. Centième partie de l'unité monétaire de divers pays, du florin, aux Pays-Bas, et du dollar, aux États-Unis, au Canada, etc. ➛ Pièce de monnaie valant un cent. 2 n. f. (Québec) CENT [sɛn] ou fam. CENNE, cette unité, cette pièce. ⇒ fam. **sou.**

centaine n. f. – XIIe 1 Groupe de cent unités. 2 Ensemble d'environ cent. *Une centaine de personnes.* « *des centaines de cierges dardaient dans l'air bleu des encens les fers dorés de leurs lances* » (Huysm.). ➛ *Par centaines :* en grande quantité.

centaure n. m. – XIIe ; gr. ▪ Être fabuleux, moitié homme et moitié cheval. *Le combat des Centaures et des Lapithes.*

centaurée n. f. – XIVe ; gr. « plante de *centaure* » ▪ Plante herbacée *(composées)* dont de nombreuses espèces croissent spontanément en Europe. ⇒ **bleuet, chardon.** « *une infusion de centaurée, de bourdaine, d'hysope et de cumin* » (Bosco).

centavo n. m. – 1960 ; mot esp. ▪ Centième partie de l'unité monétaire (⇒ **centime**), dans des pays d'Amérique du Sud. *Des centavos.*

centenaire adj. et n. – XIVe 1 Qui vit depuis au moins cent ans. *Un chêne centenaire.* « *Une vieille juive égyptienne et pour le moins centenaire, déformée par la graisse et la goutte* » (Mart. du G.). ➛ n. *Un, une centenaire.* 2 n. m. Centième anniversaire (d'une personne, d'un événement).

centenier n. m. – XVIe ▪ Officier romain qui commandait une troupe de cent hommes. ⇒ **centurion.**

-centèse ▪ Élément, du gr. *kentêsis* « action de piquer » (ex. *paracentèse*).

❑ Pour l'homonymie → synthèse (rem.).

centésimal, ale, aux adj. – XIXe 1 Dont les parties sont des centièmes. *Échelle centésimale,* qui contient cent parties ou un multiple de cent. 2 *Préparation centésimale,* dans laquelle le médicament est dilué au 1/100e dans l'excipient.

centi- ▪ Préfixe du système international (symb. c), du lat. *centum* « cent », qui divise par cent l'unité dont il précède le nom.

centiare [sɑ̃tjaʀ] n. m. – XVIIIe ▪ Centième partie de l'are, équivalant à 1 m² (abrév. ca).

centième [sɑ̃tjɛm] adj. et n. – XIIe 1 adj. numér. ord. Qui a le numéro cent pour rang. *Le centième anniversaire. Centième, cent-unième, cent-deuxième...* ➛ n. *Être le, la centième sur la liste.* 2 n. m. *Le centime est le centième du franc. Trois centièmes de seconde* (ou *3/100 s*).

centigrade adj. et n. m. – XIXe ▪ *Degré centigrade,* ou n. m. *un centigrade :* degré de l'échelle centésimale.

centigramme n. m. – XVIIIe ▪ Centième partie du gramme (abrév. cg).

centilage n. m. – 1951 ▪ Division d'un ensemble ordonné de données statistiques en cent classes d'effectif égal (⇒ **centile,** 2°).

centile n. m. – 1947 ; probablt angl., de *per cent* « pour cent » 1 Chacune des cent valeurs de la variable au-dessous de laquelle se classent 1%, 2%,... 99% des éléments d'une distribution statistique. 2 Chacune des cent parties, d'effectif égal, d'un ensemble statistique ordonné.

centilitre n. m. – XVIIIe ▪ Centième partie du litre (abrév. cl).

centime n. m. – XVIIIe ▪ La centième partie du franc, la plus petite unité de cette monnaie. *Une pièce de cinq centimes.* « *un monsieur très bien, qu'elle avait ratissé jusqu'au dernier centime* » (Proust). *Je n'avais pas un centime sur moi,* pas d'argent (au moment où l'on en a besoin).

centimètre n. m. – XVIIIe 1 Centième partie du mètre (abrév. cm). *Centimètre carré* (cm²), *cube* (cm³). 2 Ruban gradué servant à prendre les mesures. ⇒ **mètre.**

centon n. m. – XVIe ; lat. *cento* « habit composite » ▪ Pièce littéraire ou musicale, faite de morceaux empruntés. ⇒ **pot-pourri.** ✪ HOM. Santon.

centrage n. m. – XIXe ▪ Détermination du centre. *Centrage d'une pièce mécanique.* ♦ Alignement des axes des divers éléments d'un système mécanique ou optique.

central, ale, aux adj. et n. – XIVe **I** adj. **1** Qui est au centre, qui a rapport au centre. *Partie centrale. L'Asie centrale.* « *Un couloir central desservait un certain nombre de bureaux* » (Vian). ➛ *Court central* (de tennis). n. m. *Le central de Roland-Garros.* ♦ Qui constitue le noyau. ⇒ ① **capital, essentiel.** *Le personnage central d'un roman.* ⇒ **principal. 2** Où tout converge, d'où tout rayonne, qui constitue l'organe directeur, principal. *Pouvoir central.* ➛ *Chauffage central,* distribué à partir d'une seule source de chaleur. ➛ *Prison centrale,* ou n. f. *centrale,* où sont envoyés et groupés des prisonniers. ➛ *École centrale (des arts et manufactures),* ou n. f. *Centrale. Faire Centrale.* **II** n. m. *Central téléphonique,* où aboutissent les fils d'un réseau. ✪ CONTR. Excentrique, latéral, périphérique ; local.

centrale n. f. – 1927 **1** Usine qui produit du courant électrique. *Centrale thermique, nucléaire.* **2** Groupement national de syndicats. ⇒ **confédération.** *Les grandes centrales syndicales.* **3** *Centrale d'achat :* organisme qui centralise les achats de firmes liées entre elles.

centralien, ienne n. – XXe ▪ Élève, ancien(ne) élève de l'École centrale des arts et manufactures. ⇒ **piston.**

centralisateur, trice adj. – XIXe ▪ Qui centralise.

centralisation n. f. – XVIIIe ▪ Action de centraliser. *La centralisation des informations.* ➛ Le fait de réunir tous les moyens d'action, de contrôle en un centre unique (autorité, pouvoir). ⇒ **concentration.** *Centralisation administrative.* ✪ CONTR. Décentralisation.

centraliser v. tr. [1] – XVIIIe ▪ Réunir dans un même centre, ramener à une direction unique. ⇒ **concentrer, rassembler, réunir.** *Centraliser les pouvoirs.* ➛ *Un pays centralisé* (opposé à *fédéral*). ✪ CONTR. Décentraliser.

> ❏ Les mots *centraliser* (1790) et *centralisation* (1794) datent de la Révolution.

centralisme n. m. – XIXe ▪ Système qui produit la centralisation. *Le centralisme démocratique léniniste.*

centre n. m. – XIIIe ; gr. *kentron* **I - 1** Point intérieur (d'un cercle, d'une sphère) équidistant de tous les points du cercle, de la sphère. *Le centre de la Terre.* ♦ *Centre de symétrie :* point tel que tous les points d'une figure lui sont équidistants, deux à deux. **2** Partie centrale, milieu (d'un espace quelconque). ⇒ **cœur, milieu, noyau.** *Les départements du centre de la France.* « *Au centre de ce fouillis ornemental rayonnait le blason du marquis* » (Gaut.). ➛ *Le centre de la ville* (abusivt *centre-ville*). ♦ En sport, Partie centrale du terrain. **3** Parti politique, électorat dont les opinions se situent entre la droite et la gauche. *Un député du centre.* ⇒ **centriste. II - 1** Point d'application de la résultante des forces. ⇒ **barycentre.** *Centre de gravité :* centre des forces exercées par la pesanteur sur toutes les parties d'un corps. ➛ *Centre de dépression, de haute pression* (en météorologie). **2** *Centres nerveux :* parties du système nerveux constituées de substance grise et reliées par les nerfs aux divers organes. **3** Point de convergence ou de rayonnement. *Centre d'attraction, d'intérêt.* « *Paris est le grand bureau des merveilles, le centre du bon goût, du bel esprit et de la galanterie* » (Mol.). **4** Lieu où diverses activités sont groupées. *Un centre industriel.* ➛ *Centre dramatique et culturel.* ➛ *Centre commercial :* groupe de magasins de détail, comprenant un ou plusieurs magasins à grande surface et divers services (poste, banques, etc.). ♦ Bureau, service coordinateur. *Centre national de la recherche scientifique (C.N.R.S.).* **5** Point où des forces sont concentrées et d'où elles rayonnent. ⇒ **cœur.** *Au centre du problème.* ♦ Chose principale, fondamentale. *Idée-centre, mot-centre.* ⇒ **clé. III - 1** *Il se croit le centre du monde, de l'univers :* il rapporte tout à lui. ⇒ **axe, nombril. 2** Footballeur qui se trouve au centre de la ligne d'attaque. **IV** Action de centrer (le ballon). *Faire un centre.* ✪ CONTR. Bord, bout, extrémité, périphérie.

centrer v. tr. [1] – XVIIe **1** Ramener, disposer au centre, au milieu. *Centrer l'image* (photo). **2** Aligner les centres, les axes de (un ou plusieurs éléments d'un système mécanique, optique). *Centrer une roue de voiture.* **3** *Centrer sur :* donner comme centre (d'action, d'intérêt). « *Je centrais mon récit sur la marche éclair de la Première Armée française* » (Vailland). ➛ *Être centré sur soi-même.* ⇒ **égocentrique. 4** Ramener le ballon vers l'axe du terrain. *L'ailier a centré près des buts.*

centreur n. m. – XIXe ▪ Dispositif de centrage.

centrifugation n. f. – XIXe ▪ Séparation de substances de masse ou de densité différente au moyen de la force centrifuge. *Essorer par centrifugation.*

centrifuge adj. – XVIIe ; lat. *centrum* « centre » et *fugere* « fuir » ▪ Qui s'éloigne du centre. *Force centrifuge :* force d'inertie subie par un mobile en rotation qui l'entraîne à l'extérieur de sa trajectoire. ✪ CONTR. Centripète.

centrifuger v. tr. [3] – XIXe ▪ Séparer par centrifugation. « *On va même maintenant jusqu'à* centrifuger *les gaz pour les séparer et on y arrive pourvu que leurs densités soient assez différentes* » (P. Poiré).

centrifugeuse n. f. – XIXe ▪ Appareil permettant de soumettre des corps à une rotation très rapide pendant des intervalles de temps variables. ♦ Appareil servant à extraire le jus des fruits, des légumes.

centripète adj. – XVIIe ; lat. *centrum* « centre » et *petere* « tendre vers » ▪ Qui converge vers le centre. *Force centripète :* force d'attraction dirigée vers un point fixe. ✪ CONTR. Centrifuge.

centrisme n. m. – 1936 ▪ Position de ceux qui se situent politiquement au centre.

> ❏ Le mot s'est répandu après 1950-1960. On le rencontre dans les années 30 à propos de l'Allemagne (la coalition de Weimar était formée de sociaux-démocrates et de centristes).

centriste adj. et n. – 1922 ▪ Qui appartient au centre (politique).

centro- ▪ Élément, du lat. *centrum* « centre ».

centromère n. m. – 1973 ; *centro-* et *-mère* ▪ Petit granule situé au centre du chromosome, auquel le fuseau* se fixe lors de la division cellulaire.

centrophylle n. f. – XIXe ; gr. *kentron* « aiguille » et *-phylle* ▪ Gros chardon à feuilles profondément divisées.

centrosome n. m. – XIXe ; *centro-* et *-some* ▪ Petit corpuscule cytoplasmique, proche du noyau, qui se divise pendant la mitose.

centuple adj. et n. m. – XIVe **1** Qui égale cent fois (une quantité donnée). **2** n. m. *Le centuple.* ➛ Quantité beaucoup plus grande. AU CENTUPLE : cent fois plus. « *Mais les pauvres savent que tout ce qu'ils cèdent en* *ce bas monde leur sera "rendu plus tard au centuple". On n'imagine pas meilleur placement !* » (Gide).

centupler v. [1] – XVIe **1** v. tr. Porter au centuple. *Il a centuplé sa fortune.* **2** v. intr. Être porté au centuple. *La production a centuplé en cinquante ans.*

centurie n. f. – XIIIe ■ Unité militaire de cent hommes d'armes, dans l'armée romaine.

centurion n. m. – XIIe ■ Celui qui commandait une centurie, dans l'armée romaine. ⇒ **centenier.** « *Le Voyage du centurion* », *de Psichari.*

cénure n. m. – XIXe ; gr. *koinos* « commun » et *oura* « queue », à cause de son corps à plusieurs têtes ■ Forme larvaire de certains vers plats, parasite des muscles et du cerveau chez l'homme et chez certains animaux (mouton). *Le cénure est la cause du tournis.*

cep [sɛp] n. m. – XIe ; lat. *cippus* « pieu » ■ Pied de vigne. *Provigner un cep.* « *le soleil ride et confit sur le cep la grappe tôt mûrie* » (Colette). ✪ HOM. Cèpe.

cépage n. m. – XVIe ■ Variété de plant de vigne cultivée. ⇒ **vigne.** *Cépage blanc, noir.*

cèpe n. m. – XVIIIe ; gasc. *cep* « tronc » → cep ■ Champignon *(basidiomycètes)* du genre *bolet,* comestible. ✪ HOM. Cep.

cépée n. f. – XIIe ; de *cep* ■ Touffe de jeunes tiges de bois, de rejets sortant d'une même souche (⇒ **taillis**).

cependant adv. – XIIIe **1** littér. Pendant ce temps, à ce moment. « *Cependant il advint qu'au sortir des forêts Ce lion fut pris dans des rets* » (La Font.). **2** (Exprime une restriction, une opposition) ⇒ **néanmoins, pourtant, toutefois.** « *agacé cependant de l'entendre soutenir une erreur avec tant de certitude* » (Proust). *Assez frêle, mais robuste cependant.* ✪ CONTR. ① Car.

-céphale, -céphalie ■ Éléments, du gr. *kephalê* « tête ».

céphalée n. f. – XVIe ; gr. ■ Mal de tête. ⇒ **migraine.** « *la maladie commence par des céphalées* » (Camus).

céphalique adj. – XIVe **1** Qui a rapport à la tête. *Douleur céphalique.* ⇒ **céphalée.** *Veine céphalique* : grande veine du bras qui conduit le sang vers la tête. **2** *Extrémité céphalique* : partie du corps antérieure et supérieure (quand il n'y a pas de tête : animaux inférieurs, embryon).

céphal(o)- ■ Élément, du gr. *kephalê* « tête ». ⇒ **-céphale.**

céphalocordés n. m. pl. – 1952 ; de *céphalo-* et *cordés* ■ Sous-embranchement regroupant les amphioxus.

céphalopodes n. m. pl. – XVIIIe ; *céphalo-* et *-pode* « pied » ■ Classe de mollusques marins, à tête entourée de bras munis de ventouses. ⇒ **décapode, octopode.** *Le calmar, la seiche et la pieuvre sont des céphalopodes.* ➜ au sing. *Un céphalopode.*

céphalorachidien, ienne adj. – XIXe ■ Qui concerne la tête et la colonne vertébrale.

céphalosporine n. f. – 1969 ; de *céphalo-, spor(e)* et *-ine* ■ Antibiotique fongique.

céphalothorax [sefalotɔraks] n. m. – XIXe ■ Partie antérieure du corps, formée de la tête et du thorax soudés (crustacés, arachnides).

céphéide n. f. – 1927 ; de *Céphée,* constellation boréale ■ Étoile variable en éclat, température et grosseur, dont la période de pulsation est de quelques jours.

cérambyx [serɑ̃biks] n. m. – XVIIIe ; gr. *kerambux* « pot à cornes » ■ Insecte coléoptère *(cérambidés)* rongeur de bois. ⇒ **capricorne.**

cérame n. m. – XVIIIe ; gr. *keramon* « argile » ■ Vase antique. ➜ adj. *Grès cérame,* cuit jusqu'à la vitrification.

céramique adj. et n. f. – XIXe ; gr. *keramon* « argile » **I** adj. Relatif à la fabrication des objets en terre cuite, faïence, grès, porcelaine. *Produits céramiques.* ⇒ **poterie. II** n. f. **1** Art du potier. **2** Matière dont sont faits les produits céramiques. ⇒ **biscuit, faïence, porcelaine, terre** (cuite). ➜ Objet fait de cette matière. **3** *Céramiques nouvelles,* correspondant à de nombreux types de composés obtenus par frittage*. ⇒ **vitrocéramique.**

céramiste n. – XIXe ■ Personne qui s'occupe d'art céramique.

céraste n. m. – XIIIe ; gr. *kerastês* « cornu » ■ Vipère d'Afrique, appelée aussi *vipère à cornes,* à cause des excroissances au-dessus des yeux.

cérat n. m. – XVIe ; lat. *cerare* « frotter avec de la cire » ■ Onguent composé de cire et d'huile.

cerbère n. m. – XVIe ; gr. *Kerberos,* nom du chien à trois têtes qui gardait l'entrée des enfers ■ Portier, gardien sévère et intraitable.

cercaire n. f. – XVIIIe ; gr. *kerkos* « queue » ■ Forme larvaire de la douve.

cerce n. f. – XIIIe ; lat. *circus* « cercle » **1** Cercle en bois servant à monter les cribles, les tamis. **2** Patron, calibre permettant de profiler une construction d'après une forme donnée. ⇒ **gabarit.**

cerceau n. m. – XIIe **I - 1** Cercle en bois ou en métal maintenant les douves d'un tonneau. ⇒ **feuillard. 2** Jouet d'enfant, cercle (de bois, etc.) que l'on fait rouler en le poussant avec un bâton. « *Il faut savoir se servir du bâton, donner des coups très légers qui sont presque des frôlements et qui accompagnent le cerceau* » (Maurois). **3** Cintre, demi-cercle servant de support. ⇒ **arceau.** *Robe à cerceaux. Cerceaux d'une bâche de voiture, d'une tonnelle.* **II** Plumes du bout de l'aile d'un oiseau de proie.

cerclage n. m. – XIXe **1** Action de cercler. *Cerclage de tonneaux.* **2** *Cerclage (du col de l'utérus)* : opération qui consiste à placer un fil dans l'isthme utérin pour prévenir une expulsion prématurée du fœtus.

cercle n. m. – XIIe ; lat. *circus* « cercle » **I - 1** Courbe plane fermée dont tous les points sont à égale distance R (⇒ ① **rayon**) d'un centre. *Circonférence d'un cercle. Diamètre d'un cercle. Arc de cercle* : portion ouverte de courbe. *Cercle trigonométrique. Cercles concentriques, excentriques, orthogonaux. Tracer un cercle au compas.* ➜ *Grand cercle d'une sphère,* qui a même centre que la sphère. *Petit cercle,* sécant à la sphère. ♦ Ligne circulaire supposée tracée sur le globe terrestre. ⇒ **équateur, méridien,** ① **tropique.** *Cercle polaire, arctique, antarctique.* **2** Courbe décrivant approximativement un cercle. ⇒ **circonférence, rond.** « *Et, traçant des cercles dans l'air, L'épervier affamé piaule* » (Gaut.). *Demi-cercle, quart de cercle.* **3** Objet circulaire. ⇒ **anneau, disque.** *Cercle lumineux.* **4** Disposition de personnes ou d'objets rangés de façon à former une circonférence. « *On faisait cercle autour d'elle, le dimanche, lorsqu'elle dansait sur la pelouse* » (Muss.). *Élargir, resserrer le cercle.* ➜ *Un petit cercle d'amis.* **5** Lieu où les membres d'une association se réunissent. ⇒ ① **club.** *Dîner au cercle. Cercle littéraire. Cercle militaire.* **II - 1** fig. Ce dont on fait le tour, dont on embrasse l'étendue. ⇒ **domaine, étendue, limite.** *Étendre le cercle de ses relations.* **2** *CERCLE (VICIEUX)* : raisonnement faux par lequel on donne pour preuve la proposition d'où l'on est parti (cf. Raisonnement circulaire). ♦ Situation fâcheuse dans laquelle on est enfermé. « *Il semble que nous soyons dans un cercle vicieux et que l'homme soit condamné à ne pouvoir rien connaître* » (Cl. Bernard). *Il faut sortir de ce cercle infernal.*

cercler v. tr. [1] – XVIe ■ Entourer, garnir, munir de cercles, de cerceaux. *Cercler un tonneau.* ➜ « *un* *manche de buis cerclé d'anneaux de cuivre* » (France). *Lunettes cerclées d'or.*

cercopithèque n. m. – XVIe ; gr. *kerkos* « queue » et *pithekos* « singe » ▪ Singe d'Afrique *(catarhiniens)* qui stocke la nourriture dans ses bajoues.

cercueil [sɛʀkœj] n. m. – XIIe ; gr. *sarkhophagos* « pierre qui consume la chair » → sarcophage ▪ Longue caisse dans laquelle on enferme le corps d'un mort pour l'ensevelir. ⇒ ② **bière, sarcophage.** *Descendre un cercueil dans la tombe.* « *Tes os dans le cercueil vont tomber en poussière* » (Muss.).

❑ Pour l'orthographe → ① e (rem.).

céréale n. f. – XVIe ; de *Cérès,* déesse des moissons **1** Plante dont les grains sont la base de l'alimentation de l'homme et des animaux omnivores (ex. mammifères, oiseaux). ⇒ **avoine, blé, maïs, millet, orge, riz, seigle, sorgho.** « *la culture du pays était toute aux céréales et aux plantes fourragères* » (Gide). **2** Flocons de céréales. ⇒ **corn-flakes ;** et aussi **muesli.**

céréaliculture n. f. – 1929 ▪ Monoculture des céréales.

céréalier, ière adj. – 1951 ▪ De céréales. *Cultures céréalières. Régions céréalières.* ♦ n. m. *Un céréalier :* un producteur de céréales. ➛ Navire transportant des céréales en vrac.

cérébelleux, euse adj. – XIXe ; lat. *cerebrum* « cerveau » ▪ Relatif au cervelet. *Masse cérébelleuse. Syndrome cérébelleux :* troubles résultant de la lésion du cervelet.

cérébral, ale, aux adj. – XVIe ; lat. **1** Qui a rapport au cerveau. *Hémisphères cérébraux.* ➛ *Congestion, hémorragie cérébrale.* **2** Relatif à l'esprit, aux idées, à l'intellect. ⇒ **intellectuel.** « *L'excès du travail cérébral qui, trop poussé, isole l'homme au milieu des réalités* » (Bourget). **3** Qui vit surtout par la pensée, par l'esprit. ➛ subst. « *Ozy disait, en parlant de la pauvreté des moyens amoureux de deux illustres hommes, qui l'avaient aimée : "Ce sont des cérébraux !"* » (Goncourt).

cérébralité n. f. – XIXe ▪ Caractère d'une personne cérébrale.

cérébroside n. m. – XIXe ; lat. *cerebrum, ose* et *-ide* ▪ Lipide contenant du galactose, constituant du tissu nerveux et du cerveau.

cérébrospinal, ale, aux adj. – XIXe ▪ Relatif au cerveau et à la moelle épinière. ⇒ **céphalorachidien.**

cérémonial n. m. – XIVe **1** Ensemble et ordre établi, réglé de cérémonies. ⇒ **étiquette, liturgie, règle.** *Cérémonial diplomatique.* ⇒ **protocole. 2** Livre contenant les règles liturgiques des cérémonies ecclésiastiques. ⇒ **rituel.** *Des cérémonials.* **3** Ensemble de règles de politesse, de courtoisie.

cérémonie n. f. – XIIIe ; lat. « cérémonie à caractère sacré » **1** Célébration solennelle d'un rite religieux. *Cérémonie du baptême, du mariage, du sacre.* ⇒ **liturgie.** *Assister à une cérémonie.* **2** Forme extérieure de solennité accordée à un événement important de la vie sociale. ⇒ **gala,** ① **pompe.** *Les cérémonies d'un anniversaire national.* ⇒ **commémoration.** ➛ *Habit de cérémonie. Maître de cérémonie.* ⇒ **chambellan** (cf. Chef du protocole*). **3** Manifestation marquée de politesse, de courtoisie. *Recevoir qqn avec cérémonie.* ➛ loc. *Faire des cérémonies.* ➛ fig. *Voilà bien des cérémonies pour si peu de chose.* ➛ loc. *Sans cérémonies :* simplement. ✪ CONTR. Naturel, rondeur, simplicité.

cérémoniel, ielle adj. – XIVe ▪ Qui concerne les cérémonies, les fêtes. *Pratiques cérémonielles.*

cérémonieux, ieuse adj. – XVe ▪ Qui fait trop de cérémonies. ➛ *Un ton, un air cérémonieux.* ⇒ **solennel.** ✪ CONTR. Familier, naturel, simple.

cerf [sɛʀ] n. m. – XIe ; lat. ▪ Grand mammifère ruminant *(cervidés)* vivant en troupeaux dans les forêts ; le mâle adulte qui porte des bois. *Femelle du cerf.* ⇒ **biche.** *Jeune cerf.* ⇒ **faon ;** ③ **brocard, daguet,** ② **hère.** *Le cerf brame.* « *reconnaître le cerf à ses fumées, le renard à ses empreintes* » (Flaub.). ➛ *La chasse au cerf* (cf. Chasse à courre*). ✪ HOM. Serf, serre.

❑ Dans la mythologie, le cerf est la figure symbolique de la renaissance, de la pureté primordiale, de la longévité.

cerfeuil n. m. – XIIIe ; gr. *khairein* « réjouir » et *phullon* « feuille » ▪ Herbe potagère *(ombellifères)* dont les feuilles sont utilisées comme condiment.

cerf-volant [sɛʀvɔlɑ̃] n. m. – XVIIe **1** Scarabée *(coléoptères)* à grosses mandibules dentelées. ⇒ **lucane. 2** Engin volant, légère carcasse tendue d'un papier fort ou d'étoffe, et qui peut s'élever en l'air lorsqu'on le tire face au vent avec une ficelle. *Des cerfs-volants.*

❑ Pour l'engin volant, l'étymon *cerf* est mis en doute au profit du latin *serpens* « serpent », car dans beaucoup de civilisations, notamment en Chine, c'est un serpent ou un dragon qui est représenté.

cerisaie n. f. – XIVe ▪ Plantation de cerisiers. « *La Cerisaie* », *pièce de Tchekhov.*

cerise n. f. – XIIe ; lat. *ceraseum* **1** Fruit du cerisier, rond, lisse et charnu, le plus souvent rouge ou parfois jaune. ⇒ **bigarreau, griotte,** ① **guigne.** *Cerise sauvage.* ⇒ **merise.** *Noyau, queue de cerise. Confiture de cerises. Cerises à l'eau-de-vie.* ➛ loc. *C'est la cerise sur le gâteau,* le petit détail qui parachève une entreprise. ♦ adj. inv. *Rouge cerise,* vermeil. « *Des chaises revêtues de lampas cerise et blanc d'une exquise rareté* » (Gaut.). **2** Fruit rouge du caféier contenant le grain de café. **3** arg. *Avoir la cerise :* manquer de chance. ⇒ fam. ② **guigne.**

❑ Le mot et le fruit auraient été rapportés à Rome par le célèbre gourmet Lucullus après sa campagne contre Mithridate.

cerisette n. f. – XIVe ▪ Boisson à base de cerise.

cerisier n. m. – XIIe **1** Arbre fruitier *(rosacées)* à fleurs en bouquet, qui produit la cerise. « *Les manchons blancs passés aux bras des cerisiers* » (Colette). *Cerisier sauvage.* ⇒ **merisier. 2** Bois du cerisier employé en ébénisterie.

cérite n. f. – XIXe ▪ Silicate hydraté de cérium (minerai du cérium). ✪ HOM. Cérithe.

cérithe n. m. – XIXe ; gr. *kerukion* « buccin » ▪ Mollusque gastéropode prosobranche à coquille allongée, à côtes. ✪ HOM. Cérite.

cérium [seʀjɔm] n. m. – XIXe ; de *Cérès* ▪ Élément chimique (Ce ; n° at. 58 ; m. at. 140,1), métal du groupe des lanthanides. *Oxyde de cérium.*

cerne n. m. – XIIe ; lat. *circus* « cercle » **1** Cercle coloré, bistre ou bleuâtre, qui entoure parfois les yeux **(⇒ cerné).** « *Un tendre cerne azuré donnait au regard beaucoup de douceur* » (Duham.). ➛ Bleu, marbrure autour d'une plaie, d'une contusion. **2** Auréole d'une tache mal nettoyée, sur une étoffe. **3** Un des cercles concentriques de l'aubier d'un arbre.

cerné, ée adj. – XVIIe ▪ Entouré d'une zone livide, bistre ou bleuâtre. *Avoir les yeux cernés.*

cerneau n. m. – XIIIe ; de *cerner* ▪ Noix à demi mûre tirée de sa coque. ➛ Chair de la noix. ♦ *Vin de cerneaux :* vin rosé bon à boire à l'époque des cerneaux.

cerner v. tr. [1] – XIIe **1** Entourer comme d'un cerne. « *L'horizon qui cerne cette plaine, c'est celui qui cerne toute vie* » (Barrès). **2** Entourer par des troupes.

⇒ **encercler; investir.** ◆ Entourer, envelopper de façon menaçante. *La foule les cernait de toutes parts.* 3 Entourer par un trait. *Cerner une figure d'un trait bleu.* 4 fig. Délimiter en définissant. ⇒ **circonscrire.** *Cerner le problème.*

certain, aine adj. et pron. – XIIe ; lat. *certus* « assuré » **I** adj. 1 Qui est effectif sans laisser aucun doute, établi par des preuves. ⇒ **assuré.** *C'est un fait certain. Une bonne volonté certaine.* ⇒ **évident,** ① **manifeste.** ♦ *Leur embarras est certain. Rien n'est moins certain.* ⇒ **sûr.** ◆ impers. *Il est certain que cette solution est meilleure.* 2 Qu'on peut prévoir à coup sûr, qui arrivera. ⇒ **inéluctable, inévitable.** *Un résultat certain.* ♦ *Son départ est maintenant certain.* 3 CERTAIN DE qqch. : qui pense que la chose est certaine. ⇒ **certitude.** *Je suis certain de son honnêteté. Je suis certaine de l'heure et du lieu. J'en suis absolument certain.* ◆ *Nous sommes certains d'y parvenir.* ♦ *CERTAIN QUE. Je suis certain que vous serez content.* ◆ loc. fam. *Être sûr et certain de, que* : tout à fait certain. 4 Imprécis, difficile à fixer. *Un certain nombre de gens. Jusqu'à un certain point.* « *Il l'embrassait à certaines heures* » (Flaub.). 5 (Atténuant l'idée de l'indétermination). *Il lui a fallu un certain courage,* du courage. 6 plur. Quelques-uns parmi d'autres. *Dans certains pays.* ⇒ **quelque.** *À certains moments.* 7 S'emploie devant un nom de personne en signe de dédain, mépris ou ignorance affectée. « *Quoi qu'elle ait fait voir de l'amitié pour un certain Léandre* » (Mol.). **II** pron. plur. Certaines personnes. *Certains disent, certains prétendent.* ⇒ **aucun** (d'aucuns). « *Certains aiment en amour l'agitation comme ils aiment en mer la tempête* » (Maurois). ◆ *Aux yeux de certains. Certains d'entre eux.* ✪ CONTR. ① Incertain ; douteux, ① faux ; aléatoire, improbable ; sceptique.

certainement adv. – XIIe 1 D'une manière certaine (en parlant d'un événement à venir). *Cela arrivera certainement.* ⇒ **fatalement, nécessairement, sûrement.** 2 Renforce une affirmation. *Il est certainement le plus doué.* ⇒ **assurément, réellement, vraiment.** ♦ En réponse affirmative. *Croyez-vous que cela vaille la peine ?* ◆ *Certainement.* ⇒ **absolument, oui, parfaitement.** 3 Très probablement. *Il réussira certainement.*

certes adv. – XIe ; lat. *certus* → certain 1 littér. ou vieilli Certainement. *Ah !, certes non !* ♦ En réponse affirmative (style soutenu). *Il proteste ? Certes.* ⇒ **oui.** « *Que l'homme est né pour le bonheur, certes toute la nature l'enseigne* » (Gide). 2 Indique une concession. *Certes, je n'irai pas jusqu'à prétendre que...* (ACAD.). ✪ CONTR. Nullement. — HOM. Serte.

> ❑ Sans être archaïque, *certes* est marqué, en français moderne, comme régional ou légèrement affecté. ♦ Pour le *s* → adverbe.

certificat n. m. – XIVe 1 Écrit qui émane d'une autorité compétente et atteste un fait, un droit. ⇒ **attestation.** *Délivrer un certificat.* ◆ *Certificat médical. Certificat de vaccination. Certificat de travail,* indiquant la nature et la durée du travail effectué par un salarié. *Certificat d'urbanisme,* précisant si un terrain est constructible ou non. ◆ *Certificat d'investissement* : titre cessible et négociable représentant une fraction du capital, mais ne conférant pas le droit de vote. ⇒ ② **action.** ◆ « *à la rigueur nous pourrons vous donner un certificat de bonne conduite* » (Mac Orlan). 2 Acte attestant la réussite à un examen ; cet examen. ⇒ **brevet, diplôme.** *Certificat d'études primaires* (abrév. fam. *certif*). ◆ *Certificat d'aptitude professionnelle (C. A. P.).*

certificateur n. m. – XVIIe ▪ *Certificateur de caution* : personne qui intervient pour garantir l'engagement pris par la caution elle-même. ◆ adj. *Notaire certificateur.*

certification n. f. – XIVe ▪ Assurance donnée par écrit. *Certification de signatures, de chèques.* ⇒ **authentification.**

certifié, iée adj. et n. – v. 1950 ▪ Titulaire du C. A. P. E. S. (⇒ fam. **capésien**). *Professeur certifié.* ◆ n. *Les certifiés et les agrégés.*

certifier v. tr. [7] – XIIe ; lat. *certus* et *facere* « faire » 1 Assurer qu'une chose est vraie. ⇒ **affirmer, garantir.** *Certifier qqch. à qqn.* « *Mme Liégeard m'a certifié que ses trois demoiselles prenaient des leçons* [de piano] *moyennant cinquante sous la séance* » (Flaub.). 2 Garantir par un acte. *Certifier une signature.* ⇒ **authentifier.** ◆ *Copie certifiée conforme.* ◆ *Certifier une caution,* en répondre (⇒ **certificateur**). ✪ CONTR. Démentir. Contester, nier.

certitude n. f. – XIVe 1 Caractère certain ; ce qui est certain. ⇒ **évidence, vérité.** « *Il y a contre lui des présomptions terribles, il n'y a pas une certitude absolue* » (Bourget). 2 État de l'esprit qui ne doute pas. ⇒ **conviction.** *Certitude fondée sur des preuves. J'ai la certitude qu'il viendra. J'en ai acquis la certitude.* « *Il n'a pas ce besoin de grosse certitude qu'on éprouve quand le doute ou la détresse vous travaillent* » (Romains). ♦ Adhésion de l'esprit lorsqu'il sait. *Certitude en matière religieuse.* ⇒ **foi.** ◆ loc. adv. *Avec, sans certitude. En toute certitude.* ✪ CONTR. Doute, incertitude, vraisemblance.

céruléen, enne adj. – XVIIIe ; lat. *cælum* « ciel » ▪ littér. D'une couleur bleu ciel. « *le céruléen tapis de la mer* » (Gide).

cérumen [seʀymɛn] n. m. – XVIIIe ; lat. *cera* « cire » ▪ Matière onctueuse et jaune, sécrétée par les glandes sébacées du conduit auditif externe. *Bouchon de cérumen.*

céruse n. f. – XIIIe ; lat. ▪ Colorant blanc, carbonate de plomb que l'on employait en peinture. *Blanc de céruse.*

cérusé, ée adj. – 1952 ▪ Se dit du bois d'ébénisterie dont les pores sont remplis d'une résine (autrefois, de céruse).

cerveau n. m. – XIe ; lat. *cerebrum* **I - 1** Masse nerveuse contenue dans la boîte crânienne. ⇒ **encéphale.** vieilli *Transport au cerveau* : congestion cérébrale. 2 Partie antérieure et supérieure de l'encéphale des vertébrés formée de deux hémisphères cérébraux et de leurs annexes (méninges). *Le cerveau est l'organe essentiel du système nerveux central. Lobes, circonvolutions du cerveau.* ⇒ **cérébral.** *Écorce du cerveau.* ⇒ **cortex.** ◆ *Inflammation du cerveau.* ⇒ **encéphalite.** *Tumeur au cerveau.* **II - 1** Le siège de la vie psychique et des facultés intellectuelles. ⇒ **esprit, tête.** *Cerveau puissant, bien organisé.* « *Le cœur, dès qu'il s'en mêle, engourdit et paralyse le cerveau* » (Gide). ◆ loc. fam. *Avoir le cerveau malade, dérangé, fêlé* : être fou. 2 Personne quant à l'esprit. *C'est un cerveau* : une personne extrêmement intelligente. *Fuite des cerveaux* : expatriation massive des chercheurs, des intellectuels vers des pays qui leur proposent de meilleures conditions de travail. 3 fig. Organe central de direction. ⇒ **centre.** *Cet homme est le cerveau de l'organisation.* 4 *Cerveau électronique* : appareil qui effectue des opérations complexes portant sur de l'information (⇒ **ordinateur ; cybernétique**).

cervelas n. m. – XVIe ; it. « saucisse faite de viande et de *cervelle* de porc » ▪ Saucisson cuit, gros et court, haché très fin, assez épicé.

cervelet n. m. – XVIIe ▪ Partie postérieure et inférieure de l'encéphale constituée de deux lobes latéraux et d'un lobe central (⇒ **vermis**), centre de coordination des mouvements musculaires. *Sillons, lobes du cervelet.* ⇒ **cérébelleux.**

cervelle n. f. – XIIe 1 Substance nerveuse constituant le cerveau. loc. *Se brûler la cervelle :* se tuer d'un coup de pistolet dans la tête. ♦ Cerveau des animaux tués, destiné à servir de mets. *Cervelle de veau, d'agneau.* 2 Ensemble des facultés mentales. ⇒ **cerveau** (II), **esprit, jugement.** *Tête sans cervelle.* ⇒ **écervelé.** « *Si vous avez tant soit peu de cervelle* » (Mol.). *Se creuser la cervelle :* réfléchir pour trouver qqch. (solution, souvenir). 3 *Cervelle de canut :* fromage blanc battu avec ciboulette hachée, sel, poivre et échalotes (spécialité lyonnaise).

cervical, ale, aux adj. – XVIe ; lat. *cervix* « cou, nuque » 1 Qui se rapporte à la région de la nuque. *Vertèbres cervicales.* ⇒ **atlas,** ① **axis.** 2 Relatif au col de l'utérus, de la vessie. *Frottis cervical.* 3 Relatif au collet d'une dent.

cervicalgie n. f. – XXe ▪ Douleur localisée à la nuque.

cervidés n. m. pl. – XIXe ; lat. *cervus* « cerf » ▪ Famille de mammifères ongulés *(ruminants)* dont les mâles portent des appendices frontaux caducs, les bois (cerf, caribou, daim, renne). ➝ au sing. *Un cervidé.*

cervier → **loup-cervier**

cervoise n. f. – XIIe ; gaul. ▪ Bière d'orge, de blé, fabriquée sans houblon en usage chez les Anciens, les Gaulois jusqu'au Moyen Âge. « *L'onde insipide et la cervoise amère* » (La Font.).

ces → ① **ce**

C. E. S. [seøɛs] n. m. – 1973 ; sigle ▪ Collège d'enseignement secondaire.

césalpinées n. f. pl. – XIXe ; du nom d'un botaniste it. ▪ Sous-famille de plantes *(légumineuses)* des régions tropicales, parfois acclimatées en Europe (séné, févier, arbre de Judée, etc.).

❑ On utilise aussi *Cæsalpinia* [sezalpinja] en botanique.

césar n. m. – XIIIe ; lat. *Cæsar,* surnom de la gens Julia → césarienne 1 Empereur romain. « *Et Rome à ses Césars fidèle, obéissante* » (Rac.). 2 Souverain absolu. ⇒ **empereur, dictateur.** 3 Récompense cinématographique française. *La nuit des césars :* la soirée où sont décernés les césars.

❑ Une statuette du sculpteur *César* est remise comme récompense cinématographique.

césarienne n. f. – XVIe ; lat. *cædere* « couper » ▪ Opération chirurgicale qui consiste à pratiquer une incision dans la paroi abdominale pour extraire l'enfant de l'utérus de la mère. ⇒ **hystérotomie.**

césariser v. tr. [1] – mil. XXe ▪ Faire subir une césarienne à (une femme). ➝ *Femme césarisée.*

césium [sezjɔm] n. m. – XIXe ; lat. *cæsius* « bleu » ▪ Élément atomique (Cs ; n° at. 55 ; m. at. 132,90) du groupe des alcalins, métal mou, jaune.

❑ On écrit aussi *cæsium.*

cespiteux, euse [sɛspitø, øz] adj. – XIXe ; lat. *cespes* « touffe, gazon » ▪ Qui croît en touffes compactes.

cessant, ante adj. – XVIIe ▪ loc. *Toute affaire cessante, toutes affaires cessantes :* en interrompant tout le reste, en priorité. « *qu'un homme de cette importance se fût, toutes affaires cessantes, dérangé ainsi pour lui* » (Proust).

cessation n. f. – XIVe ▪ Le fait de prendre fin ou de mettre fin à qqch. ⇒ **abandon, arrêt,** ① **fin, suspension.** *Cessation des hostilités :* armistice, trêve. « *La cessation subite d'une douleur aiguë* » (Rouss.). ➝ *Cessation de paiements :* situation d'un commerçant dont l'actif est insuffisant pour payer ses dettes. ⇒ **faillite.** ✪ CONTR. Continuation, maintien.

cesse n. f. – XIIe 1 *Ça n'a pas de cesse :* ça n'arrête pas. *N'avoir (point) de cesse que :* ne pas s'arrêter avant que. 2 SANS CESSE : sans arrêt. ⇒ **continuellement.** « *Peut-on haïr sans cesse ? et punit-on toujours ?* » (Rac.).

cesser v. [1] – XIe ; lat. « tarder, se montrer lent, s'interrompre » **I** v. intr. Prendre fin, se terminer ou s'interrompre. ⇒ **s'arrêter, finir.** *Le vent a cessé. La fièvre a cessé.* ⇒ **céder, disparaître.** « *Et le combat cessa faute de combattants* » (Corn.). ♦ FAIRE CESSER. *Faites cesser ce bruit ! Faire cesser un abus.* **II** v. tr. ind. CESSER DE. 1 Ne pas continuer de. ⇒ **s'arrêter.** *Cesser de parler.* « *Il ne cessa de rire tout le long de la route* » (Maupass.). *Cesser de lutter.* ⇒ **abandonner, renoncer** (à). *Journal qui cesse de paraître.* 2 NE PAS CESSER DE : continuer. *Je n'ai pas cessé de l'aimer :* je l'aime encore. ♦ (Indiquant une action constante, réitérée) (cf. Sans cesse*). *Il n'a pas cessé de râler.* ➝ *Depuis lors, je n'ai plus cessé d'y penser.* **III** v. tr. dir. Ne plus faire (ce qu'on faisait). ⇒ **arrêter, interrompre.** *Cessez ce vacarme ! Cesser le combat, les poursuites.* ✪ CONTR. Continuer, durer. Poursuivre, reprendre.

cessez-le-feu n. m. inv. – 1919 ▪ Arrêt officiel, cessation des combats. « *Ce ministère avait pour mission d'obtenir d'abord un cessez-le-feu, puis de préparer une paix négociée* » (Mauriac). *Des cessez-le-feu.*

❑ Ne pas confondre *cessez-le-feu, armistice* et *paix.*

cessibilité n. f. – XIXe ▪ Qualité d'une chose susceptible d'être cédée. *Cessibilité d'un bien.* ⇒ **négociabilité.** ✪ CONTR. Incessibilité.

cessible adj. – XVIIe ▪ Qui peut être cédé. ⇒ **négociable, transférable.** *Ces actions ne sont pas cessibles avant deux ans.* ✪ CONTR. Incessible.

cession n. f. – XIIIe ▪ Action de céder (un droit, un bien) à titre onéreux, ou à titre gratuit. ⇒ **transmission ; donation, transfert, vente.** *Cession de bail. Cession de biens* (par un débiteur). ⇒ **abandon, délaissement.** *Cession de créances, de dettes.* ✪ CONTR. Achat, acquisition. — HOM. Session.

❑ Ne pas confondre avec *session* « période pendant laquelle une assemblée tient séance ».

cessionnaire n. – XVIe ▪ Personne à qui une cession a été faite. ⇒ **bénéficiaire.** ✪ CONTR. Cédant.

c'est-à-dire [sɛtadiʀ] loc. conj. – XIVe ; trad. lat. *id est* 1 Annonce une explication, une précision, une qualification. ⇒ **id est.** abrév. *c.-à-d.* [sɛtadiʀ]. *Un rajah, c'est-à-dire un prince de l'Inde. Ça vous fait gagner cent francs, c'est-à-dire presque rien.* ⇒ **donc.** 2 C'EST-À-DIRE QUE : cela signifie que (cf. En conséquence). *Réduction du personnel, c'est-à-dire que nous risquons le chômage.*

ceste n. m. – XVe ; lat. ▪ Courroie garnie de plomb dont les athlètes de l'Antiquité s'entouraient les mains pour le pugilat.

cestodes n. m. pl. – XIXe ; gr. *kestos* « ceinture » ▪ Classe de plathelminthes, vers parasites de l'intestin des vertébrés. ➝ au sing. *Le ténia est un cestode.* « *Le plus grand Cestode, le bothriocéphale de l'homme, mesure une dizaine de mètres* » (A. Tétry).

césure n. f. – XVIe ; lat. *cædere* « couper » ▪ Repos à l'intérieur d'un vers après une syllabe accentuée. ⇒ ② **coupe.**

cet, cette → ① **ce**

C. E. T. [seøte] n. m. – 1973 ; sigle ▪ Collège d'enseignement technique.

cétacés n. m. pl. – XVIe ; gr. *kêtos* « gros animal marin » ▪ Ordre des mammifères aquatiques possédant des nageoires antérieures et une nageoire caudale horizontale. ➛ au sing. *Harponner un cétacé.* « *La partie supérieure de la bouche du cétacé était pourvue sur les deux côtés de huit cents lames cornées, très élastiques, effilées à leurs bords comme deux grands peignes* » (J. Verne).

❑ Les cétacés ne sont reconnus comme des mammifères que depuis Linné (1758).

cétane n. m. – 1900 ; de *cét(ène)* « carbure éthylénique » et *-ane* ▪ Hydrocarbure saturé $C_{16}H_{34}$, constituant du pétrole.

cétérach [seteʀak] n. m. – XIVe ; ar. *sitrak* ▪ Fougère *(polypodiacées)* commune entre les pierres des vieux murs, appelée aussi *herbe à dorer.*

cétoine n. f. – XVIIIe ; o. i. ▪ Insecte coléoptère *(scarabéidés)* aux vives couleurs métalliques. « *La cétoine qui dort dans le cœur de la rose* » (Apoll.). *La cétoine dorée, dite* hanneton des roses.

cétone n. f. – 1903 ; abrév. de *acétone* ▪ Composé de formule générale R–CO–R' obtenu par substitution d'un radical R' à partir d'un aldéhyde. ⇒ **acétone.**

cétonémie n. f. – mil. XXe ▪ Présence de corps cétoniques dans le sang. ⇒ **acétonémie.**

cétonique adj. – XIXe ▪ Relatif à une cétone, qui en a les propriétés. *Corps cétoniques :* l'acétone et ses précurseurs métaboliques.

cétonurie n. f. – XXe ▪ Présence de corps cétoniques (surtout acétone) dans l'urine. ⇒ **acétonurie.**

ceux → **celui**

Cf. ou **cf.** [kɔ̃fɛʀ] – abrév. du lat. *confer,* de *conferre* « comparer, rapprocher » ▪ Indication invitant le lecteur à se référer à ce qui suit.

C.F.A. [seɛfa] n. et adj. – 1945 ; sigle de ***c****ommunauté* ***f****inancière* ***a****fricaine* ▪ *Franc C.F.A. :* unité monétaire en circulation dans certains États africains. ➛ *Payer en C.F.A.*

C.F.A.O. [seɛfao] n. m. – 1986 ; sigle ▪ Conception et fabrication assistées par ordinateur.

C.F.C. → **chlorofluorocarbone**

C.G.S. [seʒeɛs] adj. – XIXe ; sigle ▪ *Système C.G.S. :* ancien système d'unités de mesure ayant pour unités de base le centimètre, le gramme et la seconde.

ch ▪ Symbole de *cheval*-vapeur.*

chabichou n. m. – XIXe ; limousin *chabro* « chèvre » ▪ Fromage de chèvre du Poitou. *Des chabichous.*

① **chablis** n. m. – XVIe ; de *chabler* « abattre, faire tomber » ▪ Arbre, bois abattu par le vent, ou tombé de vétusté.

② **chablis** n. m. – XVIIIe ; nom de lieu ▪ Vin blanc sec de *Chablis,* en Bourgogne.

chabot n. m. – XIIIe ; lat. *caput* « tête » ▪ Poisson à grosse tête *(cottidés)* dont une espèce vit près des côtes rocheuses.

❑ On l'appelle aussi *cabot, chaboisseau, têtard, meunier.*

chabraque n. f. – XIXe ; turc ▪ anciennt Pièce de drap ou peau que l'on mettait sur les chevaux de cavalerie (hussards, etc.).

chabrol ou **chabrot** n. m. – XIXe ; lat. *capreolus* « chevreau » ▪ région. Mélange de vin rouge et de bouillon chaud. *Faire chabrol* ou *chabrot :* verser son verre de vin dans le fond de son assiette de soupe et boire le mélange.

chacal n. m. – XVIIe ; persan ▪ Mammifère carnivore *(canidés)* d'Asie et d'Afrique ressemblant au renard et se nourrissant essentiellement de charognes. « *des chacals arrivant pour manger les restes* » (Flaub.). *Les chacals jappent.*

cha-cha-cha [tʃatʃatʃa] n. m. – v. 1955 ; onomat. d'orig. sud-américaine ▪ Danse d'origine mexicaine dérivée de la rumba et du mambo.

chachlik n. m. – XIXe ; mot caucasien ▪ Mouton grillé en brochettes, spécialité russe.

chaconne n. f. – XVIIe ; esp. **1** Danse à trois temps. **2** Pièce instrumentale dérivant de la chaconne, formée de variations sur un motif répété à la basse (⇒ aussi **passacaille**). *Chaconne pour violon seul de J.-S. Bach.*

chacun, une pron. indéf. – IXe ; crois. du lat. *quisque unus* « chaque un » et *(unum) cata unum* « un à un » **1** Personne ou chose prise individuellement dans un ensemble, un tout. ⇒ **chaque, un.** *Chacun de nous, chacun d'entre eux. Chacune d'elles. Chacun des deux :* l'un et l'autre. « *Chacun en a sa part et tous l'ont tout entier* » (Hugo). *Chacune à son tour. Partir chacun de son côté. Ils ont bu chacun sa bouteille* ou *chacun leur bouteille. Ces cravates coûtent deux cents francs chacune.* **2** Toute personne. *Chacun pense d'abord à soi. Chacun pour soi.* « *Chacun son métier, Les vaches seront bien gardées* » (La Font.). **3** n. f. plaisant *Chacun sa chacune :* une fille avec chaque garçon. **4** n. m. vieilli *Un chacun :* chaque personne. « *À la satisfaction d'un chacun* » (Zola). mod. *Tout un chacun. Il voudrait bien réussir, comme tout un chacun.*

chafouin, ine n. et adj. – XVIIe ; de *chat,* et *fouin,* masc. de *fouine* **1** vx Personne qui a une mine sournoise, rusée. **2** adj. *Mine chafouine.*

① **chagrin, ine** adj. – XIVe ; p.-ê. de *chat* et *grigner* **1** vieilli Qui est rendu triste par un événement fâcheux. ⇒ **affligé, attristé, peiné.** *J'en suis fort chagrin.* **2** littér. Qui est d'un caractère triste, morose. ⇒ **bilieux, maussade, morose, sombre.** *Un esprit chagrin.* par ext. *Il est d'humeur chagrine.* ✪ CONTR. Enjoué, gai, joyeux, réjoui.

② **chagrin** n. m. – XVe **1** État moralement douloureux. ⇒ **affliction, peine, tristesse.** *Avoir du chagrin.* **2** *Un chagrin :* peine ou déplaisir causé par un événement précis. « *un gros chagrin, un chagrin pareil à un déchirement* » (Maupass.). *Chagrin d'amour.* ➛ *Chagrin d'enfant.* ✪ CONTR. Gaieté, joie, plaisir.

❑ Aux XVIe et XVIIe s., ce mot évoquait la tristesse, mais également la méchanceté, la rudesse, la lassitude.

③ **chagrin** n. m. – XVIIe ; turc *sâgri* « croupe d'un animal ; peau qu'on en prépare » ▪ Cuir grenu, fait de peau de mouton, de chèvre, d'âne. *Livre relié en plein chagrin.* ➛ loc. *Peau* de chagrin.*

chagrinant, ante adj. – XVIIe ▪ rare Qui cause de la peine, du chagrin. ⇒ **attristant.**

① **chagriner** v. tr. [1] – XVe **1** vx Irriter, rendre maussade. ⇒ **fâcher.** **2** Rendre triste, faire de la peine à. ⇒ **affliger, attrister, contrarier, peiner.** « *Le défaut d'ampleur de tout ce que j'écris me chagrine* » (Gide). ✪ CONTR. Réjouir.

② **chagriner** v. tr. [1] – XVIIe ; de ③ *chagrin* ▪ Travailler (une peau) de manière à la rendre grenue. ➛ *Peau chagrinée.*

chah → **schah**

chahut n. m. – XIXe **1** vx Danse populaire tapageuse à la mode entre 1830 et 1850. **2** Agitation bruyante. ⇒ **chambard, tapage, vacarme.** *Faire du chahut. Quel chahut !*

chahuter v. [1] – XIXe ; o. i., p.-ê. dial., cf. *cahuer* « huer », *cahuler* « crier de douleur » ou de *huer* **1** v. intr. vx Danser le chahut. « *le souvenir d'une petite Léonie qui aurait chahuté dans un caf'conc'* » (Queneau). **2** Faire du chahut. ♦ *Chahuter avec qqn,* le bousculer pour rire et jouer de manière vive et bruyante. **3** v. tr. Faire du chahut, du tapage. *Chahuter un professeur.* **4** Bousculer (qqn) pour rire ou pour le plaisir.

chai n. m. – XVe ; forme poitevine de *quai* ▪ Magasin où l'on emmagasine les alcools, les vins en fûts. ⇒ ① **cave, cellier.**

chaînage n. m. – XVIIe 1 Mesure d'un terrain avec la chaîne d'arpenteur. 2 Armature qui empêche l'écartement de deux murs. ⇒ **étayage.**

chaîne n. f. – XIe ; lat. *cadena* I - 1 Dispositif formé d'anneaux entrelacés servant à orner, à attacher, à manœuvrer. *Chaîne d'or, d'argent. Chaîne de montre.* ➛ *Chaîne de sûreté,* qui retient une porte entrebâillée. 2 Suite d'anneaux métalliques servant à transmettre un mouvement. *Chaîne (de bicyclette),* qui transmet le mouvement du pédalier à la roue. *La chaîne a sauté.* ♦ *Chaîne d'arpenteur,* pour les mesures de terrain. 3 au plur. Dispositif formé de chaînes assemblées qu'on adapte aux pneus pour éviter de glisser sur la neige. *Mettre des chaînes à ses pneus.* 4 Dispositif pour attacher un animal ou une personne. *Attacher un chien à une chaîne.* « *Infâme à qui je suis lié Comme le forçat à une chaîne* » (Baud.). ➛ littér. *La chaîne, les chaînes :* la peine des galères, le bagne. ♦ fig. vx ou littér. Ce qui enchaîne, rend esclave. ⇒ **asservissement.** *Briser, secouer ses chaînes.* « *Le mariage est une chaîne où l'on ne doit jamais soumettre un cœur par force* » (Mol.). 5 fig. et littér. Lien d'affection, lien d'habitude qui unit des personnes indépendamment de leur volonté. « *une ancienne et forte liaison, une de ces chaînes qu'on croit rompues et qui tiennent toujours* » (Maupass.). II - 1 Ensemble des fils d'un tissu disposés suivant sa longueur (opposé à *trame*). *Les fils de chaîne.* 2 Suite d'accidents du relief rattachés entre eux. *Une chaîne de montagnes. La chaîne des Alpes. Chaînes et massifs.* 3 Pilastre appareillé incorporé à un mur pour le consolider. 4 Succession (d'éléments anatomiques). *Chaînes ganglionnaires.* 5 Molécule organique composée d'atomes de carbone ou de radicaux liés. *Chaîne lipidique.* 6 *Chaîne haute-fidélité :* dispositif de reproduction sonore formé d'éléments séparés (platine, lecteur laser*, amplificateur, tuner, magnétophone, haut-parleurs). *Une chaîne stéréo.* ♦ Système de production et de diffusion de programmes télévisés. *Chaîne publique, privée. Le programme des différentes chaînes. Changer de chaîne.* ⇒ **zapper.** 7 Installation formée de postes successifs de travail et du système les intégrant. *Chaîne de fabrication, de montage.* ➛ loc. *Travail à la chaîne,* sur une chaîne d'assemblage, de fabrication. 8 Réseau d'entreprises associées dans le commerce de détail. *Chaîne de vente.* ⇒ **circuit, réseau.** *Chaîne de grandes surfaces.* ➛ *Chaîne d'hôtels, de restaurants :* hôtels, restaurants dépendant d'un même groupe, pratiquant les mêmes formules. 9 (abstrait) Série, succession d'éléments liés les uns aux autres. *La chaîne des associations d'idées.* 10 *Chaîne alimentaire :* rapport nutritionnel qui existe entre les différentes espèces, depuis le végétal jusqu'à l'homme. ♦ *Chaîne du froid :* ensemble des moyens qui assurent la conservation de denrées périssables de leur production à leur consommation. 11 *Réaction en chaîne :* succession de phénomènes déclenchés les uns par les autres. 12 *La chaîne du discours, la chaîne parlée :* succession des éléments d'un énoncé (⇒ **séquence**). 13 Suite de personnes qui se transmettent qqch. de main en main. « *Les matelots font la chaîne pour monter à bord tout ce fragile bagage* » (Loti). 14 *Danse en chaîne,* où l'on se donne la main (⇒ **farandole**). *Formez la chaîne !* ✪ HOM. Chêne.

chaîné, ée adj. – 1942 ▪ *Pneu chaîné,* muni de chaînes antidérapantes. ⇒ aussi **clouté.**

chaîner v. tr. [1] – XIXe 1 Mesurer avec la chaîne d'arpenteur. 2 Relier par un chaînage (des murs dont on veut empêcher l'écartement).

chaînette n. f. – XIIe 1 Petite chaîne. « *autour de son cou une petite chaînette d'or avec une simple croix* » (Robbe-Grillet). 2 Premier rang d'un ouvrage au crochet. *Point de chaînette,* point de broderie, suite de petites boucles. 3 Courbe caractéristique que forme un fil pesant flexible et homogène, suspendu par ses deux extrémités à deux points fixes.

chaîneur n. m. – XIXe ▪ Arpenteur qui mesure à la chaîne.

chaînier n. m. – XVIIIe ▪ Ouvrier qui forge les grosses chaînes.

chaîniste n. m. – XIXe ▪ Ouvrier bijoutier qui fait des chaînes en métal précieux.

chaînon n. m. – XIIIe 1 Anneau d'une chaîne. ⇒ ① **maille, maillon.** 2 fig. Lien intermédiaire ; élément d'une chaîne (fig.). 3 Partie d'une chaîne de montagnes.

chaintre n. f. ou m. – XVe ; var. région. de *cintre* ▪ Espace sur lequel tourne la charrue ou le tracteur à l'extrémité de chaque raie de labour.

chair n. f. – XIe ; lat. *caro, carnis* I - 1 Substance molle du corps de l'homme ou des animaux, essentiellement constituée des tissus musculaire et conjonctif (opposé à *squelette*). *La chair et les os. La chair et la peau. La balle a pénétré dans les chairs.* ➛ ENTRE CUIR (peau) ET CHAIR : sous la peau. *Côté cuir (poil) et côté chair d'une peau de bête.* ➛ *Être (bien) en chair :* avoir de l'embonpoint, avoir la chair ferme. 2 État extérieur du corps humain ; aspect de la peau. *Chairs rebondies. Chair ferme.* « *je sens se hérisser d'effroi tous les poils de ma chair* » (France). ♦ *Avoir* LA CHAIR DE POULE, la peau qui se hérisse (sous l'effet du froid, d'une frayeur, etc.). 3 *Couleur chair :* de la couleur rose de la peau, dans la race « blanche ». ➛ adj. inv. *Des collants chair.* II - 1 La nature humaine (opposée à la nature divine), le corps (opposé à l'esprit, à l'âme). *Le Verbe s'est fait chair.* ⇒ **incarnation.** *Un être de chair et de sang.* 2 Les instincts, les besoins du corps ; les sens*. ⇒ **sensualité.** *La faiblesse de la chair.* « *La chair est triste, hélas ! et j'ai lu tous les livres* » (Mallarmé). ♦ La sexualité. *Les plaisirs de la chair.* ➛ *Péché de (la) chair.* III - 1 Partie comestible de certains animaux. ⇒ **viande ; carne.** « *les Cyclopes n'étaient pas les seuls dans l'antiquité qui se nourrissaient de chair humaine* » (Volt.). ➛ *L'ogre* « *flairait à droite et à gauche, disant qu'il sentait la chair fraîche* » (Perrault). 2 Viande des mammifères et des oiseaux (par oppos. au poisson, aliment maigre). ➛ loc. *Ni chair ni poisson :* indécis, indéfinissable. 3 *CHAIR À SAUCISSE :* préparation de viande crue hachée à base de porc (⇒ ① **farce**). ➛ loc. fam. *Hacher menu comme chair à pâté :* mettre en pièces, en menus morceaux. 4 Partie comestible d'animaux (sauf de mammifères) et de végétaux. *Ces volailles, ce poisson ont une chair délicate. La chair d'une poire* (⇒ **pulpe**). ✪ CONTR. Squelette. — Âme, cœur, esprit. — HOM. Chaire, cheire, cher, chère.

chaire n. f. – XIe ; gr. *kathedra* 1 Siège d'un pontife dans le chœur d'une église. ➛ Dignité pontificale. 2 Tribune élevée, du haut de laquelle un ecclésiastique adresse aux fidèles ses instructions et ses enseignements. « *il n'est pas donné à tous de monter en chaire et d'y distribuer en missionnaire ou en catéchiste la parole sainte* » (La Bruy.). 3 Tribune du professeur. *Le professeur est en chaire.* ➛ Poste le plus élevé du professorat dans l'enseignement supérieur. *Une chaire de littérature.* ✪ HOM. Chair, cheire, cher, chère.

❑ Ce mot a désigné jusqu'au XVIIe s. un siège à dossier avant de céder ce sens à *chaise.* → cathèdre.

chaise n. f. – XVe ; de *chaire* I - 1 Siège à pieds, à dossier, sans bras, pour une seule personne. *Chaise en bois.*

Chaise cannée, paillée. Chaise pliante. S'asseoir sur une chaise. ♦ loc. *Se trouver, être assis entre deux chaises* : être dans une situation incertaine, instable, périlleuse. fam. *Être, avoir le cul entre deux chaises.* ➝ *La politique de la chaise vide* : attitude qui consiste à boycotter une réunion, une assemblée. 2 CHAISE PERCÉE : siège percé d'une ouverture ronde où pouvait s'encastrer un pot de chambre. 3 CHAISE LONGUE : siège pliable à inclinaison réglable, permettant de s'allonger. ⇒ **transat.** ♦ *Chaise d'enfant, chaise haute* : siège surélevé muni de bras et souvent d'un abattant en forme de tablette. 4 CHAISE ÉLECTRIQUE : siège muni d'électrodes pour l'électrocution des condamnés à mort, dans certains États des États-Unis ; la peine capitale elle-même. « *je vis un bon vieux fauteuil de grand-père, en bois : la chaise électrique* » (Morand). **II** - 1 CHAISE À PORTEURS : véhicule composé d'un habitacle muni d'une chaise et d'une porte, dans lequel on se faisait porter par deux hommes au moyen de bâtons assujettis sur les côtés. ⇒ **vinaigrette ; palanquin.** 2 Voiture à deux ou quatre roues qui était tirée par un ou plusieurs chevaux. « *Le voyage s'effectue rapidement. La chaise de poste brûle les étapes* » (Cendrars). 3 Base, charpente faite de pièces assemblées et supportant un appareil. *Chaise d'un clocher.* ♦ *Nœud de chaise* : nœud utilisé pour former une boucle fermée à l'extrémité d'un filin (⇒ **agui**).

chaisier, ière n. – XVIIIe 1 Personne qui fabrique des chaises. 2 n. f. Loueuse de chaises.

① **chaland** n. m. – XIe ; gr. *khelandion* ■ Bateau, allège à fond plat employé sur les fleuves et dans les rades pour le transport des marchandises. ⇒ **péniche.** *Train de chalands.* ♦ *Chaland-citerne*, conçu pour le transport de liquides.

② **chaland, ande** n. – XIIe ; de *chaloir* « s'intéresser » ■ vx Client qui va de préférence chez un même marchand.

chalandise n. f. – XIIIe ■ *Zone de chalandise* : aire sur laquelle se trouvent les clients virtuels d'un magasin, d'une localité.

❑ Cet emploi moderne peut agir sur le rétablissement du sens correct de *achalandé*. → achalandé (rem.).

chalaze n. f. – XVIIIe ; gr. *khalaza* « grêlon » 1 Point d'attache du nucelle au tégument de l'ovule. 2 Ligament d'albumine tordu qui maintient suspendu le jaune de l'œuf.

chalazion n. m. – XVIe ; de *chalaze* ■ Petite tumeur dure, indolore, au bord de la paupière. ⇒ **orgelet.**

chalco- ■ Élément, du gr. *khalkos* « cuivre ».

chalcographie [kalkɔgʀafi] n. f. – XVIIe ; *chalco-* et *-graphie* 1 Gravure sur métaux. 2 Lieu où l'on expose des planches gravées par ce procédé. *La chalcographie du Louvre.*

chalcolithique [kalkɔlitik] adj. – XIXe ; *chalco-* et *-lithique* ■ *Époque chalcolithique* : période de la protohistoire où le cuivre commence à être en usage.

chalcosine [kalkozin] n. f. – XIXe ; gr. *khalkos* « cuivre » ■ Sulfure naturel de cuivre.

chaldéen, enne [kaldeɛ̃, ɛn] adj. et n. – XVIe ■ Qui se rapporte à la Chaldée. *Art chaldéen.* ➝ n. m. Langue sémitique qui était parlée par les Chaldéens.

châle n. m. – XVIIe ; hindi *shal* 1 Grande pièce d'étoffe que les femmes drapent sur leurs épaules. ⇒ ① **fichu, pointe.** *Châle de cachemire.* Une « *femme maigre emmitouflée jusqu'aux oreilles dans un châle fané* » (Daud.). 2 *Col châle* : col croisé à revers arrondis.

❑ L'orthographe dominante est *schall* ou *shall* pendant la première moitié du XIXe s., époque où le mot et la chose se répandent, évoquant encore l'Orient.

chalet n. m. – XVIIIe ; lat. *cala* « abri » 1 Maison de bois des pays européens de montagne. *Chalet suisse, savoyard.* 2 vx *Chalet de nécessité* : petit édicule contenant les W.-C. ⇒ **cabinet.**

chaleur n. f. – XIIe ; lat. *calor* **I** - 1 État de la matière qui se traduit par une température élevée ; sensation résultant du contact avec un corps dans cet état (⇒ **chaud**). *La chaleur d'un fer rouge.* ⇒ **brûlure.** 2 État de l'air, de l'atmosphère, qui donne à l'organisme une sensation de chaud. *La chaleur mûrit, dessèche, brûle les plantes.* « *Il avait fait très chaud dans le jour, une chaleur lourde, desséchante, altérante* » (Maupass.). *Chaleur douce, modérée* (⇒ **tiédeur**) ; *accablante, étouffante, suffocante, tropicale* (⇒ **canicule ; étuve, fournaise**), *sèche ; humide* (⇒ **touffeur**). *Vague de chaleur. Être incommodé par la chaleur. Quelle chaleur !* ➝ *La chaleur d'une pièce.* ➝ *Bouche de chaleur* : ouverture permettant la diffusion de la chaleur produite par une chaufferie. ♦ au plur. Période, moment où il fait chaud. *Les grandes, les fortes chaleurs.* 3 Phénomène physique qui se transmet et dont l'augmentation se traduit par l'élévation de température, des effets électriques, la dilatation, des changements d'état. *Quantité de chaleur, chaleur* : grandeur physique qui représente cette énergie et ses modifications dans un système matériel. *Chaleur latente* : quantité de chaleur nécessaire pour le changement d'état de 1 g de substance sans changement de température. *Chaleur spécifique, massique, molaire d'un corps* : quantité de chaleur nécessaire pour élever de 1 °C la température de 1 g d'une masse, d'une mole de la substance. *Chaleur atomique d'un corps*, produit de son poids atomique par sa chaleur spécifique. ➝ *Transformation d'une unité de chaleur en énergie mécanique.* ➝ *Chaleur tournante* : mode de cuisson de certains fours dans lesquels l'air est brassé. 4 CHALEUR ANIMALE, produite dans l'organisme par les réactions du catabolisme. ➝ Chaleur dégagée par le corps de personnes. **II** - 1 Sensation comparable à celle que produit un corps chaud, éprouvée dans des malaises physiques. *Bouffée* de chaleur.* 2 État des femelles des mammifères quand elles acceptent l'approche du mâle. ⇒ **rut.** *L'époque des chaleurs. Chatte en chaleur.* 3 Caractère animé des dispositions psychiques, des tendances. ⇒ **ardeur, enthousiasme, entrain, passion.** « *il se mettait à parler avec chaleur, sans s'arrêter* » (Proust). *Geste plein de chaleur.* « *Ils s'étreignirent et toute leur rancune se fondit comme une neige sous la chaleur de ce baiser* » (Flaub.). ➝ *Chaleur humaine* : sympathie. ✪ CONTR. ② Froid ; froideur, indifférence.

chaleureusement adv. – XIVe ■ Avec chaleur (II, 3°), ardeur, enthousiasme. « *J'étais fort convaincu et lui ai parlé très chaleureusement dans ce sens* » (Gide). ⇒ **chaudement.** En témoignant une vive sympathie.

chaleureux, euse adj. – XIVe ■ Qui montre qui manifeste de la chaleur, de l'animation, de la vie. ⇒ **ardent, empressé, enthousiaste.** « *défenseur chaleureux d'un christianisme exigeant* » (Camus). *Accueil chaleureux.* ⇒ **cordial.** *Paroles chaleureuses.* ✪ CONTR. Flegmatique, ① froid, glacé, tiède.

châlit n. m. – XIIe ; lat. *lectus* « lit » ■ Cadre de lit.

challenge [ʃalɑ̃ʒ ; tʃalɛnʒ] n. m. – XIXe ; mot angl. « défi » 1 Épreuve sportive dans laquelle le vainqueur détient un prix, un titre jusqu'à ce qu'un vainqueur nouveau l'en dépossède. ⇒ **compétition,** ① **coupe.** *Challenge d'escrime.* 2 Entreprise difficile dans laquelle on se lance pour gagner, comme par défi. « *il y avait un challenge, un défi à relever* » (F. Giroud).

❑ L'emploi de *challenge* au sens de « défi » est un américanisme ; il est moins à la mode que *challenger*.

challenger ou **challengeur** [ʃalɑ̃ʒœʀ ; tʃalɛndʒœʀ] **n. m.** – 1900 **1** Sportif, équipe qui cherche à enlever le titre du champion. **2** Personne qui cherche à triompher d'un adversaire dans une lutte politique, économique. ⇒ **compétiteur, rival.** *Elle est son challenger le plus redoutable.*

chaloir **v. impers.** – Xᵉ ; lat. *calere* « s'échauffer pour » ▪ PEU ME CHAUT [pøməʃo] : peu m'importe. « *peu me chaut ce que je suis ou ce que je ne suis pas moi-même* » (Gide).

> ❑ Le participe présent de ce verbe subsiste dans *nonchalant.*

chaloupe **n. f.** – XVIᵉ ; p.-ê. de *écale* et *(envel)oppe* « coquille de noix » ▪ Embarcation non pontée, dont on se sert dans les ports et que les grands navires embarquent pour le service du bâtiment. *Chaloupe de sauvetage.* ⇒ **canot.**

chaloupé, ée **adj.** – XIXᵉ ▪ Qui est balancé. « *les danses ardentes et chaloupées* » (Carco).

chalouper **v. intr.** [1] – XIXᵉ ▪ Marcher, danser avec un balancement des épaules. « *ils chaloupaient, tête contre tête, entre les passants* » (Sartre).

chalumeau **n. m.** – XIIᵉ ; lat. *calamus* « roseau » **1** Tuyau. *Aspirer une boisson avec un chalumeau.* ⇒ **paille. 2** Flûte champêtre, roseau percé de trous. *Le chalumeau des bergers.* ⇒ **flûtiau, pipeau.** ➛ Tuyau (de la musette, du biniou, de la cornemuse). ♦ Registre grave de la clarinette. **3** Outil qui produit et dirige un jet de gaz enflammé. *Soudure au chalumeau. Découper au chalumeau.*

chalut **n. m.** – XVIIIᵉ ; mot de l'Ouest ; o. i. ▪ Filet en forme d'entonnoir, attaché à l'arrière d'un bateau qui racle les fonds marins ou pêche entre deux eaux. *Pêcher la morue au chalut.*

chalutage **n. m.** – XIXᵉ ▪ Pêche au chalut.

chalutier **n. m.** – XIXᵉ **1** Bateau armé pour la pêche au chalut. « *un chalutier remportant son filet s'arrêta quelque temps* » (Hugo). **2** Marin pêcheur qui sert sur un chalutier.

chamade **n. f.** – XVIᵉ ; it. *chiamare* « appeler » ▪ loc. BATTRE LA CHAMADE : battre à grands coups, en parlant du cœur, sous l'emprise d'une émotion. « *Son pauvre petit cœur se mit à battre la chamade dans la forteresse de son corsage* » (Gaut.).

> ❑ Ce mot appartient originellement au vocabulaire militaire où il désigne une batterie de tambour et une sonnerie de trompettes annonçant l'intention de parlementer.

chamailler (se) **v. pron.** [1] – XIIIᵉ ; p.-ê. crois. entre l'a. fr. *chapler* « tailler en pièces » et *mailler* « frapper » ▪ Se quereller. ⇒ **se disputer.** « *Depuis trente ans qu'ils étaient mariés, ils se chamaillaient tous les jours* » (Maupass.).

chamaillerie **n. f.** – XVIIᵉ ▪ fam. Dispute, querelle. *Des chamailleries continuelles.*

chaman [ʃaman] **n. m.** – XVIIᵉ ; probablt toungouze *šaman* « moine » ▪ Prêtre-sorcier, à la fois devin et thérapeute.

chamanisme **n. m.** – XIXᵉ ▪ Religion de certains peuples de la Sibérie et de la Mongolie, caractérisée par le culte de la nature, la croyance aux esprits et des pratiques divinatoires et thérapeutiques telles que la transe et l'extase.

chamarrer **v. tr.** [1] – XVIᵉ ; esp. *zamarra* « vêtement de berger » ▪ Rehausser d'ornements aux couleurs éclatantes. ⇒ **barioler, bigarrer.** « *un général chamarré d'or, coiffé d'un chapeau à plumes* » (Maupass.).

chamarrure **n. f.** – XVIᵉ ▪ (surtout au plur.) Ornements qui chamarrent (une étoffe, un vêtement). « *une cravate à chamarrures* » (Romains).

chambard **n. m.** – XIXᵉ **1** fam. Bouleversement. ⇒ **chambardement. 2** Vacarme, chahut. *Faire du chambard.*

chambardement **n. m.** – XIXᵉ ▪ fam. Action de chambarder. ⇒ **bouleversement, branle-bas, chamboulement, remue-ménage.** ➛ *Le grand chambardement :* la révolution.

chambarder **v. tr.** [1] – XIXᵉ ; mot dial., p.-ê. de ② *chant* et *barder* « glisser » ▪ fam. Bouleverser de fond en comble. *On a tout chambardé dans la maison.* ➛ Changer brutalement. ⇒ **chambouler, révolutionner.** ✪ CONTR. Conserver, maintenir.

> ❑ Le mot aurait été introduit par l'argot des marins pour « briser, renverser, abattre ».

chambellan **n. m.** – XIᵉ ; lat. *camera* « chambre » ▪ Gentilhomme de la cour chargé du service de la chambre du souverain.

chamboulement **n. m.** – 1964 ▪ Action de chambouler ; état de ce qui est chamboulé. ⇒ **chambardement.** *Le chamboulement de l'électorat.*

chambouler **v. tr.** [1] – XIXᵉ ; p.-ê. de *cambo* « jambe » et *bouler, sabouler* « tomber » ▪ fam. Bouleverser, mettre sens dessus dessous. ⇒ **chambarder.**

chambranle **n. m.** – XVIᵉ ; lat. *camerare* « voûter » ▪ Encadrement (d'une porte, d'une fenêtre, d'une cheminée). « *la porte s'ouvre d'un seul coup, si brusquement qu'il doit s'accrocher au chambranle pour ne pas tomber* » (Robbe-Grillet).

chambray **n. m.** – mil. XXᵉ ; mot angl. ; altér. de *Cambrai* ▪ Toile dont la chaîne est teinte en indigo et la trame écrue.

chambre **n. f.** – XIᵉ ; lat. *camera* « voûte » **I - 1** vx Pièce d'habitation. ⇒ **pièce, salle.** ➛ mod. Pièce où l'on couche. « *La chambre à coucher avait un grand lit* » (Huysm.). *Chambre d'amis. Chambre d'enfant, de bonne. Chambre d'hôtel.* ♦ *Garder la chambre :* ne pas sortir de chez soi, par suite d'une maladie. ➛ *Faire chambre à part :* coucher dans deux chambres séparées, en parlant d'un couple. « *Puis, après une nuit passée dans la même alcôve, ils font chambre à part* » (Zola). **2** Pièce, compartiment à bord d'un navire. *Chambre des cartes, de navigation.* **3** Pièce spécialement aménagée. *Chambre froide, frigorifique :* local maintenu à basse température servant à la conservation des denrées alimentaires. ➛ CHAMBRE À GAZ : pièce utilisée pour l'extermination collective par des gaz toxiques (dans les camps de concentration nazis) ; pièce servant à l'exécution des condamnés à mort (dans certains États des États-Unis). ➛ CHAMBRE FORTE : pièce blindée où l'on range des objets de valeur. ⇒ **coffre. II - 1** Section. *Chambre d'accusation* (cour d'appel). **2** Assemblée législative. *La Chambre des députés.* ⇒ **assemblée** (nationale). « *Tout était creux et vide, le Louvre sans tableaux, la Chambre sans députés* » (Sartre). **3** Assemblées s'occupant des intérêts ou de la discipline d'un corps. *Chambre de commerce et d'industrie (C. C. I.) :* assemblée représentative des commerçants et industriels auprès des pouvoirs publics. **III - 1** CHAMBRE NOIRE : enceinte fermée où une petite ouverture fait pénétrer les rayons lumineux et où l'image des objets extérieurs se forme sur un écran. **2** Cavité qui reçoit des explosifs, la cartouche ou la gargousse (fusil, canon). **3** Dans différents types de moteurs à combustion interne, Enceinte où s'effectue une opération particulière. *Chambre de combustion.* ♦

Chambre sourde : laboratoire de mesures acoustiques ou radioélectriques où les parois absorbent partiellement les ondes. 4 CHAMBRE À AIR : tube circulaire gonflé d'air, partie intérieure d'un pneumatique (⇒ **boyau**). *Valve d'une chambre à air.* 5 *Chambre d'ionisation* : détecteur électronique de radiations. *Chambre de Wilson, chambre à bulles* : instruments pour étudier et photographier la trajectoire des particules élémentaires électriquement chargées. 6 *Chambres de l'œil : chambre antérieure*, espace entre l'iris et la cornée ; *chambre postérieure*, entre l'iris et le fond de l'œil.

chambrée n. f. – XIVe ■ L'ensemble des personnes qui couchent dans une même chambre ; cette chambre. *Camarades de chambrée.*

chambrer v. tr. [1] – XVIIe 1 Isoler pour mieux circonvenir, convaincre. ⇒ **endoctriner, sermonner.** ♦ fam. Taquiner, se moquer de (qqn). ⇒ **charrier.** 2 Mettre (le vin) à la température de la pièce. *Vin chambré* (opposé à *frappé*).

chambrette n. f. – XIIe ■ Petite chambre.

chambrière n. f. – XIIe 1 vx Femme de chambre. 2 Fouet léger à long manche. ♦ Béquille d'une charrette.

chameau n. m. – XIe ; gr. *kamêlos* 1 Grand mammifère ongulé *(camélidés)* à une ou deux bosses dorsales, à pelage laineux. *On distingue le chameau à deux bosses* ou *chameau d'Asie et le chameau à une bosse* ou *chameau d'Arabie* (⇒ **dromadaire, méhari).** ➝ POIL DE CHAMEAU : tissu en poil de chameau. « *sa robe de chambre en faux poil de chameau* » (Giraud.). 2 Chameau à deux bosses (opposé à *dromadaire*). 3 fam. Personne méchante, désagréable (⇒ **vache**). « *Mon chameau de concierge est censé me faire mon ménage trois jours par semaine* » (Romains).

chamelier n. m. – XVe ■ Personne qui conduit les chameaux et dromadaires et en prend soin. « *J'entendis le cri du chamelier qui conduisait une caravane éloignée* » (Chateaub.).

chamelle n. f. – XIIe ■ Femelle du chameau.

❑ Le mot *dromadaire* étant masculin, on utilise en général le mot *chamelle* pour marquer le sexe, dans toute la famille des camélidés.

chamelon n. m. – XIXe ■ Petit du chameau ou du dromadaire.

chamérops [kameʀɔps] n. m. – XVIIe ; gr. « buisson à terre » ■ Plante monocotylédone *(palmiers)*, dont une variété est appelée *palmier nain.*

chamito-sémitique [kamitosemitik] adj. et n. m. – 1929 ; de *chamitique* « du pays de *Cham* » et *sémitique* ■ Relatif à la famille de langues à laquelle appartiennent l'hébreu, l'arabe, l'égyptien, le phénicien, le berbère et des langues d'Afrique orientale.

chamois n. m. – XIVe ; lat. *camox* 1 Mammifère ongulé *(bovidés)* à cornes recourbées, vivant dans les montagnes. « *les bouquetins et les chamois de nos montagnes, qui bondissent sur un rocher escarpé et descendent dans des précipices* » (Volt.). *Chamois des Pyrénées.* ⇒ **isard.** 2 Le côté chair de la peau de mouton, de chèvre, préparé par chamoisage. *Peau de chamois*, pour frotter les chromes, l'argenterie. 3 adj. inv. Jaune clair. *Une robe chamois.* 4 Épreuve de ski de l'École de ski français, slalom spécial en temps imposé. ➝ Titre sanctionnant la réussite à cette épreuve, autorisant le port de l'insigne correspondant ; cet insigne. *Chamois d'or, d'argent, de bronze.*

chamoisage n. m. – XIXe ■ Ensemble d'opérations par lesquelles on rend certaines peaux aussi souples que la peau de chamois.

chamoiser v. tr. [1] – XIVe ■ Préparer par chamoisage. *Peau chamoisée.*

chamoiserie n. f. – XVIIIe ■ Lieu, atelier où s'effectue le chamoisage. ➝ Industrie, commerce des peaux chamoisées.

chamoisine n. f. – 1952 ■ Pièce de coton duveteux, servant à essuyer ou à faire briller.

champ n. m. – XIe ; lat. *campus* « plaine, terrain cultivé » **I** - 1 Étendue de terre propre à la culture. *Cultiver, labourer, emblaver un champ.* « *Comme le champ semé en verdure foisonne* » (du Bellay). *Champ de betteraves, de blé, de pommes de terre, de luzerne.* ⇒ **prairie, pré.** *Champ fertile, en friche, en jachère.* 2 LES CHAMPS : toute étendue rurale (par oppos. à *ville, village*). ⇒ **campagne.** *La vie des champs. Mener les bêtes aux champs. Rat des champs.* ⇒ **campagnol.** *Fleurs des champs* (par oppos. à *fleurs de jardin*). *Les travaux des champs* (⇒ **agricole**). ➝ *En plein(s) champ(s)* : au milieu de la campagne. ➝ *À travers champs* : hors des chemins. *Couper à travers champs.* 3 Terrain, espace. ♦ *Mourir, tomber au champ d'honneur*, à la guerre. ♦ Espace déterminé, réservé à une activité. *Champ de manœuvre, d'exercices* (militaires). *Champ de tir*, où les soldats s'exercent au tir. *Champ de mines* : espace de terrain miné, constituant un obstacle. *Champ d'aviation.* ⇒ **camp, terrain.** ➝ *Champ de courses.* ⇒ **hippodrome.** 4 CHAMP CLOS : lieu limité par des barrières, enceinte où avaient lieu les duels, les tournois. ⇒ **arène,** ② **carrière,** ① **lice.** ➝ *Laisser le champ libre* : donner toute liberté. ➝ *Prendre du champ* : prendre du recul. 5 *Champ d'un écu*, le fond. *Lion de sable en champ d'azur.* ➝ *Champ d'une médaille, d'un émail*, la face que l'on grave, que l'on peint. **II** - 1 Domaine. ⇒ ② **carrière, sphère.** *Donner libre champ à sa colère.* ⇒ **cours.** *L'érudition* « *agrandit le champ de l'expérience* » (M. Jacob). 2 SUR-LE-CHAMP. ⇒ **aussitôt, immédiatement.** « *punir sur-le-champ l'affront que tu me fais* » (Mol.). **III** - 1 *Le champ d'un instrument d'optique*, secteur dont tous les points sont vus dans l'instrument. ➝ CHAMP VISUEL : espace qu'embrasse l'œil. « *elle se plaça de côté pour épargner à son visage d'être dans leur champ visuel* » (Proust). ♦ Espace dont l'image est enregistrée par la caméra ou l'appareil de photo. *Profondeur du champ. Être dans le champ, hors champ. Une voix hors champ.* ⇒ **off.** 2 CHAMP (OPÉRATOIRE) : zone dans laquelle on pratique une opération. 3 Domaine où se manifeste un phénomène physique déterminé en tout point. *Les champs électrique, gravitationnel, magnétique sont des champs vectoriels.* • *Champ tournant* : champ magnétique représenté par un vecteur dont l'extrémité décrit un cercle. 4 *Le champ de la conscience* : contenu de la conscience à un moment donné. 5 Ensemble structuré. *Champ sémantique, lexical.* 6 En informatique, Zone d'un mot contenant une information particulière. *Les champs d'adresse d'une instruction.* ⓞ HOM. Chant.

① **champagne** n. f. – Xe ; lat. *campus* « plaine » 1 Plaine crayeuse ou calcaire. *La champagne de Saintonge.* ♦ *Fine champagne* : eau-de-vie de qualité supérieure provenant de la région de Cognac. 2 Tiers inférieur de l'écu. ⇒ **plaine.**

② **champagne** n. m. – XVIIe 1 Vin blanc de Champagne, rendu mousseux. *Bouteille, bouchon de champagne. Coupe, flûte, seau à champagne ; sabler* le champagne. Champagne rosé.* « *elle battit son champagne en silence* » (Beauv.). 2 adj. inv. De la couleur du champagne. *Une robe champagne.*

❑ Le champagne est rendu mousseux par le procédé naturel de dom Pérignon (1638-1715) utilisant la seconde fermentation du vin. ♦ Ne pas confondre avec *fine champagne*. → ① champagne.

champagnisation n. f. – XIXe ▪ Procédé de préparation des vins de Champagne.

champagniser v. tr. [1] – XIXe ▪ Traiter (les crus de Champagne) pour en faire du champagne ; traiter (un vin d'autre origine) de manière analogue. *Vins champagnisés.*

champart n. m. – XIIIe ; de *champ* et *part* **1** Droit féodal qu'avaient les seigneurs de lever une partie de la récolte de leurs tenanciers. ⇒ **terrage.** **2** Mélange de froment, de seigle et d'orge. ⇒ **méteil.**

champêtre adj. – XIe ; lat. *campus* « plaine » ▪ vieilli ou littér. Qui appartient aux champs, à la campagne cultivée. ⇒ **agreste, bucolique, pastoral, rural, rustique.** « *La simplicité de la vie pastorale et champêtre a toujours quelque chose qui touche* » (Rouss.).

champi, isse n. et adj. – XIVe ▪ vx ou région. Enfant trouvé dans les champs. ⇒ **bâtard.** « *François le Champi* », *roman de George Sand.*

champignon n. m. – XIVe ; lat. « (produit) de la campagne *(campania)* » **1** Végétal sans feuilles ni fleurs formé généralement d'un pied surmonté d'un chapeau, à nombreuses espèces, comestibles ou vénéneuses, et qui pousse rapidement, surtout dans les lieux humides. *Pied, pédicule ; bulbe, chapeau des champignons. Champignons comestibles, vénéneux, hallucinogènes.* « *Nous nous arrêtions dans chaque forêt pour cueillir des champignons* » (Giraud.). *Ramasser des champignons. Champignon de couche, de Paris. Omelette aux champignons. Champignons à la grecque.* ➝ *Pousser comme un champignon*, très vite. *Ville champignon.* ♦ Végétal à goût et à emploi culinaire comparable. *Champignons chinois :* algues. **2** Ce qui a la forme d'un champignon. ➝ fam. Pédale d'accélérateur. *Appuyer sur le champignon :* accélérer. ➝ *Champignon atomique :* nuage qui s'élève après une explosion atomique. **3** Végétal cryptogame cellulaire *(thallophytes)* dépourvu de chlorophylle, hétérotrophe, incapable de photosynthèse, vivant soit en parasite des plantes ou des animaux et de l'homme, soit en symbiose ou en saprophyte. *Champignons unicellulaires.* ⇒ **levure, oïdium.** *Étude des champignons.* ⇒ **mycologie.** *Substances détruisant les champignons.* ⇒ **fongicide.**

> ❑ Les champignons bleuissants sont souvent comestibles ; le danger se montre ailleurs. → volve (rem.).

champignonnière n. f. – XVIIe ▪ Lieu où l'on cultive les champignons sur couche.

champignonniste n. – XIXe ▪ Personne qui cultive les champignons.

champion, ionne n. – XIe ; lat. *campus* « champ de bataille » **1** n. m. Celui qui combattait en champ clos pour soutenir une cause. *Choisir un champion.* **2** Défenseur attitré d'une cause. « *Il suffirait qu'une pensée fût extraordinaire, qu'elle choquât le sens commun, pour que je m'en fisse aussitôt le champion* » (Muss.). **3** Athlète qui remporte une épreuve sportive particulière. *Champion du monde de ski.* **4** fam. Personne remarquable. ⇒ **as.**

championnat n. m. – XIXe ▪ Épreuve sportive officielle à l'issue de laquelle le vainqueur obtient un titre. ⇒ **compétition, challenge.** *Remporter le championnat de France de football* (⇒ ① **coupe**). ♦ Épreuve de jeux. ⇒ **tournoi.** *Championnat de bridge.*

champlever [ʃɑ̃l(ə)ve] v. tr. [5] – XVIIIe ; de *champ* et *lever* ▪ Enlever au burin le champ autour d'un motif, d'une figure que l'on réserve, pour obtenir des blancs, des reliefs. *Champlever une plaque d'argent.* ♦ Pratiquer des alvéoles dans (un support métallique) pour incruster à chaud de la pâte d'émail. ➝ *Émaux champlevés* (opposé à *cloisonné*).

chamsin → **khamsin**

chance n. f. – XIIe ; lat. *cadere* « tomber » **1** Manière favorable ou défavorable selon laquelle un événement se produit ; puissance qui préside au succès ou à l'insuccès. *La chance nous sourit enfin. Souhaiter bonne chance. Bonne chance ! Courir sa chance. La chance a tourné*, de bonne, elle est devenue mauvaise (ou vice versa). « *La chance peut tourner. Patience et persévérance peuvent beaucoup* » (Madelin). **2** Possibilité de se produire par hasard. ⇒ **éventualité, probabilité.** *Il y a de fortes chances (pour) que cela se produise :* c'est probable. *Elle a toutes les chances de réussir. Calculer ses chances de succès. Il y a une chance sur trois (pour) que ça marche.* ➝ Occasion. *Saisir, laisser passer sa chance. C'est notre dernière chance.* ⇒ **espoir.** **3** Heureux hasard, sort favorable. ⇒ **bonheur, fortune,** fam. **veine.** *Avoir de la chance, beaucoup de chance.* ⇒ fam. ① **bol, pot.** *Il aura de la chance s'il s'en tire.* « *Je n'ai pas eu la chance d'avoir des parents riches pour me payer mes études* » (Sartre). *Porter chance à qqn. C'est un coup de chance. Il n'a pas de chance.* ✪ CONTR. Déveine, ② guigne, malchance, poisse.

> ❑ Le sens neutre de *chance* ayant évolué vers des emplois positifs (« heureux hasard »), on dit *il a des chances de réussir*, mais non *des chances de perdre*. Pour le rapport avec *risquer de* → risquer (rem.).

chancel n. m. – XIIe ; lat. *cancellus* « barreau » ▪ Barrière séparant le chœur des autres parties d'une église.

chancelant, ante adj. – XIIe **1** Qui chancelle. *Démarche chancelante.* ⇒ **flageolant.** **2** Fragile. ⇒ **faible,** ① **incertain.** « *Ma santé, longtemps chancelante, semblait s'affermir* » (Duham.). ✪ CONTR. Assuré, ① ferme, ① fort, solide.

chanceler v. intr. [4] – XIe ; lat. *cancellare* « clore d'un treillis » **1** Vaciller sur sa base, pencher de côté et d'autre en menaçant de tomber. ⇒ **flageoler, tituber, vaciller.** « *Il frissonne, il chancelle, il trébuche, il expire* » (Corn.). *Chanceler de fatigue.* **2** Être mal assuré. *Sa raison chancelle.* ✪ CONTR. Affermir (s'), dresser (se).

chancelier n. m. – XIe ; lat. *cancellarius* « huissier de l'empereur » **1** Fonctionnaire royal ayant la garde et la disposition du sceau de France. **2** Personne chargée de garder les sceaux. *Grand chancelier de l'ordre de la Légion d'honneur :* chef de l'ordre qui appose le sceau sur les brevets. **3** *Chancelier de l'Échiquier :* en Grande-Bretagne, le ministre des Finances. ➝ Premier ministre (Autriche, Allemagne). **4** *Chancelier des universités.* ⇒ ① **recteur.**

chancelière n. f. – XVIIe ; de *chancelier* ▪ Boîte ou sac ouvert, fourré à l'intérieur et servant à tenir les pieds au chaud. « *l'ample chancelière où plongeaient, accotés, les pieds de M. de la Hourmerie* » (Courtel.).

chancellerie n. f. – XIIe **1** Administration centrale du ministère de la Justice. **2** *La chancellerie d'un consulat, d'une ambassade.* ➝ *Grande chancellerie :* services placés sous l'autorité du grand chancelier de la Légion d'honneur. **3** *La chancellerie du Vatican :* service administratif où l'on délivre les actes concernant le gouvernement de l'Église.

chanceux, euse adj. – XVIIe ▪ Favorisé par la chance ; qui a de la chance. ⇒ fam. **veinard, verni.** « *Vous êtes chanceux de vivre toute l'année dans la beauté des grands bois* » (J.-Y. Soucy). ✪ CONTR. Assuré, certain, sûr. Malchanceux.

chancir v. intr. [2] – XVIe ; lat. *canus* « blanc » ▪ vx Présenter des traces de moisissure. ⇒ se **gâter, moisir.**

chancre n. m. – XIIIe ; lat. *cancer* « ulcère » **1** Érosion ou ulcération de la peau ou d'une muqueuse, au premier stade de certaines maladies infectieuses. *Chancre* *induré* ou *syphilitique*. *Chancre mou*. ⇒ **chancrelle.** 2 Plaie du tronc ou des branches d'un arbre provoquée par un champignon ou par l'infection microbienne d'une blessure vive. *Le chancre du pommier est dû à un ascomycète.*

chancrelle n. f. – XIXe ▪ Maladie vénérienne (appelée aussi *chancre mou*) due à un bacille, et qui se caractérise par une ulcération assez profonde et molle de la verge ou de la vulve.

chandail n. m. – XIXe ; de *chand* (« marchand ») *d'ail* ▪ Gros tricot de laine qui s'enfile par la tête. ⇒ **pull-over.** « *elle tricotait pendant des heures des chandails pour une œuvre* » (Montherl.).

> ❑ *Chandail* est le nom du tricot que portaient les marchands de légumes, aux Halles de Paris.

chandeleur n. f. – XIIe ; lat. *festa candelarum* « fête des chandelles » ▪ Fête de la présentation de Jésus-Christ au Temple et de la purification de la Vierge Marie (2 février).

chandelier n. m. – XIIe 1 Support destiné à recevoir les chandelles, les cierges, les bougies. « *les gigantesques chandeliers d'argent* » (Gaut.). *Bobèche d'un chandelier.* ◆ *Le chandelier à sept branches*, dans la religion juive. 2 vx Personne sur qui on détourne la jalousie du mari. ⇒ **paravent.** « *Le Chandelier* », comédie de Musset.

chandelle n. f. – XIIe ; lat. *candela* 1 Appareil d'éclairage formé d'une mèche tressée enveloppée de suif. ⇒ **bougie, flambeau.** *Chandelle d'église.* ⇒ **cierge.** *S'éclairer à la chandelle. Un dîner aux chandelles.* 2 *Devoir une fière chandelle à qqn*, lui devoir une grande reconnaissance. *Des économies de bouts de chandelles* : des économies insignifiantes. ◆ *Brûler la chandelle par les deux bouts* : gaspiller. « *Une vraie tête de linotte ! Il brûlait la chandelle par les deux bouts ! Le cotillon l'a perdu !* » (Flaub.). ◆ *(En) voir trente-six chandelles* : être étourdi par un coup. ◆ *Tenir la chandelle* : assister en tiers complaisant à une liaison. ◆ *Le jeu n'en vaut pas la chandelle* : le résultat de cette entreprise ne vaut pas l'investissement nécessaire. 3 fam. Morve qui coule d'une narine. 4 Montée verticale. *L'avion monte en chandelle.*

> ❑ La chandelle, comme objet, n'est plus que pittoresque mais les nombreuses locutions encore usitées, qui contiennent ce mot, témoignent de son ancienne importance.

① **chanfrein** n. m. – XIIe ; lat. *frenum* « frein » ▪ Partie antérieure de la tête (du cheval et de certains mammifères), qui s'étend du front aux naseaux.

② **chanfrein** n. m. – XVe ; de *chanfraindre* « tailler en biseau », de *fraindre* « briser, abattre » et ② *chant* ▪ Surface plate obtenue en abattant l'arête d'une pierre, d'une pièce de bois ou de métal. ⇒ **biseau.**

chanfreiner v. tr. [1] – XVIIe ; de ② *chanfrein* ▪ Tailler en chanfrein.

change n. m. – XIIe **I** - **1** loc. *Gagner, perdre au change* : être avantagé ou désavantagé lors d'un échange. 2 Action de changer une monnaie contre une autre monnaie, une valeur monétaire contre une valeur équivalente. ⇒ **conversion.** *Le marché des changes*, où sont fixés les *taux de change* de monnaies convertibles. *Contrôle des changes*, effectué par l'État. *Bureau de change.* ◆ *Lettre de change.* ⇒ **billet** (à ordre), **effet.** 3 Valeur de l'indice monétaire étranger en monnaie nationale sur une place déterminée. *Parité des changes.* **II** - **1** En vénerie, Substitution d'une nouvelle bête à la place de celle qui a été lancée. *La bête donne le change*, en fait lever une autre à sa place. 2 *Donner le change à qqn*, lui faire prendre une chose pour une autre. « *je suis réduit encore à me cacher, à ruser, à tâcher de donner le change* » (Rouss.). **III** *Change, change complet* : couche-culotte jetable.

changeable adj. – XIIe ▪ Qui peut être changé. ⇒ **métamorphosable, modifiable, remplaçable, réversible.** ✪ CONTR. Immuable.

changeant, ante adj. – XIIe 1 Qui est sujet à changer, susceptible de changement. ⇒ ① **incertain, variable.** *Un temps changeant. Humeur changeante.* ⇒ **inégal.** *Il est bien changeant dans ses opinions.* « *Ce qui nous rend si changeant dans nos amitiés* » (La Rochef.). 2 Dont l'aspect, la couleur change suivant le jour sous lequel on le regarde. *Étoffe à reflets changeants.* ⇒ **chatoyant, moiré, versicolore.** ✪ CONTR. Constant, égal, ① fixe, immuable, invariable, persistant, stable.

changement n. m. – XIIe 1 *Changement de...* : modification quant à (tel caractère) ; le fait de changer. *Changement d'état, de forme.* ⇒ **déformation, déguisement, évolution, métamorphose, modification, mutation, transfiguration, transformation, transmutation.** *Changement d'attitude. Changement de temps.* ⇒ **variation.** *Changement de saison.* ⇒ **alternance.** *Changement de ton, de tonalité.* ⇒ **modulation, transposition.** *Changement de programme. Changement de propriétaire* (d'un commerce). ◆ *Changement de fréquence.* ⇒ **modulation.** 2 Le fait de ne plus être le même. « *C'est l'apanage de la créature d'être sujette au changement* » (Boss.). 3 Le fait d'abandonner une chose, une personne pour une autre, de changer de... *Changement d'adresse. Changement d'heure* : passage de l'heure d'été à l'heure d'hiver et vice versa. « *On avait espéré merveille du changement d'air pour me rendre les forces nécessaires à la vie d'un soldat* » (Chateaub.). 4 État de ce qui évolue, se modifie, ne reste pas identique. « *Je peux me vanter d'avoir toujours persévéré dans le changement* » (Duham.). *Aimer, craindre le changement.* 5 Chose, circonstance qui change, évolue. *Ç'a été un grand changement dans sa vie.* ◆ *Il y a eu du changement, cette année.* 6 *Changement de niveau.* ⇒ **dénivellation, inégalité.** 7 Dispositif permettant de changer. *Changement de vitesse* d'une voiture.* ✪ CONTR. Constance, fixité, invariabilité, persévérance, stabilité.

changer v. [3] – XIIe ; lat. *cambire* **I** v. tr. 1 Céder (une chose) contre une autre. ⇒ **échanger, troquer.** *Changer une chose pour, contre une autre. Je ne changerais pas ma place pour la sienne.* ⇒ **abandonner, céder, donner, quitter, renoncer** (à). ◆ *Changer des dollars contre des francs.* ⇒ **convertir.** 2 Remplacer (qqch., qqn) par une chose, une personne (de même nature). « *les nations ne changent ou ne modifient jamais leurs gouvernements que quand l'excès de l'oppression les y contraint* » (Danton). *Changer la roue d'une voiture. Changer le personnel d'une administration.* ◆ *Changer les draps* : mettre des draps propres. *Changer un bébé*, remplacer sa couche. 3 *Changer qqch., qqn de* : faire subir une modification quant à. *On ne le changera pas de caractère. Changer une chose de place*, la mettre ailleurs. *Changer qqn de poste.* ⇒ **déplacer,** ② **muter.** 4 Rendre autre ou différent. ⇒ **modifier.** *Changer ses projets, sa manière de vivre.* « *La jeunesse change ses goûts par l'ardeur du sang, et la vieillesse conserve les siens par l'accoutumance* » (La Rochef.). *Vouloir tout changer.* « *Que peu de temps suffit pour changer toutes choses !* » (Hugo). *Changer l'ordre des choses. Ça m'a changé la vie.* ◆ *Changer sa voix pour n'être pas reconnu.* ⇒ **contrefaire, déguiser.** *Changer le sens d'un texte.* ⇒ **déformer, dénaturer, fausser.** ◆ fam. *Changer les idées à qqn.* ⇒ **divertir.** ♦ *On ne le changera pas. Cette nouvelle coiffure vous change.* 5 CHANGER (qqch., qqn) EN. ⇒ **convertir, métamorphoser, muer, transfigurer,**

transformer. *La femme de Loth « fut changée en une statue de sel »* (BIBLE). *Les alchimistes espéraient changer les métaux en or.* ⇒ **transmuer.** *Changer une peine en une autre.* ⇒ **commuer.** 6 CHANGER *(qqch.)* À : modifier un élément de. *Ne rien changer à ses habitudes. Vous n'y changerez rien.* **II** **v. tr. ind.** CHANGER DE. **1** *Changer de place* : quitter un lieu pour un autre. ⇒ **bouger,** se **déplacer, remuer.** *Changer de place avec qqn.* ⇒ **permuter.** *« En changeant de pays, la pudeur change de place »* (Flaub.). *Changer d'air.* ➛ *Changer de file (en conduisant). Changer de cap, de route. Changer d'amures, de voiles.* ⇒ **virer.** *Changer de camp.* **2** Abandonner, quitter (une chose, une personne) pour une autre de la même espèce, du même genre. ⇒ **substituer** (à). *Changer de cheval, de voiture. Changer de gouvernement, de régime. Changer de secrétaire. Les voyageurs pour Laon changent de train. Changer de décor. Changer de robe. Elle a changé de coiffure. Changer d'orientation professionnelle.* ⇒ se **reconvertir,** se **recycler.** ➛ *Changer de chaîne* (de télévision). ⇒ **zapper ;** région. **pitonner.** ➛ *Il change sans cesse de sujet. « il n'est qu'une façon de se reposer, et c'est de changer de travail »* (Duham.). ➛ *Changer d'attitude, d'humeur, de ton. Il a changé d'idée. « ma résolution était prise et rien ne pouvait plus m'en faire changer »* (France). *Changer de religion.* ⇒ se **convertir.** *« Quitter tout cela. Changer de peau. Changer de vie »* (Sarraute). ♦ *La maison a changé de propriétaire. Changer de couleur,* sous l'effet d'une émotion. ⇒ se **troubler.** *« Vous vous troublez, Madame, et changez de visage »* (Rac.). **III** **v. intr.** Devenir autre, différent, éprouver un changement. ⇒ **évoluer,** se **modifier,** se **transformer, varier.** *« Tout change dans la nature, tout est dans un flux continuel »* (Rouss.). *Les choses ont changé. Le temps va changer. Changer du tout au tout, du jour au lendemain, brusquement, à vue d'œil. Elle n'a pas changé, elle est toujours la même.* ⇒ **vieillir.** **IV** **v. pron.** **1** *Se changer en* : se convertir en, faire place à. *La citrouille se changea en carrosse. « Comment en un plomb vil l'or pur s'est-il changé »* (Rac.). **2** Changer de vêtements. *Se changer pour dîner.* ✪ CONTR. Conserver, garder, maintenir, persévérer, persister ; demeurer, durer, subsister.

changeur, euse **n.** – XIIe **1** Personne qui effectue des opérations de change. ⇒ **cambiste. 2** **n. m.** Dispositif permettant de changer. *Changeur de monnaie.* ⇒ **monnayeur.**

chanlatte **n. f.** – XIIIe ; de ② *chant* et *latte* ▪ Latte de section trapézoïdale, posée au bas du versant du toit.

chanoine **n. m.** – XIe ; lat. *canonicus* ▪ Dignitaire ecclésiastique, membre du chapitre d'une église cathédrale, collégiale, ou de certaines basiliques. *Chanoine enseignant la théologie.* ⇒ **théologal.** *« Ses chanoines vermeils et brillants de santé »* (Boil.).

❑ Les chanoines jouissaient parfois d'une prébende, d'où, par allusion à ces privilèges, les locutions : *vivre comme un chanoine, gras comme un chanoine.*

chanoinesse **n. f.** – XIIIe **1** Femme qui possédait une prébende dans un chapitre de femmes. ♦ Religieuse de certaines communautés. **2** Pâtisserie appelée aussi *nonnette.*

chanson **n. f.** – XIe ; lat. *cantio* « chant » **I - 1** Texte mis en musique, généralement divisé en couplets et refrain et destiné à être chanté. *L'air, les paroles, le titre d'une chanson. « Vivre est une chanson dont mourir est le refrain »* (Hugo). *Chanson courtoise du Moyen Âge. Chanson française polyphonique et a cappella, du* XVIe *s. Chanson populaire.* ⇒ **complainte, goualante.** *Chanson d'amour.* ⇒ **romance.** *Chanson à boire. Chanson d'enfants* (⇒ **comptine**). ➛ *Chanson ressassée.* ⇒ **rengaine, ritournelle, scie.** *Chanson à la mode, à succès.* ⇒ **tube.** ➛ *Écrire, composer des chansons. Auteur, compositeur, interprète de chansons. Les chansons de Brassens, de Brel. Chanteur qui enregistre des chansons.* ➛ loc. *L'air ne fait pas la chanson.* ➛ *En France « Tout finit par des chansons »* (Beaum.), allusion à la frivolité proverbiale des Français. ♦ Le genre musical formé par les chansons. *Les vedettes de la chanson.* **2** Bruit harmonieux. ⇒ ① **chant.** *La chanson du vent dans les feuilles.* ⇒ **bruit, murmure.** *« Chantant sa petite chanson habituelle, tututte, le train entre en gare avec beaucoup d'entrain »* (Queneau). **3** loc. fam. Propos rebattus. ⇒ **refrain.** *C'est toujours la même chanson.* ⇒ **comédie, histoire, musique.** ♦ vx Propos futiles. ⇒ **baliverne, sornette.** *« Ce sont des chansons que cela : je sais ce que je sais »* (Mol.). **II** littér. Poème épique du Moyen Âge. ⇒ **épopée.** *La Chanson de Roland.* ♦ Poème lyrique. *« La Chanson du Mal Aimé », poème d'Apollinaire.*

chansonnette **n. f.** – XIIe ▪ Petite chanson sur un sujet léger ou burlesque. *Pousser la chansonnette.*

chansonnier **n. m.** – XIVe **1** littér. Recueil de chansons. **2** Personne qui compose ou improvise des chansons ou des monologues satiriques, des sketchs. *Spectacle de chansonniers.*

① **chant** **n. m.** – XIIe ; lat. *cantus* **1** Émission de sons musicaux par la voix humaine ; technique, art de la musique vocale. *Suivre des cours de chant. École, professeur de chant.* ⇒ ② **conservatoire. 2** Suite de sons émis par la personne qui chante. *Un chant mélodieux, harmonieux.* ♦ Composition musicale destinée à la voix, généralement sur des paroles. *Chants profanes. Chants populaires, folkloriques. Chant patriotique.* ⇒ **hymne.** *« Les rues sont pleines de troupes en armes qui défilent en scandant des chants rythmés »* (Robbe-Grillet). *Chants sacrés. Chant de Noël.* **3** Forme particulière de musique vocale. *Chant d'église. Chant choral.* **4** Bruit harmonieux. *Le chant du violon. Le chant du coq. « Le rossignol attardé prolonge son chant de nuit jusqu'à l'aurore »* (Hugo). *Le chant des baleines.* **5** Poésie lyrique ou épique. *Les chants de Pindare. Chant nuptial.* ⇒ **épithalame.** *Chant funèbre.* ➛ Division d'un poème épique ou didactique. *« Les Chants de Maldoror », épopée en six chants de Lautréamont.* La poésie, les poèmes. *« Les plus désespérés sont les chants les plus beaux »* (Muss.). ✪ HOM. Champ.

② **chant** **n. m.** – XIIe ; lat. *canthus* « bande qui entoure la roue » ▪ Face étroite (d'un objet, d'un parallélépipède). *Le chant d'un livre* (opposé à ① *plat*). *Mettre, poser une pierre de chant, sur chant,* de sorte que le sens de sa longueur soit horizontal.

❑ Ce mot, distinct de ① *chant,* a été autrefois pris pour *champ.* ♦ Famille de ② *chanfrein.*

chantage **n. m.** – XIXe ▪ Action d'extorquer à qqn de l'argent ou un avantage sous la menace d'une imputation diffamatoire, ou d'une révélation compromettante. *Faire du chantage à qqn. Céder au chantage.* ♦ Moyen de pression utilisé pour obtenir qqch. de qqn. *Chantage au suicide.*

chantant, ante **adj.** – XIIIe **1** Qui chante, a un rôle mélodique. *Basse chantante* (opposé à *profonde*). ⇒ **basse-taille. 2** Qui est favorable au chant. *Une musique très chantante.* **3** *Voix chantante,* mélodieuse. *Accent chantant.*

chanteau **n. m.** – XIIe ; de ② *chant* ▪ Pièce d'un violon (ou violoncelle) qui augmente la largeur de la table ou du fond.

chantefable n. f. – XIIe ; de *chanter* et *fable* ■ Récit médiéval où alternent prose (récit) et vers (chant). « *Aucassin et Nicolette* » *est une chantefable.*

chantepleure n. f. – XIIe ; de *chanter* et *pleurer* **1** Entonnoir à long tuyau percé de trous. ➤ Robinet de tonneau. **2** Fente pratiquée dans un mur de clôture ou de soutènement pour l'écoulement des eaux. ⇒ **barbacane.**

chanter v. [1] – Xe ; lat. *cantare* **I** v. intr. **1** Former avec la voix une suite de sons musicaux. *Il chante bien. Chanter juste, faux. Chanter doucement, à pleins poumons, à tue-tête. Chanter en chœur. Chanter en play-back.* ➤ Avoir des intonations qui rappellent le chant. *Une langue qui chante.* **2** Produire des sons, des bruits. ⇒ **gazouiller, siffler.** *L'alouette, le coq chantent.* ➤ « *l'eau commençait à chanter dans la bouilloire* » (Simenon). **3** loc. *Faire chanter qqn,* exercer un chantage sur lui. ➤ fam. *Comme ça vous chante :* comme vous préférez. *Le* « *pianiste jouait, mais seulement si "ça lui chantait", car on ne forçait personne* » (Proust). **II** v. tr. **1** Exécuter (un morceau de musique vocale). *Chanter la messe.* ➤ *Il chante cela sur tous les tons.* ⇒ **rabâcher, répéter. 2** Célébrer par des chants. *Chantons Noël !* **3** Célébrer. ⇒ **proclamer, vanter.** « *Allons ! Chantons Bacchus, l'amour et la folie* » (Muss.). ➤ *Chanter les louanges de qqn.*

① **chanterelle** n. f. – XVIe ; de *chanter* **1** Corde la plus fine et la plus aiguë dans un instrument à cordes et à manche. **2** Oiseau que l'on met en cage, et dont le chant attire d'autres oiseaux. ⇒ **appeau.**

② **chanterelle** n. f. – XVIIIe ; gr. *kantharos* « coupe » ■ Champignon en forme de coupe aux bords ondulés et à lamelles décurrentes *(basidiomycètes).* ⇒ **girolle.**

chanteur, euse n. – XIIe **1** Personne qui chante, fait métier de chanter ou excelle dans l'art du chant. *Chanteur de charme* (⇒ **crooner).** *Chanteuse d'opéra.* ⇒ **cantatrice, diva.** *Les fans d'un chanteur.* **2** adj. *Oiseaux chanteurs.* **3** ⇒ **maître chanteur.**

❑ Dans le domaine du chant lyrique, le féminin *chanteuse* est très concurrencé par *cantatrice.* Il n'existe pas d'équivalent au masculin, on dit *chanteur.*

chantier n. m. – XIIe ; lat. *canterius* « mauvais cheval » **1** Madrier sur lequel on pose les tonneaux. ➤ Pièce servant de support à qqch. que l'on façonne. ➤ *Navire sur le chantier.* ⇒ **tin. 2** *Mettre un travail en chantier, sur le chantier,* le commencer. **3** Lieu où sont rassemblés des matériaux, où l'on procède à des travaux. *Chantier de démolition. Travailler sur un chantier.* « *Sur les chantiers les hautes grues étaient immobiles* » (Le Clézio). *Chef de chantier.* ➤ *Chantier naval.* ♦ Au Canada, Exploitation forestière. ➤ Habitation pour les bûcherons dans la forêt. **4** fam. Lieu où règne le désordre. *Quel chantier !* ⇒ **bazar, bordel.**

chantignole n. f. – XVIIe ; de ② *chant* **1** Pièce de bois soutenant les pannes de la charpente d'un toit. **2** Brique de demi-épaisseur.

chantilly n. m. et f. inv. – XIXe ; commune de l'Oise **1** n. m. Dentelle. « *Un déshabillé de chantilly noir, arachnéen* » (Maurois). **2** n. f. *Crème chantilly :* crème fouettée et sucrée. *Glace à la chantilly.* ➤ *Fraises chantilly.*

chantonnement n. m. – XIXe ■ Action de chantonner.

chantonner v. [1] – XVIe **1** v. intr. Chanter à mi-voix. ⇒ **fredonner. 2** v. tr. *Chantonner un refrain.*

chantoung → **shantung**

chantourner v. tr. [1] – XVIIe ; de ② *chant* et *tourner* ■ Découper ou évider une pièce de bois ou de métal, suivant un profil donné. – *Pièce chantournée.*

chantre n. m. – XIIIe ; lat. *cantor* « chanteur » **1** Chanteur dans un service religieux. ➤ *Herbe aux chantres :* sisymbre. **2** Poète épique ou lyrique. ➤ Personne qui célèbre (qqn, qqch.). « *Walter Scott, le chantre des races opprimées* » (Barrès).

chanvre n. m. – XIIIe ; lat. *cannabis* **1** Plante textile *(cannabinacées)* cultivée dans les régions tempérées et subtropicales. *Graines de chanvre.* ⇒ **chènevis.** *Fibre de chanvre.* ⇒ **étoupe, filasse. 2** CHANVRE INDIEN : chanvre qui, dans les pays chauds, développe dans ses fleurs un produit toxique utilisé comme stupéfiant. ⇒ **cannabis, haschisch,** ① **kif, marijuana. 3** Textile de la tige du chanvre. *Chanvre écru.* « *c'était une fine cordelette de chanvre, en parfait état* » (Robbe-Grillet). **4** Textile analogue. *Chanvre de Manille. Chanvre du Bengale.* ⇒ **jute. 5** *Chanvre d'eau.* ⇒ **eupatoire.**

chanvrier, ière n. et adj. – XIIIe ■ Personne qui travaille le chanvre. ➤ *Industrie chanvrière.*

chaos [kao] n. m. – XIVe ; gr. *khaos* **1** Vide ou confusion existant avant la création du monde (⇒ **tohu-bohu).** *Chaos originel.* **2** Confusion, désordre grave. « *le chaos des sensations confuses* » (Michelet). ⇒ **mêlée.** *Jeter un pays dans l'aventure et le chaos.* **3** Entassement naturel et désordonné de blocs, de rochers. *Le chaos de Gavarnie.* **4** *Chaos moléculaire :* distribution désordonnée des positions et des vitesses des molécules d'un gaz parfait en équilibre. ✪ CONTR. Harmonie, ordre. — HOM. Cahot ; K.-O.

chaotique [kaɔtik] adj. – XIXe **1** Qui a l'aspect d'un chaos. *Un amas chaotique de rochers.* **2** Relatif au chaos originel.

❑ Attention de ne pas écrire °*cahotique* d'après *cahot.*

chaource n. m. – av. 1952 ; nom d'une commune de l'Aube ■ Fromage de vache à pâte molle, à croûte fleurie.

chapardage n. m. – XIXe ■ fam. Action de chaparder.

chaparder v. tr. [1] – XIXe ; p.-ê. de *chapar* « vol », sabir algér. ■ fam. Dérober, voler (de petites choses). ⇒ **chiper, piquer.** ➤ *Chaparder dans les grands magasins.*

chapardeur, euse adj. et n. – XIXe ■ Qui commet de petits larcins.

chape n. f. – XIe ; lat. *cappa* « capuchon », « manteau » **1** Long manteau de cérémonie, sans manches, agrafé pardevant. *Chape de cardinal.* ➤ *La chaleur pesait comme une chape de plomb* (ACAD.). **2** Objet recouvrant qqch. ⇒ **couvercle, enveloppe, revêtement.** *Chape de bielle :* enveloppe des coussinets. *Chape d'un pneumatique.* **3** Revêtement imperméable qui protège une voûte, un radier. *Le parquet sera* « *remplacé par une chape de ciment* » (Perec). **4** Pièce honorable triangulaire de l'écu. ✪ HOM. Schappe.

❑ Même famille étym. que *cape.* Dans l'expression *chape de plomb,* à l'origine nom d'un instrument de torture, on retrouve la *chape* « manteau d'ecclésiastique ».

chapeau n. m. – XIe ; lat. *cappa* « capuchon » **I - 1** Coiffure de forme le plus souvent rigide (opposé à *bonnet, coiffe*) ⇒ **couvre-chef ;** fam. **galurin.** *Chapeau de paille, chapeau mou.* « *Un chapeau de feutre, un imperméable, c'est presque un uniforme* » (Aymé). *Chapeau de soleil, de pluie.* ➤ *Mettre son chapeau. Enlever, ôter son chapeau.* loc. *Donner un coup de chapeau, tirer son chapeau à qqn :* saluer qqn ; fig. exprimer son admiration, rendre hommage à qqn. fam. *Chapeau !* ⇒ **bravo.** ➤ loc. *Manger son chapeau :* se déjuger. arg. *Porter le chapeau :* être considéré comme responsable, coupable d'une faute, d'un délit commis dans un groupe. **2** Chapeau de cardinal. loc. *Recevoir le chapeau :* être promu au cardinalat. **II - 1** Partie supérieure d'un champignon. ➤ Abri en cloche (horticulture). ➤ *Le chapeau d'un vol-au-vent.* **2** *Chapeau chinois :* instrument à percussion formé d'un cône métallique garni de clochettes. **3** Partie supérieure ou latérale (qui protège), en mécanique. *Chapeau de* *roue.* ⇒ **enjoliveur.** 4 Texte court qui surmonte et présente un texte (après le titre). *Chapeau d'un article de journal.*

chapeauter v. tr. [1] – XIXe 1 Coiffer d'un chapeau. ➛ « *un mur bas, couleur de terre, chapeauté de tuiles* » (Tournier). 2 Exercer un contrôle sur. ⇒ **coiffer.** *Chapeauter un groupement politique.*

chapelain n. m. – XIIe ▪ Prêtre qui dessert une chapelle. ⇒ **aumônier.**

chapelet n. m. – XIIe ; de *chapeau* 1 Objet de dévotion formé de grains enfilés que l'on fait glisser entre ses doigts en récitant des prières. *Chapelet de quinze dizaines.* ⇒ **rosaire.** *Chapelet bouddhique, musulman.* 2 Prières récitées avec cet objet. *Dire, réciter son chapelet.* 3 Succession d'éléments semblables. *Chapelet de saucisses. Chapelet d'injures.* ⇒ **kyrielle.** ➛ En architecture, Baguette décorative faite d'une succession de perles, d'olives, de grains ronds. ➛ *Chapelet hydraulique,* formé d'une chaîne sans fin supportant une série de plateaux ou godets. ⇒ **noria.**

❑ Les mots *chapelet* et *chapelier* sont formés sur *chapel,* ancienne forme du mot *chapeau,* par l'intermédiaire de *chapelet* « couronne de fleurs qui coiffe la Vierge ».

chapelier, ière n. et adj. – XIIe 1 Personne qui fait ou vend des chapeaux (⇒ **modiste**). 2 adj. *L'industrie chapelière.*

chapelle n. f. – XIe ; lat. *capella* « lieu où l'on gardait la *chape* de saint Martin » 1 Lieu consacré au culte dans une demeure particulière. ⇒ ① **oratoire.** « *la petite chapelle du pénitencier était comble* » (Mart. du G.). 2 Église n'ayant pas le titre de paroisse. *La Sainte-Chapelle.* 3 Enceinte ménagée dans une église, contenant un autel secondaire. *La chapelle de la Vierge.* 4 Chanteurs et instrumentistes d'une église. *Maître de chapelle,* des chants et de la musique sacrée. ⇒ **cantor.** 5 *Chapelle ardente :* chambre mortuaire où brûlent des cierges. 6 Groupe de personnes très fermé. ⇒ **clan, coterie.** *Avoir l'esprit de chapelle.*

chapellenie n. f. – XIIIe ▪ Dignité, bénéfice du chapelain.

chapellerie n. f. – XIIIe ▪ Fabrication et commerce des chapeaux.

chapelure n. f. – XIVe ; lat. *capulare* « découper un mets, une nourriture » ▪ Pain séché (ou biscotte) râpé ou émietté, utilisé dans certaines préparations culinaires.

chaperon n. m. – XIIe ; de *chape* 1 Capuchon. « *Le Petit Chaperon rouge* », *conte de Perrault.* ♦ Étole. *Chaperon de magistrat.* ⇒ **épitoge.** ♦ Coiffe de cuir, pour aveugler les oiseaux de fauconnerie. 2 Couronnement d'un mur. « *les murs des jardins, garnis à leur chaperon de morceaux de bouteilles* » (Flaub.). 3 Personne qui accompagne une jeune fille ou une jeune femme par souci des convenances. ⇒ **duègne.** *Servir de chaperon à qqn.*

chaperonner v. tr. [1] – XIIe 1 Couvrir d'un chaperon. *Chaperonner un mur.* 2 Accompagner en qualité de chaperon. *Jeune fille chaperonnée par sa tante.*

chapiteau n. m. – XIIe ; lat. *caput* « tête, sommet » 1 Partie élargie située entre le fût d'une colonne et la charge. *Chapiteaux égyptiens, grecs.* « *l'élégante colonne corinthienne avec son chapiteau de feuilles sur le modèle du palmier* » (Chateaub.). 2 Ornement d'architecture qui forme un couronnement. *Chapiteau de balustre.* 3 Partie supérieure d'un alambic. 4 Tente d'un cirque. ➛ Le cirque lui-même. ♦ *Meeting sous chapiteau.*

chapitre n. m. – XIIe ; lat. *caput* « tête » **I - 1** Chacune des parties qui se suivent dans un livre, et en articulent la lecture. ⇒ **partie, section, titre.** *Le chapitre premier. Chapitre II.* 2 Subdivision du budget d'une collectivité publique. 3 Sujet dont on parle. ⇒ **matière, question.** *Être sévère sur le chapitre de l'hygiène. En voilà assez sur ce chapitre.* ➛ *Au chapitre des faits divers.* ⇒ **rubrique.** **II - 1** Assemblée de religieux, de chanoines réunis pour délibérer de leurs affaires (⇒ **capitulaire**). *Chapitre conventuel.* 2 Communauté des chanoines. *Le chapitre de Notre-Dame.* 3 loc. *Avoir voix au chapitre :* avoir autorité, crédit, pour se faire entendre dans une délibération, une discussion.

❑ Attention, pas d'accent circonflexe sur le *i* (faute courante).

chapitrer v. tr. [1] – XVe 1 Réprimander (un religieux) en plein chapitre. 2 Réprimander. ⇒ **admonester, morigéner.** *Il l'a dûment chapitré.*

chapka n. f. – XVIe ; mot russe, p.-ê. de l'a. fr. *chapel* « chapeau » ▪ Coiffure de fourrure à rabats pour les oreilles.

chapon n. m. – XIIe ; lat. *capo* 1 Jeune coq châtré que l'on engraisse pour la consommation. 2 région. (Sud-Ouest) Morceau de pain humecté de bouillon ou frotté d'ail.

❑ Par une image ironique, ce morceau de pain serait le chapon du pauvre.

chaponner v. tr. – XIIIe ▪ Châtrer (un jeune coq).

chapska n. m. ou f. – XIXe ; polonais *czapka* « coiffure nationale » ▪ Coiffure militaire polonaise adoptée par les lanciers du Second Empire.

chaptalisation n. f. – XIXe ; de *Chaptal,* chimiste français ▪ Sucrage du moût pour augmenter la teneur en alcool d'un vin.

chaptaliser v. tr. [1] – XIXe ▪ Ajouter du sucre à (un moût) avant la fermentation. – *Vin chaptalisé.*

chaque adj. indéf. distributif – XIIe ; lat. *casquunus* → chacun 1 Qui fait partie d'un ensemble et qui est pris séparément. *Chaque personne. Chaque pays. Chaque chose à sa place. Il me salue chaque fois qu'il me voit. À chaque instant.* ➛ « *Entre chaque salve, dix secondes s'écoulaient* » (Dorgelès). 2 fam. Chacun. *Ces foulards coûtent cent francs chaque.* ⇒ **pièce.**

❑ Bien qu'en usage dans la langue commerciale, l'emploi de *chaque* (adj.) pour *chacun* (pronom) est très critiqué (ex. *dix francs chaque*) ; il est recommandé de dire *dix francs chacun, chacune.*

① **char** n. m. – XIe ; lat. *carrus* 1 vieilli Voiture rurale, à quatre roues, tirée par un animal. ⇒ **chariot,** ① **charrette.** *Char à bœufs.* « *Les grands chars gémissants qui reviennent le soir* » (Hugo). *Char à bancs,* pour le transport des personnes. 2 Voiture à deux roues, utilisée par les Anciens dans les combats, les jeux. *Courses de chars.* 3 Voiture décorée utilisée dans les réjouissances publiques. *Chars fleuris, de carnaval.* 4 CHAR D'ASSAUT, *char de combat,* ou CHAR : engin blindé monté sur chenilles. ⇒ **tank.** *Tourelle, périscope d'un char.* 5 CHAR À VOILE : véhicule de sport, sur roues ou patins à glace, qui avance à la voile.

② **char** ou **charre** n. m. – XIXe ; de *charrier* ▪ arg. Bluff. « *Ça fait pas plaisir à entendre des charres comme ça* » (Genet). ➛ fam. *Arrête ton char !* cesse de raconter des histoires.

❑ La locution *arrête ton char* est comprise comme une métaphore de ① *char* (ainsi que l'atteste la variante *arrête ton char, Ben Hur*).

charabia n. m. – XVIIIe ; p.-ê. provenç. *charra* « faire conversation » fam. Langage, style incompréhensible ou grossièrement incorrect. ⇒ **baragouin,** ① **jargon, sabir.** *Le charabia administratif.*

charade n. f. – XVIIIe ; p.-ê. provenç. *charrado* « causerie » ▪ Énigme où l'on doit deviner un mot de plusieurs syllabes décomposé en parties correspondant à un mot défini. ⇒ **devinette.** *Jouer aux charades.* « *une charade dont le mot était "marabout"* » (Goncourt).

charançon n. m. – XVe ; p.-ê. gaul. « petit cerf *(kar-)* » ▪ Insecte phytophage *(coléoptères).*

charançonné, ée adj. – XVIIe ▪ Attaqué, gâté par les charançons. *Blé charançonné.*

charbon n. m. – XIIe ; lat. *carbo* **I - 1** Combustible solide, noir, d'origine végétale, à forte proportion en carbone. *Charbon de bois.* ♦ *Charbon de terre. Charbon minéral.* ⇒ **anthracite, houille, lignite.** *Mine de charbon. Extraction du charbon. Charbon aggloméré.* ⇒ **boulet, briquette.** *Chauffage au charbon.* ♦ loc. fam. *Aller au charbon* : devoir faire le plus gros d'un travail. **2** Morceau ou parcelle de charbon. « *Marguerite a un charbon dans l'œil* » (Gide). loc. *Être sur des charbons ardents* : être très impatient, très inquiet. **3** *Charbon animal* : produit de réduction par la chaleur des substances animales et qui est employé comme décolorant. ⇒ **noir** (animal). **4** Fusain. *Dessin au charbon.* **5** Médicament à base de charbon végétal activé, utilisé pour ses propriétés d'adsorption des gaz. **6** Électrode constituée principalement de carbone. *Charbons d'une pile.* ➝ Balai d'une machine tournante. *Remplacer les charbons usés d'un moteur.* **II - 1** Maladie infectieuse de l'homme et de certains animaux causée par le bacille du charbon. *Charbon contagieux du mouton.* **2** Maladie des plantes provoquée par le bacille du charbon ou par un champignon de l'ordre des ustilaginales. ⇒ ① **nielle, rouille.** *Charbon du blé.*

charbonnage n. m. – XIVe ▪ au plur. Mines de houille. ⇒ **houillère.** *Les charbonnages de France.*

charbonner v. [1] – XIIe **1** v. tr. Noircir avec du charbon. **2** v. intr. Se réduire en charbon, sans flamber.

charbonneux, euse adj. – XVIIe **1** Qui a l'aspect du charbon ou qui est noir comme du charbon. *Des yeux charbonneux,* noircis de fard. **2** Qui se rapporte à la maladie du charbon.

charbonnier, ière n. et adj. – XIIe **1** Personne qui fait du charbon de bois (vieilli), ou qui vend du charbon. ⇒ fam. **bougnat.** loc. *La foi du charbonnier* : la croyance naïve de l'homme simple. **2** n. m. Cargo destiné au transport du charbon en vrac. **3** adj. Qui a rapport au commerce, à l'industrie du charbon. *Industrie charbonnière.* ⇒ **houiller.**

charbonnière n. f. – XIIIe **1** Lieu où l'on fait le charbon de bois. **2** Mésange à tête et cou noirs.

charcuter v. tr. [1] – XVIe ; de *charcutier* ▪ fam. Opérer maladroitement. *Se faire charcuter par un mauvais chirurgien.* ➝ fig. *Charcuter un texte,* le remanier et le dénaturer.

charcuterie n. f. – XVIe **1** Industrie et commerce de la viande de porc, des préparations à base de porc. **2** Spécialité à base de viande de porc. ⇒ **cochonnaille.** *Manger de la charcuterie.* **3** Boutique de charcutier. « *des charcuteries* [...] *aux plafonds surchargés de jambons et de saucisses,* [...] *où s'entassaient des montagnes de rillettes, des boudins lovés comme des cordages* » (Perec). *Boucherie-charcuterie.*

charcutier, ière n. – XVe ; de *chair cuite* **1** Personne qui apprête et vend du porc frais, de la charcuterie. **2** fam. Chirurgien maladroit. ⇒ ② **boucher.**

chardon n. m. – XIIIe ; lat. *cardo* **1** Plante à feuilles et bractées épineuses *(composées). Chardon étoilé.* ♦ Plante de caractère épineux. *Le chardon bleu des Alpes.* **2** Pointes de fer destinées à empêcher l'escalade des murs et des grilles.

chardonneret n. m. – XVe ▪ Oiseau chanteur, au plumage coloré *(passériformes),* friand de graines de chardon.

charentaise n. f. – 1922 ; de *Charente* ▪ Pantoufle en tissu molletonné à carreaux, souvent à semelle de feutre. « *les pieds nus dans des charentaises décolorées* » (Perec).

charge n. f. – XIIe **I - 1** Ce qui pèse sur ; ce que porte ou peut porter une personne, un animal, un véhicule, un bâtiment. ⇒ **faix, fardeau, poids.** *Lourde charge. Ployer sous la charge. Charge utile d'un véhicule,* poids maximum qu'il peut transporter. *Le camion* « *lancé à cent kilomètres à l'heure avec huit tonnes de charge* » (Simenon). *Charge maximum d'un ascenseur.* ➝ *Prendre en charge un passager dans un véhicule.* ♦ *Charge d'un navire.* ⇒ **cargaison.** *Ligne de charge.* ⇒ **flottaison. 2** Force verticale exercée par les parties hautes sur un élément de construction. *Colonne, pilier supportant une charge.* **3** Quantité de poudre, projectiles que l'on met dans une arme à feu, une mine. ⇒ ② **cartouche.** *La charge d'un fusil.* ➝ *Charge d'explosifs, de dynamite. Charge chimique d'un missile.* ➝ Action de charger (une arme à feu). **4** Action d'accumuler l'électricité. *La charge d'une batterie d'accumulateurs. Mettre une batterie en charge.* ➝ L'électricité accumulée. *Charge (électrique)* : quantité d'électricité (d'un système, d'un appareil). ⇒ **potentiel.** *Charge élémentaire positive* (du proton), *négative* (de l'électron). **5** Puissance débitée ou absorbée (par une machine, un réseau). ➝ Dispositif qui consomme de l'énergie. ♦ *Charge affective* : possibilité de susciter des réactions affectives. **6** *Charge (alaire)* : poids supporté par l'unité de surface d'une aile d'avion. **II - 1** Ce qui cause de l'embarras, de la peine. ⇒ **gêne, incommodité, servitude.** *Ce travail n'est pas une charge pour moi.* **2** Ce qui met dans la nécessité de faire des frais, des dépenses. *Charges de famille.* ➝ *Foyer avec deux enfants à charge,* aux besoins desquels on subvient. *Les frais de transports sont à votre charge.* ➝ *Soins pris en charge par la Sécurité sociale,* qui font l'objet d'un remboursement. ➝ *Charges d'habitation* : dépenses pour l'entretien et le fonctionnement courant d'un immeuble. *Loyer charges comprises.* ➝ Obligation résultant d'un contrat. ➝ *Charges sociales,* versées par l'employeur à la Sécurité sociale, aux caisses de retraite, de chômage, etc. ⇒ **cotisation. 3** Fonction dont qqn a tout le soin ; responsabilité publique. ⇒ **dignité, emploi, ministère, office,** ③ **poste.** *Les devoirs de sa charge. Charge d'huissier, de notaire.* ♦ Responsabilité « *La société a charge d'âme, elle a des devoirs envers l'individu* » (Renan). « *Le chef est celui qui prend tout en charge* » (St-Exup.). ♦ Fonction que l'on donne à accomplir. ⇒ **mandat, mission, ordre.** *S'acquitter de sa charge.* **4** Fait qui pèse sur la situation d'un accusé. ⇒ **indice, présomption.** *Ceci constitue une charge contre le prévenu.* « *Si grandes que soient les charges qui pèsent sur Robert Greslou, elles reposent sur des hypothèses* » (Bourget). ➝ *Témoin à charge,* qui accuse. **5** Ce qui outre le caractère de qqn pour le rendre ridicule. ⇒ **caricature.** Récit critique. *Ce roman est une charge féroce.* **III** Attaque impétueuse d'une troupe sur le terrain. ⇒ **assaut, attaque.** *Charge de cavalerie. Des manifestants* « *refoulés par les charges brutales de la police* » (Mart. du G.). *Marcher au pas de charge.* ♦ loc. *Revenir à la charge* : faire une nouvelle tentative, insister. ✪ CONTR. Allégement. Décharge.

> ❑ L'expression *en charge de* est un anglicisme à éviter (angl. *in charge of*). *Chargé de, responsable de* en disent tout autant.

chargé, ée adj. et n. – XIe **1** Qui porte une charge. *Arriver les bras chargés de cadeaux.* ♦ *Camion trop chargé.* ➝ *Lettre chargée,* qui contient des valeurs. ➝ *Fusil chargé,* rempli de munitions. ➝ *Appareil photo* *chargé.* 2 Alourdi, embarrassé. *Avoir l'estomac chargé.* ⇒ **lourd.** *La langue chargée,* blanche. 3 *Chargé de :* plein de. *Sa main « courte et chargée de bagues »* (France). « *un nuage de plus en plus sombre, de plus en plus chargé d'électricité* » (Hugo). « *cette confiance chargée d'espoir* » (Montherl.). ⇒ **rempli.** ◆ *Un emploi du temps chargé. Une journée très chargée.* 4 Responsable. *L'avocat chargé de l'affaire.* 5 **n.** CHARGÉ D'AFFAIRES : agent diplomatique, représentant accrédité d'un État. ◆ CHARGÉ DE MISSION : personne engagée pour remplir une mission déterminée. « *chargé de mission, je* [...] *suis dès à présent un personnage officiel* » (Gide). ◆ CHARGÉ DE COURS : professeur délégué de l'enseignement supérieur. ⇒ **vacataire.** 6 *Particules chargées positivement* (⇒ **positon, proton**), *négativement* (⇒ **électron**) ; *non chargées* (⇒ **neutron**).

chargement **n. m.** – XIIIe 1 Action de charger. *Chargement d'un camion.* 2 Action de mettre dans un véhicule. *Chargement des valises dans le coffre.* ♦ Marchandises chargées. ⇒ **cargaison, charge.** *Chargement mal arrimé.* 3 Remise à l'administration des postes d'un pli cacheté, en déclarant les valeurs qu'il contient. 4 Action de charger, de garnir. ⇒ **garnissage, remplissage.** *Chargement d'une caméra, d'un pistolet.* ♦ Introduction d'un fichier dans la mémoire d'un ordinateur. ✪ CONTR. Déchargement.

charger **v. tr.** [3] – XIe ; lat. *carrus* « char » **I** - 1 Mettre sur (un homme, une bête de somme, un véhicule, un bâtiment) un certain poids d'objets à transporter. *Charger une voiture, un cheval. Charger un navire.* 2 Placer, disposer pour être porté. ⇒ **mettre.** *Charger une caisse sur son épaule.* ⇒ ① **porter.** ◆ *Les déménageurs chargent les meubles.* ♦ Prendre (une charge). « *un brick qui chargeait pour les îles du Levant des jarres de terre cuite* » (Loti). ◆ fam. *Taxi qui charge un client,* qui le fait monter. 3 Mettre dans (une arme à feu) ce qui est nécessaire au tir. *Charger un fusil. Charger à balles.* ◆ Garnir (qqch.) de ce qui est nécessaire à son fonctionnement ou de ce qui doit être traité. ⇒ **approvisionner, remplir.** *Charger un fourneau de combustible. Charger un fusil.* pronom. *La machine se charge par l'avant.* ♦ Introduire (un fichier) dans la mémoire d'un ordinateur. 4 Accumuler de l'électricité dans. *Charger une batterie d'accumulateurs.* ♦ Amener à fournir de l'énergie. *Charger un moteur.* 5 CHARGER DE : mettre sous le poids de, garnir abondamment. ⇒ **accabler, couvrir, recouvrir.** *Charger une table de mets.* ◆ *Charger un ouvrage de citations.* 6 Constituer une charge pour, peser sur. *La retombée de la voûte charge trop ce pilier.* 7 **v. pron.** Porter des charges. *Je ne veux pas me charger, un sac de voyage suffira.* **II** - 1 CHARGER DE... : faire porter à. *Charger le peuple d'impôts.* ⇒ **écraser, grever.** ◆ « *ce "bouc émissaire" qu'on chargeait de tous les péchés d'Israël* » (Daniel-Rops). ◆ *Charger sa mémoire de détails.* ⇒ **encombrer, surcharger.** ♦ Revêtir d'une fonction, d'un office. *Il est chargé de les surveiller.* ◆ pronom. SE CHARGER DE : prendre la responsabilité, la conduite d'une chose. ⇒ **assumer, endosser,** s'**occuper** (de). *Je me charge de tout.* « *Ma femme n'a pas voulu s'en charger ; cette corvée lui aurait été trop pénible* » (Queneau). 2 *Charger qqn :* aggraver les chefs d'accusation, apporter des preuves ou des indices de sa culpabilité. ⇒ **accabler.** 3 Exagérer afin de rendre ridicule ou odieux. ⇒ **caricaturer.** « *Un comique outre sur la scène ses personnages ; un poète charge ses descriptions* » (La Bruy.). ⇒ **forcer, outrer.** **III** Attaquer avec impétuosité. *Charger l'ennemi.* « *la police s'est massée silencieusement, puis elle a chargé ces gens sans défense* » (Le Clézio). *Chargez !* ✪ CONTR. Décharger. Alléger. Excuser.

chargeur **n. m.** – XIVe 1 Personne qui charge des marchandises. ⇒ **débardeur, docker, manutentionnaire.** ◆ Propriétaire de marchandises à transporter par mer. ⇒ **affréteur, expéditeur.** 2 Personne qui charge une arme à feu. *Le chargeur et les pourvoyeurs d'une mitrailleuse.* ⇒ **servant.** 3 Dispositif permettant d'introduire plusieurs cartouches dans le magasin d'une arme à répétition. *Chargeur de mitraillette. Vider son chargeur.* « *– O.K. Mettez des chargeurs dans vos pétards* » (Genet). ♦ Appareil, dispositif servant à charger (un four, un accumulateur, etc.). *Chargeur de batterie.* 4 Magasin à pellicule d'un appareil de photo ou d'une caméra.

chargeuse **n. f.** – XIXe ▪ Appareil destiné à charger les véhicules de transport ou à alimenter une machine. *Chargeuse-pelleteuse.*

charia **n. f.** – mil. XXe ; mot ar. « voie » ▪ Loi islamique.

chariot **n. m.** – XIIIe 1 Voiture à quatre roues pour le transport des fardeaux. « *Les chariots sont rentrés, chargés de moissons odorantes* » (Gide). ◆ *Constellation du Grand Chariot.* ⇒ **ourse.** ♦ Appareil de manutention. ⇒ **diable.** *Chariot à bagages, de supermarché.* ⇒ ② **caddie.** *Chariot élévateur.* 2 Table roulante. *Chariot des desserts.* 3 Partie (d'une machine) qui se déplace. *Chariot de machine à écrire. Chariot de machine-outil,* qui porte la pièce à usiner ou l'outil. ♦ Plateforme mobile sur rails permettant de déplacer la caméra et l'opérateur pendant une prise de vue.

❑ Ce mot s'est d'abord écrit avec deux *r* (XIIIe s.), orthographe qu'il serait souhaitable de rétablir par souci d'analogie avec les autres mots de la famille étym. (*carriole, carrosse, charrette, charrier,* etc.).

chariotage **n. m.** – XVIIe ▪ Usinage sur un tour à chariot pour réaliser des surfaces de révolution.

charismatique [karismatik] **adj.** – 1928 1 Relatif aux charismes. *Une expérience charismatique.* ◆ *Le mouvement charismatique :* mouvement catholique fondé sur l'œuvre et les dons de l'Esprit saint (⇒ **pentecôtisme**). 2 Doté d'un ascendant hors du commun. *Un leader charismatique.* ◆ *Les discours du général de Gaulle « n'avaient rien de charismatique. Sa force était* [...] *dans l'autorité, non dans la contagion* » (Malraux).

charisme [karism] **n. m.** – XIXe ; gr. *charisma* « grâce, faveur » 1 Don particulier conféré par grâce divine, pour le bien commun. *La glossolalie est un charisme.* 2 Qualité qui permet à son possesseur d'exercer un ascendant irrésistible sur un groupe. *Le charisme d'un homme politique.*

charitable **adj.** – XIIe 1 Qui a de la charité pour son prochain, qui donne, pardonne aisément, est indulgent. *Une âme charitable.* 2 Inspiré par la charité. *Organisation charitable.* ⇒ **caritatif.** *Avis, conseil charitable.* ✪ CONTR. Avare, dur, égoïste.

charitablement **adv.** – XIIe ▪ D'une manière charitable.

charité **n. f.** – Xe ; lat. *carus* « cher » 1 Vertu théologale qui consiste dans l'amour de Dieu et du prochain en vue de Dieu. ⇒ **amour.** *La charité chrétienne.* 2 Amour du prochain. « *c'est une petite pauvre que nous avons recueillie comme cela, par charité* » (Hugo) ⇒ **altruisme, bienfaisance, fraternité, humanité, miséricorde.** « *Que charité soit synonyme d'amour, tu l'avais oublié* » (Mauriac). 3 Bienfait envers les pauvres. ⇒ **assistance, secours.** *Faire la charité à qqn* ⇒ **aumône.** ◆ *Dames de charité,* qui concourent au soulagement des pauvres. *Œuvres de charité.* ⇒ **caritatif, charitable.** 4 Bienveillance. ⇒ **bonté.** *Faites-moi la charité de m'écouter.* ✪ CONTR. Avarice, dureté.

❑ Face à l'exigence d'une justice sociale, le terme *charité (œuvres de charité)* s'est affaibli au XXe s., au profit de l'adjectif *caritatif (associations caritatives)*. La notion de *solidarité* s'est substituée à celle de *charité*.

charivari n. m. – XIVe ; p.-ê. gr. *karêbaria* « mal de tête » 1 Bruit discordant, accompagné de cris, de huées. « *C'était alors un charivari, pareil à celui que l'on fait, le soir de leurs noces, aux veuves qui se remarient* » (Barrès). 2 Grand bruit, tumulte.

charlatan n. m. – XVIe ; it. *ciarlare* « bavarder » 1 Vendeur ambulant qui débitait des drogues, arrachait les dents, sur les places et dans les foires. *Remède de charlatan.* ➝ Guérisseur qui prétend posséder des secrets merveilleux. ⇒ **rebouteux.** ➝ Mauvais médecin. 2 Personne qui exploite la crédulité publique. ⇒ **escroc, imposteur, menteur.** « *des charlatans qui se font un jeu de tromper les hommes* » (Rouss.).

charlatanerie n. f. – XVIe ▪ Attitude, propos d'un charlatan.

charlatanisme n. m. – XVIIIe ▪ Attitude du charlatan. ⇒ **forfanterie, hâblerie.**

charleston [ʃaʀlɛstɔn] n. m. – 1926 ; de *Charleston*, ville de la Caroline du Sud ▪ Danse très rapide des Noirs des États-Unis, à la mode en Europe vers 1920-1925.

charlot n. m. – 1986 ; nom du personnage créé par Charlie Chaplin ▪ fam. Personne peu sérieuse. *C'est un vrai charlot. Une bande de charlots.*

charlotte n. f. – XIXe ; n. propre 1 Entremets à base de fruits, de biscuits et de crèmes aromatisées. *Charlotte aux poires.* 2 Coiffure de femme, bonnet à bord froncé.

charmant, ante adj. – XVIe 1 Qui charme ; qui séduit, plaît beaucoup. *Le prince charmant.* « *Charmant, jeune, traînant tous les cœurs après soi* » (Rac.). 2 Qui est très agréable à regarder, à fréquenter. ⇒ **délicieux, ravissant.** *Un paysage charmant.* ➝ *Des gens charmants.* ➝ iron. Désagréable. « *Charmant accueil. L'aîné avait le réveil hargneux* » (Aragon). ✪ CONTR. Déplaisant, désagréable, laid, repoussant.

① **charme** n. m. – XIIe ; lat. *carpinus* ▪ Arbre *(cupuliféracées)*, à bois blanc et dur.

② **charme** n. m. – XIIe ; lat. *carmen* « chant magique » 1 vx ou loc. Ce qui est supposé exercer une action magique. ⇒ **enchantement, sortilège.** *Jeter un charme.* ⇒ **sort.** *Être sous le charme. Le charme est rompu* : l'illusion cesse. ➝ Moyen magique. ⇒ **philtre,** ② **pouvoir.** ➝ *Se porter comme un charme* : jouir d'une santé robuste. 2 Qualité de ce qui attire, plaît ; effet qu'une telle qualité produit sur qqn. ⇒ **attrait, séduction.** *Il a beaucoup de charme. Il avait « une voix surtout, un instrument de charme et de conquête incomparable »* (Zola). « *Cette campagne et ces vieux bois, qui ont leur charme à eux, charme du passé* » (Loti). ♦ Aspect agréable, charmant de qqch. *C'est ce qui en fait le charme.* 3 Manières séductrices. *Faire du charme à qqn* : essayer de le séduire. ➝ *DE CHARME* : qui est censé charmer, séduire. *Chanteur de charme.* 4 vieilli *Les charmes d'une femme*, ses attraits physiques. ⇒ **appas.** *Vivre du commerce de ses charmes.* ✪ CONTR. Laideur, monstruosité.

❑ *Se porter comme un charme* (« comme par magie »), est rapproché à tort de ① *charme*, l'arbre (cf. Être fort comme un chêne).

charmer v. tr. [1] – XIIe 1 vx Exercer une action magique, un charme sur. ⇒ **enchanter, ensorceler.** 2 Captiver par un attrait puissant ; plaire par son charme. ⇒ **attirer, séduire.** « *Mlle Rachel a su charmer le public* » (Stendh.). 3 Causer une grande joie à. *J'ai été charmé de vous voir.* ➝ *Charmé de vous connaître !* ⇒ **enchanté, ravi.** ✪ CONTR. Attrister, déplaire.

charmeur, euse n. – XIIIe 1 *Charmeur de serpent.* ⇒ ① **psylle.** 2 Personne qui séduit. ⇒ **séducteur.** *C'est un grand charmeur.* ➝ adj. « *Elle souriait d'un air charmeur* » (Sartre).

charmille n. f. – XVIIe ▪ Allée, haie de charmes. ➝ Berceau de verdure. « *Allons sous la charmille où l'églantier fleurit* » (Hugo).

❑ Ne pas confondre avec *ramille*, « division du rameau ».

charnel, elle adj. – XIe ; lat. *caro* « chair » 1 Qui a trait aux choses du corps. ⇒ **corporel, naturel.** « *la vie spirituelle* [...] *est-elle compatible avec la vie charnelle ?* » (Mauriac). *Un être charnel*, de chair et de sang. ➝ Du domaine de la matière. ⇒ **matériel, sensible, tangible.** 2 Relatif à la chair, à l'instinct sexuel. ⇒ ① **physique, sensuel.** *Désirs, appétits charnels.* ✪ CONTR. Spirituel ; platonique.

charnier n. m. – XIe ; lat. *caro* « chair » 1 Lieu où l'on déposait les ossements des morts. ⇒ **ossuaire.** 2 Lieu où sont entassés de nombreux cadavres. « *les cruautés hitlériennes, les fours crématoires, les charniers* » (Duham.).

charnière n. f. – XIIe ; lat. *cardo* « gond » 1 Attache articulée composée de deux pièces métalliques réunies par un axe commun autour duquel l'une d'elles au moins peut tourner librement. *Charnière de portes et de fenêtres.* ⇒ **gond, penture.** 2 Muscle de jonction des deux valves d'une coquille. 3 Coin de papier gommé pour fixer les timbres-poste de collection. 4 Point de jonction. ⇒ **articulation.** *Être à la charnière de deux époques.* ➝ *Date charnière.*

charnu, ue adj. – XIIIe 1 Formé de chair. *Les parties charnues du corps.* 2 Bien fourni de chair. *Lèvres charnues.* « *une fille de joie, épaisse et charnue* » (Hugo). 3 *Fruit charnu*, dont la pulpe est épaisse. ✪ CONTR. Osseux ; décharné.

charognard, arde n. – XIXe 1 n. m. Animal qui se nourrit de charogne (vautour, hyène). « *Des terrains vagues que hantent des hordes de charognards* » (Gide). 2 Exploiteur impitoyable des malheurs des autres. « *Le charognard ! La petite frappe !* » (Céline).

❑ Ne se dit que des animaux supérieurs ; pour les autres, on emploie *nécrophage*.

charogne n. f. – XIIe ; lat. *caro* « chair » 1 Cadavre d'homme, d'animal en décomposition. « *Des nuées d'urubus, de vautours,* [...] *se disputent les charognes des chevaux* » (Cendrars). ➝ Cadavre humain abandonné. « *Une charogne* », poème de Baudelaire. 2 fam. Individu ignoble. ⇒ **saleté.**

charolais, aise adj. et n. – XVIIIe ▪ De Charolles ou du Charolais (Saône-et-Loire). ➝ Relatif à une race bovine de cette région. *Bœuf charolais.* ➝ n. *Un charolais* : un bovin de cette race. *Viande de charolais.*

charpentage n. m. – XIXe ▪ Travail, construction de la charpente.

charpente n. f. – XVIe 1 Assemblage de pièces de bois ou de métal constituant l'ossature, le bâti d'une construction. *Charpente de soutien.* ⇒ **armature, châssis.** *Bois de charpente. Charpente métallique. La charpente d'un toit.* 2 *La charpente du corps humain.* ⇒ **carcasse, ossature, squelette.** 3 Plan, structure. *La charpente d'un roman.*

charpenter v. tr. [1] – XIIe ; lat. *carpentum* « char à deux roues » 1 Tailler (des pièces de bois) pour une charpente. *Charpenter une poutre.* 2 Structurer, construire. *Charpenter son discours.* « *Il était grand et charpenté magnifiquement* » (Genet). ⇒ ① **bâti.**

charpenterie n. f. – XIIe 1 Technique des charpentes de bois. ⇒ **menuiserie.** 2 Chantier de charpente.

charpentier n. m. – XIIe ▪ Celui qui fait des travaux de charpente. ⇒ **menuisier.** « *Mais là-bas dans l'im-*

mense chantier [...] *En bras de chemise, les charpentiers déjà s'agitent* » (Rimb.).

charpie n. f. – XIIIe ; lat. *carpere* « cueillir » **1** Amas de fils tirés de vieille toile qui servait à faire des pansements. **2** *Mettre, réduire une chose en charpie,* la déchirer en menus morceaux.

charre → ② **char**

charretée n. f. – XIe ▪ Ce que contient une charrette. *Une charretée de foin.*

charretier, ière n. – XIIe ▪ Personne qui conduit une charrette tirée par des animaux. loc. *Jurer comme un charretier,* grossièrement.

❑ Pour le sens → ① cocher (rem.).

① **charrette** n. f. – XIe ; de *char* **1** Voiture à deux roues, à limons, à ridelles, servant à transporter des fardeaux. ⇒ **carriole, ① char, tombereau.** *Charrette à bras,* tirée par un ou deux hommes. ♦ *Charrette des condamnés,* qui servait à conduire les condamnés à la guillotine pendant la Terreur. ➛ fig. Groupe de personnes licenciées d'une entreprise, expulsées d'un pays, etc. **2** Travail intensif pour terminer à temps un projet. *Être en charrette.*

② **charrette** n. f. – 1901 ; de *charogne* ▪ (Suisse) Coquin, canaille. *Charrette de X... !* ⇒ ① **sacré.**

charriage n. m. – XIIIe ▪ Action de charrier.

charrier v. tr. 7 – XIe ; de *char* **1** Transporter dans un chariot, une charrette. ⇒ **charroyer.** *Charrier des pierres.* **2** Entraîner, emporter dans son cours. *La rivière charrie des glaçons.* « *le ciel charriait des nuages* » (Hugo). ⇒ **traîner, transporter. 3** fam. Se moquer de (qqn), abuser de sa crédulité. ⇒ **mystifier.** ♦ intrans. *Tu charries.* ⇒ **attiger ; exagérer.** *Faut pas charrier !* « *Tu sais qu'il charrie pas, le mec* » (Carco).

charroi n. m. – XIIe ▪ Transport par chariot, charrette, tombereau. « *ses compagnons s'employèrent à l'abattage et au charroi des arbres* » (J. Verne).

charron n. m. – XIIIe ▪ Celui qui fabriquait des chariots, charrettes, ainsi que les roues de ces véhicules.

charronnage n. m. – XVIIe ▪ Métier, travail du charron.

charroyer v. tr. 8 – XIIIe ; de *charrier* ▪ Charrier, transporter. *Charroyer du matériel.*

charrue n. f. – XIIe ; de *char* ▪ Instrument servant à labourer la terre, dont la pièce principale est un soc tranchant. « *la terre, fraîchement ouverte par le tranchant des charrues, exhalait une vapeur légère* » (Sand). *Charrue tirée par des bœufs, des chevaux, un tracteur.* ⇒ **motoculteur.** ➛ loc. *Mettre la charrue avant les bœufs :* faire d'abord ce qui devrait être fait ensuite.

❑ L'ancien verbe *charruer,* en usage en Belgique, a été remplacé en France par *labourer,* symbole du travail *(labeur).*

charte n. f. – XIe ; gr. *khartês* « papier » **1** Au Moyen Âge, Titre de propriété, de vente, de privilège octroyé. ➛ *École nationale des chartes :* école qui prépare des spécialistes des documents anciens. **2** Lois constitutionnelles établies par un souverain. *La Grande Charte d'Angleterre (Magna carta),* accordée par Jean sans Terre en 1215. ➛ Règles fondamentales d'une organisation officielle. *Charte des Nations unies.* ➛ Loi, règle essentielle. *La charte des droits de l'homme.*

❑ La forme *chartre,* employée jusqu'au XIXe s., se retrouve dans le dérivé *chartrier.*

charte-partie n. f. – XIVe ; de *charte* et ② *partir* ▪ Écrit constatant l'existence d'un contrat d'affrètement. ⇒ **nolisement.** *Des chartes-parties.*

charter [ʃaʀtɛʀ] n. m. – v. 1950 ; mot angl., de *to charter* « affréter » ▪ Avion affrété (⇒ **nolisé**). ➛ *Vol charter.* « *Lou arrive ce soir, par avion charter* » (Le Clézio).

chartériser v. tr. 1 – v. 1985 ▪ Affréter, noliser.

chartisme n. m. – XIXe **1** Doctrine des partisans de la Charte de Louis-Philippe. **2** Mouvement réformiste des ouvriers anglais, vers 1838. **3** Méthode d'analyse financière par graphique permettant d'établir des prévisions de cours, de prix.

chartiste adj. et n. – XIXe **I - 1** Partisan de la Charte ; du chartisme. **2** Élève de l'École des chartes. **II** Analyste financier dont les prévisions sont basées sur l'étude de courbes.

chartre → **charte**

chartreuse n. f. – XIVe ; localité du Dauphiné **1** Couvent de chartreux. ➛ « *La Chartreuse de Parme* », *roman de Stendhal.* **2** vieilli ou région. Maison de campagne isolée. **3** Liqueur aux herbes (mélisse, hysope, angélique) fabriquée par les chartreux. *Chartreuse jaune, verte.*

chartreux, euse n. – XIVe **1** Religieux, religieuse de l'ordre de Saint-Bruno. **2** Chat à poil gris bleuté, à tête ronde.

❑ Les *chartreux* ont été les premiers à élever ces chats.

chartrier n. m. – XIVe ▪ Recueil de chartes (⇒ **cartulaire**) ; salle des chartes.

chas n. m. – XIIIe ; lat. *capsus* « coffre » ▪ Trou d'une aiguille par où passe le fil.

chasse n. f. – XIIe **I - 1** Action de chasser, de poursuivre les animaux. *Art de la chasse.* ⇒ **cynégétique ; fauconnerie, tenderie, vénerie.** « *La chasse endurcit le cœur aussi bien que le corps ; elle accoutume au sang, à la cruauté* » (Rouss.). *Permis de chasse. Aller à la chasse. Tableau de chasse :* gibier abattu. *Chiens de chasse.* ♦ *CHASSE À COURRE :* chasse avec des chiens, où sont exclus armes à feu et engins. ⇒ **louveterie.** *Cor de chasse. Cri de chasse.* ⇒ **taïaut.** « *Il tient un livre où il écrit toutes les chasses, depuis le lancer jusqu'à l'hallali* » (Genev.). ♦ *Fusil de chasse. Chasse organisée.* ⇒ **battue.** *Chasse au canard. Expédition de chasse en Afrique.* ⇒ **safari.** ♦ *Chasse avec des oiseaux.* ⇒ **fauconnerie, volerie.** *Chasse au faucon.* ♦ *Filets de chasse.* ⇒ **lacet, lacs, panneau.** ♦ *Chasse sous-marine,* consistant à poursuivre le poisson avec un fusil à harpon. ⇒ ② **pêche.** ➛ *Chasse aux papillons.* **2** Période où l'on a le droit de chasser (au fusil). *L'ouverture, la fermeture de la chasse.* « *la chasse était ouverte* » (Dumas fils). **3** Partie d'une terre, d'un domaine réservée pour la chasse. *Les chasses du Roi. Avoir des parts dans une chasse.* **4** Ensemble des personnes qui chassent. *Suivre une chasse.* **5** loc. *Être en chasse,* en chaleur. ⇒ **rut. II - 1** Poursuite ; action de poursuivre. *Faire la chasse, donner la chasse à qqn.* loc. *Chasse à l'homme :* poursuite d'un individu recherché. ➛ *La chasse à l'emploi.* **2** Poursuite d'un bâtiment ou d'un avion ennemi. *Prendre un bombardier en chasse.* **3** *AVION DE CHASSE :* avion très rapide chargé d'intercepter les avions ennemis et de protéger les appareils amis. ⇒ **chasseur.** ➛ *La chasse :* ensemble de ces avions. « *La chasse fasciste tomba des nuages supérieurs* » (Malraux). **III - 1** Écoulement rapide donné à une retenue d'eau pour nettoyer un conduit, dégager un chenal. ➛ *CHASSE D'EAU :* dispositif entraînant l'écoulement de l'eau de la cuvette des W.-C. abusivt *Tirer la chasse :* faire fonctionner le dispositif qui libère l'eau du réservoir. **2** Liberté de course laissée à une partie de machine. ⇒ **jeu.** *Donner de la chasse à un essieu.* 3 Encombrement horizontal d'un signe typographique.

> ❑ La préposition *à* introduit le nom de l'animal chassé *(chasse au lapin).* Lorsqu'un même animal peut être chassé ou chasseur *(pratiquer la chasse au faucon),* on utilise la préposition *de* pour distinguer celui qui est chassé : *la chasse du faucon est interdite.*

chassé n. m. – XVIIIe ■ En danse, Saut pendant lequel une jambe frappe l'autre et semble la chasser en avant, en arrière ou de côté.

châsse n. f. – XIIe ; lat. *capsa* « coffre » 1 Coffre où l'on garde les reliques d'un saint. *Châsse de sainte Geneviève.* 2 Monture servant d'encadrement. *La châsse d'un verre de lunette.*

chasse-clou n. m. – XIXe ■ Outil servant à enfoncer profondément les clous. *Des chasse-clous.*

chassé-croisé n. m. – XIXe 1 Figure de danse où deux danseurs passent alternativement l'un devant l'autre. 2 Échange réciproque et simultané de place, de situation. *Des chassés-croisés.*

chasselas n. m. – XVIIe ; nom d'une commune de Saône-et-Loire ■ Raisin blanc de table à petits grains ronds et dorés.

chasse-mouche n. m. – XVIe ■ Éventail ou petit balai de crins que l'on porte avec soi pour écarter les mouches. *Des chasse-mouches.*

chasse-neige n. m. – XIXe 1 Véhicule équipé pour déblayer les voies ferrées ou les routes obstruées par la neige. *Des chasse-neige* ou *des chasse-neiges.* 2 Position du skieur, les skis convergents, pour freiner ; descente dans cette position.

chasse-pierres n. m. – XIXe ■ Appareil placé à l'avant des locomotives, qui écarte les obstacles des rails. *Des chasse-pierres.*

chassepot n. m. – XIXe ; nom de l'inventeur ■ Fusil de guerre utilisé par l'armée française de 1866 à 1874.

chasser v. [1] – XIIe ; lat. *captare* « chercher à prendre » **I** v. tr. 1 Poursuivre pour tuer ou prendre. *Chasser le sanglier. Le lion chasse les gazelles.* ➛ *Chasser sans permis.* 2 Mettre, pousser dehors ; faire sortir de force. *Chasser les mouches. Chasser qqn hors de son pays.* ⇒ **bannir, exiler.** *Chasser un employé.* ⇒ **renvoyer.** « *Est-ce moi qui vous quitte, ou vous qui me chassez ?* » (Mol.). ➛ « *quelle armée ! Et on parle de chasser les Boches ? Laissez-moi me marrer* » (Dorgelès). ➛ *Produit qui chasse les mauvaises odeurs. Chasser une image de son esprit.* ⇒ ① **repousser.** ➛ loc. *Un clou chasse l'autre* : une personne, une chose en écarte une autre, lui succède. « *Chassez le naturel, il revient au galop* » (Destouches) : on ne perd jamais ses mauvaises habitudes. **II** v. intr. 1 *Les nuages chassent du nord,* viennent du nord. 2 *Chasser sur ses ancres* : entraîner ses ancres par suite d'une tenue insuffisante du fond. *L'ancre chasse,* laboure le fond. 3 Occuper de l'espace, en parlant d'un caractère d'imprimerie. *Ce caractère chasse plus que tel autre.* 4 Déraper, patiner. *Les roues chassent.* ✪ CONTR. Accueillir, recevoir ; embaucher, engager.

chasseresse adj. et n. f. – XIVe ■ Qui chasse. *Une Diane chasseresse.*

> ❑ Doublet de *chasseuse,* ce mot est composé de *chasseur* et du suff. *-esse* ; il s'est maintenu dans l'usage poétique. → enchanteur (rem.).

chasse-roue n. m. – XIXe ■ Borne ou arc métallique placé à l'angle d'une porte, d'un mur, pour en écarter les roues des voitures. *Des chasse-roues.*

chasseur, euse n. – XIe 1 Personne qui pratique la chasse. *Le chasseur et son chien. Une chasseuse* (rare). ⇒ **chasseresse.** ➛ *Chasseur de têtes* : Indien d'Amazonie qui tuait ses ennemis et conservait leurs têtes comme trophées ; fig. personne chargée du recrutement des cadres de haut niveau. ♦ Personne qui recherche avec ténacité à obtenir (qqch.). *Chasseur d'autographes.* ♦ *Lapin, poulet chasseur,* avec une sauce aux champignons et aux échalotes, mouillée au vin blanc. 2 Domestique en livrée attaché à un hôtel, à un restaurant. ⇒ **groom.** 3 Membre de certains corps de troupes. *Chasseurs d'Afrique* : corps de cavalerie légère. *Chasseurs à pied, chasseurs alpins* : corps d'infanterie. ➛ *Pas de chasseur* : petits pas rapides. 4 Navire de faible tonnage le plus souvent destiné à poursuivre les sous-marins. 5 Avion léger, rapide et maniable destiné aux combats aériens. *Chasseur-bombardier.*

> ❑ Le féminin *chasseuse* est rare, cette activité étant demeurée traditionnellement virile.

chassie n. f. – XIIe ; p.-ê. lat. *cacare* « chier » ■ Matière jaunâtre qui englue le bord des paupières infectées.

chassieux, ieuse adj. – XIVe ■ Qui a de la chassie. *Yeux chassieux.*

châssis n. m. – XIIe ; de *châsse* 1 Cadre destiné à maintenir en place les éléments d'une surface. ⇒ ② **bâti, charpente.** 2 Encadrement d'une ouverture ou d'un vitrage. *Châssis des portes et des fenêtres.* ♦ Panneau ou abri vitré. *Culture sous châssis.* 3 *Châssis d'un tableau* : cadre sur lequel on fixe la toile par des clous après l'avoir tendue. 4 *Châssis d'imprimerie* : cadre dans lequel on serre la composition. 5 *Châssis-presse* ou *positif* : cadre à volets pour l'exposition du négatif à la lumière. 6 *Châssis d'une automobile* : ensemble métallique supportant la carrosserie. *Châssis d'une locomotive.* ➛ fam. Corps de femme. *Elle a un beau châssis.*

chaste adj. – XIIe ; lat. *castus* « qui se conforme aux règles et aux rites » 1 Qui s'abstient des plaisirs jugés illicites et des pensées impures. ⇒ **pur, sage, vertueux.** *Chaste épouse.* ⇒ **honnête.** *La chaste Suzanne.* ➛ Qui s'abstient volontairement de toutes relations sexuelles. *Fiancés chastes.* 2 Conforme à la chasteté. « *l'amour vrai, chaste et noble, qu'il avait tant rêvé* » (Sand). *Tenue chaste.* ⇒ **décent, pudique.** ✪ CONTR. Débauché, impudique, impur, indécent ; érotique, sensuel, sexuel.

> ❑ Même famille étym. que *inceste.*

chastement adv. – XIIe ■ D'une manière chaste.

chasteté n. f. – XIIe ■ Vertu, comportement d'une personne pure, vertueuse qui s'abstient des plaisirs sexuels, conformément à une morale. « *Il y avait autour de la jeune fille un tel parfum de chasteté, un tel charme de vertu* » (Hugo). *Vivre dans la chasteté.* ➛ *Vœu de chasteté,* qui impose la continence absolue, le célibat aux religieux catholiques. ✪ CONTR. Débauche, impureté, indécence ; érotisme, luxure.

chasuble n. f. – XIIe ; lat. *casula* « manteau à capuchon » 1 Vêtement sacerdotal en forme de manteau à deux pans. 2 Vêtement féminin sans manches qui a cette forme. *Robe chasuble.*

chat, chatte n. – XIIe ; lat. *cattus* **I** - 1 Petit mammifère à poil doux, aux yeux oblongs et brillants, à oreilles triangulaires et griffes rétractiles, qui est un animal de compagnie. ⇒ **matou** ; fam. **minet, minou.** *Un chat, une chatte et ses chatons. Chat noir. Chat européen,* *chat de gouttière. Chat tigré. les « chats qui ne viennent pas quand on les appelle et qui viennent quand on ne les appelle pas »* (Mérimée). *« La Chatte »,* roman de Colette. *Les moustaches, la queue du chat. Le chat fait ses griffes. Le chat miaule, ronronne. « L'idéal du calme est dans un chat assis »* (Renard). *Caresser un chat.* ➡ *Être gourmand comme un chat.* adj. *Elle est chatte,* câline. ➡ *Mon chat, ma petite chatte.* ➡ *Quand le chat n'est pas là, les souris dansent :* les subordonnés s'émancipent quand les supérieurs sont absents. ➡ *Chat échaudé craint l'eau froide :* une mésaventure rend prudent à l'excès. ➡ *Jouer avec sa victime comme un chat avec une souris.* ➡ *Écrire comme un chat,* d'une manière illisible. ➡ *Avoir un chat dans la gorge :* être enroué. ➡ *Il n'y a pas un chat :* il n'y a absolument personne. ➡ *Il n'y a pas de quoi fouetter un chat :* la faute, l'affaire est insignifiante. *Avoir d'autres chats à fouetter,* d'autres affaires en tête. ➡ *Donner sa langue au chat :* s'avouer incapable de trouver une solution. ♦ *Saut de chat :* bond latéral, les deux jambes du danseur repliées sous le corps. ♦ LANGUE DE CHAT : biscuit de cette forme. ♦ *Œil de chat :* agate. 2 Personne qui poursuit les autres (à un jeu) ; jeu de poursuite. *C'est toi le chat.* 3 Mammifère carnivore *(félidés)* dont le chat est le type. *Chat domestique. Chats sauvages.* ⇒ **margay.** **II** n. m. CHAT À NEUF QUEUES : fouet à neuf lanières. **III** n. f. fam. et vulg. CHATTE : sexe de la femme. ✪ HOM. Chas, schah.

châtaigne n. f. – XIIe ; gr. *kastana* « châtaignier » **1** Fruit du châtaignier, formé d'une masse farineuse enveloppée d'une écorce lisse et renfermée dans une cupule hérissée de piquants. *Châtaigne cultivée.* ⇒ ① **marron.** ➡ adj. inv. Couleur de châtaigne. ⇒ **châtain,** ① **marron.** *Une robe châtaigne.* **2** *Châtaigne d'eau.* ⇒ **macle.** **3** fam. Coup de poing.

> ❑ Lorsqu'on parle du fruit comestible d'arbres cultivés, on emploie le mot *marron.* Cependant *griller des châtaignes, confiture de châtaignes* reviennent à la mode dans le contexte du mouvement écologique.

châtaigner v. intr. [1] – 1927 ▪ fam. Se battre violemment. ➡ pronom. *Ils se sont châtaignés.* ⇒ se **castagner.** ✪ HOM. Châtaignier.

châtaigneraie n. f. – XVIe ▪ Lieu planté de châtaigniers.

châtaignier n. m. – XIIe **1** Arbre de grande taille, vivace, à feuilles dentées *(fagacées)* qui produit les châtaignes. **2** Bois de cet arbre. ✪ HOM. Châtaigner.

> ❑ À l'écrit, penser au *i* du suffixe *-ier.* → arbre (rem.).

châtain adj. m. – XIIe ▪ D'une couleur brun clair rappelant celle de la châtaigne. *Cheveux châtains. Cheveux châtain clair.* ➡ *Une femme châtain,* aux cheveux châtains. ♦ n. m. *Cheveux d'un châtain clair.*

> ❑ Même famille étym. que *châtaigne.* ♦ On trouve parfois le féminin *châtaine : « Ne te fie pas aux femmes blondes* [...] *ni aux noires* [...] *ni aux châtaines »* (Claudel).

chataire → **cataire**

château n. m. – XIe ; lat. *castrum* « camp » **1** CHÂTEAU ou CHÂTEAU FORT : demeure féodale fortifiée. ⇒ **bastille, citadelle,** ② **fort, forteresse.** *Des châteaux forts. Le château de Vincennes. Enceinte d'un château. Les souterrains d'un château.* **2** Habitation seigneuriale ou royale avec ses dépendances. ⇒ ① **palais.** *Les châteaux de la Loire. Le château de Versailles.* **3** Habitation du maître d'une grande propriété ; vaste et belle maison de plaisance à la campagne. ⇒ **castel, gentilhommière, manoir.** ➡ *Les châteaux du Bordelais* (qui donnent leur nom à des crus). *Un bouteille de château-margaux.* ➡ *Mener une vie de château,* une vie oisive et opulente. **4** loc. *Faire, bâtir des châteaux en Espagne :* échafauder des projets chimériques. ➡ *Château de sable :* construction faite avec du sable humide, sur une plage. **5** CHÂTEAU D'EAU : grand réservoir à eau surélevé. **6** Superstructure élevée sur le pont supérieur d'un navire. *« Les officiers étaient sur le château de poupe avec les passagers »* (Chateaub.).

> ❑ Pas de majuscule quand le mot composé désigne un grand cru : *un château-lafite, un château-yquem.*

chateaubriand ou **châteaubriant** n. m. – XIXe ; du nom de l'écrivain ou du nom de la ville de *Châteaubriant* (Loire-Atlantique) ▪ Épaisse tranche de filet de bœuf grillé (⇒ **bifteck).** *Chateaubriand aux pommes.* abrév. fam. *château. Commander un château saignant.*

châtelain, aine n. – XIIe **1** Seigneur, dame d'un château. **2** Personne qui possède un château de plaisance, qui y réside.

châtelaine n. f. – XIXe ; de *chaîne châtelaine* ▪ Chaîne de ceinture. ➡ Sautoir à gros chaînons.

châtellenie n. f. – XIIIe ▪ Seigneurie et juridiction d'un châtelain (1°). *Droit de châtellenie.*

chat-huant n. m. – XIIe ; de *chat* et *huer* ▪ Rapace nocturne qui possède deux touffes de plumes semblables à des oreilles de chat. *Des chats-huants* [ʃaɥɑ̃].

châtier v. tr. [7] – X^e ; lat. *castus* « pur » ▪ littér. **1** Infliger à (qqn) une peine pour corriger. ⇒ **punir, réprimer.** *Châtier un criminel.* **2** Rendre plus correct et plus pur. ⇒ **corriger, épurer, perfectionner, polir.** *Châtier son langage.* ➡ *Style châtié.* ✪ CONTR. Récompenser. Encourager.

> ❑ Même famille étym. que *chaste.*

chatière n. f. – XIIIe **1** Petite ouverture pratiquée au bas d'une porte pour laisser passer les chats. **2** Passage étroit où l'on ne peut passer qu'en rampant.

châtiment n. m. – XIIe ; de *châtier* ▪ Peine sévère infligée à une personne que l'on veut corriger. ⇒ **expiation, pénitence.** *Châtiment corporel.* ⇒ **correction.** *« On sait que le grand argument des partisans de la peine de mort est l'exemplarité du châtiment »* (Camus) *« Crime et Châtiment »,* roman de Dostoïevski ✪ CONTR. Récompense.

> ❑ *Châtiment* est le synonyme soutenu de *punition* mais il connote aussi la religion, la colère de Dieu.

chatoiement n. m. – XIXe ▪ Reflet changeant de ce qui chatoie.

① **chaton** n. m. – XIIe ; germ. *kasto* « caisse » ▪ Tête d'une bague où s'enchâsse une pierre précieuse. ♦ La pierre elle-même.

② **chaton** n. m. – XIIIe **I** Jeune chat. *« la chatte emporte sans précaution le chaton par la peau du cou »* (Tournier). **II - 1** Inflorescence en épi souple. *« Les chatons verdâtres des noisetiers alternèrent avec les chatons jaunâtres des saules »* (Bourget). **2** Petits amas de poussière d'aspect cotonneux qui s'accumulent sous les meubles. ⇒ **mouton.**

> ❑ Pour une jeune chatte, on trouve la forme *chatonne.*

chatouille n. f. – XVIIIe ▪ Action de chatouiller (⇒ **chatouillement).** *« Arrêtez ! Arrêtez les gars ! Faites pas les cons ! Je peux pas supporter les chatouilles ! »* (Sartre).

chatouillement n. m. – XIIIe **1** Action de chatouiller (⇒ **chatouille)** ; résultat de cette action. ⇒ **chatouillis, titillation.** **2** Léger picotement. *Éprouver un chatouillement dans la gorge.*

chatouiller v. tr. [1] – XIIIe ; o. i., probablt onomat. **1** Produire sur (qqn), par des attouchements légers et répétés d la peau, des sensations agréables ou pénibles qui provoquent un rire convulsif. « *Il lui chatouilla le cou et elle rit* » (Sartre). 2 Faire subir un léger picotement à (qqn). « *– Attention, ne confondez pas. Est-ce que ça vous chatouille, ou est-ce que ça vous gratouille ?* » (Romains). 3 Exciter doucement par des impressions agréables. ⇒ **piquer.** *Vin qui chatouille le palais.* ⇒ **flatter, titiller.** ➛ *Chatouiller qqn à l'endroit sensible,* lui faire plaisir. « *n'êtes-vous point chatouillé de l'envie d'assister à la toilette d'une fille d'Opéra ?* » (France). ✪ CONTR. Calmer. Déplaire.

chatouilleux, euse adj. – XIVe 1 Qui est sensible au chatouillement. *Je ne suis pas chatouilleux.* 2 Qui se fâche aisément ; qui réagit vivement. ⇒ **irritable, ombrageux, susceptible.** « *Il est plus chatouilleux que personne sur le point d'honneur* » (Taine).

chatouillis n. m. – XIXe ▪ fam. Petit chatouillement. ⇒ **chatouille.**

chatoyant, ante adj. – XVIIIe ▪ Qui chatoie, a des reflets changeants. ⇒ **miroitant, moiré.** *Étoffe chatoyante.* ♦ *Style chatoyant,* coloré et imagé.

chatoyer v. intr. [8] – XVIIIe ; de *chat* ▪ Changer de couleur, avoir des reflets différents suivant le jeu de la lumière. ⇒ **briller, miroiter.** *Des pierres précieuses qui chatoient.* ⇒ **rutiler.**

châtrer v. tr. [1] – XIIe ; lat. *castrare* 1 Rendre (un mâle) impropre à la reproduction en lui mutilant les testicules. ⇒ **castrer ; émasculer.** *Châtrer un taureau.* ♦ *Cheval châtré.* ➛ *Homme châtré.* ⇒ **castrat.** subst. *Une voix de châtré,* aiguë. 2 *Châtrer un fraisier, un melon :* enlever les stolons, les fleurs.

> ❏ *Castrer* est le doublet savant de ce mot.

chatte → **chat**

chattemite n. f. – XIIIe ; de *chat* et *mite* ▪ vieilli Personne qui affecte des manières douces et modestes pour tromper son entourage.

chatterie n. f. – XVIe ; de *chat* 1 Caresse, câlinerie doucereuse. ⇒ **cajolerie.** « *Il n'était point d'attentions, de délicatesses, de chatteries qu'elle n'eût pour son mari* » (Maupass.). 2 au plur. Choses délicates à manger. ⇒ **friandise, gâterie.**

chatterton [ʃatɛʀtɔn] n. m. – XIXe ; du nom de l'inventeur ▪ Ruban isolant et adhésif.

chat-tigre n. m. – XVIIe ▪ Chat sauvage de grande taille. ⇒ **margay, ocelot, serval.** *Des chats-tigres.*

chaud, chaude adj. et n. m. – XIe ; lat. *caldus* **I** adj. 1 Qui est à une température plus élevée que celle du corps ; dont la chaleur donne une sensation particulière. *Eau chaude. Prendre un bain chaud. Attention, c'est chaud ! Bouche d'air chaud.* ➛ *Boisson chaude. Plats chauds.* ➛ adv. *Servir chaud.* ➛ *Climat chaud et humide. La saison chaude :* l'été. ♦ Qui réchauffe ou garde la chaleur. *Un lainage chaud.* 2 Qui a garde la chaleur naturelle ou transmise. *Le corps de la victime est encore chaud.* ➛ *Je vous apporte la nouvelle toute chaude,* toute récente. 3 *Animaux à sang chaud,* homéothermes. 4 Qui est fortement radioactif et nécessite une protection particulière. 5 Qui donne une sensation de chaleur. *Se sentir le front chaud.* ⇒ **fiévreux.** 6 Qui est ardent, sensuel. *Avoir le sang chaud. Quartier chaud :* quartier de prostitution. 7 Qui a de la passion, de l'ardeur. *Avoir la tête chaude.* ⇒ **emporté, fougueux, vif.** ➛ Qui met de l'animation, de la passion dans ce qu'il fait. *De chauds admirateurs. Il n'est pas très chaud pour cette affaire.* ⇒ fam. **emballé.** ♦ Où il y a de l'animation, de la passion. *La bataille fut chaude.* ⇒ **âpre, dur, sanglant.** *Chaude alerte.* ➛ *Une rentrée chaude,* marquée par une agitation politique et sociale. 8 Qui exprime vivement et donne une impression de passion. « *Une voix d'homme, chaude et grave, bien timbrée* » (Mart. du G.). ➛ *Tons chauds, coloris chauds.* **II** n. m. 1 *Le chaud :* la chaleur. *Craindre le chaud autant que le froid.* ➛ *Attraper un chaud et froid,* un refroidissement. 2 *AU CHAUD :* dans des conditions telles que la chaleur ne se perde pas. *Garder un plat au chaud. Être bien au chaud.* 3 *Avoir chaud, très, trop chaud.* fam. *On crève de chaud, ici ! J'ai eu chaud :* j'ai eu peur. ➛ *Il fait chaud.* « *Il fait terriblement chaud, humide, orageux. On étouffe* » (Gide). ➛ *Mon manteau tient chaud.* ➛ *Ne faire ni chaud ni froid :* être indifférent. « *ces belles raisons ne me font ni chaud ni froid* » (Aymé). 4 *À CHAUD :* en chauffant. *Étirer un métal à chaud.* ➛ *Opérer à chaud,* en crise. ➛ Au moment où l'événement vient de se produire. *Régler un problème à chaud.* ✪ CONTR. ① Frais, ① froid, gelé, glacé ; ② calme, indifférent. – HOM. Chaux, show.

> ❏ Pour *avoir chaud* (II, 3°) modifié par un adverbe → adverbe (rem.).

chaude n. f. – XIIIe 1 Degré de température nécessaire pour travailler certaines matières. 2 région. Flambée pour se réchauffer.

chaudement adv. – XIIe 1 De manière à conserver sa chaleur. *Être chaudement vêtu.* 2 Avec chaleur, animation. ⇒ **ardemment, vivement.** *Féliciter chaudement.* ⇒ **chaleureusement.**

chaude-pisse n. f. – XIIIe ▪ fam. Blennorragie. ⇒ arg. **chtouille.** *Des chaudes-pisses.*

chaud-froid n. m. – XIXe ▪ Mets que l'on prépare à chaud, avec de la volaille, du gibier, et servi froid. *Des chauds-froids de poulet.*

chaudière n. f. – XIIe 1 vx Récipient métallique où l'on fait chauffer. 2 Appareil transformant l'eau en vapeur, pour fournir de l'énergie. *Chaudière de chauffage central.* « *une chaudière murale à gaz de ville, mixte [...] prendra la place de la vieille chaudière à charbon* » (Perec). *La chaudière d'une centrale nucléaire. Chaudière à charbon, à gaz, à mazout.*

chaudron n. m. – XIIe ; de *chaudière* ▪ Récipient profond de métal, à anse mobile, qui va au feu. « *Il commença à remplir un très gros chaudron pendu à la crémaillère* » (Giono). ➛ Son contenu. *Un chaudron de soupe.*

chaudronnerie n. f. – XVIIe 1 Industrie, commerce du chaudronnier. 2 Marchandise fabriquée et vendue par le chaudronnier. *Chaudronnerie d'art.* ⇒ **dinanderie.** 3 Lieu où se fabrique, où se vend la chaudronnerie.

chaudronnier, ière n. et adj. – XIIIe 1 Artisan qui fabrique et vend des ustensiles de chaudronnerie. 2 Qui concerne la chaudronnerie. *L'industrie chaudronnière.*

chauffage n. m. – XIIIe 1 Action de chauffer ; production de chaleur. ⇒ **chauffe.** *Bois de chauffage. Appareils de chauffage. Mettre, baisser, arrêter le chauffage :* faire fonctionner, arrêter un appareil de chauffage. « *on a le pageot, la dîne et le chauffage* » (Céline). 2 Manière de chauffer. *Chauffage au bois, au charbon, au gaz, au mazout, par capteur solaire. Chauffage électrique.* *CHAUFFAGE CENTRAL,* par distribution dans un immeuble ou un ensemble d'immeubles de la chaleur provenant d'une source unique. *Chauffage collectif.* 3 fam. Les installations qui chauffent. ✪ CONTR. Réfrigération, refroidissement.

chauffagiste n. m. – v. 1960 ▪ Spécialiste de l'installation, de la réparation du chauffage central.

chauffant, ante adj. – 1929 ▪ Qui chauffe, produit de la chaleur. *Couverture chauffante.*

chauffard n. m. – XIXe ; de *chauff(eur)* ▪ Mauvais conducteur. ✪ HOM. Schofar.

❑ Seul avatar moderne de *chauffeur.* → chauffeur (rem.).

chauffe n. f. – XIVe 1 Lieu où brûle le combustible dans les fourneaux de fonderies, les chaudières de navires. 2 Fait de chauffer ; entretien du feu, de la pression d'une chaudière. ➛ SURFACE DE CHAUFFE : partie d'une chaudière en contact avec la flamme du foyer. ➛ CHAMBRE DE CHAUFFE : compartiment d'un bateau où se trouvaient les foyers des chaudières. ⇒ **chaufferie.** ➛ BLEU DE CHAUFFE : combinaison de chauffeur, de travailleur manuel.

chauffe-assiette n. m. – XIXe ▪ Appareil pour chauffer les assiettes. *Des chauffe-assiettes électriques.*

chauffe-bain n. m. – XIXe ▪ Appareil qui produit de l'eau chaude. *Des chauffe-bains électriques.* ⇒ **chauffe-eau.**

chauffe-biberon n. m. – 1926 ▪ Appareil électrique servant à chauffer les biberons. *Des chauffe-biberons.*

chauffe-eau n. m. inv. – 1902 ▪ Appareil producteur d'eau chaude. *Chauffe-eau électrique.*

chauffe-plat n. m. – XIXe ▪ Dessous de plat chauffé permettant de garder les mets chauds sur la table. *Des chauffe-plats.*

chauffer v. [1] – XIIe ; lat. *calefacere* **I** v. tr. 1 Élever la température de ; rendre (plus) chaud. *Chauffer de l'eau à 100°. Chauffer un appartement.* « *je n'avais aucun moyen de chauffer ma mansarde* » (Duham.). *Chauffer un métal, du fer, au rouge, à blanc.* ➛ « *Le ciel chauffé à blanc, s'étendait comme un miroir d'étain* » (From.). 2 fig. et fam. *Chauffer qqn (à blanc),* l'exciter, attiser son zèle. *Chauffer un candidat.* **II** v. intr. 1 Devenir chaud. *Le four chauffe. Faire chauffer de l'eau. Faire chauffer un moteur,* le faire tourner pour le rendre chaud. ♦ S'échauffer à l'excès, dangereusement. *Le moteur chauffe.* 2 Produire de la chaleur. *Cet appareil chauffe bien.* 3 fig. et fam. *Ça va chauffer,* devenir grave, sérieux. ⇒ ② **barder.** ➛ *Un orchestre qui chauffe,* qui joue une musique très rythmée. **III** SE CHAUFFER v. pron. 1 S'exposer à la chaleur. *Se chauffer au soleil.* 2 Chauffer son habitation. *Se chauffer au fioul.* ✪ CONTR. Rafraîchir, refroidir.

chaufferette n. f. – XIVe ▪ Boîte à couvercle percé de trous, que l'on remplissait de braise, de cendre chaude, et que l'on mettait par terre pour se chauffer les pieds.

chaufferie n. f. – XIVe ▪ Local où se trouvent les chaudières.

chauffeur n. m. – XVIIe **I** - 1 Personne qui est chargée d'entretenir le feu d'une forge, d'une chaudière. *Chauffeur de locomotive.* 2 Conducteur d'automobile. *Les chauffeurs du dimanche :* les mauvais conducteurs. ⇒ **chauffard.** ➛ Personne dont le métier est de conduire un véhicule. « *Boris jeta un coup d'œil vers le chauffeur et vit qu'il les regardait dans le rétroviseur* » (Sartre). *Louer une voiture sans chauffeur.* **II** Brigand qui brûlait les pieds de ses victimes pour les faire parler.

❑ De nos jours, *chauffeur,* au sens de « celui qui conduit », n'est plus guère employé que dans quelques expressions : *chauffeur de taxi, chauffeur de maître* et *louer une voiture avec chauffeur.* Selon le véhicule, on dit *conducteur, machiniste, mécanicien, pilote.*

chauffeuse n. f. – XIXe ▪ Siège bas (à l'origine pour se chauffer près du feu), sans accoudoirs.

chaufour n. m. – XIIIe ▪ Four à chaux.

chaulage n. m. – XVIIIe ▪ Action de chauler.

chauler v. tr. [1] – XIVe 1 Traiter par la chaux. *Chauler des terres.* ⇒ **amender.** *Chauler des arbres,* les enduire de lait de chaux pour détruire les insectes. 2 Enduire de chaux, blanchir à la chaux. *Chauler un mur.* ➛ « *Ce village avec ses maisons basses* [...] *aux murs chaulés* » (Tournier).

chauleuse n. f. – 1929 ▪ Voiture à chauler les voies ferrées.

chaumage n. m. – XIVe ▪ Action de chaumer. ➛ Temps où se fait cette opération. ✪ HOM. Chômage.

chaume n. m. – XIIe ; gr. *kalamos* « roseau » 1 Partie de la tige qui reste sur pied après la moisson. ⇒ **éteule.** 2 Champ où le chaume est encore sur pied. « *Des perdrix rouges qui voletaient dans les chaumes* » (Flaub.). 3 Paille qui couvre le toit des maisons. *Maison à toit de chaume.* ⇒ **chaumière.** ➛ Toit à couverture de chaume. « *Les maisons des paysans coiffées d'un chaume poli par le temps* » (Maurois). 4 Tige cylindrique des plantes graminées.

chaumer v. tr. [1] – XIVe ▪ Couper le chaume après la moisson. ⇒ **déchaumer.** ✪ HOM. Chômer.

chaumière n. f. – XVIIe ▪ Maison couverte de chaume. ➛ loc. *Ça fait pleurer dans les chaumières :* cela émeut les lecteurs.

chaussant, ante adj. et n. m. – XVIIe 1 adj. Qui chausse bien, est joli au pied. *Ces mocassins sont très chaussants.* 2 n. m. Façon dont une chaussure convient au pied.

chausse n. f. – XIIe ; lat. *calceus* « soulier » 1 au plur. Partie du vêtement masculin qui couvrait le bas du corps. 2 Entonnoir en étoffe. *Chausse à filtrer.* ⇒ **chaussette.** 3 Pièce honorable de l'écu, chevron plein, retourné pointe en bas.

chaussée n. f. – XIIe ; lat. *(via) calciata* « (voie) chaussée » 1 Élévation de terre servant à retenir l'eau. ⇒ **digue, levée, remblai, talus.** *Chaussée de retenue.* 2 Levée de terre, talus servant de chemin. *Chaussée sur pilotis.* 3 Partie principale et médiane d'une voie publique où roulent les voitures. ⇒ **route,** ① **rue.** *Chaussée et bas-côtés. Chaussée pavée, goudronnée. Chaussée déformée, glissante.* « *la rue est déserte : ni voitures sur la chaussée, ni piétons sur les trottoirs* » (Robbe-Grillet). 4 Écueil sous-marin. *La chaussée de Sein.*

chausse-pied n. m. – XVIe ▪ Lame incurvée dont on se sert pour faciliter l'entrée du pied dans la chaussure. *Des chausse-pieds.*

chausser v. tr. [1] – XIe ; lat. *calceus* « soulier » 1 Mettre à ses pieds. *Chausser des pantoufles, des bottes.* ⇒ **enfiler.** *Chausser du 40 :* porter des chaussures de cette pointure. ➛ *Chausser des skis.* ♦ fam. *Chausser des lunettes,* les ajuster sur son nez. 2 Mettre des chaussures à (qqn). pronom. *Se chausser avec un chausse-pied.* ➛ « *Ils dévalaient, chaussés de skis, des pentes abruptes* » (Perec). ♦ Fournir en chaussures. pronom. *Je me chausse chez X* (⇒ **bottier, chausseur).** 3 intrans. Aller bien ou mal. *Ce soulier (vous) chausse bien.* 4 Entourer de terre le pied de (une plante). ⇒ **butter.** 5 Garnir de pneus. *Faire chausser sa voiture de pneus neufs.* ✪ CONTR. Déchausser.

chausse-trape ou **chausse-trappe** n. f. – XIIe ; de l'a. fr. *chauchier* « fouler » et *treper* « marcher sur, sauter » 1 Engin de guerre, à quatre pointes. ♦ Trou recouvert, cachant un piège. *Prendre des bêtes sauvages dans des chausse-trapes.* 2 fig. Piège, embûche. « *la destinée est piège et l'homme tombe dans des chausse-trapes* » (Hugo).

❑ Longtemps écrit normalement *chausse-trape* avec un seul *p* en raison de son étymologie (même famille que *trépigner*). L'hésitation graphique (avec deux *p*) vient de l'attraction de *trappe* « piège » qui convient pour le sens.

chaussette n. f. – XIIe ; de *chausse* 1 Vêtement de maille qui couvre le pied et monte jusqu'à mi-mollet ou jusqu'au genou. *Chaussettes de laine, de fil, de nylon. Repriser des chaussettes.* « *une de ses chaussettes avait tendance à tire-bouchonner* » (Queneau). ◆ loc. *Laisser tomber qqn comme une vieille chaussette,* comme une chose sans importance. *Retourner qqn comme une vieille chaussette,* lui faire facilement changer d'avis. **2** Large cône ou tube souple. *Chaussette d'évacuation,* pour évacuer les gens en cas d'incendie. ◆ Filtre à café en tissu.

chausseur n. m. – XIXe ▪ Personne qui fabrique ou vend des chaussures. ⇒ **bottier.**

chausson n. m. – XIIe ; de *chausse* **1** Chaussure d'intérieur souple, légère et chaude. ⇒ **pantoufle, savate.** « *Il portait des chaussons brodés, je les revois encore* » (Céline). *Point de chausson :* point de couture en ligne brisée. ◆ Chaussure tricotée pour nouveau-né. ♦ Chaussure souple employée pour certains exercices. *Chausson de danse, de gymnastique.* **2** Pâtisserie formée d'un rond de pâte feuilletée replié contenant de la compote. *Chausson aux pommes.*

chaussure n. f. – XIIe ; de *chausser* **1** Article d'habillement protégeant et recouvrant le pied, à semelle résistante. ⇒ **soulier ;** fam. **croquenot, godasse, godillot, grolle,** ② **pompe, tatane.** *Chaussure plate, à talons hauts. Chaussures de ville. Chaussures de cuir, de daim.* « *les chaussures avaient raidi et le soleil accusait les craquelures du cuir* » (Beckett). *Chaussures vernies. Chaussures de sport, de montagne, de ski. Taille d'une chaussure.* ⇒ **pointure.** *Fabricant, marchand de chaussures.* ⇒ **bottier, chausseur.** *Faire ressemeler des chaussures.* ◆ loc. *Trouver chaussure à son pied :* trouver ce qui convient ; trouver une femme, un mari. **2** Industrie, commerce des chaussures. *Travailler dans la chaussure.*

chaut → **chaloir**

chauve adj. – XIIe ; lat. *calvus* ▪ Qui n'a plus ou presque plus de cheveux. ⇒ **dégarni, déplumé.** *Crâne chauve. Devenir chauve.* ◆ loc. fam. *Il est chauve comme un œuf, comme un genou.* ◆ subst. *Un chauve.*

> ❑ Même famille étym. que *calvitie.* ♦ La notion de « chauve » s'applique aussi aux animaux. → chauve-souris ; balbuzard (rem.).

chauve-souris n. f. – XIIe **1** Mammifère volant *(chiroptères)* à l'aide d'une membrane tendue entre les extrémités de ses membres. ⇒ **pipistrelle, roussette, vampire.** *Des chauves-souris.* ◆ *Manche chauve-souris :* manche longue à très large emmanchure. **2** Ferrure la plus élevée d'un gouvernail.

> ❑ Cet animal ayant des poils ras sur la tête, il s'agit certainement d'une *souris chauve.* Toutefois, le wallon *chawe sori,* étant formé de *cawa* « chouette », évoque une *souris chouette.*

chauvin, ine adj. et n. – XIXe ; de *N. Chauvin,* type du soldat enthousiaste et naïf de l'Empire **1** vieilli Qui a ou manifeste un patriotisme fanatique et belliqueux. ⇒ **cocardier, patriotard.** « *Si nous ne sommes plus chauvins, nous restons pacifiquement patriotes* » (Aragon). **2** Qui a une admiration outrée, partiale et exclusive pour son pays ; nationaliste et xénophobe. *Un Français chauvin.* ⇒ **franchouillard. 3** Qui admire de façon exagérée sa ville, sa région. ✪ CONTR. Impartial.

chauvinisme n. m. – XIXe ▪ Caractère de ce qui est chauvin ; nationalisme, patriotisme agressif et exclusif.

chaux n. f. – XIIe ; lat. *calx* « pierre » ▪ Oxyde de calcium obtenu par la calcination des pierres à chaux ou pierres à plâtre. ⇒ **calcaire.** *Chaux hydratée* ou *éteinte. Chaux vive,* qui ne contient pas d'eau. *Chaux hydraulique,* qui durcit sous l'eau. ◆ *Four à chaux.* ⇒ **chaufour.** ◆ *Eau de chaux :* solution de chaux. ◆ *Blanc de chaux :* enduit composé de chaux éteinte étendue d'eau. *Lait de chaux :* suspension d'hydroxyde de calcium dans l'eau. ◆ *Mélange de chaux et d'argile.* ⇒ **ciment.** *Mélange de chaux et de sable.* ⇒ **crépi, mortier.** ◆ loc. *Être bâti à chaux et à sable :* être d'une constitution robuste. ✪ HOM. Chaud, show.

chavirement n. m. – XIXe ▪ Fait de chavirer. ⇒ **dessalage.** ♦ fig. « *Ce grand chavirement de toutes les valeurs* » (Gide).

chavirer v. [1] – XVIIe ; provenç. *cap virar* « tourner la tête (en bas) » **I** v. intr. **1** Se retourner par suite d'une inclinaison excessive, en parlant d'un bateau. ⇒ **basculer, dessaler,** se **renverser.** *La barque a chaviré.* **2** Se renverser. *Ses yeux chavirèrent.* ⇒ se **révulser.** « *Un premier haut-le-cœur l'arrêta, tout chavirait* » (Zola). **3** fig. S'abîmer, sombrer. « *Ainsi les nations les plus grandes chavirent !* » (Hugo). **II** v. tr. **1** Faire chavirer. *Chavirer un navire pour le réparer.* ⇒ **cabaner. 2** Émouvoir fortement. ⇒ **bouleverser, retourner.** *J'en suis tout chaviré.*

chébec n. m. – XVIIIe ; ar. *chabbâk* ▪ Ancien petit trois-mâts de la Méditerranée à voiles et à rames. « *Les étranges chébecs aux formes d'une élégance orientale* » (Valéry).

chèche n. m. – XIXe ; du nom anc. de la ville de Tachkent ▪ Longue écharpe de coton que l'on enroule autour de la tête (⇒ **turban**), au Maghreb.

chéchia n. f. – XVIe ; ar. *sas* « pièce d'étoffe roulée autour de la calotte » ▪ Calotte que l'on pose sur la tête et autour de laquelle on peut rouler une pièce d'étoffe. ⇒ **fez.** *Des chéchias rouges.*

check-list [(t)ʃɛklist] n. f. – 1953 ; mot angl., de *to check* « vérifier » ▪ Liste d'opérations successives destinée à vérifier sans omission le bon fonctionnement de tous les équipements vitaux d'un avion, d'un engin avant son départ. *Des check-lists.*

check-up [(t)ʃɛkœp] n. m. inv. – v. 1960 ; mot angl. « vérification complète » ▪ Examen complet de l'état de santé d'une personne. ⇒ **bilan** de santé. ◆ Examen d'une situation pour en tirer un bilan. ⇒ ① **audit.** *Des check-up.*

cheddar n. m. – XIXe ; mot angl., nom d'un village ▪ Fromage anglais de lait de vache, à pâte pressée non cuite.

cheddite n. f. – 1908 ; de *Chedde,* village de Haute-Savoie ▪ Explosif à base de chlorate et d'un dérivé nitré du toluène.

cheeseburger [(t)ʃizbœʀgœʀ ; tʃizbuʀgœʀ] n. m. – 1972 ; mot angl. de *cheese* « fromage » et *(ham)burger* ▪ Hamburger au fromage.

cheese-cake [(t)ʃizkɛk] n. m. – 1979 ; mot angl. « gâteau au fromage » ▪ Gâteau à base de fromage blanc. *Des cheese-cakes.*

chef n. m. – X^e ; lat. *caput* « tête » **I** - **1** vx Tête (⇒ **couvre-chef**). « *d'aucuns claquant de la langue, opinant du bonnet, branlant du chef* » (Perec). ◆ Pièce honorable en haut de l'écu. **2** *DE SON CHEF :* de sa propre initiative, de soi-même. ⇒ **autorité.** *Faire qqch. de son propre chef.* **3** Élément distinct d'une action en justice, groupé avec d'autres dans une même procédure. *Retenir deux chefs d'accusation.* ◆ *Il importe, au premier chef, que :* il est essentiel, capital que. **II** - **1** Personne qui est à la tête, qui dirige, commande, gouverne. ⇒ **commandant, directeur, dirigeant, maître, meneur,** ① **patron, responsable.** *La responsabilité du chef. Chefs hiérarchiques. En référer à ses chefs.* ⇒ **supérieur. 2** *CHEF DE... :* celui qui dirige en titre. *Le chef de l'État.* ⇒ **monarque, président, roi ; empereur, prince.** *Des chefs d'État.* « *Laval était nommé chef du gouvernement, sa politique d'ultra-collaboration triomphait* » (Beauv.). *Chef de cabinet d'un ministre. Chef de service. Chef de tribu.* ◆ *Chef* *d'entreprise.* ⇒ **P. D. G.** *Elle est chef d'entreprise. Chef d'équipe.* ⇒ **contremaître.** ➛ *Chef de gare.* ➛ *Chef de projet.* 3 Dans un corps hiérarchisé militaire ou paramilitaire, Personne qui commande. *Les soldats et leurs chefs.* ⇒ **gradé,** ② **officier.** *Les grands chefs d'armées.* ⇒ ② **général.** ➛ *Chef d'état-major. Chef de bataillon, d'escadron :* commandant. *Chef de section :* lieutenant, sous-lieutenant ou adjudant. *Chef mécanicien.* ➛ *Chef scout.* ➛ loc. fam. *PETIT CHEF :* personne qui fait preuve d'une autorité prétentieuse. 4 Personne qui dirige, commande. ⇒ **leader, meneur.** *Un chef de bande.* ♦ Personne que les autres suivent. *Chef spirituel.* ➛ *CHEF DE FAMILLE :* personne sur qui repose la responsabilité de la famille. 5 *CHEF D'ORCHESTRE :* personne qui dirige l'orchestre. *Chef de chœur.* 6 *Chef de cuisine, chef cuisinier.* ➛ *Un chef :* un cuisinier. *La terrine du chef.* ♦ *La surprise du chef :* plat du chef ainsi dénommé, et qui peut surprendre le consommateur. 7 *Adjudant-chef, sergent-chef, médecin-chef. Gardien-chef.* ➛ *Chef pilote.* 8 fam. Personne remarquable. ⇒ **as, champion.** *C'est un chef.* ➛ loc. fam. *Se débrouiller comme un chef,* très bien, très facilement. 9 *EN CHEF :* en qualité de chef ; en premier. *Rédacteur en chef. Général en chef.* ✪ CONTR. Inférieur, subalterne, subordonné ; second.

> ❑ Pas de féminin : on dit Mme X, *le chef de service* (rarement *la chef*). *Cheffesse* a été proposé au XIXe s., sans succès. L'emploi de *cheftaine* est limité au langage du scoutisme.

chef-d'œuvre [ʃɛdœvʀ] **n. m.** – XIIIe 1 Œuvre qu'un artisan devait faire pour recevoir la maîtrise dans sa corporation. ➛ La meilleure œuvre d'un auteur. 2 Œuvre accomplie en son genre. ⇒ **perfection.** « *Le chef-d'œuvre littéraire de la France est peut-être sa prose abstraite* » (Valéry). 3 Ce qui est parfait en son genre. ⇒ **prodige.** « *l'entente cordiale fut un chef-d'œuvre de la diplomatie* » (Mauriac). ✪ CONTR. Ébauche, navet.

chefferie **n. f.** – XIXe 1 Circonscription territoriale du génie, des eaux et forêts. ⇒ **arrondissement.** 2 Unité territoriale sur laquelle s'exerce l'autorité d'un chef traditionnel (en Afrique).

chef-lieu **n. m.** – XIIIe ▪ En France, Centre administratif d'une circonscription territoriale. *Chef-lieu de département.* ⇒ **préfecture.** *Chef-lieu de canton. Des chefs-lieux.*

cheftaine **n. f.** – apr. 1916 ; angl. *chieftain,* a. fr. *chevetain* « capitaine » ▪ Jeune fille responsable d'un groupe de scouts, de guides, ou d'éclaireuses.

cheik **n. m.** – XIIIe ; ar. *sayh* « vieillard » ▪ Chez les Arabes, Homme respecté pour son âge et ses connaissances. ➛ Chef de tribu dans un pays arabe. ✪ HOM. Chèque.

cheire **n. f.** – XIXe ; lat. *carium* ▪ Coulée volcanique qui présente des inégalités, en Auvergne. ✪ HOM. Chair, chaire, cher, chère.

chélateur [kelatœʀ] **adj. m.** et **n. m.** – mil. XXe ; gr. *khêlê* « pince » ▪ Se dit d'un corps qui a la propriété de se lier à un ion positif bivalent et trivalent avec lequel il forme un composé dans lequel l'atome central est lié aux atomes voisins par au moins deux liaisons en formant une structure annulaire. ➛ *Fixation d'ions positifs par un chélateur.*

chelem [ʃlɛm] **n. m.** – XVIIIe ; angl. *slam* « écrasement » ▪ Réunion, dans la même main, de toutes les levées dans certains jeux de cartes. ➛ *Faire, réussir le grand chelem :* remporter une série complète de victoires (tennis, rugby).

chélicère [kelisɛʀ] **n. f.** – XIXe ; gr. *khêlê* « pince » et *keras* « corne » ▪ Appendice céphalique des arachnides et limules.

chélidoine [kelidwan] **n. f.** – XIIIe ; gr. *khelidôn* « hirondelle » ▪ Plante *(papavéracées),* appelée aussi *grande éclaire,* herbacée, à fleurs jaunes.

> ❑ Selon une ancienne croyance, l'hirondelle se servait de cette plante pour guérir ses petits.

chelléen, enne **adj.** et **n. m.** – XIXe ; de *Chelles,* localité de la région parisienne ▪ vieilli ⇒ **abbevillien.**

chéloïde [kelɔid] **n. f.** – XIXe ; gr. *khêlê* « pince » et *-oïde* ▪ Boursouflure fibreuse indurée et ramifiée, formée sur la peau au niveau d'une cicatrice.

chéloniens [kelɔnjɛ̃] **n. m. pl.** – XVIIIe ; gr. *khelônê* « tortue » ▪ Ordre de reptiles dont le tronc est protégé par une carapace dorsale et un plastron ventral.

chemin **n. m.** – XIe ; lat. *camminus,* mot gaul. **I** - 1 Voie qui permet d'aller d'un lieu à un autre (⇒ **route, voie).** Passage qui suit les accidents de terrain. ⇒ **piste, sentier.** *Chemin sinueux, tortueux. Chemin de traverse.* ➛ *Chemin creux,* enfoncé entre des parties plus hautes, dans les pays de bocage. *Chemin carrossable.* « *Ce chemin qui serpente est bon, et tout parfumé d'herbes sèches* » (Bosco). ➛ *Se frayer un chemin. Chemin vicinal, rural. Chemin de montagne. Chemin muletier. Chemin forestier.* ⇒ ② **laie, layon, lé.** 2 *Chemin d'escalier :* bande de tapis disposée sur les marches. ➛ *Chemin de table :* bande d'étoffe disposée sur une table. 3 Distance, espace à parcourir pour aller d'un lieu à un autre. ⇒ **parcours, route, trajet.** *Un long chemin.* ⇒ fam. **tirée, trotte.** *La ligne droite est le plus court chemin d'un point à un autre.* 4 Direction, voie d'accès. « *Quel chemin a-t-il pris ? la porte ou la fenêtre ?* » (Rac.). *Montrer, indiquer à qqn son chemin.* ♦ *Le chemin de Damas :* la route où saint Paul se convertit. 5 loc. *Se mettre en chemin :* partir. *Poursuivre, passer son chemin :* continuer à marcher ; ne pas s'arrêter. ➛ *Chemin faisant :* pendant le trajet. ➛ *Ils l'ont rencontré en chemin,* en cours de route. ♦ Temps passé à cheminer. *Deux heures de chemin.* 6 Trajectoire. ⇒ **course.** *Le chemin d'un projectile.* **II** Conduite qu'il faut suivre pour arriver à un but. ⇒ ② **moyen, voie.** « *Nous ne prenons guère le chemin de nous rendre sages* » (Mol.). *Tracer, montrer le chemin :* donner l'exemple. ♦ loc. *Ne pas y aller par quatre chemins :* agir franchement, sans détours. ➛ *S'arrêter en chemin,* avant d'avoir achevé ce que l'on a commencé. *Ne pas s'arrêter en si bon chemin.* ➛ *Être dans le droit chemin :* se conduire d'une façon moralement irréprochable. « *Max s'était engagé à le ramener dans le droit chemin* » (Carco). ➛ *Une idée qui a fait son chemin,* qui a abouti, a progressé. *Il fera son chemin,* une belle carrière. ♦ *Trouver qqn, qqch. sur son chemin :* rencontrer un adversaire, un obstacle. *Se mettre sur le chemin de qqn.* « *Il ne faisait pas bon se trouver sur son chemin* » (Hamilton).

> ❑ Désignant une voie tracée qui traverse la nature, *chemin* et *piste* s'opposent.

chemin de fer **n. m.** – XVIIIe ; calque de l'angl. *railway* 1 vx Chemin formé par deux rails parallèles sur lesquels roulent les trains. ⇒ **voie.** *Des chemins de fer.* 2 Le moyen de transport utilisant la voie ferrée ; l'exploitation de ce moyen de transport. *Voie, ligne de chemin de fer. Transport par chemin de fer* (⇒ **ferroutage).** *Accident de chemin de fer.* ⇒ **déraillement, télescopage.** 3 Entreprise qui exploite des lignes de chemin de fer. *La Société nationale des chemins de fer français (S.N.C.F.). Employé des chemins de fer.* 4 Jeu d'argent, variété de baccara.

chemineau **n. m.** – XIXe ▪ vx Vagabond qui erre par les chemins. ✪ HOM. Cheminot.

cheminée n. f. – XIIe ; gr. *kaminos* « âtre » **1** Dispositif formé d'un foyer et d'un conduit qui sert à évacuer la fumée. ⇒ **âtre, foyer.** *Allumer du feu, faire une flambée dans la cheminée. Ramoner une cheminée. La cheminée tire bien.* **2** Partie de la cheminée qui sert d'encadrement à l'âtre. *Cheminée de marbre. Garniture, dessus de cheminée.* « *une cheminée ordinaire, en marbre noir, surmontée d'une grande glace rectangulaire* » (Robbe-Grillet). **3** Partie supérieure du conduit qui évacue la fumée, visible sur le toit. *Chapeau de cheminée.* ◆ *Cheminée de locomotive, de navire. Cheminée d'usine.* ♦ *Cheminée des fées* : colonne ou pyramide argileuse ciselée par les eaux de ruissellement, coiffée d'un bloc. ◆ *Cheminée d'un volcan,* par où passent les matières volcaniques. « *la cheminée volcanique qui établissait la communication entre les couches souterraines et le cratère* » (J. Verne). ◆ Corridor vertical étroit, en montagne. **4** Trou, conduit vertical. ⇒ **puits.** *Cheminée d'aération.* **5** *Cheminée d'équilibre* : ouvrage servant de régulateur de pression dans un système hydraulique. ✪ HOM. Cheminer.

cheminement n. m. – XIIIe **1** Action de cheminer. ⇒ ② **marche.** *Lent cheminement.* **2** Avance lente, progressive. *Le cheminement des eaux.* ◆ *Le cheminement de la pensée, d'une idée.* ⇒ ② **marche. 3** Levé topographique par mesures d'angles successives. *Cheminement au goniomètre.*

cheminer v. intr. [1] – XIIe **1** Faire du chemin, un chemin long et pénible, que l'on parcourt lentement. ⇒ ① **aller, marcher.** « *nous cheminâmes pendant une heure et demie avec une peine excessive* » (Chateaub.). **2** Avancer lentement. ◆ fig. « *Un projet qui, depuis quelques heures cheminait dans son inconscient, jaillit enfin à la lumière* » (Mart. du G.). **3** Progresser vers une place assiégée. **4** Faire un cheminement topographique. ✪ HOM. Cheminée.

cheminot, ote n. et adj. – XIXe **1** Employé, employée des chemins de fer. *Grève des cheminots.* **2** adj. Des cheminots. *Syndicat cheminot.* ✪ HOM. Chemineau.

> ❑ *Cheminot* a désigné plus particulièrement l'ouvrier des voies ferrées, terrassier et itinérant.

chemise n. f. – XIIe ; lat. *camisia* **I - 1** Vêtement couvrant le torse. ⇒ fam. **liquette.** *Chemise américaine* : sous-vêtement (⇒ **tee-shirt**). ♦ CHEMISE DE NUIT : vêtement de nuit. « *une chemise de nuit classique, comme toutes les chemises de nuit d'homme* » (Aragon). ♦ Vêtement de tissu couvrant le torse qui se boutonne sur le devant, porté par les hommes et par les femmes (⇒ **chemisier, corsage**). *Col, manchette, pan de chemise* (⇒ **bannière**). *Cravate et chemise assorties. Chemise à manches longues, à manches courtes* (⇒ **chemisette**). ◆ *Être en manches* (abusivt *en bras*) *de chemise,* sans veston. **2** Chemise d'uniforme de certaines formations politiques paramilitaires ; ces formations, leurs membres. *Chemises rouges* : soldats de Garibaldi. *Chemises brunes.* ⇒ **hitlérien, nazi.** *Chemises noires.* ⇒ **fasciste. 3** loc. *Changer de* (qqch.) *comme de chemise,* constamment. « *C'est une question de propreté : il faut changer d'avis comme de chemise* » (Renard). ◆ *Se soucier, se moquer d'une chose comme de sa première chemise,* n'y accorder aucun intérêt. ◆ *Laisser dans une affaire jusqu'à sa dernière chemise,* s'y ruiner. ◆ fam. *Être comme cul et chemise* : être inséparables. **II - 1** Couverture dans laquelle on insère des documents. ⇒ **dossier,** région. ② **farde.** *Chemise à rabats.* **2** Revêtement de protection. *Chemise de maçonnerie* : crépi, enveloppe de mortier. *Chemise de cylindres d'automobile.*

> ❑ Même famille étym. que *camisard, camisole.*

chemiser v. tr. [1] – XIXe ▪ Garnir d'un revêtement protecteur.

chemiserie n. f. – XIXe **1** Industrie, commerce de la chemise d'homme, des accessoires, des sous-vêtements masculins. **2** Magasin d'habillement masculin.

chemisette n. f. – XIIIe ▪ Chemise à manches courtes.

chemisier, ière n. – XVIe **1** Fabricant ou marchand de chemises. **2** n. m. Corsage à col, fermé par-devant. ◆ *Robe chemisier,* dont le haut forme chemisier.

chênaie n. f. – XIe ▪ Plantation de chênes.

chenal, aux n. m. – XIIIe ; lat. *canalis* « canal » **1** Passage ouvert à la navigation entre un port, une rivière ou un étang et la mer, entre des rochers, des îles, dans le lit d'un fleuve. ⇒ **canal,** ② **passe. 2** Courant d'eau établi pour le service d'une usine, le fonctionnement d'un moulin. **3** Sillon allongé dans une surface recouverte périodiquement ou constamment par les eaux. *Chenal de marée.*

chenapan n. m. – XVIe ; all. *Schnapphahn* « voleur de grand chemin » ▪ Garnement, vaurien. *Sortez d'ici, chenapans !* ⇒ **galopin.**

chêne n. m. – XIIe ; lat. *cassanus,* mot gaul. **1** Grand arbre *(fagacées)* à longue durée de vie, aux feuilles lobées semi-persistantes, aux fleurs en chatons et aux fruits à cupule (⇒ **gland**). « *Le Chêne et le Roseau* », *fable de La Fontaine.* « *Souvent, sur la montagne, à l'ombre du vieux chêne* » (Lamart.). ♦ *Les chênes druidiques, le gui du chêne.* **2** Le bois de cet arbre. *Parquet de chêne.* ✪ HOM. Chaîne.

chéneau n. m. – XVe ; de *chenal* ▪ Conduit qui longe le toit, recueille les eaux de pluie et les conduit au tuyau de descente. ⇒ **gouttière.**

chêne-liège n. m. – XVIIe ▪ Chêne à feuillage persistant, dont le cambium fournit le liège. *Des chênes-lièges.*

chenet n. m. – XIIIe ; de *chien* ▪ Chacune des pièces métalliques qu'on place à l'intérieur d'une cheminée perpendiculairement au fond, et sur lesquelles on dispose les bûches. *Une paire de chenets en fer forgé.*

> ❑ *Chenet* est un diminutif ancien de *chien,* ces pièces figurant à l'origine des chiens accroupis.

chènevière n. f. – XIIIe ; lat. *canapus* (→ chanvre) ▪ Champ où croît le chanvre.

> ❑ Il existe un doublet synonyme, *can(n)ebière,* en usage dans le sud-est de la France.

chènevis n. m. – XIIIe ; lat. *canaputium* ▪ Graine de chanvre, nourriture des oiseaux.

chenil [ʃ(ə)nil] n. m. – XIVe ; lat. *canis* « chien » **1** Lieu où l'on héberge des chiens ; où l'on élève des chiens de race. **2** Logement, local sale et en désordre. « *son garçon de bureau sortit du chenil ténébreux qui l'abritait* » (Courtel.). **3** (Suisse) Désordre ; objets sans valeur. ⇒ **bazar.**

> ❑ Certains dictionnaires donnent deux prononciations (Académie 1986 « *cheni* ou *chenil* »), la première (*l* muet) étant souvent jugée plus cultivée. On note en effet des hésitations dans la prononciation des mots terminés en *-il* : *l* final muet dans *coutil, fusil, gentil, outil,* prononcé ou non dans *persil, sourcil, nombril,* prononcé le plus souvent dans *baril, chenil, fenil, frasil, grésil, gril, péril, terril.*

chenille n. f. – XIIe ; lat. *canicula* « petite chienne » **I** Larve phytophage des coléoptères et des lépidoptères, au corps allongé lisse ou velu, possédant des glandes séricigènes et dix paires de pattes. « *des chênes* *malingres mangés de chenilles et n'ayant plus que la dentelle de leurs feuilles* » (Goncourt). **II - 1** Passementerie veloutée en forme de chenille. *Écharpe, pull en chenille.* **2** Bande métallique articulée, sans fin, isolant du sol les roues d'un véhicule pour lui permettre de se déplacer sur tous les terrains. « *Le char d'infanterie est tout simplement un tracteur sur chenilles* » (Maurois).

❑ Le sens de « larve du papillon » viendrait de l'analogie de forme entre la tête de la chenille et celle d'une petite chienne.

chenillé, ée adj. – XXe ▪ Muni de chenilles. *Véhicule chenillé.*

chenillette n. f. – XVIIIe **1** Plante dont la gousse enroulée ressemble à une chenille. **2** Petit véhicule automobile sur chenilles.

chénopode [kenɔpɔd] n. m. – XIXe ; gr. *khênopous* « patte d'oie » ▪ Plante sauvage *(chénopodiacées)* aux usages médicinaux.

chenu, ue adj. – XIe ; lat. *canus* « blanc » **1** littér. Qui est devenu blanc de vieillesse. *Tête chenue.* ➛ *Un vieillard chenu.* **2** littér. *Des arbres chenus :* vieux arbres.

cheptel [ʃɛptɛl ; ʃtɛl] n. m. – XIe ; lat. *caput* « tête » **1** Contrat de bail « par lequel l'une des parties donne à l'autre un fonds de bétail pour le garder, le nourrir et le soigner, sous les conditions convenues entre elles » (CODE CIV.). **2** Ensemble des bestiaux. *Le cheptel porcin d'une région.* **3** Capital d'exploitation d'une ferme représenté par les instruments de travail *(cheptel mort)* et par le bétail *(cheptel vif).*

❑ La prononciation cultivée [ʃtɛl] se modèle sur l'ancien français *chetel.* Le *p* étym. a été réintroduit au XVIIIe s., *cheptel,* et la prononciation moderne [ʃɛptɛl] se conforme à cette orthographe.

chèque n. m. – XVIIIe ; angl. *check,* de *to check* « contrôler » ▪ Écrit par lequel une personne donne l'ordre à un établissement bancaire de remettre ou de payer à vue une certaine somme à prélever sur le crédit (de son compte ou de celui d'un autre). *Chèque bancaire. Un chèque de cent francs. Payer par chèque. Faire, signer un chèque. Endosser un chèque. Toucher un chèque. Faire porter un chèque au crédit de son compte.* ⇒ **virement.** *Faire opposition à un chèque.* ➛ *Chèque barré,* qui porte deux barres parallèles dans le but de subordonner le paiement du chèque à l'intervention d'une banque. ➛ *Chèque à ordre,* comportant le nom du bénéficiaire. ➛ *Chèque certifié,* sur lequel le tiré certifie que la provision du tireur permet de payer le chèque. (au Canada) *Chèque visé. Chèque de banque,* émis par une banque. ➛ *Chèque de voyage,* permettant au porteur de toucher des fonds dans un autre pays. ⇒ **traveller's check.** ♦ *Des chèques-restaurant, des chèques-essence.* ⇒ ② **bon.** ✪ HOM. Cheik.

chéquier n. m. – XIXe ▪ Carnet de chèques.

cher, chère adj. et adv. – X^e ; lat. *carus* **I - 1** Qui est aimé ; pour qui on éprouve une vive affection. *Ses enfants lui sont chers.* ➛ « *bonheur de découvrir soudain ce visage si cher parmi les inconnus qui descendaient du train* » (Maurois). **2** (avant le nom) *Cher Monsieur. Cher ami. Mes bien chers frères. Chers auditeurs. Mon cher ami.* ➛ n. *Mon cher, ma chère.* **3** Que l'on considère comme précieux. « *Guenille si l'on veut, ma guenille m'est chère* » (Mol.). **II - 1** Qui est d'un prix élevé. ⇒ **coûteux, onéreux.** *Ces articles sont trop chers.* ⇒ fam. **chérot.** « *Le vrai bonheur coûte peu ; s'il est cher, il n'est pas d'une bonne espèce* » (Chateaub.). *Ce n'est pas cher. J'ai pris le moins cher.* **2** Qui exige de grandes dépenses. ⇒ **dispendieux.** *L'entretien du parc est trop cher. Lutte contre la vie chère.* **3** Qui fait payer un prix élevé. *Ces restaurants sont chers.* **4** adv. À haut prix. ⇒ **chèrement.** *Vendre cher. Coûter cher.* ⇒ fam. **chiffrer.** *Cela revient cher. Ce livre vaut cher. Ça n'est pas cher payé.* ➛ *Il ne vaut pas cher :* il n'a pas de valeur. ➛ *Il me le payera cher,* se dit pour marquer l'intention de se venger d'une injure reçue. *Vendre cher sa vie :* se défendre vaillamment. ➛ *Ne pas donner cher de qqch. :* être persuadé que cela n'a pas d'avenir. ✪ CONTR. Désagréable, négligeable, odieux. Gratuit ; marché (bon marché). — HOM. Chair, chaire, cheire, chère.

❑ Rappelons que l'adjectif est variable : *cette robe est chère, ces fruits sont chers.* L'adverbe est invariable : *ces denrées coûtent cher, je les ai payées plus cher.*

chercher v. tr. [1] – XIe ; lat. *circare* « aller autour », de *circum* **1** S'efforcer de découvrir, de trouver. ⇒ **rechercher.** *Chercher qqn dans la foule. Chercher un objet qu'on a égaré.* ➛ pronom. *Ils se cherchent dans le noir.* ➛ *Chercher la sortie.* « *Elle fit mine de chercher sa bourse, qu'elle avait dans sa poche* » (Sand). ➛ *Chercher un mot dans le dictionnaire.* **2** Essayer de découvrir par un effort de pensée. *Chercher la solution d'un problème. Chercher le moyen d'en sortir.* « *Je cherche des prétextes pour me voiler à moi-même la seule raison qui me fait agir* » (Montherl.). *Qu'est-ce qu'il va chercher là ?* ⇒ **imaginer, inventer.** ➛ pronom. *Se chercher :* chercher sa vraie personnalité, son identité. « *Maintenant je me cherche, et ne me trouve plus* » (Rac.). ♦ « *Je ne cherche pas, je trouve* » (Picasso). ➛ Rechercher Dieu, la foi. « *cherchez et vous trouverez* » (BIBLE). **3** *CHERCHER À :* essayer de parvenir à. ⇒ s'**efforcer,** s'**évertuer, tâcher, tenter.** *Chercher à savoir. Chercher à comprendre.* « *un nom qu'on cherche à se rappeler* » (Proust). *Il* « *se sentait faible et cherchait à se faire aimer* » (Gide). ➛ *Cherchez à ce qu'on soit content de vous.* **4** Essayer d'obtenir. *Chercher une femme, un mari. Chercher un emploi. Chercher un appartement. Chercher du secours.* loc. *Chercher fortune.* ➛ « *Évariste s'enfuit et courut chercher auprès d'Élodie l'oubli, le sommeil* » (France). ♦ *Il l'a cherché, c'est bien fait pour lui !* il a tout fait pour en arriver là. **5** Aller, faire, envoyer, venir prendre. *Passez chercher votre colis à la poste. Aller chercher un enfant à l'école.* ♦ fam. *Si tu me cherches, tu vas me trouver !* **6** loc. fam. *Ça va chercher dans les* (et une somme) : ça atteint approximativement. *Ça va chercher dans les mille francs.* ✪ CONTR. Trouver.

chercheur, euse n. et adj. – XVIe **1** Personne qui cherche. « *les coups de bêche d'un chercheur de trésor* » (Barrès). **2** Personne qui se consacre à la recherche scientifique. ⇒ **savant, scientifique.** *Il, elle est chercheur au C.N.R.S. Elle est chercheuse* (cour. au Québec). **3** n. m. Petite lunette adaptée à un télescope pour délimiter le point du ciel à observer. ♦ adj. *Tête* chercheuse.*

chère n. f. – XIe ; gr. *kara* « tête » ▪ (soutenu) *Faire bonne chère :* faire un bon repas. ⇒ **bombance, ripaille.** ➛ Nourriture. « *animés par le vin et la bonne chère* » (Gaut.). ✪ HOM. Chair, chaire, cheire, cher.

❑ La locution « *faire bonne (mauvaise) chère à qqn* » a signifié « faire bon (mauvais) visage à qqn », soit « bon (mauvais) accueil ». L'homonymie de *chair* a favorisé le passage au sens de « repas, nourriture ».

chèrement adv. – XIe **1** D'une manière affectueuse et tendre. **2** À haut prix, d'un prix élevé. ⇒ **cher.** ➛ *Il paya chèrement son succès,* en consentant de grands sacrifices.

chergui n. m. – XXe ; ar. marocain « vent d'est » ▪ Vent chaud et sec qui souffle du sud-est (au Maroc). ⇒ **sirocco.**

chéri, ie adj. et n. – XVIIe **1** Tendrement aimé. *Mes enfants chéris.* « *moi qui me croyais honoré, chéri* *comme je méritais de l'être* » (Rouss.). **2** n. *C'est le chéri de ses parents.* ⇒ **chouchou.** ➛ « *Mais, mon chéri, mon tout petit lapin, mon tout petit loup* » (Anouilh). *Oui, chéri.* ✪ HOM. Cherry, sherry.

chérif n. m. – XVIe ; ar. *charif* « noble » ▪ Prince, chez les Arabes. ✪ HOM. Shérif.

❑ Ne pas confondre avec le *shérif,* chargé de maintenir l'ordre aux États-Unis.

chérifien, ienne adj. – XIXe ▪ *L'Empire chérifien* : le Maroc.

chérir v. tr. [2] – XIIe ▪ littér. **1** Aimer tendrement. ⇒ **affectionner.** *Chérir sa femme. Chérir la mémoire de qqn.* ⇒ **vénérer. 2** S'attacher, être attaché à. « *Homme libre, toujours tu chériras la mer !* » (Baud.). ➛ « *On est incurable quand on chérit sa souffrance* » (Flaub.). ✪ CONTR. Détester, haïr.

chérot adj. m. – XIXe ▪ fam. Trop cher, coûteux.

cherry n. m. – XIXe ; mot angl. « cerise » ▪ Liqueur de cerise. *Des cherrys* ou *des cherries.* ✪ HOM. Chéri, sherry.

❑ Pour le pluriel → ① y (rem.). ♦ Attention, l'homonyme *sherry* désigne aussi une boisson (xérès).

cherté n. f. – X^e ▪ Prix élevé. ⇒ **coût.** « *On parla de la cherté du blé* » (Sand).

chérubin n. m. – XIe ; hébr. de *kerûb* « sorte d'ange » **1** Ange du second rang de la première hiérarchie (dans la religion chrétienne). ➛ Représentation de cet ange par une tête d'enfant ailé. ⇒ **putto. 2** *Une face, un teint de chérubin,* un visage rond et des joues colorées.

chester [ʃɛstɛʀ] n. m. – XIXe ; ville d'Angleterre ▪ Fromage anglais au lait de vache, à pâte pressée non cuite.

chétif, ive adj. – XIe ; gaul. *cactos* « prisonnier » **1** De faible constitution ; d'apparence débile. ⇒ **maigrichon, maladif, malingre, rachitique.** « *ce petit garçon chétif que j'étais, penché sur ses dictionnaires* » (Mauriac). *Arbre chétif.* ⇒ **rabougri. 2** littér. Sans valeur, insuffisant. *Une chétive récolte.* ⇒ ① **maigre, pauvre.** « *une vie médiocre et des rêves chétifs* » (Proust). ✪ CONTR. ① Fort, robuste.

chétivement adv. – XIIe ▪ littér. D'une manière chétive.

cheval, aux n. m. – XIe ; lat. *caballus* « mauvais cheval » **I** – **1** Grand mammifère ongulé *(hippomorphes)* à crinière, domestiqué par l'homme. ⇒ enfantin **dada.** Le mâle (opposé à *jument*), le mâle adulte (opposé à *poulain, pouliche*). *Le cheval est « la plus noble conquête que l'Homme ait jamais faite »* (Buff.). *Cheval reproducteur.* ⇒ ① **étalon.** *Cheval châtré.* ⇒ **hongre.** *Cheval sauvage.* ⇒ **mustang, tarpan.** *Le cheval est un équidé. Crins, pelage, robe du cheval.* ▪ *Cheval anglais, arabe, ardennais, barbe, percheron. Cheval de petite taille.* ⇒ **poney.** ➛ *Cheval de bataille.* ⇒ **destrier.** ➛ *Chevaux de cavalerie. Cheval de cérémonie, de parade.* ⇒ **palefroi.** ➛ *Cheval de course. Cheval de course d'un an.* ⇒ **yearling.** *Le cheval favori* (opposé à *outsider*). *Cheval de polo. Cheval de selle. Cheval de trait. Atteler, harnacher un cheval. Cheval de poste, de relais. Cheval de labour.* ➛ *Viande de cheval. Un steak de cheval.* ♦ « *le cheval est fier, ardent, impétueux* » (Buff.). *Logement des chevaux.* ⇒ **haras ; écurie ;** ② **box.** *Ferrer, déferrer un cheval.* ♦ *Le cheval remue la tête de bas en haut* (⇒ **encenser**), *prend le mors aux dents, se cabre, rue, s'emballe, désarçonne son cavalier.* ♦ *Monter un cheval à califourchon, en amazone, en croupe ; le monter sans selle, à cru, à poil. Cravacher, éperonner son cheval. Faire une chute de cheval. Descendre de cheval.* **2** À CHEVAL [aʃval] : sur un cheval. « *Éperonné, botté, prêt à monter à cheval* » (P.-L. Cour.). *Aller à cheval. Promenade à cheval.* ♦ À califourchon. *Être à cheval sur une branche d'arbre.* ➛ *À cheval sur deux périodes. Être à cheval sur qqch.,* très exigeant dans ce domaine. « *J'avais des gouvernantes anglaises* [...] *mon père est très à cheval sur la qualité d'un accent* » (Arnothy). **3** Équitation. *Faire du cheval. Bottes de cheval. Culotte de cheval,* de cavalier ; saillie graisseuse (cellulite) sur le haut des cuisses. **4** loc. *Fièvre de cheval,* très forte. ➛ *Monter sur ses grands chevaux* : s'emporter. « *Ne te mets donc plus en colère. Ne monte plus sur tes grands chevaux* » (Duham.). ➛ *Cela ne se trouve pas sous le pas d'un cheval* : c'est une chose qu'il est difficile de se procurer. **5** fam. *Un grand cheval* : une grande femme masculine. ➛ fam. *C'est pas le mauvais cheval* : il n'est pas méchant. ➛ *La mort du petit cheval* : la fin d'une affaire, d'espérances. **II** – **1** CHEVAL DE BOIS : jouet d'enfant. ➛ CHEVAL D'ARÇONS : appareil de gymnastique, gros cylindre rembourré sur quatre pieds, qui sert à des exercices de saut, de voltige. *Des chevaux d'arçons* ou inv. *des cheval d'arçons.* ➛ CHEVAL DE TROIE : cheval de bois gigantesque dans les flancs duquel les guerriers grecs se cachèrent pour pénétrer dans Troie. ➛ *Jeu des* PETITS CHEVAUX : jeu de hasard où les pions sont représentés par des petits chevaux. **2** CHEVAL-VAPEUR n. m. ou *cheval* (symb. *ch*) : ancienne unité de puissance équivalant à 736 watts. *Des chevaux-vapeur.* ➛ *Cheval fiscal* (abrév. CV) : unité de calcul basée sur la cylindrée et la transmission pour déterminer les taxes relatives à un véhicule.

❑ La forme *cheval d'arçons* est critiquée par les puristes qui lui préfèrent *cheval-arçons,* n. m. invariable.

chevalement n. m. – XVIIe ▪ Assemblage de madriers et de poutres qui supportent un mur, une construction qu'on reprend en sous-œuvre. ⇒ ② **étai.**

chevaler v. tr. [1] – XVe ▪ Soutenir avec un chevalement.

chevaleresque adj. – XVIe **1** Qui a rapport au chevalier. *La littérature chevaleresque.* **2** Digne d'un chevalier. « *cette espèce d'honneur chevaleresque qui, à l'armée, fait excuser les plus grands excès* » (Balz.). ➛ Généreux, désintéressé. *Se montrer chevaleresque.*

chevalerie n. f. – XIIe **1** Institution militaire d'un caractère religieux, propre à la noblesse féodale. *Romans de chevalerie* : œuvres d'imagination où sont décrits les exploits, les mœurs, les amours des chevaliers. **2** L'ensemble des chevaliers. **3** Au Moyen Âge, Ordre militaire et religieux institué pour combattre les infidèles. ♦ *Ordre de chevalerie* : institution créée pour récompenser le mérite, par des distinctions honorifiques.

chevalet n. m. – XIIe ; de *cheval* **1** Ancien instrument de torture. **2** Support qui sert à tenir à la hauteur voulue l'objet sur lequel on travaille. *Chevalet de charpentier.* **3** Support, trépied. *Chevalet d'un tableau noir.* ➛ *Chevalet de peintre,* qui supporte le tableau, la toile. *Tableau de chevalet* : tableau de peinture que l'on peut déplacer (opposé à *fresque,* etc.). **4** Pièce de bois placée à cheval sur l'axe central de la table des instruments à cordes. *Chevalet de guitare.*

chevalier n. m. – XIe **I** – **1** Seigneur féodal possédant un fief suffisamment important pour assurer l'armement à cheval. ➛ Noble admis dans l'ordre de la chevalerie. *Armer, recevoir chevalier. Les chevaliers de la Table ronde* : les compagnons du roi Artus. ➛ loc. *Chevalier errant* : chevalier qui allait par le monde pour redresser les torts, combattre dans les tournois. *Le chevalier à la Triste Figure* : Don Quichotte. ➛ *Se faire le chevalier de qqn,* prendre sa défense. *Chevalier servant* : celui qui rend des soins assidus à une femme. ⇒ **cavalier. 2** Au Moyen Âge, Membre d'un ordre de chevalerie. ♦ Membre d'un ordre honorifique ; personne qui a le grade le moins élevé. *Elle est chevalier de la Légion d'honneur.* ♦

Membre de l'ordre équestre, à Rome. 3 Dans la noblesse, Celui qui est au-dessous du baron. II - 1 Oiseau échassier migrateur au bec droit *(charadriiformes).* ⇒ **gambette.** 2 Poisson des Antilles, à nageoire dorsale très allongée *(perciformes).*

chevalière n. f. – XIXe ▪ Bague à large chaton plat sur lequel sont gravées des armoiries, des initiales.

chevalin, ine adj. – XIIe 1 Qui a rapport au cheval. ⇒ **équin.** *Appliquez-vous* « *au développement des races chevalines, bovines, ovines et porcines !* » (Flaub.). *Boucherie chevaline.* ⇒ **hippophagique.** 2 Qui évoque l'apparence physique du cheval. *Visage chevalin.*

cheval-vapeur → **cheval** (II, 2°)

chevauchant, ante adj. – XIXe ▪ Qui chevauche (3°). *Tuiles chevauchantes.*

chevauchée n. f. – XIIe ▪ Promenade à cheval. *La chevauchée des Walkyries.* « *Par sa faute, nous voici frustrés de la belle chasse traditionnelle, des chevauchées à cor et à cris* » (Genev.).

chevauchement n. m. – XIVe ▪ Position de deux objets qui se recouvrent en partie, qui empiètent l'un sur l'autre. *Chevauchement des lettres.*

chevaucher v. [1] – XIe 1 v. intr. littér. Aller à cheval. 2 v. tr. Être à califourchon sur. *Les sorcières chevauchent des manches à balais.* 3 v. intr. Se recouvrir en partie, empiéter. *Dents qui chevauchent. La lettre* « *était écrite par une vieille main tremblante* [...] ; *les lignes chevauchaient les unes sur les autres* » (Loti). ♦ pronom. *Ces deux rendez-vous se chevauchent.*

❑ *Chevaucher* est le doublet noble de *cavaler* dans son sens ancien d'« aller à cheval ».

chevau-légers n. m. pl. – XVe ▪ Corps de cavalerie qui servait de garde au souverain. sing. *Un chevau-léger :* un cavalier de ce corps.

❑ On dit et on écrit *chevau* au singulier et sans *x* au pluriel. Un ancien usage a ainsi fixé l'orthographe de ce terme d'histoire.

chevêche n. f. – XIIIe ; lat. *cavannus* ▪ ⇒ ① **chouette.** « *Deux chevêches chuintent aux deux bouts de l'invisible* » (Bazin).

chevelu, ue adj. – XIIe ; de *chevel* « cheveu » 1 Garni de cheveux. ➸ *Racine chevelue :* racine d'une plante portant de nombreuses radicelles. 2 Qui a de longs cheveux. *Un vieillard chevelu.* ✪ CONTR. Chauve, dénudé.

chevelure n. f. – XIe 1 Ensemble des cheveux. *Une chevelure blanche.* ➸ Cheveux longs et fournis. ⇒ **crinière, toison.** « *Sur ta chevelure profonde Aux âcres parfums* » (Baud.). 2 *Chevelure d'une comète,* partie nébuleuse qui entoure sa tête et forme une traînée lumineuse apparente.

chevesne [ʃ(ə)vɛn] n. m. – XIIIe ; lat. *capitinem* « grosse tête » ▪ Poisson d'eau douce *(cypriniformes)* à dos brun et ventre argenté.

chevet n. m. – XIIIe ; lat. *caput* « tête » I - 1 Partie du lit où l'on pose sa tête. *Lampe, table de chevet,* placées près de la tête du lit. ➸ *Livre de chevet :* livre de prédilection. 2 *AU CHEVET DE QQN :* auprès de son lit. *Elle* « *passa trois nuits debout au chevet de sa belle-mère* » (Sand). II - 1 Partie d'une église qui se trouve à la tête de la nef, derrière le chœur. ⇒ **abside.** ➸ Extérieur du chœur. *Les absidioles d'un chevet roman.* 2 Lit d'un filon. ✪ CONTR. (de I) Pied.

chevêtre n. m. – XIe ; lat. *capistrum* « licou » ▪ Pièce de bois dans laquelle s'emboîtent les solives d'un plancher.

cheveu n. m. – XIe ; lat. *capillus* 1 Poil qui recouvre le crâne de l'homme. ⇒ fam. **tif.** *Plantation des cheveux. Touffe, mèche de cheveux. Cheveux fins, secs, gras, ternes, brillants. Cheveux plats, raides. Cheveux souples, frisés, bouclés, crépus, ondulés.* ➸ *Cheveux noirs, aile de corbeau, bruns, châtains, roux, auburn, blonds. Cheveux gris.* « *la brosse hirsute des cheveux poivre et sel* » (Mart. du G.). *Cheveux blancs, argentés.* « *la gloire de mes cheveux blancs* » (Péguy). *Se teindre les cheveux.* ➸ *Cheveux abondants, épais.* ⇒ **crinière, toison.** *Cheveux rares, clairsemés. Chute des cheveux.* ➸ *Cheveux en bataille, en broussaille, emmêlés, hirsutes.* ➸ *Brosse à cheveux. Avoir les cheveux courts, longs. Nœud, ruban dans les cheveux.* ➸ *Se laver les cheveux. Une coupe de cheveux. Cheveux en brosse. Friser les cheveux.* ➸ *Le cheveu :* les cheveux. *Avoir le cheveu rare.* 2 loc. *Fin comme un cheveu. Cheveux au vent :* cheveux libres de toute attache. *Faire dresser les cheveux sur la tête (à qqn) :* inspirer un sentiment d'horreur. ➸ *Avoir mal aux cheveux :* avoir mal à la tête pour avoir trop bu. *Se faire des cheveux (blancs),* du souci. *Tiré par les cheveux :* amené d'une manière forcée et peu logique. ➸ *Avoir un cheveu sur la langue :* zézayer. *À un cheveu près :* à très peu de choses près. *Ne pas toucher à un cheveu* (d'une personne) : ne pas porter la main sur elle. ➸ *Comme un cheveu sur la soupe :* à contretemps, mal à propos. *Couper les cheveux en quatre :* subtiliser à l'excès. « *Vous allez dire que je donne dans le rigorisme, que je coupe les cheveux en quatre* » (Romains). 3 *Cheveu d'ange :* guirlande d'arbre de Noël ; vermicelle très fin. ➸ *Cheveu-de-la-Vierge :* fleur de la viorne. *Cheveu-de-Vénus :* adiante ou capillaire.

chevillard n. m. – XIXe ▪ Boucher en gros ou demi-gros (qui vend la viande à la cheville).

cheville n. f. – XIIe ; lat. *clavicula* « petite clé » I - 1 Tige dont on se sert pour boucher un trou, assembler des pièces. *Cheville carrée, ronde, conique* (⇒ **épite**). ➸ *Cheville d'amarrage.* ⇒ **cabillot.** ➸ *CHEVILLE OUVRIÈRE :* grosse cheville qui joint l'avant-train avec le corps d'une voiture ; fig. personne jouant un rôle essentiel. *Être la cheville ouvrière d'un complot, d'une affaire.* ⇒ **centre, pivot.** ♦ loc. fam. *Être en cheville avec qqn,* lui être associé dans une affaire. 2 Pièce autour de laquelle est enroulée, pour la tendre, une corde d'un instrument de musique. 3 Tenon pour accrocher. *Pendre qqch. à une cheville.* ➸ *Viande vendue à la cheville,* dépecée et accrochée à des chevilles. II Saillie des os de l'articulation du pied, formée en dedans par le tibia, en dehors par le péroné (⇒ **malléole**) ; partie située entre le pied et la jambe. *Se fouler la cheville.* « *La jupe prêtée par Alphonsine* [...] *montrait la cheville et le bas du mollet* » (Maupass.). ➸ loc. *Ne pas arriver à la cheville de qqn,* lui être très inférieur. fam. *Avoir les chevilles qui enflent :* être prétentieux. III Terme de remplissage permettant la rime ou la mesure ; expression inutile à la pensée. ⇒ **redondance.**

cheviller v. tr. [1] – XIIe ▪ Joindre, assembler avec des chevilles. *Cheviller une table.* ➸ loc. *Avoir l'âme chevillée au corps,* une grande résistance vitale.

chevillette n. f. – XIIIe ▪ vx Petite cheville, élément des anciennes fermetures de porte. « *Tire la chevillette, la bobinette cherra* » (Perrault).

cheviotte n. f. – XIXe ; angl. « mouton d'Écosse, élevé dans les monts *Cheviot* » ▪ Laine des moutons d'Écosse ; étoffe faite avec cette laine.

chèvre n. f. – XIIe ; lat. *capra* 1 Mammifère ruminant *(caprins)* à cornes arquées, apte à sauter et à grimper. Femelle adulte (opposé à *bouc*). ⇒ fam. **bique.** *Barbe, barbiche de chèvre. Lait de chèvre. Fromage de chèvre* (n. m. *un chèvre, du chèvre*). « *C'était du fromage de chèvre, arrondi à la paume de la main* »

(Giono). « *qu'elle était jolie la petite chèvre de M. Seguin !* » (Daud.). ◆ loc. *Faire devenir, tourner chèvre :* embêter, faire enrager. *Ménager la chèvre et le chou :* ménager les deux camps. 2 Appareil de levage. ⇒ **bigue, grue.** ◆ Chevalet pour soutenir une pièce de bois.

chevreau n. m. – XIIe 1 Petit de la chèvre. ⇒ **biquet, cabri.** *Des chevreaux.* 2 Peau de chèvre ou de chevreau qui a été tannée. *Gants de chevreau.*

chèvrefeuille n. m. – XIIe ; lat. *caprifolium* « feuille de chèvre » ▪ Sous-arbrisseau ou liane sarmenteuse *(caprifoliacées)* à fleurs parfumées.

chevrette n. f. – XIIIe 1 Petite chèvre. ⇒ **biquette.** 2 Femelle du chevreuil. 3 Trépied métallique.

chevreuil n. m. – XIIe ; lat. *capra* « chèvre » 1 Petit ruminant *(cervidés)* à robe fauve et ventre blanc. *Les bois du chevreuil.* ◆ *Cuissot de chevreuil.* 2 région. (Canada) Cerf de Virginie.

chevrier, ière n. – XIIIe 1 Berger, bergère qui mène paître les chèvres. 2 n. m. Haricot blanc.

chevron n. m. – XIIe ; lat. *capra* « chèvre » 1 Pièce de bois équarri sur laquelle on fixe des lattes qui soutiennent la toiture. ⇒ **madrier.** 2 Pièce honorable de l'écu en forme de V renversé. 3 Galon en forme de V renversé porté sur les manches d'un uniforme militaire. ◆ Motif décoratif en zigzag. *Tissu à chevrons. Veste à chevrons.* ◆ *Engrenage à chevrons,* à saillies en V.

chevronné, ée adj. – XIIIe 1 Garni de chevron(s). *Écu chevronné.* 2 Qui a des galons d'ancienneté. ◆ Expérimenté. *Un conducteur chevronné.* « *j'en découvre* [des coquilles] *maintenant chez les autres ! partout ! Dans les dictionnaires les plus chevronnés !* » (Queneau).

chevrotain n. m. – XVIIIe ; de *chevrot,* a. var. de *chevreau* ▪ Petit ruminant sans cornes *(tragulidés)* des forêts tropicales d'Asie et d'Afrique. ✪ HOM. Chevrotin.

chevrotant, ante adj. – XIXe ▪ Qui chevrote. *Voix chevrotante.* ✪ CONTR. Assuré.

chevrotement n. m. – XVIe ▪ Tremblement de la voix. « *Sa voix, de plus en plus entrecoupée, avait un chevrotement de vieillesse* » (Loti).

chevroter v. intr. [1] – XIVe 1 Bêler, en parlant de la chèvre. 2 Parler, chanter d'une voix tremblotante.

chevrotin n. m. – XIIIe 1 abusivt Petit du chevreuil ⇒ **faon.** 2 Peau de chevreau corroyée. 3 Petit fromage de chèvre. ✪ HOM. Chevrotain.

chevrotine n. f. – XVIIe ; de *chevrot,* a. var. de *chevreau* ▪ Gros plomb pour tirer le chevreuil, les bêtes fauves. *Une décharge de chevrotine.*

chewing-gum [ʃwiŋgɔm] n. m. – 1904 ; angl. *chewing gum,* de *to chew* « mâcher » et *gum* « gomme » ▪ Gomme à mâcher aromatisée. « *il s'arrête de mâcher son chewing-gum, il entrouvre ses lèvres et il souffle une bulle* » (Le Clézio). *Un paquet de chewing-gums.*

> ❑ *Gum* a été emprunté au français *gomme* au XIVe siècle. ♦ L'expression *gomme à mâcher* ne s'est imposée qu'au Québec.

chez prép. – XIIe ; lat. *casa* 1 Dans la demeure de, au logis de. *Venez chez moi. Il est rentré chez lui. Chacun chez soi. Aller chez le coiffeur. Faites comme chez vous :* mettez-vous à l'aise. ◆ *Être partout chez soi, se sentir chez soi :* être partout à sa place. ◆ *Ils passèrent par chez nous. Devant chez moi.* ◆ *Chez nous,* dans le pays, la région du locuteur. fam. *Bien de chez nous :* typiquement français. 2 n. m. inv. *CHEZ-MOI, CHEZ-TOI, CHEZ-SOI :* domicile personnel, foyer. ⇒ **home, maison.** « *la popote, la famille, un bon chez-soi* [...] *nous étions heureux* » (Apoll.). 3 Dans le pays de. ⇒ **parmi.** *Chez les Anglais.* ◆ Au temps de. *Chez les Grecs.* ◆ Parmi. *L'instinct chez les bêtes.* 4 En la personne, dans l'esprit, dans le caractère de. *C'est une réaction courante chez lui.* ◆ Dans l'œuvre de. *On trouve ce mot chez Flaubert.* ⇒ **dans.**

chiader v. tr. [1] – XIXe ; de *chier* « aller fort » ▪ fam. et vieilli Travailler, préparer (un examen). ⇒ **potasser.** *Chiader une question,* l'étudier à fond. ⇒ **approfondir.** ◆ *Un problème chiadé,* difficile.

chialer v. intr. [1] – XIXe ; p.-ê. de *chier* (→ chiot) ▪ fam. Pleurer. « *Actuellement t'es bouleversé... Ça se comprend un peu... T'as chialé comme une Madeleine...* » (Céline).

chialeur, euse n. et adj. – XIXe ▪ fam. Personne qui chiale, pleure.

chiant, chiante adj. – 1920 ▪ très fam. Qui ennuie ou contrarie. *Ce qu'il peut être chiant !* ⇒ **énervant, ennuyeux,** fam. **gonflant.** « *on a commencé à se rendre compte que c'était chiant d'être travailleurs* » (Céline). *Chiant comme la pluie.*

chianti [kjɑ̃ti] n. m. – XVIIIe ; nom d'une région de Toscane ▪ Vin rouge de la province de Sienne (Italie). *De bons chiantis.*

chiard n. m. – XIXe ; de *chier* ▪ très fam. Enfant. ⇒ **môme.**

chiasma [kjasma] n. m. – XIXe ▪ Entrecroisement de nerfs optiques ou de chromatides.

chiasme [kjasm] n. m. – XVIe ; gr. *khiasmos* « disposition en forme de croix » ▪ Figure de rhétorique formée d'un croisement des termes.

chiasse n. f. – XVIIIe 1 Excrément d'insectes. ⇒ **chiure.** 2 vulg. Diarrhée. *Avoir la chiasse.*

chiatique adj. – XXe ▪ fam. Ennuyeux, chiant.

chibouque n. f. ou m. – XIXe ; turc *çubuk* « tuyau » ▪ Pipe turque à long tuyau. « *un râtelier de chibouques* » (Flaub.).

chic n. m. et adj. inv. – XVIIIe ; p.-ê. all. *schicken* « arranger » **I** n. m. 1 vx Facilité à peindre des tableaux à effet. *Travailler, peindre de chic,* d'imagination, sans modèle. 2 Adresse, facilité à faire qqch. ⇒ **aisance, désinvolture, habileté.** *Il a le chic pour m'énerver.* 3 Élégance hardie, désinvolte. ⇒ **caractère, originalité.** *Son chapeau a du chic.* **II** adj. inv. ⇒ **élégant.** *Une toilette chic.* var. fam. CHICOS [ʃikos]. ◆ *Les gens chic. Une réception chic.* ⇒ **sélect, smart.** ♦ fam. Élégant moralement, sympathique. ⇒ ① **bon, brave.** *C'est une chic fille. Il a été très chic avec moi.* **III** interj. fam. marquant le plaisir, la satisfaction → ② **chouette.** ✪ CONTR. Difficulté, maladresse. Banalité, vulgarité. Inélégant. Moche. — HOM. Chique.

> ❑ Bien que critiqué, l'accord en nombre de l'adjectif se banalise : « *enterrements chics ou grandes premières* » (Daudet). L'invariabilité en genre est toujours de règle : *une femme chic.*

chicane n. f. – XVIe 1 Difficulté que l'on soulève dans un procès, sur un point de détail, pour embrouiller l'affaire. ◆ péj. La procédure. *Gens de chicane.* 2 Objection, contestation faite de mauvaise foi. ⇒ **argutie, artifice, subtilité.** 3 Querelle, dispute. ⇒ **bisbille, discorde.** *Chercher chicane à qqn.* 4 Passage en zigzag à travers une série d'obstacles. *Franchir les chicanes d'un barrage de police.* ◆ Au ski, Figure d'un slalom comprenant 3, 4 portes ou plus. ✪ CONTR. Droiture, loyauté ; accord, conciliation, entente.

chicaner v. [1] – XVe ; o. i. 1 v. intr. User de chicane dans un procès. 2 v. tr. ind. Élever des contestations mal fondées, chercher querelle sur des vétilles. ⇒ **chipoter, disputer, ergoter, objecter.** « *Ne chicanons pas sur les mots* » (Bernanos). 3 v. tr. Chercher querelle à. « *Si l'auteur m'émeut,* [...] *je ne le chicane pas* » (Volt.). ♦ pronom. fam. Se disputer. ⇒ se **chamailler.** 4 région. (Québec) Ennuyer, tracasser. ✪ CONTR. Accepter. Céder.

chicanerie n. f. – XVe ▪ vieilli Le fait de chicaner. ⇒ **ergotage.**

chicaneur, euse n. – XVe ▪ Personne qui aime à chicaner. ⇒ **plaideur, procédurier.** *Chicaneau, le chicaneur des « Plaideurs » de Racine.* ➝ adj. *Esprit chicaneur.* ⇒ **chicanier.** ✪ CONTR. Arrangeant, conciliant.

chicanier, ière n. et adj. – XVIe ▪ Personne qui chicane, qui querelle sur des vétilles. ⇒ **ergoteur, pointilleux, vétilleux.** ➝ adj. *Procédé chicanier.*

chicano [tʃikano] n. m. et adj. – 1977 ; mot esp. mexicain ▪ Mexicain établi aux États-Unis.

① **chiche** adj. – XIIe ; p.-ê. du rad. onomat. *tchitch-* exprimant l'idée de « petitesse » **1** vieilli Qui répugne à dépenser ce qu'il faudrait. ⇒ **avare, ladre, parcimonieux.** ➝ mod. *Il n'a pas été chiche de conseils.* **2** Peu abondant. *Une nourriture chiche.* ✪ CONTR. Généreux, prodigue. Abondant, copieux.

② **chiche** n. m. – XIIIe ; lat. *cicer* « pois chiche » ▪ *Pois* chiche.*

③ **chiche** interj. – XIXe ; p.-ê. de ① *chiche* ▪ fam. Exclamation de défi : je vous prends au mot. *Tu n'oserais jamais. – Chiche !* ➝ *Chiche que je le fais !* ♦ adj. *Tu n'es pas chiche de le faire* : tu n'oseras pas.

chiche-kebab [ʃiʃkebab] n. m. – mil. XXe ; mot turc ▪ Brochette de mouton, d'agneau à l'orientale. *Des chiches-kebabs* ou *des chiche-kebab.*

chichement adv. – XVIe ▪ D'une manière chiche. *Vivre chichement.*

chichi n. m. – XIXe ; onomat. → ① chiche ▪ Comportement qui manque de simplicité. ⇒ ② **affectation, minauderie.** « *Ils traînent, ils se décideront pas, ils font des mines et des chichis* » (Céline). ⇒ **cérémonie, façon, manière, simagrée.** ✪ CONTR. Simplicité.

chichiteux, euse adj. – 1920 ▪ fam. Qui aime à faire des chichis, des manières. ⇒ **maniéré.**

chiclé [(t)ʃikle] n. m. – 1922 ; esp. ▪ Latex qui découle notamment du sapotillier.

chicon n. m. – XVIIe ; de *chicot* « trognon » **1** Variété de laitue. ⇒ ① **romaine. 2** région. (Belgique) Endive.

chicorée n. f. – XIIIe ; gr. *kikhorion* **1** Plante herbacée *(composées)* à fleurs bleues. *Chicorée sauvage, amère. Chicorée de Bruxelles.* ⇒ **endive.** *Chicorée à feuilles rouges.* ⇒ **trévise. 2** Feuilles de chicorée cultivée qui se mangent en salade. ⇒ **frisée, scarole. 3** Racine torréfiée de la chicorée. ➝ Infusion préparée avec cette racine.

chicot n. m. – XVIe ; p.-ê. du rad. onomat. *tchitch-* exprimant l'idée de « petitesse » **1** Reste d'une branche, d'un tronc brisé ou coupé. **2** Morceau qui reste d'une dent ; dent cassée.

chicotin n. m. – XVe ; de l'île de *Socotora* ▪ vx Suc très amer extrait d'un aloès ; poudre amère que l'on extrait de la coloquinte. mod. *Amer comme chicotin* : très amer.

chiée n. f. – XIXe ▪ fam. Grande quantité. ⇒ **flopée, tapée.**

chien, chienne n. – XIe ; lat. *canis* **I - 1** Mammifère *(carnivores ; canidés)* issu du loup, dont l'homme a domestiqué et sélectionné par hybridation de nombreuses races. ⇒ **cyn(o)-.** *Un chien, une chienne et leurs chiots.* ⇒ **toutou ;** fam. ① **cabot, clébard, clebs.** *Chien de race. Chien bâtard.* ⇒ **corniaud.** *Chien perdu sans collier. Chien méchant.* ➝ *Généalogie d'un chien.* ⇒ **pedigree.** *Chien qui aboie, hurle à la mort. Robe, poil d'un chien. Gueule, museau, canines, crocs du chien. Nez du chien.* ⇒ **truffe.** *Le flair du chien. Chien en laisse. Pâtée du chien. Le chien ronge son os. La niche, le panier du chien. Mettre un chien à la fourrière. Caresser un chien.* ➝ *Chien de chasse. Meute, harde de chiens.* ➝ *Chien courant*, qui donne de la voix quand il est sur la piste du gibier. ➝ *Chien d'appartement.* ➝ *Dresser un chien. Lâcher les chiens. Chien d'aveugle. Chien policier. Chien de berger. Chien de traîneau.* ➝ *Chien qui a la rage.* ➝ *Le Grand Chien, le Petit Chien* (constellations). ♦ *Chien sauvage* : animal de l'espèce des canidés, non domestiqué. ⇒ **chacal,** ① **dingo, lycaon.** ♦ loc. *Garder à qqn un chien de sa chienne*, lui garder rancune et lui ménager une vengeance. ➝ *Recevoir qqn comme un chien dans un jeu de quilles*, très mal. *Arriver, venir comme un chien dans un jeu de quilles*, mal à propos. ➝ *S'entendre comme chien et chat* : se chamailler sans cesse. ➝ *Cela n'est pas fait pour les chiens* : on peut, on doit s'en servir, l'utiliser. ➝ « *des pépères à chien-chien* » (Tournier). ➝ *Entre chien et loup* : au crépuscule. ➝ *Il fait un temps à ne pas mettre un chien dehors*, un très mauvais temps. **2** DE CHIEN. *Avoir un mal de chien* : rencontrer bien des difficultés. « *ses souliers sont éculés, elle marche de travers, avec un mal de chien* » (Duras). *Vie de chien*, misérable, difficile. *Temps de chien*, détestable. *Caractère, humeur de chien*, exécrable. « *Il a un caractère de chien, mais les autres n'ont pas de caractère du tout* » (Maurois). ♦ interj. *Nom d'un chien !* ♦ COMME UN CHIEN. *Traiter qqn comme un chien*, très mal, sans égard ni pitié. *Être malade comme un chien*, très malade. **3** Dur, méchant. *Je ne suis pas chienne, je vais t'aider.* ➝ *Chienne de vie !* **4** fig. Charme, attrait. « *Brune, belle, et même mieux que belle : elle a du chien* » (Yourcenar). ⇒ **allure, chic. 5** *Être coiffé à la chien*, avec une frange sur le front. **II - 1** *Chien de mer* : petit squale. ⇒ **aiguillat, émissole. 2** Pièce coudée de certaines armes à feu qui portait le silex et de nos jours guide le percuteur. ➝ loc. *Être couché en chien de fusil*, sur le côté, les genoux ramenés sur le corps. **3** Aux tarots, Cartes écartées lors de la distribution. ⇒ **talon.**

> ❑ L'expression *de chien* comporte toujours une idée de souffrance, de difficulté par allusion aux mauvais traitements subis par l'animal. *Chien* est aussi un terme d'injure, de mépris, lié à la condition du chien par rapport à l'homme.

chien-assis [ʃjɛ̃asi] n. m. – 1929 ▪ Lucarne en charpente, en saillie sur la couverture d'une maison. *Des chiens-assis* [ʃjɛ̃asi].

chiendent n. m. – XIVe **1** Plante herbacée *(graminées)*, mauvaise herbe des cultures et des pelouses. *Pousser comme du chiendent*, très vite. **2** Rhizome de chiendent séché. *Brosse en chiendent.*

chienlit [ʃjɑ̃li] n. f. – XVIe ; de *chier, en* et *lit* « celui qui chie au lit » ▪ Mascarade, déguisement grotesque. ♦ Désordre. ⇒ **pagaille.** « *la réforme, oui ; la chienlit, non* » (attribué au général de Gaulle en mai 1968).

chien-loup n. m. – XVIIIe ▪ Chien qui ressemble au loup. ⇒ **berger** (allemand). *Des chiens-loups.*

chiennerie n. f. – XIIIe ▪ péj. *Cette chiennerie de métier.*

chier v. intr. [7] – XIIIe ; lat. *cacare* ▪ fam. et vulg. **1** Se décharger le ventre des excréments, déféquer. **2** fig. FAIRE CHIER QQN, l'embêter. ⇒ **ennuyer.** Lui causer des ennuis, le faire souffrir. *On se fait chier ici*, on s'ennuie. ⇒ **s'emmerder.** ♦ loc. *Envoyer chier qqn*, le rembarrer. ➝ *En chier* : être dans une situation pénible. *Y a pas à chier* : c'est évident. « *Y a pas à chier, on est bon. Si c'est pas demain qu'on passe à la casserole, c'est après-demain* » (Genet). *À chier* : très laid, très mauvais.

chierie n. f. – XVIe ▪ très fam. Chose très ennuyeuse, contrariante ou contraignante. « *Maintenant elle revoulait plus partir ! Ah là ! la chierie...* » (Céline).

chieur, chieuse n. – XXe ▪ très fam. Personne qui embête, ennuie. ⇒ **emmerdeur.**

chiffe n. f. – XIVe ; moy. angl. *to chip* « tailler en petits morceaux » **1** vx Étoffe de mauvaise qualité. ⇒ **chiffon. 2** Personne d'un caractère faible. ⇒ **lavette.** « *je le connais, moi, c'est une chiffe, une poule mouillée, il se dégonfle toujours* » (Cendrars). *Une chiffe molle. Il est mou comme une chiffe.*

chiffon n. m. – XVIIe 1 Morceau de vieille étoffe. *Chiffon à poussière.* ⇒ région. **loque,** ② **patte.** *Passer un coup de chiffon sur un meuble.* 2 Vêtements froissés, fripés (⇒ **chiffonné).** *Plier, mettre des vêtements en chiffon,* les disposer sans aucun soin. ➛ *Un chiffon de papier :* papier froissé ; fig. document sans valeur, sans importance. 3 fam. (plur.) Vêtements de femme, objets de parure. *Parler chiffons.*

chiffonnade n. f. – XVIIIe ▪ Préparation de salade coupée en fines lanières. ➛ Jambon (ou toute autre charcuterie) coupé en tranches extrêmement fines qui ont un aspect chiffonné. *Chiffonnade de mortadelle.*

chiffonné, ée adj. – XVIIe 1 Froissé. *Étoffe toute chiffonnée.* ⇒ **fripé.** 2 Fatigué. *Figure chiffonnée.* 3 Tracassé. ✪ CONTR. Repassé. Reposé. Régulier.

chiffonner v. tr. [1] – XVIIe 1 Froisser, mettre en chiffon. ⇒ **friper, froisser.** *Chiffonner une robe.* ➛ « *Quelque lettre qu'il déchire ou chiffonne un moment après* » (Rouss.). 2 fig. Ennuyer. ⇒ **contrarier.** « *je puis te dire ce qui me chiffonne l'esprit* » (Balz.). ✪ CONTR. Défroisser, repasser.

chiffonnier, ière n. – XVIIe 1 Personne qui ramasse les vieux chiffons pour les vendre. ➛ loc. *Se battre comme des chiffonniers,* sans retenue. 2 n. m. Petit meuble haut, à nombreux tiroirs superposés.

chiffrable adj. – XIXe ▪ Qu'on peut chiffrer. *Les dommages sont difficilement chiffrables.*

chiffrage n. m. – XIXe 1 Notation par des chiffres. ➛ Évaluation en chiffres. *Le chiffrage des pertes.* 2 Le fait de chiffrer (musique). 3 Chiffrement.

chiffre n. m. – XIIIe ; ar. *sifr* « vide ; zéro » **I - 1** Chacun des caractères qui représentent les nombres. *Les chiffres arabes* (1, 2, 3, 4, 5, 6, 7, 8, 9, 0). *Les chiffres romains* (I, V, X, L, C, D, M). *Un nombre de plusieurs chiffres.* ➛ *Écrire un nombre en chiffres ou en lettres. Colonne de chiffres.* 2 Nombre représenté par les chiffres. *Le chiffre des dépenses.* ⇒ **montant,** ① **somme, total.** « *il était incapable de dire le chiffre hebdomadaire des victimes de la peste* » (Camus). ➛ CHIFFRE D'AFFAIRES : montant des ventes effectuées pendant la durée d'un exercice. 3 En musique, Caractère numérique placé au-dessus ou au-dessous des notes de la basse pour indiquer les accords qu'elle comporte. **II - 1** Caractère numérique ou d'une écriture de convention employé dans une écriture secrète. *Écrire en chiffres* (opposé à *en clair*). ➛ *Avoir le secret, la clé du chiffre.* ⇒ **code.** ♦ *Le chiffre d'un coffre-fort.* ⇒ **combinaison.** 2 Entrelacement de lettres initiales. ⇒ **marque, monogramme.** *Marquer du linge au chiffre de qqn.*

> ❑ Les chiffres arabes relèvent du langage mathématique. Les chiffres romains sont réservés à des emplois particuliers, notamment la numérotation des siècles, des souverains, les références d'ouvrages (tomes, chapitres, actes, etc.).

chiffrement n. m. – XVIIe ▪ Opération par laquelle on chiffre un message. ⇒ **codage.**

chiffrer v. tr. [1] – XVIe **I - 1** Noter à l'aide de chiffres. *Chiffrer les pages d'un registre.* ⇒ **numéroter.** ♦ Évaluer en chiffres. *Chiffrer ses dépenses annuelles.* ➛ pronom. *La dépense se chiffre à plusieurs millions de francs.* ♦ Noter au moyen de chiffres (musique). ➛ *Basse chiffrée.* 2 intrans. fam. S'additionner. *Ça finit par chiffrer,* par coûter cher. **II - 1** Écrire, noter en chiffre (II). ➛ *Message chiffré.* 2 Orner d'un chiffre. *Chiffrer du linge.* ✪ CONTR. Déchiffrer.

chiffreur, euse n. – XVIe ▪ Personne qui note, transcrit en chiffres.

chignole n. f. – XVIIIe ; lat. *ciconiola* « petite cigogne » 1 fam. Mauvaise voiture. ⇒ **tacot.** 2 Perceuse.

chignon n. m. – XIIe ; lat. *catena* « chaîne » ▪ Coiffure consistant à relever et ramasser la chevelure sur la nuque ou sur la tête. *Se faire un chignon. Épingles à chignon.* ♦ loc. fam. *Se crêper le chignon :* se battre, se prendre aux cheveux, en parlant des femmes ; fig. se quereller violemment.

chihuahua [ʃiwawa] n. m. – XIXe ; nom d'une ville du Mexique ▪ Très petit chien à poil ras et à museau pointu, originaire du Mexique.

chiite [ʃiit] adj. et n. – XVIIe ; ar. *chī'a* « parti, bande » ▪ Relatif à la secte musulmane des partisans d'Ali et de ses descendants (opposé à *sunnite*).

chili [(t)ʃili] n. m. – mil. XXe ; mot esp. ▪ Piment fort. *Chili con carne* [kɔnkarne] : plat mexicain pimenté, ragoût de viande hachée et de haricots rouges.

chimère n. f. – XIIIe ; gr. *khimaira* « la Chimère » 1 Monstre mythologique à tête et poitrail de lion, ventre de chèvre, queue de dragon, crachant des flammes. *Bellérophon tua la Chimère.* 2 Vaine imagination. « *c'était mental, tout est mental, chimères* » (Beckett). ⇒ **fantasme, illusion, rêve, utopie, vision.** « *Je caressais une folle chimère* » (Muss.). 3 Poisson marin cartilagineux *(holocéphales)* aux dents broyeuses. 4 Organisme créé par greffe ou fécondation, à partir de deux cellules, embryons ou organes de génotypes différents (⇒ aussi **hybride).** *Chimère de caille et de poulet.* ✪ CONTR. ② Fait, raison, réalité, réel.

> ❑ Au sens de « création imaginaire de l'esprit », *chimère* est proche de *utopie* « conception qui paraît irréalisable ». *Illusion,* « fausse apparence ; opinion fausse », est plus proche de *erreur.*

chimérique adj. – XVIe ▪ littér. 1 Qui tient de la chimère. ⇒ **fabuleux, imaginaire, mythique.** *Songes chimériques.* ⇒ **fantastique, utopique, vain.** *Des projets chimériques.* 2 Qui se complaît dans les chimères. ⇒ **rêveur, romanesque, utopiste.** « *un type paresseux et froid, un peu chimérique, mais très raisonnable au fond* » (Sartre). ✪ CONTR. ① Positif, réel, solide, vrai.

chimie n. f. – XIVe ; lat. *alchimia* → alchimie 1 Science de la constitution des divers corps, de leurs transformations et de leurs propriétés. *Chimie minérale, organique. Chimie nucléaire. Professeur de chimie. Laboratoire, expérience de chimie.* 2 Transformation profonde, secrète. ⇒ **alchimie.** « *la chimie interne de cette extraordinaire gestation* » (Henriot). ✪ HOM. Shimmy.

chimio- ▪ Élément, tiré de *chimie.*

chimioluminescence n. f. – 1929 ▪ Lumière visible produite par une réaction chimique.

chimiorécepteur n. m. – 1950 ▪ Terminaison nerveuse, organe sensoriel qui peut répondre à des stimulus chimiques.

chimiosynthèse n. f. – 1935 ▪ Production de substances organiques sous l'effet d'une source d'énergie chimique.

chimiotactisme n. m. – XIXe ▪ Propriété de certaines cellules, de certains organismes d'être attirés ou repoussés par des substances chimiques.

chimiothérapie n. f. – 1911 ; *chimio-* et *-thérapie* ▪ Traitement par des substances chimiques. abrév. fam. CHIMIO.

chimique adj. – XVIe ▪ Relatif à la chimie, aux corps qu'elle étudie. *Symbole chimique. Réaction chimique. Corps chimiques.* ➙ *Produits chimiques :* corps obtenus par l'*industrie chimique* (opposé à *naturels*). ⇒ **artificiel, synthétique.** *Armes chimiques,* utilisant des produits chimiques toxiques.

chimiquement adv. – XVIIe ▪ D'après les lois, les formules de la chimie. *Produit obtenu chimiquement.*

chimisme n. m. – XIXe ▪ Ensemble de propriétés ou de phénomènes étudiés du point de vue de la chimie.

chimiste n. – XVIe ▪ Personne qui s'occupe de chimie, pratique et étudie la chimie. *Ingénieur chimiste.*

chimpanzé n. m. – XVIIIe ; d'une langue d'Afrique occid. ▪ Grand singe anthropoïde *(catarhiniens)* arboricole, qui vit en Afrique occidentale.

chinchilla [ʃɛ̃ʃila] n. m. – XVIe ; mot esp., d'une langue indienne du Pérou 1 Petit mammifère *(rongeurs)* des Andes du Sud, élevé pour sa fourrure. *Des chinchillas.* 2 Sa fourrure.

① **chine** n. m. – XVIe 1 Porcelaine de Chine. « *j'avais vendu une potiche de vieux chine* » (Proust). 2 Papier de luxe. *Du chine et du japon.*

② **chine** n. f. – XIXe 1 Brocante. 2 Vente de porte à porte.

chiné, ée adj. – XVIIIe ▪ Dont la trame, la chaîne, la laine tricotée présente des couleurs alternées formant un dessin irrégulier dans l'ouvrage final. *Veste chinée.*

① **chiner** v. tr. [1] – XVIIIe ; de *Chine* ▪ Faire alterner des couleurs sur les fils de chaîne avant de tisser une étoffe, de manière à obtenir un dessin, le tissage terminé.

② **chiner** v. tr. [1] – XIXe ; probablt altér. de *échiner* « travailler dur » 1 Chercher (des occasions). *Chiner aux Puces.* 2 Critiquer sur le ton de la plaisanterie ironique. ⇒ **moquer, taquiner.**

chinetoque n. et adj. – 1918 ▪ fam. ou péj. (injure raciste) Chinois, Chinoise.

chineur, euse n. – XIXe ▪ Personne qui aime fouiller dans les marchés d'occasion.

chinois, oise adj. et n. – XVIIe I adj. 1 De Chine. ⇒ **sin(o)-.** *La révolution culturelle chinoise. Pagode chinoise. Écriture chinoise ; caractères chinois.* ⇒ **idéogramme.** ➙ Peuplé de Chinois. *Le quartier chinois de San Francisco.* 2 Qui vient de Chine, imite un certain goût propre à la Chine. *Paravent chinois.* « *On avait mis dans les arbres deux ou trois lanternes chinoises* » (Flaub.). *Casse-tête chinois.* ⇒ **casse-tête.** ➙ *Restaurant chinois ;* n. m. *Dîner dans un petit chinois.* 3 Bizarre et compliqué (par allus. à l'écriture chinoise). II n. 1 Personne habitant en Chine, ou originaire de Chine. ⇒ péj. **chinetoque.** *Une Chinoise.* 2 n. m. *Le chinois :* ensemble des langues parlées en Chine ; dans la région de Pékin (mandarin). *Transcription latine du chinois.* ⇒ **pinyin.** ♦ loc. *C'est du chinois :* c'est incompréhensible. 3 n. m. Passoire fine, conique (comme un chapeau chinois).

> ❑ En association, on emploie l'élément *sino-* qui signifie « de la Chine » : *sino-coréen, sino-tibétain.*

chinoiser v. intr. [1] – XIXe ▪ Discuter de façon pointilleuse. ⇒ **ergoter.**

chinoiserie n. f. – XIXe 1 Bibelot, décor qui vient de Chine ou qui est dans le goût chinois. 2 Complication inutile et extravagante. *Les chinoiseries administratives.*

chinook [ʃinuk] n. m. – 1925 ; mot indien d'Amérique ▪ Vent chaud et sec des montagnes Rocheuses.

chintz [ʃints] n. m. – XVIIIe ; mot angl., du hindi ▪ Toile de coton imprimée, utilisée pour l'ameublement.

chiot n. m. – XVIe ; lat. *catellus* « petit d'un animal » ▪ Jeune chien. *Une portée de chiots.*

> ❑ On avance l'hypothèse d'un rattachement étym. entre *chiot* et le verbe *chialer,* d'abord employé à propos d'un chien qui crie.

chiotte n. f. – XIXe ; de *chier* ▪ fam. 1 au plur. Cabinets d'aisance. ⇒ **toilettes.** *Aller aux chiottes.* 2 Voiture automobile de plus ou moins bonne qualité.

chiourme n. f. – XIVe ; lat. *celeusma* « chant de galériens » ▪ Ensemble des rameurs d'une galère, des forçats d'un bagne.

> ❑ Ce mot est encore vivant dans le composé *garde-chiourme* « surveillant brutal ».

chiper v. tr. [1] – XVIIIe ; a. fr. *chipe* « chiffon » ▪ fam. Dérober, voler.

chipie n. f. – XIXe ; p.-ê. de *chiper* et ① *pie* ▪ Femme désagréable, difficile à vivre. *Vieille chipie !* ⇒ **chameau, mégère.** ➙ Petite fille qui se plaît à agacer les autres.

chipolata n. f. – XVIIIe ; it. *cipolla* « oignon » ▪ Saucisse longue et mince. *Des chipolatas.*

> ❑ Même famille étym. que *ciboule, ciboulette.*

chipotage n. m. – XVIIe ▪ Action de chipoter. Marchandage, discussion mesquine.

chipoter v. intr. [1] – XVIe ; de *chipe* « chiffon » 1 Manger par petits morceaux, du bout des dents et sans plaisir. ⇒ **pignocher.** « *Tu sais que maman ne serait pas contente si elle te voyait chipoter* » (Simenon). 2 Marchander mesquinement. ♦ Trouver à redire à tout. ⇒ **ergoter, pinailler.**

chipoteur, euse n. et adj. – XVIe ▪ Personne qui chipote. ⇒ **pinailleur.**

chippendale [ʃipɛndal] adj. inv. – 1922 ; de *T. Chippendale,* ébéniste angl. ▪ Qui appartient à un style de mobilier anglais du XVIIIe s. *Des commodes chippendale.*

chips [ʃips] n. f. pl. – 1911 ; mot angl. « copeaux » ▪ Pommes de terre frites en minces rondelles. *Un sachet de chips.* adj. *Pommes chips.* ♦ au sing. *Une chips.*

chique n. f. – XVIe ; p.-ê. all. *schicken* « envoyer » I - 1 Morceau de tabac que l'on mâche. ⇒ **carotte.** « *Saint-Jean prépara une chique au creux de sa main, puis il se mit à la mâcher* » (Giono). ➙ loc. fam. COUPER LA CHIQUE à qqn, l'interrompre brutalement. ♦ (Belgique) Bonbon. 2 fam. Enflure de la joue, due à un mal de dents. 3 Petit cocon peu fourni en soie. II Variété de puce dont la femelle s'enfonce dans la chair de l'homme. ✪ HOM. Chic.

> ❑ L'emploi de la locution figurée *mou comme une chique* est critiqué ; il s'agit d'une altération de *mou comme une chiffe.*

chiqué n. m. – XIXe ; de *chic* 1 fam. Attitude prétentieuse qui manque de naturel. ⇒ **esbroufe, frime.** *C'est du chiqué !* 2 Simulation, tromperie. « *Sans chiqué, je dois bien convenir que ma tête n'a jamais été très solide* » (Céline). ✪ CONTR. Naturel, simplicité. — HOM. Chiquer.

chiquement adv. – XIXe ▪ fam. 1 Avec chic, élégance. *Il était assez chiquement vêtu.* 2 D'une manière chic, généreuse. *Il m'a très chiquement prêté de l'argent.*

chiquenaude n. f. – XVIe ; p.-ê. rad. onomat. *tchikk-* évoquant la petitesse ou un petit bruit sec ▪ Coup donné avec un doigt que l'on a plié contre le pouce et que l'on détend brusquement. ⇒ **pichenette.** « *il épousseta d'une chiquenaude un grain de poussière sur la manche de son habit* » (Hugo).

chiquer v. tr. [1] – XVIIIe ▪ Mâcher (du tabac, une substance excitante). ➛ *Tabac à chiquer.* ✪ HOM. Chiqué.

chiqueur, euse n. – XVIIIe ▪ Personne qui chique du tabac.

chir(o)- ▪ Élément, du gr. *kheir* « main ».

chirographaire [kiʀɔgʀafɛʀ] adj. – XVIe ▪ Dépourvu de la sûreté (souvent, l'acte authentique) donnant un droit de préférence pour faire remplir les engagements d'un débiteur. ✪ CONTR. Hypothécaire.

chiromancie [kiʀɔmɑ̃si] n. f. – XVe ; *chir(o)-* et *-mancie* ▪ Art de deviner l'avenir, le caractère de qqn par l'étude des lignes de sa main.

chiromancien, ienne [kiʀɔmɑ̃sjɛ̃, jɛn] n. – XVIe ▪ Personne qui pratique la chiromancie.

chiropracteur [kiʀɔpʀaktœʀ] n. m. – 1937 ▪ Praticien de la chiropraxie. ⇒ **ostéopathe.**

chiropraxie [kiʀɔpʀaksi] n. f. – 1938 ; de *chir(o)-* et *practic* « pratique » ▪ Traitement médical par manipulations effectuées sur diverses parties du corps (notamment la colonne vertébrale).

chiroptères [kiʀɔptɛʀ] n. m. pl. – XVIIIe ; *chir(o)-* et *-ptère* ▪ Ordre de mammifères placentaires adaptés au vol grâce à leur membrane alaire. ⇒ **chauve-souris.**

chirurgical, ale, aux adj. – XIVe ▪ Relatif à la chirurgie. *Intervention chirurgicale. Acte chirurgical.*

chirurgie n. f. – XIIe ; gr. *kheirourgia* « opération manuelle » ▪ Partie de la thérapeutique médicale qui comporte une intervention manuelle et instrumentale. *Chirurgie des os, du cœur. Chirurgie esthétique.* ➛ *Chirurgie dentaire.*

chirurgien, ienne n. – XIIe **1** Spécialiste en chirurgie. ⇒ **praticien.** ➛ *Elle est chirurgien.* **2** *Chirurgien dentiste.* ⇒ **dentiste.**

chistera [(t)ʃisteʀa] n. f. ou m. – XIXe ; lat. *cista* « panier » ▪ Instrument d'osier en forme de gouttière recourbée, qui sert à lancer la balle à la pelote basque.

chitine [kitin] n. f. – XIXe ; gr. *chitôn* « tunique » ▪ Substance organique, constituant de la cuticule des arthropodes.

chiton [kitɔ̃] n. m. – XVIIIe ; mot gr. **1** Tunique grecque, dans l'Antiquité. **2** Mollusque allongé qui adhère aux rochers et aux coquilles grâce à son pied large et plat.

chiure n. f. – XVIIe ; de *chier* ▪ Excrément (d'insecte, de mouche). *De la « mousseline blanche que les mouches avaient piqué de chiures noires »* (Zola).

chlamyde [klamid] n. f. – XVIe ; gr. ▪ Dans l'Antiquité grecque, Manteau court et fendu, agrafé sur l'épaule.

chlamydia [klamidja] n. f. – 1965 ; gr. *khlamus* « manteau » ▪ Bactérie responsable de multiples affections chez l'homme, notamment pulmonaires, urogénitales et oculaires. *Des chlamydiae* ou *des chlamydias.*

chleuh n. et adj. – 1939 ; du nom d'une tribu berbère du Maroc ▪ fam. et péj. Allemand, Allemande (en tant qu'ennemi, pendant la Deuxième Guerre mondiale).

> ❑ *Chleuh* se prononce [ʃlø]. Cette prononciation [ʃ] de *ch* initial suivi d'une consonne n'est pas rare dans le cas d'autres mots familiers *(chlinguer, chnoque, chnouf, chtimi, chtouille).*

chlinguer ou **schlinguer** v. intr. [1] – XIXe ; p.-ê. all. *schlagen* « taper » ▪ fam. et vulg. Puer. *Ça chlingue ici !* ⇒ **empester.**

chloasma [klɔasma] n. m. – XIXe ; gr. *khloazein* « être de la couleur vert pâle des jeunes pousses » ▪ Taches pigmentées irrégulières du visage, observées surtout pendant la grossesse (masque de grossesse).

chloral [klɔʀal] n. m. – XIXe ; de *chlore* et *al(cool)* ▪ Liquide incolore, huileux, préparé par action du chlore sur l'éthanol, utilisé autrefois comme soporifique. « *il avalait un cachet de chloral et tirait ses rideaux* » (Mauriac).

chloramphénicol [klɔʀɑ̃fenikɔl] n. m. – 1947 ; nom déposé, du rad. de *chlore* ▪ Antibiotique actif sur un grand nombre de bactéries (bacilles de la typhoïde, de la coqueluche, etc.).

chlorate [klɔʀat] n. m. – XIXe ▪ Sel de l'acide chlorique. *Chlorate de soude.*

chloration [klɔʀasjɔ̃] n. f. – 1922 ▪ Purification de l'eau par adjonction de chlore.

chlore [klɔʀ] n. m. – XIXe ; gr. *khlôros* « vert » ▪ Élément atomique (Cl ; n° at. 17 ; m. at. 35,5), deuxième du groupe des halogènes, gaz jaune verdâtre, d'odeur suffocante. *Propriétés oxydantes, décolorantes, antiseptiques du chlore.* ✪ HOM. Clore.

chloré, ée [klɔʀe] adj. – XIXe ▪ Qui contient du chlore. *L'eau chlorée d'une piscine.*

chlorelle [klɔʀɛl] n. f. – 1929 ; gr. *khlôros* « vert » ▪ Algue verte d'eau douce qui se développe dans les conduits.

chlorer [klɔʀe] v. tr. [1] – XIXe **1** Chlorurer. **2** Mêler de chlore.

chlorhydrate [klɔʀidʀat] n. m. – XIXe ▪ Sel hydraté (surtout sel organique) de l'acide chlorhydrique.

chlorhydrique [klɔʀidʀik] adj. – XIXe ▪ *Gaz chlorhydrique* : chlorure d'hydrogène (HCl). *Acide chlorhydrique* : solution de ce gaz dans l'eau, liquide incolore, fumant, corrosif.

chlorique [klɔʀik] adj. – XIXe ▪ Du chlore.

chlorite [klɔʀit] n. m. – XIXe ▪ Sel de l'acide chloreux.

chlor(o)- ▪ Élément, du gr. *khlôros* « vert ».

chlorofibre [klɔʀofibʀ] n. f. – 1965 ▪ Fibre synthétique à base de chlorure de vinyle, utilisée dans le textile pour ses propriétés (triboélectricité).

chlorofluorocarbone [klɔʀoflyɔʀokaʀbɔn] n. m. – 1979 ▪ Composé utilisé sous forme gazeuse ou liquide comme réfrigérant et comme propulseur dans les bombes à aérosols. ⇒ **fréon.** abrév. *C. F. C.*

chloroforme [klɔʀɔfɔʀm] n. m. – XIXe ; de *chloro-* et *(acide) formique* ▪ Liquide incolore ($CHCl_3$), dérivé du méthane, employé en médecine comme anesthésique. « *l'odeur de chloroforme quand on vous endort sur la grande table* » (Sartre).

chloroformer [klɔʀɔfɔʀme] v. tr. [1] – XIXe ▪ Anesthésier au chloroforme. ✪ CONTR. Réveiller.

chlorométrie [klɔʀɔmetʀi] n. f. – XIXe ▪ Dosage du chlore d'un chlorure décolorant.

chlorophylle [klɔʀɔfil] n. f. – XIXe ; *chlor(o)-* et *-phylle* ▪ Matière colorante verte des plantes, contenant du magnésium et jouant un rôle essentiel dans la photosynthèse. *La lumière est nécessaire à la production de la chlorophylle. Chewing-gum à la chlorophylle.*

chlorophyllien, ienne [klɔʀɔfiljɛ̃, jɛn] adj. – XIXe ▪ De la chlorophylle, qui a trait à la chlorophylle. *Fonction chlorophyllienne.* ⇒ **photosynthèse.**

chloropicrine [klɔʀopikʀin] n. f. – XIXe ; *chlor(o)-* et *(acide) picrique* ▪ Liquide huileux et incolore, obtenu en traitant le chloroforme par l'acide nitrique, très toxique, employé pour la destruction des rongeurs et comme insecticide et autrefois comme gaz de combat.

chloroplaste [klɔʀɔplast] **n. m.** – XIXe ; *chloro(phylle)* et *-plaste* ▪ Organite contenant de la chlorophylle assurant la photosynthèse chez les végétaux verts.

chloroquine [klɔʀɔkin] **n. f.** – 1953 ; *chloro-* et *quin(oléine)* ▪ Médicament synthétique employé dans le traitement du paludisme et de certaines arthrites.

chlorose [klɔʀoz] **n. f.** – XVIIe ; gr. *khlôros* « vert » **1** Anémie par manque de fer, caractérisée par une pâleur verdâtre de la peau. **2** Étiolement et jaunissement des plantes vertes par déficience en chlorophylle.

chlorotique [klɔʀɔtik] **adj.** – XVIIIe ▪ Qui est affecté de chlorose.

chlorpromazine [klɔʀpʀɔmazin] **n. f.** – 1952 ; *chlor(o)-* et *promazine* « neuroleptique » ▪ Médicament de synthèse, tranquillisant qui prévient également les nausées et les vomissements.

chlorure [klɔʀyʀ] **n. m.** – XIXe **1** Sel de l'acide chlorhydrique. *Chlorure de sodium* (NaCl). « *ce chlorure de sodium, qui n'est autre que le sel marin* » (J. Verne). ⇒ **sel.** *Chlorure de polyvinyle.* ⇒ **P.V.C. 2** *Chlorures décolorants* : mélanges industriels de chlorures et d'hypochlorites alcalins, tels que le chlorure de chaux et l'eau de Javel.

chloruré, ée [klɔʀyʀe] **adj.** – XIXe ▪ Transformé en chlorure, ou qui contient un chlorure.

chlorurer [klɔʀyʀe] **v. tr.** [1] – XIXe ▪ Combiner avec le chlore (un corps autre que l'oxygène et l'hydrogène), pour obtenir un chlorure.

chnoque ou **schnock** **adj.** et **n.** – XIXe ; o. i., p.-ê. de la chans. alsacienne *Hans im Schnokelock* ▪ fam. Imbécile, fou. *Un vieux schnock.*

chnouf ou **schnouf** **n. f.** – XIXe ; all. *Schnupf(tabak)* « tabac à priser » ▪ arg. Drogue, stupéfiant. ⇒ **reniflette.**

choanes [kɔan] **n. f. pl.** – XVIe ; gr. *khoanê* « entonnoir » ▪ Orifices postérieurs des fosses nasales dans l'arrière-nez.

choc **n. m.** – XVIe **1** Entrée en contact de deux corps qui se rencontrent violemment ; ébranlement qui en résulte. ⇒ **collision, heurt, percussion.** *Choc brusque, violent.* « *Un choc sourd secoua le navire* » (Tournier). *Le choc d'une chose sur, contre une autre. Le choc des verres. Choc de (entre) navires* (⇒ **abordage**), *de voitures* (⇒ **collision**), *de deux trains* (⇒ **télescopage**). *Choc terrible, sanglant, meurtrier.* ♦ Collision entre solides avec échange d'énergie cinétique et de quantité de mouvement. *Choc entre particules.* ⇒ **collision. 2** Rencontre violente (d'hommes...). *Le choc de deux armées ennemies.* ➛ DE CHOC. *Troupes, unités de choc,* qui sont toujours en première ligne. ⇒ **commando.** (dans un combat idéologique, intellectuel ou social) *Patron de choc.* **3** *Le choc des opinions, des cultures, des intérêts.* ⇒ **opposition,** ① **rencontre. 4** Émotion brutale. ⇒ **coup, traumatisme.** *Cela m'a fait un choc.* « *sous le choc de la révélation, il fond en larmes* » (Camus). *Être encore sous le choc.* ➛ Qui provoque un choc psychologique. *Des prix-chocs.* **5** *Choc opératoire.* ⇒ **commotion.** ♦ *Les chocs pétroliers de 1973 et 1979.* **6** *CHOC EN RETOUR* : contrecoup d'un choc, d'un événement sur la personne qui l'a provoqué ou sur le point d'où il est parti.

> ❑ Le sens de « traumatisme » est emprunté à l'angl. *shock,* comme l'atteste l'ancienne graphie *shock chirurgical* (1896).

chochotte **adj.** et **n. f.** – 1901 ; p.-ê. var. de *cocotte* ▪ fam. Qui est maniéré, prétentieux. *Elle est un peu chochotte.* ⇒ **snob.**

chocolat **n. m.** – XVIe ; de l'aztèque par l'esp. **1** Substance alimentaire (pâte solidifiée) faite avec des fèves de cacao torréfiées et broyées, du sucre, de la vanille ou d'autres aromates. *Tablette, carré de chocolat. Chocolat au lait, aux noisettes. Chocolat noir. Chocolat blanc. Gâteau, crème, mousse, glace au chocolat.* ♦ *Un chocolat* : un bonbon au chocolat. *Une boîte de chocolats.* ⇒ région. **praline. 2** Boisson faite de poudre de chocolat ou de cacao délayée. *Une tasse de chocolat. Elle* « *s'attablait devant le chocolat mousseux, flanqué de tartines* » (Colette). **3** *Couleur chocolat,* ou *chocolat* : de couleur brun-rouge foncé. **adj. inv.** *Des teints chocolat.* **4** loc. fam. *Être chocolat* : être frustré, privé d'une chose sur laquelle on comptait.

> ❑ La diffusion du mot et de la boisson a été favorisée par le mariage de Louis XIV avec l'infante d'Espagne.

chocolaté, ée **adj.** – XVIIIe ▪ Parfumé au chocolat. ⇒ **cacaoté.**

chocolaterie **n. f.** – XIXe ▪ Fabrique de chocolat.

chocolatier, ière **n.** et **adj.** – XVIIe **1** Personne qui fabrique, vend du chocolat. **2** **n. f.** CHOCOLATIÈRE. Récipient où l'on verse le chocolat avant de le servir. **3** **adj.** *L'industrie chocolatière.*

chocottes **n. f. pl.** – XIXe ; p.-ê. du rad. de *chicot* ou de *choquer* (dents choquées) ▪ loc. fam. *Avoir les chocottes* : avoir peur. « *J'ai les foies. J'ai les jetons, les chocottes* » (Genet).

choéphore [kɔefɔʀ] **n.** – XIXe ; gr. *khoê* « libation » et *phoros* « porteur » ▪ Personne qui, chez les Grecs, portait les offrandes destinées aux morts.

> ❑ Ce terme d'Antiquité est surtout connu comme titre de la tragédie d'Eschyle (*Les Choéphores*).

chœur [kœʀ] **n. m.** – XIIe ; gr. *khoros* **I - 1** Réunion de chanteurs qui exécutent un morceau d'ensemble. *Les chœurs de l'Opéra.* ➛ Bruit d'ensemble. « *J'entends cette nuit le chœur ininterrompu des rainettes* » (Claudel). **2** Composition musicale destinée à être chantée par plusieurs personnes. *Chœur polyphonique.* **3** Dans l'Antiquité, Troupe de personnes qui dansent et chantent ensemble. *Chœur de théâtre grec ou imité de la tragédie grecque* : ensemble de choreutes. ⇒ **chorège, coryphée.** ➛ Ce que récite, chante un chœur. *Les chœurs de Sophocle.* **4** Réunion de personnes qui ont une attitude commune, un but commun. *Le chœur des mécontents.* iron. *Le chœur des vierges* : un groupe de jeunes filles s'exprimant unanimement. **5** *EN CHŒUR* : ensemble, unanimement. *Chanter en chœur.* « *tout le café reprenait en chœur, tandis que le violon* [...] *scandait le refrain* » (Aragon). **II** Partie d'une église, devant le maître-autel, où se tiennent les chantres et le clergé pendant l'office. *La nef et le chœur.* ✪ HOM. Cœur.

> ❑ Même famille étym. que *choral, chorégraphie, chorus.*

choir **v. intr.** *je chois, tu chois, il choit* (les autres personnes manquent au présent) ; *je chus, nous chûmes. Chu, chue* au p. p. (formes vieillies : *je choirai* ou *cherrai, nous choirons* ou *cherrons*) – XIe ; lat. *cadere* « tomber » **1** vx ou littér. Être entraîné de haut en bas. ⇒ ① **tomber.** « *Tire la chevillette, la bobinette cherra* » (Perrault). **2** fam. *LAISSER CHOIR.* ⇒ **abandonner, plaquer.** *Après de belles promesses, il nous a laissés choir.* ✪ HOM. *Chois* : choie (choyer).

choisi, ie **adj.** – XVIIe ▪ Qui a été sélectionné parmi d'autres. *Œuvres choisies.* ➛ Excellent. *Employer un langage choisi.* ⇒ **châtié, précieux.**

choisir **v. tr.** [2] – XIIe ; got. *kausjan* « éprouver, goûter » **1** Prendre de préférence parmi d'autres. « *À partir d'un certain âge, on ne choisit plus tant ses amis que l'on est choisi par eux* » (Gide). *Choisir qqn pour modèle. On l'a choisi pour ce poste parmi plusieurs candidats.*

⇒ **désigner.** *Il a choisi le meilleur morceau. Je lui ai choisi un cadeau* (critiqué), je l'ai choisi pour lui. *Le moment est mal choisi.* ♦ *Vous avez bien choisi, c'est ravissant.* **2** Être difficile dans le choix de, préférer avec discernement. ⇒ **sélectionner, trier.** *Choisir ses mots.* **3** Prendre une décision en faveur de (parmi plusieurs propositions ou possibilités). « *si elle devait choisir entre son fils et son mari, ce serait affreux* » (Sartre). *Il a choisi cette solution plutôt que l'autre.* ⇒ **opter** (pour). ♦ *Choisir si l'on part, si l'on reste. Choisir de partir ; de rester.* ➝ *Il faut savoir choisir,* renoncer à une chose pour en avoir une autre. *Choisis : c'est lui ou moi ! Les* « *deux pouvoirs qui donnent leur valeur aux actions humaines : celui de comprendre, celui de choisir* » (Caillois).

choix n. m. – XIIe **1** Action de choisir, décision par laquelle on donne la préférence à une chose, une possibilité en écartant les autres. *Faire un bon, un mauvais choix. Faire son choix. Fixer, arrêter, porter son choix sur.* **2** Pouvoir, liberté de choisir ; existence de plusieurs partis entre lesquels choisir. *Choix entre deux partis.* ⇒ ① **alternative, dilemme.** « *Nous croyons choisir et nous n'avons pas le choix* » (Cocteau). *N'avoir que l'embarras du choix.* ➝ *Fromage ou dessert au choix.* **3** Ensemble de choses parmi lesquelles on peut choisir. *Ce magasin offre un très grand choix d'articles.* ⇒ **assortiment, éventail, gamme.** ♦ *Il y a le choix,* un grand choix. **4** Ensemble de choses choisies pour leurs qualités. ⇒ **sélection.** *Choix de livres.* **5** Le meilleur d'une marchandise. ♦ *De choix :* de prix, de qualité. *Un morceau de choix. De premier choix :* de la meilleure qualité. ✪ CONTR. Abstention, hésitation. Obligation.

choke-bore [(t)ʃɔkbɔʀ] ou **choke** [(t)ʃɔk] n. m. – XIXe ; mot angl., de *to choke* « étrangler » et *bore* « âme d'un fusil » ■ Étranglement à l'extrémité du canon d'un fusil de chasse pour regrouper les plombs. *Des choke bores.*

cholagogue [kɔlagɔg] adj. – XVIe ; *chol(é)-* et gr. *agein* « conduire » ■ Qui facilite l'évacuation de la bile. ➝ n. m. *Le sorbitol est un cholagogue.*

chol(é)- ■ Élément, du gr. *kholê* « bile ».

cholécystite [kɔlesistit] n. f. – XIXe ■ Inflammation de la vésicule biliaire.

cholécystotomie [kɔlesistɔtɔmi] n. f. – XIXe ■ Incision de la vésicule biliaire.

cholédoque [kɔledɔk] adj. m. – XVIe ; gr. *kholê* et *dekhesthai* « recevoir » ■ *Canal cholédoque,* qui conduit la bile dans le duodénum.

cholémie [kɔlemi] n. f. – XIXe ; *chol(é)-* et *-émie* ■ Taux de bile dans le sang.

choléra [kɔleʀa] n. m. – XVIe ; gr. « maladie venant de la bile » ■ Très grave maladie épidémique caractérisée par des selles fréquentes, des vomissements, des crampes, un grand abattement. « *le choléra régnait alors dans la ville, et pour éviter les quarantaines, je me résolus à prendre la route* » (Nerval).

❑ *Choléra* est le doublet de *colère,* mot qui a eu le sens de « bile » jusqu'au XVIe siècle.

cholérétique [kɔleʀetik] adj. – 1929 ; de *cholé-* et du gr. *airetikos* « qui prend » ■ Qui stimule la sécrétion de la bile. ➝ n. m. *Le boldo est un cholérétique.*

cholériforme [kɔleʀifɔʀm] adj. – XIXe ■ Qui a l'apparence du choléra.

cholérine [kɔleʀin] n. f. – XIXe ■ Forme prémonitoire ou atténuée de choléra.

cholérique [kɔleʀik] adj. et n. – XIXe ■ Qui concerne le choléra. *Le vibrion cholérique.* ♦ Atteint du choléra. ✪ HOM. Colérique.

cholestérol [kɔlɛsteʀɔl] n. m. – XIXe ; *cholé-* et gr. *sterros* « ferme, consistant » ■ Substance grasse (stérol), d'origine alimentaire ou synthétisée par l'organisme, qui se trouve dans la plupart des cellules. *Le cholestérol peut former des calculs biliaires et provoquer l'artériosclérose.* ➝ fam. *Avoir du cholestérol,* une cholestérolémie élevée.

cholestérolémie [kɔlɛsteʀɔlemi] n. f. – XIXe ■ Taux de cholestérol dans le sang.

choline [kɔlin] n. f. – XIXe ; *chol(é)-* et *-ine* ■ Matière azotée présente dans l'organisme surtout sous forme d'esters, qui joue un rôle important dans l'utilisation des lipides par le foie et dont les sels exercent une action stimulante sur le système parasympathique. ✪ HOM. Colline.

cholinestérase [kɔlinɛsteʀaz] n. f. – 1935 ■ Enzyme qui hydrolyse l'acétylcholine en choline et acide acétique, et joue un rôle important dans le fonctionnement du système nerveux.

cholurie [kɔlyʀi] n. f. – 1907 ; *chol(é)-* et *-urie* ■ Présence dans l'urine des éléments de la bile.

chômage n. m. – XIIIe **1** Interruption du travail. *Chômage d'une usine.* **2** Inactivité forcée (d'une personne) due au manque de travail, d'emploi. *Être au chômage. Allocation de chômage. Chômage technique,* dû à un problème fonctionnel. ♦ Situation de la population active sans travail. *Taux de chômage.* **3** fam. Allocation versée aux demandeurs d'emploi. *Toucher le chômage.* ✪ CONTR. Activité, ① travail ; plein-emploi. — HOM. Chaumage.

chômé, ée adj. – XVIIe ■ Où l'on doit cesser le travail. *Le 1er mai est un jour chômé.*

chômer v. intr. 1 – XIIe ; gr. *kauma* « forte chaleur » **1** Suspendre son travail pendant les jours fériés. *Chômer entre deux jours fériés* (cf. Faire le pont). **2** Cesser le travail par manque d'ouvrage. *Chômer pendant la morte-saison.* **3** loc. fam. *Ne pas chômer :* s'activer sans s'arrêter. ✪ CONTR. Travailler. — HOM. Chaumer.

❑ A signifié d'abord « se reposer pendant la forte chaleur », puis « ne pas avoir de travail », sens devenu dominant au XIXe siècle. ♦ *Chômer* est aujourd'hui d'un emploi plus rare que *chômage* et *chômeur.*

chômeur, euse n. – XIXe ■ Travailleur qui se trouve involontairement privé d'emploi. → **sans-emploi** (cf. aussi Demandeur* d'emploi). « *C'est pas drôle. Je n'ai plus d'emploi. Toujours chômeur* » (Queneau).

chondrichtyens [kɔ̃dʀiktjɛ̃] n. m. pl. – 1958 ; gr. *khondros* « cartilage » et *ichthus* « poisson » ■ Classe des poissons cartilagineux comprenant les requins, les raies, les chimères.

chondriome [kɔ̃dʀijom] n. m. – 1924 ; gr. *khondrion* « granule » ■ Ensemble des mitochondries de la cellule.

chondriosome [kɔ̃dʀijozom] n. m. – 1901 ■ vx Mitochondrie.

chondroblaste [kɔ̃dʀoblast] n. m. – XIXe ; gr. *khondros* « cartilage » et *-blaste* ■ Cellule du cartilage.

chondrostéens [kɔ̃dʀɔsteɛ̃] n. m. pl. – 1911 ; gr. *khondros* « cartilage » et *ostêon* « os » ■ Superordre de poissons vertébrés à écailles ganoïdes (esturgeon, etc.), dont la plupart sont fossiles.

chope n. f. – XIXe ; alsacien *schoppe* ■ Récipient cylindrique muni d'une anse, utilisé pour boire la bière. « *la lourde chope où il engloutissait son nez* » (Courtel.).

choper v. tr. 1 – XIXe ; var. de *chiper* ■ fam. **1** Arrêter, prendre (qqn). ⇒ **pincer.** *Se faire choper.* **2** Attraper. *J'ai chopé un bon rhume.*

chopine n. f. – XIIe **1** Ancienne mesure de capacité contenant la moitié d'un litre. ➝ (Canada) Demi-pinte

(0,568 litre). 2 fam. Demi-bouteille de vin. *Elle « venait poser devant lui une chopine de vin blanc et un verre »* (Simenon).

choquant, ante adj. – XVIIe ■ Qui heurte la délicatesse, la bienséance. ⇒ **déplacé, grossier, inconvenant, malséant.** *Des propos choquants.* ✪ CONTR. Bienséant.

choquer v. tr. [1] – XIIIe ; o. i., probablt germ. 1 vx Donner un choc à. ⇒ **heurter.** *Choquer une chose contre une autre.* 2 Contrarier ou gêner en heurtant les goûts, en agissant contre les bienséances. *Elle a été choquée par son attitude, de son indifférence, (de ce) qu'il ne l'ait pas remerciée. « cette impudence choqua tout le monde »* (Rouss.). ♦ Agir, aller contre. *Choquer la bienséance.* 3 Faire une impression désagréable (sur un sens). ⇒ **écorcher.** *Bruits, sons, musiques qui choquent l'oreille.* 4 *ÊTRE CHOQUÉ* (par) : subir un choc, un léger traumatisme. *Il en est resté choqué.* 5 Sur un bateau à voiles, Diminuer la raideur de (un cordage tendu). *Choquer une écoute.* ✪ CONTR. Charmer, flatter, plaire, séduire.

❑ Le sens de « subir un traumatisme » vient de l'anglais *to shock.* → choc (rem.).

choral, ale [kɔral] adj. et n. m. – XIXe 1 adj. Qui a rapport aux chœurs. *Des ensembles chorals* ou *choraux.* 2 n. m. Chant religieux. *Le choral de Luther, premier hymne des protestants.* ♦ Composition pour orgue, clavecin, etc. sur le thème d'un choral. *Les chorals de Bach.* ✪ HOM. Chorale, corral ; coraux (corail).

chorale [kɔral] n. f. – v. 1926 ■ Société musicale qui exécute des œuvres vocales, des chœurs. *La chorale de la paroisse.* ✪ HOM. Choral, corral.

chorée [kɔre] n. f. – XVIe ; gr. *khoreia* « danse » ■ Maladie nerveuse appelée aussi *danse de Saint-Guy,* caractérisée par des mouvements brusques, involontaires, accompagnés de convulsions brèves de certains muscles.

chorège [kɔrɛʒ] n. m. – XVIe ■ Dans la Grèce antique, Citoyen chargé d'organiser à ses frais un chœur de danse pour une représentation théâtrale.

chorégraphe [kɔregraf] n. – XVIIIe ■ Compositeur qui règle les pas et les figures des danses destinées à la scène.

chorégraphie [kɔregrafi] n. f. – XVIIIe ; gr. *khoreia* « danse » et *-graphie* 1 Méthode de transcription sur papier des pas et figures de la danse. 2 Art de composer des ballets, d'en régler les figures et les pas. ⇒ **danse.**

❑ Même famille étym. que *chœur.*

chorégraphique [kɔregrafik] adj. – XVIIIe ■ Qui a rapport à la danse.

choréique [kɔreik] adj. – XIXe ■ Relatif à la chorée. ♦ Atteint de chorée.

choreute [kɔrøt] n. m. – XIXe ■ Membre d'un chœur, dans le théâtre grec ancien.

choriambe n. m. – XVIIe ; gr. ■ Pied composé d'un trochée et d'un iambe.

chorion [kɔrjɔ̃] n. m. – XVIe ; gr. ■ Membrane extérieure de l'embryon des mammifères.

choriste [kɔrist] n. – XIVe ■ Personne qui chante dans un chœur. *Les choristes et les solistes.*

chorizo [ʃɔrizo ; tʃɔriso] n. m. – XIXe ; mot esp. ■ Saucisson espagnol très pimenté.

❑ Th. Gautier mentionne le mot *(« un saucisson nommé chorizo, bourré de poivre, de piment »)* mais il n'entre dans l'usage, en France, que dans les années 50.

choroïde [kɔrɔid] n. f. – XVIe ; gr. *khorion* « membrane » ■ Membrane interne vascularisée qui tapisse la partie postérieure de l'œil, entre la sclérotique et la rétine.

choroïdien, ienne [kɔrɔidjɛ̃, jɛn] adj. – XIXe ■ Qui a rapport à la choroïde.

chorus [kɔrys] n. m. – XVe ; mot lat. « chœur » 1 *FAIRE CHORUS :* se joindre à d'autres pour dire comme eux ; approuver bruyamment. *« Ce mot déchaîna le raffut. Esther* [...] *hurla soudain* [...]. *La bonne s'en mêlait, le chien faisait chorus, le café fut renversé »* (Aragon). 2 En jazz, Durée des mesures qui forment le thème, utilisée de manière personnelle par un ou plusieurs instrumentistes. *Des chorus de trompette. Prendre un chorus.*

chose n. f. et m. – IXe ; lat. *causa* **I - 1** Terme le plus général par lequel on désigne tout ce qui existe et qui est concevable comme un objet unique (concret, abstrait, réel, imaginaire). ⇒ ② **être, événement, objet.** *Chaque chose en son temps, à sa place. Ce n'est pas chose facile. Toutes choses. Avant toute chose :* premièrement. *De deux choses l'une :* il existe deux possibilités (l'une excluant l'autre). 2 *Les choses :* le réel. ⇒ ② **fait, phénomène, réalité.** *Il faut bien voir les choses. Aller au fond des choses.* ➛ (opposé à *idée, mot*). *Le nom et la chose.* ♦ Réalité matérielle non vivante ; objet concret indéterminé. *Les êtres* (vivants) *et les choses. Que de bonnes choses à manger !* 3 (surtout plur.) Ce qui a lieu, ce qui se fait, ce qui existe. ⇒ **circonstance, événement,** ② **fait.** *Les choses humaines. C'est dans l'ordre des choses. Par la force des choses. Ce n'est pas une chose à faire. Voilà une bonne chose de faite. Il sait un tas de choses. En mettant les choses au mieux :* en considérant l'hypothèse la plus favorable. *Prendre les choses comme elles viennent :* accepter les événements tels quels. *Voilà où en sont les choses. « elle n'a jamais l'idée que les choses puissent tourner mal »* (Mart. du G.). 4 *La chose :* ce dont il s'agit. *Comment a-t-il pris la chose ? C'est chose faite.* ➛ au plur. *Mettre les choses au point, au clair.* 5 Paroles, discours. *Je vais vous dire une chose. Parlons de choses sérieuses. Dites-lui bien des choses de ma part :* faites-lui mes amitiés. pop. *Bien des choses à votre femme. Il lui répète cent fois la même chose. Parler de choses et d'autres :* bavarder sur divers sujets de peu d'importance. 6 Ce qu'on isole pour le considérer, pour en juger. *Il y a de belles choses dans ce livre.* 7 *LA CHOSE PUBLIQUE :* ensemble des questions relatives aux intérêts généraux d'un pays, d'une collectivité régionale ou locale. **II** loc. 1 *AUTRE CHOSE* (entraîne le masc.). *Je cherche autre chose d'aussi beau. C'était bien autre chose que ce qu'il avait prévu. Penser à autre chose. Avoir autre chose à faire.* ➛ *LA MÊME CHOSE.* ⇒ **même.** *« je te dis toujours la même chose, parce que c'est toujours la même chose »* (Mol.). 2 *QUELQUE CHOSE. Chercher quelque chose. Voulez-vous prendre quelque chose ?* un peu de nourriture, une boisson. *Avez-vous quelque chose à dire ? Quelque chose d'ennuyeux. Quelque chose me dit que :* j'ai l'intuition que. *Il est pour quelque chose dans cette affaire :* il y a pris part, il y contribue. *Il lui est arrivé quelque chose,* un accident, un ennui. *« moi, je voyais bien que Jacques avait quelque chose »* (Daud.). *Cela m'a fait quelque chose :* cela m'a ému. *Il y a quelque chose là-dessous,* un mystère, du louche. subst. fam. *Offrez-lui un petit quelque chose.* 3 *Grand-chose* (voir ce mot). 4 *PEU DE CHOSE.* ⇒ **peu** (I, 4°). **III** n. m. ou appos. Ce qu'on ne peut ou ne veut pas nommer. ⇒ fam. **bidule, machin,** ① **truc.** *Donnez-moi ce chose.* ♦ S'emploie pour désigner une personne dont on ignore ou dont on a oublié le nom. *« Le Petit Chose », d'Alphonse Daudet.* ♦ adj. fam. *Se sentir tout chose :* éprouver un malaise difficile à analyser. ✪ CONTR. Rien.

❑ La locution pronominale *quelque chose* est neutre en dépit de la présence du mot féminin *chose* : « *quelque chose qui est capital* » (La Bruyère). → neutre (rem.).

chosification n. f. – XIXe ▪ Le fait de rendre semblable aux choses ; de réduire l'homme à l'état d'objet. ⇒ **réification.**

chosifier v. tr. [7] – 1943 ▪ Rendre semblable à une chose. ⇒ **réifier.**

❑ Ce terme de philosophie a été forgé par J.-P. Sartre.

chott [ʃɔt] n. m. – XIXe ; mot ar. ▪ Lac salé, parfois asséché, en Afrique du Nord. ⇒ **sebka.** *Les chotts du Sahara.*

chou n. m. – XIIe ; lat. *caulis* « tige des plantes » **1** Plante à plusieurs variétés sauvages ou cultivées pour l'alimentation (surtout le *chou cabus* ou *chou pommé* à gros bourgeon terminal). *Soupe aux choux. Chou braisé, farci. Potée aux choux.* ♦ loc. *Avoir les oreilles en feuilles de chou,* grandes et décollées. ➛ *Une feuille de chou* : journal, revue de peu de valeur. **2** *CHOU ROUGE,* que l'on consomme cru et râpé en salade, ou cuit. *CHOU DE BRUXELLES,* à longues tiges, donnant des bourgeons comestibles. ⇒ aussi **brocoli, chou-fleur, chou-rave. 3** loc. *Bête comme chou* : simple, facile (à faire, à comprendre). ⇒ **enfantin.** ➛ *Rentrer dans le chou à qqn,* l'attaquer, lui donner des coups. ➛ *Faire ses choux gras de qqch.,* en tirer profit. **4** *Mon chou, mon petit chou* : expressions de tendresse (fém. *CHOUTE* [ʃut]). ♦ adj. inv. fam. *Ce qu'elle est chou !* (ou *choute*). ⇒ ② **gentil, mignon. 5** Petit gâteau léger et rond. *Chou à la crème.*

chouan n. m. – XVIIIe ; de *Jean Chouan,* surnom d'un des chefs des insurgés de l'Ouest ▪ Insurgé royaliste de l'Ouest qui faisait la guerre des partisans contre la Révolution. « *Les Chouans* », *roman de Balzac* (1829).

❑ Même famille étym. que *chouette.* Les *chouans* imitaient le cri du hibou en signe de ralliement.

chouannerie n. f. – XVIIIe ▪ Insurrection des chouans.

choucas n. m. – XVIe ; p.-ê. onomat. ▪ Oiseau noir *(corvidés)* voisin de la corneille.

chouchou, oute n. – XVIIIe ; redoublement de l'appellatif affectueux *chou, choute* **1** fam. Favori, préféré. *Le petit chouchou.* « *Certains professeurs, si prompts à étiqueter leurs têtes de Turc ou leurs chouchous* » (Daninos). **2** n. m. Morceau de tissu froncé autour d'un élastique, et servant à retenir les cheveux. ✪ CONTR. Mal-aimé.

❑ Ce mot ne viendrait pas, selon certains, de *chou* mais de *chouer,* forme ancienne de *choyer.* Le pluriel en *s* (et non en *x*) a sans doute été aussi favorisé par la soudure du mot (autrefois des *choux-choux*).

chouchouter v. tr. [1] – XIXe ▪ fam. Dorloter, gâter.

choucroute n. f. – XVIIIe ; all. *Sauerkraut* « herbe *(Kraut)* sure, aigre » ▪ Chou blanc débité en fins rubans que l'on fait légèrement fermenter dans une saumure. ♦ *Choucroute garnie,* ou *choucroute* : plat de choucroute cuite accompagnée de charcuterie. « *Amenez-lui la choucroute et un demi, dit Paradis* [...]. *C'est moi qui régale* » (Queneau).

❑ Aucun rapport étym. avec *chou* ni avec *croûte.*

① **chouette** n. f. – XIIe ; germ. *kawa* **1** Oiseau rapace nocturne *(strigiformes)* ne portant pas d'aigrettes sur la tête (à la différence des hiboux). ⇒ **chevêche, effraie, harfang, hulotte.** *Cri de la chouette* (⇒ **chuinter, huer, hululer**). **2** fig. *Une vieille chouette* : vieille femme acariâtre.

② **chouette** adj. – XIXe ▪ fam. Beau, agréable. *Une chouette voiture. Ce serait chouette de partir ensemble.* ➛ interj. *Chouette !* pour marquer l'enthousiasme, la satisfaction. ⇒ **chic.** ✪ CONTR. Moche.

❑ On rattache cet emploi au comportement coquet attribué à l'oiseau, mais aussi à l'ancien verbe *choueter* « flatter, caresser ».

chou-fleur n. m. – XVIIe ▪ Chou dont les inflorescences forment une masse blanche, dense et comestible. « *Un chou-fleur, qui bouillottait bruyamment dans la cuisine, emplissait le logement de son odeur fétide* » (Mart. du G.). *Des choux-fleurs.*

chouïa [ʃuja] n. m. – XIXe ; ar. ▪ fam. *Un chouïa* : un peu. *Rajouter un chouïa de poivre.*

chouleur n. m. – 1954 ; de *chouler* « charrier un chargement » ▪ Chargeuse de matériaux munie d'une benne mécanique.

chou-navet n. m. – XVIIIe ▪ Chou dont la racine a l'apparence d'un gros navet. *Des choux-navets.*

chouquette n. f. – 1950 ▪ Petit chou (5°) recouvert de sucre en grains.

chou-rave n. m. – XVIe ▪ Chou cultivé pour sa tige renflée et charnue. *Des choux-raves.*

chouraver v. tr. [1] – 1938 ; romani (tsigane d'Europe centrale et occid.) *tchorav* ▪ fam. Voler. ⇒ **chiper.**

choute → **chou**

chow-chow [ʃoʃo] n. m. – XIXe ; mot angl. ▪ Chien de compagnie d'origine chinoise, à abondant pelage uni, le plus souvent de couleur fauve. *Des chows-chows.*

choyer v. tr. [8] – XIIIe ; lat. *cavere* « veiller sur » ▪ Soigner avec tendresse, entourer de prévenances. ⇒ **cajoler,** fam. **chouchouter.** « *Lili Reinhardt le choyait, lui faisait des soupers succulents* » (R. Rolland).

chrême [kʀɛm] n. m. – XIIe ; gr. *khrisma* « huile » ▪ Huile consacrée, employée pour les onctions dans certains sacrements, chez les catholiques et les orthodoxes. ✪ HOM. Crème.

chrestomathie [kʀɛstɔmati] n. f. – XVIIe ; gr. *khrêstos* « utile » et *manthanein* « apprendre » ▪ Recueil de morceaux choisis tirés d'auteurs classiques, célèbres. ⇒ **anthologie.**

chrétien, ienne [kʀetjɛ̃, jɛn] adj. et n. – IXe **I** adj. **1** Qui professe la foi en Jésus-Christ. *Le monde chrétien.* **2** Du christianisme. *Religion chrétienne. L'ère chrétienne,* commençant à la date présumée de la naissance du Christ. **II** n. Personne qui professe le christianisme. ⇒ **fidèle ; catholique, orthodoxe, protestant.**

chrétiennement [kʀetjɛnmɑ̃] adv. – XVIe ▪ D'une manière chrétienne.

chrétienté [kʀetjɛ̃te] n. f. – XIIe ▪ Ensemble des peuples chrétiens, et des pays où le christianisme domine.

chris-craft [kʀiskʀaft] n. m. – 1952 ; mot angl., marque déposée, de *craft* « embarcation » ▪ Canot à moteur de cette marque. *Des chris-craft.*

chrisme [kʀism] n. m. – XIXe ; gr. ▪ Monogramme du Christ, formé des deux premières lettres grecques de son nom (khi et rhô).

christ [kʀist] n. m. – Xe ; gr. *khristos* « oint », trad. de l'hébr. *maschiah* « messie » **1** Nom donné à Jésus de Nazareth. ⇒ **messie ; seigneur.** *Le Christ. Jésus-Christ.* **2** Représentation de Jésus-Christ attaché à la croix. ⇒ **crucifix.** *Des christs d'ivoire.*

christiania [kʀistjanja] n. m. – 1906 ; mot norv., anc. nom d'Oslo ▪ Virage ou arrêt exécuté avec les skis parallèles.

christianisation [kʀistjanizasjɔ̃] n. f. – XIXe ▪ Action de christianiser ; état de ce qui est christianisé.

christianiser [kʀistjanize] v. tr. [1] – XVIe ▪ Rendre chrétien. ✪ CONTR. Déchristianiser.

christianisme [kʀistjanism] **n. m.** – XIIIe ▪ Religion fondée sur l'enseignement, la personne et la vie de Jésus-Christ. ⇒ **catholicisme, orthodoxe** (Église orthodoxe), **protestantisme.** *La Bible, livre sacré du christianisme.*

christique [kʀistik] **adj.** – XIXe ▪ Qui a rapport au Christ.

christologie [kʀistɔlɔʒi] **n. f.** – XIXe ▪ Étude de la personne et de la doctrine du Christ.

chromage [kʀomaʒ] **n. m.** – 1927 ▪ Action de chromer ; son résultat.

chromate [kʀɔmat] **n. m.** – XVIIIe ▪ Sel de l'acide chromique.

chromatide [kʀɔmatid] **n. f.** – 1951 ▪ Chacune des quatre structures allongées contenant l'A.D.N. et qui, avec le centromère, forment un chromosome.

chromatine [kʀɔmatin] **n. f.** – XIXe ▪ Substance essentiellement formée d'A.D.N. et de protéines, présente sous forme de granules dans le noyau cellulaire, fixant les colorants basiques. ⇒ **nucléosome.**

chromatique [kʀɔmatik] **adj.** – XIVe ; gr. *khrôma* « couleur, ton musical » **1** Qui procède par demi-tons consécutifs (opposé à *diatonique*). *Les douze notes de la gamme chromatique.* « *il poussa un des ces "Oh !" prolongés, qui parcourent tous les intervalles de la gamme chromatique* » (J. Verne). **2** Relatif aux couleurs. *La fonction chromatique du caméléon.* **3** Des chromosomes. *Réduction chromatique.* ⇒ **méiose.**

chromatisme [kʀɔmatism] **n. m.** – XIXe **1** littér. Ensemble de couleurs. ⇒ **coloration.** ♦ Dispersion de la réfraction des images fournies par un système optique. **2** En musique, Caractère de ce qui est chromatique.

chromat(o)- ▪ Élément, du gr. *khrôma, -atos* « couleur ».

chromatogramme [kʀɔmatɔgʀam] **n. m.** – 1937 ; *chromato-* et *-gramme* ▪ Image obtenue par chromatographie.

chromatographie [kʀɔmatɔgʀafi] **n. f.** – 1938 ; *chromato-* et *-graphie* ▪ Méthode d'analyse chimique des constituants d'un mélange fondée sur leur adsorption sélective, ou leur partage en présence de phases liquides ou gazeuses.

chromatopsie [kʀɔmatɔpsi] **n. f.** – 1948 ; *chromat(o)-* et *-opsie* ▪ Vision des couleurs.

chrome [kʀom] **n. m.** – XVIIIe ; gr. *khrôma* « couleur » **1** Élément atomique (Cr ; no at. 24 ; m. at. 51,99), métal du groupe du molybdène et du tungstène, brillant et dur. **2** Pièce métallique en acier chromé. « *le soleil brille fort sur le pare-brise et sur les chromes* » (Le Clézio).

> ❑ Se prononce avec un o fermé et s'écrit sans accent. → hippodrome, mélanome, zone.

-chrome, -chromie ▪ Groupes suffixaux, du gr. *khrôma* « couleur ».

chromé, ée [kʀome] **adj.** – 1909 **1** Recouvert de chrome. *Acier chromé* (inoxydable). *Une bicyclette* « *avec un guidon de course en acier chromé* » (Tournier). **2** Tanné à l'alun de chrome. *Cuir chromé.*

chromer [kʀome] **v. tr.** [1] – 1929 **1** Recouvrir (un métal) de chrome. **2** Tanner à l'alun de chrome.

chrominance [kʀɔminɑ̃s] **n. f.** – 1957 ; gr. *khrôma* « couleur », d'apr. *luminance* ▪ Représentation des informations relatives à la couleur d'une image de télévision.

chromique [kʀɔmik] **adj.** – XVIIIe ▪ Qui contient un composé oxygéné du chrome.

chromiste [kʀɔmist] **n.** – XIXe ▪ Spécialiste des couleurs, des retouches en photogravure, héliogravure, offset.

chromite [kʀɔmit] **n. f.** – XIXe ▪ Oxyde de chrome contenant du fer et du manganèse, principal minerai du chrome.

chromo [kʀomo] **n. m.** – XIXe ▪ Chromolithographie (2o). *Des chromos.* ♦ péj. Image en couleur de mauvais goût. « *Les bourgeois n'ont que le goût du chromo* » (Léautaud).

> ❑ Certains auteurs emploient *chromo* au féminin (sur *chromolithographie,* n. f.). « *Entre le fer du lit, qui forme médaillon* [...] *et la chromo* » (Gide). ♦ Ne pas confondre avec *chrono* (chronomètre).

chromo- ▪ Élément, du gr. *khrôma* « couleur ».

chromogène [kʀomoʒɛn] **adj.** – XIXe ; *chromo-* et *-gène* ▪ Susceptible de produire un pigment ou de permettre la pigmentation.

chromolithographie [kʀomolitɔgʀafi] **n. f.** – XIXe **1** Impression lithographique en couleur. ⇒ **lithographie.** **2** Image obtenue par la chromolithographie. ⇒ **chromo.**

chromoprotéine [kʀomopʀɔtein] **n. f.** – 1926 ▪ Protéine liée à une molécule qui lui confère une couleur particulière. ⇒ **hémoprotéine.**

chromosome [kʀomozom] **n. m.** – XIXe ; gr. *khrôma* « couleur » et *sôma* « corps » ▪ Chacun des éléments essentiels du noyau cellulaire, de forme déterminée et en nombre constant pour chaque espèce (23 paires chez l'homme), porteurs des facteurs déterminants de l'hérédité. ⇒ **gène.** *Chromosomes X et Y, chromosomes sexuels.*

chromosomique [kʀomozomik] **adj.** – 1931 ▪ Relatif au chromosome. *Maladie chromosomique.*

chromosphère [kʀomosfɛʀ] **n. f.** – XIXe ▪ Partie superficielle extérieure de la couronne solaire.

chronaxie [kʀɔnaksi] **n. f.** – 1909 ; *chron(o)-* et gr. *axia* « valeur » ▪ Intervalle de temps nécessaire pour exciter un tissu nerveux ou musculaire par un courant électrique dont l'intensité est le double de celle du seuil d'excitation (⇒ **rhéobase).**

-chrone → **chron(o)-**

chronicité [kʀɔnisite] **n. f.** – XIXe ▪ État de ce qui est chronique.

① **chronique** [kʀɔnik] **n. f.** – XIIe ; gr. *khrônos* « temps » **1** (généralt plur.) Recueil de faits historiques, rapportés dans l'ordre de leur succession. ⇒ **annales, histoire,** ② **mémoires.** *Les* « *Chroniques* » *de Froissart.* **2** L'ensemble des nouvelles qui circulent. *Défrayer la chronique.* ♦ Article de journal, émission de télévision ou de radio qui traite régulièrement d'un thème particulier. ⇒ **rubrique.** *Une chronique littéraire.*

> ❑ La première chronique (1138-1140) porte le titre *Estoire des Engles* « Histoire des Anglais ».

② **chronique** [kʀɔnik] **adj.** – XIVe **1** (en parlant d'une maladie) Qui dure longtemps, se développe lentement (opposé à *aigu*). *Bronchite chronique.* **2** (en parlant d'une chose dommageable) Qui dure. *Chômage chronique.* « *Fréquemment éclatent des scènes dues à la seule mauvaise humeur, qui devient chronique* » (Camus). ✪ CONTR. Temporaire.

-chronique, -chronisme ▪ Groupes suffixaux, du gr. *khrônos* « temps ».

chroniqueur, euse [kʀɔnikœʀ, øz] **n.** – fin XIVe **1 n. m.** Auteur de chroniques historiques. ⇒ **historien, mémorialiste.** *Les grands chroniqueurs du Moyen Âge.* **2** Personne chargée d'une chronique de journal, de radio ou de télévision.

chron(o)-, -chrone ▪ Éléments, du gr. *khrônos* « temps ».

chronobiologie [kʀonobjɔlɔʒi] **n. f.** – v. 1970 ▪ Étude des rythmes biologiques.

chronographe [kʀɔnɔgʀaf] n. m. – XIXe ; *chrono-* et *-graphe* ■ Instrument enregistreur des durées. ⇒ **chronomètre.**

chronologie [kʀɔnɔlɔʒi] n. f. – XVIe ; *chrono-* et *-logie* 1 Science de la fixation des dates des événements historiques. ⇒ **datation.** 2 Succession (des événements) dans le temps. ⇒ **déroulement.** *Établir la chronologie des faits.* ⇒ **historique.**

chronologique [kʀɔnɔlɔʒik] adj. – XVIe ■ Relatif à la chronologie. *Ordre chronologique.*

chronologiquement [kʀɔnɔlɔʒikmɑ̃] adv. – XIXe ■ Selon l'ordre chronologique.

chronométrage [kʀɔnɔmetʀaʒ] n. m. – XIXe ■ Mesure précise d'une durée.

chronomètre [kʀɔnɔmɛtʀ] n. m. – XVIIIe ; *chrono-* et *-mètre* ■ Instrument servant à mesurer de façon très précise une durée ; montre de précision. ⇒ **chronographe.** *Chronomètre en or.* ➙ abrév. fam. CHRONO [kʀono]. *Faire du 120 (km/h) chrono,* la vitesse étant mesurée au chronomètre (opposé à *au compteur*).

chronométrer [kʀɔnɔmetʀe] v. tr. 6 – XIXe ■ Mesurer avec précision, à l'aide d'un chronomètre, la durée de (une action, un événement). « *on chronométrait le temps de travail nécessaire pour chaque geste* [...] *des ouvriers qualifiés* » (Aragon).

chronométreur, euse [kʀɔnɔmetʀœʀ, øz] n. – XIXe ■ Personne chargée de chronométrer.

chronométrie [kʀɔnɔmetʀi] n. f. – XIXe ; *chrono-* et *-métrie* 1 Science de la mesure du temps. 2 Fabrication, industrie des chronomètres.

chronométrique [kʀɔnɔmetʀik] adj. – XIXe ■ Relatif à la mesure exacte du temps. *Une précision chronométrique.*

chronophotographie [kʀonofɔtɔgʀafi] n. f. – XIXe ■ Analyse du mouvement par des photographies répétées.

chrysalide [kʀizalid] n. f. – XVIe ; gr. *khrusos* « or » ■ Nymphe des lépidoptères dont l'état est intermédiaire entre celui de chenille et celui de papillon. ➙ Enveloppe de l'insecte à l'état de chenille. *Chrysalide du ver à soie.* ⇒ **cocon.** *Sortir de sa chrysalide :* fig. prendre son essor.

❑ Certaines nymphes présentent des reflets dorés, d'où le nom.

chrysanthème [kʀizɑ̃tɛm] n. m. – XVIe ; gr. *khrusos* « or » et *anthemon* « fleur » ■ Plante à fleurs composées sphériques, très commune dans les jardins, traditionnellement utilisée pour décorer les tombes à la Toussaint. « *les pétales neigeux et frisés du chrysanthème* » (Proust). *Pot de chrysanthèmes.*

❑ Les premiers spécimens connus de cette plante d'origine asiatique avaient des fleurs jaunes. ♦ Emblème du Japon.

chryséléphantin, ine [kʀizelefɑ̃tɛ̃, in] adj. – XIXe ; *chrys(o)-* et gr. *elephas, -antos* « ivoire » ■ *Sculpture chryséléphantine,* dans laquelle on employait l'or et l'ivoire.

chrys(o)- ■ Élément, du gr. *khrusos* « or ».

chrysobéryl [kʀizobeʀil] n. m. – XIXe ■ Pierre précieuse constituée par de l'aluminate naturel de béryllium. ⇒ **œil-de-chat.**

chrysocale [kʀizɔkal] n. m. – XIVe ; *chryso-* et gr. *khalkos* « cuivre » ■ Alliage de cuivre, étain et zinc, qui imite l'or. « *Sa chaîne de montre pouvait être en chrysocale* [...] *mais l'effet en était assez riche aux lumières* » (Nerval).

chrysolithe [kʀizɔlit] n. f. – XIIe ; *chryso-* et *-lithe* ■ vx Pierre précieuse de teinte dorée (péridot).

chrysomèle [kʀizɔmɛl] n. f. – XVIIIe ; *chryso-* et gr. *melos* « membre » ■ Insecte coléoptère *(chrysomélidés)* voisin du doryphore, au corps brillant, dont les larves se nourrissent d'arbrisseaux divers.

chrysope [kʀizɔp] n. f. – 1904 ; gr. *khrusôpis* « aux yeux d'or » ■ Insecte *(neuroptères)* prédateur des pucerons, aux ailes diaphanes.

chrysoprase [kʀizɔpʀɑz] n. f. – XIIe ; *chryso-* et gr. *prasos* « poireau » ■ Variété de calcédoine d'un vert pomme.

chtimi ou **ch'timi** [ʃtimi] n. et adj. – av. 1914 ; expr. patoise, probablt de la phrase *ch'timi ?* « c'est-il moi ? » ■ fam. Français de la région intérieure du Nord. *Une chtimi.* ➙ adj. *Il a l'accent chtimi.*

chtonien, ienne [ktɔnjɛ̃, jɛn] adj. – XIXe ; gr. *khthôn* « terre » ■ Qui a trait aux divinités infernales. *Les puissances chtoniennes.*

chtouille [ʃtuj] n. f. – XIXe ; de *jeter* ■ arg. Blennorragie. ⇒ fam. **chaude-pisse.** ➙ Syphilis. « *je la vois d'ici, la femme. Encore heureux s'il n'a pas attrapé la chtouille* » (Aragon).

C.H.U. [seaʃy] n. m. inv. – 1958 ■ Centre hospitalier universitaire.

chuchotement n. m. – XVIe ■ Action de chuchoter ; bruit d'une voix qui chuchote. ⇒ **murmure, susurrement.** « *de longs chuchotements de jeunes filles, des rires étouffés* » (Lamart.).

chuchoter v. intr. 1 – XIVe ; onomat. ■ Parler bas, indistinctement, en remuant à peine les lèvres. ⇒ **murmurer, susurrer.** *Chuchoter à l'oreille de qqn.* ➙ trans. *Chuchoter quelques mots à l'oreille de qqn.* ✪ CONTR. Crier, hurler.

❑ Ce verbe est formé, comme *chuinter, chut,* sur l'onomatopée *chu-* évoquant un murmure, un sifflement assourdi.

chuintant, ante adj. et n. f. – XIXe ■ Qui chuinte. *Jet de vapeur chuintant.* ♦ n. f. en phonétique *La chuintante sourde* [ʃ] *et la chuintante sonore* [ʒ] *du français.*

chuintement n. m. – XIXe 1 Vice de prononciation consistant dans la substitution du son *ch* [ʃ] au son *s* [s]. 2 Bruit, sifflement assourdi.

chuinter v. intr. 1 – XVIIIe ; onomat. 1 Pousser son cri, en parlant de la chouette. ⇒ **huer, hululer.** 2 Prononcer les consonnes sifflantes (*s* et *z*) comme *ch* et *j.* 3 Faire entendre un chuintement. « *Et ce gaz qui n'éclaire pas, qui siffle, qui chuinte* » (Duham.).

chut [ʃyt] interj. – XVIe ; onomat. ■ Se dit pour demander le silence. *Chut ! il dort.* « *Legrain se mit l'index sur la bouche : – Chut ! souffla-t-il* » (Duham.). ✪ HOM. Chute.

chute n. f. – XIVe ; de *choir* I - 1 Le fait de choir, de tomber. *Faire une chute.* « *je tombai donc et ma chute entraîna celle d'une vieille dame* » (Beckett). *Une chute de cheval.* 2 Le fait de ne pas rester droit, de s'écrouler. ⇒ **éboulement, écroulement, effondrement.** *Chute d'un pan de mur.* ♦ *Lois de la chute des corps.* ⇒ **pesanteur.** *CHUTE LIBRE :* mouvement d'un corps lâché sans vitesse initiale soumis à la seule accélération de la pesanteur. *Le point de chute :* lieu où tombe un projectile ; endroit où l'on se fixe, au terme d'une activité, après un voyage, etc. *Avoir un point de chute à Paris.* 3 *CHUTE D'EAU,* ou *CHUTE :* déplacement vertical d'une masse d'eau produit par la différence de niveau entre deux parties consécutives d'un cours d'eau. *Les chutes du Niagara.* ♦ *Chute de pluie, de neige.* 4 Action de se détacher (de son support naturel), de devenir caduc. *La chute des cheveux. La chute des feuilles.* II - 1 Le fait de passer dans une situation plus mauvaise, d'échouer. ⇒ **échec, faillite, insuccès.** *Plus dure sera la chute.* 2 (en parlant des institutions, du gouvernement) ⇒ **renversement.** *La chute du gouvernement. La chute de l'Empire romain.* 3 Action de tomber moralement.

⇒ **déchéance, faute, péché.** *La chute d'Adam.* ⇒ **péché** (originel). 4 Baisse d'une grandeur économique, d'une valeur. *La chute du franc.* ⇒ **dévaluation.** *La chute des prix.* 5 Brusque diminution de valeur d'une variable. *Chute de température. Chute de la natalité.* 6 Aux cartes, Pli demandé mais non fait. **III - 1** Partie où une chose se termine, s'arrête, cesse. *La chute des reins :* le bas du dos. 2 *La chute d'une histoire,* sa fin inattendue. « *des situations comiques d'un ton douteux, des chutes ridicules* » (Gaut.). 3 Reste inutilisé (tombé en coupant qqch.). « *elles apportent au fond de l'atelier toutes les chutes de toile* [...] *pour les jeter à la poubelle* » (Le Clézio). ✪ CONTR. Relèvement ; ascension, montée. — HOM. Chut.

chuter v. intr. [1] – XIXe 1 Subir un échec. ⇒ **échouer.** *Il a chuté sur la dernière question.* 2 Aux cartes, Ne pas effectuer le nombre de levées annoncé. 3 Diminuer. *Les ventes ont chuté de 10%.*

chutney [ʃœtnɛ] n. m. – 1964 ; mot angl., de l'hindi *chatni* ■ Condiment aigre-doux, composé de fruits, de légumes pimentés et épicés, confits dans du vinaigre sucré.

chyle [ʃil] n. m. – XIVe ; gr. *khulos* « suc » ■ Liquide d'aspect laiteux résultant de la transformation dans l'intestin des aliments mélangés aux sucs digestifs.

chylifère adj. et n. m. – XVIIe ■ Qui transporte le chyle. *Vaisseaux chylifères.*

chyme n. m. – XVe ; *khumos* « humeur » ■ Bouillie formée par la masse alimentaire au moment où elle passe dans l'intestin après avoir subi l'action de la salive et du suc gastrique.

chymotrypsine n. f. – 1938 ; de *chyme* et *trypsine* ■ Enzyme protéolytique sécrétée par le pancréas.

① **ci** adv. – XIIe ; abrév. de *ici* 1 (placé immédiatement devant un adjectif ou un participe) Ici. ➛ CI-INCLUS, USE [siɛ̃kly, yz] ; CI-JOINT, JOINTE [siʒwɛ̃, ʒwɛ̃t]. *La copie ci-incluse. Vous trouverez ci-inclus une copie.* ♦ (après un nom précédé de *ce, cette, ces* ou après un pron. dém.) *Cet homme-ci. À cette heure-ci. Ces jours-ci.* 2 loc. adv. (Pour localiser dans un texte écrit). *Ci-contre :* en regard, vis-à-vis. *Ci-dessous :* plus bas. ⇒ **infra.** *Ci-dessus :* plus haut. ⇒ **supra.** 3 loc. adv. DE-CI DE-LÀ [dəsidəla] : de côté et d'autre, au hasard. ➛ PAR-CI PAR-LÀ : en divers endroits. *Quelques erreurs par-ci par-là.* ✪ HOM. Scie, si, sis, six.

> ❑ Les locutions *ci-inclus, ci-joint, ci-annexé...* sont variables lorsqu'elles sont postposées : *les documents ci-joints ; la copie est ci-incluse.* Antéposées, elles sont invariables : *vous trouverez ci-joint les lettres... ; ci-inclus copie de...* ♦ *De-ci de-là,* synonyme de *çà et là* → çà (rem.).

② **ci** pron. dém. – XVIIIe ; abrév. de *ceci* ■ (employé avec *ça*) *Demander ci et ça,* telle chose et telle autre.

ciao → **tchao**

cibiste n. – 1980 ; de *C.B.* ■ Personne qui utilise les canaux banalisés dans une bande de fréquences publiques pour communiquer par radio. Recomm. offic. *cébiste.*

ciblage n. m. – v. 1980 ■ Action de déterminer le public auquel un produit est destiné.

cible n. f. – XVIIe ; all. *Scheibe* « disque, cible » 1 But que l'on vise et sur lequel on tire. *Prendre qqn, qqch. pour cible.* « *des gamins s'étaient acharnés à la prendre pour cible avec de gros cailloux* » (Robbe-Grillet). *Manquer, toucher la cible.* 2 Objet de critiques, de railleries. *Être la cible des quolibets.* 3 Objectif ou public visé (en publicité, dans une étude de marché, etc.). *Cœur de cible.* 4 adjt Qui est exposé à un bombardement de particules, à un messager chimique. *Cellule cible.*

cibler v. tr. [1] – v. 1970 ■ Déterminer, circonscrire en tant que cible. *Cibler la clientèle d'un produit.* ♦ Adapter à une cible. ➛ *Produit mal ciblé.*

ciboire n. m. – XIIe ; gr. *kibôrion* « fruit du nénuphar d'Égypte » ■ Vase sacré en forme de coupe où l'on conserve les hosties consacrées pour la communion des fidèles. « *Que de ciboires d'argent, de vermeil* [...] *niellés, guillochés, entourés de zones d'émaux* » (Gaut.).

ciboule n. f. – XIIIe ; lat. *cæpa* « oignon » ■ Plante *(liliacées),* dont les feuilles tubulées sont employées comme condiment. ⇒ **cive.**

ciboulette n. f. – XVe ■ Plante voisine de la ciboule, dont les feuilles fines et tubulées sont employées comme condiment. ⇒ ② **civette** (cf. Fines herbes*).

ciboulot n. m. – XIXe ; de *ciboule* ■ pop. Tête. *Il n'a rien dans le ciboulot.*

cicatrice n. f. – XIVe ; lat. 1 Marque laissée par une plaie après la guérison. « *Il avait sur le front une petite cicatrice assez profonde* » (Vigny). 2 Trace d'une blessure, d'une souffrance morale. « *mes amours perdues m'ont laissé quelques cicatrices* » (Muss.).

cicatriciel, ielle adj. – XIXe ■ Qui se rapporte ou est dû à une cicatrice.

cicatricule n. f. – XVIe ■ Disque germinatif de l'œuf.

cicatrisant, ante adj. – XVe ■ Qui favorise, accélère la cicatrisation.

cicatrisation n. f. – XIVe 1 Processus par lequel sont réparées les lésions des tissus et des organes (plaies, brûlures, etc.). *Une cicatrisation rapide. Les lésions* « *paraissaient alors en voie de cicatrisation* » (Mart. du G.). 2 fig. « *Cette cicatrisation affective qu'on appelle consolation* » (J. Rostand). ✪ CONTR. Avivement.

cicatriser v. [1] – XIVe 1 v. tr. Faire guérir, faire se refermer (une plaie). ➛ fig. *Cicatriser une blessure d'amour-propre.* ♦ pronom. *La brûlure ne se cicatrise pas bien.* 2 v. intr. Se cicatriser. *Une plaie qui cicatrise mal.* ✪ CONTR. Aviver, ouvrir, rouvrir.

cicéro n. m. – XVIe ; lat. « Cicéron » ■ Caractère d'imprimerie de 4,5 mm. ⇒ **douze.**

cicérone n. m. – XVIIIe ; it. *cicerone,* de *Cicéron* ■ *Être le cicérone de qqn, faire le cicérone :* servir de guide à une personne, dans certaines occasions.

> ❑ Mot entièrement francisé : accentuation du *e* et perte du pluriel italien en *i, ciceroni.*

cicindèle n. f. – XVIe ; lat. *candere* « briller » ■ Insecte coléoptère carnassier.

ciclosporine n. f. – 1976 ; *cyclo-* et *spore* ■ Médicament immunodépresseur utilisé pour éviter les réactions de rejet après une greffe d'organe.

ci-contre → ① **ci**

-cide ■ Élément, du lat. *cædere* « tuer ».

ci-dessous, ci-dessus → ① **dessous,** ① **dessus,** ① **ci**

cidre n. m. – XIIIe ; lat. *sicera* « boisson enivrante » ■ Boisson obtenue par la fermentation alcoolique du jus de pomme. *Une bolée de cidre. Cidre bouché* ou *cidre mousseux :* cidre qui a subi une seconde fermentation. *Cidre doux,* moelleux et sucré.

cidrerie n. f. – XIXe ■ Industrie du cidre. ➛ Usine ou local où l'on fabrique le cidre.

Cie → **compagnie**

ciel, ciels ou **cieux** n. m. – IXe ; lat. *cælum* **I - 1** LE CIEL, LES CIELS, littér. ou en loc. LES CIEUX. Espace visible au-dessus de nos têtes, et qui est limité par l'horizon. « *Le grand ciel de cristal élargissait sa voûte sur la plaine immense de la mer* » (Taine). *Avions qui traversent le ciel.* ➝ au plur. *Les ciels étoilés des nuits d'été.* ➝ loc. *Sous d'autres cieux* : dans un autre pays, ailleurs. *Sous le ciel de Grenade. Sous un ciel plus clément.* ➝ *ENTRE CIEL ET TERRE* : en l'air, et à une certaine hauteur (avec un sentiment de danger). ➝ *EN PLEIN CIEL* : très haut dans les airs. ➝ *Lever les yeux, les bras au ciel,* les lever très haut. ➝ *Tomber du ciel* : arriver heureusement à l'improviste ; être stupéfait. ♦ (Qualifié, selon son aspect dû au temps ; plur. *des ciels*) *Ciel bleu, clair, dégagé. Ciel couvert, nuageux.* « *Le ciel est par-dessus le toit Si bleu, si calme* » (Verlaine). ➝ en appos. inv. *Bleu ciel* : bleu clair et vif. *Des étoffes bleu ciel.* 2 Espace vu d'une planète où semblent se mouvoir étoiles, planètes et galaxies. *La Terre, astre du ciel lunaire.* ➝ Espace vu de la Terre. *Carte du ciel.* loc. *Être écrit dans le ciel* : être inéluctable. ➝ *Être au septième ciel,* dans le ravissement, au comble du bonheur. II *Le ciel, les cieux.* 1 Séjour des dieux, des puissances surnaturelles. ⇒ **au-delà, empyrée.** *Le royaume des cieux. Monter au ciel.* ⇒ **ascension, assomption.** 2 Séjour des bienheureux, des élus à qui est accordée la vie éternelle. ⇒ **paradis.** « *Entre nous, et l'enfer ou le ciel, il n'y a que la vie* » (Pasc.). *Il est au ciel* : il est mort. ➝ La divinité, la providence. *Prier, remercier le ciel. C'est une bénédiction du ciel. C'est le ciel qui t'envoie.* ➝ *Au nom du ciel !* je vous (t')en supplie. ➝ *Grâce au ciel* : heureusement. ➝ *Plût au ciel !* [plytosjɛl]. ➝ interj. littér. *Ciel !* marquant la surprise. III *Un ciel, des ciels.* 1 *Ciel de lit* : baldaquin au-dessus d'un lit. 2 Plafond, voûte d'une excavation (mine, carrière). ➝ *À CIEL OUVERT* : en plein air. *Piscine à ciel ouvert.*

> ❑ *Cieux* est un pluriel collectif réservé à un contexte religieux ou poétique et employé dans les expressions *sous d'autres cieux, sous des cieux plus cléments.*

cierge n. m. – XIIe ; lat. *cera* « cire » 1 Chandelle de cire, longue et effilée, en usage dans le culte chrétien. *Brûler un cierge à un saint,* lui manifester sa reconnaissance. 2 Plante grasse de l'Amérique tropicale *(cactées)* qui forme de hautes colonnes verticales.

cieux → **ciel**

cigale n. f. – XVe ; lat. *cicada* 1 Insecte *(hémiptères)* à quatre ailes membraneuses, se nourrissant de matières végétales, dont le mâle fait entendre un bruit strident. *La cigale craquette, stridule.* « *La cigale ayant chanté tout l'été* » (La Font.). « *La lande n'était qu'un infini cri de cigales* » (Mauriac). 2 *Cigale de mer.* ⇒ **squille.** 3 Organeau d'une ancre ou d'un grappin.

① **cigare** n. m. – XVIIe ; esp. 1 Rouleau de feuilles de tabac que l'on fume. *Cigares de La Havane.* ⇒ **havane, londrès.** « *Ignorez-vous* [...] *que mes cigares ont été roulés sur leurs cuisses par les filles de La Havane ?* » (Maurois). *Petit cigare.* ⇒ **cigarillo.** *La tripe, la poupée, la cape d'un cigare.* 2 (Belgique) Remontrance. *Passer un cigare à qqn.*

② **cigare** n. m. – 1915 ; de *coupe-cigare* arg. « guillotine » ■ fam. Tête. *Il n'a rien dans le cigare.*

cigarette n. f. – XIXe 1 Petit rouleau de tabac haché et enveloppé dans un papier fin. ⇒ fam. **clope, pipe, tige.** *Paquet, cartouche de cigarettes. Cigarettes (à bouts) filtres. Allumer, fumer, griller une cigarette.* « *Quand il avait fini sa cigarette, il crachait le mégot devant lui* » (Camus). *Rouler une cigarette.* ➝ *Cigarette de haschisch.* ⇒ arg. ③ **joint, pétard.** ♦ *Pantalon cigarette,* droit et étroit. 2 *Cigarette russe* : biscuit roulé en forme de cigarette.

cigarière n. f. – XIXe ■ Ouvrière qui fabrique les cigares à la main.

cigarillo n. m. – XIXe ; mot esp. « cigarette » ■ Petit cigare. *Des cigarillos.*

ci-gît loc. verb. – XIIe ; de ① *ci* et *gésir* ■ (formule d'épitaphe) Ici est enterré. *Ci-gît Voltaire.*

cigogne n. f. – XIIe ; lat. *ciconia* ■ Oiseau échassier *(ciconiiformes)* migrateur, aux longues pattes, au bec rouge, long et droit. « *La cigogne au long bec* » (La Font.). *La cigogne claquette.* ♦ *Cigogne à sac.* ⇒ **marabout.**

ciguë [sigy] n. f. – XIIe ; lat. *cicuta* 1 Plante des chemins et des décombres *(ombellifèracées),* très toxique. « *de pâles ciguës aux rameaux vert-de-grisés* » (Gaut.). 2 Poison extrait de la grande ciguë. *Socrate fut condamné à boire la ciguë.*

ci-inclus, ci-joint → ① **ci**

cil n. m. – XIIe ; lat. *cilium* « paupière » 1 Poil qui garnit le bord libre des paupières et protège le globe oculaire. *Avoir de longs cils. Battre des cils.* « *chaque cil couvert personnellement de mascara* » (É. Ajar). 2 Filament fin, mobile, du cytoplasme de certains organismes unicellulaires (bactéries, protozoaires) qui assure leur déplacement. ⇒ **flagelle.** ♦ Prolongement cytoplasmique des cellules épithéliales de certaines muqueuses (bronches, intestin). ✪ HOM. Scille, sil.

> ❑ Le *l* est prononcé toujours dans *cil*, parfois dans *sourcil* pourtant de la même famille étym. → chenil (rem.).

ciliaire adj. – XVIIe ■ Qui appartient aux cils. *Procès ciliaires* : replis saillants de la choroïde en arrière de l'iris.

cilice n. m. – XIIIe ; lat. « étoffe en poil de chèvre de *Cilicie* » ■ Chemise, ceinture de crin ou d'étoffe rude et piquante, portée par pénitence, par mortification. ✪ HOM. Silice.

cilié, iée adj. – XVIIIe 1 vieilli Garni de poils, de cils. 2 n. m. pl. *Les ciliés* : classe de protozoaires nageurs à cils vibratiles.

cillement n. m. – XVIe ■ Action de ciller. ⇒ **clignement.**

ciller v. intr. [1] – XIIe 1 rare Avoir des battements de cils (généralement involontaires). *Ciller des yeux.* ⇒ **cligner.** 2 loc. *NE PAS CILLER* : rester immobile, imperturbable. ✪ CONTR. Ouvrir, écarquiller.

cimaise n. f. – XIIe ; gr. *kumation* « petite vague » 1 Moulure qui forme la partie supérieure d'une corniche. 2 Moulure à hauteur d'appui, dans une salle d'exposition.

cime n. f. – XIIe ; gr. *kuma* « ce qui est gonflé » ■ Extrémité pointue (d'un arbre, d'un rocher, d'une montagne). ⇒ **faîte, sommet.** « *la cime de hautes montagnes couronnées de neige* » (Chateaub.). ✪ CONTR. ① Bas, base, pied, racine. — HOM. Cyme.

ciment n. m. – XIIIe ; lat. *cæmentum* « pierre naturelle » 1 Matière pulvérulente, à base de silicate et d'aluminate de chaux, obtenue par cuisson et qui, mélangée avec un liquide, forme une pâte liante, durcissant à l'air ou dans l'eau. *Sac de ciment. Ciment à prise lente, à prise rapide. Mélange de ciment, de sable, de cailloux.* ⇒ **béton.** *Mur en ciment. Ciment armé.* ⇒ **ferrociment.** 2 Matière servant à l'obturation des cavités dentaires, au scellement des éléments de prothèse. ⇒ **amalgame, eugénate.** « *ne fermez pas la bouche avant que le ciment ait pris, surtout !* » (Aragon). 3 littér. Ce qui sert de lien, de moyen d'union.

cimentation n. f. – XVIe ■ Action de cimenter.

cimenter v. tr. [1] – XIVe 1 Lier avec du ciment ; enduire de ciment. *Cimenter des briques. Cimenter un bassin. Sol cimenté.* 2 Rendre plus ferme, plus solide. ⇒ **consolider, raffermir, sceller.** *Cimenter une amitié.* ✪ CONTR. Désagréger, desceller, ébranler, saper.

cimenterie n. f. – 1953 ▪ Industrie du ciment. ➝ Usine où se fabrique le ciment.

cimentier n. m. – XVIIe ▪ Ouvrier qui travaille dans une cimenterie.

cimeterre n. m. – XVe ; it. ▪ Sabre oriental, à lame large et recourbée. ⇒ **yatagan.**

cimetière n. m. – XIIe ; gr. *koimêtêrion* « dortoir » 1 Lieu où l'on met les restes des morts. ⇒ **charnier, nécropole, ossuaire.** « *Un cimetière entoure le chevet de cette église* » (Balz.). *Porter un mort au cimetière. Les tombes, les caveaux d'un cimetière. Aller au cimetière le jour de la Toussaint.* ♦ *Cimetière de chiens.* 2 Lieu où sont rassemblés des véhicules hors d'usage. *Un cimetière de voitures.*

cimier n. m. – XIIe I Ornement qui forme la partie supérieure, la cime d'un casque. II Pièce de viande à la base de la queue du bœuf, du cerf.

cinabre n. m. – XIIIe ; gr. *kinnabari* 1 Sulfure de mercure naturel, de couleur rouge. 2 littér. Couleur rouge de ce sulfure. ⇒ **vermillon.**

cinchonine [sɛ̃kɔnin] n. f. – XIXe ; lat. « quinquina » ▪ Alcaloïde extrait du quinquina, voisin de la quinine.

cincle n. m. – XIXe ; gr. *kigklos* « merle d'eau » ▪ Oiseau d'Europe et d'Asie *(passériformes)* qui plonge dans les eaux froides et nage pour pêcher des insectes.

ciné- ▪ Élément, de *cinéma.*

cinéaste n. – 1922 ▪ Auteur ou réalisateur de films. ⇒ **metteur** (en scène).

ciné-club ou **cinéclub** [sineklœb] n. m. – 1920 ▪ Club d'amateurs de cinéma, où l'on étudie la technique, l'histoire du cinéma, à la suite de la projection d'un film. *Des ciné-clubs, des cinéclubs.*

cinéma n. m. – XIXe ; abrév. de *cinématographe* 1 Procédé permettant d'enregistrer photographiquement et de projeter des vues animées. *Cinéma muet, parlant. Cinéma en couleurs, en relief.* « *Le moyen de reproduction du cinéma est la photo qui bouge, mais son moyen d'expression c'est la succession des plans* » (Malraux). 2 Art de composer et de réaliser des films. *Faire du cinéma.* ⇒ **filmer, tourner.** *Adaptation d'un roman pour le cinéma. Plateau, studio de cinéma.* ➝ *Cinéma professionnel, d'amateur. Cinéma français, italien,* etc., ensemble des œuvres produites par cet art en France, en Italie, etc. *Cinéma porno.* 3 Projection cinématographique. *Salle de cinéma. Séance de cinéma.* 4 loc. fam. *Faire du cinéma, tout un cinéma,* des démonstrations affectées, pour obtenir par exemple la satisfaction d'un caprice. *Arrête ton cinéma !* ⇒ **cirque, comédie.** ➝ *Se faire du cinéma, tout un cinéma :* s'imaginer les choses comme on souhaiterait qu'elles soient. 5 Salle de spectacle où l'on projette des films cinématographiques. *Aller au cinéma.* ➝ abrév. fam. CINÉ, CINOCHE.

> ❑ *Cinéma* a fait disparaître *cinématographe,* qui prête à rire. → télévision (rem.).

cinémascope n. m. – 1953 ; marque déposée ▪ Procédé de cinéma sur écran large par déformation de l'image. *Film en cinémascope.*

cinémathèque n. f. – 1921 ▪ Organisme chargé de conserver les œuvres cinématographiques présentant un intérêt particulier (scientifique, artistique, documentaire...). ➝ Endroit où l'on projette ces œuvres. *Aller voir un vieux film à la cinémathèque.*

> ❑ Ne pas confondre avec *filmothèque* « collection de microfilms ».

cinématique n. f. – XIXe ▪ Partie de la mécanique qui étudie le mouvement indépendamment des forces qui le produisent.

cinématographe n. m. – XIXe ; gr. *kinêma* « mouvement » ▪ Appareil inventé par les frères Lumière, capable de reproduire le mouvement par une suite de photographies.

cinématographie n. f. – XIXe ▪ Le cinéma en tant que technique ou art.

cinématographique adj. – XIXe ▪ Qui se rapporte au cinéma. *Industrie cinématographique.*

cinémomètre n. m. – 1904 ; gr. *kinêma* « mouvement » ▪ Indicateur de vitesse.

cinéphile adj. et n. – 1912 ; *ciné-* et *-phile* ▪ Amateur et connaisseur en matière de cinéma.

> ❑ Ne pas confondre avec *cynophile* « qui aime les chiens » et *sinophile* « qui apprécie la Chine ».

cinéraire adj. et n. f. – XVIIIe ; lat. *cinis, cineris* « cendre » 1 adj. Qui renferme ou est destiné à renfermer les cendres d'un mort. *Urne cinéraire.* 2 n. f. Plante herbacée *(composées),* aux feuilles cendrées et aux petits capitules jaune doré. « *l'admirable couleur des cinéraires* » (Proust).

cinérama n. m. – 1954 ; nom déposé, de *ciné(ma)* et *(pano)rama* ▪ Ancien procédé de cinéma sur plusieurs grands écrans juxtaposés (trois projecteurs ; trois images).

cinérite n. f. – XIXe ; lat. *cinis, cineris* « cendre » ▪ Dépôt de cendres volcaniques stratifiées.

cinéthéodolite n. m. – 1973 ▪ Instrument de visée mesurant, sur un film cinématographique, les variations des angles de gisement et de site d'un axe optique maintenu sur le mobile dont on veut restituer la trajectoire.

cinétique n. f. et adj. – XIXe ; gr. *kinêtikos* « qui se meut ; qui met en mouvement » I n. f. 1 Branche de la mécanique traitant des mouvements. 2 Étude de la vitesse des réactions chimiques. II adj. 1 Qui a le mouvement pour principe. *Énergie cinétique :* moitié de la force vive d'un point mobile de masse m et de vitesse v ($1/2\ mv^2$). 2 *Art cinétique :* forme d'art plastique fondé sur le caractère changeant d'une œuvre par effet optique.

cinétir n. m. – mil. XXe ; gr. *kinêma* « mouvement », et *tir* ▪ Tir sur un objectif mobile.

cinghalais n. m. – XVIIIe ; tamoul ▪ Langue indo-aryenne parlée au Sri Lanka.

cinglant, ante adj. – XIVe 1 Qui cingle, qui fouette. *Une bise cinglante.* 2 Qui blesse. *Une remarque cinglante.* ✪ CONTR. Aimable, amène.

cinglé, ée adj. et n. – XIXe ; de ② *cingler* ▪ fam. Fou. ⇒ ② **jeté,** ① **zinzin.** *Il est cinglé ce type.*

① **cingler** v. intr. [1] – XIe ; germ. ▪ Faire voile dans une direction. *Le navire cingle vers Le Cap.* « *Si j'étais libre, le premier navire cinglant aux Indes aurait des chances de m'emporter* » (Chateaub.). ✪ CONTR. S'arrêter.

② **cingler** v. tr. [1] – XIIIe ; de *sangler* « donner des coups de sangle » 1 Frapper fort avec un objet mince et flexible (baguette, corde, fouet, lanière, sangle). « *Le fouet du postillon cingla les quatre chevaux d'attelage* » (From.). 2 Frapper, fouetter (vent, pluie, neige). « *Le vent était glacial. Il me cinglait la figure, me coupait la peau* » (Bosco). 3 Battre (le fer) au sortir des fours. ⇒ **corroyer, forger.**

cinnamome n. m. – XIIe ; gr. *kinnamon* ▪ Arbre *(lauracées)* originaire des régions chaudes de l'Asie, dont les espèces sont diversement aromatiques. ⇒ **camphrier, cannelier.**

cinq [sɛ̃k] adj. numér. inv. et n. inv. – XIe ; lat. *quinque* I adj. numér. card. Nombre entier naturel équivalant à quatre plus un (5 ; V). 1 avec l'art. défini, désignant un groupe déterminé de cinq unités *Les cinq sens. Les cinq doigts de la main.* ➜ loc. *LES CINQ LETTRES :* euphém. pour « merde ». 2 avec ou sans déterm. *Tragédie en cinq actes. Formation de cinq musiciens.* ⇒ **quintette.** *Figure à cinq côtés.* ⇒ **pentagone.** *Cinq fois plus grand.* ⇒ **quintuple.** *Un match en cinq sets.* ➜ *Trente-cinq. Cinq cents* (500 ; D). ➜ *Huit heures moins cinq* (minutes). loc. fam. *Il était moins cinq :* un peu plus et cela arrivait. 3 pronom. [sɛ̃k] *Vous étiez cinq. Tous les cinq.* **II adj. numér. ord.** [sɛ̃k] Cinquième. 1 *Charles V. Paragraphe 5.* ➜ *Prendre le thé à 5 heures.* ➜ **n. m. inv.** *Un cinq à sept :* un rendez-vous amoureux dans l'après-midi. 2 subst. masc. Le cinquième jour du mois. *Elle part le 5.* ♦ Ce qui porte le numéro 5. *Habiter (au) 5, rue de...* **III n. m. inv.** [sɛ̃k] 1 sans déterm. *Cinq et deux, sept.* ➜ *Cinq pour cent* (ou 5%). loc. *Recevoir qqn cinq sur cinq,* l'entendre parfaitement (lang. des télécommunications milit.). 2 avec déterm. Le chiffre, le numéro 5. *Des cinq romains.* « *Des bouts de fumée en forme de cinq Sortaient drus et noirs des hauts toits pointus* » (Verlaine). ➜ Note correspondant à cinq points. *Avoir un 5 en chimie.* ➜ Carte marquée de cinq signes. *Le cinq de pique.* ✪ HOM. Scinque ; sain, saint, sein, seing.

❑ En principe, pour l'adjectif numéral cardinal, on prononce [sɛ̃k] devant un mot commençant par une voyelle, un *h* muet, en fin de phrase *(ils sont cinq)* et [sɛ̃] dans les autres cas. Mais si l'on prononce bien [sɛ̃] dans *cinq cents, cinq mille, cinq minutes,* on observe aussi une tendance à prononcer [sɛ̃k] devant consonne *(ils ont cinq filles, les cinq sens),* ou même devant *h* aspiré *(cinq hautes tours).*

cinquantaine **n. f.** – XIIIe 1 Nombre de cinquante ou environ. *Une cinquantaine d'enveloppes.* 2 Âge de cinquante ans. *Approcher de la cinquantaine.* « *Il porte gaillardement sa cinquantaine* » (Mart. du G.).

cinquante **adj. numér. inv.** et **n. inv.** – XIe **I adj. numér. card.** Nombre entier naturel équivalant à dix fois cinq (50 ; L). 1 *Cinquante pages. Cinquante-cinq ans.* ➜ *Les cinquante et une premières pages. Cinquante-deux mille tonnes.* ➜ *Cinquante-deuxième.* ♦ Un grand nombre de. ⇒ ① **cent.** *Je ne vous le répéterai pas cinquante fois.* 2 pronom. *Donnez-m'en cinquante.* **II adj. numér. ord.** Cinquantième. 1 *Page 50.* ➜ *Les années 50* ou *cinquante.* 2 subst. masc. Ce qui porte le numéro 50. *Habiter (au) 50, rue de...* **III n. m. inv.** 1 *Quarante-trois et sept, cinquante.* ➜ *Cinquante pour cent* (50%) : la moitié. 2 Le chiffre, le numéro 50. *Des cinquante romains* (L).

cinquantenaire **adj.** et **n.** – XVIIIe 1 Qui a cinquante ans d'âge. *Un monument cinquantenaire.* 2 **n. m.** Cinquantième anniversaire. ⇒ **jubilé.**

cinquantième **adj.** et **n.** – XIIIe 1 **adj. numér. ord.** Qui a le numéro cinquante pour rang. « *Il avait attendu sa cinquantième année pour souffrir à cause d'un autre être* » (Mauriac). *Arriver cinquantième au marathon.* ♦ *Être le, la cinquantième à se présenter.* ♦ *Quatre cent cinquantième* (450e). 2 **adj.** Se dit d'une partie d'un tout également divisé ou divisible en cinquante. *La cinquantième partie de ses revenus.* ➜ subst. masc. *Deux cinquantièmes* (2/50).

cinquième **adj.** et **n.** – XIIe **I adj.** 1 **adj. numér. ord.** Qui vient après le quatrième. *La Ve République* (depuis 1958). *Le cinquième étage. Le Ve arrondissement,* ou subst. *le Ve* (ou 5e). « *La cinquième planète était très curieuse. C'était la plus petite de toutes* » (St-Exup.). ➜ *Il est arrivé cinquième au 100 mètres.* ♦ *Vingt-cinquième* [vɛ̃tsɛ̃kjɛm]. 2 **adj.** Se dit d'une partie d'un tout également divisé ou divisible en cinq. *La cinquième partie de l'héritage,* ou subst. *le cinquième de l'héritage. Un cinquième de seconde.* **II n.** 1 *Elle est la cinquième.* 2 **n. f.** Cinquième vitesse d'un engin motorisé. *Rétrograder de cinquième en quatrième.* ➜ Deuxième classe du premier cycle de l'enseignement secondaire. *Elle a redoublé la* (ou *sa*) *cinquième.*

cinquièmement **adv.** – XVIe ▪ En cinquième lieu (en chiffres 5°). ⇒ **quinto.**

cintrage **n. m.** – XVIIe ▪ Opération par laquelle on cintre une pièce (bois, métal).

cintre **n. m.** – XIVe 1 Courbure hémisphérique concave de la surface intérieure d'une voûte, d'un arc. ➜ *EN PLEIN CINTRE :* dont la courbure est un demi-cercle (opposé à *en ogive*). *Voûte en plein cintre de l'art roman.* 2 Échafaudage en arc de cercle sur lequel on construit les voûtes. 3 Partie du théâtre située au-dessus de la scène, où l'on remonte les décors. 4 Barre courbée munie d'un crochet servant à suspendre les vêtements. ⇒ **portemanteau.** *Mettre une veste sur un cintre.*

cintrer **v. tr.** [1] – XVe ; lat. *cinctura* « ceinture » 1 Bâtir en cintre. *Cintrer une galerie.* 2 Donner une forme courbe à. ⇒ **courber.** *Cintrer une barre.* 3 Rendre (un vêtement) ajusté à la taille. ➜ « *Gérard portait un pardessus trop mince, mais dont la coupe très cintrée devait le séduire* » (Simenon). ✪ CONTR. Décintrer. Redresser.

cipaye [sipaj] **n. m.** – XVIIIe ; persan *sipahi* « cavalier » ▪ Autrefois, Soldat hindou au service d'une armée européenne. « *En 1857, la grande révolte des cipayes éclata* » (J. Verne).

❑ Pour la prononciation → paye (rem.).

cipolin **n. m.** – XVIIe ; it. *cipolla* « oignon » ▪ Marbre de teinte claire, formé de cristaux de calcite enchevêtrés, homogène ou à veines ondulées.

cippe **n. m.** – XVIIIe ; lat. « colonne » ▪ Petite colonne sans chapiteau ou colonne tronquée qui servait de borne, de monument funéraire, et qui portait une inscription. ⇒ **stèle.**

cirage **n. m.** – XVIe 1 Action de cirer. 2 Composition dont on se sert pour rendre les cuirs brillants et maintenir leur couleur. *Cirage bleu, blanc.* « *une petite caisse pleine* [...] *de boîtes de cirage de teintes diverses, du noir pur au blanc incolore* » (Tournier). ➜ fam. *Noir comme du cirage :* très noir. 3 loc. fam. *ÊTRE DANS LE CIRAGE :* ne pas avoir les idées claires ; être incapable de réagir normalement (sous l'effet de l'ivresse, d'un choc, etc.).

circadien, ienne **adj.** – 1957 ; lat. *circa diem* « presque un jour » ▪ Dont la période est voisine de 24 heures (en parlant d'un rythme biologique).

circaète **n. m.** – XIXe ; gr. *kirkos* « faucon » et *aetos* « aigle » ▪ Oiseau rapace diurne *(falconidés)* appelé aussi *aigle jean-le-blanc, milan blanc.*

circoncire **v. tr.** [37] sauf p. p. circoncis, ise – XIIe ; lat. *circumcidere* « couper autour » ▪ Soumettre à la circoncision.

circoncis, ise **adj.** – XIIe ▪ Sur qui on a pratiqué la circoncision. *Un enfant circoncis.* ♦ **n. m.** *Un circoncis.* ✪ CONTR. Incirconcis.

circoncision **n. f.** – XIIe ▪ Ablation rituelle du prépuce pratiquée sur les jeunes garçons juifs et musulmans. ♦ Ablation chirurgicale du prépuce. *Un phimosis traité par la circoncision.*

circonférence **n. f.** – XIIIe ; lat. *circumferre* « faire le tour » 1 Longueur du cercle dont la mesure est égale au produit de son diamètre par pi. *Deux mètres de circonférence.* ♦ Limite extérieure d'un cercle ; cercle. 2 Pourtour d'une surface à peu près ronde. *La circonférence d'une ville.*

circonflexe **adj.** – XVIe ; *circumflexus* « sinueux » 1 Se dit d'un signe d'accentuation grecque (˜). 2 En français, se dit d'un signe en forme de V renversé (ˆ) généralement en relation avec la prononciation du *a* postérieur [ɑ], du *o* fermé [o] et du *e* ouvert [ɛ] *(pâte, pôle, chêne)*. ✪ CONTR. ① Droit, rectiligne.

❑ Ce signe français est apparu à la Renaissance pour marquer l'allongement de certaines voyelles qui n'est plus guère sensible aujourd'hui (*mettre* et *maître*). Il est souvent la trace d'une lettre qui ne se prononce plus. → amuïssement (rem.). ♦ Il n'est pas toujours en rapport avec la prononciation du *a* et du *o*. → gâchette, zone (rem.).

circonlocution n. f. – XIIIe ; lat. ▪ Manière d'exprimer sa pensée d'une façon indirecte, par des détours prudents. ⇒ **périphrase.** « *il n'était pas nécessaire de parler si longtemps et de faire tant de circonlocutions* » (Péguy).

❑ Ce mot a la même structure que *périphrase*, mais il est moins courant ; il est aussi moins neutre et comporte l'idée de prudence.

circonscription n. f. – XIVe ; lat. ▪ Division d'un pays, d'un territoire. *Circonscription territoriale, administrative.* ⇒ **département, préfecture, région ; arrondissement, canton, commune, province.** ♦ *Circonscription (électorale). Le député de la circonscription.*

circonscrire v. tr. [39] – XIVe ; lat. *scribere* « écrire » **1** Décrire une ligne qui limite tout autour. *Circonscrire un espace.* ➤ *Circonscrire un triangle à un cercle* : tracer un triangle dont les côtés sont tangents au cercle. **2** Enfermer dans des limites. ⇒ **borner, limiter.** *Circonscrire son sujet.* ⇒ **cerner.** ➤ « *L'incendie a vite été circonscrit, puis maté* » (Gide). ✪ CONTR. Élargir, étendre.

circonspect, ecte [siʀkɔ̃spɛ(kt), ɛkt] adj. – XIVe ▪ Qui prend bien garde à ce qu'il dit et fait. ⇒ **avisé, prudent, réfléchi.** *Un diplomate circonspect.* ➤ *Conduite circonspecte.* ✪ CONTR. Aventureux, imprudent, léger, téméraire.

❑ Pour la prononciation de la finale → exact (rem.).

circonspection n. f. – XIIIe ; lat. *circum* « autour » et *specere* « regarder » ▪ Surveillance prudente que l'on exerce sur ses paroles, ses actions, en prenant garde à toutes les circonstances. ⇒ **réflexion, réserve.** *Agir avec circonspection.* ⇒ **précaution, prudence.** ✪ CONTR. Imprudence, légèreté, témérité.

circonstance n. f. – XIIIe ; lat. *circumstare* « se tenir debout autour » **1** (souvent au plur.) Particularité qui accompagne un fait, un événement, une situation. ⇒ **condition, modalité.** *Examiner les diverses circonstances d'un événement. Tenir compte des circonstances. Dans de bonnes circonstances.* ➤ *Conjonction, adverbe de circonstance.* ⇒ **circonstanciel. 2** Ce qui constitue, caractérise le moment présent. ⇒ **situation.** *Il faut profiter de la circonstance. En quelle circonstance a-t-il dit cela ?* ⇒ **occasion.** ➤ *LES CIRCONSTANCES* : la situation globale du moment. « *sa faute ne tient pas à sa nature ni à son caractère, mais à de malheureuses circonstances* » (Camus). *Dans les circonstances actuelles, présentes.* ⇒ **conjoncture, contexte.** *En raison des circonstances.* ➤ *DE CIRCONSTANCE* : qui est fait ou est utile pour une occasion particulière. *Un discours de circonstance. Faire une tête de circonstance* (grave et triste). ♦ Événement particulier (considéré comme l'occasion de qqch.). « *Pour la circonstance elle avait mis* [...] *un chapeau rouge avec une couronne de roses* » (Cendrars).

circonstancié, iée adj. – XVe ▪ Qui comporte de nombreux détails. *Un rapport circonstancié.* ⇒ **détaillé.**

circonstanciel, ielle adj. – XVIIIe **1** Qui apporte dans une phrase une information sur les circonstances d'une action. *Complément circonstanciel.* ➤ *Proposition circonstancielle,* ou n. f. *une circonstancielle.* **2** littér. Qui est en rapport avec les circonstances.

circonvallation n. f. – XVIIe ; lat. *circumvallare* « entourer d'un retranchement » ▪ Tranchée fortifiée, protégée par des palissades.

circonvenir v. tr. [22] – XIVe ; lat. *circumvenire* « venir autour, assiéger, accabler » ▪ Agir sur (qqn) avec ruse et artifice pour obtenir ce que l'on souhaite. ⇒ **enjôler, séduire ;** fam. **embobiner, entortiller.** *Circonvenir son auditoire.*

circonvoisin, ine adj. – XIVe ; lat. *circumvicinus* ▪ littér. Qui est situé autour, tout près de. ⇒ **avoisinant, proche.** *Communes circonvoisines.*

circonvolution n. f. – XIIIe ; lat. *circumvolutus* « roulé autour » **1** Enroulement, sinuosité autour d'un point central. *Décrire des circonvolutions.* **2** *Les circonvolutions cérébrales* : replis sinueux du cortex, en forme de bourrelets.

❑ Ce mot a eu le sens du mot *circonlocution.*

circuit n. m. – XIIIe ; lat. *circumire* « faire le tour » **1** Chemin (long et compliqué) parcouru pour atteindre un lieu. *Faire un long circuit pour parvenir chez qqn. EN CIRCUIT FERMÉ* : en revenant à son point de départ ; selon un système fermé. ♦ Parcours organisé au terme duquel on revient généralement au point de départ. ⇒ ③ **tour, voyage.** *Circuit touristique.* **2** Itinéraire de course organisé sur un parcours en boucle. *Le circuit du Tour de France.* ➤ *Le circuit du Mans.* **3** Ensemble continu de conducteurs électriques. *Couper le circuit.* ♦ *Circuit imprimé,* dont les conducteurs sont constitués d'un dépôt métallique sur un support isolant pour réaliser le câblage de composants électroniques. ♦ *Circuit intégré* : circuit de faible dimension pouvant comprendre un grand nombre de composants actifs et passifs, sur une plaquette semi-conductrice. ♦ loc. *Être hors circuit* : n'être plus en état, en situation de participer à une affaire. **4** Ensemble de tuyauteries, vannes ou autres dispositifs assurant l'écoulement d'un fluide. *Circuit de refroidissement d'un réacteur nucléaire.* **5** Mouvement des biens, des services. *Circuits de distribution (d'un produit).*

circulaire adj. et n. f. – XIIIe **I** adj. **1** Qui décrit un cercle. *Mouvement circulaire.* ⇒ **giratoire, rotatoire.** *Jeter un coup d'œil circulaire.* ➤ *Fonction circulaire* : fonction d'une ligne trigonométrique ou de l'arc de cercle correspondant. ⇒ **cosinus,** ② **sinus, tangente. 2** Qui a ou rappelle la forme d'un cercle. ⇒ **rond.** « *l'immense salle circulaire et dallée, aux murs couverts de faïences* » (Maupass.). **3** Dont l'itinéraire ramène au point de départ. *Boulevard circulaire.* ⇒ **périphérique. 4** (abstrait) *Raisonnement circulaire,* dans lequel la conclusion ramène aux prémisses. ⇒ **cercle** (vicieux). *Définition circulaire,* qui ramène au défini de telle sorte que rien n'est expliqué. **II** n. f. Lettre reproduite à plusieurs exemplaires et adressée à plusieurs personnes à la fois. « *en France, en dépit de décrets et de circulaires absurdes, tout va plutôt mieux qu'ailleurs* » (Maurois).

circulant, ante adj. – XVIIIe ▪ Qui est en circulation.

circularité n. f. – XVIIe **1** Caractère de ce qui est circulaire. *La circularité d'un mouvement.* **2** Caractère d'un raisonnement ou d'une définition circulaire.

circulation n. f. – XIVe ; lat. **1** Mouvement d'un fluide en circuit fermé. *La circulation du sang* ou *la circulation sanguine. Avoir une bonne, une mauvaise circulation.* ➤ *La circulation de la sève dans les plantes.* ♦ Déplacement et remplacement d'un fluide en circuit ouvert. *Circulation des courants, des vents.* **2** Mouvements des biens, des produits. Ensemble des échanges, des transactions. ⇒ **commerce.** *Mettre des espèces, des billets en circulation. Retirer une monnaie de la circulation.* ➤ *La libre circulation des indi-*

vidus. **3** Mouvement de ce qui se propage. *Mettre un livre en circulation,* le livrer au public. ⇒ **diffusion, lancement. 4** Le fait ou la possibilité d'aller et venir, de se déplacer en utilisant les voies de communication. *La circulation des piétons. La circulation aérienne.* ⇒ **trafic.** ♦ *La circulation automobile,* ou *la circulation. Une circulation dense, fluide. Il y a beaucoup de circulation.* « *La circulation est terrifiante* [...] *on a le droit de doubler soit à droite, soit à gauche* » (Beauv.). *Accident de la circulation.* ➛ loc. fam. *Disparaître de la circulation :* ne plus donner signe de vie.

❏ Au sens de « mouvement des véhicules », *circulation* est très concurrencé par l'anglicisme *trafic* mais reste vivant dans des syntagmes : *agent, accident de la circulation.*

circulatoire adj. – XVIe ■ Relatif à la circulation du sang. *Troubles circulatoires.*

circuler v. intr. [1] – XIVe ; lat. *circulus* « cercle » **1** Passer dans un circuit. *Le sang circule dans le corps.* **2** Se renouveler par la circulation (en parlant de l'air, de la fumée). **3** Passer, aller de main en main. *Les capitaux circulent. Faire circuler une pétition.* **4** Se répandre. ⇒ **courir,** se **propager.** *Ce bruit circule dans la ville.* **5** Aller et venir ; se déplacer sur les voies de communication. *Ça circule mal.* ⇒ **rouler.** *Circulez !* avancez, ne restez pas là.

circum- ■ Élément, du lat. *circum* « autour ».

circumduction [siʀkɔmdyksjɔ̃] n. f. – XVIe ; de *circum-* et lat. *ducere* « conduire » ■ Mouvement de rotation autour d'un axe ou d'un point central.

circumpolaire [siʀkɔmpɔlɛʀ] adj. – XVIIIe ■ Qui est ou a lieu autour d'un pôle. « *Au zénith austral, les constellations circumpolaires resplendissaient* » (J. Verne).

circumsolaire [siʀkɔmsɔlɛʀ] adj. – 1981 ■ Qui se fait, se produit autour du Soleil.

circumterrestre [siʀkɔmteʀɛstʀ] adj. – XIXe ■ Qui se fait, qui circule autour de la Terre.

cire n. f. – XIe ; lat. *cera* **I - 1** *Cire d'abeille* ou *cire :* matière molle, jaunâtre et fusible, avec laquelle les abeilles construisent les cellules nourricières des larves, de la reine. *Alvéoles en cire d'une ruche. Gâteau de cire.* ⇒ **gaufre,** ② **rayon.** ♦ Substance plastique à base de cire. *Les personnages en cire du musée Grévin.* ➛ *Cire à épiler.* **2** *Cire végétale :* résine analogue à la cire des abeilles. **3** Préparation (cire et essence de térébenthine) pour l'entretien du bois (parquets, meubles, etc.), parfois du cuir, du carrelage. ⇒ **encaustique.** *Cire liquide.* **4** Mélange à base de cires, pour la gravure sur disques phonographiques. **5** *Cire à cacheter :* préparation de gomme laque et de résine. **6** Cérumen. *Bouchon de cire.* **II** Membrane molle qui recouvre la base du bec des oiseaux. ✪ HOM. Cirre, sire.

ciré, ée adj. et n. m. – XIIIe **1** Enduit de cire. *Parquet ciré.* **2** Enduit d'un vernis. *Toile* cirée.* ♦ n. m. Vêtement imperméable de tissu plastifié. *Un ciré jaune.* « *Tous les hommes portaient le ciré des marins* » (Malraux).

cirer v. tr. [1] – XIIe **1** Enduire, frotter de cire, d'encaustique. *Cirer des meubles.* ⇒ **encaustiquer. 2** Enduire de cirage. *Cirer ses chaussures.* ♦ loc. fam. *N'en avoir rien à cirer :* n'y porter aucun intérêt, s'en moquer. ✪ HOM. *Cirais :* scierais (scier).

cireur, euse n. – XIXe **1** n. m. Jeune garçon qui cire les chaussures dans la rue, dans certains pays. **2** n. f. Appareil ménager qui cire les parquets.

cireux, euse adj. – XVIe **1** Qui a la consistance de la cire. *Matière cireuse.* **2** Qui a l'aspect blanc jaunâtre de la cire. *Teint cireux.*

cirier, ière n. – XIIe **1** Personne qui travaille la cire ; qui vend des cierges, des bougies. **2** n. m. Arbre à cire. ⇒ **jojoba. 3** n. f. Abeille ouvrière qui produit la cire.

ciron n. m. – XIIIe ; germ. *seuro* ■ vx ou littér. Animal minuscule (acarien du fromage ; très petit arachnide) qui était considéré comme le plus petit animal existant.

cirque n. m. – XIVe ; lat. *circus* « cercle » **1** Enceinte à ciel ouvert, où les Romains célébraient les jeux publics. ⇒ **amphithéâtre, arène. 2** Lieu de spectacle comportant une piste circulaire où sont présentés des exercices (d'équilibre, de domptage), des numéros, des exhibitions, etc. *Cirque ambulant, forain. Les gens du cirque :* les artistes qui assurent ce spectacle. ➛ *Le cirque de Moscou.* ♦ fam. Activité désordonnée. *Allons, silence ! Qu'est-ce que c'est que ce cirque ?* ➛ *Arrête ton cirque.* ⇒ **cinéma. 3** Dépression à parois abruptes, d'origine glaciaire, fermée le plus souvent par une barre rocheuse. *Le cirque de Gavarnie.* ➛ *Cirque lunaire.* « *ces cirques muets de la lune* » (Huysm.).

❏ Même famille étym. que *cerceau, cerne, chercher, circuler.*

cirre n. m. – XVIe ; lat. « filament » ■ Appendice fin, chez certains animaux (pattes des cirripèdes, barbillons des poissons, certaines plumes des oiseaux). ✪ HOM. Cire, sire.

cirrhose n. f. – XIXe ; gr. *kirros* « roux » ■ Maladie dégénérative d'un organe, spécialement du foie, caractérisée par une formation excessive de tissu connectif entraînant une contraction de l'organe. « *Tout se paie bien entendu. Éthylisme : ascite et cirrhose* » (Anouilh).

cirripèdes n. m. pl. – XIXe ; lat. *cirrus* « filament » et *-pède* ■ Sous-classe de crustacés marins, au corps recouvert de plaques calcaires, aux longues pattes bordées de cirres.

cirrocumulus [siʀokymylys] n. m. – XIXe ■ Nuage de la famille des cirrus, en flocons séparés (ciel moutonné).

cirrostratus [siʀostʀatys] n. m. – XIXe ■ Nuage élevé, de la famille des cirrus, en voile blanchâtre presque translucide.

cirrus [siʀys] n. m. – XIXe ; mot lat. « filament » ■ Nuage élevé (10 km) en flocons ou filaments.

cis [sis] adj. – XIXe ; mot lat. « en deçà de » ■ *Isomère cis :* isomère organique dans lequel les atomes ou les radicaux sont situés du même côté de la molécule asymétrique. ✪ HOM. Six.

cisaille n. f. – XIIIe **I - 1** (généralt au plur.) Gros ciseaux (ou pinces coupantes) servant à couper les métaux, à élaguer les arbres, etc. ⇒ **forces. 2** (généralt au sing.) Machine de coupe à deux lames, dont l'une est mobile, servant à découper des tôles, du carton fort, etc. *Couper des boulons à la cisaille.* **II** Rognures de métal. *De la cisaille d'argent.*

cisaillement n. m. – XVIIe **1** Action de cisailler. **2** Effet d'une force appliquée perpendiculairement à l'axe d'une pièce d'assemblage ou d'appui. **3** Croisement à niveau de deux courants de circulation (routes, rues...).

cisailler v. tr. [1] – XVe ■ Couper avec une ou des cisailles.

cisalpin, ine adj. – XVIe ; lat. *cis* « en deçà » et *alpin* ■ Situé en deçà des Alpes (opposé à *transalpin*). *Gaule cisalpine* (pour les Romains) : Lombardie, Piémont.

ciseau n. m. – XIIe ; lat. *cædere* « couper » **1** Outil d'acier, tranchant à l'une de ses extrémités, et servant à travailler le bois, le fer, la pierre. *Ciseau de sculpteur, de maçon. Ciseau de graveur, de nielleur. Ciseau d'orfèvre.* **2** au plur. CISEAUX : instrument formé de deux branches d'acier, tranchantes sur leur partie intérieure, réunies et croisées en leur milieu sur un pivot. *Des ciseaux, une paire de ciseaux. Couper avec des ciseaux.* « *une paire de grands ciseaux de couturière, en acier chromé* » (Robbe-Grillet). *Ciseaux de coiffeur. Ciseaux à ongles.* 3 *Sauter en ciseaux,* en levant l'une après l'autre les jambes, comme les lames d'une paire de ciseaux. ♦ *Un ciseau :* prise de lutte, de catch, où les jambes enserrent l'adversaire.

cisèlement n. m. – XVIIe 1 Action de ciseler ; son résultat. 2 Action de couper les grains défectueux d'une grappe de raisins, pour favoriser la croissance des autres.

ciseler v. tr. 5 – XIIIe 1 Travailler avec un ciseau (des ouvrages de métal, de pierre). *Ciseler un bijou.* 2 Travailler minutieusement, dans le moindre détail. ⇒ **parfaire, polir.** *Ciseler des vers.*

ciselet n. m. – XVe ▪ Petit ciseau émoussé servant aux bronziers, aux graveurs, aux orfèvres.

ciseleur n. m. – XVIe ▪ Personne dont le métier est de ciseler. ⇒ **orfèvre.** « *les doigts de fées des ciseleurs* » (Maupass.).

ciselure n. f. – XIVe 1 Art du ciseleur. 2 Ornement ciselé. *De fines ciselures.* ➝ *Ce roc était* « *travaillé des plus délicates ciselures naturelles* » (Hugo).

cisoires n. f. pl. – XIIIe ; lat. *cisorium* ▪ Cisaille de chaudronnier, de tôlier, montée sur un pied.

① **ciste** n. m. – XVIe ; gr. *kisthos* ▪ Arbrisseau des régions méditerranéennes *(cistacées),* à fleurs ornementales roses ou blanches, dont les jeunes pousses sécrètent une résine odorante **(⇒ ladanum).**

② **ciste** n. f. – XVIIIe ; gr. *kistê* « panier » 1 Corbeille qu'on portait en grande pompe dans les mystères de Cérès, de Bacchus, de Cybèle, et qui contenait les objets du culte. 2 Construction funéraire (« coffre de pierre ») d'époque mégalithique.

cistercien, ienne adj. et n. – XVe ; de *Cistercium,* n. lat. de *Cîteaux* ▪ Qui appartient à l'ordre religieux de Cîteaux. *Abbaye cistercienne.* ➝ n. Religieux de cet ordre. ⇒ **trappiste.**

cistre n. m. – XVIe ; lat. *cithara* « cithare » ▪ Instrument à cordes pincées, analogue à la mandoline, en usage aux XVIe et XVIIe s. ⇒ **luth.** ✪ HOM. Sistre.

❑ Ne pas confondre avec *sistre* « instrument de musique à percussion ».

cistron n. m. – 1957 ; de *cis* et *trans* selon le modèle des mots sc. en *-on* ▪ Unité génétique fonctionnelle qui correspond à un segment d'A.D.N. spécifiant une chaîne de polypeptides.

cistude n. f. – XVIIIe ; lat. *cistus* « corbeille » et *testudo* « tortue » ▪ Tortue aquatique qui vit surtout dans la vase et les marais.

citadelle n. f. – XVe ; it. « petite cité » 1 Forteresse qui commandait une ville. *Les remparts de la citadelle.* 2 Centre, bastion. *Rome, citadelle du catholicisme.*

citadin, ine adj. et n. – XIIIe ; it. *città* « cité » ▪ De la ville, qui a rapport à la ville. *Habitudes citadines.* ➝ n. Habitant d'une ville. « *Ce qui plaît surtout au citadin dans la campagne, c'est qu'il y va* » (Alain). ✪ CONTR. Campagnard, rural.

❑ L'adjectif est très concurrencé par *urbain (transports urbains, populations urbaines).*

citateur, trice n. – XVIIe ▪ Personne qui cite (qqn, un texte), fait une citation.

citation n. f. – XIVe 1 Sommation de comparaître en justice, en qualité de témoin ou de défendeur. *Citation à comparaître.* 2 Passage cité d'un auteur, d'un personnage célèbre et donné comme tel (généralement pour illustrer ou appuyer ce que l'on avance). ⇒ **extrait, passage.** *Citation textuelle, tronquée. Donner la référence d'une citation.* « *un dictionnaire sans citation est un squelette* » (Volt.). ♦ Paroles rapportées oralement. loc. *FIN DE CITATION :* locution orale signalant la fin des paroles qu'on rapporte sans les assumer. 3 Mention honorable d'un militaire, d'une unité, qui se sont distingués par une action d'éclat. *Obtenir une citation.*

cité n. f. – XIe ; lat. *civitas, -atis* 1 Dans l'Antiquité, Fédération autonome de tribus groupées sous des institutions religieuses et politiques communes. *Les rivalités des cités grecques.* ➝ *DROIT DE CITÉ :* droit de jouir des privilèges réservés aux membres de la cité. loc. *Avoir droit de cité :* avoir un titre à être admis, à figurer. « *tout a droit de cité en poésie* » (Hugo). 2 Ville importante considérée spécialement sous son aspect de personne morale. ⇒ **ville.** *La vie dans les grandes cités.* ➝ *Cité lacustre.* 3 Partie la plus ancienne d'une ville. *Lutèce naquit dans l'île de la Cité.* 4 loc. *CITÉ (OUVRIÈRE) :* ensemble de logements économiques en retrait d'une grande ville. « *C'est une cité qui ressemble à une ville désertée* » (Le Clézio). au plur. *Les cités :* grands ensembles des banlieues populeuses. ➝ *CITÉ-DORTOIR.* ⇒ **dortoir.** ➝ *CITÉ UNIVERSITAIRE,* pour loger les étudiants à proximité d'une faculté. ✪ CONTR. Campagne. — HOM. Citer.

❑ Pour désigner un ensemble d'immeubles de standing, on dit *résidence* plutôt que *cité.*

citer v. tr. 1 – XIIIe ; lat. « convoquer en justice » 1 Sommer (qqn) à comparaître en justice. ⇒ **assigner, traduire** (en justice). 2 Rapporter (un texte) à l'appui de ce que l'on avance. *Citer une phrase d'un auteur. Citer un auteur.* 3 ⇒ **alléguer, mentionner, rapporter.** *Citer les paroles de qqn. Citer un exemple à l'appui d'un fait.* 4 Désigner (une personne, une chose digne d'attention). *Citer qqn en exemple.* 5 Décerner une citation militaire à (qqn). ✪ HOM. Cité.

❑ On *cite* pour appuyer ce qu'on avance, on *allègue* pour se justifier.

citerne n. f. – XIIe ; lat. *cista* « coffre » 1 Réservoir dans lequel on recueille et conserve les eaux de pluie. 2 Cuve fermée (contenant un carburant, un liquide). *Citerne à mazout.* ➝ *Des camions-citernes.*

cithare n. f. – XIIIe ; gr. *kithara* ▪ Instrument de musique à cordes (que l'on gratte ou frappe), de forme trapézoïdale, à caisse de bois et table plate. ⇒ **lyre, psaltérion.** ✪ HOM. Sitar.

citoyen, enne n. – XVIe 1 n. m. Celui qui appartient à une cité (1°), en reconnaît la juridiction, est habilité à jouir, sur son territoire, du droit de cité et est astreint aux devoirs correspondants. 2 Personne ayant la nationalité d'un pays qui vit en république. ⇒ **national.** *Un citoyen français et un sujet britannique. Accomplir son devoir de citoyen :* voter. « *Que faites-vous des droits de l'homme et du citoyen ?* » (Alain). *Citoyen du monde,* qui met l'intérêt de l'humanité au-dessus du nationalisme. 3 Sous la Révolution, Appellatif remplaçant Monsieur, Madame, Mademoiselle. *La citoyenne Tallien.* ✪ CONTR. Barbare, étranger. ② Sujet.

citoyenneté n. f. – XVIIIe ▪ Qualité de citoyen. *La citoyenneté française.*

citrate n. m. – XVIIIe ▪ Sel de l'acide citrique.

citrin, ine adj. – XIIe ▪ De la couleur du citron.

citrique adj. – XVIIIe ▪ *Acide citrique* : triacide-alcool que l'on peut extraire des agrumes et de divers fruits.

citron n. m. – XIVe ; lat. *citrus* « thuya ; cédratier » **1** Fruit jaune du citronnier, agrume de saveur acide. *Écorce, zeste de citron. Rondelle de citron. Citron pressé.* ◆ *Tarte au citron.* ♦ *Citron vert.* ⇒ ② **lime**, ③ **limon.** **2** fam. Tête. « *Soudain il s'arrêta simultanément de rire et de marcher et se tapa sur le citron* » (Queneau). **3** adj. inv. Qui est de la couleur du citron. « *Des écharpes citron, des gants groseille* » (Colette). *Couleur jaune citron.*

citronnade n. f. – XIXe ▪ Boisson rafraîchissante faite de jus ou de sirop de citron additionné d'eau.

citronné, ée adj. – XVIIe ▪ Qui sent le citron. ◆ Où l'on a mis du jus de citron.

citronnelle n. f. – XVIIe **1** Plante contenant une huile essentielle à odeur citronnée (armoise citronnelle, mélisse, verveine odorante). « *Un arôme acidulé de verveine, de citronnelle* » (Mart. du G.). *Poulet à la citronnelle.* **2** Liqueur préparée avec des zestes de citron.

citronnier n. m. – XVe **1** Arbre du genre citrus, qui produit le citron jaune ou vert. **2** Bois de cet arbre utilisé en ébénisterie.

citrouille n. f. – XIIIe ; lat. *citreum* « citron », par anal. de couleur ▪ Courge arrondie et volumineuse de couleur jaune orangé. ⇒ **potiron.** *La citrouille des contes de fées, changée en carrosse.* loc. fam. *Avoir la tête comme une citrouille,* pleine de préoccupations.

citrus [sitʀys] n. m. – XIXe ; mot lat. ▪ Arbre *(aurantiacées)* qui produit les fruits appelés agrumes*.

cive n. f. – XIIe ; lat. *cæpa* « oignon » ▪ Ciboule.

civelle n. f. – XVIIIe ; lat. *cæcus* « aveugle » ▪ Jeune anguille.

civet n. m. – XIIe ; de *cive* ▪ Ragoût (de lièvre, lapin, gibier) cuit avec du vin rouge, des oignons. *Civet de chevreuil.*

① **civette** n. f. – XVe ; ar. *zabād* **1** Mammifère carnivore *(viverridés)* au pelage gris jaunâtre taché de noir. ⇒ **genette.** **2** Matière onctueuse et odorante que sécrète la civette ; parfum que l'on en extrait. **3** Fourrure de civette.

② **civette** n. f. – XVIe ; de *cive* ▪ Ciboulette.

civière n. f. – XIIIe ; p.-ê. lat. *cibaria* « véhicule servant au transport des provisions » **1** Dispositif muni de bras destiné à être porté par des hommes et à transporter des fardeaux. *Charger des pierres sur une civière.* **2** Ce dispositif, pour transporter les malades, les blessés. « *des ambulanciers qui portent des blessés couchés sur des civières* » (Malraux). *Porteur de civière.* ⇒ **brancardier.**

civil, ile adj. et n. m. – XIIIe ; lat. *civis* « citoyen » **I - 1** Relatif à l'ensemble des citoyens. *Guerre civile,* entre les citoyens d'un même État. DROITS CIVILS, que la loi civile garantit à tous les citoyens. *Les droits civils et les droits politiques.* ◆ *Le droit civil, branche du droit privé.* ◆ *Année civile, jour civil,* adoptés pour les actes de la vie civile. **2** Relatif aux rapports entre les individus (opposé à *criminel*). *Code civil.* ◆ PARTIE CIVILE. *Se constituer, se porter partie civile* : demander des dommages-intérêts pour un préjudice, en dehors de la peine entraînée par le délit. **3** Qui n'est pas militaire. *Les autorités civiles.* ◆ n. m. *Les militaires et les civils. Dans le civil* : dans la vie civile. *Que fait-il dans le civil ?* **4** Qui n'est pas religieux. *Mariage civil,* à la mairie. **II** vieilli Qui observe les usages de la bonne société. ⇒ **courtois,** ① **poli.** « *D'une façon fort civile* » (La Font.). ✪ CONTR. Naturel, sauvage. Criminel. Militaire. — Brutal, grossier, impoli, rustre.

> ❑ Pour la finale → volatil (rem.).

civilement adv. – XIVe **I - 1** En matière civile. *Être civilement responsable.* **2** (Opposé à *religieusement*) *Se marier civilement,* à la mairie. **II** littér. Avec civilité. ⇒ **poliment.** *Traiter qqn civilement.* ✪ CONTR. Impoliment.

civilisateur, trice adj. – XIXe ▪ Qui répand la civilisation. « *L'art émeut. De là sa puissance civilisatrice* » (Hugo).

civilisation n. f. – XVIIIe **1** *La civilisation* : ensemble des caractères communs aux vastes sociétés tenues pour être les plus évoluées ; ensemble des acquisitions des sociétés humaines (opposé à *nature, barbarie*). ⇒ ② **culture, progrès.** **2** *Une civilisation* : ensemble de phénomènes sociaux (religieux, moraux, esthétiques, scientifiques, techniques) communs à une grande société ou à un groupe de sociétés. ⇒ ② **culture.** *Civilisation chinoise, égyptienne, grecque. Civilisation occidentale.* « *Nous autres, civilisations, nous savons maintenant que nous sommes mortelles* » (Valéry).

> ❑ L'emploi de *civilisation* pour « état social avancé » est aujourd'hui très critiqué par les anthropologues qui soulignent sa connotation intellectuelle et son ethnocentrisme. Ils lui préfèrent le terme *culture,* plus neutre. → ② culture (rem.).

civilisé, ée adj. et n. – XVIe **1** Doté d'une civilisation, d'une culture élaborée ou jugée telle. *Les nations civilisées.* **2** fam. Qui a des manières relativement raffinées. *Il n'est pas très civilisé.* ⇒ **policé.** ✪ CONTR. Barbare, inculte, sauvage (vx) ; CONTR. rustre.

civiliser v. tr. [1] – XVIe **1** Faire passer (une collectivité) à un état social plus évolué (dans l'ordre moral, intellectuel, artistique, technique) ou considéré comme tel. « *CIVILISER C'est imposer des coutumes, ce qui suppose qu'on en annule d'autres ; et il y a des dangers dans ce passage* » (Alain). **2** fam. Rendre (qqn) plus poli, plus affable. *Le contact des autres l'a un peu civilisé.*

civiliste n. – XIXe ▪ Spécialiste du droit civil.

civilité n. f. – XIVe **1** vieilli Observation des convenances en usage dans un groupe social. *Manquer de civilité.* **2** au plur., vieilli Démonstration de politesse. *Présenter ses civilités à qqn,* ses compliments, ses hommages. ✪ CONTR. Grossièreté, impolitesse.

civique adj. – XVIe **1** Relatif au citoyen. *Devoirs civiques.* **2** Propre au bon citoyen. *Instruction civique,* portant sur les devoirs du citoyen. ◆ *Esprit civique,* sens de ses responsabilités et de ses devoirs de citoyen. ⇒ **civisme.** ✪ CONTR. Antipatriotique, incivique.

civisme n. m. – XVIIIe ▪ Sens civique. ✪ CONTR. Incivisme.

> ❑ Pour le sens → patriotisme (rem.).

cl → **centilitre**

clabauder v. intr. [1] – XVIe, de *clabaud* « chien courant », de *clapper* ▪ rare et littér. Crier sans motif ; protester de manière malveillante. *Clabauder sur, contre qqn.* ⇒ **médire.**

clabauderie n. f. – XVIIe ▪ littér. Clameur, criaillerie. ◆ Médisance de personnes qui clabaudent. ⇒ **commérage.** « *les clabauderies des autres journaux sont honteuses* » (Gide).

clac – XVe ; onomat. ▪ Interjection imitant un bruit sec, un claquement. ✪ HOM. Claque.

clade n. m. – 1957 ; gr. « rameau » ▪ Groupement de plusieurs embranchements de plantes ou d'animaux ayant une même organisation et une évolution phylétique commune.

cladisme n. m. – 1978 ▪ Classification systématique des êtres vivants fondée sur les relations phylogénétiques.

cladistique adj. – 1978 ▪ Du cladisme. *Analyse cladistique.*

clafoutis n. m. – XIXe ; de *claufir* « remplir, fourrer » ▪ Gâteau cuit au four, sorte de flan aux fruits. *Clafoutis aux cerises.*

claie n. f. – XIIe ; gaul. **1** Treillis d'osier à claire-voie. *Claie servant à faire sécher les fruits.* **2** Treillage en bois ou en fer.

clair, claire adj., n. m. et adv. – X[e] ; lat. *clarus* **I** adj. **1** Qui a l'éclat du jour. ⇒ **éclatant, lumineux.** *Par une claire journée d'été.* ➛ Qui reçoit beaucoup de lumière. *Cette chambre est claire.* ➛ *Temps clair,* sans nuage. **2** Qui n'est pas foncé, est faiblement coloré. *Couleur claire. Cheveux châtain clair.* ➛ *Teint clair,* frais (opposé à *brouillé*), pâle et rose (opposé à ② *mat*). **3** Peu serré. *Les blés sont clairs.* ➛ Peu dense, peu épais. *Une sauce trop claire.* **4** Pur et transparent. *De l'eau claire,* pure, non trouble. ⇒ **limpide. 5** (sons) Qui est net et pur. *D'une voix claire.* **6** Aisé, facile à comprendre. ⇒ **explicite, intelligible,** ② **net.** *Des idées claires et précises.* « *Il est fort difficile de rendre clair par les mots ce qui est obscur encore dans notre pensée* » (Flaub.). *Est-ce clair ?* avez-vous compris, saisi ? **7** Manifeste, sans équivoque. ⇒ **certain, évident, sûr.** *C'est clair :* cela tombe sous le sens. *Raison très claire. Cette affaire n'est pas claire,* elle est suspecte, embrouillée. *Il est clair qu'il se trompe.* **8** *Avoir l'esprit clair :* avoir de la clairvoyance, du jugement. ⇒ **perspicace. II** n. m. **1** *CLAIR DE LUNE :* clarté répandue par la Lune. *Un beau clair de lune.* ➛ *Clair de terre :* (visible par ex., de la Lune). **2** Partie éclairée (de ce que représente un tableau, une tapisserie). **3** *AU CLAIR :* au jour. *Sabre au clair,* hors du fourreau. ➛ loc. *Tirer une affaire au clair.* ⇒ **éclaircir, élucider.** ➛ loc. *Être au clair (sur, à propos de) :* avoir une idée claire. **4** *EN CLAIR. Dépêche en clair,* rédigée en langage ordinaire (opposé à *en chiffres*). ➛ *En clair :* exprimé clairement. *En clair, qu'est-ce que tu veux dire ?* ➛ *Diffusion en clair :* diffusion d'une émission de télévision non brouillée, non codée. **5** *LE PLUS CLAIR :* la plus grande partie. *Passer le plus clair de son temps à...* **III** adv. **1** D'une manière claire. ⇒ **clairement.** *VOIR CLAIR :* distinguer par la vision. *Avec l'âge, il ne voit plus très clair.* fig. *On commence à y voir plus clair dans cette affaire,* à comprendre. **2** *PARLER CLAIR,* sans réticence, sans détour. ⇒ **franchement.** ✪ CONTR. Brumeux, ② couvert, sombre ; épais, serré ; ① trouble ; rauque. Confus, difficile ; douteux, ① louche. — HOM. Claire, clerc.

clairance n. f. – 1973 ; d'apr. *clair,* de l'angl. *clearance* ▪ Coefficient d'épuration, correspondant à l'aptitude d'un tissu, d'un organe, à éliminer une substance d'un fluide organique.

claire n. f. – XVIIIe ▪ Bassin d'eau de mer peu profond dans lequel se fait l'affinage des huîtres. *Fines de claire* ou *claires :* huîtres ayant séjourné plusieurs semaines en claire. ✪ HOM. Clair, clerc.

clairement adv. – XIIe **1** D'une manière claire. ⇒ **distinctement.** *Distinguer clairement la côte.* **2** D'une manière claire à l'esprit. ⇒ **intelligiblement.** « *Ce que l'on conçoit bien s'énonce clairement* » (Boil.). ✪ CONTR. Confusément, obscurément, vaguement.

clairet, ette adj. et n. m. – XIIe ▪ D'une couleur ou d'une consistance un peu claire. *Du vin clairet,* et subst. *du clairet :* vin rouge léger, peu coloré.

clairette n. f. – XIXe ▪ Cépage blanc du Midi ; vin mousseux qu'il produit. *Clairette de Die.*

claire-voie n. f. – XIVe **1** Clôture à jour. *Des claires-voies.* ➛ Rangée de fenêtres en haut des nefs des églises gothiques. **2** loc. *À CLAIRE-VOIE :* qui présente des vides, des jours. « *de vastes paniers à claire-voie* [...] *d'où sortaient des cous effarés de canards* » (Zola). ✪ CONTR. Plein.

clairière n. f. – XVIIe ▪ Endroit dégarni d'arbres dans un bois, une forêt.

clair-obscur n. m. – XVIIe ; it. *chiaroscuro* **1** En peinture, Effet de contraste produit par les lumières et les ombres des objets représentés. *Des clairs-obscurs.* **2** Lumière douce, tamisée. ⇒ **pénombre.** « *Clair-obscur aimable d'un salon d'entresol ; deux lampes allumées au mur* » (Romains). ✪ CONTR. Clarté, netteté.

clairon n. m. – XIIIe ; de *clair* **1** Instrument à vent (cuivre) sans pistons ni clés, à son clair et puissant. ⇒ **trompette** (de cavalerie). *Sonner du clairon.* **2** Personne, soldat qui sonne du clairon.

claironnant, ante adj. – 1914 ▪ *Voix claironnante,* forte et aiguë.

claironner v. [1] – XVIe **1** v. intr. Jouer du clairon. ⇒ **sonner. 2** v. tr. Annoncer avec éclat, affectation. *Claironner sa victoire.* ⇒ **proclamer.**

clairsemé, ée adj. – XIIe **1** Qui est peu serré, répandu de distance en distance. ⇒ **espacé.** « *de petits poils roussâtres, clairsemés sur son menton grêle* » (Zola). **2** Peu dense. *Population clairsemée dans de nombreux hameaux.* ✪ CONTR. Compact, dense, serré.

clairvoyance n. f. – XVIe **1** Vue exacte, claire et lucide des choses. ⇒ **discernement, perspicacité.** *Analyser la situation avec clairvoyance.* **2** Faculté paranormale d'acquérir des connaissances sur des événements présents sans l'usage des sens. ✪ CONTR. Aveuglement.

clairvoyant, ante adj. et n. – XIIIe **1** Qui a de la clairvoyance. *Esprit clairvoyant.* ⇒ **pénétrant, perspicace. 2** n. Personne qui pratique la clairvoyance, en parapsychologie. ✪ CONTR. Aveugle.

clam [klam] n. m. – XIXe ; germ. ▪ Mollusque bivalve marin, coquillage comestible. ⇒ **palourde.** *Des clams* [klams].

clamer v. tr. [1] – XIIe ; lat. « crier » ▪ Manifester (ses sentiments, ses convictions) en termes violents, par des cris. *Clamer son innocence.* ✪ CONTR. Taire (se).

clameur n. f. – XIe ▪ Ensemble de cris confus et sonores. ⇒ **tumulte, vacarme.** *Une immense clameur.* ✪ CONTR. ① Calme, silence.

clamp [klɑ̃p] n. m. – XVIIe ; germ. ▪ Pince chirurgicale à deux branches, servant à comprimer un conduit (notamment un vaisseau), une cavité ou des tissus qui saignent.

clamper v. tr. [1] – v. 1950 ▪ Interrompre la circulation dans (un conduit naturel, sanguin, etc.) au moyen de pinces occlusives (clamps).

clamser [klamse] v. intr. [1] – XIXe ; p.-ê. all. *Klaps* « claque » ▪ pop. Mourir.

clan n. m. – XVIIIe ; gaélique *clann* « famille » **1** Tribu écossaise ou irlandaise, formée d'un certain nombre de familles ayant un ancêtre commun. *Le tartan d'un clan.* **2** Division ethnique de la tribu. *Chef de clan.* **3** Petit groupe de personnes qui ont des idées, des goûts communs. ⇒ **caste, coterie.** « *Seul me demeurait hermétique le clan formé par Sartre, Nizan et Herbaud* » (Beauv.).

clandé n. m. – 1948 ; abrév. de *clandestin* ▪ arg. Maison de prostitution clandestine.

clandestin, ine adj. et n. – XIVe ; lat. *clam* « en secret » ▪ Qui se fait en cachette et qui a généralement un caractère illicite. « *elle n'avait pas la pratique des rendez-vous clandestins* » (Romains). ➛ *Passager clandestin,* embarqué à l'insu de l'équipage, sans titre de transport. ➛ *Immigration clandestine. Travailleurs clandestins.* n. *Les clandestins.* ⇒ **sans-papiers.** ✪ CONTR. Autorisé, légal, licite, public.

clandestinement adv. – XIVe ▪ D'une manière clandestine. ⇒ **secrètement.** *Voyager clandestinement.*

clandestinité n. f. – XVIe ▪ Caractère de ce qui est clandestin. *Vivre dans la clandestinité.* « *quand nous écrivions dans la clandestinité, les risques étaient pour nous minimes, considérables pour l'imprimeur* » (Sartre).

clanique adj. – 1935 ▪ Du clan (2°).

clanisme n. m. – v. 1980 ▪ Système d'organisation sociale reposant sur le clan.

clap [klap] n. m. – 1952 ; mot angl., de *to clap* « choquer » ▪ Petit tableau muni d'un claquoir signalant le commencement de chaque tournage de plan d'un film. ⇒ **claquette, claquoir.**

clapet n. m. – XVIe ; de *clapper* ▪ Soupape en forme de couvercle à charnière. *Clapet d'une pompe.* ♦ fam. Bouche (qui parle). *Ferme ton clapet :* tais-toi.

clapier n. m. – XIIIe ; du rad. gaul. *cal-* « pierre, caillou » 1 Cabane à lapins. 2 Petit logement malpropre.

clapman [klapman] n. m. – v. 1950 ; faux anglic., de *clap* et angl. *man* « homme » ▪ Personne qui manœuvre le clap. *Des clapmans.*

clapot n. m. – XIXe ▪ Succession de vagues courtes et irrégulières.

clapotement n. m. – XIXe ▪ Fait de clapoter ; bruit d'un liquide qui clapote. ⇒ **clapotis.** *Un ruisselet « mêlait son clapotement doux au grand battement des flots »* (Flaub.).

clapoter v. intr. [1] – XVIIe ; de *clapper* ▪ En parlant d'une surface liquide légèrement agitée, Se couvrir d'ondes, qui font un bruit caractéristique en s'entrechoquant.

clapotis n. m. – XVIIIe ▪ Bruit et mouvement de l'eau qui clapote. *Le clapotis des vagues.*

clappement n. m. – XIXe ▪ Fait de clapper. *Clappement de langue.*

❏ Pour le sens → claquement (rem.).

clapper v. intr. [1] – XVIe ; d'un rad. onomat. *klapp-* ▪ Produire un bruit sec avec la langue en la détachant brusquement du palais. « *Blazius, clappant de la langue, proclama le vin bon* » (Gaut.).

claquage n. m. – 1901 1 Accident musculaire (déchirure, élongation) dû à un effort excessif. 2 Destruction d'un matériau sous l'effet d'un champ électrique ou de la chaleur.

claquant, ante adj. – XVIIIe ▪ fam. Qui fatigue. ⇒ **crevant.**

① **claque** n. f. – XIVe I - 1 Coup donné avec le plat de la main. ⇒ ② **tape.** *Donner une claque dans le dos à qqn,* en signe d'amitié. *Donner une claque, une paire de claques.* ⇒ **gifle.** ➛ loc. fam. TÊTE À CLAQUES : personne déplaisante, agaçante. ♦ fam. Dommage subi, affront cuisant. *Il a reçu une sacrée claque.* 2 *La claque :* les personnes payées pour applaudir un spectacle. 3 loc. fam. *En avoir sa claque :* en avoir assez. II - 1 Partie de la chaussure qui entoure le pied. ⇒ **empeigne.** 2 (Canada) Protection de chaussure, en caoutchouc. ✪ HOM. Clac.

② **claque** adj. et n. m. – XVIIIe ▪ *Chapeau claque,* ou n. m. *un claque :* chapeau haut-de-forme qui s'aplatit.

③ **claque** n. m. – XIXe ; o. i. ▪ arg. Maison de tolérance. ⇒ **bordel.**

claquement n. m. – XVIe ▪ Action, fait de claquer ; bruit qui en résulte. *Claquement de doigts.*

❏ *Claquement* est surtout réservé au bruit des dents ou des mains. Pour traduire le bruit particulier de la langue se détachant du palais, *clappement* convient mieux.

claquemurer (se) v. pron. [1] – XVIe ; p.-ê. de *réduire à claque mur* « serrer jusqu'à faire claquer le mur » ▪ Se tenir enfermé chez soi. ✪ CONTR. ① Sortir.

claquer v. [1] – XVIe ; onomat. I v. intr. 1 Produire un bruit sec et sonore. *Faire claquer sa langue* (⇒ **clapper**). *Claquer des dents* (de froid, de peur). ⇒ **grelotter, trembler.** « *Des portières claquèrent brutalement. Le train démarra* » (Mac Orlan). 2 fam. *L'affaire lui a claqué dans les doigts.* ⇒ **péter.** ➛ fam. Mourir. ⇒ **crever.** II v. tr. 1 Donner une claque à (qqn). ⇒ **gifler.** ♦ Faire claquer. *Il a claqué la porte. Claquer la porte au nez de qqn :* refuser de recevoir qqn. *Partir en claquant la porte,* pour manifester sa colère. ♦ fam. ⇒ **dépenser, gaspiller.** *Claquer son fric.* ♦ fam. ⇒ **fatiguer.** *Cette randonnée nous a claqués.* ➛ *Nous étions « claqués d'énervement et de fatigue »* (Gide). ⇒ **crevé,** ② **nase.** 2 fam. *Se claquer un muscle.* ⇒ **déchirer, froisser.**

claqueter v. intr. [4] – XVIe ▪ Faire une série de claquements de bec (cigogne) ; caqueter (poule).

claquette n. f. – XVIe 1 Petit instrument formé de deux planchettes réunies par une charnière, et servant à donner un signal. ➛ (au cinéma) ⇒ **clap, claquoir.** 2 au plur. *CLAQUETTES :* lames de métal fixées aux semelles, qui permettent de danser en marquant le rythme. ➛ Cette danse. *Faire des claquettes.*

claquoir n. m. – 1931 ▪ Clap.

clarification n. f. – XVe 1 Action de clarifier un liquide. ⇒ **épuration, purification.** 2 ⇒ **éclaircissement.** *La clarification d'une situation.*

clarifier v. tr. [7] – XIIe ; lat. *clarus* « clair » 1 Rendre pur (un liquide) en éliminant les suspensions étrangères. ⇒ **décanter, filtrer, purifier.** *Clarifier du vin.* ➛ *Beurre* (fondu) *clarifié.* 2 Rendre plus clair, plus aisé à comprendre. ⇒ **éclaircir, élucider.** ➛ pronom. *La situation se clarifie peu à peu.* ✪ CONTR. Embrouiller, épaissir, troubler.

clarine n. f. – XVIe ▪ Clochette attachée au cou du bétail à l'alpage.

clarinette n. f. – XVIIIe ; provenç. *clar* « clair, en parlant d'un son » ▪ Instrument de musique à anche ajustée sur un bec, et dont le tuyau est terminé par un pavillon peu ouvert.

clarinettiste n. – XIXe ▪ Instrumentiste qui joue de la clarinette.

clarisse n. f. – XVIIe ; du nom de sainte *Claire,* fondatrice de cet ordre, au XIIIe ▪ Religieuse de l'ordre de sainte Claire.

clarté n. f. – Xe ; lat. *clarus* « clair » I concret 1 Lumière qui rend les objets visibles. *Une clarté intense.* ⇒ **éclat.** *Faible clarté.* ⇒ **lueur.** « *une clarté très douce, baignant les objets d'une lueur diffuse* » (Zola). « *Cette obscure clarté qui tombe des étoiles* » (Corn.). ➛ loc. *À la clarté de :* sous l'éclairage de. *Lire à la clarté d'une lampe.* 2 Qualité de ce qui est clair, transparent. ⇒ **limpidité.** *Clarté de l'eau.* II abstrait 1 Caractère de ce qui est facilement intelligible. ⇒ **netteté, précision.** *La clarté de ses explications.* « *La clarté est bonne pour convaincre ; elle ne vaut rien pour émouvoir* » (Dider.). *S'exprimer, parler avec clarté.* 2 vieilli ou littér. Vérité lumineuse. *Ses recherches ont projeté quelque clarté sur ce sujet.* ⇒ **lueur, lumière.** ✪ CONTR. Obscurité, ① ombre. Confusion, ② trouble.

clash n. m. – 1962 ; mot angl. « fracas » ▪ Désaccord violent, conflit, rupture. *Provoquer un clash. Des clashs.*

-clasie ▪ Groupe suffixal, du gr. *klasis* « action de briser ».

classable adj. – XIXe ▪ Qu'on peut classer, répartir en classes.

classe n. f. – XIVe ; lat. *classis* « appel » I Dans un groupe social, Ensemble des personnes qui ont en commun une fonction, un genre de vie, une idéologie, etc. ⇒ **caste, groupe.** ♦ *Classe sociale*, ou *classe* : ensemble des personnes de même condition ou de niveau social analogue qui ont une certaine communauté d'intérêts, de comportements. ⇒ **catégorie.** *Classes moyennes. Classe dirigeante.* ➛ *La classe laborieuse.* ⇒ **prolétariat.** ➛ *Lutte des classes.* ➛ DE CLASSE. *Intérêts de classe. Conscience de classe.* **II - 1** Ensemble d'individus ou d'objets qui ont des caractères communs. ⇒ **catégorie, espèce, sorte.** *Livre qui s'adresse à toutes les classes de lecteurs. Former une classe à part.* **2** Grande division du règne animal ou végétal, inférieure à l'embranchement. *La classe des mammifères, des oiseaux.* **3** Notion de collection qui axiomatise et fonde la théorie des ensembles. *Classe d'équivalence de x modulo R.* **4** Groupe d'unités présentant une caractéristique dont la valeur se situe entre certaines limites déterminées. *Classes d'âge* : répartition d'une population selon les âges. **5** Grade, rang attribué en fonction de l'importance, de la valeur, de la qualité. *Soldats de deuxième classe.* ➛ Degré de confort de certains moyens de transport. *Voyager en première (classe).* **6** Valeur, qualité. *Un athlète de classe internationale. Hors classe.* ⇒ **exceptionnel. 7** Distinction, élégance. *Il a de la classe.* ⇒ **allure.** ➛ « *on a bu du blanc sec qu'avait de la classe, pour sûr* » (Perec). ➛ **adj.** fam. Chic, imposant. *Elle est très classe.* **III - 1** Division des élèves d'un établissement scolaire selon les différents degrés d'études. *La classe de seconde, de terminale. Classe préparatoire aux grandes écoles. Redoubler, sauter une classe.* ♦ Ensemble des élèves qui suivent le même programme. **2** L'enseignement qui est donné en classe ; la durée de cet enseignement. ⇒ **cours.** « *– C'était une classe de quoi ? – De grammaire* » (Simenon). *Des livres de classe. Faire la classe. La rentrée des classes.* ➛ *Classe de neige, de mer* : séjour d'une classe à la montagne, à la mer, le temps étant partagé entre l'enseignement et les activités de plein air. *Classes vertes*, à la campagne. **3** Salle de classe. *Entrer dans la classe.* ➛ L'école. *Aller en classe.* **IV - 1** Contingent militaire ou naval des conscrits nés la même année. *La classe de 1989, la classe 89.* **2** *Être de la classe*, du contingent qui doit être libéré dans l'année où l'on est. **3** *Faire ses classes* : recevoir l'instruction militaire, en parlant d'une recrue ; fig. acquérir de l'expérience.

classement **n. m.** – XVIIIe **1** Action de ranger dans un certain ordre ; façon dont un ensemble est classé, présenté. ⇒ **classification.** *Classement alphabétique. Classement de livres dans une bibliothèque.* **2** Attribution d'une place, d'un rang (selon le mérite, la valeur). *Avoir un bon classement.* ✪ CONTR. Confusion, déclassement, désordre.

classer **v. tr.** [1] – XVIIIe **1** Diviser et répartir en classes, en catégories. ⇒ **classifier.** *Classer les plantes.* **2** Placer dans une classe, ranger dans une catégorie. *Classer le lapin parmi les rongeurs. Classer un édifice monument historique.* ➛ *Site classé.* ♦ Attribuer une place. *Il est classé troisième.* ➛ pronom. *Se classer parmi les meilleurs.* ♦ fam. *Classer un individu*, le juger (mal) définitivement. ⇒ **cataloguer. 3** Mettre dans un certain ordre. *Classer des papiers. Il avait envie* « *de classer ces étiquettes, mais c'était très difficile : [...] il y avait l'ordre chronologique, mais il le trouvait pauvre, plus pauvre encore que l'ordre alphabétique* » (Perec). ➛ *Classer une affaire*, ranger son dossier, la considérer comme terminée ; renoncer à poursuivre. ➛ *Affaire classée.* ✪ CONTR. Déclasser, déranger, embrouiller, mêler.

classeur **n. m.** – XIXe **1** Portefeuille ou meuble à compartiments qui sert à classer des papiers. **2** Reliure à feuillets mobiles destinée au classement de papiers, de documents.

classicisme **n. m.** – XIXe **1** Ensemble des caractères propres aux grandes œuvres littéraires et artistiques de l'Antiquité et du XVIIe s. (opposé à *romantisme*). **2** Caractère de ce qui est classique, respectueux des normes établies. *Le classicisme de ses goûts.*

classificateur, trice **n.** et **adj.** – XIXe ▪ Personne qui établit des classifications. ➛ **adj.** *Principe classificateur.*

classification **n. f.** – XVIIIe ▪ Action de distribuer par classes, par catégories ; résultat de cette action. ⇒ **classement.** ♦ *Classification périodique des éléments* (ou *table de Mendeleïev*) : organisation des éléments par numéro atomique croissant, en ligne et en colonne dans un tableau.

❑ *Classification* est le synonyme partiel de *classement* et est proche du terme scientifique *taxinomie.*

classificatoire **adj.** – XIXe **1** Qui constitue une classification ou y contribue. **2** *Parenté classificatoire*, fondée sur des critères de rapports sociaux, neutralisant la distinction entre parents directs et collatéraux (père-oncle, etc.).

classifier **v. tr.** [7] – XVIe ; lat. *classis* « classe » et *ficare* « faire » ▪ Répartir selon une classification. *Classifier les vertébrés.*

❑ *Classifier* est le synonyme technique de *classer.*

classique **adj.** et **n.** – XVIe ; lat. « de première *classe* » **I adj. 1** Qu'on enseigne dans les classes parce que considéré comme modèle à imiter. *Les auteurs classiques du programme.* **2** Qui appartient à l'Antiquité gréco-latine, considérée comme la base de l'éducation et de la civilisation. *Études classiques.* **3** littér. Qui appartient aux grands auteurs du XVIIe s. prônant respect et imitation des Anciens (opposé à *romantique*). *Théâtre classique.* ♦ Qui a les caractères esthétiques (mesure, respect des règles, clarté, division par genres, etc.) de la période classique. *Style classique* (opposé à *romantique, baroque* et *archaïque*). **4** *Musique classique*, musique des grands auteurs de la tradition musicale occidentale (opposé à *folklorique, légère, de variété*). **5** *Danse classique*, enseignée dans les écoles de danse traditionnelles (opposé à *danse moderne*). **6** Qui est conforme aux usages, ne s'écarte pas des règles établies, de la mesure. *Un veston de coupe classique.* ⇒ **traditionnel.** ➛ Qui est conforme aux habitudes. ⇒ **habituel.** fam. *C'est le coup classique* : c'était prévisible. **II n. m. 1** Auteur classique. *Connaître ses classiques.* **2** Ouvrage classique. *Collection des classiques latins.* ➛ Œuvre caractéristique. *C'est un classique du genre.* **3** Musique classique. *Aimer le classique.* ✪ CONTR. Moderne, romantique. Baroque. ② Original, excentrique.

classiquement **adv.** – XIXe ▪ D'une manière classique (surtout au sens 6°). « *Ces fugues sont fréquentes. Ça se termine classiquement par une rentrée au bercail* » (Aragon).

clastique **adj.** – XIXe ; gr. *klastos* « brisé » **1** En géologie, Qui présente des traces de fracture provoquée par l'érosion. **2** Se dit de pièces anatomiques artificielles démontables.

claudicant, ante **adj.** – XIXe ▪ littér. Boiteux.

claudication **n. f.** – XIIIe ; lat. *claudus* « boiteux » ▪ littér. Action de boiter. ⇒ **boiterie.** « *sa légère claudication [...] ne détourna pas la sympathie des femmes* » (Proust).

❑ Le latin *claudus* subsiste dans le prénom *Claude.*

claudiquer **v. intr.** [1] – XIXe ▪ littér. Boiter. « *Ça faisait une longue trotte par les chemins à pic, ma mère claudiquait derrière* » (Céline).

clause n. f. – XIIe ; lat. *claudere* « terminer » ■ Disposition particulière d'un acte. ⇒ **condition, convention.** *Les clauses d'un contrat, d'un traité.* « *le traité de paix est accepté avec ses clauses les plus dures* » (Loti). *Respecter, violer une clause. Il y a une clause qui stipule que... Clause de style* : clause que l'on retrouve habituellement dans tous les contrats de même nature ; formule sans signification précise. ✪ HOM. Close (① clos).

claustra n. m. – mil. XXe ; mot lat. « clôture » ■ Cloison ajourée.

claustral, ale, aux adj. – XIVe ; lat. *claustrum* « cloître » ■ littér. Relatif au cloître. ➤ Qui rappelle la vie du cloître. ⇒ **monacal, religieux.** « *le silence claustral de la ville* » (Daud.).

claustration n. f. – XVIIIe ■ littér. État d'une personne enfermée dans un lieu clos. ✪ CONTR. Liberté.

claustrer v. tr. [1] – XIXe ■ (surtout pronom., pass. et p. p.) Enfermer, isoler (qqn) dans un endroit clos. ⇒ **cloîtrer.** *Il est resté claustré chez lui.* pronom. *Se claustrer.* ✪ CONTR. Libérer.

claustrophobe adj. et n. – XIXe ■ Atteint de claustrophobie. ➤ par exagér. Qui n'aime pas être enfermé dans un lieu clos.

claustrophobie n. f. – XIXe ; de *claustrer* et *-phobie* ■ Phobie des lieux clos ; angoisse d'être enfermé.

clausule n. f. – XVIe ; lat. *clausula* ■ Dernier membre (d'une strophe, d'une période oratoire, d'un vers).

clavaire n. f. – XVIIIe ; lat. *clava* « massue » ■ Champignon basidiomycète, charnu, simple ou rameux, dont certaines variétés sont comestibles.

claveau n. m. – XIVe ; lat. *clavis* « clé » ■ Pierre taillée en coin, utilisée dans la construction des linteaux, des voûtes, des corniches. ⇒ **voussoir.**

clavecin n. m. – XVIIe ; lat. *clavis* « clé » et *cymbalum* « cymbale » ■ Instrument de musique à un ou plusieurs claviers, et à cordes pincées. ⇒ ③ **épinette.** « *les touches du clavecin sous les doigts du musicien* » (Hugo).

claveciniste n. – XVIIe ■ Musicien, musicienne qui joue du clavecin.

clavelée n. f. – XIVe ; lat. *clavus* « clou » ■ Maladie contagieuse virale qui atteint spécialement les ovins, appelée aussi *variole du mouton.*

clavetage n. m. – XIXe ■ Assemblage de deux pièces au moyen de clavettes.

claveter v. tr. [4] – XIXe ■ Fixer par une clavette.

clavette n. f. – XIIe ; de *clé* ■ Petite cheville plate que l'on passe au travers d'un boulon, d'une grosse cheville pour l'immobiliser. ♦ Pièce métallique destinée à rendre deux pièces concentriques solidaires en rotation.

clavicorde n. m. – XVIe ; lat. *clavis* « clé » et *cordium* « corde » ■ Instrument à clavier et à cordes frappées, ancêtre du piano-forte.

clavicule n. f. – XVIe ; lat. « petite clé » ■ Os long, en forme d'S très allongé, formant la partie antérieure de la ceinture scapulaire.

clavier n. m. – XIIe ; de *clé* 1 Ensemble des touches de certains instruments de musique (piano, clavecin, orgue, harmonium, certains accordéons, synthétiseurs, etc.), sur lesquelles on appuie les doigts pour obtenir les sons. « *Elle frappait sur les touches avec aplomb et parcourait du haut en bas tout le clavier* » (Flaub.). 2 Dispositif à touches alphanumériques permettant d'actionner un appareil. *Le clavier d'une machine à écrire, d'un terminal d'ordinateur.* « *la sténographe tapait sur son clavier d'où sortait le ruban* » (Giraud.).

❑ *Clavier* a été employé jusqu'au XVIe s. au sens de « gardien des clés », puis d'« anneau servant à porter les clés », supplanté par *porte-clés.*

claviste n. – XIXe ■ Personne qui compose sur un clavier les caractères d'un texte à imprimer, qui saisit un texte sur ordinateur.

clayère n. f. – XIXe ; de *claie* ■ Parc à huîtres fermé de claies et rempli par la mer à marée haute.

clayette n. f. – XXe ; de *claie* 1 Emballage à claire-voie pour le transport des denrées périssables. ⇒ **cageot.** 2 Support réglable à claire-voie d'un réfrigérateur.

claymore [klɛmɔʀ] n. f. – XIXe ; mot angl. ■ Grande et large épée des guerriers écossais, maniée à deux mains.

clayon n. m. – XVIIe ■ Petite claie servant à faire égoutter les fromages (⇒ **faisselle**), sécher les fruits.

clayonnage n. m. – XVIIe 1 Assemblage de pieux et de branches d'arbres en forme de claie, destiné à soutenir des terres. 2 Préparation et pose d'un tel ouvrage.

clayonner v. tr. [1] – XIXe ■ Garnir de clayonnages.

clé ou **clef** n. f. – XIe ; lat. *clavis* **I** - 1 Instrument de métal servant à faire fonctionner le mécanisme d'une serrure. *Trousseau de clés. La clé d'une porte, d'une armoire, d'un coffre-fort, d'un antivol. Les clés de l'appartement. Clés de voiture. Tourner la clé dans la serrure. Donner un tour de clé. Une porte qui ferme à clé,* qui est munie d'une serrure. ➤ *Clés en main* : prêt à l'usage. *Acheter des usines clés en main.* loc. *(Mettre) la clé sous la porte,* partir furtivement, disparaître, déménager. ➤ *Mettre qqch. sous clé,* l'enfermer dans un meuble qui ferme à clé. 2 (avec ou sans trait d'union) Qui est très important, dont le reste dépend. *Occuper une position(-)clé,* une position essentielle. *Des positions-clés. Un poste-clé. Les mots-clés.* 3 loc. *Prendre la clé des champs* : partir, s'enfuir. 4 Ce qui donne accès. ⇒ **introduction.** « *l'égoïsme est souvent la clef de la pitié* » (R. Rolland). 5 Ce qui explique, qui permet de comprendre. ⇒ **explication, solution.** *La clé du mystère.* ➤ *Roman, livre à clé(s)* : ouvrage qui met en scène des personnages et des faits réels, mais déguisés par l'auteur. 6 En musique, Signe de référence placé au début de la portée, pour indiquer la hauteur des notes inscrites. *Clé de sol, de fa, d'ut.* ➤ loc. *À la clé* : avec qqch. à la fin de l'opération. *Il y a une récompense à la clé.* **II** - 1 Outil servant à serrer ou à démonter certaines pièces (écrous, vis), à tendre ou à détendre le ressort d'un mécanisme. *Clé de douze* (indiquant l'ouverture de la fourche). *Clé à molette ; clé anglaise* ou *à mâchoires mobiles. Clé à pipe.* ♦ Interrupteur ou inverseur (dans un appareil électrique). Commande manuelle à deux positions. 2 CLEF DE VOÛTE, ou CLEF : pierre en forme de coin placée à la partie centrale d'une voûte et servant à maintenir les autres pierres. ➤ fig. Point important, partie essentielle, capitale d'un système. *La clef* (ou *la clé*) *de voûte d'une argumentation.* 3 *Clé d'un instrument à vent,* commande de l'ouverture ou de la fermeture des trous. 4 Prise par laquelle on immobilise l'adversaire. « *avant de l'immobiliser avec une clé au cou, son frère* [...] *était tombé* » (Le Clézio).

❑ Dans *clef,* le *f* représente le *v* étymologique (latin *clavis*). Par analogie avec les pluriels anciens *clez, cles* (l'ancien français supprimant traditionnellement les consonnes finales suivies du *s* du pluriel), ce *f* a disparu dans la forme *clé.*

clean [klin] adj. inv. – 1978 ; mot angl. « propre » ■ fam. Qui a un air propre, soigné. *Une allure clean. Un intérieur clean.*

clearing [kliʀiŋ] n. m. – XIXe ; mot angl. « compensation » ■ Technique de règlement par compensation. *Accords de clearing,* entre pays, en vertu desquels le produit d'exportations est affecté au règlement d'importations. ⇒ **troc.**

clébard n. m. – 1934 ■ fam. Chien.

clebs [klɛps] n. m. – XIXe ; ar. *klab* ■ fam. Chien. ⇒ ① **cabot.**

clef → **clé**

clématite n. f. – XVIe ; gr. *klêma* « sarment » ■ Plante vivace *(renonculacées),* ligneuse et grimpante, à fleurs roses ou violettes.

clémence n. f. – XIIIe **1** littér. Vertu qui consiste, de la part de qui dispose d'une autorité, à pardonner les offenses et à adoucir les châtiments. ⇒ **indulgence, magnanimité.** *La clémence d'Auguste. Faire preuve de clémence. Implorer la clémence de ses juges.* **2** *La clémence de la température.* ⇒ **douceur.** « *le printemps est, à Paris, plein de clémence* » (Courtel.). ✪ CONTR. Inclémence. Cruauté, rigueur, sévérité.

clément, ente adj. – XIIe ; lat. *clemens* **1** Qui manifeste de la clémence. ⇒ **indulgent, magnanime, miséricordieux.** *Se montrer clément.* ➛ « *La vie civile n'est pas clémente pour les anciens légionnaires* » (Mac Orlan). **2** *Hiver clément,* peu rigoureux. ⇒ **doux.** ✪ CONTR. Inclément, inflexible, rigoureux.

clémentine n. f. – 1902 ; du nom du *père Clément* ■ Fruit du clémentinier, voisin de la mandarine, à peau fine.

❑ Le père *Clément* obtint ce fruit en croisant un mandarinier et un oranger amer.

clémentinier n. m. – XXe ■ Arbre fruitier *(aurantiacées),* hybride du bigaradier et du mandarinier.

clenche n. f. – XIIIe ; germ. *°klinka* « levier oscillant » **1** Petit bras de levier dans le loquet d'une porte, et qui prend appui sur le mentonnet. **2** (Belgique) Poignée de porte.

clepsydre n. f. – XIVe ; gr. *klepsudra* « qui vole l'eau » ■ Ancienne horloge à eau.

cleptomane ou **kleptomane** n. et adj. – XIXe ; gr. *kleptês* « voleur » et *-mane* ■ Personne qui a une propension pathologique à commettre des vols.

cleptomanie ou **kleptomanie** n. f. – XIXe ■ Obsession du cleptomane.

clerc [klɛʀ] n. m. – Xe ; gr. *cleros* **1** Celui qui est entré dans l'état ecclésiastique par réception de la tonsure. **2** littér. Personne instruite. ⇒ **lettré, savant.** ➛ loc. *GRAND CLERC. Il est grand clerc en la matière.* ⇒ **compétent, expert.** *Il n'est pas besoin d'être grand clerc pour savoir...* **3** Employé des études d'officiers publics et ministériels. *Clerc de notaire.* ♦ loc. littér. *Faire un PAS DE CLERC :* commettre une erreur, une maladresse par inexpérience. ✪ CONTR. Laïc. Béotien, ignorant, inculte. — HOM. Clair, claire.

clergé n. m. – Xe ■ Ensemble des ecclésiastiques (d'une église, d'un pays, d'une ville). *Clergé séculier.* ⇒ **curé, évêque, prêtre.** *Clergé régulier.* ⇒ **abbé, moine, religieux.**

clergie n. f. – XIIe ■ vx Condition de clerc. ⇒ **cléricature.** ➛ *Privilège de clergie,* en vertu duquel les clercs étaient jugés par la juridiction ecclésiastique.

clergyman [klɛʀʒiman] n. m. – XIXe ; mot angl., de *clergy* « clergé » et *man* « homme » ■ Pasteur anglo-saxon. *Des clergymans* ou *des clergymen* [klɛʀʒimɛn].

clérical, ale, aux adj. et n. – XIIe **1** Relatif au clergé. **2** Partisan du cléricalisme. ➛ n. *Des cléricaux.* ⇒ fam. **calotin.** ✪ CONTR. Anticlérical, laïque.

cléricalisme n. m. – XIXe ■ Opinion des partisans d'une immixtion du clergé dans la politique. ✪ CONTR. Anticléricalisme.

cléricature n. f. – XVe ■ État, condition des clercs, des ecclésiastiques.

clic interj. – XVIe ; onomat. ■ Onomatopée imitant un claquement sec. « *l'arme s'ouvrit avec un joli "clic"* » (Pagnol). ✪ HOM. Clique, cliques.

clic-clac interj. – XIXe ; onomat. ■ Onomatopée exprimant un claquement sec et répété.

clichage n. m. – XIXe ■ Opération par laquelle on fait un cliché pour la reproduction.

cliché n. m. – XIXe **1** Plaque portant en relief la reproduction d'une page de composition (gravure ou image), et permettant le tirage de nombreux exemplaires. *Cliché en caoutchouc* (⇒ **offset**), *en plastique. Cliché métallique d'une photographie.* ⇒ **héliogravure, photogravure. 2** Image négative d'une photo. ⇒ **négatif.** ➛ Photo. *Cliché flou.* **3** péj. Idée ou expression toute faite trop souvent utilisée ; lieu commun. ⇒ **poncif, stéréotype.** « *On peut parler sans penser. Il y a pour cela à notre disposition les clichés, c'est-à-dire les automatismes* » (Ionesco).

clicher v. tr. [1] – XVIIIe ; onomat. d'apr. le bruit de la matrice tombant sur le métal en fusion ■ Faire un cliché de. *Clicher une page.*

clicheur, euse n. – XIXe ■ Personne chargée de faire les clichés.

client, cliente [klijɑ̃, klijɑ̃t] n. – XVe ; lat. *cliens* **1** À Rome, Plébéien qui se mettait sous la protection d'un patricien appelé *patron.* **2** Personne qui requiert des services moyennant rétribution. *Les clients d'un avocat.* « *Il n'est pourtant pas d'usage qu'un notaire hérite de ses clients* » (Romains). ➛ *Client, cliente d'un médecin, d'un dentiste.* ⇒ **malade, patient.** *Les clients d'un taxi.* **3** Personne qui achète. ⇒ **acheteur.** *Un client sérieux.* ➛ *Magasin plein de clients.* ⇒ **achalandé.** *Vendeur occupé à servir un client. Clients d'un café.* ⇒ **consommateur. 4** Personne qui se sert toujours au même endroit. ⇒ **habitué.** *Un bon, un gros client. Perdre un client.* **5** n. m. ⇒ **consommateur, importateur.** *La Belgique est un très gros client de la France sur le marché automobile.* ✪ CONTR. Fournisseur, marchand, vendeur.

clientèle n. f. – XIVe **1** Ensemble des clients d'un patricien. **2** Ensemble des gens qui soutiennent un parti politique, qui fréquentent habituellement un milieu. ⇒ **adepte, public.** *Une clientèle électorale.* **3** Ensemble de clients qui recourent, moyennant rétribution, aux services d'une même personne. *Clientèle d'un médecin.* **4** Ensemble d'acheteurs. *Attirer la clientèle.* **5** Fait d'être client, d'acheter. *Il voudrait obtenir la clientèle de cette riche famille.*

clientélisme n. m. – 1972 ■ Pour un homme ou un parti politique, Fait de chercher à élargir son influence par des procédés démagogiques d'attribution de privilèges.

clignement n. m. – XIIIe **1** Action de cligner. *Clignement d'yeux.* **2** littér. Action de briller par intermittence. ⇒ **clignotement.**

cligner v. [1] – XIIe ; lat. *cludere* « fermer » **1** v. tr. Fermer à demi (les yeux) pour mieux voir. *Les myopes clignent les yeux pour mieux accommoder.* ➛ trans. ind. « *en clignant des yeux à cause de la fumée qui tourbillonne* » (Le Clézio). *Cligner de l'œil,* pour faire un signe, pour aguicher. **2** v. intr. Se fermer et s'ouvrir (yeux, paupières).

clignotant, ante adj. et n. m. – XVIe **1** Qui clignote. **2** Qui s'allume et s'éteint par intermittence. *Feu clignotant :* feu de signalisation indiquant un danger. **3** n. m. Dispositif muni d'une lumière intermittente, servant à indiquer la direction que va prendre un véhicule. *Mettre son clignotant avant de tourner.* **4** n. m. Indice dont l'apparition signale un danger (dans un plan, un programme économique). ⇒ **indicateur.**

❑ Pour le dispositif lumineux des automobiles, on dit aussi *indicateur de changement de direction* (emploi administratif).

clignotement n. m. – XVIe 1 Action de clignoter. *Clignotement d'yeux.* 2 Action de se produire par intermittence (lumière). *Le clignotement des lumières de la ville.*

clignoter v. intr. [1] – XIIIe 1 Cligner coup sur coup rapidement et involontairement. « *son visage dans lequel clignotaient deux yeux percés à la vrille* » (Queneau). 2 Éclairer et s'éteindre alternativement à très brefs intervalles. « *Les sémaphores et les étoiles clignotent* » (Cendrars).

climat n. m. – XIIe ; gr. *klima* « inclinaison d'un point de la Terre par rapport au Soleil » 1 Ensemble des circonstances atmosphériques et météorologiques propres à une région du globe. *Climat équatorial, tropical, tempéré. Climat maritime, continental. Climat particulier d'une petite région.* ⇒ **microclimat.** ♦ *Climat sec, humide, pluvieux ; chaud, froid.* 2 Atmosphère morale, conditions de la vie. ⇒ **ambiance.** *Le climat social, politique. Dans un climat d'hostilité.*

climatère n. m. – XVIe ; gr. *klimaktêr* « étape, échelon » ▪ Étape de la vie (appelée aussi *âge critique*) marquant la cessation de l'activité des hormones sexuelles chez la femme **(⇒ ménopause)** et chez l'homme **(→ andropause).**

climatérique adj. et n. f. – XVIe ▪ vx *Année climatérique,* ou n. f. *une climatérique* : année de la vie humaine, multiple de 7 ou de 9, en particulier la 49e, la 81e et la 63e ou *grande climatérique,* que les Anciens disaient difficile à franchir. « *Les États ont leurs années climatériques aussi bien que les hommes* » (Volt.).

climatique adj. – XIXe ▪ Qui a rapport au climat. *Les conditions climatiques. Station climatique,* où l'on envoie les malades pour les vertus curatives du climat.

climatisation n. f. – v. 1920 ▪ Moyens employés pour obtenir, dans un lieu fermé, une atmosphère constante (température, humidité), à l'aide d'appareils. ➝ abrév. fam. CLIM.

climatiser v. tr. [1] – v. 1935 1 Maintenir (un lieu) à une température agréable et à un taux d'humidité convenable. *Salle de cinéma, voiture climatisée.* ➝ *Air climatisé.* ⇒ **conditionné.** 2 Équiper (un local) de la climatisation.

climatiseur n. m. – 1955 ▪ Appareil de climatisation.

climatologie n. f. – XIXe ▪ Étude scientifique des climats.

climatologique adj. – XIXe ▪ Qui se rapporte à la climatologie. *Cartes climatologiques.*

climatologue n. – v. 1950 ▪ Personne qui s'occupe de climatologie (géophysicien spécialisé).

climatopathologie n. f. – 1938 ▪ Étude des effets nocifs imputables aux facteurs climatiques.

climatothérapie n. f. – XIXe ▪ Traitement des maladies par utilisation des propriétés propres aux divers climats.

climax [klimaks] n. m. – XVIIIe ; gr. *klimax* « échelle ; gradation » ▪ État optimal d'équilibre écologique en l'absence de toute intervention de l'homme.

clin n. m. – XIIe ; lat. *clinare* « incliner » ▪ Disposition des bordages d'une embarcation se chevauchant l'un l'autre. *Embarcations à clins.*

clin d'œil [klɛ̃dœj] n. m. – XVIe ▪ Mouvement rapide de la paupière **(⇒ clignement)** pour faire signe. *Des clins d'œil, des clins d'yeux.* ♦ Allusion pour attirer l'attention de qqn, signe de connivence. ➝ EN UN CLIN D'ŒIL : en un temps très court. « *En un clin d'œil, il y eut une trentaine de personnes rassemblées sur le bord de la chaussée* » (Aragon).

clinfoc n. m. – XVIIIe ; all. *klein Fock* « petit foc » ▪ Voile légère, à l'extrémité du bout-dehors du grand foc. *Il « ajouta un clinfoc au foc déjà tendu »* (Mac Orlan).

clinicat n. m. – XIXe ▪ Fonction de chef de clinique.

clinicien, ienne n. et adj. – XIXe ▪ Médecin qui étudie les maladies et établit ses diagnostics par l'examen direct des malades. ⇒ **praticien.**

clinique adj. et n. f. – XVIe ; gr. *klinein* « être couché » 1 Qui concerne le malade au lit ; qui observe directement les manifestations de la maladie, au chevet du malade. *Examen clinique. Signes cliniques* : symptômes que le médecin peut percevoir par la seule observation. 2 n. f. Enseignement médical qu'un patron donne à ses élèves au chevet des malades. 3 n. f. Service hospitalier où est donné l'enseignement d'une discipline médicale. ➝ *Chef de clinique* : médecin qui, après l'internat, assure un enseignement dans un service de clinique. 4 n. f. Établissement privé où l'on soigne ou opère des malades. *Clinique chirurgicale. Clinique psychiatrique.*

❑ Au début du XVIIe s., l'adjectif qualifiait la personne malade qui gardait le lit.

cliniquement adv. – XIXe ▪ Du point de vue clinique. *Il est cliniquement mort.*

clino- ▪ Élément, du gr. *klinein* « pencher » et « être couché ».

clinomètre n. m. – XIXe ; *clino* et *mètre* ▪ Instrument destiné à mesurer l'inclinaison d'un plan.

clinorhombique adj. – XIXe ▪ ⇒ **monoclinique.**

① **clinquant, ante** adj. – XIVe ; de *clinquer* « cliqueter », d'o. onomat. ▪ Qui a un éclat trop voyant, vulgaire ; qui brille mais est sans valeur. *Bijoux clinquants.*

② **clinquant** n. m. – XVIe 1 Lamelle brillante, d'or ou d'argent (par ext. de cuivre) dont on rehausse certaines parures et broderies. « *ses longs vêtements byzantins brodés de clinquant* » (Nerval). 2 *Le clinquant* : mauvaise imitation de métaux, pierreries, bois précieux. ⇒ **camelote, quincaillerie, verroterie.** *Le faux éclat du clinquant.* 3 Éclat trompeur, tapageur.

① **clip** [klip] n. m. – 1932 ; mot angl. « attache, agrafe » ▪ Petit bijou (boucle d'oreille, broche, etc.) monté sur une pince.

② **clip** [klip] n. m. – 1982 ; mot angl. « extrait » ▪ Film vidéo, bref, percutant, réalisé pour promouvoir une chanson, un artiste, etc.

❑ On dit aussi *clip vidéo* et *vidéoclip.*

clipper [klipœʀ] n. m. – XIXe ; mot angl. « qui coupe (les flots) » ▪ Autrefois, Voilier fin de carène. « *les grand-voiles des clippers de son temps, éblouissantes de blancheur sur le sombre bleu de l'océan Indien* » (Le Clézio).

clique n. f. – XIVe ; de l'a. fr. *cliquer* « faire du bruit » 1 fam. Coterie, groupe de personnes peu estimables. ⇒ ② **bande.** *Il est venu avec toute sa clique.* 2 Ensemble des tambours et des clairons d'une musique militaire. « *le chef de la clique militaire disposée sur la place du village* » (Tournier). ✪ HOM. Clic, cliques.

cliquer v. intr. [1] – XIVe ; onomat. → clic. ▪ Sélectionner une option sur l'écran d'un ordinateur, par pression de l'interrupteur de la souris.

cliques n. f. pl. – XIXe ; région. *cliques* « jambes », d'apr. les onomat. *clic* et *clac* ▪ loc. fam. *Prendre ses cliques et ses claques :*

s'en aller en emportant ce que l'on possède. ✪ HOM. Clic, clique.

cliquet n. m. - XIIIe ■ Taquet mobile autour d'un axe, servant à empêcher une roue dentée de tourner dans le sens contraire à son mouvement.

cliquetant, ante adj. - XVIe ■ Qui produit un cliquetis.

cliquètement n. m. - XVe ■ Bruit de ce qui cliquette. ⇒ **cliquetis.**

cliqueter v. intr. [4] - XIIIe ■ Produire un cliquetis.

cliquetis n. m. - XIIIe ■ Série de bruits secs et brefs que produisent certains corps métalliques qui se choquent. « *des sifflements de vapeur, des cliquetis de soupapes* » (Le Clézio).

clisse n. f. - XIIe ; p.-ê. crois. de *claie* et *éclisse* ■ Petite claie d'osier servant à faire égoutter les fromages, à protéger des verres, des bouteilles... ⇒ **éclisse.**

clisser v. tr. [1] - XVe ■ Garnir de clisses.

clitocybe n. m. - XIXe ; gr. *klitos* « pente » et *kubê* « tête » ■ Champignon basidiomycète *(agaricacées)* à lames décurrentes.

clitoridectomie n. f. - mil. XXe ■ Ablation du clitoris. ⇒ **excision.**

clitoridien, ienne adj. - XVIIIe 1 Relatif au clitoris. 2 Dont la sexualité clitoridienne est développée. ➛ n. f. *Une clitoridienne* (opposé à *vaginale*).

clitoris [klitɔʀis] n. m. - XVIIe ; gr. ■ Petit organe érectile de la vulve, situé à la jonction de l'extrémité supérieure des petites lèvres.

clivage n. m. - XVIIIe 1 Le fait de se cliver ; propriété (des substances cristallisées) de se réduire en lames suivant certaines directions planes. 2 Séparation par plans, par niveaux. *Clivage social.*

cliver v. tr. [1] - XVIe ; néerl. *klieven* « fendre » ■ Fendre (un corps minéral, un diamant) dans le sens naturel de ses couches lamellaires. pronom. *Le mica se clive en fines lamelles.*

cloaque n. m. - XIVe ; lat. *cloaca* « égout » 1 Lieu destiné à recevoir des immondices. ⇒ **bourbier, égout.** *Le grand cloaque de Rome* (cloaca maxima) : égout bâti par les Tarquins. ➛ Lieu malpropre, malsain. 2 Orifice commun des cavités intestinale, urinaire et génitale de nombreux animaux (oiseaux, reptiles, marsupiaux, amphibiens, certains poissons).

clochard, arde n. - XIXe ; de *clocher* « boiter » 1 Personne socialement inadaptée, qui vit sans travail ni domicile, dans les grandes villes. ⇒ **S. D. F., vagabond ;** fam. **clodo.** « *des clochards dont nul n'a jamais su de quoi ils vivent, ni ce qu'ils attendent de la vie* » (Carco). 2 *Reinette clochard,* ou n. f. *une clochard :* pomme à peau gris jaune, très parfumée.

clochardisation n. f. - 1957 ■ Fait de se clochardiser. ⇒ **paupérisation.**

clochardiser v. tr. [1] - 1957 ■ Réduire (une personne, un groupe social) à l'état de clochard, à une situation misérable. ➛ pronom. *Un vagabond en train de se clochardiser.*

① **cloche** n. f. - XIIe ; mot celt. d'Irlande 1 Instrument creux, évasé, en métal sonore (bronze), dont on tire des vibrations retentissantes et prolongées en en frappant les parois, de l'intérieur avec un battant ou de l'extérieur avec un marteau. *Grosse cloche.* ⇒ ② **bourdon.** *Petite cloche.* ⇒ **clochette.** *Anse, battant, cerveau, gorge, pans d'une cloche.* « *les potirons gros comme la cloche du beffroi, qui mesurait* [...] *neuf pieds de diamètre* » (J. Verne). *Le sonneur de cloches. Cloche qui tinte. Les cloches de Pâques.* ➛ loc. *Déménager à la cloche de bois,* clandestinement, pour ne pas payer. fam. *Sonner les cloches à qqn,* le réprimander fortement. *Entendre un autre son de cloche,* une autre opinion (sur un événement). 2 Objet creux qui recouvre, protège. *Cloche à fromage.* 3 *Courbe en cloche :* courbe d'une distribution statistique correspondant à une loi normale. 4 *CLOCHE À PLONGEUR :* dispositif à l'abri duquel on pouvait séjourner sous l'eau. Caisson sous pression. 5 *Chapeau cloche,* ou n. m. *un cloche :* chapeau de femme de forme hémisphérique, sans bords. *Des chapeaux cloches.* ♦ *Jupe cloche,* légèrement évasée. 6 loc. fam. *Se taper la cloche :* bien manger.

② **cloche** n. f. - XIVe ; de ② *clocher,* avec infl. de ① *cloche* ■ fam. 1 Personne niaise et maladroite, un peu ridicule. *Quelle cloche !* ➛ adj. « *le plus cloche de la famille, c'était sûrement l'oncle Rodolphe* » (Céline). 2 Ensemble des clochards. *Être de la cloche.*

cloche-pied (à) loc. adv. - XVe ■ En tenant un pied en l'air et en sautant sur l'autre. *Sauter à cloche-pied.*

① **clocher** n. m. - XIIe ■ Bâtiment élevé d'une église dans lequel on place les cloches. ⇒ **campanile.** *La flèche, le coq, l'horloge du clocher.* ♦ loc. *Querelles, rivalités de clocher,* purement locales, insignifiantes.

② **clocher** v. intr. [1] - XIIe ; lat. *cloppus* « boiteux » ■ Être défectueux ; aller de travers. *Il y a qqch. qui cloche,* qui ne va pas.

clocheton n. m. - XVIe 1 Petit clocher. 2 Ornement en forme de petit clocher pyramidal décorant les contreforts, la base des flèches, les angles d'un édifice.

clochette n. f. - XIIe 1 Petite cloche. ⇒ **grelot, sonnette.** « *le tintement de la clochette de deux génisses restées dans l'étable voisine* » (Chateaub.). 2 Fleur, corolle en forme de petite cloche. *Les clochettes du muguet.* ➛ *Clochette des bois.*

clodo n. m. - 1926 ; de *clo(chard)* et *(cra)do* ■ fam. Clochard.

cloison n. f. - XIIe ; lat. *clausus* « clos » 1 Paroi plus légère que le mur, qui limite les pièces d'une maison. *Abattre, percer une cloison.* 2 Séparation (sur un navire). « *Les cloisons étanches étaient percées de portes qui se fermaient hermétiquement* » (J. Verne). 3 Ce qui divise l'intérieur d'une cavité, détermine des compartiments, des loges. *Cloison nasale.* 4 Ce qui divise (des personnes, des groupes sociaux). ⇒ **barrière, séparation.** *Faire tomber les cloisons entre les classes, les êtres.*

cloisonnage n. m. - XVIe ■ Action de poser des cloisons ; ensemble de cloisons.

cloisonné, ée adj. et n. m. - XVIIIe ■ Divisé par des cloisons. *Émaux cloisonnés,* où de minces arêtes de métal figurent le dessin et sertissent la pâte d'émail (opposé à *champlevés*). n. m. *Un cloisonné.*

cloisonnement n. m. - XIXe 1 Manière dont une chose est cloisonnée. 2 Division entre des personnes, des choses. *Le cloisonnement des recherches.*

cloisonner v. tr. [1] - XIXe ■ Séparer par des cloisons (pr. et fig.). ⇒ **compartimenter.** « *La différence des grades ne cloisonne plus leurs rapports* » (Cocteau).

cloître n. m. - XIIe ; lat. *claustrum* « enceinte » 1 Partie d'un monastère interdite aux profanes et fermée par une enceinte ; le monastère. ⇒ **abbaye, couvent ; claustral.** « *le mutisme bienfaisant du cloître* » (Huysm.). 2 Lieu situé à l'intérieur d'un monastère, ou contigu à une église, et comportant une galerie à colonnes qui encadre une cour ou un jardin carré. *Le cloître roman de Saint-Trophime, à Arles.*

cloîtrer v. tr. [1] - XVIIe 1 Faire entrer comme religieux, religieuse dans un monastère fermé. *Religieux cloîtrés.* 2 Enfermer, mettre à l'écart. ➛ pronom. *SE CLOÎTRER :* vivre à l'écart du monde. ⇒ s'**enfermer.** *Elle se cloître chez elle.*

clonage n. m. – v. 1970 ■ Reproduction (d'un individu animal ou végétal) à partir d'une de ses cellules insérée dans un ovule dont le noyau a été supprimé.

clone n. m. – 1923 ; gr. *klôn* « pousse » 1 Descendance d'un individu par multiplication végétative (bourgeonnement, etc.) ou par parthénogenèse (espèce animale) ; individu de cette descendance. ♦ Grand nombre de molécules, de cellules identiques issues d'une molécule ou cellule ancestrale. 2 Copie d'un ordinateur, compatible avec tous les programmes et tous les matériels périphériques existant pour cette marque.

> ❑ *Clone* au sens d'« individu obtenu par clonage » s'est répandu dans le contexte de la science-fiction.

cloner v. tr. [1] – 1979 ■ Reproduire par clonage.

clonie n. f. – v. 1970 ; gr. *klonos* « agitation » ■ Secousse musculaire brève et involontaire.

clonique adj. – XIXe ■ Caractérisé par des convulsions saccadées, brèves et répétées à courts intervalles.

clonus [klɔnys] n. m. – XIXe ; gr. *klonos* « agitation » ■ Succession de contractions rythmées déclenchées par la traction brusque de certains muscles, traduisant une exagération des réflexes.

clope n. m. et f. – XIXe ; o. i. ■ fam. 1 n. m. Mégot. 2 n. f. Cigarette. *File-moi une clope.*

cloper v. intr. [1] – 1987 ; de *clope* ■ fam. Fumer des cigarettes.

clopin-clopant loc. adv. – XVIIe ; a. fr. *clopin* « boiteux » et *clopant,* p. prés. de *cloper* « boiter » ■ fam. En clopinant. *« tous clopin-clopant, cahin-caha, se ruant vers la lumière »* (Hugo).

clopiner v. intr. [1] – XIVe ; a. fr. *clopin* « boiteux » ■ Marcher avec peine, en traînant le pied. ⇒ **boiter.**

> ❑ Même famille étym. que *éclopé.*

clopinettes n. f. pl. – 1925 ; p.-ê. de *clope* « mégot » ■ fam. Rien. *Des clopinettes !* rien du tout. *« on s'était mis en frais pour des clopinettes »* (Perec).

cloporte n. m. – XIIIe ; o. i. ■ Petit animal arthropode *(isopodes)* qui vit près des habitations sous les pierres, dans les lieux humides et sombres. ♦ péj. Individu répugnant, servile.

cloque n. f. – XVIIIe ; forme picarde de *cloche* « bulle » 1 Maladie des feuilles de certains arbres causée par un ascomycète. *La cloque du pêcher.* 2 Petite poche de la peau pleine de sérosité. ⇒ **ampoule, phlyctène.** 3 Boursouflure dans un matériau de revêtement (peinture, papier peint...). ⇒ ② **bulle.** 4 loc. vulg. *Être en cloque,* enceinte.

cloqué, ée adj. – XIXe 1 Qui présente des cloques. *Feuilles cloquées. Enduit cloqué.* ⇒ **boursouflé.** 2 *Étoffe cloquée,* gaufrée.

cloquer v. intr. [1] – XVIIIe ■ Se soulever par places en formant des cloques. *Peinture qui cloque.*

clore v. tr. [45] – XIIe ; lat. *claudere* 1 vx ou littér. Boucher (ce qui peut s'ouvrir) pour empêcher l'accès. ⇒ **fermer.** 2 littér. Mettre un terme à (qqch.). ⇒ **achever.** *Clore une négociation.* ➤ Déclarer terminé (un échange verbal). *Clore une discussion.* ✪ CONTR. Déclore, ouvrir ; commencer. — HOM. Chlore.

① **clos, close** adj. – XIIe 1 Fermé. *Espace clos.* loc. *Trouver porte close :* ne trouver personne. ➤ MAISON CLOSE, de prostitution (⇒ **bordel**). ➤ loc. *Vivre en vase clos,* confiné. ➤ *Yeux mi-clos.* 2 Achevé, terminé. *L'incident est clos.* ✪ HOM. Clause.

② **clos** n. m. – XIIe ■ Terrain cultivé et clos de haies, de murs, de fossés. *« un clos plein de pommiers rabougris et perclus »* (Huysm.). ➤ *Le clos Vougeot donne un bourgogne réputé.* ⇒ **vignoble.**

close-combat n. m. – 1966 ; mot angl. ■ Combat corps à corps. *Des close-combats.*

closerie n. f. – XVe ■ Petit clos.

clôture n. f. – XIIe ; lat. *claudere* « clore » 1 Ce qui sert à obstruer le passage, à enclore un espace. ⇒ **barrière,** ① **enceinte, fermeture.** *Mur, porte de clôture. Clôture métallique.* ⇒ **grille.** 2 Enceinte d'un monastère, où les religieux vivent cloîtrés. 3 Action de terminer, d'arrêter définitivement une chose, ou de la déclarer terminée. ⇒ **conclusion,** ① **fin.** *Séance de clôture. Procéder à la clôture des débats.* ✪ CONTR. Ouverture ; commencement, début.

clôturer v. tr. [1] – XVIIIe 1 Déclarer terminé, clos. ⇒ **achever.** *Clôturer un compte.* ⇒ **solder.** *Clôturer les débats.* 2 Fermer par une clôture. ⇒ **enclore.** *Clôturer un champ.*

> ❑ Un même nom *clôture* correspond à deux verbes : *clore* et *clôturer.* D'où la tendance à employer *clôturer* au lieu de *clore.*

clou n. m. – XIe ; lat. *clavus* I - 1 Petite tige de métal à pointe, souvent à tête, qui sert à fixer, assembler, suspendre. *La tête, la pointe d'un clou.* ➤ *Enfoncer, fixer un clou avec un marteau. Planter des clous.* ⇒ **clouer.** *Objet accroché, suspendu à un clou.* ♦ loc. *Maigre comme un clou :* très maigre. *Ça ne vaut pas un clou :* cela ne vaut rien. *Des clous !* 2 *Les clous :* passage pour piétons (autrefois matérialisé par de grandes têtes de clous). *Traverser dans les clous.* II fam. Furoncle. *« Il y en avait une qui se plaignait d'avoir un clou à la hanche »* (Zola). III - 1 loc. fam. *Mettre qqch. au clou,* au mont-de-piété, en gage. 2 *Le clou du spectacle :* ce qui accroche le plus l'attention. 3 Mauvais véhicule (bicyclette, automobile). *Un vieux clou.*

clouage n. m. – XVIIe ■ Action ou manière de clouer.

clouer v. tr. [1] – XIIe 1 Fixer, assembler avec des clous. *Clouer une caisse.* 2 Réduire à l'immobilité. ⇒ **fixer, immobiliser.** *« la torture des gens que la vie cloue loin du mal de ceux qu'ils aiment »* (Goncourt). (surtout pass.) *Être cloué au lit par la maladie. Être cloué, rester cloué sur place* (par la peur, l'émotion, la stupeur, etc.). ⇒ **paralyser, pétrifier.** ✪ CONTR. Déclouer.

cloutage n. m. – XIXe ■ Action de clouter ; son résultat.

clouté, ée adj. – XVIe 1 Garni de clous. *Chaussures cloutées. Une porte de bois « cloutée comme une porte de presbytère »* (Alain-Fourn.). 2 PASSAGE CLOUTÉ : passage pour piétons, autrefois limité par deux rangées de grosses têtes de clous (actuellement remplacés par des bandes peintes). ⇒ **clou.**

clouter v. tr. [1] – XVIIe ■ Garnir de clous.

clouterie n. f. – XIIIe ■ Fabrication, commerce des clous.

cloutier, ière n. – XIIIe ■ Personne qui fabrique, vend des clous.

clovisse n. f. – XVIIe ; provenç. *clauvisso,* de *claure* « fermer » ■ région. Coquillage comestible du genre vénus. ⇒ **palourde, praire.**

clown [klun] n. m. – XIXe ; mot angl. « rustre, farceur » 1 Comique de cirque qui, très maquillé et accoutré de manière grotesque, fait des pantomimes et des scènes de farce. *« son agilité, sa souplesse de clown »* (J. Verne). ♦ *Clown blanc :* personnage à la face blanche, à la coiffure tronconique, aux habits pailletés. *Le clown blanc et l'auguste.* 2 Farceur, pitre. *Elle fait le clown.*

> ❑ Le féminin *clownesse* n'est guère utilisé. On dit une *femme-clown.*

clownerie [klunʀi] n. f. – XIXe ■ Pitrerie, facétie. *Faire des clowneries.*

clownesque [klunɛsk] adj. – XIXe 1 Qui a rapport au clown. 2 Digne d'un clown.

cloyère [klwajɛʀ ; klɔjɛʀ] n. f. – XVIIIe ; de *claie* ▪ Panier servant à expédier du poisson, des huîtres. ⇒ **bourriche.**

① **club** [klœb] n. m. – XVIIIe ; mot angl. « réunion, cercle » 1 Société où l'on s'entretenait de questions politiques. *Le club des Cordeliers,* sous la Révolution. 2 Cercle où des habitués viennent passer leurs heures de loisir, pour bavarder, jouer, lire. *Être membre du Jockey Club.* « *une cravate aux rayures de son club* » (Cocteau). 3 Société constituée pour aider ses membres à exercer diverses activités désintéressées (sport, voyage...). ⇒ **association.** *Club sportif, nautique. Club privé :* boîte de nuit réservée à certaines personnes. 4 *Fauteuil club :* fauteuil de cuir, large et profond. 5 *Cravate club,* à rayures obliques.

② **club** [klœb] n. m. – XIXe ; mot angl. « gros bâton » ▪ Crosse de golf. ⇒ **bois, fer, putter.**

❑ Dans le cas d'une francisation des termes de golf, *club* pourrait être remplacé par *canne.*

clubiste n. – XVIIIe 1 Membre d'un club politique (sous la Révolution). 2 Membre d'un club (sportif, de vacances, etc.).

clupéiformes n. m. pl. – 1958 ; lat. *clupea* « alose » ▪ Ordre de poissons osseux de mer ou d'eau douce à la nageoire caudale fourchue (harengs, sprats, sardines, anchois, aloses, etc.).

cluse n. f. – XVIe ; lat. *claudere* « fermer » ▪ (Jura) Coupure étroite et encaissée creusée perpendiculairement à une chaîne de montagnes. *La cluse de Nantua.*

cluster [klœstœʀ] n. m. – 1965 ; mot angl. « aggloméraat » ▪ Groupement d'un petit nombre d'objets. ♦ En musique, Résonance de plusieurs notes jouées simultanément avec le poing, la paume ou l'avant-bras.

clystère n. m. – XIIIe ; gr. *kluzein* « laver » ▪ vx Lavement administré avec une seringue. ➛ Cette grosse seringue.

cm → **centimètre**

CMAO [seɛmao] – 1995 ; sigle ▪ Composition musicale assistée par ordinateur.

cnémide n. f. – XVIIIe ; gr. *knêmis* « jambière » ▪ Jambière des soldats grecs, dans l'Antiquité.

cnidaires n. m. pl. – XIXe ; gr. *knidê* « ortie » ▪ ⇒ **cœlentérés.**

co- ▪ Élément, du lat. *co,* var. de *cum* « avec ». ⇒ **con-.**

❑ Quand le préfixe *co-* est suivi d'un *i,* ce *i* prend un tréma : ex. *coïnculpé.*

coaccusé, ée n. – XVIIIe ▪ Personne qui est accusée en même temps qu'une autre.

coacervat n. m. – mil. XXe ; lat. *coacervare* « mettre en tas » ▪ Phase liquide, habituellement en forme de gouttelettes, se formant lors de la coagulation d'un sol.

coach [kotʃ] n. m. – XIXe ; mot angl. 1 vieilli Automobile à deux portes et quatre places. ⇒ ① **coupé.** *Des coachs* ou *des coaches.* 2 Personne chargée de l'entraînement d'une équipe, d'un sportif. ⇒ **entraîneur.**

coacquéreur n. m. – XVIIe ▪ Personne qui acquiert en même temps qu'une autre le même bien en commun.

coadjuteur n. m. – XIIIe ; lat. *adjuvare* « aider » ▪ Ecclésiastique nommé pour aider un prélat à remplir ses fonctions. *Coadjuteur d'un évêque.*

coadministrateur, trice n. – XIXe ▪ Personne qui administre en même temps que d'autres.

coagulable adj. – XVIIe ▪ Qui peut coaguler, être coagulé.

coagulant, ante adj. et n. m. – XIXe ▪ Qui fait coaguler. ➛ n. m. *La présure est un coagulant du lait.* ✪ CONTR. Anticoagulant.

coagulation n. f. – XIVe ▪ Précipitation de particules en suspension dans un liquide, causée par le chauffage, l'addition d'un acide ou une réaction de condensation. *La coagulation du sang.* ✪ CONTR. Liquéfaction.

coaguler v. [1] – XIIIe ; lat. 1 v. tr. Transformer (une substance organique liquide) en une masse solide. ⇒ **cailler, figer, solidifier.** *La présure coagule le lait.* ♦ SE COAGULER v. pron. ⇒ **prendre.** *Des œufs de tortue* « *dont l'albumine a la propriété de ne point se coaguler comme celle des œufs d'oiseaux* » (J. Verne). 2 v. intr. Se coaguler. *Le sang coagule plus ou moins vite.* ✪ CONTR. Fondre, liquéfier.

coagulum [kɔagylɔm] n. m. – XVIe ; lat. ▪ Masse de substance protéique coagulée. « *le ventricule droit plein d'un coagulum noirâtre* » (Giono). *Des coagulums.*

coalescence n. f. – XVIe ; lat. *coalescere* « croître avec » 1 Soudure de deux surfaces tissulaires en contact. 2 État des particules liquides en suspension réunies en gouttelettes plus grosses. 3 Contraction de deux ou plusieurs éléments phoniques en un seul.

coalescent, ente adj. – XIXe ▪ *Liquides coalescents* (⇒ **coalescence**).

coalisé, ée adj. et n. – XVIIIe ▪ Engagé dans une coalition.

coaliser v. tr. [1] – XVIIIe 1 SE COALISER v. pron. Former une coalition. ⇒ s'**allier,** se **liguer,** s'**unir.** *Les puissances européennes se coalisèrent contre Napoléon.* ♦ S'unir contre (qqn, qqch.). ⇒ se **concerter.** 2 v. tr. Faire se coaliser. ⇒ **grouper, réunir.** *Il a coalisé tout le monde contre nous.* ✪ CONTR. Désunir, opposer, séparer.

coalition n. f. – XVIe ; lat. *coalescere* « s'unir » 1 Réunion momentanée de puissances, de partis ou de personnes dans la poursuite d'un intérêt commun d'opposition ou de défense. ⇒ **alliance, entente, ligue.** *Un gouvernement de coalition.* 2 (souvent péj.) Union. *Coalition d'intérêts.* ✪ CONTR. Discorde, rupture, scission.

coaltar [koltaʀ ; kɔltaʀ] n. m. – XIXe ; angl. *coal* « charbon » et *tar* « goudron » ▪ Goudron obtenu par la distillation de la houille. ➛ loc. fam. *Être dans le coaltar :* ne pas avoir les idées claires.

coaptation n. f. – XVIe ; lat. *coaptare* « ajuster » 1 Rapprochement et ajustement des bords d'une plaie, des fragments d'un os fracturé, etc. « *on panserait les deux plaies sans essayer de les fermer par une coaptation immédiate* » (J. Verne). 2 Dispositif anatomique formé de parties séparées et agencées fonctionnellement.

coarctation n. f. – XVe ; lat. *coarctatio* « action de resserrer » ▪ Rétrécissement de l'aorte.

coassement n. m. – XVIe ▪ Cri de la grenouille, du crapaud. « *un grave coassement de grenouille montait en bulle* » (Genev.).

coasser v. intr. [1] – XVIe ; gr. *koax,* onomat. ▪ Crier, en parlant de la grenouille, du crapaud.

❑ Ne pas confondre *coasser* et *croasser,* qui s'applique au corbeau.

coassurance n. f. – v. 1900 ▪ Assurance d'un même risque par plusieurs assureurs.

coati n. m. – XVIe ; mot tupi ▪ Mammifère carnivore *(procyonidés)* d'Amérique du Sud, au corps allongé, au museau terminé en groin.

coauteur n. m. – XIXe ▪ Personne qui a écrit un livre ou réalisé une œuvre artistique en collaboration avec un ou plusieurs autres. ➛ Participant à un crime commis par plusieurs autres, à degré égal de culpabilité (se distingue de *complice*).

coaxial, iale, iaux adj. – 1911 ▪ Qui a le même axe qu'un autre objet. *Câble coaxial,* et n. m. *un coaxial :* câble formé de deux conducteurs concentriques isolés.

cob n. m. – XIXe ; mot angl. ▪ Cheval demi-sang, utilisé comme cheval de selle ou d'attelage.

cobalt [kɔbalt] n. m. – XVIe ; all. *Kobold* « lutin » ▪ Élément atomique (Co ; no at. 27 ; m. at. 58,93), métal blanc du même groupe que le fer et le nickel. *Bleu de cobalt :* colorant, oxyde ou arséniure de cobalt. ⇒ **safre.** *Cobalt radioactif :* isotope du cobalt de m. at. 60, utilisé en radiothérapie des cancers. ⇒ **radiocobalt.**

cobaye [kɔbaj] n. m. – XIXe ; du tupi-guarani par le port. ▪ Petit mammifère rongeur, appelé aussi *cochon d'Inde,* universellement utilisé comme sujet d'expérience dans les laboratoires. loc. fam. *Servir de cobaye :* être utilisé comme sujet d'expérience.

> ❑ Pour la prononciation → paye (rem.).

cobée n. f. – XIXe ; lat. *cobæa,* en l'honneur du missionnaire *Cobo* ▪ Plante grimpante *(polémoniacées)* originaire d'Amérique tropicale, à grandes fleurs bleues. « *la cobée violette à langues de dragon* » (Colette).

cobelligérant, ante n. m. et adj. – 1794 ▪ Pays qui, dans une guerre, combat aux côtés d'un ou plusieurs autres. ◆ adj. *Les nations cobelligérantes.*

cobol n. m. – v. 1960 ; acronyme angl. de ***Co****mmon* ***B****usiness* ***O****riented* ***L****anguage* ▪ Langage de programmation utilisé pour résoudre les problèmes de gestion.

cobra n. m. – XVIe ; port. *cobra de capelo* « couleuvre à capuchon » ▪ Serpent venimeux d'Asie et d'Afrique. *Cobra indien, appelé aussi* serpent à lunettes. ⇒ **naja.**

① **coca** n. m. et f. – XVIe ; mot esp. d'une langue d'Amérique **1** n. m. ou f. Arbrisseau *(linacées)* dont les feuilles persistantes contiennent des alcaloïdes, dont la *cocaïne**. **2** n. f. Substance extraite de la feuille de coca, aux propriétés stimulantes.

② **coca** → **coca-cola**

coca-cola n. m. inv. – v. 1945 ; nom déposé ▪ Boisson gazéifiée à base de coca (2o) et de noix de cola. ◆ abrév. COCA.

cocagne n. f. – XIIe ; mot provenç. **1** *Pays de cocagne :* pays imaginaire où l'on a tout en abondance. **2** *Mât de cocagne,* au sommet duquel sont suspendus quelques objets ou friandises qu'il faut aller détacher en grimpant.

cocaïne n. f. – XIXe ▪ Alcaloïde extrait du coca, utilisé en médecine pour ses propriétés analgésiques et anesthésiques. ◆ Cet alcaloïde utilisé comme stupéfiant. *Priser, snifer de la cocaïne.* « *les gens qui croient spirituel de dire "de la coco" pour "de la cocaïne"* » (Proust). ◆ abrév. fam. COKE [kɔk].

cocaïnomane n. – XIXe ▪ Personne intoxiquée par un usage fréquent de cocaïne.

cocaïnomanie n. f. – XIXe ▪ Toxicomanie par la cocaïne.

cocarde n. f. – XVIe ; a. fr. *coquard* « sot, vaniteux », de *coq* **1** Insigne aux couleurs nationales. « *Des jeunes filles charmantes distribuent des cocardes tricolores* » (Queneau). **2** Ornement en ruban, nœud décoratif.

cocardier, ière adj. – XIXe ▪ Chauvin, militariste. « *les manifestations patriotardes et cocardières de ma mère* » (Gary).

cocasse adj. – XVIIIe ; de *coquard* « vaniteux », de *coq* ▪ fam. Qui est d'une étrangeté bouffonne, qui étonne et fait rire. ⇒ **burlesque, comique.** *L'aventure est plutôt cocasse.*

cocasserie n. f. – XIXe ▪ Caractère cocasse. ⇒ **drôlerie.** « *un accent d'une inimaginable cocasserie* » (Gide).

coccidie n. f. – XIXe ; gr. *kokkos* « grain » et *eidos* « aspect extérieur » ▪ Protozoaire *(sporozoaires)* parasite des cellules épithéliales des vertébrés et invertébrés.

coccinelle n. f. – XVIIIe ; lat. *coccinus* « écarlate » ▪ Insecte au corps hémisphérique *(coléoptères),* orangé ou rouge tacheté de noir, appelé aussi *bête à bon Dieu.*

> ❑ Par analogie de forme, le mot a servi de dénomination familière à une voiture populaire de la marque allemande Volkswagen.

coccus [kɔkys] n. m. – XVIIIe ; lat. *coccum* « grain » ▪ Bactérie de forme sphérique. *Des coccus* ou *des cocci.*

coccygien, ienne adj. – XVIIIe ▪ Du coccyx, de la région du coccyx.

coccyx [kɔksis] n. m. – XVIe ; gr. *kokkux* « coucou », par anal. de forme avec le bec de cet oiseau ▪ Petit os situé à l'extrémité inférieure de la colonne vertébrale, articulé avec le sacrum.

① **coche** n. f. – XIIe ; p.-ê. lat. *°cocca* ▪ vx ou région. Entaille. ⇒ **encoche.**

② **coche** n. m. – XIIIe ; p.-ê. lat. *caudica* « sorte de bateau » ▪ *Coche d'eau :* autrefois, grand chaland de rivière, halé par des chevaux. « *Des coches d'eau, des péniches passent plus loin* » (Perec). ◇ *Coche (de plaisance) :* recomm. offic. pour *house-boat.*

③ **coche** n. m. – XVIe ; hongr. *Kocs,* nom d'un relais entre Vienne et Pest **1** Autrefois, Grande voiture tirée par des chevaux, qui servait au transport des voyageurs. *La diligence a succédé au coche.* **2** fam. *Manquer, rater le coche :* perdre l'occasion de faire une chose utile, profitable.

cochenille n. f. – XVIe ; esp. « cloporte » ▪ Insecte hémiptère *(coccidés)* dont on tirait une teinture rouge écarlate.

① **cocher** n. m. – XVIe ; de ③ *coche* ▪ Celui qui conduit une voiture à cheval. ⇒ **postillon.**

> ❑ La voiture transportant des passagers était conduite par un *cocher,* celle portant des fardeaux par un *charretier.*

② **cocher** v. tr. [1] – XIVe ; de ① *coche* ▪ Marquer d'un trait, d'un signe. *Cocher un nom sur une liste.*

côcher v. tr. [1] – XVIe ; lat. *calcare* « presser, fouler » ▪ Couvrir la femelle, en parlant des oiseaux.

cochère adj. f. – XVIIe ; de ③ *coche* ▪ *Porte cochère :* porte dont les dimensions permettent l'entrée d'une voiture dans la cour d'un bâtiment.

> ❑ Cet adjectif s'emploie exclusivement avec *porte.*

cochléaire [kɔkleɛʀ] n. f. – XVIe ; lat. ▪ Plante herbacée maritime des rivages atlantiques *(crucifères),* à fleurs blanches riches en vitamines.

cochlée [kɔkle] n. f. – XIXe ; lat. *cochlea* « escargot » ▪ Partie de l'oreille interne enroulée en spirale, contenant les terminaisons du nerf auditif (organe de Corti). ⇒ **limaçon.**

cochon n. m. – XIe ; o. i. **I - 1** Mammifère de l'ordre des artiodactyles. *Cochon sauvage.* ⇒ **sanglier.** *Cochon domestique.* ⇒ **porc.** ◆ Le porc* élevé pour l'alimentation (le plus souvent châtré) (opposé à *verrat*). ⇒ **goret, pourceau.** *Cochon de lait :* jeune cochon. ⇒ **cochonnet, porcelet.** *Femelle du cochon.* ⇒ **truie.** *Groin, oreilles, pieds, queue de cochon.* ◆ *Viande de cochon.* ⇒ **charcuterie ;** fam. **cochonnaille.** ♦ loc. *Nous n'avons pas gardé les cochons ensemble :* pas de familiarités entre nous. *Gros, sale comme un cochon. Manger comme un cochon,* très salement. *Des yeux de cochon,* petits et rapprochés. *Écrire comme un cochon. Travail de cochon,* mal fait, sans soin. *C'est* *donner de la confiture aux cochons,* offrir qqch. de beau à qui est incapable de l'apprécier. ➛ *Ils sont copains comme cochons,* très amis. ➛ *Il a une tête de cochon :* il a mauvais caractère. *Quel caractère de cochon !* ➛ *Un temps de cochon :* un temps exécrable. 2 *Cochon d'Inde :* cobaye. **II** n. et adj. COCHON, COCHONNE [kɔʃɔ̃, kɔʃɔn] fam. 1 Personne qui est sale ou qui salit. ⇒ **dégoûtant.** 2 Individu qui a le goût des obscénités. ⇒ **vicieux.** « *T'entends comme il me manque de respect, ce gros cochon ?* » (Queneau). ➛ adj. *Une histoire cochonne,* licencieuse. ⇒ **grivois, paillard.** 3 Personne grossière, immorale. loc. *TOUR DE COCHON :* sale tour. ⇒ **vacherie.** 4 *C'est pas cochon :* c'est réussi, excellent.

cochonceté n. f. – XIXe ▪ fam. Cochonnerie.

cochonnaille n. f. – XVIIIe ▪ fam. ; surtout au plur. Charcuterie* (avec l'idée d'abondance et de préparations simples, campagnardes).

cochonne → **cochon** (II)

cochonner v. tr. [1] – XVe ▪ fam. Faire (un travail) mal, sans soin ; salir.

cochonnerie n. f. – XVIIe 1 Chose sale ou mal faite. ♦ Chose sans valeur. *Il ne vend que des cochonneries.* 2 fam. Action, propos obscène. *Raconter des cochonneries.* ⇒ **obscénité ; cochonceté.**

cochonnet n. m. – XIIIe 1 Jeune cochon, cochon de lait. ⇒ **porcelet.** 2 Petite boule servant de but aux joueurs de boule.

cochylis [kɔkilis] n. m. – XVIIIe ; gr. *kogkhulion* « coquillage » ▪ Papillon dont la chenille est très nuisible à la vigne.

cocker [kɔkɛʀ] n. m. – XIXe ; mot angl., de *cocking* « chasse à la bécasse » ▪ Petit chien de chasse, à longues oreilles tombantes.

cockney [kɔknɛ] n. et adj. – XVIIIe ; mot angl. *cocken-egg* « œuf de coq », sobriquet du Londonien ▪ Londonien caractérisé par son langage populaire (celui de l'East End). ➛ n. m. Ce langage. *Parler cockney.* ➛ adj. *Accent cockney.* « *les ménagères cockneys et les brutes ivrognes de l'endroit* » (Céline).

cockpit [kɔkpit] n. m. – XIXe ; mot angl. ▪ Creux dans le pont d'un yacht à voiles. ➛ Habitacle du pilote d'un avion. ⇒ **cabine.** ➛ *Le cockpit d'une voiture de course.*

❑ En anglais, *cockpit* a d'abord désigné une arène de combats de coqs (*cock* « coq », *pit* « trou, fossé »).

cocktail [kɔktɛl] n. m. – XVIIIe ; mot angl., réduction de *cocktailed (-horse)* « cheval à queue de coq » ; évolution de sens obscure 1 Boisson constituée d'un mélange de liquides dosés selon des proportions variables, alcoolisée ou non. *Préparer des cocktails dans un shaker.* « *j'avais un faible pour les cocktails à hydromel des Vikings* » (Beauv.). 2 Réunion mondaine avec buffet. ⇒ **lunch.** 3 Mélange (inattendu, dangereux). ➛ *Cocktail Molotov :* bouteille emplie d'un mélange inflammable, employée comme explosif dans les combats de rue.

❑ Molotov était le nom de combat d'un homme politique soviétique, vice-président du Comité d'État à la défense pendant la Seconde Guerre mondiale.

① **coco** n. m. – XVIe ; port. ▪ *Noix de coco :* fruit du cocotier à chair blanche comestible. *Lait de coco :* partie liquide, laiteuse du fruit. *Gâteau à la noix de coco.* ⇒ **congolais.** *Tapis en (fibre de) coco.*

② **coco** n. m. – XIXe ; onomat. d'apr. le cri de la poule 1 Œuf, dans le langage enfantin. 2 t. d'affection *Mon petit coco.* ⇒ ① **cocotte.** 3 fam. Individu bizarre ou suspect. ⇒ **type, zèbre.** *Un drôle de coco.* « *Ah ben merde ! Il est frais le coco* » (Céline). 4 *cocos :* haricots nains à écosser, aux grains arrondis.

③ **coco** n. et adj. – 1941 ; abrév. de *communiste* ▪ fam. et péj. Communiste.

cocon n. m. – XVIe ; provenç. ▪ Enveloppe formée d'un long fil de soie enroulé, dont les chenilles de certains insectes s'entourent. *Dévider un cocon de ver à soie.* ♦ loc. fig. *S'enfermer dans son cocon :* s'isoler, se retirer (⇒ **cocooning**).

cocontractant, ante n. – XVIe ▪ Chacune des personnes qui sont parties à un contrat.

cocooning [kɔkuniŋ] n. m. – v. 1988 ; mot angl., de *cocoon* « cocon » ▪ Situation de qqn qui recherche le confort, la sécurité.

cocorico n. m. – XVIe ; onomat. ▪ Cri du coq. ➛ fig. *Chanter cocorico :* crier victoire, se réjouir d'une victoire française.

❑ On dit aussi *coquerico* [kɔk(ə)ʀiko]. ♦ L'expression *chanter cocorico* fait allusion au coq gaulois, symbole de la France.

cocotier [kɔkɔtje] n. m. – XVIIe ▪ Palmier au tronc élancé qui produit la noix de coco. « *des cocotiers plus hauts que les chênes, dont les noix tombaient sur une mousse* » (Giraud.). ➛ loc. fig. *Secouer le cocotier :* éliminer les personnes âgées ou moins productives.

① **cocotte** n. f. – XIXe ; onomat. 1 lang. enfantin Poule. ➛ *Cocotte en papier :* carré de papier plié figurant un oiseau. 2 fam., vieilli Femme de mœurs légères. ⇒ **courtisane,** fam. ① **poule.** *Une grande cocotte.* 3 t. d'affection (fam.) ⇒ ① **poule, poulette ;** ② **coco.** « *Toi, cocotte, tu mérites la fessée* » (Queneau). 4 terme d'encouragement adressé à un cheval *Hue, cocotte !*

② **cocotte** n. f. – XIXe ; p.-ê. de *coquemar* ▪ Marmite en fonte. appos. *Poulet cocotte.* ➛ *Cocotte-minute* nom déposé : autocuiseur. *Des cocottes-minute.*

cocotter v. intr. [1] – XIXe ; p.-ê. de ① *cocotte* ▪ fam. Sentir* mauvais.

❑ On trouve aussi la graphie *cocoter.* ♦ Le rapport avec *sentir la cocotte* (parfum vulgaire) n'est pas certain.

coction n. f. – XVIe ; lat. *coctio* « cuisson » ▪ Digestion des aliments dans l'estomac.

cocu, ue n. et adj. – XIVe ; de *coucou,* qui pond dans des nids étrangers ▪ fam. Personne dont le conjoint, le partenaire est infidèle. ⇒ **cornard.** *Elle le fait cocu.* ⇒ **cocufier.** ➛ terme d'injure sans contenu précis *Va donc, eh, cocu !* ♦ adj. *Elle est cocue.* « *il vaut mieux être encor cocu que trépassé* » (Mol.).

cocuage n. m. – XVe ▪ fam. État d'une personne cocue.

cocufier v. tr. [7] – XVIIe ▪ fam. Faire cocu. ⇒ **tromper.** « *Si les hommes ne craignaient pas d'être volés, assassinés, cocufiés et opprimés* » (Valéry).

cocyclique adj. – XXe ▪ *Points cocycliques,* situés sur un même cercle. ⇒ **inscriptible.**

coda n. f. – XIXe ; mot it. « queue » ▪ Mouvement sur lequel s'achève un morceau de musique.

codage n. m. – 1959 1 Production (d'un message) selon un code. ⇒ **codification, encodage.** 2 Mise en code (d'un signe). ⇒ **codification.** ✪ CONTR. Décodage.

codant, ante adj. – v. 1970 ▪ *Séquence codante :* séquence d'acide nucléique qui code pour une protéine.

code n. m. – XIIIe ; lat. *codex* 1 Recueil de lois. *Le code de Justinien,* ou *le Code.* ➛ Ensemble des lois et dispositions légales relatives à une matière. *Livre, article d'un code.* CODE CIVIL ou *Code Napoléon* (1800-1804). *Code de commerce. Le code du travail.* ➛ par ext. Toute édition d'un code. *Consulter le code.* ➛ fam. *Le Code :* les lois, le droit. 2 Décret ou loi étendue, réglant un domaine. « *Je connais le code de la route, moi* » (Queneau). ♦ *Phares code,* ou plus cour. *codes :*

phares utilisés en agglomération ou lors du croisement d'autres véhicules (syn. *feux de croisement*). *Se mettre en code(s).* **3** Ensemble de règles, de préceptes, de prescriptions. ⇒ **règlement.** *Le code de l'honneur.* « *un code de la vie à deux* » (Colette). **4** Système de symboles destiné à représenter et à transmettre une information. *Code secret.* ⇒ **chiffre ; cryptographie.** *Mettre en code.* ⇒ **chiffrer, coder.** *Code alphanumérique. Code d'accès à un immeuble* (⇒ **digicode**). *CODE POSTAL* : suite de cinq chiffres indiquant le département et le bureau distributeur, et qui permet le tri mécanique du courrier. *CODE À BARRES* ou *CODE-BARRE* : codage formé de fines barres parallèles apposé sur des produits (alimentaires notamment), qui permet l'identification par lecture optique. *Lire les codes-barres avec une douchette.* ➛ Recueil de symboles. *Code typographique.* **5** Tout système rigoureux de relations structurées entre signes et ensembles de signes. ⇒ **codification, conversion.** *Code linguistique.* ⇒ **système ; grammaire, lexique.** *Interpréter un message selon son code.* ⇒ **décoder.** *Code gestuel, graphique.* ➛ *Code génétique* : ensemble des arrangements de nucléotides qui permet la transmission de l'information génétique déterminant la spécificité des protéines synthétisées (⇒ **codon**).

codébiteur, trice n. – XVIIe ▪ dr. Personne qui doit une somme en même temps que d'autres.

codécision n. f. – 1992 ▪ Décision prise en commun.

codéine n. f. – XIXe ; gr. *kôdeia* « pavot » ▪ Alcaloïde dérivé de la morphine, extrait de l'opium.

codemandeur, deresse adj. et n. – XVIIIe ▪ dr. Qui est demandeur avec d'autres.

coder v. [1] – 1959 **1** v. tr. Mettre en code (4°) (⇒ **crypter**) ; procéder au codage de. « *Jérôme codait et décodait les interviews* » (Perec). ➛ Produire selon un code (5°). ⇒ **encoder. 2** v. intr. (en parlant d'un gène ou d'une séquence d'A. D. N.) *CODER POUR* : détenir le message génétique correspondant à (une protéine). « *le gène codant pour la production de l'hormone de croissance* » (J. Testart). ✪ HOM. Caudé.

codétenteur, trice n. – XVIe ▪ dr. Personne qui détient une chose en même temps que d'autres personnes.

codétenu, ue n. – XIXe ▪ Personne détenue avec d'autres. *Les codétenus d'une cellule.*

codeur n. m. – v. 1960 ▪ Dispositif servant à coder une information ou à changer son code (4°).

codex [kɔdɛks] n. m. – XVIIe ; mot lat. ▪ Recueil officiel de médicaments autorisés par les organismes compétents. ⇒ **formulaire, pharmacopée.**

codicille [kɔdisil] n. m. – XIIIe ; lat. ▪ Acte postérieur à un testament, le modifiant, le complétant ou l'annulant.

codificateur, trice adj. et n. – XIXe ▪ Qui codifie.

codification n. f. – XIXe ; de *code* **1** Action de codifier ; son résultat. *Codification des lois.* **2** Correspondance entre un élément d'information et une combinaison d'un langage informatique. ⇒ **codage. 3** Passage du discours à la langue. *Codification d'un mot.* ⇒ **lexicalisation.**

codifier v. tr. [7] – XIXe **1** Réunir (des dispositions légales) en un code. *Codifier le droit aérien.* **2** Rendre rationnel ; ériger en système organisé. *Sade* « *codifie la méchanceté naturelle de l'homme* » (Camus). **3** Mettre (un signe) dans un code. ⇒ **coder.**

codirecteur, trice n. – XIXe ▪ Personne qui partage la responsabilité d'une direction.

codominance n. f. – v. 1970 ▪ Mode de transmission héréditaire dans lequel l'hétérozygote, pour deux allèles, présente simultanément les caractères ou les gènes des deux parents.

codon n. m. – 1968 ; de *code (génétique)* ▪ Dans un acide nucléique, Triplet de nucléotides dont l'ordre séquentiel constitue l'information qui commande et spécifie la synthèse cellulaire des acides aminés.

coéditer v. tr. [1] – mil. XXe ▪ Éditer (un ouvrage) en collaboration avec d'autres éditeurs.

coédition n. f. – mil. XXe ▪ Édition d'un ouvrage réalisée en collaboration par plusieurs éditeurs ; cet ouvrage.

coefficient n. m. – XVIIe ; de *co-* et *efficient* **1** Nombre par lequel est multipliée une grandeur. *Valeur affectée d'un coefficient.* ➛ Chacun des nombres par lesquels sont multipliées les puissances de la variable d'un polynôme. **2** Nombre caractérisant une propriété physique d'un corps. *Coefficient de dilatation.* « *pour évaluer la résistance d'un conducteur il faut en connaître le coefficient de nature ou résistivité* » (Aragon). **3** Nombre qui détermine la valeur relative d'une épreuve d'examen. *Une matière à coefficient 2.* ♦ Facteur appliqué à une valeur. *Le coefficient des prix.* ➛ Nombre indiquant l'échelon dans une hiérarchie. ♦ Facteur, pourcentage. *Prévoir un coefficient d'erreur.* ⇒ **marge, ratio.**

cœlacanthe [selakɑ̃t] n. m. – XIXe ; gr. *koilos* « creux » et *akantha* « épine » ▪ Grand poisson osseux, très primitif *(crossoptérygiens)*, que l'on croyait disparu. *Le cœlacanthe des Comores.*

cœlentérés [selɑ̃teʀe] n. m. pl. – XIXe ; gr. *koilos* « creux » et *enteron* « intestin » ▪ Embranchement des métazoaires formé d'animaux aquatiques très primitifs à symétrie radiaire, à cavité digestive en cul-de-sac. ⇒ **cnidaires ; méduse, polype.**

cœliaque [seljak] adj. – XVIe ; gr. *koilia* « ventre » ▪ Relatif à la cavité abdominale. *Tronc cœliaque* : grosse artère née de l'aorte abdominale.

cœlioscopie [seljɔskɔpi] n. f. – v. 1970 ; gr. *koilia* « creux, ventre » et *scopie* ▪ Examen de la cavité péritonéale réalisé à l'aide d'un endoscope.

❏ On écrit aussi *célioscopie.*

cœlostat [selɔsta] n. m. – XIXe ; gr. *koilia* « creux, ventre » et *-stat* ▪ Instrument muni d'un miroir tournant qui suit le mouvement de la Terre et enregistre la lumière d'un point fixe du ciel. ⇒ **sidérostat.**

coentreprise n. f. – 1990 ▪ Recomm. offic. pour *joint-venture.*

coenzyme n. f. ou m. – 1909 ▪ Substance organique non protéique, qui peut s'unir à la partie protéique d'une enzyme pour donner une enzyme active. *Coenzyme A.* ⇒ **acétylcoenzyme.**

coépouse n. f. – 1970 ▪ Chacune des épouses d'un polygame, par rapport aux autres épouses.

coéquation [koekwasjɔ̃] n. f. – XVIe ▪ Répartition proportionnelle de l'impôt entre les contribuables.

coéquipier, ière n. – XIXe ▪ Personne qui fait équipe avec d'autres. « *la sourde existence en commun du coéquipier avec son équipe* » (Sartre).

coercitif, ive adj. – XVIe ▪ Qui a le pouvoir de coercition. *Des mesures coercitives.* ♦ *Champ coercitif* : champ magnétique capable de détruire l'aimantation d'un barreau.

coercition n. f. – XVIe ; lat. *coercere* « contraindre » ▪ Pouvoir de contraindre qqn à se soumettre à la loi. ➛ par ext. Le fait de contraindre. ⇒ **contrainte, pression.** *Moyen de coercition.*

cœur [kœʀ] n. m. – XIe ; lat. *cor* **I A - 1** Organe central de l'appareil circulatoire. Chez l'homme, Viscère musculaire situé entre les poumons et dont la forme est à peu près celle d'une pyramide à sommet dirigé vers le bas. ⇒ **cardiaque ; cardi(o)-.** *Enveloppes du cœur.* ⇒ **endocarde, péricarde.** *Muscle du cœur.* ⇒ **myocarde.** *Cavités du cœur.* ⇒ **oreillette, valvule, ventricule.** *Contraction* (⇒ **systole**), *dilatation* (⇒ **diastole**) *du cœur.* ⇒ **battement ; palpitation, pulsation.** *Examen du cœur.* ⇒ **échocardiogramme, électrocardiogramme.** *Maladies de cœur.* ⇒ **angine** (de poitrine), **arythmie, cardialgie, cardiopathie, cardite, collapsus, infarctus, myocardite, tachycardie.** *Opération à cœur ouvert.* ⇒ **cardiotomie.** ➤ *Greffe du cœur.* ➤ loc. littér. *Percer le cœur :* tuer. **2** La poitrine. *Il la serra tendrement sur, contre son cœur.* **3** loc. *Avoir mal au cœur,* des nausées. ⇒ **haut-le-cœur.** *Avoir le cœur au bord des lèvres :* être prêt à vomir. ➤ *Ça me soulève le cœur.* ⇒ **dégoûter, écœurer.** ➤ *Rester sur le cœur.* « *Je ne mâche point ce que j'ai sur le cœur* » (Mol.). **B - 1** Ce qui a ou évoque la forme du cœur (⇒ **cordé**). *Cœur suspendu à un collier. Cœur-de-pigeon :* variété de cerise. *Des cœurs-de-pigeon.* ➤ fam. *Faire la bouche en cœur ;* fig. affecter l'amabilité. ⇒ **minauder.** *Arriver la bouche en cœur,* comme si de rien n'était. ♦ Aux cartes, Une des couleurs, dont les points sont figurés par des cœurs. *As de cœur.* **2** La partie centrale ou active de qqch. ⇒ **centre, milieu.** *Le cœur d'une ville. Un cœur de laitue. Le cœur du bois.* ⇒ **duramen.** *Un fromage fait à cœur,* jusqu'au centre. ➤ Partie (d'un réacteur nucléaire) contenant le combustible et où s'opère la fission. **3** *Au cœur de l'hiver, de l'été :* au plus fort de l'hiver, de l'été. ➤ *Le cœur du sujet, du débat :* le point essentiel, capital. ⇒ **vif. II - 1** Le siège des sensations et émotions. *Un chagrin qui brise, crève, fend, serre le cœur. Avoir le cœur gros.* « *à cet instant où mon cœur est brisé par un abandon si cruel* » (Muss.). *Un coup au cœur :* une forte émotion. **2** Le siège du désir, de l'humeur. *Accepter de bon cœur, de tout cœur, de gaieté de cœur,* avec plaisir. ⇒ **volontiers.** ♦ *Si le cœur vous en dit :* si vous en avez l'envie, le goût. *Avoir, prendre qqch. à cœur :* y prendre un intérêt passionné. *Avoir à cœur de bien faire. Je n'ai pas le cœur à rire. Un coup de cœur :* un enthousiasme subit. ➤ *À CŒUR JOIE :* avec délectation, jusqu'à satiété. *S'en donner à cœur joie.* ➤ *Tenir à cœur :* être considéré comme très important. « *Insistant sur un sujet qui lui tenait à cœur, il reprit* [...] » (France). **3** Le siège de l'affectivité (sentiments, passions). *Les sentiments que le cœur éprouve, ressent.* ⇒ **affection, attachement, inclination, passion, tendresse.** *Venir du cœur :* être spontané et sincère. « *certains mots venus du cœur toucheraient le lecteur* » (Gide). *Aller droit au cœur.* ⇒ ① **toucher.** *Être de (tout) cœur avec qqn. Ne pas porter qqn dans son cœur :* avoir de l'hostilité, de la rancune. ➤ spécialt ⇒ **amour.** *Offrir son cœur. Des peines de cœur. Le courrier du cœur.* ♦ La personne considérée dans ses affections, ses sentiments. « *Charmant, jeune, traînant tous les cœurs après soi* » (Rac.). *Faire le joli cœur,* le galant. ➤ t. d'affection *Mon petit cœur, mon cœur.* ⇒ **amour.** loc. *Joli comme un cœur.* ♦ (Opposé à *raison, esprit*) « *Parfois le plaisir cimente des unions que la raison ni le cœur ne comprennent* » (Maurois). ➤ spécialt Intuition. *Je veux en avoir le cœur net,* être éclairé sur ce point. **4** Bonté, sentiments altruistes. *Avoir bon cœur, avoir du cœur.* ⇒ **charité, générosité, pitié, sensibilité.** *Avoir un cœur d'or. Vous n'avez pas de cœur :* vous êtes sans pitié. ⇒ **sans-cœur.** ➤ fam. *Avoir le cœur sur la main :* être généreux. **5** littér. Source des qualités de caractère, siège de la conscience. ⇒ **âme.** vx *Avoir du cœur,* de l'honneur, de la fierté. « *Rodrigue, as-tu du cœur ?* » (Corn.). ♦ ⇒ **courage.** *Le cœur lui manqua. Donner du cœur à l'ouvrage. Haut les cœurs !* fam. *Y aller de bon cœur,* avec énergie. **6** La vie intérieure ; la pensée intime, secrète. loc. *Du fond de son cœur :* dans son for intérieur. *Épancher, ouvrir son cœur.* ⇒ **avouer,** se **confier,** se **livrer.** *Parler à cœur ouvert,* franchement. **7** PAR CŒUR : de mémoire. *Apprendre, savoir par cœur. Connaître qqn par cœur,* parfaitement bien. ✪ HOM. Chœur.

coexistence n. f. – XVIe **1** Existence simultanée. « *L'Europe admet alors la coexistence de doctrines, d'idéals, de systèmes tout opposés* » (Valéry). ⇒ **concomitance. 2** *Coexistence pacifique :* tolérance réciproque entre nations socialistes et capitalistes (opposé à *guerre* froide*).

coexister v. intr. [1] – XVIIIe ▪ Exister ensemble, en même temps. « *la pluralité des philosophies et des esthétiques qui coexistent et cohabitent si souvent dans la même tête* » (Valéry). ✪ CONTR. Précéder, suivre.

coextensif, ive adj. – XIXe ▪ Qui possède la même extension. *Concepts coextensifs.*

cofacteur n. m. – XXe ▪ Facteur associé à une grandeur, une réaction, un événement. ♦ Petite molécule nécessaire à l'activité d'un enzyme. ⇒ **coenzyme.**

coffrage n. m. – XIXe **1** Charpente qui maintient les terres d'une excavation. ➤ Dispositif qui moule et maintient le béton que l'on coule. *Enlever le coffrage* (⇒ **décoffrer**). **2** Pose de cette charpente, ce dispositif. ✪ CONTR. Décoffrage.

coffre n. m. – XIIe ; gr. *kophinos* « corbeille » **1** Meuble de rangement en forme de caisse qui s'ouvre en soulevant le couvercle. *Un coffre sculpté, clouté. Coffre à linge, à jouets. Petit coffre.* ⇒ **cassette, coffret, écrin.** *Coffre à bijoux.* **2** Caisse, boîte métallique fermée, où l'on met en sécurité de l'argent, des choses précieuses. ⇒ **coffre-fort.** « *Elle a un coffre à la banque, une case, vous savez. Ça se ferme à secret* » (Romains). *La salle des coffres.* **3** Dans une voiture, Espace aménagé pour le rangement, souvent à l'arrière et qui ne communique pas avec l'intérieur. ⇒ **malle.** *Mettre ses bagages dans le coffre.* **4** Réceptacle ayant la forme d'un coffre. *Coffre d'un orgue.* ⇒ **buffet.** ➤ *Coffre d'un navire :* coque. **5** fam. Thorax. ⇒ **poitrine ; caisse.** loc. *Avoir du coffre :* avoir du souffle ; fig. de l'audace.

> ❑ Même origine étym. que *couffin.*

coffre-fort n. m. – XVIe ▪ Coffre métallique destiné à garder en sûreté de l'argent, des objets précieux. *Des coffres-forts.*

coffrer v. tr. [1] – XVIe **1** Munir d'un coffrage. *Coffrer un puits.* **2** fam. ⇒ **emprisonner.** « *je ne vous donne pas deux jours pour vous faire coffrer* » (Romains). ✪ CONTR. Décoffrer. Libérer.

coffret n. m. – XIIIe **1** Petit coffre. *Coffret à bijoux* (⇒ **écrin**). **2** Emballage rigide destiné à présenter élégamment des objets. *Coffret de deux disques.*

cofinancer v. tr. [1] – 1992 ▪ Financer en commun. *Le projet cofinancé par nos sociétés.*

cogérance n. f. – XIXe ▪ Gérance exercée en commun.

cogérer v. tr. [6] – mil. XXe ▪ Gérer en commun (une entreprise).

cogestion n. f. – 1945 ▪ Gestion en commun. ➤ Gestion de l'entreprise assurée par le chef d'entreprise et les représentants des salariés. ⇒ **autogestion, participation.**

cogitation n. f. – XIIe ▪ vx ou iron. Pensée, réflexion. « *Mes cogitations récentes* [...] *m'incitent au contraire à affirmer que* [...] » (Vian).

cogiter v. intr. [1] – XIXe ; lat. ▪ iron. Réfléchir.

cogito n. m. – XIXe ; du lat. *cogito ergo sum* « je pense donc je suis » ▪ Argument sur lequel Descartes a construit son système.

cognac n. m. – XIXe **1** Eau-de-vie de vin réputée de la région de Cognac. ⇒ ① **champagne.** *Verre à cognac,* à fond large. ➝ Verre de cognac. *Boire un cognac.* **2 adj. inv.** De la couleur orangée du cognac. « *toutes les nuances qui séparent un lainage tabac d'un pull cognac* » (Beauv.).

cognassier n. m. – XVIe ; de *cognasse,* var. de *coing* ▪ Arbre fruitier *(rosacées)* qui produit les coings.

cognat [kɔgna] n. m. – XIIIe ; lat. *gnatus,* pour *natus* « né » ▪ Parent par cognation (opposé à *agnat*).

cognation [kɔgnasjɔ̃] n. f. – XIIe ▪ dr. rom. Parenté naturelle. ➝ spécialt Parenté par les femmes (opposé à *agnation*).

cogne n. m. – XVIIIe ; de *cogner* ▪ pop. Agent de police, gendarme.

cognée n. f. – XIe ; lat. *cuneus* « coin » ▪ Grosse hache à biseau étroit utilisée pour abattre les arbres, fendre le gros bois. loc. *Jeter le manche après la cognée :* renoncer par découragement. ⇒ **abandonner.** ✪ HOM. Cogner.

cogner v. [1] – XIIe ; lat. *cuneare* « enfoncer un coin *(cuneus)* » **1 v. tr.** Heurter (qqch.). *Sa tête alla cogner le mur. Se cogner la tête et se faire une bosse.* ♦ SE COGNER **v. pron.** Se heurter par maladresse, inadvertance. *Se cogner à un meuble, contre une porte.* **2** pop. Frapper, donner des coups à (qqn). ⇒ **battre,** ② **taper.** *Je vais te cogner !* **3 v. tr. ind.** Frapper (sur qqch., qqn) à coups répétés. « *un clou sur lequel il ne cessait de cogner* » (Mac Orlan). ➝ « *il aimait cogner, lui aussi : même qu'il cognait dur* » (Mart. du G.). ➝ *Cogner à la porte. La grêle cogne contre, sur la vitre.* **4 v. intr.** Donner, faire entendre des chocs. *Il y a un volet qui cogne,* qui bat. *Le moteur cogne,* ne tourne pas rond (⇒ **à-coup).** ♦ fam. Envoyer des rayons très ardents (soleil). *Ça cogne !* ⇒ ② **taper.** ➝ Être très fort en alcool (boisson). ✪ HOM. Cognée.

cogniticien, ienne [kɔgnitisjɛ̃, jɛn] n. – 1983 ▪ Spécialiste de l'intelligence artificielle, chargé d'intégrer dans un système expert les informations d'un champ de connaissance.

cognitif, ive [kɔgnitif, iv] adj. – XIVe ▪ Capable de connaître ou qui concerne la connaissance. *Faculté, fonction cognitive.* ⇒ **cognition.** *Test cognitif. Sciences cognitives,* concernant la connaissance et ses processus (psychologie, linguistique, neurobiologie, logique, informatique).

cognition [kɔgnisjɔ̃] n. f. – XIVe ; lat. *cognoscere* « connaître » **1** Connaissance. **2** Processus par lequel un organisme acquiert la conscience de son environnement.

cohabitation n. f. – XIIIe **1** Vie en commun. *La cohabitation des époux. Cohabitation avec qqn.* **2** Dans le cadre constitutionnel de la Ve République, Coexistence d'un président de la République et d'un gouvernement de tendance opposée.

cohabiter v. intr. [1] – XIVe ▪ Habiter, vivre ensemble. ➝ Pratiquer la cohabitation (2°).

cohérence n. f. – XVIe ; lat. *cohærere* « adhérer ensemble » **1** Union étroite des divers éléments d'un corps. ⇒ **adhérence, cohésion, connexion. 2** Liaison, rapport étroit d'idées qui s'accordent entre elles ; absence de contradiction. *Discours qui manque de cohérence. Cohérence entre deux choses.* ✪ CONTR. Incohérence.

cohérent, ente adj. – XVIe **1** Qui présente de la cohérence, de l'homogénéité. ⇒ **homogène. 2** Qui se compose de parties liées et harmonisées entre elles (discours, pensée). ⇒ **harmonieux,** ② **logique, ordonné.** *Programme cohérent.* « *en dépit du ton appliqué laissant supposer un ensemble cohérent* » (Robbe-Grillet). **3** Dont le déphasage est constant au cours du temps. *Faisceau de lumière cohérente du laser.* ✪ CONTR. Incohérent.

cohéreur n. m. – XIXe ▪ Premier détecteur d'ondes hertziennes.

cohéritier, ière n. – XVe ▪ Chacune des personnes appelées à partager le même héritage.

cohésif, ive adj. – XIXe ▪ didact. Qui joint, unit, resserre. *Force cohésive.*

cohésion n. f. – XVIIIe ; lat. *cohærere* « être attaché ensemble » **1** Ensemble des forces qui maintiennent associés les éléments d'un corps (⇒ **adhérence, cohérence).** *La cohésion des gaz est faible ou nulle.* **2** Cohérence, unité logique d'une pensée, d'un exposé, d'une œuvre. *L'histoire « doit donc maintenir la cohésion de toutes ses pensées »* (R. Rolland). ➝ Union, solidarité entre les membres d'un groupe. *La cohésion d'une équipe.* ✪ CONTR. Confusion, désagrégation, dispersion.

cohorte n. f. – XIIIe ; lat. **1** Corps d'infanterie formant le dixième d'une légion romaine. **2** fam. Groupe. *La cohorte de ses admirateurs.*

> ❑ Le latin *cohors* est un composé de *hortus* « jardin » ; son sens premier était « enclos, parc à bétail ou à instruments agricoles, basse-cour ».

cohue n. f. – XIIIe ; bret. « halle » **1** Assemblée nombreuse et tumultueuse. ⇒ **foule, multitude.** « *cette cohue d'hommes, de bêtes, de canons* » (Zola). **2** Afflux désordonné de personnes trop nombreuses. *À Noël, c'est la cohue dans les magasins.* ⇒ **bousculade, ruée, rush.** *Quelle cohue !* ⇒ **monde.** ✪ CONTR. ② Désert.

coi, coite adj. – XIe ; lat. *quietus* → quiet ▪ loc. *Se tenir, demeurer coi, coite :* se taire et ne pas bouger ; ne pas intervenir. « *j'ai des jours de souffrance qui me font rester coi et farouche* » (Ste Beuve). ➝ *En rester coi.* ⇒ **pantois, stupéfait ;** ① **baba.** ✪ HOM. Quoi.

> ❑ Le féminin est rare.

coiffage n. m. – XIXe ▪ Action de coiffer.

coiffant, ante adj. – mil. XXe **1** Qui coiffe bien. *Chapeau coiffant.* **2** Qui sert à coiffer, à fixer les cheveux. *Gel coiffant.*

coiffe n. f. – XIe ; germ. °*kufia* « casque » **1** Coiffure féminine en tissu, portée autrefois à la campagne (de nos jours essentiellement folklorique). ⇒ **bavolet, béguin, capeline.** *Coiffe de Bretonne.* « *des coiffes de dentelles qui ont gardé, pour chaque région, un modèle différent* » (Simenon). ➝ *Coiffe des religieuses.* ⇒ **cornette. 2** Doublure d'un chapeau. Enveloppe d'étoffe recouvrant un képi. **3** Fragment de membrane fœtale conservée parfois sur la tête à la naissance (→ **coiffé). 4** Enveloppe de la capsule des mousses. **5** Rebord du dos d'un livre relié. ♦ Extrémité profilée (d'une fusée d'un lanceur), destinée à la protection de la charge utile.

coiffé, ée adj. – XVIe **1** Qui porte une coiffure. ⇒ **chapeauté.** ➝ spécialt *Un enfant coiffé.* ⇒ **coiffe** (3°). loc. fig. *Être né coiffé :* être chanceux. **2** Dont les cheveux sont arrangés. *Elle est toujours bien coiffée.* ✪ CONTR. Décoiffé.

coiffer v. tr. [1] – XIIIe **I - 1** Couvrir la tête de (qqn). *Coiffer un enfant d'un bonnet.* pronom. *Se coiffer d'un chapeau.* **2** Mettre sur sa tête. « *il coiffe la casquette à soufflet* » (Sand). ♦ loc. fam. *Coiffer sainte Catherine,* se dit d'une jeune fille encore célibataire à vingt-cinq ans (⇒ **catherinette). II** Arranger les cheveux de (qqn) en une coiffure. ⇒ **peigner ; friser.** *Se faire coiffer chez le coiffeur.* ➝ pronom. *Se coiffer le matin.* **III - 1** Dépasser d'une tête à l'arrivée d'une course. ♦ *Se* *faire coiffer (au poteau)* : être dépassé sur la ligne d'arrivée ; fig. perdre la première place. 2 Réunir sous son autorité, être à la tête de. ⇒ **chapeauter.** *La société coiffe plusieurs filiales.* ✪ CONTR. Décoiffer, découvrir.

coiffeur, euse n. – XVIIe ▪ Spécialiste de la coiffure (2°). ⇒ pop. **merlan.** *Coiffeur pour dames. Aller chez la coiffeuse.* ➝ loc. *Des minutes de coiffeur* : de longs moments (d'attente).

coiffeuse n. f. – 1901 ▪ Petite table de toilette munie d'une glace devant laquelle les femmes se coiffent, se fardent.

coiffure n. f. – XVIe 1 Ce qui sert à couvrir la tête ou à l'orner. ⇒ plais. **couvre-chef ; béret, bonnet, calotte, chapeau, coiffe, toque.** 2 Arrangement des cheveux. *Coiffure bouclée, frisée. Coiffure courte, mi-longue.* ⇒ ② **coupe.** ➝ *Ta nouvelle coiffure te va bien.* ♦ Métier de coiffeur. ⇒ **capilliculture.** *Apprendre la coiffure. Salon de coiffure.*

coin n. m. – XIIe ; lat. *cuneus* 1 Instrument de forme prismatique pour fendre des matériaux, serrer et assujettir. ⇒ ② **cale.** *Assujettir avec des coins* **(⇒ coinçage, coincement).** *Ôter les coins.* ⇒ **décoincer.** ➝ loc. fig. *Enfoncer un coin dans, entre* : séparer, détruire l'unité de. *En forme de coin* **(⇒ cunéiforme).** 2 Matrice qui sert à frapper les monnaies et les médailles. *Monnaie à fleur de coin,* aussi nette qu'à sa sortie de dessous le coin (opposé à *monnaie fruste*). ➝ Poinçon de garantie. ♦ fig. ⇒ **empreinte, marque, sceau.** loc. *Une réflexion marquée au coin du bon sens.* 3 Angle formé par l'intersection de deux lignes ou de deux plans. *Figure à quatre coins* (quadrilatère). *Dessiner sur le coin d'une table.* ➝ *Les quatre coins d'un salon.* ⇒ **angle, encoignure, renfoncement.** *Épousseter coins et recoins. Étagère, meuble de coin,* de forme triangulaire. ⇒ **encoignure, écoinçon.** « *l'hiver, ils restent au coin de leur feu* » (Zola). ♦ *Le coin de la rue* : l'endroit où deux rues se coupent. *Le bistrot du coin.* ♦ loc. *On n'aimerait pas le rencontrer au coin d'un bois* : il a une allure inquiétante. ➝ *Le coin de la bouche, des lèvres.* ⇒ **commissure.** *Regarder, surveiller du coin de l'œil,* à la dérobée. *Sourire en coin,* ironique ou malveillant. ♦ *LES QUATRE COINS* : jeu où les quatre joueurs qui occupent les angles d'un quadrilatère doivent changer de coin tandis qu'un cinquième joueur essaie d'occuper un coin libre. *Jouer aux quatre coins.* 4 Petit espace ; portion d'un espace. *C'est un coin de Paris que je ne connais pas. Elle habite dans le coin.* ⇒ **secteur.** *Voyager aux quatre coins du monde,* partout. « *Dans quelque coin du monde que j'achève ma vie* » (Volt.). ➝ *Studio avec coin cuisine.* ♦ Endroit retiré, peu exposé à la vue ou peu fréquenté. ⇒ **recoin.** *Mettez cela dans un coin. Se cacher dans un coin.* loc. *Rester, vivre dans son coin,* à l'écart des autres. ♦ fam. *LE PETIT COIN* : les toilettes. *Aller au petit coin.* ✪ HOM. Coing.

coinçage n. m. – XIXe ▪ Le fait de coincer. ⇒ **grippage.**

coincé, ée adj. – XVIIIe 1 Bloqué, immobilisé. *Serrure coincée.* 2 fam. Mis dans l'impossibilité d'agir. ♦ Complexé, inhibé. *Un air coincé.* ⇒ **constipé.**

coincement n. m. – XIXe ▪ État de ce qui est coincé. ♦ Mouvement d'escalade où l'on coince son pied, son poing, le poids du corps assurant la solidité de la prise.

coincer v. tr. [3] – XVIIIe 1 Assujettir, fixer avec des coins. *Coincer des rails.* ➝ *Coincer une bouteille entre deux paquets.* ⇒ **bloquer, immobiliser, serrer.** *Être coincé sous les décombres.* pronom. *La fermeture éclair s'est coincée.* ⇒ **gripper.** 2 fam. Mettre dans l'impossibilité d'agir. ⇒ **acculer.** *On a coincé le voleur.* ⇒ **pincer.** ➝ Mettre en difficulté intellectuelle. *Il l'a coincé sur cette question.* ⇒ **coller.**

coïncidence [kɔɛ̃sidɑ̃s] n. f. – XVe 1 État de deux figures superposables point par point. 2 Fait de coïncider ; événements qui arrivent ensemble (par hasard ou comme par hasard). ⇒ **concordance, concours** (de circonstances), **correspondance,** ① **rencontre, simultanéité.** « *Ce qu'on nomme logique n'est souvent que coïncidences* » (Valéry). *Quelle coïncidence !* ✪ CONTR. Divergence.

coïncident, ente [kɔɛ̃sidɑ̃, ɑ̃t] adj. – XVIe ▪ Qui coïncide (dans l'espace ou le temps). *Surfaces coïncidentes. Des faits coïncidents.* ⇒ **simultané.** ✪ CONTR. Divergent.

> ❑ Ne pas confondre *coïncident,* adj., et *coïncidant,* participe présent du verbe *coïncider.*

coïncider [kɔɛ̃side] v. intr. [1] – XIVe ; lat. « tomber *(incidere)* ensemble » 1 Se recouvrir exactement sur tous les points. *Deux cercles de même rayon coïncident.* 2 Arriver, se produire en même temps. *Sa venue coïncide avec l'événement.* « *le désir de tuer coïncide souvent avec le désir de mourir soi-même ou de s'anéantir* » (Camus). 3 Correspondre exactement. ⇒ **concorder,** se **recouper.** *Leurs témoignages coïncident.* ✪ CONTR. Diverger.

coin-coin n. m. inv. – XVIIIe ; onomat. ▪ Onomatopée imitant le cri du canard.

coïnculpé, ée [koɛ̃kylpe] n. – XIXe ▪ Inculpé en même temps que d'autres, dans la même procédure.

coing [kwɛ̃] n. m. – XIIe ; gr. *kudonia (mala)* « (pomme) de Cydonia » ▪ Fruit du cognassier, âpre et cotonneux. *Gelée, pâte* **(⇒ cotignac)** *de coings.* ➝ loc. fam. *Être jaune comme un coing* : avoir le teint très jaune. ✪ HOM. Coin.

coït [kɔit] n. m. – XVe ; lat. *coire* « aller ensemble » ▪ Accouplement du mâle avec la femelle. ⇒ **copulation.** ♦ (Chez l'être humain) *Coït interrompu* : retrait du pénis du vagin juste avant l'éjaculation, dans un but contraceptif. ➝ *Coït anal.* ⇒ **sodomie.**

coïter v. intr. [1] – XIXe ▪ didact. Accomplir le coït.

① **coke** n. m. – XVIIIe ; mot angl. ▪ Résidu solide de la carbonisation ou de la distillation de certaines houilles grasses. *Production du coke.* ⇒ **cokéfaction.** *Coke métallurgique,* servant au chauffage des hauts fourneaux. ✪ HOM. Coq, coque.

② **coke** n. f. → **cocaïne**

cokéfaction n. f. – 1921 ▪ Transformation de la houille en coke (①) (par la chaleur).

cokéfier v. tr. [7] – 1911 ▪ Transformer en coke (①).

cokerie n. f. – XIXe ▪ Usine où l'on produit, où l'on traite le coke. ✪ HOM. Coquerie.

col n. m. – XIe ; lat. **I - 1** vx Cou. ♦ loc. *Se hausser, se pousser du col* : se faire valoir, prendre de grands airs. « *Elle s'en croit. Il y a sa mère aussi, qui se pousse du col* » (Sartre). 2 Partie étroite, rétrécie (d'un récipient). *Col d'une bouteille.* ⇒ **goulot.** « *En un vase à long col* » (La Font.). ♦ Partie rétrécie (d'une cavité organique). *Col de l'utérus.* ➝ Partie la plus étroite (de certains os). *Col du fémur.* 3 Dépression formant passage entre deux sommets montagneux. ⇒ **gorge,** ① **pas,** ① **port.** *Le col du Somport. Franchir, passer un col.* **II - 1** Partie du vêtement qui entoure le cou. ⇒ **collerette, collet,** ③ **fraise ;** fam. **colback.** *Col de chemise. Dimension du col.* ⇒ **encolure.** *Col dur,* empesé. *Faux col, col amovible.* ➝ *Col Claudine, col Mao. Col de fourrure. Chandail à col rond, à col en V, à col roulé.* ➝ fam. *COL-BLEU* : marin de la Marine nationale. *Les cols-bleus.* ➝ *COL BLANC* : employé de bureau, de magasin. « *On sait qu'on va y trouver des "cols blancs", des médecins, des gens de loi, des directeurs et des sous-directeurs* » (Simenon). 2 loc. *Un demi sans faux col* : un demi (de bière) sans mousse. ✪ HOM. Colle.

❑ *Col* est une variante phonétique de *cou*. Les dérivés de *col* et de *cou* ont tous été formés sur *col* (*collet, collier*, etc.). → décollation. ♦ Ne pas confondre avec le cas des adjectifs (*fol* et *fou*).

col- → **con-**

cola ou **kola** n. m. et f. – XVIIe ; mot d'Afrique occidentale **1** n. m. Colatier. *Graine, noix de cola.* **2** n. m. ou f. Graine de cola (appelée *noix de cola*) contenant des alcaloïdes stimulants. *Croquer la cola.*

colatier ou **kolatier** n. m. – 1905 ▪ Grand arbre d'Afrique occidentale *(sterculiacées)* qui produit la noix de cola. ⇒ **cola** (1°).

colature n. f. – XIVe ; lat. *colare* « filtrer » ▪ Liquide obtenu par des opérations de lavage et de percolation d'une drogue végétale sèche.

colback n. m. – XVIe ; turc **1** Ancienne coiffure militaire, bonnet à poil orné en haut d'une poche conique en drap. **2** fam. Col. *Il l'a attrapé par le colback.*

colchicine n. f. – XIXe ▪ Alcaloïde toxique de la colchique, antimitotique, employé dans le traitement de la goutte.

colchique n. m. – XVIe ; gr. « herbe de *Colchide* », pays de l'empoisonneuse Médée ▪ Plante des prés *(liliacées)*, vénéneuse, fleurissant en automne, aussi appelée *safran des prés, tue-chien.* « *Le colchique couleur de cerne et de lilas* » (Apoll.).

cold-cream [kɔldkʀim] n. m. – XIXe ; mot angl., de *cold* « froid » et *cream* « crème » ▪ vieilli Crème pour la peau obtenue par émulsion d'eau (ou d'eau de rose) et de blanc de baleine, cire d'abeille et huile d'amandes douces. « *lotionner le visage avec du cold-cream et de l'eau de guimauve* » (Verlaine). *Des cold-creams.*

col-de-cygne n. m. – XIXe ▪ Pièce, tuyau ou robinet à double courbure. *Des cols-de-cygne.*

-cole ▪ Élément, du lat. *colere* « cultiver, habiter ».

colégataire n. – XVIe ▪ Légataire, avec d'autres, d'un même testateur.

coléoptères n. m. pl. – XVIIIe ; gr. *koleos* « étui » et *pteron* « aile » ▪ Ordre d'insectes dont les élytres recouvrent, au repos, les ailes postérieures à la façon d'un étui. au sing. *Le hanneton est un coléoptère.*

colère n. f. et adj. – XVe ; gr. *khôlê* « bile » **I** n. f. **1** Violent mécontentement accompagné d'agressivité. ⇒ **courroux, emportement, exaspération, fureur, furie,** vx **ire, irritation, rage,** fam. **rogne.** *Propension à la colère* ⇒ **irascibilité, irritabilité, susceptibilité ; coléreux.** *Être rouge, blême de colère ; bégayer, trépigner de colère. Être dans une colère noire, terrible. Colère blanche, froide,* qui n'éclate pas. « *les timides font voir souvent une colère assez ridicule* » (Alain). *Laisser exploser sa colère.* ➝ État individuel de colère. *Passer sa colère sur qqn, qqch.* (qui n'en est pas la cause). ♦ EN COLÈRE. *Être en colère* : manifester sa colère. ⇒ **fulminer, rager.** *Être en colère contre qqn. Se mettre en colère.* ⇒ **éclater,** se **fâcher,** s'**irriter.** *Mettre qqn en colère.* ⇒ **agacer, courroucer, crisper, énerver, exaspérer, fâcher,** fam. **gonfler, irriter.** ➝ *En colère* : très mécontent et le manifestant. *Les agriculteurs en colère.* **2** Accès, crise de colère. ⇒ **crise.** *Enfant qui fait une grosse colère. Piquer des colères terribles.* **3** littér. *La colère des flots.* ⇒ **déchaînement. II** adj. vieilli ou région. Qui manifeste de la colère. « *l'œil enflammé, la face colère, le front menaçant* » (J. Verne). ✪ CONTR. ① Calme, douceur.

❑ La colère était tenue autrefois pour un échauffement de la bile.

coléreux, euse adj. – XVIe ▪ Qui, par tempérament, est prompt à se mettre en colère. ⇒ **atrabilaire, emporté, irascible, irritable, rageur.** *Un enfant coléreux.* ➝ *Caractère, tempérament coléreux.* ⇒ **violent.** ✪ CONTR. ② Calme, doux.

colérique adj. – XIIIe ▪ vieilli Coléreux. ✪ HOM. Cholérique.

colibacille [kɔlibasil] n. m. – XIXe ; gr. *kôlon* « gros intestin » et *bacille* ▪ Bactérie gram négative, constituant de la flore intestinale, qui peut devenir pathogène.

colibacillose [kɔlibasiloz] n. f. – XIXe ▪ Infection due au colibacille. *Colibacillose urinaire.*

colibri n. m. – XVIIe ; o. i. ▪ Oiseau tropical minuscule *(apodiformes)*, à plumage éclatant et long bec. ⇒ **oiseau-mouche.** « *des colibris étincellent sur le jasmin des Florides* » (Chateaub.).

colicitant, ante n. m. et adj. – XIXe ▪ Chacun de ceux au profit desquels se fait une vente par licitation.

colifichet n. m. – XVIIe ; altér. a. fr. *coefficher* « ornement qu'on *fichait* sur la *coiffe* » ▪ Petit objet de fantaisie, sans grande valeur. ⇒ **babiole, bagatelle.** « *le sybarite accoutumé aux colifichets, au luxe, aux délicatesses de Paris* » (Balz.).

coliforme adj. – 1946 ; de *coli(bacille)* et *-forme* ▪ Se dit des bactéries gram négatives, présentes dans le côlon. ➝ n. m. *La présence excessive de coliformes est un indice de la pollution de l'eau de mer notamment.*

colimaçon n. m. – XVe ; du picard *calimaçon*, de *limaçon* **1** vieilli Escargot. ⇒ **limaçon. 2** loc. adv. EN COLIMAÇON : en hélice. *Escalier en colimaçon.*

① **colin** n. m. – XIVe ; néerl. *koolvis* ou angl. *coalfish* « poisson charbon », en raison de la couleur du dos **1** Poisson de mer appelé aussi *lieu noir.* **2** région. Merlu.

② **colin** n. m. – XVIIIe ; de *Colin*, dimin. de *Nicolas* ▪ Oiseau d'Amérique du Nord *(galliformes)*, assez semblable aux petits gallinacés. *Colin de Virginie.*

colinéaire adj. – mil. XXe ▪ *Vecteurs colinéaires,* qui ont même direction.

colin-maillard n. m. – XVIe ; de *Colin* et *Maillard*, n. pr. ▪ Jeu où l'un des joueurs, les yeux bandés, doit saisir un autre joueur et le reconnaître. *Jouer à colin-maillard. Organiser des colin-maillards.*

colinot ou **colineau** n. m. – mil. XXe ▪ Colin (①) de petite taille.

① **colique** n. f. – XIVe ; gr. *kolon* « gros intestin » **1** (souvent plur.) Douleur violente ressentie au niveau des viscères abdominaux, spécialt du côlon. ⇒ **colite, entérite, tranchées.** *Coliques spasmodiques* (⇒ **entéralgie**), *flatulentes* (⇒ **borborygme, flatuosité**). ♦ Douleur due à l'obstruction des canaux biliaires, urinaires par un calcul. *Colique hépatique, néphrétique.* **2** Diarrhée. *Avoir la colique* (⇒ vulg. **chiasse, courante**) ; fig. avoir peur. ➝ *Quelle colique !* se dit de ce qui ennuie.

② **colique** adj. – XIVe ▪ Relatif au côlon.

colis n. m. – XVIIIe ; it. *colli* « charges portées sur le cou *(collo)* » ▪ Objet, produit emballé destiné à être expédié et remis à qqn. ⇒ **ballot, caisse, paquet.** *Envoyer, expédier un colis. Colis postal.*

colistier, ière n. – 1926 ▪ Dans le scrutin de liste, Personne qui est candidate sur la même liste qu'une autre.

colite n. f. – XIXe ▪ Inflammation du côlon.

colitigant, ante n. – XVe ; de *co-* et *litigant* « celui qui a un procès », lat. *litigare* « plaider » ▪ Chacun des plaideurs engagés dans un même procès.

collaborateur, trice n. – XVIIIe **1** Personne qui travaille avec d'autres à une œuvre commune. ⇒ **adjoint,** ② **aide, assistant, associé, collègue.** *Les collaborateurs d'un journal. Mon plus proche collabora-*

teur. ⇒ **second.** *Il se demanda « s'il avait été habile à choisir ses collaborateurs »* (Romains). 2 Pendant l'Occupation (1940-1944), Français partisan d'une collaboration avec l'Allemagne. ⇒ **collaborationniste.** *Résistants et collaborateurs.* ➛ abrév. fam. et péj. COLLABO. *Les collabos.*

collaboration n. f. – XVIIIe 1 Travail en commun, action de collaborer avec qqn. *Livre écrit en collaboration.* ⇒ **association ; collectif.** *Apporter sa collaboration à une œuvre.* ⇒ ① **aide, appui, concours, coopération, participation.** « *la collaboration bénévole de quelques contribuables* » (Queneau). 2 Politique d'entente avec l'occupant allemand mise en œuvre par le gouvernement de Vichy ; attitude des partisans de cette politique.

collaborationniste adj. et n. – v. 1940 ▪ Partisan de la collaboration (2°). ⇒ **collaborateur** (2°).

collaborer v. tr. ind. [1] – XIXe ; lat. *cum (co-)* « avec » et *laborare* « travailler » 1 Travailler en collaboration (avec d'autres). *Collaborer à une revue.* ⇒ **coopérer, participer** (à). « *dans les affaires de contre-espionnage la police collabore avec les militaires* » (Romains). *Ils ont longtemps collaboré.* 2 Agir en tant que collaborateur (2°). *Il a refusé de collaborer.*

❑ Même famille que *élaborer, laboratoire.* ♦ Éviter de dire *collaborer ensemble* qui est un pléonasme.

collage n. m. – XVIe 1 Action de coller. *Le collage des affiches.* ♦ État de ce qui est collé. ♦ Composition artistique faite d'éléments hétérogènes collés sur la toile, éventuellement intégrés à la peinture. *Les collages de Braque, de Picasso.* 2 Addition de colle. *Collage du papier, des étoffes.* ⇒ **apprêt.** ➛ Clarification (du vin) à l'aide de substances qui entraînent la sédimentation des particules en suspension. *Collage au blanc d'œuf.* 3 fam. Concubinage. « *mariage, divorce, collage, fil à la patte, coup de foudre* » (Cendrars). ✪ CONTR. Décollage.

collagène n. m. – XIXe ; de *colle* et *-gène* ▪ Protéine fibreuse de la substance intercellulaire du tissu conjonctif.

collant, ante adj. et n. m. – XVIe I - 1 Qui est fait pour coller, adhérer. *Papier collant,* enduit de colle. ⇒ **adhésif, autocollant, gommé.** 2 Qui adhère comme de la colle. *Une purée collante.* ⇒ **visqueux.** *Mains collantes.* ⇒ **poisseux.** 3 Dont on ne peut se débarrasser (présence, contacts, requêtes). ⇒ **importun, sans-gêne ;** fam. **crampon, glu.** « *Il y en a qui sont collants... Pas moyen de s'en débarrasser* » (Queneau). II - 1 Qui épouse les formes du corps. ⇒ **ajusté, moulant.** *Pantalon collant.* 2 n. m. Maillot, pantalon collant en maille, pour la danse, le sport (⇒ **body, caleçon).** ♦ Sous-vêtement féminin qui unit bas et culotte. *Enfiler un collant, une paire de collants, des collants.* « *La plus attirante créature du monde est morte, en collant...* » (Sollers). ✪ CONTR. ① Discret. — Ample, large, ③ vague.

collante n. f. – 1900 ▪ arg. scol. Convocation à un examen. ♦ Feuille de résultats d'examen.

collaper v. intr. [1] – 1985 ; angl. ▪ fam. S'évanouir. *J'ai failli collaper en apprenant ça.*

collapsus [kɔlapsys] n. m. – XVIIIe ; mot lat. de *collabi* « s'affaisser » 1 État pathologique caractérisé par un malaise soudain, intense, une baisse de la tension, un pouls rapide, des sueurs froides. *Collapsus cardiovasculaire.* 2 Affaissement d'un organe comprimé. *Collapsus pulmonaire.*

collargol n. m. – 1903 ; nom déposé, de *coll(oïde), arg(ent)* et *-ol* ▪ Argent colloïdal.

collatéral, ale, aux adj. – XIVe 1 Latéral par rapport à qqch. ➛ *Artère collatérale,* qui se détache d'un tronc principal et chemine parallèlement à celui-ci. ♦ Placé de part et d'autre d'une structure. ➛ *Nef collatérale.* ⇒ **bas-côté.** ➛ subst. *Les collatéraux :* les bas-côtés. 2 *Parents collatéraux :* membres d'une même famille descendant d'une même personne, sans descendre les uns des autres. ➛ subst. *Les descendants, les ascendants et les collatéraux.* ➛ *Ligne collatérale* (opposé à *ligne directe*). 3 *Points collatéraux,* entre deux points cardinaux (ex. nord-est, sud-ouest). ✪ CONTR. Central.

collateur n. m. – XVe ; lat. *conferre* → conférer ▪ Celui qui conférait un bénéfice ecclésiastique.

collation n. f. – XIIIe ; lat. *conferre* → conférer 1 Action, droit de conférer un titre, un bénéfice ecclésiastique, un grade universitaire. 2 vieilli Action de comparer entre eux des textes. ⇒ **collationnement.** 3 Repas léger. ⇒ **en-cas, lunch.** *Collation de quatre heures.* ⇒ ② **goûter.** « *une collation bien servie, composée de choses japonaises raffinées* » (Loti).

❑ Au sens 3°, éviter le pléonasme *légère collation.* ♦ Pour le sens → casse-croûte (rem.).

collationnement n. m. – XIXe ▪ Collation (2°). *Collationnement des épreuves avec le manuscrit.*

collationner v. tr. [1] – XIVe ▪ Comparer (des manuscrits, des textes) pour vérifier la concordance. ⇒ **confronter, examiner ; collation** (2°), **collationnement.** *Collationner un texte saisi avec l'original. Collationner deux éditions.* ➛ spécialt Vérifier l'ordre des cahiers d'un livre, des éléments d'une liste.

colle n. f. – XIIIe ; gr. 1 Substance gluante utilisée pour assembler durablement deux surfaces. ⇒ **empois, glu, poix.** *Enduire de colle.* ⇒ **encoller.** *Couche de colle.* « *Chicago sent la colle forte* » (Duham.). *Colle blanche. Colle de bureau. Colle au caoutchouc.* ⇒ **dissolution.** *Colle à bois.* ➛ loc. fam. *Faites chauffer la colle !* se dit quand on entend un bruit de casse. *Pot de colle :* personne dont on ne peut se débarrasser (⇒ **collant).** *Être, vivre à la colle,* en concubinage (⇒ **collage).** ➛ Se dit d'aliments trop cuits, agglutinés. *C'est de la colle, ton riz !* ♦ *Peinture à la colle.* ⇒ ① **détrempe.** 2 arg. scol. Exercice d'interrogation préparatoire aux examens, aux concours. ♦ Question difficile. ⇒ **problème, question.** *Poser une colle.* ♦ Punition qui contraint un élève à venir en classe en dehors des heures de cours. ⇒ **consigne, retenue.** *Deux heures de colle.* ✪ HOM. Col.

collectage n. m. – XVIe ▪ Action de collecter. ⇒ **collecte, ramassage.**

collecte n. f. – XIIIe ; lat. *colligere* « placer ensemble » 1 Prière de la messe, entre le Gloria et l'épître. 2 Levée des impositions. 3 Action de recueillir des dons. ⇒ ① **quête.** *Faire une collecte pour, au profit d'une œuvre.* « *On dîne, et après le repas, on fait une collecte pour les pauvres* » (Volt.). *Collecte de vêtements.* ♦ Action de réunir, de recueillir (des produits, des éléments) en vue d'un traitement. ⇒ **collectage.** *La collecte des ordures.*

collecter v. tr. [1] – XVIe 1 Réunir par une collecte. *Collecter des fonds, des signatures.* 2 Ramasser en se déplaçant. *Collecter le lait.*

collecteur, trice n. et adj. – XIVe 1 Personne qui recueille des cotisations, des taxes. *Collecteur d'impôts.* ⇒ **percepteur.** 2 n. m. Organe ou dispositif qui recueille ce qui était épars. ➛ Cylindre qui recueille le courant d'une dynamo. ➛ *Collecteur d'ondes* (antenne, cadre). ➛ L'une des trois électrodes d'un transistor bipolaire. ➛ Conduite qui recueille le contenu d'autres conduites. *Collecteur d'eaux pluviales.* 3 adj. Qui recueille. *Égout collecteur. Barre collectrice* (de courant).

❑ Il existe un autre féminin, bien formé, *collecteuse* : « *des camions de sable beaucoup plus lourds que les bennes collecteuses* » (Tournier).

collectif, ive adj. et n. m. – XIVe ; lat. *colligere* → collecte **1** Qui comprend ou concerne un ensemble de personnes. *Travail collectif.* ⇒ **collaboration ; commun.** *Cours collectif. Responsabilité collective.* ⇒ ① **général.** *Inconscient collectif, mémoire collective,* du groupe social, de la collectivité. ⇒ **social.** *La mode du yo-yo « c'était tout de même prodigieux, avoue ! Comme accès de gâtisme collectif ! »* (Romains). *Propriété collective.* ⇒ **collectivisme, copropriété.** *Billet collectif,* de groupe. *Sports collectifs,* d'équipe. **2** Se dit d'un terme singulier et concret représentant un ensemble d'individus. « *Peuple, ensemble, dizaine* » *sont des termes collectifs,* n. m. *des collectifs.* « *ces silicates alumineux compris sous le nom collectif de feldspath* » (J. Verne). ➛ *Sujet collectif, pris au sens collectif* : sujet représenté par un terme pluriel ou par plusieurs termes réunis, lorsque la proposition est indivise (opposé à *distributif*). **3** n. m. *Collectif budgétaire* : loi de finances rectificative. **4** n. m. Groupe de personnes réunies pour délibérer et prendre des décisions. *Les locataires expulsés ont formé un collectif.* ✪ CONTR. Individuel, particulier. Distributif, partitif.

❑ L'accord des collectifs suivis d'un complément au pluriel se fait selon que l'on veut insister sur la notion d'ensemble ou sur la notion de nombre : « *Une multitude de sauterelles a infesté ces campagnes* » (Littré) ; « *Une foule de gens diront qu'il n'en est rien* » (Dictionnaire de l'Académie française).

collection n. f. – XIVe ; lat. *colligere* → collecte **I - 1** Réunion d'objets. ⇒ **accumulation, amas,** ② **ensemble, groupe.** « *L'histoire des hommes est une collection de solutions grossières* » (Valéry). ➛ par ext. Grand nombre. ⇒ **quantité. 2** Réunion d'objets ayant un intérêt esthétique, scientifique, historique, géographique, une valeur provenant de leur rareté, ou rassemblés par goût de l'accumulation. *Pièce de collection. Collection de tableaux.* ⇒ **galerie, pinacothèque.** *Collection de livres* (⇒ **bibliothèque**), *de cartes postales, de timbres* (⇒ **philatélie**), *de médailles* (⇒ **numismatique**). *Collection de poupées, de porte-clés. Faire collection de...* ⇒ **collectionner. 3** Série d'ouvrages, de publications ayant une unité. *Ouvrage publié dans telle collection. Collections de poche.* **4** Ensemble des modèles présentés en même temps. *Collection de jouets d'un représentant.* ➛ *Collection de haute couture, de prêt-à-porter.* **II** Amas de pus.

collectionner v. tr. [1] – XIXe ▪ Réunir pour faire une collection (2°). ⇒ **accumuler, amasser.** *Collectionner des objets d'art. Collectionner les timbres, les pin's.* « *Les dictateurs collectionnent les autographes et disparaissent* » (Giraud.). ♦ fig. et fam. *Il collectionne les contraventions.*

collectionneur, euse n. – XIXe ▪ Personne qui fait une, des collections. ⇒ **amateur.** « *les collectionneurs qui collectionnent pour collectionner, ces maniaques* » (Cendrars).

collectivement adv. – XVIe ▪ De façon collective ; ensemble. *Collectivement et solidairement. Terme pris collectivement.* ✪ CONTR. Individuellement, séparément.

collectivisation n. f. – XIXe ▪ Appropriation collective (des moyens de production).

collectiviser v. tr. [1] – XIXe ▪ Mettre (les moyens de production) aux mains de la collectivité.

collectivisme n. m. – XIXe **1** Doctrine représentant un socialisme non étatiste et non centralisateur. **2** Régime social et doctrine dans lesquels les moyens de production (et d'échange) appartiennent à la collectivité. ⇒ **communisme, marxisme, socialisme.** ✪ CONTR. Capitalisme, libéralisme.

collectiviste adj. et n. – XIXe ▪ Relatif au collectivisme. ➛ Partisan du collectivisme.

collectivité n. f. – XIXe **1** Ensemble d'individus groupés (naturellement ou pour atteindre un but). ⇒ **communauté, groupe, société.** *La vie en collectivité. La collectivité nationale.* ⇒ **nation.** *Les collectivités professionnelles.* ⇒ **association, syndicat.** *Collectivité publique* : toute personne morale de droit public. « *La religion bientôt est dépendante de l'homme et non plus de la collectivité* » (Caillois). **2** Circonscription administrative dotée de la personnalité morale. *Collectivités locales, territoriales.* ✪ CONTR. Individu.

collège n. m. – XIVe ; lat. *collegium* « ensemble, corps (de magistrats, de prêtres) » **1** Corps de personnes revêtues d'une même dignité, de mêmes fonctions sacrées. *Le collège des augures. Collège de chanoines* (chapitre). *Le Sacré Collège* : l'ensemble des cardinaux. **2** Établissement d'enseignement. *Collège de France* : établissement d'enseignement supérieur, fondé par François Ier. ♦ Établissement du premier cycle du second degré. *École, collège et lycée.* **3** *Collège électoral* : ensemble des électeurs de même catégorie professionnelle, participant à une élection d'ordre professionnel (suffrage direct) ; ensemble des électeurs du second degré (suffrage indirect).

❑ Le latin *collegium* est dérivé de *lex* « loi ».

collégial, iale, iaux adj. – XIVe **1** Qui a rapport à un collège (de chanoines). *Église collégiale,* qui, sans être cathédrale, possède un chapitre de chanoines. ➛ subst. *Une collégiale.* **2** Qui est exercé collectivement. *Direction collégiale.*

collégialité n. f. – av. 1961 ▪ Caractère de ce qui est collégial (2°).

collégien, ienne n. – XVIIIe **1** Élève d'un collège. **2** Jeune personne naïve, sans expérience. *Il me prend pour un collégien.*

collègue n. – XVe ; lat. **1** Personne qui exerce la même fonction qu'une ou plusieurs autres. ⇒ **confrère, consœur.** *C'est ma collègue.* **2** fam. et région. (Midi) Camarade. *Ça va, collègue ?*

collenchyme n. m. – XIXe ; gr. *kolla* « colle » et *enkuma* « épanchement » ▪ Tissu de soutien végétal, formé de cellules aux parois cellulosiques épaisses.

coller v. [1] – XIVe **I** v. tr. **1** Joindre et faire adhérer avec de la colle. ⇒ **agglutiner, fixer.** *Coller un timbre. Coller du papier peint.* ⇒ **tapisser.** *Coller une peinture sur une toile.* ⇒ **maroufler.** « *l'art de démonter un pneu et de coller des rustines* » (Beauv.). ♦ Assembler, en collant. *Coller un film.* ⇒ **monter. 2** Enduire, imprégner de colle. ⇒ **encoller.** ➛ Clarifier (du vin) par collage. **3** Faire adhérer. « *Il avait encore les yeux collés de sommeil* » (Giono). **4** Appliquer étroitement. ⇒ **appuyer.** *Coller son oreille à, contre la porte* (pour écouter). ♦ pronom. *Se coller à, contre* (qqch., qqn). ⇒ se **plaquer,** se **serrer. 5** fam., péj. Donner. *Il m'a collé une baffe.* ⇒ ② **flanquer,** ① **foutre.** *Il va nous coller son rhume.* ⇒ **passer.** ➛ Remettre d'autorité pour se débarrasser. ⇒ **refiler.** *Il m'a collé son chien pendant les vacances.* ♦ Mettre. *Colle ça là-haut.* ➛ pronom. *Se coller à un travail, s'y coller* : s'y mettre, commencer à travailler. **6** fam. Poser une colle (2°) à (qqn). *On ne peut pas le coller en histoire* (⇒ **incollable**). ➛ Infliger une retenue, une colle à (un élève). ⇒ **consigner, punir.** ➛ Refuser (un candidat) à un examen. ⇒ **ajourner, recaler. 7** fam. Imposer sa présence à (qqn). *Il me colle !* (⇒ **collant**). ➛ pronom. et pass. Rester obstinément fixé à un endroit. *Il est toujours collé devant la télévision.* 8 fam., pronom. *Se coller, être collé avec qqn :* vivre en concubinage. « *La jolie petite serveuse avec qui il est collé* » (Beauv.). ⇒ **maquer.** 9 v. tr. ind. COLLER À. *Pneu qui colle à la route,* qui a une bonne adhérence. ♦ fig. S'adapter étroitement. *Coller à la réalité.* loc. *Coller à la peau :* être inséparable (de qqn). II v. intr. 1 Adhérer. *Ce timbre ne colle plus. Poêle qui ne colle pas.* ⇒ **attacher ; antiadhésif.** ◆ Adhérer comme de la colle. *Riz qui colle.* 2 loc. fam. *Coller aux fesses, au train* (de qqn), le suivre de très près. 3 Être ajusté, collant. *Robe qui colle.* ⇒ **mouler.** 4 Se détourner pendant que les autres se cachent, au jeu de cache-cache. *À toi de coller.* 5 fam. ⇒ ① **aller.** *Ça colle :* ça convient, ça marche, c'est d'accord. *Il y a quelque chose qui ne colle pas dans ce témoignage.* ✪ CONTR. Arracher, décoller. Admettre. ① Écarter (s').

collerette n. f. – XIVe 1 Tour de cou plissé. ⇒ **collet,** ③ **fraise.** 2 Petit col de linge fin. 3 Rebord à l'extrémité d'un tuyau. 4 Voile résiduel entourant le haut du pied du champignon. ⇒ **anneau.** ◆ Involucre.

collet n. m. – XIe 1 loc. adj. COLLET MONTÉ : qui affecte l'austérité, la pruderie. *Ils sont très collet monté.* ⇒ **affecté, guindé, rigide.** ◆ loc. *Prendre qqn au collet, lui mettre la main au collet,* se saisir de lui ; fig. l'appréhender. 2 Partie d'une bête de boucherie entre la tête et les épaules. ⇒ **collier.** *Collet de veau.* 3 Nœud coulant pour prendre certains animaux (au cou). ⇒ **lacet, lacs.** *Poser, relever des collets.* 4 Partie en saillie autour d'un objet, d'une pièce mécanique ; bourrelet. ♦ Zone de transition entre la racine et la tige (d'une plante). ◆ Partie (d'une dent) entre la couronne et la racine. ✪ HOM. Colley.

colleter v. tr. [4] – XVIe ▪ vieilli Saisir (qqn) au collet pour lui faire violence. ⇒ **attaquer.** ♦ *SE COLLETER* v. pron. ⇒ se **battre,** s'**empoigner.** *Se colleter comme des voyous.* fig. « *se colleter avec les soucis quotidiens* » (Romains).

colleur, euse n. – XVIe 1 Personne qui fait le métier de coller. *Colleur d'affiches.* « *comme colleur de papier il n'avait pas son pareil* » (Montherl.). 2 n. f. Machine à coller les étoffes. ◆ Appareil servant à coller les films (photographie, montage cinématographique).

colley n. m. – XIXe ; angl. *collie* ▪ Chien de berger écossais. ✪ HOM. Collet.

collier n. m. – XIIe ; lat. *collum* → cou 1 Cercle en matière résistante qu'on met au cou de certains animaux pour pouvoir les attacher. *Collier de chien. Collier en cuir, à grelots.* ◆ par ext. Courroie, corde qui sert à attacher par le cou les bêtes aux champs, à l'étable. 2 Partie du harnais qui entoure le cou des bêtes attelées. ⇒ **attelle, coussin.** *Cheval de collier,* de trait. ◆ loc. fig. *Être franc du collier,* très franc, loyal. *Donner un coup de collier :* fournir un effort intense et momentané. *Reprendre le collier :* se remettre au travail. 3 Bijou, ornement qui se porte autour du cou. ⇒ **chaîne, sautoir.** *Collier de perles* (⇒ **rang**), *de diamants* (⇒ **rivière**). *Collier de fleurs, de coquillages.* ◆ spécialt Chaîne que portent les chevaliers de certains ordres. 4 Poils, plumes du cou des bêtes qui sont d'une couleur différente de celle du reste du corps. *Chat noir avec un collier blanc.* ♦ *Collier de barbe :* barbe courte taillée régulièrement et rejoignant les cheveux des tempes. « *de vieux marins, avec leurs colliers de barbe blanche* » (Mart. du G.). 5 Partie d'une bête de boucherie comprenant le cou. ⇒ **collet.** *Collier de mouton.* 6 Cercle qui sert de renfort. *Collier de serrage :* bague métallique réglable. ◆ Astragale ornée de perles ou d'olives.

colliger v. tr. [3] – XVIe ; lat. « recueillir » ▪ littér. 1 Réunir en un recueil, une collection. 2 Relier (des abstractions) en vue d'une synthèse.

collimateur n. m. – XIXe ▪ Partie d'une lunette qui assure la collimation. *Collimateur de visée.* ♦ loc. fig. *Avoir qqn dans le collimateur,* le surveiller, attendre l'occasion de l'attaquer. *Être dans le collimateur de qqn.*

collimation n. f. – XVIIe ; lat. *collimare,* pour *collineare* « viser » ▪ Action d'orienter un appareil d'optique dans une direction précise.

colline n. f. – XVIe ; lat. ▪ Petite élévation de terrain de forme arrondie. ⇒ **éminence, hauteur.** *Petite colline.* ⇒ **butte, coteau.** *Colline très arrondie.* ⇒ **mamelon.** « *C'était sur le flanc de cette colline que s'étalait le champ d'ananas* » (Duras). *Les sept collines de Rome* (Aventin, Capitole, Caelius, Esquilin, Palatin, Quirinal, Viminal). ✪ HOM. Choline.

collision n. f. – XVe ; lat. 1 Choc de deux corps qui se rencontrent. ⇒ **impact.** *Collision entre deux trains.* ⇒ **accident, accrochage, télescopage.** *Entrer en collision avec :* heurter. ◆ *Collision de particules* (⇒ **collisionneur**). 2 Heurt violent entre individus ; fig. Conflit, opposition (⇒ **clash**). *La collision des intérêts.* ✪ CONTR. Entente.

> ❑ Ne pas confondre *collision* et *collusion* « entente secrète ». → collusion (rem.).

collisionneur n. m. – 1981 ▪ Accélérateur de particules dans lequel des faisceaux de particules, circulant en sens inverse, produisent des collisions frontales.

collocation n. f. – XIVe ; lat. *collocatio* « placement » 1 Classement des créanciers dans l'ordre assigné pour leur paiement. 2 Position (d'un objet, d'un élément) par rapport à d'autres ; proximité dans une chaîne. ⇒ **cooccurrence.** ◆ Ensemble des éléments ainsi placés. ✪ HOM. Colocation.

collodion n. m. – XIXe ; gr. ▪ Solution de nitrocellulose dans de l'éther alcoolisé, utilisée en photographie et en chirurgie.

colloïdal, ale, aux adj. – XIXe ▪ *Solution colloïdale :* solution ou mélange dans un solvant liquide d'un soluté formé de particules de taille supérieure à celle des molécules. ⇒ ③ **sol ; floculation ; micelle.**

colloïde n. m. – XIXe ; gr. *kolla* « colle » et *-oïde* ▪ Soluté d'une solution colloïdale à demi liquide. *Colloïde moléculaire :* macromolécule.

colloque n. m. – XVe ; lat. *colloqui* « parler *(loqui)* avec *(cum)* » 1 Débat sur des questions théoriques. ⇒ **conférence, discussion.** ◆ (parfois iron.) Conversation, entretien. *Ils avaient eu « de fréquents et secrets colloques avec sa mère »* (Rouss.). 2 Débat organisé, avec moins de participants que le congrès. *Colloque international. Colloque scientifique, de sociologie,* etc. ⇒ **séminaire, symposium.**

colloquer v. tr. [1] – XIIe ; lat. *locus* « lieu » ▪ Inscrire (des créanciers) dans l'ordre déterminé par le juge pour leur paiement.

collusion n. f. – XIVe ; lat. *colludere* « jouer *(ludere)* avec *(cum)* » ▪ Entente secrète au préjudice d'un tiers. ⇒ **complicité, connivence.** *Collusion avec qqn.* « *la collusion entre la bourgeoisie traditionnelle et la nouvelle : c'est une seule et même classe* » (Beauv.).

> ❑ L'emploi de *collusion* s'est étendu aux choses abstraites *(collusion d'idées, d'intérêts)* au sens de « rapprochement, rencontre ». D'où la confusion avec *collision.*

collusoire adj. – XIVe ▪ Fait par collusion.

collutoire n. m. – XIXe ; lat. *colluere* « laver » ▪ Médicament liquide désinfectant, destiné à agir sur les muqueuses de la bouche et de l'arrière-gorge.

colluvion n. f. – 1959 ; de *co-* et *alluvion* ■ Fin dépôt de sédiments résultant d'un remaniement voisin.

collyre n. m. – XIIe ; gr. *kollurion* « onguent » ■ Médicament à instiller dans l'œil.

colmatage n. m. – XIXe ■ Action de colmater.

colmater v. tr. [1] – XIXe ; it. **1** Exhausser (un bas-fond), modifier la nature de (un sol) en y faisant séjourner de l'eau limoneuse. **2** Boucher, fermer. *Colmater une voie d'eau.* ⇒ **aveugler.** fig. *Colmater un déficit.* ⇒ **combler. 3** Fermer, pour rétablir un front continu, après une percée de l'ennemi. *Colmater une brèche.*

colocase n. f. – XVIe ; gr. ■ Caladium exotique cultivé en Polynésie pour son rhizome féculent. ⇒ **taro.**

colocataire n. – XIXe ■ Locataire avec d'autres, dans un même immeuble.

colocation n. f. – mil. XXe ■ Situation des colocataires. *Être en colocation.* ✪ HOM. Collocation.

cologarithme n. m. – XIXe ■ Logarithme de l'inverse d'un nombre (colog a = log($1/a$) = – log a).

colombage n. m. – XIVe ; lat. *columna* « colonne » ■ Mur en charpente, dont les vides sont garnis d'une maçonnerie légère. ➙ La charpente apparente. *Maison à colombages.*

colombe n. f. – IXe ; lat. **1** littér. Pigeon considéré comme symbole de douceur, de pureté, de paix. *La blanche colombe. La colombe, symbole du Saint-Esprit.* ♦ Partisan d'une solution pacifique dans un conflit (par oppos. à *faucon*). **2** Nom donné à certaines espèces du genre pigeon. **3** t. d'affection *Oui, ma colombe.*

① **colombier** n. m. – XIIe ■ littér. Pigeonnier. « *une métairie, qui n'attestait sa noblesse que par un colombier* » (Chateaub.).

② **colombier** n. m. – XVIIIe ; nom du fabricant ■ Grand format de papier.

① **colombin, ine** adj. et n. m. – XIIIe **1** vx Relatif à la colombe, au pigeon. ➙ *Soie colombine,* gorge-de-pigeon. **2** *Pigeon colombin,* ou n. m. *un colombin.*

② **colombin** n. m. – XIXe ; o. i., p.-ê. de *colombe* « poutre » → colombage **1** Rouleau de pâte servant à confectionner des poteries, sans emploi du tour. **2** fam. Étron.

colombite n. f. – XIXe ; de *columbium,* anc. nom du *niobium* ■ Oxyde naturel de fer et de manganèse, radioactif, contenant du niobium et du tantale.

colombophile adj. et n. – XIXe ■ Qui pratique l'élevage et le dressage des pigeons voyageurs. n. *Les colombophiles du Nord.*

① **colon** n. m. – XIVe ; lat. *colere* « cultiver » **1** Cultivateur d'une terre dont le loyer est payé en nature. ⇒ **fermier, métayer. 2** Personne qui est allée peupler, exploiter une colonie. *Les premiers colons d'Amérique.* ⇒ **pionnier.** ➙ Habitant d'une colonie. *Les colons français d'Algérie.* ✪ HOM. Côlon.

② **colon** n. m. – XIXe ; abrév. de *colonel* ■ fam. Colonel.

côlon n. m. – XIVe ; gr. ■ Portion moyenne du gros intestin comprise entre le cæcum et le rectum. *Inflammation du côlon.* ⇒ ① **colique, colite.** *Maladies du côlon.* ⇒ **colopathie ; colorectal.** ✪ HOM. Colon.

> ❑ Les dérivés de ce mot, *colique* et *colite,* ne prennent pas d'accent circonflexe sur le o.

colonat n. m. – XIXe ■ Condition du colon romain ou médiéval. ♦ État du colon ; ensemble des colons.

colonel, elle n. m. et f. – XVIe ; it. *colonna* « colonne d'armée » **1** n. m. Officier supérieur qui commande un régiment, ou une formation, un service de même importance. ⇒ aussi **lieutenant-colonel. 2** n. f. vieilli La femme d'un colonel. *Madame la colonelle.*

colonial, iale, iaux adj. et n. – XVIIIe **1** Relatif aux colonies. *Empire colonial ; expansion coloniale* (⇒ **colonialisme, impérialisme**). *Troupes coloniales* et n. f. *la coloniale* (depuis 1961 : *troupes de marine*). *Casque colonial.* « *un étrange complet colonial en toile kaki* » (Mart. du G.). **2** n. m. Militaire de l'armée coloniale. ♦ n. Habitant des colonies. ⇒ ① **colon.** ✪ CONTR. ① Métropolitain.

colonialisme n. m. – 1902 **1** Système d'expansion coloniale. ⇒ **colonisation. 2** Système politique préconisant l'occupation et l'exploitation de territoires dans l'intérêt du pays colonisateur. ✪ CONTR. Anticolonialisme.

colonialiste adj. et n. – 1903 ■ Relatif au colonialisme. ➙ n. Partisan du colonialisme.

> ❑ Les mots *colonialisme* et *colonialiste* sont apparus en même temps que se développait la critique marxiste du système colonial.

colonie n. f. – XIVe **1** vx Réunion de personnes qui s'expatriaient pour aller habiter, exploiter un autre pays. *Colonies romaines, grecques.* ➙ mod. La population qui se perpétue à l'endroit où se sont fixés les fondateurs (⇒ ① **colon**). **2** Le lieu où vivent les colons. ➙ *Les colonies* (d'un pays). **3** Établissement fondé par une nation appartenant à un groupe dominant dans un pays étranger moins développé ; ce pays, placé sous la dépendance et la souveraineté du pays occupant, dans l'intérêt de ce dernier. *Ensemble de colonies* (⇒ **empire,** ① **union**). *L'émancipation, l'indépendance des colonies.* ⇒ **décolonisation. 4** *Colonie pénitentiaire :* autrefois, établissement pour jeunes délinquants. ➙ *COLONIE DE VACANCES :* groupement d'enfants qui, sous la conduite de moniteurs, passent des vacances à la mer, à la campagne, à la montagne. abrév. fam. *COLO. Des colos.* **5** Ensemble d'étrangers originaires d'un même pays, qui habitent la même région ou ville. *La colonie russe de Paris.* ➙ Groupe de personnes vivant en communauté. *Une colonie d'artistes.* **6** Réunion d'animaux ayant une vie collective. *Colonie de castors.* ♦ Population d'organismes semblables, nés les uns des autres par bourgeonnement ou scissiparité, et vivant en relation étroite. *Colonies d'algues.* ✪ CONTR. Métropole. Individu.

colonisateur, trice adj. et n. – XIXe ■ Qui colonise. ➙ n. *Les colonisateurs :* personnes qui colonisent, fondent ou exploitent une colonie. « *Entre colonisateur et colonisé, il n'y a de place que pour la corvée, l'intimidation, la pression, la police* » (Césaire).

colonisation n. f. – XVIIIe **1** Le fait de peupler de colons ; de transformer en colonie. **2** Exploitation des pays devenus colonies. ⇒ **colonialisme, impérialisme.** « *Colonisation = chosification* » (Césaire). ✪ CONTR. Décolonisation.

colonisé, ée adj. et n. – XIXe ■ Qui subit la colonisation. *Les pays colonisés.* ➙ n. *Les colonisés.*

coloniser v. tr. [1] – XVIIIe **1** Peupler de colons. **2** Faire de (un pays) une colonie. **3** fig. Occuper (un lieu). « *Des familles se groupaient et se colonisaient un coin de salle ou une rangée de fauteuils avec leurs ballots et leurs valises* » (Tournier).

colonnade n. f. – XVIIe **1** File de colonnes sur une ou plusieurs rangées, formant un ensemble architectural. « *une grande galerie voûtée et enrichie intérieurement d'une colonnade qui règne de droite et de gauche* » (Dider.). **2** Ensemble de formations géologiques en forme de colonne.

colonne n. f. – XIIe ; lat. **I - 1** Support vertical d'un édifice, ordinairement cylindrique (⇒ **pilastre, pilier, poteau**). *Fût, chapiteau d'une colonne.* « *les temples écroulés aux colonnes festonnées de lierre* » (Nerval).

– *Colonne adossée, engagée,* partiellement intégrée dans un mur, un pilier (⇒ **pilastre**). – *Rangée de colonnes.* ⇒ **colonnade.** *Les colonnes d'une galerie, d'un cloître.* 2 Monument formé d'un élément analogue, mais isolé. ⇒ **obélisque, stèle.** *La colonne Vendôme.* – *Colonne Morris :* édicule cylindrique, où l'on affiche les programmes de spectacles, à Paris. 3 Montant cylindrique. *Lit à colonnes.* 4 fig. et littér. ⇒ **soutien, support.** *Les colonnes de l'État.* **II** - 1 *Colonne d'air, d'eau, de mercure :* masse de ce fluide dans un tube vertical. – *Une colonne de fumée.* 2 Section qui divise verticalement une page manuscrite ou imprimée. *Titres sur deux, trois colonnes.* – *Colonne de chiffres.* 3 Corps de troupe disposé sur peu de front et beaucoup de profondeur. *Défiler en colonne par huit. Colonne de camions.* ⇒ **file.** « *les colonnes motorisées des Italiens* » (Malraux). – Groupe de personnes avançant les unes derrière les autres. par ext. « *je rencontrais souvent les colonnes, toujours en nombre, des fourmis* » (Bosco). 4 *COLONNE VERTÉBRALE :* tige osseuse articulée qui soutient l'ensemble du squelette des vertébrés. ⇒ **épine** (dorsale), **rachis.** 5 *COLONNE MONTANTE :* maçonnerie verticale dans laquelle passent les canalisations d'un immeuble. ✪ CONTR. Front, ligne (milit.).

colonnette n. f. – XVIe ▪ Petite colonne. « *des lupins bleus s'élevaient en colonnettes minces* » (Zola).

colopathie n. f. – 1929 ▪ Affection du côlon.

colophane n. f. – XIIIe ; gr. « résine de *Colophon* », ville de Lydie ▪ Résine tirée de la distillation de la térébenthine, dont on frotte les crins de l'archet d'un instrument à cordes. *Il* « *cirait longuement de colophane son archet, afin que les cordes grinçassent mieux* » (Flaub.).

coloquinte n. f. – XIIIe ; gr. ▪ Plante méditerranéenne *(cucurbitacées),* dont les fruits sont amers et très toxiques. ♦ Fruit de cette plante. *Coloquintes ornementales.* ⇒ **calebasse.**

colorant, ante adj. et n. m. – XVIIe 1 Qui colore. *Substances, matières colorantes.* ⇒ **tinctorial.** *Shampoing colorant.* 2 n. m. Substance colorée qui peut se fixer à une matière. ⇒ **couleur, teinture.** *Colorant naturel organique, colorant minéral. Colorants alimentaires. Bonbons garantis sans colorants.* ✪ CONTR. Décolorant.

coloration n. f. – XIVe 1 Action de colorer ; état de ce qui est coloré. ⇒ **couleur.** *Coloration vive. La coloration de la peau.* ⇒ **carnation, pigmentation.** – Teinture (des cheveux). *Se faire faire une coloration.* 2 fig. Aspect particulier, nuance (⇒ **colorer**). ✪ CONTR. Décoloration.

colorature n. f. – mil. XXe ; all. *Koloratur* « vocalise » ▪ Passage de musique vocale très orné. ♦ Voix de femme apte à chanter ce genre de musique. – *Une soprano colorature.*

-colore ▪ Élément, du lat. *color* « couleur ».

coloré, ée adj. – XIIIe 1 Qui a de vives couleurs. *Teint coloré.* ⇒ **rouge, vermeil.** 2 fig. Animé, expressif. *Style coloré,* haut en couleur. ✪ CONTR. Décoloré, pâle.

colorectal, ale, aux adj. – 1988 ▪ Qui concerne le côlon et le rectum.

colorer v. tr. [1] – XIIe ; lat. 1 Revêtir de couleur ; donner une certaine teinte à (qqch.). ⇒ **teindre, teinter.** *Le soleil colore le couchant. Colorer qqch. en bleu, en rouge.* ⇒ **colorier, peindre.** – pronom. *Les raisins commencent à se colorer.* 2 littér. Donner une belle apparence à, présenter sous un aspect favorable. « *avec quelles paroles flatteuses, quel art de colorer l'horrible vérité, de rendre aimables les plus révoltantes situations* » (Aymé). 3 Donner un aspect particulier, sujet à changer. *Une admiration colorée de jalousie* (⇒ **teinter**). ✪ CONTR. Décolorer.

coloriage n. m. – XIXe ▪ Action de colorier ; son résultat. ♦ Dessin à colorier. *Un album de coloriages.*

colorier v. tr. [7] – XVIe ▪ Appliquer des couleurs sur (une surface). ⇒ **enluminer.** *Album à colorier.*

colorimètre n. m. – XIXe ; lat. *color* « couleur » et *-mètre* ▪ Instrument servant à mesurer l'intensité de coloration d'un liquide.

colorimétrie n. f. – XIXe ▪ En chimie, Usage d'indicateurs colorés.

coloris n. m. – XVIe 1 Effet visuel qui résulte du choix et de l'emploi des couleurs dans un tableau. « *quelle vigueur de pinceau, quelle fraîcheur de coloris* » (Rouss.). 2 Couleur (du visage, des fruits). ⇒ **carnation.** 3 fig. Éclat d'un style imagé et vivant. ⇒ **couleur.** « *le style français qui a le plus de coloris* » (Stendh.).

> ❑ *Coloris,* emprunté à l'italien *coloriti* avec changement de suffixe, a été introduit à côté de *couleur* comme terme de peinture.

colorisation n. f. – 1984 ▪ Technique informatique de mise en couleurs d'un film noir et blanc.

coloriser v. tr. [1] – 1986 ▪ Mettre en couleurs (un film en noir et blanc) par la colorisation. – *Version colorisée d'un film.*

coloriste n. – XVIIe 1 Peintre habile dans le coloris ; peintre qui s'exprime surtout par la couleur. « *Un dessinateur est un coloriste manqué* » (Baud.). 2 Personne qui colorie des estampes, des cartes. ⇒ **enlumineur.** 3 Spécialiste de la couleur, en matière d'esthétique industrielle. 4 Spécialiste de la coloration capillaire.

coloscopie n. f. – v. 1970 ▪ Examen visuel de l'intérieur du côlon à l'aide d'un endoscope.

colossal, ale, aux adj. – XVIe ▪ Extrêmement grand. ⇒ **énorme, gigantesque, monumental.** *Taille colossale. Une statue colossale.* ⇒ **colosse.** – fig. *Force colossale.* ⇒ **herculéen.** *Richesse colossale.* – subst. *Le goût du colossal.* ✪ CONTR. Minuscule, petit.

colossalement adv. – XIXe ▪ D'une manière colossale. *Il est colossalement riche.* ⇒ **immensément.**

colosse n. m. – XVe ; gr. 1 Statue d'une grandeur extraordinaire. *Le colosse de Rhodes.* 2 Homme de haute et forte stature. ⇒ **géant, hercule.** 3 fig. Personne ou institution très puissante.

colostrum [kɔlɔstʀɔm] n. m. – XVIe ; mot lat. ▪ Liquide riche en protéines, sécrété par la glande mammaire après l'accouchement.

colportage n. m. – XVIIIe 1 Action de colporter. Métier du colporteur. ⇒ ① **porte** (porte-à-porte). 2 fig. *Le colportage d'une doctrine, d'idées nouvelles.* ⇒ **diffusion.**

colporter v. tr. [1] – XVIe ; lat. *comportare* « porter *(portare)* diverses choses ensemble *(cum-)* » 1 Transporter avec soi (des marchandises) pour les vendre. 2 Transmettre (une information) à de nombreuses personnes. ⇒ **divulguer, propager, répandre.**

colporteur, euse n. – XIVe 1 Marchand ambulant qui vend ses marchandises de porte en porte. ⇒ **camelot.** – adj. *Un marchand colporteur.* 2 fig. *Un colporteur, une colporteuse de ragots,* celui, celle qui les propage autour de lui, d'elle.

colposcopie n. f. – v. 1970 ; gr. *kolpos* « vagin » et *-scopie* ▪ Examen du col de l'utérus avec un appareil comportant un système optique grossissant.

colt [kɔlt] n. m. – XIXe ; marque déposée, du nom de l'inventeur ▪ Revolver (dans les histoires de l'Ouest américain). ♦ *Colt 45 :* pistolet automatique américain (11,43 mm).

coltiner v. tr. [1] – XVIIIe ; de *collet* 1 Porter (un lourd fardeau) sur le cou, les épaules. par ext. Porter. ⇒ **transbahuter.** *Il « coltina des centaines de boîtes d'aquarelle* [...] *et en fit une sorte de mur au milieu de la pièce »* (Simenon). 2 fam. SE COLTINER (qqch.). ⇒ **exécuter,** ① **faire.** *Se coltiner tout le boulot.* ⇒ se **farcir,** ② se **taper.**

columbarium [kɔlɔ̃baʀjɔm] n. m. – XVIIIe ; mot lat. « colombier » ▪ Édifice où l'on place les urnes cinéraires. *« Le columbarium désert ressemble aux casiers de la poste-restante où jamais personne ne viendrait retirer son courrier »* (Cendrars). *Des columbariums.*

columelle n. f. – XVIe ; lat. *columna* « colonne » ▪ Axe de la coquille (des gastéropodes). ♦ Axe central du limaçon de l'oreille interne.

colvert n. m. – XVIIe ▪ Canard sauvage le plus répandu dans le monde, familier des étangs et des mares.

colza n. m. – XVIIe ; néerl. « semence *(zaad)* de chou *(kool)* » ▪ Plante à fleurs jaunes *(crucifères)*, cultivée pour ses graines oléagineuses et comme plante fourragère. *« l'or des colzas en fleur »* (Maupass.). *Huile de colza,* alimentaire.

com- → **con-**

coma n. m. – XVIIe ; gr. *kôma* « sommeil profond » ▪ État pathologique caractérisé par une perte de conscience, de sensibilité et de motilité, avec conservation des fonctions végétatives. *« une crise de coma hypoglycémique, due à une trop forte piqûre d'insuline »* (R. Gary). *Coma dépassé* : coma très profond et total où la survie est assurée par des moyens artificiels (recomm. offic. Acad. méd. *mort cérébrale*). ✪ HOM. Comma.

comateux, euse adj. – XVIIe ▪ Qui a rapport au coma. *État comateux.* ♦ Qui est dans le coma ; fig. dans un état de semi-inconscience. ➡ n. *Un comateux.*

combat n. m. – XVIe 1 Action de deux ou de plusieurs adversaires armés, de deux armées qui se battent. ⇒ **bataille.** *Combat offensif* (⇒ **attaque ; assaut**), *défensif. Petit combat.* ⇒ **accrochage, échauffourée, escarmouche.** *Combat aérien. Combat naval. Branle-bas de combat.* ➡ *Combat acharné, sanglant, meurtrier.* ⇒ **carnage, massacre.** *Être mis* HORS DE COMBAT, dans l'impossibilité de poursuivre la lutte. *Arrêt des combats.* ⇒ **cessez-le-feu.** ➡ littér. *Les combats* : la guerre. ➡ *De combat* : de guerre. *Char, gaz de combat. Tenue de combat.* ⇒ **battle-dress.** ➡ *Combat singulier.* ⇒ ① **duel.** 2 Le fait de se battre. ⇒ **bagarre, bataille, rixe.** *Combats de rue.* ⇒ **émeute.** ♦ fig. Dispute, querelle. *« Partout le combat entre le pauvre et le riche est établi »* (Balz.). 3 Lutte organisée. *Combat de boxe.* ⇒ **match.** ♦ Action d'animaux qui se battent ou que l'on fait se battre. *Combat de coqs.* 4 fig. et littér. Lutte, opposition. *Un combat d'esprit, de générosité.* ⇒ **assaut, joute.** ♦ Lutte de l'homme contre les obstacles, les difficultés. *« La vie d'un homme de lettres est un combat perpétuel »* (Volt.). ♦ *Le combat de la vie et de la mort.*

combatif, ive adj. – XIXe ▪ Qui est porté au combat, à la lutte. ⇒ **agressif,** fam. **bagarreur, belliqueux, pugnace.** *Humeur combative.* ➡ subst. *Un combatif.* ⇒ ③ **battant, lutteur.** ✪ CONTR. Pacifique, placide.

❑ *Combatif* s'écrit avec un seul *t*, mais s'écrirait mieux °*combattif*, comme *combattre* et *combattant.*

combativité n. f. – XIXe ▪ Penchant pour le combat, la lutte. ⇒ **pugnacité.**

combattant, ante n. et adj. – XIIe I – 1 Personne qui prend part à un combat, à une guerre. ⇒ **guerrier, soldat.** *« Et le combat cessa, faute de combattants »* (Corn.). ➡ *Anciens combattants* : combattants d'une guerre passée, groupés en associations. ➡ adj. *Unité combattante.* 2 fam. Personne qui se bat à coups de poing. ⇒ **adversaire, antagoniste.** *Séparer les combattants.* II n. m. 1 Oiseau échassier *(charadriidés)*, dont le mâle se bat au printemps. *« des combattants aux nez en becs de seringues »* (Huysm.). 2 Poisson d'Extrême-Orient, aux vives couleurs. adj. *Poissons combattants.*

combattre v. tr. [41] – XIe I v. tr. dir. 1 Se battre contre. ⇒ **lutter ; assaillir.** *Combattre un adversaire, l'ennemi.* ➡ Faire la guerre à. *Napoléon combattit l'Europe.* 2 S'opposer à. *Combattre les contradicteurs, un argument.* ⇒ **attaquer, réfuter.** *« Il n'est pas en matière de littérature une seule opinion qu'on ne combatte aisément par l'opinion contraire »* (France). 3 Aller contre (un mal, un danger). *Combattre un incendie. Combattre la maladie.* II v. tr. ind. et intr. 1 Livrer combat. *Combattre contre son ennemi, avec ses alliés.* ♦ Faire la guerre, livrer combat. ⇒ se **battre.** *Combattre pied à pied, corps à corps.* 2 Lutter (contre un obstacle, un danger, un mal). *Combattre contre la faim.* ➡ *Combattre pour une cause.* ✪ CONTR. Apaiser, concilier, pacifier. Approuver, soutenir.

combe n. f. – XIIe ; gaul. *cumba* « vallée » ▪ *Combe (anticlinale)* : vallée ou vallon d'un relief de plissement. ⇒ **ravin.**

combien adv. – XIe ; de l'a. fr. *com* « comme » et ① *bien* 1 Dans quelle mesure, à quel point. ⇒ **comme.** *Si vous saviez combien je l'aime !* littér. *Combien rares sont les gens désintéressés.* 2 COMBIEN DE, quelle quantité, quel nombre. *« Oh ! combien de marins, combien de capitaines »* (Hugo). *Depuis combien de temps êtes-vous ici ? Il a je ne sais combien de chapeaux* : il a beaucoup de chapeaux. ➡ COMBIEN : quelle quantité (distance, temps, prix, etc.). *Combien y a-t-il d'ici à la mer ? Combien êtes-vous ? Combien vous dois-je ?* fam. *Je vous dois combien ? Combien ?* ♦ Un grand nombre. *Combien de fois ne lui a-t-on pas répété !* 3 n. m. inv. *Le combien.* ⇒ **quantième.** *Le combien êtes-vous ? – Le sixième.* ⇒ **combientième.** fam. *Le combien sommes-nous ?* quel jour sommes-nous ? *Tous les combien passe le bus ?* 4 *Ô combien ! Un personnage équivoque, ô combien !* très équivoque. *Quelques larmes « rafraîchissantes (ô combien !) à mon pauvre cœur d'enfant »* (Verlaine).

combientième adj. – 1925 ▪ pop. (fautif) Qui est à un rang (qu'on ignore). ⇒ **quantième.** subst. *C'est le, la combientième ?*

combinaison n. f. – XVIIe 1 Assemblage (d'éléments) dans un arrangement déterminé. *Combinaison de couleurs.* ⇒ **disposition, organisation.** *Combinaison de styles.* ⇒ **alliance, mélange.** *Combinaison de sons.* ⇒ **accord, contrepoint, harmonie.** ♦ En mathématiques, Choix d'un nombre d'objets parmi un nombre plus grand. ➡ *La combinaison gagnante,* au tiercé. *Combinaison au jeu.* ⇒ **martingale.** 2 Assemblage (d'atomes, de molécules, de radicaux) pour former une molécule, un composé (⇒ **catalyse, synthèse**). *La combinaison d'une molécule d'oxygène et de deux molécules d'hydrogène donne une molécule d'eau.* 3 fig. Organisation précise de moyens en vue d'assurer le succès d'une entreprise. ⇒ **arrangement,** fam. **combine,** ① **manœuvre.** *Trouvez une combinaison pour en sortir ! Des combinaisons financières, politiques.* ➡ *Combinaison ministérielle* : réunion de ministres qui composent un ministère déterminé. 4 Sous-vêtement féminin à bretelles et descendant jusqu'aux genoux. ♦ Vêtement d'une seule pièce réunissant veste et pantalon. ⇒ **bleu.** *« Il portait une combinaison d'aviateur en toile bleue déteinte dans laquelle il était nu »* (Mart. du G.). *Combinaison de plongée, de ski.* 5 Système d'ouverture (d'un coffre-fort, d'une serrure). ✪ CONTR. Analyse, décomposition, dissolution.

combinard, arde adj. – 1920 ▪ fam. et péj. Qui utilise des combines. ⇒ **malin.** ➙ n. *Un drôle de combinard.*

combinat n. m. – 1935 ; russe *kombinat,* même o. que *combiner* ▪ Dans les pays à économie socialiste, Groupement vertical d'industries. ⇒ **complexe, concentration** (verticale).

combinateur n. m. – XVIIIe ▪ Appareil coordonnant les circuits de moteurs électriques.

combinatoire adj. et n. f. – XVIIIe 1 Relatif aux combinaisons ; qui procède par combinaison d'éléments. ➙ *Analyse combinatoire :* théorie des ensembles finis traitant du dénombrement des groupes organisés d'éléments (arrangements, combinaisons et permutations). ➙ Qui combine. « *Les forces combinatoires* [de l'esprit] » (Valéry). 2 n. f. Arrangement (d'éléments) selon un certain nombre de combinaisons. ➙ Analyse systématique des combinaisons possibles. ➙ Mathématique des configurations.

combine n. f. – XIXe ; abrév. de *combinaison* ▪ fam. Moyen astucieux et plus ou moins honnête employé pour parvenir à ses fins. ⇒ **système,** ① **truc.** « *votre combine est mauvaise mais votre compte est bon* » (Prévert). ➙ *Être dans la combine :* participer à une affaire qui se trame.

combiné, ée adj. et n. m. – XVIIIe I adj. Qui forme une combinaison. *Les* « *odeurs combinées du goudron, du musc et de l'huile de coco* » (Baud.). II n. m. 1 Partie mobile d'un appareil téléphonique réunissant écouteur et microphone. 2 Appareil volant réunissant les caractères de l'avion et de l'hélicoptère. 3 Épreuve sportive complexe. ski *Combiné nordique :* fond et saut ; *combiné alpin :* descente et slalom. ✪ CONTR. Simple.

combiner v. tr. [1] – XIIIe ; lat. *combinare* « réunir » 1 Réunir (des éléments), le plus souvent dans un arrangement déterminé. ⇒ **arranger, composer, coordonner.** *Combiner des mouvements, des sons.* 2 Unir (des corps chimiques simples) pour obtenir un composé. 3 Organiser en vue d'un but précis. ⇒ **agencer, élaborer,** fam. **goupiller.** « *je combinai mes coups comme si ma vie avait été au bout de mes combinaisons* » (Barbey). *Combiner un mauvais coup.* ⇒ **manigancer, tramer ;** fam. **goupiller, mijoter.** ✪ CONTR. Disperser, isoler, séparer.

> ❑ *Combiner* s'emploie avec *et* ou *avec.* Éviter de construire *combiner* avec la préposition *à.*

combishort [kɔ̃biʃɔʀt] n. m. – v. 1990 ; de *combinaison* et *short* ▪ Vêtement d'une seule pièce réunissant veste à manches courtes et short.

comblanchien n. m. – XIXe ; nom de village ▪ Calcaire dur utilisé en construction, en décoration. *Terrasse en comblanchien.*

① **comble** n. m. – XIIe ; lat. *cumulus* « amoncellement » 1 Le plus haut degré de. ⇒ **apogée, sommet, summum.** *Le comble du ridicule. Être au comble de la joie. L'émotion était à son comble.* « *gaspillage qui mit le comble à l'exaspération des gens de bien* » (Yourcenar). ➙ *C'est le comble, c'est un comble !* il ne manquait plus que cela (se dit d'une chose désagréable). ➙ *Pour comble (de malheur, d'ironie),* par surcroît. 2 Construction surmontant un édifice et destinée à en supporter le toit. ⇒ **charpente.** *Comble métallique, comble en bois. Couverture d'un comble.* ⇒ **lattis.** ♦ *Le comble, les combles :* espace, volume compris entre le dernier étage et le toit. *Aménager les combles en appartement. Loger sous les combles,* sous le toit. ♦ loc. *De fond en comble* [dəfɔ̃tɑ̃kɔ̃bl] : de haut en bas. *Fouiller la maison de fond en comble,* complètement. ✪ CONTR. Minimum. ① Bas, base, ① cave, fondation.

② **comble** adj. – XIIe 1 Qui est rempli par-dessus les bords. *Une mesure comble.* loc. fig. *La mesure est comble :* on n'en supportera pas plus. 2 Rempli de monde. ⇒ **plein.** *L'autobus est comble.* ⇒ **bondé, bourré,** ① **complet.** ➙ loc. *Faire salle comble :* remplir une salle de spectacle au maximum de sa capacité. ✪ CONTR. ① Désert, vide.

comblement n. m. – XVIe ▪ Le fait de combler, de boucher. *Le comblement d'un fossé.*

combler v. tr. [1] – XIIe 1 rare Remplir jusqu'aux bords. *Combler une mesure.* 2 *Combler* (qqn) *de :* donner à profusion. ⇒ **couvrir.** *Combler un enfant de cadeaux. Cela me comble de joie.* « *Cette dignité nouvelle de "piston" comblait Lucien de fierté* » (Sartre). 3 Remplir (un vide, un creux). ⇒ ① **boucher.** *Combler une brèche.* ⇒ **colmater.** *Combler un interstice.* ⇒ **obturer.** 4 fig. *Combler une lacune.* ➙ *Combler un déficit.* ➙ *Combler son retard.* ⇒ **rattraper.** ➙ *Combler un vide* (moral), *un besoin. Combler les vœux de qqn,* les exaucer. 5 *Combler qqn,* le satisfaire pleinement. *Je suis comblé.* ✪ CONTR. Creuser, vider.

comburant, ante adj. – XVIIIe ; lat. *comburere* « brûler » ▪ Se dit d'un corps qui, en se combinant avec un autre corps, opère la combustion de ce dernier (le combustible). « *ce fluide comburant, indispensable à la respiration* » (J. Verne). ➙ n. m. *L'oxygène est un comburant.*

> ❑ Le mot a été introduit en chimie par Lavoisier.

combustibilité n. f. – XVIe ▪ Propriété des corps combustibles. ✪ CONTR. Incombustibilité.

combustible adj. et n. m. – XIVe 1 Qui a la propriété de brûler. *Matière combustible.* ➙ *Corps combustible,* qui produit de l'énergie calorifique par combustion. 2 n. m. *Les combustibles :* les corps utilisés pour produire de la chaleur (⇒ aussi **carburant**). « *je crois que l'eau sera un jour employée comme combustible* » (J. Verne). *Combustibles solides naturels* (anthracite, bois, houille), *artificiels* (charbon [de bois], coke...). *Combustibles liquides* (alcool, essence, mazout, pétrole...). *Combustibles gazeux* (butane, gaz...). *Combustibles fossiles* (houille, pétrole). ➙ *Combustible nucléaire :* matière qui, dans un réacteur, entretient la réaction en chaîne. ✪ CONTR. Incombustible.

combustion n. f. – XIIe ; lat. *comburere* « brûler » 1 Le fait de brûler par l'action du feu. ⇒ **calcination, ignition.** *Combustion d'un gaz dans un brûleur. Poêle à combustion lente. Moteur à combustion interne.* 2 Combinaison d'un corps avec l'oxygène. ⇒ **oxydation.** *Combustion vive,* avec un dégagement de lumière et de chaleur. *Combustion lente,* l'oxydation se faisant lentement (⇒ **rouille**).

come-back n. m. inv. – 1961 ; mot angl. « retour » ▪ Retour (d'une personnalité, d'une vedette) dans l'actualité, après une période d'oubli ou d'inactivité.

comédie n. f. – XIVe ; lat. *comoedia* « pièce de théâtre » 1 vx Pièce de théâtre. 2 vx Lieu où se joue une pièce de théâtre. ⇒ **théâtre.** ➙ Troupe de comédiens. ➙ mod. *La Comédie-Française :* le Théâtre-Français. 3 La représentation de la pièce. *Jouer la comédie.* 4 fig. Attitude volontairement insupportable. *Allons, pas de comédie !* ⇒ **caprice.** ♦ *Jouer la comédie :* affecter, feindre (des sentiments, des pensées). ⇒ **mentir, tromper.** « *joue-lui la comédie du désir* » (Maurois). 5 Difficulté, complication. *Quelle comédie pour se garer !* 6 Pièce de théâtre ayant pour but de divertir en représentant les travers, les ridicules des caractères et des mœurs d'une société. *Les comédies de Molière. Comédie de mœurs, de caractères ; d'intrigue.* ➙ *Comédie légère.* ⇒ **vaudeville.** ➙ *Une comédie-ballet. Tragédie ayant l'heureux dénouement d'une comédie.* ⇒ **tragicomédie.** ➙ loc. fig. *Un personnage de* *comédie :* une personne qu'on ne prend pas au sérieux. ♦ Film présentant les caractères de la comédie. *Comédie américaine.* ➛ COMÉDIE MUSICALE : spectacle de théâtre, de cinéma, où se mêlent la musique, le chant, la danse et la parole. **7** Le genre comique. *Préférer la comédie à la tragédie.* « *la comédie, qui est l'école des nuances* » (Flaub.).

comédien, ienne n. et adj. – XVe **1** Personne qui joue dans des pièces de théâtre, dans des films. ⇒ **acteur, artiste.** *Une troupe de comédiens. L'art du comédien. Comédien de talent. Mauvais comédien.* « *Paradoxe sur le comédien* », *de Diderot.* **2** fig. Personne qui se compose une attitude. ⇒ **hypocrite.** *Quel comédien !* ➛ adj. *Elle est un peu comédienne.* **3** (Opposé à *tragédien*) Acteur comique.

comédogène adj. – 1980 ▪ Susceptible de provoquer des comédons.

comédon n. m. – XIXe ; lat. *comedo* « mangeur » ▪ Petit amas de matière sébacée à l'extrémité noirâtre, qui bouche un pore de la peau. ⇒ fam. ① **point** (noir) ; **acné, séborrhée.**

comestibilité n. f. – XIXe ▪ Caractère de ce qui est comestible.

comestible adj. et n. m. – XIVe ; lat. *comedere* « manger » **1** Qui peut servir d'aliment à l'homme. *Denrées comestibles. Champignons comestibles.* « *la multiplication des plantes et des animaux comestibles* » (Caillois). **2** n. m. pl. Denrées alimentaires. *Boutique de comestibles.* ✪ CONTR. Immangeable, toxique, vénéneux.

cométaire adj. – XVIIIe ▪ Des comètes. *Système cométaire.*

comète n. f. – XIIe ; gr. *komêtês* « astre chevelu » **1** Astre qui parcourt le système solaire et qui, à proximité du Soleil, libère des gaz et des poussières (chevelure et queue). *Le passage de la comète de Halley en 1910 et 1986.* **2** loc. fig. *Tirer des plans sur la comète :* faire des projets chimériques. **3** Tranchefile de relieur. **4** En héraldique, Étoile à huit rayons et à queue ondoyante.

comice n. m. et f. – XIVe ; lat. *comitium* « assemblée du peuple » **1** n. m. pl. *Comices :* dans l'Antiquité romaine, assemblée du peuple. ♦ Assemblée populaire appelée à voter par un plébiscite, pendant la Révolution française. **2** n. m. Réunion de cultivateurs d'une région pour le développement de l'agriculture. *Comice agricole, horticole.* **3** n. f. Poire fondante à peau épaisse.

> ☐ L'importance des comices agricoles au XIXe s. est attestée par un célèbre épisode de *Madame Bovary* (1857).

comique adj. et n. – XIVe ; gr. **1** Qui appartient à la comédie. *Pièce comique. Le genre, le style comique. Auteur comique. Opéra comique* ⇒ **opéra-comique.** ➛ littér. ou vx ⇒ **théâtral.** « *Le Roman comique* », *de Scarron.* « *Histoire comique* », *d'A. France.* **2** n. Auteur de comédie. ♦ Acteur habituellement chargé de rôles comiques. *C'est un bon comique.* ➛ Auteur, interprète de sketchs drôles. **3** n. m. *Le comique :* le principe du rire, le genre comique ; la comédie. *Le comique de boulevard. Une scène d'un haut comique. Avoir le sens du comique.* ⇒ **humour.** *Mon père « riait rarement, n'avait nul sens du comique »* (France). **4** Qui provoque le rire. ⇒ **burlesque, cocasse, drôle.** ➛ subst. *Le comique de l'histoire, c'est que...* ✪ CONTR. Dramatique, grave, pathétique, sérieux, tragique, triste.

comiquement adv. – XVIe ▪ D'une manière comique, risible.

comité n. m. – XVIIe ; angl. *to commit* « confier » ▪ Réunion de personnes prises dans un corps plus nombreux (assemblée, société) pour s'occuper de certaines affaires, donner un avis. ⇒ **cellule, commission.** *Comité des fêtes. Comité de grève.* ⇒ **coordination.** « *Le Mouvement de Libération Nationale m'avait appelé à son comité directeur* » (Malraux). ➛ loc. *En petit comité :* entre intimes. *Dîner en petit comité.* « *des confidences qui nous sont faites en petit comité* » (Cendrars). ♦ *COMITÉ DE LECTURE,* chargé de la sélection des manuscrits pour l'édition, la scène. ➛ *COMITÉ D'ENTREPRISE,* formé de représentants élus du personnel, présidé par le chef d'entreprise et qui a un rôle de consultation, de contrôle sur la marche de l'entreprise. ➛ *Comité de gestion.* ➛ *Comité de salut public,* qui groupa en 1793 tout le pouvoir exécutif.

comma n. m. – XVIe ; mot lat., gr. *koptein* « couper » ▪ Intervalle musical imperceptible qui sépare deux notes enharmoniques (do dièse et ré bémol, mi dièse et fa). ✪ HOM. Coma.

commandant n. m. – XVIIe **1** Celui qui a un commandement militaire. ⇒ **chef.** *Commandant de compagnie.* ⇒ **capitaine.** **2** Titre donné aux chefs de bataillon, d'escadron, de groupe aérien. **3** Officier qui commande un navire, un avion. *Commandant de bord.* ⇒ **pilote.**

commande n. f. – XIIIe **1** Ordre par lequel un client demande une marchandise ou un service à fournir dans un délai déterminé (⇒ **achat, ordre**). *Passer une commande au fournisseur. Le garçon de restaurant prend la commande des clients. Bon de commande. Marchandise payable à la commande.* ➛ La marchandise, le travail commandé. *Nous avons reçu votre commande. Livrer une commande.* ➛ *Ouvrage de commande,* exécuté spécialement pour la personne qui l'a commandé. **2** loc. *SUR COMMANDE :* à la demande. *Elle peut pleurer sur commande.* ➛ *DE COMMANDE :* qui n'est pas sincère. ⇒ **feint, simulé.** *Sourire de commande.* **3** Cordage, câble d'amarrage. ➛ Organe capable de déclencher, arrêter, régler des mécanismes. *Commandes manuelles* (bouton, clé, manette), *au pied* (pédale). *Commande des freins. Prendre les commandes ; être aux commandes d'un avion.* ➛ fig. *Tenir les commandes :* diriger, avoir en main une affaire. « *Empêcher les salauds de reprendre les commandes du pays* » (Beauv.). **4** Déclenchement, réglage d'un mécanisme. *Commande à distance.* ⇒ **radiocommande, télécommande.** *Appareil à commande vocale. Poste de commande.* ♦ Action d'un opérateur humain sur une machine. ⇒ **instruction.** ✪ HOM. Commende.

commandement n. m. – XIe **1** Action de commander. *L'habitude du commandement.* ➛ Dans l'armée, Ordre bref, donné à voix haute pour faire exécuter certains mouvements. **2** Acte d'huissier, mettant un débiteur en demeure de satisfaire aux obligations résultant d'un acte authentique. ⇒ **injonction,** ① **sommation.** *Faire commandement à qqn de payer.* **3** Règle de conduite édictée par l'autorité de Dieu, d'une Église. ⇒ ① **loi, précepte.** *Les dix commandements.* ⇒ **décalogue.** **4** Pouvoir, droit de commander. ⇒ **-archie ; autorité, direction.** *Prendre le commandement. Poste de commandement.* ⇒ **P.C.** **5** Autorité militaire qui détient le commandement des forces armées. *Le haut commandement des armées.* ⇒ **état-major.** **6** Place en tête, dans une course sportive. ✪ CONTR. ① Défense, interdiction. Obéissance, soumission. Faiblesse, impuissance.

commander v. [1] – X[e] ; lat. *commendare* « confier, recommander » **I** v. tr. dir. **1** *COMMANDER* (qqn) : exercer son autorité sur (qqn) en lui dictant sa conduite. « *La raison nous commande bien plus impérieusement qu'un maître* » (Pasc.). *Il n'aime pas qu'on le commande.* ⇒ **diriger, mener.** ➛ Diriger dans le combat, dans l'action (ceux sur qui on a un pouvoir hiérarchique). *Commander une troupe au feu.* ⇒ **conduire, mener.** ♦ Avoir l'autorité hiérarchique sur (qqn, un groupe humain).

Commander un régiment. 2 *COMMANDER QQCH.* : donner l'ordre de ; prescrire d'une manière autoritaire. *Il commanda le silence.* ➛ *Commander la manœuvre.* ♦ pronom. *L'amour ne se commande pas,* ne dépend pas de la volonté. 3 fig. Rendre absolument nécessaire. *Faire ce que les circonstances commandent.* ⇒ **exiger, réclamer.** 4 Demander à un fabricant, un fournisseur par une commande **(⇒ acheter).** *Commander un meuble.* ➛ *Commander un plat au restaurant. Commander un travail à qqn,* lui en demander l'exécution. ➛ « *Sans qu'il fût besoin de commander, le garçon apporta des moules frites* » (Simenon). 5 Dominer (un lieu) et en contrôler l'accès. *Cette position d'artillerie commande la plaine.* ➛ Constituer un lieu de passage obligé pour accéder à (un autre endroit). pronom. « *Dans cet appartement, toutes les pièces se commandaient* » (Gide). 6 Faire fonctionner. ⇒ **actionner.** *Levier, pédale commandant les freins.* **II** v. tr. ind. *COMMANDER À.* 1 Avoir, exercer une autorité sur (qqn). *Commander à qqn de se taire.* ⇒ **ordonner,** ① **sommer.** 2 fig. *Commander à ses passions.* ⇒ **gouverner, maîtriser.** « *Notre volonté est une force qui commande à toutes les autres* » (Buff.). **III** v. intr. Exercer son autorité ; donner des ordres et les faire exécuter. *Il avait appris « comment on commande, il apprenait maintenant comment on dirige »* (Malraux). ✪ CONTR. Défendre, interdire. Décommander. — Exécuter, obéir.

commanderie n. f. – XIVe ▪ Bénéfice affecté à certains ordres militaires. *Titulaire d'une commanderie.* ⇒ **commandeur.** ➛ Résidence du commandeur.

commandeur n. m. – XIIe 1 Chevalier d'un ordre militaire ou hospitalier, pourvu d'une commanderie. 2 *Commandeur de la Légion d'honneur* (grade au-dessus de celui d'officier). 3 *Commandeur des croyants :* titre que prenaient les califes.

commanditaire n. – XVIIIe 1 Bailleur de fonds dans une société en commandite. ➛ *Associé commanditaire.* 2 Personne qui finance une entreprise. ⇒ **bailleur ; sponsor.**

commandite n. f. – XVIIe ; it. *accomandita* « dépôt, garde » 1 Société formée de deux sortes d'associés, les uns solidairement et indéfiniment tenus des dettes sociales **(⇒ gérant) ;** les autres tenus dans les limites de leur apport **(⇒ commanditaire).** 2 Fonds versés par chaque membre d'une société en commandite.

commanditer v. tr. [1] – XIXe 1 Fournir des fonds à (une société en commandite) sans participer à sa gestion **(⇒ financer).** 2 par ext. Financer (qqn). ⇒ **sponsoriser.**

commando n. m. – 1943 ; port. *commandar* « commander » ▪ Groupe de combat employé pour les opérations rapides, isolées ou pour la subversion. *Commando de parachutistes. Commando de terroristes.* ➛ Membre d'un commando.

comme conj. et adv. – IXe ; lat. *quomodo* « de quelle façon » **I** conj. et adv. 1 De la même manière que, au même degré que. ⇒ **également.** *Il a réussi comme son frère. Il écrit comme il parle.* ➛ *Il agit comme s'il avait vingt ans. Elle faisait des signes comme pour nous appeler.* ♦ *Il est bavard comme une pie. Ils se ressemblent comme deux gouttes d'eau.* ➛ *Il fait doux comme au printemps. Faire comme si :* simuler. ♦ loc. *TOUT COMME :* exactement comme. *C'est tout comme :* c'est la même chose. ➛ fam. *COMME TOUT.* ⇒ **extrêmement.** *Elle est jolie comme tout.* 2 Ainsi que, et. *J'oublierai cela comme le reste.* 3 De la manière que. *Riche comme il est, il pourra vous aider. Comme il vous plaira :* selon votre désir. ➛ *Comme on dit, comme il le prétend* (présente une opinion, une citation). ⇒ **ainsi** (que). ➛ *Comme de juste :* comme il est juste. *Comme par hasard.* ➛ loc. adv. *COMME IL FAUT* [kɔmi(l)fo] : bien. *Faites votre travail comme il faut.* loc. adj. fam. « *une tenue si comme il faut* » (Maupass.). ⇒ ① **bien, convenable.** ➛ *Cela fait qqch. comme dix mille francs,* approximativement. ♦ *COMME QUOI :* disant que. *Faites-lui un certificat comme quoi son état de santé nécessite du repos.* ➛ Ce qui prouve que. *Il n'est pas venu ; comme quoi, nous avons bien fait de ne pas l'attendre.* ♦ *Il était comme fou.* « *C'est cela, fit le prisonnier comme se parlant à lui-même* » (Dumas). ➛ *COMME CELA* ; fam. *COMME ÇA.* ⇒ **ainsi.** *C'est comme ça et pas autrement. Comme ça, tout le monde sera content.* ➛ fam. *Comme ci comme ça :* ni bien ni mal. ⇒ **couci-couça.** loc. exclam. *Comme ça !* remarquable, épatant. *Une bagnole comme ça !* 4 Tel que. *Je n'ai jamais rencontré d'intelligence comme la sienne.* 5 En tant que. ⇒ ① **en, pour.** *Je l'ai choisie comme secrétaire. Mieux vaut l'avoir comme ami que comme ennemi.* ♦ fam. En matière de, en ce qui concerne. *Qu'est-ce que vous prendrez comme dessert ? Avec un sac comme bagage,* en guise de bagage. **II** conj. 1 Puisque. ⇒ **parce que.** *Comme elle arrive demain, il faut préparer une chambre.* 2 Au moment où. *Nous arrivâmes comme il partait.* **III** adv. 1 Marque l'intensité. ⇒ **combien,** ② **que.** *Comme c'est cher !* « *Comme tes lettres sont gentilles !* » (Flaub.). loc. *Comme vous y allez !* vous y allez fort, vous exagérez. 2 Comment. *Tu sais comme il est.* « *Je pense comme j'aimerais que tu sois ici* » (Le Clézio). ♦ *(Il) faut voir comme !* d'une manière remarquable. ✪ CONTR. Contrairement (à). Contre (par contre).

commedia dell'arte [kɔmedjadɛlaʀt(e)] n. f. – XVIIe ; mots it. « *comédie de fantaisie* » ▪ Genre de comédie (italienne) basée sur l'improvisation, le scénario étant seul réglé.

❑ Pas de majuscule, ni de trait d'union.

commémoratif, ive adj. – XVIe ▪ Qui rappelle le souvenir d'une personne, d'un événement. *Plaque commémorative.*

commémoration n. f. – XIIIe ▪ Cérémonie destinée à rappeler le souvenir d'une personne, d'un événement. ⇒ **anniversaire, fête.** *La commémoration de la fête nationale. Commémoration des morts* (le 2 novembre). ➛ *En commémoration de :* en souvenir de.

commémorer v. tr. [1] – XIVe ; lat. *commemorare* ▪ Rappeler par une cérémonie le souvenir de (une personne, un événement). ⇒ **célébrer, fêter.** *Commémorer la victoire.*

commençant, ante adj. et n. – XVe ▪ Qui commence. *Une science commençante.* ➛ n. vieilli Personne qui débute dans une discipline. ✪ CONTR. Expert, vétéran.

❑ Le nom subit la concurrence de *débutant,* plus courant.

commencement n. m. – XIIe 1 Ce qui vient d'abord (dans une durée, un processus), première partie. ⇒ **début.** *Le commencement de l'année.* « *Je compte être à Venise vers le commencement de juin* » (Flaub.). *Commencement de la vie.* ⇒ **enfance, naissance.** *Commencement des hostilités.* ⇒ **déclenchement, ouverture.** *Un bon, un mauvais commencement.* ⇒ ① **départ.** *Le commencement d'un travail, d'une action.* ➛ loc. fam. *C'est le commencement de la fin,* le début des ennuis. ♦ *Dès le commencement. Depuis le commencement. Du commencement à la fin :* de bout en bout. *Au commencement.* ⇒ **initialement.** « *Au commencement Dieu créa le ciel et la terre* » (BIBLE). 2 Partie qui se présente, que l'on voit avant les autres (dans l'espace). ⇒ **bord, bout, extrémité.** *Le commencement d'une rue.* 3 *Commencement de preuve :* ce qui fournit, sans certitude, la présomption d'une vérité, d'un fait. 4 *LES COMMENCEMENTS :* les premiers développements, les débuts. *Les commencements* *d'une technique nouvelle.* ◆ Les premières leçons, les premières notions, dans une science, un art. « *presque en toutes choses les commencements sont rudes* » (Rouss.). ✪ CONTR. Achèvement, ① fin.

commencer v. [3] – Xe ; lat. *cum* et *initium* « commencement » **1** v. tr. dir. Faire la première partie de (une chose, une série de choses) ; faire exister (le premier temps d'une activité). ⇒ **amorcer, entamer, entreprendre.** *Commencer un travail. Commencer un débat, une discussion.* ⇒ **ouvrir.** *Commencer les hostilités.* ⇒ **déclencher, ouvrir.** *Commencer le combat.* ⇒ **engager.** *Commencer un livre,* en entreprendre la lecture ou l'écriture. ♦ Être au commencement de. *Le mot qui commence la phrase. Il ne fait que commencer ses études.* **2** v. tr. ind. COMMENCER DE (littér.), À : entreprendre ; être aux premiers instants (de l'action indiquée par le verbe). *Commencer à faire qqch. Il commence à comprendre. Commençons à manger.* ◆ *Nous allions commencer sans elle. Ah, tu ne vas pas commencer* (à dire, à faire des choses déplaisantes). ◆ fam. *Tu commences à m'agacer. Je commence à en avoir assez.* ◆ Avoir une activité pour la première fois. *Un enfant qui commence à parler.* ◆ « *Le crépuscule commença à balayer la mer* » (Duras). impers. *Il commence à neiger.* ◆ *Ça commence à devenir pénible.* ♦ COMMENCER PAR : faire d'abord (une chose). *Par où allez-vous commencer ? Commençons par le commencement.* loc. *À commencer par...* « *le constant échec de ces réalismes au théâtre, à commencer par celui de Balzac* » (Malraux). ♦ Avoir pour début. *Ce mot commence par un* a. **3** v. intr. Entrer dans son commencement. ⇒ **débuter.** *L'année commence au 1er janvier. Cela commence bien, mal. Ça commence bien !* les débuts ne sont pas prometteurs. ✪ CONTR. Aboutir, achever, finir, terminer.

commende n. f. – XVe ; lat. *commendare* « confier » ▪ Administration temporaire d'un bénéfice ecclésiastique. ◆ Concession d'un bénéfice à un ecclésiastique séculier ou à un laïc. *Abbaye en commende.* ✪ HOM. Commande.

commensal, ale, aux n. – XVe ; lat. *cum* « avec » et *mensa* « table » **1** didact. Personne qui mange habituellement à la même table qu'une ou plusieurs autres. ⇒ **hôte. 2** Animal qui vit en commensalisme.

commensalisme n. m. – XIXe ▪ Association d'organismes d'espèces différentes, l'un profitant des débris alimentaires de l'autre, sans lui nuire (ex. poisson pilote et requin).

❑ Le *parasitisme* diffère du *commensalisme,* le parasite se développant aux dépens d'un autre organisme. La *symbiose* profite aux deux organismes.

commensurable adj. – XIVe ; lat. *mensura* « mesure » ▪ Se dit d'une grandeur qui a une commune mesure avec une autre. ⇒ **comparable.** ✪ CONTR. Incommensurable, incomparable.

comment adv. et n. m. inv. – XIe ; de *comme* ▪ De quelle manière ; par quel moyen. **1** (interrog.) *Comment allez-vous ?* ; fam. *comment ça va ?* « *Allo Avila ? Comment ça va chez vous ?* » (Malraux). fam. *Vous venez comment ? – Par le train.* ◆ COMMENT ? (dites-vous), exclamation qui invite à répéter. ⇒ **pardon.** ◆ *Comment osez-vous me faire des reproches ?* **2** (affirmatif, interrog. ind.) *Dites-moi comment il faut faire. Je veux voir comment vous faites. Dieu sait comment.* ⇒ **comme.** ◆ loc. adv. N'IMPORTE COMMENT : sans soin, sans choix, au hasard. ⇒ ② **mal.** *C'est fait n'importe comment.* ◆ adv. de phrase Quelle que soit la situation, la réponse, etc. *N'importe comment il est trop tard* (cf. De toute façon*). **3** n. m. inv. Manière. « *comprendre le pourquoi, le comment de la débâcle...* » (Céline). **4** Exclamation d'étonnement, d'indignation. ⇒ **quoi.** *Comment, tu es encore au lit ?* **5** Signe d'approbation. *Mais comment donc !* ⇒ **évidemment.** fam. *Et comment !*

commentaire n. m. – XIVe **1** Ensemble des explications, des remarques sur un texte. ⇒ **exégèse, glose, note. 2** Explication apportée sur un sujet. *Commentaires de presse.* ◆ Observation sur un événement. « *"– Qu'est-ce qu'il risque ? – Perpétuité." Nous ne fîmes aucun autre commentaire* » (Genet). péj. *Épargnez-nous vos commentaires !* ◆ loc. fam. *Sans commentaire !* la chose se suffit à elle-même (souvent péj.). *Cela se passe de commentaire.*

commentateur, trice n. – XIVe **1** Personne qui est l'auteur d'un commentaire. *Les commentateurs de la Bible.* ⇒ **exégète, glossateur. 2** Journaliste chargé de commenter des nouvelles, un reportage. *Commentateur sportif à la télévision.* ⇒ **éditorialiste.**

commenter v. tr. [1] – XIVe ; lat. *commentari* « réfléchir, étudier » **1** Expliquer par un, des commentaires. *Commenter un texte de loi.* **2** Faire des remarques, des observations sur (des faits). « *Une demi-douzaine de consommateurs commentaient les nouvelles du quartier* » (Mart. du G.).

commérage n. m. – XVIIIe ▪ fam. Propos de commère. ⇒ **médisance, racontar,** ② **ragot.** « *La mère Méhudin, selon les commérages du quartier, devait avoir fait une grosse fortune* » (Zola).

commerçant, ante n. et adj. – XVIIe **I** n. Personne qui fait du commerce (spécialt du commerce de détail) par profession. ⇒ **distributeur, marchand, négociant, revendeur.** *Commerçant qui vend en gros* (⇒ **grossiste**), *au détail* (⇒ **détaillant**). *Les petits commerçants. Boutique, magasin d'un commerçant.* **II** adj. **1** vieilli Qui fait du commerce. *Les nations commerçantes.* **2** Où il y a de nombreux commerces. *Rue très commerçante.* **3** Qui manifeste une aptitude au commerce. *Elle est très commerçante et sait retenir la clientèle.*

commerce n. m. – XIVe ; lat. *merx* → marchand **I** – **1** Activité d'achat et de revente (en l'état ou après transformation) d'un produit, d'une valeur ; par ext. Prestation de certains services. ⇒ **échange, négoce.** *Commerce légal ; illicite* (⇒ **trafic**), *parallèle* (⇒ **marché** [noir]). ◆ *Être dans le commerce, faire du commerce.* ◆ *Commerce de gros*[1], *de demi-gros, de détail. Commerce de proximité* (⇒ **boutique, magasin**), *intégré, concentré* (grands magasins*, hypermarchés, succursalistes, supermarchés). ◆ *Commerce intérieur,* sur un territoire national. *Balance, déficit, excédent du commerce extérieur.* ⇒ **exportation, importation.** ◆ ... DE COMMERCE. *Employé de commerce.* ◆ *Société, entreprise, fonds de commerce.* ◆ *Tribunal de commerce,* qui statue sur les litiges commerciaux. *Chambre* de commerce et d'industrie (C. C. I.). École de commerce.* ◆ *Marine, navire, port de commerce.* ◆ DANS LE COMMERCE : sur le marché. *Cela ne se trouve plus dans le commerce.* **2** *Le commerce :* le monde commercial, les commerçants. *L'agriculture, le commerce et l'industrie.* ♦ Ensemble des connaissances portant sur le commerce. **3** *Un commerce :* point de vente tenu par un commerçant, fonds de commerce. ⇒ **boutique,** ① **débit, magasin, officine.** *Des commerces de luxe, d'alimentation. Ouvrir, tenir un commerce.* **4** péj. Trafic illicite ou immoral. *Commerce des enfants. Commerce d'organes. Un commerce honteux, infâme. Faire commerce de ses charmes :* se prostituer. **II** – **1** vx Relations que l'on entretient dans la société. *Fuir le commerce des hommes.* **2** vieilli Manière de se comporter à l'égard d'autrui. loc. *Être d'un commerce agréable.* ⇒ **fréquentation.**

commercer v. intr. [3] – XVe ▪ Faire du commerce. *La France commerce avec de nombreux pays.*

commercial, iale, iaux adj. et n. – XVIIIe 1 Qui a rapport au commerce ; de commerce. *Droit commercial. Entreprise commerciale.* « *Si l'on considère tout cela* [...] *sous le jour commercial, votre projet ne tient pas debout* » (Mart. du G.). ➸ loc. *Centre commercial* : regroupement local de commerçants spécialisés, d'activités de service et de grandes surfaces. ⇒ **halle, marché.** ♦ Qui se rapporte à la commercialisation. *Le succès, l'échec commercial d'un livre, d'un produit.* ➸ *Politique commerciale d'une entreprise.* ⇒ **marchandisage, marchéage, marketing, mercatique.** En France, *École des hautes études commerciales (H.E.C.). Directeur commercial.* ♦ *Balance commerciale* : solde des échanges extérieurs d'un pays. *Déficit, excédent commercial.* ⇒ **exportation, importation.** ➸ *L'attaché commercial d'une ambassade.* ♦ n. m. Personne chargée des relations commerciales dans une entreprise. 2 péj. Conçu, exécuté dans une intention lucrative, et pour plaire au grand public. *Un film purement commercial.* 3 n. f. *Une commerciale* : véhicule utilitaire léger. ⇒ ① **break.**

commercialement adv. – XIXe ▪ D'un point de vue commercial. *Produit commercialement rentable.*

commercialisable adj. – 1955 ▪ Qui peut être commercialisé. *Produit facilement commercialisable.*

commercialisation n. f. – 1904 ▪ Action de commercialiser. *La commercialisation d'un produit.*

commercialiser v. tr. [1] – XIXe 1 Faire de (qqch.) l'objet d'un commerce. *Commercialiser un brevet d'invention.* ⇒ **exploiter.** 2 Mettre (qqch.) dans le circuit commercial. ⇒ **distribuer.** *Ce médicament n'est pas encore commercialisé.*

commère n. f. – XIIIe ; lat. *commater* « mère avec » 1 vx Marraine d'un enfant par rapport au parrain (⇒ **compère**), aux parents. 2 vx Terme d'amitié donné à une femme (voisine, amie). 3 Femme qui colporte toutes les nouvelles. ⇒ **bavard.** « *les commères s'accordaient pour situer le magot au fond de la cave* » (Bosco).

> ❑ Le jugement dépréciatif porté sur le bavardage des femmes est encore renforcé par l'application du terme aux hommes : *cet homme est une vraie commère.*

commettant, ante n. – XVIe ▪ Personne employant à une fonction un préposé qui lui est subordonné. ⇒ **mandant.**

commettre v. tr. [56] – XIIIe ; lat. *committere* « mettre ensemble » 1 Accomplir, faire (une action blâmable). *Commettre une imprudence, une erreur, une indiscrétion, un délit.* « *C'était la gaffe, qu'il venait de commettre en parlant de ça devant moi* » (Céline). *Commettre un péché.* ⇒ **fauter, pécher.** *Commettre un attentat, un meurtre.* ⇒ **perpétrer.** ➸ fam. et iron. Se rendre responsable de, être l'auteur de. *Commettre un mauvais article.* ♦ *Il se commet beaucoup d'atrocités pendant les guerres.* 2 Mettre (qqn) dans une charge. ⇒ **charger** (de), **employer, préposer.** *Commettre qqn à un emploi, au soin de ; pour un travail.* ♦ dr. ⇒ **désigner.** *Commettre un expert. Avocat commis d'office.* 3 Confectionner (un cordage) en tordant ensemble plusieurs brins. 4 v. pron. littér. Compromettre sa dignité, sa réputation. *Se commettre avec des gens peu recommandables.*

> ❑ *Se commettre avec qqn* est plus recherché que *se compromettre*, de même sens.

comminatoire adj. – XVIe ; lat. *minari* « menacer » 1 Qui renferme la menace d'une peine légale. *Jugement comminatoire.* 2 Menaçant. « *C'est à Florence que j'ai reçu la lettre comminatoire de Claudel* » (Gide).

> ❑ *Comminatoire* au sens courant de « menaçant » *(paroles, lettre comminatoires)* est d'un emploi soutenu.

comminutif, ive adj. – XIXe ; lat. *comminuere* « briser » ▪ Se dit d'une fracture comportant de petits fragments d'os.

commis n. m. – XVIIe ; de *commettre* 1 Agent subalterne (administration, banque, bureau, établissement commercial). ⇒ **employé.** 2 *Les grands commis de l'État* : les hauts fonctionnaires. 3 vieilli COMMIS VOYAGEUR : voyageur de commerce.

> ❑ *Commis voyageur* est aujourd'hui remplacé par *voyageur, représentant de commerce.*

commisération n. f. – XIIe ; lat. *miserari* « avoir pitié » ▪ Sentiment de pitié qui fait prendre part à la misère des malheureux. ⇒ **apitoiement, compassion.** *Éprouver, avoir de la commisération pour qqn.* ✪ CONTR. Dureté, indifférence.

commissaire n. m. – XIVe ; lat. *committere* → commettre I - 1 Personne chargée de fonctions spéciales et temporaires. 2 Officier du ministère public près de certains tribunaux. ♦ *HAUT-COMMISSAIRE,* titre donné au parlementaire qui, dans certains gouvernements, a la direction d'un grand département. ➸ Représentant d'un État auprès d'un autre État protégé, associé, occupé. ♦ *COMMISSAIRE AUX COMPTES* : professionnel chargé de contrôler et vérifier l'exactitude et la légalité des comptes d'une société. ♦ Personne qui vérifie qu'une épreuve sportive se déroule régulièrement. 3 Membre d'une commission. II Titre de fonctionnaires ou titulaires de charges permanentes. 1 *Commissaire de police* : officier de la police nationale, chargé de tâches de police administrative et judiciaire. *Porter plainte devant le commissaire. Commissaire divisionnaire, principal.* 2 COMMISSAIRE DU BORD : sur les paquebots, administrateur des services des passagers et du ravitaillement. « *Un commissaire, cela jauge, pèse, compte, répartit, en un mot : mesure* » (Bosco).

> ❑ 8,6% des *commissaires de police* sont des femmes. On peut dire au féminin, *la commissaire.*

commissaire-priseur n. m. – XIXe ▪ Officier ministériel chargé de l'estimation des objets mobiliers et de leur vente aux enchères publiques. « *Le commissaire-priseur armé de son marteau d'ivoire* » (France).

> ❑ Ce mot est formé avec *priseur,* nom de métier aujourd'hui disparu, « personne qui fait une estimation » (→ ① priser). ♦ Cette profession étant exercée par des femmes, à raison de 17%, on peut féminiser en *la commissaire-priseuse,* mot bien formé.

commissariat n. m. – XVIIIe 1 Qualité, emploi de commissaire ; fonction de commissaire. *HAUT-COMMISSARIAT* : dignité de haut-commissaire. 2 Ensemble des services dépendant d'un commissaire. ➸ *Le Commissariat à l'énergie atomique (C.E.A.).* ➸ *Commissariat hôtelier,* qui prépare les repas pour les grandes compagnies ferroviaires, aériennes. 3 *Commissariat (de police)* : lieu où sont installés les services d'un commissaire de police. « *L'agent m'invita à le suivre au commissariat* » (France).

commission n. f. – XIIIe ; de *commettre* I didact. Charge, mandat. ⇒ **mission.** *Charger qqn d'une commission.* 1 Acte de l'autorité donnant charge et pouvoir pour un temps déterminé. ➸ *COMMISSION ROGATOIRE* : délégation faite par un tribunal à un autre pour accomplir un acte de procédure ou d'instruction 2 Charge qu'une personne (⇒ **commettant**) confère à une autre **(⇒ commissionnaire)** pour que celle-ci agisse au nom du commettant. 3 Pourcentage qu'un intermédiaire perçoit pour sa rémunération. ⇒ ② **prime, remise, rémunération.** *Toucher quinze pour cent de commission. Prendre une commission.* 4 Marchandise achetée, message transmis, service rendu pour autrui. *J'ai une commission à vous faire.* ♦ au plur. Provisions, denrées achetées pour un usage quotidien. « *il jardinait, il cirait les souliers de l'abbé, faisait les commissions, sciait le bois* » (Balz.). 5 lang. enfantin *La grosse, la petite commission :* les fonctions d'excrétion **(⇒ caca, pipi).** II Réunion de personnes déléguées pour étudier un projet, préparer ou contrôler un travail, prendre des décisions. *Être membre d'une commission.* « *On a formé une commission, laquelle a désigné un rapporteur* » (L. Daud.). ➛ *Commission d'enquête,* dont les membres sont nommés par le gouvernement pour faire l'étude d'une question spécifique. « *les pays de la communauté vont créer une commission d'enquête sur la pollution* » (Le Clézio).

commissionnaire n. – XVIe 1 Personne qui agit pour le compte d'autrui en matière commerciale. ⇒ **intermédiaire, mandataire.** *Commissionnaire de transport.* ⇒ **transitaire.** 2 vieilli Personne qui fait une commission, une course pour qqn. ♦ Personne dont le métier est de faire les commissions du public. ⇒ ② **coursier, porteur.**

commissionner v. tr. [1] – XVe 1 Commettre à une fonction, un travail. *Être commissionné par son gouvernement.* ➛ *Agent commissionné.* 2 Donner à (qqn) commission d'acheter ou de vendre.

commissoire adj. – XIIIe ▪ Qui entraîne l'annulation d'un contrat. *Clause commissoire.*

commissure n. f. – XIVe ; lat. *committere* « joindre ensemble » 1 Point de jonction de deux parties d'un organe. *Commissures du cerveau.* 2 *Commissures (des lèvres),* aux angles de la bouche. « *le mégot coincé à la commissure des lèvres* » (Robbe-Grillet).

commissurotomie n. f. – mil. XXe ▪ Section des commissures de la valvule mitrale du cerveau (dans les cas d'épilepsie incurable).

commodat n. m. – XVIe ; lat. *commodus* « commode » ▪ dr. Prêt à usage, entraînant l'obligation de rendre après avoir utilisé.

① **commode** adj. – XVe ; lat. I - 1 Qui se prête aisément à l'usage qu'on en fait ; bien conçu. ⇒ **fonctionnel,** ② **pratique.** *Sac commode. Les cartes de crédit, c'est commode. Commode à manier.* 2 Facile, simple. « *Si vous croyez que c'est commode de lui faire changer d'idée* » (P. Benoit). ⇒ **aisé.** *C'est plus commode de prendre le train.* loc. *Ça serait trop commode ! :* c'est une solution de facilité qui ne respecte pas certaines personnes, certaines règles. II vieilli D'un caractère facile et arrangeant. ⇒ **accommodant.** ➛ mod. *PAS COMMODE :* bourru, sévère, exigeant. « *C'était un homme de cinquante ans, [...] un bougon qui ne devait pas être commode* » (J. Verne). ✪ CONTR. Difficile, gênant, incommode, inutilisable.

② **commode** n. f. – XVIIIe ; de ① *commode* ▪ Meuble à hauteur d'appui, muni de tiroirs, où l'on peut ranger des objets.

commodément adv. – XVIe ▪ D'une manière commode. *S'installer commodément,* à son aise.

commodité n. f. – XVe 1 Qualité de ce qui est commode. ⇒ **agrément, avantage,** ② **confort.** « *pour plus de commodité, je feignis donc d'avoir les pensées [...] qu'on me prêtait* » (Gide). *La commodité d'un appartement bien aménagé. Commodité d'accès d'une banlieue.* 2 plur. *Les commodités de la vie :* ce qui rend la vie plus agréable, plus confortable. ♦ Équipements apportant le confort, l'hygiène, etc. à un logement, un ensemble de logements. 3 vx *Les commodités,* les lieux d'aisances. ✪ CONTR. Désagrément, gêne, incommodité.

commodore n. m. – XVIIIe ; mot angl., p.-ê. du fr. *commandeur* ▪ Officier de marine néerlandais, britannique ou américain, immédiatement inférieur au contre-amiral.

commotion n. f. – XIIe ; lat. « mouvement » 1 Ébranlement violent de l'organisme ou d'une de ses parties par un choc direct ou indirect, entraînant divers troubles, mais sans lésions apparentes. ⇒ **traumatisme.** *Commotion cérébrale.* 2 Violente émotion. ⇒ **choc, secousse.** « *l'atroce commotion causée par le renversement de toutes ses espérances* » (Balz.).

commotionner v. tr. [1] – XIXe ▪ (sujet chose) Frapper d'une commotion. ⇒ **choquer, traumatiser.**

commuable adj. – XVe ▪ Qui peut être commué. ⇒ **commutable.** *Peine commuable.*

commuer v. tr. [1] – XIVe ; lat. *mutare* « changer » ▪ Changer (une peine) en une peine moindre **(⇒ commutation).**

❑ *Commuer,* doublet de *commuter,* a été francisé d'après *muer* « changer ».

commun, une adj. et n. m. – IXe ; lat. *communis* I adj. 1 Qui appartient, qui s'applique à plusieurs personnes ou choses. *Un passage commun. Les parties communes d'un immeuble. Avoir des intérêts communs avec qqn. Un but commun.* ⇒ **même.** *Avoir des traits, des points communs.* ⇒ **comparable, semblable ; analogie, ressemblance.** *Son cas n'a rien de commun avec le mien.* absolt *Cela n'a rien de commun :* c'est très différent. ➛ *COMMUN À :* propre également à (plusieurs). *Mur commun à deux propriétés.* ⇒ **mitoyen.** ➛ *Les biens communs,* qui s'opposent aux biens propres dans la communauté du mariage. *Deux triangles qui ont un côté commun* **(⇒ adjacent).** 2 Qui se fait ensemble, à plusieurs. *Mener une action commune en s'alliant. Le Marché* commun.* 3 loc. *EN COMMUN :* qui appartient à plusieurs personnes. *Avoir des biens en commun.* ⇒ **indivision.** *Mettre en commun ce qu'on a :* partager. ➛ Qui se fait à plusieurs personnes. *Personnes qui vivent en commun.* ⇒ **cohabitation, concubinage.** « *si tu veux rester avec nous, il faudra prendre l'esprit d'équipe et [...] tout mettre en commun. Donne tes cigarettes* » (Sartre). *Travailler en commun. Transports* en commun.* 4 Qui appartient au plus grand nombre ou le concerne. ⇒ ① **général, public.** *Dans l'intérêt commun.* ➛ *NOM COMMUN :* nom de tous les individus de la même espèce (opposé à *propre*). *« Chat », « table » sont des noms communs.* ♦ n. m. vieilli *Le commun des hommes,* le plus grand nombre. ⇒ **foule,** ① **masse.** loc. *Le commun des mortels :* les gens ordinaires qui forment la majorité. 5 Qui est ordinaire. ⇒ ① **courant, habituel, naturel, ordinaire, usuel.** *Il est d'une force peu commune,* très grande. ➛ n. m. *HORS DU COMMUN* **(⇒ extraordinaire).** *Destinée hors du commun.* 6 Qui se rencontre fréquemment. ⇒ **abondant, répandu.** *Variété de cèpe commune dans les pinèdes.* 7 Qui n'appartient pas à l'élite, n'est pas distingué. ⇒ **quelconque, vulgaire.** *Il a des manières très communes.* II n. m. (sans compl.) 1 vx Le peuple. *Les gens du commun.* 2 *Le commun des apôtres, des martyrs, des vierges,* l'office que l'Église romaine a réglé d'une façon générale pour tous ces cas. 3 *LES COMMUNS :* l'ensemble des dépendances (d'une propriété). ✪ CONTR. Distinct, individuel, ② original, personnel. Distingué, recherché.

❑ La valeur ancienne et dépréciative du substantif *commun* « peuple, vulgaire » se retrouve dans *homme du commun, hors du commun.*

communal, ale, aux adj. et n. – XIIe ▪ Qui appartient à une commune ou qui la concerne. *Chemin commu-*

nal. L'école communale, ou **n. f.** *la communale. L'opposition* « *de l'école libre des frères et de la communale laïque* » (Tournier). ♦ *Maison communale :* mairie, en Belgique.

communaliser **v. tr.** 1 – XIXe ▪ Mettre sous la dépendance de la commune.

communard, arde **adj.** et **n.** – XIXe 1 (d'ab. péj.) Partisan de la Commune de Paris, en 1871. 2 **n. m.** (à cause du drapeau rouge) Apéritif composé de vin rouge et de liqueur de cassis.

communautaire **adj.** – XIXe ▪ Qui a rapport à la communauté. *Vie communautaire.* ➛ spécialt *Les pays communautaires :* les membres de la C.E.E.

communauté **n. f.** – XIIIe I - 1 Groupe social dont les membres vivent ensemble, ou ont des biens, des intérêts communs. ⇒ **collectivité, corps, société.** *Communauté nationale.* ⇒ **nation.** *Appartenir à la même communauté. Communauté linguistique et culturelle.* « *je suis part constituante de la communauté des hommes* » (St-Exup.). ♦ LA COMMUNAUTÉ EUROPÉENNE : entité géographique et économique créée par six pays d'Europe occidentale et comprenant douze États, appelée *Union* européenne* depuis janvier 1995. *Communauté économique européenne (C.E.E.) :* union douanière et économique. ⇒ **marché** (commun). 2 Groupe de religieux qui vivent ensemble et observent des règles ascétiques et mystiques. ⇒ **congrégation, ordre.** 3 Groupe de personnes qui vivent en mettant leurs moyens d'existence en commun. II - 1 *Communauté entre époux :* régime matrimonial dans lequel tout ou partie des biens des époux sont communs. *Communauté universelle,* sans droits de succession. 2 État, caractère de ce qui est commun. « *Tout est mis en communauté, on n'a rien à soi* » (Sembène). « *cette communauté de goût ne fit que resserrer* [...] *ces étroits liens d'amitié* » (J. Verne). ⇒ **accord, affinité.**

commune **n. f.** – XIIe ; de *commun* 1 Ville affranchie du joug féodal, et que les bourgeois administraient eux-mêmes. 2 La plus petite subdivision administrative du territoire, administrée par un maire, des adjoints et un conseil municipal. *Les hameaux d'une commune. Une commune de cent mille habitants.* 3 La municipalité de Paris, qui devint Gouvernement révolutionnaire. ➛ Le gouvernement révolutionnaire de Paris, en 1871 (⇒ **communard**). 4 *La Chambre des communes,* et ellipt *les Communes :* la Chambre élective (Chambre basse), en Grande-Bretagne.

communément **adv.** – XVIe ▪ Suivant l'usage commun, ordinaire. ⇒ **couramment, normalement, ordinairement.** *L'idée* « *qu'on se fait communément de ce pays* » (From.). ✪ CONTR. Exceptionnellement.

communiant, iante **n.** – XVIe ▪ Personne, enfant qui communie. *Premier communiant, première communiante,* qui fait sa première communion. « *Vêtue en première communiante, Camille "renouvelait"* » (Mauriac).

communicabilité **n. f.** – XVIIIe ▪ Qualité de ce qui est communicable.

communicable **adj.** – XVIe ▪ Qui peut être communiqué. *Une sensation difficilement communicable.* ⇒ **transmissible.**

communicant, ante **adj.** et **n.** – XVIIIe 1 (choses) Qui communique. *Chambres communicantes,* avec une porte de communication. 2 **n.** Spécialiste de la communication.

> ❑ Ce mot s'écrit avec *c*. Ne pas confondre avec *communiquant,* part. du verbe *communiquer.* → fabricant (rem.).

communicateur, trice **n.** – XIXe ▪ Personne qui fait efficacement passer une information, un message. ♦ Spécialiste, professionnel de la communication. *Les communicateurs d'entreprise.*

> ❑ Appliqué à un personnage d'abord politique, le mot semble avoir actuellement une portée plus noble que *communicant,* terme parfois même employé plaisamment dans la profession.

communicatif, ive **adj.** – XVIe 1 (choses) Qui se communique facilement. *Rire communicatif.* ⇒ **contagieux.** 2 Qui aime à communiquer ses idées, ses sentiments. ⇒ **expansif, ouvert.** « *je suis communicative, je n'aime point à jouir d'un plaisir toute seule* » (Sév.). ✪ CONTR. Renfermé.

communication **n. f.** – XIVe 1 Le fait de communiquer, d'établir une relation. *Être en communication avec un ami, un correspondant.* ⇒ **correspondance, échange, liaison, rapport.** *Prisonnier privé de communication avec le monde extérieur. Le rêve ouvre* « *à l'homme une communication avec le monde des esprits* » (Nerval). ➛ SC. Passage ou échange de messages entre un sujet émetteur et un sujet récepteur au moyen de signes, de signaux. *Communication entre des êtres vivants, des organismes, des machines.* ⇒ **sémiotique ; cybernétique.** *Fonction de communication du langage.* ♦ Ensemble des techniques médiatiques utilisées (dans la publicité, les médias, la politique) pour informer, influencer l'opinion. 2 Action de communiquer (qqch. à qqn). Résultat de cette action. ⇒ **information.** *La communication d'une nouvelle, d'une information. Demander communication d'un dossier.* 3 La chose que l'on communique. ⇒ **avis, message.** « *c'est pour une communication de la plus haute importance* » (Courtel.). ♦ Exposé oral fait devant une société savante. *Les communications d'un colloque.* 4 Moyen technique par lequel des personnes communiquent ; message qu'elles se transmettent. *Une communication téléphonique* (⇒ **appel**). *Être en communication* (avec qqn), au téléphone. ➛ COMMUNICATIONS DE MASSE. ⇒ **média.** 5 Passage d'un lieu à un autre. « *Un tunnel sous-marin !* [...] *une communication entre les deux mers ! Qui a jamais entendu parler de cela ?* » (J. Verne). *Porte de communication. Moyens de communication.* ⇒ **transport.**

communicationnel, elle **adj.** – v. 1980 ▪ Qui favorise la communication. ➛ De la communication par signes, par mots.

communier **v. intr.** 7 – X^e ; lat. *communicare* « s'associer à » 1 Recevoir le sacrement de l'eucharistie. 2 Être en union spirituelle. « *Il me semble par là communier plus intimement avec la nature* » (Gide).

communion **n. f.** – XIIe 1 Union des personnes qui professent une même foi (notamment chrétienne). ⇒ **communauté.** *Exclure de la communion.* ⇒ **excommunier.** *Les diverses communions chrétiennes.* ⇒ **confession, secte.** 2 EN COMMUNION. *Être en communion d'idées, de sentiments avec qqn,* avoir des idées, des sentiments communs, être en accord. 3 Réception du sacrement de l'Eucharistie. *Communion privée, communion solennelle, première communion* (⇒ **communiant**). « *Il revoit le jour de sa première communion. Journée d'affres et de tremblement* » (Romains). *Communion d'un moribond* (⇒ **viatique**). 4 Moment où le prêtre communie et distribue la communion aux fidèles.

communiqué **n. m.** – XIXe ▪ Information qu'un service compétent communique au public. ⇒ **annonce.** « *Les communiqués officiels sont, de part et d'autre, des plus contradictoires* » (Gide).

communiquer **v.** 1 – XIVe ; → communier I **v. tr.** 1 Faire connaître (qqch.) à qqn. ⇒ ① **dire, divulguer.** *Communiquer une nouvelle.* ⇒ **annoncer, publier.** *Communi-*

quer ses intentions, ses projets, ses sentiments. ⇒ **confier.** *Communiquer une information.* ⇒ **livrer, révéler.** ♦ Mettre (des informations enregistrées) à la disposition de (qqn). ⇒ **transmettre.** *Communiquer les pièces d'un procès.* 2 Faire partager. « *ma joie devint si grande, que je la voulus communiquer* » (Gide). 3 Transmettre (qqch.). *Communiquer son mouvement. Le Soleil communique sa lumière et sa chaleur à la Terre.* ➜ *Communiquer une maladie.* ⇒ **passer ; contagion.** ➜ pronom. *Maladie qui se communique par le contact.* **II v. intr.** 1 Être, se mettre en relation avec. *Communiquer avec un ami. Communiquer par la parole, par gestes, par lettre.* ➜ « *les avocats communiquent avec les accusés par un guichet* » (Balz.). ➜ absolt *Il communique mal.* ➜ Influencer l'opinion d'un public par transmission efficace d'idées, d'impressions, d'images symboliques (publicité, politique) (⇒ **communication, publicité**). *Communiquer sur un produit.* 2 Être en rapport avec, par un passage. *La chambre communique avec la salle de bains. Route qui fait communiquer deux régions.* ⇒ **relier.**

communisant, ante adj. - 1930 ▪ Qui sympathise avec les communistes. « *Tous ces ouvriers communistes ou communisants* » (Beauv.). ➜ n. ⇒ **cryptocommuniste.**

communisme n. m. - XIXe 1 vx Organisation économique et sociale où tout est en commun. ⇒ **égalitarisme.** « *Le communisme, cette logique vivante et agissante de la Démocratie* » (Balz.). 2 Système social prévu par Marx, où les biens de production appartiennent à la communauté (⇒ **marxisme**). 3 Politique, doctrine des partis communistes. *Le communisme russe de 1917.* ⇒ **bolchevisme, léninisme.** *Le communisme chinois, cubain.* 4 Ensemble des communistes, de leurs organisations. ✪ CONTR. Libéralisme.

communiste adj. et n. - XIXe 1 Qui cherche à faire triompher la cause de la révolution sociale, en accord avec les organisations prolétariennes. 2 Qui appartient aux organisations internationales, aux partis, aux États se réclamant du marxisme. *Le Parti communiste français, italien. Une militante communiste.* 3 n. Membre d'un parti communiste. *Communiste dissident, exclu.* « *Les Communistes* », roman d'Aragon. ➜ adj. *Municipalité communiste.* ✪ CONTR. capitaliste, libéral.

commutable adj. - XVIe 1 rare Commuable. 2 Qui peut être commuté. ⇒ **substituable.**

commutateur n. m. - XIXe ▪ Appareil permettant de modifier un circuit électrique ou les connexions entre circuits (⇒ **interrupteur, rotacteur**). ➜ Dispositif permettant la liaison entre abonnés du téléphone.

commutatif, ive adj. - XIVe 1 dr. Qui est relatif à l'échange. *Contrat commutatif.* 2 Dont le résultat est invariable quel que soit l'ordre des facteurs. *L'addition est commutative.*

commutation n. f. - XIIe 1 Substitution, remplacement. *Commutation et permutation.* 2 *Commutation de peine* : substitution d'une peine plus faible à la première peine (⇒ **commuer**). 3 Liaison permettant une communication entre deux points d'un réseau téléphonique, télématique).

> ❑ En droit *(commutation de peine)*, ce mot est le substantif d'action du verbe *commuer*.

commutativité n. f. - 1907 ▪ Caractère d'une opération commutative.

commutatrice n. f. - 1922 ▪ Appareil qui servait à transformer du courant alternatif en continu ou inversement.

commuter v. [1] - XVIIe ; lat. « changer complètement » 1 v. intr. Pour deux opérateurs A et B, Satisfaire à la relation AB = BA. ♦ Pour un élément, Pouvoir être échangé contre un autre à résultat égal. *A commute avec B.* 2 v. tr. Échanger par une commutation. *Il faut commuter A avec B.*

compacité n. f. - XVIIIe ▪ Qualité de ce qui est compact.

compact, e [kɔ̃pakt] adj. et n. m. - XIVe ; lat. *compingere* « assembler en serrant » 1 Qui est formé de parties serrées, dont les éléments constitutifs sont très cohérents. ⇒ **dense, serré.** « *Des voitures, continuellement, arrivaient [...] en une file compacte* » (Zola). ➜ *Poudre compacte* (opposé à *libre*). ➜ fig. « *Un travail forcément succinct, mais fignolé cependant, élémentaire certes, mais compact !* » (Céline). 2 (angl.) D'un faible encombrement. *Chaîne compacte. Disque compact* (audionumérique). ➜ n. m. *Des compacts.*

compactage n. m. - 1952 ▪ Action de compacter.

compact-disc → **disque**

compacter v. tr. [1] - 1938 ▪ Rendre plus compact. ➜ Réduire de volume en compressant. *Compacter de vieilles voitures. Déchets compactés.*

compacteur n. m. - mil. XXe ▪ Engin destiné au compactage.

compagne n. f. - fin XIIe ; a. fr. *compain* → copain 1 Celle qui partage ou a partagé la vie, les occupations d'autres personnes (par rapport à elles). *Compagnes d'école.* ⇒ **camarade.** 2 Épouse, concubine, maîtresse régulière. « *la jeune personne qu'elle choisirait pour compagne de son fils* » (Vigny).

> ❑ Ce terme exprime aussi le lien profond qui unit une femme à la personne dont elle partage la vie, mieux que les mots *épouse, concubine*, termes plutôt administratifs.

compagnie n. f. - XIe ; de *compagnon* 1 Présence auprès de qqn. *Rechercher la compagnie de qqn.* ⇒ **présence, société.** « *J'ai pensé que tu avais peut-être besoin de compagnie* » (Sartre). *Voyager de compagnie*, ensemble. EN ... COMPAGNIE. *Elle était en compagnie de son frère*, avec son frère. *Être en galante compagnie. Fausser compagnie à.* ⇒ **quitter.** *Tenir compagnie à qqn* : rester auprès d'une personne, meubler sa solitude. fam. *Ça lui fait de la compagnie.* ♦ DE COMPAGNIE. *Être de bonne (mauvaise) compagnie* : être bien (mal) élevé ; distingué (grossier). ➜ *Dame de compagnie*, appointée pour tenir compagnie à une autre. ➜ *Animal de compagnie* : animal domestique familier qui vit auprès de l'homme pour lui tenir compagnie (chien, chat, hamster, oiseau, etc.). 2 Association de personnes que rassemblent des statuts communs. ⇒ **société.** *Compagnie d'assurances. Compagnie aérienne* : entreprise de transport aérien. ➜ abrév. Cie. ... *et Cie*, désigne les associés qui n'ont pas été nommés. *Établissements Dupont et Cie.* fam. et péj. « *Meussieur Marcel et son copain, [...] c'est voleur et compagnie* » (Queneau). ♦ *La Compagnie de Jésus.* ⇒ **jésuite.** *L'illustre compagnie* : l'Académie française. ♦ Troupe théâtrale permanente. ⇒ **théâtre.** *Les jeunes compagnies.* 3 Unité de formation d'infanterie placée sous les ordres d'un capitaine. *Les compagnies d'un bataillon.* ➜ En France, *Compagnies républicaines de sécurité** *(C.R.S.).* 4 Bande d'animaux vivant en groupe. *Une compagnie de perdreaux.*

compagnon n. m. - XIe ; lat. *companio* « qui mange son pain avec » → copain 1 vieilli Personne (souvent, homme) qui partage habituellement ou occasionnellement la vie, les occupations d'autres personnes (par rapport à elles). ⇒ **camarade, copain.** *Compagnon de jeu* (⇒ **partenaire**), *de voyage.* « *je resterai fidèle au compagnon de mes mauvais jours* » (Chateaub.). (D'un animal de compagnie) *Son chien, son vieux compagnon.* 2 Homme ou animal mâle d'un couple, par rapport à la femme ou à la femelle. *Le compagnon d'une femme.* ⇒ **ami.** ➜

Concubin. ♦ *Il faut un compagnon à cet oiseau.* 3 Celui qui n'était plus apprenti et n'était pas encore maître, dans une corporation. ⇒ **artisan.** ➛ Ouvrier qualifié dans certaines professions artisanales. 4 Degré de dignité dans la franc-maçonnerie.

compagnonnage n. m. – XVIIIe ▪ Organisation ouvrière caractérisée par des sociétés d'aide mutuelle et de formation professionnelle.

comparable adj. – fin XIIe 1 Qui peut être comparé avec qqn ou avec qqch. grâce à des traits communs. ⇒ **analogue, approchant.** *Personnes, choses comparables entre elles.* ➛ math. ⇒ **commensurable.** 2 (négatif) Pour indiquer une grande différence en bien ou en mal (en mieux ou en pire). *Cela n'a rien de comparable (avec).* ⇒ **commun.** *Ce n'est pas comparable !* ✪ CONTR. Incommensurable ; incomparable.

comparaison n. f. – XIIe 1 Le fait d'envisager ensemble (deux ou plusieurs objets de pensée) pour en chercher les différences ou les ressemblances. ⇒ **rapprochement.** *Faire la comparaison de deux choses, entre deux choses. Faire la comparaison d'une chose avec une autre. Soutenir la comparaison.* 2 loc. EN COMPARAISON DE. ⇒ **auprès** (de), **relativement** (à), **vis-à-vis** (de). « *Nous étions des géants en comparaison de la société* [...] *qui s'est engendrée* » (Chateaub.). ➛ PAR COMPARAISON À, AVEC. *Pour lui, c'est une misère, par comparaison à ses anciens revenus.* ⇒ **comparativement.** ➛ *C'est sans (aucune) comparaison,* incomparable (généralement très supérieur). 3 Rapport établi explicitement (par *comme, tel, plus, moins...*) entre un objet et un autre dans le langage ; figure de rhétorique qui établit ce rapport. ⇒ **allusion, image, métaphore.** *Comparaison qui accentue la différence.* ⇒ **antithèse, contraste.**

comparaître v. intr. [57] – XVe ; lat. *comparere* ▪ dr. Se présenter par ordre. *Comparaître en jugement, en justice. Appeler qqn à comparaître comme témoin.* ➛ *Comparaître devant Dieu.*

> ❑ Ce verbe est la réfection de l'ancien français *comparoir.*

comparant, ante adj. et n. – XIVe ▪ Qui comparaît en justice, devant un officier de l'état civil ou un officier ministériel. *Parties comparantes.* ➛ n. *Déclaration du comparant.* ✪ CONTR. Contumax.

comparateur, trice n. m. – XIXe ▪ Instrument destiné à mesurer avec précision de très petites différences de longueur.

comparatif, ive adj. et n. m. – XIIIe 1 Qui contient ou établit une comparaison. *Discutailler « sur les mérites comparatifs du cacao et du café crème »* (Céline). *Tableau comparatif.* 2 n. m. *Le comparatif :* le second degré dans la signification des adjectifs et de certains adverbes. *Comparatif de supériorité* (⇒ **plus**), *d'égalité* (⇒ **aussi**), *d'infériorité* (⇒ **moins**).

> ❑ Les comparatifs irréguliers *pire* et *meilleur* ne peuvent être précédés de *plus* ou de *moins.* → pire (rem.).

comparatisme n. m. – XIXe ▪ Méthode de la linguistique et de la littérature comparées.

comparatiste adj. et n. – XIXe ▪ Relatif au comparatisme. ➛ n. *Un, une comparatiste.*

comparativement adv. – XVIe ▪ Par comparaison.

comparé, ée adj. ▪ Qui étudie les rapports entre plusieurs objets d'étude. *Anatomie comparée* (des espèces différentes). *Grammaire comparée* (des rapports entre langues). *Littérature comparée* (des influences, des échanges entre littératures).

comparer v. tr. [1] – XIIe ; lat. *compar* « égal, pareil » 1 Examiner les rapports de ressemblance et de différence. ⇒ **confronter, rapprocher ; comparaison.** *Comparer un écrivain avec un autre, à un autre. Comparer pou[r] critiquer, définir.* ⇒ **analyser.** absolt *Comparez avan[t] de choisir.* « *L'enfant a si peu vu, si peu éprouvé, qu'i[l] peut à peine comparer* » (Verlaine). 2 Rapprocher e[n] vue d'assimiler. « *Il ne faut pas comparer les chagrin[s] de la vie avec ceux de la mort* » (Muss.). ➛ v. pron. pass « *Leur profession ne pouvait* [...] *se comparer ave[c] nulle autre* » (Duham.). 3 Rapprocher des personne[s] ou des choses de nature ou d'espèce différente, dan[s] une comparaison. « *Il compara, pour finir, les gens d[u] monde aux chevaux de course* » (Maupass.).

comparoir v. intr. seult inf. et p. prés. – XIIIe ; lat. *comparere* ▪ V[x] Comparaître en justice. « *je reçois une citation [à] comparoir comme prévenu d'une tentative d[e] meurtre* » (Labiche).

comparse n. – XVIIIe ; it. « personnage muet » 1 vieilli ⇒ **figu[rant].** ➛ Personnage dont le rôle est insignifiant. « *L[e] drame de Laura, c'est d'avoir épousé un comparse* » (Gide). 2 Personne jouant un rôle mineur dans u[n] délit.

> ❑ Ne pas confondre avec *complice* « personne qui participe activement au méfait d'une autre ».

compartiment n. m. – XVIe ; it. *compartire* « partager » 1 Divi[sion] pratiquée dans un espace pour loger des per[sonnes] ou des choses en les séparant. *Meuble [à] compartiments.* ⇒ **casier, classeur.** *Les comparti[ments] d'un réfrigérateur.* ♦ Division d'une voiture d[e] chemin de fer, délimitée par des cloisons. « *Les voya[geurs] évacuaient le couloir, s'entassaient dans le[s] compartiments* » (Mart. du G.). 2 ⇒ **caisson.** 3 Orne[ment] fait de dorures à petits fers sur le plat ou sur l[e] dos des livres reliés.

compartimentage n. m. – XIXe ▪ Division par compart[i]ments. ⇒ **cloisonnement.** ➛ fig. « *les compartiment[s] du train répondent à un compartimentage de l[a] société* » (Tournier).

compartimenter v. tr. [1] – XIXe ▪ Diviser en compart[i]ments. *Compartimenter une armoire.* ➛ fig. *Un[e] société très compartimentée.*

comparution n. f. – XVe ▪ Action de comparaître e[n] justice.

compas n. m. – XIIe ; de *compasser* 1 Instrument compos[é] de deux jambes ou *branches* jointes par une cha[r]nière et que l'on écarte plus ou moins pour mesure[r] des angles, transporter des longueurs, tracer de[s] cercles. *Compas à pointes sèches. Compas tire-lign[e]. Tracer un cercle avec un compas.* ➛ loc. fig. *Avoir [le] compas dans l'œil :* juger à vue d'œil, avec un[e] grande précision. ♦ *Compas d'épaisseur,* à branche[s] courbes servant à mesurer l'épaisseur d'un cor[ps] quelconque. 2 Instrument de navigation indiquant [le] nord magnétique. ⇒ **boussole, gyrocompas.**

compassé, ée adj. – XVIe ▪ Dont le comportement e[st] affecté et guindé. ⇒ **contraint.** *Un homme compass[é].* « *tout est raisonné, compassé, académique et plat* » (Dider.).

compasser v. tr. [1] – XIIe ; lat. « mesurer avec le pas » 1 Mes[u]rer avec le compas. 2 vx Régler avec minutie, exag[é]ration. ⇒ **compassé.**

compassion n. f. – XIIe ; de *compatir* ▪ littér. Sentiment q[ui] porte à plaindre et partager les maux d'autru[i]. ⇒ **pitié.** *Avoir de la compassion pour qqn.*

> ❑ Pour la graphie → passion (rem.).

compatibilité n. f. – XVIe ▪ Caractère, état de ce qui e[st] compatible. ⇒ **accord, convenance.** *Compatibili[té] d'humeur.* ➛ *Compatibilité sanguine.* ⇒ aussi **hist[o]compatibilité.** ➛ Possibilité, pour des ordinateurs d érents, d'utiliser les mêmes logiciels et les mêmes périphériques, d'être connectés.

compatible adj. et n. m. – XIVe ; lat. *compati* « sympathiser » → compatir ■ Qui peut s'accorder avec autre chose, exister en même temps. ⇒ **conciliable.** *La fonction de préfet n'est pas compatible avec celle de député.* ♦ *Matériels compatibles,* qui peuvent fonctionner ensemble (malgré leur origine différente). ➝ Qui peut exécuter les programmes conçus pour un autre matériel. ➝ n. m. *Le marché des compatibles.*

compatir v. tr. ind. [2] – XVIe ; lat. *compati* « souffrir avec » ■ COMPATIR À : avoir de la compassion pour (une souffrance). ⇒ s'**apitoyer,** s'**attendrir, plaindre.** « *Germain, qui était triste pour son compte, compatissait d'autant plus à son chagrin* » (Sand).

compatissant, ante adj. – XVIIe ■ Qui compatit, prend part aux souffrances d'autrui. ⇒ **charitable.** *Un regard compatissant.* ✪ CONTR. Dur, insensible.

compatriote n. – XVe ; lat. *cum* « avec » et *patria* « patrie » ■ Personne originaire du même pays qu'une autre. *Nous sommes compatriotes.*

compendieux, ieuse adj. – XIVe ; lat. *compendium* « abrégé » ■ vx ⇒ **succinct.** « *C'était un homme* [...] *peu parleur, et compendieux quand il se mettait à parler* » (Barbey). ✪ CONTR. Verbeux.

compendium [kɔ̃pɛ̃djɔm] n. m. – XVIe ; mot lat. « abréviation » ■ didact. Abrégé. ⇒ **condensé, résumé.** ➝ fig. « *La médecine étant un compendium des erreurs successives et contradictoires des médecins* » (Proust).

compensateur, trice adj. et n. m. – XVIIIe 1 Qui compense. ⇒ **compensatoire.** 2 n. m. *Un compensateur* : pendule compensant les effets produits sur une horloge par les variations de température. ➝ Mécanisme destiné à contrebalancer les déficiences d'un appareil. *Compensateur de dilatation.*

compensation n. f. – XIIIe 1 Avantage qui compense (un désavantage). ⇒ **indemnité ; dédommagement, réparation.** « *Une augmentation de cent francs à titre de compensation* » (Courtel.). « *Le déclin, sans compensation. Pas de gloire. Aucune revanche à attendre* » (Romains). ➝ loc. adv. EN COMPENSATION. *Si l'appartement est petit, en compensation nous avons une vue magnifique.* 2 L'action, le fait de compenser, de rendre égal. *Compensation entre les gains et les pertes.* ⇒ ① **balance, égalité, équilibre.** ➝ *Compensation d'un compas* : correction de l'influence du magnétisme du navire sur le compas. 3 Procédé de règlement comptable entre deux ou plusieurs parties par balance des positions débitrices et créditrices (le règlement effectif étant limité au solde net). ⇒ **clearing.** *Chambre de compensation.* ♦ « Opération commerciale par laquelle le vendeur prend l'engagement de réaliser dans le pays de son client des opérations, en échange d'une vente qui n'est conclue qu'à cette condition » (Association pour la compensation des échanges). 4 *Caisse de compensation,* où les charges sociales sont réparties (ex. allocations familiales). 5 Mécanisme psychique inconscient permettant de compenser une déficience physique. ⇒ **surcompensation.**

compensatoire adj. – XIXe ■ Qui compense. ⇒ **compensateur.** *Indemnité compensatoire.* ➝ *Montants compensatoires agricoles* : sommes versées pour lutter contre la concurrence étrangère.

compensé, ée adj. – XIXe ■ *Semelle compensée,* qui fait corps avec le talon. ➝ sport *Temps compensé,* calculé en tenant compte des handicaps.

compenser v. tr. [1] – XIIIe ; lat. *pensare* « penser, peser » ■ (sujet personne) Équilibrer (un effet, généralement négatif, par un autre). ⇒ **corriger, équilibrer, neutraliser, réparer.** *Compenser une perte par un gain. Compenser un préjudice.* ⇒ **indemniser.** ➝ (sujet chose) *Le gain ne compense pas le déficit.* ♦ SE COMPENSER v. pron. S'équilibrer. ✪ CONTR. Aggraver, ajouter (s'), déséquilibrer.

compère n. m. – XIIe ; lat. *compater* « père avec » 1 vx Parrain d'un enfant, par rapport à la marraine (⇒ **commère**). ➝ Nom familier. *Compère Guilleri.* 2 vieilli, fam. Ami, camarade. 3 Celui qui, sans qu'on le sache, est de connivence avec qqn pour abuser le public ou faire une supercherie. ⇒ ① **baron.** *Le prestidigitateur avait deux compères dans la salle.*

❑ Ce mot véhicule généralement des valeurs positives (camaraderie, complicité) à la différence de *commère* qui n'a plus que des emplois négatifs. → commère.

compère-loriot n. m. – XIXe 1 Loriot (oiseau). 2 ⇒ **orgelet.** *Des compères-loriots.*

compétence n. f. – XVe 1 Aptitude reconnue légalement à une autorité publique de faire tel ou tel acte dans des conditions déterminées. ⇒ **attribution, autorité,** ② **pouvoir, qualité.** *Compétence d'un maire. Affaire qui est de la compétence du juge.* ⇒ ② **ressort.** 2 Connaissance approfondie, reconnue, qui confère le droit de juger ou de décider en certaines matières. ⇒ **art, capacité, expertise, qualité, science.** « *cette compétence jamais en défaut et qui semblait le fruit de l'expérience* » (Mart. du G.). *S'occuper d'une affaire avec compétence. Cela n'entre pas dans mes compétences.* « *Ces choses dépassaient sa compétence* » (Flaub.). ♦ fam. Personne compétente. 3 angl. *competence,* Chomsky Capacité abstraite de faire des phrases correctes. *Compétence et performance. La compétence lexicale d'un locuteur.* ✪ CONTR. Incompétence.

❑ Au sens juridique, ne s'emploie qu'au singulier. *La compétence d'un tribunal, d'un préfet.*

compétent, ente adj. – XIIIe ; lat. *cum* « avec » et *petere* « chercher à obtenir » 1 dr. Qui a droit de s'occuper d'une cause. ⇒ **compétence.** *En référer à l'autorité compétente.* 2 Capable de bien juger d'une chose en vertu de sa connaissance approfondie en la matière. ⇒ **expert, qualifié, savant.** *Il est compétent en archéologie. Dans les milieux compétents,* bien informés. ✪ CONTR. Incompétent.

❑ Même famille étym. que *pétition, compétition.*

compétiteur, trice n. – XVe ■ rare Personne qui poursuit le même objet qu'une autre, entre en compétition avec d'autres. ⇒ **adversaire, candidat, concurrent, rival.** *Compétiteurs sportifs.* ➝ Individu, société capable d'entrer en concurrence économique avec d'autres.

compétitif, ive adj. – 1907 ■ Qui peut supporter la compétition, la concurrence du marché. ⇒ **concurrentiel.** *Prix compétitifs.* ➝ Où la concurrence est vive. *Marché compétitif.*

compétition n. f. – XVIIIe ; lat. *competere* « rechercher » 1 Recherche simultanée par deux ou plusieurs personnes d'un même avantage, d'un même résultat. ⇒ **concurrence, conflit, rivalité.** « *l'espèce de compétition qui, en France notamment, oppose le rail à la route* » (Duham.). 2 *Compétition sportive.* ⇒ **épreuve ; championnat, match.** *Sport de compétition. Esprit de compétition.* 3 Interaction des organismes vivants pour la maîtrise des ressources d'un milieu donné.

compétitivité n. f. – 1960 ■ Caractère de ce qui est compétitif.

compilateur, trice n. – XVe 1 Personne qui réunit des documents dispersés. « *Lecteurs, distinguez l'auteur du compilateur* » (Restif). ♦ Plagiaire. 2 Dans un ordinateur, Programme destiné à traduire en langage d'assemblage ou en langage machine. ⇒ aussi **assembleur, interpréteur.**

compilation n. f. – XIIIe 1 Action de compiler. ➛ Documents réunis. « *les compilations immenses que j'entassais* » (Rouss.). ♦ Livre fait d'emprunts et qui manque d'originalité (⇒ **plagiat**). 2 Opération de traduction réalisée par un compilateur. 3 Disque (ou cassette) reprenant les chansons à succès d'un chanteur, les morceaux les plus connus d'un compositeur (abrév. *compil*).

compiler v. tr. [1] – XIIe ; lat. *pilare* « piller » 1 Mettre ensemble (des extraits, des documents) pour former un recueil. ♦ péj. Plagier. 2 Traduire (un programme) à l'aide d'un compilateur.

compisser v. tr. [1] – XIVe ■ vx ou plais. Pisser sur, arroser d'urine. « *Un aérolithe que tous les chiens du pays viennent flairer et compisser* » (Claudel).

complainte n. f. – XIIe 1 vx Plainte. 2 Chanson triste. « *une petite complainte de soldat ou de matelot* » (Colette). 3 Action en justice pour la possession d'un immeuble.

complaire v. tr. ind. [54] – XIVe 1 littér. *Complaire à qqn*, lui être agréable. 2 SE COMPLAIRE v. pron. Trouver son plaisir d'une façon insistante. ⇒ se **délecter**. *Se complaire dans son erreur.*

❑ Le part. passé *complu*, comme *plu*, est invariable. *Elles se sont complu à vous contredire.*

complaisamment adv. – XVIIe ■ Avec ou par complaisance.

complaisance n. f. – XIVe 1 Disposition à acquiescer aux goûts, aux sentiments d'autrui pour lui plaire. *Faire qqch. avec complaisance, par complaisance. Montrer de la complaisance pour, à l'égard de qqn.* ⇒ **amabilité, civilité, serviabilité.** *Auriez-vous la complaisance de m'approcher un siège ?* ⇒ **obligeance.** 2 péj. Attitude d'une personne qui acquiesce pour ne pas déplaire. *Une coupable complaisance* (⇒ **complicité, indulgence**). ➛ *Certificat de complaisance*, délivré à une personne qui n'y a pas droit. « *Il ne connaît que son devoir, refuse de signer des certificats de complaisance* » (Simenon). 3 littér. *Les complaisances d'un mari* (⇒ **complaisant**). 4 Sentiment dans lequel on se complaît par faiblesse, indulgence, vanité. *Montrer de la complaisance envers qqn, envers soi-même.* « *Vous êtes pleins de complaisance pour vous-mêmes, vous jugez toutes vos abominations avec mansuétude et ravissement* » (Duham.). ✪ CONTR. Dureté, sévérité.

complaisant, ante adj. – XVIe ; de *complaire* 1 Qui a de la complaisance (envers autrui). ⇒ **obligeant, serviable.** *Être, se montrer complaisant pour, envers qqn. Trop complaisant.* ⇒ **indulgent** ; fam. ① **coulant.** *Mari complaisant*, qui ferme les yeux sur les infidélités de sa femme. 2 Qui a ou témoigne de la complaisance envers soi-même. *Se regarder d'un œil complaisant.* ⇒ **satisfait.** *Prêter une oreille complaisante à un ragot.* ✪ CONTR. Dur, sévère.

complément n. m. – XIVe ; lat. *complere* « remplir complètement » 1 Ce qui s'ajoute ou doit s'ajouter à une chose pour qu'elle soit complète. *Un complément d'information. Complément à un ouvrage imprimé* (⇒ **addenda, annexe, appendice**). *Le complément d'une somme.* ⇒ **appoint.** 2 Mot ou proposition rattaché(e) à un autre mot ou à une autre proposition, pour en compléter ou en préciser le sens. *Complément d'objet* (⇒ **transitif**). 3 math. *Complément d'un ensemble.* ⇒ **complémentaire.** ➛ En numération à base fixe, Nombre qu'il faut ajouter à un autre pour obtenir la base. *Complément à la base.* 4 Substance thermolabile, composée de plusieurs protéines.

complémentaire adj. – XVIIIe 1 Qui apporte un complément. *Des renseignements complémentaires. Clause, article complémentaire.* ⇒ **additionnel, supplétif.** *Retraite complémentaire*, qui s'ajoute à celle de la Sécurité sociale. 2 *Couleurs complémentaires*, dont la perception simultanée donne la sensation du blanc. *Le rouge et le vert, couleurs complémentaires.* ✪ CONTR. Principal.

complémentarité n. f. – 1907 ■ Caractère de ce qui est complémentaire. *Complémentarité de l'image et du texte.*

complémentation n. f. – 1914 1 Fait de fournir un complément à (qqch.). 2 Fait de compléter, d'achever.

① **complet, ète** adj. – XIVe ; lat. *complere* « remplir complètement » 1 Auquel ne manque aucun des éléments qui doivent le constituer (qu'il s'agisse d'un ensemble défini par avance ou d'une estimation subjective). *Collection, liste complète.* ⇒ **intégral.** *Œuvres complètes.* ➛ *Aliment complet*, qui réunit tous les éléments nécessaires à l'organisme humain. *Pain complet.* « *Café au lait complet pour Monsieur. Avec un toast grillé et marmelade d'orange* » (Tournier). Qui a un ensemble achevé de qualités, de caractères. *Un athlète complet. Une étude complète.* ⇒ **exhausti**[f]. *Destruction complète. La victoire est complète.* ⇒ **entier, total.** ♦ iron. *C'est complet !* il ne manquait plus que ça. 3 Qui possède tous les caractères de son genre. ⇒ **accompli, achevé, parfait.** *C'est un complet idiot.* ⇒ **fieffé.** *Il est tombé dans un complet discrédit.* 4 Tout à fait réalisé. *Dans l'obscurité complète. Cinq années complètes.* 5 n. m. loc. AU COMPLET, *au grand complet* : dans sa totalité. *Réunir la famille au complet.* 6 Qui n'a plus de place disponible. ⇒ **plein.** *Train complet.* ⇒ **bondé.** « *un autobus à peu près complet de la ligne 84* » (Queneau). *Hôtel, restaurant complet. C'est complet.* « *En ce moment, nous sommes plus que complets* » (Simenon). *Théâtre qui affiche « complet ».* ✪ CONTR. Incomplet. Ébauché, esquissé. ① Désert, vide.

② **complet** n. m. – XVIIe ■ Vêtement masculin en deux (ou trois) pièces assorties : veste, pantalon (et gilet). ⇒ **costume.** *Des complets sur mesure.* « *L'hôtel était plein de gens très chics, messieurs en complets-veston* » (Le Clézio).

❑ Ce sens a vieilli. On emploie surtout *costume.*

complètement adv. – XIIIe ; de *complet* 1 D'une manière complète. ⇒ **entièrement, intégralement.** *Être complètement guéri. Traiter complètement un sujet*, l'épuiser. ⇒ **exhaustivement.** *Se tromper complètement.* ⇒ **radicalement.** 2 Tout à fait, vraiment. *Il est complètement fou, idiot.* ⇒ **totalement.** *C'est complètement nul.* ✪ CONTR. Incomplètement, insuffisamment.

compléter v. tr. [6] – XVIIIe 1 Rendre complet (⇒ **arrondir**). *Compléter une collection, une garde-robe.* 2 SE COMPLÉTER v. pron. récipr. Se parfaire en s'associant. *Leurs caractères se complètent.* ✪ CONTR. Abréger, réduire ; commencer, ébaucher.

complétif, ive adj. et n. f. – XVIe ■ En grammaire, Se dit des propositions qui jouent le rôle de complément.

complétude n. f. – 1928 ■ didact. Caractère de ce qui est complet, achevé.

complexe adj. et n. m. – XIVe ; lat. *complecti* « contenir » I adj. 1 Qui contient, qui réunit plusieurs éléments différents. *C'est un problème complexe.* « *Hamlet est un personnage parfaitement humain, parce que complexe* » (Jouvet). *Mot complexe*, formé de plusieurs mots ou morphèmes. ➛ subst. m. Ce qui est complexe. « *La grande idée de l'engendrement du complexe par le simple* » (Rostand). ♦ *Nomb*[re] complexe, qui a une partie réelle et une partie imaginaire (a+ib). 2 Difficile, à cause de sa complexité. ⇒ **compliqué.** *Une affaire très complexe.* II n. m. 1 Ensemble des traits personnels, acquis dans l'enfance, doués d'une puissance affective et généralement inconscients, chez un individu. *Complexe d'Œdipe :* attachement érotique de l'enfant au parent du sexe opposé. *Complexe d'infériorité :* ensemble des conduites manifestant une lutte contre un pénible sentiment d'infériorité. Ce sentiment. « *J'ai un complexe d'infériorité devant mon frère* » (Sartre). ♦ fam. *Avoir des complexes :* être timide, inhibé. « *Il avait des complexes. Il aurait dû se faire psychanalyser* » (Ionesco). *Être bourré de complexes. Elle est sans complexe :* elle a du culot. 2 Ensemble d'industries complémentaires groupées dans un même lieu et qui concourent à une production. ⇒ **combinat.** *Un grand complexe sidérurgique.* ➛ Activités industrielles intégrées dans une filière. *Complexe agroalimentaire.* ♦ Construction formée de nombreux éléments coordonnés. *Complexe routier, complexe urbain.* ✪ CONTR. Simple.

❑ Le sens vulgarisé de l'emploi spécial en psychanalyse, « sentiment d'infériorité », est critiqué par les puristes car, en principe, le *complexe* est inconscient et donc non connu.

complexé, ée adj. et n. – v. 1960 ▪ fam. Timide, inhibé. ⇒ **coincé, refoulé.** *Un garçon complexé.* « *Paul était un type malheureux, complexé et tout* » (Le Clézio). ✪ CONTR. Sûr (de soi).

complexer v. tr. [1] – v. 1960 ▪ fam. Donner des complexes à (qqn). *Sa petite taille le complexe.* ⇒ **inhiber, paralyser.** ✪ CONTR. Décomplexer, défouler, désinhiber.

complexifier v. tr. [7] – 1951 ▪ didact. Rendre complexe. – pronom. « *L'Humanité est désormais destinée* [...] *à se complexifier* » (Teilh. de Chard.). ✪ CONTR. Simplifier.

complexion n. f. – XIIe ; de *complexe* 1 littér. Ensemble des éléments constitutifs du corps humain. ⇒ **constitution, nature, tempérament.** *Une complexion délicate, faible ; robuste. La peste* « *détruisait surtout les complexions vigoureuses* » (Camus). 2 vieilli Teint. ⇒ **carnation.**

complexité n. f. – XVIIIe 1 État, caractère de ce qui est complexe. « *la simplicité des phrases ne représentait pas avec une suffisante exactitude la complexité des choses* » (Maurois). 2 Difficulté liée à la multiplicité des éléments et à leurs relations. *Un problème d'une très grande complexité.* ⇒ **complication.** ✪ CONTR. Simplicité.

complication n. f. – XIVe 1 Caractère de ce qui est compliqué. *L'inutile complication de ce logiciel.* ⇒ **difficulté.** *La situation est d'une complication inextricable.* 2 Concours de circonstances susceptibles de créer des embarras, d'augmenter une difficulté. ⇒ **ennui ; problème.** « *Les conférences diplomatiques avaient conduit qu'à des complications nouvelles* » (Mérimée). 3 (plur.) Apparition de phénomènes morbides nouveaux au cours d'une maladie ; ces phénomènes. « *Il s'agissait d'une fièvre à complications inguinales* » (Camus). ✪ CONTR. Simplicité.

complice adj. et n. – XIVe ; lat. *complex* « uni, associé » 1 Qui participe à l'infraction commise par un autre. *Être complice d'un vol.* ➛ *Je ne serai pas complice de cette mauvaise action.* 2 Qui favorise l'accomplissement d'une chose. *Une attitude complice.* ⇒ **entendu.** *Un sourire complice,* qui dénote une entente secrète. 3 n. *L'auteur du crime et ses complices ont été arrêtés.* ⇒ **acolyte, comparse.**

complicité n. f. – XVe 1 Participation par assistance intentionnelle à la faute, au délit ou au crime commis par un autre. *Être accusé de complicité. Complicité de meurtre.* 2 Entente profonde, tacite, entre personnes. ⇒ **connivence.** « *Le rire cache une arrière-pensée d'entente, je dirais presque de complicité* » (Bergson).

complies n. f. pl. – XIIe ; lat. *completa (hora)* « (heure) qui complète, achève l'office » ▪ La dernière heure de l'office catholique, qui se récite ou se chante le soir, après les vêpres.

compliment n. m. – XVIIe ; lat. *complere* → accomplir 1 Paroles louangeuses que l'on adresse à qqn pour le féliciter. ⇒ **congratulation, félicitation.** *Faire des compliments à qqn de son succès, sur son succès.* « *Pas d'insensibilité aux compliments. Nul n'y échappe* » (Valéry). ➛ loc. *MES COMPLIMENTS !* mes félicitations ! 2 Formule de civilité, de politesse. *Avec les compliments de l'éditeur* (envoi d'un livre). 3 Petit discours adressé à qqn que l'on veut complimenter. 4 Parole aimable qui met en valeur l'aspect, les qualités, les mérites de qqn, et lui fait plaisir (⇒ **éloge, louange**). *Être avare de compliments. Compliment outré.* ⇒ **flatterie.** ✪ CONTR. Blâme, injure, reproche.

complimenter v. tr. [1] – XVIIe ▪ Faire un compliment, des compliments à. ⇒ **congratuler, féliciter.** ✪ CONTR. Blâmer, injurier.

compliqué, ée adj. – XIVe ; lat. *complicare* « plier en enroulant » 1 Qui possède de nombreux éléments dont l'agencement matériel ou logique est difficile à comprendre. *Mécanisme compliqué.* ⇒ **complexe.** *Une histoire compliquée.* ⇒ **embrouillé.** 2 Difficile à comprendre ou à faire. *C'est trop compliqué pour moi.* ➛ fam. *Ce n'est pas compliqué :* c'est évident. 3 Qui aime la complication. ✪ CONTR. Clair, facile, simple.

compliquer v. tr. [1] – XVIIe 1 Rendre complexe et difficile à comprendre. ⇒ **embrouiller, obscurcir.** *Il a l'art de compliquer les choses simples.* loc. *Se compliquer la vie. Des* « *gens heureux, qui ne se compliquent pas l'existence* » (Simenon). 2 *SE COMPLIQUER* v. pron. Devenir compliqué. ⇒ se **complexifier.** *La situation se complique.* ➛ *Une grippe compliquée d'angine.* ✪ CONTR. Éclaircir, simplifier.

complot n. m. – XIIe ; o. i. 1 Projet concerté secrètement contre la vie, la sûreté de qqn, contre une institution. ⇒ **conjuration, conspiration, machination.** *Former, ourdir un complot. Tremper dans un complot. Complot contre la sûreté de l'État.* « *le complot, enfin découvert, allait brusquement avorter* » (Madolin). 2 Manœuvres secrètes concertées.

comploter v. [1] – XVe 1 v. tr. Préparer par un complot. ➛ tr. ind. *Comploter de tuer qqn.* 2 Préparer secrètement et à plusieurs. ⇒ **magouiller, manigancer.** fam. *Qu'est-ce que vous complotez ?* 3 v. intr. Conspirer. *Comploter contre qqn.*

comploteur, euse n. – XVIe ▪ Personne qui complote. ⇒ **conspirateur.**

componction n. f. – XIIe ; lat. *compungere* « piquer ; tourmenter » ▪ Gravité recueillie et affectée. « *l'habitude de baisser les yeux, de garder une attitude de componction* » (Balz.). ♦ iron. Air sérieux, solennel.

comportement n. m. – fin XIXe 1 Manière de se comporter. ⇒ **attitude, conduite.** *Un comportement incompréhensible. Avoir tel comportement à l'égard de, envers qqn.* « *il expliquerait son mauvais comportement vis-à-vis de son frère et de sa mère* » (Sand). 2 Ensemble des réactions objectivement observables. *La psychologie du comportement.* ⇒ **behaviorisme, comportementalisme.** ➛ *Le comportement d'une particule.* ⇒ **mouvement.** 3 Variation d'une valeur dans une situation donnée. *Le comportement du dollar.*

comportemental, ale, aux adj. – av. 1949 ▪ Relatif au comportement.

comportementalisme n. m. – v. 1980 ▪ Théorie qui fait consister la psychologie dans l'étude scientifique et expérimentale du comportement (sans physiologie ni introspection). ⇒ **behaviorisme.**

comportementaliste n. et adj. – 1985 ▪ Du comportementalisme.

comporter v. tr. [1] – XIIe ; lat. « porter, transporter » **1** Permettre d'être, d'aller avec ; inclure en soi ou être la condition de. ⇒ **contenir, impliquer, inclure.** « *la séparation et l'exil, avec ce que cela comportait de peur et de révolte* » (Camus). **2** Être composé de. ⇒ **comprendre.** « *La maison comportait un rez-de-chaussée, un étage et un grenier* » (Duham.). **3** SE COMPORTER v. pron. Se conduire, agir d'une certaine manière. *Comment s'est-il comporté face à cette situation ?* ⇒ **réagir.** « *J'ai toujours essayé* [...] *de les faire se comporter en enfants bien élevés* » (Simenon). ♦ ⇒ **répondre.** « *lorsque vous aurez vu notre bateau bien gréé* [...] *quand vous aurez observé comment il se comporte à la mer* » (J. Verne). ✪ CONTR. Exclure.

❏ Le sens concret de « comprendre » *(le train comporte deux rames)* est critiqué par les puristes.

composant n. m. – XVIIIe ▪ Élément qui entre dans la composition de qqch., qui remplit une fonction particulière. *Les composants d'une philosophie.* ♦ Corps chimique qui entre dans la composition d'un mélange. ➛ Élément qui entre dans la composition d'un circuit électronique.

composante n. f. – XIXe **1** sc. Chacune des forces concourantes dont la combinaison donne une force résultante. **2** Élément d'un ensemble complexe. ⇒ **composant.** « *Cet art de dissocier les composantes d'une idée ou d'un sentiment* » (Henriot).

composé, ée adj. et n. m. – XVIe **1** Formé de plusieurs éléments. ⇒ **complexe.** *Salade composée :* dans la restauration, salade où entrent divers ingrédients. *Feuille composée,* formée de plusieurs folioles. *Inflorescence composée,* dont l'axe est ramifié. ♦ subst. *Un composé chimique.* **2** *Mot composé,* formé de plusieurs mots soudés *(portefeuille)* ou reliés par un trait d'union *(porte-bonheur).* ➛ subst. *Les composés et les dérivés.* ➛ *Temps composé,* formé de l'auxiliaire (avoir, être) et du participe passé du verbe. *Passé composé.* **3** n. m. Ensemble, tout formé de parties différentes. ⇒ **amalgame, mélange.** « *C'est un composé de hauteur et de bassesse, de bon sens et de déraison* » (Dider.). ✪ CONTR. Simple, un.

composées n. f. pl. – XIXe ▪ Famille de plantes dicotylédones à fleurs groupées en capitules (ex. artichaut, marguerite, pissenlit).

composer v. [1] – XIIe ; lat. *componere* « poser ensemble » **I** v. tr. **1** Former par l'assemblage, la combinaison de parties. ⇒ **agencer, arranger, organiser.** *Composer un menu. Composer un numéro de téléphone.* ♦ Être parmi les éléments constituants de. *Les membres qui composent le jury.* **2** Faire, produire (une œuvre). *Composer un poème.* ♦ spécialt Écrire (une œuvre musicale) [⇒ **compositeur**]. *Composer une sonate.* ➛ absolt *Il compose depuis dix ans.* **3** Procéder à la photocomposition de (un texte). *Le texte est composé, on va commencer le tirage.* **4** Élaborer, adopter (une apparence, un comportement). ⇒ ① **affecter, étudier.** « *pour leur donner le change* [...] *je séchais mes pleurs, je reprenais souffle, et composais mon visage* » (Mauriac). **II** v. intr. **1** S'accorder (avec qqn ou qqch.) en faisant des concessions. ⇒ **transiger.** *Composer avec l'ennemi.* ⇒ **pactiser.** **2** Faire une composition. *Les élèves sont en train de composer.* **III** SE COMPOSER v. pron. **1** (pass.) Être composé. ⇒ **comprendre.** « *le personnel de leur maison se composait de la cuisinière et d'une femme de chambre* » (Balz.). **2** Se faire, se former. « *Les choses de la vie, comme les ondes de l'océan, se composent et se décomposent sans cesse* » (Hugo). **3** (réfl.) *Comédien qui se compose un visage de traître.* ⇒ ① **faire.** ✪ CONTR. Analyser, décomposer, défaire.

❏ Sur le plan de la création littéraire, *composer* est très concurrencé par *écrire* (renforcé par *écrivain*).

composeuse n. f. – XIXe ▪ Machine à composer, en imprimerie. ⇒ **linotype, monotype, photocomposeuse.**

composite adj. et n. m. – XIVe **1** Qui participe de plusieurs styles d'architecture. *Ordre, chapiteau composite.* **2** Formé d'éléments très différents, souvent disparates. ⇒ **hétéroclite.** *Un mobilier composite.* **3** *Matériau composite,* formé de plusieurs constituants (dont une matière plastique). *Matériaux composites à fibres de carbone.* ➛ n. m. Ce matériau. ✪ CONTR. Homogène, pur, simple.

compositeur, trice n. – XIIIe **1** Personne qui compose des œuvres musicales. ⇒ **musicien ; arrangeur, orchestrateur.** **2** Société qui se charge de la composition d'un texte.

❏ Dans le domaine musical, on trouve parfois la forme *compositrice,* peu répandue.

composition n. f. – XIIe **I - 1** Action, manière de former un tout en assemblant plusieurs parties, plusieurs éléments. ⇒ **agencement, combinaison, constitution, formation.** *Ingrédients nécessaires à la composition d'un plat.* ⇒ **confection.** *La composition de l'assemblée est à l'ordre du jour.* « *il le guérirait lui-même avec une pommade antiphlogistique de sa composition* » (Flaub.). **2** Action de composer une œuvre intellectuelle, artistique (surtout en musique) ; façon dont une œuvre est composée. ⇒ **élaboration.** *La composition d'un livre, d'un tableau, d'un opéra.* ➛ loc. *Rôle de composition,* qui exige de l'acteur qu'il se compose un personnage. **3** Action de composer un texte pour l'impression. *Composition mécanographique ; informatisée, optique.* ⇒ **photocomposition.** **4** *Loi de composition,* permettant de faire correspondre une grandeur à un couple d'éléments d'un ensemble. **II 1** Œuvre d'art. ⇒ **œuvre.** *Composition abstraite* (en peinture). *Composition florale :* bouquet décoratif. vieilli *Composition française.* ⇒ **dissertation.** ♦ Devoir sur table. *Les compositions trimestrielles.* **III** Ce dont une chose se compose, est faite. ⇒ **constitution, structure.** *La composition d'un corps chimique, d'un médicament, d'un mets. Changer la composition d'une assemblée.* **IV** vieilli Accord entre plusieurs personnes qui acceptent de transiger sur leurs prétentions respectives. ⇒ **accommodement.** ➛ loc. *Être de bonne composition :* être très accommodant. ✪ CONTR. Analyse, décomposition.

compost [kɔ̃pɔst] n. m. – XIIIe ; a. fr. *compost* « mêlé, composé » Engrais formé par le mélange fermenté de débris organiques avec des matières minérales. ⇒ **humus.** « *il fabriquerait des composts qui feraient pousser des tas de choses* » (Flaub.).

❏ Même famille étym. que *compote.*

compostage n. m. – 1922 ▪ Action de perforer au composteur.

composter v. tr. [1] – XVIIIe ▪ Perforer et valider à l'aide d'un composteur. *Composter son billet avant de monter dans le train.*

composteur n. m. – XVIIe ; it. *compositore* **1** Réglette sur laquelle le typographe assemble les caractères d'imprimerie. **2** Appareil mécanique possédant des caractères alphanumériques, servant à perforer et marquer des titres de transport, des factures. *Les composteurs d'un quai de gare, d'un autobus.*

compote n. f. – XIIIe ; lat. *componere* « mettre ensemble » ■ Entremets fait de fruits coupés en quartiers ou écrasés, cuits avec de l'eau et un peu de sucre. *Une compote de pommes, de poires.* ➛ loc. fam. *Avoir la tête, les membres en compote,* meurtris.

> ❑ *Compote* se distingue de *confiture,* préparation de fruits cuits dans du sucre qui assure sa longue conservation.

compotier n. m. – XVIIIe ■ Plat en forme de coupe. *Compotier de cristal.* ➛ Son contenu.

compound [kɔ̃pund] n. – XIXe ; mot angl. « composé » ■ n. f. Machine à vapeur à plusieurs cylindres. ♦ n. m. Composition isolante pour machines électriques. ➛ Mélange destiné à un moulage (matières plastiques, etc.).

compréhensibilité n. f. – XIXe ■ Caractère de ce qui est compréhensible. ⇒ **clarté, intelligibilité.**

compréhensible adj. – XIVe 1 Qui peut être compris. ⇒ **intelligible, simple.** *Un texte compréhensible par les enfants.* 2 Que l'on peut expliquer facilement. *Une attitude compréhensible.* ⇒ **cohérent, normal.** ✪ CONTR. Incompréhensible.

compréhensif, ive adj. – XVIe 1 Qui est apte à comprendre autrui. ⇒ **bienveillant, indulgent, tolérant.** *Des parents compréhensifs.* 2 Qui embrasse dans sa signification un nombre plus ou moins grand d'êtres, d'idées. ⇒ **étendu, large, vaste.** ♦ Qui comprend dans sa signification un nombre plus ou moins grand de caractères. Homme *est plus compréhensif que* mammifère. ✪ CONTR. Borné, intolérant.

compréhension n. f. – XIVe 1 Faculté de comprendre, d'embrasser par la pensée. ⇒ **intelligence.** « *L'indulgence est la compréhension des causes du mal* » (M. Jacob). 2 Possibilité d'être compris. ⇒ **clarté.** *La ponctuation est utile à la compréhension d'un texte.* 3 Qualité par laquelle on comprend autrui. ⇒ **tolérance.** *Faire preuve de compréhension.* 4 Ensemble des caractères qui appartiennent à un concept, au signifié d'un mot (par oppos. à *extension*). *Définir un ensemble en compréhension.* ✪ CONTR. Incompréhension.

comprendre v. tr. [58] – XIIe ; lat. *comprehendere* « saisir » I Embrasser dans un ensemble. 1 Contenir en soi. ⇒ **comporter, compter, englober ; inclure.** « *L'étage comprenait quatre pièces en enfilade* » (Mart. du G.). *Le concours comprend deux épreuves. Comprendre le voyage dans les frais généraux.* 2 Faire entrer dans un tout, une catégorie. ⇒ **compter, inclure, intégrer ; compris.** II Appréhender par la connaissance ; être capable de faire correspondre à (qqch.) une idée claire. « *Par l'espace, l'univers me comprend* [sens I] *et m'engloutit ; par la pensée, je le comprends* » (Pasc.). *Chose facile, difficile à comprendre* (⇒ **compréhensible).** *Ne rien comprendre.* loc. *Il ne comprend rien à rien.* 1 Percevoir le sens de (un message, un système de signes). ⇒ **déchiffrer, décoder, interpréter, saisir.** *Faire comprendre* (⇒ **apprendre, montrer ; démontrer, prouver).** *Comprendre l'énoncé d'un problème. Lire et comprendre* (⇒ **lecture).** *Comprendre une allusion. Comprendre quelque chose à... :* comprendre un peu ; en partie. *Il n'y comprend rien.* ➛ *Comprendre un mot,* connaître son sens. *Comprendre une langue étrangère.* ➛ *Comprendre un code, un schéma,* savoir les lire, les déchiffrer. ♦ Savoir apprécier. *Comprendre la musique moderne, la peinture abstraite.* 2 Se faire une idée claire des causes, des motifs de l'enchaînement logique de (qqch.). ⇒ **pénétrer, saisir, sentir, voir.** *Comprendre une attitude,* l'admettre. « *Ils ne comprennent rien, ils sont là, hébétés, cette idiote et cet imbécile* » (Mauriac). *Comprendre pourquoi, comment. Comprendre que* (et subj.). *Je comprends qu'il soit mécontent. Je ne comprends pas comment il a pu...,* c'est inimaginable. (au condit.) *Si on l'avait contraint à..., je comprendrais,* j'accepterais son attitude. ♦ (avec menace) *C'est dangereux, tu comprends ? Jamais plus, c'est compris ?* ♦ *COMPRENDRE QQN. Je le comprends :* je comprends son attitude, ses réactions, etc. 3 Se rendre compte de (qqch.). ⇒ **sentir, voir.** *Comprendre la portée d'un acte. Comprendre pourquoi, comment* (et l'indic.). *Comprendre que* (et l'indic.). *Je compris qu'il s'habituait à ma présence.* 4 (sens fort) Avoir une connaissance intuitive, une compréhension de (qqch. ou qqn). ⇒ **accepter, connaître.** *Comprendre la nature, l'art. Comprendre la plaisanterie,* l'admettre sans se vexer. *Il ne comprend pas les enfants. Personne ne me comprend* (⇒ **incompris).** 5 pronom. *Se comprendre.* ➛ (réfl.) *Je me comprends :* je sais ce que je veux dire. ➛ (pass.) *Cela (ça) se comprend :* c'est évident. ➛ (récipr.) *Ils sont faits pour se comprendre.* ⇒ **s'entendre.** ✪ CONTR. Excepter, exclure. — Méconnaître. — HOM. *Comprîmes :* comprime (comprimer).

comprenette n. f. – XIXe ■ fam. Faculté de comprendre. ⇒ **compréhension.** *Il a la comprenette un peu dure.*

compresse n. f. – XVIe ■ Morceau de linge fin plusieurs fois replié que l'on applique sur une partie malade. ⇒ **pansement.** *Compresse de gaze stérilisée.*

compresser v. tr. [1] – XIe ■ Serrer, presser. ⇒ **comprimer.** *Voyageurs compressés dans le métro.* ✪ CONTR. Décompresser.

> ❑ *Compresser* (pour *comprimer*) est contesté par les puristes, mais usuel par analogie avec *presser.*

compresseur n. m. et adj. m. – XIXe ■ Appareil qui comprime les gaz ou les vapeurs. ♦ adj. m. Qui comprime, tasse. *Rouleau* compresseur.*

compressibilité n. f. – XVIIe 1 Propriété qu'ont les corps de pouvoir diminuer de volume sous l'effet d'une pression. → **élasticité.** *Loi de Mariotte sur la compressibilité des gaz.* 2 abstrait Fait de pouvoir être restreint. *La compressibilité des effectifs.* ✪ CONTR. Incompressibilité.

compressible adj. – XVIIe ■ Qui peut être comprimé. ⇒ **comprimable, élastique.** « *si l'eau* [de mer] *n'est pas absolument incompressible, elle est, du moins, très peu compressible* » (J. Verne). ♦ fig. Qui peut être diminué. ✪ CONTR. Incompressible.

compression n. f. – XIVe ; de *comprimer* 1 Action de comprimer. → **pression.** *La compression augmente la densité.* ➛ Phase précédant l'explosion dans le cycle d'un moteur à explosion. 2 ⇒ **diminution, réduction.** *Compression du personnel.* ✪ CONTR. Dilatation, expansion.

comprimable adj. – XIXe ■ → **compressible.**

comprimé, ée adj. et n. m. – XIVe 1 Diminué de volume par pression. « *Plus la source du jet d'eau est comprimée, plus il monte haut* » (M. Jacob). *Air comprimé.* ⇒ **pneumatique.** 2 n. m. *UN COMPRIMÉ :* pastille pharmaceutique faite de poudre comprimée. *Comprimés, cachets, pilules et gélules.* ✪ CONTR. Dilaté.

comprimer v. tr. [1] – XIVe ; lat. *premere* « serrer » 1 Exercer une pression sur (qqch.) pour en diminuer le volume. ⇒ **compacter, presser, serrer.** 2 vieilli Empêcher de se manifester. ⇒ **retenir.** *Comprimer sa colère.* « *Plus vous prétendrez la comprimer* [la presse], *plus l'explosion sera violente* » (Chateaub.). ✪ CONTR. Dilater. — HOM. *Comprime :* comprîmes (comprendre).

compris, ise adj. – XIIe 1 Contenu dans qqch. ⇒ **inclus.** *Je vous cède mes terres, la ferme comprise (y compris la ferme).* « *tout le repas, jusques et y compris la peau du saucisson et la croûte du gruyère* » (Queneau). *Prix* *net, service compris. Toutes taxes comprises (T. T. C.).* ➝ *Compris entre :* dans l'intervalle entre. ⇒ **situé.** 2 Dont le sens, les raisons, les idées sont saisis. *Une leçon comprise.* ⇒ **assimilé.** *Un texte mal compris.* ⇒ **interprété.** ✪ CONTR. Exclu ; ① excepté, hormis, sauf.

> ❑ Antéposés, *non compris, y compris* sont invariables : *y compris, non compris les charges.* Postposé, *non compris* varie : *charges non comprises.* Il y a une hésitation pour *y compris : charges y comprises* ou (plus rarement) *y compris.*

compromettant, ante adj. – XIXe ▪ Qui peut compromettre. « *celui-ci le tenait par des secrets compromettants, des preuves accablantes* » (Proust).

compromettre v. [56] – XIIIe ; lat. *compromittere* **1** v. intr. dr. Convenir avec la partie adverse de s'en remettre à l'arbitrage d'un tiers. *Compromettre sur un droit.* ⇒ **compromis. 2** v. tr. Mettre dans une situation critique (en exposant au jugement d'autrui). ⇒ **exposer, impliquer.** *Compromettre qqn dans une affaire.* ♦ *SE COMPROMETTRE* v. pron. *Je ne veux pas me compromettre.* **3** Mettre dans une situation critique, en péril. *Compromettre sa santé, sa réputation, ses chances. L'affaire semble compromise.* ✪ CONTR. Assurer.

compromis n. m. – XIIIe **1** Convention par laquelle les parties, dans un litige, recourent à l'arbitrage d'un tiers. *Compromis de vente :* convention provisoire qui précède l'acte de vente notarié. ⇒ **promesse. 2** Arrangement dans lequel on se fait des concessions mutuelles. ⇒ **transaction ; transiger.** *Les chefs d'État vont trouver un compromis.* « *il faut sans fin manœuvrer, transiger, accepter les compromis boiteux* » (Beauv.).

compromission n. f. – XIIIe **1** Acte par lequel on transige avec sa conscience. *Il est prêt à toutes les compromissions pour réussir.* **2** Action par laquelle on est compromis.

compromissoire adj. – XIXe ▪ dr. Qui concerne les compromis.

comptabiliser [kɔ̃tabilize] v. tr. [1] – 1922 ▪ Inscrire dans la comptabilité.

comptabilité [kɔ̃tabilite] n. f. – XVIe **1** Technique de mesure et d'enregistrement de l'activité économique d'une personne (physique ou morale), d'une collectivité, d'une nation. *Comptabilité privée, commerciale. Contrôle de l'application des règles de la comptabilité publique par la Cour des comptes. Comptabilité nationale, économique.* **2** Ensemble des comptes tenus selon des règles comptables ; la tenue de ces comptes. *Comptabilité d'une entreprise, d'une société, d'un groupe* (⇒ **consolidation).** *Comptabilité bien tenue, truquée. Contrôle de comptabilité.* ⇒ ① **audit, expert-comptable.** *Éléments d'une comptabilité.* ⇒ **compte** (de capital, de gestion, etc.) ; **actif,** ② **passif ; crédit,** ② **débit ; dépense, recette ; charge, produit ; bénéfice, perte, profit, résultat.** ➝ *Comptabilité informatisée. Livres de comptabilité.* ⇒ ② **brouillard, sommier. 3** Service chargé des opérations comptables. ➝ Local où se tient ce service.

comptable [kɔ̃tabl] adj. et n. – XIVe **1** Qui a des comptes à rendre. ♦ fig. *N'être comptable à personne de ses actions.* **2** Qui concerne la comptabilité. *Pièce, quittance comptable,* en due forme. **3** n. Personne dont la profession est de tenir les comptes. *Comptable qui tient les livres :* teneur de livres. ⇒ **facturier.** *Elle est expert*-comptable. Chef comptable. Comptable de la Direction générale des impôts :* préposé aux recouvrements et aux paiements des deniers publics.

comptage [kɔ̃taʒ] n. m. – XVe ▪ Le fait de compter. ⇒ **décompte.** *Comptage des voitures sur une autoroute.* ✪ HOM. Contage.

comptant [kɔ̃tɑ̃] adj. m., n. m. et adv. – XIIIe **1** Que l'o[n] compte sur-le-champ. *Argent comptant,* payé su[r] l'heure et en espèces. ➝ loc. *Prendre qqch. pou[r] argent comptant :* croire naïvement ce qui est dit o[u] promis. **2** n. m. *Acheter au comptant,* sans terme n[i] crédit. ♦ adv. *Payer, régler comptant,* au comptant ⇒ fam. **cash.** ✪ CONTR. Crédit, terme. — HOM. Content.

compte [kɔ̃t] n. m. – XIe **I - 1** Action d'évaluer une quantité ; cette quantité. ⇒ ① **calcul, dénombrement.** *Fair[e] le compte des suffrages exprimés.* ⇒ **comptage ; recensement, total.** *Le compte est bon.* ➝ loc. *Être loin d[u] compte :* se tromper de beaucoup. *Un compte rond* sans fraction, sans décimale. *Le compte des points* ⇒ **décompte.** ♦ loc. fig. *À ce compte-là :* d'après c[e] raisonnement, dans ces conditions. *Au bout d[u] compte, tout compte fait :* tout bien considéré. *En fi[n] de compte :* après tout, pour conclure. *Je ne sais pa[s] comment j'ai fait mon compte pour les confondre.* [2] Argent dû. loc. *Pour solde de tout compte.* ➝ *So[n] compte est bon :* il aura ce qu'il mérite. « *vous faite[s] pas d'illusion, votre combine est mauvaise mais votr[e] compte est bon* » (Prévert). ➝ *Il a son compte,* tout c[e] qu'il peut supporter physiquement, moralemen[t] ♦ loc. *À bon compte :* à bon prix ; fig. sans dommage[s] ➝ *Trouver son compte.* ⇒ **intérêt, profit. 3** État contenant l'énumération, le calcul des recettes et de[s] dépenses. ⇒ **comptabilité, écriture.** *Tenir les compte[s] Bordereau, livre de compte. Passer, porter une somm[e] en compte ; imputer un compte* (⇒ **comptabiliser, fa[c]turer ; crédit,** ② **débit).** *Approuver un compte.* ⇒ **qu[i]tus.** ♦ plur. Comptabilité. *Faire ses comptes.* **4** État d[e] l'avoir et des dettes d'une personne dans un éta[]blissement financier. *Ouvrir un compte, verser un[e] somme sur un compte. Compte chèque posta[l] (C. C. P.). Avoir un compte en banque. Compte cou[]rant. Compte sur livret. Compte d'épargne. Crédite[r] débiter un compte. Publier un livre à compte d'auteu[r]* à ses frais. ➝ *Laisser une marchandise pour compt[e]* la laisser au vendeur. ⇒ **refuser.** ➝ loc. fig. *Un laiss[é] pour compte :* une personne abandonnée à son so[rt] *Les laissés pour compte de la croissance économiqu[e]* ⇒ **exclu. 5** (dans des loc. fig.) *Travailler à son compte* être son propre employeur. *Prendre qqch. à so[n] compte :* endosser la responsabilité d'un acte. ⇒ **ass[u]mer.** ➝ *Il n'y a rien à dire sur son compte,* à son suje[t] ➝ *On a mis son erreur sur le compte de la fatigu[e]* ⇒ **attribuer, imputer.** ♦ *Prendre en compte :* accorde[r] de l'importance à, ne pas négliger. ➝ *Tenir comp[te] de :* prendre en considération. « *Agir en tenan[t] compte du contexte* » (Mauriac). ♦ loc. prép. *Comp[te] tenu de :* étant donné. *Compte tenu des circon[s]tances.* **II** Explication, rapport. *Demander, rend[re] compte, des comptes :* demander, faire le rappo[rt] de ce que l'on a fait, vu, pour faire savoir, expliqu[er] ou justifier. *N'avoir de comptes à rendre à personn[e] Rendre compte de sa mission, de son mandat.* ⇒ **rapporter.** ♦ *COMPTE RENDU* [kɔ̃tʀɑ̃dy] n. m. ⇒ **rappor[t] relation.** *Les comptes rendus d'une mission, d'u[ne] expérience, d'un spectacle, d'un livre.* ⇒ **analys[e]** ② **critique.** ♦ *SE RENDRE COMPTE.* ⇒ s'**apercevoi[r] comprendre, voir ; réaliser.** « *Pourvu, au moin[s] qu'il s'en rende compte !* » (Romains). ➝ *Tu te ren[ds] compte !* ✪ HOM. Comte, conte.

> ❑ Le participe passé de *se rendre compte* est invariable *elles se sont rendu compte de leurs erreurs.*

compte-fils [kɔ̃tfil] n. m. inv. – XIXe ; de *fil* ▪ Petite lou[pe] puissante montée sur charnière.

compte-gouttes [kɔ̃tgut] n. m. inv. – XIXe ▪ Petite pipet[te] en verre ou tout instrument qui sert à compter l[es] gouttes d'un liquide. ⇒ **stilligoutte.** ➝ loc. fig. *A[u] compte-gouttes :* avec parcimonie. « *la salle éta[it] assez petite, on avait distribué les places au comp[te-]gouttes* » (Cocteau).

❑ On a proposé d'écrire *un compte-goutte, des compte-gouttes*, ce qui n'est guère satisfaisant pour le sens. Le cas est semblable pour *sèche-cheveux, tire-fesses* et *vide-poches*.

compter [kɔ̃te] v. 1 – XIIIe ; lat. *computare* **I** v. tr. **1** Déterminer (une quantité) par le calcul ; établir le nombre de. ⇒ **chiffrer, dénombrer, nombrer.** *Compter les habitants d'une ville* (⇒ **recenser**). *Compter les voix, les suffrages. Compter les points* : juger qui est vainqueur dans une lutte. ◆ fig. « *Qu'ils s'étripent donc entre eux* [...], *nous autres les marginaux nous compterons les coups* » (Tournier). *Combien en avez-vous compté ? Appareil qui compte qqch.* ⇒ **compteur. 2** Mesurer avec parcimonie. *Compter l'argent que l'on dépense.* ⇒ **regarder** (à la dépense). **3** Mesurer (le temps). *Compter les jours, les heures.* ◆ loc. *Ses jours sont comptés* : il lui reste peu de temps à vivre. ◆ *À compter d'aujourd'hui,* à partir de. **4** Prévoir, évaluer (une quantité, une durée). *Il faut compter cent grammes par personne.* **5** Comprendre dans un compte, un total, une énumération. ⇒ **inclure.** *Ils étaient quatre, sans compter les enfants.* ◆ Faire payer. *Le garçon a oublié de (nous) compter les cafés.* ⇒ **facturer. 6** Comporter, comprendre. « *Saint-André ne compte que trois cent vingt habitants* » (Simenon). **7** littér. *Compter* (qqch.) *pour.* ⇒ **considérer, estimer.** « *Comptez-vous vos soldats pour autant de héros* » (Rac.). ◆ fam. et enfantin *Je compte pour du beurre, des prunes* : je suis considéré comme négligeable, je ne suis pas pris en compte. **8** ⇒ **espérer, penser.** *Il compte pouvoir partir demain. Je compte bien qu'il viendra.* **9** *Sans compter que* : d'autant plus que. **II** v. intr. **1** ⇒ **calculer.** *Compter sur ses doigts. Cet enfant sait lire, écrire et compter. Compter jusqu'à dix.* ◆ *Donner, dépenser ; recevoir sans compter.* ⇒ **généreusement, largement. 2** COMPTER AVEC, SANS (qqn, qqch.) : tenir, ne pas tenir compte de. *Il a de l'influence et il faut compter avec lui.* **3** COMPTER SUR : s'appuyer sur. ⇒ **tabler.** *Comptez sur moi. On ne peut pas compter sur lui* : il n'est pas fiable. *Je compte sur votre participation.* **4** Avoir de l'importance. ⇒ ② **importer.** *Seul le résultat compte. Les gens qui comptent aujourd'hui,* les gens importants (idées, actions). **5** Être compté, évalué (parmi). ⇒ **figurer.** *Cet auteur compte parmi les plus grands.* **III** SE COMPTER v. pron. réfl. Se mettre au nombre de. *Je ne me compte pas parmi les jeunes.* ◆ (pass.) Être compté. *Ça se compte par milliers,* il y en a des milliers. ✪ CONTR. Négliger ; omettre. — HOM. Comté, conter.

❑ *Compter sur qqch.* peut être repris par le pronom *y* : *je compte sur son aide,* j'y compte bien. → insister (rem.). ◆ Ce verbe se confond à l'origine avec *conter* (*cunter, conter,* latin *computare* « calculer » et « narrer »). La graphie étymologique *compter* (XIIIe-XVe s.) a permis la distinction sémantique entre les deux verbes.

compte rendu → **compte** (II)

compte-tours [kɔ̃ttuʀ] n. m. inv. – XIXe ■ Appareil comptant les tours faits par l'arbre d'un moteur, dans un temps donné. ⇒ **tachymètre.**

compteur [kɔ̃tœʀ] n. m. – XIIIe **1** rare Celui qui compte. **2** Appareil servant à compter, à dénombrer des signaux, des impulsions, des opérations, à mesurer en unités un temps, une vitesse, un volume. *Compteur d'une pompe à essence.* ⇒ **volucompteur.** *Compteur de vitesse d'automobile.* ⇒ **indicateur.** *Compteur à eau. Compteur d'électricité.* « *L'employé du gaz venant relever le compteur* » (Cl. Simon). loc. fig. *Relever les compteurs* : contrôler une recette, un travail. ◆ *Compteur Geiger,* qui compte les particules émises par un corps radioactif. ◆ adj. m. *Boulier compteur.* ⇒ **abaque.** ✪ HOM. Conteur.

comptine [kɔ̃tin] n. f. – 1922 ■ Formule enfantine (chantée ou parlée) servant à désigner celui à qui sera attribué un rôle particulier dans un jeu. « *Am, stram, gram, (etc.)* » *est une comptine.*

❑ *Comptine* est dérivé de *compter,* non de *conter.* Il s'agit d'une formule récitée (ex. « Un, deux, trois... je m'en vais au bois... »).

comptoir [kɔ̃twaʀ] n. m. – XIVe **1** Table, support long et étroit, sur lequel un commerçant reçoit l'argent, montre les marchandises. ⇒ **bergerie, gondole.** *Comptoir d'un débit de boisson.* ⇒ ① **bar,** fam. **zinc.** « *le comptoir* [...] *était très riche, avec son large reflet d'argent poli* » (Zola). *S'accoter au comptoir.* **2** Installation commerciale d'une entreprise privée ou publique dans un pays éloigné. ⇒ **établissement, factorerie.** *Les comptoirs des Indes. Comptoir colonial.* ◆ *Comptoir national d'escompte. Comptoir d'une banque.* ⇒ **agence, succursale. 3** fig. *Comptoir de vente en commun* : entente entre vendeurs ou producteurs. ⇒ **cartel, coopérative, trust ; syndicat** (de producteurs).

compulser v. tr. 1 – XVe ; lat. « pousser, contraindre » ■ Consulter, examiner, feuilleter attentivement. *Compulser ses notes pour retrouver un renseignement.*

compulsif, ive adj. – XVIe ■ Qui constitue une compulsion. *Conduite compulsive dans la névrose obsessionnelle.* ◆ fam. Irrépressible. *Il ne peut s'en empêcher, c'est compulsif.*

compulsion n. f. – XIIIe ; de *compulser* ■ Impossibilité de ne pas accomplir un acte, lorsque ce non-accomplissement est générateur d'angoisse, de culpabilité.

compulsionnel, elle adj. – déb. XXe ■ De la compulsion.

comput [kɔ̃pyt] n. m. – XVIe ; lat. *computus* « compte » ■ Supputation qui sert à dresser le calendrier des fêtes religieuses mobiles, notamment de Pâques. → **ordo.**

computation n. f. – XVe ■ didact. Méthode de supputation du temps.

computationnel, elle adj. – v. 1980 ; angl. *computational* ■ didact. Qui utilise l'ordinateur. ⇒ **informatique.**

❑ Le mot anglais est apparenté à *computer,* ancien anglicisme pour désigner l'*ordinateur.* → ordinateur (rem.).

comtal, ale, aux adj. – XIIIe ■ rare De comte. *Couronne comtale.*

comte n. m. – Xe ; lat. *comes* « compagnon » **1** Seigneur d'un comté (1°), d'un fief. **2** Titre de noblesse qui, dans la hiérarchie nobiliaire, se situe entre le marquis et le vicomte. « *Le comte était un grand seigneur. Il avait sur ses terres droit de justice basse et haute* » (Dumas). *Monsieur le Comte.* « *À moi, comte, deux mots* » (Corn.). **3** Haut dignitaire du Bas Empire romain, de l'époque franque. *Comtes palatins**. ✪ HOM. Compte, conte.

❑ D'abord transcrit *compte* (Xe s.).

① **comté** n. m. – XIIe **1** Domaine féodal dont le possesseur prenait le titre de comte. **2** Subdivision territoriale, en Grande-Bretagne et dans les pays anglo-saxons. ✪ HOM. Compter, conter.

② **comté** n. m. – mil. XXe ; de *(Franche-)Comté,* province française ■ Fromage à pâte pressée cuite, dense, au goût fruité, fabriqué en Franche-Comté.

comtesse n. f. – XIe ■ Femme qui possédait un comté. ◆ Femme d'un comte.

comtois, oise adj. et n. – XVIIe ■ De Franche-Comté. *Les fromages comtois.* ◆ n. *Les Comtois.*

con, conne n. et adj. – XIIe ; lat. *cunnus* **I** n. m. (voc. érotique) Sexe de la femme. ⇒ **sexe ; vagin, vulve.** ◆ Pubis de la femme. ⇒ **chatte.** « *Ces cons rasés font un drôle d'effet* » (Flaub.). **II** fam. **1** CON **adj. m. et f.** ou CON, CONNE **adj.** (personnes) Imbécile, idiot. ⇒ **bête, crétin, débile.** *Ce qu'il peut être con !* « *Karagidouille était moins con qu'il n'en avait l'air* » (Perec). *Je suis resté tout con,* éberlué et piteux. ♦ (choses) Ridicule, inepte. « *Ce que c'est con, la guerre* » (Sartre). *C'est trop con, de se quitter comme ça.* ➛ loc. (personnes) *Con comme un balai,* très con. **2 n.** Imbécile. ⇒ **conasse, conneau, couillon.** (injure) *Sale con !* ⇒ **enfoiré.** *Petite conne ! Vieux con ! Tu me prends pour un con ?* ➛ loc. adv. *À la con :* mal fait ; ridicule, inepte. « *C'était un soldat à la con* » (Cendrars).

❑ En latin, l'usage du mot *cunnus* était réservé aux textes érotiques. ♦ La valeur figurée d'« imbécile » apparaît au XVIIIe siècle. ♦ L'ancien français *connin, connil* « lapin » a disparu à cause des jeux de mots obscènes qu'il occasionnait.

con- ▪ Élément, du lat. *com, cum* « avec » (var. *col-, com-, cor-* devant *l, m, r*). ⇒ **co-.**

conard, arde **adj.** et **n.** – XIIIe ▪ vulg. et méprisant Imbécile, crétin. ⇒ **con, conasse.** « *qu'est-ce qu'il en peut, pauvre conard* » (Aymé).

❑ On écrit aussi *connard, arde.*

conasse **n. f.** – XIXe ▪ vulg. et méprisant Idiote, imbécile. « *Et cette petite conasse, la voilà à vingt ans la femme d'un des hommes les plus riches de France* » (Beauv.).

❑ On écrit aussi *connasse.*

conatif, ive **adj.** – 1951 ▪ Relatif à la conation.

conation **n. f.** – 1961 ; lat. « tentative, effort » ▪ philos. Impulsion déterminant un acte, un effort quelconque.

concassage **n. m.** – XIXe ▪ Action de concasser.

concasser **v. tr.** [1] – XIIIe ▪ Réduire en petits fragments. ⇒ **briser, broyer.** *Concasser de la pierre.* ➛ *Poivre concassé* (utilisé pour le steak au poivre).

concasseur **n. m.** – XIXe ▪ Appareil servant à concasser. *Le fracas « du concasseur qui transformait la pierre en gravillons »* (Le Clézio).

concaténation **n. f.** – XVIe ; lat. *catena* « chaîne » ▪ Suite de choses qui s'enchaînent. math. *Loi de concaténation :* loi associative. ➛ ling. *La concaténation des mots dans la phrase.*

concave **adj.** – XIVe ; lat. *cavus* « creux » → ② cave ▪ Qui présente une courbe, une surface en creux. *Surface concave.* ✪ CONTR. Convexe.

concavité **n. f.** – XIVe **1** Forme concave. *Une parabole dont la concavité est tournée vers le haut.* **2** par ext. ⇒ **cavité, creux.** *Dans les concavités d'un rocher.* ✪ CONTR. Convexité.

concéder **v. tr.** [6] – XIIIe **1** Accorder (qqch.) à qqn comme une faveur. ⇒ **accorder, octroyer.** *Ce droit lui a été concédé pour deux ans.* **2** Abandonner de son propre gré (un des points en discussion). ⇒ **accorder.** *Je vous concède ce point.* **3** sport Abandonner à l'adversaire (en le laissant prendre l'avantage). *Concéder un but.*

concentration **n. f.** – XVIIIe **1** Action de concentrer, de réunir en un centre. ⇒ **accumulation.** *La concentration des rayons lumineux au foyer d'une lentille.* ⇒ **convergence.** *La concentration des troupes en un point du territoire.* ⇒ **groupement, rassemblement, regroupement.** ➛ *Camp* de concentration.* ♦ *La concentration des entreprises :* réunion sous une direction commune. ⇒ **association, cartel, comptoir** (de vente), **consortium, holding, multinationale, trust.** ♦ fig. « *La concentration à Paris de la production des idées* » (Valéry). **2** Ce qui réunit des éléments assemblés. *Les grandes concentrations urbaines.* ⇒ **agglomération, conurbation. 3** Proportion d'un composant chimique dans une solution, un mélange. **4** Application de tout l'effort intellectuel sur un seul objet. *Ce travail exige une grande concentration.* ⇒ **application, attention,** ① **contention.** ✪ CONTR. Déconcentration, dispersion. Distraction.

concentrationnaire **adj.** – 1946 ; de *(camp de) concentration* ▪ Relatif aux camps de concentration. « *Un grillage rébarbatif, carcéral, presque concentrationnaire* » (Tournier).

concentré, ée **adj.** et **n. m.** – XVIIIe **1** Dont la concentration (3°) est grande. *Solution concentrée.* ➛ **n. m.** *Du concentré de tomates.* **2** Qui fait preuve de concentration (4°). *Esprit concentré.* ⇒ **absorbé, attentif, réfléchi.** « *cet homme si fort, si concentré, si maître de lui-même* » (Goncourt). ✪ CONTR. Dilué. Distrait.

❑ On peut dire *du lait concentré* ou *condensé.*

concentrer **v. tr.** [1] – XVIIe **1** Réunir en un point (ce qui était dispersé). ⇒ **focaliser.** ➛ *Concentrer des effectifs militaires.* ⇒ **accumuler, grouper.** ➛ *Concentrer les pouvoirs.* ⇒ **centraliser. 2** Augmenter la masse de (un corps) dissoute dans une unité de volume d'un liquide (solvant). **3** Appliquer à un seul objet. *Concentrer son esprit.* ➛ SE CONCENTRER **v. pron.** *Se concentrer sur un problème.* « *il m'est très difficile, moi, vous savez, de me concentrer* [...] *Tout détourne mon attention, un rien suffit...* » (Sarraute). ✪ CONTR. Déconcentrer, disperser.

concentrique **adj.** – XIVe **1** Qui a le même centre. *Sphères concentriques.* « *Cinq enceintes concentriques de murailles* » (Loti). **2** Centripète. *Le mouvement concentrique de l'ennemi.* ⇒ **enveloppant.** ✪ CONTR. Excentrique. Centrifuge.

concept [kɔ̃sɛpt] **n. m.** – XVe ; lat. *concipere* « contenir entièrement » **1** philos. Représentation mentale générale et abstraite d'un objet. ⇒ **idée** (générale), **notion, représentation.** *Le concept de temps, d'arbre. Formation des concepts.* ⇒ **abstraction, généralisation.** ➛ ling. *Les concepts sont indépendants des langues.* **2** Définition d'un produit par rapport à sa cible. *Les nouveaux concepts dans l'industrie alimentaire.*

❑ *Concept* « idée générale » est un terme technique ou d'usage didactique. *Idée* est du langage commun et désigne le singulier et le général. L'acception philosophique de *concept* date de 1606 (Descartes).

concepteur, trice **n.** – 1961 ▪ Personne chargée de trouver des idées nouvelles (publicité, mise en scène, etc.).

conception **n. f.** – XIIe ; lat. *concipere* → concevoir **1** Formation d'un nouvel être dans l'utérus maternel (ou in vitro) à la suite de la fusion d'un spermatozoïde et d'un ovule ; moment où un être est conçu. ⇒ **fécondation, génération, procréation.** *Conception et grossesse. Éviter la conception* (⇒ **anticonceptionnel, contraceptif, contragestif**). ♦ *L'Immaculée Conception :* la Vierge Marie qui a été conçue exempte du péché originel. **2** didact. Formation d'un concept dans l'esprit. ⇒ **abstraction, généralisation ; représentation.** ➛ par ext. Manière de concevoir une chose, d'en juger. ⇒ **opinion.** *Nous n'avons pas la même conception de la justice.* ⇒ **idée, vue.** « *je n'acceptais pas sa conception du mariage* [...] *Je n'admettais pas qu'un des deux époux "trompât" l'autre* » (Beauv.). **3** Action de concevoir, de créer. ⇒ **élaboration.** *Un urbanisme d'une conception nouvelle.*

conceptualisation n. f. – av. 1955 ▪ didact. Action de former des concepts.

conceptualiser v. [1] – 1920 ▪ didact. 1 v. intr. Élaborer des concepts. 2 v. tr. Élaborer des concepts à partir de. *Conceptualiser une expérience.*

conceptualisme n. m. – XIXe ▪ Théorie suivant laquelle les concepts sont considérés comme les produits d'une construction de l'esprit (⇒ **nominalisme, réalisme**).

conceptuel, elle adj. – XIXe ▪ didact. Du concept.

concernant prép. – XVIe ▪ À propos, au sujet de. ⇒ **relatif** (à), ① **touchant.** « *des mesures concernant la circulation des véhicules* » (Camus).

concerner v. tr. [1] – XIVe ; lat. *cernere* « considérer » **1** Avoir rapport à, s'appliquer à. ⇒ **intéresser, regarder,** ① **toucher.** *Cette lettre vous concerne. Cela ne me concerne pas :* ce n'est pas mon affaire. ➝ *En ce qui (pour ce qui) concerne le service, c'est un très bon hôtel,* pour ce qui est du service. ⇒ **quant à. 2** *Être concerné :* être intéressé, touché (par qqch.). « *Je n'étais concerné par aucun jugement* » (Camus).

❑ La forme passive *être concerné (par),* condamnée par les puristes (influence de l'angl. *to be concerned*), est maintenant passée dans l'usage courant. Ne pas oublier l'emploi plus élégant de *intéressé, touché, visé.*

concert n. m. – XVIe ; it. *concerto* « accord » **I - 1** *Le concert des nations.* ⇒ **accord, entente,** ① **union.** ♦ loc. adv. *De concert :* en accord. ⇒ ① **ensemble. 2** *Concert de louanges, d'approbations, d'acclamations,* des louanges, etc. nombreuses et concordantes. **II - 1** vx Ensemble de bruits, de sons simultanés. iron. « *un concert exaspéré d'avertisseurs s'éleva de la file* [...] *des véhicules* » (Camus). **2** Séance musicale. « *Un concert sans Wagner ou Beethoven et nous demeurions sur notre soif* » (Duham.). *Aller au concert. Salle de concert. Concert de jazz.* ♦ *Café-concert.* ⇒ **café-concert.** ✪ CONTR. Désaccord, discorde, opposition. Cacophonie.

concertant, ante adj. – XVIIe **1** Qui exécute une partie dans une composition musicale. *Instruments concertants.* **2** *Symphonie concertante :* concerto à plusieurs solistes, dont la structure est celle de la symphonie (forme sonate).

concertation n. f. – 1963 ▪ Le fait de se concerter. *Concertation politique entre les Grands.* ➝ *Concertation économique,* entre représentants de l'État et chefs d'entreprise.

❑ Ce mot récent s'emploie moins, au profit de *discussion, débat, échange de vues, entente.*

concerter v. tr. [1] – XVe ▪ Projeter de concert avec une ou plusieurs personnes. ⇒ **organiser, préparer.** *Concerter un projet, une décision.* ➝ *Une action concertée.* « *une discrétion qui semblait concertée* » (Camus). ♦ *SE CONCERTER* v. pron. S'entendre pour agir de concert. *Les faux témoins « ayant eu le temps de se concerter »* (Volt.).

concertina n. m. – XIXe ; mot angl. ▪ Instrument de musique à anches et à soufflet, voisin de l'accordéon. *Des concertinas.*

concertino n. m. – XIXe ; mot it. **1** Groupe des solistes dans le concerto grosso. **2** Bref concerto.

concertiste n. – XIXe ▪ Musicien, musicienne qui donne des concerts.

concerto n. m. – XVIIIe ; mot it. « concert » **1** *CONCERTO GROSSO :* forme ancienne de composition musicale où les solistes (⇒ **concertino**) dialoguent avec l'orchestre. **2** Composition de forme sonate, pour orchestre et un instrument soliste (parfois deux ou trois). *Concerto pour piano et orchestre. Des concertos.*

❑ Prononciation et pluriel (italien *concerti*) francisés.

concessif, ive adj. et n. f. – XIXe ▪ Qui indique une opposition, une restriction. *Proposition concessive* (introduite par *bien que..., même si...,* etc.). ➝ n. f. *Une concessive.*

concession n. f. – XIIIe **1** Action de concéder (un droit, un privilège, une terre) ; acte qui concède. ⇒ **cession,** ① **don, octroi.** *Faire la concession d'un terrain. Concession commerciale, immobilière. Concession d'eau, d'électricité :* contrat accordant le droit de branchement sur les conduites publiques. **2** Terre concédée. *Les anciennes concessions européennes d'Extrême-Orient.* ♦ Terrain concédé par une commune, dans un cimetière. « *ce jeune homme veut une concession à perpétuité et un terrain plus grand* » (Dumas fils). **3** Le fait d'abandonner à son adversaire un point de discussion ; ce qui est abandonné. ⇒ **abandon, désistement, renoncement.** *Faire des concessions.* « *Ma mère venait de me faire une première concession qui devait lui être douloureuse* » (Proust). **4** *Proposition de concession.* ⇒ **concessif.** ✪ CONTR. Refus, ② rejet. Contestation, dispute.

concessionnaire n. – XVIIe **1** Personne qui a obtenu une concession de terrain à exploiter, de travaux à exécuter. **2** Intermédiaire qui a reçu un droit exclusif de vente dans une région. *Concessionnaire d'une marque d'automobiles.*

concetti [kɔnʃɛtti] n. m. – XVIIIe ; mot it., plur. de *concetto* « concept » ▪ littér. Trait d'esprit brillant et maniéré. *Des concettis* ou plur. it. *des concetti.*

concevable adj. – XVIIe ▪ Qu'on peut imaginer, comprendre. ⇒ **envisageable, imaginable.** *C'est tout à fait concevable.* ✪ CONTR. Inconcevable.

concevoir v. tr. [28] – XIIe ; lat. *concipere* « contenir entièrement » **I** (Le sujet désigne une femme) Former (un enfant) dans son utérus par la conjonction d'un ovule et d'un spermatozoïde, en parlant d'une femme ; devenir, être enceinte. *Concevoir un enfant.* **II - 1** Former (un concept). *L'esprit conçoit les idées.* **2** Avoir une idée, une représentation de. ⇒ **comprendre, saisir.** « *Ce que l'on conçoit bien s'énonce clairement* » (Boil.). ➝ *Cela se conçoit facilement.* ♦ Se former une idée de ; imaginer. ⇒ **envisager,** se **représenter.** « *Je suis incapable* [...] *de concevoir le journalisme autrement que sous la forme du pamphlet* » (Bloy). *Je conçois qu'il soit déçu,* je le comprends. **3** Créer par la réflexion, la mise en œuvre des idées. ⇒ **former, imaginer, inventer.** *Concevoir un projet.* ➝ *Ce matériel a été conçu pour les bivouacs en montagne.* ➝ *BIEN, MAL CONÇU :* bien, mal pensé. *Un appareil bien conçu. Appartement bien conçu,* commode, bien distribué. **4** Éprouver (un état affectif). *Concevoir de la jalousie pour qqn.* **5** *AINSI CONÇU :* rédigé, libellé comme je vais vous le dire.

conchier v. tr. [7] – XIIe ▪ vulg. et littér. Souiller d'excréments. « *Ralph ne paraissait pas voir les oiseaux* [...] *conchier les tapis* » (Tournier).

conchoïdal, ale, aux [kɔ̃kɔidal, o] adj. – XVIIIe **1** En forme de coquille. **2** Relatif à la conchoïde.

conchoïde [kɔ̃kɔid] adj. et n. f. – XVIIe ; lat. *concha* « coquille » ▪ *Courbe conchoïde,* et n. f. *une conchoïde :* courbe obtenue en menant d'un point les sécantes à une droite, à une courbe, et en portant une longueur constante de part et d'autre des intersections.

conchyliculture [kɔ̃kilikyltyʀ] n. f. – 1953 ▪ Élevage des coquillages comestibles (huîtres, moules, etc.).

conchylien, ienne [kɔ̃kiljɛ̃, jɛn] adj. – XIXe ▪ Qui contient des coquilles. *Terrain conchylien.* ⇒ **coquillier.**

conchyliologie [kɔ̃kiljɔlɔʒi] n. f. – XVIIIe ; gr. *kogkhulion* « coquillage » ▪ Partie de la zoologie qui étudie les coquillages.

concierge n. – XIIe ; probablt lat. °*conservius*, de *servus* « esclave » ▪ Personne qui a la garde d'un immeuble. ⇒ **gardien.** *La loge du concierge.* « *En dépit de la classique pancarte* [...] *la concierge ne se trouvait pas dans l'escalier* » (Carco). ➤ fam. *C'est une vraie concierge,* une personne bavarde et indiscrète.

❑ *Concierge* a remplacé *portier(ière)* ; il est lui-même très concurrencé par *gardien(ne)* depuis le milieu du XXe siècle.

conciergerie n. f. – XIVe 1 Service d'accueil de la clientèle dans un grand hôtel. 2 Prison attenante au Palais de Justice à Paris. *Marie-Antoinette fut enfermée à la Conciergerie.*

❑ Cette prison était à l'origine le logement du *concierge* du palais royal des Capétiens.

concile n. m. – XIIe ; lat. *concilium* « assemblée » ▪ Assemblée des évêques de l'Église catholique, présidée par le pape, convoquée pour statuer sur des questions de dogme, de morale ou de discipline. ⇒ **consistoire, synode.** *Concile œcuménique.*

conciliable adj. – XVIIIe ▪ Qui peut se concilier avec autre chose. ⇒ **compatible.** *Ces opinions ne sont pas conciliables.* ✪ CONTR. Inconciliable.

conciliabule n. m. – XVIe ; lat. *conciliabulum* « concile irrégulier, hérétique ou schismatique » ▪ Conversation où l'on chuchote, comme pour se confier des secrets. « *notre arrivée semble déranger je ne sais quel conciliabule* » (Loti).

conciliaire adj. – XVIe 1 D'un concile. *Canons conciliaires.* 2 Qui participe à un concile. *Les pères conciliaires.*

conciliant, iante adj. – XVIIe ▪ Qui est porté à maintenir la bonne entente avec les autres par des concessions. ⇒ **accommodant.** *Il est d'un caractère conciliant.* ✪ CONTR. Absolu, agressif, désagréable.

conciliateur, trice n. – XIVe ▪ Personne qui s'efforce de concilier les personnes entre elles. ⇒ **médiateur.** « *Un pouvoir qui devrait jouer le rôle d'arbitre et de conciliateur* » (Renan). ✪ CONTR. Diviseur.

conciliation n. f. – XIVe 1 Action de concilier (des personnes, des opinions, des intérêts) ; son résultat. ⇒ **arbitrage, médiation.** *Moyen de conciliation.* 2 Accord de deux personnes en litige, réalisé par un juge. *Tentative de conciliation.* ♦ Règlement amiable d'un conflit collectif du travail. ✪ CONTR. Désaccord, opposition, rupture.

conciliatoire adj. – XVIe ▪ rare Propre à concilier.

concilier v. tr. [7] – XVIe ; lat. *conciliare* « assembler » 1 littér. Mettre d'accord, amener à s'entendre (des personnes). ⇒ **réconcilier.** « *j'ai perdu l'espoir de concilier des gens qui ne peuvent pas s'entendre* » (Duham.). 2 Faire aller ensemble, rendre harmonieux (ce qui était très différent, contraire). *Concilier les opinions, les intérêts. Concilier la richesse du style avec (et) la simplicité.* « *J'arrive à concilier beaucoup de modestie avec beaucoup d'orgueil* » (Gide). 3 SE CONCILIER (qqn), le disposer favorablement envers soi. « *Les clients pour se le concilier* [...] *s'inquiétaient beaucoup de son état* » (Céline). *Se concilier les bonnes grâces de qqn.* ⇒ s'**attirer, gagner.** ➤ *Ces deux interprétations ne peuvent pas se concilier* (⇒ **inconciliable**). ✪ CONTR. Désunir, diviser, opposer.

❑ Même famille étym. que *concile.*

concis, ise adj. – XVIe ; lat. *concidere* « couper en morceaux » ▪ Qui s'exprime, pour un contenu donné, en peu de mots. ⇒ **sobre, succinct.** *Soyez concis !* ⇒ ① **bref.** *Pensée claire et concise.* « *l'expression la plus concise est ordinairement la meilleure* » (Sartre). ✪ CONTR. Diffus, redondant, verbeux.

concision n. f. – XVe ▪ Qualité d'une personne concise, de ce qui est concis. « *Concision dans le style, précision dans la pensée, décision dans la vie* » (Hugo). ✪ CONTR. Prolixité, redondance, verbosité.

concitoyen, enne n. – XIIIe ▪ Citoyen du même État, d'une même ville (qu'un autre). ⇒ **compatriote.** *Mes chers concitoyens.*

conclave n. m. – XIVe ; mot lat. « pièce fermant à clé *(clavis)* » ▪ Assemblée des cardinaux pour élire un nouveau pape.

conclaviste n. m. – XVIe ▪ Ecclésiastique attaché à la personne d'un cardinal pendant un conclave.

concluant, ante adj. – XVIe ▪ Qui conclut, prouve sans réplique. ⇒ **décisif.** *Expérience concluante.*

conclure v. tr. [35] – XIIe ; lat. *claudere* « clore » I – 1 v. tr. dir. Amener à sa fin par un accord. ⇒ **régler, résoudre.** *Conclure une affaire avec qqn. Marché conclu ! Conclure un traité, la paix.* ⇒ **signer.** 2 Tirer (une conséquence) de prémisses données. ⇒ **déduire.** *Nous en avons conclu qu'il accepterait.* ♦ v. tr. ind. *Conclure à... :* tirer telle conclusion, tel enseignement. *Les enquêteurs concluent à l'assassinat.* ➤ littér. *Conclure de... à :* donner comme cause d'une conséquence. *Conclure de la beauté du style à l'intérêt de l'œuvre.* 3 v. intr. Répondre par un acte de procédure aux moyens de la partie adverse. *Ce témoignage conclut contre lui.* II v. tr. Terminer. ⇒ **achever, finir.** *Conclure un récit.* « *Laissez-moi vous apprendre, pour conclure* [...] » (Giraud.). ✪ CONTR. Commencer, entreprendre. Exposer, préfacer, présenter.

❑ Pour le participe passé → exclure (rem.).

conclusif, ive adj. – XVe ▪ Qui exprime, qui indique une conclusion. *Remarque conclusive.*

conclusion n. f. – XIIIe 1 Arrangement final (d'une affaire). ⇒ **règlement, solution.** *Conclusion d'un traité.* 2 Jugement qui suit un raisonnement. « *Tirez vos conclusions. Voilà la vie telle qu'elle est* » (Balz.). ⇒ **enseignement, leçon.** « *J'étais déjà arrivé à cette conclusion que nous ne sommes nullement libres devant l'œuvre d'art* » (Proust). ➤ adv. (fam.) En un mot, au total. *Conclusion, il n'y a rien à faire.* ⇒ ① **bref.** *En conclusion :* pour conclure, en définitive. ⇒ **ainsi, donc.** 3 au plur. CONCLUSIONS : acte de procédure par lequel une des parties porte ses prétentions à la connaissance du tribunal et de son adversaire. 4 Fin, issue. *Les événements approchent de leur conclusion.* ➤ Ce qui termine un récit, un ouvrage. ⇒ **dénouement, épilogue,** ① **fin.** ✪ CONTR. Commencement, début, introduction, préambule.

concocter v. tr. [1] – 1950 ▪ plais. Préparer, élaborer minutieusement. *Il nous a concocté une drôle de mixture.* ➤ « *une plaisanterie qu'il concocta en classe de quatrième* » (Queneau).

❑ Ce verbe a été formé par Queneau, d'après *concoction* « digestion » (latin *concoquere* « cuire ensemble »), terme éliminé par *digestion.*

concombre n. m. – XIIIe ; lat. *cucumis, -eris* ▪ Plante herbacée rampante *(cucurbitacées).* ♦ Le fruit de cette plante, qui se consomme cru ou cuit. *Concombre en salade.*

concomitance n. f. – XIVe ▪ Rapport de simultanéité entre deux faits, deux phénomènes.

concomitant, ante adj. – XVIe ; lat. *concomitari* « accompagner » ▪ Qui accompagne un autre fait, qui coïncide avec lui. ⇒ **simultané.** *Symptômes concomitants d'une maladie.*

concordance n. f. – XIIe 1 Le fait d'être semblable ou analogue ; le fait de tendre au même effet, au même résultat. ⇒ **accord, conformité, correspondance.** *La concordance de deux témoignages. Mettre ses actes en concordance avec ses principes.* ♦ *Phénomènes vibratoires en concordance de phase,* dont le déphasage est nul. ➛ Disposition parallèle de strates dont l'inférieure n'a subi aucun effort tectonique. 2 Index des mots contenus dans un texte, avec l'indication des passages où ils se trouvent (pour comparer). *Concordance de la Bible.* 3 *Concordance des temps :* règle subordonnant le choix du temps du verbe dans certaines propositions complétives, à celui du temps dans la proposition complétée (ex. Je regrette qu'il parte ; je regrettais qu'il partît). ✪ CONTR. Désaccord. Contradiction, discordance.

concordant, ante adj. – XIIIe ▪ Qui concorde avec (autre chose). *Témoignages concordants.* ✪ CONTR. Discordant, opposé.

concordat n. m. – XVe ▪ Accord écrit à caractère de compromis. ⇒ **convention, transaction.** ♦ *Concordat entre le pape et un État souverain,* pour régler la situation de l'Église catholique sur le territoire soumis à la juridiction de cet État. *Le Concordat de 1801,* entre Pie VII et Bonaparte.

concordataire adj. – XIXe ▪ Relatif à un concordat, spécialt à celui de 1801.

concorde n. f. – XIIe ▪ Paix, harmonie qui résulte de la bonne entente entre les membres d'un groupe ; union des volontés. ⇒ **accord, entente.** *Un esprit de concorde. La concorde ne règne pas toujours entre eux.* ✪ CONTR. Discorde, dissension, mésintelligence.

concorder v. intr. [1] – XIIe ; lat. 1 Être semblable ; correspondre au même contenu. *Les témoignages concordent.* ⇒ s'**accorder, correspondre.** 2 Pouvoir s'accorder, coexister. « *le "mariage" était irréalisable parce que nos caractères ne concorderaient pas* » (Proust). 3 Se passer au même moment. *Faire concorder deux phénomènes.* 4 Concourir à un même but. *Tous les efforts concordent.* ⇒ **converger.** ✪ CONTR. Contraster, exclure (s'), opposer (s').

concourant, ante adj. – XVIIIe 1 Qui concourt à un résultat. 2 *Droites concourantes,* qui passent toutes par un même point. ⇒ **convergent.**

concourir v. [11] – XVe ; lat. *concurrere,* d'apr. *courir* 1 v. tr. ind. *Concourir à :* tendre à un but commun ; contribuer avec d'autres à un même résultat. ⇒ **collaborer.** « *Tout concourt à faire de moi un paysan* » (Péguy). 2 Converger (vers un même point). *Deux droites non parallèles concourent vers un même point.* 3 v. intr. Entrer, être en compétition pour obtenir un prix, un emploi promis aux meilleurs. « *Il voulait concourir plus tard pour une chaire de professeur* » (Flaub.). ✪ CONTR. Contrecarrer, opposer (s'). Diverger.

> ❑ Même famille étym. que *concurrent, concurrencer.*

concours n. m. – XIVe 1 vx ou littér. Rencontre de nombreuses personnes dans un même lieu. ⇒ **affluence, foule, rassemblement.** *Grand concours de peuple.* ♦ *Concours de circonstances :* ensemble de circonstances qui agissent ensemble, hasard (heureux ou non). *Par un heureux concours de circonstances.* 2 Le fait d'aider, de participer à une action, une œuvre. ⇒ **collaboration, coopération.** « *il a fallu, pour qu'il lève* [le blé] *le concours du soleil, des pluies et du vent* » (Sartre). *Prêter son concours.* ⇒ ① **aide, appui, assistance.** 3 Situation de personnes ayant les mêmes droits. *Concours de créanciers.* 4 Épreuve portant sur les connaissances, dans laquelle plusieurs candidats entrent en compétition pour un nombre limité de places, de récompenses. *Se présenter à un concours. Concours d'entrée aux grandes écoles. Les lauréats d'un concours.* ➛ *Concours général,* auquel participent les meilleurs élèves des lycées de France. loc. *Une bête à concours :* un candidat qui réussit ce genre d'épreuve. « *tu veux faire la bête à concours, suivre toute la filière* » (Aragon). ♦ Compétition sportive. *Concours hippique.* ♦ *Concours de beauté.* 5 Jeu public organisé par la publicité, les médias, où les meilleurs gagnent des prix. ⇒ **jeu.** *Gagner un concours, à un concours.*

concret, ète adj. et n. – XVIe ; lat. *concrescere* « croître par agglomération » 1 (Opposé à *abstrait*) Qui exprime qqch. de matériel, de sensible (et non une qualité, une relation) ; qui désigne ou qualifie un être réel perceptible par les sens. Homme *est un terme concret ;* grandeur *un terme abstrait.* 2 Qui peut être perçu par les sens ou imaginé. *Exemple concret* (portant sur un cas particulier). 3 Qui s'intéresse aux applications (non aux théories, aux principes). ⇒ **pragmatique,** ② **pratique, réaliste.** *Soyons concrets.* 4 n. m. *LE CONCRET :* qualité de ce qui est concret ; ensemble des choses concrètes. ⇒ **réel.** « *ce que je fais c'est du solide, du concret, du réel* » (Queneau). ✪ CONTR. Abstrait.

concrètement adv. – XVIe ▪ D'une manière concrète, en fait, en pratique. ⇒ **pratiquement.** *Concrètement, quel avantage en tirez-vous ?* ✪ CONTR. Abstraitement, théoriquement.

concrétion n. f. – XVIe ; lat. *concrescere* « se solidifier » ▪ Réunion de parties en un corps solide ; ce corps. *Concrétion pierreuse.* ➛ Corps étranger qui se forme dans les tissus, les organes. ⇒ ② **calcul, pierre, tophus.** *Concrétions biliaires.* ✪ CONTR. Fusion, liquéfaction.

concrétisation n. f. – 1936 ▪ Le fait de se concrétiser. ⇒ **réalisation.**

concrétiser v. tr. [1] – XIXe ▪ Rendre concret (ce qui était abstrait). ⇒ **matérialiser.** *Concrétiser une idée en mots.* ⇒ **formuler.** pronom. *Ses espoirs se sont concrétisés.* ⇒ se **réaliser.** ✪ CONTR. Abstraire, idéaliser.

conçu, ue → **concevoir**

concubin, ine n. – XIIIe ; lat. *concumbere* « se coucher avec qqn » ▪ Personne qui vit en concubinage.

concubinage n. m. – XVe ▪ État d'un homme et d'une femme qui vivent en communauté (même résidence) comme mari et femme, sans être mariés. ⇒ **liaison,** ① **union** (libre). *Vivre en concubinage. Certificat de concubinage.*

> ❑ Malgré la reconnaissance juridique de la situation et son développement croissant, les intéressés et l'Administration remplacent le plus souvent *concubinage* par *vie maritale,* et *concubin, concubine* par *compagnon, compagne, personne vivant maritalement...*

concupiscence n. f. – XIIIe ; lat. *concupiscere* « désirer ardemment » ▪ Désir sexuel ardent pour un objet interdit. « *ce visage affreux enflammé de la plus brutale concupiscence* » (Rouss.).

> ❑ Ce mot et le suivant donnent lieu à plaisanterie du fait de l'accumulation de leurs « syllabes sales » (ainsi appelées au XIXe s.).

concupiscent, ente adj. – XVIe ▪ Empreint de concupiscence. *Regard concupiscent.* ✪ CONTR. Détaché, ① froid.

concurremment [kɔ̃kyʀamɑ̃] adv. – XVIe ▪ Conjointement, de concert. *Agir concurremment avec qqn.*

concurrence n. f. – XIVe 1 loc. *(Jusqu') à concurrence de :* jusqu'à ce qu'une somme parvienne à en égaler une autre. *Il doit rembourser jusqu'à concurrence de cent mille francs.* 2 Rivalité entre plusieurs personnes, plusieurs forces poursuivant un même but. ⇒ **compétition, rivalité.** *Entrer en concurrence avec qqn.* « *Certains officiers essayaient de me la souffler, Lola. Leur concurrence était redoutable* » (Céline). ♦ *Concurrence de marques, de produits.* 3 FAIRE CONCURRENCE À : se trouver en concurrence avec. *Produit qui fait concurrence à un autre.* 4 Rapport entre entreprises, commerçants qui se disputent une clientèle. *Libre concurrence :* régime qui laisse à chacun la liberté de produire, de vendre ce qu'il veut, aux conditions qu'il choisit. *Concurrence déloyale. Prix défiant toute concurrence,* très bas. ✪ CONTR. Association, entente ; exclusivité, monopole.

concurrencer v. tr. [3] – XIXe ▪ Faire concurrence à. *Il les concurrence dangereusement.*

concurrent, ente n. et adj. – XIIe ; lat. *concurrere* « courir vers le même point » 1 Personne en concurrence avec une autre, d'autres. ⇒ **rival.** *Éliminer un concurrent. Il y a plusieurs concurrents pour ce poste.* ⇒ **candidat.** ➙ Participant à une compétition sportive. *Concurrents engagés dans la course.* 2 Entreprise qui fait concurrence à d'autres. *Son concurrent vend moins cher que lui.* ➙ adj. *Entreprises concurrentes.*

concurrentiel, ielle adj. – XIXe 1 Où s'exerce la concurrence. *Marchés concurrentiels.* 2 Qui est en concurrence commerciale. *Produits concurrentiels.* 3 Qui n'a rien à redouter de la concurrence commerciale. *Prix concurrentiels.* ⇒ **compétitif.**

concussion n. f. – XVe ; lat. *concutere* « secouer violemment, terroriser » ▪ Malversation d'un fonctionnaire qui perçoit sciemment des sommes non dues.

condamnable [kɔ̃danabl] adj. – XVe ▪ Qui mérite d'être condamné. ⇒ **blâmable, critiquable.** *Attitude, action condamnable.* ✪ CONTR. ① Louable, recommandable.

condamnation [kɔ̃danasjɔ̃] n. f. – XIIIe 1 Décision de justice qui condamne une personne à une obligation ou à une peine. ⇒ **arrêt, jugement, sentence.** *Condamnation pour vol, pour meurtre. Prononcer une condamnation. Condamnation pour crime de guerre. Condamnation à mort.* ➙ Décision de justice qui condamne une chose (et par conséquent son auteur). *Condamnation de « Madame Bovary », des « Fleurs du mal » comme contraires aux bonnes mœurs.* ♦ Fait, décision qui détermine la ruine, la disparition de qqch. *Cette mesure est la condamnation du petit commerce.* 2 Action de blâmer qqn ou qqch. ⇒ **attaque,** ② **critique.** *Ce livre est la condamnation du régime actuel.* 3 Fermeture. *Condamnation automatique des portes d'une voiture.* ✪ CONTR. Absolution, acquittement. Approbation, éloge.

condamnatoire [kɔ̃danatwaʀ] adj. – XVe ▪ Qui condamne. *Sentence condamnatoire.*

condamné, ée [kɔ̃dane] adj. et n. – X^e 1 Que la justice a condamné à une peine. *Un innocent condamné.* ➙ n. *Gracier un condamné.* 2 Qui n'a aucune chance de guérison, va bientôt mourir. *Un malade condamné.* ⇒ **incurable.** 3 Obligé (à). ⇒ **contraint.** « *il se sentait captif, condamné à la passivité* » (Mart. du G.). 4 *Ouverture condamnée,* définitivement close, où l'on ne peut plus passer.

condamner [kɔ̃dane] v. tr. [1] – XIIe ; lat. *condemnare* 1 Frapper d'une peine, faire subir une punition à (qqn), par un jugement. *On l'a condamné à payer une amende. Condamner un coupable à la prison.* « *Il vaut mieux hasarder de sauver un coupable que de condamner un innocent* » (Volt.). ♦ *Il n'y a plus d'espoir, les médecins l'ont condamné,* l'ont déclaré incurable. ♦ Obliger (à une chose pénible). ⇒ **contraindre, forcer, obliger.** *Être condamné à rester chez soi.* 2 Interdire ou empêcher formellement (qqch.). *La loi française condamne la bigamie.* 3 Faire en sorte qu'on n'utilise pas (un lieu, un passage). *Condamner une porte, une pièce.* 4 Blâmer avec rigueur. ⇒ **critiquer, désapprouver.** *Je ne le condamne pas, ce n'est pas sa faute. Condamner un usage.* ✪ CONTR. Acquitter, disculper, innocenter. Approuver, recommander.

condé n. m. – XIXe ; probablt même famille que *compte* ▪ arg. 1 Autorisation officieuse d'exercer une activité illégale accordée par la police, en échange de services. *Avoir le condé.* 2 Commissaire de police. *Les condés.* ⇒ **flic.**

condensateur n. m. – XVIIIe 1 Appareil permettant d'accumuler de l'énergie électrique. ⇒ **accumulateur.** 2 *Condensateur optique,* appareil dont les lentilles ramènent les rayons lumineux sur une petite surface.

condensation n. f. – XIVe 1 Passage d'un corps de la phase gazeuse à une des phases condensées, liquide ou solide. *Condensation de la vapeur d'eau.* 2 Augmentation relative de la densité d'un fluide par compression, par concentration. 3 Accumulation de charges électriques sur un conducteur. ✪ CONTR. Dilatation, évaporation, sublimation, vaporisation.

condensé, ée adj. et n. m. – XIXe 1 Qui contient beaucoup de matière sous un petit volume. ⇒ **concentré.** *Du lait condensé.* 2 Réduit à ses éléments essentiels. *Texte condensé.* ➙ n. m. *Faire un condensé des événements de la semaine.* ⇒ **digest, résumé.**

condenser v. tr. [1] – XIVe ; lat. « rendre compact » 1 Rendre (un fluide) plus dense ; réduire à un plus petit volume. ⇒ **comprimer.** *Condenser un gaz par pression.* ➙ Liquéfier (un gaz) par refroidissement ou compression. ➙ pronom. « *Le brouillard, en s'attachant aux arbres, s'y condensait en gouttes* » (Balz.). 2 Réduire, ramasser (l'expression de la pensée). *Condenser un récit.* ⇒ **abréger, résumer.** « *travaille, médite surtout, condense ta pensée* » (Flaub.). ✪ CONTR. Dilater, diluer, évaporer (s'). Développer.

condenseur n. m. – XVIIIe 1 Récipient où se fait, par refroidissement, la condensation d'une vapeur. 2 Système optique. ⇒ **condensateur.**

> ❑ Adaptation de l'anglais *condenser,* de *to condense.*

condescendance n. f. – XVIIe ▪ Supériorité bienveillante mêlée de mépris. ⇒ **arrogance.** « *Il avait toujours l'impression que son beau-frère* [...] *le traitait avec une condescendance un peu méprisante* » (Maurois). ✪ CONTR. Déférence.

condescendant, ante adj. – XIVe ▪ ⇒ **hautain, supérieur.** « *leurs airs condescendants, dédaigneux, légèrement dégoûtés* » (Sarraute).

condescendre v. tr. ind. [41] – XIVe ; lat. « descendre au même niveau » ▪ Daigner consentir. « *Il semblait ne pas vouloir condescendre à discuter* » (Mart. du G.).

condiment n. m. – XIIIe ; lat. *condire* « assaisonner, relever » ▪ Substance de saveur forte destinée à relever le goût des aliments. ⇒ **aromate, épice.** ➙ Moutarde douce.

condisciple n. – XVIe ▪ Se dit de personnes qui ont eu le même maître, fait les mêmes études ensemble. *Ils furent condisciples à l'École normale.*

condition n. f. – XIIe ; lat. *condicio* **I** - 1 Rang social, place dans la société. ⇒ **classe.** *L'inégalité des conditions sociales. Être de condition modeste.* 2 La situation où se trouve un être vivant (spécialt l'homme). ⇒ **destinée, sort.** « *La Condition humaine* », *roman de Malraux. La condition féminine.* 3 État passager, relativement au but visé. *En (bonne) condition (pour) :* dans un état favorable à. ➙ *La condition physique d'un* *athlète.* ⇒ **forme.** ♦ *METTRE EN CONDITION* : préparer les esprits (par la propagande). ⇒ **conditionner.** *Mise en condition.* 4 État d'une chose qui a les qualités requises. *Marchandise livrée en bonne condition.* **II** - 1 État, situation, fait dont l'existence est indispensable pour qu'un autre état, un autre fait existe. « *Quand on se promène, une certaine lenteur est la condition du plaisir* » (Romains). *Remplir les conditions exigées.* ➝ *Dicter, imposer, poser ses conditions.* ⇒ **exigence.** *À telle condition* : seulement dans ce cas. *J'accepte, mais à une condition.* ♦ *Se rendre sans condition,* sans restriction, purement et simplement. ➝ *C'est faisable, à condition d'être patient.* « *J'y consens bien volontiers à la condition que vous dînerez chez moi ce soir* » (Maupass.). ⇒ **pourvu** que. 2 plur. Ensemble de faits dont dépend qqch. ⇒ **circonstance, contexte.** *Les conditions économiques d'un marché.* ⇒ **conjoncture.** *Attendre des conditions favorables. Les conditions atmosphériques.* ♦ *Voyager dans de bonnes, de mauvaises conditions.* « *Nous ne pouvons accepter cet héritage dans ces conditions* » (Maupass.), dans ce cas, étant donné les circonstances. *Dans ces conditions, je n'y vais pas.* ♦ en physique *Conditions initiales d'un système* : valeurs de la fonction et de ses dérivées déterminées par la nature physique du problème. 3 Modalité ayant pour effet de subordonner la validité d'un acte juridique à un événement futur et incertain. *Acheter, vendre sous condition,* sous garantie ; en réservant à l'acheteur le droit de rendre la chose achetée s'il n'en est pas satisfait. 4 plur. Moyens d'acquérir. *Faire des conditions de paiement.* ⇒ **crédit, facilité, modalité.**

conditionné, ée adj. - XIVe 1 Dont le comportement est lié à certaines conditions. « *De toute façon, l'homme est conditionné* » (Beauv.). 2 Qui a subi un conditionnement. *Produits conditionnés.* 3 *Air conditionné,* que l'on a amené à la température (généralement plus froide) et au degré hygrométrique voulus. ➝ « *"Il fait trop chaud ici" dit la jeune femme. "Il n'y a pas l'air conditionné ?"* » (Le Clézio). ⇒ **climatisation.** ➝ *Brancher l'air conditionné.* ⇒ **climatiseur.** ✪ CONTR. Absolu.

> ❑ Le syntagme *air conditionné,* traduction de l'anglais *air-conditioned,* est concurrencé par *air climatisé.*

conditionnel, elle adj. et n. m. - XIVe 1 Qui dépend de certaines conditions, d'événements incertains. ⇒ **hypothétique.** *Promesse conditionnelle.* « *un optimisme inhérent, propre, conditionnel à l'action et sans lequel elle ne pourrait se déclencher* » (Cendrars). ➝ *Libération conditionnelle* (pour un détenu). 2 *Le mode conditionnel,* ou n. m. *le conditionnel* : mode du verbe (comprenant un temps présent et deux passés) exprimant un état ou une action subordonnée à quelque condition (ex. Si vous le vouliez, j'*irais* avec vous). ♦ Se dit aussi du futur du passé, employé dans la concordance des temps (ex. J'affirmais qu'il *viendrait*). ✪ CONTR. Absolu, catégorique, formel, inconditionnel, ② net.

conditionnellement adv. - XIVe ▪ Sous une ou plusieurs conditions. ✪ CONTR. Inconditionnellement.

conditionnement n. m. - XIXe 1 *Conditionnement du blé* : opération mettant le grain de blé dans la meilleure condition de mouture. 2 *Conditionnement de l'air* : réglage de la température et du degré hygrométrique de l'air d'un local. ⇒ **climatisation.** 3 Présentation de certains articles pour la vente. ⇒ **emballage.** *Conditionnement d'un médicament.* 4 Action de conditionner ; fait de provoquer artificiellement des habitudes de pensée, de comportement dans un ensemble social. *Le conditionnement du public par les médias.* ✪ CONTR. Déconditionnement.

conditionner v. tr. [1] - XIIIe 1 *Conditionner des produits, des articles,* les préparer pour l'expédition et la vente. *Lait conditionné en brique.* 2 Être la condition de. *Son retour conditionne mon départ* : de son retour dépend mon départ. 3 Mettre en condition, rendre conditionné. ⇒ **déterminer.** « *conditionner* [la petite fille] *à son futur rôle de mère* » (Barthes). ✪ CONTR. Déconditionner.

conditionneur, euse n. - 1929 1 n. m. Appareil servant au conditionnement de l'air (⇒ **climatiseur**), du blé. 2 Professionnel qui s'occupe du conditionnement des marchandises. 3 n. m. Produit capillaire destiné à améliorer l'aspect des cheveux.

condoléances n. f. pl. - XVe ; lat. *dolere* « souffrir » ▪ Expression de la part que l'on prend à la douleur de qqn. *Présenter, faire ses condoléances à l'occasion d'un deuil.* ➝ *Toutes mes condoléances ; mes condoléances.*

condom [kɔ̃dɔm] n. m. - XVIIIe ; probablt de l'angl. *condum* ▪ VX Préservatif masculin. ⇒ **capote** (anglaise). « *Un petit sac de peau de Venise, vulgairement nommé condom* » (Sade).

condominium [kɔ̃dɔminjɔm] n. m. - XIXe ; lat. *dominium* « souveraineté » ▪ Souveraineté exercée en commun par deux ou plusieurs États sur un même pays. *Des condominiums.*

condor n. m. - XVIe ; mot esp., du quechua du Pérou ▪ Grand oiseau rapace d'Amérique *(falconiformes),* au plumage noir, frangé de blanc aux ailes.

condottiere [kɔ̃dɔ(t)tjɛʀ] n. m. - XVIIIe ; mot it. « chef de soldats mercenaires » ▪ Au Moyen Âge, Chef de soldats mercenaires, en Italie. *Des condottieres* ou *des condottieri.* « *ces condottieri, dont la renommée a duré trois siècles, valaient leur prix* » (Morand).

conductance n. f. - XIXe ▪ Inverse de la résistance électrique d'un conducteur.

conducteur, trice n. et adj. - XIVe **I** n. 1 littér. Personne qui dirige, mène des hommes. ⇒ **chef, dirigeant, leader, guide.** « *La France, depuis la Révolution, a souvent changé de conducteurs et n'a point encore vu une femme au timon de l'État* » (Chateaub.). 2 Personne qui conduit des animaux. *Conducteur de caravane.* ⇒ **caravanier.** 3 Personne qui conduit une voiture. *Conducteur d'autobus. Le conducteur d'une voiture.* ⇒ **automobiliste, chauffeur.** *Une excellente conductrice.* 4 Ouvrier chargé de la conduite de certaines machines, de la surveillance de dispositifs. *Conducteur d'engins* (de terrassement, de manutention). 5 *Conducteur de travaux* : agent chargé de la conduite de travaux de construction sous la direction d'un ingénieur. ⇒ **contremaître, surveillant.** **II** adj. 1 Qui conduit, guide. *Fil* conducteur.* 2 Qui permet le passage d'un courant électrique. *Les corps conducteurs* (d'électricité, de chaleur). ➝ n. m. *Les métaux sont de bons conducteurs* (opposé à *isolant*). « *J'ai un antitonnerre à Ferney dans mon jardin, vous savez que cela s'appelle un conducteur* » (Volt.).

conductibilité n. f. - XIXe 1 Propriété qu'ont les corps de transmettre la chaleur, l'électricité. ⇒ **conduction.** 2 Propriété des fibres nerveuses et musculaires de propager l'influx nerveux.

conduction n. f. - XIIIe ▪ *Conduction électrique* : déplacement des charges électriques qui se traduit par un courant. ➝ *Conduction thermique.* ⇒ **diffusion.** ♦ Propagation de l'influx nerveux par les neurones.

conductivité n. f. - 1907 ▪ Inverse de la résistivité*.

conduire v. tr. [38] - X[e] ; lat. *conducere,* rac. *ducere* « conduire » **I** - 1 Mener (qqn) quelque part. ⇒ **accompagner,**

① **amener, mener.** *Conduire un enfant à l'école. Conduisez-moi jusqu'à lui.* ♦ Mener (qqn) quelque part en voiture. *Taxi, conduisez-moi à l'Opéra.* **2** Diriger (un animal). *Conduire un troupeau.* **3** Diriger (un véhicule). *Conduire une voiture, un autobus, un tracteur. « Vous sauriez conduire une camionnette ? »* (Queneau). *Il conduit bien.* **4** Faire passer, transmettre. *Corps qui conduisent la chaleur, l'électricité.* **5** Faire aller quelque part. *Ce bus vous conduira à la gare.* ⇒ **mener.** ➛ *Ses traces nous ont conduits jusqu'ici. « Sur le quai comme dans les rues qui y conduisaient, il n'y avait pas âme qui vive »* (Robbe-Grillet). **6** Faire agir, mener en étant à la tête. ⇒ **commander, diriger.** *Conduire une armée. Les ouvriers « se laissent conduire comme des enfants par les professionnels du désordre »* (Romains). *Conduire des travaux.* ➛ *Conduire un orchestre,* en diriger le mouvement. vieilli *Conduire le bal.* **7** Amener (qqn) à être dans telle situation. *« Il y a tous ceux que la pauvreté a conduits ici »* (Le Clézio). *Il l'a conduite au désespoir.* ⇒ **acculer, pousser, réduire.** *Où tout cela nous conduit-il ?* ⇒ **entraîner.** ➛ *Nous avons été conduits à prendre cette décision...* ⇒ **amener. 8** Mener, faire progresser (qqch.). *Conduire un raisonnement. Un récit bien conduit.* **II** *SE CONDUIRE* **v. pron.** Se comporter. ⇒ **agir.** *Comment faut-il se conduire en pareille situation ? Il s'est mal conduit envers (avec) sa mère. « Je vis qu'on m'avait donné une éducation très inutile pour me conduire dans le monde »* (Volt.). ✪ CONTR. Abandonner, laisser. Obéir.

❑ *Conduire un orchestre* est critiqué ; il faut préférer *diriger.*

conduit **n. m.** – XIIe **1** Canal étroit, tuyau par lequel s'écoule un liquide. ⇒ **tube.** *Conduit d'eau.* ⇒ **conduite.** *Conduit de fumée.* ⇒ **cheminée. 2** (Dans l'organisme) *Conduit auditif. Conduit lacrymal.*

conduite **n. f.** – XIIIe **1** Action de conduire qqn ou qqch., de guider ; son résultat. *Il « fit la visite de l'établissement sous la conduite d'un gardien »* (Romains). fam. *Je vais vous faire un bout, un brin de conduite.* ⇒ **accompagner.** ♦ *Prendre en charge la conduite d'un convoi.* **2** Action, art de conduire une automobile. *Leçons de conduite* (⇒ **auto-école**). *Conduite en ville, sur route.* ➛ Organes de la conduite. *Cette voiture a la conduite à gauche, à droite.* **3** Action de diriger qqn au point de vue psychologique et moral ; son résultat. *« Sous la conduite de meneurs »* (Romains). **4** Action de diriger, de commander, d'assurer la bonne marche (d'une entreprise, d'une affaire). *Orchestre sous la conduite de...* ⇒ **direction.** *La conduite des opérations.* **5** Action de se diriger soi-même ; façon d'agir. ⇒ **attitude, comportement.** *On ne sait quelle conduite adopter. « Il ne conforme pas exactement sa conduite à ses maximes »* (France). *Règle de conduite.* **6** Manière d'agir, du point de vue de la morale. *Bonne, mauvaise conduite. « malgré les murmures qu'excitaient sa conduite et ses dettes »* (Rouss.). loc. *Écart de conduite* : erreur ou faute morale. ♦ loc. fam. *Il s'est acheté une conduite* : il s'est amendé. ♦ *La conduite d'un élève en classe,* sa façon d'observer la discipline scolaire. *Zéro de conduite.* **7** Canalisation qui conduit un liquide, un fluide. ⇒ **canal, colonne, conduit, tube, tuyau.** *Conduite d'eau, de gaz, d'électricité.* ➛ *Conduite forcée* : gros tuyau qui amène l'eau d'un barrage aux turbines.

condyle **n. m.** – XVIe ; gr. « articulation » ▪ Saillie articulaire arrondie d'un os ou d'un appendice. *Condyle fémoral.*

condylome **n. m.** – XVIe ; lat. ▪ Petite tumeur inflammatoire localisée sur la muqueuse génitale ou anale.

cône **n. m.** – XVIe ; gr. *kônos* **1** Solide à base circulaire, elliptique, terminé en pointe. *Tronc de cône,* dont on a retranché le sommet. *« nous faisons un cornet de papier. Nous engendrons ainsi un cône »* (Valéry). *Crème glacée en cône.* ⇒ **conique.** ➛ *Cône d'ombre,* formé par l'ombre d'un objet qui obture partiellement un cône de lumière. ⇒ **éclipse. 2** Fleur mâle ou inflorescence femelle des gymnospermes. *Cônes du pin.* **3** Mollusque gastéropode dont la coquille spiralée présente une ouverture en forme de fente. **4** Cellule nerveuse de la rétine en forme de cône, responsable de la vision des couleurs. **5** *Cône volcanique* : lieu où les laves et magmas en fusion atteignent la surface de la Terre. **6** Se dit de divers moules coniques. *Cône de torpille* : la partie qui contient la charge.

❑ Selon les régions le cône des conifères est appelé *pigne, pive, pomme de pin.*

confection **n. f.** – XIIe ; lat. *conficere* « achever » **1** Préparation (d'un plat, d'un mélange). *Des gâteaux de sa confection.* **2** LA CONFECTION : l'industrie des vêtements qui ne sont pas faits sur mesure. ⇒ **prêt-à-porter.**

confectionner **v. tr.** [1] – XVIe ▪ Faire, préparer soi-même. *Confectionner un plat. « il choisit de confectionner une manière de clepsydre assez primitive »* (Tournier). ⇒ **bricoler, fabriquer.** ➛ Fabriquer en série (des vêtements).

confédéral, ale, aux **adj.** – XVIe ▪ Relatif à une confédération. *État confédéral.* ➛ (Suisse) *Esprit confédéral.*

confédération **n. f.** – XIVe **1** Union de plusieurs États qui s'associent tout en conservant leur souveraineté. *La Confédération helvétique. « Qui pourrait croire possible une confédération franco-maghrébine ? »* (Mauriac). **2** Groupement d'associations, de fédérations professionnelles, syndicales, sportives pour la défense d'intérêts communs. *La Confédération générale du travail (C. G. T.).*

confédéré, ée **n.** – XVIe **1** (Suisse) Membre de la Confédération helvétique. **2** Pendant la guerre de Sécession américaine, les Sudistes opposés aux Fédéraux. *L'armée des Confédérés.*

confédérer **v. tr.** [6] – XIVe ; lat. *fœdus* « traité » ▪ Réunir en confédération. ➛ pronom. *Se confédérer.* ➛ *Nations confédérées.*

confer → **Cf.** ou **cf.**

conférence **n. f.** – XIVe ; lat. **1** Conversation à caractère officiel ou solennel. *Tenir conférence.* **2** Assemblée de hautes personnalités discutant d'un sujet important. *Conférence internationale.* ♦ Réunion de travail (dans une entreprise). ⇒ **réunion.** *Être en conférence.* **3** Discours, causerie où l'on traite en public une question littéraire, artistique, scientifique, politique. *Donner une conférence.* ♦ Leçon donnée dans certaines écoles, dans les facultés. ⇒ **cours.** *« J'ai fait mardi une conférence à Mills College »* (Beauv.). *Maître* de conférences.* **4** *Conférence de presse* : réunion où une ou plusieurs personnalités s'adressent aux journalistes. **5** Poire très allongée de couleur verte.

❑ L'expression *conférence de presse* vient de l'anglais *(press conference)* ; elle est critiquée car il n'y a pas de conférencier.

conférencier, ière **n.** – XVIIIe ▪ Personne qui parle en public, qui fait des conférences. ⇒ **orateur.**

conférer **v.** [6] – XIVe ; lat. *conferre* « porter *(ferre)* avec, rassembler » **1** **v. tr.** Accorder en vertu d'une autorité. ⇒ **attribuer, donner.** *En vertu des pouvoirs qui me sont conférés... Les privilèges que confère l'âge. « Ce reflet de Dieu conférait une dignité inaliénable à chaque homme »* (St-Exup.). **2** **v. intr.** et **tr. ind.** Être en conférence ; s'entretenir sur un sujet donné. *Les deux chefs d'État ont longuement conféré.* ✪ CONTR. Ôter, refuser.

confesse n. f. – XIIe ■ Action de se confesser (ne s'emploie que précédé des prépositions *à* et *de*, sans article). ⇒ **confession.** « *Quand elle allait à confesse, elle inventait de petits péchés* » (Flaub.).

confesser v. tr. [1] – XIIe ; lat. *confiteri* « avouer, confesser » **1** VX Déclarer publiquement une croyance ⇒ **confession** (4°). « *elle voulut confesser elle-même la foi musulmane* » (Loti). **2** Déclarer (ses péchés) à un prêtre catholique, dans le sacrement de la pénitence. *Confesser ses péchés. Il confesse avoir commis ce crime.* ◆ v. pron. *SE CONFESSER.* « *Il pratiquait de nouveau, se confessait et communiait* » (Zola). **3** Entendre (un fidèle) en confession. ➙ fam. Faire parler. « *Comme c'était une fille fort retenue, il avait eu un peu de mal à la confesser* » (Sand). **4** Déclarer spontanément, reconnaître pour vraie (une chose qu'on a honte ou réticence à confier). ⇒ **avouer, convenir** (de), **reconnaître.** *J'ai eu tort, je le confesse. Je confesse que je n'en sais rien.* ✪ CONTR. Contester, nier, taire.

confesseur n. m. – XIIe **1** Chrétien qui, dans l'Église primitive, proclamait sa foi malgré les persécutions. ➙ Saint qui a manifesté sa foi par sa vie, ses actes (opposé à *apôtre, docteur, martyr*). *Édouard le Confesseur, roi d'Angleterre.* **2** Prêtre à qui l'on se confesse. « *un homme qui se posait à la fois en médecin, en confesseur et en confident* » (Balz.).

confession n. f. – X^e^ **1** Déclaration, aveu de ses péchés que l'on fait à un prêtre catholique, dans le sacrement de la pénitence. ⇒ **confesse.** *Entendre qqn en confession. Secret de la confession.* ➙ loc. *On lui donnerait le bon Dieu sans confession,* se dit d'une personne d'apparence vertueuse (et trompeuse). **2** Déclaration que l'on fait (d'un acte blâmable). ⇒ **aveu.** *Confession publique.* ◆ Action de se confier. *Je vais vous faire une confession.* ⇒ **confidence.** ➙ au plur. Titre d'ouvrages où l'auteur expose avec franchise les fautes, les erreurs de sa vie. « *Les Confessions* », de J.-J. Rousseau. « *dans le labyrinthe obscur et fangeux de mes confessions* » (Rouss.). **3** Liste, déclaration des articles de la foi des Églises chrétiennes. *La Confession d'Augsbourg,* présentée à Charles-Quint par les protestants en 1530. **4** Appartenance à une religion. *Des gens de toutes confessions.* ⇒ **croyance.**

> ❑ *Confession* comporte la notion d'aveu, *confidence* seulement de partage.

confessionnal, aux n. m. – XVIIe ■ Isoloir disposé pour que le confesseur y entende le pénitent. « *à travers la grille des confessionnaux* » (Ste-Beuve).

confessionnalisme n. m. – 1984 ■ Caractère, statut de ce qui est confessionnel. ✪ CONTR. Laïcité.

confessionnel, elle adj. – XIXe ■ Relatif à une confession de foi, à une religion. « *Protestant et catholique, ma double appartenance confessionnelle* » (Sartre).

confetti n. m. – XIXe ; lat. *confectus* « préparé » ■ Petite rondelle de papier coloré qu'on lance par poignées pendant le carnaval, les fêtes, les défilés. *Lancer des confettis.* ➙ loc. fam. *Vous pouvez en faire des confettis !* ce papier (texte, lettre, contrat, etc.) est d'une valeur nulle. ⇒ **papillote.**

confiance n. f. – XIIIe ; lat. *confidentia,* d'apr. l'a. fr. *fiance* « foi » **1** Espérance ferme, assurance de celui qui se fie à qqn ou à qqch. ⇒ **foi.** « *La confiance est un degré de la foi* » (Alain). *Avoir confiance, une confiance absolue, inébranlable, aveugle, totale en* (qqch., qqn). « *cette confiance absurde en leur étoile* » (Sartre). *Faire confiance à qqn, qqch.* loc. *Faites-moi confiance :* croyez-moi. *Inspirer confiance.* « *cette confiance sans bornes qui fait peut-être le plus doux charme de l'amour* » (Stendh.). *Donner confiance :* rassurer. *Avoir toute la confiance de qqn. En toute confiance. Trahir, tromper la confiance de qqn.* ➙ *La confiance règne !* (quand l'interlocuteur donne des signes de méfiance). ◆ *DE CONFIANCE. Personne de confiance,* à qui l'on se fie entièrement. ⇒ **fiable, sûr.** loc. adv. *Acheter de confiance,* sans se défier (cf. Les yeux* fermés). « *Je l'ai signé de confiance* » (Labiche). **2** Sentiment qui fait qu'on se fie à soi-même. ⇒ **assurance, hardiesse.** *Manquer de confiance en soi.* **3** Sentiment de sécurité dans le public. *Le nouveau gouvernement a fait renaître la confiance.* **4** (à l'Assemblée nationale) *Vote de confiance :* vote favorable au gouvernement. ✪ CONTR. Défiance, méfiance ; anxiété, crainte, doute, suspicion.

> ❑ Devant un article, *en* est remplacé par *dans : avoir confiance dans des promesses.*

confiant, iante adj. – XIVe **1** Qui a confiance en qqn ou en qqch. « *Mazarin, toujours souple et insinuant mais déjà confiant dans sa fortune* » (Vigny). **2** Qui a confiance en soi. ⇒ **assuré, sûr** (de soi). *Il attend, confiant et tranquille.* **3** Enclin à la confiance, à l'épanchement. *Caractère trop confiant.* ⇒ **crédule.** ✪ CONTR. Défiant, méfiant.

confidence n. f. – XIVe **1** Communication d'un secret qui concerne soi-même. « *la confidence n'est parfois qu'un succédané de la confession* » (Romains). *Faire une confidence à qqn. Recevoir des confidences.* « *T'es dans les confidences de Weygand ?* » (Sartre). *Confidence pour confidence, je t'avoue que je ne l'aime pas non plus.* **2** loc. *Dans la confidence :* dans le secret, informé. *Nous ne sommes pas dans la confidence.* ◆ *EN CONFIDENCE :* secrètement, sous le sceau du secret.

confident, ente n. – XVIIe ; lat. *confidens* « confiant » **1** Personne qui reçoit les plus secrètes pensées de qqn. *Être le confident des projets de qqn.* « *il m'a pris pour confident, sans crier gare* » (Mart. du G.). *Un confident discret.* ◆ Personnage secondaire du théâtre classique qui reçoit les confidences des principaux personnages. **2** n. m. Fauteuil en S, offrant deux places en vis-à-vis.

confidentialité n. f. – 1970 ■ Maintien du secret des informations. ✪ CONTR. Publicité.

confidentiel, ielle adj. – XVIIIe ■ Qui se dit, se fait sous le sceau du secret. ⇒ ① **secret.** *Lettre personnelle et confidentielle.* « *je n'ai pas lu cette circulaire confidentielle* » (Romains). ◆ Qui s'adresse à un petit nombre de personnes. *Une revue confidentielle.*

confidentiellement adv. – XVIIIe ■ De façon confidentielle.

confier v. tr. [7] – XIVe ; lat. *confidere,* d'apr. *fier* **I** ■ **1** Remettre (qqn, qqch.) aux soins d'un tiers, en se fiant à lui. ⇒ **abandonner, laisser.** « *Ces caisses sont trop énormes pour être confiées à des porteurs* » (Gide). *Confier l'un de ses enfants à un ami. Confier un rôle, une responsabilité, une mission à qqn.* **2** Communiquer (qqch. de personnel) sous le sceau du secret. *Confier ses craintes, ses préoccupations à qqn. Il me confia qu'il comptait partir. Ils se sont confié leurs secrets.* **II** *SE CONFIER* v. pron. **1** VX Se reposer sur, s'en remettre à. ⇒ **se fier.** « *espérez en Dieu, confiez-vous de tout votre cœur en sa bonté infinie* » (Ste-Beuve). **2** Faire des confidences, épancher son cœur. ⇒ **se livrer.** « *un besoin de se confier qui se passe dédaigneusement de la confiance* » (Romains). *Il ne se confie à personne.* ✪ CONTR. Ôter, retirer. ① Cacher, dissimuler, taire. — HOM. *Confie :* confis ; *confierai :* confirai (confire).

configuration n. f. – XIIe **1** Forme extérieure, aspect général. « *Il put se rendre compte aussitôt de la configuration des lieux* » (Alain-Fourn.). **2** Ensemble organisé d'éléments, dans un système informatique. ♦ En mathématiques, Ensemble fini d'éléments vérifiant des conditions algébriques ou topologiques de régularité. ⇒ **combinatoire.**

confiné, ée adj. 1 Enfermé. *Vivre confiné chez soi.* 2 *Atmosphère confinée,* renfermée.

confinement n. m. - XVe 1 Action de confiner. ♦ Interdiction faite à un malade de quitter la chambre. ⇒ **quarantaine.** 2 Limitation du volume accessible à des particules, dans une installation nucléaire.

confiner v. tr. [1] - XVe ; de *confins* 1 Toucher aux confins, aux limites d'un pays. *La Belgique confine à, avec la France.* 2 Forcer à rester dans un espace limité. ⇒ **enfermer, reléguer.** « *ils me confinaient dans des hôtels surchauffés* » (Beauv.). 3 *SE CONFINER* v. pron. *Se confiner chez soi.* ⇒ se **cloîtrer,** s'**isoler.** « *Se confiner dans un rôle de vieil ami* » (Loti).

confins n. m. pl. - XIIIe ; lat. *finis* « limite » ■ Parties d'un territoire situées à son extrémité, à sa frontière. ⇒ **borne, frontière, limite.** « *bientôt, des confins de la terre et des bas-fonds de la société une nouvelle barbarie déferlerait* » (Beauv.). ♦ « *quelque expérience créée aux confins de toutes les sciences* » (Valéry).

confire v. tr. [37] - XIIe ; lat. *conficere* « préparer » ■ vieilli Conserver (des aliments putrescibles) par des produits appropriés (miel, vinaigre, sel, sucre, graisse). *Confire des fruits* **(⇒ confit).** ✪ HOM. *Confis :* confie ; *confirai :* confierai (confier).

confirmand n. m. - 1907 ; lat. *confirmandus* ■ Personne qui va recevoir le sacrement de confirmation.

❑ Attention à l'homonyme *confirmant,* participe présent de *confirmer.*

confirmatif, ive adj. - XVe ; lat. ■ Qui confirme.

confirmation n. f. - XIIIe 1 Action de confirmer, de rendre plus certain. ⇒ **assurance.** *Il m'en a donné confirmation. Confirmation d'un jugement en appel.* ⇒ **entérinement, ratification.** 2 Sacrement de l'Église catholique destiné à renforcer le chrétien dans la grâce du baptême. *Seul l'évêque peut donner la confirmation.* ✪ CONTR. Abrogation, annulation, démenti, réfutation.

confirmer v. tr. [1] - XIIIe ; lat. *firmus* « ① ferme » 1 *Confirmer qqn dans qqch.* (sentiment, attitude, opinion, etc.) : rendre (qqn) plus ferme dans. ⇒ **conforter.** « *L'expérience acquise au cours de ma carrière m'a confirmé dans ce sentiment* » (Duham.). 2 Rendre certain ; affirmer l'exactitude, l'existence de (qqch.). ⇒ **certifier, corroborer.** *Confirmer l'exactitude d'un fait. Les « jugements qui auront été prononcés d'ici là et qui seront alors confirmés ou infirmés* » (Camus). *Confirmer un rendez-vous, une réservation. Il confirme qu'il n'a rien vu.* pronom. « *les succès, sur le front russe se confirment et s'affermissent* » (Gide). ➜ *Votre témoignage confirme le sien.* 3 Conférer le sacrement de la confirmation à. ✪ CONTR. Abroger, annuler, démentir, infirmer, nier, réfuter, ① rétracter.

confiscation n. f. - XIVe ■ Peine par laquelle un bien est confisqué à son propriétaire. ⇒ **mainmise, saisie.** ✪ CONTR. Remise, restitution.

confiscatoire adj. - 1978 ■ *Taux confiscatoire (d'un impôt) :* taux élevé, qui absorbe la totalité des revenus.

confiserie n. f. - XVIIIe 1 Technique, commerce du confiseur. 2 Laboratoire, magasin, usine du confiseur. *Acheter des chocolats dans une confiserie.* 3 surtout au plur. Friandise à base de sucre cuit ou à base de chocolat. ⇒ **douceur, friandise, sucrerie.**

confiseur, euse n. - XVIIe ■ Personne qui fabrique ou vend des sucreries. *Pâtissier confiseur.*

confisquer v. tr. [1] - XIVe ; lat. *fiscus* « panier (pour recevoir l'argent) » 1 Prendre, au nom et au profit de l'autorité, de la puissance publique (ce qui appartient à qqn) par une mesure de punition. ⇒ **saisir.** *Confisquer des marchandises de contrebande.* ♦ fig. ⇒ **accaparer.** « *l'Internationale avait perdu sa vitalité, tout en confisquant l'énergie du prolétariat* » (Romains). 2 Retirer provisoirement (un objet) à un écolier, un enfant. « *comme la balle avait roulé à ces pieds, il la confisqua en riant* » (Mart. du G.). ✪ CONTR. Rendre, restituer.

confit, ite adj. et n. m. - XIIIe 1 Que l'on a confit. *Gésiers de canard confits* (dans la graisse). *Fruits confits,* trempés dans des solutions de sucre, puis glacés ou givrés. ♦ *CONFIT EN DÉVOTION :* très dévot. 2 n. m. Préparation de certaines viandes cuites et conservées dans leur propre graisse. *Confit d'oie.*

confiteor [kɔ̃fiteɔʀ] n. m. inv. - XIIIe ; mot lat. « je confesse » ■ Prière de la liturgie catholique commençant par ce mot.

confiture n. f. - XIIIe ■ *De la confiture* ou *des confitures.* Fruits coupés ou entiers qu'on fait cuire dans du sucre pour les conserver. ⇒ **gelée, marmelade.** *Une tartine de beurre et de confiture. Confiture de fraises, d'oranges, de fruits rouges.* « *des pots de confitures et des bocaux de pickles* » (Goncourt).

❑ On appelait autrefois *confiture* toutes sortes de *conserves.* → confire.

confiturerie n. f. - XIXe 1 Industrie, commerce de la confiture. 2 Établissement où l'on fabrique les confitures.

confiturier, ière n. - XVIe 1 Personne dont le métier est de fabriquer des confitures. 2 n. m. Récipient dans lequel on sert les confitures.

conflagration n. f. - XIVe ; lat. *flagrare* « brûler » ■ Bouleversement de grande portée. *La menace d'une conflagration mondiale.* ⇒ **conflit, guerre.**

conflictuel, elle adj. - 1958 ■ Qui constitue un conflit (psychique, social...), est une source de conflits. *Situation conflictuelle.*

conflit n. m. - XIIe ; lat. *conflictus* « choc » 1 Rencontre d'éléments, de sentiments contraires, qui s'opposent. ⇒ **antagonisme, lutte, opposition.** *Conflit d'intérêts. Conflit de générations,* entre parents et enfants, adultes et jeunes. *Conflit social. Entrer en conflit avec qqn.* ♦ Action simultanée de motivations incompatibles ; son résultat. *Conflit affectif.* 2 Contestation entre des puissances qui se disputent un droit. ⇒ **crise.** « *la localisation du conflit dans les Balkans* » (Mart. du G.). *Conflit armé.* ⇒ **guerre.** 3 Rencontre de plusieurs lois, textes, principes qui se contredisent et, de ce fait, ne peuvent être appliqués. ➜ *Conflit de juridiction,* entre deux tribunaux pour juger une affaire. ✪ CONTR. Accord, paix.

confluence n. f. - XVe ■ Fait de confluer. *Confluence de deux fleuves.* ➜ *La confluence des courants de pensée.*

confluent n. m. - XVIe ■ Endroit où deux cours d'eau se joignent. *Coblence est au confluent de la Moselle et du Rhin.*

confluer v. intr. [1] - XIVe ; lat. « couler *(fluere)* ensemble » ■ *Confluer avec* (un cours d'eau) : se jeter dans. *L'Allier conflue avec la Loire. L'Allier et la Loire confluent près de Nevers,* se rejoignent.

confondant, ante adj. - XIXe ■ Qui confond, étonne. ⇒ **déconcertant.** *Une ressemblance confondante.*

confondre v. tr. [41] - XIe ; lat. *confundere* « mêler » **I - 1** Remplir d'un grand étonnement. ⇒ **étonner, stupéfier.** « *Entre l'éclosion des œufs et l'essor des oisillons, la* *tâche d'un couple de mésanges confond l'observateur* » (Colette). 2 littér. Réduire (qqn) au silence, en lui prouvant publiquement son erreur, ses torts. *Confondre un menteur.* 3 pronom. *Se confondre en excuses* : les multiplier. « *Il se confondit en remerciements* » (Flaub.). II - 1 Réunir, mêler pour ne former qu'un tout (surtout sujet chose). ⇒ **mêler, unir.** *Fleuves qui confondent leurs eaux. Le nombre des touristes, toutes nationalités confondues, a augmenté.* 2 Prendre (une personne, une chose) pour une autre. *Confondre deux jumeaux. Vous avez confondu son numéro avec le mien, et le mien.* ♦ Faire une confusion. ⇒ se **tromper.** *Il est possible que je confonde.* 3 Considérer comme une seule et même chose, de la même façon. ⇒ **amalgamer, assimiler.** *Il* « *confondait volontiers "être" et "paraître"* » (R. Rolland). *Il ne faut pas tout confondre !* 4 SE CONFONDRE v. pron. Se mêler, s'unir. *Tout se confondait dans son esprit.* ➤ Être impossible à distinguer de. « *Ce que l'on aurait pu faire se confond avec ce qu'on aurait dû faire* » (Gide). ✪ CONTR. Distinguer.

conformateur n. m. - XVIIe ▪ Appareil servant aux chapeliers à déterminer la forme et la mesure de la tête. ♦ Appareil destiné à donner sa forme définitive à une matière plastique.

conformation n. f. - XVIe ▪ Disposition naturelle des différentes parties d'un corps organisé. ⇒ **constitution, organisation, structure.** *Avec* « *leur conformation fusiforme ces phoques, excellents nageurs, sont difficiles à saisir dans la mer* » (J. Verne). *Présenter un vice de conformation.*

conforme adj. - XIVe 1 Dont la forme est semblable (à celle d'un modèle). ⇒ **analogue, identique, pareil, semblable.** « *Conforme à son aïeul, à son père semblable* » (Rac.). ➤ *Copie conforme à l'original. Document certifié conforme.* 2 Qui s'accorde (avec qqch.), qui convient à sa destination. ⇒ **adapté, approprié.** *Mener une vie conforme à ses désirs.* ➤ Conforme à la norme, à la majorité. « *Pour être heureux, soyez conformes* » (Gide). ✪ CONTR. Différent.

conformé, ée adj. - XVe ▪ Qui a telle conformation. *Un nouveau-né bien conformé.*

conformément adv. - XVe ▪ *Conformément à* : d'une manière conforme à. ⇒ **selon,** ② **suivant.** *Conformément à la loi.* ✪ CONTR. Contrairement (à).

conformer v. tr. [1] - XIIIe ; lat. *formare* « former » 1 Rendre conforme, semblable (au modèle). ⇒ **adapter, calquer** (sur). « *Il ne conforme pas exactement sa conduite à ses maximes* » (France). 2 v. pron. SE CONFORMER À : devenir conforme à ; se comporter de manière à être en accord avec. ⇒ se **plier,** se **régler, suivre.** « *Dire qu'une œuvre est obscure, c'est dire équivoquement que l'auteur ne s'est pas conformé aux conventions ordinaires* » (Valéry). *Se conformer aux doses prescrites.* ✪ CONTR. Opposer.

conformisme n. m. - 1904 ▪ Fait de se conformer aux normes, aux usages. ⇒ **conservatisme, traditionalisme.** *Le conformisme bourgeois.* ✪ CONTR. Anticonformisme, marginalité, non-conformisme, originalité.

conformiste n. et adj. - XVIIe ; angl. *conform* « conforme » 1 Personne qui professe la religion de l'Église anglicane. ➤ adj. *Église conformiste.* ⇒ **anglican.** 2 adj. Qui se conforme aux usages, aux traditions. *Morale conformiste.* ⇒ **conventionnel.** ✪ CONTR. Anticonformiste, non-conformiste ; dissident, marginal.

conformité n. f. - XIVe ▪ Caractère de ce qui est conforme. ⇒ **accord, analogie, ressemblance, similitude.** *Conformité d'une chose avec une autre, de deux choses, entre deux choses.* ➤ *En conformité avec.* ⇒ **conformément** (à). ♦ Fait d'être conforme à certaines normes. *Mise en conformité.* ✪ CONTR. Désaccord, opposition.

① **confort** n. m. - XIIe ▪ vx Réconfort. « *Ha ! Mort, le port commun, des hommes le confort* » (Ronsard). ➤ mod. *Médicament de confort,* qui conforte, permet de mieux supporter un mal, mais qui ne soigne pas.

> ❑ Souvent compris au sens de ② *confort.*

② **confort** n. m. - XIXe ; a. fr. *conforter* « réconforter » ▪ Tout ce qui contribue au bien-être, à la commodité de la vie matérielle. ⇒ ① **aise, bien-être.** *Il aime son confort. Avoir tout le confort.* ♦ *Confort intellectuel,* bien-être facile de l'esprit (conformisme, satisfaction de soi). ✪ CONTR. Inconfort.

confortable adj. - XVIIe ▪ Qui procure, présente du confort. *Un fauteuil confortable.* « *pour les longs voyages* [...] *il est plus confortable de prendre le train* » (Romains). fig. *Pensée, décision confortable,* qui rassure, apporte du bien-être. ♦ De nature à assurer la sécurité. *Jouir d'un salaire confortable.* ✪ CONTR. Inconfortable.

confortablement adv. - XVIIIe ▪ D'une manière confortable. *Être installé confortablement.*

conforter v. tr. [1] - X^e ; lat. *fortis* « fort » 1 Raffermir (qqn) dans une opinion. *Être conforté dans son analyse, son interprétation.* ⇒ **confirmer.** 2 Réconforter, consoler. « *Je suis toujours ce Dieu qui console et conforte* » (Corn.). ✪ CONTR. Débiliter. Affaiblir, ébranler.

> ❑ Le sens de « réconforter » a été récemment repris dans l'usage courant (aussi pronominal *se conforter,* Tournier) ; il n'y a que des emplois abstraits.

confraternel, elle adj. - XIXe ▪ Qui a rapport aux relations entre confrères ou consœurs.

confraternité n. f. - XIIIe ▪ Bonnes relations entre confrères ou consœurs.

confrère n. m. - XIIIe ▪ Personne qui appartient à une profession libérale, à une société, considérée par rapport aux autres membres. ⇒ **collègue, consœur.** *Médecin estimé de ses confrères.*

confrérie n. f. - XIIIe ; lat. *confratria* ▪ Association pieuse de laïques. « *confréries de filles voilées, bannières roses à fleurs d'or* » (Daud.).

confrontation n. f. - XIVe ▪ Action de confronter (des personnes ou des choses). *Confrontation de témoins.*

confronter v. tr. [1] - XIVe ; lat. *frons* « front » 1 Mettre en présence (deux ou plusieurs personnes) pour comparer leurs affirmations. *Confronter les témoins avec le prévenu.* ➤ *Être confronté avec qqn, à qqn.* ♦ (emplois critiqués) *Être confronté à une difficulté,* être obligé d'y faire face. pronom. *Se confronter avec ses souvenirs.* 2 Comparer d'une manière suivie, point par point. *Confronter deux textes. Il eut beau* « *confronter les chiffres un à un, il dut se rendre à l'évidence : il était bel et bien le gagnant du gros lot* » (Simenon).

confucianisme n. m. - XIXe ▪ Doctrine philosophique et religieuse du philosophe chinois Confucius.

confus, use adj. - XIIe ; lat. *confundere* « mêler » 1 Qui est embarrassé par pudeur, par honte. ⇒ **honteux, penaud.** *Être confus de son erreur. Je suis confus d'arriver en retard.* ⇒ **désolé, navré.** *Je suis confus, excusez-moi.* 2 Dont les éléments sont mêlés de façon telle qu'il est impossible de les distinguer. ⇒ **désordonné, indistinct.** *Mélange confus.* ➤ *Un bruit confus de voix.* 3 Qui manque de clarté, qu'on identifie avec peine. ⇒ **indéterminé,** ③ **vague.** *Des* « *récits aussi confus que le souvenir qui m'en est resté* » (Rouss.). *Une affaire, une situation confuse.* ⇒ **embrouillé.** ♦ *Un esprit confus,* qui confond ce qu'il faudrait distinguer. ⇒ **imprécis.** ✪ CONTR. Clair, distinct, ② net, ① précis.

confusément adv. – XIIIe ▪ D'une manière confuse. « *il aperçut un objet mobile qui apparaissait confusément dans l'ombre* » (J. Verne). *Comprendre confusément qqch.* ⇒ **obscurément, vaguement.** ✪ CONTR. Clairement, nettement, précisément.

confusion n. f. – XIe **I** Trouble qui résulte de la honte, de l'humiliation, d'un excès de pudeur ou de modestie. ⇒ **embarras, gêne.** *Rougir de confusion. Remplir qqn de confusion,* par un reproche sévère, par des éloges. **II - 1** État de ce qui est confus. ⇒ **désordre,** ② **trouble.** *Une confusion indescriptible.* ⇒ **chaos, embrouillamini, imbroglio, méli-mélo.** ♦ Situation confuse, embrouillée (souvent mêlée de violences). ⇒ **désordre, désorganisation.** *Manifestation qui se termine dans la confusion générale.* **2** Manque de clarté, d'ordre dans ce qui touche les opérations de l'esprit. *Jeter la confusion dans les esprits.* ⇒ **désarroi,** ② **trouble.** ➛ *CONFUSION MENTALE :* état mental pathologique dans lequel le malade présente des troubles perceptifs, mnémoniques et intellectuels. **3** Action de confondre entre elles deux personnes ou deux choses. ⇒ **erreur, méprise.** « *Dans son cerveau fatigué, une confusion s'ébaucha entre la main de Dieu et cette main de prêtre* » (Mart. du G.). *Confusion de noms, de dates.* **4** dr. Action de réunir. *Confusion des peines :* non-cumul* des peines au cas de concours d'infractions. ♦ Réunion sur une même personne de deux qualités juridiques qui s'éteignent. ✪ CONTR. Assurance, désinvolture. — Clarté, distinction, netteté, ordre, précision. Séparation.

confusionnel, elle adj. – 1900 ▪ Propre à la confusion mentale. « *le malade est pris d'un délire confusionnel* » (Cendrars).

confusionnisme n. m. – 1907 **1** État de la pensée syncrétique, chez l'enfant, où tout se mêle, alterne et fusionne. **2** Le fait d'entretenir la confusion dans les esprits et d'empêcher l'analyse.

conga n. f. – v. 1937 ; mot esp. des Antilles **1** Danse cubaine sur une musique à quatre temps. **2** Tambour allongé aux sonorités sourdes, d'origine cubaine.

congé n. m. – Xe ; lat. *meare* « circuler » **I - 1** *Prendre congé :* saluer les personnes à qui l'on doit du respect, avant de les quitter. « *je voudrais prendre congé de moi-même. Je me suis décidément assez vu* » (Gide). **2** Permission de s'absenter, de quitter un service, un emploi, un travail. *Congé de maladie. Congé annuel.* ⇒ **vacances.** « *ils n'ont même pas un jour de congé par semaine* » (Beauv.). ♦ *Congés payés,* auxquels les salariés ont droit annuellement. fam. (vieilli) Ces salariés en vacances. « *Les congés payés qui ont envahi la Côte d'Azur* » (Cendrars). **3** Autorisation de cesser, invitation à quitter un service à gages. ⇒ **renvoi.** *Donner son congé à un domestique.* **4** Acte par lequel une partie fait connaître à l'autre sa volonté de résilier un bail. *Donner congé à un locataire.* **5** Titre de circulation permettant de transporter (après paiement) des marchandises soumises à certains droits indirects. **II** Moulure concave, en quart de cercle raccordant deux saillies d'un élément d'architecture.

congédiement n. m. – XIXe ▪ Action de congédier. ⇒ **congé, renvoi.**

> ❑ Ne pas oublier le *e* qui vient du suffixe *-er* du verbe, comme dans *licenciement, remerciement, maniement, rapatriement.*

congédier v. tr. [7] – XIVe **1** Inviter (qqn) à se retirer, à s'en aller. ⇒ **éconduire.** *Il* « *le congédia d'une tape amicale sur la joue* » (Daud.). **2** vieilli Renvoyer définitivement (une personne que l'on emploie). *Congédier un domestique.* ⇒ **licencier, remercier.** ✪ CONTR. Engager.

congélateur n. m. – XIXe ▪ Appareil frigorifique atteignant des températures inférieures à – 18 °C, permettant la congélation et la conservation des aliments.

congélation n. f. – XIVe **1** Passage de l'état liquide à l'état solide par refroidissement (à pression constante) ou par abaissement de pression. *Congélation de l'eau, de l'huile.* **2** Action de soumettre un produit à une température inférieure à – 18 °C pour le conserver. ⇒ **cryoconservation.** *Congélation de la viande.*

congelé, ée adj. et n. m. – XIXe ▪ Conservé par congélation. *Poissons, légumes congelés.* ⇒ **surgelé.** subst. *Les congelés et les surgelés.* ➛ *Embryon congelé* (⇒ **F.I.V., fivète).**

congeler v. tr. [5] – XIIIe ; lat. *congelare* **1** Faire passer à l'état solide par l'action du froid. ➛ pronom. *L'eau se congèle à 0 °C en augmentant de volume.* **2** Soumettre au froid (– 18 °C) pour conserver. *Congeler un plat préparé.* ⇒ **surgeler.** ✪ CONTR. Décongeler.

congénère adj. et n. – XVIe ; lat. *genus* « genre » **1** Qui appartient au même genre, à la même espèce. *Animaux congénères.* « *c'étaient des lapins assez semblables à leurs congénères d'Europe* » (J. Verne). **2** n. fam. (personnes) *Lui et ses congénères.* ⇒ **pareil, semblable.**

> ❑ L'emploi de *congénère* a aujourd'hui une connotation péjorative.

congénital, ale, aux adj. – XVIIIe ; lat. *congenitus* « né avec » **1** (Opposé à ② *acquis*) Qui est présent à la naissance ; dont l'origine se situe pendant la vie intra-utérine. *Malformation congénitale.* **2** fam. Inné. *L'*« *optimisme congénital de l'Américain* » (Siegfried). *Une bêtise congénitale.*

> ❑ Ne pas confondre *congénital* « de naissance » et *héréditaire* « génétique ».

congère n. f. – XIXe ; lat. *congerere* « accumuler » ▪ Amas de neige entassée par le vent. « *ce sont des banquises où moutonnent des congères* » (Beauv.).

congestif, ive adj. – XIXe ▪ Qui a rapport à la congestion. *État congestif d'un organe.*

congestion n. f. – XVe ; lat. *congerere* « accumuler » ▪ Afflux de sang (dans une partie du corps). *Congestion cérébrale.* « *la poussée fébrile qui accompagnait ma congestion pulmonaire* » (Proust).

> ❑ La prononciation sans le *t* est très négligée.

congestionner v. tr. [1] – XIXe **1** Produire une congestion, un afflux de sang dans les vaisseaux de (un organe). *Avoir le visage congestionné.* ⇒ **rouge. 2** Encombrer. ⇒ **embouteiller.** *Voies d'accès congestionnées.* ✪ CONTR. Décongestionner.

conglomérat n. m. – XIXe **1** Roche détritique formée par des fragments arrachés à une roche préexistante et agglomérés par un ciment. ⇒ **agglomérat. 2** Forme de concentration d'entreprises par diversification des activités, des produits. ⇒ **groupe.**

conglomération n. f. – XIXe ▪ Action de conglomérer.

conglomérer v. tr. [6] – XVIIe ; lat. *glomus* « pelote » ▪ Réunir en une seule masse. ⇒ **agglomérer, agglutiner, conglutiner, lier.** ➛ *Roches conglomérées. Glandes conglomérées,* réunies en grappes sous une même enveloppe. ✪ CONTR. Désagréger, disséminer, éparpiller, pulvériser.

conglutiner v. tr. [1] – XIVe ; lat. ▪ vx ou littér. Faire adhérer par le moyen d'une substance visqueuse. ⇒ **coller,**

souder. ♦ Rendre visqueux, gluant. ⇒ **épaissir.** *Conglutiner le sang.* ✪ CONTR. Dissocier, séparer ; éclaircir, liquéfier.

congolais, aise adj. et n. – XVIIIe ▪ Du Congo. ♦ n. m. Gâteau à la noix de coco.

congratulation n. f. – XVe ▪ vx ou plais. Action de congratuler. ⇒ **compliment, félicitation.** « *cette journée où ne cessèrent visites, congratulations, transports de cadeaux et de vœux* » (Bosco).

congratuler v. tr. [1] – XVIe ; lat. *gratulari* « féliciter » → gré ▪ vx ou plais. Faire un compliment de félicitation à (qqn). ⇒ **complimenter, féliciter.** ➛ pronom. *Ils se sont longuement congratulés.* ✪ CONTR. Critiquer.

congre n. m. – XIIIe ; lat. *conger* ▪ Poisson de mer *(anguilliformes),* au corps cylindrique sans écailles. *Il « toucha le congre à pleines mains au moment où le serpent d'eau balançait sa queue devant lui »* (Giono).

congréganiste adj. et n. – XVIIe ▪ D'une congrégation. *École congréganiste,* religieuse. ✪ CONTR. Laïque.

congrégation n. f. – XIIe ; lat. *grex* « troupeau » **1** Compagnie de prêtres, de religieux. ⇒ **communauté, ordre.** *La congrégation de l'Oratoire.* **2** À la cour de Rome, Comité de cardinaux, d'ecclésiastiques, chargé d'examiner certaines affaires. **3** Paroisse protestante.

congrès n. m. – XVIe ; lat. *congressus* « réunion » **1** Réunion diplomatique où les représentants de plusieurs puissances règlent certaines questions internationales. ⇒ **conférence.** *Congrès de Vienne* (1815). **2** Corps législatif des États-Unis d'Amérique. **3** Réunion de personnes qui se rassemblent pour échanger leurs idées ou se communiquer leurs études. *Congrès de sociologie. Congrès de médecins.*

congressiste n. – XIXe ▪ Personne qui prend part à un congrès.

congru, ue adj. – XIIIe ; lat. *congruus* « convenable » **1** *PORTION CONGRUE :* revenu à peine suffisant pour subsister. *Réduire qqn à la portion congrue.* **2** *Nombres congrus, par rapport à un troisième,* dont la différence est divisible par ce dernier (module).

congruence n. f. – XVe **1** Égalité de figures géométriques. ➛ Caractère de deux nombres congrus. **2** *Congruence des génomes :* similitude de la constitution et du nombre des chromosomes dans des espèces apparentées.

congruent, ente adj. – XVIe **1** Qui convient, qui s'applique bien. ⇒ **adéquat.** *Il « avait toujours des expressions congruentes à toutes les circonstances imaginables »* (Flaub.). **2** *Figures congruentes,* égales.

conicité n. f. – XIXe ▪ Forme conique.

conidie n. f. – XIXe ; gr. *konis* « poussière » ▪ Spore assurant la reproduction asexuée des champignons.

conifère n. m. – XVIe ; lat. *conus* « cône » et *-fère* ▪ Arbre gymnosperme caractérisé par un feuillage en aiguilles ou en écailles, par des inflorescences femelles en cônes à ovules et par une sécrétion résineuse. ⇒ **résineux.**

conique adj. et n. f. – XVIIe **1** Qui a la forme d'un cône. *Pignon conique.* « *son bec noir, large, conique à bout très pointu* » (J. Verne). **2** Qui appartient au cône. *Section conique.* ➛ n. f. Courbe qui résulte de la section d'un cône par un plan.

conirostre adj. et n. – XIXe ; de *cône* et lat. *rostrum* « bec » ▪ Qui a le bec court et conique. *Le bouvreuil est conirostre.*

conjectural, ale, aux adj. – XIVe ▪ Qui est fondé sur des conjectures. *Une prévision conjecturale.* ⇒ **hypothétique.** ✪ CONTR. Certain, ① positif.

conjecture n. f. – XIIIe ; lat. **1** Opinion fondée sur des probabilités ou des apparences. ⇒ **hypothèse, supposition.** **2** Opinion fondée sur une hypothèse non vérifiée. ⇒ **présomption, soupçon.** *Se perdre en conjectures.* « *Est-ce donc sur des conjectures qu'il faut juger de pareils faits ?* » (Beaum.).

> ❑ Ne pas confondre avec *conjoncture* « situation ».

conjecturer v. tr. [1] – XIIIe ▪ Croire, juger par conjecture. ⇒ **présumer, soupçonner, supposer.** *On ne peut rien conjecturer des résultats.* « *cette connaissance, si incomplète qu'elle soit* [...] *n'est pas de petite importance si l'on veut conjecturer sur ce qui sera* » (Alain). *Conjecturer que la chose est impossible.*

> ❑ *Conjecturer* peut être suivi de *comment, pourquoi, si, quand, où,* comme le verbe *savoir.*

conjoint, ointe adj. et n. – XIIe ; lat. *conjungere* « unir » **1** Joint avec ; uni. *Problèmes conjoints.* ➛ *Personnes conjointes,* liées par des intérêts communs. **2** n. Personne jointe (à une autre) par les liens du mariage. ⇒ **époux.** *Le conjoint de..., son conjoint.* ✪ CONTR. Disjoint, divisé, séparé.

conjointement adv. – XIIIe ▪ D'une manière conjointe. ⇒ ① **ensemble, simultanément, solidairement.** *Ils sont conjointement responsables.* ✪ CONTR. ① Part (à part), séparément.

conjoncteur n. m. – XIXe ▪ Interrupteur automatique fermant un circuit. ⇒ **coupleur.** *Conjoncteur-disjoncteur.* ➛ Prise murale permettant de connecter un poste téléphonique à la ligne d'un abonné.

conjonctif, ive adj. – XIVe **1** Qui unit des parties organiques. ➛ *Tissu conjonctif,* qui occupe les intervalles entre les organes ou entre les éléments d'un même organe. **2** *Locutions conjonctives,* jouant le rôle de conjonctions (ex. bien que). *Proposition subordonnée conjonctive,* introduite par une conjonction. ✪ CONTR. Disjonctif.

conjonction n. f. – XIIe ; lat. *conjunctio* **I** - **1** Action de joindre. ⇒ ① **rencontre, réunion,** ① **union.** *La conjonction de leurs efforts. Le libéralisme « conjonction de la liberté politique et de la liberté économique »* (Charles Gide et Rist). **2** Rencontre de deux astres dans une ligne droite, par rapport à un point de la Terre. **II** - **1** En logique, Connecteur correspondant à *et.* **2** Partie du discours qui sert à joindre deux mots ou groupes de mots. *Conjonctions de coordination, de subordination.* ✪ CONTR. Disjonction, séparation.

conjonctival, ale, aux adj. – XIXe ▪ Relatif à la conjonctive.

conjonctive n. f. – XIVe ▪ Membrane muqueuse transparente qui tapisse l'intérieur des paupières et les unit au globe oculaire sur lequel elle se continue jusqu'à la cornée.

conjonctivite n. f. – XIXe ▪ Inflammation de la conjonctive.

conjoncture n. f. – XVe ; a. fr. *conjointure,* refait d'apr. lat. *conjunctus* ▪ Situation qui résulte d'une rencontre de circonstances et qui est considérée comme le point de départ d'une évolution, d'une action. ⇒ ① **cas, état, occasion, occurrence, situation.** « *Il y a là une conjoncture purement accidentelle ; rien de suspect* » (Gide). *Dans la conjoncture actuelle.* ⇒ **circonstance.** ♦ État de l'économie à un moment donné. *La conjoncture internationale.*

> ❑ Ne pas confondre *conjoncture* et *conjecture* « hypothèse ».

conjoncturel, elle adj. - 1954 ▪ De la conjoncture économique. *Variation conjoncturelle. C'est purement conjoncturel.* ⇒ **accidentel, aléatoire.** ✪ CONTR. Structurel.

conjoncturiste n. - 1953 ▪ Spécialiste des problèmes de conjoncture économique.

conjugable adj. - XIXe ▪ Qui peut être conjugué. *Verbe conjugable à tous les temps.* ✪ CONTR. Défectif.

conjugaison n. f. - XIIIe **1** Ensemble des formes verbales ; tableau ordonné de toutes les formes d'un verbe suivant les voix, les modes, les temps, les personnes, les nombres. *Conjugaison régulière, irrégulière, défective.* ➝ Groupe des verbes ayant des formes communes. **2** littér. Le fait de conjuguer. ⇒ **combinaison, conjonction.** *La conjugaison de leurs efforts.* **3** Mode de reproduction de certaines algues, de protozoaires et de micro-organismes, par accouplement de deux individus semblables. ♦ Union des chromosomes homologues lors de la mitose. **4** sc. *Conjugaison de charge :* transformation d'une particule en son antiparticule. ✪ CONTR. Dispersion, éparpillement, opposition.

conjugal, ale, aux adj. - XIVe ; lat. ▪ Relatif à l'état de mariage, l'union entre époux. ⇒ **matrimonial.** *Domicile conjugal. « il ne se sentait pas le courage de se condamner à la mélancolie, à la servitude conjugale »* (Maupass.).

conjugalement adv. - XVIe ▪ D'une manière conjugale. ⇒ **maritalement.** *« on la prévenait que M. Moreau vivait conjugalement avec une certaine Rose Bron »* (Flaub.).

conjugué, ée adj. et n. - XVIe **1** Joint, combiné avec. *« Trois grandes pirogues conjuguées forment bac »* (Gide). *Grâce à leurs efforts conjugués. L'action conjuguée du vent et de la pluie.* **2** *Feuilles conjuguées :* feuilles composées, dont les folioles s'opposent deux à deux. **3** *Machines conjuguées,* dont le travail est simultané et concourt à une fin commune. **4** Entre lesquels il existe une correspondance. *Grandeurs conjuguées. Nombres complexes conjugués :* le couple [$z = a+ib$, $\overline{z} = a-ib$], avec i imaginaire. ➝ Se dit de deux points par rapport à deux autres avec lesquels ils forment une division harmonique. ➝ *Points conjugués d'un système optique :* le point objet et le point image. **5** Relatif aux structures qui participent à la même fonction ou formées par la réunion de deux parties symétriques. *Nerfs conjugués.* ⇒ **congénère. 6** *LES CONJUGUÉES :* algues d'eau douce *(chlorophycées),* à reproduction sexuée.

conjuguer v. tr. [1] - XVIe ; lat. *conjugare* « unir » **1** Joindre ensemble. ⇒ **combiner, unir.** *La vie « conjugue symétrie et orientation »* (Caillois). **2** Réciter ou écrire la conjugaison de. *Conjuguez le verbe* bouillir *au futur.* pronom. *Le verbe* manger *se conjugue avec l'auxiliaire* avoir. ➝ *Les formes conjuguées d'un verbe.* ⇒ **fléchi.** ✪ CONTR. Disperser, opposer.

conjungo [kɔ̃ʒɔ̃go] n. m. - XVIIe ; mot lat. « j'unis » ▪ vx ou plais. Mariage. *« Un type honnête Charles. La preuve c'est qu'il venait de lui proposer le conjungo »* (Queneau).

conjurateur, trice n. - XVe ▪ Personne qui conjure.

conjuration n. f. - XIIe **1** Pratique magique pour combattre ou orienter les influences maléfiques. **2** Entreprise concertée secrètement contre l'État, le pouvoir, par un groupe de personnes que lie un serment. ⇒ **complot, conspiration.** *« La réunion assez inoffensive de l'autre soir devenait une conjuration »* (Romains). ✪ CONTR. Maléfice, sortilège.

conjuré, ée n. - XIIIe ▪ Membre d'une conjuration. *« un quarteron de conjurés anarchistes »* (Aragon).

conjurer v. tr. [1] - Xe ; lat. *conjurare* « jurer ensemble » **I - 1** Écarter par des prières, des pratiques magiques. *Conjurer les démons.* **2** Détourner, dissiper (une menace), écarter (une catastrophe). *« aucun moyen, hélas ! de conjurer ce malheur »* (Loti). **3** littér. *Conjurer qqn de,* le prier avec insistance de (faire qqch.). ⇒ **adjurer, implorer, supplier.** *Je « vous conjure de ne pas vous coucher tard toutes les nuits »* (Sand). *Je vous en conjure.* **II - 1** vx Préparer par un complot. *Conjurer la mort d'un tyran.* ⇒ **comploter, conspirer, tramer. 2** pronom. littér. S'unir dans une conjuration. *Les républicains se conjurèrent contre César.* ✪ CONTR. Invoquer.

connaissable adj. - XIIIe ▪ Qui peut être connu. ✪ CONTR. Inconnaissable.

connaissance n. f. - XIe **I - 1** Fait, manière de connaître. *La connaissance d'un objet.* ⇒ **conscience ; compréhension, représentation.** *Il a une bonne connaissance de l'anglais. Connaissance sensorielle ; connaissance intuitive. « Toute connaissance est une réponse à une question »* (Bachelard). ♦ *Théorie de la connaissance,* des rapports entre le sujet (qui connaît) et l'objet. **2** *Avoir connaissance de :* être informé de. *Prendre connaissance de qqch.* ➝ *Venir à la connaissance de :* être appris de. *Porter qqch. à la connaissance de qqn. À ma connaissance :* autant que je sache. **3** Fait de sentir, de percevoir. *Avoir toute sa connaissance.* ⇒ **lucidité.** *Perdre connaissance, rester sans connaissance :* s'évanouir, être évanoui. ⇒ **conscience.** *« il n'a pas repris connaissance depuis jeudi »* (Goncourt). **4** *Les connaissances :* ce qui est connu ; ce que l'on sait, pour l'avoir appris. ⇒ ① **acquis,** ② **culture, érudition, instruction,** vieilli **lumière,** ② **savoir, science.** *Avoir des connaissances en astronomie. Approfondir, enrichir ses connaissances. Agrandir le champ de ses connaissances.* ♦ *La connaissance :* tout ce qui est connu. ⇒ ② **savoir, science.** *« on désespère aujourd'hui de la vraie connaissance »* (Camus). **5** Droit de connaître et de juger. ⇒ **compétence.** ➝ *En connaissance de cause :* avec raison et justesse, à bon escient. **II** au plur. Traces laissées par la bête chassée. **III - 1** Relation sociale qui s'établit entre personnes. *Faire la connaissance de qqn. Je suis heureux de faire votre connaissance. Nous avons fait plus ample connaissance. Renouer connaissance :* reprendre des relations interrompues. ♦ *DE CONNAISSANCE :* que l'on connaît. *Une personne, un visage de connaissance.* **2** Personne que l'on connaît. ⇒ **relation.** *« il est mon ami C'est une vieille connaissance »* (La Font.). *C'est une simple connaissance.* ✪ CONTR. Doute, ignorance. Inconscience, inexpérience. Inconnu.

connaissement n. m. - XIIe ▪ Reçu des marchandises expédiées par voie maritime ou fluviale.

connaisseur, euse n. et adj. - XIIe ▪ Personne qui se connaît à qqch., y est experte. *Regarder, juger, parler en connaisseur. Public de connaisseurs.* ➝ *Être connaisseur en vins. D'un air connaisseur.* ✪ CONTR. Ignorant, incompétent, profane.

connaître v. tr. [57] - XIe ; lat. *cognoscere* **I - 1** Se faire une idée de. *Connaître un mot.* ⇒ ① **savoir.** *Connaître les tenants et aboutissants d'une affaire. Faire connaître son sentiment,* l'exprimer. *Je ne lui connais que des qualités,* il n'a, selon moi, que des qualités. **2** Avoir dans l'esprit en tant qu'objet de pensée analysé. *C'est une ville que je connais bien. « Je connais le code de la route, moi »* (Queneau). *Connaître qqch. à fond, par cœur.* ➝ fam. *Je ne connais que ça,* se dit lorsqu'on n'arrive pas à se rappeler quelque chose. *C'est (bien) connu !* inutile d'expliquer. *« les militaires n'aiment pas ça* [le suicide], *c'est connu, c'est mauvais pour le moral des troupes »* (Perec). ➝ pronom. (région.) *Ça se connaît !,* ça se voit, c'est évident. ♦ Pouvoir faire usage de ; être devenu habile en. *Connaître son métier.* ♦ *S'y connaître en :* être très compétent en.

« *un vieux singe qui s'y connaissait en grimace* » (Maurois). 3 Avoir vécu, ressentir. ⇒ **éprouver, expérimenter, ressentir.** *Je connais le problème. Connaître la faim. Il ne connaît pas sa force,* il n'en est pas conscient. « *je ne connais point la rancune* » (Sand). ➝ *Ne connaître que :* tenir compte seulement de. *Il ne connaît que la consigne.* 4 vx Avoir. *Sa générosité ne connaît pas de bornes. La Bourse a connu plusieurs crises.* 5 trans. ind. *Connaître de :* avoir compétence pour juger. **II** - 1 Être conscient de l'existence de (qqn). *Je le connais de nom. Je lui connais plusieurs amis :* je connais plusieurs personnes qui sont ses amis. 2 Être capable de reconnaître ; savoir l'identité de. *Je connais cette tête-là.* 3 Avoir des relations sociales avec. *Arriver à Paris sans connaître personne.* « *Tu connais sûrement des gens influents* » (Duham.). ➝ pronom. *Ils se sont connus en Italie.* ⇒ **se rencontrer.** 4 vx *Connaître une femme,* avoir des relations charnelles avec elle. 5 Se faire une idée de la personnalité de (qqn). ⇒ **apprécier, comprendre,** ① **juger.** *Il gagne à être connu.* ♦ pronom. *Se connaître :* être capable de se juger. « *Connais-toi toi-même* » (trad. de Socrate). ♦ loc. *Ne plus se connaître :* ne plus se maîtriser. ✪ CONTR. Douter, ignorer, méconnaître. Dédaigner, négliger, renier.

❑ On disait autrefois *se connaître* en pour *s'y connaître en :* « *Je me connais en chiromancie, j'ai dit souvent la bonne aventure* » (Balzac).

connard, connasse → **conard, conasse**

conne → **con**

conneau n. m. - XVIe ; de *con* ▪ fam. Imbécile, sot. ⇒ **conard.**

connecter v. tr. [1] - XVIIIe ; lat. ▪ Unir par une connexion. → **brancher.** ✪ CONTR. Déconnecter.

connecteur n. m. - XIXe 1 Dispositif pour réaliser des connexions multipolaires. 2 Opérateur* binaire, symbole logique qui relie deux propositions élémentaires en une proposition complexe. ➝ Mot grammatical qui y correspond.

connectique n. f. - 1976 ▪ Ensemble des technologies de liaison de câbles électriques, de réseaux d'ordinateurs.

connerie n. f. - XIXe ▪ fam. Imbécillité, absurdité. « *Quelle connerie, la guerre* » (Prévert). ➝ Action, parole inepte. ⇒ **couillonnade.** *Faire, dire des conneries.* ⇒ **bêtise.** ➝ Erreur. ⇒ **bourde.**

connétable n. m. - XIIe ; lat. *comes stabuli* « comte de l'étable » ▪ Grand officier de la Couronne, chef suprême de l'armée. *Le connétable Du Guesclin.*

connexe adj. - XIIIe ; lat. *connectere* « lier ensemble » ▪ Qui a des rapports étroits avec autre chose. ⇒ **analogue, dépendant,** ① **joint, lié, uni, voisin.** *Affaires, matières, idées, sciences connexes.* ✪ CONTR. Indépendant, séparé.

connexion n. f. - XIVe ▪ Fait d'être connexe ; rapport entre choses connexes. ⇒ **affinité, analogie, cohérence, liaison,** ① **union.** *Connexion entre deux faits.* ♦ Liaison entre deux points d'un circuit électrique. ➝ Branchement.

❑ Attention, peu de mots se terminent en *...xion : connecter* donne *connexion* mais *inspecter* donne *inspection.*

connexionnisme n. m. - v. 1980 ▪ Branche de l'intelligence artificielle qui utilise les réseaux de neurones.

connexité n. f. - XVe ▪ Qualité de ce qui est connexe. ⇒ **connexion.** *Connexité entre la psychologie et la morale.* ✪ CONTR. Indépendance, séparation.

connivence n. f. - XVIe ; lat. *connivere* « cligner les yeux » ▪ Accord tacite. ⇒ **entente, intelligence.** *Être de connivence avec qqn. Un sourire de connivence.*

connivent, ente adj. - XVIIIe ▪ Qui tend à se rapprocher. *Sépales et pétales connivents de la jacinthe.* ➝ *Organes connivents,* qui sont accolés sans être soudés.

connotatif, ive adj. - XIXe ; angl. ▪ Qui constitue une connotation. *Sens connotatif et sens dénotatif*.*

connotation n. f. - XVIIe 1 Propriété d'un terme de désigner en même temps que l'objet certains de ses attributs. 2 Sens particulier d'un mot, d'un énoncé qui vient s'ajouter au sens ordinaire selon la situation ou le contexte. *Connotation péjorative. Connotation et dénotation*.*

connoter v. tr. [1] - XVIe ; lat. *cum* « ensemble » et *notare* « noter » 1 Renvoyer par une connotation. 2 Signifier par connotation. ➝ Se dit d'un mot qui évoque (qqch.) en plus du sens qu'il a. « *Tigre* » *connote la puissance.* ⇒ **évoquer.**

connu, ue adj. - XIIIe **I** - 1 Qui existe en tant qu'objet de pensée. ⇒ ① **découvert, présenté, révélé.** *Cette nouvelle déjà connue a reçu confirmation.* ➝ n. m. *Aller du connu à l'inconnu.* 2 Que la majorité connaît, sait. ⇒ **répandu.** « *De la musique légère, faite d'airs connus* » (Léautaud). *Un visage connu des téléspectateurs. C'est bien connu.* ⇒ **évident. II** Qui a une grande réputation. ⇒ **célèbre.** *Un homme connu dans les milieux littéraires. Elle est bien connue pour son action militante ; pour avoir défié son milieu.* loc. adv. *Ni vu ni connu :* sans que cela ne se sache, sans qu'on le remarque. ✪ CONTR. Inconnu, obscur.

conoïde adj. - XVIe ; gr. *kônoeidês* ▪ Qui a la forme d'un cône. ➝ *Surface conoïde,* ou n. m. *un conoïde :* surface engendrée par une droite qui s'appuie à une droite fixe, reste parallèle à un plan fixe et satisfait à une troisième condition.

conque n. f. - XIVe ; gr. *konkhê* « coquille » 1 Mollusque bivalve de grande taille ; sa coquille. *La conque d'un bénitier* (vraie ou imitée). ➝ *En conque,* de forme large arrondie et peu profond. *Une rose « abandonne un de ses pétales en conque »* (Colette). 2 Coquille en spirale du triton. ➝ Cavité de l'oreille externe où prend naissance le conduit auditif.

conquérant, ante n. et adj. - XIIe 1 Personne qui fait des conquêtes par les armes. ⇒ **conquistador, vainqueur.** *Guillaume le Conquérant.* « *l'ambition furieuse et aveugle d'un conquérant qui élargit son empire* » (Zola). ➝ *Saccard « rentré en conquérant à la Bourse »* (Zola). ➝ adj. *Les nations conquérantes.* 2 Personne qui séduit. « *Le jeune conquérant rieur, le joyeux garçon, l'amoureux ardent* » (Brasillach). ➝ *Un air conquérant,* prétentieux, un peu fat. « *le dandy doit avoir l'air conquérant, léger, insolent* » (Chateaub.).

conquérir v. tr. [21] - XIe ; lat. *conquirere* « chercher à prendre », d'apr. *quærere* « chercher » 1 Acquérir par les armes, soumettre par la force. ⇒ **assujettir, dominer, vaincre.** *Conquérir un pays.* ♦ Se rendre maître par l'exploration. *Conquérir l'espace.* ♦ Obtenir en luttant. *Conquérir un titre.* « *des jalousies féroces pour conquérir une place* » (Huysm.). 2 Acquérir une forte influence sur. ⇒ **attirer, capter, charmer, dominer, envoûter, gagner, séduire, soumettre.** *Il a conquis l'estime de ses supérieurs. Conquérir une clientèle.* ➝ *Conquérir une femme.* ⇒ fam. ① **avoir,** ① **tomber.** 3 v. pron. Être obtenu par une lutte. « *La culture ne s'hérite pas ; elle se conquiert* » (Malraux). ✪ CONTR. Abandonner, perdre.

conquête n. f. - XIIe 1 Action de conquérir. ⇒ **assujettissement, domination, prise, soumission.** *Faire la conquête d'un pays.* « *la conquête dirigée vers l'inté-*

rieur du pays s'appelle propagande ou répression » (Camus). ♦ *La conquête du pouvoir, d'un droit.* ♦ Ce qui est conquis. ⇒ ① **acquis.** *Étendre ses conquêtes.* « *Les conquêtes de la Révolution* » (Chateaub.). 2 Action d'amener à soi, de séduire (qqn) ; pouvoir sur ceux que l'on a conquis. *Faire la conquête de qqn.* 3 fam. Personne séduite, conquise. *Vous avez vu sa dernière conquête ?* ✪ CONTR. Abandon, défaite, perte, soumission.

conquis, ise adj. – XIe 1 Pris par une conquête. *Terrain conquis.* loc. *Se comporter comme en pays conquis,* avec impudence. « *ce sentiment que rien n'est jamais acquis, que tout doit être conquis et reconquis* » (Alain). 2 Séduit. *Un public conquis.* ✪ CONTR. Résistant ; insoumis ; indifférent.

conquistador n. m. – XIXe ; mot esp. « conquérant » ▪ Aventurier espagnol parti à la conquête de l'Amérique au XVIe siècle. *Des conquistadors* ou *des conquistadores* [kɔ̃kistadɔʀɛs].

consacré, ée adj. – XIVe 1 Qui a reçu la consécration religieuse. ⇒ **saint.** *Hostie consacrée.* 2 Qui est normal, de règle. *Selon la formule consacrée.*

consacrer v. tr. [1] – XIIe ; lat. *consecrare* 1 Rendre sacré en dédiant à un dieu. *Consacrer un temple à Jupiter.* ♦ *Consacrer un enfant à la Sainte Vierge.* ⇒ **vouer.** *Consacrer sa vie à Dieu.* 2 Destiner à un usage. ⇒ ② **affecter, dédier, destiner, donner, vouer.** *Combien de temps pouvez-vous me consacrer ?* ⇒ **accorder.** *Elle a consacré sa vie à cet enfant infirme.* « *Un petit meuble secrétaire était consacré en entier aux ordonnances, que l'on gardait toutes* » (Montherl.). ➛ pronom. *Se consacrer à son œuvre.* 3 Rendre durable et faire considérer comme légitime, valable. ⇒ **entériner, ratifier, sanctionner.** *Consacrer un abus.* ➛ *Expression consacrée par l'usage.* ✪ CONTR. Profaner. Abolir.

consanguin, ine adj. et n. – XIVe ; lat. *sanguis* « sang » ▪ Qui est parent du côté du père. ⇒ **agnat.** *Frère consanguin.* ♦ Qui a un ascendant commun. ➛ *Union consanguine.* ✪ CONTR. Cognat, utérin.

consanguinité [kɔ̃sɑ̃g(ɥ)inite] n. f. – XIIIe ▪ Lien qui unit les enfants issus du même père. *Degré de consanguinité.* ⇒ **filiation.** ➛ Parenté héréditaire. *Elle épousa son cousin* « *après dispenses pour second et quatrième degré de consanguinité* » (Yourcenar).

consciemment [kɔ̃sjamɑ̃] adv. – XIXe ▪ D'une façon consciente, en le sachant. ⇒ **sciemment, volontairement.** ✪ CONTR. Inconsciemment.

conscience [kɔ̃sjɑ̃s] n. f. – XIIe **I** - 1 Connaissance immédiate de sa propre activité psychique. « *une conscience intime de notre existence : voilà le plaisir* » (Balz.). ➛ *Conscience claire, obscure.* ➛ *La conscience :* la conscience de soi, de son existence. « *Avoir conscience, c'est sentir qu'on sent* » (Goblot). ♦ *État de conscience. Perdre conscience.* ⇒ **connaissance.** « *Le retour à la conscience, l'évasion hors du sommeil* » (Camus). ♦ *Prise de conscience :* accès à la conscience de sentiments refoulés. 2 Faculté d'avoir une connaissance intuitive de soi. *La conscience et les sens.* 3 Partie de la vie, de l'activité psychique dont le sujet a une connaissance intuitive. *Sentiment qui arrive à la conscience.* 4 Acte ou état dans lequel le sujet se connaît en tant que tel et se distingue de l'objet qu'il connaît. « *Toute conscience est conscience de quelque chose* » (Sartre). 5 Connaissance immédiate, spontanée, intuitive et plus ou moins vague. *Il a conscience de son talent. Elle a conscience de lui déplaire, qu'elle lui déplaît. Prendre conscience de, que. Prise de conscience.* ➛ *Conscience collective. Conscience de classe.* ♦ Ensemble des opinions, des convictions, des croyances (de qqn). *Respecter la liberté de conscience.* **II** - 1 Faculté ou fait de porter des jugements de valeur morale sur ses actes. *Une conscience intègre.* « *Science sans conscience n'est que ruine de l'âme* » (Rab.). « *une dévote tourmentée de scrupules de conscience* » (Sand). *Par acquit de conscience :* pour se tranquilliser. *Avoir la conscience tranquille. Libérer sa conscience.* ➛ *Avec la conscience du devoir accompli :* en étant sûr d'avoir bien agi. *Avoir sa conscience pour soi :* être certain d'avoir agi en toute moralité. 2 *Avoir qqch. sur la conscience :* avoir qqch. à se reprocher. *Dire ce que l'on a sur la conscience.* ⇒ **cœur.** *En mon âme et conscience :* dans ma plus intime conviction. 3 *Avoir bonne conscience :* être satisfait de soi sur le plan moral. *Se donner bonne conscience.* ♦ *MAUVAISE CONSCIENCE :* sentiment pénible d'avoir mal agi. ⇒ **culpabilité.** *Ça lui donne mauvaise conscience.* « *la gauche-rie est un signe de mauvaise conscience et présage d'insuccès* » (Caillois). 4 *CONSCIENCE PROFESSIONNELLE :* honnêteté, soin, minutie que l'on apporte à l'exécution de son travail. « *ce truc qu'il appelait conscience professionnelle* » (Queneau). ✪ CONTR. Inconscience. – Malhonnêteté.

consciencieusement [kɔ̃sjɑ̃sjøzmɑ̃] adv. – XVIe ▪ D'une manière consciencieuse, avec application.

consciencieux, ieuse [kɔ̃sjɑ̃sjø, jøz] adj. – XVIe 1 Qui obéit à la conscience morale, qui accomplit ses devoirs avec conscience. ⇒ **fiable, honnête, scrupuleux, sérieux.** *Employé consciencieux.* 2 Qui est fait avec conscience. *Travail consciencieux.* ✪ CONTR. Irresponsable, malhonnête, négligent. Bâclé.

conscient, iente [kɔ̃sjɑ̃, jɑ̃t] adj. et n. – XVIIIe ; lat. *conscire* « avoir conscience », de *scire* « savoir » 1 Qui a conscience de ce qu'il fait ou éprouve. *L'homme est un être conscient.* ♦ *Il est conscient de ses responsabilités.* « *très conscient de l'effet qu'il veut produire* » (Gide). *Soudain conscient d'avoir gaffé. Conscient qu'il allait mourir.* 2 Qui a sa conscience, sa connaissance. ⇒ **lucide.** *Après l'accident, il était encore conscient.* 3 (comportements) Dont on a conscience. *Une volonté consciente d'humilier.* 4 n. m. L'ensemble des faits psychiques dont le sujet a conscience. *Le conscient, l'inconscient et le subconscient.* ✪ CONTR. Inconscient. Anesthésié. Endormi, évanoui.

conscientiser [kɔ̃sjɑ̃tize] v. tr. [1] – 1977 ▪ Faire prendre conscience à (qqn).

conscription n. f. – XVIIIe ▪ Inscription, sur les rôles de l'armée, des jeunes gens atteignant l'âge légal pour le service militaire. ⇒ **enrôlement, recensement, recrutement.** « *Il échappa à la conscription, à titre de fils aîné d'une femme veuve* » (Zola).

conscrit adj. m. et n. m. – XIVe ; lat. *conscribere* « enrôler » ▪ Inscrit au rôle de la conscription. ➛ Soldat nouvellement recruté. ⇒ **appelé,** fam. **bleu, recrue.** « *cet air crâne qui sied aux conscrits en partance pour le régiment* » (Loti).

❑ Pour le sens → appelé (rem.).

consécration n. f. – XIIe ; lat. 1 Action de consacrer, dédicace à la divinité. *La consécration d'un temple.* ➛ *Consécration d'une église catholique.* ⇒ **bénédiction.** 2 Action par laquelle le prêtre consacre le pain et le vin, à la messe. 3 Action de sanctionner, de rendre durable. ⇒ **confirmation, sanction, ratification, validation.** *Cet événement fut la consécration de sa théorie.* ⇒ **apothéose, triomphe, victoire.** ✪ CONTR. Violation. Abolition, annulation.

❑ On ne retrouve pas formellement *sacré* dans *consécration.*

consécutif, ive adj. – XVe ; lat. *consequi* « suivre » 1 (au plur.) Qui se suivent immédiatement dans le temps, dans l'espace ou selon un ordre notionnel. *Il a plu pendant six jours consécutifs.* ⇒ **successif.** *Trois coups de feu consécutifs. Plusieurs infractions consécutives. Deux angles consécutifs.* 2 CONSÉCUTIF À : qui suit, résulte de, est une conséquence* de. ⇒ **résultant.** *La fatigue consécutive à un effort violent.* ✪ CONTR. Discontinu, simultané.

consécution n. f. – XIIIe ; lat. *consecutio* « action de suivre » ■ Suite, enchaînement. *Consécution de sons, d'images.*

consécutivement adv. – XIVe 1 Immédiatement après ; sans interruption. ⇒ **successivement.** *Il eut consécutivement deux accidents. Trois termes pris consécutivement dans une série.* 2 *Consécutivement à* : par suite de. ✪ CONTR. Simultanément.

conseil n. m. – X[e] ; lat. *consilium* « délibération, projet, conseil » **I - 1** Opinion donnée à qqn sur ce qu'il convient de faire. ⇒ **avis, proposition, recommandation, suggestion.** *Conseil judicieux, avisé, sage. « les conseils autorisés du capitaine Julian »* (Gide). *Conseil désintéressé. Conseil d'ami. « On ne donne rien si libéralement que ses conseils »* (La Rochef.). *« je vous demande de l'argent et non pas des conseils »* (Volt.). *Prendre conseil de, demander conseil à qqn,* le consulter. *Faire qqch. sur le conseil de qqn. J'ai suivi ses conseils. « Propos, conseil, enseignement, rien ne change un tempérament »* (La Font.). ➛ *Être de bon conseil* : donner de bons conseils, être avisé. *Un homme de bon conseil.* ➛ (menace) *Un bon conseil, ne vous mêlez pas de cela !* ♦ *Société de conseil en informatique.* 2 littér. Incitation qui résulte de qqch. *Les conseils de la colère.* ⇒ **impulsion.** *Les conseils de la raison.* ⇒ **voix. II - 1** Personne qui en assiste une autre dans la direction de ses affaires. *Conseil en recrutement, en communication. Ingénieur-conseil. Cabinet-conseil* **(⇒ ① audit, consultant).** 2 *Conseil juridique* : professionnel donnant des consultations et rédigeant des actes juridiques pour autrui. **III** Réunion de personnes qui délibèrent, donnent leur avis. ⇒ **assemblée, chambre, réunion, juridiction, tribunal.** *Les membres, le président d'un conseil. Le conseil délibère.* ➛ *Tenir conseil* : s'assembler pour délibérer. ♦ *Conseil européen,* composé des chefs d'État ou de gouvernement de l'Union européenne. ♦ (institutions françaises, sauf précision) *CONSEIL D'ÉTAT* : grand corps de l'État consulté pour avis avant présentation des projets de lois au Parlement et avant publication des règlements d'administration publique, qui exerce la juridiction suprême du contentieux administratif. ➛ *CONSEIL DES MINISTRES* : réunion des ministres sous la présidence du président de la République. ➛ *Conseil économique et social,* assemblée consultative. *Conseil constitutionnel,* chargé de veiller à la constitutionnalité des lois. ♦ *CONSEIL GÉNÉRAL* : assemblée délibérante composée de membres élus dans chaque département. ➛ *CONSEIL MUNICIPAL,* chargé de régler les affaires de la commune. *CONSEIL RÉGIONAL,* chargé de régler les affaires de la région. ♦ *CONSEILS SUPÉRIEURS* : organismes consultatifs, disciplinaires. *Conseil supérieur de la Magistrature.* ♦ *Conseil de sécurité* : organe de l'Organisation des Nations Unies, chargé du maintien de la paix. ♦ *Conseil de l'Europe* : organisation des pays d'Europe chargée d'élaborer les conventions européennes. ♦ *CONSEIL DE RÉVISION* : tribunal administratif qui était chargé de se prononcer sur l'aptitude au service militaire. ➛ *Conseil des prises,* statuant sur la validité des prises maritimes. ♦ *CONSEIL D'ADMINISTRATION* : dans une société anonyme (ou une association), réunion d'actionnaires (ou d'associés) désignés pour administrer les affaires de la société (ou de l'association). ➛ *Conseil de surveillance* : organe collectif chargé du contrôle du directoire dans les sociétés anonymes. ➛ *Conseil des prud'hommes* : juridiction d'arbitrage chargée de juger les conflits individuels du travail. ♦ *CONSEIL DE FAMILLE* : assemblée présidée par le juge des tutelles, composée de parents, chargée de veiller aux intérêts de la personne protégée. ♦ *CONSEIL DE DISCIPLINE,* faisant respecter la discipline. ➛ *Conseil de classe* : réunion des enseignants, des délégués des élèves et des parents d'élèves.

① **conseiller** v. tr. [1] – X[e] 1 *Conseiller qqch. à qqn,* lui indiquer ce qu'il convient de faire ou de ne pas faire. ⇒ **recommander.** *Je vous conseille la prudence. Ce médicament n'est pas conseillé dans votre cas.* ➛ (en incise) *« Laissez faire, lui avait conseillé Bernard »* (Carco). ♦ trans. ind. ⇒ **presser ; engager, inciter, pousser** (à). *« le notaire conseillait également au vieillard de se retirer près de sa fille et de vendre la maison »* (Zola). ➛ (menace) *Je vous conseille de ne pas recommencer ! « Je vous conseille de me laisser en paix. »* (Sand). 2 *Conseiller qqn,* le guider en lui indiquant ce qu'il doit faire. *Conseillé par son avocat, il plaida coupable. Vous avez été bien, mal conseillé.* ✪ CONTR. Déconseiller, dissuader. Consulter.

② **conseiller, ère** n. – X[e] 1 Personne qui donne des conseils. ⇒ **conducteur, directeur, guide, inspirateur, instigateur ; conseilleur.** *Un bon conseiller. « Un conseiller me choque en cette occasion. Et je ne prends avis que de ma passion »* (Corn.). loc. *La colère est mauvaise conseillère.* ♦ *Conseiller, conseillère d'orientation* : personne habilitée à juger de la meilleure orientation à donner à un élève. *Conseiller d'éducation,* chargé de l'administration intérieure et de la discipline, dans un collège, un lycée. ➛ *Conseiller en communication.* 2 Membre d'un conseil. *Conseillers d'État* : les membres hiérarchiquement les plus élevés du Conseil d'État. *Conseiller de préfecture.* ➛ *Conseiller municipal.* ♦ Juge de certaines cours judiciaires, de certains tribunaux administratifs. *Conseiller à la Cour des comptes.*

conseilleur, euse n. – XIIe ■ vx ou littér. ⇒ ② **conseiller** (1°).

consensuel, elle [kɔ̃sɑ̃sɥɛl] adj. – XIXe ; de *consensus* 1 Formé par le seul consentement des parties. *Accord consensuel.* 2 Fondé sur un consensus. *Discours politique consensuel.*

> ❑ Le suffixe *-uel* est lié aux noms latins en *-us,* ainsi *ponctus* et *ponctuel.*

consensus [kɔ̃sɛ̃sys] n. m. – XVIe ; mot lat. « accord » 1 Accord entre personnes. 2 Accord de plusieurs organes dans l'accomplissement d'une fonction vitale. 3 Accord d'une forte majorité de l'opinion publique. *Recueillir un large consensus.*

> ❑ La prononciation [kɔ̃sɑ̃sys] devient courante à cause de l'adjectif *consensuel* [kɔ̃sɑ̃sɥɛl], et rapproche le mot de *consentir.*

consentant, ante adj. – XIIe ■ Qui consent, accepte. *« une humiliation où l'humilié était consentant »* (Proust). ✪ CONTR. Récalcitrant.

consentement n. m. – XIIe ■ Acquiescement donné à un projet ; décision de ne pas s'y opposer. ⇒ **acceptation, accord, adhésion, agrément, approbation, assentiment, permission.** *Donner, accorder, refuser son consentement. Se marier sans le consentement de ses parents. Divorce par consentement mutuel. « Ce consentement de notre peuple au coup de force militaire »* (Mauriac). ✪ CONTR. Désaccord, interdiction, opposition, refus.

consentir v. tr. [16] – X[e] ; lat. **I** v. tr. ind. *CONSENTIR À* : accepter qu'une chose se fasse, ne pas l'empêcher. ⇒ **accéder, acquiescer, approuver,** se **prêter, souscrire.** *Les parents ont consenti au mariage.* ⇒ **autoriser, per-**

mettre. *Consentez-vous à épouser Mlle X ? J'y consens avec plaisir.* « *Tel consent à être trompé pourvu qu'on le lui dise* » (Proust). *Je consens à ce qu'il y aille. Des privations consenties* (par oppos. à *imposé*). **II** v. tr. dir. 1 Accepter. *Je consens qu'il vienne.* ⇒ **admettre, permettre.** 2 Accorder. ⇒ **concéder.** *Consentir un prêt, un délai.* ⇒ **octroyer.** « *Consentez un rabais sur le prix de cette terre* » (Stendh.). ✪ CONTR. Empêcher, interdire, opposer (s'), refuser.

conséquemment [kɔ̃sekamɑ̃] adv. – XIVe ▪ Par suite.

conséquence n. f. – XIIIe 1 Suite qu'une action, un fait entraîne. ⇒ **développement, effet, prolongement, réaction, résultat, retentissement, retombée, séquelle.** *Qu'est-ce que cela aura pour conséquence ? Cela peut avoir d'heureuses conséquences.* ⇒ **avantage.** *Conséquences sur qqch. Décision lourde de conséquences. Avoir pour, comme conséquence. Subir les conséquences de ses actes. Cela ne tire pas, ne porte pas à conséquence* : c'est sans inconvénient. « *ces choses accomplies qui ne tirent plus à conséquence* » (Ste-Beuve). ♦ *DE CONSÉQUENCE* : important, grave. *Affaire de peu de conséquence.* ➛ *Une personne de conséquence* : une personnalité. *Homme de peu de conséquence,* de peu de poids. ➛ *SANS CONSÉQUENCE* : sans suite fâcheuse. *Une erreur sans conséquence.* 2 Ce qui découle d'un principe. ⇒ **conclusion, déduction.** « *C'est un fait, voilà tout. Enregistrons-le et tirons-en les conséquences* » (Camus). ➛ *Par voie de conséquence* : par suite, par l'enchaînement causal. 3 *EN CONSÉQUENCE* : compte tenu de ce qui précède. « *l'individu qui a une conscience claire de lui-même et agit en conséquence* » (Ribot). ➛ Pour cette raison, par suite. ⇒ **donc.** *Les données sont insuffisantes, en conséquence les conclusions sont douteuses. En conséquence de quoi.* ✪ CONTR. Cause, condition, principe ; prémisse.

conséquent, ente adj. – XIVe ; lat. *consequi* « suivre » 1 Qui agit ou raisonne avec esprit de suite. ⇒ **cohérent,** ② **logique.** *Être conséquent avec ses principes, dans ses actions.* 2 *Le terme conséquent,* ou *le conséquent* (par rapport à *antécédent*) : conclusion d'un syllogisme. ➛ *Partie conséquente,* ou *la conséquente* : la seconde partie d'une fugue. ➛ *Rivière conséquente,* qui s'écoule parallèlement au pendage des couches, dans un relief à côte. *Percée conséquente,* faite par une rivière conséquente. 3 *PAR CONSÉQUENT* : comme suite logique. ⇒ **ainsi, dès** (lors), **donc,** ② **partant.** *Le sol* « *est entièrement argileux, par conséquent imperméable* » (J. Verne). 4 fam. (emploi critiqué) Important. *Une somme conséquente.* ⇒ **considérable.** *Il* « *se trouvait déjà dans une situation commerciale que la ville qualifiait de "conséquente"* » (Mauriac). ✪ CONTR. Absurde, incohérent, inconséquent.

conservateur, trice n. et adj. – XIVe 1 Personne préposée à la garde de qqch. ⇒ **gardien.** *Conservateur d'une bibliothèque, d'un musée,* qui l'organise et l'administre. *Conservateur des hypothèques* : fonctionnaire chargé de l'inscription et de la publication des hypothèques, des actes translatifs de propriété. 2 adj. Qui tend à maintenir l'ordre social existant. *Esprit conservateur. Parti conservateur* (opposé à *réformiste*). ➛ n. *Les conservateurs et les réformateurs.* « *ce feu qui suffit pour attacher l'homme à ses modestes richesses et faire de lui un conservateur* » (Mauriac). ♦ En Angleterre, Tory*. ♦ Favorable à une politique conservatrice. *Journal conservateur.* 3 Qui garde en bon état de conservation les aliments. *Agent conservateur.* ➛ n. m. « *le salicylate, très bon conservateur des produits alimentaires* » (Goncourt). *Jus de fruit sans conservateur.* ♦ n. m. Partie d'un réfrigérateur qui permet la conservation d'aliments congelés. ⇒ **congélateur.** ✪ CONTR. Novateur, progressiste, révolutionnaire.

conservation n. f. – XIIIe 1 Action de conserver, de maintenir intact ou dans le même état. ⇒ **entretien,** ① **garde, maintien, préservation, protection,** ① **sauvegarde.** *Instinct de conservation,* de soi-même, de sa propre vie. « *l'instinct de conservation, l'horreur du risque, l'emportent sur l'amour* » (Maurois). ♦ *Conservation des aliments par le froid, par la chaleur, par le fumage, le salage, l'emploi de conservateurs. Date limite de conservation.* ♦ *Conservation des sols* : moyens mis en œuvre pour empêcher l'érosion des sols. 2 Charge de conservateur (1°). 3 État de ce qui est conservé. ⇒ **maintien.** *État de parfaite conservation.* 4 *Loi de conservation,* exprimant la constante d'une grandeur physique lors d'une transformation d'un système isolé. ✪ CONTR. Altération, détérioration, gaspillage, perte.

conservatisme n. m. – XIXe ▪ Prise de position morale, intellectuelle des conservateurs, de ceux qui sont hostiles à une évolution. ⇒ **conformisme, traditionalisme.** « *un conservatisme buté au service d'intérêts avides* » (Mauriac). ✪ CONTR. Progressisme.

① **conservatoire** adj. – XIVe ▪ Qui a pour but de conserver des biens ou des droits menacés. *Saisie conservatoire* (opposé à *exécutoire*).

② **conservatoire** n. m. – XVIIIe 1 (en France) *Conservatoire national supérieur de musique ; Conservatoire supérieur d'art dramatique, le Conservatoire* : établissements assurant la formation des musiciens professionnels, des comédiens. ➛ École qui forme des musiciens, des comédiens. *Conservatoires municipaux.* 2 *Le Conservatoire national des arts et métiers* (*CNAM* [knam]) : établissement fondé en 1794 pour conserver des collections concernant l'histoire des sciences et des techniques et qui dispense un enseignement.

conserve n. f. – XIVe **I** Aliment préparé pour être conservé (fumé, séché, etc.). ⇒ **confit, confiture, semi-conserve.** ♦ Substance alimentaire stérilisée et conservée dans un récipient hermétique. *Boîte de conserve. Lait de conserve,* en poudre, condensé. ➛ *Des petits-pois en conserve,* en boîte (opposé à ① *frais*). *Mettre en conserve.* ♦ *Faire, préparer des conserves. Conserves de fruits.* « *conserves de poisson, thon en miettes, sardines à l'huile* » (Perec). ➛ Le contenu de la boîte. *Conserves et surgelés.* **II** *Naviguer de conserve* : suivre la même route. ➛ *Aller de conserve,* en compagnie. « *les deux pas lourds se sont éloignés de conserve* » (Robbe-Grillet). ➛ *Agir de conserve,* en accord.

> ❑ On emploie plutôt la locution *de concert* (pour dire « en accord ») qui est mieux comprise.

conservé, ée adj. – XVIIIe ▪ *Personne bien conservée,* qui ne paraît pas son âge.

conserver v. tr. [1] – IXe ; lat. 1 Maintenir en bon état, préserver de l'altération, de la destruction. ⇒ **entretenir, garantir, garder, protéger, sauvegarder, sauver.** *Conserver sa souplesse. Conserver la ligne* : ne pas prendre de poids. « *d'énormes jarres d'argile comme celles où l'on conserve l'huile* » (Gaut.). ➛ *Conserver des produits alimentaires.* ⇒ **conserve.** pronom. *La viande se conserve au froid.* ♦ Maintenir dans un certain état. *Conserver son honneur intact.* 2 Maintenir présent, intact ; faire durer. « *Conserver ce qu'on possède et s'approprier à l'occasion ce que possède le voisin. C'est toute la politique capitaliste* » (Mart. du G.). *Conserver des relations avec qqn. Conserver son emploi. Conserver un souvenir.* pronom. *Les monuments anciens qui se sont conservés.* ⇒ **rester, subsister.** 3 Ne pas perdre. ⇒ **garder.** *Conserver son calme. Conserver sa tête, toute sa tête,* ses facultés mentales. *Son teint a conservé son éclat.* 4 Garder avec soi, ne pas jeter. « *J'ai conservé ce petit traité écrit en arabe* » (Chateaub.). ✪ CONTR. Altérer, détruire, gâter (se). Perdre. Débarrasser (se), jeter.

conserverie n. f. – 1942 1 Usine de conserves alimentaires. 2 Industrie des conserves.

considérable adj. – XVIe 1 vieilli Qui attire la considération. ⇒ **éminent, notable, remarquable.** *Situation considérable.* 2 Très important. ⇒ **énorme, grand, gros, immense, important, imposant.** « *dans la salle, une foule considérable est rassemblée* » (Robbe-Grillet). *Sommes considérables. Travail considérable.* ✪ CONTR. Faible, insignifiant, petit.

considérablement adv. – XVIIe ■ En grande quantité ; beaucoup. ⇒ **énormément.** « *Un homme qui par un discours peut renverser un ministère, donc modifier considérablement les destinées de son pays* » (Sartre).

considérant n. m. – XVIIIe ; de *considérant que* ■ Considération qui motive un décret, une loi, un jugement. ⇒ **attendu, motif.**

considération n. f. – XIIe 1 Action d'examiner avec attention. ⇒ **étude, examen.** *Affaire qui demande une longue considération.* ➤ *Être digne de considération. Prendre en considération :* tenir compte de. 2 plur. Observations sur un sujet. ⇒ **réflexion, remarque.** *S'en tenir à des considérations générales.* 3 Motif, raison que l'on considère pour agir. *Des considérations d'ordre moral. Je ne puis entrer dans ces considérations.* ➤ *EN CONSIDÉRATION DE ; PAR CONSIDÉRATION POUR :* en tenant compte de, eu égard à. « *Nous prenons des intérêts normaux qui ont été établis en considération de nos frais et de nos risques* » (Sartre). 4 littér. Estime que l'on porte à qqn. ⇒ **déférence, égard.** « *Ils ont beaucoup de considération pour moi* » (Stendh.). *C'est par considération pour votre père que... Jouir de la considération générale.* ⇒ **crédit, renommée.** ♦ *Agréez l'assurance de ma considération distinguée.* ✪ CONTR. Déconsidération, dédain, ignorance, mépris.

considérer v. tr. [6] – XIIe ; lat. 1 Regarder attentivement. ⇒ **observer.** « *loin de chercher l'occasion de regarder les gens à la dérobée* [il] *les considérait le plus souvent bien en face* » (Romains). 2 Envisager, par un examen attentif, critique. ⇒ **étudier, examiner.** *Considérer une chose sous tous ses aspects. Ne considérant que son devoir.* ➤ *Tout bien considéré :* en tenant compte de tous les aspects de la question. 3 Faire cas de (qqn). ⇒ **estimer, respecter.** *Il nous considère. Il est très bien considéré.* 4 *CONSIDÉRER COMME :* estimer, juger. ⇒ **prendre** (pour), **regarder, réputer, tenir** (pour). *Le médecin le considère comme guéri. Je le considère comme mon frère.* « *il les considérait comme faisant partie d'une race de parias* » (Proust). ➤ pronom. « *malgré le partage de la succession, Frédéric se considère toujours comme le maître* » (Chardonne). ♦ *CONSIDÉRER QUE.* ⇒ **penser.** *Elle considère que ce serait plus facile.* « *considérant que Chopin n'était pas de la musique* » (Proust). ✪ CONTR. Déconsidérer, dédaigner, ignorer, mépriser, mésestimer.

> ❑ *Considérer* suivi d'un attribut sans *comme* est critiqué : *Elle le considère responsable.* « *Je me considérais bien servi* » (Céline). C'est peut-être un calque de l'anglais.

consignataire n. m. – XVIIe 1 Dépositaire d'une somme consignée. ➤ Préposé à la garde des dépôts et consignations. 2 Intermédiaire qui reçoit des marchandises en dépôt. ⇒ **commissionnaire, mandataire.** ➤ Agent maritime qui représente un armateur et assiste le navire lors de son passage dans un port. ⇒ **transitaire.**

> ❑ Ne pas confondre avec *cosignataire* « qui signe avec qqn d'autre ».

consignation n. f. – XIVe 1 Dépôt dans une caisse publique, chez un auxiliaire de justice ou un tiers, de sommes ou valeurs dues à un créancier qui ne peut ou ne veut pas les recevoir. ♦ Somme, valeur consignée. 2 Remise d'une marchandise à un agent afin qu'il la vende pour le compte du fournisseur. *Vente en consignation. Marchandises en consignation.* 3 Action de consigner un emballage. ➤ Consigne (4°).

consigne n. f. – XVe 1 Instruction stricte donnée à un militaire, un gardien, sur ce qu'il doit faire. ⇒ **ordre.** *C'est la consigne.* ⇒ **règlement.** « *il avait donné des consignes impératives* » (Duham.). « *Cette administration militaire qui brouille les attributions, superpose les consignes aux consignes* » (Alain). 2 Défense de sortir par punition. *Donner quatre heures de consigne à un élève.* ⇒ **retenue** ; fam. **colle.** 3 Service chargé de la garde des bagages déposés provisoirement ; lieu où les bagages sont déposés. *Il* « *partit déposer son sac à la consigne de la gare de l'Est* » (Mart. du G.). *Consigne automatique.* 4 Somme remboursable versée à celui qui consigne un emballage.

consigner v. tr. [1] – XIVe ; lat. « sceller » 1 Remettre en dépôt, en garantie. ⇒ ① **déposer.** *Consigner une somme d'argent à la Caisse des dépôts.* ➤ Adresser à un consignataire. *Consigner une cargaison.* 2 Mentionner, rapporter par écrit. ⇒ **enregistrer.** *Consigner qqch. au procès-verbal. Consigner une pensée.* ⇒ **écrire, noter.** 3 Empêcher (qqn) de sortir par mesure d'ordre, par punition. ⇒ **retenir.** « *J'étais consigné à la caserne* [...] *pour avoir fait trois fautes dans le maniement d'armes* » (Vigny). ♦ *Consigner un élève indiscipliné.* ⇒ fam. **coller.** 4 Interdire l'accès de. *Consigner sa porte à qqn.* 5 Mettre à la consigne. *Consigner ses bagages.* 6 Facturer (un emballage) en s'engageant à reprendre et à rembourser. ➤ *Bouteille de butane consignée.* ✪ CONTR. Retirer. Omettre, taire. Délivrer, libérer.

consistance n. f. – XVe 1 État d'un corps relativement à sa solidité, à la cohésion de ses parties. ⇒ **dureté, fermeté, solidité.** « *la consistance râpeuse et dure de l'argile sèche* » (Jaloux). ➤ État d'un liquide qui devient pâteux, s'épaissit, se coagule. *Prendre consistance.* 2 État de ce qui est solide et cohérent. ⇒ **fermeté, force, solidité, stabilité.** *Caractère sans consistance,* sans fermeté, irrésolu. « *ces idées légères, déliées, sans consistance* » (Buff.). ✪ CONTR. Inconsistance.

consistant, ante adj. – XVIe 1 Qui a de la consistance. ⇒ **cohérent, dur,** ① **ferme, solide.** « *de grandes nuées qui paraissaient consistantes comme des choses terrestres* » (Loti). *Sauce consistante.* ⇒ **épais, visqueux.** 2 fam. Qui nourrit. *Un petit déjeuner consistant.* ⇒ **copieux, solide, substantiel.** 3 Qui est stable et cohérent. *Argument consistant.* 4 *Système consistant* : théorie dans laquelle deux formules contraires ne peuvent être démontrées à la fois. ✪ CONTR. Inconsistant.

> ❑ L'emploi de *consistant* dans *système consistant* est critiqué comme anglicisme pour *cohérent.*

consister v. intr. [1] – XIVe ; lat. « se tenir ensemble » 1 *CONSISTER EN, DANS.* Être constitué par. ⇒ se **composer.** *Mobilier qui consiste en une chaise, une table et un lit.* ⇒ **comporter, comprendre.** *En quoi consiste votre projet ?* quel est votre projet ? « *Le bonheur ou le malheur consistent dans une certaine disposition d'organes* » (Montesq.). ⇒ **résider.** 2 (avec inf.) Avoir comme caractère essentiel. *CONSISTER À.* « *la vraie qualité d'un mécanicien* [...] *consistait à marcher d'une façon régulière* » (Zola). « *Le procédé qui consiste à venir vous surprendre la nuit* » (Breton).

consistoire n. m. – XIIe ; lat. *consistere* « se tenir ensemble » 1 Assemblée de cardinaux convoqués par le pape.

2 *Consistoire protestant, israélite :* assemblée de ministres du culte et de laïques élus pour diriger les affaires d'une communauté religieuse.

consistorial, iale, iaux adj. – XVe ▪ Qui appartient à un consistoire.

consœur n. f. – XIVe ▪ Femme appartenant à une profession libérale, un corps constitué, considérée par rapport aux autres membres de cette profession. ⇒ **collègue, confrère.**

consolable adj. – XVe ▪ Qui peut être consolé. ✪ CONTR. Inconsolable.

consolant, ante adj. – XVe ▪ Propre à consoler. ⇒ **apaisant, consolateur, réconfortant.** *Parole consolante.* « *un monde parfois consolant et parfois terrible* » (Malraux). ✪ CONTR. Désolant, navrant.

consolateur, trice n. et adj. – XIIIe ▪ littér. Personne qui console, qui cherche à consoler.

consolation n. f. – XIe 1 Soulagement apporté à la douleur, à la peine. ⇒ **réconfort, soulagement.** *Chercher une consolation à un chagrin ; dans la boisson.* 2 Sujet d'allégement d'une peine. *C'est une grande consolation pour lui de la savoir heureuse.* ➛ *Prix de consolation.* ♦ (personne) « *Venez, vous serez ma consolation dans cette solitude* » (Fén.). ✪ CONTR. Tourment.

console n. f. – XVIe ; de *sole* « poutre » 1 Moulure saillante en forme de volute ou de S, et qui sert de support. ⇒ **corbeau.** *Console d'une corniche.* 2 Table-applique, à deux pieds en console. « *les yeux fixés sur des pendules en bois d'argent* [...] *des consoles en acajou d'or* » (Giraud.). 3 Meuble placé devant le buffet d'un orgue, et qui comporte les claviers, registres, le pédalier. 4 Périphérique d'ordinateur servant au dialogue entre l'homme et la machine. ⇒ ② **terminal.** *Console de jeux vidéo.*

consoler v. tr. [1] – XIIIe ; lat. *consolari* 1 Soulager (qqn) de son chagrin, de sa douleur. ⇒ **calmer, rasséréner, réconforter.** *Consoler un enfant qui pleure.* « *Tu me plains sans me consoler !* » (Muss.). *Consoler qqn de sa peine.* « *j'avais besoin d'être consolé* » (Volt.). ➛ Apporter un réconfort, une compensation à. « *Ce souvenir le consola de bien des regrets* » (Giraud.). *Ça me console de savoir que...* 2 v. pron. Recevoir, éprouver de la consolation. « *il se consolait de son indolence en disant du mal de ceux qui s'agitent* » (R. Rolland). ➛ *Ils se sont consolés ensemble.* ✪ CONTR. Accabler, affliger, attrister, ① chagriner, désoler, peiner, tourmenter.

consolidation n. f. – XIVe 1 Action de consolider, de rendre plus solide. ⇒ **affermissement, renfort, réparation, stabilisation.** *Consolidation d'un mur.* ♦ Rapprochement et soudure de parties d'os. *Consolidation d'une fracture.* ➛ Stabilisation d'une maladie, d'une lésion. 2 Réaménagement d'une dette. ⇒ **rééchelonnement.** *Consolidation de rentes, de valeurs :* conversion de titres remboursables à court terme en titres à long terme ou perpétuels. ♦ Technique de présentation des comptes globaux d'un groupe. *Consolidation du bilan.*

consolidé, ée adj. et n. – XVIIIe ▪ *Compte d'exploitation consolidé,* intégrant globalement les avoirs et les dettes des filiales que possède une entreprise.

consolider v. tr. [1] – XIVe ; lat. *solidus* « massif » 1 Rendre plus solide, plus stable. ⇒ **affermir, étayer, fortifier.** *Consolider une couture.* ⇒ **renforcer.** ♦ Rendre solide, durable. ⇒ **cimenter, confirmer, enraciner, implanter.** *Consolider une alliance.* « *notre démocratie, encore insuffisamment consolidée* » (Mauriac). ➛ pronom. *Le régime s'est consolidé.* 2 *Consolider une dette :* réaménager ses échéances sur un plus long terme. ➛ *Consolider le bilan d'un groupe industriel.* ✪ CONTR. Abattre, affaiblir, démolir, ébranler, miner, saper.

consommable adj. – XVIe ▪ Qui peut être consommé. ⇒ **mangeable.**

consommateur, trice n. – XVIe 1 Personne qui utilise des marchandises, des richesses, des services pour la satisfaction de ses besoins. ⇒ **acheteur, client.** « *animant un gigantesque Mouvement de Défense des Consommateurs* » (Perec). ⇒ **consumérisme.** ➛ adj. *Pays producteurs et consommateurs.* 2 Personne qui prend une consommation dans un café, un restaurant. « *une foule de consommateurs, assis ou debout* » (Robbe-Grillet). fig. *Les Américains* « *sont de grands consommateurs de lieux communs* » (Claudel). ✪ CONTR. Producteur.

consommation n. f. – XIIe I Action d'amener une chose à son plein accomplissement. ⇒ **achèvement, couronnement,** ① **fin, terminaison.** *La consommation du mariage :* l'union charnelle. loc. *Jusqu'à la consommation des siècles :* jusqu'à la fin des temps. II - 1 Action de faire des choses un usage qui les détruit ou les rend ensuite inutilisables. *Faire une grande consommation d'électricité.* ♦ Utilisation de biens et de services. *Publicité qui pousse à la consommation.* ➛ *Biens de consommation :* biens dont l'utilisation détermine la satisfaction immédiate d'un besoin (opposé à *biens de production*). ➛ *Société de consommation :* société où le système économique pousse à consommer et suscite des besoins. 2 Ce qu'un client commande au café. ⇒ **boisson, rafraîchissement.** « *On boit la dernière, puis on fait une manille à trois pour savoir qui paiera les consommations ?* » (Pagnol). ✪ CONTR. Production.

consommé, ée adj. et n. m. – XIVe 1 Parvenu à un degré élevé de perfection. ⇒ **accompli, achevé, parfait.** « *Ce connaisseur consommé des beautés artistiques* » (Proust). *Habileté consommée.* 2 n. m. Bouillon de viande concentré. *Un consommé de poulet.*

consommer v. tr. [1] – XIIe ; lat. *consummare* « faire la somme » I littér. Mener (une chose) au terme de son accomplissement. ⇒ **achever, couronner, parfaire, terminer.** *Consommer un forfait.* ⇒ **accomplir, commettre, perpétrer.** ➛ *Consommer le mariage :* accomplir l'union charnelle. II - 1 Amener (une chose) à destruction en utilisant sa substance, en faire un usage qui la rend ensuite inutilisable. ⇒ **user** (de), **utiliser.** *Consommer des aliments.* « *on imagine ce qu'il a fallu consommer de ce bois sec pour maintenir la vapeur en suffisante pression* » (J. Verne). *Consommer de l'électricité.* ⇒ **brûler, consumer, employer.** ➛ pronom. *Ce plat se consomme froid.* 2 intrans. Prendre une consommation au café. *Consommer au comptoir.* 3 User. *Cette voiture consomme trop d'essence ; elle consomme trop.* ✪ CONTR. Commencer, laisser. – Produire.

❑ On employait autrefois *consommer* pour *consumer* au figuré : « *Cette exécrable, horrible fièvre quarte Qui me consomme et le corps et le cœur* » (Ronsard).

consomptible adj. – XVIe ; lat. ▪ Dont on ne peut se servir sans le détruire. *Biens consomptibles par le premier usage* (par ex. charbon, aliments).

❑ Ne pas confondre *consomptible* et *jetable**.

consomption n. f. – XIVe ; lat. ▪ littér. Amaigrissement et dépérissement observés dans toute maladie grave et prolongée. ✪ CONTR. Santé, vigueur ; rétablissement.

consonance n. f. – XIIe 1 Ensemble de sons considéré comme agréable à l'oreille (opposé à *dissonance*). 2 Uniformité ou ressemblance du son final de deux ou plusieurs mots. ⇒ **assonance, rime.** 3 Succession, ensemble de sons. *Un nom de consonance grecque.* ✪ CONTR. Dissonance.

❑ Tous les mots préfixés de la famille de *son* prennent un seul *n*, sauf *consonne.*

consonant, ante adj. – XIIe ; lat. *consonare* « résonner ensemble », de *sonus* « son » ▪ Qui produit une consonance ; est formé de consonances. *Accords consonants.* ✪ CONTR. Dissonant.

consonantique adj. – XIXe ▪ Des consonnes. *Système consonantique* (opposé à *vocalique*).

consonne n. f. – XVIe ; lat. « dont le son se joint à » 1 Son produit par un rétrécissement ou un arrêt du passage de l'air. ⇒ aussi **semi-consonne.** « *La voyelle est la voix,* vox, *et la consonne, l'instrument, l'accompagnement* sonat cum » (Hugo). 2 Lettre représentant une consonne. *Les vingt consonnes de l'alphabet français. Consonne double géminée* (ex. *ll, tt*) ; *consonne muette* (*g* et *t* dans « doigt »).

❑ La *loi des 3 consonnes* est une généralité selon laquelle trois consonnes qui se suivent développent en français à l'oral la présence d'un *e* prononcé *(brusque changement* [bʀyskəʃɑ̃ʒmɑ̃]*)*, même s'il n'existe pas à l'écrit (*à l'est de Paris* [alɛstədəpaʀi]) ; d'autres langues, comme le russe, peuvent cumuler de nombreuses consonnes. → est, ouest, match, parc (rem.).

consort n. m. et adj. m. – XIVe ; lat. *consors* « qui partage le sort » 1 au plur. et péj. *Untel et consorts,* et ceux qui agissent avec lui ; et les gens de même espèce. 2 adj. *PRINCE CONSORT* : époux d'une reine, quand il ne règne pas lui-même.

consortial, iale, iaux adj. – XIXe ▪ D'un consortium. *Crédits consortiaux.*

consortium [kɔ̃sɔʀsjɔm] n. m. – XIXe ; mot lat. « association » ▪ Groupement d'entreprises constitué pour la réalisation d'une opération financière ou économique. *Des consortiums d'achat.*

consoude n. f. – XIIIe ; lat. *consolidare* « affermir » ▪ Plante des fossés humides *(borraginacées)* aux grandes tiges velues.

conspirateur, trice n. – XVe ▪ Personne qui conspire. ⇒ **comploteur, conjuré.** *Un air de conspirateur,* mystérieux.

conspiration n. f. – XIIe 1 Accord secret entre plusieurs personnes en vue de renverser le pouvoir établi. ⇒ **complot, conjuration, ligue.** *Fomenter une conspiration.* 2 Entente dirigée contre qqn ou qqch ⇒ **association, brigue, cabale, intrigue.** « *quelque conspiration contre vos intérêts* » (Mol.). *Conspiration du silence.* ➜ (sens affaibli) *Vous aussi vous m'encouragez dans cette voie, c'est une conspiration !* (cf. Coup* monté).

❑ Au sens propre ce mot est vieilli et remplacé par *complot.*

conspirer v. [1] – XIIe ; lat. « s'accorder » 1 v. tr. vieilli Poursuivre secrètement, avec d'autres (un but commun). ⇒ **comploter.** 2 v. intr. mod. Préparer une conspiration ou y participer. *Conspirer contre la République.* « *Quand M. de Talleyrand ne conspire pas, il trafique* » (Chateaub.). 3 trans. ind., vieilli *CONSPIRER À* : contribuer à. ⇒ **concourir,** ① **tendre** (à). « *tout semblait conspirer au bonheur de cette journée* » (Rouss.). « *Toute la nature conspire à t'avertir* » (Volt.).

conspuer v. tr. [1] – XVIe ; lat. « cracher sur » ▪ Manifester bruyamment, publiquement et en groupe contre. ⇒ **bafouer, huer, injurier.** *Conspuer un orateur.* ✪ CONTR. Ovationner.

constable n. m. – XVIIIe ; mot angl., de l'a. fr. *conestable* ▪ Dans les pays anglo-saxons, Officier de police.

constamment adv. – XVe ▪ D'une manière constante, continuelle, sans interruption. ⇒ **continuellement.** « *les baguettes de parfum que les prêtres brûlent constamment devant les dieux* » (Loti). *Il est constamment fatigué.* ⇒ **toujours.** ✪ CONTR. Jamais, quelquefois, rarement.

constance n. f. – XIIIe 1 vieilli Force morale, fermeté d'âme. ⇒ **courage.** 2 littér. Persévérance. *Travailler avec constance.* ⇒ **ténacité.** ♦ fam. Patience. *Vous avez de la constance !* 3 Qualité de ce qui ne cesse d'être le même. ⇒ **continuité, invariabilité, permanence, persistance, régularité, stabilité.** « *La seule forme de constance du moi, c'est la mémoire* » (Maurois). *La constance d'un phénomène.* ✪ CONTR. Inconstance. Changement, instabilité, variabilité.

constant, ante adj. – XIIIe ; lat. *constare* « s'arrêter » 1 littér. Qui est persévérant. ⇒ **assidu, obstiné, opiniâtre, persévérant.** *Être constant dans la poursuite d'un but.* « *Un travail constant, soutenu* » (Balz.). 2 Qui persiste dans l'état où il se trouve ; qui ne s'interrompt pas, ne varie pas. ⇒ **continu, durable, immuable, permanent, persistant.** *Cette digue* « *a eu pour but de donner à la rivière un niveau constant* » (J. Verne). *C'est un souci constant.* ♦ *Quantité constante.* ⇒ **invariable.** ➜ *Valeur, vitesse, température constante.* ➜ *En francs constants* : d'après la valeur monétaire calculée en éliminant l'effet de l'érosion monétaire (opposé à *en francs courants*). ✪ CONTR. Inconstant. Changeant, instable, variable.

constantan n. m. – 1922 ; o. i., p.-ê. de *constant* ▪ Alliage de cuivre et de nickel dont la résistance électrique varie peu avec la température.

constante n. f. – XVIIe 1 Quantité qui garde la même valeur. ♦ Fonction constante qui à tout élément associe une même image. ➜ Nombre remarquable. *La constante d'Euler.* ♦ *Constante physique universelle* : grandeur qui, mesurée dans un système d'unités cohérent, est invariable. *La constante de Planck.* 2 Caractéristique invariable. ⇒ **invariant.** *Les constantes de l'histoire.* ✪ CONTR. Variable.

constat n. m. – XIXe ; mot lat. « il est certain », de *constare* « constater » 1 Procès-verbal dressé pour décrire un état de fait. *Constat d'huissier.* « *Méfie-toi ! Fais d'abord faire un constat, c'est la loi* » (Bernanos). 2 Résultat de l'examen d'une évolution, d'une situation (⇒ **bilan**). *Un constat d'échec, d'impuissance.*

constatation n. f. – XVIe 1 Action de constater. ⇒ **observation.** *Faire une constatation. Constatation des dégâts. Je suis arrivé à la constatation suivante : à la constatation que nous devrions renoncer.* 2 Fait constaté et relaté. *Les constatations d'une enquête.*

constater v. tr. [1] – XVIIIe ; lat. *constare* 1 Établir par expérience directe la vérité, la réalité de ; se rendre compte de. ⇒ **enregistrer, noter, observer, remarquer, sentir, voir.** *Constater une erreur.* ⇒ **découvrir.** « *on constate des fuites de pièces* » (Mart. du G.). « *Je ne suis pas défaitiste : je constate la défaite* » (Sartre). *Vous pouvez constater vous-même, par vous-même qu'il n'est pas venu.* 2 Consigner (ce qu'on a constaté). *Médecin qui constate un décès.* ➜ (en incise) *Pas de chance ! constata-t-il.* ✪ CONTR. Négliger, omettre, oublier.

constellation n. f. – XVIe ; lat. *stella* « étoile » 1 Groupe d'étoiles présentant une figure conventionnelle déterminée. *La constellation de la Grande Ourse. Constellations zodiacales.* « *la beauté indicible du ciel nocturne rempli d'étoiles avec les dessins de leurs* *constellations* » (Le Clézio). 2 littér. Groupe d'objets brillants. *Constellation de lumières.*

❑ Mot savant à rapprocher de *stellaire.*

constellé, ée adj. – XVIe 1 Parsemé d'étoiles. ⇒ **étoilé.** 2 Parsemé d'objets ou de points brillants. « *vestes de brocard constellées de perles* » (Gaut.). ➛ fig. *Robe constellée de taches.*

consteller v. tr. 1 – XIXe ▪ Couvrir, parsemer d'étoiles, de points brillants.

consternant, ante adj. – XIXe ▪ Qui consterne. ⇒ **désolant, navrant.** *Une nouvelle consternante.* ➛ *Il est d'une bêtise consternante.*

consternation n. f. – XVIe ▪ Le fait de consterner ; état de qui est consterné. ⇒ **accablement, désolation.** *Nouvelle qui jette la consternation.* « *la consternation se peint sur les figures* » (Loti). ✪ CONTR. Joie.

consterner v. tr. 1 – XIVe ; lat. « abattre » 1 Jeter brusquement dans un abattement profond. ⇒ **accabler, anéantir, atterrer, désoler, navrer.** *Cette nouvelle m'a consterné.* ➛ *Air consterné.* 2 Attrister et étonner. *Son incompétence nous consternait.* ✪ CONTR. Réjouir.

constipation n. f. – XIIIe ▪ Difficulté dans l'évacuation des selles. ✪ CONTR. Diarrhée.

constiper v. tr. 1 – XIVe ; lat. « serrer » 1 Causer la constipation de. *Certains aliments constipent.* « *C'est l'anxiété qui me constipait, je crois* » (Beckett). ➛ *Il est constipé.* 2 fam. CONSTIPÉ, ÉE : contraint, embarrassé. ⇒ **coincé, crispé, guindé, pincé.** *Un air constipé.* ✪ CONTR. Relâcher.

constituant, ante adj. et n. – XVe 1 Qui entre dans la constitution d'un tout. ⇒ **constitutif.** *Éléments constituants d'un mélange.* ➛ n. m. *Les constituants de la matière.* ♦ *Constituants immédiats d'une phrase* : éléments organisés en arbre dans l'analyse structurale d'une phrase. 2 adj. *Assemblée constituante,* chargée de faire une Constitution. ➛ n. m. *Les constituants* : membres de cette assemblée.

constitué, ée adj. – XVIIe 1 *Personne bien, mal constituée,* dont la constitution physique est bonne ou mauvaise. 2 *Corps constitués,* établis par la Constitution (⇒ **corps** IV, 1°).

constituer v. tr. 1 – XIIIe ; lat. 1 Établir dans une situation légale. ⇒ ① **faire, instituer.** *Il l'a constitué son héritier.* ➛ pronom. *Il s'est constitué prisonnier. Se constituer partie civile*.* ⇒ se **porter.** 2 Créer à l'intention de qqn. *Constituer une rente à qqn.* « *tout en se constituant un capital par des voies plus ou moins licites* » (Balz.). 3 Concourir, avec d'autres éléments, à former. ⇒ **composer.** *Assemblée constituée de vingt membres.* ➛ Former l'essence de, être. ⇒ **consister** (en). *Sa présence constitue une menace.* ⇒ **représenter.** 4 Organiser, créer. ⇒ **édifier, fonder, monter.** *Constituer une société commerciale.* ➛ *Le gouvernement constitué par le Premier ministre.* ✪ CONTR. Destituer. Décomposer. Abattre, défaire, renverser.

constitutif, ive adj. – XVe 1 Qui établit juridiquement qqch. 2 Qui entre dans la composition de. ⇒ **constituant.** *Les éléments constitutifs de l'eau.*

constitution n. f. – XIIe ; lat. « institution » **I** - 1 Action d'établir légalement. ⇒ **établissement, institution.** *Constitution de pension.* ➛ *Constitution de partie civile* : demande de dommages-intérêts formulée par la victime d'une infraction. ♦ *Constitution d'avocat* : choix d'un défenseur dans une instance civile. 2 Manière dont une chose est composée. ⇒ **composition, structure.** *Constitution d'un corps, d'une substance.* 3 Ensemble des caractères d'un individu. ⇒ **complexion, conformation.** *Être d'une robuste constitution. Un enfant de constitution délicate.* « *la peste épargnait les constitutions faibles et détruisait surtout les complexions vigoureuses* » (Camus). 4 Action de constituer un ensemble ; son résultat. ⇒ **composition, construction, création, édification, élaboration, fondation, formation, organisation.** *La constitution d'un dossier.* **II** - 1 Charte, textes fondamentaux qui déterminent la forme du gouvernement d'un pays. *Voter une Constitution.* « *Il n'y aura jamais de bonne et solide constitution que celle où la loi régnera sur les cœurs des citoyens* » (Rouss.). *Réviser, réformer la Constitution. Constitution républicaine. La Constitution française, américaine.* 2 Loi fondamentale. *Les constitutions apostoliques ou papales.* ⇒ ① **bulle.** 3 *Constitution civile du clergé* : décret du 12 juillet 1790 qui organisait le clergé séculier français. ✪ CONTR. Annulation, désorganisation, dissolution.

constitutionnaliser v. tr. 1 – XIXe ▪ Donner un caractère constitutionnel à (un texte législatif).

constitutionnalité n. f. – XVIIIe ▪ Caractère de ce qui est conforme à la Constitution. *Constitutionnalité des lois.* ✪ CONTR. Inconstitutionnalité.

constitutionnel, elle adj. – XVIIIe **I** Qui constitue, forme l'essence de qqch. ➛ Qui tient à la constitution de qqn. *Faiblesse constitutionnelle.* **II** - 1 Soumis à une Constitution. *Monarchie constitutionnelle* (⇒ ① **parlementaire**). ♦ Conforme à la Constitution. ♦ Relatif à la Constitution d'un État. *Loi constitutionnelle.* ⇒ **organique.** 2 Partisan de la Constitution. *Le parti constitutionnel.* ➛ *Clergé constitutionnel.* ⇒ **assermenté.** 3 *Droit constitutionnel,* qui étudie les Constitutions. ✪ CONTR. Anticonstitutionnel, inconstitutionnel.

constitutionnellement adv. – XVIIIe ▪ D'une manière conforme à la Constitution. ✪ CONTR. Anticonstitutionnellement, inconstitutionnellement.

constricteur adj. m. – XVIIe ; lat. *constringere* « serrer » 1 Se dit des muscles qui resserrent un organe de manière circulaire (opposé à *dilatateur*). 2 *Boa constricteur,* qui étouffe ses proies en les étreignant dans ses anneaux.

constrictif, ive adj. – XIVe 1 Constricteur. 2 Se dit d'une consonne produite par une constriction du canal vocal. ⇒ **fricatif.**

constriction n. f. – XIVe 1 Action de resserrer en pressant tout autour. ⇒ **étranglement, resserrement.** 2 Fait de se resserrer. *Constriction des vaisseaux sanguins.* ➛ Forme qui en résulte. *La colonne a* « *des changements de calibre, des évasements, des constrictions, des renflements en boules ou en fuseaux* » (Robbe-Grillet).

❑ Ce mot a perdu sa relation avec *contraindre,* à la différence de *restreindre* par rapport à *restriction.*

constructeur, trice n. m. et adj. – XIVe ; lat. *construere* « construire » 1 Personne qui construit. *Constructeur d'automobiles.* ⇒ **fabricant.** « *la France compte encore des urbanistes et des constructeurs sans rivaux* » (Giraud.). ⇒ **architecte, bâtisseur.** 2 adj. *Animaux, esclaves constructeurs.* ✪ CONTR. Destructeur, liquidateur.

constructible adj. – XIXe 1 Où l'on a le droit de construire un édifice. *Terrain constructible.* 2 Qui peut être tracé à la règle et au compas. *Polygone constructible.*

constructif, ive adj. – XVe ▪ Capable de construire, de créer. ⇒ **créateur.** ♦ Qui apporte des améliorations. ⇒ ① **positif.** *Une critique constructive.* ✪ CONTR. Destructif ; négatif.

❑ *Constructif* peut se dire des personnes mais uniquement pour ce qui est abstrait (autrement on emploie *constructeur*).

construction n. f. – XIIe ; lat. *construere* « construire » **1** Action de construire. ⇒ **édification.** *Un immeuble en construction,* en train d'être construit. ⇒ **chantier.** *Matériaux de construction.* ◆ *La construction d'un navire.* ⇒ **fabrication.** ♦ Ensemble des techniques qui permettent de construire, de bâtir. ⇒ **architectonique.** ♦ *Jeu de construction,* formé d'éléments divers que l'on peut assembler. « *des boîtes de constructions, une maison de poupée* » (Larbaud). ♦ Industrie qui construit certains objets. *Les constructions navales, aéronautiques.* **2** Ce qui est construit, bâti. ⇒ **bâtiment, bâtisse, édifice, immeuble, installation, maison, monument, ouvrage.** « *Ils s'enfoncèrent dans le lacis des petites rues qui crevassent le pâté de constructions* » (Duham.). **3** Action d'élaborer en donnant une structure. ⇒ **composition, élaboration.** *Construction d'un mot.* ⇒ **formation.** *Construction d'un poème. La construction de l'Europe.* ♦ Ce qui est élaboré. *Constructions irrationnelles, fantasmatiques de l'esprit.* ♦ Figure géométrique. **4** Place relative des mots dans la phrase (⇒ **syntaxe**). *Construction grammaticale. Construction d'un adjectif avec une préposition.* ⇒ **emploi.** ♦ Suite d'éléments linguistiques conforme à un schéma. ⇒ **locution, syntagme,** ③ **tour.** ✪ CONTR. Démolition, destruction ; déconstruction.

constructivisme n. m. – v. 1925 **1** Mouvement artistique tendant à substituer une plastique de plans et de lignes assemblés, à une plastique des masses. **2** Théorie qui considère un objet de pensée comme « construit ».

constructiviste n. et adj. – v. 1925 ▪ Adepte du constructivisme.

construire v. tr. [38] – XVe ; lat. *struere* « disposer, ranger » **1** Bâtir, suivant un plan déterminé, avec des matériaux divers. *Construire un immeuble.* ⇒ **édifier, élever, ériger.** *Construire une route, un mur, un barrage, un parking, un aéroport. Se construire un abri, un radeau. Permis de construire.* ◆ pronom. « *Maintenant deux barricades se construisaient* » (Hugo). ♦ Faire un objet complexe. ⇒ **fabriquer.** *Construire des automobiles, des machines.* **2** Faire exister. *Construire un roman, un scénario.* ⇒ **composer.** *Construire une théorie.* ⇒ **échafauder, élaborer, forger.** « *tantôt il se résout à faire table rase, à construire un nouveau système de l'univers humain* » (Valéry). ♦ Tracer selon un schéma. *Construire un triangle.* **3** Organiser (un énoncé) en disposant les éléments (mots) selon un ordre déterminé. *Construire une phrase.* ◆ pronom. Finir *se construit avec* de. ⇒ **gouverner, régir.** ✪ CONTR. Défaire, démolir, détruire, renverser ; déconstruire.

consubstantialité n. f. – XIIIe ▪ Unité et identité de substance des personnes de la Trinité.

consubstantiation n. f. – XVIe ; lat. ▪ Présence réelle du corps et du sang de Jésus-Christ dans le pain et le vin de l'Eucharistie.

consubstantiel, ielle adj. – XVe ; lat. ▪ Qui est un par la substance (théologie chrétienne). *Le Fils est consubstantiel au Père, avec le Père.*

consul n. m. – XIIIe ; mot lat. **1** L'un des deux magistrats qui exerçaient l'autorité suprême, sous la République, à Rome. **2** Au Moyen Âge, Magistrat municipal du midi de la France (⇒ **capitoul**). **3** L'un des trois magistrats auxquels la Constitution de l'an VIII avait confié le gouvernement de la République française (1799 à 1804). *Bonaparte, Premier consul.* **4** Agent chargé par un gouvernement de la défense des intérêts de ses nationaux et de diverses fonctions administratives dans un pays étranger. *Consul de France à Rome.*

consulaire adj. – XIVe **1** Relatif aux consuls. **2** *Juge consulaire :* juge élu d'un tribunal de commerce. **3** Relatif à un consulat dans un pays étranger. *Agent consulaire.*

consulat n. m. – XIVe **1** Dignité, fonction de consul (1°, 2°). ◆ Temps pendant lequel un consul exerçait sa charge. *Le consulat de Cicéron.* **2** Gouvernement des trois consuls institué par la Constitution de l'an VIII ; le temps qu'il dura. *Sous le Consulat et l'Empire.* **3** Charge de consul dans une ville étrangère. ◆ Bureaux et services que dirige un consul. « *quatre pages d'un passeport autrichien munies des visas du consulat serbe* » (Genet).

consultable adj. – XVIIe ▪ Que l'on peut consulter. ⇒ **interrogeable.**

consultant, ante adj. et n. – XVIe ▪ Qui donne des consultations. ⇒ **conseil.** *Avocat consultant. Médecin consultant* (opposé à *traitant*). ◆ *Un consultant en informatique.*

consultatif, ive adj. – XVIIe ▪ Que l'on consulte ; qui est constitué pour donner des avis mais non pour décider. *Assemblée consultative.* ◆ *À titre consultatif :* pour simple avis. ✪ CONTR. Délibératif. Souverain.

consultation n. f. – XIVe **1** Réunion de personnes qui délibèrent sur une affaire, un cas. **2** Action de prendre avis. *La consultation électorale.* ⇒ **référendum, vote.** ♦ Action d'examiner, de lire pour chercher une information. *Consultation des programmes, d'un index. Ouvrage de consultation.* ⇒ **référence.** **3** Le fait de consulter pour obtenir un avis. *Après consultation d'un expert.* ◆ Avis donné. **4** Examen d'un malade par un médecin dans son cabinet ; informations et conseils donnés par un médecin. *Consultation gratuite. Voilà* « *un bon impertinent de se moquer des consultations et des ordonnances* » (Mol.).

consulte n. f. – XIXe ; it. *consulta* **1** Ancienne assemblée administrative en Italie, en Suisse. **2** En Corse, Large assemblée se réunissant pour traiter d'une question d'intérêt général.

consulter v. [1] – XVe ; lat. **I** v. intr. Donner des consultations. *Le docteur X consulte tous les après-midi.* **II** v. tr. **1** Demander avis, conseil à. *Consulter un avocat, un médecin, un expert.* « *je consultais une voyante* » (Beauv.). *Consulter l'opinion.* ⇒ **sonder.** *Consulter les intéressés. Sans avoir été consulté.* ◆ *Peut-être devrais-je consulter pour cette affaire ?* ◆ pronom. *Ils se sont consultés avant d'agir.* ⇒ **se concerter.** **2** Regarder (qqch.) pour y chercher des éclaircissements, des renseignements. *Consulter un dictionnaire.* ⇒ **compulser, examiner,** se **référer** (à). « *en consultant l'horaire des chemins de fer affiché sur le mur du vestibule* » (Mart. du G.). *Consulter sa montre. Consulter une base de données.* ⇒ **interroger.** **3** littér. Se laisser guider par. ⇒ **écouter, suivre.** *Consulter sa conscience.* ✪ CONTR. ① Conseiller.

consumer v. tr. [1] – XIIe ; lat. « détruire » **1** littér. Épuiser les forces de. ⇒ **abattre, fatiguer, miner, ronger, user.** *Le chagrin le consume.* ♦ pronom. « *cette perpétuelle analyse de difficultés sentimentales où je me consumais* » (Maurois). ⇒ **dépérir.** **2** vx ou littér. Dissiper complètement. ⇒ **consommer.** « *la somme Qu'il ne devait consumer qu'en dix ans* » (La Font.). **3** Détruire par le feu. ⇒ **brûler, calciner, dévorer.** « *quelques arbres, auxquels les indigènes ont mis le feu se consument lentement par la base* » (Gide). ◆ pronom. « *les bûches qui se consumaient dans leur cendre* » (Huysm.). ✪ CONTR. Fortifier ; conserver, entretenir.

consumérisme n. m. – 1972 ; angl. *consumerism,* de *consumer* « consommateur » ▪ Protection des intérêts du consommateur par des associations.

consumériste adj. et n. – 1972 ▪ Qui prône le consumérisme.

contact [kɔ̃takt] n. m. – XVIe ; lat. *tangere* « toucher » 1 Position de corps qui se touchent. *Certaines maladies se communiquent par contact direct.* ➤ *Entrer en contact avec qqch. Il ne supporte pas le contact du nylon. Au contact de l'air.* « *la vapeur qui, se condensant soudain au contact de l'air froid, retombe en pluie* » (J. Verne). 2 *Contact électrique :* jonction entre deux conducteurs. *Le contact est coupé, remis, rétabli. Faux contact.* ➤ Élément d'un connecteur réalisant un contact électrique. ♦ Dispositif permettant l'allumage d'un moteur thermique. *Clé de contact.* 3 Relation. ⇒ **rapport.** *Avoir un bon contact avec qqn. Les contacts humains.* ➤ *Entrer, se mettre, rester en contact avec qqn.* ➤ *Il a changé à son contact,* sous son influence. ➤ *Prendre contact avec qqn. Premier contact.* ⇒ ① **rencontre.** *Garder le contact. Perdre le contact :* s'éloigner, se séparer. ♦ *Contact radio :* liaison hertzienne. 4 Personne auprès de laquelle on peut obtenir discrètement des renseignements, une marchandise. *La police avait des contacts dans le milieu.* 5 *Lentilles, verres de contact :* verres correcteurs qui s'appliquent directement sur l'œil (⇒ **cornéen ; contactologie).** ✪ CONTR. Éloignement, séparation.

contacter v. tr. [1] – XIXe ▪ (Emploi critiqué) Prendre contact avec. ⇒ **rencontrer,** ① **toucher.** *Contacter qqn par téléphone.* ⇒ **joindre.**

contacteur n. m. – 1927 ▪ Dispositif permettant d'établir ou de couper un contact électrique. ⇒ **commutateur, disjoncteur, interrupteur.**

contactologie n. f. – v. 1990 ▪ Science et technique des verres de contact* pour les yeux.

contage n. m. – XIXe ▪ sc. Cause matérielle de la contagion. ✪ HOM. Comptage.

contagieux, ieuse adj. – XIVe 1 Qui se communique par contagion*. *La rougeole est une maladie contagieuse.* ⇒ **transmissible.** 2 Qui, ayant une maladie, peut la communiquer. *Cet homme est contagieux.* ➤ subst. *Un contagieux.* 3 Qui se communique facilement. *Rire contagieux.* ⇒ **communicatif.** « *La trahison n'est pas contagieuse, mais le martyre est épidémique* » (Maurois). *Indépendantisme contagieux.* ✪ CONTR. Incommunicable, intransmissible.

contagion n. f. – XIVe ; lat. *tangere* « toucher » 1 Transmission d'une maladie à une personne saine, par contact direct avec un malade ou par l'intermédiaire d'un contage. ⇒ **contamination, infection, transmission.** *S'exposer à la contagion.* 2 Imitation involontaire. ⇒ **propagation.** *La bêtise* « *nous rend bêtes par contagion* » (Cocteau). *Contagion des idées.* ⇒ **mimétisme, suivisme.**

contagiosité n. f. – XVe ▪ Caractère contagieux d'une maladie. « *la contagiosité risquait maintenant d'être plus grande* » (Camus).

container [kɔ̃tɛnɛʀ] n. m. – 1932 ; mot angl. « récipient ; contenant » ▪ ⇒ **conteneur.**

contaminant, ante adj. – 1985 ▪ Qui contamine. *Seringue contaminante.* ➤ n. m. Organisme contaminant (microbe, virus, bactérie, etc.).

> ❑ On emploie parfois ce mot pour parler d'une personne, alors qu'on attendrait *contagieux.*

contaminateur, trice adj. et n. – XVIe ▪ Qui transmet une maladie.

contamination n. f. – XIVe ▪ Envahissement par des micro-organismes pathogènes, ou par des polluants. *La contamination de l'eau par des produits chimiques.* ⇒ **pollution.** ➤ Présence anormale d'une substance radioactive dans un milieu, sur une surface. ✪ CONTR. Décontamination. Purification.

contaminer v. tr. [1] – XIIIe ; lat. 1 Transmettre une maladie à. *Il a contaminé ses camarades.* « *ces poux contaminés peuvent transmettre la maladie* » (Gide). ♦ Polluer. ⇒ **infecter.** *Les nitrates ont contaminé la rivière.* ➤ Rendre radioactif. *Zone contaminée.* 2 Avoir une mauvaise influence sur. ♦ *Il s'est laissé contaminer par la mauvaise humeur générale.* ⇒ **envahir, gagner.** ✪ CONTR. Décontaminer, désinfecter, stériliser.

conte n. m. – XIIe ; de *conter* 1 Court récit de faits, d'aventures imaginaires, destiné à distraire. ⇒ **fiction.** *Contes et légendes. Contes en vers, en prose. Les contes de Perrault, de Grimm.* « *le conte fait passer le précepte avec lui* » (La Font.). ➤ CONTE DE FÉES : récit merveilleux où interviennent les fées. *C'est un vrai conte de fées,* une aventure étonnante et délicieuse. 2 littér. Histoire invraisemblable et mensongère. ⇒ **chanson, fable, invention, sornette.** « *Ce sont là des contes à dormir debout* » (Mol.). ✪ HOM. Compte, comte.

contemplateur, trice n. – XIVe ▪ Personne qui contemple.

contemplatif, ive adj. et n. – XIIe 1 Qui se plaît dans la contemplation, la méditation. *Esprit contemplatif.* 2 *Ordre contemplatif :* ordre religieux voué à la méditation. ➤ subst. « *à droite c'est un contemplatif étendu sur une natte qui attend, le nombril en l'air, que la lumière céleste vienne investir son âme* » (Volt.). ✪ CONTR. Actif, ② pratique, réaliste.

contemplation n. f. – XIIe 1 Le fait de s'absorber dans l'observation attentive et généralement agréable. *Rester en contemplation devant une œuvre d'art.* « *une contemplation dont l'ivresse inondait son âme* » (Bourget). 2 Concentration de l'esprit. ⇒ **méditation.** *Être plongé dans la contemplation.* ♦ Communion de l'âme avec Dieu.

contempler v. tr. [1] – XIIIe ; lat. ▪ Considérer attentivement ; s'absorber dans l'observation de. « *Gilieth alluma une pipe, contempla son paquetage d'un air connaisseur* » (Mac Orlan). ➤ Regarder avec admiration. « *Dieu est un grand paysagiste, dit Canalis en contemplant ce point de vue unique* » (Balz.). ♦ v. pron. Se regarder longuement avec plaisir. *Se contempler dans un miroir.* ♦ récipr. « *Ils se contemplèrent, hagards* » (Courtel.).

contemporain, aine adj. et n. – XVe ; lat. *tempus* « temps » 1 *Contemporain de :* qui est du même temps que. *Jeanne d'Arc était contemporaine, la contemporaine de Charles VII. Des événements contemporains,* qui se sont produits à la même époque. *Nos contemporains.* 2 Qui est de notre temps. ⇒ **actuel,** ① **présent.** *Aimer la musique contemporaine.* ✪ CONTR. Antérieur, postérieur. Ancien.

contemporanéité n. f. – XVIIIe ▪ rare Relation des personnes, des choses contemporaines.

> ❑ Pour la finale, comparer avec *étanchéité, diaphanéité* (cas différent de *simultanéité, instantanéité,* où le *é* appartient à l'adjectif).

contempteur, trice n. – XVe ; lat. ▪ littér. Personne qui méprise, dénigre. ⇒ ② **critique, dénigreur.** *Les contempteurs de la morale.* « *ce contempteur des médiocrités présentes* » (Renard). ✪ CONTR. Laudateur.

> ❑ Il faut prononcer le *p ;* ce mot ne suit pas le modèle puriste de *dompteur, rédempteur.*

contenance n. f. – XIe 1 Quantité de ce qu'un récipient peut contenir. ⇒ **capacité, volume.** *Contenance d'une bouteille. Contenance d'un navire.* ⇒ **tonnage.** *Armoire d'une grande contenance.* 2 Manière de se tenir, de se présenter. ⇒ ② **air, allure, attitude, maintien,** ① **mine.** *Se donner, prendre une contenance,* une attitude servant à déguiser son embarras. *Perdre contenance :* se troubler. « *le premier mouvement d'abattement passé,* [il] *avait repris contenance* » (Hugo). *Faire bonne contenance :* garder son sang-froid ; montrer du courage, de la fermeté.

contenant n. m. – XVIe ▪ Ce qui contient qqch. ⇒ **récipient.** *Le contenant et le contenu.*

conteneur n. m. – 1956 ▪ Caisse métallique normalisée pour le transport, le parachutage de marchandises, de matériel militaire. ♦ Caisse servant au transport des marchandises. *Conteneur ferroviaire.* « *l'eau potable ne peut être consommée que si les réservoirs et les conteneurs sont hermétiques* » (Le Clézio). ➛ Recomm. offic. pour *container**.

contenir v. tr. [22] – XIIe ; lat. *continere* **I – 1** Avoir, comprendre en soi, dans sa capacité, son étendue, sa substance. ⇒ **renfermer.** *Boisson qui contient de l'alcool.* « *une coupelle de verre contenait des épingles à cheveux* » (Giono). **2** Avoir une capacité de. ⇒ **mesurer, tenir.** *La barrique bordelaise contient 225 litres. Salle qui peut contenir deux mille spectateurs.* ⇒ **accueillir, recevoir. 3** Avoir. ⇒ **compter.** *Ce dictionnaire contient plus de quarante mille articles.* **4** Renfermer. « *tout ce que sa mémoire enflammée par l'alcool contenait de grossièretés, d'obscénités* » (Bosco). *Que contient cette lettre ? Ce livre contient bien des erreurs.* ⇒ **comporter, receler. 5** Empêcher d'avancer, de s'étendre ; faire tenir dans certaines limites. ⇒ **endiguer, enserrer, maîtriser, maintenir, retenir.** *Contenir les manifestants. Contenir l'ennemi,* le tenir en échec. ♦ *Contenir ses larmes.* ⇒ **refouler, réprimer.** « *il savait contenir son émotion* » (J. Verne). **II** SE CONTENIR v. pron. Ne pas exprimer un sentiment fort. ⇒ se **contrôler,** se **dominer,** se **maîtriser,** se **modérer,** se **retenir.** ✪ CONTR. Exclure. Céder. — ① Aller (se laisser aller), éclater, exprimer (s').

content, ente adj. – XIIIe ; lat. *continere* « contenir » **1** *Content de qqch.* ➛ vx Satisfait. « *Puisse le juste ciel, content de ma ruine* » (Corn.). ➛ n. m. *Avoir son content :* être comblé. « *un noctambule qui n'a pas dormi son content* » (Mart. du G.). ♦ mod Heureux de qqch. ⇒ **enchanté, ravi, satisfait.** *Il est content de son sort.* « *il ne fut content ni des mets, ni des vins, ni du service !* » (Flaub.). « *content, au fond, de s'en aller* » (Sand). *Nous sommes contents qu'il fasse beau.* ➛ *Non content d'être endetté, il emprunte à tous ses amis,* il ne lui suffit pas d'être endetté. **2** *Content de qqn,* satisfait de son comportement. « *Soldats, je suis content de vous* » (Bonap.). ♦ *Content de soi :* suffisant, vaniteux. *Le vrai bourgeois* « *est toujours content de lui, et facilement content des autres* » (Joubert). **3** Qui éprouve un plaisir. ⇒ **gai, heureux.** *Ainsi, tout le monde est content. Il n'a pas l'air content :* il a l'air fâché. « *ces heures où notre chair contentée nous pousse aux accouplements d'aventure* » (Maupass.). ✪ CONTR. Ennuyé, fâché, insatisfait, mécontent, triste. — HOM. Comptant.

contentement n. m. – XVe **1** vx ou littér. Action de satisfaire, de contenter. ⇒ **satisfaction.** « *Oui ; l'intérêt de tous, avant le contentement d'un seul* » (Gide). **2** vieilli État d'une personne qui ne désire rien de plus, rien de mieux que ce qu'elle a. ⇒ **bonheur, joie, plaisir, satisfaction.** ♦ *Le contentement de soi.* ⇒ **autosatisfaction, orgueil, suffisance, vanité.** ✪ CONTR. ② Chagrin, contrariété, ennui, mécontentement.

contenter v. tr. [1] – XIVe **1** Rendre (qqn) content en lui donnant ce qu'il désire. ⇒ **combler, satisfaire.** « *est bien fou du cerveau, Qui prétend contenter tout le monde et son père* » (La Font.). *Facile à contenter.* ♦ *Contenter sa curiosité.* ⇒ **assouvir. 2** SE CONTENTER v. pron. *Se contenter de qqch. :* ne rien demander de plus ni de mieux. ⇒ s'**accommoder,** s'**arranger.** *Il se contente de peu.* « *Je me contentais de ces galoches à semelles de bois* » (Beauv.). fam. (d'une chose désirable) *Je m'en contenterais bien !* ♦ *En réponse, elle s'est contentée de sourire.* ⇒ se **borner.** ✪ CONTR. Attrister, contrarier, mécontenter.

contentieux, ieuse adj. et n. m. – XIIIe ; lat. *contentiosus* « querelleur » **1** Qui est, qui peut être l'objet d'une discussion devant les tribunaux. ⇒ **litigieux.** *Affaire contentieuse. Juridiction contentieuse* (opposé à *gracieux*). **2** n. m. Ensemble des litiges susceptibles d'être soumis aux tribunaux. *Un contentieux commercial.* ➛ Service qui s'occupe des affaires litigieuses.

① **contention** n. f. – XIIIe ; lat. *contendere* « lutter » ▪ littér. Tension des facultés intellectuelles appliquées à un objet. *Contention d'esprit.*

② **contention** n. f. – XVIIIe ; lat. *contentio* ▪ Action de maintenir, par des moyens artificiels, des organes accidentellement déplacés. « *Un excellent appareil pour la contention des fractures de la cuisse* » (Duham.).

① **contenu, ue** adj. – XIIe ▪ Que l'on se retient d'exprimer. « *L'amour, si longtemps contenu jaillissait tout entier* » (Flaub.). ✪ CONTR. Exprimé, violent.

② **contenu** n. m. – XIVe **1** Ce qui est dans un contenant. *Le contenu d'une assiette. Il* « *tira son porte-monnaie, en vida dans sa main le contenu* » (Duham.). **2** Ce qu'exprime un texte, un discours. ⇒ ① **teneur.** *Le contenu d'une loi.* **3** Ce que signifie un signe. ⇒ **signifié.** « *des mots qui leur paraissent pleins d'un magique pouvoir et dont ils seraient vivement embarrassés de définir le contenu* » (Caillois). ✪ CONTR. Contenant. Forme.

conter v. tr. [1] – XIe ; lat. *computare* « compter » **1** vieilli ou littér. Exposer par un récit. ⇒ **raconter.** « *J'irai vous conter toutes mes petites tribulations* » (Ste-Beuve). **2** Dire (une histoire) pour amuser. « *Si Peau d'âne m'était conté, j'y prendrais un plaisir extrême* » (La Font.). **3** Dire (une chose inventée) pour abuser. *Que me contez-vous là ?* ⇒ **chanter.** *Il ne s'en laisse pas conter :* on ne le trompe pas facilement. ✪ HOM. Compter, comté.

> ❑ Pour l'origine → compter (rem.). ♦ Ce verbe est en recul face à *raconter.* → raconter (rem.).

contestable adj. – XVIIe ▪ Qui peut être contesté. ⇒ **discutable, douteux.** *Un choix contestable.* ✪ CONTR. Assuré, certain, incontestable, sûr.

contestataire adj. et n. – 1968 ▪ Qui s'oppose par la contestation*. *Étudiants contestataires.* ➛ n. *Les contestataires.*

contestation n. f. – XIVe **1** Le fait de contester qqch. ; discussion sur un point contesté. ⇒ **controverse, débat, objection.** *Il y a matière à contestation.* « *Son goût pour la querelle, pour la contestation* » (Duham.). *Sans contestation possible.* ⇒ **incontestablement** (cf. Sans conteste). *Contestation d'un droit.* ➛ Attitude de remise en cause de l'idéologie régnante. *La contestation étudiante.* **2** Vive opposition. *Entrer en contestation avec qqn.*

conteste (sans) loc. adv. – XVIe ▪ Sans discussion possible. ⇒ **assurément, incontestablement.** « *Pendant quarante ans, Cuvier dominera sans conteste sur les sciences naturelles* » (Rostand).

contester v. tr. [1] – XIVe ; lat. « plaider en produisant des témoins » **1** Mettre en discussion (le droit, les prétentions de qqn). ⇒ **discuter.** *Contester les déclarations d'un témoin.* « *On vous contesterait après cela le titre d'écuyer* » (Mol.). *Personne ne conteste son autorité. On lui conteste le droit de...* ⇒ **dénier. 2** Mettre en discussion, en doute. ⇒ **nier.** *Contester un fait. Je ne* *conteste pas qu'il réussisse, qu'il réussira.* ➛ *Une théorie très contestée.* ⇒ **controversé, discuté.** ➛ *Comédien contesté,* dont on met le talent en doute. ♦ Faire de la contestation, être contestataire. ✪ CONTR. Admettre, approuver, reconnaître.

conteur, euse n. – XIIe 1 vx ⇒ **narrateur.** 2 Personne qui compose, dit ou écrit des contes. « *une de nos plus spirituelles conteuses* » (Dumas). ✪ HOM. Compteur.

contexte n. m. – XVIe ; lat. *contexere* « tisser avec » 1 Ensemble du texte qui entoure un mot, une phrase, un passage et qui sélectionne son sens, sa valeur. *Éclaircir un mot ambigu par le contexte. Mots remis dans leur contexte.* ⇒ **concordance.** 2 Ensemble des circonstances dans lesquelles s'insère un fait. ⇒ **situation.** *Contexte politique, familial. Replacer un fait dans son contexte.* ➛ *Dans le contexte actuel.* ⇒ **conjoncture.** « *Agir en tenant compte du contexte* » (Mauriac).

❑ On précise parfois le sens 2° en disant *contexte situationnel.*

contextuel, elle adj. – 1963 ▪ En linguistique, Relatif au contexte. *Sens contextuel.*

contexture n. f. – XIVe ; lat. 1 Manière dont les éléments d'un tout organique complexe se présentent. ⇒ **constitution, organisation, structure.** *La contexture des fibres musculaires.* ➛ *La contexture des fibres d'une étoffe.* ⇒ **armure.** 2 vieilli Composition d'une œuvre.

contigu, uë [kɔ̃tigy] adj. – XIVe ; lat. *contingere* « toucher » ▪ Qui touche à autre chose. ⇒ **accolé, attenant, avoisinant.** *Deux jardins contigus.* ⇒ **mitoyen.** ➛ fig. *Ils travaillent dans des domaines contigus.* ⇒ **proche, voisin.** ✪ CONTR. Distant, éloigné, séparé.

contiguïté [kɔ̃tigɥite] n. f. – XVe ▪ État de ce qui est contigu. ⇒ **mitoyenneté, proximité, voisinage.** *La contiguïté de deux terrains. En contiguïté avec...* « *des relations de contiguïté et de simultanéité* » (Sartre). ✪ CONTR. Distance, éloignement, séparation.

continence n. f. – XIIe 1 État de qqn qui s'abstient de tout plaisir sexuel. ⇒ **ascétisme, chasteté.** « *Avec l'habitude de la continence, les sens aussi s'endorment* » (Loti). 2 État d'un sphincter qui fonctionne normalement. ✪ CONTR. Luxure.

① **continent, ente** adj. – XIIe ; lat. *continere* « contenir » 1 littér. ou vieilli Qui pratique la continence. ⇒ **chaste, pur.** « *l'idéale et continente beauté* » (Ste-Beuve). 2 Se dit d'un sphincter (anus, vessie) qui fonctionne normalement. ✪ CONTR. ① Incontinent.

② **continent** n. m. – XVIe ; lat. *continere* « tenir ensemble » 1 Grande étendue de terre limitée par un ou plusieurs océans. *Les cinq continents.* ➛ vieilli *L'Ancien Continent :* l'Europe, l'Asie et l'Afrique. *Le Nouveau Continent :* les Amériques. 2 La terre par rapport à une île. *Retourner sur le continent.* « *Les Anglais font venir leurs peintres du Continent* » (Malraux).

continental, ale, aux adj. – XVIIIe 1 Relatif à un continent. *Climat continental,* des terres éloignées de l'influence océanique. ♦ Qui appartient au continent européen. *Les puissances continentales.* 2 n. Personne qui habite le continent (opposé à *insulaire*).

continentalité n. f. – 1952 ▪ Caractère de ce qui est continental. ✪ CONTR. Insularité.

contingence n. f. – XIVe 1 philos. Caractère de ce qui est contingent. ⇒ **éventualité.** « *la rigueur de mes plans changeait cette contingence en nécessité* » (Beauv.). ➛ Un des modes de la logique modale. 2 *Les contingences :* les choses qui peuvent changer, qui n'ont pas une importance capitale. « *soustrait aux contingences de la vie ordinaire* » (Proust). ✪ CONTR. Nécessité.

contingent, ente adj. et n. m. – XIVe ; lat. *contingere* « arriver par hasard » I adj. 1 philos. Qui peut se produire ou non (opposé à *nécessaire*). ⇒ **accidentel, éventuel, fortuit, occasionnel.** 2 Sans importance ; non essentiel. *Des aspects très contingents du problème.* II n. m. 1 Effectif des appelés au service militaire pour une période déterminée. ⇒ **classe.** *Appel d'un contingent. Les soldats du contingent.* ➛ par ext. *Un contingent de touristes.* 2 Quantité de marchandises autorisées à l'importation. 3 Part apportée à une œuvre commune. *Apporter son contingent à une œuvre nationale.* ⇒ **contribution.**

contingentement n. m. – 1922 ▪ Action de contingenter ; son résultat. ⇒ **quota, répartition.**

contingenter v. tr. [1] – 1922 ▪ Fixer un contingent à (des marchandises). ⇒ **limiter.**

continu, ue adj. et n. m. – fin XIIIe ; lat. *continere* « tenir ensemble » 1 Qui n'est pas interrompu dans le temps. ⇒ **continuel, incessant, ininterrompu.** *Un bruit continu. Fournir un effort continu.* ⇒ **assidu, suivi.** « *le rythme continu de l'aggravation* » (Mart. du G.). *Contrôle continu* (du travail des élèves, des étudiants). ➛ *Courant continu,* constant. subst. *Le continu* (opposé à *alternatif*). ➛ *Poêle à feu continu.* ♦ *Journée continue :* horaire de travail ne comportant qu'une brève interruption pour le déjeuner. 2 Composé de parties non séparées. *Ligne continue.* 3 n. m. Ce qui est sans lacune, ne présente pas de parties séparées. « *Ses paroles ne forment jamais un discours continu* » (Robbe-Grillet). ♦ *En continu :* sans interruption. ✪ CONTR. Discontinu, divisé, entrecoupé.

❑ Ne pas confondre *continu* et *continuel.* Le premier insiste sur l'absence d'interruption *(un bruit continu),* le second sur la réitération fréquente *(des plaintes continuelles).*

continuateur, trice n. – XVIe ▪ Personne qui continue ce qu'une autre a commencé. ✪ CONTR. Devancier.

continuation n. f. – XIIIe 1 Action de continuer qqch. ⇒ **poursuite, suite.** « *Ils poussent à la continuation de la guerre* » (Proust). *Se charger de la continuation d'une œuvre.* 2 Le fait d'être continué. ⇒ **prolongation, prolongement.** *La continuation d'une amitié.* ✪ CONTR. Arrêt, cessation, interruption.

continuel, elle adj. – XIIe ▪ Qui se répète à intervalles rapprochés. ⇒ **constant, continu, perpétuel.** *Pluie continuelle. De continuelles disputes.* « *le souvenir continuel des offenses reçues* » (Rouss.). ⇒ **persistant.** « *il faut calculer, mesurer. C'est une gêne continuelle* » (Volt.). ✪ CONTR. Interrompu, rare.

❑ Pour le sens → continu (rem.).

continuellement adv. – XIIe ▪ D'une manière continuelle. ⇒ **constamment, continûment, toujours.**

continuer v. [1] – XIIe ; lat. « joindre pour former un tout sans interruption » I v. tr. 1 Faire ou maintenir encore, plus longtemps ; ne pas interrompre (ce qui est commencé). ⇒ **persévérer** (à, dans), **poursuivre.** *Continuer ses études. Continuer sa lecture. Continuer sa route, son chemin.* ➛ Poursuivre ou reprendre une occupation. *Continuez sans moi.* (en incise) « *Oui, continua Zazie, je serai astronaute* » (Queneau). ♦ trans. ind. *Continuer à parler, de parler.* ➛ *Il continue à fumer.* ⇒ **persister.** « *elle continuait à ne point boire* » (Maupass.). « *il continuait de feindre l'évanouissement* » (Zola). ➛ impers. « *Il continuait à faire un peu jour* » (Proust). 2 Prolonger dans l'espace. ⇒ **étendre, pousser, prolonger.** *Continuer une ligne, une route.* pronom. *La route se continue jusqu'à la mer.* ♦ Prendre la suite de. *Il continue la tradition.* « *La télé continue le cinéma parce qu'elle le diffuse* » (Malraux).

II v. intr. 1 Ne pas s'arrêter ; occuper encore une durée. ⇒ **durer.** *La douleur continue.* ⇒ **persister.** *Cela ne peut plus continuer ainsi. Ça va continuer longtemps, ce chahut ?* 2 S'étendre plus loin. ⇒ se **prolonger,** se **poursuivre.** « *le chemin continuait dans des terres vagues* » (Giono). ✪ CONTR. Abandonner, arrêter, cesser, discontinuer, interrompre, suspendre.

> ❑ *Continuer de* est préféré à *continuer à* devant un mot débutant par *a* : « *la foule continue d'affluer* » (Loti). Autrement, l'emploi avec *de* est plus recherché.

continuité n. f. – XIVe ▪ Caractère de ce qui est continu. ⇒ **permanence, persistance.** *La continuité d'une action.* ➤ Absence de rupture. *Assurer la continuité d'une entreprise* (⇒ **maintien**), *d'une tradition.* loc. *Le changement dans la continuité.* ✪ CONTR. Discontinuité, interruption.

continûment adv. – XIVe ▪ D'une manière continue, sans interruption.

continuo n. m. – 1961 ; mot it. « continu » ▪ En musique, Basse continue.

continuum [kɔ̃tinɥɔm] n. m. – 1905 ; mot lat. « le continu » 1 Ensemble d'éléments homogènes. ➤ *Le continuum spatiotemporel* : espace dont la quatrième dimension est le temps. 2 Objet ou phénomène progressif dont on ne peut considérer une partie que par abstraction ; évolution continue. *Des continuums.*

contondant, ante adj. – XVIe ; lat. *contundere* « frapper » → contusion ▪ Qui blesse, meurtrit sans couper ni percer. *Arme contondante* (ex. la massue).

contorsion n. f. – XIVe ; lat. *torquere* « tordre » 1 Mouvement volontaire et anormal de parties du corps. « *Les contorsions de cette pythie, qui sur le trépied de Delphes recevait l'esprit d'Apollon* » (Volt.). *Les contorsions d'un acrobate.* 2 Attitude outrée, gestes affectés. *Inutile de faire toutes ces contorsions.* ➤ (abstrait) *Les contorsions d'un homme politique.*

contorsionner (se) v. pron. [1] – XVIIIe ▪ Faire des contorsions. *Le clown se contorsionne.* « *Cet homme sec et d'aspect militaire* [...] *se contorsionne et fait des grâces* » (Duham.).

contorsionniste n. – XIXe ▪ Acrobate spécialisé(e) dans les contorsions.

contour n. m. – XIIIe 1 Limite extérieure d'un objet, d'un corps. ⇒ **bord, périmètre,** ③ **tour.** *Contour précis, flou. Le contour d'une table. Esquisser les contours d'une figure.* ⇒ **courbe, ligne.** « *le Japonais, insoucieux du relief ne peint que par le contour et la tache* » (Claudel). ♦ *Contour d'un visage.* « *Ses formes sveltes se transformaient à vue d'œil en contours plus suaves et plus arrondis* » (Lamart.). ♦ *Contour apparent* : limite extérieure d'un objet telle qu'elle est perçue par un observateur, selon sa situation par rapport à cet objet. 2 Forme sinueuse. *Suivre les contours d'un fleuve.*

contourné, ée adj. – XVIIe 1 Qui présente des courbes et des contre-courbes. « *une table rocaille* [...], *avec marbre contourné* » (Hugo). *Pieds contournés.* ⇒ ① **tors.** 2 Affecté et compliqué. *Raisonnement contourné.* ⇒ **tarabiscoté.** 3 blas. Dont la tête est tournée vers la gauche. *Au lion contourné.*

contournement n. m. – XVIe ▪ Action de contourner. *Le contournement d'un obstacle ;* fig. *d'une difficulté, d'une loi.*

contourner v. tr. [1] – XVIe ; lat. *cum* et *tornare* « tourner » ▪ Faire le tour de, passer autour. *L'autoroute contourne la ville. Contourner un obstacle.* ♦ fig. *Contourner la loi, une difficulté.*

contra- ▪ Élément, du lat. *contra* « contre ; en sens contraire ». ⇒ **contre-.**

contraceptif, ive adj. et n. m. – 1955 1 Se dit d'un produit ou d'un objet qui empêche la procréation. ➤ n. m. Ce produit, cet objet. *Contraceptif féminin* (⇒ **diaphragme, pilule, stérilet**), *masculin* (⇒ **préservatif**). 2 Qui concerne la contraception. *Les moyens contraceptifs.* ⇒ **anticonceptionnel.**

contraception n. f. – 1929 ; angl., de *contra-* et *(con)ception* ▪ Ensemble des moyens employés pour provoquer une infécondité temporaire chez la femme ou chez l'homme. *Moyens de contraception.* ⇒ **contraceptif, contragestif.**

> ❑ *Contraception* est un anglicisme qui en a remplacé un autre : *contrôle des naissances* (*birth control* en anglais). ♦ Mot-valise mal formé où l'on ne retrouve pas *conception.*

contractant, ante adj. – XVe ▪ Qui s'engage par contrat. *Les parties contractantes.* ➤ subst. « *Si l'un des contractants est évidemment naïf, ignorant, ou pauvre d'esprit* » (Alain).

contracté, ée adj. – XIXe 1 Qui est tendu, crispé. *Muscles contractés. Visage contracté par la douleur.* ♦ fam. Inquiet, nerveux. 2 Formé de deux éléments réunis en un seul (⇒ **amalgame**). « *Au* », « *du* », *formes contractées de* « *à le* », « *de le* ». ✪ CONTR. Décontracté, détendu.

① **contracter** v. tr. [1] – XIVe ; lat. *contrahere* « resserrer » 1 S'engager juridiquement ou moralement à satisfaire (une obligation), à respecter (des clauses). *Contracter une assurance.* ⇒ **souscrire.** *Contracter des dettes.* ⇒ **emprunter,** s'**endetter.** 2 Attraper (une maladie). « *il contracta un léger rhume avec de la fièvre* » (Baud.). 3 Prendre (une habitude, un sentiment souvent fâcheux). « *il a contracté la manie des points de suspension* » (Queneau).

② **contracter** v. tr. [1] – XVIIIe ▪ Réduire le volume de (un corps) sans modifier la masse. ⇒ **diminuer, réduire, resserrer.** *Le froid contracte les corps.* ➤ *Contracter ses muscles.* « *un petit homme maigre, de figure assez intelligente, nerveux, qui contractait avec une persistance remarquable ses muscles sourciliers* » (J. Verne). ♦ pronom. *Le cœur se contracte et se dilate alternativement.* ✪ CONTR. Dilater, gonfler. Décontracter, détendre.

contractile adj. – XVIIIe ▪ Qui peut se contracter. *Fibre, muscle contractile. Organe contractile.*

contractilité n. f. – XVIIIe ▪ Propriété des tissus contractiles.

contraction n. f. – XIIIe 1 Le fait de se contracter, d'être contracté. ➤ Diminution de volume ou de longueur d'un muscle, d'un organe ; réaction du muscle. *Contraction prolongée.* ⇒ **contracture, tétanie.** *Contraction brève.* ⇒ **crispation.** *Contraction violente.* ⇒ **crampe, spasme.** *Contraction du cœur.* ⇒ **systole.** ➤ *Contractions des muscles du visage.* ⇒ **crispation, rictus.** ➤ *Contractions (utérines au moment de l'accouchement).* ⇒ **douleur, tranchées.** *Avoir des contractions.* ♦ Décroissance, réduction (d'une grandeur économique). 2 *Contraction de texte* : exercice scolaire consistant à résumer après analyse un texte littéraire. 3 Réduction par soudure de deux éléments linguistiques. ⇒ **contracté.** ✪ CONTR. Dilatation, extension. Décontraction, relâchement.

contractuel, elle adj. et n. – XVIe 1 Stipulé par contrat. 2 *Agent contractuel* : agent non fonctionnaire coopérant à un service public. ⇒ **auxiliaire.** ➤ n. Agent contractuel ; auxiliaire de police chargé de faire respecter les règles de stationnement. *Une contractuelle.* ⇒ fam. **pervenche.** ✪ CONTR. Titulaire.

contracture n. f. – XVIIe ▪ Contraction prolongée et involontaire d'un ou plusieurs muscles. ⇒ **crampe, spasme, tétanie.**

contradicteur n. m. – XIIe ▪ Personne qui en contredit une autre. ⇒ **objecteur, opposant.** ➝ Parties opposées, dans un jugement contradictoire. ✪ CONTR. Approbateur, partisan.

contradiction n. f. – XIIe 1 Action de contredire qqn ; échange d'idées entre des personnes qui se contredisent. ⇒ **objection, opposition.** *Elle ne supporte pas la contradiction. Être en contradiction avec soi-même.* ➝ *Porter la contradiction* (dans un débat). ⇒ **contradicteur.** ♦ *ESPRIT DE CONTRADICTION :* disposition à contredire, à s'opposer sans cesse. 2 Relation entre deux propositions qui affirment et nient le même élément de connaissance. ⇒ **antinomie, incompatibilité.** ♦ Réunion d'éléments incompatibles. « *Plus on voit ce monde, et plus on le voit plein de contradictions et d'inconséquences* » (Volt.). *Ce récit est un tissu de contradictions.* ✪ CONTR. Approbation, entente.

contradictoire adj. – XIVe 1 Qui contredit une affirmation. ⇒ **contraire, opposé.** *Affirmation contradictoire avec la précédente.* ➝ Où il y a contradiction, discussion. *Débat, examen contradictoire.* ➝ *Jugement, arrêt contradictoire,* entre des parties (contradicteurs) qui ont comparu (opposé à *par défaut*). 2 (au plur.) Qui implique contradiction, incompatibilité. ⇒ **antinomique, incompatible.** « *Tout enfant, j'ai senti dans mon cœur deux sentiments contradictoires : l'horreur de la vie et l'extase de la vie* » (Baud.). ✪ CONTR. Concordant, identique, pareil, unanime.

contradictoirement adv. – XVIe ▪ D'une manière contradictoire. ➝ En présence des parties (opposé à *par contumace*).

contragestif, ive adj. et n. m. – 1984 ; de *contra-* et *(pro)gest(érone)* ▪ Qui s'oppose aux effets de la progestérone ; abortif. *La pilule contragestive.* ➝ n. m. *Un contragestif.*

contraignable adj. – XIVe ▪ Qui peut être contraint par voie de droit.

contraignant, ante adj. – XIIIe ▪ Qui contraint. *Une nécessité contraignante.* ⇒ **astreignant, pénible.** *Des horaires contraignants,* qui laissent peu de liberté.

contraindre v. tr. 52 – XIIe ; lat. *constringere* « serrer » 1 VX ou littér. Exercer une action contraire à. ⇒ **contenir,** ① **entraver.** *Contraindre ses passions.* ⇒ **refouler, réprimer.** 2 Forcer (qqn) à agir contre sa volonté. ⇒ **astreindre, obliger.** *La nécessité l'y a contraint. Décidez librement, je ne veux pas vous contraindre.* ➝ *Contraindre qqn à l'immobilité, au silence.* ⇒ **condamner, réduire.** littér. *Les circonstances le contraignirent de quitter son pays.* ➝ Obliger par voie de droit. ⇒ **contrainte.** 3 v. pron. *Se contraindre à faire qqch.* ⇒ se **forcer.** « *Je n'ai jamais été plus modeste qu'en me contraignant à écrire quotidiennement dans ce carnet* » (Gide). ✪ CONTR. Aider, permettre ; libérer.

contraint, ainte adj. – XIIe 1 Qui est gêné, mal à l'aise ; n'est pas naturel. *Air contraint.* ⇒ **embarrassé, emprunté.** *Sourire contraint.* « *ce masque de gaieté contrainte, qu'on se colle au visage* » (Daud.). 2 loc. *CONTRAINT ET FORCÉ :* sous la contrainte. *Elle a agi contrainte et forcée.* ✪ CONTR. Détendu, naturel, spontané.

> ❑ Au masculin, singulier ou pluriel, on ne fait pas la liaison dans la locution *contraint(s) et forcé(s).*

contrainte n. f. – XIIe 1 Violence exercée contre qqn ; entrave à la liberté d'action. ⇒ **force, pression.** *Empêcher qqn d'agir par la contrainte. Agir sous la contrainte.* 2 Règle obligatoire. *La contrainte sociale, morale. Les contraintes de la vie familiale.* ⇒ **difficulté, obligation.** *Contraintes de composition artistique, poétique.* 3 Gêne, retenue ; le fait de se contraindre. « *Il pleura sans aucune contrainte ni honte* » (Loti). ⇒ **réserve.** 4 Acte juridique de poursuite. *Contrainte administrative, ministérielle.* ➝ *Contrainte par corps :* emprisonnement destiné à obliger à payer au Trésor public les condamnations à l'amende qui ont été prononcées. 5 Ensemble des forces qui, appliquées à un corps, tendent à le déformer. ✪ CONTR. Liberté. Aisance, naturel.

contraire adj. et n. m. – XIIe ; lat. 1 Qui présente la plus grande différence possible, en parlant de deux choses du même genre ; qui s'oppose à. ⇒ **antinomique, contradictoire, incompatible, inverse, opposé ;** ① **ant(i)-, contre-.** *Cela est contraire à mes principes, au règlement.* « *Les frères désunis sont tous d'avis contraires* » (La Font.). *Dans le sens contraire des aiguilles d'une montre.* 2 Qui, en s'opposant, gêne le cours d'une chose. ⇒ **antagoniste.** *Vent contraire.* ⇒ **debout.** *Un sort, un destin contraire.* ⇒ **défavorable.** *La conjoncture lui est contraire,* est contre lui. 3 n. m. Ce qui est opposé (logiquement). ⇒ **antithèse, opposition.** *Faire le contraire de ce que l'on dit. Je ne dis pas le contraire. Jusqu'à preuve du contraire. C'est tout le contraire.* ♦ Mot de sens contraire, antonyme (opposé à *synonyme*). 4 loc. adv. *AU CONTRAIRE :* contrairement, d'une manière opposée. « *Je n'admets pas que rien me nuise ; je veux que tout me serve au contraire* » (Gide). *Bien au contraire. Tout au contraire.* ➝ loc. prép. *AU CONTRAIRE DE :* d'une manière opposée à, à la différence de. ✪ CONTR. Même, pareil, semblable. Favorable, propice.

> ❑ Ne pas confondre les *contraires* (*long* et *court*) et les *contradictoires* (*long* et *pas long*).

contrairement (à) loc. prép. – XVe ▪ En contradiction avec. « *contrairement au proverbe qui veut que le prophète ne le soit pas en son pays ici je fais autorité* » (Queneau).

contralto n. m. – XVIIe ; mot it. « près *(contra)* de l'*alto* » ▪ La plus grave des voix de femme. ♦ Personne qui a cette voix. *Des contraltos.*

contrapuntique ou **contrapontique** [kɔ̃tʀapɔ̃tik] adj. – 1909 ▪ Qui utilise le contrepoint ; du contrepoint.

contrapuntiste ou **contrapontiste** [kɔ̃tʀapɔ̃tist] n. – XVIIIe ; it. ▪ Compositeur qui use des règles du contrepoint.

contrariant, iante adj. – XIVe ▪ Qui contrarie. *Comme c'est contrariant !* ⇒ **ennuyeux.** ♦ *Il n'est pas contrariant :* il est accommodant. ✪ CONTR. Conciliant. Réjouissant.

contrarié, iée adj. – XVIIIe 1 Combattu. *Projet contrarié.* « *un amour contrarié, auquel je voulais échapper par la distraction* » (Nerval). ➝ *Gaucher contrarié,* que l'on a obligé à se servir de sa main droite. 2 Ennuyé ou fâché. *Je suis très contrarié par, de ce contretemps.*

contrarier v. tr. 7 – XIIe ; lat. 1 Avoir une action contraire, aller contre, s'opposer à (qqch.). ⇒ **combattre, contrecarrer, gêner.** *Contrarier les projets de qqn. Le vent « contraria la marche du paquebot »* (J. Verne). 2 Causer du dépit, du mécontentement à (qqn) en s'opposant à lui. ⇒ **ennuyer, fâcher.** ➝ Rendre inquiet, mal à l'aise. *Cette histoire me contrarie un peu.* ⇒ **embêter, tracasser.** 3 Faire alterner (des objets) pour obtenir des effets de contraste. *Contrarier les couleurs.* pronom. « *Ces horizons estompés qui fuient en se contrariant* » (Balz.). ✪ CONTR. Aider, favoriser ; contenter, réjouir.

contrariété n. f. – XIIe ▪ Déplaisir causé par une opposition, et par ext. par ce qui chagrine. ⇒ **irritation.**

mécontentement, ① **souci.** *Éprouver une vive contrariété.* ✪ CONTR. Insouciance, satisfaction.

> ❑ *Contrariété* a longtemps exprimé l'opposition de deux choses *contraires,* avant d'être supplanté en ce sens par *antinomie* et *contradiction.*

contrarotatif, ive adj. – mil. XXe ▪ En mécanique, *Organes contrarotatifs,* qui tournent en sens inverse.

contrastant, ante adj. – XVIIIe ▪ Qui contraste. *Effets contrastants.*

contraste n. m. – XVIe 1 Opposition de deux choses dont l'une fait ressortir l'autre. ⇒ **antithèse, opposition.** *Contraste saisissant. Présenter un contraste avec qqch.* « *le contraste entre la sérénité apparente de ce paysage, de cette maison, et les drames secrets que l'on y devine* » (Maurois). ♦ *Contrastes d'idées, de sentiments.* ♦ loc. adv. *Par contraste :* par l'opposition avec son contraire. 2 *Contraste entre deux plages lumineuses :* différence relative des luminances des deux plages ou objets. *Contraste de couleurs,* entre couleurs de luminosité différente. ➝ Rapport entre parties claires et sombres de l'image. *Régler le contraste* (télévision). ➝ *Produit de contraste :* substance opaque aux rayons X qui permet de faire apparaître l'image de certains organes à la radiographie. ✪ CONTR. Accord, analogie, identité.

contrasté, ée adj. – XVIIe ▪ Qui présente des contrastes. ➝ *Photographie trop contrastée,* où le foncé est trop noir et le clair trop blanc.

contraster v. [1] – XVIe ; lat. « se tenir *(stare)* contre » 1 v. tr. littér. Mettre en contraste. *Il sait contraster les personnages.* 2 v. intr. Être en contraste ; s'opposer d'une façon frappante. *Couleurs qui contrastent entre elles.* « *des Farandoles dont la gaîté contrastait avec le ridicule affligeant des visages et des corps* » (Beauv.). ✪ CONTR. Accorder (s'), CONTR. harmoniser (s').

contrat n. m. – XIVe ; lat. *contractus* 1 Convention par laquelle une ou plusieurs personnes « s'obligent, envers une ou plusieurs autres, à donner, à faire ou à ne pas faire qqch. » (CODE CIV.). ⇒ **convention, pacte.** *Contrat bilatéral,* où les contractants s'obligent réciproquement. ⇒ **échange, louage.** *Contrat unilatéral,* dans lequel une seule partie s'engage envers l'autre. ⇒ **cautionnement, dépôt,** ② **prêt.** ➝ *Contrat de mariage,* qui fixe le régime des biens des époux pendant le mariage. *Contrat de travail. Contrat à durée déterminée (C.D.D.). Rupture de contrat.* ➝ *Contrat de location. Validité d'un contrat. Clauses d'un contrat. Être sous contrat. Exécuter un contrat.* ➝ *Remplir son contrat.* fig. Faire ce qu'on a promis. ♦ arg. Personne à abattre, pour le tueur à gages. 2 Acte qui enregistre cette convention. ⇒ **instrument.** *Rédiger un contrat en bonne et due forme. Signer un contrat. Contrat d'assurance.* ⇒ ② **police.** 3 *Contrat social :* convention entre les gouvernements et les gouvernés, ou entre les membres d'une société. ⇒ **pacte.** 4 Au bridge, Nombre de levées que l'on s'engage à réaliser.

> ❑ L'expression *contrat social* semble avoir été créée par Rousseau (1762).

contravention n. f. – XIVe ; lat. *contravenire* → contrevenir ▪ Infraction aux prescriptions d'une loi, d'un règlement, d'un contrat. *Être en contravention* (⇒ **contrevenant**). ♦ Infraction que la loi punit d'une amende. ➝ Cette amende. *Attraper une contravention pour excès de vitesse.* ⇒ **P.-V. ;** fam. **contredanse.** Procès-verbal de cette infraction. *Contractuelle qui dresse une contravention. Trouver une contravention sur son pare-brise.* ⇒ **papillon.**

contravis n. m. – v. 1900 ▪ Avis contraire au précédent.

contre prép., adv. et n. m. – IXe ; lat. *contra* « en face de » **I** prép. et adv. 1 Marque la proximité, le contact. ⇒ **auprès** (de), **près** (de), ① **sur.** *Pousser le lit contre le mur. Il est étendu la face contre terre. Se serrer contre qqn, l'un contre l'autre. Danser joue contre joue.* ➝ adv. *Tout contre :* très près. *Là-contre.* ⇒ **ici.** *Ci-contre :* en regard (d'un texte). 2 À l'opposé de, dans le sens contraire à. *Faire qqch. contre son gré. Contre toute attente :* contrairement à ce qu'on attendait. *C'est contre votre intérêt.* ♦ loc. adv. *PAR CONTRE :* au contraire, en revanche. ⇒ **mais.** 3 En dépit de. ⇒ **malgré, nonobstant.** *Contre toute apparence, c'est lui qui a raison.* 4 En opposition à, dans la lutte avec. *Se battre, être en colère contre qqn. Lutter contre la mort.* « *les Soviétiques lançaient une vaste offensive contre les lignes allemandes* » (Tournier). *Comploter contre l'État. Se dresser contre qqch. ou qqn.* ⇒ **combattre, désapprouver,** s'**opposer.** *Être contre la peine de mort.* « *Celui qui n'est pas avec moi est contre moi* » (BIBLE). *Plainte contre X.* ➝ adv. *Ils ont voté contre.* « *nous lui demandâmes de but en blanc ce qu'il pensait de la guerre, s'il était pour ou contre* » (Perec). ♦ *Avoir quelque chose contre (qqch., qqn) :* ne pas approuver entièrement, ne pas aimer. *Je n'ai rien contre :* je ne m'oppose pas. *La chance est contre moi.* ⇒ **contraire.** fam. *Il a tout le monde contre lui.* 5 Pour se défendre, se protéger de. ⇒ ② **para-.** *S'abriter contre la pluie.* ⇒ **de.** *S'assurer contre l'incendie. Vaccin contre la rage. Sirop contre la toux* (⇒ ① **ant[i]-**). 6 En échange de. ⇒ **moyennant.** *Envoi contre remboursement.* ➝ *La résolution a été votée à quinze voix contre neuf.* **II** n. m. 1 *LE POUR ET LE CONTRE. Peser le pour et le contre avant de prendre une décision,* les avantages et les inconvénients. *Il y a du pour et du contre.* 2 Coup contre l'adversaire, dans certains sports, jeux. ✪ CONTR. Loin. Conformément. Avec, pour.

> ❑ *Pour* et *contre* peuvent être synonymes ou contraires. → pour (rem.).

contre- ▪ Élément, du lat. *contra* qui exprime soit l'opposition (⇒ ① **ant[i]-, contra-,** ② **para-**), soit la proximité.

contre-alizé n. m. – XIXe ▪ Vent qui souffle en sens inverse de l'alizé. *Des contre-alizés.*

contre-allée n. f. – XVIIe ▪ Allée latérale, parallèle à la voie principale. *Les contre-allées de l'avenue Foch.*

contre-amiral, aux n. m. – XVIIe ▪ Officier général de la marine, immédiatement au-dessous du vice-amiral.

contre-assurance n. f. – 1910 ▪ Seconde assurance (chez un autre assureur) qui en garantit une première. *Des contre-assurances.*

contre-attaque n. f. – XIXe 1 Brusque mouvement offensif d'une troupe attaquée. ⇒ **contre-offensive.** *Des contre-attaques.* ♦ Dans les jeux de ballon, Réaction offensive de l'équipe dont le terrain est occupé. 2 Réponse brutale et agressive à une attaque verbale. ⇒ **riposte.**

contre-attaquer v. intr. [1] – XIXe ▪ Faire une contre-attaque. ⇒ **riposter.**

contrebalancer v. tr. [3] – XVIe 1 Faire équilibre à. ⇒ **compenser, équilibrer.** *Poids qui en contrebalance un autre. Les avantages contrebalancent les inconvénients.* ⇒ **neutraliser.** 2 v. pron. *SE CONTREBALANCER (DE) :* fam. se moquer éperdument de. « *Si je ne lui plais pas, c'est son affaire* […] *je m'en contrebalance* » (Beauv.).

contrebande n. f. – XVIe ; it. *contrabbando* « contre le ban » ▪ Introduction clandestine, dans un pays, de marchandises prohibées ou dont on ne règle pas les droits de douane, d'octroi. ⇒ **fraude, trafic.** *Marchandises de contrebande. Faire de la contrebande ; la contrebande du tabac, des armes.* ♦ La marchandise elle-même. « *Il avait passé beaucoup de contrebande en Belgique* » (Cendrars).

contrebandier, ière n. – XVIIIe ▪ Personne qui fait de la contrebande. ⇒ **bootlegger, trafiquant** (cf. Faux saunier*). ➛ adj. *Navire contrebandier.* « *Les Basses-Pyrénées connaissent les femmes douanières et, leur faisant pendant, les femmes contrebandières* » (Simenon).

contrebas (en) loc. adv. – XIVe ▪ À un niveau inférieur. *La route passe en contrebas.* ➛ loc. prép. *La maison se trouve en contrebas du chemin.* ✪ CONTR. Contre-haut (en).

contrebasse n. f. – XVIe ; it. 1 Le plus grand et le plus grave des instruments à archet. ⇒ ① **basse.** 2 Musicien qui joue de la contrebasse. ⇒ **bassiste, contrebassiste.** 3 Tuyaux d'orgue commandés par le pédalier.

contrebassiste n. – XIXe ▪ Musicien qui joue de la contrebasse. ⇒ **bassiste.**

contrebasson n. m. – XIXe ▪ Instrument analogue au basson, à l'octave inférieure.

contrebatterie n. f. – XVIe ▪ Tir contre l'artillerie, les batteries de l'ennemi.

contrebattre v. tr. [41] – XIIIe ▪ Atteindre par un tir de contrebatterie.

contrebraquer v. intr. [1] – 1952 ▪ Braquer les roues avant d'un véhicule dans le sens inverse de la direction de dérapage du train arrière.

contrebuter v. tr. [1] – XVe ▪ Soutenir (une poussée) par un contrefort, un pilier.

contrecarrer v. tr. [1] – XVIe ; de l'a. fr. *contrecarre* « opposition » ▪ Faire obstacle à (qqn, qqch.), par une opposition directe. ⇒ s'**opposer ; contrarier.** ➛ *Vocation contrecarrée.* ✪ CONTR. Aider, favoriser.

contrechamp n. m. – 1929 ▪ Prise de vue dans le sens opposé à celle de la précédente ; plan ainsi filmé. « *l'alternance continuelle du champ et du contrechamp – qui paraît être la loi, le rythme même du spectacle cinématographique* » (Tournier). ✪ HOM. Contre-chant.

contre-chant n. m. – XVIe ▪ Second thème opposé ou associé au thème mélodique principal dans une composition contrapuntique. *Des contre-chants.* ✪ HOM. Contrechamp.

contrechoc n. m. – XIXe ▪ Choc en retour. ⇒ **contrecoup.**

contreclef [kɔ̃tʀəkle] n. f. – XVIIIe ▪ Voussoir qui touche la clef de voûte.

① **contrecœur (à)** [akɔ̃tʀəkœʀ] loc. adv. – XIVe ▪ Malgré soi, avec répugnance. *Faire une chose à contrecœur.* ✪ CONTR. Cœur (de bon cœur), grâce (de bonne grâce), volontiers.

② **contrecœur** [kɔ̃tʀəkœʀ] n. m. – XIIIe 1 Fond de cheminée (⇒ **contre-feu**) et plaque de fonte appliquée sur ce fond. 2 Rail couché à l'intérieur d'un croisement de voie ferrée.

contrecoup [kɔ̃tʀəku] n. m. – XVIe ▪ Événement qui se produit en conséquence indirecte d'un autre. ⇒ **contrechoc, réaction, suite.** *Subir le contrecoup d'un désastre. Par contrecoup.*

contre-courant n. m. – XVIIIe 1 Courant secondaire qui se produit en sens inverse d'un autre courant. « *un sourd tumulte de courants et de contre-courants qui s'entrechoquaient* » (J. Verne). 2 loc. adv. *À CONTRE-COURANT.* *Naviguer à contre-courant,* en remontant le courant. ➛ « *Le chrétien navigue à contre-courant ; il remonte les fleuves de feu* » (Mauriac). *Aller à contre-courant de son époque.*

contre-courbe n. f. – XIXe ▪ Courbe concave accolée à une courbe convexe (en architecture, décoration, etc.). *Des contre-courbes.*

contre-culture n. f. – 1972 ▪ Culture définie en opposition à la culture dominante, formée d'éléments de la culture populaire, etc.

contredanse n. f. – XVIe ; angl. *country-dance* « danse de campagne » 1 Danse où les couples de danseurs se font vis-à-vis et exécutent des figures. ⇒ **quadrille.** ♦ Musique sur laquelle on exécute cette danse. *Jouer une contredanse.* 2 fam. Contravention. « *Je connais le code de la route, moi. Jamais de contredanses* » (Queneau).

contre-dénonciation n. f. – XIXe ▪ Acte extrajudiciaire par lequel le saisissant porte à la connaissance du tiers saisi l'assignation en validité adressée par lui au saisi. *Des contre-dénonciations.*

contre-digue n. f. – XIXe ▪ Ouvrage destiné à consolider la digue principale.

contredire v. tr. [37] sauf *vous contredisez* – X^e ; lat. 1 S'opposer à (qqn) en disant le contraire de ce qu'il dit. ⇒ **démentir, réfuter ; contradiction.** *Contredire qqn. Vous le contredisez trop.* ➛ « *il contredisait pour contredire, sans raison, sans justifier ses opinions* » (Balz.). ♦ *Contredire le témoignage de qqn.* 2 *SE CONTREDIRE* v. pron. réfl. Dire des choses contradictoires successivement. *Il n'arrête pas de se contredire.* ⇒ se **couper.** ➛ (récipr.) *Ils se contredisent sans cesse.* ⇒ s'**opposer.** 3 Aller à l'encontre de. *Ce témoignage contredit sa déclaration.* ✪ CONTR. Approuver. Accorder (s'), entendre (s'). Confirmer.

> ❑ Attention à la 2e personne du pluriel à l'indicatif présent : *vous contredisez,* qui ne suit pas le modèle de *dire.*

contredit n. m. – XIIe 1 littér. Affirmation que l'on oppose à ce qui a été dit. ⇒ **contradiction, objection.** *Affirmation sujette à contredit. Sauf contredit.* 2 loc. adv. *SANS CONTREDIT* : sans qu'il soit possible d'affirmer le contraire.

contrée n. f. – XIIe ; lat. *contrata regio* (de *contra*) « pays en face » ▪ Étendue de pays. ⇒ ① **pays ; parages, région.** *Contrée riche, fertile.* « *une contrée volcanique, au sol convulsionné* » (J. Verne). *Dans nos contrées.* ✪ HOM. Contrer.

contre-écrou n. m. – XIXe ▪ Écrou que l'on visse à bloc au-dessus d'un autre écrou pour en empêcher le desserrage. *Des contre-écrous.*

contre-électromotrice adj. f. – XIXe ▪ *Force contre-électromotrice* : tension opposée à la direction du courant et effectuant une conversion d'énergie électrique en une énergie autre que thermique.

contre-emploi n. m. – XIXe ▪ Type de rôle ne correspondant ni au physique ni au tempérament d'un comédien. *Jouer à contre-emploi. Des contre-emplois.*

contre-empreinte n. f. – XIXe ▪ Relief (dépôt d'argile, etc.) dans une empreinte en creux. *Des contre-empreintes.*

contre-enquête n. f. – XVIIe ▪ Enquête destinée à vérifier les résultats d'une autre enquête. *Des contre-enquêtes.*

contre-épreuve n. f. – XVIIe 1 Épreuve tirée sur une estampe fraîchement imprimée. 2 Seconde épreuve permettant de vérifier les résultats d'une épreuve précédente. ⇒ **contre-essai, vérification.**

contre-espionnage n. m. – XIXe ▪ Action d'espionner des espions et de réprimer leur activité. *Faire du contre-espionnage.* ♦ Organisation chargée de la surveillance des espions des puissances étrangères.

contre-essai n. m. – XIXe ▪ Second essai pour contrôler les résultats d'un premier. ⇒ **contre-épreuve.** *Des contre-essais.*

contre-exemple n. m. – 1957 ▪ Exemple qui illustre le contraire de ce qu'on veut démontrer. *Des contre-exemples.*

contre-expertise n. f. – XIXe ▪ Expertise destinée à en contrôler une autre. *Des contre-expertises.*

contre-extension n. f. – XVIIe ▪ Immobilisation de la partie supérieure d'un membre luxé ou fracturé, au cours d'une réduction par extension.

contrefaçon n. f. – XIIIe ▪ Action de contrefaire une œuvre littéraire, artistique, industrielle au préjudice de son auteur ; résultat de cette action. ⇒ **copie, imitation, plagiat.** ♦ Imitation frauduleuse. *Contrefaçon de billets de banque.* ⇒ ① **faux.** ➛ *Délit de contrefaçon.*

contrefacteur n. m. – XVIIIe ▪ Personne coupable de contrefaçon frauduleuse. ⇒ **faussaire.**

contrefaire v. tr. [60] – XIIe ; lat. *contrafacere* « imiter » **1** Reproduire par imitation. ⇒ **copier, reproduire.** *Contrefaire qqn. Contrefaire la voix, les gestes de qqn.* **2** vieilli Feindre (un état, un sentiment) pour tromper. ⇒ **simuler.** *Contrefaire la folie.* **3** Imiter frauduleusement. ⇒ **falsifier ; contrefaçon.** *Contrefaire une monnaie, une signature.* ♦ Changer, modifier l'apparence de (qqch.) pour tromper. ⇒ **déguiser.** *Contrefaire son écriture.* ✪ HOM. Contre-fer.

❑ *En contrefaisant son ami* [fəzɑ̃] → faire (rem.).

contrefait, aite adj. – XIe ▪ Mal conformé, mal bâti. *Les pays « qui fourmillent de bossus, de boiteux, de cagneux, de noués, de rachitiques, de gens contrefaits de toute espèce »* (Rouss.).

contre-fer [kɔ̃tʀəfɛʀ] n. m. inv. – XVe ▪ Partie d'un outil qui double le fer. *Le contre-fer d'un rabot.* ✪ HOM. Contrefaire.

contre-feu n. m. – XVIe **1** Plaque métallique garnissant le fond d'une cheminée. ⇒ ② **contrecœur.** **2** Feu allumé pour circonscrire un incendie de forêt. *Allumer des contre-feux.*

contrefiche ou **contre-fiche** n. f. – XVIIe ▪ Pièce placée obliquement pour servir d'étai. ➛ Pièce de charpente reliant l'arbalétrier au poinçon.

contreficher (se) v. pron. [1] – XIXe ▪ fam. Se moquer complètement (de). ⇒ **contrebalancer** (s'en), se **contrefoutre.**

❑ On peut dire aussi à l'infinitif *se contreficher*, moins familier et même plutôt affecté. → ① ficher (rem.).

contrefil ou **contre-fil** [kɔ̃tʀəfil] n. m. – XVIe ▪ Sens contraire à la normale. ➛ loc. adv. *À contrefil* : dans le mauvais sens.

contre-filet n. m. – 1926 ▪ Morceau de bœuf correspondant aux lombes. ⇒ **faux-filet.**

contrefort n. m. – XIIIe **1** Pilier, saillie, mur massif servant d'appui à un autre mur. ⇒ **arc-boutant.** « *une route flanquée de remblais et de contreforts en arc-boutant d'un caractère assez monumental* » (Gaut.). **2** Pièce de cuir qui renforce l'arrière d'une chaussure. **3** Chaîne de montagnes qui semblent servir d'appui à une chaîne principale.

contrefoutre (se) v. pron. conj. *foutre* – XVIIIe ▪ pop. Se moquer complètement (de). *Je me contrefous de ses problèmes. Je m'en contrefous.* ⇒ **contrebalancer** (s'en), se **contreficher.**

contre-haut (en) loc. adv. – XVIIIe ▪ À un niveau supérieur. *Maison en contre-haut d'une route.* ✪ CONTR. Contrebas (en).

contre-hermine n. f. – XVIIe ▪ En héraldique, Fourrure constituée à l'inverse de l'hermine, par un fond de sable semé de mouchetures d'argent.

contre-indication n. f. – XVIIe ▪ Circonstance qui empêche d'appliquer un traitement, une médication. *Contre-indication en cas de diabète.*

contre-indiquer v. tr. [1] – XVIIIe **1** Déconseiller, interdire par une contre-indication. **2** CONTRE-INDIQUÉ, ÉE. Qui ne convient pas, est dangereux (dans un cas déterminé). ⇒ **déconseillé.** par ext. *C'est contre-indiqué* : ce n'est pas souhaitable. ⇒ **inopportun.**

contre-interrogatoire n. m. – 1969 ▪ Interrogatoire d'un témoin, d'un accusé par la partie adverse.

contre-jour n. m. – XVIIe ▪ Éclairage d'un objet recevant de la lumière en sens inverse de celui du regard. *Être gêné par le contre-jour. Des contre-jour* ou *des contre-jours.* ♦ loc. adv. À CONTRE-JOUR. *Photo prise à contre-jour.* « *la montmorency d'une chair si fine que le noyau y transparaît à contre-jour* » (Colette).

contre-lame n. f. – 1966 ▪ Lame, vague qui vient en sens contraire (à un mouvement de l'eau). *Des contre-lames.*

contre-la-montre → ② **montre**

contre-lettre n. f. – XIIIe ▪ Acte secret annulant, modifiant les dispositions d'un premier acte ostensible. *Des contre-lettres.*

contremaître, contremaîtresse n. – XVe ▪ Personne responsable d'une équipe d'ouvriers (chef* d'équipe, agent* de maîtrise). « *le contremaître l'emmenait visiter l'usine* » (Daud.).

contre-manifestant, ante n. – XIXe ▪ Personne qui prend part à une contre-manifestation. « *un choc entre une colonne du Front Populaire et une de contre-manifestants* » (Aymé).

contre-manifestation n. f. – XIXe ▪ Manifestation organisée pour faire échec à une autre. *Des contre-manifestations.*

contre-manifester v. intr. [1] – XIXe ▪ Prendre part à une contre-manifestation.

contremarche n. f. – XIVe **1** Hauteur de chaque marche d'un escalier. ➛ La partie verticale qui forme cette hauteur. **2** Marche qu'on fait faire à une armée dans le sens opposé à celui qu'elle suivait.

contremarque n. f. – XVe **1** Seconde marque qu'on applique sur un ballot de marchandises, sur les objets d'or et d'argent. **2** Ticket délivré à ceux qui s'absentent momentanément d'une salle de spectacles.

contre-mesure n. f. – XIXe ▪ Mesure contraire à une autre mesure. ♦ Ensemble de moyens destinés à rendre inefficace l'action ennemie.

contre-mur n. m. – XIVe ▪ Petit mur bâti contre un autre mur pour servir d'appui, de contrefort. *Des contre-murs.*

contre-offensive n. f. – 1916 ▪ Contre-attaque en vue d'enlever à l'ennemi l'initiative des opérations. *Des contre-offensives.*

contre-pal n. m. – XVIe ▪ En héraldique. Pal divisé en deux moitiés, l'une d'émail et l'autre de métal. *Des contre-pals.*

contrepartie n. f. – XIIIe **1** Double d'un registre sur lequel toutes les parties d'un compte sont inscrites. **2** Sentiment, avis contraire. *Soutenir la contrepartie d'une opinion.* **3** Chose qui s'oppose à une autre en la complétant ou en l'équilibrant. ⇒ **compensation.** *En contrepartie* : en échange. *Obtenir une contrepartie financière. Sans contrepartie.* ♦ Opération par laquelle un intermédiaire en Bourse agit pour son propre compte en se portant acquéreur ou vendeur de titres correspondant à un ordre de vente ou d'achat de son client. « *Jouant sur les deux tableaux, faisant ce qu'on appelle en termes de coulisse de la contrepartie* » (Proust).

contre-pas n. m. – XVIIe ▪ Demi-pas pour reprendre le pas cadencé, sur le bon pied.

contre-passer v. tr. 1 – XIIe 1 Repasser (une lettre de change) à la personne de qui on la reçoit. 2 Rectifier (une écriture) au grand livre, au journal.

contrepente ou **contre-pente** n. f. – XVIIe ▪ Pente opposée à une autre pente. *Les contrepentes d'une colline.*

contre-performance n. f. – 1949 ▪ Mauvaise performance, résultat anormalement faible de qqn qui réussit bien d'habitude.

❑ Attention au sens de ce mot → performance (rem.).

contrepet n. m. – 1947 1 Art de résoudre les contrepèteries ou d'en faire de nouvelles. « *L'Art du contrepet* », *de L. Étienne.* 2 Contrepèterie.

contrepèterie n. f. – XVIe ; de l'a. fr. *contrepéter* « rendre un son pour un autre » ▪ Interversion des lettres ou des syllabes d'un ensemble de mots, afin d'en obtenir d'autres dont l'assemblage ait un sens burlesque ou grivois.

contre-pied [kɔ̃tʀəpje] n. m. – XVIe 1 Fausse piste suivie par les chiens. 2 Ce qui est diamétralement opposé à (une opinion, un comportement). ⇒ **contraire, opposé.** *Vos opinions sont le contre-pied des siennes. Des contre-pieds.* « *le fils prend en tout le contre-pied du père* » (Yourcenar). 3 *À CONTRE-PIED :* sur le mauvais pied (en sport).

❑ On trouve aussi la graphie *contrepied.*

contreplacage n. m. – XIXe ▪ Application de feuilles de bois des deux côtés d'un panneau (les fibres du bois étant perpendiculaires) ; son résultat.

contreplaqué n. m. – 1914 ▪ Matériau formé de plaques de bois minces collées, à fibres opposées. ⇒ **latté ; contreplacage.** « *un grand panneau de contreplaqué dont la face peinte représente un mur de pierre* » (Robbe-Grillet).

contre-plongée n. f. – 1946 ▪ Prise de vue faite de bas en haut (à l'inverse de la plongée). *Des contre-plongées.*

contrepoids n. m. – XIIe 1 Poids qui fait équilibre à un autre poids. *Les contrepoids d'une horloge. Faire contrepoids.* ⇒ **contrebalancer, équilibrer.** 2 Ce qui équilibre, neutralise. ⇒ **compensation, contrepartie.** *Servir de contrepoids, faire contrepoids à qqch.* « *Le métier des intellectuels est remuer toutes choses sous leurs signes, noms ou symboles, sans le contrepoids des actes réels* » (Valéry).

contre-poil (à) loc. adv. – XIIIe ▪ Dans le sens inverse du sens naturel des poils. ⇒ **rebrousse-poil** (à). ♦ loc. fam. *Prendre qqn à contre-poil,* maladroitement, en l'irritant.

contrepoint n. m. – XIVe 1 Théorie de l'écriture polyphonique. *Le contrepoint, langage musical horizontal* (opposé à *harmonie*). ⇒ **contrapuntiste.** ➤ Composition faite d'après les règles du contrepoint. 2 Motif secondaire qui se superpose à qqch., en ayant une réalité propre. *Les comédiens* « *juxtaposent au texte une espèce de contrepoint déclamatoire* » (Bloy). ♦ loc. adv. *EN CONTREPOINT :* simultanément et indépendamment, en matière d'accompagnement. ➤ loc. prép. *Il aurait fallu que la pièce* « *se déroulât en contrepoint de la vie simple et normale du couple humain* » (Mauriac).

contrepoison n. m. – XVe ▪ Substance destinée à combattre, à neutraliser l'effet d'un poison. ⇒ **antidote.**

❑ *Contrepoison* a été longtemps orthographié *contre-poison.*

contre-porte n. f. – XVIe ▪ Porte capitonnée, qui double une porte. *Des contre-portes.* ➤ Face intérieure d'une porte aménagée pour recevoir des accessoires. *Contre-porte d'un réfrigérateur.*

contre-pouvoir n. m. – 1973 ▪ Pouvoir qui s'oppose ou qui fait équilibre à une autorité établie. *Des contre-pouvoirs.*

contre-préparation n. f. – 1929 ▪ Bombardement destiné à neutraliser une préparation (d'artillerie).

contre-projet n. m. – XVIIIe ▪ Projet que l'on oppose à un autre projet sur la même question. *Proposer des contre-projets.*

contre-propagande n. f. – 1931 ▪ Propagande destinée à détruire les effets d'une autre propagande. « *amorcer une contre-propagande clandestine* » (Sartre).

contre-proposition n. f. – XVIIIe ▪ Proposition qu'on fait pour l'opposer à une autre. *Des contre-propositions.*

contre-publicité n. f. – 1905 1 Publicité destinée à lutter contre une autre publicité. 2 Publicité qui a un effet contraire à son objet, qui nuit à ce qu'elle veut vanter.

contrer v. 1 – XIXe 1 v. intr. Défier l'adversaire de réaliser son contrat (cartes). 2 v. tr. S'opposer avec succès à (qqn). *Il a contré son interlocuteur. Se faire contrer.* ➤ « *une manifestation antifasciste que la police contra brutalement* » (Beauv.). ✪ HOM. Contrée.

contre-rail n. m. – XIXe ▪ Second rail placé contre le rail normal aux passages à niveau, aux croisements. *Des contre-rails.*

contre-réforme n. f. – XIXe ▪ Réforme catholique qui succéda à la Réforme pour s'y opposer.

contre-révolution n. f. – XVIIIe ▪ Mouvement politique, social, destiné à combattre une révolution. *Des contre-révolutions.*

contre-révolutionnaire adj. et n. – XVIIIe ▪ Favorable à une contre-révolution. « *l'idée de liberté, idée bourgeoise, paralysante et contre-révolutionnaire* » (Duham.). ➤ n. Partisan d'une contre-révolution.

contrescarpe n. f. – XVIe ; de *contre-* et *escarpe* ▪ Pente du mur extérieur du fossé d'un ouvrage (⇒ ① **glacis).** *Place de la Contrescarpe, à Paris.*

contreseing [kɔ̃tʀəsɛ̃] n. m. – XIVe ▪ Deuxième signature destinée à authentifier la signature principale, ou à marquer un engagement solidaire (⇒ **contresigner).**

contresens [kɔ̃tʀəsɑ̃s] n. m. – XVIe 1 Interprétation contraire à la signification véritable. *Faire un contresens dans une traduction.* 2 Mauvaise interprétation. ⇒ **erreur.** 3 Sens inverse. *Prendre le contresens d'une étoffe.* 4 loc. adv. *À CONTRESENS :* dans le mauvais sens. *Prendre l'autoroute à contresens.* ♦ *Interpréter qqch. à contresens.* ✪ CONTR. Exactitude.

contresignataire n. et adj. – XIXe ▪ Personne qui contresigne un acte, appose un contreseing. ➤ adj. *Autorité contresignataire.*

contresigner v. tr. 1 – XVe ▪ Apposer un contreseing à.

contresujet n. m. – XIXe ▪ En musique, Second ou troisième sujet d'une fugue.

contre-taille n. f. – XVIe ▪ Chacune des tailles qui croisent les premières tailles sur une planche de cuivre ; le trait qui en résulte sur l'estampe. *Des contre-tailles.*

contretemps n. m. – XVIe 1 Événement, circonstance imprévue qui s'oppose à ce que l'on avait projeté ⇒ **difficulté, empêchement, ennui.** « *par un contretemps fâcheux on s'est heurté aux genoux de manière à devoir garder la chaise* » (Ste-Beuve). ♦ loc. adv. *À CONTRETEMPS :* mal à propos, au mauvais moment ⇒ **inopportunément.** 2 Action d'attaquer un son sur un temps faible, le temps fort suivant étant formé d'un silence. ✪ CONTR. Arrangement, facilité.

contre-ténor n. m. – d. i. ▪ Voix du ténor qui chante en voix de tête dans son registre le plus élevé. ⇒ **haute-contre.** ➙ Chanteur qui a cette voix. *Des contre-ténors.*

contre-terrorisme n. m. – v. 1960 ▪ Lutte violente contre le terrorisme (par les mêmes méthodes).

contre-terroriste n. – v. 1960 ▪ Personne qui fait du contre-terrorisme. ➙ adj. *Activités contre-terroristes.* ⇒ **antiterroriste.**

contre-timbre n. m. – XIXe ▪ Nouveau timbre apposé sur du papier timbré. *Des contre-timbres.*

contre-tirer v. tr. [1] – XVIe ▪ Tirer en contre-épreuve.

contre-torpilleur n. m. – XIXe ▪ Navire de guerre très rapide destiné à attaquer les torpilleurs. ⇒ **destroyer.** *Des contre-torpilleurs.*

contre-transfert n. m. – 1967 ▪ Ensemble des réactions inconscientes de l'analyste à l'égard du patient, notamment au transfert de celui-ci. *Des contre-transferts.*

contretype n. m. – XIXe ▪ Cliché négatif inversé. ➙ Copie d'une épreuve ou d'un cliché photographique.

contre-ut [kɔ̃tʀyt] n. m. inv. – XIXe ▪ Note plus élevée d'une octave que l'ut supérieur du registre normal.

contre-vair n. m. – XVIIe ▪ En héraldique, Fourrure analogue au vair, mais où les petites pièces d'argent et d'azur sont opposées par la pointe, au lieu d'être alternées. *Des contre-vairs.*

contre-valeur n. f. – XIXe ▪ Valeur commerciale échangée contre une autre.

contrevallation n. f. – XVIIe ▪ Fossé, retranchement autour d'une place forte.

contrevenant, ante adj. et n. – XVIe ▪ Qui contrevient à un règlement. n. *Les contrevenants sont passibles d'une amende.*

contrevenir v. tr. ind. [22] – XIVe ; lat. *contravenire* → contravention ▪ Agir contrairement (à une prescription, à une obligation). ⇒ **enfreindre, transgresser.** *Contrevenir à la loi, au règlement.* « *ayant contrevenu à mes promesses envers moi-même* » (Yourcenar). ✪ CONTR. Conformer (se), plier (se).

❑ Pour le sens → transgresser (rem.).

contrevent n. m. – XVe 1 Grand volet extérieur. ⇒ **jalousie, persienne.** « *à cause des doubles vitrages, les fenêtres, en Russie, n'ont ni volets, ni contrevents, ni jalousies* » (Gaut.). 2 Pièce de charpente oblique destinée à renforcer les fermes.

contreventement n. m. – XVIe ▪ Assemblage de charpente destiné à lutter contre les déformations.

contrevérité n. f. – XVIIe 1 Antiphrase. *Des contrevérités ironiques.* 2 Assertion contraire à la vérité.

❑ On trouve aussi la graphie *contre-vérité.*

contre-visite n. f. – XVIIe 1 Dans un service d'hôpital, Visite complémentaire de celle que le médecin a effectuée le matin. 2 Examen médical destiné à en contrôler un autre. *Des contre-visites.*

contre-voie (à) loc. adv. – XIXe ▪ Dans le sens inverse de la marche normale d'un train. *Descendre à contre-voie,* du mauvais côté, à l'opposé du quai.

contribuable n. – XVe ▪ Personne qui paye des impôts. *Répartition de l'impôt entre les contribuables.* ➙ loc. *Aux frais du contribuable :* en gaspillant les deniers publics.

contribuer v. tr. ind. [1] – XIVe ; lat. « fournir pour sa part » ▪ Aider à l'exécution d'une œuvre commune ; avoir part (à un résultat). ⇒ **collaborer, coopérer, participer.** *Contribuer au succès d'une entreprise.* « *une crainte assez basse de m'engager à fond contribuait à ma prudence à l'égard de la jeune fille* » (Yourcenar). ➙ Payer sa part d'une dépense ou d'une charge commune. *Contribuer pour un tiers, pour un quart.* ✪ CONTR. Abstenir (s').

contributif, ive adj. – XVIe ▪ Qui concerne une contribution. *Part contributive.*

contribution n. f. – XIVe 1 Part que chacun donne pour une charge, une dépense commune. ⇒ ① **écot, quote-part.** *Verser sa contribution.* ♦ En matière d'impôt, Ce que chacun doit payer à l'État, aux collectivités locales. ⇒ **imposition, impôt.** *Contributions directes,* perçues par voie de rôle nominatif. *Contributions indirectes,* établies sur les objets de consommation. ⇒ ③ **droit, taxe.** ➙ En France *Contribution sociale généralisée (C. S. G.).* ➙ *Les contributions :* l'administration chargée de la répartition et du recouvrement des contributions. *Receveur, contrôleur des contributions.* 2 Collaboration à une œuvre commune. ⇒ **concours.** *Apporter sa contribution à la science.* ♦ *Mettre à contribution :* utiliser les services de (qqn, qqch.). « *Si vous avez besoin d'un renseignement ou si quelque chose vous arrête, n'hésitez pas à me mettre à contribution* » (Aymé). ✪ CONTR. Abstention, obstacle.

contrit, ite adj. – XIIe ; lat. « broyé » 1 Qui est profondément touché du sentiment de ses péchés. ⇒ **pénitent, repentant.** *Un cœur contrit.* 2 Qui marque le repentir. *Air contrit.* ⇒ ① **chagrin, penaud.** « *l'homme gardait une mine piteuse et contrite* » (Romains). ✪ CONTR. Impénitent.

contrition n. f. – XIIe 1 Douleur vive et sincère d'avoir offensé Dieu. ACTE DE CONTRITION : prière qu'on récite en confession. 2 littér. Remords, repentir. ✪ CONTR. Endurcissement, impénitence.

contrôlable adj. – 1900 1 Qui peut être contrôlé. ⇒ **vérifiable.** *Son alibi est contrôlable.* 2 Qui peut être maîtrisé. *Des tendances économiques non contrôlables.* ✪ CONTR. Incontrôlable.

controlatéral, ale, aux adj. – 1912 ▪ Dont l'effet se manifeste du côté du corps opposé à celui qui est atteint. *Paralysie controlatérale.*

contrôle n. m. – XIVe ; de *contre-* et *rôle* 1 Vérification (d'actes, de droits, de documents). ⇒ **inspection.** *Contrôle d'une comptabilité. Contrôle fiscal. Contrôle des billets d'avion. Contrôle d'identité, contrôle de police.* ♦ CONTRÔLE CONTINU : vérification des connaissances des étudiants par des travaux notés, sur toute la durée du module. ➙ Devoir, interrogation en classe. *Avoir un contrôle de maths.* 2 Vérification du bon fonctionnement (d'un appareil). *Contrôle d'un réacteur nucléaire.* ➙ Surveillance (exercée sur un individu). *Contrôle judiciaire. Sous contrôle médical. Contrôle de vitesse, contrôle radar. Contrôle antidopage.* 3 État nominatif des personnes qui appartiennent à un corps. *Être rayé des contrôles.* 4 Vérification du titre et apposition du poinçon de l'État (sur un objet d'orfèvrerie). 5 Bureau où se fait un contrôle. *Se présenter au contrôle.* 6 Le fait de se maîtriser. *Le contrôle de soi.* ⇒ **maîtrise.** « *Comment puis-je [...] perdre aussi complètement tout contrôle sur moi-même ?* » (Mart. du G.). 7 *Contrôle des naissances :* maîtrise de la fécondité grâce aux méthodes contraceptives. ⇒ **régulation ; contraception.** 8 Fait de maîtriser. *Prendre le contrôle d'une entreprise. Perdre le contrôle de sa voiture,* ne plus pouvoir la diriger ni l'arrêter. 9 Régulation de l'activité ou de la synthèse d'une enzyme.

contrôler v. tr. [1] – XIVe **1** Soumettre à un contrôle. ⇒ **examiner, inspecter, vérifier.** *Contrôler les comptes. Contrôler des billets de train. Contrôler le bon fonctionnement d'un appareil.* ⇒ ② **tester.** *Contrôler un alibi.* « *On n'a pas contrôlé mon affirmation* » (Camus). **2** Poinçonner (les objets d'or ou d'argent). **3** Maîtriser ; dominer. *Contrôler ses réactions, ses mouvements.* ➛ *SE CONTRÔLER* v. pron. Rester maître de soi. ⇒ se **maîtriser. 4** Avoir sous sa domination, sa surveillance. *Armée, puissance qui contrôle une région stratégique.* ➛ *Contrôler une société,* en détenir la majorité des actions.

contrôleur, euse n. – XIIIe **1** Personne qui exerce un contrôle, une vérification. ⇒ **inspecteur.** *Contrôleur des Finances.* ♦ *Il était « vêtu d'une capote, telle qu'en portent les contrôleurs des trains »* (Carco). *Contrôleur de la navigation aérienne.* ⇒ **aiguilleur. 2** n. m. Appareil de réglage, de contrôle. ⇒ **mouchard.** *Contrôleur de vitesse. Contrôleur de vol.* ⇒ **boîte** (noire). ➛ Appareil de mesure électrique remplissant les fonctions de voltmètre, d'ampèremètre et d'ohmmètre.

contrordre n. m. – XVIIe ▪ Révocation d'un ordre donné. *Partez demain, sauf contrordre.*

controuvé, ée adj. – XIIe ; lat. °*contropare* → trouver ▪ littér. Inventé ; qui n'est pas exact. ⇒ **apocryphe, mensonger.** ✪ CONTR. Authentique, vrai.

controversable adj. – XIXe ▪ Qui est sujet à controverse. ⇒ **discutable.** ✪ CONTR. Incontestable.

controverse n. f. – XIIIe ; lat. « choc » ▪ Discussion argumentée et suivie sur une question, une opinion. ⇒ **débat, polémique.** *Soulever une vive controverse.*

controversé, ée adj. – XVIIe ▪ Qui fait l'objet d'une controverse. ⇒ **contesté, discuté.** *Une théorie très controversée.* « *la question si difficile et si controversée des rapports entre l'individu et l'État* » (Valéry).

controverser v. tr. [1] – XVIe ▪ rare Débattre (un point de doctrine, une question), dans une controverse. ⇒ **argumenter, discuter.** ✪ CONTR. Admettre.

contumace n. f. – XIIIe ; lat. « orgueil » **1** Refus pour un accusé de comparaître en justice. ⇒ **défaut.** ♦ loc. *PAR CONTUMACE :* en l'absence de l'intéressé. *Condamné à mort par contumace* (opposé à *contradictoirement*). **2** Contumax.

contumax [kɔ̃tymaks] adj. et n. – XVIe ; mot lat., de *cum* et *tumere* « être gonflé (d'orgueil, etc.) » ▪ Se dit de l'accusé en état de contumace.

contus, use adj. – XVIe ▪ Qui présente, qui a subi une contusion. *Plaie contuse.*

contusion n. f. – XIVe ; lat. *contundere* « meurtrir » ▪ Lésion produite par un choc, sans qu'il y ait déchirure de la peau. ⇒ **bleu, bosse, ecchymose, meurtrissure.** « *La contusion, ou plutôt la plaie contuse apparut* » (J. Verne).

> ❑ *Contusion* est apparu comme terme de chirurgie.

contusionner v. tr. [1] – XVIIe ▪ Blesser par contusion. ⇒ **meurtrir.** *Quelques personnes ont été contusionnées.* ➛ *Il était tout contusionné.*

conurbation n. f. – 1922 ; de *con-* « autour » et lat. *urbs* « ville » ▪ Agglomération formée d'une ville et de ses banlieues réunies par suite de leur expansion.

convaincant, ante adj. – XVIIe ▪ Qui est propre à convaincre. « *Une preuve convaincante que l'homme n'a pas été créé comme il est* » (La Rochef.). *Ce n'est pas très convaincant.* ➛ Qui convainc, éloquent. *L'avocate a été très convaincante.* ⇒ **persuasif.** ✪ HOM. Convainquant (convaincre).

> ❑ Ne pas écrire l'adjectif *convaincant* comme le participe présent de *convaincre (convainquant).*

convaincre v. tr. [42] – XIIe ; lat. *convincere* → conviction **1** Amener (qqn) à reconnaître la vérité d'une proposition ou d'un fait. ⇒ **persuader.** *Se laisser convaincre.* « *L'art de persuader consiste autant en celui d'agréer qu'en celui de convaincre* » (Pasc.). *Convaincre qqn de qqch. Convaincre qqn de,* l'amener à considérer comme nécessaire de. ➛ pronom. Se persuader. « *il se jetait dans la contradiction avec une telle force, qu'il se convainquait lui-même* » (Aragon). **2** *Convaincre (qqn) de :* donner des preuves de (sa faute, sa culpabilité). ⇒ **confondre.** *Convaincre qqn d'imposture.* ✪ HOM. *Convaincs :* convins (convenir).

convaincu, ue adj. – XVIIe ▪ Qui possède, qui exprime la conviction de. *Il est convaincu de ne pas se tromper.* ⇒ **certain, persuadé, sûr.** *Il est innocent, j'en suis convaincue.* ➛ Sûr de son opinion. *Parler d'un ton convaincu.* ⇒ **assuré.** ➛ subst. *Prêcher un convaincu.* ✪ CONTR. Sceptique ; incrédule.

convalescence n. f. – XIVe ▪ Période de transition après une maladie, une opération, et avant le retour à la santé. *Être en convalescence :* aller mieux. *État, période de convalescence. Maison de convalescence.* ⇒ **repos.**

> ❑ *Convalescence* a signifié « bonne santé » jusqu'au XVIe siècle.

convalescent, ente adj. – XIVe ; lat. *convalescere* « reprendre des forces » ▪ Qui est en convalescence. ➛ subst. « *Il menait la vie végétative d'un convalescent, d'une accouchée* » (Proust). ✪ CONTR. Malade.

convecteur n. m. – 1959 ▪ Appareil de chauffage électrique utilisant la convection de l'air.

convection n. f. – XIXe ; lat. *vehere* « transporter » **1** Transport d'une grandeur physique (masse, courant électrique, chaleur) dans un fluide par un déplacement de l'ensemble de ses molécules. **2** *Courants de convection :* courants marins provoqués par les différences de température du manteau. ♦ Déplacement des masses d'air échauffées au contact du sol. ✪ CONTR. Advection.

convenable adj. – XIIe **1** littér. Qui convient, est approprié. ⇒ **adéquat, approprié.** *Choisir le moment convenable.* ⇒ **favorable, opportun, propice. 2** Suffisant, acceptable. *Le prix est convenable. Un salaire convenable, à peine convenable.* ⇒ **correct, décent. 3** Conforme aux règles, aux conventions de la bienséance. ⇒ **correct.** *Des manières convenables. Une tenue convenable.* ➛ « *C'était une jeune fille excessivement convenable* » (Chardonne). ✪ CONTR. Inconvenant, incorrect, inopportun.

convenablement adv. – XIIe ▪ D'une manière convenable. *Ils sont convenablement logés. Convenablement vêtu pour l'occasion.* « *Je me conduisis à peu près convenablement pendant cette journée* » (Bosco). ⇒ ① **bien** (cf. Comme il faut*).

convenance n. f. – XIIe **1** littér. Caractère de ce qui convient à sa destination. ⇒ **conformité, harmonie.** *Convenance de caractère, de goût entre deux amis.* **2** Ce qui convient à qqn. *Prendre un congé pour des raisons de convenance personnelle.* ♦ (avec *à*) Selon ce qui convient à (qqn). « *Il vous suffit que l'affaire s'arrange à votre convenance, correctement, moi de même* » (Bernanos). ⇒ **goût. 3** *Les convenances :* ce qui est en accord avec les usages, les bienséances. *Contraire aux convenances :* inconvenant.

convenir v. tr. ind. [22] – XIe ; lat. « venir avec » **I** auxil. *avoir* **1** CONVENIR À (qqch.). Être convenable pour ; être approprié à (qqch.). *Les vêtements qui conviennent à la circonstance.* ➤ *C'est exactement l'homme qui convient. Trouver la phrase qui convient,* la phrase juste. **2** CONVENIR À (qqn). Être approprié à son état, à sa situation. *Ce traitement ne me convient pas.* ⇒ **réussir.** ♦ Être agréable ou utile (à qqn) ; être conforme à son goût, à son attente. ⇒ ① **aller, plaire.** *Cela me convient parfaitement.* **3** *IL CONVIENT DE.* Être conforme aux usages, aux nécessités, aux besoins. « *les semblants d'un silence qu'il convenait de garder sur une nécessité inéluctable* » (Proust). *C'est ce qu'il convient d'appeler un imbécile.* ♦ *IL CONVIENT QUE :* il est souhaitable que. « *Il convient que l'impôt soit payé par celui qui emploie la chose taxée* » (Rouss.). **4** *SE CONVENIR* v. pron. Être approprié l'un à l'autre ; se plaire mutuellement. « *Deux créatures qui ne se conviennent pas* » (Chateaub.). ⇒ s'**accorder.** **II** *CONVENIR DE* (qqch.). auxil. *être* (littér.) ou *avoir* **1** Reconnaître la vérité de ; tomber d'accord sur. ⇒ **avouer, reconnaître.** *Elle ne veut pas convenir de son erreur. J'en conviens.* « *J'ai convenu de mon tort de trop bonne grâce* » (Rouss.). « *une tristesse dont il n'eût jamais convenu* » (Mauriac). ➤ *Vous conviendrez qu'il a raison.* ⇒ **admettre.** **2** Faire un accord, s'accorder sur. ⇒ s'**entendre.** *Elles ont convenu d'un lieu de rendez-vous.* ♦ vieilli ou littér. (avec *être*) « *Nous étions pourtant convenus du prix de votre discrétion* » (Pennac). ♦ *Il a été convenu que :* on a décidé que. ➤ *COMME CONVENU :* comme il a été décidé. *Nous vous rejoindrons ce soir, comme convenu.* ✪ CONTR. Disconvenir, opposer (s'). — HOM. *Convins :* convaincs (convaincre).

convent n. m. – XIXe ; mot angl., lat. *conventus* « réunion » ■ Assemblée générale de francs-maçons.

convention n. f. – XIIIe ; lat. *venire* « venir » **1** Accord de deux ou plusieurs personnes portant sur un fait précis. ⇒ **arrangement, contrat, engagement, entente, traité.** *Établir, ratifier une convention.* « *Les conventions légalement formées tiennent lieu de loi à ceux qui les ont faites* » (CODE CIV.). ➤ *Conventions internationales, diplomatiques, commerciales.* ⇒ **accord, concordat, traité.** *Convention européenne des droits de l'homme.* ♦ *CONVENTION COLLECTIVE :* accord entre syndicats de salariés et d'employeurs réglant les conditions de travail. **2** *Les conventions (sociales) :* ce qu'il est convenu de penser, de faire, dans une société. « *des êtres qui ont peine à se plier aux conventions mondaines et sociales* » (Maurois). ♦ Ce qui est admis par un accord tacite ou explicite. « *La femme observait nos conventions de son mieux* » (Beckett). *Conventions typographiques.* **3** loc. adv. *DE CONVENTION :* qui est admis par convention. ⇒ **conventionnel, convenu.** ➤ péj. Conforme aux conventions sociales ; peu sincère. ⇒ **artificiel.** *Des « phrases toutes faites, n'exprimant que des sentiments de convention »* (Gide). **4** Assemblée exceptionnelle réunie pour établir ou modifier une Constitution (⇒ **constituante**). **5** Aux États-Unis, Congrès d'un parti pour désigner son candidat à la présidence.

conventionnalisme n. m. – 1922 **1** Caractère conventionnel, préférence pour ce qui est conventionnel. **2** Doctrine qui considère tous les principes comme des conventions.

conventionné, ée adj. – XVIe ■ Lié par une convention de tarifs avec la Sécurité sociale. *Médecin conventionné.*

conventionnel, elle adj. et n. m. – XVe **I** - **1** Qui résulte d'une convention. *Acte, clause conventionnels. Langage conventionnel.* **2** Conforme aux conventions sociales ; peu naturel, peu sincère. *La morale conventionnelle. Il est très conventionnel.* **3** *Armement conventionnel,* non nucléaire. **II** n. m. *Les conventionnels :* les membres de la Convention.

conventionnellement adv. – XVIIe **1** Par convention. **2** D'une manière conventionnelle.

conventionnement n. m. – v. 1958 ■ En France, Fait pour un médecin, un établissement de soins, d'adhérer à la convention nationale conclue avec la Sécurité sociale.

conventuel, elle adj. – XIIIe ; lat. *conventus* « réunion » ■ Qui appartient à une communauté religieuse. *Maison conventuelle.* ⇒ **couvent.** « *La vieille nostalgie de la vie conventuelle me reprend* » (Green).

convenu, ue adj. – XVe **1** Qui est le résultat d'un accord, d'une convention. ➤ *Payer le prix convenu. À l'heure convenue.* **2** péj. Conforme à une convention (littéraire, sociale). « *un langage en quelque sorte convenu, contractuel* » (Claudel). ➤ subst. « *ma haine du convenu, mon mépris du banal* » (Renard).

convergence n. f. – XVIIe **1** Le fait de converger. *La convergence de deux lignes.* ➤ *Convergence d'un système optique.* ➤ *Convergence de deux masses d'air.* **2** Action d'aboutir au même résultat, de tendre vers un but commun. *La convergence des volontés.* **3** Propriété d'une suite, d'une série, d'une application, d'une intégrale, de converger vers une valeur finie. *Convergence en probabilité.* ✪ CONTR. Divergence.

convergent, ente adj. – XVIIe **1** Qui converge. ➤ *Lentille convergente,* qui fait converger les rayons lumineux. ♦ Qui converge vers une valeur unique, finie. *Lignes parallèles convergentes à l'infini.* **2** Qui tend au même résultat. *Des efforts convergents.* ✪ CONTR. Divergent.

❑ Ne pas confondre l'adjectif *convergent* et le participe présent de *converger (convergeant).*

converger v. intr. [3] – XVIIIe ; lat. *vergere* « incliner vers » **1** Se diriger (vers un point commun). ⇒ se **concentrer.** *Plusieurs routes convergeaient vers le village.* ♦ *Des regards convergeant sur un même objet.* **2** Tendre au même résultat. *Leurs théories convergent.* ✪ CONTR. Diverger.

convers, erse adj. – XIIe ; lat. *conversus* « retourné, converti » ■ *Frère convers, sœur converse :* personne qui, dans un monastère ou un couvent, se consacre aux travaux manuels. ⇒ ① **lai, servant.**

conversation n. f. – XIIe ■ Échange de propos (naturel, spontané) ; ce qui se dit dans un tel échange. ⇒ **bavardage, discussion, entretien,** région. **palabre.** *Conversation entre deux personnes.* ⇒ **dialogue, tête-à-tête.** *Prendre part à la conversation. Changer de conversation. Détourner la conversation. Éviter un sujet de conversation.* « *La conversation roulait dans un cercle de lieux communs* » (Chateaub.). *Être en grande conversation avec qqn.* loc. *Il a fait les frais de la conversation :* on n'a parlé que de lui. ➤ *Conversation téléphonique.* ⇒ **communication.** ♦ *Conversations secrètes, diplomatiques.* ⇒ **conciliabule.** ♦ *La conversation de qqn,* sa manière de parler ; ce qu'il dit dans la conversation. *Sa conversation est brillante.* « *Sa conversation exquise se parait négligemment des élégances fanées et si charmantes d'un scepticisme déjà ancien* » (Proust). ➤ fam. *Avoir de la conversation :* avoir des choses à dire et en parler avec aisance. *Il n'a pas beaucoup de conversation.*

conversationnel, elle adj. – v. 1970 ■ *Mode conversationnel,* dans lequel l'utilisateur dialogue avec la machine par l'intermédiaire d'un terminal. ⇒ **interactif.**

converser v. intr. [1] – XIe ; lat. *conversari* « fréquenter » ■ Parler avec (une ou plusieurs personnes) d'une manière spontanée. ⇒ **bavarder, ② causer, discuter,** s'**entretenir.** *Les bonzes « en train de converser avec un groupe de commères aux cheveux en brosse »* (Morand). ✪ CONTR. Taire (se).

conversion n. f. – XIIe ; → convertir **1** Le fait de passer d'une religion à une autre ou de l'incroyance à la foi. *Conversion au bouddhisme. « la conversion du pécheur n'est pas sa guérison, mais seulement sa convalescence »* (Huysm.). ♦ Changement d'opinion se traduisant par l'adhésion à un système d'idées. *Conversion au libéralisme, au socialisme.* **2** Le fait de se changer en autre chose. ⇒ **métamorphose, mutation, transformation.** *Les alchimistes croyaient à la conversion des métaux en or. « la possibilité de la conversion de la glace »* (Buff.). ➛ *Conversion d'énergie* : transformation d'une énergie en une énergie d'un autre type. ♦ Adaptation (d'une personne, d'une entreprise) à une nouvelle activité économique. ⇒ **reconversion.** *Conversion professionnelle, industrielle.* **3** Expression d'une quantité dans une autre unité. *Conversion de dollars en francs* (⇒ **change**). ➛ *Conversion d'une somme d'argent liquide en valeurs. Conversion de rente.* ♦ *Conversion des fractions ordinaires en fractions décimales.* **4** Changement de code (d'un mot, d'un message). *Conversion binaire décimale.* **5** Mouvement tournant effectué par une armée dans un but tactique. ➛ Demi-tour sur place effectué par un skieur. **6** Somatisation d'un conflit psychique.

converti, ie adj. et n. – XIVe ▪ Qui est passé d'une croyance (religion) à une autre. ➛ n. *Les nouveaux convertis.* ⇒ **néophyte.** loc. *Prêcher un converti* : tenter de convaincre une personne déjà convaincue. ♦ Qui a adopté une nouvelle opinion, un nouveau comportement.

convertibilité n. f. – XIIIe ▪ Qualité de ce qu'on peut convertir. *Convertibilité d'une monnaie,* possibilité de l'échanger contre de l'or, contre une autre devise.

convertible adj. et n. m. – XIIIe **1** vx ou littér. Qui peut être converti, changé. *L'eau est convertible en vapeur.* **2** Qui peut être l'objet d'une conversion. *Rente convertible.* **3** Se dit d'un meuble qui peut être transformé pour un autre usage. *Canapé convertible* (en lit). ➛ n. m. *Un convertible.* ♦ n. m. Avion à propulsion horizontale ou verticale. ✪ CONTR. Immuable, inconvertible.

convertir v. tr. 2 – Xe ; lat. *convertere* « se tourner vers » **1** Amener (qqn) à croire, à adopter une croyance, une religion (considérée comme vraie). ♦ Faire adhérer à une opinion. ⇒ **amener, gagner, rallier.** *« On avait en réalité converti bien peu d'hommes au socialisme »* (Péguy). ♦ *SE CONVERTIR* v. pron. Adopter (une nouvelle croyance, une opinion, etc.). *Se convertir au bouddhisme.* **2** vx ou littér. Changer (une chose) en une autre. ⇒ **transformer, transmuer.** *« une poudre de projection avec laquelle il convertit un lingot de plomb en or »* (Huysm.). **3** Exprimer (une quantité) dans une autre unité, une autre forme. *Convertir des heures en minutes.* ➛ *Convertir ses biens en espèces.* ➛ *Convertir une rente, un titre.* ✪ CONTR. Détourner. Abandonner, opposer (s').

convertissage n. m. – 1929 ▪ Transformation de la fonte en acier au convertisseur (2°).

convertisseur n. m. – XVIe **1** rare Celui qui opère des conversions (1°). **2** Cornue basculante où l'on transforme la fonte en acier par oxydation du carbone, en y insufflant de l'air comprimé. ♦ *Convertisseur de tension* (ou *continu-continu*). ➛ *Convertisseur de couple* : dispositif de réglage automatique d'une démultiplication pour faire varier un couple moteur transmis.

convexe adj. – XIVe ; lat. ▪ Courbe, arrondi vers l'extérieur. ⇒ **bombé, renflé.** *Miroir convexe.* ♦ *Surface, courbe convexe,* située tout entière du même côté d'un plan tangent. *Polygone convexe.* ✪ CONTR. Concave.

convexité n. f. – XVe ▪ État d'un corps convexe. ⇒ **bombement, cambrure, courbure.** ✪ CONTR. Concavité.

conviction n. f. – XVIe ; lat. *convincere* « convaincre » **1** *PIÈCE À CONVICTION* : objet à la disposition de la justice pour fournir un élément de preuve dans un procès pénal. *« les cadavres poignardés qu'on m'offrait comme pièces à conviction »* (Yourcenar). **2** Acquiescement de l'esprit fondé sur des preuves évidentes ; certitude qui en résulte. ⇒ **assurance.** *Parler avec conviction et chaleur. J'en ai la conviction, l'intime conviction,* j'en suis convaincu. *Sans conviction* : sans enthousiasme. ➛ fam. Sérieux. *Nicolas « ronflait avec une conviction qui témoignait du calme de sa conscience »* (J. Verne). **3** Opinion assurée. *C'est tout à fait contraire à mes convictions.* ⇒ **idée.** ✪ CONTR. Doute, scepticisme.

convier v. tr. 7 – XIIe ; lat. °*convitare* « inviter » **1** Inviter à un repas, à une réunion. *Convier qqn à déjeuner, à dîner.* **2** Inviter (qqn) à une activité. ⇒ **engager, inciter.** *Convier qqn à faire qqch. Le beau temps nous convie à la promenade.*

> ❑ Le latin °*convitare* résulte probablement du croisement de *invitare* « inviter » et de °*convivium* « festin ».

convive n. – XVe ; lat. *conviva* ▪ Personne invitée à un repas en même temps que d'autres. ⇒ **commensal, hôte, invité.** *« Quand le souper devint une orgie, les convives se mirent à chanter »* (Balz.).

> ❑ Le latin *conviva* est dérivé de *convivere* « vivre ensemble », d'où « manger ensemble ».

convivial, iale, iaux adj. – XVIIe **1** Qui concerne ou exprime la convivialité. *Repas conviviaux.* **2** Se dit d'un système informatique dont l'utilisation est aisée pour un non-professionnel. ⇒ **ergonomique.**

> ❑ Ce mot s'est répandu sous l'influence de l'anglais *convivial.*

convivialité n. f. – 1973 ; angl. *conviviality* **1** Rapports positifs entre personnes au sein de la société. ➛ Relation des convives qui ont plaisir à manger ensemble. **2** Facilité d'emploi, d'accès (d'un système informatique).

convocable adj. – XIXe ▪ Qui peut être convoqué.

convocation n. f. – XIVe **1** Action de convoquer (qqn, un ensemble de personnes). ⇒ **appel.** *Demander la convocation de l'Assemblée nationale. Se rendre, répondre à une convocation.* **2** Lettre, feuille de convocation. *Recevoir une convocation à un examen.*

convoi n. m. – XIIe **1** Cortège funèbre. **2** Ensemble de voitures militaires, de navires faisant route sous la protection d'une escorte. *Convoi de troupes.* **3** Groupe de véhicules qui font route ensemble, se dirigent vers le même point. *Se déplacer en convoi. Convoi exceptionnel.* ➛ *Convoi (de chemin de fer).* ⇒ **train.** *« pour accommoder la foule des voyageurs, des convois partent maintenant toutes les dix minutes »* (Yourcenar). **4** Groupe important de personnes qu'on achemine vers une destination. *Des convois de prisonniers.*

convoiement n. m. – XIIIe ▪ rare ⇒ **convoyage** (2°).

convoiter v. tr. 1 – XIIe ; lat. *cupiditas* « cupidité » ▪ Désirer avec avidité (une chose disputée ou qui appartient à un autre). *Convoiter un héritage. « Enfin, je l'aimais* *trop pour la convoiter* » (Rouss.). ✪ CONTR. Dédaigner, mépriser, refuser, ① repousser.

convoitise n. f. – XIIe ▪ Désir immodéré de posséder. *Convoitise des richesses.* ⇒ **cupidité.** *Regarder avec convoitise. Exciter, attiser les convoitises.* « *l'œil allumé par la convoitise, les doigts titillés par d'irrésistibles envies* » (Gaut.). ✪ CONTR. Indifférence, répulsion.

convoler v. intr. [1] – XVe ; lat. « voler vers ; se remarier » ▪ VX ou plaisant *Convoler, convoler en justes noces :* se marier, se remarier.

convoluté, ée adj. – XVIIIe ; lat. *convolvere* « rouler autour » ▪ Roulé sur soi-même ou autour de qqch. *Les feuilles convolutées du bananier.*

convolvulacées n. f. pl. – XVIIIe ▪ Famille de plantes volubiles, aux fleurs à cinq pétales soudés. ⇒ **convolvulus, ipomée, jalap, liseron, patate.**

convolvulus [kɔ̃vɔlvylys] n. m. – XVIe ; lat. *convolvere* « enrouler » ▪ Liseron. ⇒ **belle-de-jour.** « *comme le soleil fait retourner vers lui des convolvulus repliés* » (Barbey).

convoquer v. tr. [1] – XIVe ; lat., de *vox* « voix » 1 Appeler à se réunir, de manière impérative. *Convoquer une assemblée pour telle date. Convoquer les candidats à un examen.* 2 Faire venir de manière impérative (une seule personne) auprès de soi. *Le directeur m'a convoqué dans son bureau.*

convoyage n. m. – 1926 1 Fait de convoyer, et notamment de conduire un bateau d'un lieu à un autre. 2 Transport. *Le convoyage du minerai.* ⇒ **convoiement.**

convoyer v. tr. [8] – XIIe ; lat. *conviare* « se mettre en route avec », de *cum* et *via* « voie » 1 Accompagner pour protéger. ⇒ **escorter.** *Blindés qui convoient un transport de troupes.* ➛ Faire naviguer (un bateau) jusqu'au lieu où il doit être utilisé. 2 Transporter. *Convoyer du minerai.*

convoyeur, euse n. et adj. – XVIIIe 1 n. m. Bâtiment qui en convoie d'autres. ➛ Personne qui convoie un bateau. 2 Personne chargée d'accompagner un transport et de veiller sur lui. *Un convoyeur de fonds.* 3 n. m. Transporteur automatique. *Tapis roulant faisant fonction de convoyeur.*

convulsé, ée adj. – XVIe ; lat. *convellere* « arracher » ▪ Contracté par des convulsions. « *son rictus convulsé se retrousse avec une grimace affreuse* » (Gaut.).

convulser v. tr. [1] – XIXe ▪ Agiter, tordre par des convulsions. ⇒ ② **contracter, crisper.** *La peur convulsait ses traits.* ➛ pronom. *Son visage se convulsait de douleur.*

convulsif, ive adj. – XVIe 1 Caractérisé par des convulsions. *Maladies convulsives :* chorée, épilepsie. 2 Qui a le caractère mécanique, involontaire et violent des convulsions. ⇒ **spasmodique.** *Rire convulsif.* « *saisi d'un tremblement convulsif dans tout mon corps* » (Rouss.).

convulsion n. f. – XVIe 1 Contraction violente, involontaire et saccadée des muscles. ⇒ **spasme.** *Être pris de convulsions.* 2 Mouvement désordonné provoqué par certaines émotions. *Convulsions de colère.* 3 Agitation violente ; trouble soudain. *Convulsions politiques, sociales.* ⇒ **bouleversement, secousse.**

convulsionnaire n. – XVIIIe ▪ *Les convulsionnaires :* jansénistes fanatiques, au XVIIIe s., qui étaient pris de convulsions sur la tombe du diacre Pâris au cimetière de Saint-Médard.

convulsionner v. tr. [1] – XVIIIe ▪ Donner des convulsions à. ♦ *Visage convulsionné.* ⇒ **convulsé.**

coobligé, ée n. – XIVe ▪ Personne qui est obligée avec d'autres en vertu d'un contrat.

cooccupant, ante adj. et n. – XIXe ▪ Qui occupe (un lieu) en même temps que d'autres personnes.

cooccurrence n. f. – v. 1960 ▪ Présence simultanée de deux ou plusieurs éléments ou classes d'éléments dans le même énoncé.

cookie [kuki] n. m. – v. 1980 ; mot angl. ▪ Biscuit rond, dont la pâte comporte des éclats de chocolat, de fruits secs.

cool [kul] adj. inv. – 1952 ; mot angl. « frais » 1 *Jazz cool,* aux sonorités douces (par oppos. à *hot*). 2 fam. Calme et détendu. ⇒ **relax.** *Il a des parents cool.* ✪ HOM. Coule.

> ❑ C'est par l'intermédiaire de la musique *(cool jazz)* que le mot s'est appliqué aux personnes et aux attitudes.

coolie [kuli] n. m. – XVIIe ; p.-ê. d'un parler hindi par l'interm. de l'angl. ▪ Travailleur, porteur chinois ou hindou. « *Des coolies rouges et noirs, surtout des femmes, [...] montent le charbon dans des paniers* » (Morand). ✪ HOM. Coulis.

coopérant, ante adj. et n. – 1967 1 Qui agit conjointement avec qqn, qui participe. ⇒ **coopératif.** 2 n. Jeune homme effectuant son service militaire dans un pays étranger au titre de la coopération (3°). ⇒ **V.S.N.**

coopérateur, trice n. – XVIe ▪ Personne qui travaille avec qqn. ⇒ **associé, collaborateur.** ♦ Membre d'une coopérative.

coopératif, ive adj. – XVIe 1 Qui est fondé sur la coopération et la solidarité. *Société coopérative.* « *ils allaient fonder une imprimerie coopérative* » (Duham.). 2 Qui est prêt à coopérer, à aider un effort, une entreprise. *Il s'est montré très coopératif.* ⇒ **coopérant.**

coopération n. f. – XVe 1 Action de participer à une œuvre commune. ⇒ **collaboration.** *Apporter sa coopération à une entreprise.* ⇒ ① **aide, appui, concours.** *Faire qqch. en coopération avec qqn.* 2 Système par lequel des personnes intéressées à un but commun s'associent et se répartissent le profit selon un pourcentage en rapport avec leur part d'activité. 3 Politique par laquelle un pays apporte sa contribution au développement économique et culturel de nations moins développées. *Ministère de la Coopération. Faire son service national dans la coopération* (⇒ **coopérant**).

coopératisme n. m. – 1907 ▪ Système économique qui attribue un rôle important aux coopératives. ⇒ **mutualisme.**

coopérative n. f. – 1901 ▪ Entreprise associative gérée par ses propres membres (⇒ **coopérateur**) sur la base d'une égalité des droits, des obligations et de la participation au profit. *Coopérative d'achat, de vente. Coopérative de production ; coopératives agricoles.*

coopérer v. tr. ind [6] – 1525 ; lat. ▪ *Coopérer à :* agir, travailler conjointement avec qqn à. ⇒ **collaborer, contribuer, participer.** *Coopérer à l'exécution d'un projet.* « *étant tout à fait étranger au théâtre par mes travaux, il me serait impossible de coopérer à un recueil dont c'est le principal objet* » (Ste-Beuve).

cooptation n. f. – XVIIe ▪ Nomination d'un membre nouveau, dans une assemblée, par les membres qui en font déjà partie. *Les élections à l'Académie française se font par cooptation.*

coopter v. tr. [1] – XVIIIe ; lat. « choisir » ▪ Admettre par cooptation.

coordinateur, trice n. et adj. – 1955 ▪ Personne qui coordonne. ⇒ **coordonnateur.**

coordination n. f. – XIVe ; lat. *cum* « ensemble » et *ordinatio* « mise en ordre » 1 Agencement des parties d'un tout selon un plan logique, pour une fin déterminée. ⇒ **organisation.** ♦ *Coordination des mouvements :* combinaison des contractions des muscles en vue d'une action bien ordonnée, cohérente. 2 Rassemblement professionnel momentané et spontané, dans un but revendicatif, sans mot d'ordre syndical. 3 *Conjonction de coordination,* liant des éléments lexicaux (mots) ou syntaxiques (propositions) de même nature ou fonction (ex. et, ou, donc, or, ni, mais, car). ✪ CONTR. Incoordination.

coordinence n. f. – 1953 ▪ Nombre des atomes qui sont proches voisins d'un autre atome, dans un édifice atomique (molécule, ion ou cristal).

coordonnateur, trice adj. et n. – XVIIIe ▪ Qui coordonne. *Bureau coordonnateur.* ⇒ **coordinateur.** ◆ n. Personne qui coordonne.

coordonné, ée adj. – XIXe 1 Organisé avec. *Actions coordonnées.* ◆ S'accordant avec. ⇒ **assorti.** *Draps et serviettes de toilette coordonnés.* 2 Relié par une conjonction de coordination, ou un adverbe (aussi, pourtant).

coordonnées n. f. pl. – XVIIIe 1 *Coordonnées d'un point* M : scalaires qui permettent de repérer ce point sur une courbe, une surface, dans un espace. ⇒ **abscisse, ordonnée ; cote.** ♦ *Coordonnées géographiques.* ⇒ **latitude, longitude.** « *par le passage du soleil au méridien, il aurait obtenu les coordonnées de l'île* » (J. Verne). 2 fam. Renseignements sur le moment et le lieu où l'on peut trouver ou joindre qqn. *Donnez-moi vos coordonnées,* votre adresse, etc.

coordonner v. tr. [1] – XVIIIe 1 Disposer selon certains rapports en vue d'une fin. ⇒ **agencer, combiner, ordonner, organiser.** *Coordonner les travaux de différentes équipes. Coordonner une chose à une autre, avec une autre, une chose et une autre.* « *pluralité de statuts et de rouages à coordonner* » (Valéry). ◆ *Coordonner ses mouvements.* 2 Lier, réunir (des mots, des propositions) par une conjonction, une locution conjonctive de coordination. *Les deux adjectifs sont coordonnés par « mais ».* ✪ CONTR. Désorganiser.

copahu n. m. – XVIe ; mot tupi du Brésil ▪ Substance résineuse extraite de divers copayers, utilisée autrefois en médecine.

copain n. m. et adj. m. – XVIIIe ; a. fr. *compain* « compagnon », lat. *cum* et *panis* « pain » ▪ fam. 1 Homme, garçon avec qui on entretient des relations amicales ; camarade de classe, de travail. ⇒ **ami,** fam. **pote.** *Un copain de régiment. Son meilleur copain. Sortir avec des copains et des copines*.* ♦ ⇒ **ami, amoureux.** *C'est son petit copain.* 2 adj. m. *Ils sont très copains.* « *Même pas un baiser dans le style copain-copain* » (Arnothy).

copal n. m. – XVIe ; mot esp., du nahuatl (langue aztèque) ▪ Résine fournie par des arbres tropicaux, utilisée dans la fabrication des vernis. *Des copals.*

copartage n. m. – XIXe ▪ Partage entre plusieurs personnes.

copartageant, ante adj. et n. – XVIIe ▪ Qui participe à un partage. ◆ n. « *les copartageants de mes opinions politiques* » (Chateaub.).

coparticipant, ante adj. et n. – XIXe ▪ Qui participe avec d'autres à une entreprise.

coparticipation n. f. – XIXe ▪ Participation en commun.

copayer [kɔpaje] n. m. – XVIIIe ; de *copahu* ▪ Arbre de grande taille des régions tropicales d'Amérique et d'Afrique.

-cope ▪ Élément, du gr. *kopto* « je coupe ».

copeau n. m. – XIIe ; lat. *cuspis* « pointe » ▪ Fragment, mince ruban détaché d'une pièce de bois par un instrument tranchant. ◆ « *Maillecotin regarde se soulever les gros copeaux de métal* » (Romains).

copépodes n. m. pl. – XIXe ; gr. *kôpê* « rame » et *-pode* ▪ Sous-classe de petits crustacés marins qui possèdent deux antennes divergentes.

copernicien, ienne adj. et n. – XVIIe ▪ Relatif à Copernic, à son système. *Révolution copernicienne :* bouleversement des théories astronomiques dont Copernic fut l'initiateur, avec son système héliocentrique.

copiage n. m. – XVIIIe ▪ Le fait de copier (dans un examen), d'imiter servilement.

copie n. f. – XIIIe ; lat. « abondance » **I - 1** Reproduction (d'un écrit). ⇒ **double, photocopie.** *Copie exacte, fidèle. Posséder plusieurs copies d'un texte. Copie d'une pièce officielle.* ⇒ **duplicata.** *Copie certifiée conforme.* « *s'il y a dix parties, il y a dix copies de la requête et dix significations de cette requête* » (Balz.). 2 Écrit à partir duquel on compose. ⇒ **manuscrit.** *Copie manuscrite, dactylographiée.* ◆ fam. *Journaliste en mal de copie,* qui manque de sujet d'article. 3 Devoir qu'un écolier rédige sur une feuille volante qu'il remet au professeur. ⇒ ② **devoir.** « *Portant dans sa serviette en cuir les copies à corriger de ses quarante-deux élèves* » (Aymé). ◆ loc. *Revoir sa (la) copie :* revoir, modifier un projet (en politique). ♦ Feuille double de format écolier. *Rendre copie blanche à un examen.* « *transcrire cet exposé sur une belle copie double* » (Larbaud). **II - 1** Reproduction d'une œuvre d'art originale. ⇒ **contrefaçon, imitation.** *Ce meuble n'est pas d'époque, c'est une copie.* ♦ Exemplaire d'un film de cinéma. *Copie neuve.* 2 Imitation (d'une œuvre). *Ce livre n'est qu'une pâle copie.* ⇒ **plagiat.** ✪ CONTR. Modèle, ① original.

❑ Même famille étym. que *copieux.*

copier v. tr. [7] – XIVe 1 Reproduire (un écrit). ⇒ **dupliquer, recopier.** *Copier fidèlement un passage important.* ◆ loc. fam. *Tu me la copieras !* (sous-entendu *afin que je m'en souvienne*) : on ne m'y reprendra pas. ♦ Reproduire frauduleusement (le texte d'un livre, le devoir d'un autre). *Un passage copié chez tel auteur.* ⇒ **prendre.** ◆ *Il a copié sur son voisin.* 2 Reproduire (une œuvre d'art). ⇒ **imiter.** « *Certes, un peintre du dimanche copierait mal la Joconde* » (Malraux). 3 Imiter (qqn, ses manières). « *Il vivait dans l'ombre de cet homme extraordinaire, imitant ses façons de parler, copiant, sans le vouloir, la silhouette fameuse* » (Duham.). ✪ CONTR. Créer, inventer.

copieur, ieuse n. – XIXe 1 Élève qui copie sur ses camarades ou sur ses livres de classe. ⇒ **tricheur.** ◆ Personne qui copie (servilement). 2 n. m. Photocopieur. *Un copieur couleur.*

copieusement adv. – XIVe ▪ D'une manière copieuse. ⇒ **beaucoup.** *Manger copieusement.* ◆ *S'ennuyer copieusement.* ✪ CONTR. Chichement ; peu.

copieux, ieuse adj. – XIVe ; lat. *copia* « abondance » ▪ Abondant. *Un repas copieux.* ⇒ **plantureux.** « *Leur déjeuner venait de se terminer. Les restes étaient copieux* » (Céline). *Un copieux pourboire.* ⇒ **généreux.** ✪ CONTR. Frugal ; petit.

copilote n. – 1937 ▪ Pilote auxiliaire, dans un avion.

copinage n. m. – 1960 ▪ fam. Favoritisme, entente au profit d'amis, de relations, dans le monde des affaires, etc. ⇒ **magouille, piston.**

copine n. f. et adj. f. – XIXe ; fém. de *copin,* anc. forme de *copain* ▪ fam. 1 Camarade (femme), amie. *Une copine de classe. Les copains et les copines de ma fille.* ♦ Compagne, petite amie (d'un homme, d'un garçon). « *J'avais une petite copine de quatorze ans. Je l'aimais comme on aime pour la première fois* » (Montherl.). 2 adj. *Ma fille est très copine avec la sienne.*

copiner v. intr. [1] – XVIIIe ▪ fam. Avoir des relations de camaraderie. *Copiner avec qqn.*

copinerie n. f. – 1936 ▪ fam. Relations de copains.

copiste n. – XVe ▪ Personne dont le travail était de copier des manuscrits, de la musique. ⇒ **clerc, scribe.**

Le copiste Guiot de Chrétien de Troyes. ✪ CONTR. Auteur, créateur.

coplanaire adj. – XIXe ; de *co-* et lat. *planus* « plan » ▪ Situé dans un même plan. *Droites coplanaires.*

copolymère n. m. – v. 1960 ▪ Macromolécule constituée par deux ou plusieurs sortes de motifs monomères.

coposséder v. tr. [6] – XIXe ▪ Posséder (une chose) en même temps que d'autres possesseurs.

coppa n. f. – v. 1950 ; mot it. ▪ Charcuterie italienne, en forme de gros saucisson, faite d'échine de porc désossée, roulée et fumée.

copra ou **coprah** n. m. – XVIIe ; port. *copra*, d'un dial. tamoul ▪ Amande de coco décortiquée. *Huile de copra.* « *des sacs de coprah à l'odeur exécrable* » (Bosco).

coprésidence n. f. – 1966 ▪ Présidence assurée conjointement par les représentants de plusieurs organismes ou gouvernements.

coprésident, ente n. – 1965 ▪ Personne (ou puissance) participant à une coprésidence.

coprin n. m. – XIXe ; gr. *kopros* « excrément » ▪ Champignon basidiomycète à chapeau ovoïde *(agaricacées)* qui pousse sur les déchets organiques. *Le coprin chevelu est comestible.*

copro- ▪ Élément, du gr. *kopros* « excrément ».

coprocesseur n. m. – 1981 ; angl. *to process* « procéder » ▪ Processeur associé au processeur d'une unité de traitement et spécialisé dans le traitement de certaines instructions.

coproculture n. f. – 1938 ▪ Culture des micro-organismes présents dans les selles.

coproduction n. f. – 1953 ▪ Production (d'un film, d'un spectacle) par plusieurs producteurs souvent de nationalités différentes ; ce spectacle. *Une coproduction franco-italienne.*

coproduire v. tr. [38] – v. 1960 ▪ Produire ensemble (un film).

coprolalie n. f. – XIXe ; *copro-* et *-lalie* ▪ Tendance morbide à utiliser des mots orduriers et scatologiques.

coprolithe n. m. – XIXe ; *copro-* et *lithe* ▪ Excrément fossilisé d'animaux disparus.

coprologie n. f. – XIXe ; *copro-* et *-logie* ▪ Analyse des matières fécales.

coprophage adj. – XVIIIe ; *copro-* et *-phage* ▪ Qui se nourrit d'excréments. ⇒ **scatophage.**

coprophile adj. – XIXe ; *copro-* et *-phile* ▪ Se dit d'organismes (surtout bactéries) vivant dans les excréments. ⇒ **scatophile.**

copropriétaire n. – XVIIe ▪ Personne qui a un droit de propriété sur un appartement et qui détient une quote-part des parties communes d'un immeuble. *Réunion des copropriétaires.*

copropriété n. f. – XVIIIe ▪ Propriété de plusieurs personnes sur un seul bien. *Immeuble en copropriété.* ➛ L'ensemble des copropriétaires. *Travaux à la charge de la copropriété.*

copte adj. et n. – XVIIe ; gr. *aiguptios* « égyptien » 1 Relatif aux chrétiens originaires d'Égypte. *L'Église copte.* ➛ n. *Un, une Copte.* 2 Qui se rapporte aux Coptes. *Langue copte,* et n. m. *le copte,* qui subsiste comme langue liturgique.

copulatif, ive adj. – XIVe ▪ Qui marque une liaison entre les termes ou les propositions. *Conjonction copulative.* ✪ CONTR. Adversatif, alternatif, disjonctif.

copulation n. f. – XIIIe ▪ Accouplement du mâle avec la femelle. ⇒ **coït.** « *Il y a beaucoup d'animaux qui engendrent sans copulation* » (Volt.).

copule n. f. – XVe ▪ Mot qui relie le sujet au prédicat. *Le verbe « être » est une copule.*

copuler v. intr. [1] – XVe ; lat. « unir » ▪ Avoir des relations sexuelles, s'accoupler. *Animaux qui copulent.*

copyright [kɔpiʀajt] n. m. – XIXe ; mot angl. de *copy* « reproduction » et *right* « droit » ▪ Droit exclusif que détient un auteur ou son représentant d'exploiter pendant une durée déterminée une œuvre littéraire ou artistique (symb. ©). *Des copyrights.*

① **coq** [kɔk] n. m. – XIIe ; onomat. d'apr. le cri du coq 1 Oiseau de basse-cour, mâle de la poule *(gallinacés). Le coq et les poules. La crête du coq. Le chant du coq* (⇒ **cocorico).** loc. *Au chant du coq* : au point du jour. ➛ *Combat de coqs. Jeune coq.* ⇒ **coquelet, poulet.** *Coq châtré.* ⇒ **chapon.** ➛ *Coq au vin.* ♦ *Le coq gaulois,* symbole national de la France. ♦ loc. *Être rouge comme un coq,* très rouge (de honte, d'embarras). ➛ *Être comme un coq en pâte* : être choyé, dorloté. « *Tu vis là, chez moi, comme un chanoine, comme un coq en pâte, à te goberger* » (Flaub.). ➛ *Passer, sauter du coq à l'âne.* ⇒ **coq-à-l'âne.** 2 Homme qui séduit ou prétend séduire les femmes par son apparence avantageuse. « *Un petit bourgeois, le coq de ce canton* » (Volt.). 3 *Poids coq* : catégorie de boxeurs (50 kg 800 à 53 kg 520). 4 adj. inv. *Coq de roche* : rouge clair. ✪ HOM. Coke, coque.

❑ Coq a remplacé l'ancien français *jal,* représentant du mot usuel latin *gallus,* ainsi que les formes masculines de *poule* comme *pouil.*

② **coq** [kɔk] n. m. – XVIIe ; lat. *coquus* « cuisinier » ▪ Cuisinier à bord d'un navire. *Maître coq* : le cuisinier en chef. ⇒ **queux.** *Des maîtres coqs.*

❑ Même famille étym. que *queux,* apparenté à *cuisine* (anglais *to cook*). → queux ; coquerie.

coq-à-l'âne [kɔkalɑn] n. m. inv. – XIVe ▪ Passage sans transition et sans motif d'un sujet à un autre. *Faire un coq-à-l'âne.*

coquard n. m. – XIXe ; probablt de *coque,* d'apr. l'idée d'« objet rond » ▪ fam. Tuméfaction de l'œil consécutive à un coup violent.

coque n. f. – XIIIe ; gr. *kokkos* « graine » ou lat. *concha* « coquille » I - 1 vx Enveloppe extérieure de l'œuf. ➛ mod. *Œuf à la coque* : œuf de poule cuit deux à trois minutes à l'eau bouillante, dans sa coque. fam. *Des œufs coque,* suffisamment frais pour être mangés à la coque. 2 Péricarpe lignifié de certains fruits. *Coque de noix.* ⇒ **coquille.** 3 Mollusque bivalve comestible. 4 Cheveux gonflés en forme de coque (d'œuf). « *une jeune dame à coiffure trilobée – une grosse coque en haut, une grappe de boucles, genre chipolatas, sur chaque tempe* » (Colette). II - 1 Ensemble de la membrure et du revêtement extérieur (d'un navire). *Bateau à une, plusieurs coques.* ⇒ **monocoque, multicoque.** « *L'eau verte pénétra ma coque de sapin* » (Rimb.). 2 Bâti rigide qui remplace le châssis et la carrosserie sur certaines automobiles. ✪ HOM. Coke, coq.

-coque ▪ Élément, du gr. *kokkos* « grain ».

coquecigrue n. f. – XVIe ; p.-ê. de *coq-grue,* croisé avec *cigogne* ▪ vx Baliverne, absurdité. *Les « coquecigrues de la psychologie théorique »* (Malraux).

❑ Le mot est apparu chez Rabelais.

coquelet n. m. – XVIIIe ▪ Poulet de petite taille, mâle ou femelle. *Coquelet au vin blanc.*

coqueleux n. m. – XIXe ▪ (Nord, Belgique) Éleveur de coqs de combat.

coquelicot n. m. – XVIe ; de *coquerico* « cocorico » ▪ Petit pavot sauvage à fleur rouge vif *(papavéracées)* qui croît dans les champs. ⇒ ① **ponceau.** « *un coquelicot né de la chaleur de l'été* » (Proust).

❑ Cette fleur rouge évoque la crête du coq, d'où son nom.

coqueluche n. f. – XVe ; p.-ê. rattaché à *coque, coquille* « coiffe », et dernier élément de *capuche* **1** Maladie contagieuse, caractérisée par une toux convulsive, évoquant le chant du coq. *Avoir la coqueluche.* **2** *Être la coqueluche de :* être aimé, admiré de. « *Beau, vigoureux, gaillard, la coqueluche des femmes* » (France).

coquemar n. m. – XIIIe ; lat. *cucuma* ■ Bouilloire à anse.

coquerelle n. f. – XVIIe ■ En héraldique, Ensemble de trois noisettes dans leur capsule verte.

coqueret n. m. – XVIe ; probablt de ① *coq* ■ Physalis*.

coquerie n. f. – XIXe ; angl. *cookery* ■ Cuisine à bord d'un bateau. ✪ HOM. Cokerie.

coqueron n. m. – XVIIIe ; angl. « pièce *(room)* du cuisinier *(cook)* » ■ Compartiment extrême de la coque, servant souvent de citerne à eau.

❑ Le mot anglais *cook-room* est totalement francisé dans la prononciation et la graphie.

coquet, ette adj. – XVIIe ; de *coq* **1** Qui cherche à plaire aux personnes du sexe opposé. ⇒ **coquetterie.** « *Les hommes disent que je suis coquette, parce qu'ils ont l'amour-propre de croire que je les désire* » (Dumas). ♦ n. f. Au théâtre, *Rôle de grande coquette,* de jeune femme élégante et séduisante. **2** Qui veut plaire par sa mise, qui a le goût de la toilette, de la parure. *Petite fille coquette.* **3** Qui a un aspect plaisant, soigné. *C'est coquet chez vous.* ⇒ **charmant, cosy,** ② **gentil.** **4** fam. D'une importance assez considérable. ⇒ **rondelet.** *Il en a coûté la coquette somme de...*

coqueter v. intr. [4] – XVIIe ■ vx Se pavaner, faire des grâces. ⇒ **minauder, poser.**

coquetier n. m. – XVIe ■ Petite coupe dans laquelle on met un œuf pour le manger à la coque.

coquetière n. f. – XVIIIe ■ Ustensile où l'on met à cuire les œufs à la coque.

coquettement adv. – XVIIIe ■ D'une manière coquette.

coquetterie n. f. – XVIIe **1** Souci de se faire valoir de façon délicate pour plaire. *Je le dis sans coquetterie.* **2** Souci de plaire aux personnes de l'autre sexe, comportement qui en résulte. *Coquetterie masculine, féminine.* ♦ *Une coquetterie :* acte de coquette. *J'ai su « combien mes coquetteries vous ont fait souffrir »* (Balz.). ➛ loc. fam. *Avoir une coquetterie dans l'œil,* un léger strabisme. **3** Goût de la toilette, désir de plaire par sa mise. *S'habiller avec coquetterie. Par coquetterie :* par souci d'élégance.

coquillage n. m. – XVIe **1** Mollusque, généralement marin, pourvu d'une coquille ; ce mollusque comestible (cf. Fruit* de mer). *Élevage de coquillages.* ⇒ **conchyliculture.** *Manger des coquillages.* **2** La coquille elle-même. « *ces coquillages qui, lorsqu'on les approche de l'oreille, simulent le bruit roulant des vagues* » (Huysm.).

coquillard n. m. – XVe ■ Au Moyen Âge, Membre d'une bande de voleurs (qui portaient à leur collet une coquille comme les pèlerins). *Le procès des Coquillards.* ✪ HOM. Coquillart.

coquillart n. m. – XVIe ■ Calcaire renfermant des coquilles fossiles. ✪ HOM. Coquillard.

coquille n. f. – XIIIe ; crois. du lat. *coccum* « coque » avec *conchylium* « coquillage » **I - 1** Enveloppe calcaire qui recouvre le corps de la plupart des mollusques. ⇒ **coque, coquillage.** *La coquille spiralée des gastéropodes. La limace est dépourvue de coquille.* ➛ *Rentrer dans sa coquille* (comme l'escargot) : se replier sur soi. ♦ COQUILLE SAINT-JACQUES (appelée ainsi parce que les pèlerins de Saint-Jacques-de-Compostelle en fixaient une valve à leur manteau et à leur chapeau) : mollusque bivalve, comestible, dont la coquille en forme d'éventail est cannelée de côtes rayonnantes ; le mollusque lui-même. *La noix et le corail d'une coquille Saint-Jacques.* **2** Motif ornemental représentant une coquille. *Coquille de bénitier.* **3** Objet creux évoquant une coquille. *Coquille à hors-d'œuvre.* ➛ *Coquille de beurre :* noix de beurre moulée en forme de coquille. ♦ Appareil de protection du bas ventre (hommes), porté dans certains sports de combat. **II - 1** Enveloppe calcaire des œufs d'oiseaux et de reptiles (tend à remplacer *coque*). *Poussin qui brise sa coquille.* « *cette forme d'une pureté impeccable, ce chef-d'œuvre insurpassable de* design, *la coquille de l'œuf* » (Tournier). ➛ adj. inv. COQUILLE D'ŒUF : d'un blanc à peine teinté. *Des murs coquille d'œuf.* **2** Enveloppe dure (des noix, noisettes...). ⇒ **coque** (plus cour.). COQUILLE DE NOIX : petit bateau, barque. « *ces bateaux à voile, nommés vulgairement coquilles de noix* » (Barbey). **III** Faute typographique, lettre substituée à une autre. *Corriger une coquille.*

coquillette n. f. – XIIIe ■ au plur. Pâtes alimentaires en forme de petit coude.

coquillier, ière adj. – XVIe **1** Qui contient de nombreuses coquilles fossiles. *Calcaires coquilliers.* **2** Qui concerne les coquillages comestibles. *L'industrie coquillière.*

coquin, ine n. et adj. – XIIe ; p.-ê. du lat. *coquinus* « de la cuisine » ou dér. de *coq* **1** vx Personne vile, capable d'actions blâmables. ⇒ **bandit, canaille.** *C'est un fieffé coquin.* **2** Personne qui a de la malice, de l'espièglerie. *Petit coquin !* ⇒ **chenapan, garnement.** loc. vieilli (sud de la France) *Coquin de sort !* exprime l'étonnement, l'admiration. ♦ adj. (enfants) *Cette petite fille est bien coquine.* ⇒ **espiègle, malicieux, polisson.**

coquinerie n. f. – XIVe ■ vx ou littér. Action de coquin. ⇒ **canaillerie.**

① **cor** n. m. – XIe ; lat. *cornu* « corne » **I - 1** Instrument à vent (formé à l'origine d'une corne évidée, percée) servant à faire des signaux, des appels. ⇒ **corne, trompe.** *Le cor de Roland.* ⇒ **olifant.** **2** Instrument à vent en métal, contourné en spirale et terminé par une partie évasée. *Donner, sonner du cor. Cor de chasse.* « *J'aime le son du cor, le soir au fond des bois* » (Vigny). ♦ loc. *Réclamer, demander qqch. à cor et à cri,* en insistant bruyamment. ♦ *Cor d'harmonie :* instrument d'orchestre en ut. *Cor à piston* ou *cor chromatique,* en fa. **3** Instrument à vent faisant partie des bois. COR ANGLAIS : hautbois alto. **II** plur. Ramifications des bois du cerf. ⇒ **andouiller.** *Un cerf (de) dix cors.* ✪ HOM. Corps.

❑ *Cor de chasse* appartient au langage courant. Les chasseurs disent *trompe.*

② **cor** n. m. – XVIe ; a. fr. *cor(n)* « matière cornée » ■ *Cor (au pied) :* petite tumeur dure siégeant en général au-dessus des articulations des phalanges des orteils. ⇒ **callosité, durillon.**

cor- → **con-**

coracoïde adj. – XVIe ; gr. *korakoeidês* « semblable à un corbeau » ■ *Apophyse coracoïde,* de forme pointue, qui termine le bord supérieur de l'omoplate.

① **corail, aux** n. m. – XIIe ; gr. *korallion* **1** Animal marin des mers chaudes qui sécrète un squelette calcaire de couleur rouge ou blanche (⇒ **madrépore**). *Les coraux groupés en colonie peuvent former des récifs.* « *Le corail est un ensemble d'animalcules, réunis sur un polypier de nature cassante et pierreuse* »

(J. Verne). 2 Matière calcaire qui forme les coraux, utilisée en bijouterie. *Corail blanc, rose, rouge. Un collier de corail.* ➛ appos. *Couleur corail :* rouge orangé. 3 Partie rouge (comestible) de la coquille Saint-Jacques et de certains crustacés (homard, langouste). ✪ HOM. Choraux (choral).

② **corail** adj. inv. – 1976 ; nom déposé, de *co(nfort)* et *rail*, avec infl. de ① *corail* ▪ *Voiture corail :* type de voiture de la S.N.C.F. sans compartiments, à couloir central (autre que celles du T.G.V.). *Des trains corail.*

corailleur, euse n. – XVIIe ▪ Pêcheur de corail ; personne qui travaille le corail. « *Elle était* corailleuse, *c'est-à-dire elle apprenait à travailler le corail* » (Lamart.).

coralliaire adj. – XIXe ▪ Constitué d'un polype formé par bourgeonnement.

corallien, ienne adj. – XIXe ▪ Formé de coraux. *Récif corallien.* ⇒ **atoll, lagon.**

coralline n. f. – XVIe ; lat. *corallium* ▪ Algue marine rouge buissonnante. *La coralline de Corse, très riche en iode, est un stimulant de la thyroïde.*

Coran n. m. – XIVe ; ar. *al qur'an* « la lecture par excellence » ▪ *LE CORAN :* le livre sacré des musulmans contenant la doctrine islamique. *Versets du Coran. Chapitres du Coran.* ⇒ **sourate.**

coranique adj. – XIXe ▪ Qui a rapport au Coran. *La loi coranique.* ⇒ **islamique, musulman.** « *l'école coranique, telle qu'on la voit encore dans les pays musulmans* » (Duham.).

corbeau n. m. – XIIe ; lat. *corvus* 1 Oiseau d'Europe au plumage noir ou gris *(passériformes)*, omnivore, criard et souvent agressif. *Cri du corbeau.* ⇒ **crailler, croasser.** *Petit du corbeau.* ⇒ **corbillat.** *Noir comme un corbeau :* très noir, très brun. « *Le Corbeau et le Renard* », *fable de La Fontaine.* « *avec la rapidité du corbeau qui a flairé les cadavres d'un champ de bataille* » (Balz.). 2 fam. Auteur de messages anonymes. « *Le Corbeau* », *film d'Henri Clouzot.* 3 Pierre, pièce de bois ou de métal en saillie sur l'aplomb d'un parement, destinée à supporter un linteau, une corniche.

corbeille n. f. – XIIe ; lat. *corbis* « panier » I - 1 Panier léger. *Corbeille d'osier, de jonc, de vannerie. Corbeille à pain,* pour présenter le pain sur la table. *Corbeille à papier :* ustensile de bureau où l'on jette les papiers. ♦ Contenu d'une corbeille. *Une corbeille de fruits.* ♦ *Corbeille de mariage :* les cadeaux offerts aux nouveaux mariés. 2 Partie d'un chapiteau entre l'astragale et le tailloir. 3 Massif de fleurs, rond ou ovale. ⇒ **parterre.** 4 À la Bourse, Espace circulaire entouré d'une balustrade et réservé aux représentants des sociétés de bourse. « *Il y a, tout comme à la Bourse, la corbeille où n'ont accès que les initiés et où des chiffres s'inscrivent sans cesse sur un tableau noir* » (Simenon). ♦ Dans une salle de spectacle, Balcon immédiatement au-dessus de l'orchestre. II Nom de certaines plantes. *Corbeille d'argent.* ⇒ **ibéris, thlaspi.** *Corbeille d'or.* ⇒ **alysse.**

corbillard n. m. – XVIe ; de *Corbeil* ▪ Voiture servant à transporter les morts jusqu'à leur sépulture, fourgon mortuaire. *Mettre un cercueil dans le corbillard.*

❑ Le corbillard était, à l'origine, le coche d'eau qui faisait le service entre Corbeil et Paris.

corbillat n. m. – XVIe ; de *corbeau* ▪ rare Petit du corbeau.

corbillon n. m. – XIIIe ; de *corbeille* ▪ Jeu de société où chacun doit répondre par une rime en *on* à la question « *Que met-on dans mon corbillon ?* ».

cordage n. m. – XIVe I Lien servant au gréement et à la manœuvre (de navires, de machines, d'engins). ⇒ **corde.** *Attacher, tirer, hisser avec un cordage.* ♦ Fils de caret tordus en torons. *Cordage de chanvre* (⇒ **filin**), *de jute, de nylon, d'acier.* « *un marin n'est jamais embarrassé, quand il s'agit de câbles ou de cordages* » (J. Verne). II Pose des cordes d'une raquette de tennis. ➛ Ensemble de ces cordes.

corde n. f. – X^e ; gr. « boyau » I - 1 Lien formé par un assemblage de fils tordus ou tressés, relativement serrés et assez résistants (contrairement à la ficelle). ⇒ **cordage, cordon.** *Petite corde.* ⇒ **cordelette.** *Grosse corde.* ⇒ **câble.** *Lier, attacher, suspendre, tirer qqch. avec une corde. Attacher qqn avec une corde.* ⇒ **ligoter.** *Accrocher, nouer une corde ; tendre une corde.* ♦ loc. *Il pleut, il tombe des cordes :* il pleut très fort. 2 Matière faite de corde. *Tapis de corde. Semelles de corde.* 3 *Tendre, bander la corde d'un arc.* ♦ loc. *Tirer sur la corde :* abuser d'un avantage, de la patience d'une personne. ♦ Segment qui joint deux points d'un arc de courbe. 4 Lien que l'on passe autour du cou de qqn pour le pendre. *On prétend que la corde de pendu porte bonheur.* ➛ Supplice de la potence. ⇒ **pendaison.** *Condamner qqn à la corde.* ➛ fam. *Se mettre la corde au cou :* se mettre dans une situation pénible de dépendance ; se marier. *Il ne faut pas parler de corde dans la maison d'un pendu :* il ne faut pas évoquer un malheur devant ceux qui l'ont souffert. 5 Trame d'une étoffe, devenue visible par l'usure. « *Il était vêtu d'un pardessus usé jusqu'à la corde* » (Gide). 6 *Corde à linge :* fil sur lequel on met le linge à sécher. 7 Partie d'une piste située le long de sa limite intérieure. *Tenir la corde :* rester près de la corde. ➛ *Prendre un virage à la corde,* en serrant de très près le bord intérieur du virage. 8 Corde, fil ou câble sur lequel les acrobates font des exercices. ➛ loc. *Être sur la corde raide,* dans une situation délicate. ♦ *Corde (à sauter) :* corde munie de poignées que l'on fait tourner au-dessus de la tête puis près du sol, en sautant à chacun de ses passages. ♦ *Corde lisse, corde à nœuds,* servant à grimper. ♦ *Les cordes :* enceinte en cordes d'un ring de boxe. 9 Lien utilisé par les alpinistes pour s'attacher les uns aux autres et pour s'assurer contre les glissades. ⇒ **cordée.** II - 1 Corde vibrante de boyau, crin, fil métallique, élément sonore fondamental de certains instruments. *Instruments à cordes et instruments à vent.* ♦ au plur. *Les cordes :* l'ensemble des instruments à archet de l'orchestre. *Quatuor à cordes.* « *un adagio où alternent les cordes et les bois* » (Tournier). 2 Ce qui vibre, ce qui est sensible. *Faire vibrer, toucher la corde sensible :* parler à une personne de ce qui la touche le plus. III *Cordes vocales :* replis musculaires jumeaux situés de part et d'autre du larynx, dont la tension et les mouvements déterminent l'émission sonore. ➛ loc. fig. *Ce n'est pas dans mes cordes :* ce n'est pas de ma compétence. ♦ *Corde du tympan :* nerf qui transmet les sensations du goût.

cordé, ée adj. – XIXe ; lat. *cor* « cœur » ▪ Qui a la forme d'un cœur schématisé. ✪ HOM. Cordée, corder, cordés.

cordeau n. m. – XIIe 1 Petite corde que l'on tend entre deux points pour obtenir une ligne droite. *Aligner au cordeau une rangée d'arbres.* ➛ loc. *Au cordeau :* de façon nette et régulière. « *Ces longues lignes tirées au cordeau m'ont donné soudain la sensation de l'espace* » (Sartre). 2 Mèche d'une mine. *Cordeau Bickford. Cordeau détonant :* tube rempli de mélinite. 3 Ligne de fond pour la pêche fluviale.

cordée n. f. – XVe 1 Groupe d'alpinistes attachés l'un à l'autre par la taille avec une corde, pour faire une ascension. *Premier de cordée :* celui qui mène la caravane. 2 Petite ficelle attachée à une ligne de fond et qui porte les hameçons. ✪ HOM. Cordé.

cordeler v. tr. [4] – XIVe ▪ Tordre en forme de corde. ⇒ **corder.** *Cordeler ses cheveux.*

cordelette n. f. - XIIIe ▪ Corde fine. ⇒ **cordon.** « *C'était une fine cordelette de chanvre* [...] *soigneusement roulée en forme de huit* » (Robbe-Grillet).

cordelier, ière n. - XIIIe ▪ Religieux, religieuse de l'ordre de Saint-François d'Assise (⇒ **franciscain**) qui porte pour ceinture une corde à trois nœuds.

cordelière n. f. - XVe ▪ Corde à plusieurs nœuds que portent les cordeliers autour de leur taille. ♦ Gros cordon tressé. *La cordelière de soie d'une robe de chambre.*

corder v. tr. [1] - XIIe 1 Tordre, rouler en corde. ⇒ **cordeler, cordonner, tortiller.** *Corder du crin.* 2 Lier avec une corde. *Corder une malle.* ⇒ **cercler.** 3 Garnir de cordes (une raquette de tennis). ✪ HOM. Cordé.

corderie n. f. - XIIIe 1 Atelier, usine où l'on fabrique des cordes, cordages, ficelles. 2 Industrie de la fabrication des cordes et cordages.

cordés n. m. pl. - 1946 ▪ Embranchement des animaux à notocorde comprenant les vertébrés, les céphalocordés et les tuniciers. ✪ HOM. Cordé.

cordi- ▪ Élément, du lat. *cor* « cœur ».

cordial, iale, iaux n. m. et adj. - XIVe ; lat. *cor* « cœur » 1 n. m. Médicament qui stimule le fonctionnement du cœur. ⇒ **remontant.** *Administrer un cordial à un malade.* 2 adj. Qui vient du cœur. ⇒ **chaleureux, sincère.** *Sentiments cordiaux.* « *Le proviseur avait un sourire ironique mais cordial* » (Proust). ➸ *Un homme affectueux et cordial,* qui parle sincèrement et agit avec cœur. ✪ CONTR. ① Froid, indifférent, insensible.

❑ Le sens médical est sorti de l'usage pour l'adjectif.

cordialement adv. - XIVe ▪ D'une manière cordiale, spontanée. *Il nous a reçus très cordialement.* ➸ *Haïr, détester qqn cordialement,* avec force, de tout cœur. ✪ CONTR. Froidement.

cordialité n. f. - XVe ▪ Affection, bienveillance qui se manifeste avec simplicité. ⇒ **chaleur, sympathie.** « *Le président m'a questionné avec calme et même, m'a-t-il semblé, avec une nuance de cordialité* » (Camus). ✪ CONTR. Froideur, hostilité.

cordier n. m. - XIIIe 1 Celui qui fabrique ou vend des cordes, des cordages. 2 Partie d'un instrument à cordes frottées où s'attachent les cordes.

cordiforme adj. - XIXe ; *cordi-* et *-forme* ▪ En forme de cœur. ⇒ **cordé.**

cordillère n. f. - XVIIe ; esp., de *cuerda* « corde » ▪ Chaîne de montagnes. *La cordillère des Andes.*

❑ Ce mot est courant en parlant d'une chaîne de montagnes en pays de langue espagnole.

cordite n. f. - XIXe ; mot angl., de *cord* « corde » ▪ Poudre explosive à base de nitrocellulose et de nitroglycérine.

cordon n. m. - XIIe I - 1 Corde fine, tordue, tressée ou tissée servant d'attache (vêtements, sacs, ameublement). ⇒ **cordelière, cordonnet, lien.** *Attacher, lier, nouer avec un cordon, avec des cordons. Faire passer un cordon dans une coulisse.* ♦ loc. « *Il n'est pas digne de dénouer les cordons de ses souliers* » (BIBLE) : il est loin de l'égaler en mérite. ♦ *Cordons de tirage. Cordon de sonnette.* 2 Autrefois, Petite corde permettant au concierge, au portier, d'ouvrir à ceux qui voulaient entrer ou sortir. II Large ruban qui sert d'insigne aux membres de certains ordres. *Grand cordon de la Légion d'honneur :* écharpe de grand-croix. ➸ fam. CORDON-BLEU : cuisinier, cuisinière très habile. *Des cordons-bleus.* III - 1 CORDON OMBILICAL, qui rattache l'embryon au placenta. loc. *Couper le cordon ;* fig. devenir autonome, adulte. 2 Série de plusieurs choses alignées. ⇒ **file, ligne, rangée.** ♦ *Cordon de troupes. Cordon d'agents de police. Cordon sanitaire :* ligne de postes de surveillance établie aux limites d'un pays, d'une région où règne une maladie contagieuse, une épidémie. « *quand une contrée veut s'isoler de la contagion qui ravage une contrée voisine. Alors, on forme ce qu'on appelle un cordon sanitaire* » (Balz.). 3 Moulure décorative peu saillante. 4 *Cordon littoral :* bande de terre qui émerge à peu de distance d'une côte. *Lagune derrière un cordon littoral.*

cordon-bleu → **cordon** (II)

cordonner v. tr. [1] - XIIIe ▪ Tordre en cordon. ⇒ **corder.**

cordonnerie n. f. - XIIIe 1 Industrie, commerce des chaussures en cuir. 2 Boutique, atelier du cordonnier.

cordonnet n. m. - XVIe ▪ Petit cordon, petite tresse. ➸ Gros fil de soie, de coton, servant à broder, à faire les boutonnières, etc.

cordonnier, ière n. - XIIIe ; de *cordouan* « de *Cordoue* » avec infl. de *cordon* ▪ Artisan qui répare, entretient les chaussures.

❑ La ville andalouse de *Cordoue* était fameuse pour ses cuirs.

coréen, enne adj. et n. - XVIIe ▪ De Corée. n. *Les Coréens.* ➸ n. m. *Le coréen :* langue parlée en Corée.

corégones n. m. pl. - XIXe ; gr. *korê* « pupille » et *gonia* « angle » ▪ Genre de poissons des lacs du nord de l'Eurasie et de l'Amérique *(salmonidés).* ⇒ **bondelle, féra, lavaret.** « *des corégones rouges semblaient faucher les flots avec leur pectorale tranchante* » (J. Verne).

coreligionnaire n. - XIXe ▪ Personne qui professe la même religion qu'une autre.

coréopsis [kɔʀeɔpsis] n. m. - XVIIIe ; gr. *koris* « punaise » et *opsis* « apparence » ▪ Plante *(composées)* à fleurs richement colorées, dont les graines évoquent une punaise.

corépresseur n. m. - 1988 ▪ Petite molécule qui se lie à une protéine régulatrice et déclenche la répression de la transcription.

coresponsable adj. - 1965 ▪ Qui est responsable de qqch. conjointement avec d'autres personnes.

coriace adj. - XVe ; lat. *corium* « cuir » 1 Qui est dur comme du cuir. ⇒ ① **ferme.** « *C'est une merluche de choix, blanche, de haut goût, point coriace* » (Gaut.). 2 Qui ne cède pas. ⇒ **dur, tenace.** *Il est coriace en affaires.* ✪ CONTR. ① Mou, ② tendre ; doux, souple.

coriandre n. f. - XIIIe ; gr. ▪ Plante méditerranéenne *(ombellifères)* dont le fruit séché est employé comme assaisonnement.

coricide n. m. - XIXe ; de ② *cor* et *-cide* ▪ Préparation qu'on applique sur les cors aux pieds, pour les détruire.

corindon n. m. - XVIIe ; tamoul ▪ Alumine cristallisée, pierre très dure dont plusieurs variétés sont utilisées en joaillerie. ⇒ **aigue-marine, améthyste, rubis, saphir.**

corinthien, ienne adj. et n. - XVIe 1 Relatif à la ville grecque de Corinthe. 2 *Ordre corinthien,* ou *le corinthien :* ordre d'architecture grecque, caractérisé par un chapiteau orné de deux rangs de feuilles d'acanthe entre lesquelles s'élèvent des volutes. ➸ *Colonne corinthienne, temple corinthien,* de style corinthien. « *Les Grecs ont tourné l'élégante colonne corinthienne avec son chapiteau de feuilles sur le modèle du palmier* » (Chateaub.).

cormier n. m. - XIIe ; gaul. ▪ Sorbier cultivé.

cormoran n. m. - XIIe ; a. fr. *corp* « corbeau » et *marenc* « marin » ▪ Oiseau palmipède côtier *(pélécaniformes),* au cou et au bec allongés, aux ailes courtes, qui chasse sous l'eau.

cornac n. m. – XVIIe ; cinghalais (langue de Ceylan) **1** Celui qui est chargé des soins et de la conduite d'un éléphant. **2** fam. Personne qui guide qqn. ⇒ **cicérone, mentor.**

cornage n. m. – XIVe ; de ① *corner* ▪ Râle que les chevaux, les ânes poussifs font entendre en respirant. ⇒ **sifflage.** ♦ Bruit qui se produit lors de l'inspiration en cas de rétrécissement de la glotte.

cornaline n. f. – XIIIe ; de *corne* ▪ Calcédoine translucide rouge orangé.

cornaquer v. tr. [1] – XIXe ▪ fam. Servir de guide à (qqn). ⇒ **guider, piloter.**

cornard n. m. – XIIIe ; de *corne* ▪ fam. et vieilli Celui dont la femme est infidèle. ⇒ **cocu.**

corne n. f. – XIIe ; lat. *cornu* **1** Excroissance osseuse permanente recouverte d'un étui épidermique, sur la tête de certains mammifères. *Cornes frontales des bovidés, des antilopes et des girafes. Cornes nasales des rhinocéros. Cornes caduques des cervidés.* ⇒ **bois.** ➛ *BÊTES À CORNES* : bœufs, vaches, chèvres. ➛ *Les cornes du diable.* ♦ loc. *Prendre le taureau par les cornes* : prendre de front les difficultés. ➛ fam. *Avoir, porter des cornes* : être trompé (en parlant d'un mari, plus rarement d'une femme). ♦ *CORNE DE CERF* : le plantain. ➛ *CORNES DE GAZELLE* : gâteau oriental au miel, en forme de corne. **2** Substance compacte composée de cellules mortes imprégnées de kératine. *Avoir de la corne sous les pieds. Dur comme de la corne* : très dur. ➛ Substance résistante, légèrement élastique, tirée de la corne naturelle. *Peigne de corne.* « *beaucoup de petits ouvrages en os, en ivoire ou en corne* » (Gaut.). ♦ *CORNE À CHAUSSURES* : chausse-pied. **3** Objet fait d'une corne creuse. *Corne servant de coupe.* ⇒ **rhyton.** ♦ Instrument sonore. *Corne de berger.* ➛ (vieilli) Avertisseur d'automobile. ➛ *Corne de brume.* **4** Appendice assimilé à une corne (1°). *Cornes d'un escargot,* les pédicules qui supportent les yeux. **5** Angle saillant ou proéminence. *Cornes d'un chapeau.* ⇒ **bicorne, tricorne.** « *la lune montrait dans le ciel pâli ses deux cornes d'argent* » (France). ➛ En marine, Vergue oblique. *La corne d'artimon.* ➛ *Cornes d'une enclume.* ➛ *Cornes du larynx, de l'os hyoïde. Corne dorsale* : aire de la moelle épinière. ♦ Pli fait au coin d'un papier, d'un carton. *Faire une corne à la page d'un livre.*

> ❑ À la différence des *cornes,* les *bois* des cervidés comportent des ramifications et tombent.

corné, ée adj. – XIVe ▪ Constitué par de la corne. *Couche cornée.* ➛ Dur comme de la corne.

corned-beef [kɔʀnɛdbif ; kɔʀnbif] n. m. – XVIIIe ; mot angl., de *corned* « salé » et *beef* « bœuf » ▪ Viande de bœuf en conserve. ⇒ fam. **singe.**

> ❑ Le mot s'est répandu en France pendant les deux guerres mondiales, le *corned-beef* étant la viande que mangeaient les soldats.

cornée n. f. – XIVe ; lat. *cornu* « corne » ▪ Tunique antérieure et transparente de l'œil. ⇒ **kérat(o)-.**

cornéen, enne adj. – XIXe ▪ De la cornée. ➛ *Lentilles cornéennes, verres cornéens* : verres de contact*.

corneille n. f. – XIIe ; lat. *cornix* ▪ Oiseau du genre corbeau *(corvus),* assez petit, à queue arrondie et plumage terne. « *des volées nombreuses, composées de toutes les espèces de corneilles* » (Buff.).

cornélien, ienne adj. – XVIIe **1** Relatif à l'œuvre de Pierre Corneille. ➛ *Un héros cornélien,* qui fait passer son devoir au-dessus de tout. **2** Se dit d'une situation caractérisée par un conflit entre le sentiment et le devoir. *Un choix cornélien.*

cornement n. m. – XVIe ▪ *Cornement d'un tuyau d'orgue* : son qui peut se produire lorsque la soupape est mal fermée.

cornemuse n. f. – XIIIe ; de *corner* et *muser* ▪ Instrument de musique à vent composé d'un sac de peau, dans lequel sont fixés plusieurs tuyaux sonores à anches percés de trous. ⇒ **musette.** *Cornemuse bretonne* (⇒ **biniou**). « *la voix aigre des cornemuses* » (Loti).

① **corner** v. [1] – XIe **1** v. intr. Sonner d'une corne, d'une trompe. **2** v. tr. fam. *Corner qqch. aux oreilles, dans les oreilles de qqn,* lui parler très fort, lui ressasser qqch. **3** v. tr. Plier en forme de corne ; relever un coin de. *Corner les pages d'un livre.*

② **corner** [kɔʀnɛʀ] n. m. – 1903 ; mot angl. « coin » ▪ Faute commise par un footballeur qui a envoyé le ballon derrière la ligne de but de son équipe. ➛ Coup accordé à l'équipe adverse à la suite de cette faute.

cornet n. m. – XIIIe **1** *Cornet à pistons* : instrument analogue à la trompette, mais plus court. ➛ Personne qui joue du cornet. ⇒ **cornettiste.** ♦ Un des jeux de l'orgue. **2** Objet en forme de corne. « *nous faisons un cornet de papier. Nous engendrons ainsi un cône* » (Valéry). *Cornet de dragées, de frites.* ➛ région. (Suisse) Sachet, poche (en papier, en plastique). ➛ *Cornet de glace* : crème glacée dans une gaufrette roulée en cornet. ➛ *Cornet à dés* : godet qui sert à agiter et à jeter les dés. ⇒ **gobelet.** ♦ *Cornet acoustique* : pavillon à l'usage des sourds. ♦ *Cornets du nez* : lames osseuses contournées des fosses nasales.

cornette n. f. – XIIIe **1** Coiffure de certaines religieuses. **2** Étendard de cavalerie. ➛ n. m. L'officier qui portait cet étendard. « *il entra comme cornette dans le 10e de hussards* » (Barbey). **3** Long pavillon de marine à deux pointes. **4** Scarole aux feuilles enroulées.

cornettiste n. – XIXe ▪ Joueur, joueuse de cornet à pistons.

corn-flakes [kɔʀnflɛks] n. m. pl. – mil. XXe ; angl., de *corn* « maïs » et *flake* « flocon » ▪ Flocons de maïs grillés et croustillants.

corniaud n. m. – XIIe ; de *corne* « coin » **1** Chien mâtiné. **2** fam. Imbécile, sot. *Quel corniaud !*

> ❑ L'étymologie se comprend ainsi : le *corniaud* est un chien bâtard fait au *coin* des rues.

corniche n. f. – XVIe ; lat. *cornu* « corne » **1** Partie saillante qui couronne un édifice. *Cariatide soutenant une corniche.* ➛ Ornement en saillie sur un mur, un meuble, autour d'un plafond. **2** Saillie naturelle surplombant un escarpement. *Route de corniche.*

cornichon n. m. – XVIe ; de *corne* **1** Petit concombre cueilli avant maturité que l'on utilise comme condiment, conservé dans du vinaigre. *Bocal de cornichons.* **2** Niais, imbécile. « *tu ressembles à ces cornichons de jeunes maris qui se flattent "d'étudier leur femme* » (Bernanos).

cornier, ière adj. – XIIe ; de *corne* « angle » ▪ Qui est au coin, à l'angle.

cornière n. f. – XIIe **1** Rangée de tuiles pour l'écoulement des eaux à la jonction de deux combles. **2** Profilé métallique en forme de L, de T ou de V. ➛ Pièce en équerre qui renforce les angles d'un coffre, d'une presse d'imprimerie.

cornillon n. m. – XIXe ▪ Squelette de la corne des ruminants.

cornique adj. – XIXe ; angl. *cornish* ▪ De Cornouailles. ➛ n. m. Dialecte celtique.

corniste n. – XIXe ▪ Joueur, joueuse de cor.

cornouille n. f. – XIIIe ; lat. ▪ Fruit du cornouiller.

cornouiller n. m. – XIVe ▪ Arbuste commun des bois et des haies *(cornacées).*

cornu, ue adj. – XIIe 1 Qui a des cornes. *Bête cornue.* 2 Qui a la forme d'une corne, présente des saillies en forme de corne. *Blé cornu.* ⇒ **ergoté.**

cornue n. f. – XVIe ; de *cornu* 1 Récipient à col étroit, long et courbé. 2 Four à distiller.

corollaire n. m. – XIVe ; lat. *corollarium* « petite couronne donnée comme gratification » 1 Proposition dérivant immédiatement d'une autre. 2 Conséquence, suite naturelle. *Avoir pour corollaire.*

corolle n. f. – XVIIIe ; lat. *corona* « couronne » ▪ Ensemble des pétales d'une fleur. « *Cette partie enveloppante et colorée, qui est blanche dans le lis, s'appelle la corolle* » (Rouss.).

coron n. m. – XIIIe ; a. fr. *cor* « angle » ▪ Ensemble d'habitations identiques des cités minières.

❑ Ce mot régional s'est répandu par l'intermédiaire du roman de Zola, *Germinal.*

coronaire adj. – XVIe ; lat. *corona* « couronne » ▪ Disposé en couronne. *Artères coronaires,* ou n. f. *les coronaires :* les deux artères qui, partant de l'aorte, irriguent le cœur. ➛ D'une couronne. ✪ HOM. Coroner.

coronal, ale, aux adj. – XIVe ▪ De la couronne solaire.

coronarien, ienne adj. – XIXe ▪ Des artères coronaires.

coronarite n. f. – XIXe ▪ Artérite des coronaires.

coronelle n. f. – XIVe ; lat. *corona* « couronne » ▪ Serpent du genre couleuvre.

coroner [kɔʀɔnɛʀ] n. m. – XVIIe ; mot angl., du lat. *corona* « couronne » ▪ Officier de police judiciaire, dans les pays anglo-saxons. ✪ HOM. Coronaire.

coronille n. f. – XVIIe ; esp. « petite couronne » ▪ Plante aux fleurs disposées en ombelles axillaires à longs pédoncules *(papilionacées).*

coronographe n. m. – 1941 ; lat. *corona* « couronne » et *-graphe* ▪ Lunette pour étudier la couronne solaire.

corossol n. m. – XIVe ; créole des Antilles ▪ Gros fruit tropical, dont la peau est hérissée de pointes.

corozo n. m. – XIXe ; mot esp. de l'Équateur, du lat. °*carudium* « noyau » ▪ Matière blanche tirée de la noix d'un palmier et dite *ivoire végétal.*

corporal, aux n. m. – XIIIe ; lat. *corpus* « corps » ▪ Linge consacré, que le prêtre étend sur l'autel au commencement de la messe.

corporatif, ive adj. – XIXe 1 Propre aux corporations. « *leur intelligente compréhension de leurs intérêts corporatifs* » (Maurois). 2 Qui a la structure d'une corporation. *Groupement corporatif.*

corporation n. f. – XVIe ; lat. *corporari* « se former en corps » 1 Autrefois, Association d'artisans, groupés en vue de réglementer leur profession et de défendre leurs intérêts. ⇒ **communauté, confrérie, corps, métier.** 2 L'ensemble des personnes qui exercent la même profession. ⇒ **corps, métier, ordre.** *Corporation des notaires.* « *les cochers — corporation encline à l'insolence* » (Romains).

corporatisme n. m. – 1911 1 Doctrine qui considère les groupements professionnels comme une structure fondamentale de l'organisation économique et sociale. 2 Esprit* de corps.

corporatiste adj. et n. – v. 1930 ▪ Relatif au corporatisme.

corporel, elle adj. – XIIe ; lat. *corpus* « corps » 1 Qui a un corps. *Bien corporel :* chose matérielle. 2 Relatif au corps humain. ⇒ ① **physique.** *Hygiène corporelle.* « *Pécuchet objecta que les châtiments corporels sont quelquefois indispensables* » (Flaub.). ➛ *Schéma corporel :* représentation qu'une personne a de son corps. ✪ CONTR. Incorporel, intellectuel, spirituel.

corporellement adv. – XIIe ▪ D'une manière corporelle. ⇒ **matériellement, physiquement.** ✪ CONTR. Spirituellement.

corps [kɔʀ] n. m. – IXe ; lat. *corpus* I - 1 L'organisme humain. ⇒ **chair.** « *La bonne grâce est au corps ce que le bon sens est à l'esprit* » (La Rochef.). loc. *Se donner corps et âme* [kɔʀzeɑm], sans réserve. *Une âme saine dans un corps sain. Être sain de corps et d'esprit.* ♦ Le corps humain après la mort. ⇒ **cadavre, dépouille.** *Il a légué son corps à la science. On a retrouvé le corps de la victime.* 2 Le corps considéré comme le siège des sentiments, des sensations, de la sensualité. *Faire des folies de son corps.* « *il aimait encore la société des femmes* folles de leur corps, *ainsi que les nommait le vieux passionné* » (Goncourt). *Faire commerce de son corps :* se prostituer. 3 Le corps, considéré dans sa globalité, dans son aspect extérieur, sa conformation, sans considération du visage. *Soins du corps. Crème pour le corps. Les attitudes, les gestes, les mouvements du corps. Un corps d'athlète. Corps bien proportionné.* « *quel drôle de corps : long comme une anguille, souple comme elle* » (Verlaine). « *Un corps de vieillard, maigre telle une aigle de blason* » (Le Clézio). ➛ loc. fam. *Un aliment qui tient au corps,* très nourrissant. *Pleurer toutes les larmes de son corps,* abondamment. ♦ *CORPS À CORPS :* en serrant le corps de l'adversaire contre le sien, dans une lutte. *Combattre, lutter corps à corps.* ➛ n. m. *Se jeter dans le corps à corps,* dans la bataille. ➛ *À CORPS PERDU :* fougueusement, impétueusement. « *viens, lance-toi à corps perdu comme nous* » (Sarraute). 4 Le tronc, par opposition aux membres, à la tête. *Les bras le long du corps. Passer une épée au travers du corps de qqn. Vêtement près du corps,* très ajusté. 5 Homme, individu. *Garde du corps.* ♦ loc. *Passer sur le corps de qqn pour parvenir à ses fins.* 6 loc. *Avoir du corps,* se dit d'un vin qui donne à la bouche une sensation de plénitude ; d'un tissu, d'un papier assez serré, dense (opposé à *creux*). loc. *Donner corps, du corps à des idées,* les rendre fortes ou les incarner. ♦ *Prendre corps* (⇒ **forme,** ① **tournure**) **:** prendre un aspect sensible, réel. ➛ *FAIRE CORPS :* adhérer, ne faire qu'un. « *je faisais corps avec l'âne ; sa chaleur se glissait tout le long de mes cuisses* » (Bosco). II - 1 Partie principale. *Navire perdu corps et biens* [kɔʀzebjɛ̃], complètement (le navire, les marchandises, les personnes). *Le corps d'un bâtiment. Le corps de ferme et les dépendances.* ➛ *Corps d'armoire. Buffet deux-corps.* ➛ *Corps de pompe :* le cylindre dans lequel joue le piston de la pompe. *Corps de chauffe.* 2 *Corps d'une lettre :* le trait principal qui dessine, qui forme la lettre. ♦ *Corps d'une lettre, d'un article,* le texte même de la lettre, de l'article, sans les indications secondaires. III - 1 *Corps céleste.* ⇒ **astre.** 2 Objet matériel caractérisé par ses propriétés physiques. *Volume, masse d'un corps. La chute des corps,* étudiée en mécanique. *Corps solides, fluides.* ♦ *Corps simple.* ⇒ **élément.** *Les atomes, les molécules d'un corps. Corps pur,* dont toutes les molécules sont identiques. ➛ *Corps gras :* matière grasse. ⇒ **graisse.** ♦ *CORPS NOIR :* corps idéal absorbant totalement les radiations électromagnétiques. 3 Élément anatomique que l'on peut étudier isolément. 4 Anneau algébrique dont les éléments non nuls pour la première loi de composition interne forment un groupe par rapport à la seconde. *Corps commutatif,* dont la multiplication est commutative. IV - 1 Groupe formant un ensemble organisé. ⇒ **assemblée, association, communauté, compagnie,** ② **ensemble, organe, société.** ➛ *Le corps politique.* ⇒ **état.** *Le corps électoral :* l'ensemble des électeurs. ➛ *Les corps constitués :* les organes de l'administration et les tribunaux. *Les corps de fonctionnaires. Les grands corps de l'État.* ♦ *Le corps de l'Église (catholique romaine). Le corps* *mystique :* union spirituelle de tous les chrétiens dans leur foi en Jésus-Christ. 2 *Les corps du commerce et de l'industrie. Corps de marchands.* ⇒ **communauté, corporation, métier.** 3 Compagnie, groupe organisé. *Le corps diplomatique. Le corps enseignant. Le corps médical.* ➛ *Corps de métier :* ensemble organisé de personnes exerçant la même profession. *Différents corps de métiers ont travaillé à la construction de cet édifice.* 4 Unité militaire indépendante. *Rejoindre son corps.* ➛ *Corps d'armée,* formé de plusieurs divisions. 5 Recueil de textes, d'ouvrages. ⇒ **corpus.** *Corps des lois.* ⇒ ② **ensemble.** ✪ HOM. Cor.

corps-mort [kɔʀmɔʀ] **n. m.** – XIVe ▪ Dispositif de mouillage attaché à un poste fixe. *S'amarrer à des corps-morts.*

corpulence **n. f.** – XVIe ; lat. *corpus* « corps » **1** Grandeur et grosseur du corps humain. *Un homme de forte corpulence.* **2** Conformation d'une personne forte. ⇒ **embonpoint.** *Une femme « dont la corpulence tend fortement à devenir, sinon obésité, du moins embonpoint »* (Perec). ✪ CONTR. Maigreur.

corpulent, ente **adj.** – XVe ▪ Qui est d'une forte corpulence. ⇒ **gras, gros.** « *Il était grand, gros, très fort, corpulent sans être obèse* » (R. Rolland). ✪ CONTR. ① Maigre.

corpus [kɔʀpys] **n. m.** – XIIe ; mot lat. « corps » **1** Recueil de pièces, de documents concernant une même discipline. *Corpus d'inscriptions latines et grecques.* **2** Ensemble fini d'énoncés réels réuni en vue de l'étude d'un phénomène linguistique.

corpusculaire **adj.** – XVIIIe ▪ Qui a rapport aux corpuscules. *Théorie corpusculaire de la lumière.*

corpuscule **n. m.** – XVe ; lat. « atome » **1** Petite parcelle de matière. **2** Petit élément anatomique. *Corpuscules du tact.*

corral **n. m.** – XVIIe ; mot esp. d'Amérique ▪ Enclos où l'on parque le bétail, dans certains pays. « *La porte de branchages du corral est jetée à terre ; il n'y a plus de moutons ni de chèvres* » (Le Clézio). *Des corrals.* ✪ HOM. Choral, chorale.

corrasion **n. f.** – 1900 ; lat. *corradere* « racler » ▪ Érosion éolienne par les grains de sable.

correct, e **adj.** – XVIe ; lat. *corrigere* « redresser » **1** Qui respecte les règles. *Phrase grammaticalement correcte. Il « s'exprimait dans un français correct, quoique un peu guttural »* (Carco). **2** Conforme aux usages, aux mœurs. ⇒ **bienséant, convenable, décent.** *Une tenue correcte est de rigueur.* **3** Conforme à la morale, à la justice. « *Il était convenable, il était juste, il était correct de nous prévenir* » (Péguy). *Correct en affaires.* ⇒ **régulier.** ➛ *Politiquement correct :* qui ne dessert pas socialement la personne dans la manière de la désigner. **4** fam. Qui n'est pas remarquable par sa qualité, sa valeur. ⇒ **acceptable, honnête,** ② **moyen, passable ;** fam. **potable.** *Un salaire correct.* ✪ CONTR. ① Faux, incorrect, inexact, mauvais. Fautif, inconvenant, indécent.

> ❑ Pour la prononciation de la finale → exact (rem.). ♦ La nécessité d'être *politiquement correct* (États-Unis, Canada) produit des censures dans le vocabulaire et crée des euphémismes.

correctement **adv.** – XVe **1** Sans erreur. *Écrire correctement.* **2** Conformément aux règles, aux usages considérés comme bons. *Tiens-toi correctement !* ⇒ **convenablement, décemment.** **3** D'une manière acceptable, à peu près bonne. *Il est correctement payé.*

correcteur, trice **n.** – XIIIe **1** Personne qui corrige en relevant les fautes et en notant. *Le jury des correcteurs du baccalauréat.* ⇒ **examinateur.** **2** Personne qui corrige les épreuves d'imprimerie. **3** **n. m.** Dispositif de correction. *Correcteur de tonalité.* ♦ Logiciel destiné à la correction automatique de l'orthographe d'usage des textes. ⇒ **vérificateur.** ♦ Produit permettant de corriger un document manuscrit ou dactylographié. ⇒ **effaceur.** **4** **adj.** Qui a pour but et résultat de corriger.

correctif, ive **adj.** et **n. m.** – XIVe **1** Qui a le pouvoir de corriger. *Gymnastique corrective.* **2** **n. m.** Terme par lequel on atténue un propos.

correction **n. f.** – XIIIe ; lat. *corrigere* « redresser, corriger » **I** - **1** VX Action de corriger, de changer en mieux, de ramener à la règle. ⇒ **amélioration, amendement, perfectionnement, réforme.** *La correction des fautes, des abus. La correction des mœurs, des habitudes.* ♦ *MAISON DE CORRECTION :* ancien établissement chargé du redressement* des mineurs délinquants. **2** Changement que l'on fait à un ouvrage pour l'améliorer. ⇒ **modification, rectification, reprise, retouche.** *Corrections de forme, de fond. Manuscrit chargé de corrections.* ⇒ **biffure, rature, surcharge.** ♦ Indication des fautes de composition, des changements à effectuer sur une épreuve d'imprimerie. *Corrections d'auteur.* ➛ Exécution matérielle des changements indiqués sur épreuve. *Service de correction.* ♦ Action de corriger des devoirs, les épreuves d'un examen, d'un concours. *La correction des copies.* **3** Opération qui rend exact. *Correction d'une observation.* ➛ *Correction des compas.* ⇒ **régulation.** *Correction de dérive.* ➛ *Came, roue de correction, de compensation.* **4** Châtiment corporel ; coups donnés à qqn. ⇒ **punition ;** fam. **raclée, volée.** *Recevoir une bonne correction.* « *compte sur moi pour aller te flanquer une correction* » (Sartre). **II** - **1** Qualité de ce qui ne s'écarte pas des règles, de ce qui est correct. *Correction du langage.* **2** Comportement correct. *Être d'une parfaite correction.* ⇒ **bienséance, décence, politesse.** *Il « essayait de manier sa tasse et ses tartines avec le plus de correction possible »* (Romains). ✪ CONTR. Aggravation ; récompense. Impolitesse, inconvenance, incorrection.

> ❑ Les *maisons de correction* ont été remplacées par des *centres d'éducation surveillée.*

correctionnaliser **v. tr.** 1 – XIXe ▪ Poursuivre (un crime) devant le tribunal correctionnel en le qualifiant de délit.

correctionnel, elle **adj.** et **n. f.** – XVe ; de *correction* ▪ Qui a rapport aux actes qualifiés de délits par la loi. *Tribunal de police correctionnelle* (opposé à *police criminelle* et à *simple police*). ♦ **n. f.** Tribunal correctionnel. *Passer en correctionnelle.*

corrélat **n. m.** – av. 1949 ▪ Élément en relation avec un autre.

corrélatif, ive **adj.** – XIVe **1** Qui est en corrélation, qui présente une relation logique avec autre chose. ⇒ **correspondant, relatif.** ➛ *Mots, termes corrélatifs :* mots employés ensemble, qui servent à indiquer une relation entre deux membres de phrase. **2** Qui est dans une relation logique d'opposition. *La religion « est universaliste, mais aussi, de façon corrélative, personnaliste »* (Caillois). **3** Simultané. ⇒ **concomitant.** ✪ CONTR. Autonome, indépendant.

corrélation **n. f.** – XVe ; lat. « relation mutuelle » **1** Rapport entre deux phénomènes qui varient en fonction l'un de l'autre. ⇒ **correspondance, interdépendance, réciprocité.** ♦ *Coefficient de corrélation :* nombre mesurant le degré de dépendance de deux variables entre elles. ⇒ **covariance.** **2** Lien, rapport réciproque. ⇒ **interaction, interdépendance.** *Mettre deux faits en corrélation. Y a-t-il une corrélation entre ces deux* *événements* ? Ne *s'emploie en corrélation avec* pas, plus, jamais. ✪ CONTR. Autonomie, indépendance.

corréler v. tr. [6] – 1963 ▪ Établir une corrélation entre ; être en corrélation avec.

> ❑ Ce mot a été créé d'après l'anglais *to correlate* en statistiques pour pallier l'absence d'un verbe correspondant à *corrélation*.

correspondance n. f. – XIVe **I - 1** Rapport logique entre un terme donné et un ou plusieurs termes déterminés par le premier. ⇒ **liaison, relation.** ♦ Opérateur permettant d'associer les éléments d'un premier ensemble à ceux d'un second. ➛ *Théorie des correspondances,* suivant laquelle, dans l'univers composé de règnes analogues, chaque élément correspond à un élément d'un autre règne. **2** Rapport de conformité. ⇒ **accord, affinité, analogie, corrélation, harmonie, ressemblance.** *Correspondance d'idées entre deux personnes.* ➛ *Correspondance entre les parties d'un édifice, les plans, les lignes d'un tableau.* ⇒ **équilibre, harmonie, proportion, symétrie. II - 1** Relation par écrit entre deux personnes ; échange de lettres. « *Il entretenait une correspondance réglée avec ses parents* » (Muss.). *Les règles de la correspondance commerciale.* ➛ *Cours par correspondance.* ♦ Les lettres qui constituent la correspondance. *Il reçoit une abondante correspondance.* ⇒ **courrier.** *La correspondance de Madame de Sévigné.* ♦ *Cahier, carnet de correspondance,* où sont consignées les notes d'un élève et les appréciations des professeurs. **2** Relation entre deux moyens de transport de même nature ou différents. ⇒ **changement.** *Une navette assure la correspondance entre les deux aérogares.* ➛ Le moyen de transport qui assure cette liaison. ➛ Station de métro où se croisent plusieurs lignes. ✪ CONTR. Désaccord, discordance, opposition.

correspondancier, ière n. – 1900 ▪ Employé(e) chargé(e) de la correspondance, dans une entreprise commerciale. ⇒ **rédacteur.**

correspondant, ante adj. et n. – XIVe **I** adj. Qui a avec qqch. un rapport de conformité, de symétrie ; qui correspond à qqch. *Les éléments correspondants de deux séries.* ⇒ **homologue. II** n. **1** Personne avec qui l'on entretient des relations épistolaires. *Un correspondant régulier.* ➛ Personne à qui on téléphone. **2** Personne employée par un journal, une agence de presse pour envoyer des nouvelles d'un lieu éloigné (⇒ **envoyé,** ② **reporter, représentant).** *Correspondant à l'étranger.* **3** Membre d'une société savante qui n'assiste pas régulièrement aux séances. *Membre correspondant de l'Institut.* **4** Personne chargée de veiller sur un élève interne en dehors de l'internat. ✪ CONTR. Antagoniste, dissemblable, opposé.

correspondre v. [41] – XIVe ; lat. *cum* « avec » et *respondere* « répondre » **I** v. tr. ind. CORRESPONDRE À. **1** Être en rapport de conformité avec, être conforme, se rapporter à. ⇒ s'**accorder,** ① **aller,** s'**harmoniser.** *L'an I de l'hégire correspond à l'an 622 de l'ère chrétienne.* « *La hausse des salaires ne correspondant pas au surenchérissement de la vie* » (Goncourt). **2** Avoir un équivalent. *Cette tournure française correspond à ceci en anglais.* ➛ pronom. *Éléments de deux ensembles qui se correspondent.* **3** Être conforme à, satisfaire à. ⇒ **répondre.** *La production ne correspond pas aux besoins.* **II** v. intr. Avoir des relations par lettres. *Correspondre avec qqn.* ➛ *Correspondre par signes.* ✪ CONTR. Opposer (s').

corrida n. f. – XIXe ; mot esp., de *correr* « courir » **1** Course de taureaux se déroulant dans les arènes. ⇒ **novillada. 2** Série de difficultés, agitation. ⇒ **bagarre.** *Quelle corrida !*

> ❑ Le vocabulaire de la corrida est formé d'emprunts à l'espagnol ; il est tout entier présent dans le *Voyage en Espagne* de Gautier (1840), mais inconnu en France à l'époque.

corridor n. m. – XVIIe ; it. *corridore* « passage étroit entre un local et un autre » **1** Passage couvert mettant en communication plusieurs pièces d'un même étage. ⇒ **couloir, passage.** « *Sur la droite du corridor comme sur la gauche donnent des portes latérales, à intervalles égaux* » (Robbe-Grillet). **2** Délimitation géographique faisant communiquer une enclave avec l'extérieur. ⇒ **couloir.** *Le corridor polonais* (1918-1939).

corrigé n. m. – XIXe ▪ Devoir donné comme modèle.

corrigeable adj. – XIVe ▪ Qui peut être corrigé. *Un défaut corrigeable.*

corriger v. tr. [3] – XIIIe ; lat. *corrigere* « redresser », de *cum* et *regere* « diriger en droite ligne » **1** Ramener à la règle. ⇒ **amender, redresser, réformer, relever, reprendre.** « *nous corrigeons le vice du moyen par la pureté de la fin* » (Pasc.). **2** Supprimer (les fautes, les erreurs) ; rendre meilleur en supprimant les fautes. *Corriger un manuscrit.* « *J'ai corrigé tous tes contes* » (Flaub.). ➛ *Édition revue et corrigée.* ♦ *Corriger des épreuves d'imprimerie.* ♦ Relever les fautes de (qqch.) en vue de donner une appréciation, une note. *Corriger une dictée.* **3** Rendre exact ou plus exact. ⇒ **rectifier.** *Données statistiques corrigées des variations saisonnières.* **4** Rendre normal ce qui ne l'est pas. *Corriger la vue de qqn par des verres de contact.* ⇒ **améliorer. 5** Ramener à la mesure (qqch. d'excessif) par une action contraire. ⇒ **adoucir, atténuer, compenser, équilibrer, neutraliser, pallier, réparer, tempérer.** « *on l'eût prise d'abord pour une servante, mais elle avait un regard dominateur qui corrigeait tout de suite cette impression* » (Green). **6** vieilli Ramener (qqn) à la règle ; traiter avec sévérité pour supprimer les défauts (⇒ **punir, réprimander).** « *On ne peut corriger les hommes qu'en les faisant voir tels qu'ils sont* » (Beaum.). ➛ mod. pronom. *Il s'est corrigé de sa paresse.* ⇒ se **défaire,** se **guérir.** « *Je suis à l'âge où l'on ne se corrige guère* » (Dider.). ♦ Infliger un châtiment corporel. ⇒ **battre.** *Locke « ne connaît d'autre moyen que le fouet pour corriger l'enfant menteur »* (Alain). ✪ CONTR. Altérer, corrompre, gâter, pervertir. Aggraver, envenimer, exciter. Épargner, récompenser.

corroboration n. f. – XIIIe ▪ rare Action de corroborer ; son résultat. ⇒ **confirmation.**

corroborer v. tr. [1] – XIVe ; lat. *robur* « force » ▪ Donner appui, ajouter de la force à (une idée, une opinion). ⇒ **appuyer, confirmer, renforcer.** *Indices qui corroborent les soupçons.* ✪ CONTR. Démentir, infirmer.

corrodant, ante adj. – XIVe ▪ Qui a la propriété de corroder. ⇒ **corrosif.** ➛ n. m. *Les acides sont des corrodants.*

corroder v. tr. [1] – XIVe ; lat. *rodere* « ronger » ▪ Détruire lentement, progressivement, par une action chimique. ⇒ **attaquer, consumer, désagréger, ronger.** *Les acides corrodent les métaux.*

corroi n. m. – XIIe ; de *corroyer* ▪ Préparation donnée au cuir. ⇒ **apprêt, corroyage.**

corroierie n. f. – XIIIe **1** Industrie du corroyeur. ⇒ **corroyage. 2** Atelier où l'on corroie des cuirs.

corrompre v. tr. [41] – XIIe ; lat. *corrumpere* **I - 1** vieilli Altérer en décomposant. *La chaleur corrompt la viande.* ⇒ **avarier, décomposer, gâter, pourrir, putréfier. 2** littér. Altérer, gâter, troubler. « *Rien ne corrompit la joie de Landry* » (Sand). ♦ *L'usage corrompt certains mots.*

II - 1 Altérer (ce qui est sain, honnête) dans l'âme. ⇒ **avilir, dépraver, pervertir.** *Corrompre la jeunesse.* ⇒ **perdre, séduire.** ➙ « *Le plaisir de corrompre est un de ceux qu'on a le moins étudié* » (Gide). 2 Engager (qqn) par des dons, des promesses ou par la persuasion à agir contre sa conscience, son devoir. ⇒ **acheter, circonvenir, soudoyer, suborner.** *Corrompre un témoin.* ✪ CONTR. Assainir, purifier ; améliorer, corriger, perfectionner.

corrompu, ue adj. - XIIe 1 vx Altéré, en décomposition. 2 Dépravé. *Une jeunesse corrompue.* ⇒ **dissolu.** « *les hommes corrompus s'endurcissent bientôt contre tout ce qui pourrait les toucher* » (Fén.). 3 Qu'on a corrompu, qu'on peut corrompre (II, 2°). ⇒ **pourri, prévaricateur,** fam. **ripou, vénal, vendu.** *Juge corrompu.* ✪ CONTR. ① Frais. Pur, vertueux ; intègre.

corrosif, ive adj. - XIIIe 1 Qui corrode ; qui a la propriété de corroder. ⇒ ① **caustique.** *Antiseptique corrosif.* 2 Qui attaque avec violence. *Une œuvre corrosive. Un humour corrosif.* « *une ironie corrosive et impitoyable qui manquait rarement son effet* » (Duham.).

corrosion n. f. - XIIIe ▪ Action de corroder ; son résultat. ⇒ **brûlure, désagrégation,** ② **usure.**

corroyage n. m. - XVe 1 Ensemble des opérations que l'on fait subir aux cuirs pour les assouplir. 2 Soudure ou forgeage à chaud de barres, de tôles métalliques. 3 Action de dégrossir le bois avant le façonnage.

corroyer v. tr. [8] - XIe ; germ. *garêdan* « prévoir » 1 *Corroyer le cuir,* l'apprêter. ⇒ **hongroyer.** *Peaux corroyées.* 2 Forger ensemble ou souder à chaud (du métal). 3 Dégrossir (du bois) au rabot.

corroyeur n. m. - XIIIe ▪ Ouvrier qui corroie les cuirs.

corrupteur, trice n. et adj. - XVIe 1 Personne qui soudoie, achète qqn. *Le corrupteur et les témoins corrompus ont été punis.* 2 adj. littér. Qui corrompt moralement. ⇒ **malfaisant, nuisible.** « *le pouvoir est corrupteur* » (Tournier).

corruptible adj. - XIIIe ▪ Qui peut être corrompu. *Matière corruptible.* ⇒ **biodégradable, décomposable, putrescible.** ➙ « *Des juges ignorants et corruptibles* » (Lesage). ⇒ **vénal.** ✪ CONTR. Incorruptible.

> ❑ Ce mot est moins courant que son contraire *incorruptible.*

corruption n. f. - XIIe ; lat. *corrumpere* → corrompre 1 vieilli Altération de la substance par décomposition. ⇒ **pourriture, putréfaction.** 2 littér. Altération du jugement, du goût, du langage. 3 Le fait de corrompre moralement ; état de ce qui est corrompu. ⇒ **avilissement, dépravation, gangrène, perversion, souillure, vice.** « *La morale sous le Directoire eut plutôt à combattre la corruption des mœurs que celle des doctrines* » (Chateaub.). ⇒ **dérèglement, dissolution.** 4 Emploi de moyens condamnables pour faire agir qqn contre son devoir, sa conscience ; fait de se laisser corrompre. *Tentative de corruption. Corruption de fonctionnaires.* ✪ CONTR. Assainissement, purification. Amélioration, correction.

corsage n. m. - XIIe ; de *corps* ▪ Vêtement féminin de tissu qui recouvre le buste. ⇒ ② **blouse, caraco, chemisette, chemisier, guimpe.** *Corsage sans manches.* « *des femmes vêtues de corsages brodés et de jupes chatoyantes* » (Beauv.). ♦ *Corsage d'une robe.* ⇒ **haut.**

corsaire n. m. - XVe ; lat. *cursus* « cours » 1 Autrefois, Navire armé en course par des particuliers, avec l'autorisation du gouvernement. ➙ Le capitaine qui commandait ce navire. *Jean Bart, Surcouf sont de célèbres corsaires.* « *Le corsaire, pirate légal qui recevait de l'État ses lettres de marque* » (Maurois). 2 Aventurier, pirate. ⇒ **boucanier, flibustier.** ♦ *Pantalon corsaire :* pantalon court (au-dessous du genou) et moulant.

> ❑ Pour le sens → pirate (rem.).

corse adj. et n. - XVIIe ▪ De Corse. ♦ n. m. Dialecte italien parlé en Corse.

corsé, ée adj. - XIXe 1 *Vin corsé,* qui a de la force et du bouquet. 2 Relevé, épicé. *Une sauce très corsée.* 3 Scabreux. *Une histoire corsée.* ⇒ ① **salé.**

corselet n. m. - XIIIe ; de *corps* 1 Cuirasse légère. 2 Vêtement féminin (costumes régionaux) qui serre la taille et se lace sur le corsage. 3 Partie antérieure du thorax, chez les coléoptères, les hémiptères et les orthoptères. ⇒ **prothorax.** « *les cigales font grincer leur corselet avec plus de vivacité que jamais* » (Gaut.).

corser v. tr. [1] - XVe ; de *corps* 1 Donner du corps, de la consistance à. *Corser du vin,* en y ajoutant de l'alcool. 2 *Corser l'intrigue d'un drame,* la renforcer, en accroître l'intérêt. ➙ pronom. *L'affaire se corse,* elle se complique. ✪ CONTR. Affaiblir, édulcorer.

corset n. m. - XIIe ; de *corps* ▪ Gaine baleinée et lacée, en tissu résistant, qui serre la taille et le ventre des femmes. ⇒ **ceinture, gaine.** ♦ *Corset orthopédique, médical,* qui maintient l'abdomen, le thorax ou redresse la colonne vertébrale. ⇒ **lombostat.**

corseter v. tr. [5] - XIXe 1 rare Revêtir d'un corset. 2 Donner un cadre rigide à.

corsetier, ière n. - XIXe ▪ Personne qui fait ou vend des corsets.

corso n. m. - XIXe ; mot it. « avenue » ▪ Défilé de chars, lors d'une fête. *Un corso fleuri.*

cortège n. m. - XVIIe ; it. 1 Suite de personnes qui en accompagnent une autre pour lui faire honneur dans une cérémonie. « *La tête du cortège était déjà entrée dans le cimetière* » (France). 2 Groupe organisé qui avance. ⇒ **défilé, procession.** *Le cortège des manifestants.* 3 littér. Suite. « *la guerre avec son cortège d'épouvantes* » (Larbaud).

cortès [kɔʀtɛs] n. f. pl. - XVIe ; esp. *cortes,* plur. de *corte* « cour » ▪ Parlement espagnol formé de deux Chambres.

cortex [kɔʀtɛks] n. m. - XIXe ; mot lat. « écorce » 1 Partie externe périphérique. *Cortex cérébral, rénal.* ➙ *Le cortex :* l'écorce cérébrale. 2 Tissu externe primaire de la racine et de la tige des plantes vasculaires. ♦ Couche périphérique de la paroi de certains protozoaires.

cortical, ale, aux adj. - XVe ; lat. *cortex* « écorce » 1 Qui appartient à l'écorce. *Couches corticales.* 2 *Substance corticale du cerveau :* substance externe et grise qui enveloppe la substance blanche. 3 *Hormones corticales,* sécrétées par la corticosurrénale.

> ❑ Même famille étym. que *décortiquer.*

corticoïdes n. m. pl. - 1946 ; lat. *cortex* « écorce » et *-oïde* ▪ Hormones stéroïdes isolées du cortex surrénal. ⇒ **cortisone, hydrocortisone.** ➙ Produit similaire obtenu par synthèse.

corticostéroïdes n. m. pl. - 1951 ▪ Corticoïdes.

corticosurrénal, ale, aux [kɔʀtikosy(ʀ)ʀenal, o] n. f. et adj. - 1929 ; de *cortex* et *surrénale* 1 n. f. Périphérie de la glande surrénale. 2 adj. *Hormones corticosurrénales.* ⇒ **corticoïdes.**

corticothérapie n. f. - 1952 ; de *cortex* et *-thérapie* ▪ Emploi thérapeutique des hormones corticosurrénales.

cortinaire n. m. - XIXe ; de *cortine* « membrane de certains champignons » ▪ Champignon à lamelles *(basidiomycètes)* très répandu dans les forêts.

cortisone n. f. – 1950 ; mot angl., de *corti(co)-s(ter)one* ▪ Hormone du cortex surrénal.

coruscant, ante adj. – XVIe ; lat. ▪ vx Brillant, éclatant.

corvéable adj. – XVIIIe ▪ Assujetti à la corvée.

> ❑ Ce mot ne s'emploie plus que dans la locution *taillable** *et corvéable à merci.*

corvée n. f. – XIIe ; lat. *corrogare* « convoquer ensemble » 1 Travail gratuit que les serfs, les roturiers devaient au seigneur. 2 Obligation ou travail pénible et inévitable. *Les corvées ménagères. Quelle corvée !* 3 Travail que font à tour de rôle les membres d'une communauté. *Être de corvée. Homme de corvée.* 4 région. (Canada) Travail en commun, occasionnel et gratuit.

corvette n. f. – XVe ; moy. néerl. *corver* « bateau chasseur » 1 Autrefois, Navire de guerre intermédiaire entre le brick et la frégate. 2 Petit bâtiment d'escorte utilisé dans la lutte contre les sous-marins.

corvidés n. m. pl. – XIXe ; lat. *corvus* « corbeau » ▪ Famille d'oiseaux *(passériformes)* assez grands, comprenant les corbeaux, les pies, les geais.

corybante n. m. – XIVe ; gr. *korubas* ▪ Prêtre de la déesse Cybèle.

corymbe n. m. – XVe ; gr. *korumbos* « sommet » ▪ Inflorescence dans laquelle les pédicelles s'élèvent en divergeant. ⇒ **ombelle.** *Les corymbes des fleurs de poirier.*

coryphée n. m. – XVIe ; gr. *koruphê* « tête » 1 Chef du chœur dans les pièces du théâtre antique. 2 Personne qui tient le premier rang dans un parti, une secte, une société. ⇒ **chef, guide.** 3 Deuxième des cinq échelons dans le corps de ballet de l'Opéra de Paris.

> ❑ L'emploi métaphorique de *coryphée* au sens de « chef » est rare, mais certains appelaient Staline le *coryphée du socialisme.*

coryza n. m. – XIVe ; gr. *koruza* « écoulement nasal » ▪ Inflammation de la muqueuse des fosses nasales. « *un coryza, maladie sans danger, connue sous le nom impropre et ridicule de* rhume de cerveau » (Balz.).

cosaque n. m. – XVIe ; russe ▪ Cavalier de l'armée russe.

cosécante [kosekɑ̃t] n. f. – XVIIIe ▪ Fonction trigonométrique, l'inverse du sinus (notée *cosec*).

cosignataire [kosiɲatɛʀ] n. et adj. – XIXe ▪ Une des personnes qui signent en commun un acte. *Les cosignataires d'une pétition.*

> ❑ Ne pas confondre avec *consignataire* « dépositaire d'une somme consignée ».

cosigner [kosiɲe] v. tr. [1] – 1973 ▪ Signer avec d'autres.

cosinus [kɔsinys] n. m. – XVIIIe ▪ Fonction trigonométrique faisant correspondre à l'angle de deux axes la mesure de la projection orthogonale sur l'un, d'un vecteur unitaire porté par l'autre ; sinus de l'angle complémentaire. *Cosinus de l'angle θ* (noté *cosθ*).

cosmétique adj. et n. m. – XVIe ; gr. « relatif à la parure » ▪ Qui est propre aux soins de beauté. ➛ *Les cosmétiques :* les produits de beauté.

cosmétologie n. f. – XIXe ▪ Étude de ce qui a trait aux produits cosmétiques.

cosmique adj. – XIVe ; gr. *kosmos* « univers » 1 De l'univers matériel. *Les espaces cosmiques.* 2 Du monde extraterrestre. *Les corps cosmiques.* ⇒ **astral.** *Vaisseau cosmique.* ⇒ **spatial.** ♦ *Rayonnement cosmique,* constitué de particules très rapides qui traversent l'atmosphère et frappent la surface de la Terre.

cosmogonie n. f. – XVIe ; gr. *kosmos* « univers » et *gonos* « génération » ▪ Théorie expliquant la formation de l'univers, ou de certains objets célestes.

cosmographie n. f. – XVIe ▪ Astronomie descriptive.

cosmologie n. f. – XVIe ▪ Étude de la formation de l'univers, de son évolution.

> ❑ La *cosmologie* essaie notamment de vérifier ou de réfuter l'hypothèse américaine du *big bang.*

cosmologique adj. – XVIe ▪ Relatif à la cosmologie (opposé à *noologique*).

cosmonaute n. – 1961 ▪ Voyageur de l'espace.

> ❑ *Cosmonaute,* employé à propos des expéditions spatiales soviétiques, est concurrencé par *astronaute* et *spationaute.*

cosmopolite adj. – XVIe ; gr. « citoyen *(politês)* du monde *(kosmos)* » 1 Qui comprend des personnes de tous les pays ; qui subit des influences de nombreux pays (opposé à *national*). *Ville cosmopolite.* « *une foule cosmopolite, à l'aspect navrant de banalité* » (Loti). 2 Qui a une répartition géographique très large. *Plante cosmopolite.*

cosmopolitisme n. m. – XVIIIe ▪ Caractère d'un lieu, d'une réunion cosmopolite.

cosmos [kɔsmos] n. m. – XIXe ; gr. *kosmos* « bon ordre ; ordre de l'univers » 1 L'univers considéré comme un système bien ordonné. 2 Espace extraterrestre. *Envoyer une fusée dans le cosmos.*

cossard, arde n. et adj. – XIXe ; p.-ê. de *cossu* ▪ fam. Paresseux. ⇒ **flemmard.** ✪ CONTR. Travailleur.

① **cosse** n. f. – XIIIe ; lat. *cochlea* « coquille d'escargot » 1 Enveloppe qui renferme les graines de certaines légumineuses. ⇒ **gousse.** *Cosse de haricots.* 2 Anneau métallique, à l'extrémité d'un conducteur, destiné à être fixé sur une borne. *Les cosses de la batterie d'une voiture.*

② **cosse** n. f. – XIXe ; de *cossard* ▪ fam. Paresse. ⇒ **flemme.** « *moi pour le boulot, tu sais, j'ai pas la bosse et comme les petits pois j'ai la cosse* » (Genet).

cossu, ue adj. – XIVe ; p.-ê. de *(fèves) cossues* « qui portent beaucoup de *cosses* » ▪ Qui a une large aisance. ⇒ **riche.** *Bourgeois cossu.* ➛ « *Amsterdam. Cossues, les maisons à pignons se reflètent dans l'eau lisse des canaux* » (Maurois). ✪ CONTR. Pauvre.

cossus [kɔsys] n. m. – XVIIIe ; mot lat. ▪ Grand papillon nocturne *(lépidoptères)* aux ailes brunes. ⇒ **gâte-bois.**

costal, ale, aux adj. – XVIe ; lat. *costa* « côte » ▪ Relatif aux côtes. *Muscles costaux.* ✪ HOM. Costaud.

costard n. m. – 1926 ; de *costume* et *-ard* ▪ fam. Costume d'homme.

> ❑ On a écrit aussi *costar.*

costaud, aude adj. et n. – XIXe ; de ① *côte,* littéralt « homme qui a de fortes côtes » ▪ fam. 1 Fort, robuste. ⇒ **balèze, maous.** *Un homme costaud. Elles sont costaud* ou *costaudes.* ➛ n. « *deux costauds plus très jeunes* » (Gide). 2 Solide, résistant. ✪ CONTR. Fluet. Faible, fragile. — HOM. Costaux (costal).

> ❑ On a écrit aussi *costeau.*

costière n. f. – XIIIe ; de *coste* « côte » ▪ Vide pratiqué dans le plancher d'une scène de théâtre pour le passage et la disposition des décors.

costume n. m. – XVIIe ; it. *costume* « coutume » 1 Vêtement habituel particulier à un pays, une époque, une condition. ⇒ **accoutrement,** vx **équipage, habillement, habit.** *Costume régional.* ♦ Pièces d'habillement qui constituent un ensemble. ⇒ **tenue.** *Costume d'apparat, de cérémonie.* ➛ *Costumes de scène. Le décor et les costumes.* 2 Vêtement d'homme composé d'une veste, d'un pantalon et parfois d'un gilet.

⇒ ② **complet,** fam. **costard.** « *un homme chauve en costume marron* » (Beckett).

costumé, ée adj. – XVIIIe ▪ Vêtu d'un déguisement. ⇒ **déguisé.** ♦ *Bal costumé,* où les danseurs sont costumés.

costumer v. tr. [1] – XVIIIe ▪ Revêtir d'un déguisement. ⇒ **déguiser.** pronom. *Elle s'est costumée en Pierrot.*

costumier, ière n. – XVIIIe ▪ Personne qui fait, vend ou loue des costumes de scène, qui s'occupe des costumes d'une représentation.

cosy adj. – 1904 ; mot angl. « confortable » ▪ Confortable, agréable. *Un endroit cosy.* ⇒ **douillet.**

cotangente n. f. – XVIIIe ▪ Fonction trigonométrique (notée *cotg*) inverse de la tangente.

cotation n. f. – XVIe ▪ Détermination du prix auquel se fait une transaction. ♦ Inscription à la cote du cours constaté pour une valeur mobilière.

cot cot [kɔtkɔt] ou **cot cot codec** [kɔtkɔtkɔdɛk] interj. – XIXe ▪ Onomatopée évoquant le gloussement de la poule qui va pondre ou qui vient de pondre.

> ❑ Le verbe *cotecoder* est attesté : *La poule « s'enroue à force de cotecoder »* (Genevoix).

cote n. f. – XIVe ; lat. *quota,* de *quota pars* « part qui revient à chacun » **1** Montant d'une cotisation, d'un impôt demandé à chaque contribuable. ⇒ **contribution.** *Cote mobilière, foncière.* ♦ loc. *Cote mal taillée :* compromis qui ne satisfait personne. **2** Marque servant à un classement. *Pièce sous la cote A.* **3** Constatation officielle des cours (d'une valeur, d'une monnaie) qui se négocient par l'intermédiaire d'agents qualifiés. ⇒ **change, cotation.** ➝ Tableau indicateur des cours officiels. *Valeurs admises à la cote de la Bourse. Marché hors cote.* **4** Estimation. *Cote d'un cheval.* ➝ *Cote d'amour :* appréciation d'un candidat, basée sur une estimation de sa valeur morale, sociale. *Cote de popularité :* résultat d'un sondage d'opinion sur la popularité d'une personne. ⇒ **indice.** loc. *Avoir la cote :* être apprécié, estimé. **5** Troisième coordonnée d'un repère cartésien ; chiffre indiquant une dimension (en géométrie descriptive), un niveau (en topographie). « *S'efforcer de parvenir à la cote moins huit cents* » (Camus). ♦ *Cote d'alerte :* niveau d'un cours d'eau au-delà duquel commence l'inondation ; fig. point critique. ✪ HOM. Cotte.

coté, ée adj. – XIXe **1** Qui a une bonne cote, qui a la cote (4°). ⇒ **estimé.** *Peintre très coté.* **2** *Coté en Bourse :* dont le cours résulte des transactions enregistrées à la Bourse des valeurs. *Valeur cotée en Bourse,* qui figure à la cote officielle. **3** Caractérisé par des cotes (5°). *Croquis coté.* ✪ HOM. Côté.

côte n. f. – XIIe ; lat. *costa* « côté » **I - 1** Os plat du thorax, de forme courbe, qui s'articule sur la colonne vertébrale et le sternum. *Les douze paires de côtes. Côtes flottantes :* les deux dernières paires, qui ne sont attachées qu'à la colonne vertébrale. ♦ loc. *On lui voit les côtes :* il, elle est très maigre. ➝ fam. *Avoir les côtes en long :* être paresseux. ➝ *Se tenir les côtes :* rire très fort. ➝ *La côte d'Adam :* la côte de laquelle Dieu forma Ève, selon la Genèse. **2** Morceau de viande qui accompagne cet os. *Côte de porc, d'agneau, de bœuf. Côtes premières. Plat de côtes,* ou *plates côtes :* partie plate des côtes du bœuf. **3** CÔTE À CÔTE : l'un à côté de l'autre. « *Côte à côte le long des chemins, Nous nous sommes tenus par les mains* » (Valéry). **4** Saillie qui orne une surface concave ou convexe. *Les côtes d'une voûte.* ➝ Listel qui sépare les cannelures d'une colonne. ♦ Grosse nervure d'une feuille. *Côte de bette.* ➝ Division naturellement marquée sur certains fruits. *Côte de melon.* ♦ Rayure saillante d'un tissu, d'un tricot. *Velours à côtes. Tricot à grosses côtes.*

II - 1 Pente qui forme l'un des côtés d'une colline. ⇒ **coteau.** ➝ Coteau planté de vignes. *Les côtes du Rhône.* **2** Route en pente. ⇒ **montée, pente, raidillon.** *Monter, descendre la côte. La côte est raide.* **3** Rivage de la mer. ⇒ **bord, littoral.** *Côte sablonneuse.* ⇒ ① **grève, plage.** *Côte escarpée.* ⇒ **falaise.** *Côte sauvage,* dont l'accès est difficile. « *un petit village de la côte normande qui s'adosse à une forêt* » (France). ➝ *La Côte d'Azur :* le littoral méditerranéen français entre Cassis et Menton. *Passer ses vacances sur la Côte.* ♦ Partie de la mer aux approches de la terre. *Navire qui fait côte,* qui s'échoue. ♦ loc. *Être à la côte :* être sans ressources, sans argent.

> ❑ On dit indifféremment *côte* ou *côtelette de mouton, de veau, de porc.* On dit toujours *côte de bœuf.*

côté n. m. – XIe ; lat. « partie du corps où sont les côtes » **1** Région des côtes (de l'aisselle à la hanche). ⇒ **flanc.** ♦ La partie droite ou gauche de tout le corps. *Se coucher sur le côté.* ♦ *À mes (vos, ses) côtés :* près de moi (vous, lui). **2** Partie qui est à droite ou à gauche. *Monter dans une voiture par le côté gauche. Les côtés de la route.* ♦ Partie. *Côté ombre, côté soleil. Côté cour, côté jardin :* les côtés droit, gauche de la scène (vus de la salle). ♦ *Mettez-vous de ce côté, de l'autre côté. Il habite de l'autre côté de la rue,* en face. *De chaque côté.* **3** Limite extérieure d'une figure, d'un corps. ⇒ **face, ligne,** ① **pan.** *Côtés d'un polygone,* les demi-droites qui les limitent. ➝ *Les deux côtés d'une feuille de papier.* ⇒ **recto, verso.** **4** Manière dont les choses se présentent. ⇒ **aspect.** « *Nous ne voyons jamais qu'un seul côté des choses* » (Hugo). *Prendre une chose du bon côté,* avec optimisme. ➝ « *il n'est pas de belle cause, ni de bonnes gens, qui [...] n'offrent des côtés ridicules* » (R. Rolland). **5** *De ce côté-ci ; de ce côté-là :* par ici, par là. ➝ *De tous côtés :* de toute part, partout. ♦ *DU CÔTÉ DE :* dans la direction de ou aux environs de. *Il est parti du côté opposé au vôtre.* « *Du côté de chez Swann* », *roman de Proust.* ♦ *De mon côté :* quant à moi ; pour ma part. « *Laissez-moi faire ; agissez de votre côté* » (Mol.). ➝ fam. *De ce côté, il n'a rien à craindre,* dans ce domaine. *Côté argent, tout va bien.* ⇒ **question.** ➝ loc. *D'un autre côté :* en envisageant différemment la question. ➝ Du parti, du camp de. « *C'est qu'il est généreux de se ranger du côté des affligés* » (Mol.). *Les torts sont de mon côté.* ➝ *Parent du côté du père, du côté maternel.* ♦ DE CÔTÉ. De biais, de travers. « *Un jeune homme frétillant, le foutre posé de côté sur la tête* » (Mac Orlan). ➝ Sur le côté. *Se jeter de côté :* faire un écart. ➝ À l'écart ou en réserve. *Mettre de l'argent de côté.* **6** *À CÔTÉ :* à une distance proche. *Il habite à côté,* tout près. *La maison à côté, les gens d'à côté.* ⇒ **proche, voisin.** ➝ *Passons à côté,* dans la pièce voisine. ♦ *À CÔTÉ DE.* ⇒ **auprès** (de), **contre, près** (de). *Marcher à côté de qqn. Le salon est à côté de la salle à manger.* ➝ *Vos ennuis ne sont pas graves à côté des miens.* loc. fam. *À côté de ça :* en revanche. ➝ *Passer à côté d'une difficulté,* ne pas la voir. ✪ CONTR. Dos, poitrine. Centre, milieu. — HOM. Coté, coter.

coteau n. m. – XVe **1** Petite colline. ⇒ **monticule.** *Les flancs d'un coteau.* **2** Versant d'une colline. *Les coteaux du Beaujolais.*

côtelé, ée adj. – XIIe ▪ Qui présente des côtes. *Velours côtelé.*

côtelette n. f. – XIVe ▪ Côte des animaux de boucherie de taille moyenne (mouton, porc). *Côtelettes d'agneau, de porc.* « *pour mettre le malade debout, il faut une bonne côtelette* » (Hugo).

> ❑ Pour l'emploi → côte (rem.).

coter v. [1] – XVe **I** v. tr. **1** Marquer d'une cote (2°). ⇒ **noter, numéroter.** **2** Indiquer le cours de (une valeur, une marchandise). ⇒ **estimer, évaluer.** *Coter une valeur en Bourse.* ♦ *Coter un devoir d'élève.* ⇒ **noter.** **3** Marquer des mesures sur. *Coter une carte géographique* : indiquer les cotes de niveau. **II** v. intr. Atteindre, avoir (telle cote). *Le lingot a coté tant.* ✪ HOM. Coté, côté.

coterie n. f. – XVIIe ; germ. *kote* « cabane » ■ Réunion de personnes soutenant ensemble leurs intérêts. ⇒ **caste, chapelle, clan.** « *Qui diantre me poussait à vouloir être de l'Académie, moi qui m'étais moqué quarante ans des coteries littéraires* » (P.-L. Cour.).

côtes-du-rhône n. m. inv. – d. i. ■ Vin des côtes du Rhône.

❑ Dans le langage des cafetiers, on utilise l'abréviation familière : *un côtes. Un ballon de côtes.*

cothurne n. m. – XVIe ; gr. ■ Chaussure montante à semelle très épaisse, portée par les comédiens du théâtre antique. « *Eschyle inventa le cothurne qui grandit l'homme* » (Hugo).

cotice n. f. – XIIIe ; de *coste* « pièce en longueur » ■ Bande étroite traversant diagonalement l'écu.

cotidal, ale, aux adj. – XIXe ; mot angl., de *tide* « marée » ■ *Ligne, courbe cotidale,* passant par les points où la marée a lieu à la même heure.

côtier, ière adj. – XIVe ■ Relatif aux côtes, au bord de la mer. *Navigation côtière.* ➝ *Fleuve côtier,* dont la source est proche de la côte.

cotignac n. m. – XIVe ; provenç. *codonh* « coing » ■ Confiture, pâte de coings.

cotillon n. m. – XVe ; de *cotte* **1** vx Jupon. « *Cotillon simple et souliers plats* » (La Font.). **2** Divertissement composé de danses et de jeux avec accessoires. « *à trois heures du matin, le cotillon commença. Emma ne savait pas valser* » (Flaub.). **3** au plur. Les accessoires de cotillon.

cotinga n. m. – XVIIIe ; d'une langue amérind. ■ Oiseau d'Amérique du Sud *(passériformes),* au plumage richement coloré.

cotisant, ante adj. et n. – mil. XXe ■ Qui verse une cotisation.

cotisation n. f. – XVIe **1** rare Collecte d'argent. *Souscrire à une cotisation.* **2** Somme à verser par les membres d'un groupe en vue des dépenses communes (⇒ **quote-part**). *Cotisation syndicale. Un cercle « où il ne payait, comme homme de lettres, qu'une cotisation très réduite »* (Romains). ➝ *Cotisation de Sécurité sociale :* cotisation assise sur le salaire de chaque assuré social.

cotiser v. [1] – XVIe ; de *cote* **1** v. pron. Contribuer, chacun pour sa part, à réunir une certaine somme en vue d'une dépense commune. « *on se cotisait pour lui offrir une tévé pour son anniversaire* » (Queneau). **2** v. intr. Payer sa quote-part. *Ils ont tous cotisé.* ♦ Verser une somme régulière à un organisme, à une organisation. *Cotiser à un club.*

coton n. m. – XIIe ; ar. *qutun* **1** Matière végétale faite des filaments soyeux qui entourent les graines du cotonnier. *Cueillette du coton. Balle de coton égrené. Industrie du coton. Coton cardé. Tissu de coton* (⇒ **cotonnade**), *de coton mélangé* (⇒ **polycoton**). *Velours, voile, gabardine de coton.* ♦ Étoffe de coton. « *une jupe de coton à carreau blanc et brun* » (Rimb.). ♦ Fil de coton. *Coton à broder, à repriser.* **2** Plante fournissant cette matière. ⇒ **cotonnier.** *Champ de coton.* **3** *COTON HYDROPHILE,* dont on a éliminé les substances grasses et résineuses, utilisé pour les soins. ⇒ **ouate.** ➝ Morceau de coton hydrophile. *Coton à démaquiller.* **4** loc. *Élever un enfant dans du coton,* en l'entourant de soins excessifs. *Filer un mauvais coton :* être dans une situation dangereuse. **5** adj. inv. fam. Difficile, ardu. « *d'après ce que nous avons déjà vu ce sera sans doute* coton » (Giono).

cotonéaster [kɔtɔneastɛʀ] n. m. – d. i. ; lat. ■ Sous-arbrisseau *(rosacées)* à port étalé ou rampant, cultivé pour ses baies rouges décoratives. ⇒ **buisson-ardent.**

cotonnade n. f. – XVIIe ■ Étoffe fabriquée avec du coton. « *les femmes sont vêtues de cotonnades aux couleurs vives et seyantes* » (Gide).

❑ *Cotonnade* est d'abord un terme de médecine pour « mèche de coton, charpie ». Son sens actuel apparaît avec le début de l'industrie textile.

cotonner (se) v. pron. [1] – XIIIe ■ Se couvrir d'un léger duvet ressemblant aux filaments de coton.

cotonneux, euse adj. – XVIe **1** Couvert d'un duvet. *Feuille cotonneuse.* ⇒ **duveté, tomenteux.** ➝ Semblable à de la ouate. « *ces jours cotonneux de novembre* » (Mauriac). **2** Fade et sans jus. *Fruit cotonneux.* **3** Assourdi. « *l'air cotonneux, ouaté, amortissait la faible vibration des formes familières* » (Bosco).

cotonnier, ière n. et adj. – XVIe **1** n. m. Arbrisseau des régions tropicales *(malvacées),* à grandes feuilles palmées et à fleurs blanches dont la graine est entourée de longs poils (⇒ **coton**). **2** adj. Qui a rapport au coton. *Industrie cotonnière.* **3** Ouvrier qui travaille le coton.

coton-poudre n. m. – XIXe ■ Explosif formé de nitrocellulose. ⇒ **fulmicoton.** *Des cotons-poudres.*

coton-tige n. m. – 1978 ; nom déposé ■ Bâtonnet dont les deux extrémités sont recouvertes de coton. *Des cotons-tiges.*

côtoyer v. tr. [8] – XIIe ; de *côte* **1** *Côtoyer qqn :* avoir des relations assez fréquentes avec qqn. pronom. *Ils se côtoient tous les jours.* **2** Aller le long de. ⇒ **border, longer.** *Côtoyer la rivière.* **3** Être à côté de, être proche de. ⇒ **frôler ; coudoyer.** « *l'extrême richesse côtoyait souvent l'extrême pauvreté* » (Sauvy).

cotre n. m. – XIXe ; angl. *cutter* « qui coupe (l'eau) » ■ Petit navire à un seul mât.

cottage [kɔtɛdʒ ; kɔtaʒ] n. m. – XVIIIe ; mot angl. **1** Petite maison anglaise à la campagne, avec un jardin. **2** Fromage blanc à gros caillots, légèrement salé.

cotte n. f. – XIIe ; germ. **1** Tunique. ♦ *Cotte d'armes :* casaque qui se mettait sur la cuirasse. *Cotte de mailles :* armure à mailles métalliques. ⇒ **haubert.** **2** vx Jupe courte, plissée à la taille. **3** vieilli Vêtement de travail, pantalon montant sur la poitrine. ⇒ **bleu, combinaison, salopette.** « *Accoudé au comptoir de zinc, un ouvrier en cotte bleue buvait un verre de vin* » (Green). ✪ HOM. Cote.

cotuteur, trice n. – XVIe ■ Personne chargée avec une autre de la tutelle d'un mineur.

cotyle n. m. ou f. – XIVe ; gr. ■ Cavité profonde de l'os iliaque dans laquelle se loge la tête du fémur.

cotylédon n. m. – XIVe ; gr. « creux, cavité » **1** Chacun des segments polygonaux à la surface du placenta. **2** Feuille primordiale de l'embryon des spermaphytes.

cou n. m. – XIe ; lat. *collum* **1** Partie du corps (de certains vertébrés) qui unit la tête au tronc. « *Le héron au long bec emmanché d'un long cou* » (La Font.). *Le cou de la girafe.* ♦ (Chez l'homme) *Devant* (⇒ **gorge**), *arrière* (⇒ **nuque**) *du cou. Relatif au cou.* ⇒ **cervical.** ➝ *Cou de taureau,* large, puissant. *Cou de cygne,* long, souple. ➝ *Robe qui dégage le cou,* décolletée. *Mettre une écharpe autour du cou.* « *Je vis que, devant moi, se balançait gaiement Sous une tresse noire un cou* *svelte et charmant* » (Muss.). ♦ loc. *Sauter, se jeter, se pendre au cou de qqn,* l'embrasser avec effusion. « *elles s'étaient jetées au cou l'une de l'autre, dans leur adoration de sœurs tendres* » (Zola). *Tordre le cou :* donner la mort par strangulation. *Mettre à qqn la corde au cou,* le pendre. fig. *Se mettre la corde* au cou. Couper le cou à :* trancher la tête. *Se rompre, se casser le cou :* se blesser grièvement en tombant. ▸ *Prendre ses jambes à son cou :* se sauver au plus vite. ▸ *Jusqu'au cou :* complètement. *Endetté jusqu'au cou.* 2 *Le cou d'une bouteille, d'une cruche.* ⇒ **col, goulot.** ✪ HOM. Coup, coût.

couac n. m. – XVIe ; onomat. 1 Son faux et discordant. ⇒ **canard.** *Trompette qui fait un couac.* 2 Maladresse, fausse note*.

couard, couarde adj. et n. – XIIe ; de *cöe* « queue » ■ littér. Qui est lâche, peureux*. ⇒ **capon, poltron.** « *Je hais l'idéalisme couard, qui détourne les yeux des misères de la vie* » (R. Rolland). ✪ CONTR. Courageux.

couardise n. f. – XIIe ■ littér. Caractère d'une personne couarde. ⇒ **lâcheté, poltronnerie.**

couchage n. m. – XVIIe 1 Action de coucher, de se coucher. *Le couchage des enfants.* 2 ...*de couchage :* qui sert au coucher. *Sac* de couchage.* 3 Fabrication du papier couché.

couchant, ante adj. et n. m. – XIIe 1 *Soleil couchant,* près de disparaître sous l'horizon. « *un bassin plein encore de l'eau d'or du soleil couchant* » (Proust). ♦ n. m. Le côté de l'horizon où le soleil se couche (opposé à *levant*). ⇒ **occident, ouest, ponant.** 2 *CHIEN COUCHANT :* chien d'arrêt qui se couche sur le ventre quand il flaire le gibier. loc. *Faire le chien couchant :* être servile.

couche n. f. – XIIe I - 1 littér. Lit. « *Je me confonds à la douce chaleur de ma couche* » (Valéry). 2 Garniture dont on enveloppe les fesses des bébés. ⇒ **lange, pointe.** *Des couches-culottes.* ⇒ **change.** 3 au plur. Alitement de la femme qui accouche, enfantement. *Être en couches.* ▸ *Relever de couches :* se rétablir après l'accouchement. ⇒ **relevailles.** II - 1 Substance étalée sur une surface. ⇒ **croûte, enduit, pellicule.** « *la neige n'a pas encore fondu. Elle forme une couche assez peu épaisse mais parfaitement régulière* » (Robbe-Grillet). *Couche de peinture, de vernis.* « *C'est à peine si l'on voyait sa figure sous une voilette et une couche de poudre* » (Chardonne). ♦ loc. fam. *En tenir une couche :* être stupide. 2 Carré de fumier mêlé à de la terre pour favoriser la croissance de certaines plantes ⇒ **planche, semis.** *Champignons de couche,* cultivés. 3 Disposition d'éléments en zones superposées. ⇒ **lit.** ▸ *Couche géologique :* ensemble de sédiments compris entre deux plans à peu près parallèles. ⇒ **strate.** *Couche de calcaire.* ♦ *Les couches concentriques de l'atmosphère.* 4 Ensemble de personnes ayant des caractères communs. ⇒ **catégorie, classe.** *Les couches sociales.* 5 Niveau caractérisant l'état d'électrons liés à un noyau. 6 *Couche de logiciel :* niveau de programmation d'un système informatique. III - 1 *PLAQUE DE COUCHE d'un fusil :* semelle de la crosse. 2 *ARBRE DE COUCHE :* pièce de transmission dans un moteur.

couché, ée adj. – XIIe 1 Étendu. *Couché sur le dos, sur le ventre.* ⇒ **décubitus.** *Être couché dans son lit, sur le tapis.* « *couché de tout mon long dans l'herbe sèche des fossés* » (Daud.). ▸ *Animal couché,* sur le flanc. 2 Courbé, incliné, penché ou placé à l'horizontale. *Blés couchés. Écriture couchée.* 3 *Papier couché :* papier enduit d'une fine couche de plâtre, de kaolin. ⇒ **glacé.** ✪ CONTR. Debout. Vertical.

① **coucher** v. [1] – XIIe ; lat. *collocare* « placer dans une position horizontale, étendre » I v. tr. 1 Mettre au lit. *Coucher un enfant.* ▸ *Je ne peux pas vous coucher :* je ne peux pas vous offrir de lit. ⇒ **héberger, loger.** ♦ 2 Rapprocher de l'horizontale, mettre à l'horizontale. ⇒ **courber, incliner, pencher.** « *Le vent couchait la pluie presque horizontalement, comme des épis de blé* » (Renard). *Coucher des bouteilles dans un casier.* ♦ *Coucher un fusil en joue,* l'ajuster à l'épaule et contre la joue pour tirer. ⇒ **épauler.** *Coucher qqn en joue,* le viser. 3 Étendre en couche. *Coucher de l'or.* 4 Mettre par écrit. ⇒ **consigner, inscrire,** ① **porter.** *Coucher qqn sur son testament.* II v. intr. 1 S'étendre pour prendre du repos. ⇒ **dormir.** *Coucher dans un lit, par terre. Chambre à coucher.* ▸ *Allez coucher ! va coucher !* se dit à un chien que l'on veut calmer, éloigner. 2 Loger, passer la nuit. ⇒ **dormir, gîter.** *Coucher chez soi, à l'hôtel.* loc. fam. *Un nom à coucher dehors,* difficile à prononcer et à retenir. ▸ *Coucher sous la tente. Coucher sous les ponts.* 3 *Coucher avec qqn,* partager son lit, sa chambre avec lui. fam. Avoir des relations sexuelles avec qqn. « *C'est une erreur que, parce que l'on a couché ensemble, on se doit réciproquement adorer* » (Gaut.). ⇒ fam. ① **baiser.** III v. pron. 1 Se mettre dans la position allongée. *Se coucher par terre.* ▸ Se mettre au lit. ⇒ s'**allonger,** s'**étendre.** « *Il se coucha à tâtons, n'essayant même pas d'allumer la lampe* » (Mac Orlan). ▸ fam. *Allez vous coucher :* laissez-moi tranquille. vieilli *Une Marie couche-toi là :* une fille facile. 2 S'allonger, s'étendre. *Le tir commence, couchez-vous !* ▸ *Les rameurs se couchent sur les avirons.* ♦ fam. *Se coucher devant... :* renoncer par peur, par lâcheté. ⇒ s'**aplatir, ramper.** *Se coucher devant l'autorité.* 3 *Le navire se couche sur le flanc.* ⇒ se **renverser.** ▸ Tomber, s'affaisser. *Le mât s'est couché.* ♦ Descendre sous l'horizon. « *Le soleil se couchait derrière la maison, dans une grande clarté rose* » (Zola). ✪ CONTR. ① Lever ; dresser.

② **coucher** n. m. – XIIIe 1 Action de se coucher. *C'est l'heure du coucher.* ▸ *Le coucher du roi.* 2 Moment où un astre descend et se cache sous l'horizon. « *Le coucher d'un soleil de septembre ensanglante La plaine morne et l'âpre arête des sierras* » (Verlaine). ✪ CONTR. ② Lever.

coucherie n. f. – XVIIIe ■ fam. Rapports sexuels. « *des liaisons sans amitié et des coucheries sans amour* » (Chamf.).

couche-tard n. inv. – 1971 ■ fam. Personne qui se couche habituellement tard. ⇒ **noctambule.** « *aux couche-tard faisant la grasse matinée s'opposait le petit peuple des lève-tôt* » (Sabatier). ✪ CONTR. Couche-tôt.

couche-tôt n. inv. – XIXe ■ fam. Personne qui se couche habituellement de bonne heure. ✪ CONTR. Couche-tard.

couchette n. f. – XIVe 1 Petit lit. 2 Lit de bord escamotable. ▸ Banquette d'un compartiment de chemin de fer aménagée pour pouvoir dormir.

coucheur, euse n. – XVIIe ■ *MAUVAIS COUCHEUR :* personne de caractère difficile. ⇒ **hargneux, querelleur.**

couchis n. m. – XVIIe ; de *coucher* « étaler » 1 Lit de sable et de terre sur lequel on dispose un pavage. 2 *Couchis de lattes d'un plancher.* ⇒ **lattis.**

couchoir n. m. – XVIIe ■ Palette du doreur pour coucher l'or.

couci-couça loc. adv. – XVIIe ■ fam. Ni bien ni mal. *Comment allez-vous ? – Couci-couça.*

> ❏ *Couci-couça* est la déformation, sous l'influence de *comme ci comme ça,* de la forme traditionnelle *couci-couci,* francisation de l'italien *così-così.* Son emploi devient rare.

coucou n. m. et interj. – XIIe ; lat. *cuculus,* onomat. I n. m. 1 Oiseau grimpeur *(cuculiformes),* de la taille d'un pigeon, au plumage gris cendré barré de noir, à longue queue et ailes pointues. « *vous allez encore entendre le coucou. C'est le plus simple et le plus monotone des chants d'oiseaux* » (Duham.). 2 Pendule dont les heures sont marquées par l'apparition d'un oiseau, avec imitation du cri du coucou. « *on entendait le tic-tac régulier d'un coucou battant les secondes* » (Courtel.). 3 Primevère sauvage, à haute tige et fleurs jaunes. ➛ Narcisse des bois. ⇒ **jonquille.** 4 Avion d'un modèle ancien. *Les vieux coucous de la guerre de 14.* **II** interj. Cri des enfants qui jouent à cache-cache, de qqn qui annonce son arrivée inattendue.

coucoumelle n. f. – XIXe ; provenç. ■ région. Oronge blanche.

coude n. m. – XIIe ; lat. *cubitus* 1 Partie du membre supérieur correspondant à l'articulation entre le bras et l'avant-bras. *Du coude.* ⇒ **cubital.** *Luxation du coude. Mettre ses coudes sur la table.* « *Tandis que je songeais, le coude sur mes livres* » (Hugo). ➛ *Coudes au corps* : les coudes serrés contre les flancs ; en courant très vite. *Donner un coup de coude à qqn, pousser qqn du coude pour l'avertir.* ➛ *Plonger les mains dans l'eau jusqu'au coude.* ♦ loc. fam. *Lever le coude* : boire beaucoup. ➛ *L'HUILE DE COUDE* : l'énergie. ➛ *SOUS LE COUDE* : en attente. ♦ *COUDE À COUDE* : très proche l'un de l'autre. *Travailler coude à coude,* côte à côte. ♦ *Se serrer, se tenir les coudes* : s'entraider, être solidaire. ♦ *Jouer des coudes,* pour se frayer un passage à travers la foule ; manœuvrer aux dépens des autres. 2 Partie de la manche d'un vêtement, qui recouvre le coude. 3 Angle saillant. ⇒ **saillie.** *Coude d'un tuyau.* ➛ « *Près du pont, elle* [la rivière] *fait un coude, forme un bassin profond, limpide* » (Gide). ⇒ **détour, méandre.** ♦ Élément de tuyauterie servant à raccorder deux tuyaux en formant un angle. *Un coude de 60°.*

coudée n. f. – XIIIe ; de *coude* 1 Mesure de longueur de 50 cm. ➛ loc. *Dépasser qqn de cent coudées,* lui être bien supérieur. 2 *Avoir les coudées franches,* la liberté d'agir.

cou-de-pied [kud(ə)pje] n. m. – XIIe ■ Partie antérieure et supérieure du pied, entre la cheville et la base des os métatarsiens. *Des cous-de-pied.* ✪ HOM. Coup (de pied).

couder v. tr. [1] – XVe ■ Plier en forme de coude. *Un* « *gros poêle carré, en faïence, avec son tuyau coudé à angle droit* » (Robbe-Grillet). ✪ CONTR. Redresser.

coudière n. f. – XIXe ■ rare Dispositif protégeant le coude.

coudoiement n. m. – XIXe ■ Action de coudoyer.

coudoyer v. tr. [8] – XVIe ; de *coude* 1 Passer près de. ⇒ **frôler.** « *Cette vie d'auberge où l'on coudoie sans cesse des inconnus* » (Lamart.). 2 Être en contact avec. ⇒ **côtoyer.** « *il n'est idée ni phrase "reçue" où la bêtise ne coudoie la méchanceté* » (Paulhan).

coudraie n. f. – XIIe ■ Terrain planté de coudriers. ⇒ **noiseraie.**

❑ On dit aussi *coudrette,* avec un autre suffixe.

coudre v. tr. [48] – XIIe ; lat. *consuere,* de *suere* « coudre » 1 Faire tenir au moyen de points réalisés à l'aide d'un fil passé dans une aiguille. *Coudre un ourlet ; coudre un bouton.* ♦ *Coudre une robe, un vêtement,* en assembler les éléments par des coutures. ⇒ **monter.** *Vêtement cousu à la main.* ➛ *Coudre à la machine. Coudre à grands points. Dé à coudre.* 2 Assembler par un fil. *Coudre les cahiers d'un livre.* ⇒ **brocher.** ✪ CONTR. Découdre.

coudrier n. m. – XVIe ; lat. ■ Noisetier. « *une branche de coudrier très flexible* » (Stendh.).

couenne [kwan] n. f. – XIIIe ; lat. *cutis* « peau » 1 Peau de porc, flambée et raclée. « *de fondants jambonneaux de cochon cuits en pot-au-feu, habillés de leur lard rosé et de leur couenne* » (Colette). 2 Altération inflammatoire de la peau, d'une muqueuse ayant l'aspect d'une croûte. 3 région. (Suisse) Croûte du fromage.

❑ Pour la prononciation du premier *e* → solennel (rem.).

couenneux, euse [kwanø, øz] adj. – XVIIe 1 Qui ressemble à la couenne. 2 Qui est couvert d'une couenne (2°). *Angine couenneuse.* ⇒ **membraneux.**

① **couette** n. f. – XIIe ; lat. *culcita* « oreiller » 1 Grand édredon tenant lieu de couverture. *Housse de couette.* 2 Pièce de métal sur laquelle pivote un arbre. ⇒ **crapaudine.** ➛ au plur. Pièces sur lesquelles glisse un navire pendant son lancement.

② **couette** n. f. – XIIIe ; a. fr. *coue* « queue » ■ Mèche de cheveux retenue par une barrette, un lien de chaque côté de la tête.

couffin n. m. – XVe ; gr. *kophinos* « corbeille » 1 Grand cabas. 2 Corbeille à anses servant de berceau. ⇒ **moïse.**

coufique adj. – XIXe ; de *Coufa,* ville d'Irak ■ *Écriture coufique,* dont se servaient les Arabes avant le quatrième siècle de l'hégire.

❑ Les spécialistes de la civilisation islamique utilisent plutôt la graphie *kûfique.*

couguar ou **cougouar** [kugwaʀ] n. m. – XVIIIe ; tupi *susuarana,* d'apr. *jaguar* ■ ⇒ **puma.**

couic interj. – XIXe ; onomat. 1 Onomatopée imitant un petit cri, un cri étranglé. ➛ Mot qui exprime une action rapide, une mort violente, le fait de tordre le cou. 2 fam. *J'y comprends que couic,* rien. ⇒ ② **dalle** (que). ✪ HOM. Quick.

couille n. f. – XIIe ; lat. *coleus* ■ vulg. et fam. 1 Testicule. « *mes couilles, j'ai bien le droit de* [...] *les mettre en avant* » (Genet). ➛ loc. *Avoir des couilles (au cul),* du courage. *Couille molle* : homme sans courage. *Partir en couille(s)* : se gaspiller, ne pas aboutir. 2 Erreur ; ennui sérieux.

couillon, onne n. – XIIIe ■ très fam. Imbécile. ⇒ **con.** « *avant de traiter un homme de couillon, il faut avoir des preuves* » (Flaub.). ➛ adj. *Il est un peu couillon.*

couillonnade n. f. – XVIe ■ très fam. Bêtise, imbécillité. ⇒ **connerie.** *Il a encore dit une couillonnade.*

couillonner v. tr. [1] – XVIIe ■ fam. Tromper, duper. *Se faire couillonner.*

couinement n. m. – XIXe 1 Cri bref et aigu. « *Les mots d'un seul homme sont pareils à des couinements de rats* » (Le Clézio). 2 Grincement aigu. *Le couinement d'une porte.*

couiner v. intr. [1] – XIXe ; onomat. ■ fam. 1 Pousser de petits cris. « *On n'entendait pas couiner les rats de buissons* » (Giono). 2 Grincer. *Porte qui couine.*

coulage n. m. – XVIe 1 Action de couler (II, 1°). *Le coulage d'un métal en fusion. Coulage et moulage du verre.* 2 Perte due au gaspillage, au vol. *Tenir compte du coulage dans une entreprise.*

① **coulant, ante** adj. – XIIe 1 *NŒUD COULANT,* formant une boucle qui se resserre quand on tire. 2 Qui coule facilement. *Un vin coulant,* léger et agréable à boire. ➛ *Camembert coulant,* très fait. 3 Qui semble se faire aisément, sans effort. ⇒ **agréable, aisé, facile.** *Style coulant.* ⇒ **fluide.** 4 fam. Accommodant, facile. ⇒ **indulgent.** « *Je fus surpris de voir ce magistrat, toujours si craintif, devenir si coulant dans cette affaire* » (Rouss.). ✪ CONTR. Serré. Difficile. Sévère.

② **coulant** n. m. – XVIIe **1** Pièce qui coulisse le long de qqch. ⇒ **anneau.** *Coulant d'une ceinture.* ⇒ **passant. 2** Rejeton d'une plante rampante. ⇒ **stolon.**

① **coule** n. f. – XIIe ; lat. *cucullus* « capuchon » ■ Vêtement à capuchon porté par certains religieux. ✪ HOM. Cool.

② **coule (à la)** loc. adv. – XIXe ; de *couler* ■ fam. *Être à la coule,* au courant, averti ; bien connaître son affaire.

coulé n. m. – XIIIe **1** Passage sans interruption d'une note à l'autre. ⇒ **liaison. 2** Pas de danse glissé. **3** Au billard, Coup par lequel une bille doit en toucher une autre de manière à pouvoir la suivre.

coulée n. f. – XIIe **1** Action de jeter en moule. *La coulée d'un métal.* ➜ Masse de matière en fusion que l'on verse dans un moule. **2** Action de s'écouler ; son résultat. *Une coulée de lave, de boue.* ➜ « *la chevelure blonde, bouclée, lumineuse, avec des coulées rousses sur les tempes* » (Troyat). **3** Sentier étroit par lequel le cerf gagne son réduit.

coulemelle n. f. – XVIe ; lat. ■ Lépiote élevée.

couler v. [1] – XIIe ; lat. *colare* « passer, filtrer » **I** v. intr. **1** Se déplacer, se mouvoir naturellement (liquides). ⇒ s'**écouler, fluer.** *Couler à flots. Le sang coule dans les veines.* ⇒ **circuler.** *Eau qui coule d'une source.* ⇒ **gicler, jaillir, ruisseler.** « *des ruisseaux coulent en babillant sous des arcades de feuillages* » (Gaut.). *La Seine coule à Paris.* ⇒ **arroser, traverser.** *Eau qui coule d'un robinet, d'un tonneau.* ⇒ **dégouliner, dégoutter,** se **déverser,** se **répandre.** ♦ loc. *Faire couler beaucoup d'encre :* faire écrire beaucoup à son sujet. **2** S'échapper au dehors. « *on pousse un cri, la tête se perd, les larmes coulent* » (Dider.). *Sang qui coule d'une blessure.* ➜ *Faire couler le sang :* être la cause d'une guerre, d'un massacre. ♦ Devenir liquide. *La bougie coule.* **3** *L'argent lui coule des doigts.* ⇒ **glisser.** ➜ littér. « *L'homme n'a point de port, le temps n'a point de rive ; Il coule, et nous passons !* » (Lamart.). **4** loc. COULER DE SOURCE : être la conséquence normale. ⇒ **découler.** « *Cette idée-mère une fois arrêtée, tout le reste a coulé de source* » (Brillat-Sav.). **5** Avorter à la floraison (arbres fruitiers, vigne). **6** Laisser échapper un liquide. ⇒ **fuir,** se **vider.** *Stylo qui coule.* ➜ *Nez qui coule.* **7** Ne pas pouvoir rester à la surface de l'eau, s'enfoncer. *Le navire a coulé à pic.* ⇒ **sombrer.** *Le nageur a coulé.* ⇒ se **noyer.** ➜ Aller à sa perte. *Le régime coule.* **II** v. tr. **1** Faire passer (un liquide) d'un lieu à un autre. ⇒ **verser.** *Couler un liquide à travers un linge.* ⇒ **filtrer, passer.** ♦ Jeter dans le moule. ⇒ **mouler.** *Couler de la cire.* ➜ *Couler du béton :* remplir un coffrage de béton frais. ➜ *Couler une dalle de béton.* ♦ Faire fondre. *Couler une bielle,* faire fondre l'alliage dont elle est chemisée. **2** Faire entrer, passer doucement. ⇒ **glisser, passer.** ♦ *Elle était venue « lui couler à l'oreille un mot de recommandation »* (France). **3** Passer. *Couler des jours heureux.* ➜ fam. *Se la couler douce :* mener une vie heureuse, sans complication. « *tu te la coules douce, c'est un métier de feignant que le tien* » (Queneau). **4** Faire sombrer. *Couler un navire.* ⇒ **saborder.** ♦ Perdre dans l'estime d'autrui. ⇒ **discréditer.** « *Enfin ils se dévoilent. Ils sont coulés, fiston* » (Anouilh). **III** v. pron. Passer d'un lieu à un autre, sans faire de bruit. ⇒ se **glisser.** « *en se coulant le long des murs* » (Balz.). ➜ *Se couler dans son lit. Se couler dans la foule.* ⇒ se **faufiler.**

> ❑ L'expression familière *se la couler douce* a remplacé *se la mener douce.*

couleur n. f. – XIe ; lat. *color* **I** - **1** Caractère d'une lumière, de la surface d'un objet, selon l'impression visuelle particulière qu'elles produisent ; propriété que l'on attribue à la lumière, aux objets, de produire une telle impression. *La couleur, les couleurs d'un objet.* ⇒ **coloris, nuance, teinte,** ② **ton ; chromo-.** *Couleur claire ; foncée, sombre ; franche, vive ; criarde, crue, voyante. Couleur tendre, pâle, délavée, passée, fanée. Couleur tirant sur le bleu. La couleur d'une pierre précieuse, des cheveux, des yeux.* « *Les parfums, les couleurs et les sons se répondent* » (Baud.). ➜ adj. inv. *Des rubans couleur chair, couleur paille.* ♦ Sensation traduisant l'impression reçue par l'œil humain lorsqu'il reçoit de l'énergie électromagnétique dont les longueurs d'onde sont comprises entre 400 et 800 nanomètres. *Les couleurs de l'arc-en-ciel. Couleurs fondamentales, primaires :* jaune, rouge et bleu. ♦ Aspect d'une surface. *La couleur d'un vêtement. Une voiture de couleur rouge.* « *Un vin de sable trop chaleureux couleur d'ambre* » (Colette). ♦ Propriété caractérisant les quarks. **2** Vêtements de couleur déterminée. *Les jockeys portent les couleurs d'une écurie. Les couleurs d'un club.* ♦ *Couleurs du blason.* **3** au plur. Les zones colorées d'un drapeau. *Les couleurs françaises.* ➜ *Envoyer, hisser ; amener les couleurs.* ⇒ **drapeau, pavillon. 4** Chacune des quatre marques, aux cartes. ➜ loc. *Annoncer la couleur :* proposer aux autres joueurs une couleur qui servira d'atout ; dévoiler ses intentions. **5** Teinte naturelle (de la peau humaine). *Reprendre des couleurs.* ➜ *Être* HAUT EN COULEUR : avoir un teint très coloré ; être pittoresque, truculent. ➜ *Changer de couleur,* par émotion, colère. ➜ *Homme, femme* DE COULEUR, qui n'appartient pas à la race blanche (se dit surtout des Noirs). **6** Teinte, coloris employés dans un tableau. *Le fondu des couleurs. Couleurs contrastées.* ♦ COULEUR LOCALE : couleur propre à chaque objet, indépendamment de la couleur générale du tableau. ➜ Ensemble des traits extérieurs caractérisant les personnes et les choses dans un lieu, dans un temps donné. *Une scène qui fait très couleur locale.* ⇒ **pittoresque. II** Toute couleur autre que blanc, noir ou gris ; couleur vive. *Vêtements noirs ou de couleur.* ♦ EN COULEUR(S) (opposé à *en noir et blanc*). *Photo en couleur(s). Télévision en couleur(s).* ➜ *Un téléviseur couleur.* **III** Substance que l'on applique sur un objet pour produire la sensation de couleur. *Couleurs végétales, animales. Couleurs délayées, à l'huile, à l'eau, à la colle. Couleurs en tube. Crayon de couleur.* **IV** - **1** Aspect produisant une impression comparable à celle que la couleur donne aux yeux. *Couleurs trompeuses, flatteuses. Style sans couleur,* terne. *Description pleine de couleur.* **2** Apparence, aspect particulier. *Brusquement, le récit prend une couleur tragique.* **3** Caractère propre à une opinion. ⇒ **teinte.** *Ce journal est d'une couleur politique indécise.* **4** SOUS COULEUR DE : sous prétexte de. *Attaquer sous couleur de se défendre.* **5** fam. *Son argent, je n'en ai jamais vu la couleur,* je n'en ai rien vu. ♦ *En voir de toutes les couleurs :* subir toutes sortes de choses désagréables. « *Cette petite femme-là lui en fait voir de toutes les couleurs* » (Daud.).

couleuvre n. f. – XIIe ; lat. *colubra* **1** Serpent non venimeux *(colubridés)* dont les nombreuses espèces sont répandues dans le monde entier. « *une tête noire, un collier jaune, ce n'est qu'une couleuvre d'eau* » (Genev.). **2** loc. *Paresseux comme une couleuvre,* très paresseux. ♦ *Avaler des couleuvres :* subir des affronts sans protester ; croire n'importe quoi. « *Il faut savoir regarder d'un œil sec tout événement, avaler des couleuvres comme de la malvoisie* » (Chateaub.).

couleuvrine n. f. – XIVe ■ Ancien canon dont le tube était long et effilé. « *Voilà vos longues couleuvrines Qui soufflent du feu sur mes eaux !* » (Hugo).

> ❑ Le nom de cet ancien canon est probablement lié à la symbolique des serpents et dragons cracheurs de feu.

coulis adj. m. et n. m. – XIIIe **I** adj. m. VENT COULIS : air qui se glisse par les ouvertures ; courant d'air. **II** n. m.

Sauce résultant de la cuisson concentrée de substances alimentaires passées au tamis. *Coulis de tomates.* ➙ Purée de fruits crus. *Coulis de framboises.* « *une cuisine toute composée de jus, de coulis, d'épices, de brûlots, un sublimé de succulence* » (Goncourt). **2** Plâtre, mortier, métal fondu qu'on fait couler dans les joints pour les garnir. ✪ HOM. Coolie.

coulissant, ante adj. – 1928 ▪ Qui glisse sur des coulisses. *Porte coulissante.*

coulisse n. f. – XIIIe ; de *coulis* « qui glisse » **1** Support à rainure le long de laquelle une pièce mobile peut glisser. ⇒ **glissière.** *Fenêtre à coulisse.* ➙ Le panneau qui glisse sur la rainure. ➙ Organe servant à renverser la vapeur, sur une machine. ♦ Ourlet ou rempli qu'on fait à un vêtement, une étoffe, pour y passer un cordon, une tringle. ♦ *Un regard en coulisse,* en coin. « *Elle répondait à chacun, faisait les yeux en coulisse* » (Mérimée). **2** *La coulisse, les coulisses :* partie d'un théâtre située sur les côtés et en arrière de la scène, cachée aux spectateurs. ➙ *Se tenir dans la coulisse :* ne pas se laisser voir. *Les coulisses de la politique.* ⇒ ② **dessous. 3** vx Le marché des valeurs qui ne sont pas admises à la cote officielle, et où des courtiers font office d'agents de change.

coulisseau n. m. – XVe ▪ Petite coulisse. ➙ Pièce qui se déplace dans une coulisse.

coulisser v. [1] – XVIIe **1** v. tr. Garnir de coulisses. *Coulisser un rideau.* **2** v. intr. Glisser sur coulisses. *Porte qui coulisse.*

couloir n. m. – XIIe ; de *couler* « glisser » **1** Passage étroit et long, servant de dégagement pour aller d'une pièce à l'autre, d'un lieu à l'autre. ⇒ **corridor, galerie, passage.** « *Un couloir central desservait un certain nombre de bureaux* » (Vian). *Les couloirs du métro.* ♦ *Les couloirs d'une assemblée politique. Bruits de couloir :* informations officieuses dont on ignore la source. ⇒ **rumeur.** ♦ *Couloir d'un wagon de chemin de fer. Les couloirs d'un navire.* ⇒ **coursive. 2** Passage étroit ; dépression allongée. ⇒ **détroit, goulet.** *Le couloir rhodanien.* ➙ Ravin à flanc de montagne. *Couloir d'avalanche.* **3** Zone étroite et allongée servant de passage à certains véhicules. *Couloir aérien :* itinéraire qu'un avion est obligé de suivre. *Couloir d'autobus.* ♦ *Couloir humanitaire :* passage ménagé pour acheminer les secours aux civils dans un pays en guerre. **4** Une des deux bandes situées de part et d'autre du rectangle formant la partie médiane d'un court de tennis. ➙ Bande longitudinale d'une piste d'athlétisme, réservée à un seul coureur.

coulomb [kulɔ̃] n. m. – XIXe ; n. pr. ▪ Unité de mesure de quantité d'électricité et de charge électrique égale à la quantité d'électricité transportée en une seconde par un courant de un ampère (symb. C).

coulommiers n. m. – 1911 ; nom de ville ▪ Fromage de lait de vache à pâte molle et à croûte fleurie, fabriqué dans la Brie.

coulpe n. f. – IXe ; lat. *culpa* « faute » ▪ *BATTRE SA COULPE :* témoigner son repentir ; s'avouer coupable.

coulure n. f. – XIIIe **1** Mouvement d'un liquide qui s'écoule ; traînée d'une matière molle qui a coulé. *Coulures de bougie.* ➙ Partie du métal en fusion qui coule à travers les joints du moule. **2** Accident qui empêche la fécondation de la fleur.

coumarine n. f. – XIXe ; de *coumarou,* nom d'arbre ; mot de la Guyane ▪ Substance odorante extraite de la fève tonka*.

country [kuntʀi] n. f. ou m. inv. – 1972 ; mot angl. « campagne » ▪ Musique américaine populaire dérivée du folklore blanc du sud-ouest des États-Unis. ⇒ **folk.** ➙ adj. inv. *Des guitaristes country.*

coup [ku] n. m. – XIe ; gr. *kolaphos* **I - 1** Mouvement par lequel un corps vient en heurter un autre ; impression produite par ce qui heurte. ⇒ **choc, ébranlement, heurt, tamponnement.** *Coup sec, violent. Donner un coup de poing sur la table, un coup de coude à qqn.* **2** Choc brutal que l'on fait subir (à qqn) pour faire mal. *Donner un coup, des coups. En venir aux coups ; se donner, échanger des coups :* se battre. *Rouer qqn de coups. Une avalanche de coups.* « *Il avait été arrêté, bourré de coups* » (Mart. du G.). *Il a été condamné pour coups et blessures.* ⇒ **sévices.** ➙ *Coup de poing, de pied, de genou,* donné avec le poing, le pied, le genou. *Coup de bâton, de fouet.* ➙ loc. *Coup bas,* donné plus bas que la ceinture ; procédé déloyal. ♦ *Coup de bec, de corne, de griffe, de patte, de sabot.* « *D'un coup de queue, une ablette court flairer une brindille de bois* » (Renard). ♦ Geste par lequel on tente de blesser l'adversaire à l'arme blanche. *Coup de couteau.* **3** Décharge d'une arme à feu ; ses effets. *Coup de feu.* ⇒ **décharge, détonation.** *Coups de canon, de fusil.* ⇒ **canonnade, fusillade, salve, tir.** *Le coup est parti. Revolver à six coups.* « *Le coup passa si près que le chapeau tomba* » (Hugo). ➙ *Coup double :* coup qui tue deux pièces de gibier. ⇒ **doublé.** loc. *Faire coup double :* obtenir un double résultat par un seul effort. **4** Acte, action qui frappe qqn. ⇒ **attaque, atteinte ; blessure.** *La nouvelle m'a fait un coup au cœur.* littér. « *À l'honneur de tous deux il porte un coup mortel* » (Corn.). ➙ loc. fam. *TENIR LE COUP :* résister à la fatigue, à des attaques, à des soucis. *ACCUSER LE COUP :* montrer qu'on est affecté par une attaque de l'adversaire. *EN PRENDRE UN COUP :* être atteint au moral ou au physique. ➙ *Coup du destin, du sort. Coup de Trafalgar :* accident désastreux. fam. *COUP DUR :* accident, ennui grave, pénible. ⇒ fam. ① **pépin, tuile.** ➙ *Un sale coup (pour la fanfare).* ♦ *SOUS LE COUP DE :* sous la menace, l'action, l'effet de. *Tomber sous le coup de la loi.* **5** Bruit d'un choc, d'un coup. *Entendre un coup sec. Coups de cymbale. Les douze coups de midi.* **II - 1** Mouvement de telle ou telle partie du corps. *Coup d'aile. Coup de coude, de genou, de reins, de langue.* ♦ *Coup de main, de pouce.* ⇒ ① **aide, appui, secours.** *COUP DE MAIN :* attaque exécutée à l'improviste. **2** Mouvement d'un objet, d'un outil qu'on manie, d'un instrument. *Coup d'archet. Coup de crayon. Coup de bistouri* (du chirurgien). *Coup de hache, de pioche. Coup de marteau, de massue. Coup de frein.* « *à chaque coup d'aviron, le ressac des flots la soulevait par l'avant* » (Flaub.). ➙ *Coup de fil, coup de téléphone.* ➙ *En mettre,* (fam.) *en ficher un coup, un bon coup :* travailler dur. ♦ *Coup de balai, de brosse, de chiffon, d'éponge, de torchon :* nettoyage rapide avec le balai, etc. ➙ *Coup de fer :* repassage rapide. *Donner un coup de peinture :* peindre rapidement. *Se donner un coup de peigne :* se recoiffer rapidement. ♦ *À COUP(S) DE :* à l'aide de. *Il se maintient à coup de médicaments.* ♦ Bref effet sonore. *Coup de sonnette.* **3** Action brusque, soudaine ou violente d'un élément, du temps ; impression qu'elle produit. *Coup de chaleur. Coup de vent :* vent de force 8 (échelle de Beaufort). ➙ *Coup de mer :* grosse vague passant par-dessus le bateau. **4** Le fait de lancer (les dés) ; action d'un joueur (jeux de hasard, puis d'adresse). « *Un coup de dés, jamais, n'abolira le hasard* » (Mallarmé). ➙ *COUP DROIT :* coup qui, au tennis, consiste à frapper la balle avec la face de la raquette, après rebond (opposé à *volée, revers*). ⇒ **drive.** *Réussir un beau coup.* ➙ *Avoir, attraper le coup pour faire qqch.* ⇒ ③ **tour,** ① **truc. 5** Quantité absorbée en une fois. *Inspirer, expirer un grand coup.* fam. *Je te paye un coup, le coup* (de vin). **III - 1** Action subite et hasardeuse. *Coup de chance* (fam. *de bol, de pot*) : hasard heureux. ➙ *Coup de génie. Tenter, risquer le coup. Réussir, manquer son coup.* « *Mes pareils à deux fois ne se font point connaître, Et pour leurs coups d'essai veulent des coups de maître* » (Corn.). *Réussir un beau coup.* ♦ Action jugée malhonnête. *Préparer son coup.* « *On* *voit bien, aujourd'hui, que les Allemands avaient salement manigancé leur coup !* » (Mart. du G.). *C'est lui qui a fait le coup. Faire les quatre cents coups* : faire beaucoup de bêtises, mener une vie de débauche. *Manquer, rater son coup. Il lui a fait le coup de la panne.* ➝ *Coup monté. Un coup de Jarnac,* imprévu mais loyal ; abusivt perfide, déloyal. *Un coup tordu.* ➝ fam. *Être, mettre dans le coup* : participer, faire participer à l'action ; être, mettre au courant. *Il n'est pas dans le coup.* ➝ *Être hors du coup* : ne pas être concerné, ne pas s'intéresser à (qqch.). 2 Action subite et irraisonnée. *Coup de folie, de désespoir.* 3 Fois. *Du premier coup. D'un seul coup, tout d'un coup.* « *Pour le coup, la colère lui donnait le ton de la fermeté* » (Stendh.). *À tous les coups, à tous coups* : chaque fois, à tout propos, toujours. *Du même coup* : par la même action, à la même occasion. ➝ vx ou région. *Encore un coup* : encore une fois. ➝ fam. *Du coup* : par conséquent. 4 Action rapide, faite en une fois. *COUP SUR COUP* : sans interruption, l'un après l'autre, successivement. « *Tant de malheurs qui arrivaient coup sur coup* » (Boss.). ➝ *Régler les problèmes AU COUP PAR COUP,* par des actions ponctuelles. ➝ *SUR LE COUP* : immédiatement. *Il est mort sur le coup.* ➝ *APRÈS COUP* : plus tard. « *Quelques mots auxquels je n'ai réfléchi qu'après coup* » (Rouss.). ➝ *À COUP SÛR* : sûrement, infailliblement. ➝ *TOUT D'UN COUP ; TOUT À COUP* : brusquement, soudain. « *Tout à coup ses traits s'animèrent ; ce fut un éclairement subit* » (Gide). ✪ HOM. Cou, coût.

> ❑ Dans l'usage général, le complément déterminatif de *coup* reste au singulier : on écrit *des coups de griffe, des coups de balai, des coups de fusil.* ♦ Ne pas confondre *coup de pied* et *cou-de-pied.*

coupable adj. et n. – XIIe ; lat. *culpa* « faute » 1 Qui a commis une faute, une infraction. ⇒ **fautif.** « *J'avoue être coupable de tout ce dont on m'incrimine* » (Aragon). *Être coupable d'un crime. L'accusé est reconnu, déclaré coupable. Plaider coupable* : reconnaître la culpabilité de l'accusé. ♦ Responsable d'une mauvaise situation. *Être coupable envers qqn, coupable de. Il n'y est pour rien, je suis seul coupable. Se sentir coupable.* 2 (actions ; pensées) Condamnable. ⇒ **blâmable, délictueux, fautif, punissable, répréhensible.** *Desseins, pensées coupables.* ⇒ **honteux, inavouable, indigne, infâme, mauvais.** *Un amour coupable.* ⇒ **illégitime, illicite.** 3 n. Personne qui est coupable (1°). *Rechercher les coupables.* « *Il vaut mieux hasarder de sauver un coupable que de condamner un innocent* » (Volt.). ✪ CONTR. Innocent.

coupage n. m. – XIVe ■ Action de mélanger des liquides différents. *Vins de coupage.*

coupailler v. tr. 1 – XIXe ■ Couper maladroitement, irrégulièrement.

coupant, ante adj. – XVIe 1 Qui coupe. ⇒ **aigu, tranchant.** *Lame coupante. Herbe coupante.* ➝ *Plan coupant.* ⇒ **sécant.** 2 Autoritaire. *Ton coupant.* ⇒ ① **bref, cassant, incisif, tranchant.** ✪ CONTR. Contondant.

coup-de-poing [kud(ə)pwɛ̃] n. m. – XVIIIe 1 Arme de main, masse métallique percée pour le passage des doigts. *Coup-de-poing américain.* ♦ *Opération coup-de-poing* : opération de police soudaine et inattendue. 2 Silex taillé pour servir d'arme. ⇒ **biface.** *Des coups-de-poing.*

① **coupe** n. f. – XIIe ; lat. *cup(p)a* « barrique » 1 Récipient à boire plus large que profond, reposant sur un pied. *Coupe de cristal. Coupes à champagne.* ➝ Son contenu. « *Elle reprit la coupe de champagne et la vida d'un trait* » (Sartre). ➝ loc. *Il y a loin de la coupe aux lèvres,* d'un plaisir projeté à sa réalisation. *La coupe est pleine,* je ne supporterai rien de plus. 2 Récipient sur pied, large et peu profond. ⇒ **coupelle, jatte.** *Une coupe à glace.* ➝ Grand récipient de même forme pour présenter les fruits. « *Il y avait sur le buffet, dans une coupe, de magnifiques raisins* » (France). 3 Prix qui récompense le vainqueur d'une compétition sportive, d'un championnat. *Remporter la coupe.* ➝ La compétition elle-même. *La coupe Davis* (tennis). *Coupe de France de football.*

② **coupe** n. f. – XIIIe 1 Action de couper, de tailler. ♦ loc. adv. *À LA COUPE. Fromage à la coupe,* coupé à la demande du client. ♦ Opération par laquelle un outil tranchant enlève des morceaux d'une pièce à usiner. *Angle de coupe.* ♦ Action d'abattre des arbres, dans une forêt. Étendue de forêt à abattre. ➝ *COUPE SOMBRE* : coupe partielle d'arbres. fig. (contresens pour *coupe claire*) Suppression importante. *On a fait une coupe sombre dans le personnel de l'entreprise.* ➝ *COUPE CLAIRE* : coupe sévère qui donne de la lumière aux jeunes arbres. fig. Suppression encore plus importante que la coupe sombre. ➝ *COUPE RÉGLÉE* : abattage périodique d'une portion de bois déterminée. fig. *Mettre en coupe réglée* : imposer indûment des prélèvements périodiques, des sacrifices onéreux. ♦ Manière dont on taille l'étoffe, le cuir, pour en assembler les pièces. ➝ « *Elle aimait les vêtements de coupe sobre, strictement pratiques* » (Mart. du G.). ♦ *Coupe (de cheveux).* ⇒ **taille.** *Une coupe et un shampoing.* 2 Ce qui est coupé. *Vendre une coupe de bois. Coupe de tissu.* ⇒ **coupon.** 3 Endroit où une chose a été coupée. *La coupe d'un tronc d'arbre scié.* ♦ Représentation graphique, dessin (d'un objet qu'on suppose coupé par un plan). *Coupe d'un navire. Coupe verticale d'une maison.* ➝ *Plan en coupe.* 4 Distribution des pauses dans la phrase. *La coupe d'un vers.* ⇒ **césure.** ➝ *Coupe d'un mot en fin de ligne.* 5 Division d'un jeu de cartes en deux paquets. ♦ loc. fig. *Être SOUS LA COUPE de qqn* : jouer après le joueur qui a coupé ; fig. être dans la dépendance de qqn. *Tomber sous la coupe de qqn.* 6 Absence de carte dans une des couleurs, permettant de couper. *Avoir une coupe à cœur.*

① **coupé** n. m. – XVIIe ■ Automobile à deux portes et qui ressemble à une voiture de sport. « *un beau coupé surbaissé aux longues lignes raides* » (Maurois).

> ❑ Le mot a désigné un carrosse à deux places *(carrosse coupé)* puis un compartiment de chemin de fer à une banquette avant de prendre son sens actuel du début du XXe s

② **coupé, ée** adj. 1 Tranché, sectionné. ➝ *Animal coupé,* châtré. 2 Qui a telle coupe (vêtement). 3 Divisé, interrompu. *Mot mal coupé. Route coupée.* ⇒ **barré.** 4 *Balle coupée,* frappée de façon à dévier son rebond. 5 Mêlé d'un autre liquide. *Lait coupé* (d'eau).

coupe-chou n. m. – XIVe ■ fam. Sabre court. *Des coupe-choux.*

> ❑ Ce mot apparaît dans *frère coupechou,* moine travaillant au potager.

coupe-cigare n. m. – XIXe ■ Instrument pour couper les bouts des cigares, avant de les fumer. *Des coupe-cigares.*

> ❑ On écrit aussi *un coupe-cigares.*

coupe-circuit n. m. – XIXe ■ Appareil qui interrompt un circuit électrique notamment en cas de court-circuit. ⇒ **plomb.** *Des coupe-circuits.*

coupe-coupe n. m. inv. – 1912 ■ Sabre pour ouvrir une voie dans la forêt vierge. ⇒ **machette.** *Des coupe-coupe.*

coupée n. f. – XVIIIe ▪ Ouverture dans la muraille d'un navire, qui permet l'entrée ou la sortie du bord. *Échelle de coupée.*

coupe-faim n. m. – d. i. ▪ Anorexigène. *Prendre des coupe-faim* (ou *des coupe-faims*).

coupe-feu n. m. – XIXe ▪ Espace déboisé ou obstacle artificiel destiné à interrompre la propagation des incendies. *Des coupe-feux* ou *des coupe-feu.* ⇒ **pare-feu.** ➛ *Des portes coupe-feu.*

coupe-file n. m. – XIXe ▪ Carte officielle de passage, de priorité. *Des coupe-files.*

coupe-gorge n. m. – XIIIe ▪ Lieu, passage dangereux, fréquenté par des malfaiteurs. *Cette impasse est un vrai coupe-gorge.* « *le malaise du voyageur qui s'aperçoit qu'il est dans un coupe-gorge* » (L. Michel). *Des coupe-gorges* ou *des coupe-gorge.*

coupellation n. f. – XVIIIe ▪ Opération par laquelle on isole, par oxydation, l'or, l'argent contenu dans un alliage au moyen de la coupelle.

coupelle n. f. – XVe 1 Petite coupe. 2 Creuset utilisé pour la coupellation. *Or, argent de coupelle,* épuré à la coupelle.

coupe-ongle n. m. – 1929 ▪ Pince pour couper les ongles. *Des coupe-ongles.*

coupe-papier n. m. inv. – XIXe ▪ Instrument (lame de bois, de corne, de métal) servant à couper le papier à sa pliure. « *des livres traversés par des coupe-papier* » (Huysm.).

couper v. [1] – XIe ; de *coup* « diviser d'un coup » **I** v. tr. **1** Diviser (un corps solide) avec un instrument tranchant. *Couper qqch. avec un couteau, des ciseaux. Couper du bois.* ⇒ **fendre, scier.** « *je coupe les ficelles* [...] *au lieu de dénouer les nœuds* » (Colette). loc. *Brouillard à couper au couteau,* très dense. ➛ *Couper la gorge, le cou à qqn.* ⇒ **trancher.** ➛ COUPER EN... Diviser en (morceaux de telle forme). *Couper qqch. en morceaux, en tranches. Saucisson coupé en rondelles.* ➛ Diviser en (fractions, parts). *Couper un gâteau en six. Couper un fruit en deux.* ♦ Diviser, débiter en morceaux. *Couper du bois pour l'hiver.* **2** Prendre, former (un morceau) en séparant avec un instrument tranchant. *Couper un morceau de pain, une tranche de viande.* ♦ Préparer (un vêtement, etc.) en taillant le tissu, le cuir. *Couper une robe.* ⇒ **tailler.** *Jupe coupée en biais.* **3** Enlever (qqch. qui tient à un ensemble) avec un instrument tranchant. *Couper un arbre* **(⇒ abattre),** *les branches* **(⇒ ébrancher, tailler).** *Couper de l'herbe.* ♦ *Couper un membre à qqn.* ⇒ **amputer.** « *On entendait, dans la basse-cour, crier les volailles que la servante poursuivait pour leur couper le cou* » (Flaub.). *Couper la tête à, de qqn.* ⇒ **décapiter, guillotiner.** loc. fig. *En donner sa main, sa tête à couper :* en être sûr. ➛ *Couper un chat,* le châtrer. ♦ loc. fig. *Couper dans le vif :* prendre des mesures énergiques pour régler une affaire. ♦ Tailler. *Se couper les ongles. Couper les cheveux* (de, à qqn). ⇒ ② **coupe.** *Couper ras.* ⇒ **raser, tondre. 4** Blesser, faire une entaille. *Elle s'est coupé le doigt :* elle s'est fait une coupure au doigt. **5** Diviser en plusieurs parties. ⇒ **partager, scinder.** *Couper une pièce par une cloison. Couper un mot pour passer à la ligne.* ➛ loc. *Couper un virage,* en roulant près du bord intérieur. ♦ Séparer, isoler. *Couper qqn de ses amis.* ➛ *Être coupé de la réalité.* **6** Passer au milieu, au travers de (qqch.). *Leur rue* « *coupait à angle droit les deux rues artérielles* » (Hugo). ⇒ **croiser.** *Couper à travers champs :* passer par le plus court chemin. **7** Enlever (une partie d'un texte). « *Tu trouveras des points de suspension çà et là. J'ai coupé quelques redondances* » (Romains). **8** Interrompre (une action, un discours). *Publicités qui coupent un film.* ➛ *Couper une communication téléphonique.* ⇒ **interrompre.** *Ne coupez pas !* ➛ « *vous êtes trop vif ; vous avez la mauvaise habitude de couper la parole aux gens* » (Lesage). fam. *Ça te la coupe !* ça t'étonne. *Couper l'appétit.* ➛ *Couper la fièvre,* la faire tomber. **9** Arrêter, barrer. *Couper le chemin à qqn,* passer devant lui. *Toutes les routes sont coupées.* ♦ fig. *Couper les vivres à qqn,* ne plus lui donner de subsides. **10** Interrompre le passage de. *Couper l'eau, l'électricité ; le courant. Couper le contact. Couper le son. Coupez !* arrêtez la prise de vues, la prise de son. **11** Mélanger à un autre liquide. ⇒ **coupage.** *Couper son vin,* l'additionner d'eau. ⇒ **mouiller.** « *de grands verres de whisky, coupé de cognac* » (Duham.). **12** *Couper une balle* (tennis, tennis de table), lui donner un effet ralentissant sa course et déviant son rebond. **13** *Couper un jeu de cartes,* le diviser en deux paquets. ➛ Prendre avec l'atout quand une autre couleur est demandée. **14** fam. COUPER À. ⇒ **éviter.** *Couper à une corvée,* y échapper. *Il n'y coupera pas.* « *Je n'y couperai pas d'une pleurésie* » (Bernanos). **II** v. intr. Être coupant, tranchant. *Ce couteau coupe mal.* **III** v. pron. **1** (réfl.) Se blesser avec un instrument tranchant. ⇒ s'**entailler.** *Se couper en se rasant.* fig. *Se couper en quatre pour qqn,* lui être entièrement dévoué. **2** (pass.) Être coupé. *Cette viande se coupe facilement.* ♦ SE COUPER DE (qqn) : perdre le contact avec (qqn). *Il s'est coupé de ses amis.* **3** Être sécant, s'entrecroiser. *Ces deux routes se coupent avant le village.* **4** Se contredire par inadvertance après avoir menti, laisser échapper ce qu'on voulait cacher. ⇒ se **trahir.** « *en mentant prudemment, avec la crainte de se couper* » (Drieu La Roch.). ✪ CONTR. Réunir. Rapprocher, unir.

coupe-racine n. m. – XIXe ▪ Instrument servant à trancher les racines. ⇒ **rhizotome.** *Des coupe-racines.*

couperet n. m. – XIVe **1** Couteau à large lame pour trancher ou hacher la viande. ⇒ **hachoir. 2** Couteau de la guillotine.

couperose n. f. – XIIIe ; p.-ê. lat. *cupri rosa* « rose de cuivre » ▪ Inflammation chronique des glandes cutanées de la face, caractérisée par des rougeurs dues à la dilatation des vaisseaux. « *des pommettes vermiculées de couperose* » (Mart. du G.).

❑ Ce terme de chimie ancienne associé à un adjectif de couleur *(couperose blanche, bleue, verte)* désignait différents sulfates, respectivement de zinc, de cuivre, de fer. Par confusion avec *rose* (couleur), le mot s'est spécialisé en médecine au XVIe siècle.

couperosé, ée adj. – XVe ▪ Atteint de couperose. *Il annonçait* « *une vie de débauches continuelles par un teint couperosé, par des traits grossis et comme vineux* » (Balz.).

coupeur, euse n. – XIIIe **1** Personne dont la profession est de couper les vêtements. ⇒ **tailleur.** ➛ Ouvrier découpant les tôles à la cisaille. ♦ Personne qui coupe les grappes pendant la vendange. **2** *Coupeur de :* personne qui coupe (telle chose).

coupe-vent n. m. – XIXe ▪ Vêtement dont le tissu s'oppose au passage de l'air. *Des coupe-vent* (ou *des coupe-vents*) *en nylon.*

couplage n. m. – XVIIIe ▪ Fait de coupler ; son résultat. ♦ Assemblage (de pièces mécaniques, d'éléments électriques) permettant leur fonctionnement simultané. ✪ CONTR. Découplage.

couple n. m. et f. – XIIe ; lat. *copula* « lien, liaison » **I** n. f. **1** Lien servant à attacher ensemble deux ou plusieurs animaux de même espèce. **2** vx ou région. Deux choses de même espèce. *Une couple d'heures.* **II** n. m. **1** Un homme et une femme réunis. *Former un beau couple.* « *une polka emportait des couples* » (Zola). ➛ Un homme et une femme vivant ensemble, mariés ou non. *Un jeune couple. Couple sans enfant.* ➛ Deux personnes du même sexe vivant ensemble et unies par des liens affectifs, physiques. *Vivre en couple.* ➙ Deux personnes réunies. « *en voyant ce couple si beau, l'homme et l'enfant* » (Sand). ➙ Groupe de deux animaux de même espèce. 2 région. *Un couple d'heures :* deux heures. 3 Chacun des éléments de la charpente d'un navire, allant de la quille aux barrots de pont. 4 Ensemble de deux forces parallèles égales et opposées appliquées en deux points d'un solide. *Couple moteur :* moment du couple produisant la rotation de l'arbre d'un moteur. ♦ *Couple conique :* accouplement réducteur à pignon et couronne coniques qui transmet le couple moteur aux roues.

couplé n. m. – 1949 ▪ Mode de pari où l'on parie sur deux chevaux.

coupler v. tr. [1] – XIIe 1 Attacher avec une couple. ➙ *Chiens couplés.* 2 Assembler deux à deux. ⇒ **accoupler.** *Coupler des roues de wagon. Coupler deux péniches.* ➙ *Bielles couplées.* 3 Relier entre eux (des circuits électriques). ⇒ **connecter.** ➙ *Circuits couplés,* reliés par induction.

couplet n. m. – XIVe ; de *couple* 1 Chacune des parties d'une chanson comprenant généralement un même nombre de vers, et séparées par le refrain. ⇒ **stance, strophe.** 2 Propos répété, ressassé. ⇒ **refrain.** *Il nous a ressorti son couplet sur l'éducation des enfants.*

coupleur n. m. – XIXe ▪ Dispositif de couplage. *Coupleur hydraulique, magnétique.*

coupoir n. m. – XVIIe ▪ Outil servant à couper des corps durs.

coupole n. f. – XVIIe ; lat. *cupula* « petite cuve » ▪ Voûte hémisphérique d'un dôme. *La coupole de Saint-Pierre de Rome. La coupole (de l'Institut) :* l'Institut de France. *Être reçu sous la Coupole,* à l'Académie française.

coupon n. m. – XIIIe ; de *couper* 1 Fin d'une pièce d'étoffe. *Coupons en solde.* ➙ Pièce d'étoffe roulée. 2 Feuillet que l'on détache d'un titre financier et donnant droit à paiement. *Coupon de rente, d'action.* « *les coupons des rentiers se volatilisent* » (Romains). 3 Carte correspondant à l'acquittement d'un droit. *Coupon d'une carte de transport.* ⇒ **ticket.** 4 *COUPON-RÉPONSE :* partie d'une annonce que l'on remplit et que l'on envoie à l'annonceur (⇒ **couponnage**). *Des coupons-réponse.*

couponnage n. m. – XXe ▪ Promotion d'un produit ou d'un service grâce à l'utilisation de coupons-réponse.

❑ On emploie aussi *couponing* et *couponning,* mots critiqués.

coupure n. f. – XIIIe 1 Blessure faite par un instrument tranchant. *Coupure au doigt, au visage.* ⇒ **balafre, entaille, estafilade.** *Se faire une coupure.* ◊ se couper. 2 Séparation nette, brutale. ⇒ **cassure, fossé, rupture.** « *la coupure entre partis de droite et partis de gauche, hommes de droite et hommes de gauche* » (Alain). 3 Suppression d'une partie d'un ouvrage, d'une pièce de théâtre, d'un film. ⇒ **suppression ; censure.** « *il ajusterait nos rôles, ferait les coupures et les additions nécessaires* » (Gaut.). 4 *Coupures de journaux, de presse :* articles découpés (⇒ **press-book**). 5 Billet de banque. *Payer en petites coupures.* 6 Interruption (du courant électrique, du gaz, de l'eau). ➙ *Coupure publicitaire :* interruption d'une émission de télévision, de radio, par des publicités. ⇒ **saucissonnage.** ➙ fam. *La coupure du déjeuner.* ⇒ **pause.** ✪ CONTR. Addition. Unité. Continuité.

couque n. f. – XVIIIe ; néerl. *koek* ▪ (Nord, Belgique) Pain d'épice.

cour n. f. – X^e ; lat. *cohors* « cour de ferme » **I** Espace découvert, clos de murs ou de bâtiments et dépendant d'une habitation. *Au fond de la cour.* « *un petit marchand de vin, au fond d'une cour pleine d'ombre* » (Mac Orlan). *Appartement sur rue et cour.* ➙ *Cour d'une école, cour de récréation.* loc. *Jouer, passer dans la cour des grands,* pour indiquer l'accession à un niveau supérieur. ♦ *Cour de ferme.* ⇒ aussi **basse-cour.** ♦ Autrefois, Rue en cul de sac. *La cour des Miracles,* quartier des truands. ♦ (Belgique) Toilettes (souvent situées au fond de la cour). **II** - 1 Résidence du souverain et de son entourage. *Aller, vivre à la cour.* 2 L'entourage du souverain. *Gens de cour.* ⇒ **courtisan.** *Toute la cour assistait à la cérémonie.* 3 Le souverain et ses ministres. ➙ loc. *Être bien EN COUR :* avoir la faveur du roi ; être bien introduit auprès d'une personne influente. ♦ Le gouvernement du souverain. 4 Cercle de personnes empressées autour d'une autre en vue d'obtenir ses faveurs. « *Une petite cour de fidèles l'entourait et ponctuait ses phrases de rires enchantés* » (Tournier). ♦ loc. *FAIRE LA COUR à qqn,* chercher à obtenir ses faveurs. ⇒ **courtiser.** ➙ *Faire la cour à une femme,* se montrer assidu, auprès d'elle pour lui plaire. « *Bouvard faisait assidûment la cour à Mme Bordin* » (Flaub.). **III** - 1 Assemblée des vassaux du roi. ⇒ **conseil** (du roi), **parlement.** 2 Tribunal. *Avocat à la Cour. Messieurs, la Cour !* annonce de l'entrée des magistrats dans l'enceinte du tribunal. ♦ *COUR D'APPEL :* juridiction chargée de juger les appels. ♦ *COUR DES COMPTES :* corps administratif chargé de contrôler l'observation des règles de la comptabilité publique dans l'exécution des budgets. *Conseiller à la Cour des comptes.* ♦ *La Haute Cour de justice* ou *HAUTE COUR :* tribunal chargé de juger le président de la République et les ministres en cas de faute très grave. ♦ *La Cour internationale de justice.* ✪ HOM. Courre, cours, court.

courage n. m. – XIe ; de *cœur* 1 vx Force morale ; dispositions du cœur. « *Détrompez son erreur, fléchissez son courage* » (Rac.). 2 Ardeur, énergie dans une entreprise. *Je n'ai pas le courage d'y aller. Entreprendre qqch. avec courage. S'armer de courage.* ➙ *Perdre courage.* ⇒ se **décourager.** 3 Fermeté devant le danger, la souffrance physique ou morale. ⇒ **bravoure, cran.** *Se battre avec courage.* ⇒ **héroïsme, vaillance.** *Faire preuve de courage.* « *Avec le courage du désespoir* » (Mart. du G.). ♦ loc. *Prendre son courage à deux mains :* se décider malgré la difficulté, la peur, la timidité. ➙ *Bon courage !* formule d'encouragement. 4 *Le courage de faire qqch. :* la volonté plus ou moins cruelle. « *Comment mon corps [...] a-t-il la force, le courage d'exister ?* » (Le Clézio). ✪ CONTR. Faiblesse, lâcheté.

❑ *Courage* a été synonyme de *cœur* dans tous ses emplois figurés jusqu'au XVIIe s. (de même que *herbage* et *ombrage* étaient préférés à *herbe* et *ombre*).

courageusement adv. – XIIIe ▪ D'une manière courageuse. *Il l'a défendu courageusement.* ⇒ **bravement.** ✪ CONTR. Lâchement.

courageux, euse adj. – XIIe 1 Qui a du courage ; qui agit malgré le danger ou la peur. ⇒ **brave, vaillant ; audacieux, héroïque, téméraire.** « *Vous avez été courageux jusqu'ici, il ne faut pas flancher* » (Dorgelès). ♦ Qui a de l'énergie. *Je ne me sens pas très courageuse ce matin.* 2 Qui nécessite du courage. *Une prise de position courageuse.* ✪ CONTR. Faible, lâche, peureux. Craintif.

couramment adv. – XIIe 1 Sans difficulté, avec aisance, naturel. *Parler couramment une langue étrangère.* « *Il lit et écrit couramment* » (Romains). 2 D'une façon habituelle, ordinaire. ⇒ **communément, habituellement, ordinairement.** *Cette expression s'emploie couramment.* ✪ CONTR. Difficilement, ② mal. Rarement.

① **courant, ante** adj. – XIIe 1 Qui court. ♦ *Eau courante.* ⇒ ② **courant.** ➙ Eau distribuée par tuyaux.

Chambre avec l'eau courante. ♦ *MAIN COURANTE :* rampe parallèle à celle de l'escalier, et fixée au mur. ➸ Registre sur lequel on inscrit rapidement et au fur et à mesure des opérations commerciales, des faits, des événements. 2 Qui est présent, qui s'écoule au moment où l'on parle. ⇒ **actuel.** *L'année courante :* l'année en cours. *Le dix courant :* le dix de ce mois. ♦ *Les affaires courantes* (opposé à *affaires extraordinaires*). *Expédier les affaires courantes.* 3 Qui a cours d'une manière habituelle. ⇒ **commun, habituel, ordinaire, usuel.** *Le langage courant. Un mot très courant. C'est une réaction courante en pareil cas.* ⇒ **classique.** ♦ subst. *Le courant :* le quotidien. 4 *COMPTE COURANT :* compte ouvert entre deux personnes physiques ou morales qui conviennent de transformer leurs créances et leurs dettes réciproques en articles de débit et de crédit dont le solde sera seul exigible. *Compte courant bancaire,* entre un client et sa banque. *Compte courant postal (C. C. P.).* 5 (opposé à *constant*) *Prix courant,* constaté à la date considérée. ✪ CONTR. Dormant, stagnant. Extraordinaire, inhabituel, rare.

② **courant** n. m. – XIIIe 1 Mouvement de l'eau, d'un liquide. *Le courant de l'eau.* ⇒ **fil ; cours.** *Un courant rapide, impétueux. Il y a trop de courant. Être entraîné par le courant. Remonter le courant. Nager contre le courant.* ⇒ **contre-courant.** loc. fig. *Remonter le courant :* réagir contre une difficulté, s'en sortir. ♦ *Les courants marins, sous-marins. Le Gulf Stream « dévie sous la poussée du courant froid du détroit de Davis »* (J. Verne). 2 *COURANT D'AIR. « j'ai horreur des courants d'air. Vous n'auriez pas un paravent ? »* (St-Exup.). ➸ *Courants atmosphériques* (de conduction, de convection, etc.). *Courants ascendants.* 3 *COURANT (électrique) :* déplacement d'électricité dans un conducteur. *Courant continu, alternatif. Fréquence, intensité d'un courant.* ⇒ **ampérage.** *Courant de basse, haute tension. Couper, rétablir le courant. Coupure, panne de courant.* ➸ loc. fam. *Le courant passe :* une entente s'établit (entre deux ou plusieurs personnes). 4 Déplacement orienté. *Courant de populations* (émigration, immigration). ➸ Mouvement entraînant les sentiments, l'opinion. *Un courant d'idées. Parti politique divisé en plusieurs courants.* ⇒ **tendance.** *Se sentir porté par un courant de sympathie.* 5 Cours de (une durée). *Le courant de la semaine. Il a écrit dans le courant du mois.* ➸ *Il viendra courant mai,* au cours du mois de mai. ⇒ ③ **pendant.** 6 *AU COURANT :* informé. *Mettre qqn au courant de qqch.* ⇒ **avertir,** fam. **briefer, renseigner** (sur). *« Et comme ils étaient pas tous au courant, ceux qu'étaient déjà au courant mirent au courant ceux qu'étaient pas encore au courant »* (Perec). *Se tenir au courant.*

courante n. f. – XIVe 1 pop. Diarrhée. 2 Danse française sur un air à trois temps. ♦ Cet air utilisé dans la suite instrumentale au XVIIIe s. *Courantes de Bach.*

courbaril [kuʀbaʀil] n. m. – XVIIe ; mot des Caraïbes ; o. i. ▪ Arbre des régions tropicales *(césalpiniacées)* dont le bois est utilisé en ébénisterie et la résine pour la fabrication des vernis.

courbatu, ue adj. – XIIIe ; de *court* et *battu* ▪ Qui ressent une lassitude extrême dans tout le corps. ⇒ **moulu.**

❑ On écrirait mieux °*courbattu,* comme *battu.*

courbature n. f. – XVIe ▪ Sensation de fatigue douloureuse due à un effort musculaire prolongé ou à un état fébrile. *« une espèce de courbature, fruit de la fatigue et du voyage »* (Rouss.).

❑ On écrirait mieux °*courbatture.* → courbatu (rem.).

courbaturer v. tr. 1 – XIXe ▪ Donner une courbature à. *La gymnastique l'a courbaturé.* ➸ *« il s'était senti chaque fois si courbaturé, le corps si brûlant qu'il avait cru être malade »* (Simenon). ✪ CONTR. Délasser, détendre, ① reposer.

❑ On écrirait mieux °*courbatturer.* → courbatu (rem.).

courbe adj. et n. f. – XIIIe ; lat. *curvus* 1 adj. Qui change de direction sans former d'angles ; qui n'est pas droit. ⇒ **arrondi, cintré, courbé, recourbé, rond, sinueux ; curv(i)-.** *Ligne, surface courbe. Formé de lignes courbes.* ⇒ **curviligne.** 2 n. f. Ligne courbe. *La courbe des sourcils. « la légère courbe du mollet aminci jusqu'aux chevilles »* (Maupass.). *La route fait une courbe.* ⇒ ② **tournant, virage.** ♦ sc. Ligne de forme quelconque (ne comportant aucun segment de droite). *Équation d'une courbe.* ♦ Ligne représentant la loi, l'évolution d'un phénomène (⇒ **graphique ; -gramme).** *Courbe de température. Courbe des salaires, des prix.* ✪ CONTR. ① Droit, rectiligne. Droite.

courbé, ée adj. ▪ Rendu ou devenu courbe. *Un vieillard courbé.* ⇒ **cassé.** *« il est penché en avant, le dos courbé, dans un équilibre qui paraît précaire »* (Robbe-Grillet).

courbement n. m. – XVe ▪ rare Action de courber ; fait de se courber.

courber v. tr. 1 – XIIe 1 Rendre courbe (ce qui est droit). ⇒ **arquer, arrondir, cintrer, plier.** *Courber une branche.* 2 Pencher en abaissant. *La vieillesse l'a courbé. Courber la tête sur un livre.* ⇒ **incliner.** *« les moines courbaient le front sur leurs livres »* (Huysm.). ➸ fig. *Courber la tête, le front,* en signe de soumission. 3 intrans. Devenir courbe. ⇒ **ployer.** *Courber sous le poids, le faix.* 4 *SE COURBER* v. pron. Être, devenir courbe. ➸ *La branche se courbe sous le poids de la neige.* ➸ Se baisser. *« je me fais humblement petite, je me courbe à la manière des pauvres femelles de toutes les espèces »* (Balz.). ➸ *Se courber pour saluer* ⇒ s'**incliner.** ➸ fig. et littér. Se soumettre. ✪ CONTR. Dresser, raidir, redresser. Relever (se).

courbette n. f. – XVIe 1 Figure dans laquelle le cheval lève et fléchit les deux membres antérieurs. 2 Action de s'incliner exagérément, avec une politesse obséquieuse. *« vanité, bassesse, aptitude aux courbettes courtisanesque besoin de s'avilir »* (Daud.). ➸ loc. *Faire des courbettes à, devant qqn :* donner des marques serviles de déférence, de soumission.

courbure n. f. – XVe 1 Forme de ce qui est courbe. *Courbure d'une ligne, d'une surface.* ⇒ **arrondi, cintrage, galbe.** *Courbure rentrante* (⇒ **concavité),** *sortante* (⇒ **convexité).** *Courbure en S.* ⇒ **méandre, sinuosité.** *« la courbure de la terre, qui seule empêchait de voir au-delà »* (Loti). ♦ *Courbure d'un rayon lumineux :* déviation de la lumière dans un champ de gravitation. 2 Partie, chose courbe. *La courbure des reins.* ✪ CONTR. Raideur.

courcaillet n. m. – XVe ; de *courcailler* → carcailler 1 Cri de la caille. 2 Appeau imitant ce cri.

courée n. f. – XIXe ▪ région. (Nord, Flandres) Petite cour commune à plusieurs immeubles dans les quartiers pauvres.

courette n. f. – XVIIIe ▪ Petite cour.

coureur, euse n. – XIIe 1 Personne, animal qui court. *Un coureur rapide, infatigable.* ➸ n. m. pl. *COUREURS :* ordre d'oiseaux aux ailes rudimentaires, aux pattes puissantes. ⇒ **autruche, casoar.** ➸ adj. *Les oiseaux coureurs.* 2 Personne qui participe à une course sportive. *Coureur à pied.* ➸ *Coureur cycliste.* 3 Au Canada, *COUREUR DES BOIS :* chasseur et trappeur. ➸ Personne qui fréquente habituellement (un lieu), qui recherche (qqch.). *« Son caractère est vicieux ; c'est un coureur de tripots »* (Muss.). *Coureur de dot.* 4 n. Personne à la recherche de multiples aventures amoureuses. *C'es* un coureur de jupons, de filles. C'est un coureur. ➛ adj. Il est très coureur. ⇒ **cavaleur, volage.**

courge n. f. – XIVe ; lat. *cucurbita* 1 Plante potagère *(cucurbitacées)* cultivée pour ses fruits. ⇒ **citrouille, courgette, potiron.** 2 Le fruit de la courge. *Courge à potages. Courge calebasse.* ⇒ **calebassier, gourde.** 3 fam. Imbécile. ⇒ **gourde.** *Quelle courge !*

courgette n. f. – 1929 ■ Fruit d'une variété de courge, vert et de forme oblongue, consommé cuit comme légume.

courir v. [11] – XIe ; lat. *currere* **I** v. intr. 1 Se déplacer rapidement par une suite d'élans, en reposant alternativement le corps sur l'une puis l'autre jambe. ⇒ **course ; filer, galoper, trotter ;** fam. **cavaler, foncer.** *Courir à toutes jambes, ventre à terre. Courir à perdre haleine. Courir à fond de train.* ➛ *Courir au-devant de qqn. Courir après qqn,* pour le rattraper. ⇒ **poursuivre.** 2 Disputer une épreuve de course. *Courir dans une compétition d'athlétisme.* 3 Aller vite, sans précisément courir. ⇒ se **dépêcher,** se **hâter,** se **presser.** *Ce n'est pas la peine de courir, nous avons le temps.* ♦ Aller rapidement (quelque part) ; atteindre qqch. le plus vite possible. *Les gens courent à ce spectacle* (⇒ **affluer).** *Courir à sa perte, à un échec.* ➛ Se hâter pour aller quelque part. *Ce spectacle fait courir tout Bordeaux.* ➛ fam. COURIR APRÈS qqn, le rechercher avec assiduité. « *elle le voyait courir après toutes les gotons de village* » (Flaub.). ➛ *Courir après les honneurs.* ♦ fam. *Tu peux toujours courir !* se dit pour refuser qqch. 4 Se mouvoir avec rapidité. « *la terre, nue, balafrée, noire, où courent des fumerolles* » (Giono). *L'eau qui court.* ⇒ **couler,** s'**écouler ;** ② **courant.** *Faire courir sa plume sur le papier.* 5 Être répandu, passer de l'un à l'autre. ⇒ **circuler,** se **propager,** se **répandre.** *Le bruit court que... :* on dit que... « *plusieurs versions courent encore à cet égard* » (Sand). ➛ *Il court un bruit sur elle.* 6 Suivre son cours, se passer (temps). *Le mois qui court :* le mois en cours. *Par les temps qui courent :* dans la conjoncture actuelle. ➛ *L'intérêt de cette rente court à partir de tel jour,* sera compté à partir de ce jour. ♦ fam. *Laisser courir :* laisser faire, laisser aller. 7 S'étendre, se prolonger au long de qqch. *Le chemin court le long de la berge.* **II** v. tr. 1 Poursuivre à la course, chercher à attraper. *Courir le cerf.* ⇒ **courre.** 2 Participer à (une épreuve de course). ⇒ **disputer.** ♦ pronom. *Le tiercé se courra à Longchamp.* 3 Rechercher avec ardeur, empressement. *Courir les honneurs.* 4 Aller au devant de, s'exposer à. *Courir un danger,* y être exposé. *C'est un risque à courir.* « *C'était une chance à courir. Sait-on jamais avec les femmes !* » (Tournier). ♦ Parcourir, sillonner. *Courir la ville, les rues.* ➛ loc. fig. *Courir les rues :* être répandu, banal. ♦ Fréquenter assidûment. *Courir les théâtres, les magasins.* ➛ *Courir les filles, le jupon.* ⇒ **coureur.** 7 fam. *Il me court (sur le haricot, sur le système) :* il m'ennuie. « *Il m'court, avec ses boniments* » (Carco).

❑ Attention à l'accord du participe passé : *les cent mètres qu'il a couru* (complément circonstanciel) ; *les dangers qu'il a courus* (objet direct).

courlis n. m. – XIIIe ; o. i., p.-ê. mot expressif ■ Oiseau échassier migrateur *(charadriiformes),* à long bec courbe, qui vit près de l'eau. « *Les tristes courlis, annonciateurs de l'automne* » (Loti). *Courlis cendré :* bécasse de mer.

couronne n. f. – XIIe ; probablt gr. *korônê* « corneille », puis « objet courbe » **I** - 1 Cercle (de fleurs, de feuillages), qu'on met autour de la tête comme parure ou marque d'honneur. *Tresser des couronnes au vainqueur.* ♦ Dans l'Antiquité romaine, Signe de mérite militaire ou civique. ♦ fig. et littér. Récompense, signe d'honneur. 2 Cercle de métal qu'on met autour de la tête comme insigne d'autorité, de dignité, de noblesse. ⇒ **diadème.** *Couronne de prince, de roi. La triple couronne :* la tiare du pape. ⇒ **trirègne.** ♦ *Couronne héraldique :* ornement extérieur de l'écu. ♦ *La couronne d'épines,* que l'on mit par dérision à Jésus-Christ qui s'était appelé roi des Juifs. 3 La puissance, la dignité royale, impériale. *Donner la couronne à qqn.* ⇒ **couronner.** *Prétendre à la couronne. Héritier de la couronne. Le trésor de la couronne.* ♦ État gouverné par un roi, un empereur. ⇒ **empire, monarchie.** *La couronne d'Angleterre.* 4 *En couronne :* en cercle. *Greffe, taille en couronne.* ➛ *Brioche en couronne.* 5 Objet circulaire ; ensemble de choses disposées en cercle, en anneau. *Couronne funéraire. Ni fleurs ni couronnes,* se dit d'un enterrement très simple. ♦ Pain en forme d'anneau. ♦ Pignons dentés en forme de couronne. *Couronne d'embrayage.* ♦ Réunion des appendices qui surmontent la gorge de la corolle ou du périanthe. *La couronne des narcisses et des jonquilles.* ♦ Partie de la dent qui sort de la gencive. *Base de la couronne.* ⇒ **collet.** ➛ Capsule de métal, de porcelaine dont on entoure une dent. ♦ Zone géographique concentrique. Ensemble des départements de l'Île-de-France, disposés en cercle autour de Paris. 6 Ce qui entoure d'un cercle lumineux. ⇒ **anneau, auréole, halo.** ♦ *Couronne solaire :* atmosphère très chaude et très peu dense qui entoure le Soleil. 7 littér. Ce qui entoure en ornant. *Une couronne de verdure.* **II** Unité monétaire du Danemark, de l'Estonie, de l'Islande, de la Norvège, de la Suède, de la République tchèque et de la Slovaquie.

couronné, ée adj. – Xe 1 Qui porte une couronne. *Les têtes couronnées :* les souverains, souveraines, princes et princesses. ➛ Qui a reçu un prix. *Lauréat, ouvrage couronné* (par un jury). 2 Qui a une plaie circulaire au genou. « *une jument couronnée qu'on parlait d'abattre* » (Simenon).

couronnement n. m. – XIIe 1 Cérémonie au cours de laquelle on couronne un souverain. ⇒ ① **sacre.** 2 Ce qui termine et orne le sommet, le faîte (d'un édifice, d'un meuble). 3 fig. Ce qui achève, rend complet. ⇒ **accomplissement.** « *l'aboutissement d'une philosophie souvent inexprimée, son illustration et son couronnement* » (Camus). ✪ CONTR. Abdication. Début.

couronner v. tr. [1] – Xe 1 Ceindre, coiffer d'une couronne. *Couronner une jeune fille de fleurs.* ➛ Ceindre d'une couronne en signe de distinction honorifique, de récompense. ♦ Décerner un prix, une récompense à (qqn). *Couronner le lauréat.* ➛ *Ouvrage couronné par l'Académie française.* 2 Proclamer (qqn) souverain en ceignant d'une couronne. ⇒ **sacrer.** 3 Orner, entourer (la tête) comme fait une couronne (⇒ **coiffer).** *Un bandeau, un diadème couronnait son front.* ⇒ **ceindre.** 4 littér. Entourer, ceindre comme d'une couronne. ➛ « *une haute falaise couronnée de figuiers sauvages* » (Bosco). 5 littér. Achever en complétant, en rendant parfait. *Son entreprise a été couronnée de succès.* iron. *Et pour couronner le tout, il arrive en retard.* 6 Tailler (un arbre) en couronne. 7 Blesser au genou. pronom. *Il s'est couronné en tombant.* ✪ CONTR. Découronner. Détrôner, renverser. — Commencer.

courre v. tr. – XIIe ; anc. forme de *courir* 1 Poursuivre (une bête) à la chasse. ⇒ **chasser, courir.** « *je prierai mon frère de venir courre un cerf à Chambord avec moi* » (Vigny). 2 *Chasse à courre,* qui se fait avec les chiens courants et à cheval. ✪ HOM. Cour, cours, court.

❑ Ce verbe ne s'emploie qu'à l'infinitif.

courrier n. m. – XIVe ; lat. *currere* « courir » 1 Celui qui précédait les voitures de poste ou qui portait les lettres en malle-poste. *L'affaire du courrier de Lyon.* ➛ Porteur de dépêches. ⇒ **estafette, messager.** *Dépêcher un courrier.* 2 Transport des dépêches, des lettres, des journaux. ⇒ ② **poste.** *Courrier maritime, aérien.* « *Courrier Sud* », œuvre de Saint-Exupéry. *Je vous réponds par retour du courrier.* ♦ Ensemble des techniques destinées à l'échange d'informations par l'intermédiaire d'un réseau informatique de communication. ⇒ **fax, messagerie, télécopie.** 3 Ensemble des écrits adressés à qqn (lettres, cartes, imprimés, etc.), envoyés ou à envoyer. *Le courrier est arrivé. Le facteur distribue le courrier. Système de distribution rapide du courrier.* ⇒ **cedex.** *Poster le courrier. Lire son courrier. Faire son courrier.* ⇒ **correspondance.** 4 Article, chronique d'un journal. *Courrier des lecteurs. Courrier littéraire. Courrier du cœur,* où les lecteurs font part de leurs problèmes sentimentaux.

courriériste n. – XIXe ▪ Journaliste qui fait la chronique, le courrier. ⇒ **chroniqueur.**

courroie n. f. – XIIe ; lat. *corrigia* ▪ Bande étroite d'une matière souple et résistante servant à lier, attacher. *Courroie de cuir.* ⇒ **lanière, sangle.** « *Gondran passe sa bêche dans la courroie du carnier et se charge* » (Giono). ⇒ **bandoulière.** *Courroies du harnais.* ♦ Bande fermée sur elle-même qui transmet un mouvement de rotation d'une poulie à une autre. *Courroie de transmission. Courroie de ventilateur* (d'une automobile).

courroucer v. tr. [3] – XIe ; lat. *corrumpere* « aigrir » ▪ littér. Mettre en colère, irriter. ⇒ **courroux.** ➝ *Avoir un air courroucé.* ⇒ **furieux.** ✪ CONTR. Apaiser, calmer, pacifier, rassurer.

❑ *Courroucer* a décliné dès le XVIIe s. (on dit *irriter*), de même que *courroux* (on dit *colère*).

courroux n. m. – X^e ▪ littér. Irritation véhémente contre un offenseur. ⇒ **colère, emportement, fureur.** *S'abandonner au courroux.* « *Daignez d'un roi terrible apaiser le courroux* » (Rac.). ✪ HOM. Kuru.

❑ Pour l'emploi → courroucer (rem.).

cours n. m. – XIe ; lat. *cursus* « course, cours » **I** - 1 Écoulement continu de l'eau (des fleuves, des rivières, des ruisseaux). *Cours rapide, impétueux.* ⇒ ② **courant.** *Détourner le cours d'une rivière.* ♦ loc. *Donner cours, libre cours à ses larmes,* les laisser couler. *Donner libre cours à sa fureur, à sa joie.* 2 COURS D'EAU : fleuve, rivière, ruisseau, etc. *Cours d'eau qui traverse, arrose une région. Cours d'eau navigables.* 3 Mouvement réel ou apparent (d'un astre). ⇒ **course.** *Le cours du Soleil, de la Lune.* 4 Suite continue dans le temps. ⇒ **déroulement, succession.** *Le cours des saisons. Le cours des événements.* ➝ *Dans le cours de l'ouvrage.* ⇒ ② **courant.** *Suivre son cours :* évoluer normalement. *Les affaires suivent leur cours.* « *chaque chose marche en son rang et suit le cours de sa destinée* » (La Rochef.). *Le cours de l'histoire.* ♦ *AU, EN COURS (DE).* ⇒ **durant,** ③ **pendant.** *Au cours de sa carrière ; en cours de carrière. Au cours de la conversation.* ➝ *L'année en cours. Les affaires en cours.* ➝ *L'appartement est en cours d'aménagement,* en train d'être aménagé. 5 Circulation régulière (d'une marchandise, d'une valeur), pour un montant déterminé. *Cours légal.* ➝ Prix auquel sont négociées des marchandises, des valeurs. ⇒ **cote, taux.** *Le cours du yen a baissé. Acheter, vendre au cours du marché, de la Bourse. Au cours du jour, au cours. Les cours sont en baisse, en hausse.* 6 *AVOIR COURS :* avoir valeur légale. *Ces pièces n'ont plus cours.* fig. Être reconnu, utilisé. *Ces usages n'ont plus cours.* ⇒ **exister. II** - 1 Enseignement suivi (sur une matière déterminée). L'une des leçons. *Cours de chimie. Cours de musique, de danse. Cours de conduite. Avoir vingt heures de cours par semaine. Donner un cours. Suivre un cours. Cours du soir :* enseignement pour adultes après leurs heures de travail. 2 Degré des études suivies. *Cours préparatoire, élémentaire, moyen.* ♦ Établissement scolaire. *Cours privé.* 3 Livre reproduisant les leçons d'un cours. ⇒ ② **manuel, traité.** ➝ Notes prises pendant un cours. *Il m'a prêté son cours d'espagnol.* **III** *AU LONG COURS. Voyage au long cours :* longue traversée. **IV** Avenue servant de promenade. *Le Cours-la-Reine* (Paris) ; *le cours Mirabeau* (Aix). ✪ HOM. Cour, courre, court.

course n. f. – XIIIe 1 Action de courir. *Une course rapide. Au pas de course :* en courant. *Faire la course avec qqn.* ➝ loc. *Être À BOUT DE COURSE,* épuisé. « *derrière tel vieillard à bout de course* » (Mauriac). 2 Épreuve de vitesse. *Course à pied. Course sur cent mètres, de cent mètres.* ♦ *Course de chevaux.* ➝ au plur. *Champ de courses.* ⇒ **hippodrome, turf.** *Jouer, parier aux courses.* ➝ *Course cycliste. Course sur piste, sur route.* ➝ *Courses de motos. Courses d'automobiles* (⇒ **formule**). ➝ *Course de bateaux.* ⇒ **régate.** ♦ *DE COURSE :* que l'on destine à la course. *Cheval de course. Vélo, voiture de course.* 3 fig. Progression rapide dans une lutte entre rivaux. *La course aux armements.* loc. fam. *ÊTRE DANS LA COURSE :* être au courant, savoir ce qu'il faut faire. ⇒ **branché.** ♦ fam Succession rapide de tâches à accomplir. ⇒ fam **cavalcade.** 4 *Course de taureaux.* ⇒ **corrida.** 5 Action de parcourir un espace. ⇒ **parcours, trajet.** *Faire une course en taxi. Prix, tarif de la course* (en taxi). ♦ *Faire une course en montagne.* ⇒ **excursion, randonnée.** ((Suisse) Excursion, voyage organisé. *Aller en course d'école.* ➝ Déplacement. *Simple course,* aller simple *Il fait les courses en train :* il va à son travail en train 7 vieilli *Garçon de courses.* ⇒ ② **coursier.** ♦ *LES COURSES :* action d'acheter ce qui est nécessaire à la vie quotidienne. *Faire les, ses courses.* ⇒ **commission ;** région. ② **magasinage.** *Avoir une course à faire.* ➝ par ext. fam. Ce que l'on a acheté. *Ranger les courses.* 8 fig. Déplacement plus ou moins rapide. ⇒ **cours.** *La course d'un projectile. La course des nuages dans le ciel.* ➝ *La course du temps, des jours.* ⇒ **fuite.** 9 Mouvement d'un organe mécanique. *Course rectiligne d'un piston.* ⇒ **va-et-vient.** *La course de la pédale de frein.* ✪ CONTR. Arrêt, immobilité.

courser v. tr. [1] – XIXe ▪ fam. Poursuivre à la course. ➝ Suivre. *Elle s'est fait courser par deux garçons.*

① **coursier** n. m. – XIIe ▪ littér. Grand et beau cheval de bataille, de tournoi.

② **coursier, ière** n. – XIXe ▪ Personne chargée de faire les courses, de porter un colis, un pli à son destinataire. ⇒ **chasseur, commissionnaire.**

coursive n. f. – XVe ▪ Couloir étroit à l'intérieur d'un navire.

❑ Ce mot est issu du latin médiéval *cursivus* « courant, rapide », de même que *cursif.*

courson n. m., **coursonne** n. f. – XVIe ▪ Branche d'arbre fruitier taillée court pour que la sève s'y concentre.

① **court, courte** adj. et adv. – XIe ; lat. **I** adj. 1 Qui a peu de longueur d'une extrémité à l'autre (relativement à la taille normale ou par comparaison avec une autre chose). *Herbe courte.* ⇒ ③ **ras.** *Avoir les cheveux courts. Robe courte. Jambes courtes.* « *Le nez de Cléopâtre : s'il eût été plus court, toute la face de la terre aurait changé* » (Pasc.). ➝ *Aller par le plus court chemin.* ⇒ ① **direct ; raccourci.** (substant.) *Prendre le plus court, au plus court.* ➝ *Avoir la vue courte :* ne pas voir de loin (⇒ ① **bas**) ; fig. n'avoir pas assez de sagacité. 2 Qui a peu d'ampleur, est peu développé (œuvres). *Récit très court.* ⇒ ① **bref.** *Phrases courtes* ♦ fam. Insuffisant. *Cent francs, c'est un peu cour*

⇒ **juste.** 3 Qui a peu de durée. ⇒ ① **bref, fugitif, passager.** *Les jours de l'hiver sont courts.* « *L'Art est long et le Temps est court* » (Baud.). *Un court moment. Les délais sont courts.* ◆ *Avoir la mémoire courte :* oublier vite. 4 Qui est rapproché dans le temps. *À court terme, à courte échéance.* « *les prédictions étaient à court terme et ont pu être contrôlées* » (Camus). 5 littér. Prompt, rapide. *Le plus court expédient.* 6 Qui est de fréquence rapide. *Un rythme court. Avoir le souffle court :* s'essouffler facilement et très vite. **II** adv. 1 D'une manière courte ou de manière à rendre court. *Elle s'habille très court.* « *Les cheveux étaient coupés court* » (Maurois). ◆ *Faire court :* abréger. 2 loc. COUPER COURT *à qqch.*, l'interrompre au plus vite. « *la voix du baron de Damas coupa court à notre conversation* » (Chateaub.). ◆ TOURNER COURT : faire un brusque changement de direction. fig. Passer d'une chose à une autre sans transition. 3 TOUT COURT : sans rien d'autre. *Appelez-moi Monsieur, tout court.* 4 DE COURT. *Prendre qqn de court,* à l'improviste ; ne pas lui laisser de temps pour agir. 5 À COURT DE : sans. *Être à court d'argent. Des* « *défroques que des paysannes à court d'argent avaient laissées en gage* » (Yourcenar). ✪ CONTR. Grand, long ; durable. — HOM. Cour, courre, cours.

② **court** n. m. – XIXe ; mot angl., de l'a. fr. *court* « cour » ▪ Terrain aménagé pour le tennis. *Court en terre battue.*

❑ L'équivalent proposé, *champ,* n'a pas eu de succès.

courtage n. m. – XIIIe 1 Profession du courtier. *Faire du courtage en librairie. Vente par courtage.* « *des opérations de bourse, de courtage, d'agiotage, de coulisse ou d'agences de change* » (Goncourt). 2 Rémunération d'un courtier, d'un agent de change.

courtaud, aude adj. – XVe 1 *Chien courtaud,* à qui l'on a coupé la queue et les oreilles. *Cheval courtaud,* à qui on a coupé la queue (⇒ **courtauder**). n. m. *Un courtaud.* 2 De taille courte, épaisse. *Un homme courtaud.*

courtauder v. tr. [1] – XVIIIe ▪ Rendre courtaud (un cheval, un chien). ◆ *Cheval courtaudé.*

court-bouillon n. m. – XVIIe ▪ Bouillon composé d'eau, de vin blanc et d'épices dans lequel on fait cuire du poisson. *Des courts-bouillons.*

court-circuit n. m. – XIXe ▪ Mise en relation de deux points à potentiel différent (par un conducteur de résistance négligeable). *Panne due à un court-circuit.* ◆ Accident (interruption du courant par fusion des plombs) qui résulte d'un court-circuit. ⇒ fam. **court-jus.** *Des courts-circuits.*

court-circuiter v. tr. [1] – 1917 1 Mettre en court-circuit. ⇒ **shunter.** 2 fig. et fam. Laisser de côté (un intermédiaire normal) en passant par une voie plus rapide. *L'insurrection* « *devrait court-circuiter les élections bidons* » (R. Debray).

courtepointe n. f. – XIIe ; a. fr. *coute* « lit de plumes » et *poindre* « piquer » ▪ Couverture de lit ouatée et piquée. ⇒ **couvre-pied ; dessus-de-lit.**

courtier, ière n. – XIIIe ; a. fr. *corre* « courir » ▪ Personne dont la profession est de servir d'intermédiaire entre ses clients dans des transactions commerciales, financières, immobilières. ⇒ **agent, représentant.** *Courtier d'assurances.* ◆ Personne qui vend en prenant contact avec la clientèle (⇒ **courtage**). *Courtier en vins.*

courtilière n. f. – XVe ; de *courtil* « petit jardin », lat. *cohors* « cour » Insecte fouisseur *(orthoptères)* appelé aussi *taupe-grillon,* qui fait des dégâts dans les cultures potagères. *Le* « *grésillement des courtilières, des grillons et des sauterelles* » (Giono).

courtine n. f. – Xe ; lat. *cortina* « tenture » 1 vx Rideau de lit. ◆ Tenture disposée derrière un autel. ♦ Tenture de porte. 2 Mur rectiligne, compris entre deux bastions.

courtisan, ane n. m. – XIVe ; it. *corte* « cour » 1 Personne qui est attachée à la cour, qui fréquente la cour d'un souverain, d'un prince. 2 fig. Personne qui cherche à plaire aux puissants, aux gens influents par des manières obséquieuses, flatteuses.

❑ Le mot semble être apparu en France à la cour de Clément V, premier pape d'Avignon.

courtisane n. f. – XVIe ▪ ancient ou littér. Femme entretenue, d'un rang social assez élevé. ⇒ **hétaïre.** ◆ Demi-mondaine. ⇒ ① **cocotte.** « *Je roulais dans la fange sociale* [...] *côte à côte avec les courtisanes, les actrices, les créatures sans éducation* » (Balz.).

courtisanerie n. f. – XVIe ▪ vieilli Conduite de courtisan. ⇒ **flatterie.** ◆ Conduite de courtisane.

courtiser v. tr. [1] – XVIe 1 Faire sa cour à (qqn) en vue d'obtenir quelque faveur. ⇒ **flatter, louanger.** *Courtiser les riches, les puissants.* 2 Faire la cour à (une femme), chercher à plaire. *Le potin est* « *la consolation des femmes qui ne sont plus aimées ni courtisées* » (Maupass.).

❑ Même origine que *courtisan* et en rapport avec *courtois.* → cour (étym.).

court-jointé, ée adj. – XVIIe ▪ Qui a le paturon court (cheval), les jambes courtes (faucon). *Des juments court-jointées.*

court-jus n. m. – v. 1914 ▪ fam. Court-circuit. *Des courts-jus.*

courtois, oise adj. – XIIe ; a. fr. *court* « cour » 1 *Littérature, poésie courtoise,* qui exaltait subtilement l'amour (⇒ **troubadour**). *L'amour courtois,* défini par l'esprit de la chevalerie du Moyen Âge. 2 Qui parle et agit avec une civilité raffinée. ⇒ **aimable, civil.** *Un homme courtois.* ♦ Qui manifeste de la courtoisie. « *La conversation était restée jusque-là courtoise et impersonnelle* » (Romains). *Un refus courtois.* ✪ CONTR. Discourtois, grossier, impoli.

courtoisement adv. – XIIe ▪ D'une manière courtoise. *Répondre courtoisement.* → **poliment.**

courtoisie n. f. – XIIe ▪ Politesse raffinée. ⇒ **civilité.** *Visite de courtoisie.* « *avec cet air de courtoisie parfaite des Turcs de bonne naissance* » (Loti).

court-vêtu, ue adj. – XIVe ▪ Dont le vêtement est court. *Des femmes court-vêtues.*

couru, ue adj. – XVIIe 1 Recherché. *C'est un spectacle très couru.* 2 fam. *C'était couru,* prévu. ⇒ **certain, sûr.** *Le résultat est couru d'avance.*

① **couscous** [kuskus] n. m. – XVIe ; ar. 1 Semoule de blé dur. 2 Plat originaire du Maghreb, composé de semoule roulée en grains, servie avec de la viande ou du poisson, des légumes et des sauces piquantes.

② **couscous** [kuskus] n. m. – 1908 ; de *coescoes,* mot des Moluques ▪ Petit mammifère arboricole *(marsupiaux)* d'Océanie, de la famille du phalanger.

couscoussier [kuskusje] n. m. – 1961 ▪ Casserole double utilisée pour la cuisson du couscous.

cousette n. f. – XIXe ▪ vieilli 1 fam. Jeune apprentie couturière. ⇒ **midinette.** 2 Petit étui contenant un nécessaire à couture.

couseur, euse n. – XIVe 1 Personne qui coud. ♦ n. f. Ouvrière qui coud les cahiers dans les ateliers de brochure. ⇒ **brocheuse.** 2 **n. f.** Machine à coudre industrielle. ➛ Machine pour brocher les livres.

① **cousin, ine** **n.** – XIe ; lat. *consobrinus* « cousin germain » ▪ Descendant d'un frère ou d'une sœur par rapport aux descendants d'un frère, d'une sœur de l'un de ses parents. *Petits-cousins. « Un de mes parents. Un cousin issu de germains »* (Duham.). *Cousin, cousine à la mode de Bretagne :* parent éloigné. *Des cousins éloignés. Mon cousin. « Le Cousin Pons », « La Cousine Bette », romans de Balzac. Cousins par alliance.* ➛ **adj.** *Ils sont un peu cousins.*

② **cousin** **n. m.** – XVIe ; p.-ê. lat. *culex* « moucheron » ▪ Insecte diptère, une des espèces courantes de moustique.

cousinage **n. m.** – XIIe ▪ vieilli Parenté entre cousins. ➛ fam. L'ensemble des parents, des cousins.

cousiner **v. intr.** [1] – XVIIe ▪ Avoir des rapports familiers, bien s'entendre (avec qqn).

coussin **n. m.** – XIIe ; lat. *coxa* « cuisse » 1 Objet constitué d'une enveloppe souple, remplie d'un rembourrage, servant à supporter une partie du corps. *« le dos bien calé contre le sac rembourré d'herbe qui me servait de coussin »* (Beckett). *Les coussins d'un canapé. S'appuyer, s'asseoir sur un coussin. Coussins d'un siège d'automobile.* ♦ région. (Belgique) Oreiller. 2 Dispositif rappelant la forme ou la destination d'un coussin. ⇒ **bourrelet, coussinet.** *Coussin d'un collier d'attelage,* la partie rembourrée.

coussinet **n. m.** – XIIIe 1 Petit coussin. 2 Partie remplie d'un chapiteau ionique, qui s'enroule en volutes. 3 Pièce cylindrique creuse placée dans un support (palier) et qui soutient une extrémité du tourillon de l'arbre. ➛ *Coussinet (de rail) :* pièce sur laquelle repose le rail. 4 Zone cutanée de l'extrémité de la patte de certains mammifères, formée d'une épaisse couche de corne souple. *Les coussinets du chat.*

cousu, ue **adj.** – XIIe s. 1 Joint par une couture. *Feuillets cousus et collés. Cousu à la main,* fam. *cousu main. Des gants cousus main.* ➛ loc. fam. *C'est du cousu main,* de première qualité. *Du cousu-main :* une affaire facile, une entreprise qu'on est sûr de réussir. *Être cousu d'or,* très riche. 2 *Pièce honorable cousue,* appliquée émail sur émail ou métal sur métal.

coût **n. m.** – XIIe ▪ Somme que coûte une chose. ⇒ **montant, prix.** *Coût d'une marchandise, d'un service. Le coût de la vie augmente.* ♦ fig. ⇒ **prix.** *Le coût d'une imprudence. Bon rendement à faible coût d'une règle, d'une réforme.* ✪ HOM. Cou, coup.

> ❑ Le *t* de *coût* ne doit pas se prononcer, bien qu'on l'entende parfois (peut-être à cause des homonymes *coup* et *cou*).

coûtant **adj. m.** – XIIIe ▪ *Prix coûtant :* prix qu'une chose a coûté. *Revendre à, au prix coûtant,* sans bénéfice.

couteau **n. m.** – XIIe ; lat. *culter* « objet tranchant » 1 Instrument tranchant servant à couper, composé d'une lame et d'un manche. *Couteau pointu. Manche de couteau. Lame de couteau en acier. Tranchant d'un couteau. Couteau qui coupe bien. La cuillère, la fourchette et le couteau.* ⇒ ① **couvert.** *« couteaux branlant dans le manche, fourchettes à dents jaunes »* (France). ➛ loc. *Visage en lame de couteau,* très émacié. ♦ *Couteau de poche* ou *couteau pliant.* ⇒ **canif, opinel.** *Couteau suisse :* couteau pliant à plusieurs lames et divers outils. ➛ *Couteau de table. Couteau à poisson, à fromage, à dessert.* ➛ *Couteau de cuisine. Grand couteau.* ⇒ **coutelas, couperet.** *Couteau électrique.* ♦ Cet instrument, utilisé comme arme blanche. ⇒ **coutelas, poignard,** arg. **surin.** *Couteau à cran d'arrêt. Donner, recevoir un coup de couteau.* ♦ loc. *Être à couteaux tirés avec qqn,* en guerre ouverte. ➛ loc. fig. *DEUXIÈME* ou *SECOND COUTEAU :* comparse, personnage de second plan. 2 Instrument tranchant. *Couteau à papier :* lame de bois, d'ivoire pour couper les pages d'un livre, ouvrir une enveloppe (⇒ **coupe-papier**). *Couteau de vitrier, de peintre.* ➛ Petite truelle d'artiste peintre. ⇒ **spatule.** *Peindre au couteau.* 3 *Couteau de balance :* arête du prisme triangulaire qui porte le fléau. 4 *Manche de couteau* ou *couteau :* mollusque bivalve allongé *(lamellibranches)* qui s'enfonce verticalement dans le sable des plages. ⇒ **solen.**

couteau-scie **n. m.** – XVIIIe ▪ Couteau à lame dentée qu'on utilise pour couper les aliments. *« leurs mâchoires de ptérodactyle tendues en avant comme des couteaux-scies »* (Le Clézio).

> ❑ On a d'abord dit *couteau à scie.*

coutelas **n. m.** – XVe 1 vx Épée courte à un seul tranchant. 2 Grand couteau à lame large et tranchante.

coutelier, ière **n. et adj.** – XIIe 1 Personne qui fabrique, vend des couteaux et autres instruments tranchants. 2 **adj.** Relatif à la coutellerie. *L'industrie coutelière.*

coutellerie **n. f.** – XIIIe 1 Industrie, fabrication des couteaux et autres instruments tranchants ; produits de cette industrie. 2 Lieu où l'on fabrique, où l'on vend la coutellerie. *Les coutelleries de Thiers.*

coûter **v.** [1] – XIIe ; lat. *constare* « être fixé » **I** **v. intr. et tr. ind.** *Coûter à.* 1 Nécessiter le paiement de (une somme) pour être obtenu. ⇒ **revenir, valoir.** *Ce que coûte une chose* (⇒ **coût, montant, prix**). *Combien coûte cette montre ? Les cinq cent mille francs que cette maison m'a coûté. Ça coûte un prix fou. Coûter cher :* être coûteux. ⇒ fam. **chiffrer.** loc. fam. *Coûter les yeux de la tête, la peau des fesses (du cul) :* être hors de prix, très cher. ➛ fam. *Ça coûtera ce que ça coûtera :* il faut le faire, peu importe le prix. 2 Causer, entraîner des frais, des dépenses. *Cette habitude lui coûte cher.* loc. *Cela pourrait vous coûter cher,* vous attirer des ennuis, avoir des conséquences fâcheuses. **II** - 1 **v. t**[r.] Causer (une peine, un effort) pour se faire. ⇒ **occasionner.** *« quitter une femme te coûtait quelques larmes ; en être quitté te coûtait un sourire »* (Muss.). Causer la perte de. ⇒ **ôter, ravir.** *Cela lui coûte sa tranquillité. Coûter la vie :* faire mourir. ♦ *Je saurai maintenant ce qu'il en coûte.* 2 **v. intr. et tr. ind.** Être pénible, difficile. ⇒ **peser.** *Tout lui coûtait. Cela me coûte beaucoup d'y renoncer. Ça ne coûte rien d'essayer.* ♦ *Il m'en coûte de vous l'avouer.* 3 loc. adv. *COÛTE QUE COÛTE :* à tout prix, quels que soient les efforts à faire, les peines à supporter. ⇒ **absolument.**

> ❑ Le participe passé ne s'accorde pas quand il est précédé d'un complément de prix ; il s'accorde quand il s'agit d'un objet direct *(les efforts que nous a coûtés ce projet).*

coûteux, euse **adj.** – XIIe 1 Qui coûte cher ; qui cause de grandes dépenses. ⇒ **cher, onéreux.** 2 littér. Qui exige des sacrifices. Qui a des conséquences fâcheuses. 3 *COÛTEUX EN :* qui demande trop de. *Coûteux en temps, en énergie.* ✪ CONTR. Économique, gratuit, marché (bon marché).

coutil [kuti] **n. m.** – XIIIe ; de *coute,* anc. forme de ① *couette* ▪ Toile croisée et serrée, en fil ou coton. *Pantalon de coutil.*

> ❑ Pour la prononciation → chenil (rem.).

coutre **n. m.** – XIIe ; lat. *culter* → couteau ▪ Fer tranchant fixé à l'avant du soc de la charrue pour fendre la terre.

coutume **n. f.** – XIe ; lat. *consuetudo* « habitude » 1 Dans une collectivité, Manière à laquelle la plupart s'y conforment. *Vieille, ancienne coutume.* ⇒ **tradition, usage.** *Coutume passagère.* ⇒ ① **mode.** *Les coutumes d'un peuple. Les coutumes locales. Mœurs et coutumes des Inuits.* 2 Habitude collective d'agir, transmise de génération en génération. *La coutume* *force de loi.* ♦ Recueil de droit coutumier. **3** vx ou littér. ⇒ **habitude.** « *La coutume est une seconde nature, qui détruit la première* » (Pasc.). mod., loc. prov. *Une fois n'est pas coutume* : changer une fois sa manière de faire est une exception qui n'engage pas l'avenir. ➛ *Avoir coutume de* : avoir l'habitude de. « *le nombre de couleurs dont un peintre a coutume de composer sa palette* » (Dider.). ♦ loc. adv. *De coutume* : d'habitude, d'ordinaire. *Il est moins aimable que de coutume. Comme de coutume.* ✪ CONTR. Exception, innovation, nouveauté.

coutumier, ière adj. et n. m. – XIIe **1** Qui a coutume de faire qqch. *Le mensonge lui est coutumier.* loc. *Être coutumier du fait* : avoir l'habitude d'agir ainsi (souvent critiquable, répréhensible). **2** Que l'on fait (subit) d'ordinaire en pareille circonstance. ⇒ **habituel, ordinaire.** *Les travaux coutumiers.* **3** *Droit coutumier* : ensemble de règles juridiques que constituent les coutumes (opposé à *droit écrit*). **4** n. m. Recueil des coutumes d'une province, d'un pays. ✪ CONTR. Exceptionnel, inaccoutumé, inattendu.

couture n. f. – X^e ; lat. *consuere* « coudre » **1** Action, art de coudre. *Faire de la couture. Boîte à couture,* pour ranger les fils, les aiguilles, la mercerie. *Points de couture pour assembler, raccommoder, orner.* ♦ Ouvrage de couture. *Elle est penchée sur sa couture.* **2** Profession des personnes qui confectionnent des vêtements féminins. *Travailler dans la couture.* ♦ Profession de couturier. *Maison de couture* : entreprise de confection de vêtements et d'accessoires féminins. *La haute couture* : les grands couturiers. ➛ (par opposition à *de confection*). *Des « volants bordés de biais pour faire "couture" »* (Duras). **3** Assemblage de deux morceaux d'étoffe, de tricot, de cuir, de fourrure par une suite de points exécutés avec du fil et une aiguille. *Coutures d'un vêtement, d'une chaussure. Couture à la main, à la machine* (⇒ **piqûre).** *Couture bord à bord.* ⇒ **surjet.** « *un fauteuil en moleskine noire, avec des bourrelets et des coutures apparentes* » (Le Clézio). ♦ loc. fig. *Examiner sur, sous toutes les coutures,* dans tous les sens, très attentivement. ➛ *Battre qqn à plate(s) couture(s),* le vaincre d'une manière écrasante. **4** Cicatrice allongée. ⇒ **balafre.** *Visage marqué de coutures.* ⇒ **couturé.**

couturé, ée adj. – XVe ▪ Marqué de cicatrices, balafré. « *ce visage ravagé, couturé, cicatrisé* » (Léautaud).

couturier n. m. – XIIIe **I** Personne qui dirige une maison de couture, crée des modèles. *Collection d'un grand couturier.* « *rivaliser avec les décorateurs ou les grands couturiers* » (Malraux). **II** adj. *Muscle couturier,* ou n. m. *le couturier* : muscle fléchisseur de la jambe sur la cuisse et de la cuisse sur le bassin.

couturière n. f. – XIIIe **1** Celle qui coud, qui exécute, à son propre compte, des travaux de couture. *Couturière à façon, à domicile.* « *les marins ont une aptitude remarquable pour le métier de couturière* » (J. Verne). ♦ Ouvrière d'une maison de couture. *Jeune couturière.* ⇒ **arpète, cousette, midinette. 2** Dernière répétition d'une pièce de théâtre avant la générale (où les couturières font les dernières retouches aux costumes). *La couturière, la générale et la première.*

couvade n. f. – XIXe ; de *couver* ▪ Coutume de certaines sociétés où, avant l'accouchement, le futur père adopte le comportement de la mère. *Les rites de la couvade.*

couvain n. m. – XIVe ▪ Amas d'œufs d'abeilles ou d'autres insectes. ➛ Dans une ruche, Rayons qui contiennent les œufs et les larves.

couvaison n. f. – XVIe ▪ vieilli Temps pendant lequel les oiseaux couvent leurs œufs (⇒ **incubation).**

couvée n. f. – XIIe **1** Ensemble des œufs couvés par un oiseau. **2** Les petits qui viennent d'éclore. ⇒ **nichée.** ♦ loc. *Être de la même couvée* : avoir la même origine, la même formation.

couvent n. m. – XIIe ; lat. *conventus* « assemblée, réunion » **1** Maison dans laquelle des religieux ou des religieuses vivent en commun. ⇒ **communauté ; monastère.** *Couvent de carmélites, de chartreux, de dominicains. Cloître d'un couvent.* loc. *Entrer au couvent* : se faire religieuse. **2** Ensemble des membres de la communauté. **3** Pensionnat de jeunes filles dirigé par des religieuses.

couventine n. f. – XIXe ▪ Religieuse qui vit dans un couvent. ♦ Jeune fille élevée dans un couvent.

couver v. [1] – XIIe ; lat. *cubare* « être couché » **I** v. tr. **1** Se tenir pendant un certain temps sur (des œufs) pour les faire éclore. ⇒ **incuber.** *L'oiseau couve ses œufs.* ➛ *La poule couve.* **2** fig. *Couver qqn,* l'entourer de soins attentifs. *Sa mère l'a trop couvé.* ⇒ **surprotéger.** « *Cette douceur maternelle qui me couvait durant des heures* » (Sand). ➛ loc. *Couver des yeux* : regarder avec tendresse ou convoitise. **3** Nourrir, préparer secrètement. *Couver des projets de vengeance.* **4** *Couver (une maladie)* : porter en soi les germes de. « *Elle couvait quelque chose, comme on avait dit d'Alice dont la maladie ne s'était déclarée qu'après deux jours d'accablement* » (Simenon). **II** v. intr. Être entretenu sourdement, être à l'état latent. *Le feu couve sous la cendre.* ➛ fig. « *L'envie et la rancune qui couvaient depuis si longtemps autour d'elle allaient éclater bientôt* » (Green). ✪ HOM. *Couvèrent* : couvert ; *couverai* : couvrais (couvrir).

couvercle n. m. – XIIe ; lat. *cooperire* « couvrir de tous les côtés » ▪ Pièce mobile qui s'adapte à l'ouverture d'un récipient pour le fermer. *Couvercle d'une boîte, d'une valise. Couvercle à charnière. Le couvercle d'un pot de confiture. Couvercle d'autocuiseur. Poser un couvercle sur une casserole.*

① **couvert** n. m. – XIIe **I** - **1** vieilli Logement où l'on est protégé des intempéries. *Il faut s'assurer le couvert.* loc. *Le vivre et le couvert* : la nourriture et l'abri. **2** Abri, ombre que donne le feuillage. *Pénétrer sous le couvert des arbres.* **3** loc. prép. *À COUVERT DE* ; loc. adv. *À COUVERT* : dans un lieu où l'on est à l'abri. *À couvert de la pluie. À couvert de l'ennemi. Se mettre à couvert.* ⇒ s'**abriter,** se **protéger.** *Se mettre à couvert des soupçons.* **4** loc. prép. *SOUS LE COUVERT DE* : sous la responsabilité ou la garantie de (qqn) ; sous le prétexte de (qqch.). « *Chargé, sous le couvert d'une mission très restreinte, de surveiller les pourparlers* » (Madelin). **II** Tout ce dont on couvre la table, la nappe pour le repas. *Mettre, dresser le couvert* : mettre la table. ♦ Les ustensiles de table à l'usage de chaque convive. *Une table de douze couverts. Retenir deux couverts au restaurant.* ⇒ **place.** ♦ La cuillère, la fourchette et le couteau. *Couvert d'argent. Couverts à poisson, à dessert.*

② **couvert, erte** adj. – XIe **1** Qui a un vêtement. *Bien couvert ; chaudement couvert.* ♦ Qui a un chapeau sur la tête. *Restez couvert.* **2** Qui a sur lui (qqch.). *Il était couvert de boue.* « *le maître-autel, de marbre blanc, couvert de sculptures* » (Zola). *Jupe couverte de taches. Visage couvert de boutons.* ♦ *Ciel couvert* (de nuages). *Allée couverte,* taillée en berceau. *Piscine couverte.* **3** Caché. *Visage couvert d'un masque.* ♦ loc. adv. *À MOTS COUVERTS,* qui cachent un sens différent de celui qu'ils expriment. ⇒ **allusif.** *Nous écrivîmes une « belle lettre à mots couverts, car nous nous méfiions de la D.S.T. »* (Perec). **4** fig. Abrité, protégé par qqn. *Il est couvert par son ministre. Être couvert contre le vol.* ⇒ **assurer.** ✪ CONTR. ① Découvert, ouvert.

couverte n. f. – XVIIIe ▪ Émail dont est revêtue la faïence, la porcelaine.

couverture n. f. – XIIe I - 1 Ce qui forme la surface extérieure du toit d'un bâtiment. *La charpente et la couverture.* ⇒ **toiture.** 2 Pièce de toile, de drap, qu'on dresse ou qu'on étend pour recouvrir. *Couverture imperméabilisée sur des marchandises.* ⇒ **bâche.** ♦ Pièce de laine ou de coton qu'on place sur les draps, et qui recouvre le lit, destinée à tenir chaud. ⇒ aussi ① **couette.** « *Un lit en bois peint, sans rideau, des couvertures traînantes et souillées de punaises* » (Baud.). *Bien au chaud sous les couvertures.* ➛ *Couverture chauffante,* munie d'un dispositif électrique chauffant. ➛ loc. fig. *Amener, tirer la couverture à soi :* s'approprier le mérite, la meilleure part d'une chose. 3 Partie qui couvre, enserre les pages d'un livre, d'un cahier. *Couverture d'un magazine. Il a sa photo en couverture.* 4 Enveloppe dont on recouvre un livre (⇒ **couvre-livre, jaquette**), un cahier (⇒ **protège-cahier**), pour le protéger. 5 Revêtement superficiel du sol. *Couverture alluviale.* II - 1 Ce qui sert à cacher, à dissimuler (une réalité critiquable). *Cette activité lui sert de couverture.* ⇒ **paravent.** 2 Ce qui sert à couvrir, protéger. *Couverture sociale :* protection dont bénéficie un assuré social. ♦ *Couverture aérienne :* ensemble des moyens aériens mis en œuvre pour protéger une zone. ➛ *Couverture d'un émetteur :* zone dans laquelle la réception est assurée. 3 Garantie visant à assurer le paiement d'une dette. ⇒ **caution, provision.** ♦ Fait de compenser un risque. *Couverture du risque de variation des taux* (d'intérêt). ➛ *Taux de couverture.* 4 Le fait de couvrir un événement, pour un journaliste.

couveuse n. f. – XVIe 1 Poule qui couve. *Une bonne couveuse.* ♦ *Mère couveuse,* qui héberge l'embryon d'une autre femme (cf. Mère porteuse*). 2 *Couveuse artificielle :* sorte d'étuve où l'on fait éclore les œufs. ⇒ **couvoir, incubateur.** ♦ Appareil qui maintient à une température constante les nouveau-nés fragiles. ⇒ **incubateur.**

couvoir n. m. – XVIe ▪ Local où se fait l'incubation des œufs.

couvrant, ante adj. – 1901 1 Qui couvre, protège. 2 Qui couvre, recouvre parfaitement. *Peinture couvrante,* d'un bon rendement. ✪ CONTR. Transparent.

couvre-chef n. m. – XIIe ▪ par plais. Ce qui couvre la tête. ⇒ **chapeau, coiffure.** « *il possédait une collection de couvre-chefs* » (Carco).

couvre-feu n. m. – XIIIe 1 Signal qui indique l'heure de rentrer chez soi et d'éteindre les lumières. *Des couvre-feux.* 2 Mesure de police interdisant de sortir le soir après une heure fixée. *Décréter le couvre-feu.*

couvre-joint n. m. – XIXe ▪ Ce qui recouvre et cache les joints dans les ouvrages de maçonnerie ou de menuiserie. *Poser des couvre-joints.*

couvre-lit n. m. – XIXe ▪ Pièce d'étoffe, couverture servant de dessus-de-lit. *Des couvre-lits.*

couvre-livre n. m. – 1936 ▪ Ce qui sert à recouvrir un livre. ⇒ **couverture.** *Des couvre-livres.*

couvre-pied n. m. – XVIIe ▪ Dessus-de-lit molletonné. *Des couvre-pieds.*

❑ On trouve aussi la graphie *un couvre-pieds.*

couvre-plat n. m. – XVIIe ▪ Couvercle ou cloche dont on recouvre un plat. ⇒ **dessus-de-plat.** *Des couvre-plats.*

couvreur n. m. – XIIIe ▪ Ouvrier qui fait ou répare les toitures des maisons.

couvrir v. tr. [18] – XIe ; lat. *cooperire* I - 1 Garnir (un objet) en disposant qqch. dessus. ⇒ **recouvrir.** *Couvrir un plat avec un couvercle. Couvrir un lit d'un dessus-de-lit. Couvrir un toit de tuiles. Couvrir un mur de peinture. Couvrir un livre* (⇒ **couvre-livre**). ♦ Être disposé sur. *Housse qui couvre un fauteuil.* 2 Parsemer, garnir d'une grande quantité de choses. *Couvrir une tombe de fleurs. Couvrir un mur de graffitis. Couvrir qqn de baisers. On l'a couvert d'injures.* ⇒ **accabler, combler.** ♦ Être éparpillé, répandu sur. *Les feuilles couvrent le sol.* ⇒ **joncher.** *Des nuages couvraient le ciel.* 3 Habiller chaudement. *Couvrir un enfant.* 4 Cacher en mettant qqch. par-dessus, autour. *Couvrir sa nudité d'un vêtement.* « *Couvrez ce sein que je ne saurais voir* » (Mol.). ♦ fig. « *une arrogance qui couvrait mal leur avarice* » (Beauv.). ➛ *Masque, voile qui couvre un visage.* ⇒ **dissimuler.** *Cela couvre une énigme.* ⇒ ① **cacher.** ♦ *Couvrir la voix.* ⇒ **dominer, étouffer.** « *Une radio, dans une arrière-salle n'arrive pas à couvrir l'infatigable zézaiement des mouches sur les vitres* » (Duras). 5 Interposer (qqch.) comme défense, protection. *Couvrir qqn de son corps. Une armée couvre les frontières.* ♦ Protéger la sortie ou la fuite de qqn avec une arme à feu. *Vas-y, je te couvre !* 6 Abriter (qqn) par son autorité, sa protection. *Couvrir ses complices.* « *Supposez qu'on ait un pépin. Monsieur Alessandrovici nous couvre tous* » (Aymé). 7 Donner une couverture financière à (qqn). ⇒ **assurer, garantir.** *Prière de nous couvrir par chèque.* ➛ « *Il ne suffit même pas de le vendre, mais il faut que le prix couvre les frais* » (Simenon). ➛ *Couvrir un emprunt, une souscription,* souscrire la somme demandée. 8 Parcourir (une distance). « *Ces 2300 premiers kilomètres, couverts en un temps record* » (Tournier). 9 S'étendre sur (une période, une surface). *Cet ouvrage couvre tout le XXe siècle.* ♦ Assurer une réception correcte dans (une zone). *Couvrir un vaste secteur.* ⇒ **arroser.** 10 Assurer l'information concernant (un événement, un fait d'actualité). *Les journalistes qui couvrent la réunion au sommet.* ➛ *Événement couvert par les médias.* 11 S'accoupler avec la femelle (animaux). ⇒ **monter, saillir.** II v. pron. 1 S'envelopper d'un vêtement. *Couvre-toi bien.* ♦ Remettre son chapeau après avoir salué. ♦ fig. *Se couvrir de gloire, de ridicule.* 2 Se remplir. *Le ciel se couvre de nuages. Le ciel se couvre.* fig. *L'horizon se couvre :* des difficultés se préparent. 3 S'abriter ou se retrancher. *Il dit cela pour se couvrir.* ✪ CONTR. Découvrir, dégager. HOM. *Couvert :* couvèrent ; *couvrais :* couverai (couver).

covalence n. f. – 1920 ▪ Nombre d'électrons célibataires (d'un atome). *Liaison de covalence,* dans laquelle une orbitale moléculaire est occupée par deux électrons, venant chacun d'un des deux atomes liés.

covalent, ente adj. – mil. XXe ▪ Relatif à la covalence.

covariance n. f. – 1921 ▪ *Covariance de deux variables aléatoires :* moyenne des produits de deux variables centrées sur leurs espérances mathématiques et servant à définir leur coefficient de corrélation.

covenant n. m. – XVIIIe ; mot angl. ▪ Pacte, convention. *Le covenant de 1588 entre les presbytériens d'Écosse.*

covendeur, euse n. – XVIIe ▪ Personne qui vend une chose conjointement avec une autre personne.

cover-girl [kɔvœʀgœʀl] n. f. – 1946 ; mot angl. de *cover* « couverture » et *girl* « fille » ▪ Jeune fille, jeune femme qui pose pour les photographies de magazines. ⇒ **mannequin, modèle.** *Des cover-girls.*

covoiturage n. m. – 1989 ▪ Transport dans une seule voiture (et à tour de rôle) de plusieurs automobilistes allant dans la même direction. *Le covoiturage est économique et utile dans les cas de grève des transports.*

cow-boy [kobɔj ; kaobɔj] n. m. – XIXe ; mot angl. « vacher » ▪ Gardien de troupeaux de bovins, dans les ranchs de l'ouest des États-Unis, personnage essentiel de la légende de l'Ouest. *Film de cow-boys.* ⇒ **western.**

cow-pox [kaopɔks ; kopɔks] **n. m. inv.** – XIXe ; angl. *cow* « vache » et *pox* « variole » ■ Vaccine.

coxal, ale, aux **adj.** – XIXe ; lat. *coxa* « hanche » ■ Relatif à la hanche.

coxalgie **n. f.** – XIXe ; lat. *coxa* « hanche » et gr. *algos* « douleur » ■ Douleur ou maladie de la hanche ; tuberculose de l'articulation de la hanche. « *Je vivais étendu, à cause de ma coxalgie* » (Giraud.).

coxalgique **adj.** – XIXe ■ Relatif à la coxalgie. ♦ Atteint de coxalgie.

coxarthrose **n. f.** – 1959 ; lat. *coxa* « hanche » et *arthrose* ■ Arthrose de la hanche.

coyau [kɔjo] **n. m.** – XIVe ; de *coe* a. forme de *queue* ■ Pièce de bois placée horizontalement sous l'arêtier d'un comble.

coyote [kɔjɔt] **n. m.** – XIXe ; aztèque *coyotl* ■ Mammifère carnivore d'Amérique du Nord, voisin du chacal.

C.Q.F.D. [sekyɛfde] ■ Abrév. de *ce qu'il fallait démontrer**.

crabe **n. m.** – XIIe ; moy. néerl. *krabbe* ou de l'a. nord. *krabbi*, par le norm. ■ Arthropode des eaux continentales *(crustacés)*, à cinq paires de pattes. ⇒ **brachyoure ; araignée** (de mer), **étrille,** ② **tourteau.** *La carapace, les pinces du crabe.* ➛ « *l'un de ces gros crabes succulents que nous appelons des dormeurs* » (Mac Orlan). *Crabe farci.* ➛ loc. *Marcher en crabe,* de côté. *Panier de crabes :* milieu dont les membres cherchent à se nuire, à se déchirer.

crabier **n. m.** – XVIIe ■ Héron qui se nourrit de crabes.

crabot **n. m.** – 1929 ; germ. °*krappa* « crampon, crochet » ■ Dent d'un embrayage à griffes ; accouplement de deux pièces mécaniques par saillies et rainures.

❑ On dit aussi *clabot.*

crabotage **n. m.** – 1929 ■ Embrayage par crabot.

❑ On dit aussi *clabotage.*

crac **interj.** – XVe ; onomat. ■ Mot imitant un bruit sec (choc, rupture). « *chaque fois que le ressort commençait à être bien bandé, crac, il échappait au cran d'arrêt* » (Mart. du G.). ✪ HOM. Crack, craque, krach, krak.

crachat **n. m.** – XIIIe ■ Salive, mucosité rejetée par la bouche. ⇒ **expectoration ;** pop. **glaviot, mollard.**

craché **adj. inv.** – XVe ■ *TOUT CRACHÉ* (apr. un n., un pron.) : très ressemblant. *C'est sa mère tout craché.*

crachement **n. m.** – XIIIe **1** Action de cracher. ⇒ **expectoration.** « *j'avais des sueurs et des crachements de sang* » (Chateaub.). **2** Crépitement d'un haut-parleur, d'un vieux disque.

cracher **v.** [1] – XIIe ; lat. °*craccare,* du rad. onomat. *krakk* **I** **v. intr. 1** Projeter de la salive, des mucosités de la bouche. « *on le flagelle, on lui crache au visage, on le moque, on le cloue* » (Genet). **2** fam. *Cracher sur qqch. :* exprimer un violent mépris. *Il ne crache pas sur l'alcool,* il l'aime bien. *Cracher sur qqn.* ⇒ **calomnier, insulter, outrager. 3** fam. Débourser de l'argent, payer. ⇒ **casquer.** *Faire cracher qqn.* **4** *Ce stylo crache,* l'encre en jaillit et éclabousse le papier. ⇒ **baver.** « *La plume crachait, accrochait le papier poreux* » (Simenon). **5** Émettre des crépitements. *Haut-parleur, radio qui crache.* ⇒ **crachoter. II** **v. tr. 1** Rejeter (qqch.) par la bouche. *Cracher un noyau.* « *Elle a qu'elle a trop ri et qu'elle crache le sang* » (Dumas fils). **2** *Cracher des injures.* ⇒ **proférer.** loc. *Cracher le morceau :* avouer. **3** Émettre en lançant. *Volcan qui crache de la lave.* ✪ HOM. Crasher.

cracheur, euse **n.** – XVIe ■ *Cracheur de feu :* bateleur qui s'emplit la bouche d'une matière inflammable qu'il rejette en soufflant sur une torche.

crachin **n. m.** – XIXe ; de *cracher* ■ Pluie fine et serrée.

❑ *Crachin* est un mot dialectal de l'Ouest.

crachiner **v. impers.** [1] – 1908 ■ Faire du crachin. *Il commence à crachiner.* ⇒ **bruiner, pleuvoter.** « *Quand il crachinait, elle venait avec un grand châle entourant sa tête et ses épaules* » (Le Clézio).

crachoir **n. m.** – XVIe ■ Petit récipient muni d'un couvercle dans lequel on peut cracher. ♦ loc. fam. *Tenir le crachoir à qqn,* l'écouter sans pouvoir placer un mot.

crachotement **n. m.** – XVIIe ■ Action, fait de crachoter.

crachoter **v. intr.** [1] – XVIe ■ Cracher souvent et peu. ♦ Émettre des crépitements. *Haut-parleur qui crachote.*

crachouiller **v. tr. et intr.** [1] – 1924 ■ fam. ⇒ **crachoter.**

① **crack** **n. m.** – XIXe ; mot angl. « fameux », de *to crack* « craquer, se vanter » **1** Poulain préféré, dans une écurie de course. **2** fam. *C'est un crack,* un sujet remarquable. ⇒ **as, champion.** ✪ HOM. Crac, craque, krach, krak.

② **crack** **n. m.** – 1986 ; mot angl. « coup de fouet », de *crack* « fameux » ou de *to crack* « écraser, casser » ■ arg. Dérivé fumable de la cocaïne, très concentré, se présentant sous forme de cristaux, et violemment toxique.

cracker [kʀakœʀ ; kʀakɛʀ] **n. m.** – XIXe ; mot angl., de *to crack* « craquer » ■ Petit biscuit salé et croustillant. « *une soucoupe contenant encore quelques crackers* » (Perec).

cracking **n. m.** – 1922 ; mot angl., de *to crack* « briser » ■ Craquage.

cracra **adj. inv.** – 1916 ■ fam. Crasseux. ⇒ **crado.** « *tu pues* [...], *tu es cracra* » (Sartre).

cradingue **adj.** – v. 1950 ■ fam. Très sale. ⇒ **crado.**

crado **adj.** – 1935 ■ fam. Très sale, crasseux. ⇒ **cracra, cradingue.** *Elles sont vraiment crados !* ➛ abrév. CRADE.

craie **n. f.** – XIe ; lat. *creta* « argile » **1** Roche sédimentaire marine, calcaire, à grain fin, blanche, tendre et friable. *Falaises de craie.* ⇒ **crayeux. 2** Calcaire réduit en poudre et moulé (en bâtons) pour écrire, tracer des signes. *Bâton de craie pour écrire au tableau noir.* « *les traits d'un jeu de marelle dessiné à la craie sur le bitume* » (Duham.). ➛ Bâtonnet de craie (pour écrire). *Boîte de craies de couleur.* ✪ HOM. Crêt.

crailler **v. intr.** [1] – XVIe ; onomat. ■ Crier, en parlant de la corneille. ⇒ **croasser.**

craindre **v. tr.** [52] – XIe ; lat., altér. de *tremere* « trembler » **1** Envisager (qqn, qqch.) comme dangereux, nuisible, et en avoir peur. ⇒ **appréhender, redouter.** « *je ne crains pas la mort. C'est l'enjeu de la vie* » (Giraud.). *Il ne viendra pas, je le crains. C'est à craindre. On craint le pire. Vous n'avez rien à craindre.* ➛ « *"Qu'ils me haïssent, pourvu qu'ils me craignent !" c'est bien un mot d'ambitieux* » (Alain). ♦ loc. *Il ne craint ni Dieu ni diable :* il n'a peur de rien. **2** CRAINDRE QUE (suivi du subj. et de *ne* explétif, dans une affirmation). *Je crains qu'il ne soit mort. Il est à craindre que cela ne se reproduise.* **3** CRAINDRE DE. *Il craint d'être découvert.* ♦ *Je ne crains pas d'affirmer que... :* je n'hésite pas à affirmer que. **4** Être sensible à. *Ces arbres craignent le froid.* **5** impers. *Ça craint,* c'est désagréable, pénible, laid ; c'est ridicule. ✪ CONTR. Affronter, souhaiter.

crainte **n. f.** – XIIe **1** Sentiment par lequel on craint (qqn ou qqch.) ; appréhension inquiète. ⇒ **angoisse, anxiété, appréhension, frayeur, peur.** « *L'espérance et la crainte sont inséparables* » (La Rochef.). *Soyez sans crainte à ce sujet. La crainte qu'il ne vienne, qu'il ne vienne pas. N'ayez crainte : il viendra.* ➛ *Crainte de Dieu.* ➛ au plur. « *dans le cas où vous auriez des craintes sur ma solvabilité* » (Balz.). **2** DANS LA CRAINTE DE ; PAR CRAINTE DE. *Dans la crainte d'un échec,* *d'échouer, qu'il n'échoue.* ♦ *DE CRAINTE QUE* suivi du subj. *De crainte qu'on (ne) vous entende.* ✪ CONTR. Audace, courage, souhait.

craintif, ive adj. – XIVe ▪ Qui est sujet à la crainte (occasionnellement ou, surtout, habituellement). ⇒ **angoissé, anxieux, peureux.** *Enfant craintif.* ♦ *Approcher d'un air craintif.* ✪ CONTR. Assuré, courageux, résolu.

craintivement adv. – XVe ▪ D'une manière craintive.

crambe n. m. – XVIe ; gr. « chou » ▪ Plante *(crucifères)* cultivée pour ses pétioles comestibles, appelée aussi *chou marin.*

cramer v. [1] – XIXe ; lat. *cremare* « brûler » ▪ fam. **1** v. tr. Brûler légèrement. *Cramer un rôti.* intrans. *Les carottes ont cramé.* ➜ subst. *Ça sent le cramé.* **2** v. intr. Brûler, se consumer. *Toute la bicoque a cramé.*

cramique n. m. – XIVe ; a. fr. *crammiche* ▪ (Belgique) Pain au lait et au beurre, garni de raisins de Corinthe.

cramoisi, ie adj. – XIIIe ; ar. *qirmʼzi* « de la couleur de la cochenille » **1** Qui est d'une couleur rouge foncé, tirant sur le violet. « *Deux larges sofas [...] en soie cramoisie* » (Baud.). **2** Très rouge (teint, peau). *Devenir cramoisi.*

> ❑ Rabelais parle de *bleu cramoisi,* l'adjectif ayant alors le sens ancien de « brillant, éclatant ».

crampe n. f. – XIIe ; germ. ▪ Contraction douloureuse, involontaire et passagère d'un muscle ou d'un groupe de muscles. *Avoir une crampe au mollet.* ♦ *Crampe d'estomac :* douleur gastrique due à une contracture des muscles de la paroi de l'estomac.

crampillon n. m. – 1949 ▪ Clou recourbé à deux pointes parallèles. ⇒ **cavalier.**

crampon n. m. – XIIIe ; germ. « crochet » **1** Pièce de métal recourbée, servant à saisir, attacher, assembler. ⇒ **agrafe, crochet, grappin, griffe, harpon.** **2** *Chaussures à crampons :* chaussures de sport munies de clous, de petits cylindres de cuir, caoutchouc, etc., destinés à empêcher de glisser. ➜ Semelle à pointes que l'on fixe sous la chaussure pour se déplacer sur la glace. **3** Racine adventive de fixation. *Les crampons du lierre.* **4** fam. Personne importune* et tenace. *Quel crampon !* ➜ adj. inv. *Elles sont crampon.* ⇒ **collant.**

cramponnement n. m. – XIXe ▪ Action de cramponner, de se cramponner.

cramponner v. tr. [1] – XVe **1** Fixer, retenir, saisir avec un crampon. *Cramponner les pierres d'un mur.* **2** fam. *Cramponner qqn.* ⇒ **importuner ;** fam. **coller.** « *telle femme dont nous ne dirons pas qu'elle nous aime mais qu'elle nous cramponne* » (Proust). **3** *SE CRAMPONNER* v. pron. S'accrocher, s'attacher ; se tenir fermement. ⇒ s'**agripper,** se **retenir.** *Se cramponner au bras de qqn.* ♦ « *Il se cramponnait à cette idée comme un naufragé à une bouée* » (Mac Orlan). ✪ CONTR. Arracher, ① détacher, séparer. ① Lâcher, laisser.

cramponnet n. m. – XVIIe ▪ Pièce de métal où se déplace le pêne d'une serrure.

cran n. m. – XIe ; de *créner* **I - 1** Entaille faite à un corps dur et destinée à accrocher, à arrêter qqch. ⇒ **encoche.** *Hausser d'un cran les taquets d'une étagère.* ♦ ⇒ **degré.** fig. *Monter, baisser d'un cran :* dans une situation (⇒ **augmenter, diminuer).** **2** Entaille où s'engage la tête de gâchette d'une arme à feu. ♦ *Couteau à cran d'arrêt.* **3** Entaille servant de repère. **4** Trou servant d'arrêt dans une sangle, une courroie. *Serrer sa ceinture d'un cran.* **5** Forme ondulée donnée aux cheveux. *Le coiffeur lui a fait un cran.* **II - 1** fam. ⇒ **audace, courage.** « *ceux qui ont le cran de dire "non" doivent être peu nombreux* » (Mart. du G.). **2** *Être à cran,* prêt à se mettre en colère, à bout de nerfs. ⇒ **exaspéré.**

> ❑ *Cren,* l'ancienne forme de *cran,* subsiste dans *créneau* et ses dérivés.

crâne n. m. et adj. – XIVe ; gr. *kranion* **I - 1** Boîte osseuse renfermant l'encéphale. *Les os du crâne* (occipital, sphénoïde, temporal, pariétal, frontal, ethmoïde) *et ceux de la face.* ➜ *Fracture du crâne.* **2** Tête, sommet de la tête (d'un être humain). « *Son crâne était très rond et presque toujours rasé* » (Genet). fam. *Avoir mal au crâne.* ➜ loc. *Enfoncer, mettre qqch. dans le crâne à qqn,* lui faire comprendre péniblement qqch. **II** adj vieilli Qui a, qui montre du courage, de la bravoure. *Un air crâne.* ⇒ **courageux, décidé.**

crânement adv. – XIXe ▪ vieilli D'une manière crâne. ⇒ **bravement, courageusement.**

crâner v. intr. [1] – XIXe ▪ fam. Affecter la bravoure, le courage, la décision. ⇒ **fanfaronner.** ➜ Prendre un air fat, vaniteux. ⇒ **frimer.** « *Pour séduire les filles [...] on parlait fort, on crânait* » (Dorgelès). ✪ CONTR. Trembler ; dégonfler (se).

crânerie n. f. – XVIIIe ▪ vieilli Manière d'agir de celui qui tient à montrer du courage. ⇒ **bravade.** « *cette crânerie particulière aux poltrons* » (France). ✪ CONTR. Poltronnerie.

crâneur, euse n. et adj. – XIXe ▪ fam. Personne qui crâne. ⇒ **prétentieux ;** fam. **frimeur, ramenard.** *Faire le crâneur.* adj. *Elle est un peu crâneuse.*

crânien, ienne adj. – XIXe ▪ Qui a rapport au crâne. *Boîte crânienne.*

crani(o)- ▪ Élément, du gr. *kranion* « crâne ».

craniologie n. f. – 1807 ; *cranio-* et *-logie* ▪ Étude du crâne humain sous tous ses aspects (forme, structure, développement).

cranter v. tr. [1] – XIXe ▪ Pratiquer des crans à. *Ciseaux à cranter.* ♦ *Cheveux crantés.*

crapahuter v. intr. [1] – 1939 ; de *crapaud,* d'apr. *chahuter* ▪ fam. Marcher, progresser en terrain difficile.

> ❑ Dans l'armée française, on emploie couramment ce verbe qui se rattache à *crapaud,* prononcé par jeu à Saint-Cyr [kʀapay], en dissociant le digramme *au.*

crapaud n. m. – XIIe ; germ. *krappa* « crochet » **1** Amphibien anoure insectivore *(pipidés)* à la peau lâche et verruqueuse, à la tête large. *Jeune crapaud.* ⇒ **têtard.** *Le crapaud coasse.* **2** Défaut dans un diamant, dans une pierre précieuse. **3** *Fauteuil crapaud,* bas et ramassé. ➜ *(Piano) crapaud :* petit piano à queue.

crapaudine n. f. – XIIIe **1** Pierre précieuse provenant de la pétrification des dents fossiles d'un squale. **2** Godet de métal dans lequel entre le gond d'une porte. ⇒ ① **couette.** ➜ Pivot d'un arbre vertical. ♦ Plaque ou grille qui retient les déchets à l'entrée d'un tuyau de descente.

> ❑ La pierre précieuse est ainsi nommée car on la croyait extraite de la tête du crapaud.

crapauduc n. m. – 1985 ▪ Buse passant sous une route, pour permettre le passage des batraciens.

> ❑ Ce mot (qui a l'air d'une plaisanterie) est formé sur le modèle du composé savant *aqueduc,* avec la finale *-duc.* → -duc (rem.).

crapette n. f. – XIXe ; o. i. ▪ Jeu de cartes à deux consistant à poser toutes ses cartes sur le tapis suivant des règles très précises.

crapouillot n. m. – XIXe ; de *crapaud* « canon trapu » ▪ Petit mortier de tranchée utilisé pendant la guerre de 14-18.

crapule n. f. – XIVe ; lat. « ivresse » ▪ Individu très malhonnête. ⇒ **bandit, canaille.** « *Parlons peu, mais parlons bien. Tu es une vieille crapule* » (France). ✪ CONTR. Honnête.

crapulerie n. f. – XIXe ▪ Malhonnêteté et bassesse. ⇒ **canaillerie.** ◆ Action crapuleuse.

crapuleux, euse adj. – XVe ▪ Très malhonnête et sordide. ⇒ **infâme.** *Un crime crapuleux,* ayant l'intérêt, l'argent pour mobile.

craquage n. m. – 1921 ▪ Procédé de traitement des hydrocarbures pétroliers visant à accroître la proportion des produits légers par scission des molécules de produits lourds. Recomm. offic. pour *cracking.*

craquant, ante adj. – XIXe 1 Qui craque, fait crac. *Biscuits craquants.* ⇒ ② **croquant, croustillant.** 2 fam. Qui fait craquer, céder à l'attrait de qqch., qqn. ⇒ **épatant.**

craque n. f. – XIXe ; de *craquer* « mentir » ▪ fam. Mensonge par exagération. « *il ne faut pas nous raconter de craques* » (Proust). ✪ HOM. Crac, crack, krach, krak.

craquelage n. m. – XIXe ▪ Opération par laquelle on obtient la porcelaine craquelée.

craquèlement ou **craquellement** n. m. – XIXe ▪ État de ce qui est craquelé. Apparition de craquelures.

craqueler v. tr. [4] – XVIIIe 1 Fendiller (une surface polie). *Craqueler de la porcelaine. Poterie craquelée.* 2 *Le gel a craquelé le sol.* pronom. *La terre se craquelle sous l'effet de la sécheresse.* ✪ CONTR. Glacer, ① lisser.

craquelin n. m. – XIIIe ▪ Biscuit dur qui craque sous la dent.

craquelure n. f. – XIXe ▪ Fendillement du vernis, de l'émail d'une porcelaine, d'un tableau. ◆ *Les craquelures du cuir, du sol.*

craquement n. m. – XVIe ▪ Bruit sec (d'une chose qui se rompt, éclate, etc.). « *un craquement effroyable se fit entendre. La plaine de glace se brisa* » (J. Verne).

craquer v. [1] – XVIe ; de l'onomat. *crac* **I** v. intr. 1 Produire un bruit sec. *Vieux meuble, plancher qui craque. Faire craquer ses doigts,* en tirant sur les articulations. ◆ trans. *Craquer une allumette,* en la frottant. 2 Céder, lâcher soudainement. ⇒ se **déchirer.** *Son collant a craqué.* ◆ PLEIN À CRAQUER, complètement plein. *La salle était pleine à craquer.* « *les têtes bourrées à craquer de petits soucis* » (Sartre). 3 Être ébranlé, menacer ruine. *Projet qui craque.* ⇒ **échouer.** 4 *Ses nerfs ont craqué :* il a eu une défaillance nerveuse, il n'en peut plus. ◆ *Je craque !* ◆ fam. Céder brusquement (à une envie, un besoin). *Elle a craqué pour ce voyage.* **II** v. tr. Traiter (un produit pétrolier) par craquage.

> ❑ Le sens figuré de « être ébranlé, céder » vient de l'anglais *to crack.*

craquètement ou **craquettement** n. m. – XVIe 1 Bruit produit par ce qui craquette. 2 Cri de la cigogne, de la grue. ◆ Bruit de la cigale dû au frottement de ses élytres.

craqueter v. intr. [4] – XVIe 1 Produire des craquements répétés. *Le sel craquette dans le feu.* 2 Crier, en parlant de la cigogne (⇒ **claqueter**), de la grue. ◆ Émettre son bruit, en parlant de la cigale. ⇒ **striduler.**

crase n. f. – XVIIe ; gr. *krasis* « mélange » 1 En grammaire grecque, Contraction de syllabes (finale et initiale de deux mots joints) ex. *kago,* pour *kaï* et *ego.* 2 *Crase sanguine :* étude des propriétés coagulantes du sang.

crash n. m. – 1956 ; mot angl., de *to crash* « s'écraser » ▪ Atterrissage forcé d'un avion, train rentré. ◆ Écrasement au sol (d'un avion). *Des crashs* ou *des crashes.*

> ❑ L'équivalent officiel « atterrissage forcé avec dégâts », trop long et moins évocateur, n'est pas passé dans l'usage.

crasher (se) v. pron. [1] – XXe ▪ S'écraser au sol (engin aérien). ✪ HOM. Cracher.

crassane n. f. – XVIIe ; p.-ê. de *Crazannes,* village de Saintonge ▪ Poire de forme arrondie, gris jaune, à chair ferme et acidulée.

crasse adj. f. et n. f. – XIIe ; lat. *crassus* « épais, gras » **I** adj. f. *Ignorance crasse,* grossière, dans laquelle on se complaît. *Il est d'une ignorance crasse.* **II** n. f. 1 Couche de saleté qui se forme sur la peau, le linge, les objets. ⇒ **saleté.** « *Il est sale avec lyrisme. Il a l'air de suer la crasse, de la produire, de la sécréter* » (Duham.). 2 Scorie d'un métal en fusion. ◆ *Faire une crasse à qqn,* une indélicatesse. ⇒ **méchanceté, vacherie.** « *Pour qu'ils se détachent de moi il faut que je leur fasse des crasses* » (Genet). ✪ CONTR. Propreté.

crasseux, euse adj. – XIIIe ▪ Qui est couvert de crasse, très sale. ⇒ **malpropre ;** fam. **crado.** *Une chemise crasseuse.* ✪ CONTR. Impeccable.

crassier n. m. – XVIIIe ▪ Amoncellement des scories de hauts fourneaux. ⇒ **terril.**

-crate, -cratie ▪ Suffixes, du gr. *kratos* « force, puissance ».

cratère n. m. – XVe ; gr. 1 Vase antique à deux anses, en forme de coupe, dans lequel on mêlait le vin et l'eau. 2 Dépression située en général à la partie supérieure d'un volcan, et par laquelle s'échappent des matières en fusion. « *le cratère émettait des vapeurs plus ou moins intenses* » (J. Verne). *Lac de cratère,* dans un cratère éteint. ◆ Vaste trou naturel. *Cratère creusé par une météorite.* ⇒ **caldeira.** 3 Ouverture pratiquée à la partie supérieure d'un fourneau de verrier.

craterelle n. f. – XIXe ; lat. *crater* « cratère » ▪ Champignon *(basidiomycètes)* comestible en forme d'entonnoir, de couleur noire, appelé couramment *trompette*-de-la-mort.*

cratériforme adj. – XIXe ▪ En forme de cratère, de coupe.

-cratie → **-crate**

cravache n. f. – XVIIIe ; turc *qyrbâtch* « fouet de cuir » ▪ Badine flexible dont se servent les cavaliers ⇒ **jonc,** ① **stick.** *Coup de cravache.* ◆ *Mener qqn à la cravache,* brutalement.

cravacher v. [1] – XIXe 1 v. tr. Frapper à coups de cravache. *Cravacher un cheval.* ◆ *Il a fini la course en cravachant.* 2 v. intr. fam. Aller vite ; travailler à la hâte. *Il va falloir cravacher pour finir à temps.*

cravate n. f. – XVIIe ; de *Croate* 1 Bande (d'étoffe, de matière souple) qui se passe sous le col de chemise et se noue par-devant. *Il aime mieux les nœuds papillon que les cravates. Nœud de cravate.* ◆ loc. fam. *S'en jeter un* (un verre) *derrière la cravate.* ⇒ ① **boire.** 2 Bande d'étoffe, insigne de haute décoration. *Cravate de commandeur de la Légion d'honneur.* 3 Ornement de soie brodée qu'on attache au haut (d'une lance), à la hampe (d'un drapeau). ◆ Cordage qui entoure une ancre.

> ❑ *Cravate,* à l'origine nom ethnique sous la forme *crabate,* a été supplanté dans ce sens par *Croate.* ◆ Le sens usuel d'« objet de parure masculine » remonte à l'habitude des cavaliers croates de porter une bande de tissu autour du cou.

cravater v. tr. [1] – XIXe 1 Entourer d'une cravate. ◆ *Il est toujours cravaté :* il porte toujours une cravate.

2 Attaquer (qqn) en le prenant et en le serrant par le cou. 3 fam. Prendre, attraper (qqn). « *Un gars de sa trempe ne se laisse pas cravater sans preuves* » (Carco).

crave n. m. – XVIIe ; même rad. que *cravan* « oie sauvage » ▪ Oiseau grégaire des montagnes, de la taille du choucas, au plumage noir, au bec et aux pattes rouges.

crawl [kʀol] n. m. – 1905 ; mot angl., de *to crawl* « ramper » ▪ Nage rapide qui consiste en un battement continu des jambes et une rotation alternative des bras. *Nager le crawl.*

❑ Ce mot n'a pas d'équivalent français. Sa graphie anglaise est mal adaptée au système français.

crawler [kʀole] v. intr. [1] – 1931 ▪ Nager le crawl. *Dos crawlé* : crawl nagé sur le dos.

crawleur, euse [kʀolœʀ, øz] n. – 1933 ▪ Nageur, nageuse de crawl.

crayeux, euse adj. – XIIIe ▪ Qui est de la nature de la craie. *Sol crayeux.* ♦ Qui est de la couleur de la craie. *Il a un teint crayeux.*

crayon n. m. – XIVe ; de *craie* 1 Petite baguette, généralement en bois, servant de gaine à une longue mine. *Écrire, dessiner au crayon. Il dessinait « avec un crayon à mine dure, taillé très fin »* (Robbe-Grillet). *Boîte de crayons de couleur.* loc. *Avoir un bon coup de crayon* : savoir dessiner. 2 Bâtonnet. *Crayon hémostatique.* ➔ *Crayon pour le maquillage des yeux.* 3 *Crayon optique.* ⇒ **photostyle.**

crayonnage n. m. – XVIIIe ▪ Action de crayonner ; son résultat.

crayonner v. tr. [1] – XVIe 1 Dessiner, écrire avec un crayon (le plus souvent de façon sommaire). « *Ces gribouillages, qu'on crayonne distraitement pendant qu'on écoute quelqu'un* » (Romains). ⇒ **gribouiller, griffonner.** 2 Marquer les grandes lignes, les traits essentiels de. ⇒ **ébaucher, esquisser.** ➔ *Croquis crayonné* et subst. UN CRAYONNÉ : projet graphique à l'état d'ébauche.

cré → ① **sacré**

créance n. f. – XIe ; de *creire,* a. forme de *croire* 1 vieilli *Donner créance à une chose,* la rendre croyable, vraisemblable. *Donner, ajouter créance* : donner, ajouter foi. 2 Droit en vertu duquel une personne (⇒ **créancier**) peut exiger de qqn (⇒ **débiteur**) qqch., et spécialt une somme d'argent. *Avoir une créance sur qqn.* ➔ Le titre établissant la créance. ✪ CONTR. Dette.

créancier, ière n. – XIIe ▪ Titulaire d'une créance ; personne à qui il est dû de l'argent. *Être poursuivi par ses créanciers.* « *que des procès ! des sommations ! [...] Des créanciers devant toutes les portes !* » (Céline). ✪ CONTR. Débiteur.

créateur, trice n. et adj. – XIIe 1 n. m. Celui qui crée, qui tire qqch. du néant. *Le créateur du ciel et de la terre,* Dieu. *Le Créateur.* 2 L'auteur d'une chose nouvelle. ⇒ **auteur, inventeur, père.** *Le créateur d'un genre littéraire, d'une théorie scientifique.* ♦ *Le créateur, la créatrice d'un rôle,* le premier, la première interprète. ♦ *Un créateur* : celui qui crée, en art (opposé à *imitateur, suiveur,* etc.). ➔ *Créateur, créatrice* (de mode), qui crée des vêtements. 3 *Le créateur d'un produit.* ⇒ **producteur.** 4 adj. Qui crée, invente. *Esprit créateur.* ⇒ **créatif, inventif.** ✪ CONTR. Destructeur.

créatif, ive adj. et n. m. – XIVe 1 adj. Qui est d'esprit inventif, qui a de la créativité*. *Personne créative.* ➔ Qui favorise la création. *Entreprise créative.* ⇒ **innovant.** 2 n. m. *Un créatif* : un créateur dans le domaine commercial. ⇒ **concepteur.** *Les créatifs et les commerciaux.*

❑ Lorsqu'un mot en *-eur* (adj. ou n.) est remplacé par un mot en *-if, -ive,* il s'agit souvent d'un anglicisme (ex. : *créateur* et *créatif, générateur* et *génératif, locomoteur* et *locomotive*).

créatine n. f. – XIXe ; gr. *kreas, kreatos* « chair » ▪ Composé azoté qui joue un rôle essentiel dans la contraction musculaire.

créatinine n. f. – XIXe ▪ Anhydride de la créatine, dont la mesure dans l'urine est utilisée pour évaluer la fonction rénale.

création n. f. – XIIIe ; lat. *creatio* 1 Action de donner l'existence, de tirer du néant. *La création du monde, la Création* : le fait par lequel le monde a acquis l'existence, si l'on admet qu'il a commencé dans le temps. 2 L'ensemble des choses créées ; le monde, considéré comme créé. *Toutes les plantes de la création,* de la Terre. 3 Action de faire, d'organiser une chose qui n'existait pas encore. ⇒ **élaboration, invention.** *Ils font partie de l'entreprise depuis sa création.* ⇒ **commencement, début.** *Création d'un nouveau produit.* ♦ Le fait de créer une œuvre (art, littérature). ♦ *La création d'un rôle,* sa première interprétation, au théâtre. *Création d'une pièce, d'un spectacle* : première (ou nouvelle) mise en scène. 4 Ce qui est créé par l'homme. ⇒ **œuvre.** *Une création originale.* ♦ Nouvelle fabrication ; modèle inédit. « *toutes les dernières créations de vos grands couturiers* » (Loti). ✪ CONTR. Destruction. Copie, imitation.

créationnisme n. m. – XIXe ▪ Théorie de la création des espèces. ⇒ **fixisme.** ✪ CONTR. Évolutionnisme.

créatique n. f. – 1973 ▪ Ensemble des techniques de stimulation de la créativité. ⇒ **brainstorming.**

créativité n. f. – 1946 ▪ Pouvoir de création, d'invention. ⇒ **inventivité.**

créature n. f. – XIe 1 Être qui a été créé, tiré du néant. « *Cette espèce bizarre de créatures qu'on appelle le genre humain* » (Fontenelle). 2 *Créature humaine* : l'homme. ♦ littér. *Une créature* : un être humain. ⇒ ① **personne.** ➔ Femme. *Une créature de rêve.* 3 vx Femme de « mauvaise vie ». ⇒ **traînée.** « *une créature qui a tout son passé à se reprocher* » (Dumas fils). 4 Personne qui tient sa fortune, sa position de qqn à qui elle est totalement soumise. *C'est une créature du ministre.* ✪ CONTR. Auteur, créateur. Dieu.

crécelle n. f. – XIIe ; lat. *crepitare* « craquer » 1 Moulinet de bois formé d'une planchette mobile qui produit un crépitement en tournant autour d'un axe. *Bruit de crécelle,* sec et aigu. 2 *Voix de crécelle,* aiguë, désagréable.

❑ La *crécelle* a été l'attribut traditionnel des lépreux, pour éloigner les autres (contagion).

crécerelle n. f. – XIIe ; de *crécelle* ▪ Petit rapace diurne très répandu.

❑ Le cri de cet oiseau rappelle le bruit de la crécelle.

crèche n. f. – XIIe ; germ. 1 La mangeoire où Jésus aurait été placé à sa naissance, dans l'étable de Bethléem. ➔ Représentation de l'étable de Bethléem et de la Nativité. *L'âne et le bœuf de la crèche.* 2 Établissement destiné à recevoir dans la journée les enfants de moins de trois ans dont les parents travaillent. ⇒ **garderie.**

crécher v. intr. [6] – 1921 ▪ fam. Habiter, loger. « *il crèche chez des copains* » (Beauv.).

crédence n. f. – XIVe ; it. *credenza* « confiance » 1 Buffet de salle à manger dont les tablettes superposées servent à poser les plats, la verrerie. ⇒ **dressoir.** 2 Dans la liturgie catholique, Console sur laquelle on dépose les burettes, le bassin servant pour la messe.

crédibiliser v. tr. [1] – 1984 ■ Rendre crédible. ✪ CONTR. Décrédibiliser.

crédibilité n. f. – XVIIe ■ Ce qui fait qu'une personne, une chose mérite d'être crue. *Les pièces « gagnent beaucoup en vérité, et en crédibilité »* (Mauriac).

crédible adj. – XVe ■ Qui est digne de confiance, mérite d'être cru. *Personne crédible. Histoire crédible.* ⇒ **vraisemblable.**

crédirentier, ière n. et adj. – XIXe ■ Créancier d'une rente constituée en perpétuel ou en viager. ✪ CONTR. Débirentier.

> ❑ Mot composé écrit en un seul mot, avec suppression du *t* de *crédit* pour éviter une prononciation incorrecte.

crédit n. m. – XVe ; lat. *credere* « croire » **I - 1** *Accorder, donner crédit à un bruit, une rumeur,* y ajouter foi, y croire. FAIRE CRÉDIT À (qqn, qqch.) : se fier à, compter sur. 2 littér. Influence dont jouit une personne ou une chose auprès de qqn, par la confiance qu'elle inspire. ⇒ **autorité, influence,** ② **pouvoir.** *User de son crédit auprès de qqn. Il faut dire, à son crédit, qu'il a été honnête.* ➛ *Cette opinion acquiert du crédit parmi les dirigeants.* ⇒ **importance. II - 1** *À CRÉDIT :* sans exiger de paiement immédiat (opposé à *au comptant*). *Vendre, acheter, vente, achat à crédit,* à terme, à tempérament. ♦ *FAIRE CRÉDIT À* (qqn) : ne pas exiger un paiement immédiat. *La maison ne fait pas crédit.* ♦ *CARTE DE CRÉDIT :* carte magnétisée qui permet à son titulaire d'obtenir des biens, des services sans paiement immédiat. 2 Opération par laquelle une personne met une somme d'argent à la disposition d'une autre ; cette somme. ⇒ ② **prêt.** *Crédit bancaire. Crédit à long, moyen, court terme. Prendre, avoir un crédit sur dix ans.* ➛ Établissement de crédit. *Le Crédit foncier de France.* 3 Sommes allouées sur un budget pour un usage déterminé. ⇒ **enveloppe.** *Vote des crédits.* 4 Partie d'un compte où sont inscrites les sommes remises ou payées à la personne qui tient le compte. ⇒ ② **avoir.** *Porter une somme au crédit de qqn.* ✪ CONTR. Discrédit. Défiance, méfiance. Emprunt. ② Débit.

crédit-bail n. m. – 1966 ■ Forme de location portant sur des biens mobiliers ou immobiliers, et dont le locataire peut, aux termes du contrat, devenir propriétaire. ⇒ **leasing.** *Des crédits-bails.*

> ❑ *Crédit-bail* est synonyme de *leasing*, anglicisme qu'il remplace avantageusement.

créditer v. tr. [1] – XVIIe 1 Rendre (qqn) créancier d'une certaine somme que l'on porte au crédit de son compte. ➛ *Créditer un compte de telle somme.* 2 *Créditer qqn de qqch.*, lui en reconnaître le mérite, porter à son actif. « *Tout en lui m'inspirait une confiance absolue dont il ne m'a jamais été possible par la suite de créditer quelqu'un d'autre* » (Yourcenar). ✪ CONTR. ② Débiter.

créditeur, trice n. – XIIIe ■ Personne qui a des sommes portées à son crédit. ➛ adj. *Compte créditeur.* ✪ CONTR. Débiteur.

credo [kʀedo] n. m. inv. – XIIe ; mot lat. « je crois » 1 Symbole des apôtres, contenant les articles fondamentaux de la foi catholique. *Dire, chanter le Credo.* 2 Principes sur lesquels on fonde son opinion, sa conduite. *Exposer son credo politique.* « *il y a des sujets tabous, il y a des credo communs* » (Sarraute).

> ❑ Certains mettent ce mot au pluriel pour le sens figuré : *des credos politiques.*

crédule adj. – XIVe ; lat. *credere* « croire » ■ Qui croit trop facilement ; qui a une confiance aveugle en ce qu'il entend ou lit. ⇒ **confiant, naïf.** « *la haine ainsi que l'amour rend crédule* » (Rouss.). ✪ CONTR. Défiant, incrédule, méfiant, sceptique, soupçonneux.

crédulité n. f. – XIIe ■ Grande facilité à croire sur une base fragile. ⇒ **candeur, confiance, naïveté.** *Un charlatan qui abuse de la crédulité du public.* ✪ CONTR. Incrédulité, méfiance, scepticisme.

créer v. tr. [1] – XIIe ; lat. 1 Donner l'être, l'existence, la vie à ; tirer du néant. ⇒ ① **faire.** *Dieu créa le ciel et la terre.* 2 Faire, réaliser (qqch. qui n'existait pas encore). ⇒ **concevoir, inventer.** *Créer un style. Romancier qui crée des personnages. L'artiste, le poète créent. Votre Lucien « rêve et ne pense pas, il s'agite et ne crée pas »* (Balz.). ♦ *Créer une entreprise.* ⇒ **monter.** *Cette industrie a créé de nombreux emplois.* ➛ *Créer un rôle,* en être le premier interprète. *Créer un spectacle,* l'organiser, le mettre en scène. 3 Être la cause de. ⇒ **produire, provoquer, susciter.** *Cela va créer un précédent. Mes enfants me créent du souci.* ⇒ **donner.** ➛ loc. *La fonction crée l'organe.* ♦ *SE CRÉER* (qqch.) : susciter pour soi-même. *Elle s'est créé tout un univers.* ➛ *Se créer une clientèle.* ⇒ se **constituer.** 4 Fabriquer ou mettre en vente (un produit nouveau). *Créer un modèle de haute couture.* ✪ CONTR. Abolir, détruire.

> ❑ Trois *e* successifs dans le participe passé féminin *créée.*

crémaillère n. f. – XIIIe ; gr. *kremastêr* « qui suspend » 1 Tige de fer munie de crans qui permettent de la fixer à différentes hauteurs dans une cheminée et d'un crochet pour y suspendre une marmite. ➛ loc. *Pendre la crémaillère :* célébrer par un repas, une fête, son installation dans un nouveau logement. 2 Dispositif muni de crans. *Crémaillères d'une bibliothèque.* ➛ Tige rectiligne à crans qui s'engrènent dans une roue dentée pour transformer un mouvement de rotation en un mouvement rectiligne, ou inversement. *Automobile avec direction à crémaillère. Tramway, funiculaire à crémaillère,* à rail denté pour les très fortes pentes. 3 *Parités à crémaillère :* parités de change susceptibles d'être révisées par des modifications successives de faible amplitude.

crémant n. m. – XIXe ; de *crémer* ■ Vin de Champagne à mousse légère.

crémation n. f. – XIIIe ; lat. *cremare* « brûler » ■ Action de brûler le corps des morts. ⇒ **incinération.**

crématiste n. – 1960 ■ Adepte de la crémation.

crématoire adj. – XIXe ■ Qui a rapport à la crémation. *Four crématoire,* où l'on réduit les corps en cendres. « *les cruautés hitlériennes, les fours crématoires, les charniers* » (Duham.).

crématorium [kʀematɔʀjɔm] n. m. – XIXe ; lat. ■ Lieu où l'on incinère les morts, dans un cimetière.

> ❑ Certains écrivent le mot sans accent : *crematorium.*

crème n. f. et adj. – XIIe ; lat. *crama,* croisé avec *chrisma* « chrême » 1 Matière grasse du lait dont on fait le beurre. *Crème fraîche. Pot de crème. Sauce normande à la crème.* ➛ *CRÈME FOUETTÉE* ou *crème chantilly.* ⇒ **chantilly.** 2 fam. *C'est la crème des hommes,* le meilleur des hommes. ➛ *Il fréquente des gens douteux : ce n'est pas la crème.* ⇒ **gratin.** 3 Entremets composé ordinairement de lait et d'œufs. *Crème pâtissière. Crème anglaise. Crème brûlée. Crème caramel. Crème au chocolat.* ➛ *Crème de marrons :* purée de marrons sucrée, avec du beurre et de la crème. ♦ Potage onctueux. *Crème d'asperges.* ⇒ **velouté.** ♦ Liqueur de consistance sirupeuse. *Crème de banane.* 4 Préparation utilisée dans la toilette et les soins de la peau.

Crème à raser. Crème hydratante. Crème solaire. **5** **adj. inv.** D'une couleur blanche légèrement teintée de jaune. *Des gants crème.* **6** *CAFÉ CRÈME* ou **n. m.** *UN CRÈME :* café additionné d'un peu de crème (plus souvent de lait). « *"Un café noir", dit Cathie. "Et un crème pour moi" dit Christine* » (Le Clézio). ✪ HOM. Chrême.

crémer **v. intr.** 6 – XVIe **1** rare Se couvrir de crème, en parlant du lait. ➛ *Sauce crémée,* où il entre un peu de crème fraîche. **2** *Mousse qui crème* (⇒ **crémant**).

crémerie **n. f.** – XIXe ■ Magasin où l'on vend des produits laitiers, des œufs. ♦ loc. fam. *Changer de crémerie :* quitter un lieu, un établissement pour aller ailleurs.

> ❑ Ce mot devrait s'écrire avec un accent grave, *crèmerie,* conformément à la prononciation [kʀɛmʀi]. Pour le même problème → événement (rem.).

crémeux, euse **adj.** – XVIe ■ Qui contient beaucoup de crème. *Lait crémeux.*

crémier, ière **n.** – XVIIIe ■ Commerçant(e) qui vend des produits laitiers et des œufs. ⇒ **B. O. F.,** ② **fromager.**

crémone **n. f.** – XVIIIe ; p.-ê. de *crémaillère,* ou nom d'une ville italienne ■ Espagnolette composée d'une tige de fer verticale qu'on hausse ou qu'on baisse en faisant tourner une poignée.

créneau **n. m.** – XIIe ; a. fr. *cren* « cran » **I - 1** Ouverture pratiquée à intervalles réguliers au sommet d'un rempart, d'une tour, et qui servait à la défense. *Mur à créneaux.* **2** Ouverture d'un parapet de tranchée, d'une muraille, pour viser et tirer. ⇒ **meurtrière.** ➛ loc. fig *Monter au créneau :* s'engager personnellement dans une action, une lutte. **II - 1** Espace disponible entre deux véhicules en stationnement. *Faire un créneau,* se garer. **2** Partie d'un marché sur lequel la concurrence est faible. *Il y a un créneau à prendre.* ♦ Intervalle de temps disponible. *J'ai un créneau vers quinze heures.* ⇒ **trou.** ➛ Temps d'antenne réservé à une diffusion.

crénelage **n. m.** – XVIIIe ■ Cordon, sur l'épaisseur d'une pièce de monnaie, d'une médaille. ⇒ **grènetis.**

> ❑ Pour le *é* → crémerie (rem.).

crénelé, ée **adj.** – XIIe **1** Garni de créneaux. *Mur crénelé.* **2** Dont le bord est découpé. *Feuille crénelée.*

créneler **v. tr.** 4 – XIIe **1** Munir de créneaux. **2** Entailler en disposant des crans. ⇒ **denteler.** *Créneler une roue pour un engrenage.* ➛ *Créneler une pièce de monnaie :* faire un cordon sur son épaisseur.

crénelure **n. f.** – XIVe ■ Découpure en forme de créneaux. ⇒ **dentelure.**

créner **v. tr.** 6 – XIe ; lat. *crinare* p.-ê. o. gaul. ■ Marquer d'un cran, d'une entaille (la tige d'une lettre).

créole **n. et adj.** – XVIIe ; port. *crioulo* « serviteur nourri dans la maison », de *criar* « nourrir » **1** Personne de race blanche, née dans les colonies intertropicales, notamment les Antilles (⇒ **béké**). *Un, une créole.* « *elle avait des langueurs de créole* » (Zola). ➛ **adj. et n. m.** *Parlers créoles, les créoles,* langues provenant du contact du français, de l'espagnol, du portugais, de l'anglais, du néerlandais avec des langues indigènes ou importées (Antilles). *Le créole de la Guadeloupe, de la Martinique. Les créoles anglais de la Jamaïque, de la Barbade.* **2** **n. f.** Grand anneau d'oreille. *Une paire de créoles en or.*

> ❑ Même famille étym. que *créer.* ♦ Ne pas confondre avec *métis, mulâtre.*

créoliser **v. tr.** 1 – XIXe ■ Donner à (un usage de la langue) des caractères d'un créole. ➛ pronom. *Langue qui se créolise.*

créosote **n. f.** – XIXe ; gr. *kreas* « chair » et *sôzein* « conserver » ■ Mélange huileux de phénols et de crésols obtenu par distillation des goudrons du bois (hêtre, bouleau) qu'il protège des parasites.

crêpage **n. m.** – XVIIIe **1** Apprêt d'une étoffe pour en faire un crêpe. **2** Action de crêper les cheveux. « *le crêpage de ses blonds cheveux bouffants* » (Goncourt). ✪ CONTR. Décrêpage.

① **crêpe** **n. f.** – XIIe ; lat. *crispus* « frisé » ■ Fine galette faite d'une pâte liquide composée de lait, de farine et d'œufs, que l'on a fait frire, saisir dans une poêle ou sur une plaque. *Crêpe bretonne. Crêpes de froment, de sarrasin.* ⇒ **galette.** *Crêpe Suzette,* au jus d'orange et Grand Marnier, flambée. ♦ loc. *S'aplatir comme une crêpe :* se soumettre lâchement. *Retourner qqn comme une crêpe,* lui faire changer brutalement d'opinion.

> ❑ Les dérivés *crêperie, crêpière* prennent également un accent circonflexe.

② **crêpe** **n. m.** – XIVe ; a. fr. *cresp* « frisé » **1** Tissu serré de soie, de laine fine, auquel on fait subir un certain apprêt suivi d'une compression. *Crêpe de soie,* dont les fils de chaîne sont très tordus. *Crêpe Georgette* (ou *georgette*), souple, transparent. ♦ Morceau de crêpe noir, que l'on porte en signe de deuil. « *son complet de flanelle dont le revers était barré d'un crêpe noir* » (Beauv.). **2** Latex de caoutchouc coagulé et séché, servant à faire des semelles de chaussure. *Chaussures à semelles (de) crêpe.*

> ❑ À la différence de *crêpe* n. f., les dérivés de *crêpe* n. m., *crépine, crépinette, crépon, crépu,* s'écrivent avec un accent aigu.

crêpelé, ée **adj.** – XVIe ■ Frisé à très petites ondulations (cheveux). ⇒ **crépu.** « *des cheveux noirs, un rien crêpelés* » (Mart. du G.).

crêper **v. tr.** 1 – XVIe ; a. fr. *cresp* « frisé » **I** Peigner (les cheveux) de la pointe vers la racine de manière à leur donner du volume. *Des cheveux crêpés.* **II** Préparer le crêpe en faisant subir une torsion à la chaîne. *Crêper une étoffe.* ✪ CONTR. Décrêper.

crêperie **n. f.** – 1929 ■ Local où l'on fait, où l'on consomme des crêpes. *Crêperie bretonne.*

crépi **n. m.** – XVIe ■ Enduit non lissé de plâtre, de ciment, souvent teinté, dont on revêt un mur. *Maison en crépi rose.*

crêpier, ière **n.** – XIXe **1** Personne qui fait et vend des crêpes. **2** **n. f.** Appareil à plaques chauffantes ou poêle très plate, servant à faire des crêpes.

crépine **n. f.** – XIIIe ; de ② *crêpe* **1** Frange de passementerie ouvragée. **2** Membrane graisseuse et transparente (épiploon) qui enveloppe les viscères du veau, du porc, utilisée en cuisine. *Saucisse enveloppée dans de la crépine.* **3** Tôle perforée servant de filtre à l'ouverture d'un tuyau.

crépinette **n. f.** – XIIIe ■ Saucisse plate entourée d'un morceau de crépine.

crépir **v. tr.** 2 – XIIe ; a. fr. *cresp* « frisé » ■ Garnir (un mur) d'un crépi. « *Le mur du jardin était crépi à chaux et à sable* » (Sand). ✪ CONTR. Décrépir.

crépissage **n. m.** – XVIIe ■ Action de crépir un mur ; état d'une surface crépie.

crépitant, ante **adj.** – XVe ■ Qui crépite. « *la voix crépitante des flammes* » (Malraux).

crépitation **n. f.** – XVIe **1** vieilli ou littér. Crépitement. *Crépitation du feu.* **2** *Crépitation osseuse :* bruit que font entendre les fragments d'un os fracturé quand ils frottent l'un contre l'autre.

crépitement n. m. – XIXe ▪ Fait de crépiter ; bruit de ce qui crépite. *Le crépitement du feu.* ⇒ **craquement.** « *on entendait au loin le crépitement de la fusillade* » (France).

crépiter v. intr. [1] – XVe ; lat. ▪ Faire entendre une succession de bruits secs. *Le feu crépite.* ⇒ **craquer,** ② **grésiller.** *Les applaudissements crépitaient.*

> ❑ Même famille étym. que *décrépit.*

crépon n. m. – XVIe ▪ Crêpe de coton épais. ➜ *Papier crépon :* papier gaufré décoratif.

crépu, ue adj. – XIIe ▪ *Cheveux crépus,* qui présentent une frisure naturelle très fine et très serrée et ont beaucoup de volume.

crépusculaire adj. – XVIIIe 1 littér. Du crépuscule. *Lueur crépusculaire.* 2 *Animaux crépusculaires,* qui ne sortent qu'au crépuscule.

crépuscule n. m. – XIIIe ; lat. *creperus* « douteux » 1 Lumière incertaine qui succède immédiatement au coucher du soleil. « *Pas de crépuscule, pas d'aurore. Nuit et jour se succédaient* » (Giraud.). *Au crépuscule, à l'heure du crépuscule :* à la nuit tombante (cf. Entre chien et loup). 2 littér. Déclin, fin. « *Le Crépuscule des Dieux* », opéra de Wagner.

crescendo [kʀeʃɛndo ; kʀeʃẽdo] adv. et n. m. – XVIIIe ; mot it. « en croissant » 1 En augmentant progressivement l'intensité sonore. *Passage exécuté crescendo.* ➜ n. m. *Des crescendo* ou *des crescendos.* 2 En augmentant, en croissant. *Sa mauvaise humeur va crescendo.* ✪ CONTR. Decrescendo.

crésol n. m. – XIXe ; de *cré(o)s(ote)* et *-ol* ▪ Chacun des phénols dérivés du toluène et utilisés comme désinfectants.

cresson [kʀesɔ̃ ; kʀəsɔ̃] n. m. – XIIe ; germ. 1 Plante herbacée vivace, à tige rampante et à feuilles découpées en lobes arrondis *(crucifèracées),* cultivée pour ses parties vertes comestibles à goût piquant. *Soupe au cresson.* 2 *Cresson alénois.* ⇒ **passerage.** ➜ *Cresson des prés* (ou *cressonnette* n. f.). ⇒ **cardamine.**

> ❑ La prononciation [kʀəsɔ̃], surtout parisienne, serait la prononciation ancienne. ♦ La prononciation [ɛ] ou [e] du *e* devant *s* double n'est pas systématique (ex. *ressembler, dessous*).

cressonnière n. f. – XIIIe ▪ Lieu baigné d'eau où l'on cultive le cresson.

crêt n. m. – XIIIe ; mot du Jura ▪ Escarpement rocheux qui borde une combe. ✪ HOM. Craie.

crétacé, ée adj. et n. m. – XVIIIe ; lat. *creta* « craie » ▪ Qui correspond à une période géologique de la fin du secondaire, au cours de laquelle se sont formés (notamment) les terrains à craie. ♦ n. m. *Le crétacé.*

crête n. f. – XIIe ; lat. *crista* 1 Excroissance charnue, rouge, dentelée, sur la tête de certains gallinacés. *Crête de coq.* ♦ Excroissance sur la tête et le dos de certains amphibiens. *Crête d'un iguane.* 2 Ligne de faîte d'une montagne. *Chemin, route de crête. Suivre la ligne des crêtes.* ➜ Sommet d'un mur, d'une construction. *Crête d'un toit.* ⇒ **faîte.** ♦ Ligne de partage des eaux. 3 Valeur maximale (représentée par un sommet sur un graphique). 4 Arête supérieure d'une vague, d'une lame (opposé à *creux*). « *une monstrueuse lame, couronnée nettement par une crête blanche* » (J. Verne).

crêté, ée adj. – XIIe ▪ Qui porte une crête.

crételle n. f. – XVIIIe ▪ Graminée fourragère.

crétin, ine n. – XVIIIe ; de *chrétien* « innocent » 1 Personne atteinte de crétinisme, par insuffisance thyroïdienne. ⇒ **idiot, goitreux.** 2 fam. Personne stupide. ⇒ **imbécile.** « *Il répéta le mot idiot, chercha quelque chose de plus fort, trouva imbécile et crétin* » (Zola). *Bande de crétins !* ➜ adj. *Il est vraiment crétin.* ⇒ **bête.**

> ❑ D'abord avec le sens de « malheureux », le mot a été employé par commisération.

crétinerie n. f. – XIXe ▪ Action de crétin ; caractère du crétin. ⇒ **bêtise.**

crétinisant, ante adj. – 1926 ▪ Qui rend bête, qui crétinise. ⇒ **abêtissant.**

crétinisation n. f. – XIXe ▪ Action de crétiniser. ⇒ **abêtissement.** *Crétinisation des masses.*

crétiniser v. tr. [1] – XIXe ▪ Rendre crétin. ⇒ **abêtir, abrutir.** ✪ CONTR. Éveiller.

crétinisme n. m. – XVIIIe 1 Forme de débilité mentale en rapport avec une insuffisance thyroïdienne. ⇒ **myxœdème.** *Crétinisme congénital.* 2 Grande bêtise. ⇒ **idiotie, imbécillité.** *Le crétinisme ambiant.*

crétois, oise adj. et n. – XIIe ▪ De l'île de Crète. ➜ n. m. *Le crétois :* langue parlée dans la Crète antique.

cretonne n. f. – XVIIIe ; p.-ê. de *Creton,* village de l'Eure ▪ Toile de coton très forte. « *La chambre d'hôtel était tendue de cretonnes pimpantes* » (Beauv.).

creusement n. m. – XIIIe ▪ Action de creuser.

creuser v. [1] – XIIe I v. tr. 1 Rendre creux en enlevant de la matière ; faire un trou, des trous dans. ⇒ **évider, trouer.** *Creuser le sol.* ♦ loc. *Se creuser la tête, la cervelle :* faire un grand effort de réflexion, de mémoire. fam. *Se creuser :* réfléchir intensément. 2 *Le grand air creuse,* donne faim. 3 Donner une forme concave à. *La maladie lui a creusé les joues. Visage creusé de rides.* ⇒ **sillonné.** 4 Approfondir. *C'est une idée à creuser.* II v. tr. 1 Faire (qqch.) en enlevant de la matière. *Creuser un trou dans la terre. Fleuve qui creuse son lit. Creuser un puits.* « *Creusant des galeries souterraines, des couloirs, des tunnels* » (Le Clézio). 2 Rendre plus important (ce qui sépare deux choses, deux personnes). *Creuser un écart entre deux grandeurs.* III *SE CREUSER* v. pron. 1 Affecter une forme creuse. *Ses joues se creusent.* ➜ *La mer se creuse,* devient mauvaise. 2 Se former (trou), devenir plus profond. *Une vilaine plaie qui se creuse.* ♦ fig. *Abîme qui se creuse entre deux personnes.* IV v. intr. Faire, approfondir un trou. *Il faut creuser plus profond, plus loin.* ✪ CONTR. Bomber, combler.

creuset n. m. – XVe ; a. fr. *croisuel* « lampe » 1 Récipient qui sert à faire fondre ou calciner certaines substances et qu'on utilise en chimie, dans l'industrie. ⇒ **coupelle.** 2 fig. Lieu où diverses choses se mêlent, se fondent, où une chose s'épure. *Le creuset du temps, de la souffrance.* 3 Partie inférieure d'un haut fourneau où se trouve le métal en fusion.

creux, creuse adj. et n. – XIIe ; p.-ê. lat. *crosus* I adj. 1 Qui est vide à l'intérieur. ⇒ **évidé, vide.** *Tige creuse, arbre creux.* ➜ *Ventre, estomac creux,* vide. *Avoir le nez creux :* avoir du flair, deviner. ♦ *Un son creux,* celui d'un objet creux sur lequel on frappe. adv. *Sonner creux.* 2 *Heures creuses,* pendant lesquelles les activités sont ralenties. 3 Vide de sens. *Paroles creuses.* ⇒ **futile, vain.** *Raisonnement creux,* peu solide. 4 Qui représente une courbe rentrante, une concavité. *Assiette creuse,* qui peut contenir des liquides. *Pli creux,* qui forme un creux en s'ouvrant. ➜ *Chemin creux,* enfoncé, en contrebas. ⇒ **encaissé.** *Joues creuses.* ⇒ ① **maigre.** II n. m. 1 Vide intérieur dans un corps. ⇒ **cavité, trou.** *Se cacher dans un creux du sol.* ♦ loc. *Avoir un creux (à l'estomac) :* avoir faim. 2 Période d'activité ralentie. *Le creux des vacances.* 3 Partie concave. *Présenter des creux et des bosses. Puiser de l'eau dans le creux de la main.* ♦ *Le creux d'une vague.* loc. fig. *Être dans le creux de la vague,* au plus bas de son succès, de sa réussite. ➛ Profondeur entre deux lames, de la crête à la base. *Mer d'un mètre de creux.* 4 *EN CREUX* : selon une forme concave, évidée. *Graver en creux.* ➛ fig. Par défaut, par absence de renseignements. ⇒ **indirectement.** ✪ CONTR. Plein. ① Plat. Convexe, bombé. — Bosse, relief, saillie.

crevaison n. f. – XIXe ▪ Action de crever ; son résultat. *Crevaison d'un pneu de bicyclette.*

crevant, ante adj. – XIXe ▪ fam. 1 Qui fait crever, mourir de fatigue. ⇒ **épuisant, éreintant.** *C'est un boulot crevant.* 2 Qui fait crever, éclater de rire. ⇒ **drôle.** *Il est crevant quand il imite son patron.* ✪ CONTR. Reposant.

❑ Zola a relevé le premier cet adjectif dans la langue populaire.

crevard, arde n. et adj. – XIXe ▪ fam. Personne malingre.

crevasse n. f. – XIIe ; lat. *crepare* « craquer » 1 Fente profonde à la surface d'une chose. ⇒ **fente, fissure.** *Crevasse d'un mur.* ⇒ **lézarde.** *Crevasse dans le sol.* ♦ Cassure étroite et profonde dans un glacier. *Tomber dans une crevasse.* 2 Fissure enflammée de la peau. « *Regarde mes mains. Il y en a, hein, des gerçures et des crevasses* » (Sartre).

❑ Même famille étym. que *crever.*

crevasser v. tr. [1] – XIVe ▪ Faire des crevasses sur, à (qqch.). *Le froid crevasse le sol.* ⇒ **craqueler, fendiller.** ➛ v. pron. *Le mur se crevasse.*

crevé, ée adj. et n. m. – Xe 1 Qui a crevé, présente une déchirure, un trou, une crevaison. *Pneu crevé.* 2 Mort (animal, plante). *Un chien crevé.* 3 fam. Très fatigué. *Je suis complètement crevé.* 4 n. m. Fente aux manches qui laissait apercevoir la doublure. « *dans le velours bleu du corsage un soupçon de crevé Henri II* » (Proust).

crève n. f. – 1902 ▪ fam. *Attraper la crève* : attraper du mal, prendre froid. *Avoir la crève, une bonne crève* (rhume, grippe).

crève-cœur n. m. – XIIe ▪ Peine profonde mêlée de regret. ⇒ **désappointement.** « *Quel crève-cœur ça devait être pour ce pauvre homme de quitter toutes ces choses* » (Daud.). *Des crève-cœurs.* ✪ CONTR. Joie, soulagement.

crève-la-faim n. inv. – XIXe ▪ fam. Miséreux, miséreuse qui ne mange pas à sa faim.

crever v. [5] – Xe ; lat. *crepare* « craquer » **I** v. intr. 1 S'ouvrir en éclatant, par excès de tension. ⇒ **éclater.** *Bulle qui crève. Abcès qui crève.* ⇒ **percer.** ♦ *Le pneu de sa bicyclette, de sa voiture a crevé,* la chambre à air a été percée et s'est dégonflée. 2 *CREVER DE...* Être sur le point d'éclater ; être trop gonflé, trop plein de. *Crever de graisse.* ➛ *Crever de jalousie, de dépit. C'est à crever de rire,* à éclater de rire. 3 Mourir (animaux, plantes). *Arrosez cette plante, ou elle crèvera.* ➛ pop. (personnes) « *il était seul, il pouvait crever, sur le pavé, comme un chien perdu* » (Zola). ⇒ **mourir.** « *Mes mille francs, jamais ! J'aime mieux crever...* » (Zola). ➛ fam. *Il fait une chaleur à crever. Crever de froid, de faim,* avoir très froid, très faim. **II** v. tr. 1 Faire éclater (une chose gonflée ou tendue). *Crever un ballon. Crever les yeux à qqn.* ⇒ **éborgner.** 2 loc. fig. *Crever les yeux* : être bien en vue, tout proche ; être évident. ⇒ **sauter** (aux yeux). *Crever le cœur* : faire de la peine. 3 Exténuer par un effort excessif. *Crever un cheval.* ➛ fam. *Ce travail vous crève.* ⇒ **épuiser, fatiguer.** ➛ pronom. *Se crever au travail.*

❑ Au XIIe s., le sens de « mourir » s'appliquait aussi bien à un animal qu'à un être humain. Ce sens reste non péjoratif jusqu'au XVIIe siècle. La distinction entre *crever* et *mourir* s'est faite au XIXe siècle.

crevette n. f. – XVIe ; forme norm. de *chevrette* ▪ Petit crustacé marin, décapode, dont certaines espèces sont comestibles. ⇒ ② **bouquet, gambas, salicoque, scampi.** *Crevette grise* (⇒ **boucaud**), *rose.* ➛ *Crevette d'eau douce.* ⇒ **gammare.**

crevettier n. m. – XIXe 1 Filet pour la pêche à la crevette. ⇒ **haveneau, truble.** 2 Bateau qui fait la pêche à la crevette.

cri n. m. – Xe 1 Son perçant émis avec violence par la voix. *Jeter des cris.* ⇒ **crier.** « *un nouveau-né poussait son premier cri* » (Duham.). *Cri aigu, déchirant, strident ; étouffé, sourd. Cri de surprise, de joie, de douleur, de désespoir.* 2 Parole(s) prononcée(s) très fort, sur un ton aigu. ⇒ **éclat** (de voix). *Cris d'indignation.* ⇒ **clameur, tollé.** ➛ *Cris d'approbation.* ⇒ **acclamation, ovation.** ➛ loc. *Jeter, pousser les hauts cris* : protester véhémentement. ♦ fig. et fam. *Le dernier cri (de la mode),* sa toute dernière nouveauté. *Un modèle dernier cri.* 3 Opinion manifestée hautement. loc. *C'est le cri du cœur,* l'expression non maîtrisée d'un sentiment sincère. 4 Son émis par la voix des animaux variant avec les espèces. *Le cri du chat est le miaulement.* ✪ CONTR. Chuchotement, murmure.

❑ *Cri* s'applique à la voix humaine mais aussi aux animaux dont le cri spécifique n'a pas de nom.

criailler v. intr. [1] – XVIe 1 Crier sans cesse, se plaindre fréquemment et d'une façon désagréable. ⇒ **brailler, rouspéter.** « *Criaillez tant que vous voudrez contre les encyclopédistes* » (Volt.). 2 Crier (oie, perdrix, faisan, paon, pintade).

criaillerie n. f. – XVIe ▪ Plainte, cri répété et désagréable sur des sujets anodins. ⇒ **protestation, récrimination.**

criant, criante adj. – XVIIe ▪ Qui fait crier d'indignation. *Injustice criante.* ⇒ **révoltant.** ♦ Très manifeste. *Une absence criante de moyens.* ⇒ **évident.**

criard, criarde adj. – XVe 1 Qui crie désagréablement. *Un enfant criard.* ⇒ fam. **braillard.** 2 Aigu et désagréable. *Voix criarde.* ⇒ **perçant.** 3 Qui heurte la vue. *Couleur criarde,* trop vive. ✪ CONTR. Silencieux. Agréable, harmonieux. Sobre.

criblage n. m. – XVIe ▪ Action de passer au crible. ⇒ **calibrage, triage.** *Le criblage du grain.* ➛ Triage mécanique du minerai par grosseur des morceaux.

crible n. m. – XIIIe ; lat. *cribrum* « tamis » 1 Instrument percé d'un grand nombre de trous, et qui sert à trier des objets de grosseur inégale. ⇒ **claie, grille, passoire, sas, tamis.** *Passer au crible.* 2 *Passer une idée, une opinion au crible,* l'examiner avec soin, pour distinguer le vrai du faux, le bon du mauvais.

cribler v. tr. [1] – XIIIe ; lat. *cribrare* 1 Passer au crible. ⇒ **sasser, tamiser, trier.** *Cribler des fruits.* ⇒ **calibrer.** 2 Percer de trous, comme un crible. *Corps criblé de balles.* ♦ Couvrir, parsemer. *Visage criblé de taches de rousseur.* ♦ *Être criblé de dettes,* en avoir beaucoup. ⇒ **accabler.** ✪ CONTR. Mélanger, mêler.

cribleur, euse n. – XVIe ▪ Personne qui crible. ♦ n. f. Machine à cribler. ⇒ **crible.**

cric n. m. – XVe ; moy. all. *kriec* ▪ Appareil à crémaillère et à manivelle permettant de soulever à une faible hauteur certains fardeaux très lourds. ⇒ **treuil.** *Cric d'automobile.* ✪ HOM. Crique.

cricket [kʀikɛ(t)] n. m. – XVIIIe ; mot angl. « bâton » ▪ Sport d'équipe britannique, qui se pratique avec des battes de bois et une balle. *Terrain, match de cricket.*

❑ Ce sport est à l'origine du base-ball américain.

cricoïde adj. – XVIIIe ; gr. *krikos* « anneau » ▪ *Cartilage cricoïde,* et n. m. *le cricoïde :* anneau cartilagineux qui occupe la partie inférieure du larynx.

cricri ou **cri-cri** n. m. – XVIe ; onomat. ▪ Bruit que le grillon, la cigale font avec leurs élytres. ♦ fam. Grillon. *Des cricris* ou *des cri-cri.*

criée n. f. – XIIe 1 *Vente à la criée* ou *criée :* vente publique aux enchères de biens meubles ou immeubles. *Arrivage de poisson pour la vente à la criée.* 2 Lieu où l'on vend le poisson à la criée. *La criée du port.*

crier v. [7] – X^e ; lat. *quiritare* « appeler au secours » **I v. intr. 1** Jeter un ou plusieurs cris. ⇒ **beugler, gueuler, hurler.** *Bébé qui crie.* ⇒ **pleurer.** *Crier comme un putois, un sourd :* crier très fort. ♦ Pousser son cri (animaux et spécialt oiseaux). 2 Parler fort, élever la voix au cours d'une conversation, d'une discussion. ⇒ **hurler, vociférer.** « *On peut discuter sans hurler. D'ordinaire on ne crie que quand on a tort* » (Gide). 3 Manifester son mécontentement à qqn sur un ton élevé. ⇒ se **fâcher, invectiver.** *Crier contre qqn,* (pop.) *après qqn. Crier au scandale, à l'injustice* (⇒ **dénoncer). 4** Produire un bruit aigre, désagréable. ⇒ **crisser, grincer.** *Les gonds de la porte crient.* **II v. tr. 1** Dire d'une voix forte. ⇒ **gueuler, hurler.** « *il me sembla soudain qu'on venait de crier mon nom* » (Duham.). *Crier des injures à qqn.* ➝ *Crier : « Au secours ! » Crier vengeance. Il lui cria de se taire.* ♦ Faire hautement connaître. *Crier son innocence.* ⇒ **affirmer, clamer, proclamer.** « *Swann* [...] *avec sa manière de crier sur les toits ses moindres relations* » (Proust). ⇒ **claironner. 2** loc. *Crier famine :* se plaindre de la faim. « *Elle alla crier famine chez la fourmi sa voisine* » (La Font.). ✪ CONTR. Chuchoter.

crieur, euse n. – XIIe ▪ Marchand ambulant qui annonce en criant ce qu'il vend. « *Les aboiements des crieurs de journaux* » (Mart. du G.). ➝ *Crieur public :* autrefois, personne chargée d'annoncer à haute voix des proclamations publiques.

crime n. m. – XIIe ; lat. *crimen* « accusation » 1 Manquement très grave à la morale, à la loi. ⇒ **faute,** ① **forfait, infraction.** *Crime contre nature.* « *Ô Liberté, que de crimes on commet en ton nom !* » (Mme Roland). 2 Infraction que les lois punissent d'une peine afflictive ou infamante. *Crimes, délits et contraventions. Les crimes sont jugés par la cour d'assises. Crime contre la sûreté de l'État.* ⇒ **attentat.** loc. *Syndicat du crime.* ⇒ **mafia.** ♦ *Crimes de guerre. Crimes contre l'humanité.* ⇒ **extermination, génocide, holocauste.** 3 Assassinat, meurtre. ⇒ **homicide.** *L'arme du crime. Crime crapuleux, passionnel. Crime avec, sans préméditation. Crime parfait,* dont l'auteur ne peut être découvert. « *Ce qu'il préfère c'est les films* [...] *où l'on montre un beau crime bien sanglant* » (Queneau). 4 Action blâmable que l'on grossit. *C'est un crime d'avoir abattu de si beaux arbres.* ✪ CONTR. Exploit, prouesse.

❑ Même famille étym. que *discriminer, incriminer, récriminer.*

criminaliser v. tr. [1] – XVIe ▪ Faire passer de la juridiction civile ou correctionnelle à la juridiction criminelle.

❑ Ce verbe a eu le sens d'« accuser », porté de nos jours par *incriminer.*

criminaliste n. – XVIIe ▪ Juriste spécialisé dans le droit criminel. ⇒ **pénaliste.**

criminalistique n. f. – 1907 ▪ Science étudiant les techniques de recherche de la preuve des crimes et de leurs auteurs et les procédés d'investigation policière propres à les mettre en pratique.

criminalité n. f. – XVIe ▪ Ensemble des actes criminels dont on considère la fréquence et la nature, l'époque et le pays où ils sont commis, leurs auteurs. *Régression de la criminalité.*

criminel, elle adj. et n. – XIe 1 Qui constitue une grave infraction à la morale, à la loi. *Un acte criminel. Un incendie criminel.* ➝ fam. par exagér. *C'est criminel d'attacher ce chien.* 2 n. Personne qui est coupable d'un crime. ⇒ **coupable, malfaiteur.** *Le criminel et ses complices. Criminel de guerre,* qui commet des atrocités au cours d'une guerre. 3 n. Personne coupable de meurtre. ⇒ **assassin.** « *Les criminels qui sont venus devant moi ont toujours pleuré* » (Camus). 4 Relatif aux actes délictueux et à leur répression (⇒ **pénal).** *Être condamné à la réclusion criminelle à perpétuité.* ✪ CONTR. Innocent, juste.

criminellement adv. – XIIIe 1 D'une manière criminelle. 2 Devant une juridiction criminelle. *Poursuivre qqn criminellement.*

criminogène adj. – v. 1950 ▪ Qui contribue à l'extension de la criminalité, à la propagation du crime. *Facteurs criminogènes.*

criminologie n. f. – XIXe ▪ Science de la criminalité ; étude des causes naturelles, individuelles et sociales, des manifestations et de la prévention du phénomène criminel.

criminologue n. – 1933 ▪ Spécialiste de criminologie.

crin n. m. – XIIe ; lat. *crinis* « cheveu » 1 Poil long et rude qui pousse au cou (⇒ **crinière)** et à la queue de certains animaux, spécialement des chevaux. 2 Ce poil utilisé à divers usages. *Crin de ligne pour pêcher.* ➝ *Rembourrage de crin. Une banquette « éventrée montrait son crin et ses ressorts »* (Cocteau). 3 *Crin végétal :* fibre tirée de certains végétaux (agave, palmier [nain]), préparée pour remplacer le crin animal. 4 *À tous crins* ou *à tout crin :* complet, ardent, énergique. *Révolutionnaire à tous crins.* ➝ *Être comme un crin,* de très mauvaise humeur.

crincrin n. m. – XVIIe ; onomat. ▪ fam. Mauvais violon.

crinière n. f. – XVIe 1 Ensemble des crins qui garnissent le cou de certains animaux. *Crinière du lion, du cheval. Ces ruminants, « la tête, le cou et les épaules recouverts d'une crinière à longs poils »* (J. Verne). 2 fam. Chevelure abondante. « *Ce nouvel Adonis, à la blonde crinière* » (Boil.).

crinoïdes n. m. pl. – XIXe ; gr. *crinoeides* « en forme de lis » ▪ Classe d'échinodermes marins, munis de cirres, dont certaines espèces abyssales sont fixées par un pédoncule.

crinoline n. f. – XIXe ; it. *crino* « crin » et *lino* « lin » ▪ Armature de baleines et de cercles d'acier flexibles, que les femmes portaient sous leur jupe pour la faire bouffer. ⇒ **panier.** *Robe à crinoline.*

criocère n. m. – XVIIIe ; gr. *krios* « bélier » et *kéras* « corne » ▪ Insecte coléoptère *(chrysomélidés),* dont la larve est nuisible aux plantes.

crique n. f. – XIVe ; germ. *kriki* « crevasse » ▪ Enfoncement du rivage où les petits bâtiments peuvent se mettre à l'abri. ⇒ **anse,** ① **baie, calanque.** « *une étroite crique bien fermée* [...] *invisible du large* » (J. Verne). ✪ HOM. Cric.

criquet n. m. – XIIe ; onomat. ▪ Insecte volant et sauteur, herbivore *(orthoptères acridiens),* de couleur grise ou brune, très vorace, appelé abusivement *sauterelle.* ⇒ **locuste.** *Stridulation du criquet. Les criquets pèlerins se rassemblent en nuées pour voyager et dévorent la végétation sur leur passage.*

crise n. f. – XVe ; gr. *krisis* « décision » 1 Moment d'une maladie caractérisé par un changement subit et généralement décisif, en bien ou en mal. ⇒ **phase** (critique). ♦ Accident qui atteint une personne en bonne santé apparente, ou aggravation brusque d'un état chronique. ⇒ **accès, attaque.** *Crise d'appendicite, d'asthme. Crise cardiaque.* 2 Manifestation émotive soudaine et violente. *Crise de nerfs. Crise de fou rire, de larmes.* fam. *Piquer une crise, sa crise :* se mettre en colère. – *Crise d'identité, de conscience. Traverser une crise.* « *le boucher, en état de crise, étranglait sa victime* » (Mac Orlan). 3 Phase grave dans l'évolution des choses, des événements, des idées. ⇒ **perturbation.** *Période de crise. Le pays est en crise. Crise économique, politique. La crise américaine de 1929. Crise ministérielle :* période pendant laquelle le ministère démissionnaire n'est pas remplacé par un nouveau. – *La crise du logement.* ✪ CONTR. Rémission. Accalmie, ① calme, équilibre. Prospérité. Abondance.

❑ Ce mot s'emploie dans le domaine économique depuis le XIXe s., avec le développement du système industriel capitaliste.

crispant, ante adj. – XIXe ▪ Qui crispe, agace, impatiente. ⇒ **énervant, irritant.**

crispation n. f. – XVIIIe 1 Contraction qui diminue la surface d'un objet et la plisse, la ride. *Crispation d'un morceau de cuir, sous l'action du feu.* 2 Contraction involontaire, brève et à peine perceptible, de certains muscles (signe de nervosité, d'émotion). ⇒ **spasme.** 3 Mouvement d'agacement, d'impatience. ✪ CONTR. Décrispation, détente.

crisper v. tr. [1] – XVIIe ; lat. « friser, rider » 1 Contracter en ridant la surface. *Le feu crispe le parchemin.* 2 Contracter les muscles de. *Visage crispé.* pronom. *Sa figure se crispe.* – Se refermer, s'agripper de manière convulsive (mains). « *Il ne dit pas un mot, mais ses doigts se crispèrent* » (Genev.). ♦ *Sourire crispé,* qui trahit un état de tension. ⇒ **coincé.** 3 fam. Causer une vive impatience à (qqn). ⇒ **agacer, irriter.** *Il a le don de me crisper.* ⇒ **crispant.** ✪ CONTR. Détendre ; apaiser.

crispin n. m. – XIXe ; nom d'un valet de comédie ▪ Manchette de cuir cousue à certains gants et destinée à protéger le poignet. *Gants à crispin de motocycliste.*

criss ou **kriss** n. m. – XVIe ; malais *keris* ▪ Poignard malais ou javanais à lame sinueuse.

crissement n. m. – XVIe ▪ Action de crisser. « *le crissement léger du rasoir* » (Sartre).

crisser v. intr. [1] – XVIe ; germ. *°krisan* « craquer » ▪ Produire un bruit aigu de frottement. *La neige crisse sous les pas.*

cristal, aux n. m. – XIe ; gr. *krustallos* « glace » 1 Minéral naturel transparent et dur ; quartz hyalin. *Un morceau de cristal, de cristal de roche. Le cristal, symbole de pureté, de solidité.* 2 Variété de verre limpide et incolore qui contient généralement du plomb. *Cristal de Bohême, de Baccarat. Verres en cristal, de cristal.* – *Boule de cristal d'une voyante.* – *Une voix de cristal,* claire, pure et sonore. ♦ plur. *Les cristaux :* les objets de cristal. 3 Substance qui se solidifie sous une forme géométrique définie par l'un des systèmes cristallins. *Cristal cubique, prismatique.* – *Cristal liquide :* liquide biréfringent comme les cristaux. *Écran à cristaux liquides.* ♦ Élément des cristallisations de liquide (eau, etc.) qui se déposent sur une surface. « *Des cristaux de glace* [...] *fleurissaient les vitres des fenêtres* » (France).

cristallerie n. f. – XVIIIe ▪ Fabrication d'objets en cristal. ⇒ **gobeleterie, verrerie.** – Fabrique d'objets en cristal.

cristallin, ine adj. et n. m. – XIIIe 1 Clair, transparent comme le cristal. ⇒ **limpide, pur.** ♦ *Son cristallin,* aussi pur et clair que celui que rend le cristal. 2 n. m. Milieu transparent de l'œil, formant « une lentille biconvexe placée en arrière de la pupille » (Testut). *Suivant la courbure du cristallin, l'œil est dit myope, hypermétrope, presbyte, astigmate.* 3 Des cristaux ; relatif à un état solide où la disposition ordonnée des atomes *(réseau cristallin)* produit des formes géométriques définies (opposé à *amorphe*). *Systèmes cristallins :* catégories de classement des cristaux selon leurs éléments de symétrie. – *Roche cristalline,* formée de cristaux visibles à l'œil. *Le mica, le schiste sont des roches cristallines métamorphiques ; le granit, le porphyre, des roches cristallines magmatiques.*

cristallinien, ienne adj. – XIXe ▪ Du cristallin.

cristallisable adj. – XIXe ▪ Susceptible de cristalliser.

cristallisant, ante adj. – XIXe 1 Qui est en cours de cristallisation. 2 Qui provoque la cristallisation.

cristallisation n. f. – XVIIe 1 Phénomène par lequel un corps passe à l'état de cristaux. *Cristallisation naturelle, artificielle.* 2 Concrétion de cristaux. ⇒ **arborisation.** *De belles cristallisations de quartz.* 3 littér. Action de se cristalliser, en parlant des sentiments, des idées. « *autour de certaines cristallisations automatiques se groupent les idées d'une époque* » (Aragon).

❑ Ce mot a un emploi figuré depuis Stendhal : « *Ce que j'appelle cristallisation, c'est l'opération de l'esprit, qui tire de tout ce qui se présente la découverte que l'objet aimé a de nouvelles perfections* » (1822, *De l'amour*).

cristalliser v. [1] – XVIIe 1 v. tr. Faire passer (un corps) à l'état de cristaux. *Du sucre cristallisé.* ♦ v. intr. Passer à l'état cristallin. *Sel qui cristallise lentement.* 2 v. tr. littér. Rassembler (des éléments épars) en un tout cohérent ; rendre fixe, stable (ce qui était fluide). ⇒ **concrétiser.** *Cet événement a brusquement cristallisé la menace de guerre.* ♦ v. intr. Se préciser, prendre corps, en parlant de sentiments, d'idées. *Passion qui cristallise.* 3 v. pron. Se transformer en cristaux. ♦ fig. « *Cette idée d'un dieu humain et charitable qui s'est cristallisée dans les âmes* » (Duham.). ✪ CONTR. Désorganiser. Dissoudre.

cristallisoir n. m. – XIXe ▪ Récipient en verre dans lequel on peut effectuer une cristallisation.

cristallite n. f. – XIXe ▪ Élément microscopique cristallisé que l'on rencontre dans les roches éruptives.

cristallo- ▪ Élément, du gr. *krustallos* « cristal ».

cristallogenèse n. f. – 1961 ▪ Formation d'un cristal.

cristallogénie n. f. – XIXe ; *cristallo-* et *-génie* ▪ Étude de la formation des cristaux, de la cristallogenèse.

cristallographie n. f. – XVIIIe ; *cristallo-* et *-graphie* ▪ Science qui étudie les cristaux des minéraux, des substances organiques (protéines, acides nucléiques, etc.) en vue de déterminer leur structure tridimensionnelle.

cristalloïde n. m. – XVIe ▪ Sel fortement dissocié, non visqueux en solution (opposé à *colloïde*).

cristallophyllien, ienne adj. – XIXe ; de *cristallo-* et gr. *phullon* « feuille » ▪ Se dit des terrains transformés par métamorphisme général.

criste-marine n. f. – XVe ; gr. *khrêtmos* « fenouil de mer » ▪ Petite plante à feuilles charnues *(ombellifères)* qui pousse dans les fentes des rochers littoraux ⇒ **crithme, fenouil** (marin), **perce-pierre.** *Des cristes-marines.*

critère n. m. – XVIIIe ; gr. *krinein* « discerner » 1 Caractère, signe qui permet de distinguer une chose, une notion, de porter sur un objet un jugement d'appréciation. *Un critère sûr.* « *Où sont les critères de l'absurde ?* » (Ionesco). 2 Ce qui sert de base à un jugement. *Son seul critère est l'avis de son père.* ⇒ **référence.** *Ce n'est pas un critère.* ⇒ **preuve, raison.**

❑ D'abord *criterium* (puis *critérium*), forme qui reste usitée dans les emplois didactiques du mot.

critérium [kʀiteʀjɔm] **n. m.** – XVIIe ▪ Épreuve sportive servant à classer, éliminer les concurrents. ⇒ **épreuve, sélection.** *Des critériums.*

crithme **n. m.** – XIXe ; gr. ▪ ⇒ **criste-marine.**

criticailler **v. intr.** [1] – 1907 ▪ fam. Critiquer sans raison ou pour le plaisir.

criticisme **n. m.** – XIXe ▪ Doctrine fondée sur la critique de la valeur de la connaissance. *Le criticisme de Kant.*

criticité **n. f.** – v. 1960 ▪ État d'un milieu ou d'un système critique.

critiquable **adj.** – XVIIIe ▪ Qui mérite d'être critiqué. ⇒ **attaquable.** ✪ CONTR. ① Louable.

❑ La grande majorité des dérivés de verbes en *...quer* avec le suffixe *-able* prennent un *c* : *applicable* (de *appliquer*), *explicable, révocable, éducable, hypothécable,* etc. *Attaquable, critiquable* et *remarquable* font exception.

① **critique** **adj.** – XIVe ; gr. *krinein* « juger comme décisif » **1** Qui a rapport à une crise ; qui décide de l'issue d'une maladie. ➛ *La période critique de l'épidémie est maintenant passée.* **2** Qui décide du sort de qqn ; qui amène un changement important. *Se trouver dans une situation critique.* ⇒ **difficile, grave. 3** Qui caractérise le seuil extrême d'une discontinuité physique. *Point critique* : état limite entre l'état liquide et l'état gazeux. *Masse critique* : masse minimale de matière fissile nécessaire à une réaction nucléaire en chaîne.

② **critique** **n.** et **adj.** – XVIe **I** **n. f.** Examen en vue de porter un jugement. **1** Art de juger les ouvrages de l'esprit, les œuvres littéraires, artistiques. *Critique dramatique, artistique, musicale, cinématographique.* « *La critique est aisée, et l'art est difficile* » (Destouches). **2** Jugement porté sur une œuvre d'art. ⇒ **analyse, appréciation.** *Faire la critique d'une pièce de théâtre, d'un roman.* ♦ Article de presse portant un jugement sur une œuvre d'art. *Son livre a eu de bonnes critiques.* **3** Jugement intellectuel, moral ; examen de la valeur de qqch. ou qqn. *La « Critique de la raison pure », ouvrage de Kant. Exercer une critique sévère sur soi-même.* **4** Tendance de l'esprit à émettre des jugements sévères, défavorables. ⇒ **attaque.** *Prêter le flanc, donner prise à la critique.* ➛ Jugement défavorable. *Une critique sévère, violente. Faire, formuler des critiques.* **II** **n.** Personne qui juge des ouvrages de l'esprit, des œuvres d'art. *Critique littéraire. Elle est critique de cinéma.* « *Ce ne sont pas les critiques qui font les livres* » (Bernanos). **III** **adj. 1** Qui décide de la valeur, des qualités et des défauts des ouvrages de l'esprit, des œuvres d'art. *Jugements critiques.* **2** Qui examine la valeur logique d'une assertion, l'authenticité d'un texte. *Annotations critiques. Édition critique,* établie soigneusement après critique des textes originaux. ♦ *ESPRIT CRITIQUE,* qui n'accepte aucune assertion sans s'interroger d'abord sur sa valeur. *Manquer d'esprit critique.* ♦ *D'UN ŒIL CRITIQUE.* ⇒ **curieux, soupçonneux. 3** Qui critique, est porté à critiquer. ⇒ **négatif.** *Être critique à l'égard de qqn, envers qqn.* ✪ CONTR. Approbation, éloge, louange. — Admiratif, flatteur. Constructif, ① positif (esprit).

critiquer **v. tr.** [1] – XVIIe **1** Faire l'examen de (un ouvrage d'art ou d'esprit) pour en faire ressortir les qualités et les défauts. ⇒ **analyser, examiner,** ① **juger.** *Si cet essai « vous paraît faible ou manqué, critiquez-le, mais sans m'injurier »* (Beaum.). **2** Émettre un jugement faisant ressortir les défauts de (qqn, qqch.). ⇒ **condamner, dénigrer ; éreinter.** *Critiquer qqn avec violence. Critiquer injustement.* ✪ CONTR. Admirer, approuver, ① louer.

critiqueur, euse **n.** – XVIe ▪ Qui critique volontiers. ✪ CONTR. Louangeur.

croassement **n. m.** – XVIe ▪ Cri du corbeau, de la corneille.

❑ Ne pas confondre avec *coassement* « cri de la grenouille ».

croasser **v. intr.** [1] – XVe ; onomat. ▪ Crier, en parlant du corbeau, de la corneille.

croc [kʀo] **n. m.** – XIIe ; germ. **1** VX Instrument muni d'un ou de plusieurs crochets et qui sert à pendre qqch. *Croc de boucherie* (⇒ ① **esse**). **2** Longue perche terminée par un crochet. *Croc à fumier* (⇒ **fourche**). *Croc de palan, de remorque.* **3** Dent pointue de certains animaux (⇒ **canine**). *Les crocs d'un chien. Montrer ses crocs.* ➛ loc. fam. *Avoir les crocs* : avoir très faim.

❑ Même famille étym. que *anicroche, escroc, recroqueviller.* ♦ Le *c* final se prononce dans *croc-en-jambe.*

croc-en-jambe [kʀɔkɑ̃ʒɑ̃b] **n. m.** – XVIe ▪ vieilli Croche-pied. *Des crocs-en-jambe* [kʀɔkɑ̃ʒɑ̃b]. « *c'était David qui l'avait fait tomber en lui faisant un croc-en-jambe* » (Le Clézio).

croche **n. f.** – XVIIe ▪ Note de musique dont la durée vaut la moitié de celle de la noire. *Double, triple et quadruple croche.*

croche-pied **n. m.** – XIXe ▪ Le fait d'accrocher au passage la cheville de qqn avec le pied, pour le déséquilibrer. ⇒ **croc-en-jambe.** *Faire un croche-pied à qqn. Des croche-pieds.*

crocher **v. tr.** [1] – XIIe ; de *croc* **1** (Suisse) *Crocher un vêtement,* l'accrocher. ➛ Être tenace, s'accrocher. **2** Saisir avec un croc, un crochet. *Crocher un palan.* ✪ CONTR. ① Lâcher.

crochet **n. m.** – XIIe **I** - **1** Pièce de métal recourbée, pour prendre ou retenir qqch. *Crochet de fer, d'acier. Crochet de boucherie,* servant à suspendre la viande. ⇒ **croc, pendoir. 2** Attache mobile servant à fixer, à maintenir qqch. *Pendre un tableau à un crochet.* **3** Instrument présentant une extrémité recourbée. *Crochet de serrurier.* ⇒ **passe-partout, rossignol.** *Ouvrir une porte à l'aide d'un crochet.* ♦ loc. fam. *Vivre aux crochets de qqn,* à ses frais. « *un groupe d'individus vivant aux crochets de leurs parents* » (Zola). **4** Tige dont la pointe recourbée retient le fil qui doit passer dans la maille. *Dentelle au crochet.* ➛ Travail exécuté à l'aide du crochet. *Faire du crochet.* « *Je me laisse aller sur le dessus-de-lit en crochet blanc* » (Tournier). **5** Dent à extrémité recourbée. *Les crochets venimeux de la vipère.* **II** - **1** Signe graphique, ligne verticale aux deux extrémités à angle droit ([,]). *Mettre un mot entre crochets.* **2** Ornement en forme de feuille à extrémité recourbée. *Chapiteau à crochets.* **3** Détour brusque ; changement de direction qui allonge l'itinéraire. *Faire un crochet par Paris.* « *toutes sortes d'arrêts, de détours et de crochets* » (Robbe-Grillet). **4** Coup de poing où le bras replié frappe vers l'intérieur. *Envoyer un crochet du droit.*

❑ Adjectifs savants qui se rapportent à *crochet* : *unciforme, unciné.*

crochetage **n. m.** – XIXe ▪ Action de crocheter (une serrure).

crocheter **v. tr.** [5] – XVe ▪ Ouvrir (une porte, une serrure) avec un crochet.

① **crocheteur** n. m. – XVe ▪ Celui qui crochète les serrures. « *un habile crocheteur de serrures* » (Zola).

② **crocheteur** n. m. – XVe ▪ Autrefois, Celui qui portait des fardeaux avec des crochets. ⇒ **portefaix, porteur.**

crochu, ue adj. – XIIe 1 Qui est recourbé en forme de crochet. ⇒ **courbé, recourbé.** *Bec crochu. Nez crochu.* ➛ fam. *Avoir les mains crochues :* être cupide. 2 loc. *Avoir des atomes crochus avec qqn,* des affinités qui font naître la sympathie. ✪ CONTR. ① Droit.

crocodile n. m. – XIIe ; gr. 1 Grand reptile *(crocodiliens)* à fortes mâchoires, à quatre courtes pattes, qui vit dans les fleuves des régions chaudes. *Crocodile du Nil. Le crocodile vagit.* ♦ loc. *Larmes de crocodile :* larmes feintes pour émouvoir et tromper. « *versant des larmes de crocodile, geignant, reniflant* » (Cendrars). 2 Peau de crocodile traitée. *Sac en crocodile.* abrév. fam. *En CROCO.* 3 Appareil placé entre les rails d'une voie de chemin de fer pour donner un signal sonore au passage d'un convoi.

❑ L'expression *larmes de crocodile* fait allusion à une légende selon laquelle le crocodile pleurerait après avoir mangé un être humain.

crocodiliens n. m. pl. – XVIe ▪ Ordre de reptiles à fortes mâchoires, à quatre courtes pattes et à la peau cuirassée d'écailles très dures, comprenant les alligators, les caïmans, les crocodiles et les gavials.

crocus [kʀɔkys] n. m. – XIVe ; gr. *krokos* « safran » ▪ Plante herbacée bulbeuse *(iridacées)* à floraison précoce. *Des crocus jaunes.*

❑ *Crocus* est le nom scientifique du *safran.*

croire v. [44] – Xe ; lat. *credere* « confier », « avoir confiance » **I** v. tr. dir. 1 Tenir pour vrai ou véritable (sans preuve formelle). ⇒ **accepter, admettre.** *Je crois ce que vous dites. C'est difficile à croire.* « *Je ne le crois pas, dit-il, j'en suis certain* » (Maurois). *À ce que je crois :* à mon avis, à ce qu'il me semble. ➛ *Faire croire qqch. à qqn.* ⇒ **convaincre, persuader.** 2 Tenir (qqn) pour sincère, véridique ; ajouter foi à ce qu'il dit. ⇒ se **fier** (à). « *Je n'aime pas mentir. Et vous ne me croiriez pas* » (Romains). *Crois-moi :* fais-moi confiance. ➛ fam. *Je vous crois ! Je te crois !* je pense comme vous, comme toi ; c'est évident ! 3 *EN CROIRE* (qqch., qqn) : s'en rapporter à. *Si vous m'en croyez, vous ne lui prêterez pas cet argent. À en croire les journaux, la crise est imminente. Crois-en mon expérience.* ➛ loc. *Ne pas en croire ses yeux, ses oreilles :* avoir du mal à admettre l'évidence. 4 *CROIRE QUE :* considérer comme vraisemblable ou probable. ⇒ **estimer,** ① **juger,** ① **penser.** *Je crois qu'il est déjà parti. Je crois que oui. Nous lui avons fait croire que nous serions absents. Je ne crois pas qu'il viendra, qu'il vienne.* « *Je n'aurais jamais cru que l'on pût tant souffrir* » (Muss.). ➛ loc. *Croire que c'est arrivé :* s'imaginer qu'on a réussi. ♦ *On croirait qu'il dort* (mais il ne dort pas). ⇒ ① **dire, jurer.** *Je vous prie de croire qu'il n'a pas répliqué :* soyez certain que... 5 *CROIRE* (et l'inf.) : sentir, éprouver comme vrai (ce qui ne l'est pas absolument). ⇒ **penser.** *Il croit avoir de l'esprit.* 6 *CROIRE (qqn, qqch.)* (et attribut). ⇒ **imaginer, supposer.** *Je le crois capable de tout. On l'a cru mort.* « *nous croyons les autres plus heureux qu'ils ne sont* » (Montesq.). « *la superstition, qu'il avait crue enterrée* » (Renan). 7 *SE CROIRE* v. pron. Se considérer comme ; s'imaginer être. ⇒ s'**estimer.** *Il se croit plus malin que tout le monde. Elles se sont crues perdues.* « *les physiologistes se sont crus autorisés à dire* [...] » (Maine de Biran). *Il se croit tout permis. Où te crois-tu ?* (pour avoir une telle attitude). ➛ fam. *Qu'est-ce qu'il se croit, celui-là ?* (cf. Pour qui se prend-il ?). **II** v. tr. ind. *Croire à, en.* 1 *Croire à une chose,* lui accorder son adhésion morale ou intellectuelle. *Croire au progrès.* ♦ Accorder par conviction son adhésion ; être persuadé de l'existence et de la valeur de (un dogme, un être religieux). ➛ loc. *Ne croire ni à Dieu, ni à Diable. Croire en Dieu :* avoir la foi. fam. *Croire au Père Noël :* se faire des illusions. 2 Tenir pour réel, vraisemblable ou possible. *Je ne crois pas à l'efficacité de ce traitement.* ➛ *Je vous prie de croire à, veuillez croire à mes sentiments les meilleurs :* formules épistolaires de politesse. 3 *Croire en (qqn),* avoir confiance en lui, s'en rapporter à lui. ⇒ se **fier** (à). « *Il faut croire en soi* » (Suarès). **III** v. intr. (sens fort) 1 Avoir une attitude d'adhésion intellectuelle. *Il croit sans comprendre.* 2 Avoir la foi religieuse. « *Pour que Pascal supportât la vie, il était nécessaire qu'il crût* » (Suarès). ✪ CONTR. Douter ; contester, démentir, discuter ; nier, protester. — HOM. *Crois :* croîs ; *cru :* crû (croître).

croisade n. f. – XVe ; de *croix* 1 Expédition entreprise au Moyen Âge par les chrétiens coalisés pour délivrer les Lieux saints qu'occupaient les musulmans. 2 Tentative pour créer un mouvement d'opinion dans une lutte. ⇒ **campagne.** *Croisade féministe.*

❑ Les participants aux croisades portaient une *croix* d'étoffe cousue sur leur habit.

croisé, ée adj. et n. m. – XVIe **I** adj. 1 Disposé en croix ; qui se croisent. *Bretelles croisées dans le dos.* ➛ *Rester les bras croisés,* rester à ne rien faire. ♦ (vêtements) Dont les bords croisent. *Veste croisée* (opposé à *droite*). 2 *Rimes croisées :* rimes féminines et masculines qui alternent. ♦ *Feu(x), tir(s) croisé(s),* qui proviennent de divers points mais qui convergent vers le même objectif. 3 Qui est le résultat d'un croisement, qui n'est pas de race pure. ⇒ **hybride.** *Race croisée.* **II** n. m. Celui qui partait en croisade. *L'armée des croisés.*

croisée n. f. – XIIe 1 *La croisée des chemins,* l'endroit où ils se coupent. ⇒ **croisement.** loc. fig. *Être à la croisée des chemins,* à un moment de sa vie où il faut faire un choix. 2 Châssis vitré qui ferme une fenêtre ; la fenêtre. *Ouvrir, fermer la croisée.*

croisement n. m. – XIIIe 1 Action de disposer en croix, de faire se croiser ; disposition croisée. *Croisement des fils d'un tissu.* ♦ Fait de passer l'un à côté de l'autre en sens contraire. *Le croisement de deux voitures sur une route.* 2 Point où se coupent deux ou plusieurs voies. ⇒ **carrefour, intersection.** *Vous vous arrêterez au croisement.* « *vingt-trois kilomètres en ligne droite, sans virages, sans croisements dangereux* » (Genev.). 3 Méthode de reproduction sexuée entre deux individus (animaux, plantes) de races, de variétés différentes **(⇒ métissage)** ou d'espèces différentes **(⇒ hybridation).** *Améliorer une race de bovins par des croisements sélectifs.*

croiser v. [1] – XIe **I** v. tr. 1 Disposer (deux choses) l'une sur l'autre, en forme de croix. *Croiser les jambes. Se croiser les bras ;* fig. rester dans l'inaction. ♦ *Croiser le fer :* engager les épées ; se battre à l'épée. 2 Passer au travers de (une ligne, une route). ⇒ **couper, traverser.** *La voie ferrée croise la route.* 3 Passer à côté de, en allant en sens contraire. *Croiser qqn dans la rue.* ➛ *Regard qui en croise un autre.* 4 Opérer le croisement de (deux variétés, deux races ou deux espèces différentes). ⇒ **hybrider, métisser.** *Croiser deux races de chevaux.* **II** v. intr. 1 Passer l'un sur l'autre (en parlant des bords d'un vêtement). *Veste qui croise trop.* 2 Aller et venir dans un même parage, en parlant d'un navire. « *Le Duncan resta à croiser sur cette côte* » (J. Verne). **III** *SE CROISER* v. pron. 1 Être ou se mettre en travers l'un sur l'autre. *Deux chemins qui se croisent à angle droit.* 2 Passer l'un à côté de l'autre en allant dans une direction différente ou opposée. *Ils se sont croisés dans l'escalier. Nos lettres se sont croisées,* ont été envoyées en même temps. **3** Se reproduire par croisement. *Le loup peut se croiser avec le chien.*

croisette n. f. – XIIe **1** vx ou région. Petite croix. *Cap de la Croisette à Cannes.* **2** Variété de gaillet.

croiseur n. m. – XVIIe ■ Navire de guerre doté de missiles, de plateformes pour hélicoptères, destiné à la surveillance des routes maritimes.

croisière n. f. – XIIIe **1** Action de croiser, en parlant de navires de guerre. **2** Voyage d'agrément effectué sur un paquebot, un navire de plaisance. *Faire une croisière en Grèce.* **3** *ALLURE, RÉGIME, VITESSE DE CROISIÈRE* : la meilleure allure moyenne pour un navire ou un avion sur une longue distance ; fig. rythme normal d'activité après une période d'adaptation. *Atteindre sa vitesse de croisière.* **4** *Missile de croisière* (par oppos. à *balistique*) : missile dont la longue phase propulsée permet un guidage très précis.

croisiériste n. – 1984 ■ Touriste qui effectue une croisière.

croisillon n. m. – XIVe **1** La traverse d'une croix. *Les deux croisillons inégaux de la croix de Lorraine.* ➛ Chacun des deux bras du transept. **2** Barre qui partage une baie, un châssis de fenêtre. ➛ plur. Boiseries qui se croisent dans certaines fenêtres. *Fenêtre à croisillons.*

croissance n. f. – XIIe **1** Le fait de croître, de grandir (organisme). ⇒ **développement.** *Hormone de croissance* (⇒ **auxine**). *Enfant en pleine croissance. On avait tracé « une série de petits traits au canif indiquant de mois en mois les progrès de sa croissance »* (Maupass.). **2** ⇒ **accroissement, augmentation, développement, progression.** *Croissance d'une ville. Croissance démographique.* ♦ Accroissement à moyen et long terme de la production nationale. ⇒ **développement.** *Croissance zéro,* limitée volontairement. ✪ CONTR. Atrophie, diminution. Dépression, récession.

① **croissant** n. m. – XIIe ; de *croître* **1** Forme échancrée de la Lune pendant qu'elle croît et décroît. *Croissant de lune.* **2** Forme arquée analogue à celle du croissant de lune. ♦ Emblème de l'Empire turc, de la religion musulmane. ➛ *Le Croissant-Rouge,* équivalent de la Croix-Rouge en pays musulman. **3** Petite pâtisserie feuilletée, en forme de croissant. *« C'est vrai que la France est coupée en deux. Il y a ceux qui préfèrent les tartines et ceux qui préfèrent les croissants »* (É. Ajar).

② **croissant, ante** adj. – XIIIe ■ Qui croît, s'accroit, augmente. ⇒ **grandissant.** *En nombre croissant.* ♦ *Fonction croissante,* qui varie comme sa variable. ✪ CONTR. Décroissant.

croissanterie n. f. – 1985 ■ Boutique, échoppe où l'on vend des croissants, de la viennoiserie.

croît n. m. – XIIe ■ Augmentation d'un troupeau par les naissances annuelles. ✪ HOM. Croix.

croître v. intr. [55] – X^e ; lat. *crescere* « naître, grandir » **1** Grandir progressivement jusqu'au terme du développement normal, en parlant des êtres organisés. ⇒ se **développer, pousser.** *Les arbres croissent lentement.* ♦ littér. (des animaux, des personnes) ⇒ **grandir.** allus. bibl. *Croissez et multipliez.* ➛ loc. *Ne faire que croître et embellir,* se dit d'une chose qui augmente en bien, et iron. en mal. littér. *Croître en sagesse* : devenir plus sage en grandissant. **2** Devenir plus grand, plus nombreux, plus intense. ⇒ **augmenter.** *La production croît de 10% par an. Nos difficultés vont croissant.* **3** Pousser naturellement (végétaux). ⇒ **venir.** *« Ces collines rocailleuses, où croissent des buissons à l'odeur aromatique »* (Duham.). ✪ CONTR. Baisser, décliner, décroître, diminuer. — HOM. *Croîs* : crois ; *crû* : cru (croire).

croix n. f. – X^e ; lat. *crux* **1** Gibet fait d'un poteau et d'une traverse et sur lequel on attachait les condamnés pour les faire mourir. *Attacher, clouer qqn sur la croix, en croix.* **2** Le gibet sur lequel Jésus-Christ fut mis à mort. *Descente, déposition de Croix* : thème de l'iconographie chrétienne. *Signe de (la) croix* : signe que font les catholiques romains en portant les doigts de la main droite au front, à la poitrine, puis à l'épaule gauche et à l'épaule droite. *Faire un signe de croix.* ⇒ se **signer.** ♦ *Le chemin de la Croix* : les quatorze tableaux (⇒ **station**) qui illustrent les scènes du chemin parcouru par Jésus portant sa croix. ⇒ **passion.** *Faire un chemin de croix* : s'arrêter et prier devant chacun de ces tableaux. ♦ Épreuve pénible. ⇒ **calvaire.** *Chacun porte sa croix ici-bas.* **3** Représentation symbolique de la croix de Jésus-Christ. ⇒ **crucifix.** *Croix érigée sur un chemin, sur une élévation.* ⇒ **calvaire.** *Les vignes « n'apparaissaient que comme des croix de bois dans un cimetière du front »* (Simenon). ➛ loc. fam. *Croix de bois, croix de fer (si je mens, je vais en enfer)* : formule enfantine de serment. ♦ Bijou en forme de croix. *Croix en or.* **4** Symbole ou ornement en forme de croix. *Croix de Lorraine,* à double croisillon. *Croix grecque,* à branches égales. *Croix de Saint-André,* en X. *Croix gammée.* ➛ *Croix latine,* dont la branche inférieure est plus longue que les trois autres. **5** Décoration de divers ordres de chevalerie. ➛ *Croix de la Légion d'honneur.* ➛ n. m. *GRAND-CROIX* : personne qui a la dignité la plus haute de l'Ordre. *Des grands-croix.* ♦ *Croix de guerre* : médaille conférée aux soldats qui se sont distingués à la guerre. **6** *La Croix-Rouge* : organisation internationale à caractère humanitaire et apolitique. *Le Comité International de la Croix-Rouge, à Genève (C.I.C.R.).* **7** Ce qui par sa forme évoque une croix. *Point de croix* : point de broderie. ♦ Marque formée de deux traits croisés. *Les deux hommes « marquèrent d'une croix les peupliers à abattre »* (Simenon). ➛ fam. *Faire une croix sur qqch.,* y renoncer définitivement. ♦ *EN CROIX* : à angle droit ou presque droit. *Les bras en croix,* étendus à l'horizontale de chaque côté du corps. ✪ HOM. Croît.

cromlech [kʀɔmlɛk] n. m. – XVIIIe ; mot gallois et bret. « pierre courbe » ■ Monument mégalithique composé de menhirs disposés en cercle ou en ellipse.

cromorne n. m. – XVIIe ; all. *Krummhorn* « cor courbe » **1** Ancien instrument à vent en bois, à anche double, en forme de tuyau recourbé. **2** Jeu d'orgue à anche battante.

crooner [kʀunœʀ] n. m. – 1940 ; mot angl., de *to croon* « murmurer, fredonner » ■ Chanteur de charme.

① **croquant** n. m. – XVIIe ; p.-ê. provenç. *croucant* « paysan », ou de *croquer* « détruire » **1** péj. Paysan ; rustre. **2** Paysan révolté sous Henri IV et Louis XIII, dans le Sud-Ouest.

② **croquant, ante** adj. et n. m. – XVIIe **1** Qui croque sous la dent, résiste et cède brutalement. *Cornichons croquants.* **2** n. m. Biscuit allongé aux amandes, très dur. ⇒ ① **croquet.** ✪ CONTR. ① Mou.

croque au sel (à la) loc. adv. – XVIIIe ■ Cru, et sans autre assaisonnement que du sel. *Manger des radis à la croque au sel.*

❏ Pas de traits d'union.

croque-madame n. m. inv. – v. 1960 ■ Croque-monsieur surmonté d'un œuf sur le plat.

croquembouche n. m. – XIXe ■ Pièce montée formée de petits choux à la crème caramélisés.

❏ Le mot s'est d'abord écrit *croque-en-bouche.*

croquemitaine ou **croque-mitaine** n. m. – XIXe ; de *croquer* et *mitaine,* non identifié ▪ Personnage imaginaire dont on menace les enfants pour les effrayer et s'en faire obéir. ♦ Personne très sévère qui fait peur. *Jouer les croquemitaines* (ou *les croque-mitaines*).

croque-monsieur [kʀɔkməsjø] n. m. inv. – 1918 ▪ Sandwich chaud fait de pain de mie grillé, avec du jambon et du fromage. ➛ abrév. fam. CROQUE. *Des croques.*

❑ Le mot est attesté pour la première fois chez Proust.

croquemort ou **croque-mort** n. m. – XVIIIe ; de *croquer* « faire disparaître » et ③ *mort* ▪ fam. Employé des pompes funèbres chargé du transport des morts au cimetière. « *Des croque-morts avec des bocks tintaient des glas* » (Apoll.). *Des croquemorts, des croque-morts.*

croquenot n. m. – XIXe ; p.-ê. de *croquer* « craquer » ▪ fam. Gros soulier. ⇒ **écrase-merde, godillot.**

croquer v. [1] – XIIIe ; du rad. onomat. *krokk-,* exprimant un bruit sec **I** v. intr. Faire un bruit sec, en parlant des choses que l'on broie avec les dents. ⇒ **craquer.** *Carotte qui croque.* **II** v. tr. **1** Broyer (qqch.) sous la dent, en produisant un bruit sec. *Croquer une pomme.* intrans. *Chocolat à croquer* (opposé à *chocolat à cuire*). **2** fam. *Croquer de l'argent :* dépenser beaucoup. ⇒ **dilapider, dissiper, gaspiller. 3** Prendre rapidement sur le vif (un site, un personnage) en quelques coups de crayon, de pinceau. ⇒ **crayonner, dessiner, ébaucher ; esquisser.** *Croquer une silhouette.* ➛ loc. *Personne jolie, mignonne à croquer,* très jolie. « *ces petits êtres gentils à croquer, à l'air fripon, au nez retroussé* » (Balz.). ✪ CONTR. Fondre. Sucer.

① **croquet** n. m. – XVIIe ▪ région. Biscuit mince, sec et croquant, aux amandes. ⇒ ② **croquant.**

② **croquet** n. m. – XIXe ; mot angl. ▪ Jeu qui consiste à faire passer des boules de bois sous des arceaux au moyen d'un maillet, selon un trajet déterminé par des règles.

❑ Le mot anglais *croquet* est issu du français *crochet* ou du moyen français *croquet* « coup sec », dérivé de *croquer* « frapper ».

③ **croquet** n. m. – v. 1935 ; var. de *crochet* ▪ Petit galon formant des vagues, utilisé comme ornement en couture.

croquette n. f. – XVIIIe **1** Boulette (de pâte, de hachis, de poisson) qu'on fait frire dans l'huile après l'avoir panée. *Croquettes de pommes de terre.* **2** Aliment industriel pour animaux, en forme de boulette sèche.

croqueur, euse adj. et n. – XVIIe ▪ Qui croque, mange avidement (qqch.). « *Un vieux renard* [...] *Grand croqueur de poulets* » (La Font.). ♦ fam. *Une croqueuse de diamants :* une femme qui dilapide la fortune de ses amants.

croquignole n. f. – XVIe ; p.-ê. de *croquer* ▪ Petit biscuit croquant.

croquignolet, ette adj. – XIXe ▪ fam. et souvent iron. Mignon.

croquis n. m. – XVIIIe **1** Esquisse rapide. ⇒ **ébauche.** *Croquis à la plume.* « *Le croquis est une note, certaines esquisses sont une fin* » (Malraux). ➛ Dessin rapide complétant une explication. **2** *Croquis coté.* ⇒ **épure.**

croskill [kʀɔskil] n. m. – XIXe ; du nom de l'inventeur ▪ Rouleau qui sert à briser les mottes de terre. ⇒ **brise-mottes.**

crosne [kʀon] n. m. – XIXe ; de *Crosne,* localité de l'Essonne ▪ Plante *(composées)* à tubercules comestibles, originaire du Japon ; tubercule de cette plante, au goût voisin de celui du salsifis. « *Je ne mange pas de crosnes parce qu'ils ont une vague figure de ver de hanneton* » (Colette).

cross [kʀɔs] n. m. – XIXe ; de *cross-country* **1** Course à pied en terrain varié et difficile, avec des obstacles. **2** Course de vélo, de moto en terrain accidenté. ✪ HOM. Crosse, crosses.

cross-country [kʀɔskuntʀi] n. m. – XIXe ; mot angl., de *across* « à travers » et *country* « campagne » ▪ vieilli ⇒ **cross** (1°).

❑ Pour le pluriel → ① y (rem.).

crosse n. f. – XIe ; germ. °*krukja* **1** Bâton pastoral d'évêque ou d'abbé dont l'extrémité supérieure se recourbe en volute. **2** Bâton recourbé utilisé dans certains jeux pour pousser la balle. *Crosse de hockey.* **3** Extrémité recourbée. *Crosses de fougères.* ♦ *Crosse d'un violon :* partie recourbée qui porte les chevilles. ➛ *Crosse de l'aorte.* **4** Partie postérieure (d'une arme à feu portative). *Assommer qqn à coups de crosse.* ➛ loc. *Mettre, lever la crosse en l'air :* refuser le combat ; se rendre. ✪ HOM. Cross, crosses.

crosser v. tr. [1] – XIIIe ▪ rare Pousser avec une crosse. *Crosser une balle, un palet.*

crosses n. f. pl. – XIXe ; de *crosser* « se plaindre » ▪ loc. fam. *Chercher des crosses à qqn,* lui chercher querelle. ⇒ **noise.** « *Il va vous chercher des crosses, il va essayer de vous faire chier* » (Le Clézio). ✪ HOM. Cross, crosse.

crossette n. f. – XVIe ▪ Jeune branche (de vigne, de figuier, etc.) taillée en forme de crosse, pour faire des boutures.

crossing-over [kʀɔsiŋɔvœʀ] n. m. inv. – 1926 ; mot angl., de *to cross over* « se croiser en se recouvrant » ▪ Enjambement des chromosomes avec échange de segments entre deux chromatides.

crossoptérygiens n. m. pl. – XIXe ; gr. *krossos* « frange » et *pterux* « aile » ▪ Sous-classe de poissons osseux très primitifs, représentée par des fossiles du primaire et du secondaire et par le cœlacanthe.

crotale n. m. – XVIe ; gr. *krotalon* **1** Castagnettes de la Grèce antique. **2** Serpent très venimeux *(vipéridés),* dont la queue formée d'écailles creuses vibre avec un bruit de crécelle, d'où son nom de *serpent à sonnette.*

croton n. m. – XVIIIe ; gr. *kroton* « ricin » ▪ Arbuste tropical *(euphorbiacées)* à feuilles persistantes bordées de rouge. *Huile de croton,* extraite des graines toxiques. *Le médecin* « *ordonna l'application de l'huile de croton* » (Goncourt).

crotte n. f. – XIIe ; germ. °*krotta* **1** Fiente de certains animaux. *Crottes de lapin.* ➛ fam. Tout excrément solide. ⇒ **étron.** *Crottes de chien. Faire sa crotte.* ⇒ fam. **caca.** ♦ fam. (enfantin) *Crotte (de bique) !,* interjection par laquelle on manifeste son impatience, son dépit. ⇒ ① **flûte, zut ; merde.** *C'est de la crotte de bique,* une chose sans valeur. ♦ *Crottes de nez :* mucosités nasales sèches et agglutinées. **2** *Crotte de, en chocolat :* bonbon rond de chocolat.

crotter v. [1] – XIIIe **1** v. tr. vieilli Salir de boue. *Un bas de pantalon tout crotté.* **2** v. intr. fam. Faire des crottes. ✪ CONTR. Décrotter.

crottin n. m. – XIVe **1** Excrément des équidés, des ovins. *Le cheval* « *expulse un crottin bien formé qui fait honneur à l'hygiène de l'écurie* » (Romains). **2** Petit fromage de chèvre de forme arrondie, à saveur piquante. *Crottin de Chavignol.*

croulant, ante adj. et n. – XIIe **1** Qui menace ruine. *Des murs croulants.* **2** n. fam. Personne qui n'est plus jeune. ➛ *Les croulants :* les parents. ⇒ **vieux.**

croule n. f. – XIXe ; all. *grillen* « crier » ▪ Moment où les bécasses poussent leur cri, pour se réunir à la tombée du jour. ♦ Chasse à la bécasse, lors du passage de printemps.

crouler v. intr. [1] – XIe ; lat. °*corrotulare* « faire rouler » ou *crotalare* « secouer » 1 Tomber en s'affaissant (construction, édifice). ⇒ **s'affaisser,** s'**écrouler,** s'**effondrer.** *Cette maison menace de crouler.* « *Ses cheveux, appesantis par la chaleur, croulaient lourdement sur sa nuque dorée* » (Barbey). ➛ *Crouler sous* (qqch.) : être écrasé, s'affaisser sous le poids de. *L'arbre croule sous les fruits.* ♦ *Salle de spectacle qui croule sous les applaudissements.* 2 S'effondrer. *Faire crouler un projet.* ⇒ **échouer.** ✪ CONTR. Redresser, relever, tenir.

croup [kʀup] n. m. – XVIIIe ; mot angl. d'orig. onomat. ■ vieilli Laryngite pseudomembraneuse, de nature diphtérique. « *Le croup, monstre hideux, épervier des ténèbres* » (Hugo). ✪ HOM. Croupe.

❑ Le *p* se prononce. ♦ Le mot ne s'entend plus guère, la vaccination antidiphtérique étant obligatoire chez l'enfant.

croupade n. f. – XVIIe ■ Ruade avec extension des membres postérieurs, les antérieurs restant en appui sur le sol.

croupe n. f. – XIe ; germ. °*kruppa* 1 Partie postérieure arrondie qui s'étend des hanches à l'origine de la queue de certains animaux (équidés). ♦ *EN CROUPE* : à cheval et sur la croupe, derrière la personne en selle. *Prendre qqn en croupe.* 2 fam. Fesses, derrière (humain). ⇒ **croupion, cul.** *Une croupe rebondie. Une robe* « *qui mettait en valeur des rondeurs de sa taille et de sa croupe* » (Simenon). 3 Sommet arrondi d'une colline, d'une montagne. 4 Pan de toit de forme généralement triangulaire. ✪ HOM. Croup.

croupetons (à) loc. adv. – XIIe ■ Dans une position accroupie.

❑ Pour le suffixe → reculons (rem.).

croupier, ière n. – XVIIe ■ Employé(e) d'une maison de jeu, qui tient le jeu, paie et ramasse l'argent pour le compte de l'établissement.

croupière n. f. – XIIe 1 Longe de cuir que l'on passe sous la queue d'un cheval, d'un mulet. 2 loc. *Tailler des croupières à qqn,* lui susciter des difficultés.

croupion n. m. – XVe 1 Extrémité postérieure du corps (d'un oiseau), composée des dernières vertèbres et supportant les plumes de la queue. 2 fam. Le derrière humain. *Tortiller du croupion.* 3 *Assemblée, parti croupion,* qui n'est plus qu'un résidu et n'est plus représentatif.

croupir v. intr. [2] – XIIe ; de *croupe* 1 Demeurer (dans un état pénible, méprisable). ⇒ **moisir, pourrir.** *Croupir en prison. Vous* « *croupissez dans votre routine !* » (Zola). 2 Stagner et se corrompre (liquide). *Eau croupie.* ♦ *Saletés qui croupissent dans une flaque.*

croupissant, ante adj. – XVIe ■ Qui croupit. *Eaux croupissantes.* ⇒ **stagnant.**

croupissement n. m. – XVIIe ■ littér. (liquides) Action de croupir.

croupon n. m. – XVIIIe ; a. fr. *crepon* « croupe d'un animal » ■ Partie d'un cuir qui correspond au dos et à la croupe de l'animal (bœuf, vache).

croustade n. f. – XVIIIe ; it. *crosta* ou provenç. *croustado* « tourte » ■ Croûte feuilletée, garnie d'une préparation. *Croustade de fruits de mer.*

croustillant, ante adj. – XVIIIe 1 Qui croustille, craque sous la dent. *Des frites croustillantes.* 2 Qui est amusant, léger, grivois. ⇒ ① **piquant.** *Ajouter des détails croustillants.* ✪ CONTR. ① Mou.

croustiller v. intr. [1] – XVIIe ; provenç. *crousta* « faire croûte » ■ Craquer légèrement sous la dent.

croûte n. f. – XIe ; lat. *crusta* **I - 1** Partie extérieure du pain, durcie par la cuisson. *Manger la croûte et laisser la mie.* ➛ *Des croûtes de pain* : des restes de pain, secs et durcis. ⇒ **croûton.** ♦ loc. fam. *Casser la croûte* : manger. *Gagner sa croûte,* sa vie. 2 Pâte cuite qui entoure (un pâté, un vol-au-vent). *Pâté en croûte.* 3 Plat qui comporte des croûtes de pain, des tranches de pâte cuite, etc. *Croûte au fromage.* 4 Partie superficielle du fromage (qui ne se mange pas). ⇒ région. **couenne. II - 1** Partie superficielle durcie (du sol, etc.). *Croûte terrestre* : partie superficielle du globe. ⇒ **écorce.** « *Le soufre, formant des croûtes et des concrétions cristallines, tapissait le sol* » (J. Verne). 2 Lamelle irrégulière formée sur une lésion de la peau par dessèchement de sang, pus ou sérosité. ⇒ ① **escarre.** 3 fam. Mauvais tableau. *Ce peintre ne fait que des croûtes.* 4 Côté chair d'un cuir coupé dans le sens de l'épaisseur (opposé à *fleur*). 5 fam. Personne bornée, encroûtée dans la routine. *C'est une vieille croûte.* ⇒ **croûton.**

croûter v. intr. [1] – XIXe ■ fam. Manger. « *Allons croûter, j'ai la dent* » (Cendrars). ➛ trans. « *j'ai rien croûté depuis hier* » (Sartre).

croûteux, euse adj. – XIVe ■ Qui a des croûtes. *Eczéma croûteux.*

croûton n. m. – XVIIe 1 Extrémité d'un pain long. ⇒ **quignon.** *Manger le croûton.* 2 Petit morceau de pain sec. *Croûtons frottés d'ail.* ⇒ **chapon.** 3 fam. Personne arriérée, d'esprit borné. ⇒ **croûte.**

crown-glass [kʀonglas] n. m. inv. – XVIIIe ; mots angl. « verre de couronne » ■ Verre très transparent et peu dispersif employé en optique.

❑ Ce mot est parfois abrégé en *crown.*

croyable adj. – XIIe ■ Qui peut ou doit être cru. *C'est à peine croyable, ce n'est pas croyable.* ⇒ **crédible, imaginable, pensable, possible.** ✪ CONTR. Incroyable.

croyance n. f. – XIVe 1 L'action, le fait de croire une chose vraie, vraisemblable ou possible. ⇒ **certitude, conviction, foi.** *La croyance dans, en qqch.* « *la croyance en l'autorité des doctrines transmises* » (Valéry). ♦ Le fait de croire. *Croyance en Dieu.* ⇒ **foi.** 2 Ce que l'on croit (spécialt en matière religieuse). *Croyances religieuses.* ⇒ **conviction.** *Respecter toutes les croyances.* « *Les croyances ne sont pas seulement religieuses* » (Malraux). ✪ CONTR. Doute. Agnosticisme, scepticisme.

croyant, ante adj. et n. – XIIe 1 Qui a une foi religieuse. ⇒ **pieux, religieux.** *Il n'est plus croyant* : il a perdu la foi. 2 n. *Un croyant, une croyante.* ⇒ **fidèle.** ♦ *Les croyants* : nom que se donnent les musulmans. ✪ CONTR. Agnostique, athée, incroyant, infidèle.

C.R.S. [seɛʀɛs] n. m. – v. 1900 ; sigle ■ Policier membre d'une compagnie républicaine de sécurité*.

① **cru** n. m. – XIVe ; de *croître* 1 Vignoble. *Crus classés du Bordelais.* ♦ Vin produit par un terroir déterminé. *Servir un grand cru.* 2 *De son cru, de son propre cru* : de son invention propre. ✪ HOM. Crue.

② **cru, crue** adj. – XIIe ; lat. *cruor* « sang qui coule » 1 Qui n'est pas cuit (aliment). *Oignons, abricots crus. Viande hachée crue.* « *Un souper de jambon cru, de pommes et de whisky* » (Yourcenar). ➛ *Lait cru,* non stérilisé. ➛ *Vouloir avaler, manger qqn tout cru,* être furieux contre lui. 2 Qui n'a pas subi de préparation, de modification (matière première). ⇒ **brut.** *Métal cru. Soie crue.* ⇒ **écru.** 3 Que rien n'atténue. ⇒ **brutal.** *Lumière crue. Couleur crue,* qui tranche violemment sur le reste. ⇒ **vif.** 4 Exprimé sans ménagement. ⇒ ① **direct.** *Dire la chose toute crue.* « *il parlait volontiers, en termes crus, de ses attributs virils* » (Simenon). ⇒ **osé.** ➛ adv. *Je vous le dis tout cru.* ⇒ **crûment.**

5 *À CRU* : en portant sur la chose même. *Monter un cheval à cru.* « *portant à cru le baudrier d'un sabre sur sa poitrine sans chemise* » (Flaub.). ✪ CONTR. Cuit. Atténué, tamisé.

cruauté n. f. – XIIe ; lat. *crudelis* « cruel » 1 Tendance à faire souffrir. ⇒ **férocité, méchanceté, sadisme.** *Cruauté envers, à l'égard de qqn. Traiter qqn, un animal avec cruauté.* « *Une cruauté ingénieuse et fantasque avait présidé à l'enchaînement de ces prisonniers* » (Gaut.). ➛ *Cruauté mentale,* qui s'exerce sur le plan psychologique. ♦ Caractère de ce qui trahit cette tendance. *La cruauté d'un acte, d'une remarque.* ♦ Férocité (d'un animal). 2 Caractère de ce qui est inexorablement nuisible. ⇒ **dureté, rudesse.** *La cruauté du sort, du destin.* « *la cruauté stupide de la mort* » (Loti). 3 *Une, des cruautés* : action cruelle. ⇒ **atrocité.** *C'est une injustice et une cruauté.* « *les cruautés hitlériennes, les fours crématoires, les charniers* » (Duham.). ✪ CONTR. Bienveillance, bonté, indulgence.

cruche n. f. – XIIe ; germ. °*kruka* 1 Récipient, souvent de grès ou de terre, à col étroit, à large panse, à anse. ⇒ **cruchon, pichet.** *Cruche à eau.* ♦ Contenu d'une cruche. « *Une cruche de vin de Falerne se vendait cent deniers romains* » (Montesq.). 2 fam. Personne niaise, bête et ignorante. ⇒ **gourde, imbécile.** *Quelle cruche, ce type !*

cruchon n. m. – XIIIe ▪ Petite cruche ; son contenu. « *on avait vidé des cruchons et des cruchons de genièvre* » (Simenon).

cruci- ▪ Élément, du lat. *crux* « croix ».

crucial, iale, iaux adj. – XVIe ; lat. *crux* « croix » 1 Fait en croix. *Incision cruciale.* 2 En philosophie, *Expérience cruciale,* qui permet de confirmer ou de rejeter une hypothèse, sert de critère. ⇒ **décisif.** 3 Fondamental, très important. ⇒ ① **capital, décisif, déterminant.** *Moment crucial.*

crucifère adj. – XVIIe 1 Qui porte une croix. 2 n. f. pl. Famille de plantes dicotylédones, appelée auj. *brassicacées,* comprenant de nombreuses espèces annuelles dont les fleurs ont quatre pétales disposés en croix (ex. chou, cresson, giroflée, navet).

crucifié, iée adj. – XIIe 1 Mis en croix. ♦ subst. *Le Crucifié* : Jésus-Christ. 2 Supplicié, torturé. *Un visage crucifié,* qui exprime la douleur, le tourment.

crucifiement n. m. – XIIe ▪ Action de crucifier, supplice de la croix. ⇒ **crucifixion.** *Le crucifiement de saint Pierre.*

crucifier v. tr. [7] – XIIe ; lat. *crucifigere* « mettre en croix » 1 Attacher (un condamné) sur la croix pour l'y faire mourir. *Jésus fut crucifié sur le Calvaire.* 2 Faire souffrir intensément. ⇒ **mortifier.** *Sa mémoire « ne l'épargnait à certains moments que pour la crucifier à d'autres »* (Green).

crucifix [krysifi] n. m. – XIIe ▪ Croix sur laquelle est figuré Jésus crucifié. « *la laideur morbide du crucifix* » (Tournier).

crucifixion n. f. – XVIe ▪ Crucifiement du Christ.

cruciforme adj. – XVIIIe ; *cruci-* et *-forme* ▪ En forme de croix. *Tournevis cruciforme.*

cruciverbiste n. – 1955 ; de *cruci-* et lat. *verbum* « mot » ▪ Amateur de mots croisés. ⇒ **mots-croisiste.**

❑ Le mot savant *cruciverbiste* est plus répandu que *mots-croisiste,* de même structure.

crudité n. f. – XIVe ; lat. *cruditas* « indigestion » 1 (au plur.) Légumes consommés crus. *Assiette de crudités.* 2 *Crudité des couleurs, de la lumière.* ⇒ **brutalité.** 3 Caractère cru, brutal. *La crudité d'une description, d'une expression.* ⇒ **brutalité, réalisme.** « *j'ai déjà dit combien je me sentais attiré par ce roman, malgré les crudités* » (Goncourt). ✪ CONTR. Douceur. Délicatesse, réserve.

crue n. f. – XIIIe ; de *croître* 1 Élévation du niveau dans un cours d'eau, un lac. *Rivière en crue.* 2 Croissance. *La crue d'une plante.* ✪ CONTR. Baisse, décrue, étiage, ② retrait. — HOM. Cru.

cruel, cruelle adj. – Xe ; lat. *crudus* « qui aime le sang » 1 Qui prend plaisir à faire, à voir souffrir. ⇒ **dur, féroce, méchant, sadique.** *Homme cruel* (⇒ **bourreau, brute, monstre**). *Être cruel avec les animaux.* 2 Qui dénote de la cruauté ; qui témoigne de la cruauté des hommes. *Action, décision cruelle. Joie cruelle.* ⇒ **mauvais.** ♦ *Guerre cruelle.* ⇒ **sanglant.** 3 littér. Qui fait souffrir par sa dureté, sa sévérité. ⇒ **dur, inflexible, intolérant, sévère.** *Père cruel.* 4 Qui fait souffrir en manifestant une sorte d'hostilité. « *la cruelle réprimande qui l'attendait au logis* » (Balz.). ♦ Qui fait souffrir, qui est l'occasion d'une souffrance. ⇒ **douloureux, pénible.** *C'est une cruelle épreuve pour lui.* ✪ CONTR. Bienveillant, ① bon, doux, humain, indulgent.

cruellement adv. – XIIe 1 D'une manière cruelle, féroce. ⇒ **méchamment.** *Traiter qqn cruellement.* « *Vous vous moquez cruellement de notre analphabétisme, monsieur le duc* » (Queneau). 2 D'une façon douloureuse, pénible. ⇒ **durement, péniblement.** *Faire cruellement défaut.* ✪ CONTR. Doucement, humainement, tendrement.

cruenté, ée adj. – XIXe ; lat. *cruor* « sang » ▪ Qui saigne, qui a perdu son revêtement cutané. *Plaie cruentée,* à vif.

cruiser [kruzœr] n. m. – XIXe ; mot angl. « croiseur » ▪ Petit yacht prévu pour la navigation en mer.

crûment adv. – XVIe 1 D'une manière crue (4°), sèche et dure, sans ménagement. ⇒ **brutalement.** « *ils la guignent d'un air goulu et disent crûment leur goût* » (Dorgelès). 2 Avec une lumière crue.

crural, ale, aux adj. – XVIe ; lat. *crus* « jambe » ▪ Qui appartient à la cuisse. *Nerf crural.*

crustacé n. m. – XVIIIe ; lat. *crusta* « croûte » ▪ *LES CRUSTACÉS* : classe d'arthropodes qui possèdent deux paires d'antennes, un corps formé de segments munis chacun d'une paire d'appendices, à respiration branchiale. *La daphnie, le cloporte sont des crustacés.* « *de gros crustacés pointés sur leurs hautes pattes comme des machines de guerre* » (J. Verne). ♦ Crustacé aquatique comestible. ⇒ **crabe, crevette, écrevisse, homard, langouste, langoustine.** *Assiette de crustacés.*

cruzeiro [kruzero ; krusejro] n. m. – 1942 ; mot port., de *cruz* « croix » ▪ Unité monétaire du Brésil.

cryo- ▪ Élément, du gr. *kruos* « froid ».

cryoconducteur, trice adj. – 1975 ▪ Placé à basse température pour présenter une résistivité très faible.

cryoconservation n. f. – XXe ▪ Conservation des tissus vivants, des ovules, des embryons, du sperme, aux cryotempératures. ⇒ **congélation.**

cryogène adj. – 1903 ; *cryo-* et *-gène* ▪ Qui produit du froid.

cryogénique adj. – 1953 ; *cryo-* et *-génique,* de *-génie* ▪ Relatif à la production du froid.

cryolithe n. f. – XIXe ; *cryo-* et *-lithe* ▪ Fluorure naturel d'aluminium et de sodium, très fusible.

❑ On trouve aussi la graphie *cryolite,* moins claire (élément *lith(o)-*).

cryométrie n. f. – v. 1900 ; *cryo-* et *-métrie* ▪ Mesure des températures de congélation.

cryophysique n. f. – 1969 ▪ Physique des basses températures.

cryoscopie n. f. – XIXe ; *cryo-* et *-scopie* ▪ Étude de l'abaissement de température des liquides par addition d'un soluté.

cryostat n. m. – 1903 ; *cryo-* et *-stat* ▪ Récipient pourvu d'une isolation thermique permettant de maintenir des produits à une basse température.

cryotempérature n. f. – 1974 ▪ Température inférieure par convention à – 153 degrés centigrades ou 120 degrés Kelvin.

cryothérapie n. f. – 1907 ; *cryo-* et *-thérapie* ▪ Traitement local par l'application du froid.

cryotron n. m. – 1968 ; mot angl., de *cryo-* et *(elec)tron* ▪ Dispositif de commutation fondé sur la maintenance ou la disparition d'un état supraconducteur en fonction d'un champ magnétique.

cryoturbation n. f. – 1952 ; *cryo-* et lat. *turbare* « troubler, altérer » ▪ Modification du sol sous l'effet du gel, par solifluxion.

cryptage n. m. – v. 1980 ▪ Moyen par lequel un message est rendu inintelligible en l'absence d'un décodeur approprié.

crypte n. f. – XIVe ; gr. *kruptein* « cacher » ▪ Caveau souterrain servant de sépulcre dans certaines églises. ⇒ **hypogée.** *La crypte de la basilique de Saint-Denis.* « *les tranquilles gisants de pierre qui dorment côte à côte dans les cryptes* » (Beauv.). ♦ Chapelle souterraine.

❑ Même origine étym. que *grotte.*

crypter v. tr. [1] – 1951 ; gr. *kruptos* « caché » ▪ Rendre incompréhensible (un message). *Crypter un message secret.* ➛ *Chaîne de télévision cryptée,* nécessitant un décodeur pour être reçue en clair. ✪ CONTR. Décrypter.

cryptique adj. – XVIe 1 Qui vit, se trouve dans les grottes. 2 littér. Caché, secret. ⇒ **occulte.** *Figure cryptique.*

crypto- ▪ Élément, du gr. *kruptos* « caché ».

cryptobiose n. f. – 1989 ; angl. ▪ Vie latente d'un organisme qui n'offre pas de signes de vie. ⇒ **anhydrobiose.**

cryptocitation n. f. – v. 1970 ▪ Citation d'un écrivain que l'on glisse dans son propre discours sans indiquer le nom de l'auteur.

❑ En général, il ne s'agit pas d'un plagiat mais d'une allusion non signée et reconnue par les lecteurs.

cryptocommuniste adj. et n. – 1949 ▪ Partisan occulte du communisme.

cryptogame adj. et n. m. – XVIIIe ; *crypto-* et *-game* ▪ Se dit des plantes qui ont les organes de la fructification peu apparents. *Les champignons sont des plantes cryptogames.* ♦ n. m. pl. *Les cryptogames :* un des deux embranchements du règne végétal (opposé à *phanérogames*).

cryptogamique adj. – XIXe ▪ *Maladie cryptogamique :* affection parasitaire des végétaux provoquée par un champignon.

cryptogénétique adj. – 1909 ▪ Dont on ne connaît pas la cause. *Maladie cryptogénétique.*

cryptogramme n. m. – XIXe ; *crypto-* et *-gramme* ▪ Ce qui est écrit en caractères secrets, en code, en langage chiffré.

cryptographie n. f. – XVIIe ; *crypto-* et *-graphie* ▪ Code graphique déchiffrable par l'émetteur et le destinataire seulement.

cryptographier v. tr. [7] – 1924 ▪ Écrire en code secret. ⇒ **chiffrer.** « *une lettre cryptographiée, et un plan du lieu où il avait caché son immense butin* » (Le Clézio).

cryptorchidie [kRiptɔRkidi] n. f. – XIXe ; *crypto-* et gr. *orkhis* « testicule » ▪ Rétention pathologique des testicules dans l'abdomen.

CSG [seɛsʒe] n. f. – 1992 ; sigle ▪ Contribution sociale généralisée.

cténaires n. m. pl. – 1929 ; gr. *kteis* « peigne » ▪ Embranchement d'animaux pélagiques, transparents, à symétrie bilatérale, à organes locomoteurs en forme de palettes.

cuadrilla [kwadRija] n. f. – XIXe ; mot esp. ▪ Petite troupe de toreros (banderilleros, picadors, péons, etc.) recrutés par le matador et formant équipe avec lui. ⇒ **quadrille.**

cubage n. m. – XVIIIe 1 Évaluation d'un volume ; action de cuber. 2 Volume évalué. *Le cubage d'air d'une pièce.*

cubature n. f. – XVIIIe ▪ Transformation (d'un volume) en un cube de volume égal.

cube n. m. – XIIIe ; gr. *kubos* « dé à jouer » 1 Solide à six faces carrées égales, hexaèdre régulier. *Le cube est un parallélépipède rectangle dont toutes les arêtes sont égales.* ♦ Objet en forme de cube ou de parallélépipède. *Cube de glace.* ➛ *Jeu de cubes :* ensemble de cubes en bois avec lesquels les enfants font des constructions. 2 Se dit d'une mesure qui exprime le volume d'un corps (s'écrit ^{3} et se lit « cube »). *Mètre cube* (m^3), *centimètre cube* (cm^3). « *un stère et un mètre cube, c'est la même chose, ça sert à mesurer le bois* » (Bosco). ➛ *Gros cube :* moto de grosse cylindrée. 3 *Cube d'un nombre :* produit de trois facteurs égaux à ce nombre. *Le cube de 2 est 8. Deux au cube* (2^3, ou deux puissance trois). 4 arg. des écoles Élève qui redouble la deuxième année de préparation à une grande école.

cubèbe n. m. – XIIIe ; ar. *kebâba* ▪ Arbuste voisin du poivrier dont les fruits contiennent un principe médicinal.

cuber v. [1] – XVIe 1 v. tr. Évaluer (un volume) en unités cubiques. *Cuber des bois de construction.* ➛ Élever au cube, à la puissance trois. *Cuber un nombre.* 2 v. intr. Avoir le volume de. *Cette citerne cube 200 litres.* ♦ fam. Représenter une grande quantité. « *Je donne pas cher pour mes copies* [...] *mais ça cube quand même à la fin* » (Céline). ⇒ **chiffrer.**

cubilot n. m. – XIXe ; angl. *cupola* « four à *coupole* » ▪ Fourneau à creuset de métal pour la préparation de la fonte de seconde fusion.

cubique adj. et n. f. – XIVe 1 Qui a la forme d'un cube. « *une cage de fer du genre cage à fauve, cubique* » (Robbe-Grillet). ♦ *Système cubique :* ensemble des formes de cristaux dérivées du cube. ♦ n. f. *Une cubique :* courbe plane ou gauche du troisième degré. 2 *Racine cubique d'un nombre n :* nombre qui, élevé au cube (à la puissance 3), donne n.

cubisme n. m. – 1908 ▪ École d'art, florissante de 1910 à 1930, qui se proposait de représenter les objets décomposés en éléments géométriques simples. *Picasso, Braque, Juan Gris, peintres du cubisme.*

cubiste adj. et n. – v. 1910 ▪ Qui a rapport au cubisme. *Peinture cubiste.* ➛ n. *Les cubistes.*

❑ La première œuvre cubiste fut *Les Demoiselles d'Avignon* de Picasso (1907).

cubitainer [kubitɛnɛR] n. m. – 1959 ; marque déposée, de *cubi(que)* et *(con)tainer* ▪ Récipient de plastique souple, servant au transport des liquides. *Du vin en cubitainer.*

cubital, ale, aux adj. – XVe ▪ Qui appartient au cubitus ou au coude.

cubitière n. f. – XIXe ; lat. *cubitus* « coude » ▪ Pièce des anciennes armures qui protégeait le coude.

cubitus [kybitys] **n. m.** – XVIe ; mot lat. « coude » ▪ Le plus gros des deux os de l'avant-bras dont l'extrémité supérieure s'articule avec l'humérus au niveau du coude. ⇒ aussi **radius.**

cuboïde **n. m.** – XVIe ▪ Os de la première rangée du tarse. ♦ **adj.** Qui a la forme d'un cube. ⇒ **cubique.**

cucul [kyky] **adj.** – 1933 ; de *cul* ▪ fam. Niais, un peu ridicule. *Cucul la praline* (renforcement plaisant). « *On le trouvait simplement cornichon, cucul la rainette* » (Aymé).

❑ On écrit aussi parfois *cucu.*

cucurbitacées **n. f. pl.** – XVIIIe ; lat. *cucurbita* « courge » ▪ Famille de plantes dicotylédones à tiges rampantes et à gros fruits comme le concombre, la courge, le melon.

cucurbitain **n. m.** – XIVe ; lat. *cucurbita* « courge » ▪ Anneau bourré d'œufs formé par un ténia et rejeté hors de l'intestin.

cueillaison [kœjɛzɔ̃] **n. f.** – XIXe ▪ Époque où l'on cueille les fruits. ⇒ **cueillette.**

cueillette [kœjɛt] **n. f.** – XIIIe **1** Action de cueillir. ⇒ **récolte.** *La cueillette des cerises, des pommes, des olives.* ♦ Les fleurs ou les fruits que l'on a cueillis. *Une belle cueillette.* **2** Ramassage des produits végétaux comestibles, dans les groupes humains qui ne pratiquent pas la culture. *Ils vivent de chasse et de cueillette.*

cueilleur, euse [kœjœʀ, øz] **n.** – XIIIe **1** Personne qui cueille. **2** **n. f.** Machine qui permet de détacher mécaniquement les capsules du cotonnier.

cueillir [kœjiʀ] **v. tr.** [12] – XIe ; lat. *colligere* **1** Détacher (une partie d'un végétal) de la tige, des racines. *Cueillir des fleurs, des fruits.* « *Nous nous arrêtions dans chaque forêt pour cueillir des champignons* » (Giraud.). ⇒ **ramasser.** **2** Prendre. *Cueillir un baiser.* « *Cueillez, cueillez votre jeunesse* » (Ronsard). **3** fam. *Cueillir* (qqn), le prendre aisément au passage. *Cueillir un voleur.* ⇒ **pincer.** ➛ loc. *Cueillir qqn à froid,* le prendre au dépourvu, par surprise.

❑ Pour la graphie → ① e (rem.).

cueilloir [kœjwaʀ] **n. m.** – XIVe ▪ Instrument consistant en un long bâton armé de cisailles pour couper les fruits des hautes branches.

cui-cui **interj.** et **n. m. inv.** – XIXe ; onomat. ▪ fam. Pépiement d'oiseau.

cuillère ou **cuiller** [kɥijɛʀ] **n. f.** – XIIe ; lat. *cochlearium* « ustensile à manger les escargots » **1** Ustensile de table ou de cuisine formé d'un manche et d'une partie creuse, qui sert à transvaser ou à porter à la bouche des aliments liquides ou peu consistants. *Manche, cuilleron, dos de la cuillère. Cuillère à soupe. Cuillère à dessert,* ou *à entremets. Petite cuillère. Cuillère à café, à moka. Manger avec une cuillère, à la cuillère.* ♦ Contenu d'une cuillère. ⇒ **cuillerée.** *Prendre une cuillère à café de sirop trois fois par jour.* **2** Ustensile de forme analogue. *Pêcher à la cuillère* (ou *cuiller*), avec une petite plaque de métal brillant munie d'hameçons, qui sert d'appât. ➛ Pièce qui maintient la goupille d'une grenade. **3** loc. fam. *Serrer la cuillère :* serrer la main. ⇒ ② **louche, pince.** ➛ *Faire une chose en deux (trois, cinq) coups de cuillère à pot,* très vite, en un tour de main. ➛ *Être à ramasser à la petite cuillère :* être en piteux état. ➛ *Ne pas y aller avec le dos de la cuillère :* agir sans modération.

❑ La graphie *cuillère,* mieux accordée au genre féminin, est en passe de supplanter *cuiller.*

cuillerée [kɥijʀe ; kɥijeʀe] ou **cuillérée** **n. f.** – XIVe ▪ Contenu d'une cuillère. *Ajouter une cuillerée à soupe de sucre.*

cuilleron **n. m.** – XIVe ▪ Partie creuse, ovale ou ronde, qui est au bout du manche d'une cuillère.

cuir **n. m.** – XIe ; lat. *corium* **1** *Le cuir chevelu :* la peau du crâne qui porte les cheveux. **2** Peau des animaux séparée de la chair, tannée et préparée. ⇒ **peau.** *Grain d'un cuir. Cuir de bœuf, de vache* (⇒ **nubuck, vachette**), *de veau* (⇒ ① **box, vélin**), *de chèvre* (⇒ **maroquin**), *de mouton* (⇒ **basane,** ② **chagrin**), *de reptiles* (⇒ **crocodile, lézard, serpent**). ➛ *Semelles de cuir. Cuir artificiel.* ⇒ **moleskine, skaï, synderme.** ♦ fam. Vêtement de cuir. « *Qui est-ce le patron ici ? Le jeune avec son cuir ou le vieux à moustaches grises ?* » (Simenon). **3** Peau épaisse et dure de certains animaux. « *Le cuir d'un chameau de Tartarie* » (Bloy). **4** fam. Faute de langage qui consiste à lier les mots de façon incorrecte (ex. Les chemins de fer [z] anglais [leʃmɛ̃dfɛʀzɑ̃glɛ]). *Faire un cuir.* ✪ HOM. Cuire.

cuirasse **n. f.** – XIIIe ; lat. *coriaceus,* d'apr. *cuir* **1** Partie de l'armure qui recouvre le buste. ⇒ **armure, corselet, cotte.** ♦ *Le défaut de la cuirasse :* l'intervalle entre le bord de la cuirasse et les pièces qui s'y joignent ; le point faible, le côté sensible, vulnérable de qqn ou de qqch. « *Ils la frappaient savamment là où elle était vulnérable, au défaut de la cuirasse, à son manque de logique* » (Hugo). **2** Défense, protection. ⇒ **carapace.** « *L'amour conjugal même mourant se défend longtemps contre les coups du monde par une cuirasse de silence* » (Maurois). **3** Revêtement d'acier qui protège les navires de guerre. ⇒ **blindage.**

cuirassé, ée **adj.** et **n. m.** – XVIIe **1** Revêtu d'une cuirasse. ♦ **n. m.** Navire de guerre de gros tonnage, fortement blindé et armé d'artillerie lourde. *Le cuirassé Potemkine.* **2** Endurci, protégé. ⇒ **blindé.** « *Un homme sorti de si bas,* [...] *était cuirassé contre les humiliations* » (R. Rolland).

cuirassement **n. m.** – XIXe ▪ Action de cuirasser un navire ; la cuirasse elle-même.

cuirasser **v. tr.** [1] – XVIIe ▪ Armer, revêtir d'une cuirasse. ⇒ **blinder.** ♦ pronom. *Se cuirasser contre* (qqch.) : se protéger contre (qqch.), se rendre insensible à (qqch.). ⇒ s'**aguerrir,** s'**endurcir.** « *Quand on ne peut se soustraire à la douleur, on fait en sorte de se cuirasser contre elle* » (Duham.).

cuirassier **n. m.** – XVIe ▪ Soldat d'un régiment de cavalerie lourde. « *C'était un cuirassier, un officier, un officier même d'un certain rang* » (Hugo). *Le cinquième cuirassiers,* régiment de blindés.

cuire **v.** [38] – X[e] ; lat. *coquere* **I** **v. tr.** **1** Rendre (un aliment) propre à l'alimentation par une forte chaleur qui transforme la consistance, le goût. *Cuire de la viande, des légumes. Cuire le pain. Cuire au four, au gril, à la broche, au bain-marie, au barbecue.* ⇒ **frire,** ① **griller, rôtir.** *Cuire à feu doux, à petit feu, à feu vif. Cuire à l'eau, à la vapeur. Chocolat à cuire.* « *Je me suis fait cuire des œufs, et je les ai mangés à même le plat* » (Camus). **2** Transformer un corps quelconque par l'action de la chaleur, dans un but déterminé. *Cuire une poterie.* **3** loc. fam. *Être dur à cuire :* opposer une grande résistance. « *un homme de ceux que les troupiers appellent soldatesquement des durs à cuire* » (Balz.). **II** **v. intr.** **1** Devenir propre à l'alimentation grâce à l'action de la chaleur. *Laisser cuire vingt minutes. La soupe cuit doucement, à petit feu.* **2** fam. *Cuire (dans son jus) :* avoir très chaud. *Ouvrez les fenêtres, on cuit là-dedans !* ⇒ **étouffer.** **3** Produire une sensation d'échauffement, de brûlure. ⇒ **brûler.** « *Les yeux lui cuisaient, lui brûlaient* » (Péguy). ♦ loc. *Il vous en cuira,* vous vous en repentirez, vous en souffrirez par votre faute. ✪ HOM. Cuir.

❑ Le passé simple est inusité.

cuisant, ante adj. – XIIe ▪ Qui provoque une douleur, une peine très vive. *Une déception, une blessure cuisante.* ⇒ **douloureux, vif.** *Un cuisant échec.* ✪ CONTR. Adoucissant, doux.

cuiseur n. m. – 1917 ▪ Récipient où l'on fait cuire des aliments en grande quantité. ⇒ **autocuiseur.**

cuisine n. f. – XIIe ; lat. *coquere* « cuire » 1 Pièce dans laquelle on prépare et fait cuire des aliments pour les repas. appos. *Coin cuisine.* ⇒ **kitchenette.** *Cuisine équipée. Table, chaises, éléments de cuisine. Le chef est en cuisine.* ➛ *Parler un latin de cuisine,* approximatif. 2 Préparation des aliments ; art d'apprêter les aliments. ⇒ **culinaire** (art culinaire). *Faire la cuisine. Livre, recettes de cuisine. La cuisine française, chinoise, italienne. Nouvelle cuisine,* simple, légère et raffinée. ♦ fam. Manœuvre, intrigue louche. ⇒ **magouille, tripatouillage.** *La cuisine électorale, parlementaire.* 3 Aliments préparés consommés aux repas. ⇒ fam. ② **bouffe, cuistance, popote, tambouille.** *Amateur de bonne cuisine. Cuisine grasse, légère, épicée.*

cuisiné, ée adj. – 1956 ▪ *Plat cuisiné,* vendu tout préparé chez un traiteur, un charcutier.

cuisiner v. [1] – XIIIe 1 v. intr. Faire la cuisine. *Elle cuisine bien.* 2 v. tr. Préparer, accommoder. *Cuisiner de bons petits plats.* ♦ fam. *Cuisiner qqn,* l'interroger, chercher à obtenir de lui des aveux par tous les moyens. « *On l'aurait cuisiné. On l'aurait fait parler* » (Carco).

cuisinier, ière n. – XIIIe ▪ Personne qui a pour métier de faire la cuisine. ⇒ **chef ;** fam. **cuistot.** *Toque de cuisinier. Aide-cuisinier.* ⇒ **marmiton.** ♦ Personne qui fait la cuisine. *Elle est très bonne cuisinière.* ⇒ **cordon** (-bleu).

cuisinière n. f. – XVIIIe ▪ Fourneau de cuisine servant à chauffer, à cuire les aliments. *Cuisinière électrique.*

cuisiniste n. – 1982 ▪ Professionnel qui vend et installe le mobilier de cuisine.

cuissage n. m. – XVIe ▪ *Droit de cuissage :* droit qu'avait le seigneur féodal de pouvoir passer avec les épouses de ses serfs la première nuit de leurs noces.

cuissard n. m. – XVIIe 1 Partie de l'armure qui couvrait la cuisse. 2 Culotte courte, collante, dont le fond est garni de peau. *Cuissard de cycliste.*

cuissarde n. f. – XIXe ▪ Botte qui emboîte la cuisse jusqu'à l'aine. « *Je retirais mes cuissardes d'égoutier* » (Tournier).

cuisse n. f. – XIe ; lat. *coxa* « hanche », puis « cuisse » 1 Partie du membre inférieur qui s'articule à la hanche et va jusqu'au genou. *Jupe qui arrive à mi-cuisse.* « *Il riait, se tapait sur les cuisses* » (Cocteau). ♦ Partie proximale du membre postérieur (d'un animal). *Cuisse du mouton.* ⇒ **gigot.** *Cuisse du cochon.* ⇒ **jambon.** *Manger une cuisse de poulet.* ⇒ **pilon.** 2 loc. fam. *Se croire sorti de la cuisse de Jupiter :* se croire supérieur, être très orgueilleux.

cuisseau n. m. – XVIIe ▪ Partie du veau dépecé, du dessous de la queue au rognon. ✪ HOM. Cuissot.

❑ Pour mémoriser l'arbitraire, on peut associer *cuisseau* à *veau* par la finale. → cuissot.

cuissettes n. f. pl. – XXe ▪ (Suisse) Culottes courtes de sport sans poche ni braguette.

cuisson n. f. – XIIIe ; lat. *coctio* 1 Action de cuire ; préparation des aliments qui consiste à les cuire. *Degré, temps de cuisson. Cuisson à la vapeur. Plaques de cuisson.* 2 Préparation de certaines substances par le feu. *Cuisson des briques, de la porcelaine.* 3 Sensation analogue à une brûlure ; douleur cuisante.

cuissot n. m. – XIIe ▪ Cuisse du gros gibier. *Cuissot de chevreuil, de sanglier.* ✪ HOM. Cuisseau.

❑ Ne pas confondre avec *cuisseau,* de sens proche → cuisseau (rem.).

cuistance n. f. – 1912 ▪ fam. Cuisine (2°). « *Le soir je me faisais pas de cuistance* » (Céline).

cuistot n. m. – XIXe ; de *cuistance* ▪ fam. Cuisinier professionnel.

cuistre n. m. – XVIIe ; lat. °*coquistro* « officier chargé de goûter les mets » ▪ littér. Pédant vaniteux et ridicule. ➛ adj. *Il, elle est un peu cuistre.*

cuistrerie n. f. – XIXe ▪ Pédantisme, procédés de cuistre.

cuit, cuite adj. – Xe 1 Qui a subi la cuisson avant d'être consommé (opposé à ② *cru*). *Aliment cuit à point, bien cuit.* « *cette viande filandreuse, cette purée de pommes de terre cuites à l'eau la dégoûtaient* » (Green). ➛ *VIN CUIT,* épaissi par évaporation d'une partie du moût. 2 Qui a subi la cuisson pour un usage particulier. *Terre cuite.* 3 loc. *Être cuit :* être perdu, vaincu, battu. ⇒ ① **fait,** ② **fichu.** ♦ *C'est du tout cuit :* c'est facile, réussi d'avance.

cuite n. f. – XIIIe 1 Cuisson de certaines substances. *Cuite de la porcelaine.* 2 fam. Ivresse. ⇒ **biture.** *Quelle cuite !* « *le Yougo vient régulièrement prendre sa cuite chez moi le samedi soir* » (Simenon).

cuiter (se) v. pron. [1] – XIXe ▪ fam. Prendre une cuite, s'enivrer. ⇒ se **soûler.**

cuivre n. m. – XIIe ; lat. *æs cyprium* « bronze de Chypre » I Corps simple (Cu ; n° at. 29 ; m. at. 63,54), métal rouge, très malléable et ductile, bon conducteur électrique. *Mines de cuivre.* ➛ *Cuivre jaune.* ⇒ **laiton.** *Alliages de cuivre.* ⇒ **cuproalliage ; airain, bronze, laiton, maillechort.** ➛ *Le cuivre s'oxyde à l'air.* ⇒ **vert-de-gris.** ➛ *Cuivre étamé. Casseroles en cuivre.* II plur. 1 *LES CUIVRES :* ensemble d'instruments de cuisine, d'objets d'ornement en cuivre, en laiton. *Astiquer, faire briller les cuivres.* 2 Ensemble des instruments à vent en cuivre employés dans l'orchestre. ⇒ ① **cor, saxhorn, saxophone, trombone, trompette.**

cuivré, ée adj. – XVIe 1 Qui a la couleur rougeâtre du cuivre. *Reflets cuivrés.* « *Les arbres cuivrés de l'automne annoncent l'hiver* » (Maurois). 2 Qui a un timbre éclatant comme un instrument de cuivre. *Voix cuivrée et chaude.*

cuivrer v. tr. [1] – XVIIIe 1 Recouvrir d'une couche de cuivre. 2 Donner une teinte cuivrée à. « *La glace qui les mord, le soleil qui les cuivre* » (Baud.).

cuivreux, euse adj. – XVIe ▪ Se dit d'un composé de cuivre monovalent. *Oxyde cuivreux.* ⇒ **cuprite.**

cuivrique adj. – XIXe ▪ Composé de cuivre bivalent. *Sels cuivriques.*

cul [ky] n. m. – XIIIe ; lat. *culus* 1 fam. Derrière humain. ⇒ **arrière-train,** ① **fessier, fondement, postérieur ;** fam. **pétard, popotin.** ➛ *Tomber sur le cul. Il en est resté sur le cul,* très étonné. *Aller cul nu.* vulg. *Le trou du cul :* l'anus. ➛ *Donner, recevoir des coups de pied au cul. Botter le cul à qqn.* ➛ loc. vulg. *L'avoir dans le cul :* être trompé, attrapé. *Se casser le cul :* faire des efforts démesurés. *Péter plus haut que son cul :* « viser trop haut » (ACAD.). 2 *Faux cul* : tournure que les femmes portèrent à diverses époques. ➜ fam. Hypocrite. *Ce type est un faux cul.* 3 fam. L'amour physique, la sexualité. *Une histoire de cul.* loc. (Antilles) *Faire boutique mon cul* : se prostituer. 4 pop. t. d'injure. ⇒ **crétin, idiot, imbécile.** *Quel cul !* ➜ adj. *Ce qu'il est cul !* 5 (emploi non vulg.) Fond de certains objets. *Cul de bouteille.* ➜ loc. *Faire cul sec* (en buvant) : vider le verre d'un trait. ✪ HOM. ① Q.

❑ De nombreux verbes dérivés de *cul* (*acculer, basculer, bousculer, reculer,* etc.) sont démotivés.

culasse n. f. – XVIe 1 Extrémité postérieure du canon d'une arme à feu. *Culasse d'un fusil.* « *ces canons se chargeaient par la culasse* » (J. Verne). 2 Partie supérieure du cylindre d'un moteur à combustion ou à explosion, dans laquelle les gaz sont comprimés. *Joint de culasse.* 3 Partie inférieure d'une pierre précieuse.

cul-blanc [kyblɑ̃] n. m. – XVIe ▪ Oiseau à croupion blanc tel que le traquet motteux, le pétrel. *Des culs-blancs.*

culbutage n. m. – XIXe 1 rare Action de culbuter. 2 Mouvement incontrôlé (d'un engin spatial) autour de son centre de gravité.

culbute n. f. – XVIe 1 Tour qu'on fait en mettant la tête en bas et les jambes en haut, de façon à retomber de l'autre côté. ⇒ **cabriole, galipette.** 2 Chute où l'on tombe brusquement à la renverse. ⇒ **dégringolade.** ♦ loc. *Faire la culbute* : tomber dans la ruine. *Ce banquier a fait la culbute.* ♦ fam. *Faire la culbute* : revendre qqch. au double du prix d'achat.

culbuter v. [1] – XVe ; de *cul* et *buter* **I** v. intr. Faire une culbute (2°), tomber à la renverse. ⇒ **basculer, dégringoler.** *Voiture qui culbute dans le fossé.* **II** v. tr. 1 Faire tomber brusquement (qqn). ⇒ **renverser.** 2 Bousculer, pousser. *Il a tout culbuté sur son passage.* ⇒ **renverser.**

❑ Ce verbe apparaît chez Rabelais dans un emploi érotique toujours actuel.

culbuteur n. m. – XVIe 1 Dispositif servant à faire basculer un récipient, un wagon, un levier. 2 Dans un moteur à explosion, Levier oscillant placé au-dessus des cylindres et agissant sur la queue d'une soupape pour en assurer l'ouverture ou la fermeture.

cul-de-basse-fosse [kyd(ə)bɑsfos] n. m. – XVIe ▪ Cachot souterrain. *Le calife « le plongea dans un cul-de-basse-fosse »* (Flaub.). *Des culs-de-basse-fosse.*

cul-de-four [kyd(ə)fuʀ] n. m. – XVIe ▪ Voûte formée d'une demi-coupole (quart de sphère). *Des culs-de-four.*

cul-de-jatte [kyd(ə)ʒat] n. et adj. – XVIIe ▪ Infirme qui n'a pas de jambes. *Des culs-de-jatte.*

❑ *Cul* a ici le sens de « fond d'un objet ». → jatte (rem.).

cul-de-lampe [kyd(ə)lɑ̃p] n. m. – XVe ▪ Ornement architectural dont la forme rappelle le dessous d'une lampe d'église. *Des culs-de-lampe.* ♦ Vignette gravée à la fin d'un chapitre.

cul-de-poule (en) [ɑ̃kyd(ə)pul] loc. adj. – XVIe ▪ loc. *Bouche en cul-de-poule,* qui s'arrondit et se resserre en faisant une petite moue.

cul-de-sac [kyd(ə)sak] n. m. – XIIIe 1 Rue sans issue. ⇒ **impasse.** ➜ *Galerie se terminant en cul-de-sac.* 2 Entreprise qui ne mène à rien. « *Il me tarde bien de sortir du cul-de-sac de cette œuvre individuelle* » (Ste-Beuve).

culée n. f. – XIVe ▪ Massif de maçonnerie destiné à contenir la poussée d'un arc, d'une arche, d'une voûte. ➜ Butée d'un pont.

culer v. intr. [1] – XVe ; de *cul* ▪ Aller en arrière. ⇒ **reculer.**

culeron n. m. – XVIIe ▪ Partie de la croupière sur laquelle repose la queue d'un cheval harnaché.

culière n. f. – XIIIe ▪ Sangle fixée à la croupe du cheval pour empêcher le harnais de glisser.

culinaire adj. – XVIe ; lat. *culina* « cuisine » ▪ Qui a rapport à la cuisine (2°). ⇒ **gastronomique.** *Art culinaire.*

culminant, ante adj. – XVIIIe 1 Qui atteint sa plus grande hauteur. *Astre qui passe à son point culminant.* 2 Qui domine. *Point culminant d'une chaîne de montagnes.* ♦ *Le point culminant de qqch.* ⇒ **apogée, sommet, summum.** « *une civilisation arrivée à son plus haut développement, un art à son point culminant* » (Gaut.). ✪ CONTR. ① Bas, inférieur.

culmination n. f. – XVIIe ▪ Passage d'un astre à son point culminant.

culminer v. intr. [1] – XVIIIe ; lat. *culmen* « sommet » 1 Passer sur le point le plus élevé au-dessus de l'horizon, en parlant d'un astre. 2 Atteindre une hauteur élevée. *Montagne qui culmine au-dessus des sommets voisins.* ⇒ **dominer.** ➜ *Salaire qui culmine à vingt mille francs.* ⇒ **plafonner.** ✪ CONTR. Baisser, décliner, descendre.

culot n. m. – XIVe ; de *cul* 1 Fond métallique. *Le culot de la cartouche contient la capsule.* ➜ Partie d'une lampe qui se fixe sur la douille. *Culot à vis.* 2 Ce qui s'amasse au fond d'un récipient. ⇒ **dépôt, résidu.** *Culot de centrifugation* : partie la plus dense d'un liquide qui se dépose. ♦ Résidu qui se forme au fond d'une pipe. ♦ *Culot volcanique* : ancienne cheminée remplie de lave. 3 fam. Assurance effrontée. ⇒ **aplomb, toupet.** *Il ne manque pas de culot !* « *elle eut le culot de m'annoncer qu'elle était enceinte* » (Beckett). ✪ CONTR. Haut. Sommet. Timidité, retenue.

culottage n. m. – XIXe ▪ Action de culotter une pipe. ♦ État de ce qui est culotté, noirci.

culotte n. f. – XVIe ; de *cul* 1 Autrefois, Vêtement masculin de dessus qui couvrait de la ceinture aux genoux (d'abord serré aux genoux) et dont la partie inférieure était divisée en deux éléments habillant chacun une cuisse (opposé à *pantalon*). ⇒ **haut-de-chausses.** ♦ Vêtement de forme analogue porté par les enfants et les sportifs. *Porter des culottes courtes.* « *deux petits garçons en costume marin, la culotte au-dessous du genou* » (Camus). *User ses fonds de culotte sur les bancs de l'école. Boutons de culotte. Culotte de cycliste.* ⇒ **cuissard.** ♦ loc. fam. *Trembler dans sa culotte* : avoir très peur. *C'est elle qui porte la culotte* : c'est elle qui commande dans son couple. 2 Sous-vêtement féminin qui couvre le bas du tronc, avec deux ouvertures pour les jambes. ⇒ ② **slip.** *Être en culotte et en soutien-gorge.* ♦ *Culotte de bains* (hommes, enfants). ⇒ **caleçon,** ② **slip.** 3 Partie de la cuisse du bœuf, de l'échine au filet. 4 fam. Perte importante au jeu. *Prendre une culotte.* ⇒ **déculottée.**

culotté, ée adj. – XVIIIe ▪ fam. Qui a du culot. ⇒ **effronté,** fam. **gonflé.**

① **culotter** v. tr. [1] – XVIIIe ▪ Vêtir d'une culotte ; mettre une culotte à. pronom. *Se culotter.* « *Votre majesté Est mal culottée* » (chans. du roi Dagobert). ✪ CONTR. Déculotter.

② **culotter** v. tr. [1] – XIXe 1 *Culotter une pipe,* laisser son fourneau, à force de la fumer, se couvrir d'une sorte de dépôt noir. « *une superbe pipe en écume admirablement culottée* » (Maupass.). 2 Noircir par l'usage. *Culotter des gants.* « *son sac à soufflets, en gros cuir culotté* » (Simenon).

culottier, ière n. – XVIIIe ▪ Personne qui confectionne des culottes, des pantalons.

culpabilisation n. f. – 1968 ▪ Fait de culpabiliser ; son résultat. ✪ CONTR. Déculpabilisation.

culpabiliser v. [1] – 1946 1 v. tr. Donner un sentiment de culpabilité à. *Cette mort dont il se sent responsable le culpabilise. Essayer de culpabiliser qqn. Se sentir culpabilisé.* 2 v. intr. Éprouver un sentiment de culpabilité. *Il culpabilise.* ✪ CONTR. Déculpabiliser.

culpabilité n. f. – XVIIIe ; lat. *culpa* « faute » 1 État d'une personne coupable. *Établir la culpabilité d'un accusé.* « *il avait des doutes sur la culpabilité de Dreyfus* » (Proust). 2 *Sentiment de culpabilité* : sentiment par lequel on se sent coupable, qu'on le soit réellement ou non. ✪ CONTR. Innocence.

culte n. m. – XVIe ; lat. *colere* « adorer » 1 Hommage religieux rendu à une divinité, un saint personnage, ou un objet déifié. *Rendre un culte à un saint.* ➤ *Le culte des morts, dans l'Antiquité.* 2 Ensemble des pratiques réglées par une religion, pour rendre hommage à la divinité. ⇒ **liturgie.** *Ministre du culte.* ⇒ **prêtre, pasteur, rabbin.** ➤ *Culte catholique, protestant, musulman,* etc. 3 Service religieux protestant. *Assister au culte.* 4 Admiration mêlée de vénération, que l'on voue à qqn ou à qqch. ⇒ **adoration.** *Rendre, vouer un culte à qqn.* ➤ *Avoir le culte de l'argent. Le* « *culte désintéressé de la science* » (Bernanos). ➤ (apposé ou en composition) Qui fait l'objet d'un culte, d'une admiration fanatique de la part d'une catégorie de la population. *Livre-culte.* ✪ CONTR. Indifférence. Haine.

cul-terreux [kyteʀø] n. m. – XIXe ■ fam. et péj. Paysan. *Des culs-terreux.*

cultisme n. m. – XIXe ; lat. *cultus* « cultivé » ■ Affectation, préciosité du style, mise à la mode au début du XVIIe s. par certains écrivains espagnols. ⇒ **gongorisme.**

> ❑ Góngora (1561-1627) est le représentant typique du cultisme.

cultivable adj. – XIVe ■ Qui peut être cultivé, produire des récoltes. *Terre cultivable.* ⇒ **arable.** ✪ CONTR. Incultivable.

cultivar n. m. – 1974 ; de *culti(vé)* et *var(iété)* ■ Variété d'une espèce végétale obtenue artificiellement et cultivée.

cultivateur, trice n. – XIVe 1 Personne qui cultive la terre, exploite une terre. ⇒ **agriculteur, paysan.** *Un riche cultivateur.* 2 n. m. Machine aratoire, équipée de pointes, de disques ou de socs servant au labour superficiel. ⇒ **herse, scarificateur.**

cultivé, ée adj. – XVIe 1 Travaillé par la culture. *Terres cultivées.* ➤ Qu'on a fait pousser. *Plantes cultivées* (opposé à *sauvage*). 2 Qui a de la culture, une instruction générale bien assimilée. *Des gens peu cultivés.* « *un esprit cultivé diffère d'un esprit simplement instruit* » (Alain). ✪ CONTR. Inculte.

cultiver v. tr. [1] – XIIIe ; lat. *colere* « cultiver » 1 Travailler (la terre) pour lui faire produire des végétaux utiles aux besoins de l'homme. *Cultiver un champ.* pronom. *Cette terre se cultive facilement.* 2 Soumettre (une plante) à divers soins en vue de favoriser sa venue ; faire pousser, venir. *Cultiver la vigne, des céréales.* 3 Former par l'éducation, l'instruction. ⇒ **développer, éduquer, former.** *Cultiver l'intelligence d'un enfant. Cultiver un don.* 4 S'intéresser à (qqch.), consacrer son temps, ses soins à. *Cultiver son image. Le* XXe *siècle* « *cultive une variété particulière qui s'appelle la haine froide* » (Camus). 5 Entretenir des relations amicales avec (qqn), souvent dans un but intéressé. *C'est un homme à cultiver. Odette* « *souhaitait qu'il cultivât des relations si utiles* » (Proust). 6 *SE CULTIVER* v. pron. Cultiver son esprit, son intelligence. ⇒ **s'enrichir, s'instruire.**

cultuel, elle adj. – XIXe ■ Du culte ; relatif au culte. *Édifices cultuels.*

cultural, ale, aux adj. – XIXe ■ Relatif à la culture des terres, du sol.

culturalisme n. m. – mil. XXe ■ Doctrine sociologique qui considère l'influence du milieu culturel, des formes acquises de comportement sur l'individu.

① **culture** n. f. – XIIe ; lat. I - 1 Action de cultiver la terre ; ensemble des opérations propres à tirer du sol les végétaux utiles à l'homme et aux animaux domestiques. ⇒ **agriculture.** *Culture d'un champ. Mettre une terre en culture* (opposé à *en jachère*). *Pays de petite, de grande culture.* 2 au plur. Terres cultivées. « *Les cultures y sont peu étendues, la population y étant assez claire* » (Rimb.). 3 Action de cultiver (un végétal). *Culture des céréales* (⇒ **céréaliculture**), *de la vigne* (⇒ **viticulture**) ; *culture fruitière, culture maraîchère.* ♦ Élevage de certains animaux à coquille. *Culture des moules* (⇒ **mytiliculture**), *des huîtres* (⇒ **ostréiculture**), *des coquillages* (⇒ **conchyliculture**), *des escargots* (⇒ **héliciculture**). II *Culture microbienne* (ou *bactérienne*) : méthode consistant à faire croître des micro-organismes en milieu approprié ; les micro-organismes ainsi obtenus. ➤ *Culture de cellules.* ✪ CONTR. Friche, jachère.

> ❑ Pour d'autres mots terminés par *-culture* comme *apiculture, pisciculture, truiticulture,* on ne peut parler de *la culture des...* mais seulement de *l'élevage*.

② **culture** n. f. – XVIe 1 Développement de certaines facultés de l'esprit par des exercices intellectuels appropriés. Ensemble des connaissances acquises qui permettent de développer le sens critique, le goût, le jugement. ⇒ **formation,** ② **savoir.** « *La culture, c'est ce qui reste quand on a tout oublié* » (Herriot). *Une vaste, une solide culture. Culture générale,* dans les domaines considérés comme nécessaires à tous (en dehors des spécialités, des métiers). ➤ *Culture de masse,* diffusée par les médias. 2 Ensemble des aspects intellectuels propres à une civilisation, une nation. *Culture occidentale, orientale. La culture française.* 3 Ensemble des formes acquises de comportement, dans les sociétés humaines. *Culture d'entreprise.* 4 *CULTURE PHYSIQUE* : développement méthodique du corps par des exercices appropriés et gradués. ⇒ **culturisme, éducation** (physique), **gymnastique.** ✪ CONTR. Ignorance, inculture.

> ❑ Le sens 3° remplace souvent *civilisation* ou *mœurs.* On parle ainsi de *culture populaire* (calque de l'américain). → civilisation (rem.).

culturel, elle adj. – 1907 1 Qui est relatif à la culture, à la civilisation dans ses aspects intellectuels. *Identité culturelle. Mission culturelle de l'U.N.E.S.C.O.* 2 Relatif aux formes acquises de comportement, et non pas à l'hérédité biologique. *Facteurs naturels et facteurs culturels.*

culturisme n. m. – v. 1905 ■ Culture physique où l'on fait travailler certains groupes musculaires pour les développer de façon apparente. → **musculation** ; fam. **gonflette.**

culturiste adj. et n. – v. 1965 ■ Qui concerne le culturisme. ♦ n. Personne qui pratique le culturisme.

cumin n. m. – XIIIe ; gr. *kuminon,* d'o. sémitique ■ Plante à graines aromatiques ; ces graines utilisées comme épice. *Munster au cumin.*

cumul n. m. – XVIIe ■ Action de cumuler. *Cumul de fonctions, de mandats* : réunion en une même personne de plusieurs fonctions publiques ou mandats électifs. ✪ CONTR. Non-cumul.

cumulable adj. – 1960 ■ Que l'on peut cumuler.

cumulard, arde n. – XIXe ■ péj. Personne qui cumule des emplois, des avantages.

cumulatif, ive adj. – XVIIe ■ Qui s'additionne ou se combine. *Facteurs cumulatifs.*

cumuler v. tr. [1] – XIVe ; lat. « amonceler » ▪ Réunir en sa personne (plusieurs activités ou plusieurs avantages). *Cumuler deux fonctions.* « *il cumulait ses fonctions d'auxiliaire à la mairie, son secrétariat chez Rieux et ses travaux nocturnes* » (Camus). ♦ *Solution qui cumule plusieurs avantages, inconvénients.* ✪ CONTR. Dissocier, séparer.

❑ L'évolution phonétique du latin *cumulare* a donné le verbe *combler*, doublet de *cumuler*.

cumulonimbus [kymylonɛ̃bys] n. m. – XIXe ▪ Épaisse masse nuageuse à base sombre et à sommet bourgeonnant. *Les cumulonimbus déclenchent les averses de grêle et les orages.*

cumulostratus [kymylostʀatys] n. m. – XIXe ▪ ⇒ **strato-cumulus.**

cumulus [kymylys] n. m. – XIXe ; mot lat. « amas » **1** Gros nuage de beau temps, clair, à base plate et à sommet présentant des protubérances arrondies. **2** Chauffe-eau électrique en forme de gros cylindre. ⇒ ① **ballon.**

cunéiforme adj. – XVIe ; lat. *cuneus* « coin » et *-forme* **1** Qui a la forme d'un coin. *Os cunéiformes,* ou *les cunéiformes :* les trois os de la seconde rangée du tarse. **2** *Écriture cunéiforme,* ou *le cunéiforme :* écriture des Assyriens, des Mèdes, des Perses formée de signes en fers de lance ou en clous diversement combinés.

cunnilingus [kynilɛ̃gys] n. m. – 1967 ; lat. *cunnus* « con » et *lingere* « lécher » ▪ Pratique sexuelle qui met la bouche au contact des parties génitales féminines.

cupide adj. – XIVe ; lat. *cupere* « désirer » ▪ littér. Qui est avide d'argent. ⇒ **rapace.** *Un homme d'affaires cupide.* ✪ CONTR. Désintéressé, généreux.

cupidité n. f. – XIVe ▪ Désir indécent et mesquin de gagner de l'argent, de faire argent de tout. ⇒ **avidité, rapacité.** *Cupidité dans les affaires.* « *l'insatiable cupidité et l'indomptable orgueil des hommes* » (Volt.). ✪ CONTR. Désintéressement, générosité.

cupri- ou **cupro-** ▪ Élément, du lat. *cuprum* « cuivre ».

cuprifère adj. – XIXe ; *cupri-* et *-fère* ▪ Qui renferme du cuivre. ⇒ **cuprique.**

cuprique adj. – XIXe ; lat. *cuprum* « cuivre » ▪ Qui est relatif au cuivre ; qui est de la nature du cuivre.

cuprite n. f. – XIXe ; lat. *cuprum* « cuivre » ▪ Oxyde cuivreux naturel, de couleur rouge.

cupro- → **cupri-**

cuproalliage n. m. – 1951 ▪ Alliage à base de cuivre.

cupronickel n. m. – 1909 ▪ Alliage de cuivre et de nickel.

cupule n. f. – XVIIe ; lat. « petit tonneau » ▪ Assemblage soudé de bractées formant une coupe qui enserre en partie ou complètement certains fruits. *La cupule du gland.* « *Cette toute petite fleur bleue avec une cupule violette et un imperceptible point jaune* » (Claudel).

cupulifères n. f. pl. – XIXe ▪ Ordre de végétaux ligneux qui portent des cupules. *Le chêne, le hêtre, le noisetier sont des cupulifères.*

curable adj. – XIIIe ; lat. *curare* « soigner » ▪ Qui peut être guéri. ⇒ **guérissable, soignable.** *Malade, maladie curable.* ✪ CONTR. Incurable.

curaçao [kyʀaso] n. m. – XVIIIe ; nom d'une île des Antilles ▪ Liqueur faite avec de l'eau-de-vie, de l'écorce d'oranges amères et du sucre. *Il dispense* « *à ses hôtes des curaçaos et des fines* » (Yourcenar).

curage n. m. – XIVe **1** Action de curer ; son résultat. « *à propos du balayage des ruisseaux et du curage des égouts* » (J. Verne). **2** Évacuation du contenu d'une cavité naturelle ou pathologique. ⇒ **curetage.**

curaillon → **cureton**

curare n. m. – XVIIIe ; mot caraïbe *k-urary* « là où il vient, on tombe » ▪ Poison végétal à action paralysante, utilisé par les peuplades de l'Amérique du Sud tropicale pour empoisonner leurs flèches, et en thérapeutique (anesthésie).

curarisant, ante adj. et n. m. – XIXe ▪ Se dit de toute substance qui agit, comme le curare, sur les nerfs moteurs. ⇒ **paralysant.**

curarisation n. f. – XIXe ▪ Traitement par le curare ou les curarisants. ♦ Intoxication par le curare ou les agents curarisants.

curatelle n. f. – XIVe ▪ Charge de curateur.

curateur, trice n. – XIIIe ; lat. *curare* « prendre soin de » ▪ Personne qui est désignée par le juge des tutelles pour assister une personne majeure incapable (qui n'est pas le conjoint).

curatif, ive adj. – XIVe ▪ Qui est propre à la guérison. *Traitement curatif* (opposé à *préventif*). « *la préexcellence curative de l'Angleterre* » (Cendrars).

curcuma n. m. – XVIe ; ar. *kourkoum* « safran » ▪ Grande herbe vivace *(zingibéracées)*, dont le rhizome contient une matière colorante jaune et entre dans la composition du curry.

❑ Le rhizome du curcuma est aussi appelé *safran des Indes.*

① **cure** n. f. – XIe ; lat. *cura* « soin » **1** *N'avoir cure d'une chose,* ne pas s'en soucier, ne pas en tenir compte. « *Suter est haï, mais Suter n'en a cure* » (Cendrars). **2** Traitement médical d'une certaine durée ; méthode thérapeutique particulière. ⇒ **traitement.** *Cure (thermale) :* traitement dans une station thermale. **3** Usage abondant que l'on fait temporairement de qqch. par hygiène, pour se soigner. *Une cure d'amaigrissement. Une cure de fruits.*

② **cure** n. f. – XIIe ; lat. *cura,* d'apr. *curé* **1** Fonction de curé. ♦ Paroisse. *Une cure de village.* **2** vieilli Résidence du curé. ⇒ **presbytère.**

curé n. m. – XIIIe ; lat. *curare* « prendre soin » **1** Prêtre catholique placé à la tête d'une paroisse. *Monsieur le curé.* « *pendant toute ma jeunesse de séminariste, de vicaire et de curé* » (Jouhand.). **2** fam. et péj. Prêtre catholique. ⇒ **abbé.** *Les curés :* le clergé. ✪ HOM. Curée, curer.

cure-dent n. m. – XVe ▪ Petit instrument pointu pour se curer les dents.

curée n. f. – XIVe ; de *cuir* « peau (du cerf) » **1** Portion de la bête que l'on donne aux chiens de chasse après qu'elle est prise ; le moment où on la donne. **2** Ruée vers les places, le butin, etc., lors de la disgrâce, de la chute de qqn. ✪ HOM. Curé, curer.

cure-ongle n. m. – XIXe ▪ Instrument pour nettoyer le dessous des ongles. *Des cure-ongles.*

cure-oreille n. m. – XVe ▪ Instrument pour se nettoyer l'intérieur de l'oreille. ⇒ **coton-tige.** *Des cure-oreilles.*

cure-pipe n. m. – XIXe ▪ Instrument servant à gratter, à nettoyer les pipes. *Des cure-pipes.*

curer v. tr. [1] – XIIe ; lat. ▪ Nettoyer (qqch.) en raclant. *Curer un puits, une citerne.* ♦ *Se curer les dents, les oreilles. Se curer les ongles.* ✪ CONTR. Encrasser, salir. — HOM. Curé, curée.

curetage n. m. – XIXe **1** Opération qui consiste à nettoyer avec une curette une cavité naturelle ou pathologique, ou une plaie infectée. ➛ Nettoyage de l'utérus après une fausse couche. **2** Élimination de bâtiments vétustes dans une ville.

cureter v. tr. [4] – XIXe ▪ Procéder au curetage de.

cureton n. m. – 1916 ; de *curé* ■ péj. Prêtre. « *Faut qu'il aille rudement mal, le copain, pour qu'ils aient fait venir un cureton* » (Sartre).

❑ On dit aussi *curaillon*.

curette n. f. – XVe 1 Outil muni d'une partie tranchante pour racler. ⇒ **racloir.** 2 Instrument de chirurgie en forme de cuillère qui sert à effectuer les curetages.

curial, iale, iaux adj. – XVe ■ rare Qui concerne la cure ou le curé. *La maison curiale.* ⇒ **presbytère.**

① **curie** n. f. – XVIe ; lat. 1 Division de la tribu, dans l'Antiquité romaine. *Romulus partagea le peuple romain en trois tribus, et chaque tribu en dix curies.* ➛ Sénat de Rome. 2 Ensemble des administrations qui constituent le Saint-Siège de Rome. ✪ HOM. Curry.

② **curie** n. m. – 1910 ; du nom de *Marie* et *Pierre Curie* ■ Ancienne unité de mesure de l'activité d'une substance radioactive (symb. Ci) correspondant à $3{,}7\,10^{10}$ becquerels.

curiethérapie n. f. – 1919 ; de *Curie*, n. pr. et *-thérapie* ■ Traitement médical par les corps radioactifs (radium, cobalt).

curieusement adv. – XIIe ■ D'une manière curieuse. ⇒ **bizarrement, étrangement.** *Être curieusement habillé.*

curieux, ieuse adj. et n. – XIIe ; lat. *curiosus* « qui a soin de » **I** (toujours apr. le nom) 1 Qui est désireux (de voir, de savoir). *Je serais curieux de connaître votre opinion.* « *un de ces cosmopolites, curieux de savoir, mais dédaigneux d'agir* » (J. Verne). ESPRIT CURIEUX, qui ne néglige aucune occasion de s'instruire. 2 Qui cherche à connaître ce qui ne le regarde pas. ⇒ **indiscret.** *Vous êtes trop curieux.* subst. *Petite curieuse !* 3 n. Personne qui s'intéresse à qqch. d'imprévu, d'inhabituel. *Un attroupement de curieux.* ⇒ **badaud.** ♦ Personne qui s'intéresse aux objets rares, précieux. ⇒ **amateur, collectionneur. II** (av. ou apr. le nom) Qui pique la curiosité ; qui attire et retient l'attention. ⇒ **bizarre, singulier, surprenant.** *Par une curieuse coïncidence.* « *La cinquième planète était très curieuse. C'était la plus petite de toutes* » (St-Exup.). *Un curieux personnage.* ✪ CONTR. Indifférent. ① Discret. Banal, quelconque.

curiosité n. f. – XIIe **I - 1** Tendance qui porte à apprendre, à s'informer, à connaître des choses nouvelles. ⇒ **appétit, soif** (de connaître). *Contenter, satisfaire sa curiosité. Exciter la curiosité. Il n'a même pas eu la curiosité de regarder la signature.* 2 Désir de connaître les secrets, les affaires d'autrui. ⇒ **indiscrétion.** *Il a été puni de sa curiosité.* **II** Chose curieuse (II) ; objet recherché par les curieux, les amateurs. « *Une des curiosités de Francfort* [...], *c'est la boucherie* » (Hugo). *Magasin de curiosités.* ✪ CONTR. Incuriosité, indifférence. Discrétion.

curiste n. – XIXe ■ Personne qui fait une cure thermale.

curium [kyʀjɔm] n. m. – 1945 ; de *Curie*, n. pr. ■ Élément radioactif (Cm ; n° at. 96).

curling [kœʀliŋ] n. m. – XVIIIe ; mot angl., de *to curl* « enrouler » ■ Sport d'hiver qui consiste à faire glisser un palet sur la glace.

curriculum vitæ [kyʀikylɔmvite] n. m. inv. ou **curriculum** [kyʀikylɔm] n. m. – 1900 ; mots lat. « course de la vie » ■ Ensemble des indications fournies par une personne sur son état civil, sa formation, ses activités passées. *Joindre à sa lettre de demande d'emploi un curriculum vitæ. Des curriculums.* abrév. *C. V.* [seve].

curry n. m. – XVIIe ; du malabar *caril* par l'angl. ■ Épice indienne composée de piment, de curcuma et d'autres épices pulvérisées. *Riz au curry.* ➛ Mets préparé avec cette épice. *Un curry d'agneau. Des currys à l'indienne.* ✪ HOM. Curie.

❑ L'ancienne graphie *cari* a été anglicisée en *curry* récemment. *Curry* étant prononcé à la française [kyʀi], l'emploi de *cari* n'est plus compris.

curseur n. m. – XIVe 1 Petit index qui glisse dans une coulisse graduée pour effectuer un réglage. *Curseur d'une balance.* 2 Fil qui traverse le champ d'un micromètre. 3 Marque mobile, sur un écran de visualisation, indiquant la place où va s'effectuer la prochaine opération.

cursif, ive adj. – XVe ; lat. *currere* « courir » 1 Qui est tracé à main courante. « *Même abrégée et cursive, l'écriture des scribes égyptiens gardait encore, de son type premier, la lourdeur, l'embarras et l'indécision* » (France). 2 *Lecture cursive,* faite rapidement, d'une seule traite.

cursus [kyʀsys] n. m. – 1968 ; mot lat. « cours » ■ Ensemble des études universitaires dans une matière. *Le cursus médical en France dure au minimum sept ans.*

curule adj. – XIVe ; lat. ■ *Chaise curule :* siège d'ivoire réservé aux premiers magistrats de Rome, dans l'Antiquité. « *la déesse Rome, affaissée sur sa chaise curule* » (Yourcenar).

curv(i)- ■ Élément, du lat. *curvus* « courbe ».

curviligne adj. – XVIIe ■ Qui est formé par des lignes courbes. ⇒ **arrondi, incurvé.** ✪ CONTR. ① Droit. Rectiligne.

curvimètre n. m. – XIXe ; *curvi-* et *-mètre* ■ Instrument servant à mesurer la longueur d'une ligne courbe.

cuscute n. f. – XIVe ; gr. *kasutas* ■ Plante parasite, dont les tiges rouges s'enroulent autour des genêts, de la bruyère, de la luzerne.

cuspide n. f. – XIXe ; lat. *cuspis* « pointe » 1 Pointe aiguë d'un végétal. 2 Chacune des pointes des molaires et des prémolaires, en contact avec celles de la dent opposée.

custode n. f. – XIVe ; lat. « garde » 1 Boîte où le prêtre enferme l'hostie pour l'exposer, la transporter. ⇒ **pyxide.** 2 Panneau latéral arrière de la carrosserie d'une automobile.

cutané, ée adj. – XVIe ; lat. *cutis* « peau » ■ Qui appartient à la peau. ⇒ **dermique.** *Affection cutanée.* « *ces affreuses tumeurs cutanées qu'on appelle des chéloïdes* » (Beauv.).

cuti n. f. – 1946 ; abrév. de *cutiréaction* ■ Cutiréaction. *Cuti positive, négative.* ➛ loc. *Virer sa cuti :* avoir pour la première fois une cutiréaction positive ; fam. Changer radicalement de façon de vivre ou de penser.

cuticule n. f. – XVIe ; lat. « petite peau » 1 Tégument des arthropodes formé de chitine et de protéines. 2 Dépôt protecteur qui revêt la tige et les feuilles de certaines plantes et les rend luisantes. 3 Couche très mince de peau qui recouvre une structure anatomique. *La cuticule des ongles.*

cutiréaction n. f. – 1907 ; lat. *cutis* « peau » et *réaction* ■ Test consistant à introduire dans la peau un produit (végétal ou animal, toxine bactérienne) auquel un sujet peut être sensibilisé et qui sert à déceler certaines maladies (tuberculose, par ex.) ou à identifier des allergènes. ⇒ **cuti.**

❑ On trouve aussi la graphie *cuti-réaction*, plus ancienne.

cutter [kœtœʀ ; kytɛʀ] n. m. – 1971 ; mot angl., de *to cut* « couper » ■ Instrument tranchant à lame coulissante servant à couper le papier, le carton.

cuvage n. m. – XIIIe ▪ Séjour et fermentation du moût de raisin dans les cuves. ⇒ **vinification.**

❑ On dit aussi *cuvaison.*

cuve n. f. – XIIe ; lat. *cupa* **1** Grand récipient de bois ou de maçonnerie utilisé pour la fermentation du raisin. *Cuve à vin. Le village « ne sentait pas le vin, il sentait la lie, la boue des cuves »* (Giono). **2** Récipient de forme analogue, servant à divers usages industriels. *Cuve de teinturier.* ➜ *La cuve d'un lave-vaisselle.* **3** Réservoir. *Cuve à mazout.*

cuveau n. m. – XIIe ▪ Petite cuve.

cuvée n. f. – XIIIe **1** Quantité de vin qui se fait à la fois dans une cuve. *Vin de la première cuvée.* **2** Produit de toute une vigne. *La cuvée 1995.*

cuvelage n. m. – XVIIIe ▪ Revêtement destiné à rendre étanche ou à consolider un puits (de mine, de pétrole).

cuveler v. tr. [4] – XVIIIe ▪ Garnir d'un cuvelage.

cuver v. [1] – XIVe **1** v. intr. Séjourner dans la cuve pendant la fermentation (⇒ **cuvage**). *Faire cuver le vin.* **2** v. tr. fam. *Cuver (son vin) :* dissiper son ivresse en dormant, en se reposant. ⇒ **digérer.** *« il est des ivresses qu'on ne cuve pas »* (Barbey).

cuvette n. f. – XIIe **1** Récipient portatif large, peu profond, qui sert principalement à la toilette, à la vaisselle, à la lessive. ⇒ **bassine.** *Une cuvette en plastique.* **2** Partie d'un lavabo, des W.-C. qui contient l'eau. *La cuvette des cabinets. « Je n'ai rien contre les cuvettes turques de la cour »* (Tournier). **3** Dépression de terrain fermée de tous côtés. ⇒ **bassin.** *Ville construite dans une cuvette.*

cuvier n. m. – XIIe ▪ région. Cuve pour faire la lessive.

① **CV** ▪ Abrév. de *cheval* fiscal.*

② **C.V.** → **curriculum vitæ**

cyan n. m. – 1950 ; gr. *kuanos* « bleu sombre » ▪ En photographie, en imprimerie, Couleur primaire bleu-vert qui absorbe la couleur rouge. ✪ HOM. Sciant.

cyanamide n. f. – XIXe ▪ Corps dérivant de l'ammoniac par substitution du groupe CN à un atome d'hydrogène.

cyanhydrique adj. – XIXe ▪ *Acide cyanhydrique,* produit de la combinaison de l'hydrogène avec le cyanogène. ⇒ **nitrile, prussique.** *L'acide cyanhydrique est un poison violent.*

cyan(o)- ▪ Élément, du gr. *kuanos* « bleu sombre ».

cyanobactéries n. f. pl. – XXe ▪ Bactéries appelées autrefois *algues bleu-vert* ou *cyanophycées.*

cyanogène n. m. – XIXe ; *cyano-* et *-gène* ▪ Gaz incolore toxique à odeur d'amande amère.

❑ Ce gaz a été ainsi dénommé par Gay-Lussac.

cyanose n. f. – XIXe ▪ Coloration bleue, quelquefois noirâtre ou livide de la peau, produite par différentes affections (troubles circulatoires). *Cyanose du nouveau-né.* ⇒ **anoxie.**

cyanoser v. tr. [1] – XIXe ▪ Colorer de cyanose. *Nouveau-né cyanosé.*

cyanuration n. f. – 1907 ▪ Extraction de l'or par dissolution dans une solution de cyanure de potassium.

cyanure n. m. – XIXe ▪ Sel de l'acide cyanhydrique. ⇒ **prussiate.** ♦ Préparation au cyanure de potassium, poison violent.

cybernéticien, ienne n. – 1953 ▪ Spécialiste de la cybernétique.

cybernétique n. f. – 1948 ; gr. *kubernan* « gouverner » ▪ Science constituée par l'ensemble des théories relatives au contrôle, à la régulation et à la communication dans l'être vivant et la machine. ➜ adj. *Moyens cybernétiques.*

cycas [sikas] n. m. – XIXe ; gr. *koix* « palmier d'Égypte » ▪ Arbre ou arbuste exotique, à port de palmier. *« l'épaisse prairie parsemée de cycas nains »* (Claudel).

cyclable adj. – XIXe ▪ Réservé aux bicyclettes et aux vélomoteurs (voie). *Piste cyclable.*

cyclamen [siklamɛn] n. m. – XIVe ; gr. *kuklaminos* ▪ Plante *(primulacées)* à fleurs roses, pourpres, blanches ou mauves très décoratives. *Cyclamen sauvage des montagnes. Cyclamen cultivé.*

❑ Le grec *kuklaminos* est dérivé de *kuklos* « roue, cercle » d'après la forme des bulbes de la racine de cette plante.

① **cycle** n. m. – XVIe ; gr. *kuklos* **1** Suite de phénomènes se renouvelant dans un ordre immuable sans discontinuité. *Le cycle des saisons. « Le cycle imperturbable de l'année ne doit pas nous enseigner une sérénité paresseuse »* (Romains). **2** Séquence de transformations d'un phénomène qui le ramène périodiquement à l'état initial. ⇒ **boucle.** ♦ *Cycle d'un moteur à explosion. Cycle à deux, à quatre temps.* ♦ *Cycle du carbone, de l'hydrogène dans la nature.* ♦ *Cycle hormonal. Cycle menstruel* ou *ovarien*. Cycle du sommeil.* **3** Durée d'un phénomène périodique. *Cycle solaire, lunaire.* **4** Série de poèmes épiques ou romanesques se déroulant autour d'un même sujet et où l'on retrouve plus ou moins les mêmes personnages. ⇒ ② **geste.** *Le cycle épique troyen.* **5** *Cycle d'études. Premier cycle* (de la 6e à la 3e), *second cycle* (de la seconde au baccalauréat), dans l'enseignement secondaire.

② **cycle** n. m. – XIXe ▪ Tout véhicule à deux (ou trois) roues mû par la pression des pieds sur des pédales (⇒ **bicyclette, tandem, tricycle**) ou par un petit moteur (⇒ **cyclomoteur, vélomoteur**).

cyclique adj. – XVIe **1** Qui se reproduit à intervalles réguliers. ⇒ **périodique.** *Retour cyclique d'un phénomène. « une sorte de rengaine à répétitions cycliques »* (Robbe-Grillet). **2** *Molécule cyclique :* molécule organique qui forme une chaîne fermée.

cyclisme n. m. – XIXe ▪ Pratique, sport de la bicyclette.

cycliste adj. et n. – XIXe ; abrév. de *bicycliste,* de *bicycle* **1** Qui concerne le sport de la bicyclette. *Courses, coureurs cyclistes.* **2** n. Personne qui se déplace à bicyclette, ou qui pratique le sport de la bicyclette. *La voiture a renversé un cycliste. Il s'était révélé « un cycliste exceptionnel : bon grimpeur, vite au sprint »* (Perec). **3** n. f. Chaussure plate lacée rappelant celle des coureurs cyclistes.

cyclo-, -cycle ▪ Éléments, du gr. *kuklos* « cercle ».

cyclocross ou **cyclo-cross** [siklokʀɔs] n. m. – 1927 ; de *cyclo-* et *cross (country)* ▪ Épreuve de cyclisme en terrain accidenté.

cycloïde n. f. – XVIIe ▪ Courbe engendrée par un point d'un cercle roulant sans glisser sur une droite ou sur un autre cercle.

cyclomoteur n. m. – 1939 ▪ Bicyclette à moteur (moins de 50 cm^3). ⇒ **vélomoteur.**

cyclone n. m. – XIXe ; gr. *kuklos* « cercle » **1** Bourrasque en tourbillon ; vent très violent. ⇒ **ouragan, tornade, typhon.** *« à la circonférence de ce cyclone ni hommes ni chevaux n'eussent pu résister »* (J. Verne). ➜ *L'œil du cyclone :* zone de calme au centre du tourbillon. loc. *Être dans l'œil du cyclone,* au centre des difficultés. **2** Zone de basse pression (opposé à *anticyclone*). ⇒ **dépression.** **3** *Cette personne est un cyclone,* elle bouleverse tout. *Arriver comme un cyclone,* en trombe. 4 Appareil qui entraîne violemment dans un fluide des déchets, des particules. ✪ CONTR. ① Calme ; anticyclone.

cyclonique adj. – XIXe ▪ Relatif à un cyclone. ✪ CONTR. Anticyclonique.

cyclope n. m. – XIVe ; gr. *kuklos* « cercle » et *ôps* « œil » 1 Géant n'ayant qu'un œil au milieu du front. ➛ « *L'État est un être énorme, terrible, débile. Cyclope d'une puissance et d'une maladresse insignes* » (Valéry). 2 Petit crustacé d'eau douce *(copépodes)*.

cyclopéen, enne adj. – XIXe 1 Qui se rapporte aux cyclopes. *Constructions cyclopéennes :* enceinte et monuments de l'époque mycénienne. « *pareille à une immense cité cyclopéenne dont les tours, les obélisques, les maisons aux terrasses hautes, auraient caché une moitié du ciel* » (Zola). 2 Énorme, gigantesque. ⇒ **colossal, titanesque.** *Travail cyclopéen.*

cyclopousse ou **cyclo-pousse** n. m. – 1966 ▪ Pousse-pousse tiré par un cycliste. ⇒ **rickshaw.** « *Il connaissait Phnom Penh* [...] *Son trafic vibrant de klaxons, engorgé de cyclo-pousses* » (Courchay).

cyclostome n. m. – XIXe ; de *cyclo-* et gr. *stoma* « bouche » ▪ Vertébré aquatique très primitif, à squelette cartilagineux, dont la bouche ronde forme ventouse. *La lamproie est un cyclostome.*

cyclothymie n. f. – XIXe ; gr. *kuklos* « cercle » et *thumos* « état d'esprit, humeur » ▪ Constitution psychique qui fait alterner les périodes d'excitation (instabilité, euphorie) et de dépression (apathie, mélancolie) (cf. Psychose maniaque* dépressive).

cyclothymique adj. et n. – 1907 ▪ De la cyclothymie ; atteint de cyclothymie **(⇒ maniacodépressif).** « *Caractériel, asocial et cyclothymique, Victor avait traîné dans tous les asiles psychiatriques* » (Tournier). ➛ n. *Un, une cyclothymique.*

cyclotourisme n. m. – XIXe ▪ Tourisme à bicyclette.

cyclotron n. m. – 1936 ; de *cyclo-* et *(élec)tron* ▪ Accélérateur circulaire de particules (nucléons, ions lourds).

cygne n. m. – XIIe ; gr. *kuknos* 1 Oiseau palmipède, grégaire, au plumage blanc et au long cou *(anatidés)*, qui vit sur les eaux douces. *Cygne trompette, cygne sauvage, cygne domestique.* 2 loc. *Le chant du cygne :* le dernier chef-d'œuvre d'un artiste (avant sa mort). 3 Duvet de cygne. « *une jeune brune habillée de liberty mandarine bordé de cygne blanc* » (Aragon). 4 *Col de cygne :* tuyau ou tube recourbé. « *des robinets de cuivre en col de cygne* » (Perec). ✪ HOM. Signe.

cylindrage n. m. – XVIIIe ▪ Passage sous un cylindre, un rouleau ou entre deux cylindres. *Le cylindrage d'une étoffe.* ⇒ **calandrage.** *Cylindrage du macadam.*

cylindre n. m. – XIVe ; gr. *kulindros* 1 Solide engendré par une droite qui se déplace parallèlement à elle-même en s'appuyant sur une courbe (directrice). *Cylindre de révolution,* dont la directrice est un cercle. *Diamètre du cylindre.* ⇒ **calibre.** 2 Rouleau employé pour soumettre certains corps à une pression uniforme. ⇒ ① **meule, rouleau.** *Cylindre de laminoir. Le cylindre d'un rouleau compresseur.* ♦ Enveloppe cylindrique, dans laquelle se meut le piston d'un moteur à explosion. *Cylindres en ligne, en V. Chemise, soupapes d'un cylindre.* ➛ fam. *Une six cylindres :* une automobile à six cylindres. « *ils ouvrent la portière et je les vois monter dans une six cylindres* » (Morand). 3 *Bureau à cylindre,* à abattant pivotant en forme de quart de cylindre. 4 Masse microscopique de substance protéique, qui se forme dans des tubes urinifères et en prend la forme.

cylindrée n. f. – XIXe ▪ Volume engendré par la course des pistons dans les cylindres d'un moteur à explosion. *Voiture de 1 500 cm*^{3} *de cylindrée. Une grosse, une petite cylindrée.*

cylindrer v. tr. [1] – XVIIIe 1 Donner la forme d'un cylindre à. 2 Faire passer sous un rouleau.

cylindrique adj. – XVIe ▪ Qui a la forme d'un cylindre. « *certains végétaux à tiges droites, cylindriques et rameuses* » (J. Verne).

cymbalaire n. f. – XVe ▪ Linaire aux feuilles rondes lobées.

cymbale n. f. – XIIe ; gr. *kumbalon* ▪ Chacun des deux disques de cuivre ou de bronze, légèrement coniques au centre, qui composent un instrument de musique à percussion. *Coup de cymbales.* « *Les sauvages tapent sur un gong ou sur des cymbales* » (Alain).

cymbalier n. m. – XVIIe ▪ Musicien qui joue des cymbales.

cymbalum [sɛ̃balɔm] n. m. – XIXe ; mot lat. ▪ Instrument à cordes d'acier tendues, frappées par de petits maillets, utilisé dans la musique populaire hongroise et introduit dans l'orchestre moderne au XXe siècle. ⇒ **tympanon.**

> ❑ Mot emprunté au hongrois *czimbalom,* lui-même issu du latin *cymbalum* par l'intermédiaire d'une langue romane.

cyme n. f. – XVIIIe ; lat. *cyma* « tendron de chou » ▪ Type d'inflorescence avec un axe principal (distinct de la grappe, sans axe défini). ✪ HOM. Cime.

cynégétique adj. et n. f. – XVIIIe ; gr. *kunêgetein* « chasser avec une meute », de *kuôn* « chien » et *agein* « mener » ▪ Qui se rapporte à la chasse, spécialt à la chasse à courre. ➛ n. f. *La cynégétique :* l'art de la chasse.

cynips [sinips] n. m. – XVIIIe ; gr. *kuôn* « chien » et *ips* « insecte rongeur » ▪ Insecte parasite qui forme sur les feuilles de chêne des galles sphériques (galle du Levant ou noix de galle). « *des petits cynips, ces insectes qui se chargent de tout dans le mariage du figuier* » (Giraud.).

cynique adj. – XIVe ; gr. *kuôn* « chien » 1 Qui appartient à l'école philosophique d'Antisthène et de Diogène qui prétendait revenir à la nature en méprisant les conventions sociales, l'opinion publique et la morale communément admise. ➛ *Les cyniques :* les philosophes cyniques. 2 Qui exprime ouvertement et sans ménagement des sentiments, des opinions qui choquent la morale ou les idées reçues, souvent avec une intention de provocation. *Un individu cynique,* et subst. *un cynique.* « *je suis cynique, effronté, violent, intrépide* » (Rouss.). ✪ CONTR. Conformiste.

> ❑ Le terme *cynique* a été appliqué aux philosophes de l'École d'Antisthène et de Diogène parce qu'ils affichaient un retour à la nature (les chiens) et une attitude d'indépendance morale.

cyniquement adv. – XVIe ▪ D'une manière cynique. ✪ CONTR. Honteusement.

cynisme n. m. – XVIIIe 1 Philosophie cynique ; doctrine des philosophes cyniques. 2 Attitude cynique. ✪ CONTR. Conformisme. Retenue.

cyn(o)- ▪ Élément, du gr. *kuôn* « chien ».

> ❑ Ne pas confondre avec *sino-* → cynophile (rem.).

cynocéphale adj. et n. m. – XIVe ; *cyno* et *céphale* 1 À tête de chien, de chacal. 2 n. m. Singe à museau fortement allongé comme celui d'un chien. ⇒ **babouin,** ① **drill, hamadryas, mandrill.** « *les mauvais instincts du cynocéphale* » (J. Verne).

cynodrome n. m. – v. 1938 ; *cyno-* et *-drome* ■ Piste aménagée pour les courses de lévriers.

cynoglosse n. f. – XVe ; *cyno-* et *-glosse* ■ Plante *(borraginacées)* aux feuilles rugueuses et aux grappes de fleurs lie-de-vin.

cynophile adj. et n. – XIXe ; *cyno-* et *-phile* ■ Qui aime les chiens. ➜ *Brigade cynophile*, qui emploie des chiens dressés.

> ❑ Ne pas confondre avec *cinéphile* « amateur de cinéma » et *sinophile* « qui apprécie la Chine ».

cynorhodon ou **cynorrhodon** n. m. – XVIIe ; gr. *kunorodon* « rose de chien » ■ Réceptacle rouge renfermant les fruits (⇒ **gratte-cul**) du rosier et de l'églantier. *Confiture de cynorhodon.*

cyphose n. f. – XVIIIe ; gr. *kuphôsis* « bosse » ■ Déviation de la colonne vertébrale avec convexité postérieure.

cyprès n. m. – XIIe ; gr. *kuparissos* ■ Conifère fusiforme au feuillage persistant, vert sombre. *Allée de cyprès.* « *on voit les cyprès et les croix du cimetière par-dessus le mur blanc* » (R. Rolland).

> ❑ Pline indique que cet arbre viendrait de Tarente où il aurait été importé d'Asie.

cyprin n. m. – XVIIIe ; gr. *kuprinos* « carpe » ■ Poisson de la famille de la carpe. ♦ *Cyprin doré :* poisson rouge. ⇒ **carassin** (doré).

cyprine n. f. – v. 1970 ; gr. *Kupris*, surnom d'Aphrodite ■ Sécrétion vaginale, signe physique du désir sexuel.

cyrillique [siʀilik] adj. – XIXe ■ *Alphabet cyrillique :* l'alphabet slave, attribué à saint Cyrille de Salonique. *Le russe, l'ukrainien, le bulgare, le serbe s'écrivent en caractères cyrilliques.*

cystectomie n. f. – XVIIe ; *cyst(o)-* et *-ectomie* ■ Ablation de la vessie.

cystéine n. f. – XIXe ; de *cystine* ■ Acide aminé soufré, constituant des protéines et jouant souvent un rôle catalytique dans les réactions entre enzymes.

cysticerque n. m. – XIXe ; gr. *kustis* « vessie » et *kerkos* « queue » ■ Stade larvaire, enkysté, de certains cestodes comme le ténia.

cystique adj. – XVIe ■ Relatif à la vésicule biliaire. *Calculs cystiques.* ♦ Relatif à la vessie.

cystite n. f. – XVIIIe ■ Inflammation de la vessie provoquant une miction douloureuse.

cyst(o)-, -cyste ■ Éléments, du gr. *kustis* « vessie ».

cystographie n. f. – 1959 ; *cysto-* et *-graphie* ■ Radiographie de la vessie.

cystoscope n. m. – XIXe ; *cysto-* et *-scope* ■ Instrument permettant d'examiner l'intérieur de la vessie.

cystoscopie n. f. – XIXe ■ Examen de la vessie au cystoscope.

cystotomie n. f. – XVIIe ; *cysto-* et *-tomie* ■ Incision de la vessie.

-cyte ■ Élément, du gr. *kutos* « cavité, cellule ».

cytise n. m. – XVIe ; gr. *kutisos* ■ Arbre ornemental à grappes jaunes, voisin de l'acacia. « *cytises étincelants comme de l'or* » (Colette).

cyto- ■ Élément, du gr. *kutos* « cavité, cellule ».

cytobactériologique adj. – 1961 ■ Se dit d'une analyse d'urine comportant un examen macroscopique, une recherche d'éléments anormaux (cellules, cristaux) et de bactéries. *Examen cytobactériologique des urines* (abrév. *E. C. B. U.*).

cytodiagnostic [sitodjagnɔstik] n. m. – 1900 ■ Diagnostic établi après examen au microscope de frottis ou de cellules provenant de liquides organiques.

cytogénéticien, ienne adj. – XXe ■ Spécialiste de la cytogénétique.

cytogénétique n. f. – XIXe ■ Branche de la génétique qui étudie la structure des chromosomes à l'état normal et pathologique, ainsi que les caractères ou maladies héréditaires qui en résultent.

cytologie n. f. – XIXe ; *cyto-* et *-logie* ■ Partie de la biologie qui étudie la structure et les fonctions de la cellule vivante.

cytologique adj. – 1900 ■ Relatif à la cytologie. *Examen cytologique.*

cytologiste n. – XIXe ■ Spécialiste de la cytologie.

cytolyse n. f. – 1905 ; *cyto-* et *-lyse* ■ Destruction d'une cellule vivante par dissolution des éléments dont elle est formée.

cytomégalovirus [sitomegaloviʀys] n. m. – 1982 ; de *cyto-*, *mégalo-* et *virus* ■ Virus de la famille de l'herpès, pouvant provoquer des affections graves chez des sujets immunodéprimés.

cytoplasme n. m. – XIXe ; de *cyto-* et *(proto)plasme* ■ Protoplasme de la cellule à l'exclusion du noyau, comprenant le cytosol et les organites. ⇒ **endoplasme.**

cytoplasmique adj. – XIXe ■ Du cytoplasme.

cytosine n. f. – 1903 ; *cyto-* et *-ine* ■ Base pyrimidique présente dans l'A.D.N. et dans l'A.R.N.

cytosol n. m. – XXe ; *cyto-* et *-ol* ■ Partie liquide du cytoplasme.

cytosquelette n. m. – 1977 ■ Squelette filamenteux formé dans le cytoplasme, dont le rôle est de contrôler la forme des cellules.

cytotoxique adj. – 1904 ■ Toxique pour la cellule.

czar → **tsar**

czardas [gzaʀdas ; tsaʀdas] n. f. – XIXe ; mot hongr. ■ Danse hongroise, composée d'une partie lente et d'une partie rapide.

D ① **d** [de] n. m. inv. 1 Quatrième lettre et troisième consonne de l'alphabet : *d majuscule* (D), *d minuscule* (d). ➛ prononc. Lettre qui note l'occlusive dentale sonore [d] *(dos, radis)*. *D est généralement muet à la finale.* 2 fam. *Le système D* : le système débrouille. ✪ HOM. Dé, des. ❑ Le *d* s'assourdit en liaison (*un grand homme* [œ̃gʀɑ̃tɔm]) et devant une consonne sourde (*adsorption* [atsɔʀpsjɔ̃]).

② **d** abrév. et symboles 1 D [sɛ̃sɑ̃] adj. numér. card. Cinq cents, en chiffres romains ; cinq mille, s'il est surmonté d'un trait (D̄), cinquante mille, de deux traits (D̿). 2 𝔻 [de] n. m. sing. Ensemble des nombres décimaux. 3 D [de] n. m. inv. La note *ré*, dans la notation anglo-saxonne et germanique. 4 d [desi] Déci-.

d' → ① **de**

da interj. – XVIe ; contract. de *dis va,* impér. de *dire* et *aller* ▪ vx ou plaisant *Oui-da !* oui bien sûr.

❑ *Da (dis va)* était autrefois utilisé en fin de phrase, comme équivalent de *hein*. Ses composants s'emploient aujourd'hui de la même façon : *tu viendras, dis ; n'y pense pas, va.*

dab n. m. – XVIIe ; p.-ê. lat. *dabo* « je donnerai » ▪ arg. Père. « *ça me faisait du bien de parler de tout, du dab, de la mère, des musettes et des pépées* » (Mac Orlan). ➛ *Les dabs* : les parents.

d'abord → **abord**

da capo loc. adv. – XVIIIe ; loc. it. « depuis le commencement » ▪ En musique, Locution indiquant qu'il faut reprendre le morceau depuis le début. *Reprise da capo.*

d'accord → **accord**

dacron n. m. – 1951 ; nom déposé ▪ Fibre textile synthétique (polyester) fabriquée sous licence américaine. ⇒ **tergal.**

dactyle n. m. – XIVe ; gr. *daktulos* « doigt » 1 Dans la poésie grecque et latine, Pied formé d'une syllabe longue suivie de deux brèves (par allus. aux phalanges du doigt, une grande et deux petites). 2 Graminée fourragère des régions tempérées.

-dactyle Élément, du gr. *daktulos* « doigt ».

dactylo n. – 1923 ; abrév. de *dactylographe, dactylographie* 1 Personne dont la profession est d'écrire ou de transcrire des textes, en se servant de la machine à écrire. 2 n. f. Dactylographie. *Elle apprend la dactylo et la sténo.*

dactylo- Élément, du gr. *daktulos* « doigt ».

dactylographe n. – XIXe ; *dactylo-* et *-graphe* ▪ vieilli Personne qui écrit ou transcrit des textes à la machine. ⇒ **dactylo.**

dactylographie n. f. – XIXe 1 Technique d'écriture mécanique, à la machine à écrire. abrév. ⇒ **dactylo.** 2 Texte dactylographié.

dactylographier v. tr. 7 – 1907 ▪ Écrire en dactylographie. ⇒ ② **taper.** *Texte dactylographié.*

dactylologie n. f. – XVIIIe ; *dactylo-* et *-logie* ▪ Langage digital, inventé par l'abbé de l'Épée, à l'usage des sourds-muets.

dactyloscopie n. f. – 1906 ; *dactylo-* et *-scopie* ▪ Procédé d'identification par les empreintes digitales.

dada n. m. – XVIe ; p.-ê. de *dia* 1 lang. enfantin *À dada* : à cheval. 2 fam. Sujet favori, idée à laquelle on revient sans cesse. ⇒ **marotte.** *C'est son dada.* 3 Dénomination adoptée par un mouvement artistique et littéraire révolutionnaire en 1916. *Le surréalisme est issu de Dada.* « *le mouvement "dada" dont il faut noter les origines romantiques et le dandysme anémié* » (Camus). ➛ adj. inv. *Le mouvement dada.* ⇒ **dadaïsme.**

❑ Un coupe-papier glissé au hasard entre les pages d'un dictionnaire a décidé du mot *dada* pour désigner le mouvement artistique de 1916.

dadais n. m. – XVIe ; onomat. ▪ Garçon niais et de maintien gauche. « *Allons donc, grand dadais, est-ce qu'on se tient comme cela ?* » (Dider.).

dadaïsme n. m. – 1916 ▪ L'école, le mouvement dada.

dague n. f. – XIIIe ; o. i. 1 Épée courte, que l'on portait au côté droit. 2 Défense de sanglier. ♦ Premiers bois des cerfs.

daguerréotype n. m. – XIXe ; de *Daguerre,* nom de l'inventeur, et *-type* ▪ Procédé primitif de la photographie, par lequel l'image de l'objet était fixée sur une plaque métallique. ➛ L'instrument employé pour obtenir cette image. ♦ L'image.

daguet n. m. – XVIe ▪ Jeune cerf qui est dans sa deuxième année et dont les dagues poussent.

dahlia n. m. – XIXe ; de *Dahl,* bot. suéd. ▪ Plante ornementale *(composées)* à tubercules, dont les fleurs ont des couleurs riches et variées ; sa fleur. *Dahlias pompon.*

❑ Attention à l'ordre des consonnes, *h* puis *l*.

dahu n. m. – XIXe ; p.-ê. d'une forme °*darrutu* ▪ Animal imaginaire à l'affût duquel on poste une personne crédule dont on veut se moquer.

daigner v. tr. 1 – X^e ; lat. *dignari* « juger digne » ▪ Consentir à (faire qqch.) soit en faveur d'une personne qui n'en paraît pas indigne, soit parce qu'on ne juge pas cette chose indigne de soi. ⇒ **condescendre** (à). « *Je ne daignais même point relever ces lâches impertinences* » (Céline). *Il n'a pas daigné répondre.*

daim n. m. – XIIe ; lat. *dama* 1 Cervidé familier des parcs et bois d'Europe, aux andouillers élargis en palette et à la robe tachetée de blanc en été. *Jeune daim.* ⇒ **faon.** 2 Cuir suédé. *Veste de daim, en daim.*

daïmio n. m. – XIXe ; mot jap. ■ Membre de l'aristocratie militaire qui, du IXe s. à la révolution de 1868, domina au Japon. *Les daïmios.*

daine n. f. – XIVe ■ Femelle du daim.

❑ *Daneau,* nom du petit de l'animal, est peu usité ; on emploie *faon.* → faon (rem.).

daïquiri [dajkiʀi] n. m. – 1954 ; mot angl., du nom d'un quartier de Cuba ■ Cocktail fait de rhum blanc, de citron vert et de sucre.

dais n. m. – XIIe ; lat. *discus* « disque, plateau » 1 Ouvrage (de bois, de tissu) fixé ou soutenu de manière à ce qu'il s'étende comme un plafond au-dessus d'un autel ou de la place d'un personnage éminent (chaire, lit, trône). « *Le trône du sultan est placé sous un dais rouge et or* » (Loti). 2 Pièce d'étoffe tendue, soutenue par de petits montants, sous laquelle on porte parfois le saint sacrement en procession. ✪ HOM. Dès, dey.

dal (que) → ② **dalle (que)**

dalaï-lama n. m. – XVIIe ; mot mongol, de *dalaï* « océan » et *lama* mot tibétain ■ Souverain spirituel et temporel du Tibet, appelé aussi *grand lama.* ⇒ ② **lama.** *Des dalaï-lamas.*

daleau → **dalot**

dallage n. m. – XIXe 1 Action de daller. 2 Ensemble des dalles d'un pavement.

① **dalle** n. f. – XIVe ; germ. *daela* « gouttière » 1 Plaque (de pierre dure, de marbre, etc.), destinée au pavement du sol, au revêtement. « *de belles grandes dalles de granit gris* » (Gide). *Dalle de ciment.* 2 fam. Gorge, gosier (dans des loc.). *Se rincer la dalle :* boire. ➛ *Avoir la dalle :* avoir faim.

② **dalle (que)** loc. – XVIIe ; p.-ê. de *daye dan daye* (refrain de chans.) ■ fam. Rien. *N'y voir, n'y entraver que dalle.*

❑ On écrit parfois *que dal.*

daller v. tr. [1] – XIVe ■ Revêtir de dalles.

dalleur n. m. – XIXe ■ Ouvrier qui pose les dalles.

dalmate adj. et n. – XVIIIe ■ De Dalmatie. *La côte dalmate.* ➛ n. *Les Dalmates.*

dalmatien, ienne n. – 1961 ; angl. *dalmatian* ■ Chien, chienne à poil ras, de taille moyenne, à robe blanche tachetée de noir ou de brun.

dalmatique n. f. – XIIe ; lat. « blouse en laine de *Dalmatie* » 1 Riche tunique à manches amples et courtes des empereurs romains, de certains souverains et grands personnages. 2 Chasuble réservée aux diacres.

dalot ou **daleau** n. m. – XIVe ■ Petit canal en maçonnerie sous une route ou trou dans la paroi d'un navire, pour l'écoulement des eaux.

dalton [daltɔn] n. m. – XXe ; de *Dalton,* n. pr. ■ Unité de masse égale au seizième de la masse d'un atome d'oxygène, soit environ $1{,}66.10^{-24}$ g.

daltonien, ienne adj. et n. – XIXe ■ Atteint de daltonisme. ➛ n. *Un daltonien.*

daltonisme n. m. – XIXe ; de *Dalton,* physicien angl. ■ Anomalie héréditaire de la vue, qui consiste dans l'absence de perception de certaines couleurs ou dans la confusion de couleurs (surtout rouge et vert).

dam [dɑ̃ ; dam] n. m. – IXe ; lat. *damnum* « dommage, préjudice » 1 loc. littér. *Au dam, au grand dam de* (qqn), à son détriment. 2 Châtiment des réprouvés, qui consiste à être éternellement privé de la vue de Dieu. *Peine du dam.* ✪ CONTR. Avantage. — HOM. Dans, dent ; dame.

❑ Même famille étym. que *damner, damnation* et *dommage.*

damage n. m. – XIXe ■ Action de damer le sol ; son résultat. *Le damage d'une piste de ski.*

damalisque n. m. – XIXe ; gr. *damalis* « génisse » ■ Antilope de l'Afrique équatoriale, voisine du bubale, aux cornes en forme de lyre.

daman n. m. – XVIIIe ; mot ar. ■ Petit mammifère ongulé d'Afrique et du Proche-Orient ayant l'apparence d'une marmotte.

damas [dama(s)] n. m. – XVIe ; de *Damas,* ville de Syrie 1 Tissu monochrome dont les dessins brillants sur fond mat à l'endroit se retrouvent mats sur fond brillant à l'envers. *Linge de table en damas.* ⇒ **damassé.** 2 Acier d'alliage qui présente un beau moiré.

damasquinage n. m. – XVIIe 1 Art de damasquiner. 2 Travail, aspect de ce qui est damasquiné.

damasquiner v. tr. [1] – XVIe ; de *damasquin* « de *Damas* » ■ Incruster dans (une surface métallique) un filet d'or, d'argent, de cuivre formant un dessin. ➛ « *une cuirasse d'acier damasquinée d'or* » (Volt.).

❑ Ne pas confondre avec *damasser* « tisser à la façon du damas ».

damassé, ée adj. – XIVe ■ Tissé comme le damas. *Nappe damassée.* ➛ n. m. Étoffe damassée.

damasser v. tr. [1] – XIVe ■ Fabriquer en façon de damas.

❑ Ne pas confondre avec *damasquiner* « incruster de filets d'or, d'argent ».

damassure n. f. – XVIe ■ Travail, aspect d'un tissu damassé.

① **dame** n. f. – XIe ; lat. *domus* « maison » **I** - 1 Dans le langage féodal, Titre donné à toute femme détentrice d'un droit de souveraineté ou de suzeraineté. « *Ballade des Dames du temps jadis* », *de Villon.* mod. et plaisant *La dame de ses pensées.* ⇒ **dulcinée.** 2 vx Femme de haute naissance. *Les Dames de France :* les filles du roi de France. *Dame d'honneur.* ♦ mod. *Grande dame :* femme de haute naissance. « *elle avait l'importance et l'allure d'une grande dame* » (Jouhand.). ➛ *Une grande dame du théâtre, de la chanson :* une artiste exceptionnelle. ➛ *La première dame de France :* la femme du président de la République. ➛ *Dame patronnesse :* femme du monde qui patronne des fêtes de charité. 3 vieilli Femme mariée. ➛ pop. *Ma petite dame, ma bonne dame.* 4 Personne adulte du sexe féminin (usage poli, de bon ton). ⇒ **femme.** *Une vieille dame. Se montrer galant envers les dames. Qui est ce monsieur, cette dame ? Coiffeur pour dames.* loc. *La vieille dame du quai Conti :* l'Académie française. **II** Aux échecs, Deuxième pièce en importance après le roi. ⇒ **reine.** ♦ *Jeu de dames* ou *les dames :* jeu qui se joue à deux, avec quarante pions, sur un damier de cent cases. ➛ Pion qui a été surmonté d'un autre et peut avancer, reculer, prendre en diagonale à toute distance. ➛ *Aller à dame, faire une dame,* se dit, aux échecs et aux dames, d'un pion qui parvient sur la dernière rangée du damier opposée à son camp. ♦ Chacune des quatre cartes où est figurée une reine. *Dame de cœur, de trèfle.* « *je prends avec la dame.* [...] *À vous de faire, monsieur Brun* » (Pagnol). **III** - 1 Hie de paveur (l'ouvrier la prend par les deux anses pour la soulever comme un danseur soulève sa danseuse). ⇒ aussi **demoiselle.** 2 Creux pratiqué sur le bord d'une embarcation pour y encastrer l'aviron ; appareil servant à retenir ce dernier. ⇒ **tolet.** *Dame de nage.* ✪ HOM. Dam.

❑ De *dame* sont dérivés deux termes de jeu : *damer* et *damier*.

② **dame** interj. – XVIIe ; de *par Nostre Dame* ou de *damedieu* « Seigneur Dieu » ▪ fam. et région. Exclamation qui suppose, entre ce qui la précède et ce qui la suit, une relation logique (conséquence, cause, explication). ⇒ **pardi.** *Ils sont partis ? – Dame oui !*

dame-d'onze-heures n. f. – XIXe ▪ Ornithogale en ombelle dont les fleurs s'épanouissent vers onze heures du matin.

dame-jeanne [damʒan] n. f. – XVIIe ▪ Sorte de bonbonne. ⇒ **jaquelin.** « *l'excellent vin du cru renfermé dans des dames-jeannes* » (Chateaub.).

damer v. tr. [1] – XVIe **1** Au jeu de dames, Transformer (un pion) en dame. ♦ loc. fig. *Damer le pion à qqn*, l'emporter sur lui, le surpasser, répondre victorieusement à ses attaques. **2** Tasser (le sol) avec un engin. *Damer une piste de ski.*

damier n. m. – XVIe **1** Plateau divisé en cent carreaux alternativement blancs et noirs (⇒ **case**), sur lesquels on pousse les pions du jeu de dames. **2** Surface divisée en carrés égaux. *Drapeau en damier*, à carreaux noirs et blancs utilisé dans les courses automobiles. ➡ *Tissu en damier.*

damnable [danabl] adj. – XIIe ▪ Qui mérite la réprobation. *Coutumes damnables.* ⇒ **condamnable.**

damnation [danasjɔ̃] n. f. – XIIe ▪ Condamnation aux peines de l'enfer ; ces peines. ⇒ **châtiment.** « *La Damnation de Faust* », *œuvre musicale de Berlioz.* ➡ loc. littér. *Enfer et damnation !* imprécation de colère ou de désespoir. ✪ CONTR. Salut.

damné, ée [dane] adj. et n. – Xe **1** Condamné aux peines de l'enfer. ➡ loc. fam. *Être l'âme damnée de qqn*, lui être dévoué jusqu'à encourir la damnation pour lui. ➡ n. *Souffrir comme un damné*, d'une manière abominable. **2** fam. Qui provoque la mauvaise humeur (obstacle, désagrément). ⇒ **foutu, maudit, satané.** *Cette damnée voiture est toujours en panne !* ✪ CONTR. Élu ; béni.

damner [dane] v. tr. [1] – Xe ; lat. « condamner » **1** Condamner aux peines de l'enfer. **2** Conduire à la damnation. *Damner son âme.* ♦ fam. *Faire damner qqn*, le mettre dans une colère qui lui vaudrait d'être damné. *Il ferait damner un saint.* ♦ pronom., fam. *Se damner pour qqn, qqch.* : être prêt à tout pour qqn, qqch. ✪ CONTR. Sauver.

❑ Le *m* étymologique (lat. *damnare*) ne se prononce pas. Voir *condamner*, mot de la famille, et aussi *automne*.

damoiseau n. m. – XIIe ; lat. *dominus* « seigneur » **1** Titre du jeune gentilhomme qui n'était pas encore chevalier. **2** plaisant Jeune homme qui fait le beau et l'empressé auprès des femmes.

damoiselle n. f. – IXe ▪ Au Moyen Âge, Jeune fille noble ou femme d'un damoiseau.

dan [dan] n. m. – 1944 ; mot jap. ▪ Chacun des grades de la ceinture noire, dans les arts martiaux japonais. *Champion de judo, de karaté troisième dan.*

danaïde n. f. – XIXe ; n. myth., gr. *Danaidês* ▪ Genre de papillon diurne des tropiques, aux couleurs éclatantes.

dancing n. m. – v. 1919 ; angl. *to dance* « danser » ▪ vieilli Établissement public où l'on danse. ⇒ **boîte, discothèque.**

❑ L'anglais *to dance* est emprunté au français *danser*.

dandinement n. m. – XVIe ▪ Action de se dandiner, mouvement qui en résulte. ⇒ **balancement.** « *les dandinements stupides de l'ours blanc* » (Baud.).

dandiner (se) v. tr. [1] – XVIe ; a. fr. *dandin* « clochette » ▪ Se balancer gauchement en étant debout. « *Le jovial petit homme se dandina de droite et de gauche* » (Jarry).

dandinette n. f. – XIXe ▪ *Pêcher à la dandinette*, à la ligne en attirant le poisson par le va-et-vient d'un leurre.

dandy n. m. – XIXe ; mot angl. d'o. i. ▪ vieilli Homme qui se pique d'une suprême élégance dans sa mise et ses manières (type d'élégant du XIXe s.). *Des dandys.* « *Le dandy doit avoir un air conquérant, léger, insolent* » (Chateaub.).

dandysme n. m. – XIXe ▪ littér. Manières élégantes, raffinement, attitude morale du dandy.

danger n. m. – XIIe ; lat. *dominus* « maître » ▪ Ce qui menace ou compromet la sûreté, l'existence d'une personne ou d'une chose ; situation qui en résulte. ⇒ **péril.** *Danger de mort. Ce n'est pas sans danger. Ses jours ne sont pas en danger. Mettre en danger les intérêts de qqn. Courir un grave danger. Attention, danger !* « *je ne peux pas dire que j'aime le danger, mais j'aime la vie hasardeuse* » (Gide). *Le malade est hors de danger.* ➡ loc. fam. *Il n'y a pas de danger* (d'une chose qui n'arrivera sûrement pas). *Pas de danger qu'il revienne !* ➡ *De tous les dangers* : où tout est à craindre. *L'année de tous les dangers.* ♦ *Un danger imminent. Les dangers du voyage.* ⇒ **risque.** ♦ loc. *Un danger public* : personne qui met autrui en danger par maladresse ou insouciance. ✪ CONTR. Sécurité, sûreté, tranquillité.

dangereusement adv. – XVIe ▪ D'une manière dangereuse. *Être dangereusement blessé.* ⇒ **grièvement.** *Vivre dangereusement*, dans le risque.

dangereux, euse adj. – XIIe **1** Qui constitue un danger, présente du danger, expose à un danger. *Produit dangereux.* ⇒ **nocif, toxique.** *Virage dangereux. Vous vous engagez sur un terrain dangereux.* ⇒ **difficile.** *Entreprise dangereuse.* ⇒ **hasardeux, risqué, téméraire.** *Un jeu dangereux*, qui risque de mal finir. *Chose dangereuse à faire.* impers. *Il est dangereux de se pencher au dehors.* **2** Qui a pouvoir de nuire, à qui on ne peut se fier. ⇒ **redoutable.** *C'est un dangereux criminel.* ♦ Qui s'attaque à l'homme (piqûre, morsure). *La vipère est dangereuse.* ✪ CONTR. Avantageux, ① bon, sûr. Inoffensif.

dangerosité n. f. – 1969 ▪ didact. Caractère dangereux. *La dangerosité d'une maladie.* ⇒ **danger.** ✪ CONTR. Innocuité.

❑ Ce mot nouveau qui sonne mal est bien formé (*généreux* et *générosité*). Il double *danger*, mais exprime une qualité.

danien, ienne adj. et n. m. – XIXe ; lat. *Dania* « Danemark » ▪ Relatif à l'étage le plus élevé du crétacé supérieur. ➡ n. m. Cet étage lui-même.

danois, oise adj. et n. – XIe ; germ. *danisk* **1** Du Danemark. *Bière danoise.* ♦ n. *Un Danois, une Danoise.* ➡ n. m. *Le danois* : langue germanique parlée au Danemark. **2** n. m. Chien de grande taille, à tête allongée et à poil court.

dans prép. – XIIe ; lat. *intus* « dedans » ▪ Préposition indiquant la situation d'une personne, d'une chose par rapport à ce qui la contient. **1** Marque le lieu. *Objet rangé dans une boîte. Entrer dans sa chambre*, à l'intérieur de. *Monter dans une voiture.* ⇒ ① **en.** *S'asseoir dans un fauteuil. Lire qqch. dans un livre, dans un journal. Apercevoir qqn dans la foule.* ⇒ **parmi.** ♦ *Être dans l'enseignement. Travailler dans l'édition. C'est dans ses projets.* « *je suis de ceux qui croient que tout est dans peu* » (Dumas fils). **2** Marque la manière. *Être dans une mauvaise position.* « *dans tout l'éclat de sa* *blanche nudité* » (Gaut.). ➛ *Dans l'attente, dans le but, dans l'espoir de.* **3** Marque le temps, indique un moment, une époque. ⇒ **lors** (de), ③ **pendant.** *Cela lui arriva dans son enfance. Dans un premier temps.* ♦ Pour reporter à une date future. *Quand partez-vous ? Dans quinze jours :* quinze jours après celui-ci. *Dans une minute, dans un instant :* bientôt. **4** fam. DANS LES (marquant l'approximation). Un chiffre voisin de. « *une caisse qui pouvait faire dans les vingt kilos* » (Giono). ⇒ **approximativement, environ.** *Il doit avoir dans les trente ans.* ✪ CONTR. Hors (de). — HOM. Dam, dent.

dansable adj. – XIXe ▪ Qui peut être dansé.

dansant, ante adj. – XVIIe **1** Qui danse. *Un chœur dansant.* ➛ « *les nuées dansantes de moucherons* » (Mart. du G.). **2** Qui est propre à faire danser. *Musique dansante.* **3** Pendant lequel on danse. *Soirée dansante.*

danse n. f. – XIIe **1** Action de danser. ➛ Suite de mouvements du corps volontaires, rythmés (le plus souvent au son de musique), ayant leur but en eux-mêmes et répondant à une esthétique. « *une petite danse modeste, avec un roulement de hanches et de gorge* » (Zola). *Pas, figure de danse. Chaussons de danse.* ⇒ **pointe, demi-pointe.** *Cours de danse.* ➛ *Danse folklorique. Danse du ventre. Danse rythmique,* qui participe de la gymnastique. ♦ Art de la danse, un des beaux-arts. *Danse classique.* ⇒ **ballet, chorégraphie.** ♦ Le fait de danser en société. *Piste de danse. Ouvrir la danse,* la commencer. « *Les danses s'interrompirent, les couples se dénouaient* » (Jaloux). **2** loc. *Entrer dans la danse :* entrer en action, participer à qqch. péj. *Mener la danse :* diriger une action collective. **3** *Danse de Saint-Guy :* chorée. ✪ HOM. Dense.

danser v. [1] – XIIe ; p.-ê. germ. °*dintjan* « se mouvoir de-ci de-là » **I** v. intr. **1** Exécuter une danse ; se mouvoir avec rythme, en accord avec une musique, un type de mouvement réglé. *Danser en mesure. Danser sur un air, une musique. Danser avec un cavalier, une cavalière.* ⇒ **danseur.** ➛ *Faire danser une femme,* danser avec elle. ♦ loc. *Ne pas savoir sur quel pied danser :* ne plus savoir que faire, hésiter. **2** Se mouvoir, remuer d'une manière rythmée. *Flamme qui danse.* **II** v. tr. Exécuter (une danse). *Danser la valse.* ➛ pronom. *Le menuet ne se danse plus.*

danseur, euse n. – XIIIe **1** Personne dont la profession est la danse. ♦ *Premier danseur, première danseuse. Danseur, danseuse étoile,* qui occupe l'échelon le plus haut d'un corps de ballet. *Danseuse de ballet.* ⇒ **ballerine.** ♦ *Danseur, danseuse de corde.* ⇒ **funambule. 2** *Pédaler en danseuse,* debout sur les pédales d'une bicyclette. **3** Personne qui danse avec un ou une partenaire. ⇒ **cavalier.** *Couples de danseurs qui évoluent sur la piste.*

dantesque adj. – XIXe ▪ Qui a le caractère sombre et sublime de l'œuvre de Dante. *Vision dantesque.* ⇒ **effroyable.**

> ❑ On trouve le premier emploi de cet adjectif chez Lamartine (1830).

daphné n. m. – XVIe ; mot gr. ▪ Arbrisseau des terrains calcaires, à feuilles persistantes et floraison rose ou blanche. ⇒ **garou.**

daphnie n. f. – XIXe ; gr. *daphnê* « laurier » ▪ Petit crustacé à la carapace transparente, élément important du plancton animal. *Les daphnies servent de nourriture aux poissons d'aquarium.*

daraise n. f. – XIXe ; p.-ê. gaul. °*doraton* « porte » ▪ Déversoir d'un étang.

darbouka ou **derbouka** n. f. – XIXe ; ar. ▪ Tambour arabe fait d'une peau tendue sur l'extrémité pansue d'une poterie.

① **dard** n. m. – XIe ; lat. *dardus* **1** Ancienne arme de jet, composée d'une hampe de bois garnie à l'une de ses extrémités d'une pointe de fer. **2** Organe pointu et creux de certains animaux servant à piquer, à inoculer un venin. ⇒ **aiguillon.** *Le dard de l'abeille, du scorpion. Le poisson porc-épic « redouté* [...] *pour les dards urticants qui hérissent son corps* » (Tournier). ♦ Langue pointue (inoffensive) des serpents. **3** Rameau à fruits, très court, du poirier et du pommier.

> ❑ Le mot a servi à former les expressions *courir, filer comme un dard* « très vite », « comme une flèche », d'où, peut-être, *dare-dare.*

② **dard** n. m. – XIIe ; lat. *darsus* ▪ Poisson d'eau douce d'Amérique du Nord *(perciformes),* proche des perches d'Europe. ⇒ **chevesne.** ➛ Vandoise.

darder v. tr. [1] – XVe **1** Lancer (une arme, un objet) comme on ferait d'un dard. « *Julien darda contre eux ses flèches* » (Flaub.). **2** Lancer (ce qui est assimilé à un dard, une flèche). « *Le soleil de midi dardait ses flammes subtiles et blanches* » (France).

dare-dare adv. – XVIIe ; p.-ê. de *(se) darer,* var. de *darder* ▪ fam. Promptement, en toute hâte. ⇒ **vite.** *Il « pédala dare-dare vers son natal Montparnasse* » (Perec).

dariole n. f. – XIIIe ; p.-ê. de *doré* ▪ Flan léger au beurre et aux œufs.

darique n. f. – XVIe ; de *Darius,* roi des Perses ▪ Monnaie d'or des anciens Perses.

darne n. f. – XVIe ; bret. *darn* « morceau » ▪ Tranche de gros poisson. *Une darne de saumon.*

darse n. f. – XVe ; ar. *dâr-sinâ'a* « maison de travail » ▪ Bassin abrité, dans un port méditerranéen. *La grande darse de Toulon.*

> ❑ Même famille étym. que *arsenal.*

dartre n. f. – XIIIe ; lat. *derbita* ▪ Desquamation de l'épiderme, accompagnée de rougeurs, de démangeaisons. ⇒ **pityriasis.**

dartrose n. f. – 1901 ; de *dartre* ▪ Maladie cryptogamique de la pomme de terre.

darwinien, ienne [daʀwinjɛ̃, jɛn] adj. – XIXe ▪ Relatif à la théorie de Darwin.

darwinisme [daʀwinism] n. m. – XIXe ▪ Théorie exposée par Darwin (dans *De l'origine des espèces,* 1859) selon laquelle l'évolution biologique des espèces vivantes serait due aux lois de la sélection naturelle, effet de la lutte pour la vie.

darwiniste [daʀwinist] adj. et n. – XIXe ▪ Qui soutient, défend le darwinisme.

dasyure n. m. – XVIIIe ; gr. *dasus* « velu » et *oura* « queue » ▪ Petit mammifère océanien carnivore, à queue velue *(marsupiaux)* appelé aussi *chat marsupial.*

D.A.T. [deɑte] n. m. – 1987 ; sigle angl. de ***D****igital* ***A****udio* ***T****ape* « enregistrement magnétique audionumérique » ▪ Procédé d'enregistrement du son sous forme numérique sur un support magnétique. ➛ Le lecteur enregistreur ou la cassette enregistrée selon ce procédé.

datable adj. – XIXe ▪ Auquel on peut attribuer une date certaine. ✪ CONTR. Indatable.

dataire n. m. – XVIe ; lat. *datarius* ▪ Officier du Vatican chargé de présider à l'expédition des dispenses, rescrits, etc. **(⇒ daterie).**

datation n. f. – XIXe **1** Action de mettre la date (sur un écrit, un document). **2** Attribution d'une date. *Data-*

tion d'un fossile à l'aide du carbone 14. ➛ Date attribuée.

> ❑ En linguistique, la *datation d'un mot* correspond à son apparition dans les discours anciens dont on dispose (corpus). → attestation, hapax.

datcha **n. f.** – XIXe ; mot russe ▪ Maison de campagne russe, près d'une grande ville.

date **n. f.** – XIIIe ; lat. *data (littera)* « (lettre) donnée » **1** Indication du jour, du mois et de l'année où un acte a été passé, où un fait s'est produit. *Date historique.* « *gravées sur sa tombe, deux dates côte à côte* » (Giraud.). *Lettre sans date. À quelle date ?* quel jour ? *En date du... À la date du...* « *tu touches à dates fixes un traitement assez rondelet* » (Sartre). loc. *Prendre date :* fixer avec qqn la date d'un rendez-vous. ➛ *Date de naissance.* **2** L'époque, le moment où un événement s'est produit ; indication de cette époque. *Une grande date dans l'histoire du pays.* ➛ *Ils se connaissent de longue date,* depuis longtemps. ➛ *Faire date :* marquer un moment important, faire époque. « *Ah ! vous tenez là un livre* [...] *qui fera date !* » (Mallet-Joris). ➛ *Être le premier, le dernier en date :* être le premier, le dernier à avoir fait qqch. ✪ HOM. Datte.

dater **v.** [1] – XIVe **1** **v. tr.** Mettre la date sur (un écrit, un acte). *Lettre datée du 5.* **2** **v. tr.** Attribuer une date à (qqch.). *Dater l'apparition d'un mot.* **3** **v. intr.** DATER DE : avoir commencé d'exister, avoir eu lieu (à telle époque). ⇒ **remonter** (à). *Ce traité date du XVIIe siècle.* loc. *Cela ne date pas d'hier :* c'est ancien. ♦ *À dater de :* à partir de. **4** **v. intr.** Faire date. ⇒ **marquer.** *Cet événement date dans sa vie,* il a de l'importance à ses yeux. ♦ Être démodé. *Costume qui date.*

daterie **n. f.** – XVIIe ; lat. *dataria* ▪ Chancellerie de la cour pontificale où s'expédient divers actes.

dateur, euse **adj.** et **n. m.** – 1929 **1** Qui sert à dater. *Tampon dateur.* **2** **n. m.** DATEUR : tampon dateur. ➛ Dispositif qui indique la date sur le cadran d'une montre.

> ❑ Sur ce mot a été formé le composé *horodateur.*

datif **n. m.** – XIIIe ; lat. *dare* « donner » ▪ Dans les langues à déclinaison, Cas servant à marquer le complément d'attribution.

dation **n. f.** – XIIIe ; lat. *dare* « donner » ▪ Action de donner. *Dation en paiement :* acte par lequel un créancier consent à recevoir en paiement de son débiteur une chose différente de celle qui lui est due.

datte **n. f.** – XIe ; gr. *daktulos* « doigt » ▪ Fruit comestible du dattier. *Régime de dattes.* « *Les dattes séchées au goût de miel et de poivre* » (Le Clézio). ✪ HOM. Date.

dattier **n. m.** – XIIIe ▪ Palmier élancé d'Afrique du Nord qui produit les dattes. appos. *Palmier dattier.*

datura **n. m.** – XVIe ; hindi ▪ Plante toxique *(solanacées)* des régions chaudes et tempérées dont plusieurs espèces sont utilisées comme narcotique et comme plantes ornementales. « *des daturas ouvrent au soir leurs grands calices blancs* » (Loti).

daube **n. f.** – XVIIe ; germ. *dobjan* « préparer » ▪ Manière de faire cuire certaines viandes à l'étouffée dans un récipient fermé. *Bœuf en daube.* ➛ La viande accommodée de cette manière.

① **dauber** **v. tr.** [1] – XIIe ; p.-ê. lat. *albus* « blanc » ▪ vx ou littér. Railler, dénigrer (qqn) ; se moquer. ♦ intrans. « *Me voilà à dauber sur le prochain* » (J.-R. Bloch).

② **dauber** **v. tr.** [1] – XIXe ▪ Accommoder (une viande) en daube.

daubière **n. f.** – XIXe ▪ Braisière où l'on faisait cuire des viandes en daube.

① **dauphin** **n. m.** – XIIe ; gr. *delphis* ▪ Mammifère marin carnivore *(cétacés),* dont la tête se prolonge en forme de bec armé de dents. *L'intelligence, le langage des dauphins.* « *Des troupes élégantes et folâtres de dauphins nous accompagnèrent* » (J. Verne).

② **dauphin** **n. m.** – XIIIe ; de *Dauphiné* ▪ Héritier présomptif de la couronne de France. *Le Grand Dauphin :* le fils de Louis XIV. ♦ Successeur prévu par un chef d'État, une personnalité importante.

dauphine **n. f.** – XVIIe **1** La femme du Dauphin de France. **2** *Pommes dauphine :* boulettes de purée de pommes de terre et de pâte à chou, frites dans l'huile.

dauphinelle **n. f.** – XVIIIe ; gr. *delphinion* ▪ Plante ornementale appelée communément *pied d'alouette.* ⇒ **delphinium.**

dauphinois, oise **adj.** et **n.** – XVIIe ▪ Du Dauphiné, province française. ➛ **n.** *Les Dauphinois.*

daurade → **dorade**

davantage **adv.** – XIVe ; de *avant* **1** (modifiant un verbe) Plus. *Il en voudrait davantage.* « *Si je n'affirme pas davantage, c'est que je crois l'insinuation plus efficace* » (Gide). ♦ *Son frère est intelligent, mais lui l'est davantage.* **2** vieilli Plus longtemps. *Ne restez pas davantage.* **3** DAVANTAGE QUE : plus que. « *Rien ne dérange davantage une vie que l'amour* » (Mauriac). ✪ CONTR. Moins.

> ❑ Ne pas confondre avec *d'avantage,* groupe nominal (préposition + nom). ♦ La construction comparative *davantage que* est critiquée.

davier **n. m.** – XVIe ; de *David,* n. pr. **1** Outil de menuisier formé d'une barre de fer recourbée en crampon à l'une de ses extrémités. **2** Pince à longs bras de leviers et à mors très courts, servant à l'extraction des dents.

dazibao [da(d)zibao] **n. m.** – v. 1970 ; mot chin. ▪ Journal mural chinois, souvent manuscrit, affiché dans les lieux publics. *Des dazibaos.*

D.C.A. [desea] **n. f.** – 1919 ; sigle de ***d****éfense* ***c****ontre* ***a****vions* ▪ Défense antiaérienne. *Canon de D.C.A.*

D.D.T. [dedete] **n. m.** – v. 1945 ; sigle de ***d****ichloro* ***d****iphényl* ***t****richloréthane* ▪ Insecticide puissant.

① **de** **prép.** – IXe ; lat. *de* ❑ *De* s'élide généralt en *d'* devant voyelle ou *h* muet, se contracte en *du* avec l'art. *le* et en *des* avec l'art. *les.* **I** apr. un v. ou un n. Marque l'origine concrète ou abstraite (parfois opposé à *à*). **1** lieu, provenance *Venir de l'école. Sortir de chez soi. D'où êtes-vous ? De Normandie, du Havre. Un objet tomba de son sac.* ➛ loc. *De-ci de-là.* ⇒ ① **ci.** ➛ *Se tirer d'embarras, d'affaire.* ♦ Particule nobiliaire qui relie le nom de famille au titre, à l'appellation ou au prénom. *Pierre de Ronsard ; le duc de Talleyrand ; le général de Gaulle.* **2** temps À partir de (tel moment). *Du 1er au 15 janvier.* ♦ durée ⇒ ③ **pendant.** *Travailler de nuit. De mon temps.* **3** origine figurée À cause de. *Mourir de faim. Pleurer de joie.* ⇒ ① **par.** *Blanc de peur. Nous sommes contrariés de ce qu'il fait, de ce qu'il fasse mauvais temps.* ⇒ **parce que.** *Nous sommes heureux de sortir ce soir.* ♦ moyen, instrument ⇒ **avec.** *Être coiffé d'un bonnet. Il fit non de la tête.* **4** manière *Citer de mémoire. De l'avis de tous.* ⇒ **selon,** ② **suivant.** **5** mesure *Avancer d'un pas. Retarder de dix minutes. Gagner cent francs de l'heure,* par heure. *Un billet de cinquante francs.* ♦ DE... EN. Marque l'intervalle. *Compter de dix en dix. De temps en temps.* ♦ dans une approximation *Elle pouvait avoir de quarante à quarante-cinq ans.* ⇒ **entre.** **6** agents, auteurs *Les œuvres de Beckett. Être aimé de sa femme.* ⇒ ① **par.** **II** - **1** appartenance *Le fils de Jean. Le style de Flaubert.* « *Ils firent quelques pas sur le sable du jardin* » (Malraux). **2** qualité, détermination *La couleur du* ciel. *La valeur d'une idée.* **3** matière *Pâté de foie. Sac de papier.* ⇒ ① **en. 4** genre, espèce *Couteau de cuisine. Robe de bal.* ➛ *Regard de mépris, paroles d'amitié.* **5** contenu *Tasse de thé. Paquet de cigarettes. Troupeau de moutons. Collection de timbres.* **6** Totalité ou partie d'un ensemble. *Les moutons d'un troupeau. Un de nous. Le seul de ses amis qui lui soit fidèle.* ⇒ **entre, parmi.** *Le plus grand des deux.* ♦ entre deux noms répétés (le plus souvent le second au plur.) Pour souligner la perfection, l'excellence. *L'as des as.* ⇒ **entre, parmi.** *Le fin du fin.* ♦ apr. un adj. *Large d'épaules.* **III** la fonction grammaticale primant le sens (apr. un v., un adj. ou un n.) **1** Pour introduire l'objet d'une action, la destination. ♦ apr. les v. trans. ind. *Se souvenir de qqn. Parler de tout.* → ② de. ♦ apr. le n. *La pensée de la mort. Un abus de pouvoir* ♦ apr. l'adj. *Être avide de tendresse.* ♦ apr. un adv. *Indépendamment de cela.* **2** appos. (apr. le n.) *La ville de Paris. Cet imbécile d'Untel.* **3** attribut (avec les v. *traiter, qualifier*) *Il qualifie ce journal de tendancieux. Traiter qqn de menteur.* ➛ emphat. « *Il trouvait ça d'un mauvais !* » (Queneau). **4** devant un inf. (sujet) *C'est à nous d'y aller.* ➛ compl. d'objet d'un v. trans. *Cessez de parler.* « *Plutôt mourir que d'y renoncer* » (Aymé). ♦ à valeur active (de narration) *Et les enfants de sauter et de crier* (se mirent à sauter et à crier). **5** devant un adj., p. p. ou adv. ♦ emploi facultatif *Encore un carreau de cassé* (ou un carreau cassé). « *Il y avait eu six mille barbares de tués* » (Flaub.). ➛ fam. *Et de deux, et de trois...* ♦ emploi obligatoire ➛ avec *en En voici une de terminée. Il y en a deux de cassés.* ➛ devant un adv. *Cinq minutes de plus.* ➛ après un pron. indéf. *Quoi de neuf ? rien de nouveau.*

❑ Ne pas confondre *manger de belles pommes* et *manger de tout,* où *de* est un article partitif. → ② de. ♦ Avec le nom de famille seul, on ne garde la particule nobiliaire que devant voyelle ou *h* muet, *d'Aubigné,* et lorsque celle-ci est contractée en *du* ou *des, du Bellay, des Périers.*

② **de, du** (pour *de le*), **de la, des** *(de les)* **art. partit.** – XIIIe ; de la prép. *de* ▪ Article précédant les noms de choses qu'on ne peut compter. **1** devant un n. concret *Boire du vin. Couper du bois. Manger des épinards.* **2** Devant un n. concret nombrable auquel on donne la valeur d'une espèce *Manger du lapin.* **3** devant un n. abstrait *Plus de peur que de mal. Jouer de la musique,* et par ext. *Jouer du Rameau.*

③ **de** → ③ **des**

① **dé n. m.** – XIIe ; p.-ê. lat. *dare* « donner » **1** Petit cube dont chaque face porte de un à six points (souvent noirs sur fond blanc). *Lancer un dé, les dés.* ♦ *Coup de dés :* affaire qu'on laisse au hasard. ♦ loc. *Les dés sont jetés :* la résolution est prise et l'on s'y tiendra quoi qu'il advienne. **2** Partie cubique d'un piédestal. ➛ Cube de pierre placé sous un poteau, une colonne. **3** Petit morceau cubique. ⇒ **cube.** *Couper du fromage en dés.* ✪ HOM. ① d, des.

② **dé n. m.** – XIVe ; lat. *digitus* « doigt » ▪ Petit étui cylindrique à surface piquetée, destiné à protéger le doigt qui pousse l'aiguille. *Dé à coudre.* ♦ *Elle* « *tendit sa tasse* [...] *mais la papetière lui versa la valeur d'un dé à coudre* » (Huysm.).

dé-, des-, dés- Élément, du lat. *dis-,* qui indique l'éloignement, la séparation, la privation.

❑ Pour la graphie des mots en *des-, dés-* → dessécher, ① dessous (rem.).

D.E.A. [deøa] **n. m.** – 1964 ; sigle de ***D****iplôme d'****é****tudes* ***a****pprofondies* ▪ Diplôme de troisième cycle, préalable à un doctorat.

dead-heat [dɛd(h)it] **n. m.** – XIXe ; angl. *dead* « mort (adj.) » et *heat* « course » ▪ Dans une course de chevaux, Arrivée simultanée de deux ou plusieurs concurrents. ➛ Épreuve terminée par un dead-heat. *Des dead-heats.*

① **dealer** [dilœʀ] **n. m.** – v. 1970 ▪ Revendeur de drogue.

② **dealer** [dile] **v. tr.** 1 – v. 1980 ; angl. *to deal* « fournir » ▪ fam. Revendre (de la drogue), à petite échelle.

déambulateur n. m. – XXe ▪ Appareil formé d'un cadre léger et stable sur lequel les personnes atteintes de troubles de la locomotion peuvent prendre appui pour se déplacer.

déambulation n. f. – XVe ▪ littér. Action de déambuler. « *la déambulation indéfinie et sans repères* » (Gracq).

déambulatoire n. m. – XVIe ▪ Galerie qui tourne autour du chœur d'une église et relie les bas-côtés.

déambuler v. intr. 1 – XVe ; lat. ▪ Marcher sans but précis, selon sa fantaisie. ⇒ **errer, flâner,** se **promener.** « *des grappes animées d'étudiants déambulaient dans les allées* » (Mart. du G.).

❑ Même famille que *ambulant, ambulatoire, noctambule.*

débâcle n. f. – XVIIe **1** Rupture des glaces dans un cours d'eau gelé. **2** Fuite soudaine (d'une armée). *Le front percé, ce fut la débâcle.* ⇒ **débandade, déroute.** ➛ Effondrement soudain. *C'est la débâcle pour son entreprise.* ⇒ **faillite, ruine.** ✪ CONTR. Embâcle.

débâcler v. intr. 1 – XVe ; de *dé-* et *bâcler* « fermer une porte ou une fenêtre au moyen d'une bâcle » ▪ En parlant d'une rivière, Dégeler brusquement (⇒ **débâcle).**

débagouler v. 1 – XVIe ; de *dé-* et a. fr. *bagouler* « parler inconsidérément » **1 v. intr.** pop. et vx Vomir. **2 v. tr.** fam. Proférer (une suite de paroles, souvent désagréables).

débâillonner v. tr. 1 – XIXe **1** Ôter le bâillon de (qqn). **2** Rendre la liberté d'expression à. *Débâillonner la presse.* ✪ CONTR. Bâillonner. Museler.

déballage n. m. – XVIIe **1** Action de déballer ; son résultat. ➛ Commerce à bas prix d'objets en vrac. *Vente au déballage.* **2** fam. Aveu, confession sans retenue. ✪ CONTR. Emballage.

déballastage n. m. – 1974 ▪ Vidange des ballasts.

déballer v. tr. 1 – XVe ; de *dé-* et ② *balle* **1** Sortir et étaler (ce qui était dans un contenant : caisse, paquet, colis). *Ouvrir sa valise et déballer ses affaires.* **2** fam. Exposer (ce que l'on taisait). ⇒ **confesser, dévoiler.** « *Paul s'expliqua* [...], *déballant toute la vérité* » (Cocteau). ✪ CONTR. Emballer. Taire.

déballonner (se) v. pron. 1 – v. 1920 ; de *ballon* ▪ fam. et péj. Reculer, par manque de courage, devant une action. ⇒ se **dégonfler.** « *faut me le dire, si au dernier moment tu te déballonnes* » (Genet).

débandade n. f. – XVIe ; de ② *débander* **1** Fait de se disperser en désordre. ⇒ **débâcle, déroute, fuite.** « *Ils se hâtent, en débandade, tête basse, épuisés* » (Mart. du G.). **2** *À LA DÉBANDADE :* dans le désordre, la confusion. *Tout va à la débandade.* ✪ CONTR. Discipline, ordre.

① **débander v.** 1 – XIIe ; de *dé-* et ① *bande* **1 v. tr.** Ôter la bande, le bandage de. *On lui débanda la cheville.* **2** pronom. Se relâcher, se détendre. *Son arc s'est débandé.* **3 v. intr.** fam. Cesser d'être en érection. « *une fille qui me caresse les cheveux en me disant Jeannot Lapin, ça me fait débander* » (É. Ajar). ♦ loc. fig. *Sans débander :* sans interrompre son effort. ✪ CONTR. Bander.

② **débander v. tr.** 1 – XVIe ; de *dé-* et ② *bande* ▪ vx Mettre (une troupe) en désordre, disperser. ♦ *SE DÉBANDER* **v. pron.** Rompre les rangs et se disperser. *L'armée se débanda devant l'ennemi.* ✪ CONTR. Former, rallier, rassembler.

débaptiser [debatize] **v. tr.** 1 – XVIe ▪ Changer le nom de (un lieu). *Débaptiser une rue.*

❑ Ce mot s'est d'abord employé dans un contexte religieux.

débarbouillage n. m. - XVIe ■ Action de (se) débarbouiller ; nettoyage rapide.

débarbouiller v. tr. [1] - XVIe ■ Nettoyer la figure de (qqn) pour enlever ce qui salit, ce qui barbouille. ⇒ **laver.** ◆ pronom. « *il courut se débarbouiller à l'eau glacée dans la minuscule cuvette* » (Mac Orlan).

débarbouillette n. f. - XIXe ■ (Canada) Petite serviette de toilette carrée, en tissu éponge.

> ❑ En Amérique, on utilise des carrés et non des gants pour faire sa toilette.

débarcadère n. m. - XVIIe ; de *barque* ■ Lieu aménagé pour l'embarquement et le débarquement (des marchandises, des passagers...). ⇒ **appontement, embarcadère, quai.**

débarder v. tr. [1] - XVIe ; de *dé-* et *bard* 1 Décharger (du bois, des marchandises) à quai. 2 Transporter (du bois) hors du lieu de la coupe. ✪ CONTR. Charger.

débardeur n. m. - XVIe ; de *débarder* 1 vieilli Personne qui décharge (et charge) un navire, un véhicule de transport. ⇒ **docker.** 2 Tricot court, sans col ni manches et très échancré, porté à même la peau.

débarquement n. m. - XVIe 1 Action de débarquer des passagers ou des marchandises. *Formalités de débarquement.* 2 Action d'une personne qui débarque. *On l'a arrêté à son débarquement.* 3 Opération militaire consistant à amener à terre un corps expéditionnaire embarqué et destiné à agir en territoire ennemi. *Le débarquement allié sur les côtes normandes en 1944.* ✪ CONTR. Embarquement.

débarquer v. [1] - XVIe ; de *dé-* et *barque* **I** v. tr. 1 Faire sortir (des personnes, des choses) d'un navire. *Débarquer des marchandises.* ⇒ **décharger.** 2 fam. Se débarrasser de (qqn). ⇒ **congédier.** *Il s'est fait débarquer.* ⇒ fam. **vider, virer. II** v. intr. 1 Quitter un navire, descendre à terre. *Tous les passagers ont débarqué à Marseille.* ◆ *Débarquer du train, de l'avion.* 2 fam. *Débarquer chez qqn :* arriver à l'improviste. 3 fam. Ignorer un fait récent, les circonstances d'une situation (comme si l'on rentrait d'un lointain voyage). *Il n'est au courant de rien, il débarque !* ✪ CONTR. Embarquer.

débarras n. m. - XVIIIe 1 fam. Délivrance de ce qui embarrassait. « *Si je m'étais noyé, bon débarras pour moi et pour les autres !* » (Chateaub.). 2 Endroit où l'on remise les objets qui encombrent ou dont on se sert peu. ✪ CONTR. Embarras.

débarrasser v. tr. [1] - XVIe ; de *dé-* et rad. de *embarrasser* 1 Dégager (qqch., un lieu) de ce qui embarrasse. *Débarrasser une pièce des objets qui l'encombrent.* ◆ *Vous pouvez débarrasser (la table)*, enlever le couvert. ⇒ ② **desservir.** 2 Libérer (qqn) de ce qui pourrait embarrasser. *Débarrasser qqn de son manteau.* ◆ *Débarrasser qqn d'un poids, d'une charge.* ⇒ **décharger, soulager.** 3 v. pron. *Se débarrasser d'un objet encombrant.* ⇒ **abandonner,** se **défaire.** « *la peine que nous avons à nous débarrasser d'une idée toute faite* » (Paulhan). ◆ *Se débarrasser de qqn :* éloigner, expulser une personne indésirable, ou le faire mourir. *Se débarrasser d'un témoin gênant.* ⇒ **éliminer.** ✪ CONTR. Embarrasser, ① entraver, gêner.

> ❑ *Débarrasser,* comme *embarrasser,* prennent deux *r* (famille de *barre, barrer*).

débarrer v. tr. [1] - XIIe ■ région. Ôter la barre (ou les barres) de. *Débarrer une porte.*

débat n. m. - XIIIe 1 Action de débattre une question, de la discuter. ⇒ **discussion.** *Débat houleux.* « *Il s'appliquait à ne pas passionner le débat* » (Mart. du G.). *Ouvrir le débat.* ◆ Discussion organisée et dirigée. *Conférence suivie d'un débat. Débat télévisé.* ⇒ **face-à-face.** 2 Combat intérieur, psychologique, d'arguments qui s'opposent. *Débat de conscience.* 3 au plur. Discussion dans une assemblée politique. ⇒ **séance.** *Débats parlementaires.* ◆ Phase d'un procès. *Clôture des débats.*

débâtir v. tr. [2] - XIIIe ■ Découdre le bâti de. *Débâtir une jupe.* ✪ HOM. *Débâtis :* débattis (débattre).

débattement n. m. - 1929 ■ Amplitude maximale des mouvements d'un ensemble suspendu (châssis d'automobile, wagon...) par rapport à son train de roulement.

débatteur n. m. - 1967 ; angl. *to debate* « débattre » ■ Orateur qui excelle aux débats, aux discussions publiques.

> ❑ Ce mot, répandu en français vers 1960 sous la forme anglaise *debater* très critiquée par les puristes, est un exemple de francisation achevée.

débattre v. tr. [41] - XIe ; de *dé-* et *battre* 1 Examiner contradictoirement (qqch.) avec un ou plusieurs interlocuteurs. ⇒ **discuter.** *Ils ont débattu la chose entre eux. Débattre un prix.* ⇒ **marchander.** *Prix à débattre. Débattre les conditions d'un accord.* ⇒ **négocier.** 2 v. pron. Lutter, en faisant beaucoup d'efforts pour se défendre, se dégager. *Se débattre comme un beau diable, comme un forcené.* « *Je l'ai assommé pour qu'il ne se débatte pas* » (Giraud.). ◆ fig. *Des jours* « *où l'on se débat en vain contre tout ce qui est bas et vil* » (Maurois). ✪ HOM. *Débattis :* débâtis (débâtir).

> ❑ On dit *débattre une affaire, un prix ; débattre de,* qui a été influencé par *discuter de,* est critiqué par les puristes.

débauchage n. m. - 1900 ■ Fait de débaucher des employés, des ouvriers. ⇒ **licenciement.** « *Chaque année le débauchage qui s'étend, les sans-travail qu'on emploie à bas prix* » (Aragon).

débauche n. f. - XVe 1 Recherche excessive des plaisirs sensuels. ⇒ **dépravation, dévergondage, luxure.** *Vivre dans la débauche.* ◆ *Incitation de mineurs à la débauche.* ⇒ **prostitution.** 2 Usage excessif et déréglé (de qqch.). ⇒ **abus, excès.** *Une débauche de couleurs.* « *C'est une débauche de poésie dramatique, une orgie de beautés sublimes !* » (Duham.). ✪ CONTR. Austérité, chasteté. Modération.

débauché, ée adj. et n. - XVIe ■ littér. Qui vit dans la débauche. ⇒ **corrompu, dépravé.** ◆ n. ⇒ **libertin, noceur.** ✪ CONTR. Ascète, austère. Chaste, vertueux.

débaucher v. tr. [1] - XIIe ; de *dé-* et p.-ê. a. fr. *bauch* « poutre » ou région. *bauche* « maison » **I - 1** Convaincre (qqn) de quitter son emploi pour rejoindre une autre équipe. *Débaucher un chercheur, un sportif.* 2 Mettre à pied, faute de travail. ⇒ **congédier, licencier, renvoyer. II - 1** vieilli Entraîner (qqn) à l'inconduite. ⇒ **pervertir.** 2 fam. Détourner (qqn) de ses occupations ou de ses habitudes en lui proposant une distraction. *Se faire débaucher par un camarade.* ✪ CONTR. Embaucher.

débecter v. tr. [1] - XIXe ; de *dé-* et *becter* ■ fam. Dégoûter. « *le vichy-fraise me débecte* » (Queneau). *Votre comportement me débecte.* ✪ CONTR. Plaire.

> ❑ On trouve aussi les graphies *débecqueter, débéqueter,* à éviter car elles créent des difficultés de conjugaison.

débenzoler [debɛ̃zɔle] v. tr. [1] - 1922 ■ Traiter (le gaz de houille) pour en enlever le benzol.

débet n. m. - XVe ; lat. *debet* « il doit » ■ Ce qui reste dû après l'arrêté d'un compte.

débile adj. et n. - XIIIe ; lat. *debilis* 1 Qui manque de force physique, d'une manière permanente. ⇒ **faible, fragile.** *Un enfant débile.* « *rien de débile dans sa constitution* » (Balz.). 2 n. *Un débile, une débile mental(e) :*

personne atteinte de débilité. *Débiles légers, profonds.* ⇒ **arriéré.** 3 fam. Imbécile, idiot. *Mais tu es complètement débile ! Un film débile.* ✪ CONTR. ① Fort, vigoureux.

débilitant, ante adj. – XVIe ▪ Qui affaiblit. *Un climat débilitant.* ⇒ **anémiant.** ➛ Démoralisant. « *la littérature vénéneuse ou débilitante* » (Aymé). ✪ CONTR. Revigorant, ① tonique.

débilité n. f. – XIIIe 1 Extrême faiblesse du corps ou de l'esprit. « *La poésie n'est point une débilité de l'esprit* » (Flaub.). ♦ *Débilité mentale :* déficience de l'intelligence, correspondant pour un adulte à un âge mental de sept à dix ans. ⇒ **arriération.** 2 fam. Idiotie, ineptie. *Ce film est d'une rare débilité.* ✪ CONTR. Force.

débiliter v. tr. [1] – XIVe 1 Rendre débile, très faible. ⇒ **affaiblir.** ➛ pronom. *Les alcooliques se débilitent.* 2 Démoraliser. *Cet endroit le débilite.* ⇒ **déprimer.** ✪ CONTR. Fortifier, tonifier.

débine n. f. – XIXe ▪ fam. et vieilli Misère. ⇒ **pauvreté ;** fam. **dèche.** « *il me laisse moisir dans la débine* » (Queneau).

débiner v. tr. [1] – XVIIIe ; p.-ê. de *biner* ▪ fam. Décrier, dénigrer. « *les copains nous débinent tant qu'ça peut* » (Carco). ➛ pronom. « *entre littérateurs, on peut s'aimer tout en se débinant* » (Renard).

débiner (se) v. pron. [1] – XIXe ; p.-ê. de *biner* ou a. fr. *s'en binner* « s'en aller secrètement » ▪ fam. Se sauver, prendre la fuite. « *débine-toi si tu ne veux pas être fait comme un rat !* » (Mart. du G.).

débirentier, ière n. – XVIIe ▪ Débiteur d'une rente. ✪ CONTR. Crédirentier.

❑ Mot composé écrit en un seul mot, la suppression du *t* de *débit* évitant une prononciation incorrecte. Comparer au cas de *débitmètre.*

① **débit** n. m. – XVIe 1 Écoulement continu des marchandises par la vente au détail. *Il y a beaucoup de débit dans cette boutique.* 2 Endroit où l'on écoule (une marchandise). *Débit de tabac, de boissons.* 3 Opération par laquelle on débite (le bois). ⇒ **débitage.** *Débit d'un chêne en planches.* 4 Manière d'énoncer, de réciter. ⇒ **élocution.** « *les assistants remarquèrent une certaine hésitation dans son débit* » (Camus). 5 Volume de fluide écoulé en un point donné par unité de temps. *Le débit d'une rivière.* 6 Quantité fournie en un point donné par unité de temps. *Débit faible, élevé* (d'une voie de circulation, etc.). ⇒ **capacité.**

② **débit** n. m. – XVIIe ; lat. *debere* « devoir » ▪ Compte des sommes dues par une personne à une autre. ⇒ **doit.** *Mettre une dépense au débit de qqn,* la lui faire supporter. ♦ Colonne d'un compte où sont portées les sommes dues. ✪ CONTR. Crédit ; ① avoir.

❑ Même famille étym. que *dette* dont il est le doublet savant.

débitage n. m. – XVIIIe ▪ Opération par laquelle on débite (du bois, etc.). ⇒ ① **débit.**

débitant, ante n. – XVIIIe ▪ Personne qui tient un débit. *Débitant de boissons, de tabac.*

① **débiter** v. tr. [1] – XIVe ; de *dé-* et *bitte* 1 Découper (du bois, et par ext. toute autre matière) en morceaux. ⇒ **diviser.** « *On abattit les mâts, on les débita à coups de hache* » (J. Verne). *Débiter un bœuf, un mouton.* 2 Écouler (une marchandise) par la vente au détail. « *une affreuse baraque de planches où l'on débitait du genièvre aux mineurs* » (Bernanos). 3 Dire à la suite (des choses incertaines, inopportunes). *Débiter des lieux communs.* ♦ Dire en public sur un ton monotone (un texte déjà étudié). « *quelqu'un débitait un conte, vingt fois ressassé* » (Yourcenar). 4 Fournir, faire s'écouler (un volume de fluide dans un temps donné). *Cette fontaine débite tant de m³ par seconde.* ➛ *Le courant débité par la dynamo.* 5 Produire. *Cette usine débite deux cents voitures par jour.* ⇒ ① **sortir.**

② **débiter** v. tr. [1] – XVIIIe ; de ② *débit* ▪ Rendre (qqn) débiteur d'une certaine somme que l'on porte au débit de son compte. *Débiter qqn d'une somme.* ➛ *Débiter un compte de telle somme.* ✪ CONTR. Créditer.

débiteur, trice n. – XIIIe 1 Personne qui doit qqch. (spécialt de l'argent) à qqn. « *il était devenu mon débiteur pour une forte somme* » (Baud.). *Créancier et débiteur.* ➛ adj. *Solde débiteur d'un compte* (dont le débit est supérieur au crédit). 2 Personne qui a une dette morale. *Je reste votre débiteur.* ⇒ **obligé.** ✪ CONTR. Créancier, créditeur.

débitmètre [debimɛtʀ] n. m. – 1948 ▪ Instrument pour mesurer le débit.

déblai n. m. – XVIIe 1 Action de déblayer, d'enlever les terres, les décombres pour niveler un terrain. ⇒ **terrassement.** *Travaux de déblai.* 2 (souvent plur.) Les terres, les décombres enlevés. *Amas de déblais sur le côté de la route.* ✪ CONTR. Remblai.

déblaiement n. m. – XVIIIe ▪ Opération par laquelle on déblaie (un lieu, un passage). ✪ CONTR. Remblayage.

déblatérer v. intr. [6] – XVIIIe ; lat. *deblaterare* « criailler, bavarder » ▪ Parler longtemps et avec violence (contre qqn, qqch.). ⇒ **médire** (de), **vitupérer.** « *elle déblatérait contre le café que personne n'aimait, suivant elle* » (Chateaub.).

❑ Même famille que *blatérer* « pousser son cri, en parlant du chameau ».

déblayage n. m. – XIXe ▪ Action de déblayer.

déblayer v. tr. [8] – XIIIe ; de *dé-* et *blé* 1 Débarrasser (un endroit) de ce qui encombre, obstrue. ⇒ **dégager.** *Déblayer le chemin.* 2 loc. fig. *Déblayer le terrain :* faire disparaître les premiers obstacles avant d'entreprendre qqch. ⇒ **préparer.** 3 Retirer, enlever (ce qui encombre, gêne). *Déblayer des gravats.* ✪ CONTR. Remblayer.

❑ Ce verbe a eu le sens propre de « moissonner, récolter le *blé* ».

déblocage n. m. – XIXe ; de *débloquer* 1 Action de débloquer (qqch.). *Déblocage des crédits, des prix.* 2 fam. Fait de débloquer, de déraisonner. ✪ CONTR. Blocage.

débloquer v. [1] – XVIe **I** v. tr. 1 Remettre en marche (une machine, un rouage bloqué). ⇒ **décoincer, dégripper.** 2 Remettre en circulation, en vente, en exercice. *Débloquer des crédits.* ➛ *Débloquer les prix, les salaires.* ⇒ **libérer. II** v. pron. Se dégager d'un blocage. *La situation politique se débloque.* **III** v. intr. fam. Dire des sottises. ⇒ **déraisonner.** *Tu débloques complètement.* ✪ CONTR. Bloquer. Geler.

débobiner v. tr. [1] – XIXe ▪ Dérouler (ce qui était en bobine). ➛ Démonter les enroulements de (un dispositif électrique). ✪ CONTR. Embobiner, rembobiner.

déboguer v. tr. [1] – 1983 ; angl. *to debug* ▪ Supprimer les erreurs de programmation.

déboire n. m. – XVe ; de *dé-* et *boire* ▪ Impression pénible laissée par l'issue fâcheuse d'un événement dont on avait espéré mieux. ⇒ **déception, déconvenue.** *Essuyer des déboires. Il a eu bien des déboires.* ⇒ **échec, ennui.** « *Pons raconta ses déboires et ses chagrins* » (Balz.). ✪ CONTR. Réussite, satisfaction, succès.

❑ *Déboire* a désigné l'arrière-goût désagréable laissé par une boisson.

déboisage n. m. - 1905 ▪ Action de déboiser (2°). ✪ CONTR. Boisage.

déboisement n. m. - XIXe ▪ Action de déboiser ; son résultat. ⇒ **déforestation.** ✪ CONTR. Boisement, reboisement.

déboiser v. tr. 1 - XIXe 1 Dégarnir (un terrain) des bois qui le recouvrent. *Déboiser une colline.* 2 Défaire le boisage de (une galerie de mine). ✪ CONTR. Boiser, reboiser.

déboîtement n. m. - XVIe 1 Déplacement d'un os de son articulation. 2 Action de déboîter (voiture).

déboîter v. 1 - XVIe ; de *dé-* et *boîte* **I** v. tr. 1 Faire sortir de ce qui emboîte. *Déboîter une porte. Déboîter des tuyaux.* 2 Sortir (un os) de l'articulation. ⇒ **démancher, désarticuler, luxer.** *Elle s'est déboîté l'épaule.* ⇒ ① **démettre. II** v. intr. Sortir d'une file (voiture). *Déboîter pour doubler. Déboîter sans prévenir.* ✪ CONTR. Emboîter, remboîter.

débonder v. tr. 1 - XVe 1 Ouvrir en retirant la bonde. ➛ *Le tonneau s'est débondé.* 2 v. pron. SE DÉBONDER. ⇒ **s'épancher.** « *subitement, il se débonda, épandant au hasard des mots, ses plaintes* » (Huysm.).

débonnaire adj. - XIe ; de *de bonne aire* « de bonne race » ▪ D'une bonté poussée à l'extrême, un peu faible. *Il est calme et débonnaire.* ⇒ **doux, pacifique.** ➛ *Un air débonnaire.* ⇒ **bonasse, inoffensif.** « *il tâchait de donner un air mâle à son visage débonnaire et poupin* » (Gide). ✪ CONTR. Dur, méchant, sévère.

débonnaireté n. f. - XIIIe ▪ littér. Caractère d'une personne débonnaire, de ce qui est débonnaire. ⇒ **bonté, faiblesse.** ✪ CONTR. Dureté, méchanceté, sévérité.

débord n. m. - XVIe 1 région. Action de déborder, crue. 2 Liseré qui dépasse le bord dans la doublure d'un vêtement. ⇒ **dépassant, passepoil.**

débordant, ante adj. - XIXe 1 Qui déborde. *Toiture débordante.* 2 Qui se manifeste avec vigueur, abondance. *Imagination débordante.* ⇒ **fécond, fertile.** *Être débordant de vie, de santé.* ⇒ **pétulant, vif.** *Activité débordante.*

débordé, ée adj. - XVe 1 Submergé (par les occupations, le travail...). « *Il jouait le monsieur débordé de besogne* » (Courtel.). *Être débordé.* 2 Dépassé. *Être débordé par les événements.* 3 Détaché du bord. *Lit débordé.* ✪ CONTR. Inoccupé. Bordé.

débordement n. m. - XVe 1 Action de déborder ; son résultat. *Débordement d'un fleuve.* ⇒ **crue.** 2 Fait de se répandre en abondance. « *Elle ne se retenait plus, lancée dans un débordement d'injures* » (Daud.). ⇒ **déluge, flot, torrent.** *Débordement de joie.* ⇒ **effusion, explosion.** 3 Action de déborder l'ennemi. *Débordement sur la gauche.*

déborder v. 1 - XIVe ; de *dé-* et *bord* **I** v. intr. 1 Répandre une partie de son contenu par-dessus bord. *La baignoire déborde, ferme le robinet.* ➛ loc. *C'est la goutte d'eau qui fait déborder le vase,* la petite chose pénible qui vient s'ajouter au reste et qui fait qu'on ne supporte plus l'ensemble. ♦ *Déborder de :* être plein, rempli (d'un sentiment, d'un principe qui s'exprime dans le comportement). *Déborder de tendresse.* « *Il débordait de l'aventure qu'il venait de vivre* » (Tournier). ➛ « *Les journaux débordaient de détails* » (Zola). 2 Se répandre par-dessus bord (contenu). *Les eaux du fleuve ont débordé. Le lait monte et déborde.* **II** v. tr. 1 Dépasser (le bord), aller au-delà de. ➛ *Déborder en coloriant.* ➛ Être en saillie, avancer sur (qqch.). ⇒ **empiéter.** *Cette maison déborde les autres.* ♦ S'étendre au-delà de. *Déborder le cadre de la question.* ⇒ **dépasser.** ♦ *Déborder le front ennemi, l'aile droite.* ⇒ **contourner, dépasser, tourner.** 2 *Déborder un lit :* tirer les draps, les couvertures de dessous les bords du matelas. ➛ pronom. *Se déborder en dormant.* ✪ CONTR. Contenir. — Border.

débosseler v. tr. 4 - XIXe ▪ Supprimer les bosses de. *Débosseler une pièce d'argenterie.* ✪ CONTR. Bosseler, cabosser.

débotté n. m. - XVIIIe ▪ *AU DÉBOTTÉ :* au moment où l'on arrive, sans préparation. *Prendre qqn au débotté.*

débotter v. tr. 1 - XIIe ▪ Retirer les bottes de (qqn). ✪ CONTR. Botter.

débouchage n. m. - XIXe ▪ Action de déboucher. *Débouchage d'un évier.* ✪ CONTR. Bouchage.

débouché n. m. - XVIIIe ; de ② *déboucher* 1 Issue qui permet de passer d'un lieu resserré dans un lieu plus ouvert. *Débouché d'une vallée.* 2 Lieu où on écoule, on vend, on exporte un produit. *Ce pays constitue un débouché considérable pour l'industrie automobile.* ⇒ **marché.** ♦ Possibilité de vendre un produit. *Sa production ne trouve pas de débouchés.* 3 Accès à une profession, perspective d'emploi. *Études sans débouché.* ✪ CONTR. Barrière, impasse.

① **déboucher** v. tr. 1 - XVIe ; de *dé-* et ① *boucher* 1 Débarrasser de ce qui bouche. *Déboucher un lavabo.* 2 Débarrasser de son bouchon. ⇒ **ouvrir.** « *Il déboucha la première bouteille, la renifla, remplit le verre* » (Romains). ✪ CONTR. ① Boucher, engorger, reboucher.

② **déboucher** v. intr. 1 - XVIIe ; de *dé-* et *bouche* 1 Passer d'un lieu resserré dans un lieu plus ouvert. *DÉBOUCHER DE..., DANS..., SUR... Déboucher d'un sous-bois dans une clairière.* 2 Aboutir à un lieu ouvert ou à une artère plus large. ⇒ **donner** (sur), ① **tomber** (dans). *La rue « débouchait sur une place immense »* (Hugo). 3 Mener à, ouvrir (sur). ⇒ **aboutir, conduire** (à). « *ces interminables discussions, ces réunions qui ne débouchent sur rien* » (R. Debray). ✪ CONTR. Engager (s').

déboucheur n. m. - 1964 ▪ Produit utilisé pour déboucher un conduit.

déboucler v. tr. 1 - XIIe 1 Ouvrir la boucle de (qqch.) en dégageant l'ardillon. ⇒ **dégrafer.** « *Il déboucla son ceinturon, déboutonna sa vareuse* » (Mac Orlan). 2 Défaire les boucles de cheveux de (qqn). ⇒ **défriser.** ✪ CONTR. Boucler.

déboulé n. m. - XIXe 1 Pas de danse exécuté en pivotant rapidement sur les pointes ou les demi-pointes et qui s'effectue en série. 2 En sport, Course, charge rapide et puissante. ♦ *Le déboulé d'un lapin.* 3 *AU DÉBOULÉ :* à la sortie du gîte, du terrier. *Tirer un lapin au déboulé.*

❑ La graphie *au débouler* est admise.

débouler v. intr. 1 - XVIIIe ; de *dé-* et *boule* 1 fam. Descendre précipitamment. *Débouler du premier étage.* ➛ trans. *Débouler l'escalier.* ⇒ **dévaler.** ♦ Arriver brusquement. *Il a déboulé chez eux sans prévenir.* ⇒ **débarquer.** 2 Fuir à toute allure devant le chasseur après avoir surgi à l'improviste (animal). *Ce lièvre a déboulé devant moi.*

déboulonnage n. m. - XIXe ▪ Action de déboulonner ; état de ce qui est déboulonné.

déboulonner v. tr. 1 - XIXe 1 Démonter (ce qui était boulonné). *Déboulonner une pièce mécanique.* 2 fam. Déposséder (qqn) de sa place, de son influence. ✪ CONTR. Boulonner.

débouquer v. intr. 1 - XVIe ; provenç. *bouca* « bouche » ▪ Sortir de l'embouchure d'un canal. ⇒ ② **déboucher.** ✪ CONTR. Embouquer.

débourbage n. m. - XIXe ▪ Action de débourber. ➛ Lavage d'un minerai pour le débarrasser de sa gangue.

débourber v. tr. [1] – XVIe **1** Débarrasser de sa bourbe. *Débourber un étang.* ⇒ **curer.** **2** Retirer de la bourbe. *Débourber un tombereau.* ⇒ **désembourber.** ✪ CONTR. Embourber, enliser, envaser.

débourbeur n. m. – XIXe ▪ Appareil qui enlève la bourbe d'un minerai, la boue d'une racine.

débourrage n. m. – XIXe ▪ Action de débourrer. *Débourrage des peaux.* ➛ *Débourrage d'un cheval.*

débourrement n. m. – XIXe ▪ Éclosion des bourgeons (des plantes arbustives, de la vigne).

débourrer v. [1] – XIVe **I** v. tr. **1** Débarrasser de la bourre, du poil. *Débourrer le cuir.* ⇒ ① **dépiler, ébourrer.** **2** Débarrasser de ce qui bourre. « *Le commissaire* [...] *marqua quelque impatience dans la façon dont il débourra sa pipe* » (Simenon). **3** *Débourrer un jeune cheval,* en faire le dressage préparatoire. **II** v. intr. Sortir de la bourre, éclore (bourgeons). *La vigne débourre au printemps.* ✪ CONTR. Bourrer, rembourrer.

débours n. m. pl. – XVIe ; de *débourser* ▪ Dépense avancée au profit d'un tiers. *Rentrer dans ses débours.* ✪ CONTR. Rentrée.

déboursement n. m. – XVIe ▪ Action de débourser. *Le déboursement d'une somme.*

débourser v. tr. [1] – XIIIe ▪ Tirer de sa bourse, de son portefeuille, de son avoir (une certaine somme). ⇒ **dépenser, payer.** *Il n'a pas voulu débourser un centime.*

déboussoler v. tr. [1] – 1961 ▪ fam. Désorienter (qqn), faire qu'il ne sache plus où il en est. ➛ *Il est complètement déboussolé.* ⇒ **désemparé,** fam. **paumé.**

debout adv. – XIIe **1** Verticalement ; sur l'un des bouts. ⇒ ① **droit.** *Mettre des livres debout* (opposé à *à plat*). ➛ loc. *Mettre une affaire debout,* la mettre sur pied, l'organiser. **2** Sur ses pieds (opposé à *assis, couché*). *Se tenir, rester debout.* « *Elle se mit debout avec effort* » (Mauriac). ⇒ se **lever.** *Voyager debout.* ➛ *Places assises, places debout.* ➛ « *je ne peux plus supporter ces stations debout* » (Proust). ➛ interj. *Debout !* levez-vous. ♦ Pas couché, levé. *Être debout à 6 heures du matin.* ➛ loc. *Dormir debout :* éprouver un violent besoin de dormir au point de s'assoupir sans être couché. **3** *Être debout :* se dresser, être en bon état (mur, construction) ; résister à la destruction. *Cette forteresse est encore debout.* ♦ *TENIR DEBOUT :* être solide. *Le toit est pourri mais les murs tiennent debout.* ➛ *Ne plus tenir debout :* être très fatigué. ➛ « *Qu'est-ce qui le tenait debout ? la fierté, hein !* » (Giono). ➛ *Théorie qui ne tient pas debout,* insoutenable. **4** *Magistrature debout :* le ministère public, qui parle debout (par oppos. à *magistrature assise*). **5** *VENT DEBOUT :* de face, avec l'étrave tournée dans la direction d'où vient le vent. *Naviguer vent debout.* ⇒ **contraire.** ✪ CONTR. Assis, couché. Détruit, renversé.

❑ *Debout* est toujours invariable car ce n'est pas un adjectif, comme *assis* ou *couché : ils sont debout ;* « *il ne reste pas beaucoup de maisons debout* » (Céline). ♦ L'emploi de *places debout, places assises* est critiqué → assis (rem.).

débouté n. m. – XVIIe ▪ Acte par lequel un plaideur est déclaré mal fondé en sa demande. *Les déboutés du droit d'asile.*

déboutement n. m. – XIXe ▪ Action de rejeter la demande (de qqn).

débouter v. tr. [1] – Xe ; de *bouter* ▪ Rejeter par jugement, par arrêt, la demande en justice de (qqn). *Le tribunal l'a débouté de sa demande.*

déboutonnage n. m. – 1904 ▪ Action de (se) déboutonner. ✪ CONTR. Boutonnage.

déboutonner v. tr. [1] – XVe **1** Ouvrir (un vêtement) en dégageant les boutons de leur boutonnière. ⇒ **défaire.** *Déboutonner son pardessus.* **2** v. pron. *SE DÉBOUTONNER :* défaire les boutons de ses vêtements. ➛ Parler librement, sans réserve ; dire tout ce que l'on pense. « *le duc se déboutonna sur tous ceux qui avaient part aux affaires* » (St-Sim.). ✪ CONTR. Boutonner.

débraguetter v. tr. [1] – XVIe ▪ fam. Ouvrir la braguette de. ➛ pronom. *Se débraguetter.* ✪ CONTR. Rebraguetter.

débraillé, ée adj. et n. m. – XVIe ; de *dé-* et a. fr. *braiel* « ceinture retenant les braies » **1** Dont les vêtements sont en désordre, ouverts ou mal fermés. « *les beaux gars débraillés qui peinent au soleil* » (Larbaud). *Tenue débraillée.* **2** littér. *Conversation débraillée,* sans retenue. **3** n. m. État de ce qui est débraillé. *Le débraillé de sa tenue.* ⇒ **laisser-aller.** ✪ CONTR. Correct, décent, strict.

débrailler (se) v. pron. [1] – XVIe ▪ fam. Se découvrir la poitrine d'une manière indécente. *Se débrailler en public.*

débranchement n. m. – XIXe ▪ Action de débrancher (des wagons ; un appareil électrique). ✪ CONTR. Branchement.

débrancher v. tr. [1] – XVe **1** Séparer et trier (les wagons). ⇒ **trier.** **2** Arrêter le fonctionnement de (un appareil électrique) en supprimant son alimentation. *Débrancher un fer à repasser.* **3** fam. *Débrancher un malade,* déconnecter les appareils, retirer les tubes qui le maintiennent artificiellement en vie. ✪ CONTR. Brancher.

débrayage n. m. – XIXe **1** Fait de débrayer. *Double débrayage :* accélération au point mort entre deux débrayages, pour rétrograder. **2** Cessation du travail ; mouvement de grève. ✪ CONTR. Embrayage.

❑ Le *débrayage* est un arrêt de travail plus court que la *grève.*

débrayer v. [8] – XIXe ; de *dés-* et *embrayer* **I** v. tr. Interrompre la liaison entre le moteur et les roues. *Débrayer, passer les vitesses et embrayer.* **II** v. intr. fam. Cesser le travail (dans une usine...), pour protester. ✪ CONTR. Embrayer.

débridé, ée adj. – XVe ▪ Sans retenue. ⇒ **déchaîné, effréné.** *Imagination débridée.* « *il la sentait jalouse, d'une rancune débridée et meurtrière* » (Zola). ✪ CONTR. ① Contenu, retenu.

débridement n. m. – XVIIe **1** Action de débrider. *Le débridement d'un cheval.* ➛ *Débridement d'une plaie.* **2** ⇒ **déchaînement, libération.** *Le débridement des mœurs.*

débrider v. tr. [1] – XVe **1** Ôter la bride à (un cheval, une bête de somme). **2** Dégager (qqch.) de ce qui serre comme une bride. *Débrider un abcès.* ⇒ **inciser, ouvrir.** ➛ *Débrider une volaille,* couper les fils dont on l'a entourée pour la faire cuire. ✪ CONTR. Brider.

débris n. m. – XVIe ; de *dé-* et *briser* **1** (rare au sing.) Reste d'un objet brisé, d'une chose en partie détruite. ⇒ **fragment, morceau.** *Les débris d'un vase. Débris de bouteille.* ⇒ **tesson.** ♦ Restes. *Les débris d'un repas, d'un plat.* ⇒ **relief, rogaton.** **2** (au plur.) littér. ⇒ **reste.** *Les débris d'un royaume, d'une institution.* ➛ *Les débris d'une armée,* ce qui en reste après la défaite. **3** fam. et péj. *Un vieux débris :* une personne âgée, décrépite. « *Vous êtes dur.* [...] *Il a quand même du chagrin, ce vieux débris* » (Queneau).

débrocher v. tr. [1] – XIVe **1** Retirer de la broche (une volaille, une viande). **2** Défaire la brochure de (un livre). ✪ CONTR. Embrocher. Brocher.

débrouillage n. m. – XIXe **1** Action de se débrouiller ; son résultat. **2** Débrouillement.

débrouillard, arde adj. et n. – XIXe ▪ fam. Qui sait se débrouiller, se tirer facilement d'affaire. ⇒ **habile, malin.** « *Tu as du culot* [...], *tu es débrouillarde, tu passerais partout* » (Yourcenar). ➛ n. *C'est un, une débrouillard(e).* ✪ CONTR. Empoté, maladroit.

débrouillardise n. f. – 1902 ▪ Qualité d'une personne débrouillarde.

débrouille n. f. – XXe ▪ fam. Art et pratique de se tirer d'affaire. ⇒ **débrouillardise.**

débrouillement n. m. – XVIIe ▪ Action de débrouiller, de démêler. *Le débrouillement d'une intrigue.*

débrouiller v. tr. [1] – XVIe I - 1 Démêler (ce qui est embrouillé). ⇒ **séparer, trier.** *Débrouiller les fils d'un écheveau.* 2 Tirer de la confusion ; tirer au clair. ⇒ **éclaircir, élucider.** *Débrouiller une affaire.* II SE DÉBROUILLER v. pron. Se tirer habilement d'affaire, d'embarras. *Apprendre à se débrouiller tout seul. Débrouillez-vous :* ne comptez pas sur une aide. ⇒ fam. se **démerder.** *Que chacun se débrouille avec ce qu'il a.* ⇒ s'**arranger.** « *Eh bien ! que l'homme se débrouille avec sa conscience* » (Duham.). ✪ CONTR. Brouiller, embrouiller, emmêler.

débroussaillage n. m. – 1966 1 Action de débroussailler ; son résultat. 2 Éclaircissement (de ce qui est confus). ⇒ **débrouillement.**

débroussaillant, ante n. m. et adj. – 1968 ▪ Agent chimique qui détruit les plantes ligneuses, destiné au débroussaillage.

débroussailler v. tr. [1] – XIXe ▪ Arracher, couper les broussailles de (un terrain). ⇒ **défricher.** ♦ Éclaircir (ce qui est confus). *Débroussailler une question difficile.* ⇒ **débrouiller.**

débroussailleuse n. f. – XIXe ▪ Machine à débroussailler qui coupe par le mouvement d'une lame ou d'un fil.

débuché ou **débucher** n. m. – XVIIIe 1 Moment où la bête chassée débuche. 2 Sonnerie de trompe quand la bête débuche. *Sonner le débuché.*

débucher v. [1] – XIIe ; de *dé-* et *bûche* 1 v. intr. Sortir du bois (gros gibier). ⇒ ② **déboucher.** 2 v. tr. Faire sortir (une bête) du bois. ⇒ **débusquer.** « *pour débucher les lièvres, on battait du tambour* » (Flaub.). ✪ CONTR. Rembucher.

débudgétisation n. f. – 1953 ▪ Transfert de charges normalement supportées par le budget de l'État à un organisme disposant de ressources propres.

débudgétiser v. tr. [1] – 1953 ▪ Opérer la débudgétisation de.

débureaucratiser v. tr. [1] – 1969 ▪ Faire disparaître la bureaucratie à l'intérieur de (une administration, un pays). ✪ CONTR. Bureaucratiser.

débusquer v. tr. [1] – XVIe ; de *débucher*, d'apr. *embusquer* 1 Chasser (le gibier) du bois où il s'est réfugié. ⇒ **débucher.** *Il* « *frappait avec le bout de son fusil sur les ceps, comme pour débusquer un lièvre* » (Chateaub.). 2 Faire sortir (qqn) de sa position, de son refuge. ⇒ **chasser, déloger.** ✪ CONTR. Embusquer.

début n. m. – XVIIe 1 Commencement. *Le début d'un entretien, d'un discours, d'un livre.* ⇒ **exorde.** *Manquer le début du film.* ➛ *Le début du mois. En début de semaine. Arriver début mai.* ♦ loc. *Du début à la fin.* ➛ AU DÉBUT. ⇒ **initialement.** *Tout au début, au tout début ; dès le début.* ➛ UN DÉBUT DE... *Un début d'angine.* 2 LES DÉBUTS DE QQN, ses premières apparitions à la scène, ses premières tentatives (dans une activité quelconque). *Ses débuts sont prometteurs.* « *Il avait eu des débuts très durs* » (Aragon). ➛ *Les débuts du cinéma, de l'aviation.* ✪ CONTR. Clôture, conclusion, ① fin.

débutant, ante adj. et n. – XVIIIe 1 Qui débute. *Un professeur débutant.* ➛ n. Personne qui débute. ⇒ **apprenti, novice.** *Cours pour débutants.* 2 n. f. Jeune fille qui sort pour la première fois dans la haute société.

débuter v. intr. [1] – XVIe ; de *dé-* et *but* 1 Faire ses premiers pas dans une activité, une carrière. ⇒ **commencer.** *Débuter dans la vie.* ♦ Commencer à paraître (sur la scène, à l'écran, etc.). 2 Commencer. « *Le motif en notes détachées, par lequel débute l'allégro* » (Berlioz). ✪ CONTR. Achever, conclure, finir, terminer.

> ❑ *Débuter* est un verbe intransitif. Les emplois transitifs récents *débuter l'année, une émission,* sont fréquents mais très négligés. C'est *commencer* qui convient dans ce cas. → démarrer (rem.).

deçà adv. – XIIe 1 vx De ce côté-ci (opposé à *delà*). *Aller deçà, delà,* de côté et d'autre, sans direction précise (cf. De-ci* de-là). 2 loc. prép. EN DEÇÀ DE. De ce côté-ci de. *Rester en deçà de la vérité,* ne pas l'atteindre (cf. En dessous* de). ➛ loc. adv. EN DEÇÀ. « *Toujours du déficit ; je resterai toujours en deçà* » (Gide).

déca n. m. – v. 1970 ; abrév. de *décaféiné* ▪ fam. Café décaféiné. *Un café et deux décas !* ✪ HOM. Decca.

déca- Préfixe du système international (symb. da), du gr. *deka* « dix », qui multiplie par dix l'unité dont il précède le nom.

> ❑ Ne pas confondre avec *déci-,* préfixe qui indique la division par dix d'une unité de mesure.

décacheter v. tr. [4] – XVIe ▪ Ouvrir (ce qui est cacheté). « *Il lit toutes mes lettres ; il les décachette et les recachette* » (Queneau). ✪ CONTR. Cacheter.

décadaire adj. – XVIIIe ▪ Qui se rapporte aux décades du calendrier républicain.

décade n. f. – XIVe ; gr. *deka* « dix » I - 1 Période de dix jours. *Les mois grecs étaient divisés en décades.* ➛ *La décade républicaine :* espace de dix jours qui remplaçait la semaine, dans le calendrier républicain de 1793. 2 emploi critiqué Période de dix ans. ⇒ **décennie.** II Chacune des parties d'un ouvrage composée de dix livres ou chapitres. « *Les Décades* », *de Tite-Live.*

> ❑ L'emploi de *décade* pour désigner une « période de dix ans » (influence de l'anglais) est sévèrement critiqué. On dit *décade* pour « dix jours », *décennie* est réservé à « dix ans ».

décadence n. f. – XVe ; lat. *cadere* « tomber » ▪ Acheminement vers la ruine ; état de ce qui dépérit, périclite. ⇒ **affaiblissement, chute, déclin.** « *Grandeur et décadence de César Birotteau* », *roman de Balzac. Tomber en décadence.* ⇒ **baisser, déchoir.** « *On prend du ventre quand l'esprit se relâche et consent à la décadence* » (Duham.). ♦ Les derniers siècles de l'Empire romain. *Les mœurs dissolues, le syncrétisme de la décadence.* ✪ CONTR. Croissance, épanouissement, montée, progrès.

décadent, ente adj. et n. – XVIe 1 Qui est en décadence. *Époque décadente. Art décadent.* 2 *L'école décadente :* l'école littéraire pessimiste qui prépara le symbolisme.

décadi n. m. – XVIIIe ; gr. *deka* « dix » et finale de *lundi, mardi,* etc. ▪ Dixième jour de la décade républicaine. *Le décadi était un jour chômé.*

décaèdre adj. et n. m. – XVIIIe 1 Qui a dix faces. 2 n. m. Solide à dix faces.

décaféiné, ée adj. et n. m. – déb. XXe ■ Dont on a enlevé en partie la caféine. *Café décaféiné.* ♦ n. m. Café décaféiné. ⇒ fam. **déca.**

décagonal, ale, aux adj. – XIXe ■ Qui a la forme d'un décagone. *Prismes décagonaux.*

décagone n. m. – XVIIe ■ Polygone qui a dix angles et dix côtés.

décaissement n. m. – XIXe ■ Action de décaisser (de l'argent) ; son résultat. ⇒ **sortie.** *Décaissement de fonds.* ✪ CONTR. Encaissement.

décaisser v. tr. [1] – XVIIe 1 Retirer (qqch.) d'une caisse. 2 Tirer d'une caisse (une somme d'argent). ⇒ **payer.** ✪ CONTR. Encaisser.

décalage n. m. – XIXe 1 Le fait de décaler dans l'espace, le temps ; écart temporel ou spatial. *Décalage horaire entre deux pays.* 2 Manque de correspondance, défaut de concordance entre deux choses, deux faits. ⇒ **désaccord, écart.** *Il y a un léger décalage entre leurs points de vue.* ✪ CONTR. Accord, concordance.

décalaminage n. m. – 1929 ■ Action de décalaminer ; son résultat.

décalaminer v. tr. [1] – 1929 ■ Ôter la calamine déposée sur les parois métalliques de (un cylindre, un piston, un moteur).

décalcifiant, iante adj. – 1913 ■ Qui décalcifie.

décalcification n. f. – XIXe ■ Diminution de la quantité de calcium (d'un tissu, d'un organe, d'un organisme). ➤ Décalcification osseuse.

décalcifier v. tr. [7] – 1911 ■ Priver d'une partie de son calcium. ➤ pronom. *Organisme qui se décalcifie.*

décalcomanie n. f. – XIXe ; de *décalquer* ■ Procédé par lequel on transporte sur une surface des images dessinées sur un support de papier ; ces images.

décalé, ée adj. et n. – XIXe 1 Qui est différent de ce que l'on attendait qu'il soit. *Un ton décalé.* 2 n. En psychologie, Personne qui n'est pas en phase avec la réalité. ⇒ **marginal.**

décaler v. tr. [1] – XIXe ; de *dé-* et ② *caler* ■ Déplacer un peu de la position normale. ⇒ **avancer, reculer.** *Décaler toutes les choses de deux rangées, en avant, en arrière.* ➤ pronom. *Décalez-vous d'un rang.* ♦ *Décaler un rendez-vous.* ⇒ **remettre,** ① **reporter.**

décalitre n. m. – XVIIIe ■ Mesure de capacité qui vaut dix litres.

décalogue n. m. – XVe ; gr. ■ Les dix commandements gravés sur des tables, que Dieu donna à Moïse sur le Sinaï. ⇒ ① **loi.**

décalotter v. tr. [1] – XVIIIe 1 rare Enlever la calotte de (qqch.). « *Garnero n'avait pas la tête emportée. Un obus l'avait décalotté* » (Cendrars). 2 *Décalotter (le gland) :* découvrir le gland en faisant glisser le prépuce vers la base de la verge.

décalquage n. m. – XIXe ■ Action de décalquer. ➤ Calque.

décalque n. m. – XIXe ■ Reproduction par décalquage.

décalquer v. tr. [1] – XVIIe ■ Reporter le calque de (qqch., dessin, tableau) sur un support. *Décalquer une carte de géographie.*

décalvant, ante adj. – XIXe ; de *dé-* et lat. *calvus* « chauve » ■ Qui rend chauve.

décamètre n. m. – XVIIIe ■ Mesure de longueur valant dix mètres.

décamper v. intr. [1] – XVIe ■ S'en aller précipitamment. ⇒ **déguerpir, s'enfuir.** « *Est-ce ainsi qu'on décampe de la maison comme un voleur ?* » (Claudel). *Faire décamper qqn.*

> ❑ *Décamper* vient du *camp* militaire ; il a supplanté l'ancien verbe *escamper* qui survit dans son dérivé *escampette.*

décan n. m. – XVIIIe ; lat. *decanus* ■ Chacune des trois dizaines de degrés comptées par chaque signe du zodiaque. *Le premier décan du Scorpion.*

décanal, ale, aux adj. – XVe ■ Relatif au doyen, au décanat. *Arrêté décanal.*

décanat n. m. – XVIIe ; lat. *decanus* « chef de dix hommes » ■ Dignité, fonction de doyen. ➤ Durée de cette fonction.

décaniller v. intr. [1] – XVIIIe ; p.-ê. de *dé-* et lyonnais *canille* « jambe », de *canne* ■ fam. S'enfuir, partir.

décantation n. f. – XVIIe 1 Action de décanter ; son résultat. ⇒ **clarification.** *Bassin de décantation.* 2 Action de décanter, de tirer au clair. ⇒ **éclaircissement.**

décanter v. [1] – XVIIIe ; lat. *canthus* « bec de cruche » 1 v. tr. Séparer par gravité (un liquide) des matières solides ou liquides en suspension, qu'on laisse déposer. ⇒ **clarifier, épurer.** *Décanter du vin.* ♦ fig. *Décanter ses idées :* se donner un temps de réflexion afin d'y voir plus clair. ➤ pronom. *La situation va se décanter.* 2 v. intr. Devenir plus clair, se clarifier. *Faire décanter du bordeaux.* ✪ CONTR. Mélanger.

décanteur, euse adj. et n. m. – XIXe ■ Qui sert à décanter. ➤ n. m. *Décanteurs d'une station d'épuration.*

décapage n. m. – XVIIIe ■ Action de décaper ; son résultat. ⇒ **décapement.**

décapant, ante adj. et n. m. – 1929 1 Qui décape. *Produit décapant.* ♦ n. m. Substance chimique propre à décaper. 2 Qui supprime les habitudes, les idées reçues, qui renouvelle. *Un humour décapant.*

décapeler v. tr. [4] – XVIIIe ; de *dé-* et *capeler* ■ Dépouiller (les mâts, les vergues) de leur gréement.

décapement n. m. – XVIIe ■ Décapage.

décaper v. tr. [1] – XVIe ; de *dé-* et *cape* ■ Débarrasser (une surface) de la couche de matière, des dépôts qui la couvrent. *Décaper un cuivre à graver. Décaper des boiseries peintes.*

décapeur n. m. – XIXe ■ Ouvrier qui décape des métaux.

décapeuse n. f. – 1931 ■ Engin de terrassement destiné à racler les surfaces.

décapitaliser v. tr. [1] – XIXe 1 Retirer la valeur de capital à (des intérêts, des valeurs). 2 Retirer tout ou partie du capital investi dans une entreprise.

décapitation n. f. – XIVe ■ Action de décapiter. ⇒ **décollation.**

décapiter v. tr. [1] – XIVe ; lat. *caput* « tête » 1 Trancher la tête de (qqn). ⇒ **guillotiner.** *Décapiter un condamné à la hache, à la guillotine.* 2 *Décapiter un arbre,* lui enlever la partie supérieure. ⇒ **étêter.** 3 Détruire ce qui est à la tête de (qqch.). *Décapiter un complot.*

décapode adj. et n. m. – XIXe ; *déca-* et *-pode* 1 Qui a cinq paires de pattes, dix pattes. *La seiche, le calmar sont décapodes.* 2 n. m. Crustacé malacostracé ayant cinq paires de pattes ambulatoires (crabe, crevette, écrevisse, homard, langouste, etc.).

décapotable adj. – 1929 ■ Qui peut être décapoté. *Voiture décapotable.* ⇒ **cabriolet.** « *J'aimais sa voiture : c'était une lourde américaine décapotable* » (Sagan). ➤ n. f. *Une décapotable. Rouler en décapotable.*

décapoter v. tr. [1] – 1929 ■ Enlever ou ouvrir la capote, le toit mobile de. *Décapoter sa voiture.*

décapsulage n. m. – 1929 ■ Action de décapsuler (une bouteille). ✪ CONTR. Capsulage.

décapsulation n. f. – 1904 ■ Résection de la capsule d'un organe.

décapsuler v. tr. [1] – 1929 1 Enlever la capsule de. ⇒ **ouvrir.** *Décapsuler une bouteille.* 2 Pratiquer la décapsulation de (un organe). *Décapsuler un rein.*

décapsuleur n. m. – 1929 ■ Ouvre-bouteille qui fait levier, pour enlever les capsules.

décapuchonner v. tr. [1] – XVIIe ■ Ôter le capuchon de. *Décapuchonner un stylo.*

décarbonater v. tr. [1] – XIXe ■ Retirer l'acide carbonique de (un composé). *Chaux décarbonatée.*

décarboxylase n. f. – 1946 ■ Enzyme qui catalyse une décarboxylation. ✪ CONTR. Carboxylase.

décarboxylation n. f. – 1911 ■ Perte d'un (ou de plusieurs) groupement carboxyle provenant d'un composé organique.

décarburant, ante adj. – XIXe ■ Qui a la propriété de décarburer.

décarburer v. tr. [1] – XIXe ; de *dé-* et *carbure* ■ Enlever à (un métal) le carbone qu'il contient.

décarcasser (se) v. pron. [1] – XIXe ; de *dé-* et *carcasse* ■ fam. Se donner beaucoup de peine pour parvenir à un résultat. ⇒ se **démener.** « *V'là qu'on s'était décarcassés pour rien* » (Perec).

décarreler v. tr. [4] – XVIIe ■ Ôter les carreaux de. *Faire décarreler une cuisine.* ✪ CONTR. Carreler.

décasyllabe [dekasi(l)lab] adj. et n. m. – XVIe ■ Qui a dix syllabes. ◆ n. m. Vers de dix syllabes. *Poème écrit en décasyllabes.*

décasyllabique [dekasi(l)labik] adj. – XVIIIe ■ Qui a dix syllabes.

décathlon n. m. – 1912 ; de *déca-*, d'apr. *pentathlon* ■ Compétition masculine d'athlétisme regroupant dix épreuves disputées par les mêmes athlètes.

❑ Même famille que *athlète.*

décathlonien n. m. – v. 1920 ■ Athlète pratiquant le décathlon.

décati, ie [dekati] adj. – XIXe ■ fam. Éprouvé par l'âge ; qui a perdu sa fraîcheur, sa beauté. *Elle « se sentait joliment changée et décatie »* (Zola).

décatir v. tr. [2] – XVIIIe ; de *dé-* et *catir,* du lat. *cogere* « réunir » 1 Débarrasser (une étoffe) du lustre que lui ont donné les apprêts. ⇒ **délustrer.** 2 pronom. Perdre sa fraîcheur ; vieillir. *Elle commence à se décatir.* ✪ CONTR. Lustrer.

décauser v. tr. [1] – d. i. ■ (Belgique) Dire du mal de. *Décauser son voisin.*

decauville [dekovil] n. m. – XIXe ; nom de l'inventeur ■ Chemin de fer à voie étroite très employé dans les mines, les carrières.

décavaillonner v. tr. [1] – XIXe ■ Labourer (les cavaillons) avec une petite charrue.

décavé, ée adj. et n. – XIXe ■ Qui a perdu sa cave, au jeu. *Joueur décavé.* ♦ Ruiné. *On se montrait « des financiers illustres ou décavés »* (Carco). ◆ *Un air décavé,* défait, abattu.

décaver v. tr. [1] – XVIIIe ; de *dé-* et ③ *cave* ■ Gagner toute la cave de (un joueur). *Décaver son adversaire en deux coups.* ◆ SE DÉCAVER v. pron. Perdre sa cave, au jeu. ◆ Se ruiner.

decca n. m. – 1977 ; de *Decca,* nom de la firme britannique qui a mis au point ce dispositif ■ Système de radionavigation utilisé dans la marine et l'aviation. ✪ HOM. Déca.

décéder v. intr. [6] – XVe ; lat. *decedere* « s'en aller » ■ Mourir (personnes). *Il est décédé depuis dix ans.* ⇒ ② **mort.** ◆ « *J'ai reçu un télégramme de l'asile : "Mère décédée. Enterrement demain."* » (Camus). ⇒ **défunt.**

❑ Ce mot est surtout usité dans la langue administrative et juridique.

décelable adj. – XIXe ■ Qui peut être décelé. ⇒ **repérable.**

déceler v. tr. [5] – XIIe 1 Découvrir, mettre en évidence (ce qui était celé, caché). *Déceler un secret, une intrigue. Déceler les intentions de qqn.* ◆ *Déceler une fuite de gaz.* ⇒ **détecter, repérer.** 2 Faire connaître, être l'indice de. ⇒ **indiquer, montrer, prouver, révéler.** « *les vieilles maisons* [...] *décelaient une opulence mystérieuse* » (Loti). ✪ CONTR. ① Cacher, celer. — HOM. *Décèle :* descelle (desceller), desselle (desseller).

décélération n. f. – 1910 ■ Accélération négative d'un mouvement, réduction de la vitesse d'un mobile. ⇒ **ralentissement.** *La décélération d'une fusée.* ✪ CONTR. Accélération.

décélérer v. intr. [6] – déb. XXe ; de *dé-* et *(ac)célérer* ■ Ralentir, réduire sa vitesse. *La fusée décélère en entrant dans l'atmosphère.*

décembre n. m. – XIIe ; lat. *decem* « dix » ■ Le douzième et dernier mois de l'année. *Décembre a 31 jours. Le mois de décembre. Le 25 décembre.* ⇒ **noël.** *Des décembres glacés.*

❑ Ce mois était le *dixième* dans le calendrier romain.

décembriste n. m. – 1907 ■ Membre de la conspiration fomentée à Saint-Pétersbourg contre Nicolas Ier, en décembre 1825.

décemment [desamɑ̃] adv. – XVIe 1 D'une manière décente. *Se tenir décemment.* ⇒ **convenablement.** 2 ⇒ **raisonnablement.** *Je ne pouvais décemment refuser l'invitation.*

décemvir [desɛmviʀ] n. m. – XIVe ; lat. *decem* « dix » et *vir* « homme » ■ Membre d'un collège composé de dix personnes, à Rome, dans l'Antiquité.

décemvirat [desɛmviʀa] n. m. – XIVe ■ Dignité de décemvir.

décence n. f. – XIIIe 1 Respect de ce qui touche les bonnes mœurs, les convenances (spécialt en matière sexuelle). ⇒ **bienséance, pudeur.** « *elle parlait de tout, même devant des enfants, sans jamais blesser la décence* » (Zola). *Être vêtu avec décence.* 2 Tact. *Vous pourriez avoir la décence de vous taire après ce que vous avez fait.* ⇒ **politesse.** ✪ CONTR. Indécence ; cynisme.

décennal, ale, aux adj. – XVIe ; lat. *decem* « dix » et *annus* « année » 1 Qui dure dix ans. *Garantie décennale.* 2 Qui a lieu tous les dix ans. *Prix décennal.*

décennie n. f. – XIXe ■ Période de dix ans.

❑ Sur la confusion avec *décade* → décade (rem.).

décent, ente adj. – XVe ; lat. *decere* « convenir » 1 Qui est conforme à la décence (notamment en matière sexuelle). ⇒ **convenable.** *Tenue décente.* ◆ « *J'avais un air très décent et très sérieux* » (Stendh.). 2 Acceptable, passable. ⇒ **correct.** « *L'agrégation lui assurerait une situation décente* » (Beauv.). ✪ CONTR. Inconvenant, indécent. — HOM. Descente.

❑ Même famille étym. que *digne* et que *décor, décorum.*

décentrage n. m. – XIXe ■ Action de décentrer ; son résultat.

décentralisateur, trice adj. – XIXe ■ Relatif à la décentralisation. *Politique décentralisatrice.*

décentralisation n. f. – XIXe ■ Action de décentraliser ; son résultat. *Décentralisation administrative.* ◆

Décentralisation industrielle. ⇒ **délocalisation.** ✪ CONTR. Centralisation.

décentraliser v. tr. [1] - XIXe 1 Donner le pouvoir de décision, dans la gestion administrative locale, à (des collectivités territoriales, des personnes publiques élues par les administrés). 2 Déplacer tout ou partie des services de (une société, une entreprise... située dans la capitale) en banlieue ou en province. ⇒ **délocaliser, régionaliser.** ✪ CONTR. Centraliser.

décentration n. f. - XIXe ▪ Action de prendre comme point de référence un autre que soi-même ou que celui qui est pris habituellement.

décentrement n. m. - XIXe ▪ Défaut d'alignement des centres des lentilles d'un appareil optique. ⇒ **décentrage.** ♦ Action de décentrer l'objectif d'un appareil photographique afin que son axe ne soit pas au centre du cliché. *Appareil à décentrement.*

décentrer v. tr. [1] - XIXe ▪ Déplacer le centre de. ⇒ **excentrer.** ➛ *Cet objectif se décentre en hauteur.*

déception n. f. - XIIe ▪ Fait d'être déçu ; sentiment pénible causé par un désappointement, une frustration. ⇒ **déconvenue, désappointement, désillusion.** *Causer, ressentir une déception.* « *si je faisais la récapitulation des déceptions de ma vie* » (Proust). ♦ Ce qui déçoit. *Cet échec est une cruelle déception.* ✪ CONTR. Contentement, satisfaction.

❑ Ce mot a eu longtemps le sens de « tromperie ». → décevoir.

décercler v. tr. [1] - XIIe ▪ Enlever les cercles de (un tonneau, une cuve). ✪ CONTR. Cercler.

décérébration n. f. - 1902 ▪ Action de décérébrer (un animal) ; résultat de cette action.

décérébrer v. tr. [6] - XIXe ; de *dé-* et lat. *cerebrum* « cerveau » ▪ Enlever ou détruire l'encéphale de (un animal). *Décérébrer une grenouille.*

décerner v. tr. [1] - XIVe ; lat. *decernere* « décider, décréter » 1 Ordonner juridiquement. *Décerner un mandat d'arrêt.* 2 Accorder à qqn (une récompense, une distinction). ⇒ **attribuer, donner.** *Décerner un prix à qqn.* « *écœurée par les hommages qu'on lui décernait* » (Huysm.).

décervelage n. m. - XIXe ▪ Action de décerveler ; son résultat. ➛ Destruction des facultés de jugement d'une personne. ⇒ **abêtissement, abrutissement** (cf. Lavage* de cerveau).

décerveler v. tr. [4] - XIIIe ▪ fam. Faire sauter la cervelle de (qqn). *La machine à décerveler du père Ubu.* ➛ Rendre stupide. ⇒ **abrutir.** « *la télévision, insidieuse machine à décerveler* » (Leiris).

❑ *Décerveler* est surtout employé par référence à A. Jarry (1888, *Ubu roi*).

décès n. m. - XIe ; lat. *decedere* « mourir » ▪ Mort (d'une personne). « *On constata que le décès remontait à la veille au soir* » (Maupass.). *Acte, certificat de décès.*

❑ Ce mot s'emploie surtout dans le langage administratif et juridique.

décevant, ante adj. - XIIe ▪ Qui ne répond pas à ce qu'on espérait. *Un voyage décevant.*

décevoir v. tr. [28] - XIIe ; lat. *decipere* « tromper » ▪ Tromper (qqn) dans ses espoirs ; donner une impression moins agréable que l'impression attendue. ⇒ **désappointer.** *Cet élève m'a déçu.* « *Tous ces types qui comptent sur moi, ça serait moche de les décevoir, non ?* » (Beauv.). ✪ CONTR. Répondre (à l'attente), satisfaire.

déchaîné, ée adj. - XVe 1 Qui s'agite, se manifeste avec violence. *Les éléments déchaînés.* ⇒ **démonté.** 2 Très excité ; qu'on ne peut arrêter. *Cet enfant est déchaîné.* ✪ CONTR. ② Calme.

déchaînement n. m. - XVIIe ▪ Action de (se) déchaîner ; son résultat. *Le déchaînement des flots.* ➛ Manifestation violente d'un sentiment. ⇒ **explosion.** *Le déchaînement de la violence.* ✪ CONTR. Apaisement.

déchaîner v. tr. [1] - XIIe ; de *dé-* et *chaîne* 1 Donner libre cours à (une force). *Déchaîner les passions, la jalousie.* ⇒ **déclencher, provoquer, soulever.** *Déchaîner l'hilarité générale, l'enthousiasme.* 2 SE DÉCHAÎNER v. pron. Se déclencher, commencer avec violence. *La tempête s'était déchaînée.* ♦ Se mettre en colère, s'emporter. *L'opinion publique se déchaîne.* ✪ CONTR. Apaiser, calmer.

déchant n. m. - XIIe ; de *dé-* et *chant* ▪ Mélodie en contrepoint qui était écrite au-dessus du plain-chant.

déchanter v. intr. [1] - XIIIe ▪ (surtout à l'inf.) Rabattre de ses prétentions, de ses espérances, perdre ses illusions. *Il commence à déchanter.*

décharge n. f. - XIVe I - 1 *Décharge publique,* lieu où l'on dépose, où l'on jette des ordures, des déblais. ⇒ **dépôt, dépotoir.** 2 Diminution de la charge. *Voûte de décharge d'un pont. Arc de décharge.* II - 1 Acte par lequel on libère d'une obligation, d'une dette. *Signer une décharge à qqn.* 2 (précédé de *à*) Fait de lever les charges qui pèsent sur un accusé. *Témoin à décharge,* qui dépose à l'appui de la défense. ➛ loc. *À la décharge de qqn,* pour l'excuser. *Il faut dire à sa décharge qu'il n'était pas au courant.* III - 1 Fait de décharger une arme à feu. ➛ Tir simultané de plusieurs armes. ⇒ **bordée, fusillade, salve.** 2 Brusque diminution d'un potentiel électrique, baisse de charge brutale. *Décharge électrique. Recevoir une décharge* (d'électricité). ✪ CONTR. Charge. Chargement.

déchargement n. m. - XIIIe 1 Action de décharger un navire, une voiture, une bête de somme, et par ext. les marchandises. ⇒ **débarquement.** *Commencer le déchargement d'une cargaison.* « *Un peu partout, il y avait des bateaux en déchargement* » (Simenon). 2 *Déchargement d'une arme à feu :* action d'en retirer la charge, de la désarmer. ✪ CONTR. Chargement.

décharger v. tr. [3] - XIIe I - 1 Débarrasser de sa charge (une personne, un navire, une voiture, une bête de somme...). *Décharger un camion.* ♦ *Décharger des marchandises.* ⇒ **débarder, débarquer.** ♦ *Décharger une arme,* en enlever la charge. *Pistolet déchargé.* ➛ *Décharger son arme sur, contre qqn.* ⇒ **tirer.** 2 Débarrasser d'un excès, d'un trop-plein. *Décharger un réservoir.* ♦ fam. *Décharger sa colère sur qqn.* ⇒ **passer.** « *Il allait décharger sa mauvaise humeur sur Idriss* » (Tournier). 3 Diminuer la charge électrique de. ➛ *Les piles sont déchargées.* II - 1 Débarrasser ou libérer (qqn) d'une charge, d'une obligation, d'une responsabilité. ⇒ **dispenser.** *Il me déchargea de cette corvée.* 2 Dispenser (qqn d'un travail), en le faisant soi-même. « *ses employés le déchargent de presque tout* » (Romains). ➛ pronom. *Il s'est déchargé de certains travaux sur ses collaborateurs.* 3 Libérer (qqn) d'une accusation, témoigner en faveur de. *Décharger un accusé.* ⇒ **disculper, innocenter.** 4 *Décharger sa conscience :* avouer, se confesser. ⇒ **libérer, soulager.** ✪ CONTR. Charger.

décharné, ée adj. - XIIIe ▪ Très maigre. ⇒ **amaigri, étique, squelettique.** *Visage décharné.* « *Elle était maigre et même décharnée* » (Duham.). ✪ CONTR. Charnu, gras.

décharner v. tr. [1] - XIIe ; de *dé-* et a. fr. *charn* « chair » ▪ vx Amaigrir. « *Cette maladie l'a complètement décharné* » (ACAD.).

déchaumer v. tr. [1] - XVIIIe ▪ Débarrasser (le sol) du chaume ou des plantes nuisibles qui l'envahissent par un labour superficiel.

déchaumeuse n. f. – XIXe ▪ Charrue légère polysoc ou cultivateur à disques pour déchaumer.

déchaussage n. m. – XIXe ▪ Action de déchausser un arbre, une plante.

déchaussé, ée adj. – XIIIe **1** Qui n'a plus de chaussure (s). ➛ *Carmes déchaussés.* ⇒ **déchaux. 2** Qui s'est déchaussé. *Dent déchaussée.*

déchaussement n. m. – XVIe ▪ Le fait de se déchausser (mur ; dent) ; état de ce qui est déchaussé.

déchausser v. tr. [1] – XIIe ; lat. **1** Enlever les chaussures de (qqn). ➛ pronom. « *Ici, c'est comme dans les mosquées ; on se déchausse en entrant* » (Gide). ♦ *Déchausser* : enlever ou perdre ses skis. **2** *Déchausser un arbre, une plante,* en mettre à découvert le collet. *Déchausser un mur* : enlever la terre autour des fondations. « *Il fallut déchausser la base de la muraille, introduire un levier dans l'interstice* » (J. Verne). ➛ pronom. *Dent qui se déchausse,* qui n'est plus bien maintenue par la gencive dans l'alvéole dentaire, et bouge. ✪ CONTR. Chausser. Butter.

déchausseuse n. f. – XIXe ▪ Petite charrue pour déchausser les pieds de vigne.

déchaussoir n. m. – XIVe ▪ Outil pour déchausser les arbres. ⇒ **houe.**

déchaux adj. m. – XIIe ▪ Relatif aux religieux qui ont les pieds nus dans des sandales. *Carmes déchaux.* ⇒ **déchaussé.**

dèche n. f. – XIXe ; probablt de *déchoir* ▪ fam. Manque d'argent, grande gêne. ⇒ **misère.** *Être dans la dèche.* « *je vous sors de la dèche, de la mouise* » (Queneau).

déchéance n. f. – XIIe **1** Fait de déchoir ; état d'une personne qui est déchue. ⇒ **chute,** ① **dégradation.** *La déchéance de l'être humain.* « *Qui me donnera la liberté ? Qui me sauvera de la déchéance ?* » (Duham.). ➛ *Déchéance physique* : affaiblissement anormal. ⇒ **décrépitude, vieillissement.** *Avoir le sentiment de sa propre déchéance.* **2** Perte d'un droit ou d'une fonction, à titre de sanction. *Déchéance de l'autorité parentale.* ✪ CONTR. Ascension, progrès, redressement.

> ❑ Le sens de « privation d'une fonction » est relevé pour la première fois dans le *Discours sur le jugement de Louis XVI* de Robespierre (1792).

déchet n. m. – XIIIe ; de *déchoir* **1** Perte, diminution qu'une chose subit dans l'emploi qui en est fait. *Il y a du déchet,* une partie à jeter. **2** (surtout au plur.) Ce qui reste d'une matière qu'on a travaillée. *Déchets de fonte, d'étoffe.* **3** Résidu impropre à la consommation inutilisable (et en général sale ou encombrant). ⇒ **détritus.** *De pleines poubelles de déchets. Recyclage des déchets.* ⇒ **rudologie.** ♦ *Déchets radioactifs* : résidus de combustion dans les réacteurs nucléaires, contenant des substances radioactives dangereuses. **4** Personne déchue, méprisable. « *Regardez-moi cette loque* [...], *ce déchet* » (Beckett).

déchetterie [deʃɛtʀi] n. f. – 1988 ▪ Lieu aménagé pour accueillir et traiter des déchets toxiques ou recyclables.

déchiffonner v. tr. [1] – XIXe ▪ Remettre en état (ce qui est chiffonné). ⇒ **défroisser.** ✪ CONTR. Chiffonner.

déchiffrable adj. – XVIIe ▪ Qui peut être déchiffré. *Écriture à peine déchiffrable.* ✪ CONTR. Indéchiffrable.

déchiffrage n. m. – XIXe ▪ Action de déchiffrer (de la musique).

déchiffrement n. m. – XVIe ▪ Action de déchiffrer (une écriture, un message chiffré dont on connaît le code). ⇒ **décodage, lecture.**

> ❑ *Déchiffrement* a une valeur plus générale que *déchiffrage* qui s'est spécialisé dans le domaine de la musique. → décryptage.

déchiffrer v. tr. [1] – XVe **1** Lire (ce qui est chiffré), traduire en clair. *Déchiffrer un message.* **2** Parvenir à lire, à comprendre (un texte, des signes écrits). « *Champollion a déchiffré ces hiéroglyphes* » (Chateaub.). ➛ « *l'écriture, pleine de paraphes et de queues compliquées, est difficile à déchiffrer* » (Cendrars). **3** *Déchiffrer de la musique,* la lire (l'entendre) à première vue. *Déchiffrer une partition.* **4** Comprendre (ce qui était obscur, caché). ⇒ **éclaircir, percer.** *Déchiffrer une intrigue.* ♦ *Un être difficile à déchiffrer.* ⇒ **expliquer, pénétrer.** ✪ CONTR. Chiffrer.

déchiffreur, euse n. – XVIe ▪ Personne qui déchiffre (qqch.).

déchiquetage n. m. – XIVe ▪ Action de déchiqueter ; état, forme de ce qui est déchiqueté.

déchiqueté, ée adj. – XIVe ▪ En lambeaux ; arraché, en pièces. *On a retrouvé les corps déchiquetés après l'attentat.* ♦ Dont le bord est inégalement découpé. *Feuille déchiquetée.*

déchiqueter v. tr. [4] – XIVe ; probablt a. fr. *eschiqueté* « découpé en cases comme un échiquier » ▪ Déchirer irrégulièrement en petits morceaux, en lambeaux. *Déchiqueter de la viande à belles dents.*

déchiqueteur n. m. et **déchiqueteuse** n. f. – 1936-1970 ▪ Appareil, machine à déchiqueter. *Un déchiqueteur, une déchiqueteuse de bureau pour la destruction de papiers.*

déchiqueture n. f. – XVIe ▪ Découpure, taillade.

déchirant, ante adj. – XVIIe ▪ Qui déchire le cœur, qui émeut fortement. ⇒ **douloureux.** *Des cris déchirants. Adieux déchirants.* ✪ CONTR. Gai, heureux.

déchirement n. m. – XIIe **1** Action de déchirer ; son résultat. *Le déchirement d'une étoffe, d'un papier.* ➛ *Déchirement d'un muscle.* ⇒ **déchirure. 2** Grande douleur morale avec impression de rupture intérieure. ⇒ **arrachement, souffrance.** « *le déchirement d'une première séparation* » (Rouss.). **3** Division brutale au sein d'une communauté. *Nation en proie à de grands déchirements.*

déchirer v. tr. [1] – XIIe ; germ. *skerjan* « gratter » **I** v. tr. **1** Séparer brusquement en plusieurs morceaux (un tissu, un papier, etc.) par des tractions opposées, sans instrument tranchant. *Déchirer une lettre, une photo. Déchirer en mille morceaux.* loc. *Déchirer le voile* : découvrir la vérité. ♦ *Se déchirer un muscle* : se rompre les fibres musculaires au cours d'un effort trop brutal. ⇒ fam. **claquer. 2** Arracher une partie de, par accident. *Elle a déchiré sa robe.* **3** Rompre violemment par un son éclatant. « *Un coq ridicule déchira le silence* [...] *Il avait un cri furieux* » (Jammes). **4** Causer une vive douleur physique à. ⇒ **arracher.** « *sa voix glapissante déchirait le tympan* » (Balz.). **5** Causer un déchirement moral à (qqn). « *Ses paroles lui déchiraient le cœur* » (R. Rolland). **6** Troubler par de tragiques divisions. ⇒ **désunir, diviser.** *La guerre civile a déchiré le pays.* ➛ *Être déchiré* : être douloureusement partagé entre deux sentiments contraires. ⇒ **écartelé. II** SE DÉCHIRER v. pron. **1** Devenir déchiré, se fendre. *L'emballage s'est déchiré.* ♦ « *les nuées se déchirèrent sous l'effort du vent* » (Balz.). ♦ *Sentir son cœur se déchirer.* **2** Se faire réciproquement du mal, de la peine avec violence et cruauté. *Des amants qui se déchirent.* ✪ CONTR. Consoler, pacifier, réconcilier.

déchirure n. f. – XIIIe 1 Rupture, fente faite en déchirant. ⇒ **accroc.** *Recoudre, raccommoder une déchirure.* 2 Rupture ou ouverture irrégulière dans les tissus, les chairs. *Déchirure musculaire.* ⇒ **claquage.** 3 Trouée. « *Dans le ciel très couvert* [...] *il y avait çà et là des déchirures* » (Loti).

déchlorurer [deklɔʀyʀe] v. tr. 1 – 1907 ▪ Débarrasser des chlorures. *Régime alimentaire déchloruré,* dépourvu de chlorure de sodium (syn. cour. *régime sans sel*).

déchoir v. intr. 25 – XIe ; lat. *cadere* « tomber » 1 vx ou littér. sauf à l'inf. et au p. p. DÉCHOIR DE... Tomber dans un état inférieur à celui où l'on était. ⇒ s'**abaisser,** ① se **dégrader, descendre.** *Il est déchu de ses privilèges.* ⇒ **déposséder, priver.** 2 Être rabaissé (moralement, socialement). *Vous pouvez accepter cette offre sans déchoir.* ✪ CONTR. Élever (s'), monter, progresser.

❑ Ce verbe est inusité à l'imparfait de l'indicatif et au participe présent.

déchristianiser [dekʀistjanize] v. tr. 1 – XVIIIe ▪ Éloigner du christianisme (un pays, un groupe humain). *Dans un monde déchristianisé.*

déchronologie [dekʀɔnɔlɔʒi] n. f. – 1958 ▪ Présentation qui ne tient pas compte volontairement de l'ordre chronologique. *Déchronologie dans le découpage d'un film.*

❑ Ne pas confondre avec l'*anachronisme,* qui est une erreur.

déchu, ue adj. – XIVe ; de *déchoir* ▪ Qui n'a plus (une position supérieure, un avantage). *Prince déchu de son trône ; prince déchu.* ⇒ **dépossédé.** « *cette petite fille pauvre, déclassée, déchue* » (Mauriac). ♦ Privé de l'état de grâce. *Ange déchu.*

déci n. m. – 1941 ; abrév. de *décilitre* ▪ En Suisse, Décilitre (de vin, surtout de vin blanc) pour la consommation. *Deux décis.*

déci- Préfixe, du lat. *decimus* « dixième », qui divise par dix l'unité dont il précède le nom (symb. d).

❑ Ne pas confondre avec *déca-,* préfixe qui indique la multiplication par dix d'une unité de mesure.

décibel n. m. – 1932 ; de *déci-* et ② *bel* ▪ Unité (symb. dB), égale au dixième du bel, servant, en acoustique, à définir une échelle d'intensité sonore.

❑ Composé de *bel* « unité de mesure acoustique » en l'honneur de *A. Graham Bell,* inventeur du téléphone.

décidabilité n. f. – v. 1957 ▪ Caractère d'un système décidable.

décidable adj. – 1957 ▪ Se dit d'un système hypothético-déductif dont on peut déterminer, par un procédé effectif, qu'une proposition quelconque est démontrable. ⇒ **résoluble.** ✪ CONTR. Indécidable.

décidé, ée adj. – XVIIIe 1 Qui n'hésite pas pour prendre un parti, pour décider ; qui a de la décision. ⇒ **déterminé,** ① **ferme, résolu.** *Un homme décidé.* ➛ *Un air décidé.* « *le visage décidé, les yeux clairs et intelligents* » (Camus). 2 Arrêté par décision. *C'est une chose décidée.* ⇒ ② **arrêté, fixé.** ✪ CONTR. Hésitant, indécis. ① Incertain.

décidément adv. – XVIIIe ▪ En définitive. *Décidément, je n'ai pas de chance !* ⇒ **manifestement.** « *Ce qu'il peut être lèche-cul, ce bonhomme. Décidément, il ne me plaît pas du tout* » (Queneau).

décider v. tr. 1 – XVe ; lat. *decidere* « trancher » I v. tr. dir. 1 Arrêter, déterminer (ce qu'on doit faire) ; prendre la décision de. ⇒ **arrêter, fixer.** *Il n'a encore rien décidé.* ➛ « *C'est moi qui mène la barque, c'est moi qui décide* » (Mauriac). 2 Amener (qqn à agir). ⇒ **convaincre, entraîner, pousser.** « *Il n'y a que cette raison-là qui puisse me décider à te quitter* » (Sand). II v. tr. ind. DÉCIDER DE QQCH. Disposer en maître par son action ou son jugement. *Le chef de l'État décide de la paix et de la guerre.* ➛ Déterminer, être la cause principale. « *Les actions les plus décisives de notre vie, je veux dire : celles qui risquent le plus de décider de tout notre avenir* » (Gide). ♦ DÉCIDER DE (et l'inf.) : prendre la résolution, la détermination de. *Ils ont décidé de partir, ils en ont décidé ainsi.* « *J'ai décidé de rire dorénavant le moins possible, à cause de mes rides* » (Montherl.). III SE DÉCIDER v. pron. 1 Être tranché, résolu. *Cela s'est décidé très vite.* 2 *Se décider à :* prendre la décision de. ⇒ se **déterminer,** se **résoudre.** *Philip* « *se décida enfin à partir* » (Mart. du G.). 3 Prendre une décision. *Elle n'arrive pas à se décider.* 4 *Se décider pour :* donner la préférence à. ⇒ **choisir, opter,** se **prononcer.** *Elle s'est décidée pour la seconde solution.* IV ÊTRE DÉCIDÉ À : avoir pris la décision de, être fermement déterminé à. ⇒ **résolu.** *Il est décidé à partir. Je suis bien décidé à ce qu'il parte.* ➛ *Quand tu seras décidé, tu me préviendras.* ✪ CONTR. Hésiter.

décideur, euse n. – 1969 ▪ Personne physique ou morale ayant le pouvoir de décision. ⇒ **décisionnaire.** ➛ adj. *Organisme décideur.*

❑ On trouve, dès 1784, un adjectif *décideur* avec le sens de « péremptoire ».

décidu, ue adj. – 1970 ▪ Qui se détache et tombe selon un rythme saisonnier. *Feuilles décidues.* ⇒ **caduc.** ➛ *Forêt décidue.*

décidual, ale, aux adj. et n. f. – 1929 ; lat. *decidua* « qui tombe » ▪ *Membrane déciduale,* ou n. f. *la déciduale :* partie de la muqueuse utérine qui est expulsée au cours de l'accouchement (avec le placenta).

décigramme n. m. – XVIIIe ▪ Dixième partie d'un gramme (symb. dg).

décilage n. m. – 1951 ▪ Division d'un ensemble ordonné de données statistiques en déciles.

décile n. m. – 1947 ; lat. *decem* 1 Chacune des neuf valeurs de la variable au-dessous desquelles se classent respectivement 10%, 20%... 90% des éléments d'une distribution statistique. 2 Chacune des dix parties, d'effectif égal, d'un ensemble statistique ordonné. *Déciles, centiles et quartiles.*

décilitre n. m. – XVIIIe ▪ Dixième partie d'un litre (symb. dl).

décimal, ale, aux adj. et n. f. – XVIIIe ; de *décime* ▪ Qui procède par dix ; qui a pour base le nombre dix. *Nombre décimal,* pouvant s'écrire sous la forme d'une fraction dont le dénominateur est une puissance de dix. *3,25 est un nombre décimal.* ➛ *Système décimal :* système de poids et mesures dans lequel les multiples et les sous-multiples des unités sont des puissances décimales de ces unités (cf. Système métrique*). ♦ n. f. Chacun des chiffres placés après la virgule, dans un nombre décimal. *3,25 a deux décimales.*

décimalisation n. f. – XIXe ▪ Action de décimaliser.

décimaliser v. tr. 1 – 1907 ▪ Appliquer le système décimal à (une mesure, un ensemble de mesures).

décimalité n. f. – XIXe ▪ Caractère décimal.

décimation n. f. – XIIe ; lat. *decimatio* ▪ Dans l'Antiquité romaine, Action de décimer ; son résultat.

décime n. f. et m. – XIIIe ; lat. *decimus* « dixième » 1 n. f. Sous l'Ancien Régime, Taxe perçue par le roi sur les revenus du clergé. 2 n. m. rare Dixième partie du franc. ♦ Majoration d'un dixième (un décime par franc), sur un impôt, une amende fiscale.

❑ Même famille étym. que *décimal, décimer, dîme.*

décimer v. tr. [1] – XVe ; lat. *decem* « dix » **1** Dans l'Antiquité romaine, Mettre à mort une personne sur dix, désignée par le sort. **2** Faire périr un grand nombre de personnes. ⇒ **détruire, exterminer.** *Épidémie qui décime une population.* « *le scorbut, cette terrible maladie qui décime les équipages* » (J. Verne).

décimètre n. m. – XVIIIe ▪ Dixième partie d'un mètre (symb. dm). ♦ Règle graduée en centimètres et en millimètres, et mesurant un ou deux décimètres. *Un double décimètre.*

décintrage n. m. – XIXe ▪ Action de décintrer ; son résultat.

décintrer v. tr. [1] – XVIIe ▪ Dégarnir des cintres qui ont servi à la construction. *Décintrer une voûte.*

décisif, ive adj. – XVe ; lat. *decidere* « trancher (une question) » ▪ Qui décide. ⇒ ① **capital, déterminant.** *La pièce décisive d'un procès.* ➙ Qui résout une difficulté, tranche un débat. ⇒ **concluant, irréfutable.** *Un argument décisif.* ♦ Qui conduit à un résultat définitif, capital. *Le moment décisif.* « *vous le comprenez, il fallait prendre un parti décisif* » (Dumas fils). ✪ CONTR. Accessoire, négligeable.

décision n. f. – XIVe **1** Jugement qui apporte une solution. ⇒ **arrêt, décret, sentence, verdict.** *Décision judiciaire. Décision administrative, ministérielle.* **2** Fin de la délibération dans un acte volontaire de faire ou de ne pas faire une chose. ⇒ **choix, détermination, résolution.** « *je me refuse à prendre une décision aussi grave* » (Giraud.). *Revenir sur sa décision. Prendre la décision de ne plus fumer.* **3** Qualité qui consiste à ne pas s'attarder inutilement dans la délibération et à ne pas changer sans motif ce qu'on a décidé. ⇒ **caractère, fermeté, volonté.** *Agir avec décision.* ✪ CONTR. Hésitation, indécision.

décisionnaire n. et adj. – XVIIIe **1** Personne physique ou morale exerçant un pouvoir de décision. ⇒ **décideur.** **2** adj. Qui concerne la prise de décision. *Rôle décisionnaire d'un comité.*

décisionnel, elle adj. – 1964 ▪ De décision. *Pouvoir décisionnel.*

décisoire adj. – XIVe ▪ Qui décide, entraîne la décision dans un procès. *Serment décisoire,* déféré par l'une des parties à l'adversaire pour en faire dépendre la solution du litige.

décitex [desitɛks] n. m. – 1956 ; de *déci-* et *tex* ▪ Unité courante de mesure du titre d'un fil indiquant la masse en grammes de 10 000 m de fil (remplace le denier).

déclamateur, trice n. – XVIe **1** n. m. Dans l'Antiquité romaine, Rhéteur qui composait et déclamait des exercices oratoires. **2** Orateur emphatique qui dit des choses banales.

déclamation n. f. – XVe **1** Art de déclamer, art oratoire. ⇒ **éloquence.** *Professeur de chant et de déclamation.* **2** Emploi de phrases emphatiques. « *Ils ont contracté du barreau certaine habitude de déclamation* » (Mol.).

déclamatoire adj. – XVIe ▪ Pompeux, emphatique. *Ton déclamatoire.* ➙ « *Il était raisonneur, sophiste, déclamatoire* » (Barbey). ✪ CONTR. Naturel, sobre.

déclamer v. tr. [1] – XVIe ; lat. *clamare* « crier, proclamer » ▪ Réciter à haute voix en marquant, par les intonations qu'exige le sens, l'accent grammatical et l'accent oratoire. « *Souvent elle le priait de lui dire des vers ; Léon les déclamait d'une voix traînante* » (Flaub.).

déclarant, ante n. – mil. XXe ▪ Personne qui établit une déclaration en douane.

déclaratif, ive adj. – XIVe **1** dr. Qui donne déclaration de qqch. *Acte déclaratif.* **2** *Verbe déclaratif,* qui énonce un jugement (ex. affirmer, annoncer, déclarer, juger). **3** En intelligence artificielle, Relatif à l'utilisation des connaissances sous forme de déclarations. *Programmation déclarative* (opposé à *procédural*).

déclaration n. f. – XIIIe **1** Action de déclarer ; discours ou écrit par lequel on déclare. *Selon sa propre déclaration :* selon ce qu'il a dit lui-même. *Les déclarations d'un témoin.* ➙ *La Déclaration des droits de l'homme et du citoyen* (1789). **2** Aveu qu'on fait à une personne de l'amour qu'on éprouve pour elle. *Une déclaration d'amour.* « *Il se torturait à découvrir par quel moyen lui faire sa déclaration* » (Flaub.). **3** Action de déclarer l'existence d'une situation de fait ou de droit ; affirmation orale ou écrite de cette action. *Déclaration de vol. Déclaration de revenus imposables,* ou *déclaration d'impôts.* « *il faisait des comptes pour sa déclaration de revenus* » (Simenon). ♦ *Déclaration de guerre :* commencement des hostilités, dont un pays prend l'initiative. **4** Instruction non exécutable d'un programme informatique permettant d'affecter une valeur à une variable, de réserver une zone mémoire, de définir un type de données, etc.

déclaratoire adj. – XVe ▪ Qui déclare, juridiquement. *Acte déclaratoire.*

déclaré, ée adj. – XVIIe ▪ Qui se veut tel, s'est fait connaître comme tel (lorsque cet aveu n'est pas habituel). *Être l'ennemi déclaré de qqn.* ⇒ **juré.**

déclarer v. tr. [1] – XIIIe ; lat. *clarus* « clair » **I - 1** Faire connaître (un sentiment, une volonté, une vérité) d'une façon expresse, manifeste. ⇒ **proclamer, révéler, signaler.** *Revenir sur ce qu'on a déclaré.* ➙ *Déclarer ses intentions à qqn. Déclarer son amour.* ➙ *Déclarer la guerre à un pays,* lui faire savoir qu'on commence les hostilités contre lui. ♦ (avec attribut) *On l'a déclaré coupable.* « *les grands médecins accourus à mon chevet me déclarèrent perdu* » (R. Gary). *Déclarer la séance ouverte.* ♦ DÉCLARER QUE (avec l'indic.). ⇒ **assurer, prétendre.** *Il a déclaré que c'était faux.* ➙ avec l'inf. *Elle a déclaré ne rien savoir.* **2** Faire connaître (à une autorité) l'existence de (une chose, une personne, un fait). *Déclarer des marchandises à la douane.* ➙ *Déclarer ses revenus* (au fisc). ➙ *Déclarer une naissance, un décès.* **II** SE DÉCLARER v. pron. **1** Donner son avis. *Il ne veut pas se déclarer sur ce point.* ⇒ s'**expliquer,** se **prononcer.** *Se déclarer pour, contre qqn, qqch.* ♦ (avec attribut) Se dire (tel). *Il se déclare lésé dans cette affaire.* ♦ Faire une déclaration d'amour. *Un amoureux timide qui n'ose se déclarer.* **2** Commencer à se manifester (phénomène dangereux). *L'incendie s'est déclaré vers minuit.*

déclassement n. m. – XIXe **I - 1** Action de déclasser, de se déclasser ; son résultat. « *Quelqu'un qui choisissait ses fréquentations en dehors de sa "classe" sociale, subissait à ses yeux un fâcheux déclassement* » (Proust). **2** Action de faire passer dans une classe inférieure ; résultat de cette action. *Déclassement d'un hôtel.* **II** Action de déranger ce qui est classé ; son résultat. *Le déclassement des livres.*

déclasser v. tr. [1] – XIXe **I - 1** Faire sortir (qqn) de sa classe sociale, spécialt pour une classe inférieure. ➙ pronom. « *dans la compagnie d'Yvonne, il perdait* [...] *la terreur de se déclasser* » (Aragon). ➙ En sport, Faire rétrograder dans le classement final d'une épreuve, pour pénaliser une faute. **2** Faire passer (qqch.) dans une catégorie, une classe inférieure. *Déclasser un hôtel trop vétuste.* **II** Déranger (des objets classés). *Déclasser des papiers.* ✪ CONTR. Reclasser.

déclassifier v. tr. [7] – XXe ▪ Rendre accessible (ce qui était classé comme secret). *Déclassifier un document confidentiel.*

déclaveter v. tr. [4] – XVIIe ▪ Défaire en enlevant les clavettes.

déclenchement n. m. – XIXe **1** Action de déclencher ; son résultat. *Le déclenchement du chien d'un fusil armé.* **2** Le fait de déclencher, de se déclencher. *Le déclenchement des hostilités.*

déclencher v. tr. [1] – XVIIIe ; de *dé-* et *clenche* **1** Faire fonctionner par l'intermédiaire d'un mécanisme relativement simple (un système plus complexe). *Déclencher la sonnerie d'un réveil.* ➛ pronom. *L'alarme s'est déclenchée.* **2** Mettre en mouvement, déterminer brusquement (une action, un phénomène). ⇒ **entraîner, provoquer.** « *Un vent léger, un rien, pouvait déclencher à chaque seconde l'incendie* » (Le Clézio). *Déclencher l'offensive.* ⇒ ① **lancer.** ➛ pronom. *Le processus se déclenche.*

> ❑ On trouve parfois *déclancher*, avec un *a*, sous l'influence de l'ancienne forme picarde *clanche* (1441). Cette graphie est considérée comme fautive par les puristes mais l'Académie (1986) la reconnaît : « On écrit aussi, moins bien, *déclancher.* »

déclencheur n. m. – XIXe ▪ Pièce ou organe destiné à séparer des pièces enclenchées ou à déclencher un mécanisme. ⇒ **déclic.**

décléricaliser v. tr. [1] – XIXe ▪ Confier (une paroisse, un organisme) à des laïcs, quant aux services qui ne relèvent pas strictement du clergé.

déclic n. m. – XVIe ; de l'a. v. *décliquer*, de *cliquer*, onomat. **1** Mécanisme de déclenchement. ⇒ **déclencheur.** *Faire jouer un déclic.* **2** Bruit sec produit par ce qui se déclenche. *Je n'ai pas entendu le déclic.* **3** fam. Déclenchement soudain (d'un processus psychologique).

déclin n. m. – XIe ▪ État de ce qui diminue, commence à régresser. *Le soleil est à son déclin. Être sur son déclin. Le déclin de la vie.* ⇒ **vieillesse.** ➛ *Déclin d'une civilisation.* ⇒ **décadence.** ✪ CONTR. Épanouissement, essor, progrès.

déclinable adj. – XIVe ▪ Susceptible d'être décliné.

déclinaison n. f. – XIIIe **1** Arc de méridien céleste compris entre un astre et l'équateur céleste. **2** *Déclinaison magnétique* : angle existant, en un lieu et un temps donnés, entre la direction du nord géographique et celle du nord magnétique. **3** Ensemble des formes que prennent les noms, pronoms et adjectifs des langues à flexion, suivant les nombres, les genres et les cas. *Déclinaison à quatre cas, à six cas.*

déclinant, ante adj. – XVIIe ▪ Qui est sur son déclin. *Forces déclinantes.*

déclinatoire adj. et n. m. – XIVe **1** Qui tend à faire déclarer incompétente la juridiction saisie par le demandeur. *Exceptions déclinatoires.* ➛ n. m. *Élever un déclinatoire.* **2** n. m. Boussole d'arpenteur.

décliner v. [1] – XIe ; lat. **I** v. tr. **1** Prétendre incompétent pour statuer. *Décliner la compétence d'un juge.* ➛ Repousser (ce qui est proposé, attribué). *Décliner toute responsabilité.* ⇒ **rejeter.** **2** Donner à (un nom, un pronom, un adjectif) toutes ses désinences, suivant les nombres, les genres et les cas. *Décliner rosa, dominus.* ➛ pronom. *Cet adjectif se décline à, selon, sur la 3e déclinaison.* **3** Donner plusieurs formes à (un produit). *Décliner une gamme de parfums.* **4** Dire à la suite. *Décliner ses nom, prénoms, titres et qualités.* ⇒ **énumérer.** « *Il s'est refusé à décliner son identité véritable* » (Sartre). **II** v. intr. **1** S'éloigner de l'équateur de la sphère céleste, en parlant des astres. **2** Être dans son déclin. ⇒ **baisser, diminuer.** « *Le jour, si bref en cette saison, commença à décliner* » (Barrès). ➛ *Malade dont les forces déclinent chaque jour.* ⇒ s'**affaiblir.** « *D'instant en instant, Jean Valjean déclinait. Il baissait* » (Hugo). ✪ CONTR. Accepter. — Croître, progresser.

> ❑ Même famille que *incliner, clinique.*

décliqueter v. tr. [4] – XVIIIe ▪ Dégager le cliquet de.

déclive adj. – XVIe ; lat. *clivus* « pente » ▪ Qui présente un plan incliné. *La partie déclive d'un toit.*

déclivité n. f. – XVe ; lat. ▪ État de ce qui est en pente. *La déclivité d'un terrain.* ⇒ **inclinaison, pente.** « *Les sentiers de falaise sont habituellement d'une déclivité peu tentante* » (Hugo).

> ❑ Sans rapport étym. avec *cliver.*

décloisonnement n. m. – 1963 ▪ Action de décloisonner ; son résultat. *Le décloisonnement des connaissances.* ✪ CONTR. Cloisonnement.

décloisonner v. tr. [1] – XIXe ▪ Ôter des cloisons administratives, économiques, psychologiques de (qqch.) pour faciliter la communication. ✪ CONTR. Cloisonner.

déclore v. tr. [45] – XIe ▪ vieilli Enlever la clôture de. ✪ CONTR. Clore.

déclouer v. tr. [1] – XIIe ▪ Défaire (ce qui est cloué). ✪ CONTR. Clouer.

décochage n. m. – 1929 ▪ Démoulage d'une pièce de fonderie par destruction du moule.

① **décocher** v. tr. [1] – XIIe ; de *dé-* et ① *coche* **1** Lancer avec un arc, une arme de trait. *Décocher une flèche.* ➛ « *Allait-il ruer, tenter de mordre, décocher un coup de pied en vache* [...] ? » (Mauriac). ➛ Lancer (une critique, une pointe). **2** Envoyer comme une flèche. *La Soubrette « lui avait décoché une œillade incendiaire »* (Gaut.).

② **décocher** v. tr. [1] – 1929 ; de *dé-* et ① *coche* ▪ Opérer le décochage de.

décoction n. f. – XIIIe ; lat. *coquere* « cuire » **1** Action de faire bouillir dans l'eau (une substance) pour en extraire les principes solubles. *Sauge en décoction.* **2** Liquide ainsi obtenu. ⇒ ① **tisane.** *Boire une décoction de queues de cerises.*

> ❑ À la différence de *infusion*, le mot a pris une valeur péjorative (comme *tisane*), la préparation obtenue étant généralement peu prisée.

décodage n. m. – 1959 ▪ Action de décoder. ♦ *Décodage d'une phrase*, sa compréhension. ✪ CONTR. Codage, encodage.

> ❑ Le décodage d'une phrase en langue étrangère s'appelle *version.* → encodage (rem.).

décoder v. tr. [1] – 1959 ▪ Analyser le contenu d'un message (selon un code). ⇒ **déchiffrer.** ✪ CONTR. Coder, encoder.

décodeur n. m. – v. 1968 ▪ Dispositif destiné à restituer en clair un signal de télévision crypté à l'émission. ✪ CONTR. Codeur, encodeur.

décoffrage n. m. – 1948 ▪ Action de décoffrer. *Béton brut de décoffrage.* ✪ CONTR. Coffrage.

décoffrer v. tr. [1] – XIIIe ▪ Enlever le coffrage de (un ouvrage en béton). ✪ CONTR. Coffrer.

décoiffer v. tr. [1] – XIIIe **1** rare Ôter le chapeau de (qqn). *Se décoiffer.* ⇒ se **découvrir.** ➛ *Décoiffer une fusée, un* *obus*, en enlever la coiffe. 2 Déranger la coiffure, l'ordonnance des cheveux de (qqn). *Le vent l'a décoiffée.* ⇒ **dépeigner.** *Être décoiffé.* ♦ Déranger, causer une grande surprise à (qqn). ⇒ **surprendre ;** fam. **épater.** *Une pub qui décoiffe.* ✪ CONTR. Recoiffer.

décoinçage n. m. – XIXe ▪ Action de décoincer ; son résultat. ✪ CONTR. Coincement.

décoincer v. tr. 3 – XIXe 1 Dégager (ce qui est coincé, bloqué). ⇒ **débloquer, dégripper.** 2 fam. Détendre, mettre à l'aise (qqn) ; diminuer les inhibitions de. *Son succès l'a un peu décoincé.* ✪ CONTR. Coincer.

décolérer v. intr. 6 – XVIe ▪ *Ne pas décolérer* : ne pas cesser d'être en colère.

décollage n. m. – XIXe 1 Action de décoller. ⇒ **décollement.** 2 Action de décoller, de quitter le sol. *Décollage d'un avion.* ♦ Démarrage économique. ✪ CONTR. Recollage. Atterrissage. Stagnation.

décollation n. f. – XIIIe ; lat. *collum* « cou » ▪ Action de couper la tête (d'une personne) avec une arme blanche. *La décollation de saint Jean-Baptiste.*

> ❑ Ne pas confondre avec *décollement,* de *colle.* ♦ Moins fréquent que *décapitation,* ce mot s'emploie à propos des martyrs, notamment en iconographie (peinture).

décollement n. m. – XVIIe ▪ Action de décoller, état de ce qui est décollé. ➝ Séparation d'un organe des régions anatomiques qui lui sont normalement adhérentes. *Décollement de la rétine.*

décoller v. 1 – XIVe I v. tr. dir. Détacher (ce qui est collé). *Décoller un timbre.* ➝ pronom. *Affiche qui se décolle.* ➝ *Oreilles décollées,* qui s'écartent de la tête. ➝ Ne plus adhérer. *La rétine s'est décollée.* II v. tr. ind. 1 fam. S'en aller, partir. *Il ne décolle pas d'ici.* 2 Se détacher de... (au pr. et au fig.). ⇒ **quitter.** *Skieur qui décolle du tremplin. L'avion décolle de la piste.* ♦ *Le cycliste a décollé du peloton.* 3 *Décoller de la réalité* : quitter le réel pour l'imaginaire. III v. intr. 1 fam. Maigrir. *Ce qu'il a décollé, depuis sa maladie !* 2 Quitter le sol, en parlant d'un avion (opposé à *atterrir*). ⇒ s'**envoler.** *L'avion de Londres vient de décoller.* « *Paré, le mitrailleur ? – Paré. – Alors on y va. Et je décolle* » (St-Exup.). 3 Prendre son essor économique ; sortir d'une phase de stagnation, du sous-développement. ✪ CONTR. Coller. Recoller. — Atterrir.

décolletage n. m. – XIXe 1 *Décolletage des racines cultivées* : section au-dessus du collet. 2 Action de décolleter (une robe), de se décolleter. 3 Fabrication de pièces métalliques tournées à partir de barres de métal (ou de couronnes de fil). ⇒ **boulonnerie.**

décolleté, ée adj. et n. m. – XVIIe 1 Qui laisse voir le cou et une partie de la gorge, du dos. *Robe décolletée dans le dos.* ➝ *Femme très décolletée.* 2 n. m. Échancrure d'un vêtement féminin par où passe la tête, dégageant le cou et une partie de la gorge, du dos. « *Le décolleté laissait voir la naissance d'une gorge abondante* » (Romains). *Décolleté plongeant. Décolleté rond, en pointe, en V.* ➝ Partie de la gorge et des épaules laissée nue par le décolleté. *Elle a un beau décolleté.* ✪ CONTR. Montant.

décolleter v. tr. 4 – XIIIe ; de *collet* 1 Laisser le cou, la gorge, les épaules de (une femme) à nu. 2 Couper (un vêtement) de manière qu'il dégage le cou. ⇒ **échancrer.** 3 Couper la partie supérieure de (racines alimentaires) pour empêcher le développement du bourgeon. 4 Travailler par décolletage. *Décolleter une vis.*

décolleteur, euse n. – 1907 1 Ouvrier, ouvrière qui fait du décolletage. 2 n. f. Machine à décolleter les racines.

décolonisation n. f. – 1952 ▪ Cessation pour un pays de l'état de colonie ; processus par lequel une colonie devient indépendante. *La décolonisation de l'Inde, de l'Afrique.* ✪ CONTR. Colonisation.

décoloniser v. tr. 1 – 1963 ▪ Permettre, effectuer la décolonisation de (un pays, un peuple colonisé). ➝ *Les pays décolonisés d'Afrique.* ✪ CONTR. Coloniser.

décolorant, ante adj. et n. m. – XVIIIe ▪ Qui décolore. ➝ n. m. *L'eau de Javel est un décolorant.* ✪ CONTR. Colorant.

décoloration n. f. – XIVe ▪ Action de décolorer, de se décolorer ; perte de la couleur. ➝ Opération du coiffeur qui décolore les cheveux. *Se faire faire une décoloration.* ✪ CONTR. Coloration, teinture.

décolorer v. tr. 1 – XIe ; lat. *decolorare* 1 Altérer, effacer la couleur de. *Cette lessive décolore le linge.* 2 *Décolorer les cheveux,* leur ôter leur couleur naturelle. *Cheveux décolorés.* ➝ fam. *Une blonde décolorée.* ➝ « *Trop marqués, ces poils bruns. Il faudrait les décolorer à l'eau oxygénée* » (Romains). 3 v. pron. Perdre sa couleur. ⇒ se **faner, passer.** *Le papier peint s'est décoloré.* ✪ CONTR. Colorer, teindre, teinter.

décombres n. m. pl. – XVe ; de l'a. v. *décombrer* « débarrasser de ce qui encombre » ▪ Amas de matériaux provenant d'un édifice détruit. ⇒ **gravats.** *Blessé enseveli sous les décombres.*

> ❑ Le singulier *décombre* est rare et littéraire. ♦ Les plantes qui poussent dans les décombres sont dites *rudérales.*

décommander v. tr. 1 – XIVe ▪ Annuler la commande de (une marchandise). ♦ Différer ou supprimer (une invitation). *Décommander un dîner.* ➝ *Se décommander* : annuler un rendez-vous.

décompensation n. f. – 1959 1 Faillite des mécanismes régulateurs à la suite de laquelle les troubles dus à une malformation, à une maladie provoquent des perturbations très graves dans l'organisme. *Décompensation d'un diabète.* 2 En psychologie, Faillite des mécanismes de compensation.

décompenser v. intr. 1 – mil. XXe 1 Être dans un état de rupture d'équilibre, de faillite des mécanismes régulateurs. 2 fam. Agir de façon inattendue, inhabituelle après avoir éprouvé une importante tension nerveuse. ⇒ se **défouler.**

décomplexer v. tr. 1 – 1962 ▪ fam. Libérer de ses inhibitions, de ses complexes. ⇒ **décoincer, décontracter.** ✪ CONTR. Complexer, inhiber.

décomposable adj. – XVIIIe ▪ Qui peut être décomposé. *Polynôme décomposable.* ✪ CONTR. Indécomposable, simple.

décomposer v. tr. 1 – XVIe 1 sc. Diviser, séparer en éléments constitutifs. ⇒ **désagréger, dissocier.** *Le prisme décompose la lumière solaire en ses couleurs fondamentales. Décomposer un nombre en facteurs premiers.* ♦ Effectuer (un mouvement complexe) lentement afin de montrer les éléments. *Décomposer un pas de danse.* 2 Altérer chimiquement (une substance organique). ⇒ **putréfier.** ➝ pronom. *Cadavre qui se décompose.* ⇒ **pourrir.** 3 Altérer passagèrement (les traits du visage). ⇒ **altérer, troubler.** « *une violente contraction de surprise et de douleur décomposa les muscles de sa face* » (Hugo). pronom. *Son visage se décomposa de terreur.* ➝ *Il est décomposé,* pâle et défait. ✪ CONTR. Combiner, composer, synthétiser.

décomposition n. f. – XVIIe 1 Séparation (d'un corps, d'une substance) en ses éléments. *Décomposition de la lumière par le prisme. Décomposition d'un nombre en facteurs premiers.* 2 Altération d'une substance organique, ordinairement suivie de putréfaction. ⇒ **pourriture.** *Cadavre en décomposition.* ♦ *La* *décomposition d'une société.* ⇒ **désagrégation.** ✪ CONTR. Combinaison, composition, synthèse. Conservation.

décompresser v. [1] – 1966 **1** v. tr. Cesser ou diminuer la compression de ; réduire la pression de (un gaz). ⇒ **décomprimer, détendre. 2** v. intr. fam. Relâcher sa tension nerveuse. ⇒ se **détendre.** ✪ CONTR. Compresser.

décompresseur n. m. – 1904 ▪ Appareil ramenant à la pression normale un gaz comprimé. ➛ Soupape placée sur la culasse, diminuant la compression dans les cylindres d'un moteur à explosion. ✪ CONTR. Compresseur.

décompression n. f. – XIXe ▪ Cessation ou diminution de la pression d'un gaz. ♦ Réduction progressive de la pression, dans un caisson où travaille un plongeur, pour éviter un retour trop brutal à la pression atmosphérique normale. *Sas de décompression.* ✪ CONTR. Compression.

décomprimer v. tr. [1] – XIXe ▪ Faire cesser ou diminuer la compression de. *Décomprimer de l'air.* ⇒ **décompresser.** ✪ CONTR. Comprimer.

❑ Ne pas confondre ce verbe avec *décompresser* au sens de « relâcher sa tension nerveuse ».

décompte [dekɔ̃t] n. m. – XIIe **1** Ce qu'il y a à déduire sur une somme qu'on paie. ⇒ **déduction, réduction. 2** Décomposition (d'une somme, d'un ensemble) en ses éléments. *Le décompte des travaux effectués.*

décompter [dekɔ̃te] v. [1] – XIIe **1** v. tr. Déduire, rabattre d'une somme. ⇒ **retrancher, soustraire.** *Je décompte les mille francs d'arrhes.* **2** v. intr. Sonner en désaccord avec l'heure qu'indiquent les aiguilles. *Pendule qui décompte.* ✪ CONTR. Ajouter.

déconcentration n. f. – 1907 **1** Système dans lequel l'État délègue certains pouvoirs de décision à des agents ou organismes locaux qui sont soumis à l'autorité centrale. **2** Diminution de la concentration d'une substance. ✪ CONTR. Concentration, centralisation.

déconcentrer v. tr. [1] – v. 1964 **1** Provoquer la déconcentration administrative de. **2** Diminuer la concentration de. *Déconcentrer une zone urbaine saturée.* **3** Cesser de concentrer (son attention), de se concentrer. *Cette pause m'a déconcentré.* ➛ pronom. *Se déconcentrer.* ✪ CONTR. Concentrer, centraliser. Fixer.

déconcertant, ante adj. – XIXe ▪ Qui déconcerte. ⇒ **déroutant, surprenant.** *Une franchise déconcertante.* « *Ses progrès furent d'une rapidité déconcertante* » (Gide).

déconcerter v. tr. [1] – XVe ▪ Faire perdre contenance à (qqn) ; jeter dans l'incertitude de ce qu'il faut faire, dire ou penser. ⇒ **décontenancer, embarrasser, troubler.** « *Cet homme timide, qu'un mot badin déconcertait, qu'un regard de femme faisait rougir* » (Rouss.). ✪ CONTR. Encourager, rassurer.

déconditionnement n. m. – 1951 ▪ Méthode permettant de supprimer un réflexe conditionné par la mise en jeu de stimulus désagréables appliqués en même temps que ceux qui créent le conditionnement. ✪ CONTR. Conditionnement.

déconditionner v. tr. [1] – 1904 ▪ Soustraire aux effets d'un conditionnement psychologique. ✪ CONTR. Conditionner, intoxiquer.

déconfit, ite adj. – XIe ; de l'a. v. *déconfire* « défaire un ennemi », de *confire* ▪ Penaud, dépité. *Mine déconfite.* « *tout pâle et déconfit d'entendre cette chamaillerie* » (Sand). ✪ CONTR. Triomphant.

déconfiture n. f. – XIIe ▪ fam. **1** Échec, défaite morale. *La déconfiture d'un parti politique.* **2** Ruine financière entière. ⇒ **banqueroute, faillite.** *Être, tomber en déconfiture.* ✪ CONTR. Succès, triomphe.

❑ Aucun rapport étym. avec *confiture.*

décongélation n. f. – XIXe ▪ Action de décongeler. *Décongélation d'aliments surgelés.* ✪ CONTR. Congélation.

décongeler v. tr. [5] – 1907 ▪ Ramener (un corps congelé) à une température supérieure à 0 °C. *Décongeler de la viande.* ✪ CONTR. Congeler.

décongestif, ive adj. et n. m. – av. 1970 ▪ Qui atténue ou fait disparaître une congestion.

décongestion n. f. – 1944 ▪ Action de décongestionner ; résultat de cette action. ✪ CONTR. Congestion, encombrement, engorgement.

décongestionner v. tr. [1] – XIXe **1** Faire cesser la congestion de. *Décongestionner les poumons.* **2** Faire cesser l'encombrement de. ⇒ **dégager, désengorger.** « *un agent qui s'efforçait de décongestionner l'avenue* » (Simenon). ✪ CONTR. Congestionner.

déconnecter v. tr. [1] – 1943 **1** Supprimer la connexion de (qqch.) dans un circuit électrique. ⇒ **débrancher. 2** Séparer. ➛ *Être déconnecté :* n'être pas au courant, pas dans le coup. ✪ CONTR. Connecter, relier. Branché.

déconner v. intr. [1] – XIXe ▪ fam. **1** Dire, faire des bêtises, des absurdités. ⇒ **débloquer, déraisonner.** « *Dis donc tout de suite que je déconne !... Vas-y !* » (Céline). *Il déconne à pleins tubes.* **2** Plaisanter. *Faut pas déconner avec ces choses-là !* **3** Mal fonctionner. *Ma voiture déconne complètement.*

déconneur, euse n. – XXe ▪ fam. Personne qui déconne, aime plaisanter.

déconnexion n. f. – 1951 **1** Suppression d'une liaison organique. **2** Action de déconnecter ; son résultat. ⇒ **débranchement. 3** Séparation de choses connexes. ✪ CONTR. Connexion, liaison.

déconseiller v. tr. [1] – XIIe ▪ Conseiller de ne pas faire. ⇒ **dissuader.** *On lui a déconseillé ce sport. Je vous déconseille d'y aller.* ➛ *C'est tout à fait déconseillé,* contre-indiqué. ✪ CONTR. ① Conseiller, recommander.

déconsidération n. f. – XVIIIe ▪ littér. Perte de la considération. ⇒ **discrédit.** *Jeter la déconsidération sur qqn.*

déconsidérer v. tr. [6] – XVIIIe ▪ Priver (qqn) de la considération, de l'estime. ⇒ **discréditer.** *Ce scandale l'a déconsidéré.* ➛ pronom. *Il se déconsidère par sa mauvaise conduite.*

déconsigner v. tr. [1] – XIXe **1** Affranchir de la consignation. *Déconsigner des troupes.* **2** Retirer de la consigne. *Déconsigner une valise.* **3** Rembourser le prix de la consigne de (un emballage). *Déconsigner une bouteille.* ✪ CONTR. Consigner.

déconsommation n. f. – 1992 ▪ Crise de la consommation. *La déconsommation est souvent liée à l'épargne.*

déconstruction n. f. – v. 1965 ▪ Fait de déconstruire.

déconstruire v. tr. [38] – 1970 ▪ Didact. Défaire par l'analyse (ce qui a été construit). *Déconstruire un concept.*

décontamination n. f. – 1952 ▪ Élimination ou atténuation des effets d'une contamination (radioactive, chimique...). ⇒ **dépollution, désactivation.** ✪ CONTR. Contamination. Pollution.

décontaminer v. tr. [1] – 1952 ▪ Éliminer ou atténuer les effets d'une contamination sur (qqn, qqch.). *Décontaminer des lieux irradiés.* ✪ CONTR. Contaminer. Polluer.

décontenancer v. tr. [3] – XVIe **1** Faire perdre contenance à (qqn). ⇒ **déconcerter, désarçonner.** « *Ces derniers mots achevèrent de décontenancer Frédéric* » (Flaub.). **2** v. pron. Perdre contenance. *Il continua sa démonstration sans se décontenancer.* ⇒ se **démonter.** ✪ CONTR. Encourager, rassurer.

décontracté, ée adj. - 1924 1 Relâché (muscle). 2 Détendu. *Restez décontracté.* ⇒ **souple.** 3 fam. Insouciant, à l'aise, sans crainte ni angoisse. ⇒ **cool, relax.** *Il est un peu trop décontracté.* ➛ *Allure, tenue décontractée.* ✪ CONTR. Contracté, tendu. Contraint, embarrassé, guindé.

décontracter v. tr. [1] - XIXe 1 Faire cesser la contraction musculaire de. ⇒ **détendre, relâcher.** *Décontracter ses muscles.* 2 fam. *SE DÉCONTRACTER* v. pron. Se détendre. ⇒ se **relaxer.** *Se décontracter avant un examen.* ✪ CONTR. ② Contracter, crisper, raidir, ① tendre.

décontraction n. f. - XIXe 1 Relâchement du muscle succédant à la contraction. 2 Détente du corps. ⇒ **relaxation.** 3 Souplesse, naturel, désinvolture. *Il lui a répondu avec beaucoup de décontraction.* ✪ CONTR. Contraction, raideur.

déconvenue n. f. - XIIe ; de *dé-* et *convenir* ▪ Désappointement causé par un insuccès, une mésaventure, une erreur. ⇒ **déception.** *Éprouver une grande déconvenue.* « *j'ai le caractère ainsi fait que je pris plaisir à ma déconvenue* » (Gide). ✪ CONTR. Triomphe.

décor n. m. - XVIe 1 Ce qui sert à décorer (un édifice, un intérieur). ⇒ **décoration.** « *Une chambre au décor vaguement oriental* » (Robbe-Grillet). ♦ Dessin, motif. *Tissu à décor floral.* 2 Représentation figurée du lieu où se passe l'action (théâtre, cinéma, télévision). *Les décors* : les éléments du décor de théâtre. *Planter le décor. Tournage en décor naturel.* ➛ loc. *Changement de décor* : changement de circonstances, évolution brusque d'une situation. *Faire partie du décor* : passer inaperçu, jouer un rôle secondaire. 3 Aspect extérieur du milieu dans lequel se produit un phénomène, vit un être. ⇒ **ambiance, atmosphère, cadre.** *Un décor champêtre.* ➛ loc. fam. *Aller, foncer, partir dans le décor* : quitter accidentellement la route (voiture).

décorateur, trice n. - XVIe 1 Personne qui exécute ou dirige l'exécution des décors, pour un spectacle. *Décorateur de théâtre, de cinéma.* 2 Personne qui fait des travaux de décoration. *Décorateur d'intérieurs, d'appartements.* ⇒ **ensemblier** (cf. Architecte* d'intérieur).

décoratif, ive adj. - XVe 1 Destiné à décorer. *Motifs décoratifs.* ⇒ **ornemental.** ➛ *ARTS DÉCORATIFS* : arts appliqués aux choses utilitaires, aussi nommés *arts appliqués, arts industriels. Style Art déco,* représenté par l'Exposition des Arts décoratifs de 1925. 2 Qui décore bien. *Plante décorative.* ➛ fam. « *Le chauffeur, un grand et bel homme, décoratif et obséquieux* » (Cendrars). *Œuvre d'art décorative.* 3 péj. Agréable, mais accessoire. *Un rôle purement décoratif.*

décoration n. f. - XIVe 1 Action, art de décorer. *La décoration d'un appartement.* 2 L'ensemble de ce qui décore, de ce qui sert à décorer. ⇒ **ornement.** *Décoration florale d'une table.* ➛ au plur. *Des décorations de Noël.* 3 Insigne d'un ordre honorifique. *Décorations civiles, militaires.*

décorder (se) v. pron. [1] - XIIe ▪ Se détacher de la cordée, en montagne (opposé à *s'encorder*).

décorer v. tr. [1] - XIVe ; lat. *decus* « ornement » 1 Pourvoir d'accessoires destinés à embellir, à rendre plus agréable. ⇒ **orner.** *Décorer un appartement. Décorer un sapin de Noël avec des guirlandes.* ♦ Agrémenter, embellir (un lieu). *Tableaux qui décorent un salon. Le cygne « décore, embellit tous les lieux qu'il fréquente »* (Buff.). 2 Attribuer, remettre à (qqn) une décoration, l'insigne d'un ordre, d'une distinction honorifique. *Décorer un soldat.* « *Je n'ai jamais été décoré, sauf par les Anglais* » (Giono).

décorner v. tr. [1] - XVIe 1 loc. fam. *Un vent à décorner les bœufs,* très fort. 2 Redresser (ce qui est corné). *Décorner la page d'un livre.*

décorticage n. m. - XIXe ▪ Opération par laquelle on dégage (un grain, une graine) de son enveloppe. *Décorticage du riz.*

décortication n. f. - XVIIIe 1 Action de dépouiller de son écorce (cortex). *Décortication d'un arbre à la raclette.* 2 Ablation chirurgicale de l'enveloppe fibreuse (d'un organe). *Décortication du rein.*

décortiquer v. tr. [1] - XIXe ; lat. *cortex* « écorce » **I** - 1 Dépouiller (une tige, une racine) de son écorce ; séparer (un fruit, une graine) de son enveloppe. *Décortiquer des arachides en coque.* ➛ *Crevettes décortiquées,* sans carapace. 2 Analyser à fond, minutieusement, pour expliquer. ⇒ **éplucher.** « *On lui soumettait des textes qu'il décortiquait* » (Huysm.). **II** sc. Priver (totalement ou partiellement) du cortex cérébral. *Animal de laboratoire décortiqué.*

décorum [dekɔʀɔm] n. m. sing. - XVIe ; lat. *decere* « convenir » ▪ Ensemble des règles qu'il convient d'observer pour tenir son rang dans une bonne société. ⇒ **protocole.** *Observer le décorum.*

> ❑ Le mot a pris aussi au XIXe s. le sens de « luxe ostentatoire » : *tout pour le décorum !*

décote n. f. - 1952 1 Abattement, réduction (d'impôt, de cotisation). *Impôt après décote.* 2 Différence négative entre la valeur nominale d'un titre, la valeur officielle d'une monnaie, et son cours (sur le marché).

découcher v. intr. [1] - XIIe ▪ Coucher hors de chez soi ; rester absent une nuit entière.

> ❑ Ce mot est souvent employé dans un contexte érotique : *sa fille a découché.* → baise-en-ville.

découdre v. tr. [48] - XIIe 1 Défaire (ce qui est cousu). *Découdre un bouton.* ➛ pronom. *Sa robe s'est décousue.* 2 Déchirer le ventre de (un animal) par une blessure en long. ⇒ **éventrer.** *Cerf qui découd un chien.* ♦ *EN DÉCOUDRE* : se battre. *Il est toujours prêt à en découdre,* à en venir aux mains. « *Il fallait voir cependant comme j'en décousais* » (Dumas). ✪ CONTR. Coudre.

découler v. intr. [1] - XIIe ▪ S'ensuivre par développement naturel. ⇒ **procéder, provenir, résulter, venir** (de). *Les conséquences qui en découlent.* « *Cette œuvre découle du plus intime de ta vie* » (Valéry). ✪ CONTR. ① Causer, entraîner, provoquer.

découpage n. m. - XVe 1 Action de découper. *Le découpage d'une volaille.* 2 Image à découper ou découpée. *Faire des découpages.* 3 Au cinéma, Division du scénario en séquences et plans. *Le scénario ainsi détaillé.* 4 *Découpage électoral* : division (d'un territoire) en circonscriptions électorales.

découpe n. f. - XIXe 1 Action de découper, de couper en morceaux déterminés. 2 Morceau d'étoffe rapporté (sur un vêtement) à des fins décoratives. *Taille soulignée par des découpes.*

découpé, ée adj. - XIIIe 1 Dont les bords irréguliers présentent des entailles de forme aiguë, en dents de scie. *Côte découpée.* 2 Qu'on a découpé, détaché aux ciseaux. *Article découpé.*

découper v. tr. [1] - XIIe 1 Diviser en morceaux, en coupant ou en détachant (une pièce de viande qu'on sert à table). *Découper un canard. Planche à découper.* 2 Couper régulièrement, suivant un contour, un tracé. *Découper une pièce de bois.* ➛ *Découper un article dans un journal.* « *Il s'était interrompu de découper avec les ciseaux maternels des maximes dans une édition populaire d'Épictète* » (Mauriac). ➛ *Découpez suivant le pointillé.* 3 *SE DÉCOUPER* v. pron. Se détacher avec des contours nets. « *Les ombres des rochers* *s'allongeaient et se découpaient bizarrement sur la route* » (Gaut.).

découpeur, euse n. - XIIIe 1 Ouvrier, ouvrière qui découpe. 2 n. f. Machine à découper le bois, les tissus ; à diviser la laine.

découplage n. m. - XXe 1 Élimination des perturbations produites par le couplage parasite de systèmes électroniques. 2 Suppression du lien (économique, politique, stratégique...) entre deux pays.

découplé, ée adj. - XIIIe ▪ *Bien découplé* : de belle taille, bien bâti. « *De belles grandes filles bien découplées* » (Gaut.).

❑ Cet emploi vient des *chiens découplés* et signifie d'abord « qui a de l'aisance dans ses mouvements ».

découpler v. tr. [1] - XIIe 1 Détacher (des chiens couplés) pour qu'ils courent après la bête. 2 Réaliser le découplage de. ✪ CONTR. Coupler.

découpoir n. m. - XVIIIe 1 Instrument pour découper (⇒ **emporte-pièce**). 2 Lame d'une machine à découper.

découpure n. f. - XIVe 1 rare Action de découper (une étoffe, du papier) ; son résultat. ⇒ **découpage.** 2 État, forme de ce qui est découpé ; bord découpé. *Les découpures d'une dentelle.* ♦ *Les découpures d'une côte rocheuse.*

décourageant, ante adj. - XVIIIe ▪ Propre à décourager, à rebuter. ⇒ **démoralisant, déprimant, désespérant.** *Les premiers résultats sont décourageants.* ➛ *Vous êtes décourageant.* ✪ CONTR. Encourageant, réconfortant, stimulant.

découragement n. m. - XIIe ▪ État d'une personne qui est découragée ; perte du courage, de l'énergie. ⇒ **abattement, démoralisation.** *Se laisser aller au découragement.* ✪ CONTR. Courage, énergie, espérance.

décourager v. tr. [3] - XIIe 1 Rendre (qqn) sans courage, sans énergie ni envie d'action. ⇒ **démoraliser, déprimer.** *Échec qui décourage. Ne vous laissez pas décourager.* ➛ pronom. *Il se décourage à la première difficulté.* ➛ *Être découragé,* abattu, triste. 2 *Décourager qqn de,* lui ôter l'envie, le désir de. ⇒ **dégoûter** (de). *Vous m'avez découragé de travailler.* 3 Diminuer, arrêter. *Il décourage les meilleures volontés.* ✪ CONTR. Encourager, réconforter.

découronner v. tr. [1] - XIIe 1 Priver de la couronne. *La révolution découronna le roi.* 2 Enlever le sommet, la cime de. ⇒ **décapiter.** *La tempête a découronné plusieurs arbres.* ✪ CONTR. Couronner.

décours n. m. - XIIe ; lat. *decurrere* « descendre en courant » ▪ Didact. 1 Période de décroissement (de la Lune). *La lune est en décours.* 2 Période de déclin (d'une maladie). « *J'étais fiévreux, bien que le mal fût dans le décours* » (Duham.).

décousu, ue adj. - XIIIe 1 Dont la couture a été défaite, s'est défaite. *Ourlet décousu.* 2 Qui est sans suite, sans liaison. ⇒ **incohérent, inconséquent.** *Conversation décousue.* ➛ subst. *Le décousu de ses propos.* ✪ CONTR. Cousu. Cohérent, suivi.

① **découvert, erte** adj. 1 Qui n'est pas couvert par un vêtement. *Avoir la tête découverte.* ⇒ ① **nu.** ♦ loc. *À visage découvert* : sans masque, sans détour. ⇒ **franchement, ouvertement.** « *Nous avions joué à visage et à jeu découverts* » (Barbey). 2 Que rien ne couvre. *Terrain découvert.* « *des gens, debout dans des voitures découvertes* » (Perec). ✪ CONTR. ② Couvert.

② **découvert** n. m. - XIVe ▪ Montant d'une dette, d'une dépense excédant les disponibilités du débiteur. *Le découvert d'un compte.*

③ **découvert (à)** loc. adv. - XIIe 1 Dans une position qui n'est pas couverte, protégée. *La mer laisse le rivage à découvert.* 2 Sans dissimulation. ⇒ **clairement, franchement, ouvertement.** *Agir à découvert,* en toute franchise. → transparence. 3 Sans couverture, sans contrepartie. *Opérer à découvert en Bourse,* sur des valeurs qu'on ne possède pas. ➛ *Compte à découvert,* dont le solde est débiteur.

découverte n. f. - XIIe I - 1 Action de découvrir (ce qui était ignoré, inconnu, caché). « *la découverte d'un secret très simple, intransmissible et sacré* » (Malraux). *Découverte d'un trésor.* ➛ *La découverte de l'Amérique par Christophe Colomb. Les grandes découvertes.* ♦ *À LA DÉCOUVERTE* : dans le but d'explorer, de découvrir. *Aller, partir à la découverte.* 2 Action de faire connaître un objet, un phénomène caché ou ignoré (mais préexistant). *Découverte scientifique.* ➛ iron. *Faire une découverte* : réaliser soudainement ce que tout le monde savait. 3 Action d'inventer (ce qui n'existait pas au préalable). ⇒ **invention.** « *la découverte du calcul infinitésimal, que Newton a faite* » (Volt.). 4 L'objet de la découverte. *Montre-moi ta découverte.* ⇒ **trouvaille.** II Élément de décor (scénique, cinématographique) placé derrière une ouverture et simulant l'arrière-plan.

découvreur, euse n. - XIIIe ▪ Personne qui découvre. ⇒ **inventeur, savant.** *Un découvreur de talents.*

❑ Dans l'usage courant, *inventeur* tend à supplanter *découvreur.* ♦ Celui qui découvre un trésor est, en termes de droit, un *inventeur.*

découvrir v. tr. [18] - XIIe ; lat. *discooperire* I (concret) 1 Dégarnir de ce qui couvre. *Découvrir une cocotte en ôtant le couvercle.* ⇒ **ouvrir.** 2 Laisser voir ; montrer. *Robe qui découvre le dos.* 3 Priver de ce qui protège. ⇒ **exposer.** *Découvrir une frontière en retirant des troupes.* II (abstrait) 1 Faire connaître (ce qui est caché). ⇒ **dévoiler, divulguer, montrer, révéler.** *Découvrir ses plans à un ami.* ➛ « *les mots me découvraient tout leur sens* » (Proust). loc. *Découvrir son jeu* (cartes), le montrer ; laisser connaître ses intentions. 2 Apercevoir. *Du haut de la colline, on découvre la mer.* ➛ « *Levant les yeux, il découvrit avec un effarement indicible la tête de Dutilleul* » (Aymé). 3 Arriver à connaître (ce qui était resté caché ou ignoré). ⇒ **trouver.** *Chercher à découvrir le mystère.* ⇒ **percer.** *Découvrir un trésor. L'enfant découvre le monde qui l'entoure. Il ne parviendra jamais à en découvrir la cause.* ⇒ **connaître, saisir.** ➛ *J'ai découvert chez elle, en elle, je lui ai découvert un véritable talent.* ➛ *Découvrir que* (et l'indic.). ⇒ **comprendre, trouver.** « *Vous allez bientôt découvrir pourquoi j'insiste* » (Mart. du G.). ➛ *Les Vikings avaient découvert l'Amérique avant Christophe Colomb.* ♦ *Découvrir un virus* (⇒ **découverte**). 4 Parvenir à connaître (ce qui était délibérément caché ou qqn qui se cachait). ⇒ **surprendre.** *Découvrir un secret, la vérité.* ⇒ **deviner.** *Découvrir le coupable.* ⇒ **démasquer.** III *SE DÉCOUVRIR* v. pron. 1 Ôter ce dont on est couvert. ⇒ se **dénuder,** se **déshabiller,** se **dévêtir.** « *Elle passa dans la chambre de Jacques s'assurer que celui-ci dormait et ne s'était pas découvert* » (Simenon). 2 Ôter son chapeau, sa coiffure. *Se découvrir en entrant dans une église.* 3 Devenir plus clair, moins couvert, en parlant du temps. *Le ciel se découvre.* ⇒ se **dégager.** 4 Apprendre à se connaître. « *je fis exécuter les pires. Je me découvrais impitoyable* » (Yourcenar). ✪ CONTR. Couvrir. ① Cacher, dissimuler.

décrassage n. m. - v. 1900 ▪ Action de décrasser.

décrasser v. tr. [1] - XVe 1 Débarrasser (qqch., qqn) de la crasse. ⇒ **désencrasser, laver, nettoyer.** *Décrasser des bougies de voiture. Se décrasser les ongles.* 2 Débarrasser (qqn) de son ignorance, de sa grossièreté ⇒ **décrotter, dégrossir.** ✪ CONTR. Encrasser, salir.

décrédibiliser v. tr. [1] - 1980 ▪ Rendre moins crédible. ✪ CONTR. Crédibiliser.

décrément n. m. - XIXe ; lat. *decrescere* « diminuer » ▪ *Décrément logarithmique* : mesure de l'amortissement d'une oscillation. ✪ CONTR. Incrément.

décrêpage n. m. - 1960 ▪ Traitement capillaire consistant à rendre lisses des cheveux crépus. ✪ CONTR. Crêpage.

décrêper v. tr. [1] - XIXe ▪ Rendre lisses (des cheveux crêpés ou crépus). ✪ CONTR. Crêper.

décrépir v. tr. [2] - XVIIIe ▪ Dégarnir du crépi. ➛ *Façade décrépie.* ✪ CONTR. Crépir.

❑ Le participe passé *décrépi* est souvent confondu avec *décrépit*, alors que *décrépir* vient de *crépir*, du latin *crispus* « frisé » (même famille que ① *crêpe* et ② *crêpe*), et *décrépit* du latin *crepare* « craquer » (même famille que *crever* et *crépitation*).

décrépissage n. m. - XIXe ▪ rare Action de décrépir. *Le décrépissage d'un mur.*

décrépit, ite adj. - XIIe ; lat. *crepare* « craquer, claquer, pétiller » ▪ Qui est dans la décrépitude, dans une extrême déchéance physique. ⇒ **usé, vieux.** « *un pauvre saltimbanque, voûté, caduc, décrépit, une ruine d'homme* » (Baud.). ✪ HOM. Décrépi (décrépir).

❑ Ne pas confondre avec *décrépi* → décrépir (rem.).

décrépitude n. f. - XIVe ▪ ⇒ **décadence.** *Tomber en décrépitude.* « *Mes sentiments pour vous ne se ressentent point de ma décrépitude* » (Volt.). ✪ CONTR. Jeunesse, vigueur.

decrescendo [dekʀeʃɛndo ; dekʀeʃẽdo] adv. - XVIIIe ; mot it. « en décroissant » ▪ En diminuant progressivement l'intensité d'un son. ⇒ **diminuendo.** ➛ n. m. *Des decrescendo* ou *des decrescendos.* ✪ CONTR. Crescendo.

décret n. m. - XIIe ; lat. *decernere* « décider, décréter » **1** Acte administratif à portée générale ou individuelle, émanant du pouvoir exécutif. ⇒ ① **arrêté ; ordonnance.** *Par décret. Décret présidentiel. Décret pris après avis du Conseil d'État.* **2** littér. Décision, volonté d'une puissance supérieure. *Se soumettre aux décrets de la Providence.*

décrétale n. f. - XIIIe ▪ Lettre du pape, réglant une question de discipline ou d'administration.

décréter v. tr. [6] - XIVe **1** Ordonner par un décret. *Décréter la mobilisation.* **2** Décider avec autorité. *Décréter qu'on fera qqch.*

décreusage n. m. - XVIIIe ▪ Action de décreuser.

décreuser v. tr. [1] - XVIIe ; de *dé-* et *cru* « non préparé » ▪ Lessiver (le fil de soie grège) pour le dépouiller de sa gaine de séricine.

décri n. m. - XVe ▪ vx Perte de réputation, d'estime. ⇒ **défaveur, discrédit.**

décrier v. tr. [7] - XIIIe ▪ littér. Attaquer, rabaisser dans sa réputation. ⇒ **calomnier, dénigrer, discréditer.** *Décrier qqn, sa conduite.* ➛ *Une mesure très décriée,* contestée, critiquée. *La pêche* « *ô sport injustement décrié !* » (Gide). ✪ CONTR. Célébrer, ① louer, prôner, vanter. — HOM. *Décrie :* décris ; *décrierai :* décrirai (décrire).

décrire v. tr. [39] - XIIe ; lat. *describere* **1** Représenter dans son ensemble, par écrit ou oralement. ⇒ **dépeindre, exposer, raconter.** *Décrire qqch. par le menu, en détail. Décrivez-moi cet individu. Décrire comment les événements se sont déroulés. Décrire la situation.* « *Mais cette époque de ma vie je ne puis trop la décrire* » (Genet). **2** Tracer ou suivre (une ligne courbe). *La route décrit une courbe. Trajectoire décrite par un projectile.* ✪ HOM. *Décris :* décrie ; *décrirai :* décrierai (décrier).

décrispation n. f. - 1946 ▪ Fait de détendre (le climat politique ou social) ; état qui en résulte. ⇒ **détente.** ✪ CONTR. Crispation.

décrochage n. m. - XIXe **1** Action, fait de décrocher. *Levier de décrochage.* **2** Mouvement de repli, de recul d'une armée. ⇒ **désengagement.** **3** En télécommunications, Interruption d'un relais pour diffuser ses propres émissions. **4** Chute de la portance d'un aéronef, due à un décollement d'air à l'extrados.

décrochement n. m. - XVIIe ▪ État de ce qui est décroché. *Décrochement de la mâchoire.* ➛ Forme de ce qui est en retrait. « *la rambarde de la terrasse fait un décrochement* » (Tournier). ♦ Faille dont les deux blocs se déplacent horizontalement.

décrocher v. [1] - XIIIe ; de *dé-* et *croc* **I** v. tr. **1** Détacher (ce qui était accroché). *Décrocher des rideaux.* ♦ *Décrocher (le téléphone)* : ôter le combiné de son support (opposé à *raccrocher*). ➛ « *Janine a décroché à l'autre bout* » (Le Clézio). ♦ *Bâiller, rire à se décrocher la mâchoire.* **2** fam. Obtenir. *Décrocher le premier prix, une augmentation.* **3** Détacher, séparer. ➛ Distancer. *Cycliste qui décroche le peloton dans une échappée.* ⇒ **décoller** (de). ➛ Faire quitter son orbite à (un vaisseau spatial). **II** v. intr. **1** Rompre le contact avec l'ennemi ; se retirer (armée). ⇒ **reculer,** se **replier.** ♦ fam. Abandonner (une activité) ; renoncer à suivre. *Cet exposé était si ennuyeux que j'ai décroché.* ➛ Abandonner ou suspendre son activité professionnelle. ⇒ s'**arrêter, décompresser.** ♦ Cesser de se droguer. **2** Perdre la portance nécessaire à la sustentation. *L'avion décroche et descend en vrille.* ✪ CONTR. Accrocher, attacher, pendre.

décrochez-moi-ça n. m. inv. - XIXe ▪ fam. Boutique de fripier.

décroiser v. tr. [1] - XVIe ▪ Faire cesser d'être croisé. *Décroiser les bras, les jambes.* ✪ CONTR. Croiser.

décroissance n. f. - XIIIe ▪ État de ce qui décroît. ⇒ **déclin, diminution.** « *dans la décroissance, dans la déchéance des mœurs politiques et privées* » (Péguy). ✪ CONTR. Croissance.

décroissant, ante adj. - XIIIe ▪ Qui décroît. *Par ordre décroissant. Vitesse décroissante.* ♦ *Fonction décroissante,* qui varie en sens contraire des valeurs de l'intervalle sur lequel elle est définie. ✪ CONTR. ② Croissant.

décroissement n. m. - XIIIe ▪ rare Mouvement de ce qui décroît. ⇒ **diminution.** *Décroissement de la Lune.* ⇒ **décours, décroît.** ✪ CONTR. Accroissement, augmentation, croissance.

décroît n. m. - XIIIe ▪ Décroissement de la Lune, lorsqu'elle entre dans son dernier quartier. *La Lune est dans son décroît.*

décroître v. intr. [55] - XIIe ; roman *discrescere* ▪ Diminuer progressivement. ⇒ **baisser, diminuer.** *Les eaux ont décru, sont décrues. Ses forces décroissent chaque jour.* ⇒ s'**affaiblir,** s'**amoindrir.** *La fièvre décroît.* ⇒ ① **tomber.** « *le bruit a commencé à décroître, pour redevenir en peu de temps presque inaudible* » (Robbe-Grillet). ✪ CONTR. Accroître (s'), augmenter, croître.

❑ Le part. passé s'écrit *décru* sans accent circonflexe sur le *u*, à la différence du part. passé de *croître* qui s'écrit *crû* (pour se différencier de *cru*).

décrotter v. tr. [1] - XIVe ; de *dé-* et *crotte* « boue » ▪ Nettoyer en ôtant la boue. *Décrotter des chaussures.* ✪ CONTR. Crotter, salir.

décrotteur n. m. – XVIIe ■ Machine pour nettoyer les racines, les tubercules.

décrottoir n. m. – XVe ■ Lame de fer ou petite grille de caoutchouc, de métal servant à décrotter les chaussures, à enlever la boue collée aux semelles. ⇒ **grattoir.**

décrue n. f. – XVIe ■ Baisse du niveau des eaux (après une crue). ✪ CONTR. Crue.

décryptage n. m. – 1962 ■ Action de décrypter. ⇒ **déchiffrement, décodage.** ✪ CONTR. Cryptage.

❑ On dit aussi *décryptement*, avec un autre suffixe.

décrypter v. tr. [1] – 1929 ; de *dé-* et gr. *kruptos* « caché » ■ Traduire en clair (un message chiffré dont on ne possède pas la clé). ⇒ **déchiffrer, décoder.** ✪ CONTR. Crypter.

déçu, ue adj. – XIVe **1** Qui n'est pas réalisé, qui ne répond pas à l'attente. *Espoirs déçus.* **2** Qui a éprouvé une déception. ⇒ **dépité, désappointé.** *Être déçu par qqch., qqn, de qqch.* « *mon grand-père paternel, qui, déçu par son contrat de mariage, n'adressa pas trois mots à ma grand-mère en quarante-cinq ans* » (Sartre). ➜ loc. fam. *Ne pas être déçu (du voyage) :* rencontrer les désagréments prévus. ✪ CONTR. Comblé, satisfait.

décubitus [dekybitys] n. m. – XVIIIe ; lat. *decumbere* « se mettre au lit » ■ Position du corps reposant sur un plan horizontal. *Être en décubitus dorsal.*

décuivrer v. tr. [1] – mil. XXe ■ Débarrasser (une surface) d'une couche, d'un dépôt de cuivre (par dissolution, électrolyse).

de cujus [dekyʒys] n. m. inv. – XVIIIe ; abrév. de la loc. lat. *de cujus successione agitur* « celui dont la succession est en question » ■ Personne dont la succession est ouverte.

déculasser v. tr. [1] – XIXe ■ Enlever la culasse de (une arme à feu).

déculottée n. f. – 1906 ■ fam. Défaite humiliante. ⇒ ② **pile, raclée.** *Prendre une déculottée au tennis.*

déculotter v. tr. [1] – XVIIIe **1** Enlever la culotte, le pantalon de (qqn). *Déculotter un enfant.* **2** SE DÉCULOTTER v. pron. Enlever sa culotte, son pantalon. « *M. de Loménie de Méjouls aimait à se déculotter en public* » (Aragon). ♦ fam. Adopter une attitude servile. ✪ CONTR. ① Culotter.

déculpabilisation n. f. – 1966 ■ Action de déculpabiliser ; son résultat. ✪ CONTR. Culpabilisation.

déculpabiliser v. tr. [1] – v. 1968 ■ Libérer (qqn) d'un sentiment de culpabilité. ✪ CONTR. Culpabiliser.

déculturation n. f. – v. 1963 ■ Dégradation, perte de l'identité culturelle d'un groupe ethnique.

décuple adj. et n. m. – XIVe ; lat. *decem* « dix » ■ rare Qui vaut dix fois (la quantité désignée). *100 est décuple de 10. La nitroglycérine « dont la puissance explosible est peut-être décuple de celle de la poudre ordinaire »* (J. Verne). ✪ CONTR. Dixième.

décuplement n. m. – XIXe ■ Action de décupler ; son résultat. *Décuplement d'énergie.*

décupler v. [1] – XVe **I** v. tr. **1** Rendre dix fois plus grand. *Décupler une somme.* **2** Augmenter considérablement. *La colère décuplait ses forces.* **II** v. intr. Devenir dix fois plus grand. *Les exportations ont décuplé en deux ans.*

décurion n. m. – XIIIe ; lat. ■ Dans l'Antiquité romaine, Chef d'un groupe de dix soldats. ♦ Magistrat municipal.

décurrent, ente adj. – XVIIIe ; lat. *decurrens* « qui court le long de » ■ En botanique, Qui se prolonge au-delà du point d'insertion habituel. *Feuilles décurrentes.*

décuscuteuse n. f. – 1911 ■ Trieur servant à débarrasser la semence des graines de cuscute.

décussé, ée adj. – XVe ; lat. *decussatus* « croisé » ■ Sc. *Feuilles décussées :* feuilles opposées dont les paires se coupent à angle droit.

décuvage n. m. – XVIIIe ■ Action de décuver ; son résultat. ⇒ **transvasement.**

décuver v. tr. [1] – XVIIe ■ Mettre (le raisin, le vin) hors de la cuve. ✪ CONTR. Encuver.

dédaignable adj. – XIIIe ■ surtout négatif *Cet avantage n'est pas dédaignable,* n'est pas à dédaigner. ✪ CONTR. Appréciable, estimable.

dédaigner v. tr. [1] – XIIe **1** Considérer avec dédain. ⇒ **mépriser.** « *Les hommes du moyen âge n'étaient pas assez vertueux pour dédaigner l'argent, mais ils méprisaient les hommes d'argent* » (Bernanos). ➜ Négliger. *Ce n'est pas à dédaigner. Dédaigner les injures, les menaces,* ne pas en tenir compte. ⇒ **ignorer.** **2** littér. DÉDAIGNER DE (et l'inf.). *Il dédaigne de répondre :* il ne daigne pas répondre. ✪ CONTR. Apprécier, ① cas (faire cas de), considérer.

❑ *Dédaigner* a produit plusieurs dérivés alors que le verbe simple *daigner* n'en a pas.

dédaigneusement adv. – XIIIe ■ D'une manière dédaigneuse. *Regarder dédaigneusement qqn,* le toiser.

dédaigneux, euse adj. – XIIe ■ Qui a ou exprime du dédain. ⇒ **arrogant, hautain, méprisant.** *C'est un homme dédaigneux. Moue dédaigneuse.* « *une bonté affectueusement protectrice, et un peu dédaigneuse* » (R. Rolland). ♦ subst. *Faire le dédaigneux.* ✪ CONTR. Admiratif, respectueux.

dédain n. m. – XIIe ■ Le fait de dédaigner ; mépris exprimé. ⇒ **arrogance, mépris.** *Moue de dédain. Répondre avec dédain. Regarder avec dédain,* du haut de sa grandeur. ➜ *Avoir le plus complet dédain pour qqn, qqch.* ✪ CONTR. Admiration, considération, déférence, estime, respect.

dédale n. m. – XVIe ; gr. *Daidalos,* nom du constructeur légendaire du labyrinthe de Crète **1** Lieu où l'on risque de s'égarer à cause de la complication des détours. ⇒ **labyrinthe.** *Errer dans un dédale de couloirs.* **2** Ensemble de choses embrouillées. ⇒ **complication.** *Le dédale administratif.*

dedans adv. et n. m. – XIe ; de ① *de* et *dans* **I** – **1** adv. À l'intérieur. *Vous attendrai-je dehors ou dedans ? L'enveloppe est vide, il n'y a rien dedans.* ♦ fam. *Mettre, ficher qqn dedans,* le tromper. « *mon père te met dedans de la plus jolie façon du monde* [...] *tu es trop godiche* » (Zola). **2** loc. adv. *LÀ-DEDANS* [lad(ə)dɑ̃] : à l'intérieur de ce lieu, en cet endroit. *Il est caché là-dedans. Il y a du vrai là-dedans,* dans cela. ♦ *DE DEDANS :* de l'intérieur. ♦ *EN DEDANS :* à l'intérieur. *Marcher les pieds en dedans,* les pointes tournées vers l'intérieur. **II** n. m. **1** Partie intérieure. ⇒ **intérieur.** *Le dedans d'une boîte. Ce bruit vient du dedans.* **2** loc. adv. *AU-DEDANS* ou *au dedans* [od(ə)dɑ̃] : à l'intérieur, dedans. ⇒ **intérieurement.** « *Avant de s'agrandir au dehors, il faut s'affermir au dedans* » (Hugo). ➜ loc. prép. *Au-dedans de* ou *au dedans de :* à l'intérieur de. *Au dedans de nous,* en notre for intérieur. ✪ CONTR. Dehors. ② Extérieur.

❑ L'expression *ici-dedans* est régionale mais non fautive (cf. *ici-bas, là-dedans*).

dédicace n. f. – XIIe ; lat. *dedicare* « consacrer » **1** Consécration (d'une église, d'une chapelle) au culte divin. **2** Hommage qu'un auteur fait de son œuvre à qqn, par une inscription imprimée en tête de l'ouvrage. ➜ Formule manuscrite sur un livre, une photographie pour en faire hommage à qqn. *Séance de dédicace à la sortie d'un livre.* « *j'ai lu tous vos livres. Vous ne voudriez pas me donner une dédicace ?* » (Cendrars).

dédicacer v. tr. 3 – XIXe ▪ Dédier (un livre, une photographie) en y écrivant une dédicace. *L'auteur dédicacera son ouvrage.* ➛ *Exemplaire dédicacé.*

dédicataire n. – XIXe ▪ Destinataire d'une dédicace.

dédicatoire adj. – XVIe ▪ Qui contient la dédicace imprimée d'un livre, d'un ouvrage d'art.

dédier v. tr. 7 – XIIe ; lat. *dedicare* « consacrer » 1 Consacrer au culte divin, mettre sous l'invocation d'un saint (une église, un autel). ⇒ **consacrer.** 2 Mettre (une œuvre) sous le patronage de qqn, par une inscription imprimée ou gravée. ⇒ **dédicacer.** *Dédier ses mémoires à ses petits-enfants. Dédier une chanson, un film.* 3 Destiner. ⇒ **consacrer, vouer.** *Dédier ses efforts à l'intérêt public.* ✪ HOM. *Dédie* : dédis ; *dédierai* : dédirai (dédire).

dédifférenciation n. f. – 1922 ▪ Évolution du plus complexe vers le plus simple ; retour à un état antérieur. ♦ Perte (totale ou partielle) des caractères acquis par différenciation cellulaire. ✪ CONTR. Différenciation.

dédifférencier (se) v. pron. 7 – 1920 ▪ En parlant d'une cellule, d'un tissu, Perdre tout ou partie de ses caractères spécifiques. ✪ CONTR. Différencier (se).

dédire (se) v. pron. 37 – XIIe ▪ Se rétracter, dire le contraire de ce que l'on a affirmé précédemment. ⇒ se **contredire, revenir** (sur). *Se dédire d'une affirmation.* ➛ Ne pas tenir (ce qui a été affirmé, promis). *Se dédire d'une promesse, d'un engagement.* ⇒ **manquer** (à), **révoquer.** ➛ loc. fam. *Cochon qui s'en dédit,* formule qui accompagne un serment. ✪ CONTR. Confirmer, tenir (sa parole). — HOM. *Dédis* : dédie ; *dédirai* : dédierai (dédier).

> ❑ *Se dédire* se conjugue comme *dire* sauf à la 2e personne du pluriel de l'indicatif *(vous vous dédisez)* et de l'impératif *(dédisez-vous).*

dédit n. m. – XIIe ; de *dédire* 1 rare Révocation d'une parole donnée. ⇒ **rétractation.** 2 Faculté de ne pas exécuter son engagement ou d'en interrompre l'exécution (souvent moyennant une indemnité). *Abandonner les arrhes versées, en cas de dédit.* ➛ L'indemnité convenue. *Payer les mille francs de dédit.* « *il aurait été en revanche obligé de verser un dédit considérable pour prix de sa liberté* » (Tournier).

dédommagement n. m. – XIVe 1 Réparation d'un dommage. ⇒ **compensation, indemnisation.** *Demander une somme d'argent en dédommagement de qqch., à titre de dédommagement.* 2 Ce qui compense un dommage. ⇒ **compensation, consolation, indemnité.** *Il réclame des dédommagements pour ce préjudice.*

dédommager v. tr. 3 – XIIIe 1 Indemniser (qqn) d'un dommage subi. « *deux cents francs pour te dédommager des frais causés par le séjour d'Armand* » (Aragon). 2 Donner une compensation à (qqn). *Comment pourrai-je jamais vous dédommager ?*

dédoré, ée adj. – XVe ▪ Qui a perdu sa dorure. *De* « *grands saints de bois dédorés portés à quatre épaules* » (Daud.). ✪ CONTR. Doré.

dédorer v. tr. 1 – XIIIe ▪ Ôter la dorure de (qqch.). ➛ pronom. *Le cadre s'est dédoré,* a perdu sa dorure. ✪ CONTR. Dorer.

dédouanement n. m. – 1900 1 Action de dédouaner (une marchandise) ; son résultat. 2 Justification, réhabilitation.

dédouaner v. tr. 1 – XIXe 1 Libérer (une marchandise) de ses obligations envers l'administration des douanes. *Voiture dédouanée.* 2 Relever (une personne physique ou morale) du discrédit dans lequel elle était tombée. ⇒ **racheter, réhabiliter.** ➛ pronom. *Il cherche à se dédouaner par sa gentillesse.*

dédoublement n. m. – XVIIIe 1 Action de dédoubler ; son résultat. *Le dédoublement d'un train.* 2 *Dédoublement de la personnalité* : trouble qui se manifeste par la présence, chez le même sujet, de deux types de comportement, l'un normal et adapté, l'autre pathologique, présentant un caractère d'automatisme. *Le dédoublement du D*^{r} *Jekyll.*

dédoubler v. tr. 1 – XVe 1 Enlever la doublure de. *Dédoubler un manteau.* 2 Partager en deux. ⇒ **diviser, séparer.** *Dédoubler un cours surchargé.* ➛ *Dédoubler un train,* en faire partir deux au lieu d'un. ♦ SE DÉDOUBLER v. pron. Être dédoublé ; se séparer en deux. *Ongles qui se dédoublent.* ➛ Perdre l'unité de sa personnalité psychique. ➛ *Je ne peux pas me dédoubler,* être à deux endroits à la fois. « *le pouvoir de se dédoubler, d'être en même temps, au même moment, dans deux endroits* » (Huysm.). ✪ CONTR. Doubler.

dédramatiser v. tr. 1 – 1965 ▪ Ôter à la représentation de (qqch.) le caractère dramatique. ⇒ **dépassionner, minimiser.** *Dédramatiser un incident.* ➛ *Essayez de dédramatiser.* ✪ CONTR. Dramatiser.

déductibilité n. f. – 1943 ▪ Caractère de ce qui est déductible.

déductible adj. – 1931 ; → déduire ▪ Qu'on peut déduire (d'un revenu, d'un bénéfice). *Frais déductibles.*

déductif, ive adj. – XIXe ▪ Qui procède par déduction (II). ⇒ **démonstratif, discursif.** *Raisonnement déductif.* ✪ CONTR. Inductif, intuitif.

déduction n. f. – XIVe I Action de soustraire une somme d'une autre. ⇒ **décompte, soustraction.** *Faire la déduction des sommes déjà payées.* II - 1 Procédé de pensée par lequel on conclut d'une ou de plusieurs propositions données *(prémisses*)* à une proposition qui en résulte, en vertu de règles logiques. ⇒ **démonstration.** 2 Raisonnement partant d'une observation ; action de déduire, de conclure. ⇒ **conclusion.** « *le système logique qui, de déduction en déduction, va consommer le malheur du héros* » (Camus). ✪ CONTR. Induction ; intuition.

déduire v. tr. 38 – XIe ; lat. *deducere* « faire descendre » I Retrancher (une certaine somme) d'un total à payer. ⇒ **décompter, défalquer, soustraire.** *Déduire d'un compte les sommes déjà versées.* II Conclure rigoureusement en partant de propositions prises pour prémisses. ⇒ **démontrer.** *Déduire et induire.* ♦ Conclure, décider ou trouver (qqch.) par un raisonnement, à titre de conséquence. *J'en déduis qu'il a raison.* ⇒ **inférer.** ➛ pronom. *La solution se déduit naturellement de l'hypothèse.* → **découler.** ✪ CONTR. Additionner, ajouter.

déesse n. f. – XIIe ; lat. *dea* 1 Divinité féminine. *Vénus* (lat.), *Aphrodite* (gr.), *déesse de l'amour.* 2 loc. *Allure de déesse,* d'une grâce souveraine. ➛ *Corps de déesse,* aux lignes parfaites.

de facto [defakto] loc. adv. – XIXe ; mots lat. « de fait » ▪ De fait (par oppos. à *de jure*). Se dit d'une situation ou d'une autorité réellement établie, mais sans réalité légale. *Reconnaître un gouvernement de facto.*

défaillance n. f. – XIIe 1 Diminution importante et momentanée des forces physiques. ⇒ **faiblesse, malaise.** *Avoir un moment de défaillance.* 2 Faiblesse, incapacité. *L'accident est dû à une défaillance mécanique.* ♦ loc. *Sans défaillance* : sans défaut, qui agit ou fonctionne sans faiblesse. « *Une mémoire sans défaillance* » (Maurois). 3 Non-exécution, au terme fixé, d'une clause contractuelle. ✪ CONTR. Énergie, fermeté, force, puissance, stabilité.

défaillant, ante adj. – XIIe ■ Qui s'affaiblit, décline, vient à manquer. ⇒ **chancelant, faible, vacillant.** *Mémoire défaillante.* ✪ CONTR. ① Ferme, ① fort.

défaillir v. intr. 13 ; fut. *je défaudrai* (vx), *je défaillerai* ou *je défaillirai* – XIe 1 Perdre momentanément ses forces physiques, tomber en défaillance. ⇒ s'**évanouir,** se **pâmer.** *Défaillir de faim.* « *cette faculté de défaillir, de tomber dans la volupté comme une pierre dans un puits* » (Aragon). 2 S'affaiblir, décliner, diminuer. « *à cette heure où défaille l'espérance* » (Bernanos). 3 littér. Faiblir, manquer à son devoir. ⇒ **faillir,** fam. **flancher.** *J'accomplirai ma tâche sans défaillir.* ✪ CONTR. Maintenir (se). Remonter (se). Augmenter, redoubler.

❑ Ce verbe se conjuguait autrefois comme *faillir.*

défaire v. tr. 60 – XIe **I** v. tr. 1 Réduire à l'état d'éléments. *Défaire une installation.* ⇒ **démonter.** *Défaire un paquet. Défaire un ourlet. Il* « *ressaisit les papiers et il essaya de défaire le nœud qui les liait* » (Huysm.). 2 Supprimer l'ordre, l'arrangement de. ⇒ **déranger.** *Défaire sa valise,* en sortir le contenu. ⇒ **déballer.** *Défaire son chignon.* 3 Détacher, dénouer. « *défaire les boutons, les agrafes, les rubans* » (Romains). ⇒ **déboutonner, dégrafer.** 4 littér. Mettre en déroute. ⇒ **battre.** *Défaire une armée, un ennemi.* ⇒ **vaincre. II** *SE DÉFAIRE* v. pron. 1 Cesser d'être fait, arrangé, élaboré. *Couture qui se défait.* 2 Se débarrasser (de). *Se défaire d'un employé.* ⇒ **congédier, licencier, renvoyer.** ♦ *Se défaire d'objets inutiles.* ⇒ **jeter.** ➛ *Défaites-vous :* ôtez votre manteau ; enlevez vos vêtements. ♦ Se débarrasser en vendant. ⇒ **céder,** se **dessaisir,** se **séparer, vendre.** *Se défaire d'un bijou.* ✪ CONTR. ① Faire ; fabriquer, monter ; établir ; consolider. Attacher. — Tenir ; garder. — HOM. *Défis :* défie (défier).

❑ *En défaisant son lit* [defazɑ̃] → faire (rem.).

défait, aite adj. – XIIe 1 Qui n'est plus fait, arrangé. *Nœud défait. Lit défait.* 2 Qui semble épuisé. ⇒ **abattu, amaigri, exténué.** *Visage défait,* pâle, décomposé. « *il était pâle, défait, et on voyait à ses yeux qu'il avait beaucoup pleuré* » (Tournier). 3 Vaincu, mis en déroute. *Armée défaite.* ✪ CONTR. ① Fait, ordre (en ordre). ① Fort, ① gaillard. Vainqueur, victorieux. — HOM. Défet.

défaite n. f. – XIIIe 1 Échec subi par une armée ; perte d'une bataille. *Essuyer une défaite. La défaite de Waterloo.* ➛ Perte d'une guerre. *La défaite de 1871.* ➛ *La défaite d'une équipe sportive.* 2 Échec. *Défaite électorale.* ✪ CONTR. Succès, triomphe, victoire.

défaitisme n. m. – 1915 1 Attitude de ceux qui ne croient pas à la victoire et préconisent l'abandon de la lutte. 2 Manque de confiance en soi. ⇒ **pessimisme.** « *elle était prête à sombrer dans un amer défaitisme* » (Beauv.). ✪ CONTR. Confiance, patriotisme, résistance.

défaitiste adj. et n. – 1915 1 Relatif au défaitisme. ➛ n. Partisan du défaitisme. « *les défaitistes et les pactiseurs avec l'ennemi* » (R. Gary). 2 Pessimiste. ⇒ **alarmiste.** ✪ CONTR. Patriote, résistant. Optimiste.

défalcation n. f. – XIVe ■ Action de défalquer. ⇒ **déduction.**

défalquer v. tr. 1 – XIVe ; lat. « couper avec la faux *(falx)* » ■ Retrancher. ⇒ **déduire.** *Défalquer ses frais d'une somme à payer.* ✪ CONTR. Ajouter, augmenter.

défanant n. m. – v. 1972 ; de *dé-* et *fane* ■ Produit chimique destiné à la destruction des fanes de pommes de terre.

défatiguer v. tr. 1 – XIXe ■ Dissiper la fatigue ou l'impression de fatigue de. ⇒ **délasser,** ① **reposer.** *Une crème qui défatigue les jambes.* ⇒ **décontracter, détendre.** ✪ CONTR. Fatiguer.

défaufiler v. tr. 1 – XIXe ■ Défaire (ce qui était faufilé). ✪ CONTR. Faufiler.

défausse n. f. – 1949 ■ Fait de jouer des cartes que l'on estime inutiles ou dangereuses à conserver.

défausser v. tr. 1 – XIXe ■ Redresser (ce qui a été faussé). *Défausser une clé.* ✪ CONTR. Fausser.

défausser (se) v. pron. 1 – XVIIIe ; de *dé-* et *faux (fausse carte),* ou *dé-* et *fausser* « tromper » ■ Se débarrasser d'une carte. *Se défausser de l'as de trèfle.*

défaut n. m. – XIIIe ; de *défaillir* **I - 1** Absence de ce qui serait nécessaire ou désirable. ⇒ **carence, faute,** ② **manque, pénurie.** *Défaut d'organisation.* « *le défaut de maturité de leur esprit* » (Larbaud). ♦ *FAIRE DÉFAUT.* ⇒ **manquer.** *Les forces m'ont fait défaut.* ⇒ **abandonner, trahir.** *La chance* « *ne fit pas défaut à Armand* » (Aragon). ♦ Différence en moins d'une quantité à une autre. *Total approché par défaut.* ➛ « *Si je pèche par excès, ils pèchent par défaut* » (Chateaub.). 2 Situation d'une partie qui, après avoir été convoquée devant une juridiction, ne constitue pas avocat, s'abstient d'accomplir les actes de la procédure dans les délais requis, ou ne se présente pas à l'audience. ⇒ **contumace.** *Jugement par défaut.* 3 *Le défaut de la cuirasse, de l'armure :* le point faible. 4 *À DÉFAUT DE :* en l'absence de. ⇒ **faute** (de). *À défaut de poires, je prendrai des pommes.* 5 *EN DÉFAUT. Mettre les chiens en défaut,* leur faire perdre la piste. ➛ *Être en défaut :* manquer à ses engagements ou commettre une erreur. « *Lui que jamais ici l'on ne vit en défaut* » (Vigny). **II - 1** Imperfection physique. ⇒ **anomalie, difformité,** ③ **mal, malformation.** « *une peau sans un défaut, sans une rugosité, sans une moiteur* » (Mart. du G.). 2 Détail irrégulier, partie imparfaite, défectueuse. ⇒ **défectuosité.** *Ce diamant a un léger défaut.* ⇒ **crapaud,** ② **jardinage.** *Défaut de construction.* ⇒ **malfaçon.** *Défaut de fabrication.* ➛ *Défaut cristallin :* région d'un cristal où la structure régulière est perturbée. 3 Imperfection morale. ⇒ **faiblesse, imperfection, travers.** *La curiosité est un vilain défaut. Avoir de gros défauts.* « *son unique défaut était là, dans un entêtement à ne pas s'arrêter* » (Zola). 4 Ce qui est imparfait, insuffisant ou mauvais dans une œuvre, une activité. ⇒ **imperfection ; déficience, faiblesse, faute, maladresse.** « *le discernement juste et fin des beautés et des défauts d'un ouvrage* » (d'Alemb.). ✪ CONTR. Abondance, excès. Mérite, perfection, qualité, vertu. Avantage, mérite.

défaveur n. f. – XVe ■ Perte de la faveur, de l'estime ; disposition défavorable. ⇒ **décri, discrédit, disgrâce.** *Être en défaveur auprès de qqn.* « *Mme de Staël commençait à encourir la défaveur ou du moins le déplaisir marqué de celui qui devenait le maître* » (Ste-Beuve). ✪ CONTR. Faveur.

défavorable adj. – XVe ■ Qui est mal disposé. *Jury défavorable à un candidat. Avis défavorable.* ⇒ **hostile.** ➛ Qui désavantage. *Conditions défavorables.* ⇒ **contraire, désavantageux, mauvais, nuisible.** ✪ CONTR. Favorable.

défavorablement adv. – XVIIIe ■ D'une manière défavorable. ✪ CONTR. Favorablement.

défavoriser v. tr. 1 – XVe ■ Priver d'un avantage. ⇒ **désavantager,** ② **desservir, frustrer, handicaper.** *Cette mesure nous défavorise par rapport à nos concurrents.* ♦ *Les catégories sociales les plus défavorisées. Régions défavorisées.* ⇒ **déshérité.** ✪ CONTR. Avantager, favoriser. Privilégier.

défécation n. f. – XVIIe 1 Clarification (d'un liquide). 2 Expulsion des matières fécales.

défectif, ive adj. – XIVe ; lat. *deficere* « faire défaut » ■ Se dit de verbes dont certaines formes de conjugaison sont inusitées.

défection n. f. – XIIIe ; lat. *deficere* « faire défaut » **1** Abandon d'une cause, d'un parti. ⇒ **désertion.** « *il redoutait la trahison des uns et la défection des autres* » (Péguy). **2** Fait de ne pas venir là où l'on était attendu. ✪ CONTR. Fidélité. Ralliement.

défectueux, euse adj. – XIVe ■ Qui n'a pas les qualités requises ; qui présente des imperfections, des défauts. ⇒ **imparfait, insuffisant, mauvais.** *Outil défectueux. Vue défectueuse.* ⇒ **déficient.** *Orthographe défectueuse.* ⇒ **incorrect.** ✪ CONTR. Correct, exact, irréprochable, parfait.

défectuosité n. f. – XVe ■ État de ce qui est défectueux. ⇒ **imperfection, insuffisance, malfaçon.**

défendable adj. – XIIIe ■ Qui peut être défendu. *Dossier défendable. La thèse qu'il soutient n'est pas défendable.* ⇒ **soutenable.** ✪ CONTR. Indéfendable.

défendeur, deresse n. – XIIe ■ Personne contre qui une demande en justice est formée. ✪ CONTR. Demandeur ; appelant.

défendre v. tr. [41] – XIe ; lat. **I - 1** Aider, protéger contre une attaque en se battant. ⇒ **secourir, soutenir.** *Défendre la patrie en danger.* « *Moi, je suis pour la protection, il faut qu'on nous défende contre l'étranger* » (Zola). *Défendre sa (propre) vie.* ♦ *Défendre des couleurs, un titre :* lutter en compétition pour faire triompher l'équipe à laquelle on appartient. ♦ loc. *À SON CORPS DÉFENDANT :* à contrecœur, malgré soi. *Il est inadmissible qu'on vienne nous réclamer « à notre corps défendant, je ne sais quel quitus »* (Proust). **2** Soutenir contre les accusations, les attaques ; intervenir en faveur de. *L'avocat a bien défendu son client. Défendre un projet de loi devant l'Assemblée. Défendre ses intérêts.* ➸ *Défendre l'honneur de qqn contre les médisants. Défendre son point de vue, ses idées.* **II** Enjoindre à (qqn) de ne pas faire (qqch.). ⇒ **interdire, prohiber, proscrire.** « *c'est pas vrai. Je vous défends de dire ça* » (Queneau). *Il défend qu'on fume en sa présence. Défendre l'alcool à un malade. Le sel lui est défendu.* **III** *SE DÉFENDRE* v. pron. **1** Résister à une attaque. ⇒ se **battre, lutter.** *Se défendre les armes à la main. Se défendre pied à pied.* « *le blaireau se défend en reculant, éboule de la terre* » (Buff.). ♦ fam. Être apte à faire qqch. *Il se défend bien en affaires.* **2** Se justifier. *Se défendre contre une accusation.* ⇒ **réfuter, répondre.** ♦ littér. Refuser d'admettre. ⇒ **nier.** « *Quelques uns se défendent d'aimer et de fuir des vers* » (La Bruy.). **3** Se justifier, résister à la critique. « *Un seul mot d'ordre : l'ordre. Cela peut se défendre* » (Mauriac). **4** *SE DÉFENDRE DE..., CONTRE... :* se protéger, s'abriter. ⇒ s'**armer,** se **garantir,** se **prémunir,** se **préserver.** *Se défendre du froid, de la pluie.* ♦ *SE DÉFENDRE DE...* ⇒ s'**empêcher,** s'**interdire,** se **refuser.** « *Anatole ne put se défendre d'un triste étonnement* » (Goncourt). ✪ CONTR. Attaquer. Accuser. Autoriser, permettre.

défenestration [defənɛstʀasjɔ̃] n. f. – XIXe ; *de-* et lat. *fenestra* « fenêtre » **1** Action de précipiter (qqn) d'une fenêtre. *La défenestration de Prague* (1618). **2** Chute d'une personne tombant d'une fenêtre, volontairement ou non. ⇒ **précipitation.**

défenestrer [defənɛstʀe] v. tr. [1] – XVIe ■ Précipiter (qqn) d'une fenêtre. pronom. *Se défenestrer du 10e étage.* ⇒ se **jeter,** ① **tomber.**

① **défense** n. f. – XIe **I - 1** Action de défendre (qqn) en se battant. *Aller à la défense de qqn.* ⇒ ① **aide, rescousse, secours.** ➸ Action de défendre (un lieu) contre des ennemis. *La défense de la ville, du pays.* ♦ Action de se défendre ou de défendre un lieu. ⇒ **résistance.** *Ligne, position de défense. Ouvrage de défense.* ⇒ **abri, fortification, retranchement.** ♦ Ensemble des moyens militaires utilisés pour défendre un pays. *DÉFENSE NATIONALE :* ensemble des moyens visant à assurer la sécurité et l'intégrité matérielle du territoire national contre les agressions de l'étranger. ➸ *Défense contre avions.* ⇒ **D.C.A.** ➸ *Défense passive :* moyens de protection de la population civile contre les bombardements aériens. **2** Technique par laquelle on se défend dans un combat sportif. ⇒ ① **garde, parade.** *Ce boxeur a une bonne défense.* ♦ Action, manière de défendre son camp, dans les jeux de ballon. *Jouer la défense.* ➸ Ensemble des joueurs chargés de cette opération. **3** Le fait de se défendre, de résister contre une agression. *La défense acharnée de la victime contre ses agresseurs.* ♦ *LÉGITIME DÉFENSE :* fait justificatif enlevant son caractère illégal à un homicide ou à des coups et blessures volontaires. *Invoquer la légitime défense.* ➸ fam. *Ne pas avoir de défense, être sans défense :* être incapable de résister aux sollicitations, de répondre aux railleries. ♦ *La défense de l'organisme :* les procédés naturels dont l'organisme dispose pour se protéger des agressions microbiennes, de l'infection. ➸ *Les défenses :* mécanismes inconscients par lesquels le moi repousse certains éléments affectifs, certaines pulsions. **4** Action de défendre qqn ou de se défendre contre une accusation. *Prendre la défense d'un enfant.* « *Il n'y a que lui qui donne des pourliches, invoqua le môme pour sa défense* » (Dorgelès). ♦ Le fait de se défendre avant d'être jugé. *Un avocat assurera la défense de l'accusé.* ➸ Représentation en justice des intérêts des parties. ⇒ ① **avocat, défenseur.** *La parole est à la défense* (opposé à *accusation*). « *on a entendu Céleste qui était cité par la défense* » (Camus). **5** Action de soutenir. ⇒ **protection,** ① **sauvegarde.** « *Défense et Illustration de la langue française* », de J. du Bellay. *Prendre la défense de l'opprimé.* **6** Dispositif destiné à protéger la coque d'un navire lors d'un accostage. ➸ Dispositif protecteur d'une côte, d'un ouvrage d'art exposés à la mer. **II** Le fait de défendre (II), d'interdire. ⇒ **interdiction, prohibition.** *Défense d'afficher.* « *"Défense de fumer" : la pancarte est accrochée contre le podium* » (Sartre). ✪ CONTR. Agression, attaque, offensive. Abandon, désertion, fuite. — Autorisation, permission.

② **défense** n. f. – XVIe ; de ① *défense* « ce qui sert à se défendre » ■ Dent saillante de certains mammifères. *Défenses du sanglier* (⇒ **dague**). *Défenses (d'éléphant).* « *Le morse a, comme l'éléphant, deux grandes défenses d'ivoire* » (Buff.).

défenseur n. m. – XIIIe **1** Personne qui défend qqn ou qqch. contre des agresseurs. ⇒ **champion, protecteur, soutien.** *Les défenseurs d'une ville assiégée.* « *Liberté, liberté chérie Combats avec tes défenseurs* » (La Marseillaise). **2** Personne qui soutient une cause, une doctrine. ⇒ **apôtre,** ① **avocat, champion, partisan, soutien, tenant.** *Défenseur d'une opinion.* « *Il s'y était fait le défenseur chaleureux d'un christianisme exigeant* » (Camus). **3** Personne chargée de soutenir les intérêts d'une partie, devant le tribunal. ⇒ ① **avocat,** ① **défense** (I, 4°). **4** Joueur chargé de la défense, dans les sports d'équipe. ✪ CONTR. Agresseur, assaillant. Accusateur, adversaire. Attaquant.

défensif, ive adj. et n. f. – XIVe **I** adj. Qui est fait pour la défense. *Armes défensives.* ⇒ aussi **dissuasif.** *Guerre défensive.* « *la position défensive est antipathique au caractère français* » (Chateaub.). **II** n. f. Attitude de défense ; disposition à se défendre sans attaquer. *Être, se tenir, rester sur la défensive :* être prêt à répondre à toute attaque. ✪ CONTR. Agressif, offensif. — Attaque, offensive.

déféquer v. [6] – XVIe ; lat. *fæx* « lie » **1** v. tr. Opérer la défécation, le filtrage de. ⇒ **clarifier, épurer, filtrer.** *Déféquer une liqueur.* **2** v. intr. Expulser les matières fécales. ⇒ vulg. **chier.** « *Respirant, digérant, déféquant avec nonchalance* » (Sartre).

❑ Le pluriel du latin *faex* a donné *fèces*. ♦ Au sens 2°, ce verbe n'a d'emploi que médical, où il devient rare.

déférence n. f. – XIVe ▪ Considération respectueuse que l'on témoigne à qqn, souvent en raison de son âge ou de sa qualité. ⇒ **respect.** *Traiter qqn avec déférence.* « *témoigner de la déférence qu'il portait à la qualité d'honorable* » (Proust). ✪ CONTR. Arrogance, insolence, irrespect.

déférent, ente adj. – XVIe **1** Qui conduit vers l'extérieur. *Les canaux déférents :* les canaux excréteurs des testicules. **2** Qui a, qui témoigne de la déférence. ⇒ **respectueux.** *Ton déférent. Sentiments déférents* (à la fin d'une lettre). ✪ CONTR. Arrogant, effronté, insolent, irrespectueux.

déférer v. tr. [6] – XIVe ; lat. *deferre* « porter ; faire honneur » **1** Porter (une affaire), traduire (un accusé) devant l'autorité judiciaire compétente. *Déférer un coupable à la justice.* ⇒ **citer, traduire. 2** trans. ind. Céder (à qqn, à ses désirs) par respect. *Déférer à la décision de qqn.* ⇒ **acquiescer, obéir, obtempérer,** se **soumettre.** ✪ CONTR. Refuser, résister. — HOM. Déferrer.

déferlage n. m. – XVIIIe ▪ Action de déferler (une voile).

déferlant, ante adj. et n. f. – XIXe ▪ Qui déferle. *Vague déferlante* ou n. f. *une déferlante.*

déferlement n. m. – XIXe ▪ Action de déferler. *Le déferlement des vagues sur les brisants.* ➛ *Un déferlement d'enthousiasme.* ⇒ ① **vague.**

déferler v. [1] – XVIIe ; de *dé-* et *ferler* **1** v. tr. Déployer (une voile, un pavillon). ⇒ **larguer.** « *ses voiles étaient à demi déferlées* » (Chateaub.). **2** v. intr. Se dit des vagues qui se brisent en écume en roulant sur elles-mêmes. ➛ *Des glaces flottantes* « *formant des écueils sur lesquels la mer déferlait* » (J. Verne). ♦ Se répandre comme une vague. *Les manifestants déferlèrent sur la place.*

❑ Ce verbe a connu une expansion bien plus grande que *ferler.*

déferrer v. tr. [1] – XIIe ▪ Dégarnir du fer qui avait été appliqué. ➛ *Déferrer un cheval,* lui retirer le fer ou les fers qu'il a aux sabots. ✪ CONTR. Ferrer. — HOM. Déférer.

défervescence n. f. – XIXe ; lat. *defervescere* « cesser de bouillonner » ▪ Didact. **1** Diminution de l'effervescence. **2** Chute progressive de la fièvre.

défet n. m. – XIVe ; lat. *defectus* « manque » ▪ Feuille superflue et dépareillée d'un ouvrage imprimé. ✪ HOM. Défait.

défeuiller v. tr. [1] – XIIIe ▪ vieilli Dépouiller de ses feuilles. ⇒ **effeuiller.**

défeutrer v. tr. [1] – XIXe ▪ Traiter (la laine cardée) par doublage et étirage afin d'obtenir un ruban régulier.

défi n. m. – XVIe **1** Action de défier, en combat singulier, à une compétition ; notification de cet acte. *Lancer, jeter un défi. Accepter, relever le défi.* **2** Déclaration provocatrice par laquelle on signifie à qqn qu'on le tient pour incapable de faire une chose. *Mettre qqn au défi de faire qqch.* « *Il y a une parenté entre le défi et le pari : car parier qu'il ne le fera pas, c'est le défier* » (Alain). **3** Refus de s'incliner, de se soumettre. ⇒ **bravade, provocation.** *Un regard de défi. C'est un défi au bon sens.* ⇒ **insulte. 4** Obstacle qu'une civilisation doit surmonter dans son évolution. ⇒ **challenge.** ✪ CONTR. Obéissance, respect, soumission.

défiance n. f. – XIIe ▪ Sentiment d'une personne qui craint d'être trompée. ⇒ **crainte, doute, méfiance, suspicion.** *Inspirer la défiance.* « *La défiance peut très bien n'être que prudence* » (Alain). ➛ *Vote de défiance,* de désapprobation. ✪ CONTR. Confiance.

défiant, iante adj. – XVIe ▪ Qui est porté à se défier d'autrui. ⇒ **circonspect, méfiant, soupçonneux.** « *Il faut être défiant, le commun des hommes le mérite* » (Stendh.). ✪ CONTR. Confiant.

défibrer v. tr. [1] – XIXe ▪ Dépouiller de ses fibres.

défibreur, euse n. – XIXe **1** Ouvrier, ouvrière conduisant une machine à défibrer. **2** n. m. Machine à défibrer le bois.

défibrillateur [defibʀijatœʀ ; defibʀi(l)latœʀ] n. m. – 1960 ▪ Appareil électrique servant à réaliser une défibrillation.

défibrillation [defibʀijasjɔ̃ ; defibʀi(l)lasjɔ̃] n. f. – v. 1960 ▪ Intervention visant à rétablir un rythme cardiaque normal chez un patient atteint de fibrillation.

déficeler v. tr. [4] – XVIIIe ▪ Enlever les ficelles qui attachent, entourent. *Déficeler un paquet.* ⇒ **déballer, défaire.** ✪ CONTR. Ficeler.

déficience [defisjɑ̃s] n. f. – 1907 **1** Insuffisance organique ou mentale. *Déficience cardiaque. Déficience du système immunitaire.* ⇒ **immunodéficience. 2** Faiblesse, insuffisance. « *il y avait des trous dans le génie, [...] des carences, des déficiences. Des manques* » (Péguy).

déficient, iente [defisjɑ̃, jɑ̃t] adj. – XIIIe ; lat. *deficere* « manquer » **1** Qui présente une déficience. *Organisme déficient.* **2** Qui présente des insuffisances, des lacunes. *Gestion déficiente.*

déficit [defisit] n. m. – XVIe ; lat. *deficit* « il manque », de *deficere* **1** Ce qui manque pour équilibrer les recettes et les dépenses. ⇒ **dette,** ② **manque, perte.** *Déficit budgétaire.* ⇒ ② **découvert, impasse.** ♦ Situation financière qui résulte de ce manque. *Le déficit de la Sécurité sociale.* ⇒ fam. **trou.** *Ces salles* « *sont toujours en déficit ; mais elles servent à lancer les films* » (Morand). **2** Insuffisance des ressources par rapport aux besoins. ⇒ **pénurie.** *Déficit énergétique.* **3** Manque qui déséquilibre. *Déficit hormonal.* ✪ CONTR. Excédent. Bénéfice.

❑ Le *t* final se prononce comme dans la plupart des emprunts au latin *(accessit, exit, satisfecit).*

déficitaire adj. – 1909 ▪ Qui se solde par un déficit. *Budget déficitaire.* ♦ Insuffisant. *Récolte déficitaire.* ✪ CONTR. Bénéficiaire.

défier v. tr. [7] – XIe **1** Inviter à venir se mesurer comme adversaire. ⇒ **provoquer.** *Défier un ami aux échecs.* **2** Mettre (qqn) au défi de faire qqch., en laissant entendre qu'on l'en croit incapable. « *je défierais l'ornemaniste le plus industrieux de trouver dans toute la chapelle la place d'une seule rosace* » (Gaut.). **3** N'être aucunement menacé par. *Des prix défiant toute concurrence.* **4** Refuser de se soumettre à, ne pas craindre d'affronter. ⇒ **braver.** *Défier le danger.* ⇒ **narguer.** ✪ CONTR. Céder (à). — HOM. *Défie :* défis (défaire).

défier (se) v. pron. [7] – XVIe ▪ littér. Avoir peu de confiance en ; être, se mettre en garde contre. ⇒ se **garder,** se **méfier.** « *les maigres, je m'en défie. Un homme maigre, c'est capable de tout* » (Zola). ✪ CONTR. Fier (se).

défigurer v. tr. [1] – XIIe **1** Altérer gravement l'aspect de. ⇒ **abîmer, enlaidir, gâter.** *Les promoteurs immobiliers ont défiguré le quartier.* « *Notre malheureux jardin est défiguré par l'automne* » (Duham.). ♦ Abîmer le visage de. *Être défiguré par une cicatrice.* **2** Donner une reproduction ou description fausse de. ⇒ **déformer, dénaturer.** *Défigurer les faits.* ⇒ **caricaturer, travestir.**

Défigurer la pensée de qqn. ⇒ **trahir.** ✪ CONTR. Embellir. Respecter, restituer.

défilé n. m. – XVIIe **1** Couloir naturel très encaissé et si étroit qu'on n'y peut passer qu'à la file (⇒ **gorge, goulet,** région. **grau, passage**). *Le défilé des Thermopyles.* **2** Manœuvre des troupes qui défilent. *Assister au défilé du 1er Mai.* ♦ Déplacement régulier de personnes ou de véhicules disposés en file, en rang. ⇒ **cortège.** *Défilé de mannequins.* ➤ Succession. *Un défilé ininterrompu de curieux.*

① **défilement** n. m. – XVIIIe ■ Art d'utiliser les accidents de terrain pour se cacher de l'ennemi ; protection, mise à couvert.

② **défilement** n. m. – XIXe ■ Passage, déroulement continu à l'intérieur d'un appareil. *Défilement d'une bande magnétique.*

① **défiler** v. tr. [1] – XIIIe ; de *fil* **1** Défaire, détacher. *Défiler les perles d'un collier.* **2** Défaire fil à fil. ⇒ **effiler, effilocher.** *Défiler des chiffons.* **3** Disposer (des troupes, un ouvrage) de manière à les soustraire à la vue, au feu ennemi. ♦ *SE DÉFILER* v. pron. fam. S'esquiver ou se récuser au moment critique. ⇒ se **dérober.** « *Sans doute ils se "défileront" par la suite, nieront avoir rien vu* » (Gide). ✪ CONTR. Enfiler. Exposer (s').

② **défiler** v. intr. [1] – XVIIe ; de *filer* **1** Marcher en file. « *Le troupeau entier défila* » (Zola). ♦ Passer en colonne devant un chef militaire. *Défiler au pas de l'oie.* ♦ Passer solennellement l'un derrière l'autre. *Manifestants qui défilent.* **2** Se succéder sans interruption. « *Et de longs corbillards, sans tambours ni musique, Défilent lentement dans mon âme* » (Baud.). **3** Passer de manière continue. *Faire défiler une bande magnétique.*

défini, ie adj. et n. m. – XVIIe **1** Qui est défini (1°). *Concept bien défini.* ➤ n. m. Le concept qui est défini dans une définition. **2** Déterminé. ⇒ ① **précis.** *Avoir une tâche bien définie à remplir.* ➤ *Article défini,* qui se rapporte à un objet particulier, déterminé (*masc.* le, *fém.* la, *plur.* les). *Articles définis et indéfinis.* ✪ CONTR. Indéfini, indéterminé.

définir v. tr. [2] – XVe ; lat. *finire* « finir » **1** Déterminer par une formule précise l'ensemble des caractères qui appartiennent à. *On définit un concept et on décrit un objet. Définir un ensemble mathématique,* donner ses propriétés. ♦ *Définir un mot,* donner son, ses sens. « *il y a des mots incapables d'être définis* » (Pasc.). **2** Caractériser. *Une sensation difficile à définir. Définir sa personnalité.* ♦ pronom. *Se définir comme :* se présenter comme. *Comment vous définiriez-vous ?* **3** Préciser l'idée de. ⇒ **déterminer, fixer, indiquer.** *Dans les conditions définies par la loi. Définir ses objectifs.*

définissable adj. – XVIIe ■ Que l'on peut définir. ✪ CONTR. Indéfinissable.

définissant n. m. – v. 1951 ■ Énoncé servant à définir. *Le définissant et le défini.*

définitif, ive adj. – XIIe ; lat. *finire* « finir » **1** Qui est fixé une fois pour toutes ; qui ne change plus. ⇒ **déterminé,** ① **fixe, irrémédiable, irrévocable.** *Les résultats définitifs d'un examen. Leur séparation est définitive.* ➤ Qui résout totalement un problème. *On a publié un article définitif sur cette question.* **2** *EN DÉFINITIVE :* après tout, tout bien considéré. ⇒ **décidément, définitivement, finalement.** « *Le hasard, en définitive, c'est Dieu* » (France). ✪ CONTR. Momentané, provisoire, temporaire.

définition n. f. – XIIe **1** Opération qui consiste à déterminer le contenu d'un concept en énumérant ses caractères ; résultat de cette opération. ♦ Convention logique a priori. **2** Formule qui donne le sens d'une unité du lexique et lui est à peu près synonyme. *Les définitions et les exemples d'un dictionnaire.* ➤ Formule qui permet de trouver un mot. *Définitions de mots croisés.* ➤ *Par définition :* par suite d'une définition acceptée préalablement. « *L'avenir, par définition, n'a point d'image* » (Valéry). **3** Action de caractériser, de préciser une idée, une notion. **4** Grandeur caractérisant la finesse des détails reproduits par une image transmise. ⇒ **linéature.** *Télévision haute définition.*

définitionnel, elle adj. – v. 1970 ■ Qui constitue une définition. ⇒ **définitoire.**

définitivement adv. – XVIe ■ D'une manière définitive. ⇒ **irrémédiablement, irrévocablement.** *Il est parti définitivement,* pour toujours. ✪ CONTR. Passagèrement, provisoirement, temporairement.

❑ *Définitivement* a pris au Canada le sens de « certainement, à coup sûr » (anglais *definitely*).

définitoire adj. – v. 1961 ■ ⇒ **définitionnel.** *Exemple définitoire.*

défiscaliser v. tr. [1] – XXe ■ Ne pas soumettre à l'impôt.

déflagrant, ante adj. – XIXe ■ Qui déflagre.

déflagrateur n. m. – XIXe ■ Appareil destiné à mettre le feu à des matières déflagrantes. ⇒ **détonateur.**

déflagration n. f. – XVIIe ; lat. *flagrare* « brûler » ■ Combustion vive d'un corps, accompagnée d'explosion et de projection de matières enflammées. ♦ Explosion. « *Une fantastique déflagration !... trois torpilles ensemble, un bouquet !* » (Céline).

déflagrer v. intr. [1] – XIXe ■ S'enflammer en explosant.

① **déflation** n. f. – 1909 ; lat. *deflare* « enlever en soufflant » ■ Entraînement éolien de matériaux fins et secs.

② **déflation** n. f. – v. 1920 ; angl. *deflation* « dégonflement » ■ Diminution importante et durable des prix. *Politique de déflation :* politique de lutte contre l'inflation, se traduisant par des mesures visant à la baisse de la demande globale. ⇒ **désinflation.** ✪ CONTR. Inflation.

déflationniste n. et adj. – 1938 **1** Partisan d'une politique de déflation. **2** adj. Qui se rapporte ou tend à la déflation. *Politique déflationniste.* ✪ CONTR. Inflationniste.

défléchir v. [2] – XIIIe ; lat. *deflectere,* d'apr. *fléchir* ■ Sc. **1** v. tr. Modifier la direction de. ⇒ **dévier.** ♦ *Faisceau de particules défléchi.* **2** v. intr. Changer de direction.

déflecteur n. m. – XIXe ; lat. *deflectere* « fléchir » **1** Appareil servant à déterminer la déviation des compas des navires. **2** Appareil servant à changer la direction d'un courant gazeux. **3** Petit volet orientable d'une vitre de portière de voiture. « *le bruit du vent à 155 kilomètres à l'heure dans les déflecteurs* » (Le Clézio).

défleurir v. [2] – XIVe **1** v. intr. Perdre ses fleurs ; se faner. **2** v. tr. Enlever, faire tomber les fleurs de. « *L'hiver a défleuri la lande et le courtil* » (Heredia). ✪ CONTR. Refleurir. Fleurir.

déflexion n. f. – XVIe ; lat. *deflectere* « détourner » ■ Sc. **1** Déviation de la trajectoire d'un rayonnement lumineux, d'une particule chargée. ⇒ **diffraction, dispersion. 2** Position en extension. *La déflexion de la tête du fœtus durant l'accouchement.*

défloraison n. f. – XVIIIe ■ littér. Chute des fleurs. ⇒ **défoliation.**

❑ On dit aussi, mais plus rarement, *défleuraison.* ♦ Ne pas confondre avec *défloration* « action de déflorer une vierge ».

déﬂoration n. f. – XIVᵉ ▪ Action de déflorer (une fille vierge).

déﬂorer v. tr. [1] – XIIIᵉ ; lat. **1** Enlever la fraîcheur, la nouveauté de. ⇒ **gâter.** « *Je craignais de déflorer les moments heureux que j'ai rencontrés, en les décrivant* » (Stendh.). **2** Faire perdre sa virginité à. ⇒ **dépuceler.**

déﬂuent n. m. – v. 1956 ; lat. *defluere* « couler vers le bas » ▪ Bras formé par diffluence d'un cours d'eau, d'un glacier.

déﬂuviation n. f. – v. 1956 ; de *dé-* et lat. *fluvius* « fleuve » ▪ Changement de lit d'un cours d'eau.

défoliant, iante adj. et n. m. – v. 1966 ▪ Qui provoque la défoliation. *Territoires dévastés par les défoliants et le napalm.* ⇒ **herbicide.**

> ❑ Ce mot a dû son triste succès aux procédés de guerre chimique employés par l'armée américaine au Viêtnam et dans les zones voisines.

défoliation n. f. – XIXᵉ ; lat. *defoliare* « défeuiller » ▪ **1** Chute des feuilles chez les espèces à feuillage caduc. **2** Destruction artificielle massive de la végétation. *Défoliation due aux pluies acides.*

défolier v. tr. [7] – v. 1966 ▪ Provoquer la défoliation (2°) de.

défonçage n. m. – XVIIIᵉ ▪ Action de défoncer ; son résultat. ⇒ **défoncement.**

défonce n. f. – v. 1972 ▪ fam. Perte de conscience ou délire éprouvé après l'absorption de drogue. ⇒ **trip, voyage ; flash.**

défoncé, ée adj. – XVIᵉ **1** Abîmé par enfoncement. *Un sommier défoncé.* **2** Qui présente de grandes inégalités, de larges trous. *Chaussée défoncée.* **3** fam. Sous l'effet d'une drogue. ⇒ **drogué.**

défoncement n. m. – XVIIᵉ ▪ Action de défoncer ; son résultat.

défoncer v. tr. [3] – XIVᵉ **I** - **1** Enlever le fond de. *Défoncer une caisse.* **2** Briser, abîmer par enfoncement. *Défoncer une porte.* ⇒ **enfoncer.** *Défoncer un siège.* ⇒ **éventrer.** **3** Labourer profondément. ➛ Creuser. *Un terrain vague « est défoncé par les excavateurs »* (Romains). **4** Façonner à la défonceuse. **5** fam. Provoquer un état hallucinatoire. **II** *SE DÉFONCER* v. pron. fam. **1** Se droguer. **2** Se donner du mal, ne pas ménager ses forces. ⇒ se **démener.**

défonceuse n. f. – XIXᵉ **1** Puissante charrue employée pour le défonçage. « *Ici on a défoncé la terre à la défonceuse jusqu'à presque un mètre de profondeur* » (Giono). **2** Machine-outil servant à l'usinage des pièces en bois. **3** *Défonceuse portée :* engin de terrassement muni de dents massives (recomm. offic. pour *ripper**). *Défonceuse tractée* (recomm. offic. pour *dragline**).

déforcer v. tr. [3] – XIVᵉ ▪ (Belgique) Enlever à (qqn) ses forces morales, déprimer.

déforestation n. f. – XIXᵉ ; angl. ▪ Action de détruire une forêt ; son résultat. ⇒ **déboisement.** ✪ CONTR. Reboisement, reforestation.

déformant, ante adj. – mil. XXᵉ ▪ Qui déforme. « *Nous ne sommes pas des miroirs plans, mais des miroirs déformants* » (Maurois).

déformation n. f. – XIVᵉ **1** Action de déformer, de se déformer. ♦ Modification anormale et non congénitale de la forme d'une partie du corps ou d'un organe. ⇒ **difformité.** *La déformation d'un orteil.* **2** *Déformation professionnelle :* habitudes, manières de penser prises dans l'exercice d'une profession, et appliquées à la vie courante. ✪ CONTR. Redressement.

déformer v. tr. [1] – XIIIᵉ **1** Altérer la forme de. *Le téléphone déforme la voix. Déformer ses chaussures en marchant.* ♦ pronom. Perdre sa forme. *La planche s'est déformée sous le poids.* **2** Altérer en changeant. *Vous déformez mes propos.* ✪ CONTR. Redresser, reformer.

> ❑ Ne pas confondre *déformé* et *difforme* → difforme (rem.).

défoulement n. m. – XXᵉ ; de *dé-* et *(re)foulement* ▪ Accession libératrice à la conscience de représentations liées à une pulsion et maintenues jusque-là dans l'inconscient. ♦ Fait de se défouler. « *Le théâtre, c'est une gigantesque entreprise de défoulement* » (Daninos). ✪ CONTR. Refoulement.

défouler v. tr. [1] – 1958 ▪ fam. **1** Permettre, favoriser chez (qqn) la libération de l'agressivité, des pulsions réprimées. **2** *SE DÉFOULER* v. pron. Se libérer des contraintes, des tensions (⇒ **décompenser**) ; faire une dépense d'énergie vitale. ✪ CONTR. Contraindre (se).

défouloir n. m. – 1981 ▪ Lieu, activité où l'on se défoule. ⇒ **exutoire.**

défourailler v. intr. [1] – XVIIIᵉ ; de *four,* avec infl. de *fourreau* ▪ arg. fam. Sortir une arme à feu. ⇒ **dégainer.**

défournage n. m. – XIXᵉ ▪ Action de défourner.

> ❑ On dit aussi *défournement,* avec un autre suffixe.

défourner v. tr. [1] – XVᵉ ▪ Retirer du four. ✪ CONTR. Enfourner.

> ❑ Tous les dérivés de *four* ont la forme ancienne *fourn (fourneau, enfourner).*

défraîchi, ie adj. – XIXᵉ ▪ Qui a perdu sa fraîcheur, qui n'a plus l'aspect du neuf. *Des vêtements défraîchis.* « *à demi étendue sur le bord du lit aux draps défraîchis et bouleversés* » (Robbe-Grillet). ✪ CONTR. ① Frais, pimpant.

défraîchir v. tr. [2] – XIXᵉ ▪ rare Dépouiller de sa fraîcheur. ⇒ **faner,** ① **flétrir.** ♦ *SE DÉFRAÎCHIR* v. pron. Perdre son aspect initial. *Les couleurs s'étaient défraîchies.* ⇒ **pâlir, passer, ternir.** ✪ CONTR. Rafraîchir.

défraiement n. m. – XIVᵉ ▪ Action de défrayer (1°).

défranchi, ie adj. – XIXᵉ ; de *franc* « assuré » ▪ (Belgique) Qui a perdu son assurance, est intimidé.

défrayer v. tr. [8] – XIVᵉ ; de *dé-* et a. fr. *frayer* « faire les frais » **1** Décharger de ses frais. ⇒ **indemniser, payer, rembourser.** *Être défrayé de tout.* « *les grands propriétaires provinciaux s'irritaient d'avoir à défrayer les dépenses occasionnées par le passage des troupes* » (Yourcenar). **2** *Défrayer la chronique,* en faire les frais, faire parler de soi, souvent en mal.

défrichement n. m. – XVᵉ ▪ Action de défricher ; son résultat. *Les grands défrichements du* XIIᵉ *siècle, en Europe.*

> ❑ On dit aussi *défrichage,* formé avec un autre suffixe.

défricher v. tr. [1] – XIVᵉ ▪ Rendre propre à la culture en détruisant la végétation spontanée. *Défricher une lande.* « *Elle a défriché ainsi, lopin par lopin, semaine après semaine, des espaces énormes* » (Céline). ♦ fig. « *C'est un terrain* [les maladies nerveuses et mentales] *où il reste encore tant à défricher* » (Mart. du G.).

défricheur, euse n. – XVIᵉ ▪ Personne qui défriche. ⇒ **pionnier.**

défriper v. tr. [1] – XVIIᵉ ▪ Remettre en état (ce qui est fripé). ⇒ **déchiffonner, défroisser.** *Mettre un vêtement sur un cintre pour le défriper.* ✪ CONTR. Friper.

défrisage n. m. – 1975 ■ Action de défriser les cheveux ; son résultat.

défriser v. tr. 1 – XVIIe 1 Défaire la frisure de. *Défriser les cheveux. Se faire défriser.* 2 fam. Déplaire à, contrarier. *Ça te défrise ?* ✪ CONTR. Friser.

défroisser v. tr. 1 – 1935 ■ Remettre en état. ⇒ **déchiffonner, défriper.** « *une enveloppe toute chiffonnée qu'elle défroissa, aplatit de deux tapes* » (Cl. Simon). ♦ pronom. *Bientôt* « *ses côtes se défroisseraient, son genou s'assouplirait* » (Courchay). ✪ CONTR. Froisser.

défroque n. f. – XVIe 1 Objets et vieux habits qu'un religieux laisse en mourant. 2 Vieux vêtements ou habillement bizarre. *Qu'est-ce que c'est que cette défroque ?*

défroqué, ée adj. – XVe ■ Qui a abandonné le froc, l'état ecclésiastique. *Des prêtres défroqués.* « *Geneviève était fille et mère adultérine, divorcée, défroquée, et pas mal d'autres choses encore* » (Giraud.).

défroquer v. 1 – XVe 1 *SE DÉFROQUER* v. pron. Abandonner l'état ecclésiastique. 2 v. intr. Se défroquer.

défruiter v. tr. 1 – XIIIe ■ Enlever le goût de fruit à. *Défruiter de l'huile d'olive.*

défunt, unte adj. et n. – XIIIe ; lat. *defungi* « accomplir sa vie » ■ littér. Qui est mort. ⇒ **décédé.** « *ces toilettes offertes par l'ami défunt* » (Bloy). ➤ vieilli ou région. « *un ami de défunt monsieur notre maire* » (Balz.). ⇒ ② **feu.** ➤ n. *Prière pour les défunts.* ⇒ **mort.** ✪ CONTR. ② Vivant.

dégagé, ée adj. – XIIe 1 Qui n'est pas recouvert, encombré. « *onze heures du matin, ciel aux trois quarts dégagé, mer très calme* » (Gracq). *Front dégagé. Vue dégagée,* large et libre. 2 Qui a de la liberté, de l'aisance. ➤ *Un air, un ton dégagé.* ⇒ **cavalier, désinvolte, léger, libre.** ✪ CONTR. ② Couvert. Emprunté, engoncé, gauche, gêné.

dégagement n. m. – XVe 1 Action de dégager. *Dégagement d'effets déposés au mont-de-piété.* ➤ *Dégagement d'une parole, d'une promesse :* action d'obtenir que la parole, la promesse soient rendues. 2 Action de faire sortir, de libérer. *Dégagement des victimes.* ➤ Dans un accouchement, Ensemble des processus qui permettent le passage du fœtus au niveau du détroit inférieur et de l'orifice vulvaire. 3 Action de dégager ce qui embarrasse, obstrue. *Dégagement de la voie publique.* ⇒ **déblaiement.** ➤ Action de dégager la balle (rugby, football). 4 Partie d'un appartement qui sert de passage d'une pièce à une autre. ⇒ **corridor, couloir.** ♦ Espace libre. *Il y a un grand dégagement devant notre maison.* ➤ *Voie de dégagement :* voie de garage. ➤ *Itinéraire de dégagement.* ⇒ **délestage.** ♦ Espace laissé libre pour le rangement. « *susciter des couloirs, des placards, des dégagements, imaginer des penderies modèles* » (Perec). 5 Action de sortir, de se dégager. ⇒ **émanation, sortie.** *Dégagement de gaz carbonique.* ✪ CONTR. Engagement, dépendance. Absorption.

dégager v. tr. 3 – XIIe I - 1 Retirer (ce qui avait été donné en gage, en hypothèque, en nantissement). *Dégager un bijou du mont-de-piété.* ➤ *Dégager sa responsabilité :* faire savoir qu'on ne se tient pas pour responsable. *Je dégage toute responsabilité dans cette affaire.* ⇒ **décliner, rejeter.** 2 Libérer en enlevant ce qui retient, enveloppe. *Dégager un blessé des décombres.* ⇒ **délivrer, tirer.** « *Jacques descend, dégage le pied de cette pauvre créature et lui rabaisse ses jupons* » (Dider.). ⇒ **ôter, retirer.** ➤ Faire glisser un pied sur le sol après avoir libéré la jambe correspondante du poids du corps (danse). ♦ Mettre en valeur, donner de l'aisance à. *Encolure qui dégage le cou.* 3 Rendre disponible. *Dégager des crédits.* 4 Laisser échapper. ⇒ **émettre, exhaler, produire, répandre.** *Des carcasses* « *pourrissaient en dégageant d'épouvantables puanteurs* » (Gide). 5 Isoler. *Dégager les idées principales du texte.* ⇒ **extraire, tirer.** *Dégager la morale des faits.* II - 1 *DÉGAGER DE :* soustraire à. ⇒ **affranchir, libérer.** *Dégager qqn de sa promesse,* lui rendre sa promesse. 2 Débarrasser de ce qui encombre. *Dégager la voie publique.* ⇒ **déblayer, désencombrer.** fam. *Allons, dégagez !* partez. ♦ *Sirop qui dégage les bronches,* qui en évacue les mucosités. 3 Envoyer la balle le plus loin possible des buts, de la ligne de touche. III *SE DÉGAGER* v. pron. 1 Libérer son corps. *Le conducteur n'est pas parvenu à se dégager de sa voiture.* ⇒ s'**extirper,** s'**extraire.** « *il se dégagea brutalement et sortit du trou* » (Dorgelès). 2 Se libérer. *Se dégager d'une promesse.* ➤ « *Des habitudes mentales sont prises et il est difficile de s'en dégager* » (Queneau). 3 Devenir libre de ce qui encombre. *Le ciel se dégage,* les nuages, le brouillard s'en vont. ⇒ se **découvrir,** s'**éclaircir.** *Mon nez se dégage.* ⇒ ① **déboucher.** 4 Sortir. ⇒ **émaner,** s'**exhaler,** se **répandre.** *Émanations qui se dégagent d'un corps.* ♦ « *Il se dégage de lui une contagion de vaillance, un bonheur de la lutte* » (R. Rolland). 5 Se faire jour. *La vérité se dégage peu à peu.* ⇒ **émerger,** se **manifester.** ✪ CONTR. Engager, engoncer. Absorber. — Encombrer.

dégaine n. f. – XVIe ■ fam. Tournure ridicule, bizarre. ⇒ **allure.** *Quelle dégaine !* « *la dégaine inquiétante d'un détrousseur de grands chemins* » (Carco).

dégainer v. tr. 1 – XIIIe ■ Tirer (une arme) de son fourreau, de sa gaine. *Dégainer une épée.* ➤ *Il a dégainé le premier.* ✪ CONTR. Rengainer.

déganter v. tr. 1 – XIVe ■ Ôter les gants de. *Déganter la main droite.* ➤ pronom. *Se déganter :* ôter ses gants. ✪ CONTR. Ganter.

dégarnir v. tr. 2 – XIe 1 Dépouiller de ce qui remplit, garnit. ⇒ **vider.** *Dégarnir une vitrine.* 2 *SE DÉGARNIR* v. pron. Perdre une partie de ce qui garnit. *Après le spectacle, la salle se dégarnit rapidement.* ⇒ se **vider.** ➤ Perdre ses cheveux. « *Vous commencez à vous dégarnir, mon ami. Faites attention* [...]. *La calvitie vous ira très mal !* » (Gide). ✪ CONTR. Garnir, pourvoir.

dégât n. m. – XIIIe ; de l'a. fr. *deguaster* « ravager » ■ Dommage résultant d'une cause violente. ⇒ ③ **casse,** ① **dégradation, destruction, détérioration, dévastation ; méfait, ravage, ruine.** *La gelée, la grêle ont fait de grands dégâts dans les vignobles. Constater les dégâts. Dégâts matériels. Dégâts des eaux.* ➤ loc. *Limiter les dégâts :* éviter le pire. ✪ CONTR. Réparation.

❑ L'ancien verbe *deguaster* est un dérivé de *gâter* d'après le latin *devastare* qui a donné *dévaster*.

dégauchir v. tr. 2 – XVIe ■ Redresser (une pièce gauchie). ➤ Dresser une face, un chant de (une pièce de bois). ⇒ **aplanir,** ① **planer, raboter.** *Dégauchir une planche.* ✪ CONTR. Gauchir.

dégauchisseuse n. f. – XIXe ■ Machine servant à dégauchir.

dégazage n. m. – 1929 1 Expulsion des gaz contenus dans une substance, un espace. 2 Extraction des hydrocarbures contenus dans un produit pétrolier. 3 Nettoyage des citernes et des soutes d'un pétrolier. *Le dégazage en mer est interdit.*

dégazer v. 1 – XIXe 1 v. tr. Expulser les gaz contenus dans (un liquide, un solide). 2 v. intr. Procéder au dégazage (3°). *Le pétrolier a dégazé en pleine mer.*

dégazolinage n. m. – 1948 ■ Traitement destiné à extraire d'un gaz naturel humide les hydrocarbures liquides.

dégazoliner v. tr. 1 – 1948 ■ Traiter par dégazolinage (un gaz naturel humide).

dégazonner v. tr. [1] – XIXe ▪ Enlever le gazon de. *Dégazonner une pelouse.* ✪ CONTR. Gazonner.

dégel n. m. – XIIIe 1 Fonte naturelle de la glace et de la neige. *C'est le dégel.* 2 Détente, adoucissement. « *Je me rappelle ce dégel de tout mon être sous ton regard* » (Mauriac). 3 Reprise de l'activité politique, économique, sociale. 4 Fait de dégeler (I, 3°). ⇒ **déblocage.** ✪ CONTR. Gel.

dégelée n. f. – XVIIIe ▪ Volée. *Une dégelée de coups de bâton.*

dégeler v. [5] – XIIIe I v. tr. 1 Faire fondre. *Le soleil a dégelé la rivière.* 2 *Dégeler qqn,* lui faire abandonner sa froideur, sa réserve. ⇒ **dérider ;** fam. **décoincer.** ➛ *Dégeler l'atmosphère,* la détendre. 3 Débloquer, remettre en circulation, en mouvement. *Dégeler des crédits.* 4 Détendre, débloquer. ➛ pronom. *Les relations entre les deux pays se sont dégelées.* II v. intr. Cesser d'être gelé. *Le lac commence à dégeler.* ➛ *Faire dégeler un produit congelé.* ⇒ **décongeler.** ✪ CONTR. Congeler, geler. Figer. Bloquer.

dégénératif, ive adj. – XIXe ▪ Qui se rapporte à la dégénérescence.

dégénéré, ée adj. et n. – XVIIIe ▪ Atteint d'anomalies congénitales graves, notamment psychiques, intellectuelles.

dégénérer v. intr. [6] – XIVe ; lat. *genus* « race » 1 littér. Perdre les qualités naturelles de sa race. ⇒ s'**abâtardir.** « *Les mariages entre parents qui peuvent affaiblir les faibles et les faire dégénérer* » (Michelet). 2 DÉGÉNÉRER EN : se transformer en. ⇒ **tourner.** *Dispute qui dégénère en rixe.* « *une sorte de compère-loriot qui dégénéra bientôt en ophtalmie* » (Goncourt). ➛ *Il ne faudrait pas que cela dégénère,* que cela s'aggrave. ✪ CONTR. Améliorer, régénérer.

dégénérescence n. f. – XVIIIe 1 Le fait de dégénérer (1°). 2 Perte des qualités. *La dégénérescence d'une civilisation.* ⇒ **décadence, déclin,** ① **dégradation.** 3 Modification pathologique. *Dégénérescence pigmentaire.* 4 *Dégénérescence des niveaux d'énergie* : coïncidence des niveaux appartenant à des états quantiques différents. 5 Propriété d'un code génétique où des acides aminés sont spécifiés par plus d'un codon. ✪ CONTR. Amélioration, progrès.

dégermer v. tr. [1] – XIXe ▪ Enlever le germe de. *Dégermer de l'orge.*

dégingandé, ée [deʒɛ̃gɑ̃de] adj. – XVIe ; a. fr. *hinguer* « se diriger », croisé avec *ginguer* « gigoter » ▪ Qui est disproportionné dans sa haute taille et déséquilibré dans la démarche. « *Il était maigre, dégingandé, la figure longue* » (Zola). ✪ CONTR. Râblé, trapu.

> ❑ *Dégingandé* est souvent prononcé [degɛ̃gɑ̃de] et écrit avec un *u*, peut-être à cause de l'influence de *de guingois.*

dégivrage n. m. – 1949 ▪ Action de dégivrer.

dégivrer v. tr. [1] – 1948 ▪ Enlever le givre de. *Dégivrer un réfrigérateur.*

dégivreur n. m. – 1939 ▪ Appareil pour enlever le givre.

déglaçage n. m. – XIXe ▪ Action de déglacer.

déglacer v. tr. [3] – XVe 1 rare Enlever la glace, le verglas. *Déglacer une route.* 2 *Déglacer du papier,* en enlever le lustre. 3 Mouiller les sucs de cuisson adhérant au fond d'un récipient pour préparer une sauce. *Déglacer une poêle.* ➛ *Déglacez au vinaigre.* ✪ CONTR. Glacer.

déglaciation n. f. – 1911 ▪ Phase de récession d'un appareil glaciaire.

déglinguer v. tr. [1] – XIXe ; de *déclinquer* « détacher des bordages du corps d'un bâtiment », de *clin* ▪ fam. Disloquer. ⇒ **abîmer, détraquer.** « *Il y a de l'herbe sur le ballast, et les traverses sont déglinguées* » (Le Clézio). ➛ pronom. *Ce réveil se déglingue sans arrêt.*

déglutination n. f. – 1951 ; de *dé-* et *(ag)glutination* ▪ Séparation d'éléments d'une même forme (ex. la griotte pour l'agriotte). ✪ CONTR. Agglutination.

déglutir v. tr. [2] – XIXe ; lat. *glutus* « gosier » ▪ Faire franchir l'isthme du gosier à. ⇒ **avaler.**

déglutition n. f. – XVIe ▪ Action de déglutir ; mouvement par lequel on déglutit. « *les pommes d'Adam montaient sous l'effort de la déglutition* » (Tournier).

dégobiller v. tr. [1] – XVIIe ; de *dé-* et *gober* ▪ fam. ⇒ **vomir.** *Dégobiller son repas.* ➛ *Il a envie de dégobiller.*

dégoiser v. [1] – XIIIe ; de *dé-* et *gosier* ▪ fam. 1 v. tr. Débiter. *Dégoiser d'interminables discours.* 2 v. intr. Parler.

dégommage n. m. – XVIIIe ▪ Action de dégommer.

dégommer v. tr. [1] – XVIIe 1 Débarrasser (une chose) de la gomme dont elle est enduite. *Dégommer une enveloppe.* 2 fam. Destituer d'un emploi ; faire perdre une place à. ⇒ **limoger, renverser, supplanter.** « *il y a eu la crise, j'ai bien failli être dégommé du dispensaire* » (Céline). 3 fam. Faire tomber, atteindre. *Dégommer trois pipes au stand de tir.* ✪ CONTR. Gommer.

dégonflage n. m. – XIXe 1 Action de dégonfler. 2 fam. Fait de se dégonfler.

dégonflard, arde n. – 1932 ▪ fam. Personne dégonflée, lâche. ⇒ **trouillard.**

dégonfle n. f. – 1940 ▪ fam. Le fait de se dérober, d'user de faux-fuyants.

dégonflé, ée adj. et n. – XVIIIe 1 Qui est vidé de son air. *Pneu dégonflé,* à plat. 2 fam. Sans courage, lâche. « *Dégonflée ! Dégonflée ! Tu dis ça, mais c'est parce que tu as peur* » (Le Clézio).

dégonflement n. m. – XVIIIe ▪ Le fait de perdre l'air, de se dégonfler ; son résultat. *Le dégonflement d'un ballon.* ✪ CONTR. Gonflement, gonflage.

dégonfler v. [1] – XVIe I v. tr. 1 Faire cesser d'être gonflé. *Dégonfler un ballon, un matelas pneumatique.* ➛ pronom. *Le pneu s'est dégonflé.* 2 Minimiser. *Dégonfler l'importance d'une nouvelle.* 3 SE DÉGONFLER v. pron. fam. Manquer de courage, d'énergie. ⇒ se **déballonner, flancher, mollir.** « *Titi a dit qu'on allait leur montrer qu'on ne se dégonflerait pas, et qu'ils pourraient aller se rhabiller* » (Le Clézio). II v. intr. Cesser d'être gonflé. *Avec les compresses, sa paupière a dégonflé.* ⇒ **désenfler.** ✪ CONTR. Gonfler, regonfler. — Enfler.

dégorgement n. m. – XVIe 1 Écoulement des liquides qui engorgeaient un canal, une cavité. ⇒ **épanchement, évacuation.** *Le dégorgement de la bile.* 2 Le fait de vider, de se vider. *Dégorgement d'un égout.* 3 Traitement par lequel on débarrasse certaines matières premières des impuretés. *Dégorgement des laines.* ✪ CONTR. Engorgement.

dégorgeoir n. m. – XVIe 1 Issue par laquelle un trop-plein se dégorge. ⇒ **gargouille.** *Le dégorgeoir d'un étang.* 2 Outil de forgeron servant à couper et à façonner les pièces à chaud. 3 Appareil destiné à retirer l'hameçon de la gorge d'un poisson. 4 Endroit où l'on met à dégorger qqch.

dégorger v. [3] – XIIIe I v. tr. 1 Faire sortir de soi. ⇒ **déverser, évacuer.** *Égout qui dégorge de l'eau sale.* 2 Vider de son trop-plein ; déboucher pour permettre de se vider. *Dégorger un évier.* ⇒ **purger.** 3 Débarrasser des matières étrangères. ⇒ **laver, nettoyer, purifier.** *Dégorger du cuir.* II v. intr. 1 Déborder, répandre son contenu de liquide. ⇒ se **déverser.** *L'égout dégorge dans ce collecteur.* 2 Rendre un liquide. *Faire dégorger des escargots. Faire dégorger des concombres.* II

SE DÉGORGER **v. pron.** Épancher ses eaux. *Réservoir qui se dégorge dans un bassin.* ⇒ se **vider.** ✪ CONTR. Absorber, ① boucher, engorger, gorger, remplir.

dégoter **v.** 1 – XVIIe « déplacer la pierre appelée *go* » ; celt. *gal* « caillou » ■ fam. Découvrir. ⇒ **trouver.** *Où avez-vous dégoté ce bouquin ?*

dégoulinade **n. f.** – 1938 ■ fam. Liquide qui dégouline, coule lentement ; sa trace. ⇒ **coulure.** *Des dégoulinades de confiture.*

dégoulinement **n. m.** – XIXe ■ Le fait de dégouliner.

dégouliner **v. intr.** 1 – XVIIIe ; de *dé-* et *goule* « gueule » ■ Couler lentement. « *des couples pratiquaient le bouche-à-bouche, et la salive dégoulinait le long de leurs mentons amoureux* » (Queneau).

dégoupiller **v. tr.** 1 – XVIIIe ■ Enlever la goupille de. « *Il soupesa sa première grenade, dégoupillée* » (Malraux). ✪ CONTR. Goupiller.

dégourdi, ie **adj.** et **n.** – XVIIe ■ Qui n'est pas gêné pour agir ; habile et actif. *Il n'est pas très dégourdi.* ⇒ **débrouillard, futé, malin.** ✪ CONTR. Engourdi, gauche, gourd, gourde, maladroit.

dégourdir **v. tr.** 2 – XIIe ; de *dé-* et *gourd* **1** Faire sortir de l'engourdissement. ⇒ **désengourdir.** *Se dégourdir les jambes.* **2** Débarrasser (qqn) de sa timidité, de sa gêne. ⇒ **délurer, déniaiser, dessaler.** ➛ pronom. « *Il allait avoir seize ans* [...] *il était temps pour lui de se dégourdir un peu* » (Larbaud). ✪ CONTR. Engourdir.

dégourdissement **n. m.** – XVIe ■ Action de dégourdir (1°) ; son résultat. ✪ CONTR. Engourdissement.

dégoût **n. m.** – XVIe **1** Manque de goût, d'appétit, entraînant une réaction de répugnance. ⇒ **répulsion.** *Être pris de dégoût. Il a un véritable dégoût pour la viande.* Ivich « *fit une grimace de dégoût : – Que c'est mauvais, dit-elle* » (Sartre). **2** Aversion que l'on éprouve pour qqch. ⇒ **écœurement, exécration, horreur, phobie, répugnance, répulsion.** « *Le désir et le dégoût sont les deux colonnes du temple du Vivre* » (Valéry). *Prendre qqch. en dégoût.* ♦ Répugnance physique ou morale (pour qqn). ⇒ **haine, horreur.** *Il m'inspire un profond dégoût.* **3** Absence complète d'attrait (pour qqch.) ; fait de se désintéresser par lassitude. « *Un dégoût profond de la vie avait relâché la lèvre inférieure* » (Gaut.). **4** Sentiment de répugnance ou de lassitude. « *C'est dans l'absolue ignorance de notre raison d'être qu'est la racine de notre tristesse et de nos dégoûts* » (France). ✪ CONTR. Goût ; appétit, attrait, désir, envie, plaisir.

dégoûtamment **adv.** – XVIIIe ■ D'une manière dégoûtante. ⇒ **salement.**

dégoûtant, ante **adj.** – XVIIe **1** Qui inspire du dégoût, de la répugnance, par son aspect extérieur. ⇒ **écœurant, ignoble, immonde, infect, innommable, laid, repoussant, répugnant** ; fam. **dégueulasse, dégueulatoire.** « *Les rues de Paris, étroites, mal pavées et couvertes d'immondices dégoûtantes* » (Volt.). ⇒ **sale.** **2** Qui inspire du dégoût par sa laideur morale. ⇒ **abject, honteux, ignoble, odieux, révoltant.** *C'est dégoûtant de faire cela. C'est un dégoûtant personnage.* ♦ fam. Grossier. *Raconter des histoires dégoûtantes.* ⇒ **cochon, obscène, sale.** ✪ CONTR. Appétissant, propre, ragoûtant. Correct, sérieux. — HOM. Dégouttant (dégoutter).

dégoûtation **n. f.** – XIXe ■ fam. **1** Dégoût, répugnance. *Pousser* « *plusieurs "Pouah !"* [...] *en signe de dégoûtation* » (Courtel.). **2** Extrême saleté. ♦ Chose moralement dégoûtante. ⇒ **horreur.**

dégoûté, ée **adj.** et **n.** – XIVe ; de *dé-* et *goût* **1** Qui éprouve facilement du dégoût. ⇒ **délicat, difficile.** *Prendre un air dégoûté :* manifester son dégoût. ➛ **n.** *Faire le dégoûté :* se montrer difficile. **2** Qui éprouve du dégoût, écœuré. « *L'horrible spectacle que peut donner à un homme dégoûté la foule humaine qui s'amuse* » (Maupass.). **3** *DÉGOÛTÉ DE :* qui n'a pas ou plus de goût pour. ⇒ ① **las.** « *Un vivant dégoûté de vivre* » (Muss.). ✪ HOM. Dégoutter.

dégoûter **v. tr.** 1 – XVIe **1** Donner de la répugnance, du dégoût à. *Le lait me dégoûte.* ⇒ fam. **débecter.** **2** Inspirer de la répugnance à (qqn) par son aspect. « *Un homme mal habillé, sale, et qui dégoûte* » (La Bruy.). ♦ Inspirer de l'aversion à (qqn) par sa laideur morale. ⇒ **répugner, révolter.** *Sa lâcheté me dégoûte.* **3** *DÉGOÛTER DE.* Ôter l'envie de. « *à vous dégoûter d'être honnête* » (Aymé). **4** *SE DÉGOÛTER* **v. pron.** Prendre en dégoût. *Je me dégoûte.* « *Une honnête femme ne se dégoûte jamais de son mari* » (Mol.). ✪ CONTR. Attirer, charmer, plaire, tenter. — HOM. Dégoutter.

dégoutter **v. intr.** 1 – XIIe **1** Couler goutte à goutte. *La pluie dégoutte le long du mur.* **2** Laisser tomber goutte à goutte. *Cheveux qui dégouttent de pluie.* ✪ HOM. Dégoûter.

dégradant, ante **adj.** – XVIIIe ■ Qui abaisse moralement. ⇒ **avilissant, humiliant.**

① **dégradation** **n. f.** – XVe **1** Destitution infamante (d'une personne) d'un grade, d'une dignité. *Dégradation civique :* peine infamante réprimant certains crimes politiques. **2** rare Le fait de s'abaisser moralement, de se dégrader. ⇒ **avilissement, déchéance.** **3** Détérioration. ⇒ **dégât, dommage.** *Le locataire est responsable des dégradations qu'il commet dans l'appartement qu'il occupe.* ➛ *Dégradation de l'environnement,* son altération. ⇒ **nuisance, pollution.** ♦ Processus destructeur de l'équilibre d'un sol entre profil, végétation et milieu. **4** Détérioration graduelle. *La dégradation du climat international.* **5** *Dégradation de l'énergie :* transformation de l'énergie en formes de moins en moins aptes à fournir un travail mécanique. *Dégradation de l'énergie mécanique en énergie calorifique.* ✪ CONTR. Réhabilitation. Amélioration, réfection, réparation. Régénération (sol).

> ❑ De même que ① *dégrader,* le mot est passé en français d'abord dans le domaine religieux puis dans le domaine militaire.

② **dégradation** **n. f.** – XVIIe ■ Affaiblissement graduel, continu. « *ces distributions de lumières, ces dégradations de couleurs* » (Fén.). ⇒ **dégradé.**

dégradé **n. m.** – XIVe **1** Affaiblissement ou modification progressive d'une couleur, d'un éclairage. *Des effets de dégradé.* ♦ Procédé par lequel on fait varier l'intensité lumineuse de l'image. **2** Technique de coupe consistant à diminuer progressivement l'épaisseur des cheveux.

① **dégrader** **v. tr.** 1 – XIIe ; lat. *gradus* « degré » **1** Destituer (qqn) de sa dignité, de son grade. *Dégrader un officier.* **2** littér. Faire perdre sa dignité, son honneur à (qqn). ⇒ **avilir, rabaisser.** ♦ *SE DÉGRADER* **v. pron.** Déchoir, s'avilir. *Il se dégrade en acceptant ce compromis.* **3** Détériorer. ⇒ **abîmer, endommager, mutiler.** *Dégrader une façade.* ♦ « *Les eaux dégradent toujours les rochers et mettent chez vous un peu de terre meuble* » (Balz.). ⇒ **affouiller, ronger, saper.** **4** *SE DÉGRADER.* **v. pron.** Perdre sa valeur, ses qualités. *L'énergie se dégrade selon le principe de Carnot.* ♦ Perdre ses qualités intellectuelles et morales. ⇒ **baisser,** ① **tomber.** « *Comme c'est triste de voir les êtres qu'on chérit se dégrader peu à peu* » (Flaub.). ➛ *La situation s'est beaucoup dégradée.* ✪ CONTR. Réhabiliter. Améliorer, convertir, épanouir, réparer.

② **dégrader** **v. tr.** 1 – XVIIe ; it. *grado* « degré » **1** Affaiblir, diminuer progressivement. *Dégrader les tons d'un tableau.* ➛ « *Les tons fondus et doucement dégradés, les ombres pénétrées de lumière* » (Taine). **2** Couper (les cheveux) selon la technique du dégradé. ⇒ **effiler.**

> ❑ *Dégrader* a été employé pour la première fois en français dans la traduction d'un traité de Léonard de Vinci, en 1651.

dégrafer v. tr. [1] – XVIe ; de *dé-* et *agrafer* ▪ Défaire, détacher (ce qui est agrafé). « *il entreprend de dégrafer son corsage* » (Romains). ✪ CONTR. Agrafer, attacher.

dégrafeur n. m. – v. 1980 ▪ Instrument servant à ôter les agrafes des feuilles agrafées.

dégraissage n. m. – XVIIIe 1 Action de dégraisser (3°) ; son résultat. ⇒ **nettoyage.** 2 fam. Allégement des frais (d'une entreprise), notamment par le licenciement du personnel.

dégraissant, ante adj. et n. m. – XIXe ▪ Qui dégraisse.

dégraisser v. tr. [1] – XIIIe 1 Enlever la graisse de. *Dégraisser un bœuf, un porc* (⇒ **délarder**). 2 Débarrasser (qqch.) de la graisse qu'il contient. *Dégraisser un bouillon.* 3 Enlever les taches de graisse. *Donner un costume à dégraisser.* ⇒ ② **détacher.** 4 Dépouiller (la terre) de l'humus, de la terre grasse. 5 *Dégraisser une pièce de bois,* la dégrossir. 6 fam. Alléger les frais de, effectuer des économies sur. *Dégraisser les effectifs d'une entreprise.* ✪ CONTR. Graisser. Tacher.

dégras n. m. – XVIIIe ▪ Mélange de corps gras et d'acide servant au traitement des cuirs et peaux.

dégravoiement n. m. – XVIIe ▪ Action de l'eau qui sape une construction ou enlève les graviers.

dégravoyer v. tr. [8] – XVIIe ; de *dé-* et a. fr. *gravois* « gravats » 1 Déchausser (un mur, une construction), en parlant de l'eau courante. ⇒ ① **dégrader, saper.** 2 Débarrasser (le lit d'un cours d'eau) des graviers.

degré n. m. – XIe ; lat. *de* et *gradus* « pas, échelle » I littér. Marche (d'un escalier). **II - 1** Niveau, position dans un ensemble hiérarchisé. ⇒ **échelon.** *Les degrés de l'échelle sociale. Parvenir au plus haut degré de la gloire.* ♦ *Degré de juridiction :* place d'un tribunal dans la hiérarchie judiciaire. 2 État, dans une évolution. ⇒ **échelon, stade.** « *Ainsi que la vertu, le crime a ses degrés* » (Rac.). ♦ *Le premier, le dernier, le plus haut degré de qqch.,* son état de développement. *Être brûlé au premier, au second degré.* ♦ « *il est maigre et hâve comme un malade au dernier degré de la consomption* » (Dider.). ⇒ ① **point.** *Au dernier degré.* ♦ PAR DEGRÉ ou PAR DEGRÉS. ⇒ **graduellement, progressivement, successivement.** « *j'ai moyen d'augmenter par degré ma connaissance* » (Desc.). 3 État intermédiaire. ⇒ **gradation, nuance.** « *Il y a des degrés entre les pauvres comme entre les riches* » (Chateaub.). 4 Niveau d'interprétation. *Au premier degré :* à la lettre. *Au second, au deuxième degré :* à un autre niveau d'interprétation. **III - 1** Proximité relative dans la parenté. *Degrés de parenté. Le fils et le père sont parents au premier degré.* 2 *Degré de comparaison* ou *de signification :* forme que prend l'adjectif, l'adverbe pour indiquer l'intensité de la qualité ou de la modalité qu'il exprime (⇒ ① **positif ; comparatif ; superlatif**). 3 Exposant de la puissance à laquelle une variable se trouve élevée, dans un monôme. *Équation du premier, du second degré,* dont l'inconnue est à la première, à la seconde puissance. ⇒ **quadratique ; biquadratique.** *Degré d'une courbe,* celui du polynôme servant à son équation algébrique. **IV - 1** La 180e partie de l'angle plat, ou la 360e partie de la circonférence (⇒ aussi ① **grade, radian**) (symb. °). *Angle de 90 degrés.* ♦ *La longitude et la latitude d'un point à la surface de la Terre s'évaluent en degrés.* 2 Distance de chacune des sept notes de la gamme diatonique par rapport à la tonique. 3 Chacune des divisions d'une échelle de mesure. *Les degrés d'un baromètre.* ♦ Division d'une échelle de température. *Degré centigrade* (vieilli) ou *degré Celsius* (°C) : centième partie de l'intervalle entre la température de la glace fondante (0°) et celle de l'eau bouillante (100°) sous la pression atmosphérique. ♦ *Degré Fahrenheit* (°F). *Le zéro Celsius correspond à 32 °F.* ➛ *Degré absolu* (⇒ **kelvin**). ♦ *Degré alcoolique d'une solution :* proportion d'alcool. ⇒ **titre.** *Alcool à 90 degrés.* ♦ *Degré zéro de... :* représentation de (une chose) comme nulle. « *Le Degré zéro de l'écriture* », de *R. Barthes.*

dégréer v. tr. [1] – XVIe ▪ Dégarnir des agrès, mâts supérieurs, vergues, manœuvres. ✪ CONTR. Gréer.

dégressif, ive adj. – 1903 ; lat. *degredi* « descendre » ▪ Qui va en diminuant. *Tarif dégressif.* ➛ *Impôt dégressif,* dont le taux décroît à mesure que les revenus imposables diminuent. ✪ CONTR. Progressif.

dégressivité n. f. – 1941 ▪ Caractère de ce qui est dégressif.

dégrèvement n. m. – XVIIIe ▪ Action de dégrever.

dégrever [degʀəve] v. tr. [5] – XIVe ▪ Décharger de ce qui grève ; alléger, atténuer la charge fiscale de. *Dégrever un contribuable.* ⇒ **exempter, exonérer.** ✪ CONTR. Alourdir, grever.

dégriffé, ée adj. – 1965 ▪ Se dit d'un vêtement qui est vendu moins cher parce qu'il n'a plus sa griffe d'origine. ⇒ **démarqué.** *Chaussures dégriffées.*

dégringolade n. f. – XIXe ▪ fam. Action de dégringoler ; son résultat. ⇒ **chute.**

dégringoler v. [1] – XVIe ; moy. néerl. *crinc* « courbure » 1 v. intr. Descendre précipitamment. ⇒ **rouler,** ① **tomber ;** fam. **débouler.** *Il a dégringolé dans l'escalier.* ⇒ **culbuter.** ➛ « *Les affaires sont dans le marasme, la Bourse dégringole* » (Sartre). 2 v. tr. Descendre très rapidement. « *Quatre à quatre, il dégringole l'escalier séculaire de l'Académie* » (Daud.). ⇒ **dévaler.** ✪ CONTR. Grimper, monter, remonter.

dégrippant n. m. – 1970 ▪ Produit destiné à dégripper.

dégripper v. tr. [1] – v. 1970 ▪ Faire cesser le grippage de.

dégrisement n. m. – XIXe ▪ Action de dégriser.

dégriser v. tr. [1] – XVIIIe 1 Tirer de l'état d'ivresse. ⇒ **désenivrer,** fam. **dessoûler.** ➛ pronom. « *sa mère avait dû boire au moment d'accoucher, et elle ne s'était jamais dégrisée depuis* » (Maupass.). 2 Détruire les illusions, l'enthousiasme, l'exaltation de (qqn). ⇒ **désillusionner,** fam. **doucher.** *Cet échec l'a dégrisé.* ✪ CONTR. Enivrer, griser.

dégrossir v. tr. [2] – XVIIe 1 Travailler de manière à donner sa forme définitive, en enlevant le plus gros. ⇒ **dégraisser, délarder.** « *avant que le statuaire ait dégrossi son bloc de marbre* » (Dider.). 2 Donner les éléments essentiels de. ⇒ **ébaucher.** *Dégrossir un ouvrage.* ⇒ **débrouiller.** 3 *Dégrossir qqn,* lui donner des rudiments de formation, de savoir-vivre. « *De petits rustres mal dégrossis, brutaux et canailles* » (Sartre). ✪ CONTR. Fignoler, finir. Abêtir.

dégrossissage n. m. – XVIIIe ▪ Action de dégrossir ; résultat de cette action.

dégrouiller (se) v. pron. [1] – XIXe ▪ fam. Se dépêcher. ⇒ se **grouiller,** se **manier.** *Dégrouille-toi !*

déguenillé, ée adj. – XVIIe ▪ Vêtu de guenilles. ⇒ **dépenaillé, loqueteux.** « *les marmots déguenillés couraient joyeusement après lui* » (Hugo).

déguerpir v. intr. [2] – XIIe ; germ. *°werpan* « jeter » ▪ S'en aller précipitamment. ⇒ **décamper,** s'**enfuir, filer, fuir,** se **sauver.** « *je suis "sommé de déguerpir". Tels sont les termes vénérables du langage juridique* » (Green). ✪ CONTR. Demeurer, installer (s'), rester.

dégueulasse adj. – XIXe ; de *dégueuler* ▪ fam. Sale, répugnant. ⇒ **dégoûtant.** *C'est franchement dégueulasse ce qu'il a fait là.* ⇒ **moche.** *Un temps dégueulasse.* ⇒ **pourri.**

dégueulatoire adj. – 1907 ▪ fam. et vulg. Qui donne envie de vomir. ⇒ **répugnant.**

dégueuler v. [1] – XVe ▪ fam. et vulg. Vomir. ⇒ **dégobiller, gerber.** « *Je dégueule soudain toute une bile... Je rugis dans les efforts* » (Céline).

❑ *Dégueuler,* littéralement « sortir de la *gueule* », a eu d'abord le sens de « parler ». → débagouler.

dégueulis n. m. – XVIIIe ▪ vulg. Ce qui est vomi. ⇒ **vomissure.** *Dégueulis d'ivrogne.*

déguisé, ée adj. – XIIIe 1 Revêtu d'un déguisement. ♦ *Un meurtre déguisé (en accident, en suicide...).* 2 *Fruits déguisés,* préparés au sucre, fourrés à la pâte d'amandes.

déguisement n. m. – XIIe 1 Action de déguiser, fait de se déguiser. ⇒ **travestissement.** 2 Ce qui sert à déguiser qqn. ⇒ **costume.** *Il était méconnaissable sous son déguisement.* 3 vx ou littér. Action de cacher, de modifier pour tromper. ⇒ **artifice, dissimulation, fard, feinte.** *Parler sans déguisement.* ✪ CONTR. Franchise, sincérité, vérité.

déguiser v. tr. [1] – XIIe ; de *dé-* et *guise* « manière d'être » 1 Vêtir de manière à rendre méconnaissable. ⇒ **accoutrer, affubler, costumer.** *Déguiser un homme en femme.* ⇒ **travestir.** 2 *SE DÉGUISER* v. pron. S'habiller de manière à être méconnaissable. « *On se déguise en pierrot, en arlequin* » (Giono). 3 Modifier pour tromper. ⇒ ① **cacher, changer, maquiller.** *Déguiser sa voix au téléphone.* ⇒ **contrefaire.** 4 littér. Cacher sous des apparences trompeuses. *Déguiser la vérité.* « *Seigneur, je ne vous puis déguiser ma surprise* » (Rac.).

dégurgiter v. tr. [1] – XIXe ; de *dé-* et *(in)gurgiter* ▪ Restituer intact (ce qu'on avait ingurgité). ⇒ **régurgiter.** ✪ CONTR. Ingurgiter.

dégustateur, trice n. – XVIIIe ▪ Personne dont le métier est de déguster les vins.

dégustation n. f. – XVIe ▪ Action de déguster. *Dégustation de coquillages.*

déguster v. tr. [1] – XIXe ; lat. *gustare* « goûter » 1 Goûter pour juger de la provenance, de la qualité. 2 Boire ou manger avec grand plaisir. ⇒ **savourer.** *Déguster un bon vin.* ♦ Se délecter, se régaler de (qqch.). « *Ils pèsent le pour et le contre, dégustent une objection, démontrent et concluent* » (Sartre). 3 fam. Subir un mauvais traitement. ⇒ **encaisser, prendre,** ① **supporter.** « *j'ai toujours préféré la chaleur au froid. Pourtant, ici, qu'est-ce qu'on déguste* » (Duras).

déhaler v. tr. [1] – XVe ▪ Déplacer (un navire) au moyen de ses amarres.

déhanchement n. m. – XVIIe 1 Mouvement d'une personne qui se déhanche (1°). 2 Position du corps qui se déhanche (2°). *Le déhanchement des vierges gothiques.*

déhancher (se) v. pron. [1] – XVIe 1 Se balancer sur ses hanches en marchant. ⇒ se **dandiner,** se **tortiller.** 2 Faire reposer le poids du corps sur une hanche, l'autre étant légèrement fléchie.

déharnacher v. tr. [1] – XIIe ▪ Ôter le harnais de. ✪ CONTR. Harnacher.

déhiscence n. f. – XVIIIe ▪ Ouverture d'organes déhiscents. ✪ CONTR. Indéhiscence.

déhiscent, ente adj. – XVIIIe ; lat. *dehiscere* « s'ouvrir » ▪ Se dit des organes clos qui s'ouvrent d'eux-mêmes pour livrer passage à leur contenu. *Les gousses sont des fruits déhiscents.* ✪ CONTR. Indéhiscent.

dehors adv., n. m. et prép. – Xe ; lat. *de* et *foris* « dehors » **I** adv. À l'extérieur ; hors du lieu, de la chose dont il s'agit. ⇒ **extérieurement ; ailleurs ; loin.** *Aller dehors* : sortir. *Rester dehors.* ➤ *Mettre, jeter qqn dehors,* le chasser. ♦ *Allez, ouste, dehors !* **II** n. m. 1 La partie extérieure, l'aspect extérieur. *Le dehors de cette boîte.* ♦ L'extérieur, par rapport à un lieu. *Les ennemis du dehors.* 2 *LE DEHORS, LES DEHORS :* l'apparence extérieure. ⇒ ② **air.** *Un dehors aimable.* « *une feinte goujaterie et une affectation de dehors cyniques* » (Gide). **III** adv. et prép. 1 *De dehors :* de l'extérieur. *Un bruit arrivait de dehors.* ♦ *EN DEHORS :* vers l'extérieur. « *Il marchait les jambes écartées, les pointes des pieds en dehors* » (Simenon). ➤ *En dehors :* principe de la danse classique qui exige que les jambes soient tournées vers l'extérieur. ➤ *Se tenir en dehors d'un débat,* à l'écart. 2 *AU-DEHORS* ou *AU DEHORS :* à l'extérieur. ⇒ **extérieurement, loin.** *Le récipient se brisa et le contenu se répandit au-dehors.* ➤ Dans l'apparence extérieure. ➤ *AU DEHORS DE :* à l'extérieur de. *Au dehors de ce pays.* ✪ CONTR. Dans, dedans, intérieurement. — Fond, intérieur.

déhouiller v. tr. [1] – XIXe ▪ Enlever entièrement la houille de. *Déhouiller un filon.*

déhoussable adj. – mil. XXe ▪ Dont on peut enlever la housse.

déicide n. et adj. – XVIe ; lat. *deus* « dieu » et *cædere* « tuer », d'apr. *homicida* 1 n. m. Meurtre de Dieu ; la crucifixion du Christ. ♦ Suppression d'une religion. 2 adj. Meurtrier de Dieu. *Peuple déicide.* ➤ Destructeur de la foi.

déictique adj. et n. m. – 1908 ; gr. *deixis* « désignation » ▪ Qui sert à montrer, à désigner qqch. qui dépend du discours et de la situation. Ceci *est un mot déictique.*

déification n. f. – XIVe ▪ Action de déifier ; son résultat.

déifier v. tr. [7] – XIIIe ; lat. *deificare* 1 Considérer comme un dieu. ⇒ **diviniser.** *Les Romains déifièrent la plupart de leurs empereurs.* 2 Faire de (qqn, qqch.) l'objet d'un culte. ⇒ **adorer, exalter, idolâtrer, vénérer.**

déisme n. m. – XVIIe ; lat. *deus* « dieu » ▪ Position de ceux qui admettent l'existence d'une divinité, sans accepter de religion révélée ni de dogme. ⇒ ① **théisme.** ✪ CONTR. Athéisme.

déiste n. et adj. – XVIe ▪ Personne qui professe le déisme.

déité n. f. – XIIe ; lat. *deus* « dieu » ▪ littér. Divinité mythique.

déjà adv. – XIIIe ; de *des (dé-)* et a. fr. *ja* « tout de suite », lat. *jam* 1 Dès maintenant. *Il est déjà quatre heures.* ♦ Dès lors, dès ce temps. *Il était déjà marié. Demain il sera déjà parti.* 2 Auparavant, avant. *Tu l'as déjà dit.* « *elle a déjà eu trois maris* » (Ste-Beuve). 3 fam. Renforçant une constatation. *C'est déjà bien.* ➤ En fin de phrase. *Comment vous appelez-vous, déjà ?* ✪ CONTR. Après, ensuite.

❑ On retrouve l'ancien français *ja* dans *jamais* et *jadis.*

déjanter v. [1] – XVIIe 1 v. tr. Faire sortir de la jante. ➤ pronom. *Le pneu s'est déjanté.* 2 v. intr. fam. Devenir un peu fou. ⇒ **débloquer, dérailler.** *Il a déjanté.*

déjauger v. intr. [3] – XIXe ▪ S'élever sur l'eau au-dessus de la ligne de flottaison.

déjection n. f. – XVIe ; lat. *dejectio* « action de jeter dehors » 1 Évacuation des matières fécales. ➤ plur. Les matières évacuées. ⇒ **excrément.** 2 Matières rejetées par les volcans. ⇒ **projection.** ♦ *Cône de déjection :* cône d'alluvions déposé par un torrent.

déjeté, ée adj. – XVIIe 1 Dévié de sa position normale. *Mur déjeté.* « *deux ou trois troncs d'oliviers, déjetés et tordus, grimaçants* » (Le Clézio). 2 Déformé, abîmé, diminué physiquement. ⇒ **décati.** 3 région. (Belgique) fam. En désordre. ✪ CONTR. ① Droit ; sémillant. Ordonné, soigné.

déjeter v. tr. [4] – XIIe ■ Écarter de sa direction naturelle ; de sa position normale. ⇒ **courber, déformer, dévier.** *Le vent a déjeté les arbres.* ✪ CONTR. Redresser.

① **déjeuner** v. intr. [1] – XIIe ; lat. *disjejunare* « rompre le jeûne » **1** Prendre le petit-déjeuner. ⇒ fam. ② **petit-déjeuner. 2** Prendre le repas du milieu de la journée. *Inviter qqn à déjeuner.* « *Il déjeuna d'un cornet de frites* » (Duham.).

> ❑ S'écrit sans accent circonflexe, à la différence de *jeûner* (la relation entre les deux mots n'est plus sentie). ♦ Pour l'évolution du sens → ① dîner (rem.).

② **déjeuner** n. m. – XIIe **I - 1** vieilli ou région. (Nord, Belgique, Canada) Repas du matin. ⇒ ① **petit-déjeuner. 2** Repas pris au milieu du jour. *Déjeuner d'affaires.* **3** Ensemble des mets du déjeuner. ⇒ **repas.** *Un bon déjeuner.* **II - 1** Ensemble formé par une grande tasse et sa soucoupe. *Un déjeuner de porcelaine.* **2** DÉJEUNER DE SOLEIL : étoffe dont la couleur passe vite ; chose qui ne dure pas longtemps.

déjouer v. tr. [1] – XIIe ■ Faire échouer. ⇒ **confondre, contrecarrer.** *Déjouer un complot.* ➛ Mettre en défaut. *J'étais* « *fier de sentir que je déjouais la ruse* » (Maurois). ✪ CONTR. Appuyer, seconder, soutenir.

déjuger (se) v. pron. [3] – XIIe ■ Revenir sur le jugement qu'on avait exprimé, sur le parti qu'on avait pris. « *L'atroce orgueil de ne jamais vouloir nous déjuger nous empêche de remonter les chemins de l'erreur* » (Giono). ✪ CONTR. Persévérer, persister.

de jure [deʒyʀe] loc. adj. et loc. adv. – XIXe ; mots lat. « de droit » ■ De droit. ➛ *Reconnaissance de jure d'un gouvernement* (opposé à *de facto*).

delà prép. et adv. – XIIe **I** prép. *PAR-DELÀ* : plus loin que. *Par-delà les mers. Par-delà le bien et le mal* (trad. de Nietzsche). **II** adv. de lieu **1** *PAR-DELÀ* : de l'autre côté. **2** *AU-DELÀ* ou *AU DELÀ* [od(ə)la] : plus loin. ⇒ aussi **au-delà.** « *La courbure de la terre qui seule empêchait de voir au delà* » (Loti). ♦ *AU-DELÀ DE* ou *AU DELÀ DE. S'en aller au-delà des mers. Au-delà de toute imagination.* « *Au-delà de cette limite votre ticket n'est plus valable* », *roman de R. Gary.* ✪ CONTR. Deçà. Dans.

délabialiser v. tr. [1] – v. 1900 ■ Ôter le caractère labial à (une consonne). ✪ CONTR. Labialiser.

délabré, ée adj. – XVIe **1** Qui est en ruine, en mauvais état. *La charrette* « *était un véhicule fort délabré* » (J. Verne). **2** En mauvaise condition, très dégradé. *Santé délabrée.* ✪ CONTR. ① Ferme, robuste, solide.

délabrement n. m. – XVIIe **1** État de ce qui est délabré. ⇒ **ruine, vétusté.** *Le délabrement d'un édifice.* **2** Mauvais état. *Le délabrement de ses affaires.* ✪ CONTR. Force, prospérité, solidité.

délabrer v. tr. [1] – XVIe ; provenç. « déchirer » **1** rare Mettre en mauvais état par usure, vétusté ou défaut d'entretien. ⇒ **abîmer,** ① **dégrader, détériorer. 2** *SE DÉLABRER* v. pron. Devenir en mauvais état, menacer ruine. ➛ « *Ma santé se délabre au point que* [...] *il faut que j'aille voir et consulter Tronchin* » (Rouss.).

délacer v. tr. [3] – XIe ■ Retirer, desserrer les lacets (de). *Délacer ses chaussures.* ⇒ **dénouer.** ✪ CONTR. Lacer.

délai n. m. – XIIe ; de l'a. fr. *deslaier* « différer » **1** Temps accordé pour faire qqch. *Respecter les délais.* « *au plus tôt, dans les meilleurs délais, par retour du courrier, et même de toute urgence* » (Perec). ♦ Temps nécessaire à l'exécution de qqch. *Délai d'allumage de combustibles.* **2** Prolongation de temps accordée pour faire qqch. ⇒ **répit, sursis.** *Se donner un délai pour décider d'une chose.* ♦ *SANS DÉLAI* : tout de suite, sans attendre. *Immédiatement et sans délai.* **3** Temps à l'expiration duquel on sera tenu de faire une certaine chose. *Accorder un délai de paiement.* ♦ *Le 30, dernier délai,* au plus tard. « *cette note doit être réglée avant Noël, dernier délai* » (Larbaud). ➛ *Délai de grâce,* accordé par les juges pour le paiement d'une dette. *Délai d'ajournement,* donné au défenseur pour comparaître en justice. ➛ *Délai-congé* : délai que doivent respecter employeur et employé, locataire et propriétaire, entre la dénonciation d'un contrat et sa cessation effective. ➛ *À BREF DÉLAI* : dans un avenir très proche.

délainage n. m. – XIXe ■ Opération consistant à enlever la laine des peaux de moutons, de chèvres.

délainer v. tr. [1] – XIIIe ■ Enlever la laine de (peaux de moutons, de chèvres).

délaissement n. m. – XIIIe **1** Abandon de la possession, obligation de subir une expropriation. ⇒ **cession, renonciation.** *Délaissement d'un héritage.* **2** État d'une personne abandonnée, délaissée, sans appui ni secours. ⇒ **isolement.** « *l'angoisse commence pour un homme et le délaissement et les sueurs de sang, quand il ne peut plus avoir d'autre témoin que lui-même* » (Sartre). ✪ CONTR. ① Aide, appui, secours, soutien.

délaisser v. tr. [1] – XIIe **1** Laisser (qqn) sans secours ou sans affection. ⇒ **abandonner.** « *le père Hulot délaisse sa femme* » (Balz.). ➛ *Épouse délaissée.* **2** Abandonner (une activité). *Profession délaissée par les jeunes.* **3** Renoncer à la possession de. *Délaisser un héritage.* ✪ CONTR. Conserver, garder.

délaiter v. tr. [1] – XIXe ■ Débarrasser (le beurre) du petit lait qu'il contient.

délarder v. tr. [1] – XVIIe **1** Enlever le lard de. ⇒ **dégraisser. 2** Diminuer l'épaisseur de ; enlever l'arête vive de. *Délarder une pièce de bois.* ✪ CONTR. Larder.

délassant, ante adj. – XIXe ■ Qui délasse. ⇒ **relaxant, reposant.** *Une lecture délassante.* ⇒ **amusant, distrayant, récréatif.** ✪ CONTR. Fatigant.

délassement n. m. – XVe **1** Le fait de se délasser. ⇒ **détente, loisir, récréation, repos.** « *Un changement d'ouvrage est un véritable délassement* » (Rouss.). **2** Ce qui délasse. ⇒ **distraction.** *La lecture, la musique sont des délassements.* ✪ CONTR. Fatigue. ① Travail.

délasser v. tr. [1] – XIVe ■ Tirer de l'état de lassitude, de fatigue. ⇒ **défatiguer, détendre,** ① **reposer.** « *cette littérature légère qui délasse toutes sortes d'esprits* » (Volt.). ⇒ **distraire, divertir.** ➛ *La lecture délasse.* ♦ *SE DÉLASSER* v. pron. Se reposer en se distrayant. ⇒ se **relaxer.** ✪ CONTR. Fatiguer, lasser.

délateur, trice n. – XVIe ; lat. *deferre* « dénoncer » ■ Personne qui dénonce pour des motifs méprisables. ⇒ **dénonciateur,** fam. **mouchard, traître.** « *d'immondes délateurs essayaient vainement de salir son nom* » (Zola).

délation n. f. – XVIe ■ Dénonciation inspirée par des motifs méprisables. « *Il y a dans la délation un abus de confiance et une volonté de ne pas se découvrir* » (Alain).

délavé, ée adj. – XVIe **1** Dont la couleur est, ou semble étendue d'eau. ⇒ **décoloré, fade, pâle.** « *une flamme d'amusement tremblait dans ses yeux délavés* » (Sartre). ➛ *Un ciel délavé.* ♦ Éclairci à l'eau de Javel. *Jeans délavés.* **2** Qui a été trempé, imbibé d'eau. *Terre délavée.* ✪ CONTR. Soutenu. Sec.

délaver v. tr. [1] – XIIIe ■ Enlever ou éclaircir avec de l'eau (une couleur étendue sur du papier). ⇒ **laver.**

délayage n. m. – XIXe **1** Action de délayer. *Délayage de la farine dans du lait.* ➛ État de ce qui est délayé ; ce qui est délayé. **2** fam. Le fait d'exposer trop longuement ; exposé délayé. ⇒ **remplissage, verbiage.** ✪ CONTR. Brièveté, concision, laconisme.

délayer v. tr. [8] – XIIIe ; lat. *deliquare* « clarifier, transvaser » **1** Détremper dans un liquide. ⇒ **diluer, dissoudre**

étendre, fondre. *Délayer de la farine dans de l'eau.* 2 Exposer trop longuement, de manière diffuse. *Délayer une pensée.* ⇒ ① **noyer, paraphraser.** ➛ *Un récit trop délayé.*

delco n. m. – v. 1950 ; marque déposée, acronyme de *Dayton Engineering Laboratories Company* ■ Système d'allumage d'un moteur à explosion. *Tête de delco.*

deleatur [deleatyʀ] n. m. inv. – XVIIIe ; mot lat. « qu'il soit effacé » ■ Signe (δ) servant à indiquer sur les épreuves d'imprimerie qu'il faut supprimer qqch.

délébile adj. – XIXe ; lat. *delere* « détruire » ■ rare Qui peut s'effacer. ✪ CONTR. Indélébile, ineffaçable.

délectable adj. – XIIe ■ littér. Qui délecte, qui est très agréable. ⇒ **délicieux, exquis.** *Mets délectable.* « *la délectable mélancolie des souvenirs de ma première enfance* » (Chateaub.). ✪ CONTR. Mauvais.

délectation n. f. – XIIe ■ Plaisir que l'on savoure. ⇒ **délice, jouissance, volupté.** « *je ne me suis moqué de personne aussi cruellement que de moi-même, ni avec autant de délectation* » (France). ✪ CONTR. Dégoût.

délecter (se) v. pron. [1] – XIVe ; lat. ■ Prendre un plaisir délicieux (à qqch.). ⇒ ① **goûter, savourer ;** se **plaire** (à) ; **jouir,** se **régaler,** se **réjouir,** se **repaître** (de). *Se délecter de qqch. La nature* « *nous conseille toujours de nous délecter* » (Sade). ✪ CONTR. Détester.

❑ Le latin *delectare* a produit l'italien *dilettare* qui a donné *dilettante.*

délégant, ante n. – XIXe ■ Personne qui délègue.

❑ Ne pas confondre avec *déléguant,* participe présent de *déléguer.*

délégataire n. – XIXe ■ Personne à qui l'on délègue.

délégation n. f. – XIIIe I - 1 Commission qui donne à qqn le droit d'agir au nom d'un autre. ⇒ **mandat, procuration, représentation.** 2 Acte par lequel on délègue qqn. ⇒ **députation, mandat.** 3 Attribution, transmission pour un objet déterminé. *Donner une délégation de pouvoir à qqn.* ♦ Acte par lequel une première personne (⇒ **délégant**) en prie une autre (⇒ **délégataire**) d'accepter comme débiteur une troisième personne (⇒ **délégué**) qui consent à s'engager envers elle. II Ensemble des personnes déléguées. *Aller au ministère en délégation. Recevoir une délégation de manifestants.* ➛ *Délégation spéciale :* commission administrative chargée d'administrer temporairement une commune. ➛ Organisme chargé de l'étude de questions techniques. *Délégation à l'aménagement du territoire et à l'action régionale (DATAR).*

délégitimer v. tr. [1] – v. 1980 ■ Mettre hors la loi, rendre illégitime. ✪ CONTR. Légitimer.

délégué, ée n. – XIVe 1 Personne qui a commission de représenter les intérêts d'une personne, d'un groupe, avec éventuellement pouvoir d'agir. ⇒ **commissaire,** ① **émissaire, envoyé, mandataire, porte-parole, représentant.** *Nommer, élire un délégué. Délégué du personnel. Délégué syndical.* 2 Personne chargée d'exercer une fonction administrative à la place d'un titulaire. ➛ adj. *Ministre délégué auprès du Premier ministre.* ✪ CONTR. Commettant ; mandant, titulaire.

déléguer v. tr. [6] – XIVe ; lat. 1 Charger (qqn) d'une fonction en transmettant son pouvoir. ⇒ **commettre, députer, envoyer, mandater.** *Déléguer un représentant à une assemblée.* 2 Transmettre, confier. *Déléguer son autorité.* ➛ *Il faut savoir déléguer.*

délestage n. m. – XVIIe ■ Action de délester. *Itinéraire de délestage.* ⇒ **dégagement.** ✪ CONTR. Chargement, lestage.

délester v. tr. [1] – XVIe 1 Décharger de son lest. ⇒ **alléger.** *Délester un aérostat.* ➛ pronom. *Le navire s'est délesté de son carburant.* 2 Débarrasser d'une charge. ⇒ **décharger.** « *Elle portait un panier de bûches. Il s'empressa de la délester* » (Mart. du G.). ♦ Voler. *Des escrocs l'ont délesté de ses économies.* 3 Opérer une coupure de courant momentanée. 4 Décongestionner la circulation en fermant momentanément l'accès à (une route), en mettant en place des déviations. ✪ CONTR. Charger, lester.

délétère adj. – XVIe ; gr. « nuisible » 1 Qui met la santé, la vie en danger. *Gaz délétère.* ⇒ **asphyxiant, irrespirable, nocif, toxique.** 2 littér. Néfaste, nuisible. ✪ CONTR. ① Sain, salubre.

délétion n. f. – 1961 ; lat. *deletio* « suppression » 1 Suppression par un deleatur. 2 Perte d'un fragment d'A.D.N. constituant une cause de mutation. *Délétion d'un gène.*

délibérant, ante adj. – XVIIe ■ Qui délibère (opposé à *consultatif*). *Assemblée délibérante.*

délibératif, ive adj. – XIVe ■ Qui a qualité pour voter, décider dans une délibération (opposé à *consultatif*). ⇒ **décisif.**

délibération n. f. – XIIIe 1 Action de délibérer. ⇒ **conseil, débat, discussion, examen.** *Mettre une question en délibération.* ➛ *D'interminables délibérations.* 2 Examen conscient et réfléchi avant de décider. ⇒ **réflexion.** *Après mûre délibération.*

délibératoire adj. – XIXe ■ Relatif à la délibération.

délibéré, ée adj. et n. m. – XVe 1 Qui a été délibéré. ⇒ **conscient, intentionnel, réfléchi, volontaire, voulu.** *De propos délibéré :* exprès. 2 Qui manifeste de la décision, de la résolution. ⇒ **assuré, décidé.** *Air délibéré.* 3 n. m. Phase de l'instance au cours de laquelle les magistrats se concertent. *Mettre une affaire en délibéré.* ✪ CONTR. Involontaire ; contraint, gauche.

délibérément adv. – XIVe ■ Après avoir délibéré, réfléchi. ⇒ **consciemment, intentionnellement, volontairement.** « *j'ai très délibérément donné à Eric von Lhomond un nom et des ancêtres français* » (Yourcenar). ✪ CONTR. Involontairement.

délibérer v. intr. [6] – XIIIe ; lat. 1 Discuter avec d'autres personnes en vue d'une décision à prendre. ⇒ **se consulter.** *Les membres du jury se retirent pour délibérer.* 2 littér. Réfléchir sur une décision à prendre, peser le pour et le contre.

❑ Deux origines latines sont possibles : *libra* « balance », ou *liber* « libre ».

délicat, ate adj. – XVe ; lat. *delicatus* → ① délié 1 Qui plaît par la qualité, la douceur, la finesse. *Parfum délicat. Mets délicat.* ⇒ **raffiné.** *Des plaisirs délicats.* ⇒ **recherché.** 2 Qui plaît par son adresse, sa finesse d'exécution. *Dentelle délicate.* ➛ *Le toucher délicat d'un pianiste.* 3 Que sa finesse rend sensible aux moindres influences extérieures. ⇒ **fragile.** *Peau délicate.* 4 Qui est sujet à des troubles légers de santé. « *un enfant grandi trop vite, flexible, délicat* » (Gide). ➛ *Être de santé délicate.* 5 Dont la subtilité, la complexité rend l'appréciation, la compréhension ou l'exécution difficile. *Problème délicat.* ⇒ **complexe.** *S'engager dans une entreprise délicate.* ⇒ **périlleux.** *Une situation délicate.* ➛ « *Qu'il est délicat de toucher à ce sujet et qu'il faudrait ici user de périphrases !* » (Mauriac). 6 Qui apprécie les moindres nuances ; qui est doué d'une grande sensibilité. ⇒ ② **fin, subtil.** *Esprit délicat.* 7 Que sa grande sensibilité rend difficile à contenter. *Il ne faut pas être si délicat.* ♦ subst. *Faire le délicat.* 8 Qui est doué d'une grande sensibilité morale dans les relations avec autrui. ⇒ **probe, scrupuleux.** *Il est peu délicat en affaires.* ♦ Qui dénote de la délicatesse. *Une délicate attention. Elle avait* « *des* *attentions délicates, longuement méditées, un désir de faire plaisir* » (Proust). ✪ CONTR. Grossier. Robuste. Simple. Balourd. Indélicat.

délicatement adv. – XIVe 1 Avec finesse et précision. *Objet délicatement ciselé.* ⇒ **finement.** 2 Avec douceur et légèreté. *Effleurer délicatement.* 3 D'une manière raffinée. ⇒ **subtilement.** « *En fait d'amour, on fait très délicatement des choses fort grossières* » (Mariv.). 4 littér. Avec délicatesse morale. *Il a délicatement refusé.* ✪ CONTR. Grossièrement. Brutalement.

délicatesse n. f. – XVIe 1 Qualité de ce qui est délicat (1°). *Délicatesse des traits d'un visage.* ⇒ **joliesse.** 2 Finesse et soin dans l'exécution. ⇒ ② **adresse, raffinement.** *Travail exécuté avec délicatesse.* ♦ Légèreté et précision dans la prise, le toucher. *Saisir un objet fragile avec délicatesse.* 3 Caractère de ce qui est fin, fragile. *La délicatesse de sa peau.* 4 Fragilité d'une personne délicate. 5 Caractère de ce qui est difficile. ⇒ **complexité, subtilité.** *Cette affaire est d'une délicatesse qui commande la plus grande prudence.* 6 Aptitude à sentir, à juger finement. ⇒ **sensibilité.** *Délicatesse de goût, de jugement.* ♦ Qualité de ce qui est senti, pensé, fait d'une manière délicate. ⇒ **élégance, finesse.** *Délicatesse du style.* 7 Caractère d'une personne difficile à contenter. 8 Sensibilité morale dans les relations avec autrui. ⇒ **tact ; scrupule.** *Se taire par délicatesse.* ➛ Qualité d'une action, d'une pensée qui en témoigne. *La délicatesse de ses manières.* ♦ *Une, des délicatesses :* attentions délicates. ⇒ **amabilité, prévenance.** « *Il n'était point d'attentions, de délicatesses, de chatteries qu'elle n'eût pour son mari* » (Maupass.). ✪ CONTR. Grossièreté. Lourdeur. Robustesse. Simplicité. Brutalité, indélicatesse.

délice n. m. (au plur. n. f.) – XIIe ; lat. 1 n. f. pl. littér. Plaisir qui ravit, transporte. *Les délices de l'amour. Lieu de délices.* ⇒ **paradis.** « *Il m'a dit avoir éprouvé d'incroyables délices en lisant des dictionnaires* » (Balz.). *Faire ses délices de qqch.*, y prendre un grand plaisir. ⇒ se **délecter.** 2 n. m. Plaisir vif et délicat. ⇒ **félicité, joie.** *Quel délice de vivre ici !* « *Le grincement de ma plume d'oie sur le papier : un délice* » (Léautaud). 3 Chose délicieuse. *Ce rôti est un vrai délice.* ⇒ **régal.** ✪ CONTR. Horreur, supplice.

❑ *Délice* est traditionnellement du genre féminin au pluriel comme *amour* et *orgue*, mais on dit : *Un de mes plus grands délices.* ♦ Même famille étym. que *allécher, délecter, dilettante.*

délicieusement adv. – XIIIe ▪ D'une manière délicieuse, extrêmement agréable. *Délicieusement parfumé.*

délicieux, ieuse adj. – XIIe 1 Qui est extrêmement agréable, procure des délices. ⇒ **exquis.** « *le cœur submergé d'une délicieuse angoisse* » (Bernanos). ➛ *Une femme délicieuse.* ⇒ **charmant.** 2 Très agréable au goût, aux sens. *Un plat délicieux. Un délicieux parfum.* ✪ CONTR. Affreux, horrible, mauvais ; déplaisant. Insipide.

délictuel, elle adj. – XXe ▪ Qui se rapporte à un délit, un fait illicite causant un dommage à autrui.

délictueux, euse adj. – XIXe ; lat. *delictum* « délit » ▪ Qui a le caractère d'un délit et est réprimé par le droit pénal. *Fait délictueux.* ✪ CONTR. Légal, licite.

① **délié, iée** adj. et n. m. – XIIe ; adapt. lat. *delicatus*, avec infl. de *délier* 1 littér. Qui est d'une grande minceur, d'une grande finesse. *Taille déliée.* ⇒ **souple, svelte.** ♦ n. m. La partie fine et déliée d'une lettre (opposé à *plein*). *Les pleins et les déliés d'une écriture à la plume.* « *Vous n'en finissez pas avec vos jambages ! vos déliés !* » (Céline). 2 fig. *Un esprit délié*, qui a beaucoup de souplesse et de pénétration. ⇒ ② **fin, subtil.** ✪ CONTR. Épais. Lourd.

② **délié, iée** adj. et n. m. – XVIIe 1 Qui n'est plus lié. *Cordons déliés.* 2 fig. Agile. *Ce pianiste a les doigts déliés.* ➛ n. m. *Avoir un bon délié.* ➛ loc. *Avoir la langue déliée :* avoir l'élocution facile, être bavard. ✪ CONTR. Lié. Malhabile.

déliement n. m. – XIIe ▪ rare Action de délier ; son résultat.

délier v. tr. [7] – XIIe 1 Dégager de ce qui lie. ⇒ ① **détacher.** *Délier les mains d'un prisonnier.* ⇒ **libérer.** 2 Défaire le nœud de. ⇒ **dénouer.** *Délier une corde.* ♦ loc. *Sans bourse délier :* sans rien payer. ⇒ **gratis.** ➛ loc. fig. *Délier la langue de qqn*, le faire parler. *Le vin lui a délié la langue.* pronom. *Les langues se délient.* 3 fig. Libérer d'un engagement, d'une obligation. ⇒ **dégager, relever.** « *La tombe délia Mirabeau de ses promesses* » (Chateaub.). ➛ pronom. *Se délier d'un serment.* ♦ *Délier un fidèle d'un péché.* ⇒ **absoudre.** ✪ CONTR. Lier ; attacher.

délignifier v. tr. [7] – 1960 ▪ Traiter (le bois, les fibres végétales lignifiées) en supprimant la lignine.

délimitation n. f. – XVIIIe ▪ Action de délimiter ; son résultat. *Délimitation des frontières.* ♦ fig. « *La délimitation réelle, de ce qui est vrai d'avec ce qui est faux* » (Péguy).

délimiter v. tr. [1] – XVIIIe 1 Déterminer en traçant les limites. ⇒ **marquer.** *Délimiter la frontière entre deux États.* ➛ *Clôtures qui délimitent une propriété.* 2 fig. Caractériser en fixant les limites. *Délimiter son sujet.* ➛ *Des attributions bien délimitées.* ⇒ **défini.**

délimiteur n. m. – 1968 ▪ En informatique, Caractère qui limite une suite de caractères et qui n'en fait pas partie.

délinéament n. m. – XIXe ; lat. *linea* « ligne » ▪ Littér. Contour, ligne, tracé. « *Les délinéaments de notre main* » (Lamart.).

délinéarisé, ée adj. – 1989 ▪ Dont les lettres ne sont pas alignées. *L'abréviation* « Mlle » *est délinéarisée.* ✪ CONTR. Aligné.

délinquance n. f. – 1926 ▪ Conduite caractérisée par des délits répétés, considérée surtout sous son aspect social. ⇒ **criminalité.** *Délinquance juvénile.* ➛ *La grande, la petite délinquance.*

délinquant, ante n. et adj. – XIVe ; lat. *delinquere* « commettre une faute » ▪ Personne contrevenant à une règle de droit pénal. ⇒ **coupable.** « *Bannissement à temps ou à vie, peine à laquelle on condamne les délinquants* » (Volt.). ➛ adj. *L'enfance délinquante.*

déliquescence n. f. – XVIIIe 1 Propriété qu'ont certaines substances solides de se liquéfier par absorption progressive de l'humidité atmosphérique. État qui en résulte. 2 Décadence complète ; perte de la force, de la cohésion. ⇒ **décrépitude, ruine.** *Régime, société en complète déliquescence.*

déliquescent, ente adj. – XVIIIe ; lat. *deliquescere* « se liquéfier » 1 Qui peut se liquéfier par déliquescence. 2 En complète décadence. *Mœurs déliquescentes.* 3 fam ⇒ **décrépit, gâteux.** *Il est bien déliquescent.*

délirant, ante adj. – XVIIIe 1 Qui présente les caractères du délire. « *des fièvres délirantes, fatales en quarante-huit heures* » (Camus). 2 Qui manque de mesure, très exubérant. *Cet écrivain a une imagination délirante.* ⇒ **effréné, extravagant.** *Une joie délirante. Un public délirant (d'enthousiasme).* 3 fam Totalement déraisonnable, sans rapport avec la réalité. *Exiger cela, c'est délirant !*

délire n. m. – XVIe ; lat. 1 Trouble psychique caractérisé par une perte du rapport normal au réel et un verbalisme qui en est le symptôme, pouvant être provoqué par une cause physiologique (fièvre, intoxication etc.) ou physique. ⇒ **confusion** (mentale). *Délire alcoolique.* ⇒ **delirium tremens.** *Délire de persécution* (⇒ **paranoïa**). 2 Agitation, exaltation causée par les émotions, les sensations violentes. « *Le délire d'une imagination échauffée* » (Rouss.). ♦ Enthousiasme exubérant, qui passe la mesure. *Foule en délire. Quand il apparut en scène, ce fut le délire.* 3 fam. Chose excessive, déraisonnable. ✪ CONTR. Lucidité, ① sens (bon sens).

délirer v. intr. [1] - XVIIIe 1 Être en proie à une émotion qui trouble l'esprit. *Délirer de joie.* 2 Avoir le délire. ⇒ **divaguer.** *Le malade délire.* ♦ fam. Déraisonner. *Tu délires !*

delirium tremens [deliʀjɔmtʀemɛ̃s] ou **delirium** [deliʀjɔm] n. m. inv. - XIXe ; mots lat. « délire tremblant » ▪ Délire aigu accompagné d'agitation et de tremblement et qui est particulier aux alcooliques.

① **délit** n. m. - XIVe ; lat. *delinquere* → délinquant 1 Fait prohibé ou dont la loi prévoit la sanction par une peine. *Commettre un délit.* ⇒ **contravention, crime, infraction.** *Coupable de délit.* ⇒ **délinquant.** *Acte constituant un délit.* ⇒ **délictueux.** « *Pour le pauvre, le vol n'est plus ni un délit, ni un crime, mais une vengeance* » (Balz.). ➛ *Délit de droit commun. Délit politique.* ➛ *Délit de fuite.* ♦ *Le corps du délit :* le fait matériel qui constitue le délit et sert à le constater. ♦ *FLAGRANT DÉLIT :* infraction qui est en train de se commettre sous les yeux de qqn. *Prendre qqn en flagrant délit.* « *les femmes s'en tirent toujours bien quand on ne les a pas surprises en flagrant délit* » (Dider.). 2 *Délit* ou *délit correctionnel :* infraction que les lois punissent de peines correctionnelles (opposé à *contravention* et à *crime*).

② **délit** n. m. - XVIIe 1 Position d'une pierre dans un sens différent de celui du lit. 2 Fente, joint, veine dans une pierre qui suit le sens de ses couches de stratification. *Délits d'un bloc d'ardoise.*

délitage n. m. - XIXe 1 Action de changer la litière des vers à soie. 2 Action de déliter les pierres.

déliter v. tr. [1] - XIVe ; de *dé-* et *lit* 1 Poser (une pierre) en délit. 2 Diviser (une pierre) dans le sens des couches de stratification. ⇒ **cliver.** 3 *Déliter les vers à soie,* changer leur litière. 4 *SE DÉLITER* v. pron. Se désagréger en absorbant l'humidité. *La chaux se délite.* ➛ Se défaire par couches, par feuilles. *Poisson qui se délite à la cuisson.* ♦ fig. et littér. ⇒ se **décomposer,** se **désagréger.** *Société qui se délite.*

① **délitescence** n. f. - XVIe ; lat. *delitescere* « se cacher » ▪ Disparition rapide d'une tumeur, d'une éruption.

② **délitescence** n. f. - XIXe ▪ Action par laquelle un corps se délite. ⇒ **désagrégation.**

délitescent, ente adj. - XIXe ▪ Qui a la propriété de se déliter.

délivrance n. f. - XIIe 1 Action de rendre libre, de délivrer ; son résultat. ⇒ **libération.** *Délivrance d'un pays occupé.* 2 Fin d'une gêne, d'un mal, d'un tourment ; impression agréable qui en résulte. ⇒ **soulagement.** « *la guerre lui est apparue comme une délivrance de ses chagrins de famille* » (Proust). 3 Fin de l'accouchement. ➛ Accouchement. 4 Action de délivrer, de remettre (qqch. à qqn). *Délivrance d'un certificat. Délivrance des billets.* ✪ CONTR. Captivité, détention.

délivre n. m. - XIVe ▪ vieilli Le placenta et les membranes expulsés après le fœtus.

délivrer v. tr. [1] - XIe ; lat. *liberare* « mettre en liberté » 1 Rendre libre. *Délivrer les otages ; un animal pris au piège.* 2 *Délivrer qqn de,* le dégager de (pour le libérer). ➛ fig. Rendre libre en écartant, en supprimant. ⇒ **débarrasser.** *Délivrer qqn d'un importun. Délivrer qqn d'une obligation ; d'une crainte. Tu m'as délivré d'un grand poids.* ⇒ **soulager.** 3 pronom. Se libérer, se dégager de. *Parvenir à se délivrer de ses liens.* ➛ fig. « *ces idées obsédantes dont je n'arrivais que rarement à me sentir délivré* » (Duham.). 4 Remettre (qqch.) à qqn ; mettre qqn en possession de (un bien). ⇒ **livrer, remettre.** *Médicaments délivrés sur ordonnance.* ➛ pronom. (pass.) *Le bureau où se délivrent les passeports.* ✪ CONTR. Détenir, emprisonner. Garder.

❑ On *délivre* une personne séquestrée, mais on *libère* une personne détenue.

délocalisation n. f. - XIXe ▪ Action de délocaliser ; son résultat. *Délocalisation d'une industrie.*

délocaliser v. tr. [1] - XIXe ▪ Changer l'emplacement, le lieu d'implantation de (une activité). ⇒ **décentraliser, déplacer.** ➛ absolt Implanter une unité de production à l'étranger.

déloger v. [3] - XIIe 1 v. intr. vieilli Quitter brusquement son logement, sa place, pour aller s'établir ailleurs. ⇒ **déménager,** ① **partir.** ♦ région. (Belgique) Découcher. 2 v. tr. Faire sortir (qqn) du lieu qu'il occupe. ⇒ **chasser, expulser.** « *on me déloge de la chambre de faveur que j'occupais* » (Rouss.). ➛ *Brosse à dents qui déloge les débris d'aliments.* ⇒ **extraire.** ✪ CONTR. Installer.

déloyal, ale, aux adj. - XIIe ▪ Qui n'est pas loyal. ⇒ ① **faux, fourbe, traître, trompeur.** *Adversaire déloyal. Ami déloyal.* ♦ Qui dénote un manque de loyauté, de bonne foi. *Procédé déloyal. Concurrence déloyale.*

déloyalement adv. - XIIe ▪ rare D'une manière déloyale. ✪ CONTR. Correctement, loyalement.

déloyauté n. f. - XIIe 1 Manque de loyauté, de bonne foi. ⇒ **fausseté, fourberie, traîtrise.** ➛ *La déloyauté d'un procédé.* 2 Action déloyale. *C'est une déloyauté.* ⇒ **trahison.**

delphinidés n. m. pl. - XIXe ; lat. *delphinus* « dauphin » ▪ Famille de cétacés *(odontocètes),* munis de dents et dépourvus de fanons (ex. dauphin, marsouin, orque, etc.).

delphinium [dɛlfinjɔm] n. m. - XVIIe ; gr. ▪ Plante herbacée *(renonculacées)* dont une espèce (dauphinelle, pied-d'alouette) est cultivée pour ses hampes florales. *Des delphiniums.*

delta n. m. - XIIIe ; mot grec I n. m. inv. Quatrième lettre de l'alphabet grec (majuscule Δ, minuscule δ). *En forme de delta.* ⇒ **deltoïde, triangulaire.** *Aile (en) delta.* ⇒ **deltaplane.** ♦ adj. inv. *Rayon delta :* trajectoire d'un électron éjecté d'un atome par une particule chargée en mouvement. II Dépôt d'alluvions de forme triangulaire à l'embouchure d'un fleuve. *Le delta du Rhône.*

❑ La forme triangulaire de la lettre majuscule a motivé son emploi pour désigner l'embouchure du Nil.

deltaïque adj. - XIXe ▪ Relatif à un delta.

deltaplane n. m. - 1974 ; nom déposé, de *(aile) delta* et ② *planer* ▪ Aile pour le vol libre, formée d'une toile triangulaire tendue sur une armature légère. ➛ Sport pratiqué avec cet engin (⇒ **deltiste**).

deltiste n. - 1995 ▪ Personne qui pratique le deltaplane.

deltoïde adj. et n. m. - XVIe ; gr. « en forme de delta » ▪ *Muscle deltoïde* ou n. m. *le deltoïde :* muscle triangulaire de l'épaule qui éloigne le bras du thorax latéralement, en avant et en arrière.

deltoïdien, ienne adj. - XIXe ▪ Relatif au deltoïde. *Artère deltoïdienne.*

déluge n. m. - XIIe ; lat. *diluvium* « inondation » 1 Cataclysme consistant en des précipitations continues submergeant la Terre, selon la Bible. *L'arche de Noé échappa au déluge.* ➙ loc. fig. *Remonter au déluge :* être très ancien. ⇒ **antédiluvien.** *Après moi (nous) le déluge !* se dit lorsqu'on profite du présent, sans souci du lendemain. **2** Pluie torrentielle. ⇒ **trombe ; diluvien.** « *ce fut un brusque déluge, des gouttes énormes* » (Zola). ➙ *Un déluge de flèches* (⇒ **pluie).** *La lave* « *se répand comme un déluge de feu* » (Buff.). *Déluge de paroles.*

❑ *Après moi le déluge !* est généralement attribué à Mme de Pompadour. Dans le même sens on dit : *Après moi la fin du monde !*

déluré, ée adj. – XVIIIe ; de *leurre* ▪ Qui a l'esprit vif et avisé, qui est habile à se tirer d'embarras. ⇒ **dégourdi, futé.** ➙ *Air déluré.* ♦ péj. D'une hardiesse excessive, provocante. ⇒ **effronté, hardi.** ✪ CONTR. Empoté, niais.

❑ Signifie étymologiquement « qui ne se laisse plus prendre au *leurre* ». Même péjoratif, ce mot a une valeur positive (habileté, vivacité).

délurer v. tr. [1] – XIXe ▪ rare Rendre vif, malin, débrouillard. ⇒ **dégourdir.**

délustrage n. m. – 1929 ▪ Opération consistant à délustrer (un tissu, un vêtement). ✪ CONTR. Lustrage.

délustrer v. tr. [1] – XVIIe ▪ Enlever le lustre, le brillant de (un tissu neuf ou usé). ⇒ **décatir.** ✪ CONTR. Lustrer.

déluter v. tr. [1] – XVIIe ▪ Ôter le lut de. *Déluter un vase.* ♦ Ôter le coke de. *Déluter des cornues* ✪ CONTR. Luter.

démagnétisation n. f. – XIXe **1** Action de démagnétiser. ⇒ **désaimantation. 2** Dispositif de protection des navires contre les mines magnétiques. ✪ CONTR. Aimantation.

démagnétiser v. tr. [1] – XIXe ▪ Supprimer le caractère magnétique, l'aimantation de. ⇒ **désaimanter.** ➙ *Carte de crédit démagnétisée.* ✪ CONTR. Aimanter, magnétiser.

démago → **démagogue**

démagogie n. f. – XVIIIe ▪ Politique par laquelle on flatte, on exploite les sentiments des masses, pour s'en attirer les faveurs. *Il use de démagogie pour se faire élire.*

démagogique adj. – XVIIIe ▪ De la démagogie, qui en relève.

démagogue n. – XIVe ; gr. « meneur de peuple » ▪ Personne qui flatte les masses pour gagner et exploiter leur faveur. ➙ adj. *Politicien démagogue.* ➙ abrév. fam. *DÉMAGO* adj. et n. *Quels démagos !*

❑ De même origine que *démiurge, épidémie, démocratie.*

démaillage n. m. – 1906 ▪ Action de démailler ; son résultat.

demain adv. et n. m. – XIIe ; lat. *de mane* « au matin » **1** adv. Le jour qui suit immédiatement celui où s'exprime la personne qui parle. *Demain matin.* « *Demain, dès l'aube, à l'heure où blanchit la campagne, je partirai* » (Hugo). ♦ loc. *Demain il fera jour :* rien ne presse d'agir aujourd'hui. « *Que Nadia se repose aussi. Demain, il fera jour !* » (J. Verne). ➙ fam. *C'est pas demain la veille :* ce n'est pas pour bientôt. **2** nominal *Demain est jour férié. Vous avez tout demain pour réfléchir.* ➙ *À DEMAIN :* nous nous reverrons demain. *Au revoir, à demain, à demain soir ! Restez jusqu'à demain.* ➙ *D'ici à demain, d'ici demain le temps peut changer. À partir de demain. C'est pour demain.* ➙ Bientôt. *Ce n'est pas pour demain.* « *tu peux dormir tranquille. Elle n'est pas pour demain, ta Révolution !* » (R. Rolland). **3** adv. Dans un avenir plus ou moins proche. « *Mangeons et buvons, car demain nous mourrons !* » (BIBLE). **4** nominal L'avenir. « *De quoi demain sera-t-il fait ?* » (Hugo). *Le monde de demain.* ⇒ **futur.** ✪ CONTR. Aujourd'hui, hier. ① Présent, ① passé.

❑ Employé comme un nom, ce mot prend la marque du pluriel (« *une France qui regarde vers les demains prestigieux* » [Aymé]) à la différence d'autres adverbes.

démancher v. [1] – XIIIe **1** v. tr. Séparer de son manche. *Démancher une pioche.* **2** fam. Démettre, disloquer. « *ils se démanchaient le cou pour voir le bout du quai* » (Simenon). **3** v. intr. Déplacer la main gauche sur le manche d'un instrument à cordes vers le chevalet, vers l'aigu. ➙ subst. *Le démanché.* ✪ CONTR. Emmancher.

demande n. f. – XIIe **1** Action de demander, de faire connaître à qqn ce qu'on désire obtenir de lui. ⇒ **désir, souhait.** *Faire une demande à qqn.* « *leur première volonté, leur première demande* [...] *c'est la paix* » (Romains). *Humble demande. Demande pressante. Demande faite avec insistance.* ⇒ **réclamation, revendication.** *Demande d'emploi.* ⇒ **candidature.** « *elle avait fait une ou deux demandes de crédit aux banques* » (Duras). ➙ *Adresser, formuler, présenter une demande.* ➙ *Satisfaire une demande. Faire qqch. sur la demande, à la demande de qqn. À la demande générale.* ♦ *Rédiger une demande.* ➙ *Demande en mariage.* **2** Commande. ♦ L'ensemble des commandes ; la quantité des biens ou services demandés par les acheteurs. *Faire face à la demande.* ➙ *La loi de l'offre et de la demande.* **3** Initiative par laquelle un plaideur soumet une prétention à la justice et introduit ainsi une instance. *Former une demande en divorce, en dommages-intérêts.* **4** Annonce par laquelle on s'engage à réaliser un contrat au bridge. **5** Action de demander, de chercher à savoir. ⇒ **question.** *Faire les demandes et les réponses.* ✪ CONTR. Réponse. Offre.

demandé, ée adj. – XVIIe ▪ Qui fait l'objet d'une forte demande. *Un spécialiste, un produit très demandé.*

demander v. tr. [1] – XIe ; lat. *mandare* « mander, solliciter » **1** Faire connaître à qqn (ce qu'on désire obtenir de lui) ; exprimer (un désir, un souhait). *Demander la parole. Demander une faveur. Demander avec force, insistance.* ⇒ **réclamer.** ➙ *Demander du secours. Demander (un) service. Demander un emploi, un poste.* ⇒ **briguer, postuler.** *Demander la charité.* ⇒ **mendier.** « *je vous demande de l'argent et non pas des conseils* » (Volt.). ➙ Indiquer (la somme que l'on veut obtenir). *Il demande tant par mois.* ➙ *Demander la permission, l'autorisation de faire qqch. Demander pardon :* présenter ses excuses. *Demander réparation d'un affront.* ♦ *DEMANDER À.* ⇒ **désirer, souhaiter.** *L'accusé demande à être entendu. Je demande à voir,* exprime l'incrédulité. « *M. de Charlus demanda à s'asseoir sur un fauteuil* » (Proust). *NE DEMANDER QU'À :* désirer uniquement, être prêt à. *Je ne demande qu'à vous croire. Je ne demande que ça.* ♦ *DEMANDER (à qqn) DE.* « *Cette fois je vous demande de me répondre* » (Montherl.). ⇒ **ordonner,** ① **sommer.** « *Je ne t'ai pas demandé de venir* » (Sartre). ♦ *DEMANDER QUE. Je demande que vous m'écoutiez.* **2** Réclamer par une demande en justice. ⇒ **requérir.** *Demander des dommages-intérêts.* **3** fam. Vouloir, avoir envie de. ⇒ **désirer, rechercher, souhaiter.** *Voilà tout ce que je demande.* ♦ *NE PAS DEMANDER MIEUX QUE :* consentir volontiers ; être content, ravi. *Je ne demande pas mieux que de l'aider.* **4** Prier de donner, d'apporter (qqch.). *Demander l'addition. Demander ses papiers à qqn.* **5** Faire venir, faire chercher (qqn). *Demander un médecin. Descendez, on vous demande.* ♦ Faire savoir qu'on a besoin de (qqn). « *On demandait des coursiers dans le centre* » (Céline). ⇒ **rechercher.** ♦ *Demander qqn en mariage, demander la main de* *qqn* : demander de l'épouser. **6** Faire connaître (ce qu'on attend de qqn). *Tu lui en demandes beaucoup. On ne lui en demandait pas tant.* ➛ fam. *Il ne faut pas trop lui en demander* : on ne peut pas exiger beaucoup de lui. ♦ « *On ne demandait pourtant pas beaucoup de la vie* » (Gide). *Je demande toute votre attention.* **7** Avoir pour condition de succès, de réalisation. ⇒ **nécessiter, réclamer.** *Votre proposition demande réflexion. Travail qui demande de la patience.* ➛ *Cette toile demande à être examinée de près.* **8** Essayer de savoir, de connaître (en interrogeant qqn). ⇒ s'**informer,** se **renseigner.** *Demander son chemin, son nom à qqn. Il ne m'a pas demandé mon avis.* loc. fam. *Je ne te demande pas l'heure qu'il est* : mêle-toi de ce qui te regarde. ♦ fam. *Je vous, je te (le) demande ; je vous demande un peu !* fausse interrogation exprimant la réprobation. **9** *SE DEMANDER* v. pron. Se poser une question à soi-même. *Elle s'est demandé où il était.* ⇒ **chercher ;** s'**interroger.** *On se demande pourquoi il a agi ainsi.* ✪ CONTR. Prendre, recevoir. Répondre.

demandeur, euse n. – XIIIe **1** Personne qui demande qqch., qui demande fréquemment. ♦ *Demandeur d'asile* (politique). ⇒ **réfugié.** *Demandeur d'emploi* : personne inscrite à l'Agence nationale pour l'emploi. ⇒ **chômeur, sans-emploi.** ➛ adj. *Dans cette affaire, je ne suis pas demandeur.* **2** dr. *Demandeur, demanderesse.* Plaideur qui a l'initiative du procès.

> ❑ D'autres mots juridiques en *-eur* font leur féminin en *-eresse*, suffixe formé du fém. *-esse* ajouté au suff. masc. *-eur (bailleur, défendeur).* → enchanteur (rem.).

démangeaison n. f. – XVe **1** Sensation éprouvée au niveau de l'épiderme, et qui incite à se gratter. ⇒ **irritation, prurit.** *Calmer une démangeaison.* **2** fam. *Une démangeaison de* : un désir irrépressible de. « *J'ai des démangeaisons de mariage aussi* » (Mol.). *Un rire* « *qui donnait des démangeaisons de la gifler* » (Flaub.).

démanger v. intr. [3] – XIIIe ; de *dé-*, au sens d'accomplissement, et ① *manger* **1** Faire ressentir une démangeaison. *Le bras, la jambe lui démange.* ➛ trans. *Sa plaie le démangeait.* ⇒ **gratter. 2** par métaph. *La main lui démange* : il a grande envie de frapper. ➛ *La langue lui démange* : il a envie de parler. ♦ fam. trans. Causer une envie irrépressible. « *j'en mourais d'envie [...] ça me démangeait* » (Sarraute). *Ça me démange de lui poser la question.*

> ❑ *Manger* a signifié « ronger, gratter » ; la *démangeaison* grignote la peau.

démantèlement n. m. – XVIe ▪ Action de démanteler ; son résultat. *Le démantèlement d'un empire ; d'un réseau.*

démanteler v. tr. [5] – XVIe ; de *dé-* et a. fr. *mantel* « manteau » **1** Démolir les murailles, les fortifications de. ⇒ **détruire, raser.** *Démanteler un fort.* **2** Détruire. *Démanteler un réseau d'espionnage.* ⇒ **anéantir, désorganiser.** ✪ CONTR. Fortifier, reconstruire.

démantibuler v. tr. [1] – XVIIe ; de *dé-* et *mandibule* ▪ fam. Démolir de manière à rendre inutilisable ; mettre en pièces. ⇒ **déglinguer, disloquer.** *Démantibuler un meuble.* ✪ CONTR. Arranger, réparer.

> ❑ Signifiait à l'origine « rompre la mâchoire de ».

démaquillage n. m. – 1913 ▪ Action de (se) démaquiller. ✪ CONTR. Maquillage.

démaquillant, ante adj. et n. m. – 1950 ▪ Qui sert à démaquiller. *Lait démaquillant.* ♦ n. m. *Un démaquillant pour les yeux.*

démaquiller v. tr. [1] – XIXe ▪ Enlever le maquillage, le fard de. ➛ absolt *Coton à démaquiller.* ➛ pronom. *Se démaquiller.*

démarcage ou **démarquage** n. m. – XIXe ▪ Action de démarquer ; son résultat.

> ❑ Pour l'alternance *...cage/...quage* → trucage (rem.).

démarcatif, ive adj. – XIXe ▪ Qui sert à limiter ; qui sert de démarcation. *Signe démarcatif.*

démarcation n. f. – XVIIe **1** Action de limiter ; ce qui limite. ⇒ **délimitation, frontière, séparation.** *Démarcation entre la terre et l'eau. Ligne de démarcation* : frontière. **2** Séparation tranchée entre deux choses. ⇒ **limite.** « *Cette ligne de démarcation entre l'être et le non-être, je m'applique à la tracer partout* » (Gide).

démarchage n. m. – 1934 ▪ Système de vente qui consiste à solliciter la clientèle à son domicile. ⇒ ① **porte** (porte-à-porte).

démarche n. f. – XVe **1** Manière de marcher. ⇒ **allure,** ② **marche,** ① **pas.** *Démarche assurée, altière, raide.* **2** Manière d'agir. ⇒ **attitude, comportement, conduite.** ♦ Manière de progresser. *La démarche de la pensée, du raisonnement.* ⇒ **cheminement. 3** Tentative auprès de qqn pour réussir une entreprise, mener à bien une affaire. ⇒ **demande, requête, sollicitation.** *Faire des démarches auprès de qqn. Démarche infructueuse.*

démarcher v. tr. [1] – v. 1980 ▪ Effectuer le démarchage pour un produit auprès de (qqn).

démarcheur, euse n. – 1911 ▪ Personne chargée de faire des démarches. ♦ Vendeur qui pratique le démarchage. ⇒ **courtier, représentant.**

démarier v. tr. [7] – XIIIe **1** vx Séparer juridiquement (des époux). **2** Éclaircir (un semis) en arrachant certains plants.

démarquage → **démarcage**

démarque n. f. – XVIIIe **1** Partie où l'un des joueurs diminue le nombre de ses points d'une quantité égale à celle des points marqués par l'adversaire. **2** Le fait de démarquer des marchandises, de les mettre en solde. ♦ *Démarque inconnue* : différence entre l'existant et le stock théorique due aux vols, aux erreurs, à la casse. ⇒ **coulage.**

démarquer v. [1] – XVIe **I** v. tr. **1** Priver (qqch.) de la marque indiquant le possesseur. *Démarquer de l'argenterie.* **2** Copier (une œuvre) en la modifiant légèrement pour dissimuler l'emprunt. ➛ *Démarquer un auteur étranger.* **3** Priver (un article) de sa marque d'origine et le vendre moins cher. ⇒ **solder.** ➛ *Robe démarquée.* ⇒ **dégriffé. 4** Libérer (un joueur) de la surveillance adverse. pronom. *Se démarquer.* **5** v. pron. Prendre ses distances par rapport à qqn ; tenter de se distinguer avantageusement de lui. *Se démarquer d'un adversaire politique.* **II** v. intr. Ne plus présenter dans la dentition les marques permettant d'apprécier l'âge, en parlant d'un cheval.

démarqueur, euse n. – XIXe ▪ Copiste, plagiaire.

démarrage n. m. – XVIIIe **1** vx Action de démarrer (navire). **2** Le fait de démarrer, de partir (véhicules). *Faire un démarrage en côte.* ➛ *Le démarrage foudroyant d'un cycliste.* ♦ fig. ⇒ ① **départ.** *Le démarrage d'une entreprise, d'une campagne électorale.* ✪ CONTR. Amarrage. Arrêt.

démarrer v. [1] – XVe ; de *dé-* et a. fr. *marrer* → amarrer **I** v. tr. **1** Larguer les amarres de (un navire). « *Nous démarrâmes le canot plat* » (Gide). **2** rare Mettre en marche, en mouvement. ⇒ ① **lancer.** *Démarrer une voiture à la manivelle.* **3** fam. ⇒ **commencer.** *Démarrer un travail.* **II** v. intr. **1** Rompre ses amarres, quitter le port. **2** Commencer à fonctionner, à rouler. *La voiture ne veut pas démarrer.* ⇒ ① **partir.** *Faire démarrer une voiture.* ♦ Accélérer brusquement pour distancer ses concurrents (sports). ♦ fig. Se mettre à marcher, réussir. *Son affaire commence à démarrer.* ✪ CONTR. Amarrer. Arrêter (s').

❑ L'emploi transitif de *démarrer* (I, 3°) et *débuter* est considéré comme abusif ; le mot convenable est *commencer.*

démarreur n. m. – 1908 ▪ Appareil servant à mettre en marche un moteur (à explosion ou à réaction).

❑ Ne pas confondre *démarreur* et *starter.*

démascler v. tr. [1] – XIXe ; provenç. « émasculer » ▪ Retirer (du chêne-liège) la première écorce, ou liège mâle.

démasquer v. tr. [1] – XVIe **1** Enlever le masque de (qqn). **2** Faire connaître (qqn) pour ce qu'il est sous ses apparences trompeuses. ⇒ **confondre, dévoiler.** *Démasquer un imposteur.* pronom. *Il s'est enfin démasqué :* il s'est montré sous son vrai jour. **3** *Démasquer ses batteries :* dévoiler ses intentions secrètes. ✪ CONTR. Masquer. ① Cacher, dissimuler.

démastiquer v. tr. [1] – XVIIe ▪ Débarrasser (qqch.) du mastic. ✪ CONTR. ② Mastiquer.

dématage n. m. – XVIIIe ▪ Action de démâter ; fait d'être démâté.

démâter v. [1] – XVe **1** v. tr. Priver (un navire) de ses mâts. *Bateau démâté par la tempête.* **2** v. intr. Perdre ses mâts. ✪ CONTR. Mâter.

dématérialisation n. f. – XIXe **1** Action de rendre immatériel ; fait de devenir immatériel. **2** sc. Transformation des particules matérielles (d'un corps) en énergie. ⇒ **annihilation. 3** Suppression du support matériel tangible. *Dématérialisation de la monnaie, des titres.*

dématérialiser v. tr. [1] – XVIIIe **1** Rendre immatériel. ➡ Donner un aspect irréel à. ➡ *Les « colonnes dématérialisées par le clair de lune »* (Proust). **2** sc. Détruire les particules matérielles de (un corps). ⇒ **dématérialisation. 3** Priver de support matériel tangible. *Titres, documents dématérialisés.*

d'emblée → **emblée (d')**

dème n. m. – XIXe ; gr. *dêmos* « peuple » ▪ Division territoriale et unité administrative dans l'Antiquité grecque.

démédicaliser v. tr. [1] – 1974 ▪ Ôter le caractère médical à (qqch.). *Démédicaliser la grossesse.* ✪ CONTR. Médicaliser.

démêlage n. m. – XIXe ▪ Action de démêler ; son résultat.

démêlant n. m. – v. 1980 ▪ Produit que l'on applique sur les cheveux pour en faciliter le démêlage.

démêlé n. m. – XVe ▪ Conflit né d'intérêts opposés. ⇒ **différend, dispute.** *Ils ont eu un démêlé à propos d'héritage.* ➡ Difficulté qui en résulte. *« j'ai eu des démêlés avec la justice, mais l'enquête a tourné court »* (Mauriac). ✪ CONTR. Accord, entente.

démêler v. tr. [1] – XIIe **1** Séparer (ce qui était emmêlé). *Il « m'aidait à démêler ma ligne quand elle se trouvait prise dans les ronces »* (Duham.). ➡ *Démêler ses cheveux.* ⇒ **démêloir. 2** Débrouiller, éclaircir (une chose compliquée). *Démêler une intrigue.* ⇒ **dénouer.** ➡ *Démêler le vrai du faux.* ⇒ **distinguer. 3** littér. *Avoir qqch. à démêler avec qqn,* à discuter, à débattre. **4** pronom. vieilli ⇒ se **sortir,** se **tirer.** *Je sais « me démêler prudemment de toutes les galanteries »* (Mol.). ✪ CONTR. Embrouiller, emmêler.

démêloir n. m. – XVIIIe ▪ Peigne à dents espacées servant à démêler les cheveux.

démêlure n. f. – XIXe ▪ Petite touffe de cheveux arrachés en les démêlant. *« un petit nœud de démêlure d'un beau blond »* (Duham.).

démembrement n. m. – XIIIe ▪ Morcellement, partage. *Le démembrement de la propriété agricole.* ✪ CONTR. Remembrement, unification.

démembrer v. tr. [1] – XIe **1** rare Arracher les membres de (un corps). **2** Diviser en parties (ce qui forme un tout, ce qui devrait rester entier). ⇒ **découper, morceler, partager.** *Démembrer un domaine.* ✪ CONTR. Rassembler, remembrer, unifier.

déménagement n. m. – XVIIe ▪ Action de déménager ; son résultat. *Camion de déménagement.* ♦ Le mobilier déménagé. ✪ CONTR. Emménagement.

déménager v. [3] – XIIIe ; de *dé-* et *ménage* **I** v. tr. Transporter (des objets) d'un logement dans un autre. *Déménager tous ses meubles.* ➡ Enlever les meubles de. *« Des huissiers déménagent la maison de monsieur »* (Volt.). **II** v. intr. **1** Changer de logement. *Nous déménageons à la fin de l'année.* **2** fam. ⇒ **déraisonner.** *Tu déménages !* **3** fam. Susciter l'intérêt en excitant. ⇒ fam. **décoiffer.** *Ça déménage ! Ce chanteur déménage.* ✪ CONTR. Emménager, installer (s').

déménageur n. m. – XIXe ▪ Celui dont le métier est de faire des déménagements. ➡ *Une carrure de déménageur,* impressionnante.

démence n. f. – XIVe **1** Ensemble des troubles mentaux graves. ⇒ **aliénation, folie.** *Sombrer dans la démence.* **2** Conduite extravagante. ⇒ **délire, égarement.** *C'est de la démence d'agir ainsi.* ♦ fam. *Ce concert, c'était de la démence !* **3** Déchéance progressive et irréversible des activités psychiques, mentales. *Démence sénile.* ✪ CONTR. Équilibre, raison.

démener (se) v. pron. [5] – XIe **1** S'agiter violemment. ⇒ se **débattre,** se **remuer. 2** Se donner beaucoup de peine pour parvenir à un résultat. ⇒ se **décarcasser,** se **dépenser.** *Il se démène pour trouver du travail.*

❑ Vient de *mener* « conduire à son résultat ».

dément, ente adj. et n. – XVe ; lat. *mens* « esprit » **1** Qui est dans un état de démence. ⇒ **aliéné, fou.** ➡ n. *Un dément.* **2** Déraisonnable, extravagant, insensé. *Des prix déments.* ➡ fam. ⇒ **délirant, fou.** *Quelle foule ! C'est dément.* **3** Atteint de démence. n. *Les déments.*

démenti n. m. – XVe ▪ Action de démentir ; ce qui dément qqch. ⇒ **dénégation, désaveu.** *Opposer un démenti formel à une nouvelle. Publier un démenti officiel.* ✪ CONTR. Attestation, confirmation, ratification.

démentiel, ielle adj. – XIXe ▪ De la démence. ♦ Excessif jusqu'à l'absurdité. ⇒ **démesuré, fou.** *Un projet démentiel.*

démentir v. tr. [16] – XIe **1** Contredire (qqn) en prétendant qu'il n'a pas dit la vérité. ⇒ **désavouer.** *Démentir formellement un témoin.* **2** Prétendre (qqch.) contraire à la vérité. ⇒ **nier.** *Démentir une rumeur.* **3** Contredire par sa propre conduite, par ses actes. *« la honte d'être si peu conséquent à moi-même, de démentir si tôt et si haut mes propres maximes »* (Rouss.). ♦ *Elle avait « des traits d'une excessive douceur, que ne démentait pas la belle nuance grise de ses yeux »* (Balz.). ♦ v. pron. (choses) *NE PAS SE DÉMENTIR :* ne pas cesser de se manifester. *Son succès ne se dément pas.* ✪ CONTR. Affirmer, attester, certifier, confirmer.

démerdard, arde n. et adj. – 1916 ▪ fam. Personne qui sait se tirer habilement d'affaire. ⇒ **débrouillard.** *« Bah ! les démerdards s'en tireront toujours »* (Sartre).

démerde n. f. – v. 1930 ▪ fam. Attitude, qualité d'une personne débrouillarde.

démerder (se) v. pron. [1] – v. 1900 ▪ fam. Se débrouiller. *Ça ne me regarde pas, démerdez-vous ! Il se démerde bien :* il s'en sort bien, il réussit.

démérite n. m. – XIVe ▪ littér. Ce qui fait que l'on attire sur soi la désapprobation, le blâme. *« il n'y a nul* *démérite à être dernier* » (Montherl.). ⇒ **faute, tort.** ✪ CONTR. Mérite.

démériter v. intr. [1] - XVIe 1 Agir de manière à encourir le blâme, la désapprobation (de qqn). ➝ *Il n'a jamais démérité.* 2 Agir de manière à encourir un châtiment divin, la perte de la grâce. « *Dieu a donné aux hommes le libre arbitre, pour pouvoir démériter s'ils le veulent* » (Fén.). ✪ CONTR. Mériter.

démesure n. f. - XIIe ▪ Manque de mesure, exagération des sentiments ou des attitudes. ⇒ **excès, outrance.** ✪ CONTR. Mesure, modération, pondération.

démesuré, ée adj. - XIe 1 Qui dépasse la mesure ordinaire. *Un empire démesuré.* ⇒ **colossal, gigantesque, immense.** 2 D'une très grande importance, très intense ; très grand (cf. Sans borne). ⇒ **énorme, exagéré, excessif, exorbitant.** *Orgueil démesuré. Il a des prétentions démesurées.* ✪ CONTR. Mesuré, modéré, raisonnable.

démesurément adv. - XIe ▪ D'une manière démesurée. ⇒ **énormément, excessivement.** *Des ongles démesurément longs.*

① **démettre** v. tr. [56] - XIIIe ▪ Déplacer (un os, une articulation). ⇒ **disloquer, luxer ;** fam. **démancher.** *Elle s'est démis l'épaule.* ✪ CONTR. Remettre.

② **démettre** v. tr. [56] - XIIe ; lat. *dimittere* « congédier, renvoyer » 1 Retirer (qqn) d'un emploi, d'un poste, d'une charge. ⇒ **destituer, relever, révoquer.** *Démettre qqn de ses fonctions.* 2 dr. ⇒ **débouter.** *Démettre qqn de son appel.* 3 *SE DÉMETTRE* v. pron. Quitter ses fonctions (volontairement ou sous une contrainte). ⇒ **abandonner, abdiquer, démissionner, quitter.** « *il faudra se soumettre ou se démettre* » (Gambetta). ✪ CONTR. Remettre, replacer. Rester.

démeubler v. tr. [1] - XIIIe ▪ Dégarnir (une pièce, une maison) de ses meubles. ⇒ **déménager, vider.** « *des huissiers qui démeublaient sa maison* » (Volt.). ✪ CONTR. Meubler.

demeurant (au) loc. adv. - XVe ▪ Pour ce qui reste (à dire) ; en ce qui concerne le reste ; tout bien considéré. *Au demeurant, je ne suis pas concerné.* « *C'était au demeurant, de très braves gens* » (Barbey).

> ❑ Au XVIIe s., Vaugelas tenait cette expression pour vieillie. Elle est d'un usage courant de nos jours.

demeure n. f. - XIIe I vx ou loc. 1 vx Le fait de tarder. ⇒ **retard.** ♦ mod., loc. *Il y a PÉRIL EN LA DEMEURE :* il faut agir sans délai. *Il n'y a pas péril en la demeure :* rien ne presse. 2 loc. adv. *À DEMEURE :* en permanence. *S'installer à demeure à la campagne.* 3 loc. *Mise en demeure :* obligation faite au débiteur de se libérer. ⇒ **commandement,** ① **sommation.** ➝ par ext. *Mettre qqn en demeure de* le sommer de faire ce qu'il a tardé à faire. *C'est une véritable mise en demeure.* ⇒ **ultimatum.** II littér. 1 Lieu construit dans lequel on vit. ⇒ **domicile, habitation, logement.** ➝ Maison (généralement belle ou importante). « *ces hautes demeures féodales* » (Gaut.). 2 *Accompagner qqn à sa dernière demeure.* ⇒ **tombeau.**

> ❑ De nos jours, le sens usuel de « maison » est donné à tort dans *il (n')y a (pas) péril en la demeure.*

demeuré, ée adj. et n. - déb. XXe ▪ Intellectuellement retardé. ⇒ **arriéré, attardé, débile, innocent.** « *un attardé, un demeuré, un installé à demeure dans l'enfance* » (Tournier).

demeurer v. intr. [1] - XIe ; lat. *demorari* « tarder » 1 littér. S'arrêter, rester en un lieu. « *Demeurez au logis, ou changez de climat* » (La Font.). *On l'a retenu, il est demeuré plus longtemps qu'il ne pensait.* ♦ *Il ne peut pas demeurer en place,* rester tranquille. ➝ fig. *Un « besoin de ne pas demeurer en reste, en arrière, à l'écart* » (Gide). ♦ fig. *EN DEMEURER LÀ :* ne pas aboutir, ne pas donner suite à une affaire. 2 littér. Passer du temps (à). *Demeurer longtemps à table, à sa toilette.* ⇒ **s'attarder.** 3 (avec l'auxil. *avoir*) Habiter, faire sa demeure (dans un lieu). ⇒ **résider,** ① **vivre.** « *nous y avons demeuré paisiblement et agréablement pendant sept ans* » (Rouss.). *Demeurer (dans la) rue Molière, (sur le) boulevard de la Gare.* 4 Continuer d'exister. ⇒ **durer, rester, subsister.** « *ces heures divines qui demeurent au fond de notre mémoire* » (Barrès). ♦ impers. *Il n'en demeure pas moins que :* il reste* que. 5 (avec l'auxil. *être*) Continuer à être (dans un état, une situation). « *elle demeura stupide en face de sa vie manquée* » (Balz.). ➝ *Ils sont demeurés longtemps sans secours.* ➝ « *Les hommes naissent et demeurent libres et égaux en droits* » (DÉCLAR. DR. HOM.). ➝ (choses) *La porte est demeurée fermée.* « *des raisons qui me sont toujours demeurées obscures* » (Duham.). ✪ CONTR. ① Partir, ① sortir. Changer, quitter. Disparaître.

> ❑ L'auxiliaire employé permet de distinguer les sens 3e et 5e.

demi, ie adj., adv. et n. - XIe ; lat. *dimidius,* d'apr. *medius* I adj. Qui est la moitié d'un tout. ♦ *ET DEMI* (apr. un n.) : et la moitié. *Une douzaine et demie. Il a trois ans et demi. Deux heures et demie.* II adv. À moitié ; pas complètement. *Boîte demi-pleine, demi-remplie. Lait demi-écrémé.* « *Un amateur de jardinage, Demi-bourgeois, demi-manant* » (La Font.). ⇒ **demi-,** et comp. ➝ *Enfants demi-nus.* III nominal 1 n. La moitié d'une unité. *Un demi ou 0,5 ou 1 / 2. Trois demis.* ➝ La moitié d'un objet, d'une quantité. *Vous prenez un pain ? une baguette ? – Non, un demi, une demie seulement.* 2 n. m. Verre de bière (qui contenait à l'origine un demi-litre, un quart aujourd'hui) ; son contenu. « *au bar en face de la gare, ils boivent des cafés et des demis* » (Le Clézio). *Un demi pression.* 3 n. f. Une demi-heure (après une heure quelconque). *Le train part à la demie. Il est la demie passée.* 4 n. m. Joueur placé entre les arrières et les avants. *Demi défensif au football.* ➝ *Demi de mêlée,* qui lance le ballon dans la mêlée, au rugby. 5 n. (fr. de Polynésie) Métis. IV loc. adv. *À DEMI :* à moitié ; presque. *À demi nu.* « *une fontaine à demi gelée et toute barbue de stalactites* » (Maurois). ♦ *Fermer à demi les yeux.* ➝ « *Émile a peu de connaissances, mais celles qu'il a sont véritablement siennes ; il ne sait rien à demi* » (Rouss.). ⇒ **imparfaitement.** ✪ CONTR. ① Complet, entier, un. — Complètement, totalement.

> ❑ *À demi* suivi d'un adjectif ne prend pas de trait d'union, mais la locution adverbiale *à demi-mot* en prend un.

demi- Élément inv., de l'adj. *demi,* qui désigne la division par deux ou le caractère incomplet, imparfait. ⇒ **semi-.**

> ❑ *Semi-* a le même sens, mais entre dans la composition de mots plus techniques.

demi-bas n. m. inv. - XVIe ▪ Bas qui ne monte qu'à mi-jambe ; chaussette montante. ⇒ **mi-bas.**

demi-botte n. f. - XIXe ▪ vieilli Botte qui ne monte qu'à mi-mollet. ⇒ **boots.** « *des demi-bottes en cuir ouvragé* » (J. Verne).

demi-bouteille n. f. - XIXe ▪ Petite bouteille contenant environ 37 cl. ⇒ fam. ② **fillette.** *Des demi-bouteilles de bourgogne, de bordeaux.* ➝ (Souvent abrégé en *une demie*) *Une demie Badoit.*

demi-brigade n. f. - XVIIIe 1 Régiment français des premières guerres menées sous la Révolution. 2 Réunion de deux ou trois bataillons sous les ordres d'un colonel.

demi-cercle n. m. – XIVe ▪ Moitié d'un cercle limitée par le diamètre (180 degrés). « *Nous plierons par le diamètre les deux demi-cercles* » (Rouss.). *Table en demi-cercle.* ⇒ **demi-lune.** *Gradins en demi-cercle.* ⇒ **hémicycle.**

demi-circulaire adj. – XVIIe ▪ En forme de demi-cercle.

demi-clé ou **demi-clef** n. f. – XVIIe ▪ Nœud d'un cordage qui consiste à faire passer le brin libre sous le brin tendu autour de l'objet attaché. *Des demi-clés, des demi-clefs.*

demi-colonne n. f. – XVIIe ▪ Colonne engagée de la moitié de son diamètre. *Façade ornée de demi-colonnes.*

demi-deuil n. m. – XVIIIe 1 Deuil qui était moins sévère que le grand deuil (noir, blanc, gris, violet, mauve). *Des demi-deuils.* 2 *Poularde demi-deuil,* servie avec une sauce blanche aux truffes noires.

demi-dieu n. m. – XIIIe ▪ Personnage mythologique issu d'une mortelle et d'un dieu, d'une déesse et d'un mortel, ou divinisé pour ses exploits. ⇒ **héros.** ➛ fig. Personnage que l'on traite presque comme un dieu. « *des maîtres vivant dans une gloire de demi-dieux* » (Goncourt).

demi-douzaine n. f. – XVe ▪ Moitié d'une douzaine ou six unités. *Trois demi-douzaines d'huîtres.* ➛ Approximativement six. *Une demi-douzaine d'amis.*

demi-droite n. f. – 1922 ▪ Portion de droite limitée par un point appelé origine. *Des demi-droites.*

demie → **demi**

démieller v. tr. [1] – XVIIIe ▪ Enlever le miel de (la cire).

demi-fin, fine adj. – XIXe ▪ Intermédiaire entre gros et fin. ⇒ **mi-fin.** *Petits-pois demi-fins.* ♦ Qui contient la moitié de son poids d'alliage. *Bijouterie demi-fine.* ➛ n. m. Alliage d'or. *Bracelet en demi-fin.*

demi-finale n. f. – XIXe ▪ Avant-dernière épreuve d'une coupe, d'une compétition. *Aller en demi-finale. Des demi-finales.*

demi-finaliste n. – 1907 ▪ Personne, équipe admise en demi-finale.

demi-fond n. m. – XIXe ▪ *Course de demi-fond,* de moyenne distance (entre 800 et 3000 m).

demi-frère n. m. – XIVe ▪ Frère par le père ou la mère seulement. *Demi-frère de même père* (frère consanguin), *de même mère* (frère utérin). « *Nous ne sommes que demi-frères* » (Bosco).

demi-gros n. m. inv. – XVIIIe ▪ Commerce intermédiaire entre la vente en gros et la vente au détail.

demi-heure [d(ə)mijœʀ ; dəmjœʀ] n. f. – XVIIe ▪ Moitié d'une heure ou trente minutes. *Il passe un autobus toutes les demi-heures.* ⇒ **demi.**

demi-jour n. m. – XVIIIe ▪ Clarté faible comme celle de l'aube ou du crépuscule. ⇒ **pénombre.** *Des demi-jour* ou *des demi-jours.*

demi-journée n. f. – XIVe ▪ Moitié d'une journée, matinée ou après-midi. *Des demi-journées de travail.*

démilitarisation n. f. – XIXe ▪ Action de démilitariser. ⇒ **désarmement.** ✪ CONTR. Armement, militarisation.

démilitariser v. tr. [1] – XIXe ▪ Priver (une collectivité, un pays, une zone) de sa force militaire. ⇒ **désarmer.** ✪ CONTR. Militariser ; armer.

demi-litre n. m. – XVIIIe ▪ Moitié d'un litre. Bouteille, récipient contenant un demi-litre. *Des demi-litres.*

> ❑ *Demi-litre* comme *demi-livre* ont vieilli au profit de 50 centilitres et 250 grammes.

demi-longueur n. f. – XIXe ▪ *Gagner d'une demi-longueur,* de la moitié de la longueur du cheval, du bateau, etc., dans une course. *Des demi-longueurs.*

demi-lune n. f. – XVIe 1 Ouvrage fortifié, autrefois demi-circulaire, aujourd'hui triangulaire. *Des demi-lunes.* 2 Espace en forme de demi-cercle devant un bâtiment, une entrée, à un carrefour. 3 adj. inv. Demi-circulaire (meubles). *Table, commode demi-lune.*

demi-mal, maux n. m. – XVIIIe ▪ Inconvénient moins grave que prévu. *Il n'y a que demi-mal.*

demi-mesure n. f. – XVIIIe 1 Moitié d'une mesure. *Une demi-mesure de graines.* 2 Moyen insuffisant et provisoire. ⇒ **compromis.** *Une politique* « *faite de demi-mesures et d'arrangements* » (Camus).

demi-mondain, aine adj. et n. f. – XIXe 1 Du demi-monde. 2 n. f. vieilli Femme de mœurs légères. ⇒ ① **cocotte, courtisane.** *Des demi-mondaines.*

demi-monde n. m. – XVIIIe ▪ vieilli Société de femmes légères, de mœurs équivoques, et de ceux qui les fréquentent. *Les demi-mondes de la Belle Époque.*

demi-mot (à) loc. adv. – XVIIe ▪ Sans qu'il soit nécessaire que tout soit exprimé. *Comprendre à demi-mot.*

> ❑ Pour le trait d'union → demi (rem.).

déminage n. m. – v. 1945 ▪ Opération par laquelle on démine un terrain.

déminer v. tr. [1] – 1953 ▪ Débarrasser (un lieu) des mines qui en rendent l'accès dangereux.

déminéralisation n. f. – XIXe 1 Élimination excessive des substances minérales nécessaires à l'organisme. 2 Élimination des sels minéraux contenus dans l'eau. ⇒ **adoucissement.**

déminéraliser v. tr. [1] – XIXe 1 Faire perdre les sels minéraux à (l'organisme). ➛ pronom. *Son organisme se déminéralise.* 2 Éliminer de (l'eau) les sels minéraux. ⇒ **adoucir.** ➛ *Eau déminéralisée.*

démineur n. m. – v. 1945 ▪ Technicien du déminage.

demi-pause n. f. – XVIIIe ▪ Silence qui équivaut à la moitié d'une pause (égal à une blanche). *Des demi-pauses.*

demi-pension n. f. – XVIIe 1 En hôtellerie, Pension partielle qui ne comprend qu'un repas. *Des demi-pensions.* 2 (Opposé à *externat, internat*) Régime scolaire où l'élève prend son repas de midi sur place.

demi-pensionnaire n. – XVIIIe ▪ Élève qui prend les repas de midi dans un établissement scolaire (opposé à *externe, interne*). *Des demi-pensionnaires.*

demi-pièce n. f. – XVIIIe 1 La moitié d'une pièce d'étoffe sortant de la fabrique. 2 Fût de vin d'environ 110 litres. *Des demi-pièces.*

demi-place n. f. – XIXe ▪ rare Place à moitié prix (transports, spectacles). ⇒ **demi-tarif.** *Deux demi-places.*

demi-plan n. m. – 1922 ▪ Portion de plan limitée par une droite de ce plan. *Des demi-plans.*

demi-pointe n. f. – 1935 1 Pour un danseur, Position du pied soulevé reposant sur les phalanges à plat. 2 *Demi-pointes :* chaussons souples utilisés par les danseurs.

demi-portion n. f. – 1915 ▪ fam. et péj. Personne petite, insignifiante. *Des demi-portions.*

demi-produit n. m. – 1929 ▪ Produit qui doit subir un nouveau traitement avant d'être utilisé ; produit semi-fini. *Des demi-produits.*

demi-queue adj. et n. m. – XVIIe ▪ *Piano demi-queue,* de grandeur intermédiaire entre le crapaud et le piano à queue. ➛ n. m. *Jouer sur un demi-queue. Des demi-queues.*

demi-reliure n. f. – XIXe ▪ Reliure où seul le dos du livre est en peau, les plats étant recouverts de papier ou de tissu. *Des demi-reliures.*

demi-ronde adj. f. et n. f. – XVIIIe ■ *Lime demi-ronde* ou n. f. *une demi-ronde :* lime dont une face est plate et l'autre arrondie. *Des demi-rondes.*

démis, ise adj. – XVIe ■ Déplacé, luxé (os, articulation).

demi-saison n. f. – XIXe ■ L'automne ou le printemps. *Vêtement de demi-saison,* ni trop léger, ni trop chaud. *Pendant les demi-saisons.*

demi-sang [d(ə)misɑ̃] n. m. – XIXe ■ Cheval issu de reproducteurs dont un seul est de pur sang (opposé à *pur-sang*). ⇒ **cob.** *Des demi-sang* ou *des demi-sangs.*

demi-sel adj. et n. m. – XIXe **I** adj. Qui n'est que légèrement salé. ➜ *Fromage demi-sel,* et n. m. *un demi-sel :* fromage frais de vache, légèrement salé. **II** n. m. arg. et péj. Homme, garçon qui affecte d'être du milieu. *Des demi-sel* ou *des demi-sels.* « *je l'ai pris longtemps pour un gars d'aventure, mais c'est rien qu'un demi-sel* » (Céline).

demi-sœur n. f. – XVe ■ Sœur par le père ou par la mère seulement (⇒ **demi-frère**). *Il a deux demi-sœurs.*

demi-solde n. f. et m. – XVIIIe **1** n. f. Solde réduite d'un militaire en non-activité. *Des demi-soldes.* **2** n. m. inv. Militaire qui touchait une demi-solde (spécialt soldat de l'Empire, sous la Restauration). *Des demi-solde.*

❑ Attention, un genre et un pluriel différents pour chaque sens.

demi-sommeil n. m. – XVIIe ■ État intermédiaire entre le sommeil et l'état de veille. ⇒ **somnolence.** *Des demi-sommeils.*

demi-soupir n. m. – XVIIe ■ En musique, Silence de durée égale à la moitié d'un soupir (équivalant à une croche). *Des demi-soupirs.*

démission n. f. – XIVe ; lat. « action d'abaisser » **1** Acte par lequel on se démet d'une fonction, d'une charge, d'une dignité ; rupture, par le salarié, de son contrat de travail. *Donner sa démission.* ➜ *Lettre de démission.* ➜ *Démission !* cri hostile à l'adresse d'un homme politique, d'un responsable. **2** Attitude de fuite devant les difficultés. ⇒ **abandon, renonciation.** *La démission des intellectuels.* ✪ CONTR. Maintien.

démissionnaire n. et adj. – XVIIIe **1** Personne qui vient de donner sa démission. ➜ adj. *Ministre démissionnaire.* **2** adj. Qui a une attitude de démission (2°).

démissionner v. intr. [1] – XVIIIe **1** Donner sa démission, résigner ses fonctions. ⇒ ② se **démettre,** se **retirer.** ♦ trans., iron. Démettre de ses fonctions. *On l'a démissionné.* **2** fig. et fam. Renoncer à qqch. ⇒ **abandonner.**

❑ L'emploi plaisant transitif est à rapprocher de *on l'a suicidé.*

demi-tarif n. m. – [illegible] ■ Tarif réduit de moitié. *Place, billet à demi-tarif. Payer demi-tarif.* ➜ adj. inv. *Des billets demi-tarif.* ♦ Billet à demi-tarif. *Deux demi-tarifs.*

demi-teinte n. f. – XVIIe **1** Teinte qui n'est ni claire ni foncée. **2** Sonorité adoucie. *Chanter en demi-teinte.* **3** Ton nuancé, manière discrète. *Un récit tout en demi-teintes.*

demi-tige n. f. – XVIIIe ■ Arbre fruitier dont le tronc mesure de 1,20 m à 1,80 m. *Des demi-tiges.*

demi-ton n. m. – XVIIe ■ Le plus petit intervalle du système tempéré qui correspond au douzième d'une octave. *Signe d'altération qui hausse* (⇒ **dièse**), *abaisse* (⇒ **bémol**) *une note d'un demi-ton. Des demi-tons.*

demi-tour n. m. – XVIe **1** Moitié d'un tour que l'on fait sur soi-même. *Des demi-tours.* « *Il salua, exécuta un demi-tour rapide* » (Mac Orlan). **2** *Faire demi-tour :* retourner sur ses pas.

démiurge n. m. – XVIe ; gr. *dêmiourgos* « architecte » **1** Le dieu architecte de l'Univers, pour les Platoniciens. **2** littér. Créateur, animateur d'un monde. « *Le publicitaire est-il le démiurge de la société moderne ?* » (H. Lefebvre).

demi-vie n. f. – av. 1970 ■ Temps que met une grandeur physique qui suit une loi exponentielle décroissante pour arriver à la moitié de sa valeur initiale. *Demi-vie d'une substance radioactive.* ⇒ **période** (radioactive). *Des demi-vies.*

demi-volte n. f. – XVIIe ■ Mouvement dans lequel le cheval opère un demi-tour suivi d'une oblique. *Des demi-voltes.*

démixtion [demikstjɔ̃] n. f. – 1928 ■ sc. Séparation des phases d'un mélange.

❑ Pour l'orthographe de la finale → immixtion (rem.).

démobilisable adj. – av. 1922 ■ Qui doit être démobilisé. ✪ CONTR. Mobilisable.

démobilisateur, trice adj. – mil. XXe **1** Où l'on procède à la démobilisation. **2** Qui est propre à démobiliser (2°).

démobilisation n. f. – XIXe **1** Action de démobiliser. **2** Fait de démobiliser (les masses, l'opinion) ; effet qui en résulte. ✪ CONTR. Mobilisation.

démobiliser v. tr. [1] – XIXe **1** Rendre à la vie civile (des troupes mobilisées). ➜ *Soldats démobilisés.* Subst. *Un démobilisé.* ♦ absolt *La France démobilise.* **2** Priver (les militants, les masses) de toute combativité, pour la défense d'une cause. ⇒ **démotiver.** ✪ CONTR. Appeler, mobiliser.

démocrate n. et adj. – XVIe **1** Partisan de la démocratie, de ses principes et de ses institutions. ➜ adj. *Un esprit démocrate* (⇒ **républicain**). **2** *Le parti démocrate :* l'un des deux grands partis politiques américains (opposé à *parti républicain*). ➜ n. *Les démocrates et les républicains.* ✪ CONTR. Aristocrate, monarchiste ; fasciste.

démocrate-chrétien, ienne [demɔkʀatkʀetjɛ̃, jɛn] n. et adj. – 1901 ■ Membre, partisan de la démocratie chrétienne. *Les démocrates-chrétiens.*

démocratie n. f. – XIVe ; gr. *dêmos* « peuple » **1** Doctrine politique d'après laquelle la souveraineté doit appartenir à l'ensemble des citoyens ; organisation politique (souvent, la république) dans laquelle les citoyens exercent cette souveraineté. ➜ *Démocratie directe. Démocratie représentative.* « *Le suffrage universel est donc la démocratie elle-même* » (Lamart.). **2** État pourvu d'institutions démocratiques ; État organisé suivant les principes de la démocratie. *Être en démocratie.* ✪ CONTR. Aristocratie, monarchie, oligarchie. Fascisme, totalitarisme.

démocratique adj. – [illegible] **1** Qui appartient à la démocratie (doctrine ou organisation politique). *Institutions démocratiques. Régime démocratique. Les pays démocratiques.* **2** Conforme à la démocratie ; aux intérêts du peuple. ♦ Respectueux de la volonté, de la liberté de chacun. **3** rare Du peuple ; qui n'est pas de l'aristocratie. ⇒ **commun, plébéien.** ✪ CONTR. Aristocratique, monarchique, oligarchique ; antidémocratique, fasciste.

démocratiquement adv. – XVIe ■ D'une façon démocratique.

démocratisation n. f. – XVIIIe ■ Action de démocratiser ; son résultat.

démocratiser v. tr. [1] – XVe **1** Introduire la démocratie dans. *Démocratiser un pays, des institutions.* **2** Rendre démocratique, populaire. ➜ pronom. *Ce sport se démocratise,* devient accessible à tous. ⇒ **populariser, vulgariser.**

démodé, ée adj. – XIXe ■ Qui n'est plus à la mode. *Vêtement, objet démodé.* ⇒ **désuet,** ② **rétro, suranné,**

vieillot. ♦ *Théories, procédés démodés.* ⇒ **archaïque, dépassé, obsolète, périmé.** ♦ (personnes) ⇒ fam. ② **ringard.** « *L'oncle Ganse, un être aussi gentiment démodé* » (Bernanos). ✪ CONTR. ① Mode (à la) ; avant-garde (d').

démoder v. tr. [1] – XIXe ▪ rare Mettre (une chose) hors de mode. ➝ *SE DÉMODER* v. pron. Passer de mode, n'être plus à la mode.

❑ S'emploie surtout à la forme pronominale.

demodex [demɔdɛks] n. m. – XIXe ; gr. *dêmos* « graisse » et *dex* « ver » ▪ Petit acarien parasite des orifices des follicules pilosébacés du visage.

démodulateur n. m. – 1953 ▪ Dispositif opérant une démodulation (⇒ **syntoniseur, tuner**). *Modulateur démodulateur.* ⇒ **modem.**

démodulation n. f. – v. 1930 ▪ Opération destinée à extraire l'information (le signal modulant) contenue dans un signal modulé. ✪ CONTR. Modulation.

démoduler v. tr. [1] – 1953 ▪ Extraire l'information contenue dans (un signal modulé). ✪ CONTR. Moduler.

démographe n. – XIXe ▪ Spécialiste de la démographie.

démographie n. f. – XIXe ; gr. *dêmos* « peuple » et *-graphie* 1 Étude statistique des collectivités humaines. ♦ Étude quantitative des populations humaines ou animales et de leurs variations. 2 État quantitatif d'une population. *La démographie galopante des pays en voie de développement.*

démographique adj. – XIXe 1 Qui appartient à la démographie ; qui est envisagé sous l'aspect de la démographie. 2 De la population (du point de vue du nombre). *Poussée démographique.*

demoiselle n. f. – IXe ; lat. *domina* « dame » I - 1 Femme célibataire (⇒ **mademoiselle**). *Rester demoiselle.* ⇒ **fille.** ♦ courtois ou iron. Jeune fille. *Ces demoiselles se croient tout permis.* ♦ région. *Votre demoiselle :* votre fille. 2 *DEMOISELLE D'HONNEUR :* jeune fille attachée à la personne d'une souveraine. ➝ Jeune fille ou petite fille qui accompagne la mariée. 3 vieilli Personne (mariée ou non) attachée à un établissement. *Mme Folantin « devint demoiselle de magasin, puis caissière »* (Huysm.). II - 1 Libellule. « *La verte demoiselle aux ailes bigarrées* » (Hugo). 2 *Demoiselle de Numidie.* ⇒ **grue.** 3 Pièce de bois tourné qui sert à ouvrir les doigts des gants neufs.

démolir v. tr. [2] – XVe ; lat. *moles* « masse » 1 Défaire (une construction) en abattant pièce à pièce. ⇒ **abattre, démanteler, détruire, raser.** *Démolir un mur, un vieux quartier.* 2 Détruire entièrement. *Démolir l'autorité, le crédit de qqn.* « *La science avait démoli sa foi* » (Hugo). 3 Mettre (qqch.) en pièces ; rendre inutilisable. ⇒ **abîmer, casser ;** fam. **bousiller, déglinguer, démantibuler.** *Démolir une voiture. Cet enfant démolit tous ses jouets.* ♦ Mettre en mauvais état. « *Ils m'ont démoli l'estomac !* » (Mart. du G.). 4 fam. Mettre hors de combat, en frappant. ⇒ **battre.** « *sors donc un peu, que je te démolisse !* » (Zola). ♦ Mettre en mauvais état physique ou moral. *L'alcool l'a démoli. Démoli par cette mauvaise nouvelle.* 5 Ruiner le crédit, la réputation, l'influence de (qqn). ⇒ **perdre, ruiner.** *Démolir un concurrent.* ✪ CONTR. Bâtir, construire ; créer. Arranger, réparer.

démolissage n. m. – XIXe ▪ Action de démolir.

démolisseur, euse n. – XVIe 1 Personne qui démolit un bâtiment. 2 Personne qui démolit une idée, une doctrine. ⇒ **destructeur.** ✪ CONTR. Constructeur. Bâtisseur.

démolition n. f. – XIVe 1 Action de démolir (une construction). *Entreprise de démolition. Maison en démolition.* ♦ fig. Destruction. 2 plur. Matériaux des constructions démolies. ⇒ **gravats.** « *ces maisons bâties de démolitions volées* » (Goncourt). ✪ CONTR. Construction, reconstruction.

démon n. m. – XIIIe ; gr. *daimôn* « génie protecteur, dieu » 1 Être surnaturel, bon ou mauvais, inspirateur de la destinée d'un homme, d'une collectivité. ⇒ **dieu, esprit, génie.** 2 littér. Puissance, force spirituelle ; inspiration. *C'est son mauvais démon.* ♦ loc. *LES VIEUX DÉMONS :* les tentations qu'on croyait disparues, les sujets anciens de discorde. 3 Ange déchu, révolté contre Dieu, et dans lequel repose l'esprit du mal. ⇒ **diable.** « *l'Écriture nous exhorte à résister aux démons* » (France). 4 *LE DÉMON :* Satan, prince des démons, chef des anges révoltés contre Dieu. *Le démon, appelé aussi Belzébuth, Lucifer.* ⇒ **malin.** *Être habité, possédé du démon.* ⇒ **démoniaque.** 5 Personne néfaste, méchante. *Cette femme est un vrai démon* (⇒ **furie, harpie**). ➝ par ext. *Ce garçon est un petit démon,* il est très turbulent. 6 *LE DÉMON DE :* personnification d'une mauvaise tentation, d'un défaut. « *parfois le démon de la curiosité l'emporte* » (Gide). ➝ *Le démon de midi* (Bible) : tentation de nature affective et sexuelle qui s'empare des humains vers le milieu de leur vie.

❑ Pour l'emploi → diable (rem.).

démone n. f. – XIVe ▪ littér. Démon, génie femelle.

❑ Les noms en *-on* font généralement leur féminin en *-onne* (*baron, onne ; patron, onne,* etc.).

démonétisation n. f. – XVIIIe 1 Action de démonétiser. 2 Discrédit.

démonétiser v. tr. [1] – XVIIIe ; de *dé-* et lat. *moneta* « monnaie » 1 Retirer (une monnaie) de la circulation. *Démonétiser les pièces d'or.* 2 Déprécier, discréditer. *Sa théorie est un peu démonétisée.*

démoniaque adj. et n. – XIIIe 1 adj. et n. Possédé du démon. « *la guérison d'un démoniaque, faite par l'invocation du nom de Jésus* » (Pasc.). 2 adj. Digne du démon, d'un démon. ⇒ **diabolique, satanique.** *Rire démoniaque. Une habileté démoniaque.*

démonisme n. m. – XVIIIe ▪ Croyance aux démons, aux génies.

démonologie n. f. – XVe ▪ Étude du démon, des démons.

démonstrateur, trice n. – XVIIe ▪ Personne qui montre le fonctionnement d'un objet, les qualités d'un produit pour en faire la publicité et tenter de le vendre.

démonstratif, ive adj. – XIVe 1 Qui démontre, sert à démontrer. *Argument démonstratif.* ⇒ **convaincant.** 2 *Adjectif démonstratif,* qui sert à montrer la personne ou la chose désignée par le nom auquel il est joint. ⇒ **déictique.** ➝ *Pronom démonstratif,* qui désigne un être, un objet, représente un nom, une idée. ⇒ ② **ce ; celui ; ceci, cela,** ① **ça.** ➝ n. m. *Les démonstratifs.* 3 Qui manifeste vivement ses sentiments éprouvés. ⇒ **expansif, ouvert.** *Une personne peu démonstrative.* ✪ CONTR. Renfermé, réservé.

démonstration n. f. – XIIIe 1 Opération mentale qui établit une vérité (preuve, induction). ♦ (Opposé à *preuve*) Raisonnement déductif destiné à établir la vérité d'une proposition à partir de prémisses considérées comme vraies. ⇒ **déduction.** ♦ Ce qui sert à démontrer. ⇒ **preuve ; argument, justification.** *Les faits sont la meilleure démonstration de ce que j'avance.* 2 Action d'expliquer par des expériences les données d'une science, le fonctionnement d'un appareil. *Il « fait des figures avec de la craie, entame une démonstration »* (Sand). ➝ *Modèle de démonstration.* 3 (souvent plur.) Signes extérieurs volontaires qui manifestent les dispositions, les intentions, les sentiments. ⇒ **manifestation, marque, témoignage.** « *après avoir ajouté à ses démonstrations de gratitude, force révérences* » (Dider.). 4 Manœuvre de forces armées destinée à intimider l'ennemi ou à lui donner le change.

> ❑ On oppose les *musées de monstration* aux *musées de démonstration* → monstration.

démontable adj. – XIXe ▪ Que l'on peut démonter ; fabriqué de manière à pouvoir être démonté et remonté facilement. « *des écorchés de cire entièrement démontables, dont tous les organes internes* [...] *pouvaient être extraits et manipulés* » (Tournier). ⇒ **clastique.** ✪ CONTR. Indémontable.

démontage n. m. – XIXe ▪ Action de démonter. *Le démontage du carburateur.* ✪ CONTR. Montage.

démonté, ée adj. 1 Dont on a démonté les éléments. 2 *Mer démontée,* agitée par la tempête. ⇒ **déchaîné, houleux.** ✪ CONTR. ② Calme.

démonte-pneu n. m. – 1901 ▪ Levier destiné à retirer un pneumatique de sa jante. *Des démonte-pneus.*

démonter v. tr. [1] – XIIe 1 Jeter (qqn) à bas de sa monture. ⇒ **désarçonner.** 2 Étonner au point de faire perdre l'assurance. ⇒ **déconcerter, décontenancer.** « *L'aplomb de ce petit me démontait* » (Gide). pronom. *Elle ne s'est pas démontée pour si peu.* 3 Défaire (un tout, un assemblage) en séparant les éléments. ⇒ **désassembler.** *Démonter une machine.* « *l'art de démonter un pneu et de coller des rustines* » (Beauv.). ⇒ **démonte-pneu.**

démontrable adj. – XIIIe ▪ Qui peut être démontré. ✪ CONTR. Indémontrable.

démontrer v. tr. [1] – Xe 1 Établir la vérité de (qqch.) d'une manière évidente et rigoureuse. ⇒ **établir, prouver.** *Ce n'est plus à démontrer :* on le sait, c'est admis. pronom. « *tout se démontre par le raisonnement* » (France). ♦ loc. *Ce qu'il fallait démontrer :* la chose à prouver (abrév. *C. Q. F. D.* [sekyɛfde]). 2 Fournir une preuve de, faire ressortir. ⇒ **prouver, révéler.** *Ces faits démontrent la nécessité d'une réforme.*

démoralisant, ante adj. – XIXe ▪ De nature à décourager. *Un échec démoralisant.* « *la longue et démoralisante expectative* » (Duham.). ⇒ **déprimant.** ✪ CONTR. Encourageant, réconfortant.

démoralisateur, trice adj. – XVIIIe ▪ littér. Qui tend à décourager. *Propagande démoralisatrice.* ⇒ **défaitiste.**

démoralisation n. f. – XVIIIe ▪ Action de donner mauvais moral, d'enlever le courage. ⇒ **découragement.** *Démoralisation des troupes.* ✪ CONTR. Encouragement, exaltation.

démoraliser v. tr. [1] – XVIIIe 1 vx ou littér. Enlever le sens moral à ; rendre immoral. ⇒ **corrompre.** 2 Ôter le moral, le courage à. ⇒ **décourager, démotiver, déprimer.** *Propagande défaitiste qui démoralise l'armée.* pronom. *Il se démoralise facilement.* — *Ils sont complètement démoralisés.* ✪ CONTR. Moraliser ; édifier. Encourager, galvaniser, remonter.

démordre v. tr. ind. [41] – XIVe ▪ DÉMORDRE DE (surtout négatif) : renoncer à. ⇒ **abandonner.** *Il prit* « *la résolution de s'enfuir la nuit suivante, et rien ne put l'en faire démordre* » (Rouss.). *Il n'en démordra pas.*

démotique adj. et n. – XIVe ; gr. *dêmos* « peuple » 1 Se dit de la langue parlée et de l'écriture cursive vulgaire des anciens Égyptiens. — n. m. *Le démotique.* 2 Relatif au grec moderne courant, parlé. — n. f. Le grec moderne courant. ⇒ **romaïque.**

démotivant, ante adj. – 1984 ▪ Qui démotive. ⇒ **décourageant.** ✪ CONTR. Incitatif, motivant.

démotivation n. f. – déb. XXe 1 État d'un mot démotivé*. 2 Action de démotiver (qqn) ; fait d'être démotivé. ⇒ **démoralisation.** *La démotivation du personnel d'une entreprise.* ✪ CONTR. Motivation.

démotivé, ée adj. – XXe ▪ Se dit d'un mot complexe qui n'a plus de motivation morphologique, dont les éléments ne font pas prévoir le sens. ⇒ **opaque.**

> ❑ La relation de beaucoup de mots avec leur radical n'est plus perçue (ainsi, *amorce, morceau, morpion, remords* sont démotivés par rapport à leur origine, *mordre*).

démotiver v. tr. [1] – mil. XXe ▪ Faire perdre à (qqn) toute motivation, toute envie ou toute raison de continuer un travail, une action. ⇒ **démobiliser, démoraliser.**

démoucheter v. tr. [4] – XIXe ▪ Dégarnir (un fleuret) de sa mouche.

démoulage n. m. – XIXe ▪ Action de démouler.

démouler v. tr. [1] – XVIe ▪ Retirer du moule. ✪ CONTR. Mouler.

démoustication n. f. – 1963 ▪ Élimination des moustiques et de leurs larves.

démoustiquer v. tr. [1] – v. 1960 ▪ Débarrasser (un lieu) des moustiques.

démultiplexage n. m. – v. 1975 ▪ Opération consistant à distribuer sur plusieurs voies des signaux regroupés par multiplexage.

démultiplicateur, trice adj. et n. m. – 1929 ▪ Qui démultiplie. *Treuil démultiplicateur.* ♦ n. m. Système de transmission qui assure une réduction de vitesse avec une augmentation de force par couple.

démultiplication n. f. – 1927 1 Rapport de réduction de vitesse. 2 Fait de démultiplier (2°) ; son résultat.

démultiplier v. tr. [7] – 1929 1 Réduire la vitesse de (un mouvement transmis). *Pignons démultipliés.* 2 Augmenter l'effet de (qqch.) en multipliant les moyens employés.

démunir v. tr. [2] – XVIe ▪ Priver d'une chose essentielle. ⇒ **dégarnir, dépouiller.** *Je ne veux pas vous démunir de vos provisions.* — pronom. *Il a refusé de se démunir de son passeport.* ⇒ se **dessaisir.** ♦ *Être complètement démuni (d'argent) :* ne plus avoir d'argent. — *Être démuni de tout.* ⇒ **manquer.** — *Secourir les plus démunis.*

> ❑ S'emploie surtout à l'infinitif et au passif : *être démuni.*

démuseler v. tr. [4] – XVIIIe ▪ Dégager de sa muselière. ✪ CONTR. Museler.

démystifiant, iante adj. – v. 1960 ▪ Qui démystifie. ✪ CONTR. Mystifiant.

démystificateur, trice n. – 1958 ▪ Personne qui démystifie. ✪ CONTR. Mystificateur.

démystification n. f. – 1945 ▪ Opération par laquelle une mystification est dévoilée. ✪ CONTR. Mystification.

démystifier v. tr. [7] – 1948 1 Détromper (les victimes d'une mystification). « *Peuple, tu es mystifié. Tu seras démystifié* » (Ionesco). 2 Démythifier (qqch.). ✪ CONTR. Mystifier.

démythification n. f. – 1961 ▪ Action de démythifier.

> ❑ Ne pas confondre avec *démystification,* « révélation d'une mystification ».

démythifier v. tr. [7] – 1959 ▪ Supprimer en tant que mythe. *Démythifier la poésie. Démythifier un grand homme.* ✪ CONTR. Mythifier.

dénasalisation n. f. – 1906 ▪ Passage d'un phonème nasal au phonème oral correspondant (ex. *an* [ɑ̃] qui devient [an]). ✪ CONTR. Nasalisation.

dénasaliser v. tr. [1] – XIXe ▪ Rendre (un phonème nasal) oral. ✪ CONTR. Nasaliser.

dénatalité n. f. – 1918 ▪ Diminution des naissances.

dénationalisation n. f. – XIXe ▪ Action de dénationaliser. ⇒ **privatisation.** ✪ CONTR. Nationalisation.

dénationaliser v. tr. [1] – XIXe ▪ Restituer à la propriété privée. ⇒ **désétatiser, privatiser.** *Dénationaliser les banques.* ✪ CONTR. Nationaliser.

dénatter v. tr. [1] – XVIIe ▪ Défaire les nattes de. ✪ CONTR. Natter.

dénaturaliser v. tr. [1] – XVIe ▪ Priver des droits acquis par naturalisation. ✪ CONTR. Naturaliser.

dénaturation n. f. – XIXe 1 Action de dénaturer une substance, d'en changer les caractéristiques. *La dénaturation des protéines.* 2 Ajout de substances rendant impropre à l'alimentation. *La dénaturation du sucre.*

dénaturé, ée adj. – XIIIe 1 Qui a subi la dénaturation. *Alcool dénaturé.* 2 Altéré jusqu'à perdre les caractères considérés comme naturels. *Goûts dénaturés.* ⇒ **dépravé, pervers.** ➤ *Un enfant « assez dénaturé pour manquer à sa mère »* (Rouss.). ⇒ **indigne.**

dénaturer v. tr. [1] – XIIe 1 rare Changer, altérer la nature de (qqch.). ♦ Faire subir la dénaturation (2°) à ; rendre impropre à l'alimentation. ➤ *Cette recette dénature le goût du homard.* 2 Donner une fausse apparence à. *Dénaturer un fait.* ⇒ **déformer.** *Dénaturer la pensée de qqn.*

dénazifier v. tr. [7] – 1945 ▪ Débarrasser des influences nazies.

dendrite [dɑ̃dʀit ; dɛ̃dʀit] n. f. – XVIIIe ; gr. *dendron* « arbre » ▪ SC. 1 Arborisation formée par de fins cristaux en agrégats ramifiés. 2 Ramification arborescente du neurone qui conduit l'influx nerveux vers l'intérieur des cellules.

dendritique [dɑ̃dʀitik ; dɛ̃dʀitik] adj. – XIXe 1 Qui présente des dendrites. *Cellules dendritiques.* 2 Se dit d'un réseau fluvial très dense.

dendro- Élément, du gr. *dendron* « arbre ». ⇒ **-dendron.**

dendrochronologie [dɛ̃dʀokʀɔnɔlɔʒi ; dɑ̃dʀo-] n. f. – mil. XXe ▪ Méthode de datation par l'étude des anneaux de croissance des troncs d'arbres.

dendrologie [dɛ̃dʀɔlɔʒi ; dɑ̃dʀɔ-] n. f. – XVIIe ; *dendro-* et *-logie* ▪ Partie de la botanique qui étudie les arbres.

-dendron Élément, du gr. *dendron* « arbre » (ex. *rhododendron*). ⇒ **dendro-.**

dénébulateur n. m. – 1973 ▪ Appareil utilisé pour dissiper le brouillard.

dénébulation n. f. – 1960 ▪ Action de dissiper le brouillard.

dénébuler v. tr. [1] – 1973 ; de *dé-* et lat. *nebula* « brouillard » ▪ Dissiper artificiellement le brouillard de. *Dénébuler les pistes d'un aéroport.*

dénégation n. f. – XIVe ; lat. 1 Action de dénier. ⇒ **contestation, démenti, désaveu, négation.** *Il « bat des paupières et remue la tête en signe de dénégation »* (Duham.). 2 Refus de reconnaître comme sien un désir, un sentiment jusque-là refoulé, mais que le sujet parvient à formuler. ✪ CONTR. Aveu, reconnaissance.

dénégatoire adj. – XIXe ▪ Qui a le caractère de la dénégation. ✪ CONTR. Approbatif.

déneigement n. m. – 1951 ▪ Déblaiement de la neige. *Déneigement des routes.*

déneiger v. tr. [3] – XVIe ▪ Débarrasser (un lieu, une voie de communication) de la neige. *Route déneigée.* ✪ CONTR. Enneigé.

dénervation n. f. – 1959 ▪ Énervation.

dengue [dɛ̃g] n. f. – XIXe ; swahili *dinga* « attaque, crampe » ▪ Maladie infectieuse virale transmise par la piqûre des moustiques, caractérisée par un état fébrile et des douleurs musculaires et articulaires. ✪ HOM. Dingue.

déni n. m. – XIIIe 1 *DÉNI DE JUSTICE :* refus de la part d'un juge de remplir un acte de sa fonction. 2 *Déni (de la réalité) :* refus de reconnaître une réalité dont la perception est traumatisante pour le sujet. ⇒ **scotomisation.**

> ❑ Ne pas confondre *déni de justice* avec *délit* « acte prohibé par la loi », qui ont les mêmes contextes.

déniaiser v. tr. [1] – XVIe 1 vieilli Rendre moins niais. ⇒ **dégourdir.** *« un petit campagnard à déniaiser et à former »* (Labiche). 2 Faire perdre son innocence (⇒ **dessaler**), sa virginité à.

dénicher v. tr. [1] – XIIe 1 Enlever d'un nid. 2 Découvrir à force de recherches. ⇒ **trouver.** *Dénicher un appartement.*

dénicheur, euse n. – XVIIe 1 Personne qui enlève les oiseaux de leur nid. 2 Personne qui sait découvrir. *Une dénicheuse de livres rares.*

dénicotiniser v. tr. [1] – XIXe ▪ Retirer la nicotine de. ➤ *Cigarettes dénicotinisées.*

dénicotiniseur n. m. – v. 1960 ▪ Filtre qui retient une partie de la nicotine du tabac.

denier n. m. – XIIe ; lat. *denarius* 1 Monnaie romaine d'argent, qui valait d'abord dix, puis seize as. 2 Ancienne monnaie française. 3 Somme versée en tribut. ➤ *DENIER DU CULTE :* somme d'argent versée chaque année par les catholiques au curé de leur paroisse. 4 loc. *DE SES DENIERS :* avec son propre argent. *Je l'ai payé de mes propres deniers.* ♦ *Les DENIERS PUBLICS :* les revenus de l'État. 5 Ancienne unité de mesure du titre des fils ou des fibres (remplacée par le décitex). *Bas de trente deniers.*

dénier v. tr. [7] – XIIe ; lat. *negare* « nier » 1 Refuser de reconnaître comme sien. *Il dénie sa responsabilité.* 2 Refuser injustement d'accorder. *Dénier à qqn le droit de...* ✪ CONTR. Avouer, confirmer. Donner.

dénigrement n. m. – XVIe ▪ Action de dénigrer. ⇒ **attaque, ② critique, médisance.** *Une campagne de dénigrement. Mot employé par dénigrement,* péjorativement. ✪ CONTR. Éloge, louange.

dénigrer v. tr. [1] – XIVe ; lat. *niger* « noir » ▪ S'efforcer de noircir, de faire mépriser en attaquant, en niant les qualités. ⇒ **critiquer, décrier, déprécier, discréditer.** *« J'ai loué des sots, j'ai dénigré les talents »* (Volt.). ✪ CONTR. ① Louer, vanter.

dénigreur, euse n. et adj. – XVIIIe ▪ rare Personne qui dénigre. ⇒ **contempteur, détracteur.** ✪ CONTR. Admirateur.

denim [dənim] n. m. – av. 1973 ; mot angl., du nom de la ville de Nîmes ▪ Tissu sergé servant à fabriquer les jeans.

> ❑ Ce mot n'a pas connu le succès de *jean.*

dénitrification n. f. – 1922 ▪ Décomposition des nitrates.

dénitrifier v. tr. [7] – 1908 ▪ Retirer l'azote de.

dénivelée n. f. ou **dénivelé** n. m. – 1950 ▪ Différence de niveau, d'altitude entre deux points. ⇒ **dénivellation** (2°).

déniveler v. tr. [4] – XIXe ▪ Faire cesser d'être de niveau. *Déniveler un terrain.* ✪ CONTR. Niveler.

dénivellation n. f. – XIXe 1 Action de déniveler ; son résultat. 2 Différence de niveau (⇒ **dénivelée**). *Une dénivellation de cent mètres.*

dénombrable adj. – XIIIe ▪ Qu'on peut dénombrer. ⇒ **nombrable.** ➛ *Ensemble dénombrable* : ensemble équipotent à une partie de l'ensemble ℕ des entiers naturels. ✪ CONTR. Innombrable.

dénombrement n. m. – XIVe ▪ Action de dénombrer ; son résultat. ⇒ **comptage, compte, recensement.** *Dénombrement d'une population.*

dénombrer v. tr. [1] – XIIe ▪ Faire le compte de ; énoncer (chaque élément) en comptant. ⇒ **énumérer, inventorier, recenser.** *On a dénombré dix morts dans cet accident.*

dénominateur n. m. – XVe ; lat. ▪ Terme situé sous la barre de fraction, qui indique le diviseur. *Numérateur et dénominateur.* ♦ *Dénominateur commun*, obtenu en réduisant plusieurs fractions au même dénominateur ; fig. élément commun.

dénominatif, ive adj. et n. m. – XVe ; lat. *denominativus* « dérivé » ▪ Qui sert à nommer, à désigner. *Terme dénominatif.*

dénomination n. f. – XIVe ; lat. ▪ Nom affecté à une chose. ⇒ **appellation, désignation.** « *cette dénomination de Casbah, qui signifie citadelle* » (Maupass.).

❑ Prend un seul *m* à la différence de *dénommer.*

dénommer v. tr. [1] – XIIe **1** dr. Nommer dans un acte. *Le jugement dénomme deux témoins.* **2** Donner un nom à. ⇒ **appeler, nommer.** *Produit encore non dénommé.* ➛ *C'est un dénommé Dupont qui a gagné.*

dénoncer v. tr. [3] – XIIe ; lat. *denuntiare* « faire savoir » **1** Annoncer la rupture de. ⇒ **annuler, rompre.** *Dénoncer un contrat.* **2** Faire connaître. *Dénoncer un scandale.* ♦ Signaler comme coupable. ⇒ **accuser, vendre ;** fam. **balancer, donner, moucharder.** *Dénoncer ses complices à la police.* Pronom. *Il s'est dénoncé.* ⇒ **se livrer. 3** littér. Faire connaître, révéler. ⇒ **indiquer, montrer, trahir.** « *une syncope qui dénonçait l'intensité de son émotion* » (Bourget). ✪ CONTR. ① Cacher, taire. Confirmer.

dénonciateur, trice n. – XIVe ▪ Personne qui dénonce. ⇒ **délateur, indicateur,** littér. **sycophante ;** fam. ② **balance, mouchard.**

dénonciation n. f. – XIIIe **1** Annonce de la fin (d'un accord). ⇒ **annulation, rupture.** *Dénonciation d'un armistice.* **2** Signification extrajudiciaire d'un acte à qqn qui y a intérêt. **3** Action de dénoncer. ⇒ **accusation, délation, trahison ;** fam. **calardage.** « *emprisonné sur la simple dénonciation des personnes les plus infâmes* » (Volt.).

dénotatif, ive adj. – 1972 ▪ Relatif à la dénotation (3°). *Sens dénotatif et sens connotatif.*

dénotation n. f. – XVe **1** Le fait de dénoter ; ce qui dénote. **2** Désignation en extension ; classe des objets possédant les mêmes caractéristiques et auxquels peut renvoyer un concept (opposé à *connotation*). **3** Élément invariant de signification lié à l'objet désigné (opposé à *connotation*). ⇒ **désignation, référence.**

❑ *Quatre-vingts* et *huitante* ont même dénotation, mais des connotations différentes (*huitante* connote *huit* et « le français des Suisses »).

dénoter v. tr. [1] – XIIe **1** Indiquer, désigner par quelque caractéristique. ⇒ **montrer, révéler, signifier, supposer.** « *Ses tempes étroites dénotaient un entêtement de bélier* » (Flaub.). **2** Désigner en extension. **3** Signifier par dénotation (opposé à *connoter*).

dénouement n. m. – XVIe **1** Ce qui termine, dénoue une intrigue. ⇒ **achèvement, conclusion, épilogue,** ① **fin, solution, terme.** *Le dénouement d'un roman.* **2** Ce qui dénoue une affaire difficile ; la manière dont elle se termine. ⇒ **issue.** « *personne ne croyait à un dénouement fatal* » (Gaut.). ✪ CONTR. Commencement, début, exposition.

❑ La graphie *dénoûment* est ancienne.

dénouer v. tr. [1] – XIIe **1** Défaire (un nœud, une chose nouée). ⇒ **délier,** ① **détacher.** *Dénouer un ruban, des lacets.* ♦ pronom. Se défaire. « *Les beaux cheveux se sont dénoués* » (Romains). **2** vx Délier. *Dénouer la langue* : faire parler. **3** Démêler, éclaircir (une difficulté, une intrigue). ⇒ **résoudre.** ✪ CONTR. Nouer, renouer. Attacher, lier.

dénoyautage n. m. – 1929 **1** Action de dénoyauter (un fruit). ⇒ **énucléation. 2** Opération qui consiste à recomposer le noyau dur (d'une société) sur une base économique.

dénoyauter v. tr. [1] – 1922 **1** Séparer (un fruit) de son noyau. ⇒ **énucléer.** *Dénoyauter des prunes. Olives dénoyautées.* **2** Soumettre (une entreprise) au dénoyautage.

dénoyer v. tr. [8] – 1953 ▪ Dégager (une galerie, une mine noyée).

denrée n. f. – XIIe ; d'ab. « marchandise de la valeur d'un *denier* » ▪ Produit comestible servant à l'alimentation. ⇒ **aliment, comestible,** ② **vivre.** *Denrées périssables.* ➛ *Une denrée rare* : une chose, une qualité précieuse qui se rencontre rarement.

dense adj. – XIVe ; lat. « épais » **1** Qui est compact, épais. *Brouillard dense.* ⇒ **impénétrable.** ♦ *Une foule dense*, nombreuse et rassemblée. *Circulation très dense.* **2** Qui renferme beaucoup d'éléments en peu de place. *Un article dense.* ⇒ **concis, condensé, ramassé. 3** Qui a telle masse relativement au volume. *L'hydrogène est moins dense que l'air.* ✪ CONTR. Clair, clairsemé, léger, rare. — HOM. Danse.

❑ *Compact* insiste sur le peu d'espace occupé, *dense* plutôt sur la masse.

densément adv. – XIXe ▪ rare D'une manière dense.

densification n. f. – 1937 **1** Action de densifier (le bois). **2** Augmentation de la densité.

densifier v. tr. [7] – XIXe **1** Augmenter la densité (du bois) par compression. **2** v. intr. et tr. Augmenter en densité. Pronom. *La population se densifie.*

densimètre n. m. – XIXe ▪ Instrument de mesure des densités des liquides.

densimétrie n. f. – XIXe ▪ Technique de mesure des densités.

densité n. f. – XIVe ; lat. « épaisseur » **1** Qualité de ce qui est dense. ⇒ **compacité, épaisseur.** *La densité d'une fumée.* ➛ *Densité de population* : nombre moyen d'habitants par unité de surface. ♦ *Densité d'un tir.* **2** Rapport entre la masse volumique d'un corps et celle d'un autre corps servant de référence. *La densité du fer est 7,8 (par rapport à l'eau).* **3** Intensité (de courant) par unité de surface, de volume d'un conducteur électrique. ➛ *Densité optique*, caractérisant le noircissement de la plaque photographique.

dent n. f. – XIe ; lat. *dens* **I** - **1** Un des organes de la bouche, de couleur blanchâtre, durs et calcaires, implantés sur le bord libre des deux maxillaires. *Ensemble des dents.* ⇒ **dentition, denture ; canine, incisive,** ① **molaire, prémolaire ; odont(o)-.** *Couronne, collet, racine ; émail, cément, ivoire, pulpe des dents. Dents de lait* : les premières dents destinées à tomber vers l'âge de six ans. *Dents de sagesse* : les quatre troisièmes molaires. *Dents blanches, éclatantes.* ➛ *Se laver les dents. Brosse à dents.* ➛ *Dent gâtée, cariée.* ⇒ **chicot.** *Dent qui bouge, se déchausse. Rage de* dents. *Avoir mal aux dents. Se faire arracher une dent.* « *deux fausses dents qu'elle enlevait le soir, et déposait dans un verre d'eau* » (Huysm.). ⇒ **dentier, prothèse.** *Fausses dents fixes.* ⇒ **implant.** 2 *Les dents d'un chien, du loup* (⇒ **croc**), *du sanglier* (⇒ **broche, dague**), *de l'éléphant, du narval* (⇒ ② **défense**). *Dents des requins.* ➝ Tige calcaire de la mâchoire de l'oursin. ♦ *Se faire les dents :* aiguiser ses dents, en parlant des rongeurs ; fig. s'entraîner, s'aguerrir. 3 loc. *Serrer les dents :* s'apprêter à un dur effort, à supporter une chose désagréable. ➝ *Ne pas desserrer les dents :* se taire obstinément. ➝ *Claquer des dents de froid, de peur, de fièvre.* ➝ *Montrer les dents à qqn,* le menacer. *Se casser les dents sur qqch. :* échouer. ➝ *Avoir une dent contre qqn,* de la rancune, du ressentiment. ➝ *Avoir la dent dure :* être dur dans la critique. ♦ fam. *Avoir la dent :* avoir faim. « *Allons croûter, j'ai la dent* » (Cendrars). ➝ *N'avoir rien à se mettre sous la dent,* rien à manger. ➝ *Avoir les dents longues,* fam. *les dents qui rayent le parquet :* être avide, ambitieux. ➝ *Mordre la vie à belles dents.* ➝ *Accepter du bout des dents,* avec réticence, à contrecœur. ➝ *Grommeler, murmurer, parler, répondre entre ses dents,* peu distinctement, sans ouvrir la bouche. ➝ *Être sur les dents :* être très occupé. **II - 1** Découpure pointue ; saillant de cette découpure. ⇒ **indentation.** *Les dents d'un timbre.* 2 Chacun des éléments allongés et pointus d'un instrument, d'une pièce de mécanisme. *Les dents d'un râteau, d'une scie.* « *des petites fourchettes à escargots à deux dents* » (Cendrars). *Dents d'un engrenage.* 3 Sommet d'une montagne formant une découpure aiguë. ⇒ **aiguille, crête,** ③ **pic.** ✪ HOM. Dam, dans.

① **dentaire** n. f. – XVIe ; lat. *dentaria* « jusquiame » ▪ Plante herbacée *(cruciféracées),* vivace.

② **dentaire** adj. – XVIe ▪ Relatif aux dents. *Abcès dentaire.* ➝ *Plaque dentaire :* pellicule acide qui attaque l'émail des dents. ♦ *Chirurgie dentaire.* ➝ *École dentaire,* où l'on forme les dentistes.

dental, ale, aux adj. – XVIe ▪ *Consonnes dentales,* qui se prononcent en appliquant la langue contre les incisives supérieures *(t, d).*

dent-de-lion n. f. – XVIe ▪ Rare Pissenlit. *Des dents-de-lion.*

❑ L'anglais nous a emprunté ce mot : *dandelion* [dendilajən].

denté, ée adj. – XIIe ▪ Dont le bord présente des saillies pointues, aiguës. *Roue dentée.*

dentée n. f. – XIIe ▪ Coup de dent donné par le chien au gibier. ♦ Coup des défenses du sanglier.

dentelaire n. f. – XVIIIe ▪ Plante de rocaille *(plombaginacées)* à fleurs bleues, dont la racine était utilisée contre le mal de dents.

dentelé, ée adj. – XVIe 1 Qui présente des dents. *Timbre dentelé. Feuille dentelée.* 2 *Muscle dentelé,* qui s'attache aux côtes. ➝ n. m. *Le grand dentelé,* abaisseur de l'omoplate.

denteler v. tr. [4] – XVIe ▪ Découper le bord de (qqch.) en forme de petites dents. ⇒ **créneler.** *Les* « *golfes qui dentellent la côte* » (Sand).

dentelle n. f. – XIVe 1 Tissu très ajouré orné de dessins opaques variés, et qui présente généralement un bord en forme de dents. ⇒ **guipure.** *Col de, en dentelle.* ♦ Garniture de dentelle. « *un grand oreiller rehaussé de dentelles* » (Bosco). ♦ *Dentelle à la main, à l'aiguille, au fuseau, au crochet, à la machine.* ➝ loc. fam. *Ne pas faire dans la dentelle :* agir sans raffinement, sans délicatesse. 2 Ce qui rappelle la dentelle. *Le flot* « *frangé d'une petite dentelle d'écume* » (Maupass.). ➝ *Crêpes dentelle,* très fines.

dentellier, ière [dɑ̃təlje, jɛʀ] n. et adj. – XVIIe 1 Personne qui fait de la dentelle. 2 n. f. Machine à confectionner la dentelle. 3 adj. *Industrie dentellière,* de la dentelle.

❑ Attention, ce mot prend deux *l.* Il s'écrirait mieux °*dentelier,* selon la prononciation et sur le modèle de *chandelier, vaisselier,* issus de mots en *-elle.*

dentelure n. f. – XVe 1 Découpure en forme de dents. *Dentelure des timbres* (⇒ **odontomètre**). 2 Dents fines des bords d'une feuille.

denticule n. m. – XVIe 1 Ornement en forme de dent. 2 Petite dent surnuméraire.

denticulé, ée adj. – XVIIe ▪ Garni de denticules.

dentier [dɑ̃tje] n. m. – XVIe 1 Prothèse amovible remplaçant tout ou partie des dents. ⇒ **appareil,** fam. **râtelier.** 2 Ensemble des dents d'une machine.

dentifrice n. m. – XVe ; lat. *dens, dentis* « dent » et *fricare* « frotter » ▪ Préparation propre à nettoyer et à blanchir les dents. *Tube de dentifrice.* ➝ *Pâte dentifrice.*

❑ Avant le XIXe s., ce mot relevait de la médecine.

dentine n. f. – XIXe ▪ Ivoire des dents.

dentirostre n. m. – XIXe ; de *dent* et *-rostre* ▪ Passereau à la mandibule supérieure échancrée.

dentiste n. – XVIIIe ▪ Praticien diplômé qui soigne les dents, effectue des interventions chirurgicales dentaires, traite les maladies de la bouche et des mâchoires (⇒ **orthodontiste, stomatologue**). *Elle est chirurgien dentiste.*

dentisterie n. f. – XIXe ▪ Étude et pratique des traitements des dents. ⇒ **odontostomatologie.**

dentition n. f. – XVIIIe 1 Formation et éruption des dents depuis la première enfance jusqu'à la fin de l'adolescence. 2 Ensemble des dents. ⇒ **denture.** *Avoir une bonne dentition.*

❑ Littré déclare fautif l'emploi de *dentition* pour l'« ensemble des dents », mais le terme correct, *denture,* est quasi inusité.

denture n. f. – XIIIe 1 littér. Ensemble des dents. ⇒ **dentition.** « *une denture qui eût fait honneur à un jeune loup* » (Gaut.). 2 Ensemble des dents (d'une roue dentée, d'une scie).

❑ Mot inusité au sens 1°, remplacé par *dentition,* abusif.

dénucléarisation n. f. – v. 1957 ▪ Action de dénucléariser ; son résultat.

dénucléariser v. tr. [1] – v. 1957 ▪ Diminuer ou interdire la fabrication et le stockage des armes nucléaires dans. ⇒ **désatomiser.** *Une zone dénucléarisée.*

dénudation n. f. – XIVe ▪ Action de dénuder. ♦ Action de mettre à nu un organe, un tissu, une dent ; état qui en résulte. ♦ État d'un arbre dépouillé de son écorce, de son feuillage.

dénudé, ée adj. – XIXe ▪ Mis à nu. *Arbre dénudé.* « *son crâne dénudé, ceint d'une couronne de cheveux* » (France). ⇒ **dégarni.**

dénuder v. tr. [1] – XIIe ; lat. *nudus* « nu » ▪ Mettre à nu ; dépouiller de ce qui recouvre, revêt. ⇒ **découvrir.** *Une robe qui dénude le dos.* Pronom. Se déshabiller, se dévêtir. ♦ *Dénuder un câble.* ✪ CONTR. Couvrir, recouvrir ; garnir.

dénué, ée adj. – XIVe ▪ DÉNUÉ DE : dépourvu de. ⇒ **démuni, dépouillé, privé** (de). *Être dénué de tout. Il est dénué de scrupules.* ⇒ **sans.** *Des paroles dénuées de sens.*

dénuement n. m. – XIVe ▪ État d'une personne qui est dénuée du nécessaire. ⇒ **besoin, indigence, misère,**

pauvreté. *Être dans un grand dénuement.* ✪ CONTR. Abondance, richesse.

❑ La graphie *dénûment* est archaïque.

dénuer (se) v. pron. [1] – XIIe ; lat. *denudare* « dénuder » ■ littér. Se priver.

dénutrition n. f. – XIXe ■ Ensemble de troubles caractérisant une carence importante d'éléments nutritifs, avec prédominance de la désassimilation sur l'assimilation. ⇒ **malnutrition.**

déodorant, ante n. m. et adj. – 1955 ; angl. *deodorant* ■ Produit contre les odeurs corporelles.

❑ Désigne un produit de toilette, alors que *désodorisant* désigne plutôt un produit ménager.

déontique adj. – 1953 ; gr. *deon* « devoir » ■ didact. Qui constitue une obligation, une nécessité, un devoir.

déontologie n. f. – XIXe ; gr. *deon* « devoir » et *-logie* ■ Ensemble des devoirs qu'impose à des professionnels l'exercice de leur métier. « *cette féroce déontologie qui exige la réanimation à tout prix* » (Beauv.).

déontologique adj. – XIXe ■ De la déontologie.

dépannage n. m. – 1918 1 Réparation de ce qui était en panne. *Dépannage d'une voiture par le garagiste.* 2 fam. Action de tirer (qqn) d'embarras en rendant un service.

dépanner v. tr. [1] – 1922 1 Réparer. *Dépanner un téléviseur.* 2 fam. Tirer (qqn) d'embarras, en lui rendant service, notamment en prêtant de l'argent.

dépanneur, euse n. – 1916 1 Professionnel chargé de dépanner. ⇒ **réparateur.** 2 n. m. (Canada) Épicerie ouverte au-delà des heures d'ouverture des autres commerces.

dépanneuse n. f. – 1929 ■ Voiture de dépannage qui peut remorquer les automobiles.

dépaqueter v. tr. [4] – XVe ■ Défaire (un paquet) ; retirer (le contenu) d'un paquet. ✪ CONTR. Empaqueter.

déparaffinage n. m. – 1932 ■ Extraction de la paraffine du pétrole brut.

déparasiter v. tr. [1] – av. 1970 1 Débarrasser (un objet, un individu, un local) des parasites. 2 Éliminer les parasites radioélectriques de. *Autoradio déparasité.*

dépareillé, ée adj. – XVIIIe 1 Qui n'est pas complet ; composé d'éléments qui ne sont pas assortis. *Un service de verres dépareillé.* 2 Qui n'est plus avec les autres objets qui formaient une paire, une collection. *Un gant dépareillé.*

dépareiller v. tr. [1] – XIIe ; de *dé-* et *pareil* ■ Rendre incomplet (un ensemble, une série de choses assorties ou semblables). ⇒ **déparier, désassortir.** ✪ CONTR. ② Appareiller, apparier, assortir.

❑ Pour le sens → désapparier (rem.).

déparer v. tr. [1] – XIIe ; de *dé-* et ① *parer* ■ Nuire à la beauté, au bon effet de. ⇒ **enlaidir.** « *toute parure lui nuit, tout ce qui la cache la dépare* » (Laclos). ➛ *Cette pièce ne déparerait pas sa collection.* ✪ CONTR. Agrémenter, décorer, embellir.

déparier v. tr. [7] – XIVe ; de *dé-* et *parier* « apparier » 1 rare Ôter l'une des deux choses qui forment une paire. ⇒ **dépareiller.** 2 Séparer (un couple d'animaux). ⇒ **désapparier.** ✪ CONTR. Apparier, assortir.

❑ Pour le sens → désapparier (rem.).

① **départ** n. m. – XIIe ; de *départir* « s'en aller » en a. fr. 1 Action de partir. *Départ en voyage. Être sur le départ,* prêt à partir. « *il rêvait de son départ de Fréville pour Paris* » (Montherl.). *Le départ du courrier.* 2 (en sport) *Ligne de départ. Signal du départ. Faux départ. Prendre un bon, un mauvais départ.* 3 Le lieu d'où l'on part. *Quai de départ.* 4 Le fait de quitter un lieu, une situation. *Exiger le départ d'un employé.* ⇒ **démission, licenciement, renvoi.** *Depuis son départ en retraite.* 5 Commencement. ⇒ **début, origine.** *Nous n'avions pas prévu cela au départ. Dès le départ. Salaire de départ,* initial. *Le point de départ d'une intrigue.* ✪ CONTR. Arrivée, retour. Aboutissement, ① fin.

② **départ** n. m. – XIIIe ; de *départir* « partager » ■ loc. *Faire le départ entre :* séparer, distinguer nettement.

❑ Famille étym. de *part,* comme *répartir.*

départager v. tr. [3] – XVIIe 1 Faire cesser le partage égal par un suffrage nouveau qui établit une majorité. *Départager les votes.* 2 Choisir entre. *Question subsidiaire pour départager les ex æquo.*

département n. m. – XIIe ; de *départir* 1 Chacune des parties de l'administration des affaires de l'État dont s'occupe un ministre. *Département ministériel.* ⇒ **ministère.** ♦ Unité administrative ayant la responsabilité d'une activité, d'un domaine. *Département d'anglais d'une université.* 2 En Suisse, Subdivision du pouvoir exécutif, fédéral ou cantonal. ♦ *Département d'État :* ministère des Affaires étrangères des États-Unis. 3 Division administrative du territoire français placée sous l'autorité d'un commissaire de la République qu'assiste un conseil général. *Le département du Var. Chef-lieu du département.* ⇒ **préfecture.**

départemental, ale, aux adj. – XVIIIe ■ Du département. ➛ *Route départementale,* ou n. f. *une départementale.*

départementaliser v. tr. [1] – mil. XXe 1 Donner à (un territoire) le statut de département (3°). 2 Attribuer aux départements une compétence qui relevait antérieurement de l'État ou d'une autre collectivité publique.

départir v. tr. [16] – XIe ; de ② *partir* 1 littér. Attribuer en partage. ⇒ **accorder, distribuer, impartir.** « *les dons que le ciel leur avait départis* » (Rouss.). 2 SE DÉPARTIR v. pron. Se séparer, abandonner. ⇒ **renoncer.** *Les yeux* « *qui jamais ne se départent de leur expression de fureur* » (Tournier). ✪ CONTR. Conserver, garder.

❑ Se conjugue comme *partir* et non comme *répartir : il ne se départait pas de son calme.* Les formes en *-iss-* sont fautives.

dépassant n. m. – 1922 ■ Ornement qui dépasse la partie du vêtement à laquelle il est adapté.

dépassé, ée adj. – XVIIe 1 Qui n'a plus cours. *Une théorie dépassée.* ⇒ **caduc, démodé, obsolète, périmé.** 2 Qui ne peut plus maîtriser la situation. *Il est complètement dépassé et ne sait que faire.* ✪ CONTR. Actuel, nouveau.

dépassement n. m. – XIXe 1 Action de dépasser. *Dépassement dangereux.* 2 Somme excédentaire. *Médecin qui pratique le dépassement d'honoraires.* 3 Action de se dépasser.

dépasser v. tr. [1] – XIIe ; de *passer* 1 Laisser en arrière, derrière soi en allant plus vite. ⇒ **devancer, distancer,** ① **doubler, passer.** « *L'équipage doucement en dépasse un autre, sans que s'altère l'harmonie du trot* » (Romains). ➛ *Il est interdit de dépasser sur ce pont.* 2 Aller plus loin que. *Dépasser un cap.* 3 Aller plus loin en quantité ; être plus long, plus haut, plus grand que. *Dépasser qqn de la tête.* ➛ *Maison qui dépasse l'alignement.* ⇒ **saillir.** *Le devis ne dépassera pas mille francs.* ⇒ **excéder.** *Un entretien qui dépasse dix minutes.* ➛ *Sa jupe dépasse de son manteau.* 4

Être plus, faire plus que. *Dépasser qqn en cruauté.* ⇒ **devancer, surpasser.** « *S'il avait eu ce don-là, Hugo aurait dépassé Shakespeare* » (Flaub.). 5 Aller au-delà de. ⇒ **excéder, outrepasser.** *Dépasser ses attributions.* ⇒ **franchir, passer.** *Cela dépasse la mesure, l'entendement.* ➛ *Les mots ont dépassé sa pensée.* ➛ *Cela dépasse mes forces.* « *Ces choses dépassaient sa compétence* » (Flaub.). *Cela le dépasse,* c'est trop difficile pour lui. « *leur incapacité de comprendre ce qui les dépasse* » (Gide). *Il est dépassé par les événements.* ⇒ **dépassé.** 6 v. pron. Faire effort pour sortir de soi-même, vers une transcendance.

dépassionner v. tr. [1] – XVIe ▪ Rendre moins passionné, plus objectif. *Dépassionner le débat.*

dépatouiller (se) v. pron. [1] – XVIIe ; de *patouiller* ▪ fam. Se dépêtrer d'une situation embarrassante.

dépatrier v. tr. [7] – XIXe ▪ littér. Priver de patrie.

dépavage n. m. – XIXe ▪ Action de dépaver. ✪ CONTR. Pavage.

dépaver v. tr. [1] – XIVe ▪ Dégarnir de pavés. ✪ CONTR. Paver.

dépaysement [depeizmɑ̃] n. m. – XVIe ▪ État d'une personne dépaysée. ♦ Changement agréable d'habitudes. *Rechercher le dépaysement.*

dépayser [depeize] v. tr. [1] – XIIe ▪ Mettre mal à l'aise par changement de décor, de milieu, d'habitudes. ⇒ **déconcerter, dérouter, désorienter.** « *L'aspect de Gibraltar dépayse tout à fait l'imagination* » (Gaut.). *Se sentir dépaysé.*

dépeçage n. m. – XIXe ▪ Action de dépecer.

dépecer v. tr. [5] – XIe ; de *pièce* ▪ Mettre en pièces, en morceaux. « *un cadavre de cheval écorché qu'un chien dépèce* » (Claudel).

dépeceur, euse n. – XIIIe ▪ Personne qui dépèce.

dépêche n. f. – XVe ; de *dépêcher* 1 Lettre concernant les affaires publiques. *Une dépêche diplomatique.* 2 Communication transmise par voie rapide. ⇒ **avis, lettre, message, missive.** ➛ *Dépêche (télégraphique).* ⇒ **câble, câblogramme, télégramme, télex.** « *une dépêche rappelait ma mère au Havre* » (Gide). *Dépêche d'agence.*

dépêcher v. tr. [1] – XIIIe ; de *dé-* et *empêcher* 1 Envoyer en hâte pour porter un message. ⇒ **expédier.** *Il m'a dépêché auprès de vous.* 2 v. pron. Se hâter, faire vite. ⇒ s'**empresser,** se **presser ;** fam. se **grouiller,** se **manier.** *Dépêche-toi !* « *il se dépêchait de parler d'autre chose* » (Romains). ✪ CONTR. Lambiner, traîner.

dépeigner v. tr. [1] – XIXe ▪ Déranger l'arrangement des cheveux de. ⇒ **décoiffer.** *Le vent la dépeignait.* ✪ CONTR. Peigner. — HOM. *Dépeignons :* dépeignons (dépeindre).

dépeindre v. tr. [52] – XVIe ; lat. *depingere,* d'apr. *peindre* ▪ Décrire et représenter par le discours. « *on me dépeignait comme étant d'un caractère taciturne* » (Camus). ✪ HOM. *Dépeignons :* dépeignons (dépeigner).

dépenaillé, ée adj. – XVIe ; a. fr. *pan(n)e* « étoffe, chiffon » ▪ fam. Qui est en haillons ; dont la mise est tout à fait négligée. ⇒ **déguenillé ; débraillé.** « *Il était tout dépenaillé, pieds nus, jambes nues, la chemise en lambeaux* » (Loti).

dépénalisation n. f. – v. 1980 ▪ Action de dépénaliser ; son résultat.

dépénaliser v. tr. [1] – mil. XXe ▪ Soustraire à la sanction du droit pénal.

dépendance n. f. – XIVe 1 Rapport qui fait qu'une chose dépend d'une autre. ⇒ **corrélation, enchaînement, interdépendance, liaison, solidarité.** 2 Terre, bâtiment dépendant d'un domaine, d'un bien immeuble. *Dépendances d'un hôtel.* ⇒ **annexe, communs.** 3 Le fait pour une personne de dépendre de qqn ou de qqch. ⇒ **assujettissement, soumission, subordination, sujétion.** *L'état de dépendance du nouveau-né. Être dans la dépendance, sous la dépendance de qqn.* ⇒ ② **coupe, empire, joug.** 4 État résultant de la consommation d'une substance toxique caractérisé par le besoin de continuer la prise. ⇒ **accoutumance, pharmacodépendance, toxicomanie.** *Dépendance à la morphine.* ✪ CONTR. Indépendance. Autonomie, liberté.

dépendant, ante adj. – XIVe ▪ Qui dépend de qqn ou de qqch. ⇒ **soumis, subordonné, tributaire.** « *L'homme est faible quand il est dépendant* » (Rouss.). ✪ CONTR. Autonome, indépendant, libre.

① **dépendre** v. tr. ind. [41] – XIIe ; lat. *dependere* « pendre de », d'où « se rattacher à » 1 *DÉPENDRE DE :* ne pouvoir se réaliser sans l'action ou l'intervention de. ⇒ **procéder, provenir, résulter.** *L'effet dépend de la cause.* ⇒ **découler.** *L'issue de la bataille dépend de cette manœuvre.* ⇒ ① **reposer** (sur). « *De vous dépend ma peine ou ma béatitude* » (Mol.). ♦ *Si cela ne dépendait que de moi !* je le ferais volontiers si c'était en mon pouvoir. ⇒ **tenir** (à). *Cela dépend des circonstances. Est-ce que tu viendras ? – Ça dépend :* peut-être. ➛ *Son observation inexacte* « *il dépend de nous de la recommencer* » (Paulhan). ⇒ **appartenir.** « *Il dépend d'une note écrite que ce secret soit ou non dérobé au néant* » (Mart. du G.). 2 Faire partie. ⇒ **appartenir.** *Ce parc dépend de la propriété. Dépendre de telle académie.* ⇒ **relever,** ② **ressortir.** 3 Être sous l'autorité, la domination, l'emprise. *Ne dépendre de personne. Pays qui dépend économiquement d'un autre.* ✪ CONTR. Affranchir (s'), libérer (se).

② **dépendre** v. tr. [41] – XIIe ▪ Retirer (ce qui est pendu). ⇒ **décrocher.** *Dépendre un tableau.* ✪ CONTR. Accrocher, pendre, suspendre.

dépens n. m. pl. – XIIe ; lat. *dispendere* « partager » 1 *AUX DÉPENS DE :* en faisant payer, supporter la dépense par. « *Apprenez que tout flatteur Vit aux dépens de celui qui l'écoute* » (La Font.). ➛ En faisant subir un dommage. *Rire aux dépens de qqn.* ➛ *Apprendre qqch. à ses dépens,* par une expérience cuisante. ♦ *Aux dépens de :* en sacrifiant. « *Les bourgeons terminaux se développent toujours aux dépens des autres* » (Gide). 2 Frais judiciaires afférents aux instances, actes et procédures d'exécution. *Être condamné aux dépens.* ✪ CONTR. Avantage, bénéfice.

dépense n. f. – XIIe ; lat. *dispendere* « partager » 1 Emploi d'argent, spécialement à des fins autres que le placement. ⇒ ② **frais.** *Une dépense de mille francs. Dépense excessive.* ⇒ **folie, prodigalité.** *Argent de poche, pour les menues dépenses.* ➛ *Faire face à une dépense.* ⇒ **payer.** *Équilibrer dépenses et recettes. Pousser qqn à la dépense. Regarder à la dépense :* être économe, regardant. ♦ Sortie d'argent (⇒ **débours, décaissement, sortie) ;** compte sur lequel est portée la dépense. *Colonne des dépenses.* ⇒ ② **débit.** ♦ *Dépenses publiques,* faites par les collectivités publiques. ⇒ **charge, finance.** ♦ *Dépense nationale :* agrégat mesurant la somme des dépenses de consommation des ménages et des administrations, des investissements pour l'ensemble d'un pays au cours d'une année. 2 Usage, emploi. *Dépense de temps. Dépense physique.* « *une dépense énergétique plus grande dans les métiers manuels* » (Tournier). ♦ Quantité d'une matière consommée. ⇒ **consommation.** « *La dépense du combustible fut modérée* » (J. Verne). ✪ CONTR. Économie, gain, revenu. Crédit, recette, rentrée.

❑ *Dispendieux* (« qui exige une grande dépense ») a la même origine latine.

dépenser v. tr. [1] - XIIIe 1 Employer de l'argent. *Dépenser tant par mois.* « *dépensant son argent à mesure qu'il le gagnait* » (Balz.). *Ne pas dépenser un sou.* ⇒ **débourser.** *Dépenser sans compter. Dépenser inconsidérément, trop.* ⇒ **dilapider, dissiper, flamber, gaspiller.** Pronom. *L'argent se dépense facilement.* 2 Consommer. ⇒ **user.** *Cette voiture dépense peu d'essence.* ➛ « *il dépensait un stère de bois, et lésinait sur une allumette* » (R. Rolland). 3 Employer. « *Il ne dépensait plus maladroitement ses forces* » (Zola). *Dépenser des trésors d'ingéniosité pour parvenir à ses fins.* ⇒ **déployer, prodiguer.** 4 *SE DÉPENSER* v. pron. Faire des efforts. ⇒ se **démener.** *Se dépenser physiquement. Il « se dépense beaucoup, fait mousser les moindres détails »* (Romains). ✪ CONTR. Amasser, économiser, épargner. ① Ménager.

dépensier, ière adj. et n. - XIIe ▪ Qui aime dépenser, qui dépense excessivement. *Jeune homme dépensier. C'est un grand dépensier.* ✪ CONTR. Avare, économe.

déperdition n. f. - XIVe 1 sc. Destruction graduelle d'une partie des molécules. 2 Perte progressive. *Déperdition de chaleur.* ⇒ **diminution, perte.** ✪ CONTR. Augmentation, recrudescence.

dépérir v. intr. [2] - XIIIe ; lat. 1 S'affaiblir. *Cet enfant dépérit faute de grand air, de soins, d'affection.* ⇒ s'**anémier,** se **consumer, languir.** ➛ *Plante qui dépérit,* qui perd sa vigueur. ⇒ s'**étioler.** 2 S'acheminer vers la ruine, la destruction. ⇒ **mourir.** *Affaire qui dépérit,* qui va à la faillite. ⇒ **péricliter.** ✪ CONTR. Développer (se), épanouir (s').

dépérissement n. m. - XVIe 1 État de ce qui dépérit. « *Elle entra dans une période de dépérissement si visible* » (Balz.). ⇒ **affaiblissement.** *Dépérissement d'une plante.* ⇒ **étiolement.** 2 Fait d'aller vers la destruction, la ruine. ⇒ **décadence, diminution, ruine.** ✪ CONTR. Accroissement, développement, épanouissement. Essor.

dépersonnalisation n. f. - XIXe 1 Action d'ôter la personnalité de, de rendre impersonnel ; état qui en résulte. « *cette dépersonnalisation poétique qui me fait ressentir les joies et les douleurs d'autrui* » (Gide). 2 Impression de ne plus être soi-même, en tant que personne physique et personnalité psychique. 3 Action d'enlever une empreinte personnelle trop apparente. ✪ CONTR. Personnalisation.

dépersonnaliser v. tr. [1] - XIXe ▪ Ôter la personnalité à ; rendre impersonnel. ➛ Rendre banal, anonyme. *Dépersonnaliser le pouvoir.* ♦ v. pron. Perdre, abandonner sa personnalité. ➛ Devenir banal, anonyme. ✪ CONTR. Affirmer (s'), personnaliser.

dépêtrer v. tr. [1] - XIIIe ; de *dé-* et lat. *pastoria* « entrave à bestiaux » 1 Dégager de ce qui empêche de se mouvoir. ⇒ **débarrasser, extirper, tirer.** *Dépêtrer qqn des ronces.* 2 Dégager d'un embarras, d'une difficulté. ⇒ ① **sortir, tirer.** 3 v. pron. Se tirer (d'une situation), se dégager (de qqn). *Se dépêtrer d'une affaire compromettante.* ✪ CONTR. Empêtrer. Encombrer, ① entraver.

dépeuplé, ée adj. - XVe ▪ Qui a perdu ses habitants. *Village dépeuplé.* ⇒ **abandonné,** ① **désert.** ♦ fig. « *Un seul être vous manque, et tout est dépeuplé* » (Lamart.). ⇒ **vide.** ✪ CONTR. Peuplé, surpeuplé.

dépeuplement n. m. - XVIe ▪ Action de (se) dépeupler ; son résultat. *Dépeuplement d'une région.* ⇒ **dépopulation.** ♦ *Dépeuplement d'une forêt.* ✪ CONTR. Repeuplement.

dépeupler v. tr. [1] - XIVe 1 Dégarnir d'habitants. « *ces tyrans cruels Qui dépeuplent la terre* » (Volt.). ➛ pronom. « *dans toute contrée qui se dépeuple on doit tôt ou tard mourir de faim* » (Rouss.). ⇒ aussi se **désertifier.** 2 Dégarnir (un lieu) d'animaux qui y vivent naturellement. *Dépeupler un étang.* ✪ CONTR. Peupler, repeupler.

déphasage n. m. - 1929 1 Différence de phase entre deux phénomènes alternatifs de même fréquence. 2 fam. Fait d'être déphasé (2°). ⇒ **décalage.**

déphasé, ée adj. - XXe 1 Qui présente une différence de phase avec une autre grandeur alternative de même fréquence. 2 fam. Qui n'est pas en accord, en harmonie avec la réalité présente. ⇒ **décalé.**

déphaser v. tr. [1] - 1948 1 Produire le déphasage de. 2 Provoquer chez (qqn) un décalage par rapport à la réalité. *Le décalage horaire l'a déphasé.*

déphosphoration n. f. - XIXe ▪ Opération par laquelle on élimine le phosphore de la fonte et de l'acier.

déphosphorer v. tr. [1] - XIXe ▪ Éliminer le phosphore présent dans.

dépiauter v. tr. [1] - XIXe ; de *piau,* forme dial. de *peau* ▪ fam. Dépouiller de sa peau. ⇒ **écorcher.** *Dépiauter un lapin.* ♦ Débarrasser de ce qui recouvre comme une peau. *Dépiauter des bonbons.* ➛ fig. Éplucher (un texte).

dépigeonnage n. m. - 1964 ▪ Opération destinée à débarrasser les villes des pigeons.

dépigmentation n. f. - XIXe ▪ Perte ou suppression du pigment (de la peau).

dépilage n. m. - XIXe ▪ Action de dépiler les peaux. ⇒ **débourrage.**

dépilation n. f. - XIIIe ▪ Chute des poils. *Dépilation saisonnière chez les mammifères.*

dépilatoire adj. et n. m. - XVIe ▪ *Crème dépilatoire,* ou n. m. *un dépilatoire* : produit cosmétique qui détruit le poil.

① **dépiler** v. tr. [1] - XVIe ; lat. *pilus* « poil » ▪ Enlever les poils de (une peau) avant de la tanner. ⇒ **débourrer.**

❑ *Dépiler* est un terme technique, contrairement à *dépilatoire.* ♦ Ne pas confondre avec *épiler* « arracher les poils (d'une personne) ».

② **dépiler** v. tr. et intr. [1] - XIXe ; de *dé-* et ① *pile* ▪ Abattre les piliers de houille maintenus pour soutenir le ciel de la couche pendant l'extraction.

dépiquage n. m. - XVIIIe ; de ② *dépiquer* ▪ Action d'égrener (les épis des céréales) en foulant, roulant ou battant.

① **dépiquer** v. tr. [1] - XIIIe 1 Défaire les piqûres de. ⇒ **découdre.** *Dépiquer une jupe.* 2 Ôter (un plant) d'une couche pour le repiquer en pleine terre.

② **dépiquer** v. tr. [1] - XVIIIe , provenç. *espigo* « épi » ▪ Égrener les épis de. ⇒ **battre.** *Dépiquer le riz.*

dépistage n. m. - 1922 ▪ Recherche (d'une maladie). *Dépistage du sida.*

① **dépister** v. tr. [1] - XVIe 1 Découvrir (le gibier) en suivant sa piste. ♦ Retrouver (qqn) en suivant sa trace. ⇒ **découvrir, rattraper, retrouver.** *Dépister un criminel.* 2 Rechercher systématiquement et découvrir. ⇒ **déceler.** *Dépister la dyslexie à l'école.*

② **dépister** v. tr. [1] - XIXe ▪ Détourner de la piste, mettre en défaut. *Dépister la police.* ⇒ fam. **semer.**

❑ Bien que de même origine que ① *dépister,* ce mot a pris un sens opposé, phénomène assez rare qu'on retrouve dans ② *louer* et *hôte.*

dépit n. m. - XIIe ; lat. *despectus* « mépris » 1 Chagrin mêlé de colère, dû à une déception, un froissement d'amour-propre. ⇒ **aigreur, amertume, désappointement, ressentiment, vexation.** *Avoir, éprouver du dépit. La réussite de son rival lui cause du dépit.* ⇒ **jalousie, rancœur.** *Faire qqch. par dépit.* « *L'autre pensa mourir de dépit et de honte* » (La Font.). ➛ *Dépit amoureux,* provoqué par la froideur qu'on croit découvrir chez la personne aimée. 2 *EN DÉPIT DE :* sans tenir compte de.

⇒ **malgré, nonobstant.** « *En dépit des traitements, le mal continuait de gagner* » (Duham.). ➝ *EN DÉPIT DU BON SENS* : très mal, n'importe comment. *Agir en dépit du bon sens.* ✪ CONTR. Joie, satisfaction. Conformément (à), grâce (à).

dépité, ée adj. – XVIIe ▪ Qui éprouve du dépit. ⇒ **contrarié, désappointé.** « *un peu dépitées du mépris que Landry paraissait faire d'elles* » (Sand). ➝ *Un air dépité.* ✪ CONTR. Comblé.

dépiter v. tr. [1] – XIIIe ▪ Causer, donner du dépit à. ⇒ ① **chagriner, contrarier, décevoir, désappointer, froisser, vexer.** ➝ pronom. Concevoir du dépit. « *je me dépitai de telle sorte contre l'ingratitude du siècle* » (Mol.). ✪ CONTR. Combler, contenter, satisfaire ; réjouir (se).

déplacé, ée adj. – XVIIIe 1 Qui n'est pas dans le lieu, dans la situation appropriés. ⇒ **inopportun, malvenu.** *Un enthousiasme déplacé.* ♦ Qui manque aux convenances, qui est de mauvais goût. ⇒ **choquant, incongru, inconvenant, incorrect, malséant.** *Sa remarque est tout à fait déplacée.* 2 *PERSONNE DÉPLACÉE*, qui a dû quitter son pays lors d'une guerre, d'un changement de régime politique. ⇒ **apatride, réfugié.** ✪ CONTR. Adéquat, bienvenu, opportun.

déplacement n. m. – XVIe 1 Mouvement qui fait passer un objet d'une place à une autre. *Déplacement d'un meuble.* ➝ *Déplacement d'une vertèbre.* ⇒ **déboîtement.** « *La fracture était propre, sans déplacement* » (Cl. Simon). 2 *Déplacement d'un navire* : le poids du volume d'eau dont un navire tient la place lorsqu'il flotte. 3 Action de déplacer (qqn), de faire changer de poste. *Déplacement d'un fonctionnaire.* ⇒ **détachement, mutation.** 4 Action de se déplacer. « *je commence à trouver tout déplacement pénible et j'en suis pour le repos final* » (Ste-Beuve). ➝ loc. fam. *Ça vaut le déplacement* : cela mérite qu'on vienne voir. ♦ Voyage auquel oblige un métier, une charge. « *Au club tous les officiels sont en déplacement* » (Montherl.). *Frais de déplacement.* 5 En géométrie, Transformation conservant l'égalité des figures. ⇒ **isométrie.** ♦ Réaction chimique dans laquelle un corps se substitue à un autre. 6 Transfert de l'énergie psychique investie dans une représentation sur une autre. ✪ CONTR. Immobilité, maintien.

déplacer v. tr. [3] – XVe I v. tr. 1 Changer de place. *Déplacer des objets.* ⇒ **bouger, déménager.** « *il poussait un pion, déplaçait un cavalier* » (Mac Orlan). ➝ *Se déplacer une vertèbre.* ♦ *Déplacer la question, le problème* : changer le point sur lequel porte la difficulté. 2 Faire changer de poste. *Déplacer un fonctionnaire.* ⇒ ① **détacher,** ② **muter.** 3 Faire venir, attirer à soi. *Chanteur qui déplace les foules.* II *SE DÉPLACER* v. pron. 1 Changer de place. *Les nappes de brouillard se déplacent.* 2 Quitter sa place. ⇒ **bouger,** se **déranger.** *Sans se déplacer* : en restant sur place. ♦ Changer de place, de lieu. ⇒ **avancer, marcher,** se **mouvoir.** *Les poissons se déplacent à l'aide de nageoires.* ➝ Voyager. *Il ne se déplace qu'en avion.* ✪ CONTR. Laisser, maintenir, remettre, replacer, rétablir. — Rester (en place).

déplafonnement n. m. – 1967 ▪ Suppression du plafond* (d'un crédit, d'une cotisation). ✪ CONTR. Plafonnement.

déplafonner v. tr. [1] – 1966 ▪ Opérer le déplafonnement de. ✪ CONTR. Plafonner.

déplaire v. tr. [54] – XIIe I v. tr. ind. 1 Ne pas plaire ; causer du dégoût, de l'aversion. ⇒ **dégoûter.** « *ses manières timides, son obséquiosité maladroite lui déplaisaient* » (Green). ➝ « *Tout ce qu'il me déplaisait de redire* » (Gide). ⇒ **coûter.** ♦ « *Je crus m'apercevoir* [...] *que je ne lui déplaisais pas* » (Rouss.). ➝ pronom. *Ils se sont déplu dès leur première rencontre.* 2 Causer une irritation passagère. ⇒ **choquer, contrarier, fâcher, froisser, gêner, indisposer, offusquer.** « *je vous dirai tout net que cette liberté me déplaît excessivement* » (Beaum.). 3 *Ne vous en déplaise* : quoi que vous en pensiez. « *Moi, n'en déplaise à ces messieurs, je suis de ceux pour qui le superflu est le nécessaire* » (Gaut.). II v. pron. Ne pas se trouver bien. *Elle s'est déplu dans cette maison.* ✪ CONTR. Plaire, séduire ; ravir. — Aimer (s'), plaire (se).

> ❑ Le participe passé est toujours invariable car ce verbe n'a jamais de complément d'objet direct : *ils se sont déplu.*

déplaisant, ante adj. – XIIe 1 Qui ne plaît pas. ⇒ **désagréable.** *Des* « *visiteurs inattendus ou déplaisants* » (Loti). *Des manières déplaisantes.* 2 Qui contrarie. ⇒ **agaçant, contrariant, gênant, pénible.** *Réflexion déplaisante.* ⇒ **désobligeant.** ✪ CONTR. Agréable, aimable, attrayant, charmant, plaisant.

déplaisir n. m. – XIIIe ▪ Impression désagréable. ⇒ **amertume, contrariété, mécontentement.** *À mon grand déplaisir.* ✪ CONTR. Plaisir, satisfaction.

déplanification n. f. – 1966 ▪ Suppression de la planification ou du dirigisme.

déplantation n. f. – XVIIIe ▪ Action de déplanter.

déplanter v. tr. [1] – XIVe ▪ Ôter (une plante) de terre pour planter ailleurs. ⇒ ① **dépiquer.** ➝ Retirer (ce qui est enfoncé en terre). *Déplanter un piquet.* ✪ CONTR. Planter, replanter.

déplantoir n. m. – XVIe ▪ Outil avec lequel on déplante les petits végétaux.

déplâtrer v. tr. [1] – XVIIe ▪ Ôter le plâtre de. *Déplâtrer un mur.* ♦ Libérer (un membre) du plâtre qui le soutenait.

déplétion n. f. – XVIIIe ; lat. *plere* « emplir » ▪ Diminution ou disparition d'un liquide, de sang, accumulé dans un organe ; état d'épuisement qui en résulte. ➝ Dépréciation d'un gisement de pétrole résultant de son exploitation. ✪ CONTR. Augmentation ; réplétion.

dépliage n. m. – XIXe ▪ Action de déplier. *Le dépliage d'un journal.*

dépliant, iante n. m. et adj. – XIXe 1 Feuille, page d'un format plus grand que celui du livre où elle est insérée et qu'on déplie pour consulter. ➝ Prospectus plié plusieurs fois. 2 adj. Qui se déplie. ⇒ **pliant.**

déplier v. tr. [7] – XVIe ▪ Étendre, défaire (ce qui était plié). ⇒ **déployer.** *Déplier sa serviette.* ♦ v. pron. S'étendre. *Le parachute se déplia.* ⇒ s'**ouvrir.** ✪ CONTR. Plier.

déplisser v. tr. [1] – XVIIe ▪ Défaire les plis, les faux plis de. Pronom. *Cette jupe se déplisse facilement.* ✪ CONTR. Plisser.

déploiement n. m. – XVIe 1 Action de déployer ; état de ce qui est déployé. ⇒ **extension, ouverture.** *Déploiement d'une armée.* 2 Large mise en œuvre. *Un déploiement de courage.* ⇒ **démonstration, dépense.** ➝ *Un déploiement de richesses.* ⇒ **étalage, exhibition.**

déplombage n. m. – XIXe ▪ Action d'enlever un sceau de plomb. *Déplombage d'un compteur électrique.* ♦ Action de déplomber une dent. ♦ Action de déplomber un système informatique.

déplomber v. tr. [1] – XIXe ▪ Dégarnir du sceau de plomb. ♦ Ôter le plombage de. *Déplomber une dent.* ♦ Décoder et annuler les sécurités de (un système informatique protégé).

déplorable adj. – XVe 1 Qui mérite d'être déploré, qui afflige. ⇒ **affligeant, attristant, navrant, pénible, triste.** *Situation déplorable.* 2 Très regrettable. ⇒ **désastreux, fâcheux.** *Incident déplorable.* « *cette faiblesse peut avoir les plus déplorables conséquences* »

(Stendh.). 3 Très mauvais. ⇒ **détestable, exécrable, lamentable.** *Une santé déplorable.* ✪ CONTR. Enviable. Béni, inespéré. Excellent, remarquable.

> ❑ *Déplorable* est plus proche de *regrettable* que de *lamentable.* → lamentable (rem.).

déplorer v. tr. [1] - XIIe ; lat. 1 littér. S'affliger à propos de. *Déplorer les malheurs de qqn.* ⇒ **compatir** (à). *On déplore la mort de vingt personnes dans cet accident.* 2 Regretter beaucoup. *Déplorer un événement.* « *Combien je déplore, monsieur, d'avoir à vous gâter* [...] *les illusions où vous vous complaisez !* » (Courtel.). *Tous déplorent qu'il ait échoué.* ✪ CONTR. Féliciter (se), réjouir (se).

> ❑ *Déplorer* s'emploie depuis peu avec un complément de personne, passage de l'accident à l'accidenté : *on déplore plusieurs blessés, de nombreuses victimes.*

déployer v. tr. [8] - XIIe 1 Développer dans toute son extension. *Il* « *déploie un ample mouchoir et se mouche à grand bruit* » (La Bruy.). *L'oiseau déploie ses ailes.* ⇒ **étendre, ouvrir.** Pronom. *Le* « *monde touffu des palmes qui se déploie comme la mer* » (Loti). ♦ loc. *Rire à gorge déployée* : rire aux éclats. 2 Disposer sur une plus grande étendue. *Déployer un assortiment d'outils.* Pronom. *Troupes qui se déploient pour combattre.* 3 Montrer dans toute son étendue. *Déployer ses richesses. Déployer des trésors d'ingéniosité.* ⇒ **manifester, prodiguer, user** (de). ✪ CONTR. Ployer ; plier, replier, rouler ; ① cacher.

déplumer v. tr. [1] - XIIIe 1 rare Dépouiller de ses plumes. ▸ *Oiseau déplumé.* 2 v. pron. Perdre ses plumes. ♦ fam. Perdre ses cheveux. « *son nez virait au rose et son chef commençait à se déplumer* » (Perec). ▸ *Crâne déplumé.* ⇒ **chauve.**

dépoétiser v. tr. [1] - XIXe ■ Priver de tout caractère poétique. ✪ CONTR. Poétiser.

dépointer v. tr. [1] - XIIIe ■ Déplacer (une pièce d'artillerie) de sa position de pointage. ✪ CONTR. ① Pointer.

dépoitraillé, ée adj. - XIXe ■ fam. Qui porte un vêtement largement ouvert sur la poitrine. ⇒ **débraillé.**

dépolarisant, ante adj. et n. m. - XIXe ■ Qui dépolarise. ▸ n. m. Substance oxydante qui entoure l'électrode positive d'une pile et supprime (ou réduit) la polarisation.

dépolarisation n. f. - XIXe 1 Résolution de la lumière polarisée. 2 Processus tendant à annuler la force contre-électromotrice. 3 Diminution de la différence de potentiel entre deux points de tissu vivant ou entre les deux faces d'une membrane vivante. 4 Phénomène inverse de la polarisation. *La dépolarisation de l'opinion.* ✪ CONTR. Polarisation.

dépolariser v. tr. [1] - XIXe ■ Supprimer la polarisation de.

dépolir v. tr. [2] - XVIIe ■ Enlever le poli, l'éclat de. ♦ *VERRE DÉPOLI* : verre translucide.

dépolissage n. m. - XIXe ■ Action de dépolir ; son résultat. *Le dépolissage du cristal.*

dépolitisation n. f. - 1950 ■ Action de dépolitiser ; son résultat. ✪ CONTR. Politisation.

dépolitiser v. tr. [1] - 1956 ■ Ôter tout caractère politique à. *Dépolitiser le débat.* ▸ « *l'armée nouvelle, une armée régénérée et dépolitisée* » (Mauriac). ♦ Faire cesser de s'intéresser à la politique. ✪ CONTR. Politiser.

dépolluer v. tr. [1] - v. 1970 ■ Diminuer ou supprimer la pollution de. ⇒ **épurer.** *Dépolluer une rivière.* ✪ CONTR. Polluer.

dépollution n. f. - 1961 ■ Action de dépolluer ; son résultat. ⇒ **épuration.** ✪ CONTR. Pollution.

dépolymériser v. tr. [1] - 1906 ■ Transformer (un polymère) en un composé chimique plus simple.

déponent, ente adj. et n. m. - XVIe ; lat. *deponens* ■ Se dit d'un verbe latin à forme passive et sens actif.

dépopulation n. f. - XIVe ■ Diminution de la population. ⇒ **dépeuplement.** ✪ CONTR. Repopulation.

déport n. m. - XIXe ; de *dé-*, d'apr. *report* 1 Somme payée aux prêteurs de titres, par les vendeurs à terme qui reportent leur position quand, sur une valeur, apparaît un excédent des ventes reportées sur les achats. 2 Somme à déduire du prix des devises achetées à terme, lorsque le cours du comptant est supérieur à celui du terme. ⇒ **décote.** 3 Transmission des informations provenant des radars. ✪ CONTR. Report.

déportance n. f. - 1974 ■ Portance aérodynamique négative (d'un avion).

déportation n. f. - XVe 1 Peine politique qui consistait dans le transport définitif du condamné hors du territoire continental français, dans un lieu déterminé. ⇒ **exil, relégation.** « *On le condamna à la déportation* » (Zola). 2 Internement dans un camp de concentration. *Il est mort en déportation.*

> ❑ La peine politique de la *déportation* a été remplacée par la *détention criminelle* en 1960.

déporté, ée adj. et n. - XVIIIe 1 Qui a subi la peine de la déportation. 2 Interné à l'étranger dans un camp de concentration. *Camp de déportés.* « *Des trains de déportés partaient, massivement, vers l'Allemagne* » (Beauv.).

déportement n. m. - XIIIe ■ Le fait d'être déporté, en parlant d'un véhicule.

déporter v. tr. [1] - XIIe ; lat. *deportare* « emporter » 1 Infliger la peine de déportation à. 2 Envoyer dans un camp de concentration. 3 Dévier de sa direction. ⇒ **dévier.** *Le vent l'a déporté sur le bas-côté.* ✪ CONTR. Rapatrier.

déposant, ante n. - XIVe 1 Personne qui fait une déposition en justice. 2 Personne qui fait un dépôt d'argent.

dépose n. f. - XVIIIe ■ Action de déposer, de défaire ce qui a été fixé. *Dépose d'une serrure.*

① **déposer** v. tr. [1] - XIIe ; lat. *deponere* I Dépouiller de l'autorité souveraine. ⇒ **destituer.** *Déposer un empereur* (⇒ **détrôner**). II - 1 Poser. *Déposer une gerbe sur une tombe.* ⇒ **mettre,** ① **placer.** « *elle jeta plus qu'elle ne les déposa sur la nappe, le pain et le fromage* » (Carco). 2 Laisser (qqn) quelque part, après l'y avoir conduit. « *Mon père nous proposa de nous déposer ma grand-mère et moi au théâtre* » (Proust). 3 Laisser aller au fond. *Les crues déposent du limon.* ▸ *Cette liqueur dépose.* ⇒ se **décanter, précipiter.** ▸ pronom. *La poussière se dépose sur les meubles.* 4 Mettre en lieu sûr, en dépôt. ⇒ **confier, remettre.** *Déposer ses bagages à la consigne. Déposer de l'argent à la banque.* ♦ Faire enregistrer. *Déposer un projet de loi.* ♦ *Déposer une plainte.* ▸ *Déposer son bilan* : se déclarer en état de cessation des paiements. 5 intrans. Déclarer ce que l'on sait d'une affaire. ⇒ **témoigner.** *Déposer contre qqn.* ✪ CONTR. Nommer. — Charger. Retirer.

> ❑ On *dépose une plainte* mais on *porte plainte* (sans article).

② **déposer** v. tr. [1] - XIXe ■ Ôter (ce qui a été posé). ⇒ **enlever.** *Déposer des rideaux.*

dépositaire n. - XIVe 1 Personne à qui l'on confie un dépôt. *Être le dépositaire d'un trésor.* ♦ Commerçant qui vend des marchandises qui lui ont été confiées par un déposant. ⇒ **concessionnaire, stockiste.** 2 Personne qui reçoit, possède qqch. ⇒ **gardien.** « *Tout dépositaire de secret ne doit jamais conserver de papiers* » (Beaum.). ➛ *Dépositaire de l'autorité publique* : agent qui détient et exerce des pouvoirs de puissance publique.

déposition n. f. – XIIe 1 Déclaration sous la foi du serment. ⇒ **témoignage.** *Faire, signer sa déposition.* « *je passe ma nuit à bien calculer les termes de ma déposition* » (Romains). 2 rare Action de déposer un souverain. ⇒ **destitution.** 3 *Déposition de croix* : représentation du corps de Jésus-Christ après la descente de croix.

déposséder v. tr. 6 – XVe ▪ Priver de la possession. ⇒ **dépouiller, dessaisir, frustrer, priver ; spolier.** *Déposséder qqn de ses biens.* ✪ CONTR. Donner, rendre.

dépossession n. f. – XVIIe ▪ Action de déposséder ; son résultat.

dépôt n. m. – XIVe 1 Action de déposer. ♦ Action de confier à la garde de qqn, de placer dans un lieu sûr. ⇒ **remise.** *Dépôt d'un testament chez un notaire. Mettre qqch. en dépôt.* ➛ *Dépôt bancaire.* ⇒ **versement.** *Faire un dépôt en espèces.* ➛ *Dépôt de marques de fabrique,* qui entraîne la protection légale des marques dites *déposées.* ➛ *DÉPÔT LÉGAL* : fait de remettre aux agents de l'État des exemplaires de toute production littéraire ou artistique. ♦ Contrat par lequel on reçoit la chose d'autrui, à la charge de la garder et de la restituer en nature. 2 Ce qui est confié au dépositaire pour être gardé et restitué ultérieurement. « *l'argent que les banques reçoivent, en dépôt, des simples particuliers* » (Duham.). 3 Lieu où l'on dépose certaines choses. *Dépôt d'ordures.* ⇒ **dépotoir.** *Dépôt de pain* : lieu où l'on vend du pain fabriqué ailleurs. ➛ *DÉPÔT-VENTE* : magasin dans lequel des particuliers déposent ce qu'ils veulent vendre. *Des dépôts-vente.* ♦ Lieu où l'on laisse les locomotives, les tramways, les autobus. ⇒ **garage.** ♦ Prison où sont gardés les prisonniers de passage. *Mandat de dépôt* : ordre du juge d'instruction pour faire incarcérer un prévenu. 4 Particules solides qui se déposent au fond d'un liquide au repos. ♦ Couche de matières minérales laissée à la surface du globe par les eaux, l'érosion. ✪ CONTR. ② Retrait.

dépotage n. m. – XIXe ▪ Action de dépoter ; son résultat.

dépoter v. tr. 1 – XVIIe 1 Transvaser. *Dépoter du vin.* 2 Ôter (une plante) d'un pot pour la replanter. ⇒ **transplanter.** ✪ CONTR. Empoter.

dépotoir n. m. – XIXe ; de *pot* 1 Lieu destiné à recevoir les matières de vidange. ⇒ **vidoir.** ➛ Usine où l'on traite les matières excrémentielles provenant des vidanges. 2 Lieu public où l'on dépose des ordures. ⇒ **décharge.** « *il se cache dans un terrain vague* [...] *là où il y a un dépotoir* » (Le Clézio). 3 fam. Endroit où l'on met des objets de rebut. *Cette chambre est un vrai dépotoir.* ♦ Endroit où sont reléguées les personnes indésirables. *Banlieue dépotoir.*

❑ Pas d'accent circonflexe : ce mot vient de *pot,* non de *dépôt.*

dépouille n. f. – XIIe 1 Peau enlevée à un animal. *Dépouille d'un lion.* ➛ Peau que les serpents et certains insectes perdent lors de leur mue. ⇒ **exuvie.** 2 littér. *Dépouille (mortelle)* : le corps humain après la mort. ⇒ **cadavre.** 3 au plur. Ce qu'on enlève à l'ennemi sur le champ de bataille. ⇒ **trophée.**

dépouillé, ée adj. – XVIe 1 Sans aucun ornement. ⇒ **sévère, sobre.** *Style dépouillé.* ⇒ **concis.** 2 *Vin dépouillé,* débarrassé des particules solides en suspension, décanté.

dépouillement n. m. – XIIe 1 Action de priver qqn de ses biens ; état d'une personne dépouillée, privée de tout. ⇒ **privation.** *Vivre dans le dépouillement.* ♦ Fait d'être débarrassé du superflu, des ornements. ⇒ **simplicité, sobriété.** *Un style d'un grand dépouillement.* « *l'existence humaine est faite de dépouillements successifs* » (Hugo). 2 Examen minutieux. « *le dépouillement des auteurs classiques* » (Littré). ➛ *Dépouillement des votes* : ensemble des opérations pour l'établissement des résultats du scrutin.

dépouiller v. tr. 1 – XIIe ; lat. *spoliare* « dépouiller » → spolier **I - 1** Enlever la peau de. ⇒ **écorcher ;** fam. **dépiauter.** *Dépouiller un lièvre.* 2 Dégarnir de ce qui couvre. ⇒ **dégager, dégarnir, dénuder.** *Dépouiller qqn de ses vêtements.* ⇒ **déshabiller.** « *Les petits bois ombreux frissonnent sous le vent qui les dépouille* » (Barrès). 3 Déposséder (qqn) en lui enlevant ce qu'il a. « *Ne va pas dépouiller un blessé, au moins* » (Stendh.). ⇒ **dévaliser,** ② **voler.** *Une originalité dépouillée d'affectation.* 4 Analyser, examiner minutieusement. *Dépouiller son courrier.* ➛ *Dépouiller un scrutin* : faire le compte des suffrages après le vote. **II** *SE DÉPOUILLER* v. pron. 1 Ôter. *Se dépouiller de ses vêtements.* 2 Se défaire (de), abandonner. *Ne jamais se dépouiller de sa réserve.* ⇒ se **départir.** ✪ CONTR. Garnir, revêtir. Mettre, revêtir. — Garder.

dépourvu, ue adj. – XIIe ; de *dé-* et *pourvu* 1 *DÉPOURVU DE* : qui n'a pas de. ⇒ **sans.** *Fleur dépourvue de corolle. Dépourvu de qualités.* ⇒ **dénué.** *Une personne non dépourvue de charme.* ⇒ **démuni.** *Être dépourvu de ressources, de tout.* 2 *Prendre qqn au dépourvu,* sans qu'il soit préparé, averti. « *on ne me prend pas au dépourvu, ne venez pas vous vanter de m'avoir surpris* » (Sartre). ✪ CONTR. Doté, muni, nanti.

dépoussiérage n. m. – 1908 ▪ Opération par laquelle on dépoussière.

dépoussiérer v. tr. 6 – 1908 1 Débarrasser de la poussière. *Dépoussiérer un tapis.* 2 Rajeunir, rénover. *Dépoussiérer une administration.* ✪ CONTR. Empoussiérer.

dépoussiéreur n. m. – 1927 ▪ Appareil ou dispositif qui absorbe les poussières.

dépravation n. f. – XVe ▪ littér. État d'une personne dépravée, de ce qui est dépravé. ⇒ **avilissement.** ➛ *Dépravation des mœurs* : abaissement de la moralité. ⇒ **débauche.** ➛ *Dépravation (sexuelle).* ⇒ **perversion.**

dépravé, ée adj. – XIIIe 1 Corrompu moralement. *Mœurs dépravées.* « *C'est dans les siècles les plus dépravés qu'on aime les leçons de la morale la plus parfaite* » (Rouss.). ♦ *Personne dépravée* : personne dénuée de sens moral. ➛ Personne qui a des goûts dépravés. 2 Altéré, faussé. ⇒ **perverti.** « *Le goût dépravé dans les aliments est de choisir ceux qui dégoûtent les autres hommes* » (Volt.). ✪ CONTR. Vertueux.

dépraver v. tr. 1 – XIIIe ; lat. *pravus* « de travers ; mauvais » 1 Amener à désirer le mal, à s'y complaire. ⇒ **corrompre, pervertir.** *Dépraver un adolescent.* 2 vx ou littér. Altérer. *Dépraver le jugement, le goût.* ⇒ **fausser.**

déprécation n. f. – XIIe ; lat. ▪ Prière faite avec soumission, pour détourner un malheur, pour obtenir le pardon d'une faute.

❑ Ne pas confondre avec *imprécation* « souhait de malheur », mot de la même famille.

dépréciateur, trice n. – XVIIIe ▪ Personne qui déprécie (I, 2°). ⇒ **contempteur, détracteur.**

dépréciatif, ive adj. – 1908 ▪ Qui déprécie, tend à déprécier. ⇒ **péjoratif.** *Le suffixe* -ard *a une valeur dépréciative.* ✪ CONTR. Laudatif, mélioratif.

❑ Ne pas confondre *dépréciatif,* qui est descriptif, et *dévalorisant* qui est ressenti péniblement par la personne qui est dévalorisée.

dépréciation n. f. – XVIIIe ■ Action de déprécier, de se déprécier ; état de ce qui est déprécié. ⇒ **dévalorisation.** *L'inflation entraîne la dépréciation de la monnaie.* ⇒ **érosion** (monétaire). ✪ CONTR. Hausse, revalorisation.

❑ La *dépréciation monétaire* est un phénomène spontané, à la différence de la *dévaluation,* mesure gouvernementale.

déprécier v. tr. [7] – XVIIIe ; lat. *pretium* « prix » **I** v. tr. **1** Diminuer la valeur, le prix de. *Déprécier une marchandise.* ⇒ **avilir.** *Immeuble déprécié par la proximité d'une usine.* **2** Exprimer un jugement négatif sur la valeur de ; chercher à déconsidérer. ⇒ **critiquer, dénigrer, rabaisser ;** fam. **débiner.** « *Les enfants ont toujours une tendance soit à déprécier, soit à exalter leurs parents* » (Proust). **II** SE DÉPRÉCIER v. pron. **1** Perdre de sa valeur. ⇒ **baisser, diminuer.** *Monnaie qui se déprécie.* ♦ « *Mes punitions, à force d'être prodiguées, se déprécièrent* » (Daud.). **2** Émettre (sur soi-même ou réciproquement) des jugements défavorables. *Il a la manie de se déprécier.* ⇒ se **dévaloriser.** ✪ CONTR. Valoriser. Apprécier, surestimer, vanter.

déprédateur, trice n. et adj. – XIIIe ; lat. *præda* « proie » ■ littér. Personne qui commet des déprédations. ✪ CONTR. Bienfaiteur, protecteur.

déprédation n. f. – XIVe ; lat. *præda* « proie » **1** Acte de pillage accompagné de dégâts. ⇒ **dévastation, saccage.** « *Ils s'y livrèrent donc à leur instinct de déprédation saccageant, brûlant, faisant le mal* » (J. Verne). ♦ abusivt Dommage matériel causé aux biens d'autrui, aux biens publics. ⇒ ① **dégradation, détérioration. 2** Exaction, acte malhonnête. ⇒ **détournement, dilapidation, malversation, prévarication.** *Déprédation des biens de l'État.* **3** Exploitation de la nature sans souci de pourvoir au renouvellement de ce qu'on détruit. *Certaines pollutions aboutissent à des déprédations irréversibles.*

déprendre (se) v. pron. [58] – XIIe ■ littér. Se dégager. ⇒ ① se **détacher.** *Se déprendre d'une personne.* « *Au fil des heures, des jours [...] tu te déprends de tout, tu te détaches de tout* » (Perec). ✪ CONTR. Attacher (s'), éprendre (s').

dépressif, ive adj. et n. – XIXe ■ Relatif à la dépression (3°). *États dépressifs cycliques.* ♦ Sujet à la dépression nerveuse. ⇒ **déprimé.** *Un tempérament dépressif.*

dépression n. f. – XIVe ; lat. « abaissement » **1** Abaissement, enfoncement. ⇒ **affaissement.** *La légère dépression d'un plancher.* ➝ Concavité. ⇒ **creux.** *Dépression du crane.* ➝ Partie effondrée de la surface du globe. ⇒ **bassin, cuvette, fosse.** *Une « large dépression du sol, qui est occupée par le lac »* (J. Verne). **2** Zone de basse pression atmosphérique. *Dépression atmosphérique* ou *cyclonique.* ➝ *Dépression centrée sur le sud de la Norvège.* **3** État mental pathologique caractérisé par de la lassitude, du découragement, de la faiblesse, de l'anxiété. ⇒ **asthénie, mélancolie, neurasthénie ;** fam. **déprime.** « *ils passèrent par des alternances d'excitation et de dépression* » (Camus). ➝ *Dépression nerveuse :* crise d'abattement. **4** Crise économique. ⇒ **récession.** ✪ CONTR. Élévation, éminence. Anticyclone. Euphorie, excitation.

dépressionnaire adj. – 1941 ■ Qui est le siège d'une dépression atmosphérique. *Zone dépressionnaire.* ⇒ **cyclonique.** ✪ CONTR. Anticyclonique.

dépressurisation n. f. – 1950 ■ Chute de la pression interne normale (d'un avion, d'un engin spatial).

dépressuriser v. tr. [1] – v. 1966 ■ Faire perdre à (un avion, un véhicule spatial) la pression interne normale. ✪ CONTR. Pressuriser.

déprimant, ante adj. – XVIIIe ■ Qui déprime (2°). *Climat déprimant.* ⇒ **débilitant.** « *les discours déprimants qu'il se tient à lui-même* » (Alain). ⇒ **démoralisant.** ✪ CONTR. Remontant.

déprime n. f. – 1973 ■ fam. État de dépression psychologique. ⇒ **asthénie, mélancolie, neurasthénie ;** fam. **cafard, flip.** *Être en pleine déprime.* « *C'est important quand on fait une déprime de sentir qu'il y a quelqu'un qui s'intéresse à vous* » (É. Ajar).

❑ *Déprime,* de *déprimer,* est l'équivalent familier de *dépression.* Ce procédé de dérivation est très actif. → déverbal.

déprimé, ée adj. et n. – XIVe **1** Incurvé, enfoncé. *Fontanelle déprimée,* présentant une concavité. **2** Affaibli. *L'économie est déprimée.* **3** Abattu, découragé. ⇒ **démoralisé, mélancolique, triste ;** fam. **cafardeux.** ♦ Atteint de dépression (3°).

déprimer v. tr. [1] – XIVe ; lat. « presser de haut en bas » **1** Abaisser ou incurver par une pression. ⇒ **affaisser, enfoncer.** *Le choc lui a déprimé le crâne.* **2** Affaiblir. *Cette nouvelle l'a complètement déprimé.* ⇒ **abattre, décourager, démoraliser.** « *Les questions d'argent qui m'exaltaient naguère me dépriment aujourd'hui* » (Gide). **3** intrans., fam. Être abattu, démoralisé. ⇒ fam. ② **flipper.** ✪ CONTR. Bomber. Remonter, revigorer ; exalter, réjouir.

déprise n. f. – 1967 ■ Action de se déprendre.

dépriser v. tr. [1] – XIIe ; de ① *priser* ■ littér. Apprécier au-dessous de son prix, de sa valeur. ⇒ **déprécier, mésestimer, sous-estimer.** « *Ce poète déprise les mots* » (Valéry). ✪ CONTR. Surestimer.

De profundis [depʀɔfɔ̃dis] n. m. inv. – XVIe ; mots lat. « des profondeurs » ■ Psaume de la Pénitence, que l'on dit dans les prières pour les morts.

❑ S'écrit avec *D* majuscule : *chanter un De profundis.*

déprogrammation n. f. – 1984 ■ Suppression (d'une émission, d'un spectacle) du programme prévu.

déprogrammer v. tr. [1] – v. 1950 **1** Supprimer d'un programme. *Déprogrammer une émission.* **2** Modifier ou supprimer la programmation de.

dépuceler v. tr. [4] – XIIe ■ Faire perdre sa virginité, son pucelage à.

depuis prép. – XIIe ; de *de* et *puis* **I - 1** À partir de. *Depuis le 15 mars. Depuis le matin jusqu'au soir. Depuis mardi. Depuis lors. Depuis la Révolution. Depuis sa mort.* ➝ adv. *Nous l'avons vu dimanche, mais nous ne l'avons pas revu depuis.* ♦ DEPUIS QUE. *Nous sommes sans nouvelles depuis qu'il est parti.* **2** Pendant la durée passée qui sépare du moment dont on parle. *On vous cherche depuis une heure.* « *Pluie sans arrêt depuis deux jours* » (Gide). *Depuis longtemps, depuis toujours.* « *Sa dureté d'oreille augmentait depuis peu* » (Green). ➝ *Depuis le temps que... :* il y a si longtemps que. **II - 1** DEPUIS... JUSQU'À : de (tel endroit) à (tel autre). « *depuis tes pieds frais jusqu'à tes noires tresses* » (Baud.). *Depuis le haut jusqu'en bas :* de haut en bas. **2** Marque la provenance avec une idée de continuité. ⇒ ① **de, dès** (II). « *La famille, depuis le perron, nous observait* » (Mauriac). Abusivt, pour *de. Transmis depuis Marseille.* **III** DEPUIS ... JUSQU'À exprime une succession ininterrompue. « *Depuis Madame Rivals jusqu'à la vieille servante, tout le monde* » (Daud.). ✪ CONTR. Jusqu'à ; auparavant.

dépulper v. tr. [1] – XIXe **1** Réduire en pulpe. **2** Ôter la pulpe de. *Dents dépulpées.*

dépuratif, ive adj. et n. m. – XVIIIe ▪ Qui purifie l'organisme. « *la patronne faisait bouillir* [...] *la tisane dépurative* » (Cendrars).

dépuration n. f. – XIIIe ▪ Action de dépurer ; son résultat.

dépurer v. tr. [1] – XIIIe ▪ Rendre plus pur. ⇒ **épurer, purifier.**

députation n. f. – XVe ; lat. *deputatio* « délégation » 1 Envoi d'une ou plusieurs personnes chargées d'un message, d'une mission ; ces personnes. ⇒ **ambassade, délégation, mission.** 2 Fonction de député. ⇒ **mandat.** *Candidat à la députation.*

député n. m. – XIVe ; lat. *deputatus* « représentant de l'autorité » 1 Personne qui est envoyée pour remplir une mission particulière. ⇒ **ambassadeur, délégué, envoyé, légat, mandataire, représentant.** 2 Personne nommée, généralement par élection, pour faire partie d'une assemblée délibérante. ⇒ **représentant.** ➛ En France, Personne élue pour faire partie de la chambre législative de la nation. ⇒ **élu,** ① **parlementaire.** *La Chambre des députés* ou *Assemblée nationale. Elle est député* (parfois *députée*). ➛ *Député au Parlement européen.* ⇒ **eurodéputé.**

❑ Le féminin *députée* est rare mais son usage en parlant d'une élue se renforce, notamment au Québec.

députer v. tr. [1] – XIIIe ; lat. *deputare* « assigner, estimer », avec infl. de *député* ▪ Envoyer comme député (1°). ⇒ **déléguer, mandater.** *Députer un ambassadeur.*

déqualification n. f. – 1965 ▪ Fait d'occuper une fonction au-dessous de sa qualification professionnelle.

déqualifier v. tr. [7] – 1977 ▪ Employer (une personne) à un niveau de qualification inférieur à celui qu'elle possède (⇒ **sous-employer**), ou à un niveau de qualification très faible. *Main-d'œuvre déqualifiée.*

der [dɛʀ] n. – XIXe ; abrév. de *dernier* ▪ fam. Dernier. *Prendre « le fameux grog le "der des der"* » (Céline). ➛ *La der des ders :* la guerre après laquelle il n'y en aura plus. ➛ *Dix de der :* les dix points que donne la dernière levée à la belote.

déracinement n. m. – XVe 1 Action de déraciner (1°) ; état de ce qui est déraciné. ⇒ **arrachement.** *Le déracinement des arbres.* ➛ *Déracinement d'un préjugé.* ⇒ **éradication, extirpation.** 2 Action de déraciner (2°) ; état des gens déracinés. ✪ CONTR. Enracinement.

déraciner v. tr. [1] – XIIIe 1 Arracher. *L'orage a déraciné plusieurs arbres.* ➛ « *si l'on déracine les dogmes, le sentiment religieux persistera* » (Mart. du G.). ⇒ **extirper.** 2 *Déraciner qqn,* l'arracher de son pays d'origine, de son milieu habituel. ➛ « *Les Déracinés* », roman de Barrès. ✪ CONTR. Enraciner, enfoncer.

dérader v. intr. [1] – XVIe ▪ Se dit d'un navire que la tempête contraint de quitter une rade.

déraidir v. tr. [2] – XVIe ▪ Faire cesser d'être raide. ⇒ **assouplir, dégourdir.** *Déraidir ses membres.* ➛ Adoucir, rendre plus malléable. *Déraidir un caractère.* ✪ CONTR. Raidir ; endurcir.

déraillement n. m. – XIXe 1 Accident de chemin de fer au cours duquel le train quitte ses rails. 2 Action ou fait de dérailler, de sortir du bon sens.

dérailler v. intr. [1] – XIXe 1 Sortir des rails. *Les wagons ont déraillé.* 2 Aller de travers. ♦ fam. S'écarter du bon sens. ⇒ **déraisonner, divaguer.** « *Je ne déraille pas. Je dis ce que je pense, c'est tout* » (Beauv.).

dérailleur n. m. – 1911 ▪ Dispositif permettant de faire passer la chaîne d'une bicyclette sur un autre pignon. *Une rutilante bicyclette « équipée d'un dérailleur à trois vitesses* » (Tournier). ♦ Dispositif permettant de faire passer un wagon d'une voie à l'autre.

déraison n. f. – XIIe ▪ vx ou littér. Manque de raison dans les paroles, la conduite. ⇒ **folie, inconséquence.** ✪ CONTR. Raison.

déraisonnable adj. – XIIIe ▪ Qui n'est pas raisonnable. ⇒ **absurde, insensé, irrationnel.** « *Les femmes inspirent l'amour, bien qu'il soit déraisonnable de les aimer* » (France). ✪ CONTR. Raisonnable, normal, sensé.

déraisonnablement adv. – XIIIe ▪ D'une manière déraisonnable. ✪ CONTR. Raisonnablement.

déraisonner v. intr. [1] – XIIIe ▪ littér. Tenir des propos dépourvus de raison, de bon sens. ⇒ **divaguer.** « *Le souci de se montrer intelligent le fait déraisonner sans cesse* » (Gide).

déramer v. intr. [1] – 1956 ▪ région. Manœuvrer les rames à contresens.

dérangement n. m. – XVIIe 1 Mise en désordre. ⇒ **bouleversement, désorganisation.** 2 État de ce qui est dérangé. Désordre dans les affaires, dans l'état d'une fortune. ⇒ **perturbation.** 3 Action de déranger qqn, d'introduire un changement dans ses occupations, ses habitudes. ⇒ **gêne,** ② **trouble.** « *Je le ferais déposer chez vous* [ce livre], *ce qui vous épargnerait un nouveau dérangement* » (Romains). 4 Dérèglement. *La ligne (téléphonique) est en dérangement.* ✪ CONTR. Arrangement, ordre, rangement.

❑ La locution *en dérangement* est synonyme de *hors service ;* ces expressions se lisent parfois sur les appareils publics.

déranger v. tr. [3] – XIe ; de *dé-* et *rang* 1 Déplacer de son emplacement assigné ; mettre en désordre. ⇒ **bouleverser, déplacer, désorganiser.** *Déranger des papiers.* ⇒ **déclasser.** 2 Changer de manière à troubler le fonctionnement, l'action de. « *Son chagrin lui dérange quelquefois l'esprit* » (Volt.). *Il a l'esprit un peu dérangé.* ⇒ **troublé.** ➛ *Avoir l'estomac dérangé.* 3 Gêner (qqn) dans son travail, ses occupations. ⇒ **importuner, troubler.** *Excusez-moi de vous déranger, si je vous dérange. Vous pouvez fumer, ça ne me dérange pas.* ➛ « *Après avoir diverti, elle dérangeait* » (Cocteau). ➛ pronom. Quitter sa place ; modifier ou interrompre ses occupations, son travail. *Ne vous dérangez pas pour moi.* ✪ CONTR. Arranger, organiser, ① ranger.

dérapage n. m. – XIXe 1 Le fait de déraper ; son résultat. *Un dérapage contrôlé.* 2 Glissement latéral volontaire du skieur. 3 Virage exécuté avec l'inclinaison suffisante pour que l'avion dérape vers l'extérieur. 4 Changement imprévu et incontrôlé d'une situation. *Le dérapage des prix.* ⇒ **dérive.** ♦ *Dérapages verbaux :* propos incontrôlés.

déraper v. intr. [1] – XVIIe ; provenç. *rapar* « saisir » 1 En parlant d'une ancre, Quitter prise sur le fond et laisser dériver le navire. 2 Glisser sur le sol, en parlant des roues d'un véhicule, du véhicule lui-même. ⇒ **chasser, glisser,** ② **patiner, riper.** *La voiture a dérapé et fait un tête-à-queue.* 3 Glisser involontairement (personnes). « *Les pieds d'Angel dérapaient dans le sable chaud* » (Vian). 4 Effectuer un dérapage (avion). 5 S'écarter des prévisions, de normes établies. *La consommation dérape.* ➛ *La conversation a dérapé.*

déraser v. tr. [1] – XVIe ▪ Abaisser le niveau, enlever le sommet de. *Déraser un mur.*

dératé, ée n. – XVIIIe ; de *dérater* « enlever la *rate* » ▪ *Courir comme un dératé,* très vite. « *Ces musiciens filent comme des dératés. Tout le cortège a le feu au derrière* » (Genev.).

❑ Pline rapporte qu'on desséchait la rate des coureurs pour améliorer leur performance. Du Moyen Âge au XVIIIe s. on a essayé (en vain) de vérifier cet effet par l'ablation de la rate chez les chiens et les chevaux.

dératisation n. f. – 1906 ▪ Action de dératiser ; son résultat.

dératiser v. tr. [1] – 1908 ▪ Débarrasser des rats. « *ma concierge m'apprit qu'on dératisait Paris* » (Colette).

dérayer v. [8] – XVIIe **I** v. tr. **1** Tracer le dernier sillon de (un champ, une planche de labour). **2** Amincir (une peau) lors du corroyage. ⇒ **drayer. II** v. intr. Quitter le sillon ; s'arrêter de labourer.

dérayure n. f. – XVIIe ; de *dé-* et *rayure* ▪ Sillon ou raie qui sépare deux champs labourés.

derbouka → **darbouka**

derby n. m. – XIXe ; mot angl., de lord *Derby* **1** Course de chevaux qui a lieu chaque année à Epsom, en Angleterre. **2** Chaussure dont les quartiers sont lacés. *Des derbys.* **3** Rencontre de football entre deux villes voisines.

❑ Le pluriel est francisé : *des derbys.*

derche n. m. – 1906 ; de *derr,* abrév. de *derrière* ▪ arg. Derrière. ⇒ **cul.** ➤ *Faux derche :* hypocrite.

déréaliser v. tr. [1] – déb. XXe ▪ Faire perdre le caractère du réel, les rapports normaux avec le réel à.

derechef [dəʀəʃɛf] adv. – XIIe ; de *de-, re-* et *chef* ▪ vx ou littér. Une seconde fois ; encore une fois.

déréel, elle adj. – av. 1939 ▪ Qui est détaché du réel, n'est plus en accord avec lui. ⇒ **autistique.**

déréglé, ée adj. – XVe **1** Dont l'ordre, le fonctionnement a été troublé. *Mécanisme déréglé. Appétit déréglé.* ⇒ **dérangé. 2** Qui est hors de la règle. *Mœurs déréglées.* ⇒ **désordonné.** « *Elle disciplinait ma vie mal réglée, ou plutôt déréglée* » (From.). ✪ CONTR. Raisonnable, réglé, sage.

dérèglement n. m. – XVe **1** Désordre, dérangement du fonctionnement. *Dérèglement hormonal.* ⇒ **déséquilibre. 2** vieilli Le fait de s'écarter des règles de la morale, de l'équilibre et de la mesure. ⇒ **désordre, licence.** « *Le poète se fait voyant par un long, immense et raisonné dérèglement de tous les sens* » (Rimb.). ✪ CONTR. Règle. Mesure, ordre.

déréglementation n. f. – v. 1980 ▪ Fait d'alléger, de supprimer une réglementation. ⇒ **dérégulation.**

déréglementer v. tr. [1] – v. 1980 ▪ Soustraire à la réglementation. *Déréglementer un secteur d'activité.*

dérégler v. tr. [6] – XIIIe **1** Faire que (une chose) ne soit plus réglée ; mettre en désordre. ⇒ **bouleverser, déranger, détraquer, troubler.** *Dérégler un mécanisme.* **2** Troubler l'ordre moral de. ✪ CONTR. Régler ; arranger, ① ranger, réparer.

dérégulation n. f. – XXe ▪ Action de supprimer certains règlements qui encadrent une activité. ⇒ **déréglementation.** *Dérégulation des transports aériens.*

déréliction n. f. – XVIe ; lat. *relinquere* « abandonner » ▪ État de l'homme qui se sent abandonné, isolé, privé de tout secours divin. ⇒ **délaissement.** ✪ CONTR. ① Aide, consolation.

❑ Même famille étym. que *reliquat, relique.*

déremboursement n. m. – 1990 ▪ Cessation du remboursement (de frais médicaux).

déresponsabiliser v. tr. [1] – v. 1960 ▪ Ôter toute responsabilité à. *Des employés déresponsabilisés.*

déridage n. m. – 1972 ▪ Traitement esthétique chirurgical qui consiste à retendre la peau du visage. ⇒ **lifting.**

dérider v. tr. [1] – XVIe ; de *ride* ▪ Rendre moins soucieux, moins triste. *Rien ne le déride.* ⇒ **égayer, réjouir.** ♦ pronom. Sourire ; rire. *Il ne s'est pas déridé de la soirée.* ✪ CONTR. Attrister, ① chagriner.

❑ Sans rapport avec le latin *ridere* « rire ».

dérision n. f. – XIIIe ; lat. *ridere* « rire » ▪ Mépris qui incite à rire, à se moquer de. ⇒ **ironie, sarcasme.** *Parler de qqch. avec dérision.* « *Le ton dominant de l'institution était la dérision de toute sensiblerie et l'exaltation des plus rudes vertus* » (Larbaud). *TOURNER EN DÉRISION :* se moquer d'une manière méprisante. ✪ CONTR. Considération, déférence, estime, respect.

dérisoire adj. – XIVe **1** Qui est si insuffisant que cela semble une moquerie. ⇒ **ridicule ; piètre.** « *un salaire dérisoire permettait à peine de ne pas mourir de faim* » (Bernanos). **2** Qui mérite d'être tourné en ridicule. « *Une pitié lui venait au cœur devant ce dérisoire ennemi* » (Genev.). ✪ CONTR. Important.

❑ Il existe des nuances de sens entre *risible, ridicule* et *dérisoire.* → risible (rem.).

dérivable adj. – 1904 ▪ *Fonction dérivable en un point,* qui admet une dérivée en ce point.

dérivatif, ive adj. et n. m. – XVe **1** Qui opère une dérivation. ♦ *Suffixe dérivatif,* formant des dérivés. **2** n. m. Ce qui permet de détourner l'esprit de ses préoccupations. ⇒ **distraction, exutoire.** « *Pourquoi avez-vous pris comme dérivatif à votre douleur la culture des muscles ?* » (Loti).

① **dérivation** n. f. – XIVe ; de ① *dériver* **1** Action de dériver. ⇒ **détournement.** *Canal de dérivation.* ♦ Partie dérivée d'un cours d'eau. ♦ Action de dériver la circulation routière. ⇒ aussi **délestage.** ➤ Voie de circulation vers laquelle sont dérivées les voitures. ⇒ **déviation. 2** Procédé de formation de mots nouveaux par ajout d'affixes à un mot appelé *base.* **3** Déviation du sang ou d'un liquide organique hors de leur circuit habituel. **4** Recherche de la dérivée d'une fonction. **5** Communication entre deux points d'un circuit électrique, au moyen d'un second conducteur. ⇒ **court-circuit, shunt.** ➤ Dédoublement d'un circuit de fluide.

② **dérivation** n. f. – XVIIe ; de ② *dériver* **1** Action de dériver (pour un bateau, un avion). ⇒ **dérive. 2** Action (pour un projectile) de s'écarter de sa trajectoire.

dérive n. f. – XVIIe **1** Déviation d'un navire, d'un avion par rapport à sa route, sous l'effet des vents ou des courants. ⇒ ② **dérivation.** *Angle de dérive.* ➤ cour. *Bois flottant à la dérive,* en dérivant. ➤ fig. *Entreprise qui va à la dérive,* qui n'est plus guidée, conduite. ⇒ **à vau-l'eau.** ➤ « *Son existence qu'aucun lien n'amarra plus partît à la dérive* » (Huysm.). ♦ *Dérive des continents :* théorie de Wegener selon laquelle les continents flotteraient à la surface d'une masse visqueuse. ⇒ **mobilisme. 2** Dispositif qui empêche un navire, un avion de dériver. **3** Distance dont il faut déplacer la hausse d'un canon pour corriger la déviation. **4** Variation dans le temps des caractéristiques électriques d'un montage. **5** *Dérive génétique :* évolution du génome d'une espèce. **6** Déviation incontrôlée d'un processus. *Dérive politique.*

① **dérivé, ée** adj. – XIVe **1** Qui provient d'une dérivation. *Mot dérivé.* ♦ *Nombre dérivé, fonction dérivée* (⇒ **dérivée**). **2** *Courant (électrique) dérivé,* traversant une ou plusieurs dérivations.

② **dérivé** n. m. – XVIIIe **1** Mot dérivé. *Dérivés et compo-*

sés. **2** Produit dérivé. *Les dérivés de la houille.* ➝ Substance préparée en partant d'une autre substance. **3** En mathématiques, *Dérivé d'un ensemble,* ensemble de ses points d'accumulation.

dérivée n. f. – XIXe ■ *Dérivée en un point d'une fonction d'une variable* (ou *nombre dérivé*) : limite vers laquelle tend le rapport de l'accroissement de cette fonction à l'accroissement de la variable lorsque celui-ci tend vers zéro. *Dérivée* (ou *fonction dérivée*) *d'une fonction :* fonction qui associe aux valeurs de la variable les nombres dérivés correspondants.

① **dériver** v. tr. [1] – XIIe ; lat. *rivus* « ruisseau » **I** v. tr. dir. **1** Détourner (des eaux) de leur cours. ⇒ **dévier.** *Dériver un cours d'eau.* **2** Tirer par dérivation. *Dériver un nom d'un verbe.* **3** *Dériver une fonction,* calculer sa dérivée. **II** *DÉRIVER (DE)* v. tr. ind. Avoir son origine dans. ⇒ **provenir.** *Mot qui dérive de l'arabe.* ⇒ **venir** (de). « *rien d'excellent ne peut dériver de l'expérience d'autrui* » (Valéry). ⇒ **découler, émaner.**

② **dériver** v. intr. [1] – XVIe ; angl. *to drive* **1** S'écarter de sa direction. *Bateau, avion qui dérive. Quand l'ancre* « *eut été arrachée du fond, il commença à dériver vers la terre* » (J. Verne). ➝ *Sa politique commence à dériver dangereusement.* **2** S'abandonner, être sans volonté, sans énergie. « *Je suis détaché* [...] *je dérive. Quelle force m'entraîne ?* » (Mauriac).

> ❑ D'abord écrit *driver :* « *est défendu à tous bateliers de laisser driver leurs bateaux* » (XVIe s.). ♦ L'anglais *to drive* « détourner de son cours » a été lui-même emprunté au français ① *dériver.*

③ **dériver** v. tr. [1] – XIIIe ; de *dé-* et *river* ■ Défaire (ce qui est rivé).

dériveur n. m. – XIXe ; de ② *dériver* ■ Voilier muni d'une dérive.

dermatite n. f. – XIXe ; gr. *derma* « peau » et *-ite* ■ Inflammation de la peau. ⇒ **dermite.**

dermato-, derm(o)- Éléments, du gr. *derma* « peau ».

dermatoglyphes n. m. pl. – 1957 ; de *dermato-* et gr. *gluphê* « entaille » ■ Sillons des doigts et de la paume de la main.

dermatologie n. f. – XIXe ; *dermato-* et *-logie* ■ Partie de la médecine qui étudie et soigne les maladies de la peau.

dermatologue n. – XIXe ■ Spécialiste de dermatologie.

> ❑ On dit aussi *dermatologiste,* d'après *dermatologie.* → -logue, -logiste (rem.).

dermatose n. f. – XIXe ■ Maladie de la peau.

derme n. m. – XVIIe ■ Couche profonde de la peau, recouverte par l'épiderme.

-derme, -dermie Éléments, du gr. *derma* « peau ».

dermeste n. m. – XVIIIe ; gr. *derma* « peau » et *esthein* « manger » ■ Insecte coléoptère *(dermestidés)* dont les larves vivent de matières animales desséchées.

dermique adj. – XIXe ■ Du derme.

dermite n. f. – XIXe ■ Inflammation de la peau. ⇒ **dermatite.**

derm(o)- → **dermato-**

dermographisme n. m. – 1928 ; de *dermo-* et *graphisme* ■ Réaction de la peau qui rougit et se tuméfie à l'endroit où l'on exerce un léger frottement avec une pointe émoussée.

dermotrope adj. – 1948 ; *dermo-* et *-trope* ■ Se dit de substances, de microbes, se fixant sur la peau et les muqueuses.

dernier, ière adj. et n. – XIIe ; lat. *retro* « en arrière » **I - 1** Qui vient après tous les autres, après lequel il n'y en a pas d'autre. *Décembre est le dernier mois de l'année. Le dernier train* (de la journée). *Dernières nouvelles. Rendre le dernier soupir :* mourir. ➝ *Faire une chose pour la dernière fois. Lire un livre jusqu'à la dernière ligne. À la dernière extrémité.* ⇒ **ultime.** *Dernière chance. Faire un dernier effort.* ⇒ **suprême.** ➝ *Jusqu'à la dernière minute.* « *Il affecta jusqu'au dernier moment la plus grande gaieté* » (Daud.). ♦ *Il est arrivé bon dernier.* **2** nominal *Marcher le dernier. Il est parmi les cinq derniers. Le dernier de la classe.* « *Les tout derniers chapitres me paraissent beaucoup moins bons* » (Gide). *Le petit dernier d'une famille.* ⇒ **benjamin, dernier-né.** ➝ *Le dernier de mes soucis.* ⇒ **cadet.** **3** *EN DERNIER :* à la fin, après tous les autres. *Je m'occuperai de lui en dernier.* **4** Qui est le plus proche du moment présent. ⇒ **récent.** *Ces derniers temps. L'an dernier.* ⇒ ③ **passé.** *Son dernier roman. S'habiller à la dernière mode.* ♦ (nominal) *Oui, répondit ce dernier,* celui dont on vient de parler. **II - 1** Le plus haut, le plus grand. *Au dernier degré. Protester avec la dernière énergie.* **2** Le plus bas, le pire. ➝ nominal « *On la traite comme la dernière des dernières* » (Renard). ♦ région. (Belgique) fam. *Le dernier de tout :* le comble, la fin de tout. ✪ CONTR. Initial, premier. Futur, prochain.

dernièrement adv. – XIIIe ■ Depuis peu de temps, ces derniers temps. ⇒ **récemment.** « *J'ai lu dernièrement une histoire très curieuse* » (Bernanos).

dernier-né, dernière-née n. – XVIIe ■ Enfant qui, dans une famille, est né le dernier. ⇒ **benjamin, cadet.** ✪ CONTR. Aîné.

> ❑ Les deux éléments varient : *les derniers-nés, la dernière-née.* Dans *nouveau-né, nouveau* est le plus souvent invariable : *les nouveau-nés.*

dérobade n. f. – XVIe **1** Action de se dérober, en parlant d'un cheval. **2** Action de s'échapper, de fuir, de reculer devant une obligation. ⇒ **échappatoire.**

dérobé, ée adj. – XVIe **1** *Escalier dérobé, porte dérobée,* qui permettent de sortir ou d'entrer sans être vu. ⇒ ① **secret.** **2** *Culture dérobée :* culture de quelques semaines pratiquée dans l'intervalle des cultures principales.

dérobée (à la) loc. adv. – XVIe ■ En cachette et secrètement. ⇒ **furtivement, subrepticement.** « *Ces regards inquiets et curieux qui se portaient sur nous à la dérobée* » (Rouss.).

dérober v. tr. [1] – XIIe ; de l'a. fr. *rober* « voler » **I** v. tr. **1** littér. S'emparer furtivement de. ⇒ ② **voler.** *Dérober une montre à qqn.* **2** vieilli Obtenir par des moyens peu honnêtes. ⇒ **extorquer, prendre.** *Dérober un baiser :* embrasser qqn par surprise. **3** Empêcher de voir, masquer à la vue. ⇒ ① **cacher, dissimuler,** ① **voiler.** *Dérober qqch. aux regards.* **II** *SE DÉROBER* v. pron. **1** *SE DÉROBER À :* éviter d'être vu, pris par. ⇒ **échapper,** se **soustraire.** *Se dérober aux regards.* ⇒ se **cacher,** se **dissimuler.** ♦ *Se dérober à ses obligations.* ⇒ **manquer** (à). ♦ « *Elle ne se dérobait pas lorsque je faisais allusion aux événements passés* » (Mauriac). **2** Pour un cheval, Faire un écart pour éviter l'obstacle à franchir. **3** *Se dérober sous :* s'effondrer. ⇒ **manquer.** *Elle* « *croyait sentir les tapis, le parquet se dérober sous ses genoux* » (Loti). ✪ CONTR. Rendre, restituer. Livrer, montrer. — Affronter.

dérochage n. m. – XIXe ■ Action de dérocher un métal. ⇒ **décapage.**

dérochement n. m. – XVe ■ Action de dérocher le lit d'une rivière, un terrain.

dérocher v. [1] – XIIe ; de *dé-* et *roche* **I** v. intr. Lâcher prise et tomber d'une paroi rocheuse. ⇒ **dévisser.** **II** v. tr. **1**

Nettoyer la surface de (un métal) des corps gras, des oxydes. ⇒ **décaper.** 2 Dégager des rochers qui encombrent.

déroctage n. m. – 1960 ; de *dé-* et rad. lat. *rocc-* « pierre » ■ Action de briser de gros blocs de pierre.

déroder v. tr. 1 – XIXe ; de *dé-* et lat. *rodere* « ronger » ■ Éclaircir (une forêt) en abattant les arbres qui dépérissent, les souches.

dérogation n. f. – XVe ■ Le fait de déroger à une loi, à une convention, à une règle. ⇒ **infraction, manquement, violation.** *Obtenir une dérogation.* ⇒ **dispense.** ✪ CONTR. Conformité, observance.

dérogatoire adj. – XIVe ■ Qui contient, qui constitue une dérogation. ⇒ **contraire.** ✪ CONTR. Conforme.

déroger v. tr. ind. 3 – XIVe ; lat. *rogare* « demander » 1 *DÉROGER À :* ne pas observer, ne pas appliquer. ⇒ **contrevenir.** *Déroger à la loi.* ⇒ **enfreindre, transgresser, violer.** 2 *Déroger (à noblesse) :* perdre les privilèges de la noblesse par l'exercice d'une profession incompatible avec elle. 3 littér. Manquer (à sa situation sociale, à ses principes, aux conventions...) par un comportement qui en est indigne. *Déroger à son rang.* ♦ « *c'était déroger que de me fréquenter* » (Rouss.). ⇒ s'**abaisser, déchoir.** ✪ CONTR. Conformer (se conformer à), observer, suivre. Garder, tenir (son rang).

dérougir v. intr. 2 – XIIIe ■ Perdre sa couleur rouge. ➛ *La salle « morne et nue, aux carreaux dérougis »* (Daud.). ➛ (Canada) *Ça ne dérougit pas !* le travail, l'activité ne diminue pas (dans une période de pointe). ✪ CONTR. Rougir.

dérouillée n. f. – 1926 ■ fam. Action de battre ; fait d'être battu. ⇒ **volée.** « *Tu le sais, toi, que l'armée française a pris la dérouillée ?* » (Sartre).

dérouiller v. tr. 1 – XIIe 1 rare Débarrasser de sa rouille. *Dérouiller un canon de fusil.* ♦ fig. et fam. *Dérouiller sa mémoire.* ⇒ **réveiller.** ➛ *Se dérouiller les jambes en marchant.* ⇒ **dégourdir.** 2 pop. ⇒ **battre.** *Il s'est fait dérouiller.* ♦ intrans. Être battu, puni ; avoir mal. *Qu'est-ce qu'il a dérouillé !* ⇒ fam. **déguster.** ✪ CONTR. Rouiller.

déroulage n. m. – XIXe 1 Déroulement. 2 Détachage mécanique (d'une feuille de bois) à la surface d'une pièce cylindrique.

déroulement n. m. – XVIIIe 1 Action de dérouler. *Déroulement d'un parchemin.* ⇒ **développement.** 2 Le fait de se dérouler, de se déployer. *Le déroulement d'un film.* ⇒ ② **défilement.** 3 Le fait de se succéder dans le temps. ⇒ **enchaînement, suite.** *Il « devine, tant bien que mal, le déroulement des faits »* (Mart. du G.). ✪ CONTR. Enroulement.

dérouler v. tr. 1 – XVIe 1 Défaire, étendre. ⇒ **déployer, développer,** ① **étaler.** *Dérouler une pièce d'étoffe.* ➛ pronom. « *Le boa se déroule et siffle* » (Gaut.). ♦ Opérer le déroulage d'une feuille de bois. 2 Étaler sous le regard. « *la Beauce, devant lui, déroula sa verdure* » (Zola). 3 pronom. Prendre place dans le temps. ⇒ s'**écouler,** se **passer.** *La scène s'est déroulée sous nos yeux. La vie « se déroule, toujours pareille, avec la mort au bout »* (Maupass.). ✪ CONTR. Enrouler, rouler ; replier. Arrêter (s').

dérouleur n. m. – 1968 ■ Dispositif permettant l'enroulement et le déroulement d'une bande. « *quelques mètres de papier essuie-tout [...] vidé de son dérouleur* » (Perec).

dérouleuse n. f. – 1911 1 Dispositif sur lequel on enroule et déroule un câble, du fil téléphonique. 2 Machine qui effectue le déroulage du bois. ⇒ **raboteuse.**

déroutant, ante adj. – XIXe ■ Qui déroute. ⇒ **déconcertant.**

déroute n. f. – XVIe ; a. fr. *rote* « petite troupe de gens » 1 Fuite désordonnée de troupes battues ou prises de panique. ⇒ **débâcle, débandade.** « *des lambeaux d'armées en déroute avaient traversé la ville* » (Maupass.). 2 Confusion, désordre amenant un échec. ➛ « *Ma belle sérénité du mois d'octobre est en déroute* » (Duham.). ✪ CONTR. Résistance. Ordre.

déroutement n. m. – XVIIe ■ Changement de la route prévue. *Déroutement d'un navire.* ♦ Rupture du déroulement normal d'un programme informatique.

> ❑ On dit aussi *déroutage,* formé avec un autre suffixe de sens voisin.

dérouter v. tr. 1 – XIIe 1 Faire changer d'itinéraire, de destination. *Dérouter un navire, un avion.* ➛ pronom. *Navire qui se déroute pour porter secours à des naufragés.* 2 Rendre incapable de réagir, de se conduire comme il faudrait. ⇒ **confondre, déconcerter.** « *La musique déroute ceux qui ne la sentent point* » (R. Rolland).

derrick n. m. – XIXe ; mot angl. ■ Bâti métallique supportant le trépan qui sert à forer les puits de pétrole. ➛ Recomm. offic. *tour* de forage.*

① **derrière** prép. et adv. – XIe ; lat. *retro* « en arrière » **I** prép. 1 En arrière, au dos de. *Derrière la maison. Se cacher derrière qqn.* « *j'erre, les mains derrière le dos, parmi les pierres* » (Beckett). ➛ *Ses yeux brillent derrière ses lunettes.* ♦ *Derrière son apparente cordialité on devine de la haine.* ♦ *Il sortit de derrière la haie. Passez par-derrière cette maison.* 2 À la suite de. *Marcher l'un derrière l'autre.* ⇒ **après.** ♦ *Laisser qqn loin derrière soi :* dépasser, surpasser. ➛ *Il a tous ses partisans derrière lui,* ils le soutiennent, le suivent. **II** adv. 1 Du côté opposé à la face, à l'endroit ; en arrière. *Vêtement qui se boutonne derrière. Il est resté loin derrière.* ➛ *Mettre un vêtement (le) devant derrière,* à l'envers. 2 *PAR-DERRIÈRE :* par l'arrière, par le côté opposé à la face. *Attaquer qqn par-derrière.* ✪ CONTR. ① Devant. ① Avant (en avant), premier (en premier).

② **derrière** n. m. – XVe 1 Le côté opposé au *devant,* la partie postérieure. ⇒ ② **arrière, dos, revers, verso.** *Le derrière d'une maison,* la partie opposée à la façade. ➛ *Les roues de derrière. Les pattes de derrière.* ♦ *Porte de derrière,* pratiquée sur le derrière d'un bâtiment. 2 Partie du corps qui comprend les fesses et le fondement. ⇒ fam. **cul.** « *M. le baron chassa Candide du château à grands coups de pieds dans le derrière* » (Volt.). ➛ Anus. « *Ils avaient pris la mode nouvelle d'introduire des thermomètres dans les derrières* » (Flaub.). ✪ CONTR. ② Avant, ② dessus, ② devant, endroit, façade, face.

> ❑ Au sens 1°, *arrière* fait concurrence à *derrière (l'arrière d'un bâtiment)* pour éviter la confusion avec *derrière* au sens de « fesses, cul ».

déruralisation n. f. – 1972 ■ Dépeuplement progressif des milieux ruraux.

derviche n. m. – XVIe ; persan *dervich* « pauvre » ■ Religieux musulman appartenant à une confrérie. *Derviche tourneur.*

① **des** – de ① *de* et *les,* art. déf. au plur. ■ Article défini plur. contracté : *de les.* ⇒ ① **de.** ✪ HOM. ① D, dé.

② **des** – de ② *de* et *les* ■ Article partitif exprimant une partie d'une chose au pluriel. ⇒ ② **de.**

③ **des** art. indéf. – XIIIe ; de ① et ② *des* ■ Article indéfini, pluriel de *UN, UNE.* 1 devant un nom commun « *des ambulanciers, qui portent des blessés couchés sur des civières* » (Malraux). 2 devant un nom propre « *Quand un pays a eu des Jeanne d'Arc et des Napoléon* » (Maupass.). 3 fam. « *les rideaux de la chambre restaient clos jusqu'à des dix ou onze heures du matin* » (Simenon).

❑ Dans le langage soigné, *de* remplace généralement *des* devant un adjectif *(elle a de grands projets, il en a de moins grands)*, sauf si celui-ci fait corps avec le nom *(des grands magasins)*.

des- ou **dés-** → **dé-**

dès prép. – XIe ; lat. *de ex*, renforcement de *ex* « hors de » **I – 1** Immédiatement, à partir de. ⇒ **depuis.** *Dès cette époque.* « *Cueillez dès aujourd'hui les roses de la vie* » (Ronsard). *Dès mon retour.* ♦ Dans l'ordre, la hiérarchie. *Dès l'assistanat, le professeur est considéré comme membre du corps universitaire.* **2** DÈS LORS : dès ce moment. *Dès lors, il décida de partir.* ➛ En conséquence. ⇒ **conséquemment, donc.** ♦ *DÈS LORS QUE* : dès l'instant où, étant donné que, puisque. **3** *DÈS QUE* : aussitôt que. « *Seigneur, vous serez roi dès que vous voudrez l'être* » (Volt.). **II** À partir de, depuis. « *Dès le seuil, je flairai l'insolite* » (Gide). ✪ CONTR. ① Avant ; après. — HOM. Dais, dey.

désabonnement n. m. – XIXe ▪ Action de désabonner, de se désabonner. ✪ CONTR. Abonnement.

désabonner v. tr. [1] – XIXe ▪ Faire cesser d'être abonné. *Veuillez me désabonner.* pronom. *Elle s'est désabonnée.* ✪ CONTR. Abonner.

désabusé, ée adj. – XVIIe ; de *dés-* et *abusé* ▪ Qui a perdu ses illusions. ➛ « *une connaissance désabusée des hommes, de leurs faiblesses et de leur ignorance* » (Maurois). ✪ CONTR. Enthousiaste, naïf.

désaccentuation n. f. – XXe ▪ En électronique, Opération destinée à rétablir les composantes spectrales d'un signal ayant préalablement subi une augmentation des amplitudes relatives.

désaccentuer v. tr. [1] – XXe ▪ Effectuer la désaccentuation de.

désacclimater v. tr. [1] – XIXe ▪ Faire cesser d'être acclimaté. ✪ CONTR. Acclimater.

désaccord n. m. – XIIe **1** Le fait de n'être pas d'accord ; état de personnes qui s'opposent. ⇒ **désunion, différend, discorde, dissension, mésentente, mésintelligence.** *Un léger désaccord. Être en désaccord avec qqn sur qqch.* « *le silence où tu t'obstinais touchant notre ménage, notre désaccord profond* » (Mauriac). **2** Le fait de ne pas s'accorder, de ne pas aller ensemble. ⇒ **contradiction, opposition.** *Désaccord entre une théorie et les faits.* « *ce désaccord flagrant entre vos opinions et votre conduite* » (Balz.). **3** Écart entre la fréquence sur laquelle est réglé un appareil et la fréquence d'accord nécessaire. ✪ CONTR. Accord. Harmonie.

désaccordé, ée adj. – XVe **1** littér. Dont l'harmonie est rompue. « *l'homme désaccordé au point d'exprimer la douleur par le rire* » (Baud.). **2** Qui n'est plus accordé. *Piano désaccordé.* ⇒ ① **faux.** ✪ CONTR. Harmonieux. Juste.

désaccorder v. tr. [1] – XIVe **1** Détruire l'accord de (un instrument de musique). *La chaleur désaccorde les pianos.* ➛ pronom. Perdre son accord. **2** Rompre l'accord, l'harmonie de (un ensemble). ✪ CONTR. Accorder, réconcilier.

désaccoupler v. tr. [1] – XIIIe ▪ Séparer (des choses qui étaient par couples, par paires). ⇒ **découpler.** ✪ CONTR. Accoupler.

désaccoutumance n. f. – XIIIe ▪ Action de se désaccoutumer ; perte d'une accoutumance. *La désaccoutumance à une drogue.* ✪ CONTR. Accoutumance.

désaccoutumer v. tr. [1] – XIIe ▪ Faire perdre une coutume, une habitude à. ⇒ **déshabituer.** ➛ pronom. *Se désaccoutumer de fumer, du tabac.* ✪ CONTR. Accoutumer, habituer.

désacidification n. f. – XIXe ▪ Action de désacidifier ; son résultat. ✪ CONTR. Acidification.

désacidifier v. tr. [7] – XIXe ▪ Supprimer l'acidité de. ✪ CONTR. Acidifier.

désacralisation [desakʀalizasjɔ̃] n. f. – 1949 ▪ Action de désacraliser ; son résultat. ✪ CONTR. ① Sacralisation.

désacraliser [desakʀalize] v. tr. [1] – 1949 ▪ Dépouiller du caractère sacral, ne plus considérer comme sacré. ➛ « *Le travail de l'écrivain serait désacralisé* » (Barthes). ⇒ **démythifier.** ✪ CONTR. Sacraliser.

désactivation n. f. – 1904 ▪ Opération visant à réduire ou à supprimer l'activité (d'une substance). *Désactivation d'une matière radioactive.* ✪ CONTR. Activation.

désactiver v. tr. [1] – 1905 **1** Supprimer l'activité de. ⇒ **neutraliser.** *Produit désactivé.* ➛ Débarrasser des éléments radioactifs. *Désactiver un site.* **2** Faire cesser le fonctionnement de. *Désactiver une carte électronique.* ✪ CONTR. Activer.

désadaptation n. f. – 1907 ▪ Perte de l'adaptation. ✪ CONTR. Adaptation.

désadapté, ée adj. – 1933 ▪ Qui n'est plus adapté par suite d'une évolution psychologique. ⇒ **inadapté.** ➛ « *Ici, on rééduque les blessés, les mutilés, les désadaptés* » (Beauv.). ✪ CONTR. Adapté.

désadapter v. tr. [1] – 1929 ▪ Faire cesser l'adaptation de. ✪ CONTR. Adapter.

désaérer v. tr. [6] – 1948 ▪ Éliminer l'air de. *Désaérer du béton.*

❑ On trouve le mot *désaération* dès 1858.

désaffectation n. f. – XIXe ▪ Action de désaffecter. ✪ CONTR. ① Affectation.

❑ Ne pas confondre avec *désaffection* « perte de l'affection ».

désaffecter v. tr. [1] – XIXe ▪ Faire cesser, changer l'affectation de. *La voie ferrée* « *avait été désaffectée bien avant ma naissance* » (Tournier). *Église désaffectée.* ✪ CONTR. ② Affecter.

désaffection n. f. – XVIIIe ▪ Perte de l'affection, de l'attachement que l'on éprouvait. ⇒ **désamour, détachement.** *La désaffection du public pour le cinéma.* ✪ CONTR. Affection, attachement.

❑ Ne pas confondre avec *désaffectation*, mot de la même famille qui signifie « action d'ôter à (qqch.) sa destination première ».

désaffilier v. tr. [7] – XIXe ▪ Faire cesser l'affiliation de. ➛ pronom. Se retirer d'une affiliation. ✪ CONTR. Affilier.

désagréable adj. – XIIIe **1** Qui se conduit de manière à choquer, blesser, irriter les autres. ⇒ **antipathique, discourtois, impoli, méchant.** « *Je reprochai à Albertine d'avoir été si désagréable* » (Proust). **2** Qui déplaît. ⇒ **déplaisant, mauvais, pénible.** *Une impression très désagréable.* ⇒ **détestable.** *Odeur désagréable.* ➛ « *Il est toujours désagréable de recevoir des lettres anonymes* » (Duham.). ⇒ **contrariant.** *Chose désagréable à entendre.* ✪ CONTR. Aimable, charmant ; agréable, plaisant.

désagréablement adv. – XIVe ▪ D'une manière désagréable. *Être désagréablement surpris.* ✪ CONTR. Agréablement.

désagrégation n. f. – XVIIIe **1** Décomposition par la séparation de parties agrégées. ⇒ **effritement, morcellement, pulvérisation.** *Désagrégation d'une pierre friable.* ⇒ **délitage.** **2** Destruction des principes de cohésion. ⇒ **décomposition, désintégration, dislocation, écroulement.** « *la lente désagrégation d'un* *homme, d'une entreprise, d'une famille, d'une société* » (Sartre). ♦ *Désagrégation mentale, psychique* : trouble de la synthèse mentale ; schizophrénie. ⇒ **dissociation** (mentale). ✪ CONTR. Agrégation, cohésion, force, solidité.

désagréger v. tr. [3] et [6] – XVIIIe 1 Décomposer en séparant les parties liées, agrégées. ⇒ **dissoudre, pulvériser.** pronom. *Roche qui se désagrège.* ⇒ se **déliter,** s'**effriter.** 2 Décomposer en détruisant la cohésion, l'unité. ⇒ **disloquer, morceler.** *Désagréger les résistances.* ⇒ **détruire.** pronom. *Tout son système de défense s'est désagrégé.* ⇒ s'**écrouler.** ✪ CONTR. Agglomérer, agréger.

désagrément n. m. – XVIIe 1 Déplaisir causé par une chose désagréable. ⇒ **contrariété.** « *Si je me reproche quelque chose, c'est de vous avoir causé du désagrément* » (Sand). 2 Chose désagréable. « *les grands désagréments qui ont résulté, pour moi, de la perte de ma place* » (Duham.). ⇒ **difficulté, ennui.** ✪ CONTR. Agrément, plaisir.

désaimantation n. f. – XIXe ▪ Action de désaimanter ; son résultat. ⇒ **démagnétisation.**

désaimanter v. tr. [1] – XIXe ▪ Supprimer l'aimantation, le champ magnétique de. ⇒ **démagnétiser.** ➛ pronom. « *Le courant était-il interrompu, l'électro-aimant se désaimantait aussitôt* » (J. Verne). ✪ CONTR. Aimanter.

désaisonnaliser [desɛzɔnalize] v. tr. [1] – 1972 ▪ Corriger (des éléments statistiques) pour éliminer les distorsions résultant des variations saisonnières.

désajuster v. tr. [1] – XVIIe ▪ Déranger (ce qui était ajusté). ➛ pronom. *Les engrenages se sont désajustés.* ✪ CONTR. Ajuster.

désaliéner v. tr. [6] – av. 1965 ▪ Faire cesser l'aliénation de, libérer. ✪ CONTR. Aliéner.

désalignement n. m. – XIXe ▪ Perte ou absence d'alignement. *Désalignement des maisons d'une rue.* ♦ Fait de ne plus se conformer à une orientation politique donnée. ✪ CONTR. Alignement.

désaligner v. tr. [1] – XIXe ▪ Détruire l'alignement de. ✪ CONTR. Aligner.

désalinisation [desalinizasjɔ̃] n. f. – 1990 ▪ Élimination du sel de l'eau de mer pour en faire de l'eau douce.

> ❑ Pour le *s* unique → ① s (rem.).

désalper v. intr. [1] – XVIIe ; de *dés-* et *alper* « conduire le troupeau à l'alpage » ▪ (Suisse) Descendre de l'alpage.

désaltérant, ante adj. – XVIIIe ▪ Qui désaltère. « *Son vin noir et grossier, mais désaltérant et sain* » (Rouss.).

désaltérer v. tr. [6] – XVIe ▪ Apaiser la soif de. ⇒ **abreuver.** *Désaltérer un malade,* le faire boire. ➛ pronom. « *Un agneau se désaltérait Dans le courant d'une onde pure* » (La Font.). ⇒ ① **boire.** ✪ CONTR. Altérer, assoiffer.

> ❑ *Désaltérer* est le contraire courant de *assoiffer, altérer* étant vieilli dans ce sens.

désambiguïser v. tr. [1] – mil. XXe ▪ Faire cesser l'ambiguïté de. *Contexte qui désambiguïse une phrase.*

désaminase n. f. – 1960 ; de *désaminer* et *-ase* ▪ Enzyme qui catalyse une réaction de désamination.

désamination n. f. – 1960 ▪ Action de désaminer.

désaminer v. tr. [1] – 1960 ; de *dés-* et *(acide) aminé* ▪ Enlever le groupe amine de (une molécule).

désamorçage n. m. – XIXe ▪ Action de désamorcer ; fait de se désamorcer. *Le désamorçage d'une pompe.* ✪ CONTR. Amorçage.

désamorcer v. tr. [3] – XIXe 1 Enlever l'amorce de. *Désamorcer une bombe.* 2 Interrompre le fonctionnement de. *Désamorcer un siphon.* ➛ pronom. « *Un bruit de clapet de pompe qui se désamorce* » (Druon). 3 Enlever tout caractère menaçant à, neutraliser. « *la sagesse serait sans doute de désamorcer la polémique* » (Tournier). ✪ CONTR. Amorcer.

désamour n. m. – XIXe ▪ littér. Cessation de l'amour. ⇒ **désaffection.**

désapparier v. tr. [7] – XIXe ▪ Séparer (des animaux appariés, les deux éléments d'une paire). ⇒ **déparier.** ✪ CONTR. Apparier.

> ❑ Ne pas confondre *désapparier, déparier,* verbes qui s'appliquent aux couples, aux paires d'animaux ou d'objets et *dépareiller* (de *pareil*) qui s'emploie pour des objets assortis ou semblables, qu'ils soient deux ou plus.

désappointé, ée adj. – XVIIIe ▪ Qui n'a pas obtenu ce qu'il attendait ; dont les espérances sont trompées. ⇒ **déçu.** *Il* « *s'est trouvé tout surpris et tout désappointé quand son désir a été assouvi* » (Gaut.). ♦ *Un air désappointé.* ⇒ **dépité.**

désappointement n. m. – XIVe ▪ État, sensation d'une personne désappointée. *Cacher son désappointement.* ⇒ **déception, déconvenue, dépit.** « *Mon désappointement politique me donna sans doute de l'humeur* » (Chateaub.). ✪ CONTR. Contentement, satisfaction. Consolation.

désappointer v. tr. [1] – XVIIIe ; *dés-* et *appointer* ▪ Décevoir ; rendre désappointé. *Cet échec l'a désappointé.* ✪ CONTR. Contenter, satisfaire. Combler.

désapprendre v. tr. [58] – XIIIe ▪ littér. Oublier (ce qu'on a appris). « *Je n'obtiens rien, et j'ai désappris d'exiger* » (Gide). ✪ CONTR. Apprendre. Rappeler (se).

désapprobateur, trice adj. – XVIIIe ▪ Qui désapprouve, marque la désapprobation. ⇒ **improbateur, réprobateur.** *Ton désapprobateur.* ✪ CONTR. Approbateur.

désapprobation n. f. – XVIIIe ▪ Action de désapprouver ; son résultat. ⇒ **improbation, réprobation.** *Murmure de désapprobation.* ✪ CONTR. Approbation, assentiment.

désapprouver v. tr. [1] – XVIe ▪ Juger d'une manière défavorable ; trouver mauvais. ⇒ **blâmer, critiquer, réprouver.** « *désapprouvant hautement toutes les nouvelles mesures* » (J. Verne). ✪ CONTR. Admettre, approuver.

désapprovisionner v. tr. [1] – XVIIIe 1 Priver de son approvisionnement. 2 Vider (une arme à feu) de ses cartouches. ✪ CONTR. Approvisionner.

désarçonner v. tr. [1] – XIIe 1 Mettre hors des arçons, jeter à bas de la selle. ⇒ **démonter, vider.** 2 Confondre (qqn) dans une discussion. ⇒ **déconcerter, dérouter.** « *Ne vous laissez pas désarçonner, rassemblez vos idées* » (Duham.).

désargenté, ée adj. – XVIIe ▪ fam. Qui n'a plus d'argent. ⇒ fam. **fauché, raide.** « *Les petits bourgeois désargentés* » (Beauv.). ✪ CONTR. Argenté, riche.

désargenter v. tr. [1] – XVIIe ▪ Dégarnir de la couche d'argent qui recouvre. ✪ CONTR. Argenter, réargenter.

désarmant, ante adj. – déb. XXe ▪ Qui enlève toute sévérité, qui pousse à l'indulgence. *Une naïveté désarmante.* ⇒ **attendrissant,** ② **touchant.**

désarmement n. m. – XVIe 1 Action de désarmer. *Désarmement d'une garnison.* ♦ Réduction ou suppression des armements nationaux. *Conférences pour le désarmement nucléaire.* ⇒ **dénucléarisation.** « *Nous voulons que la France prenne* [...] *l'initiative d'un désarmement universel* » (Giono). 2 *Désarmement d'un navire* : mise en réserve d'un navire auquel on enlève les appareils de navigation et les approvisionnements. ✪ CONTR. Armement, réarmement.

désarmer v. tr. 1 – XIe I - 1 Enlever ses armes à. *Désarmer un malfaiteur.* 2 Limiter ou supprimer les armements, les effectifs militaires de. *Désarmer un pays.* ⇒ **démilitariser** ; et aussi **dénucléariser.** 3 Garder (un navire) en réserve, amarré dans un port, après avoir débarqué le personnel, le matériel. ⇒ **déséquiper.** *Flotte désarmée.* 4 Faire cesser d'être à la position de l'armement. *Désarmer un fusil.* II - 1 Rendre moins sévère, pousser à l'indulgence. ⇒ **adoucir, fléchir,** ① **toucher.** *Sa candeur, son rire me désarment.* ⇒ **décontenancer.** ➛ « *il se sentait faible et désarmé devant elle* » (Daud.), sans défense. 2 intr. Céder, cesser. « *il avait éveillé dans cette femme une haine qui ne désarmerait jamais* » (Mauriac). ✪ CONTR. Armer.

désarrimage n. m. – XIXe 1 Déplacement ou glissement du chargement d'un navire, d'un véhicule de transport. 2 Action de désarrimer. *Le désarrimage de deux engins spatiaux.*

désarrimer v. tr. 1 – XVIIIe 1 Déranger ou détacher (les marchandises arrimées). 2 Séparer (deux éléments fixés l'un à l'autre). ✪ CONTR. Arrimer.

désarroi n. m. – XVe ; a. fr. *desarroyer, desarreier* « mettre en désordre » ■ Trouble moral. ⇒ **désordre.** ♦ *Être en plein désarroi.* ⇒ **angoisse, détresse, égarement.** « *Il revenait le cœur en désarroi, le cœur en tumulte et en détresse* » (Loti). ✪ CONTR. Assurance, fermeté.

désarticulation n. f. – XVIIe ■ Action de désarticuler ; son résultat. *Désarticulation d'un membre.*

désarticuler v. tr. 1 – XVIIIe I - 1 Faire sortir de son articulation. ⇒ **déboîter,** ① **démettre, disloquer.** *Genou désarticulé.* 2 Amputer dans l'articulation. *Désarticuler la cuisse.* 3 Déboîter, disloquer. *Désarticuler une poupée.* 4 Faire perdre son unité à. « *Élucider ses causes* [de l'angoisse] *c'est désarticuler l'angoisse* » (Ionesco). II v. pron. SE DÉSARTICULER. 1 Se déboîter. 2 Perdre son unité. *Sa phrase se désarticule.* 3 Plier ses membres en tous sens. *Un acrobate qui se désarticule.* ⇒ se **contorsionner.**

désassemblage n. m. – XIXe ■ Action de désassembler ou de se désassembler ; son résultat. ✪ CONTR. Assemblage.

désassembler v. tr. 1 – XIIIe 1 Défaire. ⇒ **désunir, disjoindre.** *Désassembler les montants d'un meuble.* ⇒ **démonter.** 2 En informatique, Retrouver le langage d'assemblage d'un programme à partir du programme en langage machine. ✪ CONTR. Assembler, monter.

désassimilation n. f. – XIXe ■ Phénomène par lequel les substances organiques complexes assimilées par les cellules d'un organisme vivant se transforment en produits plus simples qui en sont éliminés. ⇒ **catabolisme.**

désassimiler v. tr. 1 – XIXe 1 Produire la désassimilation de. 2 Priver de ses parties assimilables.

désassortiment n. m. – XVIIe ■ rare État de ce qui est désassorti. ✪ CONTR. Assortiment.

désassortir v. tr. 2 – XVIIe 1 Priver d'une partie de ses éléments. ⇒ **dépareiller.** ➛ *Service désassorti.* 2 *Désassortir un magasin,* le démunir de son assortiment de marchandises. ⇒ **dégarnir.** ✪ CONTR. Réassortir.

désastre n. m. – XVIe ; it. *disastrato* « né sous une mauvaise étoile » 1 Événement funeste, malheur très grave. Dégât, ruine qui en résulte. ⇒ **calamité, cataclysme, catastrophe, fléau.** *Provoquer un désastre. Désastre qui frappe un pays.* « *Hitler, alors qu'il eût pu arrêter la guerre avant le désastre total, a voulu le suicide général* » (Camus). 2 Échec complet, entraînant de graves conséquences. *Désastre financier.* ⇒ **banqueroute, faillite, krach.** ✪ CONTR. Aubaine, bonheur, réussite, succès.

désastreux, euse adj. – XVIe ■ Malheureux, mauvais ; fâcheux. *Des résultats désastreux.* ⇒ **déplorable, désolant, lamentable, épouvantable.**

désatomiser v. tr. 1 – v. 1957 ■ vieilli Dénucléariser.

désavantage n. m. – XIIIe 1 Élément négatif. *Cette situation présente quelques désavantages.* ⇒ **désagrément, inconvénient.** 2 Condition d'infériorité. ⇒ **handicap.** *Le désavantage d'une position.* ♦ *Tourner au désavantage de qqn.* ⇒ **détriment, préjudice.** ✪ CONTR. Avantage, bénéfice.

désavantager v. tr. 3 – XVIe ■ Faire subir un désavantage à, mettre en désavantage. ⇒ **handicaper, léser, pénaliser.** *Cette question désavantage le candidat.* ➛ *Être désavantagé.* ✪ CONTR. Avantager.

désavantageux, euse adj. – XVe ■ Qui cause ou peut causer un désavantage. *Clause désavantageuse.* ✪ CONTR. Avantageux.

désaveu n. m. – XIIIe 1 Parole ou acte par lequel on désavoue ce qu'on a dit ou fait. ⇒ **dénégation, palinodie, rétractation.** ♦ *Désaveu de paternité :* acte par lequel un mari dénie la paternité de l'enfant né de sa femme. 2 Le fait de désavouer qqn. *Encourir le désaveu de ses chefs.* ✪ CONTR. Aveu. Approbation, confirmation, reconnaissance.

❏ Formé sur *aveu,* lui-même dérivé de formes anciennes du verbe *avouer* (*il aveue,* etc.).

désavouer v. tr. 1 – XIIIe 1 Ne pas vouloir reconnaître pour sien. ⇒ **nier, renier.** *Désavouer un ouvrage.* ➛ *Désavouer un collaborateur.* 2 Rétracter. *Désavouer les propos qu'on avait tenus.* ⇒ se **dédire.** 3 Déclarer qu'on n'a pas autorisé (qqn) à agir comme il l'a fait. *Désavouer un ministre.* 4 Refuser son approbation à. ⇒ **désapprouver.** *Désavouer qqn, sa conduite.* ⇒ **blâmer, condamner, réprouver.** ➛ *Homme politique désavoué par son parti.* ➛ pronom. « *je prends honte de moi, me désavoue, me renie* » (Gide). ✪ CONTR. Approuver, confirmer, reconnaître.

désaxé, ée adj. et n. – XIXe ■ Qui n'est pas dans son état normal. ⇒ **déséquilibré.** ✪ CONTR. Équilibré.

désaxer v. tr. 1 – XIXe 1 Écarter, faire sortir de l'axe. *Désaxer une roue.* 2 Faire sortir de l'état normal, habituel. ⇒ **déséquilibrer, égarer.** ✪ CONTR. Axer. Adapter, équilibrer.

descellement n. m. – XVIIIe ■ Action de desceller. *Le descellement d'un cachet.*

desceller v. tr. 1 – XIIe 1 Défaire (ce qui est scellé). *Desceller un acte.* 2 Arracher, détacher (ce qui est fixé dans la pierre). « *Je commençai par faire desceller l'écriteau* » (Gide). ➛ « *par terre, les carreaux descellés faisaient des bosses* » (Zola). ✪ HOM. Desseller ; *descelle :* décèle (déceler).

descendance n. f. – XIIIe ■ Ensemble des descendants de qqn. ⇒ **génération, lignée, postérité, progéniture.** *Il a une nombreuse descendance.* ✪ CONTR. Ascendance.

descendant, ante adj. et n. – XIIIe 1 Qui descend, est issu d'un ancêtre. *Ligne descendante.* ➛ n. *Les descendants d'un homme illustre.* 2 Qui descend. *Marée descendante,* qui découvre le rivage. 3 Qui va du plus aigu au plus grave. *Gamme descendante.* ✪ CONTR. ① Ascendant, montant.

descendeur, euse n. – 1913 1 Cycliste ou skieur brillant en descente. 2 n. m. Ustensile qui, dans les descentes en rappel, évite le frottement de la corde contre le corps.

descendre v. 41 – XIe ; lat. *descendere* I v. intr. auxil. *être* ou (vx) *avoir* A - 1 Aller du haut vers le bas. *Descendre en courant, en tombant.* ⇒ **dégringoler, dévaler.** *Descendre d'un arbre.* « *Descends au fond du puits si tu veux voir les étoiles* » (Gide). *Descendre par l'ascenseur, par l'escalier.* 2 Aller vers le sud. « *En descen-*

dant la côte d'Afrique, quand on a dépassé l'extrémité sud du Maroc » (Loti). **3** *Descendre chez des parents, des amis.* ⇒ **loger.** **4** DESCENDRE DE... Cesser d'être sur (une monture), d'être dans (un véhicule). *Descendre de cheval, de bicyclette, de voiture. Vous descendez à la prochaine* (station) ? **5** Faire irruption. *Les Lombards descendirent en Italie.* ⇒ **envahir.** **6** fig. Aller vers ce qui est considéré comme plus bas. « *Apprends à te connaître et descends en toi-même* » (Corn.). ♦ *Je ne l'aurais pas cru capable de descendre aussi bas.* ⇒ s'**abaisser,** se **ravaler.** ♦ Quitter un rang, un poste élevé. ⇒ **déchoir. B - 1** Aller de haut en bas. *Les cours d'eau descendent vers la mer.* ⇒ **couler.** *Astre qui descend sur l'horizon.* ⇒ **baisser,** se **coucher.** ♦ *La nuit descend.* ⇒ ① **tomber.** « *Tu réclamais le Soir ; il descend ; le voici* » (Baud.). **2** S'étendre de haut en bas. *Son pardessus lui descend jusqu'aux mollets.* **3** Aller en pente. ⇒ **incliner, pencher.** *La rue descend à pic.* **4** Diminuer de niveau. ⇒ **baisser.** *L'eau commence à descendre.* ⇒ **décroître.** *La mer descend.* ⇒ se **retirer.** « *Jamais il n'avait vu le baromètre descendre aussi bas, aussi vite* » (Le Clézio). ♦ *Ma voix ne peut descendre plus bas.* **C** Tenir son origine, être issu de. ⇒ **venir** (de). « *On dit souvent que l'Homme descend du Singe* » (J. Rostand). **II** v. tr. (auxil. *avoir*) **1** Aller en bas, vers le bas de. « *J'ai remonté, descendu et remonté le grand canal* » (Chateaub.). « *Il descendit quatre à quatre l'escalier de granit* » (Loti). ⇒ **débouler, dégringoler.** **2** Porter de haut en bas. *Descendre des vieux objets à la cave.* ♦ fam. *Je vous descendrai en ville, à votre porte.* ⇒ ① **déposer.** ♦ fam. Avaler. « *Quand tout est terminé, elle descend son demi-panaché d'un seul élan* » (Queneau). **3** fam. Faire tomber ; abattre. *Descendre un avion. Descendre un truand. Il s'est fait descendre.* ⇒ **tuer.** ➝ loc. fam. *Descendre en flammes* : critiquer, attaquer violemment. ⇒ **éreinter.** ✪ CONTR. Grimper, monter. Dresser (se), élever (s'), hausser.

descenseur n. m. - XIXe ▪ Dispositif utilisé pour faire descendre des objets.

descente n. f. - XIVe **I - 1** Action de descendre, d'aller d'un lieu élevé vers un autre plus bas. *Descente dans un gouffre. Descente en parachute.* ⇒ **saut.** *Il est bon en descente* (cycliste, skieur). « *La descente de ces rapides n'est ni dangereuse, ni difficile* » (Chateaub.). ➝ Fait de descendre (d'une monture, d'un véhicule). « *J'irai les prendre à leur descente d'omnibus, ou à une sortie de métro* » (Romains). **2** Attaque brusque de troupes débarquées en territoire ennemi. ⇒ **coup** (de main), **débarquement, incursion, irruption, raid.** ♦ *Descente de justice, de police* : recherche, perquisition. ⇒ ① **rafle.** ➝ fam. *Faire une descente dans une boîte de nuit.* **3** *Descente de la mer qui se retire.* ⇒ **reflux.** *Avion qui commence sa descente pour se poser.* ♦ Déplacement de haut en bas (d'un organe). ⇒ **chute, prolapsus, ptose.** **II** Action de déposer une chose, de la porter en bas. *Descente d'un tableau.* ⇒ **décrochage, dépose.** ♦ *Descente de croix* : représentation de Jésus-Christ qu'on détache de la croix. ⇒ **déposition. III - 1** Chemin, pente par laquelle on descend. *Descente rapide, douce.* « *Elle avait dans le wagon* [...] *le sentiment des moindres montées, des moindres descentes* » (Giraud.). ♦ Galerie de mine en pente. **2** *Tuyau de descente* : tuyau d'écoulement des eaux. **3** DESCENTE DE LIT : petit tapis sur lequel on pose les pieds en descendant du lit. ⇒ **carpette.** **4** fam. *Avoir une bonne descente* : ingurgiter beaucoup. ✪ CONTR. Ascension, montée. Côte. — HOM. Décente (décent).

descripteur n. m. - XVe ; lat. **1** Celui qui décrit. **2** Ensemble de signes, de format codifié, servant à décrire de manière optimale un fichier informatique, un lexique.

> ❑ Est synonyme de *mot-clé* en informatique et en documentation.

descriptible adj. - XIXe ▪ rare Qui peut être décrit. ✪ CONTR. Indescriptible.

descriptif, ive adj. et n. m. - XVe **1** Qui décrit, qui évoque concrètement des objets réels. « *Descriptif : C'est un roc !... c'est un pic... c'est un cap ! Que dis-je, c'est un cap ?... c'est une péninsule !* » (Rostand). *Passages descriptifs d'un roman. Musique descriptive.* **2** GÉOMÉTRIE DESCRIPTIVE : technique de représentation plane des figures de l'espace. ⇒ ② **coupe, élévation,** ② **plan, profil.** **3** Qui s'attache à décrire, sur la base de faits observables. *Anatomie descriptive.* ♦ *Linguistique descriptive,* qui se donne pour objet les énoncés réalisés dans un corpus et se borne à la description structurale d'un état de langue. **4** n. m. Document qui décrit précisément au moyen de plans, schémas et légendes.

description n. f. - XIIe **1** Action de décrire, énumération des caractères. *Faire la description de qqch. Description fidèle, précise.* « *Tu sais que les belles choses ne souffrent pas de description* » (Flaub.). **2** Dans une œuvre littéraire, Passage qui évoque la réalité concrète. *Alternance de descriptions et de narrations.*

descriptivisme n. m. - mil. XXe ▪ Linguistique descriptive.

déséchouer v. tr. [1] - XIXe ▪ Remettre à flot (un navire échoué). ⇒ **renflouer.** ✪ CONTR. Échouer.

désectoriser [desɛktɔʀize] v. tr. [1] - v. 1970 ▪ Cesser d'organiser et de répartir par secteurs.

déségrégation [desegʀegasjɔ̃] n. f. - 1964 ▪ Suppression de la ségrégation raciale. ✪ CONTR. Ségrégation.

désembourber v. tr. [1] - XVIIe ▪ Faire sortir de la boue. *La charrette* « *est bien lourde à désembourber* » (Flaub.).

désembourgeoiser v. tr. [1] - XIXe ▪ Enlever le caractère bourgeois à (qqn).

désembouteiller v. tr. [1] - 1965 ▪ Faire cesser l'embouteillage d'une route. ⇒ **décongestionner, désencombrer.** ✪ CONTR. Embouteiller.

désemparé, ée adj. - XIVe **1** *Navire désemparé,* qui a subi des avaries l'empêchant de manœuvrer. **2** Qui ne sait plus où il en est, qui ne sait plus que dire, que faire. ⇒ **déconcerté, décontenancé.**

désemparer v. tr. [1] - XIVe ; de *dés-* et *emparer* « fortifier » **1** Mettre (un navire) hors d'état de servir. **2** intrans. SANS DÉSEMPARER : sans s'interrompre, sans arrêt. *Ils ont travaillé la nuit entière sans désemparer.*

désemplir v. [2] - XIIe **1** v. tr. rare Vider en partie. ➝ pronom. « *Les restaurants se désemplissaient* » (Duras). **2** v. intr. *Ne pas désemplir* : être constamment plein. ➝ « *Sa boutique ne désemplissait pas* » (Aymé). ✪ CONTR. Emplir.

désencadrer v. tr. [1] - XIXe ▪ Enlever le cadre de. *Tableau désencadré.* ♦ *Désencadrer le crédit.* ✪ CONTR. Encadrer.

désenchaîner v. tr. [1] - XVIe ▪ Débarrasser de ses chaînes. ✪ CONTR. Enchaîner.

désenchantement n. m. - XVIe ▪ État d'une personne qui a perdu ses illusions, qui a été déçue. ⇒ **déception, dégoût, désillusion.** *Les* « *désenchantements du déclin de la vie* » (Loti). ✪ CONTR. Enchantement. Enthousiasme.

désenchanter v. tr. [1] - XIIIe ▪ Faire revenir de ses illusions. ⇒ **décevoir, désappointer, désillusionner.** ➝ « *Ces tristesses désenchantées* » (Gide). ✪ CONTR. Enchanter, enthousiasmer.

> ❑ Le sens ancien de « rompre l'enchantement » n'est plus que d'usage littéraire.

désenclaver v. tr. [1] - XIXe ▪ Faire cesser d'être enclavé, d'être une enclave. ✪ CONTR. Enclaver.

désencombrement n. m. - XIXe ▪ Action de désencombrer ; son résultat. ✪ CONTR. Encombrement.

désencombrer v. tr. [1] - XIIe ▪ Faire cesser d'être encombré. « *La nécessité de désencombrer la voie publique des immondices* » (Bloy). ✪ CONTR. Encombrer.

❑ Même famille étym. que *décombres*, de l'ancien verbe *décombrer* aujourd'hui remplacé par *désencombrer*.

désencrasser v. tr. [1] - 1929 ▪ Enlever la crasse de. *Désencrasser un conduit.* ⇒ **décrasser.** ✪ CONTR. Encrasser.

désendettement n. m. - XXe ▪ Le fait de se désendetter ; son résultat.

désendetter (se) v. pron. [1] - 1900 ▪ Réduire la charge de sa dette.

désenfler v. [1] - XIIe **1** v. tr. Faire diminuer ou disparaître l'enflure de. **2** v. intr. Cesser d'être enflé. *Son genou désenfle.* ✪ CONTR. Enfler.

désenfumer v. tr. [1] - XIXe ▪ Chasser la fumée de. ✪ CONTR. Enfumer.

désengagement n. m. - XVe ▪ Action de désengager, de se désengager. ✪ CONTR. Engagement.

désengager v. tr. [3] - XVe ▪ Faire cesser d'être engagé ; retirer d'un engagement. pronom. *Se désengager d'une obligation.* ✪ CONTR. Engager.

désengluer (se) v. pron. [1] - XVIIe ▪ Se dégager. ⇒ **se dépêtrer.** *Se désengluer de ses habitudes.*

désengorger v. tr. [3] - XIXe ▪ Faire cesser d'être engorgé. *Désengorger un tuyau.*

désengourdir v. tr. [2] - XVIe ▪ Dégourdir. ➛ pronom. « *Il parlait avec netteté. Son esprit se désengourdissait* » (Mauriac). ✪ CONTR. Engourdir.

désenivrer [dezɑ̃nivʀe] v. [1] - XIIe ▪ littér. **1** v. tr. Faire cesser d'être ivre. ⇒ **dégriser, dessoûler. 2** v. intr. Cesser d'être ivre. *Il ne désenivre pas.* ✪ CONTR. Enivrer.

❑ Il n'y a pas d'hésitation sur la prononciation du mot, au contraire de *enivrer* [ɑ̃nivʀe ; enivʀe] et des dérivés *enivrant, enivrement.*

désennuyer [dezɑ̃nɥije] v. tr. [8] - XVe ▪ littér. Faire cesser l'ennui de (qqn). ➛ pronom. « *Afin de se désennuyer, Frédéric changeait de place* » (Flaub.). ✪ CONTR. Ennuyer.

désenrayer v. tr. [8] - XVIIe ▪ Réparer (une arme enrayée).

désensabler v. tr. [1] - XVIIe ▪ Dégager (ce qui était ensablé). « *aider leur père à désensabler ses rus* » (Tournier). ✪ CONTR. Ensabler.

désensibilisateur [desɑ̃sibilizatœʀ] n. m. - 1953 ▪ Produit qui diminue la sensibilité d'une émulsion photographique.

désensibilisation [desɑ̃sibilizasjɔ̃] n. f. - 1925 **1** Diminution de la sensibilisation aux substances qui peuvent provoquer un choc anaphylactique ou une allergie. **2** fig. Action de rendre moins sensible à. « *Un processus de désensibilisation* [...] *par l'endurcissement* » (É. Ajar).

désensibiliser [desɑ̃sibilize] v. tr. [1] - XIXe **1** Diminuer la sensibilité de (une émulsion photographique). **2** Pratiquer une désensibilisation sur (un organisme). *Désensibiliser une dent.* ⇒ **dévitaliser.** ♦ Faire devenir insensible à l'agression, au moyen d'un agent thérapeutique ou d'une psychothérapie. **3** fig. Rendre moins sensible à. « *les étudiants des Brigades rouges ont tué Moro pour se désensibiliser* » (É. Ajar).

désensorceler v. tr. [4] - XVIe ▪ Faire cesser d'être ensorcelé. ⇒ **désenvoûter.** ✪ CONTR. Ensorceler.

désentoilage n. m. - XIXe ▪ Action de désentoiler ; son résultat.

désentoiler v. tr. [1] - XIXe ▪ Enlever la toile de. *Désentoiler un tableau.* ✪ CONTR. Entoiler.

désentortiller v. tr. [1] - XVIIe ▪ Détortiller. ✪ CONTR. Entortiller.

désentraver v. tr. [1] - XVIIe ▪ Libérer de ses entraves. ✪ CONTR. ① Entraver.

désenvaser v. tr. [1] - XIXe **1** Débarrasser de la vase. **2** Faire sortir de la vase. ✪ CONTR. Envaser.

désenverguer v. tr. [1] - XVIIIe ▪ Déverguer. ✪ CONTR. Enverguer.

❑ Formé sur le v. *enverguer, désenverguer* semble plus usuel que *déverguer.*

désenvoûter v. tr. [1] - XIVe ▪ Délivrer d'un envoûtement. ⇒ **désensorceler.** ✪ CONTR. Envoûter.

désépaissir v. tr. [2] - XIVe ▪ Rendre moins épais. *Désépaissir les cheveux.* ✪ CONTR. Épaissir.

désépargne n. f. - v. 1980 ▪ Transformation d'une épargne en consommation.

déséquilibrant, ante adj. - 1960 ▪ Qui déséquilibre. ⇒ **déstabilisant.** ✪ CONTR. Équilibrant.

déséquilibre n. m. - XIXe **1** Perte de l'équilibre. ⇒ **instabilité.** *Pile de livres en déséquilibre.* ♦ Trouble de l'équilibre, pendant la marche ou la station debout. ➛ Trouble de la régulation d'un système organique. *Un déséquilibre hormonal.* **2** Absence d'égalité, d'harmonie entre. *Il y a déséquilibre entre l'offre et la demande.* ⇒ **distorsion, disproportion, inégalité. 3** État psychique qui se manifeste par l'impossibilité de mener une vie harmonieuse, par des difficultés d'adaptation, des changements d'attitude immotivés, des réactions asociales. « *Je suis partagé entre des tendances qui se contredisent. Un déséquilibre atroce* » (Mart. du G.). ✪ CONTR. Équilibre.

déséquilibré, ée adj. et n. - XIXe ▪ Qui n'a pas ou n'a plus son équilibre mental. ⇒ **désaxé, détraqué, névrosé, psychopathe.** *Il s'est fait menacer par un déséquilibré.*

❑ Si le *déséquilibré* est physiquement violent, on l'appelle *forcené.*

déséquilibrer v. tr. [1] - XIXe **1** Faire perdre l'équilibre à. **2** Causer un déséquilibre mental chez. ⇒ **déstabiliser.** *Cette dernière épreuve l'a complètement déséquilibré.* ✪ CONTR. Équilibrer.

déséquiper v. tr. [1] - XVIIIe **1** Désarmer (un navire). **2** Enlever l'équipement de. ➛ « *Défense de se déséquiper. Les sacs à terre, rien que les sacs* » (Giono). ✪ CONTR. Équiper.

① **désert, erte** adj. - XIe ; lat. *desertus* **1** Sans habitants. *Île déserte.* ⇒ **inhabité.** « *À mesure qu'on approche de Port-Royal, le pays se fait plus désert* » (Suarès). ➛ Peu fréquenté. *Une plage déserte.* **2** Privé provisoirement de ses occupants. ⇒ **vide.** *L'avenue était déserte.* ✪ CONTR. Habité, peuplé.

② **désert** n. m. - XIIe **I - 1** Lieu dépeuplé. « *Une ville de province est un désert sans solitude* » (Mauriac). **2** Solitude. ⇒ **vide.** *Un désert culturel.* ⇒ **néant.** « *Elle n'a plus eu que quelques amis, ma mère. D'un seul coup, ça a été le désert* » (Duras). **3** *Prêcher (crier,* *parler) dans le désert,* sans être écouté. ➝ *Traversée du désert :* longue période d'isolement forcé du pouvoir. II Région très peu habitée dont les précipitations sont inférieures à l'évaporation ; cette région dans un climat chaud. *Désert aride du Sahara. Désert de Gobi.* « *Le Sud ! Le désert, les nomades, les terres inexplorées* » (Maupass.). *Renard du désert :* fennec.

déserter v. tr. [1] – XIe 1 Abandonner (un lieu où l'on devrait rester). ⇒ **quitter.** *Déserter son poste.* ➝ *Village déserté par ses habitants.* 2 Abandonner l'armée sans permission. *Des* « *jeunes soldats qui, à peine enrôlés, désertent et rejoignent ces réfractaires* » (Madelin). 3 Renier, trahir. *Il entendait* « *ne pas déserter la cause du grand peuple laborieux et souffrant* » (Duham.). ✪ CONTR. Rester, revenir. Rallier, rejoindre.

déserteur n. m. – XIIIe 1 Soldat qui déserte ou qui a déserté. ⇒ **insoumis.** *Déserteur qui passe à l'ennemi.* ⇒ **transfuge.** 2 littér. Personne qui abandonne une foi, une cause. ⇒ **apostat, renégat.** ✪ CONTR. Défenseur, fidèle.

❑ Le féminin *déserteuse* est inusité ; *désertrice* aussi, qui de plus est mal formé.

désertification n. f. – 1960 1 Transformation d'une région en désert. *Lutte contre la désertification.* 2 Disparition de toute activité humaine dans une région peu à peu désertée.

désertifier (se) v. pron. [7] – XXe 1 Se transformer en désert. 2 Perdre toute activité humaine en raison d'un dépeuplement.

désertion n. f. – XIVe 1 Action de déserter, de quitter l'armée sans autorisation. *Désertion en temps de guerre.* ⇒ **trahison.** 2 Le fait d'abandonner (un lieu). *La désertion des campagnes par les populations.* 3 Action de déserter une cause, un parti. ⇒ **abandon, reniement.** ✪ CONTR. Fidélité, ralliement.

désertique adj. – XIXe 1 Qui appartient au désert. *Climat désertique.* 2 Qui a certains caractères du désert. ⇒ **aride, inculte.** ✪ CONTR. Fertile.

désescalade n. f. – v. 1960 ▪ Retour au calme après un processus d'escalade militaire, sociale, etc.

désespérance n. f. – XIIe ▪ littér. État d'une personne qui n'a aucune espérance. ⇒ **désespoir.** « *cet effroyable avenir de désespérance, de fer, de feu, de sang* » (Loti). ✪ CONTR. Espérance.

❑ *Désespérance* est beaucoup plus littéraire que son contraire *espérance. Espoir* et *désespoir* ne présentent pas cette disparité.

désespérant, ante adj. – XVIIe 1 littér. Qui jette dans le désespoir, qui désole. ⇒ **désolant, navrant.** 2 Qui fait perdre espoir, qui lasse. ⇒ **décourageant.** 3 Désagréable, fâcheux. « *l'auto n'avançait qu'avec une désespérante lenteur* » (Gide). ✪ CONTR. Consolant, encourageant, prometteur. Agréable.

désespéré, ée adj. – XIIe 1 Qui est réduit au désespoir. « *Il faut te dire que j'étais désespéré oui, dégoûté de tout* » (Duham.). ♦ n. *Un désespéré, une désespérée.* ➝ Suicidé. « *Serait-ce un suicide ? Quelque jeune désespéré* » (Queneau). 2 Qui exprime le désespoir. ⇒ **triste.** « *Les plus désespérés sont les chants les plus beaux* » (Muss.). 3 Extrême ; dicté par le danger. « *On avait prévu alors des solutions désespérées* » (Camus). 4 Qui ne laisse aucune espérance. *La situation est grave mais pas désespérée. Le malade est dans un état désespéré,* il va mourir. ✪ CONTR. Confiant, consolé, heureux.

désespérément adv. – XIIe 1 De manière désespérée. « *Il regrettait désespérément chaque soir les tendresses, les petits soins et les baisers* » (Maupass.). ➝ « *cette remontée de l'Oubangui est désespérément monotone* » (Gide). 2 Avec acharnement, de toutes ses forces.

désespérer v. [6] – XIIe I – 1 v. tr. ind. DÉSESPÉRER DE : perdre l'espoir en. « *les pompiers désespèrent d'éteindre le feu au moyen de leurs lances* » (Robbe-Grillet). *Il ne désespère pas de réussir un jour.* ➝ littér. *Je ne désespère pas qu'il réussisse.* 2 v. intr. Cesser d'espérer. *Il ne faut pas désespérer.* ⇒ se **décourager.** II v. tr. 1 Réduire au désespoir. ⇒ **affliger.** *La mort de ses parents l'a désespéré.* ♦ « *Les gens qui m'aiment par intérêt me désespèrent* » (Duham.). 2 Lasser, décourager. « *elle est d'une adresse à désespérer un diplomate* » (Balz.). 3 pronom. S'abandonner au désespoir. ⇒ se **désoler.** ✪ CONTR. Espérer. — Consoler, réconforter.

désespoir n. m. – XIIe 1 Perte d'un espoir ou de tout espoir ; état d'une personne qui n'a plus d'espoir. ⇒ **désespérance.** *L'énergie du désespoir :* la force déployée lorsque tout est perdu. 2 Affliction extrême et sans remède ; état d'une personne qui n'a pas d'espoir. ⇒ **désolation, détresse.** *S'abandonner au désespoir.* « *Mon désespoir m'aveugle, il m'emporte trop loin* » (Volt.). 3 Ce qui cause une grande contrariété. *Cet enfant fait le désespoir de ses parents.* ♦ *Être au désespoir :* regretter vivement. 4 *Faire le désespoir de qqn,* le contrarier en lui montrant une impossibilité. « *Le poli de ses casseroles faisait le désespoir des autres servantes* » (Flaub.). ➝ *Désespoir des peintres :* la saxifrage. 5 *En désespoir de cause :* comme dernière tentative et sans grand espoir de succès. ✪ CONTR. Confiance, espérance, espoir, foi. Consolation, joie.

désétatiser v. tr. [1] – v. 1966 ▪ Réduire la part de gestion et de financement de l'État dans. ✪ CONTR. Étatiser.

❑ On trouve le mot *désétatisation* dès 1925.

désexciter v. tr. [1] – mil. XXe ▪ Provoquer la désexcitation de.

désexualiser [desɛksɥalize] v. tr. [1] – XVIIIe ▪ Ôter le caractère sexuel à. ✪ CONTR. Sexualiser.

déshabillage n. m. – XIXe ▪ Action de déshabiller, de se déshabiller.

déshabillé n. m. – XVIIe ▪ Vêtement féminin d'étoffe légère, plus luxueux que le peignoir ou la robe de chambre. ⇒ **négligé, saut-de-lit.** « *Je ne crains rien tant dans le monde qu'une jolie personne en déshabillé* » (Rouss.).

déshabiller v. tr. [1] – XIVe 1 Dépouiller de ses vêtements. ⇒ **dévêtir.** *Déshabiller un enfant pour le mettre au lit.* ➝ « *Il la déshabillait d'un regard connaisseur et sensuel* » (Sartre). 2 Mettre à nu. ⇒ **découvrir, dévoiler, montrer.** « *pâle, mi-morte, elle déshabilla son cœur* » (Cocteau). 3 SE DÉSHABILLER v. pron. Enlever ses habits. ⇒ se **dévêtir.** ♦ Ôter les vêtements destinés à être portés au dehors. ⇒ se **défaire.** *Se déshabiller au vestiaire.* ✪ CONTR. Habiller, rhabiller.

déshabituer v. tr. [1] – XVe ▪ Faire perdre une habitude à. ⇒ **désaccoutumer.** *Sa vie solitaire* « *l'avait déshabitué des épanchements* » (Mart. du G.). ➝ v. pron. Se défaire d'une habitude. *Se déshabituer de fumer.* ✪ CONTR. Accoutumer, habituer.

désherbage n. m. – 1907 ▪ Action de désherber.

désherbant, ante adj. et n. m. – 1949 ▪ Qui désherbe, fait mourir la mauvaise herbe. ⇒ **herbicide.**

désherber v. tr. [1] – XIXe ▪ Enlever les mauvaises herbes de. ⇒ **sarcler.** *Désherber les allées d'un parc.*

déshérence n. f. – XIIIe ; a. fr. *hoir* « héritier » ▪ Absence d'héritiers pour recueillir une succession. *Succession en déshérence.* ♦ littér. *En déshérence* : abandonné, oublié.

déshérité, ée adj. et n. – XIIe **1** Privé d'héritage. **2** Personne désavantagée par la nature, les circonstances. *Aider les déshérités.* ✪ CONTR. Héritier ; comblé ; doué. Privilégié.

déshériter v. tr. [1] – XIIe **1** Priver (qqn) de la succession à laquelle il peut prétendre. ⇒ **exhéréder. 2** Priver des avantages naturels. ⇒ **désavantager.** *La nature l'a déshérité.* ✪ CONTR. Avantager, combler, gâter.

déshonnête adj. – XIIIe ▪ vieilli Contraire à la pudeur, aux bienséances. ⇒ **inconvenant, indécent, obscène.** *Gestes, propositions déshonnêtes.* ⇒ **malhonnête.** ✪ CONTR. Convenable, décent, honnête.

déshonneur n. m. – XIe **1** Perte de l'honneur. ⇒ **honte, indignité, opprobre.** « *Je me tue pour échapper au déshonneur* » (Romains). *Il n'y a pas de déshonneur à avouer son échec.* **2** Ce qui cause le déshonneur. ⇒ **honte.** ✪ CONTR. Honneur.

❑ *Honneur* et *déshonneur* s'écrivent avec deux *n*, mais les autres mots de la famille à radical savant, *honorable, honoraire, honorer, honorifique,* ainsi que leur dérivés n'en prennent qu'un.

déshonorant, ante adj. – XVIIIe ▪ Qui déshonore. ⇒ **avilissant, honteux, infamant.** *Cela n'a rien de déshonorant.* ✪ CONTR. Digne, honorable.

déshonorer v. tr. [1] – XIIe **1** Porter atteinte à l'honneur de. ⇒ **avilir, déconsidérer, discréditer, salir.** *Il a déshonoré sa famille.* « *déshonorer, par des frasques* [...] *un nom respecté* » (Proust). ➤ *Il se croirait déshonoré de travailler de ses mains.* ➤ « *Ce qui déshonore est funeste : un soufflet ne vous fait physiquement aucun mal, et cependant il vous tue* » (Chateaub.). **2** vieilli *Déshonorer une femme,* la séduire, abuser d'elle. **3** littér. Faire tort à. ⇒ **défigurer,** ① **dégrader.** « *Quittez ce lieu que vous déshonorez de votre ignoble présence !* » (Courtel.). ⇒ **souiller. 4** v. pron. Perdre l'honneur, se couvrir d'opprobre. ✪ CONTR. Exalter, glorifier, honorer.

déshuiler v. tr. [1] – XIXe ▪ Enlever l'huile de. *Déshuiler la laine.* ⇒ **dégraisser, dessuinter.** ✪ CONTR. Huiler.

déshumaniser v. tr. [1] – XVIIe ▪ Faire perdre le caractère humain, la dignité d'homme à. « *Son silence même ajoutait à l'exception de son cas, le déshumanisait* » (Genet). ✪ CONTR. Humaniser.

déshydratation n. f. – XIXe **1** Opération par laquelle on déshydrate. ⇒ **dessiccation, lyophilisation. 2** Fait de perdre une partie de son eau. ✪ CONTR. Hydratation.

déshydraté, ée adj. – XIXe ▪ Privé de son eau ou d'une partie de son eau. *Champignons déshydratés.* ➤ *Peau déshydratée.* ♦ fam. Assoiffé. « *Je vais vous apporter à boire* [...] *Vous êtes sûrement déshydratée* » (Le Clézio).

déshydrater v. tr. [1] – XIXe **1** Enlever l'eau de. ⇒ **dessécher, sécher.** *Déshydrater des légumes.* ⇒ **lyophiliser. 2** v. pron. Perdre l'eau nécessaire à l'organisme. *Les bébés se déshydratent rapidement.* ✪ CONTR. Réhydrater.

déshydrogénation n. f. – XIXe **1** Action de déshydrogéner ; son résultat. **2** Oxydation d'une molécule organique par départ de l'hydrogène, sous l'effet d'enzymes. ✪ CONTR. Hydrogénation.

déshydrogéner v. tr. [6] – XIXe ▪ Enlever l'hydrogène de. ✪ CONTR. Hydrogéner.

déshypothéquer v. tr. [6] – XIXe ▪ Faire cesser d'être hypothéqué. ✪ CONTR. Hypothéquer.

desiderata [dezideʀata] n. m. pl. – XVIIIe ; mot lat. ▪ Choses souhaitées. ⇒ **désir, souhait, vœu.** *Veuillez nous faire connaître vos desiderata.*

❑ S'emploie surtout dans le langage de l'administration, des affaires. ♦ Le singulier *desideratum* est très rare. « *Je ne doute pas que le desideratum de la défunte ne soit bien vite réalisé* » (Maupassant).

design [dizajn ; dezajn] n. m. – v. 1965 ; mot angl. « dessin, plan, esquisse », du fr. *dessein* ▪ Esthétique industrielle appliquée à la recherche de formes nouvelles et adaptées à leur fonction. ⇒ **stylisme.** « *ce chef-d'œuvre insurpassable de* design, *la coquille de l'œuf* » (Tournier). ➤ adj. inv. *Des meubles design.*

❑ *Design,* marqué au signe de la mode, s'est répandu malgré les difficultés de prononciation et les efforts des spécialistes pour lui trouver un équivalent français. On a proposé *stylisme, stylique* et, pour le dérivé *designer : styliste* devenu assez courant.

désignatif, ive adj. – XVIIe ▪ Qui désigne, sert à désigner. ⇒ **déictique.**

désignation n. f. – XIVe **1** Action de désigner. *Désignation d'une personne par son titre.* **2** Signe linguistique. ⇒ **appellation, dénomination. 3** Action de choisir. ⇒ **nomination.** *Désignation d'un successeur.* ✪ CONTR. Révocation.

designer [dizajnœʀ ; dezajnœʀ] n. – 1969 ▪ Spécialiste du design. ⇒ **créateur, dessinateur, styliste.**

❑ Pour les problèmes posés par ce mot → design (rem.).

désigner v. tr. [1] – XIIIe ; lat. *signum* « signe » **I - 1** Indiquer de manière à faire distinguer de tous les autres. ⇒ **marquer, montrer, signaler.** « *Du petit doigt, elle désignait un endroit sur la carte* » (Romains). « *Les triangles d'étoffe cousus aux vêtements désignaient l'origine des prisonniers* » (Malraux). **2** *DÉSIGNER QQN À.* ⇒ **signaler.** « *Les titres mêmes qui le désignent à la faveur du Haut Personnel Administratif* » (Courtel.). **3** Être le signe linguistique de. ⇒ **dénommer, nommer, représenter, signifier.** « *Une institution est quelquefois expliquée par le mot qui la désigne* » (Fustel de Coul.). **II - 1** Choisir pour une activité, un rôle, une dignité. ⇒ **appeler, choisir, nommer.** *Désigner un rapporteur.* ➤ *Son successeur désigné.* **2** *Ses qualités le désignent pour ce rôle.* ⇒ **destiner** (à), **qualifier.** ➤ *Il est tout désigné pour remplir ce rôle.*

désiliciage [desilisjaʒ] n. m. – 1959 ▪ Traitement des eaux industrielles pour en éliminer la silice.

désillusion n. f. – XIXe ▪ Perte d'une illusion. ⇒ **déception, désenchantement.** « *J'ai rarement éprouvé des désillusions, ayant eu peu d'illusions* » (Flaub.). ✪ CONTR. Illusion.

désillusionnement n. m. – XIXe ▪ littér. Action de faire perdre ses illusions à qqn ; fait d'être désillusionné.

désillusionner v. tr. [1] – XIXe ▪ Faire perdre une illusion à. ⇒ **décevoir, désappointer.** ➤ pronom. *Elle s'est vite désillusionnée.* ✪ CONTR. Illusionner (s').

désincarcération n. f. – 1980 ▪ Dégagement des personnes prisonnières d'un véhicule accidenté.

désincarné, ée adj. – XIXe **1** Privé de son corps, de son enveloppe charnelle. *Âme désincarnée.* **2** Qui néglige ou méprise les choses matérielles. *Un amour désincarné.* ⇒ **platonique.**

désincarner (se) v. pron. [1] – v. 1922 ▪ littér. Se dégager de son enveloppe charnelle. ➤ S'éloigner de la réalité. ✪ CONTR. Incarner, réincarner (se).

désincrustant, ante n. m. et adj. – XIXe **1** Mélange chimique destiné à empêcher la formation des incrustations dans les chaudières, les radiateurs. **2** adj. *Gommage désincrustant,* qui nettoie la peau (sorte de crème abrasive).

désincrustation n. f. – XIXe ■ Action de désincruster. ⇒ **détartrage.**

désincruster v. tr. [1] – XIXe **1** Nettoyer en débarrassant des incrustations, des dépôts. ⇒ **détartrer. 2** Nettoyer (la peau) en profondeur. ✪ CONTR. Entartrer ; encrasser.

désindexer v. tr. [1] – 1985 ■ Supprimer la relation entre la variation d'une valeur et un indice déterminé. *Désindexer les salaires par rapport à l'inflation.* ✪ CONTR. Indexer.

désindustrialiser v. tr. [1] – v. 1980 ■ Réduire ou faire disparaître les activités industrielles de. ➛ pronom. *Région qui se désindustrialise.* ✪ CONTR. Industrialiser.

désinence n. f. – XIVe ; lat. *desinere* « finir » **1** Élément variable qui s'ajoute au radical d'un verbe conjugué (⇒ **flexion**). **2** Manière dont certains organes végétaux se terminent.

❑ Ne pas confondre la *désinence* qui se manifeste dans la phrase et le *suffixe* qui appartient au mot.

désinfectant, ante adj. et n. m. – XIXe ■ Qui sert à désinfecter. *Produit désinfectant.* ➛ « *Je détestais mon hôtel, son odeur de désinfectant et de dollars* » (Beauv.).

désinfecter v. tr. [1] – XVIe ■ Procéder à la désinfection de. ⇒ **assainir, purifier, stériliser.** *Désinfecter une blessure.* ✪ CONTR. Infecter.

❑ Rare jusqu'au XIXe s. où il devient usuel avec les progrès de l'hygiène.

désinfection n. f. – XVIIe ■ Opération (préventive ou curative) qui vise à détruire les microbes. ⇒ **antisepsie, asepsie, assainissement, stérilisation.** *Désinfection d'une salle d'hôpital.* ✪ CONTR. Infection.

désinflation n. f. – v. 1970 ■ Réduction de l'inflation. ✪ CONTR. Inflation.

désinformation n. f. – 1954 ■ Utilisation des techniques de l'information, pour travestir les faits. ⇒ **intoxication.**

❑ Contrairement aux mots préfixés par *dés-* qui indique la privation, la *désinformation* ne prive pas d'informations, elle trompe. ♦ Ne pas confondre avec *sous-information* → sous-information (rem.).

désinformer v. tr. [1] – 1959 ■ Informer de manière à falsifier certains faits.

désinhiber v. tr. [1] – v. 1980 ■ Lever l'inhibition de. ⇒ **décoincer, décomplexer.** ✪ CONTR. Inhiber.

❑ On trouve le mot *désinhibition* dès 1927.

désinsectisation n. f. – 1932 ■ Destruction systématique des insectes.

désinsectiser v. tr. [1] – 1932 ■ Opérer la désinsectisation de.

désintégration n. f. – XIXe **1** Action de désintégrer ; son résultat. ⇒ **désagrégation, destruction.** ♦ Transformation spontanée d'un noyau atomique par perte de masse. ⇒ **fission, transmutation.** ♦ Décomposition des roches sous l'influence d'agents atmosphériques. ⇒ **altération, désagrégation. 2** fig. Destruction complète. « *La propagande, la torture sont des moyens directs de désintégration* » (Camus).

désintégrer v. tr. [6] – XIXe **1** Défaire l'intégrité de. ⇒ **désagréger, détruire. 2** Transformer (la matière) partiellement en énergie. **3** Détruire complètement. ➛ pronom. « *Dans sa tête, l'impression que quelque chose allait exploser, se désintégrer* » (Cl. Simon).

désintéressé, ée adj. – XVIe **1** Qui n'agit pas par intérêt personnel. ⇒ **altruiste, généreux.** « *si j'étais désintéressé, ce serait probablement au profit de quelqu'un qui ne le serait pas, désintéressé* » (Aragon). ♦ *Donner un conseil désintéressé.* ⇒ **bénévole, gratuit. 2** Objectif, impartial. *Le scepticisme « suppose un examen profond et désintéressé »* (Dider.). ✪ CONTR. Avare, cupide, égoïste, intéressé.

désintéressement n. m. – XVIIe **1** Détachement de tout intérêt personnel. ⇒ **altruisme, détachement, générosité.** *Rappelant « le désintéressement dont il avait fait preuve »* (Courtel.). **2** Action de désintéresser qqn. ⇒ **compensation, dédommagement, indemnisation, réparation.** *Le désintéressement de ses créanciers lui coûtera cher.* ✪ CONTR. Attachement, avidité, cupidité, intérêt.

❑ Ne pas confondre avec *désintérêt,* qui signifie « indifférence ».

désintéresser v. tr. [1] – XVIe **1** Rendre (qqn) étranger à une affaire en l'indemnisant ou en lui payant ce qui lui est dû. ⇒ **contenter, dédommager.** *Désintéresser ses créanciers.* **2** v. pron. *Se désintéresser de son travail,* ne plus y porter intérêt. ⇒ **négliger.** « *débrouillez-vous. Moi* [...] *je m'en désintéresse complètement* » (Sarraute). ➛ *Il s'est complètement désintéressé de son fils.* ✪ CONTR. Intéresser, préoccuper (se).

désintérêt n. m. – XIXe ■ État de l'esprit qui se désintéresse de qqch., perd l'intérêt qu'il y prenait. ⇒ **indifférence.** ✪ CONTR. Intérêt.

❑ Ne pas confondre avec *désintéressement* « générosité ; dédommagement ».

désintermédiation n. f. – v. 1985 ■ Fait (pour une banque) de n'être plus un intermédiaire technique entre les épargnants et les emprunteurs.

désintoxication n. f. – 1922 ■ Traitement qui a pour but de guérir une intoxication, d'obtenir d'un alcoolique ou d'un toxicomane qu'il se désaccoutume de l'alcool ou des stupéfiants. *Cure de désintoxication* (⇒ **sevrage**). ✪ CONTR. Intoxication.

❑ S'abrège familièrement en *désintox(e),* moins fréquent que *intoxe.*

désintoxiquer v. tr. [1] – XIXe **1** Guérir d'une intoxication. ➛ Faire subir à (qqn) une cure de désintoxication. *Désintoxiquer un alcoolique.* ➛ v. pron. Suivre une cure de désintoxication. **2** Débarrasser l'organisme de (qqn) de ses toxines. *Un bol d'air nous désintoxiquera.* **3** *Désintoxiquer l'opinion.* ✪ CONTR. Intoxiquer.

❑ Ne pas confondre avec *détoxiquer* « supprimer les effets toxiques ».

désinvestir v. tr. [2] – XVIe **1** Réduire ou supprimer les investissements dans. **2** intrans. Cesser d'être motivé par. ✪ CONTR. Investir.

désinvestissement n. m. – XIXe ■ Action de désinvestir ; son résultat. ✪ CONTR. Investissement.

désinvolte adj. – XVIIe ; esp. *desenvuelto* « développé » **1** Qui est à l'aise, dégagé dans ses attitudes, ses mouvements. « *On les reconnaissait à leur teint plus bronzé, à leurs allures plus désinvoltes* » (Loti). **2** Qui fait montre d'une liberté un peu insolente, d'une légèreté excessive. ⇒ **cavalier.** « *La façon désinvolte dont vous parlez de la mort de votre père, dans votre lettre, m'a outré* » (Montherl.). ✪ CONTR. Maladroit ; déférent, sérieux.

désinvolture n. f. – XVIIIe ■ Attitude, tenue, tournure désinvolte. ⇒ **aisance, laisser-aller, liberté.** *Agir avec désinvolture.* ⇒ **sans-gêne.** « *la désinvolture d'un joueur éparpillant sur le tapis vert une liasse de billets* » (Cl. Simon). ✪ CONTR. Retenue, rigueur, sérieux.

désir n. m. – XIIe 1 Tendance vers un objet connu ou imaginé ; prise de conscience de cette tendance. ⇒ **appétit, aspiration, besoin, convoitise, envie, inclination, penchant.** « *Ses désirs étaient toujours si impérieux qu'il ne doutait jamais de leur exécution* » (Mart. du G.). *Exprimer un désir.* ⇒ **souhait, vœu.** *Vos désirs sont pour nous des ordres.* ♦ *Un désir de changement. Le désir de réussir. Désir de savoir* : curiosité. « *Ce désir de vivre qui renaît en nous chaque fois que nous prenons de nouveau conscience de la beauté et du bonheur* » (Proust). 2 *LE DÉSIR.* Manifestation physique et psychologique d'un besoin de plaisir sexuel. ⇒ **érotisme, libido.** ➛ *Éprouver du désir pour qqn. Désir masculin* (⇒ **érection**), *féminin* (⇒ **envie,** ② **trouble**). *Le désir et le plaisir.* « *hommes et femmes se touchent juste assez pour que le désir naisse et renaisse* » (Alain). ✪ CONTR. Dédain, indifférence, mépris, peur, répulsion.

désirable adj. – XIIe 1 Qui mérite d'être désiré ; qui excite le désir. ⇒ **attrayant, enviable, intéressant, séduisant, souhaitable, tentant.** « *Le seul progrès désirable consiste dans l'amélioration des âmes* » (Renan). 2 Qui inspire un désir sexuel. ⇒ **excitant.** « *Il la trouva fort désirable. Elle le jugea fort séduisant* » (Maupass.). ✪ CONTR. Indésirable, indifférent, repoussant.

désirer v. tr. [1] – XIe ; lat. *desiderare* « regretter l'absence de » 1 Tendre consciemment vers ; éprouver le désir de. ⇒ **ambitionner, aspirer** (à), **convoiter, incliner** (vers), **rechercher, rêver, souhaiter.** *Désirer ardemment qqch. Il ne désire pas le rencontrer.* ⇒ **tenir** (à). *Que désirez-vous ?* « *moi, je désire tout ; alors je n'obtiens rien* » (Gide). *N'avoir plus rien à désirer* : être comblé. *Elle désire qu'il vienne la voir. Je désire m'entretenir avec vous.* ⇒ ① **vouloir.** 2 *LAISSER À DÉSIRER* : être imparfait. *Ce travail laisse à désirer.* 3 *SE FAIRE DÉSIRER* : se montrer peu pressé de satisfaire le désir que les autres ont de nous voir. « *Au revoir* [...] *et ne te fais pas trop désirer* » (Queneau). 4 Éprouver du désir pour, avoir envie de (qqn). « *Tout le régiment connaît Lucie, tous les hommes la désirent* » (Dorgelès). ⇒ ① **vouloir.** ✪ CONTR. Craindre, dédaigner, mépriser.

désireux, euse adj. – XIe ▪ Qui désire. *Désireux de* : qui veut, a envie de. « *Désireux de goûter ma solitude* » (Gide). ✪ CONTR. Dédaigneux ; indifférent, méprisant.

désistement n. m. – XVIe 1 Abandon volontaire (d'un droit, d'un avantage). ⇒ **renoncement.** 2 Retrait de candidature à une élection. ✪ CONTR. Maintien.

désister (se) v. pron. [1] – XIVe ; lat. *sistere* « s'arrêter » 1 Renoncer à (une action en justice). 2 Renoncer à une candidature. ⇒ se **retirer.** *Se désister en faveur de qqn.* ✪ CONTR. Maintenir.

desman [dɛsmɑ̃] n. m. – XVIIIe ; suédois *desmanratta* « rat musqué » ▪ Taupe d'eau douce *(insectivores)* au pelage court et velouté.

désobéir v. tr. ind. [2] – XIIIe ▪ *DÉSOBÉIR À.* 1 Ne pas obéir à (qqn), en refusant de faire ce qu'il commande ou en faisant ce qu'il défend. ⇒ s'**opposer,** se **rebeller, résister,** se **révolter.** *Désobéir à ses parents.* ➛ *Ces enfants ont désobéi.* 2 *Désobéir à la loi.* ⇒ **contrevenir ; enfreindre, transgresser, violer.** ✪ CONTR. Obéir, respecter.

désobéissance n. f. – XIIIe 1 Action de désobéir. ⇒ **indiscipline, insoumission, insubordination, révolte.** *La désobéissance « est un essai de liberté et un essai de courage »* (Alain). 2 Habitude de désobéir. ⇒ **indocilité.** ✪ CONTR. Obéissance.

désobéissant, ante adj. – XIIIe ▪ Qui désobéit. ⇒ **indiscipliné, indocile, insubordonné.** *Enfant désobéissant.* ✪ CONTR. Obéissant.

désobligeant, ante adj. – XVIIe ▪ Qui désoblige, froisse les autres ; peu aimable. ⇒ **désagréable.** « *il ne se réveillait que pour lui dire des choses désobligeantes* » (Flaub.). ⇒ **déplaisant.** ✪ CONTR. Aimable, obligeant.

désobliger v. tr. [3] – XIVe ▪ Indisposer par des actions ou des paroles qui froissent l'amour-propre. ⇒ **déplaire, peiner, vexer.** *Vous me désobligeriez beaucoup en refusant.* ✪ CONTR. Obliger.

désobstruction n. f. – XIXe ▪ rare Action de désobstruer ; son résultat. ♦ Opération qui consiste à enlever d'une cavité ou d'un conduit de l'organisme les matières qui les bouchent.

désobstruer v. tr. [1] – XVIIIe ▪ Débarrasser de ce qui obstrue, de ce qui bouche. ⇒ ① **déboucher, dégager, désencombrer, désengorger, vider.** *Désobstruer un canal.* ✪ CONTR. Obstruer ; ① boucher.

désocialiser [desɔsjalize] v. tr. [1] – 1919 1 Supprimer la socialisation de. 2 Réduire ou supprimer les relations sociales de.

désodorisant, ante adj. et n. m. – XIXe ▪ Qui désodorise, absorbe les mauvaises odeurs. *Une bombe désodorisante.*

> ❑ Ne pas confondre avec le *déodorant,* destiné aux personnes. → déodorant (rem.).

désodoriser v. tr. [1] – XIXe ; de *dés-* et lat. *odor* « odeur » ▪ Dépouiller (un corps) de son odeur ; enlever les mauvaises odeurs de (un lieu).

désœuvré, ée adj. et n. – XVIIe ; de *œuvre* 1 Qui n'exerce pas d'activité. ⇒ **inactif, inoccupé, oisif.** ➛ « *la démarche indolente d'un désœuvré qui veut tuer le temps* » (Balz.). 2 littér. Sans aucune activité. « *La fin d'un de ces après-midi tout à fait désœuvrés* » (Breton). ✪ CONTR. Actif, affairé, occupé.

désœuvrement n. m. – XVIIIe ▪ État d'une personne désœuvrée. ⇒ **inaction, inoccupation, oisiveté.** « *elle boit par désœuvrement, pour tuer le temps et l'ennui* » (Colette). ✪ CONTR. Activité, occupation.

désolant, ante adj. – XVIIIe 1 littér. Qui désole. ⇒ **affligeant, consternant, navrant.** *Spectacle désolant.* 2 Qui contrarie. *Il fait mauvais ; c'est désolant !* ✪ CONTR. Consolant, réjouissant.

désolation n. f. – XIIe 1 littér. État d'un lieu désert, aride, ravagé. « *C'étaient les parages du cap Horn : désolation sur les terres* [...], *désolation sur la mer* » (Loti). 2 Extrême affliction. ⇒ **consternation, détresse, peine.** *Cette nouvelle l'a plongé dans la désolation. Une vieille dame « au visage empreint* [...] *d'une expression de désolation chronique »* (Cl. Simon). ✪ CONTR. Consolation.

désolé, ée adj. – XIVe 1 Désert et triste. « *Un endroit désolé, consumé de soleil* » (From.). 2 Affligé, éploré. *Avoir l'air désolé.* 3 *Être désolé* : regretter. *Je suis désolé de vous avoir fait attendre.* ➛ *Désolé, je ne puis vous renseigner,* excusez-moi. ✪ CONTR. Riant ; joyeux, réjoui ; ravi.

désoler v. tr. [1] – XIVe ; lat. *desolare* « laisser seul », d'où « ravager » 1 vx ou littér. Ruiner, transformer en solitude par des ravages. ⇒ **dévaster, ravager, ruiner.** 2 Causer une affliction extrême à. ⇒ **affliger, consterner, navrer.** *Cet échec me désole.* ➛ pronom. *Elle se désole de ne pouvoir vous aider.* 3 Contrarier. *Ce contretemps me désole.* ✪ CONTR. Réjouir, ravir.

désolidariser [desɔlidaʀize] v. tr. [1] – XIXe 1 rare Rompre les liens de solidarité avec, entre. ⇒ **désunir, diviser.** 2 Faire cesser d'être solidaire. ⇒ **disjoindre, dissocier.** *Désolidariser le moteur de la transmission.* 3 v. pron. Cesser d'être solidaire. *Se désolidariser de (d'avec) ses collègues.* ⇒ **abandonner.** ✪ CONTR. Unir, solidariser (se).

désoperculer v. tr. [1] – XIXe ▪ Ouvrir les alvéoles de (en enlevant l'opercule).

désopilant, ante adj. – XVIIe ▪ Qui fait rire. ⇒ **comique, drôle.** *Histoire désopilante.*

désopiler v. tr. [1] – XVIe ; de *dés-* et a. fr. *opiler* « obstruer » ▪ Faire rire, réjouir.

désordonné, ée adj. – XIIIe 1 Mal réglé, sans ordre. ⇒ **confus.** *Fuite désordonnée. Gestes désordonnés.* 2 Qui manque d'ordre, ne range pas ses affaires. ⇒ fam. **bordélique.** 3 littér. Qui n'est pas conforme à la règle, à la morale, au bon ordre. *Vie désordonnée.* ⇒ **agité, déréglé, dissolu.** ✪ CONTR. Ordonné, rangé. Moral ; modéré.

désordre n. m. – XIVe 1 Absence d'ordre. *Le désordre d'une pièce. Mettre du désordre quelque part.* ⇒ **capharnaüm, fouillis, pagaille** ; fam. **bazar, chantier, souk** ; très fam. **bordel, boxon, foutoir, merdier.** ➛ *Mettre qqch. en désordre. Tout est en désordre.* ⇒ **pêle-mêle,** ② **sens** (dessus dessous) ; région. **déjeté.** ➛ *Tenue, cheveux en désordre.* ➛ fam. *Ça fait désordre :* cela a une apparence désordonnée ; fig. cela évoque une mauvaise organisation. ♦ *Un savant désordre,* destiné à rompre la monotonie du décor, à donner du naturel. ♦ « *Le désordre de ma pensée reflète le désordre de ma maison* » (Gide). ⇒ **confusion.** ➛ *Désordre dans la gestion.* ⇒ **désorganisation, gabegie, pagaille.** 2 Trouble dans un fonctionnement. ⇒ **altération, perturbation,** ② **trouble.** *Désordre fonctionnel, hormonal.* 3 Absence d'ordre ou rupture de l'ordre, de la discipline. ⇒ **anarchie.** *Semer le désordre dans les rangs d'une armée.* 4 Agitation, ensemble de troubles qui interrompent la tranquillité publique, l'ordre social. ⇒ **émeute.** *De graves désordres ont éclaté.* ✪ CONTR. Ordre, organisation. Cohérence.

❑ L'emploi en adjectif est vieilli : *ce qu'il peut être désordre ! ;* « *L'Indien est par nature insouciant et désordre* » (Frison-Roche). On dit *désordonné.*

désorganisateur, trice adj. et n. – XVIIIe ▪ Qui désorganise. ✪ CONTR. Organisateur.

désorganisation n. f. – XVIIIe ▪ Action de désorganiser ; son résultat. ⇒ **désordre, déstructuration,** ② **trouble.** *La désorganisation d'une armée.* ⇒ **désagrégation.** ✪ CONTR. Organisation.

désorganiser v. tr. [1] – XVIe ▪ Détruire l'organisation de. ⇒ **déstructurer.** *Le cancer désorganise les tissus qu'il envahit.* ♦ pronom. *Société qui se désorganise.* ✪ CONTR. Organiser.

désorientation [dezɔʀjɑ̃tasjɔ̃] n. f. – XIXe ▪ Action de désorienter ; son résultat. ✪ CONTR. Orientation.

désorienter [dezɔʀjɑ̃te] v. tr. [1] – XVIIe 1 Faire cesser d'être orienté. ➛ Faire perdre la direction à suivre à. ⇒ **égarer.** 2 Rendre hésitant sur ce qu'il faut faire, sur le comportement à avoir. ⇒ **déconcerter, embarrasser, troubler.** « *Il était tout désorienté d'avoir gain de cause sans lutte* » (Mart. du G.). ✪ CONTR. Orienter, rassurer.

désormais adv. – XIIe ; de *dés-,* ② *or* « maintenant » et *mais* « plus » ▪ À partir du moment actuel. ⇒ **dorénavant.**

désorption [desɔʀpsjɔ̃] n. f. – 1949 ▪ Émission de molécules de gaz ou de liquide préalablement adsorbées par la surface d'un solide. ✪ CONTR. Adsorption.

désossement n. m. – XVIIIe ▪ rare Action de désosser, de se désosser.

désosser v. tr. [1] – XIVe 1 Ôter l'os, les os de. *Désosser une épaule de mouton. Dinde désossée et farcie.* « *un trémoussement rythmique de tout le corps, comme désossé* » (Gide). 2 Décomposer, analyser en détail. ⇒ **décortiquer, disséquer, éplucher.** *Désosser un article.* 3 Mettre en pièces détachées. *Désosser une voiture.*

désoxygéner v. tr. [6] – XVIIIe ▪ Enlever tout ou partie de l'oxygène de. *Cet air* « *qui, bientôt désoxygéné* [...] *devint à peu près irrespirable* » (J. Verne). ✪ CONTR. Oxygéner.

désoxyribonucléase n. f. – 1967 ; de *désoxyribo(se)* et *nucléase* ▪ Enzyme qui catalyse l'hydrolyse des acides désoxyribonucléiques.

désoxyribonucléique adj. – 1960 ▪ *Acide désoxyribonucléique.* ⇒ **A. D. N.**

désoxyribose n. m. – v. 1960 ▪ Ose, constituant de l'A. D. N.

desperado [dɛspeʀado] n. m. – XIXe ; esp. « désespéré » ▪ Hors-la-loi qui n'a plus rien à perdre.

despote n. m. – XIIe ; gr. *despotês* « maître de la maison » 1 Souverain qui gouverne avec une autorité arbitraire et absolue. ⇒ **tyran.** ➛ *Despote éclairé :* monarque absolu adepte de la philosophie des lumières, au XVIIIe siècle. 2 Personne qui exerce une autorité tyrannique. « *La vie familiale autour du génial despote* [Hugo] *ne devait pas être légère tous les jours* » (Henriot).

❑ Pour une femme on emploie généralement le masculin, *cette femme est un vrai despote,* parfois le féminin, *une vraie despote.*

despotique adj. – XIVe 1 Qui est propre au despote. ⇒ **tyrannique ; dictatorial.** *Souverain despotique.* 2 littér. *Caractère despotique,* très autoritaire. ✪ CONTR. Libéral.

despotiquement adv. – XIVe ▪ D'une manière despotique. « *Elle régna despotiquement dans sa maison* » (Balz.).

despotisme n. m. – XVIIe 1 Pouvoir absolu, arbitraire et oppressif du despote. *Le despotisme de Napoléon. Le despotisme* « *c'est l'ordre extérieur, l'ordre sans sagesse* » (Alain). ➛ *Despotisme éclairé :* doctrine politique des philosophes du XVIIIe s. ♦ Gouvernement dans lequel tous les pouvoirs sont réunis dans les mains d'un seul. ⇒ **absolutisme, dictature, tyrannie.** 2 Autorité tyrannique. ✪ CONTR. Démocratie, libéralisme. Faiblesse.

desquamation [dɛskwamasjɔ̃] n. f. – XVIIIe ; lat. *squama* « écaille » ▪ Élimination des couches superficielles de l'épiderme sous forme de lamelles cornées. ⇒ **exfoliation.**

desquamer [dɛskwame] v. [1] – XIXe 1 v. intr. En parlant de la peau, Se détacher par squames, écailles. ⇒ **s'exfolier, peler.** 2 v. tr. Débarrasser des cellules mortes. ➛ pronom. *La peau se desquame après la scarlatine.*

desquels, desquelles → **lequel**

D. E. S. S. [deøɛsɛs] n. m. – 1974 ; sigle de ***D****iplôme d'**é**tudes **s**upérieures **s**pécialisées* ▪ Diplôme de troisième cycle.

dessablement n. m. – 1961 1 Action de dessabler ; son résultat. 2 Traitement des eaux usées consistant à en éliminer les matières minérales en suspension. ✪ CONTR. Ensablement.

dessabler v. tr. [1] – XVIIIe ▪ Ôter le sable de. ⇒ **désensabler.** ✪ CONTR. Ensabler.

dessaisir v. tr. [2] – XIIe 1 Enlever à (qqn, un groupe) son bien, ses responsabilités. ➛ *Dessaisir un tribunal d'une affaire.* 2 v. pron. SE DESSAISIR DE... : se déposséder volontairement de. *Se dessaisir d'une lettre.* ⇒ se **défaire** (de).

dessaisissement n. m. – XVIIe ▪ Action de dessaisir, de se dessaisir.

dessalage n. m. – XIXe ■ Fait de chavirer.

dessalement n. m. – XVIIIe ■ Action de dessaler (I, 1o) ; son résultat.

dessaler v. [1] – XIIIe **I** v. tr. **1** Rendre moins salé ou faire cesser d'être salé. *Dessaler de la morue en la faisant tremper.* **2** fam. Rendre moins niais, plus déluré. ⇒ **dégourdir, déniaiser.** ➛ pronom. *Il commence à se dessaler.* **II** v. intr. Se renverser (bateau) ; renverser son bateau. ⇒ **chavirer.** ✪ CONTR. Saler.

❑ Attention, on *dessale* mais on *resale* avec un seul *s.* → ① s (rem.).

dessangler v. tr. [1] – XIIe ■ Enlever ou détendre les sangles de. *Dessangler un cheval.* ✪ CONTR. Sangler.

dessaouler → **dessoûler**

desséchant, ante adj. – XVIe ■ Qui dessèche. « *un vent âpre et desséchant qui souffle avec force* » (Le Clézio).

dessèchement n. m. – XVe **1** Action de dessécher ; état d'une chose desséchée. ⇒ **déshydratation, dessiccation.** *Dessèchement de la peau. Dessèchement du sol.* **2** Perte de la faculté de s'émouvoir, de s'attendrir. ⇒ **endurcissement, sclérose.** *Le dessèchement de l'esprit.* ✪ CONTR. Hydratation. Fraîcheur, sensibilité.

dessécher v. tr. [6] – XIIe **1** Rendre sec. ⇒ **sécher.** *Chaleur qui dessèche la végétation.* ⇒ **brûler, calciner,** ① **griller.** *Dessécher des fruits.* ⇒ **déshydrater.** « *Desséchées par les cigarettes et la fièvre, ses lèvres étaient brûlantes* » (Mart. du G.). ➛ pronom. *La peau se dessèche au soleil.* **2** Rendre maigre. *Un vieillard desséché.* **3** Rendre insensible, faire perdre à (qqn) la fraîcheur, la faculté de s'émouvoir. ⇒ **endurcir, racornir.** ✪ CONTR. Humidifier, hydrater, mouiller. Attendrir, émouvoir.

❑ Le redoublement du *s* à la limite du préfixe et du radical empêche la prononciation [z] du *s* entre voyelles (comme dans *déséquilibre*). Cependant les dérivés récents comme *désensibiliser, désolidariser* sont écrits avec un seul *s*. → ① dessous, re- (rem.).

dessein n. m. – XVe ; it. *disegnare* « dessiner » ■ littér. Idée que l'on forme d'exécuter qqch. ⇒ **but, intention, objet, projet, propos, volonté, vue.** *Nourrir de noirs desseins.* « *les desseins de la Providence étant impénétrables* » (Camus). *Former, avoir le dessein de faire qqch.* ♦ *À DESSEIN :* intentionnellement. ⇒ **délibérément,** ② **exprès.** *Il l'a fait à dessein. C'est à dessein que je n'ai pas répondu.* ➛ *Il a fait cela dans le dessein de vous nuire,* en vue de vous nuire. ✪ HOM. Dessin.

desseller v. tr. [1] – XIIe ■ Ôter la selle de. ✪ CONTR. Seller. HOM. Desceller ; *desselle :* décèle (déceler).

desserrage n. m. – XVIIIe ■ Action de desserrer. ✪ CONTR. Serrage.

desserrement n. m. – 1928 ■ Le fait de se desserrer.

desserrer v. tr. [1] – XIIe **1** Relâcher (ce qui était serré). ⇒ **défaire.** *Desserrer sa ceinture d'un cran.* « *Jenny, desserrant son étreinte, s'enfuit* » (Mart. du G.). ♦ pronom. Devenir moins serré. *L'écrou s'est desserré.* **2** *Ne pas desserrer les dents :* ne rien dire. ⇒ se **taire.** ✪ CONTR. Serrer. — HOM. *Desserre :* dessers (desservir).

dessert n. m. – XVIe ; de ② *desservir* ■ Mets sucré, fruits, pâtisserie servis après le fromage (en France). « *des fraises à la crème d'abord, mon dessert chéri* » (Céline). *Prendre un fromage et un dessert. Priver un enfant de dessert. Assiette à dessert.* ➛ Moment de la fin du repas.

① **desserte** n. f. – XIIe ; de ① *desservir* ■ Le fait de desservir une localité par un moyen de transport, une voie de communication. *Un service de cars assure la desserte du village.*

② **desserte** n. f. – XIVe ; de ② *desservir* ■ Meuble où l'on met les plats, les couverts qui ont été desservis. ⇒ **crédence, dressoir.**

dessertir v. tr. [2] – XIIe ■ Enlever (une pierre précieuse) de sa monture. ➛ pronom. *Le diamant s'est desserti.* ✪ CONTR. Sertir.

dessertissage n. m. – XIXe ■ Action de dessertir. ✪ CONTR. Sertissage.

desservant n. m. – XIVe ■ Ecclésiastique qui dessert une paroisse.

① **desservir** v. tr. [14] – XIe ; lat. *deservire* **1** Assurer le service religieux de. **2** Faire le service de (un lieu, une localité) en parlant d'une voie de communication, d'un moyen de transport. *Aucun train ne dessert ce village. Ville bien desservie.* **3** Donner dans, faire communiquer. *Couloir qui dessert plusieurs pièces.* ✪ HOM. *Dessers :* desserre (desserrer).

② **desservir** v. tr. [14] – XIVe ; de *des-* et *servir* **1** Débarrasser (une table) des plats, des couverts après un repas. « *leur table familiale, que servait et desservait, depuis des années, la même bonne* » (Loti). **2** Rendre un mauvais service à. ⇒ **nuire.** *Desservir qqn auprès de ses amis.* ➛ Faire mal juger. *Une « promptitude de jugement qui lui fait honneur, mais qui la dessert »* (Balz.). ✪ CONTR. Servir. Appuyer, seconder.

dessiccateur n. m. – XIXe ■ Appareil servant à déshydrater ou à tenir à l'abri de l'humidité. ✪ CONTR. Humidificateur.

dessiccatif, ive adj. – XIVe ; lat. *siccus* « sec » ■ Qui a la propriété de dessécher.

dessiccation n. f. – XVIe **1** Action de dessécher. ⇒ **déshydratation, lyophilisation.** *Dessiccation du lait.* **2** Perte de l'eau que renferme le sol. ⇒ **dessèchement.** ✪ CONTR. Hydratation, imbibition.

dessiller v. tr. [1] – XIIIe ; a. fr. *ciller* « coudre les paupières d'un oiseau de proie pour le dresser » ■ *Dessiller les yeux de qqn, à qqn,* l'amener à voir, à connaître ce qu'il ignorait ou voulait ignorer. ⇒ **détromper, éclairer.** ➛ pronom. S'ouvrir. « *Alors mes yeux se dessillèrent ; je sentis mon malheur* » (Rouss.).

❑ La graphie *dessiller,* avec deux *s,* est contraire à l'étymologie. La variante *déciller* est préférable mais très rare dans les dictionnaires.

dessin n. m. – XVe **1** Représentation ou suggestion des objets sur une surface, à l'aide de moyens graphiques. *Lignes, tracé d'un dessin. Dessin d'enfant. Dessin rapide, esquissé.* ⇒ **croquis, ébauche.** ➛ Œuvre d'art formée d'un ensemble de signes graphiques organisant une surface. *Le modelé d'un dessin. Les dessins de Léonard de Vinci ; de Degas.* ➛ *Dessin à main levée. Dessin au trait, dessin ombré. Dessin au pinceau, à la plume.* « *Il sort un bout de papier de sa poche et lui fait un dessin avec un stylo à bille* » (Queneau). ➛ *Dessin imprimé. Tissu à dessins.* ⇒ **motif.** *Dessin humoristique.* ♦ loc. fam. *Faire un dessin à qqn,* faire comprendre à force d'explications. « *Tu vois pas ça, toi dans ta tête ?... Le cafard ?... T'entends ?... Le cafard ? Faut te faire un dessin ?* » (Céline). ♦ *DESSIN ANIMÉ, DESSINS ANIMÉS :* film réalisé en partant d'une suite de dessins représentant les phases successives du mouvement d'un corps. ⇒ **cartoon. 2** L'art qui enseigne et utilise la technique, les procédés propres à organiser une surface par des moyens graphiques. *Atelier, école, professeur de dessin. Table, carton, papier à dessin.* **3** Représentation linéaire, exacte et précise, de la forme des objets ; technique de cette représentation. *Dessin graphique. Dessin géométrique.* ➛ *Dessin industriel. Dessin en élévation. Dessin coté. Dessin assisté par ordinateur (D. A. O.).* **4** Plan d'ensemble, structure (d'un ouvrage). ⇒ **canevas,** ③ **plan.** *Le dessin général du* *roman.* ♦ *Dessin mélodique :* la disposition générale d'une phrase musicale. **5** Aspect linéaire et décoratif des formes naturelles. ⇒ **contour, figure, ligne.** *Le dessin d'un visage.* « *un nez au dessin généreux* » (Romains). ➛ Contour, ligne d'un objet. « *Tous les vases sont en bronze, mais le dessin en est varié à l'infini* » (Loti). ✪ HOM. Dessein.

dessinateur, trice n. – XVIIe **1** Personne qui pratique l'art du dessin. *Un bon dessinateur. Dessinateur humoriste. Dessinatrice de mode.* ♦ Peintre chez qui la couleur est subordonnée à la forme (opposé à *coloriste*). **2** Personne qui fait des dessins industriels ou d'architecture ; des dessins décoratifs pour tissus, papiers, etc. « *Il était dessinateur industriel, et il traçait en coupe* [...] *des épures de bielles, d'engrenages* » (Tournier). ♦ *Dessinateur-cartographe :* spécialiste du dessin en cartographie.

dessiné, ée adj. – XVe **1** *Bien dessiné :* dont la forme est nette et harmonieuse. *Un visage bien dessiné.* **2** *BANDE DESSINÉE.* ⇒ ① **bande.**

dessiner v. tr. [1] – XVe ; lat. *designare* **1** Représenter par le dessin. *Dessiner un bateau.* ⇒ **reproduire, tracer.** ♦ *Dessiner au crayon, à la plume.* « *Il dessine de mémoire, et non d'après le modèle* » (Baud.). ♦ Traiter les formes d'un tableau, plutôt que la couleur. ➛ *Tableau bien dessiné.* ♦ Représenter par le dessin graphique. *Dessiner des costumes.* **2** Rendre apparents, faire ressortir les contours, le dessin de. ⇒ **accuser, souligner.** « *cette large croupe dont ses jupons légers dessinaient la forme* » (Dider.). ♦ Former. ⇒ **présenter, tracer.** *La côte dessine une suite de courbes.* ♦ pronom. Paraître avec un contour net. ⇒ ① se **détacher,** ① **ressortir.** *Ombre qui se dessine sur un mur.* ⇒ se **profiler.** *Projet qui commence à se dessiner,* à prendre tournure. ⇒ se **préciser.**

dessouder v. tr. [1] – XIIe **1** Ôter la soudure de. ➛ pronom. Se défaire, en parlant de ce qui était soudé. **2** arg. Tuer. ✪ CONTR. Souder.

dessoûler v. [1] – XVIe **1** v. tr. fam. Tirer de l'ivresse. ⇒ **dégriser, désenivrer.** *La peur l'a dessoûlé.* ➛ pronom. « *Rabe, la démarche incertaine et la tête malade pour s'être dessoûlé trop vite* » (Mac Orlan). **2** v. intr. Cesser d'être soûl. *C'est* « *un joyeux drille. Je crois qu'il n'a jamais dessoûlé* » (Cendrars). ✪ CONTR. Soûler.

❑ On a écrit *dessaouler.* → soûl (rem.).

① **dessous** [d(ə)su] prép. et adv. – XIe ▪ Indique une position inférieure. **I** prép. de lieu *DE DESSOUS.* « *extraire les cadavres et les blessés de dessous les décombres* » (Gide). ➛ *PAR-DESSOUS. Passer par-dessous la clôture.* **II** adv. de lieu À la face inférieure, dans la partie inférieure. *Le prix est marqué dessous.* ➛ *PAR-DESSOUS* [paRdəsu]. *Baissez-vous et passez par-dessous.* ♦ *EN DESSOUS* [ɑ̃d(ə)su] : sur, contre la face inférieure. *Soulevez ce livre, le billet est en dessous.* ➛ *Les gens* « *les regardaient bizarrement, avec un regard en dessous* » (Le Clézio), sournois. *Agir en dessous,* hypocritement. ➛ *En dessous de :* situé plus bas que ; inférieur à. *Il a fait un mariage bien en dessous de sa condition.* ♦ *CI-DESSOUS* [sid(ə)su] : sous ce qu'on vient d'écrire, plus loin, plus bas. ⇒ **infra.** ♦ *LÀ-DESSOUS* [lad(ə)su] : sous cet objet, cette chose. ➛ *Il y a qqch. là-dessous,* cela cache qqch. ✪ CONTR. ① Sur ; ① dessus, haut (en haut).

❑ Devant une double consonne, *e* se prononce [e] *(desserrer)* ou [ɛ], ce qui n'est pas le cas pour *dessous, dessus* et *ressembler, ressentir, ressource,* etc., où *e* reste muet.

② **dessous** [d(ə)su] n. m. – XVe **1** Face inférieure (de qqch.) ; ce qui est plus bas que qqch. *Le dessous des pieds.* ⇒ ① **plante.** ➛ *Le dessous d'une assiette. L'étage du dessous. Les gens du dessous sont bruyants.* **2** La face cachée des choses. *Le dessous des cartes.* ♦ *Les dessous de la politique.* ⇒ ② **secret. 3** *LES DESSOUS :* vêtements de dessous féminins. ⇒ **linge, lingerie.** *Dessous en dentelle.* **4** *Les dessous du théâtre :* étages à plancher mobile disposés sous la scène. ➛ loc. *Être dans le trente-sixième dessous,* dans une très mauvaise situation ; très déprimé. **5** *Avoir le dessous :* être dans un état d'infériorité. ⇒ **désavantage. 6** *AU-DESSOUS* [od(ə)su] : en bas. ➛ Moins. *Vous en trouverez à mille francs et au-dessous.* ♦ *AU-DESSOUS DE :* plus bas que, en bas de. *Cinq degrés au-dessous de zéro. Vendre un objet au-dessous de sa valeur.* « *les enfants au-dessous de quinze ans n'étaient pas admis* » (Mauriac). ➛ *Être au-dessous de tout :* n'être capable de rien. ✪ CONTR. ② Dessus. Avantage, supériorité.

dessous-de-bouteille n. m. inv. – déb. XXe ▪ Petit support sur lequel on pose une bouteille. *Des dessous-de-bouteille.*

dessous-de-plat n. m. inv. – XIXe ▪ Support sur lequel on pose les plats.

dessous-de-table n. m. inv. – 1948 ▪ Argent que donne secrètement, illégalement, un acheteur au vendeur. ⇒ **enveloppe.**

dessuintage n. m. – XIXe ▪ Action de dessuinter.

dessuinter v. tr. [1] – XIXe ▪ Débarrasser du suint. ⇒ **dégraisser, déshuiler.**

① **dessus** [d(ə)sy] prép. et adv. – XIe ▪ Indique une position inférieure. **I** prép. de lieu *DE DESSUS. Ôtez-moi cela de dessus la table.* ➛ *PAR-DESSUS* [paRdəsy]. *Lire par-dessus l'épaule de qqn. Je vous recommande par-dessus tout d'être prudent,* spécialement, principalement. ⇒ ① **surtout.** ➛ loc. fam. *En avoir par-dessus la tête de :* ne plus pouvoir supporter, en avoir assez de. **II** adv. de lieu À la face supérieure (opposé à ① *dessous*), à la face extérieure (opposé à *dedans*). *Ce siège est solide, vous pouvez vous asseoir dessus.* ♦ Exprimant l'idée de contact. *Relevez votre robe, pour ne pas marcher dessus.* « *Un beau jour, ils nous sont tombés dessus sans crier gare* » (Mac Orlan). ➛ fig. *Mettre le doigt dessus :* deviner. ➛ « *la police a constamment l'œil dessus* » (Romains). *Impossible de mettre la main dessus,* de le trouver. ➛ *PAR-DESSUS. Sauter par-dessus.* ➛ *CI-DESSUS* [sid(ə)sy] : au-dessus de ce qu'on vient d'écrire, plus haut. ⇒ **supra.** ♦ *LÀ-DESSUS* [lad(ə)sy] : sur cela. *Écrivez là-dessus.* ➛ À ce sujet. « *j'ai fait là-dessus quelques vers* » (Mol.). ➛ Alors, sur ce. *Là-dessus, il nous quitta brusquement.* ✪ CONTR. Sous ; ① dessous ; ① bas (en bas).

❑ Pour la prononciation → ① dessous (rem.).

② **dessus** [d(ə)sy] n. m. – XVIe **1** Face, partie supérieure ; ce qui est plus haut que qqch. *Le dessus d'une armoire. L'étage du dessus ; les voisins du dessus.* ⇒ **haut** (d'en haut). *Le dessus du panier :* ce qu'il y a de meilleur. **2** Objet qui se place sur qqch. *Dessus de cheminée en tissu.* **3** *Dessus d'un théâtre :* étages au-dessus de la scène et dans lesquels peuvent remonter les décors. **4** *Avoir, prendre, reprendre le dessus.* ⇒ **avantage, supériorité.** « *Votre frère l'emporte et Phèdre a le dessus* » (Rac.). ➛ « *Dès les premiers beaux jours, je repris le dessus* » (Mauriac). **5** *AU-DESSUS* [od(ə)sy] : en haut. *Les chambres sont au-dessus.* ➛ Pour indiquer une supériorité nombrable. ⇒ **plus.** *Donnez-moi la taille au-dessus.* ♦ *AU-DESSUS DE :* plus haut que, en haut de. *Jupe au-dessus du genou. Dix degrés au-dessus de zéro.* ➛ *Être au-dessus de :* dominer une situation, être supérieur à ; mépriser. *Ces critiques ne le gênent pas, il est au-dessus de tout cela.* ✪ CONTR. ② Dessous. Désavantage, infériorité.

dessus-de-lit n. m. inv. – XIXe ▪ Grand morceau d'étoffe recouvrant un lit. ⇒ **couvre-lit,** ① **jeté.**

dessus-de-plat n. m. inv. – XXe ▪ Couvercle dont on recouvre un plat. ⇒ **couvre-plat.**

dessus-de-porte n. m. inv. – XVIIe ■ Décoration sculptée ou peinte au-dessus du chambranle d'une porte.

déstabilisant, ante adj. – v. 1975 ■ Qui déstabilise. ⇒ **déséquilibrant.** *Des menaces déstabilisantes.* ✪ CONTR. Équilibrant.

déstabilisation n. f. – v. 1970 ■ Modification d'un équilibre politique, économique, psychologique. ✪ CONTR. Affermissement.

déstabiliser v. tr. [1] – v. 1970 **1** Rendre moins stable (un pays, une politique, une situation). ⇒ **ébranler. 2** Rendre instable sur le plan psychique. ⇒ **fragiliser, déséquilibrer.**

déstalinisation n. f. – 1956 ■ Fait de rejeter les méthodes autoritaires propres à Staline et le « culte de la personnalité ».

destin n. m. – XIIe **1** Puissance qui, selon certaines croyances, fixerait de façon irrévocable le cours des événements. ⇒ **destinée, fatalité,** littér. **fatum, nécessité.** « *Je me livre en aveugle au destin qui m'entraîne* » (Rac.). **2** Ensemble des événements qui composent la vie d'un être humain, considérés comme résultant de causes distinctes de sa volonté. ⇒ **destinée, étoile, sort.** *On n'échappe pas à son destin ! Il eut un destin tragique,* une fin (ou une vie) tragique. ♦ Ce qu'il adviendra de qqch. ⇒ **avenir, fortune, sort.** *Le destin d'un ouvrage littéraire.* **3** Le cours de l'existence considéré comme pouvant être modifié par celui qui la vit. ⇒ **existence, vie.** « *sa volonté n'avait pas cessé d'agir sur son destin,* [...] *sa réussite était bien son œuvre* » (Mart. du G.).

destinataire n. – XIXe ■ Personne à qui s'adresse un envoi. *Le destinataire d'un colis.* ♦ Personne à qui s'adresse le message linguistique. ⇒ **allocutaire, auditeur, interlocuteur,** ① **récepteur.** ✪ CONTR. Expéditeur ; destinateur.

destinateur n. m. – mil. XXe ■ L'auteur du message linguistique. ⇒ **émetteur, locuteur,** ③ **sujet** (parlant). ✪ CONTR. Destinataire.

> ❑ Formé sur *destinataire* dont il est l'opposé, *destinateur* n'est pas entré dans l'usage courant où l'on emploie *expéditeur.*

destination n. f. – XIIe **1** Ce pour quoi une personne ou une chose est faite. ⇒ ① **fin, finalité.** *Destination d'un édifice.* ⇒ ① **affectation.** *Destination d'une somme d'argent.* **2** Lieu où l'on doit se rendre ; lieu où une chose est adressée. ⇒ **but, direction.** « *les voilà dans le train, emportés vers une destination inconnue* » (Sartre). *Arriver à destination. Train à destination de Marseille.* ✪ CONTR. Origine, provenance.

destinée n. f. – XIIe **1** Puissance souveraine considérée comme réglant d'avance tout ce qui doit être. ⇒ **destin** (1°), **fatalité. 2** Destin particulier d'un être (⇒ **destin,** 2° ; **sort).** *Il eut une heureuse destinée.* ♦ Ce à quoi une personne est destinée. ⇒ **destination, vocation.** « *C'est sa destinée d'être parfaitement aimé* » (Sév.). ♦ Avenir, sort. *La destinée réservée à cette œuvre.* **3** littér. Vie, existence. ⇒ **destin** (3°). *Unir sa destinée à qqn,* l'épouser.

destiner v. tr. [1] – XIIe ; lat. *stare* « être (debout, immobile) » ■ DESTINER À. **1** Fixer d'avance (pour être donné à qqn). ⇒ **assigner, réserver.** *Je ne sais quel accueil il me destine.* ⇒ **préparer.** *Cette remarque vous était destinée,* était pour vous. **2** Fixer d'avance (qqch.) pour être employé à un usage. *Un édifice destiné au culte. Un titre destiné à éveiller la curiosité.* **3** Affecter à un emploi, à une occupation, à un état. *Son père « le destine à la profession militaire* » (Valéry). ➛ pronom. « *il continue toujours à s'instruire et paraît se destiner à la diplomatie* » (Ste-Beuve).

destituer v. tr. [1] – XIVe ; lat. *statuere* « établir, poser » ■ Priver de sa charge, de sa fonction, de son emploi. ⇒ **casser,** ② **démettre, renvoyer, révoquer.** *Magistrat destitué de ses fonctions.* ✪ CONTR. Nommer.

destitution n. f. – XIVe ■ Action de destituer ; le fait d'être destitué. ⇒ **disgrâce, renvoi, révocation.** *Destitution d'un officier.* ⇒ ① **cassation,** ① **dégradation.** ✪ CONTR. Nomination.

déstocker v. tr. et intr. [1] – 1966 ■ Faire diminuer les stocks par leur mise en vente. ✪ CONTR. Stocker.

destrier n. m. – XIe ; a. fr. *destre* « main droite » ■ Cheval de bataille au Moyen Âge. « *Ça, qu'on selle, Écuyer, Mon fidèle Destrier* » (Hugo).

> ❑ L'écuyer menait de la main *droite* le *destrier* du chevalier. ♦ Opposé à *palefroi,* cheval de parade. ♦ Même famille étym. que *dextérité.*

destroyer [dɛstʀwaje ; dɛstʀɔjœʀ] n. m. – XIXe ; mot angl., de *to destroy* « détruire » ■ Bâtiment de guerre de moyen tonnage, chargé de missions d'escorte.

destructeur, trice n. et adj. – XVe ; lat. **1** Personne qui détruit. ⇒ **démolisseur, dévastateur, vandale. 2** adj. Qui détruit. ⇒ **destructif, ravageur.** *Guerre destructrice.* ⇒ **meurtrier.** ➛ « *cet amour est devenu quelque chose d'irrésistible, de destructeur* » (Maupass.). ✪ CONTR. Constructif, créateur.

> ❑ *Destructeur* se dit de ce qui détruit en fait, *destructif* de ce qui peut détruire, que ce pouvoir s'exerce ou non.

destructible adj. – XVIIIe ■ Qui peut être détruit. ✪ CONTR. Indestructible.

destructif, ive adj. – XIVe ■ Qui a la vertu, le pouvoir de détruire (⇒ **destructeur).** *Pouvoir destructif d'une arme.*

> ❑ Pour le sens → destructeur (rem.).

destruction n. f. – XIIe **1** Action de jeter bas, de faire disparaître. *Destruction d'une ville par un incendie.* ♦ Résultat de cette action. **2** Action d'altérer profondément. *Destruction des tissus organiques.* **3** Action d'ôter la vie. *Destruction d'une armée.* ⇒ **anéantissement.** ♦ *Destruction des insectes, des rats ; d'une espèce.* **4** Action de faire disparaître. ⇒ **démolition.** *Destruction de papiers compromettants.* **5** Le fait de se dégrader jusqu'à disparaître. *Destruction d'un empire.* ⇒ **écroulement, effondrement.** ✪ CONTR. Construction, création, édification.

destructivité n. f. – XIXe ■ Tendance pathologique à la destruction.

déstructuration n. f. – v. 1960 ■ Action de déstructurer ; fait de se déstructurer ; état qui en résulte. *Déstructuration de la personnalité.* ✪ CONTR. Structuration.

déstructurer v. tr. [1] – v. 1960 ■ Faire disparaître la structure de. *Ces suppressions déstructurent l'ouvrage.* ✪ CONTR. Structurer.

désuet, ète [dezɥɛ ; desɥɛ, ɛt] adj. – XIXe ■ Tombé en désuétude ; sorti des habitudes, du goût moderne. ⇒ **archaïque, démodé, suranné, vieillot.** *Coutume désuète.* « *sa politesse un peu désuète* » (Proust). ✪ CONTR. Moderne.

> ❑ La prononciation avec [s], [desɥɛ, desɥetyd], recommandée par les puristes, est rare.

désuétude [dezɥetyd ; desɥetyd] **n. f.** – XVIe ; lat. *desuescere* « perdre l'habitude de » ▪ Abandon où est tombée une chose dont on a cessé depuis longtemps de faire usage. *Loi tombée en désuétude.* ✪ CONTR. Usage, vigueur (en).

❑ Pour la prononciation → désuet (rem.).

désulfiter [desylfite] **v. tr.** [1] – 1910 ▪ Débarrasser (les moûts, les vins) de l'anhydride sulfureux provenant du sulfitage.

désulfurer [desylfyʀe] **v. tr.** [1] – XIXe ▪ Débarrasser (une substance) du soufre qu'elle contient.

❑ Pour le *s* unique → ① s (rem.).

désuni, ie **adj.** – XVIIe **1** Séparé par un désaccord. *Couple désuni.* ⇒ **brouillé.** **2** *Cheval désuni,* dont le mouvement des membres antérieurs et postérieurs n'est pas synchrone. ✪ CONTR. Uni.

désunion **n. f.** – XVe ▪ Désaccord entre personnes qui devraient être unies. ⇒ **division, mésentente.** *La désunion d'une famille.* « *cette désunion lente, grandie invinciblement* » (Zola). ✪ CONTR. ① Union.

désunir **v. tr.** [2] – XVe ▪ Faire cesser l'union morale ou affective, jeter le désaccord entre. ⇒ **brouiller.** « *Le sort pourra bien nous séparer, mais non pas nous désunir* » (Rouss.). ✪ CONTR. Unir.

désynchronisation [desɛ̃kʀɔnizasjɔ̃] **n. f.** – mil. XXe ▪ Action de désynchroniser ; son résultat.

désynchroniser [desɛ̃kʀɔnize] **v. tr.** [1] – mil. XXe ▪ Faire cesser le synchronisme de, faire que plusieurs éléments synchrones ne le soient plus. ✪ CONTR. Synchroniser.

désyndicalisation [desɛ̃dikalizasjɔ̃] **n. f.** – 1978 ▪ Baisse du taux de syndicalisation.

détachable **adj.** – XIXe ▪ Qu'on peut détacher, isoler d'un ensemble.

détachage **n. m.** – XIXe ▪ Action d'enlever les taches. ⇒ **dégraissage, nettoyage.**

détachant, ante **adj.** et **n. m.** – XIXe ▪ Qui a la propriété d'enlever les taches. ⇒ **nettoyant.**

détaché, ée **adj.** – XIIe **1** Qui n'est plus attaché. *Lien détaché.* ➝ *PIÈCES DÉTACHÉES,* servant au remplacement des pièces usagées d'un mécanisme. **2** Qui a ou qui exprime du détachement. « *Un ton froid, détaché, extérieur* » (Paulhan). ⇒ **désinvolte, indifférent.** **3** *Notes détachées,* non liées aux autres. ✪ CONTR. ① Attaché, noué ; passionné.

détachement **n. m.** – XVIIe **1** Action de se détacher, état d'une personne qui s'est détachée. ⇒ **désintérêt, indifférence.** *Répondre avec détachement.* ⇒ **désinvolture, insouciance.** **2** Petit groupe de soldats détachés du gros de la troupe pour un service spécial. « *Un détachement de Cosaques l'accompagnait* » (J. Verne). **3** Situation d'un fonctionnaire provisoirement affecté hors de son corps d'origine. *Être en détachement.* ✪ CONTR. Attachement.

① **détacher** **v. tr.** [1] – XIIe ; de *attacher* **I** **v. tr.** **1** Dégager de ce qui attachait. ⇒ **délier, dénouer.** *Détacher qqn.* ⇒ **libérer.** **2** Séparer, enlever. *Détacher de l'arbre un fruit, une fleur.* ⇒ **cueillir.** **3** Éloigner, écarter. *Détacher les bras du corps.* **4** Enlever d'un ensemble. *Détacher un wagon d'un convoi.* ⇒ **décrocher.** *Détachez suivant le pointillé.* ⇒ **découper.** **5** Détourner. *Ne pouvoir détacher ses yeux, ses pensées de...* ⇒ **distraire.** ➝ littér. *Les principes* « *qui détachent de la vie, de la fortune, de la gloire* » (Dider.). ⇒ **éloigner.** **6** Faire partir loin d'autres personnes pour faire qqch. *Détacher qqn au-devant d'un hôte.* ⇒ **déléguer, dépêcher, députer, envoyer.** ♦ Affecter provisoirement (un fonctionnaire) hors de son corps d'origine. **7** Faire apparaître nettement sur un fond. ⇒ **découper.** ➝ Distinguer par des caractères spéciaux. *Mettre une citation en italique pour la détacher* (du texte). **8** Ne pas lier. « *cette façon tendre* [...] *qu'il avait toujours eue de prononcer "Ma-man", en détachant les syllabes* » (Mart. du G.). ➝ *Détacher les notes,* les exécuter sans les lier. **II** **v. pron.** **1** Cesser d'être attaché. *Le chien s'est détaché.* ♦ Se séparer. « *L'humidité filtrait à travers les pierres moisies de la voûte, et à intervalles égaux une goutte d'eau s'en détachait* » (Hugo). ⇒ ① **tomber.** ♦ *Coureur qui se détache du peloton* (en allant plus vite). **2** Apparaître nettement. ⇒ se **découper,** ① **ressortir, trancher.** « *les étoiles se détachaient avec éclat sur un ciel d'un bleu de velours sombre* » (Maurois). **3** Ne plus être attaché par le sentiment à. *Ils se détachent l'un de l'autre :* ils s'aiment de moins en moins. *Se détacher des plaisirs.* ⇒ se **désintéresser, renoncer.** ✪ CONTR. Attacher, rattacher ; assembler, fixer, joindre, lier, unir.

② **détacher** **v. tr.** [1] – XVIe ▪ Débarrasser d'une, de plusieurs taches. ⇒ **dégraisser, nettoyer.** ✪ CONTR. Tacher.

détacheur, euse **n.** – XVIIe **1** Personne qui détache, nettoie les vêtements. ⇒ **teinturier.** **2** *Flacon détacheur,* contenant un produit détachant.

détail **n. m.** – XIIe **1** Le fait de livrer, de vendre ou d'acheter par petites quantités ce qu'on a acheté en gros. *Commerce de détail. Prix de détail,* de la marchandise vendue au détail. ➝ *Vente au détail.* **2** Action de considérer un ensemble dans ses éléments, un événement dans ses particularités. « *Pour bien savoir les choses, il faut en savoir le détail* » (La Rochef.). ♦ Les éléments. *Se perdre dans le détail.* ⇒ **accessoire.** *Sans entrer dans le détail.* ➝ loc. fam. *Ne pas faire le (de) détail :* exécuter qqch., sans s'attarder aux détails. ♦ *EN DÉTAIL :* dans toutes ses parties, toutes ses particularités. *Racontez-nous cela en détail.* **3** *Revue de détail :* inspection du matériel, de l'habillement, de l'administration d'une unité militaire. **4** Élément non essentiel ; circonstance particulière. *Petit détail ; détail sans importance, insignifiant.* ⇒ **bagatelle, bêtise, broutille, vétille.** *Des détails pittoresques. Ne pas s'embarrasser des détails. Raconter une aventure dans ses moindres détails.* « *je pourrais mentionner d'autres détails, plus affreux encore* » (Yourcenar). ♦ *C'est un détail :* c'est une chose sans importance. ✪ CONTR. ② Ensemble. Gros (en gros).

❑ *En détail* s'oppose à *grosso modo, globalement.*

détaillant, ante **n.** – XVIIe ▪ Vendeur au détail. *Détaillant en fruits et légumes.*

détailler **v. tr.** [1] – XIIe ; de *dé-* et *tailler* **1** Vendre au détail. *Détailler une marchandise achetée en gros.* **2** Considérer, exposer (qqch.) avec toutes ses particularités. ➝ *Récit détaillé.* ⇒ **circonstancié.** ✪ CONTR. Schématique, sommaire.

détaler **v. intr.** [1] – XVIe ; de *dé-* et *étal* ▪ fam. S'en aller au plus vite. ⇒ **décamper, déguerpir,** s'**enfuir.** « *Un garenne surpris détale à travers les fougères* » (Genev.).

détartrage **n. m.** – XIXe ▪ Élimination du tartre. ✪ CONTR. Entartrage.

détartrant, ante **adj.** et **n. m.** – 1929 ▪ Qui empêche ou diminue la formation de tartre. ⇒ **désincrustant.**

détartrer **v. tr.** [1] – XIXe ▪ Débarrasser du tartre. ⇒ **désincruster.** *Détartrer une chaudière.* ➝ *Se faire détartrer les dents.* ✪ CONTR. Entartrer.

détartreur **n. m.** – 1908 ▪ Appareil servant à détartrer.

détaxation **n. f.** – 1960 ▪ Action de détaxer ; son résultat. ✪ CONTR. Taxation.

détaxe n. f. - XIXe **1** Réduction, suppression d'impôts indirects. ⇒ **détaxation.** ➛ *Marchandises vendues en détaxe à l'exportation,* facturées hors taxe. **2** Remboursement d'une taxe.

détaxer v. tr. [1] - XIXe ■ Réduire ou supprimer la taxe sur. *Produits détaxés.* ✪ CONTR. Taxer.

détecter v. tr. [1] - 1923 ■ Déceler l'existence de. *Détecter une fuite de gaz.*

❑ Ce mot s'est bien implanté en français, soutenu par l'existence plus ancienne de *détecteur* et les autres emprunts *détection, détective.* → détecteur (étym.).

détecteur, trice n. m. et adj. - XIXe ; angl. *to detect,* du lat. *detegere* « découvrir » **1** Appareil servant à déceler, à révéler la présence d'un corps, d'un phénomène ou d'une grandeur physique. *Détecteur d'ondes :* appareil révélant le passage d'ondes électriques. *Détecteur de fuite. Détecteur de mines. Détecteur de particules. Détecteur d'incendie. Détecteur volumétrique* (dans les maisons protégées par un système d'alarme). « *On leur livra en outre un détecteur d'écoute* » (Tournier). ➛ *Détecteur de mensonge :* appareil qui enregistre différents phénomènes végétatifs, l'hypothèse étant que leur variation révèle l'émotion du sujet lorsqu'il ment. **2** Celui qui décèle, qui détecte, qui découvre. *Un excellent détecteur de talents.*

détection n. f. - 1929 ■ Action de détecter. *Détection des gaz toxiques. Détection des nappes de pétrole. Détection électromagnétique par radar.*

détective n. m. - XIXe ; angl. *detective,* de *to detect* « découvrir », du lat. *detegere* **1** En Grande-Bretagne, Policier chargé des enquêtes, des investigations. *Les détectives de Scotland Yard.* **2** *Détective (privé) :* personne chargée d'enquêtes policières privées. ⇒ **privé ; enquêteur.**

❑ Autrefois très courant en français, ce mot tend à vieillir, concurrencé par *privé* dans l'univers du roman et du film policiers.

déteindre v. [52] - XIIIe **1** v. tr. Faire perdre sa couleur à. *Le soleil déteint les tissus.* **2** v. intr. Perdre sa couleur. ⇒ se **décolorer, passer.** ➛ *Le* « *bleu pâle des toiles déteintes par vingt lavages* » (Zola). ♦ DÉTEINDRE SUR... : communiquer une partie de sa couleur, de sa teinture à. *Cette gravure a déteint sur la page suivante.* ⇒ **baver.** ➛ Avoir de l'influence sur. ⇒ **influencer, marquer.** « *Les époques déteignent sur les hommes qui les traversent* » (Balz.). ✪ HOM. *Déteins :* détins (détenir).

dételage n. m. - XIXe ■ Action de dételer. ✪ CONTR. Attelage.

dételer v. [4] - XIIe ; de *dé-* et *atteler* **1** v. tr. Détacher (une bête attelée). ➛ *Dételer une charrue,* dételer les bêtes qui la tiraient. **2** v. intr. Cesser de faire qqch. ⇒ s'**arrêter.** « *Sans dételer, il entreprit la rédaction de la seconde carte postale* » (Queneau). ⇒ **débander.** ➛ *Mon oncle* « *qui a eu autant de femmes que don Juan, et qui à son âge ne dételle pas* » (Proust). ✪ CONTR. Atteler.

détendeur n. m. - XIXe ■ Appareil servant à détendre un gaz conservé sous pression, avant sa sortie. ♦ Système réfrigérant utilisant l'abaissement de température résultant de la détente d'un gaz.

détendre v. tr. [41] - XIIe **1** Relâcher. *Détendre un arc* (⇒ ① **débander**). « *il contractait et détendait les jambes comme une grenouille de dissection* » (Mart. du G.). ➛ pronom. *Ressort qui se détend brusquement.* **2** Faire cesser l'état de tension de. « *Merde, tout ce que j'ai voulu faire, c'est détendre un peu l'atmosphère* » (R. Gary). **3** pronom. SE DÉTENDRE : se laisser aller, se décontracter. *Son visage se détend. Ces enfants ont besoin de se détendre.* ⇒ se **délasser,** se **distraire.** « *il lui arrivait parfois de se lever brusquement pour se détendre* » (Loti). **4** *Détendre un gaz,* en diminuer la pression. **5** Étendre ou diluer (une solution). ✪ CONTR. ② Contracter, ① tendre. Comprimer.

détendu, ue adj. - XIIe **1** Qui n'est plus tendu. *Élastique détendu.* ⇒ **lâche. 2** Dont la tension est relâchée. *Air détendu.* ⇒ **serein.** « *Ces visages détendus, abandonnés dans le sommeil* » (Daud.). *Un climat détendu.* ✪ CONTR. Tendu. Contracté, crispé ; agressif, conflictuel.

détenir v. tr. [22] - XIIe **1** Garder, tenir en sa possession. ⇒ **posséder.** *Détenir des objets en gage.* ♦ *Détenir le pouvoir.* « *Il détenait les moyens de leur fermer la bouche* » (Mauriac). *Détenir le record du monde.* **2** Garder, retenir en captivité. *Détenir des otages.* ✪ CONTR. Donner, laisser ; délivrer, libérer. — HOM. *Détins :* déteins (déteindre).

détente n. f. - XIVe **1** Relâchement de ce qui est tendu. *Détente d'un ressort.* ➛ « *Son sommeil était saccadé. Il avait de brusques détentes nerveuses* [...] *qui lui secouaient le corps* » (R. Rolland). **2** Dans les armes à feu, Pièce qui sert à faire partir le coup. *Appuyer sur la détente.* ➛ loc. fam. *Être dur à la détente,* avare ; lent à comprendre, à réagir. **3** Pièce d'une pendule, d'une horloge, qui déclenche la sonnerie. ⇒ **déclic. 4** Expansion d'un fluide. ♦ Phases du cycle d'un moteur durant lesquelles le volume des gaz augmente et la pression diminue. **5** Relâchement d'une tension intellectuelle, morale, nerveuse ; état agréable qui en résulte. *Moments de détente.* ⇒ **décontraction, délassement, relaxation, répit, repos.** *Ces enfants ont besoin d'une détente.* ⇒ **récréation.** ♦ Diminution de la tension au cours d'un conflit. ⇒ **décrispation.** *Politique de détente.* ✪ CONTR. Contraction, crispation, distension, tension. Compression.

❑ Emploi abusif et tenace de *gâchette,* pièce interne de l'arme, pour *détente.* La bonne expression est *appuyer sur la détente* (comme la détente d'un arc fait partir la flèche).

détenteur, trice n. - XIVe ■ Personne qui détient qqch. *Les détenteurs du pouvoir.* « *Elle est la détentrice de trois secrets effrayants* » (Robbe-Grillet). *Détenteur d'un titre.* ⇒ **possesseur, propriétaire.**

détention n. f. - XIIIe **1** Le fait de détenir, d'avoir à sa disposition. *Détention d'armes.* ♦ Fait d'avoir l'usage (d'une chose) sans en être ni s'en prétendre le possesseur. **2** Action de détenir qqn ; état d'une personne détenue. ⇒ **captivité, emprisonnement, enfermement, incarcération, réclusion.** *Centre de détention.* ⇒ **prison.** *Arrestation et détention d'un criminel. Être en détention. Détention criminelle à perpétuité.* ♦ *Détention provisoire d'une personne mise en examen.* ✪ CONTR. Abandon ; perte. Délivrance, libération.

❑ Ne pas confondre avec *rétention* « fait de retenir » *(rétention d'informations).*

détenu, ue adj. et n. - XVIe ■ Qui est maintenu en captivité. *Coupable détenu en prison. Détenu politique.* ⇒ **prisonnier.**

détergent, ente adj. et n. m. - XVIIe ■ Qui nettoie en entraînant par dissolution les impuretés. ⇒ **détersif, nettoyant.**

déterger v. tr. [3] - XVIe ; lat. « nettoyer » ■ Enlever les souillures, les salissures en les dissolvant.

détérioration n. f. - XVe **1** Action de détériorer, de se détériorer ; son résultat. ⇒ **dégât,** ① **dégradation, dommage, ruine.** *Détérioration de marchandises.* ⇒ **avarie.** *Détérioration volontaire.* ⇒ **vandalisme.** ♦ *Détérioration des conditions de vie, de l'atmosphère politique.* ⇒ ① **dégradation, pourrissement. 2** *Détérioration mentale :* affaiblissement irréversible des facultés mentales. ✪ CONTR. Amélioration.

détériorer v. tr. [1] – XVe ; lat. *deterior* « pire » **1** Mettre (une chose) en mauvais état. ⇒ **abîmer, ① dégrader, endommager ;** fam. **esquinter.** *Ils ont détérioré les locaux. L'humidité détériore les fresques.* ➝ pronom. *Le matériel s'est détérioré.* **2** *Détériorer sa santé.* ⇒ **détruire, ruiner.** *Ces ignominies « risquent de détériorer sans remède l'humanité même »* (Péguy). ⇒ **corrompre, dépraver, pervertir.** ➝ pronom. *« cette mélancolie des gens qui ont été beaux, recherchés, aimés et qui se détériorent tous les jours »* (Maupass.). ⇒ se **dégrader,** se **délabrer.** *La situation se détériore.* ⇒ **empirer,** se **gâter.** ✪ CONTR. Améliorer. Réparer, entretenir.

déterminable adj. – XIIe ▪ Qui peut être déterminé, précisé. ✪ CONTR. Indéterminable.

déterminant, ante adj. et n. m. – XVIIe **I** adj. **1** Qui détermine (1°) ; qui sert à déterminer. ⇒ **caractéristique.** *Motif déterminant.* **2** Qui décide d'une chose ou d'une action. ⇒ **essentiel, décisif, prépondérant.** *Ton rôle a été déterminant dans cette affaire.* **II** n. m. **1** Mot qui en détermine un autre ; complément d'un déterminé. ➝ Morphème grammatical portant les marques du genre et du nombre du nom qu'il actualise. *Les articles, les adjectifs possessifs, démonstratifs, indéfinis, numéraux, interrogatifs sont des déterminants.* **2** Nombre défini par un algorithme sur une matrice carrée d'ordre *n.* **3** *Déterminants antigéniques :* sites particuliers d'un antigène, porteurs spécifiques de l'affinité pour un anticorps.

déterminatif, ive adj. et n. m. – XVe **1** Qui détermine, précise le sens d'un mot. *Adjectif déterminatif* (opposé à *qualificatif*) : déterminant qui introduit le nom qu'il précède. ♦ *Complément déterminatif* (ex. « un manteau *d'hiver* »). **2** *Proposition déterminative :* proposition incidente qui restreint le terme auquel elle se rapporte (opposé à *explicative*).

détermination n. f. – XIVe **1** Action de déterminer ; état de ce qui est déterminé. ⇒ **caractérisation, définition, délimitation, fixation.** *Détermination de la longitude d'un lieu.* ⇒ **estimation.** ♦ *Détermination d'une solution.* ⇒ **① calcul.** ♦ Individualisation du substantif (précédé alors par un *déterminatif*). **2** philos. Relation entre deux éléments de connaissance, de telle façon que, de la connaissance du premier, il est possible de déterminer le second. **3** Résultat psychologique de la décision. ⇒ **intention, ① parti, résolution.** *« hésitant souvent, troublée comme avant de prendre des déterminations capitales »* (Maupass.). ♦ Attitude d'une personne qui agit sans hésitation. ⇒ **décision, fermeté, résolution, ténacité, volonté.** *Faire preuve de détermination.* ✪ CONTR. Indétermination ; imprécision, ③ vague. Indécision, irrésolution.

déterminé, ée adj. et n. m. – XIVe **1** Qui a été précisé, défini. ⇒ **① arrêté, certain, ① précis.** *En nombre déterminé. « il faut une quantité déterminée de force pour soulever un poids déterminé »* (Balz.). ➝ *Substantif déterminé.* ➝ *Le déterminé et le déterminant.* **2** Qui se détermine, se décide. ⇒ **décidé, résolu.** *Un tracassier « tout déterminé à me prendre en faute »* (Rouss.). *C'est un homme déterminé.* ⇒ **① ferme, inébranlable.** **3** Soumis au déterminisme. ✪ CONTR. Indéfini, indéterminé. Hésitant, irrésolu. Aléatoire.

déterminer v. tr. [1] – XIIe ; lat. « marquer les limites de » **1** Indiquer, délimiter avec précision. ⇒ **caractériser, définir, établir, évaluer, fixer, préciser, spécifier.** *Déterminer le sens d'un mot. L'heure du crime reste à déterminer.* ⇒ **apprécier, calculer, estimer.** *Déterminer la cause de la panne.* ⇒ **découvrir, détecter.** ♦ *Déterminer l'inconnue d'un problème, les racines d'une équation.* ♦ *L'adjectif démonstratif détermine le nom.* **2** Fixer par un choix. *L'heure de la réunion est à déterminer.* **3** Entraîner la décision volontaire de. ⇒ **décider ; amener, conduire, engager, entraîner, inciter, persuader, ① porter, pousser.** *Ses amis l'ont déterminé à partir.* ♦ pronom. *Il ne peut se déterminer à renoncer.* ⇒ se **résoudre.** ➝ *Être déterminé à agir.* **4** Être la cause de ; être à l'origine de. ⇒ **① causer ; déclencher, entraîner, provoquer.** *« les mobiles les plus secrets qui déterminent nos actions »* (Maupass.). *Causes qui déterminent une insurrection.* ♦ *Conditions qui déterminent l'action humaine* (⇒ **déterminisme**). ✪ CONTR. (du 3°) Détourner, empêcher (de).

déterminisme n. m. – XIXe ; all. *Determinismus* **1** Principe scientifique suivant lequel les conditions d'existence d'un phénomène sont déterminées, de telle façon que, ces conditions étant posées, le phénomène ne peut pas ne pas se produire. ⇒ **causalité.** *« il y a un déterminisme absolu dans toutes les sciences »* (Cl. Bernard). *Déterminisme historique.* **2** Doctrine philosophique suivant laquelle tous les événements sont liés et déterminés par la chaîne des événements antérieurs. ✪ CONTR. Indéterminisme, hasard. Liberté.

déterministe adj. et n. – XIXe ▪ Relatif au déterminisme. *Philosophie déterministe.* ➝ n. Partisan du déterminisme.

déterrage n. m. – XIXe **1** Action de soulever de terre le soc d'une charrue. **2** Action de chasser certaines bêtes dans leur terrier à l'aide d'un chien.

déterré, ée n. ▪ loc. fam. *Avoir un air, une mine de déterré :* avoir très mauvaise mine. *« dès que je n'aurai plus cette figure de déterrée qui me fait peur à moi-même »* (Maupass.).

déterrement n. m. – XVIe ▪ Action de déterrer. ✪ CONTR. Enterrement.

déterrer v. tr. [1] – XIIe **1** Retirer de terre. *« Les hommes qui se faisaient tuer en déterrant des obus »* (Duham.). ➝ *Déterrer un mort.* ⇒ **exhumer.** **2** Découvrir. ⇒ **dénicher.** *« je ne sais où tu as été déterrer cet attirail ridicule »* (Mol.). ➝ Tirer de l'oubli. ⇒ **① ressortir, ressusciter.** ✪ CONTR. Enfouir, enterrer. ① Cacher.

déterreur, euse n. – XVIIe **1** Personne qui déterre. **2** Chasseur pratiquant le déterrage.

détersif, ive adj. et n. m. – XVIe ; lat. *detergere* « nettoyer » ▪ Qui nettoie en dissolvant les impuretés. ⇒ **détergent, nettoyant.** *Produit détersif.* ⇒ **lessiviel.** *Un détersif puissant.*

détersion n. f. – XVIe ▪ Action d'un détersif.

détestable adj. – XIVe **1** vx Qu'on doit détester, haïr. ⇒ **abominable, exécrable, haïssable, odieux.** *« On verra de David l'héritier détestable »* (Rac.). **2** Très désagréable ou très mauvais. ⇒ **épouvantable.** *Quel temps détestable !* ✪ CONTR. Admirable, ① louable. Agréable ; ① bon.

détestation n. f. – XIVe ▪ vx ou littér. Le fait de détester. ⇒ **aversion, horreur.** *« un mélange d'adoration idolâtre et de détestation inouïe »* (Barbey).

détester v. tr. [1] – XVe ; lat. *detestari* « détourner en prenant les dieux à témoin » **1** Avoir de l'aversion pour. ⇒ **abhorrer, exécrer, réprouver.** *Détester l'hypocrisie.* ♦ *Détester qqn.* ⇒ **abominer, haïr.** *« Chacun de nous déteste tous les autres, c'est entendu »* (Maurois). ➝ pronom. *Ils se détestent.* **2** Ne pas supporter. *Détester l'opéra. « nous pêchions à la ligne. Je vous étais d'un grand secours, car vous détestez toucher les asticots »* (Giraud.). *Il déteste attendre.* ✪ CONTR. Adorer, aimer.

déthéiné, ée adj. – XXe ▪ Dont on a enlevé la théine.

détirer v. tr. [1] – XIIe ▪ Tirer pour étendre. *Détirer un tricot.* ➝ *« Ils se frottèrent les yeux, se détirèrent les bras et furent sur pied en un instant »* (J. Verne).

détonant, ante adj. – XVIIIe ▪ Qui est susceptible de détoner. *Mélange détonant :* mélange de gaz capable de s'enflammer et de détoner ; ce qui peut entraîner des réactions violentes.

détonateur n. m. - XIXe ■ Dispositif destiné à provoquer la détonation d'un explosif. ♦ Fait qui déclenche une action. *Cette sanction a été le détonateur de la mutinerie.*

détonation n. f. - XVIe ■ Bruit soudain et violent de ce qui détone. ⇒ **déflagration, explosion.** *Détonation d'une arme à feu.* ➛ Mécanisme par lequel se propagent à de très grandes vitesses certaines explosions.

détoner v. intr. [1] - XVIIe ; lat. *tonare* « tonner » ■ Exploser avec bruit et avec une grande vitesse de décomposition.

❑ Ne pas confondre avec *détonner,* de la même famille étym., mais relatif au son de la voix, non à celui d'une explosion. → tonnerre.

détonique n. f. - 1973 ■ Science qui a pour objet l'étude des explosifs.

détonner v. intr. [1] - XVIIe 1 Sortir du ton. ➛ Chanter faux. 2 Ne pas être en harmonie. ⇒ **trancher.** « *Des bonheurs-du-jour Louis XV-Eugénie détonnent au milieu des vieux bahuts flamands* » (Yourcenar). *Couleurs qui détonnent.* ⇒ **jurer.** ✪ CONTR. Accorder (s'), harmoniser (s'). — HOM. Détoner.

❑ *Détonner* s'écrit avec deux *n,* comme *entonner,* mais les autres mots de la famille n'en prennent qu'un *(intonation, tonal, tonalité).*

détordre v. tr. [41] - XIIe ■ Remettre dans son premier état (une chose qu'on avait tordue). ✪ CONTR. Tordre.

détors, orse adj. - XVIe ■ Qui n'est plus tors. ✪ CONTR. ① Tors.

détortiller v. tr. [1] - XIIe ■ Défaire (ce qui est tortillé). ⇒ **désentortiller.** ✪ CONTR. Tortiller.

détour n. m. - XIIe 1 Tracé qui s'écarte du chemin direct. ⇒ **angle, boucle, coude, courbe.** *La rivière fait un large détour.* ⇒ **méandre, sinuosité.** « *Tous deux sont embusqués au détour du chemin* » (Hugo). ⇒ ② **tournant, virage.** ➛ *Au détour de la conversation.* 2 Action de parcourir un chemin plus long que le chemin direct ; ce chemin. « *En faisant tant de détours* [...] *je n'arriverai jamais* » (France). *Le site vaut le détour. Ça vaut le détour :* c'est intéressant. 3 Moyen indirect de faire ou d'éluder qqch. ⇒ **biais, faux-fuyant, ruse, subterfuge.** « *je commençai, non sans détours, non sans réticences* [...] *d'expliquer notre famille* » (Duham.). ♦ *Je vous le dis sans détour,* simplement, en toute franchise. ✪ CONTR. Raccourci.

détourage n. m. - v. 1940 1 Opération par laquelle on donne à une pièce en cours d'usinage le contour exact imposé par le dessin. 2 Délimitation du contour du sujet sur un cliché en effaçant le fond.

détourer v. tr. [1] - v. 1940 ■ Effectuer le détourage de. *Photo détourée.*

détourné, ée adj. - XIIIe 1 Qui n'est pas direct, qui fait un détour. *Chemin détourné.* 2 Qui ne va pas droit au but. *User de moyens détournés pour parvenir à ses fins.* 3 Qui n'est pas exprimé directement. *Reproche détourné.* ⇒ **indirect.** ✪ CONTR. ① Direct. ② Franc.

détournement n. m. - XVIe ■ Action de détourner. 1 Action de changer le cours, la direction. *Détournement d'un cours d'eau.* ⇒ ① **dérivation.** ♦ *Détournement d'avion :* action de contraindre l'équipage d'un avion de ligne à changer de destination. ⇒ **déroutement.** 2 Action de détourner frauduleusement à son profit des objets confiés en vertu d'un contrat. *Détournement de fonds.* ♦ *Détournement de pouvoir :* fait d'utiliser un pouvoir à une fin autre que celle pour laquelle il a été conféré. ♦ *Détournement d'actif :* action de soustraire une partie de ses biens aux poursuites de ses créanciers. 3 *Détournement de mineur :* séduction d'une personne mineure par une personne majeure. « *Détournement de mineure, rapt, enlèvement ! Vous vous êtes mis une belle affaire sur les bras* » (France).

détourner v. tr. [1] - XIe 1 Changer la direction de. *Détourner un cours d'eau.* ⇒ ① **dériver.** *Les pirates de l'air ont détourné un airbus.* ➛ pronom. « *Il y a des moments où notre destinée* [...] *se détourne soudain de sa ligne première* » (Chateaub.). 2 Changer le cours de. « *il eut l'air de ne pas comprendre et détourna la conversation* » (Flaub.). *Détourner les soupçons.* ⇒ ① **écarter, éloigner.** ➛ *Détourner un objet de son usage.* 3 Écarter du chemin à suivre. *Détourner qqn de sa route.* ⇒ **dérouter.** « *La rue Rancienne c'est pas si près... Ça me détourne...* » (Céline). ♦ *Détourner qqn de son travail.* ⇒ **distraire.** *Détourner qqn du droit chemin, du devoir.* ⇒ **corrompre, pervertir.** *M. Thiers* « *ne se laisse point détourner du but* » (Ste-Beuve). 4 Tourner d'un autre côté pour éviter de voir ou d'être vu. « *Quand je les regardais, elles détournaient la tête* » (France). ♦ pronom. « *elle se détourna, et d'un air indifférent et dédaigneux, se plaça de côté* » (Proust). 5 Soustraire frauduleusement à son profit. *Détourner des fonds.* ✪ CONTR. Encourager, inciter, pousser.

détoxication n. f. - 1945 ■ Action de détoxiquer ; son résultat. ♦ Élimination des toxines.

❑ Ne pas confondre avec *désintoxication* « traitement d'une personne intoxiquée ».

détoxiquer v. tr. [1] - av. 1954 ; de *dé-* et *(in)toxiquer* ■ Supprimer les effets nocifs, toxiques de (une substance).

détracteur, trice n. - XIVe ; lat. *detrahere* « tirer en bas » ■ Personne qui cherche à rabaisser le mérite de qqn, la valeur de qqch. ⇒ **dénigreur, dépréciateur.** « *ces détracteurs d'un homme supérieur, si avides de chercher ses défauts* » (Condorcet). ✪ CONTR. Admirateur, partisan.

détraqué, ée adj. et n. - XVIe 1 Dérangé dans son fonctionnement. « *Malheureusement notre poste de radio est détraqué* » (Gide). 2 *Santé détraquée.* ♦ fam. *Avoir le cerveau détraqué.* ⇒ **dérangé, troublé.** ➛ *C'est un détraqué.* ⇒ **désaxé, déséquilibré, fou.** ✪ CONTR. Arrangé, réparé ; normal, ① sain.

détraquement n. m. - XVIe ■ Action de détraquer ; fait de se détraquer ; état de ce qui est détraqué. ⇒ **dérangement, dérèglement.**

détraquer v. tr. [1] - XVe ; moy. fr. *trac* « trace, piste » 1 Déranger dans son mécanisme, dans son fonctionnement. ⇒ **abîmer, dérégler, détériorer ;** fam. **déglinguer.** *Détraquer un moteur.* 2 fam. *Se détraquer l'estomac. Ça lui a détraqué le cerveau.* ⇒ **brouiller, troubler.** ➛ pronom. *Le temps se détraque,* se gâte. ✪ CONTR. Arranger, réparer.

① **détrempe** n. f. - XIIIe ■ Couleur délayée dans de l'eau additionnée d'un agglutinant. *Peindre à la détrempe.* ⇒ **tempera** (a). ♦ Ouvrage fait avec cette couleur.

② **détrempe** n. f. - XVIIIe ■ Opération par laquelle on enlève la trempe de l'acier.

① **détremper** v. tr. [1] - XIIe ; lat. *distemperare* « délayer » ■ Amollir ou délayer en mélangeant avec un liquide. *Détremper des couleurs. Détremper du mortier.* ➛ *Chemin détrempé,* très mouillé et amolli.

② **détremper** v. tr. [1] - XVIIe ; *dé-* et *tremper* ■ Faire perdre sa trempe à. *Acier détrempé.*

détresse n. f. - XIIe ; lat. *distringere* « serrer » 1 Sentiment d'abandon, de solitude, d'impuissance. ⇒ **affliction,**

désarroi, désespoir. « *Cette sensation de malaise* [...] *s'accrut soudain jusqu'à la détresse* » (Mart. du G.). *Des cris de détresse.* **2** Situation très pénible. ⇒ **dénuement, indigence, malheur, misère.** « *la maigreur de ces gens, leur apparente détresse* » (Gide). **3** Situation périlleuse (d'un navire, d'un avion). ⇒ **perdition.** *Signal, appel de détresse.* ⇒ **S.O.S.** *Avion en détresse.* ♦ *Feux de détresse d'un véhicule :* feux clignotants synchrones. ⇒ **warning.** ✪ CONTR. Paix, tranquillité. Prospérité, sécurité.

détriment n. m. – XIIIe ; lat. *deterere* « user en frottant » ■ *À (mon, son...)* DÉTRIMENT ; AU DÉTRIMENT DE : au désavantage, au préjudice de. ✪ CONTR. Avantage.

❑ Même famille étym. que *détritus, triturer.*

détritique adj. – XIXe ■ Formé de débris. *Roche sédimentaire détritique.* ➛ Qui provient de la désagrégation d'une roche préexistante. *Minéral détritique.*

détritus [detʀity(s)] n. m. – XVIIIe ; lat. *detritus* « broyé, usé », de *deterere* « user en frottant » ■ au plur. Matériaux réduits à l'état de débris inutilisables. ⇒ **rebut.** « *sur l'eau, des détritus vont à la dérive* » (Le Clézio). ➛ Ordures, déchets. *Balayer, jeter des détritus.*

❑ La prononciation en [ys] de la finale latine est maintenue par tradition dans les dictionnaires (Académie 1986) mais l'usage consacre la prononciation [detʀity].

détroit n. m. – XIe ; lat. *distringere* « serrer » **1** Bras de mer entre deux terres rapprochées et qui fait communiquer deux étendues marines. « *La mer était très dure dans ce détroit, plein de remous formés par les contre-courants* » (J. Verne). *Détroit de Gibraltar.* **2** Chacun des deux rétrécissements normaux du bassin osseux.

détromper v. tr. [1] – XVIIe ■ Tirer d'erreur. ⇒ **démystifier, désillusionner.** « *les événements détrompent souvent mes prévisions* » (Duham.). ♦ pronom. Revenir de son erreur. *Détrompez-vous :* n'en croyez rien. ✪ CONTR. Tromper.

détrôner v. tr. [1] – XVIe **1** Déposséder de la souveraineté, du trône. ⇒ **chasser, ① déposer, destituer.** **2** Mettre fin à la prééminence de. ⇒ **éclipser, évincer, supplanter.** *Eugène Sue* « *a détrôné Balzac, il est lu partout* » (Ste-Beuve). ✪ CONTR. Couronner.

détroquer v. tr. [1] – XIXe ; de *troche* « faisceau, bouquet » ■ Séparer (les jeunes huîtres) les unes des autres en les décollant au couteau.

détrousser v. tr. [1] – XIIe ■ vx ou plaisant Dépouiller (qqn) de ce qu'il porte, en usant de la violence. ⇒ **dévaliser, ② voler.**

détrousseur n. m. – XVe ■ vx ou plaisant Celui qui détrousse. ⇒ **voleur.** « *la dégaine inquiétante d'un détrousseur de grands chemins* » (Carco).

détruire v. tr. [38] – XIe ; lat. *destruere* « abattre » **1** Jeter bas, démolir. ⇒ **abattre, raser, renverser, ruiner.** *Détruire un bâtiment, un mur.* « *le tremblement de terre qui avait détruit les trois quarts de Lisbonne* » (Volt.). ➛ *Ville détruite.* **2** Altérer jusqu'à faire disparaître. ⇒ **anéantir, annihiler, supprimer.** *Les Russes décampèrent* « *détruisant tout sur leur route pour retarder au moins les Suédois* » (Volt.). *Détruire un document.* « *Le temps qui détruit tout* » (La Font.). **3** Supprimer en ôtant la vie. ⇒ **tuer.** *Détruire les insectes, les mauvaises herbes.* ⇒ **exterminer.** **4** fig. Défaire entièrement (ce qui est établi, organisé, élaboré). ⇒ **anéantir, supprimer.** *Détruire une institution.* ♦ *Détruire une illusion.* ⇒ **dissiper, enlever.** **5** v. pron. Avoir une action contraire. ⇒ se **combattre,** s'**entre-détruire,** se **nuire.** ✪ CONTR. Bâtir, construire, édifier. Créer, ① faire. Établir, fonder ; conserver.

dette n. f. – XIIe ; lat. *debere* « devoir » **1** Obligation pour une personne (⇒ **débiteur**) à l'égard d'une autre (⇒ **créancier**) de faire ou de ne pas faire qqch., de payer une somme d'argent. *Contracter, faire des dettes.* « *aucun afflux d'argent qui ne fût aussitôt absorbé par les dettes* » (Gide). *Être criblé de dettes. Payer, régler, rembourser une dette.* ➛ *Dette à court, à moyen terme. Reconnaissance de dette.* ➛ *Dette de jeu, dette d'honneur,* qu'on ne peut faire valoir en justice. *Remise de la dette :* fait pour le créancier de renoncer à ses droits. **2** *Dette publique* ou *Dette de l'État :* ensemble des engagements financiers contractés par l'État. ⇒ **emprunt.** *Dette sociale.* ⇒ **R.D.S.** *La dette extérieure comprend la dette commerciale* (ensemble des engagements contractés par un État auprès des banques étrangères) *et la dette politique* (concours des institutions monétaires internationales et avances consenties par les États étrangers). ♦ *Dette externe :* ensemble des engagements privés et publics d'un pays à l'égard de créanciers étrangers. **3** Devoir qu'impose une obligation contractée envers qqn. ⇒ **engagement, obligation.** *Acquitter une dette de reconnaissance. Avoir une dette envers ses parents.* ➛ littér. *Payer sa dette à la justice, à la société :* purger sa peine. ✪ CONTR. Créance, crédit ; actif, ② avoir.

détumescence n. f. – XVIIIe ■ Diminution de volume (d'un organe enflé ; d'une tumeur). ✪ CONTR. Tumescence.

D.E.U.G. [dœg ; døg] n. m. – 1973 ; acronyme de ***D****iplôme d'****é****tudes* ***u****niversitaires* ***g****énérales* ■ Diplôme couronnant le premier cycle de l'enseignement supérieur.

deuil n. m. – Xe ; lat. *dolere* « souffrir » **1** Douleur, affliction que l'on éprouve de la mort de qqn. *Pays plongé dans le deuil.* **2** Mort d'un être cher. ⇒ **perte.** *Il vient d'avoir plusieurs deuils dans sa famille.* **3** Signes extérieurs du deuil, consacrés par l'usage. *Vêtements de deuil.* « *Dans ses vêtements comme dans son cœur, elle prit le grand deuil et ne le quitta jamais* » (Daud.). ➛ *Il porte le deuil de ses illusions :* ses illusions sont mortes. ➛ *Être en deuil.* « *Longue, mince, en grand deuil* [...] *Une femme passa* » (Baud.). **4** Temps durant lequel on porte le deuil. **5** vieilli Cortège funèbre. *Conduire le deuil.* **6** loc. fam. FAIRE SON DEUIL *de qqch.,* y renoncer. « *il avait bien fallu qu'il s'inclinât, qu'il fît son deuil de ses projets* » (Courtel.). ✪ CONTR. Bonheur.

deus ex machina [deusɛksmakina ; [illegible]] n. m. inv. – [illegible] ; mots lat. « *un dieu* (descendu) *au moyen d'une machine* » ■ Personnage, événement dont l'intervention peu vraisemblable apporte un dénouement inespéré à une situation sans issue ou tragique.

deutérium [døteʀjɔm] n. m. – 1934 ; *deutér(o)-* et *-ium* ■ Élément atomique (D ; n° at. 1 ; m. at. 2), isotope stable de l'hydrogène, appelé aussi *hydrogène lourd. Le deutérium, composant de l'eau lourde.*

deutér(o)- Élément, du gr. *deuteros* « deuxième ».

deutérocanonique adj. – XVIIIe ■ Se dit de certains livres saints qui n'ont été considérés comme canoniques qu'après les autres.

deuton n. m. – 1934 ; de *deutérium* ■ Noyau de l'atome de deutérium (un proton et un neutron).

deux adj. numér. inv. et n. – XIIe ; lat. *duo* **I** adj. numér. card. [døz] devant une voyelle ou un *h* aspiré, [dø] dans les autres cas **1** Nombre entier naturel équivalant à un plus un (2, II). *Les deux yeux* [ledøzjø]. *Les deux pôles. Mesure à deux temps.* ♦ *Entre les deux :* ni ceci ni cela, à moitié. « *Fait-il chaud ou froid ? – Entre les deux* ». ➛ vulg. *De mes deux* (testicules), s'emploie par insulte, mépris, dérision. « *Billevesées, bagatelles et bibleries de mes deux* » (Queneau). ♦ *Trente-deux. Deux cent* *dix.* **2** Pour indiquer une multiplicité (opposé à *un seul*). ⇒ **plusieurs.** ♦ (Pour indiquer la différence, la distance). *Les mathématiques et moi, cela fait deux.* ♦ (Pour indiquer un petit nombre). ⇒ **quelque.** « *À moi, comte, deux mots* » (Corn.). *C'est à deux pas d'ici. Vous y serez en deux secondes. Tous les deux.* « *Deux hommes se rencontrent* [...], *tous deux dans la cinquantaine* » (Perec). « *Même dans l'amour, même en étant deux, on ne veut pas être deux, on veut rester seul* » (Montherl.). ➤ *Monter les marches deux à deux, deux par deux. En rang par deux. Et de deux !* cela en fait déjà deux. *À nous deux* : faisons ce que nous avons à faire ensemble. fam. *Comme pas deux* : comme seule cette personne peut l'être. ♦ *Pas de deux,* exécuté par deux danseurs (chorégraphie). **II** adj. numér. ord. Deuxième. *Acte II, scène 2. Jean-Paul II. Le 2 avril* [lədøavʀil]. **III** n. m. [dø] Le chiffre, le numéro 2 ; ce qui porte le numéro 2. *Cinq et deux, sept. Grouper deux par deux.* ➤ loc. *C'est clair comme deux et deux font quatre* : c'est simple et évident. fam. *En moins de deux* : très vite. « *Pendant qu'on rangeait la boutique, elle grimpait là-haut en moins de deux* » (Céline). *Ne faire ni une ni deux* : se décider rapidement. ➤ *Ils habitent (au) 2 rue...* ➤ Note correspondant à deux points. *Avoir (un) 2 en histoire.* ➤ Carte, face d'un dé, etc. marquée de deux signes. *Le deux de carreau.*

❑ En général, *plusieurs* exprime un nombre supérieur à *deux.* → plusieurs (rem.).

deuxième adj. numér. ord. et n. – XIVe **1** adj. numér. ord. Qui suit le premier. ⇒ **second.** *Le deuxième chapitre. La deuxième fois.* ⇒ ② **bis.** « *la deuxième nuit fut plus dure que la première* » (Aragon). *La Deuxième Guerre mondiale. Le deuxième étage.* « *la chambre se trouvait au deuxième étage* » (Queneau). ellipt *Elle est arrivée deuxième. Le IIe siècle après J.-C. La IIe (ou deuxième) République* (1848-1852). **2** *Vingt-deuxième* [vɛ̃tdøzjɛm]. *Quatre-vingt-deuxième* [katʀəvɛ̃døzjɛm]. *Cent deuxième (102e).* **3** n. *Elle est née la deuxième. Arriver le deuxième.*

❑ Certains puristes observent la règle selon laquelle *deuxième* s'emploierait lorsque le nombre des objets dépasse deux et *second* lorsque deux objets seulement sont considérés. Généralement, *second* est préféré à *deuxième* lorsque l'idée de rang n'est pas prépondérante. Il est aussi d'usage plus soutenu.

deuxièmement adv. – XVIIIe ▪ En deuxième lieu. ⇒ **secundo ;** fam. **deuzio.**

deux-mâts n. m. – XIXe ▪ Voilier à deux mâts.

deux-pièces n. m. – 1925 **1** Ensemble féminin comprenant une jupe (ou un pantalon) et une veste du même tissu. *Un deux-pièces en soie imprimée.* **2** Maillot de bain formé d'un slip et d'un soutien-gorge. ⇒ **bikini.** **3** Appartement de deux pièces.

deux-points n. m. – XVIe ▪ Signe de ponctuation, formé de deux points superposés (:). *Deux-points, ouvrez les guillemets.*

deux-ponts n. m. – XIXe ▪ Avion gros-porteur possédant deux étages intérieurs.

deux-roues n. m. – v. 1960 ▪ Véhicule à deux roues, avec ou sans moteur.

deux-temps adj. et n. m. – XIXe ▪ À deux temps. *Moteur deux-temps.*

deuzio adv. – mil. XXe ▪ fam. Deuxièmement. « *D'abord* [...] *c'est pas vrai et, deuzio, i* [ils] *comprendront pas* » (Queneau).

❑ On trouve aussi les graphies *deusio* (1926, Montherlant) et *deuxio,* plus conforme à l'étymologie *(deuxième).* ♦ Seul mot de la série qui soit très familier et plutôt comique.

dévaler v. [1] – XIIe ; de *val* **1** v. intr. Descendre brutalement ou très rapidement. *Rochers, laves qui dévalent de la montagne.* ⇒ **rouler,** ① **tomber.** **2** v. tr. Descendre rapidement. ⇒ fam. **débouler, dégringoler.** *Tout à coup un môme* « *dévale quatre à quatre le grand escalier* » (Cendrars). ✪ CONTR. Monter, remonter.

dévaliser v. tr. [1] – XVIe ; de *dé-* et *valise* ▪ Dépouiller (qqn) de tout ce qu'il a sur lui, avec lui. ⇒ ② **voler.** *Se faire dévaliser.* ➤ fam. *Dévaliser un magasin,* y faire de nombreux achats.

dévaloir n. m. – XIXe ▪ Suisse **1** Glissoir à bois utilisant la pente dans une forêt. **2** Vide-ordures.

dévalorisant, ante adj. – 1982 ▪ (Choses) Qui dévalorise. ⇒ **dépréciatif.** *Un statut professionnel dévalorisant.* ✪ CONTR. Valorisant.

dévalorisation n. f. – 1929 **1** Diminution de la valeur d'échange. ⇒ **dépréciation.** **2** Perte de valeur, de crédit, d'efficacité. *La dévalorisation de soi-même.* ✪ CONTR. Valorisation, revalorisation.

dévaloriser v. tr. [1] – 1925 **1** Diminuer la valeur de. ⇒ **déprécier, dévaluer.** ➤ pronom. *Monnaie qui se dévalorise.* **2** Déprécier. *Dévaloriser le talent.* ✪ CONTR. Valoriser ; revaloriser, survaloriser.

dévaluation n. f. – 1928 ▪ Diminution volontaire de la valeur officielle d'une monnaie nationale. *Dévaluations du franc.* ✪ CONTR. Réévaluation.

❑ Ne pas confondre avec *dépréciation* « dévalorisation ». → dépréciation (rem.).

dévaluer v. tr. [1] – 1903 ; d'apr. *évaluer,* p.-ê. angl. *to devaluate* ▪ Effectuer la dévaluation de. *Dévaluer la lire de 3% par rapport au franc.* ➤ *Monnaie dévaluée.* ♦ Dévaloriser. *Ses théories sont un peu dévaluées.* ✪ CONTR. Réévaluer.

devanagari [devanagaʀi] ou **nagari** n. f., (vx) n. m. et adj. – XIXe ; mot sanskr., hindi, de *deva* « dieu » et *nâgari* « de la ville » ▪ Forme d'écriture du sanskrit.

devancement n. m. – XIVe ▪ Action de devancer ; son résultat.

devancer v. tr. [3] – XIIe **1** Être devant, laisser derrière soi. ⇒ **dépasser, distancer.** *Devancer un concurrent dans une course.* **2** Être avant, quant au rang, au mérite, à la supériorité, dans la recherche commune du même but. ⇒ **dépasser,** ① **primer, surpasser.** *Devancer tous ses rivaux.* **3** Faire en avance. *Devancer la date d'un paiement.* ➤ *Devancer l'appel* : accomplir son service militaire avant d'avoir l'âge d'y être appelé. ➤ Aller au-devant de. *Devancer les désirs de qqn.* ⇒ **prévenir.** **4** Arriver avant. ⇒ **précéder.** *Nous vous avons devancés au rendez-vous.* ✪ CONTR. Succéder, suivre.

devancier, ière n. – XIIIe ▪ Personne qui en a précédé une autre dans une action. ⇒ **prédécesseur.** ✪ CONTR. Successeur.

① **devant** prép. et adv. – X^e ; de l'a. loc. *de avant* **I** prép. **1** Du même côté que le visage d'une personne, que la face, le côté visible ou accessible d'une chose. *Se mettre devant qqn pour l'empêcher de passer.* « *Quelques autos stationnaient devant la grande porte de l'hôtel* » (Mac Orlan). ➤ « *Ôtez-vous de devant mes yeux* » (Mol.). **2** En présence de. *Ne faites pas cela devant lui.* « *tu vas devant le psychiatre et t'es réformé c'est couru* » (Perec). ➤ *Par-devant notaire,* en sa présence. ♦ Dans une relation avec. *Tous les hommes* *sont égaux devant la loi.* ⇒ **face** (à). **3** Dans la direction qui est en face de ; à l'avant de. *Aller droit devant soi. Ne pouvoir mettre un pied devant l'autre.* ➛ *Avoir du temps, de l'argent devant soi :* ne pas être au bout du temps, des ressources dont on dispose. « *Nous n'avons que très peu de temps devant nous, continuez* » (Duras). **II** adv. **1** Du côté du visage d'une personne, de la face d'une chose ; en avant. *Il marche devant. Vêtement qui se ferme devant. Passez devant :* passez le premier. ➛ *PAR-DEVANT* [paʀdəvɑ̃] : du côté qui est devant. « *il se coiffa d'un feutre gris dont le bord était rabattu par-devant* » (Mac Orlan). **2** vieilli *Comme devant :* comme avant. ✪ CONTR. ① Derrière.

❑ Les expressions *être Gros-Jean comme devant, la poule ne doit pas chanter devant le coq* conservent le sens temporel de « avant ».

② **devant** n. m. – XIe **1** La partie qui est placée devant. *Le devant de la scène. Les pattes de devant* (d'un animal). ⇒ **antérieur.** ➛ *Point de devant :* point de couture le plus simple. ➛ *Le devant d'une maison.* ⇒ **façade.** **2** *Prendre les devants :* devancer qqn ou qqch. pour agir avant ou l'empêcher d'agir. **3** *AU-DEVANT DE :* à la rencontre de. *Nous irons au-devant de vous.* ➛ *Aller au-devant du danger :* s'exposer témérairement. ✪ CONTR. ② Arrière, ② derrière, dos.

devanture n. f. – XIIIe **1** Façade d'une boutique. *Repeindre la devanture d'un magasin.* **2** Étalage des marchandises, soit à la vitrine, soit dehors.

dévastateur, trice n. et adj. – XVIe **1** rare Personne qui dévaste. ⇒ **destructeur, vandale.** **2** adj. Qui dévaste. ⇒ **ravageur.** *Ouragan dévastateur.*

dévastation n. f. – XIVe ▪ Action de dévaster ; son résultat. « *l'état de dévastation où se trouvait son manoir* » (Gaut.).

dévaster v. tr. 1 – Xe ; lat. « piller, ravager » ▪ Ruiner en détruisant. ⇒ **désoler, ravager.** *Les guerres ont dévasté cette région. Régions dévastées par l'inondation.* ➛ « *l'amour passionné dévaste les âmes où il règne* » (Chateaub.).

déveine n. f. – XIXe ▪ fam. Malchance. ⇒ ② **guigne, poisse.** « *une déveine le poursuivait, si constante, si noire* » (Zola). ✪ CONTR. Veine.

développable adj. – XVIIIe ▪ Qui peut être développé. *Surface développable :* surface réglée, engendrée à partir d'une droite, dont tous les points sont tangents à un même plan.

développante n. f. – XVIIe ▪ *Développante d'une courbe :* courbe qui admet cette courbe comme développée.

développateur n. m. – XIXe ▪ Produit utilisé pour le développement photographique. ⇒ **révélateur.**

développé n. m. – XIXe **1** Mouvement d'une jambe repliée qui se déploie dans diverses élévations et directions (danse). **2** Mouvement par lequel l'athlète soulève en deux temps l'haltère qu'il doit tenir à bout de bras. ⇒ **épaulé-jeté.**

développée n. f. – XVIIe ▪ Enveloppe des normales à une courbe plane.

développement n. m. – XVe **1** rare Action de donner toute son étendue à. *Le développement d'une pièce d'étoffe.* ➛ Extension, sur un plan, de la surface d'un corps solide. ⇒ **projection.** *Développement d'un cube.* ➛ Écriture d'une fonction sous la forme d'une série entière, d'un polynôme. **2** Distance développée par un tour de pédale d'une bicyclette. **3** Action de développer une pellicule photographique. *Développement et tirage.* **4** Action de se développer ; évolution de ce qui se développe. ⇒ **croissance, épanouissement.** *Développement d'un embryon, d'une plante. Être arrêté, gêné dans son développement.* « *un adulte nain, bloqué dans son développement à la taille d'un enfant* » (Tournier). ➛ Succession des événements par lesquels un organisme arrive à maturité. ⇒ **ontogenèse.** ♦ *Développement intellectuel.* ➛ *Pays en voie de développement,* dont l'économie n'a pas atteint le niveau des pays industrialisés. **5** Progrès. *Développement du commerce.* ⇒ **essor, extension.** « *Le but du monde est le développement de l'esprit* » (Renan). ♦ au plur. Suite, prolongement. *Les nouveaux développements d'une affaire.* ⇒ **rebondissement.** **6** Exposition détaillée. « *il se lança dans un long développement* » (Romains). ⇒ **tirade.** ➛ *Développement d'un thème musical.* **7** Phase de la fabrication qui suit la conception et qui se termine à la réalisation des têtes de série. ✪ CONTR. Enveloppement ; enroulement, repliement. Déclin, régression. Résumé.

❑ Le sens technique (7°) vient de l'anglais *development* « mise au point ». Les puristes l'ont condamné comme anglicisme.

développer v. tr. 1 – XIIe ; *des-* et lat. *faluppa* « balle de blé » **I - 1** rare Enlever ce qui enveloppe. ⇒ **défaire.** *Développer un paquet.* **2** rare Étendre. ⇒ **déployer, dérouler,** ① **étaler.** *Développer un coupon de tissu.* ♦ Représenter sur un plan les diverses faces d'un solide. ⇒ **projeter.** ➛ sc. *Développer une fonction,* trouver les différents termes qu'elle renferme. *Développer une expression algébrique,* effectuer les opérations indiquées. ➛ *Développer une formule chimique.* ♦ *Vélo qui développe 7 mètres,* qui parcourt une distance de 7 mètres lorsque les pédales font un tour complet. ➛ *Développer une pellicule :* faire apparaître les images fixées sur la pellicule. **3** Faire croître ; donner de l'ampleur à. ⇒ **accroître, amplifier, élargir.** *Développer le corps par des exercices physiques.* ➛ « *les soins du maître tendaient à développer l'esprit de l'enfant* » (J. Verne). ➛ *Avoir un sens esthétique très développé.* ➛ *Développer une industrie, l'économie.* **4** Exposer en détail. *Développer sa pensée.* **II** *SE DÉVELOPPER* v. pron. **1** Se déployer. *Armée qui se développe en ordre de bataille.* **2** Se dérouler dans toute son étendue. *Les méandres du fleuve se développent dans la plaine.* **3** Suivre son cours en s'amplifiant. *Intrigue qui se développe.* **4** Croître, s'épanouir. ⇒ **grandir, prospérer.** « *voyant sa fille se développer avec tant de charmes* » (Bern. de St-Pierre). **5** Prendre de l'extension, de l'importance. *Économie, affaire qui se développe.* ✪ CONTR. Envelopper ; enrouler ; réduire ; abréger, résumer. — Atrophier (s'), baisser, décliner, régresser.

développeur n. m. – 1947 **1** Personne qui développe un film. **2** Personne qui écrit des logiciels ou fabrique des cartes électroniques. ⇒ **concepteur.**

① **devenir** v. intr. 22 – XIe ; lat. *devenire* **1** Passer d'un état à (un autre), commencer à être. ⇒ **changer, évoluer,** se **transformer.** *Devenir vieux. Il est devenu riche et célèbre.* « *Elle le croyait malade et craignait qu'il le devînt davantage* » (France). *Devenir ministre. Elle est devenue sa femme.* « *Avec de l'argent, tout devenait possible, facile* » (Mart. du G.). **2** Être dans un état, avoir un sort, un résultat particulier. *Qu'allons-nous devenir ?* ➛ « *il y a bien longtemps que je l'ai perdu de vue. Qu'est-il devenu, au fait ?* » (Sarraute). ✪ CONTR. Rester.

② **devenir** n. m. – XIXe ▪ littér. Passage d'un état à un autre. *La conscience est en perpétuel devenir.* ⇒ **évolution, mouvement.** *Le devenir du monde.* ⇒ **avenir, futur.** ✪ CONTR. Immobilité, stabilité.

déverbal, aux n. m. – 1933 ▪ Nom formé à partir du radical d'un verbe (ex. « portage » de « porter »).

⇒ **déverbatif.** Nom dérivé d'un verbe formé sans suffixe (ex. « bouffe » de « bouffer »).

❑ Les déverbaux créés aujourd'hui sont volontiers familiers et ont la faveur des usagers (*la bouffe, la glisse, la grogne, la déprime, la défonce, la baise,* etc.).

déverbatif n. m. - 1958 ▪ Forme dérivée d'un verbe (ex. « portage » de « porter »). Verbe dérivé d'un verbe.

dévergondage n. m. - XVIIIe **1** Conduite dévergondée, relâchée. ⇒ **débauche, immoralité, libertinage, licence, vice. 2** Excès, excentricité, écart fantaisiste. *Un dévergondage d'imagination.* ✪ CONTR. Austérité, sagesse ; mesure.

dévergondé, ée adj. et n. - XIIe ; de *dé-* et a. fr. *vergonde,* var. de *vergogne* ▪ Qui n'a pas de pudeur et ne respecte pas les règles de la morale sexuelle admise. ⇒ **débauché, libertin, licencieux.** ➛ *Une jeune dévergondée.* ✪ CONTR. Austère, sage.

❑ Ce nom était plus courant au féminin, vu le statut de la femme.

dévergonder (se) v. pron. [1] - XVe ▪ Devenir dévergondé.

déverguer v. tr. [1] - XVIIe ▪ Enlever les vergues à. *Déverguer un navire.* ⇒ **désenverguer.** ✪ CONTR. Enverguer.

dévernir v. tr. [2] - XVIIe ▪ Enlever le vernis de. ✪ CONTR. Vernir.

dévernissage n. m. - XIXe ▪ Action de dévernir. ✪ CONTR. Vernissage.

déverrouillage n. m. - 1929 ▪ Action de déverrouiller. *Le déverrouillage d'un dispositif de sécurité.* ✪ CONTR. Verrouillage.

déverrouiller v. tr. [1] - XIIe **1** Ouvrir en tirant le verrou. « *je mis une heure* [...] *à déverrouiller la porte* » (Barbey). **2** *Déverrouiller une arme,* permettre l'ouverture de la culasse. ♦ Libérer d'un dispositif de verrouillage. *Déverrouiller le train d'atterrissage d'un avion.* ✪ CONTR. Verrouiller.

devers prép. - XIe ; de *de* et *vers* ▪ PAR-DEVERS [pardəvɛʀ] : par-devant. *Se pourvoir par-devers le juge.* ➛ En la possession de. *Garder des documents par-devers soi.* « *Jamais j'n'en ai eu la preuve par-devers moi* » (Barbey).

❑ *Par-devers,* pour *avec,* est recherché.

dévers n. m. - XVIIe ; lat. *deversus* « tourné vers le bas » ▪ Inclinaison, pente. *Dévers d'une pièce de bois.* ♦ Inclinaison transversale d'une voie ferrée dans les courbes. ➛ Relèvement du bord extérieur d'une route dans un virage.

déversement n. m. - XVIIIe ▪ Action de verser un liquide ; de se déverser.

déverser v. tr. [1] - XVIIIe **1** Faire couler. ⇒ **répandre, verser.** *Déverser l'eau d'une écluse dans un bassin.* ➛ pronom. *L'eau se déverse dans le bassin.* ⇒ s'**écouler,** se **jeter,** se **vider. 2** Déposer, laisser tomber en versant. *Déverser du sable sur un chantier.* **3** Laisser sortir, répandre en grandes quantités, à flots. « *Paris déversait des milliers d'autos sur la campagne* » (Queneau). ➛ « *Des lettres où je déversais* [...] *toutes mes haines* » (Mart. du G.). ⇒ **épancher.** ✪ CONTR. Retenir.

déversoir n. m. - XVIIe ▪ Orifice par lequel s'écoule le trop-plein d'un canal, d'un réservoir. *Le déversoir d'un barrage.*

dévêtir v. tr. [20] - XIIe ▪ Dépouiller de tout ou partie de ses vêtements. ⇒ **déshabiller.** ➛ pronom. *Se dévêtir quand il fait chaud.* ⇒ se **découvrir.** ✪ CONTR. Vêtir ; couvrir (se).

❑ *Se dévêtir* ne correspond plus à un geste quotidien (on dit *se déshabiller*), mais plutôt à une circonstance particulière.

déviance n. f. - 1968 ▪ Caractère de ce qui dévie, de ce qui s'écarte d'une norme. ➛ Comportement qui échappe aux règles admises par la société.

déviant, iante adj. et n. - 1923 ▪ Qui dévie. *Opinion déviante. Comportements déviants.* ➛ n. Personne dont le comportement s'écarte de la norme sociale admise.

déviateur, trice adj. et n. m. - XIXe **1** Qui produit une déviation. **2** n. m. Dispositif permettant le freinage à l'atterrissage des avions à réaction par déviation des gaz éjectés.

déviation n. f. - XIVe **I - 1** Action de sortir de la direction normale ; son résultat. *Déviation d'un projectile.* ⇒ ② **dérivation.** ➛ *Déviation de l'aiguille aimantée.* ➛ *Déviation d'un rayon lumineux.* ⇒ **déflexion, diffraction, réfraction. 2** Changement anormal de position dans le corps. *Déviation de la colonne vertébrale.* ⇒ **déformation. 3** Changement dans une ligne de conduite ou de doctrine. ⇒ **aberration, écart. II - 1** Action de dévier. *Déviation des véhicules pour cause de travaux.* **2** Chemin que doivent prendre les véhicules déviés. ⇒ ① **dérivation.**

déviationnisme n. m. - 1952 ▪ Attitude qui s'écarte de la doctrine, chez les membres d'un parti politique. ✪ CONTR. Orthodoxie.

déviationniste adj. et n. - 1957 ▪ Qui s'écarte de la doctrine, dans un parti politique. ✪ CONTR. Orthodoxe.

dévider v. tr. [1] - XIe **1** Mettre en écheveau, en pelote. *Dévider du fil.* « *Assise auprès du feu, dévidant et filant* » (Ronsard). ➛ Dérouler. *Dévider une bobine de fil.* **2** Raconter, débiter ce qu'on a à dire. « *Il dévidait solennellement des phrases filandreuses* » (Balz.). ✪ CONTR. Enrouler, renvider, rouler.

dévidoir n. m. - XIIIe **1** Instrument dont on se sert pour dévider. **2** Chariot à tambour pour enrouler des tuyaux d'arrosage. ➛ Treuil pour enrouler un câble. ➛ Grand moulinet à manivelle.

dévier v. [7] - XIVe ; lat. *via* « voie » **I** v. intr. **1** Se détourner, être détourné de sa direction, de sa voie. ⇒ ① **dériver.** *La balle a dévié.* ➛ fig. *La conversation déviait nettement.* **2** Ne pas être droit. *Colonne vertébrale qui dévie.* **3** DÉVIER DE : s'écarter de. *Dévier de son chemin.* **II** v. tr. Écarter de la direction normale. *Dévier la circulation.* ⇒ **détourner.** ✪ CONTR. Redresser, remettre (dans la voie). — HOM. *Dévierai :* dévirai (dévirer).

❑ Doublet de *dévoyer (voie).*

devin, devineresse n. - XIIe ▪ Personne qui prétend découvrir ce qui est caché, prédire l'avenir. ➛ fam. *Je ne suis pas devin :* je ne peux pas savoir, deviner, prévoir cela.

❑ Même famille étymologique que *divin.*

devinable adj. - XIXe ▪ Qui peut être deviné. ⇒ **prévisible.** ✪ CONTR. Imprévisible.

deviner v. tr. [1] - XIIe ; lat. *divinare* « prévoir ; prophétiser » **1** Parvenir à connaître par conjecture, supposition, intuition. ⇒ **découvrir, pressentir, subodorer.** *Deviner un secret. Deviner les intentions de qqn. Je devine où il veut en venir.* ⇒ se **douter** (de), **voir.** ➛ « *en un instant, j'ai deviné, j'ai vu clair* » (Mart. du G.). littér. *Deviner qqn :* percer ses intentions, ses souhaits. **2** Trouver le mot, la solution de. *Œdipe devina l'énigme du Sphinx.* ⇒ **résoudre, trouver.**

devinette n. f. - XIXe ▪ Question dont il faut deviner la réponse. ⇒ **charade, énigme, logogriphe, rébus.** « *je* *vois que vous tenez à me poser votre devinette* » (Romains).

dévirer v. tr. [1] - XVIe ▪ Tourner en sens contraire. *Dévirer le cabestan.* ✪ HOM. *Dévirai :* dévierai (dévier).

dévirginiser v. tr. [1] - XIIIe ▪ littér. ou plaisant Faire perdre sa virginité à. ⇒ **déflorer, dépuceler.**

déviriliser v. tr. [1] - XVIe ▪ Ôter sa virilité au caractère et au comportement de l'homme. ⇒ **efféminer.** ✪ CONTR. Masculiniser, viriliser.

devis n. m. - XIIe ; de *deviser* ▪ État détaillé des travaux à exécuter avec estimation des prix. *Le peintre a établi son devis. Signer un devis.*

dévisager v. tr. [3] - XVIe ; de *visage* ▪ Regarder le visage de (qqn) avec attention, avec insistance. ⇒ **fixer.** *Des filles « dévisageaient les passants avec de sales regards »* (R. Rolland).

devise n. f. - XIe ; de *deviser* **I - 1** Formule qui accompagne l'écu dans les armoiries. *Devise inscrite dans un cartouche.* ⇒ **légende.** ➙ Figure emblématique expliquée par une sentence, une légende. *La devise de Louis XIV.* **2** Paroles exprimant une pensée, un sentiment, un mot d'ordre. *« Liberté, Égalité, Fraternité », devise de la République française.* ♦ Règle de vie, d'action. **II** Monnaie d'un pays considérée par rapport aux monnaies d'autres pays. *Devise forte. Inconvertibilité d'une devise. Cours officiel des devises.*

❑ Le sens financier vient, par métonymie, de ce que l'on imprimait des devises sur les formulaires de change.

deviser v. intr. [1] - XIIe ; lat. *devidere* « partager, répartir » ▪ littér. S'entretenir familièrement. ⇒ **converser,** ① **parler.** *Deviser gaiement. « Tout en devisant des uns et des autres, ils soupèrent copieusement »* (Queneau).

dévissable adj. - XXe ▪ Qu'on peut dévisser.

dévissage n. m. - XIXe **1** Action de dévisser. **2** Le fait de dévisser, de tomber.

dévissé n. m. - XIXe ▪ Mouvement exécuté avec un poids amené à l'épaule et élevé à la verticale, en inclinant le corps du côté opposé au poids.

dévisser v. [1] - XVIIIe **1** v. tr. Défaire (ce qui est vissé). *Dévisser le couvercle d'un bocal.* **2** v. intr. Lâcher prise et tomber (alpinisme). ⇒ **dérocher.** ✪ CONTR. Visser, revisser ; fermer.

de visu [devizy] loc. adv. - XVIIIe, mots lat. ▪ Après l'avoir vu, pour l'avoir vu. *Se rendre compte de visu.*

❑ Cette expression a une prononciation mixte (*de* latin [de] et *visu* avec un *u* français) ; *de* [də] *visu* est négligé.

dévitalisation n. f. - 1922 ▪ Action de dévitaliser. *Dévitalisation d'une dent.*

dévitaliser v. tr. [1] - 1922 ▪ Priver (une dent) de son tissu vital.

dévitaminé, ée adj. - 1948 ▪ Qui a perdu ses vitamines. *Légumes dévitaminés par la cuisson.* ✪ CONTR. Vitaminé.

dévitrification n. f. - XIXe ▪ Action de dévitrifier ; son résultat. ✪ CONTR. Vitrification.

dévitrifier v. tr. [7] - XIXe ▪ Ôter au verre sa transparence par l'action prolongée de la chaleur. ✪ CONTR. Vitrifier.

dévoiement n. m. - XIIe ; de *dévoyer* **1** Déviation, inclinaison (d'un tuyau de cheminée). **2** Action de détourner du droit chemin, de son but. ⇒ **dérive, déviation, écart, égarement.**

dévoilement n. m. - XVIIe ▪ Action de dévoiler, de se dévoiler.

dévoiler v. tr. [1] - XVe **1** Enlever le voile de (qqn), ce qui cache (qqch.). ⇒ **découvrir.** *Dévoiler une statue que l'on inaugure.* ➙ pronom. *Musulmane qui se dévoile.* ➙ *« les adolescents poursuivaient dans les rues les jeunes filles dévoilées »* (Tournier). **2** Découvrir en faisant connaître. ⇒ **révéler.** *Dévoiler ses intentions.* ⇒ ① **dire, expliquer.** *Dévoiler un scandale.* ➙ pronom. Se montrer, se manifester, devenir connu. ⇒ **apparaître, paraître.** ✪ CONTR. ① Cacher, couvrir, ① voiler. Taire.

① **devoir** v. tr. [28] ; au p. p. *dû, due, dus, dues* - IXe ; lat. *debere* **I - 1** Avoir à payer (une somme d'argent), à fournir (qqch. en nature) à (qqn). *Il me doit dix mille francs. « ils lui dirent encore qu'il ne leur devait rien [...] ni pour les cafés, ni pour le taxi »* (Perec). *Payer, régler ce que l'on doit.* ⇒ se **désendetter, rembourser ; dette.** *Personne qui doit de l'argent* (⇒ **débiteur**), *à qui l'on doit* (⇒ **créancier**). *L'argent qui m'est dû.* ⇒ **dû.** ➙ loc. *Je lui (te, vous...) dois bien ça :* il mérite bien ça en retour. **2** Être redevable (à qqn ou à qqch.) de (ce qu'on possède). ⇒ **tenir** (de). *Il lui doit sa situation. « Je ne veux rien devoir à personne ! »* (Céline). *Devoir la vie à qqn,* être son enfant (vx) ; avoir été sauvé par lui. pass. *Être dû à :* avoir pour cause. ⇒ **résulter** (de). ➙ *Je lui dois d'être en vie :* c'est grâce à lui que je suis en vie. **3** Être tenu à (qqch.) par la loi, les convenances, la morale. *Les honneurs dus à son rang. Je vous dois une explication.* **II** suivi d'un inf. **1** Être dans l'obligation de. ⇒ ① **avoir** (à). *Il doit terminer ce travail ce soir. Que devons-nous faire ? Vous auriez dû me prévenir.* ♦ (Obligation morale). *Tu as agi comme tu devais agir,* et ellipt *comme tu (le) devais.* ♦ (Obligation atténuée). *Je dois dire que je me suis trompé.* **2** Être conduit nécessairement à. *Il a dû s'arrêter de fumer.* ➙ (fut. du passé) *Cela devait arriver,* je l'avais prédit. **3** Avoir l'intention de. ⇒ **penser.** *Nous devions partir, mais il est tombé malade.* **4** (Marquant la vraisemblance, la probabilité, l'hypothèse). ➙ (dans le présent) *On doit avoir froid dans ce pays,* je suppose qu'on y a froid. *Il doit être grand maintenant.* (au condit.) *Je devrais arriver demain.* ➙ (par politesse) *Vous devez vous tromper :* vous vous trompez, selon moi. ➙ (dans le passé) *Il ne devait pas être tard quand il est parti. Il a dû se tromper* ou *il doit s'être trompé.* **5** (à l'imp. du subj.) littér. Quand même, quand bien même. *Dussé-je y consacrer ma vie. Dût-il ne pas en revenir.* **III** SE DEVOIR v. pron. **1** SE DEVOIR DE (et inf.). *Je me dois de le prévenir :* c'est mon devoir de le faire. **2** (pass. impers.) *Comme il se doit :* comme il le faut ; fam. comme prévu. ✪ HOM. *Durent :* durent (durer).

❑ Le participe passé s'écrit avec un accent circonflexe au masculin singulier seulement pour éviter la confusion avec *du : il a dû sortir ; les efforts qu'il a dû faire ; l'infection est due à un virus ; les égards qui lui sont dus.*

② **devoir** n. m. - XIIe **1** *Le devoir.* L'obligation morale considérée en elle-même, et indépendamment de son application. ⇒ **déontique, déontologie.** *« Fidèle par tendresse, par devoir, par fierté »* (Colette). *Un homme de devoir.* ♦ SE METTRE EN DEVOIR DE : se disposer, se préparer à. *« les vieilles commères se mirent en devoir de garder le foyer »* (Sand). **2** *Un, des devoirs.* Ce que l'on doit faire, défini par le système moral que l'on accepte, par la loi, les convenances, les circonstances. ⇒ **charge, obligation, responsabilité.** *Accomplir, faire, remplir son devoir. Assumer les devoirs d'un rôle, d'une charge. Devoir pénible.* ⇒ **corvée.** *Il est de mon (ton, son...) devoir de* (et inf.). ➙ *Je manque à tous mes devoirs.* **3** vieilli, plur. ⇒ **civilité, hommage, respect.** *Présenter ses devoirs à qqn.* **4** Exercice écrit qu'un professeur demande à ses élèves. ⇒ **composition, épreuve, interrogation** (écrite). *Tu as fait tes devoirs et appris tes leçons ?* ✪ CONTR. ③ Droit.

dévolter v. tr. [1] – 1908 ▪ Diminuer le voltage de. *Dévolter un circuit.* ✪ CONTR. Survolter.

dévolu, ue adj. et n. m. – XIVe ; lat. *devolvere* « dérouler, faire passer à » 1 Acquis, échu par droit. *Succession dévolue à l'État, faute d'héritiers.* ♦ ⇒ **attribué, réservé.** *La tâche dévolue à chacun.* 2 n. m. loc. JETER SON DÉVOLU SUR : fixer son choix sur (qqn, qqch.), manifester la prétention de l'obtenir. *N'était-ce pas elle qui « avait jeté son dévolu sur lui, vaincu ses résistances »* (Mart. du G.).

dévolution n. f. – XIVe ▪ Passage de droits héréditaires au degré subséquent par renonciation du degré précédent, ou à une ligne par extinction de l'autre. *Dévolution successorale.*

devon n. m. – 1907 ; nom d'un comté angl. ▪ Appât articulé figurant un poisson, muni d'hameçons.

dévonien, ienne adj. et n. m. – XIXe ; de *Devon,* nom d'un comté angl. ▪ De la période géologique de l'ère primaire allant du silurien au carbonifère. ➤ n. m. Cette période.

dévorant, ante adj. – XIVe 1 *Une faim dévorante,* qui pousse à manger beaucoup. 2 littér. Qui consume, détruit. *Un feu dévorant.* ♦ fig. *Passion dévorante.* ⇒ **ardent, brûlant, ravageur.** « *On se sent pris de curiosités dévorantes* » (Flaub.).

dévorateur, trice adj. – XIVe ▪ littér. Qui dévore (7°). *Passion dévoratrice.* ⇒ **dévorant.**

dévorer v. tr. [1] – XIIe ; lat. 1 Manger en déchirant avec les dents. *Le lion dévore sa proie.* ♦ Manger entièrement. *Les chenilles ont dévoré les feuilles.* ➤ par exagér. *Être dévoré par les moustiques.* ➤ pronom. « *les loups se dévorent entre eux* » (France). ⇒ s'**entre-dévorer.** 2 Manger avidement, gloutonnement. ⇒ **avaler, engloutir, engouffrer.** ➤ « *Qu'est-ce qu'il a comme coup de fourchette. Il dévore* » (Queneau). 3 Lire avec avidité. 4 *Dévorer des yeux :* regarder avec avidité l'objet d'un désir, d'un intérêt. ⇒ **convoiter, dévisager.** « *je dévorais d'un œil ardent les belles personnes* » (Rouss.). 5 Faire disparaître rapidement en consumant. ⇒ **anéantir, détruire.** « *les flammes dévoraient l'édifice* » (France). 6 Dépenser rapidement. ⇒ **dilapider, dissiper.** 7 Faire éprouver une sensation pénible, un trouble violent à (qqn). ⇒ **consumer, ronger, tourmenter.** « *la nostalgie le dévorait* » (Tournier). ➤ *Être dévoré de remords.*

❑ Même famille que *vorace, carnivore, fumivore.*

dévoreur, euse n. et adj. – XIIe ▪ Animal, personne qui dévore. *Dévoreur de moutons. Dévoreurs de viande.*

dévot, ote adj. et n. – XIIe ; lat. « dévoué à Dieu » 1 Qui est sincèrement attaché à la religion et à ses pratiques. ⇒ **fervent, pieux, pratiquant, religieux.** « *Ah ! pour être dévot, je n'en suis pas moins homme* » (Mol.). ♦ n. (souvent péj.) ⇒ **bigot, bondieusard.** « *On est vieille, on est prude, on est dévote* » (Hugo). 2 Qui a le caractère de la dévotion. ⇒ **pieux.** *Une vie dévote.* ✪ CONTR. Athée, impie, incroyant.

dévotement adv. – XIIe ▪ D'une manière dévote. *Prier dévotement.*

dévotion n. f. – XIIe 1 Attachement sincère et fervent à la religion et à ses pratiques. ⇒ **ferveur, piété.** *Être plein de dévotion. Objets de dévotion* (chapelet, croix, image pieuse, médaille, scapulaire). ⇒ péj. **bondieuserie.** loc. *Être en dévotion,* en prière. ♦ fig. Respect fervent, passionné. *Il l'écoutait avec dévotion.* ♦ péj. *Fausse dévotion.* ⇒ **bigoterie, tartuferie.** 2 plur. Pratiques de dévotion. *Faire ses dévotions :* remplir ses devoirs religieux. 3 Culte particulier que l'on rend (à un saint, un lieu saint). *La dévotion à la Vierge.* ♦ fig. ⇒ **adoration, vénération.** « *J'aurai toujours pour vous, ô suave merveille, Une dévotion à nulle autre pareille* » (Mol.). ➤ loc. *Être à la dévotion de qqn,* lui être tout dévoué. ✪ CONTR. Impiété. Indifférence.

dévoué, ée adj. – XVIIe ▪ Qui consacre tous ses efforts à servir qqn, à lui être agréable. *C'est l'ami le plus dévoué.* ⇒ **fidèle, loyal, serviable, sûr.** ➤ *Votre dévoué ; veuillez croire à mes sentiments dévoués,* formules de politesse à la fin d'une lettre. ✪ CONTR. Égoïste, indifférent.

dévouement n. m. – XVIIe 1 Action de sacrifier sa vie, ses intérêts (à qqn, une cause). ⇒ **abnégation, héroïsme, sacrifice.** *Un dévouement qui ne s'est jamais démenti.* « *La vie n'a de prix que par le dévouement à la vérité et au bien* » (Renan). 2 Disposition à servir, à se dévouer pour qqn. ⇒ **bienveillance, bonté.** *Soigner qqn avec beaucoup de dévouement.* ⇒ **affection, cœur.** *Dévouement pour qqn ; à un parti.* ⇒ **loyalisme.** ✪ CONTR. Égoïsme, indifférence.

❑ Même famille étym. que *vœu.* ♦ Pour le sens → abnégation (rem.).

dévouer (se) v. pron. [1] – XVIe ; lat. ▪ vieilli Se consacrer entièrement (à qqn, une cause). *Les femmes « se dévouent à des êtres souffrants, dégradés, criminels, qu'elles veulent consoler »* (Balz.). ♦ Faire une chose pénible (effort, privation) au profit d'une personne, d'une cause. ⇒ se **sacrifier.** « *même habitude de se donner corps et âme, même besoin de se dévouer* » (Vigny). ♦ *Il est entièrement dévoué à sa cause.*

dévoyer v. tr. [8] – XIIe ; de *dé-* et *voie* ▪ littér. Détourner (qqn) du droit chemin, de la morale. ⇒ **pervertir.** ➤ pronom. (réfl.) *Se dévoyer.* ➤ *Jeune homme dévoyé.* subst. *Un dévoyé.* ⇒ **délinquant.**

❑ Ce mot est un doublet de *dévier.*

dextérité n. f. – XVIe ; lat. *dexter* « droit » 1 Adresse manuelle ; aisance dans l'exécution de qqch. ⇒ **agilité, légèreté.** *Manier le pinceau avec dextérité. L'homme « a des mains dont la dextérité surpasse* [...] *tout ce que la nature a donné aux bêtes »* (Fén.). 2 Adresse d'esprit pour mener une affaire à bien. ⇒ **art, habileté, savoir-faire.** « *son incroyable dextérité à traiter les affaires les plus délicates* » (Boss.). ✪ CONTR. Gaucherie, maladresse.

❑ Même famille étym. que *dextre* et aussi *destrier.*

dextralité n. f. – 1959 ▪ didact. Fait d'être droitier.

dextre n. f. et adj. – XIe ; lat. « droit » 1 vx ou plaisant Main droite. « *Pradonet et lui se serrent cordialement la dextre* » (Queneau). 2 adj. *Coquille dextre,* enroulée dans le sens des aiguilles d'une montre à partir du sommet. ✪ CONTR. Sénestre ; gauche.

❑ Vient du latin *dexter* « qui est à droite », par opposition à *sinister* « qui est à gauche » (cf. italien *sinistro*). → ① sinistre.

dextrine n. f. – XIXe ▪ Produit dextrogyre en solution, obtenu par dessiccation ou hydrolyse acide de l'amidon. *La dextrine sert d'apprêt en teinturerie.*

dextrinisation n. f. – 1963 ▪ Transformation en dextrine.

dextr(o)- Élément, du lat. *dexter* « droite ».

dextrocardie n. f. – 1901 ; *dextro-* et *-cardie* ▪ Déplacement du cœur vers la droite.

dextrogyre adj. – XIXe ; *dextro-* et *-gyre* ▪ Qui dévie à droite le plan de la lumière polarisée. *Cristal dextrogyre.* ✪ CONTR. Lévogyre.

dextrorsum [dɛkstʀɔʀsɔm] adj. inv. et adv. – XIXe ; mot lat. ▪ Qui va dans le sens des aiguilles d'une montre. *Un escalier dextrorsum.* ✪ CONTR. Sénestrorsum.

dextrose n. m. – XIXe ; *dextr(o)-* et ① *-ose* ▪ Glucose.

dey n. m. – XVIIe ; turc ▪ Ancien chef du gouvernement (d'Alger). ✪ HOM. Dais, dès.

❑ Ne pas confondre avec *bey, le bey de Tunis.*

di- Élément, du gr. *di-* « deux fois ».

dia interj. – XVIe ; a. forme de *da* ▪ Cri des charretiers pour faire aller à gauche (opposé à *hue*).

dia- Élément, du gr. *dia-* signifiant « séparation, distinction » ou « à travers ».

diabète n. m. – XVe ; gr. « qui traverse » **1** État pathologique accompagné de polyurie et de soif intense. *Diabète gras, maigre. Diabète bronzé.* ⇒ **hémochromatose.** **2** Maladie liée à un trouble de l'assimilation des glucides, avec présence de sucre dans le sang et les urines. *Traitement du diabète par l'insuline.*

❑ La maladie a tiré son nom des émissions surabondantes (d'urine) qui la caractérisent.

diabétique adj. – XIVe ▪ Relatif au diabète. *Coma diabétique.* ♦ Atteint du diabète. ➛ n. *Régime pour diabétiques.*

diabétologue n. – 1963 ▪ didact. Médecin spécialiste du diabète.

diable n. m. – IXe ; gr. *diabolos* « qui désunit » **I - 1** *Un, des diables.* Démon, personnage représentant le mal, dans la tradition populaire chrétienne. **2** *Le diable :* le prince des démons (⇒ **diabolique**). « *Le Diable et le Bon Dieu* », *pièce de J.-P. Sartre.* « *Nous nous efforçons de croire que tout ce qu'il y a de mauvais sur la terre vient du diable* » (Gide). *Chasser le diable* (⇒ **exorciser**). ♦ loc. *Donner, vendre son âme au diable :* compromettre son salut par une action immorale. *Avoir le diable au corps :* déployer une énergie surhumaine. spécialt (sur le plan érotique) « *Le Diable au corps* », *roman de Radiguet.* ➛ *S'agiter, se démener comme un (beau) diable,* avec énergie. ♦ *Tirer le diable par la queue :* avoir des ressources insuffisantes. ♦ *C'est, ce serait bien le diable si... :* ce serait extraordinaire si... « *C'est bien le diable si je ne trouve pas dans ce village un bistrot* » (Romains). ♦ vx ou plaisant *Que le diable l'emporte,* se dit de qqn dont on veut se débarrasser. **3** AU DIABLE : très loin. « *Ma villa est au diable, à un kilomètre du village* » (Simenon). *Demeurer, être situé au diable vauvert* ou *au diable vert.* ➛ vieilli *Envoyer qqn au diable,* le repousser avec colère, impatience ou dureté. ⇒ **rabrouer, rebuter,** fam. **rembarrer.** *Allez au diable !* ellipt *Au diable les importuns !* ♦ À LA DIABLE : sans soin, de façon désordonnée. *Travail fait à la diable.* ♦ DU DIABLE ; DE TOUS LES DIABLES : extrême, excessif. *Un appétit de tous les diables.* ♦ EN DIABLE : très, terriblement. « *la lettre, affectueuse, point trop familière, et spirituelle en diable* » (Aymé). **4** interj. (Marque la surprise, la perplexité). ⇒ **diantre.** *Diable ! C'est cher.* « *Où diable as-tu appris ça, animal ?* » (É. Ajar). ➛ « *Que diable allait-il faire dans cette galère ?* » (Mol.). **II - 1** Enfant vif, emporté, turbulent, insupportable. ⇒ **diablotin.** « *Un bon petit diable* », *livre de la comtesse de Ségur.* adj. *Il est un peu diable.* ⇒ **turbulent.** **2** (en bonne part) *Un* PAUVRE DIABLE : homme pauvre, pitoyable. ⇒ **malheureux, misérable.** ♦ *Un grand diable.* « *une sorte de grand diable* [...] *dégingandé* » (Gide). **3** DIABLE DE (valeur d'adj.). Bizarre, singulier ou mauvais. ⇒ **drôle.** *Un diable d'homme.* **III - 1** Petit chariot métallique à deux roues qui sert à transporter des caisses, des sacs, etc. **2** Filet fixe pour pêcher le hareng l'hiver. **3** Ustensile formé de deux poêlons en terre pour cuire les aliments sans addition d'eau ni de matières grasses. **4** *Diable de mer.* ⇒ **baudroie, scorpène.**

❑ *Diable,* d'un registre riche et varié, est plus familier et d'un sens plus concret que *démon,* qui appartient au vocabulaire théologique.

diablement adv. – XVIe ▪ fam. Très. ⇒ **bougrement, rudement, terriblement.** *Il est diablement fort sur ce sujet. Elle* « *trouva qu'il était diablement beau garçon* » (Sand).

diablerie n. f. – XIIIe **1** Sorcellerie qui fait intervenir le diable. ⇒ **maléfice, sortilège.** **2** Parole, action vive, malicieuse. *Ces enfants ne cessent d'inventer mille diableries.* ⇒ **espièglerie.** **3** Mystère mettant en scène des diables, au Moyen Âge.

diablesse n. f. – XIVe **1** Diable femelle. ⇒ **démone, succube.** **2** Femme très active, remuante, pétulante.

diablotin n. m. – XVIe **1** Petit diable ; lutin maléfique. **2** Jeune enfant très espiègle. ⇒ **diable.** **3** Petit pétard enroulé dans une papillote avec un bonbon et une devise. **4** Larve de l'empuse.

diabolique adj. – XIIe **1** Qui tient du diable. ⇒ **démoniaque.** ➛ subst. « *Les Diaboliques* », *nouvelles de Barbey d'Aurevilly.* **2** Qui évoque le diable. *Un sourire diabolique.* ⇒ **méchant, sarcastique.** *Piège, invention, machination diabolique,* pleine de ruse et de méchanceté. ⇒ **infernal, méphistophélique, satanique.** *L'homme* « *se rapproche de la perfection diabolique* » (Baud.). *Un personnage diabolique.* ⇒ **démoniaque.** ✪ CONTR. ① Angélique, divin.

diaboliquement adv. – XVe ▪ D'une manière diabolique.

diaboliser v. tr. [1] – XVIe ▪ littér. Transformer en diable. ➛ Faire passer pour diabolique, dangereux. *Diaboliser un homme politique, une minorité.*

diabolo n. m. – 1906 **I** Jouet formé de deux baguettes reliées par une ficelle que l'on tend plus ou moins sous une bobine pour la lancer et la rattraper. **II** Boisson, mélange de limonade et d'un sirop. *Des diabolos menthe.* « *on est allé prendre à la terrasse un petit cassis et un diabolo* » (Céline).

❑ Dérivé le plus récent de *diable, diabolo* (« jouet ») est formé sur l'expression *jeu du diable,* le *o* ayant été ajouté p.-ê. sous l'influence de l'italien *diavolo.*

diacétylmorphine n. f. – 1929 ▪ Dérivé de la morphine. ⇒ ② **héroïne.**

diachronie [djakʀɔni] n. f. – 1908 ; de *dia-* et gr. *khrônos* « temps » ▪ Évolution des faits linguistiques dans le temps. *La diachronie, succession de synchronies.*

❑ La *diachronie* nous montre des changements, et la *synchronie* des différences.

diachronique [djakʀɔnik] adj. – 1908 ▪ De la diachronie. *Étude diachronique d'un mot.* ⇒ **historique.**

diachylon [djakilɔ̃] n. m. – XIVe ; gr. « au moyen de sucs *(khulôn)* » ▪ Emplâtre agglutinant employé comme résolutif. *Toile enduite de diachylon.* ⇒ **sparadrap.**

diacide n. m. et adj. – 1948 ; de *di-* et *acide* ▪ Corps ayant deux fonctions acide.

diaclase n. f. – XIXe ; gr. « brisure *(clase)* en deux » ▪ Fissure d'une roche ou d'un terrain sans déplacement des blocs.

diaconal, ale, aux adj. – XVe ▪ Relatif aux diacres, au diaconat.

diaconat n. m. – XVe ▪ Le second des ordres majeurs dans l'Église catholique, le premier dans celle des orthodoxes. ♦ Dignité, fonction de diacre.

diaconesse n. f. - XIVe ; lat. 1 Fille ou veuve qui, dans l'Église primitive, recevait l'imposition des mains et était chargée de certaines fonctions ecclésiastiques. 2 Femme protestante vivant en communauté et se consacrant à des œuvres de charité.

diacoustique n. f. - XVIIIe ; de *dia-* et *acoustique* ▪ Partie de l'acoustique qui concerne la réfraction des sons.

diacre n. m. - XIIe ; gr. *diakonos* « serviteur » 1 Dans l'Église primitive, Fidèle chargé de la distribution des aumônes. ♦ Chez les protestants, Laïc qui a la charge des aumônes. 2 Clerc qui a reçu le diaconat à titre permanent ou transitoire (avant la prêtrise). *Diacre permanent marié.*

diacritique adj. - XVIIe ; gr. ▪ Qui sert à distinguer, à caractériser. ➛ *Signe diacritique :* signe graphique portant sur une lettre ou un signe phonétique, et destiné à distinguer les homographes. *Les accents des mots* à, dû, où, *sont des signes diacritiques.* ➛ n. m. *Les diacritiques,* ces signes.

diadème n. m. - XIIe ; gr. 1 Riche bandeau, insigne du pouvoir monarchique dans l'Antiquité. ♦ fig. La dignité royale ou impériale. 2 Bijou féminin qui ceint le front. « *Quelquefois elle se couronnait d'un petit diadème de joaillerie légère* » (Colette). ➛ Disposition des cheveux autour de la tête, du front. *Tresses en diadème.* 3 *Épeire diadème :* épeire qui porte une triple croix blanche sur l'abdomen, araignée très commune.

diadoque n. m. - 1900 ; gr. « successeur » ▪ Chacun des généraux d'Alexandre qui se disputèrent son empire à sa mort. ♦ Titre porté par le prince héritier de Grèce.

diagnose [djagnoz] n. f. - XVIIe 1 vieilli Connaissance acquise par les signes diagnostiques. 2 Détermination des caractéristiques (d'une espèce). *Linné est « un nomenclateur, un faiseur de diagnoses »* (J. Rostand).

diagnostic [djagnɔstik] n. m. - XVIIIe ▪ Détermination (d'une maladie, d'un état) d'après ses symptômes (⇒ **sémiologie**). *Poser, établir un diagnostic.* ⇒ **diagnostiquer.** *Diagnostic de grossesse. Erreur de diagnostic.* « *Nous eûmes la chance que le diagnostic du médecin fut rapide et sûr* » (R. Gary). ♦ fig. Prévision, jugement tiré de signes. « *établir un diagnostic, grâce à une analyse politique objective* » (Mauriac). ✪ HOM. Diagnostique.

> ❑ Voir les composés précisant la technique de l'établissement du diagnostic : *électrodiagnostic, radiodiagnostic, sérodiagnostic.* ♦ Mot de la même famille, *pronostic,* qui a perdu son *g.* → pronostic (rem.).

diagnostique [djagnɔstik] adj. - XVIe ; gr. « apte à reconnaître » ▪ *Signe diagnostique,* qui permet de déterminer une maladie. ✪ HOM. Diagnostic.

diagnostiquer [djagnɔstike] v. tr. 1 - XIXe ▪ Reconnaître en faisant le diagnostic. « *Le docteur Knock a diagnostiqué aussitôt une insuffisance des sécrétions ovariennes* » (Romains). ♦ fig. Discerner ou déceler d'après des signes.

diagnostiqueur, euse [djagnɔstikœʀ, øz] n. - XIXe ▪ Médecin qui établit des diagnostics. « *ce diagnostiqueur infaillible* » (Daud.).

diagonal, ale, aux adj. - XIIIe ; gr. *diagônios* « ligne tracée d'un angle à l'autre » ▪ Qui joint deux sommets (d'une figure géométrique) non consécutifs. *Ligne diagonale.* ⇒ **diagonale.** *Arcs diagonaux.* ♦ *Matrice diagonale :* matrice carrée dont les éléments situés hors de la diagonale principale sont nuls.

diagonale n. f. - XVIe 1 Ligne diagonale. *Une pyramide n'a pas de diagonale. Nous plierons « par la diagonale les deux moitiés du carré »* (Rouss.). ➛ *Tissu pris dans le sens de la diagonale.* ⇒ **biais.** 2 loc. adv. EN DIAGONALE : en biais, obliquement. *Traverser une rue en diagonale.* ➛ fig. et fam. *Lire en diagonale :* lire très rapidement, parcourir.

diagonalement adv. - XVIe ▪ En diagonale.

diagramme n. m. - XVIe ; gr. « dessin » 1 Tracé géométrique sommaire des parties d'un ensemble et de leur disposition. ⇒ **croquis,** ③ **plan, schéma.** 2 Représentation graphique du déroulement et des variations (d'un ou de plusieurs phénomènes) ou du fonctionnement (d'un ensemble). ⇒ **courbe, graphique.** *Diagramme des importations.*

dialcool [dialkɔl] n. m. - 1948 ; de *di-* et *alcool* ▪ Corps ayant deux fonctions alcool. ⇒ **glycol.**

dialectal, ale, aux adj. - XIXe ▪ D'un dialecte. *Variantes dialectales d'un mot. Particularité dialectale.* ⇒ **régionalisme.**

dialecte n. m. - XIXe ; gr. « discussion » ▪ Forme régionale d'une langue, considérée comme un système linguistique en soi. ⇒ ② **parler, patois ; dialectologie.** *Le wallon, dialecte français de Belgique.* « *avant le* XIVe *siècle, il n'y avait point en France de parler prédominant ; il y avait des dialectes* » (Littré).

> ❑ *Dialecte* n'a pas les connotations souvent péjoratives de *patois* « parler local employé par une population souvent rurale ».

dialecticien, ienne n. - XIIe ▪ Personne qui utilise la dialectique dans ses raisonnements. ⇒ **logicien.**

dialectique n. f. et adj. - XIIe ; gr. « art de discuter » I n. f. 1 Ensemble des moyens mis en œuvre dans la discussion en vue de démontrer, réfuter (⇒ **argumentation,** ① **logique, raisonnement**). *Une dialectique rigoureuse, implacable.* 2 Dans Platon, Art de discuter par demandes et réponses. ⇒ **dialogue, maïeutique.** 3 Méthode de pensée qui procède par propositions contradictoires (thèse et antithèse), que l'on cherche à unir dans une catégorie supérieure (synthèse). *La dialectique hégélienne.* II adj. Qui opère par la dialectique. « *Critique de la raison dialectique* », de Sartre.

dialectiquement adv. - XVIe ▪ didact. D'une manière dialectique.

dialectiser v. tr. 1 - 1949 ▪ didact. Faire évoluer par un processus dialectique.

dialectologie n. f. - XIXe ▪ Étude linguistique des dialectes et patois.

dialogique adj. - XVIe ▪ didact. En forme de dialogue. *Écrits dialogiques de Platon.*

> ❑ Attention, rien à voir avec *logique.*

dialogue n. m. - XIIIe ; gr. *logos* « parole » 1 Entretien entre deux personnes. ⇒ **conversation.** *Dialogue animé. Il se montrait « incapable d'établir un quelconque dialogue avec moi »* (Tournier). ⇒ **échange.** ♦ Contact et discussion entre deux parties à la recherche d'un accord. ⇒ **concertation, négociation, pourparler.** *Établir, rompre, renouer le dialogue. Un homme de dialogue.* 2 Ensemble des paroles qu'échangent les personnages d'une pièce, d'un film, d'un récit (⇒ **réplique**). *Postsynchronisation des dialogues d'un film.* 3 Ouvrage littéraire en forme de conversation (⇒ **dialogique**). *Les dialogues de Platon.* 4 Échange d'informations entre deux éléments d'un système informatique. *Dialogue homme-machine* (⇒ **interactivité ; conversationnel**). ✪ CONTR. Monologue.

❑ Il peut y avoir *dialogue* entre plus de deux personnes ou personnages (le préfixe *dia-* signifie « à travers » et non « deux ») ; mais l'existence de *monologue* et de *plurilogue* montre que l'interprétation « deux » est codifiée.

dialoguer v. [1] – XVIIIe 1 v. intr. Avoir un dialogue (avec qqn). ⇒ **converser,** s'**entretenir,** ① **parler.** *Nous ne refusons pas de dialoguer.* ⇒ **négocier.** ♦ *Dialoguer avec un ordinateur,* l'exploiter en mode conversationnel. 2 v. tr. Mettre en dialogue. *Dialoguer un roman pour le porter à l'écran.*

dialoguiste n. – XVIe ■ Auteur du dialogue (d'un film, d'une émission télévisée). *Le scénariste et le dialoguiste.*

❑ Ce mot a bien conservé la notion d'échange verbal entre plusieurs personnes. → dialogue (rem.).

dialypétale adj. et n. f. – XIXe ; gr. *dialuein* « séparer » 1 Dont la corolle est faite de pétales séparés (opposé à *gamopétale*). 2 n. f. pl. Sous-classe d'angiospermes dont les pétales peuvent se détacher séparément.

dialyse n. f. – XVIIIe ; gr. « séparation » 1 Séparation de substances dissoutes de poids moléculaire différent, par diffusion à travers une membrane semi-perméable. 2 *Dialyse (péritonéale) :* méthode d'épuration du sang utilisant le péritoine comme membrane d'échange et de filtration. ⇒ **hémodialyse ; rein** (artificiel). *Être en dialyse.*

dialyser v. tr. [1] – XIXe ■ Opérer la dialyse de (une substance). ➝ *Dialyser un malade.*

dialyseur n. m. – XIXe ■ Dispositif pour effectuer la dialyse.

diam → **diamant**

diamagnétique adj. – XIXe ■ Qui possède la propriété de diamagnétisme.

diamagnétisme n. m. – XIXe ; de *dia-* et *magnétisme* ■ Propriété d'une substance dont l'aimantation est colinéaire au champ magnétique inducteur et de sens opposé.

diamant n. m. – XIIe ; gr. *adamas, antis* 1 Pierre précieuse, la plus brillante et la plus dure, le plus souvent incolore. ➝ Carbone pur cristallisé, à indice de réfraction et pouvoir de dispersion très élevés. *Le diamant raye tous les corps sans être rayé. Variétés de diamant* ⇒ **bort.** *Poudre de diamant.* ⇒ **égrisée.** *Diamant jaune* (⇒ ② **jargon).** *Qui rappelle le diamant.* ⇒ **adamantin, diamantin.** *Faux diamant.* ⇒ **strass, zircon.** ➝ *Mines de diamant* (⇒ **kimberlite).** *Diamant brut. Diamantaire, lapidaire qui taille les diamants. L'éclat, les feux d'un diamant. Le diamantaire « lui annonça que le diamant avait un défaut grave, un crapaud »* (Duras). ➝ *Diamant monté seul.* ⇒ **solitaire.** *Rivière de diamants. La bague « était un diamant d'une extraordinaire pureté, taillé en émeraude »* (Maurois). abrév. fam. DIAM [djam]. « *des perlouses, des diams* » (Cendrars). ♦ *Le diamant noir :* la truffe. 2 Instrument au bout duquel est sertie une pointe de diamant et qui sert à couper le verre, les glaces. ♦ Pointe de lecture des disques microsillons. 3 *Pointes de diamant :* pierre, bois taillés de manière à présenter des saillies de forme pyramidale.

diamantaire adj. et n. – XVIe 1 Qui a l'éclat du diamant. *Pierre diamantaire.* 2 n. Personne qui taille ou vend des diamants. ⇒ **joaillier, lapidaire.** *Les diamantaires d'Anvers.*

diamanté, ée adj. – XVIIIe 1 Garni de diamants. ⇒ **endiamanté.** 2 Garni de poudre de diamant (outil). *Scie diamantée.*

diamanter v. tr. [1] – XIXe 1 Orner, couvrir (qqn) de diamants. 2 Faire briller comme un diamant.

❑ On trouve chez Proust la variante *diamantiser.*

diamantifère adj. – XIXe ■ Qui contient du diamant. *Sol diamantifère.*

diamantin, ine adj. – XVIe ■ didact. Qui a l'éclat ou la dureté du diamant. ⇒ **adamantin.**

diamétral, ale, aux adj. – XIIIe ■ Du diamètre. *Ligne diamétrale.* ♦ fig. *Opposition diamétrale,* absolue, totale.

diamétralement adv. – XIVe 1 Selon le diamètre. *Les deux pôles sont diamétralement opposés.* 2 *Avis diamétralement opposés.* ⇒ **absolument, radicalement.**

diamètre n. m. – XIIIe ; gr. « diagonale » 1 Ligne droite qui passe par le centre (d'un cercle, d'une sphère). *Demi-diamètre.* ⇒ ① **rayon.** *Le diamètre de la Terre.* ➝ *Diamètre d'une courbe :* lieu rectiligne des milieux des cordes parallèles à une direction donnée. 2 La plus grande largeur ou grosseur (d'un objet cylindrique ou arrondi). *Un tronc de deux mètres de diamètre. Diamètre d'un tube.* ⇒ **calibre.** 3 *Diamètre apparent d'un astre,* angle sous lequel on le voit.

diamide n. m. – XIXe ■ Corps ayant deux fonctions amide.

❑ On prononce avec trois syllabes, la coupe se faisant après *di-* « deux ».

diamine n. f. – XIXe ■ Corps ayant deux fonctions amine.

diaminophénol n. m. – XIXe ; de *di-, amine* et *phénol* ■ Molécule cristallisée incolore dont le chlorhydrate est utilisé comme révélateur photographique et comme composant des teintures capillaires.

diane n. f. – XVIe ; lat. *dies* « jour » ■ vx ou littér. Batterie de tambour, sonnerie annonçant le réveil. ⇒ ① **réveil.** « *La diane chantait dans les cours des casernes* » (Baud.).

diantre interj. – XVIe ; altér. euphémique de *diable* ■ Juron, exclamation qui marquait l'affirmation, l'imprécation, l'admiration, l'étonnement. ⇒ **diable.** « *Eh ! Que diantre ! un peu de confiance* » (Mariv.).

diapason n. m. – XIIe ; gr. *dia pasôn (khordôn)* « par toutes (les cordes) » 1 Étendue des sons que parcourt une voix ou un instrument, du plus grave au plus élevé. ⇒ **registre.** 2 Son de référence (la_3) utilisé pour l'accord des voix et des instruments. *Mettre un instrument au diapason,* l'accorder. ♦ fig. *Au diapason :* en harmonie avec les idées, les dispositions (de qqn), avec les circonstances. *Il n'est plus au diapason* (de la situation). « *il se sentait au diapason avec ce jeune* » (Loti). 3 Instrument métallique, en forme de fourche à deux branches, qui donne le *la* lorsqu'on le fait vibrer.

diapédèse n. f. – XVIe ; gr. *pêdân* « jaillir » ■ Migration des leucocytes à travers la paroi des capillaires.

diaphane adj. – XIVe ; gr. *phainein* « briller » 1 Qui laisse passer la lumière sans laisser distinguer la forme des objets. ⇒ **translucide.** 2 littér. Pâle, qui laisse transparaître les veines. *Teint diaphane. Des mains diaphanes.* ✪ CONTR. Obscur, opaque.

diaphanéité n. f. – XVIe ■ littér. Caractère de ce qui est diaphane. « *On connaît la diaphanéité de la mer* » (J. Verne).

diaphonie n. f. – XIIe ; gr. « discordance » ■ Défaut dans la transmission ou la restitution d'un signal, dû à un transfert d'énergie d'un signal sur un autre.

diaphorèse n. f. – XVIIIe ; gr. ■ rare Transpiration abondante.

diaphorétique adj. – XIVe ■ Qui active la transpiration. ⇒ **sudorifique.** ➝ n. m. *Un diaphorétique.*

diaphragmatique adj. – XVIe ▪ Du diaphragme (1°). ⇒ **phrénique.**

diaphragme n. m. – XIVe ; gr. « séparation, cloison » 1 Muscle large et mince qui sépare le thorax de l'abdomen. « *Il éprouvait comme un léger spasme du diaphragme* » (Romains). ♦ Cloison qui sépare un fruit capsulaire en plusieurs loges. 2 Préservatif féminin formé d'un dôme de caoutchouc placé sur le col de l'utérus au fond du vagin. ⇒ **pessaire.** 3 *Mur diaphragme :* mur transversal de soutien, entre deux travées (dans certaines églises romanes). 4 Membrane vibrante (d'appareils acoustiques). *Diaphragme de haut-parleur, de microphone.* 5 Disque opaque percé d'une ouverture réglable, pour faire entrer plus ou moins de lumière. *Le diaphragme d'un appareil photographique.*

diaphragmer v. intr. [1] – XIXe ▪ Régler l'ouverture du diaphragme (5°). *Diaphragmer à huit.*

diaphyse n. f. – XVIe ; gr. « séparation naturelle, interstice » ▪ Tronçon moyen (d'un os long). *Diaphyse du fémur.*

diaporama n. m. – v. 1965 ; de *diapo(sitive)* et *-orama* ▪ Spectacle de projection sonorisée de diapositives.

diapositive n. f. – 1900 ; de *dia-* et *positif* ▪ Tirage photographique positif destiné à la projection. ➜ abrév. fam. DIAPO. *Conférence avec projection de diapos.* ⇒ **diaporama.**

diapré, ée adj. – XIVe ▪ De couleur variée et changeante. *Étoffe diaprée.* ⇒ **chatoyant.** *Papillon diapré.* ✪ CONTR. Uni.

diaprer v. tr. [1] – XIIIe ; lat. *diasprum* ▪ littér. Nuancer, parer de couleurs variées. « *L'écorce variée des pastèques diaprait agréablement la campagne* » (Chateaub.).

❑ Même famille étymologique que *jaspe : diasprum* est une forme altérée de *jaspis* « jaspe », le *j* initial latin étant souvent écrit *di* dans les textes du Moyen Âge.

diaprure n. f. – XIVe ▪ littér. Aspect de ce qui est diapré ; chatoiement, variété des couleurs.

diarrhée n. f. – XIVe ; gr. *diarrein* « couler de côté et d'autre » ▪ Évacuation fréquente de selles liquides. ⇒ ① **colique ;** fam. **chiasse.** « *Quand il avait la diarrhée, Jean me disait "j'ai la courante"* » (Genet). *Avoir la diarrhée.* ✪ CONTR. Constipation.

diarrhéique adj. et n. – XIXe ▪ Qui a rapport à la diarrhée. *Selles diarrhéiques.* ♦ Atteint de diarrhée.

diarthrose n. f. – XVIe ; gr. *arthron* « articulation » ▪ Articulation mobile qui permet aux os des mouvements étendus (ex. genou).

diascope n. m. – 1940 ; *dia-* et *-scope* 1 Instrument d'optique utilisé dans les blindés. ⇒ **périscope.** 2 Appareil comportant une plaque de verre, utilisé pour l'examen des lésions superficielles de la peau. 3 Appareil de projection par transparence.

diascopie n. f. – 1961 ▪ Projection de documents transparents.

diaspora n. f. – 1909 ; mot gr. « dispersion » ▪ Dispersion à travers le monde antique des Juifs exilés de leur pays. ➜ Dispersion (d'une communauté) à travers le monde ; ensemble des membres dispersés. *La diaspora arménienne.*

diastase n. f. – XVIIIe ; gr. « séparation » ▪ vieilli Catalyseur protéique. ⇒ **enzyme.** ➜ Enzyme provoquant l'hydrolyse de l'amidon. ⇒ **amylase.**

diastole n. f. – XIVe ; gr. « dilatation » ▪ Phase de dilatation du cœur et des artères. *Diastole et systole.*

diastolique adj. – XVIe ▪ Relatif à la diastole. *Bruit diastolique,* correspondant à la fin de la systole et au début de la diastole.

diathèque n. f. – 1971 ; de *dia(positive)* et *-thèque* ▪ Collection de diapositives. ➜ Lieu où elles sont conservées.

diathermane adj. – XIXe ; gr. *thermainein* « chauffer » ▪ Qui transmet les radiations calorifiques. *Le mica est diathermane.*

diathermie n. f. – 1922 ▪ Méthode thérapeutique qui utilise des courants de haute fréquence pour échauffer *(diathermie médicale)* ou détruire *(diathermie chirurgicale)* les tissus. ⇒ **électrocautère, électrocoagulation.**

diathèse n. f. – XVIe ; gr. « disposition » ▪ Disposition générale d'une personne à être atteinte par des affections présumées de même étiologie, mais avec des manifestations différentes. ⇒ **prédisposition, terrain.** *Diathèse arthritique.* ⇒ **arthritisme.**

diatomée n. f. – XIXe ; gr. « coupé en deux » ▪ Algue unicellulaire à coque siliceuse bivalve. « *des pulvérisations de rochasses couvertes de diatomées* » (Giono).

diatomique adj. – XIXe ; *di-* et *atomique* ▪ Dont la molécule est formée de deux atomes. *L'oxygène* (O_2), *gaz diatomique.*

diatomite n. f. – 1948 ▪ Roche formée de diatomées fossiles, employée industriellement comme absorbant ou abrasif. ⇒ **tripoli.**

diatonique adj. – XIVe ; *dia-* et gr. *tonos* « ton » ▪ *Échelle, gamme diatonique,* qui procède par tons et demi-tons consécutifs (opposé à *chromatique*).

diatribe n. f. – XVIe ; gr. « usure par frottement » ▪ Critique violente souvent sur un ton injurieux. ⇒ **attaque, factum, libelle.** *Se lancer dans une longue diatribe contre qqn.* ✪ CONTR. Apologie, éloge.

diaule n. f. – XVIIIe ; gr. *aulos* « flûte » ▪ Flûte double de l'Antiquité grecque. ➜ *Flûte diaule.* ➜ Air joué avec cet instrument.

diazoïque adj. et n. m. – XIXe ; *di-* et rad. de *azote* ▪ *Composé diazoïque,* doublement azoté (formule RN=NR').

dibasique adj. – 1960 ▪ Qui possède deux fonctions base.

dicastère n. m. – XVIIIe ; gr. « cour de justice » 1 Subdivision de la curie romaine. 2 Subdivision d'une administration communale en Suisse.

dicho- Élément, du gr. *dikha* « en deux ».

dichogame [dikɔgam] adj. – XIXe ; *dicho-* et *-game* ▪ *Fleur dichogame,* dont les étamines et les pistils ne parviennent pas à maturité en même temps, ce qui empêche l'autofécondation.

dichotome [dikɔtɔm] adj. – XVIIIe ; *dicho-* et *-tome* 1 vieilli *Lune dichotome,* à moitié éclairée par le Soleil. « *J'ai dit "la lune dichotome" pour ne pas dire "la demi-lune"* » (Renard). 2 Qui se divise par bifurcation. *Tige dichotome du gui.*

dichotomie [dikɔtɔmi] n. f. – XVIIIe 1 Phase de la Lune pendant laquelle une seule moitié de son disque est visible. 2 Mode de ramification par divisions successives en deux branches. ⇒ **bifurcation.** 3 Partage illicite d'honoraires entre praticiens. 4 Division binaire (entre éléments qu'on sépare nettement et qu'on oppose). ➜ Opposition binaire d'éléments abstraits complémentaires. *La dichotomie saussurienne,* synchronie/diachronie.

dichotomique [dikɔtɔmik] adj. – XIXe 1 Qui se divise par bifurcation. 2 didact. Qui procède par divisions binaires. *Méthode, classification dichotomique.*

dichroïque [dikʀɔik] adj. – XIXe ▪ Qui présente des phénomènes de dichroïsme. *Miroir dichroïque.*

dichroïsme [dikʀɔism] n. m. – XIXe ; gr. « bicolore » ▪ Propriété de certaines substances de présenter une coloration différente selon les conditions d'observation, l'absorption des rayons lumineux variant avec l'orientation, l'épaisseur du corps.

dichromatique [dikʀɔmatik] **adj.** – XIXe ; gr. *khrôma, atos* « couleur » ▪ didact. Qui présente deux couleurs à la fois.

dico → **dictionnaire**

dicotylédone **adj. et n. f.** – XVIIIe ▪ Dont l'embryon a deux cotylédons. ♦ **n. f. pl.** Classe d'angiospermes dont l'embryon possède deux cotylédons.

dicoumarol **n. m.** – mil. XXe ; de *coumarine* ▪ Composé chimique extrait du mélilot ou obtenu par synthèse, employé comme anticoagulant.

dicrote **adj. m.** – XVIIIe ; gr. *krotos* « bruit » ▪ *Pouls dicrote,* marqué par deux pulsations pour chaque battement cardiaque.

dictame **n. m.** – XIIe ; gr. **1** Plante aromatique *(labiées)* aux feuilles laineuses. *Dictame de Crète,* aux propriétés vulnéraires. **2** poét. ⇒ **adoucissement, baume.** « *Tous les dictames saints qui calment la souffrance* » (Hugo).

dictaphone **n. m.** – 1935 ▪ Magnétophone pour dicter le courrier.

dictateur, trice **n.** – XIIe ; lat. **1** **n. m.** Dans l'Antiquité romaine, Magistrat extraordinaire nommé dans les circonstances critiques avec un pouvoir illimité. **2** Personne qui, après s'être emparée du pouvoir, l'exerce sans contrôle. ⇒ **autocrate, despote, tyran ; dictature.** *Le dictateur* « *commande plutôt qu'il ne gouverne* » (Maurois). ➛ *Ton de dictateur.* ⇒ **dictatorial.**

> ❑ Même famille étym. que *dicter.* ♦ Le féminin *dictatrice* est rare.

dictatorial, iale, iaux **adj.** – XVIIIe ▪ Qui appartient au dictateur, qui a rapport à la dictature. « *Le plébiscite du 19 août assurait à Hitler des pouvoirs dictatoriaux* » (Beauv.). *Régime dictatorial.* ⇒ **autoritaire.** ➛ fig. *Ton dictatorial.* ⇒ **impérieux.**

dictature **n. f.** – XIIIe **1** Magistrature extraordinaire, la plus élevée chez les Romains. **2** Régime politique autoritaire établi par un individu, une assemblée, un parti, un groupe social. ⇒ **absolutisme, autocratie, totalitarisme.** *Instaurer la dictature. Vivre sous la dictature de qqn. La dictature de Cromwell. Dictature militaire.* ⇒ **caporalisme.** ♦ *Dictature du prolétariat :* étape devant mener à la société sans classe, dans le marxisme-léninisme. **3** Pouvoir absolu, suprême. ⇒ **tyrannie ; autoritarisme, despotisme.** « *Toute la philosophie de cette dictature industrielle et commerciale aboutit à ce dessein impie : imposer à l'humanité des besoins, des appétits* » (Duham.). ✪ CONTR. Anarchie, démocratie.

dictée **n. f.** – XVIIe **1** Action de dicter. *La dictée du courrier à un secrétaire. Écrire, prendre sous la dictée (de qqn).* **2** Exercice scolaire consistant en un texte lu que les élèves s'efforcent d'écrire avec l'orthographe correcte ; ce texte, sa transcription. *L'instituteur* « *continuait la dictée en marchant du bureau à la fenêtre* » (Alain-Fourn.). *Faire une dictée. Faire deux fautes dans, à sa dictée.* ➛ *Dictée musicale,* de notes.

dicter **v. tr.** [1] – XIIe ; lat. *dicere* « dire » **1** Dire (qqch.) à haute voix en détachant les mots ou les membres de phrases, pour qu'une autre personne les écrive au fur et à mesure. *Dicter aux élèves l'énoncé du problème. Dicter une lettre.* ➛ « *Topaze dicte et, de temps à autre, il se penche sur l'épaule du petit garçon, pour lire ce qu'il écrit* » (Pagnol). **2** Indiquer en secret, à l'avance, à qqn (ce qu'il doit dire ou faire). *Ses réponses lui ont été dictées.* ⇒ **souffler, suggérer.** ♦ ⇒ **inspirer.** *Leur attitude dictera la nôtre.* ⇒ **décider** (de). « *Quel chagrin t'a dicté cette parole amère* » (Muss.). **3** Stipuler et imposer. *Dicter sa loi, ses conditions* (⇒ **diktat, oukase**). ✪ CONTR. Exécuter, obéir (à), suivre.

diction **n. f.** – XIIe ; lat. *dicere* « dire » ▪ Manière de dire, de débiter un discours, des vers, etc. ⇒ ① **débit, élocution.** *Professeur de diction.* « *Il avait une diction très nette et chantante* » (Romains).

dictionnaire **n. m.** – XVIe **1** Recueil ordonné d'unités signifiantes de la langue (mots, termes, éléments...), qui donne des définitions, des informations sur les signes. abrév. fam. DICO. *Des dicos. Dictionnaire alphabétique.* « *il faut se figurer les usages nombreux et ordinaires du dictionnaire. On y cherche le sens des mots, la génération des mots, l'étymologie des mots* » (Baud.). *Consulter un dictionnaire.* « *cherchez dans le dictionnaire les mots de l'orthographe desquels vous ne serez pas sûr* » (Stendh.). *Ce n'est pas dans le dictionnaire. Dictionnaire électronique,* sans aucun support papier. ♦ *Dictionnaire de langue,* donnant des renseignements sur les mots et leurs emplois. *Rédaction, mise à jour d'un dictionnaire.* ⇒ **lexicographie.** « *L'usage contemporain est le premier et principal objet d'un dictionnaire* » (Littré). *Définitions, exemples, citations, renvois d'un dictionnaire.* ➛ *Dictionnaire encyclopédique,* informant sur les choses, les idées désignées par les mots, et traitant les noms propres. ⇒ **encyclopédie.** ♦ *Dictionnaire bilingue,* qui donne la traduction d'un mot d'une langue dans une autre. *Dictionnaire français-anglais, latin-français.* ♦ *Dictionnaire des synonymes ; dictionnaire étymologique.* ➛ *Dictionnaire de la philosophie, de la médecine.* ⇒ **glossaire, lexique ; terminologie, vocabulaire.** ➛ *Dictionnaire d'un auteur.* ⇒ **lexique. 2** Personne qui sait tout. *C'est un vrai dictionnaire !*

> ❑ En France, le premier grand dictionnaire est celui de Robert Estienne, ouvrage bilingue français-latin (1538).

dictionnairique **adj.** – XIXe ▪ didact. Qui concerne le dictionnaire. ⇒ **lexicographique.**

> ❑ Mot mal formé ; on attendrait *dictionnarique* (comme *notaire / notariat*).

dicton **n. m.** – XVIe ; lat. *dicere* « dire » ▪ Sentence passée en proverbe. ⇒ ① **adage, aphorisme, maxime.**

-didacte Élément, du gr. *didaskein* « enseigner ».

didacticiel **n. m.** – 1979 ; de *didacti(que)* et *(logi)ciel* ▪ Logiciel à fonction pédagogique.

didactique **adj. et n. f.** – XVIe ; gr. *didaskein* « enseigner » **1** Qui vise à instruire, qui a rapport à l'enseignement. *Un exposé didactique.* **2** Qui appartient à la langue savante. *Terme didactique.* **3** **n. f.** Théorie et méthode de l'enseignement. ⇒ **pédagogie.** *La didactique des langues.*

> ❑ Même famille que *autodidacte.*

didactiquement **adv.** – XVIIIe ▪ D'une manière didactique.

didactisme **n. m.** – XIXe ▪ Caractère didactique (souvent péj.).

didactyle **adj.** – XVIIIe ; *di-* et *-dactyle* ▪ Qui a deux doigts. *Le paresseux didactyle.*

didascalie **n. f.** – XVIIIe ; gr. « enseignement » ▪ didact. Indication de jeu dans une pièce, un scénario ; par ex. (se détournant avec dégoût).

diduction **n. f.** – XVIe ; lat. *diducere* « mener en diverses directions » ▪ Sc. Mouvement latéral de la mandibule.

didyme **n. m.** – XIVe ; gr. « jumeau » ▪ Mélange de néodyme et de praséodyme.

dièdre adj. et n. m. – XVIIIe ; di- et -èdre 1 *Angle dièdre,* formé par deux demi-plans qui ont une arête commune. 2 n. m. Ensemble de deux demi-plans *(faces du dièdre)* qui ont une arête commune. ➝ Partie rentrante d'une paroi rocheuse formée de deux dalles en forme de livre ouvert.

diélectrique adj. et n. m. – XIXe ; de di(a)- et électrique ▪ Qui ne conduit pas (ou peu) l'électricité mais laisse s'exercer les forces électrostatiques. ➝ n. m. *La permittivité d'un diélectrique.*

diencéphale n. m. – 1953 ▪ Partie du cerveau située entre les hémisphères et formée principalement du thalamus, de l'épiphyse et de l'hypothalamus.

diencéphalique adj. – 1953 ▪ Relatif au diencéphale.

diérèse n. f. – XVIe ; gr. « division » 1 Prononciation de deux voyelles successives d'un même mot en deux syllabes. 2 En chirurgie, Séparation de tissus sans perte de substance. ✪ CONTR. Crase, synérèse.

diergol n. m. – 1968 ▪ Propergol composé de deux ergols.

dièse n. m. – XVIe ; gr. « intervalle » ▪ Signe d'altération ou d'accident (♯) qui élève d'un demi-ton chromatique la note devant laquelle il est placé. *Double dièse,* qui l'élève de deux demi-tons (x). ♦ adj. inv. *Des do dièse.*

> ❑ On trouve la graphie *dièze* chez les auteurs des XIXe et XXe s. (Flaubert, Gide, Mauriac, Proust, Céline). ♦ Certains font l'accord : *des do dièses.*

diesel [djezɛl] n. m. – 1913 ; nom de l'inventeur 1 Moteur à combustion interne, dans lequel l'allumage est obtenu par compression. *Diesel à deux, quatre temps. Les diesels d'un bateau.* « *la puissance silencieuse des diesels* » (Genev.). ➝ *Moteur diesel ; camion diesel.* 2 Véhicule à moteur diesel. *Les diesels roulent au gazole.* ♦ *Diesel électrique :* locomotive électrique dont la puissance est donnée par un moteur diesel qui entraîne une génératrice électrique alimentant les moteurs.

> ❑ Devenu nom commun, *diesel* s'écrit sans majuscule et prend la marque du pluriel, mais s'écrit sans accent contrairement au dérivé *diéséliste : les diesels sont très polluants.*

diéséliste n. m. – 1966 ▪ Mécanicien spécialiste des diesels.

diéser v. tr. [6] – XVIIIe ▪ Marquer (une note) d'un dièse. *Note diésée.*

Dies irae [djesiʀe] n. m. inv. – XIXe ; mots lat. « jour de colère » ▪ Prose du missel romain, évoquant le Jugement dernier, chantée à l'office des morts. ♦ Composition musicale sur ce thème.

① **diète** n. f. – XIIIe ; gr. « genre de vie » 1 Régime alimentaire particulier, prescrit à titre hygiénique ou thérapeutique. ⇒ **diététique,** ① **régime.** *Diète lactée.* 2 Abstention momentanée, plus ou moins complète, d'aliments, sur prescription médicale. ⇒ **abstinence.** *Être à la diète.*

> ❑ *Diète* est un quasi-synonyme de *jeûne.*

② **diète** n. f. – XVIe ; lat. *dies* « jour » ▪ Assemblée politique qui siégeait dans certains pays d'Europe (Allemagne, Suède, Pologne, Suisse, Hongrie). *Décisions de la diète.* ⇒ **recès.**

diététicien, ienne n. – XIXe ▪ Spécialiste de diététique.

diététique adj. et n. f. – XVIe 1 Relatif à un régime alimentaire, surtout restrictif (⇒ ① **diète**). *Aliment diététique,* que sa composition ou sa préparation différencie des autres aliments. 2 n. f. Ensemble des règles à suivre pour une alimentation équilibrée et adaptée. ♦ Science des régimes alimentaires conçus pour les malades.

dieu n. m. – IXe ; lat. *deus* ▪ Principe d'explication de l'existence du monde, conçu comme un être personnel. **I A - 1** Être éternel, unique, tout-puissant et miséricordieux, créateur et juge, dans les religions monothéistes. *Étude de l'existence et de la nature de Dieu.* ⇒ **métaphysique, théologie.** *La Parole de Dieu est consignée dans la Bible et le Coran.* 2 Dieu personnel unique de la tradition judéo-chrétienne. « *Au commencement Dieu créa le ciel et la terre* » (BIBLE). *L'envoyé de Dieu.* ⇒ **messie. B - 1** dans la doctrine chrétienne ⇒ **père, seigneur.** *Dieu en trois personnes* (Dieu le Père ; Fils ; Saint-Esprit). ⇒ **trinité.** *Le fils de Dieu :* le Christ. *La mère de Dieu :* la Vierge. *Le royaume de Dieu.* ⇒ **ciel, paradis.** ➝ *Croyance en Dieu.* ⇒ **foi.** *Négation de l'existence de Dieu.* ⇒ **athéisme.** *Ne pas croire en Dieu.* « *Si Dieu n'existait pas, il faudrait l'inventer* » (Volt.). *Implorer, prier Dieu.* « *Pour que Dieu nous réponde, adressons-nous à lui. Il est juste, il est bon* » (Muss.). *Recommander son âme à Dieu :* se préparer à mourir. *Être rappelé à Dieu :* mourir. *Un homme de Dieu :* personne consacrée à Dieu ; saint homme, pieux, dévot. ➝ *Ne croire ni à Dieu ni à diable :* être incrédule. 2 (avec l'article) L'Être suprême unique. *Le Dieu d'Abraham. Allah, le Dieu des musulmans.* ♦ LE BON DIEU, expression familière et affective. *Prier le bon Dieu. Recevoir le bon Dieu.* ⇒ **communier ; eucharistie.** *Mais qu'est-ce que j'ai fait au bon Dieu ?* se dit face à une situation vécue comme un châtiment de Dieu. 3 loc. DIEU SAIT... Pour appuyer une assertion. « *les longues étapes monotones – et Dieu sait que le Massif central en comporte* » (Gracq). Pour exprimer l'incertitude. *Dieu sait ce que nous ferons demain. Dieu seul le sait ! Dieu sait quelle histoire :* je ne sais quelle histoire. *Dieu sait quoi.* ➝ *Chaque jour, tous les jours que Dieu fait.* ♦ Expressions par lesquelles la personne qui parle fait intervenir Dieu ou souhaite qu'il intervienne. *Si Dieu le veut. Dieu vous entende ! Grâce à Dieu ! Dieu merci ! Dieu soit loué !* 4 interj. *Ah, mon Dieu ! Grand Dieu !* ➝ jurons *Nom de Dieu !* **II** dans le polythéisme Être supérieur, doué d'un pouvoir sur l'homme et d'attributs particuliers. 1 dans les grandes religions antiques ⇒ **divinité ; déesse, démon, esprit,** ② **être, génie, principe.** *Histoire des dieux.* ⇒ **mythologie ; théogonie.** *Ensemble des dieux d'une religion.* ⇒ **panthéon.** *Les dieux égyptiens, scandinaves. Toutatis, dieu gaulois. Les dieux de l'Olympe. Mars, dieu de la guerre.* 2 Force impersonnelle des religions traditionnelles. *Le dieu tribal du mana.* 3 Image d'un dieu ou d'une force divinisée. ⇒ **idole.** 4 loc. *Être aimé, béni des dieux :* avoir de la chance. *Il chante comme un dieu,* admirablement bien. *Il est beau comme un dieu (grec),* très beau. 5 Personne (ou chose) divinisée. *Les dieux du stade :* les athlètes célèbres. « *Pour tout le XVIIe siècle, Descartes a été vraiment un dieu* » (Faguet). ➝ *Faire de qqn, de qqch. son dieu,* en faire l'objet d'un culte. « *Le Dieu du monde, C'est le Plaisir* » (Nerval). *C'est son dieu.* ⇒ **idole.**

> ❑ *Dieu* s'écrit avec majuscule lorsque le mot désigne la divinité des religions monothéistes, avec *d* minuscule lorsqu'il s'agit de l'une des divinités des religions polythéistes.

dièze → **dièse**

diffa n. f. – XIXe ; mot ar. ▪ Dans la tradition musulmane du Maghreb, Réception des hôtes de marque, accompagnée d'un repas et de réjouissances.

diffamant, ante adj. – XVIIe ▪ littér. Qui diffame. ⇒ **diffamatoire, infamant.** *Paroles diffamantes.*

diffamateur, trice n. – XIVe ■ Personne qui diffame. ⇒ **calomniateur.** *Poursuivre un diffamateur en justice.* ◆ adj. *Un pamphlet diffamateur.* ⇒ **diffamant.**

diffamation n. f. – XIIIe ■ Action de diffamer. ⇒ **calomnie, médisance.** ♦ Écrit, parole diffamatoire. *Les diffamations d'un journal à scandales.* ♦ dr. Toute allégation ou imputation d'un fait qui porte atteinte à l'honneur, à la considération de qqn. *Procès en diffamation.* ✪ CONTR. Apologie, louange.

diffamatoire adj. – XIVe ■ Qui a pour but la diffamation. *Allégation, imputation diffamatoire. Paroles diffamatoires.* ⇒ **diffamant, diffamateur.**

diffamé, ée adj. – XVIIe ■ Privé d'une pièce honorable. Privé de sa queue (animal héraldique). *Au lion diffamé.*

diffamer v. tr. [1] – XIIIe ; lat. *fama* « renommée » ■ Chercher à porter atteinte à la réputation, à l'honneur de (qqn). ⇒ **attaquer, calomnier, décrier, discréditer, médire** (de). *Diffamer un adversaire. Diffamer injustement un honnête homme.* ◆ *Être injustement diffamé.* ◆ Commettre une diffamation contre (qqn) en lui imputant un fait déterminé et précis, portant atteinte à son honneur ou à sa considération. ✪ CONTR. Encenser, exalter, honorer, ① louer, prôner, vanter.

différé n. m. – v. 1945 1 Fait de diffuser une émission après l'enregistrement (opposé à ② *direct*). *Match retransmis en différé.* 2 *Différé d'amortissement* : report du remboursement d'un prêt.

différemment [diferamɑ̃] adv. – XIVe ■ D'une manière différente. ⇒ **autrement.** *Il n'est pas de votre avis, il pense différemment.* ✪ CONTR. Identiquement.

différence n. f. – XIIe ; lat. *diferre* « porter en sens divers » 1 Ce qui distingue une chose d'une autre, un être d'un autre ; relation d'altérité entre ces choses, entre ces êtres. ⇒ **dissemblance, distinction, particularité ; dis-, hétér(o)-.** *Différence légère, imperceptible. Différence notable, sensible. Différence importante.* ◆ *Différence d'interprétation. Différence d'opinions.* ⇒ **différend, divergence.** *Différence d'âge, de caractère entre deux personnes.* « *J'ai assez vécu pour voir que différence engendre haine* » (Stendh.). *Le droit à la différence.* « *elle dépassait les limites de la tolérance à la différence* » (Tournier). ♦ *Faire la différence entre deux choses,* la percevoir, la sentir. → ② **départ.** ◆ *Faire la différence* : l'emporter sur les autres concurrents, se démarquer des autres. ♦ *À la différence de,* se dit pour opposer des personnes, des choses différentes. ◆ *À la différence que* : avec cette différence que. *À cette différence près que...* 2 Quantité qui, ajoutée à une quantité, donne une somme égale à une autre. *Différence entre deux grandeurs.* ♦ *Voilà déjà mille francs, vous paierez la différence.* ⇒ **complément.** ◆ Dans les opérations à terme, Écart entre le cours de la négociation et celui de l'exécution du marché. 3 *Différence de deux ensembles A et B* : ensemble (A – B), constitué par les éléments de A qui n'appartiennent pas à B. ✪ CONTR. Analogie, conformité, égalité, identité, ressemblance, similitude.

> ❑ Le *droit à la différence* est une idée à la mode assez confuse qu'il ne faut pas pousser à ses limites.

différenciateur, trice adj. et n. m. – 1922 1 Qui différencie. 2 n. m. Dispositif qui élabore en sortie un signal proportionnel à la dérivée du signal appliqué à son entrée.

différenciation n. f. – XIXe 1 Action de se différencier. ⇒ **transformation.** « *Le progrès de la matière vivante consiste dans une différenciation des fonctions* » (Bergson). ◆ Acquisition de propriétés fonctionnelles différentes par les cellules semblables issues de la segmentation de l'œuf. 2 Action de différencier. ⇒ **distinction, séparation.** ✪ CONTR. Dédifférenciation ; assimilation, identification, rapprochement, réunion. — HOM. Différentiation.

différencier v. tr. [7] – XIVe 1 Marquer, faire apparaître la différence entre. ⇒ **distinguer.** *Ce qui différencie le singe de l'homme.* 2 Apercevoir, établir une différence, opérer la différenciation entre. *Différencier deux espèces auparavant confondues.* « *Aimer aide à distinguer, à différencier* » (Maurois). 3 Calculer la différentielle d'une fonction. ⇒ **différentier.** 4 v. pron. Être caractérisé par telle ou telle différence. ⇒ ① **différer,** se **distinguer.** « *Fontenelle se différencie profondément des écrivains frivoles* » (Ste-Beuve). ♦ Devenir différent ou de plus en plus différent. *Les cellules se différencient.* ♦ *Les joueurs de notre équipe portent un maillot rouge pour se différencier de leurs adversaires.* ⇒ se **singulariser.** ✪ CONTR. Assimiler, confondre, identifier, rapprocher. — HOM. Différentier.

> ❑ Ne pas confondre avec l'homonyme *différentier,* terme de mathématique.

différend n. m. – XIVe ■ Désaccord résultant d'une différence d'opinions, d'une opposition d'intérêts. ⇒ **conflit, dispute, querelle.** *Avoir un différend avec qqn. Régler un différend.* ✪ CONTR. Accord. — HOM. Différent, différant (différer).

> ❑ *Différend* est une variante graphique de *différent* destinée à éviter la confusion de ces deux sens.

différent, ente adj. – XIVe 1 Qui diffère ; qui présente une différence, qui n'est pas semblable. ⇒ **autre, dissemblable, distinct.** « *Il arrive qu'une route offre des aspects tellement différents à l'aller et au retour que le promeneur qui rentre croit se perdre* » (Cocteau). *Opinions différentes les unes des autres.* ⇒ **divergent, éloigné.** « *leur amitié les réunissait par mille liens différents* » (Proust). ◆ Qui a un caractère, un comportement différent. « *Si nous n'étions si différents, nous n'aurions pas si grand plaisir à nous entendre* » (Gide). ◆ *A différent de B est noté* $A \neq B$. 2 plur. Plusieurs et distincts. ⇒ **divers.** *Différentes personnes me l'ont dit. Les différents sens d'un mot.* ✪ CONTR. Analogue, identique, même, pareil, semblable. Un ; seul. — HOM. Différant (différer), différend.

> ❑ Ne pas confondre avec le participe présent *différant (objets différant par le prix).*

différentiation n. f. – XIXe ■ Opération destinée à obtenir la différentielle d'une fonction. ✪ HOM. Différenciation.

① **différentiel, ielle** adj. – XVIIe 1 CALCUL DIFFÉRENTIEL : partie des mathématiques qui a pour objet l'étude des variations infiniment petites des fonctions. *Opérateur différentiel.* ◆ *Équation différentielle* : relation entre une fonction, la variable dont elle dépend et les dérivées de la fonction. 2 *Mouvement différentiel,* qui résulte de la combinaison de deux mouvements produits par la même force. ◆ *Engrenage différentiel* : combinaison d'engrenages par lesquels on transmet à un arbre rotatif un mouvement composé, équivalant à la somme ou à la différence de deux mouvements. ⇒ ② **différentiel.** 3 *Psychologie différentielle* : étude comparative des différences psychologiques entre les individus humains. 4 *Tarif différentiel* : tarif de transport non proportionnel aux distances.

> ❑ On écrit *différentiel,* avec un *t,* selon l'alternance normale *différence, différent, différentiel.* On rencontre la même alternance dans *présidence, président, présidentiel.*

② **différentiel** n. m. – XIXe 1 Engrenage différentiel réunissant les deux moitiés d'essieu d'un véhicule automobile. 2 Pourcentage exprimant l'écart entre deux grandeurs. *Différentiel d'inflation.*

différentielle n. f. - XVIIIe ▪ Partie principale de l'accroissement d'une fonction pour un accroissement infiniment petit de la variable.

différentier v. tr. 7 - XVIIIe ▪ Calculer la différentielle d'une fonction. ⇒ **différencier** (3°). ✪ HOM. Différencier.

① **différer** v. intr. 6 - XIVe **1** Être différent, dissemblable. ⇒ se **différencier,** se **distinguer,** s'**opposer.** « *Je n'aime en toi que ce qui diffère de moi* » (Gide). *Mon opinion diffère sensiblement de la sienne.* ⇒ **diverger.** « *Le microbe différait légèrement du bacille de la peste* » (Camus). **2** Varier, avoir des aspects dissemblables. « *Combien la notion de l'honneur diffère suivant les pays et les âges !* » (Gide). ➛ Avoir des opinions différentes. *Différer sur un point.* ✪ CONTR. Ressembler (se) ; confondre (se). — HOM. *Différant :* différent.

② **différer** v. tr. 6 - XIVe ▪ Remettre à un autre temps ; éloigner la réalisation de. ⇒ **renvoyer,** ① **repousser, retarder, surseoir** (à). *Différer un paiement. Cette aventure* « *dont je ne peux différer plus longtemps le récit* » (Camus). ➛ *Crédit différé.* ✪ CONTR. Avancer, hâter.

difficile adj. - XIVe ; lat. **1** Qui n'est pas facile ; qui ne se fait qu'avec effort, peine. ⇒ **ardu, dur, laborieux, malaisé, pénible ; impossible, infaisable.** *Travail difficile. Ce n'est pas si difficile.* « *Sans être belle, elle avait une figure difficile à oublier* » (Rouss.). *Cela est difficile à faire. Il m'est difficile d'en parler.* ➛ n. m. « *Le difficile dans la vie, c'est de prendre au sérieux longtemps de suite la même chose* » (Gide). **2** Qui demande un effort intellectuel. *Texte difficile.* ⇒ **compliqué.** *Problème difficile.* ⇒ fam. **calé, coton, trapu.** *Auteur difficile,* dont les écrits sont difficiles à comprendre. « *l'art n'est pas difficile. Il n'est pas facile non plus* » (Aragon). **3** Qui présente un danger, une incommodité. *Lieu d'accès difficile.* **4** Qui donne du tourment. ⇒ **pénible.** *Position, situation difficile.* ⇒ **délicat. 5** Qui n'est pas aisé, agréable à fréquenter. ⇒ **acariâtre, contrariant, exigeant, intraitable, irascible.** *Enfant difficile.* ⇒ **capricieux.** *Humeur, caractère difficile.* ⇒ **dur, mauvais, ombrageux.** « *Votre fille n'est pas si difficile que cela* » (Mol.). ♦ *Difficile à vivre.* **6** Qui n'est pas facilement satisfait. ⇒ **exigeant.** « *Rien ne touche son goût, tant il est difficile* » (Mol.). ♦ n. *Faire le (la) difficile.* ✪ CONTR. Facile ; agréable, aisé, ① commode, simple. Accommodant, conciliant.

difficilement adv. - XVe ▪ Avec difficulté, avec peine. *Il se déplace difficilement.* ⇒ **malaisément.** « *Les lignes qui suivaient étaient difficilement lisibles* » (Camus). ✪ CONTR. Facilement.

difficulté n. f. - XIIIe **1** Caractère de ce qui est difficile ; ce qui rend qqch. difficile. *La difficulté d'une entreprise. Difficulté d'un problème.* ⇒ **complexité, complication, subtilité.** ➛ *Aimer la difficulté.* **2** Mal que l'on éprouve pour faire qqch. *Marcher avec difficulté.* ⇒ **embarras, gêne.** *Difficulté à s'exprimer. Il a de la difficulté à comprendre cela. Faire qqch. sans difficulté.* **3** Ce qu'il y a de difficile en qqch. ; chose difficile. ⇒ **embarras, empêchement, ennui, problème, tracas.** *Voilà la difficulté. Difficultés matérielles, financières. Surmonter, vaincre les difficultés. Tourner la difficulté.* **4** Raison alléguée, opposition soulevée contre qqch. ⇒ **objection.** *Il n'a pas fait de difficultés pour venir.* **5** EN DIFFICULTÉ : dans une situation difficile. *Mettre qqn en difficulté.* ✪ CONTR. Aisance, facilité, simplicité.

difficultueux, euse adj. - XVIe ▪ littér. Difficile, qui pose de gros problèmes. ✪ CONTR. Facile.

diffluence n. f. - XIXe **1** Caractère de ce qui est diffluent. **2** Division d'un cours d'eau en plusieurs branches.

diffluent, ente adj. - XVIe ; lat. *diffluere* « s'écouler en divers sens » **1** Qui s'écoule, se répand. *Tissus diffluents.* **2** Qui se développe dans plusieurs directions. *Imagination diffluente.* ✪ CONTR. ① Ferme.

difforme adj. - XIIIe ; lat. *forma* « forme » ▪ Qui n'a pas la forme et les proportions naturelles. ⇒ **contrefait, déformé, déjeté.** « *des enfants difformes, hideux, effrayants* » (Maupass.). ✪ CONTR. ① Beau, normal, régulier.

> ❑ Le mot *difforme* est plus fort et plus définitif que *déformé.* On ne redonne pas *forme* à ce qui est *difforme.*

difformité n. f. - XIVe ▪ Défaut grave de la forme physique, anomalie dans les proportions. ⇒ **déformation, gibbosité, infirmité, malformation, monstruosité.** *Rembrandt* « *n'a reculé devant aucune des laideurs et des difformités physiques* » (Taine). ✪ CONTR. Beauté, régularité, symétrie.

diffracter v. tr. 1 - XIXe ▪ Produire la diffraction de.

diffraction n. f. - XVIIe ; lat. *diffringere* « mettre en morceaux » ▪ Phénomène optique de déviation des rayons lumineux, au voisinage de corps opaques. ⇒ **déflexion, dispersion.** ➛ *Diffraction des rayons X sur un réseau cristallin.*

> ❑ Ne pas confondre avec *réfraction* « déviation d'un rayon lumineux qui passe d'un milieu dans un autre ».

diffus, use adj. - XIVe ; lat. *diffundere* « répandre » **1** Qui est répandu dans toutes les directions. « *Telle douleur physique diffuse, s'étendant par irradiation dans des régions extérieures à la partie malade* » (Proust). ♦ *Lumière diffuse,* due à une réflexion irrégulière. ♦ *Souvenirs diffus.* **2** littér. Qui délaye sa pensée. ⇒ **prolixe, verbeux.** *Un style* « *diffus, lâche et traînant* » (Buff.). ✪ CONTR. ① Bref, concis, laconique, ① précis.

diffuser v. 1 - XVe **I** v. tr. **1** Répandre dans toutes les directions. ⇒ **disperser, propager.** *Diffuser la chaleur.* « *de petites lampes dont les abat-jour diffusent çà et là une lumière rousse* » (Robbe-Grillet). ➛ pronom. « *l'or de ce soleil [...] se diffusait partout* » (Loti). **2** Émettre, transmettre par ondes hertziennes. *Discours diffusé en direct.* **3** Répandre dans le public. ⇒ **propager.** *Diffuser une nouvelle.* ➛ Distribuer. « *Des imprimeurs de la ville diffusèrent à de nombreux exemplaires les textes qui circulaient* » (Camus). **II** v. intr. Se répandre en tous sens. *Substance qui diffuse dans l'eau.* ✪ CONTR. Concentrer.

diffuseur n. m. - XIXe **1** Appareil qui sert à l'extraction du jus sucré des betteraves. ➛ Partie du carburateur où se produit la pulvérisation de l'essence. ♦ Appareil d'éclairage qui ne laisse passer qu'une lumière diffuse. ➛ Appareil capable de diffuser par évaporation. *Diffuseur de parfum.* **2** Entreprise qui se charge de la diffusion de livres.

diffusible adj. - XIXe ▪ Qui peut se diffuser.

diffusion n. f. - XVIe **1** Action de se répandre, de se diffuser. *Diffusion de la chaleur, du son.* ➛ Phénomène par lequel les diverses parties d'un fluide deviennent homogènes en se répartissant également dans une enceinte. *Diffusion des gaz.* ♦ Dissémination des rayons lumineux produits par transmission à travers un milieu trouble, gazeux ou condensé et à densité irrégulière. **2** Dissémination (d'une substance) dans l'organisme. **3** Fait de répandre par le moyen des ondes sonores. ⇒ **émission.** *Nouvelle diffusion d'une émission.* ⇒ **rediffusion. 4** Le fait de se répandre. ⇒ **expansion, propagation.** *La diffusion d'une langue dans le monde.* ➛ *Diffusion des ouvrages en librairie.* ✪ CONTR. Concentration, convergence.

> ❑ Le mot entre en composition dans *radiodiffusion, télédiffusion.* ♦ *Diffusion* tend à remplacer *publicité* à cause du sens commercial pris par ce mot.

digamma n. m. – XVIIIe ; mot gr. ■ Lettre de l'alphabet grec archaïque (Ϝ), qui correspond au son [w].

digérer v. tr. [6] – XIVe ; lat. *digerere* « distribuer » **1** Faire la digestion de. *Digérer son repas.* ➛ Assimiler facilement, normalement (les aliments). « *– Tu aimes la brandade de morue ? – Je l'adore. Je ne la digère pas, mais j'en mange quand même* » (Simenon). ➛ *Il digère mal.* **2** Mûrir par la réflexion, par un travail intellectuel comparé à la digestion. ⇒ **assimiler.** *Digérer une lecture.* **3** fam. Supporter patiemment. « *Son indifférence pour Marie, je ne peux pas la digérer* » (Mauriac).

digest [dajʒɛst ; diʒɛst] n. m. – 1930 ; mot angl. ■ Résumé, condensé d'un livre ; publication formée de tels condensés. Recomm. offic. *condensé.* ✪ HOM. Digeste.

> ❑ Le mot s'est répandu en France avec la diffusion de la revue *Sélection du Reader's Digest,* traduction d'un périodique américain.

① **digeste** n. m. – XIIIe ; lat. *digerere* « distribuer » ■ Recueil des décisions des jurisconsultes, composé par ordre de l'empereur Justinien. ⇒ **code, répertoire.** ✪ HOM. Digest.

② **digeste** adj. – XVIe ■ (mot critiqué) Qui se digère facilement. ⇒ **digestible.** *Aliment digeste.* ✪ CONTR. Indigeste.

digesteur n. m. – XVIIIe ■ Autoclave. ➛ Installation d'assainissement dans laquelle les boues putrides et les déjections animales fermentent en produisant du méthane.

digestibilité n. f. – XIXe ■ Qualité d'un aliment digestible.

digestible adj. – XIVe ■ Qui peut être facilement digéré. ⇒ ② **digeste, léger.** ✪ CONTR. Indigeste.

digestif, ive adj. et n. m. – XIIIe **1** Qui contribue à la digestion. *L'appareil digestif. Le tube digestif.* **2** Relatif à la digestion. *Trouble digestif.* **3** Qui facilite la digestion. *Tisane digestive.* ♦ n. m. Alcool, liqueur que l'on boit après le repas. ⇒ **pousse-café.**

digestion n. f. – XIIIe **1** Ensemble des transformations que subissent les aliments dans le tube digestif avant d'être assimilés. *Digestion difficile, lente. Il but « une tasse de camomille afin de faciliter sa digestion »* (Romains). ♦ Moment où l'on digère ; état d'une personne qui digère. « *assoupi par la digestion du fin déjeuner qu'il avait fait* » (Zola). **2** Dissolution d'une substance dans un liquide à haute température ou extraction de certains éléments de cette substance. ⇒ **décoction, macération.**

digicode n. m. – v. 1980 ; marque déposée, de l'angl. *digit* « nombre » et *code* ■ Appareil sur lequel on tape un code alphanumérique qui commande l'ouverture d'une porte.

digit [diʒit] n. m. – 1968 ; mot angl. « nombre » **1** Symbole graphique représentant un nombre entier. ⇒ **chiffre ; bit ;** ② **digital. 2** En informatique, Élément d'un ensemble conventionnel de symboles graphiques. ⇒ **caractère.**

① **digital, ale, aux** adj. – XVIIIe ; lat. *digitus* « doigt » ■ Qui appartient aux doigts.

② **digital, ale, aux** adj. – 1961 **1** *Calcul, code digital,* dans lequel on utilise des nombres. Recomm. offic. *numérique.* **2** Relatif aux digits, aux quantités mesurées sous forme discrète. ⇒ **audionumérique, numérique.** ✪ CONTR. Analogique.

> ❑ Ce mot vient de *digit,* très ancien terme anglais d'arithmétique désignant d'abord les nombres inférieurs à dix (« que l'on peut compter sur les *doigts* », latin *digitus*).

digitale n. f. – XVIe ■ Plante herbacée vénéneuse *(scrofulariacées)* à tige ordinairement simple portant une longue grappe de fleurs pendantes à corolle en forme de doigtier. « *Les digitales en fleurs s'élancent partout comme de longues fusées roses* » (Loti).

digitaline n. f. – XIXe ■ Glucoside extrait des feuilles de la digitale pourprée.

digitaliser v. tr. [1] – 1970 ■ Numériser.

> ❑ Pour la francisation → numériser (rem.).

digitaliseur n. m. – 1975 ■ Appareil qui sert à digitaliser des informations.

digité, ée adj. – XVIIIe ■ didact. Qui est découpé en forme de doigts, qui présente des prolongements. « *Là croissaient des éponges de toutes formes* [...] *des éponges digitées* » (J. Verne).

digiti- Élément, du lat. *digitus* « doigt »

digitiforme adj. – XIXe ■ Qui a la forme d'un doigt.

digitigrade adj. et n. m. – XIXe ; *digiti-* et *-grade* ■ Qui marche en appuyant sur les doigts (opposé à *plantigrade*). *Carnassiers digitigrades.*

digne adj. – XIe ; lat. *decet* « il convient » **I** DIGNE DE. **1** Qui mérite. *Tout homme digne de ce nom agirait ainsi. Objet digne d'intérêt. Témoin digne de foi.* ➛ *Il n'est pas digne de votre pardon.* **2** Qui est en accord, en conformité. ⇒ **approprié, convenable.** *Ce comportement n'est pas digne de vous.* « *nous voudrions trouver en cet ennemi un adversaire digne de nous* » (Maurois). **II - 1** vieilli Qui mérite l'estime. *Il fut le digne représentant de la France.* ⇒ **honorable, parfait. 2** Qui a de la dignité, a le respect de soi-même, ou affecte de l'avoir dans ses manières. *Il sut rester digne en cette circonstance.* ➛ *Avoir un air digne,* plein de gravité, de retenue. ⇒ **grave, respectable.** ✪ CONTR. Indigne. — Familier.

dignement adv. – XIIe ■ Comme il faut, avec dignité. ⇒ **honorablement, noblement.** ✪ CONTR. Indignement.

dignitaire n. m. – XVIe ■ Personne revêtue d'une dignité, qui a un rang éminent dans une hiérarchie officielle. ⇒ **autorité.**

dignité n. f. – XIe **I** Fonction, titre ou charge qui donne à qqn un rang éminent. *Être élevé à la dignité d'évêque.* **II - 1** Respect que mérite qqn. *Principe de la dignité de la personne humaine,* selon lequel un être humain doit être traité comme une fin en soi. « *Toute la dignité de l'homme est en la pensée* » (Pasc.). **2** Respect de soi. ⇒ **amour-propre, fierté, honneur.** « *j'ai ma dignité moi !* » (Céline). « *Messieurs, vous vous oubliez, vous manquez de dignité !* » (Maupass.). *Perdre toute dignité.* ♦ Allure, comportement qui traduit ce sentiment. ⇒ **noblesse, réserve, retenue.** « *Elle eut une dignité de reine offensée* » (Zola). *Refuser avec dignité.* ✪ CONTR. Bassesse, indignité ; veulerie ; familiarité, laisser-aller, vulgarité.

digon n. m. – XVIIe ; de *diguer* « faire une digue » ■ Fer barbelé ajusté à une perche, servant à harponner les poissons plats à basse mer.

digramme n. m. – XIXe ; *di-* et *-gramme* ■ Groupe de deux lettres représentant un seul son (ex. *ch* dans *chou*).

digresser v. intr. [1] – XIXe ■ rare Faire des digressions.

digression n. f. – XIIe ; lat. *digredi* « s'éloigner du sujet » **1** Développement qui s'écarte du sujet. ⇒ **parenthèse.** « *Les digressions trop longues ou trop fréquentes rompent l'unité du sujet* » (Vauven.). **2** Éloignement apparent, écart angulaire (d'un astre) par rapport à un système ou un point de référence.

digue n. f. – XIVe ; germ. *dijc* **1** Longue construction destinée à contenir les eaux. *Tempête qui brise une digue.*

« *les castors avaient construit une digue* » (J. Verne). 2 fig. Ce qui contient, retient, arrête une force, un mouvement. ⇒ **barrière, frein, obstacle.**

diholoside n. m. – 1953 ■ ⇒ **disaccharide.**

diktat [diktat] n. m. – 1932 ; mot all. « chose dictée » ■ Chose imposée, décision unilatérale contre laquelle on ne peut rien. ⇒ **oukase.**

> ❑ L'allemand *Diktat* est dérivé du radical du latin *dictare* « dicter ». On trouve parfois la graphie francisée *dictat.*

dilacération n. f. – XVe ■ Action de dilacérer. ⇒ **lacération.**

dilacérer v. tr. 6 – XIIe ■ Mettre en pièces.

dilapidateur, trice adj. et n. – XVe ■ Qui dilapide. ⇒ **dépensier, dissipateur, prodigue.** *Ministre dilapidateur des finances publiques.* ✪ CONTR. Économe.

dilapidation n. f. – XVe ■ Action de dilapider. *Dilapidation d'un héritage.* ⇒ **dissipation.** ♦ Gaspillage. ✪ CONTR. Accumulation, conservation, économie, épargne.

dilapider v. tr. 1 – XIIIe ; lat. « cribler de pierres », « jeter de côté et d'autre comme des pierres » ■ Dépenser de manière excessive et désordonnée. *Dilapider sa fortune.* ⇒ **dissiper, gaspiller.** « *J'étais pareil au fils prodigue, qui va dilapidant de grands biens* » (Gide). ✪ CONTR. Amasser, épargner.

dilatabilité n. f. – XVIIIe ■ Propriété que possèdent les corps de pouvoir se dilater.

dilatable adj. – XVIe ■ Qui peut se dilater. ⇒ **expansible.** ✪ CONTR. Compressible, contractile.

dilatateur, trice adj. et n. m. – XVIIe ■ Qui a pour fonction de dilater. *Muscles dilatateurs* (opposé à *constricteurs*). ➜ n. m. Instrument servant à maintenir béants les bords d'une incision, d'une plaie, ou à élargir un canal ou un orifice.

dilatation n. f. – XIVe 1 Action de dilater ; fait de se dilater. ⇒ **gonflement, grossissement.** *Mouvement de dilatation et de contraction du cœur. Dilatation de la pupille.* 2 Augmentation de volume (d'un corps) sous l'action de la chaleur. *Dilatation d'un gaz.* ✪ CONTR. Compression, contraction.

dilater v. tr. 1 – XIVe ; lat. *latus* « large » 1 Augmenter le volume de. *La chaleur dilate les corps. Pupilles dilatées.* ♦ fig. « *Une immense joie dilatait son cœur* » (Gide). 2 v. pron. Augmenter de volume. ⇒ **gonfler, grossir.** *Rails qui se dilatent sous l'action de la chaleur.* ✪ CONTR. Comprimer, condenser, ② contracter, resserrer, rétrécir.

dilatoire adj. – XIIIe ; lat. *differre* « différer » ■ Qui tend à prolonger un procès. *Appel dilatoire.* ♦ Qui vise à différer, à gagner du temps. *Réponse dilatoire.*

dilatomètre n. m. – XIXe ■ Appareil de mesure de la dilatation thermique des corps.

dilection n. f. – XIIe ; lat. *diligere* « chérir » ■ Amour tendre et spirituel. « *J'ai pour la musique de chambre une dilection toute particulière* » (Duham.).

> ❑ Si *dilection* est demeuré rare, son composé *prédilection* est courant.

dilemme n. m. – XVIe ; *di-* et gr. *lêmma* « ce que l'on prend » 1 Raisonnement dont la majeure contient une alternative ; syllogisme disjonctif. 2 Alternative contenant deux propositions contraires ou contradictoires et entre lesquelles on est mis en demeure de choisir. *Cruel dilemme.* « *Il accepte sciemment son dilemme : être vertueux et illogique, ou logique et criminel* » (Camus).

> ❑ On entend parfois [dilemn], faute probablement due à l'attraction de *indemne.*

dilettante n. – XVIIIe ; mot it. « celui qui s'adonne à un art par plaisir » 1 Amateur de musique, d'art, de littérature. 2 Personne qui s'occupe d'une chose en amateur, sans s'y engager. *Faire son travail en dilettante. Des dilettantes.*

dilettantisme n. m. – XIXe ■ Caractère du dilettante, absence de professionnalisme. ⇒ **amateurisme.**

diligemment [diliʒamɑ̃] adv. – XIIe ■ D'une manière diligente ; avec soin et célérité. « *Qu'il fasse les choses aussi diligemment qu'il le pourra* » (Rac.).

diligence n. f. – XIIe I - 1 *À la diligence de* : sur la demande, sur l'initiative, à la requête de. 2 littér. Activité empressée. ⇒ **célérité.** « *En effet, quelle diligence ! en neuf heures l'ouvrage est accompli* » (Boss.). ➜ *Faire diligence* : se dépêcher. II Voiture à chevaux qui servait à transporter des voyageurs. ⇒ ③ **coche, omnibus, patache.** « *La diligence s'ébranlait dans la poussière* » (Daud.).

> ❑ Pour l'emploi → omnibus (rem.).

diligent, ente adj. – XIIe ; lat. *diligere* « prendre de côté et d'autre, choisir » 1 Qui montre de l'application. *Soins diligents.* 2 vieilli ou littér. Qui montre une activité empressée, de la célérité dans l'exécution d'une chose. ⇒ **prompt, rapide.** *Il recevait « les soins d'une secrétaire diligente »* (Duham.). ✪ CONTR. Lent, négligent, paresseux.

diligenter v. tr. 1 – XVe ■ Apporter ses soins et son zèle à. *Diligenter les secours.*

diluant n. m. – 1924 ■ Liquide qui sert à diluer.

diluer v. tr. 1 – XIXe ; lat. « laver, détremper » 1 Délayer dans un liquide. ⇒ **étendre, mouiller.** pronom. *Produit qui se dilue bien dans l'eau.* ➜ *Alcool dilué,* étendu d'eau. 2 fig. Affaiblir, atténuer. « *tout l'art qu'on y met ne parvient qu'à diluer l'émotion première* » (Gide). ✪ CONTR. Condenser, décanter.

dilution n. f. – XIXe ■ Action de diluer ; son résultat. *Faible, forte dilution.*

diluvial, iale, iaux adj. – XIXe ■ Qui appartient au diluvium.

diluvien, ienne adj. – XVIIIe ; lat. *diluvium* « inondation » 1 littér. Qui a rapport au déluge. *Eaux diluviennes,* du déluge (biblique), d'une catastrophe analogue. 2 *Pluie diluvienne,* très abondante. ⇒ **torrentiel.**

diluvium [dilyvjɔm] n. m. – XIXe ; mot lat. « déluge » ■ Ensemble des alluvions des fleuves formés à l'époque quaternaire.

dimanche n. m. – XIIe ; lat. *dies dominicus* « jour du Seigneur » ■ Septième jour de la semaine, qui succède au samedi ; jour consacré à Dieu, au repos, dans les civilisations chrétiennes (⇒ **dominical**). *Venez déjeuner dimanche.* « *Les Coupeau sortaient presque tous les dimanches* » (Zola). *Le dimanche de Pâques. Passer le dimanche en famille.* « *Relevant un peu sa belle robe du dimanche* » (Daud.). ♦ fam. *DU DIMANCHE,* se dit de personnes qui agissent en amateurs, sans expérience. « *Certes, un peintre du dimanche copierait mal la Joconde* » (Malraux).

> ❑ *Dimanche* est traditionnellement considéré comme le premier jour de la semaine commémorant la résurrection du Christ, mais la société moderne l'associe à la « fin de semaine (de travail) », soit le septième jour.

dîme n. f. – XIIe ; lat. *decimus* « dixième » ■ Sous l'Ancien Régime, Impôt, fraction variable de la récolte prélevée par l'Église. *Abolition des dîmes par la Révolution de 1789.*

dimension n. f. – XVe ; lat. *metiri* « mesurer » I - 1 Grandeur réelle, mesurable, qui détermine la portion d'espace occupée par un corps. ⇒ **étendue, grandeur, grosseur.**

Des objets de toutes les dimensions. ⇒ **taille.** 2 Grandeur qui mesure un corps dans une direction. ⇒ **mensuration, mesure.** *Noter, prendre, relever les dimensions. Les dimensions d'un objet, d'un meuble.* ⇒ **largeur, longueur ; épaisseur, hauteur, profondeur.** ➙ *Les dimensions d'un domaine, d'une pièce.* « *Il notera l'emplacement du terrain [...], ses dimensions approximatives* » (Romains). 3 Grandeur réelle qui détermine la position d'un point. *Espace à une dimension, à deux dimensions. Solide à trois dimensions. La quatrième dimension* : d'après la théorie de la relativité, le temps. ♦ *La troisième dimension* : l'effet de perspective, de profondeur. « *une peinture à laquelle la conquête de la troisième dimension avait été essentielle* » (Malraux). 4 *Formule de dimensions* : rapport de deux grandeurs dont dépend une autre grandeur. II - 1 Importance. *La dimension, les dimensions d'une entreprise, d'un organisme.* ➙ *À la (aux) dimension(s) de* : approprié à, à la mesure de. *Une entreprise à la dimension de son ambition.* ➙ *L'accident a pris la dimension d'une catastrophe nationale.* 2 Aspect dynamique et significatif. « *La révolte est une des dimensions essentielles de l'homme* » (Camus). ♦ Axe de signification. *La dimension sociale d'une décision politique.* ♦ Composante d'un fait social.

dimensionnel, elle adj. - XIXe ■ Relatif aux dimensions.

dimensionnement n. m. - 1948 1 Établissement de l'ensemble des dimensions. *Dimensionnement d'une pièce.* 2 Fait de donner à (un secteur, un organisme) une certaine importance. *Le dimensionnement du secteur public.*

dimensionner v. tr. [1] - 1927 1 Calculer les dimensions d'un objet en fonction d'un usage. ➙ *Pièce bien dimensionnée.* 2 Donner une certaine importance à (un secteur, un organisme).

❑ Les puristes recommandent de remplacer ce verbe par *proportionner*, bien que l'existence de *dimensionner* soit soutenue par le récent *surdimensionné*.

dimère n. m. - XIXe ; *di* et *-mère* ■ Composé formé par l'association non covalente de deux molécules.

diminué, ée adj. - XIVe 1 Rendu moins grand. « *La mairie devait faire face, avec un personnel diminué, à des obligations écrasantes* » (Camus). ⇒ ① **réduit.** ➙ *Colonne diminuée*, qui va en se rétrécissant de bas en haut. 2 Amoindri, affaibli. ⇒ **décati.** « *La vieille châtelaine, depuis son attaque, semblait fort diminuée* » (Maurois).

diminuendo [diminɥɛndo ; diminɥedo] adv. - XIXe ; mot it., du lat. *diminuere* ■ En diminuant progressivement l'intensité des sons. ⇒ **decrescendo.** ✪ CONTR. Crescendo.

diminuer v. [1] - XIIIe ; lat. *minus* « petit » **I** v. tr. 1 Rendre plus petit. ⇒ **amoindrir, réduire.** *Diminuer la longueur, le volume.* « *les ministres diminuaient les salaires* » (Balz.). ➙ Réduire le nombre de mailles d'un tricot. 2 Rendre moins grand, moins fort. *Diminuer l'ardeur de qqn.* ⇒ **abattre, affaiblir, amortir, modérer, rabattre, ralentir.** ➙ pronom. « *Son amitié pour Lucien s'était diminuée* » (Balz.). 3 Réduire les mérites, la valeur de. *Prendre plaisir à diminuer qqn.* ⇒ **avilir, dénigrer, déprécier, humilier, rabaisser.** ➙ pronom. *Qui se défend se diminue* » (Jaurès). ⇒ **s'abaisser, déchoir.** **II** v. intr. Devenir moins grand, moins considérable. ⇒ **baisser, décroître, perdre.** « *ma force diminue, mais mon attachement pour vous ne diminuera jamais* » (Volt.). *Les prix diminuent.* ⇒ **baisser,** ① **tomber.** « *On vit la circulation diminuer progressivement jusqu'à devenir à peu près nulle* » (Camus). ✪ CONTR. Augmenter.

diminutif, ive adj. et n. m. - XIVe 1 Qui donne, ajoute une idée de petitesse. *Suffixe diminutif.* ➙ n. m. Tablette *est le diminutif de* table. 2 n. m. Nom propre formé par suffixation ou par redoublement d'une syllabe. Pierrot, Loulou *sont les diminutifs de* Pierre *et de* Louise. ✪ CONTR. Augmentatif.

diminution n. f. - XIIIe 1 Action de diminuer ; son résultat. ⇒ **amoindrissement, baisse, décroissance, réduction, régression.** *La diminution du nombre des décès. Ils* « *réclamèrent d'abord une diminution du loyer* » (Gide). ➙ *Diminution des forces.* 2 Action de diminuer le nombre de mailles (crochet, tricot). *Elle* « *s'était trompée dans ses diminutions et avait dû défaire dix rangs* » (Aragon). ✪ CONTR. Augmentation.

dimorphe adj. - XIXe ; *di-* et *-morphe* 1 Qui peut prendre deux formes différentes. *Les fourmis femelles sont dimorphes.* 2 En chimie, Qui peut se cristalliser dans deux systèmes cristallins différents.

dimorphisme n. m. - XIXe ■ Propriété de certains corps, de certaines espèces animales ou végétales qui se présentent sous deux formes distinctes. *Le dimorphisme sexuel de certains insectes est très grand.*

DIN [din] n. m. inv. - XXe ; acronyme de l'all. ***D****eutsche* ***I****ndustrie* ***N****orm* « normalisation industrielle allemande » ■ *Échelle DIN* : échelle de sensibilité des émulsions photographiques. ⇒ **ASA.** ✪ HOM. Dyne.

dinanderie n. f. - XVe ; de *Dinant*, ville de Belgique célèbre pour ses cuivres ■ Ensemble des ustensiles de cuivre jaune.

dinar n. m. - XVIIIe ; lat. *denarius* « denier » ■ Unité monétaire de l'Algérie, de l'Irak, de la Jordanie, de la Tunisie...

dînatoire adj. - XVIe ■ Qui sert de dîner. « *Et fouette, cocher, pour le déjeuner dînatoire* » (Verlaine).

dinde n. f. - XVIe ; de *coq d'Inde, poule d'Inde* 1 Femelle du dindon ; cette volaille, apprêtée pour être mangée. 2 Femme stupide « *il les trouvait toujours soit trop dindes, soit trop tartes* » (Queneau).

dindon n. m. - XVIIe 1 Grand oiseau de basse-cour, dont la tête et le cou, dépourvus de plumes, sont recouverts d'une membrane granuleuse, rouge violacé, avec caroncules rouges à la base des mandibules ; le mâle (opposé à *dinde*). *Le dindon glougloute.* 2 loc. *Être le dindon de la farce* : être la victime, la dupe, dans une affaire.

dindonneau n. m. - XVIe ■ Petit de la dinde. ➙ *Rôti de dindonneau.*

① **dîner** v. intr. [1] - XIe ; lat. *disjunare* « rompre le jeûne » 1 vx ou région. (Canada, Belgique) Prendre le repas de midi. ⇒ ① **déjeuner.** « *à midi, il dînait. Le soir [...] il soupait avec sa sœur* » (Hugo). 2 Prendre le repas du soir. ⇒ ② **souper.** « *Il est déjà un peu tard pour aller dîner en ville, encore un peu tôt pour se rendre au spectacle* » (Romains).

❑ *Dîner* et *déjeuner* ont d'abord signifié « prendre le premier repas de la journée, le matin ». Avec la modification des mœurs, *déjeuner* a désigné le repas du matin (actuel *petit déjeuner*), *dîner* le repas pris au milieu de la journée et *souper* celui de la fin de journée. L'usage du verbe *dîner* pour le repas du soir s'est répandu au XIXe s., au détriment de *souper*, qui a alors désigné un repas très tardif de moins en moins pratiqué.

② **dîner** n. m. - XIe 1 vx ou région. (Canada, Belgique)

Repas de midi. ⇒ ② **déjeuner.** 2 Repas du soir. ⇒ ① **souper.** *L'heure du dîner. Dîner de famille.* 3 Les plats du dîner. « *À sept heures, on servit le dîner* » (Flaub.).

dînette n. f. – XVIe 1 Petit repas, parfois simulé, que les enfants s'amusent à faire entre eux. 2 *Dînette (de poupée)* : service de table miniature servant de jouet.

dîneur, euse n. – XVIIe ▪ Personne qui prend part à un dîner.

ding [diŋ] interj. – XVIe ; onomat. ▪ Onomatopée évoquant un tintement, un coup de sonnette. ⇒ **drelin, dring.** ➛ *Ding, ding, dong !* [diŋdɛ̃gdɔ̃(g)].

dinghy [diŋgi] n. m. – 1929 ; mot angl., du hindi ▪ Canot pneumatique. *Des dinghys, des dinghies.*

❑ Pour le pluriel → ① y (rem.).

① **dingo** n. m. – XIXe ; mot angl., d'une langue autochtone d'Australie ▪ Chien sauvage d'Australie.

② **dingo** adj. et n. – XIXe ▪ fam. et vieilli Fou*. ⇒ **cinglé, dingue.** « *je savais que tu étais dingo mais pas à ce point* » (Duras).

dingue adj. et n. – 1915 ; p.-ê. de *dengue* ou de *dinguer* ▪ fam. 1 Fou, bizarre. « *Non mais sans blague, elle est devenue dingue, ou quoi ?* » (É. Ajar). *Mener une vie de dingue.* 2 Remarquable par sa bizarrerie, sa nouveauté. ⇒ **dément.** *Une soirée dingue.* ✪ HOM. Dengue.

dinguer v. intr. [1] – XIXe ; d'un rad. onomat. *din-, ding-,* exprimant le balancement ▪ fam. Tomber, être projeté. ⇒ **valdinguer, valser.** « *J'eus un éblouissement et m'en allai dinguer au pied d'un marronnier* » (Gide). ♦ *Envoyer dinguer* : éconduire sans ménagement. ⇒ **rabrouer.**

dinguerie n. f. – 1967 ▪ fam. Caractère d'une personne, d'un comportement dingue. ⇒ **folie.**

dinoflagellés n. m. pl. – 1948 ; gr. *dinos* « tournoiement » et lat. *flagellum* « fouet » ▪ Organismes unicellulaires, souvent marins.

dinophysis [dinɔfizis] n. m. – XXe ; gr. *dinos* « tournoiement » et *phusis* « nature » ▪ Algue microscopique sécrétant une toxine qui provoque des troubles digestifs.

dinornis [dinɔʀnis] n. m. – XIXe ; gr. *deinos* « terrible » et *ornis* « oiseau » ▪ Oiseau fossile de la fin du tertiaire, coureur de très grande taille qui vivait en Australie.

dinosaure [dinɔzɔʀ] n. m. – XIXe ; gr. *deinos* « terrible » et *-saure* ▪ Énorme reptile à quatre pattes de l'ère secondaire *(dinosauriens)*. ➛ Personne, institution archaïque.

dinosauriens [dinɔsɔʀjɛ̃] n. m. pl. – XIXe ▪ Ordre de reptiles fossiles de taille gigantesque de l'ère secondaire. *Le brontosaure, le diplodocus sont des dinosauriens.*

dinothérium [dinɔteʀjɔm] n. m. – XIXe ; gr. *deinos* « terrible » et *thêrion* « animal » ▪ Mammifère fossile *(proboscidiens)*, sorte d'éléphant à grandes défenses tournées vers le bas, qui vivait au miocène.

diocésain, aine adj. et n. – XIIIe ▪ Qui est relatif à un diocèse. *L'évêque diocésain. L'autorité diocésaine.*

diocèse n. m. – XIIe ; gr. *dioikêsis* « administration » 1 Circonscription ecclésiastique placée sous la juridiction d'un évêque ou d'un archevêque. 2 Circonscription administrée par un vicaire de l'empereur romain.

diode n. f. – 1932 ; *di-* et *-ode* ▪ Composant électronique redresseur de courant alternatif. ⇒ **valve.** *Diode électroluminescente,* qui émet une radiation visible ou infrarouge lorsqu'elle est parcourue par un courant.

dioïque adj. – XVIIIe ; *di-* et gr. *oikia* « maison » ▪ Se dit des plantes à fleurs unisexuées dont les fleurs mâles et les fleurs femelles sont sur deux pieds distincts. ⇒ **monogame.** *Les palmiers sont dioïques.* ✪ CONTR. Monoïque, polygame.

dionée n. f. – XVIIIe ; lat. « (plante) de *Dioné* », mère de Vénus ▪ Plante carnivore d'Amérique *(droséracées)*, dont la feuille emprisonne les insectes.

dionysiaque adj. et n. f. – XVIIIe 1 Qui est relatif à Dionysos (Bacchus). n. f. pl. *Les dionysiaques* : fêtes en l'honneur de Dionysos. ⇒ **bacchanale, dionysies.** 2 littér. Propre à l'inspiration, à l'enthousiasme.

dionysies n. f. pl. – XVIIIe ▪ Fêtes en l'honneur de Dionysos, dans l'Antiquité grecque. ⇒ **bacchanale.**

dioptre n. m. – XVIe ; *dia* et gr. *optesthai* « voir » ▪ Surface optique séparant deux milieux de réfringence inégale.

dioptrie n. f. – XIXe ▪ Unité de mesure de la vergence d'un système optique (symb. Δ), équivalente à la vergence d'une lentille ayant un mètre de distance focale dans un milieu dont l'indice de réfraction est 1. « *J'adapte des bonnettes de deux dioptries au viseur et à l'objectif* » (Tournier).

dioptrique n. f. et adj. – XVIIe ▪ Partie de l'optique qui traite des phénomènes de réfraction. ♦ adj. Relatif au dioptre.

diorama n. m. – XIXe ; gr. *dia* « à travers », d'apr. *panorama* ▪ Tableau vertical où sont peints des figures, des paysages qui, présentés dans l'obscurité et diversement éclairés, donnaient l'illusion de la réalité et du mouvement.

❑ Le premier diorama fut installé à Paris en 1822.

diorite n. f. – XIXe ; gr. *diorizein* « distinguer » ▪ Roche éruptive grenue, formée de cristaux de feldspath et d'amphibole.

dioxine n. f. – 1976 ; nom déposé, de *dibenzodioxinne,* de *di-, benzo* et *oxinne,* nom d'un corps chimique ▪ Sous-produit de la fabrication d'un dérivé chloré du phénol, très toxique.

dioxyde n. m. – XIXe ▪ Oxyde contenant deux atomes d'oxygène. *Dioxyde de carbone* : gaz carbonique.

dipétale adj. – XVIIIe ▪ Qui a deux pétales.

diphasé, ée adj. – XIXe ▪ Relatif à deux courants électriques présentant un déphasage de 90°.

diphénol n. m. – 1905 ▪ Corps possédant deux fois la fonction phénol. ⇒ **résorcinol.**

diphényle n. m. – XIXe ▪ Substance utilisée pour la conservation des agrumes.

diphtérie n. f. – XIXe ; gr. *diphtera* « membrane » ▪ Maladie contagieuse causée par le bacille de Lœffler, caractérisée par la formation de pseudomembranes sur certaines muqueuses (larynx, pharynx) et par des manifestations toxiques dues à la toxine bactérienne. *Diphtérie laryngienne.* ⇒ **croup.**

diphtérique adj. – XIXe ▪ Relatif à la diphtérie. ♦ Atteint de diphtérie.

diphtongaison n. f. – XIXe ▪ Le fait de se diphtonguer.

diphtongue n. f. – XIIIe ; gr. *diphthoggos* « double son » ▪ Voyelle qui change de timbre en cours d'émission, à l'intérieur d'une même syllabe (ex. l'angl. *take* où *a* est une diphtongue).

❑ Les diphtongues n'existent plus en français moderne. Celles qui se trouvent empruntées à l'anglais deviennent une voyelle ordinaire *(lady, scout, go !)* ou plus rarement donnent deux syllabes *(out* [aut]). → semi-consonne.

diphtonguer v. tr. [1] – XVIe ▪ Faire devenir diphtongue. ➛ pronom. Prendre la valeur d'une diphtongue.

dipl(o)- Élément, du gr. *diploos* « double ».

diplocoque n. m. – XIXe ; *diplo-* et gr. *kokkos* « graine » ▪ Membre d'un groupe de bactéries sphériques parasites, groupées en paires.

diplodocus [diplɔdɔkys] **n. m.** – XIXe ; gr. *diplous* « double » et *dokos* « poutre » ▪ Reptile dinosaurien, dont on a trouvé les ossements fossiles dans le jurassique supérieur des montagnes Rocheuses.

❑ Ce reptile est caractérisé par les os doubles de ses vertèbres.

diploé **n. m.** – XVIe ; gr. « chose double » ▪ Tissu spongieux compris entre les deux lames dures des os de la boîte crânienne.

diploïde **adj.** – 1931 ; *dipl(o)-* et *-oïde* ▪ Se dit du noyau cellulaire, de la cellule qui possède un double assortiment de chromosomes semblables (2*n*) (opposé à *haploïde*).

diplomate **n.** – XVIIIe **1** Personne qui est chargée par un gouvernement de représenter son pays ou de négocier avec les gouvernements étrangers. « *les diplomates habitués à ne s'étonner de rien* » (Balz.). ⇒ **ambassadeur.** **2** Personne qui sait mener une affaire avec tact. ➛ **adj.** Habile, subtil dans les relations sociales. *Elle n'est pas assez diplomate pour les réconcilier.* **3** **n. m.** Entremets fait de biscuits à la cuiller, de fruits confits et d'une crème anglaise.

❑ Il n'existe pas de suffixe *-ate* pour les noms de personnes ; il s'agit de la terminaison *...ate* du radical *-crate* de *aristocrate* → numismate (rem.).

diplomatie **n. f.** – XVIIIe **1** Branche de la politique qui concerne les relations entre les États : représentation des intérêts d'un gouvernement à l'étranger, administration des affaires internationales, direction et exécution des négociations entre États. ♦ Carrière diplomatique ; ensemble des diplomates. **2** Habileté, tact dans la conduite d'une affaire. ⇒ ② **adresse, circonspection, finesse.** « *un accent vif et ferme qui semblait abandonner* [...] *les formes prudentes de la diplomatie* » (Stendh.).

diplomatique **adj.** et **n. f.** – XVIIIe **I - 1** Relatif aux diplômes, aux chartes. **2** **n. f.** Science qui a pour objet les diplômes, l'étude de leur âge, de leur authenticité, de leur valeur. ⇒ **paléographie.** **II - 1** Relatif à la diplomatie. *Relations diplomatiques. Incidents diplomatiques.* « *il n'y a pas d'antagonismes qui ne puissent être résolus par des arrangements diplomatiques* » (Mart. du G.). **2** Adroit. « *Je lui ai demandé l'autre bourse. – Aïe ! ce n'est pas diplomatique* » (Muss.). ✪ CONTR. Maladroit, grossier.

diplomatiquement **adv.** – XVIIIe **1** Par, selon la diplomatie. **2** D'une manière habile, avec diplomatie.

diplôme **n. m.** – XVIIe ; gr. *diplôma* « papier plié en deux » **1** Pièce officielle établissant un droit, un privilège. ⇒ ① **acte, charte, patente.** **2** Acte qui confère et atteste un titre, un grade. *Diplôme d'enseignement ; diplôme de bachelier, de licencié. Diplôme d'infirmière ; d'interprète.* ♦ Écrit attestant un diplôme. « *Un diplôme encadré de noir* » (Bosco). **3** Examen, concours que l'on passe afin d'obtenir un diplôme. *Passer un diplôme.*

diplômé, ée **adj.** et **n.** – XIXe ▪ Qui a obtenu un diplôme. *Les diplômés d'une grande école.*

diplômer **v. tr.** [1] – XIXe ▪ Décerner un diplôme à.

diplopie **n. f.** – XVIIIe ; gr. *diploos* « double » et *ops* « œil » ▪ Trouble de la vue, consistant dans la perception de deux images pour un seul objet.

diplopodes **n. m. pl.** – XIXe ; *diplo-* et *-pode* ▪ Ordre d'arthropodes myriapodes dont les segments cylindriques portent chacun deux paires de pattes.

dipneumone **adj.** – XIXe ; *di-* et gr. *pneumôn* « poumon » ▪ Qui possède deux poumons ou sacs pulmonaires. *Poisson dipneumone.*

dipneustes **n. m. pl.** – XIXe ; *di-* et gr. *pnein* « respirer » ▪ Ordre de poissons d'eau douce, à branchies et poumons.

dipode **adj.** et **n. m.** – XIXe ; *di-* et *-pode* ▪ Qui a deux membres, deux organes comparés à des pieds.

dipolaire **adj.** – v. 1950 ▪ *Moment dipolaire* : produit d'une des charges d'un dipôle par la distance qui sépare ces charges.

dipôle **n. m.** – 1953 **1** Ensemble formé par deux charges électriques ou magnétiques ponctuelles, égales et de signes opposés, situées à faible distance. ⇒ **doublet.** **2** Circuit électrique possédant deux bornes.

dipsomane **adj.** et **n.** – XIXe ▪ Atteint de dipsomanie.

dipsomanie **n. f.** – XIXe ; gr. *dipsa* « soif » et *mania* « folie » ▪ Impulsion morbide à boire des liquides alcooliques (⇒ **potomanie**).

① **diptère** **adj.** – XVIe ; *di-* et *-ptère* ▪ Se dit d'un édifice antique présentant une double rangée de colonnes autour du naos.

② **diptère** **n. m.** et **adj.** – XVIIIe ; *di-* et *-ptère* **1** **n. m. pl.** Ordre d'insectes à métamorphoses complètes, à deux ailes, dont la tête est munie de pièces buccales en forme de trompe, servant à piquer, à sucer. **2** **adj.** Qui a deux ailes (insectes). « *le cheval et le cavalier ne purent échapper aux piqûres de ces insectes diptères* » (J. Verne).

diptyque **n. m.** – XVIIe ; gr. *diptukha* « tablettes repliables » **1** Tablette à deux volets sur laquelle on écrivait avec un stylet. **2** Tableau pliant formé de deux volets pouvant se rabattre l'un sur l'autre. *Diptyque florentin de la Renaissance.* **3** Œuvre littéraire ou artistique en deux parties.

❑ Même famille que *polyptyque, triptyque.*

① **dire** **v. tr.** [37] – Xe ; lat. *dicere* **I** Émettre. *Dire un mot.* ⇒ **articuler, proférer, prononcer.** *Dire qqch. à l'oreille de qqn, tout bas.* ⇒ **chuchoter.** *Dire tout haut.* ⇒ **crier.** ➛ *Sans mot dire* : sans parler, en silence. **II - 1** Exprimer, communiquer par la parole. ⇒ **exprimer, formuler ; communiquer.** *Dire qqch. à qqn.* « *je me retins d'en dire davantage* » (Genet). *Dire ses projets. Dire oui, bonjour. Dire des bêtises. Parler pour ne rien dire. Il dit avoir besoin d'argent. Il dit qu'il est malade.* ➛ pronom. *Il se dit malade.* ➛ *Il dit qu'il serait venu s'il avait pu. Dites-moi qui vous êtes, comment vous vous appelez, où vous allez.* « *Voilà ce que j'avais à dire sur cet article* » (Rouss.). ➛ *Dire solennellement que...* ⇒ **déclarer.** *Il ne sait plus quoi dire. Je te dis qu'il est venu.* ⇒ **affirmer, assurer.** *Toute vérité n'est pas bonne à dire. Dire ce qu'on pense.* ➛ *À ce qu'il dit* : selon ses paroles. *D'après ce qu'il dit.* ⇒ **prétendre.** ♦ VOULOIR DIRE : avoir l'intention d'exprimer. *Qu'est-ce qu'il a voulu dire ?* ♦ loc. *À vrai dire* : véritablement. ➛ *C'est le moins qu'on puisse dire.* ➛ *C'est beaucoup dire* : c'est exagéré. ➛ *C'est tout dire* : il n'y a rien à ajouter. ➛ *Pour tout dire* : en somme, en résumé. ➛ fam. *Ce n'est pas une chose à dire* : il vaudrait mieux ne pas en parler. ➛ *Cela va sans dire* : la chose est évidente ; il est inutile d'en parler. « *"Pourquoi dire que nous agirons selon le droit public ? Cela va sans dire !" Je lui répondis que si cela allait bien sans le dire, cela irait bien mieux en le disant* » (Talleyrand). ➛ *C'est vous qui le dites* : je ne suis pas de votre avis. ➛ *Ceci dit* : ayant dit ces mots ; malgré tout. ➛ *Soit dit en passant. Entre nous soit dit* : confidentiellement. ➛ fam. « *Une brunette piquante, Benjamin, je ne te dis que ça !* » (Pennac). ➛ *Je ne vous le fais pas dire* : cela a été dit spontanément. ➛ fam. *Ne pas l'envoyer dire à qqn* : lui dire une chose en face. ➛ *À qui le dites-vous !* exprime que la personne qui parle connaît, a éprouvé ce dont il s'agit aussi bien que son interlocuteur. ♦ *Oui, dit-il.* ♦ *Dites-donc, vous! Dites-moi ce que vous en pensez.* ♦ *Je me suis dit qu'il fallait partir,* je me faisais cette réflexion. 2 Décider, convenir de. *Venez un de ces jours, disons lundi. Ce qui est dit est dit.* ➛ *Tenez-vous-le pour dit! Tout est dit :* la chose est réglée. ➛ *Aussitôt dit, aussitôt fait :* la chose a été réalisée sans délai. *C'est plus facile à dire qu'à faire.* 3 Exprimer. *Dire son avis, son idée, son opinion, sa pensée.* ⇒ **donner.** *Je vais vous dire ce que je pense.* 4 Avoir une opinion, être tenté de croire. ⇒ ① **juger, penser.** *Qu'en dites-vous ?* ➛ fam. « *Après tout, ce que j'en dis, moi j'm'en fous* » (Queneau). ♦ *Dire que,* exprime l'étonnement, l'indignation, la surprise. *Dire qu'il n'a pas encore vingt ans!* ♦ *ON DIRAIT QUE :* on penserait, on croirait, il semble. ➛ *On dirait un fou.* 5 Raconter. ⇒ **conter, narrer.** « *Vous me devez une histoire... –Je vais vous la dire* » (Balz.). ➛ *Je me suis laissé dire qu'il allait venir.* ➛ *Qu'on se le dise :* formule invitant à répandre une nouvelle ou formule d'avertissement. ➛ *Dire l'avenir ; dire la bonne aventure.* ⇒ **prédire.** ➛ *On dit qu'il est mort,* le bruit court. *Il est réélu, dit-on.* 6 Exprimer (sa volonté). ⇒ **commander, ordonner.** *Je vous avais dit d'agir autrement.* ⇒ ① **conseiller, recommander.** ♦ *Ne pas se le faire dire deux fois :* faire qqch. avec empressement. 7 Énoncer une objection. ⇒ **objecter.** *Qu'avez-vous à dire à cela ? Il y aurait beaucoup à dire.* ⇒ **redire.** « *Il n'y a pas à dire, c'est bien compris, c'est moderne* » (France). *Vous avez beau dire et beau faire.* ⇒ **protester.** ➛ *Quoi qu'on dise :* malgré tout ce qu'on peut dire. 8 Lire, réciter. *Dire des vers.* ⇒ **déclamer.** ♦ *Dire la messe. Dire son chapelet.* 9 Parler, annoncer, dans un jeu de cartes. *C'est à vous de dire.* 10 pronom. *SE DIRE :* être employé oralement. *Cela ne se dit plus.* **III - 1** Exprimer par écrit. ⇒ **écrire.** « *Dans mes écrits* [...] *je n'ai rien dit que ce que je pense* » (Renan). ♦ Exprimer par le livre, par la publication. *Qu'en dit Littré ?* ➛ *Les journaux ne disent rien de cette affaire.* ⇒ **annoncer, publier, signaler.** 2 Rendre plus ou moins bien la pensée ; faire entendre plus ou moins clairement qqch. ⇒ **exprimer.** *Dire qqch. en peu de mots ; dire carrément, crûment.* ➛ *Il ne croit pas si bien dire :* il ne sait pas que ce qu'il dit correspond tout à fait à la réalité. ➛ *Pour ainsi dire,* approximativement, à peu près. ➛ *Autrement dit :* en d'autres termes. 3 Employer (telles formes linguistiques) pour exprimer qqch. *Comment dit-on « boire » en espagnol ? Comme on dit chez nous.* ♦ « *Qui dit froid écrivain dit détestable auteur* » (Boil.). 4 Révéler. « *N'a-t-on pas coutume de poser à tous les jeunes gens qui se proposent d'écrire cette question de principe : "Avez-vous quelque chose à dire ?"* » (Sartre). **IV - 1** Faire connaître, exprimer par un signe, une manifestation quelconque. ⇒ **dénoter, exprimer, manifester, marquer, montrer.** *Son silence en dit long.* 2 *DIRE QQCH. À.* ⇒ **plaire, tenter ;** fam. **chanter.** « *D'autres* [femmes] *qui ne me disaient rien* » (Proust). ➛ *Cela ne me dit rien qui vaille :* cela me paraît louche, dangereux. 3 *VOULOIR DIRE.* ⇒ **signifier.** « *Une locution qui dit bien ce qu'elle veut dire* » (Sartre). ✪ CONTR. ① Cacher, dissimuler, omettre, taire.

❑ Voir *c'est-à-dire, contredire, se dédire, maudire, médire, on-dit, prédire, qu'en-dira-t-on ;* voir aussi *oui-da* et *diction, dictionnaire, dicton,* mots de même famille étymologique. ♦ *Dire* est le verbe métalinguistique de base qui déclenche l'autonymie. → métalangage.

② **dire** n. m. – XIIIe 1 Ce qu'une personne dit. ⇒ **affirmation, déclaration, parole.** Trompé « *par les dires mensongers des paysans qu'il interrogeait* » (Balz.). ➛ *Au dire, selon le dire de :* d'après, selon. *Au dire de l'expert.* 2 Mémoire remis par une partie à des experts.

① **direct, e** [diʀɛkt] adj. – XIIIe ; lat. *dirigere* « diriger » 1 Qui est en ligne droite, sans détour. ⇒ ① **droit, rectiligne.** *C'est le chemin le plus direct.* ➛ Sans relais. *Ligne téléphonique directe.* 2 Sans détour. *Accusation directe.* ♦ Qui n'use pas de détour. *C'est un homme franc et très direct.* 3 Qui est immédiat, sans intermédiaire. *Vente directe.* « *Il aperçut tout de suite son chef direct* » (Mac Orlan). *La cause directe d'un phénomène.* ⇒ **prochain.** ♦ *Complément direct,* construit sans préposition. ♦ *Discours direct,* rapporté dans sa forme originale, sans termes de liaison, après un verbe de parole. ♦ *Adressage direct,* dans lequel l'adresse de la donnée est définie dans le champ de l'instruction. 4 Qui se fait dans un sens déterminé. *Mouvement direct des planètes.* ➛ *Proposition directe.* 5 Qui ne s'arrête pas (ou peu). *Train direct* (opposé à *omnibus*). *Vol direct pour Tokyo.* ✪ CONTR. Indirect ; détourné, sinueux. Contraire. Réfléchi. Inverse.

❑ L'expression ancienne *action directe* (1481, en droit) a été reprise récemment dans le contexte du terrorisme.

② **direct** n. m. – 1904 1 Coup droit, à la boxe. « *si je lui disais ces choses, il m'allongerait un direct du droit* » (Maurois). 2 *EN DIRECT :* transmis sans enregistrement, au moment même de sa production (opposé à *différé*). *Émission en direct. Chanter en direct* (opposé à *en play-back*). ➛ *Préférer le direct.*

directement adv. – XIVe 1 D'une manière directe ; en droite ligne, sans détour. « *Une des portes donnait directement sur le palier* » (Romains). *Entrer directement dans le sujet.* 2 Sans intermédiaire. « *La personnalité du lecteur est alors directement mise en cause* » (Valéry). ✪ CONTR. Indirectement.

directeur, trice n. et adj. – XVe **I** n. 1 Personne qui dirige, est à la tête. ⇒ **chef, dirigeant,** ① **patron, président.** *Président-directeur général.* ⇒ **P. D. G.** *Directeur technique, artistique. Directeur du personnel. Le directeur d'un hôpital.* ➛ *Le directeur de cabinet du ministre.* ➛ *Directeur, directrice d'un lycée* (⇒ **proviseur**), *d'un collège* (⇒ **principal**). *Directeur d'école.* 2 Chacun des cinq membres du Directoire. 3 *Directeur de conscience :* prêtre qui dirige certaines personnes en matière de morale et de religion. ⇒ **confesseur. II** adj. 1 Qui dirige. ⇒ **dirigeant.** *Comité directeur.* 2 Qui donne une direction générale, une orientation. ⇒ **directif.** *L'idée directrice d'un ouvrage.* ➛ *Plan directeur :* carte très détaillée. ➛ *Roue directrice d'une bicyclette.*

❑ La forme populaire *dirlo* date de 1926 ; même formation -*lo* que *travelo* → travelo (rem.).

directif, ive adj. – XVe **I - 1** Qui dirige, imprime une direction, une orientation. 2 Qui prend seul toutes les décisions relatives à la conception et à l'exécution du programme d'action d'un groupe. ⇒ **autocratique.** ➛ *Attitude directive.* ⇒ **autoritaire.** *Méthode directive.* ➛ Qui est conduit de façon prédéterminée. *Questionnaire directif.* **II** Dont l'efficacité est beaucoup plus grande dans une ou plusieurs directions privilégiées. ⇒ **directionnel.** *Antenne, haut-parleur, micro directifs.* ✪ CONTR. (du I) Démocratique ; non-directif.

direction n. f. – XIVe **I - 1** Action de diriger, de conduire. *Assumer la direction des travaux. Assurer la direction de l'entreprise, de la société.* ⇒ **gestion, management.** « *Quatre ou cinq mois d'un travail assidu* [...] *sous la direction d'un professeur avisé, laborieux* » (Green). ⇒ **autorité, surveillance.** 2 Fonction, poste de directeur. *Donner une direction à qqn.* ⇒ **directorat.** ♦ La personne ou l'équipe qui dirige une entreprise. *Demander à parler à la direction.* ♦ Bâtiments, bureaux du ou des directeurs. ♦ Ensemble des services confiés à un directeur. *Il avait « la direction artistique* [...], *le service technique* *la direction du matériel* » (Aymé). ♦ Ensemble des services d'un ministère, concernant le même domaine. **II - 1** Calcul par lequel on détermine la date d'un événement futur par le rapport de points du ciel. **2** Ligne suivant laquelle un corps se meut, une force s'exerce. ➛ Caractère commun à toutes les droites, à tous les plans parallèles, qui caractérise la façon dont un point de ce plan, de cette droite peut tendre vers l'infini. *Direction orientée.* ⇒ **axe. 3** Orientation ; voie à suivre pour aller à un endroit. ⇒ **azimut, ligne, orientation.** *Quelle direction a-t-il prise ? La bonne, la mauvaise direction.* « *Il retourne sur ses pas. Il reprend la direction de la rive gauche* » (Romains). « *Direction : le Palais-Royal !* » (Céline). ♦ *Dans la direction de... En direction de...* ⇒ ① **vers.** *Prendre la direction de Liège. L'Espagnol « cligna de l'œil dans la direction des filles* » (Mac Orlan). ➛ *Train en direction de Paris,* à destination de. ♦ Orientation dans l'espace. *Regarder dans la même direction. Dans toutes les directions.* **4** *Imprimer une direction nouvelle à l'opinion.* ⇒ **orientation.** *La direction que prennent les événements.* ⇒ ③ **tour.** ♦ Orientation donnée à des recherches, à des travaux. **5** Ensemble des mécanismes qui permettent de guider les roues d'une voiture. *Direction assistée.*

directionnel, elle adj. – 1951 **1** Qui oriente la direction. **2** Qui émet ou reçoit dans une seule direction. ⇒ **unidirectionnel.** *Antenne directionnelle.* ⇒ **directif.**

directive n. f. – XIXe ▪ Indication, ligne de conduite donnée par une autorité. ⇒ **consigne, instruction, ordre.** *Donner des directives à ses subordonnés. Directives politiques d'un parti.*

> ❑ Le mot *directive* est plus courant au pluriel, mais rien ne s'oppose à l'emploi du singulier : *donner une directive.*

directivisme n. m. – 1967 ▪ Direction autoritaire, doctrinale imposée par un mouvement, un organisme à l'expression collective.

directivité n. f. – 1953 **1** Propriété caractérisant un dispositif directif. *Diagramme de directivité d'une antenne.* **2** Caractère directif.

directoire n. m. – XVe **1** Conseil ou tribunal élu, chargé d'une direction administrative. **2** Le régime politique en France de 1795 à 1799. *Sous le Directoire.* ♦ *Le style Directoire.* ➛ *Une commode Directoire. Des fauteuils Directoire.* **3** Organe collégial chargé de la gestion des sociétés anonymes.

directorat n. m. – XVIIe ▪ rare Fonction de directeur ; durée de cette fonction.

directorial, iale, iaux adj. – XVIIe **1** Du Directoire. **2** D'un directeur. *Le pouvoir directorial. Les bureaux directoriaux.*

directrice n. f. – XIXe ▪ Courbe sur laquelle s'appuient les génératrices du cylindre, du cône. ➛ Droite perpendiculaire à l'axe d'une conique et associée à un point de cet axe (foyer).

dirham [diʀam] n. m. – 1959 ; mot ar., du gr. *drachma* « drachme » ▪ Unité monétaire du Maroc.

dirigeable adj. et n. m. – XVIIIe ▪ *BALLON DIRIGEABLE,* qu'on peut diriger (opposé à *libre*). ➛ n. m. Aérostat naviguant grâce à un système de propulsion et d'orientation.

dirigeant, ante adj. et n. – XIXe **1** Qui dirige. « *l'épuration, quand elle frappe en haut, correspond à un changement de la classe dirigeante* » (Duham.). **2** n. Personne qui dirige. ⇒ **directeur ; décideur.** *Les dirigeants d'un parti.* ⇒ **chef, responsable.**

> ❑ *Dirigeant,* nom, n'a pas la valeur institutionnelle de *directeur,* qui implique un titre.

diriger v. tr. [3] – XVe ; lat. « aligner, ordonner » **I - 1** Conduire, mener comme maître ou responsable. ⇒ **gouverner ; administrer, gérer,** ② **manager, régir.** *Diriger les affaires publiques. Diriger une usine. Les travaux qu'elle a dirigés.* ➛ *Une affaire mal dirigée. Économie dirigée,* soumise à une intervention déterminante de l'État. « *le vaste travail qu'il conçut et dirigea* » (Malraux). ➛ *Diriger un débat, une discussion, les opérations.* ➛ *Il veut tout diriger.* ⇒ **régenter. 2** Conduire l'activité de. *Diriger des ouvriers. Diriger un orchestre.* **3** Exercer une action, une influence sur. *Diriger les études de qqn.* ♦ *Diriger sa pensée.* ⇒ **canaliser. 4** (sujet chose) Exercer une influence sur ; entraîner. ⇒ **mener, pousser.** « *Cet accablement que vous cause la répétition de la même vie, lorsqu'aucun intérêt ne la dirige* » (Flaub.). ⇒ **guider, inspirer. II - 1** Guider dans une certaine direction. ⇒ **conduire, manœuvrer.** *Diriger un véhicule.* ➛ *Diriger ses pas vers.* ⇒ ① **aller.** ♦ Envoyer dans une direction ; orienter de manière à envoyer. *Diriger un revolver sur, contre qqn.* ⇒ **braquer.** *Cet article est dirigé contre lui.* ➛ *Diriger ses yeux, son regard vers.* ⇒ ① **porter, tourner. 2** v. pron. ⇒ ① **aller, s'avancer, marcher.** « *Et l'ivrogne de se diriger vers la porte et de sortir* » (Malraux). *L'aiguille de la boussole se dirige vers le nord.* ♦ Choisir une orientation professionnelle. *Elle se dirige vers la médecine.*

dirigisme n. m. – 1930 ▪ Système économique dans lequel l'État assume la direction des mécanismes économiques, en conservant les cadres de la société capitaliste (à la différence du *socialisme*). ⇒ **étatisme.** ✪ CONTR. Libéralisme.

dirigiste adj. et n. – v. 1930 ▪ Partisan du dirigisme. ➛ Du dirigisme.

dirimant, ante adj. – XVIIIe ; lat. *dirimere* « annuler » ▪ *Empêchement dirimant,* qui met obstacle à la célébration d'un mariage, ou qui, si le mariage a déjà été célébré, l'annule.

dis- Élément, du lat. *dis,* indiquant la séparation, la différence, le défaut.

> ❑ Ne pas confondre avec *dys-* qui signifie « mauvais, difficile » *(dyslexie).*

disaccharide [disakaʀid] n. m. – 1949 ▪ Sucre formé par condensation de deux monosaccharides avec élimination d'une molécule d'eau. ⇒ **diholoside.**

discal, ale, aux adj. – 1950 ▪ Relatif à un disque intervertébral. *Hernie discale.* ✪ HOM. Discale ; disco.

discale n. f. – XVIIIe ; it. « déchet » ▪ Déchet dans le poids d'une marchandise transportée ou emmagasinée en vrac (⇒ **freinte**). ✪ HOM. Discal.

discarthrose n. f. – 1959 ; *disque* et *arthrose* ▪ Lésion dégénérative d'un ou de plusieurs disques intervertébraux.

discernable adj. – XVIe ▪ Qui peut être discerné, perçu, senti. ⇒ **perceptible.** ✪ CONTR. Indiscernable.

discernement n. m. – XVIe **1** Opération de l'esprit par laquelle on distingue des objets de pensée. ⇒ **discrimination, distinction.** *Le discernement de la vérité d'avec l'erreur.* **2** Disposition de l'esprit à juger clairement et sainement des choses. ⇒ **jugement.** « *Il a éprouvé les passions* [...] *et lorsqu'il y cédait, il y apportait le discernement et la mesure* » (Ste-Beuve). *Agir avec discernement.* ⇒ **circonspection, prudence, réflexion.** *Manquer de discernement.* ✪ CONTR. Confusion.

discerner v. tr. [1] – XIIIe ; lat. « séparer, distinguer » **1** Percevoir distinctement. ⇒ **distinguer, identifier, reconnaître.** *Discerner qqn, une présence dans l'ombre.* **2** Se rendre compte de la nature, de la valeur de ; faire la distinction entre. ⇒ **démêler, différencier, discriminer, distinguer, séparer.** *Discerner le vrai du faux, le* *vrai d'avec le faux.* ➡ *Discerner la cause d'un phénomène.* ⇒ **identifier.** ✪ CONTR. Confondre, mêler.

disciple n. – XIIe ; lat. *discipulus* « élève » **1** Personne qui reçoit, a reçu l'enseignement (d'un maître). ⇒ **écolier, élève.** *Aristote, disciple de Platon. Les disciples de Jésus-Christ.* **2** Personne qui adhère aux doctrines d'un maître. ⇒ **adepte, partisan, tenant.** *Disciple de Pasteur.* ✪ CONTR. Maître.

> ❑ Voir *condisciple* « compagnon d'étude » et *discipline*, mots de la même famille étymologique. ♦ Au féminin, *elle est sa disciple*, parfois *son disciple.*

disciplinable adj. – XIIIe ▪ Qui peut être discipliné.

disciplinaire adj. et n. m. – XIXe ▪ Qui se rapporte à la discipline, aux sanctions. *Mesures disciplinaires.* « *Il avait été frappé d'une peine disciplinaire* » (France). ♦ *Locaux disciplinaires d'une caserne. Bataillon disciplinaire :* compagnie de discipline. ➡ n. m. Soldat de ce bataillon. *Une compagnie de disciplinaires.*

discipline n. f. – XIe **1** Fouet fait de cordelettes ou de petites chaînes utilisé pour se flageller, se mortifier. **2** Branche de la connaissance, des études. ⇒ **domaine, matière, science.** *Les disciplines scientifiques, littéraires.* « *la chance qui me fit choisir une discipline toute jeune* [...] *comme l'était alors la géographie* » (Gracq). **3** Règle de conduite commune aux membres d'un corps, d'une collectivité et destinée à y faire régner le bon ordre ; obéissance à cette règle. *Enfreindre la discipline. Rétablir la discipline. Discipline militaire.* « *la discipline fait bel et bien la force principale des armées* » (Perec). ♦ *Compagnie de discipline :* unité où sont envoyés les militaires qui ont encouru de graves punitions. **4** Règle de conduite que l'on s'impose. « *Cela exige une forte discipline de l'esprit* » (Renan). ✪ CONTR. Anarchie, désordre, indiscipline.

discipliné, ée adj. – XIIe ▪ Qui observe la discipline. ⇒ **obéissant, soumis.** ✪ CONTR. Indiscipliné.

discipliner v. tr. [1] – XIIe ▪ littér. **1** Accoutumer à la discipline. ⇒ **assujettir, soumettre.** *Discipliner une armée.* **2** Plier à une discipline intellectuelle ou morale. ⇒ **éduquer.** « *la religion et les beaux-arts disciplinent les instincts rebelles* » (Maurois). **3** *Discipliner les cheveux,* les maintenir bien coiffés. ✪ CONTR. Révolter.

disc-jockey → **disque-jockey**

disco n. m. – 1976 ; mot angl. ▪ Musique d'origine américaine, inspirée du jazz et du rock. ➡ adj. inv. *Musiques disco.* ✪ HOM. Discaux (discal).

> ❑ *Disco* est l'abréviation de l'anglais *discotheque*, lui-même emprunté au français *discothèque.*

disco- Élément, de *disque.*

discobole n. m. – XVIe ; *disco-* et *-bole* ▪ Athlète qui pratique le lancer du disque. « *le saisissant mouvement du discobole* » (Malraux).

> ❑ Terme d'antiquité, d'emploi limité ; pour l'athlète moderne le terme usuel est *lanceur de disque.*

discographie n. f. – 1962 ; *disco-* et *-graphie* ▪ Art de cataloguer les enregistrements sur disques. ➡ Répertoire de disques. *Discographie de Beethoven.*

discographique adj. – 1957 ▪ Relatif à la discographie. *Rubrique discographique d'une revue.* ➡ Relatif aux enregistrements sur disques. *La production discographique.*

discoïde adj. – XVIIIe ; *disco-* et *-oïde* ▪ Qui a la forme d'un disque.

discomycètes n. m. pl. – XIXe ; *disco-* et *-mycète* ▪ Groupe de champignons *(ascomycètes),* au mycélium généralement cloisonné, à périthèce ayant l'aspect d'un disque ou d'une coupe.

discontacteur n. m. – 1974 ; de *dis(joncteur)* et *contacteur* ▪ Appareil remplissant la fonction de disjoncteur et de contacteur.

discontinu, ue adj. et n. m. – XIVe **1** Qui n'est pas continu, qui offre des solutions de continuité. ⇒ ② **coupé, divisé.** *Quantité discontinue.* ⇒ **dénombrable,** ② **discret. 2** Qui n'est pas continuel. ⇒ **intermittent, momentané, sporadique, temporaire.** *Effort discontinu.* ➡ n. m. *Machine qui travaille en discontinu,* de façon intermittente. ✪ CONTR. Continu.

discontinuer v. intr. [1] – XIVe ▪ (Avec *sans*) Cesser pour un temps. *Il pleut sans discontinuer,* sans arrêt. « *je pleure aussi, sans discontinuer* » (Beckett). ✪ CONTR. Continuer.

discontinuité n. f. – XVIIIe ▪ Absence de continuité. ➡ En mathématiques, Valeur de la variable pour laquelle une fonction n'est pas continue. ✪ CONTR. Continuité.

disconvenance n. f. – XVe ▪ littér. Défaut de convenance, de rapport. ⇒ **désaccord, disproportion, incompatibilité.** *Je* « *ne voyais point entre elle et moi de disconvenance* » (Rouss.). ✪ CONTR. Accord, convenance.

disconvenir v. tr. ind. [22] – XVIe ▪ *DISCONVENIR DE :* ne pas convenir de. ⇒ **nier.** *Je n'en disconviens pas :* je l'admets. ✪ CONTR. Avouer, convenir (de), reconnaître.

discopathie n. f. – 1959 ; *disco-* et *-pathie* ▪ Affection d'un disque intervertébral.

discophile n. – 1929 ; *disco-* et *-phile* ▪ Amateur de musique enregistrée ; collectionneur de disques.

discordance n. f. – XIIe **1** Défaut d'accord, d'harmonie. *La discordance des opinions. Discordance de couleurs. Dissonance et discordance.* **2** *Discordance de stratifications :* discontinuité dans la structure des strates. ✪ CONTR. Accord, concordance.

discordant, ante adj. – XIIe **1** Qui manque d'harmonie, qui ne s'accorde pas. ⇒ **incompatible, opposé.** *Avis discordants.* ♦ (Pour le son) *Instruments de musique discordants.* ⇒ **dissonant,** ① **faux.** *La pintade* « *ne cesse de jeter un cri discordant* » (Renard). **2** *Stratifications discordantes,* dont les irrégularités, l'absence de parallélisme révèlent une lacune de sédimentation ou des mouvements tectoniques. ✪ CONTR. Concordant.

discorde n. f. – XIIe ; lat. ▪ littér. Dissentiment violent et durable qui oppose des personnes. ⇒ **désaccord, dissension, mésentente, mésintelligence.** *La discorde règne entre eux.* « *un ignoble esprit de délation et de discorde* » (Duham.). ♦ *Brandon de discorde :* sujet de dissension. *Pomme de discorde :* sujet de discussion et de division. ✪ CONTR. Accord, concorde, entente.

discorder v. intr. [1] – XIIe ; lat. ▪ littér. Être en désaccord, jurer. *Témoignages qui discordent.* ➡ En musique, Être discordant. ✪ CONTR. Concorder.

discothécaire n. – 1951 ▪ Personne chargée du fonctionnement d'une discothèque de prêt.

discothèque n. f. – 1928 ; *disco-* et *-thèque* **1** Collection de disques. Meuble, édifice destiné à contenir des disques. ➡ Organisme de prêt de disques. **2** Lieu de réunion où l'on peut danser au son d'une musique enregistrée. ⇒ **boîte, night-club.**

discount [diskunt ; diskaunt] n. m. – 1964 ; mot angl. « remise « escompte », du fr. *décompte* **1** Rabais sur un prix, abattement. ⇒ **escompte, réduction, remise.** *Vente en discount.* **2** Magasin où l'on pratique une politique de prix bas.

> ❑ Le mot recommandé pour remplacer *discount* est *ristourne* mais ses connotations de marchandage ne conviennent pas.

discoureur, euse n. – XVIe ▪ Personne qui aime à discourir. ⇒ **bavard, parleur, phraseur.**

discourir v. intr. [11] – XIIe ; lat. *discurrere* « courir çà et là » ▪ Parler sur un sujet en le développant longuement. ⇒ **disserter, pérorer** ; fam. **baratiner.** *Le prince « ne cessa de discourir de sa promenade à cheval »* (Chateaub.).

discours n. m. – XVIe 1 Propos que l'on tient. ⇒ **conversation, dialogue, entretien.** « *tournant dans sa tête le discours qu'il allait faire à sa femme* » (Sand). *Ce cadeau aura plus d'effet que tous les discours.* 2 Développement oratoire fait devant une réunion de personnes. ⇒ **allocution, conférence, exposé, harangue, proclamation** ; fam. **laïus, speech.** *Faire un discours.* « *Il se remémorait jusque dans le détail ce discours qu'il avait improvisé* » (Romains). *Discours inaugural.* 3 Écrit littéraire didactique qui traite d'un sujet en le développant méthodiquement. ⇒ **exposé, traité.** *Le « Discours de la méthode », de Descartes.* 4 Expression verbale de la pensée. ⇒ **parole ; langage.** ♦ La suite des paroles ordonnées qui constituent un discours, un sermon. ♦ Exercice de la faculté du langage. ➤ Énoncé linguistique observable, par opposition au système abstrait que constitue la langue. *Occurrence d'un mot en discours.* ➤ Énoncé pris en charge explicitement par un narrateur. *Opposition du discours et du récit.* ♦ *Analyse de (du) discours,* prenant pour unité d'observation la phrase ou une unité plus étendue. ⇒ **énonciation, stylistique.** 5 Pensée discursive, raisonnement (opposé à *intuition*). ➤ *L'univers du discours* : l'ensemble du contexte.

discourtois, oise adj. – XVe ▪ Qui n'est pas courtois. ⇒ **grossier, impoli, incivil, rustre.** ✪ CONTR. Courtois, ① poli.

discourtoisie n. f. – XVe ▪ vieilli Manque de courtoisie. ⇒ **incivilité.** « *non, je ne pensais pas à vous, si je peux toutefois vous l'avouer sans discourtoisie* » (Duham.). ✪ CONTR. Courtoisie.

discrédit n. m. – XVIIIe ▪ Diminution de la confiance, de l'estime dont jouissait une personne, une idée. ⇒ **déconsidération, défaveur.** *Nous tombâmes « dans le plus affreux discrédit auprès de nos camarades »* (Balz.). ✪ CONTR. Crédit, considération, faveur.

discréditer v. tr. [1] – XVIe 1 Faire tomber la valeur, le crédit de. *Discréditer une signature.* 2 Porter atteinte à la réputation de. ⇒ **déconsidérer, décrier, dénigrer, déprécier.** *Discréditer un rival.* ➤ pronom. *Il s'est discrédité à leurs yeux.* ✪ CONTR. Accréditer, vanter.

① **discret, ète** adj. – XIIe ; lat. *discretus* « séparé » 1 Qui témoigne de retenue, se manifeste peu, n'intervient pas dans les affaires d'autrui. ⇒ **circonspect, réservé, retenu.** *Il est trop discret pour vous poser la question.* ⇒ **délicat.** ♦ Qui n'attire pas l'attention, qui ne se fait guère remarquer. *Allusion discrète.* « *Ce fut un regard discret, d'œil à œil* » (Balz.). *Une élégance discrète.* ➤ *Endroit discret,* retiré et tranquille. 2 Qui sait garder les secrets qu'on lui confie. « *Tu es une fille discrète, nous avons des secrets ensemble* » (Balz.). ✪ CONTR. Indélicat, indiscret.

② **discret, ète** adj. – XVe ; lat. *discretus* « séparé » ▪ (opposé à *continu*) *Grandeur discrète,* qui ne peut prendre qu'un ensemble fini ou dénombrable de valeurs. ⇒ **discontinu.** ➤ Numérique (opposé à *analogique*). ⇒ ② **digital.** ♦ *Unité discrète,* isolable par l'analyse et indécomposable à son niveau hiérarchique.

discrètement adv. – XIIe ▪ D'une manière discrète, qui n'attire pas l'attention ; avec réserve. *Faire qqch. discrètement.* « *discrètement ! Il faut savoir voir sans voir, quoi !* » (Aragon). ♦ Sans dire ce qui doit être tu. ✪ CONTR. Ostensiblement ; indiscrètement.

discrétion n. f. – XIIe 1 *Être à la discrétion de qqn,* dépendre entièrement de lui, être en son pouvoir. *J'allai « retrouver cette grande qui me torturait, et me mettre à la discrétion de ses caprices »* (Larbaud). ➤ *À DISCRÉTION* : autant qu'on le veut. *Vin à discrétion.* II - 1 Retenue. ⇒ **décence, délicatesse, réserve, tact.** *S'habiller avec discrétion.* ⇒ **sobriété.** « *Il s'efface, par discrétion, pudeur et crainte de me gêner* » (Gide). 2 Qualité consistant à savoir garder les secrets d'autrui. *Discrétion assurée.* ✪ CONTR. Impudence, sans-gêne. Indélicatesse, indiscrétion.

discrétionnaire adj. – XVIIIe ▪ Qui est laissé à la discrétion (I), qui confère à qqn la libre décision. « *Si le président, en vertu de son pouvoir discrétionnaire, décidait de vous entendre* » (Simenon).

discrétisation n. f. – v. 1980 ▪ Opération consistant à substituer à des relations portant sur des fonctions des relations algébriques discrètes portant sur les valeurs prises par ces fonctions.

discriminant, ante adj. et n. m. – XIXe 1 Qui établit une séparation, une discrimination. 2 n. m. *Discriminant d'une équation du second degré de la forme* $ax^2+bx+c = 0$: le nombre b^2-4ac, permettant de déterminer les solutions de l'équation.

discriminateur n. m. – 1957 ▪ Circuit fournissant une tension de sortie proportionnelle à l'amplitude de la variation d'une grandeur associée au signal d'entrée.

discriminatif, ive adj. – av. 1945 ▪ Relatif à la discrimination (1°).

discrimination n. f. – XIXe ; lat. « séparation » 1 Action de distinguer l'un de l'autre. ⇒ **distinction.** « *Une discrimination [...] entre l'essentiel et le superflu* » (Henriot). 2 Le fait de séparer un groupe social des autres en le traitant plus mal. *Cette loi s'applique à tous sans discrimination.* ⇒ **distinction.** *Discrimination sexiste, raciale, sociale. Les femmes « sont victimes d'une discrimination sur le marché du travail »* (Beauv.). ✪ CONTR. Confusion, mélange. Égalité. Non-discrimination.

discriminatoire adj. – v. 1950 ▪ Qui tend à distinguer un groupe humain des autres, à son détriment.

discriminer v. tr. [1] – XIXe ▪ littér. Faire la discrimination entre. ⇒ **distinguer, séparer.**

disculpation n. f. – XVIe ▪ Action de disculper, de se disculper. ✪ CONTR. Accusation, inculpation.

disculper v. [1] – XIIe ; de *coulpe* 1 v. tr. Prouver l'innocence de. ⇒ **blanchir, innocenter.** *Document qui disculpe un accusé.* 2 v. pron. Se justifier, prouver son innocence. « *Je ne suis pas juge d'instruction pour que vous essayiez de vous disculper* » (Green). ✪ CONTR. Accuser, incriminer, inculper.

❑ Même famille étym. que *coupable.*

discursif, ive adj. – XVIe ; lat. *discursus* « discours » 1 Qui tire une proposition d'une autre par une série de raisonnements successifs (opposé à *intuitif*). *Connaissance discursive.* 2 Qui ne s'astreint pas à une continuité rigoureuse, qui procède par digressions. « *Ce récit tout linéaire (je veux dire : sans épaisseur), uniquement discursif* » (Gide). 3 Relatif au discours, aux énoncés. *Sémantique discursive.*

discussion n. f. – XIIe 1 Action de discuter, d'examiner, en confrontant les opinions. ⇒ **examen.** *Ce texte donne matière à discussion. Discussion d'un projet de loi.* 2 Le fait de discuter une décision, de s'y opposer par des arguments. *Il a « cédé tout de suite, sans discussion »* (Bernanos). 3 Échange d'arguments, de vues contradictoires. ⇒ **conversation, débat.** *Engager la discussion. « La discussion est impossible, avec qui* *prétend non pas chercher, mais posséder la vérité* » (R. Rolland). 4 Vive contestation. ⇒ **différend, dispute, explication.** ✪ CONTR. Acceptation. Accord, entente.

discutable adj. – XVIIIe 1 Qu'on peut discuter (2°), dont la valeur n'est pas certaine. ⇒ **attaquable, contestable.** *Méthode discutable.* 2 Critiquable, plutôt mauvais. ⇒ **douteux.** *C'est d'un goût discutable.* ✪ CONTR. Évident. Incontestable, indiscutable.

discutailler v. intr. [1] – XIXe ▪ Discuter de façon oiseuse et interminable. ⇒ **ergoter.** « *je ne pouvais plus m'empêcher de discutailler, à l'infini* » (Céline).

discuté, ée adj. – XVIIe 1 Qui soulève des discussions, sur quoi personne n'est d'accord. ⇒ **contesté, controversé, critiqué.** *Théorie très discutée.* 2 *Un homme très discuté,* dont la valeur est mise en cause, les actes critiqués. ✪ CONTR. Indiscuté.

discuter v. [1] – XIIIe ; lat. « agiter » 1 v. tr. Examiner par un débat, en étudiant le pour et le contre. *Discuter un projet de loi.* « *La jeune femme n'essaya pas de discuter en elle-même la vraisemblance du propos* » (Romains). ➛ pronom. *Cette affaire se discute en conseil des ministres.* ⇒ se **traiter.** 2 Mettre en question. *Discuter l'existence de qqch.* ⇒ **contester, douter** (de). 3 Opposer des arguments à, refuser d'exécuter. *Vous n'avez pas à discuter mes ordres.* ➛ « *je fais des folies, je paye sans discuter* » (Duham.). 4 v. intr. Parler avec d'autres en échangeant des idées, des arguments sur un même sujet. ⇒ **controverser.** *Discuter (de) politique. On ne peut pas discuter avec lui, il est de mauvaise foi. Les problèmes dont nous avons discuté.* 5 v. tr. fam. *Discuter le coup, le bout de gras :* converser de choses et d'autres.

discuteur, euse adj. et n. – XIVe ▪ rare Qui aime la discussion. ⇒ **raisonneur.** « *croyez-vous qu'on fait tant son discuteur quand on vient de traverser* [...] » (Giono).

disert, erte adj. – XIVe ; lat. *disertus* « clair, intelligible » ▪ littér. Qui parle avec facilité et élégance. ⇒ **éloquent.**

disette n. f. – XIIIe ; p.-ê. gr. *disektos* « année bissextile, malheureuse » ▪ Manque, insuffisance de vivres. « *La disette dégénéra en famine universelle* » (Volt.).

diseur, euse n. – XIIe 1 *Diseur, diseuse de bonne aventure :* personne qui prédit l'avenir. ⇒ **chiromancien, devin, voyant.** ➛ *Diseur de bons mots :* personne qui dit des bons mots en toute occasion. 2 Personne qui récite, déclame. *C'est un fin diseur.*

disgrâce n. f. – XVIe ; it. *disgrazia* ▪ Perte des bonnes grâces, de la faveur. ⇒ **défaveur.** « *il est aussi dangereux d'encourir sa faveur que de mériter sa disgrâce* » (Chateaub.). ➛ État d'une personne qui a encouru une disgrâce. ⇒ **chute, déchéance, destitution.** *La disgrâce de Fouquet. Tomber en disgrâce.* ✪ CONTR. Faveur, grâce.

> ❑ Accent circonflexe sur le *a*, à la différence de *disgracié, disgracier, disgracieux.* → grâce (rem.).

disgracié, iée adj. et n. – XVIe ; it. *disgraziato* « malheureux » 1 Qui n'est plus en faveur, qui est tombé en disgrâce. « *L'ambassadeur disgracié, le chef de bureau mis brusquement à la retraite...* » (Proust). 2 Peu favorisé. *Être disgracié par la nature.* ✪ CONTR. Favorisé.

disgracier v. tr. [7] – XVIe ▪ Priver (qqn) de la faveur qu'on lui accordait. ⇒ **destituer, renvoyer.** ✪ CONTR. Favoriser, protéger.

disgracieux, ieuse adj. – XVIe ▪ Qui n'a aucune grâce. *Geste disgracieux. Visage disgracieux.* ⇒ **ingrat, laid.** ✪ CONTR. Gracieux. Agréable.

disharmonie n. f. – XIXe ▪ littér. Absence d'harmonie.

> ❑ On écrit aussi *dysharmonie.* → dys- (rem.).

disjoindre v. tr. [49] – XIIe 1 Écarter les unes des autres (des parties jointes entre elles). ⇒ **désassembler, désunir,** ① **détacher, diviser, séparer.** *Disjoindre les lèvres.* ➛ pronom. « *deux noirs papillons qui s'accolent, puis se disjoignent* » (Colette). 2 *Disjoindre deux causes,* les séparer pour les juger chacune à part. ✪ CONTR. Joindre.

disjoint, ointe adj. – XIVe 1 Qui n'est pas joint. « *le crépi, tombé par écailles* [...], *mettait à nu des briques disjointes* » (Gaut.). 2 Dont les éléments sont disjoints. « *les fissures d'un ciment disjoint* » (Renan). 3 *Questions bien disjointes,* qui n'ont rien à voir ensemble. ⇒ **différent, distinct.** ➛ *Ensembles disjoints,* qui n'ont pas d'éléments communs. ✪ CONTR. Conjoint.

disjoncter v. [1] – v. 1950 I v. tr. Interrompre (le courant). II v. intr. 1 Pour un disjoncteur, Se mettre en position d'interruption du courant. ⇒ **sauter.** 2 fam. Perdre le contact avec la réalité quand on ne peut plus la supporter.

disjoncteur n. m. – XIXe ; lat. *disjungere* « disjoindre » ▪ Interrupteur automatique de courant électrique.

disjonctif, ive adj. – XVIe ▪ Qui disjoint, isole deux éléments logiques. ♦ *Particule, conjonction disjonctive* (ex. ou, soit que, tantôt... tantôt). ♦ Se dit d'un jugement qui affirme une alternative. *Le dilemme est un syllogisme disjonctif.* ➛ n. f. Alternative disjonctive (opposé à *alternative exclusive*). ✪ CONTR. Conjonctif, copulatif.

disjonction n. f. – XIIIe 1 Action de disjoindre ; son résultat. ⇒ **désunion, écartement, séparation.** *La disjonction de deux questions.* 2 *Disjonction de deux instances :* mesure prise par le juge pour faire instruire ou juger séparément deux instances pendantes devant lui. 3 Proposition disjonctive (symb. ∨). ⇒ **ou ;** ① **somme** (logique). ✪ CONTR. Jonction ; conjonction.

dislocation n. f. – XIVe 1 Le fait de se disloquer, état de ce qui est disloqué. ♦ En physique, Défaut du cristallin produit par un déplacement des plans réticulaires. 2 Disjonction, séparation violente. *Dislocation des pièces d'une machine.* ♦ *La dislocation du cortège s'opéra au rond-point.* ⇒ **dispersion.** 3 *Dislocation d'un empire.* ⇒ **démembrement, désagrégation, dissolution.** ✪ CONTR. Jonction, ① union.

disloquer v. tr. [1] – XVIe ; lat. « déboîter » ▪ Séparer violemment, sortir de leur place normale (les parties d'un ensemble) par accident. ⇒ **désunir.** *Disloquer les éléments d'une machine.* ➛ Séparer les éléments de. *Disloquer des meubles.* ⇒ **briser, casser, démolir.** *Disloquer un empire.* ➛ pronom. *Cortège qui se disloque.* ⇒ se **disperser.** ✪ CONTR. Assembler, emboîter, monter, remettre.

disparaître v. intr. [57] – XIIIe I - 1 Cesser de paraître, d'être visible. ⇒ s'en **aller,** s'**évanouir,** s'**évaporer.** *Le soleil* « *plonge enfin parmi les collines et disparaît* » (From.). ⇒ se **cacher.** ♦ Être caché, dissimulé. ⇒ se **cacher,** se **dissimuler.** « *Les deux panneaux en retour disparaissaient sous des dessins à la plume* » (Flaub.). 2 S'en aller. ⇒ **fuir,** ① **partir,** se **retirer.** *Elle a disparu sans laisser de traces.* « *Si j'avais disparu, est-ce qu'il serait parti à ma recherche ?* » (Romains). ♦ Être, devenir introuvable. *Mes lunettes ont encore disparu.* 3 FAIRE DISPARAÎTRE : soustraire à la vue ; enlever, cacher. ⇒ **escamoter.** *Faire disparaître un document compromettant.* II - 1 Cesser d'être, d'exister. ⇒ s'**éteindre, mourir.** *Marins qui disparaissent en mer.* « *un animal fort rare, et qui tend à disparaître* » (J. Verne). 2 *Navire qui disparaît en mer.* ⇒ **couler,** se **perdre, sombrer.** ➛ « *Un petit pli, entre les sourcils, se forme et disparaît, reparaît et s'efface* » (Mart. du G.). *Ses craintes ont disparu en un clin d'œil.* ⇒ se **dissiper**

per, s'effacer, s'évanouir. *Cette mode, cette coutume a disparu, est disparue depuis longtemps.* ⇒ se **perdre.** 4 *Faire disparaître qqn,* le tuer. ⇒ **supprimer.** *Le temps a fait disparaître cette inscription.* ⇒ **effacer.** *Médicament qui fait disparaître les maux de tête.* ⇒ **chasser.** ➛ *Faire disparaître une difficulté.* ⇒ **dissiper,** ① **lever, résoudre, vaincre.** ✪ CONTR. Apparaître, paraître, reparaître ; montrer (se). Commencer, demeurer, ① être, rester.

❑ On emploie l'auxiliaire *avoir* pour exprimer l'action et l'auxiliaire *être* pour indiquer l'état : *il est disparu depuis un an.*

disparate adj. – XVIIe ; lat. « différent » ▪ Qui n'est pas en accord, en harmonie avec ce qui l'entoure ; dont la diversité est choquante. ⇒ **discordant, divers, hétéroclite, hétérogène.** « *des rencontres saugrenues d'objets disparates* » (Caillois). ♦ Dont les éléments sont disparates. *Un mobilier disparate.* ✪ CONTR. Assorti, harmonieux, homogène.

disparité n. f. – XIIIe ; lat. *disparis* « inégal », d'apr. *parité* ▪ Absence d'accord, d'harmonie entre les éléments ; caractère disparate. ⇒ **contraste, dissemblance, hétérogénéité.** *Disparité entre deux caractères.* ➛ Différence entre deux éléments, créant une situation de déséquilibre. *Disparité des revenus.* ⇒ **inégalité.** ✪ CONTR. Accord, conformité, parité.

disparition n. f. – XVIe 1 Le fait de n'être plus visible. *Disparition du soleil à l'horizon.* 2 Absence anormale et inexplicable. *La disparition de l'enfant remonte à huit jours.* 3 Action de disparaître en cessant d'exister. ⇒ ① **mort ;** ① **fin, suppression.** *Monuments menacés de disparition prochaine. Espèce en voie de disparition.* ⇒ **extinction.** ✪ CONTR. Apparition, réapparition.

disparu, ue adj. – XVIIe 1 Qui a cessé d'être visible. 2 Qui a cessé d'exister. *Un monde disparu.* ♦ n. Mort. « *un moulage en pied du cher disparu* » (Tournier). ➛ Personne considérée comme morte bien que son décès n'ait pu être établi. *Être porté disparu.* ✪ CONTR. Visible. ② Vivant.

① **dispatcher** ou **dispatcheur** [dispatʃœʀ] n. m. – 1915 1 Personne qui s'occupe d'un dispatching. ⇒ **régulateur.** 2 Expert qui établit la part respective du transporteur et des chargeurs dans les règlements d'avaries.

② **dispatcher** v. tr. [1] – 1972 ▪ Répartir, distribuer. *Dispatcher des journaux dans une région.*

dispatching n. m. – 1921 , mot angl., de *to dispatch* 1 Organisme central qui assure la régulation du trafic, la répartition de l'énergie électrique, etc. 2 Répartition, distribution.

❑ On a proposé de remplacer *dispatching* par *répartition* ou *ventilation.*

dispendieux, ieuse adj. – XVIIIe ; lat. *dispendium* « dépense » ▪ Qui exige une grande dépense. ⇒ **cher, coûteux, onéreux.** *Goûts dispendieux.* ✪ CONTR. Économique.

❑ *Dispendieux* et *onéreux* sont moins courants que *coûteux.*

dispensable adj. – XVIe ▪ *Cas dispensable,* pour lequel on peut obtenir une dispense.

❑ *Dispensable* reste limité à un usage juridique, contrairement à son contraire *indispensable.*

dispensaire n. m. – XVIe ; de *dispenser* ▪ Établissement à caractère social où l'on donne gratuitement des soins et où l'on assure le dépistage et la prévention de certaines maladies.

dispensateur, trice n. – XIIe ▪ Personne qui dispense, qui distribue. ⇒ **distributeur, répartiteur.**

dispense n. f. – XVe 1 Autorisation spéciale, donnée par l'autorité ecclésiastique, de faire ce qui est défendu ou de ne pas faire ce qui est prescrit. *Dispense accordée par le pape.* 2 Autorisation spéciale donnée par une autorité, qui décharge d'une obligation. *Dispense du service militaire.* ✪ CONTR. Obligation.

dispenser v. tr. [1] – XIIIe ; lat. « distribuer » 1 Distribuer (le sujet désigne une personne, une puissance supérieure). ⇒ **accorder, donner, répandre.** *Dispenser des bienfaits. Elle* « *dispensait des paroles insignifiantes comme l'eût pu faire une reine* » (Green). 2 DISPENSER DE... : libérer (qqn d'une obligation, de faire qqch.). ⇒ **exempter.** *Être dispensé de telle formalité. Je te dispense d'y aller.* ➛ *Élève dispensé de gymnastique.* ♦ *Ton succès ne te dispense pas de travailler.* ♦ iron. *Je vous dispense à l'avenir de vos visites :* je vous défends de revenir me voir. 3 *SE DISPENSER* v. pron. Se permettre de ne pas faire (qqch.). « *On ne peut se dispenser de juger : c'est une nécessité, pour vivre* » (R. Rolland). ✪ CONTR. Astreindre, contraindre, forcer, obliger.

dispersant, ante n. m. et adj. – v. 1960 ▪ Produit tensioactif utilisé pour accélérer la biodégradation des hydrocarbures.

dispersement n. m. – XIXe ▪ rare Action de disperser, le fait de se disperser. ⇒ **dispersion.**

disperser v. tr. [1] – XVe ; lat. *dispergere* « répandre çà et là » 1 Jeter, répandre çà et là. ⇒ **disséminer, éparpiller.** *Disperser les débris de qqch.* 2 Répartir çà et là, en divers endroits, de divers côtés. *Disperser une collection, dans une vente aux enchères.* ➛ pronom. « *Bientôt la foule commença à se disperser* » (Aymé). ♦ *Disperser ses efforts, ses forces, son attention,* les faire porter sur plusieurs points, sur plusieurs objets à la fois. ➛ pronom. *Se disperser :* s'occuper à des activités trop diverses. 3 Repousser, écarter ; faire se séparer (des personnes). « *un service d'ordre improvisé s'efforçait de disperser l'attroupement* » (Mart. du G.). ✪ CONTR. Rassembler, réunir.

dispersif, ive adj. – XIXe ▪ Qui provoque la dispersion d'une radiation. *Milieu dispersif.*

dispersion n. f. – XIIIe ▪ Action de disperser, de se disperser ; état de ce qui est dispersé. ⇒ **dissémination, éparpillement.** *La dispersion des cendres par le vent.* ♦ *Dispersion de la lumière :* décomposition d'une lumière formée de radiations de différentes longueurs d'onde en spectre. ➛ État d'une solution colloïdale, en suspension dans un milieu où elle est insoluble. *Milieu de dispersion.* ♦ *Dispersion d'une foule.* ♦ *La dispersion de l'esprit,* son application à différents sujets. ⇒ **dissipation, éparpillement.** « *Je voudrais lire tout, à la fois. Danger de la dispersion* » (Gide). ✪ CONTR. Rassemblement. Réunion. Concentration.

disponibilité n. f. – XVe 1 plur. *Les disponibilités :* fonds dont on peut immédiatement disposer (opposé à *immobilisations*). ⇒ **espèces.** 2 Situation de certains fonctionnaires ou militaires écartés provisoirement de leurs fonctions. *Être, mettre en disponibilité.* « *on allait l'envoyer en disponibilité pendant trois mois au moins* » (Loti). 3 État d'une chose, d'une personne disponible. *Disponibilité d'esprit.* ✪ CONTR. Indisponibilité.

disponible adj. – XIVe ; lat. *disponere* « disposer » 1 Dont on peut disposer. ⇒ **libre.** *Il reste deux places disponibles. Je n'ai pas une minute disponible pour ce travail.* ➛ *Quotité disponible,* opposée à la réserve, en matière successorale. 2 *Officier, fonctionnaire disponible,* qui n'est pas en activité, mais demeure toujours à la disposition de l'armée, de l'Administration. 3 Qui n'est lié ou engagé par rien. ⇒ **libre.** « *ils avaient vécu [...] sans attaches, sans enfants, dispo-*

nibles » (Tournier). ➜ Qui peut interrompre ses activités pour s'occuper d'autrui. *Elle est toujours disponible pour écouter ses amis.* ✪ CONTR. Engagé, indisponible, occupé.

❑ L'expression *pas disponible* est plus courante que le mot *indisponible*. → contraire (rem.).

dispos, ose adj. – XVe ; adapt. de l'it. *disposto*, d'apr. *disposer* ■ *Frais et dispos* : en bonne santé et dans un état euphorique, actif. « *Quand je suis venu ici, j'étais frais et dispos, et me voilà roué, brisé, comme si j'avais fait dix lieues* » (Dider.). ✪ CONTR. Abattu, fatigué.

disposant, ante n. – XVe ■ Personne qui fait une disposition par donation entre vifs, ou par testament. ⇒ **donateur, testateur.**

disposé, ée adj. – XIVe 1 Arrangé, placé. *Objets disposés symétriquement.* 2 *Être disposé à* : être préparé à, avoir l'intention de. ⇒ ① **prêt** (à). *Nous sommes tout disposés à vous rendre service.* 3 *Être bien, mal disposé pour, envers qqn* : être dans de bonnes, de mauvaises dispositions envers lui.

disposer v. [1] – XIIe ; lat. *disponere* **I** v. tr. dir. 1 Arranger, mettre dans un certain ordre. *Disposer des fleurs dans un vase.* « *On disposa devant le poêle le guéridon, le fauteuil et une chaise* » (Romains). ⇒ **installer.** 2 *DISPOSER (QQN) À...* : préparer psychologiquement (qqn à qqch.). ⇒ **préparer.** *Disposer les esprits en faveur de qqn, qqch.* ➜ Engager (qqn à faire qqch.). ⇒ **inciter.** *Nous l'avons disposé à vous recevoir.* 3 *SE DISPOSER (À)* v. pron. Se mettre en état, en mesure de ; être sur le point de. « *Mussolini se disposait à envahir l'Éthiopie* » (Beauv.). ⇒ se **préparer.** **II** v. tr. ind. *DISPOSER DE.* 1 Avoir à sa disposition, avoir la possession, l'usage de. ⇒ se **servir** (de), **utiliser.** *Il dispose d'une voiture. Je ne dispose que de quelques minutes.* 2 *Disposer de qqn,* en faire ce que l'on veut, s'en servir comme on le veut. ➜ *Le droit des peuples à disposer d'eux-mêmes* (⇒ **autodétermination**). ➜ *Vous pouvez disposer* (de vous) : je ne vous retiens pas, partez (à un inférieur). **III** v. intr. Prendre des dispositions. ⇒ **décider.**

dispositif n. m. – XIVe 1 Énoncé final d'un jugement ou d'un arrêt qui contient la décision de la juridiction. 2 Manière dont sont disposés les pièces, les organes d'un appareil ; le mécanisme lui-même. *Dispositif de sûreté.* ➜ *Un dispositif scénique d'opéra.* 3 Ensemble de moyens disposés conformément à un plan. *Dispositif policier.* « *les hommes qui cherchent à mettre en place un dispositif de paix* » (Mauriac).

disposition n. f. – XIIe 1 Action de disposer, de mettre dans un certain ordre ; résultat de cette action. *Une disposition régulière d'objets.* ⇒ **ordre, rangement.** 2 au plur. Moyens, précautions par lesquels on se dispose à qqch. ⇒ **arrangement, mesure.** *J'ai pris toutes les dispositions nécessaires.* 3 *DISPOSITION À* : tendance à. *Disposition à contracter une maladie.* ⇒ **prédisposition.** 4 plur. Intentions envers qqn. *Être dans de bonnes dispositions à l'égard de qqn.* ⇒ **intention, sentiment.** 5 Aptitude à faire qqch. (en bien ou en mal). ⇒ ① **don, facilité, goût.** *Des dispositions innées, naturelles.* ⇒ **qualité.** *Avoir des dispositions pour les mathématiques.* 6 (dans *À... DISPOSITION*) Faculté de disposer, pouvoir de faire ce que l'on veut (de qqn, de qqch.). *Les moyens mis à notre disposition.* « *Si vous voulez devenir des hommes raisonnables, ouvrez cent fois dans la journée les dictionnaires qui sont à votre disposition* » (Duham.). ➜ *Se tenir, se mettre, être à la disposition de qqn,* être prêt à lui donner satisfaction. *Je suis à votre entière disposition.* 7 Clause d'un acte juridique (d'un contrat, d'un testament, d'une donation). *Dispositions entre vifs.* 8 Chacun des points que règlent une loi, un arrêté, un jugement. *Dispositions transitoires.*

disproportion n. f. – XVIe ■ Défaut de proportion, différence excessive entre deux ou plusieurs choses. ⇒ **disparité, inégalité.** *Disproportion d'âge, de taille, entre deux personnes. Disproportion entre une chose et une autre, entre plusieurs choses.* ✪ CONTR. Proportion.

disproportionné, ée adj. – XVIe ■ Qui n'est pas proportionné (à qqch.). ⇒ **inégal.** *Récompense disproportionnée au mérite.* ➜ *Efforts disproportionnés.* ⇒ **démesuré.** ✪ CONTR. Proportionné.

dispute n. f. – XVe ■ Échange violent de paroles (arguments, reproches, insultes) entre personnes qui s'opposent. ⇒ **altercation, querelle** ; fam. **engueulade.** *La discussion a dégénéré en dispute.* « *Ils ont entre eux des disputes effroyables* » (Romains). *Avoir une dispute avec qqn sur un sujet.* « *Le plaisir des disputes, c'est de faire la paix* » (Muss.). ✪ CONTR. Accord, entente, paix, réconciliation.

disputer v. tr. [1] – XIIe ; lat. « mettre au net après examen et discussion » **I** v. tr. ind. 1 vx ou littér. Avoir une discussion. ⇒ **discuter.** *Disputer d'un sujet, sur un sujet avec qqn.* 2 littér. Être en concurrence, en rivalité (avec). ⇒ **rivaliser.** *Ces deux employés disputent de zèle.* **II** v. tr. 1 Lutter pour la possession ou la conservation d'une chose à laquelle un autre prétend. *Disputer un poste à des rivaux, une femme à un ami. Animaux qui se disputent une proie.* ➜ *Disputer le terrain,* le défendre pied à pied, avec acharnement contre l'ennemi. ⇒ **défendre.** 2 *Disputer un match, un combat,* en vue de remporter la victoire. 3 vieilli, région. ou pop. Réprimander (qqn). « *Madame de Pontchartrain le disputa* » (St-Sim.). **III** *SE DISPUTER* v. pron. 1 Avoir querelle. « *Ils se disputent et crient des choses qu'on ose à peine traduire* » (Apoll.). ⇒ se **chamailler,** fam. s'**engueuler,** se **quereller.** *Se disputer avec un ami.* 2 Être disputé. *Le match s'est disputé hier à Paris.*

disquaire n. – 1949 ■ Personne qui vend des disques, de la musique enregistrée.

disqualification n. f. – XVIIIe ■ Action de disqualifier ; son résultat ; fait de se disqualifier. *Disqualification d'un sportif dans une compétition.*

disqualifier v. tr. [7] – XVIIIe ; de *qualifier* 1 Exclure d'une épreuve, en raison d'une infraction au règlement. *Disqualifier un boxeur pour coup bas.* 2 *SE DISQUALIFIER* v. pron. Perdre tout crédit en faisant preuve d'indignité, d'incapacité. *Il s'est disqualifié en tenant de pareils propos.* ⇒ se **discréditer.** ✪ CONTR. Qualifier.

disque n. m. – XVIe ; lat. *discus* « palet » 1 Dans l'Antiquité, Palet de pierre ou de fer que les athlètes grecs s'exerçaient à lancer. ♦ Palet de bois cerclé de métal, pesant 2 kg pour les hommes et 1 kg pour les femmes, que les athlètes lancent en pivotant sur eux-mêmes. 2 Surface visible (de certains astres). *Le disque du Soleil, de la Lune.* 3 Objet de forme ronde et plate (cercle, cylindre de peu de hauteur). ➜ *Disque d'embrayage,* qui réalise un accouplement par friction entre le volant du moteur et l'arbre de la boîte de vitesse d'une automobile. *Freins à disques,* à mâchoires serrant un disque collé sur l'axe de la roue. ♦ *Disque intervertébral* : cartilage élastique situé entre les surfaces articulaires de deux corps vertébraux. ♦ *Disque de stationnement* : dispositif pour indiquer les heures d'arrivée et de départ des véhicules, à utiliser dans certaines zones de stationnement à durée limitée. 4 Plaque circulaire de matière thermoplastique sur laquelle sont enregistrés des sons dans la gravure d'un sillon spiralé. *Disque 78 tours, 33 tours* (⇒ **microsillon**), *45 tours* (⇒ **single**). *Face, plages d'un disque. Marchand de disques.* ⇒ **disquaire.** *Poser un disque sur la platine. Mettre, passer un disque. Disque noir* (opposé à *disque compact*). loc. fam. *Changer de disque* : parler d'autre chose, cesser de répéter la même chose. « *Il ne change pas souvent de disque, celui-là* » (Queneau). ♦ *Disque compact* : disque audionumérique lu par un faisceau laser. *Disque compact vidéo,* sur lequel sont enregistrées des images vidéo. ⇒ **vidéodisque.** 5 Support circulaire recouvert d'une couche magnétique où sont enregistrées des données numériques. *Disque optique compact* (abrév. *DOC*) ou *disque optique numérique.* ⇒ **CD-ROM ; CD-I.** 6 Ensemble de points intérieurs à un cercle comprenant ou non sa frontière (*disque fermé* ou *ouvert*).

> ❑ *Disque compact* est le calque de l'anglais *compact-disc,* lui-même fréquent en français, y compris sous ses initiales *CD* [sede].

disque-jockey n. m. – 1968 ; angl. *disc jockey* ▪ Personne qui passe de la musique de variétés à la radio, dans les discothèques. *Des disques-jockeys.*

disquette n. f. – av. 1975 ▪ Disque souple utilisé pour le stockage des données. *Enregistrer un fichier sur disquette.*

disruptif, ive adj. – XIXe ; lat. *disrumpere* « briser, rompre en morceaux » ▪ sc. Qui éclate. *Décharge disruptive,* produisant une étincelle qui dissipe une grande partie de l'énergie accumulée.

dissection n. f. – XVIe ▪ Action de disséquer, de séparer et d'analyser méthodiquement les parties (d'un corps organisé). *La dissection d'un cadavre.* ⇒ **autopsie.**

> ❑ La *vivisection* est une *dissection* pratiquée sur des animaux vivants.

dissemblable adj. – XIIe ▪ Se dit de deux ou plusieurs personnes ou choses qui ne sont pas semblables, bien qu'ayant entre elles des caractères communs. ⇒ **différent.** *Ils sont trop dissemblables pour s'entendre.* ✪ CONTR. Semblable.

> ❑ Au singulier, on emploie *de* (et non pas *à*) : *une chose dissemblable d'une autre.*

dissemblance n. f. – XIIe ▪ Absence de ressemblance entre des êtres, des choses ; caractère de ce qui est dissemblable. ⇒ **différence, disparité.** ✪ CONTR. Ressemblance.

dissémination n. f. – XVIIe ▪ Action de disséminer ; son résultat. ⇒ **dispersion.** ♦ *La dissémination des graines,* libérées par la déhiscence ou la putréfaction du fruit où elles étaient enfermées. ♦ *La dissémination des troupes sur un territoire trop vaste.* ⇒ **éparpillement.** *Craindre la dissémination des armes nucléaires.*

disséminer v. tr. [1] – XVIe ; lat. *semen* « semence » 1 Répandre en de nombreux points assez écartés. ⇒ **disperser, éparpiller, répandre, semer.** *Le vent dissémine les graines de certains végétaux.* 2 Disperser. *Disséminer les troupes armées.* ✪ CONTR. Amasser, concentrer, grouper, réunir.

dissension n. f. – XIIe ; lat. *dissentire* « être en désaccord » ▪ Division violente ou profonde de sentiments, d'intérêts, de convictions. ⇒ **discorde, dissentiment, opposition.** *Dissensions familiales.* « *la famine, les dissensions intestines qui déchirent la malheureuse ville* » (Gaut.). ✪ CONTR. Concorde, harmonie.

dissentiment n. m. – XIVe ; lat. *dissentire* « être en désaccord » ▪ Différence dans la manière de juger, de voir, qui crée des heurts. ⇒ **conflit, désaccord.** ✪ CONTR. Accord, assentiment, entente.

disséquer v. tr. [6] – XVIe ; lat. *dissecare* « couper en deux » 1 Diviser méthodiquement les parties de (une plante, un corps organisé : animal, cadavre d'un être humain), en vue d'en étudier la structure. 2 fig. Analyser minutieusement et méthodiquement. ⇒ **éplucher.** *Disséquer un ouvrage.* « *tu restes parfois des heures à regarder un arbre, à le décrire, à le disséquer* » (Perec).

disséqueur, euse n. – XVIIIe ▪ rare Personne qui pratique une dissection.

dissertation n. f. – XVIIe 1 Développement, le plus souvent écrit, portant sur un point de doctrine, sur une question savante. ⇒ **discours, essai, traité.** 2 Exercice écrit que doivent rédiger les élèves des grandes classes des lycées et ceux des facultés de lettres, sur des sujets littéraires, philosophiques, historiques. ⇒ **composition.** *Sujet de dissertation.* abrév. DISSERT [disɛʀt].

disserter v. intr. [1] – XVIIe ; lat. « discuter, exposer, traiter (en paroles) » ▪ Faire un développement écrit ou le plus souvent oral (sur une question, un sujet). ⇒ **discourir.** *Disserter sur la politique,* de politique.

dissidence n. f. – XVe ▪ Action ou état de ceux qui se séparent d'une communauté religieuse, politique, sociale, d'une école philosophique. ⇒ **révolte, scission, sécession, séparation.** *Être, entrer en dissidence.* ♦ Groupe de dissidents. *Rejoindre la dissidence.* ✪ CONTR. Accord, concorde, ① union. Conformisme.

dissident, ente adj. et n. – XVIe ; lat. *dissedere* « être séparé, éloigné » ▪ Qui est en dissidence, qui fait partie d'une dissidence. ⇒ **opposé, rebelle, révolté, schismatique, séparatiste.** *Parti dissident.* ➝ n. « *en politique, les dissidents, ce sont les exclus* » (Malraux). ✪ CONTR. Orthodoxe.

> ❑ Le mot a surtout désigné les opposants à l'idéologie dominante de l'U.R.S.S. et des démocraties populaires.

dissimilation n. f. – XIXe ; *dis-* et *(as)similation* ▪ Différenciation de deux phonèmes identiques d'un mot. *Le latin « flebilis » a donné « faible » par dissimilation.* ✪ CONTR. Assimilation.

dissimilitude n. f. – XIIIe ▪ Défaut de similitude, de ressemblance. ⇒ **différence, dissemblance.** ✪ CONTR. Similitude.

dissimulateur, trice n. et adj. – XVe ▪ Personne qui dissimule, sait dissimuler.

dissimulation n. f. – XIIe 1 Action de dissimuler ; comportement d'une personne qui dissimule ses pensées, ses sentiments. *Agir avec dissimulation.* ⇒ **duplicité, hypocrisie, sournoiserie.** *La sincérité « que l'on voit d'ordinaire n'est qu'une fine dissimulation* » (La Rochef.). ♦ Ce que l'on dissimule. 2 Action de dissimuler (de l'argent). ➝ *Dissimulation de bénéfices.* ✪ CONTR. Franchise, simplicité, sincérité.

dissimulé, ée adj. – XIVe 1 Caché. *Sentiments mal dissimulés.* ➝ *Bénéfices dissimulés.* 2 Qui dissimule. ⇒ **cachottier, ① secret, sournois.** *Ce garçon est très dissimulé.* ✪ CONTR. ② Franc, ouvert, sincère.

dissimuler v. tr. [1] – XIVe ; *dis-* et lat. *simulare* « simuler » **I** v. tr. 1 Ne pas laisser paraître (ce qu'on pense, ce qu'on éprouve, ce qu'on sait ⇒ ① **cacher, celer, taire**), ou chercher à en donner une idée fausse (⇒ **déguiser, masquer**). *Dissimuler sa jalousie, sa joie.* « *Il est plus difficile de dissimuler les sentiments que l'on a que de feindre ceux que l'on n'a pas* » (La Rochef.). *Dissimuler ses véritables projets. Se dissimuler les périls d'une entreprise,* refuser de les voir. ♦ DISSIMULER QUE (et subj. ou indic.) : cacher que. *Je ne vous dissimulerai pas que cette solution ne me plaît guère,* je vous fais savoir que. 2 Dérober, soustraire aux regards (une chose concrète). ⇒ **masquer, ① voiler.** *Dissimuler un paquet derrière son dos.* ➝ « *Une jaquette et une robe*

[...] *dissimulaient assez mal la maigreur de son corps* » (Green). ⇒ **camoufler.** ♦ *Dissimuler une partie de ses bénéfices.* **II** *SE DISSIMULER* **v. pron.** Cacher sa présence ou la rendre très discrète. *Se dissimuler derrière un pilier.* ✪ CONTR. Avouer, confesser. Exhiber, montrer.

dissipateur, trice **n.** – XIVe ▪ Personne qui dissipe son bien ou le bien qui lui est confié. ✪ CONTR. Économe.

dissipatif, ive **adj.** – v. 1965 ▪ Qui dissipe de l'énergie. *Structure dissipative* : système physique dans lequel se forme une structure ordonnée par emprunt d'énergie au milieu extérieur (par exemple, le laser à gaz).

dissipation **n. f.** – XVe **1** Fait de disparaître en se dissipant. *Dissipation des brumes matinales.* **2** Action de dissiper en dépensant avec prodigalité. *Dissipation d'un patrimoine.* ⇒ **dilapidation.** ➛ *Dissipation d'énergie* : perte de l'énergie d'un système dégradée en agitation thermique. **3** Mauvaise conduite d'un écolier qui s'amuse pendant les cours. ⇒ **indiscipline, turbulence. 4** littér. Débauche. ✪ CONTR. Économie. Attention, concentration. Sagesse.

dissipé, ée **adj.** – XVIe ▪ Qui manque d'application, est réfractaire à la discipline. *Enfant, élève dissipé.* ⇒ **turbulent.** ✪ CONTR. Appliqué, attentif.

dissiper **v. tr.** [1] – XIIe ; lat. « disperser, détruire » **1** Anéantir en dispersant. « *le soleil dissipait la légère brume du matin* » (Alain-Fourn.). ➛ pronom. *Les brumes se dissipent.* ⇒ **disparaître.** ♦ *Dissiper un malentendu. Dissiper les craintes, les soupçons de qqn.* ⇒ **ôter.** ➛ pronom. *Ses inquiétudes se sont dissipées.* **2** Dépenser sans compter (tout ou partie d'un bien). ⇒ **gaspiller, prodiguer.** *Dissiper une fortune.* ⇒ **dilapider. 3** *Dissiper qqn,* le distraire de ses occupations sérieuses par des futilités ; le détourner de la règle, du devoir. ⇒ **distraire.** *Il dissipe toute la classe par ses pitreries.* ➛ pronom. *Les élèves se dissipent en fin de journée.* **4** Dégager, produire (de la puissance, de la chaleur). ✪ CONTR. Accumuler, économiser. Assagir.

dissociable **adj.** – XVIe ▪ Qui peut être dissocié. ⇒ **séparable.** *Les deux problèmes ne sont pas dissociables.* ✪ CONTR. Indissociable.

dissociation **n. f.** – XVe **1** Action de dissocier ; son résultat. *Dissociation moléculaire.* **2** Séparation. *Dissociation de deux problèmes.* **3** *Dissociation mentale* : rupture de l'unité psychique, processus fondamental de la schizophrénie. ✪ CONTR. Association, synthèse.

dissocier **v. tr.** [7] – XVe ; *dis-* et lat. *sociare* « unir, associer » **1** Séparer (des éléments qui étaient associés). ⇒ **désunir, séparer.** *Dissocier les molécules d'un corps.* **2** Ne pas considérer ensemble (⇒ **disjoindre**). *On ne peut dissocier ces deux aspects du problème.* ✪ CONTR. Associer, rapprocher, réunir.

dissolu, ue **adj.** – XIIe ▪ *Vie dissolue. Mœurs dissolues.* ⇒ **dépravé, déréglé, relâché.** ✪ CONTR. Austère, rangé, vertueux.

dissolubilité **n. f.** – XVIIe **1** rare Qualité d'un corps soluble. ⇒ **solubilité. 2** Caractère de ce qui peut être dissous. *Dissolubilité d'une assemblée.* ✪ CONTR. Indissolubilité.

dissoluble **adj.** – XVIIe **1** rare Soluble. *Substance dissoluble.* **2** Qui peut être dissous. *Assemblée dissoluble.* ✪ CONTR. Insoluble. Indissoluble.

dissolution **n. f.** – XIIe **1** Décomposition (d'un agrégat, d'un organisme) par la séparation des éléments constituants. ♦ Cessation légale d'une situation juridique dans laquelle les participants ont des pouvoirs ou des intérêts communs. ⇒ **rupture.** *Dissolution du mariage. Prononcer la dissolution d'une assemblée.* **2** Passage en solution d'une substance solide, liquide ou gazeuse. *Dissolution du sucre dans le café, des molécules d'air dans l'eau.* **3** Colle au caoutchouc utilisée pour la réparation des chambres à air.

dissolvant, ante **adj.** et **n. m.** – XVIe **1** Qui dissout, forme une solution avec un corps. ➛ **n. m.** Produit servant à ôter le vernis à ongles. **2** vieilli Qui détruit les principes, les croyances. « *Des doctrines dissolvantes* » (Madelin). ⇒ **subversif.**

dissonance **n. f.** – XIVe **1** Intervalle qui appelle une résolution, par un accord harmonique ; les notes responsables d'un tel effet. ➛ Réunion désagréable de sons. ⇒ **cacophonie. 2** Défaut d'harmonie. *Dissonances de tons dans un tableau.* ⇒ **discordance.** *Dissonance entre les principes et la conduite.* ⇒ **désaccord.** ✪ CONTR. Consonance ; euphonie. Accord, harmonie.

> ❑ *Dissonance* a un seul *n* comme *assonance, consonance* et *résonance.*

dissonant, ante **adj.** – XVe ▪ Qui fait dissonance. *Sons dissonants.* ⇒ **discordant.** ➛ « *ces harmonies dissonantes, étranges, toujours tristes* » (Loti). ✪ CONTR. Concordant, harmonieux.

dissoner **v. intr.** [1] – XIVe ; *dis-* et lat. *sonare* ▪ Faire dissonance. ♦ littér. *Couleur qui dissone avec une autre.* ⇒ **jurer.** ✪ CONTR. Accorder (s'), harmoniser (s').

> ❑ Un seul *n,* à la différence de *sonner, résonner.*

dissoudre **v. tr.** [51] – XIIe ; lat. *dissolvere* **1** Mettre légalement fin à (une association). *Dissoudre un mariage.* ⇒ **annuler.** *Dissoudre l'Assemblée nationale.* **2** Désagréger (un corps solide ou gazeux) au moyen d'un liquide dans lequel se disséminent les molécules. *Substance que l'on peut dissoudre.* ⇒ **soluble.** ➛ *Sucre dissous dans l'eau.* ➛ pronom. *Savon qui se dissout dans l'eau.* ⇒ **fondre.** ✪ CONTR. Constituer, cristalliser, précipiter.

> ❑ Le participe passé est *dissous, oute* (même irrégularité dans *absous, absoute*). Ne pas confondre avec l'ancien participe passé *dissolu, ue* qui subsiste sous forme d'adjectif qualificatif, avec le sens de « débauché ». ♦ Tous les mots de la même famille étymologique sont formés sur le latin *dissolvere* (*dissolvant,* etc.).

dissuader **v. tr.** [1] – XIVe ; *dis-* et lat. *suadere* « conseiller » ▪ *Dissuader qqn de...* : amener (qqn) à renoncer à un projet, à renoncer à faire qqch. ⇒ **détourner.** *Les conseils autorisés « nous dissuadèrent de différer notre départ »* (Gide). ✪ CONTR. Persuader.

dissuasif, ive **adj.** – XVIe ▪ Propre à dissuader un ennemi d'attaquer. ♦ Relatif à toute forme de dissuasion. ✪ CONTR. Persuasif.

dissuasion **n. f.** – XIVe ▪ Action de dissuader ; son résultat. ♦ *FORCE DE DISSUASION,* destinée à prévenir l'agression, à dissuader l'adversaire d'attaquer.

dissyllabique **adj.** et **n. m.** – XVIe ▪ Qui a deux syllabes. *Mot dissyllabique.* ➛ **n. m.** *Un dissyllabique.*

dissymétrie **n. f.** – XIXe ▪ Absence ou défaut de symétrie. ⇒ **asymétrie.** *Dissymétrie d'un visage.* ✪ CONTR. Symétrie.

dissymétrique **adj.** – XIXe ▪ Qui présente de la dissymétrie. ⇒ **asymétrique.**

distal, ale, aux **adj.** – XIXe ; lat. *distans* « éloigné » ▪ Qui est le plus éloigné d'un point de référence dans un organisme, une structure. *Partie distale d'un membre.*

distance **n. f.** – XIIIe **1** Longueur qui sépare une chose d'une autre. ⇒ **écart, éloignement,** ① **espace, étendue, intervalle.** *Distance entre deux lieux. Distance de la Terre à la Lune. Évaluer, mesurer une distance.* « *du pouce et de l'index* [il] *éjecta le mégot à distance* *appréciable* » (Queneau). *À une distance d'environ trois mètres. À quelques kilomètres de distance. À égale distance les uns des autres.* ➝ À DISTANCE : en étant éloigné, de loin. *Commande à distance d'un appareil.* ⇒ **télécommande.** ♦ Longueur du segment de droite qui joint deux points. *Distance entre deux droites parallèles.* 2 Espace qui sépare deux personnes. *Distance des coureurs entre eux.* ➝ *Prendre ses distances* : s'aligner en étendant le bras horizontalement, soit devant, soit latéralement. *Tenir qqn à distance respectueuse,* l'empêcher d'approcher. ♦ fig. *Tenir (qqn) à distance,* le tenir à l'écart ; repousser la familiarité en se tenant dans la réserve. « *Julien répondait à tous d'un air sombre qui tenait à distance* » (Stendh.). *Garder, prendre ses distances.* 3 Écart entre deux moments. ⇒ **éloignement, intervalle.** « *Ces deux livres terminés, à deux ans de distance* » (From.). loc. *Tenir la distance* : être capable d'assumer un rôle, d'exécuter un travail, pendant toute la durée nécessaire. ➝ *À distance,* avec du recul. 4 Différence notable qui sépare des personnes ou des choses. ⇒ **abîme.** *Distance entre le désir et la réalité.* ✪ CONTR. Contiguïté. Familiarité, intimité. Similitude.

distancer v. tr. 3 – XIXe 1 Dépasser (ce qui avance) d'une certaine distance. ⇒ **dépasser, devancer.** *Cheval qui distance les autres dans une course.* « *il ralentit volontairement le pas, se laissa distancer par les deux hommes* » (Mart. du G.). ♦ *Se laisser distancer par ses concurrents.* ⇒ **surpasser.** 2 Disqualifier (un coureur, un cheval), en le considérant comme dépassé, à cause d'une irrégularité relevée contre lui.

❑ Ne pas confondre avec *distancier,* qui a un sens figuré abstrait.

distanciation n. f. – 1959 1 Attitude de l'acteur qui prend ses distances avec son personnage ; attitude du spectateur prenant ses distances avec l'action dramatique. *Effet de distanciation.* 2 Recul pris par rapport à qqn, qqch.

distancier v. tr. 7 – 1957 ■ Donner du recul, de la distance à. *Il faut distancier notre point de vue.* ➝ pronom. *Se distancier de...* Mettre une distance (fig.) entre soi et les autres, entre soi et qqch. *Se distancier de son propre discours.* ⇒ **distanciation.**

❑ Ne pas confondre avec *distancer,* où *distance* est au sens propre.

distant, ante adj. – XIVe ; lat. *distare* « être éloigné » 1 Qui est à une certaine distance. ⇒ **éloigné, loin.** *Ces deux villes sont distantes l'une de l'autre d'environ cent kilomètres.* 2 Qui garde ses distances, reste sur la réserve, décourage la familiarité. ⇒ ① **froid, réservé.** *Il s'est montré distant envers nous.* ➝ « *l'air glacial, pressé, distant* » (Proust). ✪ CONTR. Proche, voisin. Affable, aimable, familier.

distendre v. tr. 41 – XVIe ; lat. 1 Augmenter les dimensions de (qqch.) par la tension. ⇒ **étirer.** *Distendre une membrane élastique.* 2 Faire perdre son élasticité ; déformer en allongeant. « *le ballon, épuisé, flasque, distendu* » (J. Verne). ➝ pronom. Se relâcher, être moins tendu. *La peau se distend.* ➝ *Les liens familiaux se sont distendus.*

distension n. f. – XIVe 1 Augmentation de volume que subit un corps élastique sous l'effet d'une tension. *Distension de l'estomac.* 2 Relâchement (d'un lien qui s'est allongé). *Distension d'une courroie.* ✪ CONTR. Contraction, resserrement.

distillat [distila] n. m. – 1908 ■ Produit d'une distillation.

distillateur, trice [distilatœʀ, tʀis] n. – XVIe ■ Personne qui fabrique et vend les produits obtenus par la distillation. ➝ Fabricant d'eau-de-vie. *Distillateur de cognac.*

distillation [distilasjɔ̃] n. f. – XIVe ■ Procédé de purification (d'un liquide peu volatil, d'un corps solide : bois, houille) par ébullition suivie d'une condensation de la vapeur dans un autre récipient. *La distillation des hydrocarbures, de la houille. Distillation des fruits, des grains,* qui donne de l'eau-de-vie. *Distillation de plantes aromatiques.*

distiller [distile] v. 1 – XIIIe ; lat. *stilla* « goutte » **I** v. tr. 1 Laisser couler goutte à goutte. ⇒ **sécréter.** ➝ *Distiller son venin.* ⇒ **répandre.** ♦ *Distiller l'information,* la donner peu à peu et d'une manière incomplète. 2 Soumettre (qqch.) à la distillation. ⇒ **rectifier.** *Alcool obtenu en distillant des grains, des fruits. Distiller du pétrole.* ➝ *Eau distillée.* 3 littér. Élaborer (un suc). *L'abeille distille le miel.* ♦ fig. Répandre, dégager. « *cette vague tristesse que distille la vie* » (France). **II** v. intr. Se séparer (d'un mélange) par distillation. *Le gazole commence à distiller vers 230°.*

❑ Attention à la prononciation de cette série de mots. *Instiller,* mot de la même famille étymologique, se prononce également comme s'il n'avait qu'un *l* [ɛ̃stile]. → osciller (rem.).

distillerie [distilʀi] n. f. – XVIIIe 1 Industrie qui s'occupe de la distillation industrielle, de la fabrication des eaux-de-vie. 2 Lieu où l'on fabrique les produits de la distillation.

distinct, incte [distɛ̃(kt), ɛ̃kt] adj. – XIVe 1 Qui ne se confond pas avec qqch. d'analogue, de voisin. ⇒ **autre, différent.** *Domaines distincts. Idées claires et distinctes. Emploi distinct d'un autre.* 2 Qui se perçoit nettement. *Parler d'une voix distincte.* ⇒ **clair,** ② **net.** « *Il ne réussissait à rien voir de distinct* » (Hugo). ✪ CONTR. Identique, même. Confus, indistinct.

❑ Pour la prononciation → exact (rem.).

distinctement adv. – XIIIe ■ D'une manière distincte. ⇒ **clairement, nettement.** *Voir, entendre distinctement.* ➝ « *ce qui se présenterait si clairement et si distinctement à mon esprit* » (Desc.). ✪ CONTR. Confusément.

distinctif, ive adj. – XIVe ■ Qui permet de distinguer. ⇒ **caractéristique, particulier.** *Signe, trait distinctif.*

distinction n. f. – XIIe 1 Action de distinguer, de reconnaître pour différent. ⇒ **différenciation, discrimination, séparation.** *Faire la distinction entre deux choses.* ⇒ ② **départ.** *Sans distinction de race, de religion.* 2 Le fait d'être distinct, séparé. ⇒ **division, séparation.** *Les distinctions sociales.* 3 Ce qui établit une différence. *Créer des distinctions entre les personnes.* ⇒ **préférence.** 4 Marque d'estime, honneur qui récompense le mérite. ⇒ **décoration, dignité.** *Distinction honorifique.* 5 Élégance, délicatesse et réserve dans la tenue et les manières. *Avoir de la distinction.* ⇒ **classe, raffinement.** *Manquer de distinction.* « *pour elle, la distinction était quelque chose d'absolument indépendant du rang social* » (Proust). ✪ CONTR. Confusion. Identité. Vulgarité.

distinguable adj. – XVIIe ■ Que l'on peut distinguer. *Deux points à peine distinguables.* ⇒ **distinct.**

❑ *Distinguable* est le seul adjectif en *-able* qui a conservé le *gu* du verbe (*fatigable, navigable, irrigable,* etc.).

distingué, ée adj. – XVIe 1 littér. Remarquable par son rang, son mérite. ⇒ ① **brillant, célèbre, éminent.** *Mon distingué confrère.* 2 (en formule de politesse, à la fin d'une lettre) Qui est remarquable, spécial. *Recevez l'assurance de mes sentiments distingués.* 3 Dont la tenue, les manières sont délicates et élégantes. *Votre amie* *est très distinguée.* ➡ « *Décidément, elle n'était pas d'allure distinguée* » (Maupass.). ✪ CONTR. Inférieur, médiocre, ordinaire, vulgaire.

distinguer v. tr. [1] – XIVe ; lat. « séparer, diviser » **I – 1** Permettre de reconnaître (une personne ou une chose d'une autre), en parlant d'une différence constitutive, d'un trait caractéristique. ⇒ **caractériser, différencier.** « *Boire sans soif et faire l'amour en tout temps* [...] *il n'y a que cela qui nous distingue des autres bêtes* » (Beaum.). **2** Reconnaître (une personne ou une chose) pour distincte (d'une autre), selon des traits particuliers permettant de ne pas confondre. ⇒ **différencier, isoler, séparer.** *On ne peut distinguer ces jumeaux l'un de l'autre.* ➡ *Distinguer le bien et le mal ; le vrai du faux.* **3** Percevoir d'une manière distincte, sans aucune confusion, par l'un des cinq sens. ⇒ **apercevoir, discerner, reconnaître, voir.** « *on distingue peu à peu des objets dans l'obscurité, à mesure que les yeux s'y habituent* » (Montherl.). *Distinguer qqn au milieu d'une foule, parmi d'autres.* **II** *SE DISTINGUER* v. pron. **1** Se rendre distinct, différent (de). ⇒ se **différencier,** se **particulariser,** se **singulariser.** « *Paul, au lycée* [...], *se distingua surtout par une cancrerie volontaire* » (Daud.). **2** S'élever au-dessus des autres, se faire connaître, remarquer, se rendre célèbre. ⇒ s'**illustrer,** se **signaler.** *Se distinguer par ses exploits. Il se distingua pendant la guerre :* il se couvrit d'honneur. **3** Être perçu, discerné. ⇒ **apparaître,** se **montrer,** se **remarquer.** ✪ CONTR. Confondre, identifier.

distinguo n. m. – XVIe ; mot lat. « je distingue » ▪ Action d'énoncer une distinction dans une argumentation ; cette distinction plus ou moins subtile. *Des distinguos.*

distique n. m. – XVIe ; *dis-* « deux » et gr. *stikhos* « rangée, ligne, vers » **1** Réunion d'un hexamètre et d'un pentamètre. **2** Groupe de deux vers renfermant un énoncé complet.

distomatose n. f. – XIXe ▪ Maladie parasitaire provoquée par des distomes pouvant infecter le foie, l'intestin, la bouche et le pharynx.

distome n. m. – XIXe ; gr. « à double bouche *(stoma)* » ▪ Ver plathelminthe parasite. ⇒ ② **douve.**

distordre v. tr. [41] – XVIe ▪ rare Déformer par une torsion. ⇒ **tordre.** ➡ *Traits distordus par la peur.*

distorsion n. f. – XVIe **1** État d'une partie du corps qui se déforme d'un seul côté par la contraction des muscles. *Distorsion de la face.* **2** Défaut d'un système optique qui donne une image courbée d'un objet rectiligne. ⇒ **aberration.** ➡ Déformation d'un signal électrique. *Distorsion d'amplitude, de phase.* **3** Déséquilibre entre plusieurs facteurs, entraînant une tension. ⇒ **décalage, disparité.** *Distorsion entre l'offre et la demande d'un produit.*

distractif, ive adj. – 1949 ▪ Avec quoi l'on peut se distraire. ⇒ **distrayant.** « *le côté distractif du théâtre qui raconte des histoires vécues* » (Artaud).

distraction n. f. – XIVe **1** vx Action de séparer, de distraire d'un ensemble ; son résultat. ⇒ **détournement, prélèvement.** **2** Manque d'attention habituel ou momentané aux choses dont on devrait normalement s'occuper, l'esprit étant absorbé par un autre objet. ⇒ **inattention.** *Oublier qqch. par distraction.* ♦ *UNE DISTRACTION :* action qui procède de la distraction ; ce qui distrait. *Avoir des distractions.* ⇒ **absence.** **3** Diversion apportée par une occupation propre à distraire l'esprit. « *elle s'ennuie !* [...] *elle a grand besoin de distraction* » (Flaub.). ♦ L'occupation qui apporte la distraction. ⇒ **amusement, divertissement.** ✪ CONTR. Application, attention, concentration.

distraire v. tr. [50] – XIVe ; lat. *distrahere* « tirer en sens divers » **I** littér. Séparer d'un ensemble. *Distraire d'un total.* ⇒ **prélever.** **II – 1** Détourner (qqn) de l'objet auquel il s'applique, de ce dont il est occupé. *Distraire qqn de ses travaux, de ses occupations.* ➡ *Cet élève distrait sans cesse ses camarades.* ⇒ **dissiper.** ♦ *Distraire l'attention,* la détourner de son objet. **2** Faire passer le temps agréablement à (qqn). ⇒ **amuser, divertir.** *Comment distraire nos hôtes ?* ♦ pronom. *Il a besoin de se distraire.* ⇒ s'**amuser,** se **détendre.** ✪ CONTR. Ennuyer.

❑ Ce verbe n'a pas de passé simple ; il serait pourtant utile.

distrait, aite adj. – XVIe **1** Absorbé par une autre occupation. *Écouter d'une oreille distraite.* ⇒ **inattentif.** « *La jeune fille se mit à manger d'un air distrait, presque égaré* » (Duham.). **2** Qui est, par caractère, occupé d'autre chose que de ce qu'il fait, ou de ce qu'on lui dit. *Il est si distrait qu'il ne sait jamais où il a mis ses affaires.* ⇒ **étourdi.** ✪ CONTR. Appliqué ; attentif.

distraitement adv. – XIXe ▪ De façon distraite. « *ces gribouillages qu'on crayonne distraitement pendant qu'on écoute quelqu'un* » (Romains).

distrayant, ante adj. – XVIe ▪ Avec quoi l'on peut se distraire, se détendre l'esprit. ⇒ **amusant, délassant, divertissant.** *Film distrayant.* ✪ CONTR. Ennuyeux.

❑ Même famille étym. que *attrayant.*

distribuable adj. – XVIe ▪ Qui peut être distribué.

distribuer v. tr. [1] – XIIIe ; lat. *distribuere* **1** Donner (une partie d'une chose ou d'un ensemble de choses semblables) à plusieurs personnes prises séparément. ⇒ **partager, répartir.** « *On distribuait aux régiments des étendards ornés d'aigles d'or* » (Nerval). *Distribuer des cartes aux joueurs.* ➡ *Distribuer des prospectus, des tracts.* ♦ Assurer la distribution commerciale. *Produit distribué en grandes surfaces.* ⇒ **vendre.** ➡ *Distribuer une pièce, un film,* en attribuer les rôles à des acteurs. « *chez les producteurs de films, on conserve les photographies de tous les artistes* [...], *et on consulte cette collection au moment de distribuer un nouveau film* » (Simenon). **2** Donner au hasard. ⇒ **dispenser, prodiguer.** « *distribuant les poignées de main, les compliments, les sourires, les plaisanteries* » (Jouhand.). **3** Répartir dans plusieurs endroits. ⇒ **amener, conduire.** *Conduites qui distribuent l'eau dans une ville.* **4** Répartir (plusieurs choses) d'une manière particulière, selon un certain ordre. ⇒ **arranger, organiser.** *Distribuer autrement les tâches.* ⇒ **redistribuer.** *Composition picturale dans laquelle les masses sont bien distribuées.* **5** Diviser d'une certaine manière, dans le temps ou dans l'espace. *Appartement bien, mal distribué,* agencé. ✪ CONTR. Accaparer, rassembler, récolter, recueillir ; centraliser, grouper, réunir.

distributaire adj. et n. – XIXe ▪ Qui a reçu qqch. en distribution.

distributeur, trice n. – XIVe **1** Personne qui distribue. *Distributeur de films :* personne chargée de la distribution des films aux cinémas. **2** n. m. Appareil servant à distribuer. *Distributeur de savon liquide. Distributeur automatique :* appareil public qui distribue des objets en échange d'une pièce de monnaie ou d'une carte magnétique glissée dans une fente. *Distributeur automatique de boissons. Distributeur de billets de banque.* ⇒ **billetterie.**

distributif, ive adj. – XIVe **1** *Justice distributive,* celle qui donne à chacun la part qui lui revient (opposé à *justice commutative*). **2** Qui, dans une répartition d'objets, désigne individuellement (opposé à *collectif*). « *Chaque* » *est un adjectif distributif,* ou subst. *un distributif.* **3** Se dit d'une opération qui doit être effectuée indifféremment sur le résultat d'une autre opération ou sur chacun des membres de même niveau de celle-ci. *La multiplication est distributive par rapport à l'addition.*

distribution n. f. – XIVe 1 Répartition à des personnes. *Distribution de vivres, de médicaments. Distribution du travail aux membres d'une équipe.* ♦ *La distribution du courrier par le facteur. Il n'y a pas de distribution le dimanche.* ♦ *Distribution des cartes aux joueurs.* ⇒ **donne.** *La distribution d'une pièce, d'un film :* l'ensemble des acteurs qui l'interprètent. ⇒ **casting.** *Une brillante distribution.* « *Reprise au Théâtre-Français de* L'otage *avec l'ancienne distribution* » (Claudel). ➛ *Distribution des films :* répartition des films dans les salles de cinéma (⇒ **distributeur**). ♦ *DISTRIBUTION DES PRIX :* cérémonie scolaire précédant les vacances d'été, au cours de laquelle on remet des prix, des récompenses aux meilleurs élèves. ♦ Ensemble d'opérations et de circuits permettant de mettre un bien déjà produit à la disposition de l'acheteur. *La grande distribution :* la vente en grandes surfaces. 2 Répartition à des endroits différents. *Distribution des eaux. Distribution de l'électricité.* ➛ Mécanisme assurant la synchronisation entre les mouvements des pistons et la position des soupapes dans un moteur thermique. 3 Arrangement (de choses) selon un certain ordre. *La distribution des chapitres dans un livre.* ⇒ **ordonnance, ordre.** 4 Division selon une certaine destination. *Distribution d'un appartement,* sa division en pièces affectées à un usage particulier. ⇒ **agencement.** 5 *Distribution d'un élément,* ensemble des environnements dans lesquels il peut apparaître. ✪ CONTR. Ramassage, rassemblement, récupération.

distributionnalisme n. m. – v. 1960 ■ Linguistique qui procède par analyse distributionnelle.

distributionnel, elle adj. – v. 1960 ■ *Analyse, linguistique distributionnelle,* qui étudie la distribution (5°) et les conditions de cooccurrence des unités relevées aux divers niveaux d'analyse.

distributivité n. f. – mil. XXe ■ Caractère d'une opération mathématique, d'une loi qui est distributive par rapport à une autre.

district [distʀikt] n. m. – XVe ; lat. *distringere* « maintenir à l'écart » 1 Subdivision de département établie par la loi du 22 décembre 1789 ; arrondissement. *Chef-lieu de district.* 2 Division territoriale, région. 3 *District urbain :* groupement administratif de communes formant une même agglomération ; groupement administratif des communes voisines.

> ❑ Même famille étym. que *détroit.*

distyle adj. – XIXe ; de *di-* et gr. *stulos* « colonne » ■ À deux colonnes.

dit, dite adj. et n. m. – XIIe ; de ① *dire* I adj. 1 Surnommé. *Louis XV, dit le Bien-Aimé.* 2 (joint à l'art. défini) *Ledit, ladite, lesdits, lesdites :* ce dont on vient de parler. *Ladite maison. Lesdits plaignants.* « *à quoi passez-vous le temps, vous autres messieurs étudiants audit Paris ?* » (Rab.). 3 Fixé. ⇒ **convenu, décidé.** *À l'heure dite.* II n. m. Au Moyen Âge, Genre littéraire, petite pièce traitant d'un sujet familier ou d'actualité. « *Le dit de l'Herberie* », *de Rutebeuf.*

dithyrambe n. m. – XVIe ; gr. *dithurambos* 1 Dans l'Antiquité grecque, Poème lyrique à la louange de Dionysos. 2 littér. Éloge enthousiaste, parfois jusqu'à l'emphase. ⇒ **panégyrique.** ✪ CONTR. Réquisitoire.

dithyrambique adj. – XVIe 1 Qui appartient au dithyrambe. *Poème dithyrambique.* 2 Qui loue, qui exalte avec emphase. *Article dithyrambique.* ⇒ **élogieux.**

dito adv. – XVIIIe ; it. *detto,* p. p. de *dire* ■ Déjà dit, de même (pour éviter la répétition d'un mot) [abrév. d°]. ⇒ **idem, susdit.**

diurèse n. f. – XVIIIe ; gr. ■ Excrétion de l'urine. *Troubles de la diurèse.*

diurétique adj. et n. m. – XIIIe ; gr. *diourêtikos,* de *ourein* « uriner » ■ Qui augmente la sécrétion urinaire. *La tisane de queues de cerise est diurétique.* ➛ n. m. Médicament diurétique.

diurnal, aux n. m. – XVIe ■ Livre de prières qui renferme spécialement l'office du jour.

diurne adj. – XVe ; lat. *dies* « jour » 1 *Le mouvement diurne :* mouvement apparent circulaire et uniforme des étoiles dans le ciel en vingt-quatre heures. 2 Qui se montre le jour. *Papillons diurnes.* ➛ Qui s'épanouit le jour et se ferme pendant la nuit. *La belle-de-jour est une fleur diurne.* ✪ CONTR. Nocturne.

diva n. f. – XIXe ; mot it. « déesse » ■ Cantatrice en renom. *Des caprices de diva.* « *C'était ce que nous appelons la véritable diva, c'était le rêve* » (Proust).

> ❑ Cet emprunt est attesté la première fois chez Gautier, en 1832.

divagation n. f. – XVIe 1 *Divagation d'une rivière.* ⇒ **défluviation.** 2 Action de l'esprit qui erre en dehors d'un sujet précis. ⇒ **élucubration, rêverie.** *Divagation d'un rêveur.* ♦ Propos incohérents. *Les divagations d'un malade.* ⇒ **délire.**

divaguer v. intr. [1] – XVe ; lat. *divagari* 1 *Rivière qui divague,* qui sort de son lit pour couler ailleurs. 2 Dire n'importe quoi, ne pas raisonner correctement. « *assurez-vous dans les campagnes à quelles époques les fous divaguent !* » (Huysm.).

divan n. m. – XVIe ; ar. *diwan,* du persan I Salle garnie de coussins où se réunissait le conseil du sultan. ➛ Le conseil lui-même. II Long siège sans dossier ni bras qui peut servir de lit. ⇒ **sofa.** « *elle passait des heures, étendue sur son divan* » (Beauv.). *Le divan du psychanalyste.*

dive adj. f. – XIVe ; lat. *diva,* fém. de *divus* « divin » ■ vx ou plaisant *La dive bouteille :* le vin.

divergence n. f. – XVIIe 1 Situation de ce qui diverge, de ce qui va en s'écartant. *Divergence d'une lentille, d'un système optique.* ⇒ **vergence.** 2 *Divergence d'idées, d'opinions, de vues.* ⇒ **désaccord, différence, écart.** *Il y a trop de divergences entre nous.* « *l'entente qui régnait à Rouen entre mes parents m'aveuglait sur leurs divergences confessionnelles* » (Gide). 3 En mathématiques, Propriété d'une série, d'une suite divergente. 4 Établissement, dans un réacteur nucléaire, d'une réaction en chaîne divergente. ✪ CONTR. Convergence. Accord, concordance.

divergent, ente adj. – XVIIe 1 Qui diverge, qui va en s'écartant. *Rayons divergents.* ➛ *Strabisme divergent.* ➛ *Lentille divergente,* qui fait diverger un faisceau lumineux parallèle. ⇒ **biconcave.** ♦ En mathématiques, *Série, suite divergente,* qui n'admet pas une limite finie. 2 Qui ne s'accorde pas. ⇒ **différent, opposé.** *Opinions divergentes. Des témoignages divergents,* contradictoires. 3 *Réaction en chaîne divergente :* suite de réactions chimiques qui s'entretient d'elle-même car un des produits participe à la réaction initiale. ✪ CONTR. Convergent. Concordant.

> ❑ Ne pas confondre l'adjectif *divergent* avec *divergeant,* participe présent de *diverger.*

diverger v. intr. [3] – XVIIIe ; lat. « incliner » 1 Aller en s'écartant de plus en plus (en parlant d'éléments rapprochés à leur point de départ). ⇒ **s'écarter.** *Ici, les deux routes divergent.* 2 Être en désaccord. ⇒ ① **différer,**

s'**opposer.** *Leurs interprétations divergent sur ce point.* 3 En physique nucléaire, Entrer en divergence. ✪ CONTR. Converger.

divers, erse adj. – XIIe ; lat. « opposé ; varié » 1 Qui présente plusieurs aspects, plusieurs caractères différents, simultanément ou successivement. ⇒ **disparate, hétérogène, varié.** *Une population, une clientèle très diverse. Le rôle de Phèdre « est un rôle épais, divers, complexe et riche de contradictions »* (Gide). 2 au plur. Qui présentent des différences intrinsèques et qualitatives, en parlant de choses que l'on compare. ⇒ **différent, varié.** *Les divers sens d'un mot. Parler sur les sujets les plus divers. Il y eut des mouvements divers dans la salle,* des réactions différentes et vives (souvent opposées). « *neuf jeunes Noirs ont été arrêtés sous des prétextes divers* » (Le Clézio). ♦ *Frais divers, dépenses diverses,* qui ne sont pas classés dans une rubrique précise. ➛ *Les candidats divers droite,* représentant plusieurs partis de même orientation politique. 3 *LES FAITS DIVERS :* les événements du jour (ayant trait aux accidents, délits, crimes) faisant l'objet d'une rubrique dans les médias. ➛ au sing. *Un fait divers tragique, marquant.* 4 adj. indéf. au plur. (devant un nom) ⇒ **différent, plusieurs.** *Diverses personnes me l'ont dit. À diverses reprises. Dans divers pays.* ✪ CONTR. Homogène, uniforme. Identique, même, semblable. Unique.

diversement adv. – XIIe ▪ D'une manière diverse, de plusieurs manières différentes. ⇒ **différemment.** *Le fait est diversement interprété par les commentateurs.* ➛ *Remarque diversement appréciée,* plutôt mal.

diversification n. f. – XIIIe ▪ Action de diversifier, de se diversifier ; son résultat. ➛ Le fait, pour une entreprise, de varier ou d'élargir la gamme de ses produits. ➛ Le fait d'assurer des possibilités de choix dans l'enseignement, la recherche, la vie professionnelle. ✪ CONTR. Unification, uniformisation.

diversifier v. tr. [7] – XIIIe ; lat. *diversificare* ▪ Rendre divers. ⇒ **varier.** *Diversifier ses lectures. Cette entreprise a diversifié ses activités.* ➛ *Des goûts très diversifiés.* ⇒ **éclectique.** ✪ CONTR. Assimiler, unifier.

diversion n. f. – XIVe ; lat. *divertere* « détourner » 1 Opération militaire destinée à détourner l'ennemi d'un point. *Manœuvre de diversion.* 2 littér. Action qui détourne qqn de ce qui le préoccupe, le chagrine, l'ennuie. ⇒ **dérivatif.** « *Tout cela donnait froid au cœur, et Marcel sentait la nécessité d'une diversion* » (J. Verne). ➛ *Faire diversion à* (qqch.) : détourner, distraire, divertir de. « *tu feras diversion par ta venue* » (Flaub.).

diversité n. f. – XIIe ▪ Caractère, état de ce qui est divers (1° ou 2°). ⇒ **multiplicité, pluralité, variété.** *La diversité des goûts, des opinions. « cette diversité des peuples, des coutumes, et des dieux est utile à considérer »* (Alain). ✪ CONTR. Concordance, ressemblance ; monotonie, uniformité.

diverticule n. m. – XVIe ; lat. « endroit écarté » ▪ Cavité normale ou pathologique, en forme de poche, communiquant avec un organe creux ou un conduit. *Diverticule du côlon, de l'œsophage.*

divertir v. tr. [2] – XIVe ; lat. *divertere* « détourner » 1 Soustraire à son profit. ⇒ **détourner, distraire.** *Divertir de l'argent remis en dépôt.* 2 Distraire en amusant. ⇒ **amuser, égayer.** *Le spectacle nous a bien divertis.* ♦ *SE DIVERTIR* v. pron. Se distraire, se récréer. *Vous avez l'air de bien vous divertir.* ⇒ s'**amuser.** ➛ *Se divertir de :* rire aux dépens de. ⇒ se **moquer.** *Se divertir de l'embarras de qqn.* ✪ CONTR. Ennuyer, importuner.

divertissant, ante adj. – XVIIe ▪ Qui divertit ; qui distrait en amusant. ⇒ **distrayant.** *Un spectacle divertissant.* ✪ CONTR. Ennuyeux, fastidieux, triste.

divertissement n. m. – XVe 1 Détournement par un copartageant (cohéritier ou conjoint) d'une partie de la succession ou de la communauté. 2 Action de divertir, de se divertir. ⇒ **amusement, distraction.** *Il se livre à ce travail pour son divertissement personnel.* ♦ Moyen de se divertir. ⇒ **distraction, passe-temps.** *La musique, le sport sont ses divertissements favoris.* 3 Intermède de chants, de danses qui s'insère dans un opéra, une pièce de théâtre. ♦ Au XVIIIe s., Suite de petites pièces instrumentales pour cordes, vents. *Divertissements de Haydn.* ✪ CONTR. Ennui.

dividende n. m. – XVIe ; lat. *dividere* « diviser » 1 Nombre qui est divisé par un autre dans la division arithmétique. *Le quotient est le rapport du dividende au diviseur.* 2 Quote-part des bénéfices réalisés par une entreprise, attribuée à chaque associé, à chaque actionnaire. *Distribuer des dividendes.*

divin, ine adj. – XIIe ; lat. 1 Qui appartient à Dieu, aux dieux ; qui vient de Dieu. *Justice, volonté divine. La divine Providence.* ➛ interj. *Bonté divine !* ➛ *Le divin enfant* [lədivinɑ̃fɑ̃] : l'enfant Jésus. ♦ subst. *Le divin :* ce qui vient d'une puissance surnaturelle, de Dieu. ⇒ **surnaturel.** 2 Qui est dû à Dieu, à un dieu. *L'amour divin* (opposé à *l'amour profane*). 3 Mis au rang des dieux antiques ; divinisé. *Le divin Auguste.* 4 Excellent, parfait. ⇒ **céleste.** *Une musique divine.* ➛ *Le divin marquis :* Sade. ♦ Très agréable. « *Le tabac est divin, il n'est rien qui l'égale* » (Th. Corn.). *Ton repas était divin.* ⇒ **exquis.** ✪ CONTR. Diabolique, infernal ; humain, terrestre ; profane. Mauvais.

divinateur, trice adj. – XVe ▪ Qui devine, qui prévoit ce qui doit arriver. *Science divinatrice. « Une intuition divinatrice avait inspiré Damien »* (Genev.).

divination n. f. – XIIIe 1 Action de découvrir ce qui est caché par des moyens qui ne relèvent pas d'une connaissance naturelle. ⇒ **devin ; -mancie.** *Les anciens pratiquaient la divination par l'interprétation de signes.* ⇒ ② **augure.** *Divination par les cartes* (⇒ **cartomancie**), *le marc de café. « C'est don de Dieu que la divination »* (Montaigne). 2 Faculté, action de deviner, de prévoir. ⇒ **intuition, sagacité.**

divinatoire adj. – XIVe 1 Relatif à la divination. *Art, science divinatoire.* 2 Qui permet de deviner. « *Cet instinct singulier qui allait* [...] *jusqu'au don divinatoire* » (Madelin).

divinement adv. – XIVe ▪ D'une manière divine, à la perfection. ⇒ **merveilleusement, parfaitement.** « *le menton termine quelquefois par une courbe trop brusque un ovale divinement commencé* » (Gaut.). *Elle chante divinement bien.* ✪ CONTR. ② Mal.

divinisation n. f. – XVIIIe ▪ Action de diviniser ; son résultat. ⇒ **déification.**

diviniser v. tr. [1] – XVIe 1 Attribuer l'essence, la nature divine à ; mettre au rang des dieux. ⇒ **déifier.** 2 Donner une grande valeur à. ⇒ **glorifier, magnifier.** « *Personne ici ne croit au destin ; nul ne divinise le malheur* » (Alain).

divinité n. f. – XIIe 1 Essence divine, nature de Dieu, de l'Être suprême. *La divinité du Verbe, de Jésus,* dans la religion chrétienne. 2 Être divin. ⇒ **déesse, déité, dieu.** *Adorer une divinité. Les divinités de l'eau, des enfers. « toutes les divinités mythologiques me regardaient avec un charmant sourire »* (Baud.).

divis, ise adj. et n. m. – Xe ; lat. *dividere* « diviser » ▪ Partagé, divisé (opposé à *indivis*). *Propriétés divises.* ➛ n. m. État d'un bien partagé entre plusieurs propriétaires. ⇒ **division.**

diviser v. tr. [1] – XIVe ; lat. *dividere* **I - 1** Séparer (une chose ou un ensemble de choses) en plusieurs parties. ⇒ **fractionner, fragmenter ; morceler, partager, segmenter.** ♦ *Diviser une somme en plusieurs parts.*

L'héritage fut divisé entre les enfants. ♦ Partager (une quantité) en quantités égales plus petites. *L'année est divisée en mois.* ➛ Chercher, calculer combien de fois une quantité est contenue dans une autre. *Diviser un nombre par un autre* (opposé à *multiplier*). 2 Séparer (un ensemble abstrait, un objet de pensée) en éléments. *Diviser un ouvrage littéraire en chapitres.* 3 SE DIVISER v. pron. réfl. Se séparer en parties. *L'œuf se divise en cellules.* ⇒ se **segmenter.** ➛ *Route qui se divise.* ⇒ **bifurquer,** se **ramifier.** II (sujet chose) 1 Séparer (une personne, une chose) d'une autre ou de plusieurs autres. « *Ce qui divise le plus les êtres, c'est peut-être que les uns vivent surtout dans le passé et les autres seulement dans la minute présente* » (Maurois). 2 Semer la discorde, la désunion entre (des personnes, des groupes). ⇒ **opposer.** « *Ces trois personnes réunies autour de cette lampe, que d'intérêts les divisaient !* » (Green). ➛ *L'opinion publique est divisée.* ✪ CONTR. Grouper, réunir, unir. — Rapprocher, réconcilier.

❑ *Diviser* est rare dans les emplois concrets. On utilise plutôt *séparer, partager,* etc.

diviseur, euse n. – XIIe 1 n. m. Nombre qui en divise un autre dans la division arithmétique. *Diviseur commun à deux, plusieurs nombres :* nombre entier qui les divise tous avec un quotient entier. *Plus grand commun diviseur (P. G. C. D.) de plusieurs nombres :* leur diviseur commun, multiple de tous. *12 est le plus grand commun diviseur de 36, 48, 60.* 2 Personne, force qui sème la division, la désunion. *Le diviseur de l'opposition.* ✪ CONTR. Multiplicateur. Rassembleur.

divisibilité n. f. – XVe ▪ Caractère de ce qui peut être divisé. *Divisibilité de la matière.* ➛ *Caractères de divisibilité,* par lesquels on peut reconnaître qu'un entier est divisible par un autre. ✪ CONTR. Indivisibilité.

divisible adj. – XIVe ▪ Qui peut être divisé. *Terrain divisible.* ➛ *Nombre divisible par un autre,* dont la division par cet autre nombre est un nombre entier. « *j'appelle tout nombre divisible en deux également, nombre pair* » (Pasc.). ✪ CONTR. Indivisible, insécable.

division n. f. – XIIe 1 Action de diviser ; état de ce qui est divisé (rare en emploi concret). ⇒ **dis- ; -tomie.** *Division d'un corps en plusieurs parties.* ⇒ **fragmentation, morcellement, segmentation.** ➛ *Division d'un domaine, d'une terre.* ⇒ **lotissement, morcellement.** ♦ *Division de a par b :* opération qui a pour but, à partir de deux nombres connus *a* (⇒ **dividende**) et *b* (⇒ **diviseur**), de déterminer les nombres *q* (⇒ **quotient**) et *r* (⇒ **reste**), tels que *a = (b × q) + r. Poser, faire une division. Division à deux chiffres, à virgule. Cette division tombe juste,* le reste est nul. ♦ Séparation (d'un objet de pensée) en plusieurs éléments. *Division d'un ouvrage en quatre tomes.* ♦ DIVISION DU TRAVAIL : mode d'organisation de la production s'appuyant sur la décomposition du travail en tâches parcellaires et répétitives réparties entre plusieurs exécutants. 2 Le fait de se diviser. ➛ *Division cellulaire :* production de deux cellules filles à partir d'une cellule mère (⇒ **mitose**), de quatre cellules haploïdes à partir d'une cellule diploïde (⇒ **méiose**). 3 Trait qui divise. *Les divisions d'une règle, d'un thermomètre* (⇒ **graduation**). ♦ Petit tiret placé en fin de ligne, après une partie d'un mot, pour indiquer que l'autre partie en est reportée à la ligne suivante. 4 Partie d'un tout abstraitement divisé. *Divisions politiques, administratives d'un territoire. Le centime est une division du franc.* ➛ *Divisions du savoir humain ; de la science.* ⇒ **branche, discipline, domaine, spécialité.** 5 Grande unité militaire réunissant des corps de troupes (régiments) d'armes différentes et des services. *Division blindée (D. B.).* ♦ Réunion de plusieurs bureaux sous la direction d'un *chef de division.* ♦ Département, service (d'une entreprise). *La division commerciale.* ♦ Groupement de clubs, d'équipes, d'après les performances réalisées en championnat. *Jouer en seconde, première division.* 6 Séparation, opposition d'intérêts, de sentiments entre plusieurs personnes. ⇒ **désaccord, désunion, rupture.** *Mettre, semer la division dans les esprits.* « *la défaite divise* [...] *je ne contribuerai pas à ces divisions* » (St-Exup.). ✪ CONTR. Groupement, rassemblement, réunion ; indivision. ② Ensemble, total. Multiplication. Accord, ① union.

❑ Éviter d'employer *trait d'union* (mots composés) ou *tiret* (dialogue) pour *division,* dont le sens est très spécial.

divisionnaire adj. – XVIIIe 1 *Monnaie divisionnaire,* qui représente une division de l'unité monétaire. 2 D'une division. *Général divisionnaire,* subst. *Un divisionnaire :* général de division. ➛ *Commissaire de police divisionnaire,* subst. *Un divisionnaire.*

divisionnisme n. m. – 1936 ▪ Procédé de peinture qui consiste à juxtaposer des touches de ton pur sur la toile. *Le divisionnisme est à la base du pointillisme.*

divorce n. m. – XIVe ; lat. *divortium* « séparation » 1 Séparation d'intérêts, de sentiments, etc. ⇒ **désaccord, rupture, séparation.** *Il y a divorce entre la théorie et la pratique, entre les intentions et les résultats.* ⇒ **contradiction, opposition.** 2 Dissolution du mariage civil, du vivant des époux. *Divorce de Pierre avec, d'avec sa femme, de Pierre et de sa femme. Demander, obtenir le divorce. Être en instance de divorce. Divorce par consentement mutuel.* « *Le divorce avait été prononcé aux torts de ma mère* » (Tournier). ✪ CONTR. Accord, ① union. Mariage.

divorcé, ée adj. et n. – XIXe ▪ Séparé par le divorce. *Ils sont divorcés.* ➛ n. *Il a épousé une divorcée.*

divorcer v. intr. [3] – XIVe ▪ Se séparer par le divorce (de l'autre époux). *Elle a divorcé de son mari, (d')avec son mari. Ils ont divorcé.* ➛ *Il a décidé de divorcer.* ✪ CONTR. Marier (se).

divortialité n. f. – mil. XXe ▪ *Taux de divortialité :* taux annuel des divorces par rapport à l'effectif moyen de la population mariée.

❑ Ce mot a été formé d'après *nuptialité* et *mortalité,* mais il est irrégulier (°*divortial* n'existe pas).

divulgateur, trice n. – XVIe ▪ Personne qui divulgue.

divulgation n. f. – XVIe ▪ Action de divulguer ; son résultat. ⇒ **révélation.** *Divulgation de secrets militaires.* « *le besoin de confidence étant chez lui plus fort que la crainte de la divulgation* » (Proust).

divulguer v. tr. [1] – XIVe ; lat. *vulgus* « foule » ▪ Porter à la connaissance du public (ce qui était connu de quelques-uns). ⇒ **dévoiler, révéler.** *Divulguer un secret, une nouvelle confidentielle. Il était « agaçant comme un renseigné qui tire vanité des secrets qu'il détient et brûle de divulguer* » (Proust). ✪ CONTR. ① Cacher, dissimuler, taire.

dix [dis] adj. numér. inv. et n. – XIe ; lat. *decem* 1 adj. numér. card. Nombre entier naturel équivalant à neuf plus un (10 ; X). ⇒ **déca-.** *Les dix doigts des deux mains. Une pièce de dix francs.* ➛ loc. adv. *Neuf fois sur dix :* presque toujours, très souvent. ➛ (en composition pour former un nombre) *Cent dix. Dix mille.* ♦ pronom. *Ils étaient dix.* 2 adj. numér. ord. Dixième. *Charles X. Le numéro 10. Il est 10 heures et quart.* 3 n. m. [dis] *Deux fois cinq, dix. Savoir compter jusqu'à dix.* ➛ *Dix pour cent* (ou *10%*). ♦ Le chiffre, le numéro 10. *Un dix romain* (X). *Il habite au 10.* ➛ Note correspondant à dix points. *Avoir un 10 en histoire.* ➛ Carte marquée de dix signes (⇒ ① **manille**). *Le dix de pique.*

❑ Pour la prononciation → six (rem.).

dix-huit [dizɥit] ; [dizɥi] devant une consonne, adj. numér. inv. et n. inv. – XIIe 1 adj. numér. card. Nombre entier naturel équivalant à dix plus huit (18 ; XVIII). *Elle a dix-huit ans. Dix-huit cents* (ou *mille huit cents*). 2 adj. numér. ord. Dix-huitième. *Louis XVIII.* ➛ *Le train de 18 h 26.* 3 n. m. inv. *Dix-huit est divisible par trois.* ➛ Le chiffre, le numéro 18. *Composez le 18 pour appeler les pompiers.*

dix-huitième [dizɥitjɛm] adj. et n. – XIIe 1 adj. numér. ord. Qui succède au dix-septième. *Le XVIIIe siècle. Le XVIIIe arrondissement, à Paris,* ou n. m. *le XVIIIe (18e).* ➛ (dans une compétition) *Finir dix-huitième sur vingt.* 2 n. *Être le, la dix-huitième sur une liste.*

dixième [dizjɛm] adj. et n. – XIIe 1 adj. numér. ord. Qui suit le neuvième. *Le Xe siècle. Habiter au dixième étage,* ou n. m. *au dixième.* ➛ (dans une compétition) *Elle est arrivée dixième.* ♦ (en composition pour former des adj. ord.) *Deux cent dixième* (210e). 2 adj. fractionnaire Se dit d'une partie d'un tout également divisé ou divisible en dix. ⇒ **déci-.** ➛ n. « *Il me reste deux dixièmes pour l'œil gauche et un dixième pour le droit* » (Tournier). 3 n. *Il est le dixième à réussir.*

dixièmement [dizjɛmmɑ̃] adv. – XVIe ▪ En dixième lieu (10°).

dix-neuf [diznœf] adj. numér. inv. et n. inv. – XIIe 1 adj. numér. card. Nombre entier naturel équivalant à dix plus neuf (19 ; XIX). *Elle a dix-neuf ans* [diznœvɑ̃]. ➛ *Dix-neuf cents* (ou *mille neuf cents*). 2 adj. numér. ord. Dix-neuvième. *Page 19.* ➛ *Le 19 mai. Il est 19 heures* [diznœvœʀ]. 3 n. m. inv. *Dix-neuf est un nombre premier.* ➛ Le chiffre, le numéro 19. *Le 19 a gagné.*

dix-neuvième [diznœvjɛm] adj. et n. – XIIe 1 adj. numér. ord. Qui succède au dix-huitième. *Les écrivains du XIXe siècle. Le XIXe arrondissement, à Paris,* ou n. m. *le XIXe* (ou *19e*). ➛ (dans une compétition) *Arriver dix-neuvième sur vingt.* 2 n. *Elle est la dix-neuvième à passer.*

dix-sept [di(s)sɛt] adj. numér. inv. et n. inv. – XIIe 1 adj. numér. card. Nombre entier naturel équivalant à dix plus sept (17 ; XVII). *Elle a dix-sept ans.* ➛ *Dix-sept cents* (ou *mille sept cents*). 2 adj. numér. ord. Dix-septième. *Louis XVII.* ➛ *Le 17 août. Il est 17 heures.* 3 n. m. inv. *Vingt moins trois, dix-sept.* ➛ Le chiffre, le numéro 17. *Composez le 17 pour appeler la police.*

dix-septième [di(s)sɛtjɛm] adj. et n. – XIIe 1 adj. numér. ord. Qui succède au seizième. *Le XVIIe siècle. Le XVIIe arrondissement, à Paris,* ou n. m. *le XVIIe* (ou *17e*). ➛ (dans une compétition) *Arriver dix-septième sur cinquante.* 2 n. *Il est le dix-septième de sa classe.*

dizain n. m. – XVe ▪ Pièce de poésie de dix vers. *Dizains de Marot.*

dizaine n. f. – XIVe 1 Groupe de dix unités (nombre). *Une dizaine de mille. Le chiffre des dizaines.* 2 Groupe de dix personnes, de dix choses de même nature. « *Donnez une dizaine de mille francs à la soubrette* » (Balz.). ♦ Quantité voisine de dix. *Il y a une dizaine d'années.* « *L'affiche bariolée se reproduit à plusieurs dizaines d'exemplaires* » (Robbe-Grillet). 3 *Une dizaine de chapelet,* série de dix grains d'un chapelet, entre deux gros grains ; série de dix prières qui y correspondent.

dizygote adj. et n. m. – 1959 ; de *di-* et *zygote* ▪ *Jumeaux dizygotes,* qui proviennent de deux œufs fécondés par deux gamètes mâles différents (cour. faux jumeaux). ⇒ **bivitellin.** ✪ CONTR. Monozygote, univitellin.

djebel [dʒebɛl] n. m. – XIXe ; mot ar. « montagne » ▪ Montagne, terrain montagneux, en Afrique du Nord. *Le djebel Amour, en Algérie.*

djellaba [dʒɛ(l)laba] n. f. – XVIIIe ; mot ar. du Maroc ▪ Vêtement de dessus, longue robe à capuchon, portée par les hommes et les femmes, en Afrique du Nord.

djihad [dʒi(j)ad] n. m. – XIXe ; mot ar. « effort suprême » ▪ Guerre sainte menée pour propager, défendre l'islam. *Combattants du djihad.* ⇒ **moudjahidin.**

djinn [dʒin] n. m. – XVIIe ; mot ar. ▪ Esprit de l'air, bon génie ou démon, dans les croyances arabes. ✪ HOM. Gin, jean.

do n. m. inv. – XVIIe ; it., syllabe sonore par laquelle les Italiens remplacèrent *ut* au XVIIe ▪ Note de musique, troisième degré de l'échelle fondamentale ; tonique de la gamme naturelle. ⇒ **ut.** *Do dièse, do bémol. Dans la notation anglaise, do est désigné par C.* ✪ HOM. Dos.

doberman [dɔbɛʀman] n. m. – v. 1960 ; all., de *Dober,* n. pr. ▪ Chien de garde, haut et svelte, à poil ras, généralement noir et feu.

> ❑ *Dober* était un employé de fourrière qui préféra opérer des croisements entre les chiens qu'il devait tuer ; les origines du doberman restent mystérieuses.

D.O.C. ▪ Abrév. de *disque* optique compact.* ✪ HOM. Dock.

docile adj. – XVe ; lat. *docere* « enseigner » ▪ Qui obéit facilement. *Enfant docile.* ⇒ **discipliné, obéissant, sage.** « *Je n'ai jamais rencontré de sujet plus docile : une très bonne pâte* » (Bernanos). ➛ *Cheveux dociles,* qui se coiffent aisément. ✪ CONTR. Indocile ; indiscipliné, rebelle.

docilité n. f. – XIIIe ▪ Comportement soumis ; tendance à obéir. ⇒ **obéissance, soumission.** *Enfant remarquable par sa docilité. Chien d'une grande docilité.* ✪ CONTR. Indocilité ; indiscipline.

docimasie n. f. – XVIIIe ; gr. « épreuve » 1 Enquête à laquelle étaient soumis les fonctionnaires, à Athènes, dans l'Antiquité. 2 Examens pratiqués sur les organes d'un cadavre (foie, poumon, intestin) pour déterminer les circonstances de la mort.

docimologie n. f. – 1922 ; gr. *dokimê* « épreuve » et *-logie* ▪ Science qui a pour objet l'appréciation des différents moyens de contrôle des connaissances.

> ❑ Ce terme a été proposé par le psychologue français H. Piéron.

dock n. m. – XVIIe ; mot angl., du néerl. *docke* 1 Vaste bassin entouré de quais et destiné au chargement et au déchargement des navires. ➛ Bassin de radoub pour la construction, la réparation des navires, établi au bord des docks. *Dock flottant,* pour le carénage des navires. 2 (souvent au plur.) Hangar, magasin situé en bordure du dock. ⇒ **entrepôt.**

docker [dɔkɛʀ] n. m. – XIXe ▪ Ouvrier des docks qui travaille au chargement et au déchargement des navires. ⇒ **débardeur.** *Grève des dockers.* « *Charger... décharger !... voilà tout ! Un point et c'est marre !... Dockers ! Dockers ! Voilà tout !...* » (Céline).

docte adj. – XVIe ; lat. *docere* « enseigner » ▪ vieilli ou plais. Qui possède des connaissances étendues, principalement en matière littéraire ou historique. ⇒ **érudit, instruit, savant.** ➛ *Un ton docte.* ⇒ **doctoral.** ✪ CONTR. Ignorant.

doctement adv. – XVIe ▪ vx ou plaisant D'une manière docte. ⇒ **savamment.** *Parler doctement.*

docteur n. m. – XIIe ; lat. *doctor* « celui qui enseigne » I (le plus souvent avec un compl., pour le distinguer du sens II) 1 *Les docteurs de la loi,* qui interprétaient et enseignaient la loi judaïque. ➛ *Les docteurs de l'Église* : les théologiens qui ont enseigné les dogmes du christianisme, et spécialt les Pères. *Saint Ambroise, saint Augustin, docteurs de l'Église latine.* 2 Personne promue au plus haut grade universitaire d'une faculté. ⇒ **doctorat.** *Docteur en droit, en pharmacie, en médecine. Elle est docteur ès sciences.* II Personne qui possède le titre de docteur en médecine et qui est habilitée à exercer la médecine ou la chirurgie. ⇒ **médecin,** fam. **toubib.** *Il, elle est docteur. Aller chez le docteur.* « *le docteur a diagnostiqué une fêlure de la clavicule* » (Ferniot). abrév. graphique *Dr Dupont.* ➛ (d'une femme) *Le docteur Marie Dupont.* ⇒ **doctoresse.** ➛ (appellatif) *Bonjour, docteur.*

❑ Par souci de féminisation, la forme irrégulière *docteure* est employée au Québec comme féminin de *docteur.*

doctoral, ale, aux adj. – XIVe **1** Qui a rapport aux docteurs. *Réforme des études doctorales.* **2** péj. *Air, ton doctoral* : air, ton grave, solennel d'une personne qui pontifie. ⇒ **docte, pontifiant, sentencieux.** « *Dans les cercles, j'aurais parlé avec les femmes d'un air doctoral* » (Gaut.). ✪ CONTR. Humble, modeste.

doctorant, ante n. – 1976 ▪ Personne qui prépare un doctorat. ⇒ **thésard.**

❑ Ce mot est très mal formé, car le verbe °*doctorer* n'existe pas ; on ne voit pas pourquoi il remplacerait *thésard,* qui n'est nullement péjoratif en dépit du suffixe.

doctorat n. m. – XVIe ▪ Grade de docteur. *Doctorat d'État, de troisième cycle. Thèse de doctorat. Doctorat ès lettres, en médecine.*

doctoresse n. f. – XVe ▪ vieilli Femme médecin (on dit plutôt *docteur*).

doctrinaire n. et adj. – XIVe **1** Personne qui se montre étroitement attachée à une doctrine, à une opinion. ⇒ **idéologue. 2** adj. Doctoral, sentencieux. « *Il parla à son tour d'un ton doctrinaire, avec l'emphase apprise dans les proclamations* » (Maupass.).

doctrinal, ale, aux adj. – XIIe ▪ Qui se rapporte à une doctrine, aux systèmes de doctrine. *Querelles doctrinales.*

doctrine n. f. – XIIe ; lat. *docere* « enseigner » **1** Ensemble de notions qu'on affirme être vraies et par lesquelles on prétend fournir une interprétation des faits, orienter ou diriger l'action humaine. ⇒ **dogme, idéologie, théorie.** *Discuter un point de doctrine. Partisans d'une doctrine. Doctrine politique.* « *Toute doctrine sociale qui cherche à détruire la famille est mauvaise* » (Hugo). **2** Ensemble des travaux juridiques destinés à exposer ou à interpréter le droit (opposé à *législation* et à *jurisprudence*).

docudrame n. m. – v. 1975 ; de *document* ▪ Téléfilm dont le scénario intègre des événements réels (et parfois des images d'archives) dans une trame romanesque.

document n. m. – XIIe ; lat. *documentum* « ce qui sert à instruire », de *docere* « enseigner » **1** Écrit, servant de preuve ou de renseignement. *Original, copie, photocopie d'un document. Documents scientifiques. Document sur papier, sur microfilm. Documents de travail. Classer, archiver des documents. Gestion des documents* (→ **documentaliste, documentation**). ♦ *Document d'archives* : images filmées puisées dans des archives. **2** Ce qui sert de preuve, de témoignage. *Enregistrements, films utilisés comme documents.* **3** Pièce qui permet d'identifier une marchandise en cours de transport (connaissement, police d'assurance, factures).

documentaire adj. et n. m. – XIXe **1** Qui a le caractère d'un document, repose sur des documents. ➛ loc. *À titre documentaire* : à titre de renseignement. ⇒ **informatif. 2** *Film documentaire* ou n. m. *un documentaire* : film didactique, présentant des documents authentiques, non élaborés pour l'occasion (opposé à *film de fiction*). *Documentaire sur la faune sous-marine.* **3** Qui a trait à la documentation. *Recherche documentaire. Informatique documentaire.*

documentaliste n. – v. 1932 ▪ Personne qui collecte, gère et diffuse des documents pour le compte d'un organisme. « *Sylvie était devenue documentaliste dans un bureau d'études* » (Perec).

❑ *Documentaliste* a supplanté les termes *documentiste, documentateur* et *documenteur.*

documentariste n. – v. 1935 ▪ Auteur de films documentaires.

documentation n. f. – XIXe **1** Recherche de documents pour appuyer une étude. *Travail, fiches de documentation. Documentation automatique* : ensemble des procédés informatisés de recherche, stockage, repérage et diffusion des documents. **2** Ensemble de documents relatifs à une question. *Il lui fournit « une documentation abondante et vulgarisatrice sur la question »* (Queneau). ♦ Notice explicative. *Auriez-vous une documentation sur ce téléviseur ?* ➛ abrév. fam. DOC.

documenter v. tr. [1] – XVIIIe **1** Fournir des documents à (qqn). ⇒ **informer.** *Il est bien documenté.* pronom. *Elle s'est documentée sur le sujet.* « *un écrivain de Paris désireux de se documenter sur la pyrotechnie* » (Tournier). **2** Appuyer, étayer (qqch.) sur des documents. *Thèse solidement documentée.*

dodéca- Élément, du gr. *dodeka* « douze ».

dodécaèdre n. m. – XVIe ; *dodéca-* et *-èdre* ▪ Polyèdre à douze faces.

dodécagone n. m. – XVIIe ; *dodéca-* et *-gone* ▪ Polygone à douze côtés.

dodécaphonique adj. – 1946 ▪ Qui utilise la série de douze sons. ⇒ **sériel.**

dodécaphonisme n. m. – 1948 ▪ Méthode de composition musicale fondée sur l'organisation systématique des douze sons de l'échelle chromatique.

dodécasyllabe [dɔdekasi(l)lab] adj. et n. m. – XVIIIe ▪ Qui a douze syllabes. *Vers dodécasyllabe.* ⇒ **alexandrin.** ➛ n. m. *Un dodécasyllabe.*

dodelinement n. m. – XVIe ▪ Oscillation légère de la tête ou du corps.

dodeliner v. intr. [1] – XVe ; du rad. onomat. *dod-*, exprimant le balancement ▪ Se balancer doucement. « *Les conducteurs, à moitié endormis, dodelinaient de la tête* » (Mac Orlan).

dodine n. f. – XIVe ; de *dodiner,* a. forme de *dodeliner* ▪ Sauce au blanc dans laquelle on incorpore le jus d'une volaille rôtie. *Dodine de canard.*

① **dodo** n. m. – XVe ; onomat., de *dormir* ▪ lang. enfantin **1** Sommeil. *Faire dodo* : dormir. **2** Lit. *Aller au dodo.*

② **dodo** n. m. – XVIIe ; néerl. *dod-aers* ▪ Dronte*. « *Ce sont les rats et les hommes qui ont éteint l'espèce du dronte, le fameux* dodo *de Maurice* » (Le Clézio).

dodu, ue adj. – XVe ; p.-ê., rad. onomat. *dod-* exprimant le balancement et la rondeur ▪ fam. Qui est bien en chair. ⇒ **gras, grassouillet.** *Une poularde dodue.* « *pied furtif, taille droite, élancée, bras dodus, bouche rosée* » (Beaum.). ✪ CONTR. Étique, ① maigre, mince.

dogaresse n. f. – XVIIe ; vénitien ▪ Femme d'un doge.

dog-cart [dɔgkaʀ(t)] n. m. – XIXe ; mot angl. « charrette *(cart)* à chien *(dog)* » ▪ Voiture à deux roues élevées, dont la caisse était aménagée pour loger des chiens de chasse sous le siège. *Des dog-carts.*

doge n. m. – XVIe ; mot vénitien ; lat. *dux* « chef » ▪ Chef électif de l'ancienne république de Venise (ou de Gênes). *Le palais des Doges.*

❑ Même origine étym. que *duc.*

dogmatique adj. – XVIe **1** Relatif au dogme. *Théologie dogmatique,* et subst. f. *la dogmatique* : science qui traite des dogmes. 2 Qui admet certaines vérités ; qui affirme des principes (opposé à *sceptique, pyrrhonien*). *Un philosophe dogmatique,* et subst. *un dogmatique.* 3 Qui exprime ses opinions d'une manière péremptoire. ⇒ **catégorique, doctrinaire, systématique.** *C'est un esprit dogmatique. Ton dogmatique.* ⇒ **doctoral, sentencieux.** ✪ CONTR. Hésitant, modeste, tolérant.

dogmatiser v. intr. [1] – XIIIe ▪ Exprimer son opinion d'une manière absolue, sentencieuse, tranchante.

dogmatisme n. m. – XVIe 1 Caractère des croyances (religieuses, philosophiques) qui s'appuient sur des dogmes. 2 Caractère de ce qui est dogmatique (3°). *Le dogmatisme de qqn, de ses idées.*

dogme n. m. – XVIe ; gr. « opinion, croyance » 1 Point de doctrine établi ou regardé comme une vérité fondamentale, incontestable (dans une religion, une école philosophique). « *Le côté incroyablement compliqué des dogmes de la religion chrétienne* » (Gracq). ♦ Opinion émise comme une certitude, une vérité indiscutable. *Des dogmes politiques. Admettre qqch. comme un dogme.* ⇒ ① **loi.** 2 *LE DOGME* : l'ensemble des dogmes d'une religion (spécialt de la religion chrétienne). *Enseigner le dogme.*

dogue n. m. – XIVe ; angl. *dog* « chien » ▪ Chien de garde trapu, à grosse tête au museau court et aux fortes mâchoires. ⇒ **bouledogue, carlin, molosse.** « *Il aboyait comme un dogue* » (Céline). ➛ loc. *Être d'une humeur de dogue* : être de très mauvaise humeur.

❑ Ce mot apparaît dans l'expression injurieuse *franche (French) dogue* « chien de Français », prêtée à un Anglais.

doigt [dwa] n. m. – XIe ; lat. *digitus* **I** - 1 Chacun des cinq prolongements qui terminent la main de l'homme. *Les cinq doigts de la main.* ⇒ **pouce, index, majeur** (ou **médius**), ① **annulaire, auriculaire** (ou **petit doigt**) ; **-dactyle.** *Doigts de pied.* ⇒ **orteil.** *Les doigts portent des ongles*. Empreinte du doigt.* ⇒ ① **digital.** ➛ « *je regarde ses longues mains aux doigts effilés* » (Le Clézio). *Des* « *bédouins mangeant avec leurs doigts* » (Loti). *Prendre une pincée avec ses doigts. Envoyer un baiser du bout des doigts ; palper, tâter, toucher avec ses doigts.* « *Les doigts hésitaient au-dessus des touches, puis se décidaient brusquement* » (Romains). *Lever le doigt* (pour demander la parole, etc.). ♦ loc. *On peut les compter sur les doigts (d'une main)* : ils sont peu nombreux (moins de cinq). *Vous avez mis le doigt sur la difficulté,* vous l'avez trouvée. *Croiser les doigts* (pour conjurer le sort). *Y mettre les quatre doigts et le pouce* : saisir à pleine main, avidement. *Toucher qqch. du doigt* : le voir clairement. *Filer, glisser entre les doigts de qqn* : lui échapper. *Se faire taper sur les doigts* : se faire réprimander. « *On se les montrait du doigt. On se chuchotait leurs noms. Pas un ne manquait à l'appel* » (Mart. du G.). *Se mordre les doigts de qqch.* : regretter, se repentir. *Ne rien savoir faire de ses dix doigts* : être oisif, être incapable. *Être comme les (deux) doigts de la main,* très unis. ➛ fam. *Se mettre, se fourrer le doigt dans l'œil (jusqu'au coude)* : se tromper grossièrement. ➛ *Être obéi au doigt et à l'œil,* exactement, ponctuellement. ♦ *LE BOUT DU DOIGT.* loc. *Connaître, savoir qqch. sur le bout du doigt, sur le bout des doigts,* très bien. « *possédant ses classiques latins et grecs sur le bout du doigt* » (Tournier). ♦ *PETIT DOIGT* : l'auriculaire. « *les petits doigts en l'air pour se donner du genre* » (Cendrars). loc. *Mon petit doigt me l'a dit* : je l'ai appris (se dit à un enfant). *Ne pas lever, ne pas remuer le petit doigt* : ne pas faire le moindre effort. 2 Extrémité articulée des pieds, des pattes de certains animaux (et de la main du singe). *Doigts munis de griffes.* 3 Se dit de pièces ayant la forme d'un doigt. *Doigt d'encliquetage, d'entraînement.* **II** Mesure approximative, équivalant à l'épaisseur d'un doigt. « *Un doigt de vin de Madère anima les regards* » (France). ⇒ ① **goutte.** ➛ fig. « *il lui aurait volontiers fait un doigt de cour* » (Beauv.). ⇒ **brin.** ♦ loc. *À un doigt, à deux doigts de* : très près. *Il s'en est fallu d'un doigt* (⇒ **cheveu**). ✪ HOM. Doit.

doigté [dwate] n. m. – XVIIIe 1 Choix et jeu des doigts dans l'exécution d'un morceau (avec un instrument à clavier, clés, cordes, pistons ou trous). *Ce pianiste a un bon doigté. Des* « gammes *acrobatiques, où la virtuosité du doigté nous reste encore sensible* » (Gracq). 2 ⇒ **diplomatie, habileté, savoir-faire, tact.** *Ce genre d'affaire demande du doigté.*

doigter [dwate] v. tr. [1] – XVIIIe ▪ Exécuter (un morceau) en employant les doigts comme il convient. ➛ Indiquer le doigté sur (la partition).

doigtier [dwatje] n. m. – XIVe ▪ Fourreau destiné à recouvrir un doigt pour le protéger. « *Son doigt, sous le pansement et le doigtier de peau noire, va beaucoup mieux* » (Larbaud).

doit n. m. – XVIIIe ; de ① *devoir* ▪ Partie d'un compte enregistrant les dettes et les dépenses du titulaire. ⇒ ② **débit.** *Le doit et l'avoir.* ✪ CONTR. ② Avoir ; actif, crédit. — HOM. Doigt.

dol n. m. – XIIIe ; lat. *dolus* « ruse » ▪ Manœuvres frauduleuses destinées à tromper une personne pour lui faire prendre un engagement qu'elle n'aurait pas pris. ⇒ **captation, fraude, tromperie.** *Contrat entaché de dol.* ⇒ **dolosif.** « *Ils exercent le chantage, le dol, la séquestration et commettent d'épouvantables extorsions* » (Cendrars).

dolby n. m. – v. 1978 ; nom déposé ▪ Procédé de réduction du bruit de fond des enregistrements magnétiques. *Dolby stéréo.*

dolce [dɔltʃe] adv. – XVIIIe ; mot it. « doux » ▪ Mot indiquant qu'il faut donner une expression douce dans l'exécution. ⇒ ② **piano.** ✪ CONTR. Forte.

dolcissimo [dɔltʃisimo] adv. – XIXe ; mot it. « très doux » ▪ D'une manière très douce. ⇒ **pianissimo.** ✪ CONTR. Fortissimo.

doléance n. f. – XIIIe ; lat. *dolere* « souffrir » ▪ vx au sing., cour. au plur. Plainte pour réclamer au sujet d'un grief ou pour déplorer des malheurs personnels. ⇒ **récrimination.** ➛ *Les cahiers de doléances des États généraux de 1789.*

❑ Même famille étym. que *deuil* et *douleur.*

doleau n. m. – XVIIIe ; lat. *dolare* « dégrossir, façonner » ▪ Hachette pour équarrir les ardoises.

dolent, ente adj. – XIe ; lat. *dolere* « souffrir » 1 littér. Qui est affecté par une souffrance physique, un mauvais état de santé. « *Il éprouvait à parer son corps dolent* [...] *une joie mélancolique* » (Proust). 2 Qui exprime plaintivement une souffrance. ⇒ **geignard, pleurnicheur.** *Un ton dolent.* ✪ CONTR. Dispos. Gai, joyeux.

dolic ou **dolique** n. m. – XVIe ; gr. *dolikhos* « haricot » ▪ Plante des pays chauds *(légumineuses papilionacées),* à graines comestibles. *Dolic d'Égypte* (ou *pois indien*).

dolichocéphale [dɔlikosefal] adj. – XIXe ; gr. *dolikhos* « long » et *-céphale* ▪ Qui a la boîte crânienne allongée. ➛ n. *Un dolichocéphale.* ✪ CONTR. Brachycéphale.

doline n. f. – XIXe ; serbo-croate « cuvette » ▪ Dans un relief karstique, Dépression fermée de forme circulaire.

dolique → **dolic**

dollar n. m. – XVIIIe ; mot angl., de l'all. *thaler* « monnaie d'argent » ▪ Unité monétaire (symb. $) des États-Unis d'Amérique, divisée en 100 cents. « *Il s'agit de vendre du passé contre des dollars à des gens qui se foutent du passé* »

(Sartre). ♦ Unité monétaire d'autres pays. *Dollar canadien.* ⇒ fam. **piastre.** *Dollar libérien, malais.*

❑ On trouve parfois la graphie fautive *dollard,* le suffixe *-ard* étant beaucoup plus courant que *-ar.*

dolman n. m. – XIXe ; turc ▪ Veste ajustée à brandebourgs des hussards, des chasseurs à cheval. « *les arabesques, les trèfles de galon qui escaladaient son dolman* » (Giono).

dolmen [dɔlmɛn] n. m. – XIXe ; du bret. *taol, tol* « table » et *men* « pierre » ▪ Monument mégalithique constitué par une dalle de pierre reposant sur des piliers. *Dolmens et menhirs.*

doloire n. f. – XIVe ▪ Hache qui sert à amincir ou régulariser le bois des douves, des cerceaux de tonneaux. ♦ Pelle en fer pour gâcher le sable et la chaux.

dolomie n. f. – XVIIIe ; de *Dolomieu,* n. pr. ▪ Roche sédimentaire carbonatée qui constitue des massifs dans les Alpes orientales, ou *Dolomites.*

❑ *Dolomieu* est le nom du naturaliste (1750-1801) qui découvrit cette roche.

dolomite n. f. – XIXe ▪ Carbonate naturel de calcium et de magnésium, entrant dans la composition de la dolomie.

dolomitique adj. – XIXe ▪ Qui renferme de la dolomie. *Alpes dolomitiques :* massif des Dolomites. *Calcaire dolomitique.*

dolorisme n. m. – 1919 ; lat. *dolor* « douleur » ▪ Doctrine de l'utilité, de la valeur (morale) de la douleur.

dolosif, ive adj. – XIXe ▪ Qui tient du dol. *Manœuvres dolosives.*

dom [dɔ̃] n. m. – XVIe ; lat. *dominus* « seigneur » **1** (suivi d'un patronyme) Titre donné à certains religieux (bénédictins, chartreux, trappistes). *Dom Pérignon.* **2** Titre donné aux nobles espagnols (⇒ ② **don)** et portugais. « *Dom Juan* », *de Molière.* ✪ HOM. Don, dont ; donc.

domaine n. m. – XIIe ; lat. *dominium* « propriété » **1** Terre possédée par un propriétaire. ⇒ ② **bien, fonds, propriété.** *Domaine de cent hectares. Bois, métairies, fermes d'un domaine. Domaine agricole* (⇒ **exploitation ; château,** ② **clos).** ♦ *Domaine de l'État* ou *le Domaine :* les biens de l'État. *Domaine public :* biens affectés à l'usage du public ou à un service public (cours d'eau, routes, marchés). ⇒ **domanial.** ➛ *Domaine privé :* biens de même nature que ceux des particuliers, appartenant à l'État ou aux collectivités locales. ➛ *Service des domaines,* ou *les domaines,* chargé d'administrer les biens de l'État. ♦ Ensemble des étendues dévolues à une activité. *Domaine skiable d'une station.* **2** loc. *Tomber dans le domaine public,* se dit des œuvres littéraires, musicales, artistiques qui cessent d'être la propriété de leurs auteurs ou de leurs héritiers. **3** Ce qui appartient à qqn, à qqch. « *Notre insuffisance d'esprit est précisément le domaine des puissances du hasard, des dieux et du destin* » (Valéry). ♦ Ce qu'embrasse un art, une science, un sujet, une idée. ⇒ **monde, univers.** « *Prenons garde que le domaine de l'art décoratif est fort imprécis quand il appartient à un art barbare* » (Malraux). *Il excelle dans ce domaine. Dans tous les domaines :* en toutes matières, sur tous les points. ♦ Secteur relevant de la compétence de qqn, d'une institution, d'une science. *L'art médiéval est son domaine.* ⇒ **matière, spécialité.** *C'est du domaine de la médecine.* ⇒ **relever** (de). *Ce n'est pas de mon domaine.* ⇒ **compétence,** ② **rayon,** ② **ressort. 4** *Domaine d'un espace topologique :* partie ouverte et connexe de cet espace. **5** Portion de territoire présentant des caractères particuliers. ⇒ **région, zone.** *Le domaine de l'olivier.* **6** Unité structurale d'une protéine, à laquelle une fonction particulière peut être attribuée.

domanial, iale, iaux adj. – XVIe ▪ D'un domaine. *Ferme domaniale.* ➛ Du domaine public. *Forêt domaniale.*

domanialité n. f. – XIXe ▪ Caractère de ce qui est domanial.

① **dôme** n. m. – XVe ; lat. *domus* « maison » ▪ Église principale de certaines villes d'Italie et d'Allemagne. ⇒ **cathédrale.** *Le dôme de Milan.*

② **dôme** n. m. – XVIe ; gr. *dôma* « maison » **1** Toit élevé, de forme arrondie surmontant certains grands édifices (⇒ **coupole).** « *La bulle dorée du dôme des Invalides allait-elle éclater* » (Tournier). **2** littér. *Un dôme de verdure. Le dôme du ciel.* ⇒ **voûte. 3** Montagne peu élevée et arrondie. *Le puy de Dôme.* « *des dômes coiffés de glace, des sommets chauves* » (Chateaub.).

domestication n. f. – XIXe ▪ Action de domestiquer ; son résultat. ⇒ **apprivoisement.**

domesticité n. f. – XVIe ▪ Ensemble des domestiques. *La domesticité d'un hôtel.* ⇒ **personnel.** « *une domesticité complète, y compris la nurse pour les enfants* » (Simenon).

domestique adj. et n. – XIVe ; lat. *domus* « maison » **I** adj. **1** (vx, sauf dans des expr.) Qui concerne la vie à la maison, en famille. « *On s'observe moins dans l'intimité de la vie domestique et pendant l'inquiétude d'une grande douleur* » (Stendh.). *Travaux domestiques.* ⇒ ② **ménager.** *Un tyran domestique :* membre d'une famille qui est très autoritaire. **2** *Animal domestique,* qui vit auprès de l'homme pour l'aider, le nourrir, le distraire, et dont l'espèce apprivoisée se reproduit dans les conditions fixées par l'homme. ⇒ **familier.** ➛ (Opposé à *sauvage*) *Renne domestique.* **3** Qui concerne un pays, à l'intérieur de ses frontières. *Vols domestiques.* ⇒ **intérieur. II** n. **1** n. m. Personne attachée à la maison du Roi, d'un prince. **2** Personne employée pour le service, l'entretien d'une maison ou le service matériel intérieur d'un établissement. « *Un seul domestique suffisait à le servir* » (J. Verne). *Ensemble des domestiques.* ⇒ **domesticité, personnel.** *Salaire d'un domestique.* ⇒ **gage.**

❑ De nos jours, on parle plus volontiers d'*employés de maison* que de *domestiques.* ♦ L'expression *animaux domestiques,* trop imprécise, tend à être remplacée par *animaux de compagnie* et *animaux de rente.* → rente (rem.).

domestiquer v. tr. [1] – XVe **1** Rendre domestique (une espèce animale sauvage). ⇒ **apprivoiser. 2** Amener à une soumission totale. ⇒ **asservir, assujettir.** « *ils se soumirent les peuples avoisinants, qu'ils domestiquèrent* » (Daniel-Rops). **3** Maîtriser (qqch.) pour utiliser. ⇒ **dompter.** *Domestiquer l'énergie solaire.* ✪ CONTR. Affranchir, émanciper, libérer.

domicile n. m. – XVe ; lat. *domus* « maison » **1** Lieu ordinaire d'habitation. ⇒ **demeure, habitation, logement, maison, résidence.** « *le pauvre mercier ne put regagner son domicile que le soir* » (Maupass.). *Personne sans domicile fixe.* ⇒ **clochard, vagabond ; nomade.** *Les sans domicile fixe* (abrév. *les S.D.F.*). ➛ *Élire domicile quelque part,* s'y fixer pour y habiter. ⇒ s'**installer.** ♦ loc. adv. *À DOMICILE :* dans la demeure même de qqn. *Colis livré à domicile. Travail à domicile,* chez soi. **2** Lieu où qqn a son principal établissement, demeure légale et officielle. « *Nul ne peut avoir plus d'un domicile* » (CODE CIV.). *Domicile d'une société.* ⇒ **siège.**

❑ Les dérivés de *domicile* sont d'usage juridique. → S.D.F. (rem.).

domiciliaire adj. - XVIe ■ Qui a rapport au domicile. *Visite, perquisition domiciliaire,* faite au domicile de qqn par autorité de justice.

domiciliataire n. m. - v. 1900 ■ Tiers au domicile de qui un chèque ou une lettre de change est payable (ex. un banquier).

domiciliation n. f. - 1906 1 Désignation du domicile où un effet est payable. *Domiciliation bancaire.* 2 Choix d'un domicile par une société en voie de constitution, avant immatriculation.

domicilier v. tr. [7] - XVIe 1 Assigner, fixer un domicile à. ♦ *Être domicilié quelque part :* y avoir son domicile. *Les mineurs sont domiciliés chez leurs parents.* 2 *Domicilier un chèque.* ⇒ **domiciliation.**

dominance n. f. - XVIe ■ Prépondérance d'un gène ou d'un caractère dominant sur son allèle récessif, chez un hétérozygote. ⇒ **épistasie.**

dominant, ante adj. - XIIIe 1 Qui exerce l'autorité, domine sur d'autres. *Nation dominante.* ➤ *Fonds dominant :* immeuble au profit duquel existe une servitude (opposé à *fonds servant*). ♦ *Gène dominant,* dont le phénotype *(caractère dominant)* apparaît seul chez un hétérozygote de première génération (opposé à *gène dominé* ou *récessif*). 2 Qui est le plus important, l'emporte. ⇒ ① **capital, premier, prépondérant, primordial, principal.** *Signe, trait dominant.* « *aucun de mes goûts dominants ne consiste en choses qui s'achètent* » (Rouss.). *Opinion dominante.* ⇒ ① **général.** 3 Qui surplombe, surmonte. ⇒ **culminant, éminent, supérieur.** *Ce fort est dans une position dominante.* ✪ CONTR. Inférieur ; accessoire, dépendant, secondaire.

dominante n. f. - XVIIIe 1 Élément dominant, essentiel, caractéristique. « *la dominante des fresques de Doura, c'est le rose* » (Malraux). 2 Cinquième degré de la gamme diatonique ascendante (⇒ aussi **sous-dominante, sus-dominante**). ➤ *Septième de dominante :* accord majeur avec septième mineure, sur le cinquième degré d'une gamme.

dominateur, trice n. et adj. - XIIIe 1 littér. Personne ou puissance qui domine sur d'autres, qui commande souverainement. *Alexandre le Grand, dominateur de l'Asie.* ⇒ **conquérant, vainqueur.** *L'Angleterre fut la dominatrice des mers.* ⇒ **maître.** 2 adj. Qui domine, aime dominer. « *Il y avait dans René quelque chose de dominateur qui s'emparait fortement de l'âme* » (Chateaub.). *Caractère dominateur.* ⇒ **autoritaire, impérieux, volontaire.** ✪ CONTR. Esclave. Opprimé, soumis.

domination n. f. - XIIe I - 1 Action de dominer ; autorité souveraine. ⇒ **empire,** ② **pouvoir, suprématie.** *Domination despotique, injuste, tyrannique.* ⇒ **dictature, joug, oppression, tyrannie.** *La foi chrétienne* « *se conserva dans la ville pendant les quatre cents ans qu'y dura la domination des Mores* » (Gaut.). *Vivre sous (une) domination étrangère.* ⇒ **férule, mainmise.** *Être sous la domination de qqn,* dans l'esclavage, la sujétion. *Le saute-ruisseau* « *qui dans toutes les Études se trouve sous la domination spéciale du Principal clerc* » (Balz.). 2 Le fait d'exercer une influence déterminante. *Domination morale.* ⇒ **emprise, influence.** *Exercer une domination irrésistible.* ⇒ ② **ascendant.** ➤ « *la domination de la vie ne va pas sans domination de soi-même* » (Mauriac). ⇒ **contrôle, maîtrise.** II plur. Anges formant avec les Vertus et les Puissances le premier chœur du second ordre, dans la théologie catholique. ✪ CONTR. Liberté ; indépendance. Obéissance, servitude.

dominer v. [1] - Xe ; lat. *dominus* « maître » I v. intr. 1 littér. Commander souverainement, avoir la suprématie (sur). ⇒ **régner.** « *Toutes les créatures ou l'affligent* [l'homme] *ou le tentent, et dominent sur lui* » (Pasc.). ➤ *Il aime dominer.* ⇒ **commander.** 2 littér. Exercer une influence qui l'emporte sur les autres. *Il domine de très loin sur ses collègues, dans cette assemblée.* 3 Être le plus apparent, le plus fort, le plus important, parmi plusieurs éléments. ⇒ **emporter** (l'emporter), **prédominer.** *Les femmes dominent dans cette profession :* il y a surtout des femmes. « *La laideur domine, parce que la vie n'est pas belle* » (Renard). *L'odeur du vétiver domine dans ce parfum.* ⇒ **dominant.** II v. tr. 1 Avoir, tenir sous sa suprématie, en son pouvoir. ⇒ **diriger, gouverner, régir, soumettre.** *Dominer le monde.* ⇒ **asservir, assujettir, subjuguer.** *Dominer son adversaire.* ⇒ **surpasser.** « *cette femme qui toujours l'avait intimidé et humilié, comme il la domine, ce soir ! comme elle doit se sentir méprisée !* » (Mauriac). ➤ *Leur équipe a dominé en première mi-temps.* ⇒ **mener.** ♦ *Le droit a dominé la force.* ⇒ ① **primer.** 2 Être plus fort que ; avoir une influence décisive sur. *Dominer ses passions, sa colère.* ⇒ **contenir, contrôler, dompter, maîtriser, surmonter.** *Il semblait* « *ne pouvoir dominer une vive surexcitation nerveuse* » (Duham.). ➤ *Dominer la situation.* ♦ SE DOMINER v. pron. Être ou se rendre maître de soi, de ses réactions. ⇒ se **contenir,** se **retenir.** *Allons, dominez-vous !* 3 Avoir au-dessous de soi, dans l'espace environnant. ⇒ **surmonter, surplomber.** *Belvédère qui domine une ville. De sa terrasse, on domine tout Paris. Il domine ses voisins de la tête.* ⇒ **dépasser.** ♦ *Dominer son sujet :* être capable de l'embrasser dans son ensemble, d'en traiter avec aisance. ⇒ **maîtriser.** ✪ CONTR. Obéir, servir. Céder, fléchir, plier, succomber. Emporter (s').

dominicain, aine n. - XVIe ■ Religieux, religieuse de l'ordre fondé au XIIIe s. par saint Dominique.

dominical, ale, aux adj. - XVe ; lat. *dominicus* → dimanche 1 Du Seigneur. *L'oraison dominicale.* ⇒ **pater.** 2 Qui a rapport au dimanche. *Repos dominical.*

dominion [dɔminjɔn] n. m. - XIXe ; mot angl. « domination, puissance » ■ État politiquement indépendant au sein du Commonwealth. *Dominion de Nouvelle-Zélande.*

domino n. m. - XVe ; lat. *benedicamus domino* « bénissons le Seigneur » I Costume de bal masqué, robe flottante à capuchon. « *comme un domino étoffé qui laisserait échapper les bras nus d'engageantes de dentelles* » (Goncourt). II - 1 Petite plaque dont une face est divisée en deux parties portant chacune de zéro à six points noirs. *Les dominos :* jeu formé de vingt-huit de ces plaques à assembler selon des règles. « *On joue aux dominos, on crie, on rit, on est tous ensemble* » (Flaub.). 2 Dispositif de raccordement électrique.

dominoterie n. f. - XVIIe ■ Fabrication de papiers marbrés, coloriés (utilisés pour des jeux de société).

dominotier, ière n. - XVIe ; de *domino* « papier imprimé » 1 Fabricant de dominoterie. 2 Spécialiste de la confection des plaques d'os, d'ivoire, qui recouvrent les dominos.

domisme n. m. - 1960 ; lat. *domus* « demeure » ■ Science de la construction et de l'aménagement de l'habitation.

❑ Ne pas confondre avec *domotique.*

dommage n. m. - XIe ; de *dam* 1 Préjudice subi par qqn. ⇒ **atteinte, dam, détriment, tort.** *Dommage corporel,* qui porte atteinte à l'intégrité physique. *Dommage moral. Réparer un dommage.* ⇒ **dédommager, indemniser.** *Il s'en est tiré sans dommage.* ♦ DOMMAGES-INTÉRÊTS (ou *dommages et intérêts*) : indemnité due en réparation d'un préjudice. ⇒ **dédommagement.** 2 Dégâts matériels causés aux choses. ⇒ **ravage.** *La grêle a causé des dommages aux cultures* (⇒ **endommager**). ♦ DOMMAGES (DE GUERRE) : dommages causés aux biens des individus, à une nation par les faits de guerre, et donnant lieu à réparation. ➛ fam. Indemnité touchée pour ces dommages. 3 Chose fâcheuse, regrettable (dans des expr.). *Quel dommage, il est dommage, c'est dommage, dommage que, de.* « *C'est bien dommage que son chagrin lui dérange quelquefois l'esprit* » (Volt.). « *Quel dommage* [...] *qu'il faille renoncer à la vie* » (Péguy). « *Dommage qu'on n'ait pas des hommes pour le manucure* » (Aragon). *Quel dommage de devoir partir ! Dommage !* ✪ CONTR. Avantage, bénéfice, profit. ① Bien, bonheur.

dommageable adj. – XIVe ▪ Qui cause du dommage. ⇒ **fâcheux, nuisible, préjudiciable.** « *une promesse qu'elle savait bien fâcheuse et dommageable pour toi* » (Sand). ✪ CONTR. Profitable, utile.

domotique n. f. – 1982 ; lat. *domus* « maison » ▪ Ensemble des techniques de gestion automatisée appliquées à l'habitation (confort, sécurité, communication).

domptage [dɔ̃(p)taʒ] n. m. – XIVe ▪ Action de dompter ; son résultat. ⇒ **dressage.**

dompter [dɔ̃(p)te] v. tr. [1] – XIIe ; lat. *domitare* 1 Réduire à l'obéissance (un animal sauvage, dangereux). ⇒ **dresser.** *Dompter des fauves* (⇒ **dompteur**). « *On dompte la panthère plutôt qu'on ne l'apprivoise* » (Buff.). 2 Soumettre à son autorité. ⇒ **assujettir, dominer, maîtriser,** ① **mater.** *Dompter des rebelles.* « *elle se mit à poursuivre et à dompter les amoureux* » (Maupass.). ♦ littér. *Dompter les eaux d'un fleuve.* ⇒ **domestiquer, maîtriser.** ♦ littér. ⇒ **discipliner, maîtriser.** *Dompter ses passions, sa colère.* ⇒ **dominer, surmonter.** « *J'avais dompté les fougueuses saillies d'une imagination téméraire* » (Rouss.).

> ❑ Le mot a pris la forme graphique *dompter* au XIVe s., peut-être sous l'influence de *compter ;* le *p* n'est pas étymologique.

dompteur, euse [dɔ̃(p)tœʀ, øz] n. – XIIIe ▪ Personne qui dompte des animaux.

① **don** n. m. – XIe 1 Action d'abandonner gratuitement et volontairement à qqn la propriété ou la jouissance de qqch. *Faire don de son corps à la science.* ⇒ **donner, léguer.** *Don du sang, d'organe. Don d'une toile à un musée.* ➛ *Le don de soi, de sa personne.* ⇒ **dévouement, sacrifice.** 2 Ce qu'on abandonne à qqn sans rien recevoir en retour. ⇒ **cadeau, générosité, legs, libéralité,** ② **présent, secours, subside, subvention.** *Don fait par charité, solidarité.* ⇒ **aumône, bienfait.** *Envoyez vos dons par chèque à cette adresse. Don pour s'acquérir les faveurs de qqn.* ⇒ **bakchich, pot-de-vin, pourboire.** *Un don en nature.* 3 Avantage naturel (considéré comme reçu de Dieu, de la Fortune, de la nature). ⇒ **bénédiction, bienfait, faveur, grâce.** « *La foi est un don de Dieu* » (Pasc.). ⇒ **charisme.** 4 Disposition innée pour qqch. ⇒ **aptitude, art, génie, talent.** *Avoir le don de l'éloquence. Avoir un don pour les maths, les langues. Elle a tous les dons.* ⇒ **doué.** ♦ *Avoir le don de* (et l'inf.) : réussir particulièrement à. iron. *Il a le don de m'agacer.* ✪ HOM. Dom, donc, dont.

② **don** [dɔ̃] n. m. – XVIe ; lat. *dominus* « maître » ▪ Titre d'honneur particulier aux nobles d'Espagne, placé devant le prénom. ⇒ **dom.** *Don Quichotte.*

doña [dɔnja] n. f. – XVIIe ; fém. de l'esp. *don* → ② don ▪ Titre d'honneur des nobles espagnoles, placé avant le prénom. *Doña Sol.*

donacie n. f. – XVIIIe ; gr. *donax* « roseau » ▪ Insecte coléoptère *(chrysomélidés)* qui vit sur les plantes aquatiques.

donataire n. – XVIe ▪ Personne à qui une donation est faite. ✪ CONTR. Donateur.

donateur, trice n. – XIVe 1 Personne qui fait un don, des dons à une œuvre. *Généreux donateur.* 2 Personne qui fait une donation. ⇒ **disposant.** ✪ CONTR. Donataire.

donation n. f. – XIIIe 1 Contrat par lequel le *donateur* se dépouille actuellement et irrévocablement de la chose donnée en faveur du *donataire* qui l'accepte. ⇒ ① **don, libéralité.** *Faire une donation. Donation entre époux. Donation à une œuvre.* ⇒ **fondation.** ♦ *DONATION-PARTAGE,* par laquelle un ascendant partage et distribue, de son vivant, ses biens. *Des donations-partages.* 2 Acte qui constate le don.

donatisme n. m. – XVIe ▪ Hérésie de l'évêque Donat qui entraîna un schisme dans l'Église d'Afrique au IVe s.

donc [dɔ̃k] en tête de propos. ou devant voyelle ; ailleurs [dɔ̃] conj. – Xe ; lat. *dum* « allons ! » et *tunc* « alors » 1 Amène la conséquence ou la conclusion de ce qui précède. ⇒ **conséquent** (par conséquent), ② **partant.** *Il était là tout à l'heure, il ne doit donc pas être bien loin.* ➛ « *il a hérité, il est donc très riche* » (La Bruy.). « *Je pense, donc je suis* » (Desc.). « *Si ce n'est toi, c'est donc ton frère* » (La Font.). ♦ Transition pour revenir à un sujet après une digression. *Je disais donc que...* 2 Exprime l'incrédulité ou la surprise causée par ce qui précède ou ce que l'on constate. *Vous étiez donc là ? C'était donc ça, son fameux secret ! Qui donc ? Allez donc savoir ce qui s'est passé réellement.* (avec une nuance d'ironie) *Allons donc ! (Mais) comment donc !* ⇒ **certainement.** 3 explétif Souligne et renforce une assertion, une injonction, une interrogation. *Taisez-vous donc, à la fin !* fam. *Dites donc, vous, là-bas. Ah, dis donc !* injure *Va donc, hé, minable !* ✪ HOM. Dom, don, dont.

dondon n. f. – XVIe ; onomat. ▪ fam. Grosse femme. « *tous ces goinfres et toutes ces dondons* » (Claudel).

donjon n. m. – XIIe ; lat. *dominus* « seigneur » ▪ Tour principale qui domine le château fort.

don Juan n. m. – XIXe ; personnage de théâtre ▪ Séducteur sans scrupule. *Jouer les don Juan* (ou *les dons Juans*).

> ❑ Le personnage de Don Juan apparaît dans la pièce de l'Espagnol Tirso de Molina *El burlador de Sevilla* (Le Trompeur de Séville) en 1630.

donjuanesque adj. – XIXe ▪ Qui a le caractère de don Juan. *Comportement donjuanesque.*

donjuanisme n. m. – XIXe ▪ Caractère, comportement d'un don Juan. ➛ Recherche pathologique de nouvelles conquêtes.

donne n. f. – XIIe 1 Action de donner, de distribuer les cartes. *Fausse donne.* ⇒ **maldonne.** « *Souvent, tu joues aux cartes tout seul. Tu fais des donnes de bridge, tu essayes de résoudre les problèmes* » (Perec). ♦ Les cartes données. → **distribution, jeu.** *Belle donne.* 2 loc. *Nouvelle donne :* nouvelle répartition du pouvoir entre les forces en présence. *La nouvelle donne politique issue des urnes.*

donné, ée adj. – IXe 1 Qui a été donné. ⇒ **offert.** ➛ *C'est donné :* c'est bon marché. 2 Connu, déterminé. *Nombres donnés dans l'énoncé d'un problème.* ⇒ **donnée.** ➛ *À un moment donné.* 3 loc. prép. *ÉTANT DONNÉ.* ⇒ **attendu,** ② **vu.** « *Étant donné mes études inachevées* » (Simenon). ➛ littér. (accord) « *Étant données les circonstances présentes* » (St-Exup.). ➛ *Étant donné qu'il ne vient pas, nous pouvons partir.* ⇒ **puisque.** 4 n. m. *Le donné :* ce qui est immédiatement présenté à l'esprit.

donnée n. f. – XVIIIe 1 Ce qui est donné, connu, déterminé dans l'énoncé d'un problème, et qui sert à le résoudre. *Les données du problème.* 2 Ce qui est admis, connu ou reconnu, et qui sert de base à un raisonnement, de point de départ pour une recherche. *Données statistiques. Manquer de don-*

nées. ⇒ **élément, renseignement.** ♦ Le donné (4°). « *Essai sur les données immédiates de la conscience* », de *Bergson.* ♦ Représentation conventionnelle d'une information sous une forme (analogique ou digitale) permettant le traitement automatique. *Base de données.* 3 Élément fondamental sur lequel un auteur bâtit un ouvrage.

donner v. 1 – IXe ; lat. **I v. tr. A** Mettre en la possession de qqn. **1** Abandonner à qqn sans rien demander en retour (une chose que l'on possède ou dont on jouit). ⇒ **allouer, offrir ;** ① **don, donation.** *Donner de l'argent, des étrennes à qqn. Donner des cadeaux à profusion.* ⇒ **prodiguer.** *Donner qqch. pour s'en débarrasser.* « *On promet beaucoup pour se dispenser de donner peu* » (Vauven.). *Donner son sang* **(⇒ donneur).** ➛ « *Donner est plus doux que recevoir* » (Renan). ♦ Vendre très bon marché. ⇒ **brader ; donné.** *On ne le vend pas, on le donne !* **2** Faire don de. « *Il n'y a rien de meilleur, quand on aime, que de donner, de donner toujours, tout, tout, sa vie, sa pensée* » (Maupass.). *Donner le meilleur de soi-même. Donner sa vie, son sang pour la patrie* : faire le sacrifice de sa vie. ➛ *Donner son temps à.* ⇒ **consacrer, employer, vouer.** « *Jusqu'au dîner, Mme de Rénal n'eut pas un instant à donner à son prisonnier* » (Stendh.). ⇒ **accorder. 3** DONNER *(qqch.)* POUR, CONTRE *(qqch.)* : céder en échange d'autre chose. ⇒ **fournir, livrer.** *Donner qqch. contre, pour de l'argent.* ⇒ **vendre.** *Donner un cheval pour, contre un âne.* ⇒ **échanger, troquer.** loc. *Donnant, donnant* : en ne donnant qu'à la condition de recevoir en échange. ♦ DONNER *(une somme)* DE *(qqch.). Je vous en donne cent francs* (d'une marchandise). ⇒ **offrir.** ♦ Payer (une certaine somme) à qqn. *Combien donne-t-il à ses ouvriers ?* ♦ loc. fam. *J'ai déjà donné !* je l'ai déjà fait et je ne veux pas recommencer. *Me remarier ? J'ai déjà donné !* ♦ *Je donnerais cher pour le savoir. Il aurait tout donné pour que cela cessât.* ⇒ **abandonner, sacrifier. 4** Confier à qqn, pour un service. ⇒ **remettre.** *Donner les clés au gardien. Donner sa montre à réparer.* **B** Mettre à la disposition de (qqn). **1** Mettre à la disposition, à la portée de. ⇒ **fournir, offrir, présenter, procurer.** *Voulez-vous donner des sièges aux invités ?* ⇒ **apporter.** *Donner une lettre à son destinataire.* ⇒ ① **porter, remettre.** *Donnez-moi du pain. Donnez-m'en.* ⇒ **passer.** *Donnez-m'en un kilo.* ⇒ **mettre, vendre.** ➛ *Donner à boire, à manger à qqn, à un animal.* ♦ *Donner les cartes aux joueurs.* ⇒ **distribuer ; donne.** ♦ *Donner du travail à un chômeur. Donner de l'instruction à un enfant.* ♦ *Donner le bras à qqn.* ⇒ **offrir,** ① **tendre.** *Donne ton doigt que je le soigne.* ⇒ **approcher, avancer. 2** Organiser et offrir à des invités. *Donner une fête.* « *Si les Courvoisier donnaient un dîner de famille ou un dîner pour un prince* » (Proust). ➛ *Donner un spectacle.* ⇒ **jouer, représenter.** *Qu'est-ce qu'on donne cette semaine au cinéma ?* **3** Communiquer, exposer à qqn. ⇒ ① **dire, exprimer.** *Donner des renseignements. Donner des ordres.* ⇒ **passer.** *Voulez-vous me donner l'heure exacte ?* ⇒ **indiquer.** *Donner son avis, un conseil. Donner des détails. Donner des raisons.* ⇒ **apporter, fournir.** ♦ Faire pour qqn. *Donner un cours* (à des élèves). *Je vais vous donner lecture de cet acte. Donner congé à qqn.* ⇒ **signifier. 4** Transmettre, provoquer (une maladie). *Le tabac peut donner le cancer.* **5** Accepter de mettre à la disposition, à la portée de qqn. ⇒ **accorder, concéder, consentir, octroyer.** *Je vous donne deux jours pour finir ce travail.* ⇒ **laisser.** *Donner son accord. Donner sa parole (d'honneur)* : jurer, promettre. **6** (avec deux compl. de personne) *Donner sa fille (en mariage) à un jeune homme.* ⇒ **accorder.** « *Mon père m'a donné un mari* » (chans.). *Elle lui a donné deux fils.* ♦ fam. Dénoncer. *Ses complices l'ont donné.* ⇒ **donneur. 7** littér. DONNER *(à qqn)* DE... et l'inf. ⇒ **accorder, permettre.** ➛ (au pass.) Être possible, permis. « *S'il nous était donné de faire Ce voyage démesuré* » (Hugo). **8** Assigner à qqn, à qqch. (une marque, un signe, etc.). ⇒ **fixer, imposer.** *Donner un nom à un enfant* **(⇒ baptiser).** *Donner un titre à un ouvrage.* ⇒ **intituler. 9** DONNER À et l'inf. *On m'a donné cela à faire. Les livres que l'on m'a donné à lire* (ou *donnés à lire*). ➛ *Donner à entendre.* ⇒ **insinuer. C** Être l'auteur, la cause de. **1** *Donner l'alarme, l'assaut. Donner des soins.* **2** Être la cause de (un sentiment, un fait psychologique). ⇒ ① **causer, susciter.** *Cela me donne envie de pleurer. Cet enfant me donne du souci.* ⇒ **procurer.** *Tu me donnes une idée.* ⇒ **suggérer.** « *Savoir tirer de l'instant qui passe toutes les joies qu'il peut donner* » (Louÿs). « *Ça ne lui a pas donné le goût des Sciences, mais ça lui a enlevé celui des Lettres* » (Gide). ♦ *Donner chaud, soif.* ♦ Fournir. *Donner lieu, matière, sujet à.* ⇒ **provoquer.** ♦ DONNER À *rire, penser,* etc. ⇒ **prêter. 3** Produire. *Les fruits que donne un arbre. Cette vigne donne trente hectolitres de vin à l'hectare.* ⇒ **rapporter, rendre.** ➛ *Le blé a bien donné cette année.* ♦ *Le diapason donne le* la. ⇒ **émettre.** ♦ fam. Avoir pour résultat, effet. *Je me demande ce que ça va donner.* ⇒ ① **faire, rendre.** *J'ai mis le contact et ça ne donne rien.* **4** Faire sentir (à qqn) l'effet de (une action physique). ⇒ **appliquer.** « *Je lui donnai un baiser, lui caressai les cheveux* » (Romains). *Donner une gifle, un coup de poing.* ⇒ fam. **allonger,** ① **ficher, filer,** ② **flanquer,** ① **foutre.** ♦ Effectuer sur une chose (une opération qui en modifie l'état). ⇒ **passer.** *Donner un coup de balai.* **5** Conférer (un caractère nouveau) par une opération, une action qui modifie. *Condiment qui donne du goût. Cet argument donne du poids à sa thèse.* ♦ loc. *Donner le jour, la vie à un enfant.* ⇒ **engendrer.** ➛ *Se donner la mort.* ⇒ se **suicider. 6** Considérer (une qualité, un caractère) comme propre à qqn, à qqch. ⇒ **accorder, attribuer, prêter, supposer.** *Quel âge lui donnez-vous ? Les médecins lui donnent trois mois à vivre,* estiment qu'il a trois mois à vivre. ♦ *Donner raison, donner tort à qqn* : estimer qu'il a raison, tort. ♦ DONNER *(POUR)* (et attribut) : présenter comme étant. *On le donne pour coupable.* ⇒ **croire, prétendre, supposer.** « *Je vous la donne pour une créature d'élite* » (Balz.). *Cheval que l'on donne gagnant.* **II v. intr. 1** Porter un coup (contre, sur). ⇒ **cogner, frapper, heurter.** *Le navire alla donner sur les écueils.* ♦ *Les cochons « grognaient rageusement en donnant de la tête contre la porte »* (Mac Orlan). ♦ « *Quoique le soleil donnât en plein dans la cour* » (Gaut.). **2** Se porter (dans, vers). ⇒ s'**engager,** se **jeter,** ① **tomber.** *Il « donne constamment dans les pièges qu'on lui tend »* (Chateaub.). ♦ Se laisser aller à. ⇒ s'**adonner,** se **livrer,** se **plaire.** *Donner dans un défaut, dans le ridicule.* « *Il ne donna jamais dans l'illusion des conspirations* » (Barbey). **3** Attaquer, combattre, engager. « *nous eûmes à livrer quelques combats où la cavalerie donna singulièrement* » (Balz.). **4** DONNER SUR : être situé ; avoir vue, accès sur. *Porte qui donne sur la rue, sur un jardin.* **5** S'allonger, se distendre, en parlant d'un cordage, d'un tissu. *Cette toile donne à l'usage.* ⇒ **prêter. III** SE DONNER **v. pron. 1** Faire don de soi-même. ⇒ se **consacrer,** se **dévouer,** se **sacrifier,** se **vouer.** *Se donner au travail, à l'étude.* ⇒ s'**adonner.** ➛ Se montrer. *Se donner en spectacle. Se donner pour un progressiste,* faire croire qu'on l'est. ♦ vieilli (d'une femme) Céder au désir sexuel (d'un homme). *Elle s'est donnée à lui.* **2** Être donné. *Cela ne se vend pas, cela se donne.* ➛ Avoir lieu, être représenté. *Ce film ne se donne plus.* **3** Donner à soi-même. *Se donner un but.* ⇒ s'**assigner.** *Se donner une contenance.* ➛ *Elle s'est donné du mal.* « *jamais personne ne s'est donné la peine d'étendre et de conduire son esprit aussi loin qu'il pourrait aller* » (La Rochef.). ➛ *Se donner du bon temps. Ils s'en sont donné !* **4** ⇒ **échanger.** *Ils se sont donné le mot pour* *arriver en même temps.* ⇒ s'**entendre.** ➛ *Se donner la main.* ✪ CONTR. Demander, réclamer. Accepter, recevoir. ① Avoir, conserver, garder. Enlever, ôter, retirer, soustraire, ② voler.

donneur, euse n. et adj. – XIIe 1 DONNEUR DE : personne qui donne (qqch.). *Donneur de leçons.* « *Les donneurs de sérénades Et les belles écouteuses* » (Verlaine). ➛ *Donneur d'ordre* (en bourse). ⇒ **opérateur.** ♦ Joueur qui fait la donne. ♦ DONNEUR DE SANG : personne qui donne son sang en vue d'une transfusion. *Le donneur et le receveur. Donneur universel,* dont le sang est toléré par tout receveur. ➛ Personne qui fait don d'un fragment de tissu, d'un organe, en vue de son utilisation thérapeutique ou d'une transplantation. 2 fam. Personne qui dénonce qqn à la police. ⇒ ② **balance, indicateur, mouchard.** « *les donneuses j'ai jamais pu les encaisser* » (Genet). 3 adj. *Atome donneur* : dans un semi-conducteur, atome d'impureté pouvant céder un électron à un autre atome dit *accepteur.* ✪ CONTR. Receveur.

don Quichotte n. m. – XVIIIe ; n. pr. ▪ Homme généreux et chimérique qui se pose en redresseur de torts, en défenseur des opprimés. *Jouer les don Quichotte* (ou *les dons Quichottes*).

> ❑ *Don Quichotte* est l'adaptation du nom du héros du roman de Cervantes *Don Quijote de la Mancha* (1605). Ce roman a aussi fourni au français le mot *dulcinée,* la femme aimée de Don Quijote s'appelant *Dulcinea del* Toboso.

donquichottisme n. m. – XVIIIe ▪ Disposition à faire le don Quichotte ; caractère, comportement d'un don Quichotte. « *lorsque ce donquichottisme patronal nous eut menés au bord du gouffre* » (Aragon).

dont [dɔ̃] ; devant voyelle [dɔ̃t] pron. – IXe ; lat. *unde* « d'où » ▪ Pronom relatif représentant qqn ou qqch. et servant à relier une proposition correspondant à un complément introduit par *de.* ⇒ **lequel** (duquel), **qui** (de qui). I Exprimant le complément du verbe. 1 Avec le sens adverbial de *d'où. Les mines dont on extrait la houille. Il s'installa* « *dans la chambre dont Justin se retirait* » (Duham.). ♦ « *La famille distinguée dont il sortait* » (Proust). 2 littér. (moyen, instrument) Avec lequel. « *les chaussons de flanelle dont il s'empaquetait les pieds* » (Balz.). ♦ (manière) *La façon dont il lui a répondu.* ➛ (agent) De qui, duquel, par lequel. *La femme dont il est aimé.* 3 (objet) *La maison dont je rêve.* ➛ avec un neutre, un indéf. *Ce dont je me souviens.* 4 Au sujet de qui, de quoi. « *Un livre, dont j'imagine aujourd'hui qu'il devait être affreux* » (Mauriac). II Exprimant le complément de l'adjectif. *Les malheurs dont vous êtes responsable.* ➛ avec un neutre, un indéf. *C'est ce dont je suis fier.* III Exprimant le complément du nom. 1 Possession, qualité, matière (compl. d'un nom ou d'un pron.). *La maison dont on aperçoit le toit.* « *Les vieux capitaines dont la réputation et l'expérience étaient au comble* » (Fén.). 2 Partie d'un tout (compl. d'une expression partitive). ♦ compl. d'un nom de nombre ou d'un indéfini numéral sujet *Des livres dont trois sont reliés.* ♦ amenant une proposition sans verbe *Être condamné à deux mois de prison dont un avec sursis. Un long texte dont voici l'essentiel. Quelques-uns étaient là, dont votre père,* parmi lesquels. ✪ HOM. Dom, don, donc.

> ❑ *Dont* ne peut s'employer avec un adjectif possessif dans un complément déterminatif : *Le voisin, dont on voit le toit de la maison* (et non de °*sa maison*).

donzelle n. f. – XIIe ; lat. *domina* « dame » ▪ Jeune fille ou femme prétentieuse et ridicule. « *il s'est barré au loin avec une donzelle* » (Céline).

dopage n. m. – 1921 1 Action de (se) doper. ⇒ **doping.** *Le dopage d'un cheval de course.* 2 Action de doper (2°) ; son résultat. ➛ Ajout d'une impureté pour modifier les propriétés de conduction (d'un semi-conducteur). ➛ Recomm. offic. pour *doping.*

dopamine n. f. – 1949 ; de *dopa* et *amine* ▪ Amine précurseur de la noradrénaline, indispensable à l'activité du cerveau.

dopant, ante n. m. et adj. – 1952 1 Substance chimique propre à doper. ⇒ **excitant, stimulant ; doping.** *Les anabolisants sont des dopants.* ➛ adj. *User de substances dopantes.* 2 Substance dont l'addition en faible quantité modifie ou renforce les propriétés d'un matériau, d'un corps. ⇒ **additif.**

dope n. f. – 1943 ; mot angl. ▪ fam. Drogue.

doper v. tr. [1] – 1903 ; angl. *to dope* « droguer, stimuler » 1 Administrer un stimulant à. *Doper un cheval de course.* ➛ Faire prendre un excitant à (qqn). ⇒ **droguer.** *Cycliste dopé.* ➛ pronom. *Se doper aux amphétamines.* ♦ Augmenter la puissance, la qualité, le rendement de (qqch.). ⇒ **stimuler.** *Un budget dopé.* 2 Ajouter une substance à (un produit) pour en améliorer les qualités ou en modifier les propriétés (⇒ **dopant).**

dopeur n. m. – v. 1980 ▪ Personne qui fournit des dopants (à des sportifs).

doping n. m. – 1903 ; mot angl. ▪ Emploi de certains excitants (⇒ **dopage).**

doppler [dɔplɛʀ] n. m. – 1987 ; n. pr. ▪ Examen permettant de mesurer la vitesse de circulation du sang par effet *Doppler (⇒ **vélocimétrie).** *Le doppler est prescrit en cardiologie et en neurologie.*

> ❑ *Doppler* est le nom d'un physicien autrichien (1803-1853).

dorade ou **daurade** n. f. – XVIe ; lat. *auratus* « doré » ▪ Poisson marin comestible *(perciformes)* à reflets dorés ou argentés. *Dorade grise, rose.* « *ces dorades, Du flot bleu, ces poissons d'or* » (Rimb.). ➛ *Dorade au four.*

dorage n. m. – XVIIIe ▪ Action de dorer ; son résultat. ⇒ **dorure.**

doré, ée adj. et n. f. et m. – XIe I – 1 Recouvert d'une mince couche d'or. *Argent doré* : vermeil. ➛ Recouvert d'un métal jaune. *Boutons dorés.* 2 Qui a l'éclat, la couleur de l'or. ⇒ **ambré, jaune, mordoré.** *Moissons dorées.* ⇒ **flavescent.** « *les tiges des plumes du cou et du dos sont d'un beau jaune doré* » (Buff.). *Blond doré. Peau dorée.* ⇒ **bronzé.** « *elle avait la peau très brune, hâlée et dorée de soleil* » (Zola). 3 *La jeunesse dorée* : les jeunes gens riches, élégants et oisifs. *Les blousons dorés* : les « blousons* noirs » de la jeunesse dorée. II – 1 n. f. Poisson osseux des mers d'Europe (appelé aussi *jean-doré*). ⇒ **saint-pierre.** ♦ *Dorée d'étang* : tanche aux reflets dorés. 2 n. m. Au Canada, Poisson d'eau douce à chair estimée. *Le doré noir.* ✪ CONTR. Dédoré, ① terne.

dorénavant adv. – XIIe ; a. fr. *or(e)* « maintenant », *en* et *avant* ▪ À partir de maintenant, à l'avenir. ⇒ **désormais.** « *Cela m'apprendra à regarder un peu plus attentivement les jeunes filles, dorénavant* » (Anouilh). ➛ *Dorénavant, tâchez d'être à l'heure* (menace).

dorer v. tr. [1] – XIe ; lat. *aurum* « or » 1 Revêtir d'une mince couche d'or. *Dorer la tranche d'un livre.* ➛ Recouvrir d'ornements dorés. ⇒ **chamarrer.** ➛ loc. *Dorer la pilule à qqn,* lui faire accepter une chose désagréable par des paroles flatteuses, trompeuses. ⇒ **tromper.** 2 littér. Donner une teinte dorée à. « *Le soleil souriant dorait les voiles blanches* » (Vigny). ➛ pronom. *Se dorer au soleil.* ⇒ **bronzer.** 3 Recouvrir de jaune d'œuf délayé, avant cuisson au four. *Dorer un gâteau.* ♦ intrans. Devenir doré, prendre couleur. *Faire dorer des oignons à la poêle.* ⇒ **revenir, rissoler.** *Doré au four.* ✪ CONTR. Dédorer. – HOM. *Dore* : dors (dormir).

d'ores et déjà → ② or

doreur, euse n. – XIIIe ▪ Personne dont le métier est d'appliquer de la dorure. *Doreur sur bois.*

dorien, ienne adj. et n. – XVIe ▪ De Doride, canton d'Asie Mineure, dans l'Antiquité. ◆ *Le mode dorien :* le mode le plus grave du plain-chant. ◆ *Le dialecte dorien :* dialecte du grec ancien. n. m. « *la querelle du dorien et de l'ionique* » (Chateaub.).

dorique adj. et n. m. – XVIe ▪ Des Doriens. ♦ *L'ordre dorique,* ou n. m. *le dorique :* le premier ordre d'architecture grecque, caractérisé par des colonnes cannelées sans base. *Colonne dorique.*

① **doris** [dɔʀis] n. f. – XVIIIe ; gr. ▪ Mollusque gastéropode sans coquille, aux branchies disposées en étoile.

❑ *Doris* est le nom de la mère des Néréides, divinités marines de la mythologie grecque.

② **doris** [dɔʀis] n. m. – XIXe ; mot angl. ▪ Embarcation utilisée par les terre-neuvas pour aller mouiller les lignes de fond.

dorlotement n. m. – XIXe ▪ Action de dorloter.

dorloter v. tr. [1] – XIIIe ; de l'a. fr. *dorelot* « boucle de cheveux » ▪ Entourer de soins, de tendresse ; traiter délicatement. ⇒ **cajoler, caresser, choyer ;** fam. **bouchonner, chouchouter.** *Dorloter son enfant. Se faire dorloter.*

❑ Aucun rapport avec *dormir,* ni avec le suffixe *-oter.*

dormance n. f. – 1951 ▪ État des organes végétaux caractérisé par un arrêt de la croissance alors que les activités physiologiques se poursuivent.

dormant, ante adj. et n. m. – XIIe 1 rare Qui dort. ⇒ **endormi.** ♦ « *Il éveillait les voluptés qu'elle portait dormantes en elle* » (France). ⇒ **latent.** 2 Qui n'est agité par aucun mouvement. ⇒ **immobile, stagnant.** « *une belle nappe d'eau dormante sur un lit de coquillages* » (Lamart.). 3 Qui est en état de dormance. 4 Qui ne bouge pas. ⇒ ① **fixe.** *Châssis dormant* ou n. m. *dormant :* châssis qui ne s'ouvre pas. *Vantaux dormants* (opposé à *vantaux ouvrants*). *Pont dormant* (opposé à *pont-levis*). ◆ *Manœuvres dormantes,* qui ne sont jamais dérangées (opposé à *manœuvres courantes*).

dormeur, euse n. – XIVe 1 Personne en train de dormir. 2 Personne qui dort beaucoup, aime à dormir. « *Elle dort beaucoup, elle est devenue une dormeuse* » (Duras). 3 n. m. Tourteau. « *l'un de ces gros crabes succulents que nous appelons des dormeurs* » (Mac Orlan). 4 n. f. Boucle d'oreille dont la perle ou la pierre, montée sur pivot, se fixe au lobe de l'oreille.

❑ La boucle d'oreille est ainsi appelée parce qu'elle ne bouge pas, à la différence de l'anneau, du pendentif.

dormir v. intr. [16] – XIe ; lat. 1 Être dans un état de sommeil. *Dormir dans son lit.* ⇒ ① **coucher.** *Dormir une heure. Dormir d'un sommeil léger.* ⇒ **sommeiller, somnoler.** *Ne dormir que d'un œil. Dormir profondément.* ◆ *Dormir debout :* avoir sommeil. *Histoire à dormir debout,* extravagante, invraisemblable. ◆ *Ça ne m'empêche pas de dormir :* je ne m'inquiète pas pour ça. *Vous pouvez dormir tranquille, sur vos deux oreilles :* soyez rassuré. ♦ Être calme, silencieux. « *la campagne dort, s'abandonne, se livre au vent du sud, à la pluie orageuse* » (Mauriac). 2 Être dans l'inactivité. *Ce n'est pas le moment de dormir.* ◆ *Laisser dormir qqch.,* ne pas s'en occuper. ⇒ **négliger.** *Dossier, projet qui dort dans un tiroir.* ◆ *Capitaux qui dorment,* qui ne rapportent pas d'intérêt. 3 Rester sans couler, stagner. *Un fleuve tranquille dont les eaux dorment.* 4 littér. Rester caché, ne pas se manifester. *Les souvenirs qui dorment au fond de nous.* ✪ CONTR. Veiller. Agiter (s'), remuer. HOM. *Dors :* dore (dorer).

dormitif, ive adj. – XVIe ▪ vx Qui provoque le sommeil. ⇒ **soporifique.**

dormition n. f. – XVe ▪ Le dernier sommeil de la Vierge Marie.

❑ C'est pendant la dormition de la Vierge qu'eut lieu son assomption.

dorsal, ale, aux adj. et n. f. – XIVe ; lat. *dorsum* « dos » 1 Qui appartient au dos ; du dos. *L'épine dorsale.* ◆ *Nageoires dorsales et nageoires ventrales.* 2 Du dos de la main. 3 *Consonne dorsale,* ou n. f. *une dorsale :* consonne qui s'articule au moyen du dos de la langue. 4 n. f. Ligne faîtière d'une chaîne de montagnes. ◆ *Dorsale océanique.* 5 n. f. *Dorsale barométrique :* ligne de hautes pressions.

dorsalgie n. f. – 1956 ▪ Douleur localisée au dos.

dorso- Élément, du lat. *dorsum* « dos ».

dorsolombaire adj. – 1929 ▪ Qui intéresse à la fois le dos et la région lombaire.

dortoir n. m. – XIIe ; lat. *dormitorium* « chambre à coucher » 1 Grande salle commune où dorment les membres d'une communauté. « *le petit dortoir qui m'était assigné en commun avec dix-huit ou vingt autres écoliers* » (Baud.). 2 Qui n'est habité que le soir. *Banlieues-dortoirs.*

dorure n. f. – XIIe 1 Couche d'or. *Dorure d'un cadre de tableau.* ◆ Ornement doré. *Uniforme couvert de dorures.* ♦ Préparation à base de jaune d'œuf appliquée sur un mets pour qu'il dore pendant la cuisson. 2 Action de recouvrir certains corps d'une couche d'or. ⇒ **dorage.** *Dorure sur bois. Dorure à la feuille.*

doryphore n. m. – XVIIIe ; gr. *doruphoros* « porte-lance » ▪ Insecte *(coléoptères),* aux élytres rayés de noir, parasite des feuilles de pommes de terre.

dos n. m. – XIe ; lat. *dorsum* **I** - 1 Partie du corps de l'homme qui s'étend des épaules jusqu'aux reins. *Dos voûté. Avoir mal au dos. Sac à dos.* ♦ *Courber le dos :* céder, se résigner. ◆ *Avoir bon dos :* supporter injustement la responsabilité d'une faute, servir de prétexte. ◆ *Avoir le dos large :* supporter les reproches, les moqueries. ♦ *Le dos tourné à la porte :* le dos faisant face à la porte. *Dès qu'il a le dos tourné :* dès qu'il s'absente un instant. ◆ *Tourner le dos à qqn :* cesser de le fréquenter. ◆ *Le village n'est pas dans cette direction, vous lui tournez le dos.* ♦ *À DOS :* derrière soi. *Avoir l'ennemi à dos,* prêt à attaquer par-derrière. ◆ *Se mettre qqn à dos,* s'en faire un ennemi. ♦ *AU DOS :* dans le dos, sur le dos. *Partir sac au dos.* ♦ *DANS LE DOS. Porter ses cheveux dans le dos. Tirer dans le dos.* ◆ *Passer la main dans le dos à qqn,* le flatter. *Agir dans le dos de qqn,* sans qu'il le sache. ♦ *DE DOS :* du côté du dos (opposé à *de face*). *Se voir de dos.* ♦ *DERRIÈRE LE DOS. Cacher qqch. derrière son dos.* ◆ *Faire qqch. derrière le dos de qqn,* sans qu'il en soit averti, sans son consentement. ♦ *DOS À DOS. Placer deux personnes dos à dos,* chacune tournant le dos à l'autre. *Renvoyer deux adversaires dos à dos :* refuser de donner l'avantage à l'un ou à l'autre. ♦ *SUR LE DOS. Se coucher sur le dos.* « *L'enfant poussa la grille, son petit cartable brinquebalant sur son dos* » (Duras). ◆ *Tomber sur le dos de qqn,* l'attaquer par-derrière. *Mettre qqch. sur le dos de qqn,* l'en accuser, l'en rendre responsable. ◆ *Être toujours sur (derrière) le dos de qqn,* surveiller ce qu'il fait. « *il a soin d'elle comme d'un enfant, il est toujours sur son dos* » (Dumas fils). ◆ *N'avoir rien à se mettre sur le dos :* ne pas avoir de quoi s'habiller. 2 Face supérieure du corps des animaux. *Chat qui fait le gros dos,* qui bombe le dos. *Dos d'un lapin.* ⇒ ② **râble.** *Transport à dos de mulet.* **II** - 1 Partie d'un vêtement qui couvre le dos. *Dos blousé.* ◆ *Un dos-nu :* vêtement de femme dégageant largement le dos. 2 Dossier. « *le dos de sa chaise appuyé contre le mur* » (Mac Orlan). 3 Partie supérieure et convexe. *Dos et paume de la main. Dos d'une fourchette.* 4 Côté opposé au tranchant. *Dos d'une lame.* 5 Partie d'un livre qui unit les deux plats (opposé à *tranche*). *Titre au dos d'un livre.* 6 Envers d'un papier écrit. ⇒ **verso.** *Mettre son adresse au dos d'une enveloppe.* ✪ CONTR. Ventre ; face. HOM. Do.

dosage n. m. – XIXe ■ Action de doser ; son résultat.

dose n. f. – XIIIe ; gr. *dosis* « action de donner » 1 Quantité d'un médicament qui doit être administrée en une fois. ⇒ **mesure, posologie.** *Dose létale d'un poison. Une dose massive. À haute dose, à faible dose. Ne pas dépasser la dose prescrite.* « *il n'y a pas eu d'autre piqûre que la mienne. J'ai forcé la dose, sciemment. Le cas était désespéré* » (Mart. du G.). ➛ *À dose homéopathique* : en très petite quantité. ♦ Quantité mesurée en unités spécifiques de substance ou d'énergie administrée ou reçue. ♦ Quantité de drogue prise en une fois. *Les* « *adolescents qui rôdent en quête de leur dose quotidienne* » (Robbe-Grillet). 2 Quantité de ce qui entre dans un composé quelconque. « *Telle substance, même à dose infime, peut changer du tout au tout la valeur d'une source* » (Romains). 3 Quantité quelconque. ⇒ **ration.** ♦ « *Chaque homme a essentiellement sa dose d'imperfection et de démence* » (Volt.). ➛ fam. *J'en ai ma dose* : j'en ai assez.

doser v. tr. [1] – XVIe 1 Déterminer la dose de (un médicament). « *Nous en sommes arrivés à ne plus doser les substances, à prescrire les remèdes tout faits* » (Huysm.). 2 Déterminer la proportion des différents ingrédients qui entrent dans. ⇒ **mesurer, proportionner.** ➛ *Cocktail correctement dosé.* ➛ *Il dose savamment les compliments et les reproches.*

doseur n. m. – 1909 ■ Appareil permettant de faire des dosages. ➛ *Bouchon doseur.*

❑ *Doseur* a d'abord désigné l'ouvrier qui introduit la quantité de sucre nécessaire dans les bouteilles de champagne.

dosimètre n. m. – XIXe ; de *dose* et *-mètre* ■ Appareil permettant de mesurer des doses. *Dosimètre à neutrons.*

dossard n. m. – 1904 ■ Carré d'étoffe, que les concurrents d'une épreuve sportive portent sur le dos ou parfois sur la poitrine, et qui indique leur numéro d'ordre.

dosse n. f. – XIVe ; de *dos* ■ Première ou dernière planche sciée dans un tronc d'arbre, dont la face bombée est recouverte d'écorce.

dosseret n. m. – XIVe ; de *dossier* 1 Contrefort maintenant un mur ou un élément architectural. ➛ Jambage ou piédroit d'une baie. 2 Pièce de fer servant à renforcer le dos d'une scie.

dossier n. m. – XIIIe 1 Partie d'un siège sur laquelle on appuie le dos. *Le dossier d'une chaise.* 2 Ensemble des pièces relatives à une affaire et placées dans une chemise. *Constituer, établir un dossier. Dossier d'inscription. Dossier médical.* ♦ La pochette, la chemise qui contient ces pièces. *Ouvrir, fermer un dossier* : s'occuper d'une affaire, la classer. ♦ L'ensemble des renseignements contenus. *Connaître le dossier de qqch.* : être au fait d'une question.

❑ *Dossier* est d'abord apparu dans l'expression *dossier de lit.*

dossière n. f. – XIIIe 1 Partie du harnais d'un cheval, posée sur le dos et qui sert à soutenir les brancards. 2 Dos d'une cuirasse (opposé à *plastron*).

dot [dɔt] n. f. – XIIe ; lat. *dos* « don » 1 Bien qu'une femme apporte en se mariant. *Épouser une jeune fille pour sa dot.* 2 Biens donnés par un tiers dans le contrat de mariage, à l'un ou l'autre des futurs époux. 3 Compensation en biens ou en services versée par le futur époux à la famille de la future épouse.

dotal, ale, aux adj. – XVe ■ Qui a rapport à la dot. *Biens dotaux.* ✪ CONTR. Paraphernal.

dotation n. f. – XIVe 1 Ensemble des fonds, des revenus assignés à un service, à un établissement d'utilité publique. *Dotation d'un hôpital.* 2 Revenu attribué à un chef d'État, aux membres d'une famille souveraine, à certains fonctionnaires. ⇒ **pension, traitement.** 3 Action de doter d'un équipement, de matériel. ⇒ **attribution.** 4 Affectation, imputation à un compte.

doter v. tr. [1] – XIIe 1 Pourvoir d'une dot. *Doter richement sa fille.* 2 Assigner un revenu à. *Doter un collège.* 3 Attribuer un revenu à. *Sénateurs dotés par Napoléon Ier.* 4 Fournir en équipement, en matériel. *Doter une usine d'un matériel neuf.* ⇒ **équiper, munir.** 5 Pourvoir de certains avantages. *Doter d'une autorité.* ⇒ **investir.** *Être doté d'une mémoire exceptionnelle.* ⇒ **doué.** « *Dotée d'un front plein de présages, d'un nez à la fine et dure attache orientale* » (Colette). ✪ CONTR. Appauvrir, défavoriser, désavantager ; priver.

douaire n. m. – XIIe ; lat. *dos* « don » ■ Autrefois, Droit de l'épouse survivante sur les biens de son mari.

douairière n. f. – XIVe 1 Veuve qui jouissait d'un douaire. 2 Vieille dame de la haute société, hautaine et sévère.

douane n. f. – XIVe ; a. it. *doana,* du persan *diwân* « salle de réunion » 1 Branche de l'Administration publique chargée de contrôler le passage des biens et des capitaux aux frontières et de percevoir les droits et les taxes imposés sur les marchandises, à l'entrée (rarement à la sortie) d'un pays. ➛ *Droits de douane. Administration, service des douanes. Agent, inspecteur, contrôleur des douanes. Remplir une déclaration en douane, les formalités de douane. Bureau de douane.* 2 Lieu, édifice où est établie l'Administration des douanes. *La douane d'un port.* 3 Opérations en douane. ♦ Domaine des procédures et régimes douaniers. *Le service de la douane dans une entreprise.*

❑ Même origine que *divan,* qui fut d'abord une salle avant de désigner un lit.

① **douanier, ière** n. – XVIe ■ Membre du service actif de l'Administration des douanes. ⇒ **gabelou.**

❑ Le *Douanier* Rousseau (peintre) était en fait employé d'octroi à Paris.

② **douanier, ière** adj. – XIXe ■ Relatif à la douane, à la réglementation des importations et exportations. *Tarif douanier. Union douanière.*

douar n. m. – XVIIe ; ar. ■ Agglomération de tentes disposées en cercle, que les Arabes nomades installent temporairement. ♦ Division administrative rurale en Afrique du Nord.

doublage n. m. – XVe 1 Action de mettre en double. 2 Action de doubler pour protéger, renforcer. *Doublage d'un vêtement.* ♦ Revêtement de la carène d'un navire. *Doublage en plomb.* 3 Remplacement d'un acteur par une doublure. ♦ Remplacement de la bande sonore originale d'un film par une bande provenant de l'adaptation des dialogues en une langue différente. ⇒ **postsynchronisation.** *Doublage d'un film italien en français.*

double adj. et n. m. – XIe ; lat. *duplus,* de *duo* « deux » **I** adj. 1 Qui est répété deux fois, qui vaut deux fois (la chose désignée), ou qui est formé de deux choses identiques. ⇒ **amphi-, bi-, di-.** *Double nœud. Fermer à* *double tour. En double exemplaire. Rue à double sens* (opposé à *à sens unique*). ➝ *Fleur double,* dont le nombre de pétales est supérieur à celui d'une fleur simple. ➝ advt Deux fois autant. « *Exaspéré comme un ivrogne qui voit double* » (Baud.). 2 Qui a deux aspects dont un est caché. *Mot à double sens.* ➝ *Mener une double vie :* mener, en marge de sa vie normale, habituelle, une existence que l'on tient cachée. 3 Pour deux personnes. *Chambre double.* **II** n. m. 1 Quantité qui équivaut à deux fois une autre. *Dix est le double de cinq. Du simple au double.* 2 Chose semblable à une autre ; autre échantillon d'un objet. *Faire faire un double de ses clés.* ➝ *Double d'un acte, d'un papier,* second original ou texte reproduit. ⇒ **ampliation, copie, duplicata, expédition, photocopie, reproduction.** ♦ *EN DOUBLE :* en deux exemplaires. 3 *Le double d'une personne,* qqn qui lui ressemble, est en pleine communion avec elle. ⇒ **alter ego.** « *Je ne suis pas sûre que cela me plairait beaucoup d'avoir un double, ni même que ce double je ne le détesterais pas* » (Gide). ➝ Corps astral. 4 Partie de tennis entre deux équipes de deux joueurs. *Double messieurs.* ✪ CONTR. Demi, simple. — Moitié. ① Original.

doublé, ée adj. et n. m. – XIVe **I** adj. 1 Rendu ou devenu double. *Des effectifs doublés. Colonne doublée.* ⇒ **géminé.** 2 Garni d'une doublure. *Jupe doublée.* 3 *DOUBLÉ DE :* qui est aussi. « *le romancier doublé d'un snob se fera le romancier des snobs* » (Proust). 4 Qui a subi le doublage. *Film doublé* (opposé à *en version originale*). ⇒ **postsynchronisé. II** n. m. 1 vieilli Orfèvrerie faite d'un métal ordinaire recouvert, par soudure, d'une mince plaque de métal précieux. ⇒ **plaqué.** 2 En équitation, Action de traverser la piste en diagonale pour la reprendre à l'angle opposé. 3 Le fait d'abattre de deux coups de fusil successifs deux pièces de gibier. ➝ Deux réussites successives en peu de temps. *Faire un beau doublé.*

❑ Au sens de « mouvement de manège », on écrit aussi *doubler.*

doubleau n. m. – XIIIe ; de *double* 1 Solive d'un plancher qui soutient les chevêtres. 2 *Les doubleaux et les formerets* (⇒ **arc-doubleau**).

① **doublement** adv. – XIIe ▪ De deux manières, pour une double raison. *Elle est doublement fautive.*

② **doublement** n. m. – XIIIe ▪ Action de rendre double. ✪ CONTR. Dédoublement.

① **doubler** v. [1] – XIIe **I** v. tr. 1 Rendre double, multiplier par deux. *Elle recourt* « *à l'opium dont on la verra doubler les doses avec les progrès de son mal* » (Sainte-Beuve). ➝ « *la gaucherie du pauvre prêtre doublait sa timidité naturelle* » (Bernanos). ⇒ **augmenter, redoubler.** ♦ *Doubler une partie,* la renforcer à l'unisson ou à l'octave par un second instrument. ♦ *Doubler les rangs :* mettre sur deux rangs les soldats qui n'étaient que sur un seul. ➝ vieilli ou région. (Belgique) *Doubler une classe,* la suivre une seconde fois. ⇒ **redoubler.** ➝ *Doubler le pas :* marcher deux fois plus vite, augmenter son allure. ⇒ **accélérer.** 2 Mettre en double. *Doubler les cordages.* 3 Garnir intérieurement de qqch. qui recouvre, augmente l'épaisseur. *Doubler un vêtement. Doubler de fourrure.* 4 v. pron. *SE DOUBLER DE.* ⇒ s'**accompagner.** « *comme si l'écrivain s'était tour à tour doublé d'un légiste, d'un agriculteur, d'un industriel, d'un chimiste, d'un financier* » (Henriot). 5 Dépasser. « *Chaque fois que le car doublait un cycliste ou un âne* » (Tournier). *Défense de doubler.* 6 Remplacer (un comédien) qui ne peut jouer. ⇒ **remplacer.** *Il se fait doubler par un cascadeur.* 7 Faire le doublage de (un film, un acteur). 8 fam. *Doubler qqn,* le trahir, profiter des avantages qui devraient lui revenir, en agissant à sa place, à son insu. **II** v. intr. Devenir double. *Le chiffre des importations a doublé.* ➝ *Doubler de volume.* ✪ CONTR. Dédoubler, diminuer.

② **doubler** → **doublé**

doublet n. m. – XIIe 1 Pierre fausse formée d'un morceau de cristal sous lequel est placée une feuille de clinquant. 2 Chacun des deux mots issus d'un même étymon (ex. frêle et fragile). 3 Objet en double. 4 Ensemble de deux objets analogues. ⇒ **couple, paire.** ♦ Paire d'électrons mis en commun par deux atomes et constituant une liaison covalente. ♦ *Doublet électrique.* ⇒ **dipôle.**

doublon n. m. – XIIIe ▪ Faute typographique consistant dans la répétition d'un élément de manuscrit.

doublonner v. intr. [1] – v. 1965 ▪ Faire double emploi.

doublure n. f. – XIVe 1 Étoffe, matière qui sert à garnir la surface intérieure de qqch. *Doublure de soie. Doublure d'un manteau.* 2 Personne qui remplace l'acteur qui devait jouer. *Doublure pour les scènes dangereuses d'un film.* ⇒ **cascadeur.**

douce-amère n. f. – XVIIIe ▪ Plante *(solanacées)* à fleurs violettes et à baies rouges, toxique à forte dose. ⇒ **morelle.** *Des douces-amères.*

douceâtre ou **douçâtre** adj. – XVIe ▪ Qui est d'une douceur fade.

doucement adv. – XIe 1 Sans grande énergie, sans hâte, sans violence. *Parler doucement. Frapper doucement. Voiture qui roule doucement.* ⇒ **lentement.** ♦ Graduellement, insensiblement. *La température baisse doucement.* 2 Sans heurter, sans faire de peine. 3 Médiocrement ; assez mal. ⇒ **couci-couça.** *Comment va le malade ? – Tout doucement.* 4 Interjection pour inviter au calme, à la modération. *Doucement, ne nous emballons pas !* ✪ CONTR. Brusquement, violemment. Bruyamment, ② fort. Brutalement, rapidement, vite.

doucereux, euse adj. – XIIe ▪ vieilli 1 D'une douceur fade, peu agréable au goût. ⇒ **douceâtre.** 2 D'une douceur affectée. ⇒ **benoît, cauteleux, mielleux,** ① **papelard,** ① **patelin.** « *ce jargon de politesse doucereuse* » (Stendh.). *Ton doucereux.* ⇒ **mièvre.** ✪ CONTR. Agressif, cassant.

doucet, ette adj. et n. f. – XIIe 1 vx Qui est d'un caractère très doux, ou qui simule la douceur. 2 n. f. région. Mâche (salade).

doucettement adv. – XIIIe ▪ fam. Très doucement. « *on s'est mis à monter le coteau, doucement, doucettement* » (Giono).

douceur n. f. – XIIe 1 rare Qualité de ce qui est doux au goût. *La douceur du miel.* ♦ au plur. ⇒ **friandise, sucrerie.** *Offrir des douceurs à un enfant.* 2 Qualité de ce qui procure aux sens un plaisir délicat. *Douceur d'une teinte. Douceur de la peau.* ➝ *La douceur du climat.* « *la douceur angevine* » (du Bellay). 3 Qualité d'un mouvement progressif et aisé, de ce qui fonctionne sans heurt ni bruit. *L'amour* « *entre avec douceur, puis il règne par force* » (Corn.). ➝ *EN DOUCEUR :* sans choc violent, sans brutalité. *Réveiller qqn en douceur.* 4 Impression douce, plaisir modéré et calme. ⇒ **joie, jouissance, satisfaction.** « *Ô douceur de survivre à la force du jour* » (Valéry). 5 Qualité morale qui porte à ne pas heurter autrui de front, à être patient, conciliant, affectueux. ⇒ **affabilité, aménité, bonté, gentillesse, mansuétude,** ① **patience.** *Douceur de caractère. C'est la douceur même. Prendre qqn par la douceur,* l'amener à faire ce qu'on veut sans le brusquer. ✪ CONTR. Amertume ; âcreté. Brusquerie, brutalité, dureté, force, rudesse, violence.

douche n. f. – XVIe ; it. *doccia* 1 Projection d'eau en jet ou en pluie qui arrose le corps et produit une action hygiénique. ➝ *Douche écossaise,* alternativement chaude et froide ; parole, événement très désagréable qui suit immédiatement une parole, un événement très agréable. ➛ *Prendre une douche. Être sous la douche.* 2 Installation sanitaire qui permet de prendre une douche. *Les douches d'un gymnase.* ➛ *Cabine, rideau de douche. Pomme de douche.* ⇒ **douchette.** 3 Averse que l'on essuie. « *je jette un regard curieux dehors, au risque de recevoir une douche* » (Loti). 4 Ce qui détruit un espoir, une illusion (⇒ **déception, désappointement**), ramène au sens des réalités. *Il ne s'attendait pas à un pareil échec : quelle douche pour lui !* ➛ « *J'aime fréquenter la jeunesse. Son insolence et sa sévérité nous administrent des douches froides* » (Cocteau).

❑ Le mot est d'abord cité par Montaigne dans son *Journal de voyage* (1580) sous la forme italienne *doccia*.

doucher v. tr. [1] – XVIIe 1 Arroser au moyen d'une douche. pronom. *Se doucher* : prendre une douche. 2 Mouiller abondamment. *L'orage nous a douchés.* ⇒ **tremper.** 3 vieilli et fam. Réprimander. ♦ Rabattre l'exaltation de. *François* « *fut comme douché par le coup d'œil sévère que l'avocat lui lança* » (Simenon).

douchette n. f. – mil. XXe 1 Appareil fixé à l'extrémité d'une alimentation en eau, percé de petits trous, qui permet la distribution de l'eau en pluie. ⇒ ① **pomme.** 2 Appareil de forme voisine servant à la lecture des codes à barres.

doucheur, euse n. – XIXe ▪ Personne qui administre des douches.

doucine n. f. – XVIe ; de *doux* 1 Moulure ondoyante à deux courbures de mouvement contraire. 2 Rabot utilisé pour faire des moulures.

doucir v. tr. [2] – XVIIe ; de *doux* ▪ Polir (une glace brute, un métal).

doucissage n. m. – XIXe ▪ Polissage des glaces, des métaux.

doudou n. f. – 1929 ; mot créole antillais, de *doux* redoublé ▪ région. (Antilles) Jeune femme aimée. *Il était avec sa doudou.*

doudoune n. f. – 1969 ; probablt redoublt de *doux* ▪ Veste matelassée, légère et chaude. ⇒ **anorak.**

doudounes n. f. pl. – 1930 ; probablt de *doux* ▪ fam. Seins.

doué, douée adj. – XVIIe 1 DOUÉ DE : qui possède naturellement. *Un être doué de raison.* 2 Qui a un don, des dons. *Un étudiant doué pour les mathématiques.* ⇒ ① **bon,** ① **fort.** « *Il y a des races plus ou moins bien douées en musique* » (R. Rolland). *Un enfant très doué.* ⇒ **surdoué.** ✪ CONTR. Dépourvu, exempt.

douelle n. f. – XIIIe ; de l'a. fr. *doue,* pour ① *douve* 1 Petite douve de tonneau. 2 Parement d'un voussoir.

douer v. tr. [1] – XIIe ; lat. *dotare* « doter » ▪ Pourvoir de qualités, d'avantages. ⇒ **doter, gratifier.** *La nature* « *l'a douée d'une taille de tambour-major* » (Balz.). ✪ CONTR. Défavoriser, handicaper, priver.

douglas [duglas] n. m. – XIXe ; n. pr. ▪ Variété de sapin d'origine américaine, à aiguilles très fournies en goupillon, à croissance rapide.

❑ Ce sapin doit son nom à David *Douglas,* botaniste américain. Cet arbre, introduit en France au XIXe s., progresse au détriment de l'épicéa et du pin sylvestre.

douille n. f. – XIIIe ; p.-ê. du germ. °*dulja* 1 Pièce de métal cylindrique et creuse qui sert à adapter un instrument à un manche. → **embouchoir, manchon.** *Douille d'une bêche.* 2 Pièce métallique à l'extrémité d'un fil électrique dans laquelle on fixe le culot d'une ampoule. *Douille à baïonnette.* 3 Cylindre qui contient l'amorce et la charge de la cartouche. ⇒ **étui.** 4 Ustensile en forme de cône tronqué que l'on met dans une poche de toile et par lequel s'écoule la préparation.

douillet, ette adj. – XIVe ; lat. *ductilis* « malléable » 1 Qui est doux, délicatement moelleux. ⇒ **confortable.** *Lit douillet.* ➛ *Appartement douillet,* confortable. ⇒ **cosy.** *Un petit nid douillet.* 2 Exagérément sensible aux petites douleurs physiques. ⇒ **délicat.** « *On n'était pas douillet, dans la famille ; malade ou non, on ne se plaignait jamais* » (R. Rolland). ✪ CONTR. Dur, rude. Courageux, endurant, stoïque.

❑ Même famille étym. que *ductile.*

douillette n. f. – XVIIIe 1 Pardessus ouaté d'ecclésiastique. 2 Robe de chambre matelassée.

douillettement adv. – XIVe ▪ D'une manière douillette. *Des salons* « *douillettement capitonnés* » (Proust).

douleur n. f. – XIe ; lat. *dolor,* de *dolere* « souffrir » 1 Sensation pénible en un point ou dans une région du corps. *Douleur physique. Cri de douleur. Hurler de douleur. Douleur dans la tête, au ventre.* ⇒ ③ **mal ; -algie.** *Douleur aiguë, vive, fulgurante, irradiante, lancinante, térébrante. Douleurs rhumatismales. Paroxysme de la douleur.* « *tu enfanteras des fils dans la douleur* » (BIBLE). « *Devenu insensible, pour ainsi dire, à la douleur physique* » (J. Verne). ♦ *Les douleurs (de l'accouchement).* → **contraction,** ① **travail.** 2 *Douleur (morale)* : sentiment ou émotion pénible résultant de l'insatisfaction des tendances, des besoins. ⇒ **souffrance.** « *Sois sage, ô ma Douleur, et tiens-toi plus tranquille* » (Baud.). « *La plus violente douleur qu'on puisse éprouver, certes, est la perte d'un enfant pour une mère* » (Maupass.). *Monsieur X a la douleur de vous faire part...,* formule sur un avis de décès. *Réveiller, raviver une douleur ancienne.* ⇒ **blessure.** *Partager la douleur de qqn.* ➛ fam. *J'ai compris ma douleur* : j'ai réalisé ma déconvenue. ✪ CONTR. Euphorie ; bonheur, joie, plaisir.

douloureusement adv. – XIIe ▪ D'une manière douloureuse, avec douleur.

douloureux, euse adj. et n. f. – XIe ; bas lat. *dolorosus* 1 Qui cause une douleur, s'accompagne de douleur physique. *Règles douloureuses.* « *on dut lui faire subir [...] une petite opération, fort douloureuse* » (Gide). 2 Qui est le siège d'une douleur physique. *Point douloureux.* → **sensible.** *Avoir le ventre douloureux.* ⇒ **endolori.** 3 Qui cause une douleur morale. ⇒ **cruel, déchirant.** « *la curiosité douloureuse, inlassable, que j'avais des lieux où Albertine avait vécu* » (Proust). *Souvenir douloureux.* ⇒ **pénible, triste.** 4 Qui exprime la douleur. *Un air douloureux.* 5 n. f. fam. La note à payer, l'addition. ✪ CONTR. Indolore ; agréable, heureux, joyeux. Gai.

❑ Pour le sens → endolori (rem.).

doum [dum] n. m. – XVIIIe ; mot ar. ▪ Palmier d'Égypte et d'Arabie *(palmacées).*

dourine n. f. – XIXe ; p.-ê. de l'ar. *darin* « croûteux » ▪ Trypanosomiase contagieuse des équidés.

douro n. m. – XIXe ; esp. ▪ Ancienne monnaie d'argent espagnole.

doute n. m. – XIe 1 État de l'esprit qui doute, qui est incertain de la réalité d'un fait, de la vérité d'une énonciation, de la conduite à adopter. ⇒ **incertitude, incrédulité, indécision, perplexité.** *Être dans le doute au sujet de qqch. Le doute n'est plus permis. Être acquitté au bénéfice du doute.* ➛ METTRE QQCH. EN DOUTE : contester la valeur de. « *Je n'ai jamais, moi, rationaliste, mis en doute l'efficacité de la prière* » (Duham.). ♦ Position philosophique qui consiste à ne rien affirmer d'aucune chose. ⇒ **scepticisme.** *Doute* *métaphysique.* « *On ne peut s'aider de rien. Le doute règne partout* » (Le Clézio). ♦ « *Le grand principe expérimental est donc le doute, le doute philosophique qui laisse à l'esprit sa liberté et son initiative* » (Cl. Bernard). **2** Jugement par lequel on doute de qqch. *Avoir un doute sur l'authenticité d'un document. Lever, éclaircir, dissiper un doute. Laisser planer un doute.* ➛ *IL N'Y A PAS DE DOUTE :* la chose est certaine. *Cela ne fait aucun doute.* ♦ Inquiétude, soupçon, manque de confiance en qqn. *Avoir des doutes sur qqn.* ⇒ **méfiance, suspicion.** « *Quand on a des doutes, on les lève ; quand on manque de preuves, on se tait* » (Muss.). ⇒ **crainte, présomption, soupçon.** ♦ « *Il n'y a point de doute que vous ne soyez le flambeau même de ce temps* » (Valéry). ➛ « *Il n'y a donc aucun doute qu'après la mort nous verrons Dieu* » (Claudel). **3** *SANS DOUTE :* certainement. ⇒ **assurément, incontestablement.** *Irez-vous ? – Sans nul doute.* ➛ Selon toutes les apparences. ⇒ **apparemment, probablement, vraisemblablement.** *Il a sans doute du talent.* « *Sans doute quelque catastrophe m'attend-elle à Paris* » (Gide). ✪ CONTR. Certitude, conviction, croyance, résolution. Assurance, évidence.

❑ Après *sans doute* commençant une phrase, on préfère l'inversion : *Sans doute a-t-il du talent.*

douter **v. tr. ind.** [1] – XIe ; lat. *dubitare* « craindre, hésiter » ▪ *DOUTER DE.* **1** Être dans l'incertitude. *Douter de l'authenticité d'une nouvelle. À n'en pas douter :* sans aucun doute. « *Je doute avec mon cœur de ce que mon esprit reconnaît comme vrai* » (Bourget). ♦ **trans. dir.** *Je doute fort qu'il vous reçoive. Je ne doute pas qu'il est sincère, qu'il (ne) soit sincère. Je ne doute pas qu'il accepterait, si j'insistais.* **2** Mettre en doute. *Les sceptiques doutent de tout.* ➛ « *Les hommes n'ont pas besoin de maîtres pour douter* » (Giono). **3** *Ne douter de rien :* n'hésiter devant aucun obstacle, aller de l'avant. **4** Ne pas avoir confiance en. ⇒ se **défier,** se **méfier.** *Douter de qqn, de sa parole, de sa sincérité, de son honnêteté. Douter de soi :* ne pas être sûr de ses possibilités, de ses sentiments. **5** **v. pron.** *SE DOUTER.* Considérer comme tout à fait probable. ⇒ **conjecturer, croire, deviner, imaginer, pressentir, soupçonner, supposer.** *Vous doutiez-vous de cela ?* ⇒ s'**attendre.** *Se douter de qqch. de louche.* ⇒ **flairer, subodorer.** *Je m'en doutais.* « *Ces idiots ne se doutent pas que je puis les compter* » (Cendrars). ✪ CONTR. Admettre, croire.

❑ Le premier sens de *douter* « craindre » est sorti de l'usage au bénéfice de *redouter.*

douteur, euse **adj. et n.** – XIIIe ▪ littér. Qui doute. ✪ HOM. Douteuse (douteux).

douteux, euse **adj.** – XIIe **1** Dont l'existence ou la réalisation n'est pas certaine. ⇒ ① **incertain.** *Fait douteux. Il est douteux qu'il vienne ce soir.* « *Il n'est pas douteux que sa famille ne fût une des plus considérées de la première tribu* » (Volt.). **2** Dont la nature n'est pas certaine ; sur quoi on s'interroge. *Sens douteux d'une phrase, d'une proposition.* ⇒ **équivoque, obscur.** *Objet d'origine douteuse.* ♦ Dont la valeur, les effets sont mis en doute. ⇒ **contestable, discutable.** *Efficacité douteuse.* **3** Qui n'a pas ou ne semble pas avoir les qualités qu'on en attend ; dont la qualité est mise en cause. *Viande douteuse.* « *un col de cellulo sur une chemise douteuse* » (Carco). ➛ *Plaisanterie d'un goût douteux.* ⇒ **mauvais.** ♦ Qu'on soupçonne d'être malhonnête. *Mœurs douteuses.* ⇒ **suspect.** ➛ *Un individu douteux.* ⇒ ① **louche.** ✪ CONTR. Assuré, certain, clair, évident, incontestable, indubitable, irréprochable, ① manifeste, notoire, sûr. ② Net, propre. HOM. Douteuse (douteur).

douvain **n. m.** – XVe ▪ Bois pour faire des douves.

① **douve** **n. f.** – XIIe ; bas lat. *doga* « récipient » **1** Fossé rempli d'eau, autour d'un château. **2** Large fossé précédé d'une barrière, dans un parcours de steeple-chase. **3** Planche servant à la fabrication des tonneaux. ⇒ **douelle.**

② **douve** **n. f.** – XIe ; bas lat. *dolva,* d'o. gaul. ▪ Ver plat parasite *(trématodes)* dont la larve infecte certains mollusques puis les hommes ou les animaux qui les consomment. ⇒ **distome.** *Douve du foie,* parasite du mouton.

doux, douce **adj., adv. et n.** – XIe ; lat. *dulcis* **I** **adj.** **1** Qui a un goût faible ou sucré. *Amandes, oranges, pommes douces. Piment doux. Patate douce. Vin doux,* sucré. ♦ Non salé. *Beurre doux. L'eau douce des rivières et des lacs.* **2** Agréable au toucher par son caractère lisse, souple. ⇒ **moelleux, soyeux.** *Peau douce.* ⇒ ② **fin, satiné, velouté.** *Brosse douce.* ⇒ **souple.** ♦ Qui épargne les sensations violentes, désagréables. *Climat doux.* ⇒ **tempéré.** *Un hiver doux.* ⇒ **clément.** « *Par une douce nuit de prairial* » (France). ➛ advt *Il fait doux.* ♦ Peu sonore et agréable à l'ouïe. *Voix douce.* ⇒ **caressant, harmonieux, mélodieux.** *Musique douce.* ♦ Peu intense et agréable à la vue. *Lumière douce.* ⇒ **pâle, tamisé.** *Teinte douce.* ⇒ ② **pastel.** ♦ Agréable à l'odorat. *Doux parfums.* ⇒ **suave.** **3** Qui procure une jouissance calme et délicate. ⇒ **agréable.** *Doux souvenir.* ⇒ **attendrissant.** « *Une rêverie douce et profonde s'empare alors de ses sens* » (Rouss.). ➛ fam. *Une douce manie, une douce folie.* **4** Qui n'a rien d'extrême, d'excessif. ⇒ **faible, modéré.** *Descente en pente douce. Cuire à feu doux. Prix doux.* ♦ Qui agit sans effets secondaires néfastes, utilise les ressources de la nature. *Technologies douces,* peu polluantes. *Médecine douce.* ⇒ **naturel.** **5** Qui ne heurte, ne blesse personne, n'impose rien, ne se met pas en colère. ⇒ **amène, bienveillant, bonhomme, débonnaire,** ② **gentil, indulgent, patient, souple, tolérant.** *Être doux comme un agneau.* ⇒ **inoffensif.** *Femme douce et aimable.* « *Passepartout était un brave garçon* [...], *un être doux et serviable* » (J. Verne). ➛ Qui ne montre aucune agressivité. *Un chien très doux avec les enfants.* ♦ *Air doux.* ⇒ ② **gentil.** « *Il est si beau, l'enfant, avec son doux sourire, Sa douce bonne foi* » (Hugo). ➛ Qui exprime de tendres sentiments. *Un doux regard.* ⇒ **affectueux,** ② **aimant, câlin, caressant.** *Faire les yeux doux.* **6** *Fer doux :* fer pur, peu cassant. *Lime douce :* lime dont les entailles peu écartées permettent un travail léger en surface. **II** **adv.** fam. **1** *Filer doux :* se soumettre. **2** *TOUT DOUX.* vieilli Pour inviter au calme, à la modération. ⇒ **doucement.** **3** *EN DOUCE :* sans bruit, avec discrétion. *Partir en douce.* **III** **n.** *C'est un doux.* ➛ fam. *Il va voir sa douce,* son amie, sa fiancée. ✪ CONTR. Acide, aigre, ① amer, ① fort, ① piquant. Bruyant, criard. Dur, rugueux. Abrupt, escarpé. Acariâtre, acerbe, agressif, brutal, dur, hargneux, sévère, violent.

douzain **n. m.** – XIIIe **1** Monnaie française qui valait douze deniers. **2** Poème de douze vers.

douzaine **n. f.** – XIIe **1** Ensemble de douze choses de même nature. *Une douzaine d'œufs, d'huîtres.* **2** Nombre d'environ douze. *Garçon d'une douzaine d'années.*

douze **adj. numér. inv. et n. inv.** – XIe ; lat. *duodecim,* de *duo* « deux » et *decem* « dix », gr. *dôdeka* **I** **adj. numér. card. inv.** **1** Nombre entier naturel équivalant à dix plus deux (12 ; XII). ⇒ **dodéca-.** *Les douze apôtres. Immeuble de douze étages.* « *Douze heures passées ensemble nous valaient des siècles de familiarité* » (Rouss.). *Douze douzaines.* ⇒ **grosse.** ➛ *Douze cents* (ou *mille deux cents*). **2** pronom. *Rangez-les douze par douze. Ils sont venus à douze.* **II** **adj. numér. ord.** Douzième. *Le pape Pie XII. Page 12.* ➛ *Le 12 juin. 12 heures.* ⇒ **midi.** **III** **n. inv.** Le chiffre, le numéro 12. *Trois fois quatre, douze. Douze pour cent. Habiter au 12.* ➛ Note correspondant à douze points. *Elle a eu (un) 12 en anglais.*

❑ Pour la graphie avec z → seize (rem.). ♦ *12 heures* n'est jamais employé pour *minuit* ou *24 heures*, alors que *11 heures* se dit pour *23 heures*.

douzième adj. et n. – XIe **I** - **1** adj. numér. ord. et n. Qui vient après le onzième. *Le douzième et dernier mois de l'année est décembre. Le* XIIe *siècle. Le douzième étage.* ➛ *Elle est (la) douzième en histoire.* ♦ *Cinq cent douzième* (512e). **2** adj. fractionnaire et n. Se dit d'une partie d'un tout également divisé ou divisible en douze. ♦ *Un douzième des candidats a été reçu. Sept douzièmes* (7/12). **II** n. f. Intervalle compris entre douze degrés conjoints, octave de la quinte.

douzièmement adv. – XVIe ▪ En douzième lieu (12o).

-doxe Élément, du gr. *doxa* « opinion ».

doyen, enne n. – XIIe ; lat. *decanus* « chef de dix hommes » **1** Titre de dignité ecclésiastique. *Doyen d'un chapitre. Doyenne d'une abbaye.* **2** n. m. Personne qui possédait la première dignité dans les facultés d'une université. ➛ mod. *Doyen d'une U.E.R.* **3** n. Personne qui est la plus ancienne des membres d'un corps, par ordre de réception. « *Notre doyen de l'Académie française va mourir* » (Volt.). **4** Personne la plus âgée. *La doyenne des Français.* ✪ CONTR. Dernier. Benjamin, cadet.

❑ Pour « le plus âgé », on dit parfois *doyen d'âge* afin d'éviter la confusion avec « le plus ancien ».

doyenné n. m. – XIIIe **1** Dignité de doyen. ⇒ **décanat.** ➛ Demeure du doyen. ➛ Circonscription ecclésiastique ayant à sa tête un doyen. **2** *Poire de doyenné* : poire très fondante.

dracéna n. m. – XVIIe ; gr. *drakaina* « dragon femelle » ▪ Arbuste ou arbre tropical *(liliacées)*, au feuillage panaché. ⇒ **dragonnier.**

drache n. f. – 1926 ; néerl. *draschen* « pleuvoir à verse » ▪ région. (Belgique) Pluie battante, averse.

drachme [dʀakm] n. f. – XIIIe ; gr. ▪ Unité monétaire grecque.

draconien, ienne adj. – XVIe ; de *Dracon* ▪ D'une excessive sévérité. ⇒ **inexorable, rigoureux.** *Mesures draconiennes.* ✪ CONTR. Doux, indulgent.

❑ *Dracon* fut un législateur d'Athènes (VIIe s. av. J.-C.) célèbre pour la sévérité du code pénal qu'il y institua.

dragage n. m. – XVIIIe ▪ Action de draguer ; son résultat. *Le dragage d'un bassin.*

❑ Ne pas confondre avec la *drague* (des personnes), de la même famille.

dragée n. f. – XIIIe ; p.-ê. gr. *tragêmata* « friandises » **1** Confiserie formée d'une amande, d'une noisette, enrobée de sucre durci. *Cornet de dragées.* « *une boîte à dragées rose pâle* » (Genev.). ♦ *Tenir la dragée haute à qqn*, lui faire payer cher ce qu'il demande ; lui faire sentir son pouvoir. ♦ Préparation pharmaceutique à sucer. **2** Petit plomb de chasse. ⇒ **cendrée.** « *Des cris éclatèrent sur mes vitraux comme les dragées d'une sarbacane* » (A. Bertrand).

dragéifier v. tr. [7] – XIXe ▪ Présenter sous forme de dragée. *Comprimé dragéifié.*

drageon n. m. – XVIe ; p.-ê. germ. *°draibjo* « pousse » ▪ Pousse aérienne, née sur une racine, et qui produit des racines adventives. ⇒ ① **rejet, rejeton, surgeon.** « *comme les branches des arbres coupés se rajeunissent de nouveaux drageons* » (Ronsard).

drageonnage n. m. – XVIe ▪ Reproduction des plantes par drageons.

drageonnement n. m. – XIXe ▪ Fait pour une plante de drageonner.

drageonner v. intr. [1] – XVIIe ▪ Produire des drageons.

dragline [dʀaglin ; dʀaglajn] n. f. – 1950 ; mot angl., de *drag* « herse » et *line* « câble » ▪ Engin de terrassement qui racle le terrain à l'aide d'un godet traîné par un câble.

dragon n. m. – XIe ; lat. *draco* **I** - **1** Animal fabuleux qu'on représente généralement avec des ailes, des griffes et une queue de serpent. ⇒ **chimère, guivre, hydre, tarasque.** « *Pour ravir un trésor, il a toujours fallu tuer le dragon qui le garde* » (Giraud.). **2** Gardien, surveillant vigilant et intraitable. ⇒ **cerbère.** ➛ *Un dragon de vertu* : une femme affectant une vertu farouche. ♦ Femme acariâtre, violente, aux manières brutales. ⇒ **démon, harpie.** *La maison* « *envahie par les filles de Gustave et régentée par le dragon qu'il a épousé* » (Tournier). **3** Figure du démon. *Saint Michel terrassant le dragon.* **4** *Dragon volant* : reptile *(sauriens)* caractérisé par la présence d'un repli membraneux formant parachute. ➛ *Dragon de Komodo* : varan des îles de la Sonde. **II** Soldat de cavalerie. *Expéditions des dragons contre les huguenots.* ➛ Soldat de certaines unités de blindés.

dragonnade n. f. – XVIIIe ▪ Sous Louis XIV, Persécution exercée par les dragons contre les protestants qui devaient les loger.

dragonne n. f. – XVIIe ; de *dragon* ▪ Cordon qui garnit la poignée (d'un sabre, d'une épée). ➛ Cordon attaché à un objet (un parapluie, un appareil photographique, un bâton de ski).

dragonnier n. m. – XIIIe ; de *(sang-)dragon* ▪ Arbre tropical *(liliacées)* dont la tige très ramifiée produit une gomme. « *des dragonniers, que Pencroff traita de "poireaux prétentieux"* » (J. Verne).

dragster [dʀagstɛʀ] n. m. – 1966 ; mot angl., de *drag* « herse » ▪ Véhicule de course doté d'un moteur surpuissant.

drague n. f. – XIVe ; angl. *to drag* « tirer » **1** Filet de pêche muni d'une armature en triangle ou en arc de cercle et dont la partie inférieure forme racloir. *Pêcheur à la drague.* **2** Instrument servant à enlever du fond de l'eau du sable, du gravier, de la vase. ♦ Construction flottante portant un engin mécanique destiné à curer les fonds des fleuves, canaux, estuaires, à creuser les bassins et chenaux des ports. **3** *Drague pour mines sous-marines* : appareil muni de cisailles qui coupaient les orins des mines rencontrées. **4** fam. Recherche d'aventures galantes.

❑ Le sens familier (4o) vient du verbe *draguer* (qqn), et c'est un déverbal.

draguer v. tr. [1] – XVIIe **1** Pêcher à la drague. **2** Curer, nettoyer à la drague. ⇒ **désenvaser.** *Draguer un bassin.* ♦ Enlever les mines sous-marines de. **3** fam. Chercher à lier connaissance avec (qqn) en vue d'une aventure galante. *Il s'est fait draguer.*

dragueur, euse n. – XVIe **I** n. m. **1** Pêcheur à la drague. **2** Ouvrier qui drague un fond à la main, qui manœuvre une drague. **3** Bateau muni d'une drague. ♦ Navire destiné à la recherche et à l'enlèvement des mines sous-marines. **II** n. fam. Personne qui drague (3o). *Les dragueurs du samedi soir.*

① **draille** n. f. – XVIIIe ; de *traille* ▪ Cordage tendu, le long duquel peut glisser une voile. ⇒ ① **erse, erseau.** *Draille de foc.*

② **draille** n. f. – XIXe ; a. dauphinois *draya* « sentier » ▪ région. Piste empruntée par les troupeaux transhumants.

drain n. m. – XIXe ; mot angl., de *to drain* « dessécher » **1** Conduit souterrain, servant à évacuer l'eau des sols trop humides. 2 Tube destiné à favoriser l'écoulement des collections liquides. « *Après avoir placé au fond de la plaie un drain, un tube de caoutchouc pour l'écoulement du pus* » (Zola). 3 Électrode située à une des extrémités dopées du barreau semi-conducteur d'un transistor à effet de champ et à laquelle aboutit le courant électronique.

❑ La prononciation du mot a été immédiatement francisée.

drainage n. m. – XIXe 1 Opération d'assainissement des sols trop humides, par l'écoulement de l'eau retenue en excès dans les terres. *Drainage d'un marais.* ➛ Système mis en place dans ce but. 2 Opération destinée à favoriser l'écoulement des collections liquides en maintenant une ouverture. *Drainage d'une plaie.* ♦ Traitement destiné à faciliter l'évacuation des toxines de l'organisme. 3 Action d'attirer, de rassembler en un lieu. *Le drainage des capitaux.* ✪ CONTR. Inondation, irrigation. Dispersion, fuite.

draine n. f. – XVIIIe ; p.-ê. du gaul. ▪ Grive de grande taille *(turdidés).*

drainer v. tr. [1] – XIXe 1 Débarrasser de l'excès d'eau par le drainage. ⇒ **assainir, assécher.** *Drainer un polder.* 2 Favoriser l'écoulement des collections liquides de. *Drainer un rein.* 3 Faire affluer en attirant à soi. *Drainer des capitaux.* « *un réel caché qui aurait drainé pour lui tout* l'être *de l'existant* » (Sartre). ✪ CONTR. Inonder, irriguer. Disperser.

draineuse n. f. – XIXe ▪ Machine agricole servant aux travaux de drainage.

draisienne n. f. – XIXe ; de *Drais* ▪ Instrument de locomotion, ancêtre de la bicyclette, dont les deux roues étaient reliées par une pièce de bois sur laquelle on montait à califourchon, et que l'on faisait avancer par l'action alternative des pieds sur le sol. ⇒ **célérifère.**

❑ C'est l'ingénieur allemand *Drais* (1785-1851) qui inventa la *draisienne* en 1816.

draisine n. f. – XIXe ; de *draisienne* ▪ Véhicule automoteur léger pour la surveillance de la voie ferrée, le transport de matériel.

drakkar n. m. – XIXe ; suéd. *drakar,* plur. de *drake* « dragon » ▪ Navire, à voile carrée et à rames, des pirates normands et des navigateurs scandinaves.

❑ La proue des drakkars était ornée d'un dragon.

dramatique adj. et n. f. – XIVe 1 Destiné au théâtre ; relatif aux ouvrages de théâtre. ⇒ **théâtral.** *Œuvre, poème dramatique.* « *Le genre comique et le genre tragique sont les bornes réelles de la composition dramatique* » (Dider.). ♦ *ART DRAMATIQUE* : ensemble des activités théâtrales. *Conservatoire d'art dramatique.* ♦ Qui s'occupe de théâtre. *Auteur dramatique.* 2 Qui tient du drame (2°). *Comédie dramatique.* 3 Qui est susceptible d'émouvoir, d'intéresser vivement le spectateur, au théâtre. ⇒ **émouvant, intéressant, passionnant, pathétique, poignant, saisissant.** *Intensité dramatique d'une scène.* 4 Très grave et dangereux ou pénible. ⇒ **terrible, tragique.** *La situation est dramatique.* ⇒ **grave, sérieux.** *Cela n'a rien de dramatique,* ce n'est pas bien grave. « *ce fut l'incident le plus dramatique de notre longue pérégrination* » (Gaut.). 5 n. f. Création télévisuelle d'après une œuvre littéraire. ⇒ **téléfilm.**

dramatisant, ante adj. – v. 1969 ▪ littér. Qui exagère la gravité de la situation. *Ton dramatisant.* ✪ CONTR. Sécurisant.

dramatisation n. f. – XIXe ▪ Action de dramatiser (1°) ; son résultat. ➛ Exagération de la gravité d'une chose. *Dramatisation d'un incident.*

dramatiser v. tr. [1] – XIXe 1 Présenter sous un aspect dramatique, tragique. « *Un bon portrait m'apparaît toujours comme une biographie dramatisée* » (Baud.). 2 Accorder une gravité excessive à. ⇒ **amplifier, exagérer.** *Il ne faut rien dramatiser.* ✪ CONTR. Atténuer, minimiser ; dédramatiser.

dramaturge n. – XVIIIe ; gr. *dramatourgos* « auteur dramatique » ▪ Auteur d'ouvrages destinés au théâtre.

dramaturgie n. f. – XVIIe ▪ Art de la composition dramatique.

drame n. m. – XVIIe ; gr. *drama* « action » 1 Genre littéraire comprenant tous les ouvrages composés pour le théâtre. ➛ *Drame lyrique.* ⇒ **opéra, opéra-comique.** 2 Genre dramatique comportant des pièces en vers ou en prose, dont l'action s'accompagne d'éléments réalistes, familiers, comiques ; pièce de théâtre appartenant à ce genre. *Drame bourgeois, drame moral. Drame romantique. Drame réaliste.* « *Tout l'effort du drame est de montrer le système logique qui, de déduction en déduction, va consommer le malheur du héros* » (Camus). 3 Événement ou suite d'événements tragiques, terribles. ⇒ **catastrophe, tragédie.** *Drame affreux, horrible, sanglant. Faire un drame d'un petit incident.* « *Le drame, vois-tu, c'est que beaucoup d'entre nous ne peuvent vivre ni dans leur patrie, ni à l'étranger* » (Tournier). ✪ CONTR. Comédie.

drap n. m. – XIIe ; bas lat. *drappus,* p.-ê. mot gaul. 1 Tissu de laine dont les fibres sont feutrées par le foulage. « *Son uniforme en gros drap bleu, l'indestructible drap des Postes* » (Bosco). ♦ *Drap d'or, drap de soie,* tissé d'or, de soie. 2 *DRAP (DE LIT)* : pièce de tissu rectangulaire qui sert à isoler le corps du matelas ou de la couverture. *Paire de draps.* ♦ loc. *Se mettre, se glisser dans les draps* : se coucher. ➛ loc. *Mettre qqn dans de beaux draps,* le mettre dans une situation critique. *Nous voilà dans de beaux draps.* 3 région. (Belgique) Serviette. ➛ *Drap de maison* : torchon. ♦ *Drap de bain* : grande serviette éponge.

drapé n. m. – XVe ▪ Ensemble des plis formés par l'étoffe d'un vêtement. *Le drapé d'une robe.*

drapeau n. m. – XIIe 1 Pièce d'étoffe attachée à une hampe et portant les couleurs, les emblèmes (d'une nation, d'un groupement, d'un chef...). ⇒ **étendard, pavillon.** *Hisser un drapeau.* ➛ *Drapeau rouge* : emblème révolutionnaire. ➛ *Drapeau blanc* : drapeau qui indique à l'ennemi qu'on veut parlementer ou se rendre. « *cette idée du drapeau blanc, de la défaite, de la capitulation* » (Zola). ➛ *Drapeau noir,* des pirates, des anarchistes. ♦ En informatique, Bit d'un registre d'état renseignant sur le déroulement d'une opération et permettant une décision. 2 Symbole de l'armée, de la patrie. *Mourir pour le drapeau.* ♦ *LES DRAPEAUX* : l'armée. ➛ loc. *Être sous les drapeaux* : être en activité de service dans l'armée ; faire le service militaire. 3 Drapeau servant de signal. *Abaisser le drapeau à damiers à l'arrivée du premier concurrent d'une course automobile.* 4 *Mettre une hélice en drapeau* : disposer les pales parallèlement au sens de la marche.

drapement n. m. – XIXe ▪ Action de draper (2°, 3°) ; son résultat.

draper v. tr. [1] – XIIIe 1 Convertir (une étoffe de laine) en drap. 2 Habiller de vêtements amples, formant des plis harmonieux. *Draper une statue à l'antique.* ♦ Recouvrir en formant des plis. « *un lit à colonnes drapé de perse à grandes fleurs rouges* » (Nerval). 3 Disposer (une étoffe) de manière qu'elle forme des plis harmonieux. *Couturier qui drape une étoffe sur un mannequin.* 4 v. pron. *SE DRAPER* : arranger ses vêtements de manière à former d'amples plis. *Se draper dans une cape. Drapé dans un péplum.* ♦ *Se draper* *dans sa dignité :* affecter une attitude de dignité offensée.

① **draperie** n. f. – XIIe 1 Étoffe ou vêtement ample formant de grands plis. ♦ Représentation artistique d'un drapé en peinture, en sculpture. 2 Étoffe de tenture drapée. *Draperies d'un lit, d'une fenêtre.* ⇒ **cantonnière, rideau, tenture.**

② **draperie** n. f. – XIIIe ■ Fabrication, commerce de drap. ♦ Manufacture de drap.

drap-housse [dʀaus] n. m. – 1958 ■ Drap de dessous dont les coins et les rebords sont conçus de manière à emboîter le matelas. *Des draps-housses.*

drastique adj. – XVIIIe ; gr. *drastikos* « qui agit » 1 Qui exerce une action très énergique. *Remède drastique.* ➛ n. m. ⇒ **purgatif.** 2 Énergique, contraignant. ⇒ **draconien, radical.** *Des mesures drastiques.*

① **drave** n. f. – XVe ; esp. *draba* ■ Plante herbacée *(crucifères)* à fleurs blanches.

② **drave** n. f. – XIXe ; mot canadien, de l'angl. *to drive* « conduire » ■ (Canada) Flottage du bois.

draver v. intr. [1] – XIXe ■ (Canada) Diriger le flottage du bois. ⇒ ① **flotter.**

draveur n. m. – XIXe ■ (Canada) Ouvrier travaillant au flottage du bois. ⇒ ① **flotteur.**

dravidien, ienne adj. et n. m. – XIXe ; sanskr. *Dravida,* province du sud de l'Inde ■ Relatif aux populations noires du sud de la péninsule indienne. *Peuples dravidiens.* ♦ *Langues dravidiennes :* groupe des langues du sud de l'Inde (tamoul, malayalam, etc.).

❑ Ce mot a remplacé *malabare.*

drawback [dʀobak] n. m. – XVIIIe ; mot angl. « remise », de *to draw* « tirer » et *back* « en arrière » ■ Remboursement des droits ou taxes de douane payés lors de l'entrée de marchandises, lorsqu'elles ont servi à fabriquer des produits qui sont exportés.

❑ *Drawback* a remplacé l'expression *droit de restitution.*

drayer v. tr. [8] – XVIIIe ; néerl. *draaien* « tordre » ■ Égaliser (une peau), lors du corroyage. ⇒ **dérayer, écharner.**

drayoir n. m. ou **drayoire** n. f. – XVIIIe ■ Couteau à lame cintrée, à deux manches servant à drayer.

drêche n. f. – XVIIe ; a. fr. *drasche* « cosse », gaul. *°drasca* ■ Résidu de l'orge, après soutirage et filtration du moût, en brasserie.

① **drège** n. f. – XVIe ; o. i. ■ Grand filet pour la pêche au fond de la mer.

② **drège** n. f. – XVIIIe ; all. *dreschen* « battre au fléau » ■ Peigne métallique servant à séparer la graine de lin d'avec les tiges.

drelin interj. – XVIIe ; onomat. ■ vieilli Onomatopée évoquant le bruit d'une clochette, d'une sonnette. ⇒ **dring ; ding.**

drépanocytose n. f. – 1952 ; de *drépanocyte* « globule en forme de faucille », du gr. *drepanon* « faux, serpe » ■ Maladie héréditaire, provoquant l'arrêt de la circulation du sang dans les capillaires, caractérisée par la présence dans les hématies d'une hémoglobine anormale.

dressage n. m. – XVIIIe 1 Action d'installer en faisant tenir droit. *Dressage d'une tente.* ⇒ **montage.** 2 Opération qui consiste à donner une forme plane. *Dressage des tôles.* ⇒ **planage.** 3 Action de dresser un animal. *Dressage savant des animaux de cirque.* ⇒ **domptage.** ➛ « *les nouveaux systèmes d'éducation ne sauraient aboutir qu'au dressage de hideux homuncules* » (Bernanos). ✪ CONTR. Démontage.

dresser v. tr. [1] – XIIe ; lat. *directus* « droit » **I** v. tr. 1 Tenir droit et verticalement. ⇒ ① **lever, redresser.** *Dresser la tête.* ➛ loc. *Dresser l'oreille :* écouter attentivement, diriger son attention. « *ceux dont nous avons entendu parler, d'une manière qui nous a fait dresser l'oreille* » (Gracq). 2 Faire tenir droit. *Dresser une échelle contre un mur.* ⇒ **planter.** ➛ Construire, installer. ⇒ **élever, ériger.** *Dresser une statue. Dresser une tente.* ⇒ **monter.** « *on dressa au pied de l'arbre un autel de gazon* » (Chateaub.). 3 Disposer comme il le faut. *Dresser le couvert.* ⇒ **mettre.** *Dresser un plat,* le présenter. *Dresser un piège.* ⇒ ① **tendre.** 4 Faire, établir avec soin. *Dresser une carte. Dresser une liste.* ♦ Rédiger dans la forme prescrite. *Dresser un contrat. Dresser un constat.* 5 *Dresser une personne contre une autre,* mettre en opposition. ⇒ **braquer, monter.** 6 Rendre droit et plat. *Dresser une planche.* ⇒ **aplanir, dégauchir.** 7 Habituer (un animal) par le dressage à effectuer un programme précis. « *Ce n'est qu'avec beaucoup de patience et d'art qu'on peut dresser à la chasse un jeune aigle* » (Buff.). *Dresser des animaux de cirque.* ⇒ **dompter.** *Animal bien dressé.* ♦ fam. Faire céder, plier. ⇒ ① **mater.** *Je vais te dresser. Ça le dressera.* **II** *SE DRESSER* v. pron. 1 Se mettre droit. *Elle* « *s'est dressée sur son séant, toute raide* » (Loti). *Animal qui se dresse sur ses pattes de derrière.* ⇒ se **cabrer.** ♦ Être droit. « *Un seul bouquet d'arbres verts se dressait à l'extrémité de la presqu'île* » (J. Verne). *Obstacles qui se dressent sur la route.* 2 *Se dresser contre qqn.* ⇒ s'**élever,** s'**insurger,** s'**opposer.** *Se dresser contre l'envahisseur.* ⇒ **résister.** 3 Pouvoir être dressé. « *Les araignées s'apprivoisent, mais ne se dressent pas* » (Queneau). ✪ CONTR. Abaisser, baisser, ① coucher, plier ; abattre, défaire. Gauchir. — ① Coucher (se). Obéir, soumettre (se).

dresseur, euse n. – XVe ■ Personne qui dresse des animaux. ⇒ **dompteur.** « *des ours des Pyrénées exhibés par leurs dresseurs dans le parc de la propriété* » (Cl. Simon).

dressing-room [dʀesiŋʀum] ou **dressing** [dʀesiŋ] n. m. – XIXe ; mot angl. « pièce *(room)* pour s'habiller *(dressing)* » ■ Petite pièce où sont rangés ou pendus les vêtements. *Des dressing-rooms, des dressings.*

dressoir n. m. – XIIIe ■ Étagère, buffet où sont dressés et exposés des objets faisant partie du service de la table. ⇒ **crédence, vaisselier.**

drève n. f. – XVe ; moy. néerl. *dreve,* de *driven* « conduire » ■ région. (Nord, Belgique) Allée carrossable bordée d'arbres. ⇒ **avenue, mail.**

dreyfusard, arde n. et adj. – XIXe ■ Partisan de Dreyfus.

dreyfusisme n. m. – XIXe ■ Position des partisans de Dreyfus.

dribble n. m. – 1913 ■ Action de dribbler.

dribbler v. tr. [1] – XIXe ; angl. *to dribble* « tomber goutte à goutte » ■ Courir en poussant devant soi (le ballon), du pied (football) ou de la main (basket). ➛ intrans. « *Voici deux avants de l'équipe adverse qui arrivent en dribblant* » (J. Prévost).

dribbleur, euse n. – XIXe ■ Joueur qui dribble.

drift [dʀift] n. m. – XIXe ; mot angl. ■ Dépôt laissé par le recul d'un glacier.

drifter [dʀiftœʀ] n. m. – 1922 ; mot angl. de *to drift* « dériver » ■ Bateau qui utilise des filets pour la pêche à la dérive.

① **drill** [dʀil] n. m. – XVIIIe ; de *mandrill* ■ Grand singe cynocéphale d'Afrique occidentale, remarquable par ses callosités fessières d'un rouge vif.

② **drill** [dʀil] n. m. – 1922 ; mot angl. « exercice militaire » ■ Méthode d'enseignement programmé fondée sur l'acquisition d'automatismes.

① **drille** n. m. – XVIIe ; p.-ê. de l'a. fr. *drille* « chiffon » ou de *driller* « courir çà et là », néerl. *drillen* ■ *Un joyeux drille :* un joyeux compagnon, un homme jovial. ⇒ **luron.**

❑ *Drille* désigne à l'origine un soldat vagabond.

② **drille** n. f. – XVIIIe ; all. *drillen* « percer en tournant » ■ Ancien outil à forer pour les travaux minutieux.

dring [dʀiŋ] interj. – 1949 ; p.-ê. de l'angl. ■ Onomatopée évoquant le bruit d'une sonnette, d'une sonnerie.

dringuelle n. f. – XVIIe ; all. *Trinkgeld* ■ région. (Belgique) Pourboire.

drink [dʀink] n. m. – XIXe ; mot angl. « boisson » ■ Boisson alcoolisée.

drisse n. f. – XVIIe ; it. *drizza* ■ Cordage ou palan qui sert à hisser une voile, un pavillon, un signal. « *la drisse d'un yacht, prise de frénésie soudaine, se met à vibrer furieusement contre le mât* » (Tournier).

drive [dʀajv] n. m. – XIXe ; mot angl. « coup énergique au golf, au base-ball, au tennis, au cricket » ■ Au tennis, Coup droit. ➛ Au golf, Coup de longue distance donné au départ d'un trou.

drive-in [dʀajvin] n. m. inv. – 1949 ; mot angl. « entrer en voiture » ■ Lieu public directement accessible en voiture ou service aménagé de telle sorte que les usagers puissent en bénéficier sans sortir de leur voiture.

❑ Au Québec, pour un cinéma en plein air, on dit *ciné-parc*.

① **driver** ou **driveur** [dʀajvœʀ ; dʀivœʀ] n. m. – XIXe ; mot angl. « instrument pour conduire » I Joueur qui exécute un drive. ➛ Club de départ en bois, au golf. II - 1 Jockey de trot attelé. 2 Petit programme informatique associé à un périphérique et permettant la complète utilisation de ce dernier par un ensemble de progiciels.

② **driver** [dʀajve ; dʀive] v. [1] – XIXe 1 v. intr. Exécuter un drive au tennis. ➛ Jouer le coup du départ au golf. 2 v. tr. Conduire (un cheval attelé à un sulky) dans une course de trot. ⇒ **conduire.**

drogman [dʀɔgmɑ̃] n. m. – XIIIe ; gr. *dragoumanos* « interprète » ■ vx Interprète, dans les pays du Levant.

drogue n. f. – XIVe ; p.-ê. néerl. *drog* « chose sèche », ou lat. *drogia* 1 Médicament dont on conteste l'utilité, l'efficacité, dont on condamne l'usage. « *les talents des hommes sont comme les vertus des drogues, que la nature nous donne pour guérir nos maux* » (Rouss.). 2 Stupéfiant. ⇒ fam. ② **came, camelote, chnouf, dope, reniflette ; acide, blanche,** ② **coke,** ② **crack, herbe, poudre.** *Drogues dures, drogues douces. Trafiquant de drogue.* ⇒ **narcotrafiquant.** *Blanchiment de l'argent de la drogue.* ➛ *Lutte contre la drogue.* ⇒ **toxicomanie.**

drogué, ée n. et adj. – déb. XXe ■ Personne intoxiquée par l'usage des stupéfiants. ⇒ **toxicomane.**

droguer v. tr. [1] – XVIe 1 Faire prendre à (un malade) beaucoup de médicaments ; administrer un somnifère, de la drogue à. *Locke* « *recommande fortement de ne jamais droguer les enfants* » (Rouss.). 2 v. pron. SE DROGUER. Prendre de la drogue, des stupéfiants. ⇒ fam. se **camer,** se **charger,** se **défoncer.** « *Il n'est pas lyrique de se droguer. C'est tout simplement lamentable* » (Aragon).

droguerie n. f. – XVe ■ Commerce des produits de toilette, d'hygiène, de ménage, d'entretien. ♦ Magasin où l'on vend ces produits.

droguet n. m. – XVIe ; de *drogue* « chose de mauvaise qualité » ■ Étoffe ornée d'un dessin produit par un fil de chaîne supplémentaire.

droguiste n. – XVIe ■ Personne qui tient une droguerie.

① **droit, droite** adj. et adv. – XIe ; lat. *directus* I adj. 1 Qui est sans déviation, d'un bout à l'autre. *Se tenir droit.* « *sa face anguleuse au nez droit, à la lèvre duvetée* » (Alain-Fourn.). *Être droit comme un i.* ⇒ **raide.** 2 Dont la direction est constante ; qui va d'un point à un autre par le chemin le plus court. ⇒ ① **direct, rectiligne.** *Ligne, voie droite.* ➛ *Il y a deux kilomètres en ligne droite.* ➛ « *qui vous a dit que vous descendez en droite ligne d'un Franc ?* » (Volt.). ➛ *Ramener qqn dans le droit chemin,* le chemin de l'honnêteté, de la vertu. 3 Perpendiculaire à l'horizontale. ⇒ **vertical.** *Ce mur, ce pylône n'est pas droit, il penche. Tenez la soupière bien droite. Remettre droit ce qui est tombé.* ⇒ **debout.** *Écriture droite* (opposé à *penché*). ♦ Dont les bords sont verticaux. *Gilet droit* (opposé à *croisé*). ➛ *Manteau droit,* non cintré ou sans ampleur. *Jupe droite,* sans ampleur. ♦ *Muscle droit :* muscle dont les fibres sont verticales dans la station debout. 4 *Angle droit,* formé par deux demi-droites perpendiculaires (opposé à *aigu, obtus*). *L'angle droit mesure 90 degrés ou $\pi/2$ radian. Rues à angle droit.* ➛ *Section droite d'un cylindre,* par un plan perpendiculaire aux génératrices. *Cône, cylindre, hélicoïde, prisme droit,* dont l'axe est orthogonal à la base. 5 Qui ne s'écarte pas d'une règle. *Un homme droit.* ⇒ **équitable, honnête, juste, probe ;** ② **franc, loyal, sincère.** « *il ne savait point discerner les hommes droits et simples qui agissent sans déguisement* » (Fén.). II adv. 1 En ligne droite. *Viser droit. Papier réglé pour écrire droit.* 2 Par la voie la plus courte, la plus rapide. ⇒ **directement.** *Aller droit au but. Ça me va droit au cœur,* je suis touché. ♦ *Marcher droit :* bien se conduire, être obéissant. ✪ CONTR. Arqué, brisé, cambré, coudé, courbé, sinueux, voûté. Détourné, indirect. Couché, penché, oblique, renversé ; horizontal. Déloyal, ① faux, fourbe, hypocrite, trompeur. ① Faux, illogique, insensé.

② **droit, droite** adj. et n. m. – XVe I adj. Qui est du côté opposé à celui du cœur de l'observateur (opposé à *gauche*). ⇒ **dextre.** *La main droite. L'aile droite d'un bâtiment. Le côté droit d'un navire.* ⇒ **tribord.** *La rive droite d'une rivière.* ♦ *Centre droit :* dans une assemblée politique, partie du centre qui siège près de la droite. II n. m. Le poing droit, à la boxe. *Direct du droit.* ➛ Coup porté par ce poing. ⇒ **droite** (I, 4°). ✪ CONTR. Gauche. Revers.

③ **droit** n. m. – IXe I - 1 Ce qui est permis par conformité à une règle morale, sociale. *Droits naturels. Faire valoir ses droits. Cela lui confère le droit de...* ♦ DROITS DE L'HOMME, définis par la Constituante de 1789 et considérés comme droits naturels. « *un siècle où l'étendue et les droits de l'homme viennent d'être approfondis* » (Sade). ♦ « *La liberté est le droit de faire tout ce que les lois permettent* » (Montesq.). *Le droit des peuples à disposer d'eux-mêmes. Le droit à la parole.* ➛ *Il a le droit d'en parler.* ⇒ **possibilité,** ② **pouvoir, qualité ; autorisation, permission.** « *Et toi tu n'as pas le droit de me juger, puisque tu n'iras pas te battre* » (Sartre). ➛ *Vous avez droit à des excuses.* ➛ fam. *Il a eu droit à des reproches,* il a dû les subir. ♦ « *Il a sur nous un droit et de mort et de vie* » (Corn.). ♦ *Être en droit de... :* avoir le droit de... ➛ *De quel droit ?* en vertu de quelle raison, de quelle autorité ? *Être dans son (bon) droit.* 2 Ce qui est exigible ou permis par conformité à une règle précise, formulée. ⇒ **faculté, habilité, prérogative, privilège.** *Droits acquis et droits naturels. Droits civiques, droits du citoyen, droits politiques.* ➛ *Droits civils, privés. Droits réels,* opposables à tous et permettant d'exercer un pouvoir sur un bien. *Défendre ses droits devant la justice.* ➛ *Droit de réponse.* ➛ *Droit du sang.* ➛ *Droit de chasse, de pêche, de stationnement.* ➛ *Droit de jouissance.* ➛ *Droit de grâce. Droit de grève.* ♦ *Droit d'auteur, droit de l'inventeur :* droit exclusif d'exploitation d'une œuvre par son auteur, d'une invention par son inventeur. *Tous droits réservés. La Société X* « *a acheté un demi-million les droits cinématographiques pour tel roman* » (Simenon). 3 Somme d'argent, redevance qu'une personne, une collectivité est en mesure d'exiger de qqn. ⇒ **accise, contribution,** vx **imposition, impôt, redevance, taxe.** *Acquitter un droit. Droit d'inscription.* ♦ *Droits seigneuriaux.* ♦ Contribution indirecte. *Droits de douane.* ➝ *Droit de timbre. Droit d'entrée, de sortie. Droits de navigation :* taxes accessoires des douanes, perçues sur le corps des navires. ➝ *Droits d'enregistrement. Droit d'acte ; droit de mutation :* droits perçus l'un à raison de la rédaction ou de l'usage d'un acte, l'autre à raison du fait juridique qu'il concerne. ➝ *Droits de succession.* ♦ Somme d'argent payée à une personne. ⇒ **rétribution, salaire.** ➝ *DROITS D'AUTEUR :* profits pécuniaires de l'auteur. ➝ *Allocation de fin de droits :* dernière somme allouée au chômeur de longue durée. **II - 1** Ce qui constitue le fondement des droits de l'homme vivant en société, des règles régissant les rapports humains. ⇒ **légalité, légitimité.** *Opposer le droit au fait, au réel. Rapports du Droit et de la Morale, du Droit et de la Force.* ♦ *À BON DROIT :* d'une façon juste et légitime ; selon toute raison. ♦ *DE DROIT :* légitime. *Un État de droit.* **2** Pouvoir de faire ce que l'on veut. *Le droit du plus fort.* **3** Ensemble des règles existant en dehors de toute formulation. *Le droit naturel :* principes immuables fondés sur l'équité et le bon sens, et supérieurs à la loi. ♦ *DROIT DIVIN :* doctrine de la souveraineté d'après laquelle le roi est directement investi par Dieu. **4** Ensemble des règles juridiques en vigueur dans un État. *Droit français, anglais. Droit romain. Droit écrit.* ➝ *DROIT COMMUN :* règles générales applicables à toutes les situations, lorsqu'il n'y a aucune dérogation particulière. *Délit de droit commun.* ♦ *DE DROIT :* légal, prévu par les textes et qui ne peut donner lieu à une discussion. ➝ *DE PLEIN DROIT :* sans qu'il soit nécessaire de manifester de volonté, d'accomplir de formalité. ➝ *QUI DE DROIT :* personne ayant un droit sur..., ayant habilité à... ♦ *Droit privé,* qui régit les actes accomplis par les particuliers. *Droit civil :* la branche essentielle du droit privé traitant des personnes, des biens, des successions, des obligations... ➝ *Droit commercial.* ➝ *Droit maritime.* ➝ *Droit international privé,* déterminant les conditions de la nationalité, la situation des étrangers et les conflits de loi. ➝ *Droit canon,* réglant l'organisation de l'Église catholique. ➝ *Droit public.* ➝ *Droit constitutionnel :* la partie du droit public interne relative à l'organisation de l'État. ➝ *Droit administratif :* ensemble des règles relatives au fonctionnement du pouvoir exécutif, à l'organisation des services publics. ➝ *Droit financier :* ensemble des règles relatives aux finances publiques. ➝ *Droit international public,* réglant les rapports d'État à État. ➝ *Droit pénal* ou *Droit criminel :* ensemble des lois qui réglementent l'exercice de la répression par l'État. ➝ *Droit médical.* ➝ *Droit aérien.* ➝ *Droit social,* régissant les contrats de travail et les rapports des employeurs avec les salariés. **5** La science juridique. *Faculté de droit.*

droite n. f. – XVIe **I - 1** Le côté droit, la partie droite. *Il ne sait pas distinguer sa droite de sa gauche. La droite d'un navire.* ⇒ **tribord.** *Se diriger vers la droite.* ➝ *C'est à votre droite, sur votre droite.* **2** Le côté droit sur lequel les véhicules doivent rouler dans la plupart des pays. *Tenir sa droite.* **3** Les députés qui siègent à droite (du président) et qui appartiennent traditionnellement aux partis conservateurs. ♦ Fraction de l'opinion publique conservatrice ou réactionnaire. « *Depuis quand les gens de droite s'appellent-ils nationaux ?* » (Bernanos). **4** La main droite. ➝ Coup de la main droite, du poing droit. ⇒ ② **droit** (II). **5** *À DROITE :* du côté droit. *Regarder à droite. Tourner à droite.* ♦ Sur la partie droite de la chaussée. *Roulez à droite !* ♦ *Intervalle fermé, ouvert à droite,* comprenant ou non la valeur supérieure de l'intervalle. **II** Ligne dont l'image est celle d'un fil parfaitement tendu ; Notion de base de la géométrie élémentaire. *Droites parallèles. Segment de droite.* ➝ *Droite affine :* espace affine à une dimension. ✪ CONTR. Courbe. Gauche, revers, sénestre ; bâbord.

droitement adv. – XIIe ▪ rare D'une manière droite, franche ou équitable. ✪ CONTR. Faussement, hypocritement.

droitier, ière adj. et n. – XVIe **1** Qui se sert mieux de la main droite que de la main gauche. *La majorité des humains sont droitiers.* « *je ne suis ni gauchère ni droitière* » (Zola). ⇒ **ambidextre. 2** fam. De la droite politique. *Les tendances droitières du parti.* ✪ CONTR. Gaucher ; gauchiste.

droitisme n. m. – 1910 ▪ Attitude des partisans de la droite. ✪ CONTR. Gauchisme.

droitiste n. et adj. – 1966 ▪ Qui est partisan de la droite, de solutions réactionnaires. ✪ CONTR. Gauchiste.

droiture n. f. – XIIe ▪ Qualité d'une personne droite, loyale, dont la conduite est conforme aux lois de la morale, du devoir. ⇒ **franchise, honnêteté, loyauté, probité, rectitude, sincérité.** « *la droiture et la probité peuvent s'allier quelquefois avec la culture des lettres* » (Rouss.). ✪ CONTR. Déloyauté, duplicité, fourberie, improbité, malhonnêteté.

drolatique adj. – XVIe ▪ littér. Qui a de la drôlerie, est récréatif et pittoresque. ⇒ **cocasse, curieux, drôle, plaisant.** *Les « Contes drolatiques », de Balzac.* ✪ CONTR. Banal, triste.

❑ Pas d'accent sur le o, seul cas de la famille de *drôle.*

drôle n. et adj. – XVe ; néerl. *drol* « petit bonhomme, lutin » **I** n. m. **1** vx Homme roué. **2** région. (midi de la France) Gamin, jeune garçon. « *Comme s'il était homme à se gêner pour un drôle !* » (Mauriac). **II** adj. **1** Qui prête à rire par son originalité, sa singularité. ⇒ **amusant, bouffon, cocasse, comique, désopilant, hilarant, humoristique, inénarrable, plaisant, ridicule, risible ;** fam. **bidonnant, crevant, gondolant, impayable, marrant, poilant, rigolo, roulant, tordant.** *Une histoire drôle.* ➝ *La situation n'est pas drôle.* ♦ Qui sait faire rire. *Ce fantaisiste est drôle.* ➝ Qui fait rire. *Ce qu'il est drôle, avec ce petit chapeau.* ♦ n. *C'est un, une drôle,* une curieuse personne. ⇒ **numéro. 2** Qui est anormal, étonnant. ⇒ **bizarre, curieux, surprenant.** *Nous trouvons drôle qu'il ait oublié de nous prévenir.* ➝ fam. *Se sentir tout drôle :* ne pas se sentir comme d'habitude. ♦ *Une drôle d'odeur. Une drôle d'aventure* (⇒ **extravagant, fantaisiste, rocambolesque).** *Avoir un drôle d'air.* « *quel drôle de corps : long comme une anguille, souple comme elle* » (Verlaine). loc. *La drôle de guerre,* la première phase de la guerre de 1939-1945. ➝ fam. ⇒ **rude,** ① **sacré.** *Il faut une drôle de patience pour supporter cela,* il en faut beaucoup. ♦ *En faire voir de drôles à qqn,* lui créer des soucis. ✪ CONTR. Ennuyeux, ② falot, insipide, triste. Normal, ordinaire.

drôlement adv. – XVIIe **1** rare D'une manière amusante. ⇒ **comiquement, plaisamment. 2** D'une manière bizarre. ⇒ **bizarrement.** *Elle est drôlement accoutrée.* **3** fam. De manière extraordinaire. ⇒ ① **bien, diablement, extrêmement.** *Les prix ont drôlement augmenté.* ⇒ **énormément.** *Elle est drôlement bien.* ⇒ **très.** ✪ CONTR. Tristement. Normalement. Peu, ② pas.

drôlerie n. f. – XVIe **1** Parole ou action drôle. ⇒ **bouffonnerie. 2** Caractère de ce qui est drôle. « *Il y avait, dans ce journal, du talent, de la drôlerie et du désespoir* » (Maurois). ✪ CONTR. Tristesse.

drôlesse n. f. – XVIe **1** vieilli Femme effrontée. **2** région. et fam. Petite fille.

dromadaire n. m. – XIIe ; gr. *dromas* « coureur » ▪ Mammifère voisin du chameau *(camélidés),* à une seule bosse dorsale, accoutumé à la sécheresse et renommé pour sa vitesse.

drome n. f. – XVIIIe ; bas all. *Drôm*, ou néerl. *drommer* « poutre » ▪ **1** Ensemble des diverses pièces de rechange disposées sur le pont d'un navire. **2** Ensemble des embarcations appartenant à un navire. **3** Pièce de charpente qui supporte le marteau d'une forge.

-drome, -dromie Éléments, du gr. *dromos* « course ».

drone n. m. – 1954 ; mot angl. « faux bourdon » ▪ Petit avion de reconnaissance, sans pilote, télécommandé ou programmé.

dronte n. m. – XVIIe ; mot d'un parler de l'océan Indien ▪ Grand oiseau coureur de l'île Maurice, incapable de voler, exterminé au XVIIIe s. ⇒ ② **dodo.**

① **droper** v. intr. [1] – 1902 ; de *adroper*, arg. des soldats d'Afrique, d'o. ar. ▪ fam. Filer, courir très vite.

② **droper** v. tr. [1] – av. 1918 ; angl. *to drop* « lâcher, abandonner » **1** Larguer, parachuter. **2** fam. Abandonner, délaisser ; négliger. *Je suis contente « que vous ne me "dropiez" pas tout à fait »* (Proust). **3** Abandonner (ses études, son métier) par rejet des valeurs sociales et culturelles de la société.

❑ On écrit aussi *dropper*. → droppage.

drop-goal [dʀɔpgol] n. m. – XIXe ; mot angl., de *to drop* « tomber » et *goal* « but » ▪ Au rugby, Coup de pied donné dans le ballon juste après le rebond. *Des drop-goals.* — abrév. DROP.

droppage n. m. – 1960 ; d'apr. l'angl. *dropping* → ② droper ▪ Parachutage.

droséra n. m. – XIXe ; gr. *droseros* « humide de rosée » ▪ Plante carnivore *(droséracées)*. ⇒ ① **rossolis.**

drosophile n. f. – XIXe ; gr. *drosos* « rosée » et *-phile* ▪ Insecte diptère, utilisé dans les expériences de génétique, appelé *mouche* du vinaigre*.

drosse n. f. – XVIIe ; lat. *tradux* « sarment de vigne » ▪ Filin, câble, cordage ou chaîne servant à orienter le gouvernail à partir de la barre.

drosser v. tr. [1] – XVIIe ▪ Entraîner vers la côte. *Navire drossé à la côte.*

dru, drue adj. – XIe ; gaul. °*druto* « fort, vigoureux » **1** Qui présente des pousses serrées et vigoureuses. ⇒ **épais, fourni, touffu.** *Herbe drue.* — « *Les cheveux blancs, drus et courts, avivaient son œil sous d'épais sourcils gris* » (Maupass.). ♦ « *une pluie drue à ne pas se voir d'un bout du navire à l'autre* » (Loti). **2** Qui se développe, s'est développé avec force, avec vigueur. « *mes idées poussent si drues et si serrées qu'elles s'étouffent et ne peuvent mûrir* » (Gaut.). **3** adv. *La neige tombe dru.* ✪ CONTR. Clairsemé, rare. Faible.

drugstore [dʀœgstɔʀ] n. m. – 1925 ; mot angl., de *drug* (→ drogue) et *store* « magasin » **1** En Amérique du Nord, Magasin où l'on vend divers produits (alimentation, hygiène, pharmacie). **2** En France, Ensemble formé d'un bar, d'un café-restaurant, de magasins divers, parfois d'une salle de spectacles.

❑ Au Canada francophone, pour le sens 1°, on dit *pharmacie*.

druide n. m. – XIIIe ; lat. d'o. gaul. ▪ Prêtre gaulois ou celtique, dont les fonctions étaient d'ordre religieux, pédagogique et judiciaire. ⇒ **eubage.**

druidesse n. f. – XVIIIe ▪ Prêtresse gauloise ou celtique.

druidique adj. – XVIIIe ▪ Relatif aux druides.

drumlin [dʀœmlin] n. m. – 1907 ; mot irland., du gaélique *druim* « bord d'une colline » ▪ Éminence elliptique constituée par les éléments d'une moraine, dans les pays de relief glaciaire.

drummer [dʀœmœʀ] n. m. – 1928 ; mot angl., de *drum* « tambour » ▪ Batteur, percussionniste dans un orchestre de jazz, de rock.

drums [dʀœms] n. m. pl. – 1935 ; mot angl. ▪ Batterie, dans les orchestres de jazz, de rock.

drupe n. f. – XVIIIe ; lat. *drupa* « pulpe » ▪ Fruit indéhiscent, charnu, à noyau.

dry [dʀaj] adj. inv. et n. m. – XIXe ; mot angl. « sec » ▪ vieilli **1** Sec. *Champagne dry.* ⇒ aussi **extra-dry. 2** n. m. Cocktail au gin et au vermouth. ⇒ **martini.** *Des drys* ou *des dry.*

dryade [dʀijad] n. f. – XIIIe ; gr. *drus* « chêne » **1** Nymphe protectrice des forêts. **2** Plante dicotylédone *(rosacées)* vivace, qui croît dans les montagnes.

dry farming [dʀajfaʀmiŋ] n. m. – 1911 ; mots angl. « culture à sec » ▪ Méthode de culture qui consiste à travailler la terre sans l'ensemencer une année sur deux pour emmagasiner dans le sol l'eau tombée pendant deux années consécutives.

du art. – IXe ; contract. de *de* et de *le* **1** Article défini contracté. ⇒ ① **de,** ① **le.** *Venir du Portugal. Le plat du jour.* « *il a les plus belles dents du monde, un peu de mollesse dans la taille* » (Sade). **2** Article partitif. *Manger du pain.* ⇒ ② **de.** ✪ HOM. Dû.

dû, due adj. et n. m. – XIVe **1** adj. Que l'on doit. *Somme due. Les frais dus.* ♦ Causé par. *Accident dû à la maladresse.* « *des scènes dues à la seule mauvaise humeur* » (Camus). ♦ *Acte en bonne et due forme*, rédigé conformément à la loi. **2** n. m. Ce qui est dû. *Payer son dû.* ⇒ **dette.** *C'est à lui « qu'elle s'adressa pour réclamer son dû »* (Aragon). ✪ CONTR. Indu. HOM. Du.

❑ Seule la forme du masculin singulier s'écrit avec un *û*. → ① devoir (rem.).

dual, duale adj. – 1948 **1** Se dit de propriétés qui sont par deux et qui présentent un caractère de réciprocité. *Équation duale. Des espaces duals.* **2** Double (avec un caractère de réciprocité). ♦ *Société duale*, dans laquelle existent une population à hauts revenus et à forte productivité et une population à revenus et productivité faibles.

dualisation n. f. – 1983 ▪ *Dualisation d'une société*, sa division en deux groupes, à caractéristiques économiques et sociales différentes.

dualisme n. m. – XVIIe ; lat. *dualis* « composé de deux » **1** Doctrine qui admet dans l'univers deux principes premiers irréductibles. **2** Système qui admet la coexistence de deux principes essentiellement irréductibles. *Dualisme de la volonté et de l'entendement.* « *le dualisme de l'être et du paraître ne saurait plus trouver droit de cité en philosophie* » (Sartre). **3** Coexistence de deux éléments différents. ⇒ **dualité.** *Dualisme de races.* — Coexistence de populations à niveaux de vie différents. ✪ CONTR. Monisme, pluralisme.

dualiste adj. et n. – XVIIe ▪ Qui se rapporte au dualisme. *Philosophie dualiste* **(⇒ manichéen).**

dualité n. f. – XIVe ▪ Caractère ou état de ce qui est double en soi ; coexistence de deux éléments de nature différente. « *La dualité, qui est la contradiction de l'unité, en est aussi la conséquence* » (Baud.). ✪ CONTR. Unité.

dubitatif, ive adj. – XIIIe ; lat. *dubitare* « douter » ▪ Qui exprime le doute, l'incertitude ou le scepticisme. « *Albertine employait toujours le ton dubitatif pour les résolutions irrévocables* » (Proust).

duc n. m. – XIe ; lat. *dux* « chef » 1 Souverain d'un duché. *Le duc de Bourgogne.* 2 Celui qui porte le titre de noblesse le plus élevé après celui de prince. *Le duc de Guise.* 3 Luxueuse voiture à cheval, à quatre roues, deux places, un siège de cocher et un siège arrière pour un domestique. 4 Hibou qui porte sur la tête deux aigrettes en forme d'oreilles de chat. *Grand duc.*

-duc Forme finale du radical *duct-* du latin *ducere* « conduire » qui sert à former des noms de dispositifs pour amener, faire passer.

❑ Sur le modèle de *aqueduc,* ont été formés *gazoduc, oléoduc,* etc., et plus récemment *crapauduc.* → crapauduc (rem.).

ducal, ale, aux adj. – XIIe ▪ Qui appartient à un duc, à une duchesse.

ducasse n. f. – XIIe ; de *Dédicace,* nom d'une fête catholique ▪ Fête patronale, en Belgique et dans le nord de la France. ⇒ **kermesse.**

❑ Aucun rapport avec *duc.*

ducat n. m. – XIIIe ; it. *ducato* « monnaie à l'effigie d'un duc » ▪ Monnaie d'or des doges de Venise.

duc-d'albe n. m. – XIXe ▪ Appui isolé constitué de pieux auxquels peuvent s'amarrer les bateaux. *Les ducs-d'albe de Venise.*

❑ Ce mot est le calque de l'appellation donnée à ces ouvrages (duc Dalba, néerlandais moderne *dukdalf*) après la venue du duc d'Albe, nommé gouverneur des Pays-Bas.

duché n. m. – XIIe ▪ Seigneurie, principauté à laquelle le titre de duc est attaché. ⇒ aussi **grand-duché.**

duchesse n. f. – XIIe 1 Souveraine d'un duché ou femme d'un duc. *La duchesse d'Anjou.* « *Il se veut anthropologue, spécialiste de la duchesse comme de l'usurier* » (Malraux). ♦ *Elle fait sa duchesse.* ⇒ **pimbêche.** 2 *Lit à la duchesse :* grand lit surmonté d'un ciel suspendu. 3 Poire fondante.

ducroire n. m. – XVIIIe ; de *du* et *croire* « vendre à crédit » ▪ Engagement par lequel un commissionnaire garantit son commettant contre les risques d'insolvabilité de l'acheteur. ♦ Prime accordée au commissionnaire qui répond des personnes auxquelles il vend la marchandise.

ductile adj. – XVe ; lat. *ducere* « conduire, tirer » ▪ Qui peut être allongé, étendu, étiré sans se rompre. *Métaux ductiles.*

ductilité n. f. – XVIIe ▪ Propriété des corps ductiles. *La ductilité de l'or.*

duègne n. f. – XVIIe ; esp. *dueña* ▪ Femme âgée, gouvernante chargée de veiller sur la conduite d'une jeune fille ou d'une jeune femme. ⇒ **chaperon, gouvernante.**

❑ L'espagnol *dueña* vient du latin *domina* « maîtresse de maison ».

① **duel** n. m. – XVIe ; lat. *duellum* « guerre » 1 *Duel judiciaire :* combat singulier admis comme preuve juridique. 2 Combat entre deux personnes dont l'une exige de l'autre la réparation d'une offense par les armes. *Provoquer qqn en duel. Se battre en duel. Duel à l'épée, au pistolet.* « *Un suicide manqué, c'est aussi ridicule qu'un duel sans égratignure* » (Balz.). 3 *Duel oratoire :* échange de répliques entre deux orateurs. ⇒ **joute.**

❑ *Duellum* est la forme ancienne de *bellum* « guerre » et n'a pas de rapport avec *deux* (combattants).

② **duel** n. m. – XVIe ; lat. *dualis* « composé de deux » ▪ Nombre des déclinaisons et des conjugaisons de certaines langues qui sert à désigner deux personnes, deux choses.

③ **duel, duelle** adj. – XIXe ▪ rare Qui repose sur la dualité. ⇒ **dualiste ; binaire.**

duelliste n. – XVIe ▪ Personne qui se bat en duel. ⇒ **bretteur,** ① **ferrailleur.**

duettiste n. – 1913 ; de *duetto* ▪ Personne qui joue ou qui chante une partie dans un duo.

duetto n. m. – XIXe ; dimin. de *duo* ▪ rare Petit duo. *Des duettos.*

duffel-coat [dœfœlkot] n. m. ou **duffle-coat** – v. 1945 ; mots angl., de *duffel* « tissu de laine » et *coat* « manteau » ▪ Manteau trois-quarts avec capuchon. ⇒ aussi **kabig.** *Des duffel-coats, des duffle-coats.*

❑ *Duffel* est le nom d'une ville des Flandres, et l'anglais *coat* est lui-même emprunté au français *cotte.*

dugong [dygɔ̃g] n. m. – XVIIIe ; malais *duyung* ▪ Mammifère marin *(siréniens),* qui vit dans l'océan Indien, appelé aussi *vache marine.* « *un être curieux dont il reste à peine quelques échantillons dans la mer Rouge. C'est un dugong* » (J. Verne).

duit n. m. – XIIIe ; lat. *ducere* « conduire » ▪ vx ou région. Chaussée formée de pieux et de cailloux, en travers d'une rivière ou d'un petit bras de mer, destinée à arrêter le poisson au moment du jusant.

dulçaquicole adj. – mil. XXe ; lat. *dulcis* « doux » et de *aquicole* ▪ Qui vit en eau douce (opposé à ① *marin*).

dulcinée n. f. – XVIIIe ; de *Dulcinea,* prénom ▪ Femme bien-aimée.

❑ Pour l'origine → don Quichotte (rem.).

dulie n. f. – XIVe ; gr. *douleia* « servitude » ▪ Respect et honneur que l'on rend aux anges, aux saints.

dum-dum [dumdum] adj. inv. – XIXe ; de *Dum Dum,* ville indienne où cette balle fut fabriquée ▪ *Balle dum-dum :* balle de fusil dont l'enveloppe est entaillée en croix de manière à provoquer une large déchirure en explosant.

dûment adv. – XIVe ▪ Selon les formes prescrites ; en due forme. *Dûment autorisé.* « *Les fillettes plus craintives – ou dûment chapitrées* » (Tournier). ✪ CONTR. Indûment.

dumper [dœmpœʀ] n. m. – 1920 ; mot angl., de *to dump* « décharger » ▪ Engin de terrassement, comprenant une benne automotrice basculante. – Recomm. offic. *tombereau**.

dumping [dœmpiŋ] n. m. – v. 1900 ; mot angl., de *to dump* « entasser, déblayer » ▪ Pratique qui consiste à vendre sur les marchés extérieurs à des prix inférieurs à ceux qui sont pratiqués sur le marché national ou même à des prix inférieurs aux prix de revient.

dundee [dœndi] n. m. – 1901 ; altér. angl. *dandy,* d'apr. *Dundee,* port d'Écosse ▪ Navire à voiles à deux mâts. ⇒ **ketch.**

dune n. f. – XIIIe ; gaul. *°duno* « hauteur » ▪ Butte, colline de sable fin formée par le vent.

❑ Éviter le pléonasme *dune de sable.*

dunette n. f. – XVIe ▪ Superstructure élevée sur le pont arrière d'un navire et s'étendant sur toute sa largeur.

duo n. m. – XVIe ; mot it. « deux » ▪ Composition musicale pour deux voix, deux parties vocales ou deux instruments. *Chanter en duo.*

duodécimal, ale, aux adj. – XIXe ; lat. *duodecimus* « douzième » ▪ Qui procède par douze ; qui a pour base le nombre douze.

duodénal, ale, aux adj. – XVIIIe ▪ Du duodénum.

duodénite n. f. – XIXe ; de *duodénum* et *-ite* ■ Inflammation du duodénum.

duodénum [dɥɔdenɔm] n. m. – XVe ; lat. *duodenum digitorum* « de douze doigts (de longueur) » ■ Partie initiale de l'intestin grêle accolée à la paroi abdominale postérieure.

duopole n. m. – v. 1950 ; lat. *duo* « deux », d'apr. *monopole* ■ Situation d'un marché où deux vendeurs se partagent toute une production.

dupe n. f. et adj. – XVe ; de *dupe* « huppe » **1** Personne que l'on trompe sans qu'elle en ait le moindre soupçon. ⇒ **pigeon.** *Être la dupe de qqn.* « *Je craignais d'être la dupe de ma crédulité et le jouet de quelque mystification* » (Gaut.). ♦ loc. *Un marché de dupes,* où l'on a été abusé. **2** adj. « *Je suis un peu moins dupe, et plus futé que vous* » (Corn.). ⇒ **crédule, naïf.** « *Les hommes sont facilement dupes de ce qui flatte leur orgueil et leurs désirs* » (R. Rolland).

duper v. tr. [1] – XVe ■ Prendre pour dupe. ⇒ **abuser, berner, mystifier, tromper ;** fam. ① **avoir, posséder, rouler.** *Se laisser duper.*

duperie n. f. – XVIIe ■ littér. Action de duper (qqn) ; son résultat. ⇒ **tromperie.** *Ce bel idéal n'était qu'une duperie.*

duplex [dyplɛks] n. m. – XIXe ; lat. « double » **1** Dispositif permettant de transmettre des programmes (radio, télévision) émis simultanément de deux ou plusieurs stations. ⇒ aussi **multiplex.** *Émission en duplex.* **2** Appartement sur deux niveaux reliés par un escalier intérieur. « *sa cliente qui habitait un luxueux duplex en bordure du Bois de Boulogne* » (Tournier).

❑ Le sens d'« appartement » vient de l'anglais.

duplexer v. tr. [1] – 1939 ■ Transmettre en duplex.

duplicata n. m. – XVIe ; lat. « (lettre) redoublée » ■ Second exemplaire d'une pièce ou d'un acte ayant même validité. ⇒ **double.** *Des duplicatas* ou *des duplicata.*

duplicateur n. m. – XIXe ■ Appareil, machine servant à reproduire un document en plusieurs exemplaires. *Le « duplicateur à alcool – un de ces petits modèles qu'utilisaient les restaurateurs pour imprimer leurs menus »* (Perec).

duplication n. f. – XIIIe ; → double **1** vx Opération par laquelle on double (une quantité, un volume). **2** Action de doubler. *Duplication de l'A.D.N.* **(⇒ réplication),** *d'un individu* **(⇒ clonage). 3** Copie d'un enregistrement sonore.

duplicité n. f. – XIIIe ; lat. *duplex* « double » ■ Caractère d'une personne qui feint, qui joue double jeu. ⇒ **fausseté, hypocrisie.** « *Aurélien ne pouvait admettre cette duplicité, cette hypocrisie* » (Aragon). ✪ CONTR. Droiture.

dupliquer v. tr. [1] – 1968 ■ Produire un second exemplaire de (par cliché, stencil, photocopie, etc.). ➛ *Dupliquer une bande magnétique, une cassette, un logiciel.*

duquel → **lequel**

dur, dure adj., adv. et n. – X^e ; lat. *durus* **I** adj. **1** Qui résiste à la pression, au toucher ; qui ne se laisse pas entamer ou déformer facilement. ⇒ **résistant, solide.** *Roches dures et roches tendres. Dur comme du bois. Avoir la tête dure :* ne rien comprendre **(⇒ borné, bouché)** ou ne pas vouloir comprendre **(⇒ buté, entêté).** *Pain dur,* qui a séché. ⇒ **rassis.** *Col dur.* ⇒ **empesé.** ➛ *Rayons X durs,* de forte énergie, très pénétrants (opposé à *rayons X mous*). **2** Qui résiste à l'effort, à une action. fam. *Un exercice dur,* difficile à faire. ⇒ **ardu.** *Ce n'est pas dur !* ➛ *Être dur d'oreille :* un peu sourd. ➛ *Avoir la vie dure :* résister longtemps à la mort ; fam. durer, fonctionner longtemps. *Avoir le cœur dur,* insensible. ♦ DUR À (et subst.) : résistant. *Être dur au mal.* ⇒ **stoïque.** *Être dur à la peine.* ⇒ **courageux, endurant.** *Dur à* (et inf.). ⇒ **difficile.** *Aliment dur à digérer.* fig. *Cet affront est dur à digérer, à avaler. Un enfant dur.* ⇒ **difficile, turbulent. 3** Pénible à supporter, désagréable aux organes des sens. *Climat dur.* ⇒ **rude.** *Avoir les traits* (du visage) *durs,* les traits accusés et sans grâce. *Un air dur.* ♦ *Ce fut une dure épreuve.* ⇒ **douloureux, rude.** *Les « grandes fatigues d'un métier si dur »* (Loti). *De durs combats.* ⇒ **acharné.** *Les temps sont durs.* ⇒ **difficile.** loc. *Mener, rendre la vie dure à qqn,* le rendre malheureux, le tourmenter. **4** Qui manque de cœur, d'humanité, d'indulgence. ⇒ **impitoyable, implacable, inflexible, inhumain, méchant, sévère.** *Être dur pour qqn, envers qqn, avec qqn, à l'égard de qqn.* « *son petit Jean pour qui il était toujours si dur* » (Proust). *Être dur en affaires.* ♦ « *elle avait l'air d'une gouine, avec la bouche veule et les yeux durs* » (Sartre). *La critique fut dure pour son dernier ouvrage.* ⇒ **sévère.** *Des mesures très dures.* ⇒ **draconien.** *La ligne dure d'un parti,* sa fraction la plus radicale. **II** adv. **1** Avec force, violence. *Frapper, cogner dur.* ⇒ ① **ferme,** ② **fort, sec. 2** Avec intensité. « *C'est un homme ça qui travaille dur* » (Céline). **III** n. **1** n. m. Ce qui est dur. *Le dur et le mou.* ➛ Tension d'une corde. *Donner du dur.* ♦ *Bâtiment en dur,* construit en matériau dur (opposé à *bâtiment provisoire, préfabriqué*). « *les hangars où l'on éventrait, où l'on traitait les foies de requins, étaient maintenant construits en dur* » (Genev.). ➛ *Piste en dur,* bétonnée (opposé à *de terre battue,* etc.). **2** n. f. *Coucher sur la dure,* par terre, sur la terre nue. ➛ loc. adv. À LA DURE : de manière rude. ⇒ **durement.** « *Son père le fit élever à la dure* » (Maurois). **3** Personne qui ne recule devant rien. « *Le faux dur me toisa d'un air soupçonneux* » (Aymé). *Jouer les durs.* ➛ Partisan d'une attitude intransigeante en politique. *Les durs d'un parti.* ⇒ **épervier, faucon.** ✪ CONTR. Doux, ① mou, souple, ② tendre. Docile, facile. Bienveillant, indulgent, ② tendre.

durabilité n. f. – XIIIe **1** Caractère de ce qui est durable. ⇒ **pérennité. 2** Temps d'utilisation (d'un bien) ou de validité (d'un droit).

durable adj. – XIe ■ De nature à durer longtemps. *État, situation durable.* ⇒ **permanent, stable.** *Amitié, amour durable.* ⇒ **profond, solide.** *Entreprise durable.* ⇒ **viable.** *Un souvenir durable.* ⇒ **persistant, vif,** ① **vivace,** ② **vivant.** « *J'avais l'insouciance de ceux qui croient leur bonheur durable* » (Proust). ✪ CONTR. Éphémère, passager, provisoire, temporaire.

durablement adv. – XIIe ■ D'une façon durable.

duraille adj. – 1907 ■ Fam. **1** Qui est dur, résiste à la pression. *Il est duraille, son canapé.* **2** Difficile à faire, à supporter.

❑ Le suffixe péjoratif *-aille* est d'ordinaire réservé aux noms (*mangeaille, flicaille,* etc.).

dural, ale, aux adj. – 1959 ■ Qui se rapporte à la dure-mère.

duralumin n. m. – 1909 ; nom déposé, de *Düren,* ville d'Allemagne, et *aluminium* ■ Alliage léger d'aluminium, de cuivre, de magnésium et de manganèse.

❑ Cet alliage fut créé à *Düren.*

duramen [dyʀamɛn] n. m. – XIXe ; mot lat., de *durus* « dur » ■ Partie la plus ancienne, tout à fait lignifiée d'un tronc d'arbre. ⇒ **cœur.**

durant prép. – XIIe ■ Pendant la durée de. ⇒ ③ **pendant.** *Durant l'été. Durant tout le* XVIIe *siècle.* ➛ *Parler une heure durant,* pendant une heure entière. « *Un mois durant, il suivit régulièrement tous les offices* » (Flaub.).

durcir v. [2] – fin XIIe **I** v. tr. **1** Rendre dur, plus dur. *Neige durcie par le gel. Durcir l'acier.* ⇒ **tremper.** *L'âge dur-*

cit les artères. ⇒ **indurer.** 2 Rendre plus intransigeant. *Ils ont durci leur point de vue depuis cette réunion.* ⇒ **radicaliser.** 3 SE DURCIR v. pron. « *Toutes les glaises se durcissent au feu* » (Buff.). *Ses traits se durcissent avec l'âge.* ⇒ s'**accentuer.** II v. intr. Devenir dur, ferme. *Pain qui durcit rapidement.* ⇒ **rassir, sécher.** *Le plâtre durcit en séchant.* ✪ CONTR. Amollir, attendrir.

durcissement n. m. – XVIIIe ▪ Action de durcir, de se durcir ; son résultat. *Durcissement du ciment. Durcissement des tissus.* ⇒ **induration, sclérose.** ♦ *Durcissement d'une attitude, d'une position politique,* qui devient plus rigide, plus intransigeante. ⇒ **radicalisation.** ✪ CONTR. Amollissement, assouplissement.

durcisseur n. m. – 1961 ▪ Produit ajouté à un adhésif pour déclencher le durcissement.

durée n. f. – XIIe 1 Espace de temps qui s'écoule par rapport à un phénomène, entre deux limites observées (début et fin). ⇒ **temps.** *Pendant, pour une durée de quinze jours.* ⇒ ① **espace, période.** *Durée de la vie selon les espèces. Congé de longue durée. Bonheur de courte durée,* éphémère, momentané. *Contrat de travail à durée déterminée (C.D.D.), indéterminée (C.D.I.). Durée illimitée,* dont le terme n'est pas fixé. ♦ Temps vécu (opposé au temps objectif). « *une durée au rythme déterminé, bien différente de ce temps dont parle le physicien* » (Bergson). 2 En musique, Temps pendant lequel un son ou un silence doit être perçu. ⇒ **valeur.**

❑ Pour la différence de sens entre ce mot et *périodicité* → périodicité (rem.).

durement adv. – XIe 1 D'une manière pénible à supporter. *Il a été durement éprouvé par cette perte.* 2 Avec dureté, sans bonté. *Parler, répondre durement.* ⇒ **méchamment.** « *ils furent aussi outrés que moi de me voir durement refuser la porte* » (Beaum.). ✪ CONTR. Mollement. Gentiment.

dure-mère n. f. – XIIIe ; lat. *dura mater* ▪ La plus superficielle et la plus résistante des trois méninges. *Des dures-mères.*

durer v. intr. [1] – XIe ; lat. *durare* I - 1 Avoir une durée de. *Le spectacle a duré deux heures. Voilà des semaines que cela dure. Les débats durèrent longtemps.* ⇒ s'**éterniser,** se **prolonger, traîner.** *Cela n'a que trop duré.* ➛ « *Plaisir d'amour ne dure qu'un moment* » (Florian). « *Chaque heure de cette vie abominable me semble durer une journée* » (Stendh.). ♦ Durer longtemps. *Faire durer le plaisir.* ⇒ **entretenir, perpétuer, prolonger.** *Cela ne peut plus durer :* il faut que cela cesse. 2 littér. Paraître long. ➛ *Le temps lui dure.* 3 Résister contre les causes de destruction. ⇒ se **conserver, demeurer, subsister, tenir.** *La pierre dure plus que le bois. Fleur qui ne dure qu'un jour.* ⇒ ① **vivre.** ♦ fam. *Ça durera ce que ça durera :* cela n'a guère de chance de durer, mais peu importe. 4 (en parlant de ce qui se consomme par l'usage) *Cette ration devra vous durer huit jours.* ⇒ ① **faire.** II Continuer à vivre, faire juste ce qu'il faut pour rester en vie. « *tu ne veux que durer, tu ne veux que l'attente et l'oubli* » (Perec). ✪ HOM. *Dure :* durent (① devoir).

dureté n. f. – XIIIe 1 Propriété de ce qui est dur, résiste à la pression, au toucher ; de ce qui ne se laisse pas entamer facilement. *Dureté du verre, du marbre, du diamant. Degré de dureté d'une substance.* ⇒ **consistance.** ♦ *Dureté d'un lit.* ♦ *Dureté de l'eau :* qualité de l'eau qui renferme certains sels (sulfate de calcium, chlorure de magnésium...) et ne produit pas de mousse avec le savon (⇒ **hydrotimétrie).** 2 Défaut d'harmonie, de douceur. *Dureté d'un climat.* ⇒ **rudesse.** *Dureté des traits du visage.* 3 Caractère de ce qui est pénible à supporter. *Excessive dureté d'un châtiment.* ⇒ **sévérité.** 4 Manque de sensibilité, de cœur. *Traiter qqn avec dureté,* malmener, maltraiter, rudoyer. *Répondre avec dureté.* ⇒ **durement.** « *ce que je prenais pour de la dureté en moi, et qui était méchanceté, vengeance* » (Genet). ✪ CONTR. Mollesse. Douceur. Gentillesse, indulgence.

durillon n. m. – XIIIe ; de *dur* ▪ Épaississement arrondi de la peau, formé à des endroits soumis à des pressions répétées. ⇒ ① **cal, callosité,** ② **cor.** « *Et les pieds ! rouges, maigres, avec des oignons, des durillons* » (Flaub.).

durit ou **durite** [dyʀit] n. f. – 1917 ; nom déposé ▪ Tuyau en caoutchouc traité pour les raccords de canalisations des moteurs à explosion.

duumvir [dyɔmviʀ] n. m. – XVIe ; mot lat., de *duo* « deux » et *vir* « homme » ▪ Membre d'un collège de deux magistrats, dans la Rome antique.

duvet n. m. – XIVe ; scand. *dunn* I - 1 Petites plumes molles et très légères qui poussent les premières sur le corps des oisillons, et qu'on trouve sur le ventre et le dessous des ailes chez les oiseaux adultes et surtout aquatiques. *Plumule de duvet. Duvet des poussins. Oreiller, couette de duvet. Duvet et plumettes.* 2 Sac de couchage bourré de duvet ou d'une matière analogue. *Le duvet d'un campeur.* II - 1 Poils fins et doux qui, chez les mammifères, poussent sous les longs poils. 2 Production cotonneuse (sur certaines plantes). *Tiges, feuilles couvertes de duvet* (⇒ **pubescent, tomenteux).** *Le « chatouillement du duvet d'une pêche mûre contre la peau »* (Goncourt). 3 Barbe naissante d'un jeune homme. ➛ Poil très fin sur la lèvre, les joues, la nuque (des femmes, des enfants).

duveté, ée adj. – XVIe ▪ Qui est couvert de duvet. ⇒ **duveteux.** *Pêche duvetée.* ⇒ **velouté.** « *au-dessus de la lèvre supérieure, exactement où la peau était duvetée* » (Simenon).

duveter (se) v. pron. [5] – XIXe ▪ Se couvrir de duvet.

duveteux, euse adj. – XVIe ▪ Qui a beaucoup de duvet, est de la nature du duvet. *Couverture duveteuse.*

dyarchie n. f. – XIXe ; gr. *duo* « deux » et *-archie* ▪ Gouvernement simultané de deux rois, deux chefs, deux pouvoirs. *La dyarchie de Sparte.*

dyke [dik ; dajk] n. m. – XVIIIe ; mot angl. ▪ Roche éruptive qui fait saillie à la surface du sol et qui affecte la forme d'une épaisse muraille ou d'une colonne.

❑ Ce mot est apparenté au français *digue.*

dynamicien, ienne n. – 1968 ▪ Personne spécialisée dans l'étude de la dynamique de groupe et de ses effets.

dynami- Élément, du gr. *dunamis* « force ». ⇒ aussi **dynam(o)-.**

dynamique adj. et n. f. – XVIIe ; gr. *dunamis* « force » I adj. 1 Relatif aux forces, à la notion de force. ➛ Qui considère les choses dans leur mouvement, leur devenir. *Représentation dynamique d'un objet.* ➛ Qui suggère le mouvement. *Publicité dynamique.* 2 Qui manifeste une grande vitalité, de la décision et de l'entrain. ⇒ **actif, énergique, entreprenant.** *Un jeune cadre dynamique.* ⇒ fam. ③ **battant.** II n. f. 1 Branche de la mécanique qui étudie le mouvement d'un mobile considéré dans ses rapports avec les forces qui en sont les causes. ⇒ **accélération, force.** ♦ Ensemble des forces en interaction et en opposition dans un phénomène, une structure (⇒ aussi **dialectique).** ➛ Forces orientées vers un progrès, un développement. *Dynamique de l'idée européenne.* 2 Partie de la sociologie qui étudie les faits en évolution et non dans leur état actuel. 3 *Dynamique de(s) groupe(s) :* ensemble des règles qui président à la conduite des groupes sociaux dans le cadre de leur activité propre. **4** Rapport, écart entre les niveaux extrêmes d'une grandeur physique. ✪ CONTR. Statique. Apathique.

dynamisant, ante adj. – 1967 ▪ Relatif à ce qui dynamise. *Une ambiance dynamisante.* ⇒ **stimulant,** ① **tonique.**

dynamisation n. f. – 1955 **1** Action d'accroître l'efficacité d'un remède par des procédés homéopathiques : dilution, trituration. **2** Action de dynamiser. *Dynamisation de l'entreprise.*

dynamiser v. tr. [1] – XIXe **1** Procéder à la dynamisation (1°) de (une substance). **2** Donner, communiquer du dynamisme à (qqn, une activité...). *Dynamiser une équipe.* **3** Donner un effet de mouvement à (une représentation). *Dynamiser une affiche.*

dynamisme n. m. – XIXe **1** Doctrine qui pose le mouvement ou le devenir comme primitif (opposé à *statisme*). *Le dynamisme de Bergson.* **2** ⇒ **énergie, vitalité.** *Le « dynamisme et le foisonnement du monde où il plonge »* (Romains). *Il manque de dynamisme.* ⇒ **allant,** ② **punch, tonus.** ✪ CONTR. Mollesse, passivité.

dynamitage n. m. – 1917 ▪ Action de faire sauter (qqch.) à la dynamite. *Le dynamitage d'une voie ferrée. On détruit « l'immeuble sinistré par un violent dynamitage »* (Robbe-Grillet).

dynamite n. f. – XIXe ; gr. *dunamis* « force » ▪ Substance explosive, composée d'un mélange de nitroglycérine et de différentes matières solides, inertes ou actives. ⇒ ② **explosif, fulmicoton, nitrocellulose, plastic.** *Charge de dynamite.*

❑ Le mot a été forgé en anglais par le Suédois A. Nobel qui mit au point cet explosif et déposa son brevet en 1867 en Angleterre.

dynamiter v. tr. [1] – XIXe **1** Faire sauter à la dynamite. **2** Faire éclater les règles traditionnelles de (un système). *Dynamiter les certitudes.*

dynamiterie n. f. – XIXe ▪ Fabrique de dynamite.

dynamiteur, euse n. – XIXe ▪ Auteur d'attentats à la dynamite.

dynamo n. f. – XIXe ▪ Machine dynamoélectrique, transformant l'énergie mécanique en énergie électrique. *« il nous montre la dynamo reliée à la turbine par des fils et des courroies »* (Le Clézio). *Dynamo d'une automobile,* mue par le moteur et produisant le courant nécessaire aux appareils de l'équipement électrique.

dynam(o)- Élément, du gr. *dunamis* « force ».

dynamoélectrique adj. – XIXe ▪ Qui transforme l'énergie mécanique en énergie électrique (courant continu). ⇒ **dynamo.**

dynamogène adj. – XIXe ; *dynamo-* et *-gène* ▪ Qui engendre, qui crée de l'énergie, de la force. *Aliment dynamogène.*

dynamographe n. m. – XIXe ; *dynamo-* et *-graphe* ▪ Instrument servant à enregistrer la force musculaire.

dynamomètre n. m. – XVIIIe ; *dynamo-* et *-mètre* ▪ Instrument servant à mesurer l'intensité des forces.

dynastie n. f. – XVe ; gr. *dunasteia* **1** Succession des souverains d'une même famille. ⇒ **lignée.** *La dynastie capétienne.* ➤ Période pendant laquelle ont régné les souverains appartenant à une même famille. *Sous la dynastie des Tang.* **2** Succession d'hommes célèbres, dans une même famille. *La dynastie des Bach, des Kennedy.*

dynastique adj. – XIXe ▪ Relatif à une dynastie.

dyne n. f. – XIXe ; gr. *dunamis* « force » ▪ Ancienne unité de mesure de la force. ✪ HOM. DIN.

-dyne Élément, du gr. *dunamis* « force ».

dys- Élément qui signifie « mal, mauvais, difficile » *(dysfonctionnement, dyslexie, dysménorrhée).*

❑ Ne pas confondre avec *dis-* qui signifie « manque » *(discontinu, dissymétrie, disharmonie).*

dysacousie n. f. – v. 1970 ; *dys-* et gr. *akoustikos* ▪ Trouble de l'audition.

dysarthrie n. f. – XIXe ; *dys-* et gr. *arthron* « articulation » ▪ Difficulté de l'élocution due à une lésion des centres moteurs du langage.

dysbarisme n. m. – 1962 ; *dys-* et gr. *baros* « pesanteur » ▪ Ensemble de troubles résultant d'une baisse brutale de la pression atmosphérique ambiante, en haute altitude.

dysbasie n. f. – 1909 ; *dys-* et gr. *basis* « action de marcher » ▪ Trouble de la marche.

dysboulie n. f. – 1906 ; *dys-* et gr. *boulê* « volonté » ▪ Aboulie légère.

dyscalculie n. f. – v. 1970 ▪ Trouble dans l'apprentissage du calcul (non lié à des déficiences intellectuelles). ⇒ **dyspraxie.**

dyschromatopsie [diskʀɔmatɔpsi] n. f. – XIXe ; *dys-*, gr. *khrôma* « couleur » et *opsis* « action de voir » ▪ Trouble de la perception des couleurs.

dyschromie [diskʀɔmi] n. f. – 1900 ; *dys-* et gr. *khrôma* « couleur » ▪ Trouble de la pigmentation de la peau.

dysendocrinie n. f. – 1938 ▪ Trouble des glandes endocrines.

dysenterie [disɑ̃tʀi] n. f. – XIVe ; *dys-* et gr. *entera* « entrailles » ▪ Inflammation des intestins, surtout du côlon, avec douleurs abdominales et diarrhée grave. *Dysenterie amibienne.* ⇒ **amibiase.**

❑ Pour le *s* entre voyelles → ① s (rem.).

dysentérique [disɑ̃teʀik] adj. et n. – XIVe ▪ Relatif à la dysenterie. ➤ n. *« La moitié des feuilles manquent à cause des dysentériques qui n'ont jamais de papier suffisamment »* (Céline).

dysesthésie [disɛstezi] n. f. – XVIIIe ; *dys-* et gr. *aisthêsis* « sensibilité » ▪ Trouble de la sensibilité qui est exaspérée ou affaiblie. ⇒ **hyperesthésie, paresthésie.**

dysfonctionnement n. m. – 1916 ▪ Trouble (insuffisance, excès...) dans le fonctionnement de (un organe, une glande...). ➤ Mauvais fonctionnement. *Le dysfonctionnement des institutions.*

❑ On dit aussi *dysfonction* (n. f.) pour le sens médical.

dysgénique adj. – 1972 ; angl. ▪ Qui s'oppose à l'amélioration de la race, qui favorise une évolution régressive. ✪ CONTR. Eugénique.

dysgraphie n. f. – XIXe ▪ Difficulté dans l'acquisition ou l'exécution de l'écriture, liée à des troubles fonctionnels (en l'absence de déficiences intellectuelles).

dysharmonie [disaʀmɔni] n. f. – XIXe ; *dys-* et *harmonie* ▪ Dissociation observée dans la schizophrénie.

dysidrose ou **dyshidrose** n. f. – XIXe ; *dys-* et gr. *hidrôs* « sueur » ▪ Trouble de la sécrétion sudorale. ➤ Éruption vésiculeuse des mains et des pieds.

dyskinésie n. f. – XVIIIe ; *dys-* et gr. *kinêsis* « mouvement » ▪ Trouble dans l'accomplissement des mouvements (par suite de spasmes, crampes, incoordination, etc.).

dysleptique adj. – 1961 ; *dys-* et *-leptique* ▪ Qui favorise un dysfonctionnement, sur le plan psychique.

dyslexie n. f. – XIXe ; *dys-* et gr. *lexis* « mot » ▪ Trouble de la capacité de lire, ou difficulté à reconnaître et à reproduire le langage écrit. *Dyslexie et dysgraphie.*

dyslexique adj. et n. – 1959 ▪ Qui est atteint de dyslexie. *Un enfant dyslexique.* ➝ n. *Un, une dyslexique.*

dyslogie n. f. – 1906 ; *dys-* et *-logie* ▪ Trouble du langage lié à une altération des fonctions intellectuelles.

dysmélie n. f. – v. 1970 ; *dys-* et gr. *mêlos* « membre » ▪ Développement anormal d'un ou de plusieurs membres, lié à un trouble de l'embryogenèse.

dysménorrhée n. f. – XVIIIe ; *dys-* et *-ménorrhée* ▪ Menstruation difficile et douloureuse.

dysmnésie n. f. – XIXe ; *dys-* et *(a)mnésie* ▪ Amnésie partielle, altération de la mémoire. *Dysmnésie portant sur les noms propres, les dates.* ⇒ **paramnésie.**

dysmorphie n. f. – XIXe ; *dys-* et *-morphie* ▪ Malformation, difformité d'une partie du corps. ⇒ **difformité.**

dysorexie n. f. – XIXe ; *dys-* et gr. *oregesthai* « aspirer » ▪ Trouble de l'appétit. ⇒ **anorexie, boulimie.**

dysorthographie n. f. – v. 1960 ▪ Trouble dans l'acquisition et la maîtrise des règles de l'orthographe (sans déficiences intellectuelles).

❑ On observera la disparité dans la prononciation du *s* intervocalique → dysenterie.

dysosmie n. f. – XIXe ; *dys-* et gr. *osmê* « odeur » ▪ Trouble de l'olfaction.

dyspareunie n. f. – mil. XXe ; *dys-* et gr. *pareunos* « compagne ou compagnon de lit » ▪ Douleur éprouvée par certaines femmes lors d'un rapport sexuel.

dyspepsie n. f. – XVIe ; *dys-* et gr. *peptein* « digérer » ▪ Digestion difficile et douloureuse, sans lésion. *Dyspepsie acide.* ⇒ **hyperacidité.** *Dyspepsie flatulente* (⇒ **météorisme**).

dyspeptique adj. – XIXe ▪ Relatif à la dyspepsie. ♦ Atteint de dyspepsie.

dysphagie n. f. – XIXe ; *dys-* et *-phagie* ▪ Difficulté à avaler.

dysphasie n. f. – XIXe ; *dys-* et gr. *phasis* « parole » ▪ Trouble du langage (parole ou fonction du langage) dû à des lésions des centres cérébraux.

dysphonie n. f. – XVIIIe ; *dys-* et *-phonie* ▪ Troubles de la voix dus à un dysfonctionnement des cordes vocales.

dysphorie n. f. – XIXe ; *dys-* et gr. *phoros* « qui supporte » ▪ Sentiment de malaise. ⇒ **déplaisir.** *Des moments de dysphorie.* ✪ CONTR. Euphorie.

dysphorique adj. – XIXe ▪ Qui met mal à l'aise. ⇒ **pénible.** *Effets euphoriques et dysphoriques de l'alcool.* ✪ CONTR. Euphorique.

dysplasie n. f. – 1938 ; *dys-* et *-plasie* ▪ Anomalie dans le développement biologique se traduisant par des malformations.

dyspnée n. f. – XVIe ; *dys-* et gr. *pnein* « respirer » ▪ Difficulté de la respiration.

❑ Même famille que *apnée.*

dyspraxie n. f. – 1945 ; *dys-* et gr. *praxis* « action » ▪ Difficulté à effectuer des mouvements coordonnés, à situer son propre corps dans l'espace, en l'absence de toute lésion. ➝ Chez l'enfant, Trouble évolutif d'ordre psychomoteur et parfois affectif, souvent accompagné de difficultés d'apprentissage de la lecture, de l'écriture et du calcul.

dysprosium [disprozjɔm] n. m. – XIXe ; gr. *dusprositos* « difficile à atteindre » ▪ Élément atomique (Dy ; n° at. 66 ; m. at. 162,5), métal du groupe des terres rares d'éclat métallique.

dystasie n. f. – 1938 ; *dys-* et gr. *stasis* « être debout » ▪ Difficulté à se tenir debout.

dystocie n. f. – XIXe ; *dys-* et gr. *tokos* « enfantement » ▪ Accouchement laborieux, pénible.

dystomie n. f. – 1931 ; *dys-* et gr. *stoma* « bouche » ▪ Troubles divers de la prononciation (zézaiement, chuintement, etc.). ⇒ **dysphonie.**

dystonie n. f. – XIXe ; *dys-* et gr. *tonos* → tonus ▪ Perturbation du tonus musculaire ou du tonus nerveux. ⇒ **atonie, hypertonie, hypotonie.**

dystrophie n. f. – XIXe ; *dys-* et gr. *trophê* « nourriture » **1** Trouble de la nutrition d'un organe ou d'une partie du corps. *Dystrophie alimentaire.* **2** Anomalie de développement. *Dystrophie musculaire progressive.* ⇒ **myopathie.**

dysurie n. f. – XIVe ; *dys-* et *-urie* ▪ Difficulté à uriner.

dytique n. m. – XVIIIe ; gr. *dutikos* « plongeur » ▪ Insecte coléoptère vivant dans l'eau, destructeur du frai, des alevins et même de petits poissons.

E

① **e** [ø] n. m. inv. ▪ Cinquième lettre et deuxième voyelle de l'alphabet : *e majuscule* (E), *e minuscule* (e), *e accent aigu* (é), *e accent grave* (è), *e accent circonflexe* (ê), *e tréma* (ë) *(Noël, aiguë). Le e muet marque souvent le féminin à l'écrit* (ex. *une jolie blonde).* ◂ prononc. *La lettre e note : e caduc* [ə], suivie d'une seule consonne et d'une voyelle *(petit)* (⇒ **schwa**), *e fermé* [e], suivie de deux consonnes identiques et d'une voyelle prononcée *(essor, reddition), e ouvert* [ɛ], suivie d'une consonne prononcée dans la même syllabe *(perdu, gestion) ; é note souvent* [e] *(été) ; è, ê notent souvent* [ɛ] *(bête, pièce). Digrammes, trigrammes comportant e : eu, œu,* qui notent [œ] *(seul, bœuf)* ou [ø] *(deux, nœud) ; œ, æ,* qui notent le plus souvent [e] *(fœtus, et cætera) ; eau* (→ ① a) ; *ei* (→ ① i) ; *ey* (→ ① y) ; *-en* (→ ① n) ; *en, aen, ein, ien, eun* (→ ① n).
✪ HOM. Euh, eux, heu, œufs. ❑ Le digramme *eu* s'inverse en *ue* après les lettres *c* et *g* dans les mots en [œj] comme *cercueil, cueillir, orgueil.* ◆ La plupart des *e* muets se font entendre dans les vers. → syllabe (rem.).

② **e** abrév. et symboles **1 E.** [ɛkselɑ̃s] n. f. inv. Excellence. **2 E.** [ɛst] n. m. inv. Est. **3 E** [mi] n. m. inv. La note *mi,* dans la notation anglo-saxonne et germanique. **4 e** [ø ; œ ; ə] n. m. inv. Base du logarithme népérien de valeur approchée 2,71828... $\log e = 1$. **5 e** [e] n. m. inv. Électron. e^+. ⇒ **positon. 6 E** [ø ; œ ; ə] Suivi d'un nombre de trois chiffres, désigne un additif alimentaire. *E 150 :* caramel.

é- Élément, du lat. *e(x)-,* marquant l'éloignement ou la privation, le changement d'état et l'achèvement (var. *ef-, es-*).

E.A.O. [øao] ▪ Abrév. de *enseignement assisté* par ordinateur.*

eau n. f. – XIe ; lat. *aqua* **I - 1** Liquide incolore, inodore, transparent et insipide lorsqu'il est pur. ⇒ poét. **onde ;** fam. ③ **flotte ; aqua-, hydr(o)-.** *L'eau et le feu. L'eau gèle à 0 °C et bout à 100 °C. Eau à l'état liquide, solide* (glace), *gazeux* (vapeur). *Corps contenant de l'eau.* ⇒ **aqueux ; hydrater.** *Corps sans eau.* ⇒ **anhydre, déshydraté, lyophilisé.** ◂ *Chute d'eau. Eau douce :* eau des rivières, des lacs. *Eau de mer, eau salée.* ◂ *Eau courante, stagnante. Flaque, goutte d'eau. Eau de pluie. Il est tombé beaucoup d'eau,* de pluie. ◆ *Eau potable. Un verre d'eau. Une menthe à l'eau. Eau gazeuse* (fam. *eau qui pique*). *Eau plate. Eau du robinet. Verre à eau.* loc. *Mettre de l'eau dans son vin :* modérer ses prétentions. *Faire de l'eau :* s'approvisionner en eau potable (navire). ◂ *Pommes de terre (cuites) à l'eau.* ◂ *Prendre l'eau :* ne pas être imperméable, étanche. ◂ *Se laver à l'eau chaude.* « *Karacrack se leva, se lava à grande eau* » (Perec). *Eau de vaisselle.* ◂ *Eaux usées. Dégât des eaux.* ◂ *Conduites d'eau.* ⇒ **hydraulique.** *Pièce, jet d'eau. Moulin à eau.* ◂ *Eau minérale, thermale. Prendre les eaux, aller aux eaux :* faire une cure thermale. *Forges-les-Eaux. Une ville d'eaux.* ◂ *Eau lustrale, baptismale, bénite.* ◂ EAU LOURDE : composé dans lequel l'hydrogène de l'eau est remplacé par du deutérium. ◆ loc. *Il n'a pas inventé l'eau tiède* (ou *chaude*) : il n'est pas intelligent. *Vivre d'amour et d'eau fraîche,* sans se préoccuper des nécessités matérielles. **2** Étendue ou masse de ce liquide. *La surface, le fond de l'eau. Au fil de l'eau. Être comme un poisson dans l'eau. Nager sous l'eau,* sous la surface de l'eau. *Tomber à l'eau ;* fig. être oublié, échouer. « *Alors, vous admettez que cette affaire tombe à l'eau ?* » (Pagnol). *Le projet est à l'eau. Jeter qqn à l'eau.* ⇒ **baille.** *Se jeter à l'eau,* fig. prendre soudainement une décision audacieuse. *Mettre un navire à l'eau,* le lancer. ◂ Milieu naturel que constitue cette étendue. *Couleuvre d'eau.* ⇒ **aquatique.** *Lentille d'eau.* ◆ *Moïse sauvé des eaux. Les basses eaux :* le niveau le plus bas d'un fleuve. *Les grandes eaux :* les jets d'eau et cascades d'un parc, dans toute leur force. ◂ loc. fig. *Dans ces eaux-là :* approximativement. **3** Solution aqueuse. *Eau de Seltz,* gazéifiée au moyen d'un appareil (⇒ **siphon**). *Eau oxygénée. Eau régale.* ◆ *Eaux mères :* résidu d'une solution après cristallisation de la substance. **4** *Eau de... :* préparation à base d'alcool obtenue par distillation ou infusion de substances diverses. EAU DE COLOGNE, où entrent plusieurs essences (bergamote, citron, néroli, girofle, etc.). *Eau de toilette. Eau de rose, de lavande.* ⇒ **hydrolat. II** Sécrétion liquide du corps humain. *Être (tout) en eau,* ruisselant de sueur. *Mettre l'eau à la bouche.* ⇒ **allécher ; saliver.** ◆ Sérosité. *Cloque, ampoule pleine d'eau.* ◆ plur. Liquide amniotique. *Perdre les eaux.* **III** Transparence, pureté (des pierres précieuses). « *élever vers le jour des rubis pour en apprécier l'eau* » (Tournier). *L'eau d'une perle,* son orient et son lustre. ◂ *De la plus belle eau :* remarquable (dans son genre). *Un escroc de la plus belle eau.* ◂ *De la même eau :* du même genre.
✪ HOM. Au, aulx (ail), aux, haut, ô, oh, os.

eau-de-vie n. f. – XIVe ▪ Liquide alcoolique provenant de la distillation du jus fermenté des fruits ou de céréales, tubercules, etc. ⇒ **alcool,** fam. **gnôle,** ① **goutte.** *De vieilles eaux-de-vie. Eau-de-vie de vin.* ⇒ **armagnac, cognac, fine.** *Eau-de-vie de cidre.* ⇒ **calvados.** *Eau-de-vie de canne à sucre.* ⇒ **rhum, tafia.** *Eau-de-vie de fruit* (framboise, poire, prune). *Eau-de-vie de grain.* ⇒ **aquavit, genièvre, gin, kummel, vodka, whisky.** *Cerises à l'eau-de-vie. Elle* « *but tant d'eau-de-vie qu'elle acheva promptement de s'alcooliser* » (Flaub.).

eau-forte n. f. – XVIe **1** Acide nitrique étendu d'eau servant à attaquer le cuivre, là où le vernis a été enlevé par la pointe. **2** Genre de gravure utilisant ce procédé ; gravure ainsi obtenue. *Livre illustré d'eaux-*

fortes originales. « *l'eau-forte est un art profond et dangereux, plein de traîtrises, et qui dévoile les défauts* » (Baud.).

eaux-vannes n. f. pl. – XIXe ▪ Eaux usées des fosses d'aisances, des bassins de vidange.

ébahir v. tr. [2] – XIIe ; d'une var. de *bayer* ▪ Frapper d'un grand étonnement. ⇒ **abasourdir, étonner, stupéfier.** ♦ pronom. S'étonner au plus haut point. « *s'ébahir d'être tour à tour populaire et impopulaire* » (Hugo). ♦ « *Modeste restait ébahie de cet esprit parisien* » (Balz.). ⇒ **ahuri,** fam. ① **baba,** ① **interdit, stupéfait.**

ébahissement n. m. – XIIe ▪ État d'une personne ébahie ; étonnement extrême. « *Ils passèrent avec ébahissement devant les quadrupèdes empaillés* » (Flaub.). ⇒ **stupéfaction, surprise.**

ébarbage n. m. – XIXe ▪ Action d'ébarber. *Ébarbage d'une pièce brute* (à la lime, à la meule).

ébarber v. tr. [1] – XIIe 1 Débarrasser des barbes, aspérités, bavures, etc. (l'orge, une pièce mécanique, des feuilles de papier, etc.). ⇒ **limer,** ① **rogner.** 2 Couper les barbes, les nageoires de (un poisson) avant la cuisson.

ébarbeur n. m. et **ébarbeuse** n. f. – XIXe ▪ Machine à ébarber.

ébarboir n. m. – XVIIIe ▪ Outil pour ébarber le métal. ⇒ **grattoir.**

ébats n. m. pl. – XIIIe ▪ Jeux, mouvements d'un être qui s'ébat. « *des ébats de cygnes dans les claires eaux* » (Hugo). ➛ *Ébats amoureux.*

ébattre (s') v. pron. [41] – XIIe ; de *battre* ▪ Se donner du mouvement pour se divertir, au gré de sa fantaisie. ⇒ **batifoler, folâtrer, jouer.** *Les enfants s'ébattent sur la plage.*

ébaubi, ie adj. – XIIIe ; lat. *balbus* « bègue » ▪ fam. Extrêmement étonné, et spécialt frappé d'une stupeur admirative. ⇒ **ébahi,** ① **interdit, stupéfait.** *Elle était fière* « *de faire raconter par Claire aux voisins ébaubis ses conversations avec des grands de la terre* » (Maurois).

ébauchage n. m. – XVIe ▪ Première opération de façonnage. ⇒ **dégrossissage.** ✪ CONTR. Finition.

ébauche n. f. – XVIIe 1 Première forme donnée à une œuvre. ⇒ **croquis, esquisse, essai, projet.** « *les violentes ébauches de Goya* » (Baud.). *Œuvre à l'état d'ébauche.* 2 Brève manifestation inachevée. « *l'ébauche d'un sourire joua même sur ses lèvres* » (Mart. du G.). ⇒ **amorce.**

ébaucher v. tr. [1] – XIVe ; a. fr. *balc, bauch* « poutre » 1 Donner la première façon à (une matière). *Ébaucher une poutre.* ⇒ **dégrossir.** *Ébaucher un diamant,* commencer à le tailler. 2 Donner la première forme à (un ouvrage). ⇒ **esquisser.** ♦ Concevoir, préparer dans les grandes lignes. ⇒ **dessiner.** *Ébaucher un plan.* pronom. *Un* « *projet de vengeance s'ébauchait dans sa cervelle* » (Gaut.). 3 Commencer sans exécuter jusqu'au bout. ⇒ **amorcer, esquisser.** « *il ébaucha un geste qui scandalisa toutes ces dames* » (Zola). pronom. Commencer timidement. *Le rapprochement qui s'ébauche entre les deux partis.* ✪ CONTR. Achever.

ébaucheur n. m. – XVIIIe ▪ Ouvrier chargé d'ébaucher (1°). *Ébaucheur de pierres.*

ébauchoir n. m. – XVIIe ▪ Outil servant à ébaucher.

ébaudir (s') v. pron. [2] – XIe ; a. fr. *bald, baud* « joyeux », d'o. germ. ▪ littér. Se réjouir. « *Pour n'avoir pas l'air d'un parent malheureux, je m'ébaudissais à la noce* » (Chateaub.).

> ❑ La très ancienne forme *s'esbaudir* [sɛsbodiʀ] s'emploie souvent par plaisanterie.

ébavurer v. tr. [1] – 1948 ▪ Débarrasser des bavures (une pièce).

ébène n. f. – XIIe ; gr. d'o. égypt. ▪ Bois de l'ébénier, d'un noir foncé, d'un grain uni et d'une grande dureté. *Coffret d'ébène.* ➛ *Noir comme l'ébène. Des cheveux d'ébène,* d'un noir soutenu. ♦ *Bois d'ébène,* nom donné aux Noirs par les négriers. *Le commerce du bois d'ébène :* la traite des esclaves noirs.

> ❑ *Ébène* est aujourd'hui féminin, bien qu'on ait hésité pendant longtemps entre masculin et féminin.

ébénier n. m. – XVIIe ▪ Arbre tropical *(ébénacées)* qui fournit l'ébène. ⇒ **plaqueminier.** *Faux ébénier.* ⇒ **cytise.**

ébéniste n. – XVIIe ▪ Artisan spécialisé dans la fabrication des meubles de luxe. ⇒ **marqueteur, tabletier.** *Meuble signé par un ébéniste.*

ébénisterie n. f. – XVIIIe ▪ Art, métier de l'ébéniste ; fabrication des meubles de luxe, ou décoratifs. ⇒ **marqueterie, tabletterie.** *Bois d'ébénisterie* (acajou, citronnier, ébène, palissandre, etc.).

éberlué, ée adj. – XVIe ; de *berlue* ▪ fam. Ébahi, stupéfait.

ébiseler v. tr. [4] – XVe ▪ Tailler en biseau. *Ébiseler un trou,* le rendre conique.

éblouir v. tr. [2] – XIIe ; germ. °*blaup* « faible » 1 Troubler (la vue, qqn dans sa vision) par un éclat insoutenable. ⇒ **aveugler.** *Ses phares nous éblouissent.* ➛ « *Ces éclats intenses éblouissaient et aveuglaient* » (J. Verne). ♦ Saturer (un récepteur) par un rayonnement intense. *Éblouir un radar pour nuire à son fonctionnement.* 2 Frapper d'admiration, émerveiller. « *Le nom de Nucingen a servi à éblouir les pauvres constructeurs* » (Balz.). ⇒ **impressionner ;** fam. **épater.**

éblouissant, ante adj. – XVe 1 Qui éblouit. ⇒ **aveuglant, éclatant.** « *un torrent de lumière rendue plus éblouissante encore par le contraste du demi-jour de l'intérieur* » (Gaut.). *Neige éblouissante de blancheur.* 2 D'une beauté merveilleuse, d'une qualité brillante. ⇒ ① **brillant, fascinant, merveilleux.** « *les portraits d'un éblouissant coloriste* » (Proust). *L'éblouissante interprétation d'un pianiste.* ✪ CONTR. Obscur ; ① terne.

éblouissement n. m. – XVe 1 Trouble de la vue provoqué par une cause interne (faiblesse, congestion), ou externe (choc, lumière trop vive), et généralement accompagné de vertige. *Avoir un, des éblouissements.* 2 Émerveillement, enchantement.

ébonite n. f. – XIXe ; angl. *ebony* « ébène » ▪ Matière noire, dure et cassante, obtenue par vulcanisation du caoutchouc.

éborgnement n. m. – XVIIe ▪ Action d'éborgner (qqn) ; son résultat.

éborgner v. tr. [1] – XVIe 1 Rendre borgne. « *Il éborgna son valet du bout de son épée* » (A. Bertrand). pronom. *J'ai failli m'éborgner,* me crever un œil. 2 Débarrasser (un arbre fruitier) des yeux inutiles. ⇒ **ébourgeonner.**

éboueur n. m. – XIXe ; de *boue* ▪ Employé qui collecte les ordures ménagères. ⇒ ② **boueux.** « *le camion des éboueurs qui vident les poubelles* » (Le Clézio).

ébouillanter v. tr. [1] – XIXe ▪ Passer à l'eau bouillante. *Ébouillanter des choux.* ⇒ **blanchir, échauder.** ♦ pronom. Se brûler avec de l'eau bouillante. *Elle s'est gravement ébouillantée.*

éboulement n. m. – XVIe ▪ Chute de terre, rochers, matériaux qui s'éboulent. ⇒ **affaissement, écroulement, effondrement.** *Éboulement de terrain.* « *Il avait cru que la galerie s'effondrait derrière son dos* [...] *C'est un éboulement...* » (Zola). ♦ Amas de terre ou matériaux éboulés. ⇒ **éboulis.**

ébouler v. [1] – XIIe ; a. fr. *bo(i)el* → boyau 1 v. tr. rare Faire tomber par désagrégation, affaissement. 2 v. intr. Tomber par morceaux, en s'affaissant. ⇒ **crouler.** « *J'ai peur que ça n'éboule* » (Zola). **3** S'ÉBOULER **v. pron.** ⇒ **s'affaisser,** **s'écrouler,** **s'effondrer.** *Le talus s'éboule.* ✪ CONTR. Redresser.

> ❑ Pour le sens → s'écrouler (rem.).

éboulis **n. m.** – XVIIIe ■ Amas de matériaux éboulés. ⇒ **éboulement.** *Éboulis de roches.*

ébourgeonnage **n. m.** – XVIIe ■ Action d'ébourgeonner.

> ❑ On dit aussi *ébourgeonnement,* avec un autre suffixe.

ébourgeonner **v. tr.** [1] – XVe ■ Débarrasser (un arbre fruitier, la vigne) des bourgeons superflus. ⇒ **éborgner.**

ébouriffant, ante **adj.** – XIXe ■ fam. Qui surprend, paraît extraordinaire. ⇒ **invraisemblable, renversant, stupéfiant.** *Des prix ébouriffants.*

ébouriffer **v. tr.** [1] – XVIe ; lat. *burra* → ① bourre **1** Relever en désordre (les cheveux). ⇒ **écheveler, hérisser.** ➝ *Il était tout ébouriffé.* ⇒ **hirsute. 2** fam. Surprendre. ⇒ **ahurir.**

ébourrer **v. tr.** [1] – XIIIe ■ Dépouiller (une peau) de sa bourre. ⇒ **débourrer.**

ébouter **v. tr.** [1] – XVIe ■ Raccourcir en coupant le bout. *Ébouter un bâton.* ➝ *Haricots verts éboutés.*

ébranchage **n. m.** – XVIIIe ■ Action d'ébrancher. ⇒ **élagage, émondage.**

> ❑ On dit aussi *ébranchement,* moins fréquent.

ébrancher **v. tr.** [1] – XIIe ■ Dépouiller (un arbre) de tout ou partie de ses branches. ⇒ **élaguer, émonder, tailler.** « *Ulysse abattit vingt arbres en tout, les ébrancha avec sa hache* » (Fén.).

ébranchoir **n. m.** – XIXe ■ Serpe à long manche pour ébrancher les arbres.

ébranlement **n. m.** – XVIe **1** Oscillation ou vibration produite par un choc, une secousse. ⇒ **commotion, tremblement. 2** État chancelant. *L'ébranlement du régime.* ⇒ **déstabilisation. 3** Choc nerveux qui a des répercussions. *La mort de son frère fut pour elle un terrible ébranlement.* ⇒ **traumatisme.** ✪ CONTR. Immobilité, solidité.

ébranler **v. tr.** [1] – XVe ; de *branler* **1** Provoquer l'ébranlement de (qqch.), faire trembler, vibrer par un choc. ⇒ **agiter, secouer.** *Détonation qui ébranle les vitres.* ♦ vieilli Remuer, exciter. *Ébranler les consciences.* **2** Compromettre l'équilibre, la solidité de (une construction), à la suite d'un ébranlement. *Une bombe a ébranlé cet immeuble, mais il ne s'est pas écroulé.* ♦ Mettre en danger par un coup efficace. ⇒ **déstabiliser, saper.** « *Ce ne sont pas les philosophes qui ébranlent les empires* » (Danton). *Ce différend n'ébranla pas leur amitié.* ⇒ **compromettre. 3** Rendre peu ferme, incertain (les opinions, le moral de qqn). *Rien n'ébranle ses convictions* (⇒ **inébranlable).** ♦ Troubler, faire chanceler dans ses convictions (qqn). « *Françoise, convaincue ou du moins ébranlée* » (Proust). ⇒ **affaiblir, entamer. 4** S'ÉBRANLER **v. pron.** Être mis en branle. « *Les cloches de Saint-Jacques s'ébranlaient pour les vêpres* » (Mart. du G.). ♦ Se mettre en marche, en mouvement. ⇒ **démarrer.** « *le corbillard s'ébranla et descendit lentement la rue* » (Zola). *Le cortège s'ébranle.* ✪ CONTR. Consolider. Confirmer.

ébrasement **n. m.** – XVIIe ■ Percement (d'une baie) en ligne biaise ; proportion dans laquelle elle est ébrasée. *L'ébrasement d'une fenêtre.*

ébraser **v. tr.** [1] – XVIIe ; var. de *embraser* « éclairer » ■ Percer (une baie) en ligne biaise de manière à donner plus de jour ou plus de jeu aux battants.

ébrécher **v. tr.** [6] – XIIIe **1** Endommager par des brèches sur le bord. « *A-t-il donc ébréché le sabre de son père ?* » (Hugo). ➝ « *Assiettes ébréchées, verres dépareillés* » (France). *Dents ébréchées.* **2** fam. Diminuer, entamer. ⇒ **écorner.** *Sa fortune est bien ébréchée.*

ébréchure **n. f.** – XIXe ■ Partie ébréchée, petit morceau parti du bord (d'un objet). *Les ébréchures d'un plat.*

ébriété **n. f.** – XIVe ; lat. *ebrius* « ivre » ■ Ivresse. « *Il s'était présenté chez une élève dans un état d'ébriété complète* » (R. Rolland).

> ❑ Ce mot appartient surtout au style administratif ; on dit couramment *ivresse,* de la même famille étymologique. → ivresse (rem.).

ébrouement **n. m.** – XVIIe ■ Expiration bruyante, sorte d'éternuement du cheval et de certains animaux.

ébrouer (s') **v. pron.** [1] – XVIe ; germ. **1** Souffler bruyamment en secouant la tête (chevaux). « *Des chevaux hennissaient et s'ébrouaient* » (Mac Orlan). **2** S'agiter pour se nettoyer, se dégourdir. *Le chien s'ébroue en sortant de l'eau.* « *L'agitation des autres voyageurs qui s'ébrouaient* » (Mart. du G.).

ébruitement **n. m.** – XIXe ■ Action d'ébruiter ; son résultat.

ébruiter **v. tr.** [1] – XVIe ; de *bruit* ■ Divulguer sous forme de nouvelle confuse qui circule dans le public. *Ébruiter une nouvelle.* « *Il m'est défendu de l'ébruiter et c'est une affaire de conscience pour moi* » (Sand). ➝ pronom. « *De cette affaire, jamais rien ne s'était ébruité* » (Carco). ⇒ **transpirer.** ✪ CONTR. ① Cacher, étouffer.

ébulliométrie **n. f.** – 1902 ; lat. *ebullire* « bouillir » et *-métrie* ■ Mesure de la température d'ébullition des corps.

> ❑ On dit aussi *ébullioscopie.*

ébullition **n. f.** – XIVe ; lat. *ebullire* « bouillir » **1** État d'un liquide soumis à l'action de la chaleur, et dans lequel se forment des bulles de vapeur qui viennent crever à la surface. ⇒ **bouillonnement.** *Amener un liquide à ébullition.* « *Les Arabes tirent le sel de l'eau par ébullition* » (Chateaub.). ➝ *Point d'ébullition,* température à laquelle un liquide passe à l'état gazeux, sous une pression donnée (⇒ **ébulliométrie). 2** EN ÉBULLITION : dans un état de vive agitation, de surexcitation. ⇒ **effervescence.** *Tout le village est en ébullition.*

éburné, ée **adj.** – XVIe ; lat. *eburneus* « d'ivoire » ■ Qui a la couleur, la consistance de l'ivoire. ➝ *Os éburné,* qui a pris l'aspect, la consistance de l'ivoire.

éburnéen, enne **adj.** – XIXe ■ littér. Qui évoque l'ivoire. « *La transparence éburnéenne* [...] *joue la chair à faire illusion* » (Gaut.).

écaillage **n. m.** – XVIIIe **1** Action d'écailler (le poisson), d'ouvrir (les huîtres). **2** Fait de s'écailler. *L'écaillage du vernis.*

écaille **n. f.** – XIIIe ; germ. *°skalja* « tuile » **1** Chacune des petites plaques qui recouvrent la peau de certains poissons, reptiles (⇒ **squame)** et les pattes de certains oiseaux. *Écailles doublées de plaques osseuses des crocodiles, des tortues, des tatous* (⇒ **carapace).** ♦ Chacune des plaquettes microscopiques dont est faite la poussière des ailes de papillons. ⇒ **lépido-.** ♦ Chacune des petites lames coriaces imbriquées enveloppant certains organes (bourgeons, bulbes) de végétaux. *Écailles du bulbe de lis, des cônes du pin.* **2** Parcelle détachée d'une chose qui s'exfolie, se desquame. « *Le crépi, tombé par écailles comme les squames d'une peau malade* » (Gaut.). ⇒ **écaillure.** ➝ loc. littér. *Les écailles lui sont tombées des yeux :* ses yeux se sont dessillés, il s'est rendu compte de son erreur. **3** Matière qui recouvre la carapace des tortues de mer (tortue franche, caret). « *un peigne en* *écaille blonde d'une transparence rare* » (Loti). *Lunettes à monture d'écaille.* ♦ Couleur noire mêlée de roux, chez les animaux. *Chat écaille et blanc.*

❑ La locution *les écailles lui sont tombées des yeux* est une allusion à saint Paul recouvrant la vue sur le chemin de Damas (traduction du grec *lepides* « desquamations, croûtes », qui est évidemment bizarre en français).

① **écailler** v. tr. [1] – XIIIe 1 Dépouiller de ses écailles (un poisson). « *leurs pères écaillaient et lavaient leur poisson sur la pierre du seuil* » (Barbey). 2 Ouvrir (des huîtres). *Couteau à écailler.* 3 Faire tomber en écailles (ce qui recouvre une matière : enduit, vernis, peinture, etc.). ➛ pronom. Se détacher et tomber par écailles. « *un enduit gris qui s'écailla sous le souffle du vent* » (Camus). ➛ *Vernis à ongles tout écaillé.* 4 rare Couvrir d'ornements en forme d'écailles. *Écailler un dôme.*

② **écailler, ère** n. – XIVe ▪ Personne qui ouvre et vend des huîtres, des fruits de mer. *L'écailler d'une brasserie.*

écailleur n. m. – XVIIe ▪ Grattoir pour écailler le poisson.

écailleux, euse adj. – XIIIe 1 Qui a des écailles. *La peau écailleuse des serpents.* ⇒ **squameux.** ➛ *Cône, bulbe écailleux d'un végétal.* 2 Susceptible de se détacher par écailles. *Ardoise écailleuse.*

écaillure n. f. – XVIe 1 Pellicule détachée d'une surface. *Les écaillures d'un crépi.* ⇒ **écaille.** 2 Ensemble des écailles d'un reptile, d'un poisson. *Fine écaillure.*

écale n. f. – XIIe ; germ. ▪ Enveloppe de la coque des noix, noisettes, amandes, châtaignes. ⇒ **brou, écorce.**

écaler v. tr. [1] – XVIe ▪ Dépouiller de l'écale. *Écaler des noix.* ⇒ **décortiquer.** ➛ *Écaler des œufs durs,* ôter leur coquille.

écalure n. f. – XIXe ▪ Pellicule dure de certaines graines. *Écalures de café.*

écang [ekɑ̃] n. m. – XVIIIe ; germ. *swang* « élan, mouvement » ▪ Outil pour écanguer le lin, le chanvre.

écanguer v. tr. [1] – XVIIIe ▪ Broyer (le chanvre, le lin) pour séparer les fibres de la partie ligneuse.

écarlate n. f. et adj. – XIIe ; lat. *sigillatus* « (tissu) orné de petits motifs » 1 Couleur d'un rouge éclatant obtenue par un colorant tiré de la cochenille. ♦ vx Étoffe teinte de cette couleur. 2 adj. De cette couleur rouge. *Rubans écarlates.* « *les toilettes de velours écarlate à torsades d'or* » (Hugo). ♦ Rouge (de honte, de confusion). *À ces mots, il devint écarlate.*

❑ *Écarlate* s'emploie souvent comme intensif de *rouge.* ♦ Pour l'accord de l'adjectif → pourpre (rem.).

écarquiller v. tr. [1] – XVIe ; de ① *quart* ▪ Ouvrir démesurément (les yeux). ✪ CONTR. Fermer.

écart n. m. – XIIIe 1 Distance qui sépare deux choses qu'on écarte ou qui s'écartent. ⇒ **écartement, éloignement, intervalle.** *Écart des branches d'un compas.* ➛ GRAND ÉCART : position où les jambes forment un angle de 180°. *Faire le grand écart.* « *s'abattant sur le plancher dans de grands écarts qui l'aplatissaient* » (Zola). 2 Différence entre deux grandeurs ou valeurs. *Écart entre le prix de revient et le prix de vente.* ⇒ ② **différentiel, fourchette, variation.** *Écart entre les températures du jour et de la nuit* (⇒ **amplitude**). ➛ *Écart angulaire de deux droites, deux vecteurs,* mesure de l'angle non orienté qu'ils forment. ➛ *Écart type* : racine carrée de la variance, que l'on calcule pour rendre compte de la dispersion des distributions dites normales. ⇒ **erreur, variation.** 3 Action de s'écarter, de s'éloigner d'une direction ou d'une position. ⇒ **embardée.** *Voiture qui fait un écart pour éviter un camion* (⇒ se **déporter**). « *le cheval fit un écart en arrière* » (Hugo). 4 Action de s'écarter d'une règle morale, des convenances sociales, etc. *Des écarts de langage, de conduite.* « *Trop souvent un écart de jeunesse décide du sort de la vie* » (Rouss.). ⇒ **erreur, faute.** 5 Lieu écarté ; hameau. *Écart de la commune de...* 6 loc. adv. À L'ÉCART : en retrait, à une certaine distance (de la foule, d'un groupe). ⇒ **loin.** « *elle s'assit à l'écart dans un jardin* » (Baud.). *Tenir qqn à l'écart,* ne pas le faire participer, ne pas l'informer. loc. prép. À L'ÉCART DE : loin de, à une certaine distance de. « *La maison forestière était un peu à l'écart de la route* » (Romains). ➛ *Rester à l'écart d'une querelle,* ne pas s'en mêler. ✪ CONTR. Rapprochement. Concordance.

① **écarté** n. m. – XIXe ▪ Jeu de cartes où l'on peut écarter les cartes qui ne conviennent pas et en recevoir d'autres.

② **écarté, ée** adj. – XVIe 1 Assez éloigné des centres, des lieux de passage. ⇒ **isolé.** *Une maison écartée.* 2 Sensiblement distants l'un de l'autre. *Il a les yeux écartés.*

écartelé, ée adj. – XIVe ▪ En héraldique, *Écu écartelé,* partagé également en quatre.

écartèlement n. m. – XVIe 1 Supplice consistant à écarteler. *L'écartèlement de Ravaillac.* 2 État d'un être écartelé, tiraillé par des forces opposées. ⇒ **tiraillement.**

écarteler v. tr. [5] – XIIe ; de *quartier* 1 Déchirer en quatre (un condamné) en faisant tirer ses membres par quatre chevaux. ➛ par exagér. *Le* « *malade, que deux infirmières, de chaque côté du lit, tenaient écartelé* » (Camus). 2 Tirailler. « *écartelé entre son éducation et l'irrésistible besoin d'affranchir sa pensée* » (Mart. du G.).

écartement n. m. – XIIIe 1 Action d'écarter (une chose d'une autre) ; fait de s'écarter (l'un de l'autre). ⇒ **séparation.** *Écartement des bras, des jambes.* 2 Espace qui sépare une chose d'une ou plusieurs autres. ⇒ **écart, distance.** *Écartement des roues d'un véhicule.* ⇒ **empattement.** *Écartement des dents.* ✪ CONTR. Rapprochement.

① **écarter** v. tr. [1] – XIIe ; lat. °*exquartare* « partager en quatre », de *quartus* → ① quart 1 Mettre (plusieurs choses ou plusieurs parties d'une chose) à quelque distance les unes des autres. ⇒ **disjoindre, séparer.** « *elle alla vers la fenêtre et d'un seul coup écarta les rideaux* » (Green). ⇒ **ouvrir.** « *Sans fléchir ses genoux en écartant les jambes* » (Flaub.). ➛ Séparer (en deux), fendre. *Écarter la foule pour passer.* 2 Mettre à une certaine distance de qqn, qqch. ⇒ **éloigner.** *Écarter une table du mur.* ➛ Repousser, chasser. « *tâchant d'écarter les insectes importuns* » (Gaut.). ♦ Éloigner de qqn. *Écarter un danger, tout risque d'attentat.* ➛ Éloigner de soi, ne pas tenir compte de. *Écarter toute idée préconçue.* ⇒ **rejeter.** *Hypothèse écartée.* ➛ Exclure. *On l'a écarté de l'équipe.* ⇒ **éliminer.** *Politicien écarté du pouvoir.* 3 Éloigner d'une direction. *Écarter une rivière de son lit.* ⇒ **détourner, dévier.** ♦ Provoquer (le taureau) et l'éviter au dernier moment (⇒ **écarteur**). 4 pronom. S'ouvrir, se disperser. *Les nuages s'écartent. Écartez-vous, laissez respirer le blessé !* ♦ S'éloigner (d'un lieu, d'une direction). *Ce n'est pas le bon chemin, nous nous en écartons.* ♦ Se détourner de, ne pas suivre (une ligne). « *Tout personnage qui s'écarte des justes convenances de son état ou de son caractère* » (Dider.). ✪ CONTR. Rapprocher, réunir. Garder.

② **écarter** v. tr. [1] – XVIIe ; de *carte* ▪ Rejeter de son jeu (une ou plusieurs cartes). ⇒ ① **écarté.**

écarteur n. m. – XIXe 1 Dans les courses landaises, Homme qui provoque la bête et l'évite par un écart. 2 Instrument de chirurgie servant à écarter les lèvres d'une plaie, les parois d'une cavité, des plans musculaires. ⇒ **releveur.**

ecballium [ɛkbaljɔm] **n. m.** – XIXe ; gr. *ekballein* « lancer au dehors » ■ Plante rampante du Midi *(cucurbitacées)*, dont les fruits éclatent à maturité en projetant les graines.

ecce homo [ɛksɛɔmo] **n. m. inv.** – XVIIe ; mots lat. « voici l'homme » ■ Représentation de Jésus-Christ portant la couronne d'épines. *Les ecce homo de Titien.*

> ❑ *Ecce homo* furent les paroles prononcées par Ponce Pilate en présentant le Christ couronné d'épines au peuple juif.

eccéité **n. f.** – XVIe ; lat. *ecce* « voici » ■ Principe scolastique qui fait qu'une essence est rendue individuelle. ♦ Dans l'existentialisme, Caractère de ce qui se trouve ici ou là.

ecchymose [ekimoz] **n. f.** – XVIe ; gr. ■ Tache produite par diffusion de sang sous la peau. « *Il y avait des ecchymoses autour du cou de Clara. Il avait dû l'étrangler* » (Mart. du G.). ⇒ **bleu, contusion, hématome.**

ecclésial, iale, iaux **adj.** – XIIe ■ Qui concerne l'Église, en tant que communauté. « *son respect humain, son éloignement des pratiques ecclésiales* » (Huysm.).

ecclésiastique **adj. et n. m.** – XIVe ; gr. *ekklêsia* « assemblée du peuple » 1 Relatif, propre à une église, et spécialt à l'Église catholique et à son clergé. *L'état, la vie ecclésiastique.* « *la vocation ecclésiastique qu'il avait proclamée très fort* » (Aragon). *Ordres ecclésiastiques.* ⇒ **religieux.** *Les dignitaires ecclésiastiques.* ⇒ **prélat.** 2 **n. m.** Membre du clergé. ⇒ **ministre, pasteur, prêtre, religieux.** « *Cet honnête ecclésiastique était un pauvre vicaire savoyard* » (Rouss.). ✪ CONTR. Civil, laïque.

écervelé, ée **adj. et n.** – XIIIe ■ Dépourvu de cervelle, sans jugement. ⇒ **étourdi, évaporé, foufou, irréfléchi, tout-fou.** ♦ **n.** « *J'ai peur que ce brillant écervelé n'ait au fond raison contre tout le monde* » (Volt.).

échafaud **n. m.** – XIIe ; gr. *catasta* « estrade pour vendre les esclaves » ■ Estrade destinée à l'exécution des condamnés par la roue, la décapitation. *Monter à l'échafaud.* « *l'échafaud est une sorte de monstre fabriqué par le juge et par le charpentier* » (Hugo). ♦ Peine de mort par décapitation. *Il risque l'échafaud.*

échafaudage **n. m.** – XVIe 1 Construction temporaire, ensemble de passerelles ou de plateformes soutenues par une charpente, pour circuler en tous points d'un bâtiment à édifier ou à réparer. *Échafaudages de couvreurs. Dresser un échafaudage contre une façade pour la ravaler.* 2 Assemblage de choses posées les unes sur les autres. ⇒ **pyramide.** *Un échafaudage de livres.* « *Des grands chapeaux de femmes avec des échafaudages de tulle et de plumes* » (Aragon). 3 Assemblage complexe et peu solide. *Un savant échafaudage de mensonges.* 4 Édification progressive. « *Un degré de plus dans l'échafaudage de sa fortune* » (Ste-Beuve).

échafauder **v.** [1] – XIIIe 1 **v. intr.** Dresser un échafaudage. 2 **v. tr.** Construire par des combinaisons hâtives et fragiles. « *Échafauder des hypothèses qui n'ont aucune base expérimentale* » (Mart. du G.).

échalas **n. m.** – XIIIe ; gr. *kharax* « roseau » ■ Pieu servant à soutenir un arbuste, un cep de vigne. « *les vignobles roannais dont les échalas ressemblent à contre-jour à une armée de noirs squelettes* » (Tournier). ♦ *Un grand échalas :* personne grande et maigre. ⇒ ② **perche.**

échalasser **v. tr.** [1] – XIVe ■ Soutenir à l'aide d'échalas (la vigne, des arbres).

échalier **n. m.** – XIIe ; doublet de *escalier* ■ Échelle permettant de franchir une haie. ♦ Clôture mobile à l'entrée d'un champ.

échalote **n. f.** – XIIe ; lat. *ascalonia (cepa)* « (oignon) d'Ascalon » ■ Plante potagère *(liliacées)*, dont les bulbes sont utilisés comme condiments. *Onglet à l'échalote.* « *des huîtres d'Ostende avec un petit ragoût d'échalotes découpées dans du vinaigre* » (Nerval). loc. *La course à l'échalote,* pour le pouvoir.

> ❑ Écrit avec un ou deux *t* au XIXe s., le mot prend de nos jours un seul *t*.

échancré, ée **adj.** – XVIe ■ Creusé en dedans (en forme de croissant ou de V). « *Sa robe de soie noire ondée, fort échancrée* » (Nerval). ⇒ **décolleté.** *Littoral profondément échancré.* ⇒ **découpé.**

échancrer **v. tr.** [1] – XVIe ; de *chancre* ■ Enlever en arrondi (une partie du bord), creuser un peu plus (une partie arrondie). ⇒ **évider.**

échancrure **n. f.** – XVIe ■ Partie échancrée. ⇒ **découpure.** « *Son cou puissant apparut, bien dessiné dans l'échancrure de la chemise kaki* » (Mac Orlan). ⇒ **décolleté.** *Les échancrures d'une côte.* ⇒ **golfe.** ✪ CONTR. Saillie.

échange **n. m.** – XIIe 1 Opération par laquelle on échange (des biens, des personnes considérées comme des biens). *Faire un échange, l'échange de qqch. avec qqn. Échange de prisonniers, d'otages.* ➛ *Échange de pièces :* prise et perte de pièces équivalentes, aux échecs. ➛ *Échange entre partenaires sexuels* (⇒ **échangisme**). ♦ Contrat par lequel les parties se donnent respectivement une chose pour une autre. ⇒ **troc.** ♦ Commerce, opération commerciale non monétaire. ⇒ **compensation, troc.** *Monnaie d'échange. La valeur d'échange d'un bien, d'un service. Les échanges internationaux. Les termes de l'échange.* ⇒ **libre-échange, protectionnisme.** 2 Communication réciproque (de documents, renseignements, etc.). *Échange de lettres.* ⇒ **correspondance.** *Échange de poignées de main.* ♦ Transfert d'information dans un système numérique (⇒ **interactivité**). 3 Le fait d'échanger des coups, des balles. *Échange de balles :* suite de balles échangées entre le service et la marque du point, au tennis. 4 Transfert, circulation de fluides, de molécules, d'énergie, au cours du métabolisme. *Les échanges cellulaires.* ♦ *Échange d'énergie, d'entropie entre deux systèmes thermodynamiques.* 5 loc. adv. *EN ÉCHANGE :* de manière qu'il y ait échange. ♦ loc. prép. *EN ÉCHANGE DE :* pour compenser. ⇒ **contre, moyennant.** *Il lui offrit une forte somme en échange de son silence.*

échangeable **adj.** – XVIe ■ Susceptible d'être échangé. *Produits échangeables.*

échanger **v. tr.** [3] – XIIe ; de *changer* 1 Céder moyennant contrepartie. *Échanger une marchandise contre une autre* (⇒ **troquer**), *contre de l'argent* (⇒ **vendre**). *Solde ni repris ni échangé.* ♦ (sujet plur.) Donner et recevoir (des choses équivalentes). *Enfants qui échangent des billes, des timbres. Les mariés ont échangé leurs anneaux.* 2 Adresser et recevoir en retour. *Il* « *échangeait avec sa femme des regards d'intelligence* » (Maupass.). *Échanger des baisers.* ♦ (sujet plur.) Se faire des envois, des communications réciproques de (choses du même genre). « *Ils échangeaient à peine quelques mots, quelques noms* » (Le Clézio). ⇒ se **communiquer.**

échangeur **n. m.** – XIIIe 1 Appareil destiné à réchauffer ou refroidir un fluide, au moyen d'un autre fluide qui circule à une température différente. 2 Intersection routière à plusieurs niveaux.

échangisme n. m. – apr. 1960 ▪ Pratique sexuelle consistant à échanger les partenaires entre couples (⇒ aussi fam. **partouze**). « *Il y a quelques années, Rodolphe était fou d'échangisme* » (Sollers).

échangiste n. et adj. – XVIIIe 1 Personne qui est partie dans un échange. 2 Personne qui pratique l'échangisme. ➛ adj. *Un club échangiste.*

échanson n. m. – XIIe ; germ. ▪ Officier d'une maison royale ou seigneuriale, chargé du service des boissons.

échantillon n. m. – XIIIe ; lat. 1 Type réglementaire de certains matériaux de construction. *Bois, pavé d'échantillon.* ➛ *Navire de fort, de faible échantillon,* selon la largeur et l'épaisseur des pièces de construction. 2 Petite quantité (d'une marchandise) qu'on montre pour donner une idée de l'ensemble. *Échantillons de café, de parfum. Un cahier d'échantillons* (d'étoffe). *Un « coffre à tiroirs dans lesquels Barner mettait ses échantillons de fils »* (Duras). « *quelle folie de choisir sur des échantillons* » (Sarraute). ♦ Spécimen remarquable. ⇒ **exemple, représentant.** « *Une très jolie servante, charmant échantillon de la beauté des femmes de Malaga* » (Gaut.). ➛ Aperçu. « *ce n'est qu'un petit échantillon de sa mauvaise humeur* » (Mol.). 3 Fraction d'une population destinée à être étudiée par sondage. ⇒ **panel.** 4 Élément d'une suite discrète résultant de l'échantillonnage d'une grandeur analogique.

échantillonnage n. m. – XVe 1 Action d'échantillonner. 2 Collection, ensemble d'échantillons. « *un échantillonnage complet de tous les véhicules existants* » (Tournier). 3 Ensemble des opérations pour la détermination d'un échantillon, dans une enquête par sondage. 4 Transformation d'une fonction continue, représentée par un signal analogique, en fonction prenant des valeurs discrètes en vue d'un traitement numérique. ⇒ **quantification.** *Fréquence d'échantillonnage.*

échantillonner v. tr. [1] – XVe 1 Prélever, choisir des échantillons de (tissus, produits, etc.). 2 Choisir un échantillon représentatif de (une population) pour un sondage. 3 Opérer l'échantillonnage de (un signal).

échantillonneur, euse n. – 1904 1 Personne qui échantillonne. 2 n. m. Dispositif réalisant l'échantillonnage d'une grandeur analogique. *Échantillonneur de sons.*

échappatoire n. f. – XVe ▪ Moyen détourné par lequel on cherche à se tirer d'embarras. ⇒ **dérobade, excuse, faux-fuyant,** ② **prétexte.** *Chercher une échappatoire à une requête, pour refuser.* « *Aucune échappatoire possible ; aucun moyen de s'en tirer* » (Gide).

> ❑ *Échappatoire* a toujours été du genre féminin, l'emploi au masculin est fautif.

échappé n. m. – XVIIIe ▪ Mouvement de danse où les pieds réunis s'écartent en même temps sur demi-pointes, pointes, ou en sautant.

échappée n. f. – XVe 1 Action menée par un ou plusieurs cyclistes pour distancer le peloton. 2 Espace libre mais resserré (ouvert à la vue, à la lumière). *Une belle échappée sur la mer.* ⇒ **vue.** 3 littér. Bref moment, court intervalle. 4 Espace ménagé pour un passage. *Échappée d'une cour, d'un garage,* permettant aux voitures d'entrer et de sortir. ⇒ **dégagement.** ➛ Espace compris entre les marches et le plafond (d'un escalier).

échappement n. m. – XIIe 1 Mécanisme régulateur, adapté au pendule ou au balancier, qui se place à chaque oscillation entre les dents de la dernière roue qu'il libère une par une. *Horloge à échappement. Échappement à ancre.* 2 Dernière phase de la distribution et de la circulation de la vapeur dans les cylindres ; dernier temps du cycle d'un moteur pendant lequel sortent les gaz brûlés. *Les gaz d'échappement. Tuyau d'échappement.* ✪ CONTR. Admission.

échapper v. [1] – XIIe ; lat. *cappa* « chape » **I** v. intr. **A** *ÉCHAPPER DE, À.* 1 vieilli S'enfuir (d'un lieu), fausser compagnie à (qqn). ⇒ s'**évader,** se **sauver.** *Échapper à ses gardiens.* « *Si jamais nous échappons de cette tempête* » (Fén.). ⇒ **réchapper ; rescapé.** ♦ *ÉCHAPPER À... :* se tirer (d'un danger, d'un état fâcheux). *Échapper à un accident.* ♦ *On n'échappe pas à son destin.* 2 (choses) Cesser d'être tenu, retenu. *Le bol m'a échappé des mains.* ⇒ **glisser,** ① **tomber.** « *Sa main tremblera, le couteau lui échappera* » (Romains). *Laisser échapper un plat.* ⇒ ① **lâcher.** ♦ Ne pas pouvoir être retenu, conservé. « *Le temps m'échappe et fuit* » (Lamart.). *Elle sentait qu'il lui échappait.* ⇒ se **détacher.** *Son nom m'échappe,* je ne le retrouve pas. 3 Être émis, prononcé contre la volonté du sujet. *Laisser échapper un cri. Cela m'a échappé. Je regrette ces paroles qui m'ont échappé.* **B** *ÉCHAPPER À... :* ne pas être pris. 1 (sujet personne) Éviter (qqn, qqch. de menaçant). *Échapper à ses poursuivants. Elle « lança brusquement son cheval en avant du mien et m'échappa »* (Ste-Beuve). « *les rares énergies qui échappaient au paludisme* » (Céline). *Échapper à une corvée.* ⇒ **couper** (II), **éviter.** « *Cette obligation à laquelle nul de nous ne peut échapper* » (France). ⇒ se **dérober,** se **soustraire.** 2 (choses) N'être pas perçu, compris par. *Ce détail m'avait échappé. Rien ne lui échappe. Toute l'ironie du texte lui a échappé.* ➛ *Il n'a échappé à personne que son nom n'a pas été prononcé.* **II** v. tr. loc. *L'échapper belle :* éviter de justesse un danger. *Ils l'ont échappé belle.* **III** *S'ÉCHAPPER* v. pron. 1 S'enfuir, se sauver. *L'oiseau s'est échappé de sa cage. Les prisonniers se sont échappés.* ⇒ s'**évader.** ♦ Faire une échappée (1°). 2 (choses) Sortir. « *Une haie vive d'où s'échappent des ronces* » (Balz.). *Eau, gaz qui s'échappe d'un tuyau. Les larmes « s'échappaient de mes yeux comme d'une source »* (Maupass.). ➛ « *il s'échappait de son larynx un sifflement produit par chaque inspiration* » (Flaub.). ✪ CONTR. Entrer, rester.

écharde n. f. – XIIe ; germ. °*skarda* « éclat de bois » ▪ Petit fragment pointu de bois ou épine qui a pénétré sous la peau par accident. *Avoir une écharde dans le doigt.*

échardonner v. tr. [1] – XIIIe ▪ Débarrasser (un lieu) des chardons qui y poussent.

écharner v. tr. [1] – XIIe ; a. fr. *charn* « chair » ▪ Débarrasser (une peau) de la chair qui y adhère. ⇒ **drayer.**

écharpe n. f. – XIIe ; p.-ê. germ. °*skirpa* « panier de jonc » 1 Large bande d'étoffe servant d'insigne. « *il avait ceint sous son manteau son écharpe tricolore de maire* » (Tournier). ♦ Bandage passé par-dessus une épaule, servant à soutenir l'avant-bras. *Avoir un bras en écharpe.* ♦ loc. adv. *EN ÉCHARPE :* de biais. ⇒ **obliquement.** « *pour gagner du temps, ils rentrent en prenant en écharpe une partie du bois de Boulogne* » (Yourcenar). 2 Longue bande de tissu, de tricot qu'on porte généralement autour du cou. ⇒ **cache-col, cache-nez, foulard.** 3 Pièce de menuiserie disposée en diagonale. ➛ Cordage pour monter les matériaux de construction.

écharper v. tr. [1] – XVIIe ; a. fr. *charpir* « déchirer », lat. *carpere* « lacérer » ▪ Déchiqueter, massacrer. « *se faire écharper par la foule* » (Romains). ⇒ **lyncher.** ➛ pronom. *Ils vont s'écharper.* ⇒ s'**entre-tuer.**

> ❑ Même famille étym. que *charpie.*

échasse n. f. – XIIe ; germ. 1 Chacun des deux longs bâtons munis d'un étrier, permettant de se déplacer dans des terrains difficiles. « *Un berger monté sur ses* *échasses, marchant à pas de faucheux à travers les marécages et les sables* » (Gaut.). 2 *Échasse blanche :* oiseau migrateur *(charadriiformes)*, à hautes pattes fines, au plumage blanc et noir. ⇒ **échassier.**

échassier n. m. – XVIIIe ; de *échasse* ■ Oiseau carnivore des marais, à longues pattes fines (ex. cigogne, grue, héron). « *Elle serait restée comme un échassier debout sur une patte* » (Mart. du G.).

échaudage n. m. – XIXe 1 Action d'échauder. 2 Flétrissement accidentel des grains (des céréales, des vignes).

échaudé, ée adj. et n. m. – XVIIIe 1 Flétri, desséché, noirci par un excès de chaleur, par le soleil. *Blé échaudé.* 2 n. m. Gâteau léger de pâte échaudée, puis passée au four. *Une collation « composée de quelques laitages, de gaufres, d'échaudés, de merveilles* » (Rouss.).

échauder v. tr. [1] – XIIe ; lat. *calidus* « chaud » 1 Passer, laver à l'eau chaude. « *échaudant le métal anglais avec l'eau qu'il reversait dans la bouillotte* » (Huysm.). 2 Plonger dans l'eau bouillante. *Échauder un cochon* (⇒ **échaudoir**), *une volaille pour la plumer.* 3 vx ou région. Brûler avec un liquide chaud. ➝ *Se faire échauder, être échaudé :* être victime d'une mésaventure, éprouver une déception.

échaudoir n. m. – XIVe ■ Grande cuve où l'on échaude les bêtes abattues. « *L'animal qui vient de périr bascule dans l'échaudoir* » (Duham.). ➝ Local d'un abattoir réservé à cette opération.

échauffant, ante adj. – XIIe ■ Qui échauffe, augmente la chaleur. ✪ CONTR. Rafraîchissant.

échauffement n. m. – XIIIe 1 Fait de s'échauffer. *L'échauffement du sol.* ➝ *Échauffement d'une pièce mécanique*, dû au frottement, à un défaut de graissage. ♦ Action d'échauffer les muscles par des mouvements appropriés. *Exercices d'échauffement.* 2 Altération, fermentation, due à la chaleur. *Échauffement du bois* (mal ventilé), *des céréales.* 3 État d'excitation. *L'échauffement des esprits.* ✪ CONTR. Refroidissement.

échauffer v. tr. [1] – XIe 1 Rendre progressivement chaud (ce qui doit rester froid). *Frottement qui échauffe les roues.* ♦ Enflammer, exciter. *Un journal « vint échauffer les esprits* » (Chateaub.). *Échauffer les oreilles.* ⇒ **énerver, irriter.** 2 Déterminer l'irritation, l'altération de. « *Ces nourritures épicées finissent par vous échauffer le sang* » (Flaub.). 3 S'ÉCHAUFFER v. pron. Entraîner ses muscles avant l'effort. ♦ S'animer, se passionner en parlant. « *Je suis vif, je m'échauffe, je m'emporte comme une soupe au lait* » (Labiche). ✪ CONTR. Refroidir ; calmer.

échauffourée n. f. – XIVe ; crois. de *fourrer* avec *chaufour* ■ Rencontre imprévue, confuse et brève entre adversaires qui en viennent aux mains. ⇒ **bagarre.** ♦ Petit accrochage isolé. ⇒ **escarmouche.**

échauguette n. f. – XIIe ; germ. ■ Guérite de guet, placée en encorbellement aux angles des châteaux forts, des bastions. ⇒ **bretèche, poivrière.**

échéance n. f. – XIIIe ; de *échoir* 1 Date à laquelle expire un délai, à laquelle on doit faire, payer qqch. ⇒ **expiration, terme.** *Échéance d'un loyer, d'une traite. Reporter, proroger une échéance.* ♦ Ensemble des effets dont l'échéance tombe à une date donnée. *Faire face à une lourde échéance.* ♦ Date à laquelle une chose doit arriver, une faute se payer. *L'échéance électorale.* 2 Délai. *Emprunter à longue échéance. À échéance de :* dans un délai de. ♦ *À longue (brève) échéance :* à long (à court) terme.

échéancier n. m. – XIXe 1 Registre des effets inscrits à la date de leur échéance. 2 Ensemble des délais à respecter. *Établir l'échéancier d'un projet.* ⇒ **calendrier, planning.**

échéant, ante adj. – XIXe 1 Qui arrive à échéance. *Terme échéant.* 2 loc. adv. LE CAS ÉCHÉANT : si le cas se présente. ⇒ **éventuellement.** « *nous ne savons jamais si, le cas échéant, nous ne céderions pas à telle tentation* » (Mauriac).

échec n. m. – XIe ; arabo-persan *shâh* « roi » I LES ÉCHECS. 1 Jeu dans lequel deux joueurs font manœuvrer l'une contre l'autre deux séries de seize pièces (roi, reine, fou, cavalier, tour, pion) sur une tablette divisée en soixante-quatre cases (⇒ **échiquier**), dans le but de s'emparer du roi adverse. *Jouer aux échecs. Partie, tournoi d'échecs. Relatif aux échecs.* ⇒ **échiquéen.** « *Jean-Jacques Rousseau, qui me gagnait toujours aux échecs* » (Dider.). ➝ *Jeu d'échecs :* l'échiquier et les pièces. 2 Ensemble des pièces de ce jeu. II - 1 Aux échecs, Situation du roi qui se trouve sur une case battue par une pièce adverse ; coup créant cette situation. *On ne peut roquer quand on est en échec.* adj. *Être échec*, en échec. *Vous êtes échec et mat.* ♦ par ext. *Échec à la reine.* 2 Position difficile dans laquelle on est mis par l'adversaire. ➝ *Tenir qqn en échec*, le mettre en difficulté, entraver son action. « *notre bonne volonté était mise en échec* » (Césaire). ➝ *Faire échec à* (une entreprise), l'empêcher de se réaliser. ⇒ **déjouer.** 3 Revers éprouvé par qqn qui voit ses calculs déjoués, ses espérances trompées. *Essuyer, subir un échec.* ⇒ **échouer.** *Échec d'une armée.* ⇒ **défaite.** *Échec à un examen. Échec cuisant.* ⇒ **bérézina.** « *Ce qui donne au romancier le sentiment de l'échec, c'est l'immensité de sa prétention* » (Mauriac). ➝ *Avoir une conduite d'échec :* tout faire inconsciemment pour échouer (⇒ **loser**). ♦ Insuccès, faillite (d'une entreprise). ⇒ **fiasco, ratage.** *Tentative vouée à l'échec. L'échec d'un spectacle.* ⇒ fam. **bide, flop, four.** ✪ CONTR. Réussite, succès.

❑ Le mot est emprunté, par l'intermédiaire de l'arabe, au persan *shâh mat* « le roi est mort ».

échelette n. f. – XIVe 1 Petite échelle de bât, où on accroche un fardeau. 2 Ridelle de charrette. 3 *Compte, comptabilité par échelettes*, où les acomptes sont imputés sur les intérêts avant de l'être sur le capital. 4 Oiseau grimpeur du genre passereau. ⇒ **grimpereau.**

échelier n. m. – XVIIe ■ région. Échelle à montant central. ⇒ **rancher.**

échelle n. f. – XIIe ; lat. *scala* 1 Dispositif formé de deux montants réunis de distance en distance par des barreaux transversaux (⇒ **échelon**) servant de marches. ⇒ **escabeau.** *Dresser, appuyer une échelle contre un mur. Monter sur une échelle, à l'échelle. La grande échelle des pompiers.* ➝ *Échelle de meunier :* escalier droit sans contremarches. ➝ *Échelle de coupée*, servant à monter à bord d'un navire. ♦ Série de mailles filées sur la longueur d'un bas, d'un collant. ♦ loc. *Faire la courte échelle à qqn*, l'aider à s'élever en lui offrant comme points d'appui les mains puis les épaules ; l'aider à réussir. « *se faisant la courte échelle,* [ils] *gravirent* [...] *un talus très raide* » (J. Verne). ➝ *Après lui, il n'y a plus qu'à tirer l'échelle*, on ne peut faire mieux. 2 Suite continue ou progressive. ⇒ **hiérarchie, série, succession.** *Échelle sociale :* hiérarchie des conditions dans une société. *Une « admiration inavouée pour celui qui est plus élevé dans l'échelle sociale* » (Proust). *Être en haut, en bas de l'échelle.* ♦ *L'échelle des sons.* ⇒ **gamme.** ➝ Série de tests de niveau mental. *Échelle de Binet-Simon.* ➝ *Échelle des salaires. Échelle mobile :* disposition contractuelle en vertu de laquelle les rémunérations suivront les variations d'une autre grandeur. ⇒ **indexation.** 3 Ligne graduée indiquant le rapport des dimensions ou distances marquées sur un plan avec les dimensions ou distances réelles *(échelle* *graphique)* ; rapport entre une longueur et sa représentation sur la carte *(échelle numérique). 1 mm représente 100 m à l'échelle de 1/100000. Carte à grande échelle,* représentant un terrain peu étendu par une surface relativement importante. loc. *Faire qqch. sur une grande échelle,* en grand, largement. « *une fabrication entreprise sur une grande échelle* » (Balz.). ➝ *Échelle d'une maquette. Échelle de réduction, d'agrandissement d'un dessin.* ♦ Série de divisions sur un instrument de mesure, un tableau. ⇒ **graduation.** *Échelle centésimale. Échelle thermométrique. Échelle sismologique,* mesurant l'intensité des séismes ou leur magnitude *(échelle de Richter). Échelle de Beaufort,* mesurant la force du vent. ♦ *À L'ÉCHELLE (DE)* : selon un ordre de grandeur. *Ce problème se pose à l'échelle nationale.* « *à cette échelle-là c'est devenu presque inutile de compter avec une marge d'erreur* » (Aragon). ⇒ **mesure.** 4 loc. *Les échelles du Levant :* ports d'Asie Mineure ; *les échelles de Barbarie :* ports d'Afrique du Nord par lesquels se faisait le commerce avec l'Europe. « *gagner sans encombre une des échelles de la Corne-d'Or* » (Loti).

échelon n. m. – XIe 1 Traverse d'échelle. ⇒ **barreau, degré,** ① **marche ; enfléchure.** 2 Ce par quoi on passe d'un rang à un autre ; chacun des degrés successifs d'une série. « *Un premier ministère est l'échelon du second* » (Chateaub.). ⇒ **marchepied, tremplin.** *Gravir tous les échelons.* ➝ Position d'un fonctionnaire à l'intérieur d'un grade, d'une classe. *Avancer d'un échelon.* ♦ L'un des différents stades d'une administration. ⇒ **niveau.** *À l'échelon départemental.* ➝ Élément d'une troupe fractionnée en profondeur. *Échelon d'attaque. Échelon débordant.*

échelonnement n. m. – XIXe ▪ Action d'échelonner, fait d'être échelonné. *L'échelonnement des paiements.* ⇒ **étalement.**

échelonner v. tr. [1] – XIVe 1 Disposer (des troupes) de distance en distance, par échelon. 2 Disposer (des choses) à une certaine distance les unes des autres, ou par degrés. ⇒ **distribuer, graduer, répartir.** *Échelonner des poteaux le long d'une route.* « *Un homme qui donne à dîner sait échelonner ses vins de façon à ne pas émousser le goût* » (Taine). ♦ Distribuer dans le temps, exécuter à intervalles réguliers. ⇒ ① **étaler.** ➝ pronom. *Les travaux s'échelonneront sur un an.* ✪ CONTR. Bloquer, ① masser.

échenillage n. m. – XVIIIe ▪ Opération qui consiste à écheniller.

écheniller v. tr. [1] – XIVe ▪ Débarrasser (un arbre, une haie) des chenilles.

échenilloir n. m. – XVIIe ▪ Cisaille fixée à l'extrémité d'une perche et qui sert à écheniller.

écheveau n. m. – XIVe ; lat. *scabellum* « tabouret » 1 Assemblage de fils repliés et réunis par un fil de liage. *Mettre en pelote un écheveau de laine.* 2 Situation embrouillée. « *en démêlant en un clin d'œil des écheveaux d'affaires compliquées* » (Courtel.).

échevelé, ée adj. – XIe 1 Dont les cheveux sont en désordre. ⇒ **ébouriffé, hirsute.** « *elle m'entraîna, échevelée, hagarde à l'assaut de la gare du Nord* » (Céline). 2 Désordonné, effréné. *Une danse échevelée.* ✪ CONTR. Peigné. Sage.

écheveler v. tr. [4] – XIIe ▪ littér. Dépeigner. ✪ CONTR. Peigner.

échevin n. m. – XIIe ; germ. °*skapin* « juge » 1 Au Moyen Âge, Assesseur du tribunal comtal, puis magistrat municipal (jusqu'à la Révolution). *Les échevins toulousains.* ⇒ **capitoul, consul.** 2 Magistrat adjoint au bourgmestre, aux Pays-Bas et en Belgique.

❑ *Échevin* est parfois employé au Canada pour « conseiller municipal ».

échevinage n. m. – XIIIe ▪ Fonction d'échevin ; durée de cette fonction. ♦ Corps des échevins.

échevinal, ale, aux adj. – XVIe ▪ De l'échevin. *Fonctions échevinales.* ➝ En Belgique, *Collège échevinal,* formé du bourgmestre et des échevins. ⇒ **communal.**

échidné [ekidne] n. m. – XIXe ; gr. *ekhidna* « vipère » ▪ Mammifère ovipare insectivore d'Australie et de Nouvelle-Guinée *(monotrèmes),* ressemblant au hérisson, au long museau.

❑ L'échidné doit son nom à ses piquants comparés aux crochets de la vipère.

échiffre n. m. – XIIe ; o. i. ▪ *Mur d'échiffre,* ou *échiffre* : mur qui supporte les extrémités des marches d'un escalier. ➝ Charpente d'un escalier.

① **échine** n. f. – XIe ; germ. °*skina* « baguette de bois », puis « aiguille, os long » ▪ Colonne vertébrale de l'homme et de certains animaux ; région correspondante du dos. « *Un flot de sueur nous coulait le long de l'échine* » (Cendrars). loc. *Courber, plier l'échine :* se soumettre, céder. ♦ Partie antérieure de la longe du porc. *Côte de porc dans l'échine.*

② **échine** n. f. – XVIe ; gr. *ekhinos* « oursin » ▪ Moulure saillante sous l'abaque du chapiteau dorique ; ove du chapiteau ionique.

échiner (s') v. pron. [1] – XIIIe ▪ Se donner beaucoup de peine, s'éreinter. ⇒ s'**épuiser,** s'**esquinter,** se **fatiguer.** *S'échiner au travail, à travailler.*

échinocactus [ekinokaktys] n. m. – XIXe ; gr. *ekhinos* « hérisson, oursin » et *cactus* ▪ Cactus à tige trapue. ⇒ **peyotl.**

échinococcose n. f. – 1905 ▪ Parasitose causée par l'échinocoque ou sa larve.

échinocoque n. m. – XIXe ; gr. *ekhinos* « oursin » et *kokkos* « grain » ▪ Ver plat *(cestodes)* parasite des chiens et des herbivores (⇒ **hydatide ; échinococcose).**

échinodermes [ekinɔdɛʀm] n. m. pl. – XVIIIe ; gr. *ekhinos* « oursin » et *-derme* ▪ Embranchement d'invertébrés marins à symétrie radiale, couverts de plaques calcaires et souvent d'épines (ex. oursin, astérie). « *les échinodermes, remarquables par leur enveloppe épineuse* » (J. Verne).

échiquéen, enne adj. – XXe ▪ Relatif au jeu d'échecs. *La littérature échiquéenne.*

échiqueté, ée adj. – XIIIe ; de *échiquier* ▪ En héraldique, *Écu échiqueté,* divisé en cases d'émaux alternés.

échiquier n. m. – XIIe 1 Plateau divisé en soixante-quatre cases alternativement blanches et noires, sur lequel on joue aux échecs. 2 Terrain, lieu où se joue une partie serrée, où s'opposent des intérêts. *L'échiquier politique.* 3 En Grande-Bretagne, Administration financière centrale. *Le chancelier de l'Échiquier.*

écho [eko] n. m. – XIIIe ; gr. *êkhô* « bruit » 1 Phénomène de réflexion du son par un obstacle qui le répercute ; le son ainsi répété. *Il y a de l'écho dans cette église.* ⇒ **réverbération.** *Écho simple,* qui ne reproduit les sons qu'une fois. *Écho multiple.* ➝ *Écho (radioélectrique),* produit sur les ondes radioélectriques par des trajets multiples ou des réflexions parasites. *Écho d'une onde électromagnétique* (⇒ **radar),** *d'une onde ultrasonore* (⇒ **échographie, écholocation, sonar),** *de spins* (⇒ **R.M.N.).** 2 Lieu où l'écho se produit. loc. *À tous les échos :* partout, dans toutes les directions. 3 Propos rapporté par qqn. ⇒ **bruit, nouvelle, on-dit, rumeur.** *J'en ai eu quelques échos.* « *mon récit n'est jamais qu'un écho* » (Gide). ♦ plur. Rubrique (d'un journal) consacrée aux anecdotes (⇒ **échotier).** 4 Ce qui répète, reflète. loc. *Se faire l'écho de :* répandre, répéter (une nouvelle). ➛ « *Ses paroles n'étaient qu'une réponse affaiblie, docile, presque un simple écho de mes paroles* » (Proust). ⇒ **reflet.** ♦ Accueil, réaction. ⇒ **réponse, résonance.** *Sa protestation est restée sans écho.* ✪ HOM. Écot.

> ❑ La nymphe *Écho* était très bavarde et détournait l'attention d'Héra des frasques de son mari Zeus. Pour la punir, Héra la condamna à ne pouvoir répéter que les derniers mots de ceux qui lui parlaient.

échocardiogramme [ekokaʀdjɔgʀam] **n. m.** – v. 1980 ▪ Échographie du cœur.

échographie [ekogʀafi] **n. f.** – v. 1970 ; de *écho* et *-graphie* ▪ Méthode d'exploration médicale utilisant la réflexion des ultrasons par les structures organiques ; image ainsi obtenue. *Échographie de l'abdomen, de l'œil. Surveillance de la grossesse par échographie.*

échographique [ekogʀafik] **adj.** – v. 1970 ▪ Relatif à l'échographie.

échoir **v. intr.** et **défectif** [*il échoit* (vx *échet*), *ils échoient ; il échut ; il échoira* (vx *écherra*) ; *il échoirait ; échéant, échu*] – XIIe ; lat. *excidere* **1** Être dévolu par le sort ou par un hasard. ⇒ **advenir, revenir.** « *Un vignoble entier lui était échu par héritage* » (Céline). « *Tâchez que ce rôle ingrat échoie à quelqu'un d'autre* » (Anouilh). *Biens échus.* **2** Arriver à échéance. *Payer terme échu.*

> ❑ *Échoir* se conjugue avec l'auxiliaire *être.* ♦ Ne pas confondre avec *échouer.*

écholalie [ekolali] **n. f.** – XIXe ; gr. *êkhô* « écho » et *lalia* « bavardage » ▪ Répétition automatique des paroles (ou chutes de phrases) de l'interlocuteur, observée dans certaines aphasies.

écholocation [ekolɔkasjɔ̃] **n. f.** – v. 1950 ; angl., de *echo* « écho » et *location* « repérage, localisation » ▪ Méthode de repérage des proies ou des obstacles par émission de sons ou d'ultrasons qui produisent un écho. *Le système d'écholocation des cétacés.*

> ❑ On emploie aussi le synonyme *écholocalisation* dont la forme est plus en rapport avec le sens.

① **échoppe** **n. f.** – XIIIe ; a. néerl. *schoppe*, avec infl. de l'angl. *shop* « magasin » ▪ Petite boutique. ⇒ **baraque.** *Une échoppe de cordonnier.* « *une de ces échoppes où le passant était attiré par une enseigne naïve et pittoresque* » (Fargue).

> ❑ Ce mot désigne encore, dans la région de Bordeaux, une petite maison ne comportant qu'un rez-de-chaussée.

② **échoppe** **n. f.** – XIVe ; lat. *scalprum* « burin, ciseau » ▪ Outil à pointe taillée en biseau. ⇒ **burin.**

échopper **v. tr.** [1] – XVe ▪ Tailler ou enlever à l'échoppe.

échotier, ière [ekɔtje, jɛʀ] **n.** – XIXe ▪ Journaliste chargé des échos.

échouage **n. m.** – XVIIe ▪ Situation d'un navire qui touche intentionnellement le fond et cesse de flotter. *Port d'échouage.*

échouement **n. m.** – XVIIe ▪ Arrêt accidentel d'un navire par contact avec le fond.

échouer **v.** [1] – XVIe ; p.-ê. de *échoir* ou du norm. *escover*, de *escoudre* « secouer » **I** **v. intr. 1** Toucher le fond et se trouver arrêté dans sa marche. ⇒ **s'engraver, s'ensabler, s'envaser.** *Le navire a échoué sur la côte.* ♦ Être poussé, jeté sur la côte. *Des baleines avaient échoué sur la plage.* ♦ S'arrêter par lassitude ou comme poussé par le hasard. « *Il échoua à son hôtel, et se mit à potasser ses bouquins* » (Aragon). **2** Ne pas réussir. « *une réalité qu'il échoue à mesurer* » (Montherl.). *Échouer à un examen.* ⇒ fam. **louper.** ➛ Ne pas aboutir. ⇒ **avorter.** « *les efforts de ma mémoire et de mon intelligence échouaient toujours* » (Proust). **II** **v. tr.** Pousser jusqu'au contact avec la côte. « *J'échouais mon bateau au rivage* » (Chateaub.). ♦ pronom. Être jeté à la côte. *Le pétrolier s'est échoué sur un écueil.* ➛ *Deux cachalots s'échouèrent sur la plage.* ✪ CONTR. Renflouer. Réussir.

> ❑ Aux sens de « toucher le fond », « être jeté sur la côte », le pronominal est plus courant.

écimer **v. tr.** [1] – XVIe ▪ Couper la cime, la partie supérieure de (un arbre, une plante), pour favoriser la croissance des organes inférieurs. ⇒ **étêter.**

éclaboussement **n. m.** – XIXe ▪ Jaillissement.

éclabousser **v. tr.** [1] – XIIIe ; formation expressive, rad. *klapp* et *bouter* **1** Couvrir d'un liquide qu'on a fait rejaillir. ⇒ **arroser, asperger ;** région. **gicler.** *La voiture a éclaboussé les passants.* ➛ pronom. « *tirer de l'eau en évitant de s'éclabousser* » (Romains). **2** Salir moralement. « *pour que je puisse être éclaboussé par les plaisanteries d'un Verdurin* » (Proust). ♦ Humilier par l'étalage de son luxe. ⇒ **écraser.**

éclaboussure **n. f.** – XVIe **1** Goutte d'un liquide salissant qui a rejailli. ⇒ **tache.** *Des éclaboussures de café.* **2** Coup indirectement reçu. « *je reçus quelques éclaboussures de la bataille* » (Nerval). **3** Tache qui atteint qqn qui n'est pas directement concerné. *Les éclaboussures du scandale.*

éclair **n. m.** – XIIe ; de *éclairer* **I - 1** Lumière intense et brève, provoquée par une décharge disruptive entre deux nuages ou entre un nuage et le sol, lors d'un orage. « *Après un éclair précurseur, un coup de tonnerre a retenti* » (Baud.). ♦ *Avec la rapidité de l'éclair ; à la vitesse de l'éclair :* très vite. *Prompt comme l'éclair.* ♦ fam. Très rapide. « *tous les plaisirs supposés des voyages éclair, à New York ou à Londres* » (Perec). **2** Lumière vive, de courte durée. *Éclair de magnésium.* ➛ *Ses yeux lançaient des éclairs.* ⇒ **flamme.** **3** Manifestation soudaine et passagère ; bref moment. *Un éclair de lucidité.* **II** Pâtisserie allongée faite de pâte à choux fourrée de crème pâtissière et glacée par-dessus. *Éclair au café.* ✪ HOM. Éclaire.

éclairage **n. m.** – XVIIIe **1** Action d'éclairer ; production de lumière artificielle. ⇒ **illumination.** *Éclairage d'un appartement. Éclairage public. Gaz d'éclairage.* « *Vous avez un profil extraordinaire sous cet éclairage* » (Romains). ♦ Effet de lumière. *Régler les éclairages d'un studio de tournage. Éclairage d'un monument.* **2** Manière d'éclairer. *Éclairage au néon. Éclairage direct, indirect. Éclairage éblouissant.* « *sous le mauvais éclairage de la lampe-tempête* » (Cendrars). ♦ Manière dont la scène que représente un tableau est éclairée ; manière, propre à un peintre, d'éclairer ses scènes. *L'éclairage du Caravage.* **3** Manière de décrire, d'envisager. ⇒ **jour.** « *les mêmes faits n'auraient-ils pu apparaître différents dans un autre éclairage ?* » (Mauriac). ⇒ **angle.** ✪ CONTR. Obscurité.

éclairagisme **n. m.** – 1934 ▪ Ensemble de techniques employées pour obtenir un éclairage rationnel.

éclairagiste **n.** – 1948 ▪ Spécialiste des problèmes d'éclairage et de la réalisation d'éclairages rationnels. *Éclairagiste de théâtre.*

éclairant, ante **adj.** – XVIe **1** Qui a la propriété d'éclairer. « *Les fusées éclairantes éclatent au-dessus des arbres* » (Le Clézio). **2** Susceptible d'éclaircir, d'expliquer.

éclaircie n. f. – XVIe 1 Endroit clair qui apparaît dans un ciel nuageux ou brumeux ; brève interruption du temps pluvieux, coïncidant avec cette apparition. ⇒ **embellie.** *Temps pluvieux avec éclaircies.* « *L'éclaircie qui se levait à la fin de cette harassante journée de pluie* » (Gracq). ♦ Brève amélioration, brève détente. ⇒ **accalmie.** 2 Coupe des jeunes arbres les plus chétifs dans une futaie. ♦ Opération qui consiste à enlever certains fruits pour faire prospérer les autres. ⇒ **éclaircissage.**

éclaircir v. tr. [2] – XIIe ; lat. *clarus* « clair » 1 Rendre plus clair, moins sombre. *Éclaircir une peinture en ajoutant du blanc.* ♦ pronom. « *le ciel commençait à s'éclaircir* » (Fén.). ⇒ se **dégager.** 2 Rendre moins épais, moins dense. *Éclaircir une futaie.* ⇒ **démarier, déroder.** ➝ pronom. *Ses cheveux commencent à s'éclaircir,* à devenir moins épais. 3 Rendre clair pour l'esprit. ⇒ **clarifier, débrouiller, démêler, élucider.** *Il faut éclaircir cette affaire.* « *éclaircir le sens du mot qu'il comprenait mal* » (France). ✪ CONTR. Assombrir, foncer, obscurcir ; épaissir ; embrouiller.

éclaircissage n. m. – XIXe ▪ Action d'éclaircir un semis, une plantation. ⇒ **éclaircie.**

éclaircissement n. m. – XIIIe ▪ Explication ; note explicative, renseignement. *L'éclaircissement d'un mystère.* ♦ Explication tendant à une mise au point, à une justification. *Il lui a demandé des éclaircissements sur sa conduite.* ✪ CONTR. Obscurcissement.

éclaire n. f. – XIIIe ; de *éclairer* ▪ région. *Grande éclaire :* chélidoine. ✪ HOM. Éclair.

éclairé, ée adj. – XVIIe ▪ Dont la raison s'est formée par l'acquisition de l'instruction et l'exercice de l'esprit critique. ⇒ **sage, sensé.** *Un amateur éclairé. Un public éclairé.* ⇒ **averti.** ✪ CONTR. Étroit, ignorant.

éclairement n. m. – XIIe ▪ *Éclairement d'une surface,* quotient du flux de radiations qu'elle reçoit par la mesure de cette surface. ➝ Durée ou intensité de la lumière qui agit sur une plante. *Phénomènes végétatifs liés à l'éclairement.*

éclairer v. [1] – XIe ; lat. *clarus* « clair » **I v. tr.** 1 Répandre de la lumière sur. *Le Soleil et la Lune éclairent la Terre.* « *La lune éclaire sans passion un paysage de poulaillers et de poireaux* » (Queneau). *Cafés éclairés au néon.* ♦ Pourvoir de la lumière nécessaire. pronom. *Prendre une lampe de poche pour s'éclairer dans la cave.* ♦ Laisser passer la lumière, permettre au jour de se répandre sur. *Le vaste hangar fermé « que de haute fenêtres poussiéreuses éclairaient »* (Zola). 2 Répandre une espèce de lumière sur. ⇒ **illuminer.** « *la détresse de ce visage que le désir n'éclairait même plus* » (Green). 3 Mettre en état de voir clair, de comprendre, de discerner le vrai du faux. ⇒ **instruire.** *Éclairez-nous sur ce sujet.* ⇒ **informer, renseigner.** 4 Rendre clair, intelligible. ⇒ **éclaircir, expliquer.** *Un commentaire qui éclaire la pensée de l'auteur.* pronom. *Maintenant tout s'éclaire,* devient clair. 5 *Éclairer la marche d'une troupe,* la protéger en envoyant en avant des éléments de reconnaissance. **II v. intr.** Répandre de la lumière. « *La bougie avait baissé* [...] *Elle éclairait pourtant* » (Bosco). ✪ CONTR. Assombrir, obscurcir. Embrouiller. Abuser, aveugler.

éclaireur, euse n. – XVIe **I - 1 n. m.** Soldat envoyé en reconnaissance. *Détachement d'éclaireurs.* ➝ *On m'a envoyé en éclaireur,* en avant. 2 Membre de certaines associations du scoutisme français. **II n. m.** Dispositif portant une lampe électrique utilisé lors de l'inspection d'une cavité de l'organisme.

éclampsie n. f. – XVIIIe ; gr. *eklampein* « briller soudainement, éclater » ▪ Syndrome atteignant les femmes enceintes, caractérisé par des convulsions accompagnées de coma.

éclat n. m. – XIIe **I - 1** Fragment d'un corps qui éclate, qu'on brise. ⇒ **brisure, morceau.** *Éclat de verre. Blessé par un éclat d'obus.* ➝ *Voler en éclats :* se briser en projetant des morceaux. 2 Bruit violent et soudain. *Éclats de voix. Éclat de rire.* ♦ Bruit, scandale. « *une honnête femme n'aime point les éclats* » (Mol.). *Faire un éclat :* provoquer un scandale. **II - 1** Intensité d'une lumière vive et brillante. ⇒ **clarté.** *Éclat d'un astre.* ⇒ **luminance.** ➝ Lumière reflétée par un corps brillant. ⇒ ② **brillant,** ② **lustre, miroitement.** *L'éclat d'un diamant.* ⇒ ① **feu, scintillement.** *Maquillage qui donne de l'éclat au regard.* 2 Vivacité et fraîcheur. « *à vingt et un ans, dans tout l'éclat de la jeunesse et de la beauté* » (Balz.). *L'éclat du teint.* 3 Caractère de ce qui est brillant, magnifique. ⇒ **luxe, magnificence, richesse.** *Acteur dans tout l'éclat de sa gloire. L'éclat d'une réception.* ⇒ ① **faste.** ♦ D'ÉCLAT : remarquable, éclatant. *Action, coup d'éclat.* ✪ CONTR. Matité, sobriété.

éclatant, ante adj. – XVe 1 Qui fait un grand bruit. ⇒ **bruyant.** « *Wilde commença de rire, d'un rire éclatant* » (Gide). 2 Qui brille avec éclat. ⇒ ① **brillant, éblouissant, étincelant, flamboyant.** « *les semis étaient déjà hauts et d'un vert éclatant* » (Duras). ➝ *La blancheur éclatante du linge.* ♦ « *Un coq royal, éclatant de carmin, d'émeraude et d'or rouillé* » (Genev.). *D'une éclatante beauté.* ⇒ **radieux, resplendissant.** 3 Qui se manifeste de la façon la plus frappante. ⇒ **remarquable, retentissant.** « *offrir aux défenseurs de la paix une éclatante revanche* » (Mart. du G.). ⇒ **spectaculaire.** *Un succès éclatant.* ⇒ **triomphal.** *Des preuves éclatantes.* ⇒ **évident,** ① **manifeste.** ✪ CONTR. Doux ; sombre ; ① terne ; modeste.

éclaté n. m. – mil. XXe ▪ Représentation graphique d'un objet complexe qui en montre les éléments ordinairement invisibles par séparation de ces éléments représentés en perspective.

éclatement n. m. – XVIe 1 Fait d'éclater. ⇒ **explosion, rupture.** *L'éclatement d'une conduite d'eau.* « *un autre bruit, comme un raté de moteur ou l'éclatement d'un pneu* » (Simenon). ⇒ **crevaison.** 2 Fragmentation d'un ensemble ou d'un groupe humain en plusieurs groupes nouveaux. *L'éclatement d'un parti.*

éclater v. [1] – XIIe ; germ. °*slaitan* « fendre, briser » **I v. tr. 1** VX Casser, faire voler en éclats. ⇒ **briser.** 2 Diviser (une plante) en séparant des drageons. **II v. pron.** S'ÉCLATER. fam. Éprouver un violent plaisir. « *Regarde, je suis fort, je suis gai, je m'éclate* » (Tournier). **III v. intr.** 1 Se rompre avec violence et généralement avec bruit, en projetant des fragments, ou en s'ouvrant. ⇒ se **briser,** se **casser,** se **fendre.** *Toutes les vitres ont éclaté sous la violence de l'explosion. Pneu qui éclate. Au printemps, les bourgeons éclatent.* ⇒ s'**ouvrir.** ➝ « *sa tête bourdonnante et près d'éclater* » (Daud.). 2 Se diviser en plusieurs parties. ⇒ se **scinder.** *Parti qui éclate en plusieurs courants.* 3 Faire entendre un bruit violent et soudain. ⇒ **retentir.** *Rires, applaudissements, sanglots qui éclatent.* « *Des cris éclataient de toutes parts* [...] *C'était un meeting* » (J. Verne). ♦ *La foule éclata en applaudissements. Éclater en sanglots. Éclater en reproches.* ⇒ se **répandre.** ➝ S'emporter bruyamment. « *Puis, il éclate contre ses administrés* » (Renard). 4 Se manifester tout à coup en un début brutal. ⇒ **commencer,** se **déclarer.** *L'incendie, la guerre a éclaté. Si le scandale éclate.* 5 Apparaître de façon manifeste. ⇒ ① **rayonner.** *La joie éclatait sur son visage.* ♦ Se manifester avec évidence. *La vérité finira bien par éclater.* ✪ CONTR. Taire (se) ; dominer (se) ; dissimuler (se).

éclateur n. m. – 1922 ▪ Appareil à deux électrodes séparées par un diélectrique, disposées de façon qu'une étincelle jaillisse entre elles quand la différence de potentiel atteint une certaine valeur.

éclectique **adj.** – XVIIe ; gr. *eklegein* « choisir » **1** Qui professe l'éclectisme, est inspiré par l'éclectisme. **2** Qui n'a pas de goût exclusif, ne se limite pas à une catégorie d'objets. *Être éclectique en littérature.* ➛ *Avoir des goûts très éclectiques.* ✪ CONTR. Exclusif, sectaire.

❑ *Éclectique* a été appliqué à la philosophie moderne par Victor Cousin (*Cours* de 1818).

éclectisme **n. m.** – XVIIIe **1** Méthode philosophique recommandant d'emprunter aux divers systèmes les thèses les meilleures quand elles sont conciliables, plutôt que d'édifier un système nouveau. ⇒ **syncrétisme.** **2** Disposition d'esprit éclectique. *Faire preuve d'éclectisme dans ses lectures.* ✪ CONTR. Sectarisme.

éclimètre **n. m.** – XIXe ; gr. *ekkli(nês)* « incliné » et *-mètre* ▪ Instrument d'arpenteur pour mesurer la différence de niveau entre deux points.

éclipse **n. f.** – XIIe ; gr. *ekleipsis* **1** Passage d'un corps céleste dans la pénombre *(éclipse partielle)* ou l'ombre *(éclipse totale)* d'un autre. *Éclipse du Soleil,* son occultation par la Lune, pour un observateur terrestre. *Éclipse de Lune,* son passage dans l'ombre de la Terre. **2** Phase de l'infection virale au cours de laquelle les virions libèrent leur acide nucléique dans les cellules infectées. **3** Période de fléchissement, de défaillance. « *La civilisation exposée à subir de longues éclipses ou même à périr* » (Bainville). ♦ fam. Disparition. « *L'homme qu'il chassait n'était plus là. Éclipse totale de l'homme en blouse* » (Hugo). ♦ *À ÉCLIPSES* : qui apparaît et disparaît de façon intermittente. *Phare à éclipses.* « *cette publicité à éclipses, à répétition* » (Duham.). ✪ CONTR. Réapparition.

éclipser **v. tr.** [1] – XIIIe **1** Provoquer l'éclipse de. *La Lune éclipse parfois le Soleil.* ♦ Rendre momentanément invisible. ⇒ ① **cacher,** ① **voiler.** *Nuage qui éclipse le Soleil.* **2** Empêcher de paraître, en brillant soi-même davantage. ⇒ **surpasser.** « *Un roi dont la grandeur éclipsa ses ancêtres* » (Volt.). **3** *S'ÉCLIPSER* **v. pron.** S'en aller à la dérobée. ⇒ s'**esquiver.** *Je me suis éclipsé avant la fin de la cérémonie.* ✪ CONTR. Dévoiler, montrer.

écliptique **n. m.** – XIIIe ; gr. *ekleiptikos* « relatif aux éclipses » ▪ Plan de l'orbite de la Terre et des autres planètes (sauf Pluton) autour du Soleil. *Obliquité de l'écliptique,* l'angle qu'il forme avec le plan de l'équateur céleste.

éclisse **n. f.** – XIe **1** Plaque de bois mince utilisée en lutherie. *Éclisses d'un violon.* ♦ Plaque ou bandage qu'on applique le long d'un membre fracturé. ⇒ **attelle, gouttière.** **2** Clisse. **3** Pièce d'acier reliant les rails de chemin de fer.

éclisser **v. tr.** [1] – XIe ; germ. *°slitan* « fendre » ▪ Assujettir par des éclisses.

éclopé, ée **adj.** – XIIe ; de *é-* et a. fr. *cloper* « boiter » ▪ Qui marche péniblement en raison d'un accident ou d'une blessure. ⇒ **boiteux, estropié, infirme.** ➛ **N.** « *une foule d'éclopés exigeants et querelleurs* » (Duham.).

❑ L'ancien verbe *cloper* se retrouve dans *clopin-clopant.*

éclore **v. intr.** [45] ; rare sauf au prés., inf. et p. p. – XIIe ; lat. *excludere* « faire sortir » **1** Sortir de l'œuf. *Les poussins sont éclos.* ♦ S'ouvrir. *L'œuf est, a éclos.* **2** Se dit d'une fleur en bouton qui s'ouvre. ⇒ s'**épanouir, fleurir.** ➛ *Une fleur à peine éclose.* **3** Naître, paraître. « *Après la froide nuit, vous verrez l'aube éclore* » (Hugo).

❑ *Éclore* est un doublet de *exclure.*

écloserie **n. f.** – 1975 ▪ Bassin où sont placés des animaux aquatiques en vue de leur reproduction et de l'éclosion de leurs œufs.

éclosion **n. f.** – XVIIIe **1** Fait d'éclore. « *Entre l'éclosion des œufs et l'essor des oisillons* » (Colette). **2** Épanouissement. *L'éclosion d'une rose.* **3** Naissance, apparition. « *l'éclosion lente et suprême de la liberté* » (Hugo). ✪ CONTR. Flétrissement. Disparition.

éclusage **n. m.** – XVe ▪ Action d'écluser. ⇒ **sassement.**

écluse **n. f.** – XIIe ; lat. *exclusa* « (eau) séparée du courant » ▪ Ouvrage hydraulique, formé essentiellement de portes munies de vannes, destiné à retenir ou à lâcher l'eau selon les besoins. *Écluse simple, double, à sas.* « *cette espèce de feulement des eaux quand l'écluse s'ouvre* » (Bernanos).

éclusée **n. f.** – XVIIe ▪ Quantité d'eau qui coule depuis qu'on a lâché l'écluse jusqu'à ce qu'on l'ait refermée.

écluser **v. tr.** [1] – XIe **1** Barrer par une écluse ; faire passer par une écluse. ⇒ **sasser.** **2** pop. Boire. « *Charles éclusa son beaujolais* » (Queneau).

éclusier, ière **n.** – XVe ▪ Personne chargée de la garde et de la manœuvre d'une écluse.

éco- Élément, du gr. *oikos* « maison, habitat ».

écobuer **v. tr.** [1] – XVIe ; de *é-* et gaul. *°gobbo* « gueule » ▪ Peler (la terre) en arrachant les mottes, avec les herbes et les racines, que l'on brûle ensuite pour fertiliser le sol avec les cendres.

écœurant, ante **adj.** – XIXe **1** Qui écœure, soulève le cœur. ⇒ **dégoûtant, fétide, répugnant.** « *une pommade particulièrement écœurante à base de calomel* » (R. Gary). ♦ Fade, trop gras ou trop sucré. *Un gâteau écœurant.* **2** Moralement répugnant, révoltant. *Des flatteries écœurantes.* **3** Qui crée une espèce de malaise, de découragement. ⇒ **décourageant, démoralisant.** ✪ CONTR. Appétissant ; exaltant.

écœurement **n. m.** – XIXe **1** État d'une personne écœurée. *Manger jusqu'à l'écœurement.* ⇒ **nausée.** **2** Dégoût profond, répugnance. **3** Découragement. ⇒ fam. **ras-le-bol.** ✪ CONTR. Appétit ; enthousiasme.

écœurer **v. tr.** [1] – XVIIe ; de *cœur* **1** Dégoûter au point de donner envie de vomir. « *Cette liqueur épaisse l'écœura* » (Green). **2** Dégoûter au plus haut point en inspirant l'indignation ou le mépris. « *La frivolité des liaisons, des amours, des adultères bourgeois m'écœurait* » (Beauv.). **3** Décourager, démoraliser profondément. ✪ CONTR. Allécher. Enthousiasmer.

❑ *Écœurer* vient de *cœur* avec le sens d'« estomac » *(avoir mal au cœur, des haut le cœur).*

écoinçon **n. m.** – XIVe ▪ Ouvrage de menuiserie, de maçonnerie formant encoignure. *Meuble en écoinçon.* ⇒ **encoignure.**

écolage **n. m.** – XIVe ▪ région. (Suisse) Frais de scolarité.

écolâtre **n. m.** – XIIIe ; lat. *scolaster* ▪ Ecclésiastique qui dirigeait l'école attachée à l'église cathédrale.

école **n. f.** – XIe ; gr. *skholê* **1** Établissement dans lequel est donné un enseignement collectif. *École maternelle, primaire* ou *élémentaire. École normale d'instituteurs. École commerciale. École de danse, de dessin.* ⇒ **académie,** ② **conservatoire, cours.** « *Presque tous faisaient partie de la jeunesse des écoles* » (Huysm.). ➛ *Les grandes écoles,* appartenant à l'enseignement supérieur. ♦ Établissement d'enseignement maternel et primaire. *École publique, laïque. École privée, confessionnelle, libre.* ⇒ **institution, pension.** *Directeur, maître d'école. Un enfant en âge d'aller à l'école.*

« *J'allais atteindre mes sept ans, bientôt j'irais à l'école* » (Céline). ➝ Ensemble des locaux de l'école. *La cour de l'école.* ➝ Enseignement qu'on y donne. *Il n'y a pas école aujourd'hui.* ⇒ **classe.** ➝ L'ensemble des élèves et du personnel enseignant de cet établissement. *La fête de l'école.* 2 vieilli Instruction militaire. « *L'école du soldat et l'école de peloton* » (Vigny). ♦ *Haute école* : équitation savante. 3 Ce qui est propre à instruire et à former ; source d'enseignement. « *La presse est une école d'abrutissement, parce qu'elle dispense de penser* » (Flaub.). ♦ loc. *Être à bonne école,* avec des gens capables de former, de servir d'exemple. ➝ *Il a été à rude école* : le malheur, les difficultés l'ont instruit. 4 *L'École* : l'enseignement et la philosophie scolastiques. 5 Groupe ou suite de personnes, d'écrivains, d'artistes qui se réclament d'un même maître ou professent les mêmes doctrines. ⇒ **chapelle, mouvement, secte.** *L'école stoïcienne. L'école de Rubens.* ♦ Ensemble de peintres qu'on peut rapprocher par leur origine et leur style. *L'école flamande.* ♦ *FAIRE ÉCOLE* : avoir des disciples, de l'influence. ➝ *Être de la vieille école,* traditionaliste dans ses principes, ses façons de faire. *Il y a deux écoles,* deux façons de faire. *Cas d'école* : exemple type.

écolier, ière n. – XIIIe 1 Enfant qui fréquente l'école (surtout primaire), les petites classes. ⇒ **élève.** *Cartable d'écolier.* ➝ loc. *Le chemin des écoliers,* le plus long, qui permet de flâner. 2 Personne inexpérimentée. ⇒ **apprenti, débutant.**

écologie n. f. – XIXe ; gr. *oikos* « maison » et *-logie* 1 Étude des milieux où vivent les êtres vivants ainsi que des rapports de ces êtres entre eux et avec le milieu. *Écologie et protection de l'environnement.* 2 Mouvement visant à un meilleur équilibre entre l'homme et son environnement naturel ainsi qu'à la protection de celui-ci. ⇒ **écologisme.**

écologique adj. – av. 1968 ▪ Relatif à l'écologie. ➝ Qui respecte l'environnement. *Une lessive écologique.*

écologisme n. m. – v. 1975 ▪ Doctrine, action des écologistes (2°).

écologiste n. et adj. – v. 1968 1 Spécialiste de l'écologie. ⇒ **environnementaliste.** 2 Partisan de l'écologisme, de la protection de la nature, de la recherche de formes de développement respectant l'environnement. ⇒ **vert.** ➝ *Les candidats écologistes aux élections.* ♦ abrév. fam. *ÉCOLO* [ekɔlo].

❑ À distinguer de *écologue,* le scientifique.

écologue n. – v. 1979 ▪ Didact. Spécialiste d'écologie.

écomusée n. m. – av. 1960 ; de *éco-* et *musée* ▪ Musée présentant une collectivité humaine et son mode de vie dans son contexte géographique, social et culturel.

éconduire v. tr. [38] – XVe ; de *ex-* et lat. *condicere* « convenir, conclure » 1 Repousser, ne pas accéder à la demande de. « *un solliciteur trop tenace pour être éconduit, et trop bien placé* » (Romains). 2 Congédier. « *Je l'éconduisis* [...] *je restai seul dans la chambre* » (Proust). ✪ CONTR. Accueillir.

économat n. m. – XVIe ▪ Service chargé de la fonction d'économe. *L'économat d'un lycée.*

économe n. et adj. – XIVe ; gr. *oikos* « maison » et *nemein* « administrer » 1 Personne chargée de l'administration matérielle, des recettes et dépenses dans une communauté religieuse, un établissement hospitalier, scolaire. 2 adj. Qui dépense avec mesure, sait éviter toute dépense inutile. ⇒ **parcimonieux, regardant.** « *À père avare, dit-on, fils prodigue ; à parents économes, enfants dépensiers* » (Muss.). ♦ *Être économe de (qqch.)* : en disposer parcimonieusement. ⇒ ① **chiche.** *Ces gens « économes de leurs pas et de leurs mouvements »* (J. Verne). ♦ *Couteau économe,* ou n. m. *un économe.* ⇒ **éplucheléguмes.** ✪ CONTR. Dépensier ; prodigue.

économètre n. – 1952 ▪ Spécialiste d'économétrie.

économétrie n. f. – 1949 ; de *économie* et *-métrie* ▪ Application de méthodes mathématiques et statistiques à l'étude des données économiques.

économie n. f. – XIVe I - 1 Science qui a pour objet la connaissance des phénomènes concernant la production, la distribution et la consommation des ressources, des biens matériels dans la société humaine. *Économie politique* : étude des besoins, de l'organisation de la production, de la circulation des richesses et de leur répartition. ➝ *Économie humaine,* centrée sur l'analyse des besoins. *Économie monétaire,* relative aux phénomènes monétaires et au crédit. *Économie du développement.* ♦ Ensemble des écoles, doctrines ou courants de pensée économiques. *L'économie marxiste.* 2 Activité, vie, régime, système économique ; ensemble des faits relatifs à la production, à la distribution et à la consommation des richesses dans une collectivité. *Les secteurs de l'économie. Le ministère de l'Économie et des Finances.* ➝ *Économie capitaliste, libérale, dirigée, planifiée.* ➝ *Économie mixte,* où se rencontrent à la fois les caractéristiques du capitalisme et du socialisme. ➝ *Économie concertée* : principe d'organisation des décisions économiques issues d'une collaboration entre l'État et les entreprises. II - 1 Gestion où l'on évite la dépense inutile. ⇒ **épargne, parcimonie, thésaurisation.** *Avoir le sens de l'économie.* « *elle alla, par économie, souffler la chandelle* » (Loti). 2 Ce qu'on épargne, ce qu'on évite de dépenser. *Faire des économies d'énergie.* ♦ *Une économie de temps, de fatigue.* ⇒ **gain.** ➝ *Faire l'économie de qqch.,* s'en dispenser. *Réformes dont on ne peut pas faire l'économie.* ♦ Plur. Somme d'argent économisée. *Avoir des économies.* III - 1 littér. Organisation des divers éléments d'un ensemble ; manière dont sont distribuées les parties. ⇒ **ordre, organisation, structure.** « *Avec quelle pénétration d'esprit il jugea de l'économie de la pièce* » (Rac.). 2 Relation, articulation des parties d'un système. *Économie d'un projet.* ✪ CONTR. Dépense, gaspillage, prodigalité. — Désordre.

économique adj. et n. m. – XIVe 1 Qui concerne la production, la distribution, la consommation des richesses ou l'étude de ces phénomènes. *Activité économique d'un pays. Crise économique. Politique économique.* ♦ n. m. L'ensemble des phénomènes économiques, le domaine économique. *L'économique, le politique et le social.* 2 Qui réduit les frais, la dépense. *Chauffage économique.*

économiquement adv. – XVIIe 1 En dépensant peu. « *ils pourraient vivre plus économiquement, en se mettant en ménage* » (Huysm.). 2 Relativement à la vie ou à la science économique. ➝ *Les économiquement faibles* : les personnes qui disposent de ressources insuffisantes.

économiser v. tr. [1] – XVIIIe 1 Dépenser, utiliser avec mesure. ⇒ ① **ménager.** *Économiser l'énergie. Savoir économiser ses forces.* 2 Mettre de côté en épargnant. ⇒ **épargner.** « *À force de privations, il économiserait quatre mille francs* » (Flaub.). ✪ CONTR. Dépenser ; consommer.

économiseur n. m. – XIXe ▪ Dispositif permettant d'économiser. *Économiseur de carburant.*

économisme n. m. – XVIIIe ▪ Interprétation et explication des comportements privilégiant les méthodes et les théories économiques.

économiste n. – XVIIIe ▪ Spécialiste d'économie politique, de science économique.

écope n. f. – XIVe ; germ. °skôpa ▪ Pelle servant à écoper.

écoper v. tr. [1] – XIXe 1 Vider (l'eau d'un bateau) avec une écope. « *ils rient en nous voyant écoper l'eau qui revient sans cesse* » (Le Clézio). ➛ *Il a fallu écoper.* 2 fam. *Écoper (de) qqch.* : recevoir (un coup), subir (un désagrément). *Il a écopé un an ferme.* ➛ « *chaque fois qu'il revenait d'une expédition sans avoir écopé* » (Proust).

écorce n. f. – XIIe ; lat. *scortum* « peau, cuir » 1 Enveloppe d'un tronc d'arbre et de ses branches, qu'on peut détacher du bois. *Écorce lisse, rugueuse.* « *la sève qui gouttait d'une fente de l'écorce* » (Giono). 2 Enveloppe coriace de certains fruits ; fragment de cette enveloppe. *Écorce d'orange, de châtaigne.* ⇒ **peau, pelure.** ♦ *Écorce terrestre* : partie superficielle du globe. ⇒ **croûte.** ♦ vieilli *Écorce cérébrale.* ⇒ **cortex.**

❑ *Écorce d'orange* est un sens abusif en botanique, et dans le langage courant on dit *peau.* → zeste.

écorcer v. tr. [3] – XIIIe ▪ Dépouiller de son écorce. ♦ Décortiquer, peler. *Écorcer une orange.*

écorceur, euse n. – XIXe 1 Personne qui écorce les arbres. 2 n. f. Machine à écorcer.

écorché, ée n. – XVIIIe 1 Personne écorchée. ➛ *Un écorché vif, une écorchée vive* : une personne d'une sensibilité excessive. 2 n. m. Statue d'homme, d'animal représenté dépouillé de sa peau. 3 n. m. Dessin d'une machine, d'une installation dépourvue de son enveloppe extérieure. *L'écorché d'un moteur.*

écorchement n. m. – XIIIe ▪ Action d'écorcher.

écorcher v. tr. [1] – XIIe ; lat. *cortex* « enveloppe, écorce » 1 Dépouiller de sa peau. ⇒ **dépiauter.** *Écorcher un lapin.* 2 Blesser en entamant superficiellement la peau. ⇒ **égratigner, érafler, excorier, griffer.** *Les ronces lui ont écorché les jambes.* pronom. *Je me suis écorché.* ➛ Entamer superficiellement, érafler. *Écorcher le mur en poussant un meuble.* ➛ *Sons discordants qui écorchent les oreilles.* 3 Déformer, prononcer de travers. ⇒ **estropier.** « *La chambrière écorche un peu le français* » (Chateaub.).

écorcheur n. m. – XIIIe ▪ Celui qui écorche les bêtes pour la boucherie. ♦ *Les écorcheurs* : brigands qui rançonnaient les paysans lors de la guerre de Cent Ans.

écorchure n. f. – XIIIe ▪ Déchirure légère de la peau. ⇒ **égratignure, éraflure.**

écorner v. tr. [1] – XIIIe 1 rare Priver de ses cornes. ⇒ **décorner.** 2 Casser, endommager un angle de. *Écorner un livre.* 3 Entamer, réduire. ⇒ **ébrécher.** *Écorner son capital.*

écornifler v. tr. [1] – XVe ; crois. de *écorner* et de l'a. fr. *nifler* (→ renifler), avec p.-ê. infl. du moy. fr. *rifler* « piller » ▪ fam. et vx Se procurer çà et là aux dépens d'autrui. ⇒ **grappiller, rafler.**

écornifleur, euse n. – XVIe ▪ fam. et vx Pique-assiette.

écornure n. f. – XVIIe ▪ Éclat d'une pierre, d'un meuble écorné ; brèche occasionnée par la cassure.

écossais, aise adj. et n. – XIVe 1 De l'Écosse. *Les lochs écossais. Whisky écossais. Tissu écossais* : tissu de fils de laine peignée disposés par bandes de couleurs différentes se croisant à angle droit. ⇒ **homespun,** ① **tartan.** ♦ n. *Un Écossais en kilt.* ♦ n. m. Langue gaélique d'Écosse. ⇒ ② **erse.** 2 Qui présente le motif du tissu écossais. *Une jupe écossaise.*

écosser v. tr. [1] – XIIe ▪ Dépouiller de la cosse. *Écosser des fèves.* ➛ *Haricots à écosser.*

écosystème [ekosistɛm] n. m. – mil. XXe ; de *éco(logie)* et *système* ▪ Unité écologique de base formée par le milieu et les organismes animaux, végétaux et bactériens qui y vivent. *La forêt est un écosystème.*

❑ Pour le *s* unique → ① s (rem.).

① **écot** n. m. – XIIIe ; germ. °*skot* « impôt » ▪ Quote-part d'un convive pour un repas à frais communs. ✪ HOM. Écho.

② **écot** n. m. – XIIIe ; germ. °*skot* « pousse » ▪ Tronc d'arbre, rameau imparfaitement élagué.

écotype n. m. – v. 1950 ; de *éco(logie)* et *type* ▪ Population d'une espèce adaptée génétiquement aux conditions particulières du milieu.

écoulement n. m. – XVIe 1 Fait de s'écouler, mouvement d'un liquide qui s'écoule. ⇒ **dégorgement, déversement, épanchement, évacuation.** *Écoulement des eaux de pluie.* ⇒ **ruissellement.** ♦ Mouvement d'ensemble d'un fluide. *Régimes d'écoulement d'un fluide.* ➛ *Un drain* « *pour l'écoulement du pus* » (Zola). 2 Mouvement de personnes, de véhicules qui se retirent d'un lieu. *Faciliter l'écoulement de la foule.* ⇒ **sortie.** 3 Possibilité d'écouler (des marchandises). ⇒ **débouché, vente.** *Écoulement de la production sur le marché.* ✪ CONTR. Stagnation.

écouler v. [1] – XIIe I v. pron. 1 Couler hors de quelque endroit. *Trop-plein par où l'eau s'écoule.* ➛ « *la foule s'écoulait par les trois portails* » (Flaub.). ⇒ se **retirer,** ① **sortir.** 2 Disparaître progressivement. « *Pendant que les fonds publics s'écoulent en fêtes de fraternité* » (Rimb.). ➛ Se passer, accomplir sa durée. « *la vie s'écoule et fuit comme de l'eau* » (France). *Trois ans s'écoulèrent. Il s'est écoulé deux ou trois minutes.* II v. tr. Vendre de façon continue jusqu'à épuiser. ⇒ ① **débiter.** « *Les magasins en avaient profité pour écouler un stock de vêtements démodés* » (Camus). *Écouler de faux billets,* les mettre en circulation.

écoumène → **œkoumène**

écourter v. tr. [1] – XIIe 1 rare Rendre plus court en longueur. *Il avait* « *écourté sa barbe, coupé ses cheveux* » (Giraud.). ⇒ **diminuer, raccourcir.** 2 Rendre plus court en durée. *Il écourta sa visite.* ⇒ **abréger.** 3 Rendre anormalement court. ⇒ **tronquer.** *Fausser la pensée d'un auteur en écourtant les citations.* ✪ CONTR. Allonger.

❑ *Écourter* se dit surtout du temps, et *raccourcir,* de l'espace.

écoutant, ante n. – XIVe 1 vx Celui qui écoute. 2 Personne dont la fonction est d'écouter et de conseiller des gens en détresse qui téléphonent.

① **écoute** n. f. – XIIe 1 Détection de l'activité ennemie par le son. *Appareil d'écoute sous-marine.* 2 Action d'écouter. *Table d'écoute* : dispositif permettant la surveillance d'une ligne téléphonique. ➛ *Indice d'écoute d'une émission de télévision. Heure de grande écoute.* ♦ Fait d'écouter. ⇒ **audition.** « *Ici Radio-Paris, ne quittez pas l'écoute* » (Sartre). 3 Action d'écouter (qqn), de prêter attention à ce qu'il dit. « *C'est la pureté de cette écoute qui m'est douloureuse* » (Barthes). ➛ *Être à l'écoute de qqn* : prêter attention à ses paroles, à son comportement. *Parents à l'écoute de leurs enfants.* 4 Plur. Oreilles du sanglier.

② **écoute** n. f. – XIIe ; a. nord. *skaut* « angle inférieur de la voile », puis « cordage fixé à cet angle » ▪ Cordage servant à orienter une voile et à l'amarrer à son coin inférieur *(point d'écoute)* sous le vent.

écouter v. tr. [1] – IXe ; lat. *auscultare* 1 S'appliquer à entendre, diriger son attention vers. *Écouter les informations à la radio. Il écoutait tomber la pluie.* « *Je passe mon temps à écouter ce que je ne devrais pas entendre* » (Laclos). *Un des députés les plus écoutés à l'Assemblée.* ➛ Prêter une oreille attentive. « *Il* *savait interroger à son profit, il savait écouter* » (Sainte-Beuve). ➛ *Écouter de toutes ses oreilles. N'écouter que d'une oreille,* distraitement. *Écouter aux portes :* écouter indiscrètement une conversation derrière une porte. ➛ *Écoute, maintenant, ça suffit !* ♦ Prêter une attention plus ou moins bienveillante, ne pas refuser d'entendre. « *Je ne perdrai pas mon temps à écouter ses doléances* » (Laclos). 2 Accueillir avec faveur (ce que dit qqn), jusqu'à apporter son adhésion, sa confiance. *Écouter les conseils d'un ami.* ⇒ **suivre.** *Si je l'écoutais, je refuserais.* ♦ Se laisser guider par. *N'écoutant que son courage.* 3 pronom. Écouter soi-même. *S'écouter parler :* parler en se complaisant à ses paroles. ♦ Suivre son inspiration. *Si je m'écoutais, je n'irais pas à ce rendez-vous.* ♦ Prêter une trop grande attention à sa santé. ✪ CONTR. Désobéir.

❑ *Écouter* est un doublet de *ausculter,* mot savant.

écouteur n. m. - XIIe ▪ Partie du casque ou du récepteur téléphonique qu'on applique sur l'oreille pour écouter. *Écouteurs d'un baladeur.*

écoutille n. f. - XVIe ; germ. °*skaut* « bord, marge » ▪ Ouverture rectangulaire pratiquée dans le pont d'un navire et qui permet l'accès aux étages inférieurs. « *les écoutilles relevées qui montrent l'intérieur du navire* » (Le Clézio).

écouvillon n. m. - XIIe ; lat. *scopæ* « balai » 1 Balai utilisé par les boulangers pour nettoyer leur four. 2 Brosse cylindrique utilisée pour nettoyer et graisser l'âme des armes à feu. ♦ Petite brosse servant à nettoyer les bouteilles, les bocaux, les biberons. ⇒ **goupillon.** ♦ Petite brosse employée par les chirurgiens pour nettoyer les cavités naturelles.

écouvillonner v. tr. [1] - XVIIe ▪ Nettoyer avec un écouvillon.

écrabouillage n. m. - XIXe ▪ fam. Action d'écrabouiller ; fait de s'écrabouiller.

écrabouiller v. tr. [1] - XVIe ; crois. de *écraser* avec l'a. fr. *esboiller* « éventrer » ▪ fam. Écraser salement, mettre en bouillie. ⇒ **broyer.** « *Il s'était écrabouillé la tête sur le pavé* » (Zola).

écran n. m. - XIIIe ; néerl. *scherm* « paravent » 1 Panneau servant à se protéger de l'ardeur trop vive d'un foyer. ♦ Châssis tendu de toile dont se servent les peintres pour voiler un excès de lumière. ➛ Enveloppe ou paroi destinée à protéger contre des champs électriques ou magnétiques. ♦ Objet interposé qui dissimule ou protège. ⇒ **abri, bouclier ; pare-.** *Écran de verdure, de fumée.* ⇒ **rideau.** ➛ *Écran solaire :* crème de protection solaire. *La haie fait écran entre la mer et la maison.* ♦ *Société-écran,* qui en cache une autre. 2 Surface sur laquelle se reproduit l'image d'un objet. *Écran de projection :* surface blanche sur laquelle sont projetées les images photographiques ou cinématographiques. « *Je suis allé au cinéma* [...] *avec Emmanuel qui ne comprend pas toujours ce qui se passe sur l'écran* » (Camus). ➛ *Écran cathodique :* surface sur laquelle se forme l'image d'un tube cathodique. *Écran de téléviseur. Écran de contrôle* (⇒ **moniteur**). *Écran de visualisation :* écran cathodique utilisé pour reproduire des graphiques et des textes alphanumériques. ➛ *Écran publicitaire :* temps de télévision destiné aux messages publicitaires. ♦ *Porter un roman à l'écran,* en tirer un film. « *Je vais faire de toi une vedette, tu vas crever l'écran* » (É. Ajar). ➛ *Le petit écran :* la télévision.

❑ Mot apparenté à l'anglais *screen,* de même sens.

écrasant, ante adj. - XVIIIe ▪ Qui écrase, surcharge. ⇒ **accablant, lourd.** *Un poids écrasant.* « *le sentiment écrasant de la permanence de la nature* » (Balz.). ➛ *Une responsabilité écrasante. Défaite écrasante.* ✪ CONTR. Léger.

écrasé, ée adj. - XVIIe ▪ Très aplati, court et ramassé. *Un nez écrasé.* ⇒ **épaté ; camard.**

écrasement n. m. - XVIe 1 Action d'écraser, fait d'être écrasé. 2 Destruction complète. ⇒ **anéantissement.** *Écrasement d'une insurrection.*

❑ Le *Dictionnaire des termes officiels* recommande de dire comme autrefois *l'écrasement d'un avion* (et non *le crash*).

écrase-merde n. m. - XIXe ▪ fam. Grosse chaussure peu élégante. *Des écrase-merdes.*

écraser v. tr. [1] - XVIe ; moy. angl. *to crasen,* probablt d'o. scand. 1 Aplatir et déformer par une forte compression, un choc violent. ⇒ **broyer,** fam. **écrabouiller.** « *il avait pitié d'un crapaud, mais il écrasait une vipère* » (Hugo). pronom. *La foule « s'écrasait sur les gradins »* (Daud.). ⇒ se **presser.** ➛ *Être écrasé par une avalanche.* ♦ Renverser et passer sur le corps de. *Un camion a écrasé son chien.* ♦ Presser ou broyer pour réduire en poudre, en purée. *Écraser des pommes de terre pour faire une purée.* 2 Dominer par sa masse, faire paraître bas ou petit. « *La verte montagne nous écrase de toute sa hauteur* » (Loti). ♦ « *elle eut la conscience d'écraser par sa parure et par sa beauté les plus jolies* » (Balz.). 3 Faire succomber sous un poids excessif, sous l'action d'une force irrésistible. ⇒ **accabler, surcharger.** *Être écrasé de travail.* « *Les grandes entreprises écrasent les petites* » (Chardonne). ⇒ **abattre, ruiner.** ♦ Vaincre, réduire totalement. ⇒ **anéantir.** *Écraser l'ennemi, l'insurrection. Notre équipe a été écrasée,* a subi une lourde défaite. 4 fam. *En écraser :* dormir profondément. 5 fam. *Écrase !* n'insiste pas, laisse tomber ! ➛ pronom. Ne pas protester. 6 Détruire (un fichier informatique) en copiant un autre fichier à la place. ✪ CONTR. Décharger.

écraseur, euse n. - XVIIe ▪ fam. Conducteur maladroit et dangereux. ⇒ **chauffard.**

écrémage n. m. - XVIIIe ▪ Action d'écrémer.

écrémer v. tr. [6] - XVe 1 Dépouiller de la crème, de la matière grasse. ➛ *Lait écrémé, demi-écrémé.* 2 Dépouiller des meilleurs éléments. « *madame Calvet, écrémant les ordures, avant le passage des éboueurs* » (Beckett).

écrémeuse n. f. - XIXe ▪ Machine servant à écrémer le lait en concentrant la matière grasse.

écrêtement n. m. - XIXe ▪ Action d'écrêter.

écrêter v. tr. [1] - XVIIe 1 Abattre la crête de (un ouvrage fortifié). 2 Niveler (une route) en faisant disparaître les crêtes qui ôtent la visibilité. 3 Maintenir à un niveau constant (un signal électronique qui aurait tendance à dépasser un certain seuil). ⇒ **bloquer, saturer.** 4 Égaliser en supprimant les éléments supérieurs à une moyenne. *Écrêter les salaires.*

écrevisse n. f. - XIIIe ; germ. °*krebitja* ▪ Crustacé d'eau douce (*malacostracés*) muni de deux robustes pinces antérieures. ➛ loc. *Rouge comme une écrevisse* (après cuisson) : très rouge.

écrier (s') v. pron. [7] - X^e ▪ Dire d'une voix forte et émue. « *Insolent, s'écria Milady* » (Dumas). ✪ HOM. *Écrie :* écris ; *écrierai :* écrirai (écrire).

écrin n. m. - XIe ; lat. *scrinium* ▪ Boîte ou coffret où l'on range les bijoux, les objets précieux.

écrire v. tr. [39] - XIe ; lat. *scribere* **I** - 1 Tracer (des signes d'écriture, un ensemble organisé de ces signes). « *Ces trois mots écrits au crayon, et tracés d'une main rapide et ferme* » (Nerval). « *Sur le sable, sur la neige*

J'écris ton nom » (Eluard). *Date écrite en chiffres.* ➛ *Il ne sait ni lire ni écrire. Écrire lisiblement. Avez-vous de quoi écrire ? Comment écrivez-vous ce mot ?* ⇒ **orthographier.** pronom. « *ils lui avaient certainement demandé si son nom s'écrivait en un mot ou en deux* » (Simenon). **2** Consigner, noter par écrit. ⇒ **inscrire, marquer, noter.** *Écrire une adresse sur un carnet.* « *J'écrirai ici mes pensées sans ordre* » (Pasc.). **3** Rédiger. *Écrire une carte postale.* ➛ « *Je ne lui ai écrit qu'une fois* » (Laclos). ♦ Annoncer par lettre. *Je lui ai écrit que j'arrivais demain.* **4** Transférer (des informations) dans un registre, une mémoire (opposé à ① *lire*). **II - 1** Composer. *Écrire un roman, ses mémoires. Écrire un article.* ⇒ **rédiger.** ♦ « *Avant donc que d'écrire apprenez à penser* » (Boil.). *Écrire en prose, en vers.* ➛ Faire métier d'écrivain, d'auteur. ⇒ **publier.** « *Je crois toujours écrire pour des hommes qui me liront plus tard* » (Malraux). **2** Exprimer de telle ou telle façon sa pensée par le langage écrit. « *Quelqu'un a dit autrefois qu'il faut écrire comme on parle* » (Volt.). ♦ Bien écrire. « *C'est en écrivant que l'auteur se forge ses idées sur l'art d'écrire* » (Sartre). **3** Exposer dans un ouvrage. *Kant écrit que.* ⇒ **affirmer, avancer, soutenir.** **4** Composer une œuvre musicale. *Écrire une sonate.* ✪ HOM. *Écris :* écrie ; *écrirai :* écrierai (écrier).

① écrit n. m. – XIIe **1** Document écrit. ⇒ **manuscrit ; imprimé.** *Texte, teneur d'un écrit. Écrit anonyme.* ➛ *Écrit constatant un acte juridique.* ⇒ ① **acte, copie, minute,** ① **original, titre.** **2** Ouvrage de l'esprit, composition littéraire, scientifique. ⇒ ① **livre, œuvre, production, publication, texte.** « *quelques écrits polémiques faits de temps à autre pour ma défense* » (Rouss.). ⇒ **diatribe, factum, libelle, pamphlet.** **3** Épreuves écrites d'un examen ou d'un concours qui comporte aussi un oral. *Être reçu à l'écrit.* **4** PAR ÉCRIT : sur le papier, par un document écrit. « *Une promesse par écrit ! Ah ! ah ! ah !* » (Queneau). **5** Expression, langue écrite. *Améliorer la pratique de l'écrit.* ✪ CONTR. Parole ; oral.

② écrit, ite adj. – XIIIe **1** Exprimé par l'écriture, par des textes. « *la divergence entre le français écrit et le français parlé* » (Queneau). ➛ *Les épreuves écrites d'un examen.* **2** Qui figure dans l'Écriture à titre de prophétie, de volonté de Dieu ; qui est voulu par la Providence ou le destin, fixé et arrêté d'avance. « *Notre mot éternel est-il : C'était écrit ?* » (Vigny). ✪ CONTR. Oral, parlé.

écriteau n. m. – XIVe, de *écrit* ▪ Surface plane portant une inscription pour informer le public. ⇒ **affiche, pancarte.** « *Un écriteau à l'intersection de deux rues recommandait un hôtel* » (Green).

écritoire n. f. – XIIe ▪ Petit nécessaire pour écrire.

> ❑ Mot féminin (à la différence d'autres mots terminés par ...*toire* : *consistoire, interrogatoire,* etc.).

écriture n. f. – XIe ; lat. *scriptura* **1** Représentation de la parole et de la pensée par des signes graphiques conventionnels. *Écriture pictographique, idéographique. Écriture phonétique. Écriture alphabétique, syllabique.* ♦ *Apprentissage de la lecture et de l'écriture. Écriture d'un mot.* ⇒ **graphie, orthographe.** **2** Type de caractères particuliers adopté pour cette représentation. ⇒ **alphabet ; hiéroglyphe, idéogramme, pictogramme.** *Écriture grecque, arabe, gothique.* **3** Manière dont on trace les caractères en écrivant ; ensemble des caractères ainsi tracés. ⇒ **graphisme.** *Avoir une belle écriture. Imiter l'écriture de qqn. Cette* « *petite écriture irrégulière, pointue, avec des ratures* » (Sartre). **4** Opération par laquelle une donnée est transférée vers un registre, une mémoire (opposé à *lecture*). **5** littér. Manière de s'exprimer par écrit. ⇒ **style.** *Roman d'une écriture classique.* ⇒ ① **facture.** *Écriture automatique :* technique surréaliste visant à traduire exactement la « pensée parlée ». ♦ Acte d'écrire un texte. « *Il invente qu'on écrit pour soi seul ou pour Dieu, il fait de l'écriture une occupation métaphysique* » (Sartre). **6** Écrit. *Faux en écriture.* ♦ Inscription au journal ou sur un compte correspondant à une opération déterminée. *Passer une écriture.* « *Vous êtes dans les écritures, dans les bureaux* » (Duham.). *Tenir les écritures,* la comptabilité. ➛ *Employé aux écritures,* sans compétence technique comptable. **7** *L'Écriture sainte, les Écritures :* les textes de l'Ancien et du Nouveau Testament, la Bible. « *ce souffle de Dieu dont parle l'Écriture* » (Yourcenar).

écrivailler v. intr. [1] – XVIIe ▪ Composer des écrits sans valeur. ⇒ **écrivasser.**

écrivailleur, euse n. – XVIe ▪ Homme ou femme de lettres médiocre, aux activités dispersées. ⇒ **écrivaillon, écrivassier, plumitif.**

écrivaillon n. m. – XIXe ▪ Écrivain médiocre.

écrivain n. m. – XIIe ; lat. *scriba* **1** *Écrivain public :* personne qui rédige des lettres, des actes, pour ceux qui ne savent pas écrire ou qui maîtrisent mal l'écrit. **2** Personne qui compose des ouvrages littéraires. ⇒ **auteur, littérateur.** *Elle est écrivain. L'œuvre d'un écrivain.* « *Notre premier devoir d'écrivain est donc de rétablir le langage dans sa dignité* » (Sartre).

> ❑ Certaines femmes écrivains se disent *écrivaines.* Cette forme est adoptée en Suisse et au Québec. ♦ *Auteur* désigne toute personne publiant un ouvrage, quelle qu'en soit la nature.

écrivasser v. tr. [1] – XIXe ▪ Écrire mal. ⇒ **écrivailler.**

écrivassier, ière n. et adj. – XVIIIe ▪ Mauvais écrivain.

① écrou n. m. – XIIe ; germ. « morceau » ▪ Acte constatant qu'un individu a été remis à un directeur de prison. *Levée d'écrou :* remise en liberté d'un détenu. ⇒ **élargissement.**

② écrou n. m. – XIIIe ; lat. *scrofa* « truie » ▪ Pièce percée d'un trou fileté pour le logement d'une vis. *Écrou de serrage.* ⇒ **boulon.**

écrouelles n. f. pl. – XIIIe ; lat. *scrofa* « truie » ▪ VX Adénite cervicale chronique d'origine tuberculeuse ; abcès qu'elle provoque.

> ❑ La fréquence des tumeurs ganglionnaires chez le porc peut expliquer l'origine du mot. ♦ Doublet de *scrofule.* → scrofuleux.

écrouer v. tr. [1] – XVIIe ▪ Inscrire sur le registre d'écrou. ⇒ **emprisonner, incarcérer.** « *Cet homme était écroué sous le n° 9430 et se nommait Jean Valjean* » (Hugo). ✪ CONTR. Élargir, libérer.

écrouir v. tr. [2] – XVIIe ; mot wallon, de *é-* et *crou,* var. de *cru* ▪ Traiter en soumettant à l'écrouissage. ➛ *Acier écroui.*

écrouissage n. m. – XVIIIe ▪ Opération consistant à travailler un métal à une température inférieure à sa température de recuit.

écroulement n. m. – XVIe **1** Fait de s'écrouler ; chute soudaine. ⇒ **affaissement, éboulement, effondrement.** *L'écroulement d'une maison.* **2** Destruction soudaine et complète. ⇒ **anéantissement, chute, désagrégation, ruine.** *L'écroulement d'un empire.* **3** Fait de s'écrouler physiquement, de s'effondrer. ✪ CONTR. Construction. Établissement, renforcement.

écrouler (s') v. pron. [1] – XIIIe ; de *é-* et *crouler* **1** Tomber soudainement de toute sa masse. ⇒ **s'abattre, s'affaisser, crouler, s'ébouler, s'effondrer.** *Les maisons s'écroulèrent lors du séisme.* **2** Subir une destruction, une fin brutale. ⇒ **sombrer,** ① **tomber.** « *C'est à l'ins-*

tant que le gouvernement paraît le mieux assis qu'il s'écroule » (Chateaub.). 3 fam. Se laisser tomber lourdement. ⇒ s'**affaler.** *Il s'écroula dans un fauteuil.* ♦ Connaître une défaillance totale et brutale. ⇒ **craquer,** s'**effondrer.** ➛ *Ils étaient écroulés (de rire),* pliés de rire. ✪ CONTR. Construire, édifier. Élever (s'), remonter (se).

❑ *S'ébouler* comporte l'idée de destruction lente et continue ; *s'écrouler* et surtout *s'effondrer* un processus brutal.

écroûter v. tr. [1] – XIIe 1 Dégarnir de sa croûte. 2 Labourer superficiellement.

écru, ue adj. – XIIIe ; de *cru* ▪ Qui n'est pas blanchi ni teint, conserve une teinte naturelle. *Toile, soie, laine écrue.* ♦ De la couleur beige du textile non blanchi. *Des chemises écrues.*

ectasie n. f. – XIXe ; gr. *ektasis* 1 Dilatation anormale d'un organe creux. 2 Fait d'allonger une syllabe normalement brève, en prosodie grecque.

ecto- Élément, du gr. *ektos* « au dehors ». ⇒ **exo-.** ✪ CONTR. Endo-.

ectoblaste n. m. – 1905 ; *ecto-* et *-blaste* ▪ ⇒ **ectoderme.**

ectoderme n. m. – XIXe ; *ecto-* et *-derme* ▪ Feuillet de l'embryon dont dérivent l'épiderme et le système nerveux. *L'ectoderme, le mésoderme et l'endoderme.*

-ectomie Élément, du gr. *ektomê* « ablation ».

❑ Ne pas confondre *-ectomie* « ablation » *(lobectomie, hystérectomie)* avec *-tomie* « section, incision » *(lobotomie, hystérotomie).*

ectoparasite n. m. et adj. – XIXe ▪ Parasite externe (opposé à *endoparasite*). *La puce est un ectoparasite.*

ectopie n. f. – XIXe ; gr. *ektopos* « éloigné de sa place » ▪ Situation d'un organe hors de sa place habituelle.

ectopique adj. – XIXe ▪ Qui n'est pas à sa place habituelle. *Testicules ectopiques.*

ectoplasme n. m. – XIXe ; *ecto-* et *-plasme* 1 Couche superficielle de la cellule animale, chez certains protozoaires. 2 Émanation visible du corps du médium. ♦ Personne inconsistante, qui ne se manifeste pas. ⇒ **zombie.**

ectropion n. m. – XVIe ; gr. *ektrepein* « détourner » ▪ Renversement des paupières en dehors (opposé à *entropion*). ⇒ **éraillement.** ♦ Éversion de la muqueuse du col utérin.

① **écu** n. m. – XIe ; lat. *scutum* « bouclier » 1 Bouclier au Moyen Âge. ♦ Champ en forme de bouclier où sont représentées les pièces des armoiries ; ces armoiries. ⇒ **écusson.** 2 Ancienne monnaie qui portait l'écu de France sur une de ses faces. ➛ Ancienne pièce de cinq francs en argent.

❑ L'*écuyer* portait l'*écu* du chevalier.

② **écu** n. m. – 1978 ; acronyme de l'angl. ***E****uropean* ***C****urrency* ***U****nit* ▪ Monnaie de compte de l'Union européenne. ⇒ **euro.**

❑ L'écu n'a pas de réalité matérielle. Ce mot s'écrit également *E.C.U.* (sigle) mais l'homonymie avec ① *écu* qui fonctionne en français n'est pas pour déplaire.

écubier n. m. – XIVe ; p.-ê. du port. *escouvem* ▪ Chacune des ouvertures ménagées à l'avant d'un navire, de chaque côté de l'étrave, pour le passage des câbles ou des chaînes.

écueil [ekœj] n. m. – XVIe ; lat. *scopulus* 1 Rocher, banc de sable à fleur d'eau. ⇒ ① **brisant, récif.** *Le navire s'est fracassé sur les écueils.* 2 Obstacle dangereux, cause d'échec. ⇒ **danger, piège.** « *l'écueil d'être beau, c'est d'être fade* » (Hugo).

écuelle n. f. – XIIe ; lat. *scutella* « petite coupe » ▪ Assiette large et creuse sans rebord ; son contenu.

éculé, ée adj. – XVIIe ; de *é-* et *cul* 1 Dont le talon est usé, déformé. *Des chaussures éculées.* 2 Usé, défraîchi à force d'être ressassé. *Une plaisanterie éculée.* ✪ CONTR. ② Neuf, ② original.

écumage n. m. – XIXe ▪ Action d'écumer, d'épurer.

écumant, ante adj. – XVe ▪ littér. Couvert d'écume. ⇒ **spumescent, spumeux.** *Mer écumante.* ♦ Couvert de bave. « *sa bouche écumante de colère et de souffrance* » (Hugo).

écume n. f. – XIIe ; probablt germ. °*skum-* 1 Mousse blanchâtre qui se forme à la surface des liquides agités, chauffés ou en fermentation. *L'écume d'un bouillon.* « *l'ourlet blanc de l'écume autour de l'île* » (Daud.). ♦ *ÉCUME (DE MER) :* silicate de magnésium. ⇒ **magnésite, sépiolite.** « *une pipe d'écume qui figurait une sirène* » (Aragon). 2 Bave mousseuse de certains animaux échauffés ou irrités. *Des chevaux « au mors neigeux d'écume »* (Maupass.). ♦ Sueur blanchâtre qui s'amasse sur le corps d'un cheval, d'un taureau. ➛ Bave mousseuse qui vient aux lèvres de qqn. « *Des maxillaires serrés et des lèvres cimentées par une écume blanchâtre* » (Camus). 3 Impuretés, scories qui flottent à la surface des métaux en fusion. ⇒ **crasse.** 4 vieilli Lie, rebut. « *toute l'écume du monde, toute la crapulerie distinguée* » (Maupass.).

écumer v. [1] – XIIe **I** - 1 v. intr. Se couvrir d'écume. ⇒ **mousser.** *Mer qui écume.* ⇒ **moutonner.** 2 Baver. *Écumer de rage.* **II** v. tr. 1 Débarrasser de l'écume, des impuretés. *Écumer le pot-au-feu.* 2 *Écumer les mers, les côtes,* y exercer la piraterie. « *ces misérables écumaient le Pacifique, détruisant les navires* » (J. Verne). ♦ Piller, en raflant tout ce qui est profitable ou intéressant. *Les antiquaires ont écumé la région.*

écumeur, euse n. – XIVe ▪ *Écumeur (de mer) :* pirate, corsaire, flibustier. « *En mer, les hardis écumeurs !* » (Hugo). ✪ HOM. Écumeuse (écumeux).

écumeux, euse adj. – XIVe ▪ Qui écume, mousse. ⇒ **écumant, mousseux, spumeux.** *Les flots écumeux.* ✪ HOM. Écumeuse (écumeur).

écumoire n. f. – XIVe ▪ Ustensile de cuisine composé d'un disque aplati, percé de trous, monté sur un manche. « *plongeant l'écumoire dans la friture chantante,* [elle] *en tirait des croissants dorés* » (France).

écureuil n. m. – XIIe ; gr. *skiouros* ▪ Petit rongeur, au pelage généralement roux, à la queue longue et en panache. ♦ Fourrure de l'écureuil. ⇒ **petit-gris.**

❑ Signifie étymologiquement « qui fait de l'ombre *(skia)* avec sa queue *(oura)* ».

écurie n. f. – XIIIe ; de *écuyer* 1 Bâtiment destiné à loger des chevaux ou autres équidés. ⇒ ② **box, stalle.** ➛ loc. fig. *Sentir l'écurie :* avoir un regain d'énergie lorsqu'on approche de la fin d'un travail, d'un trajet, etc. 2 Ensemble des bêtes logées dans une écurie. ♦ *ÉCURIE (DE COURSES) :* ensemble des chevaux qu'un propriétaire fait courir. « *l'outsider de l'écurie Vandeuvres* » (Zola). ➛ Ensemble des voitures, des motos de course courant pour une même marque, des cyclistes courant dans la même équipe. ➛ Ensemble des auteurs d'un même éditeur.

❑ Historiquement, les chevaux des maisons princières étaient confiés aux écuyers.

écusson n. m. – XIIIe 1 Écu armorial. 2 Plaque blasonnée servant d'enseigne, de panonceau, ou ornant l'entrée d'une serrure, ou simplement décorative. ♦ Petit morceau d'étoffe en forme d'écu cousu sur un vêtement et portant une marque distinctive. 3 Pièce dorsale du thorax de certains insectes. ➝ Plaque calcaire sur le corps de certains poissons. ♦ Disposition du poil de la vache, à l'arrière du pis. 4 Fragment d'écorce portant un œil ou bourgeon, qu'on introduit sous l'écorce d'un sujet pour le greffer.

❑ Mot de la même famille étym. : *scutiforme*.

écussonnage n. m. – XIXe ▪ Action d'écussonner (1°).

écussonner v. tr. [1] – XVIIe 1 Greffer en écusson. 2 Orner d'un écusson (1°).

écuyer, ère n. – XIe ; lat. *scutum* « bouclier » 1 n. m. Gentilhomme au service d'un chevalier. 2 n. m. Titre porté par les jeunes nobles jusqu'à l'adoubement. ♦ Titre que portaient les gentilshommes des derniers rangs. 3 n. m. Intendant des écuries d'un prince. 4 Personne sachant bien monter à cheval. ⇒ **amazone, cavalier.** ♦ Professeur d'équitation ; instructeur d'équitation militaire. ♦ Personne qui fait des numéros d'équitation dans un cirque.

eczéma [ɛgzema] n. m. – XVIIIe ; gr. *ekzein* « bouillonner » ▪ Affection cutanée caractérisée par des rougeurs, des vésicules suintantes et la formation de croûtes et de squames.

eczémateux, euse [ɛgzematø, øz] adj. et n. – XIXe ▪ De l'eczéma. ♦ Atteint d'eczéma.

édam [edam] n. m. – 1926 ; de *Édam*, ville de Hollande ▪ Fromage de Hollande à pâte cuite et à croûte rouge.

edelweiss [edɛlvɛs ; edɛlvajs] n. m. – XIXe ; mot all. ▪ Plante alpine *(composées)* couverte d'un duvet blanc et laineux, appelée aussi *immortelle des neiges* ou *étoile d'argent*.

éden [edɛn] n. m. – XVIe ; mot hébr. ▪ Lieu de délices. ⇒ **paradis.** « *Nous passâmes dans cet éden deux jours paradisiaques* » (Gide). *Des édens.* ✪ CONTR. Enfer.

édenté, ée adj. et n. m. – XIIIe 1 Qui a perdu une partie ou la totalité de ses dents. *Vieillard édenté.* 2 n. m. pl. Ordre sous lequel on rangeait les mammifères privés d'incisives ou pourvus d'une seule sorte de dents. ⇒ **xénarthres.**

édenter v. tr. [1] – XIIIe ▪ Rendre édenté.

édicter v. tr. [1] – XIVe ; lat. *edictum* « édit » ▪ Établir, prescrire par une loi, par un règlement. ⇒ **décréter, promulguer.**

édicule n. m. – XIXe ; lat. *ædes* « foyer » 1 rare Petit temple, chapelle ou dépendance d'un édifice religieux. 2 Petite construction édifiée sur la voie publique.

édifiant, iante adj. – XIIe 1 Qui édifie, porte à la vertu, à la piété. *Conduite édifiante.* ⇒ **pieux, vertueux.** *Une histoire édifiante.* ⇒ **moral.** 2 Particulièrement instructif. *Des révélations édifiantes.* ✪ CONTR. Scandaleux.

édification n. f. – XIIe 1 Action d'édifier. *L'édification d'une chapelle.* 2 Création, constitution. 3 Action de porter à la vertu, à la piété. « *Pour l'utilité de l'Église et pour l'édification des fidèles...* » (Mass.). ♦ Action d'éclairer, d'instruire. ⇒ **instruction.** *Sachez pour votre édification, que...* ✪ CONTR. Destruction. Corruption.

édifice n. m. – XIIe ; lat. 1 Bâtiment important. ⇒ **bâtisse, construction, monument.** « *un vaste édifice aux piliers carrés, avec des charpentes en ogives* » (Claudel). *Les édifices publics.* 2 Assemblage résultant d'un arrangement. ⇒ **architecture.** « *N'y avait-il pas dans ces édifices de cheveux quelque chose de lourd ?* » (Romains). ⇒ **échafaudage.** ♦ « *Vous allez dire que je détruis l'édifice de notre amour* » (Maurois). ➝ *Apporter sa pierre à l'édifice* : contribuer à une œuvre collective.

❑ *Édifice* est un terme neutre alors que *bâtisse* peut être dépréciatif. → bâtisse (rem.).

édifier v. tr. [7] – XIIe ; lat. I - 1 Bâtir. ⇒ **construire, élever.** *Édifier un palais.* 2 Établir, constituer, créer. *Il a fallu « une vie à Littré pour édifier son dictionnaire »* (Duham.). II Porter à la vertu, à la piété. « *Ces pieuses gens édifiaient les habitants de la ville* » (Mauriac). ♦ Mettre à même d'apprécier, de juger sans illusion. *Ces gredins « dont le regard louche édifie »* (Courtel.). *Après son dernier discours, nous voilà édifiés !* ✪ CONTR. Démolir. Détruire. — Corrompre ; scandaliser.

édile n. m. – XIIIe ; lat. 1 À Rome, Magistrat chargé de l'inspection des édifices et des jeux, de l'approvisionnement de la ville. 2 Magistrat municipal.

édilité n. f. – XVe ▪ Magistrature de l'édile.

édit n. m. – XIVe ; lat. *edicere* « déclarer, ordonner » 1 Sous l'Ancien Régime, Disposition législative statuant sur une matière spéciale. *L'édit de Nantes* (1598). 2 Constitution impériale, à Rome. *L'édit de Dioclétien.*

éditer v. tr. [1] – XVIIIe ; lat. *edere* « produire, faire paraître au jour » 1 Publier et mettre en vente. *Éditer des romans.* ➝ *Éditer un auteur.* 2 Imprimer ou présenter sur écran des résultats de traitements faits sur ordinateur.

❑ Le sens 2° est un anglicisme. ♦ Ne pas oublier qu'en anglais *publisher* signifie *éditeur*, et que *editor* signifie *directeur d'ouvrage, présentateur* (source de confusions dans les traductions).

éditeur, trice n. – XVIIIe 1 Personne (ou société) qui assure la publication et la mise en vente (d'ouvrages imprimés). *L'atlas ne portait « ni date de publication, ni nom d'éditeur »* (J. Verne). *Éditeur de musique.* ➝ adj. *Société éditrice.* 2 Programme permettant d'éditer (2°) des informations enregistrées dans un fichier.

édition n. f. – XVIe 1 Reproduction et diffusion d'une œuvre par un éditeur. ⇒ **impression, publication, tirage.** *Maison, société d'édition. Édition à compte d'auteur. Édition de disques.* 2 Ensemble des exemplaires d'un ouvrage publié ; série des exemplaires édités en une fois. *Édition de poche. Édition originale. Édition revue et corrigée.* « *l'édition originale, imprimée à Francfort, avec l'allemand en regard* » (Nerval). ♦ Exemplaire. ⇒ ① **livre.** *Édition numérotée.* ♦ Ensemble des exemplaires d'un journal imprimés en une fois. *Édition spéciale.* ♦ Impression de résultats (informatique). 3 Métier, activité de l'éditeur ; commerce de l'édition.

① **éditorial, iaux** n. m. – XIXe ; mot angl., de *editor* « rédacteur en chef » ▪ Article qui émane de la direction d'un journal, d'une revue et qui définit ou reflète une orientation générale. ➝ abrév. fam. ÉDITO.

❑ Seul mot en *édit-* sans rapport de sens avec l'édition.

② **éditorial, iale, iaux** adj. – 1939 ; de *éditeur* ▪ Qui concerne l'activité d'édition. *Informatique éditoriale.*

éditorialiste n. – 1934 ▪ Personne qui écrit l'éditorial.

-èdre Élément, du gr. *hedra* « siège, base ».

édredon n. m. – XVIIIe ; danois *ederdun* « duvet d'eider » ▪ Couvre-pied de duvet, de plume ou de fibres synthétiques (⇒ ① **couette**).

éducable adj. – XIXe ▪ Apte à recevoir l'éducation. ✪ CONTR. Inéducable.

éducateur, trice n. et adj. – XVIe 1 Personne qui s'occupe d'éducation, qui donne l'éducation. ⇒ **pédagogue.** ➝ Personne qui a reçu une formation pour s'occuper de l'éducation de certains groupes (jeunes, handicapés, détenus, etc.). 2 adj. Qui contribue à l'éducation. ⇒ **éducatif.** « *La fonction éducatrice de l'art n'existe que dans la mesure où l'intention éducatrice est absente* » (Th. Maulnier).

éducatif, ive adj. – XIXe ▪ Qui a l'éducation pour but ; qui éduque, forme efficacement. ⇒ **pédagogique.** *Jeux éducatifs.*

éducation n. f. – XVIe 1 Mise en œuvre des moyens propres à assurer la formation et le développement (d'un être humain) ; ces moyens. « *On façonne les plantes par la culture, et les hommes par l'éducation* » (Rouss.). *Une éducation libérale, rigide. Ministère de l'Éducation nationale* (en France). ♦ *Éducation physique :* ensemble des exercices physiques, des sports propres à favoriser le développement harmonieux du corps. ⇒ **gymnastique.** ➛ *Éducation sexuelle.* ➛ *Éducation civique,* destinée à former le citoyen. ⇒ **instruction.** ➛ « *L'Éducation sentimentale* », *roman de Flaubert.* 2 Développement méthodique. ⇒ **exercice.** *Éducation des réflexes, de la mémoire.* 3 Connaissance et pratique des usages de la société. ⇒ **politesse, savoir-vivre.** « *elle manquait d'éducation et de tact* » (Huysm.). ✪ CONTR. Grossièreté, impolitesse.

❑ *Éducation* a un aspect moral et social, alors que *instruction* est plutôt intellectuel et vise les connaissances. D'où le passage de *Instruction publique* à *Éducation nationale.*

éducationnel, elle adj. – XIXe ▪ Relatif à l'éducation.

édulcorant, ante adj. et n. m. – v. 1900 ▪ Se dit d'une substance qui donne une saveur douce. ♦ n. m. *Édulcorant de synthèse :* produit sucrant sans sucre et pauvre en calories. ⇒ **aspartame, saccharine.**

édulcoration n. f. – XVIIe ▪ Action d'édulcorer (1°).

édulcorer v. tr. [1] – XVIIe ; lat. *dulcis* « doux » 1 Adoucir par addition de sucre, de sirop. ⇒ **sucrer.** 2 Adoucir, affaiblir, dans son expression. *Version édulcorée des faits.* ✪ CONTR. Corser, dramatiser.

éduquer v. tr. [1] – XVIIIe ; lat. ▪ Former par l'éducation. ⇒ **élever, former.** *Une personne bien éduquée,* qui a de bonnes manières. ➛ *Éduquer les sens, la volonté.* ⇒ **discipliner, façonner.**

❑ *Éduqué* au sens de « instruit » est un anglicisme à éviter *(educated people).*

éfaufiler v. tr. [1] – XVIIIe ▪ rare Défaire (un tissu) en tirant des fils. ⇒ **défaufiler, effiler, effilocher.**

efendi → **effendi**

effaçable adj. – XVIe ▪ rare Qui peut être effacé. ✪ CONTR. Ineffaçable.

effacé, ée adj. – XVIe 1 Qui a peu d'éclat, qui a passé. *Couleurs effacées.* 2 Qui paraît en retrait. « *Des poitrines effacées, des têtes allongées, des fronts proéminents* » (Taine). 3 Qui ne se fait pas voir, reste dans l'ombre. ⇒ ② **falot, humble, ignoré, modeste,** ① **terne.** *Un petit homme « silencieux, effacé, sans colère »* (Zola). ✪ CONTR. Vif ; saillant.

effacement n. m. – XIIIe 1 Action d'effacer ; son résultat. *Effacement d'un fichier informatique.* ⇒ **destruction, disparition.** 2 Action de s'effacer, attitude effacée. « *l'effacement de l'individu, l'abnégation* » (Duham.).

effacer v. tr. [3] – XIIe ; *é-* et *face* I v. tr. 1 Faire disparaître sans laisser de trace. ⇒ **enlever.** *Effacer un mot à la gomme.* ⇒ **gommer.** *Effacez ce qui est écrit au tableau. Le voleur a effacé ses empreintes.* ➛ Éliminer des informations enregistrées dans une mémoire informatique. ♦ Rendre moins net, moins visible. *Une inscription que le temps a effacée.* ⇒ **oblitérer.** 2 Faire disparaître, faire oublier. ⇒ **abolir.** *Effacer un souvenir de sa mémoire.* « *effaçant son passé pour repartir à zéro* » (Camus). ➛ fam. *On efface tout et on recommence :* on reprend tout depuis le début sans tenir compte de ce qui a été fait auparavant. 3 Tenir de côté ou en retrait. *Alignez-vous, effacez l'épaule droite.* II S'EFFACER v. pron. 1 Disparaître plus ou moins. ⇒ s'**estomper,** se **faner,** s'**obscurcir, pâlir.** « *les ornements en relief se rongeaient et s'effaçaient* » (Zola). ➛ « *le peu que je savais s'est presque entièrement effacé de ma mémoire* » (Rouss.). 2 Se tenir de façon à paraître le moins possible, à présenter le moins de surface ou de saillie. « *il me conduisit, s'effaçant gracieusement devant chaque porte* » (Proust). ➛ « *L'homme s'efface sous le soldat* » (Vigny). ⇒ **disparaître.** ✪ CONTR. Accentuer, renforcer, ① ressortir (faire ressortir).

effaceur n. m. – v. 1975 ▪ Stylo à pointe feutre qui efface l'encre.

effarant, ante adj. – XIXe 1 littér. Qui effare, plonge dans une stupeur mêlée d'effroi ou d'indignation. ⇒ **effrayant, stupéfiant.** 2 Incroyable, inouï.

effaré, ée adj. – XIIIe ; p.-ê. de *effrayer* ▪ Qui ressent un effroi mêlé de stupeur. ⇒ **effrayé, épouvanté.** « *il demeurait étourdi, effaré, sans trop comprendre ce qui se passait* » (Maupass.). ♦ *Elle le regarda « d'un air effaré, parut à peine le reconnaître »* (Hugo). ⇒ **égaré, hagard.** ✪ CONTR. ② Calme, serein.

effarement n. m. – XVIIIe ▪ État d'une personne effarée. ⇒ **effroi, stupeur,** ② **trouble.** *Regarder qqn avec effarement.*

effarer v. tr. [1] – XVIIe ▪ Troubler en provoquant un effroi mêlé de stupeur. ⇒ **affoler, effaroucher, effrayer, stupéfier.** « *Seule, elle ne fût point sortie ; le bruit de la rue l'effarait* » (R. Rolland). ✪ CONTR. Rassurer.

effarouchement n. m. – XVIe ▪ Action d'effaroucher, fait de s'effaroucher. ➛ État d'une personne effarouchée.

effaroucher v. tr. [1] – XVe ; de *é-* et *farouche* 1 Effrayer (un animal) de sorte qu'on le fait fuir. 2 Mettre (qqn) dans un état de crainte ou de défiance tel qu'il a envie de fuir. ⇒ **effrayer, épouvanter, intimider.** ➛ *Rien ne l'effarouche.* ⇒ **choquer, offusquer.** ➛ pronom. « *Oh ! ne vous effarouchez pas du mot, madame* » (Aragon). ✪ CONTR. Apprivoiser ; enhardir, rassurer.

effarvatte n. f. – XVIIIe ; a. fr., altér. dial. de *fauvette* ▪ Rousserolle des roseaux.

effecteur, trice adj. et n. m. – 1953 ; angl. *effector* ▪ Se dit des organes d'où partent les réponses aux stimulations reçues par les organes récepteurs. ♦ n. m. Gène qui code pour une protéine activant ou réprimant la transcription ; cette protéine.

① **effectif, ive** adj. – XVe ; lat. *effectus* → effet ▪ Qui se traduit par un effet, par des actes réels. ⇒ **concret,** ① **positif, réel, tangible.** *Apporter une aide effective.* ✪ CONTR. Fictif.

② **effectif** n. m. – XVIIIe 1 Nombre réglementaire des hommes qui constituent une formation. *L'effectif est au complet.* 2 au plur. Troupes considérées dans leur importance numérique. « *la moitié des effectifs est en déroute et l'autre cernée sur place* » (Sartre). 3 Nombre de personnes (constituant un groupe). *L'effectif d'une classe. Les effectifs d'une entreprise.*

effectivement adv. – XVe ▪ D'une manière effective. ⇒ **réellement, véritablement, vraiment.** « *mon fils a effectivement fait l'idiot* » (Anouilh). ♦ En effet. *Oui, effectivement.*

effectuer v. tr. [1] – XVe ; lat. *efficere* « réaliser » ▪ Faire, exécuter. ⇒ **accomplir, réaliser.** *Effectuer un trajet.* « *La* *plupart effectuaient des pèlerinages* » (Camus). ➛ pronom. « *Le voyage s'effectue rapidement* » (Cendrars).

efféminé, ée adj. – XIIe ▪ Qui se comporte comme une femme ; propre aux hommes qui se comportent ainsi. « *à cause de son extraordinaire beauté surtout, certains lui trouvaient même un air efféminé* » (Proust). ✪ CONTR. Mâle, viril.

efféminer v. tr. 1 – XIIe ; lat. *femina* « femme » ▪ littér. Rendre efféminé. ⇒ **amollir, émasculer.** « *l'étude des sciences est bien plus propre à amollir et efféminer les courages qu'à les affermir et les animer* » (Rouss.). ✪ CONTR. Viriliser.

effendi ou **efendi** [efɛ̃di] n. m. – XVIIe ; mot turc, gr. *authentês* « maître » ▪ Ancien titre de dignitaires civils ou religieux, chez les Turcs.

efférent, ente adj. – XIXe ; lat. *efferre* « porter hors » ▪ Qui conduit hors d'un organe, qui va du centre vers la périphérie. *Nerfs efférents.* ✪ CONTR. ② Afférent.

effervescence n. f. – XVIIe ; lat. *effervescere* « bouillonner » 1 Bouillonnement d'un liquide produit par un dégagement de bulles gazeuses, lorsqu'on y introduit une substance effervescente. *La chaux vive entre en effervescence au contact de l'eau.* 2 Agitation, émotion vive mais passagère. ⇒ **bouillonnement, émoi, fièvre.** *Cet événement a mis tout le pays en effervescence.* ⇒ **ébullition.** ✪ CONTR. ① Calme.

❑ Mme de Sévigné, chez qui le mot est d'abord relevé, en attribue à tort la formation à Descartes.

effervescent, ente adj. – XVIIIe ▪ Qui est en effervescence ou susceptible d'entrer en effervescence. *Aspirine effervescente.*

effet n. m. – XIIIe ; lat. *efficere* « réaliser, exécuter » **I** - 1 Ce qui est produit par une cause. ⇒ **conséquence, résultat, suite.** *Rapport de cause à effet. Effet du hasard.* ⇒ ① **fruit, produit.** *Effet pervers. Le remède a fait effet. Être sous l'effet d'une drogue. Les effets se font sentir.* « *L'effet de l'ivresse est d'abolir les scrupules du sentiment* » (Alain). ➛ *Effets d'un jugement, d'un acte juridique,* les conséquences qu'ils comportent. 2 Phénomène particulier apparaissant dans certaines conditions. *Effet Doppler :* modification de la fréquence d'une onde sinusoïdale perçue lorsque la source ou le récepteur est en mouvement. *Effet Compton, Joule, Edison, Cerenkov, Larsen. Effet d'optique.* ⇒ **illusion.** 3 Au billard, Rotation que l'on imprime à la bille en la frappant d'une manière qui modifie son mouvement normal. 4 Acte effectif ; réalisation d'une chose. ⇒ **exécution.** *Loi qui prend effet à telle date,* qui devient applicable, exécutoire à cette date. ♦ *EN EFFET :* s'emploie pour confirmer ce qui est dit (⇒ **assurément, effectivement**), introduire un argument, une explication (⇒ ① **car**). « *Elle était inquiétante à voir, en effet, tressaillant de tout, effarée, frissonnante* » (Hugo). ➛ *À CET EFFET ; POUR CET EFFET :* en vue de cela, dans cette intention, pour cet usage. « *Il descendit vers la Seine qu'il traversa, grâce au pont disposé à cet effet* » (Queneau). 5 Impression produite. « *J'avais peur de l'effet que produirait la visite de ce monsieur imposant* » (Romains). ➛ *Agir sous l'effet de la colère.* ⇒ ① **action, empire.** *Produire un effet de surprise.* « *Les mots employés non pour le sens qu'ils ont mais pour l'effet qu'ils font* » (Caillois). *Cela ne fera pas bon effet.* ➛ *Faire effet, faire de l'effet :* produire une vive impression. fam. *Faire un effet bœuf, un effet monstre. Ça lui fait de l'effet.* ➛ « *Il nous fait l'effet d'un revenant* » (Bergson). 6 Impression esthétique recherchée par l'emploi de certaines techniques. « *Cet effet magique, si recherché des peintres, qu'ils appellent clair-obscur* » (Gaut.). *Manquer, rater son effet.* ♦ *Effets spéciaux :* procédés cinématographiques consistant à effectuer des trucages. 7 au plur. Attitude affectée par ostentation, désir de mettre en valeur quelque avantage. *Faire des effets de jambes. Ménager ses effets :* graduer l'action que l'on veut avoir sur les esprits. **II** - 1 *Effet de commerce :* titre négociable par son détenteur auquel il donne droit à être payé par le souscripteur d'un montant déterminé à une échéance généralement prochaine. ⇒ **billet** (à ordre), **chèque, lettre** (de change), **traite, warrant ; mandat.** ➛ *Effets publics :* titres négociables émis et garantis par l'État et les collectivités publiques ou semi-publiques. 2 vieilli Le linge et les vêtements. « *Maintenant il ramassait ses effets par terre et se rhabillait sans rien dire* » (Loti).

❑ *Car en effet,* expression critiquée, se justifie de deux façons : *car* est trop court ; *car* est logique, *effet* est pragmatique.

effeuillage n. m. – XVIIIe 1 Action d'enlever une partie des feuilles pour exposer les fruits à l'action solaire et favoriser leur maturation. 2 Strip-tease.

effeuillaison n. f. – XVIIIe ▪ Chute naturelle des feuilles.

❑ On dit aussi *effeuillement.*

effeuiller v. tr. 1 – XIVe 1 Dépouiller de ses feuilles. ⇒ **défeuiller.** pronom. « *Pas même un saule vert qui s'effeuille à l'automne* » (Hugo). 2 Dépouiller de ses pétales. « *"Un peu... Beaucoup... Passionnément..." comme si elle effeuillait la marguerite* » (Dorgelès).

effeuilleuse n. f. – XIVe 1 Machine agricole servant à effeuiller les plantes avant l'arrachage. 2 fam. Professionnelle du strip-tease.

efficace adj. – XIVe ; lat. 1 Qui produit l'effet qu'on en attend. ⇒ **actif,** ① **bon, puissant, souverain, sûr.** *Lessive efficace contre les taches.* « *Si je n'affirme pas davantage, c'est que je crois l'insinuation plus efficace* » (Gide). ♦ *Intensité, tension efficace :* valeur moyenne de l'intensité, de la tension d'un courant alternatif, équivalente à celle d'un courant continu. 2 Dont la volonté, l'activité produisent leur effet, aboutissent à des résultats utiles. *Un collaborateur efficace.* ✪ CONTR. Inefficace. Inopérant.

efficacement adv. – XIVe ▪ D'une manière efficace. « *une source sulfureuse qui nous permettra de traiter efficacement nos laryngites* » (J. Verne).

efficacité n. f. – XVe 1 Caractère de ce qui est efficace. ⇒ ① **action, force,** ② **pouvoir.** *L'efficacité d'un remède.* 2 Capacité de produire le maximum de résultats avec le minimum d'effort, de dépense. ⇒ **efficience, productivité, rendement.** *Il* « *mesure exactement la valeur et l'efficacité des instruments dont il dispose* » (Siegfried). 3 Caractère d'une personne efficace, d'un comportement, d'une action efficace. ✪ CONTR. Impuissance, inefficacité.

efficience n. f. – XIXe ; angl. ▪ Efficacité, capacité de rendement.

efficient, iente adj. – XIIIe ; lat. *efficere* « réaliser » 1 *Cause efficiente,* qui produit un effet (opposé à *cause finale*). 2 (abusif) Efficace, dynamique.

effigie n. f. – XVe ; lat. « représentation, portrait » 1 Représentation d'une personne. ⇒ **image, portrait.** *On exposait l'effigie des rois défunts.* 2 Représentation du visage d'une personne, sur une monnaie, une médaille. « *une pièce d'or à l'effigie du pape Clément XIII* » (Romains).

effilage n. m. – XVIIIe ▪ Action d'effiler ; état de ce qui est effilé.

① **effilé, ée** adj. – XVIIe ; de *é-* et *fil* « tranchant » 1 Qui va en s'amincissant ; mince et allongé. « *comme le bout de ses doigts est admirablement effilé !* » (Gaut.). ♦ Coupé en fines lamelles. *Amandes effilées.* 2 *Volaille effilée,* éviscérée. ✪ CONTR. Épais, large.

② **effilé** n. m. – XVIIIe ▪ Frange formée en effilant la chaîne d'un tissu, et qui sert à border une étoffe.

effiler v. tr. [1] – XVIe 1 Défaire fil à fil. ⇒ ① **défiler, éfaufiler, effilocher, effranger.** ◇ *Effiler des haricots verts*, en retirer les fils. 2 Rendre effilé. ⇒ **allonger, amincir.** « *Son nez que la nature avait effilé en bec d'oiseau* » (Green). pronom. « *Le visage s'effile en avant comme une lame* » (Mart. du G.). ➛ Couper (les cheveux) de manière que les mèches s'amincissent à leur extrémité. ✪ CONTR. Élargir, épaissir.

effilochage n. m. – XVIIIe ▪ Action d'effilocher.

effilocher v. tr. [1] – XVIIIe ; de *é-* et *filoche*, dér. anc. et dial. de *fil* ▪ Effiler pour réduire en bourre, en ouate, en charpie. ♦ pronom. *Étoffe usée qui s'effiloche.* ⇒ s'**effranger.** « *Les nuages s'effilochaient* » (Sartre).

effilochure n. f. – XIXe ▪ Produit de l'effilochage.

efflanqué, ée adj. – XIVe ▪ Aux flancs creusés par la maigreur. « *le chat, tout efflanqué, sans poil, la queue pareille à un cordon* » (Flaub.). ✪ CONTR. Gras, rebondi.

effleurage n. m. – XVIIIe 1 Action d'effleurer les cuirs. 2 Massage léger agissant sur les tissus superficiels.

effleurement n. m. – XVIe ▪ Action d'effleurer, caresse légère. ⇒ **attouchement, frôlement.**

effleurer v. tr. [1] – XIIIe 1 Entamer en n'enlevant que la partie superficielle. ⇒ **égratigner, érafler.** ♦ *Effleurer un cuir*, en enlever une couche très mince du côté de l'épiderme. 2 Toucher légèrement. ⇒ **friser, frôler.** « *de ses lèvres, il effleura le bout de ses doigts gantés* » (Mart. du G.). 3 Toucher à peine à, examiner superficiellement. *Il n'a fait qu'effleurer le problème.* ♦ Faire une impression légère et fugitive sur. « *La pensée ne m'avait jamais effleuré que je dusse m'en servir* » (Mauriac). ✪ CONTR. Pénétrer. Approfondir.

effleurir v. intr. [2] – XVIIIe ▪ Devenir efflorescent.

efflorescence n. f. – XVIe ; lat. *efflorescere* « fleurir » 1 Transformation de certains sels qui perdent à l'air une partie de leur eau de cristallisation et deviennent superficiellement pulvérulents. ♦ Lésion élémentaire de la peau. ⇒ **exanthème.** ♦ Pruine. 2 littér. Floraison épanouie. ⇒ **épanouissement, luxuriance.** « *Aux étalages débordait une efflorescence de mousselines et de dentelles* » (Chardonne).

efflorescent, ente adj. – XVIIIe 1 En efflorescence ; couvert de sels en efflorescence. ♦ Couvert de pruine. 2 En pleine floraison, luxuriant.

effluence n. f. – XVIIIe ▪ rare Émanation. ⇒ **effluve.**

effluent, ente adj. et n. m. – XVe ; lat. *effluere* « s'écouler » 1 Qui s'écoule d'une source. 2 n. m. Cours d'eau issu d'un lac ou d'un glacier. ⇒ ② **émissaire.** ♦ *Effluent urbain* : ensemble des eaux de la ville évacuées par les égouts. ♦ *Effluents radioactifs* : matériaux radioactifs résiduels produits par la génération d'énergie nucléaire. ⇒ **déchet.**

effluve n. m. – XVIIIe ; lat. « écoulement » 1 Émanation qui se dégage des corps organisés, ou de certaines substances. ⇒ **exhalaison,** ① **vapeur.** « *effluves capiteux du pressoir* » (Gide). 2 *Effluve magnétique* : émanation de fluide. ♦ *Effluve électrique* : décharge électrique à faible luminescence.

> ❑ *Effluve* est donné comme masculin par tous les dictionnaires. Cependant, en raison de sa terminaison en *e*, plusieurs auteurs comme Hugo, Flaubert, Verlaine, Proust l'emploient au féminin.

effondrement n. m. – XVIe 1 Fait de s'effondrer ; son résultat. ⇒ **éboulement, écroulement.** « *L'effondrement du toit obstruait toute la partie nord de la plate-forme* » (Sartre). ➛ Affaissement brusque du sol. *Cratères, vallées d'effondrement.* ➛ Écroulement physique. *Effondrement d'un sportif après l'épreuve.* 2 Chute, fin brutale. ⇒ **destruction, écroulement, ruine.** *L'effondrement d'un empire.* 3 Baisse importante et brutale. *Effondrement des cours de la Bourse.* ⇒ **chute.** ✪ CONTR. Relèvement. Hausse.

effondrer v. tr. [1] – XIIe ; lat. *fundus* « fond » 1 Défoncer, faire crouler. ⇒ **briser, démolir, détruire.** « *L'éclat d'obus lui avait effondré la face* » (Duham.). 2 Remuer, fouiller profondément la terre. 3 v. pron. Crouler sous le poids ou faute d'appui. ⇒ s'**affaisser,** s'**ébouler,** s'**écrouler.** « *La main crochue* [du bulldozer] *frappe négligemment le mur qui s'effondre* » (Le Clézio). ➛ Tomber comme une masse. ⇒ s'**affaler.** « *Des hommes s'effondraient, pliés en deux* » (Dorgelès). ➛ « *Moi et les dames effondrés, râlants sur un banc d'en face* » (Céline). ♦ S'écrouler. « *Toute son histoire, péniblement reconstruite, s'effondre : rien ne reste de cette confession préparée* » (Mauriac). ➛ *Le cours de l'or s'est effondré.* ⇒ **baisser, chuter.** ✪ CONTR. Dresser (se), résister.

> ❑ Pour le sens → s'écrouler (rem.).

efforcer (s') v. pron. [3] – XIe ▪ Faire tous ses efforts, employer toute sa force, son adresse ou son intelligence pour atteindre un but, vaincre une résistance. ⇒ s'**appliquer,** s'**attacher,** s'**escrimer, essayer,** s'**évertuer, tâcher, tenter.** « *Cet examen m'irritait un peu, mais je m'efforçais de garder une aimable contenance* » (Bosco). *Il s'y efforce.* ✪ CONTR. Renoncer.

> ❑ *S'efforcer pour* suivi d'un infinitif est rare et s'explique par un emploi absolu « faire des efforts en vue de ».

effort n. m. – XIe ; de *efforcer* 1 Activité d'un être conscient qui mobilise toutes ses forces pour résister ou vaincre une résistance. *Effort physique, musculaire.* « *C'est après l'effort que l'on "réalise" sa fatigue* » (Duham.). ➛ *Effort intellectuel* : tension de l'esprit cherchant à résoudre une difficulté. ⇒ **application, concentration.** « *La vie moderne tend à nous épargner l'effort intellectuel comme elle fait l'effort physique* » (Valéry). *Faites un effort d'imagination.* « *tandis qu'il accomplissait un effort de mémoire, ordonné et rapide* » (Romains). *Faire tous ses efforts*, tout son possible. *Allons, faites un petit effort, un dernier effort* : un peu de courage, manifestez votre bonne volonté. *Je veux bien faire un effort.* ⇒ **sacrifice.** *Sans effort*, sans peine. *Un partisan du moindre effort* : un paresseux. *Se reposer après l'effort.* 2 Force exercée par un corps. ⇒ ① **travail.** *Effort de traction, de compression, de torsion, de cisaillement.* ➛ Force de résistance qu'oppose une pièce aux forces extérieures. *L'effort des arches d'un pont.* ✪ CONTR. Détente, repos. — HOM. Éphore.

effraction n. f. – XVe ; lat. *effractura*, d'apr. *fraction* ▪ Bris de clôture ou de serrures. *Vol avec effraction.*

effraie n. f. – XVIe ; p.-ê. altér. de *orfraie*, par attract. de *effrayer* ▪ Chouette au plumage clair.

> ❑ Ne pas confondre le nom de cette chouette nocturne avec l'*orfraie*, rapace diurne.

effranger v. tr. [3] – XIXe ▪ Effiler sur les bords de manière que les fils pendent comme une frange. « *sa robe trop longue qu'effrangent ses talons* » (Colette). ♦ pronom. S'effilocher.

effrayant, ante adj. – XVIe ▪ Qui inspire ou peut inspirer de la frayeur, de l'effroi. ⇒ **effroyable, épouvantable, paniquant, terrible, terrifiant, terrorisant.** « *Elle était inquiétante à voir* [...] *et si effrayée qu'elle était effrayante* » (Hugo). ♦ fam. Extraordinaire, extrême. ⇒ **formidable.** *Des prix effrayants.* ⇒ **effarant.** ✪ CONTR. Rassurant.

effrayé, ée adj. – XIIe ▪ Qui éprouve une grande peur. ⇒ **affolé, apeuré, épouvanté, terrifié.** « *des figures effrayées ou farouches* » (Chateaub.).

effrayer v. tr. [8] – XIe ; lat. « faire sortir de la paix (germ. °*fridu*) » ▪ Frapper de frayeur, d'effroi. ⇒ **affoler, alarmer, angoisser, apeurer, effarer, effaroucher, épouvanter, terrifier.** « *Le silence éternel de ces espaces infinis m'effraie* » (Pasc.). ♦ pronom. Avoir peur, craindre. ⇒ **redouter.** « *la bourgeoisie possédante s'effraie plus de l'armement général du peuple* » (Jaurès). ✪ CONTR. Apaiser, rassurer.

> ❑ Ce verbe est sans rapport étym. avec *frayeur*, en dépit du sens.

effréné, ée adj. – XIIIe ; lat. *frenum* « frein » ▪ Qui est sans retenue, sans mesure. ⇒ **débridé, déchaîné, démesuré, excessif, immodéré.** *Une course effrénée.* ✪ CONTR. Modéré, sage.

effritement n. m. – XIXe ▪ Fait de s'effriter, état de ce qui est effrité. ⇒ **désagrégation.** *L'effritement d'un bas-relief antique.* ➛ *L'effritement d'un parti.*

effriter v. tr. [1] – XIXe ; de *fruit* ▪ Réduire en poussière. *Des masses « de roches calcaires, effritées, fendillées, pulvérulentes »* (Gaut.). ♦ v. pron. « *Le toit penche, le mur s'effrite* » (Gaut.). ➛ Perdre des éléments, diminuer progressivement. ⇒ s'**amenuiser.** *La majorité gouvernementale s'effrite à chaque vote.*

effroi n. m. – XIIe ; de l'a. fr. *esfreer* ▪ littér. Grande frayeur, souvent mêlée d'horreur, qui glace, qui saisit. ⇒ **affolement, angoisse, crainte, effarement, épouvante, peur, terreur.** « *je sens se hérisser d'effroi tous les poils de ma chair* » (France).

effronté, ée adj. et n. – XIIIe ; de *é-* et *front* ▪ Qui ne rougit, ni n'a honte de rien. ⇒ **impudent, insolent ;** fam. **culotté, gonflé.** « *Dorine, la soubrette effrontée, peut très bien étaler devant moi sa gorge rebondie* » (Gaut.). ➛ n. « *Avez-vous vu cette effrontée, comme elle le regarde ?* » (Loti). ✪ CONTR. Modeste, réservé, timide.

effrontément adv. – XIIe ▪ D'une manière effrontée ; sans honte, sans vergogne.

effronterie n. f. – XIVe ▪ Caractère, attitude d'une personne effrontée. ⇒ **impudence, insolence ;** fam. **culot, toupet.** « *Un insolent qui a eu l'effronterie d'entreprendre* [...] » (Mol.). ✪ CONTR. Modestie, réserve, respect, timidité.

effroyable adj. – XVe-XVIe ▪ Qui remplit d'effroi, de terreur. *Ce fut une effroyable catastrophe.* ⇒ **effrayant, terrible.** *Il « me montra sa face de démon* [...] *Effroyable vision !* » (Leroux). ♦ fam. Énorme, effrayant. *Un gâchis effroyable.* ⇒ **effarant.**

effroyablement adv. – XVIe ▪ Excessivement, terriblement. ⇒ **extrêmement.** *Une affaire effroyablement compliquée.*

effusion n. f. – XIIe ; lat. *effundere* « répandre » 1 EFFUSION DE SANG : action de faire couler le sang (dans une action violente). *L'ordre a été rétabli sans effusion de sang.* 2 Manifestation sincère d'un sentiment. « *remerciant avec effusion Mme de Guermantes de la délicieuse soirée qu'elles avaient passée* » (Proust). ✪ CONTR. Froideur.

éfrit [efʀit] n. m. – 1910 ; ar. ▪ Génie malfaisant, dans la mythologie arabe.

égagropile → **ægagropile**

égaiement ou **égayement** n. m. – XIIe ▪ rare Action d'égayer ; fait de s'égayer.

égailler (s') [egaje ; egeje] v. pron. [1] – XVe ; lat. *æqualis* « égal, uni » ▪ Se disperser, s'éparpiller. « *La figure était dévorée de taches de rousseur qui s'accumulaient sur le nez et sur les pommettes puis s'égaillaient jusqu'aux paupières* » (Mauriac). ✪ CONTR. Grouper (se), ① masser (se). — HOM. Égayer.

égal, ale, aux adj. – XIIe ; lat. *æqualis* 1 Qui est de même quantité, dimension, nature, qualité ou valeur. ⇒ ① **équivalent, identique, même, pareil, semblable, similaire ; équi-, homo-, is(o)-.** *Diviser un tout en parties égales. Combattre à armes égales,* en disposant de moyens égaux ou analogues. *Somme égale ou supérieure à cinq cents francs.* loc. *Toutes choses égales d'ailleurs :* en supposant que tous les autres éléments de la situation restent les mêmes. ♦ Qui ne crée pas de différence entre les personnes ; qui met sur un pied d'égalité. *La justice doit être égale pour tous.* loc. *À travail égal salaire égal. La partie n'est pas égale :* les adversaires ne sont pas de la même force. 2 Qui est sur le même rang ; qui a les mêmes droits ou charges. « *Ainsi tous seront égaux devant la loi* » (Taine). ♦ subst. Personne égale par le mérite ou par la condition. ⇒ ① **pair.** *La femme est l'égale de l'homme. Traiter d'égal à égal avec qqn.* ♦ SANS ÉGAL : unique en son genre, incomparable ; extrême. *Il est d'une étourderie sans égale.* ➛ *N'avoir d'égal que... :* n'être égalé que par une seule chose. *Sa bêtise n'a d'égale que sa prétention.* ➛ À L'ÉGAL DE : autant que. ⇒ **comme.** 3 Qui est toujours le même ; qui ne varie pas. ⇒ **constant, invariable, régulier.** « *Leur pas était toujours égal, sage, mesuré par une chaîne invisible* » (Giraud.). ➛ « *Pour son humeur* [...] *il n'y en a point de plus égale ni de plus douce* » (Lesage). loc. *Égal à lui-même :* dont le caractère, la valeur, les qualités, le talent sont ce qu'ils ont toujours été. *Se montrer égal à soi-même :* avoir un comportement prévisible. 4 (sujet chose) *Être égal à qqn, lui être égal :* lui être indifférent*, revenir au même pour lui. *Cela m'est égal, je n'ai pas de préférence.* impers. *Tout lui est égal,* il est indifférent, dégoûté. *Cela m'est (bien, parfaitement, complètement, tout à fait) égal :* je m'en moque, je m'en fiche. *Ça m'est égal de partir, qu'elle vienne.* ✪ CONTR. Inégal. Différent, irrégulier. Capricieux, changeant, lunatique.

> ❑ Lorsque les noms mis en rapport dans l'expression *n'avoir d'égal que* sont de genres différents, l'accord de *égal* se fait avec le premier nom ou avec le second ; l'usage est indécis : *son talent n'a d'égal que sa modestie* ou *son talent n'a d'égale que sa modestie.* Cependant, quand le nombre et le genre des deux termes sont différents, le neutre paraît préférable : *ses talents n'ont d'égal que sa modestie.*

égalable adj. – XVe ▪ Qui peut être égalé. ✪ CONTR. Inégalable.

également adv. – XIIe 1 D'une manière égale, au même degré, au même titre. ⇒ **pareillement.** « *L'aumône avilit également celui qui la reçoit et celui qui la fait* » (France). 2 De même, aussi. *Vous pouvez également prendre ce chemin.* ✪ CONTR. Inégalement.

égaler v. tr. [1] – XIIIe ▪ Être égal à. *Une œuvre que rien n'égale en beauté.* ♦ Être égal en qualité à. « *Rien n'égale la douceur et la majesté nue de ses cloîtres* » (Barrès). ♦ Être égal en quantité à. *Deux plus trois égalent cinq* (2+3 = 5). ⇒ ① **faire.** ✪ CONTR. Dépasser, surpasser.

égalisateur, trice adj. – XIXe ▪ Qui égalise. *Le but égalisateur* (en sport).

égalisation n. f. – XVIe ▪ Action d'égaliser. *Égalisation en fin de match.*

égaliser v. tr. [1] – XVe 1 Rendre égal. ⇒ **ajuster, équilibrer.** *Égaliser les cheveux,* les couper d'égale longueur. ♦ Intrans. Obtenir le même nombre de points, de buts que l'adversaire. *Ils ont égalisé une minute avant la fin du match.* 2 Aplanir, niveler. *Égaliser un terrain.* ✪ CONTR. Différencier.

égaliseur n. m. – 1907 ▪ Dispositif permettant d'ajuster le spectre d'un signal en réglant séparément ses différentes composantes à l'aide de filtres.

égalitaire adj. – XIXe ▪ Qui vise à l'égalité absolue en matière politique et sociale. « *Le socialisme du* XVIIIe *s. est essentiellement égalitaire ; ce qui le choque, c'est l'inégalité de jouissance et de bien-être et les distinctions sociales dont il rend la propriété responsable* » (Gide).

égalitarisme n. m. – XIXe ▪ Doctrine, système égalitaire.

égalitariste adj. et n. – 1927 ▪ Inspiré par l'égalitarisme ; partisan de l'égalitarisme. ➛ n. *Un, une égalitariste.*

égalité n. f. – XIIIe ; lat. *æqualitas* **1** Caractère de ce qui est égal. *Cas d'égalité des triangles :* propositions qui expriment les conditions nécessaires et suffisantes pour que deux triangles soient égaux ou semblables. *Égalité des forces en présence. Les joueurs sont à égalité (de points).* ⇒ **ex æquo.** ➛ *À ÉGALITÉ DE :* en supposant une quantité égale de. *À égalité de mérite, le plus âgé doit avoir la préférence.* **2** Le fait pour les humains d'être égaux devant la loi, de jouir des mêmes droits. *Liberté, Égalité, Fraternité,* devise de la République française. *L'égalité des droits, des chances.* **3** Rapport existant entre des grandeurs égales ; formule qui l'exprime. *Une égalité algébrique :* ensemble d'expressions algébriques réunies par le signe =. **4** Qualité de ce qui est constant, régulier. ⇒ **régularité, uniformité.** *Égalité du pouls.* ➛ *Égalité d'humeur.* ⇒ **équanimité, pondération.** « *Qu'est-ce que la sagesse ? une égalité d'âme Que rien ne peut troubler, qu'aucun désir n'enflamme* » (Boil.). ✪ CONTR. Inégalité. Infériorité, supériorité. Irrégularité.

égard n. m. – XIIe ; de *é-* et *garder* **1** *EU ÉGARD À :* en ayant égard à, en considération de, en tenant compte de. ⇒ **attendu,** ② **vu.** « *Je veux bien me rendre à vos ordres, eu égard à votre état d'exaltation* » (Courtel.). ➛ *À L'ÉGARD DE :* pour ce qui concerne, regarde (qqn). ⇒ ① **envers.** « *L'indifférence des enfants à l'égard des adultes* » (Mauriac). ♦ *À CET ÉGARD :* de ce point de vue. « *Qu'importe qui vous mange, homme ou loup ? Toute panse Me paraît une à cet égard* » (La Font.). ➛ *À TOUS (LES) ÉGARDS :* sous tous les rapports. *Il est de bon conseil à tous égards.* **2** Considération d'ordre moral. ⇒ **déférence, respect.** « *il n'osait fumer tout son soûl, par égard pour ma mère* » (Gide). ♦ au plur. Marques de considération, d'estime, ménagements dus à la politesse. *Traiter qqn avec beaucoup d'égards.* « *Jamais époux n'a eu tant d'égards pour une femme* » (Lesage). ✪ CONTR. Indifférence ; grossièreté, impolitesse.

égaré, ée adj. – XIe **1** Qui s'est égaré, qui a perdu son chemin. *Un voyageur égaré.* **2** Qui est comme fou, trahit le désordre mental. ⇒ **hagard.** « *La jeune fille se mit à manger d'un air distrait, presque égaré* » (Duham.).

égarement n. m. – XIIe ▪ littér. Action de s'écarter des voies de la morale, de la raison ; état qui en résulte. ⇒ **dérèglement, désordre.** *Dans un moment d'égarement, il l'a frappé.*

> ❑ Au XIIe s. puis au XVIe s., le mot s'est employé au sens propre : « action, fait de s'égarer » ou « action de perdre qqch. ».

égarer v. tr. [1] – XIIe ; formation hybride, de *é-* et germ. *°waron* « avoir soin » **1** Mettre hors du bon chemin. ⇒ **fourvoyer, perdre.** *Les petites rues « s'enlaçaient comme pour égarer le passant attardé* » (Loti). **2** Mettre (qqch.) à une place qu'on oublie ; perdre momentanément. *Égarer ses clés.* **3** Mettre hors du droit chemin ; détourner, écarter de la vérité, du bien. ⇒ **abuser, tromper.** *Égarer les soupçons de qqn. La colère vous égare.* **4** pronom. *S'ÉGARER :* se fourvoyer, se perdre. *Nous nous sommes égarés, je ne reconnais pas le chemin. La lettre a dû s'égarer.* ♦ Faire fausse route, sortir du sujet. *Nous nous égarons, revenons à ce qui nous préoccupe.* ✪ CONTR. Diriger ; retrouver.

égayement → **égaiement**

égayer v. tr. [8] – XIIIe ; de *é-* et *gai* **1** Rendre gai, amuser. ⇒ **distraire, divertir, réjouir.** « *Ces dames faisaient les frais de la conversation et égayaient la compagnie de propos plus ou moins piquants* » (Muss.). ♦ Rendre agréable, colorer d'une certaine gaieté. *Rideaux qui égayent une pièce.* **2** pronom. *S'ÉGAYER :* s'amuser. *S'égayer aux dépens de qqn,* s'en moquer. ✪ CONTR. Assombrir, attrister. — HOM. Égailler.

égérie n. f. – XIXe ; nom de la nymphe qui aurait été la conseillère de Numa Pompilius ▪ Conseillère, inspiratrice d'un homme politique, d'un artiste. *Mme de Caillavet, l'égérie d'Anatole France.*

égide n. f. – XVIe ; gr. *aigis* « peau de chèvre » ▪ Bouclier de Zeus, qu'il confiait souvent à sa fille Athéna. ♦ *SOUS L'ÉGIDE DE :* sous la protection de (une autorité, une loi). *Se mettre sous l'égide de qqn.*

églantier [eglɑ̃tje] n. m. – XIe ; lat. *acus* « aiguille » ▪ Rosier sauvage. « *Dans le taillis touffu, les églantiers fleuris tendaient leurs bouquets blancs* » (Dorgelès). *Fruit de l'églantier.* ⇒ **cynorhodon.**

églantine n. f. – XVIe ▪ Fleur de l'églantier, à cinq pétales.

églefin n. m. – XIVe ; moy. néerl. *schelvisch* ▪ Poisson de mer *(gadidés)* proche de la morue. ⇒ **cabillaud.** *Églefin fumé.* ⇒ **haddock.**

église n. f. – XIe ; gr. *ekklesia* « assemblée » **I** (avec un *É* majuscule) **1** Assemblée réunissant les premiers chrétiens. *L'Église primitive.* ♦ *L'Église chrétienne* ou *l'Église :* assemblée de tous ceux qui ont la foi en Jésus-Christ. *Les Pères, les Docteurs de l'Église.* **2** Ensemble de fidèles unis, au sein du christianisme, dans une communion particulière. ⇒ **communion, confession, religion.** *L'Église catholique. L'Église orthodoxe grecque, russe. Les Églises réformées ou protestantes.* **3** L'Église catholique. ⇒ **catholicité.** *Le pape, chef visible de l'Église. Mourir muni des sacrements de l'Église.* ➛ *L'Église et l'État.* ♦ L'autorité ecclésiale (dans un lieu donné). *L'Église de Rome :* le Vatican. **4** L'état ecclésiastique, l'ensemble des ecclésiastiques. ⇒ **clergé.** *Un homme d'Église.* ⇒ **ecclésiastique. II** (avec un *é* minuscule) Édifice consacré au culte de la religion chrétienne. ⇒ ① **basilique, cathédrale, chapelle.** *Église abbatiale, collégiale, conventuelle, paroissiale. Église byzantine, romane, gothique.* « *une église ravissante où se trouvent le long des bas-côtés une quantité de petites chapelles* » (Ste-Beuve). *La cérémonie sera célébrée en l'église de la Sainte-Trinité. Aller à l'église,* à la messe. ➛ *Se marier à l'église,* religieusement.

> ❑ Dans le langage courant, on dit *temple* pour désigner l'édifice consacré au culte protestant (d'architecture simple et moderne).

églogue n. f. – XIVe ; gr. *eklogê* « choix » ▪ Petit poème pastoral ou champêtre. ⇒ **bucolique, idylle, pastorale.** *Les églogues de Virgile.*

ego [ego] n. m. inv. – XIXe ; mot lat. « je » ▪ Le sujet, l'unité transcendantale du moi (depuis Kant). ⇒ **je, moi.**

> ❑ On trouve le mot latin dans l'expression *ego, hic et nunc* (« moi, ici, maintenant »), notion philosophique fondamentale pour l'analyse d'une situation.

égocentrique adj. – XIXe ; lat. *ego* « moi » et *centre* ■ Qui manifeste de l'égocentrisme. ⇒ **personnel.** *Une attitude égocentrique.* ➛ n. *Un, une égocentrique.* ⇒ **égocentriste.**

égocentrisme n. m. – déb. XXe ■ Tendance à être centré sur soi-même et à ne considérer le monde extérieur qu'en fonction de l'intérêt qu'on se porte. ⇒ **égoïsme, égotisme, nombrilisme.**

égocentriste adj. – 1923 ■ Qui a un comportement, une personnalité égocentrique. ⇒ **égoïste.** ➛ n. *Un, une égocentriste.* ⇒ **égocentrique.**

égoïne n. f. – XIVe ; lat. *scobina* « lime, râpe » ■ Petite scie à main, composée d'une lame terminée par une poignée. ➛ *Scie égoïne.*

égoïsme n. m. – XVIIIe ; lat. *ego* « moi » ■ Attachement excessif à soi-même qui fait que l'on subordonne l'intérêt d'autrui à son propre intérêt. ⇒ **individualisme.** « *l'apathie est grande, l'égoïsme presque général ; on se ratatine pour se soustraire au danger, garder ce qu'on a, vivoter en paix* » (Chateaub.). ✪ CONTR. Abnégation, altruisme, désintéressement, générosité.

égoïste adj. et n. – XVIIIe ■ Qui fait preuve d'égoïsme, est caractérisé par l'égoïsme. ⇒ **égocentrique, égocentriste.** « *être bête, égoïste et avoir une bonne santé, voilà les trois conditions voulues pour être heureux* » (Flaub.). ♦ n. « *L'égoïste fait de son propre bonheur la loi de ceux qui l'entourent* » (Alain). ✪ CONTR. Altruiste, désintéressé, généreux.

égoïstement adv. – XVIIIe ■ D'une manière égoïste.

égorgement n. m. – XVIe ■ Action d'égorger.

égorger v. tr. [3] – XVe **1** Tuer (un animal) en lui coupant la gorge. ⇒ **saigner. 2** Tuer (un être humain) en lui tranchant la gorge. *Égorger qqn avec un rasoir.*

égorgeur, euse n. – XVIe ■ Assassin qui égorge ses victimes.

égosiller (s') v. pron. [1] – XVe ; de *é-* et du rad. de *gosier* **1** Se fatiguer la gorge à force de parler, de crier. ⇒ **s'époumoner.** *S'égosiller à répéter dix fois la même chose.* **2** Chanter longtemps, le plus fort possible (surtout en parlant des oiseaux). « *des enfants qui piaillaient, des oiseaux qui s'égosillaient dans leurs cages* » (Gide).

égosome → **ægosome**

égotisme n. m. – XIXe ; angl. ■ littér. Disposition à parler de soi, à faire des analyses détaillées de sa personnalité physique et morale. *L'égotisme de Montaigne, de Rousseau.* ♦ Culte du moi, poursuite trop exclusive de son développement personnel. ⇒ **narcissisme.**

> ❑ Ce mot est un emprunt à l'anglais *egotism,* mot créé par Addison en 1714 pour traduire le français *égoïsme* au sens de « disposition à parler trop de soi ». Le mot s'est diffusé grâce à Stendhal (*Souvenirs d'égotisme*).

égotiste adj. et n. – XIXe ■ littér. Qui fait preuve d'égotisme, est marqué par l'égotisme.

égout n. m. – XIIIe ; de *égoutter* **1** Rangée d'ardoises, de tuiles formant saillie hors d'un toit ; versant d'un toit. *Toit, comble à deux égouts.* **2** Canalisation, généralement souterraine, servant à l'écoulement et à l'évacuation des eaux ménagères et industrielles des villes. ⇒ **conduit, puisard ; tout-à-l'égout.** *Les égouts de Paris.* ➛ *BOUCHE D'ÉGOUT :* orifice pratiqué sur le bord d'une chaussée pour permettre l'écoulement des eaux dans le sous-sol. ➛ *RAT D'ÉGOUT :* gros rat fréquentant les égouts.

> ❑ Pas d'accent circonflexe sur le *u* de *égout ;* il ne faut pas l'écrire comme *dégoût* qui vient de *goût* alors que *égout,* lui, vient de *égoutter,* de *goutte.*

égoutier n. m. – XIXe ■ Celui qui travaille à l'entretien, au curage des égouts. *Bottes d'égoutier.*

égouttage n. m. – XVIIIe ■ Action d'égoutter, de faire égoutter. *L'égouttage du fromage blanc.*

égouttement n. m. – XIVe ■ Fait de s'égoutter. *L'égouttement des feuilles après la pluie.*

égoutter v. tr. [1] – XIIIe ■ Débarrasser (une chose) du liquide qu'elle contient, en le faisant écouler goutte à goutte. *Égoutter de la vaisselle.* ♦ pronom. (avec ou sans pron.) Perdre son eau goutte à goutte. *Laisser (s') égoutter des fromages sur un clayon.*

égouttoir n. m. – XVIe ■ Ustensile servant à égoutter. *Égouttoir à vaisselle, à légumes.* « *Sur l'égouttoir, les trois verres étaient presque secs* » (Robbe-Grillet).

égrappage n. m. – XIXe ■ Action d'égrapper (un fruit).

égrapper v. tr. [1] – XVIIIe ■ Détacher (les fruits) de la grappe. *Égrapper des groseilles.*

égrappoir n. m. – XVIIIe ■ Appareil servant à égrapper les raisins.

égratigner v. tr. [1] – XIIe ; a. fr. *gratiner,* de *gratter* **1** Écorcher, en déchirant superficiellement la peau. ⇒ **érafler, griffer.** « *une griffe de bête lui égratigna la joue* » (Giono). ➛ pronom. *S'égratigner en cueillant des mûres.* ♦ Dégrader, endommager légèrement. *Égratigner une peinture.* **2** Blesser légèrement par un mot piquant, un trait ironique. *Les critiques l'ont quelque peu égratigné.*

égratignure n. f. – XIIIe **1** Blessure superficielle et sans gravité. ⇒ **écorchure, éraflure.** *Il s'est tiré de l'accident sans une égratignure.* ♦ *La carrosserie a quelques égratignures.* ⇒ **rayure. 2** Légère blessure d'amour-propre.

égrenage [egʀənaʒ ; egʀenaʒ] n. m. – XIXe ■ Action d'égrener. *L'égrenage du maïs.*

> ❑ On dit aussi *égrainage,* d'après *grain.*

égrènement n. m. – XVIIe ■ Fait de s'égrener. *Un égrènement de notes.*

> ❑ On écrit aussi *égrainement,* d'après *grain.*

égrener [egʀəne ; egʀene] v. tr. [5] – XIIe ; de *é-* et *grain* **1** Dégarnir de ses grains (un épi, une cosse, une grappe). *Égrener du coton.* ➛ pronom. *Le blé trop mûr s'égrène.* **2** *Égrener son chapelet,* en faire passer chaque grain successivement entre ses doigts à chaque prière. **3** Faire entendre un à un, de façon détachée. « *chaque chèvre qui passe égrène en trottinant la note unique de sa clochette* » (Gide). **4** S'ÉGRENER v. pron. Se présenter (dans l'espace ou le plus souvent dans le temps) en une série d'éléments semblables et distincts. *Un rire qui s'égrène.*

> ❑ On dit aussi *égrainer,* au sens propre de *grain.*

égreneuse [egʀənøz ; egʀenøz] n. f. – XIXe ■ Machine à égrener le maïs, les plantes textiles.

> ❑ On dit aussi *égraineuse,* d'après *grain,* au sens propre.

égrillard, arde adj. – XVIe ; a. nord. *°skridla* « glisser » ■ Qui se complaît dans des propos ou des sous-entendus licencieux. ⇒ **grivois, libertin.** « *Un ton plaisantin, parfois même égrillard* » (Gide). ✪ CONTR. Pudique, sérieux.

égrisage n. m. – XVIIIe ■ Action d'égriser. ⇒ **polissage.**

égrisée n. f., **égrisé** n. m. – XVIIIe ■ Poudre de diamant, mêlée d'huile végétale, servant à la taille des pierres précieuses.

égriser v. tr. [1] – XVIIe ; néerl. *gruizen* « broyer » ■ Polir par frottement (une gemme, une glace) avec un abrasif en poudre (égrisée, émeri, etc.).

égrotant, ante adj. – XIIIe ; lat. ■ Souffrant, maladif. « *Il le trouvait au lit, égrotant et amer* » (Duham.).

égruger v. tr. [3] – XVIe ; de *é-* et *gruger* ■ Réduire en granules, en poudre. ⇒ **concasser, écraser,** ① **piler, pulvériser.** *Égruger du poivre.*

égueuler v. tr. [1] – XVIIe ■ rare Détériorer, déformer à l'ouverture. ⇒ **ébrécher.** « *Un pot à eau égueulé* » (France). ➜ *Cratère égueulé,* dont une paroi présente une dépression.

égyptien, ienne adj. et n. – XIIIe ■ De l'Égypte (ancienne ou moderne). « *Funéraire, l'art égyptien est rarement funèbre* » (Malraux). ♦ n. *Un Égyptien, une Égyptienne.* ➜ n. m. *L'égyptien ancien :* langue chamito-sémitique des anciens Égyptiens. ⇒ **copte.** *L'égyptien (moderne) :* arabe parlé en Égypte et au Soudan.

égyptologie n. f. – XIXe ■ Étude scientifique de l'Égypte ancienne.

égyptologue n. – XIXe ■ Spécialiste d'égyptologie ; archéologue qui s'occupe des antiquités égyptiennes.

***eh** [e ; ɛ] interj. – XIe ; onomat. ■ Interjection, variante de *hé.* ⇒ **hep.** « *Eh ! je suis encore là, mademoiselle ! Ouvrez-moi...* » (Jarry). *Eh, eh !* exprime un sous-entendu ironique ou grivois. ✪ HOM. Et ; haie.

éhonté, ée adj. – XIVe ■ Qui n'a pas honte en commettant des actes répréhensibles. ⇒ **cynique, impudent.** *Un tricheur éhonté.* ➜ *C'est un mensonge éhonté.* ✪ CONTR. Honteux.

eider [ɛdɛʀ] n. m. – XIIIe ; island. *aedur* ■ Grand canard des pays du Nord, fournissant un duvet apprécié. « *C'est cet oiseau qui donne ce duvet si doux, si chaud et si léger, connu sous le nom d'*eider-don *ou duvet d'*eider, *dont on a fait ensuite* edre-don » (Buff.).

eidétique [ɛjdetik] adj. – 1925 ; gr. *eidos* « forme, essence » 1 *Image eidétique,* vive, détaillée, d'une netteté hallucinatoire. 2 En phénoménologie, Qui concerne les essences, abstraction faite de l'existence (abstraction dite *réduction eidétique*).

einsteinium [ɛnstɛnjɔm] n. m. – 1955 ; de *Einstein,* n. pr. ■ Élément atomique, onzième de la série des actinides (Es ; no at. 99).

éjaculateur adj. m. – XVIe ■ Qui sert à l'éjaculation. ♦ n. m. *Éjaculateur précoce :* homme souffrant d'éjaculation précoce.

éjaculation n. f. – XVIe ■ Émission du sperme par la verge en érection. *Éjaculation précoce,* qui survient dès le début de la pénétration.

éjaculer v. tr. [1] – XVIe ; lat. *ejaculari* « lancer avec force » ■ Émettre le sperme.

éjectable adj. – 1956 ■ *Siège éjectable,* qui peut être éjecté hors d'un appareil volant, avec son occupant, en cas de perdition ; fam. situation précaire.

> ❑ On a dit *siège éjecteur* (calque de l'anglais *ejector seat,* 1945).

éjecter v. tr. [1] – XIXe ; lat. 1 Rejeter au dehors. ⇒ **projeter.** ➜ pronom. *Le pilote s'est éjecté.* 2 fam. Expulser, renvoyer (qqn). *Il s'est fait éjecter avec perte et fracas.*

éjecteur n. m. – XIXe ■ Appareil, mécanisme servant à éjecter une pièce, à évacuer un fluide.

éjection n. f. – XIIIe ■ Action d'éjecter, fait d'être éjecté. *L'éjection du pilote.* ➜ *Éjection d'un manifestant qui interrompt l'orateur.*

éjointer v. tr. [1] – XVIIIe ; de *é-* et a. fr. *jointe* « articulation » ■ rare Casser l'articulation extérieure de l'aile de (un oiseau) pour l'empêcher de voler.

élaboration n. f. – XVIe ; lat. 1 Production, dans un organisme vivant, de substances nouvelles par une transformation physiologique. *Élaboration de la bile par le foie. Élaboration de la sève.* 2 Travail de l'esprit sur des données, des matériaux qu'il utilise à certaines fins. *L'élaboration d'un plan.*

élaborer v. tr. [1] – XVIe ; lat. *labor* « travail » 1 Préparer mûrement, par un lent travail de l'esprit. ⇒ **construire, échafauder.** « *Un plan doit avoir été soigneusement élaboré en vue du dénouement* » (Baud.). ➜ pronom. « *Et toujours la fortune est le mobile des intrigues qui s'élaborent* » (Balz.). *Une cuisine élaborée.* ⇒ **recherché.** 2 Réaliser l'élaboration de. ⇒ **former, produire.** *L'organisme élabore des anticorps.*

> ❑ Même famille que *collaborer, laboratoire.*

élæis → **éléis**

élagage n. m. – XVIIIe ■ Action d'élaguer (les arbres). ⇒ **ébranchage, émondage, taille.**

> ❑ L'*élagage* se pratique surtout dans la masse de l'arbre alors que l'*émondage* se fait surtout à l'extérieur, à la cime et à l'extrémité des branches.

élaguer v. tr. [1] – XIVe ; a. nord. *laga* « arranger » 1 Dépouiller (un arbre) des branches superflues sur une certaine hauteur. ⇒ **couper, ébrancher, émonder, tailler.** 2 Débarrasser des détails ou développements inutiles. *Il faut élaguer votre exposé.* ➜ *Il y a beaucoup à élaguer dans cet article.* ⇒ **couper, supprimer.**

élagueur, euse n. – XVIIIe ■ Personne spécialisée dans l'élagage des arbres.

① **élan** n. m. – XVe 1 Mouvement progressif préparant l'exécution d'un saut, d'un exercice. *Prendre de l'élan. Prendre son élan sur un tremplin.* ⇒ s'**élancer.** ➜ loc. *D'un seul élan :* par un seul effort ou en une seule fois. ♦ Mouvement d'une chose lancée. ⇒ **lancée.** *Skieur emporté par son élan.* 2 Mouvement spontané, subit, qu'un vif sentiment inspire. ⇒ **impulsion, poussée.** « *C'est la foi qui donne à l'homme l'élan qu'il faut pour agir* » (Mart. du G.). *Un élan de tendresse. Parler avec élan.* ⇒ **chaleur, vivacité.** ➜ Mouvement affectueux, moment d'expansion. « *Jamais un élan vers eux, jamais une parole gentille* » (Montherl.).

② **élan** n. m. – XVe ; lituanien *elnis* ■ Grand cerf des pays du Nord, à grosse tête, dont le mâle porte des bois aplatis en éventail. ⇒ **orignal, wapiti.**

élancé, ée adj. – XVIe ■ Mince et svelte. « *pied furtif, taille droite, élancée* » (Beaum.). ✪ CONTR. Ramassé, trapu.

élancement n. m. – XVIe ■ Douleur brusque, aiguë, lancinante. « *des élancements violents lui trouaient le crâne* » (Sartre).

élancer v. tr. [3] – XIIe 1 v. pron. S'ÉLANCER : se lancer en avant impétueusement. ⇒ **bondir,** se **précipiter.** « *il piqua son cheval et s'élança derrière le loup* » (Maupass.). 2 Élever, dresser. « *La salle élançait à des hauteurs de cathédrale les arceaux de sa voûte* » (Huysm.). 3 Causer des élancements à (qqn). « *Son abcès si douloureux qui l'élançait de plus en plus* » (Céline). ✪ CONTR. Reculer.

élargir v. tr. [2] – XIIe 1 Rendre plus large. ⇒ **agrandir** *Faire élargir une jupe.* ➜ pronom. Devenir plus large « *Le sentier s'élargissait* » (Mart. du G.). ♦ Faire paraître plus large. *Une veste qui élargit les épaules* 2 Rendre plus ample. ⇒ **agrandir, étendre.** *Il faut élargir le débat,* lui donner un caractère plus général. *Élargir le cercle de ses connaissances.* ➜ *Le gouvernement s'appuiera sur une majorité élargie.* 3 Mettre en liberté (un détenu). ⇒ **libérer, relâcher** ① **relaxer.** ✪ CONTR. Rétrécir. Borner, circonscrire, limiter restreindre. Écrouer, incarcérer.

élargissement n. m. – XIVe 1 Action d'élargir, fait de s'élargir. ⇒ **agrandissement.** *Les travaux d'élargissement d'une voie publique.* 2 Action de rendre plus ample, fait de s'étendre. ⇒ **développement, extension.** *Élargissement de son horizon.* 3 Mise en liberté (d'un détenu). ⇒ **libération, relaxation.** ✪ CONTR. Rétrécissement. Diminution. Incarcération.

élasticimétrie n. f. – 1961 ; de *élasticité* et *-métrie* ▪ Mesure des contraintes subies par un corps et des déformations qui en résultent.

élasticité n. f. – XVIIe 1 Propriété qu'ont certains corps de reprendre (au moins partiellement) leur forme et leur volume primitifs quand la force qui s'exerçait sur eux cesse d'agir. *L'élasticité du caoutchouc. Élasticité des gaz.* ⇒ **compressibilité.** *Module d'élasticité* : constante qui relie la déformation à la contrainte subie par le corps élastique. ♦ Souplesse. « *Il marchait en éprouvant à chaque pas, soigneusement, l'élasticité du jarret et du cou-de-pied* » (Colette). 2 Possibilité de s'interpréter, de s'appliquer de façons diverses. *Tirer parti de l'élasticité d'un règlement.* ➛ *L'élasticité d'un budget.* ♦ Faculté d'adaptation d'un phénomène à des influences extérieures. *L'élasticité de l'offre et de la demande.* ✪ CONTR. Rigidité, rigueur.

élastine n. f. – 1901 ▪ Protéine, constituant principal des fibres élastiques de l'organisme (ligaments, parois artérielles).

❑ Ce mot est un emprunt à l'anglais *elastine* (1875), de même origine que *élastique.* On trouve aussi *élasticine* (1855), plus explicite.

élastique adj. et n. m. – XVIIe ; gr. *elaunein* « action de pousser » I adj. 1 Qui a de l'élasticité. ⇒ **compressible, extensible, flexible.** *Les gaz sont très élastiques.* ♦ Fait de matière élastique. *Bretelles élastiques.* 2 Souple et agile. « *Tous ces hommes pouvaient se comparer à des loups, dont ils avaient le pas élastique et tenace* » (Mac Orlan). 3 Que l'on peut adapter, faire varier selon les besoins. ⇒ **variable.** *Des horaires élastiques.* ⇒ **flexible.** péj. *Une conscience élastique,* sans rigueur, très accommodante. II n. m. Tissu souple contenant des fils de caoutchouc. *Ceinture en élastique.* ➛ Ruban de caoutchouc, de textile tissé avec des fils de caoutchouc. *S'attacher les cheveux avec un élastique.* loc. fam. *Il les lâche avec un élastique* : il paye, donne son argent avec beaucoup de réticence. ♦ *Saut à l'élastique.* ✪ CONTR. Rigide. Rigoureux, strict.

élastiqué, ée adj. – 1900 ▪ Muni d'un élastique. *Drap-housse élastiqué. Pantalon élastiqué à la taille.*

élastomère n. m. – 1953 ; de *élastique* et *(poly)mère* ▪ Caoutchouc synthétique obtenu par polymérisation. *Semelles en élastomère.*

elbot n. m. – XVIe ; néerl. *heilbot* ▪ (Belgique) Flétan.

eldorado n. m. – XIXe ; *el Dorado,* nom d'un pays fabuleux d'Amérique du Sud ; mot esp. « le pays de l'or » ▪ Pays merveilleux, de rêve, de délices. ⇒ **éden, paradis.**

éléatique adj. – XVIIIe ▪ Propre aux philosophes de l'école d'Élée, ou *Éléates* (Parménide, Zénon, etc.), et à leurs doctrines.

électeur, trice n. – XIVe ; lat. *eligere* « choisir » 1 *Les électeurs du Saint Empire germanique,* les princes et évêques qui avaient le droit d'élire l'empereur. 2 Personne qui a le droit de vote dans une élection, un référendum. ⇒ **votant.** « *En 1849, ayant vingt et un ans, j'étais électeur et fort embarrassé* » (Taine). *Inscription d'un électeur sur une liste électorale.*

électif, ive adj. – XIVe ; lat. *electivus* « marque le choix » 1 *Affinité élective* : entente profonde. « *On comprend que des affinités électives aient uni Proust à Ruskin* » (Mauriac). ➛ *Trouble électif,* qui n'affecte pas l'ensemble d'une fonction. 2 Qui est nommé ou conféré par élection. *Le pape est électif.*

élection n. f. – XIIe 1 *La patrie d'élection,* celle que l'on choisit. « *Toi que j'aime à jamais, ma sœur d'élection* » (Baud.). 2 Choix, désignation d'une ou plusieurs personnes par un vote. « *L'élection eut lieu ; je passai au scrutin à une assez forte majorité* » (Chateaub.). *Procéder à l'élection du président.* ➛ *Élections régionales, cantonales, municipales. Élections législatives. Élection présidentielle. Élections européennes,* qui désignent les membres du Parlement européen. *Les élections,* celles qui désignent les députés de l'Assemblée nationale, un chef d'État, etc. *Se présenter aux élections.*

électivement adv. – XVIe 1 Par voie d'élection. 2 Par affinité naturelle. *L'éosine colore électivement certains leucocytes.*

électivité n. f. – XIXe 1 rare Fait d'être électif (2°). 2 Propriété qu'ont certaines substances de se fixer sur un élément cellulaire plutôt que sur un autre.

électoral, ale, aux adj. – XVIe 1 Propre ou relatif à des électeurs. *Liste électorale* : catalogue alphabétique officiel des électeurs d'une commune. *Cens électoral.* 2 Relatif aux élections. *Campagne électorale.* « *les affiches électorales bariolaient inexplicablement cette île déserte* » (Aragon).

électoralisme n. m. – 1922 ▪ Tendance d'un parti à subordonner sa politique à la recherche de succès électoraux. ⇒ **clientélisme.**

électoraliste adj. et n. – 1966 ▪ Empreint d'électoralisme. *Des préoccupations électoralistes.* ⇒ **politicien.**

électorat n. m. – XVIIe 1 Dignité d'un électeur du Saint Empire ; son territoire. 2 Qualité d'électeur, usage du droit d'électeur. *La Constitution de 1946 accorde l'électorat aux femmes.* 3 Collège électoral, ensemble des électeurs. *L'électorat français.*

électret [elɛktʀɛ(t)] n. m. – 1905 ; angl., de *electr(icity)* « électricité » et *(magn)et* « aimant » ▪ Diélectrique qui garde en permanence une polarisation électrique induite par un champ électrique temporaire.

électricien, ienne n. – XVIIIe ▪ Technicien, technicienne spécialisé(e) dans le matériel et les installations électriques.

électricité n. f. – XVIIIe 1 Une des formes de l'énergie, mise en évidence par la structure de la matière ; ensemble des phénomènes causés par une charge électrique. ⇒ **électromagnétisme, magnétisme.** *Électricité statique,* en équilibre (phénomènes d'électrisation par frottement, par contact et par piézoélectricité). *Électricité positive,* du noyau de l'atome. *Électricité négative,* celle des électrons. *Électricité dynamique* : courant électrique. ➛ *Électricité atmosphérique.* ⇒ **éclair,** ① **foudre.** loc. *Il y a de l'électricité dans l'air* : les gens sont nerveux, excités. ♦ Cette énergie dans ses applications techniques, industrielles, domestiques. *Alimentation des villes en électricité. Panne d'électricité.* ⇒ ② **courant.** *Se chauffer à l'électricité.* « *Ce qui est effrayant surtout dans l'électricité, c'est qu'elle est cachée. On ne la voit pas. On ne sait jamais où elle est* » (Le Clézio). ➛ fam. *Allumer, éteindre l'électricité,* la lumière électrique. 2 Branche de la physique qui étudie les actions exercées et subies par les charges électriques.

électrification n. f. – XIXe ▪ Action d'électrifier. *L'électrification des chemins de fer.*

électrifier v. tr. [7] – XIXe ; de *électri(que)* et *-fier* 1 Faire fonctionner en utilisant l'énergie électrique. *Électrifier* *une ligne de chemin de fer.* 2 Pourvoir d'énergie électrique. *Électrifier un village.*

électrique adj. – XVIIe ; lat. *electrum* « ambre » 1 Propre ou relatif à l'électricité. *L'énergie électrique. Décharge électrique. Courant électrique.* ➛ *Cheveux électriques,* chargés d'électricité statique. ♦ Qui utilise l'électricité, concerne l'utilisation de l'électricité. *L'équipement, le réseau électrique d'un pays. L'éclairage, la lumière électrique. Fil électrique. « L'ampoule électrique brillait avec force au-dessus de la table »* (Le Clézio). *Appareils électriques ménagers. Train électrique miniature. Rasoir électrique* (opposé à *mécanique*). 2 *Bleu électrique,* très vif, intense.

❑ L'ambre, après frottement, a la propriété d'attirer les corps légers ; la propriété *électrique* a été étendue ensuite à d'autres corps.

électriquement adv. – XIXe ▪ Par l'énergie électrique. *Horloge mue électriquement.*

électrisation n. f. – XVIIIe ▪ Action d'électriser, fait d'être électrisé. *Électrisation par frottement, par contact.*

électriser v. tr. [1] – XVIIIe 1 Communiquer à (un corps) des propriétés, des charges électriques. *Électriser une clôture de barbelés.* ➛ *Particules électrisées.* 2 Animer, pousser à l'action, en produisant une impression vive, exaltante. ⇒ **enflammer, galvaniser, transporter.** *Mme Récamier « était faite pour électriser le monde et pour créer des séides »* (Chateaub.).

électro- Élément, du rad. de *électricité.*

électroacousticien, ienne adj. et n. – 1948 ▪ Spécialiste de l'électroacoustique. *Ingénieur électroacousticien.*

électroacoustique n. f. – 1948 ▪ Étude de la production, de la transmission, de la manipulation et de la restitution du son par des procédés électriques. ➛ adj. *Musique électroacoustique.*

❑ On écrit aussi *électro-acoustique,* moins moderne.

électroaimant n. m. – XIXe ▪ Dispositif composé d'un barreau de fer doux sur lequel sont fixées deux bobines parcourues par un courant électrique.

❑ On écrit aussi *électro-aimant,* moins moderne : *« Le courant était-il interrompu, l'électro-aimant se désaimantait aussitôt »* (J. Verne).

électrobiologie n. f. – XIXe ▪ ⇒ **électrophysiologie.**

électrocardiogramme n. m. – 1916 ▪ Tracé obtenu au moyen de l'électrocardiographe.

❑ Ce mot est emprunté à l'allemand *Elektrocardiogramm* créé en 1894 par W. Einthoven.

électrocardiographe n. m. – 1930 ▪ Appareil destiné à l'électrocardiographie.

électrocardiographie n. f. – 1912 ▪ Exploration de la fonction cardiaque au moyen de la traduction graphique des phénomènes électriques qui se produisent au cours de la révolution cardiaque.

électrocautère n. m. – 1946 ▪ Cautère composé d'un fil conducteur porté au rouge par le passage d'un courant électrique.

électrochimie n. f. – XIXe ▪ Étude des réactions chimiques provoquées dans un tissu vivant par les courants électriques.

❑ Ce mot a été créé en 1826 par Becquerel.

électrochimique adj. – XIXe ▪ Relatif à l'électrochimie.

❑ Ce mot a été créé en 1813 par Avogadro.

électrochoc n. m. – 1938 ▪ Procédé de traitement psychiatrique consistant à provoquer une perte de conscience, suivie de convulsions, par le bref passage d'un courant alternatif à travers la boîte crânienne. *On lui a fait des électrochocs.* ➛ Violente secousse psychologique.

électrocinétique n. f. – XIXe ▪ Partie de la physique qui étudie les effets des charges électriques en mouvement.

électrocoagulation n. f. – 1922 ▪ Coagulation de tissus vivants par la chaleur, obtenue au moyen de courants électriques.

électrocuter v. tr. [1] – XIXe ; angl., de *electro-* et *(to exe)cute* « exécuter » ▪ Tuer par une décharge électrique. *Électrocuter un condamné sur la chaise électrique* (aux États-Unis). ➛ pronom. *Il a failli s'électrocuter en réparant la prise.*

❑ Le mot a été créé aux États-Unis en 1889 lorsque l'État de New York a adopté la peine de mort par l'électricité, ce qui était une nouveauté.

électrocution n. f. – XIXe ▪ Action d'électrocuter, fait d'être électrocuté. *Électrocution provoquée par une ligne à haute tension, par la foudre. Électrocution d'un condamné.*

électrode n. f. – XIXe ; angl., de *electric* et gr. *hodos* « chemin » 1 Conducteur par lequel le courant arrive ou sort. *Électrode positive.* ⇒ **anode.** *Électrode négative.* ⇒ **cathode.** ➛ Chacune des tiges (de graphite, de métal) entre lesquelles on fait jaillir un arc électrique. 2 Conducteur électrique appliqué sur une partie de l'organisme.

❑ L'anglais *electrode* a été créé par Faraday en 1834.

électrodéposition n. f. – 1930 ▪ Technique permettant d'obtenir un dépôt de métal, de peinture par électrolyse. ⇒ **cadmiage, rhodiage.**

électrodiagnostic [elɛktʀodjagnɔstik] n. m. – XIXe ▪ Méthode de diagnostic au moyen de l'électricité. ⇒ **électrocardiographie, électro-encéphalographie.**

électrodynamique n. f. et adj. – XIXe 1 Partie de la physique qui traite de l'électricité dynamique, de l'action des courants électriques. 2 adj. Qui appartient au domaine de cette science. *Phénomènes électrodynamiques.*

électrodynamomètre n. m. – XIXe ; de *électrodynamique* et *-mètre* ▪ Ancien appareil servant à mesurer l'intensité d'un courant.

électro-encéphalogramme n. m. – 1929 ▪ Tracé obtenu par les procédés de l'électro-encéphalographie. *Des électro-encéphalogrammes.*

électro-encéphalographie n. f. – 1929 ▪ Enregistrement de l'activité électrique du cerveau, par l'application d'électrodes sur le cuir chevelu.

électrofaible adj. – 1985 ▪ *Théorie électrofaible :* théorie unifiée des interactions électromagnétiques et des interactions* faibles.

électrogène adj. – XIXe ; *électro-* et *-gène* ▪ *Groupe électrogène :* ensemble formé par un moteur et une dynamo ou un alternateur, pour la production d'électricité. *Utiliser un groupe électrogène en cas de panne de courant.*

électrologie n. f. – XIXe ; *électro-* et *-logie* ▪ Partie de la physique qui étudie tout ce qui se rapporte à l'électricité.

électroluminescence n. f. – 1930 ▪ Émission de lumière par certaines substances soumises à un champ électrique.

électroluminescent, ente adj. – v. 1932 ▪ Doué d'électroluminescence.

électrolyse n. f. – XIXe ▪ Décomposition chimique de certaines substances en fusion ou en solution, obtenue par le passage d'un courant électrique.

électrolyser v. tr. [1] – XIXe ; angl., de *electro* et *(to ana)lyse* ▪ Décomposer par électrolyse.

> ❑ L'anglais *to electrolyze* a été créé par Faraday en 1834.

électrolyseur n. m. – XIXe ▪ Appareil destiné à effectuer des électrolyses.

électrolyte n. m. – XIXe ; de *électro-* et gr. *lutos* « soluble » ▪ Corps qui, à l'état soluble, est capable de conduire le courant électrique par le mouvement de ses ions dissociés vers des électrodes de charge opposée. ♦ Liquide dans lequel baignent les plaques d'un accumulateur.

électrolytique adj. – XIXe ▪ Qui a les caractères d'un électrolyte. ♦ Relatif à l'électrolyse. *Procédés électrolytiques.* ♦ Qui se fait par électrolyse. *Argenture électrolytique.*

électromagnétique adj. – XVIIIe ▪ Qui appartient à l'électromagnétisme. *Champ, couplage, forces, ondes électromagnétiques.*

électromagnétisme n. m. – XVIIIe ▪ Partie de la physique qui étudie les mouvements des charges électriques et les champs électriques et magnétiques créés par ces charges.

électromécanicien, ienne n. – 1928 ▪ Mécanicien ayant une formation complémentaire d'électricien.

électromécanique adj. et n. f. – XIXe ▪ Se dit d'un dispositif mécanique de commande ou de contrôle en liaison avec les organes électriques. ♦ n. f. Application de l'électricité à la mécanique.

électroménager adj. m. – 1949 ▪ *Appareil électroménager :* appareil ménager (fer à repasser, aspirateur, réfrigérateur, etc.) utilisant l'énergie électrique. ➜ n. m. *L'électroménager :* l'ensemble de ces appareils ; l'industrie qui les produit.

électrométallurgie n. f. – XIXe ▪ Application à la métallurgie des propriétés thermiques et électrolytiques de l'électricité.

électromètre n. m. – XVIIIe ▪ Appareil de mesure des charges électriques et des différences de potentiel.

électrométrie n. f. – XIXe ▪ Ensemble des méthodes de mesure des tensions, charges et courants électriques.

électromoteur, trice adj. – XIXe ▪ Qui développe de l'électricité sous l'action d'un agent mécanique ou chimique. ➜ *Force électromotrice* (f. é. m.), exprimée par le quotient de la puissance électrique empruntée à la source et dirigée dans le circuit, par l'intensité du courant qui traverse celui-ci. ⇒ volt.

électron n. m. – XIXe ; du rad. de l'angl. *electric,* et p.-ê. *-on* de *ion,* d'apr. le gr. *êlektron* « ambre » ▪ Particule élémentaire chargée négativement, élément constitutif de l'atome, de masse égale à 1/1836 de la masse du proton.

> ❑ Ce mot a été créé en anglais en 1891 et désigne une charge électrique élémentaire. Il apparaît en français en 1894, mais c'est Larmor, vers 1902, qui donne à ce mot anglais sa valeur moderne.

électronarcose n. f. – 1953 ▪ Court sommeil provoqué par le passage d'un léger courant électrique à travers le cerveau.

électronégatif, ive adj. – XIXe ▪ Se dit des éléments chimiques qui, dans l'électrolyse, se portent à l'anode, et dont les atomes peuvent capter des électrons. ✪ CONTR. Électropositif.

électronicien, ienne n. – 1955 ▪ Spécialiste de l'électronique. *Ingénieur électronicien.*

électronique adj. et n. f. – 1903 **1** Propre ou relatif à l'électron. *Faisceau électronique.* **2** n. f. Partie de la physique qui étudie la production des électrons, leur comportement dans le vide, les gaz, les semi-conducteurs, etc. et les applications techniques de ces phénomènes. **3** Qui appartient à l'électronique, fonctionne suivant les lois de l'électronique. *Microscope, télescope électronique. Jeux électroniques. Musique électronique,* faite au moyen d'appareils électroniques. *Annuaire électronique* (⇒ **minitel**).

électronucléaire adj. – 1962 ▪ Relatif à la production d'électricité à partir de l'énergie nucléaire. ➜ n. m. Ensemble des techniques visant à produire de l'électricité à partir de l'énergie nucléaire.

électronvolt [elɛktʀɔ̃vɔlt] n. m. – 1938 ▪ Unité de mesure d'énergie (symb. eV) valant $1{,}6.10^{-19}$ joule, utilisée en physique des particules et en électronique.

électrophile adj. – mil. XXe ▪ Se dit d'une particule chimique ayant une forte affinité pour les électrons. ✪ CONTR. Nucléophile.

électrophone n. m. – XIXe ; *électro-* et *-phone* ▪ Appareil de reproduction d'enregistrements phonographiques sur disque. ⇒ **chaîne, phonographe, pick-up, tourne-disque.**

> ❑ Ce mot a été créé en 1890 pour désigner un récepteur téléphonique. ♦ Le sens « moderne » tend à disparaître avec l'objet.

électrophorèse n. f. – 1923 ; de *électro-* et gr. *phorêsis* « transport » ▪ Migration de molécules ou de particules ayant une charge électrique sous l'effet d'un champ électrique créé en plaçant deux électrodes dans la solution.

électrophysiologie n. f. – XIXe ▪ Étude de l'activité électrique des tissus vivants.

électroplaque n. f. – 1954 ▪ Colonne de cellules de l'organe électrique de certains poissons, dont seulement une face est innervée et excitable électriquement.

électropositif, ive adj. – XIXe ▪ Se dit des éléments chimiques qui, dans l'électrolyse, se portent à la cathode, et dont les atomes peuvent céder des électrons. ✪ CONTR. Électronégatif.

électropuncture [elɛktʀopɔ̃ktyʀ] n. f. – XIXe ; de *électro-* et *(acu)puncture* ▪ Emploi thérapeutique d'une électrode pointue, rendue incandescente par un courant galvanique. ⇒ **électrocautère, électrocoagulation.**

> ❑ On écrit aussi *électroponcture,* d'après la prononciation. ⇒ ponctuel, ponction.

électroradiologie n. f. – 1945 ▪ Ensemble des applications de l'électricité et de la radiologie à la médecine (diagnostic et traitement).

électroscope n. m. – XVIIIe ; *électro-* et *-scope* ▪ Instrument permettant de déceler les charges électriques et d'en déterminer le signe.

électrostatique adj. et n. f. – XIXe **1** Propre ou relatif à l'électricité statique. **2** n. f. Partie de la physique traitant des phénomènes d'électricité statique, étudiant les charges électriques en équilibre.

> ❑ Mot créé par Ampère avant 1827.

électrostriction n. f. – 1930 ; angl. ▪ Déformation d'un diélectrique soumis à un champ électrique.

électrotechnique [elɛktʀotɛknik] adj. et n. f. – XIXe ▪ Qui concerne les applications techniques de l'électricité. ♦ n. f. Étude de ces applications.

électrothérapie n. f. – XIXe ; *électro-* et *-thérapie* ▪ Emploi des courants électriques comme moyen thérapeutique. ⇒ **diathermie.**

électrothermie n. f. – XIXe ; *électro-* et *-thermie* ▪ Étude des transformations de l'énergie électrique en chaleur et leurs applications.

électrovalence n. f. – 1936 ▪ Nombre d'électrons qu'un atome gagne ou perd lors de la formation d'un composé par réaction chimique.

électrovanne n. f. – 1972 ▪ Vanne commandée par un électroaimant. *L'électrovanne d'un lave-linge.*

électrum [elɛktʀɔm] n. m. – XVIe ; gr. *êlektron,* par anal. de couleur avec l'ambre ▪ Alliage naturel d'or et d'argent estimé dans l'Antiquité. « *il passa autour de son cou un collier d'électrum* » (Flaub.).

électuaire n. m. – XIIe ; lat. *electus* « choisi » ▪ vieilli Préparation pharmaceutique, formée de poudres mélangées à du miel. ⇒ **thériaque.**

élégamment adv. – XVIe ▪ Avec élégance. « *Je parle assez élégamment d'amour* » (Gaut.). *Élégamment vêtu.*

élégance n. f. – XIVe **1** Qualité esthétique qu'on reconnaît à certaines formes naturelles ou créées par l'homme dont la perfection est faite de grâce et de simplicité. *Élégance des formes, des proportions.* **2** Qualité de style, consistant en un choix heureux des expressions, une langue pure et harmonieuse. *S'exprimer, parler, écrire avec élégance.* « *Une narration courue, maigre, sèche, abstraite dans son élégance* » (Ste-Beuve). ♦ *Une, des élégances :* tournure, expression plus ou moins convenue considérée comme une marque de l'élégance du style (souvent péj.). ⇒ **fioriture, ornement. 3** Bon goût manifestant un style personnel dans l'habillement, la parure, les manières. ⇒ **chic, classe, distinction.** « *J'aimais ma mère pour son élégance. J'étais donc un dandy précoce* » (Baud.). « *la robe en liberty violet, l'élégance cacatoès* » (Céline). **4** Bon goût, distinction accompagnés d'aisance et de style dans l'ordre moral ou intellectuel. *Un procédé qui manque d'élégance.* ⇒ **délicatesse.** *Savoir perdre avec élégance.* ✪ CONTR. Inélégance, vulgarité.

élégant, ante adj. – XIIe ; lat. **1** Qui a de l'élégance, de la grâce. ⇒ ① **beau, gracieux.** « *quatre vases d'albâtre oriental du galbe le plus élégant et le plus pur* » (Gaut.). « *Elle savait ce que l'élégante minceur de ses formes donnait de grâce à sa beauté* » (France). **2** Qui a de l'élégance, de la pureté dans le style. *Un tour élégant.* **3** Qui a de l'élégance, du chic. ⇒ **distingué.** « *un homme très élégant en poil de chameau et Borsalino* » (R. Gary). **4** Qui a de l'élégance morale, intellectuelle. *C'est la solution la plus élégante.* ✪ CONTR. Commun, grossier, inélégant, vulgaire.

❑ L'adjectif s'est employé en parlant de personnes, de la qualité ou du goût dans le choix de la mise et, par extension, de la distinction d'un comportement, à partir du XVIIIe siècle.

élégiaque adj. – XVe ▪ littér. Propre à l'élégie. *Poèmes élégiaques.* subst. *Les élégiaques latins :* les poètes élégiaques latins.

élégie n. f. – XVIe ; gr. ▪ Poème lyrique exprimant une plainte douloureuse, des sentiments mélancoliques. *Les élégies de Ronsard.* « *l'Élégie vraiment moderne, inaugurée par Lamartine* » (Ste-Beuve).

élégir v. tr. [2] – XIIIe ; de *é-* et lat. *leviare* « alléger » ▪ Réduire les dimensions de (une pièce de bois).

éléis ou **élæis** [eleis] n. m. – XIXe ; gr. *elaiêeis* « huileux » ▪ Palmier à huile, cultivé en Afrique tropicale et en Malaisie.

élément n. m. – Xe ; lat. **I - 1** Chacune des choses dont la combinaison, la réunion forme une autre chose. ⇒ **composant, composante, morceau, partie.** *Élément constitutif. Les éléments qui entrent dans la fabrication d'un objet.* « *loin des êtres on oublie leurs défauts, leurs manies* […] *l'on découvre qu'ils apportent dans notre vie un élément précieux, indispensable* » (Maurois). ➤ *Vous avez là tous les éléments du problème.* ⇒ **donnée.** ➤ Un des « objets » qui constituent un ensemble mathématique. *La relation « a est élément de l'ensemble A », ou « l'élément a appartient à l'ensemble A », s'écrit* $a \in A$ (relation d'appartenance). ➤ Partie d'un mécanisme, d'un appareil composé de séries semblables. *Meuble vendu en éléments prêts pour le montage. Éléments préfabriqués* (construction). ➤ Partie d'un énoncé, d'un mot... isolable par l'analyse. *Élément de formation d'un mot.* ⇒ **morphème. 2** au plur. Premiers principes sur lesquels on fonde une science, une technique. ⇒ **notion, rudiment.** *Apprendre les premiers éléments de l'algèbre.* **3** (surtout au plur.) Personne appartenant à un groupe. ⇒ ③ **sujet.** *C'est un bon élément.* sing. collect. *L'élément féminin y était fortement représenté.* ♦ (au plur.) Formation militaire appartenant à un ensemble plus important. *Éléments blindés, motorisés.* **II - 1** ancienn *Les quatre éléments :* la terre, l'eau, l'air et le feu, considérés comme principes constitutifs de tous les corps. ♦ mod. *LES ÉLÉMENTS :* l'ensemble des forces naturelles qui agitent la terre, la mer, l'atmosphère. *Lutter contre les éléments déchaînés.* **2** loc. *Être dans son élément,* dans la situation, l'activité qui est la plus familière, coutumière. « *il aime tant son métier et son art, il y est si bien dans son élément* » (Ste-Beuve). **3** Corps pur dont tous les atomes ont le même nombre de protons. *Les isotopes d'un même élément ont des nombres de masse différents.* ➤ Partie commune à un corps simple et à ses composés (ex. l'oxygène dans le gaz carbonique). ✪ CONTR. ② Ensemble, réunion, synthèse, tout.

élémentaire adj. – XIVe **1** Qui se rapporte à un élément chimique. *Analyse élémentaire.* **2** Qui contient, qui concerne les premiers éléments d'une science, d'un art. *Notions élémentaires :* premières notions. *Principes élémentaires.* ⇒ **fondamental.** ♦ *Cours élémentaire (C.E.) :* classes intermédiaires entre le cours préparatoire et le cours moyen dans les écoles primaires. **3** Réduit à l'essentiel, au minimum. ⇒ **rudimentaire.** *Quelques précautions élémentaires. La plus élémentaire des politesses voulait que...* **4** fam. Très simple, très facile. *C'est élémentaire.* ➤ « *Élémentaire, mon cher Watson* » : évident (formule de Sherlock Holmes présentant une de ses fameuses déductions). ✪ CONTR. Supérieur. Compliqué.

éléphant n. m. – XIIe ; lat. **1** Grand mammifère ongulé *(proboscidiens),* herbivore à corps massif, à peau rugueuse, à grandes oreilles plates, à nez allongé en trompe et à défenses* dont on tire l'ivoire (⇒ **pachyderme).** *Jeune éléphant.* ⇒ **éléphanteau.** *L'éléphant d'Afrique est plus grand que l'éléphant d'Asie. L'éléphant barrit.* « *L'éléphant, une fois dompté, devient le plus doux et le plus obéissant de tous les animaux* » (Buff.). **2** *ÉLÉPHANT DE MER :* phoque à trompe, de grande taille. **3** *Un éléphant :* une personne très grosse, à la démarche pesante. ➤ Personnage important (d'un parti politique). ♦ loc. fam. *Un éléphant dans un magasin de porcelaine,* se dit d'un maladroit qui intervient dans une affaire délicate. ➤ *Avoir une mémoire d'éléphant,* une mémoire exceptionnelle notamment en ce qui concerne le mal qu'on vous a fait ; être rancunier.

éléphanteau n. m. – XVIe ▪ Jeune éléphant. *Des éléphanteaux.*

éléphantesque adj. – XIXe ▪ Énorme, d'une grosseur monstrueuse.

❑ Le suffixe d'origine italienne *-esque* a une vocation à s'associer à l'idée d'excessif, d'anormal : *titanesque, clownesque, simiesque ; dantesque, gargantuesque, ubuesque.*

éléphantiasique adj. – XIXe ■ De la nature de l'éléphantiasis ; atteint d'éléphantiasis.

éléphantiasis [elefɑ̃tjazis] n. m. – XVIe ; gr., de *elephas* « éléphant » ■ Maladie caractérisée par une augmentation considérable de certaines parties du corps, en particulier des jambes et des organes génitaux, et par le durcissement et l'ulcération de la peau avoisinante.

éléphantin, ine adj. – XIIIe ■ rare Relatif ou ressemblant à l'éléphant.

élevage n. m. – XIXe ■ Ensemble des techniques par lesquelles on élève (des animaux domestiques ou utiles), en les faisant naître et se développer dans de bonnes conditions, en contrôlant leur entretien et leur reproduction, de manière à obtenir un résultat économique. ⇒ **aviculture, héliciculture ; aquaculture.** *L'élevage des abeilles* (⇒ **apiculture**). ♦ Élevage du bétail. *Les produits de l'élevage. Un pays d'élevage.*

élévateur, trice adj. et n. – XIVe 1 Se dit de certains muscles qui élèvent, relèvent (certaines parties du corps). *Muscle élévateur de la paupière supérieure.* ⇒ **releveur.** 2 *Appareil élévateur,* ou n. m. *un élévateur :* appareil destiné à élever qqch. à un niveau supérieur. *Chariot élévateur.* ✪ CONTR. Abaisseur.

❑ Le mot reste technique et ne s'emploie pas spécifiquement pour désigner les appareils ayant un nom courant, comme *ascenseur, monte-charge.*

élévation n. f. – XIIIe 1 Action de lever, d'élever ; son résultat. *Mouvement d'élévation du bras.* ➛ Moment de la messe où le prêtre élève l'hostie. *La consécration et l'élévation.* 2 Fait de s'élever. ⇒ **montée.** *L'élévation du niveau des eaux.* ➛ *L'élévation du niveau de vie. Une forte élévation de température.* ⇒ **augmentation, hausse.** 3 Éminence, hauteur. *Mouvement de troupes à l'abri d'une élévation.* 4 Action d'élever, de s'élever (à un rang éminent, supérieur). ⇒ **accession, ascension.** « *l'élévation de leur spécialité à la dignité de science* » (Queneau). 5 Caractère élevé (de l'esprit, de l'âme). ⇒ **grandeur, hauteur, noblesse.** ✪ CONTR. Abaissement, baisse. Bassesse.

élévatoire adj. – XVIe ■ Qui sert à élever, au levage. ⇒ **élévateur.**

élevé, ée adj. – XIIe 1 Haut. *Étage élevé.* ➛ Supérieur à la normale, à la moyenne. *Température élevée.* ♦ Noble, supérieur moralement ou intellectuellement. *Il « gardait un sentiment élevé de ses devoirs d'homme et d'époux »* (Aymé). 2 *BIEN, MAL ÉLEVÉ :* qui a reçu une bonne, une mauvaise éducation, est poli, impoli. « *la crainte du scandale chez une femme bien élevée* » (Romains). ➛ fam. *C'est très mal élevé de dire, de faire ça.* ⇒ **grossier, impoli.** ✪ CONTR. ① Bas, inférieur.

élève n. – XVIIe ; de *élever,* d'apr. it. *allievo* 1 Personne qui reçoit ou suit l'enseignement d'un maître (dans un art, une science). ⇒ **disciple.** *Tableau peint par un élève de David.* 2 Personne qui reçoit l'enseignement donné dans un établissement d'enseignement. *Jeune élève.* ⇒ **écolier.** *C'est une excellente élève. Élève de l'enseignement supérieur.* ⇒ **étudiant.** ➛ *Association de parents d'élèves.* ♦ Candidat à un grade, suivant un peloton ou les cours d'une école. *Élève officier d'active, de réserve (E. O. A., E. O. R.).* 3 Animal né et élevé chez un éleveur. ➛ Plante, arbre dont on dirige la croissance.

❑ *Élève* est le terme générique pour qui reçoit un enseignement à quelque niveau et âge que ce soit. → apprenant.

élever v. tr. [5] – XIe I - 1 Mettre ou porter plus haut. ⇒ ① **lever.** *Ils tirent « leurs poignards, élèvent leurs bras armés vers le ciel »* (Gaut.). ♦ Tenir haut, dresser. « *Les cyprès élevaient leurs quenouilles noires* » (France). 2 Faire monter à un niveau supérieur. ⇒ **hausser, surélever.** *Élever la maison d'un étage.* ➛ *Élever une perpendiculaire à une droite,* la tracer d'un point situé sur cette droite. ♦ Construire en hauteur. ⇒ **édifier, ériger.** *Élever un autel.* II - 1 Porter à un rang supérieur. *La faveur du Roi « Vous élève en un rang qui n'était dû qu'à moi »* (Corn.). *Élever une chose au rang d'une autre,* lui donner ou lui attribuer une importance égale. 2 Porter à un degré supérieur. ⇒ **augmenter, relever.** *Les banques ont élevé les taux d'intérêt.* ⇒ **majorer.** ♦ *Élever la voix, le ton :* parler très fort pour exprimer le mécontentement, la menace. 3 Rendre moralement ou intellectuellement supérieur. *Élever le débat, le niveau.* 4 Amener (un enfant) à son plein développement physique et moral. ⇒ **entretenir, nourrir, soigner.** « *une mère pauvre, qui l'avait élevé au prix des plus dures privations* » (Balz.). ➛ (du point de vue de l'éducation) ⇒ **éduquer, former.** *On a mal élevé cet enfant, il a été mal élevé.* ♦ Faire l'élevage de (un animal). *Élever des chevaux.* III *S'ÉLEVER* v. pron. 1 Monter. *La fusée s'élève.* ♦ Se dresser. *La place « où s'élève la halle aux viandes »* (J. Verne). ➛ fig. (personnes) *S'ÉLEVER CONTRE* (qqn, qqch.) : se dresser, intervenir pour combattre, prendre fortement parti contre. *S'élever contre les abus.* ⇒ **dénoncer.** 2 Parvenir à un rang supérieur. « *Les paysans qui veulent s'élever au-dessus de leur condition* » (Mol.). ➛ *S'élever par son travail.* ⇒ **arriver, réussir.** 3 Parvenir à un degré supérieur. ⇒ **augmenter.** *La température s'est élevée de dix degrés.* ⇒ **monter.** ♦ *S'élever à* (une grandeur) : atteindre. ⇒ se **chiffrer,** se **monter.** *Le nombre des victimes s'élève à une centaine.* ✪ CONTR. Abaisser, baisser ; détruire ; diminuer.

éleveur, euse n. – XIIe ■ Personne qui pratique l'élevage. *Éleveur de porcs.*

elfe n. m. – XVIe ; a. nord. *alfr* ■ Génie de l'air, dans la mythologie scandinave. ⇒ **sylphe.** *Les trolls et les elfes.*

❑ Mot oublié puis repris par le romantisme, qui mit les mythologies nordiques à la mode.

élider v. tr. [1] – XVIe ; lat. « écraser » ■ Réaliser l'élision de (un élément vocalique). ➛ *Article élidé,* qui présente une élision de la voyelle (ex. l').

éligibilité n. f. – XVIIIe ■ Aptitude légale à être élu. ✪ CONTR. Inéligibilité.

éligible adj. – XIIIe ; lat. ■ Qui remplit les conditions requises pour pouvoir être élu (député, etc.). ✪ CONTR. Inéligible.

élimer v. tr. [1] – XIIIe ; de *limer* ■ User (une étoffe) par le frottement, à force de s'en servir. ➛ *Veston élimé.*

élimination n. f. – XVIIIe 1 Opération qui consiste à faire disparaître d'une ou plusieurs équations une ou plusieurs inconnues. 2 Action d'éliminer, fait d'être éliminé. *Élimination d'un candidat au premier tour.* ♦ *Procéder par élimination :* examiner et rejeter successivement les personnes, les choses envisagées pour ne conserver que la plus satisfaisante. 3 Évacuation des toxines, des déchets de l'organisme. ⇒ **excrétion, expulsion.**

éliminatoire adj. et n. f. – XIXe 1 Qui sert à éliminer. *Épreuve éliminatoire. Note éliminatoire.* 2 n. f. Épreuve sportive qui sélectionne les sujets les plus qualifiés en éliminant les autres.

éliminer v. tr. [1] – XIVe ; lat. « chasser hors du seuil *(limen)* » **1** Faire disparaître, supprimer (ce qui est considéré comme gênant, inutile ou nuisible). « *Il a fallu éliminer les répétitions et les commentaires trop généraux* » (Camus). pronom. *Ces taches s'éliminent difficilement.* ➛ Tuer. *Éliminer un témoin gênant.* **2** Rejeter, retrancher d'un ensemble, d'un groupe. ⇒ ① **écarter, exclure.** *Éliminer un candidat.* **3** Réaliser l'élimination de (déchets, toxines). ⇒ **excréter.** *Éliminer un calcul.* ➛ *Éliminer en transpirant.* ✪ CONTR. Conserver, garder, maintenir. Admettre, recevoir, retenir.

élingue n. f. – XIVe ; germ. « fronde » ▪ Cordage dont on entoure les fardeaux pour les soulever.

élinguer v. tr. [1] – XIVe ▪ Entourer (un fardeau) d'une élingue pour le hisser.

élire v. tr. [43] – XIe ; lat. *eligere* **1** Vx Choisir. *Élire domicile.* **2** Désigner à une dignité, à une fonction par voie de suffrages (opposé à *nommer*). *Le président de la République est élu au suffrage universel. Elle a été élue au premier tour.* ✪ CONTR. Rejeter.

élision n. f. – XVIe ; lat. ▪ Effacement d'un élément vocalique final (a, e, i) devant un élément vocalique initial. *L'apostrophe est en français le signe graphique de l'élision* (ex. l'art, l'habit, qu'on, s'il, etc.).

> ❑ Avec les noms propres, l'élision se fait selon les mêmes règles *(un film d'Abel Gance, la bataille d'Hernani).* ♦ Avec les autonymes, il est préférable de ne pas la faire : famille de *obéir.* ♦ Un nom de consonne est parfois élidé : *le R roulé* ou *l'R roulé* (plus bizarre et ambigu à l'oral).

élitaire adj. – v. 1968 ▪ Qui appartient à une élite.

élite n. f. – XIIe ; de *élit,* anc. p. p. de *élire* **1** Ensemble des personnes considérées comme les meilleures, les plus remarquables d'un groupe, d'une communauté. ⇒ **fleur ;** fam. **crème, gratin.** *L'élite intellectuelle.* ♦ *D'élite :* hors du commun ; distingué, éminent, supérieur. *Tireur d'élite.* « *cette fierté qu'exalte la pauvreté chez les hommes d'élite* » (Balz.). **2** plur. Les personnes qui occupent le premier rang, de par leur formation, leur culture. « *des élites décérébrées, des masses avilies* » (Césaire). ✪ CONTR. ① Masse.

élitisme n. m. – v. 1967 ▪ Politique visant à former, à favoriser une élite, au détriment du plus grand nombre.

élitiste adj. – v. 1968 ▪ Qui sacrifie à l'élitisme.

élixir n. m. – XIIIe ; gr. *ksêrion* « médicament de poudre sèche » ▪ Préparation médicamenteuse liquide destinée à être prise par la bouche, à base d'alcoolat et de sirop. *Élixir parégorique,* à base d'opium, de camphre, d'essence d'anis, utilisé dans le traitement de la diarrhée.

elle pron. pers. f. – Xe ; lat. *illa* ▪ Pron. pers. f., 3e p. du sing. *(elle)* et du plur. *(elles).* **1** Employé comme sujet représentant un n. f. de personne ou de chose déjà exprimé ou qui va l'être (correspond au masc. *il, ils*). « *Madame n'a pas soupé : elle n'a pris que du thé* » (Laclos). *Elles arrivent* [ɛlzaʀiv]. *Certainement, répondit-elle.* ♦ au sing. Désigne ce qu'on vient de raconter. *Elle est bien bonne.* **2** En apposition, forme d'insistance (correspond au masc. *lui, eux*). *Elles, au moins, elles savent.* « *Je la mets à part, elle* » (Colette). **3** Employé comme complément avec *ne... que* (correspond au masc. *lui, eux*). « *Je n'aimais qu'elle au monde* » (Muss.). **4** avec une prép. (correspond au masc. *lui, eux*) *Ces bijoux sont à elle. Je suis contente d'elle. Sans elle, rien ne serait possible.* ✪ HOM. Aile, ale, ① l.

ellébore n. m. – XIIIe ; gr. ▪ Plante vivace *(renonculacées)* qui passait autrefois pour guérir la folie. « *l'ellébore noir qui rend fou* » (Tournier).

> ❑ On écrit aussi *hellébore.* ♦ Ce nom de fleur est masculin.

① **ellipse** n. f. – XVIe ; gr. *elleipsis* « manque » ▪ Omission syntaxique ou stylistique d'un ou plusieurs éléments dans un énoncé qui reste néanmoins compréhensible. *L'ellipse du verbe est courante en français* (ex. chacun son tour pour chacun doit agir à son tour). ♦ Omission dans une suite logique, narrative. *Les ellipses d'un récit.*

> ❑ L'ellipse peut porter sur le sujet (ex. *soit dit entre nous*), sur le verbe *(honneur aux braves),* sur le sujet et le verbe *(loin des yeux, loin du cœur).*

② **ellipse** n. f. – XVIIe ; gr. *elleipsis,* métaph. de « manque » ▪ Courbe plane fermée dont chaque point est tel que la somme de ses distances à deux points fixes **(⇒ foyer)** est constante.

ellipsoïde n. m. et adj. – XVIIIe ▪ Quadrique dont les sections planes sont des ellipses. *Ellipsoïde de révolution :* solide engendré par une ellipse tournant autour d'un de ses axes.

① **elliptique** adj. – XVIIe ▪ Qui présente une ellipse, des ellipses (①). *Style elliptique.* ⇒ **télégraphique.** ♦ Qui fait des ellipses, ne développe pas sa pensée. ⇒ **allusif.** *L'auteur est trop elliptique dans ce chapitre.*

② **elliptique** adj. – XVIIe ▪ De l'ellipse, qui est en ellipse (②). *Orbite elliptique d'une planète autour d'un astre.*

élocution n. f. – XVIe ; lat. ▪ Manière dont on exprime les sons en parlant. ⇒ **parole.** *Il a une grande facilité d'élocution.*

> ❑ Ne pas confondre avec *allocution,* de même origine (latin *loqui* « parler »).

élodée n. f. – XIXe ; gr. *helôdês* « des marais » ▪ Plante d'eau douce *(hydrocharidacées),* originaire d'Amérique, qui se reproduit très rapidement et peut gêner la navigation.

éloge n. m. – XVIe ; lat. « épitaphe », avec infl. du gr. *eulogia* « louange » **1** Discours pour célébrer qqn ou qqch. *Éloge funèbre.* **2** Jugement favorable qu'on exprime au sujet de qqn. ⇒ **félicitation, louange.** *Une conduite digne d'éloges.* « *Sans la liberté de blâmer, il n'est point d'éloge flatteur* » (Beaum.). ➛ *Faire l'éloge de qqn,* le louer, en dire du bien. *Ne pas tarir d'éloges :* être très élogieux. *C'est tout à son éloge,* à son honneur. ✪ CONTR. Blâme, ② critique, dénigrement, reproche.

> ❑ Entre dans le titre de nombreuses œuvres en forme d'hommage : *Éloge de la folie* (Érasme), *Éloge de la philosophie* (Merleau-Ponty), *L'Éloge de la volupté* (Jouhandeau), *Éloge de l'ombre* (Tanizaki), etc.

élogieux, ieuse adj. – XIXe **1** Qui fait des éloges. *Elle a été très élogieuse à son égard, à son sujet.* **2** Qui renferme un éloge, des éloges. ⇒ **laudatif, louangeur.** *Commentaire élogieux.* ✪ CONTR. ② Critique, injurieux.

éloigné, ée adj. – XIIIe **1** Qui est à une certaine distance. ⇒ **loin.** *Une maison éloignée de la route.* ➛ Lointain. ⇒ **isolé, retiré.** *Habiter un quartier éloigné.* **2** Qui se situe loin (dans le passé ou le futur). ⇒ **lointain.** « *Il me souvient d'un temps fort éloigné* » (Valéry). ⇒ **ancien, reculé.** **3** Sans liens de parenté directs. *Des cousins éloignés.* **4** Différent. *Une hypothèse « fort éloignée de la vérité »* (Desc.). *Cela est fort éloigné de ma pensée.* ✪ CONTR. Proche, voisin.

éloignement n. m. – XIIe **1** Mesure par laquelle on éloigne qqn. **2** Fait d'être éloigné. ➛ (personnes) ⇒ **absence, séparation.** *Son éloignement a été de courte durée.* ➛ (choses) ⇒ **distance, intervalle.** *L'éloignement de deux villes.* **3** Fait d'être éloigné dans le temps. *Avec l'éloignement, l'événement prend tout son sens.* ⇒ **recul.** ✪ CONTR. Rappel. Proximité, rapprochement.

éloigner v. tr. [1] – XIe ; de *é-* et *loin* **I** v. tr. **1** Mettre ou envoyer loin, à distance. ⇒ ① **écarter.** *Produit qui éloigne les moustiques.* **2** Séparer par un intervalle de temps. *Chaque jour nous éloigne de notre jeunesse.* **3** Écarter, détourner. *Ceci nous éloigne du sujet, revenons à nos moutons.* ⇒ **dévier.** *Ils ont tout fait pour l'éloigner de moi.* **II** S'ÉLOIGNER v. pron. **1** Se mettre, se porter loin. ⇒ ① **aller** (s'en aller), ① s'**écarter,** ① **partir.** « *Rien au monde ne la ferait s'éloigner des environs de Paris* » (Mauriac). ➛ *Ne t'éloigne pas, tu vas te perdre.* ♦ Devenir plus lointain. *Il entendit « des pas qui s'éloignaient »* (Sand). ⇒ s'**affaiblir, décroître. 2** S'écarter, se détourner. *Elle s'éloigne de lui :* elle l'aime moins. ⇒ se **détacher.** *Nous nous éloignons du sujet.* ✪ CONTR. Attirer, rapprocher.

élongation n. f. – XIVe **1** Distance angulaire d'un astre au Soleil, par rapport à la Terre. ♦ Écart par rapport à une position d'équilibre. *L'élongation du mouvement rectiligne sinusoïdal d'un ressort.* ⇒ **amplitude. 2** Étirement excessif, accidentel, d'un muscle, d'un ligament, en particulier au niveau d'une articulation.

élonger v. tr. [3] – fin XIIe ▪ Étendre tout au long (un câble, une chaîne, un cordage).

éloquemment [elɔkamɑ̃] adv. – XIVe ▪ Avec éloquence.

éloquence n. f. – XIIe ; lat. *loqui* « parler » **1** Don de la parole, facilité pour bien s'exprimer. ⇒ **verve ;** péj. **bagout, faconde.** « *l'éloquence était son côté faible, les mots ne venaient pas* » (Zola). ♦ Art de toucher et de persuader par le discours. ⇒ **rhétorique.** *L'éloquence politique, judiciaire, religieuse.* **2** Qualité de ce qui, sans parole, est expressif, éloquent. « *cet air de trouble et de désordre qui est la véritable éloquence de l'amour* » (Laclos). ➛ Caractère probant de ce qui n'a pas besoin de discours. *L'éloquence des chiffres.*

éloquent, ente adj. – XIIIe **1** Qui a, montre de l'éloquence. ⇒ **disert.** *Un orateur éloquent.* ♦ Qui est dit avec éloquence. *Un discours éloquent.* ⇒ **convaincant, persuasif. 2** Qui, sans discours, est expressif, révélateur. ⇒ **parlant.** *Un silence éloquent.* ➛ Qui est probant, parle de lui-même. *Ces chiffres sont éloquents.*

élu, ue adj. et n. – XIIe **1** Choisi par Dieu. *Le peuple élu :* le peuple juif. **2** n. Personne que le cœur choisit. *Il va se marier. Quelle est l'heureuse élue ?* **3** Soumis à élection, désigné par élection. *Député élu à une écrasante majorité.* ➛ n. *Les élus locaux.* ✪ CONTR. Damné, réprouvé.

❑ L'ancien participe passé *élit* (cf. *élite*) a été supplanté par *élu,* formé par analogie avec *lire/lu.*

élucidation n. f. – XVIe ▪ Action d'élucider ; son résultat. ⇒ **éclaircissement, explication.** *L'élucidation d'un problème.*

élucider v. tr. [1] – XVe ; lat. *lucidus* « lumineux » ▪ Rendre clair (ce qui présente à l'esprit des difficultés). ⇒ **clarifier, éclaircir, expliquer.** « *Élucider ses causes, c'est désarticuler l'angoisse* » (Ionesco). ✪ CONTR. Embrouiller, obscurcir.

élucubration n. f. – XVIe ; lat. *lucubrum* « veille » ▪ péj. Œuvre ou théorie laborieusement édifiée et peu sensée. ⇒ **divagation.** « *les élucubrations de tous ces entrepreneurs de bonheur public* » (Baud.).

éluder v. tr. [1] – XVe ; lat. ▪ Éviter avec adresse, par quelque artifice ou faux-fuyant. *Il essaie d'éluder le problème. Éluder une difficulté.* ⇒ **esquiver, fuir.** ✪ CONTR. Affronter.

éluer v. tr. [1] – 1961 ; lat. « laver, rincer » ▪ Sc. Détacher (un constituant, une molécule, une macromolécule complexe) d'une colonne de chromatographie.

élusif, ive adj. – XIXe ▪ Qui élude*, esquive. *Une réponse élusive.* ⇒ **évasif.**

❑ Bien qu'emprunté à l'anglais, ce mot a son utilité car il n'existe pas d'adjectif correspondant au verbe *éluder.*

élution n. f. – XIXe ▪ Sc. Déplacement, par un solvant, d'une substance adsorbée.

éluvial, iale, iaux adj. – 1927 ▪ Qui appartient aux éluvions.

éluvion n. f. – 1961 ; francis., d'apr. *alluvion,* de *eluvium,* formé d'apr. *diluvium* ▪ Produit de la désagrégation des roches qui n'est pas entraîné (opposé à *alluvions*).

élyséen, enne adj. – XVIe ▪ Qui appartient à l'Élysée, séjour des bienheureux aux enfers, dans la mythologie gréco-romaine. ♦ fam. De l'Élysée, résidence du président de la République.

élytre n. m. – XVIIIe ; gr. *elutron* « étui » ▪ Aile antérieure dure et cornée des coléoptères qui ne sert pas au vol mais recouvre et protège l'aile postérieure à la façon d'un étui.

❑ Parfois employé au féminin, à cause de *aile.*

elzévir n. m. – XVIIe ; de *Elzevi(e)r,* nom d'une célèbre famille d'imprimeurs **1** Livre imprimé en Hollande par les Elzévir (fin XVIe fin XVIIe), ou par leurs imitateurs. **2** Caractère d'imprimerie à empattements triangulaires. *Des livres « imprimés en elzévir sur des feuilles de Japon »* (Perec).

elzévirien, ienne adj. – XIXe ▪ Relatif aux elzévirs. *Format elzévirien :* petit in-douze.

émacié, iée adj. – XVIe ; lat. *macies* « maigreur » ▪ Très amaigri, marqué par un amaigrissement extrême. ⇒ **hâve, squelettique.** *Un visage émacié.* « *le tremblement de ses doigts émaciés* » (Baud.). ✪ CONTR. Bouffi, gras.

émacier v. tr. [7] – XIXe ▪ Amaigrir, creuser. pronom. *Son visage s'est émacié.* ✪ CONTR. Grossir.

émail, aux n. m. – XIIe ; germ. *°smalt* **1** Vernis constitué par un produit vitreux, coloré, fondu, puis solidifié. *Émail artistique. Émail commun,* recouvrant des objets de métal à usage domestique et empêchant l'oxydation. **2** plur. Ouvrage d'orfèvrerie en émail. *Les émaux de Bernard Palissy. Un « pectoral composé de plusieurs rangs d'émaux, de perles d'or »* (Gaut.). **3** Tôle, fonte émaillée. *Baignoire en émail.* **4** Substance transparente extrêmement dure, contenant plus de 95 % de matières minérales, qui recouvre l'ivoire des dents. **5** En héraldique, Nom de certaines couleurs dont l'écu est chargé (azur, gueules, orangé, pourpre, sable, sinople). *Écu à sept couleurs, dont deux métaux et cinq émaux.*

émaillage n. m. – XIXe ▪ Action d'émailler ; son résultat. *L'émaillage de la fonte.*

émailler v. tr. [1] – XIIIe **1** Recouvrir d'émail. *Baignoire en fonte émaillée.* **2** Semer (un ouvrage) d'ornements divers, enrichir. *Émailler un texte de citations.*

émaillerie n. f. – XVe ▪ Art des émaux.

émailleur, euse n. – XIIIe ▪ Personne qui fabrique des émaux ; ouvrier spécialisé dans l'émaillage des métaux.

émaillure n. f. – XIVe ▪ Travail, ouvrage de l'émailleur.

émanation n. f. – XVIe **1** Ce qui émane, procède d'autre chose. ⇒ **expression.** « *le parti qui est l'émanation du chef* » (Camus). **2** Émission ou exhalaison de particules impalpables, de corpuscules. ⇒ **bouffée, effluve.** *Émanations pestilentielles, fétides.* ⇒ **miasme, relent.** ♦ Produit gazeux qui se dégage de substances renfermant du radium (⇒ **radon**), de l'actinium ou du thorium (⇒ **thoron**).

émanche n. f. – XVIIIe ; de *en-* et *manche* ▪ Pièce de l'écu en forme de pointe triangulaire.

émancipateur, trice n. et adj. – XIXe ▪ Personne ou principe qui provoque l'émancipation intellectuelle ou morale. ⇒ **libérateur.** ◆ adj. *Des influences émancipatrices.*

émancipation n. f. – XIVe 1 Acte par lequel un mineur est affranchi de l'autorité parentale ou de la tutelle et acquiert une capacité limitée par la loi. 2 Action d'affranchir ou de s'affranchir d'une autorité, de servitudes ou de préjugés. ⇒ **libération.** *L'émancipation de la femme. L'émancipation sexuelle.* ✪ CONTR. Tutelle (mise en). Asservissement, soumission.

émanciper v. tr. [1] – XIVe ; lat. *ex-* et *mancipium* « prise en main, propriété » 1 Affranchir (un mineur) de l'autorité parentale ou de la tutelle. 2 Affranchir (qqn) de la tutelle d'une autorité supérieure. ⇒ **libérer.** *Émanciper les parias.* ♦ *S'ÉMANCIPER* v. pron. S'affranchir d'une dépendance, des contraintes. *Adolescent qui s'émancipe.* ◆ fam. (souvent péj.) Prendre des libertés, rompre avec les contraintes morales et sociales. *Elle m'a l'air de s'être drôlement émancipée.* ⇒ **affranchi.** ✪ CONTR. Asservir, soumettre.

émaner v. intr. [1] – XIVe ; lat. « couler de, provenir de » 1 Provenir comme de sa source naturelle. ⇒ **découler,** ① **dériver.** « *cette loi étant censée émaner de tous et faite dans l'intérêt de tous* » (Valéry). 2 Provenir d'une source physique. *Chaleur émanant d'un incendie. Corps d'où émane une odeur.* ⇒ se **dégager,** s'**exhaler.** ◆ S'échapper d'un corps (en parlant d'un gaz, de corpuscules, etc.). *Gaz qui émane d'une substance radioactive.* 3 Provenir comme par rayonnement. « *la séduction qui émanait de toute ma personne* » (Aragon).

émargement n. m. – XVIIIe ▪ Apposition d'une mention, et spécialt d'une signature, en marge d'un acte, d'un compte. *Feuille d'émargement* : feuille de présence que doivent signer les intéressés.

émarger v. tr. [3] – XVIIe 1 Annoter, et spécialt Signer en marge (un compte, un état). ◆ plus cour., sans compl. Toucher le traitement affecté à un emploi. 2 Priver de sa marge ou d'une partie de sa marge (une feuille, un livre).

émasculation n. f. – XVIIIe ▪ Castration, chez l'individu mâle.

émasculer v. tr. [1] – XIVe ; lat. *masculus* « mâle » 1 Priver (un mâle) des organes de la reproduction. ⇒ **castrer, châtrer.** ◆ *Homme émasculé.* ⇒ **eunuque.** 2 Dépouiller de tout caractère viril. ⇒ **abâtardir, affaiblir.** « *Il avait ruiné, émasculé l'idée de parti et l'idée de chef* » (Romains).

> ❑ Alors que *castrer* et *châtrer* se disent des deux sexes, *émasculer* ne s'emploie que pour un mâle.

émaux → **émail** (2°)

embâcle n. m. – XVIIe ; de *débâcle* avec changt de suff. ▪ Obstruction du lit d'un cours d'eau, par amoncellement de glace flottante. ✪ CONTR. Débâcle.

emballage n. m. – XVIe 1 Action d'emballer. ⇒ **conditionnement, empaquetage.** *Caisse, papier d'emballage.* 2 Ce qui sert à emballer, enveloppes de matière et de forme diverses dans lesquelles on emballe. *Emballage consigné.* 3 Effort décisif d'un cycliste en fin de course, terminé par le sprint.

> ❑ Le *Dictionnaire des termes officiels* recommande ce mot usuel, à la place de *sprint.*

emballant, ante adj. – XIXe ▪ Qui emballe, enthousiasme. ⇒ **exaltant.** *Une proposition emballante.*

emballement n. m. – XVIIe 1 Fait de s'emballer, enthousiasme irréfléchi. ⇒ **engouement,** fam. **tocade.** *Méfiez-vous des emballements.* 2 Régime anormal d'un moteur, d'une machine qui s'emballe.

emballer v. tr. [1] – XIVe ; de ② *balle* I - 1 Mettre (une marchandise, un objet) dans un emballage, pour le transport ou pour la vente. ⇒ **conditionner, empaqueter, envelopper.** *Les déménageurs ont tout emballé.* 2 arg. puis fam. Arrêter. *La police l'a emballé.* ⇒ **embarquer.** 3 Faire tourner (un moteur) à un régime trop élevé. 4 fam. Ravir, enthousiasmer. *Le spectacle m'a emballé.* ⇒ **enchanter, plaire.** II *S'EMBALLER* v. pron. 1 Se dit du cheval qui prend le mors aux dents, échappe à la main du cavalier. ◆ *Le moteur s'emballe,* prend un régime de marche trop rapide. 2 Se laisser emporter par un mouvement irréfléchi (d'enthousiasme, d'indignation, de colère). *Elles se sont emballées un peu vite.* ⇒ s'**enthousiasmer.**

emballeur, euse n. – XVIe ▪ Personne qui emballe des marchandises. ⇒ **empaqueteur.**

embarcadère n. m. – XVIIe ; esp. *barca* « barque » ▪ Emplacement aménagé dans un port, sur une rivière pour permettre l'embarquement (et le débarquement) des voyageurs et des marchandises. ⇒ **appontement, débarcadère, ponton.** ✪ CONTR. Débarcadère.

> ❑ S'est dit jusqu'à la fin du XIXe s. d'un quai de chemin de fer.

embarcation n. f. – XVIIIe ; esp. ▪ Bateau* de petite dimension, ou canot. *Des « bâtiments de guerre et de commerce, des embarcations japonaises ou chinoises, des jonques »* (J. Verne).

> ❑ Pour le sens → bateau (rem.).

embardée n. f. – XVIIe ; provenç. *embarda* « embourber » 1 Brusque changement de direction d'un bateau, sous l'effet du vent, du courant ou d'un coup de barre involontaire. 2 Écart brusque et dangereux que fait un véhicule. « *l'autocar fit une embardée pour éviter un Arabe à bicyclette* » (Sartre).

embargo n. m. – XVIIe ; mot esp. 1 Interdiction faite par un gouvernement de laisser partir les navires étrangers mouillés dans ses ports. *Décréter, lever l'embargo.* 2 Mesure de contrainte tendant à empêcher la libre circulation d'un objet. *Mettre l'embargo sur une publication.* ♦ Mesure de contrainte prise à l'encontre d'un pays, interdisant l'exportation d'un ou plusieurs types de marchandises vers ce pays. *Embargo pétrolier.*

> ❑ Même famille étymologique que *barrage, barrière.*

embarquement n. m. – XVIe ▪ Action d'embarquer, de s'embarquer. *L'embarquement du matériel.* ⇒ **chargement.** *L'embarquement des passagers. Carte d'embarquement.* ✪ CONTR. Débarquement.

embarquer v. [1] – XVe ; de *barque* I v. tr. 1 Faire monter (qqn) à bord d'un navire. *Embarquer des voyageurs pour la Corse.* ♦ Recevoir par-dessus bord (un paquet de mer). 2 Faire monter, charger dans un véhicule. *Embarquer des marchandises dans un wagon.* ♦ fam. Arrêter* et emmener. *Des agents l'ont embarqué.* ◆ Emporter avec soi (qqch.) avec ou sans l'intention de voler. *Il a embarqué tous mes romans policiers.* 3 Engager dans une affaire difficile dont on ne peut sortir de sitôt. ⇒ **entraîner** ; fam. **embringuer.** *Je me suis laissé embarquer dans une drôle d'histoire.* II v. intr. 1 Monter à bord d'un bateau pour un voyage. *Nous embarquerons à Marseille.* ◆ *Embarquer dans un avion.* 2 Passer et se répandre par-dessus bord.

« *Même par les temps moyens, les lames y embarqueraient* » (J. Verne). **III** S'EMBARQUER **v. pron. 1** Monter à bord d'un bateau. *Il s'est embarqué à Douvres.* **2** S'engager, s'aventurer (dans une affaire risquée). ⇒ **se lancer.** « *Je me garderai bien de m'embarquer dans les réflexions philosophiques* » (Rouss.). ✪ CONTR. Débarquer.

embarras **n. m.** – XVIe **I - 1** *Embarras gastrique* : troubles gastro-intestinaux provoqués par des infections ou intoxications diverses. ⇒ **indigestion. 2** Obstacle qui s'oppose à l'action, difficulté qui gêne la réalisation de qqch. ⇒ **complication, ennui.** *Susciter des embarras à qqn.* ➛ *Je ne voudrais pas être un embarras pour vous.* ⇒ **charge, dérangement,** ① **souci. II - 1** Position gênante, situation difficile et ennuyeuse. *Votre question me met dans l'embarras,* me gêne, me met mal à l'aise. *Se tirer d'embarras.* ⇒ **difficulté.** spécialt *Être dans l'embarras* : avoir des soucis d'argent. ➛ *Vous n'avez que l'embarras du choix* : la seule difficulté est de choisir. **2** État de qqn qui éprouve une sorte de malaise pour agir ou parler. ⇒ **confusion, gêne.** « *un moment d'embarras, de timidité, de gêne* » (Rouss.). ➛ *Faire des embarras* : faire des manières, manquer de naturel. ✪ CONTR. Commodité ; aisance.

embarrassant, ante **adj.** – XVIIe **1** Qui met dans l'embarras. *Un silence embarrassant. La question est embarrassante.* ⇒ **délicat. 2** Qui embarrasse, encombre. ⇒ **encombrant.** *Colis, bagages embarrassants.*

embarrassé, ée **adj.** – XVIe **1** Encombré, gêné dans ses mouvements. *Il avait les mains embarrassées.* **2** Qui éprouve une impression d'inaptitude ou d'incertitude. ⇒ **indécis, perplexe.** *Il était embarrassé, ne savait que répondre.* ♦ Qui montre de l'embarras, de la gêne. ⇒ **gauche, timide.** *Un amoureux* « *discret, timide, embarrassé* » (Maupass.). ➛ *Un air embarrassé.* ⇒ **contraint, emprunté. 3** Qui est compliqué, manque d'aisance ou de clarté. ⇒ **confus, obscur.** « *Une plume qui gratte, et mon style est embarrassé* » (Gide). ✪ CONTR. Libre ; aisé, naturel.

embarrasser **v. tr** [1] – XVIe ; a. i. **I v. tr. 1** Gêner dans les mouvements. *Donnez-moi cette valise qui vous embarrasse.* **2** Mettre dans l'embarras, dans une position difficile. ⇒ **gêner.** *Votre offre m'embarrasse.* **II v. pron. 1** S'encombrer. *Je me suis embarrassé inutilement d'un parapluie.* ♦ Se soucier, tenir compte exagérément de... *Il ne s'embarrasse pas de scrupules !* **2** S'empêtrer. *S'embarrasser dans ses explications.* ⇒ **s'embrouiller.** ✪ CONTR. Débarrasser ; aider.

❑ Pour la graphie → débarrasser (rem.).

embarrer **v.** [1] – XIIe ; de *barre* **1 v. intr.** Placer un levier sous un fardeau pour le soulever. **2 v. pron.** Se dit d'un cheval qui s'empêtre en passant une jambe de l'autre côté de la barre ou du bat-flanc à l'écurie.

embase **n. f.** – XVIe ; de *base* ou *bas, basse* ▪ Partie renflée, servant d'appui ou de support à des instruments, des pièces mécaniques. *Embase d'une enclume.*

embasement **n. m.** – XIVe ▪ Base continue, formant saillie au pied d'un bâtiment. ⇒ **soubassement.**

embastiller **v. tr.** [1] – XVe ▪ Emprisonner à la Bastille. ➛ (plaisant) Emprisonner.

embauchage **n. m.** – XVIIIe ▪ Engagement (d'un salarié).

embauche **n. f.** – XVIIe **1** Possibilité d'embauchage, de travail. *Detroit où* « *l'embauche était facile dans maints petits boulots* » (Céline). **2** Action d'embaucher. ⇒ **embauchage.** *Offre d'embauche.*

embaucher **v. tr.** [1] – XVIe ; du rad. de *débaucher* **1** Engager (un salarié) en vue d'un travail. **2** fam. Entraîner (qqn) dans une activité (le plus souvent une corvée). *J'ai embauché un ami pour m'aider à déménager.* ✪ CONTR. Débaucher, licencier.

embaucheur, euse **n.** – XVIIe ▪ Personne qui embauche (1°). ⇒ **employeur.**

embauchoir **n. m.** – XVIIIe ; altér. de *embouchoir* ▪ Instrument qui se place dans les chaussures et sert à les maintenir en forme. ⇒ **forme.**

embaumement **n. m.** – XIIIe ▪ Action d'embaumer (1°). ⇒ **momification, thanatopraxie.** ➛ Conservation artificielle des cadavres (notamment en vue des études d'anatomie).

embaumer **v. tr.** [1] – XIIe ; de *baume* **1** Remplir (un cadavre) de substances balsamiques, dessiccatives et antiseptiques destinées à en assurer la conservation. **2** Remplir d'une odeur suave. ⇒ **parfumer.** « *de la menthe pour embaumer mon linge* » (Sand). ➛ (sans compl.) Sentir bon. *Ces lis embaument.* ➛ « *L'air embaumait ainsi l'herbe* » (Bosco). ✪ CONTR. Empester, empuantir, puer.

embaumeur **n. m.** – XVIe ▪ Personne dont le métier est d'embaumer les morts.

embellie **n. f.** – XVIIIe ▪ Amélioration de l'état de la mer. ⇒ **accalmie.** ♦ Éclaircie. *Profiter d'une embellie pour sortir.*

embellir **v.** [2] – XIIe **1 v. tr.** Rendre beau ou plus beau (qqn, un visage). *Cette coiffure l'embellit.* ⇒ **avantager, flatter.** ➛ Orner, décorer (un lieu, un intérieur). *Il* « *traça le plan de la ville, de la forteresse, du port, des quais qui l'embellissent* » (Volt.). ♦ Faire apparaître sous un plus bel aspect. *Vous embellissez la situation.* ⇒ **enjoliver. 2 v. intr.** Devenir beau, plus beau. « *Votre enfant embellit tous les jours* » (Sév.). ✪ CONTR. Enlaidir, gâter.

embellissement **n. m.** – XIIIe ▪ Action ou manière d'embellir, de rendre plus agréable à l'œil (une ville, une maison). *Les récents embellissements de notre ville.* ♦ Modification tendant à embellir la réalité. ⇒ **enjolivement.** *Vous avez apporté à cette histoire bien des embellissements.* ✪ CONTR. Enlaidissement.

emberlificoter **v. tr.** [1] – XIVe ; de *berloque,* anc. forme de *breloque* ▪ fam. Embrouiller (qqn) pour le tromper. ⇒ **embobiner.** ➛ pronom. *S'emberlificoter dans des explications confuses.*

embêtant, ante **adj.** – XVIIIe ▪ fam. Qui cause des ennuis, contrarie. *C'est bien embêtant cette histoire.* ⇒ **contrariant, fâcheux.** ➛ subst. *L'embêtant c'est que je dois partir tout de suite.* ⇒ **ennui.**

embêtement **n. m.** – XVIIIe ▪ fam. Chose qui donne du souci. ⇒ **contrariété,** fam. **emmerdement, ennui.** « *Le père malade, en voilà un embêtement !* » (Zola). *Avoir des embêtements.*

embêter **v. tr.** [1] – XVIIIe ; de *bête* ▪ fam. **1** Ennuyer*. *Ce spectacle m'embête.* ⇒ **raser ;** fam. **emmerder.** ♦ S'EMBÊTER **v. pron.** S'ennuyer. « *Ce vieux Rouen où je me suis embêté sur tous les pavés* » (Flaub.). **2** Contrarier* fortement. *Ça m'embête qu'il parte demain, de devoir accepter.* ➛ *Ne l'embête pas !* ⇒ **agacer, importuner.** ♦ **v. pron.** *Il ne s'embête pas* : il n'est pas à plaindre.

❑ Ce mot et ses dérivés sont moins familiers depuis que des termes plus marqués *(emmerder)* sont d'un usage fréquent.

embiellage **n. m.** – 1922 ▪ Mode d'assemblage des bielles d'un moteur ; ces bielles montées.

emblaver v. tr. [1] – XIIIe ; de *blé* ▪ Ensemencer (une terre) en blé, ou toute autre céréale.

emblavure n. f. – XVIIIe ▪ Terre emblavée.

emblée (d') loc. adv. – XIIe ; lat. *involare* « se précipiter sur » ▪ Du premier coup, au premier effort fait pour obtenir le résultat en question. ⇒ **aussitôt.** « *il va droit au but. L'idée se dégage d'emblée* » (Baud.).

emblématique adj. – XVIe ▪ Qui présente un emblème, se rapporte à un emblème. ⇒ **allégorique, symbolique.** *La colombe, figure emblématique de la paix.*

emblème n. m. – XVIe ; gr. « ornement rapporté » **1** Figure symbolique généralement accompagnée d'une devise. **2** Figure, attribut destinés à représenter une autorité, un métier, un parti. ⇒ ② **insigne, symbole.** « *la tête de mort est l'emblème bien connu des pirates* » (Baud.). ➛ *Mercure a pour emblème le caducée.* ⇒ **attribut. 3** Être ou objet concret, consacré par la tradition comme représentatif d'une chose abstraite. ⇒ **symbole.** *Le lis, emblème de la pureté.*

embobiner v. tr. [1] – XIXe ; altér. de *embobeliner* « envelopper ; circonvenir » d'apr. *bobine* **1** fam. Tromper par des paroles captieuses. ⇒ **duper, entortiller.** « *Qu'il se laisse embobiner, qu'il fasse semblant d'être convaincu* » (Sartre). **2** Bobiner. *Canette mal embobinée.*

emboîtable adj. – XXe ▪ Qui peut s'emboîter. *Cubes emboîtables.*

emboîtage n. m. – XVIIIe **1** Action d'emboîter (un livre, qqch.). **2** Étui d'un livre de luxe.

emboîtement n. m. – XVIIe ▪ Assemblage de deux pièces qui s'emboîtent l'une dans l'autre. *Emboîtement d'un os dans un autre.*

emboîter v. tr. [1] – XIVe ; de *boîte* **1** Faire entrer (une chose dans une autre, plusieurs choses l'une dans l'autre). ⇒ **ajuster, encastrer, enchâsser.** *Emboîter des tuyaux.* ➛ pronom. *Tables qui s'emboîtent.* ⇒ **gigogne. 2** Envelopper exactement comme une boîte. ⇒ **mouler.** « *les anciens chevaliers emboîtés dans leurs armures* » (Gaut.). **3** loc. *Emboîter le pas à qqn,* marcher juste derrière lui. ➛ Suivre de manière docile. ⇒ **imiter.** ✪ CONTR. Déboîter.

embolie n. f. – XIXe ; gr. *embolê* « attaque, choc » ▪ Oblitération brusque d'un vaisseau par un corps étranger. *Embolie cérébrale, pulmonaire.*

embonpoint n. m. – XVIe ; de *en bon point* « en bon état » ▪ État d'un corps bien en chair, un peu gras. ⇒ **corpulence.** *Avoir tendance à l'embonpoint.* ✪ CONTR. Maigreur.

> ❑ L'étymologie n'est plus sentie mais la graphie de ce mot ne se conforme pas totalement aux règles du français (*m* devant *b* et *p*) ; Littré suggéra d'écrire *en-bon-point* ou *embompoint.*

embossage n. m. – XVIIIe ▪ Action d'embosser un navire ; position d'un navire embossé.

embosser v. tr. [1] – XVIIIe ; de *bosse* « cordage » **I** Amarrer (un navire) de façon à le maintenir dans une direction déterminée. *Navire embossé cap à l'est.* **II** Imprimer en relief (l'identification du titulaire) sur une carte de paiement.

embossure n. f. – XVIIe ▪ Amarre servant à l'embossage.

embouche n. f. – XIXe ; de *emboucher,* altér. de *embaucher* « mettre à l'engrais » ▪ Engraissement du bétail dans les prés. *Élevage d'embouche. Pré d'embouche,* ou *une embouche* : prairie fertile pour l'engraissement du bétail.

emboucher v. tr. [1] – XIIIe **1** Mettre à sa bouche (un instrument à vent). **2** Munir (un animal) de qqch. qu'on introduit dans la bouche. *Emboucher un cheval,* lui mettre le mors. ♦ *MAL EMBOUCHÉ(E)* : mal élevé (e), qui n'a que des grossièretés à la bouche (en parlant d'une personne). *Sa poule « mal embouchée et vindicative »* (Cendrars).

embouchoir n. m. – XVIe ▪ Partie mobile (d'un instrument à vent) qui porte l'embouchure et qu'on adapte à l'instrument. ♦ Douille qui joint le canon (d'un fusil) au fût.

embouchure n. f. – XIVe **1** Ouverture par laquelle un cours d'eau se jette dans une mer ou un lac. ⇒ **bouche, delta, estuaire.** « *Là, à l'embouchure de la rivière de Canton* » (J. Verne). « *les deltas, les confluents, et surtout les embouchures, la rencontre des fleuves et de la mer* » (Duras). **2** Partie du mors placée dans la bouche du cheval ; manière dont le cheval est sensible au mors. *Pégase « gai de sa nature, Fringant, délicat d'embouchure »* (La Font.). **3** Bout de l'embouchoir (d'un instrument à vent) qu'on met à la bouche pour en jouer.

embouquement n. m. – XVIIIe ▪ Entrée d'une passe.

embouquer v. intr. [1] – XVIIe ; provenç. *bouca* « bouche » ▪ S'engager dans une passe étroite. ✪ CONTR. Débouquer.

embourber v. tr. [1] – XIIIe ▪ Engager, enfoncer dans un bourbier. ➛ pronom. *La voiture s'embourba jusqu'aux essieux.* ⇒ **s'enliser, s'envaser.** ✪ CONTR. Débourber, désembourber.

embourgeoisement n. m. – XIXe ▪ Fait de s'embourgeoiser.

embourgeoiser (s') v. pron. [1] – XIXe ▪ Prendre les habitudes, l'esprit de la classe bourgeoise (goût de l'ordre, du confort, respect des conventions). ✪ CONTR. Désembourgeoiser.

embourrure n. f. – XVIe ; de *bourre* ▪ Toile de jute dont le tapissier enveloppe le rembourrage d'un siège.

embout n. m. – XIXe ; de *bout* ▪ Garniture placée à l'extrémité (de certains objets allongés). *Embout d'une canne, d'un parapluie.*

embouteillage n. m. – XIXe **1** Mise en bouteilles. **2** Encombrement de véhicules automobiles qui arrête la circulation. *Être pris dans un embouteillage.* ⇒ **bouchon, retenue.**

> ❑ *Bouchon* et *embouteillage* participent de la même métaphore.

embouteiller v. tr. [1] – XIXe **1** Mettre en bouteilles. **2** Obstruer (une voie de communication) en provoquant un encombrement. *Autoroute embouteillée sur 12 km.*

embouter v. tr. [1] – XVIe ▪ Garnir d'un embout. *Embouter une canne.*

emboutir v. tr. [2] – XVe ; de *bout* « coup » **1** Travailler, au marteau ou au repoussoir (un métal), pour y former le relief d'une empreinte ; travailler (une plaque de métal) pour la courber, l'arrondir. **2** Enfoncer en heurtant violemment. ⇒ **défoncer, démolir.** *Un camion a embouti l'arrière de ma voiture.*

emboutissage n. m. – XIXe **1** Opération consistant à emboutir (une plaque de métal). **2** Choc, heurt (d'un véhicule qui en emboutit un autre).

emboutisseur, euse n. – XIXe **1** Ouvrier, ouvrière chargé(e) de l'emboutissage. **2** n. f. Machine-outil qui sert à emboutir.

emboutissoir n. m. – XIXe ▪ Marteau ou poinçon pour emboutir les plaques de métal.

embranchement n. m. – XVe **1** Division du tronc d'un arbre en branches. ➛ Subdivision d'une voie de communication, d'un conduit ; voie, direction ayant son origine sur la voie ou direction principale. ⇒ **ramification.** ♦ Point de jonction de ces voies.

⇒ **carrefour, croisement, intersection.** *Panneau indicateur à l'embranchement de deux routes.* 2 Chacune des grandes divisions du monde animal ou végétal. ⇒ **phylum.** *L'embranchement des mollusques.*

embrancher v. tr. [1] – XVIIIe ■ Raccorder (une voie, une canalisation) à une ligne déjà existante. ⇒ **raccorder.**

embraquer v. tr. [1] – XVIIe ; de *en-* et *braquer* ■ Tendre, raidir (un cordage).

embrasement n. m. – XIIe 1 littér. Illumination générale. *L'embrasement d'un monument.* 2 littér. Agitation qui conduit à des troubles sociaux importants. *L'embrasement d'un pays par la guerre.*

embraser v. tr. [1] – XIIe ; de *braise* ■ littér. 1 Enflammer, incendier. « *on a vu son père embraser nos vaisseaux* » (Rac.). 2 Éclairer vivement, illuminer. *Le soleil embrase l'horizon.* 3 Emplir d'une passion ardente. ⇒ **enflammer.** « *ses sens étaient embrasés par le spectacle de ces actrices* » (Balz.). ✪ CONTR. Éteindre. Apaiser, refroidir.

embrassade n. f. – XVIe ■ Action de deux personnes qui s'embrassent amicalement. ⇒ **accolade.**

embrasse n. f. – XIXe ■ Cordelière, ganse fixée à une patère et servant à retenir un rideau.

embrassé, ée adj. – XVIIe 1 En héraldique, Se dit d'un écu dont la partition présente un triangle sur un axe horizontal. 2 *Rimes embrassées* : rimes masculines et féminines se succédant dans l'ordre *abba, cddc...*

embrassement n. m. – XIIe ■ littér. Action d'embrasser, de s'embrasser. ⇒ ② **baiser ; embrassade, étreinte.**

embrasser v. tr. [1] – XIe 1 Prendre et serrer entre ses bras, spécialt pour marquer son amour ou son affection et en accompagnant ce geste de baisers. « *Comme elle l'embrasse ! comme elle l'étreint ! comme elle l'étouffe !* » (Daud.). ➛ *Je vous embrasse affectueusement, de tout mon cœur...*, formules finales d'une lettre adressée à une personne qui vous est chère. 2 Donner un baiser, des baisers à (qqn). « *il les embrassa l'une après l'autre, sur les deux joues* » (Maupass.). pronom. *Ils s'embrassaient sur la bouche.* 3 littér. Adopter (une opinion, un parti). ⇒ **choisir, épouser.** *Embrasser la carrière de...* 4 Saisir par la vue dans toute son étendue. *Embrasser du regard.* ♦ Appréhender par la pensée. ⇒ **comprendre, concevoir.** « *embrasser toute l'étendue d'un grand rôle* » (Dider.).

> ❏ A supplanté *baiser* au sens de « donner un baiser » (« *nous nous embrassâmes à tour de bras et nous baisâmes à pleines lèvres* » [Verlaine]), tout comme *baiser* (« faire l'amour ») a supplanté *baiser* (« embrasser »).

embrasure n. f. – XVIe ; p.-ê. de *embraser* 1 Ouverture pratiquée dans un parapet pour pointer et tirer le canon. ⇒ **créneau.** 2 Ouverture pratiquée dans un mur pour recevoir une porte, une fenêtre. ➛ L'espace vide compris entre les parois du mur. *Elle « disparut dans l'embrasure de la porte »* (Mart. du G.).

> ❏ Le parcours sémantique inattendu de ce mot a entraîné le dédoublement de *embraser* et la formation de *ébraser.*

embrayage n. m. – XIXe ■ Organe d'un véhicule automobile, reliant le moteur au changement de vitesse pour l'entraînement de la transmission. *Pédale d'embrayage. Faire patiner l'embrayage.* ✪ CONTR. Débrayage.

embrayer v. [8] – XVIIIe ; de *braie* « pièce de bois mobile d'un moulin à vent » 1 v. tr. Mettre en communication (une pièce mobile) avec l'arbre moteur. ➛ v. intr. Établir la communication entre un moteur et la machine qu'il doit mouvoir. *Il « embraya pour s'élancer sur la voie lisse et blanche »* (Tournier). 2 EMBRAYER SUR (qqch., qqn) : commencer à discourir sur. *Après, il a embrayé sur les élections.* ✪ CONTR. Débrayer.

embrigadement n. m. – XVIIIe ■ péj. Action d'embrigader, recrutement.

embrigader v. tr. [1] – XVIIIe ; de *brigade* ■ péj. Rassembler, réunir sous une même autorité et en vue d'une action commune. ⇒ **enrégimenter, enrôler.** *Il s'est laissé embrigader.*

> ❏ Créé pendant la Révolution (1792), ce mot évoque encore une organisation autoritaire laissant peu d'autonomie à ses membres.

embringuer v. tr. [1] – XIVe ; de *bri(n)gue* dial. « morceau » ■ fam. Engager de façon fâcheuse, embarrassante. ⇒ **embarquer.** *Il est embringué dans une sale affaire.*

embrocation n. f. – XIVe ; gr. *embrokhê* ■ Application d'un liquide huileux et calmant produisant de la chaleur ; ce liquide. ⇒ **onguent.**

embrochement n. m. – XVIe ■ Action d'embrocher.

embrocher v. tr. [1] – XIIe 1 Enfiler (une viande, des morceaux de viande) sur une broche, des brochettes. 2 fam. Transpercer (qqn) d'un coup d'épée. ✪ CONTR. Débrocher.

embrouillamini n. m. – XVIIe ■ fam. Désordre ou confusion extrême. ⇒ **embrouillement, imbroglio, méli-mélo.**

embrouille n. f. – XVIIIe ■ fam. Action ou manière d'embrouiller les gens, de les tromper.

embrouillé, ée adj. – XVIe ■ Extrêmement compliqué et confus. « *il se lança dans un verbiage très embrouillé* » (Flaub.). ✪ CONTR. Clair, simple.

embrouillement n. m. – XVIe ■ rare Action d'embrouiller ; fait d'être embrouillé. ⇒ **enchevêtrement, imbroglio.**

embrouiller v. tr. [1] – XIVe ; de *brouiller* 1 Emmêler (des fils). ⇒ **enchevêtrer, entortiller.** 2 Compliquer, rendre obscur. ♦ Troubler (qqn), lui faire perdre le fil de ses idées. pronom. « *ma timidité redoubla, je m'embrouillai en regardant ces Messieurs* » (Stendh.). ✪ CONTR. Débrouiller ; démêler, éclairer.

embroussailler v. tr. [1] – XIXe ■ Couvrir de broussailles. ♦ *Des cheveux embroussaillés*, épais et emmêlés, en broussaille. ✪ CONTR. Débroussailler.

embrumer v. tr. [1] – XIIIe ■ Couvrir de brume. ➛ *Une rivière embrumée.* ♦ *Embrumer les idées, la tête, le cerveau*, y mettre de la confusion.

embrun n. m. – XVIe ; mot provenç. ■ surtout au plur. Poussière de gouttelettes formée par les vagues qui se brisent, et emportée par le vent. ⇒ **poudrin.** « *je sens le goût salé des embruns quand la vague couvre l'étrave* » (Le Clézio).

embryo- Élément, du gr. *embruon* « embryon ».

embryogenèse n. f. – 1905 ; *embryo-* et *-genèse* ■ Ensemble des transformations par lesquelles passent l'œuf et l'embryon de la fécondation à l'éclosion ou à la naissance.

embryogénique adj. – XIXe ■ Relatif à l'embryogenèse.

embryologie n. f. – XVIIIe ; *embryo-* et *-logie* ■ Science qui étudie l'embryon et les différents stades embryonnaires.

embryologique adj. – XIXe ■ Relatif à l'embryologie.

embryon n. m. – XIVe ; gr. *embruon* « ce qui se développe à l'intérieur » 1 Organisme en développement dans l'œuf des ovipares. ➛ Chez l'homme, Produit de la segmentation de l'œuf jusqu'à la huitième semaine du développement dans l'utérus. *Transfert d'embryons.*

⇒ **fivète.** ♦ Ensemble de cellules donnant naissance à une plantule au sein de la graine. **2** Ce qui commence d'être, mais qui n'est pas achevé. ⇒ **commencement, début, germe.** « *les nageoires pectorales vibrantes comme des embryons d'ailes* » (Genev.). ⇒ **ébauche.**

❑ L'embryon humain prend ensuite le nom de *fœtus,* jusqu'à la naissance.

embryonnaire adj. – XIXe **1** Relatif ou propre à l'embryon. **2** Qui n'est qu'en germe, à l'état rudimentaire. *Une organisation embryonnaire.*

embryopathie n. f. – v. 1960 ; *embryo-* et *-pathie* ■ Maladie qui atteint l'embryon et qui provoque des malformations.

embu, ue adj. et n. m. – XVIIe ; lat. *imbibere* « absorber » ■ Devenu terne, mat, parce que le support a absorbé l'huile. *Couleurs embues.* ♦ n. m. Ton, aspect terne d'un tableau embu.

❑ A donné par réfection *imbu* « imprégné, au physique et surtout au moral ».

embûche n. f. – XIVe ; de *bûche* « bois, bosquet » ■ plur. Difficultés se présentant comme un piège, un traquenard. *Questions pleines d'embûches.*

❑ *Débucher* et *débusquer* confirment ce sens ancien de *bûche.*

embuer v. tr. [1] – XIXe ■ Couvrir de buée, d'une sorte de buée. « *Quand il pensait à Gilieth, les larmes embuaient ses yeux* » (Mac Orlan). pronom. *Ses yeux s'embuèrent de larmes.* ➛ *Lunettes embuées.*

embuscade n. f. – XVe ■ Manœuvre par laquelle on dissimule une troupe en un endroit propice, pour surprendre et attaquer l'ennemi. *Dresser, tendre une embuscade.* « *Leur artillerie était en embuscade sous les broussailles* » (Hugo). *Tomber dans une embuscade.* ⇒ **guet-apens, traquenard.**

embusquer v. tr. [1] – XVe ; it. *bosco* « bois » **1** Mettre (une troupe, des hommes) en embuscade, poster en vue d'une agression. « *Tous deux sont embusqués au détour du chemin* » (Hugo). **2** Affecter par faveur (un mobilisé) à un poste non exposé, à l'arrière. *Il a réussi à se faire embusquer,* ou pronom. *à s'embusquer.* ➛ p. p. subst. « *faire la chasse aux embusqués dans les dépôts* » (Romains). ✪ CONTR. Débusquer.

éméché, ée adj. – XIXe ; probablt de ① *mèche* ■ fam. Un peu ivre.

émeraude n. f. – XIIe ; gr. *smaragdos* ■ Pierre précieuse verte, diaphane, variété de béryl. ➛ *Vert émeraude :* vert transparent et lumineux.

émergence n. f. – XVe **1** Sortie (d'un rayonnement, d'un fluide, d'un nerf). *Point d'émergence d'un rayon lumineux. Émergence d'une source.* **2** Apparition d'un organe nouveau dans un phylum. **3** Apparition soudaine (dans une suite d'événements ou d'idées). *Émergence d'un fait nouveau modifiant une théorie scientifique.*

émergent, ente adj. – XVIe ■ *Rayon émergent :* rayon lumineux qui sort d'un milieu après l'avoir traversé.

émerger v. intr. [3] – XVe ; lat. *mergere* « plonger » **1** Sortir d'un milieu où l'on est plongé de manière à apparaître à la surface. *L'îlot émerge à marée basse.* ⇒ s'**exonder.** *Émerger du brouillard.* ➛ fig. *Émerger du lot.* ⇒ se **distinguer. 2** Se manifester, apparaître plus clairement. *La vérité finira par émerger.* ➛ fam. Sortir du sommeil. *Il a du mal à émerger le matin.* ✪ CONTR. Enfoncer (s'), immerger, plonger. Disparaître.

émeri n. m. – XIIIe ; gr. *smuris* ■ Roche constituée essentiellement de corindon. ➛ *Papier, toile (d')émeri,* enduits de colle forte et recouverts de poudre d'émeri, utilisés comme abrasif. ➛ loc. fam. *Il est bouché à l'émeri,* particulièrement borné et fermé.

émerillon n. m. – XIIe ; germ. **1** Petit faucon au vol rapide employé autrefois à la chasse. **2** Anneau ou croc rivé par une petite tige dans une bague de façon à pouvoir tourner librement.

émeriser v. tr. [1] – XIXe ■ Couvrir de poudre d'émeri.

émérite adj. – XIVe ; lat. *emeritus* « (soldat) qui a fini de servir » **1** *Professeur émérite :* professeur d'université retraité distingué par ses collègues. **2** Qui, par une longue pratique, a acquis une compétence, une habileté remarquable. ⇒ **distingué, éminent, expérimenté.** « *plus jeune,* [il] *avait été un gymnaste émérite* » (Goncourt). ✪ CONTR. Apprenti, novice.

émersion n. f. – XVIIe **1** Brusque réapparition d'un astre qui était éclipsé. **2** Action ou état d'un corps qui émerge d'un fluide, d'un milieu. *L'émersion d'un sous-marin.* ✪ CONTR. Immersion.

émerveillement n. m. – XIIe ■ Fait de s'émerveiller ; état d'une personne émerveillée. ⇒ **enchantement.** « *partager l'émerveillement d'Albertine devant l'automobile* » (Proust).

émerveiller v. tr. [1] – XIIe ; de *merveille* ■ Frapper d'étonnement et d'admiration. ⇒ **éblouir.** *Ce spectacle m'a émerveillé. Un regard émerveillé.* ♦ S'ÉMERVEILLER v. pron. Éprouver un étonnement agréable devant qqch. d'inattendu qu'on juge merveilleux. ⇒ s'**extasier.** *S'émerveiller de qqch., devant qqch.* ✪ CONTR. Décevoir.

émétine n. f. – XIXe ■ Alcaloïde émétique extrait de l'ipéca, utilisé comme expectorant ou contre la dysenterie amibienne.

émétique adj. et n. m. – XVIe ; gr. *emein* « vomir » ■ didact. Qui provoque le vomissement. ⇒ **vomitif.**

émetteur, trice n. et adj. – XVIIIe **1** Personne, organisme qui émet (des billets, des effets). *L'émetteur d'un chèque.* ⇒ **tireur.** ➛ adj. *Banque émettrice.* **2** *Poste émetteur,* ou n. m. *un émetteur :* ensemble des dispositifs et appareils destinés à produire des ondes électromagnétiques capables de transmettre des sons et des images. *Émetteurs radiophoniques, de télévision.* ➛ Station qui effectue des émissions radiophoniques, télévisées. **3** n. m. L'une des trois électrodes d'un transistor bipolaire correspondant à la région la plus dopée. ✪ CONTR. ① et ② Récepteur.

émettre v. tr. [56] – XVe ; lat. *emittere,* d'apr. *mettre* **1** Produire au-dehors, mettre en circulation, offrir au public. *Les billets émis par la Banque de France. L'État émet des emprunts.* **2** Faire sortir de soi (un son). ➛ Exprimer. ⇒ **énoncer, formuler.** *Émettre un avis. Émettre une objection. Il a émis le souhait que nous partions.* **3** Projeter spontanément hors de soi, par rayonnement (des radiations, des ondes). *Les corps radioactifs émettent des rayonnements.* ♦ Envoyer (des signaux, des images) sur ondes électromagnétiques. ➛ Faire des émissions. *Émettre sur telle longueur d'onde.* ✪ CONTR. Recevoir. — HOM. *Émets :* aimais (aimer).

émeu n. m. – XVIe ; mot des îles Moluques ■ Oiseau coureur d'Australie, ratite de grande taille *(rhéiformes),* aux ailes très réduites. *Des émeus.*

émeute n. f. – XIIe ; de l'a. p. p. de *émouvoir* ■ Soulèvement populaire, généralement spontané et non organisé, pouvant prendre la forme d'un simple rassemblement tumultueux accompagné de cris et de bagarres. ⇒ **agitation.** « *il ne s'agissait pas d'une émeute, mais d'une révolution* » (Chateaub.).

❑ Généralement due à un mécontentement sans contenu politique.

émeutier, ière n. - XIXe ▪ Personne qui excite à une émeute ou y prend part.

-émie Groupe suffixal, du gr. *-aimia*, de *haima* « sang ».

émiettement n. m. - XVIIe ▪ Action d'émietter, fait de s'émietter.

émietter v. tr. [1] - XVIe ▪ Réduire en miettes, désagréger en petits morceaux. *Émietter une biscotte.* ♦ Morceler à l'excès. ⇒ **fragmenter.** pronom. *Sa fortune s'émiette.*

émigrant, ante n. - XVIIIe ▪ Personne qui émigre. ⇒ **migrant.**

> ❑ Pour le sens → émigré (rem.).

émigration n. f. - XVIIIe 1 Action d'émigrer. ⇒ **expatriation, migration.** 2 Migration (animaux).

émigré, ée n. et adj. - XVIIIe ▪ Personne qui s'est expatriée pour des raisons politiques, économiques, etc., par rapport à son pays. ⇒ **exilé.** « *ces émigrés qui n'ont jamais pu bien assimiler la langue de leur patrie d'adoption* » (Tournier). ➝ adj. *Travailleurs émigrés.*

> ❑ L'*émigrant* quitte son pays *(des bateaux d'émigrants)* alors que l'*émigré* est installé dans sa nouvelle patrie *(des émigrés des quatre coins du monde)* comme l'*immigré*, venu lui aussi de l'étranger, mais considéré par rapport au pays d'accueil *(l'insertion des immigrés)*.

émigrer v. intr. [1] - XVIIIe ; lat. 1 Quitter son pays pour aller s'établir dans un autre, temporairement ou définitivement. ⇒ s'**expatrier.** *Émigrer pour des raisons politiques, économiques.* 2 (animaux) Quitter périodiquement et par troupes une contrée pour séjourner ailleurs.

> ❑ On *émigre* d'un pays pour *immigrer* dans un autre. → migrant ; émigré (rem.).

émincé, ée adj. et n. m. - XVIIIe 1 Coupé en tranches très minces. *Champignons émincés.* 2 n. m. Préparation à base d'aliments finement tranchés. *Un émincé de volaille.*

émincer v. tr. [3] - XVIe ▪ Couper en tranches minces. *Émincer un oignon.*

éminemment [eminamɑ̃] adv. - XVIe ▪ Au plus haut degré. ⇒ **parfaitement, supérieurement.** *Elle est éminemment compétente.*

éminence n. f. - XIVe 1 Saillie, protubérance. *Les éminences osseuses.* 2 Élévation de terrain relativement isolée. ⇒ **hauteur, monticule, tertre.** *Observatoire établi sur une éminence.* 3 Titre d'honneur qu'on donne aux cardinaux. *Son Éminence le cardinal.* ➝ *L'Éminence grise* : le Père Joseph, qui fut le confident de Richelieu et son ministre occulte. *L'éminence grise d'un homme politique, d'un parti* : conseiller intime qui, dans l'ombre, exerce une grande influence. ✪ CONTR. Creux, dépression.

éminent, ente adj. - XIIIe ; lat. *minere* « surplomber » ▪ Qui est au-dessus du niveau commun, d'ordre supérieur. ⇒ **élevé, exceptionnel,** ① **insigne.** *Il a rendu d'éminents services.* ➝ (personnes) Très distingué, remarquable. *Une personnalité éminente. Mon éminent confrère.* ✪ CONTR. Inférieur, médiocre.

émir n. m. - XIIIe ; ar. *amîr* « chef » ▪ Prince, gouverneur, chef militaire arabe. *L'émir Abd el-Kader.* ♦ Chef d'État d'un émirat. *L'émir du Koweït.*

> ❑ Même origine étym. que *amiral.*

émirat n. m. - 1938 1 Dignité d'émir. 2 Territoire gouverné par un émir. 3 Principauté du golfe Persique. *Les Émirats arabes unis (E. A. U.).*

① **émissaire** n. m. - XVIe ; lat. *emittere* « envoyer au loin » ▪ Agent chargé d'une mission secrète. ⇒ **envoyé.**

② **émissaire** n. m. - XVIIe ; lat. *emissarium* « déversoir » ▪ Canal d'évacuation, cours d'eau évacuant les eaux d'un lac. ➝ *Émissaire d'évacuation* : déversoir d'eaux usées reliant directement une agglomération au lieu de traitement ou de rejet.

③ **émissaire** adj. m. - XVIIe ; lat., mauvaise interprétation de l'hébreu ▪ *Bouc* émissaire.*

émissif, ive adj. - XIXe ▪ *Pouvoir émissif* : puissance rayonnée par unité de surface émettrice de particules, de radiations.

émission n. f. - XIVe 1 Action de projeter (un liquide) hors de l'organisme ; écoulement sous pression. *Émission d'urine.* 2 Production (de sons vocaux). « *l'émission déréglée de sons inarticulés* » (Claudel). 3 Production en un point donné et rayonnement dans l'espace (d'ondes électromagnétiques, de particules élémentaires, de chaleur, de vibrations mécaniques ou gazeuses, etc.). *Émission thermoélectronique* : émission d'électrons par des métaux incandescents. ➝ Transmission à l'aide d'ondes électromagnétiques de signaux, de sons et d'images. ⇒ **diffusion.** « *tout un matériel d'enregistrement et d'émission* » (Cendrars). *Émission sur ondes courtes.* 4 Ce qui est transmis par les ondes. *Émission radiophonique, télévisée. Regarder une émission sur la deuxième chaîne.* 5 Mise en circulation (de monnaies, titres, effets, etc.). ➝ Action d'offrir au public (des emprunts, des actions, des obligations). *Cours d'émission.* ✪ CONTR. Réception ; souscription.

émissole n. f. - XVIIIe ; lat. *mustela* ▪ Petit squale *(sélaciens)* commun en Méditerranée, appelé aussi *chien de mer.*

emmagasinage [ɑ̃magazinaʒ] n. m. - XVIIIe 1 Action de mettre (des marchandises) en magasin. ⇒ **entreposage.** 2 Accumulation, mise en réserve. → **stockage.** *Emmagasinage de la chaleur.*

> ❑ Les mots débutant par *emm-* se prononcent [ɑ̃m...] sauf *emmenthal*, qui vient d'un nom propre.

emmagasiner [ɑ̃magazine] v. tr. [1] - XVIIIe 1 Mettre en magasin, entreposer (des marchandises). ⇒ **stocker.** ♦ Amasser, mettre en réserve. ⇒ **accumuler.** *Emmagasiner de la chaleur, de l'énergie.* 2 Garder dans l'esprit, dans la mémoire. ⇒ **engranger.** *Emmagasiner des connaissances.*

emmailloter [ɑ̃majɔte] v. tr. [1] - XIIIe ▪ Envelopper (un bébé) d'un maillot, d'un lange. ⇒ **langer.** ♦ Envelopper complètement (un membre, un objet). « *il faut que je vous apprenne à emmailloter une bouillotte* » (Mart. du G.).

emmanchement n. m. - XVIIe ▪ Action, manière d'emmancher (1°).

emmancher [ɑ̃mɑ̃ʃe] v. tr. [1] - XIIe 1 Ajuster sur un manche, engager et fixer dans un support. *Emmancher un balai.* 2 pronom. Débuter, démarrer. *Cela s'emmanche mal.* ⇒ se **goupiller,** se **présenter.** ✪ CONTR. Déboîter, démancher.

emmanchure [ɑ̃mɑ̃ʃyʀ] n. f. - XVe ▪ Chacune des deux ouvertures d'un vêtement, faites pour adapter une manche ou laisser passer le bras. *Une veste étroite aux emmanchures.* ⇒ **entournure.**

emmêlement [ɑ̃mɛlmɑ̃] **n. m.** – XIIIe ▪ Action d'emmêler ; son résultat. ⇒ **embrouillamini, enchevêtrement, fouillis.**

emmêler [ɑ̃mele] **v. tr.** 1 – XIIe **1** Mêler ensemble, en désordre (des choses longues et fines). ⇒ **embrouiller, enchevêtrer.** *Emmêler les fils d'un écheveau.* ➛ *Cheveux emmêlés.* **2** Embrouiller. ➛ loc. fam. *S'emmêler les pieds, les pédales :* s'embrouiller (dans une explication, une affaire). ➛ pronom. *Tout s'emmêle dans ma tête.* ⇒ se **brouiller.** ✪ CONTR. Démêler.

emménagement [ɑ̃menaʒmɑ̃] **n. m.** – XVe **1** Action d'emménager. ⇒ **installation.** *On commença « l'emménagement des meubles apportés déjà »* (Maupass.). **2** plur. Logements et compartiments pratiqués dans un navire. ✪ CONTR. Déménagement.

emménager [ɑ̃menaʒe] **v. intr.** 3 – XVe ▪ S'installer dans un nouveau logement. ✪ CONTR. Déménager.

emménagogue [ɑ̃menagɔg ; emenagɔg] **adj.** et **n. m.** – XVIIIe ; gr. *emmêna* « menstrues » et *agôgos* « qui attire » ▪ Qui favorise le cycle menstruel.

emmener [ɑ̃m(ə)ne] **v. tr.** 5 – XIe **1** Mener avec soi (qqn, un animal) en allant d'un lieu dans un autre ; prendre avec soi en partant. **2** Prendre avec soi (qqn) en allant (quelque part : lieu, réunion, spectacle). « *le contremaître l'emmenait visiter l'usine* » (Daud.). *Il faut l'emmener chez le médecin.* ⇒ **accompagner. 3** Conduire, entraîner en avant avec élan (des soldats, des membres d'une équipe...). **4** Conduire, transporter au loin. *L'avion emmène les voyageurs.* ✪ CONTR. Amener. Laisser.

> ❑ Distinguer *emmener à* (point d'arrivée) et *amener de* (point de départ). ♦ *Emmener* implique que le sujet reste avec la personne emmenée ; comparer : *elle l'a emmené au concert* (et elle y assiste) et *elle l'a amené au concert* (et elle repart).

emmenthal [emɛ̃tal ; emɛntal] **n. m.** – XIXe ; du nom de la vallée *(Thal)* de l'*Emme*, en Suisse ▪ Fromage à pâte pressée cuite, présentant des trous du diamètre d'une cerise à celui d'une noix. *Des emmenthals.*

> ❑ Fromage analogue au gruyère mais avec de plus gros trous. ♦ Autre graphie : *emmental.*

emmerdant, ante [ɑ̃mɛʀdɑ̃, ɑ̃t] **adj.** – XIXe ▪ fam. **1** Qui importune, dérange fortement. ⇒ **chiant** (très fam.), **embêtant.** *Des voisins emmerdants.* ➛ *C'est emmerdant, cette histoire.* ⇒ **contrariant. 2** Qui cause un ennui profond. ⇒ **ennuyeux.** *Ce livre est emmerdant au possible.* ⇒ **barbant,** très fam. **chiant, rasant.**

emmerde **n. f.** – XIXe ▪ fam. ⇒ **emmerdement.** *C'est une source d'emmerdes.*

emmerdement [ɑ̃mɛʀdəmɑ̃] **n. m.** – XIXe ▪ fam. Embêtement, gros ennui. ⇒ **emmerde.** *S'attirer, avoir des emmerdements.*

emmerder [ɑ̃mɛʀde] **v. tr.** 1 – XVe ▪ fam. **1** Importuner (qqn). ⇒ **agacer ;** fam. **embêter, gonfler** (cf. très fam. Faire chier). *Arrête de m'emmerder. Ça m'emmerde de rester là. Il est salement emmerdé avec cette histoire.* ➛ pronom. *On ne va pas s'emmerder pour si peu. Il ne s'emmerde pas :* il ne s'en fait pas. **2** Ennuyer. ⇒ **assommer, barber, embêter, raser.** *La politique m'emmerde.* ➛ pronom. ⇒ s'**enquiquiner.** « *Elle va s'emmerder toute seule avec toi* » (Queneau). **3** Tenir pour inexistant. « *Les gens du quartier ? Je les emmerde* » (Queneau).

emmerdeur, euse [ɑ̃mɛʀdœʀ, øz] **n.** – XIXe ▪ fam. Personne particulièrement embêtante, soit ennuyeuse **(⇒ casse-pieds, enquiquineur),** soit agaçante (⇒ très fam. **chieur).**

emmétrope [ɑ̃metʀɔp ; emetʀɔp] **adj.** et **n.** – XIXe ; gr. *emmetros* « proportionné » et *-ope* ▪ Se dit de l'œil dont la vision est normale. ✪ CONTR. Amétrope.

emmétropie [ɑ̃metʀɔpi ; emetʀɔpi] **n. f.** – XIXe ▪ Qualité de l'œil emmétrope. ✪ CONTR. Amétropie.

emmieller **v. tr.** 1 – XIIIe **1** vx Mêler de miel. ➛ fig. Adoucir, édulcorer. « *des paroles emmiellées* » (Rouss.). ⇒ **doucereux, mielleux. 2** fam. Emmerder (qqn).

emmitoufler [ɑ̃mitufle] **v. tr.** 1 – XVIe ; de *mitaine*, d'apr. *moufle* ▪ fam. Envelopper dans des fourrures, des vêtements chauds et moelleux. « *emmitouflée jusqu'à paraître obèse* » (Gide). ➛ pronom. Se couvrir chaudement.

emmotté, ée **adj.** – XVIIe ▪ Garni de terre en motte autour des racines pour le transport.

emmouscailler **v. tr.** 1 – XIXe ▪ fam. vieilli Emmerder.

emmurer [ɑ̃myʀe] **v. tr.** 1 – XIIe ▪ Enfermer (un condamné) dans un cachot que l'on murait ; emprisonner définitivement.

émoi **n. m.** – XIIe ; lat. *exmagare* « priver de sa force » ▪ littér. **1** Agitation, effervescence. *Il « trouva toute la ville en émoi »* (Stendh.). **2** Trouble qui naît de l'appréhension ou d'une émotion sensuelle. ⇒ **émotion, excitation.** *Premiers émois.* ✪ CONTR. ① Calme.

émollient, iente [emɔljɑ̃, jɑ̃t] **adj.** et **n. m.** – XVIe ; lat. *mollis* « mou » ▪ Qui a pour effet d'amollir, de relâcher des tissus enflammés. ⇒ **adoucissant.** *Emplâtre émollient.* ✪ CONTR. Astringent, irritant.

émolument **n. m.** – XIIIe ; lat. « profit » **1** Actif que recueille un héritier, un légataire universel ou un époux commun en biens. **2** plur. Rétribution représentant un traitement fixe ou variable. ⇒ **appointements, honoraires, rémunération, salaire, traitement.**

émonctoire **n. m.** – XIVe ; lat. *emungere* « moucher » ▪ Organe qui élimine les déchets organiques. *Émonctoires naturels :* anus, foie, narine, poumon, pore de la peau, vessie...

émondage **n. m.** – XIXe ▪ Action d'émonder. ⇒ **élagage.** ♦ Excision (à l'aide de ciseaux) des tissus très endommagés d'une plaie, afin d'en accélérer la guérison.

> ❑ Pour le sens → élagage (rem.).

émonder **v. tr.** 1 – XIIe ; lat. *mundus* « propre » ▪ Débarrasser (un arbre) des branches mortes, inutiles ou nuisibles, des plantes parasites. ⇒ **ébrancher, élaguer.** ♦ Trier et nettoyer (des graines). ⇒ **monder.**

émondes **n. f. pl.** – XIIIe ▪ Branches émondées.

émondeur, euse **n.** – XVIe ▪ Personne qui émonde les arbres. ⇒ **élagueur.**

émondoir **n. m.** – XIXe ▪ Outil servant à émonder les arbres.

émorfiler **v. tr.** 1 – XIXe ▪ Débarrasser du morfil, des arêtes vives.

émotif, ive **adj.** – XIXe **1** Relatif à l'émotion. *Troubles émotifs.* ⇒ **affectif. 2** Prédisposé à ressentir fortement les émotions. ⇒ **impressionnable, nerveux, sensible.** ➛ **n.** *C'est une grande émotive.* ✪ CONTR. ① Froid, impassible, insensible.

émotion **n. f.** – XVIe ; de *émouvoir* **1** Mouvement, agitation d'un corps collectif pouvant dégénérer en troubles. *Une certaine émotion commençait à gagner le peuple.* **2** État affectif et physique intense, généralement brusque et momentané, dû à un sentiment vif (joie, peur, etc.). *Un souvenir qu'il évoquait avec émotion.* ⇒ **attendrissement.** « *L'émotion qui annonce l'amour est une sorte d'ivresse* » (Alain). *Cacher son émotion.* ⇒ ② **trouble.** ➛ fam. *Tu nous a donné des* *émotions*, nous avons été inquiets pour toi, tu nous a fait peur. *Se remettre de ses émotions.* ✪ CONTR. ① Calme, froideur, indifférence, insensibilité.

émotionnable adj. – XIXe ▪ rare Émotif, impressionnable.

émotionnel, elle adj. – XIXe ▪ Propre à l'émotion, qui a le caractère de l'émotion. ⇒ **affectif.** *Traumatisme dû à un choc émotionnel.*

émotionner v. tr. 1 – XIXe ▪ fam. Toucher, agiter par une émotion. ⇒ **émouvoir.** « *d'aigres plaisanteries qui l'émotionnaient* » (Zola).

❑ Bien que critiqué par les puristes, ce verbe bien formé a l'avantage de se conjuguer plus facilement que *émouvoir.* ♦ *Émotionné* est attesté dès 1750.

émotivité n. f. – XIXe ▪ Capacité de réagir par des émotions. ➙ Caractère d'une personne émotive. ⇒ **impressionnabilité, sensibilité.**

émotter v. tr. 1 – XVIe ▪ Débarrasser (un champ labouré) des mottes, en les brisant en vue d'ameublir la terre. ⇒ **herser, rouler.**

émotteuse n. f. – XIXe ▪ Herse servant à émotter.

émouchet n. m. – XVIe ; de *mouche* ▪ Rapace de petite taille, en particulier faucon crécerelle. « *l'émouchet qui planait circulairement dans le ciel* » (Chateaub.).

émouchette n. f. – XVIe ▪ Réseau de cordelettes flottantes qui servait à protéger un cheval contre les mouches.

émoulu, ue adj. – XIIe ; lat. *emolere* « moudre entièrement » ▪ *ÊTRE FRAIS, FRAÎCHE ÉMOULU(E) DE,* récemment sorti(e) de (une école). *Il est tout frais émoulu de Polytechnique.*

❑ Au féminin, on peut dire *elle est fraîche émoulue* ou *elle est frais émoulue.*

émousser v. tr. 1 – XIVe **1** Rendre moins coupant, moins aigu en usant. *Armes émoussées. Pointe d'outil, mine de crayon émoussée.* **2** Rendre moins vif, moins pénétrant, moins incisif. ⇒ **affaiblir, atténuer, endormir.** *Émousser la curiosité de qqn.* « *L'étude n'a point émoussé ta vivacité* » (Rouss.). ➙ pronom. *Désir qui s'émousse.* ✪ CONTR. Aiguiser ; affiner.

émoustillant, ante adj. – XIXe ▪ Qui émoustille. ⇒ **excitant.**

émoustiller v. tr. 1 – XVIe ; de *moust* « pétillement du vin » ▪ Mettre de bonne humeur, exciter. « *Il les amusait par ses boutades, les émoustillait par sa bonne humeur* » (Romains). ✪ CONTR. Calmer, refroidir.

émouvant, ante adj. – XIXe ▪ Qui émeut, qui fait naître une émotion d'espèce supérieure. ⇒ **bouleversant, pathétique, poignant,** ② **touchant.** « *de fortes pages pleines d'une conviction émouvante* » (Gide). *Une cérémonie émouvante.* ✪ CONTR. ① Froid.

émouvoir v. tr. 27, sauf p. p. *ému* – XIe ; lat. *emovere* « mettre en mouvement » **1** vx ou littér. Mettre en mouvement. ⇒ **agiter.** « *Aucun souffle n'émouvait le maigre platane* » (Mauriac). ♦ vx ou littér. Agiter, troubler (les humeurs, les esprits). ➙ pronom. « *Plus d'une fois ma chair s'était émue* » (Hugo). **2** Agiter (qqn) par une émotion plus ou moins vive. ⇒ **bouleverser, remuer, troubler.** « *Sachez émouvoir le spectateur dès la levée de la toile* » (d'Alemb.). ➙ pronom. « *cette aimable personne, qui parlait d'une voix douce, et ne s'émouvait de rien* » (R. Rolland). ✪ CONTR. Calmer, ① froid (laisser froid).

empaillage n. m. – XIXe ▪ Action d'empailler (des sièges). ⇒ **rempaillage.** ♦ Action d'empailler (des animaux). ⇒ **naturalisation, taxidermie.**

empailler v. tr. 1 – XVIe **1** Bourrer de paille la peau de (un animal mort qu'on veut conserver). ⇒ **naturaliser.** **2** Garnir, couvrir de paille (un siège). *Empailler des chaises.* ⇒ ② **pailler, rempailler.** **3** Envelopper, entourer de paille (pour protéger des chocs). *Empailler de la verrerie.* ➙ *Empailler un semis,* pour le protéger du gel. ⇒ ② **pailler.**

empailleur, euse n. – XVIIIe **1** Rempailleur. **2** Personne qui empaille des animaux. ⇒ **naturaliste, taxidermiste.**

empalement n. m. – XVIe ▪ Action d'empaler, de s'empaler ; fait d'être empalé.

empaler v. tr. 1 – XIIIe **1** Soumettre au supplice du pal. **2** Transpercer, piquer, embrocher. ➙ « *Deux moutons rôtis entiers : on les apporte empalés dans de longues perches* » (From.). ➙ pronom. Tomber sur un objet pointu qui s'enfonce à travers le corps. *S'empaler sur une fourche.*

empan n. m. – XIIe ; germ. *spanna* ▪ Mesure de longueur qui représentait l'intervalle compris entre l'extrémité du pouce et celle du petit doigt, lorsque la main est ouverte le plus possible. « *La longueur du calame est d'un empan* » (Tournier).

empanaché, ée adj. – XVe ▪ Orné d'un panache.

empannage n. m. – XXe ▪ Action d'empanner, son résultat.

empanner v. intr. 1 – XVIIIe ; de *en-* et *panne* ▪ Virer de bord en passant par vent arrière.

empaquetage n. m. – XIXe ▪ Action d'empaqueter ; son résultat. ⇒ **emballage.**

empaqueter v. tr. 4 – XVe **1** Mettre en paquet. *Empaqueter du sucre en usine.* ⇒ **conditionner.** **2** Emballer (ce que qqn a acheté). ⇒ **emballer.** ✪ CONTR. Dépaqueter.

empaqueteur, euse n. – 1925 ▪ Ouvrier, ouvrière qui fait des paquets. ⇒ **emballeur.**

emparer (s') v. pron. 1 – XIVe ; lat. *anteparare* « disposer par-devant » **1** Prendre violemment ou indûment possession de (un pays, un bien). ⇒ **conquérir, enlever.** « *il entreprend de s'emparer de Porto-Bello* » (Volt.). *Un individu s'est emparé de mon sac.* ⇒ ② **voler.** ➙ *S'emparer du pouvoir.* **2** littér. Se rendre maître (d'un esprit, d'une personne) au point de dominer, de subjuguer. « *le père s'empara de ce garçon tranquille et le fit pasteur en un tournemain* » (Sartre). ♦ ⇒ **envahir, gagner.** *Le sommeil s'empara de lui. Colère qui s'empare de qqn.* « *l'anxiété qui s'était emparée de moi dès mon entrée dans le salon* » (Proust). **3** Se saisir avidement (de qqch.) en vue d'une utilisation. *Le gardien de but réussit à s'emparer du ballon.* ✪ CONTR. Abandonner, perdre ; rendre, restituer.

❑ *S'emparer* est plus général que *capturer* (qui ne concerne que des êtres vivants).

empâtement n. m. – XIVe **1** Engraissement (des volailles). **2** Épaississement diffus du tissu sous-cutané, produisant un effacement des traits (⇒ **bouffissure**). **3** Couche épaisse de pâte colorée donnant du relief, sur un tableau. ✪ HOM. poss. Empattement.

empâter v. tr. 1 – XIIIe **1** Couvrir d'une pâte. ♦ Rendre pâteux. *Alcool qui empâte la langue.* ➙ Peindre en posant les couleurs en couche épaisse. **2** Engraisser (une volaille). **3** *S'EMPÂTER* v. pron. Devenir gras, prendre de l'embonpoint. ⇒ **épaissir, grossir.** « *Un corps un peu gras, des joues qui s'empâtaient* » (Sartre). ➙ *Un visage empâté.* ⇒ **bouffi.** ✪ CONTR. Amaigrir, émacier.

empathie n. f. – XXe ; de *en* « dedans » et *-pathie* ▪ Faculté de s'identifier à quelqu'un, de ressentir ce qu'il ressent.

empattement n. m. – XVe **1** Maçonnerie en saillie à la base d'un mur. ♦ Trait horizontal plus ou moins épais au pied et à la tête d'un jambage. 2 Distance séparant les essieux d'une voiture. ✪ HOM. poss. Empâtement.

empaumer v. tr. [1] – XVe ; de *en-* et *paume* ▪ fam. et vieilli Posséder (qqn) en trompant, en enjôlant. ⇒ **duper, rouler.**

empaumure n. f. – XVIe 1 Partie supérieure de la tête du cerf, qui s'élargit comme la paume de la main et porte des andouillers. 2 Partie du gant qui couvre la paume.

empêchement n. m. – XIIe ▪ Ce qui empêche d'agir, de faire ce qu'on voudrait. ⇒ **contretemps, difficulté.** *Avoir un empêchement de dernière minute.* ➜ *Empêchement de mariage :* absence d'une des conditions que la loi met au mariage.

empêcher v. tr. [1] – XIIe ; lat. *pedica* → piège **1** vx Entraver, empêtrer, gêner. « *Empêché par son hoqueton Ne put ni fuir ni se défendre* » (La Font.). 2 Faire en sorte que ne se produise pas (qqch.), rendre impossible en s'opposant. ⇒ **éviter, interdire.** *Empêcher l'accès à un lieu. Il faut empêcher leur progression.* ⇒ **arrêter,** ② **enrayer.** ♦ EMPÊCHER QUE. « *il avait empêché qu'on ne la mît en carte* » (Zola). *Cela n'empêche pas que vous avez, que vous ayez tort.* ♦ *(IL) N'EMPÊCHE QUE... ; cela n'empêche pas que... :* cependant, malgré cela. « *N'empêche que je ne me blasai jamais* » (Colette). ➜ fam. *N'empêche :* ce n'est pas une raison. *N'empêche, elle aurait pu écrire.* 3 EMPÊCHER (qqn) *DE FAIRE* (qqch.), faire en sorte qu'il ne puisse pas. ⇒ **retenir** (qqn de...). *Empêchez-les de se battre !* ♦ « *Une répugnance naturelle m'empêcha longtemps de répondre à ses avances* » (Rouss.). loc. *Ça ne l'empêche pas de dormir :* cela ne l'inquiète pas outre mesure. ♦ pronom. Se défendre, se retenir de. *Elle ne pouvait s'empêcher de rire.* ✪ CONTR. Favoriser, permettre ; autoriser, encourager.

empêcheur, euse n. – XIIIe ▪ loc. *Empêcheur de tourner en rond :* personne qui empêche les autres de faire ce qu'ils aiment, d'exprimer leur gaieté, de prendre du plaisir. ⇒ **rabat-joie, trouble-fête.**

empeigne n. f. – XIIIe ; de *en-* et *peigne,* a. fr. *piegne* « métatarse » ▪ Dessus d'une chaussure, du cou-de-pied jusqu'à la pointe. « *il était difficile, question des chaussures... Toujours des empeignes de drap beige et petits boutons de nacre* » (Céline).

empennage n. m. – XIXe 1 Action, manière d'empenner (les flèches). *Les « flèches, dont la direction fut assurée par un empennage de plumes »* (J. Verne). 2 Surfaces placées à l'arrière des ailes ou de la queue d'un avion, d'une fusée, d'un dirigeable, et destinées à lui donner de la stabilité. ♦ Ailettes (d'un projectile) destinées à assurer la stabilité de la trajectoire.

empenne n. f. – XVIIIe ▪ Partie du talon d'une flèche munie de plumes ou ailerons, destinés à régulariser sa direction.

empenner v. tr. [1] – XIe ; de *en-* et *penne* ▪ Garnir (une flèche) de plumes, d'une empenne. ➜ *Flèche empennée.*

empereur n. m. – XIe ; lat. *imperator* **1** Chef de l'empire d'Occident, du Saint Empire romain germanique. « *ne relevant que de Dieu seul, comme le Roi de France lui-même et l'Empereur Charlemagne* » (Claudel). 2 Titre donné depuis Auguste au détenteur du pouvoir suprême dans l'Empire romain. ⇒ **césar.** 3 Chef souverain de certains États. ⇒ **kaiser, mikado, sultan, tsar.** ➜ (En France) *L'Empereur :* Napoléon Ier, puis Napoléon III.

emperler v. tr. [1] – XVIe 1 Orner de perles. *Robe brodée et emperlée.* 2 Couvrir comme de perles. « *Une pluie fine emperlait son poil* » (Tournier).

empesage n. m. – XVIIe ▪ Action d'empeser, état de ce qui est empesé. ⇒ **amidonnage.**

empesé, ée adj. – XIe 1 Qu'on a empesé. *Col empesé.* ⇒ **amidonné, dur.** « *une blouse plissée, empesée au col et aux poignets* » (Green). 2 Raide, compassé, dépourvu de naturel. ⇒ **apprêté, guindé.** ✪ CONTR. Aisé, naturel.

empeser v. tr. [5] – XIe ; de *empoise* « poix, empois » ▪ Apprêter avec de l'empois. ⇒ **amidonner.** *Empeser un col.*

empester v. tr. [1] – XVIe 1 rare Infecter de la peste (ou de quelque autre maladie contagieuse). ➜ « *Athènes empestée et désertée par les oiseaux* » (Camus). ♦ Empoisonner, corrompre. 2 Remplir d'une odeur infecte. ⇒ **empuantir.** 3 Dégager (une odeur désagréable). ⇒ **puer ;** fam. **chlinguer, cocotter, fouetter.** *Son bureau empeste le tabac.* ➜ Sentir très mauvais. « *Eh ! vous empestez, Père Ubu. Vous ne vous lavez donc jamais ?* » (Jarry). ✪ CONTR. Embaumer.

empêtrer v. tr. [1] – XIIe ; lat. *pastus* « pâturage » 1 Entraver, engager (généralt les pieds, les jambes) dans des liens, dans qqch. qui retient ou embarrasse. *S'empêtrer les pieds dans le tapis.* « *Un peu empêtrés dans leurs vêtements raides* » (Camus). ➜ pronom. « *Dans la neige et la boue il allait s'empêtrant* » (Baud.). 2 Engager dans une situation embarrassante. ➜ pronom. ⇒ s'**embarrasser ;** s'**embrouiller.** *S'empêtrer dans ses mensonges.* ♦ Embarrasser de (qqch., qqn). ⇒ **encombrer.** ➜ pronom. *Il « s'était empêtré d'une femme qui lui faisait peu d'honneur »* (Laclos). ✪ CONTR. Débarrasser, dégager, dépêtrer.

emphase n. f. – XVIe ; gr. *emphasis* « apparence », de *phainein* « faire briller » ▪ Emploi abusif ou déplacé du style élevé, du ton déclamatoire. ⇒ **grandiloquence.** *Parler avec emphase.* « *cette emphase un peu fanfaronne dont les Espagnols ne se déshabitueront jamais* » (Gaut.). ♦ Exagération dans la manifestation des sentiments. ✪ CONTR. Naturel, simplicité. Discrétion.

emphatique adj. – XVIe ▪ Plein d'emphase. ⇒ **ampoulé, déclamatoire, grandiloquent, théâtral.** *Un ton, un style emphatique.* ✪ CONTR. Simple, sobre.

emphysémateux, euse adj. et n. – XVIIIe ▪ Propre à l'emphysème. ♦ Atteint d'emphysème pulmonaire.

emphysème n. m. – XVIIe ; gr. *emphusêma* « gonflement » ▪ Gonflement produit par une infiltration gazeuse dans le tissu cellulaire. *Emphysème pulmonaire.*

emphytéose n. f. – XIIIe ; gr. *phuteuein* « planter » ▪ Droit réel de jouissance sur le bien-fonds d'autrui, accordé par un bail de longue durée moyennant paiement d'une redevance modique.

emphytéote n. – XVIe ▪ Personne qui jouit d'un fonds par bail emphytéotique.

emphytéotique adj. – XIVe ▪ Relatif à l'emphytéose. *Bail, louage emphytéotique.*

❑ La durée d'un bail emphytéotique est de 18 à 99 ans.

empiècement n. m. – XIXe ▪ Pièce rapportée constituant le haut d'un vêtement.

empierrement n. m. – XVIIIe ▪ Action d'empierrer (un chemin, un fossé). ➜ Couche de pierres cassées, destinées à cette opération.

empierrer v. tr. [1] – XVIe ▪ Couvrir d'une couche de pierres, de caillasse. ⇒ **caillouter.** « *Et, sur l'autre rive, le quai n'était même pas empierré. Il fallait patauger dans la boue* » (Simenon).

empiètement n. m. – XIVe ▪ Action d'empiéter, de déborder. ➜ Extension (d'une chose sur une autre). ♦ Usurpation, conquête abusive.

empiéter v. intr. [6] – XIVe 1 Mettre le pied, gagner progressivement (sur le terrain du voisin). ♦ S'emparer de biens, d'avantages au détriment de (ceux des autres). ⇒ **usurper.** *Empiéter sur les droits de qqn.* 2 Prendre un peu de la place de, déborder sur. *Affiche qui empiète sur une autre.* ✪ CONTR. Respecter.

empiffrer (s') v. pron. [1] - XVIe ; de *en-* et *piffre,* vx ou dial. « homme ventru » ▪ fam. Manger avec excès, gloutonnement. ⇒ se **bourrer,** se **gaver,** se **goinfrer.** « *un lourdaud d'Allemand qui s'empiffrait de mangeaille* » (R. Rolland).

empilage n. m. - XVIIe ▪ Action d'empiler ; son résultat. ⇒ **empilement.**

empilement n. m. - XVIe ▪ Action d'empiler, son résultat. ➛ Ensemble de choses empilées. *Un empilement de caisses.*

empiler v. tr. [1] - XIIe 1 Mettre en pile. *Empiler du bois, des livres. Chaises que l'on peut empiler.* ➛ pronom. *Les dossiers s'empilent sur le bureau.* 2 Entasser (des êtres vivants) dans un espace exigu. ➛ pronom. « *c'était dans les berlines vides que s'empilaient les ouvriers* » (Zola). 3 fam. Duper en volant. ⇒ ① **avoir, posséder, rouler.** *Se faire empiler.*

empire n. m. - XIe ; lat. *imperium* 1 Autorité, domination absolue. ⇒ **maîtrise, souveraineté.** ♦ Pouvoir, forte influence. « *Dès mon âge le plus tendre, la raison exerça sur moi un puissant empire* » (France). ⇒ ② **ascendant, emprise.** *L'empire des sens.* « *Sous l'empire du poison* » (Baud.). ⇒ ① **action.** *Avoir de l'empire sur soi-même.* ⇒ **contrôle, maîtrise.** 2 Autorité souveraine d'un chef d'État qui porte le titre d'empereur. 3 L'État ou l'ensemble des États soumis à cette autorité. *L'Empire romain.* ♦ Période où la France fut gouvernée par un empereur. *Le Premier, le Second Empire.* ➛ *Style, meuble Empire.* 4 Ensemble d'États, de territoires relevant d'un gouvernement central **(⇒ colonie).** *L'Empire britannique.* ♦ Tout État puissant et son territoire. *L'Empire ottoman.* ➛ loc. *Pour un empire :* en aucune façon, pour rien au monde. *Je ne céderais pas ma place pour un empire.* 5 Groupe très puissant et très étendu. *Un empire financier.*

empirer v. intr. [1] - XIe ▪ Devenir pire. ⇒ ① se **dégrader,** se **détériorer.** « *Je reviendrai ce soir, à l'heure où vous m'avez dit que son mal empirait* » (Sand). *La situation économique a empiré.* ✪ CONTR. Améliorer. — HOM. Empyrée.

empirique adj. - XIVe ; gr. 1 Qui ne tient aucun compte des données de la médecine scientifique. *Médecine empirique.* 2 Qui reste au niveau de l'expérience spontanée ou commune, n'a rien de rationnel ni de systématique. ➛ péj. Approximatif. 3 Expérimental. *Stade empirique d'une science.* ♦ De l'empirisme (3°). ✪ CONTR. Méthodique, rationnel, scientifique, systématique.

> ❑ On retrouve la même racine indo-européenne *per « aller de l'avant, pénétrer dans » dans *empirique, expérience, expert, péril.*

empiriquement adv. - XVIe ▪ Par des procédés empiriques.

empirisme n. m. - XVIIIe 1 vx Médecine empirique. 2 Méthode, mode de pensée et d'action qui ne s'appuie que sur l'expérience. 3 Théorie d'après laquelle toutes nos connaissances sont des acquisitions de l'expérience (opposé à *rationalisme ; idéalisme*).

empiriste adj. et n. - XIXe ▪ Propre à l'empirisme, partisan de l'empirisme. ➛ n. Philosophe qui développe et soutient les thèses de l'empirisme.

emplacement n. m. - XVIIe 1 Place choisie pour édifier une construction, exercer une activité. *L'emplacement d'un nid ; d'une usine.* « *arrêter l'emplacement de cette petite maison* » (Loti). 2 Place occupée (par qqch.). ⇒ **position.** « *Il ne reconnaissait plus l'emplacement des meubles* » (Mac Orlan). ➛ Aire de stationnement. *Louer un emplacement dans un parking.*

emplafonner v. tr. [1] - 1953 ; de *en-* et *plafond* ▪ fam. (en parlant de véhicules) Heurter violemment (un autre véhicule ou un obstacle). ⇒ **emboutir.**

emplâtre n. m. - XIIe ; gr. 1 Préparation thérapeutique pour usage externe destinée à adhérer à la peau. ⇒ **cataplasme, diachylon, sparadrap.** 2 fam. Aliment lourd et bourratif. ⇒ **cataplasme, étouffe-chrétien.** 3 fam. vieilli Individu sans énergie, bon à rien.

emplette n. f. - XIIe ; lat. *implicare* « plier dans » 1 Achat (de quelque marchandise courante). ⇒ **acquisition.** *Faire des emplettes, ses emplettes.* ⇒ **achat, course.** 2 Objet que l'on a acheté.

emplir v. tr. [2] - XIIe ; lat. *implere* « rendre plein » ▪ vieilli ou littér. 1 Remplir. « *les garçons à droite, les filles à gauche, emplissaient les stalles du chœur* » (Flaub.). ➛ *Cette nouvelle nous a emplis de joie.* ⇒ **combler.** ➛ pronom. « *la forêt s'est emplie de bruits étrangers* » (Gide). 2 Occuper par soi-même la capacité de (un réceptacle, une place vide). *Les gens emplissaient les rues.* ⇒ **envahir.** ✪ CONTR. Vider.

emploi n. m. - XVIe 1 Action ou manière d'employer une chose ; ce à quoi elle est employée, sa destination. ⇒ **usage, utilisation.** *L'emploi du bois, du béton pour la construction. Colle prête à l'emploi. Être d'un emploi courant. Faire un bon, un mauvais emploi de son temps.* « *une invincible timidité ôte au Dauphin l'emploi de ses facultés* » (Chateaub.). « *Les mots ne sont immuables ni dans leur sens, ni dans leur emploi* » (Littré). ➛ *Mode d'emploi :* notice expliquant la manière de se servir d'un objet. ➛ *EMPLOI DU TEMPS :* répartition dans le temps de tâches à effectuer ; règlement, tableau établissant cette répartition. ⇒ **planning, programme.** *Avoir un emploi du temps très chargé :* être très occupé. ➛ Action de porter une somme en recette ou en dépense. ⇒ **mention.** *DOUBLE EMPLOI :* somme inscrite deux fois. loc. *Faire double emploi :* répondre à un besoin déjà satisfait. *Armoire à vendre, cause double emploi.* 2 Ce à quoi s'applique l'activité rétribuée d'un employé, d'un salarié. ⇒ **gagne-pain, place, situation,** ① **travail ;** fam. ② **boulot, job.** *Création d'emplois.* « *j'en vins enfin à vouloir quitter mon emploi* » (Rouss.). *Être sans emploi,* au chômage. *Demandeur d'emploi.* ⇒ **chômeur.** *Chercher, trouver un emploi. Agence nationale pour l'emploi (A. N. P. E.).* ♦ Somme du travail humain effectivement employé et rémunéré, dans un système économique. ⇒ **plein-emploi, sous-emploi.** 3 Genre de rôle dont est chargé un acteur **(⇒ contre-emploi).** *Avoir le physique, la tête,* (fam.) *la gueule de l'emploi ;* ressembler à ce que l'on est. ✪ CONTR. Chômage.

> ❑ Ne pas confondre *double emploi* et *double usage* (« qui peut servir de deux manières différentes »). ♦ Préférer *emploi d'un mot* à *usage d'un mot* (un seul mot en anglais : *usage*).

employable adj. - XVIe ▪ rare Qu'on peut employer. ⇒ **utilisable.** ✪ CONTR. Inemployable, inutilisable.

employé, ée n. - XVIIIe ▪ Salarié qui est employé à un travail plutôt intellectuel que manuel (opposé à *ouvrier*) mais sans rôle d'encadrement. ⇒ **agent, commis.** *Les employés d'une société, d'une entreprise.* ⇒ **personnel.** *Employé de banque, de bureau. Employé de mairie.* « *un employé municipal en bleu de chauffe* » (Robbe-Grillet). ➛ *Employé de maison.* ⇒ **domestique.**

employer v. tr. [8] - XIe ; lat. *implicare* « enlacer, engager » 1 Faire servir à une fin. ⇒ **user** (de), **utiliser.** *Employer un* *outil, un produit. Argent bien, mal employé. Employer la force.* ⇒ **recourir** (à). *Employer les grands moyens.* « *sans doute les fascistes emploient-ils des bombes incendiaires* » (Malraux). « *Michels employait à chaque instant les mots de chef, de meneur* » (Romains). *Adjectif employé comme nom.* ➛ pronom. « *le mot croupe ne s'emploie guère que pour les femmes et les animaux* » (Aymé). ⇒ se **dire.** ♦ Mettre, porter en compte. *Employer une somme en recette.* 2 Faire travailler pour son compte en échange d'une rémunération. *Société qui emploie plusieurs milliers d'ouvriers.* ➛ Occuper. *On l'emploie à de menus travaux.* 3 v. pron. *S'EMPLOYER À* : s'occuper avec ardeur ou dévouement. ⇒ s'**appliquer,** se **consacrer.** *Il s'emploie à la convaincre. Il faut s'y employer activement.* ✪ CONTR. Négliger, renvoyer.

employeur, euse n. – XIVe ▪ Personne, entreprise employant du personnel salarié. « *si elle voulait bien me recommander à quelque employeur éventuel* » (Céline).

emplumé, ée adj. – XIIe ▪ Couvert, orné de plumes.

empocher v. tr. [1] – XVIe 1 Toucher, recevoir (de l'argent). ⇒ **encaisser, percevoir, ramasser.** « *Mon cousin vient d'hériter ; mon homme empoche environ 700 000 francs* » (Flaub.). 2 Mettre dans sa poche (un objet). ✪ CONTR. Débourser.

empoignade n. f. – XIXe ▪ Bagarre où les gens s'empoignent. ♦ Altercation, discussion violente.

empoigne n. f. – XVIIIe ▪ loc. *Foire d'empoigne* : mêlée, affrontement où chacun cherche à obtenir la meilleure part.

empoigner v. tr. [1] – XIIe 1 Prendre en serrant dans la main. ⇒ **saisir.** « *Legrand sauta sur Jupiter et l'empoigna au collet* » (Baud.). ➛ pronom. En venir aux mains, se colleter. Se quereller violemment. 2 Émouvoir, intéresser profondément. ⇒ **passionner.** ✪ CONTR. ① Lâcher.

empois n. m. – XIIIe ; de *empeser* ▪ Produit à base d'amidon, employé à l'apprêt du linge.

❑ Ce mot vient des formes fortes de *empeser* (ancien présent : *j'empoise*).

empoisonnant, ante adj. – XVIIe ▪ fam. Très ennuyeux, embêtant. *Elle est empoisonnante avec ses questions.*

empoisonnement n. m. – XIIe 1 Ensemble de troubles consécutifs à l'introduction d'un poison dans l'organisme (surtout par la bouche). ⇒ **intoxication.** *Empoisonnement dû à des champignons vénéneux.* ♦ Meurtre par le poison. 2 fam. Embêtement. ⇒ **emmerdement.** « *tous les petits empoisonnements d'une vie tranquille* » (Queneau).

empoisonner v. tr. [1] – XIIe 1 Faire mourir, ou mettre en danger de mort, en faisant absorber du poison. ➛ pronom. Se donner la mort en absorbant du poison. *Mme Bovary s'empoisonna.* ♦ Intoxiquer. *Être empoisonné par des conserves avariées.* 2 Mêler, infecter de poison. *Empoisonner une boisson, un puits.* ➛ *Flèches empoisonnées.* littér. *Un trait empoisonné,* une attaque, une allusion perfide. *Un cadeau empoisonné.* 3 Empuantir, empester. « *Cette odeur de moisissure et d'eau morte* [...] *empoisonne jusqu'à l'air du jardin* » (Bernanos). 4 Altérer dans sa qualité, son agrément. ⇒ **gâcher, gâter.** *Des soucis qui empoisonnent la vie. S'empoisonner l'existence.* 5 fam. Ennuyer. ⇒ **emmerder.** *Arrête de m'empoisonner !*

empoisonneur, euse n. – XIIIe 1 Criminel qui use du poison. 2 fam. et vieilli Personne qui ennuie tout le monde. ⇒ **poison ; emmerdeur.**

empoissonnement n. m. – XVIe ▪ Action d'empoissonner ; son résultat. ⇒ **alevinage.**

empoissonner v. tr. [1] – XIVe ▪ Peupler de poissons. ⇒ **aleviner.** *Empoissonner une rivière.*

emporium [ɑ̃pɔʀjɔm] n. m. – XVIIIe ; mot lat. d'o. gr. ▪ Dans l'Antiquité, Comptoir commercial en pays étranger. *Des emporiums* ou plur. lat. *des emporia.*

emporté, ée adj. – XVIIe ▪ Qui est prompt aux mouvements de colère. ⇒ **coléreux, irascible.** ✪ CONTR. ② Calme, doux.

emportement n. m. – XIIIe 1 vieilli Élan, transport. ⇒ ① **fougue.** « *je vous adore avec un emportement, une frénésie, un délire qu'aucune femme ne m'a jamais inspirés* » (Gaut.). 2 Violent mouvement de colère. ⇒ **fureur, véhémence, virulence.** *Parler, discuter avec emportement.* ✪ CONTR. ① Calme, sang-froid.

emporte-pièce n. m. – XVIIe 1 Outil servant à découper et enlever d'un seul coup des pièces de forme déterminée. ⇒ **découpoir.** *Des emporte-pièces.* 2 loc. adj. *À L'EMPORTE-PIÈCE* : mordant, incisif. « *Le génie du mot à l'emporte-pièce* » (L. Bertrand). *Un caractère à l'emporte-pièce,* sans nuances, entier.

emporter v. tr. [1] – Xe 1 Prendre avec soi et porter hors d'un lieu (un objet, un être inerte). *Les secouristes emportent les blessés.* ⇒ **emmener.** « *Je partais en emportant un panier peu fourni* » (Balz.). ➛ loc. *Vous ne l'emporterez pas au (en) paradis* : je me vengerai tôt ou tard. ➛ *Plat à emporter* (opposé à *à consommer sur place*). *Vente à emporter* (région. [Suisse] *à l'emporter*) (opposé à *à livrer*). ♦ *Il a emporté son secret dans la tombe.* 2 Enlever avec rapidité, violence. ⇒ **arracher, balayer.** « *Une bourrasque d'ouest avait emporté plusieurs marins et deux navires* » (Loti). *La maladie* « *dans une sorte d'aveugle sursaut, emportait trois ou quatre malades* » (Camus). ⇒ **tuer.** ➛ *Emporter la bouche* (fam. *la gueule*) : causer une sensation de brûlure (en parlant d'un mets). ➛ loc. *Emporter le morceau* : réussir, avoir gain de cause. 3 S'emparer de (qqch.) par la force. ⇒ **conquérir, enlever.** *Emporter d'assaut une position.* 4 Entraîner avec force, rapidité. *Le train* « *qui m'emportait vers le front* » (Montherl.). ➛ *Se laisser emporter par l'imagination. Se laisser emporter par la colère.* 5 *L'EMPORTER* : avoir le dessus, se montrer supérieur. ⇒ **gagner, triompher, vaincre.** *Notre équipe l'a emporté par trois buts à un.* ➛ Être supérieur, plus fort. ⇒ **prédominer,** ① **primer.** « *le sentiment l'emporte sur la raison* » (Dumas). ♦ *S'EMPORTER* v. pron. Se laisser aller à des mouvements de colère, à des actes de violence. ⇒ **éclater.** « *C'étaient des peureux qui s'emportaient et qui prenaient le mors aux dents* » (Ste-Beuve). *S'emporter contre qqn.* ✪ CONTR. Apporter, rapporter. Laisser ; arrêter.

empoté, ée adj. et n. – XIXe ; de *en-* et lat. *pautta* « patte » ▪ fam. Maladroit et lent. « *Alice était vraiment empotée, distraite en tout cas* » (Simenon). ➛ n. *Quel empoté !* ✪ CONTR. Adroit, dégourdi.

empoter v. tr. [1] – XVIIe ▪ Mettre (une plante) en pot. ⇒ **rempoter.** ✪ CONTR. Dépoter.

empourprer v. tr. [1] – XVIe ▪ Colorer de pourpre, de rouge, par l'effet de phénomènes naturels. ⇒ **rougir.** *Le soleil empourprait le ciel.* ➛ pronom. « *Tout s'empourpre, tout se dore* » (Jammes). *S'empourprer de honte.* ➛ *Visage empourpré de colère.* ⇒ **cramoisi, rouge.**

empoussiérer v. tr. [6] – XIXe ▪ Recouvrir de poussière. *Un salon empoussiéré.* ⇒ **poussiéreux.** ✪ CONTR. Dépoussiérer.

empreindre v. tr. [52] – XIIIe ; lat. *imprimere* → imprimer ▪ littér. Marquer. « *par rapport au sacré, le profane n'es* *empreint que de caractères négatifs* » (Caillois). ➛ pronom. Porter l'empreinte de. *Son visage s'empreint de douleur.* ✪ CONTR. Effacer.

empreinte n. f. - XIIIe 1 Marque en creux ou en relief laissée par un corps qu'on presse sur une surface. ⇒ **gravure, impression.** *Prendre l'empreinte d'une serrure.* ⇒ ② **moulage.** *Dentiste qui prend les empreintes* (de la mâchoire). ♦ Trace naturelle. « *un tabouret conservait l'empreinte des genoux de l'homme qui lui avait fermé les yeux* » (Dumas fils). « *Reconnaître le renard à ses empreintes* » (Flaub.). ➛ *EMPREINTES DIGITALES :* traces laissées par la pulpe des doigts et qui sont propres à chaque individu, permettant une identification précise. ⇒ **dermatoglyphes ; dactyloscopie.** *Le criminel n'a pas laissé d'empreintes.* ➛ *EMPREINTE GÉNÉTIQUE :* patrimoine génétique inscrit dans l'A.D.N. des cellules, propre à chaque individu, et permettant son identification. 2 Marque profonde, durable. *Marquer qqn de son empreinte.* « *Un peuple reçoit toujours l'empreinte de la contrée qu'il habite* » (Taine). *Cette œuvre porte l'empreinte du génie.*

❑ *Empreinte* est le participe passé substantivé du verbe *empreindre.*

empressé, ée adj. - XVIIe 1 Qui s'empresse, est plein de zèle et de prévenances. ⇒ **attentionné.** « *il était serviable, empressé même, mais pas très adroit* » (Gide). subst. *Il fait l'empressé.* ➛ Qui marque de l'empressement. *Il lui faisait une cour empressée.* 2 littér. *EMPRESSÉ À :* qui s'empresse de, est avide de. « *Beethoven se hâte, comme une terre empressée à produire* » (Herriot). ✪ CONTR. ① Froid, indifférent, négligent.

empressement n. m. - XVIIe 1 Action de s'empresser auprès de qqn. ⇒ **zèle.** « *d'aimables demoiselles* [...] *me reçoivent avec empressement* » (Rouss.). 2 Hâte qu'inspire le zèle. ⇒ **ardeur, diligence.** *Obéir avec empressement. Mettre beaucoup d'empressement à aider qqn.* ✪ CONTR. Froideur, indifférence, lenteur.

empresser (s') v. pron. [1] - XIIe 1 Mettre de l'ardeur, du zèle à servir qqn ou à lui plaire. *S'empresser auprès des jolies femmes.* 2 *S'EMPRESSER DE :* se hâter. ⇒ se **dépêcher.** *Il s'est empressé d'avertir tout le monde.* ✪ CONTR. Négliger.

emprésurer v. tr. [1] - XVIe ▪ Additionner (le lait) de présure, pour le faire cailler. *Lait emprésuré.*

emprise n. f. - XIIe ; lat. *prehendere* « prendre » 1 Mainmise de l'Administration sur une propriété privée. 2 Domination intellectuelle ou morale. ⇒ ② **ascendant, influence.** *Exercer son emprise sur qqn. Agir sous l'emprise de la panique.*

emprisonnement n. m. - XIIIe ▪ Action d'emprisonner ; état d'une personne emprisonnée. ⇒ **détention, incarcération, réclusion ; prison, collocation.** *Peine d'emprisonnement.* ✪ CONTR. Élargissement, libération.

emprisonner v. tr. [1] - XIIe 1 Mettre en prison. ⇒ **écrouer, incarcérer ;** fam. **boucler, coffrer.** *Emprisonner un condamné.* ♦ Enfermer comme dans une prison. ⇒ **cloîtrer.** « *je ne veux pas qu'on emprisonne ce garçon* » (Montaigne). ➛ *Emprisonné dans ses préjugés.* ⇒ **prisonnier.** 2 Tenir à l'étroit, serrer. ⇒ **comprimer, renfermer.** *Le buste emprisonné dans un corset.* ✪ CONTR. Élargir, libérer.

emprunt n. m. - XIIe 1 Action d'obtenir une somme d'argent, à titre de prêt ; ce qui est ainsi reçu. *Faire un emprunt. Rembourser un emprunt.* ⇒ **dette.** ♦ *Emprunt (public) :* acte par lequel l'État ou une collectivité publique demande les fonds nécessaires pour financer des dépenses publiques. *Emprunt communal, d'État. Taux d'un emprunt. Emprunt à 5%. Souscrire à un emprunt.* 2 Action de prendre chez un auteur un thème ou des expressions pour en tirer parti ; thème, expression ainsi utilisés. *Les emprunts que Molière a faits à Plaute.* ♦ Acte par lequel une langue accueille un élément d'une autre langue ; élément (mot, tour) ainsi incorporé. *Emprunt assimilé ; francisé ; traduit.* 3 loc. adj. *D'EMPRUNT :* qui n'appartient pas en propre au sujet. *Un nom d'emprunt :* un faux nom.

emprunté, ée adj. - XIIe ▪ Qui manque d'aisance ou de naturel. ⇒ **contraint, embarrassé.** *Un air emprunté.* « *Timide, emprunté dans la vie, effaré à l'idée des démarches à faire* » (Daud.). ✪ CONTR. Naturel.

emprunter v. tr. [1] - XIIe ; lat. *promutuum* « avance d'argent », de *pro-* « à l'avance » et *mutuus* « qui se fait par voie d'échange, réciproque » 1 Obtenir à titre de prêt ou pour un usage momentané. *Emprunter de l'argent à un ami* (⇒ fam. ② **taper**), *à la banque.* « *souvent réduite à emprunter une jupe pour aller se la faire lever par un homme dégoûtant* » (Volt.). 2 Prendre ailleurs et faire sien. *Mot emprunté à l'anglais.* ➛ « *Mes façons de penser, je les emprunte volontiers : je ne tiens qu'à mes façons de sentir* » (Renard). 3 Prendre (une voie). *Conducteur qui emprunte la voie de gauche.* ➛ *Emprunter les passages souterrains.* ✪ CONTR. Avancer, prêter.

❑ Même famille étym. que *mutuel.*

emprunteur, euse n. et adj. - XIIIe 1 Personne qui emprunte quelque chose, qui fait un emprunt d'argent. ⇒ **débiteur.** *Le prêteur et l'emprunteur.* 2 adj. Qui fait un emprunt linguistique. *La langue emprunteuse.*

empuantir v. tr. [2] - XVe ▪ Remplir d'une odeur infecte. ⇒ **empester.** *Gaz d'échappement qui empuantit l'atmosphère.* « *l'atmosphère empuantie de l'étude* » (Rimb.). ✪ CONTR. Embaumer.

empuse n. f. - XIXe ; gr. *Empousa,* nom d'un spectre 1 Insecte orthoptère marcheur, voisin de la mante. 2 Champignon siphomycète, parasite de certains insectes.

empyème n. m. - XVe ; gr. *puon* « pus » ▪ Amas de pus dans une cavité naturelle. ➛ Pleurésie purulente.

empyrée n. m. - XIVe ; gr. *empur(i)os* « en feu » ▪ Dans la mythologie antique, Partie la plus élevée du ciel qui était le séjour des dieux. ♦ littér. Ciel, monde supraterrestre. ✪ HOM. Empirer.

empyreume n. m. - XVIe ; gr. *pur* « feu » ▪ vx Saveur, odeur forte et âcre que prennent certaines substances organiques soumises à l'action d'un feu violent.

ému, ue adj. - XVe 1 En proie à une émotion plus ou moins vive. *Il se sentait ému.* 2 Qui témoigne d'une émotion. *J'en ai gardé un souvenir ému.* « *d'une voix tremblante et émue* » (Zola). ✪ CONTR. ① Froid, indifférent.

émulation n. f. - XIIIe 1 Sentiment qui porte à égaler ou à surpasser qqn en mérite, en savoir, en travail. ⇒ **concurrence.** *Il y a entre eux une grande émulation.* ⇒ **compétition.** « *en France l'émulation devient vite une sorte de furie qui pousse chaque citoyen à l'abnégation héroïque* » (Gide). 2 Action de simuler, sur un ordinateur, le fonctionnement de (un terminal, un système d'exploitation).

émule n. - XIIIe ; lat. *æmulus* « celui qui cherche à imiter ; rival » ▪ littér. Personne qui cherche à égaler ou à surpasser qqn en qqch. de louable. ⇒ **concurrent.** ♦ Personne d'un mérite égal.

émulseur n. m. - XIXe ▪ Appareil servant à préparer des émulsions.

émulsif, ive adj. - XVIIIe ▪ Qui contient de l'huile sous forme d'émulsion. ♦ Qui facilite la formation d'une émulsion ; qui stabilise une émulsion. ⇒ **émulsifiant.** ➛ n. m. *Un émulsif.*

émulsifiable adj. – 1960 ▪ Que l'on peut émulsionner.

émulsifiant, iante adj. – 1932 ▪ Qui favorise la formation et la stabilisation d'une émulsion. ⇒ **émulsif.** ➝ n. m. *Un émulsifiant.*

émulsifier v. tr. 7 – 1932 ▪ Émulsionner (2°).

émulsine n. f. – XIXe ▪ Enzyme contenu dans les amandes, ayant la propriété d'émulsionner l'huile.

émulsion n. f. – XVIe ; lat. *emulgere* « traire » **1** Préparation liquide tenant en suspension une substance huileuse ou résineuse (ex. lait d'amandes). **2** Mélange hétérogène de deux liquides non miscibles dont l'un forme des gouttelettes microscopiques en suspension dans l'autre. **3** *Émulsion photographique* : couche sensible à la lumière (sur la plaque ou le film). *Sensibilité d'une émulsion* (⇒ **ASA, DIN, ISO).**

❑ *Émulsion* est à rattacher à la racine indo-européenne °*melg-* « traire » que l'on retrouve dans l'anglais *milk* et l'allemand *Milch* « lait ».

émulsionner v. tr. 1 – XVIIe **1** Additionner (une boisson) d'une émulsion. **2** Mettre à l'état d'émulsion (une substance dans un milieu où elle n'est pas soluble). *Émulsionner une sauce.* ⇒ **émulsifier.** **3** Couvrir (le support photographique) de l'émulsion sensible.

① **en** prép. – Xe ; lat. *in* « dans, sur » **I** Préposition marquant en général la position à l'intérieur de limites spatiales, temporelles ou notionnelles. **1** (lieu) ⇒ **dans.** *Les enfants sont en classe. Il ne peut rester en place. Il a un compte en banque. Monter en voiture.* ➝ *Aller, partir en province.* ⇒ **pour.** ➝ *En Allemagne, en Russie, en Iran.* ➝ région. ou affecté *En Avignon, en Arles.* ⇒ **à.** *Être en bonnes mains.* « *Détails oubliés, impressions anciennes vous revenaient en mémoire* » (Alain-Fourn.). *La personne en qui j'ai confiance. Il y a en lui quelque chose d'étrange.* ⇒ **chez.** ♦ Sur. *Mettez un genou en terre.* **2** (matière dans laquelle...) ⇒ ① **de.** *Un buste en marbre. Des chaussettes en laine.* ♦ *Il est fort en mathématiques, docteur en droit.* ⇒ aussi **ès.** *C'est bien beau en théorie.* **3** (temps) ⇒ **à, dans,** ③ **pendant.** *On laboure en automne. C'était en décembre. En quelle année ?* ♦ *J'ai fait ma lettre en dix minutes.* **4** (état, forme, manière) *La France était en guerre. Il est en voyage. Ne vous mettez pas en colère. Être en avance, en retard. Les arbres sont en fleurs. Du sucre en poudre. Une tragédie en cinq actes.* ♦ *Il parle en connaisseur.* **5** (progression) « *Je vais de fleur en fleur, et d'objet en objet* » (La Font.). *Son état empirait d'heure en heure.* ♦ *De minute en minute les cours s'effondraient.* **II** dans des loc. adv. *Cela fait en tout dix mille francs. En général, en particulier. C'est vrai en gros. Faire les choses en grand. En vain. En avant ou en arrière. De bas en haut. De mal en pis.* **III** (devant le verbe au p. prés.)*Ronfler en dormant. En attendant.* « *On a dit beaucoup de mal de Rousseau et de ses* Confessions *tout en les goûtant* » (Ste-Beuve). ✪ HOM. An, han.

❑ Pour la position en un lieu, *en* a tendance à remplacer *à* et *dans* : *être en salle, en cuisine.* Ces emplois sont négligés. ♦ *Entrer en politique* → ② politique (rem.).

② **en** pron. et adv. – Xe ; lat. *inde* ▪ Pronom adverbial représentatif d'une chose, d'un énoncé, et quelquefois d'une personne. **I** (compl. de verbe) **1** Indique le lieu d'où l'on vient, la provenance, l'origine. « *De ce lieu-ci je sortirai. Après quoi je t'en tirerai* » (La Font.). *Aller chez lui ? Mais j'en viens ! Il en tirera un joli bénéfice.* ♦ (cause, agent) *Il vaut mieux en rire qu'en pleurer. J'ai trop de soucis, je n'en dors plus. J'en ai été étonné.* **2** (objet) « *Posséder un objet, c'est pouvoir en user* » (Sartre). *Ce voyage, je m'en souviendrai ! Il faut en parler. Passez, je vous en prie.* **3** (dans diverses loc. verb.) *On s'en ira* [ʒsɑ̃niʀa]. *Je m'en tiens là. On n'en finit pas. Je m'en remets à vous.* **II** (compl. de n., ou servant d'appui à des quantitatifs et des indéf.) « *Nourri dans le sérail, j'en connais les détours* » (Rac.). ➝ *Les belles soles ! mettez-m'en, donnez-m'en six.* « *Tu en aimes un autre !* » (Daud.). ♦ *En être* : être homosexuel. **III** (compl. d'adj.) *Il ne sait plus où mettre ses livres, sa maison en est pleine. Venez me voir, j'en serai ravi. Il en est bien capable.*

en- Élément, du lat. *in* « dans », servant, avec le radical substantif qu'il précède, à la formation de verbes composés (var. *em-* devant *b, m, p*).

enamourer (s') [ɑ̃namuʀe ; enamuʀe] ou **énamourer (s')** [enamuʀe] v. pron. 1 – XIIe ; de *en-* et *amour* ▪ vieilli ou plaisant S'éprendre. « *toutes les donzelles qui ont la fantaisie de s'enamourer de moi* » (Gaut.). ➝ p.p. adj. Amoureux, langoureux. *D'un air enamouré.*

énanthème n. m. – XIXe ; gr. *anthos* « fleur » ▪ Taches rouges que l'on observe sur les muqueuses dans certaines maladies infectieuses. ⇒ **exanthème.**

énantiomorphe adj. – XIXe ; gr. *enantios* « opposé » et *-morphe* ▪ Formé de parties identiques disposées dans un ordre inverse par rapport à un point, un axe ou un plan de symétrie. *Le pied droit et le pied gauche sont énantiomorphes.*

énarchie n. f. – 1967 ▪ par plais. Pouvoir des énarques de la haute fonction publique.

énarque n. – 1967 ▪ fam. Ancien élève de l'École nationale d'administration ou E. N. A. ⇒ **technocrate.** « *ces énarques qui croient qu'ils n'ont rien à apprendre* » (R. Gary).

énarthrose n. f. – XVIe ; gr. « action d'articuler » ▪ Articulation mobile à surfaces sphériques, l'une convexe et l'autre concave, qui permet aux os des mouvements dans trois directions principales.

en-avant [ɑ̃navɑ̃] n. m. inv. – XIXe ▪ Au rugby, Faute commise par un joueur qui lâche le ballon devant lui, ou le passe à un partenaire situé en avant de lui.

en-but n. m. inv. – 1932 ▪ Partie du terrain de rugby située derrière la ligne des buts. *Ballon posé dans l'en-but.* ⇒ **essai.**

encabaner v. tr. 1 – XIXe ▪ Garnir (les claies d'élevage des vers à soie) de petites cabanes de branchage où les vers feront leurs cocons.

encablure n. f. – XVIIIe ▪ Ancienne mesure de longueur utilisée pour les câbles des ancres, pour l'estimation des petites distances, qui valait environ 200 m. *La felouque* « *passa à une encablure de notre poupe* » (Chateaub.).

❑ *Encablure,* bien que formé sur *câble,* n'a pas d'accent circonflexe.

encadré n. m. – 1972 ▪ Dans un journal, un livre, Texte mis en valeur par un filet qui l'isole du texte environnant.

encadrement n. m. – XVIIIe **1** Action d'entourer, d'orner d'un cadre (un tableau, une photo, etc.). ♦ Ornement servant de cadre. ➝ fig. « *L'encadrement de toute œuvre, c'est son époque* » (Renan). **2** Ce qui entoure une ouverture. *Elle apparut dans l'encadrement de la porte.* ⇒ **embrasure.** **3** Action d'encadrer (un objectif de tir). **4** Action d'encadrer un groupe. *L'encadrement des recrues. Personnel d'encadrement.* **5** *Encadrement du crédit* : limitation des crédits accordés aux entreprises par les banques.

encadrer v. tr. 1 – XVIIIe **1** Mettre dans un cadre, entourer d'un cadre. *Faire encadrer une gravure.* ♦ loc. fam. *Ne pas pouvoir encadrer qqn,* le détester. **2** Entourer à la manière d'un cadre qui orne ou limite. « *Ses cheveux encadraient de leurs rouleaux légers cette figure* » (Balz.). ➝ pronom. *La silhouette s'encadrai* *dans la porte.* ♦ Se placer de part et d'autre de (qqn). « *Ses fils l'encadraient en silence* » (Mart. du G.). 3 *Encadrer un objectif :* régler le tir en amenant les trajectoires de plus en plus près de l'objectif. 4 Pourvoir de cadres (une troupe). *Des soldats bien encadrés.* ♦ Diriger, organiser pour le travail (⇒ **cadre**). *Encadrer plusieurs employés.* ✪ CONTR. Désencadrer.

encadreur, euse n. – XIXe ▪ Artisan qui exécute et pose des cadres (de tableaux, gravures, photos, etc.).

encager v. tr. [3] – XIIIe ▪ Mettre en cage (une bête). ➤ Enfermer, emprisonner.

encagouler v. tr. [1] – 1949 ▪ Revêtir la tête de (qqn) d'une cagoule. *Braqueurs encagoulés.* ⇒ **cagoulé.**

encaissable adj. – XIXe ▪ Qui peut être encaissé.

encaisse n. f. – XIXe ▪ Sommes, valeurs qui sont dans la caisse ou en portefeuille. *Encaisse d'une maison de commerce.* ➤ *L'encaisse métallique :* les valeurs en or et en argent qui, dans les banques d'émission, servent de garantie aux billets.

encaissement n. m. – XVIIIe 1 Action d'encaisser (de l'argent, des valeurs). ⇒ **perception,** ① **recouvrement.** *Remettre un chèque à l'encaissement.* 2 État de ce qui est encaissé. *L'encaissement du lit d'une rivière, d'une vallée.*

encaisser v. tr. [1] – XVIe 1 rare Mettre dans une caisse. ⇒ **emballer.** 2 Recevoir, toucher (de l'argent, le montant d'une facture). ➤ Toucher la valeur de (un effet de commerce). *Encaisser un chèque.* 3 fam. Recevoir (des coups). *Encaisser un direct.* ➤ *Boxeur qui encaisse bien, qui sait encaisser.* ♦ Supporter. *Une humiliation qu'il n'a pas encaissée.* ⇒ fam. **digérer.** ♦ Supporter, aimer. *Je ne peux pas encaisser ce type.* ⇒ **sentir.** 4 Resserrer en bordant des deux côtés. ➤ *Un fleuve jaune qui « était profondément encaissé »* (Chateaub.). ♦ Resserrer (un cours d'eau) entre des digues ; creuser (une route). ✪ CONTR. Décaisser, payer.

encaisseur n. m. – XIXe ▪ Employé qui va à domicile encaisser des sommes. *Il avait commis des « attaques à main armée, toujours contre des encaisseurs de banque »* (Simenon).

encalminé, ée adj. – XIXe ▪ Se dit d'un navire à voiles immobilisé par un temps calme, ou à l'abri.

encan (à l') loc. adv. – XIVe ; lat. *in quantum* « pour combien » ▪ vieilli En vente aux enchères publiques. *Mettre, vendre à l'encan.* ♦ Livré au plus offrant. *La justice était à l'encan.*

encanaillement n. m. – XIXe ▪ Fait de s'encanailler.

encanailler (s') v. pron. [1] – XVIIe ▪ Fréquenter des gens douteux et imiter leurs manières.

encapuchonner v. tr. [1] – XVIe ▪ Couvrir d'un capuchon, comme d'un capuchon. ➤ « *la tête encapuchonnée de serviettes* » (Mart. du G.). ♦ S'ENCAPUCHONNER v. pron. Se couvrir d'un capuchon. ➤ *Cheval qui s'encapuchonne,* qui ramène la tête contre le poitrail pour se dérober à l'action du mors.

encaquer v. tr. [1] – XVIe ▪ Mettre (des harengs) en caque.

encart n. m. – XIXe ▪ Feuille volante ou petit cahier que l'on insère dans une publication. *Un encart publicitaire.*

encartage n. m. – XIXe ▪ Action d'encarter (un encart, un tissu, des boutons).

encarter v. tr. [1] – XVIIe 1 Insérer (un carton, un encart) entre les feuillets d'un volume. *Encarter un dépliant dans une revue.* 2 Fixer sur un carton. *Encarter des boutons.*

encarteuse n. f. – XIXe ▪ Machine qui fixe des objets sur des cartons.

en-cas n. m. inv. – XVIIIe ▪ Repas léger préparé pour être consommé en cas de besoin. *Emporter un en-cas.*

encaserner v. tr. [1] – XVIIIe ▪ Mettre, loger dans une caserne. *Encaserner les recrues.*

encastrable adj. – mil. XXe ▪ Conçu pour être encastré. *Four encastrable.*

encastrement n. m. – XVIIe ▪ Action, manière d'encastrer ; entaille d'une pièce destinée à recevoir une autre pièce.

encastrer v. tr. [1] – XVIe ; lat. *castrum* « forteresse » ▪ Insérer, loger dans un objet ou une surface exactement taillés ou creusés à cet effet. ⇒ **emboîter, enchâsser.** *Encastrer des éléments de cuisine. Four à encastrer.* ⇒ **encastrable.** « *la généralisation des baignoires encastrées* » (Aragon). ♦ pronom. *La voiture est venue s'encastrer sous le camion.*

encaustiquage n. m. – 1907 ▪ Action d'encaustiquer. *Encaustiquage des meubles.*

encaustique n. f. – XVIe ; gr. *egkaiein* « brûler » 1 Procédé de peinture où l'on employait des couleurs délayées dans de la cire fondue. 2 Préparation à base de cire et d'essence de térébenthine qu'on utilise pour entretenir et faire reluire le bois. « *un escalier qui embaumait l'encaustique* » (Mart. du G.).

encaustiquer v. tr. [1] – XIXe ▪ Passer à l'encaustique. ⇒ **cirer.**

encavage n. m. – XVIIe ▪ région. (Suisse) Action de mettre en cave des aliments. *Fromages d'encavage.*

encaver v. tr. [1] – XIIIe ▪ Mettre en cave (du vin).

enceindre v. tr. [52] – XIIIe ; lat. *incingere* ▪ Entourer d'une enceinte. ⇒ **ceindre, enclore.** ➤ « *Encore aujourd'hui Guérande est enceinte de ses puissantes murailles* » (Balz.).

① **enceinte** n. f. – XIIIe 1 Ce qui entoure un espace à la manière d'une clôture et en défend l'accès. ⇒ **ceinture.** *Une enceinte de fossés, de pieux. Le mur d'enceinte d'une place forte.* ⇒ **rempart.** 2 L'espace ainsi délimité. *Animaux vivant dans l'enceinte d'un parc. Pénétrer dans l'enceinte d'une église.* ➤ Salle plus ou moins vaste et fermée. *Enceinte réservée.* 3 *Enceinte acoustique,* utilisant plusieurs haut-parleurs, chacun muni d'un filtre correspondant à son registre. ⇒ **baffle.**

② **enceinte** adj. f. – XIIe ; lat. *incincta* « entourée d'une ceinture » ▪ Qui est en état de grossesse. *Elle est enceinte de trois mois.* « *ce n'est pas lui qui aurait chassé une femme qu'il aurait mise enceinte* » (Huysm.). ⇒ vulg. **engrosser.** ➤ fam. *Elle est enceinte jusqu'aux yeux,* très grosse, en fin de grossesse.

encens n. m. – XIIe ; lat. *incensum* « ce qui est brûlé » ▪ Substance résineuse aromatique, qui brûle en répandant une odeur pénétrante. *Église qui sent l'encens.* « *un plein coffre de petits bâtons d'encens* » (Tournier).

❑ Le *s* final ne se prononce pas.

encensement n. m. – XIIIe ▪ Action d'encenser. ♦ *Il lui fallait « l'admiration de tous, des hommages, un encensement de tendresse »* (Maupass.).

encenser v. tr. [1] – XIe 1 Honorer en brûlant de l'encens, en agitant l'encensoir. « *Le prêtre fait le tour* *du catafalque, l'encense* » (Huysm.). 2 Honorer d'hommages excessifs, accabler de louanges et de flatteries.

encenseur, euse n. – XIVe ■ Personne chargée de l'encensoir. ⇒ **thuriféraire.**

encensoir n. m. – XIVe ■ Sorte de cassolette suspendue à des chaînettes dans laquelle on brûle l'encens. *Les thuriféraires « balançaient dans les airs leurs encensoirs, où fumaient les parfums de l'Yémen »* (Nerval). ♦ loc. (vieilli) *Manier l'encensoir :* louer, flatter avec excès.

encépagement n. m. – 1922 ■ Cépages qui composent un vignoble.

encéphale n. m. – XVIIe ; gr. *egkephalos* ■ Ensemble des centres nerveux contenus dans la cavité crânienne, comprenant le cerveau, le cervelet et le tronc cérébral.

encéphaline → **enképhaline**

encéphalique adj. – XVIIIe ■ Qui appartient à l'encéphale.

encéphalite n. f. – XIXe ■ Inflammation de l'encéphale.

encéphalogramme n. m. – 1946 ■ Cliché radiologique de l'encéphale.

encéphalographie n. f. – 1927 ■ Radiographie de l'encéphale. ➤ *Encéphalographie gazeuse :* examen des ventricules cérébraux par injection de gaz dans les régions sous-occipitale ou lombaire.

encéphalomyélite n. f. – 1971 1 Inflammation du névraxe. 2 Maladie virale du cheval et d'autres animaux, parfois contagieuse pour l'homme.

encéphalopathie n. f. – XIXe ■ Affection du cerveau, de nature non inflammatoire.

encerclement n. m. – XVIe ■ Action d'encercler, fait d'être encerclé.

encercler v. tr. [1] – XIIe ■ Entourer d'un cercle d'alliances (un pays qui se juge menacé). ♦ Cerner de toutes parts à la suite de manœuvres d'enveloppement. *Encercler l'ennemi. La maison est encerclée par la police.* ⇒ **boucler.**

enchaînement n. m. – XIVe 1 Série de choses qui s'enchaînent, sont entre elles dans un certain rapport de dépendance. ⇒ **chaîne, succession.** « *Après l'enchaînement de tant de calamités* » (Volt.). 2 Caractère lié, rapport entre les éléments. ⇒ **liaison, suite.** *L'enchaînement des mots dans la phrase.* ⇒ **agencement, ordre.** *L'enchaînement des idées dans un exposé.* ⇒ **association.** 3 Texte qui fait le lien entre deux parties d'un spectacle, d'une émission.

enchaîner v. tr. [1] – XIe 1 Attacher avec une chaîne. *Enchaîner des prisonniers.* 2 Asservir, mettre sous une dépendance. ⇒ **assujettir, soumettre.** *Enchaîner la liberté. Enchaîner la presse.* ⇒ **bâillonner, museler.** « *Un sénat secret et esclave, une presse enchaînée* » (Chateaub.). ♦ Attacher, retenir en un lieu. « *Une mystérieuse destinée l'enchaînait ici* » (Mart. du G.). 3 Unir par l'effet d'une succession naturelle ou le rapport de liens logiques. ⇒ **coordonner, lier.** *Enchaîner des idées, des mots.* pronom. *Les événements s'enchaînèrent rapidement.* ⇒ se **succéder,** se **suivre.** ♦ Au théâtre, Reprendre la suite des répliques après une interruption. *On enchaîne !* ➤ Passer d'une séquence à une autre, au cinéma. ✪ CONTR. Désenchaîner. ① Détacher.

enchanté, ée adj. – XVIIe 1 Magique. *Le monde enchanté des contes de fées.* « *La Flûte enchantée* », *opéra de Mozart.* 2 Très content, ravi. *Je suis enchanté de mon séjour. Enchanté de faire votre connaissance, enchanté.*

enchantement n. m. – XIIe 1 Opération magique consistant à enchanter ; effet de cette opération. ⇒ ② **charme, ensorcellement, sortilège.** « *Un mauvais sort comme ceux qu'il y a dans les contes, contre quoi on ne peut rien jusqu'à ce que l'enchantement ait cessé* » (Proust). ➤ loc. *Comme par enchantement :* d'une manière inattendue, comme par magie. *Disparaître comme par enchantement.* ♦ Charme puissant. « *Tous les enchantements de l'imagination* » (Chateaub.). 2 État de celui qui est enchanté, joie extrêmement vive. ⇒ **émerveillement, ravissement.** ♦ Sujet de joie, chose qui fait un immense plaisir. ⇒ **délice, merveille.** *Ce spectacle est un enchantement.* ✪ CONTR. Désenchantement.

enchanter v. tr. [1] – XIIe ; lat. *incantare* 1 Soumettre à une action surnaturelle par l'effet d'une opération magique. ⇒ **charmer, ensorceler.** *Enchanter qqn au moyen de sortilèges.* ♦ Soumettre à un charme irrésistible et inexplicable. ⇒ **envoûter, subjuguer.** « *Enchanté, tourmenté et comme possédé par le démon de mon cœur* » (Chateaub.). 2 Remplir d'un vif plaisir, satisfaire au plus haut point. ⇒ **ravir.** *Vos propositions ne m'enchantent guère.* ✪ CONTR. Désenchanter.

enchanteur, teresse n. et adj. – XIe 1 Personne qui pratique des enchantements. ⇒ **magicien, sorcier.** *Merlin l'Enchanteur.* ♦ Personne douée d'un charme irrésistible. 2 adj. Qui enchante, est extrêmement séduisant. ⇒ **charmant, ensorcelant.** *Un spectacle enchanteur.* « *le contour d'une gorge enchanteresse* » (Rouss.). ✪ CONTR. Désagréable.

> ❑ Comme *enchanteur,* quelques noms en *-eur* ont leur féminin en *-eresse* (*-eur* + *-esse*). Ce sont des mots juridiques (ex. *bailleur, bailleresse ; défendeur, défenderesse ; codemandeur, codemanderesse*), des mots bibliques (*pécheur, pécheresse*) et des mots poétiques (*chasseur, chasseresse ; vengeur, vengeresse*).

enchâssement n. m. – XIVe ■ Action d'enchâsser, manière dont une chose est enchâssée.

enchâsser v. tr. [1] – XIIe 1 Mettre (une pierre précieuse) dans une monture. ⇒ **monter, sertir.** ♦ Encastrer, fixer (dans une entaille, un châssis, un encadrement). ♦ Insérer. *Phrase enchâssée dans une autre.* pronom. « *L'élégie vient s'enchâsser dans les discours des personnages* » (Faguet). 2 Mettre (des reliques) dans une châsse. ✪ CONTR. ① Sortir.

enchâssure n. f. – XVe ■ Ce dans quoi une chose est enchâssée.

enchausser v. tr. [1] – XVIIIe ■ Couvrir (des légumes) de paille, de fumier, en vue de les faire blanchir ou de les garantir de la gelée. ⇒ ② **pailler.**

enchère n. f. – XIIIe 1 Offre d'une somme supérieure à la mise à prix ou aux offres précédentes, au cours d'une adjudication. *Vente aux enchères.* ⇒ **licitation.** *Pousser, faire monter les enchères.* « *s'ils décidaient de pousser l'enchère beaucoup plus haut* » (Romains). ♦ loc. *Mettre* (qqch.) *aux enchères :* vendre au plus offrant (ses services, son travail...). 2 À certains jeux de cartes, Demande supérieure à celle de l'adversaire. *Le système des enchères au bridge.*

enchérir v. intr. [2] – XIIe 1 vieilli Devenir plus cher. ⇒ **augmenter, renchérir.** 2 Mettre une enchère. *Enchérir sur qqn :* faire une enchère plus élevée. ♦ Aller audelà de ce qu'une autre personne a dit ou fait. ⇒ **dépasser, renchérir.** ✪ CONTR. Diminuer.

enchérisseur, euse n. – XIVe ■ Personne qui fait une enchère.

enchevaucher v. tr. [1] - XVIIIe ▪ Faire joindre par recouvrement (des planches, des ardoises, des tuiles).

enchevêtrement n. m. - XVIe 1 Disposition de choses enchevêtrées. ➛ Amas, réseau de choses enchevêtrées. *Un enchevêtrement de ruelles.* ⇒ **labyrinthe.** *Un enchevêtrement inextricable de ronces et de lianes.* 2 Complication, désordre. *L'enchevêtrement de la situation.* ⇒ **embrouillamini, imbroglio.**

enchevêtrer v. tr. [1] - XIIe ; de *en-* et *chevêtre* 1 vx Munir (un cheval) d'un licou. 2 Assembler (des solives) avec un chevêtre. 3 Engager l'une dans l'autre (diverses choses) de façon désordonnée. ⇒ **embrouiller, emmêler.** pronom. « *les arbres s'enchevêtrent, leurs ronces se chevauchent* » (Cocteau). ➛ *Des ronces enchevêtrées.* ♦ fig. « *Son art d'enchevêtrer les situations, de brouiller l'intrigue* » (Henriot). ✪ CONTR. Démêler.

enchevêtrure n. f. - XIVe 1 Assemblage de solives disposées de façon à ménager une trémie. 2 Blessure du cheval au pli du paturon.

enchifrené, ée adj. - XIIIe ; de *chanfrein* ▪ vieilli Qui a le nez embarrassé par un rhume de cerveau. *Je suis tout enchifrené.*

enclave n. f. - XIVe 1 Terrain entouré par des fonds appartenant à d'autres propriétaires. ♦ Territoire enfermé dans un autre. *Ceuta* « *constitue une enclave espagnole en territoire marocain* » (Tournier). 2 Partie d'un dégagement qui empiète sur une pièce habitable. 3 Fragment de roche étrangère à la masse où il est englobé. ⇒ **inclusion.**

enclavement n. m. - XVe ▪ Fait d'être enclavé. ♦ Blocage d'un corps étranger dans un tissu ou un organe. *Enclavement d'un calcul.*

enclaver v. tr. [1] - XIIIe ; lat. *clavis* « clé » ▪ Contenir, entourer (une autre terre) comme enclave. ♦ Enclore, enfermer. « *des chemins pierreux enclavés entre des champs* » (From.). ✪ CONTR. Désenclaver.

enclenche n. f. - XIXe ▪ Entaille ménagée dans une pièce en mouvement, et dans laquelle pénètre un élément d'une autre pièce que la première doit entraîner.

enclenchement n. m. - XIXe 1 Dispositif mécanique, électrique, destiné à rendre solidaires diverses pièces d'un mécanisme ou divers appareils. 2 Action d'enclencher, de s'enclencher. ➛ *L'enclenchement d'un processus.*

enclencher v. tr. [1] - XIXe ; de *en-* et *clenche* ▪ Faire fonctionner (un mécanisme) en faisant intervenir l'enclenchement. *Enclencher la première et démarrer.* ⇒ **passer.** pronom. *Mécanisme qui s'enclenche.* ♦ ⇒ **engager.** *L'affaire est enclenchée.*

enclin, ine adj. - XIe ; lat. *inclinare* → incliner ▪ *Enclin à* : porté, par un penchant naturel et permanent, à. ⇒ **disposé, porté.** « *elle ne paraissait guère encline à communiquer* » (Tournier).

encliquetage n. m. - XVIIIe ▪ Dispositif mécanique destiné à entraîner dans un sens un organe de rotation et à empêcher la rétrogradation du mouvement.

encliqueter v. tr. [4] - XVIIIe ▪ Bloquer (un mécanisme) en faisant jouer l'encliquetage.

enclitique n. m. - XVIIIe ; gr. *enklinein* « incliner » ▪ Mot qui prend appui sur le précédent et forme avec lui une seule unité accentuelle (ex. ce dans qu'est-ce ?).

> ❑ Masculin dans le dictionnaire de l'Académie en 1798, *enclitique* y est ensuite féminin (1835) puis, à nouveau, masculin (1874, 1932).

enclore v. tr. [45] ; p. prés. *enclosant* - XIe ; lat. *includere* → clore, inclure 1 Entourer d'une clôture. ⇒ **clôturer.** 2 littér. Enfermer rigoureusement. « *il lui fallait enclore sa vie dans les bornes les plus strictes* » (Duham.). ➛ « *Elle vivait enclose dans son univers* » (Mart. du G.). ⇒ **reclus.** ✪ CONTR. Déclore.

enclos n. m. - XIIIe 1 Espace de terrain entouré d'une clôture. ⇒ ② **clos, corral, parc.** « *un vaste enclos planté de fruitiers, papayers* » (Le Clézio). ♦ Petit domaine. 2 Clôture, enceinte. « *Un enclos de pierres sèches* » (Flaub.).

enclouage n. m. - XVIIIe ▪ Enfoncement d'un clou dans les fragments d'un os fracturé, afin de les maintenir en bonne position.

enclouer v. tr. [1] - XIIe 1 Blesser avec un clou (un animal qu'on ferre). 2 Maintenir (des fragments d'os) par l'enclouage.

enclouure n. f. - XIIe ▪ Blessure d'un cheval encloué.

> ❑ Un des rares mots français, avec *nouure,* où deux *u* se suivent.

enclume n. f. - XIIe ; lat. *incus* 1 Masse de fer aciéré, montée sur billot, sur laquelle on bat les métaux. ⇒ **bigorne.** *Au fond* « *il y avait l'enclume, la forge, le grand soufflet noir, tout* » (Bosco). ➛ Outil ou pièce d'un instrument destiné à recevoir un choc. *Enclume de cordonnier.* ♦ loc. *Être entre le marteau et l'enclume,* pris entre deux camps adverses et exposé aux coups des deux côtés. 2 L'un des osselets de l'oreille, entre le marteau et l'étrier.

encoche n. f. - XVIe ▪ Petite entaille ou découpure. ⇒ ① **coche.** « *un tronc de palmier creusé d'encoches* » (Tournier). ♦ Découpe dans la tranche d'un livre pour faciliter la consultation. *Les encoches d'un répertoire.*

encocher v. tr. [1] - XIIe 1 Faire une encoche à (une pièce métallique, une clé, etc.). 2 Appliquer (une flèche) par la coche du talon à la corde de l'arc. ✪ CONTR. ① Décocher.

encodage n. m. - v. 1960 ▪ Processus de production d'un message selon un système de signes (code*). ⇒ **codage.** ♦ Production d'une phrase dans une langue naturelle. ✪ CONTR. Décodage.

> ❑ L'*encodage* d'une phrase dans une langue étrangère est le *thème.*

encoder v. tr. [1] - v. 1960 ▪ Constituer, produire selon un code*. ➛ Coder (une information) au moment de la saisie. ✪ CONTR. Décoder.

encodeur n. m. - v. 1960 ▪ didact. Système fonctionnel (machine ou personne) effectuant une opération d'encodage*. ✪ CONTR. Décodeur.

encoignure [ɑ̃kɔɲyʀ ; ɑ̃kwaɲyʀ] n. f. - XVIe ; de *coin* 1 Angle intérieur formé par la rencontre de deux pans de mur. ⇒ **coin.** « *Le lit était placé dans l'encoignure* » (Bosco). *L'encoignure d'une porte.* 2 Petit meuble conçu pour être placé dans l'angle d'une pièce.

> ❑ Écrit longtemps *encoignure* ou *encognure* (encore dans certains dictionnaires). L'ancienne graphie *ign,* disparue dans *campagne (campaigne), montagne (montaigne)* et conservée dans *encoignure, oignon,* notait le *n* mouillé [ɲ] : Académie XVIIIe s. « on ne prononce point l'*i* ». La graphie *encoignure* a entraîné, sous l'influence de *coin,* la prononciation la plus fréquente [ɑ̃kwaɲyʀ], mais [ɑ̃kɔɲyʀ] est recommandé par les puristes. → oignon (rem.).

encollage n. m. - XVIIIe ▪ Action d'encoller ; son résultat. ➛ Apprêtage des fils de chaîne avant tissage.

encoller v. tr. [1] - XIVe ▪ Enduire (du papier, des tissus, du bois) de colle, de gomme, d'apprêt. *Papier vendu encollé.* ⇒ **préencollé.** ➛ Tremper les feuillets de (un livre) dans un apprêt qui donne au papier plus de résistance et le préserve des rousseurs.

encolleur, euse n. – XIXe ▪ Personne travaillant à l'encollage des tissus. ♦ n. f. Machine à encoller les tissus.

encolure n. f. – XVIe ; de *col* « cou » 1 Partie du corps (du cheval et de certains animaux) qui s'étend entre la tête, le garrot, les épaules et le poitrail. ♦ Longueur de cette partie du corps du cheval. *Il a gagné d'une encolure.* 2 Cou de l'homme (considéré dans sa grosseur, sa force). ♦ Largeur du col (d'un vêtement). *Une chemise d'encolure 39.* 3 Partie du vêtement par où passe la tête. *Robe à encolure échancrée.* ⇒ **décolleté.** « *son cou nu dans l'encolure de sa robe d'été* » (Duras). 4 Hauteur du milieu (d'une varangue) audessus de la quille.

encombrant, ante adj. – XVIIe ▪ Qui encombre, prend de la place. ⇒ **embarrassant.** *Un colis léger mais encombrant.* ⇒ **volumineux.** « *Un éléphant, c'est très encombrant. Chez moi, c'est tout petit* » (St-Exup.). ♦ fig. Importun, pesant. *Une famille encombrante.*

encombre (sans) [sɑ̃zɑ̃kɔ̃bʀ] loc. adv. – XVIe ▪ Sans rencontrer d'obstacle, sans ennui, sans incident. *Voyage sans encombre.* « *nous arrivâmes sans encombre dans la cour de la préfecture de police* » (Chateaub.).

encombré, ée adj. – XIIe 1 Où il y a de l'encombrement. « *son bureau particulier, antre obscur, encombré de registres centenaires* » (Maurois). ♦ fig. *Standard encombré.* ⇒ **saturé.** 2 Gêné par un encombrement (4°). *Avoir les bronches encombrées.*

encombrement n. m. – XIIe 1 État de ce qui est encombré. « *l'encombrement tumultueux du port* » (Daud.). 2 Amas de choses qui encombrent. *Un encombrement de livres.* ♦ Afflux de véhicules qui gêne le trafic. ⇒ **embouteillage.** *Être pris dans un encombrement.* ⇒ **bouchon, engorgement.** « *un encombrement qui tenait le centre de la place* » (Aragon). 3 Dimensions, volume qui font qu'un objet encombre plus ou moins. *Encombrement réduit.* 4 Accumulation de mucosités, de sérosités dans les voies respiratoires. ✪ CONTR. Dégagement.

encombrer v. tr. [1] – XIe ; de *en-* et gaul. *combre* « abattis d'arbres » I - 1 Remplir en s'entassant, en constituant un obstacle à la circulation, au libre usage des choses. ⇒ **gêner, obstruer.** *Des camions encombrent la rue.* ⇒ **embouteiller.** *Table encombrée de livres. N'encombrez pas le passage, circulez !* ♦ fig. Surcharger. *Mauvais souvenirs qui encombrent la mémoire.* 2 Gêner (qqn) en occupant trop de place, en le privant de la liberté de ses mouvements. *Ces paquets m'encombrent.* II - 1 Remplir (qqch.) d'objets qui encombrent. *Encombrer un couloir de meubles, avec des meubles.* 2 Gêner (qqn) avec des objets qui encombrent. *Je ne veux pas vous encombrer de ce colis, avec ce colis.* 3 Gêner (par qqch. qui prend trop de place). *N'encombrez pas la mémoire des enfants.* ⇒ **charger.** ♦ v. pron. réfl. *S'ENCOMBRER DE* : s'embarrasser de. *S'encombrer de bagages inutiles.* ➤ fig. « *À quoi bon s'encombrer de tant de souvenirs* » (Flaub.). ✪ CONTR. Désencombrer ; débarrasser, dégager.

encontre (à l') loc. adv. – Xe ; lat. 1 Contre cela, en s'opposant à la chose. *Je n'irai pas à l'encontre.* 2 loc. prép. *À L'ENCONTRE DE* : contre, à l'opposé de. « *Le parti pris de faire du bien va à l'encontre du but cherché* » (Maurois). ➤ rare Au contraire de. « *À l'encontre de l'homme, la femme...* » (Proudh.).

encorbellement n. m. – XIVe ; de *corbeau* (3°) ▪ Position d'une construction (balcon, corniche, tourelle) en saillie sur un mur ; cette construction. *Balcon en encorbellement.*

encorder (s') v. pron. [1] – XIIe ▪ S'attacher avec une même corde pour constituer une cordée. *Les alpinistes se sont encordés.*

encore adv. – XIe ; lat. 1 Adverbe de temps, marquant la persistance d'une action ou d'un état au moment considéré. *Le voleur court encore.* ⇒ **toujours.** *Vous êtes encore là ? Il est encore jeune.* ♦ En tour négatif, marque que ce qui doit se produire ne s'est pas, pour le moment, produit. *Nous n'avons encore rien décidé.* ➤ *PAS ENCORE* : indique la persistance d'une absence d'état, d'action. *Il ne fait pas encore jour. As-tu fini ? – Pas encore.* 2 Adverbe marquant une idée de répétition ou de supplément. ⇒ **re-.** *Vous vous êtes encore trompé. Vous prendrez bien encore un verre ? Encore un peu.* ➤ « *ce n'est pas le tout qu'il me loue une maison, il faut encore qu'il paye mes dettes* » (Dumas fils). ➤ *Mais encore ?* se dit pour demander des précisions. *Et puis quoi encore ?* marque l'indignation devant une demande exagérée. ♦ (Avec un verbe marquant accroissement ou diminution) Davantage. *Il faut creuser encore.* ➤ Avec un comparatif, marque un renchérissement. *Ça va encore plus mal. C'est encore pire que je ne croyais.* 3 Introduisant une restriction. *Cinq millions, ce n'est pas cher, encore faut-il les avoir.* ➤ *Si encore il faisait un effort, on lui pardonnerait.* 4 loc. conj. littér. *Encore que* : bien que, quoique. *Il est bel homme, encore qu'un peu petit.* ✪ CONTR. Déjà.

❑ Écrit parfois *encor* en poésie. Dès le XVe s., le *e* final de certains adverbes et prépositions s'est amuï, d'où de nombreux doublets, utilisés surtout en poésie pour des raisons de compte syllabique : doublets disparus *(derriere / derrier, arriere / arrier)*, conservés dans *encore / encor, or / ores (d'ores et déjà), onc / oncques / onques.*

encorné, ée adj. – XIIIe 1 rare Qui a des cornes. 2 Qui se produit à la corne du sabot. *Javart encorné.*

encorner v. tr. [1] – XVIe ▪ Frapper, blesser à coups de cornes.

encornet n. m. – XVIe ▪ Calmar.

encourageant, ante adj. – XVIIIe ▪ Qui encourage, est propre à encourager. ⇒ **stimulant.** *Un succès encourageant.* ✪ CONTR. Décourageant.

encouragement n. m. – XIIe 1 Action d'encourager. ⇒ **incitation.** *Cris, signes d'encouragement.* 2 Acte, parole qui encourage. ⇒ ① **aide, appui, soutien.** *Recevoir des encouragements.* ✪ CONTR. Découragement.

encourager v. tr. [3] – XIIe 1 Inspirer du courage, de l'assurance à (qqn). ⇒ **réconforter, soutenir, stimuler.** *Encourager une équipe sportive.* ⇒ ① **supporter.** *Encourager qqn au travail. Napoléon « avait encouragé d'un sourire [...] la compagnie de sapeurs »* (Hugo). *Encouragé par ce premier succès.* ⇒ **enhardir.** ➤ *Encourager à* : donner du courage pour. ⇒ **inciter, pousser.** *Il faut l'encourager à continuer.* « *elle se fit voir à Landry, et de l'œil, l'encouragea à s'approcher* » (Sand). 2 Inciter, aider ou favoriser par une protection spéciale, des récompenses, des subventions. « *La noble tâche d'encourager les jeunes talents* » (Hugo). *Encourager un projet,* l'approuver et l'aider à se réaliser. ⇒ **parrainer, sponsoriser.** ➤ « *ils encouragent la paresse des jeunes gens* » (Proust). ✪ CONTR. Décourager ; contrarier.

encourir v. tr. [11] – XIIe ; lat. ▪ littér. Se mettre dans le cas de subir (qqch. de fâcheux). ⇒ s'**exposer** (à), **mériter.** *Encourir une amende.* ➤ *Les peines encourues.*

en-cours ou **encours** n. m. inv. – 1961 ; de ① *en* et *cours* ▪ Ensemble des effets remis à une banque et qui ne sont pas arrivés à échéance. ➤ Ensemble de biens en cours de production, qui font partie du stock.

encrage n. m. – XIXe ▪ Opération consistant à encrer. ✪ HOM. Ancrage.

encrassement n. m. – XIXe ▪ Fait de s'encrasser.

encrasser v. tr. [1] – XVIe 1 Couvrir de crasse. *La graisse a encrassé le four.* ⇒ **salir.** 2 Couvrir d'un dépôt (suie, rouille, saletés diverses) qui nuit au fonctionnement. *Le calcaire encrasse la bouilloire.* ⇒ **entartrer.** « *Les salauds vous foutent une essence qui encrasse les bougies* » (Romains). ➤ pronom. *La chaudière s'est encrassée.* ⇒ se **calaminer.** ✪ CONTR. Décrasser, désencrasser.

encre n. f. – XIe ; gr. *egkauston* → encaustique 1 Liquide utilisé pour écrire. *Encre bleue, noire, rouge. Bouteille, cartouches d'encre. Écrire à l'encre. Tache d'encre.* ⇒ **pâté.** *Encre indélébile.* « *Elle relut cette lettre et l'agita un instant pour en sécher l'encre* » (Green). ➤ *Encre d'imprimerie* : préparation à base d'huile additionnée de pigments. *Imprimante à jet d'encre. Encre de Chine,* pour les dessins au pinceau, à la plume. ♦ loc. *Noir comme de l'encre. Une nuit d'encre,* très noire. « *un visage blême que coupaient ses moustaches d'encre* » (Simenon). 2 Liquide noir émis par certains céphalopodes. ⇒ **sépia.** 3 Mycose du châtaignier. ✪ HOM. Ancre.

encrer v. tr. [1] – XVIe ▪ Enduire d'encre (typographique, lithographique). *Encrer un tampon.* ✪ HOM. Ancrer.

encreur adj. m. – XIXe ▪ Qui sert à encrer. *Rouleau encreur d'une presse. Tampon encreur.*

encrier n. m. – XIVe ▪ Petit récipient contenant de l'encre. *Tremper sa plume dans l'encrier.* ♦ Réservoir alimentant les rouleaux encreurs d'une presse.

encrine n. m. – XVIIIe ; gr. *krinon* « lis » ▪ Genre d'échinodermes fossiles *(crinoïdes)* dont la plupart se rencontrent dans le trias. *Calcaire à encrines.* ⇒ **entroque.**

encroué, ée adj. – XIVe ; germ. ▪ *Arbre encroué,* enchevêtré dans un autre à la suite d'une chute.

encroûtement n. m. – XVIe 1 Fait de s'encroûter ; dépôt sur une surface encroûtée. 2 fig. État de qqn qui s'encroûte. « *L'encroûtement dans les habitudes héréditaires* » (Gide).

encroûter v. tr. [1] – XVIe 1 Couvrir d'une croûte, d'un dépôt. ➤ « *de belles roches sauvages* [...] *encroûtées de sel blanc* » (J. Verne). 2 Enfermer comme dans une enveloppe qui interdit toute vie, toute spontanéité. ➤ pronom. « *elle s'était encroûtée dans les habitudes de la province* » (Balz.).

enculage n. m. – 1936 ▪ vulg. Action de sodomiser. → sodomie.

enculé, ée n. – XIXe ▪ vulg. 1 n. m. Homosexuel passif. 2 t. d'injure *Espèce d'enculé !* ⇒ **enfoiré, pédé.**

enculer v. tr. [1] – XVIIIe ; de *en-* et *cul* ▪ vulg. Sodomiser. ➤ (dans des insultes) « *l'air détaché, je me mets à fredonner "Va t'faire enculer, va t'faire enculer"* » (Sarrazin).

❑ Ce verbe est senti spontanément comme dérivé de *cul* (et vulgaire), à la différence des autres dérivés verbaux *acculer, basculer, bousculer, culbuter, éculer, reculer.*

enculeur, euse n. – XVIIIe ▪ vulg. 1 n. m. Celui qui sodomise. ⇒ **sodomite.** 2 *Enculeur, enculeuse de mouches*.*

encuver v. tr. [1] – XIVe ▪ Mettre en cuve. *Encuver la vendange, le linge.* ✪ CONTR. Décuver.

encyclique n. f. – XVIIIe ; gr. *egkuklios* « circulaire » ▪ Lettre papale à tous les évêques, à propos d'un problème d'actualité.

encyclopédie n. f. – XVIe ; gr. « instruction embrassant tout le cercle, le cycle *(kuklos)* du savoir » ▪ Ouvrage qui fait le tour de toutes les connaissances humaines dans un ordre alphabétique ou méthodique. ⇒ **dictionnaire.** *Une encyclopédie en dix volumes.* ➤ *L'Encyclopédie* : œuvre composée par les encyclopédistes sous la direction de Diderot et d'Alembert. ♦ Ouvrage analogue qui traite d'un domaine précis. *Une encyclopédie de l'architecture.* ⇒ **traité.** ♦ fig. *Une encyclopédie vivante* : une personne aux connaissances extrêmement étendues et variées.

❑ L'élément *péd-*, qui signifie « enseignement, connaissance », se retrouve dans *pédant* et dans *propédeutique.*

encyclopédique adj. – XVIIIe 1 Qui embrasse l'ensemble des connaissances. *Un savoir encyclopédique.* ⇒ **universel.** 2 *Dictionnaire encyclopédique,* qui traite des choses, des concepts (opposé à *dictionnaire de langue*).

encyclopédisme n. m. – XIXe ▪ Tendance à l'accumulation systématique des connaissances.

encyclopédiste n. m. – XVIIe ▪ Chacun des collaborateurs de l'*Encyclopédie* de Diderot et d'Alembert.

en deçà → **deçà**

endémicité n. f. – XIXe ▪ didact. Caractère endémique d'une maladie.

endémie n. f. – XVe ; gr. « (maladie) indigène » ▪ Présence habituelle d'une maladie dans une région donnée.

endémique adj. – XVIe 1 Qui a un caractère d'endémie. *Maladie endémique.* ♦ *Espèce endémique,* caractéristique d'une région exiguë. 2 Qui sévit constamment dans un pays, un milieu. *Chômage endémique. À l'état endémique.*

endémisme n. m. – 1908 ▪ Présence d'une espèce vivante dans une aire si limitée qu'elle en devient caractéristique.

endenté, ée adj. – XIIe 1 *Écu endenté* : écu fuselé aux pièces partagées en moitiés d'un émail différent. 2 rare Pourvu de dents. « *Les mâchoires vigoureusement endentées* » (Baud.). ✪ CONTR. Édenté.

endenter v. tr. [1] – XIIe 1 Garnir de dents (une roue). 2 Assembler (deux pièces) au moyen de dents.

endettement n. m. – XVIIe ▪ Fait de s'endetter, d'être endetté. *Un endettement excessif.* ⇒ **surendettement.** *Capacité d'endettement.* ➤ *Endettement (public)* : total des emprunts contractés par l'État, les collectivités publiques, les sociétés nationalisées. ⇒ **dette.**

endetter v. tr. [1] – XIIe ▪ Charger de dettes, engager dans des dettes. ➤ pronom. Contracter des dettes. ⇒ **emprunter.** « *Elle s'endettait, elle payait : l'argent faisait la navette* » (Rouss.).

endeuiller v. tr. [1] – XIXe ▪ Plonger dans le deuil, la tristesse. ⇒ **attrister.** *Cette catastrophe a endeuillé le pays.* ✪ CONTR. Égayer.

endêver v. intr. [1] – XIIe ; a. fr. *desver* « être fou » ▪ fam. vieilli *Faire endêver qqn,* le faire enrager. ⇒ **tourmenter.** « *Je la faisais endêver en cachant ses balais* » (France).

endiablé, ée adj. – XVe 1 vieilli Très turbulent, qui a le diable au corps. ⇒ **infernal.** 2 D'une vivacité extrême. ⇒ **ardent, fougueux, impétueux.** « *Un homme d'affaires vif et passionné, entraînant, endiablé* » (Michelet). ➤ *Un rythme endiablé.* ✪ CONTR. ② Calme.

endiamanté, ée adj. – XVIIe ▪ Orné, paré de diamants. « *on mettait des robes trop belles, trop endiamantées* » (Duras).

endiguement n. m. – XIXe ▪ Action d'endiguer ; son résultat.

endiguer v. tr. [1] – XIXe ▪ Contenir par des digues. *Endiguer un fleuve.* ➤ *Endiguer la foule.* ♦ fig. Retenir (ce qui tend à déborder). ⇒ **canaliser, contenir.** *Endiguer une émeute.* ✪ CONTR. Libérer.

endimancher (s') v. pron. [1] – XVIe ▪ Revêtir des habits du dimanche, une tenue plus soignée que d'habitude. « *Ta vulgarité ressort quand tu es endimanché* » (Sartre).

❑ Ce verbe suppose un jugement social condescendant à l'égard des classes modestes qui, le dimanche, s'efforceraient de s'identifier aux classes jugées supérieures.

endive n. f. – XIVe ; gr. *entubion* ▪ Pousse blanche de la chicorée de Bruxelles *(witloof)* obtenue par forçage et étiolement. ⇒ région. **chicon.** *Endives braisées, en salade.*

endo- Élément, du gr. *endon* « en dedans ». ✪ CONTR. Ecto-, exo-.

endoblaste n. m. – 1905 ; *endo-* et *-blaste* ▪ Ébauche préliminaire de l'endoderme.

endocarde n. m. – XIXe ; *endo-* et *-carde* ▪ Tunique interne du cœur.

endocardite n. f. – XIXe ▪ Inflammation de l'endocarde.

endocarpe n. m. – XIXe ; *endo-* et *-carpe* ▪ Partie interne du fruit la plus proche de la graine. *Endocarpe lignifié* **(⇒ noyau).**

endocrânien, ienne adj. – 1964 ▪ De l'intérieur du crâne. *Tumeur endocrânienne.*

endocrine adj. – 1919 ; gr. *krinein* « sécréter » ▪ *Glandes endocrines :* glandes à sécrétion interne, dont les produits (hormones) sont déversés directement dans le sang et la lymphe (opposé à *exocrine*).

endocrinien, ienne adj. – 1922 ▪ Des glandes endocrines. *Troubles endocriniens.*

endocrinologie n. f. – 1915 ▪ Partie de la physiologie et de la médecine qui traite des glandes endocrines. ⇒ aussi **hormonologie.**

endocrinologue n. – 1965 ▪ Spécialiste d'endocrinologie.

endoctrinement n. m. – XIIe ▪ Action, manière d'endoctriner. *L'endoctrinement des masses.* ⇒ **intoxication.** *La radio est un « puissant moyen de pression ou même d'endoctrinement »* (Duham.).

endoctriner v. tr. [1] – XIIe ▪ Chercher à gagner (qqn) à une doctrine, à un point de vue. ⇒ **catéchiser.** *Il cherche à nous endoctriner.* ➛ *Des militants endoctrinés.*

endoderme n. m. – XIXe ; *endo-* et *-derme* 1 Couche la plus interne de l'écorce. 2 Feuillet interne de l'embryon **(⇒ gastrula)** à l'origine de l'intestin primitif et de la vésicule ombilicale.

endogame adj. et n. – XIXe ; *endo-* et *-game* ▪ Qui pratique l'endogamie. ✪ CONTR. Exogame.

endogamie n. f. – XIXe ; *endo-* et *-gamie* 1 Obligation, pour les membres de certains groupes, de se marier dans leur propre groupe. 2 Reproduction sexuée par fécondation entre deux gamètes provenant d'un même individu **(⇒ autogamie),** ou entre individus apparentés. ✪ CONTR. Exogamie.

endogé, ée adj. – 1965 ; gr. *gê* « terre » ▪ *Faune endogée,* qui vit sous terre. ⇒ **hypogé.** ✪ CONTR. Épigé.

endogène adj. – XIXe ; *endo-* et *-gène* ▪ didact. Qui prend naissance à l'intérieur d'un corps, d'un organisme ; dû à une cause interne. *Cause endogène.* ♦ *Roches endogènes,* formées à l'intérieur du globe. ✪ CONTR. Exogène.

endolori, ie adj. – XVIIIe ▪ Qui souffre, éprouve une douleur (plutôt diffuse). *Être, se sentir tout endolori.* « *ses jambes, toujours endolories par la galopade forcenée de la veille* » (Montherl.). ⇒ **douloureux.**

❑ *Endolori* évoque une douleur passagère et musculaire (effort, coup). → douloureux.

endolorissement n. m. – XIXe ▪ rare ou littér. État du corps, d'un membre endolori. « *un endolorissement léger du côté souffrant* » (Gide).

endomètre n. m. – 1922 ; gr. *mêtra* « matrice » ▪ Muqueuse utérine.

endométriose n. f. – 1926 ▪ Prolifération de l'endomètre dans des endroits anormaux (ovaires, péritoine).

endométrite n. f. – XIXe ▪ Inflammation de l'endomètre.

endommagement n. m. – XIIIe ▪ Action d'endommager ; son résultat. ⇒ **détérioration.**

endommager v. tr. [3] – XIIe ▪ Causer du dommage, des dégâts à. ⇒ **abîmer, détériorer.** *La grêle a endommagé la récolte.* ⇒ **ravager, saccager.** *La toiture est endommagée.* ✪ CONTR. Réparer.

endomorphine → **endorphine**

endomorphisme n. m. – XIXe ; *endo-* et *morphisme* 1 Faciès pétrographique particulier, produit lors de la cristallisation d'un magma. 2 *Endomorphisme d'un ensemble E muni d'une structure algébrique :* homomorphisme de E dans lui-même **(⇒ morphisme).**

endoparasite n. m. – XIXe ▪ Parasite vivant à l'intérieur d'un organisme végétal ou animal (opposé à *ectoparasite*).

endophasie n. f. – 1961 ; gr. *phasis* « parole » ▪ Langage intérieur.

endoplasme n. m. – 1903 ; *endo-* et *-plasme* ▪ Partie interne du cytoplasme.

endoplasmique adj. – XIXe ▪ De l'endoplasme. *Réticulum* endoplasmique.*

endoréique adj. – 1928 ▪ *Région endoréique,* dont les cours d'eau se perdent dans la terre ou se jettent dans une mer intérieure. ✪ CONTR. Exoréique.

endoréisme n. m. – 1926 ; gr. *rhein* « couler » ▪ Caractère endoréique d'une région. ✪ CONTR. Exoréisme.

endormant, ante adj. – XVIe ▪ Qui donne envie de dormir à force d'ennui. ⇒ **assommant, ennuyeux, soporifique.** « *des causeries endormantes autour des thés* » (Goncourt). ✪ CONTR. Excitant.

endormi, ie adj. – XIe 1 Qui est en train de dormir. *Un bébé endormi. À demi endormi.* ⇒ **assoupi, ensommeillé, somnolent.** ♦ Où chacun dort, où tout semble en sommeil. « *Tout le pays était endormi, pas une lumière ne se voyait* » (Balz.). 2 Dont l'activité est en sommeil. « *La plupart de nos facultés restent endormies parce qu'elles se reposent sur l'habitude* » (Proust). « *nous sommes grisés d'impunité,* [...] *nous croyons la justice endormie. Mais ne nous fions pas à ce silence* » (Mauriac). ♦ fam. Indolent, inerte. ⇒ **léthargique.** *Un auditoire endormi.* subst. *Quel endormi !* ✪ CONTR. Éveillé, vigilant ; actif ; remuant.

endormir v. tr. [16] – XIe 1 Faire dormir, amener au sommeil. *Bercer un bébé pour l'endormir.* ♦ Plonger dans un sommeil artificiel. *Endormir un malade avant de l'opérer.* ⇒ **anesthésier.** 2 Donner envie de dormir à (qqn) à force d'ennui. ⇒ **assommer, ennuyer.** 3 Atténuer jusqu'à faire disparaître (une sensation pénible). ⇒ **calmer.** « *Le christianisme est un baume pour nos blessures, il endort la douleur* » (Chateaub.). ♦ Rendre moins vif, moins agissant (un sentiment, une disposition d'esprit). *Endormir les soupçons. L'absence « endort pour un temps la jalousie »* (Maurois). ➛ Mettre en confiance (qqn) avant de l'abuser.

Des discours destinés à endormir l'opinion publique. 4 *S'ENDORMIR* v. pron. Commencer à dormir. ⇒ s'**assoupir.** « *Il s'endormait tout à coup en dodelinant de la tête* » (Sartre). ♦ Perdre de sa vivacité, de sa force. ⇒ s'**apaiser,** s'**atténuer,** s'**engourdir.** « *Avec l'habitude de la continence, les sens aussi s'endorment* » (Loti). ✪ CONTR. Éveiller, réveiller.

endormissement n. m. – XVe ▪ Fait de s'endormir ; moment où l'on s'endort. *Un endormissement difficile.*

endorphine n. f. – 1973 ; angl. *endo(genous)* et *(m)orphin* ▪ Hormone isolée à partir du lobe intermédiaire de l'hypophyse, efficace contre la douleur.

❑ On dit aussi *endomorphine,* plus explicite.

endos n. m. – XVIe ; de *dos* ▪ Mention portée au dos d'un titre à ordre, d'un effet de commerce, par laquelle le porteur enjoint d'effectuer le paiement à une tierce personne ou à l'ordre de celle-ci.

endoscope n. m. – XIXe ; *endo-* et *-scope* ▪ Instrument composé d'un tube optique muni d'un système d'éclairage, que l'on introduit dans les cavités naturelles du corps afin de les examiner. ⇒ **fibroscope.**

endoscopie n. f. – XIXe ▪ Examen au moyen de l'endoscope (ex. Colposcopie, gastroscopie, rectoscopie, etc.). ⇒ **fibroscopie.**

endosmose n. f. – XIXe ; *endo-* et gr. *ôsmos* « poussée » ▪ sc. Pénétration d'un liquide à l'intérieur d'un compartiment fermé, à travers une membrane semi-perméable, lorsque le liquide contenu dans ce compartiment est de densité plus faible. ⇒ **osmose.**

endossable adj. – 1960 ▪ Qui peut être endossé. *Chèque barré non endossable.*

endossataire n. – 1935 ▪ dr. Personne au profit de laquelle est endossé un effet.

endossement n. m. – XVIe ▪ Transmission des titres à ordre, des effets de commerce au moyen de l'endos.

endosser v. tr. [1] – XIIe 1 Mettre sur son dos (un vêtement). ⇒ **revêtir.** « *J'avais chaussé mes pantoufles et endossé ma robe de chambre* » (France). 2 Prendre ou accepter la responsabilité de. ⇒ **assumer.** *Je suis prêt à endosser les conséquences. Endosser la paternité d'un enfant.* « *Passavant était particulièrement habile à faire endosser par autrui ses humeurs propres* » (Gide). 3 Procéder à l'endossement de (un effet, un chèque). 4 Cambrer le dos de (un livre), après couture des cahiers. ✪ CONTR. Ôter. Refuser.

endosseur n. m. – XVIIe ▪ Personne qui procède à l'endossement (d'un effet, d'un chèque).

endothélial, iale, iaux adj. – XIXe ▪ Relatif à l'endothélium, qui en a la structure.

endothélium [ɑ̃dɔteljɔm] n. m. – XIXe ; *endo-* et *épithélium* ▪ Couche de cellules épithéliales qui tapisse l'intérieur des parois du cœur et des vaisseaux.

endothermique adj. – XIXe ▪ *Réaction, transformation endothermique,* dans laquelle le système absorbe la chaleur. ✪ CONTR. Exothermique.

endotoxine n. f. – 1906 ▪ Toxine synthétisée par une bactérie, qui n'est pas excrétée dans le milieu extérieur (opposé à *exotoxine*).

endroit n. m. – XIe ; de *en-* et *droit* **I - 1** Partie déterminée d'un espace. ⇒ ① **lieu, place.** *Un endroit tranquille.* « *Il fallait bien garder un endroit où se réunir* » (Camus). *À quel endroit ?* ⇒ **où.** *Au même endroit.* ♦ Localité, bourg. ⇒ **coin.** 2 Place déterminée, partie localisée d'une chose, d'un corps. « *Cherchant sur le traversin un endroit que le poids de sa tête n'eût pas encore creusé* » (Green). *Le tableau est abîmé en plusieurs endroits. À quel endroit avez-vous mal ?* ♦ fig. « *Ce qui ne me flatte pas au bon endroit me hérisse* » (Gide). 3 vieilli Passage déterminé (d'un texte, d'un récit). *Rire au bon endroit.* 4 loc. adv. *Par endroits :* à différents endroits dispersés, çà et là. « *l'escalier de pierre était obscur, affaissé par endroits* » (Mart. du G.). ♦ loc. prép. littér. *À L'ENDROIT DE* (qqn) : envers. « *Il n'éprouvait à son endroit que de l'indifférence* » (Aymé). **II** Côté destiné à être vu, dans un objet à deux faces (opposé à ② *envers*). *L'endroit d'une étoffe, d'un tapis.* ⇒ ② **dessus.** *L'endroit d'un feuillet.* ⇒ **recto.** *Remettez vos chaussettes à l'endroit,* du bon côté. ✪ CONTR. ② Envers.

enduction n. f. – 1955 ▪ Action d'enduire la surface (d'un textile) pour en modifier l'aspect ou lui conférer des qualités particulières.

enduire v. tr. [38] – XIIe ; lat. *inducere* ▪ Recouvrir (une surface) d'une matière plus ou moins molle qui l'imprègne. ⇒ **couvrir.** *Enduire une affiche de colle.* ⇒ **encoller.** « *Les murs étaient restés enduits d'un vieux crépi rose* » (Mart. du G.). *Tissu enduit.* ⇒ **enduction.** *S'enduire les mains de crème.* ➛ Appliquer de l'enduit sur un mur, une surface. *Couteau à enduire.*

❑ *Enduire* a signifié en ancien français « inciter qqn », sens repris par *induire : induire (qqn) en erreur.*

enduit n. m. – XIIe 1 Préparation molle ou semi-fluide qu'on applique en une ou plusieurs couches sur certains objets pour les protéger, les garnir. ⇒ **revêtement.** *Enduit vitreux, vitrifiable.* ⇒ **glaçure, vernis.** ➛ Préparation destinée à isoler le support de la couche de peinture. *Enduit pour la fresque.* ➛ Couche de plâtre, de chaux, de ciment, de mortier dont on revêt une construction pour lui donner son aspect et sa couleur. *Enduit de lissage. Enduit crépi.* ⇒ **crépi.** 2 Sécrétion visqueuse à la surface de certains organes. *L'enduit de la langue.*

endurable adj. – XVIe ▪ Qu'on peut endurer. *Une douleur difficilement endurable.* ⇒ **supportable.**

endurance n. f. – XIVe ▪ Aptitude à résister à la fatigue, à la souffrance. ⇒ **résistance.** *Endurance physique, morale. Endurance au froid.* ♦ *Épreuve d'endurance :* compétition sur longue distance destinée à éprouver la résistance mécanique des véhicules. ⇒ **enduro.** ✪ CONTR. Fragilité.

endurant, ante adj. – XIIe ▪ Qui a de l'endurance. ⇒ **résistant.** « *ni l'un ni l'autre n'avaient le caractère endurant* » (Stendh.). ✪ CONTR. Délicat, fragile.

endurci, ie adj. – XIIIe 1 Qui est devenu dur, insensible. ⇒ fam. **blindé.** 2 Qui avec le temps s'est fortifié, figé dans une attitude, une opinion. ⇒ **invétéré.** « *ces piqûres* [d'insectes] *auxquelles les chasseurs sibériens les plus endurcis n'ont jamais pu se faire* » (J. Verne). *Un célibataire endurci.*

endurcir v. tr. [2] – XIIe 1 rare Durcir. « *Des mains laborieuses, endurcies de cals* » (Volt.). 2 Rendre plus dur au mal, plus résistant. ⇒ **aguerrir, fortifier, tremper.** « *Endurcissez-le* [l'enfant] *à la sueur et au froid, au vent, au soleil* » (Montaigne). ➛ pronom. *Il commence à s'endurcir.* 3 Rendre moins sensible moralement. ⇒ **blinder, cuirasser.** *Les épreuves l'ont endurci.* pronom. « *On invente des vaccins. Les microbes s'endurcissent* » (Maurois). ✪ CONTR. Amollir, attendrir.

endurcissement n. m. – XVe 1 rare Fait de devenir plus dur au mal, plus résistant. ⇒ **endurance, résistance.** « *Une accoutumance au malheur, un endurcissement* » (Gide). 2 Diminution ou perte de la sensibilité morale. ⇒ **insensibilité.** « *quelque chose qui serait* *pire que la mort et qui serait l'endurcissement de notre cœur* » (Duham.). ✪ CONTR. Attendrissement, sensibilité.

endurer v. tr. [1] – XIe ▪ Supporter avec patience (ce qui est dur, pénible). ⇒ **souffrir, subir.** *Endurer la faim, le froid. Après ce qu'il nous a fait endurer !* ♦ Tolérer (qqch. de désagréable). ⇒ fam. **digérer, encaisser.** « *Tu prétends que j'endure tes débauches ?* » (Mol.). *On a assez enduré ses caprices.*

enduro n. m. et f. – 1970 **1** n. m. À moto, Épreuve d'endurance et de régularité tout-terrain, sur circuit. ⇒ **trial. 2** n. f. Une moto d'enduro.

❑ *Enduro* est un mot anglais, de même origine que le français *endurance.*

endymion n. m. – XIXe ; nom d'un personnage myth. ▪ Jacinthe des bois.

énergéticien, ienne n. – v. 1970 ▪ Spécialiste de l'énergétique.

énergétique adj. et n. f. – XVIIIe **1** Relatif à l'énergie et à sa mesure. *Les ressources énergétiques d'un pays.* ♦ *Dépense énergétique :* énergie qu'utilise l'organisme pour une action ou une fonction déterminée. *Aliment énergétique,* qui fournit beaucoup d'énergie à l'organisme. ⇒ **calorique. 2** n. f. Science de l'énergie et de ses transformations.

❑ Terme technique qui ne s'applique pas aux êtres vivants. → énergique.

énergie n. f. – XVe ; gr. « force en action », de *ergon* « travail » **I - 1** vieilli Pouvoir, efficacité (d'un agent quelconque). ➛ mod. *Énergie vitale.* ♦ Force, vigueur (dans l'expression, dans l'art). « *Quelle fraîcheur de coloris, quelle énergie d'expression* » (Rouss.). **2** Force et fermeté dans l'action. ⇒ **dynamisme, pep,** ② **punch,** ① **ressort, volonté.** « *Cette énergie sublime qui fait faire les choses extraordinaires* » (Stendh.). *Avec l'énergie du désespoir. Avoir beaucoup* (⇒ ③ **battant, énergique),** *peu d'énergie* (⇒ **amorphe, apathique,** ① **mou).** *Protester avec énergie.* ⇒ **véhémence.** ♦ Force, vitalité physique. *Être débordant d'énergie. Frotter avec énergie.* **II - 1** Propriété d'un système physique capable de produire du travail. *Énergie mécanique, calorifique.* ⇒ **chaleur, force, mouvement, thermodynamique,** ① **travail.** *Énergie chimique, nucléaire.* ⇒ **quantique.** *Énergie électrique, hydraulique, solaire, thermique.* « *la chaleur a accumulé dans l'air immobile une réserve trop grande d'énergie, il faut un orage* » (Maurois). L'énergie dans ses usages industriel et domestique. *Production, consommation d'énergie* (⇒ **énergétique).** *Faire des économies d'énergie.* **2** Énergie chimique potentielle de l'être vivant. *Sport qui demande une grande dépense d'énergie.* ➛ *Énergie psychique.* ⇒ **libido.** ✪ CONTR. Indolence, inertie, mollesse, paresse.

❑ Même famille étym. que *allergie, chirurgie, démiurge, énergumène.*

énergique adj. – XVIe **1** Actif, efficace. *Des soins énergiques.* ♦ Plein d'énergie (dans l'expression). *Style énergique.* ⇒ **vigoureux. 2** Qui a, marque de l'énergie, de la volonté. ⇒ **dynamique,** ① **ferme,** ① **fort, résolu.** *Une femme énergique.* ➛ *Un visage énergique.* « *Une intervention énergique de la police* » (Mart. du G.). ⇒ **musclé.** ♦ Fort, puissant (dans l'ordre physique). *Une poignée de main énergique.* ✪ CONTR. Faible ; indolent, ① mou, timide.

énergiquement adv. – XVIe ▪ Avec énergie. ⇒ **fermement, résolument.** *Protester énergiquement.* ♦ Avec force. ⇒ **vigoureusement.** « *Je serrai énergiquement cette main* » (Jaloux). ✪ CONTR. Mollement.

énergisant, ante adj. et n. m. – 1955 **1** Qui stimule, donne de l'énergie. ⇒ **stimulant,** ① **tonique. 2** n. m. Médicament qui stimule l'activité psychique. ⇒ **antidépresseur, psychotonique ; psychotrope.**

❑ Calque de l'anglais *energizing,* du verbe *to energize* « stimuler ».

énergumène n. – XVIe ; gr. *ergon* « travail » ▪ Personne exaltée qui se livre à des cris, des gesticulations. ⇒ **agité, excité, fanatique, forcené.** « *En voilà, un énergumène, qui entre ici comme un boulet, emplit la maison de ses cris* » (Courtel.). ♦ Personne qui paraît dangereuse. *Un drôle d'énergumène.*

❑ Le sens latin « possédé du démon » est conservé en théologie.

énervant, ante adj. – XVIe ▪ Qui excite désagréablement les nerfs. ⇒ **agaçant, crispant, exaspérant, horripilant, irritant ;** fam. **gonflant.** « *un bruit énervant et fin, comme si un moustique invisible avait bourdonné* » (Maurois). *Il est énervant avec ce tic. C'est énervant d'attendre.* ⇒ **pénible.** ✪ CONTR. Apaisant.

énervation n. f. – XVe **1** Supplice qui consistait à brûler les tendons (nommés *nerfs*) des jarrets et des genoux. **2** Ablation ou section d'un nerf, d'un groupe de nerfs. ⇒ **dénervation.**

énervé, ée adj. – XVIIe **1** Qui a subi l'énervation (1°). **2** Qui se trouve dans un grand état de nervosité. ⇒ **agacé.** « *Nous sommes tous un peu énervés par ces messages de guerre* » (Sartre). ➛ Qui marque l'énervement. *Un ton énervé.* ✪ CONTR. ② Calme, détendu.

❑ L'ancienne valeur propre « privé de tendons (de muscles) » était encore représentée au XIXe s. par le sens figuré aujourd'hui disparu « affaibli, sans ressort ».

énervement n. m. – XVe ▪ État d'une personne énervée. ⇒ **agacement, excitation, nervosité.** « *il sentait son énervement grandir* » (Maupass.). ✪ CONTR. ① Calme.

énerver v. tr. [1] – XIIe ; lat. « couper les nerfs » **1** Procéder à l'énervation de (un supplicié). **2** Agacer, exciter, en provoquant de la nervosité. ⇒ **crisper ; exaspérer, excéder, horripiler.** *Arrête, tu m'énerves ! Il m'énerve, avec ses manies. Cela l'énervait d'attendre.* ➛ pronom. Devenir de plus en plus nerveux, agité. ⇒ **s'exciter.** ➛ Perdre son sang-froid, être anxieux (⇒ **paniquer),** mécontent. « *ne t'énerve pas. Assieds-toi* » (Sartre). ✪ CONTR. Calmer, détendre.

enfaîteau n. m. – XVe ▪ Tuile faîtière.

enfaîtement n. m. – XVIIe ▪ Feuille métallique sur un faîtage.

enfaîter v. tr. [1] – XIVe ▪ Couvrir d'un enfaîtement, d'enfaîteaux.

enfance n. f. – XIIe **1** Première période de la vie humaine, de la naissance à l'adolescence. *La petite enfance :* les toutes premières années. *Il a eu une enfance heureuse.* « *je sens remonter en moi toutes les vieilles angoisses de l'enfance* » (Le Clézio). *Dès sa plus tendre enfance. Une amie d'enfance.* **2** sing. collect. Les enfants. ⇒ **jeunesse.** « *cette réalité de l'enfance, dont l'interrogatoire des grandes personnes dérange brutalement la féerie* » (Cocteau). *La protection de l'enfance.* **3** *Retomber en enfance,* se dit d'un vieillard dont les facultés déclinent (⇒ **gâtisme, sénilité). 4** Première période d'existence (de qqch.). ⇒ **commencement, début, origine.** « *une science dans l'enfance comme la médecine* » (Cl. Bernard). ➛ loc. *C'est l'enfance de l'art :* c'est élémentaire. ✪ CONTR. Vieillesse. Déclin.

enfant n. – XIe ; lat. *infans* « qui ne parle pas » **1** Être humain dans l'âge de l'enfance. ⇒ **bambin, fille, garçon, petit ;**

fam. **gamin, gosse,** pop. **lardon, loupiot, marmot, mioche, môme, mouflet, moutard.** *Enfant en bas âge, au biberon.* ⇒ **bébé, nourrisson.** *Un enfant déjà grand.* ⇒ **préadolescent.** ➛ *Enfant difficile, turbulent.* ⇒ **garnement.** *Une enfant sage. Enfant prodige, surdoué. Élever des enfants. Soins donnés aux enfants.* ⇒ **puériculture ; pédodontie.** *Maladies des enfants.* ⇒ **infantile ; pédiatrie.** *Maltraiter un enfant.* « *ces horribles faits divers : enfants martyrs, enfants noyés par leur propre mère* » (Beauv.). *Bourreau d'enfants. Attirance sexuelle pour les enfants.* ⇒ **pédérastie, pédophilie.** *Livres pour enfants. Lit, voiture d'enfant. Bonne d'enfants.* ⇒ **nurse.** ➛ *Le développement de l'enfant.* ♦ Enfant à la naissance et peu après. ⇒ **nouveau-né.** *Naissance d'un enfant.* ⇒ **accouchement.** *Enfants nés d'une même grossesse.* ⇒ **jumeau, quadruplés, quintuplés, triplés.** *Nourrir, allaiter un enfant.* ♦ adj. « *Il apprit à connaître tout enfant la brutalité de la vie* » (R. Rolland), dès l'enfance. ♦ loc. *C'est un jeu d'enfant :* c'est très facile. ⇒ **enfantin.** *Il me prend pour un enfant,* pour un naïf. *Ne faites pas l'enfant :* soyez sérieux (⇒ **enfantillage**). ♦ *ENFANT DE CHŒUR,* qui assiste le prêtre pendant les offices ; fig. personne naïve. **2** Adulte qui garde des traits propres à l'enfance. « *Je ne suis, hélas ! qu'un vieil enfant chargé d'inexpérience* » (Bernanos). ➛ adj. ⇒ **enfantin, infantile, puéril.** *Elle est restée très enfant.* « *Mon père disait tout honteux :* [...] *je suis plus enfant que toi* » (Rouss.). **3** Être humain à l'égard de sa filiation, fils ou fille. *Les parents et leurs enfants. Les enfants de nos enfants.* ⇒ **petits-enfants.** *Faire un enfant.* « *j'ai demandé hier à maman comme on avait des enfants* » (Verlaine). *Elle attend un enfant :* elle est enceinte. ⇒ plais. **héritier.** *Une famille de cinq enfants. Enfant unique. Enfant légitime, adoptif. Enfant naturel, illégitime.* ⇒ **bâtard.** ➛ t. d'affection *Bonjour, belle enfant !* **4** Descendant. *Les enfants d'Adam.* ⇒ **postérité.** ♦ Personne originaire (d'un pays, un milieu). « *Patru était un enfant de Paris* » (Ste-Beuve). ➛ Être humain considéré comme rattaché par ses origines à qqn ou à qqch. *Les enfants de l'Église :* les chrétiens. ➛ *ENFANT DE MARIE :* membre d'une congrégation catholique de jeunes filles qui ont une dévotion particulière à la Vierge Marie ; fig. jeune fille chaste et naïve. ➛ *ENFANT DE TROUPE :* fils de militaire qui était élevé dans une caserne, une école militaire. **5** Produit, ce qui provient de. « *Le succès fut toujours un enfant de l'audace* » (Volt.). ✪ CONTR. Adulte.

❑ Attention à la graphie et à la distinction de sens entre les *petits enfants* (« les jeunes enfants ») et les *petits-enfants* (« les enfants de ses enfants »). Même famille étym. que *fantassin, fantoche, infantile.* ♦ *Fanfan,* formé par redoublement et employé pour « enfant », s'est maintenu dans le nom *Fanfan la Tulipe* (1819).

enfantement n. m. – XIIe **1** vieilli Accouchement. **2** littér. Création (d'une œuvre).

enfanter v. tr. [1] – XIIe ▪ littér. **1** Mettre au monde (un enfant). ⇒ **accoucher.** « *Dieu dit aussi à la femme : vous enfanterez dans la douleur* » (BIBLE). **2** fig. Créer, produire. ⇒ **engendrer.**

enfantillage n. m. – XIIIe ▪ En parlant de qqn qui a dépassé l'âge de l'enfance, Comportement digne d'un enfant. ⇒ **puérilité.** *Allons, c'est de l'enfantillage !* « *Eh oui ! des enfantillages, des rires pour rien, des inutilités, des niaiseries* » (Hugo). ⇒ **gaminerie.** ✪ CONTR. Sérieux.

enfantin, ine adj. – XIIe **1** Propre à l'enfant, de l'enfance. *Une voix enfantine.* « *le vert paradis des amours enfantines* » (Baud.). ♦ Destiné aux enfants. *La littérature enfantine.* **2** péj. Qui ne convient guère qu'à un enfant. ⇒ **infantile, puéril.** *Faire des réflexions enfantines.* **3** Qui est du niveau de l'enfant. *C'est d'une simplicité enfantine. C'est enfantin.* ⇒ **élémentaire.** ✪ CONTR. Sénile ; difficile.

enfariné, ée adj. – XIVe ▪ Couvert de farine, de poudre blanche. *Le visage enfariné d'un pierrot.* loc. fam. *Arriver la gueule enfarinée, le bec enfariné,* avec une confiance naïve, niaise.

enfer [ɑ̃fɛʀ] n. m. – Xe ; lat. *infernus* « d'en bas » **I** au sing. **1** Dans la religion chrétienne, Lieu destiné au supplice des damnés. ⇒ **géhenne.** *Il sous-entendait* « *qu'il n'y avait que le Paradis et l'Enfer, et qu'on ne pouvait être que sauvé ou damné* » (Camus). *Aller en enfer.* ➛ Situation des damnés. « *L'enfer, madame, c'est de ne plus aimer* » (Bernanos). « *l'enfer, c'est les Autres* » (Sartre). ♦ loc. adj. *D'ENFER :* qui évoque l'enfer. *C'était une vision d'enfer,* affreuse, horrible. ⇒ **dantesque.** ➛ « *Un appétit d'enfer, de ces faims terribles* » (Daud.). ⇒ **infernal.** ➛ fam. Remarquable, sensationnel. *Une soirée d'enfer.* **2** Lieu, occasion de souffrances. *Sa vie est devenue un enfer. L'enfer du jeu. C'est l'enfer !* c'est insoutenable. **3** Département d'une bibliothèque où sont déposés les livres licencieux interdits au public. **II** au plur. Lieu souterrain habité par les morts, séjour des ombres dans la mythologie. *Le dieu des enfers* (Hadès ou Pluton). *Cerbère, gardien de l'entrée des enfers. La descente aux enfers d'Ulysse, d'Énée, d'Orphée...* ✪ CONTR. Ciel, paradis.

enfermement n. m. – XVIe ▪ Fait d'enfermer (qqn) ou d'être enfermé. ⇒ **emprisonnement, internement.** ♦ fig. *L'enfermement dans la folie.*

enfermer v. tr. [1] – XIIe **1** Mettre en un lieu d'où il est impossible de sortir. *Enfermer un oiseau dans une cage. Enfermer qqn dans une pièce, une maison.* ⇒ **boucler, claustrer, cloîtrer, séquestrer, verrouiller.** « *Son père, pour l'obliger à écrire, l'enfermait sous clef* » (Henriot). ➛ pronom. ⇒ se **barricader,** se **claquemurer.** ➛ *Enfermer un malfaiteur dans une prison.* ⇒ **emprisonner, incarcérer ;** fam. **boucler, coffrer.** absolt *Il est bon à enfermer* (dans un asile) : il est fou. ⇒ **interner.** ♦ pronom. « *Il s'enferma au verrou dans le cabinet de toilettes* » (Simenon). ➛ *S'enfermer dans le mutisme, dans un rôle,* ne pas en sortir. ♦ Mettre (qqch.) en lieu sûr, en lieu clos. → **serrer** (cf. Mettre sous clé). *Enfermer de l'argent dans un coffre.* ➛ « *Les corps enfermés dans des cercueils de bois blanc* » (Mac Orlan). **2** Entourer complètement. ⇒ **ceindre, clore, limiter.** « *ces allées de menues colonnes enferment un petit jardin* » (Maupass.). **3** vieilli Avoir en soi, renfermer. ⇒ **contenir.** « *elle se demanda s'il* [le compliment] *n'enfermait pas d'ironie* » (Romains). ✪ CONTR. Délivrer, libérer.

enferrer v. tr. [1] – XIIe **1** rare Percer (qqn) avec le fer de son arme. **2** *S'ENFERRER* v. pron. Tomber, se jeter sur l'épée de son adversaire. ♦ Se prendre à ses propres mensonges ; s'enfoncer dans une mauvaise situation. *Il oublie* « *ce qu'il vient de dire* [...], *s'enferrant lui-même dans ses propres raisonnements* » (Michelet).

enfeu n. m. – XVe ; de *enfouir* ▪ Niche funéraire dans les murs des églises. *Des enfeus.*

enfichable adj. – mil. XXe ▪ Qu'on peut introduire comme une fiche. ➛ Que l'on peut insérer dans un support. *Un circuit enfichable.*

enficher v. tr. [1] – mil. XXe ▪ Introduire (une fiche) dans une douille. ➛ Introduire (un composant) dans un support.

enfièvrement n. m. – XIXe ▪ rare Surexcitation (des sens, de l'imagination).

enfiévrer v. tr. [6] – XVIe ▪ Animer d'une sorte de fièvre, d'une vive ardeur. ⇒ **agiter, exalter, surexciter.** « *Une liberté maladroite qui enfièvre tout un peuple* » (Camus). ➛ pronom. « *la manie qu'il a de s'enfiévrer à* *tout propos* » (Renard). ⇒ se **passionner.** ♦ *Une atmosphère enfiévrée.* ✪ CONTR. Apaiser.

❑ *Enfiévré* ne s'emploie qu'au figuré, à la différence de *fiévreux, fébrile* qui s'emploient au propre et au figuré.

enfilade n. f. – XVIIe ▪ Suite de choses à la file l'une de l'autre. ⇒ **rangée.** *Une enfilade de colonnes.* « *L'étage comprenait quatre pièces en enfilade* » (Mart. du G.). ➛ *Tir d'enfilade,* dirigé dans le sens de la plus grande dimension de l'objectif. *Prendre en enfilade :* soumettre à un tir d'enfilade.

enfilage n. m. – XVIIe ▪ Action d'enfiler. *L'enfilage des perles.*

enfiler v. tr. [1] – XIIIe **1** Traverser par un fil, mettre autour d'une ficelle, d'une tringle. « *Suzanne mouilla le fil entre ses lèvres, prit l'aiguille et l'enfila* » (Duham.). **2** Mettre (un vêtement) en faisant passer la tête ou les membres. *Enfiler un pull, un pantalon.* ⇒ **passer. 3** S'engager tout droit dans (une voie). ⇒ **prendre.** « *j'enfilai prudemment une ruelle voisine* » (France). **4** Prendre en enfilade. **5** vulg. Posséder sexuellement. **6** fam. S'ENFILER QQCH., l'avaler. ⇒ s'**envoyer,** se **farcir.** *Elle s'est enfilé la moitié du plat, toute la bouteille.* ⇒ **siffler.** ➛ Avoir à supporter (une corvée). ⇒ se **taper.** *S'enfiler tout le travail.*

enfin adv. – XIIe ; pour *en fin* **1** Marque le terme d'une longue attente. ⇒ **finalement.** *Je vous ai enfin retrouvé. Vous voilà enfin ! Enfin seuls !* **2** Introduit le dernier terme d'une succession dans le temps. *Tous moururent, la mère, puis les enfants et enfin le père.* ♦ Sert à conclure. ⇒ ① **bref.** « *C'est d'être discret, invisible, de me comporter enfin, comme un parfait gentleman* » (Duham.). ♦ Précise ou corrige ce que l'on vient de dire. *Elle est blonde, enfin plutôt rousse.* ♦ Pour tirer une conclusion. ⇒ ① **bref, finalement.** *Il y avait les parents, les frères, enfin toute la famille. Enfin, passons.* ➛ Marque l'impatience. « *Enfin, c'est inadmissible ! Qu'est-ce que vous fabriquez ici à cette heure* » (Montherl.). *Mais enfin, tais-toi.* ♦ Introduit une conclusion résignée. *Enfin, on verra bien.* ✪ CONTR. Déjà.

❑ La construction *enfin bref,* considérée comme pléonastique par quelques puristes, est d'emploi usuel, *bref* ayant là le sens de « en peu de mots », « en résumé ».

enflammé, ée adj. – XIIe **1** Qui est en flamme. *Torche enflammée.* littér. Brûlant, empourpré. *Joues enflammées.* « *son visage enflammé de honte* » (Rouss.). **2** Atteint d'inflammation. ⇒ **irrité.** *Il mouilla* « *son mouchoir et l'appliqua sur la zone enflammée* » (Gide). **3** Rempli d'ardeur, de passion. ⇒ **ardent, passionné.** « *Une nature enflammée, violente, aimant les cris* » (Daud.). *Discours enflammé.* ✪ CONTR. Éteint, blême, ① froid, tranquille.

enflammer v. tr. [1] – Xe **1** Mettre en flamme. *Enflammer une allumette, une bûche.* ⇒ **allumer, embraser.** ♦ Chauffer fortement. « *Une atmosphère étouffante, enflammée par le vent du sud* » (Louÿs). ♦ fig. Colorer, éclairer vivement. ⇒ **illuminer.** « *Un éclair de colère enflammait ses yeux* » (Hugo). **2** Mettre dans un état inflammatoire. ⇒ **envenimer, irriter ; inflammation. 3** Remplir d'ardeur, de passion. ⇒ **échauffer, embraser, exalter.** *La colère l'enflamma. Un récit qui enflamme l'imagination.* **4** S'ENFLAMMER v. pron. Prendre feu. ⇒ **brûler.** *L'essence s'enflamme facilement.* ⇒ **inflammable.** *S'enflammer en explosant.* ⇒ **déflagrer.** ♦ S'animer, s'exalter. « *"Allons à la chapelle mourir tous ensemble", s'écria M..., prompt à s'enflammer* » (Renan). ✪ CONTR. Éteindre ; refroidir ; calmer. — HOM. *Enflamme :* enflâmes (enfler).

enflé, ée adj. – XIIe **1** Atteint d'enflure. ⇒ **boursouflé, tuméfié.** *Il a un abcès, la joue est très enflée.* « *le pied est enflé et l'orteil est tout noir* » (Cendrars). ⇒ **gonflé. 2** subst. fam. Lourdaud, imbécile. « *ce gros enflé de conseiller* » (Beaum.). *Quel enflé !* ⇒ **enflure.**

enfléchure n. f. – XVIe ; de *flèche* ▪ Chacun des échelons de cordage entre les haubans, pour monter dans la mâture.

enfler v. [1] – Xe ; lat. « souffler *(flare)* dans » **I** v. tr. **1** vieilli Gonfler d'air. *Enfler ses joues.* **2** Faire augmenter de volume, grossir. *Les pluies ont enflé la rivière.* ➛ pronom. « *La chétive pécore S'enfla si bien qu'elle creva* » (La Font.). ➛ *Enfler sa voix.* ⇒ **amplifier. 3** Provoquer l'enflure de. ⇒ **bouffir.** *L'hydropisie enfle le corps* (⇒ **enflé**). **II** v. intr. **1** Augmenter anormalement de volume par suite d'une enflure. *Sa cheville a beaucoup enflé.* **2** Augmenter anormalement. *Les rivières enflent à la fonte des neiges.* ⇒ **grossir.** ✪ CONTR. Désenfler. — HOM. *Enflâmes :* enflamme (enflammer).

enfleurage n. m. – XIXe ▪ Action d'enfleurer ; son résultat.

enfleurer v. tr. [1] – XIIIe ▪ Charger (un corps gras) du parfum de certaines fleurs par macération.

enflure n. f. – XIIe **1** État d'un organe, d'une partie du corps qui augmente anormalement de volume par suite d'une maladie, d'un coup, etc. ⇒ **bouffissure, boursouflure, congestion, gonflement, œdème.** *Enflure de la cheville provoquée par une entorse.* **2** Exagération, emphase. « *Ennemi de l'enflure et des grands airs* » (Ste-Beuve). **3** fam. t. d'injure Crétin. *Quelle enflure, ce mec !*

enfoiré, ée n. – 1905 ; de *foire* « diarrhée » ▪ vulg. Imbécile, maladroit. ➛ Salaud. « *Quel est l'enfoiré qui a dit que j'allais foutre le feu ?* » (Guth).

❑ Le comique Coluche a popularisé cet appellatif qu'il a utilisé dans un registre quasi amical.

enfoncé, ée adj. – XIVe ▪ Qui rentre dans le visage, dans le corps. « *des yeux enfoncés dans le cerne des orbites* » (Robbe-Grillet). ⇒ ② **cave.** « *Les épaules bien carrées, la tête plutôt enfoncée* » (Romains). ✪ CONTR. Saillant.

enfoncement n. m. – XVe **1** Action d'enfoncer, fait de s'enfoncer. ♦ Action de rompre, de forcer ; son résultat. *L'enfoncement d'une porte.* **2** Partie reculée, située vers le fond ou en retrait de qqch. ⇒ **cavité, creux,** ② **niche, renfoncement.** *Une maison* « *située dans un enfoncement qui la tient à l'abri des vents* » (Rouss.). **3** Fracture incomplète (particult du crâne, des côtes, du bassin). ✪ CONTR. Bosse, saillie.

enfoncer v. [3] – XIIIe ; de *fons,* forme anc. de *fond* **I** v. tr. **1** Faire aller vers le fond, faire pénétrer profondément. ⇒ ① **ficher, planter.** « *S'il veut enfoncer un clou, il le frappe avec une pierre, ou avec un marteau* » (Valéry). ➛ *Il m'enfonçait ses coudes dans les côtes.* ⇒ **rentrer.** ➛ loc. *Enfoncer le clou :* se répéter pour se faire bien comprendre ou persuader. « *Donc recommençons. Cela n'amuse personne* [...] *Mais il faut enfoncer le clou* » (Sartre). *J'essaie de lui enfoncer ça dans la tête, dans le crâne,* de le lui faire comprendre. ⇒ **fourrer, mettre.** ♦ Mettre (un chapeau) de façon que la tête y entre profondément. ♦ Entraîner, pousser (dans une situation comparable à un fond, un abîme). « *Je n'ai réussi qu'à nous enfoncer* [...] *dans les dettes et la misère* » (Daud.). ➛ Dénigrer auprès d'autrui. *Il cherchait à l'enfoncer.* ⇒ fam. **démolir. 2** Briser, faire plier en poussant, en pesant. ⇒ **défoncer, forcer.** *Un camion a enfoncé la portière.* ⇒ **emboutir.** *Il s'est fait enfoncer trois côtes.* ⇒ **briser, rompre.** ➛ loc. *Enfoncer une porte ouverte :* démontrer une chose évidente ou admise depuis longtemps. ♦ Forcer (une troupe) à plier sur toute la ligne. ⇒ **culbuter.** ➛ fam. Battre, surpasser, triompher de. « *Enfoncés, les bourgeois !* »

(Goncourt). **II** v. intr. **1** Aller vers le fond, pénétrer jusqu'au fond. « *Les chevaux enfonçaient jusqu'aux paturons dans la boue* » (Flaub.). **2** Céder sous la pression. *Le sable enfonce sous les pas.* **III** v. pron. **1** Aller vers le fond, le bas. « *Les roues s'enfonçaient jusqu'aux moyeux dans les terrains mouvants* » (Gaut.). ⇒ s'**enliser.** *Le navire s'enfonçait.* ⇒ **couler, plonger, sombrer.** ♦ Pénétrer profondément. *La vis s'enfonce dans le bois.* **2** Pénétrer, s'engager bien avant dans. *S'enfoncer dans un bois.* ➛ fig. ⇒ s'**absorber,** se **plonger.** « *il s'enfonça dans une rêverie qui dura longtemps* » (St-Exup.). ✪ CONTR. Enlever, tirer. Remonter.

enfonceur, euse n. – XVIe ▪ *Enfonceur de porte(s) ouverte(s)* : personne qui a l'habitude de démontrer des évidences.

enfonçure n. f. – XIVe ▪ rare Creux, dépression. ⇒ **enfoncement.** « *Le vieillard couchait en une enfonçure de roches* » (La Font.).

enfouir v. tr. [2] – XIe ; lat. *fodere* « creuser » → fouir **1** Mettre en terre, après avoir creusé. ⇒ **enterrer.** *Enfouir des graines dans le sol. Chien qui enfouit son os.* ➛ *Les* « *trésors enfouis par Kidd et ses associés* » (Baud.). **2** Enfoncer, mettre dans un lieu recouvert et caché. « *une petite liasse de dollars verts qu'elle enfouit dans son corsage* » (Céline). ➛ « *elle enfouissait ses griefs et les déterrait des semaines après* » (Mauriac). ♦ pronom. *Animal qui s'enfouit dans son terrier.* ⇒ se **blottir.** ✪ CONTR. Déterrer, ① sortir.

enfouissement n. m. – XVIe ▪ Action d'enfouir ; son résultat.

enfourchement n. m. – XIIIe **1** Angle formé par la rencontre de deux douelles, dans une voûte d'arête. **2** Mode d'assemblage par enture verticale.

enfourcher v. tr. [1] – XVIe ; de *fourche* **1** Se mettre à califourchon sur (une monture, une bicyclette). **2** fig. Reprendre, développer (son sujet favori). « *il enfourchait d'autres lubies, des nouveaux dadas* » (Céline).

enfourchure n. f. – XIIIe **1** vieilli Fourche, bifurcation. **2** Couture qui va du bas de la braguette au milieu de la ceinture dans le dos.

enfournement n. m. – XVIe **1** Action, manière d'enfourner (1°). **2** Opération précédant l'affinage du verre.

enfourner v. tr. [1] – XIIIe **1** Mettre dans un four (du pain, un aliment, des poteries). *Enfourner un rôti.* **2** fam. Ingurgiter. *Elle* « *porte le bol à ses lèvres et enfourne tout ce riz* » (Loti). ⇒ **engloutir.** ✪ CONTR. Défourner.

enfreindre v. tr. [52] – XIe ; lat. *frangere* « briser » ▪ littér. Ne pas respecter (un engagement, une loi). ⇒ **contrevenir, désobéir** (à), **transgresser, violer ; infraction.** *Enfreindre le règlement.* ⇒ **déroger** (à). « *Une prêtresse parjure a enfreint ses vœux !* » (Gaut.). ✪ CONTR. Observer, respecter.

> ❑ Même famille étym. que *fretin, infraction, réfraction, refrain.* ♦ Pour le sens → transgresser (rem.).

enfuir (s') v. pron. [17] – XIe ; pour *s'en fuir* **1** S'éloigner en fuyant, à la hâte. ⇒ **décamper, déguerpir, détaler, filer,** se **sauver.** *S'enfuir à toutes jambes.* « *il prit sur-le-champ la résolution de s'enfuir la nuit suivante* » (Rouss.). ⇒ s'**évader. 2** littér. S'écouler, disparaître. ⇒ **passer.** « *Tout peut s'oublier Qui s'enfuit déjà* » (Brel). ➛ *Rêves enfuis.* ✪ CONTR. Rester.

enfumage n. m. – XIXe ▪ Action d'enfumer. ➛ Procédé de neutralisation des abeilles en enfumant la ruche.

enfumer v. tr. [1] – XIIe **1** Remplir, environner de fumée. *Tu nous enfumes, avec ton cigare !* ➛ « *Les vapeurs nocturnes des bars enfumés* » (Mac Orlan). ➛ *Enfumer une ruche, des abeilles* (pour les neutraliser). **2** vieilli (à l'actif) Noircir de fumée, de suie. *Mur enfumé.*

enfûtage n. m. – XIXe ▪ Mise en fût, en futaille.

enfutailler v. tr. [1] – XVIIIe ▪ Mettre en futaille (du vin, du cidre). ⇒ **enfûter.**

enfûter v. tr. [1] – XIIIe ▪ Mettre en fût (du vin). ⇒ **enfutailler.**

engagé, ée adj. – XVIe **1** *Colonne engagée,* partiellement intégrée dans un mur ou un pilier. **2** Qui a contracté un engagement dans l'armée (opposé à *appelé*). ➛ subst. *Les engagés volontaires.* **3** Mis par son engagement au service d'une cause (opposé à *non-engagé*). *Un chanteur engagé.* **4** *Ancre engagée,* prise au fond. *Navire engagé,* qui gîte sans pouvoir se relever.

engageant, ante adj. – XVIIe ▪ Qui attire, donne envie d'entrer en relations. ⇒ **séduisant.** *Manières engageantes.* ⇒ ① **avenant.** « *Une taverne s'ouvrait sur le quai. Elle avait un aspect engageant* » (J. Verne). ✪ CONTR. Désagréable, rébarbatif.

engagement n. m. – XIIe **1** dr. Action de mettre en gage. **2** Action de se lier par une promesse ou une convention. *Un engagement moral, formel.* ⇒ **contrat, pacte, serment, traité.** « *Cet engagement passé entre nous deux, nous l'avons tenu* » (Bourget). ⇒ **parole.** *Respecter ses engagements.* ♦ dr. Obligation. *Sans engagement de votre part.* **3** Recrutement par accord entre l'armée et qqn qui n'est pas soumis à l'obligation du service actif. *Engagement volontaire* (⇒ **engagé). ♦** Contrat par lequel certaines personnes louent leurs services. ⇒ **embauche.** *Engagement à l'essai. Lettre d'engagement.* « *Un engagement pour nous deux dans un théâtre de la banlieue* » (Daud.). **4** État d'une chose engagée dans une autre. *Engagement d'un convoi dans un défilé.* **5** Action d'engager, de commencer (une action). *Engagement de négociations.* ⇒ **ouverture. 6** Introduction d'une unité dans la bataille ; combat localisé et de courte durée. **7** Action d'engager (la partie), coup d'envoi d'un match. **8** Décision d'engager (des dépenses). **9** Inscription sur la liste des concurrents d'une épreuve sportive. **10** Acte ou attitude de l'intellectuel, de l'artiste qui met sa pensée ou son art au service d'une cause. *L'engagement politique d'un écrivain.* ✪ CONTR. Dégagement ; renvoi ; désengagement.

> ❑ Le composé *non- engagement* désigne une politique de neutralité.

engager v. tr. [3] – XIIe **I - 1** Mettre, donner en gage. *Engager ses bijoux au mont-de-piété.* **2** Lier par une promesse ou une convention. *Engager sa parole. Engager sa responsabilité. Cela n'engage à rien* : on peut le faire en restant libre de ses décisions. **3** Recruter par engagement. ⇒ **embaucher.** *Engager un secrétaire.* **II - 1** Faire entrer. ⇒ **enfoncer, introduire, mettre.** *Engager la clé dans la serrure.* ♦ *Engager le navire dans une passe.* **2** Mettre en train, commencer. ⇒ **entamer.** *Engager la conversation.* « *Ne daignant plus engager la partie contre un joueur ordinaire* » (Vigny). ➛ *Engager les dépenses nécessaires.* **3** Faire entrer (dans une entreprise ou une situation qui ne laisse pas libre). ⇒ **aventurer, embarquer, entraîner.** *Le conflit où le gouvernement a engagé le pays. Engager des capitaux dans une affaire.* ⇒ **investir.** ♦ Mettre dans une situation qui crée des responsabilités et implique certains choix. ⇒ **exposer.** « *Ça engage donc, ce qu'on écrit ?* » (Sartre). **4** Tenter d'amener. ⇒ **appeler, exhorter, inciter.** *Je l'ai engagé à la patience.* « *je t'engage fort à lire cette œuvre admirable* » (Flaub.). **III** v. pron. **1** Se lier par une promesse, une convention. ⇒ **promettre.** *Vous ne savez pas à quoi vous vous engagez.* **2** Contracter un engagement dans l'armée. *Il s'est engagé dans la marine.* ➛ « *Je n'étais pas mobilisable, j'ai voulu m'engager* »

(Duham.). **3** Entrer, se loger. *Le pêne s'engage dans la gâche.* **4** Entrer, pénétrer (dans). *Véhicule qui s'engage dans une rue.* **5** Commencer. « *Une discussion s'engage* [...] *à propos du crime, très bruyante* » (Duras). **6** S'aventurer, se lancer. « *Il le voyait s'engager dans des entreprises de plus en plus hasardeuses* » (Bainville). ♦ Réaliser, manifester l'engagement. « *Un grand écrivain qui s'engagea souvent et se dégagea plus souvent encore* » (Sartre). ✪ CONTR. Dégager ; débaucher, retirer, terminer. Déconseiller. Désengager.

engainer v. tr. [1] – XIVe ▪ Mettre dans une gaine, un étui. ⇒ **rengainer.** *Engainer un poignard.* ♦ Envelopper d'une gaine. *Tiges, bourgeons engainés.*

engazonnement n. m. – XIXe ▪ Action d'engazonner.

engazonner v. tr. [1] – XVIe ▪ Ensemencer d'herbe à pelouse. *Engazonner un terrain.*

engeance n. f. – XVIe ; a. fr. *engier* « accroître, faire pulluler » ▪ Catégorie de personnes méprisables ou détestables. *Quelle engeance !*

engelure n. f. – XIIIe ; de *en-* et *gel* ▪ Lésion due au froid, qui atteint principalement les mains, les pieds, le nez, les oreilles. « *Ses mains rougies par les engelures* » (Chardonne).

engendrement n. m. – XIIe ▪ Action d'engendrer. ⇒ **génération.**

engendrer v. tr. [1] – XIIe ; lat. *ingenerare* **1** Donner la vie à. ⇒ **procréer.** « *Ton père et ta mère t'ont engendré, mais dès l'instant que tu es né, tu es un individu* » (Barrès). **2** Faire naître, avoir pour effet. ⇒ ① **causer, créer, déterminer, générer, produire, provoquer.** « *Le travail engendre forcément les bonnes mœurs, sobriété et chasteté, conséquemment la santé, la richesse* » (Baud.). ♦ loc. *Ne pas engendrer la mélancolie* : répandre la bonne humeur autour de soi. **3** Décrire ou produire (une figure) en se déplaçant. *Droite qui engendre un cône.*

engin n. m. – XIIe ; lat. *ingenium* « talent, intelligence » **1** Tout objet servant à faire une opération précise. ⇒ **appareil, instrument, outil.** « *Ses poches pleines de pinces, de crocs, de ciseaux* [...] *et mille autres engins nuisibles* » (Gaut.). ♦ fam. Objet dont on ignore le nom ou la fonction. ⇒ **bidule, machin.** *Qu'est-ce que c'est que cet engin ?* **2** Matériel de guerre. « *ces terribles engins de destruction* » (J. Verne). *Engins à tir courbe.* ⇒ **mortier, obusier.** *Engins blindés* : véhicules blindés. ⇒ ① **char.** ➛ *Engins (spéciaux)* : projectiles autopropulsés et autoguidés ou téléguidés. ⇒ **missile.** **3** *Engins de pêche, de chasse,* destinés à prendre, à tuer le poisson ou le gibier. « *le grand engin de pêche fut jeté par-dessus bord* » (Maupass.). **4** *Engin spatial.* ⇒ **fusée ;** ① **navette, satellite.**

> ❑ Les emplois généraux modernes et les emplois spéciaux manifestent l'unité sémantique du mot, qui entraîne les idées de force, grosseur ou faculté de nuire (chasse, guerre...).

engineering [ɛn(d)ʒiniʀiŋ ; in-] n. m. – 1949 ; mot angl. « art de l'ingénieur » ▪ ⇒ **ingénierie** (recomm. offic.).

englober v. tr. [1] – XVIIe ; de *en-* et *globe* **1** Faire entrer dans un ensemble déjà existant. ⇒ **annexer, joindre, réunir.** « *Les Romains englobent le petit pays de la Judée dans leur empire* » (Volt.). ⇒ **enclaver.** **2** Réunir en un tout. « *J'englobais dans une même réprobation la magnificence des autels et celle des prêtres* » (Loti). ⇒ **amalgamer.** ✪ CONTR. Séparer.

engloutir v. tr. [2] – XIe ; lat. *gluttus* « gosier » **1** Avaler rapidement, tout d'un coup et sans mâcher. ⇒ **dévorer, engouffrer.** « *il se trouva là un grand poisson qui engloutit Jonas* » (BIBLE). **2** Dépenser rapidement. ⇒ **dilapider, dissiper, gaspiller,** ① **manger.** « *Ces fameuses coquettes qui dévorent et engloutissent en peu de temps les plus gros patrimoines* » (Lesage). ♦ Absorber, épuiser. « *Villa et château eussent englouti plus que le revenu total des Genillé* » (Romains). **3** Faire disparaître brusquement en noyant ou submergeant. « *Les uns, habitants de la terre sèche, se sont vus engloutis par des déluges* » (Cuvier). « *Quand le dernier cercle de l'eau se ferme sur un navire englouti* » (Suarès).

engloutissement n. m. – XVe ▪ rare Action d'engloutir ; état de ce qui est englouti.

engluage n. m. – XIXe **1** Action d'engluer. **2** Enduit protecteur des arbres.

engluement n. m. – XIIIe ▪ Fait d'être englué.

engluer v. tr. [1] – XIIe **1** Prendre au piège (un oiseau) grâce à un bâton enduit de glu. ♦ Prendre, retenir dans une matière gluante. *Boue qui englue les chaussures.* ➛ pronom. « *Je saisis une branche* [...] *Mes doigts s'engluaient dans la gomme* » (Bosco). **2** Enduire de glu, d'une matière gluante. ⇒ **poisser.** *Engluer le tronc d'un arbre.*

engobe n. m. – XIXe ▪ Enduit terreux qu'on applique sur la pâte céramique.

engober v. tr. [1] – XIXe ; de *en-* et dial. *gobe* « motte de terre » ▪ Revêtir d'un engobe.

engommer v. tr. [1] – XVIe ▪ Enduire de gomme.

engoncer v. tr. [3] – XVIIe ; de *en-* et *gond* ▪ Faire paraître le cou enfoncé dans les épaules. « *Regarde son cou, cette nuque énorme, engoncée dans les épaules* » (Mart. du G.). ✪ CONTR. Dégager.

engorgement n. m. – XVe **1** État d'un conduit engorgé. ⇒ **obstruction.** ➛ Enflure et durcissement d'un organe, provoqué par une accumulation de sang, de sérosité ou du liquide qu'il sécrète. **2** Encombrement du marché. ♦ Obstruction des voies de circulation par afflux incessant de voitures. ⇒ **bouchon, embouteillage, encombrement.** ✪ CONTR. Dégorgement.

engorger v. tr. [3] – XIIe ; de *en-* et *gorge* **1** Obstruer par l'accumulation de matières étrangères. *Déchets qui engorgent une descente d'évier.* ⇒ ① **boucher.** « *de minces canaux engorgés d'herbes aquatiques* » (P. Benoit). ♦ pronom. « *Que notre poumon s'engorge* [...] *l'agitation, l'anxiété sont extrêmes* » (Michelet). **2** Causer un embarras de circulation dans. *Rue engorgée.* ✪ CONTR. Dégorger.

engouement n. m. – XVIIe **1** Arrêt des matières fécales dans une anse intestinale herniée. **2** Fait de s'engouer. ⇒ **admiration, emballement, enthousiasme, tocade.** « *Son engouement outré pour ou contre toutes choses qui ne lui permettait de parler de rien qu'avec des convulsions* » (Rouss.). ✪ CONTR. Dégoût, désenchantement.

engouer (s') v. pron. [1] – XIVe ; de *en-* et *goue*, forme dial. de *joue* ▪ Se prendre d'une passion ou d'une admiration aussi excessive que passagère. ⇒ s'**emballer,** s'**enticher,** se **toquer.** « *Elle s'engouait d'un bibelot qu'elle avait vu, n'en dormait pas, courait l'acheter* » (Flaub.). ✪ CONTR. Dégoûter (se).

> ❑ Le verbe a eu le sens, au XIVe s., de « se gaver (de), avaler » ; il s'est employé pour « étouffer en obstruant le gosier » ; le pronominal *s'engouer* se trouve encore en ce sens.

engouffrer v. tr. [1] – XIIe **1** fam. Avaler, manger avidement et en grande quantité. ⇒ **dévorer.** **2** Engloutir. *Ils* « *auraient bientôt fait d'anéantir ma fortune, de l'engouffrer dans leurs affaires* » (Mauriac). **3** v. pron. Disparaître, être entraîné dans un gouffre. « *Un bâti-*

ment de commerce hollandais s'était engouffré le premier » (Baud.). ♦ Se précipiter avec violence dans une ouverture, un passage. « *Un coup de vent s'engouffra par la fenêtre faisant vaciller l'abat-jour* » (Tournier). ♦ *La foule s'engouffre dans le métro.*

engoulevent n. m. – XVIIIe ; de l'a. fr. *engouler* « avaler », de *goule*, var. de *gueule*, et *vent* ▪ Oiseau crépusculaire ou nocturne *(caprimulgiformes)*, brun-roux, qui attrape et avale les insectes au vol.

engourdi, ie adj. – XIIIe ▪ Qui est privé en grande partie de mobilité et de sensibilité. ⇒ **gourd, lent, paralysé, raide.** « *ses doigts depuis longtemps engourdis et maintenant gonflés d'œdème* » (Mart. du G.). ♦ « *Je me réveillais plus las encore, l'esprit engourdi* » (Gide). ⇒ **endormi, hébété.** ✪ CONTR. ② Alerte, dégourdi, vif.

engourdir v. tr. [2] – XIIe ; de *gourd* 1 Priver en grande partie de mobilité et de sensibilité. ⇒ **paralyser.** *Froid qui engourdit les pieds.* ⇒ **transir.** *Le « bien-être, mêlé de fatigue, qui peu à peu l'engourdissait »* (Mart. du G.). 2 v. pron. Devenir engourdi. « *peu à peu ses membres s'engourdirent, sa pensée s'assoupit* » (Maupass.). ✪ CONTR. Dégourdir, dérouiller.

engourdissement n. m. – XVIe ▪ État d'un membre, du corps qui s'est engourdi. ⇒ **appesantissement, léthargie, raideur, torpeur.** « *Un engourdissement s'emparait de ses membres* » (Green). ➛ Sommeil prolongé des animaux. ⇒ **estivation, hibernation.** ✪ CONTR. Dégourdissement. Vivacité.

engrais n. m. – XVIe 1 *À L'ENGRAIS* : de manière à engraisser. *Des porcs à l'engrais.* 2 Substance que l'on mêle au sol pour le fertiliser. ⇒ **fertilisant.** *Engrais riche en azote.* ➛ *Engrais végétaux. Engrais vert* : plante que l'on enfouit dans le sol à fertiliser. ➛ *Engrais organiques.* « *Le plus fécondant et le plus efficace des engrais, c'est l'engrais humain* »(Hugo).

engraissement n. m. – XIIIe ▪ Action d'engraisser (les animaux) ; son résultat.

engraisser v. [1] – XIe ; lat. *incrassare* I v. tr. 1 Rendre gras, faire grossir. *Engraisser du bétail.* 2 Enrichir (une terre) au moyen d'engrais. ⇒ **améliorer, amender, fertiliser.** II v. intr. Devenir gras, prendre de l'embonpoint. ⇒ **épaissir, forcir, grossir.** « *comme il commençait d'engraisser, ses yeux, déjà petits, semblaient remonter vers les tempes par la bouffissure de ses pommettes* » (Flaub.). ✪ CONTR. Amaigrir, maigrir.

engraisseur n. m. – XVIe ▪ Personne dont le métier est de finir d'élever les bestiaux destinés à être abattus. ⇒ **nourrisseur.**

engramme n. m. – 1907 ; gr. *en* « dans » et *gramma* « caractère, trait » ▪ Trace organique laissée dans le cerveau par un événement du passé individuel, et qui serait le support matériel du souvenir.

engrangement n. m. – XVIIe ▪ Action d'engranger.

engranger v. tr. [3] – XIVe ▪ Mettre en grange. *Engranger le foin.* ♦ Mettre en réserve. ⇒ **emmagasiner.** *Engranger des richesses.* ♦ littér. « *J'aime acquérir et engranger ce qui promet de durer au delà de mon terme* » (Colette).

① **engraver** v. tr. [1] – XVe ; de *en-* et *graver* ▪ Loger (une bande métallique de protection) dans une rainure pratiquée au-dessus d'un bandeau.

② **engraver** v. tr. [1] – XVIIe ; de *en-* et rad. de *grève* ▪ Échouer (une embarcation) sur un fond de sable, de gravier. ⇒ **ensabler.** « *des carcasses de bateaux engravés ou coulés* » (Morand).

engrêlé, ée adj. – XIIe ; de *en-* et ② *grêle* ▪ Qui est bordé de petites dents arrondies (héraldique). ⇒ **dentelé.** « *Trois lions de gueules accostés de six merlettes engrêlées de sable* » (Labiche).

engrenage n. m. – XVIIIe 1 Système de roues dentées qui s'engrènent de manière à transmettre le mouvement d'un arbre de rotation à un autre arbre ; disposition, entraînement des roues de ce système. *L'engrenage de direction d'une automobile.* 2 Enchaînement de circonstances qui se déroulent d'une façon mécanique, et qui aggravent la situation initiale. ⇒ **escalade, spirale.** « *Quand on est pris dans l'engrenage d'une pareille passion ou d'un pareil vice, il faut y passer tout entier* » (Maupass.). ➛ *Mettre le doigt dans l'engrenage* : se mettre dans un processus irréversible.

engrènement n. m. – XVIIIe ▪ Réalisation d'un engrenage mécanique. ♦ Action d'emplir de grain. ♦ Pénétration de fragments d'un os fracturé les uns dans les autres.

engrener v. tr. [5] – XIIe 1 Emplir de grain. 2 Faire entrer les dents d'une roue dans les espaces séparant les dents d'une autre roue, d'un pignon, de manière à réaliser un engrenage. pronom. « *Ils s'engrènent les uns dans les autres comme les roues d'une montre* » (Fontenelle).

> ❑ *Engrener* vient de *en-* et *gren-*, forme savante de *grain*, peut-être sous l'influence de *encrené* « entaillé de crans ».

engreneur n. m. – XIXe ▪ Appareil qui engrène mécaniquement les batteuses. ♦ Ouvrier chargé d'engrener une batteuse.

engrenure n. f. – XVIIe ▪ Disposition de roues engrenées.

engrois n. m. – XVIIIe ; de l'a. fr. *engroissier* → engrosser ▪ Coin qu'on enfonce dans l'œil d'un marteau, d'un pic, pour en affermir le manche.

engrosser v. tr. [1] – XIIe ▪ vulg. Rendre enceinte. « *est-ce que vous vous êtes fait tout seul, et n'a-t-il pas fallu que votre père ait engrossé votre mère ?* » (Mol.).

engueulade n. f. – XIXe ▪ fam. Vive réprimande. « *qu'est-ce que je vais lui passer comme engueulade !* » (Mac Orlan). ♦ Dispute, querelle.

engueuler v. tr. [1] – XVIIIe ▪ fam. 1 Adresser des injures, une vive réprimande à. ⇒ **gronder, réprimander.** « *Et le poète soûl engueulait l'univers* » (Rimb.). « *ils engueulent leurs domestiques en flamand* » (Baud.). ➛ loc. *Engueuler qqn comme du poisson pourri*, l'accabler d'injures violentes. 2 v. pron. Se disputer, se quereller de façon violente. *Ils se sont engueulés.* ✪ CONTR. Complimenter, féliciter.

enguirlander v. tr. [1] – XVIe 1 Orner de guirlandes, comme de guirlandes. « *Dans le grand miroir enguirlandé de fouets et de cravaches* » (Colette). 2 fam. Réprimander. « *Avec des mots câlins, elle l'enguirlanda de nouveau* » (Maupass.).

enhardir [ɑ̃aRdiR] v. tr. [2] – XIIe ▪ Rendre hardi, plus hardi. ⇒ **encourager.** « *Enhardi par cette première démarche* » (Romains). ⇒ **stimuler.** ➛ v. pron. Devenir plus hardi, prendre de l'assurance. « *ayant pour principe la crainte de manquer aux bienséances, je pris, pour m'enhardir, le parti de les fouler aux pieds* » (Rouss.). ✪ CONTR. Décourager, effrayer, intimider.

enharmonie n. f. – XIXe ▪ Rapport entre deux notes, deux tonalités enharmoniques.

enharmonique [ɑ̃naRmɔnik] adj. – XIVe ; gr. ▪ Se dit de notes de noms distincts et de caractères harmoniques différents **(⇒ comma),** qui sont représentées dans les instruments à son fixe par un son unique intermédiaire. *Do dièse et ré bémol sont enharmoniques.*

enherber v. tr. [1] – XVIIIe ▪ Planter en herbe à pré.

énième → **nième**

énigmatique adj. – XIIIe 1 Qui renferme une énigme, tient de l'énigme. ⇒ **impénétrable, indéchiffrable, insondable, mystérieux, obscur, sibyllin.** « *toute la vie est un secret, une sorte de parenthèse énigmatique entre la naissance et l'agonie* » (Hugo). 2 Difficile à comprendre, à interpréter. ⇒ **ambigu, équivoque.** « *Ce regard énigmatique, ce regard à perfidies* » (Maupass.). ➤ *Un homme énigmatique.* ⇒ **étrange.** ✪ CONTR. Clair.

énigme n. f. – XIVe ; gr. *ainigma* 1 Chose à deviner d'après une définition ou une description faite à dessein en termes obscurs, ambigus. ⇒ **charade, devinette, logogriphe.** *Déchiffrer, trouver une énigme. L'énigme du Sphinx devinée par Œdipe. Le mot, la clé de l'énigme :* l'explication de ce qu'on ne comprenait pas. 2 Ce qu'il est difficile de comprendre, d'expliquer, de connaître. ⇒ **amphigouri ; mystère, problème,** ② **secret.** *Cette disparition reste une énigme.* « *L'incrédule intelligent tient nécessairement le prêtre pour une énigme* » (Valéry).

❑ Le mot, masculin au XVIe s. (le mot grec étant neutre), s'emploie à l'un ou à l'autre genre jusqu'à la fin du XVIIe siècle.

enivrant, ante [ɑ̃nivʀɑ̃ ; enivʀɑ̃, ɑ̃t] adj. – XIIe 1 vieilli Qui provoque l'ivresse. 2 Qui provoque l'exaltation des sens, des sentiments. ⇒ **excitant, grisant, troublant.** *Des parfums enivrants.* « *Il éprouvait une joie absurde et enivrante* » (Maurois).

enivrement [ɑ̃nivʀəmɑ̃ ; enivʀəmɑ̃] n. m. – XIIe 1 vieilli Ivresse. 2 littér. Exaltation voluptueuse. ⇒ **griserie, transport.** ✪ CONTR. Froideur, indifférence.

enivrer [ɑ̃nivʀe ; enivʀe] v. tr. [1] – XIIe 1 Rendre ivre. ⇒ **griser, soûler.** *Vin qui enivre.* pronom. Se mettre en état d'ivresse. ⇒ fam. se **soûler.** 2 Remplir d'une sorte d'ivresse des sens ; d'une excitation ou d'une émotion agréable et souvent trouble. ⇒ **exalter, exciter, transporter, troubler.** « *on ne voit plus que carnage ; le sang enivre le soldat* » (Boss.). ➤ pronom. « *Je m'enivre ardemment des senteurs confondues* » (Baud.). ♦ Rendre ivre d'orgueil. « *Le pouvoir absolu enivre comme le génie* » (Hugo). ✪ CONTR. Désenivrer, dégriser.

enjambée n. f. – XIIe ■ Grand pas. *Faire de grandes enjambées.* ♦ *D'une enjambée :* en enjambant en une seule fois.

enjambement n. m. – XVIe ■ Procédé rythmique consistant à reporter sur le vers suivant un ou plusieurs mots nécessaires au sens du vers précédent. ⇒ ② **rejet.** ♦ *Enjambement des chromosomes :* entrecroisement des chromosomes lors de la méiose. ⇒ **crossing-over ; recombinaison.**

enjamber v. [1] – XIIIe 1 v. intr. Déborder par enjambement. « *De lourds alexandrins l'un sur l'autre enjambant* » (Hugo). 2 v. tr. Franchir en étendant la jambe. ⇒ **sauter.** « *Les sept hommes enjambèrent le petit mur* » (Mac Orlan). ➤ Passer par-dessus en reliant les deux extrémités de. « *un aqueduc dont les arches de pierre enjambaient un abîme* » (Zola).

enjeu n. m. – XIVe 1 Argent que l'on met en jeu en commençant la partie et qui doit revenir au gagnant. ⇒ ③ **cave, mise,** ② **poule.** 2 Ce que l'on peut gagner ou perdre, dans une compétition, une entreprise. « *Je ne crains pas la mort. C'est l'enjeu de la vie* » (Giraud.).

enjoindre v. tr. [49] – XIIe ; lat. *injungere,* d'apr. *joindre* ■ littér. Ordonner expressément à. ⇒ **intimer, prescrire,** ① **sommer.** « *Il m'envoie au tableau noir et m'enjoint de tracer un cercle* » (Colette).

enjôler v. tr. [1] – XIIIe ; de *en-* et *geôle* ■ Séduire par de belles paroles, des cajoleries, des flatteries. ⇒ **embobiner, entortiller, tromper.** « *Il m'enjôla si bien par ses beaux discours, que j'acceptai* » (Lesage).

❑ *Enjôler* signifiait autrefois « emprisonner ». Au sens actuel, il est détaché de *geôle* quant au sens et à la graphie (*j*).

enjôleur, euse n. – XVIe ■ Personne habile à enjôler les autres. ⇒ **ensorceleur, séducteur, trompeur.** *On m'a dit « que vous autres courtisans êtes des enjôleurs »* (Mol.). ♦ adj. *Un sourire enjôleur.*

enjolivement n. m. – XVIIe 1 Action d'enjoliver. *L'enjolivement d'une façade.* 2 Ornement destiné à enjoliver. ⇒ **enjolivure.**

enjoliver v. tr. [1] – XIVe ■ Orner de façon à rendre plus joli, plus agréable. ⇒ **embellir,** ① **parer.** « *une haute cheminée, dont le chambranle* [...] *était enjolivé d'une mosaïque de marbres précieux* » (Nerval). ♦ Agrémenter, embellir de détails ajoutés plus ou moins exacts. *Il a enjolivé son récit.* ⇒ **broder.** ✪ CONTR. Enlaidir.

enjoliveur n. m. – XVIIIe ■ Garniture pour enjoliver une automobile. « *les calandres des Pontiac faisaient siffler dans l'air leurs enjoliveurs en forme de baïonnette* » (Le Clézio). ➤ Plaque métallique dont on recouvre les moyeux des roues.

enjolivure n. f. – XVIIe ■ Enjolivement.

enjoué, ée adj. – XIIe ; de *en-* et *jeu* ■ Qui a ou marque de l'enjouement. ⇒ **aimable,** ① **badin, gai.** « *un ton enjoué, parfois assez leste* » (Ste-Beuve). ✪ CONTR. ① Chagrin, maussade, triste.

enjouement n. m. – XVIIe ■ Disposition à la bonne humeur, à une gaieté aimable et souriante. ⇒ **alacrité, entrain, gaieté.** « *cet enjouement qui* [...] *fait naître le sourire sur les lèvres les plus rebelles à la gaieté* » (Gaut.). ✪ CONTR. Austérité, gravité, sérieux.

enjuiver v. tr. [1] – XIXe ■ (t. raciste) Pénétrer de l'influence juive.

enképhaline n. f. – 1975 ; gr. *egkekalos* « qui est dans la tête » ■ Substance participant à l'intégration des informations sensorielles relatives à la douleur.

❑ On dit aussi *encéphaline,* plus facile, d'après *encéphale.*

enkysté, ée adj. – XVIIIe ■ Qui reste isolé dans l'organisme par suite d'un enkystement.

❑ Un *y* comme dans *kyste.*

enkystement n. m. – XIXe ■ Formation d'une couche de tissu conjonctif dense autour d'un corps étranger (ou d'une tumeur).

enkyster (s') v. pron. [1] – XIXe ■ Devenir enkysté.

enlacement n. m. – XIIe 1 Disposition de choses enlacées. 2 Étreinte. ⇒ **embrassement.** « *Ô quels baisers ! Quels enlacements fous !* » (Verlaine).

enlacer v. tr. [3] – XIIe ; de *en-* et *lacer* 1 Entourer plusieurs fois en serrant. 2 Serrer dans ses bras. ⇒ **étreindre.** *Le danseur enlace sa cavalière.* ➤ pronom. « *lorsque je vois le soir les couples s'enlaçant* » (Apoll.). 3 Passer l'un autour de l'autre, l'un dans l'autre. ⇒ **entrecroiser, entrelacer.** « *Un réseau d'ornements inextricablement enlacés* » (Gaut.).

enlaçure n. f. – XIIe ■ Assemblage d'une mortaise et d'un tenon avec des chevilles.

enlaidir v. [2] – XIIe 1 v. tr. Rendre ou faire paraître laid. ⇒ **défigurer, déparer.** « *Le haut-de-forme l'enlaidit et le feutre mou l'embellit* » (Colette). ➤ pronom. *Elle ne craint pas de s'enlaidir.* 2 v. intr. Devenir laid. *Elle a beaucoup enlaidi.* ✪ CONTR. Embellir, enjoliver, ① parer.

enlaidissement n. m. – XVe ▪ Action ou fait d'enlaidir. ✪ CONTR. Embellissement.

enlevage n. m. – XIXe ▪ Opération de teinturerie qui consiste à détruire soit la teinture, soit la substance qui fixe le colorant.

enlevé, ée adj. – XIXe ▪ Exécuté avec brio.

enlèvement n. m. – XVIe ▪ Action d'enlever. *L'enlèvement des Sabines. Enlèvement d'un enfant.* ⇒ **kidnapping, rapt.** ♦ *L'enlèvement des ordures ménagères. Enlèvement d'une voiture.*

enlever v. tr. [5] – XIIe ; pour *en lever* **I - 1** littér. Porter vers le haut. ⇒ **hisser,** ① **lever, soulever. 2** Exécuter parfaitement, avec aisance et rapidité. *Enlever un morceau de musique.* **II - 1** Faire que (une chose) ne soit plus là où elle était. ⇒ **ôter, retirer.** *Enlever qqch. d'un endroit.* ⇒ **déplacer.** *Enlever les assiettes.* ⇒ **débarrasser.** ➤ pronom. *Housse qui s'enlève.* ♦ « *Il enleva sa robe de chambre, apparut en gilet de flanelle, caleçon long et fixe-chaussettes* » (Queneau). ⇒ **quitter.** ♦ « *on lui enleva la vésicule biliaire* » (Beckett). *Se faire enlever une dent.* ⇒ **arracher, extraire.** ♦ Faire disparaître. *Enlever une tache.* ⇒ **effacer.** « *Il faut savoir enlever de son œuvre ce qui souvent nous plaît le plus* » (Flaub.). ⇒ **éliminer, retrancher.** pronom. *Cette tache s'enlève facilement.* **2** ENLEVER À. Priver de. *Vous m'enlevez tout espoir. On lui a enlevé la garde de son enfant.* ➤ NE RIEN ENLEVER À : laisser intact. « *L'éclat de ses erreurs n'enlevait rien à l'autorité de ses prophéties* » (Maurois). **III - 1** Prendre avec soi, pour soi. ⇒ **emporter.** *Les déménageurs viennent enlever les meubles.* ♦ loc. fam. *Enlevez, c'est pesé :* la chose est prête, vous pouvez l'emporter. **2** Prendre d'assaut. ⇒ s'**emparer.** « *Il donna l'ordre aux cuirassiers d'enlever le plateau de Mont-Saint-Jean* » (Hugo). **3** Obtenir facilement. *Enlever un contrat.* **4** Emmener (qqn) avec soi, par ruse ou par violence. ⇒ **kidnapper, ravir.** *Enlever un enfant pour obtenir une rançon. Enlever un journaliste et le garder en otage.* ♦ Emmener dans une fugue amoureuse. « *Une belle qui se fait enlever tous les six mois* » (Daud.). ♦ littér. Emporter de ce monde ; faire mourir. *Il a été enlevé à l'affection des siens.* ✪ CONTR. Poser. — Laisser ; ajouter.

enlevure n. f. – XIIe ▪ Relief d'une sculpture.

enlier v. tr. [7] – XIIe ▪ Engager les uns dans les autres. *Enlier des briques.*

enlisement n. m. – XIXe ▪ Fait de s'enliser. *L'enlisement d'un bateau.*

enliser v. tr. [1] – XVe ; de *en-* et a. fr. et dial. *lise* « sable mouvant » ▪ Enfoncer dans du sable mouvant, en terrain marécageux. ⇒ **embourber, envaser.** ➤ pronom. « *comme quelqu'un qui s'enlise dans un marais puant* » (Gide). ♦ S'enfoncer, sombrer. « *Le vieux bureau où la vie d'un homme s'enlise* » (St-Exup.).

enluminer v. tr. [1] – XIIe ; lat. *illuminare* **1** Orner d'enluminures. *Enluminer un manuscrit.* **2** Colorer vivement, rougir. « *sa trogne enluminée par le soleil et par le vin* » (Gaut.).

> ❑ Au XVIIe s., *s'enluminer* se disait pour « s'enivrer ».

enlumineur, euse n. – XIIIe ▪ Artiste spécialisé dans l'enluminure. ⇒ **miniaturiste.**

enluminure n. f. – XIIIe **1** Art d'enluminer. **2** Lettre peinte ou miniature ornant d'anciens manuscrits, des livres religieux. « *On trouve dans les vieux missels de naïves enluminures* » (Daud.).

ennéade n. f. – XIXe ; gr. *enneas* « groupe de neuf, neuvaine » ▪ Groupe de neuf personnes, de neuf choses semblables.

ennéagone n. m. – XVIe ; gr. *ennea* « neuf » et *-gone* ▪ Polygone à neuf angles et neuf côtés.

enneigé, ée [ɑ̃neʒe] adj. – XIIIe ▪ Couvert de neige. *Route enneigée.*

enneigement [ɑ̃nɛʒmɑ̃] n. m. – XIXe ▪ État d'une surface enneigée ; hauteur de la neige sur un terrain.

ennemi, ie n. et adj. – X^e ; lat. *in-* et *amicus* « ami » **I - 1** Personne qui déteste qqn et cherche à lui nuire. ⇒ **adversaire, antagoniste, rival.** « *C'est par faiblesse qu'on hait un ennemi et que l'on songe à s'en venger* » (La Bruy.). *Il s'est fait beaucoup d'ennemis. On ne lui connaît pas d'ennemis.* « *L'homme est partout l'ennemi de lui-même, son secret et sournois ennemi* » (Bernanos). ➤ *Des ennemis politiques. Un ennemi du genre humain.* ⇒ **misanthrope.** *Les ennemis du régime :* l'opposition. *Un ennemi du peuple.* ➤ *L'ennemi public numéro un :* le plus dangereux des malfaiteurs. ♦ adj. « *Ô vieillesse ennemie* » (Corn.). « *Les deux descendants de familles ennemies* » (Giraud.). **2** Personne qui a de l'aversion, de l'éloignement. *Les ennemis du progrès.* « *Ennemis pour les autres et pour eux-mêmes de tout plaisir* » (Mauriac). **3** Chose qu'un homme ou un groupe juge contraire à son bien. « *Le cléricalisme, voilà l'ennemi* » (Gambetta). ♦ *Le mieux est l'ennemi du bien.* **II** Ceux contre lesquels on est en guerre, leur nation ou leur armée. *L'ennemi a attaqué à l'aube. Tomber entre les mains de l'ennemi :* être fait prisonnier. ♦ adj. « *la longue colonne de la cavalerie ennemie* » (Vigny). ✪ CONTR. Ami ; adepte, partisan ; allié.

ennoblir [ɑ̃nɔbliʀ] v. tr. [2] – XIIIe ▪ Conférer un caractère de noblesse, de grandeur morale à. ⇒ **élever, grandir.** « *C'est le cœur qui ennoblit l'homme* » (R. Rolland). ✪ CONTR. Avilir.

> ❑ Ne pas confondre avec *anoblir* « donner un titre de noblesse ».

ennoblissement [ɑ̃nɔblismɑ̃] n. m. – XIVe **1** rare Fait d'être ennobli. **2** Amélioration des qualités d'un matériau.

ennuager [ɑ̃nɥaʒe] v. tr. [3] – XVIIe ▪ Couvrir de nuages. pronom. *Le ciel s'ennuage.*

ennui [ɑ̃nɥi] n. m. – XIIe **1** Peine qu'on éprouve de quelque contrariété ; cette contrariété. ⇒ ① **souci, tracas.** *Avoir des ennuis d'argent, de santé.* « *Tu ne crains pas qu'on te fasse des ennuis ?* » (Sartre). *Il a eu des ennuis avec la justice. L'ennui, c'est que... :* ce qu'il y a d'ennuyeux, c'est que... « *À ceux-ci je n'ai pas causé de si grands tourments, tout au plus des ennuis* » (Colette). **2** Impression de vide, de lassitude causée par le désœuvrement, par une occupation monotone ou dépourvue d'intérêt. *Bâiller d'ennui. Ce film est d'un ennui !* « *L'ennui naquit un jour de l'uniformité* » (La Motte-Houdar). « *Essayant de tromper l'ennui qui me dévore* » (Ronsard). **3** Mélancolie vague, lassitude morale qui fait qu'on ne prend d'intérêt, de plaisir à rien. ⇒ **abattement,** fam. **cafard, langueur, morosité, neurasthénie, spleen.** *Chateaubriand* « *a comme engendré cet ennui incurable, mélancolique, sans cause, [...] le mal de René* » (Ste-Beuve). ✪ CONTR. Satisfaction ; amusement, distraction, plaisir.

ennuyant, ante [ɑ̃nɥijɑ̃, ɑ̃t] adj. – XIIe ▪ vieilli ou région. (Canada) Ennuyeux.

ennuyé, ée [ɑ̃nɥije] adj. – XVIe ▪ Préoccupé, contrarié. *Il avait l'air très ennuyé.*

ennuyer [ɑ̃nɥije] v. tr. [8] – XIIe ; lat. *odium* « haine » **1** Causer du souci, de la contrariété à. ⇒ **contrarier, inquiéter, préoccuper, tarabuster, tourmenter, tracasser.** *Cela vous ennuierait-il d'attendre un moment ?* ⇒ **déranger, gêner. 2** Importuner. ⇒ **agacer, assommer, énerver, excéder, fatiguer, lasser.** *Tu nous ennuies, avec tes histoires !* **3** Remplir d'ennui, lasser l'intérêt de. *Conférencier qui ennuie son auditoire.* ⇒ **endormir.**

« *Trop de logique ennuie* » (Gide). 4 pronom. *S'ennuyer de qqn :* ressentir désagréablement son absence. ⇒ **languir.** ♦ Éprouver de l'ennui. ⇒ s'**embêter,** se **morfondre.** « *La vie est courte, mais on s'ennuie quand même* » (Renard). *S'ennuyer à mourir.* « *Je ne m'ennuie jamais avec vous* » (Sand). fam. *S'ennuyer comme un rat mort, à cent sous de l'heure.* ✪ CONTR. Amuser, désennuyer, distraire.

ennuyeux, euse [ɑ̃nɥijø, øz] adj. – XIIe 1 Qui cause de la contrariété, du souci ou de la gêne ou du désagrément. ⇒ **agaçant, contrariant, désagréable, embêtant,** région. **ennuyant, fâcheux, gênant, inquiétant ;** fam. **emmerdant.** « *il est ennuyeux d'être en hiver parce que l'on grelotte* » (Gaut.). 2 Qui suscite l'ennui (3°). ⇒ **assommant, embêtant, fastidieux, fatigant, lassant, soporifique ;** fam. **barbant, mortel, rasant.** « *Il y a des gens si ennuyeux qu'ils vous font perdre une journée en cinq minutes* » (Renard). *Les soirées* « *étaient ennuyeuses comme la pluie* » (Proust). ✪ CONTR. Amusant, intéressant.

énoncé n. m. – XVIIe 1 Action d'énoncer ; déclaration. ⇒ **énonciation, exposé.** *L'énoncé des faits.* 2 Formule, ensemble de formules exprimant qqch. *L'énoncé d'une loi.* ⇒ **texte ; termes.** *L'énoncé d'un problème.* ♦ Résultat, réalisation de l'acte de parole (opposé à *énonciation*). ➛ Segment de discours ainsi produit.

énoncer v. tr. [3] – XIVe ; lat. *enuntiare* ▪ Exprimer en termes nets, sous une forme arrêtée. ⇒ **exposer, formuler.** « *exprimer les mêmes vérités en les énonçant avec moins de crudité ?* » (Chateaub.). *Proposition énoncée dans un article.* ♦ pronom. Être énoncé. « *Ce que l'on conçoit bien s'énonce clairement* » (Boil.).

énonciatif, ive adj. – XIVe ▪ Qui sert à énoncer.

énonciation n. f. – XIVe 1 Action d'énoncer. ⇒ **déclaration, énoncé.** *L'énonciation des faits par un témoin. Énonciation d'une clause dans un acte.* ⇒ **mention.** 2 Production individuelle d'une phrase dans des circonstances données de communication. *Le sujet de l'énonciation est* je.

enorgueillir [ɑ̃nɔʀgœjiʀ] v. tr. [2] – XIIe ▪ Rendre orgueilleux, flatter dans sa vanité. « *des sympathies nombreuses et qui l'enorgueillissaient fort* » (Courtel.). ♦ pronom. S'ENORGUEILLIR DE : tirer vanité de. ⇒ se **glorifier,** se **prévaloir.** *S'enorgueillir de ses diplômes.* ✪ CONTR. Humilier.

énorme adj. – XIVe ; lat. « qui sort de la règle *(norma)* » 1 Qui sort des bornes habituelles, dépasse ce que l'on a l'habitude d'observer et de juger. ⇒ **anormal, démesuré, extraordinaire, monstrueux.** *Rencontrer d'énormes difficultés.* ⇒ **considérable.** « *J'avais fait une balourdise énorme* » (Volt.). ⇒ **monumental.** *Une faute énorme. Un énorme succès.* ♦ *Il a reconnu ses torts, c'est déjà énorme,* c'est beaucoup. 2 Dont les dimensions sont considérables. ⇒ **colossal, éléphantesque, gigantesque, grand, gros, immense.** « *une vieille et énorme femme* » (Zola). ⇒ **obèse.** « *une ville énorme et surhumaine* » (Hugo). ♦ Qui dépasse de beaucoup en quantité, en importance ce qu'on observe habituellement. *Une différence énorme. D'énormes bénéfices.* ➛ *Mer énorme,* où les vagues dépassent 14 mètres. ✪ CONTR. Normal, ordinaire ; insignifiant, minime, petit.

énormément adv. – XIVe ▪ Sert de superlatif à *beaucoup.* « *Il me faut beaucoup d'argent, il me faut énormément d'argent* » (Hugo).

énormité n. f. – XIIIe 1 Caractère de ce qui est anormal, hors du commun et qui frappe. *L'énormité d'une faute.* ♦ Grandeur, importance considérable. *L'énormité des effectifs.* 2 Action, propos jugé énorme. *Dire des énormités.* « *Un livre peut être plein d'énormités et de bévues et n'en être pas moins fort beau* » (Flaub.). ✪ CONTR. Insignifiance.

énostose n. f. – XIXe ; du gr. *en* « dans », d'apr. *exostose* ▪ Production osseuse circonscrite, formée dans la profondeur d'un os et pouvant faire saillie dans le canal médullaire ou même l'obstruer. ⇒ **exostose, ostéophyte.**

énouer v. tr. [1] – XVIIIe ▪ Débarrasser (une étoffe) des nœuds, des impuretés à la surface. ⇒ **épincer.**

enquérir (s') v. pron. [21] – Xe ; lat. *inquirere* ▪ littér. Chercher à savoir. ⇒ s'**informer, rechercher,** se **renseigner.** *Elle s'est enquise de ma santé.*

enquerre (à) loc. adj. – XVIIe ; de *enquérir* ▪ *Armes à enquerre :* armes qui présentent une singularité, une irrégularité à éclaircir (en héraldique).

enquête n. f. – XIIe ; lat. *inquirere* « rechercher » 1 Mesure d'instruction permettant au juge de recevoir des tiers des déclarations de nature à l'éclairer sur les faits litigieux. *Ouvrir, faire, clore une enquête. Enquête ordinaire,* où les témoins sont interrogés par un magistrat en présence des parties et de leurs défenseurs. *Inspecteur qui mène, conduit une enquête. L'enquête piétine, avance.* ♦ *Enquête administrative :* procédure par laquelle l'administration réunit des informations, vérifie certains faits avant de prendre une décision. *Enquête de moralité.* 2 Recherche méthodique reposant notamment sur des questions et des témoignages. ⇒ **examen, investigation.** *Je fais ma petite enquête.* « *on couchait les offres après enquête, sur les belles fiches de papier glacé* » (Romains). ♦ Étude d'une question sociale, économique, politique... par le rassemblement d'avis, de témoignages. ⇒ **sondage.** *Enquête sociologique, statistique. Enquête publicitaire.*

enquêter v. intr. [1] – XIIe ▪ Faire, conduire une enquête. « *lui demander si la justice ne ferait pas bien d'enquêter un peu sur l'origine des fonds du* Pacifiste » (Sartre).

enquêteur, euse n. – XIIIe ▪ Personne chargée d'une enquête. *Enquêteur de police.*

> ❑ Il existe une forme féminine *enquêtrice,* bien que le verbe *enquêter* ne l'implique pas. → -eur (rem.).

enquiquinant, ante adj. – XIXe ▪ fam. Qui enquiquine.

enquiquiner v. tr. [1] – XIXe ; de *en-* et arg. *quiqui* « gorge, cou » ▪ fam. Agacer, ennuyer, importuner. ➛ pronom. *Je ne vais pas m'enquiquiner avec ça.*

> ❑ *Enquiquiner* se dit par euphémisme pour *emmerder.*

enquiquineur, euse n. – 1940 ▪ fam. Personne qui enquiquine.

enracinement n. m. – XIVe ▪ Fait de s'enraciner. *L'enracinement d'un souvenir. L'enracinement de l'individu dans le sol natal.* ✪ CONTR. Déracinement.

enraciner v. tr. [1] – XIIe 1 Faire prendre racine à. ➛ v. pron. Prendre racine. « *Les plantes marines s'enracinent sur les rochers* » (Bern. de St-Pierre). 2 Fixer dans l'esprit, le cœur. ⇒ **ancrer.** « *Chez les uns, la peste avait enraciné un scepticisme profond* » (Camus). ➛ pronom. « *Une erreur qui va s'enracinant* » (Proust). ♦ Établir de façon durable. ➛ pronom. « *j'ai, par la suite, vivement désiré de m'enraciner quelque part, après toutes les errances de mes jeunes saisons* » (Duham.). ✪ CONTR. Déraciner, éradiquer, extirper.

enragé, ée adj. et n. – XIIe 1 Furieux, fou de colère. ⇒ **furibond.** « *La contrainte perpétuelle qu'il s'imposait le rendait enragé* » (R. Rolland). ♦ Animé par une passion. ⇒ **effréné, passionné.** *Un joueur enragé. Un enragé de musique.* ⇒ **fanatique.** 2 Atteint de la rage. « *On les assomma sous des cailloux comme des chiens enragés* » (Flaub.).

enrageant, ante adj. – XVIIe ▪ rare Qui fait enrager, énervant. ⇒ **rageant.**

enrager v. intr. [3] - XIIe ■ Éprouver un violent dépit. ⇒ **bisquer, écumer, rager ;** fam. ① **fumer, râler.** « *j'enrage de voir ma prudence trompée* » (Mol.). ♦ *Faire enrager qqn,* l'exaspérer.

enraiement ou **enrayement** n. m. - XIXe ■ Fait d'arrêter. *L'enraiement d'une épidémie.*

enrayage n. m. - XIXe 1 vieilli Freinage ou blocage (des roues, d'un véhicule). 2 Arrêt accidentel et momentané du fonctionnement d'une arme à feu.

① **enrayer** v. tr. [8] - XIIIe ; de *en-* et *raie* ■ Ouvrir le premier sillon dans un champ. ✪ CONTR. Dérayer.

② **enrayer** v. tr. [8] - XVIe ; de *en-* et *rai* « rayon » 1 Empêcher accidentellement de fonctionner (une arme à feu, un mécanisme). ⇒ **bloquer.** ➛ pronom. « *Ça s'enraye au moindre grain de sable* » (Mart. du G.). 2 Arrêter dans son cours. ⇒ **briser, juguler.** « *enrayer le progrès inquiétant des maladies* » (Romains). *Mesures propres à enrayer une crise économique.* 3 Équiper (une roue), en montant les rayons. ✪ CONTR. Débloquer, désenrayer.

❑ Ce verbe signifiait, au XVIe s., « entraver le mouvement d'une roue en agissant sur les rayons ».

① **enrayure** n. f. - XVIIe ■ Premier sillon ouvert par la charrue.

② **enrayure** n. f. - XVIIe ■ Assemblage de pièces de bois rayonnant autour d'un centre.

enrégimenter v. tr. [1] - XVIIIe ■ vieilli Incorporer dans un régiment. ⇒ **enrôler.** ♦ mod. Faire entrer dans un parti qui exige une obéissance quasi militaire. ⇒ **embrigader.** « *On vous enrégimente dans cette fameuse internationale* » (Zola).

enregistrable adj. - XVIe ■ Qui peut être enregistré.

enregistrement n. m. - XIVe 1 Transcription ou mention sur registre public d'actes ou de déclarations, en vue d'en constater l'existence et de leur conférer date certaine. *Droits d'enregistrement.* ♦ *Enregistrement des bagages :* opération par laquelle le voyageur confie ses bagages au transporteur. 2 Action de consigner par écrit, de noter comme réel ou authentique. « *Ce dictionnaire est un enregistrement très étendu des usages de la langue* » (Littré). 3 Action ou manière d'enregistrer sur un support. *Enregistrement d'une image. Enregistrement du son,* permettant de le conserver et de le reproduire. *Enregistrement mécanique* (gravure sur disque), *optique* (film cinématographique), *magnétique* (magnétophone, magnétoscope). *Cabine, studio d'enregistrement.*

enregistrer v. tr. [1] - XIIe 1 Inscrire sur un registre. *Enregistrer une commande.* ➛ *La donation a été enregistrée à telle date.* ➛ *Faire enregistrer ses bagages à l'aéroport.* 2 Consigner par écrit. ⇒ **mentionner.** *Enregistrer un événement dans son journal.* ♦ Prendre bonne note de, constater avec l'intention de se rappeler. ⇒ **recueillir, relever.** « *on enregistra une baisse sensible des prix* » (Camus). 3 Transcrire et fixer sur un support matériel. *Enregistrer les pulsations du cœur.* ➛ *Températures enregistrées sous abri.* 4 Fixer (un son, une image), sur un support matériel dans le but de le reproduire. *Enregistrer sur bande, cassette, disque.* « *si l'on enregistre ma voix, je ne la reconnais pas* » (Sartre). ➛ *Disque enregistré en public.*

❑ Pour la prononciation → registre (rem.).

enregistreur, euse adj. et n. m. - XIVe ■ Destiné à enregistrer un phénomène. ⇒ **-graphe.** *Thermomètre enregistreur. Caisse enregistreuse.* ♦ Qui permet d'enregistrer des sons. *Un répondeur* enregistreur. Un enregistreur de vol.*

enrésiner v. tr. [1] - déb. XXe ■ Reboiser en résineux.

enrhumé, ée adj. - XIIe ■ Atteint de rhume. *Un enfant enrhumé.* ➛ « *Une grave voix enrhumée* » (Renard).

enrhumer v. tr. [1] - XVe ■ Causer le rhume de. « *il n'y a rien qui enrhume tant que de prendre l'air par les oreilles* » (Mol.). ♦ v. pron. Attraper un rhume. *Je me suis enrhumé en attendant dehors.*

❑ Un *h* après le *r* comme dans *rhume.*

enrichi, ie adj. - XIIe 1 Qui s'est enrichi, qui n'a pas toujours été riche. ⇒ **parvenu.** « *Un salon de provinciaux enrichis et qui étalent du luxe* » (Stendh.). 2 Dont la proportion d'un des constituants a été augmentée. *Uranium enrichi,* dont on a augmenté la teneur en isotope fissile. ✪ CONTR. Allégé.

enrichir v. tr. [2] - XIIe 1 Rendre riche, ou plus riche. *Tourisme qui enrichit une région.* ♦ v. pron. Devenir riche. « *son père s'était enrichi en fabriquant du* ratafia de cerises » (Stendh.). 2 Rendre plus riche ou plus précieux en ajoutant un ornement ou un élément de valeur. *Il a enrichi sa collection de deux pièces rares.* ➛ *Enrichir une langue,* par des emprunts, des néologismes. « *d'autant que notre langue est pauvre, et qu'il faut mettre* (prendre la) *peine* [...] *de l'enrichir et cultiver* » (Ronsard). *Des lectures qui enrichissent l'esprit.* 3 Apporter des éléments fertilisants. *Enrichir une terre par des engrais.* ✪ CONTR. Appauvrir, dépouiller, ruiner.

enrichissant, ante adj. - XIXe ■ Qui enrichit l'esprit. *Une lecture enrichissante.* ✪ CONTR. Abêtissant, appauvrissant.

enrichissement n. m. - XVIe 1 Action, manière de rendre plus précieux ou plus riche. *L'enrichissement de la langue française au XVIe siècle.* 2 Élément qui enrichit, peut enrichir. 3 Fait d'augmenter ses biens, de faire fortune. « *Ce n'est pas tant la richesse que l'enrichissement* » (Romains). *L'enrichissement de la bourgeoisie au XIXe siècle.* 4 Traitement ayant pour but d'enrichir, d'augmenter la teneur d'un minerai. ✪ CONTR. Appauvrissement, ruine.

enrobage n. m. - XIXe ■ Action, manière d'enrober. ⇒ **enrobement.** ♦ Enveloppe, couche qui enrobe.

enrobement n. m. - XIXe ■ Action d'enrober. ⇒ **enrobage.**

enrober v. tr. [1] - XIIe 1 Entourer d'une enveloppe ou d'une couche protectrice. *Enrober des fruits,* en les plongeant dans un sirop. ⇒ **glacer.** ➛ *Glace à la vanille enrobée de chocolat.* 2 Envelopper de manière à masquer ou adoucir.

enrobeuse n. f. - v. 1960 ■ Machine servant à enrober les bonbons d'une couche de chocolat ou de caramel.

enrochement n. m. - XVIIIe ■ Ensemble de blocs de roche, de béton que l'on entasse sur un sol submergé ou mouvant, pour servir de fondations ou de protection à des ouvrages immergés.

enrocher v. tr. [1] - XVIe ■ Établir sur un enrochement.

enrôlement n. m. - XIIIe ■ Action d'enrôler, de s'enrôler. ⇒ **conscription, engagement, racolage, recrutement.**

enrôler v. tr. [1] - XIIe ■ Inscrire sur les rôles de l'armée. ⇒ **recruter.** ➛ pronom. S'engager. « *l'Athénien Xénophon* [...] *s'enrôla sous un capitaine lacédémonien* » (Volt.). ♦ Amener à entrer dans un groupe, à s'affilier à un parti. ⇒ **embrigader, enrégimenter.** ➛ pronom. *S'enrôler dans un parti.*

❑ Accent circonflexe sur le ô comme dans *rôle.*

enrôleur n. m. - XVIIe ■ Celui qui enrôlait les soldats. ⇒ **racoleur, recruteur.**

enrouement n. m. – XVe ▪ Altération du timbre de la voix consécutive à une inflammation du larynx. « *pastilles destinées* [...] *à guérir l'enrouement des chanteurs* » (Huysm.).

enrouer v. tr. [1] – XIIe ; lat. *raucus* « rauque » ▪ Rendre rauque. ⇒ **érailler,** ① **voiler.** « *Une voix hystérique et comme enrouée par l'eau-de-vie* » (Baud.). pronom. « *Une poule qui vient de pondre chante l'œuf et s'enroue à force de cotecoder* » (Genev.). ✪ CONTR. Éclaircir.

enroulement n. m. – XVIIe **1** Ornement en spirale, objet présentant des spires. « *Les capricieux enroulements tracés par un peintre* » (Chateaub.). ➛ Bobinage électrique, à spires espacées ou jointives constituant une bobine de self. **2** Disposition de ce qui est enroulé sur soi-même ou autour de qqch. *Enroulement d'un ressort.*

enrouler v. tr. [1] – XIVe **1** Rouler (une chose) sur elle-même. ➛ pronom. « *Ses cheveux s'enroulaient en boucles mobiles* » (Mart. du G.). **2** Rouler (une chose) sur, autour d'une autre. *Enrouler une pellicule.* ➛ pronom. « *le volubilis s'enroule en une seule nuit autour d'une canne oubliée* » (Alain). **3** Envelopper dans qqch. qui entoure. *Enrouler une momie dans des bandelettes.* ⇒ **emmailloter.** ➛ pronom. « *Les autres s'enroulent dans leurs couvertures* » (Sartre). ✪ CONTR. Dérouler, dévider.

enrouleur, euse adj. et n. m. – XIXe ▪ Qui sert à enrouler. ➛ n. m. Galet facilitant l'enroulement d'une courroie autour d'une poulie. *Ceinture de sécurité à enrouleur.*

enrubanner v. tr. [1] – XVIe ▪ Garnir, orner de rubans. « *de fringants poneys enrubannés* » (Alain-Fourn.).

> ❑ *Enrubanner* s'écrit avec deux *n* alors que *rubané, rubanerie* et *rubanier* n'en prennent qu'un.

ensablement n. m. – XVIIe **1** Amas de sable formé par l'eau ou par le vent ; état d'un lieu recouvert ou engorgé par ces amas. **2** Fait d'être immobilisé dans le sable.

ensabler v. tr. [1] – XVIe **1** Engager dans le sable. pronom. *Le bateau s'est ensablé,* s'est échoué dans le sable. ⇒ s'**engraver.** *Notre voiture s'est ensablée.* **2** Remplir de sable. pronom. « *Nos ports s'ensablent et s'empierrent* » (Hugo). ✪ CONTR. Désensabler.

ensachage n. m. – XIXe ▪ Action d'ensacher.

ensacher v. tr. [1] – XIIIe ▪ Mettre en sac.

ensacheur, euse n. – XIXe **1** Personne chargée de l'ensachage. **2** n. f. Machine à ensacher des matières pulvérulentes.

ensanglanter v. tr. [1] – XIe **1** Couvrir, tacher de sang. *Ses jambes* « *entourées de bandages ensanglantés* » (Vigny). **2** Couvrir, souiller de sang qu'on fait couler. *Les guerres qui ont ensanglanté le pays.*

enseignant, ante adj. et n. – XVIIIe ▪ Qui enseigne, est chargé de l'enseignement. *Le corps enseignant :* l'ensemble des professeurs et instituteurs. ➛ *Relations entre parents et enseignants.*

① **enseigne** n. f. – X^e ; lat. *insigne* « marque » **1** vx Marque, indice, preuve. ♦ littér. *À TELLE ENSEIGNE QUE :* cela est si vrai que. ⇒ **tellement** (que). *Il la croyait fâchée, à telle enseigne qu'il n'osait même plus lui parler.* **2** littér. Drapeau. **3** Panneau qu'un commerçant, un artisan met à son établissement pour se signaler au public. *Enseigne du bureau de tabac.* ⇒ **carotte.** *Auberge à l'enseigne du sanglier. Enseigne lumineuse.* ➛ loc. *Être logé à la même enseigne que qqn,* être dans la même situation fâcheuse, dans le même embarras.

② **enseigne** n. m. – XVIe ; de ① *enseigne* « drapeau » **1** Officier qui portait le drapeau. **2** *Enseigne de vaisseau :* officier de la marine de guerre, d'un grade correspondant à sous-lieutenant *(enseigne de 2e classe)* et de lieutenant *(enseigne de 1re classe).*

enseignement n. m. – XIIe **1** Leçon qu'on tire de l'expérience. « *Cette fable contient plus d'un enseignement* » (La Font.). **2** Action, art d'enseigner, de transmettre des connaissances à un élève. ⇒ **éducation, instruction, pédagogie.** *Enseignement des langues. Enseignement musical. Enseignement public* (organisé par l'État), *privé* (dans les écoles libres ou privées). « *L'enseignement que Marius voulait gratuit et obligatoire, multiplié sous toutes les formes* » (Hugo). *Enseignement général ; technique, professionnel. Enseignement primaire, secondaire, supérieur.* ♦ Profession, carrière des enseignants. *Entrer dans l'enseignement.*

enseigner v. tr. [1] – XIe ; lat. *insignire* « signaler » **1** vieilli ou région. Faire connaître. **2** Transmettre à un élève. ⇒ **apprendre.** « *Il comprenait et retenait aisément tout ce qu'on lui enseignait* » (Lesage). *Enseigner l'espagnol.* ➛ pronom. « *Ces idées ne s'enseignaient à aucune école* » (Renan). ➛ « *La servitude et l'oppression enseignent la ruse* » (Ste-Beuve).

> ❑ *Enseigner quelqu'un* au sens d'« instruire » est un tour parfaitement correct mais vieilli et très littéraire : « *J'ai souvent ouï en proverbe qu'un fou enseigne bien un sage* » (Rabelais).

ensellé, ée adj. – XIIe ▪ *Cheval ensellé,* dont le dos se creuse exagérément au niveau des reins en forme de selle.

ensellement n. m. – 1907 ▪ Abaissement d'un pli long (géologie).

ensellure n. f. – XIXe ▪ Concavité très prononcée de la région lombaire.

① **ensemble** adv. – XIe ; lat. *insimul* **1** L'un avec l'autre, les uns avec les autres. ⇒ **collectivement, conjointement ; co-, con-, syn-.** *Venez tous ensemble. Couleurs qui vont ensemble.* « *On boit une dernière fois ensemble, tous à la ronde, choquant les verres très fort* » (Loti). ➛ *Ils vivent ensemble,* en concubinage, sans être mariés. **2** L'un avec l'autre et en même temps. ⇒ **simultanément.** *Ne parlez pas tous ensemble.* « *Dans le plus riche jardin jamais deux roses n'éclatent ensemble* » (Romains). ✪ CONTR. Individuellement, isolément, séparément.

② **ensemble** n. m. – XVIIe **1** Unité tenant au synchronisme des mouvements et à la collaboration des divers éléments. *Les troupes ont manœuvré avec un ensemble impressionnant.* **2** La totalité. ⇒ **globalité, intégralité.** *L'ensemble de la population.* « *tout est là : faire rentrer le détail dans l'ensemble* » (Flaub.). ♦ *D'ENSEMBLE.* ⇒ ① **général, global ; collectif, commun.** *Vue d'ensemble.* ♦ *DANS SON ENSEMBLE.* ⇒ **complètement, intégralement, totalement.** « *Peindre la société dans son ensemble du sommet à la base* » (Gaut.). ♦ *DANS L'ENSEMBLE :* en considérant plutôt l'ensemble que les divers composants. ⇒ **globalement. 3** Groupe. *Ensemble de personnes.* ⇒ **assemblée, collectivité, collège, corps.** *Ensemble de choses.* ⇒ **assortiment, collection.** « *un ensemble de circonstances funestes* » (Proust). ♦ Groupe d'habitations ou de monuments. « *ces ensembles architecturaux vers lesquels* [...] *les rues se dirigent* » (Proust). ♦ Pièces d'habillement assorties. *Ensemble pantalon,* comprenant un pantalon et une veste ou une tunique. ♦ *Ensemble vocal, instrumental :* groupe restreint de choristes, d'instrumentistes interprétant essentiellement des œuvres de musique de chambre. ⇒ **chœur, orchestre.** ♦ Collection d'éléments susceptibles de posséder certaines propriétés et d'avoir entre eux, ou avec des éléments d'autres ensembles, certaines relations. *La théorie des ensembles. L'ensemble des nombres réels,* *des entiers relatifs. Loi de composition sur un ensemble.* ⇒ **opération.** ✪ CONTR. Discordance ; détail, élément, partie.

ensemblier n. m. – 1920 ■ Artiste qui crée des ensembles décoratifs. ➛ Au cinéma et à la télévision, Assistant du décorateur.

ensembliste adj. – 1948 ■ Qui appartient à la théorie mathématique des ensembles.

ensemencement n. m. – XVIe ■ Action d'ensemencer ; son résultat.

ensemencer v. tr. [3] – XIVe 1 Pourvoir de semences. ⇒ **semer.** 2 Peupler de petits poissons. ⇒ **aleviner, empoissonner.** 3 Introduire des germes, des bactéries dans.

enserrer v. tr. [1] – XIIe ■ littér. Entourer étroitement, de près. « *la main qui enserrait son poignet* » (Green).

enseuillement n. m. – XIVe ■ Hauteur comprise entre l'appui d'une fenêtre et le plancher.

ensevelir v. tr. [2] – XIIe ; lat. *sepelire* 1 littér. Mettre dans une sépulture. ⇒ **enterrer, inhumer.** « *on ensevelit les morts verticalement, tout debout* » (Gide). ♦ Envelopper dans un linceul. 2 Faire disparaître sous un amoncellement. « *Tout son corps était si profondément enseveli sous les décombres qu'il était impossible de l'en retirer* » (Baud.). *Ensevelir un trésor.* ➛ pronom. « *Moi, renoncer au monde avant que de vieillir, Et dans votre désert aller m'ensevelir !* » (Mol.). ✪ CONTR. Déterrer.

ensevelissement n. m. – XIIe 1 littér. Action d'ensevelir. ⇒ **enterrement, inhumation.** ♦ Action d'envelopper dans un linceul. 2 Fait d'être enfoui, caché. « *cet ensevelissement des veuves sous des crêpes et des châles* » (Mauriac). ✪ CONTR. Exhumation.

ensiforme adj. – XVIe ; lat. *ensis* « épée » et *-forme* ■ En forme d'épée.

ensilage n. m. – XIXe ■ Méthode de conservation des produits agricoles dans des silos. ⇒ **silotage.**

> ❑ On dit aussi *ensilotage*, en ajoutant un *t* à *silo* au lieu de supprimer le *o*.

ensiler v. tr. [1] – XIXe ■ Mettre en silo.

ensoleillement n. m. – XIXe ■ État d'un lieu ensoleillé. ♦ Temps pendant lequel un lieu est ensoleillé.

ensoleiller v. tr. [1] – XIXe 1 Remplir de la lumière du soleil. ♦ « *les terrasses encore ensoleillées* » (Camus). ➛ *Après-midi ensoleillé.* 2 Illuminer, remplir de bonheur. *Cette amitié ensoleille ma vie.* – pronom. « *ses yeux s'ensoleillaient à la moindre nouveauté* » (Duras). ✪ CONTR. Ombrager. Attrister.

ensommeillé, ée adj. – XVIe ■ Qui est sous l'influence du sommeil, est mal réveillé. ✪ CONTR. Éveillé.

ensorcelant, ante adj. – XVIIe ■ Qui ensorcelle, séduit irrésistiblement. ⇒ **envoûtant, fascinant.** *Un regard ensorcelant.*

ensorceler v. tr. [4] – XIIe ; de *en-* et *sorcier* 1 Soumettre à l'action d'un sortilège, jeter un sort sur. ⇒ **enchanter, envoûter.** « *le diable ordonna à Michelle Chaudron d'ensorceler deux filles* » (Volt.). 2 Captiver entièrement, comme par un sortilège irrésistible. ⇒ ② **fasciner.** *Beauté qui ensorcelle.* ⇒ **charmer, séduire.** ✪ CONTR. Désensorceler.

ensorceleur, euse n. – XVIe ■ Personne ensorcelante. ⇒ **charmeur, séducteur.**

ensorcellement n. m. – XIVe 1 Pratique de sorcellerie ; état d'un être ensorcelé. ⇒ **enchantement, envoûtement.** *Les rites de l'ensorcellement.* 2 Séduction irrésistible. ⇒ **fascination.** ✪ CONTR. Désenchantement.

ensouple n. f. – XIe ; lat. *insubulum* ■ Cylindre d'un métier à tisser, sur lequel on monte la chaîne.

> ❑ On a dit aussi *ensuble* : « *il avait posé les deux ensubles sur la chanlatte* » (Zola).

ensuite adv. – XVIe ; de *en suite* 1 Après cela, plus tard. ⇒ **puis.** « *il crachait dans sa main les noyaux d'abricots qu'il déposait ensuite dans son assiette* » (Flaub.). 2 Derrière en suivant. *Venait ensuite le gros du cortège.* ♦ En second lieu. *D'abord, je ne veux pas ; ensuite, je ne peux pas.* ✪ CONTR. Abord (d'abord), ① avant ; tête (en tête) ; premièrement.

> ❑ On emploie *ensuite* sous forme elliptique avec une interrogation : *D'accord, tu refuses, et ensuite ?* (ça ne suffit pas, il faut une suite). ♦ Ne pas confondre avec *et après ?* (c'est sans conséquence).

ensuivre (s') v. pron. [40] ; inf. et 3e pers. seult – XIIe ; lat. *insequi* 1 *Et tout ce qui s'ensuit* : et tout ce qui vient après, accompagne la chose. 2 littér. Survenir en tant qu'effet naturel ou conséquence logique. ⇒ **découler, résulter.** « *Certaines données étant acceptées, certains résultats s'ensuivent nécessairement* » (Baud.). ➛ loc. *Jusqu'à ce que mort s'ensuive,* jusqu'à la mort. ➛ « *Il s'ensuit que le morceau le plus applaudi passe toujours pour le plus beau* » (Berlioz).

> ❑ Aux temps composés on dit *il s'en est suivi,* plutôt que : *il s'en est ensuivi* (vx).

entablement n. m. – XIIe ■ Partie de certains édifices qui surmonte une colonnade et comprend l'architrave, la frise et la corniche. ♦ Moulure ou saillie formant la corniche d'un meuble.

entabler v. tr. [1] – XIIe ; de *en-* et *table* ■ Ajuster (deux pièces) à demi-épaisseur. *Entabler les branches d'une paire de ciseaux.*

entacher v. tr. [1] – XIIe ■ Marquer d'une tache morale. ⇒ **salir, souiller, ternir.** *Réussite entachée de scandales.* ✪ CONTR. Blanchir, rehausser.

entaille n. f. – XIIe 1 Coupure qui enlève une partie, laisse une marque allongée ; cette marque. ⇒ ① **coche, cran, encoche, fente,** ① **raie, rainure, rayure, sillon.** 2 Blessure longue et profonde faite dans les chairs au moyen d'un instrument tranchant. ⇒ **balafre, coupure, estafilade, taillade.** « *Je me ferai des entailles par tout le corps* » (Rimb.).

entailler v. tr. [1] – XIIe 1 Couper en faisant une entaille. 2 Blesser d'une entaille. ⇒ **balafrer, taillader.** « *un coup de couteau qu'il ne put parer lui entailla les chairs de l'épaule* » (J. Verne).

entame n. f. – XIVe ■ Premier morceau coupé d'une chose à manger. *Entame du pain, d'un rôti.* ♦ Première carte jouée. *Une entame à pique.*

> ❑ *Entame* est le déverbal de *entamer.* ♦ Le mot est attesté au XIVe s. pour « blessure » ; repris au XVIIe s. au sens de « premier morceau de qqch. », il est rare jusqu'au XIXe s. où il se substitue à *entamure.*

entamer v. tr. [1] – XIIe ; lat. *tangere* « toucher » 1 Couper en incisant. ⇒ **blesser, égratigner, entailler, inciser, ouvrir.** *Entamer la chair.* 2 Couper en enlevant une partie à. *Entamer un pâté.* 3 Diminuer en utilisant une partie. *Entamer un litre de vin. Entamer son patrimoine.* ⇒ **écorner.** ➛ *Entamer une couleur,* en prendre la première carte pour l'abattre. 4 Couper, pénétrer. *La rouille entame le fer.* ⇒ **attaquer, corroder,** ① **manger, ronger.** ➛ « *dès que la confiance est entamée, elle est bientôt détruite* » (Barthélemy). ⇒ **ébranler.** 5 Commencer, se mettre à faire. ⇒ **entreprendre.** *Entamer des négociations, des poursuites.* « *Puis le sextuor qui occupait la tribune entama son* *morceau final* » (Mart. du G.). ✪ CONTR. Achever, terminer.

entartrage n. m. – 1907 ▪ Action d'entartrer ; son résultat. ✪ CONTR. Détartrage.

entartrer v. tr. [1] – 1907 ▪ Recouvrir de tartre. *Eau calcaire qui entartre les tuyaux.* ✪ CONTR. Détartrer.

entassement n. m. – XIIIe 1 Action d'entasser. ⇒ **accumulation, amoncellement.** *L'entassement des marchandises dans un entrepôt.* ♦ Choses entassées. ⇒ **amas,** ① **pile, tas.** 2 Le fait de s'entasser, d'être trop nombreux. *L'entassement d'une famille dans une seule pièce.* ✪ CONTR. Dispersion ; éparpillement.

entasser v. tr. [1] – XIIe 1 Mettre en tas. ⇒ **accumuler, amasser, amonceler, empiler.** « *Il entassait manuscrits sur manuscrits* » (Sand). pronom. *Marchandises qui s'entassent sur un quai.* ♦ *Entasser de l'argent.* ⇒ **économiser, épargner, thésauriser.** 2 Réunir dans un espace trop étroit. ⇒ **empiler, serrer, tasser.** *Entasser des déportés dans un train, dans un camp.* pronom. « *Douze familles nègres s'entassent dans cinq ou six pièces* » (Sartre). 3 Accumuler, multiplier. « *Quant aux injures, aux calomnies, on peut les multiplier, les entasser tant qu'on voudra* » (Guizot). ✪ CONTR. Disperser, éparpiller, semer. Dépenser, prodiguer.

ente n. f. – XIIe ; de *enter* 1 Scion qu'on prend à un arbre pour le greffer sur un autre. ⇒ **greffon.** ♦ Greffe opérée au moyen d'une ente. 2 L'arbre sur lequel on a inséré le scion. 3 *Prune d'ente* : prune destinée à être séchée (⇒ **pruneau).** 4 Manche d'un pinceau. ✪ HOM. Ante.

enté, ée adj. – XVIIe ▪ *Écu enté,* dont les partitions entrent les unes dans les autres. ✪ HOM. Hanté, hanter.

entéléchie n. f. – XIVe ; gr. *entelekheia* « énergie agissante et efficace » 1 Chez Aristote, État de perfection, de parfait accomplissement de l'être. 2 Principe métaphysique qui détermine un être à une existence définie. *L'âme, entéléchie du corps.*

entendement n. m. – XIIe 1 Faculté de comprendre. ⇒ **compréhension.** « *notre imagination ni nos sens ne nous sauraient jamais assurer d'aucune chose si notre entendement n'y intervient* » (Desc.). « *Essais sur l'entendement humain* », de D. Hume. ♦ Ensemble des facultés intellectuelles. ⇒ **cerveau, esprit, intellect, intelligence, jugement, raison.** *Cela dépasse l'entendement* : c'est incompréhensible ; c'est incroyable. 2 Chez Kant, Fonction de l'esprit qui consiste à relier les sensations en systèmes cohérents. ♦ Forme discursive de la pensée, s'exerçant sur ce qui est empiriquement donné.

entendeur n. m. – XIIIe ▪ vx Personne qui entend, comprend. ➤ prov. (mod.) *À bon entendeur, salut* : que la personne qui comprend bien en fasse son profit.

> ❑ Le mot n'a pas de forme féminine attestée (ce serait °*entendeuse*).

entendre v. tr. [41] – XIe ; lat. *intendere* « tendre vers ; porter son attention vers » **I - 1** v. tr. dir. Avoir l'intention, le dessein de. ⇒ ① **vouloir.** *J'entends qu'on m'obéisse.* ⇒ **exiger.** « *Il n'entendait pas changer l'ordre social* » (Chardonne). ⇒ **prétendre.** ➤ *Faites comme vous l'entendez.* ⇒ **désirer, préférer.** 2 littér. Percevoir, saisir par l'intelligence. ⇒ **comprendre, concevoir, saisir.** *J'entends bien que vous n'en êtes pas responsable.* ⇒ **admettre, reconnaître.** *Comment entendez-vous cette phrase ?* ⇒ **interpréter.** ♦ *J'entends bien* : je comprends. ➤ *Ne pas l'entendre ainsi.* ➤ *Laisser entendre, donner à entendre.* ⇒ **insinuer.** *On m'a laissé entendre qu'il partait...* ➤ *Se faire entendre* : faire en sorte que ce que l'on dit soit compris ; avoir une certaine autorité. 3 *Je n'y entends rien* : je n'y connais rien. 4 Vouloir dire. *Qu'entendez-vous par ce mot ?* quel sens lui donnez-vous ? **II - 1** Percevoir par le sens de l'ouïe. ⇒ **ouïr.** *Entendre tout ce qui se passe chez les voisins. Avez-vous entendu ce qu'il a dit ? On n'entend que lui* : il n'y a que lui qui parle. « *Il me semble que j'entends un chien qui aboie* » (Mol.). « *On entend l'angélus tinter* » (Lamart.). « *L'essentiel est qu'on n'entende pas que nous parlons* » (Romains). *J'ai entendu bouger. Soudain on entendit : « bravo ! »* ♦ *Ne pas l'entendre de cette oreille* : ne pas être d'accord. ➤ *Il vaut mieux entendre ça que d'être sourd* : c'est une chose absurde. ➤ *Raconter, dire qqch. à qui veut l'entendre,* à tout le monde. ♦ *Je n'ai plus entendu parler de lui,* je n'en ai plus de nouvelles. ➤ *Ne pas vouloir entendre parler d'une chose,* la rejeter sans même vouloir y accorder quelque attention. ♦ *ENTENDRE DIRE* : apprendre par la parole, par ce qui se dit. *J'ai entendu dire qu'ils s'étaient mariés.* ➤ *Je ne suis pas venu ici pour m'entendre dire des choses désagréables.* ➤ *Je les ai entendus dire des gros mots* : j'ai entendu qu'ils disaient des gros mots. ➤ « *Voici ce que j'ai entendu de mes propres oreilles et vu de ma propre vue* » (France). ♦ *L'eau « ne faisait entendre qu'un clapotis confus* » (Mart. du G.). ➤ « *Soudain, deux notes plaintives se firent entendre* » (Cocteau). ⇒ **résonner.** 2 Percevoir par l'ouïe. *Il n'entend pas, il est sourd.* « *Que celui-là entende qui a des oreilles pour entendre* » (BIBLE). 3 littér. Prêter l'oreille à, écouter avec attention. ⇒ **écouter.** « *Elle n'entend ni pleurs, ni conseil, ni raison* » (Rac.). *Entendre un témoin* : recueillir ses dépositions. ♦ *Ne rien vouloir entendre* : refuser obstinément une proposition. ➤ *ENTENDRE RAISON* : accepter de se ranger à la raison, de suivre des conseils raisonnables. « *allez donc faire entendre raison à des gens affolés* » (Maupass.). 4 Écouter en tant qu'auditeur volontaire. « *Elle était allée entendre la messe dans l'église de Vergy* » (Stendh.). ♦ *À l'entendre, l'affaire serait sérieuse,* si on l'en croit. ♦ Écouter favorablement. *Que le ciel vous entende !* **III** *S'ENTENDRE* v. pron. 1 littér. Être compris. *Ce mot peut s'entendre de diverses manières.* ➤ *(CELA) S'ENTEND* : c'est évident, cela va de soi. ⇒ **évidemment, naturellement.** ♦ Être entendu, ouï. *Sa voix ne s'entend pas à plus de trois mètres.* ⇒ ① **porter.** ➤ *Ce mot, cette tournure s'entend encore.* ⇒ se **dire,** s'**employer.** 2 Être habile, compétent. *Elle s'y entend, en mécanique.* ♦ Entendre sa propre voix. *On ne s'entend plus ici* : il y a trop de bruit. 3 Entendre réciproquement les paroles d'autrui. *Ils ne peuvent pas s'entendre, ils sont trop loin.* ♦ Se comprendre l'un l'autre. *S'entendre à demi-mot.* ♦ Se mettre d'accord. ⇒ s'**arranger,** s'**associer,** se **concerter.** *Entendons-nous sur l'heure du rendez-vous.* ⇒ **convenir.** ➤ *Ils s'entendent très bien* : ils ont de bons rapports. *Il ne s'entend pas bien avec elle ; ils ne s'entendent pas.*

entendu, ue adj. – XIIe 1 *Un air, un sourire entendu,* malin, complice. 2 Accepté ou décidé après accord. ⇒ **convenu, décidé.** *C'est une affaire entendue. C'est entendu. Entendu !* : d'accord. ♦ *BIEN ENTENDU* [bjɛ̃nɑ̃tɑ̃dy]. ⇒ **assurément, évidemment, naturellement.** *Vous acceptez ? Bien entendu !* « *Bien entendu, je m'en tirerai* » (Mart. du G.). ➤ fam. *Comme de bien entendu.*

> ❑ *Comme de bien entendu* provient de la fusion de *comme de juste* et *bien entendu.*

enténébrer v. tr. [6] – XIIIe ▪ littér. Envelopper de ténèbres, plonger dans les ténèbres. ⇒ **assombrir, obscurcir.** ✪ CONTR. Éclaircir.

entente n. f. – XIIe 1 loc. *Phrase à double entente,* qui a deux sens. 2 Le fait de s'entendre, de s'accorder ; état qui en résulte. *Arriver, parvenir à une entente.* ⇒ **accommodement, accord, convention.** *Entente tacite.* « *Comme par une entente muette, maintenant* *ils se fuyaient* » (Loti). *Chercher un terrain d'entente.* ♦ *Entente entre producteurs.* ♦ Collaboration politique entre États. ⇒ **alliance,** ① **union.** *Politique d'entente.* **3** *Entente, bonne entente :* relations amicales, bonne intelligence entre plusieurs personnes. ⇒ **amitié, concorde, harmonie,** ① **union.** « *une entente faite d'habitudes communes et de tournures semblables de l'esprit* » (Cocteau). ✪ CONTR. Conflit, désaccord, mésentente.

enter v. tr. [1] – XIIe ; lat. *impotus* « greffe », du gr. **1** Greffer (un arbre) en insérant un scion. **2** Assembler bout à bout (deux pièces de charpente). ⇒ **abouter.** ✪ HOM. Hanté, hanter.

entéralgie n. f. – XIXe ; *entér(o)-* et *-algie* ▪ Douleur intestinale.

entérinement n. m. – XIVe ▪ Action d'entériner ; son résultat.

entériner v. tr. [1] – XIIIe ; a. fr. *enterin* « complet, achevé » **1** Rendre définitif, valide en approuvant juridiquement. ⇒ **confirmer, enregistrer, homologuer, ratifier, sanctionner, valider.** *Entériner une requête.* **2** Admettre ou consacrer. ⇒ **approuver, confirmer.** *Entériner un usage.* ✪ CONTR. Désapprouver, refuser, rejeter.

entérique adj. – XIXe ▪ Relatif aux intestins.

entérite n. f. – XIXe ; *entér(o)-* et *-ite* ▪ Inflammation de la muqueuse de l'intestin grêle.

entér(o)-, -entère Éléments, du gr. *enteron* « intestin ».

entérocolite n. f. – XIXe ▪ Inflammation simultanée des muqueuses de l'intestin grêle et du côlon.

entérocoque n. m. – XIXe ; *entéro-* et *-coque* ▪ Streptocoque vivant en saprophyte dans l'intestin.

entérokinase n. f. – 1903 ; de *entéro-*, gr. *kinesis* « mouvement » et *-ase* ▪ Enzyme des glandes de la muqueuse duodénale.

entérorénal, ale, aux adj. – 1926 ▪ Qui se rapporte à l'intestin et au rein.

entérovaccin n. m. – 1922 ▪ Vaccin introduit par voie buccale et absorbé par l'intestin.

enterrage n. m. – XIVe ▪ Action de tasser de la terre autour d'un moule de fonderie ; son résultat.

enterrement n. m. – XIIe **1** Action d'enterrer un mort, de lui donner une sépulture. ⇒ **ensevelissement, inhumation.** **2** Ensemble des cérémonies qui précèdent et accompagnent l'enterrement. ⇒ **funérailles.** *Aller à un enterrement.* ♦ loc. *Avoir, faire une tête d'enterrement :* être très triste. **3** Cortège funèbre. ⇒ **convoi, obsèques.** « *Que lentement passent les heures Comme passe un enterrement* » (Apoll.). **4** Fait de mettre fin à. *C'est l'enterrement de toutes leurs espérances.* ⇒ **effondrement,** ① **fin,** ① **mort.** *Enterrement d'un projet de loi.* ⇒ **abandon,** ② **rejet.** ✪ CONTR. Exhumation.

enterrer v. tr. [1] – XIe **I - 1** Déposer le corps de (un mort) dans la terre, dans une sépulture. ⇒ **ensevelir, inhumer.** *On l'a enterré hier.* ➛ *Napoléon est enterré aux Invalides.* **2** Procéder ou participer aux cérémonies funèbres de. ➛ loc. *Vous nous enterrerez tous :* vous nous survivrez. **3** *Enterrer sa vie de garçon :* passer avec ses amis une dernière et joyeuse soirée avant de se marier. **4** Faire disparaître définitivement. *Enterrer un projet.* ⇒ **abandonner.** Jeter, mettre aux oubliettes. « *Voltaire a enterré le poème épique, le conte* » (Goncourt). **II - 1** Enfouir dans la terre. *Enterrer un trésor.* **2** Recouvrir d'un amoncellement. ⇒ **engloutir, ensevelir.** ➛ *Il est resté deux heures enterré sous les décombres.* **3** pronom. *Il est allé s'enterrer dans ce village.* ⇒ se **retirer.** ✪ CONTR. Déterrer. Exhumer. — HOM. *Enterre :* hantèrent (hanter).

entêtant, ante adj. – XIXe ▪ Qui entête. *Refrain entêtant.* ⇒ **enivrant, obsédant.** *Parfum entêtant.*

en-tête n. m. – XIXe ▪ Inscription imprimée ou gravée en tête. *Papier à lettres à en-tête.* ♦ Vignette placée en tête d'un chapitre, dans la partie supérieure de la page. *Des en-têtes gravés.*

entêté, ée adj. et n. – XIIe ▪ Qui fait preuve d'entêtement. ⇒ **obstiné, opiniâtre, têtu.** ✪ CONTR. Changeant, influençable, souple, versatile.

> ❑ On est plutôt *têtu* par tempérament, et *entêté* à l'occasion, en certaines circonstances. → têtu (rem.).

entêtement n. m. – XVIe ▪ Fait de persister dans un comportement sans tenir compte des circonstances. ⇒ **obstination, opiniâtreté, ténacité.** « *le froid entêtement d'un homme convaincu* » (Zola). ✪ CONTR. Abandon, découragement, docilité.

entêter v. tr. [1] – XIIIe **1** Incommoder par des vapeurs, des émanations qui montent à la tête. ⇒ **étourdir.** « *ces gens qui aiment les fleurs, et que leur parfum entête* » (Radiguet). **2** pronom. Persister avec obstination à, dans. ⇒ se **buter,** s'**obstiner.** « *ils s'entêtent à avoir raison même quand ils ont eu tort* » (Aragon). *Elle s'est entêtée dans son idée.* ✪ CONTR. Céder.

enthalpie n. f. – 1909 ; gr. *enthalpein* « réchauffer dans » ▪ En thermodynamique, Fonction définie par la somme de l'énergie interne d'un système et du produit de sa pression par son volume.

enthousiasmant, ante adj. – XIXe ▪ Qui enthousiasme. ⇒ **exaltant, passionnant.**

enthousiasme n. m. – XVIe ; gr. « transport divin » **1** Émotion intense qui pousse à l'action dans la joie. ⇒ **ardeur,** ① **fougue, passion, zèle.** « *je travaille, mais sans enthousiasme* » (Flaub.). ⇒ **entrain.** **2** Émotion poussant à admirer. *Spectacle qui soulève l'enthousiasme du public. Parler d'un ouvrage avec enthousiasme.* « *J'ai perdu presque tout mon enthousiasme pour les grands écrivains* » (Stendh.). **3** Émotion se traduisant par une excitation joyeuse. ⇒ **allégresse, joie.** *J'accepte avec enthousiasme,* avec grande joie. « *tempérer le délire de l'enthousiasme* » (Dider.). ✪ CONTR. Détachement, froideur, indifférence.

> ❑ Famille étymologique du grec *theos* « dieu ».

enthousiasmer v. tr. [1] – XVIe ▪ Remplir d'enthousiasme. ⇒ **électriser, enflammer, galvaniser.** *Sa découverte enthousiasme la science.* ➛ *J'étais enthousiasmé par cette idée.* ♦ v. pron. *Il s'enthousiasme pour ce film.* ⇒ s'**emballer,** s'**exalter.** ✪ CONTR. Dégoûter, désenchanter, ennuyer, rebuter.

enthousiaste adj. et n. – XVIe ▪ Qui ressent, marque de l'enthousiasme. « *une jeunesse fiévreuse, enthousiaste et rebelle* » (Duham.). ⇒ **exalté, optimiste, passionné.** *Un partisan enthousiaste des nouvelles doctrines.* ⇒ **fanatique, fervent.** n. *Un enthousiaste incorrigible.* ➛ *Accueil enthousiaste.* ⇒ **chaleureux.** ✪ CONTR. Apathique, blasé, désabusé, sceptique.

enthymème n. m. – XVe ; gr. « ce qu'on a dans l'esprit » ▪ Syllogisme abrégé dans lequel on sous-entend l'une des deux prémisses ou la conclusion. « *Je pense, donc je suis* », *célèbre enthymème de Descartes.*

entichement n. m. – XIXe ▪ rare Goût extrême, irraisonné. ⇒ **tocade.**

enticher (s') v. pron. [1] – XIIe ; p.-ê. de *teche,* var. de *tache* ▪ S'ENTICHER DE : prendre un goût extrême et irraisonné pour. ⇒ s'**engouer,** se **passionner,** se **toquer.** *Il s'est entiché de cette femme.* ⇒ s'**amouracher.** ➛ *Elle est entichée d'art floral.* ✪ CONTR. Dégoûter, ① détacher.

entier, ière adj. et n. m. – XIe ; lat. *integer* « non touché » **1** Dans toute son étendue. ⇒ **total.** *Le monde entier. Durant* *une année entière, des années entières.* ♦ *TOUT ENTIER.* ⇒ **entièrement, totalement.** *Une caverne « que la mer remplit tout entière »* (Lamart.). ➛ *Se donner tout entier à :* consacrer tout son temps à, se dévouer à. 2 **n. m.** *EN SON (LEUR) ENTIER.* ⇒ ② **ensemble, totalité.** *Citer un passage dans son entier.* ♦ *EN ENTIER.* ⇒ **complètement.** *« j'ai lu Swedenborg en entier »* (Balz.). 3 Qui a toutes ses parties, à quoi il ne manque rien. ⇒ ① **complet, inentamé, intact, intégral.** *Lait entier,* non écrémé. ➛ *Cheval entier,* qui n'est pas châtré (opposé à *hongre*). ♦ **n. m.** Élément de l'ensemble ℤ (des *entiers relatifs*) ou de l'ensemble ℕ (des *entiers naturels* ou *entiers positifs*). ➛ ⇒ **unité** (opposé à *nombre fractionnaire* ou *décimal*). *Entiers pairs ou impairs.* 4 Qui n'a subi aucune altération ; qui s'entend sans aucune restriction. ⇒ **absolu, intact, parfait, total.** *« Ses alliés ont une entière confiance en lui »* (Fén.). *La question reste entière,* n'a reçu aucun commencement de solution. *Donner entière satisfaction.* 5 Qui n'admet aucune restriction, aucune demi-mesure. *Il est entier dans ses opinions.* ⇒ **absolu, catégorique, entêté, obstiné, têtu.** *C'est « une femme entière. Elle parle haut, affirme et tranche »* (Larbaud). *Avoir un caractère entier.* ✪ CONTR. Divisé, incomplet, partiel, ① réduit. Compréhensif, conciliant, souple.

❑ L'étymon latin a donné *entier* par évolution phonétique et le doublet *intègre* par emprunt savant.

entièrement **adv.** – XIIe ▪ D'une manière entière. ⇒ **complètement, totalement, tout.** *« son crâne, entièrement dénudé »* (Gaut.). ⇒ **intégralement.** *Elle est entièrement responsable.* ✪ CONTR. Imparfaitement, incomplètement, partiellement.

entièreté **n. f.** – XVIe ▪ Intégralité, totalité.

❑ Plus employé en Belgique que dans les autres parties de la francophonie. ♦ Ce mot a un sens un peu différent de *intégralité* (idée de ne rien excepter) et de *totalité* (idée de somme).

entité **n. f.** – XVIe ; lat. *esse* « être » 1 Ce qui constitue l'essence d'un genre ou d'un individu. ⇒ **nature.** 2 Objet considéré comme un être doué d'unité matérielle, alors que son existence objective n'est fondée que sur des rapports. *Une « entité aussi inexistante que la quadrature du cercle »* (Proust). ➛ *« l'État, cette entité monstrueuse qui fabrique des fonctionnaires »* (R. Rolland). 3 *Entité morbide :* groupement constant de manifestations pathologiques formant un tout. ⇒ **affection, complexe, maladie, syndrome.** ✪ CONTR. Chose.

entoilage **n. m.** – XVIIIe 1 Pièce de toile sur laquelle on coud une broderie. ➛ Toile dont on se sert pour entoiler. *L'entoilage d'un col.* ♦ Reliure. 2 Action d'entoiler (1°). ♦ Action de recouvrir de toile. *Entoilage des premiers avions.* ✪ CONTR. Désentoilage.

entoiler **v. tr.** [1] – XIIe 1 Fixer sur une toile. 2 Garnir de toile ; relier en toile. ✪ CONTR. Désentoiler.

entoir **n. m.** – XVIIe ▪ Couteau à enter.

entôler **v. tr.** [1] – XIXe ; arg. *tôle* « chambre » ▪ arg. 1 Voler (un client), en parlant d'une prostituée. 2 fam. Voler en trompant.

entolome **n. m.** – XIXe ; gr. *entos* « à l'intérieur » et *lôma* « bordure » ▪ Champignon des bois, à lames roses *(basidiomycètes).*

entomo- Élément, du gr. *entomon* « insecte », de *temnein* « couper ».

entomologie **n. f.** – XVIIIe ; *entomo-* et *-logie* ▪ Partie de la zoologie qui traite des insectes.

entomologiste **n.** – XVIIIe ▪ Spécialiste d'entomologie.

entomophage **adj.** – XIXe ; *entomo-* et *-phage* ▪ Qui se nourrit d'insectes. ⇒ **insectivore.**

❑ On retrouve « qui mange des insectes » dans la formation de ce mot et de *insectivore.*

entomophile **adj.** – XIXe ; *entomo-* et *-phile* ▪ Se dit des plantes fécondées par l'intermédiaire d'insectes qui transportent le pollen.

entonnage **n. m.** – XVIIe ▪ Action de mettre en tonneau ; son résultat.

① **entonner** **v. tr.** [1] – XIIe ; de *tonne* ▪ Verser dans un tonneau.

② **entonner** **v. tr.** [1] – XIIIe ; de ② *ton* ▪ Commencer à chanter. *Il « entonna une chanson à boire »* (Zola).

entonnoir **n. m.** – XIIIe 1 Petit instrument conique, terminé par un tube et servant à verser un liquide dans un récipient de petite ouverture. ♦ *Fleurs, champignons en entonnoir :* en forme d'entonnoir. 2 Cavité qui va en se rétrécissant. *« La pente des parois du vaste entonnoir se fit de moins en moins escarpée »* (Baud.). ♦ Excavation produite par une explosion, un obus.

entorse **n. f.** – XVIe ; a. fr. *entordre* « tordre » 1 Lésion douloureuse, traumatique (d'une articulation) provenant d'une distension violente. ⇒ **foulure.** *Entorse de la cheville.* 2 *Faire une entorse à (qqch.) :* ne pas respecter. *« des audaces morales, des entorses aux principes »* (Romains).

entortillement **n. m.** – XIVe ▪ Fait de s'entortiller ; état d'une chose entortillée. *L'entortillement du lierre.*

entortiller **v. tr.** [1] – XVIe 1 Envelopper dans qqch. que l'on tortille ; tortiller autour de qqch. *Entortiller du raphia autour d'un bouquet.* ➛ pronom. *Le lierre s'entortille autour du tronc.* 2 Circonvenir, séduire par la ruse. *Je devais « me laisser entortiller par quelque Parisienne »* (Balz.). 3 Compliquer par des détours et des obscurités. ⇒ **emberlificoter, embrouiller.** *Des « combinaisons louches, toutes plus astucieuses, toutes plus entortillées »* (Cendrars). ✪ CONTR. Délacer, dénouer, désentortiller ; simplifier.

entour **n. m.** – XIe ; de *en-* et *tour* ▪ littér. 1 *À l'entour :* autour. *Une douleur « à l'entour de ses yeux »* (Montherl.). 2 plur. Les environs, le voisinage. ⇒ **abord, alentours.** *« Les entours de notre demeure sont occupés par des arbustes »* (Duham.).

entourage **n. m.** – XVIIIe 1 Personnes qui entourent habituellement qqn, et vivent dans sa familiarité. ⇒ **cercle, compagnie, milieu, société, voisinage.** *Une personne de son entourage.* 2 Ornement disposé autour de certains objets. ⇒ **bordure, cadre, ceinture.** *L'entourage d'une tombe.*

entourer **v. tr.** [1] – XVIe 1 Garnir de qqch. qui fait le tour, mettre autour de. *Entourer une ville de murailles.* ⇒ **ceindre, enceindre.** *Entourer les fautes en rouge. « il allongeait son bras et lui entourait la taille »* (Flaub.). ⇒ **étreindre.** ♦ fig. *« Marie l'entourait davantage de sa tendresse »* (Loti). 2 Être autour de, de manière à enfermer. *« ce cirque entouré de montagnes »* (Le Clézio). ⇒ **encadrer, encercler, environner.** 3 Se porter, se tenir tout autour de. *Les soldats entourent la ville.* ⇒ **cerner, encercler.** 4 Être habituellement ou momentanément autour de. *Les gens qui nous entourent,* vivent avec nous, près de nous. ⇒ **approcher, fréquenter.** *Les dangers qui nous entourent.* ♦ *S'ENTOURER DE* **v. pron.** Mettre, réunir autour de soi. *Savoir s'entourer d'amis.* ➛ *Elles se sont entourées de mystère.* 5 S'occuper de, aider ou soutenir par sa présence, ses attentions. *Ses amis l'entourent beaucoup, depuis son deuil.* ➛ *Comblé « d'honneurs, riche* *à souhait, entouré, choyé* » (Gide). ✪ CONTR. Abandonner.

entourloupette n. f. – 1926 ; de l'arg. *ent(o)urer* « duper », p.-ê. d'apr. *envelopper* « circonvenir » ▪ fam. Mauvais tour joué à qqn. ➛ abrév. ENTOURLOUPE.

entournure n. f. – XVIe ; de l'a. fr. *entourner*, de *en-* et *torn* → ② tour ▪ Partie du vêtement qui fait le tour du bras, là où s'ajuste la manche. ⇒ **emmanchure.** ♦ loc. *Être gêné aux entournures* : être mal à l'aise ; être incommodé dans son activité.

entracte n. m. – XVIIe 1 Temps qui sépare un acte d'une pièce de théâtre du suivant. « Entracte. *Toujours trop long* » (Flaub.). ♦ Intervalle qui sépare les diverses parties d'un concert, d'un spectacle, qui sépare deux films. 2 Petite pièce musicale qui s'exécute le rideau baissé, entre les actes d'un spectacle. ⇒ **divertissement, intermède, intermezzo.**

entraide n. f. – 1907 ▪ Action de s'entraider ; son résultat. ⇒ **solidarité.** *Comité d'entraide.*

entraider (s') v. pron. [1] – XIIe ▪ S'aider mutuellement. ⇒ s'**épauler**, se **soutenir.** ✪ CONTR. Combattre (se).

entrailles n. f. pl. – XIIe ; lat. *interanea* « ce qui est à l'intérieur » 1 Ensemble des organes enfermés dans l'abdomen. ⇒ **boyau,** ② **intestin, tripe, viscère ; abat.** *Les aruspices examinaient les entrailles des animaux sacrifiés.* 2 vx ou littér. Organes de la gestation. ⇒ **sein.** 3 littér. Partie la plus profonde, intime, essentielle. « *l'escalier qui conduisait jusque dans les entrailles de la maison* » (Duham.). 4 littér. Partie profonde de l'être sensible, siège des émotions. ⇒ **âme** (II), **cœur** (II), **sensibilité.** « *un homme sans sentiment, sans entrailles* » (Rouss.).

❑ Liste des noms féminins pluriels en *-ailles* → semailles (rem.).

entrain n. m. – XIXe ; de *être en train* 1 Vivacité et bonne humeur communicatives. ⇒ **allant, ardeur, enthousiasme,** ① **feu,** ① **fougue.** *Ma santé* « *m'interdit toute joie et tout entrain* » (Ste-Beuve). 2 Animation. « *une valse espagnole, d'un entrain endiablé* » (Courtel.). ✪ CONTR. Apathie, inertie, nonchalance, tristesse.

entraînant, ante adj. – XVIIIe 1 Qui entraîne. *Style entraînant.* 2 D'un rythme vif et marqué (musique). *Air, refrain entraînant.*

entraînement n. m. – XVIIIe **I - 1** Communication d'un mouvement ; organes solidaires qui l'assurent. ⇒ **transmission.** *Entraînement par engrenages.* 2 Mouvement par lequel l'homme se trouve déterminé à agir, indépendamment de sa volonté. *L'entraînement des passions, des habitudes.* « *une carrière facile aux entraînements* » (Gaut.). → ① **élan, impulsion. II - 1** Action d'entraîner, de s'entraîner en vue d'une compétition sportive ; état de celui (personne, animal) qui est ainsi entraîné. ⇒ **training.** *Entraînement d'un athlète, d'un cheval.* ➛ *Entraînement des soldats.* ⇒ **exercice ;** ② **drill.** 2 Préparation méthodique, apprentissage par l'habitude. *Il manque d'entraînement.*

❑ Le *Dictionnaire des termes officiels* recommande ce mot usuel à la place de l'anglicisme *training.*

entraîner v. tr. [1] – XIIe **I - 1** Emmener (qqch., qqn) de force avec soi. *Le courant entraîne le navire vers la côte. L'avalanche a entraîné les skieurs.* ➛ *Moteur qui entraîne une machine.* 2 Conduire, mener (qqn) avec soi. ⇒ **emmener, pousser, tirer.** *Danseur qui entraîne sa cavalière.* ⇒ **diriger.** « *Je le saisis ! hop ! je l'entraîne !...* » (Céline). ♦ Conduire (qqn) en exerçant une pression morale. *Il s'est laissé entraîner par ses camarades.* 3 Pousser (qqn) à, vers (qqch.) par un enchaînement psychologique ou matériel. *Il* « *craignait que le droit ne l'entraînât trop loin* » (Chateaub.). ⇒ **emporter, pousser.** ➛ « *il fut irrésistiblement entraîné à observer le pasteur* » (Balz.). ⇒ ① **amener, conduire,** ① **porter.** ♦ Pousser à penser ou à agir par la conviction. *Des idées capables d'entraîner les esprits.* ⇒ **convaincre.** ♦ *Se laisser entraîner dans une aventure.* ⇒ **embarquer.** 4 Avoir pour conséquence nécessaire, inévitable. ⇒ **amener, impliquer, produire, provoquer.** « *la mort de papa entraîne l'effondrement de notre fortune* » (Gide). ⇒ **déclencher.** *Cette décision doit logiquement en entraîner d'autres.* ⇒ **appeler. II - 1** Préparer (un animal, une personne, une équipe) à une performance sportive, au moyen d'exercices appropriés. ⇒ **exercer.** *Entraîner un cheval, un athlète, en vue d'une course. Entraîner une équipe de football.* absolt Servir d'entraîneur. ➛ pronom. *Ils se sont beaucoup entraînés pour le championnat.* 2 Faire l'apprentissage de (qqn). *Entraîner des soldats au maniement des armes.* ♦ pronom. S'ENTRAÎNER À : faire l'apprentissage de, en s'habituant. *S'entraîner à parler en public.* ⇒ s'**exercer,** se **familiariser.** ✪ CONTR. Arrêter, freiner, retenir.

entraîneur, euse n. – XIXe 1 Personne qui entraîne les chevaux pour la course. 2 Personne qui entraîne un athlète, une équipe sportive. ⇒ **coach,** ① **manager, moniteur.** 3 Personne qui entraîne les autres à sa suite. ⇒ **meneur.** *Un entraîneur d'hommes.*

❑ Le *Dictionnaire des termes officiels* recommande ce mot à la place de l'anglicisme *coach* ; mais il y a une grande différence entre *entraîner* derrière soi *(to coach)* et *entraîner* à un sport *(to train).*

entraîneuse n. f. – 1932 ▪ Jeune femme employée dans les bars, les dancings pour engager les clients à danser **(⇒ taxi-girl),** à consommer.

entrait n. m. – XVe ; de *traire* « tirer » ▪ Poutre horizontale qui relie la base des arbalétriers dont elle maintient l'écartement.

entrant, ante adj. et n. – XIIe 1 Qui entre (dans un groupe). *Le nombre des élèves entrants va encore augmenter.* ➛ Qui est placé à l'entrée d'un appareil, d'un dispositif. *Le signal entrant* (opposé à *sortant*). 2 n. (surtout plur.) Personne qui entre. *Des* « *babouches, laissées à mesure par les entrants* » (Nerval). ✪ CONTR. Sortant.

entrapercevoir v. tr. [28] – XIXe ▪ Apercevoir à peine, d'une manière fugitive. *Je l'ai juste entraperçu.*

entrave n. f. – XVIe 1 Ce qu'on met aux jambes d'un animal pour gêner sa marche. ⇒ **billot, lien.** ➛ Lien servant à attacher qqn. 2 Ce qui retient, gêne, assujettit. *Cette loi est une entrave à la liberté de la presse. Sans entraves.* « *braver les règles, les lois, les entraves* » (Loti). ✪ CONTR. Émancipation, libération, liberté, licence.

entravé, ée adj. – XIXe 1 Qui a des entraves. 2 *Jupe entravée,* très resserrée dans le bas. ✪ CONTR. Libre.

① **entraver** v. tr. [1] – XVe ; de *en-* et lat. *trabs* « poutre » 1 Retenir, attacher (un animal) au moyen d'une entrave. ⇒ **empêtrer.** 2 Empêcher de se faire, de se développer. ⇒ ② **enrayer, freiner, gêner.** *Entraver la circulation.* ⇒ **obstruer.** *Entraver les projets de qqn.* ⇒ **contrarier.** ✪ CONTR. Désentraver. Faciliter.

② **entraver** v. tr. [1] – XVe ; lat. *interrogare* « interroger » ▪ arg. Comprendre. *J'y entrave que dalle* : je n'y comprends rien.

❑ L'influence de ① *entraver* est probable dans l'évolution de ce mot (on saisit, on fixe l'idée).

entraxe n. m. – 1904 ▪ Distance séparant deux axes. *L'entraxe des voies de chemin de fer.* ⇒ **entrevoie.** ✪ HOM. Anthrax.

entre prép. – XIIe ; lat. *inter* **I - 1** Dans l'espace qui sépare (des choses, des personnes). *Les Pyrénées s'étendent entre la France et l'Espagne. Herbe qui pousse entre les pierres. Distance, écart compris entre deux points.* ⇒ **intervalle.** *Tenir entre ses doigts.* ◆ *Ne le laissez pas entre ses mains,* en sa possession, en son pouvoir. ◆ Dans une série, une suite. *F est entre E et G, 8 entre 7 et 9. Mettre entre parenthèses.* **2** Dans le temps qui sépare (deux dates, deux époques, deux faits). ⇒ **entre-temps.** *Nous passerons chez vous entre 10 et 11 heures. Personnes entre deux âges.* **3** fig. À égale distance de. *Être pris entre deux feux. Être entre la vie et la mort.* ◆ *Couleur entre le gris et le bleu.* **II** Au milieu de. **1** *Hésiter entre plusieurs solutions.* ⇒ **parmi.** *Lequel d'entre vous accepte ?* ◆ ENTRE AUTRES. *Il y avait, entre autres choses, quelques objets d'art,* parmi. ◆ *J'ai vu, entre autres, un joli meuble. M. X, entre autres, était là.* **2** En ne sortant pas d'un groupe (de personnes) ; en formant un cercle fermé. *Dîner entre amis. Cette affaire doit rester entre nous,* ne doit pas être révélée. *Soit dit entre nous,* ellipt *Entre nous :* de vous à moi seulement. **III** Exprimant un rapport entre personnes ou choses. **1** Réciprocité (l'un l'autre, l'un à l'autre, avec l'autre). ◆ *Les loups se dévorent entre eux.* ⇒ **entre-** (s'entre-dévorer). *S'aider entre voisins.* ◆ *Match entre deux équipes.* « *L'entente qui régnait entre mes parents* » (Gide). ◆ En sous-entendant une liaison sentimentale. *Il n'y a rien entre eux.* **2** Comparaison. *Rapport, contraste entre deux choses.* « *Il n'y a rien de commun en effet entre un maître et un esclave* » (Camus). ✪ CONTR. Hors (de). — HOM. Antre.

entre- Élément, du lat. *inter.* **1** Servant à former des noms désignant l'intervalle, la partie située entre deux choses **(⇒ inter-),** désignant une action mutuelle. **2** Servant à former des verbes indiquant une action réciproque ou une action qui ne se fait qu'à demi.

> ❑ Se joint avec ou sans trait d'union *(entre-deux, entretemps ; entresol, s'entremettre),* et autrefois avec l'apostrophe *(entr'ouvrir).*

entrebâillement n. m. – XVIe ▪ Intervalle formé par ce qui est entrebâillé. ⇒ **ouverture.** « *Ferdinand venait d'apparaître dans l'entrebâillement de la porte* » (Duham.).

entrebâiller v. tr. [1] – XVe ▪ Ouvrir très peu (une porte, une fenêtre). ⇒ **entrouvrir.** ◆ pronom. « *le pêne céda, la porte s'entrebâilla* » (Hugo).

entrebâilleur n. m. – v. 1950 ▪ Dispositif de protection (chaîne, tige métallique) permettant d'entrebâiller une porte.

entrechat n. m. – XVIIe ; it. *(capriola) intrecciata* « (saut) entrelacé » ▪ Dans la danse classique, Saut pendant lequel les pieds se croisent rapidement. *Entrechat à six battements.*

> ❑ Sans rapport avec *chat* mais de même famille étymologique que *tresse* (grec *trikhos* « cheveu »).

entrechoquement n. m. – XVIe ▪ Choc réciproque de plusieurs choses ou personnes. ⇒ **collision.**

entrechoquer v. tr. [1] – XVIe **1** v. pron. Se choquer l'un contre l'autre. *Un* « *tumulte de courants et de contre-courants qui s'entrechoquaient* » (J. Verne). fig. ⇒ se **heurter.** *Caractères qui s'entrechoquent.* **2** Choquer, heurter l'un contre l'autre. *Entrechoquer des cailloux pour faire du feu.*

entrecolonnement n. m. – XVIe ▪ Intervalle entre deux colonnes consécutives.

entrecôte n. f. – XVIIIe ▪ Morceau de viande de bœuf coupée entre les côtes.

> ❑ Mot autrefois masculin (« *Lorsqu'on lui présenta le plat de viande, il piqua sa fourchette dans un entrecôte* » [Green]), devenu féminin par l'influence de *côte.*

entrecoupé, ée adj. – XVIIe ▪ Interrompu à plusieurs reprises. ⇒ **intermittent, saccadé.** « *un gémissement entrecoupé, un râle rauque et doux* » (Duham.). ✪ CONTR. Continu, égal, ininterrompu.

entrecouper v. tr. [1] – XIIe ▪ Interrompre par intervalles. *Entrecouper un récit de commentaires.*

entrecroisement n. m. – XVIIe ▪ État, forme de ce qui est entrecroisé. ⇒ **entrelacs, réseau.** *Entrecroisement de lattes.*

entrecroiser v. tr. [1] – XIVe ▪ Croiser ensemble, à plusieurs reprises. ⇒ **entrelacer.** *Entrecroiser des fils.* ♦ pronom. *Les branches* « *s'étendaient et s'entrecroisaient comme de grands bras* » (Sand). ◆ *Lignes entrecroisées.*

entrecuisse n. m. – XVIe ▪ rare Partie interne du haut des cuisses. ◆ par euphém. Sexe.

entre-déchirer (s') v. pron. [1] – XIIIe ▪ Se déchirer mutuellement.

> ❑ On écrit aussi *s'entredéchirer :* « *On se dispute, on s'entredéchire, on se déteste presque* » (Léautaud).

entre-deux n. m. inv. – XIIe **1** Espace, état, capacité entre deux extrêmes. « *Il reste que la vérité est dans l'entre-deux* » (Mauriac). **2** Bande de dentelle, de broderie qui coupe un tissu.

entre-deux-guerres n. m. inv. – v. 1915 ▪ Période entre deux guerres dans un même pays. ◆ (En France) Période de 1918 à 1939. *La génération de l'entre-deux-guerres.*

entre-dévorer (s') v. pron. [1] – XVe ▪ littér. Se dévorer mutuellement. ◆ fig. Se détruire les uns les autres. *Les théories et les écoles* « *s'entre-dévorent et assurent, par leur lutte, la continuité de la vie* » (Proust).

entrée n. f. – XIIe **I - 1** Passage de l'extérieur à l'intérieur. ◆ *Entrée d'un visiteur dans le salon. À son entrée, le silence se fit.* ⇒ **arrivée.** ◆ *Entrée d'une armée dans une ville.* ◆ « *un grand navire fait entre les jetées une entrée tranquille et silencieuse* » (Romains). *Entrée d'un train en gare.* **2** L'entrée (en scène) d'un acteur. *Rater son entrée.* **3** fig. « *le jour de son entrée au séminaire* » (Stendh.). *Faire son entrée dans le monde.* ◆ *Entrée en fonctions d'un diplomate. Entrée en vigueur. Entrée en matière.* ⇒ **exorde.** **4** *Entrée de marchandises, de valeurs dans une entreprise.* ◆ plur. Ensemble des marchandises reçues par une entreprise dans une période donnée ; ensemble des espèces, des effets entrés dans le portefeuille de l'entreprise. **5** Passage (d'un signal, d'une information) de l'extérieur à l'intérieur d'un appareil, d'un dispositif. *Entrée des données dans un ordinateur.* ⇒ **input.** **6** Possibilité d'entrer, de pénétrer (dans un lieu). ⇒ **accès.** « *C'est quelque visiteur qui sollicite l'entrée à la porte de ma chambre* » (Baud.). *Entrée libre* (dans un magasin, une exposition). ◆ *Concours, examen d'entrée.* **7** Accès à un spectacle, une manifestation, une réunion. *Billet d'entrée.* « *Sa carte d'entrée gratuite dans les musées* » (Giraud). ◆ par ext. Le titre **(⇒ billet, carte)** qui permet d'entrer. *Je vous ai obtenu deux entrées.* ⇒ **place.** ♦ loc. fig. *Avoir ses entrées chez qqn,* y être reçu. **8** Faculté d'introduire des marchandises dans une région, dans un pays. *Payer les droits d'entrée* (douane, octroi). **9** Ce qui donne accès dans un lieu ; endroit par où l'on entre. *Entrée d'une maison, d'une cour.* ⇒ ① **porte.** *Entrée de service. Entrée des artistes.* ♦ fig. *Les entrées d'un* *dictionnaire* : les mots faisant l'objet d'un article de dictionnaire. ⇒ ① **adresse.** 10 Voie par laquelle peut pénétrer (un fluide, une information) dans un appareil, un dispositif. *L'entrée auxiliaire d'un amplificateur haute-fidélité.* ♦ *Entrée d'air* : orifice qui permet à l'air de pénétrer dans un moteur, un local. 11 Pièce située à l'entrée d'un édifice, d'un appartement et servant de passage pour accéder aux autres pièces. ⇒ **hall, vestibule.** II - 1 vx ou littér. Première partie, commencement d'une chose. ⇒ **début.** *À l'entrée de l'hiver.* 2 loc. adv. vieilli D'ENTRÉE. Aussitôt. *J'ai compris d'entrée. D'entrée de jeu**. 3 Début (d'un passage musical). 4 Mets qui se sert au début du repas, après le potage ou les hors-d'œuvre. ✪ CONTR. Issue, sortie ; ① départ, disparition. Intérieur. Débouché, exutoire. — ① Fin.

❑ Les *entrées* sont des plats cuisinés (terrine, feuilleté, soufflé, tourte, etc.) alors que les *hors-d'œuvre* nécessitent moins d'élaboration et se servent froids (crudités, charcuterie, melon).

entre-égorger (s') v. pron. [3] - XVIIe ▪ S'égorger mutuellement.

entrefaite n. f. - XIIIe ; de l'a. fr. *entrefaire* « faire dans l'intervalle » 1 vx Intervalle de temps où survient qqch. 2 loc. adv. SUR CES ENTREFAITES : à ce moment. ⇒ **alors.**

entrefer [ɑ̃tʀəfɛʀ] n. m. - XIXe ▪ Partie d'un circuit magnétique où le flux d'induction ne circule pas dans le fer.

entrefilet n. m. - XIXe ▪ Court article inséré dans un journal. « *des indications dans un entrefilet de la deuxième page* » (Romains).

entregent n. m. - XVe ▪ Adresse à se conduire en société, à lier d'utiles relations. *Avoir de l'entregent.* ✪ CONTR. Gaucherie, maladresse.

entrejambe n. m. - XVIIe 1 Espace compris entre les pieds d'une table ou d'un fauteuil. 2 Partie d'un pantalon, d'une culotte entre les jambes. ♦ fam. Entrecuisse, sexe.

entrelacement n. m. - XIIe ▪ Action d'entrelacer ; son résultat. *Entrelacement de fils, de lignes.* → **entrecroisement, entrelacs, réseau.**

entrelacer v. tr. [3] - XIIe ▪ Enlacer l'un dans l'autre en lignes courbes. *Entrelacer des fils, des rubans.* ⇒ **entrecroiser, tisser, tresser.** ♦ pronom. ⇒ s'**enchevêtrer,** s'**entremêler.** « *Les vignes sauvages, les bignonias, les coloquintes, s'entrelacent au pied de ces arbres* » (Chateaub.). ♦ *Lettres entrelacées d'un monogramme.* ✪ CONTR. Délacer, délier.

entrelacs [ɑ̃tʀəla] n. m. - XIIe ▪ Ornement composé de motifs entrelacés, dont les lignes s'entrecroisent et s'enchevêtrent. *Les entrelacs de l'art arabe.*

entrelarder v. tr. [1] - XIIe 1 Piquer (une viande) de lardons. ⇒ **larder.** ♦ *Viande entrelardée,* naturellement mêlée de gras et de maigre. ⇒ **persillé.** 2 fig. *Entrelarder son discours de citations.* ⇒ **entremêler.**

entremêlement n. m. - XIIIe ▪ Action d'entremêler ; son résultat.

entremêler v. tr. [1] - XIIe 1 Mêler (des choses différentes) les unes aux autres. ➛ *Entremêler des fleurs rouges et des fleurs blanches.* ⇒ **mélanger, mêler.** ♦ pronom. « *une collection d'intrigues parallèles qui s'entremêlaient* » (Valéry). 2 ENTREMÊLER (qqch.) DE : insérer (des éléments hétérogènes) dans (qqch.). *Il « entremêle son récit de sentences de Sénèque »* (Chateaub.). ➛ *Paroles entremêlées de sanglots.* ⇒ **entrecoupé.**

entremets n. m. - XIIe ▪ Plat sucré servi entre le fromage et le dessert ou comme dessert.

❑ Désigne tout plat sucré (beignet, soufflé, crème, glace, etc.) à l'exception de la pâtisserie.

entremetteur, euse n. - XIVe ▪ Personne qui sert d'intermédiaire dans les intrigues galantes. ➛ par ext. ⇒ **marieur.**

entremettre (s') v. pron. [56] - XIIe ▪ Intervenir (entre deux ou plusieurs personnes) pour les rapprocher, pour faciliter la conclusion des affaires qui les intéressent. *S'entremettre dans une querelle.* ⇒ s'**interposer.** *Elles « le prièrent de s'entremettre pour elles auprès du pape »* (Rac.). ⇒ **intercéder.**

entremise n. f. - XVIe ▪ Action de qqn qui s'entremet. *Offrir son entremise dans une affaire.* ⇒ **arbitrage, intervention, médiation.** ➛ loc. prép. PAR L'ENTREMISE DE. ⇒ **intermédiaire,** ② **moyen, truchement.** *Cette affaire « se fit par l'entremise d'un petit usurier »* (Balz.).

entre-nerf ou **entre-nerfs** [ɑ̃tʀənɛʀ] n. m. - XVIIIe ▪ Intervalle entre deux nerfs au dos d'un livre. *Des entre-nerfs.*

entre-nœud n. m. - XVe ▪ Partie de la tige d'un végétal comprise entre deux nœuds. *Des entre-nœuds.*

entrepont n. m. - XVIIe ▪ Espace, étage compris entre deux ponts d'un navire (spécialt entre le faux pont et le premier pont).

entreposage n. m. - XIXe ▪ Action d'entreposer, de mettre en entrepôt.

entreposer v. tr. [1] - XIIe 1 Déposer dans un entrepôt. 2 Déposer, laisser en garde. *Entreposer des meubles chez un ami.*

❑ Ce mot signifiait à l'origine « intercaler » → interposer. L'apparition de *entrepôt* lui a conféré son sens actuel.

entreposeur n. m. - XVIIIe ▪ Personne qui garde un entrepôt, des marchandises entreposées.

entrepositaire n. - XIXe ▪ Personne, commerçant qui a des marchandises en entrepôt. « *des entrepositaires de vins et d'alcools* » (Zola). ➛ *La société entrepositaire.*

entrepôt n. m. - XVe ▪ Bâtiment, emplacement servant d'abri, de lieu de dépôt pour les marchandises. ⇒ **dock, hangar, magasin.** ➛ Lieu où sont stockées des marchandises en suspension de droits et de taxes, en attente de leur réexportation.

entreprenant, ante adj. - XIVe 1 Qui est porté à entreprendre, qui entreprend avec audace, hardiesse. ⇒ **téméraire.** *Il était « assez entreprenant pour avoir acheté le fonds de son maître »* (Balz.). ➛ *Caractère entreprenant.* 2 Hardi auprès des femmes. ⇒ **galant.** ✪ CONTR. Hésitant, timide.

entreprendre v. tr. [58] - XIIe 1 Se mettre à faire (qqch.). ⇒ **commencer.** *Entreprendre une démarche.* « *le désir d'écrire, d'entreprendre un livre* » (Gracq). ♦ ENTREPRENDRE DE. ⇒ se **disposer** (à), **essayer, tenter.** « *il entreprend de dégrafer son corsage* » (Romains). ♦ *Il n'a pas peur d'entreprendre.* ⇒ **entreprenant.** 2 Tâcher de gagner (qqn), de convaincre, de séduire. *Entreprendre une femme,* tenter de la conquérir. ➛ *Entreprendre qqn sur un sujet,* commencer à l'entretenir de ce sujet. ✪ CONTR. Achever, terminer.

entrepreneur, euse n. - XVe 1 Personne qui se charge de l'exécution d'un travail (spécialt en matière de construction), par un contrat d'entreprise. ➛ *Entrepreneur de, en bâtiments, de construction* (⇒ **constructeur**), ou *un entrepreneur* : personne, société chargée d'exécuter les travaux. ♦ Créateur d'entreprise ; grand industriel doué de l'esprit d'entreprise. **2** Personne qui dirige une entreprise et met en œuvre divers facteurs de production en vue de produire des biens ou fournir des services. ⇒ ① **patron.** « *L'entrepreneur est* [...] *le pivot de tout le mécanisme économique* » (Ch. Gide). ✪ CONTR. Employé, salarié.

entreprise n. f. – XIIIe **1** Ce qu'on se propose d'entreprendre (⇒ **dessein,** ③ **plan, projet**) ; mise à exécution d'un dessein. ⇒ **opération,** ① **travail.** « *c'est une entreprise dangereuse et vaine de vouloir les réformer* [les coutumes] » (Rouss.). « *la torture est d'abord une entreprise d'avilissement* » (Sartre). ➤ *Esprit d'entreprise* : tendance à entreprendre. ♦ *Libre entreprise* : liberté de créer et de gérer des entreprises privées, en régime capitaliste (⇒ **libéralisme**). **2** dr. Fait, pour un entrepreneur, de s'engager à fournir son travail et parfois la matière pour un ouvrage donné dans des conditions données. ⇒ **louage** (d'industrie). *Contrat d'entreprise.* **3** Organisation autonome de production de biens ou de services marchands. ⇒ **affaire, commerce, établissement, exploitation, industrie.** *Entreprise agricole, industrielle. Entreprise de nettoyage. Petites et moyennes entreprises.* ⇒ **P. M. E.** *Les grandes entreprises.* ⇒ **major, multinationale.** *Monter une entreprise.* ➤ CHEF D'ENTREPRISE. ⇒ **entrepreneur,** ① **patron.**

entrer v. [1] – Xe ; lat. *intrare* **I** v. intr. **1** Passer du dehors au dedans. *Entrer dans un lieu.* ⇒ ① **aller, pénétrer.** *Entrer dans une maison, une pièce. Entrer chez un commerçant.* ➤ *Entrer dans une voiture.* ⇒ **monter.** ➤ *Entrer en scène, en piste.* ♦ Commencer à être dans (un lieu), à (un endroit). *Entrer dans un village. On entre dans ce pays sans visa.* ♦ Passer à l'intérieur, dedans. *Entrez ! entrez donc ! Frappez avant d'entrer. Défense d'entrer. Faites entrer.* ⇒ **introduire.** ➤ *Je ne fais qu'entrer et sortir* : je ne reste ici qu'un moment (⇒ **passer**). *Entrer en coup de vent.* **2** Aller à l'intérieur. ⇒ **pénétrer.** *L'eau entre de toutes parts.* ⇒ **envahir.** *Cette valise n'entre pas dans le coffre de ma voiture.* ⇒ **tenir.** *Une épine lui est entrée dans le pied. Faire entrer une clé dans la serrure* (⇒ **engager, introduire**). ➤ *Le train entre en gare.* ➤ Être introduit. *Marchandises qui entrent dans un pays en fraude.* ➤ « *Le jour crépusculaire qui entrait encore par la croisée* » (Mart. du G.). ♦ *L'argent entre dans la caisse.* ⇒ **rentrer. 3** *Le soupçon, le doute est entré dans son esprit.* ⇒ s'**insinuer, pénétrer.** « *La tristesse de la nuit lui entra dans le cœur* » (France). *On ne peut pas lui faire entrer cela dans la tête.* ⇒ **comprendre. 4** Se mettre (dans une situation, une position sociale, un état). *Entrer dans les ordres* : devenir religieux. « *Pour me pousser à entrer dans la carrière que lui-même avait choisie* » (Camus). *Entrer au service de qqn* : devenir domestique. *Entrer dans la vie active.* ➤ *Entrer dans l'histoire, dans la légende. Mot qui entre dans l'usage.* **5** Commencer à faire partie de (un groupe, un ensemble). *Entrer au lycée. Entrer à l'Académie française.* **6** Aborder (une période), commencer à être (dans une période). *Entrer dans sa dixième année. Entrer dans la mauvaise saison.* ➤ ENTRER EN : commencer à être dans (un état). *Entrer en convalescence.* ➤ *Eau qui entre en ébullition.* ➤ loc. *Entrer en action* : se mettre à agir. *Pays qui entre en guerre. Entrer en vigueur.* « *J'avais hâte d'entrer en fonctions* » (Daud.). *Entrer en compétition, en relation avec qqn.* **7** Commencer à éprouver (un sentiment). *Entrer dans une rage folle, une colère noire.* **8** *Entrer en religion* : devenir religieux. « *l'idée tenace qu'on entre en littérature* » (Gracq). **9** S'engager (dans un sujet) ; se mettre à étudier, à traiter, en pénétrant (dans...). *Entrer dans le vif du sujet. Entrer dans les détails.* **10** Comprendre, saisir (ce que l'esprit pénètre). *Comédien qui entre dans son personnage.* ⇒ s'**adapter.** « *la première opération en histoire consiste à se mettre à la place des hommes que l'on veut juger, à entrer dans leurs instincts et dans leurs habitudes* » (Taine). **II** v. intr. ENTRER DANS : faire partie de. **1** Être compris dans. *Entrer dans une catégorie, dans un total.* ➤ *(Faire) entrer en (ligne de) compte* : prendre en considération. ➤ *Cela entre, n'entre pas dans ses habitudes.* **2** Être pour qqch., être un élément de. « *un goût de protection, où il entrait assurément de l'orgueil, mais aussi des générosités de père* » (Romains). **3** Être employé dans la composition, ou dans la fabrication de qqch. « *un mets fortement relevé où entrent le piment, la cannelle, le cumin* » (Tournier). **III** v. tr. **1** Faire entrer. ⇒ **introduire.** *Entrer des marchandises dans un pays* (ACAD.). ➤ *Entrer des données dans un ordinateur* (⇒ **saisir**). **2** Enfoncer. *Il lui entrait ses ongles dans la main.* ✪ CONTR. ① Sortir ; ① partir. Finir, terminer. — Évacuer ; emporter.

> ❑ Le verbe transitif se construit avec l'auxiliaire *avoir.* ♦ On emploie souvent abusivement (pas d'idée de répétition) mais couramment *rentrer,* dans le même sens. → rentrer (rem.).

entre-rail n. m. – XIXe ▪ Espace entre les rails d'une voie ferrée. ⇒ **écartement.** *Des entre-rails.*

entresol [ɑ̃tʀəsɔl] n. m. – XVIIe ; esp. *suelo* « sol ; plancher » ▪ Demi-étage situé entre le rez-de-chaussée et le premier étage.

entretaille n. f. – XIIIe ▪ En gravure, Taille légère faite entre des tailles plus profondes.

entre-temps [ɑ̃tʀətɑ̃] adv. et n. m. – XIIe **1** adv. Dans cet intervalle de temps. *Entre-temps, il a changé d'avis.* **2** n. m. Intervalle de temps entre deux actions, deux faits.

> ❑ Altération de l'ancien français *entretant,* de *tant,* par attraction de *temps.*

entretenir v. tr. [22] – XIIe **I - 1** Tenir dans le même état, faire durer. ⇒ **maintenir, prolonger.** *Entretenir un feu.* ⇒ **alimenter.** *Les arbres entretiennent la fraîcheur.* ⇒ **conserver, garder.** ♦ *Entretenir une correspondance avec qqn.* **2** ENTRETENIR (qqn) DANS : maintenir (qqn) dans (un état affectif ou psychologique). *Entretenir qqn dans une erreur.* **3** Faire durer (un état moral). *Entretenir un sentiment, une passion.* « *le public dont ils auront soin d'entretenir et ranimer l'animosité* » (Rouss.). **4** Maintenir en bon état. ⇒ **conserver ; entretien.** *Entretenir ses vêtements, une route. Entretenir sa maison.* ⇒ **tenir.** « *l'eau finira par se perdre dans la terre si on n'entretient pas les conduites* » (Romains). pronom. *La forme s'entretient par l'exercice.* ➤ *Entretenir sa mémoire.* ⇒ **exercer. 5** Fournir ce qui est nécessaire à la dépense, à la subsistance de (qqn). ⇒ se **charger** (de), **nourrir.** *Entretenir une famille. La nation entretient une armée.* ♦ *Entretenir une maîtresse* (⇒ **entretenu**). *Se faire entretenir.* **II - 1** ENTRETENIR (qqn) DE (qqch.), lui parler de (qqch.). **2** pronom. Avoir une conversation. ⇒ ① **parler.** *Elle* « *lui racontait des histoires, s'entretenait avec lui dans des monologues sans fin* » (Flaub.). ✪ CONTR. Briser, détruire. Interrompre, rompre. Abandonner.

entretenu, ue adj. – XVIe **1** Maintenu dans le même état. *Oscillation entretenue* (opposé à *amortie*). **2** Qui reçoit de l'argent pour ses besoins. ➤ *Femme entretenue,* qui vit de la générosité d'un amant. ⇒ **demi-mondaine ;** vx ① **cocotte. 3** Tenu en bon état. *Un jardin bien entretenu.*

entretien [ɑ̃tʀətjɛ̃] n. m. – XVIe **I - 1** Soins, réparations, dépenses qu'exige le maintien (de qqch.) en bon état. *Entretien des routes, d'une voiture.* « *les menus travaux d'entretien dont toute maison a besoin* » (Beckett). *Frais d'entretien. Équipe d'entretien. Produits d'entretien* : produits ménagers. ♦ Ensemble des personnes et des moyens permettant d'assurer la maintenance et les travaux courants dans une entreprise. *Travailler à l'entretien.* **2** Ce qui est nécessaire à l'existence matérielle d'un individu, d'une collectivité. « *son fils, dont il paie l'entretien et les études* » (Henriot). **3** Fait de maintenir dans l'état actuel. *L'entretien de sa forme.* **II** Action d'échanger des paroles avec une ou plusieurs personnes ; sujet dont on s'entretient. ⇒ **conversation, discussion.** *Avoir un entretien avec qqn.* « *J'ose lui demander un entretien secret* » (Rac.). *Accorder un entretien.* ⇒ **audience, entrevue, interview.** ♦ Réunion de spécialistes. *Les entretiens de* (l'hôpital) *Bichat.*

entretoise n. f. – XIIe ▪ Pièce de bois, de métal qui sert à relier dans un écartement fixe des poutres, des pièces de machine. *Entretoises d'un plancher.*

entretoiser v. tr. [1] – XIVe ▪ Maintenir l'écartement de (deux pièces) avec des entretoises.

entretuer (s') ou **entre-tuer (s')** v. pron. [1] – XIIe ▪ Se tuer mutuellement ; se battre jusqu'à la mort. ⇒ fam. s'**étriper.** *Face à face,* « *stupidement prêts à vous entretuer* » (Mart. du G.).

entrevoie n. f. – XIXe ▪ Espace entre deux voies de chemin de fer. ⇒ **entraxe.**

entrevoir v. tr. [30] – XIe **1** Voir à demi (indistinctement ou trop rapidement). ⇒ **apercevoir, entrapercevoir.** *Il passait en voiture, je ne l'ai qu'entrevu.* « *on entrevoit dans l'ombre de gros oiseaux de nuit* » (Daud.). ⇒ **distinguer.** **2** Avoir une idée imprécise, une lueur soudaine de (qqch. d'actuel ou de futur). *Entrevoir la réalité dans un éclair.* ⇒ **comprendre, découvrir.** « *Il n'était pas homme à mentir, mais il entrevit sa disgrâce* » (Giraud). ⇒ **présager, pressentir.** ✪ CONTR. Ignorer.

entrevue n. f. – XVe ▪ Rencontre concertée entre personnes qui ont à parler, à traiter une affaire. *Entrevue secrète. Avoir une entrevue avec qqn.* ⇒ **entretien.** *Entrevue d'hommes d'État.*

> ❑ Vient d'un sens disparu de *entrevoir* « aller voir (qqn) ». ♦ Ne peut s'employer pour *interview* dont le sens est différent.

entrisme n. m. – 1960 ; de *entrer* ▪ Noyautage. ⇒ **infiltration.**

entropie n. f. – XIXe ; gr. « retour en arrière » ▪ En thermodynamique, Fonction définissant l'état de désordre d'un système. ♦ Dégradation de l'énergie liée à une augmentation de cette entropie.

entropion n. m. – XVIIIe ; gr. *en* « dans » et *tropê* « tour » ▪ Renversement des paupières en dedans (opposé à *ectropion*).

entroque n. m. – XVIIIe ; gr. *en* « dans » et *trokhos* « disque » ▪ Formation fossile formée par les débris de tiges ou de bras de crinoïdes.

entrouvert, erte adj. ▪ Qui est à peine ouvert. « *elle écoutait, bouche entrouverte et les yeux clos* » (Montherl.).

entrouvrir v. tr. [18] – XIIe ▪ Ouvrir à demi, très peu. *Entrouvrir une fenêtre.* ⇒ **entrebâiller.** ♦ pronom. *Ses yeux s'entrouvrirent.*

entuber v. tr. [1] – v. 1900 ▪ fam. Duper, escroquer. *Il s'est fait entuber.*

enturbanné, ée adj. – XVIIe ▪ Coiffé d'un turban.

> ❑ Pour le double *n* → rubané (rem.).

enture n. f. – XIVe **1** Fente où l'on place une ente, une greffe. **2** Assemblage bout à bout de deux pièces de bois. *Enture à queue d'aronde.*

énucléation n. f. – XVe ; lat. *nucleus* « noyau » **1** Extraction du noyau (d'un fruit). ⇒ **dénoyautage.** **2** Extirpation (d'une tumeur). ➛ Ablation totale de l'œil.

énucléer v. tr. [1] – XIXe ▪ Extirper par énucléation.

énumératif, ive adj. – XVIIe ▪ Qui énumère. *Bordereau énumératif.*

énumération n. f. – XVe **1** Action d'énumérer. ⇒ **compte, dénombrement, recensement.** *Faire une longue énumération.* **2** Liste (d'objets, etc.). *Énumération des objets d'une collection.* ⇒ **inventaire, répertoire.**

énumérer v. tr. [6] – XVIIIe ; lat. *numerus* « nombre » ▪ Énoncer un à un (les éléments d'un tout). ⇒ **compter, dénombrer.**

> ❑ À la différence de *dénombrer* « évaluer le nombre », *énumérer* suppose que chaque élément est successivement dénommé.

énurésie n. f. – XIXe ; gr. *en* « dans » et *ourein* « uriner » ▪ Émission involontaire et inconsciente d'urine. *Énurésie nocturne des enfants.* ⇒ **incontinence.**

énurétique adj. et n. – 1965 ▪ Affecté d'énurésie.

envahir v. tr. [2] – XIe ; lat. « aller *(vadere)* dans » **1** Occuper (un territoire) brusquement et de vive force. ⇒ **conquérir,** s'**emparer** (de) ; **invasion.** **2** Occuper, s'étendre dans, d'une manière abusive. *Les produits étrangers envahissent le marché.* ⇒ **inonder.** **3** Se répandre en grand nombre dans (un lieu), de manière excessive ou gênante. ⇒ **infester ; proliférer, pulluler.** *Les pucerons ont envahi le jardin.* « *On dut laisser la gangrène l'envahir comme le lierre une statue* » (Cocteau). **4** Occuper en entier. ⇒ **couvrir, remplir.** « *la rue, envahie par une jeunesse bruyante* » (Camus). ➛ « *Deux fois, cependant, le sommeil m'envahit* » (Maupass.). ♦ *Une vague de tendresse l'envahit.* ⇒ **submerger.** ✪ CONTR. Libérer. ① Partir, quitter.

envahissant, ante adj. – XVIIIe **1** Qui a tendance à envahir. *Une végétation envahissante.* **2** Qui s'introduit dans l'intimité d'autrui. *Des voisins envahissants.*

envahissement n. m. – XIe **1** Action d'envahir ; son résultat. *Envahissement d'un pays par une armée* (⇒ **invasion, occupation**). ♦ Fait d'envahir. *Le chemin* « *était réduit, par l'envahissement de la mousse et des végétations parasites, à un étroit sentier blanc* » (Gaut.). **2** fig. « *trop perdus qu'ils étaient, dans l'envahissement de leur rêverie* » (Flaub.). ✪ CONTR. Libération. ① Départ, fuite.

envahisseur n. m. – XVe ▪ Ennemi qui envahit. *Repousser, chasser les envahisseurs. L'envahisseur :* les armées de l'État qui envahit ; l'auteur de l'invasion.

envasement n. m. – XVIIIe ▪ Action d'envaser ; état de ce qui est envasé.

envaser v. tr. [1] – XVIe **1** Enfoncer dans la vase. ⇒ **embourber, enliser.** **2** Remplir de vase. *Les alluvions ont envasé le port.* pronom. *Le canal s'est envasé.* ✪ CONTR. Désenvaser.

enveloppant, ante adj. – XVIIIe **1** Qui enveloppe. « *Cette partie enveloppante et colorée, qui est blanche dans le lis, s'appelle la corolle* » (Rouss.). ➛ Qui entoure, est destiné à entourer. *Un mouvement enveloppant.* **2** Qui captive à force de grâce. ⇒ **captivant.** « *Sa voix insaisissable, en même temps fuyante et enveloppante* » (Duham.). ✪ CONTR. Ennuyeux, repoussant.

enveloppe n. f. – XIIIe **I** - **1** Chose souple qui sert à envelopper (⇒ **étui, gaine**). *Enveloppe protectrice, isolante. Les doigts* « *qui démaillotaient prestement* *les pièces de vingt francs de leur enveloppe de papier* » (Green). 2 Feuille de papier pliée et collée en forme de poche, destinée à contenir du courrier. ⇒ ① **pli.** *Mettre une lettre sous enveloppe, dans une enveloppe. Adresse écrite sur l'enveloppe.* « *Sur l'enveloppe, ni timbre, ni cachet de la poste* » (Romains). *Décacheter, ouvrir une enveloppe.* ♦ Montant total ou limité des crédits inscrits à un budget. *Une enveloppe de 100 millions.* ♦ Commission illicite. *Recevoir une enveloppe.* ⇒ **dessous-de-table, pot-de-vin.** 3 Partie qui entoure un organe, un organisme. ⇒ **membrane.** *Enveloppes florales.* « *ces fruits qui vont faire éclater leur enveloppe* » (Aragon). ➛ *Enveloppe d'un minerai* (⇒ **gangue).** 4 Courbe (ou surface) tangente à tout élément d'une famille de courbes (ou de surfaces). **II** Ce qui constitue l'apparence extérieure d'une chose (tout en en faisant partie). 1 littér. Le corps humain considéré comme l'enveloppe de l'âme. 2 Air, apparence. ⇒ **dehors.** « *L'enveloppe austère et glaciale de Claude Frollo* » (Hugo).

enveloppement n. m. – XIe 1 Action d'envelopper ; état de ce qui est enveloppé. 2 Mouvement stratégique destiné à encercler l'ennemi. *Manœuvre d'enveloppement.*

envelopper v. tr. [1] – Xe ; probablt lat. *faluppa* « copeau, brin de paille » 1 Entourer d'une chose souple qui couvre de tous côtés. *Envelopper un objet dans du papier, une étoffe* (⇒ **emballer, empaqueter).** *Envelopper un enfant dans une couverture.* ⇒ **emmitoufler.** pronom. *Les « nuées d'étoffes dont elle s'enveloppe »* (Baud.). 2 Constituer l'enveloppe de. *Emballages qui enveloppent les marchandises.* ♦ *Personne enveloppée* (de graisse), un peu grosse. *Il n'est pas gros, juste un peu enveloppé.* 3 Entourer (de qqch. qui semble recouvrir). « *elle nous enveloppa d'un regard plein de son mépris* » (Balz.). ➛ *Le brouillard enveloppe la vallée.* 4 littér. Entourer pour cacher. ➛ pronom. « *L'amour véritable s'enveloppe toujours des mystères de la pudeur* » (Balz.). ➛ *Reproches enveloppés de compliments.* ✪ CONTR. Déballer. Dégager. ① Étaler, manifester.

envenimé, ée adj. – XIIIe 1 Plein de malveillance, de venin (fig.). *Propos envenimés.* ⇒ **fielleux.** 2 Infecté. *Plaie envenimée.*

envenimement n. m. – XIIIe 1 Action d'envenimer ; son résultat. 2 Empoisonnement général dû à la morsure ou à la piqûre d'une bête venimeuse.

envenimer v. tr. [1] – XIIe 1 vx Imprégner de venin. ⇒ **empoisonner.** 2 Infecter (une blessure). ➛ pronom. *Faute de soins, la blessure s'est envenimée.* 3 Rendre plus virulent, plus pénible. *Envenimer une querelle.* ⇒ **aggraver, attiser, aviver.** « *L'amour-propre – il envenime tout,* [...] *il engendre la rancune, la haine* » (M. Jacob). ➛ pronom. « *une querelle commencée doucement, mais qui s'envenima par degrés* » (Balz.). ✪ CONTR. Désinfecter ; apaiser, calmer.

enverguer v. tr. [1] – XVIIe ▪ Attacher (une voile) à une vergue, par la ralingue supérieure.

envergure n. f. – XVIIe 1 État d'une voile enverguée. ♦ Largeur d'une voilure déployée. 2 Étendue des ailes déployées (d'un oiseau). ♦ La plus grande largeur d'un avion. 3 Ampleur de l'intelligence. *Esprit de grande envergure. Un homme sans envergure, qui manque d'envergure.* ♦ (choses) ⇒ **ampleur, étendue.** « *une battue au lièvre de très vaste envergure, puisqu'on prévoyait trois mille rabatteurs* » (Tournier). *Son entreprise a pris de l'envergure.*

① **envers** prép. – Xe ; de *en-* et *vers* 1 vx En face de, vis-à-vis de. ➛ loc. *Envers et contre tous* (mots qui terminaient les formules des anciens serments de foi et hommage) : en dépit de l'opposition générale. ➛ *Envers et contre tout* : malgré tous les obstacles. 2 À l'égard de (qqn). *Il est bien disposé envers vous.* ⇒ **avec.** « *Sans complaisance aucune envers soi-même* » (Gide). ➛ *Traître envers la patrie.*

② **envers** n. m. – Xe ; lat. *invertere* « retourner » **I** *L'ENVERS.* 1 Le côté d'une chose opposé à celui qui doit être vu. ⇒ ② **derrière.** *L'envers et l'endroit.* ➛ *L'envers d'une médaille* (⇒ **revers),** *d'une pièce de monnaie* (⇒ ③ **pile).** ♦ Le côté opposé à celui qui est ordinairement exposé à la lumière. *L'envers d'une feuille d'arbre.* 2 L'aspect caché (d'une chose). *Découvrir l'envers du décor,* les inconvénients. « *Je vous fais voir l'envers des événements que l'histoire ne montre pas ; l'histoire n'étale que l'endroit* » (Chateaub.). 3 La face opposée, mais inséparable. ⇒ **contraire, inverse.** « *les défauts sont l'envers inévitable des qualités* » (Siegfried). **II** loc. adv. *À L'ENVERS.* 1 Du mauvais côté, du côté qui n'est pas fait pour être vu (opposé à *à l'endroit*). « *Le bon roi Dagobert Avait mis sa culotte à l'envers* » (chans.) (cf. Sens* devant derrière). 2 Sens dessus dessous. *Mes locataires ont laissé ma maison à l'envers !* ➛ *Avoir la tête à l'envers,* l'esprit agité, troublé, inquiet. 3 Dans un sens inhabituel, dans le mauvais sens. « *tes yeux verts, Lacs où mon âme tremble et se voit à l'envers* » (Baud.). *Prononcer les syllabes d'un mot à l'envers.* ⇒ **verlan.** *Vous avez pris mes paroles à l'envers,* vous les avez mal interprétées. ✪ CONTR. Endroit ; avers, recto ; ② devant, face.

envi (à l') loc. adv. – XVIe ; lat. *invitare* « inviter » ▪ littér. À qui mieux mieux ; en rivalisant. *Ils « s'y sont à l'envi déchaînés contre moi »* (Rouss.). ✪ HOM. Envie.

enviable adj. – XIVe ▪ Qui est digne d'envie ; que l'on peut envier. ⇒ **désirable, souhaitable, tentant.** *Une situation enviable. Un sort peu enviable.*

envider v. tr. [1] – XVIIIe ; de *(dé)vider* ▪ Tourner (le fil de la trame) autour d'un fuseau, d'une bobine. ⇒ **enrouler, renvider.** ➛ *Machine à envider* (⇒ **canetière).** ✪ CONTR. Dévider ; dérouler.

envie n. f. – Xe ; lat. *invidia* « jalousie, malveillance » **I - 1** Sentiment de désir mêlé d'irritation et de haine qui anime qqn contre la personne qui possède un bien qu'il n'a pas. ⇒ **jalousie.** *Être dévoré par l'envie, rongé d'envie.* « *L'Envie aux doigts crochus, au teint pâle et livide* » (Beaum.). 2 Désir de jouir d'un avantage, d'un plaisir égal à celui d'autrui. *Exciter, attirer l'envie de ses voisins.* ⇒ **convoitise.** ➛ *Faire envie* : inspirer l'envie. 3 Désir (d'avoir, de posséder, de faire qqch.). ⇒ **besoin, désir, goût.** *Une envie irrépressible.* ➛ *J'ai des envies de voyages.* ➛ *ENVIE DE.* « *Il se sentait au cœur une envie de plaire, d'être galant* » (Maupass.). *Je n'ai aucune envie de partir.* ➛ Besoin organique. *Envie de manger, de dormir, de vomir. Avoir envie de faire pipi.* « *La bêtise consterne et ne donne guère envie de rire* » (Cocteau). loc. fam. *Ça l'a pris comme une envie de pisser,* brusquement. ♦ *AVOIR ENVIE DE.* ⇒ **désirer, souhaiter.** *Avoir envie de se distraire.* ➛ Ressentir le besoin de, ne pouvoir s'empêcher de. *J'ai envie de pleurer.* ➛ *Il a envie que vous restiez ici.* ♦ *AVOIR ENVIE DE* (qqch.). ⇒ **convoiter.** *Avoir envie d'une chose,* de la posséder. *Avoir envie d'une nouvelle voiture.* ➛ *Mourir d'envie de qqch. Il « mourait d'envie de se laisser convaincre »* (Sand). ➛ *Avoir envie de (qqn)* : désirer sexuellement (qqn). « *J'ai envie de toi. Tu comprends ? Depuis deux jours !...* » (Maupass.). ♦ *FAIRE ENVIE.* ⇒ **tenter.** *Ce gâteau me fait envie.* ♦ Contenter, *passer son envie* : se satisfaire. ♦ *Faire passer l'envie d'une chose à qqn,* lui en ôter le désir. ⇒ **dégoûter.** 4 fam. *Envie de femme enceinte* : désir vif et subit (notamment alimentaire) éprouvé parfois par les femmes enceintes ; fig. caprice, désir inattendu. **II - 1** fam. Tache cutanée (nævus, angiome) présente à la naissance. ⇒ **nævus, tache** (de vin). 2 plur. fam. Petites peaux sur le pourtour des ongles. ✪ CONTR. Amour, charité, désintéressement ; dégoût, satiété. — HOM. Envi.

❑ *Envie* étant un nom, *avoir grande envie de* (assez courant) est jugé plus correct que *avoir très envie de, avoir bien envie de,* couramment employé → adverbe (rem.). ♦ Comme pour *avoir besoin, avoir envie* tolère d'autres adverbes : *j'en ai fort envie, vraiment envie, toujours envie, encore envie,* etc. → besoin (rem.).

envier v. tr. [7] – XIIe 1 Éprouver envers (qqn) un sentiment d'envie, soit qu'on désire ses biens, soit qu'on souhaite être à sa place. ⇒ **jalouser.** *Envier qqn d'heureux, qqn qui réussit.* ➛ « *Des jeunes femmes admirables, enviées, sûres d'elles* » (Colette). 2 ENVIER (qqch.) À (qqn) : éprouver un sentiment d'envie envers (qqch.) que possède, dont jouit (qqn). ⇒ **convoiter, désirer.** 3 Souhaiter, désirer pour soi-même, avoir envie de (qqch.). « *Envier le bonheur d'autrui, c'est folie* » (Gide). ➛ loc. *N'avoir rien à envier à :* avoir les mêmes qualités (ou défauts) que. *N'avoir rien à envier à personne :* être comblé. ✪ CONTR. Mépriser, rejeter.

envieux, ieuse adj. et n. – XIIe 1 Qui éprouve de l'envie ; qui est sujet à l'envie. ⇒ **jaloux.** *Esprit, caractère envieux.* ➛ n. « *Jamais un envieux ne pardonne au mérite* » (Corn.). *Faire des envieux :* provoquer l'envie des autres. « *On a bien attaqué cet homme* [Hugo] *parce qu'il est grand et qu'il a fait des envieux* » (Flaub.). 2 Qui dénote l'envie. *Des regards envieux.* ✪ CONTR. Bienveillant, désintéressé, indifférent.

❑ On est *envieux de quelque chose* (et non de qqn). → jaloux.

enviné, ée adj. – XVIIIe ■ Qui a pris l'odeur du vin (se dit d'un récipient). *Fût enviné.*

❑ Ne pas confondre avec *aviné* « qui a trop bu ».

environ adv. et n. m. – X^e ; de *virer* 1 À peu près ; un peu plus, un peu moins. ⇒ **approximativement, gros** (en gros). ➛ *Il y a environ trois semaines ; il y a trois semaines environ. Un homme d'environ quarante ans.* ⇒ **quelque.** ➛ « *L'homme fit environ deux cents pas* » (Zola). ➛ *Sa propriété vaut environ vingt millions.* ⇒ ① **autour** (de), **dans** (les). 2 n. m. pl. LES ENVIRONS : les alentours (d'un lieu). ⇒ **abord.** *Cela se trouve dans les environs.* « *Un gueux des environs de Madrid* » (Volt.). « *j'allais courir les campagnes et les bois des environs* » (Rouss.). ♦ AUX ENVIRONS DE. « *la steppe sibérienne, qui se prolonge jusqu'aux environs de Krasnoïarsk* » (J. Verne). ➛ *Aux environs de* (telle époque). ⇒ ① **vers.** « *cette plage, encore assez rustique aux environs de 1900* » (Maurois). ✪ CONTR. Loin (de), exactement, précisément.

❑ L'emploi temporel de *aux environs de* est injustement critiqué ; le lexique offre normalement de nombreux passages du spatial au temporel (et d'abord *espace de temps*).

environnant, ante adj. – XVIIIe ■ Qui environne, qui est dans les environs. ⇒ **proche, voisin.** *Les bois environnants.* ✪ CONTR. Éloigné, lointain.

environnement n. m. – XIVe 1 Environs d'un lieu. 2 Contexte immédiat. *L'environnement d'un mot* (⇒ **collocation**). 3 Ensemble des conditions naturelles et culturelles dans lesquelles les organismes vivants se développent. ⇒ **ambiance, entourage, milieu.** *Environnement rural, urbain. Protection de l'environnement.* ⇒ **écologie.** *Ministère de l'Environnement.* « *les problèmes de l'environnement, l'asphyxie des villes, la destruction des forêts, la pollution de la nappe phréatique* » (Le Clézio). ♦ Conditions extérieures susceptibles d'agir sur le fonctionnement d'un système, d'une entreprise, de l'économie nationale. *Environnement international.* ⇒ **conjoncture.** 4 Configuration matérielle et logicielle propre à un type d'ordinateur.

❑ Le sens de « milieu, ambiance », devenu très courant depuis les années 1970, est emprunté à l'anglais.

environnemental, ale, aux adj. – 1972 ■ Relatif à l'environnement. ⇒ **écologique.**

environnementaliste n. – 1972 ■ Spécialiste de l'étude de l'environnement. ⇒ **écologiste.** ➛ adj. Relatif à la défense de l'environnement.

environner v. tr. [1] – XIIe 1 Faire le tour de ; mettre autour de. ⇒ **entourer.** *Des remparts environnent la ville.* 2 Être autour de, dans les environs de. *Les collines qui environnent la ville.* « *épaisses au-dessus de tous les arbres qui l'environnent* » (Fén.). 3 (pronom. ou pass.) *S'environner d'amis, être environné d'amis.* ⇒ s'**entourer.** 4 littér. *Les dangers l'environnent de toutes parts.* ✪ CONTR. Dégager ; abandonner, ① écarter.

envisageable adj. – XIXe ■ Susceptible d'être envisagé, imaginé. ⇒ **concevable, possible.** *Écartons ce qui n'est pas envisageable.* ✪ CONTR. Inenvisageable.

envisager v. tr. [3] – XVIe 1 vx Regarder (une personne) au visage. ⇒ **dévisager.** 2 Examiner par la pensée. ⇒ **considérer.** « *Celui qui feint d'envisager la mort sans effroi ment* » (Rouss.). ➛ *Envisager qqch. sous un certain angle, sous un certain aspect.* ⇒ **regarder, voir.** 3 Prendre en considération, avoir en vue. *C'est une question qu'il faut envisager.* ♦ Prévoir, imaginer comme possible. *Ils avaient « une singulière façon d'envisager les faits et surtout leurs conséquences »* (J. Verne). 4 ENVISAGER DE, QUE. ⇒ **penser, projeter.** « *j'envisage de la tuer, et de la tuer pour un motif non "passionnel"* » (Montherl.). *Nous avons envisagé qu'il vienne, qu'il viendrait.*

envoi n. m. – XIIe 1 Action d'envoyer. *Envoi d'une lettre par la poste ; envoi de marchandises.* ⇒ **expédition.** *Frais d'envoi.* ⇒ ② **port.** *Envoi contre remboursement.* ➛ *Envoi de troupes sur le front.* ➛ COUP D'ENVOI : au football, envoi du ballon par l'avant, qui ouvre le jeu (⇒ **engagement**). ♦ Ce qui est envoyé. *Un envoi recommandé. J'ai reçu votre envoi hier.* 2 Dans la ballade, Dernière strophe de quatre vers qui dédie le poème à qqn. « *À la fin de l'envoi, je touche* » (Rostand).

envoiler (s') v. pron. [1] – XVIIe ■ Se courber, se gauchir, en parlant du fer et de l'acier, lorsqu'on les trempe. ⇒ ② se **voiler.**

envol n. m. – XIXe 1 Action de prendre son vol. *L'envol d'un oiseau.* « *Un envol de pigeons écarlates* » (Rimb.). ➛ fig. *L'envol de la pensée.* ⇒ **essor.** 2 Action de décoller, de quitter le sol, en parlant d'un avion. *Piste d'envol.*

envolée n. f. – XIXe 1 Action de s'envoler. *Une brusque envolée d'oiseaux.* ⇒ **envol.** 2 Élan de l'inspiration, en poésie et dans le discours. *Mes plaidoiries,* « *mes grandes envolées professionnelles sur l'innocence et la justice* » (Camus). 3 Hausse brutale (d'une valeur). *L'envolée du mark.*

envoler (s') v. pron. [1] – XIIe 1 Prendre son vol, sa volée ; partir en volant. *Les oiseaux se sont envolés. S'envoler à tire-d'aile.* ♦ *Avion qui s'envole.* ⇒ **décoller.** 2 fam. Disparaître subitement. *Je ne trouve pas ma bague, elle ne s'est pourtant pas envolée.* 3 Être emporté par le vent, par un souffle. *Tous ses papiers s'envolèrent.* ♦ littér. S'élever, monter (bruit, odeur). « *Des cris variés s'envolent par les fenêtres* » (Colette). 4 Passer rapidement, disparaître. ⇒ ① **aller** (s'en aller), s'**enfuir,** ① **partir.** *Le temps s'envole.* « *profiter de la jeunesse qui s'envole et du temps qui ne revient plus* » (Gaut.). ✪ CONTR. Poser (se). Atterrir. Demeurer, rester.

envoûtant, ante adj. – 1948 ▪ Qui envoûte, séduit irrésistiblement. ⇒ **captivant, ensorcelant.**

envoûtement n. m. – XIVe 1 Action d'envoûter ; son résultat. *Formules d'envoûtement.* ⇒ **maléfice, sortilège.** 2 Fascination, séduction. « *L'œuvre de Rimbaud conserve une prodigieuse puissance d'envoûtement* » (Carco).

envoûter v. tr. [1] – XIIIe ; lat. *vultus* « visage » 1 Représenter une personne par une figure de cire, de terre glaise, etc. pour lui faire subir l'effet magique des invocations que l'on prononce devant la figurine ou des atteintes qu'on lui porte. ⇒ **ensorceler, marabouter.** « *les poses d'une femme qui envoûte, qui enfonce une épingle dans une figurine de cire* » (Cocteau). 2 Exercer sur (qqn) un attrait, une domination irrésistible. ⇒ **captiver,** ② **fasciner, séduire.**

❑ *Envoûter* a suivi une évolution de sens comparable à celle de *charmer,* mais le sens propre reste vivant pour certaines communautés ethniques.

envoûteur, euse n. – XIXe ▪ Personne qui pratique l'envoûtement. ⇒ **sorcier ; magicien.**

envoyé, ée adj. et n. – XIXe 1 Qui a été envoyé. *Une balle bien envoyée.* ➛ fam. *Une réponse, une réplique bien envoyée,* qui porte par sa justesse et sa hardiesse. ⇒ **percutant.** 2 n. Personne qu'on a envoyée quelque part pour accomplir une mission. *Envoyé chargé de représenter un parti, un pays.* ⇒ **agent, ambassadeur, délégué, représentant.** ♦ *Envoyé spécial d'un journal.* ⇒ **correspondant.**

envoyer v. tr. [8] – X^e ; lat. *via* « voie » **I - 1** Faire aller, faire partir (qqn quelque part). *Envoyer un enfant à la montagne, à l'école. Envoyer une délégation auprès, à la rencontre de qqn. Envoyer un enfant en vacances.* ➛ *Envoyer des soldats à la mort,* en un lieu, dans une situation où ils seront tués. ♦ *Envoyer qqn à qqn* (pour le rencontrer). *Médecin qui envoie un malade à un confrère.* « *Je n'ai rien caché à l'homme que vous m'avez envoyé* » (Fén.). 2 Faire aller (qqn) quelque part (afin de faire qqch.). *Envoyer une personne en mission.* ⇒ **dépêcher,** ① **détacher.** *C'est le ciel qui vous envoie !* votre arrivée est providentielle. ♦ *Envoyer un enfant faire des courses.* fam. *Envoyer promener qqn,* le repousser avec brusquerie. ⇒ **rembarrer.** « *Et quand Edmond avait remis ça, le docteur Barbentane l'avait envoyé paître* » (Aragon). vulg. *Envoyer chier, se faire foutre.* ➛ Faire aller qqn quelque part pour. *J'ai envoyé chercher un médecin.* ➛ loc. *Ne pas l'envoyer dire à qqn :* dire soi-même une chose désagréable, ce que l'on pense. 3 Pousser, jeter (qqn quelque part). *Boxeur qui envoie son adversaire au tapis.* ➛ fam. *Envoyer qqn sur les roses,* lui faire comprendre de façon peu aimable qu'il importune. 4 Faire partir, faire parvenir (qqch. à qqn) par l'intermédiaire d'une personne ou des postes. ⇒ **adresser, expédier, transmettre.** *Envoyer un cadeau à qqn. Courrier envoyé par avion.* « *les secours envoyés par air et par route* » (Camus). *Envoyer sa démission.* 5 Faire parvenir (qqch.) à, jusqu'à (qqn ou qqch.), par une impulsion matérielle. *Envoyer une balle à un joueur.* ⇒ **jeter,** ① **lancer.** *Il m'envoie sa fumée dans la figure.* ➛ *Envoyer une gifle à qqn.* ⇒ **donner,** ② **flanquer.** « *il m'envoyait des coups de pied dans les jambes* » (Daud.). ➛ *Envoyer un coup de fusil.* ⇒ **tirer.** ♦ Adresser à distance (à une personne). *Envoyer des baisers.* ♦ loc. fam. *Envoyer valser qqch. :* renverser violemment. ➛ *Envoyer tout promener :* abandonner complètement. ⇒ **renoncer.** 6 Faire aller jusqu'à. ➛ *Le cœur envoie le sang dans les artères.* **II - 1** v. pron. *Ils s'envoient régulièrement de longues lettres.* 2 fam. Prendre pour soi. ⇒ se **taper.** *S'envoyer tout le travail,* le faire péniblement, de mauvais gré. *S'envoyer un verre de vin,* le boire. ➛ vulg. S'ENVOYER QQN, faire l'amour avec lui. « *Pourquoi cette femme prend-elle des hommes avec elle, sinon pour se les envoyer de temps en temps ?* » (Duras). 3 v. pron. loc. fam. *S'envoyer en l'air :* jouir, éprouver un plaisir intense, notamment sexuel. ✪ CONTR. Recevoir.

envoyeur, euse n. – XIIIe ▪ Personne qui envoie. *Retour à l'envoyeur.* ⇒ **expéditeur.**

enzootie [ɑ̃zɔti ; ɑ̃zooti] n. f. – XIXe ; gr. *en* « dans » et *(épi)zootie* ▪ Maladie épidémique qui frappe une ou plusieurs espèces animales dans une même région. ⇒ **épizootie.**

enzyme n. f. ou m. – XIXe ; gr. *en* « dans » et *zumê* « levain » ▪ Substance protéique qui catalyse, accélère les réactions chimiques des organismes vivants. ⇒ **ferment.** *Enzymes digestives.*

❑ L'Académie des sciences, l'Académie de médecine et l'Académie française critiquent l'emploi de ce mot au masculin.

enzymologie n. f. – XIXe ▪ Science traitant de la structure et des propriétés des enzymes.

éocène n. m. – XIXe ; gr. *eôs* « aurore » et *kainos* « récent, nouveau » ▪ Période du début de l'ère tertiaire.

éolien, ienne adj. et n. f. – XVIIe ; de *Éole,* dieu des vents 1 *Harpe éolienne :* table ou boîte sonore sur laquelle sont tendues des cordes que le vent fait vibrer harmonieusement. 2 Qui provient de l'action du vent. *Érosion éolienne.* 3 Qui est mû par le vent. *Machine éolienne.* ➛ n. f. UNE ÉOLIENNE : machine à capter l'énergie du vent. « *une éolienne met au-dessus des frondaisons l'animation insolite de son tournoiement de jouet d'enfant géant* » (Tournier). 4 Du vent. *Force, énergie éolienne.*

éolithe n. m. – 1905 ; gr. *eôs* « aurore » et *-lithe* ▪ Silex antérieur au quaternaire, qui a l'apparence d'un objet taillé par l'homme.

éon n. m. – XVIIIe ; gr. *aiôn* « temps, éternité » ▪ Chez les gnostiques, Puissance éternelle émanée de l'Être suprême et par laquelle s'exerce son action sur le monde.

éosine n. f. – XIXe ; gr. *eôs* « rougeur de l'aube » et *-ine* ▪ Matière colorante rouge dérivée de la fluorescéine.

éosinophile adj. et n. m. – XIXe ▪ *Leucocytes éosinophiles,* ou n. m. *les éosinophiles :* leucocytes se colorant facilement par l'éosine et dont le nombre augmente considérablement dans certaines maladies **(⇒ éosinophilie).**

éosinophilie n. f. – 1903 1 Affinité des leucocytes polynucléaires pour les colorants à base d'éosine. 2 Excès de cellules éosinophiles dans le sang.

épagneul, eule n. – XIVe ; lat. *Hispania* « Espagne » ▪ Chien, chienne de chasse, à longs poils soyeux et à oreilles pendantes. *Épagneul breton.*

épair n. m. – XIXe ; o. i. ▪ Aspect du papier qu'on apprécie par transparence. ✪ HOM. Épeire.

épais, aisse adj. – XIe ; lat. *spissus* 1 Qui est gros, considéré dans son épaisseur (opposé à *mince*). *Un mur épais. Une épaisse tranche de pain. Couverture épaisse et chaude.* « *Les épais rideaux de velours* » (Robbe-Grillet). ♦ Qui mesure (telle dimension), en épaisseur. *Une couche épaisse de deux centimètres.* 2 Dont l'abondance de matière nuit aux formes (opposé à ② *fin, svelte*). *Taille, silhouette épaisse.* ⇒ **empâté, massif.** *Lèvres épaisses.* ⇒ **charnu.** ➛ « *c'est une femme rude, épaisse* » (Suarès). ⇒ **trapu.** ➛ loc. fam. *Il n'est pas épais :* il est maigre. 3 Qui manque de finesse intellectuelle. ⇒ **grossier, lourd, pesant.** *Un esprit épais.* « *un garçon épais, sans manières et pas plus de conversation qu'un fer à repasser* » (Aymé). *Une plaisanterie épaisse.* 4 Dont les constituants sont nombreux et serrés (opposé à *clairsemé*). ⇒ **compact**

dru, fourni, serré. *Feuillage épais. Chevelure épaisse.* « *d'épais sourcils en broussailles* » (Daud.). ♦ Qui a de la consistance, qui ne coule pas facilement (opposé à *clair, fluide*). ⇒ **pâteux, visqueux.** *Sauce épaisse.* ♦ Qui est dense, qui ne laisse pas passer la lumière (opposé à *léger, transparent*). *Un brouillard épais.* ➛ littér. Dense. *Ombre épaisse.* « *un épais silence, lourd et seul* » (Giono). ⇒ **profond. 5 adv.** D'une manière serrée. *Semer épais.* ⇒ **dru.** « *Je remets de la paille sous la tête... bien épais comme un oreiller* » (Céline). ➛ fam. Beaucoup. *Il n'y en a pas épais !* ⇒ **lourd.** ✪ CONTR. Mince, ② fin, svelte. Subtil. Clairsemé ; fluide. Léger, transparent.

épaisseur n. f. – XIVe 1 Caractère de ce qui est épais, gros. *Épaisseur de la peau de l'éléphant.* 2 Troisième dimension d'un solide, généralement la plus petite. *Creuser une niche dans l'épaisseur d'un mur. Objet sans épaisseur,* plat. ♦ Mesure de cette dimension. *L'épaisseur d'un tissu. Épaisseur d'une couche de neige, de peinture ; épaisseur de neige, de peinture. Une épaisseur de quatre centimètres.* 3 *Papier en double épaisseur,* replié, en double. *Trois épaisseurs de tissu.* 4 Caractère de ce qui est épais, serré. *Épaisseur de la chevelure.* « *l'épaisseur des joncs, des roseaux* » (Gide). ♦ Caractère de ce qui est consistant. *L'épaisseur d'une sauce.* ♦ Caractère de ce qui est dense. ⇒ **densité.** *L'épaisseur du brouillard.* ♦ Consistance, profondeur, richesse (d'un ouvrage de l'esprit). *Ce roman a beaucoup d'épaisseur. Ce personnage manque d'épaisseur.* ✪ CONTR. Finesse. Maigreur. Fluidité. Légèreté, transparence.

épaissir v. [2] – XIIe I v. intr. 1 Devenir épais, consistant, dense. *Dès que la crème épaissit, ôtez-la du feu. Avoir les cheveux qui épaississent.* 2 Perdre sa minceur, sa sveltesse. ⇒ **grossir.** *Sa taille a épaissi.* II v. tr. 1 Rendre plus épais, plus consistant. 2 S'ÉPAISSIR v. pron. Devenir plus serré, plus compact. « *Plus loin, s'épaississait un bois* » (Proust). ♦ Devenir plus dense, plus consistant. ➛ *Le mystère s'épaissit autour de cette affaire,* augmente. ♦ Perdre sa sveltesse. *Sa taille s'est épaissie.* ✪ CONTR. Fluidifier (se). Affiner (s'). Éclaircir, éclaircir (s').

épaississant, ante adj. – XIXe ■ Qui augmente la viscosité d'un liquide. ➛ subst. *Un épaississant* : substance qui épaissit un fluide.

épaississement n. m. – XVIe 1 Le fait de devenir plus épais en consistance, densité. 2 Le fait de devenir plus épais en dimension. ➛ Perte de la minceur. *Épaississement de la taille.*

épaississeur n. m. – 1923 ■ Appareil servant à concentrer un corps solide en solution dans un liquide.

épamprer v. tr. [1] – XVIe ■ Débarrasser (la vigne) des pampres, des feuilles inutiles, pour favoriser la production du fruit.

épanchement n. m. – XVIIe 1 Déversement d'un liquide organique ou accumulation de liquide pathologique dans les tissus ou dans une cavité. ⇒ **hématome, hémorragie, infiltration, œdème.** *Épanchement de synovie.* 2 Action de s'épancher ; communication libre et confiante de sentiments, de pensées intimes. ⇒ **abandon, effusion.** *Doux, tendres épanchements.* ✪ CONTR. Réserve.

épancher v. tr. [1] – XIVe ; lat. *expandere* « répandre » I - 1 littér. Produire généreusement. ⇒ **répandre.** « *Il* [le Ciel] *a sur votre face épanché des beautés* » (Mol.). 2 Communiquer librement, avec confiance et sincérité. ⇒ **confier, livrer.** *Épancher sa peine, sa tendresse.* « *Cher amour, épanche ta douleur* » (Lamart.). ♦ *Épancher son cœur.* ⇒ **libérer, ouvrir.** II S'ÉPANCHER v. pron. 1 Former un épanchement. ⇒ **s'extravaser.** *Sang qui s'épanche dans le cœur.* 2 Communiquer librement, avec abandon, ses sentiments, ses opinions, ce que l'on cachait. ⇒ **s'abandonner, se livrer.** *S'épancher dans ses lettres, dans un journal intime.* « *j'ai besoin de m'épancher vers les amis* » (Ste-Beuve). ✪ CONTR. Fermer (se).

❑ Même origine que *épandre.*

épandage n. m. – XVIIIe ■ Action de répandre (l'engrais, le fumier) sur un sol pour le fertiliser. ⇒ **amendement.** ➛ *Champ d'épandage,* où l'on déverse les ordures. ⇒ **décharge, dépotoir.**

épandeur n. m. – 1930 ■ Machine pour l'épandage des engrais, du fumier.

épandre v. tr. [41] – XIe ; lat. 1 littér. Verser en abondance. ⇒ **répandre.** ➛ « *cette bonté immense qu'il épandait sur les choses et sur les êtres* » (Zola). 2 Étendre en dispersant. *Épandre du fumier, des engrais.*

épanneler v. tr. [4] – XVIIIe ; de *panneau* ■ Dégrossir (un bloc de pierre, de marbre) par une taille en plans qui dégage la forme du sujet.

épanoui, ie adj. – XIIe 1 Éclos, ouvert. « *de magnifiques géraniums épanouis dans des pots* » (Proust). 2 Détendu par la joie. ⇒ **gai, joyeux.** *Un visage épanoui.* 3 Développé dans ses qualités d'une façon harmonieuse. *Un corps épanoui.* 4 Qui s'est développé de façon satisfaisante. ⇒ **équilibré, ① sain.** *Un enfant épanoui.* ✪ CONTR. Fermé. Contraint, contrarié.

épanouir v. tr. [2] – XVIe ; germ. *spannjan* « étendre » I - 1 Ouvrir, faire ouvrir (une fleur) en développant les pétales. ♦ ⇒ **déployer, ① étaler.** *Paon qui épanouit sa queue.* 2 Détendre, en rendant joyeux. *Espérance qui épanouit le cœur.* 3 Permettre (à qqn) de s'épanouir. II S'ÉPANOUIR v. pron. 1 S'ouvrir pleinement (fleurs). ⇒ **éclore.** 2 Prendre ou affecter la forme d'une fleur épanouie. « *La prunelle de ses yeux, douée d'une grande contractilité, semblait alors s'épanouir* » (Balz.). 3 Se détendre sous l'effet de la joie. *Visage qui s'épanouit de joie.* ➛ Devenir joyeux, radieux. *À cette nouvelle, il s'est épanoui.* 4 Se développer librement dans toutes ses possibilités. *Les enfants s'épanouissent dans la confiance. Permettre à un don de s'épanouir.* ✪ CONTR. Fermer. Assombrir. Étouffer, oppresser. Dépérir, étioler (s').

épanouissant, ante adj. – attesté 1920 ■ Qui permet de s'épanouir (4°).

épanouissement n. m. – XVe 1 Déploiement de la corolle. ⇒ **éclosion, floraison.** 2 Subdivision en branches. ⇒ **ramification.** *Épanouissement d'un nerf, d'un vaisseau.* 3 Le fait de s'épanouir ; manifestation d'un sentiment de bonheur. 4 Entier développement. *Épanouissement physique. Être dans tout l'épanouissement de sa beauté.* ⇒ **éclat, plénitude.** ♦ *L'épanouissement d'un enfant, de sa personnalité. Épanouissement d'un talent.* ✪ CONTR. Dépérissement.

épar ou **épart** n. m. – XIIe ; germ. *sparro* « poutre » ■ Pièce de bois servant à maintenir l'écartement entre deux pièces. ⇒ **entretoise, traverse.** ♦ Barre servant à fermer une porte. ✪ HOM. Épars.

éparchie n. f. – XIXe ; gr. *eparkhia* « province » 1 Dignité d'éparque, dans l'Antiquité. ♦ Circonscription territoriale de l'ancien Empire byzantin. 2 Circonscription administrative de la Grèce moderne.

épargnant, ante n. – XIVe ■ Personne qui épargne, met de l'argent de côté. *Mesures prises en faveur des épargnants. Petit épargnant.*

épargne n. f. – XIIIe 1 Gestion où les dépenses sont maintenues à un niveau inférieur aux recettes en vue de constituer des réserves. ⇒ **économie.** *Rembourser une dette par l'épargne.* ➛ Part du revenu qui n'est pas consacrée à la consommation. *Taux d'épargne. Compte, plan d'épargne-logement,* permettant au souscripteur d'emprunter à un taux d'intérêt privilégié pour financer l'acquisition ou l'amélioration d'une habitation. ➝ *Caisse d'épargne* : organisme rémunérant l'épargne des particuliers déposée sur des livrets. 2 Ensemble des sommes mises en réserve ou employées à créer du capital. *Rémunération de l'épargne* (⇒ **intérêt**). *La petite épargne* : économies des petits épargnants. *Jean « mettait de côté ses petites épargnes de soldat »* (Loti). 3 Action de ménager, d'utiliser une chose avec modération. ⇒ **économie.** *L'épargne des forces.* ♦ *Taille d'épargne* : manière de tailler le bois en faisant apparaître en relief les parties qui seront reproduites après encrage. ✪ CONTR. Dilapidation, gaspillage. Consommation.

❑ *Épargne* est un mot-clé de l'économie bourgeoise du XIXe s. : c'est de cette époque que date l'expression *caisse d'épargne.*

épargner v. tr. [1] – XIe ; germ. *sparôn* 1 Traiter avec ménagement, indulgence, clémence. *Épargner l'amour-propre de qqn.* ⇒ ① **ménager, respecter.** *Il n'a épargné personne dans sa critique, dans son article.* 2 Laisser vivre (ce qu'on pourrait faire disparaître). *Épargner des captifs.* ⇒ **gracier.** *Pas un otage n'a été épargné.* ⇒ **sauver.** *Les enfants seuls furent épargnés.* 3 vieilli Consommer, dépenser avec mesure, de façon à garder une réserve. ⇒ **économiser,** ① **ménager.** *Épargner le sucre.* 4 Conserver, accumuler par l'épargne. *Épargner une somme d'argent.* ⇒ **économiser, thésauriser.** 5 Employer avec mesure. ⇒ **compter,** ① **ménager.** *Épargner sa peine, ses forces.* 6 *ÉPARGNER UNE CHOSE À QQN,* ne pas la lui imposer, faire en sorte qu'il ne la subisse pas. ⇒ **éviter.** *Il faut épargner toute fatigue au malade. Épargnez-moi vos explications. Espérons que la guerre nous sera épargnée. « Je vous épargne le récit des précautions que je pris contre moi-même »* (Yourcenar). 7 Laisser en blanc (une partie du papier) dans une aquarelle, une gouache, un pochoir ; laisser intacte (une partie d'une planche gravée). ⇒ **épargne** (3°). ✪ CONTR. Accabler. Supprimer, tuer. — Consommer, dépenser. Imposer, obliger (à).

éparpillement n. m. – XIIIe ▪ Action d'éparpiller, fait de s'éparpiller. ⇒ **désordre, dispersion.** *« dans un éparpillement confus de paperasses administratives »* (Courtel.). ♦ *« Il me faut par tous les moyens, lutter contre la dislocation et l'éparpillement de la pensée »* (Gide). ✪ CONTR. Concentration, réunion.

éparpiller v. tr. [1] – XIIe ; probablt du crois. du lat. *palea* « paille » et de la loc. *dispare palare* « répandre *(palare)* çà et là *(dispare)* » 1 Jeter, laisser tomber çà et là (plusieurs choses légères ou plusieurs parties d'une chose légère). ⇒ **disperser, disséminer, répandre, semer.** *Éparpiller de la paille sur le sol.* ⇒ **étendre.** pronom. *La cendre s'est éparpillée.* ➝ *Papiers éparpillés.* ⇒ **épars.** 2 Disposer, distribuer, répartir irrégulièrement, en plusieurs endroits relativement éloignés. pronom. *Les maisons « s'éparpillent joyeusement dans la plaine, sans ordre et tout de travers, comme des échappés »* (Hugo). 3 *Éparpiller ses forces, son talent,* les disperser de façon inefficace. ♦ pronom. *« il laisse ses idées tomber pêle-mêle et s'éparpiller et courir en désordre »* (Hugo). ✪ CONTR. Rassembler, recueillir. Grouper, réunir. Concentrer.

éparque n. m. – XVIe ; gr. *eparkhos* « commandant » 1 Gouverneur d'une province, dans le Bas-Empire romain. 2 Sous l'Empire grec, Préfet de Constantinople.

épars, arse adj. – XIIe ; lat. *spargere* « répandre » ▪ Se dit de choses qui se trouvent çà et là, sont dispersées, éparpillées. *Ondées éparses sur le sud de la région. Cheveux épars,* non attachés. ➝ *Fragments épars d'une œuvre.* ✪ HOM. Épar.

épart → **épar**

éparvin ou **épervin** n. m. – XIIe ; p.-ê. germ. *°sparo* « passereau » ▪ Tumeur osseuse du jarret du cheval.

épatamment adv. – XIXe ▪ fam. D'une manière épatante, très bien. ⇒ **admirablement, merveilleusement.** *Ça marche épatamment bien.*

épatant, ante adj. – XIXe ▪ fam. Qui provoque l'admiration, donne un grand plaisir. ⇒ **formidable, sensationnel ;** fam. ② **chouette,** ② **super.** *« Elle est épatante, et je dirai plus, charmante »* (Camus).

épate n. f. – XIXe ▪ fam. Action d'épater. ⇒ fam. **bluff, esbroufe.** *« Il fait un peu d'épate, il en met plein la vue »* (Mart. du G.).

épaté, ée adj. – XVIe ▪ Élargi à la base. *Nez épaté,* court et large. ⇒ **aplati, camus, écrasé.**

épatement n. m. – XVIe ▪ État de ce qui est épaté. *L'épatement du nez.*

épater v. tr. [1] – XIVe ; de *é-* et *patte* « pied » ▪ fam. Renverser d'étonnement. ⇒ **étonner, stupéfier, surprendre.** *Il veut épater la galerie. Son succès nous a épatés. Il « piquait des têtes dans la Seine [...] pour épater les bourgeois »* (Maupass.).

épaufrer v. tr. [1] – XVIIIe ; p.-ê. a. fr. *espautrer* « briser » ▪ Érafler, écorner (une pierre de taille) d'un coup mal appliqué.

épaufrure n. f. – XVIIe ▪ Éclat de pierre enlevé d'un bloc par accident.

épaulard n. m. – XVIe ; probablt du crois. de l'a. fr. *espaart* et de *épaule* ▪ Mammifère marin des mers du Nord *(delphinidés),* à la peau noire et blanche, se nourrissant de poissons ou d'autres cétacés. ⇒ **orque.**

épaule n. f. – XIe ; lat. *spatha* « épée » 1 Partie supérieure du bras à l'endroit où il s'attache au thorax (articulation de l'humérus avec la ceinture scapulaire). *Épaule démise, luxée. Creux sous l'épaule.* ⇒ **aisselle.** *Elle lui arrive à l'épaule. Être large d'épaules. Épaules carrées. Épaules tombantes,* peu saillantes. *« René décrocha le châle noir et le mit sur les épaules d'Hélène »* (France). ➝ *Lire par-dessus l'épaule de qqn,* en étant derrière lui. *Porter un enfant sur les épaules,* l'enfant étant assis jambes pendantes sur la poitrine. *Responsabilité qui pèse, qui repose sur les épaules. Il n'a pas les épaules assez larges pour porter le poids de cette entreprise. Hausser les épaules* : témoigner son indifférence ou son mépris par un mouvement d'épaules vers le haut. ♦ loc. *Avoir la tête sur les épaules* : être sensé, savoir ce qu'on fait. 2 Chez les quadrupèdes Partie de la jambe de devant qui se rattache au corps. *Les épaules du cheval.* ♦ Cette partie découpée pour la consommation. *Une épaule de mouton.* 3 Partie du vêtement qui recouvre l'épaule. *Patte d'épaule,* que l'on coud sur l'épaule.

épaulé-jeté n. m. – 1939 ▪ Aux poids et haltères, Mouvement en deux temps consistant à amener la barre au niveau des épaules *(épaulé),* puis à la soulever rapidement à bout de bras *(jeté),* en s'aidant de la détente des jambes et des reins. *Des épaulés-jetés.*

épaulement n. m. – XVIe 1 Mur de soutènement. 2 Rempart de terre et de fascines pour se défendre du feu de l'ennemi. 3 Escarpement naturel. 4 Le côté le plus large d'un tenon qui augmente la prise de la mortaise. ➝ Saillie sur une pièce qui sert d'appui ou de butée.

épauler v. tr. [1] – XIIIe 1 Aider (qqn) dans sa réussite ⇒ **aider, soutenir.** *Je vous épaulerai auprès du ministre.* ⇒ **appuyer, recommander.** ➝ *S'ÉPAULER* v. pron ⇒ s'**entraider.** 2 Appuyer contre l'épaule. *Épauler un fusil, une carabine,* pour viser et tirer. *« il mit un genou en terre, épaula son arme, tira, tua le chef d'escadron »* (Hugo). ♦ *Épauler sans tirer.* 3 Amortir la poussée de (qqch.) par une maçonnerie pleine. *Mu* *de soutènement qui épaule un remblai.* 4 Mettre des épaulettes à (un vêtement). *Cette veste est trop épaulée.*

épaulette n. f. – XVIe 1 Ornement militaire fait d'une patte boutonnée sur l'épaule, de franges et de passementerie circulaire. « *leur tunique rouge brodée d'or, les épaulettes d'or et le casque d'or* » (Zola). 2 Ruban étroit qui passe sur l'épaule pour soutenir un vêtement féminin. ⇒ **bretelle.** *Soutien-gorge sans épaulettes.* 3 Rembourrage en demi-cercle cousu sous l'épaule d'un vêtement. *Épaulette d'une veste.*

épaulière n. f. – XIIe ■ Pièce ronde de l'armure qui couvrait l'épaule.

épave n. f. – XIIIe ; lat. *expavidus* « épouvanté » 1 Objet mobilier égaré par son propriétaire. 2 Coque d'un navire naufragé ; objet abandonné en mer ou rejeté sur le rivage. « *dans cette promenade rapide à travers les couches profondes, que d'épaves j'aperçus gisant sur le sol* » (J. Verne). ♦ Véhicule irréparable. 3 Personne désemparée qui ne trouve plus sa place dans la société. « *c'est une demi-ratée, une espèce d'épave* » (Beauv.).

❑ Le latin *expavidus* s'appliquait aux animaux effrayés, égarés. En droit, encore, un objet perdu s'appelle une *épave.*

épaviste n. – v. 1970 ■ Personne qui fait le commerce des épaves d'automobiles. ⇒ **casseur.**

épeautre n. m. – XIIIe ; germ. ■ Variété de blé caractérisée par une forte adhérence de l'enveloppe sur le grain.

épectase n. f. – 1974 ; gr. *epektasis* « extension » ■ fam. Décès pendant l'orgasme.

épée n. f. – IXe ; lat. *spatha* « large épée à deux tranchants » ■ Arme blanche formée d'une lame aiguë et droite, en acier, emmanchée dans une poignée munie d'une garde. *L'épée se portait au côté gauche dans un fourreau suspendu à un baudrier, à un ceinturon. Le fil, la pointe, le plat d'une épée. Durendal, épée de Roland ; Excalibur, épée du roi Arthur. Dégainer, tirer, rengainer l'épée. Coup d'épée. Se battre à l'épée, croiser l'épée.* ⇒ ① **duel.** ♦ loc. *Un coup d'épée dans l'eau* : une action vaine, un effort inutile. ➛ *Épée de Damoclès* : danger qui peut s'abattre sur qqn d'un moment à l'autre (par allus. à l'épée suspendue par un crin de cheval au-dessus de la tête de Damoclès).

épeiche n. f. – XIIIe ; all. *Specht* « pic » ■ Oiseau grimpeur *(piciformes)*, au plumage noir, blanc et rouge, communément appelé *cul*-rouge.* ⇒ ① **pic.**

épeichette n. f. – XIXe ■ Petit pic à plumage noir et blanc.

épeire n. f. – XIXe ; lat. ■ Araignée commune (dite *araignée des jardins*), à l'abdomen très développé, qui tisse une toile à réseau concentrique pour attraper ses proies. ✪ HOM. Épair.

épéisme n. m. – XIXe ■ Escrime à l'épée (au lieu de fleurets).

épéiste n. – 1904 ■ Personne qui pratique l'épéisme.

épeler v. tr. [4] – XIe ; germ. °*spellôn* « raconter » ■ Nommer oralement successivement chacune des lettres de (un mot). *Voulez-vous épeler votre nom ?*

épellation n. f. – XVIIIe ■ rare Action d'épeler.

épendyme n. m. – XIXe ; gr. *epi* « sur » et *enduma* « vêtement » ■ Épithélium qui tapisse les ventricules cérébraux et le canal central de la moelle épinière.

épenthèse n. f. – XVIIe ; gr. « action de surajouter » ■ Apparition à l'intérieur d'un mot d'un phonème non étymologique. *L'épenthèse du* b *dans* nombre *qui vient du latin* « *numerus* ».

épenthétique adj. – XVIIIe ■ Qui est ajouté par épenthèse. *Phonème épenthétique* (ex. *o* dans « parcomètre » pour « parcmètre »).

épépiner v. tr. [1] – XIXe ■ Ôter les pépins de (un fruit). *Épépiner des tomates.*

éperdu, ue adj. – XIIe ; p. p. de l'a. v. *esperdre* « perdre complètement » « se troubler » 1 Qui a l'esprit profondément troublé par une émotion violente. ⇒ **égaré, ému.** *Éperdu de bonheur, de joie. Regards éperdus.* 2 Très violent (sentiment). ⇒ **extrême, passionné, vif.** *Amour éperdu.* « *ce désir éperdu de clarté* » (Camus). ♦ Très rapide. *Fuite éperdue.* ✪ CONTR. ② Calme, paisible.

éperdument adv. – XVIe ■ D'une manière éperdue. ⇒ **follement.** « *Un jeune homme de cette ville est éperdument amoureux de vous* » (Muss.). *Je m'en moque éperdument,* totalement.

éperlan n. m. – XIIIe ; moyen néerl. *spierlinc* ■ Poisson marin *(salmoniformes)*, de petite taille, à chair délicate, qui remonte le cours inférieur des fleuves pour y frayer. *Friture d'éperlans.*

éperon n. m. – XIe ; germ. °*sporo* 1 Pièce de métal, composée de deux branches, fixée au talon du cavalier et terminée par une roue à pointes (⇒ **molette**), ou par une tige acérée pour piquer les flancs du cheval. *Le cheval* « *bondissait comme si les molettes de mille éperons lui fussent entrées dans le flanc* » (J. Verne). 2 Ergot du coq, du chien. 3 Prolongement en cornet effilé du calice, de la corolle ou des pétales d'une fleur. 4 Pointe de la proue d'un navire. *Éperon des trirèmes antiques.* ⇒ **rostre.** 5 Avancée en pointe d'un contrefort. *Éperon rocheux.* 6 Ouvrage en saillie et en pointe servant d'appui. *Éperons d'un pont.* ⇒ **avant-bec.**

éperonner v. tr. [1] – XIe ■ Piquer de l'éperon, des éperons. *Éperonner son cheval.*

épervier n. m. – XIe ; germ. °*sparwâri* 1 Oiseau rapace diurne *(falconiformes)* de la taille d'un pigeon. *Épervier dressé pour la chasse au vol.* « *Le grand vol anguleux des éperviers rapaces* » (Verlaine). 2 Filet conique, garni de plomb, qu'on lance pour prendre le poisson. *Pêche à l'épervier.*

épervière n. f. – XVIIIe ; de *épervier* ■ Plante herbacée *(composées)* très commune, à fleurs jaunes. ⇒ **piloselle.**

❑ Les Anciens pensaient que cette plante fortifiait la vue de l'épervier.

épervin → **éparvin**

éphèbe n. m. – XVIe ; gr. *hêbê* « jeunesse » 1 Jeune garçon arrivé à l'âge de la puberté, dans l'Antiquité grecque. ⇒ **adolescent.** 2 iron. Très beau jeune homme.

éphédrine n. f. – XIXe ; gr. *ephedra* « sorte de prêle » ■ Alcaloïde extrait des rameaux d'arbustes du genre *ephedra,* employé pour décongestionner les narines, dilater les pupilles ou les bronches (asthme).

éphélide n. f. – XVIe ; gr. *epi* « à cause de » et *hêlios* « soleil » ■ Petite tache cutanée brunâtre s'accentuant après l'exposition au soleil.

❑ On dit plus couramment *taches de rousseur* (sauf pour les taches brunes de vieillesse).

éphémère adj. et n. – XIIIe ; gr. *epi* « pendant » et *hêmera* « jour » I - 1 adj. Qui ne dure ou ne vit qu'un jour. « *Une mouche éphémère naît à neuf heures du matin dans les grands jours d'été, pour mourir à cinq heures du soir* » (Stendh.). 2 Qui est de courte durée, qui n'a qu'un temps. ⇒ **momentané, passager, temporaire.** *Gloire, succès éphémère. Bonheur éphémère.* ⇒ **fragile, fugace, fugitif.** « *Maudite soit la nuit aux plaisirs éphé-*

mères » (Baud.). **II** n. m. ou f. Insecte *(éphéméroptères)* à quatre ailes verticales au repos, qui ressemble à une petite libellule, dont la larve aquatique vit plus d'un an et l'adulte un seul jour. « *L'homme est donc une sorte d'éphémère qui ne revit jamais ce jour unique, qui est toute sa vie* » (Valéry). ✪ CONTR. Durable, éternel, stable.

éphéméride n. f. – XVIe ; gr. *epi* « pendant » et *hêmera* « jour » **1** Liste groupant les divers événements qui se sont produits le même jour de l'année à différentes époques. **2** au plur. Tables astronomiques donnant pour chaque jour de l'année, la position calculée des corps célestes (lune, astres...). *Les éphémérides d'une comète.* « *C'était le temps assigné par les éphémérides à l'éclipse totale* » (J. Verne). **3** Calendrier dont on détache chaque jour une feuille.

éphod [efɔd] n. m. – XIIe ; hébr. *efod* ▪ Écharpe de toile, que portaient les lévites, les prêtres hébreux.

éphore n. m. – XIVe ; gr. *ephorân* « surveiller » ▪ Chacun des cinq magistrats de Sparte, dont les pouvoirs de justice et de police s'exerçaient sur tous les citoyens, y compris les rois. ✪ HOM. Effort.

épi n. m. – XIIe ; lat. *spica* « pointe » **1** Partie terminale de la tige de certaines graminées, formée par la réunion des graines autour d'un axe lorsqu'elles sont serrées. *Un épi de blé, de maïs. Les balles* (glumes), *les barbes d'un épi.* **2** Inflorescence dont les fleurs sans pédoncule s'échelonnent le long d'un axe rigide. *Fleurs en épi du glaïeul.* **3** Mèche de cheveux dont la direction est contraire à celle des autres. **4** Ornement décorant la crête d'un toit. *Épi de faîtage.* **5** *EN ÉPI :* selon une disposition oblique. *Voitures garées en épi,* obliquement, et non parallèlement à la voie. ♦ Ouvrage perpendiculaire au bord d'une rivière destiné à diriger le cours de l'eau.

épi- Élément, du gr. *epi* « sur ».

épiage n. m. – XIXe ; de ① *épier* ▪ Développement de l'épi dans la tige des céréales.

> ❑ On dit aussi *épiaison,* plus conforme pour le sens (*floraison, feuillaison,* etc.).

épiaire n. m. – XVIIIe ; de *épi* ▪ Plante dicotylédone *(labiées)* des bois et des marais. *Le crosne est un épiaire.*

épicanthus [epikɑ̃tys] n. m. – XIXe ; *épi-* et gr. *kanthos* « coin de l'œil » ▪ Repli cutané de l'angle interne des yeux, particulièrement développé chez certains Asiatiques (yeux bridés).

épicarpe n. m. – XIXe ; *épi-* et *-carpe* ▪ Enveloppe extérieure du fruit. ⇒ **peau.**

épice n. f. – XIIe ; lat. *species* « espèce, substance », et « denrée », appliqué aux aromates ▪ Substance d'origine végétale, aromatique ou piquante, servant à l'assaisonnement des mets. ⇒ **aromate, condiment.** ➡ *Commerce des épices. La route des épices :* route des bateaux vers les Indes.

épicé, ée adj. – XIIIe **1** Assaisonné d'épices fortes ou piquantes. *Cuisine épicée.* ⇒ **pimenté,** ① **relevé.** « *toutes ces nourritures épicées finissent par vous échauffer le sang* » (Flaub.). **2** Qui contient des détails égrillards. ⇒ **grivois, leste, licencieux,** ① **salé.** *Récit un peu épicé.* ✪ CONTR. Fade. — HOM. Épisser.

épicéa n. m. – XVIe ; lat. *picea* « sapin », de *pix* « poix » ▪ Conifère *(pinacées)* abondant en Europe, à gros tronc conique, à écorce crevassée, à courtes aiguilles vertes et piquantes. ⇒ **sapin ;** région. ② **épinette.**

> ❑ Les « sapins de Noël » sont souvent de jeunes épicéas ; les aiguilles sont plates et opposées sur une même tige.

épicène adj. – XVIIIe ; gr. *epikoinos* « commun » **1** Qui désigne aussi bien le mâle que la femelle d'une espèce. *Nom épicène masculin* (ex. le rat), *féminin* (ex. la souris). **2** Dont la forme ne varie pas selon le genre. *Adjectif* (habile), *substantif* (enfant) *épicènes.*

épicentre n. m. – XIXe ▪ Point ou zone de la surface terrestre qui constitue le foyer apparent des ébranlements au cours d'un tremblement de terre.

épicer v. tr. [3] – XIVe **1** Assaisonner avec des épices. *Ce cuisinier épice trop ses sauces.* **2** ⇒ **pimenter, relever.** « *Pour épicer les voluptés* » (Baud.). ✪ HOM. Épisser.

épicerie n. f. – XIIIe ▪ Commerce de l'épicier, vente de nombreux produits de consommation courante (alimentation générale). ♦ Magasin où se fait cette vente. « *une épicerie flanquée, comme c'est souvent le cas à la campagne, d'une salle de café* » (Simenon). ♦ Produits d'alimentation qui se conservent. *Rayon épicerie dans une grande surface.* « *vendre des légumes, des fruits et de l'épicerie* » (Queneau).

épicier, ière n. – XIIIe **1** Personne qui tient une épicerie, un commerce d'épicerie. *L'épicier du coin.* **2** Personne qui ne cherche qu'à gagner de l'argent.

épicondyle n. m. – XIXe ▪ Apophyse de l'extrémité inférieure de l'humérus.

épicrânien, ienne adj. – XIXe ▪ *Aponévrose épicrânienne :* aponévrose qui recouvre la convexité du crâne.

épicurien, ienne adj. et n. – XIIIe **1** Qui est partisan de la doctrine d'Épicure ; qui est relatif à cette doctrine. *Morale épicurienne.* ➡ subst. *Les épicuriens.* **2** Qui ne songe qu'au plaisir. ⇒ **sensuel.** ➡ n. *Un joyeux épicurien.* ⇒ **sybarite.**

épicurisme n. m. – XVIe **1** Doctrine d'Épicure qui comporte une cosmologie matérialiste fondée sur la notion d'atome (physique), une théorie des sensations et une morale (reposant en partie sur une recherche raisonnée du plaisir). **2** Morale qui se propose la recherche du plaisir. ⇒ **hédonisme.**

épicycle n. m. – XIVe ▪ Petit cercle décrit par un astre, tandis que le centre de ce cercle décrit lui-même un autre cercle.

épicycloïde n. f. – XVIIe ▪ Courbe engendrée par un point d'un cercle qui roule sans glisser sur un autre cercle.

épidémicité n. f. – XVIIIe ▪ Caractère épidémique d'une maladie (opposé à *sporadicité*).

épidémie n. f. – XIIe ; gr. « qui circule dans le pays *(dêmos)* » **1** Apparition accidentelle d'un grand nombre de cas (d'une maladie infectieuse transmissible), ou accroissement considérable du nombre des cas dans une région donnée ou au sein d'une collectivité. *Épidémie de choléra, de grippe. Les sérums* « *étaient insuffisants si l'épidémie devait s'étendre* » (Camus). **2** Ce qui touche un grand nombre de personnes en se propageant. « *Il est pour ainsi dire des épidémies d'esprit qui gagnent les hommes de proche en proche comme une espèce de contagion* » (Rouss.).

épidémiologie n. f. – XIXe ▪ Étude des rapports existant entre les maladies ou tout autre phénomène biologique, et divers facteurs (mode de vie, milieu ambiant ou social, particularités individuelles). *Épidémiologie des suicides.*

épidémiologique adj. – XIXe ▪ Qui concerne l'épidémiologie ; qui relève de l'épidémiologie.

épidémique adj. – XVIe **1** Qui a les caractères de l'épidémie. *Maladie épidémique* (opposé à *sporadique*

2 Qui touche en même temps un grand nombre d'individus par contagion, entraînement. ⇒ **contagieux.**

épiderme n. m. – XVIe 1 Couche superficielle de la peau, qui recouvre le derme. *Les ongles, les poils, les plumes sont des productions de l'épiderme.* ➛ *Lotion qui tonifie l'épiderme.* ⇒ **peau.** ♦ loc. *Avoir l'épiderme chatouilleux, sensible* : être susceptible. 2 Membrane superficielle des parties aériennes d'une jeune plante.

> ❑ Le genre de *épiderme* est resté longtemps incertain. On le trouve au féminin au XVIIe siècle.

épidermique adj. – XIXe 1 Qui a rapport ou qui appartient à l'épiderme. ⇒ **cutané.** *Greffe épidermique.* 2 Vif, mais superficiel. *Réaction épidermique.* ✪ CONTR. Viscéral.

épididyme n. m. – XVIIe ; *épi-* et gr. *didumos* « testicule » ▪ Petit corps allongé d'avant en arrière sur le bord supérieur du testicule.

① **épier** v. intr. [7] – XIIIe ▪ rare Monter en épi. *Les blés vont épier.*

② **épier** v. tr. [7] – XIe ; germ. °*spehôn* 1 Observer attentivement et secrètement (qqn, un animal). *Épier une personne suspecte. Animal qui épie sa proie.* ⇒ **guetter.** 2 Observer attentivement pour découvrir qqch. « *il y avait sûrement des insomniaques qui épiaient tous les bruits* » (Beauv.). ♦ Attendre avec espoir ou angoisse (un moment). *Épier le retour de qqn.*

épierrage n. m. – XVIIIe ▪ Action d'épierrer un champ.

épierrer v. tr. [1] – XVIe ▪ Débarrasser (un terrain) des pierres qui gênent la culture. ✪ CONTR. Empierrer.

épierreuse n. f. – v. 1900 ▪ Machine pour séparer les pierres des grains, des racines.

épieu n. m. – XIIIe ; germ. °*speot* ▪ Gros et long bâton terminé par un fer plat, large et pointu. *Les épieux de guerre du Moyen Âge.*

épieur, ieuse n. – XIXe ▪ rare Personne qui épie.

épigastre n. m. – XVIe ; *épi-* et gr. *gastrion* « ventre » ▪ Région médiane et supérieure de l'abdomen, entre les côtes et l'estomac (creux de l'estomac). « *Il ne sent plus rien qu'une contraction brûlante à l'épigastre* » (Flaub.).

épigastrique adj. – XVIe ▪ De l'épigastre.

épigé, ée adj. – XVIIIe ; *épi-* et gr. *gaia* « terre » ▪ Qui se développe au-dessus du sol. ➛ *Germination épigée.* ✪ CONTR. Endogé, hypogé.

épigenèse ou **épigénèse** n. f. – XVIIe ; *épi-* et *-genèse* ▪ Théorie selon laquelle un embryon se développe par différenciation successive de parties nouvelles.

épigénie n. f. – XIXe ; *épi-* et *génie* 1 Remplacement lent, au sein d'une roche, d'un minéral par un autre. 2 Mode de creusement des vallées indépendant de la nature des reliefs. ⇒ **surimposition.**

épiglotte n. f. – XIVe ; *épi-* et gr. *glôtta* « langue » ▪ Lame cartilagineuse, en forme de triangle, qui fait saillie dans la glotte et ferme le larynx (au moment de la déglutition).

épigone n. m. – XVIIIe ; gr. « descendant » ▪ littér. (souvent péj.) Successeur, imitateur. « *Baudelaire n'est certainement plus un épigone de Gautier* » (Malraux).

> ❑ *Épigone* désigne, dans la mythologie grecque, chacun des héros de la seconde expédition devant Thèbes qui s'emparèrent de la ville, vengeant ainsi leurs pères morts au cours du premier siège.

épigrammatique adj. – XVe ▪ littér. Qui tient de l'épigramme. ⇒ **satirique.** « *Ses compliments cachaient les petites aiguilles fines d'une intention épigrammatique* » (Sand).

épigramme n. f. – XIVe ; lat. « inscription » (→ épi- et -gramme) ▪ Petit poème satirique. « *L'épigramme, pour les anciens, était une petite pièce qui ne passait guère huit ou dix vers* » (Ste-Beuve). ➛ Trait satirique, mot spirituel et mordant. ⇒ **raillerie.** ✪ CONTR. Apologie, compliment, louange.

épigraphe n. f. – XVIIe ; gr. « inscription » (→ épi- et -graphe) 1 Inscription placée sur un édifice pour en indiquer la date, la destination. 2 Courte citation qu'un auteur met en tête d'un livre, d'un chapitre, pour en indiquer l'esprit. ⇒ **exergue.**

épigraphie n. f. – XIXe ▪ Science qui a pour objet l'étude et la connaissance des inscriptions.

épigraphique adj. – XIXe ▪ Qui se rapporte aux inscriptions.

épigraphiste n. – XIXe ▪ Spécialiste de l'épigraphie.

épigyne adj. – XIXe ; *épi-* et *-gyne* ▪ Qui vient s'insérer au-dessus de l'ovaire (en parlant d'une pièce florale). ➛ *Fleur épigyne,* dont le périanthe et l'androcée sont insérés au-dessus de l'ovaire (ovaire infère*).

épilateur n. m. – v. 1980 ▪ Appareil utilisé pour l'épilation.

épilation n. f. – XIXe ▪ Action d'épiler. *Épilation à la cire. Épilation des jambes.*

épilatoire adj. – XVIIIe ▪ Qui sert à épiler. ⇒ **dépilatoire.** *Crème épilatoire.*

épilepsie n. f. – XVIe ; gr. « attaque » ▪ Maladie nerveuse chronique caractérisée par de brusques attaques convulsives avec perte de connaissance. *Crise d'épilepsie.*

épileptiforme adj. – XIXe ▪ Qui présente des symptômes semblables à ceux de l'épilepsie. « *une attaque épileptiforme, la première et la dernière, emporta le malade* » (Claudel).

épileptique adj. – XIIIe 1 Relatif à l'épilepsie. *Convulsions épileptiques.* 2 Atteint d'épilepsie. *Un enfant épileptique.* ➛ n. *Une épileptique.*

épiler v. tr. [1] – XVIIIe ; de *é-* et lat. *pilus* « poil » ▪ Arracher les poils, les cheveux de (qqn). *Se faire épiler les jambes. Pince à épiler* « *mes cuisses naturellement assez poilues il faut le dire mais professionnellement épilées* » (Queneau).

> ❑ Ne pas confondre avec *dépiler,* terme de tannerie. On qualifie pourtant de *dépilatoire* la crème à épiler.

épileur, euse n. – XIXe ▪ rare Personne qui épile.

épillet n. m. – XVIIIe ▪ Chacun des petits épis secondaires régulièrement groupés sur l'axe central d'un épi composé ou d'une panicule.

épilobe n. m. – XVIIIe ; gr. *epi* « sur » et *lobos* « lobe » ▪ Plante vivace *(œnothéracées)* des lisières de forêts, aux longues hampes fleuries roses ou pourpres.

épilogue n. m. – XIIe ; *épi-* et *-logue* 1 Résumé à la fin d'un discours, d'un poème (opposé à *prologue*). ⇒ **conclusion, péroraison.** *Épilogue d'un récit, d'un roman.* 2 Dénouement (d'une affaire longue, embrouillée). ⇒ ① **fin, issue.**

épiloguer v. tr. ind. [1] – XVe ▪ ÉPILOGUER SUR : faire de longs commentaires sur. ⇒ **discourir, discuter.** *Épiloguer sur la qualité d'une œuvre.* ➛ *Assez épilogué !*

épinard n. m. – XIIe ; ar. *isbinâkh* 1 Plante potagère *(chénopodiacées)* dont on consomme les feuilles épaisses et molles, d'un vert soutenu. 2 plur. Feuilles d'épinard comestibles (que l'on mange cuites ou crues). *Épinards hachés, en branches. Veau aux épinards. Salade d'épinards.* ➛ *Vert épinard* : vert sombre et soutenu. ♦ loc. *Plat d'épinards* : mauvais tableau où l'on a abusé du vert.

❑ L'épinard fut introduit en Espagne par les Arabes, qui l'utilisaient comme médicament.

épinçage n. m. - XVe ▪ Action d'épincer (2°).

épincer v. tr. [3] - XIIIe ; de *é-* et *pince* 1 Supprimer, entre deux sèves, les bourgeons qui ont poussé sur le tronc. 2 Débarrasser (le drap) des nœuds, des impuretés avec de petites pinces. ⇒ **énouer.**

épine n. f. - Xe ; lat. *spina* 1 vx ou en loc. Arbre ou arbrisseau aux branches armées de piquants. *Épine blanche* (⇒ **aubépine**), *noire* (⇒ **prunellier**). *Une haie d'épines.* « *Une épine en fleurs étalait sa gerbe rose* » (Flaub.). 2 Piquant d'une plante. ⇒ **aiguille.** *Les épines du cactus, du rosier. S'enfoncer une épine dans le doigt* (⇒ **écharde**). « *Vous êtes comme les roses du Bengale, Marianne, sans épine et sans parfum* » (Muss.). ♦ loc. *Tirer, enlever, ôter à qqn une épine du pied :* délivrer qqn d'un sujet de contrariété, d'une difficulté. 3 ÉPINE DORSALE : saillie longitudinale que détermine au milieu du dos l'ensemble des apophyses épineuses des vertèbres ; la colonne vertébrale elle-même. 4 Piquant de certains animaux. *Les épines du hérisson.*

épiner v. tr. [1] - XIIIe ▪ Entourer (un tronc d'arbre) de branches épineuses, comme protection contre les animaux.

① **épinette** n. f. - XIIIe ; de *épine* ▪ Cage en osier, à compartiments, où l'on met de la volaille à engraisser. ⇒ **mue.**

② **épinette** n. f. - XIXe ; de *pin,* avec infl. de *épine* ▪ (Canada) Épicéa.

③ **épinette** n. f. - XVIe ; lat. *spina* « épine » ▪ Instrument de musique à clavier et à cordes pincées caractérisé par la disposition oblique de ses cordes.

❑ Les cordes de l'*épinette* sont pincées par un bec de plume comparé à une *épine.* ♦ L'épinette a précédé le clavecin.

épineux, euse adj. - XIIe 1 Qui est hérissé d'épines, de piquants, ou dont les productions (feuilles, branches, etc.) piquent. *Arbuste épineux,* ou n. m. *un épineux. Des bergers « armés de bâtons ou de branches d'épineux »* (Tournier). *La tige épineuse du rosier.* 2 Qui est plein de difficultés (généralement subtiles). ⇒ **délicat, difficile, embarrassant.** *Affaire épineuse.* 3 Qui ressemble à une épine. *Apophyse épineuse des vertèbres.* ✪ CONTR. Inerme. Facile.

épine-vinette n. f. - XVe ; de *épine* « arbrisseau » et *vin,* à cause de la couleur des baies ▪ Arbrisseau à feuilles caduques simples et piquantes *(berbéridacées),* à fleurs jaunes en grappes pendantes, dont les fruits sont des baies rouges et comestibles. ⇒ **berbéris.** *Des épines-vinettes.*

épinglage n. m. - XIXe ▪ Action d'attacher, de fixer avec des épingles. *Épinglage d'un vêtement à l'essayage.*

épingle n. f. - XIIIe ; lat. *spina* « épine » 1 Petite tige de métal, pointue d'un bout, dont l'autre bout est garni d'une boule (tête) ou replié en triangle, et qu'on utilise pour attacher, assembler des choses souples. *Les couturières « s'agenouillaient, leurs bouches hérissées d'épingles, pour les essayages »* (Cl. Simon). ➛ loc. *Être tiré à quatre épingles :* être habillé avec un soin méticuleux. ➛ *Tirer son épingle du jeu :* se dégager adroitement d'une situation délicate. 2 Objet de parure servant à attacher, à fixer. *Épingles à chapeau. Épingle de cravate.* ➛ loc. *Monter qqch. en épingle,* lui donner une importance excessive. ♦ *Épingle à cheveux :* tige recourbée à deux branches. *Virage en épingle à cheveux,* très serré. ♦ *Épingle de sûreté* ou *épingle de nourrice, épingle anglaise, épingle double :* tige de métal recourbée qui se ferme, la pointe rentrée dans un étui métallique. « *La tante retirait l'épingle de sûreté retenant le châle au dos de ses filles* » (Simenon).

épingler v. tr. [1] - XVIe 1 Assembler, fixer avec des épingles. *Épingler un ourlet.* « *une inscription épinglée en évidence sous son manteau : "Je suis diabétique"* » (R. Gary). 2 fam. *Épingler qqn :* l'arrêter. ⇒ **pincer.** *Se faire épingler :* se faire prendre.

épinglerie n. f. - XIIIe ▪ Fabrique d'épingles ; industrie des épingles.

épinglette n. f. - XIVe 1 Autrefois, Longue aiguille pour percer les gargousses et déboucher les armes à feu. 2 Recomm. offic. pour *pin's.*

épinier n. m. - XVIIe ▪ Fourré d'épines.

épinière adj. f. - XVIIe ; de *épine* ▪ *Moelle* épinière.*

épinoche n. f. - XVIe ▪ Poisson *(gastérostéiformes)* qui porte de deux à quatre épines indépendantes sur le dos.

épinochette n. f. - XIXe ▪ Poisson de très petite taille, semblable à l'épinoche, mais dont les épines sont plus nombreuses.

épiphane adj. m. - XVIIIe ; gr. *epiphanês* « illustre, éclatant » ▪ Épithète donnée à plusieurs souverains d'Orient.

épiphanie n. f. - XIIe ; gr. *epiphaneia* « apparition » ▪ Fête de l'Église catholique commémorant la manifestation de Jésus-Christ aux Rois mages venus l'adorer et qu'on appelle aussi *jour des Rois* (6 janvier). *Tirer les rois le jour de l'Épiphanie.*

épiphénomène n. m. - XVIIIe ; *épi-* et gr. *phainomenon* « ce qui apparaît » ▪ En philosophie, Phénomène qui accompagne le phénomène essentiel sans être pour rien dans son apparition ou son développement. ♦ Phénomène secondaire, de peu d'importance.

épiphénoménisme n. m. - 1907 ▪ Théorie selon laquelle la conscience est un épiphénomène (une simple prise de conscience des phénomènes cérébraux).

épiphonème n. m. - XVIe ; *épi-* et gr. *phônein* « parler » ▪ Exclamation sentencieuse qui termine un développement oral. « *L'avocat avait tiré de là quelques épiphonèmes malheureusement peu neufs, sur les erreurs judiciaires* » (Hugo).

épiphylle adj. - XIXe ; *épi-* et *-phylle* ▪ Qui croît sur les feuilles des plantes.

épiphyse n. f. - XVIe ; *épi-* et *-physe* 1 Extrémité renflée d'un os long, constituée de tissu spongieux. 2 Petite glande située au-dessous du bourrelet du corps calleux.

épiphyte adj. - XIXe ; *épi-* et *-phyte* ▪ Qui croît sur d'autres plantes sans en tirer sa nourriture (opposé à *parasite*). *Le lierre, les lianes sont des plantes épiphytes.* ➛ n. m. *Un épiphyte.*

épiphytie [epifiti] n. f. - XIXe ; *épi-* et *-phyte* ▪ Épidémie qui frappe les plantes de même espèce.

épiploon [epiplɔ̃] n. m. - XIVe ; gr. « flottant » ▪ Repli du péritoine qui relie entre eux les organes abdominaux. *Grand épiploon,* qui unit la grande courbure de l'estomac et le côlon transverse. *Petit épiploon,* qui unit l'estomac au foie.

épique adj. - XVIe ; gr. *epos* « épopée » 1 Qui raconte en vers une action héroïque. *Poèmes épiques.* ♦ Relatif ou propre à l'épopée. *Style épique.* 2 fam. (souvent iron.) Qui est mouvementé, plein d'aventures. *Il y eut des discussions épiques.* ⇒ **homérique, mémorable.** ✪ CONTR. Prosaïque.

❑ *Épique* s'est peu à peu substitué à *héroïque* au XVIIe siècle.

épirogenèse n. f. – 1955 ; gr. *epeiros* « continent » et *-genèse* ▪ Ensemble des mouvements lents de descente ou de montée des continents.

épirogénique adj. – 1906 ▪ Relatif à l'épirogenèse. *Mouvement épirogénique.*

épiscopal, ale, aux adj. – XIIIe ; gr. *episkopos* « surveillant ; évêque » ▪ Qui appartient à l'évêque. *Palais épiscopal.* ⇒ **évêché.** « *la soutane convenait à sa sveltesse et rehaussait son grand air épiscopal* » (Mauriac).

épiscopalien, ienne adj. – XIXe ▪ *Église épiscopalienne :* église anglicane pour laquelle l'assemblée des évêques est supérieure au pape.

épiscopat n. m. – XVIIe 1 Dignité, fonction d'évêque. « *les enquêtes sur les candidats à l'épiscopat* » (Romains). 2 Temps pendant lequel un évêque occupe un siège. 3 Corps des évêques. *L'épiscopat français.*

épiscope n. m. – 1950 ; *épi-* et *-scope* ▪ Appareil d'optique à miroirs utilisé à l'intérieur des chars de combat pour observer le terrain. ⇒ **périscope.**

épisiotomie n. f. – 1953 ; gr. *epision* « pubis » et *-tomie* ▪ Incision du périnée, en partant de la vulve, pratiquée lors de l'accouchement afin d'éviter les déchirures.

épisode n. m. – XVe ; gr. *epeisodion* « partie du drame entre deux entrées » 1 Action incidente liée à l'action principale dans un poème, un roman, un tableau. *Épisode comique, dramatique.* 2 Division d'une série, d'un feuilleton radiodiffusés ou télévisés. ⇒ **partie.** *Feuilleton en dix épisodes.* 3 Fait accessoire qui se rattache plus ou moins à un ensemble. ⇒ **circonstance, événement.** *Un épisode de la Révolution.*

épisodique adj. – XVIIe ▪ Qui se produit de temps en temps, de façon irrégulière. ⇒ **intermittent, sporadique.** *Faire des apparitions épisodiques. Relations épisodiques.*

épisodiquement adv. – XIXe ▪ De façon épisodique, intermittente. « *La Grèce du divin n'avait connu le portrait qu'épisodiquement* » (Malraux).

épisome n. m. – 1958 ; *épi-* et gr. *sôma* « corps » ▪ Petit élément génétique ou unité d'A.D.N., non intégré au chromosome, et qui peut être transféré à une autre cellule.

épispadias [epispadjas] n. m. – XIXe ; gr., de *epi* « sur » et *span* « déchirer » ▪ Ouverture anormale de l'urètre sur le dos de la verge.

épisser v. tr. ⃞1 – XVIIe ; néerl. *splisten* ou all. *splissen* ▪ Assembler (deux cordages) en entrelaçant les torons. ✪ HOM. Épicer.

épissoir n. m. – XVIIe ▪ Poinçon qui sert à écarter les torons d'un cordage à épisser.

épissure n. f. – XVIIe ▪ Jonction, nœud de deux cordages épissés. « *Vladimir, assis sur le cabestan du yacht* [...] *faisait une épissure* » (Simenon). ♦ Jonction de deux câbles électriques tordus entre eux. « *des fils aux épissures grossières et des rallonges disgracieuses* » (Perec).

épistasie n. f. – 1970 ; *épi-* et gr. *stasis* « action de se tenir » ▪ Dominance d'un gène sur d'autres gènes non allèles.

épistaxis [epistaksis] n. f. – XVIIIe ; gr. *stazein* « couler goutte à goutte » ▪ Saignement de nez.

épistémè n. f. – v. 1965 ; gr. « science » ▪ Ensemble des connaissances réglées (conception du monde, sciences, philosophies...) propres à un groupe social, à une époque.

❑ On trouve la variante francisée *épistémie : « toute l'épistémie (art) de la culture occidentale »* (Foucault).

épistémologie n. f. – 1906 ; gr. *epistêmê* « science » 1 Étude critique des sciences, destinée à déterminer leur origine logique, leur valeur et leur portée. ⇒ **philosophie** (des sciences). 2 Théorie de la connaissance et de sa validité.

épistémologique adj. – av. 1908 ▪ Relatif à l'épistémologie, à la théorie de la connaissance.

épistémologiste n. – XXe ▪ Spécialiste de l'épistémologie.

épistolaire adj. – XVIe ; lat. *epistola* « lettre » 1 Qui a rapport à la correspondance par lettres. *Être en relations épistolaires avec qqn.* 2 Relatif aux lettres (éditées en tant qu'œuvres littéraires). *Genre épistolaire.* ⇒ **correspondance.** « *une certaine facilité à manier ce qu'on est convenu d'appeler le style épistolaire* » (Hugo).

❑ Même famille étym. que *épître.*

épistyle n. m. – XVIe ▪ Architrave qui repose sur le chapiteau de la colonne.

épitaphe n. f. – XIIe ; *épi-* et gr. *taphos* « tombe » ▪ Inscription funéraire. « *les épitaphes racontent* [...] *toutes sortes de misères* » (Duham.).

épite n. f. – XVIIe ; néerl. *spit* ▪ Petite cheville de bois destinée à boucher un trou, épaissir ou caler une pièce.

épithalame n. m. – XVIe ; gr. « chant nuptial » ▪ littér. Poème composé à l'occasion d'un mariage, en l'honneur des nouveaux mariés.

épithélial, iale, iaux adj. – XIXe ▪ Relatif à l'épithélium. *Cellule épithéliale.*

épithélioma n. m. – XIXe ▪ Tumeur formée par la prolifération désordonnée d'un épithélium. ⇒ **cancer.**

épithélium [epiteljɔm] n. m. – XIXe ; *épi-* et gr. *thêlê* « mamelon » ▪ Tissu constitué de cellules juxtaposées, disposées de façon continue en une ou plusieurs couches.

épithète n. f. – XVIe ; gr. *epitheton* « qui est ajouté » 1 Ce qu'on adjoint à un nom, un pronom pour le qualifier (mot, expression). « *Je cherche en vain une épithète pour peindre l'extraordinaire luminosité du ciel* » (Gide). 2 Qualification louangeuse ou injurieuse donnée à qqn. ⇒ **qualificatif.** *Elle murmura "L'idiot !" sans indiquer plus clairement auquel des deux hommes il fallait appliquer cette épithète* » (Green). 3 *Un adjectif épithète,* ou *une épithète :* adjectif qualificatif qui n'est pas relié au nom par un verbe (opposé à *attribut*).

épitoge n. f. – XVe ; gr. *epi* « sur » et lat. *toga* « toge » 1 Ornement fait d'une bande d'étoffe fixée à l'épaule gauche de la robe et garnie de une, deux ou trois bandes d'hermine (selon le grade, pour les professeurs). *Épitoge de magistrat, d'avocat.* 2 Vêtement porté sur la toge, dans la Rome antique.

épitomé n. m. – XVIe ; gr. « abrégé » ▪ (dans des titres) Abrégé d'un ouvrage d'histoire antique. *Épitomé de l'histoire de la Grèce.*

épître n. f. – XIIe ; gr. *epistolê* « ordre oral ou écrit » 1 Lettre missive écrite par un auteur ancien. *Épître de Cicéron.* ♦ iron. ⇒ **lettre.** *Il m'a envoyé une longue épître.* 2 *Les épîtres des Apôtres :* lettres écrites par les Apôtres aux premières communautés chrétiennes et insérées dans le Nouveau Testament. *Épîtres de saint*

Paul aux Corinthiens. 3 Lettre en vers. *Les Épîtres de Marot.*

❑ Écrit *epistre* jusqu'au XVIIIe s. → épistolaire.

épizootie [epizɔti ; epizooti] **n. f.** – XVIIIe ; gr. *zôotês* « nature animale », d'apr. *épidémie* ■ Épidémie qui frappe les animaux. *On avait perdu « nos sept lapins ! une épizootie bien brutale »* (Céline).

épizootique [epizɔtik ; epizootik] **adj.** – XVIIIe ■ Qui a les caractères de l'épizootie. ⇒ **épidémique.**

éploré, ée adj. – XIIe ■ Qui est tout en pleurs. *Une veuve éplorée. Air, visage éploré.* ⇒ **désolé, larmoyant, triste.**

❑ Participe passé adjectivé du verbe pronominal *s'éplorer* (rare de nos jours), formé sur *plor,* ancienne forme de *pleur.* → déplorer, implorer.

éployé, ée adj. – XVIe **1 adj. f.** En héraldique, *Aigle éployée de sable,* aux ailes étendues. **2** littér. Déplié. ⇒ **déployé.**

éployer v. tr. [8] – XVe ; de *é-* et *ployer* ■ littér. *Éployer ses ailes.* ⇒ **déployer, étendre.**

épluchage n. m. – XVIIIe **1** Action d'éplucher. *« les tâches les plus emmerdantes, telles que le balayage, l'épluchage des patates »* (Queneau). **2** Examen minutieux. *Épluchage d'un compte.*

épluche-légumes n. m. invar. – XXe ■ Instrument à éplucher les fruits, les légumes, etc., dont le fer comporte deux petites fentes tranchantes. ⇒ **économe.**

éplucher v. tr. [1] – XIIe ; lat. *pilare* « épiler » **1** Nettoyer en enlevant les parties inutiles ou mauvaises (en coupant, grattant). *Éplucher de la salade, des haricots verts. Éplucher des oranges, des pommes de terre.* ⇒ **peler.** ♦ *Éplucher une étoffe neuve, un drap :* enlever les bourres, les pailles. **2** Examiner avec un soin minutieux afin de découvrir ce qu'il peut y avoir à critiquer, à reprendre en qqch. ⇒ **décortiquer, disséquer.** *Éplucher un texte, un dossier. « Il épluchait les fautes des copistes »* (Huysm.).

❑ *Éplucher* est la contraction (conforme à la prononciation) de l'ancien verbe *espeluchier.* Voir les hésitations actuelles entre *peluche, pluches* et *pelucher* ou *plucher.* ♦ Bien que *éplucher* s'emploie pour « ôter la peau », c'est avec *poil* qu'il est apparenté.

éplucheur, euse n. – XVIe ■ Personne qui épluche. ➛ *Couteau-éplucheur.* ⇒ **économe, épluche-légumes.**

épluchure n. f. – XVIIe ■ Ce qu'on enlève à une chose en l'épluchant. *Épluchures de pommes de terre.*

épode n. f. – XVIe ; gr. *epi* « sur » et *ôdê* « chant » **1** Troisième couplet d'un chœur lyrique divisé en strophe, antistrophe et épode. **2** Couplet lyrique composé de deux vers inégaux. ⇒ **distique.** ➛ Petit poème satirique écrit en distiques de ce genre. *Les Épodes d'Horace.*

épointement n. m. – XVIIe ■ État de ce qui est ou a été épointé.

épointer v. tr. [1] – XIVe ■ Émousser en ôtant, en cassant ou en usant la pointe. *Épointer des ciseaux.*

époisses n. m. – d. i. ; du nom d'un village de la Côte-d'Or ■ Fromage de lait de vache à saveur relevée, à pâte molle, à croûte lavée au marc de Bourgogne.

① **éponge n. f.** – XIIIe ; lat. *spongia* **I - 1** Substance légère et poreuse provenant d'un zoophyte marin et que l'on emploie à divers usages à cause de sa propriété d'absorber les liquides et de les rejeter à la pression ; objet fait de cette substance. ♦ Objet analogue en quelque matière que ce soit. *Éponge végétale.* ⇒ **luffa.** *Éponge synthétique. Nettoyer avec une éponge.* **2** loc. *Passer l'éponge sur quelque chose* (de désagréable ou de nuisible), l'oublier, n'en plus parler. *« il passe l'éponge sur un tas de petites fripouilleries »* (Renard). *Jeter l'éponge :* abandonner la lutte ; renoncer dans une compétition. **3** *Tissu éponge,* dont les fils bouclés absorbent l'eau. *Des serviettes éponge,* de ce tissu. ➛ *De l'éponge,* ce tissu. *Un peignoir en éponge.* **II** Animal pluricellulaire des mers chaudes au squelette léger et poreux qui fournit la matière appelée éponge. *Pêcheurs d'éponges. « l'éponge n'est point un végétal [...] mais un animal »* (J. Verne).

❑ Même famille étym. que *spongieux.*

② **éponge n. f.** – XVIe ; lat. *sponda* « bord, rive » ■ Rebord de chaque branche d'un fer à cheval. ➛ Tumeur au coude du cheval, due à la pression de l'éponge lorsque la bête est couchée.

épongeage n. m. – XIXe ■ Action d'éponger ; son résultat.

éponger v. tr. [3] – XIIIe **1** Étancher (un liquide) avec une éponge ou un chiffon. *Épongez vite cette eau.* **2** Essuyer, sécher avec une éponge ou un tissu spongieux. *« Il s'épongea le front avec un mouchoir à carreaux rouges »* (St-Exup.). **3** Résorber (un excédent financier) ; absorber (ce qui est en trop). ➛ *Éponger ses dettes,* les payer.

éponte n. f. – XVIIIe ; de ② *éponge* ■ Chacune des parois (supérieure ou inférieure) d'un filon de minerai.

épontille n. f. – XVIIe ; it. *pontile* « ponton » ■ Colonne verticale (en bois, en fer, en acier) soutenant un pont de navire, ou une partie à consolider.

épontiller v. tr. [1] – XVIIIe ■ Consolider par des épontilles.

éponyme adj. – XVIIIe ; gr. *epônumos* « attribué comme surnom » ■ Qui donne son nom à (qqn, qqch.). *Athéna, déesse éponyme d'Athènes.*

❑ *Éponyme* est formé sur le grec *onoma* « nom », ainsi que *onomatopée, synonyme.*

épopée n. f. – XVIIe ; gr. *epopoiia* « poème épique » **1** Long poème (et plus tard, parfois, récit en prose de style élevé) où le merveilleux se mêle au vrai, la légende à l'histoire et dont le but est de célébrer un héros ou un grand fait. *La « Chanson de Roland », la plus belle de nos épopées du Moyen Âge.* **2** Suite d'événements historiques de caractère héroïque et sublime. *L'épopée napoléonienne.* ♦ Suite d'aventures. *Notre voyage, quelle épopée !*

époque n. f. – XVIIe ; gr. *epokhê* « point d'arrêt » **1** *Faire époque,* se dit d'un événement qui par son importance ou son succès laisse un souvenir durable. *La bataille d'« Hernani » a fait époque dans la littérature.* **2** Période historique déterminée par des événements importants, caractérisée par un certain état de choses. *L'époque des grandes invasions.* ⇒ **période.** *L'époque actuelle. À notre époque.* ⇒ **aujourd'hui.** *« Nous vivons à une triste époque »* (Maurois). *Il faut vivre avec son époque.* ⇒ **siècle.** *« je conçois que l'œuvre d'art doive exprimer [...] le monde à une époque donnée »* (Mauriac). ➛ *La Belle Époque,* symbolisée par l'année 1900 : les premières années du XXe s. (considérées comme l'époque d'une vie agréable et légère). **3** Période caractérisée par un style artistique. *Fauteuil de l'époque Louis XIII.* ➛ *D'époque :* vraiment ancien. ⇒ **authentique.** ➛ Réalisé dans le style d'une époque donnée. *Un costume d'époque.* **4** Période marquée par un fait ou déterminée par certains caractères. *L'époque d'une rencontre.* ⇒ **date, moment.** *À cette époque. L'an dernier à pareille époque, à la même époque. L'époque des vendanges.* ⇒ **saison.** ➛ *Les époques de la vie.* ⇒ **âge, étape. 5** Division du temps géologique regroupant plusieurs étapes.

épouillage n. m. - 1910 ▪ Action d'épouiller.

épouiller v. tr. [1] - XIVe ▪ Débarrasser (un être vivant) de ses poux en les ôtant un à un.

époumoner (s') v. pron. [1] - XVIIIe ; de *poumon* ▪ Parler, crier très fort. *Cesse donc de t'époumoner !* ⇒ **hurler.** ♦ Se fatiguer (en parlant). « *Pourquoi m'époumonerais-je à dissiper un doute que vous n'avez pas ?* » (Dider.).

épousailles n. f. pl. - XIIe ▪ vx ou plaisant Célébration d'un mariage. ⇒ **mariage, noce.**

❑ Liste des noms féminins pluriels en *-ailles* → semailles (rem.).

épouse → **époux**

épousée n. f. - XIe ▪ vx ou région. Celle qui se marie. ⇒ **mariée.**

épouser v. tr. [1] - XIe ; lat. *sponsare* « promettre en mariage » **1** Prendre pour époux, épouse ; se marier avec. *Épouser qqn par amour, pour sa fortune.* « *Épousez-moi, Line chérie, je ne peux vous regarder sans que le cœur me saute dans la gorge* » (Duham.). **2** S'attacher de propos délibéré et avec ardeur à (qqch.). *Épouser les idées, les opinions de qqn.* ⇒ **partager.** **3** S'adapter exactement à (une forme, un mouvement). *Robe qui épouse les formes du corps.* ⇒ **mouler.** ✪ CONTR. Divorcer, répudier.

épouseur n. m. - XVIIe ▪ vieilli ou littér. Celui qui cherche à se marier et fait savoir ses intentions. ⇒ **prétendant.**

époussetage n. m. - XIXe ▪ Action d'épousseter. *L'époussetage des meubles.*

épousseter v. tr. [4] - XVe ▪ Nettoyer, en ôtant la poussière. *Épousseter des meubles, des bibelots, avec un chiffon, un plumeau.* « *il flanquait de grands coups de mouchoir pour épousseter ses souliers* » (Gide).

❑ *Épousseter* se prononce [epuste], ce qui peut perturber la conjugaison de ce verbe ; on entend parfois [epust] pour *(il) époussette* [epusɛt], et l'on trouve : « *il épouste les coussins, les tapis* » (Chateaubriand).

époustouflant, ante adj. - 1915 ▪ fam. Qui époustoufle. ⇒ **étonnant, extraordinaire, prodigieux, stupéfiant.** *Une nouvelle époustouflante.* « *Époustouflant temple d'Abou Simbel* » (Gide).

époustoufler v. tr. [1] - XIXe ; p.-ê. lat. *pulsare* « pousser violemment » ▪ fam. Jeter (qqn) dans l'étonnement, la surprise. ⇒ **étonner, stupéfier.** *Tous étaient époustouflés par tant d'audace.*

épouvantable adj. - XIIe **1** Qui cause ou est de nature à causer de l'épouvante. *Des cris épouvantables.* ⇒ **effrayant, effroyable, horrible, terrifiant.** *Ce fut un supplice, une mort épouvantable.* ⇒ **affreux, atroce.** « *On rencontre, au fil des jours, des situations épouvantables* » (Sartre). **2** Inquiétant, très mauvais. *Tu as une mine épouvantable.* ♦ Très désagréable. *Il fait un temps épouvantable.* ⇒ **affreux.** **3** Excessif, extrême. *Un bruit épouvantable.* ✪ CONTR. Rassurant ; agréable.

❑ *Peur épouvantable* (pléonasme à éviter pour certains) est autorisé par le sens d'« excessif ».

épouvantablement adv. - XIIe ▪ D'une manière épouvantable. ⇒ **atrocement, horriblement.**

épouvantail n. m. - XIIe **1** Objet qu'on met dans les champs, les jardins, les arbres pour effrayer les oiseaux et les empêcher de manger les graines, les fruits. *Des épouvantails à moineaux.* ♦ Personne très laide ou habillée ridiculement. *Quel épouvantail !* **2** Ce que l'on utilise pour effrayer. ⇒ **spectre.** *Mettre en avant l'épouvantail du chômage.*

épouvante n. f. - XVIe **1** Peur violente et soudaine causée par qqch. d'extraordinaire, de menaçant. ⇒ **effroi, frayeur, horreur, terreur.** *Rester cloué, glacé d'épouvante.* « *J'étais paralysé par la terreur, j'étais ivre d'épouvante, prêt à hurler, prêt à mourir* » (Maupass.). ➤ *Roman, film d'épouvante.* ⇒ **thriller.** **2** Vive inquiétude. ⇒ **appréhension, crainte.** « *Ma mère voyait toujours avec épouvante venir la saison des vacances* » (Duham.).

épouvanter v. tr. [1] - XIIe ; lat. *pavere* « avoir peur » **1** Remplir d'épouvante. ⇒ **effrayer, horrifier, terrifier.** « *Seul l'inconnu épouvante les hommes* » (St-Exup.). **2** Causer de vives appréhensions à. ⇒ **angoisser, inquiéter.** *La seule idée du mariage l'épouvante.* ➤ *Il recula épouvanté.* ✪ CONTR. Enhardir, rassurer.

époux, ouse n. - XIe **1** littér. Personne unie à une autre par le mariage. *Prendre pour époux, pour épouse.* ⇒ **femme, mari.** fam. (en s'adressant à qqn) *Mon épouse va me rejoindre.* ♦ (Quand *femme* serait ambigu) *Être à la fois « épouse irréprochable et maîtresse adorée »* (Maurois). ♦ LES ÉPOUX : le mari et la femme. ⇒ **conjoint.** *De vieux époux.* **2** *Le céleste époux, l'époux de l'Église, l'époux mystique* : Jésus-Christ.

❑ Ce mot appartient au langage juridique ou littéraire. La langue courante préfère *mari.*

époxy adj. inv. - v. 1960 ; de *épi-* et rad. de *oxyde* ▪ Se dit d'un composé dans lequel un atome d'oxygène est relié à deux atomes de carbone en formant un pont.

épreindre v. tr. [52] - XIIe ; lat. *exprimere* « faire sortir en pressant » ▪ vx Presser (qqch.) pour exprimer le suc, le jus.

épreintes n. f. pl. - XIVe ; de *épreindre* ▪ Contraction douloureuse donnant envie d'aller à la selle, dans les inflammations du gros intestin. ⇒ ① **colique, ténesme.**

éprendre (s') v. pron. [58] - XIe **1** Être saisi, entraîné (par un sentiment, une passion). « *Je m'épris pour elle de l'inclination la plus tendre* » (Mariv.). **2** Devenir amoureux (de qqn). *Ils se sont épris l'un de l'autre.* ✪ CONTR. Déprendre (se), ① détacher (se).

épreuve n. f. - XIIe **I - 1** Souffrance, malheur, danger qui éprouve le courage, la résistance. ⇒ **affliction, peine.** *Essuyer, subir des épreuves. Passer par de rudes épreuves. Surmonter une épreuve.* « *Il ne faut regretter des épreuves de la vie que celles qui nous ont fait un mal réel et durable* » (Sand). **2** Ce qui permet de juger la valeur d'une idée, d'une qualité intellectuelle ou morale, d'une œuvre, d'une personne, etc. ⇒ **critère, pierre** (de touche). *Le danger, épreuve du courage.* ♦ À L'ÉPREUVE. *Mettre à l'épreuve.* ⇒ **éprouver,** ② **tester.** *Mettre qqn à rude épreuve,* lui imposer qqch. de difficile à supporter. *Ses hésitations continuelles ont mis ma patience à rude épreuve.* ➤ *À toute épreuve :* capable de tout supporter. ⇒ **inébranlable, résistant, solide.** *Avoir une santé à toute épreuve.* **3** Opération par laquelle on juge les qualités, la valeur d'une chose. ⇒ **essai, expérience, expérimentation,** ② **test.** *Épreuves de résistance.* ♦ À L'ÉPREUVE DE : capable de résister à. *Vêtement à l'épreuve du feu.* **4** Traitement destiné à juger qqn, à lui conférer une qualité, une dignité, à le classer. ➤ *Épreuves par le feu, par l'eau bouillante.* ⇒ **ordalie.** ♦ *Subir des épreuves pour être admis dans une société secrète, un ordre, une confrérie.* ♦ *Épreuves d'un examen, d'un concours :* les diverses parties qui le composent. *Passer les épreuves du baccalauréat. Épreuves écrites, orales.* ♦ Compétition sportive. ⇒ **challenge, compétition, critérium, match,** ① **rencontre.** *Les épreuves d'un championnat, des jeux Olympiques. Épreuve contre la montre. Épreuves éliminatoires.* **II - 1** Texte imprimé d'un manuscrit tel qu'il sort de la composition. *Corriger les fautes, les coquilles sur une épreuve. Première épreuve* (la première), *seconde épreuve* (le bon à tirer). ♦ Exemplaire d'une estampe. *Épreuves* *numérotées.* 2 Image. ⇒ **photographie.** *Agrandir une épreuve.* 3 *Épreuve de tournage :* film brut après développement et avant montage, synchronisé avec la bande-son. ⇒ **rush.**

épris, ise adj. – XIIe 1 Pris de passion (pour qqch.). ⇒ **passionné.** *Être épris de justice.* 2 (Pour qqn). ⇒ **amoureux.** *Il est très épris d'elle.*

> ❑ *Épris* est le synonyme élégant de *amoureux.*

EPROM [epʀɔm] n. f. – XXe, acronyme de l'angl. ***E****rasable* ***Pro****grammable* ***R****ead* ***O****nly* ***M****emory* « mémoire à lecture seule programmable et effaçable » ▪ Mémoire (ROM) qui peut être effacée par un rayonnement ultraviolet pour être programmée à nouveau.

éprouvant, ante adj. – XIXe ▪ Qui éprouve, est difficile à supporter. ⇒ **pénible.** *Une chaleur éprouvante. Une journée éprouvante.* ⇒ **fatigant.**

éprouvé, ée adj. – XIIe 1 Dont la valeur est confirmée. ⇒ **sûr.** *Une technique éprouvée.* 2 Frappé par des épreuves, des malheurs. *Région très éprouvée par la sécheresse.* ⇒ **atteint, touché.**

éprouver v. tr. [1] – XIe ; de *é-* et *prouver* 1 Essayer (qqch.) pour en vérifier la valeur, la qualité. ⇒ **expérimenter,** ② **tester.** « *Il tâtait le sol de ses pieds pour en éprouver la consistance* » (Tournier). *Éprouver la résistance d'un matériau.* ➤ *Éprouver la fidélité d'un ami,* la mettre à l'épreuve. ➤ Soumettre à la tentation (⇒ **tenter**). *Dieu l'a éprouvé.* 2 Faire subir une épreuve, des souffrances à (qqn). *La perte de son père l'a bien éprouvé.* ⇒ **atteindre, frapper, marquer.** *La guerre a durement éprouvé ce pays.* 3 Avoir (une sensation, un sentiment). ⇒ **ressentir.** *Éprouver le besoin d'agir, de comprendre. Éprouver de la tendresse, de l'amour pour qqn. N'éprouver aucun remords.* « *j'ai rarement éprouvé des désillusions, ayant eu peu d'illusions* » (Flaub.). ♦ « *Il éprouve un léger serrement de tête,* [...] *une nervosité générale* » (Romains). 4 Subir. *Éprouver des difficultés à faire un travail.*

éprouvette n. f. – XVIe 1 Récipient en forme de tube employé dans les expériences et les analyses de laboratoire (physique, chimie, microbiologie) pour recueillir ou manipuler les gaz et les liquides. ⇒ **tube** (à essai). *Éprouvette graduée.* 2 Échantillon d'un matériau fabriqué dont on éprouve l'élasticité et la résistance.

epsilon [ɛpsilɔn] n. m. – XIXe ; mot gr., de *e* et *psilon* « simple » ▪ Nom de l'*e* bref des Grecs (Ε, ε) ; cinquième lettre et deuxième voyelle de leur alphabet.

epsomite n. f. – XIXe ; de *Epsom,* ville d'Angleterre ▪ Sulfate de magnésium hydraté (sel d'Epsom).

épucer v. tr. [3] – XVIe ; de *é-* et *puce* ▪ Débarrasser des puces. « *épucer un affreux matou jaune qu'elle installait sur ses genoux* » (Carco). ➤ pronom. *Un singe qui s'épuce.*

épuisable adj. – XIVe ▪ rare Qui peut être épuisé. *Ressources vite épuisables.*

> ❑ *Épuisable* est beaucoup plus rare que son antonyme *inépuisable ;* on lui préfère même le double négatif *pas inépuisable.* → contraire (rem.).

épuisant, ante adj. – XVIIIe ▪ Qui fatigue beaucoup. « *Travail usant, épuisant, travail à recommencer sans fin* » (Mauriac). ⇒ **harassant, tuant, usant.** *Revenir d'une marche épuisante.*

épuisé, ée adj. – XVIIe 1 Qui n'est plus en stock. *Livre épuisé.* 2 À bout de forces, de résistance. ⇒ **brisé, éreinté, exténué, fourbu, harassé.** « *accablé, épuisé de fatigue et de douleur, je me laissai tomber dans la neige* » (Daud.).

épuisement n. m. – XIIIe 1 Action d'épuiser, de vider. *Canal d'épuisement.* 2 État de ce qui s'est épuisé, est épuisé. *Épuisement du sol. Exploiter une mine jusqu'à épuisement.* 3 Absence de forces, grande faiblesse physique ou morale. ⇒ **abattement, fatigue.** *Tomber d'épuisement.* ✪ CONTR. Remplissage. Enrichissement.

épuiser v. tr. [1] – XIIe ; de *é-* et *puits* 1 *Épuiser une mine, un filon,* en extraire tout le minerai. ➤ *Épuiser un sol,* le rendre stérile, infécond en voulant le faire trop produire. ⇒ **appauvrir.** ➤ *Terre épuisée.* 2 Utiliser (qqch.) jusqu'à ce qu'il ne reste plus rien. ⇒ **consommer, dépenser, user.** *Épuiser les réserves.* ➤ pronom. « *le froid mord, la provision de bois s'épuise* » (Alain). ♦ *Épuiser un stock* (en le vendant). ⇒ **écouler.** ♦ *Épuiser tous les moyens,* les essayer tous jusqu'au dernier. 3 User jusqu'au bout. *Épuiser la patience de qqn.* ⇒ **lasser.** *Ce travail a épuisé toute son énergie.* ♦ *Épuiser un sujet,* le traiter à fond, sans rien omettre. 4 Réduire à un affaiblissement complet (les forces, la santé de qqn ; qqn). ⇒ **exténuer, fatiguer, harasser, user ;** fam. **crever, vider.** *Cette maladie l'épuise.* ➤ « *Toujours attendre. Cette attente m'épuise* » (Duham.). ♦ v. pron. S'affaiblir complètement. *S'épuiser à force de crier, à crier.* ➤ *Je m'épuise à vous le répéter.* ⇒ se **tuer.** ✪ CONTR. Remplir. Approvisionner, enrichir. Fortifier.

épuisette n. f. – XVIIIe 1 Petit filet de pêche en forme de poche monté sur un cerceau et fixé à un long manche. ⇒ **haveneau.** *Pêcher des crevettes avec une épuisette.* 2 Pelle creuse pour vider l'eau d'une barque. ⇒ **écope.**

épulide n. f. – XVIe ; *épi-* et gr. *oulôn* « gencive » ▪ Petite tumeur charnue sur les gencives. ⇒ **parulie.**

épulon n. m. – XVIe ; lat. *epulæ* « repas » ▪ Prêtre qui présidait aux festins donnés en l'honneur des dieux de l'Antiquité romaine.

épulpeur n. m. – XIXe ▪ Appareil qui sert dans la distillation des betteraves à séparer le jus des pulpes.

épurateur n. m. et adj. m. – XVIIIe ▪ Appareil qui sert à épurer un liquide, un gaz. *Épurateur d'eau.*

épuration n. f. – XVIIe 1 Action d'épurer. ⇒ **purification ; dépuration.** *Épuration des eaux usées. Bassin, station d'épuration.* ♦ *Épuration extrarénale :* méthode permettant de débarrasser l'organisme de produits toxiques accumulés à cause d'une défaillance de la fonction rénale. ⇒ **dialyse, rein** (artificiel). 2 Élimination des membres qu'on juge indésirables dans une association, un parti, une société. ⇒ **purge.** ➤ Élimination des collaborateurs à la Libération (1944). ✪ CONTR. Corruption, pollution.

épure n. f. – XVIIe 1 Dessin à grande échelle ou grandeur nature. 2 Représentation linéaire d'une figure à trois dimensions, qui en donne l'élévation, le plan et le profil. ⇒ ③ **plan.** *Épure d'une voûte.* 3 Grands traits, projet (d'une œuvre). *L'épure d'un roman.* ⇒ **ébauche.** loc. *Sortir de l'épure :* ne pas respecter le cadre fixé pour une activité, une discussion.

épurement n. m. – XIIIe ▪ littér. Le fait d'épurer. *Épurement du style.*

épurer v. tr. [1] – XIIe 1 Rendre pur, plus pur, en éliminant les éléments étrangers. ⇒ **purifier.** *Épurer de l'eau.* ⇒ **clarifier, distiller, filtrer.** *Épurer un minerai.* 2 Affiner, rendre plus délicat. ➤ « *Cette langue, je la voulus* [...] *plus stricte, plus épurée* » (Gide). 3 Éliminer certains éléments de (un groupe, une société). *Épurer une assemblée.* ✪ CONTR. Polluer, salir, souiller. Corrompre, pervertir.

épurge n. f. – XIIIe ; de l'a. v. *espurgier* « nettoyer, purifier » ▪ Variété d'euphorbe dont les semences donnent une huile purgative.

épyornis → **æpyornis**

équanimité [ekwanimite] **n. f.** – XVIe ; lat. *æquus* « égal » et *animus* « esprit, âme » ■ **littér.** Égalité d'âme, d'humeur. ⇒ **impassibilité, philosophie, sérénité.**

équarrir **v. tr.** [2] – XIIIe ; lat. *exquadrare* « rendre carré » **I - 1** Rendre carré, tailler à angles droits. *Équarrir une poutre.* ⇒ **charpenter. 2** *Mal équarri :* grossier, à l'état d'ébauche. « *ce livre barbare, mal équarri, sans art, sans grâce* » (Gide). **II** Couper en quartiers (un animal mort). *Équarrir un cheval.*

❑ Même famille étym. que *équerre* et *carré.*

équarrissage **n. m.** – XIVe **1** Action d'équarrir ; état de ce qui est équarri. *Équarrissage d'une poutre.* **2** *Équarrissage des animaux :* abattage et dépeçage d'animaux impropres à la consommation alimentaire.

équarrisseur **n. m.** – XVIe ■ Personne qui équarrit (II). « *le coup d'assommoir de l'équarrisseur* » (Gaut.).

équateur [ekwatœʀ] **n. m.** – XIVe ; lat. *æquare* « rendre égal » **1** *Équateur céleste :* grand cercle de la sphère céleste, parallèle à l'équateur. **2** Grand cercle de la Terre perpendiculaire à son axe de rotation et la partageant en deux hémisphères. *Distance d'un lieu terrestre à l'équateur.* → **latitude.** « *au niveau de l'équateur la durée du jour et de la nuit est égale en toute saison* » (Tournier). **3** Les régions comprises dans la zone équatoriale. **4** *Équateur thermique :* ligne annuelle ou saisonnière des points du globe où sont observées les températures les plus hautes. **5** *Équateur magnétique :* ligne irrégulière formée autour de la Terre par la suite des points où l'inclinaison de l'aiguille aimantée est nulle.

❑ Ce mot a conservé la prononciation latine en [kwa], ainsi que *adéquat, équanimité, équation* (comparer à *qualité, quarante, équestre,* etc.). Voir les hésitations contemporaines entre les prononciations [ka] et [kwa] pour *quadragénaire, quadrupler, quartette.* ♦ Pour les autres cas → ① q (rem.).

équation [ekwasjɔ̃] **n. f.** – XVIIe ; lat. *æquare* « rendre égal » **1** Relation conditionnelle existant entre deux quantités et dépendant de certaines variables (ou inconnues). *Résoudre une équation,* trouver les valeurs des inconnues (*racines* ou *solutions de l'équation*) qui vérifient l'équation. *Équation à une, deux... inconnues. Équation du premier, du second degré.* ➝ *Équation différentielle, aux dérivées partielles,* où l'inconnue est fonction de plusieurs variables et dont les dérivées partielles apparaissent dans l'équation. ♦ *Équation d'une courbe, d'une surface :* condition caractéristique vérifiée par les coordonnées d'un point quelconque appartenant à la courbe, à la surface. **2** *Équation d'une réaction :* expression symbolique qui représente une transformation chimique. ➝ *Équation du temps :* différence entre le temps vrai et le temps moyen. **3** *Équation personnelle :* en psychologie, temps, variable selon les individus, qui sépare l'observation et l'enregistrement d'un phénomène ; déformation que la tournure d'esprit, les préjugés font subir à ce que perçoit un individu.

❑ Pour la prononciation → équateur (rem.).

équatorial, iale, iaux [ekwatɔʀjal, jo] **adj.** et **n. m.** – XVIIIe **I adj. 1** Relatif à l'équateur terrestre. *La zone équatoriale,* comprise entre les deux tropiques et traversée en son milieu par l'équateur. « *la férocité de la forêt équatoriale* » (Morand). *Les climats équatoriaux ou intertropicaux.* **2** *Coordonnées équatoriales d'un astre :* ascension droite et déclinaison. **II n. m.** Appareil analogue au théodolite, qui sert à mesurer la position d'une étoile par son ascension droite et sa déclinaison.

équerrage **n. m.** – XVIIIe ■ Ouverture de l'angle fait par deux faces planes adjacentes.

équerre **n. f.** – XIIe ; lat. *exquadrare* « rendre carré » → équarrir **1** Instrument destiné à tracer des angles droits ou à élever des perpendiculaires. *Équerre à dessiner :* triangle rectangle plein et percé d'un petit œil, ou évidé. *Double équerre* ou *équerre en T.* ⇒ ① **té.** *Équerre d'arpenteur.* ⇒ **graphomètre.** *Fausse équerre,* à branches mobiles. ⇒ **sauterelle. 2** loc. *À L'ÉQUERRE :* à angle droit. ➝ *EN ÉQUERRE :* disposé de manière à former un angle droit. ➝ *D'ÉQUERRE :* à angle droit. **3** Pièce en forme d'angle droit, de T, destinée à consolider les assemblages. ⇒ **cornière.**

équerrer **v. tr.** [1] – XVIIIe ■ Donner à (une pièce de bois) l'équerrage voulu.

équestre **adj.** – XIVe ; lat. *equus* « cheval » **1** Qui représente une personne à cheval. *Statue équestre.* **2** Relatif à l'équitation. *Sports équestres.*

équeuter **v. tr.** [1] – XIXe ■ Dépouiller (un fruit) de sa queue. *Cerises équeutées.*

équi- [ekɥi ; eki] Élément, du lat. *æqui-,* de *æquus* « égal ».

équiangle [ekɥiɑ̃gl] **adj.** – XVIe ■ Dont les angles sont égaux. *Triangle équiangle.* ⇒ **équilatéral.**

équidés **n. m. pl.** – XIXe ; lat. *equus* « cheval » ■ Famille de mammifères herbivores à pattes terminées par un seul doigt (cheval, âne, onagre, zèbre).

équidistant, ante [ekɥidistɑ̃, ɑ̃t] **adj.** – XIVe ; lat. *æquidistans* « parallèle » ■ Qui est à distance égale ou constante de points (de droites, de plans) déterminés. *Tous les points d'une circonférence sont équidistants du centre. Il y a, à droite,* « *une succession de fenêtres équidistantes* » (Robbe-Grillet).

❑ Ce mot a conservé la trace du *u* latin (comme *équateur*), sous la forme [ɥ] : [kɥi]. (Comparer à *équilibre, équivalent, équivoque*). → équité (rem.).

équilatéral, ale, aux [ekɥilateʀal, o] **adj.** – XVIe ■ Dont les côtés sont égaux entre eux. *Triangle équilatéral.*

équilatère [ekɥilatɛʀ] **adj.** – XIIIe ; *équi-* et *-latère* ■ *Hyperbole équilatère,* à asymptotes perpendiculaires.

équilibrage **n. m.** – XIXe ■ Action d'équilibrer ; son résultat. *Équilibrage des roues d'une automobile.*

équilibrant, ante **adj.** – XIXe **1** Qui fait équilibre. *Poids équilibrant.* **2** Qui concourt à l'équilibre mental. *Facteur équilibrant dans la vie de qqn.* ✪ CONTR. Déséquilibrant.

équilibration **n. f.** – XIXe ■ Ensemble des moyens permettant à un organisme vivant de trouver ou de maintenir son équilibre physique.

équilibre **n. m.** – XVIe ; *équi-* et lat. *libra* « balance » **1** Le fait, pour plusieurs forces agissant simultanément sur un système matériel, de ne modifier en rien son état de repos ou de mouvement ; état d'un système matériel soumis à l'action de forces quelconques, lorsque toutes ses parties demeurent au repos. *Forces en équilibre. Équilibre stable,* tel que le système matériel, légèrement écarté de sa position, tende à y revenir par de petites oscillations. *Équilibre instable,* dans lequel le corps, écarté de sa position, se met en équilibre dans une position différente. *Équilibre indifférent,* dans lequel le corps, écarté de sa position, reste en équilibre dans sa nouvelle position. ♦ État d'une substance dont la composition ne varie pas, soit qu'aucune réaction chimique n'apparaisse, soit que deux réactions inverses se produisent à la même vitesse et s'annulent. 2 Attitude ou position stable. *Garder l'équilibre. Perdre l'équilibre.* ⇒ **chanceler,** ① **tomber.** « *penché en avant, le dos courbé, dans un équilibre qui paraît précaire* » (Robbe-Grillet). *Rétablir l'équilibre.* ➛ EN ÉQUILIBRE. *Tenir en équilibre. Pile de livres en équilibre, en équilibre instable.* ♦ En danse, Position du corps reposant sur un seul pied. *Équilibre sur pointe, sur demi-pointe.* ♦ *Sens de l'équilibre* : ensemble d'impressions et de sensations fournies par la vision, l'appareil vestibulaire de l'oreille interne et la sensibilité interne, qui permettent à l'individu de se maintenir et de se mouvoir normalement. *Troubles de l'équilibre.* 3 Rapport convenable, proportion heureuse entre des éléments opposés ou juste répartition des parties d'un ensemble ; état de stabilité ou d'harmonie qui en résulte. ⇒ ① **balance, harmonie, pondération.** « *Ce désaccord entre mes moyens et mes désirs, ce défaut d'équilibre annulera toujours mes efforts* » (Balz.). *Faire, rétablir l'équilibre* : rendre les choses égales. ♦ *Équilibre entre les États, les nations d'un continent, du monde. Équilibre européen. L'équilibre des forces en présence.* ➛ *Équilibre de la balance commerciale. Équilibre de la balance des paiements. Équilibre budgétaire.* 4 Harmonie entre les tendances psychiques qui se traduit par une activité, une adaptation normales. *Facteur d'équilibre. Conserver, retrouver son équilibre.* ⇒ ① **calme, sérénité.** 5 Répartition des lignes, des masses, des pleins et des vides ; agencement harmonieux (d'une œuvre d'art, d'un ouvrage d'architecture). ⇒ **proportion, symétrie.** *Équilibre d'un tableau.* ✪ CONTR. Déséquilibre, instabilité. Disproportion.

équilibré, ée adj. – XVIe 1 En équilibre. ⇒ **stable.** *Chargement équilibré.* « *Assis sur une chaise mal équilibrée, le père Taupe tirait la langue et pleurnichait de l'œil gauche* » (Queneau). 2 *Caractère (bien) équilibré*, dont les qualités sont dans un rapport harmonieux. ⇒ **mesuré, pondéré, raisonnable.** ➛ *Un enfant équilibré.* ✪ CONTR. Boiteux, déséquilibré, instable.

équilibrer v. tr. [1] – XVIe 1 Opposer une force à (une autre), de manière à créer l'équilibre. ⇒ **compenser, contrebalancer, pondérer.** *Équilibrer un poids par un contrepoids.* 2 Mettre en équilibre ; rendre stable. ⇒ **stabiliser.** *Équilibrer une balance.* ➛ *Équilibrer un budget, les finances d'un État.* 3 Répartir systématiquement, harmonieusement. *Équilibrer les masses, les volumes*, dans une composition, un tableau. 4 *Équilibrer qqn*, lui donner un bon équilibre. *Ces nouvelles activités l'ont équilibré.* 5 S'ÉQUILIBRER v. pron. récipr. *Les deux poids s'équilibrent.* ➛ « *Chez l'homme, voyez-vous, le bon et le mauvais s'équilibrent, égoïsme d'une part, altruisme de l'autre* » (Céline). ✪ CONTR. Déséquilibrer.

équilibreur n. m. – XIXe ▪ Appareil qui, en agissant sur les gouvernails, maintient l'avion en vol rectiligne.

❑ On a employé plus récemment (1968) *équilibrateur*, de même sens.

équilibriste n. – XVIIIe ▪ Personne dont le métier est de faire des tours d'adresse, d'équilibre. ⇒ **acrobate.**

équille n. f. – XVIe ; de *quille* « chenille » ▪ Poisson long et mince qui s'enfouit dans le sable. ⇒ **lançon.**

équimolaire [ekɥimɔlɛʀ] adj. – 1968 ; de *équi-* et *mole* ▪ En chimie, Qui contient le même nombre de moles de différents constituants dans un même volume de solvant.

équimoléculaire [ekɥimɔlekylɛʀ] adj. – XIXe ▪ Qui contient plusieurs corps en égales proportions moléculaires.

équimultiple [ekɥimyltipl] adj. – XVIIe ▪ Se dit de plusieurs nombres égaux chacun à chacun aux nombres d'une autre série multipliés par un même nombre entier. *Les nombres 4, 10 et 16 sont équimultiples de 2, 5 et 8* (multiplicateur : 2).

équin, ine adj. – XVIe ; lat. *equus* « cheval » 1 Relatif au cheval. *Sérum équin.* 2 *Pied bot équin*, qui ne peut s'appuyer que sur la pointe, du fait de sa position fixée en extension maximale par rapport à la jambe (paralysie acquise ou malformation congénitale). ⇒ aussi **varus.**

❑ Même famille étym. que *équitation, équestre.*

équinisme n. m. – av. 1953 ▪ Difformité qui caractérise le pied bot équin.

équinoxe n. m. – XIIIe ; lat. *æquus* « égal » et *nox, noctis* « nuit » ▪ Période de l'année où, le soleil passant par l'équateur, le jour a une durée égale à celle de la nuit, d'un cercle polaire à l'autre. *Équinoxe de printemps* (21 mars), *d'automne* (23 septembre). « *Pendant l'équinoxe, on sait que les marées sont ordinairement très fortes* » (J. Verne). *Les équinoxes et les solstices.*

❑ Attention, *équinoxe* est masculin : « *les deux intervalles d'un équinoxe à l'autre* » (Laplace).

équinoxial, iale, iaux adj. – XIIIe ▪ Qui a rapport à l'équinoxe.

équipage n. m. – XVe I - 1 Ensemble des personnes qui assurent la manœuvre et le service sur un navire. *Homme d'équipage.* 2 Ensemble des personnes qui assurent la manœuvre d'un avion, et ensemble du personnel attaché au service dans les avions. ⇒ **navigant.** *Le commandant de bord et son équipage.* II - 1 *Train des équipages* : corps de troupe chargé de l'entretien et de l'acheminement du matériel militaire. 2 Autrefois, Ensemble des voitures, chevaux... et du personnel qui en a charge. « *j'ai les plus beaux chevaux, les plus charmants équipages de Paris* » (Balz.). 3 vx Habit, toilette. ⇒ **accoutrement, tenue.** « *J'étais ce jour-là dans le même équipage négligé qui m'était ordinaire* » (Rouss.). III Ensemble des objets nécessaires à certains travaux ou entreprises. ⇒ **équipement, matériel.** *Équipage de pompe, de machines.*

équipartition [ekɥipaʀtisjɔ̃] n. f. – 1905 ; de *équi-* et *partition* ▪ Partage égal, répartition égale.

équipe n. f. – XVe ; de *équiper* 1 Groupe de personnes unies dans une tâche commune. *Former une équipe. Travailler en équipe. Faire équipe avec qqn. Faire partie d'une équipe. Équipe d'ouvriers. Équipe de chercheurs dans un laboratoire.* ♦ *Esprit d'équipe*, animant une équipe dont les membres collaborent en parfait accord. « *si tu veux rester avec nous, il faudra prendre l'esprit d'équipe et t'habituer à tout mettre en commun* » (Sartre). 2 Groupe de personnes qui agissent, se distraient ensemble. *Ils forment une sacrée équipe !* 3 Groupe de personnes pratiquant un même sport et associées en nombre déterminé pour disputer des compétitions, des matchs, des championnats. *Jouer en équipe, par équipe. Jeu, sport d'équipe. Équipe de France, de Belgique. Capitaine, entraîneur, soigneur de l'équipe. Équipe de football* **(⇒ onze)**, *de rugby* **(⇒ quinze)**, *de hockey.*

équipée n. f. – XVIe 1 Sortie, promenade en toute liberté. *Il se rappelait « la folle équipée de Marseille »* (Mart. du G.). 2 Aventure mouvementée dans laquelle on se lance parfois à la légère. ⇒ **escapade, frasque.** *Quelle équipée !* ⇒ **expédition.**

équipement n. m. – XVIIe 1 Objets nécessaires à l'armement, à l'entretien d'une armée, d'un soldat. ⇒ **arme, attirail, bagage ;** fam. **barda.** 2 Tout ce qui sert à équiper une personne, un animal, une chose en vue d'une activité déterminée (objets, vêtements, appareils, accessoires). *Équipement de chasse, de pêche.* ⇒ **matériel.** *Équipement électroménager. Avec tous les équipements modernes.* ♦ *Équipement d'une région. Équipement hôtelier.* ➛ au plur. *Équipements collectifs* : ensemble des locaux et installations nécessaires à la vie d'une collectivité.

équipementier n. m. – 1978 ■ Fabricant des équipements électriques, électroniques pour l'industrie aéronautique, automobile.

équiper v. tr. [1] – XIIe ; a. norm. *skip* « navire » 1 Pourvoir (un navire) de ce qui est nécessaire à la navigation. *Équiper un baleinier, une flotte.* ⇒ **armer, avitailler, gréer.** 2 Pourvoir des choses nécessaires à une activité. *Équiper une armée, des troupes. Équiper un cavalier.* ➛ *Être bien équipé pour la chasse.* ♦ *Équiper une automobile d'une alarme.* ⇒ **munir.** ♦ *Équiper une cuisine.* « *Ces salles étaient d'ailleurs équipées pour soigner les malades dans le minimum de temps* » (Camus). ⇒ **aménager, installer.** ➛ *Équiper une région d'un réseau routier.* 3 S'ÉQUIPER v. pron. Se munir d'un équipement, du nécessaire. « *il nous semblait pénible* [...] *de s'équiper, de s'armer pour partir en patrouille* » (Cendrars). ➛ fam. *S'équiper contre le froid.* ✪ CONTR. Déséquiper. Désarmer. Démunir.

équipier, ière n. – XIXe ■ Membre d'une équipe sportive. ⇒ **coéquipier.** ➛ Membre de l'équipage (d'un bateau de plaisance).

équipollence [ekɥipɔlɑ̃s] n. f. – XIIIe ■ Propriété de deux bipoints équipollents.

équipollent, ente [ekɥipɔlɑ̃, ɑ̃t] adj. – XIIIe ; lat. *æquipollens* « équivalent » ■ *Bipoints équipollents* : bipoints d'un espace affine tels que les segments tracés de l'origine de l'un à l'extrémité de l'autre aient le même milieu.

équipotent [ekɥipɔtɑ̃] adj. m. – 1960 ; *équi-* et lat. *potens* « puissant » ■ Se dit, en mathématiques, de deux ensembles entre lesquels on peut construire une bijection.

équipotentiel, ielle [ekɥipɔtɑ̃sjɛl] adj. – XIXe ■ Qui a le même potentiel électrique.

équiprobable [ekɥipʀɔbabl] adj. – v. 1950 ■ En mathématiques, Se dit d'événements qui ont les mêmes probabilités.

équisétinées [ekɥisetine] n. f. pl. – XIXe ; lat. *equus* « cheval » et *seta* « soie » ■ Classe de cryptogames vasculaires comprenant les prêles.

équitable adj. – XVIe 1 Qui a de l'équité. *Un homme équitable.* ⇒ **impartial, juste.** 2 Conforme à l'équité. *Partage équitable.* ✪ CONTR. Arbitraire, inéquitable, injuste, partial.

équitablement adv. – XVIe ■ D'une manière équitable. ✪ CONTR. Injustement.

équitation n. f. – XVIe ; lat. *equitare* « aller à cheval » ■ Action et art de monter à cheval. *Faire de l'équitation,* du cheval. « *Il faut qu'il prenne des leçons d'équitation* » (Mauriac).

équité n. f. – XIIIe ; lat. *æquitas* « égalité » 1 Notion de la justice naturelle dans l'appréciation de ce qui est dû à chacun ; vertu qui consiste à régler sa conduite sur le sentiment naturel du juste et de l'injuste. *Esprit d'équité.* ⇒ **droiture, justice.** *Traiter un ennemi avec équité.* ⇒ **impartialité.** 2 Conception d'une justice naturelle qui n'est pas inspirée par les règles du droit en vigueur (opposé à *droit positif,* ① *loi*). « *Qu'y a-t-il donc au-dessus de la justice ? – L'équité* » (Hugo). 3 Caractère de ce qui est conforme à l'équité. *Équité d'un partage.* ✪ CONTR. Iniquité, injustice ; partialité.

❑ La prononciation de *qu* suit la règle ; ce n'est pas toujours le cas. → ① q, ubiquité (rem.).

équivalence n. f. – XIVe 1 Qualité de ce qui est équivalent. ⇒ **adéquation, égalité, identité.** ♦ Assimilation d'un titre, d'un diplôme à un autre. *Obtenir une équivalence.* 2 *Relation d'équivalence sur un ensemble E* : relation binaire sur E, réflexive, symétrique et transitive. ➛ Opérateur d'une proposition complexe (notée ⇔, ≡ ou ~), par lequel cette proposition est vraie si les propositions élémentaires sont toutes deux vraies ou toutes deux fausses. ✪ CONTR. Différence.

① **équivalent, ente** adj. – XIVe 1 Dont la quantité a la même valeur. ⇒ **égal.** « *J'inflige aux trois maîtres* [...] *une punition équivalente, huit jours d'arrêt* » (Loti). ♦ *Surface, volumes équivalents,* égaux et de formes différentes. *Équations équivalentes,* qui admettent le même ensemble de solutions. ➛ *Projection équivalente* : projection cartographique qui respecte les surfaces et déforme les contours. 2 Qui a la même valeur ou fonction. « *Toutes les phrases de son livre* [l'Étranger, de Camus] *sont équivalentes, comme sont équivalentes toutes les expériences de l'homme absurde* » (Sartre). ♦ *Philéas gagna* « *chaque année une somme équivalente à celle de ses dépenses* » (J. Verne). ✪ CONTR. Inégal. Différent. — HOM. Équivalant (équivaloir).

❑ L'adjectif *équivalent* et le participe présent *équivalant* peuvent entrer dans des phrases ambiguës : *produit équivalent à un autre* (qui est l'équivalent d'un autre), et *produit équivalant à un autre* (qui équivaut à un autre).

② **équivalent** n. m. – XIVe 1 Ce qui équivaut, la chose équivalente. « *un chef-d'œuvre dont vous ne pourrez trouver l'équivalent que dans l'école florentine ou l'école romaine* » (Gaut.). 2 Mot ou expression que l'on peut substituer à un autre mot ou une autre expression. ⇒ **synonyme.** « *Le mot* infini, *comme les mots* Dieu, esprit [...], *dont les équivalents existent dans toutes les langues* » (Baud.). 3 Poids de substance obtenu en divisant le poids atomique d'un élément par sa valence. 4 *Équivalent mécanique de la chaleur* : rapport constant entre le travail et la quantité de chaleur échangés par transformation de l'énergie. ♦ *Tonne équivalent pétrole.* ⇒ **TEP.**

équivaloir v. tr. ind. [29] ; rare à l'inf. – XVe ; lat. « valoir autant » ■ ÉQUIVALOIR À. 1 Avoir la même valeur en quantité que. *En valeur nutritive, deux cents grammes de poisson équivalent à cent grammes de viande.* ➛ pronom. *Cela s'équivaut.* 2 Avoir la même valeur ou fonction que. ⇒ **signifier, valoir.** « *ces gens ont une façon de dire "je te pardonne" qui équivaut à dire "je t'accuse"* » (Duham.). ⇒ **revenir** (à). ✪ HOM. *Équivalant* : équivalent.

équivoque adj. et n. f. – XIIIe ; lat. « à double sens », de *vox* « parole » I adj. 1 Qui peut s'interpréter de plusieurs manières, n'est pas clair. ⇒ **ambigu, amphibologique, obscur.** « *il parlait rarement d'une façon tout à fait nette, ses réponses étaient équivoques* » (R. Rolland). 2 Dont la signification n'est pas certaine, qui peut s'expliquer de diverses façons. *Position équivoque.* ⇒ ① **faux.** ♦ Qui semble impliquer un désir sexuel, mais en prêtant toujours à confusion. « *Pas un seul mot équivoque, pas une seule plaisanterie hasardée* » (Rouss.). ⇒ **licencieux.** 3 Qui n'inspire pas confiance. ⇒ **douteux,** ① **louche, suspect.** *Passé équivoque. Milieu équivoque.* ⇒ **inquiétant, interlope.** II n. f. 1 Ce qui prête à des interprétations diverses dans le discours. ⇒ **ambiguïté, amphibologie.** *Lever une équivoque.* ⇒ **malentendu.** « *Relu ma lettre une dernière fois. Ton satisfaisant, sans équivoque possible* » (Mart. du G.). 2 Incertitude laissant le jugement hésitant. *Dissiper l'équivoque.* ✪ CONTR. Catégorique, clair, ② franc, ② net, ① précis. ① Positif. Sincère.

érable n. m. – XIIIe ; lat. *acer* « érable », et p.-ê. gaul. *abolo* « sorbier » ■ Grand arbre à feuilles lobées et pétiolées (*acéra-*

cées), dont le fruit est muni d'une longue aile membraneuse. *Érable faux platane.* ⇒ **sycomore.** ➝ *Érable du Canada,* dont la sève donne un sirop riche en sucre. *Sirop d'érable.*

érablière n. f. – XVIIIe ▪ Plantation d'érables.

éradication n. f. – XIVe ; lat. « action de déraciner » **1** En médecine, Action d'arracher, d'extirper. ⇒ **arrachement.** *Éradication des polypes de l'utérus.* **2** Suppression totale. *Éradication du paludisme.*

éradiquer v. tr. 1 – mil. XXe ▪ Supprimer complètement. *Éradiquer une maladie épidémique.* ➝ *Éradiquer la pauvreté.*

éraflement n. m. – XIXe ▪ rare Action d'érafler.

érafler v. tr. 1 – XIVe ; de *é-* et *rafler* **1** Entamer légèrement la peau de. *Il s'est éraflé la main avec un clou.* ⇒ **écorcher, égratigner. 2** *Érafler le bois d'un meuble.* ⇒ **rayer.** *Cuir éraflé.*

éraflure n. f. – XVIIe ▪ Entaille superficielle. « *De longues éraflures zèbrent les épaules du dompteur* » (Gaut.). ⇒ **égratignure.** ♦ « *Il y a, dans l'angle du plafond,* [...] *une trace quelconque de choc ou d'éraflure* » (Robbe-Grillet).

éraillé, ée adj. – XIIIe **1** Injecté de sang. « *je n'ai pas toujours eu les yeux éraillés et bordés d'écarlate* » (Volt.). **2** Qui présente des rayures, des déchirures superficielles. *Tissu éraillé.* **3** *Voix éraillée.* ⇒ **cassé, rauque.**

éraillement n. m. – XVIe **1** Déchirure allongée, irrégulière, de l'épiderme. ⇒ **écorchure, éraflure. 2** Fait de s'érailler. *Éraillement de la voix.*

érailler v. tr. 1 – XVIIe ; lat. *rota* « roue » **1** Déchirer superficiellement. ⇒ **écorcher, érafler, rayer.** *Érailler du cuir.* ➝ pronom. *Cette étoffe commence à s'érailler.* **2** Rendre rauque. *Le tabac lui éraille la voix.*

éraillure n. f. – XVIIe ▪ Éraflure, éraillement.

erbine n. f. – XIXe ; de *Ytterby,* ville de Suède ▪ Oxyde terreux de l'erbium.

erbium [ɛʀbjɔm] n. m. – XIXe ▪ Élément atomique (Er ; n° at. 68 ; m. at. 167), métal trivalent du groupe des terres rares dont on ne connaît qu'un oxyde terreux, l'erbine.

erbue → **herbue**

ère n. f. – XVIe ; lat. *æra* « nombre, chiffre » **1** vx Point de départ d'une chronologie particulière. *L'ère des musulmans est l'hégire.* **2** Espace de temps qui commence à un point fixe et déterminé. *L'ère chrétienne, musulmane.* **3** Époque qui commence avec un nouvel ordre de choses. ⇒ **âge, période.** « *j'attends je ne sais quelle ère de délivrance qui ne viendra pas* » (Ste-Beuve). *Une ère nouvelle. L'ère atomique.* **4** Division la plus grande des temps géologiques. *Ère primaire, tertiaire...* ✪ HOM. Air, aire, erre, ers, hère, ① r.

érecteur, trice adj. – XVIIIe ▪ Qui produit l'érection. *Muscles érecteurs.*

érectile adj. – XIXe ▪ Susceptible d'érection ; capable de se dresser. *Poils érectiles.*

érection n. f. – XVe ; lat. *erigere* « dresser » **1** littér. Action d'ériger, d'élever. ⇒ **construction, élévation.** « *l'érection de la cathédrale ne passionne pas les habitants de la ville* » (Sartre). ♦ vieilli Action d'établir. ⇒ **établissement, fondation, institution.** *Érection d'un tribunal.* **2** Fait, pour certains tissus ou organes, de se redresser en devenant raides, durs et gonflés. ⇒ **tumescence, turgescence.** *Clitoris en érection.* ♦ Érection de la verge. *Être en érection.* ✪ CONTR. Démolition. Dégonflement, détumescence.

éreintage n. m. – XIXe ▪ Critique impitoyable. ⇒ **éreintement.**

éreintant, ante adj. – XIXe ▪ Qui brise de fatigue. ⇒ **épuisant, exténuant, fatigant.** « *Quatre jours à Rome, éreintants, et au retour, de nouveau la grippe* » (Mauriac). ✪ CONTR. Délassant, reposant.

éreinté, ée adj. – XIVe ▪ Très fatigué. ⇒ **fourbu,** ① **las, moulu, rompu.** ✪ CONTR. Reposé.

éreintement n. m. – XIXe **1** Critique extrêmement sévère et malveillante. ⇒ **éreintage. 2** Fatigue extrême. ⇒ **épuisement, lassitude.**

éreinter v. tr. 1 – XVIIe ; de *é-* et *rein* **1** Excéder de fatigue. ⇒ **épuiser, exténuer, fatiguer, harasser, tuer.** ➝ pronom. « *nous nous éreintions à faire des librairies, des éditions, des brochures, des livres* » (Péguy). ⇒ **s'échiner. 2** Critiquer de manière à détruire le crédit, la réputation de. ⇒ **démolir, maltraiter.** « *Les journaux, parlons-en !* [...] *Les revues !* [...] *On m'éreinte de toutes parts* » (Gide). ✪ CONTR. ① Reposer. ① Louer, vanter.

> ❑ Ce verbe a eu le sens propre de « blesser les *reins* de (qqn, un animal) en le battant ».

***éRémiste** [eʀemist] n. – 1990 ▪ Bénéficiaire du R.M.I.

> ❑ Dérivé formé sur le sigle *R.M.I.,* qui présente le cas difficile du nom de consonne (r) commençant à l'oral par une voyelle [ɛʀ]. → nième (rem.). ♦ S'écrit aussi *RMiste, RMIste.*

érémitique adj. – XVIe ; gr. *erêmos* « désert » ▪ littér. Propre à un ermite (opposé à *cénobitique*). *Vie érémitique.*

érepsine n. f. – 1901 ; gr. *ereipein* « démolir » ▪ Mélange de protéases sécrétées par l'intestin grêle.

-érèse Élément, du gr. *eirein* « enlever ».

érésipèle → **érysipèle**

éréthisme n. m. – XVIIIe ; gr. « irritation » ▪ État d'excitabilité accrue. *Éréthisme cardiaque. Ces émotions « nous maintenaient dans un état d'éréthisme trop violent »* (J. Verne).

éreuthophobie n. f. – 1903 ; gr. *ereuthô* « je rougis » et *-phobie* ▪ Crainte pathologique de rougir.

① **erg** [ɛʀg] n. m. – XIXe ; mot ar. ▪ Région du Sahara couverte de dunes (opposé à *hamada*). *Des ergs,* ou ar. *des areg* [aʀɛg]. ➝ Espace désertique occupé par des dunes.

> ❑ Le pluriel arabe *areg* correspond à celui de *touareg.* ♦ Ne pas confondre avec *reg,* mot également arabe qui désigne un désert rocheux.

② **erg** [ɛʀg] n. m. – XIXe ; gr. *ergon* « travail » ▪ Ancienne unité de mesure de travail ou d'énergie du système C.G.S., valant 10^{-7} joule.

ergastoplasme n. m. – XIXe ; gr. *ergastês* « celui qui travaille » et *-plasme* ▪ Ensemble d'éléments cytoplasmiques.

ergastule n. m. – XIVe ; gr. *ergastêrion* « atelier » ▪ Prison souterraine, cachot, dans l'Antiquité romaine.

ergo-, -ergie Éléments, du gr. *ergon* « travail, force ».

ergographe n. m. – 1903 ; *ergo-* et *-graphe* ▪ Appareil pour l'étude et la mesure du travail musculaire.

ergol n. m. – 1973 ; gr. *ergon* « énergie » ▪ Substance employée seule (⇒ **monergol)** ou comme composant d'un mélange (⇒ **propergol),** pour fournir de l'énergie. ⇒ **hydrazine.**

ergologie n. f. – 1953 ; *ergo-* et *-logie* ▪ Partie de la physiologie qui étudie l'activité musculaire.

ergométrie n. f. – v. 1960 ; *ergo-* et *-métrie* ▪ Mesure du travail fourni par les muscles.

ergométrique adj. – v. 1960 ▪ Relatif à l'ergométrie.

ergonome n. – 1972 ▪ Spécialiste de l'ergonomie.

❑ On dit aussi *ergonomiste*, plus ancien.

ergonomie n. f. – v. 1965 ; *ergo-* et *-nomie* ▪ Étude et recherche de l'amélioration des conditions de travail et des relations entre l'homme et la machine.

ergonomique adj. – av. 1970 ▪ Relatif, conforme à l'ergonomie.

ergostérol n. m. – 1933 ; de *ergot* (de seigle) et *stérol* ▪ Stérol qui se transforme en vitamine D sous l'effet des rayons ultraviolets.

ergot n. m. – XIIe ; o. i. **I** - **1** Chez les gallinacés mâles, Pointe recourbée du tarse, servant d'arme offensive. « *Le coq jaloux monte sur ses ergots pour un combat suprême* » (Renard). ♦ loc. fig. *Monter, se dresser sur ses ergots* : prendre une attitude menaçante. « *le petit, vexé, restait dressé sur ses ergots, dans une pose de défi* » (Mart. du G.). **2** Chez les mammifères qui n'ont que deux ou trois doigts, Apophyse cornée en arrière du boulet. *Ergots du cheval.* ♦ Ongle supplémentaire d'un chien vers la partie postérieure de la patte. **II** - **1** Petit corps oblong et vénéneux formé par un champignon parasite, qui se développe au détriment du grain de certaines céréales. *Ergot de seigle.* ➝ Maladie cryptogamique de nombreuses graminées, où apparaissent des ergots. **2** Petite pointe de branche morte restant à un arbre fruitier. **3** Saillie laissée à une pièce de bois, de fer.

ergotage n. m. – XVIe ▪ Action, fait d'ergoter ; critique pointilleuse.

ergotamine n. f. – v. 1970 ▪ Alcaloïde extrait de l'ergot de seigle.

ergoté, ée adj. – XVIe **1** Pourvu d'ergots *Un oiseau ergoté.* **2** Atteint d'ergot. *Blé ergoté.* ⇒ **cornu.**

ergoter v. intr. [1] – XIIIe ; lat. *ergo* « donc » ▪ Trouver à redire sur des vétilles ; contester avec des arguments captieux. ⇒ **discuter,** fam. **pinailler, ratiociner.** « *il ergote volontiers, ne cherchant du reste pas à convaincre l'adversaire, mais à lui clouer le bec* » (Gide).

ergoteur, euse n. et adj. – XVIe ▪ Personne qui aime à ergoter. ⇒ **chicanier, pinailleur.** « *Elle me tient pour ergoteur parce que je ne supporte pas l'illogisme* » (Gide).

ergothérapie n. f. – 1911 ; *ergo-* et *-thérapie* ▪ Traitement de rééducation des infirmes, des invalides et des malades mentaux par un travail adapté leur permettant de se réinsérer dans la vie sociale.

ergotisme n. m. – XIXe ▪ Empoisonnement provoqué par la consommation de seigle ergoté.

éricacées n. f. pl. – XIXe ; lat. *erica* « bruyère » ▪ Famille de plantes dicotylédones gamopétales superovariées, comprenant des arbrisseaux ou arbustes (azalée, bruyère, myrtille, rhododendron).

ériger v. tr. [3] – XVe ; lat. « dresser » **1** Placer en station verticale. ⇒ **dresser.** *On érigea l'obélisque place de la Concorde.* ♦ Construire avec solennité. ⇒ **bâtir, élever.** *Ériger un temple.* **2** ⇒ **créer, établir, fonder, instituer.** *Ériger un tribunal, une commission, une société.* ♦ ÉRIGER EN : donner le caractère de ; faire passer à. ⇒ **changer, transformer.** *Ériger un criminel en héros.* ♦ S'ÉRIGER EN v. pron. S'attribuer la personnalité, le rôle de. ⇒ se **poser** (en). « *personne parmi nous ne peut s'ériger en juge absolu* » (Camus). ✪ CONTR. ① Coucher, détruire.

❑ Même origine que *érection.*

érigéron n. m. – XIe ; gr. *erigerôn* « séneçon » ▪ Plante *(composacées)* herbacée, appelée communément *vergerette.*

érigne n. f. – XVIe ; lat. *aranea* « araignée » ▪ Crochet pointu qui sert à soulever certaines parties du corps et à les maintenir écartées.

éristale n. m. – XIXe ; gr. *eri* « beaucoup » et *stalan* « couler goutte à goutte » ▪ Insecte diptère qui ressemble à l'abeille.

éristique adj. et n. f. – XVIIIe ; gr. ▪ Relatif à la controverse. *Écrit éristique.* ♦ n. f. L'art de la controverse.

❑ Ne pas confondre avec *heuristique* (ou *euristique*) « qui sert à la découverte ».

erminette → **herminette**

ermitage n. m. – XIIe ▪ Lieu écarté, solitaire. ➝ Maison de campagne retirée. *L'ermitage de J.-J. Rousseau.*

ermite n. m. – XIIe ; gr. *erêmos* « désert » ▪ Religieux retiré dans un lieu désert (opposé à *cénobite*). ⇒ **anachorète, ascète.** ➝ *Vivre en ermite,* seul et reclus. « *je viens de passer une bonne semaine seul comme un ermite et tranquille comme un dieu* » (Flaub.).

❑ S'est écrit, ainsi que *ermitage,* avec *h* initial jusqu'au XIXe siècle. Cette graphie faussement étymologique subsiste dans *bernard-l'hermite,* variante de *bernard-l'ermite.*

éroder v. tr. [1] – XVIe ; lat. *rodere* « ronger » ▪ Détruire par une action lente. ⇒ **ronger.** *Acide qui érode un métal.* ➝ pronom. *La pierre s'érode.*

érogène adj. – XIXe ; gr. *erôs* « amour » et *-gène* ▪ Susceptible de provoquer une excitation sexuelle. *Zone érogène.*

éros [ɛʀɔs] n. m. – 1924 ; nom du dieu grec de l'Amour ▪ Principe d'action, symbole du désir, dont l'énergie est la libido. *Éros et Thanatos.*

érosif, ive adj. – XIXe **1** Qui produit l'érosion (2°). **2** Qui s'érode facilement. *Roche érosive.*

érosion n. f. – XVIe **1** Action d'usure et de transformation que les eaux et les agents atmosphériques font subir à l'écorce terrestre. ⇒ **corrosion,** ① **dégradation, désagrégation.** ♦ Usure du lit et des berges des cours d'eau par les matériaux entraînés. ⇒ **affouillement. 2** Usure graduelle. *Érosion monétaire* : dépréciation du pouvoir d'achat de la monnaie.

érotique adj. – XVIe ; gr. *erôs* « amour » ▪ Qui a rapport à l'amour physique, au plaisir et au désir sexuels. ⇒ **sensuel, sexuel, voluptueux.** *Récit érotique.* ⇒ **licencieux.** *Film érotique et film pornographique. Pose, geste érotique.* ⇒ **excitant.** ✪ CONTR. Chaste.

❑ Pour le sens → sexuel (rem.).

érotiquement adv. – XVIIIe ▪ D'une manière érotique. « *la femme même, érotiquement nue* » (Huysm.).

érotisation n. f. – 1932 ▪ Action d'érotiser ; son résultat. « *Érotisation de l'angoisse* » (Lagache).

érotiser v. tr. [1] – XIXe **1** Stimuler (les centres nerveux dont dépend l'impulsion sexuelle). **2** Revêtir, colorer d'un caractère érotique.

érotisme n. m. – XVIIIe **1** Goût marqué pour le plaisir sexuel. ⇒ **sensualité. 2** Caractère érotique, tendance érotique. *L'érotisme dans l'œuvre de Baudelaire. Érotisme et pornographie.*

érotologie n. f. – XIXe ▪ Science de l'érotisme, étude de ce qui se rapporte à l'amour physique. ⇒ aussi **sexologie.**

érotologue n. – 1969 ▪ Spécialiste de l'érotologie.

érotomane adj. et n. – XIXe ■ Qui est affecté d'érotomanie.

érotomanie n. f. – XVIIIe 1 Obsession caractérisée par des préoccupations d'ordre sexuel. 2 Illusion délirante d'être aimé.

erpétologie n. f. – XVIIIe ; gr. *herpeton* « serpent » et *-logie* ■ Étude des reptiles et des amphibiens.

❑ On écrit aussi *herpétologie*, conformément à l'étymologie.

errance n. f. – XIIe ■ littér. Action d'errer çà et là. ⇒ **flânerie, vagabondage.**

① **errant, ante** adj. – XIIe ; lat. *iterare* « voyager » ■ *Chevalier errant*, qui ne cesse de voyager. ✪ CONTR. Sédentaire.

❑ Cet adjectif vient de l'ancien verbe *errer* qui signifiait « voyager », de la même famille que *erratique* et *itinéraire* (latin *iterare*), qui a fini par être confondu avec la famille de *erreur* (latin *errare* « se tromper »). → errements (rem.).

② **errant, ante** adj. – XVIe ; de *errer* ■ Qui va de côté et d'autre, n'est pas fixé. ⇒ **vagabond.** *Chien errant.* ⇒ **égaré, perdu.** ➛ « *je cherchais à ramener à un centre de repos mes pensées errantes* » (Chateaub.). ✪ CONTR. ① Fixe, fixé, stable.

errata n. m. – XVIe 1 n. m. pl. *Des errata.* ⇒ **erratum.** 2 Liste des fautes d'un ouvrage. *Un errata, des errata* (ou *erratas*).

❑ Voir les autres pluriels latins *desiderata, impedimenta, quanta* et aussi *addenda*.

erratique adj. – XIIIe ; de *errer* 1 Qui n'est pas fixe. ➛ Qui n'est pas régulier. *Fièvre erratique.* ⇒ **intermittent.** 2 Qui a été transporté par les anciens glaciers à une grande distance de leur point d'origine. « *Çà et là, blocs erratiques, débris nombreux de basalte* » (J. Verne).

erratum, plur. **errata** [ɛʀatɔm, ɛʀata] n. m. – XVIIIe ; de *errer* ■ Faute d'impression signalée. *Liste des errata.*

erre n. f. – XIIe ; lat. *iterare* « voyager » ■ Vitesse acquise d'un bâtiment sur lequel n'agit plus le propulseur. ➛ *Le nageur « se laissa glisser sur son erre »* (Giono). ✪ HOM. Air, aire, ère, ers, hère, ① r.

❑ Même famille étym. que ① *errant, erratique.*

errements n. m. pl. – XIIe ; lat. *iterare* « voyager » → ① errant ■ Habitude invétérée, néfaste ; manière d'agir blâmable, insensée. *Retomber dans ses anciens errements.*

❑ Même famille étym. que ① *errant, itinéraire.*

errer v. intr. [1] – XIIe ; lat. *errare* « aller çà et là, marcher à l'aventure » 1 Aller de côté et d'autre, au hasard, à l'aventure. ⇒ **déambuler, divaguer, flâner, vadrouiller, vaguer.** « *Voyager pour voyager, c'est errer, être vagabond* » (Rouss.). ➛ *Laisser errer sa plume* : se laisser aller à écrire sans contrainte. 2 Se manifester çà et là, ou fugitivement. ⇒ ① **flotter, passer,** se **promener.** « *ses lèvres fraîches sur lesquelles errait un sourire* » (Balz.). ✪ CONTR. Arrêter (s'), diriger (se).

erreur n. f. – XIIe ; lat. *errare* « se tromper » **I - 1** Acte de l'esprit qui tient pour vrai ce qui est faux et inversement ; jugements, faits psychiques qui en résultent. ⇒ **égarement, faute.** *Erreur grossière. C'est une erreur, vous êtes mal informé. Erreur de jugement, de raisonnement.* ⇒ **aberration, absurdité, non-sens.** *Erreur d'estimation, d'appréciation. L'homme est sujet à l'erreur*, à se tromper. *Faire, commettre une erreur. Éviter une erreur.* ➛ *C'est une erreur de croire, que de croire cela.* « *C'est une grande erreur de spéculer sur la sottise des sots* » (Valéry). ♦ FAIRE ERREUR : se tromper. ♦ *Il y a erreur sur la personne.* ♦ SAUF ERREUR : excepté si l'on se trompe. *Sauf erreur de ma part.* ♦ PAR ERREUR. *Être condamné par erreur.* 2 État d'un esprit qui prend pour vrai ce qui est faux, et inversement. ⇒ **aberration, aveuglement.** *Être, tomber dans l'erreur. Induire qqn en erreur.* 3 Ce qui, dans ce qui est perçu ou transmis comme étant vrai, est jugé comme faux par celui qui parle. ⇒ **fausseté, illusion.** « *Nul doute : l'erreur est la règle ; la vérité est l'accident de l'erreur* » (Duham.). « *Il n'y a pas de cruauté plus cruelle que l'erreur* » (Giono). 4 Assertion, opinion fausse. ⇒ **contrevérité, fausseté.** *Erreur très répandue.* « *Vérité au deçà des Pyrénées, erreur au delà* » (Pasc.). 5 Conviction, doctrine qui s'écarte d'un dogme, au regard de ceux qui le défendent. *Vivre dans l'erreur.* 6 Action regrettable, maladroite, déraisonnable. ⇒ **faute.** *Erreur de tactique.* ➛ Écart de conduite ; action blâmable. ⇒ **dérèglement, écart, égarement, errements.** *Erreurs de jeunesse.* **II - 1** Chose fausse, erronée, action non prévue par rapport à une norme. ⇒ **faute, inexactitude.** *Texte plein d'erreurs. Erreur de référence. Corriger une erreur. Sauf erreur ou omission* : formule que l'on met au bas des comptes courants et qui réserve le droit du possesseur du compte à le vérifier. 2 Élément inexact, dans certaines opérations particulières. *Erreur dans un compte. Erreur de calcul.* ♦ SC. Écart entre la valeur exacte d'une grandeur et sa valeur calculée ou mesurée. *Erreur absolue*, majorant de la valeur absolue de cet écart. *Erreur relative* : rapport de l'erreur absolue à la valeur de la mesure. ♦ *Nullité d'un acte juridique entaché d'erreur.* ⇒ **vice.** ➛ *Erreur judiciaire* : condamnation injustement prononcée. ✪ CONTR. Justesse, lucidité, perspicacité. Certitude, exactitude, réalité, vérité.

erroné, ée adj. – XVe ■ Qui contient des erreurs ; qui constitue une erreur. ⇒ ① **faux, incorrect, inexact.** *Affirmation erronée. Conclusions erronées.* ✪ CONTR. Exact, incontestable, indubitable, réel, vrai.

❑ *Erroné* est un emprunt au latin *erroneus* « faux, qui est dans l'erreur », d'où la présence d'un *o*. ♦ L'adverbe *erronément* qui en dérive est d'emploi assez rare.

ers [ɛʀ] n. m. – XVIe ; lat. *ervum* « lentille » ■ Plante herbacée annuelle *(légumineuses)* cultivée comme fourragère appelée aussi *lentille bâtarde.* ✪ HOM. Air, aire, ère, erre, hère, ① r.

ersatz [ɛʀzats] n. m. – v. 1914 ; mot all. « remplacement » ■ Produit alimentaire qui en remplace un autre de qualité supérieure, devenu rare. ⇒ **succédané.** *Ersatz de café.* « *en buvant les ersatz à la saccharine, ils faisaient des rêves de festins* » (Aymé).

① **erse** n. f. – XVIIIe ; altér. de *herse* ■ Anneau en cordage. ✪ HOM. Herse.

② **erse** adj. – XVIIIe ; du gaélique ■ De Haute-Écosse. ➛ n. m. Dialecte celtique parlé dans les Highlands. ⇒ **gaélique.**

erseau n. m. – XIXe ■ Petite erse.

érubescence n. f. – XIVe ; lat. *erubescere* « devenir rouge » Action de rougir ; son résultat. ⇒ **rougeur.**

❑ Même famille étym. que *rubéole, rubicond, rubis.*

érubescent, ente adj. – XVIIIe ■ Qui devient rouge. *Tumeur érubescente.* ⇒ **rubescent.**

éruciforme adj. – XIXe ; lat. *eruca* « chenille » ■ Qui a la forme d'une chenille.

érucique adj. – XIXe ; lat. *eruca* « roquette » ■ *Acide érucique* acide éthylénique présent dans les huiles de moutarde, de pépin de raisin et de certaines variétés de colza.

éructation n. f. – XIIIe ▪ littér. Émission bruyante par la bouche de gaz provenant de l'estomac. ⇒ **renvoi,** ① **rot.**

éructer v. [1] – XIXe ; lat. *ructus* « rot » **1** v. intr. littér. Renvoyer par la bouche les gaz contenus dans l'estomac. ⇒ **roter. 2** v. tr. *Éructer des injures.* ⇒ **émettre,** ① **lancer, vomir.**

> ❑ *Éructer,* dans un usage didactique, équivaut à *roter,* considéré comme grossier.

érudit, ite adj. et n. – XIVe ; lat. *erudire* « dégrossir, instruire » ▪ Qui a de l'érudition. ⇒ **cultivé, docte, instruit, lettré, savant.** « *Elle était lettrée, érudite, savante, compétente, curieusement historienne, farcie de latin, bourrée de grec, pleine d'hébreu* » (Hugo). ♦ Qui est produit par l'érudition. *Ouvrage érudit.* ✪ CONTR. Ignorant.

érudition n. f. – XVe ▪ Savoir approfondi fondé sur l'étude des sources historiques, des documents, des textes. ⇒ **connaissance,** ② **culture,** ② **savoir, science.** « *On ne pouvait lui reprocher* [...] *le manque d'érudition* » (Romains). *Ouvrages, travaux d'érudition.* ✪ CONTR. Ignorance.

érugineux, euse adj. – XIIIe ; lat. *ærugo* « rouille » ▪ Qui a l'aspect du vert-de-gris.

éruptif, ive adj. – XVIIIe **1** Qui est accompagné d'éruption. *Fièvre éruptive.* **2** Qui a rapport aux éruptions volcaniques. *Roches éruptives,* provenant du refroidissement du magma volcanique.

éruption n. f. – XIVe ; lat. *erumpere* « sortir impétueusement » **1** Apparition de lésions cutanées ; ces lésions. ⇒ **efflorescence, énanthème, exanthème, poussée.** *Éruption de boutons.* « *Une éruption caractéristique couvrit le corps du bébé* » (J. Verne). ➛ *Éruption dentaire* : apparition et progression d'une dent jusqu'à sa place définitive sur l'arcade dentaire. ⇒ **dentition. 2** Jaillissement des matières volcaniques. *Volcan en éruption.* **3** *Éruption solaire* : éjection intermittente de photons, d'électrons. **4** fig. Production soudaine et abondante. ⇒ **débordement, explosion.** « *Oh ! ce fut tout à coup Comme une éruption de folie et de joie* » (Hugo).

> ❑ Ne pas confondre *éruption* « sortie brusque » et *irruption* « entrée brusque ».

érysipèle n. m. – XIIIe ; gr. ▪ Maladie infectieuse contagieuse de la peau, causée par un streptocoque et caractérisée par un placard rouge, douloureux, entouré d'un bourrelet tuméfié.

> ❑ On dit aussi *érésipèle,* plus familier (assimilation de *y* à *é*).

érythémateux, euse adj. – [illegible] ▪ Qui présente les caractères de l'érythème. *Lupus érythémateux.*

érythème n. m. – XVIIIe ; gr. *eruthêma* « rougeur » ▪ Rougeur congestive de la peau, s'effaçant à la pression. ⇒ **exanthème.** *Érythème fessier des nourrissons.*

érythrine n. f. – XVIIIe **1** Arbre *(légumineuses)* exotique à bois blanc et à belles fleurs rouges. **2** Arséniate hydraté de cobalt, rouge carminé.

érythr(o)- Élément, du gr. *eruthros* « rouge ».

érythroblaste n. m. – XIXe ; *érythro-* et *-blaste* ▪ Cellule mère à noyau des érythrocytes.

érythrocyte n. m. – XIXe ; *érythro-* et *-cyte* ▪ Globule rouge du sang. ⇒ **hématie.**

érythromycine n. f. – v. 1952 ; *érythro-* et *-myces* ▪ Antibiotique isolé à partir d'un streptomycète du sol.

érythropoïèse n. f. – 1909 ; *érythro-* et gr. *poiêsis* « création, formation » ▪ Processus de formation des globules rouges. ⇒ **hématopoïèse.**

érythropoïétine n. f. – av. 1969 ; angl. *erythropoietic* « qui produit les érythrocytes » ▪ Hormone qui stimule la production des érythrocytes.

érythrosine n. f. – XIXe ▪ Matière colorante rouge en solution aqueuse.

ès [ɛs] prép. – Xe ; contract. de *en* et *les* ▪ Dans les..., en matière de... *Docteur ès sciences.* « *Il y avait alors* (vers 1860) *un baccalauréat ès sciences et un baccalauréat ès lettres* » (France). ✪ HOM. Ace, esse, ① s.

> ❑ Ne peut s'employer qu'avec un nom au pluriel.

esbigner (s') v. pron. [1] – XVIIIe ; arg. it. *sbignare* « s'enfuir de la vigne » ▪ fam. et vieilli Se sauver. ⇒ **décamper.** « *Il finit par s'esbigner lâchement* » (Queneau).

esbroufe n. f. – XIXe ▪ fam. Étalage de manières fanfaronnes, air important par lequel on cherche à en imposer. ⇒ **bluff, chiqué, embarras, épate, frime.** *Faire de l'esbroufe. Y aller à l'esbroufe.*

esbroufer v. tr. [1] – XIXe ; it. *sbruffare* « asperger par la bouche, le nez » ▪ fam. En imposer en faisant de l'esbroufe. ⇒ **bluffer, épater.** *Il cherche à nous esbroufer.*

esbroufeur, euse n. – XIXe ▪ fam. Personne qui fait de l'esbroufe. ⇒ **bluffeur, fanfaron, frimeur.**

escabeau n. m. – XVe ; lat. *scabellum* **1** Siège de bois peu élevé, sans bras ni dossier, pour une personne. ⇒ **sellette, tabouret. 2** Marchepied à quelques degrés, dont on se sert comme d'une échelle.

escabèche n. f. – XIXe ; provenç. *cabassa* « tête » ▪ Marinade aromatisée de poissons étêtés. *Sardines à l'escabèche.*

escabelle n. f. – XIVe ▪ Escabeau. *L'homme* « *alla s'asseoir sur une escabelle basse près du feu* » (Hugo).

escadre n. f. – XVe ; it. *squadra* « équerre », « bataillon rangé en carré » **1** Force navale. ⇒ ① **flotte.** *Vice amiral d'escadre.* **2** *Escadre aérienne* : division d'avions de l'armée de l'air.

escadrille n. f. – XVIe **1** Escadre composée de navires légers. **2** Groupe d'avions de combat. ⇒ **flottille.**

escadron n. m. – XVe **1** Subdivision d'un régiment composée de quatre pelotons, et placée sous le commandement d'un capitaine. *Escadron motorisé. Escadron de cavalerie. Chef d'escadron.* ➛ Unité de l'armée de l'air. **2** Groupe important. ⇒ **bataillon, troupe.** « *des escadrons de gros rats font des charges de cavalerie en plein jour* » (Daud.).

escalade n. f. – XVe ; it. *scalata* « assaut à l'aide d'échelles » **I - 1** Action de pénétrer dans une maison par les fenêtres, de passer par-dessus les murs de clôture. *Il* « *nie le flagrant délit, le vol, l'escalade, nie tout* » (Hugo). *Escalade d'un portail. Vol à l'escalade.* **2** Action de grimper sur, à. *Faire l'escalade d'un arbre, d'un mur.* ♦ Discipline de l'alpinisme qui consiste à gravir des parois abruptes. ⇒ **ascension.** *Faire de l'escalade.* ⇒ **grimpe, varappe.** *Escalade libre,* où l'on utilise les prises et les appuis naturels. *Escalade artificielle,* en établissant des points d'appui. **II - 1** Stratégie qui consiste à gravir les « échelons » de mesures militaires, diplomatiques, etc. de plus en plus graves. *L'escalade américaine au Viêtnam.* **2** Montée rapide, intensification. *L'escalade de la violence.* ✪ CONTR. (de II, 1°) Désescalade.

escalader v. tr. [1] – XVIIe **1** Faire l'escalade de. ⇒ **franchir, passer.** « *Il escalade la grille avec agilité, et s'embarrasse un instant dans les pointes de fer* » (Lautréam.). **2** Faire l'ascension de. ⇒ **gravir, monter.** *Cordée d'alpinistes qui escaladent un pic.* ⇒ **grimper.** ✪ CONTR. Descendre, dévaler.

escalator n. m. – 1948 ; mot angl. de *to escal(ade)* et *(elev)ator* « ascenseur » ▪ Escalier mécanique.

❑ Cet emprunt semble en régression devant *escalier mécanique, escalier roulant.*

escale n. f. – XIVe ; lat. *scala* « échelle, escalier » **1** Action de s'arrêter pour se ravitailler, pour embarquer ou débarquer des passagers, du fret. ⇒ **halte, relâche.** *L'avion fait escale à Londres.* « *Nous sommes en escale à Calcutta* [...] *Nous visitons la ville pour passer le temps* » (Duras). ➛ Durée de l'arrêt. *Une escale de quelques heures.* **2** Lieu offrant la possibilité de relâcher. ⇒ **échelle, ① port, relâche.** *Arriver à l'escale.* ➛ « *Sur deux mille cinq cents kilomètres, du détroit de Magellan à Buenos-Aires, des escales semblables s'échelonnaient* » (St-Exup.).

escalier n. m. – XIIIe ; lat. *scala* « escalier, échelle » **1** Suite de degrés qui servent à monter et à descendre. *Escalier menant d'un étage à l'autre, dans un bâtiment.* « *Ils grimpèrent deux étages, par un escalier à marches hautes, et à épaisse rampe de bois* » (Romains). *Escalier d'honneur,* placé dans l'axe d'un bâtiment. *Escalier de service,* à l'usage des domestiques et des fournisseurs. *Escalier raide. Escalier à vis, en colimaçon, en spirale. Escalier qui mène, qui descend à la cave.* ♦ *Monter, descendre l'escalier.* « *Il respira un grand coup, et, lestement, dégringola l'escalier* » (Mart. du G.). ♦ loc. *Avoir l'esprit de l'escalier :* un esprit de repartie qui se manifeste à retardement, quand il n'est plus temps. ♦ *Escalier roulant, mécanique :* escalier articulé et mobile, qui transporte l'usager. ⇒ **escalator. 2** fam. *Coiffeur qui fait des escaliers dans les cheveux de son client,* par ignorance de la technique du « dégradé ». **3** loc. *Monter en escalier,* perpendiculairement à la pente (à ski).

escalope n. f. – XVIIe ; de l'a. fr. *escale* « écale » et *enveloppe* ▪ Tranche mince de viande ou de poisson. *Escalope de dinde.* ♦ Escalope de veau. *Escalope panée.*

escamotable adj. – 1926 ▪ Qui peut être escamoté (3°). ⇒ **repliable.** *Table, lit escamotable.*

escamotage n. m. – XVIIIe **1** Action d'escamoter. ⇒ **passe-passe.** *Tour d'escamotage d'un prestidigitateur.* **2** Action de dérober subtilement. ⇒ **② vol. 3** Action d'escamoter (3°). **4** Action de traiter superficiellement ou de soustraire à l'étude, en recourant à des subtilités. *L'escamotage d'une question.*

escamoter v. tr. [1] – XVIe ; p.-ê. lat. *squama* « écaille » **1** Faire disparaître par un tour de main qui échappe à la vue des spectateurs. **2** Faire disparaître subtilement ; s'emparer furtivement, frauduleusement de. ⇒ **dérober, subtiliser.** *Un voleur lui a escamoté son portefeuille.* **3** Rentrer ou effacer. ⇒ **replier.** *Escamoter le train d'atterrissage d'un avion.* **4** Faire disparaître. ⇒ **① cacher, effacer.** « *la montagne demeure invisible, voilée, escamotée par les brumes* » (Tharaud). **5** Éluder. ⇒ **contourner, esquiver, éviter, tourner.** « *cet accusé si prolixe escamotait les accusations précises d'escroquerie et de chantage* » (Barrès). **6** *Escamoter un mot,* le prononcer très vite ou très bas. ⇒ **avaler.**

escamoteur, euse n. – XVIIe **1** Personne qui escamote. ⇒ **illusionniste, prestidigitateur.** *Il* « *saisit la bourse avec une dextérité d'escamoteur et la fit disparaître* » (Gaut.). **2** Personne qui dérobe subtilement. ⇒ **pickpocket, voleur.**

escampette n. f. – XVIIe ; it. *scampare* « s'enfuir », de *campo* « champ » ▪ *Prendre la poudre d'escampette :* s'enfuir, déguerpir.

escapade n. f. – XVIe ; esp. « échappée » ▪ Fait de se soustraire aux obligations, aux habitudes de la vie quotidienne. « *on le mit chez un autre maître, d'où il faisait des escapades comme il en avait fait de la maison paternelle* » (Rouss.).

escape n. f. – XVIe ; lat. *scapus* « fût » **1** Partie inférieure du fût d'une colonne, voisine de la base. **2** Fût d'une colonne, de la base au chapiteau.

escarbille n. f. – XVIIe ; germ. *schrabben* ▪ Fragment de houille incomplètement brûlé que l'on retrouve dans les cendres ou qui s'échappe de la cheminée d'une machine à vapeur. « *une escarbille brûlante sous mes paupières* » (Sartre).

escarbot n. m. – XVe ; lat. *scarabæus* « scarabée » ▪ vx ou région. Nom donné à divers coléoptères. ⇒ **bousier, cétoine, hanneton, ténébrion.**

❑ Suffixé en *-ot,* sous l'influence de son paronyme *escargot.*

escarboucle n. f. – XIIe ; lat. *carbo* « charbon » **1** vx Grenat rouge foncé d'un vif éclat. **2** Pièce héraldique qui représente une pierre précieuse d'où partent huit rais terminés par des fleurs de lis.

escarcelle n. f. – XIIIe ; it. *scarso* « avare » ▪ Grande bourse que l'on portait suspendue à la ceinture. ⇒ **aumônière.**

❑ Le mot reste vivant dans la locution *tomber dans l'escarcelle* « être donné, attribué à qqn ».

escargot n. m. – XIVe ; provenç. *escaragol* **1** Mollusque gastéropode terrestre *(hélicidés)* herbivore, à coquille arrondie en spirale. ⇒ **colimaçon, limaçon ;** région. **cagouille.** *L'escargot est hermaphrodite. Escargot de Bourgogne. Beurre d'escargot :* beurre additionné d'ail, de persil et d'échalote. loc. *Avancer comme un escargot,* très lentement. **2** *Escargot de mer.* ⇒ **bulot.**

escargotière n. f. – XVIe **1** Parc où l'on élève les escargots. **2** Plat muni de petites cavités où l'on dispose les escargots avant de les passer au four.

escarmouche n. f. – XIVe ; p.-ê. crois. du germ. *°skirmjan* (cf. escrime) et a. fr. *muchier* « cacher » ou *mouche* « espion » **1** Petit engagement entre des tirailleurs isolés ou des détachements de deux armées. ⇒ **échauffourée.** « *le poste de Bou Jeloud subissait des escarmouches assez fréquentes* » (Mac Orlan). **2** fig. Petite lutte, engagement préliminaire. *Escarmouches parlementaires.*

① **escarpe** n. f. – XVIe ; it. *scarpa* « talus de rempart » ▪ Talus de terre ou de maçonnerie. *Escarpe et contrescarpe.*

② **escarpe** n. m. – XIXe ; provenç. *escarpi* « écharper » ▪ vx Assassin ; voleur. « *un quartier peuplé de mendiants et d'escarpes* » (Huysm.).

escarpé, ée adj. – XVIe ▪ Qui est en pente raide ⇒ **abrupt, ④ pic** (à). *Chemin escarpé.* ✪ CONTR. Accessible, doux, facile.

escarpement n. m. – XVIIIe ; de ① *escarpe* ▪ Versant en pente raide. *L'escarpement d'un talus, d'une falaise.* ♦ *Escarpement de faille :* abrupt rocheux le long d'une ligne de faille.

escarpin n. m. – XVIe ; it. *scarpa* « chaussure » ▪ Chaussure très fine, qui laisse le cou-de-pied découvert et dont la semelle est très mince. « *avec son manteau de fourrure, ses bas, ses escarpins, elle avait l'air élégante* » (Beauv.).

escarpolette n. f. – XVIIe ; o. i., p.-ê. de ① *escarpe* ▪ vieilli Siège suspendu par des cordes et sur lequel on se place pour être balancé. ⇒ **② balancelle, balançoire.**

① **escarre** n. f. – XVe ; gr. *eskhara* « croûte qui se forme sur une plaie » ▪ Nécrose cutanée avec ulcération résultant de l'élimination du tissu mortifié.

❑ On trouve parfois la graphie étymologique *eschare.*

② **escarre** n. f. – XVIe ; de *équerre* ▪ Pièce héraldique en forme d'équerre.

escarrification n. f. – XIXe ▪ Formation d'une escarre.

eschatologie [ɛskatɔlɔʒi] n. f. – XIXe ; gr. *eskatos* « dernier » et *-logie* ▪ Étude des fins dernières de l'homme et du monde.

❑ Ne pas confondre avec *scatologie* « écrit ou propos où il est question d'excréments ».

esche n. f. – XIIe ; lat. *esca* ▪ Appât qui se fixe à l'hameçon. « *une esche frétillarde, pleine de suc, appétissante* » (Genev.).

escher v. tr. [1] – XVIIe ▪ Munir d'une esche. ⇒ **amorcer, appâter.**

escient [esjɑ̃] n. m. – XIIe ; lat. *scire* « savoir » ▪ *À BON ESCIENT* [abɔnesjɑ̃] : avec discernement, à raison. *Agir à bon escient.* ➜ *À MAUVAIS ESCIENT :* sans discernement, à tort.

❑ Même famille étym. que *science.*

esclaffer (s') v. pron. [1] – XVIe ; provenç. *clafa* « frapper bruyamment » ▪ Éclater de rire bruyamment. ⇒ **pouffer.**

esclandre n. m. – XIVe ; lat. *scandalum* « scandale » ▪ Manifestation bruyante et scandaleuse, contre qqn, qqch., généralement faite en public. ⇒ **éclat, scandale, tapage.** *Faire un esclandre.*

esclavage n. m. – XVIe **1** État, condition d'esclave. ⇒ **servitude ; captivité.** *L'esclavage des Noirs. Réduire en esclavage. L'abolition de l'esclavage.* **2** État de qqn qui est soumis à une autorité tyrannique. ⇒ **asservissement, assujettissement, dépendance, domination, joug, oppression, servitude.** *Tenir un peuple dans l'esclavage.* **3** Chose, activité qui impose une contrainte. ⇒ **contrainte, gêne, sujétion.** *L'esclavage des habitudes. L'esclavage de la drogue.* ✪ CONTR. Affranchissement, émancipation ; indépendance, liberté.

esclavagisme n. m. – XIXe ▪ Doctrine, méthode des esclavagistes. ➜ Système social et économique fondé sur l'esclavage.

esclavagiste adj. et n. – XIXe ▪ Partisan de l'esclavage. ✪ CONTR. Antiesclavagiste.

esclave n. et adj. – XIIIe ; lat. *slavus* « slave » **1** Personne qui n'est pas de condition libre, qui est sous la puissance absolue d'un maître, soit du fait de sa naissance, soit par capture à la guerre, vente, condamnation. *Le maître et l'esclave.* « *Décider que le fils d'une esclave naît esclave, c'est décider qu'il ne naît pas homme* » (Rouss.). *Être vendu comme esclave. Esclave affranchi. Le commerce, le trafic des esclaves.* ⇒ **traite.** « *je trafique des esclaves, je vends de la chair noire* » (Camus). *Le marché aux esclaves.* « *Mon goût de posséder, d'user, d'abuser, s'étend aux humains. Il m'aurait fallu des esclaves* » (Mauriac). ➜ *Être traité en esclave, comme un esclave.* **2** Personne soumise à un pouvoir tyrannique. « *vous êtes esclave* [...] *de vos moralistes, de vos légistes, de vos hygiénistes, de vos médecins, de vos urbanistes et même de vos esthéticiens* » (Duham.). **3** Personne qui se soumet servilement. *Une âme d'esclave,* vile et basse. ➜ *Il est devenu l'esclave de cette femme.* ⇒ **chose, jouet, pantin.** **4** Personne soumise à qqch. « *J'étais devenu un esclave de l'opium* » (Baud.). ♦ *(Être) esclave de... :* se laisser dominer, asservir par. ⇒ **aliéné, dépendant, prisonnier, tributaire.** « *J'étais le maître absolu de ma vieille robe de chambre ; je suis devenu l'esclave de la nouvelle* » (Dider.). ✪ CONTR. Affranchi, autonome, indépendant, libre.

❑ Le passage du sens de « slave » à celui d'« esclave » s'est produit au début du Moyen Âge, période où les Germains avaient réduit de nombreux Slaves en esclavage.

esclavon, onne adj. et n. – XIIIe ▪ VX Slavon. ➜ n. m. Ensemble des parlers slaves de Serbie et de Croatie. ⇒ **serbo-croate.**

escogriffe n. m. – XVIIe ; p.-ê. de *escroc* et de *griffe* ▪ Homme de grande taille et d'allure dégingandée. ⇒ **échalas.** « *Don Basile, un grand escogriffe, long, sec, jaune, bilieux* » (Gaut.).

escomptable adj. – XIXe ▪ Qui peut être escompté. ⇒ **bancable.**

escompte [ɛskɔ̃t] n. m. – XVIe **1** Opération par laquelle une personne paie le montant d'un effet de commerce non échu contre le transfert à son profit de la propriété de l'effet, déduction faite d'une retenue comprenant les intérêts à courir jusqu'à l'échéance et certaines commissions. *Le taux d'escompte central fixé par la Banque de France.* **2** Réduction du montant d'une dette à terme, lorsqu'elle est payée avant l'échéance. **3** *Escompte de coupons :* paiement du montant des coupons d'une valeur mobilière avant leur échéance et sous réserve d'une commission.

escompter [ɛskɔ̃te] v. tr. [1] – XVIIe ; it. *contare* « compter » **1** Payer avant l'échéance, moyennant une retenue. *Escompter un billet à ordre.* ➜ *Présenter un effet à l'escompte,* se le faire payer d'avance. **2** S'attendre à qqch. et agir en conséquence. ⇒ **compter** (sur), **espérer, tabler** (sur). « *il escomptait le mécontentement produit chez les bouilleurs de cru par la suppression de leur privilège* » (Péguy). ✪ CONTR. Conserver, épargner, garder. Craindre.

escompteur, euse [ɛskɔ̃tœʀ, øz] n. – XVIe ▪ Personne qui pratique l'escompte. ➜ adj. *Banquier escompteur.*

escopette n. f. – XVIe ; it. *schioppo* « arme à feu » ▪ Arme à feu portative à bouche évasée. ⇒ **arquebuse, espingole, tromblon.**

escorte n. f. – XVe ; lat. *corrigere* « corriger » **1** Action d'escorter. *Des policiers font escorte à un ministre.* ➜ Troupe chargée d'accompagner et de protéger. ⇒ **détachement,** ① **garde.** « *Suter s'était porté à sa rencontre avec une escorte de vingt-cinq hommes* » (Cendrars). loc. *Sous escorte :* sous la protection ou sous la garde d'une escorte. *Sous bonne escorte.* « *le mailcoach courait les grands chemins sans escorte* » (J. Verne). **2** Escadre de navires de guerre chargés d'accompagner des navires de transport pour les protéger. *Un convoi et son escorte.* **3** Cortège qui accompagne une personne pour l'honorer. ⇒ **suite.** *Escorte présidentielle.*

escorter v. tr. [1] – XVIe ▪ Accompagner pour guider, surveiller, protéger ou honorer pendant la marche. *Escorter un prisonnier.*

escorteur n. m. – v. 1935 ▪ Petit bâtiment destiné à l'escorte de navires marchands.

escot n. m. – XVIe ; de *Aerschot,* ville du Brabant ▪ Serge de laine croisée.

escouade n. f. – XVIe ; de *escadre* **1** vieilli Fraction d'une section de fantassins, d'un peloton de cavaliers (en 1914-1918). ⇒ **brigade.** **2** Petite troupe. « *Une escouade de sergents de ville passa près de lui, au pas de gymnastique* » (Mart. du G.). ➜ « *léchant les bottes à toute une escouade de ministres* » (Aymé).

escourgeon n. m. – XIIIe ; lat. *corrigia* « courroie » ▪ Orge hâtive que l'on sème en automne.

escrime n. f. – XVe ; a. it. *scrima* ▪ Exercice par lequel on apprend l'art de manier l'arme blanche ; cet art. *Faire de l'escrime. Salle d'escrime. Escrime au fleuret, à l'épée, au sabre. Tournoi, championnat d'escrime.*

escrimer (s') v. pron. [1] – XVIe **1** Se servir de qqch. comme d'une épée contre qqn ; se battre. « *Le chat* était souvent agacé par l'oiseau : L'un s'escrimait du bec, l'autre jouait des pattes » (La Font.). 2 *S'escrimer à faire qqch.*, s'y appliquer avec de grands efforts. ⇒ s'**évertuer.** *S'escrimer à jouer du violon.*

escrimeur, euse n. – XVe ▪ Personne qui fait de l'escrime.

escroc [ɛskʀo] n. m. – XVIe ▪ Personne qui escroque, qui a l'habitude d'escroquer. ⇒ **aigrefin, arnaqueur, écornifleur, faisan, filou.** *Être victime d'un escroc.* ♦ Personne malhonnête en affaires. ⇒ **bandit, gangster, voleur.**

❑ Pas de forme au féminin : *cette femme est un escroc, un dangereux escroc.* Mme de Sévigné a écrit *une escroc.*

escroquer v. tr. [1] – XVIe ; it. *scroccare* « décrocher » 1 Tirer par fourberie, par manœuvres frauduleuses. ⇒ s'**approprier,** fam. **carotter, dérober, extorquer, soustraire, soutirer,** ② **voler.** « *Il nous a escroqué à tous le peu d'argent que nous avions* » (Marmont.). 2 *Escroquer qqn,* lui soustraire par fourberie qqch. ⇒ ② **voler.**

escroquerie n. f. – XVIIe ▪ Action d'escroquer ; son résultat. ⇒ **arnaque, carambouillage, carottage, filouterie, grivèlerie,** ② **vol.** « *il possédait un plan d'escroquerie magnifique pour faire sa fortune en deux ans* » (Céline). *Escroquerie à l'assurance.* ♦ *Escroquerie morale.* ⇒ **abus** (de confiance), **tromperie.** « *impostures ! racontars ! escroquerie !* » (Céline).

escudo [ɛskydo ; ɛskudo] n. m. – XIXe ; mot port. ▪ Unité monétaire portugaise. ➛ Unité monétaire chilienne.

esculine n. f. – XIXe ; lat. *esca* « nourriture » ▪ Glucoside extrait de l'écorce du marronnier d'Inde, à action vitaminique P.

ésérine n. f. – XIXe ; de *ésèré,* n. indigène de la fève de Calabar ▪ Alcaloïde toxique extrait de la fève de Calabar, stimulant du système parasympathique.

esgourde n. f. – XIXe ; p.-ê. de *gourde* « courge » et du provenç. *escouto* « écoute » ▪ arg. Oreille. *Ouvrir, fermer ses esgourdes.*

eskimo → **esquimau**

ésotérique adj. – XVIIIe ; gr. « de l'intérieur, de l'intimité » 1 Se dit de toute doctrine ou connaissance qui se transmet par tradition orale à des adeptes qualifiés. ⇒ **initiatique, occulte.** *Les Mystères d'Éleusis étaient de nature ésotérique.* 2 Dont le sens est caché, réservé à des initiés. ⇒ **abscons, cabalistique, hermétique, obscur,** ① **secret, sibyllin.** *La poésie ésotérique de Maurice Scève.* ✪ CONTR. Exotérique, profane. Clair, simple.

ésotérisme n. m. – XIXe 1 Doctrine suivant laquelle des connaissances ne peuvent ou ne doivent pas être vulgarisées, mais communiquées seulement à un petit nombre de disciples. ⇒ **hermétisme, magie, occultisme.** *L'ésotérisme des Rose-Croix.* 2 Caractère de ce qui est impénétrable, énigmatique, de ce qui a un sens caché. *L'ésotérisme des sonnets de Shakespeare.*

① **espace** n. m. – XIIe ; lat. *spatium* « arène » puis « espace libre » I - 1 Mesure de ce qui sépare deux points, deux lignes, deux objets ; cet écart lui-même. ⇒ **distance, écartement, intervalle.** « *Entre les deux grilles se trouvait un espace de huit à dix mètres qui séparait les visiteurs des prisonniers* » (Camus). *Espace parcouru.* ⇒ **chemin, course, distance, route, trajet.** ➛ *Espace (publicitaire)* : portion de surface ou de temps destinée à recevoir de la publicité dans les différents médias. 2 Surface déterminée. ⇒ **étendue,** ① **lieu, place, superficie.** « *L'espace, le grand espace vide des steppes et des pampas* » (Sartre). *Avoir besoin d'espace. Manquer d'espace* : être à l'étroit. ➛ *ESPACE VERT* : surface réservée aux jardins entre les constructions, dans l'urbanisme moderne. ➛ *ESPACE VITAL* : espace nécessaire au bien-être physique et psychique d'un individu. ➛ *ESPACE AÉRIEN* : zone de circulation aérienne contrôlée par un pays. 3 Volume déterminé. *L'espace occupé, pris par un meuble.* ⇒ **encombrement.** 4 Étendue des airs de l'atmosphère. ⇒ **ciel,** ① **éther.** ♦ L'univers. « *la terre n'est qu'une goutte de boue dans l'espace* » (France). ♦ VX *LES ESPACES* : le ciel. « *Le silence éternel de ces espaces infinis m'effraie* » (Pasc.). ♦ Le milieu extraterrestre. *Conquête de l'espace.* II - 1 « Milieu idéal, caractérisé par l'extériorité de ses parties, dans lequel sont localisées nos perceptions, et qui contient par conséquent toutes les étendues finies » (Lalande). *Nous situons les corps et les déplacements dans l'espace.* ➛ Chez Kant, Système de lois réglant la juxtaposition des choses relativement aux figures, grandeurs et distances, et permettant la perception. *L'espace, forme a priori de la sensibilité extérieure.* ➛ *L'espace visuel, tactile, musculaire. S'orienter dans l'espace.* 2 Milieu conçu par abstraction de l'espace perceptif (à trois dimensions) ou d'une de ses parties. ♦ L'espace à trois dimensions de la géométrie euclidienne. *Géométrie dans l'espace,* qui étudie les droites et plans dans des positions relatives quelconques, les figures limitées par des plans ou des surfaces courbes. ♦ Milieu analogue à l'espace euclidien, mais doté d'une métrique différente. *Espace à quatre, à n dimensions. Espace courbe de la géométrie riemannienne* ou *espace sphérique.* ➛ *Espace vectoriel* : ensemble muni de deux opérations. 3 *Espace physique.* ➛ *ESPACE-TEMPS* : dans la relativité, milieu où quatre dimensions à quatre variables sont considérées comme nécessaires pour déterminer totalement un phénomène. ⇒ **continuum.** 4 littér. Milieu abstrait comparé à l'espace. « *L'Espace du dedans* » (Michaux). III Étendue de temps. *Le phare* « *jetait ses rayons, l'espace d'un éclair, sur la falaise* » (Simenon). *Deux fois en l'espace d'un an.*

❑ *Espace* était indifféremment masculin ou féminin en ancien français. Le féminin subsiste en imprimerie. → ② espace. ♦ Même famille étym. que *spacieux, spatial.* ♦ Bien qu'on oppose souvent l'*espace* au *temps,* il est normal de dire *un espace de temps,* il n'existe pas d'autre terme.

② **espace** n. f. – XVIIe ▪ En typographie, Blanc placé entre les mots ou les lettres.

espacé, ée adj. – XIXe 1 Qui est séparé par un espace. *Bornes régulièrement espacées le long d'une route.* ⇒ **distant, éloigné.** 2 (temps) *Visites espacées.* « *quelques coups de canon espacés, le tirèrent de cette prostration* » (Mart. du G.). ✪ CONTR. Contigu, rapproché. Fréquent, multiplié.

espacement n. m. – XVIIe 1 Action d'espacer. 2 Disposition de choses espacées. *L'espacement des lignes d'un texte.* ➛ *L'espacement des paiements.* ⇒ **échelonnement.** 3 Distance entre deux choses qu'on a espacées. ⇒ **écartement, intervalle.** « *les baies formées par l'espacement des piliers* » (Gaut.).

espacer v. tr. [3] – XVe 1 Ranger (deux ou plusieurs choses) de manière à laisser entre elles un intervalle. *Espacer les arbres d'une allée.* 2 Séparer par un intervalle de temps. ⇒ **échelonner.** *Espacer ses visites.* ➛ pronom. « *Ses gémissements* [du chien] *s'espacèrent, puis cessèrent tout à fait* » (Mart. du G.). ✪ CONTR. Juxtaposer, rapprocher, serrer.

espada n. f. – XIXe ; mot esp. « épée » ▪ Torero chargé de la mise à mort. ⇒ **matador.** « *une* espada *fameuse dans le pays, Muchares, tuera le taureau* » (Hugo).

espadon n. m. – XVIIe ; it. *spadone,* de *spada* « épée » 1 vx Grande et large épée qu'on tenait à deux mains. ⇒ **claymore.** 2 Grand poisson acanthoptérygien dépourvu d'écailles, dont la mâchoire supérieure se prolonge en forme d'épée. *Pêche à l'espadon.*

espadrille n. f. – XVIIIe ; lat. *spartum* « jonc servant à faire des nattes » ▪ Chaussure dont l'empeigne est de toile et la semelle de sparte tressé ou de corde. « *il était chaussé d'espadrilles. Silencieux, son pas était* [...] *plus élastique* » (Genet).

espagnol, ole adj. et n. – XIe 1 De l'Espagne. ⇒ **hispanique, ibérique.** *La peseta, unité monétaire espagnole.* 2 n. m. Langue romane devenue la langue officielle de l'Espagne (et dans un grand nombre de pays d'Amérique latine). ⇒ **castillan.**

espagnolette n. f. – XVIIIe ; de *espagnol* ▪ Ferrure à poignée tournante servant à fermer et à ouvrir les châssis d'une fenêtre. ⇒ **crémone.**

① **espalier** n. m. – XVIe ; it. *spalla* « épaule ; appui » 1 Mur le long duquel on plante des arbres fruitiers. *Le vent « secouait toute la surface de l'espalier, les tuteurs s'abattaient l'un après l'autre »* (Flaub.). ➛ *EN ESPALIER :* appuyé contre un espalier. *Culture en espalier.* 2 Appareil de gymnastique formé d'une échelle fixée à un mur.

② **espalier** n. m. – XVIe ▪ Rameur du dernier banc d'une galère qui réglait les mouvements des autres rameurs.

espar n. m. – XIIe ; germ. *sparro* « poutre » ▪ Longue pièce de bois utilisée comme mât, beaupré, vergue.

espèce n. f. – XIIIe ; lat. *species* « aspect, apparence », « nature, catégorie » I *Les espèces :* le corps et le sang de Jésus-Christ sous les apparences du pain et du vin, après la transsubstantiation. II - 1 Classe définie par un ensemble particulier de caractères communs. ⇒ **catégorie, genre, qualité, sorte, type.** *Les différentes espèces de verres.* « *Mentir pour nuire est calomnie, c'est la pire espèce de mensonge* » (Rouss.). *Cela n'a aucune espèce d'importance.* « *Le néant et l'orgueil sont de la même espèce* » (Hugo). ⇒ **acabit, farine, nature, ordre, sorte.** *Je ne discute pas avec des gens de votre espèce,* comme vous. 2 *UNE ESPÈCE DE :* personne ou chose qu'on ne peut définir précisément et qu'on assimile à une autre par approximation. ⇒ **genre, manière, sorte.** « *une espèce de cabriolet, à capote de toile cirée* » (Loti). ➛ *Espèces d'abrutis !* ➛ *Regardez-moi cette espèce d'abruti !* 3 Situation de fait et de droit soumise à une juridiction ; point spécial en litige. ⇒ **affaire, cause ;** ① **cas.** *Cas d'espèce,* qui ne rentre pas dans la règle générale, qui doit être étudié spécialement. *En l'espèce :* en ce cas particulier. III *ESPÈCES :* monnaie métallique. ⇒ **pièce.** *Espèces sonnantes et trébuchantes :* pièces ayant le poids légal. ♦ Monnaie ayant cours légal. ⇒ **billet, pièce ; liquidité, numéraire.** ♦ *EN ESPÈCES* en argent (opposé à *en nature*) ; en argent liquide (opposé à *par chèque*, etc.). *Régler un achat en espèces.* IV 1 Division du genre. Ensemble des caractères d'une espèce. *Échantillon représentatif d'une espèce.* 2 Groupe naturel d'individus descendant les uns des autres dont les caractères génétiques, morphologiques et physiologiques, leur permettent de se croiser. *Espèces animales, végétales, bactériennes. Espèce en voie de disparition. Espèces d'arbres.* ⇒ **essence.** 3 *ESPÈCE HUMAINE,* ou *L'ESPÈCE :* les hommes. « *il voit la corruption de l'espèce humaine* » (Chateaub.).

❑ L'emploi familier *un espèce de* (accordé avec le nom masculin qui suit) est attesté dès 1705. Considéré comme fautif, il est cependant très courant à l'oral où *espèce de* fonctionne comme un adjectif antéposé *(un pauvre idiot, un espèce d'idiot).*

espérance n. f. – XIIe 1 Sentiment qui fait entrevoir comme probable la réalisation de ce que l'on désire. ⇒ **confiance, conviction, croyance, espoir.** *Être plein d'espérance.* « *aucune espérance ne la soutient* » (Flaub.). *Le vert, couleur de l'espérance.* ♦ L'une des trois vertus théologales. 2 Ce sentiment, appliqué à un objet déterminé. ⇒ **aspiration, désir, espoir.** *Avoir des espérances de succès. Bâtir, fonder de grandes, de folles espérances sur qqch. Un talent « qui remplit ou qui même dépasse les plus belles espérances »* (Ste-Beuve). ⇒ **promesse.** ➛ loc. *Dans l'espérance de, que...,* en espérant. ⇒ **espoir.** *Contre toute espérance :* alors qu'il semblait impossible d'espérer. « *Je venais justement lui annoncer que, contre toute espérance, j'avais réussi mon travail* » (St-Exup.). ⇒ **attente.** 3 La personne ou la chose qui est l'objet de l'espérance. « *Voilà donc votre roi, votre unique espérance* » (Rac.). 4 *Espérance mathématique :* valeur moyenne d'une variable aléatoire, moyenne de toutes les valeurs possibles prises par cette variable pondérée par leur probabilité. ♦ *Espérance de vie :* durée moyenne de la vie humaine dans une société donnée. ✪ CONTR. Désespérance, désespoir.

espérantiste adj. et n. – 1901 ▪ Relatif à l'espéranto.

espéranto n. m. – XIXe ; du mot qui, dans cette langue, signifie « celui qui espère », surnom du fondateur, Zamenhof ▪ Langue internationale conventionnelle, dont le lexique est construit à partir de racines courantes des langues occidentales.

espérer v. 6 – XIe ; lat. *sperare* 1 v. tr. Considérer (ce qu'on désire) comme devant se réaliser. ⇒ **attendre, compter** (sur), **escompter.** « *On jouit moins de ce qu'on obtient que de ce qu'on espère* » (Rouss.). *Espérer une récompense. N'espère de lui aucune aide. Il n'espère plus rien. Qu'espérait-il de plus ?* ⇒ **souhaiter.** *Je n'en espérais pas tant.* ➛ « *Oui, j'espère, ce soir, j'espère* » (Mauriac). *J'espère bien !* ♦ *ESPÉRER QQN :* espérer sa venue, sa présence. ♦ *J'espère bien y arriver.* ⇒ **compter, penser.** *J'espère réussir.* ➛ Aimer à croire, à penser. *J'espère avoir fait ce qu'il fallait. J'espère qu'il viendra. Il nous a laissé espérer que c'était possible.* ⇒ **entrevoir.** *J'espère que tu vas bien.* ⇒ **souhaiter.** *Espérons qu'il n'a rien entendu.* 2 v. intr. Avoir confiance. *Allons, courage, il faut espérer.* ✪ CONTR. Désespérer ; appréhender, craindre.

esperluette n. f. – XIXe ; p.-ê. lat. *perna* « jambe » et *sphæra* « sphère » croisé avec *sphærula*, p.-ê. avec influence du lat. *uvula* « luette » ▪ Signe typographique (&, &) représentant le mot *et*.

espiègle adj. et n. – XVIIe ; néerl. (Till) *Uilenspiegel,* héros d'une légende germ. ▪ Vif et malicieux. ⇒ **coquin, malin, turbulent.** *Enfant espiègle.* ♦ *Un air espiègle.* ⇒ **fripon.**

❑ Le roman a été traduit en français en 1559 sous le titre *Histoire joyeuse et récréative de Till Ulespiegle.* La suppression du *l* de *Ulespiegle,* qui aurait été pris pour l'article, expliquerait la forme francisée *espiègle.*

espièglerie n. f. – XVIIe 1 vieilli Caractère espiègle. *L'espièglerie des jeunes enfants.* 2 Action d'un enfant, d'une personne espiègle. ⇒ **diablerie,** ② **farce, malice,** ① **niche.** *La bonne créature « rappelait en souriant mes espiègleries »* (France).

espingole n. f. – XIVe ; a. fr. *espringale* « arbalète » ▪ Fusil court à canon évasé. ⇒ **escopette, tromblon.**

espion, ionne n. – XIVe ; it. *spiare* « épier » 1 Personne rétribuée appartenant à une police secrète non officielle. ⇒ **indicateur, mouton ;** arg. **barbouze.** *Les espions du cardinal de Richelieu.* 2 Personne chargée de recueillir clandestinement des documents, des renseignements secrets sur une puissance étrangère. ⇒ **agent** (secret), fam. **sous-marin,** ① **taupe.** ♦ *Avion-espion, bateau-espion,* chargé de missions de renseignement en territoire étranger. 3 n. m. Petit miroir incliné qui sert à regarder sans être vu.

espionite n. f. – 1923 ▪ Attitude de ceux qui voient des espions partout.

❑ On écrit aussi *espionnite* : « *l'espionnite commençait à sévir* » (R. Gary). ♦ Pour la formation → réunionite (rem.).

espionnage n. m. – XVIIIe 1 Action d'espionner. ⇒ **surveillance.** « *Elle régna despotiquement dans sa maison, qui fut soumise à son espionnage de femme* » (Balz.). ➛ *Espionnage industriel* : ensemble des moyens utilisés pour surprendre des secrets industriels, techniques. 2 Activité des espions. ⇒ **renseignement.** *Service d'espionnage* : organisation secrète dont la fonction est de révéler les secrets des puissances étrangères ou ennemies. « *Il a accepté ensuite une mission de haut espionnage en Orient pour le compte du tsar* » (Sartre). *Romans, films d'espionnage.*

espionner v. tr. [1] – XVe 1 Épier les actions, les discours de (qqn) pour en faire un rapport. « *un petit boy de douze ans, chargé d'espionner la femme* » (Gide). *Espionner ses voisins.* ⇒ **suivre, surveiller.** 2 Faire de l'espionnage.

espionnite → **espionite**

esplanade n. f. – XVe ; it. *spianare* « aplanir » ■ Terrain plat aménagé devant un édifice, une maison, en vue d'en dégager les abords. *L'esplanade des Invalides à Paris.* ⇒ **parvis, place.** « *le vent d'automne qui balayait en rafales l'esplanade dénudée* » (Cl. Simon).

espoir n. m. – XIIe 1 Le fait d'espérer, d'attendre avec confiance. ⇒ **espérance.** *L'espoir d'une réussite, de réussir. Il y a peu d'espoir qu'il vienne.* « *L'année prochaine, Théo passera son bachot. On a bon espoir* » (Queneau). *Caresser un espoir. Garder un espoir. Tous les espoirs sont permis. C'est sans espoir* : c'est désespéré. *J'étais venu dans (avec) l'espoir de vous voir.* ♦ Occasion d'espérer. *Vous êtes mon dernier espoir.* 2 Sentiment qui porte à espérer. ⇒ **espérance.** *Être plein d'espoir.* « *Un monde sans espoir est irrespirable* » (Malraux). *Lueur d'espoir.* 3 L'objet d'un espoir. *La jeunesse est l'espoir du pays.* ➛ Personne sur qui on fonde de grands espoirs. *X, espoir du tennis français.* ✪ CONTR. Désespoir ; appréhension, inquiétude.

esprit n. m. – XIIIe ; lat. *spiritus* « souffle » **I - 1** Dans la Bible, Souffle de Dieu. « *L'esprit souffle où il veut* » (BIBLE). ♦ *SAINT-ESPRIT* [sɛ̃tɛspʀi] ou *ESPRIT SAINT* : troisième personne de la Trinité, qui procède du Père par le Fils. ⇒ **paraclet, sanctificateur.** 2 Inspiration provenant de Dieu. « *Est-ce l'Esprit divin qui s'empare de moi ?* » (Rac.). 3 Principe de la vie incorporelle de l'homme. ⇒ **âme.** 4 Mode d'articulation de l'initiale vocalique en grec ancien ; signe au-dessus de la voyelle qui le note. *Esprit rude* (ʽ) : émission de la voyelle avec aspiration ; *esprit doux* (ʼ). **II - 1** VX *Les esprits* : corps légers et subtils, émanations que l'on considérait comme le principe de la vie et du sentiment. *Esprits vitaux.* ➛ *Perdre ses esprits* : être égaré par une émotion violente, un trouble ; perdre connaissance. *Reprendre ses esprits* : revenir à soi. 2 Produit liquide volatil, ou gaz dégageant une forte odeur ; produit d'une distillation. ⇒ **essence,** ① **vapeur.** ➛ *Esprit-de-sel* [ɛspʀidsɛl] : acide chlorhydrique étendu d'eau. *Esprit-de-bois* [ɛspʀidbwa] : alcool méthylique. *Esprit-de-vin* [ɛspʀidvɛ̃] : alcool éthylique. « *Le thé, préparé sur une lampe à esprit-de-vin* » (Maupass.). **III - 1** Être immatériel, incorporel. LOC. *N'être pas un pur esprit* : avoir des besoins corporels, matériels. 2 Être imaginaire des mythologies, qui est supposé se manifester sur la terre. ⇒ **elfe, farfadet, fée, génie, gnome, lutin, sylphe, sylphide ; éfrit, kobold, korrigan,** ① **péri, troll.** 3 Âme d'un défunt. ⇒ **fantôme, mânes, revenant, spectre, zombie.** *Esprits frappeurs.* **IV - 1** Le principe pensant en général, (opposé à l'objet de pensée, à la matière). ⇒ ① **pensée.** « *Je ne suis donc, précisément parlant, qu'une chose qui pense, c'est-à-dire un esprit* » (Desc.). ♦ (Opposé à *la chair*) *En esprit* : spirituellement. *S'unir en esprit.* ♦ (Opposé à *la réalité*) *Vue de l'esprit* : position abstraite, théorique, ne s'appuyant pas sur le réel. ⇒ **chimère, utopie.** *Ils* « *croient volontiers que la littérature est un jeu de l'esprit destiné à être éliminé de plus en plus dans l'avenir* » (Proust). 2 Principe de la vie psychique, chez un individu. ⇒ **âme, conscience, moi.** *L'esprit et le corps d'un homme. Conserver l'esprit libre,* repousser les soucis, les influences. *Tournure d'esprit* : manière d'envisager les choses. ⇒ **mentalité.** *Avoir l'esprit ailleurs* : être distrait. *Où avais-je l'esprit ?* EN ESPRIT : en imagination, par la pensée. *La lettre* « *dont Votre majesté impériale m'honore, m'a transporté en esprit à Orembourg* » (Volt.). ➛ *Être sain de corps et d'esprit. Perdre l'esprit* : devenir fou. « *C'est une radoteuse, elle a perdu l'esprit* » (La Font.). 3 Ensemble des dispositions, des façons d'agir habituelles. ⇒ **caractère.** *Avoir l'esprit aventurier, belliqueux, changeant, retors. Étroitesse, largeur d'esprit.* ➛ AVOIR BON, MAUVAIS ESPRIT : être bienveillant, coopératif, confiant ; être malveillant, rebelle, méfiant. ♦ Humeur. *Je n'ai pas l'esprit au jeu, l'esprit à m'amuser en ce moment.* ♦ Personne. *C'est un esprit romanesque.* « *Les esprits faibles et légers ont ceci de commun avec les rois qu'ils ne sont jamais responsables* » (Maurois). *Les esprits chagrins. Calmer les esprits.* 4 Principe de la vie intellectuelle (opposé à la sensibilité). ⇒ **entendement, intellect, intelligence,** ① **pensée ; raison ; cerveau, cervelle, tête.** « *L'esprit est toujours la dupe du cœur* » (La Rochef.). *Esprit lucide, profond, subtil ; logique. Faiblesse, lenteur, paresse, pesanteur d'esprit. Esprit pratique, terre à terre, positif.* ➛ *Idée, pensée, réflexion qui vient à l'esprit, traverse l'esprit.* « *Il roulait dans son esprit de profondes pensées* » (France). ➛ *Dans mon esprit* : dans ma pensée, selon moi. *Vous m'avez mal compris ; dans mon esprit, il ne s'agissait pas de vous blâmer.* ➛ *Présence d'esprit* : aptitude à faire ou à dire sans hésitation ce qui est à propos. ♦ *Esprit fort* : personne qui revendique un jugement indépendant. **V - 1** Aptitude, disposition particulière de l'intelligence. *Avoir l'esprit des affaires, du commerce.* ⇒ ① **sens.** *Avoir l'esprit de synthèse, d'analyse. Esprit d'observation.* ➛ *Manquer d'esprit d'à-propos.* 2 VX Qualité, valeur intellectuelle. « *Comment l'esprit vient aux filles* », *conte de La Fontaine.* 3 Vivacité piquante de l'esprit ; ingéniosité dans la façon de concevoir et d'exposer qqch. (⇒ **finesse, malice ; humour).** *Avoir de l'esprit, beaucoup d'esprit.* « *L'esprit est donc, en général, cette faculté qui voit vite, brille et frappe* » (Rivarol). *Homme, femme d'esprit. Repartie pleine d'esprit* (⇒ **sel).** *Trait d'esprit ; mot d'esprit. Faire de l'esprit* : manifester son aptitude à être spirituel, ou celle que l'on croit avoir. **F - 1** Attitude générale qui détermine, oriente l'action. ⇒ **intention, volonté.** *Esprit de justice, de sacrifice.* ➛ *Dans un esprit de.* ⇒ **intention.** « *la douleur acceptée* [...] *dans un esprit de pénitence et de repentir* » (Mauriac). *C'est dans cet esprit qu'il convient d'envisager la chose.* ⇒ **point de vue.** 2 Fonds d'idées, de sentiments qui oriente l'action d'une collectivité. « *L'esprit de la monarchie est la guerre et l'agrandissement ; l'esprit de la république est la paix et la modération* » (Montesq.). *Esprit de corps,* d'attachement et de dévouement au corps, au groupe auquel on appartient. ⇒ **corporatisme, solidarité.** *Esprit d'équipe, de famille.* 3 Le sens profond d'un texte ; l'essentiel de la pensée d'un auteur. « *L'Esprit des lois* », *ouvrage de Montesquieu.* ✪ CONTR. Chair, corps. Matière. Bêtise, inintelligence ; lourdeur, pesanteur. Platitude. Forme, lettre.

esprit-de-bois, esprit-de-sel, esprit-de-vin → **esprit** (II, 2°)

esquicher v. intr. [1] – XVIIIe ; provenç. ▪ région. (Midi) Comprimer, presser, serrer, tasser. *Les voyageurs étaient esquichés dans le car.*

esquif n. m. – XVe ; longobard *skif* ▪ littér. Petite embarcation légère. « *un de ces frêles esquifs qu'on voyait entre des bouées* » (Simenon).

esquille n. f. – XVe ; gr. *skhizein* « fendre, casser » ▪ Petit fragment qui se détache d'un os fracturé ou carié.

esquimau, aude ou **eskimo** n. et adj. – XVIIe ; nom donné aux habitants des terres arctiques par leurs ennemis **1** Habitant des terres arctiques de l'Amérique et du Groenland. ⇒ **inuit.** *Une Esquimaude* ou *une Eskimo.* ◆ adj. « *des attelages de chiens esquimaux* » (Bedel). **2** n. m. L'ensemble des langues parlées par les Inuits. **3** n. m. nom déposé ESQUIMAU. Glace enrobée qu'on tient par un bâton.

> ❑ *Esquimau* « glace » date en français de 1922 ; le mot est emprunté à un nom de marque américaine *(Eskimo Pie)* déposé en 1921, qui a diffusé son produit dans de nombreux pays. ♦ On dit aussi *chocolat glacé.*

esquimautage n. m. – 1932 ▪ Manœuvre nautique pratiquée en kayak et consistant à s'immerger totalement et à faire un tour complet.

esquintant, ante adj. – XIXe ▪ fam. Très fatigant. ⇒ **éreintant.**

esquinter v. tr. [1] – XVIIIe ; lat. *exquintare* « couper en cinq » ▪ fam. **1** Blesser ; abîmer. *Il l'a salement esquinté.* ⇒ **amocher.** *S'esquinter la santé.* ⇒ **ruiner.** ◆ *Des livres esquintés.* ♦ Critiquer très sévèrement. *Esquinter un auteur.* ⇒ **éreinter. 2** Fatiguer extrêmement. ⇒ **épuiser, éreinter.** ◆ pronom. « *Je ne vais pas m'esquinter à travailler pour engraisser une bande de députés* » (Aragon). ⇒ **tuer.**

esquire [ɛskwajœʀ] n. m. – XVIIe ; mot angl. « page, chevalier », de l'a. fr. *esquier* « écuyer » ▪ Terme honorifique dont on fait suivre le nom de famille des Anglais non titrés, sur l'enveloppe des lettres (abrév. **Esq.**).

esquisse n. f. – XVIe ; lat. *schedium* « poème improvisé » **1** Première forme qui sert de guide à l'artiste quand il passe à l'exécution de l'ouvrage définitif. ⇒ **croquis, ébauche, essai, maquette, pochade, schéma.** *Esquisse au fusain, au crayon. Les esquisses de Rubens.* **2** Plan sommaire, notes indiquant l'essentiel d'un travail, d'une œuvre littéraire. ⇒ **aperçu, canevas, idée,** ③ **plan, projet.** *Esquisse d'un roman.* **3** Première manifestation d'une action. ⇒ **ébauche.** *Esquisse d'un sourire.* « *Toute pensée est une esquisse d'action* » (Maurois). ✪ CONTR. Accomplissement, achèvement.

esquisser v. tr. [1] – XVIe **1** Représenter, faire en esquisse. ⇒ **crayonner, croquer, dessiner, ébaucher, pocher, tracer.** *Esquisser un paysage.* **2** Fixer le plan, les grands traits de. *Esquisser les caractères d'un roman.* ◆ Décrire à grands traits. **3** Commencer à faire. ⇒ **amorcer, ébaucher.** *Le bedeau « traversa l'allée centrale en esquissant une génuflexion »* (Romains). ✪ CONTR. Accomplir, achever.

esquive n. f. – XIXe ▪ Action d'esquiver un coup par simple déplacement du corps. *Esquive d'un escrimeur.*

esquiver v. tr. [1] – XIe ; germ. °*skiuhjan* « craindre » **1** Éviter adroitement. ⇒ **échapper** (à). « *Le boxeur déchaîné saute en arrière, esquive un second coup* » (J. Prévost). ♦ *Esquiver une difficulté.* ⇒ se **dérober, éluder, escamoter, tourner. 2** v. pron. Se retirer en évitant d'être vu. ⇒ **disparaître,** s'**échapper,** s'**enfuir,** s'**évader,** se **retirer.** « *qu'on s'esquive en douceur avant que tout tourne au vinaigre* » (Céline).

essai n. m. – XIIe ; lat. *exigere* « expulser », « mesurer, régler » **1** Opération par laquelle on s'assure des qualités, des propriétés d'une chose ou de la manière d'user d'une chose. *Faire l'essai d'un produit.* ⇒ ② **test.** *Essais comparatifs. Les premiers essais sont concluants. Essais en laboratoire.* ◆ *Vol, pilote d'essai,* pour essayer les prototypes d'avions. ◆ *Période d'essai.* ◆ *Cinéma d'art et d'essai,* classement accordé à certaines salles en raison de leur programmation comportant des films peu diffusés. ♦ *Prendre à l'essai,* avec faculté de refuser ou de rendre si l'épreuve n'est pas satisfaisante. ◆ *Mettre à l'essai :* éprouver. **2** Action d'essayer, d'agir sans être sûr du résultat ; action d'agir dans un domaine pour la première fois. ⇒ **tentative.** « *C'est un essai de plantation de café – raté, comme presque tous les autres de la région* » (Gide). *Un coup d'essai. Faire plusieurs essais sans résultat.* ◆ *(Apprentissage) par essais et erreurs,* après une succession de tentatives, d'échecs et de corrections. ♦ Chacune des tentatives d'un athlète. *Premier, second essai.* ◆ Au rugby, Avantage obtenu quand un joueur parvient à poser ou toucher le ballon le premier derrière la ligne de but du camp adverse. **3** Résultat d'un essai. *Ce ne sont que de modestes essais.* ♦ Ouvrage littéraire en prose, de facture très libre, traitant d'un sujet qu'il n'épuise pas ou réunissant des articles divers. « *Les Essais* », de Montaigne. ♦ *Bout d'essai :* bout de film tourné pour juger un acteur.

essaim n. m. – XIIe ; lat. *exigere* « emmener hors de » **1** Groupe d'abeilles qui quittent une ruche surpeuplée pour aller s'établir ailleurs. ◆ Groupe (d'insectes). ⇒ **colonie.** « *Devant eux un essaim de mouches voltigeait, en bourdonnant dans l'air chaud* » (Flaub.). **2** Groupe, ensemble nombreux qui se déplace. ⇒ **multitude, nuée, quantité, troupe, troupeau.** « *Un essaim de voiles couvrait les hautes eaux du fleuve* » (France).

essaimage n. m. – XIXe ▪ Action d'essaimer. Époque où les abeilles essaiment.

essaimer v. intr. [1] – XIIIe ▪ Quitter la ruche en essaim pour aller s'établir ailleurs. ♦ Se dit d'une collectivité dont se détachent certains éléments pour émigrer et fonder de nouveaux groupes. *Sa famille a essaimé dans tous les coins de la région.* ⇒ se **disperser.**

essart n. m. – XIIe , lat. *sarire* « sarcler » ▪ Terre essartée.

> ❑ Ce terme est vieilli ou technique mais il subsiste (également sous la forme *issart*) dans de nombreux noms de lieux : *Les Essarts-le-Roi,* près de Rambouillet.

essartage n. m. – XVIIIe ▪ Défrichement d'un terrain boisé par arrachage ou brûlage.

essarter v. tr. [1] – XIIe ▪ Défricher en ôtant toutes les broussailles, par arrachage ou brûlage. ⇒ **débroussailler.**

essayage n. m. – XIXe ▪ Action d'essayer (un vêtement). *Cabine d'essayage.* « *ces longues séances d'essayage devant les glaces des grandes faiseuses* » (Maupass.).

essayer v. tr. [8] – XIe ; lat. °*exagiare* « peser » **1** Soumettre (une chose) à une ou des opérations pour voir si elle répond aux caractères qu'elle doit avoir. ⇒ **contrôler, éprouver, examiner,** ② **tester, vérifier.** « *Il faut que j'essaye un peu le lait de votre nourrice* » (Mol.). *Essayer une voiture.* **2** Mettre (un vêtement) pour voir s'il va. *Essayer un costume, des chaussures.* « *Vous voulez essayer ce bandeau sur mon front ?* » (Rac.). **3** Employer, user de (une chose) pour la première fois, pour voir si elle convient et si on peut l'adopter. *Essayer un vin.* ⇒ ① **goûter.** *Essayer une nouvelle lessive.* **4** Employer (qqch.) pour atteindre un but particulier, sans être sûr du résultat. *Essayer une méthode.* ⇒ **expérimenter.** « *J'essaierai tour à tour la force et la douceur* » (Rac.). *J'ai tout essayé.* ♦ ESSAYER DE (et l'inf.) : faire des efforts dans le dessein de.

⇒ **chercher** (à) ; s'**efforcer, tâcher, tenter** (de). *Prisonnier qui essaie de s'évader. Essayer de dormir.* « *le soleil maussade essaie de percer la brume* » (Renard). *Cela ne coûte rien d'essayer.* **5** pronom. *S'ESSAYER À* : faire l'essai de ses capacités pour ; s'exercer à. *S'essayer à la couture. S'essayer à parler en public.* ⇒ se **hasarder,** se **risquer.**

essayeur, euse n. – XIIIe **1** n. m. Fonctionnaire préposé aux essais de l'or et de l'argent, dans un hôtel des monnaies. **2** Personne chargée d'essayer des matériels, des produits, de les soumettre à des tests.

essayiste n. – XIXe ▪ Auteur d'essais littéraires.

> ❑ Ce mot est un emprunt à l'anglais *essayist,* de *essay* lui-même emprunté au français.

① **esse** n. f. – XIVe ; de la lettre *S* ▪ Crochet en forme de S. ➛ Ouverture en S sur la table d'un violon. ⇒ **ouïe.** ✪ HOM. Ace, ès, ① s.

② **esse** n. f. – XIIIe ; germ. °*hiltia* « poignée d'épée » ▪ Cheville à tête plate que l'on passe dans un trou à l'extrémité de l'essieu pour empêcher que la roue n'en sorte.

essence n. f. – XIIe ; lat. *essentia* **I - 1** Fond de l'être, nature intime des choses. ⇒ **nature, substance.** *L'essence humaine.* ➛ Nature d'un être opposée au fait d'être. ⇒ **quiddité.** « *Qu'est-ce que signifie ici que l'existence précède l'essence ? Cela signifie que l'homme existe d'abord* [...] *et qu'il se définit après* » (Sartre). **2** Ce qui fait qu'une chose est ce qu'elle est et ce sans quoi elle ne serait pas ; ensemble des caractères constitutifs et invariables. « *Il était sur le point d'avouer à Madame de Rênal l'ambition qui jusqu'alors avait été l'essence de son existence* » (Stendh.). ♦ *PAR ESSENCE.* Par sa nature même. ⇒ **essentiellement.** « *La politique, c'est, par essence le domaine des choses concrètes* » (Mart. du G.). **3** Type idéal. *Se croire d'une essence supérieure.* **II** Espèce. *Essences forestières. Essences à feuilles caduques.* « *quelques arbres énormes d'essence inconnue* » (Gide). **III - 1** Substance la plus pure que l'on tirait de certains corps. ⇒ **élixir, quintessence. 2** Substance aromatique, volatile, élaborée par les poils, papilles ou canaux de certains angiospermes et séparée par distillation. *Essence de lavande, de violette.* ➛ *Essence de térébenthine,* obtenue par la distillation de la gomme ou résine de pin. **3** Extrait concentré. *Essence de café.* **4** Hydrocarbure, produit de la distillation du pétrole brut, liquide très volatil, odorant, inflammable. *Briquet à essence.* ➛ Ce liquide, comme carburant des moteurs à explosion. *Essence ordinaire, sans plomb. Réservoir d'essence. Voiture en panne d'essence.* « *Le ravitaillement fut limité et l'essence rationnée* » (Camus). ✪ CONTR. (de I) Accident, apparence, existence.

essentialisme n. m. – XIXe ▪ Théorie philosophique qui admet que l'essence précède l'existence. *L'essentialisme d'Aristote.* ✪ CONTR. Existentialisme.

> ❑ *Essentialisme* et *essentialiste* employés par opposition à *existentialisme* et *existentialiste* sont évidemment moins courants ; comparer à *fixisme* (rare) et *évolutionnisme.*

essentialiste adj. – XIXe ▪ Qui a les caractères de l'essentialisme ; qui est un adepte de l'essentialisme. ✪ CONTR. Existentialiste.

essentiel, ielle adj. et n. m. – XVIe **1** Qui est ce qu'il est par son essence, et non par accident. ⇒ **absolu.** ➛ Qui existe en soi-même, sans cause connue ou bien déterminée. *Maladie essentielle.* ♦ Qui appartient à l'essence. *La raison est essentielle à l'homme.* **2** Qui est absolument nécessaire. ⇒ **indispensable.** *Cette formalité est essentielle.* ⇒ **obligatoire.** *Il est essentiel de se mettre d'accord.* **3** Qui est le plus important. ⇒ **principal.** *Les principes essentiels d'une théorie.* ⇒ **fondamental, primordial.** *Nous arrivons au point, au fait essentiel.* ⇒ ① **capital.** ➛ Très important. *C'est un livre essentiel.* ♦ n. m. Le point le plus important. *Se borner à l'essentiel. Vous oubliez l'essentiel !* ⇒ **principal.** *Nous sommes d'accord sur l'essentiel.* « *L'essentiel est d'être bien avec soi-même* » (Volt.). ➛ *Il n'a emporté que l'essentiel,* les seuls objets indispensables. ➛ « *Quinette avait pris soin de coucher sur le papier l'essentiel de ce qu'il avait entendu* » (Romains). ✪ CONTR. Accidentel. Adventice, ① casuel, contingent, éventuel, fortuit, occasionnel. Inutile, superflu. Accessoire, secondaire. Détail.

essentiellement adv. – XVIe **1** Par essence, par nature. ⇒ **fondamentalement. 2** Avant tout, au plus haut point. ⇒ **principalement.** *Région à vocation essentiellement agricole.* « *La France, dans toutes ses fibres, dans toutes ses couches sociales, est essentiellement pacifique !* » (Mart. du G.). ✪ CONTR. Accidentellement.

esseulé, ée adj. – XIIIe ▪ Qu'on laisse seul, sans compagnie. ⇒ **délaissé, isolé, solitaire.**

essieu n. m. – XIIe ; lat. *axis* « axe » ▪ Longue pièce transversale sous une voiture, dont les extrémités entrent dans les moyeux des roues. « *Le train grinça de tous ses essieux* » (Mac Orlan).

essor n. m. – XIIe ; de *s'essorer* « voler » **1** littér. Élan d'un oiseau qui s'envole. ⇒ **envol, envolée,** ① **vol, volée.** *PRENDRE SON ESSOR* : s'envoler. « *Je prédis que la timide écolière prendra bientôt un essor propre à faire honneur à son maître* » (Laclos). **2** Développement hardi et fécond. ⇒ **croissance.** *Industrie en plein essor.* ⇒ **activité, décollage, extension, prospérité.** *Donner un nouvel essor à une industrie.* ✪ CONTR. Baisse, déclin, ruine, stagnation.

essorage n. m. – XIIe ▪ Action d'essorer (le linge).

essorer v. tr. [1] – XIIe ; lat. *aura* « vent, air » ▪ Débarrasser (une chose mouillée) d'une grande partie de l'eau qu'elle contient. « *Pour essorer les draps qu'on savonnait à la main, nous les tordions* » (Colette). *Le lave-linge essore bien.* ➛ *Essorer la salade.*

> ❑ *S'essorer* au sens de « s'élancer dans les airs » en parlant d'un oiseau est un des premiers emplois de *essorer.* Il a été repris au XIXe s. par Rimbaud puis par Gide (« *Parfois un aigle s'essorait du côté de la grande dune* »). Il doit sa réapparition à la vitalité du mot *essor* mais reste un archaïsme littéraire.

essoreuse n. f. – XIXe **1** Machine destinée à enlever l'eau qui imprègne le linge, une chose mouillée. ➛ *Essoreuse à salade.* **2** Appareil servant à séparer le sucre cristallisé des mélasses.

essoriller v. tr. [1] – XIVe ; de *é-* et *oreille* ▪ Priver des oreilles en les coupant. ➛ Écourter les oreilles de. *Essoriller un chien.*

essouchement n. m. – XVIIIe ▪ Action d'essoucher.

essoucher v. tr. [1] – XVIIIe ▪ Débarrasser (un terrain) des souches qui restent dans le sol après qu'on a abattu les arbres.

essoufflement n. m. – XVe ▪ État d'une personne essoufflée ; respiration courte et gênée. ⇒ **anhélation, suffocation.** « *Moi qui n'ai pas le vent long je n'en pouvais plus d'essoufflement* » (Flaub.). ♦ Le fait de perdre son caractère dynamique.

essouffler v. tr. [1] – XIIe **I** Mettre presque hors d'haleine, à bout de souffle. *Cette montée m'a essoufflé. Je suis complètement essoufflé.* **II** v. pron. **1** Avoir de la peine à respirer. *S'essouffler facilement.* ⇒ **haleter, souffler, suffoquer. 2** Perdre le souffle de l'inspiration. *Ce cinéaste s'essouffle, son dernier film est décevant.* **3** Ne plus pouvoir suivre un rythme de croissance. *Relancer une économie qui s'essouffle.* ➛ *S'essouffler à rattraper son retard.*

essuie-glace n. m. – 1914 ■ Dispositif constitué d'un moteur électrique, d'un bras articulé et d'une raclette destiné à essuyer le pare-brise ou la vitre arrière d'un véhicule. « *le gémissement des deux essuie-glaces* » (Le Clézio).

essuie-mains n. m. inv. – XVIe ■ Linge dont on se sert pour s'essuyer les mains. ⇒ **serviette ; sèche-mains.**

essuie-phare n. m. – mil. XXe ■ Dispositif électromécanique assurant le nettoyage des phares d'un véhicule. *Des essuie-phares.*

essuie-tout n. m. inv. – 1979 ■ Papier absorbant à usages multiples. ➝ « *quelques mètres de papier essuie-tout capricieusement vidé de son dérouleur* » (Perec).

essuie-verres ou **essuie-verre** n. m. – 1909 ■ Torchon fin pour essuyer les verres. *Des essuie-verres.*

essuyage n. m. – XIXe ■ Action d'essuyer.

essuyer v. tr. [8] – XIIe ; lat. *exsucare* « exprimer le suc » **1** Sécher en frottant avec une chose sèche absorbante. *Laver et essuyer la vaisselle. S'essuyer la bouche.* « *Tarrou essuya le petit visage trempé de larmes et de sueur* » (Camus). pronom. *S'essuyer en sortant du bain.* ➝ fam. *ESSUYER LES PLÂTRES :* occuper une habitation qui vient d'être achevée. Subir le premier les conséquences d'une situation fâcheuse. ♦ Ôter (ce qui mouille qqch.). ⇒ **éponger.** *Essuyer ses larmes.* **2** Ôter la poussière, la saleté de (qqch.) en frottant. *Essuyer les meubles avec un chiffon de laine.* ⇒ **dépoussiérer, épousseter.** ♦ « *Durtal essuya avec un linge mouillé ces empreintes* » (Huysm.). **3** Avoir à supporter. ⇒ **éprouver, subir.** « *les Hollandais essuient un coup de vent en haute mer* » (Chateaub.). *Essuyer un refus.* ⇒ **endurer, souffrir, subir.** « *On n'essuya jamais des épreuves plus dures* » (Volt.). ✪ CONTR. Mouiller. Salir, souiller.

est [ɛst] n. m. – XIIe ; a. angl. *east* ■ Celui des quatre points cardinaux qui est au soleil levant (E.). ⇒ **levant, orient.** ➝ Lieu situé du côté de l'est. « *Une grosse houle venait du couchant, bien que le vent soufflât de l'est* » (Chateaub.). ➝ *Longitude est. La banlieue est de Paris. La côte est des États-Unis.* ⇒ **oriental.** *Le nord-est.* ♦ (en France) *L'EST :* l'Alsace et la Lorraine. ➝ Les pays à l'est de l'Europe, qui furent socialistes de 1945 à 1989.

> ❑ Ce mot est un des emprunts anglais les plus anciens avec les noms des autres points cardinaux. ♦ Ce mot développe souvent un *e* inexistant devant consonne : *l'est du pays* [lɛstədypei] → consonne (rem.).

establishment [ɛstabliʃmɛnt] n. m. – 1965 ; mot angl. ■ Ensemble des gens en place attachés à l'ordre établi. L'ordre établi.

> ❑ Ce mot anglais vient lui-même de l'ancien français *establissement,* n. m., « position, situation » (XVIIe s.). ♦ On emploie parfois dans ce sens le mot *établissement.*

estacade n. f. – XVIe ; it. *stecca* « pieu » ■ Jetée formée de pieux, pilotis, radeaux, chaînes. *Estacade qui brise les vagues.* ⇒ **digue, jetée.** ♦ Jetée à claire-voie.

estafette n. f. – XVIe ; it. *staffa* « étrier », puis « courrier » ■ ancient Courrier chargé d'une dépêche. *Estafette à cheval.* ♦ mod. Militaire agent de liaison. *Le général dépêcha une estafette.*

estafier n. m. – XVIe ; it. *staffa* « étrier » ■ Laquais armé qui portait le manteau et les armes de son maître, lui tenait l'étrier.

estafilade n. f. – XVIe ; it. *staffa* « étrier » ■ Entaille faite avec une arme tranchante principalement au visage. ⇒ **balafre, coupure, entaille.** « *Sentir suinter le sang par quelque estafilade* » (Hugo).

est-allemand, ande [ɛstalmɑ̃, ɑ̃d] adj. – v. 1950 ■ De l'ancienne République démocratique allemande (R.D.A.), dite *Allemagne de l'Est.*

> ❑ Ce mot est un calque de l'anglais *East-German.* Ce type de composition est critiqué comme n'appartenant pas au système morphologique du français. → nord-africain, nord-américain.

estaminet n. m. – XVIIe ; probablt wallon *stamon* « poteau » ■ (Belgique, France du Nord) Petit café populaire. ⇒ **bistrot.**

estampage n. m. – XVIIe ■ Action d'estamper ; son résultat. *Estampage des monnaies, des bijoux.*

① **estampe** n. f. – XIIIe ; de *estamper* ■ Pièce servant à produire une empreinte. ♦ Outil ou machine qui sert à estamper. *Estampe d'orfèvre, de serrurier.* ⇒ **étampe.**

② **estampe** n. f. – XVIe ; it. *stampa* ■ Image imprimée au moyen d'une planche gravée de bois ou de cuivre ou par lithographie. ⇒ **gravure.** *Estampe qui illustre un livre.* ⇒ **figure, vignette.** « *l'horizon lointain de la mer fournissait aux pommiers comme un arrière-plan d'estampe japonaise* » (Proust).

> ❑ Ne pas confondre avec *estompe (dessin à l'estompe).*

estamper v. tr. [1] – XIIIe ; it. *stampare,* germ. °*stampôn* « piler, broyer » **1** Imprimer en relief ou en creux sur (un support) l'empreinte gravée sur un moule, une matrice. ⇒ **graver.** *Estamper une feuille de métal, de cuir.* ⇒ **étamper. 2** fig. et fam. Voler sur le prix, escroquer. *Se faire estamper.*

estampeur, euse n. – XVIIe **1** Personne qui estampe. *Estampeur de bijoux.* ♦ n. m. Outil qui sert à estamper. **2** fam. Escroc.

estampille n. f. – XVIIIe **1** Empreinte (cachet, poinçon, signature) qui atteste l'authenticité d'un produit, d'une œuvre d'art, d'un document, en indique l'origine ou constate le paiement d'un droit fiscal. *L'estampille d'un produit industriel.* ⇒ **label, marque** (de fabrique). « *Un timbre était collé sous l'adresse* [...] *il portait l'estampille de Madrid* » (Sartre). **2** fig. et fam. « *le lycée marque tous les Français d'une estampille indélébile* » (Siegfried).

estampiller v. tr. [1] – XVIIIe ■ Marquer d'une estampille. ⇒ **étamper, poinçonner, timbrer.**

estancia n. f. – XIXe ; mot esp., de *estar* « être » ■ Exploitation agricole importante en Amérique latine. « *les montagnes de laine accumulées au delà des océans dans les estancias argentines* » (Maurois).

① **ester** [ɛste] v. intr. seult inf. – XIe ; lat. *stare* « se tenir debout » ■ *Ester en justice, ester en jugement :* soutenir une action en justice comme demandeur ou défendeur. ⇒ **intenter, poursuivre.**

② **ester** [ɛstɛʀ] n. m. – XIXe ; all., de *Essig* « vinaigre » et *Äther* « éther » ■ Composé organique, comparable à un sel minéral, formé par réaction d'un acide avec un alcool ou un phénol, avec élimination d'eau. ⇒ aussi **polyester.** *On utilise les esters en parfumerie, dans l'alimentation.*

estérase n. f. – XXe ■ Enzyme qui catalyse l'hydrolyse et parfois la synthèse des esters. ⇒ **lipase, phosphatase.**

estérification n. f. – 1953 ■ Transformation en ester ; formation d'un ester par réaction d'un acide avec un alcool ou avec un phénol.

estérifier v. tr. [7] – 1953 ■ Transformer en ester (⇒ **estérification**).

esterlin n. m. – XIIe ; angl. *sterling* ■ Ancienne monnaie qui avait cours en France au Moyen Âge.

esthésie n. f. – XIXe ; gr. *aisthêsis* « sensation » ▪ Aptitude à percevoir des sensations.

esthésio-, -esthésie Éléments, du gr. *aisthêsis* « sensation, sensibilité ».

esthésiogène adj. – XIXe ; *esthésio-* et *-gène* ▪ Qui produit ou augmente la sensibilité.

esthésiologie n. f. – XIXe ; *esthésio-* et *-logie* ▪ Étude de la sensibilité et de ses mécanismes.

esthète n. et adj. – XIXe ▪ Personne qui affecte le culte exclusif et raffiné de la beauté formelle. *Il a un goût d'esthète.* « *Ceux que les Français nomment décadents ou symbolistes, les Anglais les qualifient d'esthètes* » (Malraux). ➛ adj. « *Un public esthète* » (Michaux).

esthéticien, ienne n. – XIXe 1 Personne qui s'occupe d'esthétique. 2 (surtout au fém.) Personne dont le métier consiste à donner des soins de beauté (maquillage, etc.).

esthétique n. f. et adj. – XVIIIe ; gr. *aisthanesthai* « sentir » **I** n. f. 1 Science du beau dans la nature et dans l'art ; conception particulière du beau. *L'esthétique de Hegel.* « *Propos sur l'esthétique* », *d'Alain.* « *une philosophie des beaux-arts ; c'est là ce qu'on appelle une esthétique* » (Taine). 2 Caractère esthétique. ⇒ **beauté.** *L'esthétique d'une attitude, d'un visage.* 3 *Esthétique industrielle :* conception et fabrication d'objets manufacturés visant à harmoniser les formes, les fonctions. ⇒ **design, stylisme.** **II** adj. 1 Relatif au sentiment du beau. *N'avoir aucun sens esthétique.* « *Le sens esthétique si éminent dont il* [Chateaubriand] *était doué* » (Renan). 2 Qui participe de l'art. ⇒ **artistique.** 3 Qui a un certain caractère de beauté. *Attitudes, gestes esthétiques.* ⇒ ① **beau, harmonieux.** 4 Relatif aux moyens mis en œuvre pour maintenir ou améliorer l'apparence physique. *Soins esthétiques* (cf. Soins de beauté*). « *Quant au nez de Cléopâtre, c'est une affaire de chirurgie esthétique assez banale en somme* » (Valéry). ✪ CONTR. Inesthétique.

esthétiquement adv. – XVIIIe ▪ Du point de vue esthétique ; d'une manière esthétique.

esthétisant, ante adj. – 1947 ▪ péj. Qui donne une place excessive à la beauté formelle.

esthétisation n. f. – 1969 ▪ Le fait d'esthétiser qqch.

esthétiser v. [1] – XIXe 1 v. intr. péj. Vouloir à tout prix faire de l'esthétique. 2 v. tr. Rendre esthétique, conforme à un idéal de beauté (⇒ **esthétisation).**

esthétisme n. m. – XIXe 1 Doctrine, école des esthètes. *Oscar Wilde fut un adepte de l'esthétisme.* 2 Discours critique sur l'esthétique.

estimable adj. – XIVe 1 vx Dont l'estimation est possible. 2 Digne d'estime. *Une personne très estimable.* ⇒ **respectable.** « *les belles actions cachées sont les plus estimables* » (Pasc.). ⇒ ① **beau.** 3 Qui a quelque valeur, du mérite, sans être remarquable. *Un auteur estimable. C'est un ouvrage estimable et sérieux.* ⇒ **honnête.** ✪ CONTR. Inestimable. Indigne, méprisable.

estimatif, ive adj. – XIVe ▪ Qui contient une estimation. ⇒ **appréciatif.** *Un devis estimatif.*

estimation n. f. – XIIIe 1 Action d'estimer, de déterminer la valeur, le prix (d'une chose). ⇒ **appréciation, évaluation.** *L'estimation d'une œuvre d'art par un expert. Estimation de travaux à exécuter.* ⇒ **devis.** 2 Action d'évaluer (une grandeur). ⇒ ① **calcul, évaluation.** *D'après les premières estimations :* à première vue. ⇒ **prévision.**

estime n. f. – XIIIe **I** Calcul approximatif de la position d'un navire d'après les instruments de navigation. *Navigation à l'estime.* ➛ loc. adv. À L'ESTIME : au juger. ⇒ **approximativement.** **II** Sentiment favorable né de la bonne opinion qu'on a du mérite, de la valeur de qqn. ⇒ **considération, respect.** *Avoir de l'estime pour qqn. Personne digne d'estime.* ⇒ **estimable.** *Monter, baisser dans l'estime de qqn. Il me fit sentir* « *qu'il valait infiniment mieux avoir toujours l'estime des hommes que quelquefois leur admiration* » (Rouss.). ♦ Sentiment qui attache du prix à qqch. ; cas que l'on fait de qqch. *Sa ténacité inspire de l'estime.* « *elle tenait en haute estime l'austérité de l'éducation aristocratique et religieuse* » (France). *Succès d'estime,* se dit d'un ouvrage de l'esprit (livre, pièce de théâtre) qui obtient l'estime de la critique mais pas la faveur du grand public. ✪ CONTR. Déconsidération, décri, dédain, mépris, mésestime.

estimer v. tr. [1] – XIIIe ; lat. « évaluer le prix d'une chose, apprécier » **I** - 1 Déterminer le prix, la valeur de (qqch.) par une appréciation. *Faire estimer un objet d'art par un expert. Estimer qqch. au-dessous, au-dessus de sa valeur* (⇒ **sous-estimer, surestimer).** ➛ *Mobilier estimé à un million de francs.* ♦ Attribuer une valeur, une importance à (qqch., qqn). *Estimer un service à sa juste valeur.* 2 Calculer approximativement. *Estimer une distance au juger.* ⇒ **évaluer.** *Le nombre des blessés est encore difficile à estimer.* **II** - 1 Avoir une opinion sur (une personne, une chose). ⇒ **croire, tenir** (pour), **trouver.** *Estimer indispensable de faire qqch.* ♦ ⇒ **considérer, penser.** *J'estime avoir fait mon devoir.* « *La police estimait, à cause de cette maladresse terrifiante, que ce crime n'était point l'œuvre d'un professionnel* » (Mac Orlan). 2 Avoir bonne opinion de, reconnaître la valeur de (qqn). ⇒ **apprécier, considérer.** « *Sur quelque préférence une estime se fonde Et c'est n'estimer rien qu'estimer tout le monde* » (Mol.). ➛ *Notre estimé collègue et ami.* ♦ Faire cas de, avoir plus ou moins d'estime pour (qqch.). ⇒ ① **priser.** « *Rome alors estimait leurs vertus* » (Rac.). ➛ *Un vin très estimé.* **III** S'ESTIMER v. pron. Se considérer, se croire, se trouver. *S'estimer satisfait.* « *Avant que de combattre, ils s'estiment perdus* » (Corn.). ➛ *S'estimer heureux que.* ✪ CONTR. Déprécier. Déconsidérer, mépriser, mésestimer.

❑ Pour le sens → apprécier (rem.).

estivage n. m. – XIXe ▪ Action d'estiver (opposé à *hivernage*). *Estivage du troupeau.* ⇒ ② **estive.**

estival, ale, aux adj. – XIIe ; lat. *æstivus* « de l'été » ▪ Propre à l'été, d'été (opposé à *hivernal*). *Une température estivale. Une toilette estivale.*

estivant, ante n. – 1920 ▪ Personne qui passe les vacances d'été dans une station de villégiature. ⇒ **aoûtien, vacancier.** « *la typique maison normande qui fait tomber l'estivant dans les pâmes et qui, à moi, me casse les pieds* » (Queneau).

estivation n. f. – XIXe 1 Disposition des diverses parties de la fleur avant leur épanouissement. ⇒ **préfloraison.** 2 Engourdissement de certains animaux (crocodiles, serpents) pendant l'été (opposé à *hibernation*).

① **estive** n. f. – XVIIe ; lat. *stipare* ▪ Chargement comprimé d'un navire. ♦ Contrepoids qui servait à équilibrer les galères. ⇒ **lest.**

② **estive** n. f. – 1933 ▪ Pâturage d'été en montagne. ⇒ **alpage.**

estiver v. [1] – XVe ▪ v. tr. Faire passer l'été à. *Estiver des troupeaux,* les faire séjourner pendant l'été dans des pâturages de montagne (⇒ **estivage).** ✪ CONTR. Hiverner.

estoc n. m. – XIIe ; germ. *stoken* « piquer, pousser » 1 loc. *Frapper d'estoc et de taille :* frapper, se battre avec la pointe et le tranchant de l'épée (c'est-à-dire par tous les moyens, avec énergie). « *il frappait d'estoc et de taille sur un grand Espagnol* » (Vigny). 2 anciennt Grande épée droite.

estocade n. f. - XVe 1 vx *Coup d'estocade.* ⇒ ③ **botte.** 2 Coup d'épée, dans la mise à mort du taureau (⇒ **estoquer**). *Donner l'estocade entre la nuque et les épaules.* ➜ loc. *Donner l'estocade à (un adversaire),* le réduire à merci, l'achever.

estomac [ɛstɔma] n. m. - XIIIe ; gr. *stoma* « bouche » **I - 1** (chez l'homme) Poche musculeuse, partie du tube digestif située dans la partie supérieure de la cavité abdominale. *De l'estomac.* ⇒ **gastrique, stomacal ; gastéro-, gastr(o)-.** *Transformation des aliments dans l'estomac.* ⇒ **digestion.** *Avoir l'estomac vide, plein.* ⇒ **ventre.** « *j'ai l'estomac fragile, et horreur du graillon* » (Romains). *Ulcère à l'estomac. Brûlures, crampes d'estomac.* « *L'angoisse lui tordait l'estomac* » (Malraux). *Lavage d'estomac :* nettoyage par irrigation. ♦ loc. *Avoir l'estomac dans les talons :* avoir faim. ➜ *Ouvrir l'estomac :* donner faim. **2** (animaux) Partie renflée du tube digestif, qui reçoit les aliments. *Estomac à quatre compartiments des ruminants. Estomac des oiseaux.* ⇒ **gésier. II - 1** Partie du torse située sous les côtes. *Le creux de l'estomac.* ⇒ **épigastre.** *Boxeur qui frappe à l'estomac. Le vaincu « fit rouler le vainqueur par terre d'un coup de tête dans l'estomac »* (Baud.). *Avoir, prendre de l'estomac,* du ventre. **2** *Avoir de l'estomac :* faire preuve de hardiesse, et péj. d'audace. ⇒ **aplomb, cran ;** fam. **culot, tripe.** « *Voilà des gens qui ont de l'estomac, en attendant qu'ils aient de la poigne* » (Duham.).

❑ Pour les animaux inférieurs, à la place de *estomac,* on dit *poche digestive, jabot,* etc.

estomaqué, ée adj. - XVe ; lat. *stomachari* « s'irriter » ▪ fam. Très étonné, surpris. ⇒ **ahuri, épaté.** « *estomaquée de gagner, en chantant, deux cent dix francs par mois* » (Colette).

estomaquer v. tr. [1] - XVIe ▪ fam. Étonner, surprendre par qqch. de choquant, d'offensant. *Sa conduite a estomaqué tout le monde.* ⇒ **scandaliser, suffoquer.**

estompage n. m. - XIXe ▪ Action d'estomper. « *l'estompage de son dessin dur* » (Malraux). ♦ Caractère de ce qui est estompé. « *L'estompage de la forme sous l'eau* » (Goncourt).

estompe n. f. - XVIIe ; néerl. *stomp* « bout » ▪ Petit rouleau de peau ou de papier cotonneux, terminé en pointe flexible, servant à étendre le crayon, le fusain, le pastel sur un dessin. *Dessin à l'estompe.* ♦ Dessin à l'estompe. *Une belle estompe.*

❑ Ne pas confondre avec *estampe* « gravure ».

estompé, ée adj. - XVIIIe ▪ Qui n'est pas net, qui a des contours voilés. ⇒ **flou, imprécis.** *Les contours « ne sont pas incertains, demi brouillés, estompés ; ils se détachent sur leurs fonds »* (Taine). ✪ CONTR. ② Net, ① précis.

estomper v. tr. [1] - XVIIe 1 Dessiner, ombrer avec l'estompe. *Adoucir un trait en l'estompant.* **2** Rendre moins net, rendre flou. ⇒ ① **voiler.** pronom. « *un grand paysage triste dont les lointains s'estompaient dans les gris noirs* » (Loti). **3** fig. Rendre moins vif (un souvenir, un sentiment). ⇒ **adoucir, atténuer,** ① **voiler.** pronom. *Pourquoi certaines images « s'estompent puis s'effacent si vite »* (Maurois). *Les haines, les rancœurs s'estompent.* ✪ CONTR. Accuser, ① détacher. Préciser. Aviver, raviver.

estonien, ienne adj. et n. - XVe ▪ Qui se rapporte à l'Estonie, à ses habitants. ♦ n. *Les Estoniens.* ➜ n. m. *L'estonien :* langue finno-ougrienne.

estoquer v. tr. [1] - XIIe ; germ. **1** vx Frapper de la pointe, d'estoc. **2** Blesser à mort (le taureau) en portant l'estocade.

estouffade n. f. - XVIIe ; it. *stufata* « étuvée » ▪ région. *En estouffade, à l'estouffade :* à l'étouffée. « *Un cochon de lait à l'estouffade, servi dans une feuille de bananier* » (Cendrars). ➜ Sorte de daube. *Une estouffade de bœuf.*

estourbir v. tr. [2] - XIXe ; probablt all. *storb* « mort » ▪ fam. Assommer. ➜ fig. Étonner violemment.

estrade n. f. - XVIIe ; lat. *sternere* « étendre » ▪ Plancher élevé de quelques marches au-dessus du sol. *L'estrade du professeur dans les salles de classe. Haranguer la foule du haut de l'estrade.* ⇒ **tribune.** *Monter sur l'estrade.* ⇒ **podium.**

❑ Dans son premier emploi *estrade* désigne un plancher surélevé de quelques degrés dans la chambre de la reine mère.

estradiot n. m. - XVIe ; gr. *stratiôtês* « soldat » ▪ Soldat de cavalerie légère, originaire de Grèce ou d'Albanie (XVe-XVIe s.).

estragon n. m. - XVIe ; gr. *dracontion* « serpentaire » ▪ Variété d'armoise *(composées),* appelée aussi *serpentine,* dont la tige et les feuilles sont employées comme condiment. ♦ Ce condiment. *Poulet à l'estragon.* « *Estragon, sauge, menthe, sarriette, pimprenelle* [...] *je ne manque pas de vous requérir pour la salade, le gigot bouilli, la sauce relevée* » (Colette).

estramaçon n. m. - XVIIe ; it. *mazza* « masse d'armes » ▪ Longue et lourde épée à deux tranchants, en usage du Moyen Âge au XVIIIe s. *Les archers « parurent, l'estramaçon au poing »* (Hugo).

estran n. m. - XVIIe ; mot norm. ▪ Portion du littoral entre les plus hautes et les plus basses mers.

❑ Au Canada, on dit *batture,* n. f.

estrapade n. f. - XVe ; germ. *strappan* « attacher, atteler fortement » ▪ Supplice qui consistait à faire tomber le condamné suspendu par une corde, soit dans l'eau, soit à quelques pieds du sol. ➜ La potence qui servait à l'estrapade.

estrope n. f. - XIVe ; gr. *strophos* « corde » ▪ Anneau entourant une poulie de bateau et servant à la suspendre, à la fixer.

estropié, iée adj. et n. ▪ Qu'on a, qui s'est estropié. ⇒ **éclopé, infirme.** ➜ n. *Un estropié.* ✪ CONTR. Ingambe, valide.

estropier v. tr. [7] - XVIe ; probablt lat. *turpis* « laid, difforme » ou *stroppus* « courroie » **1** Priver de l'usage d'un membre, par blessure ou maladie. *Se faire estropier.* ➜ pronom. *Il s'est estropié en tombant d'une échelle.* **2** fig. Tronquer (un texte, un élément du discours) en déformant, en altérant. *Estropier un nom propre, un mot étranger.* ⇒ **écorcher.** ♦ Mal interpréter (un rôle, de la musique, etc.).

estuaire n. m. - XVe ; lat. *æstus* « mouvement des flots » ▪ Embouchure d'un fleuve sensible à la marée et aux courants marins. ⇒ **aber, étier, ria.** *La Gironde, estuaire de la Garonne.*

estuarien, ienne adj. - 1965 ▪ Relatif aux estuaires.

estudiantin, ine adj. - XIXe ▪ Qui est relatif à l'étudiant, aux étudiants.

esturgeon n. m. - XIe ; germ. *sturjo* ▪ Poisson à écailles ganoïdes *(acipensériformes),* dont la taille peut atteindre 5 mètres, qui vit en mer et va pondre dans les grands fleuves. « *un magnifique esturgeon de cette espèce Belouga des Russes, dont les œufs mélangés de sel, de vinaigre et de vin blanc, forment le caviar* » (J. Verne).

et [e] conj. - IXe ; mot lat. **I** Conjonction de coordination qui sert à lier les parties du discours, les propositions ayant même fonction ou même rôle, et à exprimer une addition, une liaison, un rapprochement. 1 Reliant des mots ou des groupes de mots de même nature. *Paul et Virginie. Toi et moi. Faire vite et bien. Cela et le reste.* ⇒ **et cætera.** *Deux et deux font quatre.* ⇒ **plus.** *Vous mentez l'un et l'autre.* ⇒ **comme.** *J'ai accepté. Et vous ? – C'est fini, et bien fini.* – littér. « *Cette mince et pâle et fine Juliette* » (France). – *Il y a parfum et parfum, mensonge et mensonge :* tous les parfums, tous les mensonges ne sont pas identiques. ♦ (Rapprochant des éléments différents ou opposés). « *Le peuple n'a guère d'esprit, et les Grands n'ont pas d'âme* » (La Bruy.). 2 Reliant deux parties de nature différente. *Un gilet long et sans manches.* « *Manger, et modérément, ce que vous savez par expérience vous convenir* » (Volt.). 3 dans des nombres composés *Vingt et un, trente et un.* – Devant la fraction d'un nombre fractionnaire. *Deux heures et demie.* II en début de phrase *Et voici que tout à coup il se met à courir.* ⇒ **alors.** « *Et je pleurais ! et je me trouvais à plaindre et la tristesse osait approcher de moi !* » (Rouss.). *Et alors ?* fam. *Et d'un, tu parles trop, et de deux, on m'a tout raconté.* III en emploi nominal ou adjectival Symbole ou opérateur représentant l'intersection, le produit logique. *La fonction* ET. ✪ HOM. Eh. Hé.

-et, -ette Suffixe diminutif, du lat. *ittum, ittam,* entrant dans la composition de noms propres, de noms communs tirés d'un nom ou d'un verbe, d'adjectifs.

> ❑ L'emploi des diminutifs hypocoristiques en *-et* a été un procédé littéraire cher à la Pléiade : « *Amelette Ronsardelette Mignonnelette, doucelette Très chère hôtesse de mon corps* » (Ronsard, *À son âme*).

êta n. m. ▪ Septième lettre de l'alphabet grec (Η, η). ✪ HOM. poss. État.

étable n. f. – XIIe ; lat. *stabulum* « lieu où l'on habite » ▪ Lieu, bâtiment où on loge le bétail, les bovidés. « *dans cette étable, pleine de bouses sèches et creuses* » (Beckett). *Engraissement du bétail à l'étable.*

① **établi** n. m. – XIIIe ▪ Table massive sur laquelle on dispose, on fixe la pièce, l'ouvrage à travailler. *Établi de menuisier.*

② **établi, ie** adj. 1 Installé. « *cet homme que l'on croyait solidement établi dans le pays* » (Loti). – Solide, stable. *Une réputation bien établie.* – *Usage, préjugé établi.* – *C'est un fait établi,* démontré. 2 En place. *Le gouvernement établi,* au pouvoir. « *l'arriviste étant le monsieur qui convoite la meilleure place possible dans l'ordre établi* » (Romains). ✪ CONTR. Fragile, ① incertain, menacé. Renversé.

établir v. tr. [2] – XIe ; lat. *stabilis* → stable I - 1 Mettre, faire tenir (une chose) dans un lieu et d'une manière stable. ⇒ **construire, fonder, installer.** « *Il commença par établir sur la berge une manière de chaussée* » (Flaub.). *Établir une usine dans une ville.* ⇒ **monter.** – *Établir sa résidence à Paris.* ⇒ **fixer.** – *Établir des barrages de police sur une route.* ⇒ **disposer.** 2 Mettre en vigueur, en application. ⇒ **fonder, instaurer, instituer.** *Établir un impôt.* « *La Loi ne doit établir que des peines strictement et évidemment nécessaires* » (DÉCLAR. DR. HOM.). ♦ *Établir l'ordre, la paix.* ♦ *Établir sa fortune, sa réputation sur qqch.* ⇒ **asseoir, bâtir, fonder.** 3 Placer (qqn) dans une situation, une fonction. ⇒ **nommer.** *Établir qqn dans une charge.* 4 Fonder sur des arguments solides, sur des preuves. *Établir sa démonstration sur des faits indiscutables.* ⇒ **baser.** – Faire apparaître comme vrai, donner pour certain. *Établir un fait, la réalité d'un fait.* ⇒ **démontrer, prouver.** *Établir l'innocence d'un accusé.* « *L'esprit s'efforce d'établir un rapport, une liaison de cause à effet* » (Baud.). – par ext. *Établir un compte, un devis.* « *il établissait avec soin la liste des femmes qu'il avait aimées* » (Maurois). 5 Faire commencer (des relations). *Établir des relations diplomatiques avec un pays. Établir des liens d'amitié avec qqn.* ⇒ **nouer.** – *Établir une communication téléphonique.* II S'ÉTABLIR v. pron. 1 Fixer sa demeure (en un lieu). ⇒ **habiter,** s'**installer.** *Elle s'est établie en province.* « *un vieux chat galeux [...] s'était établi dans la rue, sur le trottoir de notre maison* » (Loti). ♦ Se fixer pour exercer sa profession. *S'établir à son compte.* ⇒ se **mettre.** « *ce cochon-là s'est établi marchand de chapelets !* » (Flaub.). 2 S'instituer, se poser en. *S'établir juge des actes d'autrui.* 3 Prendre naissance, s'instaurer. *Cette coutume aura peine à s'établir.* – impers. « *il s'établit entre elle et l'orchestre cette correspondance mystérieuse* » (Green). ✪ CONTR. Détruire, renverser ; déplacer. Abolir, supprimer. ① Partir.

établissement n. m. – XIIe I - 1 Action de fonder, d'établir. *L'établissement d'un empire.* ⇒ **création, fondation, instauration.** *L'établissement d'un impôt.* « *ces réminiscences du passé qui troublaient si profondément l'établissement d'un ordre nouveau* » (Renan). 2 Action de prendre pied dans un pays. *L'établissement des Français aux Indes au* XVIIe *s.* ⇒ **implantation.** 3 Le fait de fonder sur des preuves. *L'établissement d'un fait.* – *Procéder à l'établissement d'un devis.* ⇒ **rédaction.** *Établissement d'un texte.* ⇒ **édition.** – Le fait de commencer (des relations). II Lieu où une chose, une personne est établie. 1 (Au plur.) Autrefois, Colonie, comptoir. *Les établissements français de l'Inde.* 2 Ensemble des installations établies pour le fonctionnement d'une entreprise ; cette entreprise. *Établissement agricole, commercial, industriel.* ⇒ **agence, atelier, bureau, exploitation, industrie, magasin, manufacture, usine.** *Les établissements X...* ⇒ **société.** abrév. graphique *Ets. Ets DUPONT.* ♦ *ÉTABLISSEMENT PUBLIC :* personne morale administrative chargée de gérer un service public. *Établissement d'utilité publique :* association ou fondation privée, reconnue d'utilité publique. – *Établissement scolaire, hospitalier.* Le « *médecin-chef de l'établissement où elle se soignait* » (Camus). ✪ CONTR. Démolition, destruction, renversement. Abolition.

étage n. m. – XIe ; lat. *stare* « se tenir debout » I - 1 Espace compris entre deux planchers successifs d'un édifice. *Immeuble à, de quatre étages.* « *Les buildings* [de New York] *échappent par le haut à toute réglementation urbaniste, ils ont vingt-sept, cinquante-cinq, cent étages* » (Sartre). *Habiter au troisième étage,* et ellipt *au troisième. Le dernier étage. Appartement sur deux étages.* ⇒ **duplex.** ♦ absolt (opposé à *rez-de-chaussée*). *Les chambres sont à l'étage.* 2 Chacun des plans (d'une chose ou d'un ensemble formé de parties superposées). ⇒ **niveau.** *Gâteau à trois étages.* ♦ « *Les murs en terrasses qui soutiennent les diverses parties de ce magnifique jardin, qui, d'étage en étage, descend jusqu'au Doubs* » (Stendh.). ⇒ s'**étager.** 3 Ensemble des terrains correspondant à un âge (subdivision de l'époque). – *Étages de végétation,* différenciés selon l'altitude. 4 Chaque élément propulseur détachable (d'une fusée). II loc. *DE BAS ÉTAGE :* de condition médiocre. ⇒ **espèce.** « *Mon Dieu, que votre esprit est d'un étage bas !* » (Mol.). *Plaisanteries de bas étage,* de mauvais goût.

> ❑ En français classique, et encore au Canada, le rez-de-chaussée est considéré comme premier étage. ♦ Par superstition, certains immeubles américains n'ont pas de *treizième étage* (on passe du 12e au 14e).

étagement n. m. – XIXe ▪ Disposition de ce qui est étagé. *L'étagement des vignes sur les côtes du Rhône.*

étager v. tr. [3] – XIIIe ▪ Disposer par étages, par rangs superposés. ⇒ **échelonner.** « *les tribunes étageaient* *leurs gradins chargés de foule* » (Zola). pronom. « *je voyais monter en s'étageant toute la partie occidentale de la ville* » (From.). ➛ *Jardins étagés sur la colline.*

étagère n. f. – XVe 1 Planche, dans un dressoir, une bibliothèque, une armoire. *Ranger du linge sur une étagère.* ➛ Simple tablette fixée horizontalement sur un mur. ⇒ région. **archelle.** 2 Meuble formé de montants qui supportent des tablettes horizontales disposées par étages. *Étagère à livres.* ⇒ **bibliothèque.**

① **étai** n. m. – XIIe ; a. angl. *staeg*, avec infl. de ② *étai* ▪ Cordage tendu de l'avant du navire à la tête d'un mât et destiné à consolider ce mât.

② **étai** n. m. – XIVe ; germ. *staka* « soutien » 1 Grosse pièce de bois, de métal destinée à soutenir provisoirement. ⇒ **béquille,** ② **cale, chevalement, étançon.** « *des étais de chêne soutenaient le toit, faisaient à la roche ébouleuse une chemise de charpente* » (Zola). *Étais métalliques.* ⇒ **étrier, renfort.** 2 fig. et littér. ⇒ **appui, soutien.** « *cette vieille société fondée sur Dieu et le roi, deux étais qu'il n'est pas sûr qu'on puisse remplacer* » (Renan).

étaiement n. m. – XVe ▪ Action d'étayer. ⇒ **étayage.** *Les travaux d'étaiement.* ♦ Résultat de cette opération.

étain n. m. – XIIIe ; lat. *stagnum* « plomb argentifère », p.-ê. o. gaul. 1 Élément atomique (Sn ; no at. 50 ; m. at. 118,7), métal blanc gris très malléable, du même groupe que le silicium, le germanium et le plomb. *Emplois de l'étain.* ⇒ **étamage, tain.** *Vaisselle, gobelet, chope en étain.* « *on vous sert un pot de bière, en bel étain* » (Beaum.). 2 Objet d'étain. *Des étains du XVIe siècle.* ✪ HOM. Éteint.

❑ L'adjectif savant correspondant est *stannique* → stannique (rem.).

étal n. m. – XIe ; germ. *stal* « position, demeure, écurie » ; cf. stalle 1 Table où l'on expose les marchandises dans les marchés publics. ⇒ **éventaire.** *Les étals du marché.* 2 Table de bois épais sur laquelle les bouchers débitent la viande. « *Derrière l'étal, un homme rougeaud armé d'une hache coupait, tranchait* » (Le Clézio). *Viande à l'étal.* ➛ par ext. Débit de viande. ⇒ **boucherie.** ✪ HOM. Étale.

❑ Le pluriel régulier de *étal* est *étaux* (« *Tous les étaux vendent de la viande de cheval* » [Goncourt]) mais l'homonymie avec le pluriel de *étau* a rendu plus courante la forme *étals.*

étalage n. m. – XIIIe 1 Exposition de marchandises qu'on veut vendre. ➛ Droit d'étalage. *Payer l'étalage.* 2 Lieu où l'on expose des marchandises, pour en faciliter la vente ; ensemble des marchandises exposées. ⇒ **devanture, vitrine.** « *La vue d'un étalage de légumier dont on emporte l'odeur avec soi* » (Simenon). « *De temps à autre, il s'arrêtait à l'étalage d'un bouquiniste* » (Flaub.). loc. *Vol à l'étalage.* 3 Action d'exposer, de montrer avec ostentation. *Faire un grand étalage de ses connaissances.* ⇒ **démonstration, parade.** « *Tout cet étalage de fierté et de noblesse* » (Mariv.). *Étalage de couleurs, de luxe.* ⇒ **déploiement.** ♦ FAIRE ÉTALAGE DE (qqch.) : exposer avec ostentation, exhiber. *Faire étalage de sa fortune.* ⇒ **afficher.** ➛ « *la rouerie du coupable qui croit que ce dont il fait étalage est par cela même jugé innocent* » (Proust). 4 Tronc de cône formant la partie inférieure d'un haut fourneau. 5 Première opération de la filature, consistant à disposer les fibres textiles en nappes. ⇒ **étaleuse.**

étalager v. tr. 3 – XIXe ▪ Mettre en vitrine, dans l'étalage (des marchandises).

étalagiste n. – XIXe 1 Marchand, marchande qui expose, étale sa marchandise sur la voie publique. ⇒ **camelot, forain.** 2 Personne dont le métier est de composer, de disposer les étalages aux devantures des magasins. *L'étalagiste est en train de faire la vitrine.*

étale adj. et n. – XIIe ; de ① *étaler* 1 adj. Sans mouvement, immobile. *Mer étale,* qui ne monte ni ne baisse. *Vent étale,* régulier. ♦ fig. Sans aucune agitation. « *la journée était là, étale, comme une mer inoffensive* » (Sartre). 2 n. f. ou m. Moment où le niveau de la mer est stable. *L'étale de pleine mer, de basse mer.* ✪ HOM. Étal.

étalement n. m. – XVIIe 1 Action d'étaler. *Étalement d'un tas de fumier sur une terre.* 2 Action de répartir dans le temps. *Étalement d'une réforme sur plusieurs années. Étalement des paiements.* ⇒ **échelonnement.** *Étalement des vacances :* répartition des vacances scolaires par région.

① **étaler** v. tr. 1 – XIIe ; de *étal* I - 1 Exposer (des marchandises à vendre). *Le marché* « *Pêle-mêle étalant sur ses tréteaux boiteux Ses fromages, ses fruits, son miel, ses paniers d'œufs* » (Samain). 2 Disposer de façon à faire occuper une grande surface notamment pour montrer (chaque objet, chaque partie). *Étaler des papiers devant qqn.* ➛ *Étaler son jeu, ses cartes* (⇒ **abattre**) : fig. rendre claires ses intentions. ➛ *Étaler une carte routière, une pièce d'étoffe.* ⇒ **déplier, dérouler.** « *Il avait acheté en gare* l'Humanité *qu'il étalait avec affectation devant le nez de son père* » (Aragon). ➛ « *les vaches, un jarret replié, étalaient leurs ventres sur le gazon* » (Flaub.). 3 Étendre sur une grande surface en une couche fine. *Étaler du beurre sur du pain.* ⇒ **tartiner.** *Le barbier* « *étalait à nouveau sur le visage déjà rasé une mousse onctueuse* » (Gide). 4 fam. Faire tomber ; jeter à terre. « *D'un coup de poing il l'a étalé* » (Littré). ⇒ fam. **étendre.** ➛ fig. *Se faire étaler à un examen :* échouer. 5 Faire voir, montrer avec solennité, splendeur. ⇒ **déployer, montrer.** *Étaler sa puissance.* ♦ *Étaler ses charmes.* 6 Montrer, dévoiler. ⇒ **révéler.** « *c'est le propre du comique d'étaler aux yeux l'insuffisance humaine* » (Taine). ➛ Montrer avec impudeur. *Étaler sa vie, ses amours.* 7 péj. Faire parade de, déployer avec vanité, ostentation. ⇒ **exhiber** (cf. Faire étalage*). « *on les voyait étaler un luxe insolent* » (Flaub.). ➛ *Étaler son érudition.* 8 Répartir dans le temps. *Étaler des paiements.* ⇒ **échelonner.** *Étaler les vacances :* faire en sorte que tous les vacanciers ne partent pas en même temps (⇒ **étalement**). II pronom. 1 S'étendre, être étendu sur une surface. *Peinture qui s'étale bien.* 2 Être montré sans retenue ou avec ostentation, affectation. ⇒ s'**afficher.** « *La lâcheté la plus révoltante s'étale* » (Péguy). 3 Se montrer avec insistance, fatuité, impudeur. ⇒ s'**afficher,** s'**exhiber, parader.** 4 fam. Prendre de la place en une posture abandonnée. ⇒ s'**étendre,** s'**avachir,** se **vautrer.** *S'étaler sur un canapé.* ♦ fam. ⇒ **choir,** ① **tomber.** *Il s'est étalé de tout son long.* 5 S'étendre dans le temps. *Les paiements s'étalent sur trois mois.* ⇒ s'**échelonner.** ✪ CONTR. Remballer. ① Cacher. Empiler, ① ranger.

② **étaler** v. tr. 1 – XVIIe ; de *étale* 1 *Étaler la marée :* mouiller sur place en attendant la marée contraire. 2 Résister à. *Étaler le vent, le courant.*

étaleuse n. f. – 1901 ▪ Machine servant à étaler le coton, la laine, le lin en nappes. ⇒ **étalage.**

étalinguer v. tr. 1 – XVIIe ; néerl. *stag-lijn* « ligne d'étai » ▪ Amarrer (un câble) à l'organeau d'une ancre.

étalingure n. f. – XVIIIe ▪ Fixation d'un câble sur une ancre.

① **étalon** n. m. – XIIIe ; germ. *stal* « écurie » ▪ Cheval entier destiné à la reproduction (opposé à *hongre*). *Étalon pur-sang, demi-sang. Étalon arabe, anglo-arabe.* « *des étalons cabrés, qui hennissaient à pleins* *naseaux du côté des juments* » (Flaub.). ♦ par ext. Reproducteur mâle d'une espèce domestique. *Âne étalon.* ⇒ **baudet.** ♦ *Arbre-étalon* : arbre sélectionné sur lequel on prélève des greffons.

❑ *Étalon* s'emploie familièrement pour « homme ardent aux plaisirs » (1611).

② **étalon** n. m. – XIIe ; germ. **I - 1** Cheville reliant deux pièces de bois enchâssées dans des mortaises. **2** Baliveau de l'âge de la dernière coupe. **II - 1** Modèle légal de définition d'une unité de mesure ; représentation matérielle d'une unité de mesure. *Étalons de longueur.* ⇒ **calibre.** *Mètre étalon ; kilogramme étalon. Vérifier un instrument, une mesure à l'aide d'un étalon.* ⇒ **étalonner. 2** Matière, marchandise ou monnaie servant de référence pour mesurer conventionnellement la richesse, les valeurs. *Étalon monétaire* : métal sur lequel est fondée la valeur d'une monnaie. ♦ *Système d'étalon-or,* assurant la convertibilité interne et externe par référence à l'or.

étalonnage n. m. – XVe ▪ Action d'étalonner (une mesure, un appareil). ⇒ **calibrage.**

étalonner v. tr. [1] – XIVe **1** Vérifier (une mesure) par comparaison avec un étalon. ➛ *Mesure étalonnée par un vérificateur.* **2** Graduer (un instrument) conformément à l'étalon. **3** *Étalonner un test,* l'appliquer à un groupe de référence (pour lui attribuer une valeur chiffrée).

étamage n. m. – XVIIIe **1** Action d'étamer ; opération par laquelle on étame. ♦ *Étamage des glaces, des globes de verre.* **2** État d'un métal, d'un ustensile étamé. *Un étamage usé.*

étambot n. m. – XVIe ; scand. *stafnbord* « planche de l'étrave » ▪ Pièce de construction qui, continuant la quille, s'élève à l'arrière du navire et porte le gouvernail. « *Le flux et le reflux, comme avec un rabot, Dénude à chaque coup l'étrave et l'étambot* » (Hugo).

étambrai n. m. – XIVe ; p.-ê. angl. *timber* « bois de charpente » ▪ Renfort servant de soubassement à un appareil ou destiné à étayer un mât. « *les deux mâts, qui avaient été brisés à quelques pieds au-dessus de l'étambrai* » (J. Verne).

étamer v. tr. [1] – XIIIe **1** Recouvrir (un métal) d'une couche d'étain. *On étame le cuivre, la tôle* (⇒ **fer-blanc**). *Faire étamer une casserole.* ➛ « *Le seau de fer-blanc étamé, plein de bouillon, fumait sur le petit réchaud bas* » (Zola). **2** Recouvrir la face interne de (une glace) d'un amalgame d'étain et de mercure (⇒ **tain**). ➛ *Miroir étamé.*

étameur n. m. – XVIIIe ▪ Celui dont le métier est d'étamer.

① **étamine** n. f. – XIIe ; lat. *stamen* « fil » **1** Petite étoffe mince, légère, non croisée. *Étamine de soie, de fil.* « *Une longue robe d'étamine remplace pour elle les ornements du siècle* » (Chateaub.). **2** Tissu peu serré de crin, de soie, de fil qui sert à cribler ou à filtrer. *Passer une farine, un liquide à l'étamine.*

② **étamine** n. f. – XVIIe ; lat. *stamina* « filaments » ▪ Chez les plantes phanérogames, Élément de la partie mâle de la fleur (⇒ **androcée**). « *le blanc crémeux hérissé d'étamines brunes des poiriers* » (Colette).

❑ Même famille étym. : *staminal, staminé, staminifère.*

étampage n. m. – XIXe ▪ Travail à l'étampe.

étampe n. f. – XIIIe **1** Outil (poinçon, outil à emboutir, etc.) servant à imprimer une marque sur une surface. **2** Matrice en acier pour produire des empreintes sur les métaux.

étamper v. tr. [1] – XIIe ; var. de *estamper* **1** *Étamper un fer à cheval,* y percer les trous. ➛ *Fer étampé.* **2** Travailler à l'étampe. ⇒ **estamper.**

étampeur, euse n. – XIXe ▪ Personne qui étampe. ⇒ **estampeur.**

étamure n. f. – XVIe ▪ Matière qui sert à étamer. ♦ Couche d'alliage qui couvre un vase étamé. *L'étamure est bien mince.*

étanche adj. – XIIe ▪ Qui ne laisse pas passer les fluides, ne fuit pas. *Toiture étanche.* ⇒ **imperméable.** *Récipient étanche.* ⇒ **hermétique.** *Montre étanche.* ⇒ **waterproof.** *Embarcation étanche.* « *doubler intérieurement la coque avec une vaigre étanche* » (J. Verne). *Compartiments étanches.* ♦ CLOISON ÉTANCHE, fig. séparation absolue. « *une cloison étanche empêchait la moindre infiltration des idées modernes de se faire dans le sanctuaire réservé de son cœur* » (Renan). ✪ CONTR. Perméable.

étanchéité n. f. – XIXe ▪ Caractère de ce qui est étanche.

❑ Certains noms dérivés d'adjectifs terminés par *e* muet ont pris la finale de ceux en *é* (*simultanéité*). → diaphanéité (rem.).

étanchement n. m. – XIIIe ▪ rare Action d'étancher.

étancher v. tr. [1] – XIIe ; p.-ê. lat. *stare* « se tenir debout ; être stable » → étang **1** Arrêter (un liquide) dans son écoulement. ⇒ **éponger.** *Étancher le sang qui coule d'une plaie.* ➛ *Étancher une voie d'eau.* ➛ *Étancher les larmes,* les faire cesser. *Il balbutiait* « *des mots incohérents et tendres pour étancher cette douleur qu'il ne pouvait pas comprendre* » (Duham.). ♦ *Étancher la soif,* l'apaiser. **2** Rendre étanche. *Étancher une citerne.*

étançon n. m. – XIIe ; de l'a. fr. *ester* « se tenir, rester », de *stare* « se tenir debout » ▪ Grosse pièce de bois, de métal qu'on place le plus verticalement possible pour soutenir qqch. ⇒ **béquille, contrefort,** ② **étai.** *Placer des étançons contre un mur.*

étançonnement n. m. – XIVe ▪ Action d'étançonner. *Étançonnement d'un mur.* ⇒ **soutènement.**

étançonner v. tr. [1] – XIIe ▪ Soutenir à l'aide d'étançons. ⇒ **consolider, étayer.** *Étançonner une muraille.*

étang [etɑ̃] n. m. – XIIe ; de *estanchier* « arrêter l'eau » ▪ Étendue d'eau moins vaste, moins profonde que le lac. ⇒ **mare.** *Nénuphars, joncs, roseaux qui poussent dans les étangs.* « *un étang couvert de nymphæa* » (Balz.). *Étang poissonneux.* ✪ HOM. Étant.

❑ *Étang* signifie au sens littéral « étendue d'eau dont les bords arrêtent l'écoulement ». Mais, à la différence des autres dérivés de *étancher, étang* est complètement démotivé et rien ne trahit son origine.

étant n. m. – v. 1960 ; de *être* ▪ philos. L'être en tant que phénomène. « *l'étant marque la convergence des ayant été* » (Lacan). ✪ HOM. Étang.

étape n. f. – XIVe ; germ. *stapel* « entrepôt » **1** Marché, lieu où les marchands apportaient et vendaient leurs marchandises. par ext. Ville de commerce, comptoir. **2** Lieu où s'arrête un voyageur avant de reprendre sa route (⇒ aussi **escale**) ; lieu de cantonnement des troupes. ⇒ **halte.** loc. *Faire étape dans une ville,* s'y arrêter. appos. *Ville étape.* ♦ *Les étapes du tour de France cycliste* : les villes où les coureurs se reposent entre deux courses. ♦ loc. *BRÛLER LES ÉTAPES* : aller plus vite que prévu. **3** Distance parcourue ou à parcourir entre deux lieux d'arrêt. « *Nous allions par petites étapes, suivant un itinéraire capricieux* »

(Duham.). *Faire mille kilomètres en une seule étape.* ♦ (cyclisme) *Le vainqueur de la première étape. Remporter l'étape. Étape contre la montre. Premier au classement par étapes.* 4 fig. *Les principales étapes de la vie.* ⇒ **époque, période.** *Procéder par étapes.* ⇒ **degré, palier.** « *Mais ne plus posséder d'argent, ce n'est qu'une des étapes du dénûment* » (Colette). *Constituer, marquer une étape dans une vie.* ⇒ **jalon.**

étarquer v. tr. [1] – XVIIIe ; germ. *sterken* « raidir » ▪ Hisser et tendre le plus possible (t. de marine). *Étarquer une voile.*

étasunien, ienne adj. et n. – XXe ▪ Des États-Unis. ⇒ **américain, nord-américain.**

état n. m. – XIIIe ; lat. *stare* « se tenir debout » **I** Manière d'être (d'une personne ou d'une chose), considérée dans ce qu'elle a de durable (opposé à ② *devenir*). *Un état permanent, stable ; momentané.* ➙ *Verbe d'état,* exprimant l'existence ou la manière d'être du sujet (opposé à *verbe d'action*). **1** Manière d'être d'un être vivant. *État de santé.* « *son état semblait s'aggraver de semaine en semaine* » (Hugo). ➙ *État de veille ; de sommeil.* ➙ *ÉTAT GÉNÉRAL d'une personne* : son état de santé considéré dans son ensemble. ➙ *ÉTAT DE CHOC* : abattement physique à la suite d'un traumatisme. *En état de choc* : sous le coup d'une grande émotion. ➙ « *La plupart de nos blessés étaient en pitoyable état* » (Duham.). *Le blessé est dans un état grave. Conduite en état d'ivresse.* ♦ *Ne pas être dans son état normal. Elle était dans un drôle d'état. Ne vous mettez pas dans un état pareil ! Être dans un état d'agitation extrême.* ➙ loc. *Être dans tous ses états,* très agité, affolé. ➙ *Être en état de péché mortel.* ♦ *ÉTAT D'ESPRIT* : disposition particulière de l'esprit. « *Ce n'est jamais qu'à cause d'un état d'esprit qui n'est pas destiné à durer qu'on prend des résolutions définitives* » (Proust). *Il a un curieux état d'esprit.* ⇒ **mentalité.** ➙ *ÉTAT D'ÂME* : disposition des sentiments. ⇒ **humeur.** *Avoir des états d'âme,* des réactions affectives incontrôlées. *Vos états d'âme ne m'intéressent pas.* ♦ Situation. « *L'agent maintint le marchand en état d'arrestation* » (France). *Il a agi en état de légitime défense.* ♦ loc. *EN ÉTAT DE.* ⇒ **capable, mesure** (en mesure de). *Être, ne pas être en état de.* ⇒ ① **pouvoir.** *Je ne suis pas en état de le recevoir.* ➙ *HORS D'ÉTAT DE.* ⇒ **incapable.** *Mettre un adversaire hors d'état de nuire.* **2** Manière d'être d'une chose. *Le mauvais état de l'économie.* ➙ *EN (bon, mauvais) ÉTAT, DANS (tel ou tel) ÉTAT. Livres d'occasion en bon état.* « *C'est un meuble de teinte sombre, au placage d'acajou en assez mauvais état* » (Robbe-Grillet). *Véhicule en état de marche.* ➙ *En état* : dans son état normal, en bon état. *Remettre en état.* ⇒ **réparer.** ➙ *En l'état* : tel quel, sans changement. *Laisser, demeurer, rester en l'état. Article vendu en l'état.* ♦ *À L'ÉTAT ; À L'ÉTAT DE. Souvenir à l'état latent.* « *La rêverie qui est la pensée à l'état de nébuleuse* » (Hugo). *Animal qui retourne à l'état sauvage. À l'état de projet.* ♦ *ÉTAT DE CHOSES.* ⇒ **situation.** *Un état de choses anormal. Cet état de choses ne saurait durer.* ➙ *État de fait* : situation de fait. ➙ *État de paix ; état de guerre, d'alerte.* **3** Ensemble des caractères (d'un objet de pensée, d'un ensemble abstrait). *Dans l'état actuel de nos connaissances.* ♦ dr. *État d'une affaire, d'une cause. Affaire, cause en état,* assez instruite pour être jugée. ➙ *État de cause* : état d'avancement d'une instance judiciaire. loc. *EN TOUT ÉTAT DE CAUSE* : dans tous les cas, n'importe comment. ⇒ **toujours.** « *En tout état de cause un dénonciateur qui se cache joue un rôle odieux* » (Rouss.). **4** Manière d'être (des corps), résultant de la plus ou moins grande cohésion de leurs molécules. *État solide, liquide, gazeux. Corps à l'état solide.* ♦ *État du ciel, de la mer.* **5** *FAIRE ÉTAT DE...* Estimer, faire cas de. *Je fais peu d'état de cet homme-là.* ♦ Tenir compte de ; rapporter. ⇒ **mention.** *Faire état d'un document.* ⇒ **citer.** *Ne faites pas état de ce que je viens de vous dire* : n'en parlez pas. **6** Écrit qui constate, décrit un fait, une situation à un moment donné. ⇒ **description, exposé,** ② **mémoire ; inventaire,** ② **liste.** *État comparatif, descriptif. États de service d'un fonctionnaire,* liste des fonctions qu'il a occupées. *État de compte, de frais.* ⇒ **bilan.** *Dresser un état.* ➙ *État de situation* : exposé de l'état de fortune d'une personne. ➙ *ÉTAT DES LIEUX* : description d'un immeuble, d'un appartement, indiquant l'état de conservation de chacune de ses parties. *Établir un état des lieux avant l'emménagement d'un locataire.* **II - 1** Situation dans la société, résultant de la profession, de la fortune, du mode de vie. ⇒ **condition, position.** ➙ *S'adapter à son état. Remplir les devoirs de son état. Devoir d'état.* ➙ vx ⇒ **métier, profession.** « *Mon père et ma mère ne m'aidaient guère dans le choix difficile d'un état* » (France). ➙ *DE SON ÉTAT* : de son métier. *Il est avocat de son état.* **2** Ensemble de qualités inhérentes à la personne, auxquelles la loi civile attache des effets juridiques. ⇒ ③ **droit.** *L'état de sujet français, britannique.* ⇒ **nationalité.** *État d'époux, de parent.* ♦ *ÉTAT CIVIL* : mode de constatation des principaux faits relatifs à l'état des personnes ; service public chargé de dresser les actes constatant ces faits. *Registre d'état civil. Fiche individuelle, familiale d'état civil.* **3** Condition politique et sociale en France, sous l'Ancien Régime. *La notion de classe a remplacé celle d'état. Les trois états* : le clergé, la noblesse et les roturiers. ⇒ **ordre.** ➙ *TIERS ÉTAT* [tjɛʀzeta] : troisième état comprenant ceux qui ne sont ni de la noblesse ni du clergé. ♦ *ÉTATS GÉNÉRAUX* : assemblée issue des cours plénières, convoquée par le roi pour donner des avis ou voter des subsides. « *La convocation des états généraux de 1789 est l'ère véritable de la naissance du peuple. Elle appela le peuple entier à l'exercice de ses droits* » (Michelet). **III - 1** vieilli Forme de gouvernement, régime politique social. *L'état démocratique, monarchique.* **2** (avec une majuscule) Autorité souveraine s'exerçant sur l'ensemble d'un peuple et d'un territoire déterminés. *Les affaires de l'État* (⇒ ① et ② **politique**). *Administration des affaires de l'État.* ⇒ **gouvernement.** *Enseignement d'État et enseignement privé. École d'État.* ⇒ **public.** ➙ *Défense de l'État* : défense nationale. *Sûreté de l'État.* « *Si l'État est fort, il nous écrase. S'il est faible, nous périssons* » (Valéry). ♦ *CHEF D'ÉTAT* : personne qui exerce l'autorité souveraine dans un pays. *Le chef de l'État. Ministre, secrétaire d'État. Affaire d'État,* qui concerne l'État ; fig. (iron.) affaire que l'on traite comme si elle était de la plus haute importance. *N'en faites pas une affaire d'État !* ➙ *HOMME D'ÉTAT* : personne qui a une charge, un rôle dans l'État, le gouvernement. ➙ *Crime d'État* : tentative pour renverser les pouvoirs établis. ➙ *COUP D'ÉTAT* : conquête ou tentative de conquête du pouvoir par des moyens illégaux, inconstitutionnels. ⇒ **pronunciamiento, putsch.** ➙ *RAISON D'ÉTAT* : considération d'intérêt public que l'on invoque pour justifier une action illégale, injuste en matière politique. *Léser des intérêts particuliers au nom de la raison d'État.* fig. Prétexte, raison donnée pour justifier une action. ➙ loc. *ÉTAT DANS L'ÉTAT* : groupement, parti qui acquiert une certaine autonomie au sein d'un État, échappe plus ou moins à l'autorité gouvernementale. *Dans ce pays, l'armée forme un État dans l'État.* **3** Ensemble des services généraux d'une nation, par opposition aux pouvoirs et aux services locaux. ⇒ **gouvernement,** ② **pouvoir** (central) ; **administration, service** (public). *État centralisé, décentralisé.* « *l'État cette entité monstrueuse qui fabrique des fonctionnaires, des hommes-machines* » (R. Rolland). ➙ *Dépenses de l'État* : dépenses publiques. *Budget de l'État. Impôt d'État* (opposé à impôts locaux). ➝ *Travaux financés à 40% par l'État. Entreprise, industrie, monopole d'État* (⇒ **étatiser**). *Banque d'État, contrôlée par l'État* (⇒ **nationaliser**). ♦ *L'État-patron :* l'État en tant qu'employeur. *L'État-providence* (cf. Sécurité* sociale). 4 *UN ÉTAT :* groupement humain fixé sur un territoire déterminé soumis à une même autorité et pouvant être considéré comme une personne morale. ⇒ **empire, nation,** ① **pays, puissance, république, royaume.** *Grands, petits États. « chaque État a ses lois, Qu'il tient de sa nature, ou qu'il change à son choix »* (Volt.). ➝ *État fédéral, fédératif. État membre d'une communauté internationale.* ♦ (dans un nom d'État) *État libre d'Irlande. États pontificaux. L'État français :* régime de la France de 1940 à 1944. ➝ *ÉTATS-UNIS D'AMÉRIQUE :* État fédéral d'Amérique du Nord, situé entre le Canada et le Mexique. ellipt *Les États-Unis. Habitant des États-Unis.* ⇒ **américain.** ✪ HOM. poss. Êta.

étatique adj. – 1918 ▪ Qui concerne l'État. *Appareil étatique,* d'État.

étatisation n. f. – 1926 ▪ Système économique dans lequel l'État gère certains services à caractère industriel, commercial, agricole. ⇒ **dirigisme.** ♦ Action d'étatiser une entreprise. ⇒ **nationalisation.** ✪ CONTR. Privatisation.

étatiser v. tr. [1] – 1905 ▪ Transformer en administration d'État ; faire gérer par l'État. ➝ *Entreprise étatisée.* ✪ CONTR. Privatiser.

étatisme n. m. – XIXe ▪ Doctrine politique préconisant l'extension du rôle de l'État. ⇒ **dirigisme.** ✪ CONTR. Individualisme, libéralisme.

étatiste adj. et n. – 1902 ▪ Relatif à l'étatisme. ➝ Partisan de l'étatisme. *« Des hommes qui furent des socialistes et qui sont devenus des étatistes »* (Péguy).

état-major n. m. – XVIIe 1 Ensemble des officiers et du personnel attachés à un officier supérieur comme agents d'élaboration et de transmission des ordres. ⇒ **commandement.** *Des états-majors. « L'état-major est vraiment un cerveau sans lequel aucune action des bataillons n'est possible »* (Maurois). ➝ *Carte d'état-major :* carte de France au 1/80000, dressée par le service de l'état-major au XIXe s. 2 Ensemble des collaborateurs immédiats d'un chef. *L'état-major d'un ministre.* ⇒ **cabinet.** ♦ Ensemble des personnages les plus importants d'un groupe. *L'état-major d'un syndicat.* ⇒ **direction.**

étau n. m. – XVIe ; de *estoc* ▪ Presse formée de deux tiges de fer ou de bois terminées par des mâchoires qu'on rapproche à volonté, de manière à assujettir solidement les objets que l'on veut travailler. *« Un établi, avec un étau, un marteau, des limes, des tenailles et une boîte à clous »* (Bosco). ♦ loc. *Être pris, serré comme dans un étau.* fig. ⇒ **étreinte.** *« Le cerveau vidé, le cœur dans un étau »* (Mart. du G.). *L'étau se resserre autour des assiégés.*

étayage n. m. – XIXe 1 Action d'étayer ; résultat de cette opération. 2 fig. *Étayage d'une théorie, d'une hypothèse.*

> ❑ On trouve aussi *étaiement* ou *étayement.*

étayer v. tr. [8] – XIIIe ; de ② *étai* 1 Soutenir à l'aide d'étais. ⇒ **consolider, étançonner, soutenir.** *Étayer un mur, un plafond.* 2 fig. Appuyer, soutenir. *« Nous gagnons rarement à étayer d'un mensonge une erreur ou un échec »* (Bernanos). pronom. *« Rien n'est parfait, mais tout se tient, s'étaye, s'entrecroise »* (France). ➝ *Argumentation bien étayée.* ✪ CONTR. Ruiner, saper.

etc. ▪ Abrév. graphique de *et cætera.*

et cætera ou **et cetera** [ɛtseteʀa] loc. et n. m. inv. – XIVe ; lat. « et les autres choses » 1 loc. Et le reste. *« Je me suis dit que j'étais une ratée, que j'étais incapable de faire quoi que ce soit dans la vie, et cetera »* (Le Clézio). abrév. *etc. Ayant reconnu « l'estragon, le génépi, etc.,* [il] *en arracha plusieurs touffes »* (J. Verne). 2 n. m. inv. *Des et cætera, des et cetera.*

> ❑ Attention de ne pas prononcer [ɛksetera], populaire. ♦ On ne doit jamais faire suivre *etc.* de points de suspension.

été n. m. – XIe ; lat. *æstas* ▪ Saison la plus chaude de l'année qui suit le printemps et précède l'automne. *Pendant les chaleurs d'été.* ⇒ **canicule.** *Le soleil d'été. Été pourri :* été froid et pluvieux. *Vacances d'été* (cf. Grandes vacances*). *En été. Tenue d'été,* légère. ⇒ **estival.** *« L'été s'impose et contraint toute âme au bonheur »* (Gide). ♦ fam. Bel été chaud. *Nous n'avons pas eu d'été cette année.*

> ❑ L'*été de la Saint-Martin* désigne les derniers beaux jours qui se montrent parfois à l'arrière-saison. En Amérique du Nord, on l'appelle l'*été indien.*

éteignoir n. m. – XVIe 1 Ustensile creux en forme de cône qu'on pose sur une chandelle, une bougie, un cierge, pour l'éteindre. 2 fig. Ce qui arrête l'élan de l'esprit, de la gaieté. ♦ ⇒ **rabat-joie.** *Il est toujours triste, c'est un éteignoir.*

éteindre v. tr. [52] – XIIe ; lat. *extinguere* → extinction **I** - 1 Faire cesser de brûler. *Éteindre le feu. « L'incendie fut terrible, on l'éteignit à grand-peine »* (Hugo). *Éteindre une cigarette.* ⇒ **écraser.** 2 Faire cesser d'éclairer. *Éteindre une lampe, la lumière.* ⇒ **fermer.** 3 Faire cesser de fonctionner (un appareil électrique). *Éteindre la télévision.* ➝ *« L'interrupteur était près de la porte, il éteignit et gagna le lit à tâtons »* (Sartre). 4 fig. et littér. En parlant de ce qui est comparé à un feu, à une flamme. *Une soif qu'on ne peut éteindre.* ⇒ **inextinguible.** 5 *Éteindre un droit, une obligation.* ⇒ **annuler.** *Éteindre une dette.* ⇒ **acquitter.** **II** pronom. 1 Cesser de brûler. *Laisser le feu s'éteindre,* et avec ellipse du pron. *laisser éteindre le feu.* ⇒ **mourir.** *« les fusées d'un bouquet explosent et s'éteignent »* (Maurois). 2 Cesser d'éclairer. *Toutes les lumières s'éteignent et le spectacle commence.* 3 *Son qui diminue et s'éteint.* ⇒ **disparaître.** ♦ Cesser progressivement. *Son souvenir ne s'éteindra jamais. « Il se mordit les lèvres, et sa colère s'éteignit dans la rougeur »* (Hugo). 4 Mourir. *Elle s'éteignit dans les bras de sa fille.* ➝ *Race, famille qui s'éteint,* qui ne laisse pas de descendance. ⇒ **finir.** ✪ CONTR. Allumer, aviver, brûler ; briller, éclairer.

éteint, einte adj. 1 Qui ne brûle, n'éclaire plus. *Chaudière éteinte.* ➝ *Voiture qui circule tous feux éteints.* ➝ *Astre éteint.* ⇒ ② **mort.** *Volcans éteints.* 2 fig. Qui a perdu son éclat, sa vivacité. *Couleur éteinte.* ⇒ **décoloré,** ③ **passé.** *Regard éteint. « Le front ridé, les cheveux gris, les sourcils chus, les yeux éteints »* (Villon). ➝ *Voix éteinte,* si faible qu'on peut à peine l'entendre. ⇒ **étouffé.** 3 Qui est affaibli ou supprimé. *Passion éteinte.* 4 (personnes) Qui est sans force, sans expression (par fatigue, maladie). *Je l'ai trouvé très éteint.* ✪ HOM. Étain.

étendage n. m. – XVIIIe 1 Action d'étendre pour faire sécher. 2 Dispositif constitué de cordes, de tringles sur lesquelles on étend des objets à sécher. ⇒ **corde** (à linge), **étendoir, séchoir.**

étendard n. m. – XIe ; germ. °*standhard* « stable, fixe » 1 anciennt Drapeau. ♦ *« Contre nous de la tyrannie L'étendard sanglant est levé »* (La Marseillaise). ♦ fig. Signe de ralliement ; symbole d'un parti, d'une cause. *Des opinions « qui sont des étendards auxquels les nations se rallient »* (Volt.). loc. *Brandir l'étendard de la révolte. Louise Labé lève « l'étendard des revendications fémi-*

nines les plus justes » (Henriot). 2 Pétale supérieur de la fleur des légumineuses papillonnées et de quelques césalpinées.

> ❑ *Étendard* est issu du germanique *stand* « action de se tenir debout » et *hard* « dur, ferme » ; l'étendard d'une armée, au Moyen Âge, était en effet souvent fiché en terre pendant la bataille en un lieu où tous les combattants pouvaient le voir.

étendoir n. m. – XVIIe ■ Ce qui sert à étendre. ⇒ **étendage.** ♦ Endroit où l'on étend ce qu'on veut faire sécher. *Étendoir à poissons.*

étendre v. tr. [41] – XIIe ; lat. *extendere* **I** - **1** Déployer (un membre, une partie du corps) dans sa longueur. ⇒ **déplier.** *Étendre les bras, les jambes.* ⇒ **allonger, étirer.** ➤ « *le tronc se fait petit et étend ses branches indéfiniment dans le sens horizontal* » (Michelet). **2** Placer à plat ou dans sa plus grande dimension (ce qui était plié). *Étendre du linge,* le placer sur des cordes (⇒ **pendre**), sur un étendoir, pour qu'il y sèche. « *elle ramassa sa corbeille pour aller étendre son linge sur les buissons* » (Colette). ➤ *Étendre un tapis sur le parquet.* **3** Coucher (qqn) tout de son long. *Étendre un blessé sur un lit. Il l'étendit (raide) mort.* ⇒ **tuer.** ♦ fig. (arg. scol.) ⇒ **coller, refuser.** *Se faire étendre au bac.* **4** Rendre (qqch.) plus long, plus large ; faire couvrir une surface plus grande à. *Étendre du beurre sur du pain.* « *Elle prend les pinceaux, trace, étend la couleur* » (Mol.). ♦ par ext. *Étendre du vin,* en l'additionnant d'eau. ⇒ **couper, diluer.** **5** Rendre plus grand. ⇒ **accroître, augmenter, développer.** *Étendre son empire, sa puissance, son influence. Étendre le champ de ses expériences, la sphère de son activité. Étendre le cercle de ses relations.* **II** pronom. **1** Augmenter en surface ou en longueur. *Tache qui s'étend.* ⇒ s'**agrandir.** *L'ombre des arbres s'étend le soir.* ⇒ s'**allonger.** *L'incendie s'est étendu rapidement.* ⇒ se **propager.** ➤ fig. « *Sur la face des eaux s'étend la nuit profonde* » (Delille). **2** (personnes) ⇒ s'**allonger,** se **coucher.** « *elle voulut s'étendre un peu et ne se réveilla que le lendemain, au petit jour* » (Camus). **3** Avoir une certaine étendue ; couvrir, occuper un certain espace. *La forêt s'étend jusqu'à la rivière.* ⇒ ① **aller** (jusqu'à), **continuer.** *S'étendre à perte de vue.* ➤ « *Autant que mes regards au loin peuvent s'étendre* » (Volt.). ♦ Durer (temps). ⇒ se **prolonger.** « *s'étendant depuis les premiers temps jusqu'aux derniers* » (Pasc.). **4** fig. Prendre de l'extension, de l'ampleur. ⇒ **augmenter ;** se **développer.** *Le mal s'est étendu.* ⇒ s'**aggraver.** ♦ (personnes) *S'étendre sur un sujet,* le développer longuement. « *le temps ne me permet pas de m'étendre plus longuement* » (Ste-Beuve). ♦ (choses) *S'étendre à, jusqu'à, sur. La domination romaine s'est étendue sur tout le monde méditerranéen.* ⇒ s'**exercer,** se **répandre.** ✪ CONTR. Plier, replier. Abréger, diminuer, limiter, restreindre.

étendu, ue adj. – XIIe **1** Qu'on a étendu ou qui s'est étendu. *Du linge étendu,* mis à sécher sur un fil. *Un aigle aux ailes étendues.* ⇒ **déployé.** « *Elle le reçut en vieil ami, sans façons, étendue sur sa chaise longue* » (R. Rolland). *Un homme étendu de tout son long.* ⇒ **allongé, couché.** ♦ *Vin étendu d'eau,* coupé. **2** Qui a une grande étendue. ⇒ **vaste.** *Forêt très étendue. Vue étendue.* ♦ fig. *Il jouit de pouvoirs étendus. Vocabulaire étendu.* ⇒ **riche.** ✪ CONTR. ① Réduit, restreint.

étendue n. f. – XVe **1** Portion d'espace qu'occupe un corps. ⇒ **dimension, grandeur, surface, volume.** *L'étendue à trois dimensions et la masse sont les propriétés fondamentales des corps.* **2** L'espace perceptible, visible ; l'espace occupé par qqch. ⇒ **superficie, surface.** *La vaste étendue des mers. Sur toute l'étendue du territoire.* « *la sublimité des grands horizons, l'étendue illimitée des savanes, l'infini du désert de l'océan* » (Ste-Beuve). ♦ En mathématiques, Écart entre la plus grande et la plus petite des valeurs, relevé dans une série d'observations. **3** *Étendue d'une voix, d'un instrument :* écart entre le son le plus grave et le plus aigu. ⇒ **registre, tessiture.** **4** ⇒ **durée.** *Étendue de la vie.* **5** ⇒ **ampleur, développement.** *Mesurer toute l'étendue d'un mal, d'une catastrophe.* ⇒ **importance, portée.** *Accroître l'étendue de ses connaissances, de ses activités.* ⇒ **champ.** « *Votre pouvoir est de grande étendue* » (Pasc.). *L'étendue de ses compétences.*

éternel, elle adj. et n. m. – XIIe ; lat. *æternus,* de *ævum* « temps, durée » **1** Qui est hors du temps, qui n'a pas eu de commencement et n'aura pas de fin. ⇒ **intemporel.** *Dieu est conçu comme éternel. Le Père éternel.* **2** n. m. L'ÉTERNEL : Dieu. *Invoquer, louer l'Éternel.* « *Oui, je viens dans son temple adorer l'Éternel* » (Rac.). **3** n. m. Ce qui a une valeur d'éternité ; ce qui est éternel. « *je n'ai rien à faire des idées ou de l'éternel. Les vérités qui sont à ma mesure, la main peut les toucher* » (Camus). **4** Qui est de tous les temps, que l'expérience humaine reconnaît devoir toujours exister. ⇒ **continuel.** *La vie est un éternel recommencement.* **5** Contre quoi le temps ne peut rien ; sans fin. ⇒ **infini, perpétuel.** « *il est indubitable que le temps de cette vie n'est qu'un instant, que l'état de la mort est éternel* » (Pasc.). ➤ poét. *Le repos, le sommeil éternel :* la mort. ➤ *La vie éternelle dans l'au-delà.* **6** Qui dure très longtemps, dont on ne peut imaginer la fin. ⇒ **impérissable, indestructible.** *Regrets éternels. Jurer un amour éternel.* « *Rien n'est éternel, pas même la reconnaissance* » (Renard). *Je ne suis pas éternel :* je mourrai un jour. ➤ *Les neiges éternelles,* qui ne fondent jamais, ne sont pas saisonnières. **7** Qui ne semble pas devoir finir ; qui ennuie, fatigue par la répétition. ⇒ **continuel, incessant, perpétuel.** *Je suis lassé de ses éternelles récriminations.* « *Une cantatrice future, instruisant sa voix, me poursuivait de son solfège éternel* » (Chateaub.). ♦ Qui est toujours dans le même état. *C'est un éternel mécontent.* **8** Qui se trouve continuellement associé à qqch., à qqn. ⇒ **inséparable.** *On ne le voyait jamais sans son éternel blouson noir.* ✪ CONTR. Mortel, temporel, terrestre. ① Bref, éphémère, périssable, temporaire.

éternellement adv. – XIIIe **1** Hors du temps. « *L'Écriture dit que le Christ demeure éternellement* » (Pasc.). **2** De tout temps, de toute éternité. ⇒ **toujours.** *La loi du plus fort s'impose éternellement.* **3** Sans fin. ⇒ **indéfiniment.** « *Ah ! faut-il éternellement souffrir, ou fuir éternellement le beau ?* » (Baud.). **4** Sans cesse, continuellement. *Allez-vous rester là éternellement ?*

éterniser v. tr. [1] – XVIe **1** littér. Rendre éternel, faire durer sans fin. ⇒ **immortaliser, perpétuer.** « *Je me sens né pour éterniser mon nom par des ouvrages d'esprit* » (Lesage). **2** Prolonger indéfiniment. *Éterniser un procès.* **3** v. pron. Devenir éternel, être trop long. *La guerre s'éternise.* « *il n'y a rien de tel pour s'éterniser que les situations fausses* » (Gide). ♦ fam. S'attarder trop longtemps. « *il passait d'exquises journées à galoper de son cabinet aux archives où il s'éternisait inexplicablement* » (Courtel.). *Ne nous éternisons pas sur ce sujet.* ✪ CONTR. Abréger. Passer.

éternité n. f. – XIIe **1** Durée qui n'a ni commencement ni fin (surtout dans un contexte religieux). *Quelle liberté « sans assurance d'éternité ? »* (Camus). **2** Durée ayant un commencement, mais point de fin ; pour les croyants, La vie après la mort. ⇒ **immortalité.** ➤ Gloire immortelle. *Entrer dans l'éternité.* **3** par exagér. Un temps fort long. *Cela fait une éternité que je ne l'ai pas vu.* **4** DE TOUTE ÉTERNITÉ : depuis toujours, de temps immémorial. ⇒ **éternellement** (cf. De tout temps). **5** Caractère éternel. *L'éternité de Dieu.* ✪ CONTR. Brièveté.

éternuement n. m. – XIIIe ■ Expulsion réflexe, brusque et bruyante, d'air par le nez et la bouche, provoquée par une irritation de la muqueuse nasale. ⇒ **sternutation.** « *L'éternuement absorbe toutes les fonctions de l'âme* » (Pasc.). *Bruit de l'éternuement.* ⇒ **atchoum.**

éternuer v. intr. [1] – XIIe ; lat. *sternuere* ■ Faire un éternuement. *Il est enrhumé et ne cesse d'éternuer. Poudre à éternuer.* ⇒ **sternutatoire.** « *l'autre qui, depuis trois heures, éternue à se faire sauter le crâne et jaillir la cervelle* » (Beaum.).

❑ Ce verbe a servi à former la locution argotique *éternuer dans le sac, dans le son, dans la sciure* « être exécuté en ayant la tête tranchée », métaphore horrible née dans le discours populaire et gouailleur de la Révolution (1793).

étésien adj. m. – XVIe ; gr. *etos* « année » ■ *Vents étésiens :* vents du nord qui soufflent dans la Méditerranée orientale chaque année pendant la canicule.

étêtage n. m. – XIXe ■ Action d'étêter. *Étêtage des arbres fruitiers.*

❑ On a dit aussi *étêtement,* plus ancien.

étêter v. tr. [1] – XIIIe ■ Couper la tête de (un arbre). ⇒ **décapiter, écimer.** ➛ « *étêté et ébranché jusqu'au tronc* » (Romains). ♦ *Étêter un clou. Étêter les sardines.*

éteule n. f. – XIIe ; lat. *stipula* « tige des céréales » ■ Chaume qui reste sur place après la moisson.

éthane n. m. – XIXe ; de *éthyle* ■ Gaz combustible (C_2H_6), deuxième de la série des hydrocarbures saturés.

éthanol n. m. – 1910 ; de *éthane* et *-ol* ■ Alcool éthylique. ➛ Alcool éthylique d'origine végétale utilisé comme carburant. ⇒ **biocarburant.**

① **éther** [etɛʀ] n. m. – XIIe ; gr. *aithein* « faire brûler » 1 Chez les Anciens, Fluide très subtil que l'on supposait régner au-dessus de l'atmosphère. 2 poét. L'air le plus pur, et par ext. Les espaces célestes. ⇒ ① **air, ciel,** ① **espace, infini.** « *un songe chaste et pâle, rêvé en des éthers couleur de diamant* » (Villiers). 3 Fluide hypothétique qui était censé remplir le vide et servir de support nécessaire à la propagation des ondes lumineuses.

② **éther** [etɛʀ] n. m. – XIXe 1 En chimie ancienne, Composé volatil résultant de la combinaison d'acides avec des alcools. ➛ mod. *Éthers-oxydes,* de formule R – O – R'. 2 *Éther ordinaire,* appelé dans le commerce *éther sulfurique,* et absolt *éther* $(C_2H_5)_2O$: liquide incolore d'une odeur forte, très volatil, utilisé comme solvant, comme antiseptique et autrefois comme anesthésique.

❑ La dénomination d'« *éther* » ne s'applique plus qu'aux oxydes ou éthers-oxydes.

éthéré, ée adj. – XVe 1 Qui est de la nature de l'éther, qui appartient à l'éther (①). *Substance éthérée.* « *à mesure qu'on approche des régions éthérées, l'âme contracte quelque chose de leur inaltérable pureté* » (Rouss.). 2 littér. ⇒ **aérien, léger, surnaturel.** *Créature éthérée. Sentiments éthérés,* qui s'élèvent au-dessus des choses terrestres. ⇒ **élevé, pur, sublime.** ✪ CONTR. ① Bas, matériel, terre-à-terre.

éthérifier v. tr. [7] – XIXe ■ vx Convertir, transformer en éther. ⇒ **estérifier.**

éthériser v. tr. [1] – XIXe ■ Autrefois, Faire respirer de l'éther à (qqn) pour insensibiliser. ⇒ **anesthésier.**

éthérisme n. m. – XIXe ■ Intoxication par l'éther, caractérisée par un état d'ivresse, d'euphorie. ⇒ **éthéromanie.**

éthéromane n. – XIXe ■ Toxicomane qui se drogue à l'éther.

éthéromanie n. f. – XIXe ■ Accoutumance (toxicomanie) à l'éther pris en boissons, inhalations ou injections. ⇒ **éthérisme.**

éthiopien, ienne adj. et n. – XVIe ■ D'Éthiopie. ⇒ **abyssin.** *Langue éthiopienne* (⇒ **amharique).** ➛ n. *Un Éthiopien.*

éthique n. f. et adj. – XIIIe ; gr. *êthos* « mœurs » 1 Science de la morale ; art de diriger la conduite. ⇒ **morale.** *Éthique politique. Éthique médicale.* ⇒ **bioéthique.** ➛ Ouvrage de morale. « *L'Éthique* », *de Spinoza.* 2 adj. Qui concerne la morale. « *Le bouddhisme et le christianisme, religions éthiques plus que métaphysiques* » (Malraux). ✪ HOM. Étique.

ethmoïde n. m. – XVIe ; gr. *êthmos* « crible » et *eidos* « forme » ■ Os de la base du crâne, dont la partie supérieure, criblée de petits trous, laisse passer les nerfs olfactifs. adj. *L'os ethmoïde.*

ethnarchie n. f. – XVIe ■ Dans la Rome antique, Dignité d'ethnarque. ➛ Territoire administré par un ethnarque.

ethnarque n. m. – XVIe ; gr. *ethnos* « peuple » et *arkhein* « commander » ■ Gouverneur d'une province dans l'Empire romain.

ethniciser v. tr. [1] – 1990 ■ Donner un caractère ethnique à (qqch.).

ethnicité n. f. – 1990 ■ Caractère de ce qui est ethnique.

ethnie n. f. – XIXe ■ Ensemble d'individus que rapprochent un certain nombre de caractères de civilisation, notamment linguistiques et culturels.

❑ Pour le sens → race (rem.).

ethnique adj. – XVIe ; gr. *ethnos* « peuple » 1 rare Qui sert à désigner une population. *Mot ethnique.* « *Français* » *est un nom ethnique.* 2 Relatif à l'ethnie. *Groupes ethniques.* « *cette néfaste mystique de la force n'est pas tant un résultat du régime impérial qu'un caractère ethnique* » (Mart. du G.).

❑ L'emploi calqué de l'américain *ethnic* au sens d'« étranger », « exotique » n'est pas nécessaire *(restaurant ethnique).*

ethno- Élément, du gr. *ethnos* « peuple ».

❑ Le développement des sciences humaines au XXe s. a conduit à étudier le rôle du groupe social dans divers domaines, d'où la composition de termes didactiques en *ethno-* comme *ethnolinguistique, ethnomusicologie, ethnopsychiatrie,* etc.

ethnocentrisme n. m. – 1961 ■ Tendance à privilégier le groupe social auquel on appartient et à en faire le seul modèle de référence.

ethnocide n. m. – 1970 ; *ethno-* et *-cide* ■ Destruction de la civilisation d'un groupe ethnique par un autre groupe plus puissant. ⇒ aussi **génocide.**

ethnographe n. – XIXe ■ Personne qui s'occupe d'ethnographie.

ethnographie n. f. – XIXe ; *ethno-* et *-graphie* 1 vx Classement des peuples d'après leurs langues. 2 Étude descriptive des ethnies. « *L'ethnographie étudie les usages de tous genres des groupes d'hommes vivant en société* » (Seignobos).

ethnolinguistique [ɛtnolɛ̃gɥistik] n. f. et adj. – mil. XXe ■ Étude des langages des peuples étudiés par l'ethnologie en tant qu'expression de leur culture. ➛ adj. « *La vie des mots, leurs glissements de sens* [...], *leur* *fossilisation enrichissent le tableau ethnolinguistique* » (Leroi-Gourhan).

ethnologie n. f. – XVIIIe ; *ethno-* et *-logie* ▪ Étude des faits et documents recueillis par l'ethnographie (couvrant le domaine de l'anthropologie culturelle et sociale).

❑ Ce mot est attesté en 1787 (A. C. Chavannes, Académie de Lausanne) pour désigner l'étude des « divers corps de communautés ». Le sens actuel se dégage après 1870 avec les travaux en français de Durkheim et de M. Mauss.

ethnologique adj. – XIXe ▪ Relatif à l'ethnologie.

ethnologue n. – XIXe ▪ Personne qui s'occupe d'ethnologie.

❑ La forme *ethnologiste* est vieillie.

ethnomusicologie n. f. – v. 1955 ▪ Étude des activités et des formes musicales de toutes les cultures, à l'exception de la musique savante occidentale.

ethnopsychiatrie [ɛtnopsikjatʀi] n. f. – 1952 ▪ Étude de l'influence des facteurs ethniques sur la genèse et les manifestations des maladies mentales. « *C'est un lieu commun* [...] *de la sociologie et de l'ethnopsychiatrie que d'affirmer que la maladie n'a sa réalité et sa valeur de maladie qu'à l'intérieur d'une culture qui la reconnaît comme telle* » (Jaccard).

ethnopsychologie [ɛtnopsikɔlɔʒi] n. f. – v. 1970 ▪ Étude des caractéristiques psychiques des collectivités et des groupes ethniques.

éthogramme n. m. – mil. XXe ; de *étho(logie)* et *-gramme* ▪ Description d'une séquence comportementale effectuée par un animal dans une situation donnée. ➛ Catalogue de comportements caractéristiques d'une espèce.

éthologie n. f. – XIXe ; gr. *êthos* « mœurs, caractère » et *-logie* ▪ Science des comportements des espèces animales dans leur milieu naturel.

éthologique adj. – XVIe ▪ Relatif à l'éthologie.

éthologiste n. – 1950 ▪ Spécialiste de l'éthologie.

éthuse → **æthuse**

éthyle n. m. – XIXe ; de *éther* et gr. *ulê* « bois » ▪ Radical monovalent formé de carbone et d'hydrogène (C_2H_5) qui entre dans de nombreux composés organiques (alcool ordinaire, acétate d'éthyle).

éthylène n. m. – XIXe ▪ Gaz incolore d'une faible odeur éthérée (C_2H_4), peu soluble dans l'eau, premier membre de la série des hydrocarbures éthyléniques.

éthylénique adj. – XIXe ▪ Qui contient (comme l'éthylène) une double liaison dans sa molécule. *Alcools éthyléniques.*

éthylique adj. et n. – XIXe **1** Qui contient le radical éthyle. *Alcool éthylique* (C_2H_5OH) : l'alcool ordinaire. ⇒ **éthanol.** **2** Qui est provoqué par la consommation excessive d'alcool. *Coma éthylique.* ♦ Alcoolique. ➛ n. *Un, une éthylique.*

éthylisme n. m. – XIXe ▪ Alcoolisme. *Éthylisme chronique.* « *tout se paie bien entendu. Éthylisme : ascite et cirrhose* » (Anouilh).

éthylomètre n. m. – 1982 ; de *éthylisme* et *-mètre* ▪ Appareil servant à mesurer l'alcoolémie. ⇒ **alcootest.**

❑ L'administration propose ce terme pour remplacer *alcootest*.

étiage [etjaʒ] n. m. – XVIIIe ; de *étier* ▪ Niveau moyen le plus bas d'un cours d'eau. ⇒ ① **maigre.** ✪ CONTR. Crue.

étier [etje] n. m. – XIVe ; lat. *æstus* « agitation de la mer » ▪ région. Petit canal par lequel un marais salant communique avec la mer.

❑ Ce mot est usité dans l'ouest de la France, de l'embouchure de la Loire à la Gascogne (cf. le toponyme *Létier*, Loire-Atlantique, Morbihan).

étincelage n. m. – 1908 **1** Procédé chirurgical de destruction des tissus malades (tumeurs malignes) par un courant électrique de haute fréquence. **2** Procédé d'abrasion par le courant électrique.

étincelant, ante adj. – XIIIe **1** littér. Qui émet de vifs rayons lumineux. « *Le soleil, qui se levait, semblait faire sortir de la mer ses feux étincelants* » (Fén.). **2** Qui jette de vifs éclats au contact d'un rayon lumineux. ⇒ ① **brillant, scintillant.** *Des diamants étincelants.* « *le casque étincelant emplumé de faisanneries* » (Giono). ♦ (Par la propreté). *Des verres étincelants.* **3** D'un ton très vif, éclatant. *Le plumage étincelant des oiseaux exotiques.* **4** Qui brille de vifs éclats. *Des yeux étincelants de joie, de haine, de fureur.* ⇒ ① **brillant.** **5** Qui se distingue par sa finesse et sa vivacité. *Il « ne rappelait en rien l'ardente et étincelante érudition du premier »* (Baud.). ✪ CONTR. Éteint, ② mat, obscur, ① terne. Banal, ennuyeux, ① plat.

étinceler v. intr. 4 – XIIe **1** Jeter de vifs éclats au contact d'un rayon lumineux. *Mer qui étincelle au clair de lune.* ⇒ **brasiller.** « *ces tribunes où étincelaient les costumes officiels* » (Zola). **2** *Regards qui étincellent d'ardeur, de haine.* **3** Avoir de l'éclat (choses abstraites). *Ses ouvrages « Étincellent pourtant de sublimes beautés »* (Boil.).

étincelle n. f. – XIe ; lat. *scintilla* **1** Parcelle incandescente qui se détache d'un corps en ignition ou qui jaillit au contact, sous le choc de deux corps. *Jeter des étincelles. Étincelles qui crépitent, s'élèvent au-dessus d'un brasier, fusent en gerbe.* loc. *C'est l'étincelle qui a mis le feu aux poudres,* le petit incident qui a déclenché le conflit, la catastrophe. ➛ *Étincelle électrique,* provoquée par le rapprochement de deux corps dont les potentiels sont différents. **2** Point brillant ; reflet. *Les danseuses « cabriolaient sous le feu des lanternes qui remplissaient leurs jupes d'étincelles »* (Baud.). ♦ *Regard qui jette des étincelles, où s'allument des étincelles.* ➛ loc. *Faire des étincelles :* réussir brillamment (personne). **3** Petite lueur. « *Si vous avez une étincelle de génie, allez passer une année à Paris* » (Rouss.).

❑ *Étincelle,* deux *l* comme dans *étincellement,* mais on écrit *étinceler, étincelant.*

étincellement n. m. – XIIe ▪ Le fait d'étinceler ; éclat, lueur de ce qui étincelle. ⇒ **scintillation.**

étiolé, ée [etjɔle] adj. – XVIIe ▪ Qui s'est étiolé ou qu'on a étiolé. « *Quelques pauvres fleurs étiolées penchaient languissamment la tête* » (Gaut.).

étiolement [etjɔlmɑ̃] n. m. – XVIIIe **1** État d'une plante insuffisamment éclairée. *L'étiolement affaiblit et jaunit les plantes par insuffisance de chlorophylle.* ⇒ **chlorose, dépérissement.** **2** Le fait de s'étioler, de s'affaiblir ; état d'une personne qui s'étiole. ⇒ **affaiblissement, anémie, dépérissement, épuisement.** **3** Appauvrissement, déclin. *L'étiolement des facultés intellectuelles.* ✪ CONTR. Force, vigueur.

étioler [etjɔle] v. tr. 1 – XVIIe ; d'une var. de *éteule* **1** Faire pousser (certains légumes) à l'abri de l'air afin que leurs organes restent blancs. *Étioler des endives.* **2** v. pron. S'ÉTIOLER : s'atrophier, se faner. *Plantes qui s'étiolent faute de soins.* ➛ « *La mémoire est comme les muscles : elle se fortifie dans le travail et s'étiole dans la paresse* » (Duham.). ♦ *Ce malade s'étiole.* ⇒ **dépérir, languir.** ➛ « *Ayant besoin de joie comme les plantes de soleil, je m'étiolais dans cette tristesse* » (France). ✪ CONTR. Développer (se), épanouir (s'), fortifier (se).

étiologie [etjɔlɔʒi] n. f. – XVIe ; gr. *aitia* « cause » et *-logia* (cf. -logie) ▪ Étude des causes des maladies. ⇒ **étiopathie.** ➛ Les causes mêmes des maladies. *Étiologie du diabète.*

étiopathe [etjopat] n. – v. 1972 ▪ Spécialiste en étiopathie.

étiopathie [etjopati] n. f. – 1963 ; gr. *aitia* « cause » et *-pathie* ▪ Médecine non officielle qui cherche à retrouver le point de départ d'un état pathologique, d'une douleur et à les traiter par manipulation.

étique adj. – XIIIe ; « fièvre *hectique* » (qui amaigrit) → hectique ▪ D'une extrême maigreur. ⇒ **décharné, squelettique.** « *Des chevaux étiques près d'expirer sous les coups* » (Rouss.). ✪ CONTR. Gras. — HOM. Éthique.

étiquetage n. m. – XIXe ▪ Action d'étiqueter. *Étiquetage de bocaux.*

étiqueter v. tr. [4] – XVIe 1 Marquer d'une étiquette qui désigne, distingue. *Étiqueter des marchandises.* ➛ « *des rayons chargés de bouteilles étiquetées* » (Balz.). 2 Classer (qqn) d'après son origine, son comportement. « *ça l'amuse de m'étiqueter comme si j'étais une chose* » (Sartre). ➛ *On l'étiquette comme anarchiste.*

étiqueteur, euse n. – XIXe 1 Personne qui pose des étiquettes. 2 n. f. *ÉTIQUETEUSE :* machine servant à coller les étiquettes.

étiquette n. f. – XIVe ; germ. °*stikkan* I - 1 Petit morceau de papier, de carton, fixé à un objet (pour en indiquer la nature, le contenu, le prix, la destination, le possesseur). ⇒ **marque.** *Attacher, mettre une étiquette sur un colis.* ⇒ **étiqueter.** « *à ses pieds béait la valise, bigarrée d'étiquettes multicolores* » (Mart. du G.). *Étiquettes autocollantes. Étiquette magnétique,* qui fait sonner une alarme si le vendeur ne l'a pas ôtée pour paiement. ⇒ **bip.** 2 Groupe de caractères alphanumériques qui, placés devant une instruction de programme, permet son repérage. ⇒ **label.** 3 Ce qui marque qqn et le classe (dans un parti, une école, etc.). *Mettre une étiquette à qqn.* ⇒ **étiqueter.** *Il s'est présenté aux élections sous l'étiquette socialiste.* II Ordre de préséances ; cérémonial en usage dans une Cour, auprès d'un chef d'État, d'un grand personnage. ⇒ **cérémonial, protocole.** *Respecter l'étiquette.* « *Il n'y a point dans les couvents d'austérités pareilles à celles auxquelles l'étiquette de la cour assujettit les grands* » (Maintenon).

> ❑ Le sens d'*étiquette* « protocole » vient du nom du formulaire contenant l'emploi du temps de Philippe le Bon, duc de Bourgogne, et de sa cour.

étirable adj. – XIXe ▪ rare Qui peut être étiré sans se rompre. ⇒ **ductile, élastique, extensible.**

étirage n. m. – XIXe ▪ Action d'étirer. *Étirage des métaux à froid.* ➛ *Étirage des textiles dans les filatures. Bancs d'étirage,* sur lesquels s'effectuent l'étirage et le doublage.

étiré n. m. – 1961 ▪ Barre, tube métallique obtenu par étirage. ⇒ **profilé.**

étirement n. m. – XVIIe ▪ Action de s'étirer. ⇒ **pandiculation.** *Les étirements d'un chat. Exercices d'étirement en gymnastique.* ⇒ **stretching.**

étirer v. tr. [1] – XIIIe ; de *é-* et *tirer* I Allonger ou étendre par traction. ⇒ **détirer, distendre, élonger, étendre.** *Étirer les métaux, les cuirs et peaux, le verre.* II *S'ÉTIRER* v. pron. 1 Se tendre, s'allonger. *Nuages qui s'étirent, s'effilochent.* « *des nappes de brume dormante s'étirent dans le vent* » (Mart. du G.). ♦ (étoffes) *Le jersey, tissu qui s'étire.* ⇒ **donner, prêter.** 2 Étendre ses membres. ⇒ se **détendre.** « *il s'étira un peu, bâilla et sourit : on arrivait* » (St-Exup.). 3 Se prolonger, passer lentement. *La journée s'étire,* elle n'en finit pas. ✪ CONTR. Comprimer, ② contracter. Rétrécir. — Ramasser (se).

étireur, euse n. – XIXe 1 Ouvrier, ouvrière qui procède à l'étirage. 2 n. f. *ÉTIREUSE.* Machine à étirer. ⇒ **filière, laminoir.**

étoc n. m. – XIIe ; forme de *estoc* ▪ Tête de rocher voisine des côtes et dangereuse pour la navigation.

étoffe n. f. – XIIIe ; de *estoffer* « rembourrer (un meuble, un collier) » I - 1 Tissu dont on fait des habits, des garnitures d'ameublement. *Étoffes de laine, de coton, de soie, de lin,* etc. ⇒ **textile.** « *Je tâte votre habit ; l'étoffe en est moelleuse* » (Mol.). « *Elle aimait les étoffes qui font du bruit, les jupes longues, craquantes, pailletées* » (Baud.). 2 Ce qui constitue ou définit (nature, qualités, aptitudes, condition) une personne ou une chose. ♦ loc. *Avoir l'étoffe de,* les qualités, les capacités de. « *Avec tes airs durs, tes phrases à l'emporte-pièce, tu as l'étoffe d'un héros* » (Duham.). ➛ *Avoir de l'étoffe,* une forte personnalité, de grandes qualités. ⇒ **valeur.** *Manquer d'étoffe,* d'envergure. « *Un sot n'a pas assez d'étoffe pour être bon* » (La Rochef.). II - 1 Alliage de plomb et d'étain utilisé à l'époque classique pour la fabrication de certains tuyaux d'orgue. 2 *LES ÉTOFFES :* sommes que l'imprimeur doit ajouter aux factures de ses clients pour couvrir l'intérêt et l'amortissement de son matériel.

> ❑ *Étoffe* a désigné au XIIIe s. toutes sortes de matières servant à rembourrer, garnir, orner... Le mot n'a pris qu'à la fin du XVIe son sens de « tissu ».

étoffé, ée adj. – XIVe 1 Qui a des qualités de force, d'ampleur (style). *Une description étoffée.* ⇒ **riche.** 2 Qui a des formes amples (corps des hommes et des animaux). « *Une belle demoiselle plus grande que madame M... de deux doigts, plus jeune, plus étoffée* » (Volt.). 3 *Voix étoffée,* pleine, étendue. « *Une belle voix de basse, étoffée et mordante, qui remplissait l'oreille et sonnait au cœur* » (Rouss.).

étoffer v. tr. [1] – XIIe ; germ. °*stopfôn* 1 Enrichir. *Étoffer un ouvrage,* lui fournir une matière plus abondante, plus riche. ⇒ **nourrir.** ➛ *Étoffer un personnage,* lui donner une personnalité plus riche, plus complexe (en écrivant ou en jouant le rôle). 2 *S'ÉTOFFER* v. pron. S'élargir, prendre de la carrure. *Il s'est étoffé depuis qu'il fait du sport.* ✪ CONTR. Appauvrir. Maigrir.

étoile n. f. – XIe ; lat. *stella* I - 1 Tout astre visible, excepté le Soleil et la Lune ; point brillant dans le ciel, la nuit. ⇒ **astre.** *Ciel parsemé d'étoiles.* ⇒ **étoilé.** *Une nuit sans étoiles.* « *Cette faucille d'or dans le champ des étoiles* » (Hugo). ➛ *L'étoile du soir, l'étoile du matin, l'étoile du berger :* la planète Vénus. *L'étoile des rois mages :* l'astre, le météore qui, dans l'Évangile, guide les rois mages jusqu'à la crèche. ♦ loc. *À LA BELLE ÉTOILE :* en plein air, la nuit. *Coucher, dormir à la belle étoile.* 2 Astre producteur et émetteur d'énergie, et dont le mouvement apparent sur la sphère céleste est trop faible pour l'observation à courte durée. *L'énergie rayonnante émise par une étoile est produite par des réactions nucléaires. Lever, coucher d'une étoile. Étoile polaire,* située approximativement dans la direction du pôle Nord. *La magnitude absolue, mesurée par sa luminosité intrinsèque, et la température de surface, indiquée par sa couleur, déterminent la position d'une étoile dans l'espace. Étoiles naines, géantes. Vieillissement et mort d'une étoile par combustion de tout son hydrogène ou par explosion* (⇒ **nébuleuse, nova, pulsar, supernova).** ➛ *Étoile double :* système de deux étoiles liées par la gravité, dont l'une se dilate et absorbe l'autre. *Étoile à neutrons :* étoile compacte dans laquelle les forces gravitationnelles provoquent la fusion des électrons et des protons en neutrons. ➛ *Groupement d'étoiles.* ⇒ **galaxie.** 3 *ÉTOILE FILANTE :* météorite dont le passage dans l'atmosphère terrestre se signale par un trait de lumière. ⇒ **aérolithe, bolide, météorite.** II dans des expr. Astre, considéré comme exerçant une influence sur la destinée de qqn. *Être né* sous une bonne, une mauvaise étoile.* « *cette confiance absurde en leur étoile* » (Sartre). III - 1 Objet disposé en rayons, rappelant la forme sous laquelle on représente traditionnellement les étoiles. *Étoile à quatre, à cinq branches. Les rayons, les rais d'une étoile.* ♦ *Étoiles brodées sur les épaulettes, les manches des officiers généraux. Général à trois, à quatre étoiles.* ➛ *L'étoile de David, l'étoile jaune :* marque distinctive imposée aux Juifs par les nazis. ➛ Croix à cinq branches, insigne d'une décoration. ♦ Fêlure rayonnante. *Étoile sur un pare-brise.* ♦ Petit signe en forme d'étoile servant à classer certains établissements selon leur confort, leur luxe (en *une, deux... étoiles*). *Restaurant, hôtel trois(-)étoiles. Un trois-étoiles* (⇒ **trois-étoiles**). ♦ Insigne décerné aux skieurs ayant passé avec succès des épreuves relatives à l'acquisition de certains mouvements. L'épreuve elle-même. *Passer sa troisième étoile.* ♦ Signe en forme d'étoile utilisé comme unité de froid, équivalant à – 6 °C, et qui, multiplié, sert à classer les réfrigérateurs et congélateurs en fonction de leur degré maximal de réfrigération. 2 Rond-point où aboutissent plusieurs allées, plusieurs avenues. ⇒ **carrefour.** *La place de l'Étoile :* la place Charles-de-Gaulle, où se trouve l'Arc de triomphe, à Paris. 3 *EN ÉTOILE :* dans une disposition rayonnante, présentant des lignes divergentes. *Branches, routes en étoile.* ♦ *Moteur en étoile,* dont les cylindres sont disposés en rayons sur un même plan. 4 *ÉTOILE DE MER :* animal invertébré *(échinodermes)* en forme d'étoile à cinq branches. ⇒ **astérie.** *Les étoiles de mer sont carnivores.* IV Personne dont la réputation, le talent brillent (comédien, danseur, sportif). ⇒ **vedette.** *Les étoiles du cinéma.* ⇒ **star.** « *la bêtise du film et le crispant maniérisme de l'étoile, Mary Pickford* » (Gide). *Danseur, danseuse étoile,* ayant atteint le plus haut degré dans la hiérarchie du corps de ballet de l'Opéra. ♦ *Étoile montante :* personne qui devient célèbre dans quelque domaine.

> ❑ L'*étoile rouge* était l'emblème de l'armée soviétique.

étoilé, ée adj. – XVIIe 1 Semé d'étoiles. ⇒ **constellé.** *Nuit étoilée.* 2 Qui porte des étoiles (III) dessinées. *Bâton étoilé des maréchaux de France. La bannière étoilée :* le drapeau des États-Unis d'Amérique. 3 Disposé en rayons partant d'un centre comme les rayons d'une étoile figurée. *Anis étoilé,* à capsules en étoile.

étoilement n. m. – XIIe ▪ littér. 1 Action d'étoiler, de s'étoiler. 2 Disposition rayonnante, en étoile.

étoiler v. tr. [1] – XIIe 1 Parsemer d'étoiles. *Les astres qui étoilent le ciel.* pronom. Se couvrir d'étoiles. *Le ciel s'étoile.* 2 Fêler en forme d'étoile. *Jet de pierres qui étoile une vitre.*

étole n. f. – XIIe ; gr. *stolê* « longue robe » 1 Bande d'étoffe que l'évêque, le prêtre et le diacre portent au cou dans l'exercice de certaines fonctions liturgiques. 2 Large écharpe de fourrure, portée comme une cape sur les épaules. *Une étole de vison.* « *Elle remit ses gants noirs, assura son étole de skunks élimée* » (Aragon).

étonnamment adv. – XVIe ▪ D'une manière étonnante. ⇒ **singulièrement.** « *Le mariage surtout et la province vieillissent étonnamment un homme* » (Stendh.).

étonnant, ante adj. – XVIe 1 Qui surprend, déconcerte par qqch. d'extraordinaire. ⇒ **déconcertant, saisissant, surprenant.** *Événement étonnant, nouvelle étonnante.* ⇒ **inattendu.** *Je viens d'apprendre une chose étonnante.* ♦ *Il est bien étonnant que cela ne se soit pas produit plus tôt.* « *c'est étonnant comme leur amour ressemble à l'indifférence* » (Duham.). *Ce n'est pas étonnant. Cela n'a rien d'étonnant.* 2 Qui frappe par un caractère remarquable, accompli. ⇒ **épatant, fantastique, remarquable ;** fam. **extra, formidable,** ② **super.** *Un film, un livre étonnant.* « *C'est une femme étonnante* [...] *une femme rare enfin, et telle qu'on n'en rencontrerait pas une seconde* » (Laclos). ✪ CONTR. Banal, ① courant, habituel, normal, ordinaire.

> ❑ À la différence de ses synonymes, *étonnant* (2°) est à l'écart des connotations de mode.

étonné, ée adj. ▪ Surpris par qqch. d'extraordinaire, d'inattendu. ⇒ **déconcerté, désorienté.** *Avoir, prendre l'air étonné. J'ai été très étonné de le rencontrer.* « *Je restais bouche béante, si profondément étonné que je ne savais plus que dire* » (Duham.).

étonnement n. m. – XIIIe ▪ Surprise causée par qqch. d'extraordinaire, d'inattendu. ⇒ **ahurissement, ébahissement, stupéfaction, surprise.** *Remplir d'étonnement. À mon grand étonnement, j'ai vu que... C'est avec étonnement que j'ai constaté... Sans manifester le moindre étonnement.* ✪ CONTR. Indifférence.

étonner v. tr. [1] – XIe ; lat. *attonare* « frapper du tonnerre » 1 Causer de la surprise à (qqn). ⇒ **abasourdir, frapper, surprendre.** *Étonner par la beauté, la grandeur, l'importance.* ⇒ **éblouir, émerveiller, impressionner ;** fam. **épater, époustoufler.** *Cela m'a beaucoup, bien étonné.* « *Est-ce que ça t'étonnerait si un jour il* [le singe] *se mettait à nous parler ?* » (J. Verne). *Cela ne m'étonne pas, j'en ai vu bien d'autres. Tu m'étonneras toujours !* ➛ *Ça ne m'étonne pas :* j'en étais sûr. *Tu m'étonnes !* je ne te crois pas ; iron. cela ne m'étonne pas. loc. *Ça m'étonnerait :* je considère cela comme peu probable, peu vraisemblable. ➛ *ÊTRE ÉTONNÉ DE, PAR. Vous serez étonnés du résultat, par le résultat.* 2 *S'ÉTONNER* v. pron. Trouver étrange ; être surpris. *S'étonner à l'annonce d'une nouvelle. S'étonner de tout. Elle s'étonne de le voir arriver si vite. Je m'étonne qu'il n'ait pas écrit. Ne t'étonne pas si je ne viens pas.*

> ❑ *Étonner* dans son sens étym. « frapper de stupeur » et par extension « terroriser, effrayer », attesté vers 1200, s'emploie toujours à l'époque classique : « *La mort ne vous étonne-t-elle point ?* » (Racine).

étouffage n. m. – XIXe ▪ Action d'étouffer les chrysalides des vers à soie, d'asphyxier passagèrement les abeilles.

étouffant, ante adj. – XVIe ▪ Qui fait qu'on étouffe, qu'on respire à peine. ⇒ **asphyxiant, oppressant, suffocant.** *Atmosphère étouffante. Chaleur étouffante,* intense, lourde. ⇒ **accablant.** « *les parfums étouffants qui montaient de toute l'île* » (Gide). ✪ CONTR. ① Frais, vif, vivifiant.

étouffé, ée adj. 1 Asphyxié par étouffement. *Il est mort étouffé.* 2 Affaibli. *Le bruit étouffé de ses pas.* ⇒ **assourdi, sourd.** *Rires étouffés,* réprimés.

étouffe-chrétien [etufkʀetjɛ̃] n. m. – 1946 ▪ fam. Aliment, mets qui étouffe, très farineux, très épais. *Des étouffe-chrétiens.*

étouffée (à l') loc. adv. – XIVe ▪ *Cuire à l'étouffée,* en vase clos, dans sa vapeur. ⇒ **étuvée.** *Viande à l'étouffée.* ⇒ **estouffade.**

étouffement n. m. – XIVe 1 Action d'étouffer (un être vivant) ; le fait d'être étouffé. ⇒ **asphyxie.** *Étouffement par noyade.* 2 Difficulté à respirer. ⇒ **dyspnée, suffocation.** *Crise d'étouffements causée par l'asthme.* 3 Action d'étouffer, d'empêcher d'éclater, de se développer. *Étouffement d'une révolte.* ⇒ **répression.** *Étouffement d'un scandale.* ✪ CONTR. Fraîcheur.

étouffer v. [1] – XIIIe ; lat. *°stuffare* « garnir d'étoupe, boucher » I v. tr. 1 Asphyxier (qqn) en pesant sur la poitrine, en appliquant qqch. sur le nez, la bouche, qui empêche de respirer. *Étouffer qqn avec un oreiller.* 2 Gêner (qqn) en rendant la respiration difficile. ⇒ **oppresser, suffoquer.** « *il lui semblait que les quelques bouchées qu'elle s'était contrainte d'avaler lui restaient au fond de la gorge et l'étouffaient* » (Green). ♦ fam. et iron. *Les scrupules ne l'étouffent pas :* il n'a aucun scrupule. *Ce n'est pas l'honnêteté qui l'étouffe.* « *Ça vous étoufferait de me dire : mon lieutenant* » (Sartre). ♦ Donner une impression de gêne à. ⇒ **oppresser, peser.** « *cette vie de petite ville lui pesait, l'étouffait. Le grand homme de Tarascon s'ennuyait à Tarascon* » (Daud.). 3 Gêner la végétation, la croissance de (une plante). « *ce bosquet, où le toit spacieux des chênes étouffait toute autre verdure* » (Toulet). 4 Priver de l'oxygène nécessaire à la combustion. ⇒ **éteindre.** *Étouffer un foyer d'incendie.* 5 Empêcher (un son) de se faire entendre, de se propager. ⇒ **amortir, assourdir.** « *à la porte, une lourde portière en tapisserie* [...] *étouffait tout bruit du dehors* » (Balz.). ➛ Faire taire. *Étouffer l'opposition.* ♦ ⇒ **contenir, réprimer, retenir.** « *Elle étouffa un cri de joie* » (Mart. du G.). 6 Supprimer ou affaiblir (un sentiment, une opinion) ; empêcher de se développer en soi. ⇒ **juguler, refouler.** *Étouffer ses émotions.* 7 Empêcher d'éclater, de se développer. ⇒ **arrêter,** ② **enrayer.** *Étouffer une affaire, un scandale.* ⇒ ① **cacher, dissimuler.** II *S'ÉTOUFFER* **v. pron.** Perdre la respiration. *S'étouffer en avalant de travers.* ➛ plaisant *On ne va pas s'étouffer avec ces petites portions.* ♦ Mourir par asphyxie. *Le bébé s'est étouffé sous les couvertures.* ♦ Manquer de l'oxygène nécessaire au bon fonctionnement. *Le moteur s'étouffe.* III **v. intr.** 1 Respirer avec peine, difficulté ; ne plus pouvoir respirer. ⇒ **suffoquer.** « *L'atmosphère lui sembla s'être raréfiée tout à coup ; il étouffait* » (Mart. du G.). ➛ Avoir très chaud. « *Il fait terriblement chaud, humide, orageux. On étouffe* » (Gide). ♦ *Étouffer de rire.* ⇒ s'**étrangler.** 2 Être mal à l'aise, ressentir une impression d'oppression, d'ennui, etc. « *On étouffe un peu dans nos belles villes closes* » (Sartre). ✪ CONTR. Allumer. Exalter, exciter. Respirer.

étouffoir **n. m.** – XVIIe 1 fam. Local mal aéré. *Cette pièce est un étouffoir.* 2 Petite pièce de bois garnie d'étoffe et qui sert, dans un piano, à étouffer, interrompre le son lorsque le marteau revient à sa place.

étoupe **n. f.** – XIIe ; gr. *stuppê* ▪ La partie la plus grossière de la filasse. *Étoupe de chanvre, de lin.* loc. *Avoir les cheveux comme de l'étoupe,* ternes et en mauvais état.

étoupille **n. f.** – XVIIe ▪ Amorce de fulminate de mercure enflammée par friction ou percussion. ⇒ **amorce, détonateur.**

étourderie **n. f.** – XVIIe 1 fam. Acte d'étourdi. *Faire une étourderie.* ⇒ **bévue, faute.** ➛ Oubli, inattention. *Une simple étourderie.* 2 Caractère d'une personne étourdie, qui ne réfléchit pas avant d'agir. ⇒ **distraction, inattention.** *Agir avec étourderie. Faute d'étourderie.* ✪ CONTR. Attention, circonspection, pondération, réflexion.

étourdi, ie **adj.** et **n.** – XIe ; lat. *turdus* « grive » 1 Qui agit sans réflexion, ne porte pas attention à ce qu'il fait. ⇒ **distrait, inattentif, irréfléchi.** ♦ Qui oublie, égare facilement ; qui manque de mémoire et d'organisation. 2 **n.** *Un étourdi, une étourdie.* ⇒ **distrait, écervelé, hurluberlu.** « *L'étourdie avait cru laisser sa porte entrouverte, nous la trouvâmes fermée, et la clef était restée en dedans* » (Laclos). ✪ CONTR. Attentif, circonspect, pondéré, posé, prévoyant, prudent, réfléchi, sage.

> ❑ *Étourdi* a d'abord eu le sens propre d'« assommé ». Mais, alors que le verbe *étourdir* continue à exprimer l'étonnement, voire la stupeur, *étourdi* et *étourderie* ont acquis un sens original, fondé sur « absence d'attention, de réflexion ».

étourdiment **adv.** – XIVe ▪ À la manière d'un étourdi ; sans réflexion. ⇒ **imprudemment, inconsidérément.** *Agir, parler, répondre étourdiment.*

étourdir **v. tr.** [2] – XIe ; lat. *turdus* « grive » 1 Faire perdre à demi connaissance, affecter subitement la vue, l'ouïe, le sens de l'orientation de (qqn). ⇒ **abrutir, assommer.** *Le coup de poing l'a étourdi.* 2 Causer une sorte de griserie, d'ivresse, de vertige à (qqn). *Le vin l'étourdit.* ⇒ **griser.** « *ce parfum l'étourdissait* » (Green). 3 Fatiguer par le bruit, les paroles. ⇒ **abrutir, soûler.** *Ces petits garçons* « *qui nous étourdissent de leur babillage, de leur toupet* » (Romains). ➛ « *Un peu étourdi par le va-et-vient bruyant de la rue* » (Daud.). 4 *S'ÉTOURDIR* **v. pron.** Perdre la claire conscience de soi-même. *S'étourdir de paroles.* ⇒ s'**enivrer,** se **griser.** *Chercher à s'étourdir pour oublier son chagrin, ses soucis.* ✪ CONTR. Exciter, réveiller, stimuler.

étourdissant, ante **adj.** – XVIIe 1 Qui étourdit par son bruit. ⇒ **assourdissant, fatigant.** *Vacarme étourdissant.* ⇒ **abrutissant.** 2 Qui fait sensation, qui cause une stupéfaction admirative. ⇒ **éblouissant, étonnant, merveilleux, sensationnel.** *Un succès étourdissant.* ⇒ **prodigieux.** « *Sardou fut étourdissant, éblouissant de verve* » (Gide). ✪ CONTR. Reposant. Banal, décevant.

étourdissement **n. m.** – XIIIe 1 Trouble caractérisé par une sensation de tournoiement, d'engourdissement, une perte momentanée de conscience. ⇒ **éblouissement, évanouissement, syncope, vertige.** « *J'ai des étourdissements et un affaiblissement de la tête* » (d'Alemb.). 2 État d'une personne étourdie, grisée. ⇒ **griserie, ivresse, vertige.** *L'étourdissement du succès.* 3 Action de s'étourdir.

étourneau **n. m.** – XIe ; lat. *sturnus* 1 Petit oiseau grégaire *(passériformes)* à plumage sombre à reflets métalliques, moucheté de taches blanches. ⇒ **sansonnet.** « *Les bandes d'étourneaux ont une manière de voler qui leur est propre, et semble soumise à une tactique uniforme et régulière* » (Lautréam.). 2 vieilli Personne légère, étourdie. ⇒ **écervelé.**

> ❑ Le sens de « personne étourdie » est apparu par référence à l'apparence instable du vol des étourneaux, et à cause de la paronymie avec *étourdi.*

étrange **adj.** – XIe ; lat. *extraneus* « étranger » ▪ Très différent de ce qu'on a l'habitude de voir, d'apprendre ; qui étonne, surprend. ⇒ **bizarre, singulier, surprenant.** *Une étrange aventure.* « *Je fais souvent ce rêve étrange et pénétrant D'une femme inconnue* » (Verlaine). *Un sourire étrange.* ⇒ **indéfinissable.** *C'est un étrange garçon.* ⇒ **incompréhensible, inexplicable.** *Étrange façon d'agir ! C'est étrange comme vous vous ressemblez. Il trouve étrange qu'on ne l'ait pas invité.* ⇒ **anormal.** *Il est étrange de* (et l'inf.), *que* (et le subj.). ♦ subst. *L'étrange :* caractère étrange. ⇒ **étrangeté.** *Le monde de l'étrange.* ⇒ **fantastique.** ✪ CONTR. Banal, commun, ① courant, habituel, normal, ordinaire.

étrangement **adv.** – XIIe ▪ D'une manière étrange, étonnante. ⇒ **bizarrement, curieusement, drôlement.** *Il était étrangement habillé.*

étranger, ère **adj.** et **n.** – XIVe ; de *étrange* I **adj.** 1 Qui est d'une autre nation ; qui est autre, en parlant d'une nation. *Les nations, les puissances étrangères. Vivre dans un pays étranger.* « *son esprit est réellement français – gaulois même – sans mélange d'élément étranger* » (Gaut.). *Touristes étrangers.* ➛ *Langues étrangères ; accent étranger. Il a acheté une voiture étrangère.* 2 Relatif aux rapports avec les autres nations. *Ministère des Affaires étrangères. Politique étrangère d'un gouvernement.* ⇒ ① **extérieur.** 3 Qui n'appartient pas ou qui est considéré comme n'appartenant pas à un groupe (familial, social). *Se* *sentir étranger dans une réunion, un milieu. Être étranger à qqn, à un milieu,* n'avoir rien de commun avec. 4 *ÉTRANGER À* (qqn) : qui n'est pas propre ou naturel à qqn. *Ces préoccupations, ces considérations me sont étrangères.* ➙ Qui n'est pas connu (de qqn). *Ce visage ne m'est pas étranger.* ⇒ **inconnu.** *Le document est entre des mains étrangères.* ♦ Qui n'est pas familier. « *Nous ne sommes ici que depuis cinq minutes, et rien ne nous est étranger* » (Romains). 5 *ÉTRANGER À* (qqch.) : qui n'a pas de part à qqch., se tient à l'écart de qqch. *Personne étrangère au service. Il est étranger à cette affaire,* il n'y a pas participé, ne s'en est pas mêlé. ➙ *Être étranger à tout sentiment de pitié,* être incapable d'éprouver ce sentiment. ⇒ **insensible.** 6 *ÉTRANGER À* : qui ne fait pas partie de ; qui n'a aucun rapport avec. ⇒ **distinct,** ① **extérieur.** *Fait étranger à la cause. Considérations étrangères à un sujet.* 7 *CORPS ÉTRANGER* : toute chose qui se trouve de manière anormale, non naturelle dans l'organisme. *Extraire un corps étranger d'une plaie.* **II** n. 1 Personne dont la nationalité n'est pas celle d'un pays donné (par rapport aux nationaux de ce même pays). ⇒ région. **horsain.** *Statut d'étranger.* ⇒ **extranéité.** *Naturalisation d'un étranger. Étranger qui réside, qui est établi en France.* ⇒ **immigrant, immigré, réfugié, résident.** *Malveillance envers les étrangers.* ⇒ **racisme, xénophobie.** 2 Personne qui ne fait pas partie ou n'est pas considérée comme faisant partie de la famille, du clan ; personne avec laquelle on n'a rien de commun. « *un étranger aurait hésité à saluer la cousine Bette comme une parente de la maison* » (Balz.). ⇒ **inconnu.** *Ils se vouvoient devant les étrangers.* ⇒ **tiers.** 3 n. m. Pays étranger. *Partir pour l'étranger. Aller vivre, s'installer à l'étranger.* ⇒ **émigrer,** s'**expatrier.** *Nouvelles de l'étranger.* ✪ CONTR. Autochtone, indigène, national. Naturel, propre. Connu, familier. — Citoyen, compatriote. Parent.

étrangeté n. f. – XIVe 1 Caractère étrange. ⇒ **bizarrerie, singularité.** *Impression d'étrangeté, de jamais vu.* « *l'étrangeté d'une vie d'homme* » (Camus). 2 littér. Action, chose étrange. *Il y a des étrangetés dans ce livre.* ✪ CONTR. Banalité.

étranglé, ée adj. – XVIe 1 Privé de respiration par forte compression du cou. *Il est mort étranglé.* ➙ *Voix étranglée,* gênée (par l'émotion, un resserrement de la gorge). 2 Resserré. *La taille étranglée,* trop serrée par une ceinture.

étranglement n. m. – XIIIe 1 rare Action d'étrangler. ⇒ **strangulation.** 2 *Étranglement de la voix* : état d'une voix étranglée par l'émotion. 3 Le fait de se resserrer. *Étranglement herniaire.* ⇒ **hernie.** 4 État de ce qui est étranglé, brusquement très rétréci en un point. ⇒ **rétrécissement.** *Étranglement d'une vallée.* 5 littér. Action d'entraver dans son expression, de freiner ou d'arrêter dans son développement. *Étranglement des libertés.* ⇒ **étouffement.** « *égorgement de la liberté, étranglement du droit, viol des lois* » (Hugo). ✪ CONTR. Dilatation, distension. Élargissement, évasement. Libération.

étrangler v. tr. [1] – XIIe ; lat. *strangulare* 1 Priver de respiration (jusqu'à ce que mort s'ensuive, ou non) par une forte compression du cou. ⇒ **asphyxier, étouffer.** « *il le saisit à la gorge et l'étrangla instantanément à la force du poignet* » (Baud.). ♦ Gêner la respiration, serrer la gorge de (qqn). *L'émotion l'étranglait.* ➙ pronom. *S'étrangler en avalant de travers. Une voix qui s'étrangle,* qui a de la peine à sortir. 2 Gêner ou supprimer par une contrainte insupportable. *Étrangler la liberté.* ⇒ **assassiner, étouffer.** ➙ Ruiner. *Il faut revoir votre prix, vous m'étranglez !* 3 Resserrer. *Ceinture qui étrangle la taille.*

étrangleur, euse n. – XIVe ▪ Assassin qui étrangle. *Avoir des mains d'étrangleur,* de fortes mains brutales. ➙ adj. *Collier étrangleur,* destiné à contenir un chien.

étrangloir n. m. – XIXe ▪ Appareil destiné à ralentir la course de la chaîne d'ancre.

étrave n. f. – XVIe ; a. scand. *stafn* ▪ Pièce saillante qui forme la proue d'un navire. « *couchée contre la pointe de l'étrave, pour regarder l'eau sombre* » (Le Clézio).

① **être** v. intr. [61] ; aux temps comp., se conjugue avec *avoir* – IXe ; lat. *esse* ; certaines formes empr. au lat. *stare* **I - 1** Avoir une réalité. ⇒ **exister.** ♦ *Je pense donc je suis.* « *l'humble et modeste manière d'être de Charlotte* » (Constant). *Il n'est plus* : il est mort. « *Depuis qu'elle n'est plus, je n'ai fait que semblant de vivre* » (Gide). ♦ « *Que la lumière soit ! Et la lumière fut* » (BIBLE). « *Rien ne sert de récriminer, ni de regretter même. Ce qui n'est pas, c'est ce qui ne pouvait pas être* » (Gide). *Cela sera ainsi ou ne sera pas. Cela étant...* ➙ (au subj.) *Soit un triangle ABC, soient trois points en ligne droite,* supposons, étant donné. ⇒ **soit.** 2 impers. (surtout littér.) *IL EST, EST-IL, IL N'EST PAS...* : il y a, y a-t-il, etc. ⇒ ① **avoir, exister.** *Il était une fois... Il est des gens que la vérité effraie. Est-il qqn parmi vous qui veuille répondre ?* « *Il est des parfums frais comme des chairs d'enfants* » (Baud.). ➙ *S'IL EN EST. Un escroc s'il en est, s'il en fut* : un parfait escroc. 3 (moment dans le temps) *Quelle heure est-il ? Il est minuit. Il est tôt, tard. Il est temps de partir.* **II** verbe (copule), reliant l'attribut au sujet 1 (qualification) *La Terre est ronde. Je suis jeune. Soyez poli. Être treize à table. Belle comme elle est. Si compétent soit-il, il n'est pas pédagogue. On est comme on est* : tautologie soulignant un comportement inéluctable. 2 (inclusion, appartenance) *Le chêne est un arbre. Le vol est un délit.* ⇒ **constituer.** *Elle est médecin.* « *Que voulez-vous être quand vous serez grand, mon jeune ami ?* [...] *– Moi* [...], *je veux être domestique* » (Larbaud). « *Comment peut-on être Persan ?* » (Montesq.). 3 (identité) *Un sou est un sou. Qui êtes-vous ? Marc est mon frère. Si j'étais vous, je le ferais,* à votre place. ➙ *Être soi-même* : être tel qu'on a toujours été, ou tel qu'on est naturellement. 4 *ÊTRE* (qqch., rien) *POUR* (qqn). *Il est tout pour elle. Il ne m'est rien* : il ne m'est lié ni par la parenté, ni par l'affection. **III** suivi d'une prep. ou d'un adv., d'une loc. adv. 1 (état) *Être bien, être mal,* relativement au confort, à la santé. *Comment êtes-vous ce matin ? Je ne suis pas bien.* ⇒ ① **aller,** se **porter,** se **sentir.** *Être bien dans sa peau. Être d'attaque.* 2 (lieu) ⇒ se **trouver.** *J'y suis, j'y reste. Je n'y suis pour personne. Ils sont en Italie. La voiture est au garage.* « *Rome n'est plus dans Rome, elle est toute où je suis* » (Corn.). ♦ *Être à côté de la vérité. Être à ce qu'on dit, à ce qu'on fait,* avoir l'esprit à. ♦ *Y ÊTRE. Ça y est.* ➙ Comprendre. *Ah ! j'y suis ! Vous n'y êtes pas du tout, mon pauvre ami.* ⇒ **deviner.** 3 (au passé, avec un compl. de lieu, un inf.) Aller. *J'ai été à Madrid l'an dernier, j'y suis allé.* « *Je fus le saluer* » (Sand). ➙ littér. « *Il s'en fut doucement à pied au cercle* » (Aragon). 4 (temps) Se trouver. *Nous sommes au mois de mai, en mai, le 25 mai. Quel jour sommes-nous ?* 5 avec certaines prép. ♦ *ÊTRE À.* (possession) ⇒ **appartenir.** *C'est à moi.* ➙ *Je suis à vous dans un instant,* à votre disposition. ➙ (évolution) *La tendance est à la hausse.* ➙ devant un inf. (but, nécessité) ⇒ ① **devoir.** *Cette maison est à vendre. C'est à prendre ou à laisser !* ♦ *ÊTRE DE...* (provenance) *Je ne suis pas d'ici. Cet enfant est de lui.* fam. *C'est de famille.* ➙ (participation) Faire partie, participer. *Vous êtes des nôtres. Être de la fête. Être du métier.* ➙ (caractère) *Il est d'une générosité sans égale.* ♦ *EN ÊTRE* : faire partie de. *Nous organisons une réception, en serez-vous ?* ➙ *En être à la moitié du chemin* : avoir parcouru la moitié du chemin. *Il en est à son troisième whisky.* ➙ *Où en êtes-vous dans vos recherches ? Ne plus savoir où l'on en est* : perdre la tête, s'affoler. ➛ *En être pour sa peine, son argent :* avoir perdu sa peine, son argent. ♦ *ÊTRE EN* (manière d'être). *Être en habit, en pantalon.* ⇒ ① **porter.** *Être en blanc. Être en forme.* ♦ *ÊTRE POUR. Être pour ou contre qqch.* ➛ *Être pour qqch. dans :* être en partie responsable de. *Vous avez été pour beaucoup dans sa décision. Je n'y suis pour rien.* ♦ *ÊTRE SANS :* n'avoir pas. *Être sans nouvelles de qqn. Être sans abri.* ➛ devant un inf., à la forme négative *N'être pas sans savoir qqch.*, ne pas l'ignorer. ♦ *ÊTRE DANS. Être dans la finance, dans le prêt-à-porter.* ⇒ **travailler** (dans). **IV** *C'EST, CE SERA, C'ÉTAIT,* etc. **1** Présentant une personne, une chose ; rappelant ce dont il a été question. *C'est ma sœur. C'étaient* (fam. *c'était*) *nos voisins. Ce sont* (fam. *c'est*) *des cèpes ; je suis sûr que c'en est.* « *C'était des nouveaux problèmes* » (Céline). *Qui est-ce,* ou fam. *qui c'est ? Qu'est-ce que c'est ? Ce n'est rien.* **2** Annonçant ce qui suit (cette tournure permettant de mettre en relief un élément de la phrase). *C'est à vous d'agir. Ce n'est pas qu'il soit méchant, mais il est têtu.* ♦ *SI CE N'ÉTAIT...* et ellipt *N'ÉTAIT. Si ce n'était, n'était l'amitié que j'ai pour vous, je vous dénoncerais,* s'il n'y avait. ⇒ **sans.** ♦ *FÛT-CE ; SERAIT-CE. Je ne peux rien vous promettre, fût-ce pour vous faire plaisir.* ⇒ **même.** « *envisager – ne fût-ce qu'un seul instant – de casser le bras à Karalahari* » (Perec). ♦ *CE QUE C'EST QUE DE. Voilà ce que c'est (que) de mentir,* ce qui arrive quand on ment, quelles sont les conséquences. ♦ *C'EST À QUI,* pour exprimer l'empressement de plusieurs personnes, leur compétition. *C'est à qui parlera le plus fort.* ♦ *EST-CE QUE ?* formule interrogative qui s'emploie concurremment avec l'inversion du sujet. *Est-ce que vous venez ?* fam. (apr. un adv., un pron. interrog.) *Quand est-ce qu'il vient ? Qu'est-ce qui se passe ?* ♦ *N'EST-CE PAS ?* formule par laquelle on requiert l'adhésion d'un auditeur. *Vous êtes de mon avis, n'est-ce pas ?* **V** Verbe auxiliaire servant à former : **1** la forme passive des v. tr. *Je suis accompagnée. Vous avez été critiqués.* « *leur pavillon était pas fini d'être payé* » (Céline). **2** les temps composés de certains v. intr. *Elle était tombée. Nous étions partis.* **3** les temps composés de tous les v. pron. ou actifs à la forme pronominale. *Elle s'est coiffée. Ils se sont aimés.* ✪ HOM. Êtres, hêtre ; *suis :* suis (suivre) ; *es, est :* ai, aie (① avoir), hais (haïr).

❑ Le participe passé des verbes pronominaux reste invariable — si l'objet direct n'est pas le pronom réfléchi : *ils se sont trouvé des prétextes pour partir ;* mais : *ils se sont trouvés ensemble à la réunion.* — s'il est suivi d'un infinitif ayant un sujet autre que celui du verbe : *elle s'est laissé insulter ;* mais : *elle s'est laissée mourir.* — si le verbe ne peut avoir de complément d'objet direct : *ils se sont convenu, nui, parlé, souri, succédé ; ils se sont plu dans cet endroit.*

② **être** n. m. – XIIe **I** Fait d'être, qualité de ce qui est. *Étude de l'être.* ⇒ **ontologie.** *L'être et le non-être.* « *L'Être et le Néant* », œuvre de Sartre. ➛ littér. *Donner l'être à qqn.* ⇒ **jour, vie. II - 1** Ce qui est vivant et animé, ou supposé tel. ♦ *Les êtres vivants. Les êtres humains.* ⇒ **homme.** *Être imaginaire, fabuleux.* ♦ *L'Être suprême, éternel, parfait :* Dieu. ➛ *La fête de l'Être suprême :* fête religieuse organisée en l'an II par Robespierre pour lutter contre l'athéisme révolutionnaire. **2** Personne, être humain. ⇒ **individu.** « *Un seul être vous manque, et tout est dépeuplé !* » (Lamart.). ➛ péj. ⇒ **type.** *Quel être insupportable !* **3** *L'être de qqn, mon, son être :* la personne de qqn. ⇒ **âme, conscience,** ① **personne.** *Désirer qqch. de tout son être.* **4** *Être de raison* (opposé à *réalité*) : objet qui n'existe que dans la pensée. ⇒ **abstraction, entité. 5** *Être mathématique :* objet mathématique défini en dehors de toute représentation. ⇒ **abstraction.** ✪ CONTR. Néant, non-être.

étrécir v. tr. [2] – XIVe ; lat. *strictus* « étroit » ▪ VX ou littér. Rendre étroit, plus étroit. ⇒ **resserrer, rétrécir.** ➛ pronom. « *l'esprit s'étrécit à mesure que l'âme se corrompt* » (Rouss.). ✪ CONTR. Dilater, élargir, évaser.

étreindre v. tr. [52] – XIIe ; lat. *stringere* « serrer » **1** Entourer avec les membres, avec le corps, en serrant étroitement. ⇒ **embrasser, enlacer, serrer.** *Étreindre qqn sur son cœur, sa poitrine.* pronom. « *Ils s'étreignirent, et toute leur rancune se fondit comme une neige sous la chaleur de ce baiser* » (Flaub.). **2** en parlant de sentiments ⇒ **oppresser, serrer.** *Angoisse, détresse qui étreint le cœur, l'âme.* ✪ CONTR. Desserrer, ① lâcher, relâcher.

étreinte n. f. – XIIIe **1** Action d'étreindre ; pression exercée par ce qui étreint. *L'étreinte d'une main. L'armée resserre son étreinte autour de l'ennemi.* **2** Action d'embrasser, de presser dans ses bras. ⇒ **embrassement, enlacement.** *S'arracher aux étreintes, à l'étreinte de qqn.*

étrenne n. f. – XIIe ; lat. *strena* « cadeau à titre d'heureux présage » **1** (vieilli au sing.) Présent à l'occasion du premier jour de l'année. « *les keepsakes qu'elles avaient reçus en étrennes* » (Flaub.). **2** Gratification de fin d'année. *Les éboueurs, le facteur sont venus chercher leurs étrennes.* **3** Premier usage qu'on fait d'une chose. *Cet objet est neuf, vous en aurez l'étrenne.* ⇒ **primeur.**

étrenner v. [1] – XIIe **1** v. tr. Utiliser pour la première fois. « *La pointe d'orgueil qui est permise à un jeune homme bien élevé, qui étrenne une jolie toilette* » (Vallès). **2** v. intr. Être le premier à souffrir de quelque inconvénient. *On a frappé les responsables, c'est malheureusement lui qui a étrenné.* ⇒ fam. **écoper.**

êtres n. m. pl. – Xe ; lat. *exterus* « ce qui est à l'intérieur » ▪ VX Disposition des lieux dans un bâtiment. ✪ HOM. Être, hêtre.

étrésillon n. m. – XVIIe ; lat. °*tensare* « tendre » ▪ Pièce de bois qui soutient les parois d'une tranchée ou d'une galerie de mine, un mur qui se déverse ou qu'on reprend en sous-œuvre. ⇒ ② **étai, étançon.**

étrier n. m. – XIe ; germ. °*streup* « courroie servant d'étrier » **1** Anneau métallique qui pend de chaque côté de la selle et soutient le pied du cavalier. *Se dresser, être debout sur ses étriers.* ♦ loc. *Avoir le pied à l'étrier :* être bien placé pour réussir dans la carrière où l'on s'engage. *Mettre à qqn le pied à l'étrier,* l'aider en lui procurant les moyens de réussir. ➛ *Le coup de l'étrier :* le verre que l'on boit avant de partir. **2** Appareil fixé à une table d'examen ou d'opération pour soutenir les pieds du patient. ⇒ **talonnière. 3** Pièce métallique destinée à réunir ou consolider des pièces de charpente. ♦ *Étrier d'une fixation de ski :* pièce métallique qui maintient l'avant de la chaussure. **4** Le troisième osselet de l'oreille moyenne. ✪ HOM. Étriller.

❑ Dans une civilisation où le cheval avait beaucoup d'importance, *étrier* est entré dans de nombreuses locutions qui ont survécu à la révolution technique.

étrille n. f. – XIIIe ; lat. *strigilis* « racloir » **1** Instrument formé d'une plaque de fer emmanchée et garnie de petites lames parallèles et dentelées qu'on utilise pour nettoyer la robe des chevaux, des gros animaux. **2** Crabe laineux à pattes postérieures aplaties en palettes. ⇒ **portune.**

étriller v. tr. [1] – XIIe **1** Frotter, nettoyer avec l'étrille. ⇒ **brosser, panser. 2** Malmener, critiquer violemment. **3** rare Faire payer trop cher. ⇒ ② **voler.** *Nous nous sommes fait étriller dans cet hôtel.* ✪ HOM. Étrier.

étripage n. m. – XIXe ▪ Action d'étriper.

étriper v. tr. [1] – XVIe ▪ Ôter les tripes à (un animal). ⇒ **vider.** « *elle fend le ventre des poissons et les étripe* » (Le Clézio). ♦ pronom. fam. *S'ÉTRIPER :* se battre en se blessant, s'entretuer.

étriqué, ée adj. – XVIIIe 1 Qui est trop étroit, n'a pas l'ampleur suffisante (vêtement). « *Elle faisait peine à voir avec sa robe étriquée et toute noire* » (Daud.). 2 Sans envergure, trop limité. ⇒ **borné, étroit, mesquin.** *Mener une vie étriquée.* « *Ils n'avaient eu du monde qu'une vision étriquée et superficielle* » (Perec). ✪ CONTR. Ample, flottant, grand, large.

étriquer v. tr. [1] – XVIIIe ; néerl. *striken* « étirer » ▪ Rendre trop étroit ; priver d'ampleur. ⇒ **diminuer.** « *Elle ramena sa veste sur elle-même, la ferma, l'étriqua sur elle* » (Duras). ➛ Faire paraître étroit. *Ce costume vous étrique.* ✪ CONTR. Élargir.

étrive n. f. – XVIIIe ; var. de *étrier* ▪ Amarrage fait sur un ou deux cordages qui se croisent.

étrivière n. f. – XIIe ; de *étrier* ▪ Courroie par laquelle l'étrier est suspendu à la selle.

étroit, oite adj. – XIIe ; lat. *strictus* 1 Qui a peu (ou trop peu) de largeur. *Un ruban étroit.* « *Il ne restait entre l'îlot et la côte qu'un chenal étroit* » (J. Verne). *Être étroit de hanches, du bassin.* ➛ loc. évang. *La voie, la porte étroite :* la voie du salut, la vie de renoncement. 2 De peu d'étendue, petit (espace). ⇒ **exigu.** *Une étroite prison. Un cercle étroit de relations.* ♦ De peu d'extension (sens). *Mot pris dans son sens étroit.* ⇒ **restreint, strict.** 3 Qui est borné. *Esprit étroit,* sans largeur de vues, sans compréhension ni tolérance. *Être étroit d'esprit.* 4 Qui tient serré (opposé à *lâche*). *Faire un nœud étroit.* ➛ Qui unit de près, intime. *Rester en rapports étroits avec qqn. Une étroite collaboration.* 5 *À L'ÉTROIT :* dans un espace trop petit. *Ils sont logés bien à l'étroit.* ✪ CONTR. Large ; grand, spacieux, vaste. Généreux, humain, sensible. Lâche.

étroitement adv. – XIIe 1 Par un lien étroit ; en serrant très près. *Tenir qqn étroitement embrassé.* ➛ *Être lié étroitement à qqn, avec qqn.* ⇒ **intimement.** 2 De près. « *Dans la journée, il la surveillait étroitement* » (Aymé).

étroitesse n. f. – XIIe 1 Caractère de ce qui est étroit (1°), peu large. *Étroitesse du bassin.* 2 Caractère de ce qui est petit (espace). ⇒ **exiguïté.** *L'étroitesse d'un logement.* 3 Caractère de ce qui est étroit (3°), borné. *Étroitesse de vues.* ✪ CONTR. Ampleur. Largeur.

❑ Ce mot, rare jusqu'à la seconde moitié du XVIIIe s., n'a été admis qu'en 1878 par l'Académie.

étron n. m. – XIIIe ; germ. °*strunt* ▪ Matière fécale consistante et moulée (de l'homme et de certains animaux). ⇒ **crotte, excrément.** « *Les étrons et les foirades diaprent le plancher jauni* » (Flaub.).

étrusque adj. et n. – XVIe ; lat. *Etruscus* ▪ De l'Étrurie, région de l'Italie ancienne, située entre l'Arno et le Tibre. *Le peuple étrusque.* ➛ *L'art étrusque.* ♦ n. *Les Étrusques.* ▪ n. m. *L'étrusque :* langue des Étrusques, d'origine obscure.

❑ L'art étrusque a été confondu avec l'art grec jusqu'à la fin du XIXe s., ce qui explique qu'au XIXe s. *vase étrusque* désignait un vase grec à décor, provenant d'Italie.

étude n. f. – XIIe ; lat. *studium* « ardeur, étude » **I** - 1 Effort intellectuel pour acquérir des connaissances. « *L'ardeur de l'étude avait ruiné sa constitution aussi faible que vive* » (d'Alemb.). *Se consacrer à l'étude du latin, du droit.* ♦ au plur. *LES ÉTUDES :* série ordonnée de travaux et d'exercices nécessaires à l'instruction. *Faire des études, ses études :* parcourir successivement les divers degrés de l'enseignement scolaire. *Commencer, poursuivre, achever, interrompre, reprendre ses études.* « *je considère que je suis plutôt en retard dans mes études* » (Le Clézio). *Études primaires, secondaires, supérieures, universitaires. École des hautes études commerciales (H. E. C.). Institut des Hautes Études. Études d'allemand, de médecine.* ➛ loc. *Ses chères études :* ses activités antérieures et privées. *Renvoyer qqn à ses chères études.* 2 Effort intellectuel orienté vers l'observation et l'intelligence des êtres, des choses, des faits. ⇒ **science ; -logie, -nomie.** *L'étude de la nature. L'étude des lois physiques, sociales, économiques. L'étude d'un texte littéraire.* ⇒ **explication.** « *L'étude des animaux n'est rien sans l'anatomie* » (Rouss.). *L'étude du cœur humain.* ♦ Examen. *Étude d'une question, d'un projet, d'un devis. Mettre un projet de loi à l'étude.* « *un voyage d'études, comme on dit officiellement, "pour se mettre au courant des méthodes américaines"* » (Simenon). **II** - 1 Ouvrage littéraire étudiant un sujet. ⇒ **essai,** ① **travail.** *Publier une étude sur Zola.* 2 Représentation plastique constituant un essai ou un exercice. *Peintre, sculpteur qui fait des études de main.* ⇒ **esquisse.** 3 Composition musicale écrite pour servir (en principe) à exercer l'habileté de l'exécutant. *Études de Chopin.* **III** - 1 Salle où les élèves travaillent en dehors des heures de cours ; temps passé à ce travail. ⇒ **permanence.** *Aller en étude.* 2 Local où travaille un officier ministériel. *Une étude de notaire.* ♦ La charge avec sa clientèle. *Céder son étude à son premier clerc.*

étudiant, iante n. et adj. – XIIIe ▪ Personne qui fait des études supérieures et suit les cours d'une université, d'une grande école. *Étudiant en histoire, en médecine.* « *tu es resté un vieil étudiant irresponsable* » (Sartre). ♦ adj. *La vie étudiante.* ⇒ **estudiantin.** *Un mouvement étudiant,* d'étudiants.

étudié, iée adj. – XVIe 1 Mûrement médité et préparé (opposé à *improvisé*). *Un discours étudié.* ➛ Conçu avec grand soin. *La coupe de ce manteau est très étudiée. Des prix très étudiés,* calculés au plus juste. 2 Volontairement produit ou façonné (opposé à *naturel*). *Des gestes étudiés.* ⇒ **contraint.**

étudier v. [7] – XIIe **I** v. tr. 1 Chercher à acquérir la connaissance de. *Étudier la géographie, l'espagnol. Étudier la guitare,* apprendre à en jouer. ➛ Apprendre par cœur. *Élève qui étudie sa leçon. Étudier un rôle.* 2 Chercher à comprendre par un examen. ⇒ **analyser, observer.** *Étudier une réaction chimique. Étudier un texte, un auteur.* ➛ *Étudier qqn,* observer attentivement son comportement. *Joueur qui étudie son partenaire.* 3 Examiner afin de décider, d'agir. *Il faut étudier la question. Étudier un dossier, une affaire.* ♦ ⇒ **rechercher.** *Étudier les moyens d'en sortir.* 4 Traiter (un sujet). *La sociologie étudie l'homme en société.* **II** v. intr. 1 Faire ses études. *Il étudie à l'université.* 2 Se livrer à l'étude. *Aimer étudier.* **III** *S'ÉTUDIER* v. pron. 1 Se prendre pour objet de son étude. « *Je m'étudie plus qu'autre sujet. C'est ma métaphysique, c'est ma physique* » (Montaigne). 2 Se composer une attitude lorsqu'on se sent observé, jugé. ⇒ se **surveiller.**

étui n. m. – XIIe ; lat. *studium* « soin » ▪ Objet creux, le plus souvent rigide, dont la forme, la disposition est adaptée au contenu qu'il est destiné à recevoir. ⇒ **enveloppe, gaine.** *Étui à lunettes, à jumelles. Étui à cigares, à cigarettes.*

étuvage n. m. – XIXe ▪ Action d'étuver.

étuve n. f. – XIe ; gr. *tuphein* « fumer » 1 Endroit clos dont on élève la température, pour provoquer la sudation. *Chaleur d'étuve :* chaleur humide, pénible à supporter. ♦ Lieu où il fait très chaud. *Quelle étuve ! ouvrez la fenêtre.* ⇒ **fournaise.** 2 Appareil destiné à obtenir une température déterminée, supérieure à celle du milieu ambiant. ⇒ **étuveur.** *Étuve à désinfection, à* *stérilisation.* ⇒ **autoclave.** *Étuve pour dessécher les fruits* (prunes, raisins). ⇒ **séchoir.**

étuvée n. f. – XIVe ▪ À L'ÉTUVÉE : cuit en vase clos, à la vapeur. ⇒ **étouffée** (à l'). *Petits-pois à l'étuvée.* ➛ Mets ainsi préparé. *Une étuvée de pigeons.* ⇒ **estouffade.**

étuver v. tr. [1] – XIIe **1** Faire passer à l'étuve (2°). ⇒ **stériliser.** **2** Cuire à l'étuvée. *Étuver des pigeons.*

étuveur n. m. et **étuveuse** n. f. – 1923 ▪ Appareil, chaudière, four à étuver.

étymologie n. f. – XIIe ; gr. *etumos* « vrai » et *-logie* **1** Science de la filiation des mots, reconstitution de leur ascendance jusqu'à leur état le plus anciennement accessible. **2** Origine ou filiation d'un mot. *Rechercher, donner l'étymologie d'un mot.* ⇒ **étymon.** *Mots apparentés par l'étymologie :* mots de la même famille. « *Passion, patient, passif, pathologique, pathétique. Cinq mots dont l'étymologie commune se manifeste parfois cruellement dans les faits* » (Tournier). *Étymologie grecque, latine, germanique d'un mot français.*

> ❑ Traduction du titre latin *Etymologiæ* de l'ouvrage d'Isidore de Séville (1175), le mot est alors écrit *ethimologie.* On trouve encore fréquemment un *h* fautif après le *t,* peut-être ajouté par confusion avec les mots en *éthyl-.* ♦ Certains distinguent *étymologie* (étymon d'une autre langue) et *dérivation* (étymon de la même langue).

étymologique adj. – XVIe **1** Relatif à l'étymologie. *Dictionnaire étymologique.* **2** Conforme à l'étymologie. *Sens étymologique d'un mot :* le sens le plus proche de celui de l'étymon.

étymologiquement adv. – XVIIe ▪ Conformément à l'étymologie. *Étymologiquement,* boucher *signifie* « *celui qui vend du bouc* ».

étymologiste n. – XVIe ▪ Linguiste qui s'occupe d'étymologie.

étymon n. m. – XIXe ; gr. *etumon* « sens véritable » ▪ Mot attesté ou reconstitué, qui donne l'étymologie d'un autre mot. *Étymon latin, grec.*

eu, eue [y] → ① **avoir**

eu- Élément, du gr. *eu* « bien, agréablement ».

eubactéries n. f. pl. – 1961 ▪ Groupe de procaryotes comprenant la plupart des bactéries, y compris les cyanobactéries.

eubage n. m. – XVIIe ; gr. *euagês* « pur, saint » ▪ Chez les Celtes, Prêtre lettré, d'une classe nommée entre les druides et les bardes. « *Un eubage vêtu de blanc monta sur le chêne* » (Chateaub.).

eucalyptol n. m. – XIXe ▪ Principe actif extrait de l'essence d'eucalyptus, utilisé pour ses propriétés antiseptiques dans les soins des voies respiratoires.

eucalyptus [økaliptys] n. m. – XVIIIe ; de *eu-* et gr. *kaluptos* « couvert », le calice restant fermé jusqu'après la floraison ▪ Arbre *(myrtacées)* au feuillage gris-vert très odorant, originaire d'Australie. ♦ Les feuilles de cet arbre. « *Une vapeur qui sentait le menthol et l'eucalyptus emplissait la petite salle* » (Mart. du G.).

eucaryote adj. et n. m. – 1961 ; de *eu-* et gr. *karuon* « noyau » ▪ Dont la cellule est pourvue d'un noyau figuré (opposé à *procaryote*). ➛ n. m. pl. *Les eucaryotes.*

Eucharistie [økaʀisti] n. f. – XIIe ; gr. *eukharistia* « action de grâce » ▪ Sacrement essentiel du christianisme qui commémore et perpétue le sacrifice du Christ. ⇒ **cène, communion.** *Célébration de l'Eucharistie.* ⇒ **messe.** ♦ Les espèces (pain et vin) qui, selon la doctrine catholique, contiennent substantiellement le corps, le sang, l'âme et la divinité de Jésus-Christ. ⇒ **transsubstantiation ; hostie.** *Donner, recevoir l'Eucharistie.* ➛ *Doctrine luthérienne de l'Eucharistie.* ⇒ **consubstantiation, impanation.**

eucharistique [økaʀistik] adj. – XVIe ▪ Relatif à l'eucharistie.

euclidien, ienne adj. – XVIIIe ▪ Relatif à Euclide et à ses postulats. *Géométrie euclidienne,* issue des travaux d'Euclide et généralisée par la suite aux espaces de dimension infinie. ✪ CONTR. Non-euclidien.

> ❑ Euclide était un mathématicien grec du IIIe s. av. J.-C. qui enseignait à Alexandrie.

eucologe n. m. – XVIIe ; gr. *eukhê* « prière » et *logos* « livre » ▪ Livre de prières contenant l'office des dimanches et fêtes. ⇒ **paroissien.**

> ❑ Pour le suffixe → martyrologe (rem.).

eudémis [ødemis] n. m. – 1909 ; mot lat., p.-ê. de *eu-* et gr. *dêmas* « corps » ▪ Papillon dont la chenille est nuisible à la vigne.

eudémonisme n. m. – XIXe ; gr. *eudaimôn* « heureux » ▪ Doctrine morale selon laquelle le but de l'action est le bonheur. *L'eudémonisme d'Épicure.*

eudiomètre n. m. – XVIIIe ; gr. *eudia* « beau temps » et *-mètre* ▪ Appareil servant à l'analyse quantitative des mélanges gazeux et à la synthèse de certains composés.

> ❑ L'eudiomètre est utilisé en médecine pour l'analyse de la respiration.

eudiométrie n. f. – XVIIIe ▪ Analyse des mélanges gazeux avec l'eudiomètre.

eudiste n. m. – XVIIe ▪ Membre d'une congrégation religieuse consacrée à l'enseignement et à la prédication, instituée à Caen en 1643 par saint Jean Eudes.

eugénate n. m. – 1933 ▪ Pâte obtenue par le malaxage d'eugénol et d'oxyde de zinc, très utilisée en chirurgie dentaire.

eugénique n. f. et adj. – XIXe ; *eu-* et gr. *genos* « race » **1** Science fondée sur les progrès de la génétique qui étudie et met en œuvre les moyens d'améliorer l'espèce humaine. *L'eugénique est un problème de bioéthique.* ⇒ **eugénisme.** **2** adj. Qui a rapport à l'eugénique. ✪ CONTR. Dysgénique.

> ❑ *Eugénique* est un emprunt à l'anglais *eugenics* composé par F. Galton, disciple de Darwin.

eugénisme n. m. – XIXe ; angl. ▪ Eugénique (1°).

eugéniste n. – 1935 ▪ Spécialiste en eugénique.

eugénol n. m. – XIXe ; de *eugenia,* n. sav. du girofle ▪ Constituant de l'essence de girofle utilisé en parfumerie et comme antiseptique en médecine dentaire (⇒ **eugénate**).

euglène n. f. – XIXe ; gr. *euglênos* « aux beaux yeux » ▪ Algue unicellulaire d'eau douce, de couleur verte.

***euh** interj. – XVIIe ; onomat. ▪ Marque le doute, l'hésitation, l'embarras, la recherche d'un mot. ✪ HOM. ① E, eux, heu, œufs (œuf).

eunecte n. m. – XIXe ; *eu-* et gr. *nêktos* « nageur » ▪ Reptile aquatique. ⇒ **anaconda.**

eunuque n. m. – XIIIe ; gr. « qui garde *(ekhein)* le lit *(eunê)* des femmes » **1** Homme châtré qui gardait les femmes dans les harems. « *Des soldats et des eunuques noirs gardaient ces entrées défendues* » (Loti). **2** Homme sans virilité (physique ou morale).

eupatoire n. f. – XVe ; gr. *eupatorion,* de *Eupator,* n. pr. ▪ Plante herbacée *(composées)* des lieux humides, à fleurs roses, appelée aussi *chanvre d'eau.*

euphémique adj. – XIXe ▪ Qui appartient à l'euphémisme.

euphémisme n. m. – XVIIIe ; gr. *eu* « bien » et *phêmê* « parole » ▪ Expression atténuée d'une notion dont l'expression directe aurait qqch. de déplaisant, de choquant. « *Non-voyant* » *pour* « *aveugle* » *est un euphémisme.* « *il maniait l'euphémisme avec souveraineté* » (Tournier).

euphonie n. f. – XVIe ; gr. *eu* « bien » et *phônê* « son » 1 Harmonie de sons agréablement combinés. 2 Harmonie des sons qui se succèdent dans le mot ou la phrase. *Le* t *de a-t-il est ajouté pour l'euphonie.* ✪ CONTR. Cacophonie, dissonance.

euphonique adj. – XVIIIe ▪ Qui a de l'euphonie. « *La faute grammaticale est plus souvent un remède à une faute euphonique* » (Claudel). ➛ Qui produit l'euphonie. *Le* t *euphonique* (⇒ ① **t**).

euphorbe n. f. – XIIIe ; lat. ▪ Plante vivace *(euphorbiacées)*, renfermant un suc laiteux, représentée par de nombreuses espèces dans le monde. « *au milieu des touffes d'euphorbe et des acacias maigres* » (Le Clézio). *Euphorbe de Madagascar,* qui fournit un caoutchouc.

❑ D'après Pline, le nom de cette plante viendrait de *Euphorbus,* nom du médecin du roi Juba de Mauritanie (Ier s. apr. J.-C.), prince savant en histoire naturelle.

euphorie n. f. – XVIIIe ; gr. *eu* « bien » et *pherein* « porter » 1 Impression intense de bien-être général, pouvant aller jusqu'à un état de surexcitation (surtout chez les malades mentaux ou les drogués). « *la panne d'oxygène n'est pas sensible à l'organisme. Elle se traduit par une euphorie vague* » (St-Exup.). 2 Sentiment de parfait bien-être et de joie. ⇒ **béatitude, bonheur, extase, satisfaction.** *Dans l'euphorie générale.* ✪ CONTR. Dysphorie. Angoisse, dépression, douleur.

euphorique adj. – 1922 ▪ Qui provoque l'euphorie. ⇒ **euphorisant.** *L'alcool est euphorique.* ➛ Qui tient de l'euphorie. *Être dans un état euphorique.* ➛ Qui éprouve de l'euphorie. *Il était euphorique.* ✪ CONTR. Déprimant. Dépressif.

euphorisant, ante adj. et n. m. – mil. XXe 1 Qui provoque l'euphorie, le bien-être. *Des médicaments euphorisants.* ➛ n. m. *Un euphorisant.* → **antidépresseur.** « *la libéralisation des euphorisants sans accoutumance comme le haschich* » (Le Clézio). 2 Qui incite à l'optimisme. *L'approche euphorisante des vacances.* ✪ CONTR. Déprimant.

euphoriser v. tr. [1] – 1920 ▪ Procurer une sensation de bien-être à.

euphuisme n. m. – XIXe ; de *Euphues* n. pr., gr. *euphuês* « bien né » ▪ Style précieux et maniéré, à la mode en Angleterre sous Élisabeth Ire.

❑ *Euphues* est le nom du personnage principal d'œuvres de John Lyly, écrites en 1578 et 1580. L'*euphuisme* correspond à ce que fut le *gongorisme* en Espagne et la *préciosité* en France.

-eur, -euse Suffixe de nom qui signifie « qui fait l'action », désignant des personnes.

❑ Les noms pour lesquels un verbe existe font leur féminin en *-euse (danser/danseuse)* ; s'il n'y a pas de verbe, le féminin est impossible *(censeur, proviseur, ingénieur, assesseur, prédécesseur, successeur),* sauf si le suffixe est *-teur* et donne *-trice* → -teur (rem.).

eurafricain, aine adj. et n. – 1930 ; de *eur(o)-* et *africain* ▪ Qui concerne à la fois l'Europe et l'Afrique.

eurasiatique adj. – 1930 ▪ De l'Eurasie, relatif à l'Eurasie.

❑ *Eurasiatique* est un terme de géographie et d'ethnologie. ♦ Ne pas confondre avec *eurasien, ienne* (personne).

eurasien, ienne adj. et n. – XIXe ; angl., de *Eur(ope)* et *Asian* « asiatique » 1 D'Eurasie. *Les régions eurasiennes.* 2 n. Métis d'Européen ou d'Européenne et d'Asiatique. « *l'étroite robe à jupe entravée, fendue sur le côté jusqu'à la cuisse, dont sont vêtues les eurasiennes* » (Robbe-Grillet).

eurêka interj. – XIXe ; gr. *heurêka* « j'ai trouvé ! » ▪ S'emploie lorsqu'on trouve subitement une solution, une bonne idée.

❑ La légende attribue cette exclamation à Archimède lorsqu'il découvrit brusquement dans son bain la loi de la pesanteur spécifique des corps.

euristique → **heuristique**

euro n. m. – 1995 ; rad. de *Europe* ▪ Monnaie unique européenne qui aura cours à partir de janvier 1999. ⇒ **écu.**

eur(o)- Élément, de *Europe, européen.*

eurocrate n. – 1964 ; *euro-* et *-crate* ▪ souvent péj. Fonctionnaire des institutions européennes.

eurocrédit n. m. – v. 1965 ▪ Prêt libellé en eurodevises consenti par des banques de dimension internationale et souvent consortiales.

eurodéputé n. m. – 1984 ▪ Député du Parlement européen.

eurodevise n. f. – v. 1965 ▪ Avoir en monnaie convertible déposé hors du pays émetteur (ex. eurodollar).

eurodollar n. m. – 1966 ▪ Avoir en dollars, déposé dans des banques européennes.

euromarché n. m. – 1970 ▪ Marché des émissions et des transactions en eurodevises et en écus.

euromissile n. m. – v. 1979 ▪ Missile nucléaire de moyenne portée basé en Europe.

euro-obligation n. f. – 1968 ▪ Obligation libellée dans une autre monnaie que celle du pays de placement.

européanisation n. f. – 1906 ▪ Action d'européaniser ; son résultat.

européaniser v. tr. [1] – XIXe 1 Donner des caractères européens à. ➛ pronom. *La Chine s'est moins européanisée que le Japon.* 2 Envisager à l'échelle européenne. ➛ pronom. Passer d'une perspective nationale à une perspective européenne.

européen, enne adj. et n. – XVIe 1 De l'Europe. *Le continent européen. Nos partenaires européens.* ➛ loc. *À l'européenne :* à la manière des Européens. « *Il est vêtu à l'européenne, il porte le costume de tussor clair des banquiers de Saigon* » (Duras). ♦ N. « *Le Barbare s'étonne à la vue de cet Européen* » (Chateaub.). 2 Qui concerne le projet d'une Europe économiquement et politiquement unifiée ; qui en est partisan. ⇒ **paneuropéen.** « *L'idéal européen ne doit pas pour autant faire fi d'idées nationales* » (R. Schuman). ♦ Qui concerne les institutions internationales liées à ce projet. *La Communauté économique européenne (C.E.E.). L'Assemblée des communautés européennes* ou *parlement européen.*

europium [øʀɔpjɔm] n. m. – 1901 ; de *Europe* ▪ Élément atomique (Eu ; n° at. 63 ; m. at. 151,96) de la série des lanthanides.

eurosceptique adj. et n. – 1992 ▪ Qui doute de l'avenir de l'Europe en tant qu'unité économique et politique.

eurosignal [øʀosiɲal] n. m. – v. 1975 ▪ Système permettant de joindre une personne en déplacement, à l'aide d'un récepteur portatif à signal sonore et lumineux. ⇒ fam. **bip.**

eurostratégique adj. – v. 1980 ▪ Relatif à la défense militaire européenne.

eurovision n. f. – 1954 ; abrév. de *[Union] euro[péenne de radiodiffusion et de télé]vision* ▪ Émission simultanée de programmes télévisés dans plusieurs pays d'Europe. *Match retransmis en eurovision.*

euryhalin, ine adj. – 1921 ; gr. *eurus* « large » et *hals* « sel » ▪ Qui peut vivre dans des eaux de salinité variable. *Le saumon est un poisson euryhalin.*

eurythmie n. f. – XVIe ; de *eu-* et gr. *ruthmos* « rythme » ▪ Heureuse harmonie dans la composition, les proportions de l'ensemble d'une œuvre plastique ou dans le choix des sons. ⇒ **équilibre.** « *le tâtonnement d'un peintre qui cherche l'ensemble, l'accord et l'eurythmie d'une figure* » (Goncourt). ➛ Régularité du pouls.

eurythmique adj. – XIXe ▪ Dont la composition est harmonieuse ; qui a de l'harmonie.

euskarien, ienne adj. et n. – XIXe ; du basque *euskara* « langue basque » ▪ Du Pays basque. ⇒ ② **basque.**

eustache n. m. – XVIIIe ; de *Eustache (Dubois)*, coutelier ▪ vx et fam. Couteau de poche à virole et à manche de bois, servant d'arme. ⇒ **surin.** « *un long couteau à cran d'arrêt, l'eustache des assassins* » (Cendrars).

❑ Ce mot a été vulgarisé par Hugo et Richepin.

eustatique adj. – 1906 ; gr. ▪ Qui concerne le niveau des mers.

eustatisme n. m. – 1961 ▪ Variation du niveau des mers due à une modification de la morphologie des bassins ou du volume des glaciers continentaux. ⇒ **régression, transgression.**

eutectique adj. – 1903 ; gr. *eutêktos* « qui fond facilement » ▪ *Mélange eutectique* : mélange en solution binaire qui fond, se solidifie à température constante.

euthanasie n. f. – XVIIe ; de *eu-* et gr. *thanatos* « mort » ▪ Usage de procédés qui permettent d'anticiper ou de provoquer la mort, pour abréger l'agonie d'un malade incurable, ou lui épargner des souffrances extrêmes. *L'euthanasie est un problème de bioéthique.*

euthanasique adj. – 1959 ▪ Qui provoque la mort par euthanasie ou s'y rapporte.

euthériens n. m. pl. – mil. XXe ; de *eu-* et gr. *thêrion* « bête sauvage » ▪ Sous-classe comprenant les mammifères placentaires. *Les euthériens et les marsupiaux.*

eutrophisation n. f. – v. 1970 ; de *eu-* et gr. *trophê* « nourriture » ▪ Accumulation de débris organiques dans les eaux stagnantes, provoquant la prolifération excessive de végétaux aquatiques et l'appauvrissement en oxygène des eaux profondes.

eux pron. pers. 3e pers. masc. plur. – Xe ; lat. *illos* ▪ Pronom complément prépositionnel, forme tonique correspondant à *ils* (⇒ **il**), pluriel de *lui* (⇒ **lui**). *Je vis avec eux, chez eux. J'ai confiance en eux. L'un d'entre eux. Nous pensons à eux. Ils ont fait cela à eux deux.* ♦ Forme d'insistance. *Ils n'oublient pas, eux.* ♦ (comme sujet) *Si vous acceptez, eux refuseront.* ✪ HOM. ① E, euh, heu, œufs (œuf).

❑ Le latin *illos* est l'accusatif masculin pluriel du démonstratif *ille* « celui-ci », dont vient le pronom personnel *il.*

évacuant, ante adj. – XVIIIe ▪ Qui fait évacuer, qui agit contre la constipation. ⇒ **laxatif.**

évacuateur, trice adj. et n. m. – XIXe ▪ Qui sert à évacuer les eaux. ➛ n. m. Système de vannes, déversoir d'un barrage en cas de crue.

évacuation n. f. – XIVe 1 Rejet, expulsion de matière hors de l'organisme. ⇒ **élimination, excrétion.** « *On donna à Monseigneur force émétique, et sur les deux heures il fit une prodigieuse évacuation par haut et bas* » (St-Sim.). 2 Action de vider une cavité normale ou pathologique de son contenu. *Évacuation du pus d'un abcès.* 3 Écoulement d'un liquide qui sort d'un lieu. *Évacuation des eaux de pluie.* 4 Action d'évacuer (un lieu). *Évacuation d'un pays par les troupes d'occupation.* ♦ *Évacuation d'un cinéma par les sorties de secours.* 5 Action d'évacuer (des personnes), de faire partir d'un lieu. *Évacuation des blessés.* ✪ CONTR. Entrée, invasion, occupation.

évacuer v. tr. [1] – XIIIe ; lat. « vider » 1 Rejeter, expulser de l'organisme. ⇒ **éliminer, excréter.** 2 Faire sortir (un liquide) d'un lieu. *Évacuer les eaux usées.* 3 Cesser d'occuper militairement (un lieu, un pays). ⇒ se **retirer.** *Les Allemands évacuèrent la France en 1944.* ➛ Quitter (un lieu) en masse, par nécessité ou par un ordre. *Silence ! ou je fais évacuer la salle.* « *Les voyageurs évacuaient le couloir, s'entassaient dans les compartiments* » (Mart. du G.). 4 Faire partir en masse d'un lieu où il est dangereux, interdit de demeurer. *Les populations évacuées.* 5 Se débarrasser de, refuser de tenir compte de. *Évacuer un problème.* ✪ CONTR. Accumuler, garder, retenir. Envahir, occuper.

évadé, ée adj. et n. – XVIIe 1 Qui s'est échappé. *Des prisonniers évadés.* 2 n. Personne qui s'est échappée. ⇒ **fugitif.** « *tous les repris de justice français : barbeaux, voleurs, escrocs, évadés du bagne ou des prisons de France* » (Genet).

évader (s') v. pron. [1] – XIVe ; lat. *evadere* « sortir de » 1 S'échapper d'un lieu où l'on était retenu, enfermé. ⇒ s'**enfuir, fuir,** se **sauver.** *Le prisonnier s'est évadé.* ➛ *Faire évader un prisonnier.* 2 Quitter un lieu furtivement, à la dérobée. ⇒ s'**éclipser,** s'**esquiver.** « *Elle avait seulement voulu s'évader de ce salon, pour fuir la présence d'Antoine* » (Mart. du G.). 3 Échapper volontairement à (une réalité). ⇒ **fuir,** se **libérer,** se **soustraire.** *S'évader de sa condition.* « *elle s'évadait dans une grande charité impersonnelle* » (Sartre).

❑ Le latin *evadere* vient lui-même de *vadere* « aller » qui a fourni plusieurs formes personnelles du verbe *aller* (je *vais*, tu *vas*, il *va*...).

évagination n. f. – XIXe ; de *é-* et *(in)vagination* 1 Saillie anormale d'un organe. ⇒ **hernie, invagination, prolapsus.** 2 Saillie en forme de doigt d'une membrane ou d'une couche cellulaire.

❑ Le rapport avec *vagin* n'est qu'étymologique.

évaluable adj. – XVIIIe ▪ Qui peut être évalué. ⇒ **calculable, chiffrable.**

évaluateur, trice n. – XIXe ▪ (Canada) Personne dont la profession consiste à évaluer les biens, notamment les biens immobiliers.

évaluation n. f. – XIVe 1 Action d'évaluer, de déterminer la valeur ou l'importance (d'une chose). ⇒ **appréciation, estimation, expertise.** *Évaluation d'une fortune, de biens.* ➛ *Évaluation d'une distance, d'une longueur.* 2 La valeur, la quantité évaluée. *Évaluation insuffisante.*

évaluer v. tr. [1] – XIIIe ; a. fr. *value* « valeur » 1 Porter un jugement sur la valeur, le prix de. ⇒ **estimer,** ① **priser.** *Faire évaluer un tableau par un expert.* ⇒ **expertiser.** *Son appartement est évalué un million, à un million.* ♦ Déterminer (une quantité) par le calcul sans recourir à la mesure directe. *Évaluer le débit d'une rivière.* ⇒ **jauger.** 2 Fixer approximativement. ⇒ **estimer,** ① **juger.** *Évaluer une distance à vue d'œil. Évaluer ses chances, un risque.*

évanescence n. f. – XIXe ▪ littér. Qualité de ce qui est évanescent. Chose évanescente.

évanescent, ente adj. – XIXe ; lat. *evanescere* « disparaître » ▪ littér. Qui s'amoindrit et disparaît graduellement.

Impression évanescente, qui s'efface, s'évanouit. ✪ CONTR. Durable.

> ❑ Même origine que *s'évanouir.*

évangéliaire n. m. – XIVe ▪ Livre contenant les passages des Évangiles lus ou chantés à la messe pour chaque jour de l'année liturgique. ⇒ **missel.** « *Superbes évangéliaires décorés de pierres précieuses* » (Claudel).

évangélique adj. – XIIIe 1 Relatif ou conforme à l'Évangile. ⇒ **chrétien.** *Doctrine évangélique.* « *je n'ai point la perfection évangélique* » (Chateaub.). 2 Qui est de la religion protestante (dans laquelle l'Évangile a une place prépondérante). *Église réformée, luthérienne évangélique.*

évangélisateur, trice adj. – XIXe ▪ Qui évangélise. ➛ n. *Les évangélisateurs,* ceux qui prêchent l'Évangile. ⇒ **évangéliste, missionnaire.**

évangélisation n. f. – XIXe ▪ Action d'évangéliser ; son résultat.

évangéliser v. tr. [1] – XIIIe ▪ Prêcher l'Évangile à ; convertir au christianisme par la prédication. ⇒ **christianiser.**

évangélisme n. m. – XVIIIe ▪ Caractère de la doctrine morale et religieuse de l'Évangile ; conformité à l'Évangile.

évangéliste n. m. – XIIe 1 Auteur de l'un des Évangiles. *Les quatre évangélistes, Matthieu, Marc, Luc et Jean.* 2 Dans certaines Églises protestantes, Prédicateur laïque.

évangile n. m. – XIIe ; gr. *euangelion* « bonne nouvelle » 1 (avec un *É* majuscule) Enseignement de Jésus-Christ. « *La voie du ciel est étroite et les préceptes de l'Évangile forts et vigoureux* » (Boss.). 2 Chacun des livres de la Bible où la vie et la doctrine de Jésus-Christ ont été consignées. *Les Évangiles synoptiques* (Évangiles selon saint Matthieu, saint Marc et saint Luc). *Le quatrième évangile* ou *Évangile selon saint Jean.* « *Elle ouvrait souvent les Évangiles pour en lire quelques versets* » (Sand). ♦ *L'Évangile :* le recueil des quatre évangiles canoniques. ➛ Le Nouveau Testament tout entier. ♦ loc. *C'est pour lui parole d'évangile,* une chose indiscutable. 3 Textes des Évangiles qu'on lit chaque jour à la messe et à matines. *L'évangile du jour.* 4 Texte, document essentiel qui sert de fondement à une doctrine. ⇒ **bible, catéchisme, credo.**

> ❑ Le grec *euangelion* vient lui-même de *angelos* « messager » qui a donné *ange.*

évanoui, ie adj. – XIIe 1 Disparu. *Rêve évanoui.* 2 Sans connaissance ; en syncope. « *Celuta tomba évanouie sur des balles de marchandises* » (Chateaub.).

évanouir (s') v. pron. [2] – XIIe ; lat. *evanescere* « disparaître » 1 Disparaître sans laisser de traces ; cesser d'être visible. ⇒ s'**effacer,** s'**évaporer.** *Silhouette qui s'évanouit dans la nuit.* 2 Cesser d'exister. « *Je parvins à faire s'évanouir dans mon esprit toute l'espérance humaine* » (Rimb.). « *Vos idées sombres s'évanouiront* » (Ionesco). 3 Perdre connaissance ; tomber en syncope. ⇒ **défaillir,** se **pâmer.** *S'évanouir d'émotion, d'épuisement, de douleur.* « *Tu n'as rien de cassé ? Mais elle ne s'était même pas évanouie* » (Zola). ✪ CONTR. Apparaître. Revenir (à soi).

évanouissement n. m. – XIIe 1 Disparition complète. *L'évanouissement de ses espérances.* ⇒ **anéantissement.** 2 Le fait de perdre connaissance ; perte momentanée et complète de la conscience, de la sensibilité et de la motilité, accompagnée d'un affaiblissement des battements cardiaques et d'un ralentissement de la respiration. ⇒ **syncope.** ✪ CONTR. Apparition. ① Réveil.

évaporable adj. – XVIIe ▪ Susceptible de s'évaporer. *Les sels* « *rendent les eaux marines moins évaporables* » (J. Verne).

évaporateur n. m. – XIXe 1 Appareil employé pour la dessiccation de divers produits. 2 Appareil servant à distiller l'eau de mer. 3 Organe des machines frigorifiques à compression où se produit l'évaporation.

évaporation n. f. – XIVe ▪ Transformation d'un liquide en vapeur par sa surface libre, à toute température. ⇒ **vaporisation.** ✪ CONTR. Condensation.

évaporatoire adj. – XIVe ▪ Qui sert à l'évaporation des liquides.

évaporé, ée adj. – XVIIe ▪ Qui a un caractère étourdi, léger ; qui se dissipe en choses vaines. ⇒ **écervelé, folâtre.** *Un jeune homme évaporé. Air évaporé.* ➛ subst. « *c'est une espèce d'évaporée comme vous dites, ce que vous appelez une dégrafée* » (Proust). ✪ CONTR. Grave, posé, sérieux.

évaporer (s') v. pron. [1] – XIVe ; lat. *evaporare* ▪ Se transformer en vapeur ; se résoudre lentement en vapeur par sa surface libre. *Brume, rosée qui s'évapore à la chaleur du soleil. Le contenu du flacon s'est évaporé.* ♦ littér. Disparaître, cesser d'exister. *Ses derniers scrupules s'étaient évaporés.* ⇒ s'**évanouir.** ➛ fam. En parlant de personnes ou d'objets, Disparaître brusquement. *Ce livre ne s'est tout de même pas évaporé !* ⇒ s'**envoler,** se **volatiliser.**

évapotranspiration n. f. – 1974 ; de *évapo(ration)* et *transpiration* ▪ Quantité d'eau évaporée par le sol, les nappes liquides, et la transpiration des plantes.

évasé, ée adj. – XVe ▪ Qui va en s'élargissant (objet cylindrique, tubulaire). *Robe, jupe évasée.* ✪ CONTR. Rétréci ; entravé.

évasement n. m. – XIIe ▪ Forme de ce qui est évasé. *Évasement d'un tube, d'un entonnoir, de l'embouchure d'un instrument.* « *l'ample et tranquille évasement des flancs* » (France). ✪ CONTR. Étranglement, rétrécissement.

évaser v. tr. [1] – XIVe ; de *é-* et *vase* ▪ Élargir à l'orifice, à l'extrémité. *Évaser un tube.* ➛ pronom. *Des* « *jaquettes à plis, s'évasant en une petite jupe froncée sur le ventre* » (Huysm.). ✪ CONTR. Étrangler, rétrécir.

évasif, ive adj. – XVIe ; de *évasion* ▪ Qui cherche à éluder en restant dans l'imprécision. *Il est resté très évasif. Réponse évasive.* ⇒ ③ **vague.** *Le pauvre Tartarin* « *fit d'un petit air évasif : "Hé !... hé ! Peut-être... je ne dis pas"* » (Daud.). ✪ CONTR. Catégorique, clair, explicite, ② net, ① précis.

évasion n. f. – XIIIe 1 Action de s'évader, de s'échapper d'un lieu où l'on était enfermé. « *Il raconte les tentatives d'évasion de ceux que le malheur rend fou* [sic] » (Mauriac). 2 Fait d'échapper à une contrainte, à la monotonie ou aux fatigues de la vie quotidienne. *Besoin d'évasion.* ⇒ **changement, distraction, divertissement.** *Film, roman d'évasion,* de détente. 3 *Évasion de capitaux :* fuite de capitaux à l'étranger. *Évasion fiscale :* fait de soustraire au fisc des revenus imposables sans transgresser la lettre de la loi. ✪ CONTR. Détention, emprisonnement.

évasivement adv. – XVIIIe ▪ D'une manière évasive. « *il s'était tu et n'avait plus répondu qu'évasivement aux questions* » (Camus). ✪ CONTR. Catégoriquement, franchement.

évêché n. m. – Xe 1 Juridiction d'un évêque, territoire soumis à son autorité spirituelle. ⇒ **diocèse.** 2 Palais épiscopal, demeure de l'évêque. *Jardins de l'évêché.* ➛ Ville où réside l'évêque.

évection n. f. – XIVe ; lat. *evectio* « action de s'élever » ▪ Inégalité périodique dans le mouvement de la Lune, due à l'attraction solaire.

éveil n. m. - XIIe **1** *Donner l'éveil* : mettre sur ses gardes, en alerte. ⇒ **alarme.** « *Le chien porte un grelot d'un son léger. Doux assez pour ne point donner trop tôt l'éveil à l'oiseau* » (J. de Pesquidoux). ➛ *Son esprit est toujours en éveil,* attentif. **2** Action de se révéler, de se manifester. *L'éveil de l'intelligence.* « *l'éveil ardent de son imagination* » (France). *Activité d'éveil,* destinée à stimuler chez l'enfant l'observation, la curiosité intellectuelle. **3** État d'un être qui ne dort pas. ⇒ **veille. 4** Action de sortir du sommeil. *L'éveil de la nature, au printemps.* ⇒ ① **réveil.** ✪ CONTR. Abrutissement, torpeur. Assoupissement. Sommeil.

éveillé, ée adj. - XIIIe **1** Qui ne dort pas. « *La joie le tint longtemps éveillé* » (Tournier). ♦ Que l'on a sans dormir. *Un rêve éveillé.* **2** Plein de vie, de vivacité. *Un enfant éveillé.* ⇒ **déluré ; dégourdi, espiègle, malicieux, vif.** « *C'était un petit minois éveillé* » (Rouss.). *Avoir l'air éveillé.* ⇒ **futé, intelligent.** ✪ CONTR. Endormi, somnolent. Abruti, ① mou, sot.

éveiller v. tr. [1] - XIIe ; lat. °*exvigilare* « veiller sur ; s'éveiller » **I v. tr. 1** littér. Tirer du sommeil. ⇒ **réveiller. 2** Faire se manifester. ⇒ **développer, révéler, stimuler.** « *éveillant au fond de lui cette sensation de paternité qui sommeille en tout homme* » (Maupass.). **3** Faire naître ou apparaître. ⇒ **déclencher, provoquer, susciter.** *Éveiller une passion, un désir, l'amour chez qqn. Éveiller les soupçons, l'attention. Éveiller la curiosité.* ⇒ **exciter, piquer.** « *Le nom seul de bienfaisance éveillait les plus douces idées dans les âmes sensibles* » (France). ⇒ **évoquer.** *N'éveiller aucun écho* : ne déclencher aucune réaction. **II** v. pron. **1** Sortir du sommeil. ⇒ **se réveiller.** « *je m'étire comme un homme qui s'éveille* » (Sartre). ➛ « *Paris comme une jeune fille S'éveille langoureusement* » (Apoll.). ♦ *S'ÉVEILLER À* : éprouver pour la première fois. *S'éveiller à l'amour.* **2** Naître, se manifester. *Sa curiosité s'éveille.* ✪ CONTR. Endormir. Apaiser, paralyser.

éveilleur, euse n. - XIVe ▪ Personne qui éveille. « *Ce méridional chaleureux, sarcastique, éveilleur d'esprits* » (Maurois).

événement ou **évènement** n. m. - XVe ; lat. *evenire* « arriver » **1** Ce qui arrive et qui a quelque importance pour l'homme. ⇒ ② **fait.** « *pour que l'événement le plus banal devienne une aventure, il faut et il suffit qu'on se mette à le raconter* » (Sartre). *Événement qui a lieu, se passe, se produit, arrive, survient à un moment. Date, théâtre, scène d'un événement. Un heureux événement* : une naissance. *Événement imprévu.* ⇒ **accident,** ① **incident.** *Tournure prise par les événements. En raison des récents événements. Être dépassé par les événements* : être incapable de maîtriser une situation. *Événement historique. Le grand événement du siècle. Événement marquant. Récit, recueil d'événements historiques.* ⇒ **annales, histoire.** *Être au courant des événements. Il tenait un journal* « *des événements parisiens, littéraires et théâtraux* » (Henriot). ➛ *Les événements de Mai 68.* **2** Éventualité (en statistique).

> ❑ Ce mot est une formation savante faite sur le modèle de *avènement.* La graphie *évènement,* conforme à la prononciation, a été admise par l'Académie en 1979, mais la plupart des textes postérieurs gardent la graphie traditionnelle *événement.*

événementiel, ielle ou **évènementiel, ielle** adj. - 1931 ▪ Qui ne fait que décrire les événements. *Histoire événementielle.*

évent n. m. - XVIe ; de *éventer* **1** Orifice des narines chez les cétacés, situé sur le sommet de la tête. **2** Conduit ménagé dans un moule de fonderie, un réservoir, un tuyau, etc. pour l'échappement des gaz ; canal d'aération. **3** Caractère de ce qui est éventé.

éventail n. m. - XVe **1** Accessoire portatif qu'on agite d'un mouvement de va-et-vient pour produire un courant d'air. *Des éventails. Ouvrir, fermer, plier un éventail.* « *Manœuvrer l'éventail est un art totalement inconnu en France. Les Espagnoles y excellent* » (Gaut.). **2** *EN ÉVENTAIL* : en forme d'éventail ouvert. *Il* « *lui montra les fiches qu'il déploya en éventail* » (Camus). fam. *Avoir, rester les doigts de pied en éventail* : se prélasser, rester inactif. ➛ *Voûte en éventail* : voûte très ouvragée du style anglais perpendiculaire (gothique). **3** Ensemble de choses diverses d'une même catégorie. *Éventail d'articles offerts à l'acheteur.* ⇒ **choix.** *Éventail de prix.* ⇒ **gamme.**

éventaire n. m. - XVIIe ; o. i., p.-ê. altér. de *inventaire* « plateau d'osier » **1** vieilli Plateau que les marchands ambulants portent devant eux. *Éventaire d'une vendeuse de fleurs.* **2** Étalage en plein air. ⇒ **devanture, étal.** *Il* « *regarda l'éventaire multicolore du marchand de journaux* » (Sartre).

éventé, ée adj. - XIIe **1** Exposé au vent. ⇒ **venté, venteux.** *Une terrasse très éventée* (opposé à *abrité*). **2** Altéré, corrompu par l'air ; qui a perdu son parfum, son goût. *Vin éventé.* **3** Découvert, connu. *Le secret est éventé.*

éventer v. tr. [1] - XIIe **1** Rafraîchir en agitant l'air. ➛ pronom. « *Ta grand-mère s'éventait avec un éventail acheté sur les allées d'Etigny* » (Mauriac). **2** Exposer à l'air. *Éventer le grain,* le remuer pour éviter la fermentation. ♦ pronom. Perdre son parfum, son goût en restant au contact de l'air. *Le vin s'est éventé.* **3** Mettre à l'air libre. *Éventer une mine.* ♦ Découvrir. *Éventer un complot, un piège.*

éventration n. f. - XVIIIe **1** Hernie ventrale. **2** Le fait d'être éventré.

éventrer v. tr. [1] - XIIe **1** Déchirer en ouvrant le ventre. ⇒ **étriper.** « *Si le tigre a mis à mort quelques gros animaux, il ne les éventre pas sur place* » (Buff.). **2** Fendre largement pour atteindre le contenu. ⇒ **ouvrir.** *Éventrer un matelas.* **3** Défoncer. *Il* « *remontait à la fourmilière, l'éventrait d'un coup de pied* » (Tournier).

éventreur n. m. - XIXe ▪ Meurtrier qui éventre. *Jack l'Éventreur.*

éventualité n. f. - XVIIIe **1** Caractère de ce qui est éventuel. *Éventualité d'un événement.* ⇒ **contingence, hasard, incertitude.** *Dans l'éventualité d'un conflit.* ⇒ ① **cas, hypothèse, possibilité. 2** Circonstance, événement pouvant survenir à l'occasion d'une action. *Être prêt, parer à toute éventualité* : prendre ses dispositions pour faire face à tout événement. ✪ CONTR. Certitude, nécessité, réalité.

éventuel, elle adj. - XVIIIe ; lat. *eventus* « événement » ▪ Qui peut ou non se produire. ⇒ **possible.** *Une éventuelle amélioration.* ⇒ **hypothétique,** ① **incertain.** ➛ *Le successeur éventuel d'un prince, d'un ministre.* ✪ CONTR. Assuré, certain, nécessaire ; inévitable, prévu, réel, sûr.

éventuellement adv. - XVIIIe ▪ D'une manière éventuelle.

évêque n. m. - X^e ; gr. *episkopos* « surveillant » **1** Dignitaire de l'ordre le plus élevé de la prêtrise chrétienne qui, dans l'Église catholique, est chargé de la conduite d'un diocèse. *Les évêques sont nommés par le pape. Investiture, consécration, sacre, intronisation d'un évêque. Monseigneur X, évêque de.* **2** Chef d'un diocèse, dans les Églises anglicane, orthodoxe.

éversion n. f. - XIXe ; lat. *evertere* « retourner » ▪ Saillie anormale d'une muqueuse au niveau d'un orifice naturel. *Éversion de la muqueuse anale. Éversion de la paupière* (⇒ **ectropion**).

évertuer (s') v. pron. [1] - XIe ; de *é-* et *vertu* « courage, activité » ▪ Faire tous ses efforts. ⇒ **s'échiner, s'efforcer, s'escri-**

mer, fam. s'**esquinter.** « *Je m'évertuais à ne plus boiter* » (Cendrars).

éviction n. f. – XIIIe ; lat. *evincere* « évincer » 1 Fait, pour le possesseur d'une chose vendue, d'en être dépouillé en totalité ou en partie pour une cause juridique antérieure à la vente. 2 Action d'évincer. ⇒ **élimination, exclusion, expulsion,** ② **rejet.** *Éviction du chef d'un parti.* ➙ *Éviction scolaire :* le fait d'interdire temporairement l'école à un enfant contagieux.

évidage n. m. – XIXe ▪ rare Action d'évider. ⇒ **évidement.**

évidement n. m. – XIXe ▪ Action d'évider ; état de ce qui est évidé. *L'évidement d'une pièce de bois.* ♦ Action de vider le contenu pathologique d'une cavité.

évidemment [evidamɑ̃] adv. – XIIIe 1 vx ou littér. D'une manière évidente, à l'évidence. 2 Bien sûr. ⇒ **assurément, certainement.** *Vous acceptez ? Évidemment !* ⇒ **naturellement.** *Évidemment, il se trompe.* ⇒ **incontestablement.**

évidence n. f. – XIIIe ; lat. *videre* « voir » 1 Caractère de ce qui s'impose à l'esprit avec une telle force qu'il n'est besoin d'aucune autre preuve pour en connaître la vérité, la réalité. ⇒ **certitude.** *La force de l'évidence. Se rendre à l'évidence :* finir par admettre ce qui est incontestable. « *il avait bien fallu qu'elle se rendît à l'évidence* » (Mart. du G.). *Nier l'évidence.* « *notre lutte désespérée contre l'évidence* » (St-Exup.). ♦ Chose évidente. ⇒ **lapalissade, truisme.** « *Une évidence qui saute aux yeux* » (Rouss.). 2 *EN ÉVIDENCE :* en se présentant de façon à être vu, remarqué immédiatement. *Être en évidence, bien en évidence :* apparaître, se montrer très nettement. *Mettre qqch. en évidence. Mettre un phénomène en évidence.* ⇒ **démontrer, prouver.** 3 *À L'ÉVIDENCE ; DE TOUTE ÉVIDENCE.* ⇒ **certainement, évidemment** (1°), **sûrement.** *De toute évidence, il nous a menti.* ✪ CONTR. Doute, improbabilité, incertitude.

évident, ente adj. – XIIIe ▪ Qui s'impose à l'esprit par son caractère d'évidence. ⇒ **certain, clair, flagrant, incontestable,** ① **manifeste, patent, sûr.** « *Ce qui est évident est ce qui, étant considéré, ne peut être nié quand on le voudrait* » (Boss.). *Preuve évidente.* ⇒ **criant, éclatant.** *Avantage évident. Le sens me paraît évident.* ⇒ **transparent.** *Une évidente mauvaise volonté.* « *c'était évident que la guerre allait éclater* » (Sartre). *C'est évident. Il est évident qu'il se trompe.* ✪ CONTR. Contestable, discutable, douteux, ① incertain.

évider v. tr. [1] – XIIe ▪ Creuser en enlevant une partie à la surface ou à l'intérieur. *Il « gratte une boule de pain avec son canif, il la creuse et l'évide par endroits. Il la sculpte »* (Sartre). ♦ Creuser pour retirer le centre. *Évider des tomates.* ➙ *Pomme évidée.* ✪ CONTR. ① Boucher, combler, remplir.

évidoir n. m. – XVIIIe ▪ Outil servant à évider.

évidure n. f. – XVIIe ▪ Creux, trou d'un objet évidé.

évier n. m. – XIIIe ; lat. *aquarius* « pour l'eau » ▪ Élément d'une cuisine formant une cuvette, muni d'une alimentation en eau et d'une vidange. *Faire la vaisselle dans l'évier.* « *Il se lavait les mains au robinet de l'évier* » (Romains).

> ❑ *Évier,* en rapport avec la cuisine, se distingue de *lavabo,* en rapport avec la toilette.

évincement n. m. – XIXe ▪ rare Action d'évincer. ⇒ **éviction.**

évincer v. tr. [3] – XVe ; lat. *vincere* « vaincre » 1 Déposséder juridiquement. 2 Déposséder par intrigue d'une affaire, d'une place. ⇒ **chasser,** ① **écarter, éliminer, éloigner, exclure.** « *On voulait m'évincer, me plaquer, me laisser en plan* » (Cocteau). ➙ *Elle « sut reprendre tout son pouvoir sur ses deux soupirants évincés »* (Henriot). ⇒ **éconduire.**

éviscération n. f. – XVIe 1 Sortie des viscères abdominaux par une plaie opératoire mal fermée de la paroi abdominale. 2 Action de vider le globe oculaire de son contenu. ⇒ **énucléation, évidement.**

éviscérer v. tr. [6] – XIVe ▪ Extirper les viscères de. ⇒ **vider.** ➙ *Poulet éviscéré.* ⇒ ① **effilé.**

évitable adj. – XIIe ▪ Qui peut être évité.

> ❑ Surtout usité en contexte négatif *(chose difficilement évitable)* et moins courant que son contraire *inévitable.*

évitage n. m. – XVIIIe ▪ Mouvement que fait un navire pour éviter (I). ♦ Espace nécessaire à cette opération.

évitement n. m. – XVIe 1 *D'ÉVITEMENT :* où l'on gare les trains, les wagons, pour laisser libre une voie. *Gare, voie d'évitement.* ⇒ **garage.** 2 *Réaction* ou *comportement d'évitement :* mouvement de recul des micro-organismes contre un agent d'excitation. ➙ Réaction ou comportement permettant d'éviter un stimulus, une agression.

éviter v. tr. [1] – XIVe ; lat. *vitare* « éviter, se garder de, se dérober à » **I** v. tr. ind. *ÉVITER À. Éviter au vent, à la marée :* changer de direction, cap pour cap, en parlant d'un navire. **II** v. tr. dir. 1 Faire en sorte de ne pas rencontrer, de ne pas subir. *Éviter un coup.* ⇒ **esquiver.** *Éviter un obstacle.* « *Il évita de justesse un autobus, et entendit les injures du chauffeur* » (Mart. du G.). ♦ *Éviter qqn,* faire en sorte de ne pas le voir, de ne pas le rencontrer. ⇒ **fuir.** « *Vois-tu cet importun que tout le monde évite ?* » (Boil.). ➙ pronom. *Depuis leur dispute, ils s'évitent.* ➙ *Éviter le regard de qqn.* 2 Écarter, ne pas subir. *Éviter une catastrophe.* ⇒ **conjurer,** ① **écarter, éluder, empêcher, prévenir.** *Difficulté qu'on ne peut éviter. On a évité le pire. Éviter la contagion. Éviter le combat.* ⇒ **fuir.** *Éviter toute discussion.* « *pour éviter une tracasserie d'une heure, je me rendrais esclave pendant un siècle* » (Chateaub.). ➙ *Éviter le café, les gros efforts.* ⇒ **s'abstenir, s'interdire.** ➙ *Tournure, emploi à éviter.* ➙ pronom. « *La guerre peut toujours s'éviter* » (Sartre). 3 *ÉVITER DE :* faire en sorte de ne pas. ⇒ se **défendre,** se **garder.** *Évitez de lui parler.* ⇒ **s'abstenir,** se **dispenser.** « *il évitait lâchement de rencontrer ce regard* » (Mart. du G.). ♦ *ÉVITER QUE.* « *ma règle : éviter qu'une femme puisse fouiner dans mes affaires* » (Romains). 4 *Éviter une peine, une corvée à qqn.* ⇒ **épargner ; dispenser.** ➙ *Cela lui évitera des ennuis, d'avoir des ennuis.* ♦ pronom. « *Pour s'éviter des tracas* » (Barrès). ✪ CONTR. Approcher, chercher, poursuivre, rechercher. Heurter, rencontrer.

> ❑ La construction *éviter qqch. à qqn* pour « épargner », longtemps condamnée, encore déconseillée de nos jours par certains puristes, est employée par les meilleurs écrivains : « *Pour lui éviter un malheur* » (Proust).

évocable adj. – XVIIe ▪ Qui peut être évoqué.

évocateur, trice adj. – XIXe 1 Qui a la propriété, le pouvoir d'évoquer (par la magie). *Médium évocateur.* 2 Qui a un pouvoir d'évocation (3°). *Ces grains « dont l'odeur évocatrice était comme une présence »* (Mart. du G.). *Mot évocateur* (⇒ **suggestif).**

évocation n. f. – XIVe 1 *Droit d'évocation :* droit accordé aux juridictions d'appel saisies d'un recours contre un jugement de statuer sur le fond du litige. 2 Action d'évoquer les esprits, les démons par la magie, l'occultisme. ⇒ **incantation, sortilège.** ♦ L'ombre, l'âme évoquée. 3 Action de rappeler une chose oubliée, de rendre présent à l'esprit. « *Cette évocation du passé remuait-elle en lui des émotions, des regrets ?* » (Mart. du G.). *Le pouvoir d'évocation d'un mot.* ⇒ **connotation.**

> ❑ Ne pas confondre avec *invocation* qui désigne l'action d'appeler à l'aide par des prières.

évocatoire adj. – XIVe ▪ littér. Qui donne lieu à une évocation.

évolué, ée adj. – XIXe 1 Qui a subi une évolution. « *un peuple singulièrement évolué, un peuple adulte – qui sait regarder la vie en face* » (Siegfried). 2 Qui est indépendant, éclairé, cultivé, a les idées larges. « *Elle pensait : "Il doit avoir raison : c'est moi qui ne suis pas assez évoluée pour comprendre"* » (Dutourd). ✪ CONTR. Arriéré, primitif, sauvage.

évoluer v. intr. [1] – XVIe 1 Exécuter des évolutions (I). ⇒ **manœuvrer.** ➛ *Salle de danse où évoluent des couples.* ➛ Vivre. *Les « gens au milieu desquels évoluait son magnifique époux »* (Henriot). 2 Passer par une série de transformations, de phases progressives. ⇒ **changer,** ① **devenir,** se **modifier,** se **transformer.** « *J'ai vu, de près, évoluer la chirurgie des traumatismes* » (Duham.). ⇒ **progresser.** *La situation évolue favorablement.* ♦ *Maladie qui évolue,* qui suit son cours, son développement. ✪ CONTR. Arrêter (s').

évolutif, ive adj. – XIXe 1 Qui produit l'évolution, qui est susceptible d'évolution. ♦ *Poste évolutif,* où les responsabilités, le salaire peuvent augmenter. 2 *Maladie évolutive,* qui se modifie incessamment.

évolution n. f. – XVIe ; lat. *volvere* « rouler » I Mouvement exécuté par des troupes. ⇒ ① **manœuvre.** ♦ au plur. Suite de mouvements variés. « *Les évolutions d'un pilote exécutant des loopings* » (Proust). II - 1 Suite de transformations dans un même sens ; transformation graduelle assez lente, ou formée de changements successifs insensibles. « *l'évolution, c'est le déroulement régulier des phénomènes, des événements, des idées* » (Duham.). *Phases, stades, étapes d'une évolution. Évolution lente, rapide, continue. Évolution d'un conflit.* ⇒ **développement, processus, progression.** *Évolution des mœurs. Évolution d'une langue.* ➛ *Science en pleine évolution.* ♦ Changement dans le caractère, les conceptions d'une personne, d'un groupe. *Évolution personnelle.* ♦ *Évolution d'une maladie,* les différentes phases par lesquelles elle passe. ⇒ **cours, processus.** 2 Transformation progressive d'une espèce vivante aboutissant à la constitution d'une espèce nouvelle. *Doctrines de l'évolution* (⇒ **darwinisme, évolutionnisme, lamarckisme, transformisme**). ✪ CONTR. Immobilité. Permanence, stabilité. Fixité.

évolutionnisme n. m. – XIXe ▪ Théorie explicative de l'évolution des espèces au cours des âges. ⇒ **transformisme.** ➛ Doctrine qui considère que toute culture est le résultat constant d'un processus d'évolution. ✪ CONTR. Fixisme.

évolutionniste n. – XIXe ▪ Partisan de l'évolutionnisme. adj. Qui se rapporte à l'évolutionnisme. ⇒ **transformiste.** ✪ CONTR. Fixiste.

évoquer v. tr. [1] – XIVe ; lat. *vocare* « appeler » 1 Appeler, faire apparaître par la magie. *Évoquer les âmes des morts.* 2 littér. Apostropher, interpeller dans un discours. « *Je ne t'interroge pas, toi qui évoquais les mânes de Marathon* » (Dider.). 3 Rappeler à la mémoire. ⇒ **remémorer.** *Évoquer un souvenir. Il évoqua son enfance.* « *Je sais l'art d'évoquer les minutes heureuses* » (Baud.). 4 Faire apparaître à l'esprit, par des images et des associations d'idées. ⇒ **représenter.** « *il évoquait en larges gestes la majesté des forêts* » (Céline). ➛ *Évoquer un problème,* le mentionner. ♦ Faire penser à. « *Le mot caprice* [...] *évoque les bonds de la chèvre, son instabilité* » (Duham.). « *Ces avions évoquent des idées de guerre, de bombardement* » (Maurois). *Cela ne m'évoque rien.* 5 Attirer à soi la connaissance d'une cause, en parlant d'une juridiction. ⇒ **examiner,** se **saisir.** ✪ CONTR. Chasser, conjurer, ① écarter, effacer, éloigner, oublier, ① repousser.

evzone n. m. – XIXe ; gr. *euzônos* « qui a une belle ceinture » ▪ Soldat de l'infanterie grecque.

① **ex-** Élément, du lat. *ex* « hors de » (⇒ **é-**).

② **ex-** Élément, de même origine que ① *ex-*, qui, placé devant un nom, signifie « antérieurement ». *L'ex-directeur.* ⇒ **ancien.** *Son ex-mari, son ex-femme.* Fam. *Dîner avec son ex.*

exa- Élément du système international (symb. E), du gr. *hexa* « six », qui multiplie par 10^{18} l'unité dont il précède le nom.

ex abrupto [ɛksabʀypto] loc. adv. – XVIIe ; lat., de *ex,* marquant le point de départ, et *abruptus* « abrupt » ▪ Brusquement, sans préambule. ⇒ **abruptement.** « *j'aurai quelque difficulté à m'y remettre* ex abrupto » (Chateaub.).

exacerbation n. f. – XVIe ; lat. « irritation » ▪ Aggravation passagère des symptômes d'une maladie. ⇒ **exaspération, intensification, paroxysme, redoublement.** *Exacerbation d'une douleur.* ➛ *L'exacerbation d'un désir.* ✪ CONTR. Apaisement.

exacerbé, ée adj. – XIVe ▪ Poussé au paroxysme.

exacerber v. tr. [1] – XIVe ; lat. *acerbus* « aigre » ▪ Rendre plus violent, plus acerbe. *Exacerber les passions, la colère, le désir.* ⇒ **exaspérer, irriter.** ✪ CONTR. Apaiser, atténuer, calmer.

❑ Même famille que *acerbe.*

exact, exacte [ɛgza(kt), ɛgzakt] adj. – XVIe ; lat. *exigere* « achever » 1 Qui arrive à l'heure convenue. ⇒ **ponctuel.** *Être exact au rendez-vous.* « *Ma mère s'émerveillait qu'il fût si exact quoique si occupé* » (Proust). 2 Qui est entièrement conforme à la réalité, à la vérité. ⇒ **juste, réel, vrai.** *C'est l'exacte vérité, c'est exact. Description exacte. Les circonstances exactes du crime.* ⇒ ① **précis.** ➛ « *ce streptocoque ou, pour être plus exact, ce microcoque* » (Duham.). ➛ « *Ça ne veut plus rien dire d'être un écrivain. – Exact, dit Julien* » (Beauv.). 3 Qui reproduit fidèlement la réalité, l'original, le modèle. ⇒ **conforme.** *Reproduction, copie exacte d'un texte.* ⇒ **authentique, fidèle.** 4 Qui est adéquat à son objet. ⇒ **juste.** *Se faire une idée exacte de qqch. Définition exacte. Au sens exact du terme.* ⇒ **strict.** 5 Qui est égal à la grandeur mesurée. *Valeur exacte.* ♦ Qui exclut toute approximation. *L'heure exacte. Connaissance exacte.* ⇒ **mathématique.** ➛ *Sciences exactes,* celles qui sont constituées par des propositions exactes. ✪ CONTR. Inexact. Approximatif ; erroné, ① faux, imprécis, ③ vague.

❑ Le groupe *ct* final, muet à l'origine au masculin, est de nos jours le plus souvent prononcé, sous l'influence des féminins et des dérivés où *ct* se fait toujours entendre. S'il y a hésitation pour *exact* (et *inexact*), *ct* est prononcé dans *abject, compact, correct, direct, infect, intact...* En revanche, *ct* est muet dans *aspect, instinct, respect, succinct, suspect...* Il y aurait d'autre part une légère hésitation pour *distinct* et *circonspect.*

exactement adv. – XVIe ▪ Conformément à la vérité, à la réalité. *Que vous a-t-il dit exactement ? Au troisième top, il sera exactement sept heures.* ⇒ **juste,** ③ **pile.** « *c'est son frère qui lui a donné son vélomoteur, enfin, pas exactement donné* » (Le Clézio). ⇒ **précisément.** ➛ *Deux choses qui s'adaptent exactement l'une à l'autre.* ⇒ **parfaitement.** *Il gagne exactement autant que moi.*

exaction n. f. – XIIIe ; lat. *exigere* « exiger un dû » 1 Action d'exiger ce qui n'est pas dû ou plus qu'il n'est dû. ⇒ **extorsion, malversation, rançonnement,** ② **vol.** *Exactions commises par un fonctionnaire.* ⇒ **concus-**

sion. 2 au plur. Mauvais traitements, sévices. *Les exactions d'un régime totalitaire.* ⇒ **excès.**

> ❑ *Exaction* a d'abord eu le sens latin d'« impôt ».

exactitude n. f. – XVIIe 1 Qualité de qqn qui arrive à l'heure convenue. ⇒ **ponctualité.** « *Au trille de sonnette timide et entrecoupé, elle rit : "Quelle exactitude !"* » (Colette). 2 Conformité avec la réalité, la vérité. ⇒ **fidélité, justesse, rigueur, véracité.** *Exactitude des faits rapportés.* « *Virgile, qui décrit avec une si scrupuleuse exactitude les mœurs et les rites des Romains* » (Fustel de Coul.). ♦ *Exactitude d'un raisonnement.* ⇒ **justesse.** 3 Égalité de la mesure avec la grandeur mesurée. ♦ Qualité de ce qui exprime cette égalité. *Calculer avec exactitude.* ⇒ **précision, rigueur.** ✪ CONTR. Inexactitude. Approximation, erreur, imprécision.

ex æquo [ɛgzeko] loc. adv. – XIXe ; loc. lat. « également » ▪ Sur le même rang. *Candidats classés ex æquo.* ➙ subst. inv. *Départager les ex æquo.*

> ❑ *Ex æquo* est à l'origine un terme du langage scolaire, les distributions de prix étant proclamées en latin.

exagération n. f. – XVIe 1 Fait de présenter une chose en lui donnant plus d'importance qu'elle n'en a réellement. « *L'exagération, en voulant agrandir les petites choses, les fait paraître plus petites encore* » (d'Alemb.). *Il y a beaucoup d'exagération dans ce qu'il raconte.* ⇒ **amplification, hâblerie, vantardise.** 2 Caractère de ce qui est exagéré. *Vous pouvez boire, mais sans exagération,* modérément. ⇒ **abus, excès.** ✪ CONTR. Mesure, modération. Amoindrissement, atténuation.

exagéré, ée adj. – XVIe 1 Qui dépasse la mesure. ⇒ **excessif.** *Développement exagéré des muscles.* ➙ *Il est exagéré de dire...* 2 Qui amplifie la réalité. *Compliments exagérés.* ⇒ **hyperbolique, superlatif.** *Prix, chiffres exagérés.* ⇒ **astronomique, exorbitant.** loc. « *Tout ce qui est exagéré est insignifiant* » (Talleyrand). ✪ CONTR. Insuffisant ; faible, modéré.

exagérément adv. – XIXe ▪ D'une manière exagérée. ⇒ **excessivement, trop.**

exagérer v. tr. [6] – XVIe ; lat. *exaggerare* « entasser (des terres) » 1 Parler de (qqch.) en présentant comme plus grand, plus important que dans la réalité. ⇒ **amplifier, enfler, forcer, grossir.** *Exagérer l'étendue des dégâts.* « *Elle exagérait démesurément mes bonnes qualités* » (France). *Il ne faut rien exagérer !* ➙ Grossir, déformer la réalité. *Sans exagérer, j'ai bien attendu deux heures.* 2 vieilli ou littér. Grossir, accentuer en donnant un caractère qui dépasse la normale. ⇒ **amplifier, grandir.** « *tout en chargeant et en exagérant les traits originaux, il* [Daumier] *est sincèrement resté dans la nature* » (Baud.). *Il exagère son accent pour nous amuser.* ⇒ **forcer, outrer.** ♦ S'EXAGÉRER QQCH. : se représenter une chose comme plus importante qu'elle n'est, la grossir dans son imagination. « *à ce cri de détresse de son père, il s'exagère encore le danger et tombe en syncope* » (Jouhand.). 3 Abuser de qqch. *Vous pouvez pratiquer ce sport, mais sans exagérer.* ➙ En prendre trop à son aise. ⇒ fam. **attiger, charrier, pousser.** ✪ CONTR. Affaiblir ; amoindrir, atténuer, minimiser, modérer.

exaltant, ante adj. – XIXe 1 Qui stimule les facultés sensibles, l'activité, l'énergie. ⇒ **excitant, stimulant, vivifiant.** « *une lecture poignante et exaltante* » (Duham.). 2 Qui stimule l'intérêt, la curiosité. ⇒ **passionnant.** *Cette perspective n'a rien de très exaltant.* ⇒ fam. **emballant.** ✪ CONTR. Déprimant.

exaltation n. f. – XIIIe 1 littér. Action de glorifier, de célébrer hautement (les mérites de). ⇒ **glorification, louange.** « *l'exaltation du nom et de la grandeur de Dieu* » (Pasc.). 2 littér. Fait de devenir très intense, très actif. « *Ce délire dura deux années entières, pendant lesquelles les facultés de mon âme arrivèrent au plus haut point d'exaltation* » (Chateaub.). 3 Grande excitation de l'esprit. ⇒ **délire, enivrement, excitation, extase,** ① **feu, fièvre, surexcitation.** *État d'exaltation. Il en parlait avec exaltation.* ♦ État délirant qui donne au malade une impression de grande puissance, d'euphorie intense. ✪ CONTR. Abattement, ① calme, indifférence.

exalté, ée adj. et n. – XVIIe 1 Qui est devenu très intense, très actif. *Sentiments exaltés.* ⇒ **délirant.** *Imagination exaltée.* ⇒ **surexcité.** 2 Qui est dans un état d'exaltation. *Il est trop exalté.* ⇒ **ardent, passionné.** ➙ « *Sa mère était de ces natures exaltées qui excitent de trop bonne heure la sensibilité de leurs enfants* » (Sand). ♦ n. ⇒ **fanatique.** « *Je suis croyante, moi. N'allez pas me prendre pour une exaltée, une mystique* » (Green). ✪ CONTR. ② Calme, ① froid, impassible, paisible.

exalter v. tr. [1] – X^e ; lat. *altus* « haut » 1 littér. Élever très haut ; proposer à l'admiration. ⇒ **glorifier, magnifier.** *Exalter les mérites de qqn.* 2 littér. Rendre plus fort. ⇒ **rehausser.** *La tiédeur de la pièce exaltait le parfum des fleurs.* 3 Élever à un haut degré de perfection. *Exalter les vertus. Exalter l'homme,* l'élever au-dessus de lui-même. 4 Élever à un haut degré d'intensité. ⇒ **animer, exciter, grandir.** « *Me sentir regardé, jugé, admiré* [...] *exaltait mon audace, mon esprit de décision* » (Mart. du G.). 5 Élever (qqn) au-dessus de l'état d'esprit ordinaire, échauffer son imagination, son besoin d'idéal. ⇒ **enflammer, enthousiasmer, exciter, passionner, transporter.** « *les nouvelles, propagées par cette immense rumeur, exaltaient beaucoup la population parisienne* » (Duham.). ♦ pronom. *Imagination qui s'exalte.* ✪ CONTR. Dénigrer, déprécier, rabaisser. Adoucir, refroidir ; calmer.

examen [ɛgzamɛ̃] n. m. – XIVe ; mot lat. « aiguille de balance », de *exigere* « peser », « pousser (s'élancer) hors de » 1 Action de considérer, d'observer avec attention. ⇒ **considération, étude, inspection, investigation, observation, recherche.** *Examen superficiel, sommaire ; approfondi, détaillé, minutieux.* « *Je me borne à l'examen de quelques questions qui me paraissent les plus importantes* » (Condillac). *Cette thèse ne résiste pas à l'examen.* ♦ *Esprit d'examen :* esprit critique. *Libre examen :* fait de n'accepter comme vrai que ce qu'admet la raison ou l'expérience. ♦ *Examen médical :* ensemble des investigations cliniques et techniques effectuées par un médecin pour apprécier l'état de santé d'un sujet. *Se faire faire des examens. Examens d'urine, de sang.* ⇒ **analyse.** 2 EXAMEN DE CONSCIENCE : examen attentif de sa propre conduite. « *Cette heure du soir, qui pour les croyants est celle de l'examen de conscience* » (Camus). 3 Épreuve ou série d'épreuves destinées à déterminer l'aptitude d'un candidat à passer dans l'année supérieure, à entrer dans une école, à obtenir un titre, un grade, une fonction. *Examen et concours. L'oral d'un examen.* « *les études, avec les examens au bout, ce n'est pas toujours très drôle* » (Romains). *Se présenter à un examen. Être reçu, recalé, refusé à un examen. Examen d'entrée, de sortie d'une grande école.* 4 *Mise en examen,* procédure remplaçant l'inculpation. *Il a été mis en examen pour fraude fiscale.*

> ❑ *Réexamen,* du verbe *réexaminer,* est récent (1963, *réexamen d'une question*).

examinateur, trice n. – XIVe ▪ Personne qui fait passer un examen. « *Des œuvres humaines, j'isolais celles qui étaient inscrites au programme* [...] *et j'écrivais à leur sujet ce qu'il faut écrire pour plaire aux examinateurs* » (Mauriac).

examiner v. tr. [1] – XIIIe ; lat. *examinare* **1** Considérer avec attention, avec réflexion. ⇒ **étudier, inspecter, observer.** *Examiner les qualités et les défauts, la valeur de qqch.* ⇒ **apprécier, estimer, évaluer,** ① **juger ; éprouver, essayer, expérimenter.** *Examiner le pour et le contre.* ⇒ **comparer, peser.** *Examiner sérieusement, avec attention, à fond.* ⇒ **analyser.** *Il va falloir examiner cela de plus près.* ⇒ **regarder, voir.** *Examiner des documents.* ♦ *Examiner un malade.* **2** Regarder très attentivement. *Examiner un mécanisme. Examiner une préparation au microscope.* ♦ pronom. *S'examiner dans la glace, sous toutes les coutures.* ➛ *Ils s'examinaient à la dérobée.* **3** vieilli Faire subir un examen à, soumettre (un candidat) à une épreuve. ⇒ **interroger.**

exanthématique adj. – XVIIIe ▪ De la nature de l'exanthème ; caractérisé par l'exanthème. *Éruption, rougeur exanthématique.*

exanthème n. m. – XVIe ; gr. *anthos* « fleur » ▪ Rougeur cutanée qui accompagne les maladies infectieuses et contagieuses.

> ❑ Même famille étym. que *anthologie, chrysanthème.*

exarchat [ɛgzaʀka] n. m. – XVIe ▪ Dignité d'exarque ; province gouvernée par un exarque.

exarque n. m. – XVIe ; gr. *arkhein* « commander » **1** Dans l'empire d'Orient, Grand dignitaire investi d'une autorité considérable. ➛ Vice-roi gouvernant une province d'Italie ou d'Afrique dépendant de l'empire d'Orient. **2** Dans l'Église orthodoxe, Délégué hiérarchiquement situé entre le patriarche et le métropolitain chargé d'une province. ♦ Titre du chef de l'Église nationale bulgare.

exaspérant, ante adj. – XIIIe ▪ Qui exaspère, qui est de nature à exaspérer. ⇒ **agaçant, crispant, énervant, excédant, irritant.** *Cette petite est exaspérante.* « *il répondait par un sourire exaspérant* » (Proust). ✪ CONTR. Calmant, lénifiant.

exaspération n. f. – XVIe **1** vieilli Extrême aggravation. ⇒ **aggravation.** *Exaspération d'un mal.* ⇒ **exacerbation. 2** État de violente irritation. ⇒ **colère ; agacement, énervement, horripilation, irritation.** « *La rage en elle refluait : la rage, ou simplement peut-être l'exaspération ?* » (Mauriac). ✪ CONTR. Diminution ; ① calme ; ① patience.

exaspéré, ée adj. – XIVe ▪ Très irrité. ⇒ **courroucé, enragé, furibond, furieux.** « *Les embêtements recommencent de plus belle, je suis si exaspéré et fatigué* » (Flaub.).

exaspérer v. tr. [6] – XIVe ; lat. *asper* « rude, âpre » **1** vieilli ou littér. Rendre plus intense, plus pénible. ⇒ **aggraver, exacerber.** « *je suis un homme très malheureux et dont il ne faut pas exaspérer le chagrin* » (Courtel.). ♦ Augmenter à l'excès. *Exaspérer un sentiment.* ⇒ **affoler, exciter. 2** Irriter excessivement. ⇒ **énerver, irriter ;** fam. **hérisser, horripiler.** « *Souvent, il avait tort, et ses injustices exaspéraient la petite* » (Zola). « *Andrée m'exaspère. Elle est assommante* » (Proust). ⇒ **excéder.** ✪ CONTR. Atténuer, diminuer ; calmer.

exaucement n. m. – XVIe ▪ Action d'exaucer ; son résultat. ✪ HOM. Exhaussement.

exaucer v. tr. [3] – XVIe ; var. de *exhausser* « écouter une prière » **1** Satisfaire (qqn) en lui accordant ce qu'il demande. ⇒ **combler, contenter.** *Dieu l'a exaucé.* **2** Accueillir favorablement. ⇒ **accomplir, réaliser.** *Exaucer un souhait.* ✪ HOM. Exhausser.

ex cathedra [ɛkskatedʀa] loc. adv. – XVIIe ; lat. ▪ Du haut de la chaire ; avec autorité, solennité. *Parler ex cathedra.* ♦ D'un ton doctoral, dogmatique.

excavateur, trice n. – XIXe **1** Machine destinée à creuser le sol, à faire des déblais. ⇒ **bulldozer, pelle** (mécanique), **pelleteuse, roue-pelle, tunnelier. 2** n. m. Petite curette utilisée en chirurgie dentaire.

excavation n. f. – XVIe **1** rare Action de creuser dans le sol. **2** Creux dans un terrain. ⇒ **cavité.** « *J'avais fait une excavation où je pouvais passer la tête et les épaules* » (Bosco).

excaver v. tr. [1] – XIIIe ; lat. *cavus* « creux » ▪ didact. ou littér. Creuser. *Excaver le sol.*

excédant, ante adj. – XIVe ▪ Qui excède. ⇒ **exaspérant, irritant.** *Bavardage excédant.*

> ❑ Attention de ne pas confondre cet adjectif et le participe présent de *excéder (les taxes excédant ce montant)* et le nom masculin *excédent.*

excédent n. m. – XIVe ▪ Ce qui est en plus du nombre, de la quantité fixés. ⇒ **excès, reste, surcroît, surplus.** *Excédent des exportations sur les importations. Excédent budgétaire. Excédent de bagages :* ce qui dépasse le poids de bagages transporté gratuitement par les compagnies de transport. ⇒ **surcharge.** ✪ CONTR. Déficit, insuffisance, ② manque. — HOM. Excédant.

excédentaire adj. – 1935 ▪ Qui est en excédent.

excéder v. tr. [6] – XIVe ; lat. *excedere* « sortir de », « dépasser » **I - 1** Dépasser en nombre, en valeur, en dimension. *Prix qui n'excède pas cinq cent mille francs.* ➛ Dépasser en durée. *Un délai qui ne saurait excéder deux mois.* **2** Aller au-delà de ; être plus fort que. ⇒ **outrepasser.** « *L'émotion excédait ses forces : il éclata en sanglots* » (Mart. du G.). ⇒ **dépasser. II** Fatiguer en irritant. ⇒ **exaspérer, importuner, irriter.** « *Je ne sais ce que j'ai, tout m'excède aujourd'hui* » (Gresset). ⇒ **agacer, énerver, ennuyer.** ➛ *Un air excédé.* ⇒ **exaspéré.** ✪ CONTR. Ragaillardir, réconforter, ① reposer. Ravir, réjouir.

excellemment [ɛkselamɑ̃] adv. – XIVe ▪ littér. D'une manière excellente, éminemment bonne. ⇒ ① **bien** (très bien), **remarquablement.** « *cette phrase, n'est-il pas vrai – rend excellemment l'impression de notre voyage* » (Gide).

excellence n. f. – XIIe **1** littér. Degré éminent de perfection en son genre. ⇒ **perfection, supériorité.** *L'excellence d'un vin.* « *Toute l'éducation moderne nous enseigne [...] l'excellence de la curiosité* » (Maurois). **2** *PRIX D'EXCELLENCE,* décerné à la fin de l'année scolaire au meilleur élève d'une classe. **3** Titre honorifique donné aux ambassadeurs, ministres, archevêques, évêques. *Son Excellence l'ambassadeur, l'archevêque.* **4** *PAR EXCELLENCE :* d'une manière hautement représentative, caractéristique. *Aristote fut appelé le philosophe par excellence.* ⇒ **type.** ✪ CONTR. Infériorité, médiocrité.

excellent, ente adj. – XIIe ; lat. *excellere* « dépasser, être supérieur » **1** Qui, dans son genre, atteint un degré éminent de perfection ; très bon. ⇒ **admirable, merveilleux, parfait, supérieur.** *Un plat excellent.* ⇒ **succulent.** *D'excellents vins.* ⇒ **délicieux, exquis, fameux.** *Une excellente santé. Voiture en excellent état. D'excellents conseils. Être d'excellente humeur.* **2** (Personnes) Qui est remarquable dans son action. *Un excellent professeur.* « *Castanier était gourmand, il eut une excellente cuisinière* » (Balz.). **3** Qui a une grande bonté, une nature généreuse. « *un excellent garçon, trop bon, stupide de confiance et de bonté* » (Maupass.). ⇒ **brave.** ➛ vieilli *Mon cher et excellent ami.* ✪ CONTR. Déplorable, détestable, exécrable, mauvais, médiocre, passable.

> ❑ Lorsque *excellent* est employé à propos de personnes jugées sur le plan esthétique, il peut ne pas occuper le sommet des hiérarchies de valeur : *un excellent écrivain* dit moins que *un grand écrivain* (*excellent* semble exclure *génial*).

exceller v. intr. [1] – XVIe ▪ Être supérieur, excellent. *Exceller en musique, dans un art.* ⇒ **briller.** « *Vous excellez à distiller à la fois le suc et l'acide, à lécher et à mordre en même temps* » (Montherl.).

excentration n. f. – XIXe ▪ Déplacement du centre. ➛ Non-coïncidence du centre avec l'axe de rotation.

excentré, ée adj. – XIXe 1 Dont le centre s'est déplacé. 2 Qui n'est pas placé au centre de. *Quartier excentré.* ⇒ **excentrique.**

excentrer v. tr. [1] – XIXe ▪ Déplacer le centre, l'axe de. ⇒ **décentrer.** *Excentrer une roue.*

excentricité n. f. – XVIe I - 1 *Excentricité d'une conique :* rapport constant des distances d'un point de cette conique au foyer et à la directrice associée. ➛ *Excentricité de l'orbite d'une planète,* par rapport au soleil. 2 Caractère excentrique, éloigné du centre. *L'excentricité d'un quartier.* II - 1 Manière d'être qui s'éloigne de celle du commun des êtres humains. ⇒ **anticonformisme, bizarrerie, extravagance, originalité, singularité.** *L'excentricité de sa conduite. S'habiller avec excentricité.* 2 Acte qui révèle cette manière d'être. « *une espèce de turbulence intérieure qui le faisait inventer sans cesse quelque excentricité pleine de risque* » (Gide). ⇒ **fantaisie, folie.** ✪ CONTR. Équilibre. Banalité, conformisme.

excentrique adj. et n. – XIVe I - 1 adj. Dont le centre s'écarte d'un point donné. ➛ *Courbes, cercles excentriques,* renfermés les uns dans les autres et de centres différents. ♦ *Quartiers excentriques d'une ville,* situés loin du centre. ⇒ **excentré, périphérique.** 2 n. m. Mécanisme conçu de telle sorte que l'axe de rotation de la pièce motrice n'en occupe pas le centre. II Dont la manière d'être est en opposition avec les habitudes reçues. ⇒ **bizarre, étrange, extravagant, fantaisiste, farfelu, insolite,** ② **original.** *Conduite excentrique.* ⇒ **anticonformiste.** « *nous vivons dans un temps trop excentrique, pour s'étonner un instant de ce qui pourrait arriver* » (Lautréam.). ➛ *E. Poe,* « *cet excentrique maudit* » (Baud.). ♦ n. m. Ce qui est excentrique. « *l'excentrique et le bizarre* » (Gaut.). ✪ CONTR. Concentrique. Central. — Banal, commun, ordinaire, raisonnable, strict.

① **excepté** prép. – XIIIe ▪ À l'exception de, en excluant. ⇒ **hormis, hors, sauf, sinon.** *Tous furent découverts, excepté trois d'entre eux.* « *On peut connaître tout excepté soi-même* » (Stendh.). *On leur permet tout excepté de ne pas réussir.* ✪ CONTR. Compris (y compris).

❑ *Excepté* (préposition), placé avant le nom, est invariable.

② **excepté, ée** adj. – XVIIe ▪ Non compris. « *Meurent les protestants, les princes exceptés* » (M.-J. Chénier). ✪ CONTR. Compris, inclus.

excepter v. tr. [1] – XIIe ; lat. *exceptare* « recevoir » ▪ Ne pas comprendre dans. « *je veux bien vous excepter de la règle générale ; mais je n'excepterai que vous* » (Laclos). ⇒ **exclure.** ✪ CONTR. Comprendre, englober, inclure.

exception n. f. – XIIIe 1 Action d'excepter. *Il ne sera fait aucune exception à cette consigne.* ⇒ **dérogation, restriction.** *Faire une exception pour qqn.* « *Exception faite pour les rationalistes de profession* » (Camus). *Tout le monde sans aucune exception.* ♦ Moyen invoqué pour faire écarter une demande judiciaire, pour critiquer la procédure, sans discuter le principe du droit, le fond du débat. ♦ *D'EXCEPTION :* en dehors de ce qui est courant. *Les êtres d'exception,* uniques, remarquables. *Tribunal d'exception* (opposé à *tribunal de droit commun*). ♦ *À L'EXCEPTION DE.* ⇒ ① **excepté, sauf.** « *Des enfants, la tête rasée* [...] *à l'exception d'une petite houppette de cheveux* » (Mac Orlan). 2 Ce qui est en dehors du général, du commun. ⇒ **anomalie, particularité, singularité.** *Ce fait constitue une exception. Les personnes de ce genre sont l'exception,* sont rares. *À part quelques exceptions, à de rares exceptions près, on peut dire que...* « *Il n'y a point, dit-on, de règle qui n'ait quelque exception* » (Pasc.). *L'exception confirme la règle :* il n'y aurait pas d'exception s'il n'y avait pas de règle. ✪ CONTR. Généralité, principe, règle.

exceptionnel, elle adj. – XVIIIe 1 Qui constitue une exception. « *la situation était grave* [...] *Cela prouvait qu'il fallait des mesures encore plus exceptionnelles* » (Camus). 2 Qui est hors de l'ordinaire. ⇒ **extraordinaire.** *Convoi exceptionnel. Une occasion, une chance exceptionnelle.* ⇒ **inattendu.** *C'est une réussite exceptionnelle.* ⇒ **étonnant.** ✪ CONTR. Régulier. Banal, commun, ① courant, habituel, normal, ordinaire.

exceptionnellement adv. – XIXe 1 Par exception. *La réunion aura lieu exceptionnellement le soir.* 2 D'une manière exceptionnelle. ⇒ **extraordinairement, extrêmement.** « *ses bananiers, exceptionnellement soignés, donneraient des fruits exceptionnellement beaux* » (Duras). ✪ CONTR. Communément.

excès n. m. – XIIIe ; lat. *excedere* « dépasser » 1 Différence en plus ; ce qui dépasse une quantité. *L'excès de l'offre sur la demande.* ♦ *Total approché par excès,* arrondi au chiffre supérieur (opposé à *par défaut*). 2 Trop grande quantité ; dépassement de la mesure moyenne, des limites ordinaires. ⇒ **disproportion, pléthore, profusion.** *Contravention pour excès de vitesse. Excès de sucre dans le sang.* « *l'excès de malheur provoquait des réactions inattendues : le rire par exemple* » (Sartre). *Tomber dans l'excès inverse.* ➛ *AVEC EXCÈS :* sans mesure. ⇒ **démesure, frénésie.** ➛ *SANS EXCÈS :* modérément. ♦ *À L'EXCÈS ; JUSQU'À L'EXCÈS.* ⇒ **excessivement, immodérément, très, trop.** « *Mme de Guise, bossue et contrefaite à l'excès* » (St-Sim.). *Scrupuleux à l'excès.* ♦ *EXCÈS DE POUVOIR :* action dépassant le pouvoir légal ; décision d'un juge qui dépasse sa compétence. 3 Chose, action qui dépasse la mesure ordinaire ou permise. ⇒ **abus, licence.** *Excès de langage :* paroles peu respectueuses, peu courtoises. ⇒ **écart.** ➛ *Des excès de table :* abus de nourriture et de boisson. ⇒ **intempérance.** *Vivre sans faire d'excès.* ♦ Abus de la force. ⇒ **violence.** *Les excès d'un tyran.* ⇒ **exaction.** ✪ CONTR. Défaut, déficit, insuffisance, ② manque, modération.

excessif, ive adj. – XIIIe 1 Qui dépasse la mesure souhaitable ou permise ; qui est trop grand, trop important. ⇒ **démesuré, énorme, extrême, monstrueux, prodigieux, surabondant.** *Chaleur excessive.* ⇒ **effrayant, terrible.** *Froid excessif.* ⇒ **rigoureux.** *Prix excessif. Gaieté, joie excessive.* « *En France, les admirations et les mépris sont toujours excessifs* [...] *il n'y a pas de milieu* » (Gaut.). 2 (critiqué) Très grand. ⇒ **extrême.** « *cette fille avait des traits d'une excessive douceur* » (Balz.). 3 Qui pousse les choses à l'excès, qui est incapable de nuances, de modération. *Il est excessif en tout.* ✪ CONTR. Modéré, ① moyen, normal.

❑ L'emploi de *excessif* au sens de « très grand » et sans idée d'excès a été critiqué à juste raison ; mais cet emploi est devenu moins fréquent.

excessivement adv. – XIVe 1 D'une manière excessive. ⇒ **démesurément, exagérément, trop.** *Manger excessivement.* 2 (critiqué) Très, tout à fait. ⇒ **extrêmement, infiniment.** *Ces poissons* « *fournirent à notre table une chair excessivement délicate* » (J. Verne). ✪ CONTR. Assez, peu.

❑ Emploi critiqué au sens de « très ». → excessif (rem.).

exciper v. tr. ind. [1] – XIIIe ; lat. « excepter » 1 Soulever une exception en justice. *Exciper de la chose jugée.* ➛

S'appuyer, s'autoriser. *Exciper d'un contrat.* 2 littér. Se servir (de qqch.) pour sa défense. *Exciper de sa bonne foi.*

excipient [ɛksipjɑ̃] n. m. – XVIIIe ; lat. *excipere* « recevoir » ▪ Substance neutre qui entre dans la composition d'un médicament, et qui sert à rendre les principes actifs plus faciles à absorber.

excise n. f. – XVIIe ; mot angl., de l'a. fr. *acceis*, lat. *ad* et *census* ▪ Impôt indirect, en Grande-Bretagne. ⇒ **accise.**

exciser v. tr. [1] – XVIe ▪ Enlever par excision. *Exciser une tumeur.* ➛ Pratiquer l'excision du clitoris sur. *Fillettes africaines excisées.*

excision n. f. – XIVe ; lat. *excidere* « couper » 1 Ablation, au moyen d'un instrument tranchant (d'un fragment peu volumineux d'organe ou de tissu). ⇒ **incision ; -ectomie ; exérèse, extirpation.** *Excision d'un cor.* 2 Ablation rituelle du clitoris et parfois des petites lèvres dans certaines sociétés.

excitabilité n. f. – XIXe ▪ Propriété de toute structure vivante de réagir spécifiquement aux excitations. ⇒ **irritabilité, sensibilité.** *Excitabilité musculaire.* ✪ CONTR. Inexcitabilité.

excitable adj. – XIXe 1 Prompt à s'exciter, à s'énerver. ⇒ **coléreux, irritable, nerveux, susceptible.** « *Quand les hommes sont trop malheureux, ils deviennent excitables* » (Taine). 2 Qui est capable de réagir à une excitation. ✪ CONTR. Flegmatique, impassible, imperturbable, inexcitable.

excitant, ante adj. et n. m. – XVIIe 1 Qui excite ; qui éveille des sensations, des sentiments. *Projet excitant.* ⇒ **alléchant, motivant, tentant.** « *C'est donc ici que je me suis dit* [...] *c'est pas excitant* » (Céline). ⇒ **attrayant, séduisant.** ♦ Qui provoque, excite le désir sexuel. *Femme excitante.* 2 Qui excite, stimule l'organisme ; qui est capable de produire une excitation, un stimulus. *Le café est excitant.* ♦ n. m. *Prendre des excitants.* ⇒ **réconfortant, remontant, stimulant,** ① **tonique.** ✪ CONTR. Apaisant, calmant. Anesthésique, calmant, sédatif.

❑ Peu usité jusqu'au XIXe s., l'adjectif *excitant* s'est depuis largement répandu, peut-être sous l'influence de l'anglais *exciting.*

excitateur, trice n. – XIVe 1 littér. Personne qui excite. « *Cette horde d'excitateurs révolutionnaires* » (Mart. du G.). 2 n. m. Appareil formé de deux branches métalliques, qui sert à décharger un condensateur.

excitation n. f. – XIVe 1 Action d'exciter ; ce qui excite. ⇒ **encouragement, invitation.** « *Rien n'y manque pour aggraver l'émeute, ni les excitations plus vives pour la provoquer* » (Taine). ⇒ **appel, exhortation.** ➛ *Excitation à l'action, à la violence.* ⇒ **incitation.** ➛ *Excitation des mineurs à la débauche.* 2 État d'une personne excitée par l'accélération du processus psychique. ⇒ **agitation, animation, énervement, fièvre, surexcitation,** ② **trouble.** *Excitation sexuelle.* ⇒ **besoin, désir, émoi.** « *Une grande fatigue succède toujours à l'excitation* » (Ste-Beuve). *Une excitation maladive.* 3 Modification survenant dans l'organisme à l'endroit où agit un stimulus, susceptible de déclencher une réponse spécifique dans un tissu ou un organe ; réponse à une telle modification, se traduisant par une activité physiologique ou psychique. 4 Création d'un champ magnétique. *Excitation par aimant.* ➛ Changement de structure d'un atome caractérisé par le passage d'un électron à un niveau d'énergie supérieur. ➛ Action par laquelle on produit des oscillations électriques dans un circuit. *Excitation par choc, par impulsion.* ✪ CONTR. Adoucissement, apaisement ; ① calme, flegme, tranquillité. Inhibition.

excitatrice n. f. – XIXe ▪ Dynamo qui envoie le courant continu à un alternateur.

excité, ée adj. et n. – XIXe 1 Qui a une activité mentale, psychique très vive ou plus vive qu'à l'habitude. ⇒ **agité, énervé, nerveux.** *Il était excité comme une puce.* ➛ n. « *Vous ne voudriez pas qu'ils laissent ces excités-là aller leur déclencher des grèves tout de même ?* » (Anouilh). 2 Se dit d'une particule, d'un atome ou d'une molécule amenés à un niveau énergétique supérieur à leur niveau de stabilité maximale. ✪ CONTR. ② Calme, tranquille.

exciter v. tr. [1] – XIIe ; lat. *excitare* « mettre en mouvement » 1 Faire naître, provoquer. ⇒ **éveiller, susciter.** *Exciter les sentiments.* ⇒ **allumer, embraser, enflammer.** *Exciter l'appétit. Exciter l'imagination.* « *Sa conversation était agréable et elle s'entendait à merveille à exciter la curiosité* » (Mérimée). ⇒ **piquer.** *Elle* « *n'aurait plus dû exciter ma jalousie* » (Proust). *Exciter la pitié.* ⇒ **apitoyer.** 2 Accroître, rendre plus vif. ⇒ **activer, aiguillonner, aviver, exalter.** *Cela excita encore sa colère. Cela ne fit qu'exciter la douleur.* ⇒ **aggraver, exacerber, exaspérer.** 3 EXCITER À : pousser fortement à. ⇒ **exhorter, inciter, pousser, provoquer.** « *La victoire et la nuit, plus cruelles que nous, Nous excitaient au meurtre, et confondaient nos coups* » (Rac.). ➛ *Exciter à la révolte. Exciter des mineurs à la débauche.* 4 Augmenter l'activité psychique, intellectuelle de. ⇒ **agiter, énerver, passionner, remuer, surexciter.** « *Le crépuscule excite les fous* » (Baud.). *La boisson l'excite.* ⇒ **échauffer, enivrer, griser.** fam. *Ce travail ne l'excite pas beaucoup,* ne lui plaît pas beaucoup. ♦ Mettre en colère, en fureur. ⇒ **irriter.** *On les a excités l'un contre l'autre.* ⇒ **braquer, dresser, monter.** *Arrête d'exciter le chien !* ⇒ **énerver, taquiner.** ➛ Éveiller le désir sexuel de. ⇒ **aguicher, allumer, émoustiller, troubler.** ➛ v. pron. S'énerver, s'irriter ou ressentir une excitation sensuelle. *Il n'y a pas de quoi s'exciter.* fam. *S'exciter sur un projet.* 5 Soumettre à un agent susceptible de déclencher une réponse spécifique. *Exciter un muscle au moyen de l'électricité.* 6 Envoyer un courant dans les électroaimants inducteurs d'un moteur. ➛ Créer un état d'excitation dans. *Exciter un noyau atomique.* ✪ CONTR. Adoucir, arrêter, calmer, empêcher, endormir, refréner, réprimer, retenir. Apaiser ; inhiber.

exclamatif, ive adj. – XVIIIe ▪ Qui marque ou exprime l'exclamation. *Phrase exclamative.*

exclamation n. f. – XIVe 1 Cri, paroles brusques exprimant de manière spontanée une émotion, un sentiment. ⇒ **interjection.** *Pousser des exclamations. Une exclamation de surprise.* « *Le sous-chef eut un sursaut et étouffa mal une exclamation* » (Courtel.). 2 *Point d'exclamation* : signe de ponctuation (!) qui suit toujours une exclamation ou une phrase exclamative.

exclamer (s') v. pron. [1] – XVIe ; lat. *ex-* et *clamare* « crier » ▪ Pousser des exclamations. ⇒ **s'écrier,** se **récrier.** « *les autres s'exclamaient, les traitant de veinards* » (Zola). *Par exemple ! s'exclama-t-il.*

exclu, ue adj. – XVe 1 Renvoyé ; refusé. *Membres exclus.* ⇒ **évincé, radié.** ➛ n. *Les exclus.* ♦ Qui n'est pas accepté, pas admis. *Il se sent toujours exclu.* n. *Les exclus de la croissance économique.* 2 Qu'on refuse d'envisager. *C'est une chose exclue* : c'est hors de question. ➛ *Il n'est pas exclu que* : il est possible que. « *il n'est pas exclu qu'il fût au contraire un attardé, un demeuré* » (Tournier). 3 Qui n'est pas compris dans un compte, une énumération. *Je suis libre cette semaine, mardi exclu,* non compris. ✪ CONTR. Admis, compris, inclus.

exclure v. tr. 35 – XIVe ; lat. *claudere* « fermer » **1** Renvoyer, chasser (qqn) d'un endroit où il était admis. ⇒ **bannir, évincer, expulser,** ② **radier, rejeter.** *Exclure qqn d'un parti.* **2** Interdire à (qqn) l'accès. ⇒ ① **écarter.** *L'empereur Julien « exclut les chrétiens non seulement des honneurs, mais des études »* (Boss.). **3** Ne pas admettre, ne pas employer. *Exclure les sucreries pendant un régime.* ⇒ **proscrire.** *Un vrai pays de Cocagne « d'où le désordre, la turbulence et l'imprévu sont exclus »* (Baud.). ♦ Refuser d'envisager. **4** Être incompatible avec. *Fait qui en exclut un autre,* le rend impossible. ➛ pronom. *Solutions qui s'excluent l'une l'autre.* ⇒ s'**annuler,** se **neutraliser.** ✪ CONTR. Accueillir, admettre. Autoriser, permettre. Impliquer, inclure.

❑ On écrit au participe passé *exclu, ue* (et *conclu, ue*) mais *inclus, use* et aussi *occlus, perclus, reclus. Exclure* (ainsi que *conclure*) a eu un participe passé en *-us, -use,* avec *s* étymologique, jusqu'à la fin du XVIIIe s., mais la rareté de cette finale a entraîné sa réfection sous l'influence des participes passés en *-u.*

exclusif, ive adj. – XVe **1** Qui a force d'exclure. **2** Qui exclut de tout partage, de toute participation. ⇒ **particulier, personnel, propre, spécial, spécifique.** *L'État se réserve le droit exclusif de vendre le tabac* **(⇒ monopole).** ➛ EXCLUSIF DE : qui exclut comme incompatible. « *un patriotisme non exclusif du droit de critique* » (Benda). **3** Qui est produit, vendu seulement par une firme. *Modèle exclusif.* **4** Qui tend à exclure tout ce qui est gênant ou simplement étranger. « *Tout grand amour est exclusif, et l'admiration d'un amant pour sa maîtresse le rend insensible à toute beauté différente* » (Gide). **5** Absolu dans ses opinions, ses goûts, ses sentiments. ⇒ **entier.** « *Chopin n'était pas né exclusif dans ses affections* [...] *son âme* [...] *se livrait avec une facilité inouïe* » (Sand). ✪ CONTR. Inclusif. Éclectique, large, ouvert, tolérant. Oblatif.

exclusion n. f. – XIVe **1** Action d'exclure qqn. ⇒ **élimination, expulsion,** ① **radiation.** *Son exclusion du parti.* ⇒ **éviction.** *L'exclusion d'un élève.* ⇒ **renvoi.** ♦ Marginalisation de certaines catégories sociales. **2** rare Action d'exclure en tenant à l'écart, en interdisant l'accès. ⇒ **forclusion, ostracisme.** **3** Action d'exclure qqch. d'un ensemble. **4** *Principe d'exclusion de Pauli,* selon lequel les électrons d'un même atome ne peuvent avoir les quatre mêmes nombres quantiques. **5** À L'EXCLUSION DE : telle personne ou telle chose étant exclue ⇒ **exception.** *Cultiver un don à l'exclusion des autres.* ✪ CONTR. Admission, inclusion, réintégration.

exclusive n. f. – XVIe ▪ *Prononcer l'exclusive :* déclarer l'exclusion. *Sans exclusive, sans esprit d'exclusive :* sans rien rejeter, ni personne.

exclusivement adv. – XVe **I** – **1** En excluant tout le reste, à l'exclusion de toute autre chose. ⇒ **seulement, uniquement.** *Il « considérait* [...] *que tout ce qui n'était pas totalement et exclusivement pour lui était contre »* (Sartre). **2** D'une manière exclusive, absolue. **II** En ne comprenant pas (qqch.). ⇒ **exclu.** *Du mois de janvier au mois d'août exclusivement,* en ne comptant pas le mois d'août. ✪ CONTR. Compris (y compris), inclus, inclusivement.

exclusivité n. f. – XIXe **1** vx Qualité de ce qui est exclusif, sans partage. *Des femmes qui « ont soif* [...] *des dévouements du véritable amour, et qui en pratiquent alors l'*exclusivité » (Balz.). **2** Propriété exclusive ; droit exclusif (de vendre, publier). *Avoir l'exclusivité d'un modèle.* ➛ *Film en exclusivité,* qui sort pour la première fois dans l'ensemble d'un pays. **3** Produit vendu, exploité par une seule firme. *C'est une exclusivité X.* ♦ Information importante donnée en exclusivité par un média.

❑ Dans le domaine de la presse, *exclusivité* est recommandé en remplacement de l'anglais *scoop.*

excommunication n. f. – XIIe **1** Peine ecclésiastique par laquelle qqn est retranché de la communion de l'Église catholique. **2** Exclusion d'un groupe.

excommunier v. tr. 7 – XIIe ; lat. « mettre hors de la communauté » **1** Retrancher de la communion de l'Église catholique. ⇒ **anathématiser.** **2** littér. Rejeter. ⇒ **bannir, chasser, exclure.**

excoriation n. f. – XIVe ▪ Écorchure superficielle.

excorier v. tr. 7 – XVIe ; lat. *ex* et *corium* « cuir, peau » ▪ Écorcher légèrement. ⇒ **égratigner, érafler.** *Les pieds « vous cuisent, vous brûlent, toute la peau est excoriée »* (Péguy).

excrément n. m. – XVIe ; lat. *excernere* « cribler, évacuer » ▪ au plur. Les matières fécales. *Excréments de l'homme.* ⇒ **déjection, fèces, selle ;** fam. **caca, crotte, merde.** « *de lourdes odeurs de croupissures et d'excréments* » (Le Clézio).

excrémentiel, ielle adj. – XVIe ▪ Qui est de la nature des excréments, relatif aux excréments.

excréter v. tr. 6 – XIXe ▪ Évacuer par excrétion.

excréteur, trice adj. – XVIe ▪ Qui sert à l'excrétion.

excrétion n. f. – XVIe ; lat. *excernere* « évacuer » **1** Action par laquelle les déchets de l'organisme sont rejetés au dehors. *Excrétion de l'urine.* ⇒ **élimination, évacuation.** ➛ Action par laquelle le produit des sécrétions d'une glande est versé hors de cette glande par les conduits excréteurs. ⇒ **sécrétion.** **2** au plur. Déchets de la nutrition rejetés hors de l'organisme. ⇒ **excrément.**

❑ Ne pas confondre avec *sécrétion* « phénomène physiologique par lequel un tissu produit des substances qui sont évacuées ».

excroissance n. f. – XIVe ; lat. *excrescere* « croître » ▪ Petite tumeur bénigne superficielle de la peau, d'une muqueuse. ⇒ **protubérance.** ♦ *Excroissances des plantes.* ⇒ **galle, tubercule.**

excursion n. f. – XVIe ; lat. *excurrere* « courir hors de » **1** Action de parcourir une région pour l'explorer, la visiter. *Partir en excursion.* ⇒ **promenade, randonnée ;** fam. **balade.** *Faire une excursion en Angleterre. Excursion en montagne. « nous résolûmes de faire notre première excursion à pied, chaussés de fortes galoches »* (Gaut.). **2** Étendue de la variation d'une grandeur. *Excursion de fréquence.* **3** *Excursion diaphragmatique :* mouvement d'élévation et de descente du diaphragme au cours de la respiration.

excursionniste n. – XIXe ▪ vieilli Personne qui fait une excursion.

excusable adj. – XIIIe ▪ Qui peut être excusé. ⇒ **justifiable, pardonnable.** « *il était bien excusable de perdre quelquefois patience, tant son personnel l'assommait* » (Courtel.). ✪ CONTR. Impardonnable, inexcusable.

excuse n. f. – XIVe **1** Raison alléguée pour se défendre, pour expliquer ou atténuer une faute. ⇒ ① **défense, explication, justification, motif.** *Donner, fournir une bonne excuse.* « *il essayait de se justifier, de s'expliquer, donc, de se trouver des excuses* » (Ionesco). ♦ *Excuses légales :* faits déterminés par la loi et qui entraînent l'exemption *(excuses absolutoires)* ou une atténuation de la peine *(excuses atténuantes).* **2** Regret que l'on témoigne à qqn de l'avoir offensé, contrarié, gêné. ⇒ **pardon, regret.** *De plates excuses. Je vous fais toutes mes excuses. Se confondre en excuses. Exiger des excuses. Accepter des excuses.* **3** Motif que l'on invoque pour se dispenser de qqch., pour se soustraire à quelque devoir. ⇒ **alibi, échappatoire, faux-fuyant,** ② **prétexte.** *Se trouver une (bonne) excuse pour refuser.* ♦ Motif justifiant un élève qui a été absent, n'a pas fait son travail, etc. *Un mot d'excuse.* **4** Au tarot, Carte qui permet de ne pas fournir de la couleur ou de l'atout demandé. ✪ CONTR. Accusation, blâme, imputation ; condamnation, inculpation, reproche.

excuser **v. tr.** 1 – XIIe ; lat. « mettre hors de cause » **I - 1** S'efforcer de justifier en alléguant des excuses. ⇒ **défendre.** *Il s'efforce vainement de l'excuser.* ⇒ **blanchir, disculper.** « *Ne croyez pas que je cherche un détour pour excuser ou pour pallier ma faute ; je m'avoue coupable* » (Laclos). ♦ Servir d'excuse à. *Rien n'excuse une telle conduite.* **2** Décharger (qqn) d'une accusation, d'un reproche, en admettant des motifs qui atténuent ou justifient sa faute. ⇒ **absoudre, pardonner.** *Veuillez m'excuser, excuser mon retard. Vous êtes tout excusé.* **3** Dispenser d'une charge, d'une obligation. ⇒ **exempter.** *M. X, absent, s'est fait excuser.* **4** *Excusez-moi,* se dit quand on veut manifester à qqn son regret de le gêner, de lui refuser qqch., de le contredire, etc. *Oh ! Excusez-moi, j'espère que je ne vous ai pas fait mal ?* ⇒ **pardon.** *Je vous prie de m'excuser.* ♦ fam. *Excusez ma mauvaise humeur.* **II** **v. pron.** **1** Alléguer ses raisons pour se disculper, se justifier. ⇒ se **défendre.** **2** Présenter ses excuses, exprimer ses regrets. « *Je m'excuserais d'abord d'écrire cette préface, si déjà je n'écrivais cette préface pour m'excuser d'avoir écrit la pièce* » (Gide). « *Il s'était excusé de son mouvement d'humeur* » (Camus). **3** Alléguer des motifs pour se dispenser. « *prié d'assister au repas du soir, il dut s'excuser* » (Zola). **4** Être excusé, excusable. « *Tout s'excuse ici-bas, hormis la maladresse* » (Muss.). ✪ CONTR. Accuser, blâmer, charger, condamner, imputer, reprocher.

❑ L'usage de la politesse recommande l'emploi de *excusez-moi* pour *je m'excuse,* construction admise mais parfois mal interprétée (je suis indulgent pour moi).

exeat [ɛgzeat] **n. m.** – XVIIe ; mot lat. « qu'il sorte » **1** Permission de sortir, billet de sortie. *Des exeat* ou *des exeats. Le chef de la P.J.* « *ne délivrait des exeat qu'à bon escient* » (Cendrars). **2** Autorisation donnée à un clerc d'exercer les fonctions de son ministère dans un autre diocèse.

exécrable [ɛgzekʀabl ; ɛksekʀabl] **adj.** – XIVe **1** littér. Qu'on doit exécrer. ⇒ **abominable, détestable, odieux, répugnant.** *Fouquier-Tinville* « *devint de plus en plus exécré et exécrable* » (Michelet). **2** Extrêmement mauvais. « *Cocteau déclara que j'étais d'une humeur exécrable* » (Gide). ⇒ **affreux, épouvantable, horrible.** ✪ CONTR. ① Bon, excellent, exquis. Parfait.

exécration [ɛgzekʀasjɔ̃ ; ɛksekʀasjɔ̃] **n. f.** – XIIIe ▪ littér. Haine violente pour ce qui est digne de malédiction. ⇒ **aversion, dégoût, horreur, répulsion.** « *la malheureuse Pompadour, vouée par sa fortune même à l'exécration de la foule et des historiens vertueux* » (Henriot). ✪ CONTR. Admiration, amour.

exécrer [ɛgzekʀe ; ɛksekʀe] **v. tr.** 6 – XVe ; lat. *execrari* « maudire » **1** littér. Haïr au plus haut point. ⇒ **abhorrer, abominer, détester.** **2** Avoir de l'aversion, du dégoût pour. « *ce ton supérieur et doctoral qu'elles* [les femmes] *exècrent* » (Mauriac). ✪ CONTR. Adorer, aimer, bénir, chérir.

exécutable **adj.** – XIVe ▪ Qui peut être exécuté. ⇒ **praticable, réalisable.** « *des dispositions belles en théorie, mais peu exécutables en pratique* » (Chateaub.). ✪ CONTR. Impossible, inexécutable, irréalisable.

exécutant, ante **n.** – XIVe **1** Personne qui exécute (un ordre, une tâche, une œuvre). ⇒ **agent.** « *l'auteur, même piètre exécutant, sait comment ses vers doivent être lus* » (Gide). **2** Interprète dans un ensemble musical. *Orchestre, chorale de cinquante exécutants.*

exécuter **v. tr.** 1 – XIIIe **I - 1** Mettre à effet, mener à accomplissement. ⇒ **accomplir, effectuer,** ① **faire, opérer, réaliser.** *Exécuter un projet. Plan difficile à exécuter.* ➛ *Exécuter les volontés de qqn.* ⇒ **obéir, observer.** « *moi, je donne les ordres, il exécute* » (Beauv.). **2** Rendre réelles, effectives les dispositions de. *Exécuter une convention. Exécuter une peine.* **3** Faire d'après un plan, un projet, un devis... ⇒ **confectionner.** *Broderie entièrement exécutée à la main.* **4** Interpréter, jouer. *Exécuter un morceau avec virtuosité.* **5** Effectuer. *Exécuter un mouvement de gymnastique, des acrobaties.* ♦ *L'ordinateur exécute une opération d'entrée-sortie.* **II - 1** *Exécuter un débiteur,* procéder à l'exécution forcée sur ses biens. ⇒ **saisir.** **2** Faire mourir conformément à une décision de justice. *Les bourreaux* « *exécutèrent le roi le chapeau sur la tête* » (Hugo). ♦ Faire mourir sans jugement. ⇒ **abattre, assassiner, éliminer, lyncher, supprimer, tuer.** *Mafieux qui exécutent un traître.* **3** Discréditer, déconsidérer socialement. ⇒ **condamner, démolir, descendre** (en flammes), **éreinter.** « *Péguy disait : "je ne juge pas ; je condamne". Ils exécutèrent ainsi Régnier, Mme de Noailles, Ibsen* » (Gide). **III** **v. pron.** Se décider à faire une chose pénible, désagréable. « *J'ai reconnu mes torts, je me suis exécuté de bonne grâce* » (Pasteur).

exécuteur, trice **n.** – XIIIe **1** *Exécuteur testamentaire :* personne désignée par le testateur pour assurer l'exécution de ses dernières volontés. **2** **n. m.** Personne qui exécute un condamné. ⇒ **bourreau.** « *la guillotine avait été disloquée exprès par quelqu'un qui voulait nuire à l'exécuteur des hautes œuvres* » (Hugo).

exécutif, ive **adj.** et **n. m.** – XIVe ▪ Relatif à l'exécution, à la mise en œuvre des lois. *Pouvoir exécutif.* ⇒ **gouvernement.** ♦ **n. m.** Le pouvoir exécutif.

exécution **n. f.** – XIIIe ; lat. *ex* et *sequi* « suivre, poursuivre » **I - 1** Action d'exécuter, de passer à l'acte, à l'accomplissement. ⇒ **réalisation.** *Exécution d'un projet, d'une décision. Surseoir à l'exécution de qqch. Être chargé de l'exécution d'une affaire.* ⇒ **conduite.** ➛ *Exécution d'un ordre.* « *Les militaires, lorsqu'ils ont bien pesé les conséquences d'un ordre, ont coutume de mettre fin au débat par le mot : "Exécution !"* » (Maurois). ➛ *METTRE À EXÉCUTION :* commencer à faire, à exécuter. « *les lois une fois votées, il restait à les mettre à exécution* » (Fustel de Coul.). ♦ Réalisation (opposé à *projet, dessein*). *Passer de la conception à l'exécution.* **2** Mise à fin d'un jugement, d'un acte. *Exécution forcée,* imposée à un débiteur. ⇒ **contrainte, saisie.** *Voies d'exécution :* ensemble des règles juridiques concernant l'exécution ; l'étude de ces règles. ♦ *Exécution d'une peine :* fait de subir effectivement la peine. **3** Action d'exécuter d'après une règle, un plan ; manière d'exécuter. *L'exécution des travaux. La sculpture* « *réclame, en même temps qu'une exécution très parfaite, une spiritualité très élevée* » (Baud.). ➛ *Facilité d'exécution :* adresse, tour de main. ♦ Action d'exécuter un programme informatique ; son résultat. **4** Action, manière d'interpréter une œuvre musicale. ⇒ **interprétation.** *Exécution d'une sonate.* **II - 1** *Exécution d'un débiteur,* exécution forcée de sa dette. ➛ *Exécution en Bourse :* vente, achat de titres effectués d'office par l'agent de change. **2** *Exécution (capitale) :* mise à mort d'un condamné. « *l'assassinat ne suffisait pas* [...] *Mieux valait une exécution ordonnée par les tribunaux, un supplice légal* » (Caillois). ♦ Mise à mort en dehors de toute procédure légale. *Exécution sommaire.* ✪ CONTR. Inexécution, non-exécution.

exécutoire **adj.** – XIVe ▪ Qui doit être mis à exécution ; qui donne pouvoir de procéder à une exécution. ➛

Formule exécutoire, donnant à certains actes la force exécutoire. ✪ CONTR. ① Conservatoire.

exèdre n. f. – XVIe ; gr. ■ Salle de conversation munie de sièges. ♦ Partie garnie de sièges, au fond d'une basilique romaine ; partie garnie d'un banc en demi-cercle, dans une basilique chrétienne ; ce banc.

exégèse n. f. – XVIIIe ; gr. « explication » ■ Interprétation d'un texte dont le sens, la portée sont obscurs ou sujets à discussion. ⇒ **commentaire, ② critique, herméneutique.** « *même pour le Nouveau Testament, il n'y a pas de complète exégèse sans la connaissance de l'hébreu* » (Renan). ♦ Commentaire détaillé, analyse. *Faire l'exégèse d'un discours politique.*

exégète n. m. – XVIIIe ■ Personne qui s'occupe d'exégèse (⇒ **commentateur, interprète).**

exégétique adj. – XVIIe ■ Qui concerne l'exégèse.

① **exemplaire** adj. – XIIe **1** Qui peut servir d'exemple. ⇒ ① **bon, édifiant, parfait.** *Conduite exemplaire.* **2** Dont l'exemple doit servir d'avertissement, de leçon. *Châtiment exemplaire.* ⇒ **dissuasif.** ✪ CONTR. Mauvais, scandaleux.

② **exemplaire** n. m. – XIIe **1** Chacun des objets reproduisant un type commun. ⇒ **copie, épreuve.** *Imprimer, tirer un livre à vingt mille exemplaires. Exemplaires d'un journal, d'une revue. Exemplaire numéroté. Photocopier un texte en dix exemplaires.* **2** Chacun des individus d'une même espèce. ⇒ **échantillon, spécimen.**

exemplairement adv. – XIIIe ■ D'une manière exemplaire.

exemplarité n. f. – XVIe ■ Qualité de ce qui est exemplaire. « *le grand argument des partisans de la peine de mort est l'exemplarité* » (Camus).

exemplatif, ive adj. – av. 1925 ■ région. (Belgique) Relatif à l'exemple (II, 2°).

exemple n. m. – XIe ; lat. *exemplum* « échantillon, exemple » **I - 1** Action, manière d'être, considérée comme pouvant être imitée. *Bon exemple, exemple à suivre.* ⇒ **modèle, règle.** *Mauvais, dangereux exemple ; exemple à fuir, à éviter. Donner l'exemple de ce qu'il faut faire. Donner l'exemple :* faire le premier qqch. *Suivre l'exemple de qqn, prendre exemple sur qqn,* l'imiter. *Citer en exemple.* ♦ À L'EXEMPLE DE : pour se conformer, pour imiter. *Il agit à l'exemple de son frère.* ⇒ **comme. 2** Personne dont les actes sont dignes d'être imités. ⇒ **modèle, parangon.** « *Nos pères ont toujours disposé de témoins et d'exemples* » (Sartre). **3** Châtiment considéré comme pouvant servir de leçon ; leçon, enseignement qu'on en tire. « *Qui veut la guerre veut par cela même des massacres inutiles, des exécutions pour l'exemple, et des otages fusillés* » (Alain). *Faire un exemple :* punir sévèrement pour dissuader. **II** ■ **1** Chose semblable ou comparable à celle dont il s'agit. *L'unique exemple que je connaisse.* ⇒ ① **cas.** « *Duriez cite l'exemple d'un malade que la moindre trace d'iodoforme excitait jusqu'au spasme* » (Bernanos). *C'est une aventure sans exemple,* extraordinaire, unique. **2** Cas, événement particulier, chose précise qui entre dans une catégorie, un genre... et qui sert à confirmer, illustrer, préciser un concept. *Voici un exemple de sa bêtise.* ⇒ **aperçu, échantillon, spécimen.** *Exemple bien, mal choisi. Un bel exemple de présence d'esprit ! Exemple concret illustrant une idée abstraite.* ⇒ **image.** *Donnez-moi un exemple de plante annuelle.* ♦ Passage d'un texte, phrase ou membre de phrase que l'on cite à l'appui d'une explication pour illustrer l'emploi d'un fait linguistique. *Les exemples d'un dictionnaire.* **3** PAR EXEMPLE : pour confirmer, expliquer, illustrer par un exemple ce qui vient d'être dit. *Considérons, par exemple, ce cas. Une invention moderne, par exemple le disque compact.* ♦ fam. *Par exemple !* pour exprimer la surprise. « *Par exemple ! [...] Je n'ai jamais rencontré une main pareille. Il n'a pas une ligne de vie ; il en a plusieurs* » (Cocteau).

> ❑ *Ainsi par exemple* et *comme par exemple* sont critiqués en tant que pléonasmes ; mais la notion d'*exemple* apporte une autre information (cas singulier typique).

exemplification n. f. – 1949 ■ Action d'exemplifier.

exemplifier v. tr. [7] – XIXe ■ Illustrer d'exemples.

exempt, empte [ɛgzɑ̃(pt), ɑ̃(p)t] adj. et n. m. – XIIIe ; lat. *eximere* « tirer hors de, affranchir » **I** adj. EXEMPT DE. **1** Qui est affranchi d'une charge, d'un service commun. *Être exempt du service militaire.* ⇒ **dégagé, dispensé ; réformé.** *Être exempt d'impôts.* ⇒ **déchargé, exonéré. 2** Qui est préservé de certains maux, de certains désagréments. « *les maux dont on ne se croit pas exempt soi-même* » (Rouss.). **3** Qui n'est pas sujet à. ⇒ **dépourvu.** « *Exempt de tout fanatisme, je n'ai point d'idole* » (Vigny). ➛ *Vie exempte de soucis.* **II** n. m. **1** vx Sous-officier de cavalerie commandant en l'absence du lieutenant. **2** vx Officier de police qui procédait aux arrestations. ✪ CONTR. Assujetti, astreint, obligé, tenu. ① Sujet, susceptible (de). Doué, muni, nanti.

> ❑ Pour la prononciation → exemption (rem.).

exempter [ɛgzɑ̃(p)te] v. tr. [1] – XIVe **1** Rendre exempt d'une charge, d'un service commun. ⇒ **dispenser.** *Exempter un jeune homme du service militaire* (⇒ **réformer).** *Exempter qqn d'impôts.* ⇒ **dégrever, exonérer.** ➛ *Soldat exempté de corvée.* **2** Mettre à l'abri de. ⇒ **garantir, préserver.** « *Son goût du travail l'exemptait de la paresse* » (Flaub.). ✪ CONTR. Assujettir, astreindre, contraindre, obliger.

> ❑ Pour la prononciation → exemption (rem.).

exemption n. f. – XVe ■ Dispense. *Exemption du service militaire* (⇒ **réforme).** *Exemption d'impôts.* ⇒ **exonération, franchise.** ✪ CONTR. Assujettissement, contrainte, obligation.

> ❑ Le *p* de *exemption* a toujours été prononcé alors que la prononciation de celui de *exempt, exempte* et *exempter* est encore critiquée.

exequatur [ɛgzekwatyʀ] n. m. inv. – XVIIIe ; mot lat. « qu'il exécute » **1** Décision par laquelle un tribunal rend exécutoire sur le territoire national un jugement ou un acte étranger. **2** Décret par lequel le gouvernement d'un pays autorise un consul étranger à remplir ses fonctions dans ce pays.

exercé, ée adj. – XVIIe ■ Devenu habile à force de s'exercer ou d'avoir été exercé. « *mon oreille exercée, comme le diapason d'un accordeur* » (Proust). ✪ CONTR. Inexercé, inhabile, inexpérimenté.

exercer v. tr. [3] – XIIe ; lat. « mettre ou tenir en mouvement » **I** v. tr. **1** Soumettre à une activité, à des mouvements réguliers, en vue d'entretenir ou de développer. ⇒ **entraîner.** *Exercer ses muscles.* « *Pour apprendre à penser, il faut donc exercer nos membres, nos sens, nos organes, qui sont les instruments de notre intelligence* » (Rouss.). ➛ *Exercer sa mémoire.* ⇒ **cultiver. 2** Soumettre à un entraînement destiné à créer une aptitude ou une habitude. *Exercer qqn à qqch.* ⇒ **façonner, former, habituer.** *Les* « *poupons de bois, qui exercent les enfants aux douceurs de la caresse et de l'amour* » (Suarès). ➛ *Exercer les soldats à marcher au pas. Exercer le corps à supporter le froid.* ⇒ **endurcir. 3** Mettre en usage ; faire agir. *Exercer un pouvoir, une influence, une autorité.* « *La police française sur moi exerce seule un prestige fabuleux* » (Genet). *Exercer un contrôle sur la presse.* ➛ *Exercer sa bonté, sa* *méchanceté.* « *Ils exercent le chantage, le dol, la séquestration* » (Cendrars). ➝ « *son droit est égal et partant complet. Il n'a besoin, pour l'exercer, du consentement de personne* » (Taine). ➝ *Il a trouvé le métier où il peut exercer son talent.* ⇒ **déployer, employer.** *Mirabeau* « *exerçait déjà ce don de séduction irrésistible* » (Barthou). **4** Pratiquer. *Exercer un art, un métier. Exercer la médecine.* ⇒ **pratiquer.** *Exercer les fonctions de maire.* ⇒ **s'acquitter, remplir.** ➝ « *le docteur Delbende, un vieux médecin qui passe pour brutal et n'exerce plus guère* » (Bernanos). **II** *S'EXERCER* **v. pron. 1** Avoir une activité réglée pour acquérir la pratique. *Athlète qui s'exerce.* ⇒ **s'entraîner.** « *de jeunes élèves de Garros s'exerçant au vol plané* » (Proust). *S'exercer à tirer.* **2** Se manifester. *Sa méfiance s'exerce contre tout le monde.* « *ce n'était pas seulement sur autrui, mais aussi sur lui-même, que s'exerçait rageusement sa manie* » (Baud.). **3** Être exercé. *Influence qui s'exerce sur qqn.*

exercice **n. m.** – XIIIe **I - 1** littér. Action ou moyen d'exercer ou de s'exercer. *Acquérir une bonne technique par un exercice constant.* ⇒ **application, apprentissage, entraînement, ① travail.** « *La prudence est peut-être moins une vertu que l'exercice d'un sens de l'esprit* » (Balz.). *Un exercice de volonté.* ♦ *L'exercice physique* : activité physique dont le but est d'améliorer le rendement musculaire ou de maintenir le corps en forme. ⇒ **gymnastique, sport. 2** Exercice physique. *Faire de l'exercice. Prendre un peu d'exercice.* ♦ Entraînement des soldats au maniement des armes et aux mouvements sur le terrain. ⇒ **instruction, ① manœuvre.** *Aller à l'exercice.* **3** Activité réglée, ensemble de mouvements, d'actions s'exerçant dans un domaine particulier. *Exercices de gymnastique. Exercices d'assouplissement.* ♦ *Exercices scolaires* : devoirs aux difficultés graduées. *Exercices de calcul, de grammaire.* ➝ *Livre, cahier d'exercices,* où sont rassemblés des exercices. ♦ Fait de jouer, de chanter des passages musicaux pour assimiler les difficultés. *Faire des exercices au piano.* ➝ Passage écrit dans cette intention. ⇒ **étude. II - 1** *EXERCICE DE* : action d'exercer en employant, en mettant en usage. *L'exercice du pouvoir.* ⇒ **① pratique.** ➝ *Exercice d'un droit.* **2** Période comprise entre deux inventaires, deux budgets. *Bilan en fin d'exercice.* « *les sommes liquides dont il pouvait disposer à la clôture d'un exercice* » (Romains). **3** *L'EXERCICE DE* : le fait d'exercer une activité d'ordre professionnel. *Exercice illégal de la médecine. Outrage à magistrat dans l'exercice de ses fonctions.* ➝ *EN EXERCICE* : en activité, en service. *Entrer en exercice. Président en exercice.* **4** Fait de pratiquer (un culte). *Édifices consacrés à l'exercice du culte.* ✪ CONTR. ① Calme, inaction, repos. — Congé, disponibilité, ① retraite.

exerciseur **n. m.** – 1901 ; angl. *to exercise* « s'exercer » ▪ Appareil de gymnastique destiné à exercer les muscles des bras. ⇒ **extenseur.**

exérèse **n. f.** – XVIIe ; gr. *exairein* « retirer » ▪ Opération chirurgicale par laquelle on enlève (un organe, une tumeur, un corps étranger). ⇒ **ablation, extraction.**

exergue **n. m.** – XVIIe ; de *ex-* et gr. *ergon* « œuvre » **1** Petit espace réservé dans une médaille pour recevoir une inscription. ➝ L'inscription même. **2** Ce qui présente, explique. *Mettre un proverbe en exergue à un tableau, à un texte.* ⇒ **épigraphe.**

exfiltration **n. f.** – 1983 ▪ Action d'exfiltrer (un agent secret).

exfiltrer **v. tr.** [1] – 1985 ▪ Assurer le rapatriement de (un agent secret) au terme de sa mission.

exfoliant, iante **adj.** – 1962 ▪ *Crème exfoliante,* qui enlève les cellules mortes de la peau.

exfoliation **n. f.** – XVe ▪ Le fait de s'exfolier ; son résultat. *Exfoliation de l'écorce d'un arbre.*

exfolier **v. tr.** [7] – XVIe ; lat. *folium* « feuille » ▪ Détacher par feuilles, par lamelles. *Exfolier un tronc d'arbre.* ♦ pronom. Se dit d'un os, d'un tendon, d'un cartilage malade dont les parties mortes se détachent par parcelles. *Peau qui s'exfolie après un coup de soleil.* ⇒ **desquamer.**

exhalaison **n. f.** – XIVe ▪ Ce qui s'exhale d'un corps. ⇒ **émanation.** « *l'exhalaison ammoniacale de la litière* » (Zola).

exhalation **n. f.** – XIVe ▪ Action d'exhaler. ➝ Rejet de l'air chargé de vapeur lors de l'expiration (opposé à *inhalation*).

exhaler **v. tr.** [1] – XIVe ; lat. *halare* « souffler » **1** Dégager de soi et répandre au dehors (une chose volatile, odeur). « *la terre, fraîchement ouverte par le tranchant des charrues, exhalait une vapeur légère* » (Sand). ⇒ **① fumer.** *Les buissons* « *exhalaient des odeurs chaudes, mielleuses* » (Flaub.). pronom. *Vapeurs, fumées qui s'exhalent.* ♦ littér. *Ce lieu exhale la tristesse.* pronom. « *Une volupté calme s'exhalait de toute sa personne* » (France). **2** Laisser échapper de sa gorge, de sa bouche (un souffle, un son, un soupir). *Exhaler le dernier soupir.* ⇒ **pousser, rendre.** pronom. « *Un imperceptible soupir sembla gonfler la poitrine et s'en exhaler lentement* » (Mart. du G.). ♦ littér. Manifester (un sentiment). *Exhaler sa joie dans un chant.* **3** Éliminer (l'air chargé de vapeur) lors de l'expiration (opposé à *inhaler*). ✪ CONTR. Aspirer. Taire.

> ❑ L'absence du *h* est une faute fréquente, peut-être due à la confusion avec *exalter.* ♦ Sans rapport étymologique avec *haleter.*

exhaure **n. f.** – XIXe ; lat. *exhaurire* « épuiser » ▪ Épuisement des eaux d'infiltration.

exhaussement **n. m.** – XIIe ▪ Action d'exhausser ; son résultat. ⇒ **élévation, surélévation.** ✪ HOM. Exaucement.

exhausser **v. tr.** [1] – XIIe ; de *hausser* **1** Augmenter (une construction) en hauteur. ⇒ **élever, hausser.** *Exhausser un mur. Exhausser une maison d'un étage.* **2** littér. ⇒ **élever, relever.** *La douleur* « *seule peut, en les épurant, exhausser les âmes* » (Huysm.). ✪ CONTR. Abaisser, diminuer. — HOM. Exaucer.

exhausteur **n. m.** – XIXe **1** Appareil qui épuise le liquide d'un réservoir en l'amenant plus haut (dans un conduit, etc.). **2** Additif alimentaire destiné à renforcer une saveur, un goût.

exhaustif, ive **adj.** – XIXe ; lat. *exhaurire* « vider en puisant » ▪ Qui épuise une matière, qui traite à fond un sujet. ⇒ **① complet.** *Étude exhaustive. Liste exhaustive.* ➝ *Je serai le plus exhaustif possible.* ✪ CONTR. Incomplet.

> ❑ Ce mot est un emprunt à l'anglais *exhaustive* créé en 1786 par le philosophe Bentham.

exhaustion **n. f.** – XVIIIe ; lat. *exhaurire* « épuiser » ▪ Méthode d'analyse qui consiste à épuiser toutes les hypothèses possibles dans une question.

exhaustivement **adv.** – 1955 ▪ D'une manière exhaustive. « *Ravel dont j'étudiai l'œuvre aussi exhaustivement que je le pus* » (Beauv.).

exhaustivité **n. f.** – 1966 ▪ Caractère de ce qui est exhaustif. *Un grand souci de rigueur et d'exhaustivité.*

exhéréder v. tr. [6] – XVe ; lat. *ex* « hors de » et *heres* « héritier » ■ anc. dr. ⇒ **déshériter.** *Exhéréder un parent.*

exhiber v. tr. [1] – XIIIe ; lat. *ex* « hors de » et *habere* « avoir, tenir » **1** Produire (un document officiel, une pièce) devant l'autorité. *Exhiber ses papiers, son permis de conduire.* **2** Montrer, faire voir (à qqn, au public). *Montreur qui exhibe des ours.* **3** Montrer avec ostentation ou impudeur. *Exhiber ses décorations. Exhiber ses seins.* ➛ *Exhiber sa science.* ♦ pronom. « *Il ne pouvait supporter de s'exhiber en public, d'être le point de mire de toute une société* » (R. Rolland). ✪ CONTR. ① Cacher, dissimuler.

exhibition n. f. – XIIe **1** Présentation (d'une pièce). *Exhibition de titres.* **2** Action de montrer (au public). « *Cette représentation fut ce que sont toutes ces exhibitions d'acrobates* » (J. Verne). **3** Exposition (avec une idée d'ostentation, d'impudeur). ⇒ **étalage.** *Exhibition de luxe. Chacun se sentit « presque choqué de cette exhibition de sentiments* » (Proust).

exhibitionnisme n. m. – XIXe **1** Impulsion, souvent d'ordre obsessionnel, qui pousse certains sujets à exhiber leurs organes génitaux à des inconnus. **2** Fait d'afficher en public ses sentiments, sa vie privée.

exhibitionniste n. – XIXe ■ Personne qui fait de l'exhibitionnisme. adj. *Avoir des tendances exhibitionnistes.*

exhortation n. f. – XIIe **1** Discours, paroles pour exhorter. ⇒ **appel, incitation.** « *l'infatigable exhortation à toutes les fatigues auxquelles ils ne participent pas* » (Proust). **2** Prédication familière d'un prêtre pour inciter à la dévotion, à la pratique. ⇒ **sermon.**

exhorter v. tr. [1] – XIIe ; lat. *exhortari,* de *hortari* « encourager » ■ EXHORTER (qqn) À : s'efforcer par des discours persuasifs d'amener qqn à faire qqch. ⇒ **encourager, inciter.** *M. Homais « exhortait le garçon d'auberge à se faire opérer* » (Flaub.). ✪ CONTR. Décourager, dissuader.

> ❑ La construction *exhorter de* est vieillie : « *je l'exhortai [...] de secouer un joug aussi dangereux* » (Rousseau).

exhumation n. f. – XVIIe ■ Action d'exhumer ; son résultat. *L'exhumation d'un corps. Exhumation de vestiges de l'Antiquité.* ➛ *L'exhumation de souvenirs.* ✪ CONTR. Enfouissement, inhumation.

exhumer v. tr. [1] – XVIIe ; lat. *ex* « hors de » et *humus* « terre » **1** Retirer (un cadavre) de la terre, de la sépulture. ⇒ **déterrer.** *Exhumer un corps pour l'autopsier.* « *Il va lui demander l'autorisation de faire exhumer la morte* » (Dumas fils). **2** Retirer (une chose enfouie) du sol. **3** Tirer de l'oubli. ⇒ **rappeler, ressusciter.** *Exhumer de vieilles rancunes, des souvenirs.* ✪ CONTR. Enfouir, ensevelir, enterrer, inhumer.

exigeant, ante adj. XVIIIe **1** Qui est habitué à exiger beaucoup. *Caractère exigeant,* difficile à contenter. *Un homme peu exigeant. Être exigeant envers qqn. Être exigeant sur la propreté.* ➛ *C'est un critique exigeant.* ⇒ **pointilleux, sévère. 2** Qui a besoin de beaucoup pour s'affirmer, s'exercer, s'assouvir. *Profession exigeante.* ⇒ **accaparant, prenant.** ✪ CONTR. Accommodant, arrangeant, facile.

exigence n. f. – XIVe **1** Ce qui est commandé par les circonstances. ⇒ **besoin, nécessité.** *Selon l'exigence de la situation.* **2** au plur. Ce qu'une personne (une collectivité, un pays) réclame, exige d'autrui. *Si tu te laisses faire, ses exigences n'auront plus de bornes.* ♦ Ce qu'on demande, en argent (prix, salaire). *Quelles sont vos exigences ?* ⇒ **condition, prétention. 3** Ce que l'être humain réclame comme nécessaire à la satisfaction de ses besoins, de ses désirs, de ses aspirations. « *La constance, c'est ma première exigence en amour* » (Chardonne). **4** Caractère d'une personne exigeante, difficile à contenter. *Il est d'une exigence insupportable* (⇒ **tyrannie**). *Être d'une grande exigence morale.* ⇒ **rigueur. 5** Ce qui est imposé par une discipline, une soumission. ⇒ **contrainte, obligation, règle.** « *les exigences d'un rigoureux emploi de la journée* » (Green).

exiger v. tr. [3] – XIVe ; lat. *exigere* « pousser dehors », « faire payer, exiger » **1** Demander impérativement (ce que l'on prétend avoir le droit, la force d'obtenir). ⇒ **réclamer, requérir, revendiquer.** *Il exige des excuses. Les ravisseurs exigent une rançon. Exiger le silence.* « *elle n'avait exigé aucun détail, elle ne s'était informée d'aucune circonstance* » (Mauriac). « *ce qui exigeait de lui le plus insoutenable effort* » (Mart. du G.). ➛ Requérir comme nécessaire pour remplir tel rôle, telle fonction. *Diplômes exigés pour être admis à un emploi.* ♦ EXIGER (de qqn) QUE. *Elle exige qu'il s'en aille. Il exigea d'être reçu sur-le-champ.* **2** Rendre indispensable, inévitable, obligatoire. *Les circonstances exigent la plus grande prudence.* ⇒ **demander, imposer, réclamer.** *Travail qui exige beaucoup d'attention.* ✪ CONTR. Offrir, donner. Dispenser, exempter.

exigibilité n. f. – XVIIIe ■ Caractère de ce qui est exigible. ✪ CONTR. Inexigibilité.

exigible adj. – XVIIe ■ Qu'on a le droit d'exiger. *Impôt exigible à telle date.* ✪ CONTR. Inexigible.

exigu, uë [ɛgzigy] adj. – XVe ; lat. *exigere* « peser » ■ Qui a un espace insuffisant. ⇒ **minuscule, petit.** *Un jardin exigu.* ✪ CONTR. Grand, vaste.

> ❑ Pour le tréma sur le *ë* → aigu (rem.).

exiguïté [ɛgzigɥite] n. f. – XIVe ■ Petitesse d'un espace. « *une pièce d'eau dont l'exiguïté contournée eût fait rêver Flaubert* » (Gide). ✪ CONTR. Ampleur, grandeur.

exil n. m. – XIe ; lat. *ex* « hors de » et *salire* « sauter, bondir » **1** Expulsion de qqn hors de sa patrie, avec défense d'y rentrer ; situation de la personne ainsi expulsée. ⇒ **bannissement, déportation.** *Condamner qqn à l'exil. Lieu, terre d'exil.* « *Ses dédains d'aristocrate en exil* » (Beauv.). **2** Littér. Obligation de séjourner hors d'un lieu, loin d'une personne qu'on regrette. ⇒ **éloignement, séparation.** *Vivre loin d'elle est pour lui un dur exil.* ✪ CONTR. Rappel ; retour.

exilé, ée adj. et n. **1** Qui est en exil. ⇒ **banni, expatrié.** *Opposant politique exilé.* ➛ n. *Pays qui accueille des exilés politiques.* ⇒ **réfugié. 2** Retiré très loin. « *Les prêtres missionnaires exilés au bout du monde* » (Baud.).

exiler v. tr. [1] – XIIe **1** Envoyer (qqn) en exil. ⇒ **bannir, déporter, expatrier.** « *le prince avait un plaisir particulier à exiler les gens* » (Stendh.). **2** Éloigner (qqn) d'un lieu et lui interdire d'y revenir. ⇒ **chasser, éloigner. 3** pronom. Se condamner à un exil volontaire. ⇒ **émigrer, s'expatrier, fuir.** *S'exiler de France.* ♦ Se mettre à l'écart. *S'exiler à la campagne.* ✪ CONTR. Rappeler.

exinscrit, ite adj. – XIXe ■ Tangent à un côté d'un triangle et aux prolongements des deux autres (cercle, circonférence).

existant, ante adj. et n. m. – XVIe **1** Qui existe, qui a une réalité. ⇒ **réel.** « *Dans cette passion terrible* [la jalousie], *toujours une chose imaginée est une chose existante* » (Stendh.). **2** Qui existe actuellement. ⇒ **actuel,** ① **présent.** *Les lois existantes.* ➛ n. m. *L'existant :* l'ensemble des biens appartenant à une entreprise à une date donnée. ✪ CONTR. Irréel, virtuel.

existence n. f. – XIVe **I - 1** Le fait d'être ou d'exister, abstraction faite de ce qui est. ⇒ ② **être.** *Le Cogito de Descartes assure l'homme de son existence. Il tenait « l'existence d'un principe créateur pour assez probable* » (France). ➛ (Opposé à *essence*) ⇒ **existentia-**

lisme. 2 Le fait d'exister, d'avoir une réalité (pour un observateur). « *Son arrivée* [du maire] *surprit aussi madame de Rénal ; elle avait oublié son existence* » (Stendh.). *Déceler l'existence d'une tumeur.* ⇒ **présence.** **II - 1** Vie considérée dans sa durée, son contenu. *Au cours de son existence.* « *Elle lui conta l'aridité de son existence* » (Flaub.). fam. *Tu m'empoisonnes l'existence ! Conditions, moyens d'existence* (⇒ **ressources).** ➛ *Coutume qui a plusieurs siècles d'existence.* ⇒ **durée.** 2 Mode, type de vie. *S'habituer à une nouvelle existence.* 3 Être vivant. « *Il n'y a vraiment que le mariage pour unir deux existences* » (Maupass.). ✪ CONTR. Inexistence, non-être, non-existence. Absence. — ① Mort.

existentialisme n. m. - 1925 ▪ Doctrine philosophique selon laquelle l'homme n'est pas déterminé d'avance par son essence, mais est libre et responsable de son existence. *L'existentialisme de Sartre.* ✪ CONTR. Essentialisme.

> ❏ Ce mot ne s'est répandu que vers 1945 sous l'influence de Jaspers, Mounier et surtout de Sartre.

existentialiste adj. - v. 1940 ▪ Qui se rapporte, qui adhère à l'existentialisme. *Philosophe existentialiste.* n. *Les existentialistes.*

existentiel, ielle adj. - 1907 ▪ Relatif à l'existence en tant que réalité vécue. *Philosophie existentielle. Malaise existentiel.*

exister v. intr. [1] - XIVe ; lat. *ex* « hors de » et *sistere* « être placé » 1 Avoir une réalité. ⇒ ① **être.** *Le bonheur existe-t-il ?* « *un monstre affreux tel qu'il n'en exista jamais* » (Rouss.). ➛ fam. *Des choses pareilles ne devraient pas exister.* ♦ *Commencer à exister.* ⇒ **naître.** *Cette ancienne coutume existe encore.* ⇒ **durer, persister.** *Cesser d'exister* (⇒ **disparaître).** ♦ Se trouver quelque part. *Cette variété de serpent n'existe pas en Europe.* ♦ *Il en existe de plusieurs sortes.* ⇒ ① **avoir** (il y a). 2 Vivre. *Quand j'aurai cessé d'exister.* « *Il se livrait au plaisir d'exister, si vif à cet âge* » (Stendh.). 3 Avoir de l'importance, de la valeur. ⇒ **compter.** *Faire comme si qqch. n'existait pas. Plus rien n'existe pour lui lorsqu'il écrit.*

exit [ɛgzit] v. et n. m. - XIXe ; mot lat. « il sort », de *exire* 1 *Exit (tel personnage)* : il sort (indication scénique dans une pièce de théâtre). « *Exit le Chambellan. Entre d'un côté Violante, de l'autre Auguste* » (Giraud.). ♦ fam. *Exit Un tel,* se dit de qqn aux fonctions duquel on a mis fin. 2 n. m. Sortie d'un personnage. *Des exit* ou *des exits.*

> ❏ Le latin *exire* « sortir » est formé de *ex-* « hors de » et *ire* « aller » qui a fourni le futur du verbe *aller.*

ex-libris [ɛkslibʀis] n. m. - XIXe ; mots lat. « (faisant partie) des livres (de)... » ▪ Inscription apposée sur un livre pour en indiquer le propriétaire. ➛ Vignette artistique portant cette inscription.

ex nihilo adv. et adj. inv. - d. i. ; mots lat. « de rien » ▪ En partant de rien. *Créer quelque chose ex nihilo.* ➛ adj. *Création ex nihilo.*

exo- Élément, du gr. *exô* « au-dehors ». ✪ CONTR. Endo-.

exobiologie n. f. - v. 1960 ▪ Science qui étudie les possibilités de vie dans l'univers extraterrestre.

exocet n. m. - XVIe ; gr. *exôkoitos* « qui sort de sa demeure » 1 Poisson des mers chaudes, pourvu de grandes nageoires pectorales qui lui permettent de sauter hors de l'eau et de planer, d'où son nom de *poisson volant.* 2 n. m. inv. [ɛgzɔsɛt] marque déposée Missile de fabrication française, à trajectoire rasante, utilisé pour la destruction des navires. adjt *Un missile exocet.*

exocrine adj. - 1906 ; de *exo-* et gr. *krinein* « sécréter » ▪ Qui déverse le produit de sécrétion à la surface de la peau ou d'une muqueuse (opposé à *endocrine*).

exode n. m. - XIIIe ; gr. *exô* « hors de » et *hodos* « route » 1 (avec un *E* majuscule) Émigration des Hébreux hors d'Égypte. 2 Émigration, départ en masse (d'une population). ⇒ **fuite.** « *En attendant, les routes de France sont le théâtre d'un immense exode vers le sud* » (Tournier). ➛ *Exode rural* : dépeuplement des campagnes au profit des villes. ♦ *Exode des capitaux,* leur départ à l'étranger.

exogame adj. et n. - XIXe ▪ Qui pratique l'exogamie. ➛ subst. *Les exogames.* ✪ CONTR. Endogame.

exogamie n. f. - XIXe ; *exo-* et *-gamie* 1 Obligation, pour les membres de certaines tribus, de choisir leur conjoint hors de leur propre tribu. « *Exogamie : va aimer plus loin. Va chercher ta femme ailleurs* » (Tournier). 2 Reproduction par fécondation de gamètes provenant de deux individus de la même race, mais non apparentés, ou de races différentes. ✪ CONTR. Endogamie.

exogène adj. - XIXe ; *exo-* et *-gène* ▪ Qui provient de l'extérieur, qui se produit à l'extérieur (de l'organisme, d'un système). *Intoxication exogène.* ♦ Qui affecte la partie superficielle de l'écorce terrestre. ✪ CONTR. Endogène.

exon n. m. - 1979 ; de *ex(primé)* et *(cod)on* ▪ Séquence d'un gène codant pour une protéine. *Exons et introns.*

exonder (s') v. pron. [1] - XIXe ; de ① *ex-* et *onde* ▪ Se découvrir, émerger (lieu précédemment inondé). ➛ *Terre exondée.*

exonération n. f. - XVIe 1 Action d'exonérer ; son résultat. ⇒ **abattement, déduction, dégrèvement, diminution, exemption, immunité, remise.** *Exonération fiscale.* 2 Évacuation des matières fécales. « *l'exonération imparfaite du constipé* » (Romains). ✪ CONTR. Majoration, surcharge, surtaxe.

exonérer v. tr. [6] - XVIIe ; lat. *onus* « charge » ▪ Décharger (qqn) d'une obligation financière. ⇒ **dispenser.** ➛ *Être exonéré d'impôts* : ne pas être imposable. ➛ *Marchandises exonérées.* ⇒ **défiscaliser, détaxer.** ✪ CONTR. Majorer, surcharger, surtaxer.

exophtalmie n. f. - XVIIIe ; *exo-* et *-ophthalmie* ▪ Saillie anormale du globe oculaire hors de l'orbite.

exophtalmique adj. - XIXe ▪ Qui se rapporte à l'exophtalmie ou s'en accompagne.

exorbitant, ante adj. - XVe ; lat. *orbita* « voie tracée » 1 Qui sort des bornes, qui dépasse la juste mesure. ⇒ **excessif.** *Prix exorbitant.* « *Carthage exténuait ces peuples. Elle en tirait des impôts exorbitants* » (Flaub.). 2 dr. *Exorbitant de* : qui sort de. ⇒ **dérogatoire.** *Clauses exorbitantes du droit commun.* ✪ CONTR. Modéré, modique.

exorbité, ée adj. - XIXe ▪ *Yeux exorbités,* qui sortent de l'orbite ; tout grands ouverts d'étonnement, de peur, etc.

exorcisation n. f. - XVIe ▪ Action d'exorciser.

exorciser v. tr. [1] - XIVe ; gr. *horkos* « conjuration » 1 Chasser (les démons) du corps des possédés à l'aide de formules et de cérémonies. ⇒ **conjurer ; exorcisme.** *Exorciser un démon.* ➛ « *La jalousie est aussi un démon qui ne peut être exorcisé* » (Proust). 2 Délivrer (un possédé, un objet, un lieu) de ses démons. ✪ CONTR. Ensorceler.

exorcisme n. m. - XVe ▪ Pratique religieuse ou magique dirigée contre les démons. ⇒ **adjuration, conjuration.** *Le curé du village* « *prononça, en étendant les mains, les formules d'exorcisme* » (Maupass.). ♦ « *Pensant trouver dans la tendresse le seul exorcisme efficace* » (Mart. du G.).

exorciste n. – XVe ■ Personne qui exorcise.

❑ On a dit aussi *exorciseur.*

exorde n. m. – XVe ; lat. *exordiri* « commencer » **1** La première partie (d'un discours). ⇒ **introduction, préambule, prologue. 2** Introduction (d'une œuvre). « *Ce qu'il cherchait, c'était un exorde tout simple, emprunté aux événements récents* » (Romains). ✪ CONTR. Conclusion, épilogue. ① Fin.

exoréique adj. – mil. XXe ■ Se dit des régions dont le réseau hydrographique est raccordé au niveau des océans. ✪ CONTR. Endoréique.

exoréisme n. m. – 1926 ; de *exo-* et gr. *rhein* « couler » ■ Caractère des régions exoréiques. ✪ CONTR. Endoréisme.

exosphère n. f. – 1951 ; de *exo-* et *(atmo)sphère* ■ Partie la plus élevée de l'atmosphère (au-dessus de 750 km) où les molécules les plus légères, ne subissant plus l'attraction terrestre, sont attirées vers l'espace intersidéral.

exosquelette n. m. – 1903 ■ Structure externe et dure, que sécrètent certains invertébrés (carapace d'insectes, coquille de mollusques).

exostose n. f. – XVIe ; gr. *ostoun* « os » ■ Production osseuse anormale à la surface d'un os. ⇒ **ostéophyte.** ◆ Excroissance sur le tronc ou sur les branches de certains arbres. ⇒ **galle.**

exotérique adj. – XVIe ; gr. *exô* « en dehors » ■ Qui peut être enseigné en public (en parlant d'une doctrine philosophique). ✪ CONTR. Ésotérique.

exothermique adj. – XIXe ■ Qui dégage de la chaleur. *Réaction chimique exothermique.* ✪ CONTR. Endothermique.

exotique adj. et n. – XVIe ; gr. *exôtikos* « étranger » **1** vieilli Qui n'appartient pas aux civilisations de l'Occident. *Mœurs exotiques des Esquimaux.* « *je lui trouvais l'air russe ou ukrainien, exotique en tout cas* » (Tournier). **2** Qui provient des pays lointains et chauds. *Plante exotique.* ⇒ **tropical.** *Cuisine exotique.*

exotisme n. m. – XIXe **1** Caractère de ce qui est exotique. **2** Goût des choses exotiques, des mœurs et formes artistiques des peuples lointains.

exotoxine n. f. – 1905 ■ Toxine bactérienne diffusant dans le milieu ambiant. ✪ CONTR. Endotoxine.

expansé, ée adj. – 1964 ■ Qui a subi une expansion. *Polystyrène expansé.*

expansibilité n. f. – XVIIIe ■ Propriété qu'ont les fluides d'occuper un plus grand espace.

expansible adj. – XVIIIe ■ Qui est susceptible d'expansion. ⇒ **dilatable.**

expansif, ive adj. – XVIIIe **1** Qui tend à distendre, à dilater. *La force expansive de la vapeur.* **2** Qui s'épanche avec effusion. ⇒ **démonstratif, exubérant.** « *Enjouée jadis, expansive et toute aimante* » (Flaub.). – *Caractère expansif.* ✪ CONTR. Renfermé, réservé, timide.

expansion n. f. – XVIe ; lat. *expandere* « déployer » **1** Accroissement de volume (d'un fluide). *Expansion de l'air, d'un gaz.* ◆ Développement (d'un organe, de tissus vivants) ; son résultat. ◆ *Expansion de l'univers :* théorie cosmologique de l'éloignement des galaxies établie d'après les lois de la relativité. ◆ Mot, groupe de mots facultatifs qui accompagne un mot dont il dépend. **2** Extension à l'intérieur d'un espace, d'un territoire. – *Expansion coloniale.* **3** Augmentation en importance (d'une activité, d'un phénomène). ⇒ **croissance, développement.** « *cette magnifique expansion des chemins de fer* » (Duham.). ◆ *Expansion économique. Secteur en pleine expansion.* **4** Mouvement par lequel qqch. (idée, technique, etc.) se propage, se répand. ⇒ **diffusion.** *L'expansion des idées nouvelles.* **5** Mouvement par lequel une personne communique ses pensées, ses sentiments. ⇒ **débordement, épanchement.** « *Elle chercha dans la prière l'expansion qu'elle n'avait pas avec sa mère* » (Barbey). ✪ CONTR. Compression, contraction. Diminution. Recul, stagnation. Réserve, retenue, timidité.

expansionnisme n. m. – 1911 **1** Attitude politique d'un pays visant à étendre son pouvoir sur d'autres pays. **2** Régime économique dans lequel l'État favorise systématiquement la croissance.

expansionniste n. et adj. – XIXe ■ Partisan de l'expansion territoriale et économique. adj. *Politique expansionniste.*

expansivité n. f. – XIXe ■ Caractère expansif.

expatriation n. f. – XIVe ■ Action d'expatrier ou de s'expatrier ; son résultat. *Expatriation de personnes. Expatriation de capitaux.* ⇒ **fuite.** ✪ CONTR. Rapatriement.

expatrié, iée adj. et n. – XIVe ■ Qui a quitté sa patrie ou qui en a été chassé. ⇒ **exilé, réfugié.** – n. *Les expatriés.* ✪ CONTR. Rapatrié.

expatrier v. tr. [7] – XIVe **1** Obliger (qqn) à quitter sa patrie. ⇒ **bannir, expulser. 2** pronom. Quitter sa patrie pour s'établir ailleurs. ⇒ **émigrer,** s'**exiler.** *S'expatrier pour des raisons politiques.* « *L'homme peut s'expatrier, mais il ne peut pas se dépatrier* » (Mart. du G.). ✪ CONTR. Rapatrier.

expectative n. f. – XVe ; lat. *expectare* « attendre » ■ Attente fondée sur des promesses ou des probabilités. *Être dans l'expectative de qqch.* ◆ Attente prudente. *Rester dans l'expectative.*

expectorant, ante adj. – XVIIIe ■ Qui aide à expectorer. *Sirop expectorant.* ⇒ **fluidifiant.** subst. *Un expectorant.*

expectoration n. f. – XVIIe ■ Expulsion par la bouche de sécrétions provenant des voies respiratoires. ◆ Les matières ainsi rejetées. ⇒ **crachat.**

expectorer v. tr. [1] – XVIIe ; lat. *pectus* « poitrine » ■ Rejeter par la bouche (des sécrétions provenant des voies respiratoires). ⇒ **cracher.**

① **expédient, iente** [ɛkspedjɑ̃, jɑ̃t] adj. – XIVe ; lat. *expedire* « apprêter, arranger » ■ littér. Qui convient pour la circonstance. ⇒ ① **commode, utile.** « *Il est expédient à l'État que tu meures* » (Rouss.). ✪ CONTR. Inopportun, inutile. – HOM. Expédiant (expédier).

❑ Ne pas confondre l'adjectif *expédient* et *expédiant,* part. présent du verbe *expédier.*

② **expédient** [ɛkspedjɑ̃] n. m. – XIVe **1** Moyen de se tirer d'embarras, d'arriver à ses fins en surmontant les obstacles. ⇒ **procédé ;** fam. **combine.** *Chercher un expédient.* **2** péj. Mesure qui permet de se tirer d'embarras momentanément, sans résoudre les difficultés. ⇒ **palliatif.** *Recourir à des expédients.* – *Vivre d'expédients :* être obligé, pour vivre, de recourir à des moyens peu honnêtes.

expédier v. tr. [7] – XIVe ; de ① *expédient* **1** Accomplir rapidement, sans attendre. *Expédier les affaires courantes.* **2** Faire (qqch.) rapidement et sans soin, pour s'en débarrasser. ◆ *Expédier qqn,* en finir au plus vite avec lui pour s'en débarrasser. « *il avala son tord-boyau comme on expédie une corvée* » (Aymé). **3** Délivrer une copie conforme à la minute d'un jugement, d'un acte notarié. **4** Assurer le départ de (un courrier, des marchandises) vers une destination. ⇒ **envoyer.** *Expédier ses bagages par le train. Expédier un colis par la poste.* **5** fam. Envoyer (qqn) quelque part pour s'en débarrasser. *Expédier les enfants au lit.* ✪ CONTR. Arrêter. Fignoler. Recevoir.

expéditeur, trice n. – XVe ▪ Personne qui expédie qqch. *L'expéditeur d'une lettre, d'un colis. Retour à l'expéditeur.* ⇒ **envoyeur.** « *Dans le monde "à l'endroit", un message suppose un expéditeur, un messager et un destinataire* » (Sartre). ♦ adj. *Gare expéditrice.* ✪ CONTR. Destinataire.

expéditif, ive adj. – XVIe ▪ Qui expédie, termine rapidement les affaires, le travail. ⇒ **rapide, vif.** *Être expéditif en affaires.* ◆ *Le moyen le plus expéditif.* ⇒ ① **court.** *Procédure expéditive,* rapide et efficace. ✪ CONTR. Lent ; indécis.

expédition n. f. – XIIIe 1 Action d'expédier ce qu'on a à faire. *L'expédition des affaires courantes.* 2 Opération militaire exigeant un déplacement de troupes. *Conduire une expédition contre l'assaillant. Expédition punitive.* ♦ Voyage d'exploration dans un pays lointain, difficilement accessible ; hommes et matériel nécessaires à ce voyage. *Préparer, financer une expédition scientifique. Expédition polaire, africaine.* ◆ *C'est une véritable expédition !,* se dit d'un déplacement qui exige beaucoup de matériel. ⇒ **équipée.** 3 Copie littérale d'un acte ou d'un jugement. 4 Opération par laquelle on assure le départ (des marchandises, du courrier) vers une destination. ⇒ **envoi.** *Service chargé de l'expédition du courrier. Expédition d'un colis par la poste. Expédition par bateau, par avion.* ◆ Quantité des marchandises expédiées. *Les expéditions ont augmenté.* ✪ CONTR. Réception.

expéditionnaire adj. et n. – XVIe I - 1 Qui est employé à l'expédition, à la copie d'actes, etc. *Commis expéditionnaire.* subst. *Expéditionnaire au greffe.* 2 n. Employé(e) chargé(e) des expéditions dans une maison de commerce. II Envoyé en expédition militaire. *Le corps expéditionnaire.*

expéditivement adv. – XVIIIe ▪ D'une façon expéditive. ⇒ **promptement, rapidement.**

expérience n. f. – XIIIe ; lat. *experiri* « faire l'essai de » 1 Le fait d'éprouver qqch., considéré comme un élargissement ou un enrichissement du savoir, des aptitudes. ⇒ ① **pratique, usage.** *De longues années d'expérience.* « *Il connaissait par expérience la prodigieuse crédulité de ces hommes* » (Mac Orlan). ◆ *Faire l'expérience de qqch.* ⇒ **expérimenter, ressentir.** 2 Événement vécu par une personne, susceptible de lui apporter un enseignement. *C'est une expérience qu'il ne recommencera pas ! Tirer profit d'une expérience.* « *Ne donnez à votre élève aucune espèce de leçon verbale ; il n'en doit recevoir que de l'expérience* » (Rouss.). ♦ Pratique prolongée que l'on a eue de qqch., considérée comme un enseignement. *Un jeune conducteur sans expérience.* ♦ *EXPÉRIENCE (PROFESSIONNELLE) :* expérience acquise au cours de l'exercice d'une profession. 3 Connaissance de la vie acquise par les situations vécues. ⇒ ② **savoir, science.** *Acquérir de l'expérience en vieillissant.* 4 Le fait de provoquer un phénomène dans l'intention de l'étudier. ⇒ **épreuve, essai, expérimentation.** *Expérience scientifique. Sujet d'expérience.* ⇒ **cobaye.** *Expérience concluante, décisive.* « *les explosions meurtrières des expériences qui rataient toujours* » (Proust). ◆ *Sciences reposant sur l'observation et l'expérience.* ⇒ **empirisme.** ♦ *Tenter une expérience.* ⇒ **essai, tentative.** *Expérience malheureuse.* ✪ CONTR. Théorie. Raison. Ignorance, inexpérience.

❑ Même origine que *expert.*

expérimental, ale, aux adj. – XVIe 1 Qui est fondé sur l'expérience scientifique ; qui possède les caractères d'une expérience. ⇒ **empirique.** *Méthode expérimentale,* qui consiste dans l'observation, la classification, l'hypothèse et la vérification par des expériences appropriées. *Science expérimentale* (opposé à *science abstraite, hypothéticodéductive*). *Recherches expérimentales. Les réussites « de la science expérimentale ont prodigieusement affaibli l'instinct religieux »* (Bernanos). 2 Qui est fait, construit pour éprouver les qualités d'un objet. *Produit expérimental.* ⇒ **prototype,** ② **test.** *À titre expérimental :* pour en faire l'expérience. *Ce médicament en est encore au stade expérimental.* ✪ CONTR. Théorique.

expérimentalement adv. – XVIIIe ▪ D'une manière expérimentale, par l'expérience scientifique. *Prouver expérimentalement qqch.* ✪ CONTR. Abstraitement, théoriquement.

expérimentateur, trice n. – XIXe ▪ Personne qui effectue des expériences scientifiques. « *Pour être digne de ce nom, l'expérimentateur doit être à la fois théoricien et praticien* » (Cl. Bernard). ♦ Personne qui essaie quelque chose de nouveau.

expérimentation n. f. – XIXe 1 Action d'expérimenter. *L'expérimentation d'un médicament sur des animaux.* ⇒ **essai, expérience.** 2 Emploi systématique de l'expérience scientifique.

expérimenté, ée adj. – XVe ▪ Qui est instruit par l'expérience (d'une activité, de la vie). ⇒ **chevronné, éprouvé, exercé, expert.** « *la composition d'un roman par un professionnel expérimenté* » (Maurois). *Médecin expérimenté.* ♦ *Avoir un œil expérimenté.* ⇒ **exercé.** ✪ CONTR. Apprenti, débutant, inexpérimenté, novice.

expérimenter v. tr. [1] – XIVe ; lat. *experiri* « faire l'essai de » 1 Éprouver, connaître par expérience. « *J'expérimente déjà que ma connaissance s'augmente et se perfectionne peu à peu* » (Desc.). 2 Pratiquer des opérations destinées à étudier, à juger (qqch.). ⇒ **essayer,** ② **tester, vérifier.** *Expérimenter un vaccin.*

expert, erte adj. et n. m. – XIIIe ; lat. *experiri* « faire l'essai de » I adj. Qui a, par l'expérience, par la pratique, acquis une grande habileté. ⇒ **exercé, expérimenté.** *Elle est experte dans cette science.* ⇒ **versé.** *Expert en la matière.* ⇒ **averti, connaisseur, instruit, savant.** ◆ *Une main experte.* « *un coup d'œil expert habile aux estimations promptes* » (Courtel.). II n. m. 1 Personne experte. ⇒ **spécialiste.** *Cette femme est un expert en la matière.* 2 Personne choisie pour ses connaissances techniques et chargée de faire des examens, des constatations, des appréciations à propos d'un sujet précis (⇒ **expertise**). *Faire appel à un expert.* ◆ *EXPERT (JUDICIAIRE). Elle est expert près les tribunaux.* ♦ *Expert en antiquités, meubles et objets d'art.* 3 Spécialiste chargé de résoudre un problème technique auquel est confronté son client. ⇒ **conseil.** *Expert fiduciaire.* ⇒ **expert-comptable.** 4 adjt *SYSTÈME EXPERT :* logiciel capable de simuler les raisonnements et les prises de décision d'un expert humain (cf. Intelligence artificielle). ✪ CONTR. Inexpérimenté. Amateur.

❑ On trouve parfois au sens 3° le féminin *experte.*

expert-comptable, experte-comptable [ɛkspɛʀkɔ̃tabl, ɛkspɛʀt(ə)kɔ̃tabl] n. – 1927 ▪ Personne faisant profession d'organiser, vérifier, apprécier ou redresser les comptabilités sous sa responsabilité. *Cabinet d'experts-comptables* (⇒ **fiduciaire**).

expertise n. f. – XVIe 1 Mesure d'instruction par laquelle des experts sont chargés de procéder à un examen technique et d'en exposer le résultat dans un rapport. *Rapport d'expertise. Nouvelle expertise.* ⇒ **contre-expertise.** 2 Estimation de la valeur (d'un objet d'art), étude de son authenticité par un expert. *Expertise d'un bijou.* 3 Compétence d'un expert. *Avoir une expertise confirmée dans un domaine.*

expertiser v. tr. [1] – XIXe ▪ Soumettre à une expertise. *L'assureur fait expertiser les dégâts.* ⇒ **estimer, évaluer.** ◆ *Un tableau expertisé.*

expiateur, trice adj. – XVIe ▪ littér. Propre à expier. *Des victimes expiatrices.* ⇒ **expiatoire.**

expiation n. f. – XIIe ▪ Souffrance imposée ou acceptée à la suite d'une faute et considérée comme une purification. ⇒ **rachat, réparation, repentir.** *Châtiment infligé en expiation d'un crime.* « *toutes les tortures de l'expiation et toutes les douleurs de l'épreuve* » (Dumas fils). ✪ CONTR. Récompense.

expiatoire adj. – XVIe ▪ Qui est destiné à une expiation. *Sacrifice expiatoire.* ➤ « *c'est la victime expiatoire et l'autel de l'holocauste* » (France).

expier v. tr. 7 – XIVe ; lat. *pius* « pieux » **1** Réparer, en subissant une expiation imposée ou acceptée. pronom. *Ici-bas tout s'expie.* ⇒ se **payer.** ➤ *Jésus-Christ a expié les péchés des hommes* (⇒ **rédemption**). **2** Subir les conséquences pénibles de (qqch.), souvent avec un sentiment de culpabilité.

expirant, ante adj. – XVIIe **1** Qui expire, qui est près de mourir. ⇒ **agonisant, mourant. 2** Qui finit, qui va cesser d'être. *Une flamme expirante.* « *geignant de détresse, et répétant sans cesse d'une petite voix expirante : "Ah ! mon Dieu ! mes pauvres enfants !"* » (Maupass.). ✪ CONTR. Naissant.

expirateur, trice adj. et n. m. – XVIIIe ▪ *Muscles expirateurs,* ou *les expirateurs :* muscles qui, en contractant le thorax, produisent l'expiration. ✪ CONTR. Inspirateur.

expiration n. f. – XIVe **1** Action par laquelle les poumons expulsent l'air qu'ils ont inspiré. *Inspiration et expiration.* ⇒ **respiration. 2** Moment où se termine un temps prescrit ou convenu. ⇒ **échéance,** ① **fin, terme.** *À l'expiration des délais.* ➤ Fin de la validité d'une convention. *L'expiration d'une trêve.*

expiratoire adj. – XIXe ▪ Qui se rapporte à l'expiration de l'air pulmonaire.

expirer v. 1 – XIIe ; lat. *exspirare* **1** v. tr. Expulser des poumons (l'air inspiré, un corps gazeux). ⇒ **exhaler.** « *Le souffle qu'il expirait s'en allait en buée légère* » (Genev.). ⇒ **souffler.** ➤ *Inspirez, expirez.* **2** v. intr. Rendre le dernier soupir. ⇒ **s'éteindre, mourir.** *Le malade a expiré dans la nuit.* ♦ Cesser d'être ; prendre fin en diminuant, en s'affaiblissant. ⇒ **disparaître.** « *cette dangereuse parole expira sur ses lèvres* » (Muss.). **3** v. intr. Arriver à son terme (temps prescrit, convention). ⇒ **finir.** *Bail qui expire à la fin de l'année.* ✪ CONTR. Aspirer, inspirer. Naître. Commencer.

❑ Le latin *exspirare* vient de *spirare* « souffler, respirer », de la même famille que *spiritus* qui a donné *esprit* et *spirituel.*

explant n. m. – v. 1937 ; de ① *ex-* et *plant* d'apr. *implant* ▪ Fragment d'organe ou de tissu prélevé sur un organisme et cultivé in vitro.

explétif, ive adj. – XVe ; lat. *explere* « remplir » ▪ Qui est usité sans nécessité pour le sens ou la syntaxe d'une phrase. *Dans* « *Regardez-*moi *ce maladroit* », moi *est explétif.*

explicable adj. – XVIe **1** Qu'on peut rendre intelligible. *Ce passage est explicable.* **2** Qui s'explique ; dont on peut donner la cause, la raison. ⇒ **compréhensible.** « *C'est explicable que vous ayez des migraines, après votre émotion* » (Ionesco). ✪ CONTR. Inintelligible. Incompréhensible, inexplicable.

explicatif, ive adj. – XVIe **1** Qui explique, éclaire. *Note explicative.* ➤ Qui indique comment se servir de qqch. *Notice explicative jointe à un appareil.* **2** *Proposition relative explicative* (opposé à *relative déterminative*), qui explique l'antécédent sans en restreindre le sens (ex. Son père *qui était en Italie* lui écrivait rarement).

explication n. f. – XIVe **1** Développement destiné à faire comprendre qqch. ⇒ **commentaire, éclaircissement.** *Explications jointes à un texte* (⇒ **note, remarque**). « *Ce mot me fut nouveau et inconnu ; je lui en demandai l'explication* » (Pasc.). ♦ *Explication de texte :* étude d'un texte. **2** Ce qui rend compte d'un fait. ⇒ **cause, motif, origine, raison.** *Quelle est l'explication de ce refus ? Explication scientifique.* **3** Éclaircissement (sur les intentions, la conduite de qqn). ⇒ **justification.** *Exiger des explications. Partir sans un mot d'explication.* ♦ Discussion au cours de laquelle on demande à qqn des justifications de sa conduite. ⇒ **dispute.** « *Comme chaque fois qu'il doit y avoir une explication entre nous, j'ai commencé par faire sortir les enfants* » (Gide).

explicitation n. f. – XIXe ▪ Action d'expliciter, de rendre explicite.

explicite adj. – XVe ; lat. *explicitus* « clair » **1** Qui est réellement exprimé, formulé. *Clause explicite.* **2** Qui est suffisamment clair et précis dans l'énoncé ; qui ne peut laisser de doute. ⇒ ② **net.** *Sa déclaration est parfaitement explicite.* ♦ Qui s'exprime avec clarté, sans équivoque. *Soyez plus explicite !* ✪ CONTR. Implicite, tacite.

explicitement adv. – XVe ▪ D'une manière explicite, formelle. ✪ CONTR. Implicitement.

expliciter v. tr. 1 – XIXe ▪ Énoncer formellement. ⇒ **formuler.**

expliquer v. tr. 1 – XIVe ; lat. *plicare* « plier » **I** - **1** Faire connaître, comprendre nettement, en développant. *Expliquer ses projets à qqn.* ⇒ **expliciter.** « *je ne vais pas perdre votre temps à vous expliquer ma relation avec les hommes de l'Histoire* » (Malraux). ⇒ **exprimer.** *Ce serait trop long à expliquer.* **2** Rendre clair, faire comprendre (ce qui est ou paraît obscur). ⇒ **commenter, éclaircir, éclairer.** *Expliquer un texte difficile, un théorème. Expliquer une énigme, une affaire.* ⇒ **débrouiller, démêler, élucider.** *Expliquer le sens d'un mot.* ⇒ **définir.** *Se faire expliquer qqch.* ➤ loc. *Expliquer le pourquoi du comment :* donner des explications très complexes. ➤ « *Connaître, ce n'est point démontrer, ni expliquer. C'est accéder à la vision* » (St-Exup.). ♦ Donner les indications, la recette (pour faire qqch.). ⇒ **apprendre, enseigner.** *Expliquer à qqn la règle d'un jeu.* ➤ *Notice qui explique comment se servir d'un objet* (⇒ **explicatif**). **3** Faire connaître la raison, la cause de (qqch.). *Pouvez-vous expliquer votre retard ?* « *la manière dont il expliquerait son mauvais comportement* » (Sand). ⇒ **justifier.** ♦ Être la cause, la raison visible de ; rendre compte de. ⇒ **motiver.** *Ceci explique cela.* « *Que son aîné fût amoureux expliquait l'extravagance de sa conduite* » (Aragon). **4** EXPLIQUER QUE : faire comprendre que. « *Grand lui avait alors expliqué qu'il essayait de refaire un peu de latin* » (Camus). ➤ Donner des raisons. *Comment expliquez-vous qu'il puisse vivre avec de si faibles revenus ?* ♦ S'EXPLIQUER QQCH. : trouver la raison, la cause de (qqch.). « *Je m'expliquais mal un blanchissement progressif du pourtour de l'iris* » (Gide). **II** S'EXPLIQUER v. pron. **1** Faire connaître sa pensée, sa manière de voir. *Je ne sais si je me suis bien expliqué. Je m'explique :* je donne des précisions sur ce que je viens de dire. **2** Rendre raison d'un fait, d'une opinion. *Elle s'est expliquée sur ce qu'on lui impute ; elle s'en est expliquée.* ⇒ **disculper, justifier.** ➤ *S'expliquer avec qqn,* se justifier auprès de lui. **3** Avoir une discussion. *Ils se sont expliqués et ont fini par se mettre d'accord.* ➤ fam. Se battre. *Ils sont partis s'expliquer dehors.* **4** Être ou être rendu intelligible.

Cet accident ne peut s'expliquer que par une négligence. ✪ CONTR. Embrouiller, obscurcir.

exploit n. m. – XIe ; lat. *explicare* « dérouler, développer » **1** Action remarquable, exceptionnelle. ⇒ **prouesse.** *En gagnant cette course, il a réalisé un véritable exploit.* **2** fam. Action réussie, succès. *Racontez-nous vos exploits ! Exploits amoureux. Se vanter de ses exploits.* ♦ iron. « *Avoir plaqué sa femme et son gosse* [...] *voilà son plus grand exploit* » (Queneau). **3** *Exploit (d'huissier)* : acte judiciaire rédigé et signifié par un huissier. *Dresser un exploit.*

exploitable adj. – XIIIe ▪ Qui peut être exploité avec profit. *Un gisement de pétrole exploitable.* ➝ *Témoignage exploitable contre l'accusé.* ✪ CONTR. Inexploitable.

exploitant, ante adj. et n. – XVIIe **1** Qui tire abusivement profit d'une situation, d'une personne. ⇒ **exploiteur.** *La classe exploitante.* **2** n. Personne qui gère une exploitation. *Exploitant agricole. Un petit exploitant.* ♦ Propriétaire ou directeur d'une salle de cinéma.

❑ *Exploitant* (nom) assume les valeurs économiques neutres. → exploiteur (rem.).

exploitation n. f. – XIVe **1** Action d'exploiter, de faire valoir une chose en vue d'une production. *Exploitation d'un domaine. Mise en exploitation d'une terre.* « *Les mines de Rive-de-Gier dans le Lyonnais, sont en grande et pleine exploitation* » (Buff.). *Exploitation d'un brevet.* ♦ Action de faire fonctionner en vue d'un profit. *Exploitation d'une ligne aérienne.* ♦ *Système d'exploitation* : ensemble de programmes constituant le logiciel de base d'un ordinateur et assurant la gestion des divers logiciels. ⇒ aussi **superviseur.** ♦ *Visa d'exploitation d'un film.* **2** Bien exploité ; lieu où se fait la mise en valeur de ce bien. ⇒ **entreprise.** *Exploitation industrielle, commerciale.* EXPLOITATION AGRICOLE : terre exploitée ; entreprise agricole. ⇒ **domaine, propriété.** *Exploitation vinicole.* **3** Utilisation méthodique. *Exploitation rationnelle d'une situation.* ➝ Phase où l'on utilise les avantages d'une situation. *L'exploitation d'une victoire.* **4** Action d'abuser (de qqn) à son profit. *Exploitation de la crédulité publique.* ♦ *Exploitation de l'homme par l'homme. C'est de l'exploitation !* (en parlant d'un travail mal payé).

exploité, ée adj. et n. – XVIIe **1** Mis en exploitation. *Terre, mine exploitée* (opposé à *en friche, à l'abandon*). **2** Utilisé pour le profit. *Une classe sociale exploitée.* ➝ n. *Les exploiteurs et les exploités.* ➝ Sous-payé. *Un employé exploité.*

exploiter v. tr. [1] – XIe ; lat. °*explicitare* « accomplir » **1** Faire valoir (une chose) ; tirer parti de (une chose), en vue d'une production ou dans un but lucratif. *Exploiter une terre, une mine, un filon. Exploiter un brevet.* **2** Utiliser d'une manière avantageuse, faire rendre les meilleurs résultats à. ⇒ **profiter** (de). « *Le mouvement fut spontané... Mais ensuite, selon toute vraisemblance, on exploita le mouvement* » (Michelet). **3** Se servir de (qqn, qqch.) en n'ayant en vue que le profit, sans considération des moyens. ⇒ **abuser** (de). *Il s'est fait exploiter par son associé.* ➝ *Exploiter la xénophobie à des fins politiques.* ♦ Faire travailler (qqn) à bas salaire en tirant un profit injuste. *Patron qui exploite ses employés.*

exploiteur, euse n. – XIVe ▪ Personne qui tire un profit abusif d'une situation ou d'une personne. ⇒ **profiteur, spoliateur.** « *Que le blanc se soit comporté comme un négrier, un pirate, un exploiteur avide et insatiable, ce n'est hélas, que trop vrai* » (Siegfried). ♦ *Son patron est un exploiteur* (opposé à *exploité*).

❑ *Exploiteur* a d'abord désigné celui qui exploite une terre. Employé péjorativement dans son sens actuel depuis le XIXe s., il a été supplanté, pour son sens initial, par *exploitant* (nom).

explorateur, trice n. – XIIIe **1** Personne qui explore un pays lointain, peu accessible ou peu connu. **2** n. m. Instrument servant à accéder à un conduit ou à une cavité interne en vue de leur examen direct. adj. *Stylet, trocart explorateur.*

exploration n. f. – XVe **1** Action d'explorer (un pays, une région). *Partir en exploration.* ⇒ **expédition.** ➝ *Exploration sous-marine, spatiale.* ♦ *L'exploration d'une caverne.* ♦ *Exploration d'une bande de fréquence.* ⇒ **balayage. 2** Examen approfondi d'un sujet peu connu. *L'exploration du subconscient.* **3** Examen de la structure ou du fonctionnement d'un organe interne.

exploratoire adj. – v. 1966 ▪ Qui vise à explorer. *Techniques exploratoires en médecine.* ♦ *Entretiens exploratoires avant des négociations.*

explorer v. tr. [1] – XVIe ; lat. « battre le terrain, reconnaître en parcourant » **1** Parcourir (un pays mal connu) en l'étudiant avec soin. *Découvrir et explorer une île.* ♦ Parcourir en observant, en cherchant. *Explorer le ciel à la jumelle.* « *l'enfant explorait en cachette la maison* » (Bosco). **2** Faire des recherches en étudiant (un ensemble d'informations, un domaine du savoir). ⇒ **approfondir.** « *L'œuvre de Rimbaud est encore riche en détours, en jungles, en retraites mal explorées* » (Duham.). **3** Procéder à l'exploration (3°) de. ⇒ **ausculter, examiner, sonder.**

exploser v. intr. [1] – XIXe **1** Faire explosion. *Gaz qui explose au contact d'une flamme. Bombe qui explose.* ⇒ **éclater,** fam. **péter, sauter.** *L'avion a explosé en plein ciel.* **2** Se manifester brusquement et violemment. ⇒ **éclater.** *Sa colère explose.* ♦ *Exploser en injures.* fam. *Sa réponse m'a fait exploser* (de colère). **3** S'accroître brusquement. *Les ventes ont explosé en décembre.*

exploseur n. m. – XIXe ▪ Appareil électrique permettant de faire exploser à distance un explosif (mine, etc.).

explosibilité n. f. – XIXe ▪ Qualité de ce qui est explosible.

explosible adj. – XIXe ▪ Qui peut faire explosion. *La nitroglycérine* « *dont la puissance explosible est peut-être décuple de celle de la poudre ordinaire* » (J. Verne).

① **explosif, ive** adj. – XVIIe **I - 1** Relatif à l'explosion. *Phénomènes explosifs.* **2** Qui peut faire explosion. ⇒ **explosible.** *Mélange explosif.* « *une sorte de grenade explosive, de forme allongée, un engin à retardement* » (Robbe-Grillet). **3** *Une situation explosive,* très critique, tendue. ➝ *Un tempérament explosif,* sujet aux brusques colères. ⇒ **volcanique. 4** Qui augmente fortement et soudainement. *Une démographie explosive.* **II** *Consonne explosive* (opposé à *implosive*), à tension croissante au début d'une syllabe (ex. [p] et [t] dans « partir »).

② **explosif** n. m. – XIXe ▪ Composé ou mélange de corps susceptible de dégager en un temps extrêmement court un grand volume de gaz portés à haute température (⇒ **détonique**). *Une charge d'explosif. Explosif plastique.* ⇒ **plastic.** ➝ *Explosifs thermonucléaires* ou *atomiques.* ⇒ ① **bombe** (atomique).

explosion n. f. – XVIe ; lat. *ex* « hors de » et *plaudere* ou *plodere* « battre des mains » **1** Le fait de se rompre brutalement en projetant parfois des fragments ; phénomène au cours duquel des gaz sous pression sont produits dans un temps très court. ⇒ **déflagration, éclatement.**

Explosion d'un obus. Explosion d'une bombe atomique (⇒ **désintégration**). *Explosion volcanique. Explosion de gaz, de grisou.* « *l'explosion et le bruit presque cristallin des tuiles et des gravats qui retombent* » (Malraux). ➜ *Explosion atomique.* ♦ Rupture violente, accidentelle (produite par un excès de pression, une brusque expansion de gaz, etc.). *La chaudière a fait explosion.* ♦ *Moteur à explosion,* qui emprunte son énergie à l'expansion d'un gaz provoquée par la combustion rapide d'un mélange carburé (mélange détonant). 2 Manifestation soudaine et violente. ⇒ **flambée.** *Une explosion de joie, de colère.* ♦ Expansion soudaine et spectaculaire. *Explosion démographique.*

exponentiel, ielle adj. et n. f. – XVIIIe ; lat. *exponens* « exposant » ▪ Dont l'exposant est variable ou inconnu. *Fonction exponentielle* ou n. f. *une exponentielle* : fonction réciproque de la fonction logarithme.

❑ Même origine étym. que *exposer.*

export → **exportation**

exportable adj. – XIXe ▪ Qui peut être exporté.

exportateur, trice n. et adj. – XVIIIe ▪ Personne qui exporte des marchandises, etc. « *Pour tout le monde, je passais pour un exportateur d'oranges* » (Mac Orlan). ➜ adj. *Pays exportateur de blé. Organisation des pays exportateurs de pétrole (O. P. E. P.).* ✪ CONTR. Importateur.

exportation n. f. – XVIe 1 Action d'exporter ; sortie de marchandises nationales vendues à un pays étranger. ⇒ **vente.** ➜ Dans les pays de la C. E. E., Sortie de marchandises nationales vendues à un pays hors de la C. E. E. ➜ *Exportation de matières premières par un pays. Détaxation de marchandises à l'exportation* (abrév. cour. *EXPORT* [ɛkspɔʀ] n. m.). *Maison d'exportation et d'importation.* ⇒ **import-export.** ➜ *Exportations de capitaux.* ♦ Ce qui est exporté. « *Chaque année, dit-on, l'Amérique augmente ses exportations de céréales. On nous menace d'une vraie inondation du marché* » (Zola). *Équilibre entre les importations et les exportations.* ⇒ ① **balance** (commerciale). 2 *L'exportation d'une mode, d'une coutume.* ✪ CONTR. Importation.

exporter v. tr. [1] – XIVe , lat. *portare* « transporter » ▪ Envoyer et vendre hors d'un pays (des produits de l'économie nationale). ➜ *Pour exporter, il faut produire.* ➜ *Les produits exportés.* ♦ *Exporter une mode,* la transporter à l'étranger. ✪ CONTR. ① Importer.

❑ Ce mot est entré dans le vocabulaire commercial au XVIIIe s. sous l'influence de l'anglais *to export,* lui-même emprunté au français.

exposant, ante n. – XIVe 1 Personne dont les œuvres, les produits sont présentés dans une exposition. *Le stand d'un exposant, dans une foire. Les exposants d'un Salon de peinture.* 2 n. m. Expression numérique ou algébrique exprimant la puissance à laquelle une quantité est élevée. *Chiffre, lettre, expression qui entre en exposant dans une équation. Quatre exposant douze* (4^{12}). ⇒ **puissance.**

exposé n. m. – XVIIe 1 Développement par lequel on expose (un ensemble de faits, d'idées). ⇒ **analyse, énoncé, rapport.** *Faire un exposé complet de la situation.* 2 Développement méthodique sur un sujet précis, didactique. ⇒ **communication, conférence.** *Exposé oral, écrit. Faire un exposé sur un sujet.*

exposer v. tr. [1] – XIIe ; lat. *exponere,* d'apr. *poser* 1 Disposer de manière à mettre en vue. ⇒ ① **étaler, montrer, présenter.** *Exposer divers objets dans une vitrine.* « *le Saint-Sacrement demeure exposé nuit et jour* » (Daud.). ➜ *Exposer aux yeux, aux regards, à la vue de qqn.* ➜ *Marchandises exposées en devanture.* ♦ Placer (des œuvres d'art) dans un lieu d'exposition publique. *Cette galerie expose des Dufy.* ➜ (en parlant de l'artiste) *Il expose deux toiles au Salon d'automne.* ➜ *Il expose à la galerie X.* 2 Présenter en ordre (un ensemble de faits, d'idées). ⇒ **énoncer, expliquer.** *Exposer un fait en détail.* Sartre « *m'exposa dans ses grandes lignes le système d'Husserl* » (Beauv.). ♦ Faire l'exposition de (dans un ouvrage dramatique). *Exposer l'action.* 3 EXPOSER (qqch.) À... : disposer, placer dans la direction de. *Exposer un bâtiment au sud.* ⇒ **orienter.** ➜ « *J'occupe seul la chambre la plus vaste, la mieux exposée* » (Mauriac). ♦ Disposer de manière à soumettre à l'action de. ⇒ **présenter, soumettre.** *Exposer à la chaleur, à des radiations. Exposer une pellicule à la lumière. Cliché exposé. Exposer son corps au soleil.* pronom. *S'exposer au soleil.* 4 Mettre (qqn) dans une situation périlleuse. *Son métier l'expose constamment au danger. Ses maladresses l'ont exposé plusieurs fois à perdre son poste.* ♦ *Exposer qqn,* le mettre en péril. ♦ Risquer de perdre. *Exposer sa vie, sa fortune, son honneur, sa réputation.* ⇒ **compromettre, engager, risquer.** ♦ pronom. Se mettre dans le cas de subir. *S'exposer à un péril, à un danger.* ⇒ **affronter, chercher, risquer.** *S'exposer à la critique.* ➜ Se mettre en danger, courir des risques ; se compromettre. *Fuir devant les responsabilités pour ne pas avoir à s'exposer.* ✪ CONTR. Abriter, ① cacher. Enlever. Couvrir, protéger ; défendre. Fuir.

exposition n. f. – XIIe 1 Action d'exposer, de mettre en vue. ⇒ **étalage, présentation.** *Exposition d'objets dans une vitrine.* 2 Présentation publique (d'œuvres d'art). *Exposition de peinture, de photographies. Exposition des œuvres de Rembrandt ; l'exposition Rembrandt. Fréquenter les expositions.* ⇒ **galerie** (d'art), **salon.** ♦ Présentation publique de documents, d'objets se rapportant à un thème. ➜ *Exposition Baudelaire.* ♦ Grande manifestation présentant les produits et les activités économiques d'un ou plusieurs pays. ⇒ ① **foire, salon.** *Exposition universelle. Participants d'une exposition.* ⇒ **exposant.** *Les stands d'une exposition.* ➜ abrév. fam. *EXPO* [ɛkspo]. *Des expos.* 3 Action de faire connaître, d'expliquer. ⇒ **explication, exposé.** « *La force d'un raisonnement consiste dans une exposition claire des preuves mises dans tout leur jour, et une conclusion juste* » (Volt.). ♦ Partie initiale d'une œuvre littéraire ou musicale où l'auteur expose le sujet, le thème. ⇒ **argument, protase.** « *ne trouveriez-vous pas qu'il fût aussi beau de dire, l'exposition du sujet, que la protase* » (Mol.). 4 Situation (d'un édifice, d'un terrain) par rapport à une direction donnée. ⇒ **orientation, situation.** *Exposition d'une façade à l'ouest. Cet appartement a une bonne exposition.* ⇒ **ensoleillement.** 5 Action de soumettre à l'action de. *Évitez les expositions prolongées au soleil.* ➜ *Exposition du papier à la lumière dans le tirage des épreuves photographiques.* ➜ Quantité d'éclairement reçue par une surface pendant un certain temps. *Exposition en radiothérapie.* ⇒ **dose.** ✪ CONTR. Dissimulation. ① Défense, protection.

① **exprès, esse** [ɛkspʀɛs] adj. – XIIIe ; lat. *exprimere* « exprimer » 1 Qui exprime formellement la pensée, la volonté de qqn. ⇒ **explicite, formel.** *Condition expresse d'un contrat. Défense expresse de...* 2 Qui est chargé de transmettre la pensée, la volonté de qqn. ➜ n. m. « *J'envoie cet exprès pour en avertir madame* » (Boss.). ♦ (inv.) *Envoi par exprès* ou *envoi exprès,* remis immédiatement au destinataire, par porteur spécial. *Lettre exprès.* subst. *Un exprès.* ✪ CONTR. Tacite. HOM. Express.

② **exprès** [ɛkspʀɛ] adv. – XIVe ; de ① *exprès* ▪ Avec intention spéciale, formelle ; à dessein. ⇒ **spécialement, volontairement.** ♦ *Elles sont venues exprès, tout exprès pour vous voir.* « *tu dis encore des gros mots exprès pour me mettre mal à l'aise* » (Anouilh). ➜ FAIRE EXPRÈS. *Pardon, je ne l'ai pas fait exprès. Il fait exprès* *de vous contredire. C'est fait exprès,* ou fam. *c'est exprès.* ♦ UN FAIT EXPRÈS [fɛtɛkspʀɛ] **n. m.** : coïncidence généralement fâcheuse. *Nous étions pressés et, comme un fait exprès* (ou *comme par un fait exprès*), *le train avait du retard. On dirait un fait exprès.* ✪ CONTR. Involontairement, malgré (soi).

① **express** [ɛkspʀɛs] **adj.** et **n. m.** – XIXe ; mot angl., du fr. ① *exprès* **1** Qui assure un déplacement ou un service rapide. *Train express,* qui ne s'arrête qu'à un petit nombre de stations. *Le réseau express régional.* ⇒ **R.E.R.** ➝ *Routes, voies express.* **2** Qui a été exécuté à la hâte ; qui se fait, se prépare rapidement. *Un repas express.* **3** **n. m.** Train express. *Prendre l'express de vingt heures. L'Orient*-Express.* ✪ HOM. ① Exprès.

> ❑ *Express* vient de l'anglais comme une grande partie du vocabulaire des chemins de fer *(rail, wagon...).* ♦ Comparer *train omnibus, express* et *direct.*

② **express** [ɛkspʀɛs] **adj.** et **n. m.** – 1957 ; it. *(caffè) espresso,* d'apr. l'angl. **1** *Café express,* fait à la vapeur, à l'aide d'un percolateur. **2** **n. m.** Café ainsi préparé. *Ils allaient « boire un express accompagné d'un verre d'eau fraîche »* (Perec). *Des express.*

expressément **adv.** – XIIe ▪ En termes exprès, formels. ⇒ **explicitement, nettement.** « *l'Écriture dit expressément que Dieu n'extermina pas toute la famille de Joram* » (Rac.). ✪ CONTR. Tacitement.

expressif, ive **adj.** – XVe **1** Qui exprime bien ce qu'on veut exprimer. *Un langage riche et expressif.* ⇒ **coloré.** « *il fit comprendre par un geste expressif que nous mourions de faim* » (J. Verne). ⇒ **éloquent, parlant, significatif.** **2** Qui a beaucoup d'expression, de vivacité. ⇒ **mobile,** ② **vivant.** *Une physionomie expressive.* ✪ CONTR. Inexpressif. Figé, ① morne.

expression **n. f.** – XIVe ; lat. *exprimere* → exprimer **I - 1** Le fait d'exprimer par le langage. *Revendiquer la libre expression de la pensée, des opinions de chacun. Liberté d'expression.* ➝ *Au-delà de toute expression :* d'une manière inexprimable. « *Vous êtes laids, moi compris, au delà De toute expression* » (Verlaine). ➝ (formule de politesse) *Veuillez agréer l'expression de mes sentiments distingués.* ♦ Manière de s'exprimer. *Auteur étranger d'expression française.* ⇒ **langue.** **2** Ce qui est dit, exprimé par le langage (mot ou groupe de mots). ⇒ **énoncé ; locution,** ③ **tour,** ① **tournure.** *Expression populaire, argotique. Expression toute faite.* ⇒ **cliché, formule.** « *Je n'en pouvais croire mes oreilles. (C'est là une expression tout usée, mais une figure admirable.)* » (Valéry). **3** Partie sensible (d'un signe). ⇒ **signifiant.** *L'expression et le contenu.* **4** Formule par laquelle on exprime une valeur, un système. *Expression algébrique.* ♦ *Réduire une fraction, une équation à sa plus simple expression.* loc. fig. *Réduire à sa plus simple expression,* réduire (qqch.) à la forme la plus simple. **5** Le fait d'exprimer, de s'exprimer par l'art. ⇒ **style.** *L'inspiration et l'expression. L'expression littéraire, picturale, plastique, musicale.* « *Le moyen de reproduction du cinéma, c'est la photo qui bouge, mais son moyen d'expression, c'est la succession des plans* » (Malraux). **6** Qualité d'un artiste ou d'une œuvre d'art qui exprime qqch. avec force et vivacité. *Portrait plein d'expression.* ➝ *Ce pianiste joue avec beaucoup d'expression.* ⇒ **chaleur.** **7** Le fait d'exprimer (les émotions, les sentiments) par le comportement extérieur, des signes apparents, notamment sur le visage. « *il y avait une expression de défi sur son front levé* » (Mart. du G.). ♦ Animation, aptitude à manifester vivement ce qui est ressenti. ⇒ **caractère, vie.** *Un sourire plein d'expression* **(⇒ expressif).** **8** Aptitude de l'être humain à s'exprimer, par rapport à la communauté et à lui-même. *Activités, techniques d'expression en pédagogie. Expression libre.* ♦ *Expression corporelle :* techniques et pratiques d'expression mettant en jeu le corps. **9** Ce par quoi qqn ou qqch. s'exprime, se manifeste. *La faim est l'expression d'un besoin.* ⇒ **manifestation.** *Elles « s'imaginent qu'un compliment qu'on leur fait est la stricte expression de la vérité »* (Proust). **II** Ensemble des processus par lesquels un gène est transcrit en A. R. N. messager et ce dernier traduit en protéine. *Expression d'un gène. Taux, vecteur d'expression.* ✪ CONTR. Mutisme, silence. Impassibilité ; froideur.

expressionnisme **n. m.** – 1921 ▪ Forme d'art faisant consister la valeur de la représentation dans l'intensité de l'expression (d'abord en peinture). *L'expressionnisme allemand, flamand.* ➝ *L'expressionnisme dans le ballet, au théâtre, au cinéma.*

expressionniste **adj.** et **n.** – 1904 ▪ Qui s'inspire de l'expressionnisme. *Peinture, toile, peintre expressionniste.* ➝ **n.** Artiste expressionniste.

expressivité **n. f.** – 1910 ▪ Caractère expressif. *L'expressivité d'un regard.* ➝ *L'expressivité de l'intonation, d'une tournure syntaxique.*

exprimable **adj.** – XVIe ▪ Qui peut être exprimé. *Une nuance, un sentiment difficilement exprimables.* ⇒ **traduisible.** ✪ CONTR. Inexprimable.

exprimer **v. tr.** 1 – XIIe ; lat. *premere* « presser » **I - 1** Faire connaître par le langage. *Exprimer sa pensée clairement. Je ne sais comment vous exprimer ma reconnaissance.* ⇒ **prouver.** « *Les regrets que j'exprimais alors* » (Chateaub.). ♦ *Mots, termes, locutions, tournures qui expriment une idée, une nuance.* ⇒ **traduire ; expression.** *C'est un mot qui exprime mal ma pensée.* **2** Servir à noter (une quantité, une relation). *Le signe = exprime l'égalité.* **3** Rendre sensible, faire connaître par le moyen de l'art. *L'artiste exprime son univers intérieur.* « *un art sauvage ne se maintient que dans la sauvagerie qu'il exprime* » (Malraux). « *la poésie, qui n'a jamais su exprimer le bonheur comme elle exprime la douleur* » (Lamart.). « *La langue musicale est infinie, elle contient tout, elle peut tout exprimer* » (Balz.). **4** Rendre sensible par le comportement. ⇒ **extérioriser, manifester.** *Exprimer son mécontentement en fronçant les sourcils.* « *l'homme désaccordé au point d'exprimer la douleur par le rire* » (Baud.). ♦ *Regard qui exprime l'admiration. Tout en lui exprime la franchise.* ♦ Rendre sensible en tant que symbole. *Les rêves expriment certaines tendances refoulées.* **II** *S'EXPRIMER* **v. pron.** **1** Manifester sa pensée, ses sentiments (par le langage, les gestes, l'art, etc.). *S'exprimer en français, en arabe. Savoir s'exprimer en plusieurs langues.* « *Ma sauvage enfance, ma libre et solitaire adolescence, toutes deux préservées du souci de m'exprimer* » (Colette). *Empêcher l'opposition de s'exprimer.* loc. *Si j'ose m'exprimer ainsi.* ⇒ ① **dire.** ➝ *S'exprimer par gestes.* ➝ Se manifester par l'art. *Son génie s'exprime librement.* ♦ Manifester sa personnalité, ses tendances. *Il faut laisser cet adolescent s'exprimer.* **2** Être exprimé. *Sensation qui peut s'exprimer.* ⇒ **exprimable.** **III** Faire sortir par pression (un liquide). ⇒ **extraire.** *Exprimer le jus d'un citron.* **IV** Procéder à l'expression génétique. *Une cellule n'exprime pas tous les gènes dont elle dispose.* ♦ **v. pron.** Se manifester au niveau du phénotype. ➝ Être transcrit, puis traduit en protéine (gène). ➝ *A. D. N. exprimé.* ✪ CONTR. ① Cacher, dissimuler, taire.

expropriant, iante **adj.** – 1935 ▪ Qui exproprie. *L'administration expropriante.*

expropriation **n. f.** – XVIIIe **1** *Expropriation forcée.* ⇒ **exécution, saisie.** **2** Opération administrative par laquelle le propriétaire d'un immeuble est dépossédé de son bien moyennant indemnité, lorsque l'utilité publique l'exige **(⇒ alignement).** *Expropriation de centaines de personnes pour la construction d'une autoroute.*

exproprier v. tr. [7] – XVIIe ; lat. *proprius* « propre », d'apr. *approprier* 1 *Exproprier un débiteur.* ⇒ **exécuter, saisir.** 2 Déposséder légalement (qqn) de la propriété d'un bien. *Exproprier qqn pour cause d'utilité publique.* ➛ *Propriétaire, immeuble exproprié.* ➛ subst. *Indemnisation des expropriés.*

expulsable adj. – 1992 ▪ Qui peut être expulsé du territoire français. *Les étrangers en situation irrégulière sont expulsables.*

expulsé, ée adj. – XVIIe ▪ Chassé par une expulsion. ➛ subst. *Des expulsés.*

expulser v. tr. [1] – XVe ; lat. *pellere* « pousser » 1 Chasser par la loi (qqn) du lieu où il était établi. ⇒ **expulsion.** *Expulser un locataire. Expulser qqn de son pays, du territoire national.* ⇒ **bannir, exiler, expatrier.** ♦ Faire sortir (qqn) avec violence. ⇒ **chasser.** *Le président a fait expulser les manifestants.* ⇒ **évacuer.** ♦ Exclure d'une assemblée, d'un groupe (⇒ **renvoyer**), d'un pays (⇒ **extrader**). 2 Faire évacuer (qqch.) de l'organisme. ⇒ **éliminer, évacuer.** « *elle poussa un cri et elle expulsa le bébé sur le sol, pareil à un astre rouge dans le nuage du placenta* » (Le Clézio). ✪ CONTR. Accueillir, recevoir.

expulsion n. f. – XIVe 1 Action d'expulser (qqn) d'un lieu où il était établi. *Expulsion d'une personne hors de sa patrie.* ⇒ **bannissement, exil, expatriation.** ➛ *Expulsion d'un locataire. Expulsion d'un étranger,* quand on estime que sa présence sur le territoire national constitue une menace pour l'ordre public. ⇒ **reconduite ; expulsable.** ♦ Action de faire sortir d'un endroit, d'exclure d'un groupe. *L'expulsion d'un contradicteur dans une réunion.* 2 Action d'expulser de l'organisme. ⇒ **élimination, évacuation, expectoration.** *Expulsion du placenta après l'accouchement.* ⇒ **délivrance.** ➛ Phase de l'accouchement au cours de laquelle l'enfant sort du corps de la mère. ✪ CONTR. Accueil. Convocation. Rétention.

expurger v. tr. [3] – XIVe ; de *purger* ▪ Abréger (un texte) en éliminant ce qui est contraire à une morale, à un dogme. ⇒ **couper, épurer.** *La censure a expurgé le scénario de ce film.* ➛ *Édition expurgée.*

exquis, ise adj. – XIVe ; lat. *exquirere* « rechercher avec soin » 1 vieilli ou littér. ⇒ **excellent, parfait.** *Choix exquis.* 2 Qui est d'une délicatesse recherchée, raffinée. ⇒ **délicat.** *Avec une politesse exquise. Savourer des sensations exquises.* 3 Qui produit une impression très agréable par sa délicatesse. ⇒ **délicieux.** *Mets exquis, nourriture exquise.* ⇒ **délectable.** « *Un ortolan bien gras est un morceau exquis* » (Buff.). *Teint d'une fraîcheur exquise.* ➛ *Femme exquise d'élégance et de beauté.* « *convive exquis, gourmand par politesse* » (Bernanos). ➛ *Heure, journée exquise.* ➛ subst. *L'exquis.* ✪ CONTR. Ordinaire ; imparfait. Mauvais, médiocre ; désagréable.

❑ *Exquis,* initialement « qui est remarquable en son genre », qualifiait jusqu'au XIXe s. quelque chose d'agréable ou de désagréable. Ce sens est encore vivant en médecine (*douleur exquise* « douleur très intense, extrême »).

exquisité n. f. – XIXe ▪ rare Qualité de ce qui est exquis. « *les dents d'albâtre ou plutôt d'opale qu'azurerait leur transparence comme étrange dans son exquisité* » (Verlaine).

exsangue [ɛksɑ̃g ; ɛgzɑ̃g] adj. – XVIe 1 Qui a perdu beaucoup de sang. *Blessé exsangue.* 2 littér. Très pâle. ⇒ **anémique, blafard, blême, cadavérique, livide, pâle.** « *c'était le teint livide, exsangue des prisonniers au moyen âge* » (Huysm.). 3 Vidé de sa substance, de sa force. *Une littérature exsangue.* ✪ CONTR. Pléthorique, sanguin ; enluminé, rubicond. Vigoureux.

exsanguino-transfusion n. f. – 1953 ▪ Opération par laquelle on remplace le sang d'un sujet par celui d'autres individus du même groupe sanguin.

exstrophie n. f. – XIXe ; de ① *ex-* et gr. *strophê* « retournement » ▪ Vice de conformation d'un organe membraneux renversé de telle manière que sa muqueuse est à nu.

exsudat n. m. – XIXe ▪ Liquide organique qui suinte au niveau d'une surface enflammée. ♦ Excrétion élaborée par un végétal et libérée dans le milieu.

exsudation n. f. – XVIIIe ▪ Suintement d'un liquide organique à travers la paroi d'une cavité naturelle.

exsuder v. [1] – XVIe ; lat. *sudare* « suer » 1 v. intr. Sortir à la façon de la sueur. ⇒ **suinter.** 2 v. tr. Émettre par suintement. ⇒ **distiller, sécréter.** *Arbre qui exsude de la gomme.*

extase n. f. – XVe ; gr. « action d'être hors de soi » 1 littér. État dans lequel une personne se trouve comme transportée hors de soi et du monde sensible. ♦ *Extase mystique.* ⇒ **contemplation, ravissement, transport, vision.** 2 État d'exaltation provoqué par une joie ou une admiration extrême qui absorbe tout autre sentiment. ⇒ **béatitude, émerveillement, enivrement, félicité, ivresse, ravissement.** ♦ Vive admiration. *Tomber en extase devant qqch.*

extasier (s') v. pron. [7] – XVIIe ▪ Manifester par des démonstrations de joie, d'enthousiasme son admiration, son émerveillement. ⇒ s'**émerveiller,** se **pâmer.** « *Toute la petite cour en soutane s'extasia sur le jeu de mots* » (Hugo). ➛ « *Il avait le visage extasié, ensoleillé, fendu par un sourire de bonheur* » (Duham.). ⇒ **radieux.**

extatique adj. – XVIe ▪ Qui a le caractère de l'extase. ➛ n. « *Les extatiques voient la Vierge en vêtements noirs* » (Claudel).

extemporané, ée adj. – XVIe ; lat. « improvisé » 1 Que l'on fabrique au moment du besoin. *Préparation magistrale extemporanée* (opposé à *officinal*). 2 *Analyse extemporanée,* qui se fait au cours d'une opération chirurgicale.

extenseur adj. m. et n. m. – XVIIe 1 Qui sert à étendre. *Muscles extenseurs* (opposé à *muscles fléchisseurs*). n. m. *L'extenseur commun des doigts.* 2 n. m. Appareil utilisé pour les exercices de musculation. ⇒ **exerciseur.** « *sa demi-heure de culture physique avec manipulation d'haltères et extenseur* » (Queneau).

extensibilité n. f. – XVIIIe ▪ Qualité de ce qui est extensible.

extensible adj. – XIVe 1 Susceptible de s'étendre dans le sens de la longueur. *L'or, métal extensible.* ⇒ **ductile, malléable.** *Le caoutchouc, matière extensible.* ⇒ **élastique.** 2 Qui peut s'appliquer à plusieurs choses, englober d'autres choses. *Idées, définitions extensibles.* ✪ CONTR. Inextensible.

extensif, ive adj. – XVIe 1 Qui produit l'extension. *Force extensive.* 2 *Culture extensive,* qui met à profit la fertilité naturelle du sol, sur de grandes surfaces (avec repos périodique de la terre et rendement assez faible). ✪ CONTR. Intensif.

extension n. f. – XIVe ; lat. *extendere* « étendre » 1 Action de se développer dans le sens de la longueur ; son résultat. ⇒ **allongement, croissance, développement.** ♦ Mouvement par lequel on étend un membre. ⇒ **déploiement.** *Mouvements d'extension et de flexion.* ♦ Traction mécanique opérée sur une partie luxée ou fracturée pour la ramener à sa position naturelle. ♦ *Ressort en extension.* 2 Action de donner une plus grande étendue dans l'espace ; fait de s'étendre dans l'espace. ⇒ **augmentation.** *Extension d'une épidémie.* ⇒ **développement, propagation.** ♦ Action de prendre plus d'importance, d'ampleur. « *La maison avait bientôt pris une extension considérable* » (Gide). ⇒ **essor, expansion.** 3 Action de donner à qqch. une portée plus générale, la possibilité d'englober un plus grand nombre de choses. *Extension donnée à une clause de contrat.* ♦ *Extension de la mémoire d'un ordinateur.* 4 Ensemble des objets concrets ou abstraits auxquels s'applique un concept, une proposition, un signe, un nom ou une relation (opposé à *compréhension*). ⇒ **dénotation.** ♦ Le fait d'acquérir une plus grande extension logique, de s'appliquer à plus d'objets (pour un mot). *Par extension :* par une application à d'autres objets (opposé à *spécialisation*). ♦ *Ensemble défini en extension,* défini par l'énumération de tous ses éléments. 5 En philosophie, L'étendue considérée comme qualité. ✪ CONTR. Contraction, diminution, rétrécissement.

extensionalité n. f. – XXe ▪ Caractère de ce qui est extensionnel.

extensionnel, elle adj. – 1969 ▪ Qui satisfait à la totalité des propriétés définies à l'intérieur d'un champ conceptuel.

extenso (in) → **in extenso**

extensomètre n. m. – 1904 ; de *extension* et *-mètre* ▪ Instrument qui mesure les déformations produites dans un corps sous l'effet des contraintes mécaniques.

exténuant, ante adj. – XIXe ▪ Qui exténue ; extrêmement fatigant. ⇒ **épuisant, harassant.** *Je « me lançais à travers le désert dans d'exténuantes randonnées »* (Gide).

exténuation n. f. – XIVe ▪ littér. Action d'exténuer, de s'exténuer ; son résultat.

exténuer v. tr. [1] – XIVe ; lat. « rendre mince *(tenuis)*, affaiblir » ▪ Rendre faible par épuisement des forces. ⇒ **affaiblir, anéantir, épuiser, éreinter, fatiguer.** *Cette longue marche l'a exténué.* ♦ pronom. *« Anne Desbaresdes s'exténua encore une fois à se souvenir »* (Duras).

> ❑ Au XVIe s., *exténuer* reprenant un des sens de l'étymon s'est employé comme équivalent de *atténuer.*

① **extérieur, ieure** adj. – XVe ; lat. *exterior,* compar. de *exter* → êtres **I - 1** EXTÉRIEUR À : qui est situé dans l'espace hors de qqch. *Point extérieur à un triangle.* ♦ Qui ne fait pas partie de, ne concerne pas. ⇒ **étranger, extrinsèque.** *Des considérations extérieures au sujet.* 2 Qui est dehors. *Cour extérieure.* ♦ Qui concerne les pays étrangers. *Commerce extérieur.* ♦ Qui vient du dehors. *Jugement extérieur.* 3 Qui existe en dehors d'un individu, qui n'appartient pas à la vie intérieure. ⇒ ① **objectif.** *« On eût dit que le monde extérieur n'arrivait jusqu'à moi qu'à travers des chefs-d'œuvre »* (Maurois). **II - 1** Se dit d'une partie d'un corps qui est en contact direct avec l'espace que ce corps n'occupe pas. ⇒ **externe.** *Poche extérieure d'une veste. Isoler les murs extérieurs. Boulevards extérieurs,* sur le pourtour d'une ville. ⇒ **périphérique.** 2 Que l'on peut voir du dehors. ⇒ **apparent,** ① **manifeste, visible.** *Aspect extérieur. Signes extérieurs de richesse.* ♦ (Opposé à *psychologique, moral*) ⇒ ① **physique.** *Manifestation extérieure d'un sentiment par des rires, des pleurs.* ✪ CONTR. Intérieur, interne.

② **extérieur** n. m. – XVIIe **I - 1** Ce qui est en dehors, qui n'est pas à l'intérieur. ⇒ **dehors.** *Porte qui s'ouvre vers l'extérieur. Usines situées à l'extérieur de la ville. « Il connaissait bien sûr le Terminus – de l'extérieur, comme l'hôtel le plus cossu de la ville »* (Tournier). *Voir, juger de l'extérieur,* en n'étant pas au sein du débat, de la question ou en ne se fiant qu'aux apparences. 2 Les pays étrangers. *Relations avec l'extérieur.* 3 Prise de vues hors des studios. ➙ *Séquence tournée en extérieur.* 4 Le monde extérieur (opposé à *la conscience*). *Nos sens nous font communiquer avec l'extérieur.* **II - 1** Partie (d'une chose) en contact direct avec l'espace qui l'environne et visible de cet endroit. *L'extérieur de ce coffret est peint à la main.* 2 vieilli ou littér. Apparence (d'une personne). « *le charme d'intelligence et d'honnêteté qui se dégageait de lui ; le charme de son extérieur, de sa voix* » (Loti). ➙ Apparence. *Ne voir que l'extérieur des choses.* ⇒ **surface.** ✪ CONTR. Intérieur. Dedans.

extérieurement adv. – XVe 1 À l'extérieur. 2 Dans les manifestations, les gestes ; en apparence. ⇒ **apparemment.** ✪ CONTR. Intérieurement.

extériorisation n. f. – XIXe ▪ Action d'extérioriser. *L'extériorisation d'un sentiment.* ⇒ **expression.**

extérioriser v. tr. [1] – XIXe 1 Placer en dehors de soi la cause de ce qu'on éprouve. 2 Donner une réalité extérieure à. ⇒ **exprimer, manifester, montrer.** *Extérioriser ses sentiments, sa joie.* ➙ pronom. « *Une intelligence s'exprimant et s'extériorisant avec une prodigieuse aisance* » (Siegfried). ✪ CONTR. Intérioriser, refouler, renfermer.

extériorité n. f. – XVIe ▪ Caractère de ce qui est extérieur. ♦ Caractère d'apparence objective présenté par ce que nous percevons. ✪ CONTR. Intériorité.

exterminateur, trice adj. et n. – XIIIe ▪ littér. Qui extermine. *L'ange exterminateur :* l'ange de la mort.

extermination n. f. – XIIe ▪ Action d'exterminer, de faire périr jusqu'au dernier ; son résultat. ⇒ **anéantissement, destruction, massacre.** « *L'extermination des cathares a été un des plus graves péchés de la France* » (Green).

exterminer v. tr. [1] – XIIe ; lat. « chasser des frontières *(terminus)* » ▪ Faire périr jusqu'au dernier. ⇒ **anéantir, détruire, massacrer, supprimer, tuer.** « *on trouva une nouvelle manière d'exterminer les hommes* » (Volt.).

externat n. m. – XIXe 1 École qui ne reçoit que des élèves externes ; régime de l'externe. 2 Fonction d'externe dans les hôpitaux. ✪ CONTR. Internat.

externe adj. et n. – XVe ; lat. *exter* « extérieur » 1 Qui est situé en dehors, se présente au dehors, est tourné vers l'extérieur. ⇒ ① **extérieur, extrinsèque.** *Coin externe de l'œil. Médicament à usage externe,* à ne pas avaler. ➙ *Angles externes,* formés par deux lignes coupées par une sécante et situés à l'extérieur. 2 n. Élève qui vient suivre les cours d'une école, mais n'y vit pas en pension. ♦ Étudiant en médecine ayant effectué plus de trois ans d'études. ✪ CONTR. Interne, pensionnaire.

exterritorialité n. f. – XIXe ▪ « Fiction diplomatique [...] en vertu de laquelle les agents diplomatiques régulièrement accrédités auprès d'un gouvernement étranger sont censés résider dans le pays qu'ils représentent et non sur le territoire où ils exercent leur fonction » (Capitant). ⇒ **extraterritorialité.** ♦ Privilège qu'ont les navires d'être considérés comme une parcelle de leur pays quand ils sont à l'étranger.

extincteur, trice adj. et n. m. – XVIIIe ▪ rare Se dit d'un appareil capable d'éteindre un foyer d'incendie. ➙ n. m. *Un extincteur à mousse carbonique.*

extinctif, ive adj. – XIXe ▪ Dr. Qui éteint, annule. *Prescription extinctive.*

extinction n. f. – XIVe ; lat. *exstinguere* « éteindre » 1 Action d'éteindre. *L'extinction d'un incendie.* ➙ *Extinction des feux :* moment où toutes les lumières doivent être éteintes. 2 Fait de s'éteindre ; perte de l'existence, de l'efficacité. ⇒ **disparition,** ① **fin.** *Espèce animale en voie d'extinction.* ➙ EXTINCTION DE VOIX. ⇒ **aphonie.** ♦ *Extinction d'un droit, d'un privilège, d'une obligation.* ⇒ **abolition, annulation.** ✪ CONTR. Allumage, embrasement. Développement, propagation.

extinguible adj. – XVIe ; lat. *exstinguere* « éteindre » ■ rare Qui peut être éteint, soulagé. ✪ CONTR. Inextinguible.

> ❑ Ce mot est beaucoup moins usité que son contraire.

extirpateur n. m. – XIVe ■ Herse destinée à extirper les mauvaises herbes. ⇒ **déchaumeuse, scarificateur.**

extirpation n. f. – XVe ■ Le fait d'arracher. *Extirpation des mauvaises herbes.*

extirper v. tr. [1] – XIVe ; lat. *stirps* « racine » 1 littér. Arracher, faire disparaître complètement. ⇒ **détruire, éradiquer, supprimer.** *Extirper les abus.* 2 Arracher avec les racines. ⇒ **déraciner.** *Extirper les mauvaises herbes.* ⇒ **sarcler.** ♦ Enlever radicalement. ⇒ **extraire.** *Extirper une tumeur.* 3 fam. Faire sortir avec difficulté. ⇒ **arracher, tirer.** « *Ils doivent faire une drôle de tête les gens quand on les extirpe des oubliettes* » (Céline). ➤ pronom. « *Elle s'extirpa de la cabine comme d'un mauvais lieu* » (Aragon). ⇒ **s'extraire.** ✪ CONTR. Enfoncer, enraciner.

extorquer v. tr. [1] – XIVe ; lat. *torquere* « tordre, tourmenter » ■ Obtenir sans le libre consentement du détenteur. ⇒ **arracher, escroquer, soutirer, tirer,** ② **voler.** *Extorquer de l'argent à qqn, des aveux.* ➤ « *j'avais extorqué de mon père la permission de suivre Barbier* » (Stendh.).

extorqueur, euse n. – XIVe ■ rare Personne qui extorque.

extorsion n. f. – XIIIe ■ Action d'extorquer. *L'extorsion d'une signature. Extorsion de fonds.*

extra n. m. et adj. inv. – XVIIIe ; abrév. de *extraordinaire* **I** n. m. 1 Ce que l'on fait d'extraordinaire ; chose ajoutée à ce qui est habituel. ⇒ **supplément.** *S'offrir des extras* (ou *des extra*). 2 Serviteur, domestique supplémentaire engagé pour peu de temps. *Engager deux extras pour un cocktail.* « *On ne naît pas extra, monsieur, on le devient, à son corps défendant* » (Anouilh). **II** adj. inv. 1 De qualité supérieure. « *C'est du beurre extra qui vient des Charentes* » (Dutourd). 2 fam. Très bien, formidable. ⇒ **épatant, sensationnel,** ② **super, terrible.** *C'est extra.* « *J'ai un calvados extra !* » (Céline).

① **extra-** Élément, du lat. *extra* « en dehors ». ✪ CONTR. Intra-

> ❑ Dans la formation des mots composés, la tendance actuelle est de supprimer le trait d'union après *extra-*, sauf lorsque le deuxième élément commence par un *a*, un *i* ou un *u*.

② **extra-** Élément, de *extra*, servant de préfixe augmentatif. ⇒ **hyper-, super-, ultra-.**

> ❑ Pour les mots composés → ① extra- (rem.).

extraconjugal, ale, aux adj. – XIXe ■ Qui se produit en dehors du mariage.

extracorporel, elle adj. – mil. XXe ■ *Circulation extracorporelle* : circuit circulatoire établi à l'extérieur du corps.

extra-courant n. m. – XIXe ■ Courant électrique d'induction prolongeant temporairement un courant établi lors de l'ouverture ou de la fermeture d'un circuit.

extracteur n. m. – XVIe ■ Appareil destiné à l'extraction d'un corps. *Extracteur d'air.* ⇒ **aérateur.** ➤ Appareil servant à séparer le miel de la cire. ♦ Dispositif qui retire la douille d'une arme. ♦ Instrument pour extraire un calcul, un corps étranger de l'organisme.

extractible adj. – XIXe ■ Qui peut être extrait. *Graisse extractible par l'éther. Autoradio extractible.*

extractif, ive adj. – XVIe ■ Qui sert à extraire. ♦ *Industries extractives,* exploitant les richesses du sous-sol.

extraction n. f. – XIIe ; lat. *extrahere* « extraire » **I - 1** Action d'extraire, de retirer d'un lieu. *L'extraction de la houille.* ➤ *Extraction d'une dent cariée. Extraction d'une balle.* « *Nous assistons à l'extraction de deux dames* [...] *de dessous l'auto retournée* » (Gide). 2 Action de séparer un élément du mélange, de la matière première dont il fait partie. *Extraction d'une essence par distillation.* 3 *Extraction de la racine* carrée d'un nombre.* **II** Origine d'où qqn tire sa naissance. *Être de haute, de basse extraction.*

extrader v. tr. [1] – XVIIIe ■ Livrer par l'extradition.

extradition n. f. – XVIIIe ; de ① *ex-* et lat. *traditio* « action de livrer » ■ Procédure internationale permettant à un État de se faire livrer un individu poursuivi ou condamné et qui se trouve sur le territoire d'un autre État. *Demande d'extradition.* « *L'attaché militaire de France à Belgrade ayant* [...] *réclamé mon extradition* » (Genet).

> ❑ Le latin *traditio* est dérivé de *tradere* « livrer », lui-même un composé de *dare* « donner ».

extrados n. m. – XVIIe 1 Surface extérieure d'un claveau, d'une voûte, d'un arc. 2 Surface supérieure d'une aile d'avion. ✪ CONTR. Intrados.

extra-dry [ɛkstʀadʀaj] adj. inv. – XIXe ; de ② *extra-* et angl. *dry* « sec » ■ Très sec. *Champagne extra-dry.*

extrafin, fine ou **extra-fin, fine** adj. – XIXe 1 Très fin, très petit. *Petits-pois extrafins.* 2 Supérieur. *Chocolat extrafin.*

extrafort, forte ou **extra-fort, forte** adj. et n. m. – XIXe 1 Très fort, très résistant ; d'une qualité supérieure à la qualité dite « forte ». *Moutarde extraforte.* 2 n. m. Ruban dont on garnit intérieurement les coutures.

extragalactique adj. – 1904 ■ Qui est extérieur à la galaxie, à une galaxie. ✪ CONTR. Galactique.

extraire v. tr. [50] – XIe ; lat. *trahere* « tirer » **I - 1** Tirer (une chose) du lieu dans lequel elle se trouve enfouie, retenue. *Extraire la pierre d'une carrière.* ➤ Enlever par une opération. « *Il avait fallu débrider la plaie, extraire le projectile* » (Flaub.). ⇒ **extirper, retirer.** 2 Faire sortir d'un lieu étroit. *Il était occupé* « *à extraire les cadavres et les blessés de dessous les décombres* » (Gide). ➤ fam. pronom. « *le compartiment d'où venait de s'extraire toute une famille de paysans* » (Aragon). ⇒ **s'extirper.** 3 Tirer (un passage) d'un écrit. « *un apophtegme extrait du livre de Quinton* » (St-Exup.). 4 Tirer (une information) de qqn. ⇒ **extorquer.** **II - 1** Séparer (une substance) du corps dont elle fait partie. ⇒ **exprimer, tirer.** *Extraire l'essence des fleurs.* 2 littér. Dégager, faire sortir, faire apparaître. *Extraire la quintessence d'un long traité.* 3 *Extraire la racine carrée d'un nombre,* la calculer. ✪ CONTR. Ajouter. Enfermer, enfouir.

extrait n. m. – XIVe 1 Produit retiré (d'une substance) par une opération physique ou chimique. *Extrait de quinquina.* ♦ Parfum concentré. ⇒ **essence.** *Extrait de lavande.* ♦ Préparation alimentaire concentrée. ⇒ **concentré.** *Extrait de café.* 2 Passage tiré d'un texte. ⇒ **citation.** *Journal qui publie des extraits d'un discours.* ⇒ **bribe, fragment, morceau.** « *Ces extraits divers sont le résultat des lectures de madame Dorval* » (Gaut.). ➤ *Extraits de film.* ⇒ **séquence.** ♦ EXTRAITS : morceaux choisis d'un auteur. ♦ Partie d'un acte copiée littéralement sur la minute ou l'original. *Extrait de naissance. Extrait de casier judiciaire.*

extrajudiciaire adj. – XVIe ■ Qui ne fait pas partie de la procédure d'une instance judiciaire. ✪ CONTR. Judiciaire.

extralégal, ale, aux adj. – XIXe ■ En dehors de la légalité. ⇒ **illégal.** *Procédés extralégaux.* ✪ CONTR. Légal.

extralucide adj. et n. – XIXe ▪ *Voyante extralucide,* qui voit tout ce qui est caché. *Des extralucides.*

❑ On a écrit aussi *extra-lucide : C'est « parce que Clémence manquait de principes qu'elle était extra-lucide »* (Cocteau).

extra-muros [ɛkstʀamyʀos] adv. et adj. – XVIIIe ; mots lat. « hors des murs » ▪ Hors de la ville. ✪ CONTR. Intra-muros.

extranéité n. f. – XIXe ; lat. *extraneus* « étranger » ▪ Situation juridique d'un étranger dans un pays donné. ➤ Caractère de ce qui est étranger.

extraordinaire adj. – XIIIe ; lat. « qui sort de l'ordre *(ordinem)* » 1 Qui n'est pas selon l'usage ordinaire, selon l'ordre commun. ⇒ **anormal, exceptionnel, inhabituel, inusité.** *Mesures extraordinaires.* ⇒ **particulier, spécial.** « *Une visite de M. le sous-préfet présageait évidemment quelque chose d'extraordinaire* » (Daud.). ⇒ **insolite, rare, singulier, unique.** ➤ *Dépenses extraordinaires.* ⇒ **imprévu.** ➤ *Assemblée, tribunal extraordinaire.* ➤ *PAR EXTRAORDINAIRE :* par un événement peu probable. 2 Qui étonne, suscite la surprise ou l'admiration par sa rareté, sa singularité. ⇒ **anormal, bizarre, curieux, étonnant, étrange, fou, insolite, singulier.** *Événement extraordinaire.* ⇒ **incroyable, inouï.** *Récit, conte, nouvelle extraordinaire.* ⇒ **fabuleux, fantastique, féerique, merveilleux, prodigieux, surnaturel.** *Les « Histoires extraordinaires », d'E. Poe.* « *On dit des choses solides, lorsqu'on ne cherche pas à en dire d'extraordinaires* » (Lautréam.). « *Ces précautions n'avaient rien d'extraordinaire* » (Green). 3 Remarquable dans son genre ; très grand, fort, intense. ⇒ **exceptionnel, extrême.** *Beauté extraordinaire.* ⇒ **admirable, remarquable, sublime.** « *la pâleur extraordinaire de son visage* » (Flaub.). *Force, peur extraordinaire.* ⇒ **intense, terrible.** « *le chant de la flûte coula, à travers un extraordinaire silence* » (Gide). ⇒ **parfait, total.** *Succès extraordinaire.* ⇒ **phénoménal.** *Fortune extraordinaire.* ⇒ **colossal, fabuleux.** *Des prétentions extraordinaires.* ⇒ **exorbitant, insensé.** ➤ *Un homme extraordinaire.* ♦ fam. Très bon. ⇒ **extra, géant,** ② **super.** ➤ *Ce film n'est vraiment pas extraordinaire,* est médiocre, quelconque. ⇒ fam. **terrible.** *Elle n'a rien d'extraordinaire.* 4 n. m. Ce qui est extraordinaire. « *Le goût de l'extraordinaire est le caractère de la médiocrité* » (Dider.). ✪ CONTR. Banal, commun, familier, habituel, normal, ordinaire, quelconque.

extraordinairement adv. – XIVe 1 rare D'une manière contraire à l'ordinaire, à la coutume, à l'habitude. 2 D'une manière peu commune ; au-delà de la mesure ordinaire. ⇒ **extrêmement,** ② **fort, très.** « *Il était de tempérament extraordinairement combatif* » (Gide). ➤ *Il a chanté extraordinairement bien.* ✪ CONTR. Communément, ordinairement. Faiblement, peu.

extraparlementaire adj. – XIXe ▪ Qui agit hors du Parlement. ✪ CONTR. ① Parlementaire.

extrapolable adj. – 1959 ▪ Qui peut être extrapolé.

extrapolation n. f. – XIXe ▪ Action d'extrapoler ; de déduire en généralisant. ⇒ **déduction, généralisation.**

extrapoler v. intr. [1] – XIXe ; de ① *extra-* et lat. *polare* « tourner », d'apr. *interpoler* 1 Calculer, pour des valeurs de la variable situées en dehors de la série des valeurs observées, les valeurs d'une fonction connue empiriquement. 2 Appliquer une chose connue à un autre domaine pour en déduire des conséquences, des hypothèses. ⇒ **généraliser, transposer.** ✪ CONTR. Interpoler.

extrasensible [ɛkstʀasɑ̃sibl] adj. – 1914 ▪ Qui n'est pas perçu par les sens. ⇒ **suprasensible.**

extrasensoriel, ielle [ɛkstʀasɑ̃sɔʀjɛl] adj. – mil. XXe ▪ Qui ne se fait pas par les sens. *Perception extrasensorielle.* ✪ CONTR. Sensoriel.

extrasystole [ɛkstʀasistɔl] n. f. – 1905 ▪ Contraction cardiaque anticipée, suivie d'une pause plus longue que la pause normale.

extraterrestre adj. et n. – XIXe 1 Extérieur à la Terre ou à l'atmosphère terrestre. *Vol extraterrestre.* 2 Qui vient d'une autre planète que la Terre. *Engin extraterrestre.* ⇒ **ovni.** ➤ n. *Croire aux extraterrestres.*

❑ On a écrit aussi *extra-terrestre : « des Gorgones, des Titanides, des femmes extra-terrestres »* (Huysmans).

extraterritorial, iale, iaux adj. – 1987 ▪ Qui est domicilié dans un territoire étranger offrant des avantages pour l'exercice de son activité internationale.

extraterritorialité n. f. – 1905 ▪ Fiction juridique qui permet de considérer une ambassade comme située sur le territoire du pays représenté. ⇒ **exterritorialité.**

extra-utérin, ine adj. – XIXe ▪ Qui se produit anormalement hors de la cavité utérine. *Grossesse extra-utérine.* ⇒ **ectopique, tubaire.** ✪ CONTR. Intra-utérin.

extravagance n. f. – XVe 1 État d'une personne qui n'a pas le sens commun. ⇒ **déraison, folie, insanité.** ♦ Caractère de ce qui est extravagant. ⇒ **absurdité, bizarrerie.** *L'extravagance de sa conduite.* 2 Idée, parole, action extravagante. ⇒ **excentricité.** *Je n'ai pas le temps d'écouter ses extravagances.* ⇒ **divagation.** *Faire des extravagances.* ⇒ **folie, incartade.** « *des extravagances justifiant un réinternement* » (Tournier). ✪ CONTR. Mesure, raison.

extravagant, ante adj. – XIVe 1 Qui sort des limites du bon sens ; qui est à la fois extraordinaire et déraisonnable. *Idées extravagantes.* ⇒ **bizarre, grotesque.** *Costume extravagant.* ⇒ **excentrique.** « *Une telle façon de penser peut et doit même paraître extravagante aux esprits calculateurs* » (Muss.). 2 vieilli Qui extravague, est hors du sens commun. *Un personnage extravagant.* ➤ subst. *Les « sottes visions de cette extravagante »* (Mol.). ⇒ **détraqué, fou.** ✪ CONTR. Équilibré, modéré, normal, raisonnable, sage, sensé.

extravaguer v. intr. [1] – XVIe ; lat. *extra* « en dehors » et *vagari* « s'écarter de la voie » ▪ vx ou plaisant Penser, parler, agir sans raison ni sens. ⇒ **déraisonner, divaguer.** *La fièvre le fait extravaguer.* ⇒ **délirer.**

extravasation n. f. – XVIIe ▪ Épanchement d'un liquide organique dans les tissus, par lésions de la paroi de l'organe ou du conduit où il est contenu normalement. ⇒ **exsudation, infiltration.**

extravaser (s') v. pron. [1] – XVIIe ; de ① *extra-* et lat. *vas* « vase » ▪ Se répandre hors de son contenant naturel. ⇒ **couler,** s'**épancher, exsuder.** *Sang qui s'extravase.*

extraversion n. f. – 1913 ; lat. *extra* « en dehors » et *vertere* « tourner » ▪ Attitude, comportement d'un individu qui montre une grande facilité à établir des contacts avec ceux qui l'entourent, qui exprime aisément ses sentiments. ✪ CONTR. Introversion.

❑ On dit aussi *extroversion.* → extraverti (rem.).

extraverti, ie adj. et n. – 1913 ▪ Qui est tourné vers le monde extérieur. *Caractère extraverti.* ✪ CONTR. Introverti.

❑ On dit aussi *extroverti,* probablement d'après l'anglais *extrovert.*

extrême adj. et n. m. – XIIIe ; lat. *extremus,* superl. de *exter* → ① extérieur I adj. 1 Qui est tout à fait au bout, qui termine. *L'extrême limite.* ⇒ **dernier.** *La partie extrême d'un objet.* ⇒ **final,** ① **terminal.** *Extrême-Orient :* la partie de l'Asie la plus éloignée de l'Europe (opposé à *Proche-Orient*). *L'extrême droite, l'extrême gauche :* la partie de la droite, de la gauche la plus éloignée du centre. ♦ Près de la fin. ⇒ **ultime.** ♦ *À l'extrême opposé.* 2 littér. Qui est au plus haut point, au dernier degré ou à un très haut degré. ⇒ **grand, intense ; exceptionnel, extraordinaire.** « *Si Peau-d'Âne m'était conté, J'y prendrais un plaisir extrême* » (La Font.). ⇒ **suprême.** « *il fallait ici s'en servir avec une extrême précaution* » (J. Verne). ♦ *À l'extrême rigueur. Extrême urgence.* 3 Qui est le plus éloigné de la moyenne, du juste milieu. ⇒ **excessif, immodéré.** *Climat extrême,* très chaud ou très froid. *Situations extrêmes,* anormales, très graves, peu communes. *Moyen extrême.* ⇒ **brutal, radical.** *Sport extrême,* dans des conditions extrêmes de difficulté, de danger. ➡ Dont les sentiments sont extrêmes. ⇒ **excessif.** II n. m. 1 Situation extrême. « *Il s'est porté aux extrêmes, il a voulu sortir de lui* » (Sartre). 2 *Les extrêmes :* les deux extrêmes limites d'une chose, celles qui sont le plus éloignées l'une de l'autre. ⇒ **antipode, contraire, opposé.** « *Cette rapidité avec laquelle Jacques passait d'un extrême à l'autre l'effrayait comme un danger* » (Mart. du G.). 3 *Les extrêmes d'une proportion,* le premier et le dernier terme. ➡ *Les extrêmes d'un syllogisme,* les deux termes de sa conclusion. 4 *À L'EXTRÊME :* à la dernière limite ; au-delà de toute mesure. ✪ CONTR. ① Moyen. Faible, ordinaire, petit. Mesuré, modéré. — Milieu (juste milieu).

extrêmement adv. – XVIe ▪ D'une manière extrême, à un très haut degré. ⇒ **exceptionnellement, extraordinairement,** ② **fort, infiniment, très.** *Elle est extrêmement intelligente.* ⇒ **supérieurement.** *Sa famille est extrêmement riche.* ⇒ **immensément, terriblement.** ✪ CONTR. Médiocrement, peu.

extrême-onction n. f. – XVIe ▪ Sacrement de l'Église destiné aux fidèles en danger de mort. *Des extrêmes-onctions.*

extrême-oriental, ale, aux [ɛkstʀɛmɔʀjɑ̃tal, o] adj. et n. – 1902 ▪ De l'Extrême-Orient (Asie orientale). *Les Extrême-Orientaux.*

extremis (in) → **in extremis**

extrémisme n. m. – 1911 ▪ Attitude de l'extrémiste. ✪ CONTR. Modération.

extrémiste n. et adj. – 1911 ▪ Partisan d'une doctrine poussée jusqu'à ses limites, ses conséquences extrêmes ; personne favorable aux idées, aux opinions extrêmes. – adj. « *C'était l'élément extrémiste dans ce parlement d'imbéciles* » (Green). ✪ CONTR. Modéré.

extrémité n. f. – XIIIe 1 La partie extrême, qui termine une chose. ⇒ **bout,** ① **fin ; bord, terminaison.** *Les deux extrémités d'un segment de droite. L'extrémité du doigt. L'extrémité d'une voie ferrée.* ⇒ **terminus.** *Extrémité d'un champ, d'un bois.* ⇒ **limite, lisière.** « *L'ami de Raymond habitait un petit cabanon de bois à l'extrémité de la plage* » (Camus). 2 *LES EXTRÉMITÉS :* les pieds et les mains. *Avoir les extrémités glacées.* 3 Situation critique, désespérée. ♦ *Le malade est à la dernière extrémité,* à l'agonie, près de mourir. 4 Parti, décision, action extrême. « *Ne me poussez pas à quelque fâcheuse extrémité par vos extravagances* » (Muss.). ➡ Excès d'emportement, de violence. « *nous serions vraiment désolés d'être contraints d'en venir à des extrémités désagréables* » (Hugo). ✪ CONTR. Centre, milieu. ② Moyen. Mesure.

> ❑ Attention au deuxième *e* qui prend un accent aigu, à la différence de *extrême.*

extrinsèque adj. – XIVe ; lat. *extrinsecus* « au dehors » ▪ Qui est extérieur à l'objet dont il s'agit, n'appartient pas à son essence. ⇒ **étranger.** *Causes extrinsèques.* ➡ *Valeur extrinsèque d'une chose, d'une monnaie,* valeur qu'elle tient d'une convention. ⇒ **conventionnel, fictif, nominal.** ✪ CONTR. Intrinsèque.

extroversion ; extroverti → **extraversion ; extraverti**

extrudé, ée adj. – v. 1960 ▪ Obtenu par extrusion.

extrudeuse n. f. – v. 1960 ▪ Machine de transformation des matières par extrusion. ⇒ **boudineuse.**

extrusion n. f. – 1905 ; lat. *extrudere* « pousser hors de », d'apr. *intrusion* 1 Sortie de lave qui forme aiguille ou dôme. 2 Procédé de mise en forme d'un objet, d'un aliment, qui consiste à pousser la matière à fluidifier à travers une filière.

exubérance n. f. – XVIe 1 État de ce qui est très abondant. ⇒ **abondance, profusion.** *L'exubérance de la végétation.* ⇒ **luxuriance.** ♦ *L'exubérance du style.* ⇒ **prolixité.** 2 Vitalité qui se manifeste dans le comportement, les propos. *Manifester sa joie avec exubérance.* ⇒ **expansivité.** ♦ Action exubérante. « *Mais elle ne se livra à aucune exubérance, nulle gaieté irresponsable* » (Colette). ✪ CONTR. Indigence, pauvreté, pénurie. Concision, laconisme. ① Calme, flegme, froideur, réserve.

exubérant, ante adj. – XVe ; lat. *uber* « fertile » 1 Qui a de l'exubérance. ⇒ **abondant, débordant, surabondant.** *Végétation exubérante.* ⇒ **luxuriant.** ➡ *Elle « bomba orgueilleusement sa poitrine exubérante »* (Simenon). ♦ *Rabelais « a une imagination puissante, fougueuse, exubérante »* (Lanson). 2 Qui se comporte ou se manifeste sans retenue. ⇒ **communicatif, démonstratif, expansif ; pétulant.** *Caractère exubérant. Joie exubérante.* ⇒ **délirant.** ✪ CONTR. ① Maigre, pauvre. ② Calme, ① froid, muet, réservé, taciturne.

exulcération n. f. – XVIe ▪ Ulcération très superficielle.

exulcérer v. tr. [6] – XVIe ; lat. *ulcus* « plaie » ▪ Former une exulcération sur, dans.

exultation n. f. – XIIe ▪ Transport de joie, état de celui qui exulte. ⇒ **allégresse, gaieté, jubilation, liesse.**

exulter v. intr. [1] – XVe ; lat. *saltare* « sauter » ▪ Être transporté d'une joie extrême. ⇒ **déborder** (de joie), **jubiler.** « *La bedaine au galop, les yeux paillards, le gros père exultait* » (Huysm.). ➡ « *Nos voisins exultaient de nous voir ainsi nous affaiblir* » (St-Sim.). → **se réjouir.** ✪ CONTR. Désespérer (se), désoler (se).

exutoire n. m. – XVIIIe ; lat. *exuere* « dépouiller » ▪ Ce qui permet de se soulager, de se débarrasser. *Chercher un exutoire à qqch.* ⇒ **dérivatif.** « *Haranguer l'espace est un exutoire* » (Hugo). « *Leur métier* [des comédiens] *est un exutoire par où s'épanche leur déraison* » (Flaub.).

> ❑ On peut rencontrer l'emploi fautif de *exutoire* au féminin, peut-être sous l'influence de *échappatoire* et de *écritoire.*

exuvie n. f. – 1930 ; lat. *exuviæ* « dépouille » ▪ Peau rejetée par un animal lors de la mue. ⇒ **dépouille.**

> ❑ Même famille étym. que *exutoire.*

ex-voto n. m. inv. – XVIIe ; lat. *ex voto suscepto* « suivant le vœu fait » ▪ Tableau, objet symbolique, plaque portant une formule de reconnaissance, que l'on place dans une église, une chapelle, en accomplissement d'un vœu ou en remerciement d'une grâce obtenue. *Les « ex-voto des matelots sauvés du naufrage et suspendus à la voûte de cette église »* (Barbey).

eye-liner [ajlajnœʀ] n. m. – 1962 ; angl. *eye* « œil » et *liner* « ce qui sert à tracer des lignes » ▪ Cosmétique liquide servant à souligner le bord des paupières. *Des eye-liners.*

eyra n. m. – XIXe ; probablt de *ara,* mot du Brésil ▪ Petit puma du Brésil.

F

① **f** [ɛf] **n. m. inv.** ▪ Sixième lettre et quatrième consonne de l'alphabet : *f majuscule* (F), *f minuscule* (f). ➛ prononc. Lettre qui note la fricative labiodentale sourde [f] *(fa, café, chef)*. F est généralement prononcé à la finale. ❑ F se prononce [v] en liaison dans *neuf heures* [nœvœʀ] et *neuf ans* [nœvɑ̃].

② **f** abrév. et symboles **1 F** [ɛf] **n. m. inv.** La note *fa*, dans la notation anglo-saxonne et germanique. **2** (abrév. de *familial*) **F_1, F_2, F_3...** [ɛfœ̃, ɛfdø, ɛftʀwɑ] **n. m. inv.** Logement de une, deux, trois... pièces principales. **3 F** [faʀad] **n. m. inv.** Farad. ♦ **f** [ɛf] **n. f. inv.** Fonction. *f(x)* [ɛfdəiks]. ♦ **°F** [dəgʀefaʀɛnajt] **n. m. inv.** Degré Fahrenheit. **4 F** [fʀɑ̃] **n. m. inv.** Franc (unité monétaire). *FB* : franc belge. *FF* : franc français. *FS* : franc suisse.

fa **n. m. inv.** – XIIIe ; 1re syllabe du lat. *famuli*, au 2e vers de l'hymne de saint Jean Baptiste ▪ Note de musique, sixième degré de l'échelle fondamentale, quatrième son de la gamme naturelle. *Fa naturel, fa dièse, fa bémol. Clé de fa, placée sur la quatrième ligne de la portée et employée surtout pour les parties de basse.* ➛ Ton correspondant. *Sonate en fa majeur.* ✪ HOM. poss. Fat.

fabacées **n. f. pl.** – XIXe ; lat. *faba* « fève » ▪ Famille de plantes dicotylédones ligneuses ou herbacées dont le fruit est une gousse (autrefois appelée *légumineuses*).

fable **n. f.** – XIIe ; lat. *fabula* « propos, récit », de *fari* « parler » **I - 1** Petit récit en vers ou en prose, destiné à illustrer un précepte. ⇒ **apologue.** *La morale de la fable. Les fables indiennes, les fables grecques d'Ésope. Les Fables de La Fontaine.* **2** littér. Anecdote, nouvelle ou allégation mensongère. « *J'imagine que ma femme me trompe et que toute cette fable est une invention pour* [...] *troubler mes idées* » (Muss.). ⇒ **mensonge. II** loc. *Être la fable de* (un groupe, une collectivité), un sujet de moquerie. *Il est la fable du quartier.*

fabliau **n. m.** – XIIe ▪ Petit récit en vers octosyllabes, plaisant ou édifiant, propre à la littérature des XIIIe et XIVe s. *Recueil de fabliaux.*

fablier **n. m.** – XVIIIe ▪ Recueil de fables.

fabricant, ante **n.** – XVe ▪ Personne qui fabrique des produits destinés à la vente, ou dirige, possède l'entreprise qui les fabrique. « *Ni les armes, ni les instruments, contrairement à ce qui se fait d'habitude, ne portaient la marque du fabricant* » (J. Verne). ✪ HOM. Fabriquant (fabriquer).

> ❑ Seul substantif dérivé d'un verbe en *...quer* dont la terminaison [kɑ̃] s'écrit avec un *c* (aussi *communicant*, adjectif substantivé). Comparer aux noms en *qu* : *attaquant, trafiquant*, etc. et *clinquant, délinquant* rattachés à d'anciens verbes français.

fabricateur, trice **n.** – XVe ▪ péj. *Fabricateur de fausse monnaie, de faux papiers.* ⇒ **faussaire, faux-monnayeur.** ➛ *Fabricateur de fausses nouvelles.*

fabrication **n. f.** – XVe **1** Art ou action de fabriquer. *Fabrication artisanale, industrielle, en grande série. Fabrication assistée par ordinateur (F.A.O.). Produit de fabrication française.* ⇒ **production.** *Défaut de fabrication. Secret de fabrication. Produits chimiques entrant dans la fabrication de certains colorants.* **2** Production (d'objets sans valeur ou destinés à tromper). *La fabrication de fausse monnaie.*

fabricien **n. m.** – XVIe ; de *fabrice*, forme anc. de *fabrique* (2°) ▪ VX Membre du conseil de fabrique d'une église. ⇒ **marguillier.**

fabrique **n. f.** – XIVe ; lat. *faber, fabri* « artisan, ouvrier » **1** Établissement de moyenne importance ou peu mécanisé ayant pour objet la transformation de matières premières ou de produits semi-finis en produits manufacturés. ⇒ **manufacture, usine.** *Fabrique de vêtements, de meubles.* ♦ DE FABRIQUE. *Prix de fabrique*, d'un objet acheté directement chez le fabricant. **2** Édifice, dans un tableau. *Paysage avec des fabriques.* ♦ *Le conseil de fabrique* ou *la fabrique* : autrefois, l'ensemble des clercs et des laïcs chargés de l'administration des fonds et revenus affectés à la construction, à l'entretien d'une église. ⇒ **fabricien, marguillier.**

fabriquer **v. tr.** [1] – XIIe ; lat. **1** Faire (qqch.) par un travail exécuté sur une matière. ⇒ **confectionner, façonner,** ① **faire.** *Il a fabriqué de ses propres mains ce petit appareil.* ⇒ **construire.** « *fabriquer des livres n'est pas moins indispensable que de fabriquer du pain* » (Péguy). ♦ fam. Faire. ⇒ fam. ① **ficher,** ① **foutre.** « *qu'est-ce que vous fabriquez ici à cette heure* » (Montherl.). **2** Faire, produire à l'aide de matières premières transformées par des procédés mécaniques (des objets destinés au commerce). *Faire fabriquer un modèle en grande série.* ⇒ **manufacturer, produire, usiner.** ➛ souvent péj. *Fabriquer un champion, une vedette.* **3** Élaborer, faire (en imitant, en imaginant et de manière à tromper). *Fabriquer de la fausse monnaie.* ♦ *Fabriquer de toutes pièces une histoire.* ⇒ **forger, inventer.** ✪ HOM. *Fabriquant* : fabricant.

fabulateur, trice **adj.** et **n.** – XVIe **1** Relatif à la fabulation (2°). « *La religion était la raison d'être de la fonction fabulatrice* » (Bergson). **2 n.** Personne qui a l'habitude de la fabulation (1°). ⇒ **mythomane.** *Les enfants sont souvent des fabulateurs.*

fabulation **n. f.** – XIXe **1** En psychologie, Récit imaginaire présenté comme réel, mais sans adaptation aux circonstances. *La fabulation est normale chez le petit enfant, pathologique chez l'adulte.* ⇒ **mythomanie. 2** Activité de l'imagination.

> ❑ Bien distinguer *fabulation* et *affabulation*, ce dernier désignant couramment l'intrigue, la trame d'une œuvre de fiction ; cependant, *affabulation* est parfois également employé en psychologie avec la valeur de *fabulation*. ♦ Attention à l'homonymie *la fabulation / l'affabulation*.

fabuler **v. intr.** [1] – XVIe ; lat. *fabula* « fable » ▪ Présenter comme réels des faits imaginés. ⇒ **inventer.** *Jeune enfant qui fabule.* ⇒ **affabuler.**

fabuleusement adv. – XVe ▪ D'une manière fabuleuse, inimaginable. *Il est fabuleusement riche.* ⇒ **extraordinairement, prodigieusement.**

fabuleux, euse adj. – XIVe ; lat. *fabula* « fable » **1** littér. Qui appartient à la fable, au merveilleux antique. ⇒ **légendaire, mythique.** *Animaux, êtres fabuleux.* « *tant de personnages historiques ou fabuleux* » (Gaut.). **2** Invraisemblable quoique réel. ⇒ **fantastique, incroyable, prodigieux.** *Une vie aux aventures fabuleuses.* ➤ Énorme. *Des sommes fabuleuses.* ⇒ **astronomique, colossal, exorbitant.** ➤ fam. Hors du commun. ⇒ **exceptionnel.** *Un spectacle fabuleux.* ✪ CONTR. Certain, historique, réel, vrai ; commun, ordinaire.

fabuliste n. m. – XVIe ; lat. *fabula* ▪ Auteur qui compose des fables.

fac n. f. – 1920 ; abrév. de *faculté* (II) ▪ fam. Faculté. *Aller à la fac.*

façade n. f. – XVIe ; it. *faccia* « face » **1** Face antérieure d'un bâtiment où s'ouvre l'entrée principale, donnant le plus souvent sur la rue. « *cette belle façade du Louvre* [...] *qui fut construite par Perrault et par Louis Le Vau* » (Volt.). *Quatre pièces en façade et deux sur cour. Refaire, ravaler la façade.* « *La façade illuminée de l'établissement jetait une grande lueur* » (Maupass.). **2** Région côtière. *La façade atlantique de la France.* **3** Ce qui se voit d'abord, apparence (généralement trompeuse). ⇒ **dehors,** ② **extérieur.** *Ce n'est qu'une façade. Amabilité de façade,* simulée, peu sincère. **4** loc. fam. *Se ravaler la façade :* se remaquiller. ✪ CONTR. Arrière-corps, ② derrière, dos. Intérieur, fond, réalité.

face n. f. – XIIe ; lat. *facies* **1** Partie antérieure de la tête humaine. ⇒ **figure, tête, visage.** « *sa face anguleuse au nez droit, à la lèvre duvetée* » (Alain-Fourn.). ➤ *Détourner la face. Tomber la face contre terre.* ➤ *Les os de la face. La face et le crâne.* ♦ loc. *Jeter la vérité à la face de qqn.* ➤ PERDRE LA FACE : perdre son prestige en tolérant une atteinte à son honneur, à sa dignité, à sa réputation. *Sauver la face :* sauvegarder son prestige, sa dignité, en dépit de la défaite, de l'échec qu'on vient de subir. **2** Côté qui porte une figure (médaille, monnaie ; opposé à *pile*). ⇒ **avers.** *Côté face :* l'endroit. **3** Chacun des côtés d'une chose. « *Une petite glace de bazar, à trois faces* » (Romains). *La face cachée de la lune.* ♦ Chacun des plans qui limitent un solide. *Les faces d'un prisme.* ♦ Surface (d'un organe, d'une partie du corps), définie par sa situation par rapport au corps. *La face interne des cuisses.* ➤ Plan déclive et orienté (d'une montagne). *Face nord, face sud.* **4** Aspect sous lequel une chose se présente. ⇒ **aspect, physionomie.** « *Quatre années avaient suffi pour changer la face de ce bourg* » (Balz.). ➤ *Examiner la situation sous toutes ses faces.* ⇒ **angle, côté, point de vue.** loc. *Changer (renouveler) la face de qqch. :* transformer qqch. « *Le nez de Cléopâtre : s'il eût été plus court, toute la face de la terre aurait changé* » (Pasc.). **5** *FAIRE FACE (À) :* présenter la face, l'avant tourné vers un certain côté. « *Le portrait du Président de la République faisait face à la porte* » (Maupass.). ➤ pronom. « *Le long des murs, deux rangées de moines se font face, immobiles* » (Green). ♦ *Faire face à l'ennemi, à des assaillants :* présenter le front des lignes. ⇒ **front.** *Faire face :* réagir efficacement en présence de quelque difficulté. ⇒ ② **parer** (à), **répondre** (à). « *La mairie devait faire face, avec un personnel diminué, à des obligations écrasantes* » (Camus). *Il faut faire face.* **6** *FACE À :* en faisant face à ; vis-à-vis de. *Chambre d'hôtel face à la mer.* ➤ En étant confronté à. *Face au danger, il hésita.* **7** *EN FACE :* par-devant. *Regarder qqn en face,* soutenir hardiment son regard. ➤ *Il le lui a dit en face,* directement. ➤ *Il faut voir les choses en face,* sans chercher à se leurrer. ♦ *EN FACE DE :* vis-à-vis de. *Ils restaient muets l'un en face de l'autre.* ⇒ ① **devant.** « *Ils étaient assis au fond du bar, en face du comptoir* » (Sartre). ➤ pop. ou région. (sans *de*) « *En face le pont de la Tournelle* » (Flaub.). ➤ *La maison d'en face* (du lieu dont on parle). *Je vais en face.* **8** FACE À FACE : les faces tournées l'une vers l'autre. *Il se trouva face à face avec un ancien camarade. Ils sont face à face.* ➤ n. m. *Un face-à-face* (voir ce mot). **9** DE FACE : la figure, la partie antérieure s'offrant aux regards. *Un portrait de face.* « *je combine divers jeux de miroirs, je me cherche, tour à tour, de face, de profil, de dos, de trois-quarts* » (Duham.). ➤ De là où l'on voit la face, le devant (opposé à *de côté*). *Photographier un monument de face.* ➤ Sans détour, franchement. *Aborder une question de face.* ✪ CONTR. ② Derrière, dos. ② Pile, revers. ② Envers, opposé, rebours. — HOM. Fasce.

> ❑ Pour l'emploi → visage (rem.). ♦ Même famille étym. que *effacer, façade, surface.*

face-à-face n. m. inv. – 1965 ▪ Débat, portant souvent sur un sujet politique, entre deux personnalités qui représentent des opinions, des milieux, des intérêts différents ou divergents. *Un face-à-face télévisé entre deux candidats aux élections.*

> ❑ On trouve parfois la graphie sans traits d'union : *un face à face.*

face-à-main n. m. – XIXe ▪ Binocle à manche que l'on tient à la main. « *même avec le secours de son face-à-main elle put à peine comprendre ce qu'elle avait sous les yeux* » (Green). *Des faces-à-main* [fasamɛ̃].

facétie n. f. – XVe ; lat. *facetus* « bien fait, plaisant » ▪ Plaisanterie burlesque. ⇒ ② **farce.**

> ❑ La grande majorité des mots en ...*tie* après voyelle se prononce avec [s]. C'est le cas de *aristocratie, idiotie, minutie, prophétie.*

facétieux, ieuse adj. – XVe ▪ Qui aime à dire ou à faire des facéties. ⇒ **farceur, moqueur.** *Esprit facétieux.* ➤ n. *Un petit facétieux.* ✪ CONTR. Grave, sérieux.

facette n. f. – XIIIe ▪ Une des petites faces d'un corps qui en a beaucoup. « *une pierre précieuse à mille facettes* » (Muss.). ➤ fig. *À facettes :* à plusieurs aspects. *Personnage à facettes,* divers, difficile à déchiffrer. ♦ *Les yeux à facettes des insectes,* composés de nombreux petits yeux rudimentaires formant chacun une lentille. ⇒ **ommatidie.**

> ❑ *Facette* a signifié « petit visage » (XIIIe s.).

facetter v. tr. [1] – XVe ▪ Tailler à facettes. *Diamant facetté.*

fâché, ée adj. – XVe **1** *Fâché de,* qui est désolé, regrette. ⇒ **désolé, navré.** *Je suis fâché de ce contretemps.* ➤ *Fâché que, de. Je ne serais pas fâché qu'il parte, de le voir partir :* je serais heureux qu'il parte. **2** Mécontent. « *J'étais plus fâché de déplaire que d'être puni* » (Rouss.). ➤ *Fâché contre qqn,* en colère contre lui. **3** *Fâché avec qqn,* brouillé. *Ils sont fâchés à mort depuis dix ans.* ➤ fam. *Être fâché avec qqch.,* ne plus rien y comprendre, être incompétent. *Il est fâché avec l'orthographe.* ✪ CONTR. Content, heureux, satisfait.

fâcher v. tr. [1] – XVe ; lat. *fastidire* « éprouver du dégoût » **1** Mettre dans un état d'irritation. ⇒ **irriter, mécontenter.** *Soit dit sans vous fâcher.* **2** SE FÂCHER v. pron. Se mettre en colère. ⇒ s'**emporter,** s'**irriter.** *Se fâcher contre qqn. Se fâcher tout rouge.* « *(Cyrano* [...] *la moustache hérissée, le nez terrible) – Ah ! je vais me fâcher* » (Rostand). ♦ *Il s'est fâché avec son frère.* ⇒ se **brouiller, rompre.** *Se fâcher à mort.* ➤ *Ils se sont fâchés.* ✪ CONTR. Réjouir. Réconcilier (se).

❑ L'accent circonflexe de *fâcher* représente un ancien *s* étymologique (*fascher,* 1442) qui notait la durée longue du *a*. De nos jours on prononce [fɑʃe] ou parfois [faʃe], mais le [ɑ] se maintient dans le dérivé *fâcheux.*

fâcherie n. f. – XVe ■ Refroidissement ou rupture dans les relations de deux personnes qui se sont fâchées l'une avec l'autre. ⇒ **brouille, désaccord.** ✪ CONTR. Accord, entente, réconciliation.

fâcheusement adv. – XVIe ■ D'une manière fâcheuse.

fâcheux, euse adj. et n. – XVe 1 Qui est pour qqn une cause de déplaisir (⇒ **ennuyeux**) ou de souffrance (⇒ **affligeant**). « *Quelque fâcheuse nouvelle, cher Monsieur ? – Oh ! rien de très grave* » (Gide). ⇒ **mauvais.** *Fâcheuse affaire.* 2 Qui comporte quelque inconvénient ; qui porte préjudice. ⇒ **déplorable, regrettable.** *Contretemps fâcheux. C'est fâcheux :* cela arrive mal à propos. ⇒ **inopportun.** 3 n. littér. « *Je suis sans cesse dérangé par des Fâcheux* » (Barthes). ⇒ fam. **casse-pieds.** ✪ CONTR. Agréable, propice. Bienvenu. ① Discret.

facho n. et adj. – v. 1968 ■ fam. Fasciste.

facial, iale, iaux adj. – XVIe ■ Qui appartient à la face, de la face. *Les muscles faciaux. Paralysie faciale.*

faciès [fasjɛs] n. m. – XVIIIe ; lat. « face » 1 Aspect du visage (en médecine, anthropologie). *Le faciès indien, mongol.* ♦ Expression, forme du visage. ⇒ **face, physionomie.** 2 Ensemble des caractères d'un sédiment, qui renseignent sur son origine. *Faciès glaciaire.* ➛ Ensemble des éléments particuliers à une période donnée de civilisation.

❑ L'accent grave sur *e* devant *s* final prononcé n'est pas rare, voir par exemple *aloès, cacatoès, florès, herpès, palmarès, xérès* et aussi le nom propre *Jaurès.* ♦ On trouve parfois la graphie latine *facies,* sans accent : « *des facies déformés* » (Rimbaud).

facile adj. – XVe ; lat. « qui se fait aisément », de *facere* « faire » 1 Qui se fait, qui s'obtient sans peine, sans effort. ⇒ **aisé, enfantin, simple.** « *La vie humble, aux travaux ennuyeux et faciles* » (Verlaine). *C'est facile, très facile.* ⇒ fam. **fastoche.** *Facile comme bonjour, facile comme tout :* très facile. *Il est d'un abord facile.* ➛ « *Avec de l'argent, tout devenait possible, facile* » (Mart. du G.). ➛ *Il est facile de refuser.* ♦ FACILE À, POUR (QQN). « *Il m'est, disait-elle, facile D'élever des poulets* » (La Font.). ♦ *Avoir la vie facile,* agréable, sans souci. 2 FACILE À : qui ne demande pas d'effort pour être (fait, etc.). *Cela est plus facile à dire qu'à faire,* et ellipt *facile à dire ! Chose facile à comprendre.* ➛ *Problème, calcul facile* (à résoudre). *Texte, auteur facile* (à comprendre). ➛ (personnes) *Facile à vivre,* dont l'humeur est accommodante, égale. 3 Qui semble avoir été fait, composé sans effort, sans peine, qui ne sent pas la gêne. ⇒ **aisé,** ① **coulant.** « *Si l'élégance a toujours l'air facile, tout ce qui est facile et naturel n'est pas élégant* » (Volt.). ♦ Sans profondeur, sans recherche. *C'est une raillerie un peu facile. Musique facile.* 4 Qui se prête sans peine à ce qu'on attend de lui ; qui supporte facilement. ⇒ **accommodant, conciliant, tolérant.** *Un enfant facile.* ⇒ **docile.** *Il n'est pas facile avec ses subordonnés.* ⇒ ① **commode.** ➛ vieilli *Femme facile,* qui accepte facilement des relations sexuelles. ⇒ **léger.** 5 adv. fam. Pour le moins. *Pour y aller, il faut trois heures facile.* ✪ CONTR. Difficile. Maladroit ; profond, recherché. Emprunté. Exigeant.

facilement adv. – XVe 1 Avec facilité ; sans effort, sans peine. ⇒ **aisément, commodément.** *Il y est arrivé facilement. Il est facilement reconnaissable. Cela se boit facilement.* ♦ Pour peu de chose. *Il se vexe facilement.* 2 Au moins. ⇒ **facile** (5°). *Il faut facilement trois heures pour aller là-bas.* ✪ CONTR. Difficilement.

facilitation n. f. – XIXe ■ Action de faciliter. ♦ Ensemble des mesures destinées à accélérer le transport des marchandises, par air et par mer.

facilité n. f. – XVe 1 Caractère, qualité de ce qui se fait sans peine, sans effort. *Travail d'une grande facilité.* ⇒ **simplicité.** 2 (surtout plur.) Moyen qui permet de faire qqch. sans effort, sans peine. ⇒ ② **moyen, occasion, possibilité.** *Fournir, procurer à qqn toutes facilités pour qqch., pour faire qqch.* ⇒ ① **aide, appui, secours.** ♦ *Facilités (de paiement) :* conditions spéciales, délais accordés à un acheteur, à un débiteur ; échelonnement des paiements. 3 Disposition à faire qqch. sans peine, sans effort. ⇒ **aptitude, habileté.** *Écrire avec facilité.* ➛ *Facilité à, pour. Facilité à s'exprimer.* ♦ Aptitude, don pour l'étude, pour le travail ; aptitude à composer, créer (une œuvre). *Cet enfant n'a aucune facilité.* 4 Absence d'exigence ou d'effort qui entraîne un manque de qualité. *Céder à la facilité.* « *La nature de l'homme n'est pas le courage ; c'est la facilité* » (Giono). 5 Aptitude à être sociable, accommodant. *Facilité de caractère.* ✪ CONTR. Difficulté ; embarras, ennui, obstacle, opposition. Inaptitude.

faciliter v. tr. [1] – XVe ; it. *facilità* « facilité » ■ Rendre facile, moins difficile. ⇒ **aider, arranger.** *Cela lui facilitera la tâche. Son entêtement ne facilitera pas les choses.* « *Il but une tasse de camomille, afin de faciliter sa digestion* » (Romains). ➛ *Se faciliter la vie.* ⇒ **simplifier.** ✪ CONTR. Compliquer, empêcher, ① entraver.

façon n. f. – XIIe ; lat. *facere* « faire » **I** - 1 DE (LA, MA, SA...) FAÇON. *Il lui a joué un tour de sa façon,* un mauvais tour. 2 Travail de l'artiste, de l'artisan qui met en œuvre une matière. ⇒ **exécution,** ① **travail.** *Payer la façon d'un vêtement dont on a fourni le tissu.* ⇒ **confection.** ♦ À FAÇON : en exécutant le travail, sans fournir la matière première. *Couturière à façon.* 3 Chacune des opérations qui ont pour objet le travail de la terre au moyen d'instruments aratoires. 4 Manière dont une chose est faite ; forme qu'on lui a donnée. « *Une robe de petite étoffe, remarquable seulement par la façon* » (Balz.). ⇒ ② **coupe.** ♦ *Châle façon cachemire,* imitant le cachemire. **II** - 1 FAÇON DE : manière d'agir, de faire, de procéder, de se comporter. *Il y a plusieurs façons de procéder.* « *cette façon moqueuse que vous avez de me parler* » (Duham.). loc. *C'est une façon de parler :* il ne faut pas prendre à la lettre ce qui vient d'être dit. *C'est une façon de voir,* un point de vue. fam. *Dire sa façon de penser à qqn,* lui dire sans détours ce qu'on pense. ➛ « *La façon désinvolte dont vous parlez de la mort de votre père* [...] *m'a outré* » (Montherl.). 2 DE... FAÇON. *D'une façon, de la façon... De cette façon.* ⇒ **ainsi, comme** (comme ça). *De quelle façon cela s'est-il produit ?* ⇒ **comment.** *De toute façon :* quoi qu'il en soit, en tout état de cause. *De toute façon, il est trop tard.* ➛ *Dire de façon plus précise... On peut dire, d'une façon générale... Vêtu d'une façon extravagante.* ♦ DE FAÇON À. *Il se plaça de façon à être vu.* ➛ DE FAÇON À CE QUE... « *Elle plaçait son éventail de façon à ce qu'il pût le prendre* » (Stendh.). ⇒ **afin** (de, que). 3 À LA FAÇON DE. ⇒ **comme.** *Il veut vivre à sa façon.* ⇒ **guise.** 4 *En aucune façon :* en aucun cas. ⇒ **nullement.** « *Entendez-vous le latin ? – En aucune façon* » (Mol.). **III** - 1 (Suisse) *Avoir bonne, mauvaise façon :* présenter bien ou mal, faire bonne ou mauvaise impression. ➛ *Ne pas pouvoir faire façon de qqn,* ne pas réussir à lui imposer son autorité. 2 au plur. Manières propres à une personne ; procédés dont elle use. ⇒ **comportement, manière.** *Il a de curieuses façons.* « *Ses façons étaient réservées, froides, polies* » (Hugo). ♦ Manières affectées. ⇒ **chichi, simagrée.** *Elle fait des façons.* ♦ Manières cérémonieuses, politesse excessive. ⇒ **embarras, politesse.** *Ne faites pas tant de façons* *pour accepter.* ⇒ **histoire.** ♦ *SANS FAÇON :* simplement. *Non merci, sans façon.* ⇒ **franchement, sincèrement.** ➛ adj. *Un dîner sans façon,* très simple. ✪ CONTR. Simplicité ; naturel.

> ❑ La locution *de toute façon* s'écrit généralement au singulier mais il n'est pas fautif de l'écrire au pluriel : *de toutes façons, il est perdu.*

faconde n. f. – XIIe ; lat. *facundia* « éloquence » ▪ littér. Élocution facile, abondante. ⇒ **facilité.** « *Il avait une faconde extraordinaire* » (Zola). ✪ CONTR. Mutisme, silence. Concision.

> ❑ Ce mot est de nos jours employé plutôt péjorativement, désignant une trop grande exubérance de parole (narration, argumentation, etc.).

façonnage n. m. – XIIe 1 Action ou manière de façonner (une matière, un ouvrage) ; son résultat. ⇒ **façonnement.** *Façonnage des métaux.* ♦ Opération consistant, à l'aide du massicot, à rogner le papier. 2 Travail à forfait dans l'industrie pétrolière. ⇒ **sous-traitance.**

façonné, ée adj. – XIVe ▪ Travaillé, ouvré. *Étoffe façonnée,* tissée de manière à former des dessins. ⇒ **broché, damassé.**

façonnement n. m. – XVIIe ▪ Action de façonner, de former (qqn, son esprit) d'une certaine manière. ⇒ **éducation, formation.** « *Songez que ce façonnement de l'esprit commence dès la plus tendre enfance* » (Gide).

façonner v. tr. [1] – XIIe **I** - 1 Mettre en œuvre, travailler (une matière, une chose), en vue de donner une forme particulière. *Façonner de la terre glaise pour en faire un pot.* ⇒ **modeler.** 2 Faire (un ouvrage) en travaillant la matière. ⇒ **confectionner, fabriquer.** *Façonner une pièce mécanique à l'aide d'une machine-outil.* ⇒ **usiner.** **II** littér. Former peu à peu (qqn) par l'éducation, l'habitude. *Les « rites d'une religion qui semblent absurdes mais façonnent les hommes »* (St-Exup.).

façonnier, ière n. – XVIe ▪ rare Personne qui travaille à façon. ⇒ **artisan, ouvrier.** *Façonnier en porcelaine.* ✪ CONTR. Naturel, simple.

fac-similé [faksimile] n. m. – XIXe ; lat. *fac simile* « fais une chose semblable » ▪ Reproduction exacte, parfois à une autre échelle (d'un écrit, d'un dessin, d'un tableau), soit à la main, soit au moyen d'un procédé photographique ou mécanique. ⇒ **copie, photocopie, reproduction ; fax.** *Des fac-similés.* ✪ CONTR. ① Original.

factage n. m. – XIXe ▪ vieilli Transport des marchandises au domicile du destinataire ou au dépôt de consignation. ♦ Distribution par le facteur des lettres, dépêches, imprimés.

① **facteur, trice** n. – XIVe ; lat. *facere* « faire » 1 Fabricant (de certains instruments de musique). *Facteur d'orgues, de pianos, de flûtes.* 2 Personne qui porte et distribue à leurs destinataires le courrier envoyé par la poste. *La tournée du facteur.* « *Je guettai dans la rue le facteur qui devait apporter une lettre* » (Radiguet). 3 Dans les chemins de fer, Agent chargé d'un service du bureau de mouvement.

> ❑ *Facteur* s'emploie pour les fabricants d'instruments à clavier, d'instruments à vent et de harpes. Pour les autres instruments à cordes, on dit *luthier.*

② **facteur** n. m. – XVIIe 1 Chacun des éléments constitutifs d'un produit. *Facteur algébrique, numérique. Mise en facteur commun d'une expression arithmétique ou algébrique.* ♦ En physique, Rapport de deux grandeurs de même espèce caractéristiques de ce corps. *Facteur de charge.* ♦ Substance, molécule qui favorise une fonction physiologique ou un processus pathologique. *Facteur de croissance* (métabolites essentiels, oligoéléments). ➛ *Facteur rhésus. Les facteurs de l'hérédité.* ➛ *Un facteur d'émotivité.* 2 Chacun des éléments contribuant à un résultat. ⇒ **élément.** *Facteurs économiques, géographiques.* ⇒ **paramètre.** *Tenir compte de tous les facteurs.* « *La misère et la dégénérescence n'ont pas cessé d'être* [...] *des facteurs de servitude, non de révolution* » (Camus). ➛ *Le facteur chance ; le facteur prix.*

> ❑ En physique, *facteur* désigne un rapport entre deux valeurs d'une même grandeur, *coefficient* un rapport entre des valeurs de grandeurs différentes.

factice adj. – XVIe ; lat. *facere* « faire » 1 Qui est fait artificiellement, à l'imitation de la nature. ⇒ **imité ;** ① **faux.** *Diamant factice. Chignon factice.* ⇒ **postiche.** ➛ Qui représente qqch. *Livre factice.* ⇒ **maquette.** 2 Qui n'est pas naturel. ⇒ **affecté, artificiel.** *Gaieté, enjouement factice.* ⇒ ① **faux, forcé.** ♦ subst. « *La littérature sentait furieusement le factice et le renfermé* » (Gide). ✪ CONTR. Naturel, réel, sincère, vrai.

facticité n. f. – XIXe 1 Caractère de ce qui est factice, artificiel. 2 En philosophie, Caractère d'un fait contingent. ⇒ **contingence.**

factieux, ieuse adj. et n. – XVe ; lat. *factiosus* « affilié à une coterie politique » → faction 1 vieilli Qui exerce contre le pouvoir établi une opposition violente tendant à provoquer des troubles. *Des discours factieux.* ⇒ **subversif.** 2 n. ⇒ **agitateur, insurgé, mutin, rebelle.** *Une poignée de factieux.* ✪ CONTR. Fidèle, obéissant.

faction n. f. – XIVe ; lat. *facere* « faire » 1 Groupe, parti se livrant à une activité factieuse dans un État, une société. ⇒ **ligue.** *Factions révolutionnaires.* ➛ *Pays en proie aux factions.* ⇒ **complot, conspiration, intrigue.** 2 Service d'un soldat en armes qui surveille les abords d'un poste. ⇒ ① **garde, guet.** ➛ *EN, DE FACTION. Être de faction, en faction :* être chargé de monter la garde. ➛ Surveillance, attente prolongée. *Être, rester en faction au coin d'une rue.*

factionnaire n. m. – XVIe ▪ Soldat en faction. ⇒ **sentinelle.** *Une guérite « abrite un factionnaire l'arme au pied »* (Robbe-Grillet).

factitif, ive adj. – XIXe ; lat. *facere* « faire » ▪ *Emploi factitif,* où le sujet du verbe est la cause de l'action, sans agir lui-même. ⇒ **causatif.** ➛ subst. *Le factitif,* cet emploi, surtout avec *faire* devant le verbe à l'infinitif (ex. faire réparer qqch.).

factorerie n. f. – XVe ; de ① *facteur* ▪ vieilli Agence ou comptoir d'un établissement commercial à l'étranger (surtout aux colonies). « *Il y a des vivres pour trois mois dans la factorerie* » (Céline).

> ❑ On trouve encore la forme ancienne *factorie,* à ne pas confondre avec l'anglais *factory* « usine ».

factoriel, ielle adj. et n. f. – XIXe ; de ② *facteur* 1 *Analyse factorielle :* méthode statistique destinée à extraire les éléments principaux déterminant les variations d'une grandeur observable. 2 n. f. Produit des nombres entiers inférieurs ou égaux à un nombre donné. *La factorielle de 4 est :* 4! = 1 × 2 × 3 × 4 = 24, *et correspond au nombre des permutations de 4 objets.*

factoring n. m. – mil. XXe ; mot angl. ▪ Affacturage.

factorisation n. f. – XXe ; de ② *facteur* ▪ Écriture (d'une expression) sous la forme d'un produit de facteurs.

factotum [faktɔtɔm] n. m. – XVIe ; loc. lat. *fac totum* « fais tout » ▪ Personne dont les fonctions consistent à s'occuper de tout dans une maison, auprès de qqn. ⇒ **intendant.** *Des factotums.*

> ❑ D'abord écrit *factoton* (jusqu'à la fin du XVIIIe s.), forme qui transcrivait la prononciation du latin au XVIe s.

factuel, elle adj. – XXe ; angl. *factual,* de *fact* « fait » d'apr. *actual* « actuel » ▪ Qui est de l'ordre du fait. ⇒ **observable, réel.** *Données factuelles.*

factum [faktɔm] n. m. – XVIe ; mot lat. « fait » ▪ Mémoire littéraire dirigé contre un adversaire. ⇒ **diatribe, pamphlet.** *Des factums.*

facturation n. f. – 1934 ▪ Action d'établir une facture. ➤ Dans un bureau, Service où l'on établit les factures.

① **facture** n. f. – XIIIe ; lat. *facere* « faire » → ① facteur **1** Manière dont est faite une œuvre d'art, dont est réalisée la mise en œuvre des moyens matériels et techniques. ⇒ **style, technique.** « *une petite eau-forte* [de Rembrandt], *de facture hachée, impétueuse* » (From.). **2** Fabrication des instruments de musique. *La facture d'un piano, d'une harpe.*

② **facture** n. f. – XVIe ; de *facteur* « agent commercial » **1** Pièce comptable indiquant la quantité, la nature et les prix des marchandises vendues, des services exécutés. ⇒ **compte, état, note.** ➤ *Facture pro forma.* ⇒ **pro forma.** ♦ Décompte, note d'une somme à payer. *Dresser, établir, faire une facture. Régler une facture.* « *Des factures que je n'arrivais pas à payer, des petites pourtant* » (Céline). *Marchandises garanties sur facture.* **2** fam. Ensemble des dépenses occasionnées par un événement public. *Qui va payer la facture ?*

> ❑ Au restaurant on emploie *addition* et à l'hôtel *note,* et non pas *facture.* ♦ Ne pas confondre *facture* et *ticket de caisse.* → caisse.

facturer v. tr. [1] – XVIIe ▪ Porter (une marchandise) sur une facture, dresser la facture de. *Produit facturé cent francs.*

facturette n. f. – 1986 ▪ Petit reçu attestant un paiement par carte bancaire.

facturier, ière n. – XIXe **1** Employé(e) de bureau chargé(e) d'établir les factures, de tenir les livres. ⇒ **comptable. 2** n. f. Machine informatique destinée aux travaux de facturation.

facule n. f. – XIVe ; lat. *facula* « petite torche » ▪ Région très chaude et brillante observée à la surface du Soleil.

facultatif, ive adj. – XVIIe ; de *faculté* ▪ Qu'on peut faire, employer, observer ou non. *Matières facultatives d'un programme d'étude.* ✪ CONTR. Forcé, obligatoire.

facultativement adv. – XIXe ▪ D'une manière facultative.

faculté n. f. – XIIIe ; lat. *facere* « faire » **I - 1** Possibilité de faire qqch. ⇒ ③ **droit, liberté,** ② **moyen,** ② **pouvoir.** *Laisser, accorder à qqn la faculté de choisir. Vous avez toujours la faculté de refuser.* ➤ Droit qu'a un individu (de faire qqch.). *Le propriétaire foncier a la faculté d'exploiter son bien comme il l'entend.* **2** Aptitude, capacité. *Il ne jouit plus de toutes ses facultés (mentales). Des facultés intellectuelles au-dessus de la moyenne.* ⇒ **ressource.** *Une grande faculté d'adaptation.* ➤ fam. *C'est au-dessus de ses facultés.* ⇒ **force. II - 1** Corps des professeurs qui, dans une même université, sont chargés de l'enseignement supérieur dans une discipline déterminée ; la partie de l'université où se donne cet enseignement. ⇒ **université ;** fam. **fac.** *Doyen, recteur d'une faculté. S'inscrire en faculté, à la faculté des sciences.* ➤ Au Canada, *Faculté des arts,* l'équivalent de la faculté des lettres. **2** vieilli *LA FACULTÉ :* la faculté de médecine ; la médecine. ♦ fam. Le corps médical, le médecin traitant. *Ce qu'ordonne, permet la faculté.*

fada adj. et n. m. – 1930 ; mot provenç., du lat. *fatuus* « insensé » → fat ▪ région. (Midi) Un peu fou. ⇒ **cinglé.** ➤ n. m. *Quels fadas !*

> ❑ Ce mot régional est connu et diffusé dans toute la France, notamment par l'œuvre de Pagnol (*Marius,* 1931). ♦ Même famille étym. que *fadaise.*

fadaise n. f. – XVIe ; provenç. *fadeza* « sottise », de *fat* « sot » ▪ Propos plat et sot ; plaisanterie fade et plate. ⇒ **baliverne, niaiserie, platitude.**

> ❑ Même famille étym. que *fada* et sans rapport direct avec *fade.*

fadasse adj. – XVIIIe ▪ fam. Qui est d'une fadeur déplaisante. *Une sauce fadasse. Une chevelure d'un blond fadasse.*

fade adj. – XIIe ; lat. *fatuus* « fade » **1** Qui manque de saveur, de goût. *Aliment, boisson fade.* ⇒ **insipide.** « *On leur distribuait un bouillon fade et tiède* » (Genet). ➤ Qui procure à l'odorat une sensation faible et désagréable. « *L'odeur doucereuse et fade du sang* » (Mac Orlan). ♦ Sans éclat. *Une couleur fade.* ⇒ ① **terne. 2** Qui est sans caractère, sans intérêt particulier. ⇒ **ennuyeux, insignifiant.** *Échanger des propos fades.* ⇒ **conventionnel,** ① **plat.** ✪ CONTR. Assaisonné, épicé, ① relevé. ① Brillant, ① piquant, vif.

fadement adv. – XVIe ▪ D'une manière fade.

fadeur n. f. – XIIIe **1** Caractère de ce qui est fade. *La fadeur d'un plat insuffisamment assaisonné.* **2** Caractère de ce qui est insignifiant, plat, ennuyeux. ⇒ **platitude.** « *des banalités d'une fadeur insurpassable* » (Gide). ✪ CONTR. Mordant, ② piquant, saveur.

fading [fadiŋ ; fediŋ] n. m. – 1924 ; mot angl., de *to fade* « s'affaiblir » ▪ Évanouissement momentané du son (ou de l'intensité d'un signal).

> ❑ Le mot *évanouissement* est recommandé par les commissions ministérielles de terminologie. Le français a formé le composé *antifading.*

fado n. m. – 1907 ; mot port. « destin funeste », du lat. *fatum* ▪ Chant portugais sur des poésies populaires sentimentales et dramatiques.

fafiot n. m. – XVIIe ; probablt rad. onomat. *faf-,* désignant un objet de peu de valeur ▪ fam. vieilli Billet de banque. *Des fafiots :* de l'argent. « *Les fafiots s'accumulaient dans la tirelire* » (Queneau).

fagne n. f. – XIXe ; germ. *fanja* « fange » ▪ Dans les Ardennes, Marais tourbeux au sommet d'une colline.

fagot n. m. – XIIIe ; p.-ê. gr. *phakelos,* par le provenç. *fagot* ▪ Faisceau de menu bois, de branchages. ⇒ **bourrée, brande, fascine, javelle.** « *quelques tisons rougeoyaient encore dans la cheminée. Elle y jeta un fagot* » (Mauriac). ♦ loc. *Vin, bouteille de derrière les fagots :* le meilleur vin, vieilli à la cave.

fagotage n. m. – XVIe ▪ Accoutrement. « *belle fille peut-être sous le vermillon de son visage et le fagotage de sa personne* » (France).

fagoter v. tr. [1] – XIIIe ▪ Arranger, habiller mal, sans goût. ⇒ **accoutrer, affubler,** fam. **ficeler.** « *Pourvu qu'elle se mette bien ce jour-là ? Par jalousie, sa mère la fagote si mal !* » (Balz.). ➤ *Mal fagoté :* mal habillé.

faiblard, arde adj. – XIXe ▪ fam. Un peu faible.

faible adj. et n. m. – XIe ; lat. *flere* « pleurer » **I** adj. **1** Qui manque de force, de vigueur physique. *Le convalescent est encore très faible. Se sentir faible.* ⇒ **affaibli, fatigué.** « *Il était extraordinairement faible et, dès qu'on cessait de le soutenir, se laissait glisser de côté* » (Duham.). ➤ *Avoir les jambes faibles.* **2** Qui a peu de résistance, de solidité. ⇒ **fragile.** *Poutre trop* *faible pour supporter un poids.* **3** Qui n'est pas en état de résister, de lutter. *État, pays faible.* ➛ *Monnaie faible,* dont le cours est bas par rapport à une monnaie de référence. ♦ Sans défense. ⇒ **désarmé, impuissant.** *Se sentir faible devant l'adversité.* ♦ plaisant *Le sexe faible* : les femmes. ➛ *Une faible femme* : une femme sans défense (par rapport aux hommes). **4** *Élève, étudiant faible,* qui fait peu de progrès, qui suit difficilement sa classe. ⇒ **mauvais, médiocre.** *Être faible en physique.* **5** Sans force, sans valeur. *Argument, raisonnement faible. Ce chapitre est le plus faible du livre.* **6** Qui manque de force morale, d'énergie, de fermeté. ⇒ **lâche, pusillanime, velléitaire, veule.** *C'est un homme faible. Il a toujours été faible avec ses enfants.* ⇒ **complaisant, indulgent. 7** Qui a peu d'intensité, qui est suivi de peu d'effet. ⇒ **insuffisant.** *Une faible lumière.* ⇒ **blême, pâle.** *Un faible bruit.* ⇒ **étouffé, imperceptible, léger.** ♦ *Vent faible à modéré.* **8** Peu considérable. ⇒ **petit.** *Faible quantité. À faible hauteur.* ⇒ ① **bas.** « *Il y avait d'abord le terrain. Huit hectares d'un rendement très faible* » (Romains). ➛ *Faible espoir.* **9** *Le côté, le point, la partie faible* (d'une personne, d'une chose), ce qu'il y a de faible, de vulnérable, et par ext. de défectueux en elle. ⇒ **défaut, faiblesse, insuffisance.** *Les maths sont le point faible de cet élève.* **II** n. m. **1** plur. ou collect. Personne faible, sans défense. *Défendre le faible et l'opprimé.* ♦ FAIBLE D'ESPRIT : personne dont les facultés intellectuelles sont peu développées (⇒ **débile, demeuré),** ou affaiblies. ♦ Personne sans force morale, sans fermeté. ⇒ **indécis,** ① **mou, velléitaire.** *C'est un faible, on le mène facilement.* « *la brutalité intermittente qui, chez les faibles, tient lieu d'énergie* » (Caillois). **2** ⇒ **goût, penchant.** *Il a un faible pour les jolies femmes. Il a toujours eu un faible pour cet enfant.* ⇒ **prédilection.** ✪ CONTR. ① Fort. Robuste. Solide. Courageux, ① ferme, volontaire. Considérable, grand. — ① Fort. Dégoût, répulsion.

> ❑ Le substantif *faible* (II), au singulier, désigne surtout un homme : *c'est un faible.*

faiblement adv. – XIe **1** D'une manière faible ; avec peine. *Résister faiblement.* **2** À un faible degré. ⇒ **doucement, peu.** « *C'est une eau faiblement minéralisée* » (Romains). ✪ CONTR. Fortement, énergiquement, vigoureusement. Beaucoup, très.

faiblesse n. f. – XIIIe **1** Manque de force, de vigueur physique. ⇒ **asthénie, épuisement, fatigue.** « *Une grande faiblesse ; vous avez, comme on dit, des mains de beurre, une lourdeur de tête* » (Baud.). ♦ *Une faiblesse* : perte momentanée des forces physiques. ⇒ **défaillance, évanouissement, syncope.** « *brusquement, une faiblesse la saisit et ses jambes fléchirent* » (Green). **2** Manque de résistance, de solidité, incapacité à se défendre, à résister. ⇒ **fragilité.** « *Ce sont les peuples au contraire qui font la force et la faiblesse des régimes* » (Péguy). **3** État d'une personne qui est sans défense, désarmée. *La faiblesse humaine.* ⇒ **impuissance. 4** Manque de capacité, de valeur intellectuelle, de mérite. *La faiblesse d'un élève.* ⇒ **médiocrité. 5** Défaut de qualité (d'une œuvre d'art, d'un ouvrage, d'une production de l'esprit). *Faiblesse d'un argument, d'un raisonnement.* ⇒ **insuffisance.** « *Comme toute doctrine humaine, celle-ci a ses lacunes et ses faiblesses* » (Maurois). ⇒ **défaut,** ② **faille, lacune. 6** Défaut localisé de résistance (d'un objet). *Faiblesse dans une construction.* **7** Manque de force morale, d'énergie. ⇒ **indécision, lâcheté, pusillanimité, veulerie.** *Se laisser entraîner par faiblesse. Être d'une grande faiblesse envers qqn.* ⇒ **complaisance, indulgence.** *Avoir un moment de faiblesse.* ➛ *Si vous avez la faiblesse de lui céder, il recommencera.* ♦ UNE, DES FAIBLESSES : côté faible, défaut ou passion qui dénote un manque de force morale, de fermeté. *Chacun a ses faiblesses.* **8** Manque d'intensité, d'importance. *La faiblesse d'une monnaie,* sa faible valeur par rapport à une monnaie de référence. ➛ *La faiblesse d'une voix, d'un bruit.* ✪ CONTR. Force, vigueur. Puissance, supériorité. Énergie, fermeté, volonté.

faiblir v. intr. [2] – XIIe **1** Devenir faible. *Ses forces faiblissent.* ⇒ **décliner.** *Le pouls faiblit.* **2** Perdre de sa force, de son ardeur, de sa fermeté. *Son courage faiblit peu à peu.* ⇒ s'**amollir, fléchir. 3** Perdre de son intensité, de son importance. ⇒ **diminuer.** *Le vent faiblit.* ➛ *Son espoir faiblit.* **4** Ne plus opposer de résistance. ⇒ **céder, plier, ployer.** *Poutre qui faiblit sous un poids.* **5** Devenir faible, moins bon (œuvres). « *cette pièce, admirablement commencée, faiblit de scène en scène* » (Volt.). ✪ CONTR. Fortifier (se), renforcer (se). Affermir (s'). Résister.

faïence [fajɑ̃s] n. f. – XVIe ; de *Faenza,* ville d'Italie ■ Poterie de terre, à pâte opaque, vernissée ou émaillée. ⇒ **céramique.** « *le sol du patio recouvert de petits carreaux de faïence verte* » (Mac Orlan). Loc. *Se regarder en chiens de faïence* : se faire face dans une attitude hostile, sans parler. ➛ Objet de faïence. *Des faïences de Delft, de Nevers, de Rouen.* ➛ *Des yeux bleu faïence.*

faïencé, ée [fajɑ̃se] adj. – XVIIIe ■ Qui imite la faïence.

faïencerie [fajɑ̃sʀi] n. f. – XVIIIe **1** Fabrique de faïence ; commerce de la faïence. **2** Objets de faïence.

faïencier, ière [fajɑ̃sje, jɛʀ] n. – XVIIe ■ Fabricant ou marchand de faïence. adj. *L'industrie faïencière.*

① **faille** n. f. – XIIIe ; mot du Nord, o. i. ■ Tissu de soie ou de rayonne à gros grain, qui se tient.

② **faille** n. f. – XVIIIe ; de *faillir* **1** Fracture de l'écorce terrestre, suivie du glissement d'une des deux lèvres le long de l'autre. ⇒ **décrochement. 2** Point faible, défaut. *Ce raisonnement présente une faille.* ⇒ **faiblesse.** *Une volonté sans faille.*

failler (se) v. pron. [1] – v. 1900 ■ Être affecté, disloqué par une faille, des failles. *Relief faillé.*

failli, ie n. et adj. – XVIIe ; it. *fallito,* d'apr. *faillir* ■ Commerçant qui a fait faillite. *Dépôt de bilan par le failli.*

faillibilité n. f. – XIVe ■ Possibilité de faillir, de se tromper, de commettre une faute. ✪ CONTR. Infaillibilité.

faillible adj. – XIIIe ■ Qui peut se tromper ou commettre une faute. *La justice humaine est faillible.* ✪ CONTR. Infaillible.

> ❑ *Faillible* est beaucoup plus rare que son contraire *infaillible.*

faillir v. intr. [2] ou *Je faux, tu faux, il faut,* qui sont archaïques. *Faillir* est surtout employé à l'inf., au passé simple et aux temps composés – XIe ; lat. *fallere* « tromper, échapper à » **1** littér. FAILLIR À (qqch. ; faire qqch.) : manquer à, négliger (ce que l'on doit faire). « *Il s'était juré de ne pas faillir à sa promesse* » (Mauriac). ⇒ se **dérober. 2** FAILLIR (et inf.) : n'être pas loin de, être sur le point de faire qqch. ; y manquer de peu. *J'ai failli tomber.* ⇒ **manquer.** « *Il traversa la rue, faillit se faire écraser* » (Le Clézio). *J'ai failli attendre* (attribué à Louis XIV), se dit lorsque l'on a attendu très peu de temps.

> ❑ Ne pas confondre avec *falloir* dont *faillir* a été le doublet jusqu'au XVe s. « *Et quand parfois le cœur me faut* » (Duhamel), me fait défaut, me manque.

faillite n. f. – XVIe ; it. *fallire* « manquer » (de l'argent nécessaire) **1** Situation d'un commerçant dont le tribunal a constaté la cessation de paiements ; procédure organisée pour le règlement collectif de cette situation. *Faillite simple ; frauduleuse.* ♦ État d'un débiteur ne pouvant pas payer ses dettes, tenir ses engagements.

⇒ **débâcle, déconfiture, ruine.** *Être en faillite, faire faillite.* 2 Échec complet d'une entreprise, d'une idée, etc. *Faillite d'une tentative.* ✪ CONTR. Prospérité, réussite, succès, triomphe.

faim n. f. – XIe ; lat. *fames* **1** Sensation qui, normalement, traduit le besoin de manger. *Avoir faim.* « *Je t'en prie, n'arrive pas après huit heures et quart parce que j'ai très faim* » (Proust). *Avoir grand faim* (littér.). *Je n'ai plus faim.* ➜ *Lutter contre la faim dans le monde.* ⇒ **malnutrition, sous-alimentation.** *Mourir de faim* : mourir d'épuisement par manque de nourriture (⇒ **inanition**) ; (par exagér.) avoir une faim extrême. ➜ *Faim maladive.* ⇒ **boulimie.** fam. *J'ai une de ces faims ! Calmer, tromper sa faim. Médicament qui supprime la faim.* ⇒ **anorexigène, coupe-faim.** ➜ loc. *DONNER FAIM* : causer la sensation de faim. *Cette marche leur a donné faim.* ⇒ **affamer, creuser.** *RESTER SUR SA FAIM* : ne pas manger à satiété ; fig. demeurer insatisfait. *MANGER À SA FAIM*, suffisamment. **2** Appétit, besoin éprouvé. ⇒ **désir, envie, soif.** *Avoir faim de gloire, d'honneurs.* ✪ CONTR. Anorexie, satiété. — HOM. Feint, fin.

❑ *Avoir faim* supporte l'adverbe intercalé : *avoir très faim, terriblement faim.* → adverbe (rem.). ♦ De la même famille étymologique : *affamer, famélique, famine* et *fringale.*

faîne n. f. – XIIe ; lat. *fagus* « hêtre » ▪ Fruit du hêtre.

❑ On trouve parfois la graphie *faine,* sans accent circonflexe.

fainéant, ante n. et adj. – XIVe ; de *feindre* « paresser » **1** Personne qui ne veut rien faire. ⇒ **paresseux.** « *un fainéant qui n'aimait qu'à boire* » (Balz.). **2** adj. Paresseux. ⇒ **inactif, indolent.** *Un élève fainéant.* ➜ loc. *Les Rois fainéants* : les derniers Mérovingiens réduits à l'inaction par les maires du palais. ✪ CONTR. Actif, travailleur.

❑ *Fainéant* est une altération ancienne du participe présent *feignant* ou *faignant* (XIIIe s.), du verbe *feindre.* L'étymologie populaire a rapproché le mot de *fait* (verbe *faire*) et de *néant.* ♦ *Fainéant* a une valeur plus forte que *paresseux.*

fainéanter v. intr. [1] – XVIIe ▪ Faire le fainéant, vivre en fainéant. ⇒ **paresser** ; fam. **flemmarder.**

❑ On trouve parfois le synonyme *fainéantiser* : « *je ferai mon droit* [...] *pour fainéantiser un an de plus* » (Flaubert).

fainéantise n. f. – XVIe ▪ Caractère d'une personne fainéante (⇒ **paresse**) ; état du fainéant (⇒ **inaction, oisiveté**). « *Nous menons une vie de fainéantise et de rêvasserie ; toute la journée vautrés sur notre tapis, nous fumons* » (Flaub.). ✪ CONTR. Activité, diligence.

① **faire** v. tr. [60] – IXe ; lat. *facere* **I - 1** Réaliser (une chose matérielle). ⇒ **construire, fabriquer.** *Faire un meuble. Oiseau qui fait son nid. Faire un gâteau. Faites-moi un café. Faire un tableau. C'est ce que l'on fait de mieux dans le genre.* ➜ *Dieu a fait l'homme à son image.* ⇒ **créer.** loc. *Tous les jours que Dieu fait* : chaque jour. ➜ loc. fam. *Je le connais comme si je l'avais fait. C'est un homme comme on n'en fait plus.* **2** Réaliser (une chose abstraite). *Faire son bonheur soi-même.* ⇒ **construire.** ➜ *Faire une loi.* ⇒ **établir, instaurer, instituer.** ➜ *Faire une œuvre.* ⇒ **composer, créer, écrire. 3** Produire de soi, hors de soi (qqch.). ♦ *FAIRE UN ENFANT* (d'une femme). ⇒ **engendrer, procréer.** fam. (d'un homme) *Il a fait un enfant à sa femme.* ➜ (des animaux) Mettre bas. loc. *Faire des petits* : se multiplier, proliférer. ♦ Évacuer (les déchets de l'organisme). ➜ *Faire (ses besoins). Enfant qui fait dans sa culotte. Vieillard qui fait sous lui,* incontinent. ➜ fig. « *À la guerre j'ai peur, j'ai toujours peur, je tremble, je fais dans ma culotte* » (Giono). ➜ fam. (lang. enfantin) *Faire caca, pipi.* ♦ *Le bébé fait ses dents,* ses dents poussent. ♦ Produire, émettre (une substance). *Ce savon fait beaucoup de mousse.* **4** Se fournir en ; prendre (qqch.). ⇒ s'**approvisionner.** *Faire des, ses provisions.* ♦ *Il a fait beaucoup d'argent avec ce commerce.* ⇒ **gagner.** ♦ Fournir, produire (qqch.) par l'industrie, la culture, le commerce. *Nous ne faisons pas cet article,* nous ne le vendons pas. **5** Constituer (quant à la quantité, la forme, la qualité). *Deux et deux font quatre.* ⇒ **égaler, équivaloir** (à). *Cela ne fait pas assez* : il n'y en a pas assez. loc. fam. *Ça commence à bien faire* : cela suffit, en voilà assez. ➜ *Chose qui fait contrepoids, obstacle. Ces moulins* « *faisaient la joie et la richesse de notre pays* » (Daud.). ⇒ ① **être.** ➜ Parvenir à être, devenir. *Il fera un bon mari.* **II - 1** Effectuer (un mouvement). *Faire un plongeon.* « *Elle n'osait dire un mot ni faire un mouvement* » (Green). *Faire des signes, des grimaces.* ➜ *Faire la tête, la gueule.* ⇒ **bouder.** ➜ *Faire comme si* : se donner l'apparence, feindre de. **2** Effectuer (une opération, un travail), s'occuper à (qqch.). ⇒ **effectuer, exécuter, opérer.** *Faire un calcul, des recherches. Faire tout le boulot. Faire le ménage, la cuisine. Faire une course. Faire du tennis,* pratiquer habituellement. loc. *Ce n'est ni fait ni à faire* : c'est très mal fait. ➜ *Il ne fait rien à l'école* : il ne travaille pas. ⇒ fam. ① **ficher,** ① **foutre.** *Il ne sait rien faire* : il est incompétent, maladroit en tout. *Avoir beaucoup à faire. Ne pas savoir quoi faire* : s'ennuyer. *Qu'est-ce que vous faites ici ? Nous n'avons plus rien à faire ici.* ➜ (lorsqu'on attend qqn avec impatience) « *Mais qu'est-ce qu'ils font ?* » (Zola). ⇒ **fabriquer.** ➜ fam. *(Il) faut le faire !* il faut être capable de faire ce dont il est question (considéré comme une performance, une gageure à tenir). ♦ *Nous n'avons plus rien à faire ensemble,* séparons-nous. **3** Exercer (une activité suivie). *Que fait il ? Que fait-il dans la vie ?* ➜ *Faire des études. Faire de l'italien.* ⇒ **étudier.** *Faire son droit,* ses études de droit. *Faire une licence, sa licence.* ⇒ **préparer.** « *sur les instances de ses parents, il avait fait Polytechnique* » (Simenon). *Faire les Beaux-Arts.* ➜ *Criminel qui a fait vingt ans de prison. Faire de la prison.* **4** Accomplir, exécuter (une action). *Faire une bonne, une mauvaise action. Faire des compliments. Faire une erreur, une bêtise. Faire des folies. Faire des efforts, faire ce qu'on peut. Quoi qu'il fasse, il n'y parviendra pas. Faire ce qu'il faut, faire le nécessaire. Faire bien les choses.* (d'un exposé écrit ou oral) *Faire long. Faire court.* ➜ *En faire trop* : exagérer. *Il ne sait plus ce qu'il fait* : il perd la tête. *C'est bien fait* : c'est mérité. *Que faire ? Il faut faire quelque chose ! Il n'y a plus rien à faire* : le cas est désespéré. ♦ intrans. *FAIRE* : agir. *Il a bien fait. Pour bien faire, il faudrait tout vérifier. Faites comme vous voulez. Laissez-moi faire.* fam. *Il faut faire avec,* s'en contenter. ♦ *FAIRE BIEN DE, MIEUX DE* (et inf.). *Vous feriez bien de partir dès maintenant* : vous devriez partir. ♦ *AVOIR MIEUX À FAIRE QUE DE. J'ai mieux à faire que d'écouter ces bêtises.* ♦ *NE FAIRE QUE* : ne pas cesser de. *Pourquoi n'essayez-vous pas de lui expliquer la chose ? – Mais je ne fais que cela depuis une heure.* ♦ *FAIRE TANT, SI BIEN QUE* : agir, faire qqch. avec ténacité, persévérance. *Il fit tant et si bien qu'il tomba.* ♦ *À TANT FAIRE QUE ; TANT QU'À FAIRE.* ⇒ **tant.** ♦ *FAIRE QQCH. POUR* (qqn), l'aider, lui rendre service. ⇒ **aider.** *Puis-je faire qqch. pour vous ?* ♦ fam. *LE FAIRE À* : agir, faire qqch. d'une certaine manière (généralement pour abuser qqn). *Le faire au bluff, au sentiment.* ➜ *Il ne faut pas nous la faire,* essayer de nous tromper. « *– Ça va, ça va* [...] *On ne me la fait pas. Vous vous êtes conduits comme des sagouins* » (Queneau). **5** Exécuter (une prescription). *Faire son devoir.* « *Fais énergiquement ta longue et lourde tâche* » (Vigny). *Faire l'aumône, la charité. Faire péni-*

tence. *Faire sa communion.* **6** Être la cause, l'agent de. ⇒ ① **causer, provoquer.** *Faire un bruit. Bombe qui fait des dégâts. Attention, vous allez faire un malheur ! Faites-moi plaisir. Vous lui avez fait mal.* ♦ Avoir (un effet). *Cela fait mal. Médicament qui fait du bien, de l'effet. Faire peur, pitié.* « *Je laisserai la sauce, parce que ça me fait du mal* » (Zola). ➛ Avoir pour conséquence. *Cela ne fait rien,* c'est sans importance. *Qu'est-ce que ça peut bien vous faire ?* en quoi cela vous importe, vous concerne-t-il ? *Cela ne lui fait ni chaud, ni froid,* le laisse indifférent. ♦ FAIRE... (à qqch.), Y FAIRE. *Cela ne fait rien à la chose, à l'affaire.* ⇒ **changer.** *Nous ne pouvons rien y faire :* nous ne pouvons empêcher que cela soit. fam. *Savoir y faire :* être habile, débrouillard. ⇒ **savoir-faire.** ♦ FAIRE QUE. Employé à l'impératif ou au subjonctif (souhait). ⇒ **plaire** (plaise à). *Fasse le ciel qu'il revienne bientôt.* **7** Parcourir (un trajet, une distance) ; franchir. *Faire route vers :* se diriger. *Faire dix kilomètres à pied. Faire cent kilomètres à l'heure, faire du cent à l'heure. Le T.G.V. fait Paris-Lyon en deux heures. Faire le mur,* passer par-dessus pour sortir. ♦ fam. Parcourir pour visiter. *Faire la Bretagne. Faire le Cervin,* l'escalader. ➛ *Faire les magasins.* ♦ Fouiller dans, pour chercher qqch. *Faire les poches de qqn. Faire les poubelles.* **8** fam. Durer, quant à l'usage. ⇒ **durer.** *Votre chapeau bleu,* « *il m'a fait deux ans* » (Colette). **9** Exprimer par la parole. ⇒ ① **dire, répondre.** « *Chut ! Chut ! fit Emma en désignant du doigt l'apothicaire* » (Flaub.). ♦ *Ça a fait boum !* **10** Présenter en soi (un aspect physique, matériel). *Tissu qui fait des plis.* ⇒ **former.** *La route fait un coude.* ⇒ **dessiner.** ♦ Avoir pour variante morphologique. ⇒ ① **devenir.** Cheval *fait* chevaux *au pluriel.* ♦ Avoir pour mesure, pour valeur, pour puissance. *Ce réservoir fait cinquante litres.* ⇒ **contenir.** « *une caisse qui pouvait faire dans les vingt kilos* » (Giono). *Cette ampoule fait 100 watts. Ça fait mille francs.* ⇒ **coûter.** ➛ (taille, mesures d'une personne) *Quelle pointure faites-vous ?* ⇒ **chausser.** *Ce garçon fait bien un mètre quatre-vingts.* ➛ impers. Constituer (un certain temps). *Ça va faire deux heures que je l'attends.* ⇒ **voilà.** fam. *Ça fait un bail qu'on ne l'a pas vu.* **11** Subir (quelque trouble physique). fam. *Faire de la température.* ⇒ ① **avoir.** *Il a fait une dépression.* **III - 1** Arranger, disposer (qqch.) comme il faut. *Faire un lit. Faire la vaisselle.* ➛ *Faire les ongles de qqn.* ⇒ **manucurer.** « *Il se laissait soigner, dorloter – elle lui faisait les mains* » (Tournier). **2** Former (qqn, qqch.). *Cette école fait de très bons techniciens.* **3** Donner une qualité, un caractère, un état à. ➛ FAIRE QQN (et subst.), lui donner le titre de, l'élever au rang de. *On l'a fait chevalier de la Légion d'honneur. Je vous fais juge :* je vous donne le rôle de juge. ➛ FAIRE QQN (et adj.). ⇒ **rendre.** ♦ Représenter, donner comme. *Ne le faites pas plus méchant qu'il n'est !* ♦ fam. Donner un prix à (qqch.). ⇒ **évaluer, vendre.** *Je vous le fais cinq cents francs,* et abusivt, *à cinq cents francs.* **4** FAIRE... DE (qqn, qqch.). ⇒ **transformer** (en). *Je m'en suis fait un ami.* ➛ *Vous en avez fait un enfant gâté. On en fait ce qu'on veut :* c'est une personne malléable qui se prête à la volonté d'autrui. ♦ *Faire tout un drame d'une histoire sans importance.* ➛ Aménager en, se servir comme de. *Faites-en ce que vous voudrez.* ♦ N'AVOIR QUE FAIRE DE : n'avoir aucun besoin de. *Je n'ai que faire de son amitié, de ses compliments.* ♦ Disposer de, mettre en un endroit. « *Qu'avez-vous fait de l'enfant ? – Je l'ai laissé à sa mère* ». fam. (lorsqu'on cherche qqch.) *Qu'ai-je bien pu faire de mes lunettes ?* **5** Jouer un rôle dans un spectacle, un jeu. *Faire Harpagon dans l'*« *Avare* » *de Molière.* ⇒ **interpréter.** ♦ Agir comme ; avoir, remplir le rôle de. *Faire le domestique.* « *N'empêche qu'on a fait les couillons* » (Mart. du G.). pop. Exercer le métier de. « *Mon frère est parti à la ville. Il fait électricien à Beaune* » (Tournier). ➛ *Faire le difficile.* ➛ Servir aussi de. *Canapé qui fait lit.* ♦ Imiter intentionnellement, chercher à passer pour. ⇒ **contrefaire, simuler.** *Elle fait l'innocente. Cesse de faire l'imbécile !* ➛ *Faire son, sa* (et subst.) : faire habituellement ou par tendance naturelle, le, la... *Elle fait sa mijaurée.* **6** (avec l'attribut) FAIRE suivi d'un adj., d'un nom sans art. (le plus souvent inv.). Avoir l'air de, donner l'impression. ⇒ **paraître.** *Elle fait vieux, elle fait vieille pour son âge. Ça fait prétentieux.* **IV** FAIRE (suivi d'un v. à l'inf.). **1** Être cause que. *Faire tomber un objet. Faire taire qqn. Cette femme, je l'ai fait venir.* fam. *Faire suer, chier (qqn).* ➛ *Cette personne me fait penser à X. Faire voir qqch. à qqn.* ➛ Charger (qqn) de. ⇒ **charger.** *Faire réparer des chaussures.* **2** Attribuer, prétendre. *Ses biographes le font mourir vers 1450.* **3** avec un inf. sans compl. d'objet. *Faire manger un malade. Faites-le obéir.* ♦ L'inf. ayant un compl. d'objet dir. (sujet construit avec à). « *cette puanteur qu'elle retrouvait lui faisait songer aux quinze jours passés là avec Lantier* » (Zola). *Faites-leur songer à se munir du nécessaire.* « *Si vous croyez que c'est commode de lui faire changer d'idée* » (P. Benoit). ♦ L'inf. ayant un compl. d'objet dir. ➛ Avec un sujet non exprimé. *Faire prévenir un ami. Faites-le prévenir.* ➛ Avec un sujet exprimé. Le nom sujet se construit avec *à* ou *par. Faire construire une maison à un architecte, par un architecte.* ➛ Avec un pron. sujet. *On lui fait étudier les sciences. Faites-le, faites-lui écrire la lettre. Faites-la-lui écrire.* ♦ On omet généralement le pron. réfl. devant l'inf. introduit par FAIRE. *Faire asseoir qqn. Faites-le asseoir.* **V** FAIRE avec un sujet impers. **1** Pour exprimer les conditions de l'atmosphère ou du milieu. *Il fait jour ; il fait nuit. Il faisait trente degrés à l'ombre.* « *Vers les huit heures du soir, il faisait nuit noire* » (Stendh.). ➛ fam. *Il fait faim ; il fait soif :* on a faim, soif. **2** *Il fait bon, beau, mauvais* (et inf.). *Il fait bon vivre ici.* **VI** SE FAIRE. **1** Se former. *Chaussures qui vont se faire. Fromage, vin qui se fait.* ⇒ s'**améliorer,** se **bonifier, mûrir.** ➛ *Cet homme s'est fait seul.* **2** SE FAIRE (et adj.) : commencer à être, devenir. *Se faire vieux. Produit qui se fait rare.* ➛ *Il se fait tard :* il commence à être tard. **3** Devenir volontairement. ⇒ se **rendre.** *Elle s'est faite belle. Se faire tout petit.* ➛ *Se faire prêtre.* **4** SE FAIRE À : s'habituer à. ⇒ s'**accoutumer.** *Je ne peux pas m'y faire.* « *À la longue, il m'épousera, il se fera à cette idée* » (Aragon). « *– L'éther, ça pue ! – Ça pue, mais on s'y fait* » (Duham.). ♦ fam. *Se faire qqn,* le posséder sexuellement. ➛ Le tuer. *Il s'est fait un policier dans la bagarre.* ➛ fam. *Se le (la) faire,* supporter qqn. *Il est bien gentil celui-là, mais il faut se le faire !* **5** Se procurer. *Se faire des relations. Se faire cinquante mille francs par mois.* ⇒ **gagner.** **6** Former en soi, se donner. « *il était incapable de se faire une opinion personnelle sur les événements* » (Duham.). *Il ne se fait plus d'illusions.* ♦ *Se faire des soucis, de la bile, du mauvais sang :* se tracasser, se tourmenter. ♦ S'EN FAIRE (fam.), même sens. *Ne vous en faites pas, il reviendra.* fam. *Faut pas s'en faire pour si peu !* ➛ fam. Se gêner. *Il ne s'en fait pas, celui-là !* **7** Être fait. *Voilà ce qui se fait de mieux dans le genre.* ♦ Être en usage. *Cela se faisait au Moyen Âge.* ➛ Être à la mode. *Les gilets se font beaucoup cette année.* ♦ Devoir être fait quant aux usages, à la morale (surtout à la forme négative). *Ne parlez pas la bouche pleine : cela ne se fait pas.* **8** Être, arriver. *Comment se fait-il qu'il parte déjà ?* **VII** pass. **1** ÊTRE FAIT POUR, destiné à. *Cette voiture n'est pas faite pour transporter dix personnes. Ce genre de vie n'est pas fait pour lui,* ne lui est pas adapté. ➛ *Ils n'étaient pas faits l'un pour l'autre.* **2** littér. C'EN EST FAIT DE... : c'est fini de... ➛ *C'en est fait de moi :* je suis perdu. ✪ CONTR. Anéantir, défaire, détruire, supprimer. — HOM. Fer ; *font :* fond (fondre) ; *faites :* fête (fêter) *fis :* fie (fier).

❑ Peut-être par analogie avec le futur *(ferai, ferons)*, les formes en *fais-* (*faisons, faisions, faisant*, etc.) se prononcent [fəz-], ainsi que *faisable, faiseur* et *bienfaisant, malfaisant*, etc. ; cf. aussi *faisan* (l'oiseau) et ses dérivés. ♦ Devant un infinitif, *faire* est le seul verbe dont le participe passé ne s'accorde jamais : *les maisons qu'il a fait construire* (comparer à *laisser, voir, croire*, etc.).

② **faire** n. m. – XVIIIe **1** Manière de faire une œuvre. ⇒ **style, technique.** *Le faire d'un artiste, d'un écrivain.* « *Boucher a un faire qui lui appartient tellement* » (Dider.). **2** Fait d'agir. *Il y a loin du dire au faire*, de la parole à l'action.

faire-part n. m. inv. – XIXe ■ Lettre imprimée qui annonce une nouvelle ayant trait à la vie civile. *Faire-part de mariage, de décès.* « *il faudra que j'avertisse toute ma famille [...] que j'écrive des lettres, que je m'occupe des faire-part* » (Gide).

faire-valoir n. m. inv. – XIXe **1** Exploitation du domaine agricole. *Faire-valoir direct*, par le propriétaire lui-même. **2** Personne qui met en valeur quelqu'un, en lui laissant la première place.

fair-play n. m. inv. – 1922 ; angl. *fair play* « franc jeu », « jeu loyal » ■ Acceptation loyale des règles (d'un jeu, d'un sport). ➞ Loyauté, bonne foi (en affaires, en politique, etc.). ♦ adj. *Il n'est pas très fair-play*, beau joueur.

❑ *Fair-play*, substantif, ferait double emploi avec *franc-jeu* (recommandation officielle).

fairway [fɛʀwɛ] n. m. – 1933 ; mot angl., de *fair* « bon » et *way* « chemin » ■ Partie du parcours de golf où l'herbe est entretenue. *Des fairways.*

faisabilité [fəzabilite] n. f. – mil. XXe ■ Caractère de ce qui est faisable, réalisable, compte tenu des possibilités techniques et économiques. *Étude de faisabilité.*

faisable [fəzabl] adj. – XIVe ■ Qui peut être fait. *La chose est faisable.* ⇒ **possible, réalisable.** ✪ CONTR. Impossible, infaisable.

faisan, ane [fəzɑ̃, an] n. et adj. – XIIe ; gr. *phasianos* « (oiseau) du *Phase* », fleuve de Colchide **1** Oiseau gallinacé *(phasianidés)* à plumage coloré et longue queue (mâle), dont la chair est très estimée. *Le faisan criaille.* adj. *Poule faisane*, la femelle du faisan. ➞ *Faisan aux choux.* **2** n. m. arg. Individu qui vit d'affaires louches. ⇒ **escroc.**

❑ La prononciation du groupe *fais...* en [fəz...] a probablement été influencée par la graphie de l'ancien français *fezant* et le participe présent *faisant*. → ① faire (rem.).

faisandage [fəzɑ̃daʒ] n. m. – XIXe ■ Opération par laquelle on faisande le gibier.

faisandé, ée [fəzɑ̃de] adj. – XIVe ■ *Viande faisandée*, qui commence à se corrompre. ➞ fig. *Un milieu faisandé*, corrompu, malsain. ✪ CONTR. ① Frais, pur, ① sain.

faisandeau [fəzɑ̃do] n. m. – XIVe ■ Jeune faisan. « *Un faisandeau bien gras est un morceau exquis* » (Buff.).

❑ On trouve aussi la forme *faisanneau* [fəzano].

faisander [fəzɑ̃de] v. tr. 1 – XIVe ■ Soumettre (le gibier) à un commencement de décomposition, pour lui faire acquérir un fumet. ➞ pronom. *Viande qui commence à se faisander.*

faisanderie [fəzɑ̃dʀi] n. f. – XVIIe ■ Élevage de faisans.

faisceau n. m. – XIIe ; lat. *fascis* **1** Assemblage de choses semblables, de forme allongée, liées ensemble. *Balai fait d'un faisceau de brindilles.* **2** Dans l'Antiquité romaine, *Les faisceaux* : assemblages de verges liées autour d'une hache, portés par les licteurs devant le titulaire d'une grande magistrature comme symbole de son autorité. ♦ Emblème analogue du fascisme italien. **3** Pyramide de fusils appuyés les uns contre les autres. *Formez les faisceaux !* **4** *Faisceau lumineux* : ensemble de rayons lumineux. ⇒ **pinceau.** « *des faisceaux lumineux balayaient la voûte nocturne* » (Mart. du G.). *Le faisceau d'un phare. Le faisceau des projecteurs.* ♦ Radiation émise sous un angle de faible ouverture. *Faisceau laser. Faisceau hertzien* : liaison radioélectrique établie entre un émetteur et un récepteur pour acheminer des informations (radio, télévision, télécommunications). ♦ Ensemble (de droites, de courbes) dépendant d'un paramètre. ♦ Ensemble de fibres de même origine, de même trajet et de même terminaison. *Faisceau musculaire.* ♦ Ensemble structuré d'éléments du bois ou du liber. *Faisceau ligneux.* ♦ *Faisceau de tir. Faisceau de voies.* **5** Ensemble d'éléments abstraits rassemblés. *Un faisceau de preuves.*

faiseur, euse [fəzœʀ, øz] n. – XIVe **1** FAISEUR DE : celui qui fait, fabrique (qqch.). *Un faiseur de meubles d'art* : un ébéniste. **2** vieilli Spécialiste des métiers de l'habillement. *Elle aimait* « *ces longues séances d'essayage devant les glaces des grandes faiseuses* » (Maupass.). *Le bon faiseur* : le tailleur réputé. **3** plaisant Personne qui se livre habituellement à tel ou tel genre d'activité, d'occupation. *C'est un faiseur d'embarras.* **4** n. m. absolt, péj. Celui qui cherche à se faire valoir. ⇒ **hâbleur.** ✪ CONTR. Démolisseur, destructeur.

faisselle n. f. – XIIe ; lat. *fiscus* « corbeille » ■ Récipient percé de trous, pour faire égoutter le fromage. *Fromage blanc vendu en faisselle.*

① **fait, faite** adj. – XVIIe **1** Qui est constitué, a tel aspect. ♦ Quant au physique. *Il est bien fait de sa personne. Une femme bien faite.* ⇒ fam. **foutu.** ♦ Quant à l'esprit, au caractère. *Les gens sont ainsi faits.* **2** Qui est arrivé à son plein développement. « *un homme fait, mûri par la vie* » (Mauriac). ♦ Arrivé à un certain point de maturation nécessaire à la consommation. *Un fromage bien fait, fait à cœur.* **3** Fabriqué, composé, exécuté. *Un travail bien fait.* loc. *Vite fait bien fait*, aisément. ➞ TOUT FAIT : fait à l'avance, tout prêt. *Traiteur qui vend des plats tout faits.* ➞ *Idées toutes faites* : préjugés ou lieux communs. ♦ Qui est fardé. *Des yeux faits.* ➞ Verni. *Ongles faits.* **4** fam. *Être fait* : être pris par la police. *Être fait comme un rat.* ✪ HOM. Faix ; faîte, fête.

② **fait** n. m. – XIIe **I - 1** (LE) FAIT DE : action de faire. ⇒ ① **acte,** ① **action.** *Le fait de parler, de rire. Par son fait* : par sa faute. ➞ *Il est coutumier du fait.* ➞ *Prendre qqn* SUR LE FAIT (prononc. fam. [fɛt]), le surprendre au moment où il agit. ➞ plur. *Les faits et gestes de qqn*, ses activités. **2** (dans des expr.) Action mémorable, remarquable. ⇒ **exploit, prouesse.** *Fait d'armes, de guerre.* ➞ *Hauts faits.* **3** Événement susceptible de produire un effet juridique. Action fautive positive (opposé à l'abstention ou à l'omission). ♦ *Voie de fait* : coup, violence. ♦ *Prendre fait et cause pour qqn*, prendre sa défense, son parti. **4** (ÊTRE) LE FAIT DE : (constituer) la manière d'être de qqn. *La générosité n'est pas son fait.* **5** *Dire son fait* (à qqn), lui dire sans ménagement ce qu'on pense de lui. **II - 1** Ce qui est arrivé, ce qui a eu lieu. ⇒ **affaire, événement.** *Fait courant, habituel. Déroulement des faits.* « *Je me borne à vous dire simplement les faits* » (Volt.). *Rapporter un fait, des faits. Rétablir les faits.* ♦ LE FAIT QUE. *Le fait que vous soyez mon ami ne vous autorise pas à...* ♦ DU FAIT DE ; littér. PAR LE FAIT DE : par suite de. ♦ DU FAIT QUE. ⇒ **puisque.** *Du seul fait que* : pour cette seule raison que. ♦ Information (dans un journal). *Lire un fait important.* **2** Ce qui existe réellement ; ce qui est du domaine du réel (opposé à *idée*, à *rêve*, à *imagination*). ⇒ **réalité.** *Laisser parler les faits. Juger sur les faits, d'après les faits.* ➞ *C'est un fait* : c'est certain, sûr, vrai. ➞ *Le fait est que vous avez raison* : il est vrai que vous avez raison, je dois l'admettre, le reconnaître. ♦ *PAR LE FAIT ; DE FAIT ; EN FAIT* : en réalité. ⇒ **effectivement, effet** (en effet). « *Il est de fait que l'homme jouit du soleil* » (La Bruy.). ➛ *TOUT À FAIT* [tutafɛ]. ⇒ **complètement, entièrement.** *Il est tout à fait guéri. Vous avez tout à fait raison.* ➛ (en réponse) *Vous êtes satisfait ? – Tout à fait.* ⇒ **absolument ; oui.** ♦ Ce qui est reconnu, constaté par l'observation. ⇒ **phénomène.** *Faits sociaux.* **3** Cas, sujet particulier dont il est question. ➛ (après *au*) *Aller au fait, venir au fait,* à l'essentiel. *Venons-en au fait. Aller droit au fait. Au fait !* allons au fait. *Être au fait de,* au courant de. ➛ (en tête de phrase) *AU FAIT* : à propos, à ce sujet. *Au fait, ne devait-il pas venir nous voir ?* ♦ *Être sûr de son fait,* de ce qu'on avance ou du succès de ce qu'on entreprend. ➛ *De ce fait* : à cause de ce qui précède ; par suite de. ♦ *EN FAIT DE* : en ce qui concerne (qqn, qqch.), en matière de. *En fait de cadeaux, il n'a pas été gâté !* ✪ CONTR. Abstraction, idée, théorie.

> ❑ Le *t* final, qui ne se prononce en principe pas, se fait très souvent entendre en fin de phrase : *je l'ai pris sur le fait,* ou dans des locutions : *du fait (de, que), par le fait, de fait, en fait, au fait,* prononciation jugée familière par certains.

faîtage n. m. – XIIIe ▪ Faîte (1°).

faîte n. m. – XIIe ; lat. *fastigium* **1** Poutre qui forme l'arête supérieure d'un comble et sur laquelle s'appuient les chevrons. ⇒ **faîtage. 2** La partie la plus élevée d'un édifice. *Le faîte d'une maison.* ♦ La partie la plus haute de qqch. d'élevé. ⇒ **cime, sommet.** *Grimper au faîte d'un arbre.* ➛ *Ligne de faîte* : la crête d'une chaîne de montagnes. **3** Le plus haut point, le plus haut degré. ⇒ **apogée,** ① **comble.** « *L'ambitieux se rêve au faîte du pouvoir* » (Balz.). ✪ CONTR. Base, pied. — HOM. Fête.

faîteau n. m. – XVIe ▪ Ornement en métal ou en poterie vernissée qui recouvre parfois le faîtage.

faîtière adj. et n. f. – XIIIe **1** Qui appartient au faîte. *Tuile faîtière* : tuile courbe destinée à recouvrir le faîte d'un toit, d'un mur. **2** n. f. Lucarne pratiquée dans un toit pour éclairer l'espace qui s'étend sous le comble.

faitout n. m. ou **fait-tout** n. m. inv. – XIXe ▪ Récipient à deux poignées et à couvercle, remplaçant souvent les anciennes marmites. ⇒ ② **cocotte.** *Des faitouts* (ou *des fait-tout*).

faix n. m. – XIe ; lat. *fascis* « fardeau » ▪ littér. Charge très pesante, pénible à porter. ⇒ **fardeau.** *Plier, ployer sous le faix.* ✪ HOM. Fait.

fakir n. m. – XVIIe ; ar. *faqîr* « pauvre » **1** Ascète musulman. ⇒ **derviche.** ♦ En Inde, Ascète qui vit d'aumônes et se livre à des mortifications en public. « *de vieux fakirs [...] couverts d'incisions cruciales qui laissaient échapper leur sang goutte à goutte* » (J. Verne). **2** Personne qui donne un spectacle d'exercices, de tours imités de ceux des fakirs (1°).

falaise n. f. – XIIe ; germ. *falisa* ▪ Escarpement situé sur les côtes et qui est dû à l'érosion marine. « *la mer démontée battait les falaises* » (Maupass.). *Les falaises de Douvres.* ➛ *Falaise morte* : abrupt placé en retrait du littoral.

falarique n. f. – XIIIe ; lat. ▪ Arme de jet incendiaire, javelot garni d'étoupe enflammée.

falbala n. m. – XVIIe ; probablt provenç. *farbella* **1** Autrefois, Bande d'étoffe plissée qui servait d'ornement au bas d'une robe, d'un rideau. ⇒ ② **volant. 2** au plur. Ornements excessifs ; grande toilette. *Les falbalas d'une réception officielle.* ⇒ **tralala.**

falconiformes n. m. pl. – d. i. ; lat. *falco, -onis* « faucon » ▪ Ordre de rapaces diurnes, au bec et aux serres puissants. *Les aigles, les buses, les vautours sont des falconiformes.*

fallacieux, ieuse adj. – XVe ; lat. *fallax* « trompeur, perfide » ▪ littér. Qui est destiné à tromper, à égarer. ⇒ ① **faux, mensonger.** *Arguments fallacieux.* ⇒ **captieux, spécieux.** « *Sous le fallacieux prétexte d'acheter le cheval, Moravagine entraîne le vieux cocher* » (Cendrars). ✪ CONTR. Honnête, loyal, sincère.

falloir v. impers. [29] – XIIe ; lat. *fallere* « tromper, manquer à » **I** *S'EN FALLOIR (IL S'EN FAUT) DE.* ⇒ **manquer. 1** avec un subst. exprimant la quantité qui manque. *J'ai failli tomber, il s'en est fallu d'un rien.* ➛ *Il s'en faut d'un point qu'il n'ait été admissible.* **2** avec un adv. de quantité *IL S'EN FAUT DE BEAUCOUP. Je n'ai pas récupéré mes avances, il s'en faut de beaucoup.* ♦ *TANT S'EN FAUT* : au contraire, bien au contraire. *Il n'est pas sot, tant s'en faut.* ♦ *IL S'EN FAUT DE PEU..., PEU S'EN FAUT. Il est perdu, ou peu s'en faut.* ⇒ **presque.** (avec *que* et le subj.) « *Il s'en est fallu de peu, ce soir-là, que je ne me misse à genoux* » (Mauriac). ➛ *Loin s'en faut* : loin de là. **II - 1** *IL FAUT (QQCH.) À (QQN). Voilà l'outil qu'il vous faut. Il me faut dix mille francs pour demain. Il faut une heure pour y aller. Qu'est-ce qu'il te faut !* fam. *(Il) faut ce qu'il faut* : on ne saurait se contenter de moins. *Il lui en faut peu pour se mettre en colère.* loc. *Il faut de tout pour faire un monde* (se dit pour accepter en situation une chose, une personne qu'on désapprouve). *Il en faut du courage pour...* ➛ *Il lui faut qqn pour l'aider.* **2** *IL FAUT* : il est nécessaire de. *Il faut l'avertir tout de suite. Quand le vin est tiré, il faut le boire. Il va falloir lui en parler. Je ne suis pas sûr qu'il faille accepter.* loc. *Il faut vous dire que...* fam. *Il faut le voir pour y, pour le croire ! Quand (il) faut y aller, (il) faut y aller,* se dit pour se donner de l'allant. **3** *IL FAUT QUE. Il faut qu'il vienne, c'est indispensable. Il faudra bien qu'il l'apprenne un jour.* ♦ *Il faut, il a fallu qu'il arrive en ce moment !* il est arrivé comme par une fatalité. **4** *IL LE FAUT* (*le* remplaçant l'inf. ou la propos.). *Vous irez le voir, il le faut.* **5** (avec ellipse de la séquence) *Louer et blâmer quand il faut.* « *Rien ne la contentait, rien n'était comme il faut* » (La Font.). ♦ *COMME IL FAUT. Se conduire, s'exprimer comme il faut.* ⇒ ① **bien, convenablement.** ➛ *Un jeune homme bien comme il faut.* **III** *IL FAUT ; IL FAUT QUE* : il est nécessaire, selon la logique du raisonnement (en tant qu'explication d'un fait autrement inexplicable). *Dire des choses pareilles ! il faut avoir perdu l'esprit ! Il faut vraiment qu'il soit malade pour ne pas être venu.* ♦ *Faut-il être bête, tout de même !* ♦ pop. (sans *il*) *Faut pas t'en faire.* « *alors on s'est dit comme ça : "Faut quand même aller voir"* » (Perec). ♦ loc. fam. *Faut voir,* se dit avec une nuance d'admiration, d'étonnement (pour désigner qqch. de remarquable en bien ou en mal). *Faut voir comme il lui parle !* ➛ *Faut le faire !* la chose est remarquable, difficile.

> ❑ Attention à la confusion avec *faillir* → faillir (rem.). ♦ Les formes conjuguées de *falloir* ont été construites aux XVe et XVIe s. sur le modèle de *valoir.*

① **falot** n. m. – XIVe ; gr. *pharos* « phare » **1** Grande lanterne. ⇒ **fanal.** « *Des employés couraient dans la nuit, agitant des falots* » (Mart. du G.). **2** arg. milit. Conseil de guerre. *Passer au falot.*

② **falot, ote** adj. – XVe ; p.-ê. angl. *fellow* « compagnon » ▪ Qui manque de personnalité, d'éclat. *Personnage falot.* ⇒ **anodin, insignifiant,** ① **terne.** ✪ CONTR. ① Brillant.

falsificateur, trice n. – XVIe ▪ Personne qui falsifie. ⇒ **contrefacteur, faussaire.**

falsification n. f. – XIVe **1** Action de falsifier ; son résultat. ⇒ **fraude.** *Falsification du lait, du vin par mouillage.* ➛ *Falsification des monnaies.* **2** Action de dénaturer, de donner une fausse apparence. *Falsification* *d'une pièce d'identité.* ➛ fig. *Falsification de l'histoire.* ⇒ **travestissement.**

falsifier v. tr. [7] – XIVe ; lat. *falsus* « faux » 1 Altérer volontairement pour tromper. *Falsifier du lait.* « *un vin lourd et râpeux* [...] *avec lequel on pouvait falsifier de meilleurs crus* » (Aragon). ⇒ **frelater.** ➛ *Falsifier des billets.* 2 Donner une fausse apparence à. *Falsifier une date, une signature.* ⇒ **contrefaire ; maquiller, trafiquer, truquer.** ♦ fig. *Falsifier la vérité* ⇒ **dénaturer, fausser, travestir.**

faluche n. f. – XIXe ; mot lillois « galette » ■ Ancien béret traditionnel des étudiants.

falun n. m. – XVIIIe ; o. i. ■ Roche sédimentaire formée de coquilles enrobées dans l'argile et le sable.

faluner v. tr. [1] – XVIIIe ■ Amender (un sol argileux) avec du falun.

falzar n. m. – XIXe ; turc ■ fam. Pantalon.

famé, ée adj. – XIIe ; lat. *fama* « renommée » ■ *Lieu mal famé* (ou *malfamé*), de mauvaise réputation, fréquenté par des malfaiteurs. *Maison, rue mal famée.*

❑ L'emploi de *famé* avec l'adverbe *bien (bien famé)* est de nos jours très peu courant. ♦ Même famille étym. que *fameux, diffamation* ; attention de ne pas confondre les deux radicaux *fam-* : « réputation » (lat. *fama*) et « faim » (lat. *fames*).

famélique adj. – XVe ■ Qui ne mange pas à sa faim. ⇒ **affamé, crève-la-faim.** « *On voyait errer de cour en cour nombre de chats faméliques* » (Gide). ⇒ **étique,** ① **maigre.** ✪ CONTR. Rassasié, repu.

fameusement adv. – XVIIe ■ fam. Très. ⇒ **rudement.** *C'était fameusement bon.*

fameux, euse adj. – XVe ; lat. *fama* « renommée » 1 littér. De grande réputation (bonne ou mauvaise). ⇒ **célèbre, connu.** « *Messaline, fameuse par ses débauches* » (Dider.). ➛ *Bataille fameuse.* ⇒ **mémorable.** ➛ *Région fameuse par* (ou *pour*) *ses crus.* ⇒ **renommé, réputé.** 2 iron. Dont on a beaucoup parlé. *C'était le fameux jour où... Ses fameuses théories.* 3 Remarquable en son genre. *Il a un fameux culot.* « *Une fameuse canaille* » (Baud.). ⇒ ① **beau,** fam. ① **sacré.** ♦ Très bon. ⇒ **excellent ; formidable,** ② **super.** *C'est un fameux marin.* ➛ Très bon au goût. *Il est fameux, votre vin.* ➛ *PAS FAMEUX* : pas très bon. *Ce n'est pas fameux pour la santé. Ce devoir n'est pas fameux.* ⇒ **médiocre.** ✪ CONTR. Inconnu. Insignifiant. Mauvais.

familial, iale, iaux adj. et n. f. – XIXe 1 Relatif à la famille en général. *Planning familial.* ➛ *Allocations familiales,* versées à ceux qui ont des enfants. 2 Qui concerne la famille comme groupe humain, milieu affectif. *Avoir des problèmes familiaux.* ⇒ **domestique.** *Noël, fête familiale. Le milieu familial.* « *un repas tout simple, qui modifiait à peine le train-train familial* » (Romains). 3 n. f. Automobile de tourisme conçue pour transporter un maximum de personnes.

familiariser v. tr. [1] – XVIe I Rendre familier (avec qqch.). ⇒ **accoutumer, habituer.** *Familiariser qqn avec l'informatique.* II *SE FAMILIARISER* v. pron. 1 Devenir familier avec qqn, avec les gens. ⇒ s'**apprivoiser.** 2 *Se familiariser avec qqch.,* se rendre familier par l'habitude, la pratique. ⇒ s'**accoutumer,** s'**habituer.** « *des nouveaux venus peu familiarisés avec les lieux* » (Mart. du G.).

familiarité n. f. – XIIe 1 Relations familières. *Vivre dans la plus grande familiarité avec qqn.* ⇒ **intimité.** 2 Manière familière de se comporter envers qqn. ⇒ **bonhomie, liberté.** *Traiter qqn avec une familiarité excessive, déplacée.* ⇒ **désinvolture, effronterie, impertinence.** ♦ au plur. péj. Façons trop libres, inconvenantes. ⇒ **privauté.** « *Je vous prie de m'épargner vos familiarités* » (Sartre). 3 littér. Style qui a le ton familier de la conversation. ⇒ **naturel, simplicité.** ✪ CONTR. Réserve. Recherche.

familier, ière adj. et n. – XIIe 1 n. m. Personne qui est considérée comme un membre de la famille, qui est intime avec qqn. ⇒ **ami, intime.** *C'est un de ses familiers.* « *Donc, vous n'étiez pas un familier de la maison ?* » (Romains). ➛ Habitué (d'un lieu). 2 Bien connu ; dont on a l'expérience habituelle. « *Le monde familier, rassurant, apaisant est là autour d'elle* » (Sarraute). *Voix familière.* ♦ Dont la connaissance, l'usage est ordinaire (à qqn). *Le maniement de cette machine lui est familier.* ⇒ **aisé, facile, usuel.** ➛ Habituel à qqn (comportement). ⇒ **coutumier.** *C'est une de ses attitudes familières. Le mensonge lui est familier.* 3 Qui montre dans ses rapports avec autrui une simplicité qui met à l'aise. ⇒ **accessible, liant, simple.** ➛ péj. Trop libre, trop désinvolte dans ses manières. *Élève très familier avec ses professeurs.* ➛ *Manières familières* (⇒ **simple**), *trop familières* (⇒ **cavalier, désinvolte**). ♦ Qui vit au foyer. *Animaux familiers.* ⇒ **domestique.** 4 Qu'on emploie dans la conversation courante, et même par écrit, mais qu'on évite avec des supérieurs, dans les relations officielles et les ouvrages qui se veulent sérieux. « *Godasse* » *est un mot familier. Nous avions « employé une tournure de phrase si familière, que nous nous demandions si elle pouvait s'écrire* » (Larbaud). ✪ CONTR. Étranger ; inconnu. Distant, réservé. Recherché, soutenu.

familièrement adv. – XIIe ■ Avec une simplicité libre et naturelle, sans façon. ⇒ **simplement.**

famille n. f. – XIVe ; lat. *famulus* « serviteur » I – 1 Les personnes apparentées vivant sous le même toit, et spécialt le père, la mère et les enfants. *Un village d'une trentaine de familles.* ⇒ ① **feu, foyer.** *Fonder une famille* : avoir un, des enfants. « *La famille sera toujours la base des sociétés* » (Balz.). *Famille monoparentale.* « *Familles, je vous hais ! foyers clos ; portes refermées ; possessions jalouses du bonheur* » (Gide). ➛ *DE FAMILLE. La vie de famille. Médecin de famille.* ➛ loc. *Faire partie de la famille* : être traité comme un membre de la famille, en parlant d'un ami proche. ⇒ **familier.** ➛ *DES FAMILLES* : à l'usage des familles. *L'almanach des familles.* fam. *Un petit gueuleton des familles,* agréable et sans prétention. ♦ Les enfants issus d'une union. *Mère de famille.* « *Michel Charles, bon père de famille, se consacre exclusivement à sa femme et à ses enfants* » (Yourcenar). *Une famille de six enfants.* ♦ *FAMILLE NOMBREUSE,* comportant de nombreux enfants. *Carte de famille nombreuse* (délivrée à partir de trois enfants, en France). 2 L'ensemble des personnes liées entre elles par le mariage et par la filiation ou, exceptionnellement, par l'adoption. *Le droit de la famille. Membres d'une même famille* (⇒ **parent ; parenté**). *Nom de famille.* ⇒ **patronyme.** ➛ *Être de la même famille.* ⇒ **sang.** *Famille par alliance.* ⇒ **belle-famille.** ➛ *EN FAMILLE* : avec les siens. *Passer Noël en famille, dans sa famille.* ➛ *DE FAMILLE. Réunion, photo de famille* (⇒ **familial**). loc. *Avoir un air de famille,* une ressemblance. « *Bien qu'elles ne fussent ni sœurs ni cousines, il y avait entre elles un air de famille* » (Muss.). *C'est de famille* : c'est (un trait de caractère, un comportement) commun à d'autres membres de la famille. « *L'esprit de famille est en moi particulièrement développé* » (Gide). 3 Succession des individus qui descendent les uns des autres, de génération en génération. *La famille d'Abraham.* ⇒ **descendance, lignée, postérité, race, sang, souche.** *La famille royale. La famille des Habsbourg.* ⇒ **dynastie, maison.** « *l'une des plus vieilles et des plus illustres familles de la Pologne* » (Balz.). *Biens de famille.* ⇒ **patrimoine.** ➛ loc. *De bonne famille* : d'une famille bien considérée (souvent iron.).

Jeune homme de bonne famille. **II - 1** Personnes ayant des caractères communs. « *De Jaspers à Heidegger,* [...] *toute une famille d'esprits parents par leur nostalgie* » (Camus). *Famille spirituelle, artistique, politique.* ⇒ **clan, coterie, école. 2** Unité de la classification des êtres vivants, fondée sur une communauté de caractères morphologiques et physiologiques. *La famille des bovidés, des renonculacées.* **3** *Famille radioactive* : ensemble d'éléments dérivant les uns des autres par transmutations spontanées. **4** *Famille de mots* : groupe de mots provenant d'un même radical par dérivation ou composition (⇒ **étymologie**). Œuvre *et* manœuvrer *sont de la même famille.* ♦ *Famille de langues* : groupe de langues ayant une origine commune.

❑ Dans l'Antiquité, la famille *(familia)* est étymologiquement l'ensemble des *famuli,* esclaves de la maison du maître, puis l'ensemble des personnes (enfants, serviteurs, esclaves, parents) vivant sous le même toit, sous l'autorité du *pater familias,* le chef de famille.

famine n. f. – XIIe ; lat. *fames* « faim » ■ **1** Manque d'aliments qui fait qu'une population souffre de la faim. « *la disette dégénéra en famine* » (Volt.). *Pays qui souffre de la famine.* **2** Faim (dans certaines expr.). *Crier famine* : demander une aide matérielle. *La cigale « alla crier famine Chez la fourmi sa voisine »* (La Font.). *Salaire de famine,* misérable, qui ne donne pas de quoi vivre. ✪ CONTR. Abondance.

fan [fan] n. – 1923 ; mot angl., de *fanatic* ■ Jeune admirateur, jeune admiratrice enthousiaste (d'une vedette de la chanson). ⇒ **groupie.** *Club de fans.* ✪ HOM. Fane.

fana adj. – XVIIIe ■ fam. Fanatique (2°). *Elles sont fanas de moto.* ➛ n. *Les fanas du tiercé.*

fanage n. m. – XIVe ■ Action de faner (1°).

fanal, aux n. m. – XVIe ; gr. *phanos* « lumière » ■ **1** Grosse lanterne servant de signal, fixée sur un véhicule. ⇒ ① **feu.** « *une barque suspecte et sans fanal* » (Loti). « *ils aperçurent les fanaux de la voie ferrée sur le faîte d'un remblai* » (R. Rolland). **2** Lanterne.

fanatique adj. et n. – XVIe ; lat. « serviteur du temple *(fanum)* » ■ **1** Animé envers une religion, une doctrine, une personne, d'une foi intraitable et d'un zèle aveugle. ⇒ **intolérant, sectaire.** *Partisan, intégriste fanatique.* ➛ *Des opinions fanatiques.* ♦ n. *Attentat commis par des fanatiques.* ⇒ **exalté, extrémiste. 2** Qui a une passion, une admiration excessive pour qqn ou qqch. ⇒ **enthousiaste, fervent, passionné.** *Supporters fanatiques.* ⇒ **fan.** *Être fanatique de musique.* ⇒ **amoureux, enragé, fou.** ➛ Empreint de fanatisme. *Admiration, enthousiasme fanatique.* ⇒ **ardent.** ♦ n. « *Les fanatiques de Corneille* » (Volt.). *Un fanatique du football.* ⇒ fam. **fana, fondu, mordu.** ✪ CONTR. Sceptique, tiède. Impartial, tolérant.

❑ *Fanatique* s'est d'abord appliqué à une personne qui se croyait inspirée de l'esprit divin.

fanatiquement adv. – XVIIIe ■ D'une manière fanatique.

fanatiser v. tr. [1] – XVIIIe ■ Rendre fanatique. ⇒ **enflammer, exciter.** *Fanatiser les foules.* ➛ *Militants fanatisés.*

fanatisme n. m. – XVIIe ■ **1** Foi exclusive en une doctrine, une religion, une cause, accompagnée d'un zèle aveugle. *Fanatisme religieux, politique. La « puissance de surdité volontaire des fanatismes »* (Hugo). « *on ne fait rien de grand sans le fanatisme* » (Flaub.). **2** Enthousiasme excessif. ✪ CONTR. Scepticisme, tiédeur ; impartialité, tolérance.

fanchon n. f. – XIXe ; dimin. de *Françoise* ■ Coiffure de paysanne, fichu, mouchoir posé sur la tête et noué sous le menton.

fandango n. m. – XVIIIe ; mot esp. ■ Danse espagnole, avec accompagnement de castagnettes.

fane n. f. – XIVe ; de *faner* ■ (surtout plur.) *Fanes* : tiges et feuilles de plantes potagères dont on consomme une autre partie. *Fanes de radis.* ✪ HOM. Fan.

fané, ée adj. – XVIe ■ **1** Qui a perdu sa fraîcheur (fleur, plante) par la fin de son épanouissement ou par manque d'eau. **2** Défraîchi, flétri. *Une beauté fanée.* « *emmitouflée jusqu'aux oreilles dans un châle fané* » (Daud.). ➛ *Couleur fanée,* passée, très douce. ✪ CONTR. Épanoui. Éclatant, vif.

faner v. tr. [1] – XIIe ; lat. *fenum* « foin » ■ **1** Retourner (un végétal fauché) pour faire sécher. *Faner de la luzerne.* ➛ Faire les foins. « *les prés couverts de gens qui fanent et chantent* » (Rouss.). **2** Faire perdre à (une plante) sa fraîcheur. ⇒ ① **flétrir.** *Le soleil fane les hortensias.* ♦ littér. Altérer dans son éclat, sa fraîcheur (une couleur, un teint). ⇒ **décolorer, défraîchir, ternir.** « *le temps n'arrivait pas à faner les tuiles trop rouges et trop neuves* » (Green). **3** SE FANER v. pron. Sécher et mourir, en perdant sa couleur, sa consistance (plante). « *Et dans les champs les coquelicots se fanent en se violaçant* » (Apoll.). ♦ Perdre sa fraîcheur, son éclat. *Sa beauté s'est fanée.* ✪ CONTR. Éclore, épanouir (s').

faneur, euse n. – XIIe ■ **1** Personne qui fane l'herbe. « *des faneurs se pressaient de mettre le foin en tas* » (Aymé). **2** n. f. Machine à faner.

fanfare n. f. – XVIe ; onomat. ■ **1** Air dans le mode majeur, vif et rythmé, souvent exécuté par des cuivres. *Sonner la fanfare.* ➛ *Fanfare (militaire).* loc. fam. *Réveil en fanfare,* brutal. **2** Orchestre de cuivres auxquels peuvent être adjoints des instruments à percussion ; musiciens de cet orchestre. ⇒ **orphéon.** *La fanfare municipale.*

fanfaron, onne adj. et n. – XVIIe ; esp. ■ Qui se vante de sa bravoure, réelle ou supposée. ⇒ **hâbleur.** ➛ Qui marque une affectation de bravoure. *Attitude fanfaronne face au danger.* ♦ Qui se vante d'un exploit (réel ou non). ⇒ **vantard.** ➛ n. ⇒ **bravache, capitan, crâneur, fier-à-bras, matamore.** *Faire le fanfaron* : faire le brave. ⇒ **fanfaronner.** « *des fanfarons de sobriété, buvant en cachette* » (Baud.). ✪ CONTR. Modeste.

fanfaronnade n. f. – XVIe ■ Disposition à faire le fanfaron. « *la troupe, par fanfaronnade, s'engageait sur le chemin* » (Alain-Fourn.). ➛ Propos, acte de fanfaron. ⇒ **forfanterie, hâblerie, rodomontade, vantardise.** *Ses fanfaronnades ne nous impressionnent pas.* ✪ CONTR. Modestie.

fanfaronner v. intr. [1] – XVIIe ■ vieilli Faire des fanfaronnades. ⇒ **plastronner,** se **vanter.** *Bernard « avait parlé trop vite, cédant au plaisir de fanfaronner un peu »* (Gide).

fanfreluche n. f. – XVIe ; gr. *pompholux* « bulle d'air » ■ Ornement léger de la toilette. *Robe à fanfreluches.*

fange n. f. – XIIe ; germ. ■ littér. **1** Boue presque liquide et souillée. *Cochon qui barbote dans la fange.* ⇒ **bauge.** « *vautrés dans la fange comme des limaces après la pluie* » (Hugo). **2** Ce qui souille moralement. ⇒ **abjection, ignominie.** « *tandis que la populace me couvrait de fange, je faisais un Conseiller d'État* » (Rouss.).

❑ Même origine que *fagne.*

fangeux, euse adj. – XIIe ■ Plein de fange. ⇒ ① **boueux.** *Mare fangeuse.* ⇒ **vaseux.** *Une eau fangeuse.* ⇒ ① **trouble.**

fangothérapie n. f. – 1952 ■ Traitement par bains de boue.

fanion n. m. – XVIIe ; de *fanon* 1 Petit drapeau servant d'emblème, d'insigne. *Le fanion de la Légion.* 2 Petit drapeau, souvent triangulaire, fixé sur une hampe et servant de repère, de jalon. *Fanions balisant une piste de ski.*

fanon n. m. – XIIe ; germ. *fano* « morceau d'étoffe » 1 Repli cutané qui pend sous le cou (des bœufs, de certains reptiles). *Fanon de taureau ; d'iguane.* « *les plis de son cou retombaient jusqu'à sa poitrine comme des fanons de bœuf* » (Flaub.). ♦ Membrane granuleuse, à la base des mandibules (de certains oiseaux). *Fanon de dindon.* 2 Touffe de crins du pied du cheval, cachant l'ergot. 3 Chacune des lames cornées qui garnissent transversalement la bouche de certains cétacés, notamment la baleine.

fantaisie n. f. – XIIe ; gr. *phantasia* « apparition » 1 DE FANTAISIE, se dit d'objets fabriqués dont la valeur tient à la nouveauté, l'originalité. « *les mouvements du jeune Arabe qui lui cirait ses souliers jaunes de fantaisie* » (Mac Orlan). ♦ appos. FANTAISIE : de fantaisie. *Des bijoux fantaisie. Pain fantaisie,* vendu à la pièce. ➙ Se dit d'un produit qui n'est pas ce que son nom désigne. *Kirsch fantaisie* : eau-de-vie imitant le kirsch. 2 Chose originale et peu utile, qui plaît. *S'offrir une fantaisie.* 3 Œuvre d'imagination, dans laquelle la création échappe aux règles formelles. « *Le poème descriptif n'est qu'une fantaisie poétique* » (Ste-Beuve). ➙ Pièce musicale de forme libre. 4 Désir, goût passager, singulier, qui ne correspond pas à un besoin véritable. ⇒ **caprice, désir, envie.** *Il lui a pris la fantaisie de...* « *Je ne conçois pas la fantaisie que j'ai prise pour certaines oranges* » (Balz.). *Se plier à toutes les fantaisies de qqn.* ⇒ **volonté.** 5 *À, selon la fantaisie de qqn* : de la manière qui lui plaît. *Agir selon sa fantaisie.* ⇒ **goût, gré, humeur, volonté.** 6 Imagination créatrice, faculté de créer librement, sans contrainte. *L'artiste a donné libre cours à sa fantaisie.* ♦ Tendance à agir en dehors des règles par caprice et selon son humeur. « *La fantaisie et la frivolité sont conjointes* » (Cocteau). ➙ Originalité amusante, imagination dans les initiatives. ⇒ **originalité.** *Il manque de fantaisie.* ♦ Ensemble de choses imprévues et agréables. ⇒ **imprévu.** *Vie pleine de fantaisie.* ✪ CONTR. Classique. Besoin. Banalité ; régularité.

fantaisiste adj. et n. – XIXe I adj. 1 vieilli Qui s'abandonne à sa fantaisie, suit son imagination. *Peintre fantaisiste.* 2 Qui agit à sa guise ; qui n'est pas sérieux. ⇒ **amateur, dilettante, fumiste.** *Cet étudiant est un peu trop fantaisiste.* 3 Qui n'est pas sérieux (peu orthodoxe ou sans fondement réel). *Étymologie fantaisiste.* ⇒ ① **faux.** *Information fantaisiste.* II n. 1 Personne qui agit par caprice, souvent en dehors des usages (⇒ **bohème,** ② **original**), qui n'a ni sérieux ni esprit de suite (⇒ **fumiste**). « *un aimable je-m'en-fichiste et fantaisiste, mi-peintre, mi-musicien* » (Cendrars). 2 vieilli Artiste de music-hall, de cabaret qui chante, imite, raconte des histoires. ⇒ **comique, humoriste.** ✪ CONTR. Consciencieux, sérieux. Exact, orthodoxe, réel, vrai.

fantasia n. f. – XIXe ; mot esp. « fantaisie » ■ Divertissement équestre de cavaliers arabes qui évoluent au galop en déchargeant leurs armes et en poussant de grands cris.

fantasmagorie n. f. – XVIIIe ; gr. *phantasma* « fantôme » et *agoreuein* « parler en public » 1 Art de faire voir des fantômes par illusions d'optique, à la mode au XIXe s. ; ce spectacle. ➙ *Tout devient « spectacle imprévu pour les yeux, fantasmagorie, changeant mirage »* (Loti). ⇒ **féerie.** 2 Représentation imaginaire et illusoire. ⇒ **fantasme, illusion.** « *La peur est une fantasmagorie du démon* » (Bernanos). 3 Usage d'effets surnaturels et fantastiques (dans une œuvre).

fantasmagorique adj. – XVIIIe ■ Qui tient de la fantasmagorie. *Une apparition fantasmagorique.* ⇒ **fantastique.**

fantasmatique adj. – XIXe ■ Relatif aux fantasmes.

fantasme n. m. – XIIe ; gr. *phantasma* « vision » ■ Production de l'imagination par laquelle le moi cherche à échapper à la réalité. ⇒ **imagination, rêve.** *Des fantasmes de puissance ; des fantasmes sexuels.*

❑ On a écrit aussi *phantasme,* mais cette graphie, plus conforme à l'étymologie grecque, est aujourd'hui vieillie. → fantaisie.

fantasmer v. 1 – v. 1960 1 v. intr. Se laisser aller à des fantasmes. *Il fantasme sur son avenir.* 2 v. tr. Avoir le fantasme de, imaginer en tant que fantasme.

fantasque adj. – XVe ; réfect. et abrév. de *fantastique* ■ Sujet à des fantaisies, des sautes d'humeur ; dont on ne peut prévoir le comportement. ⇒ **bizarre, capricieux, changeant, lunatique.** *Il y a « des nuances entre avoir des fantaisies et être fantasque »* (Volt.). ➙ *Caractère fantasque.* ✪ CONTR. Égal, posé.

fantassin n. m. – XVIe ; it. *fante* « enfant » ■ Soldat d'infanterie. « *Ces jeunes soldats, devant nos redoutables fantassins, furent vaillants* » (Hugo).

fantastique adj. et n. m. – XIVe ; gr. *phantasia* « fantaisie » 1 Qui est créé par l'imagination, qui n'existe pas dans la réalité. ⇒ **fabuleux, imaginaire, irréel, surnaturel.** *Être, animal fantastique.* ♦ Où domine le surnaturel. *Histoire, film fantastique.* « *les tableaux fantastiques de Brueghel* » (Baud.). 2 Qui paraît imaginaire, surnaturel. ⇒ **extraordinaire.** « *Ces bois de cactus ont un aspect fantastique* » (Maupass.). 3 Étonnant par son importance, par sa grandeur, etc. ⇒ **extravagant, incroyable, inouï, invraisemblable.** *Un luxe fantastique.* ♦ Excellent, remarquable. *Cette femme est absolument fantastique.* ⇒ **épatant, formidable, génial, sensationnel.** 4 n. m. *Le fantastique* : ce qui est fantastique, irréel ; le genre fantastique, en art, en littérature. « *j'ai glissé dans le fantastique : je consultais une voyante qui m'aurait dit la vérité* » (Beauv.). ✪ CONTR. Réel. Réaliste. Banal, ordinaire.

fantastiquement adv. – XIVe 1 D'une manière extraordinaire, irréelle. « *Derrière nous, la nuit s'éclaire fantastiquement* » (Le Clézio). 2 ⇒ **extraordinairement, formidablement, remarquablement.** *Il est fantastiquement intelligent.*

fantoche n. m. – XIXe ; it. *fante* « enfant » 1 Marionnette articulée à fils. ⇒ **pantin.** 2 Personne sans consistance ni volonté, manipulable. ➙ adj. *Un gouvernement fantoche.*

fantomatique adj. – XIXe ■ Dont l'apparence évoque un fantôme. ⇒ **spectral.** « *droite, blanche et fantomatique, avec son air de somnambule* » (Henriot).

fantôme n. m. – XIIe ; gr. 1 Apparition surnaturelle d'une personne morte. ⇒ **esprit,** ① **ombre, revenant, spectre, zombie.** *Manoir hanté par les fantômes. Le suaire, les chaînes du fantôme.* 2 *Un fantôme de,* ce qui n'a que l'apparence de. ⇒ **simulacre.** « *Il y a des fantômes d'auteurs et des fantômes d'ouvrages* » (Joubert). ♦ Papier, fiche matérialisant l'absence d'un document, d'un livre emprunté. 3 Ce qui hante la mémoire. *Les fantômes du passé.* « *trop de remords, trop de fantômes contre lesquels il fallait lutter* »

(Green). 4 Idée, être imaginaire, chimère. ⇒ **fantasme, illusion.** *Se battre contre des fantômes.* 5 appos. Qui apparaît et disparaît comme un fantôme. *Le vaisseau fantôme.* ➛ *Train fantôme* (attraction de fête foraine). ♦ Qui n'a guère de réalité. *Un gouvernement fantôme.*

> ❑ On écrit *fantôme* mais *fantomatique,* sans accent circonflexe. → symptôme (rem.).

faon [fɑ̃] **n. m.** – XIIe ; lat. *fetus* « enfantement, portée des animaux » ▪ Petit du cerf, du daim ou du chevreuil.

> ❑ Même origine que *fœtus.* ♦ *Faon* était le terme générique pour désigner les petits des bêtes fauves. → fauve (rem.).

faquin **n. m.** – XVIe ; néerl. *fak* « poche » ▪ littér. Individu sans valeur, impertinent. ⇒ **coquin, maraud.** « *Maraud, faquin, butor de pied plat ridicule !* » (Rostand).

far **n. m.** – XVIIIe ; mot lat. « blé » ▪ Flan fabriqué dans le Finistère. *Far breton.* ✪ HOM. Fard, phare.

farad [faʀad] **n. m.** – XIXe ; de *Faraday,* n. pr. ▪ Unité de mesure de capacité électrique (symb. F).

faraday **n. m.** – XIXe ; n. pr. ▪ Ancienne unité de quantité d'électricité, valant 96 486,46 coulombs.

> ❑ Michael Faraday était un physicien et un chimiste britannique (1791-1867).

faradique **adj.** – XIXe 1 *Courant faradique :* courant alternatif obtenu par induction. 2 Qui se rapporte aux théories de Faraday.

faramineux, euse **adj.** – XIXe ; lat. *ferus* « sauvage » ▪ fam. Anormalement important (quantités). ⇒ **extraordinaire, fabuleux, fantastique.** *Des prix faramineux,* très élevés. *Une quantité faramineuse de...*

> ❑ On a écrit aussi *pharamineux : « quelque pharamineux butin »* (Céline).

farandole **n. f.** – XVIIIe ; provenç. ▪ Danse provençale, exécutée par une file de danseurs se tenant par la main.

faraud, aude **n.** et **adj.** – XVIIIe ; provenç., altér. de *héraut* ▪ vx ou région. Personne qui affecte maladroitement l'élégance, le bon ton, qui cherche à se faire valoir. ⇒ **fanfaron, fat.** *Faire le faraud :* crâner, faire le malin. ♦ **adj.** *Un air faraud.* ✪ CONTR. Effacé. — HOM. Faro.

① **farce** **n. f.** – XIIe ; lat. *farcire* « remplir » ▪ Hachis d'aliments (légumes, viande, volaille, etc.) garnissant l'intérieur de préparations culinaires. *Farce de chair à saucisse. Garnir de farce des tomates.* ⇒ **farcir.**

② **farce** **n. f.** – XVe ; de ① *farce,* fig. « petit intermède comique introduit dans une pièce sérieuse » 1 Comédie très simple où dominent les jeux de scène ; ce genre littéraire. *La Farce de maître Pathelin.* ♦ Situation qui a qqch. de bouffon. ⇒ **comédie.** *Cela tourne à la farce.* 2 Acte destiné à se moquer, à faire rire aux dépens de qqn. *Faire une farce à qqn.* ⇒ **canular, mystification,** ① **niche, plaisanterie,** ③ **tour.** ♦ Objet vendu dans le commerce, servant à faire une farce. *Ce malaise « que donnent par exemple les farces-attrapes, quand la cuiller fond brusquement dans la tasse à thé »* (Sartre). 3 **adj.** fam. et vieilli ⇒ **amusant, burlesque, cocasse, comique, drôle.**

farceur, euse **n.** et **adj.** – XVe ▪ Personne qui aime faire des farces, jouer des tours. ➛ **adj.** *Un gamin farceur.* ⇒ **espiègle, facétieux, polisson.** ♦ Personne qui raconte des histoires pour mystifier, peu prise au sérieux. ⇒ **blagueur, plaisantin.** « *ses sept ministres étaient tous gens distingués par leurs talents de farceurs* » (Baud.). *Sacré farceur !*

farci, ie **adj.** – XVIe ▪ Rempli de farce. *Tomates farcies. Cailles farcies.* ✪ HOM. Farsi.

farcin **n. m.** – XIIIe ; lat. *farcimen* « farce » ▪ Manifestations cutanées de la morve chez le cheval, sans atteinte des fosses nasales.

farcir **v. tr.** 2 – XIIIe 1 Remplir, garnir de farce (un mets). *Farcir un poisson, des tomates.* 2 Surcharger de (connaissances, idées, etc.). *Farcir la tête d'un enfant de savoir.* ⇒ **bourrer, encombrer.** *Farcir un écrit de citations.* ⇒ **truffer.** 3 fam. SE FARCIR (qqch.) : prendre et consommer. *Se farcir un bon repas.* ➛ Faire (une corvée). *Se farcir tout le travail.* ♦ péj. Supporter. *J'ai dû me le farcir pendant deux heures.* loc. fam. *Il faut se le (la, les) farcir* (chose, personne), le (la, les) supporter, et c'est pénible.

fard **n. m.** – XIIIe ; de ① *farder* 1 Produit qu'on applique sur le visage pour en changer l'aspect naturel. ⇒ **maquillage.** *Fard pour le teint.* ⇒ **fond** (de teint), **poudre.** *Fard à joues.* ⇒ **blush.** *Fard à paupières.* ⇒ ① **ombre** (à paupières). « *Des joues plâtrées de fard, des lèvres peintes* » (Huysm.). 2 *Sans fard :* sans artifice. « *Parle sans fard et sans apprêt* » (R. Rolland). *Parler sans fard,* franchement. ✪ HOM. Far, phare.

① **fardage** **n. m.** – XIXe ▪ Fraude qui consiste à farder (①, 2°) sa marchandise.

② **fardage** **n. m.** – XIVe ; de ② *farder* 1 Prise qu'offrent au vent les superstructures et la coque d'un navire. 2 Plan de bois sur lequel on dispose les marchandises à fond de cale.

① **farde** **n. f.** – XIIe ; ar. « demi-charge d'un chameau » ▪ Balle de café de 185 kg.

② **farde** **n. f.** – XIXe ; var. de *hardes* ▪ région. (Belgique) Chemise, dossier ; liasse de copies.

fardé, ée **adj.** – XVIIe ▪ Qui porte du fard, qu'on a fardé. ⇒ **maquillé.** *Femme fardée. Des yeux fardés.* ⇒ ① **fait.** *Acteur fardé.* ⇒ **grimé.** ✪ CONTR. ① Nu, naturel.

fardeau **n. m.** – XIIIe ; de ① *farde* 1 Chose pesante qu'il faut lever, transporter. ⇒ **charge, chargement, poids.** *Un lourd, un pesant fardeau. Déposer son fardeau.* 2 Chose pénible qu'il faut supporter. « *Ce qui d'abord est gloire à la fin est fardeau* » (Hugo). ➛ *Le fardeau des impôts.* ⇒ **charge.** « *c'est un fardeau d'élever trois enfants* » (Sand).

① **farder** **v. tr.** 1 – XIIe ; germ. « teindre » 1 Mettre du fard à (qqn). ⇒ **maquiller.** *Farder un acteur.* ⇒ **grimer.** « *Quand elle avait fini de se parfumer, de se farder les yeux, les lèvres* » (Giono). ♦ SE FARDER **v. pron.** ⇒ se **maquiller.** « *Elle s'habillait gentiment, se fardait pour autant qu'on le pût dans le patelin sans passer pour une pute* » (Queneau). 2 littér. Déguiser la véritable nature de (qqch.) sous un revêtement trompeur. ⇒ **dissimuler, masquer.** « *Je répondrai, Madame, avec la liberté D'un soldat qui sait mal farder la vérité* » (Rac.). ➛ *Farder sa marchandise :* dissimuler les produits médiocres sous les bons (le dessus du panier) pour flatter l'œil de l'acheteur.

② **farder** **v. intr.** 1 – XIVe ; de ① *farde* ▪ *Voile qui farde,* qui se gonfle convenablement sous l'effet du vent.

fardier **n. m.** – XVIIIe ▪ Chariot à deux ou quatre roues qui servait à transporter des fardeaux très pesants. « *ces fardiers, usités dans les pays de forêts* » (Hugo).

fardoches **n. f. pl.** – XVIIe ; o. i. ▪ région. (Canada) Broussailles.

faré **n. m.** – d. i. ; mot tahitien ▪ Habitation traditionnelle de Tahiti.

farfadet **n. m.** – XVIe ; mot provenç., de *fado* « fée » ▪ Esprit follet, lutin d'une grâce légère et vive. « *une allégresse de farfadet* » (Colette).

farfelu, ue **adj.** – XVIe ; rad. expressif *faf-* ▪ fam. Un peu fou, bizarre. *Il est farfelu.* ⇒ **loufoque.** *Une idée farfelue,* cocasse. ⇒ **saugrenu.**

❑ Ce mot signifiait « dodu » chez Rabelais. Rare au XVIIe s., il a disparu et a été repris en 1921 par Malraux. *La présence « du farfelu dont j'ai sans le savoir ressuscité le nom »* (Malraux).

farfouiller v. intr. [1] – XVIe ■ fam. Fouiller en bouleversant tout. ⇒ **fourgonner, trifouiller.**

fargues n. f. pl. – XVIIe ; lat. *falca,* d'o. hispano-arabe ■ Bordages supérieurs d'une embarcation portant les dames de nage.

faribole n. f. – XVIe ; p.-ê. lat. *frivolus* « frivole » ■ Propos vain et frivole. ⇒ **baliverne, bêtise, sornette.** « *Votre temps qui passe, c'est de la faribole* » (Anouilh).

farigoule n. f. – XVIe ; lat. *ferus* « sauvage » ■ région. (Provence) Thym.

farinacé, ée adj. – XVIIIe ■ Qui a l'apparence de la farine. *Substances farinacées.* ⇒ **farineux.**

farine n. f. – XIIe ; lat. *far* « blé » **1** Poudre obtenue par la mouture de certaines graines de céréales et servant à l'alimentation. *Farine de blé, de maïs* (⇒ **maïzena**), *de riz. Farine lactée,* pour les bébés. **2** Farine de froment. *Fabrication de la farine.* ⇒ **meunerie, minoterie, moulin.** *Rouler un poisson dans la farine.* ⇒ **fariner.** ♦ loc. *De la même farine,* se dit de choses ou de personnes de même nature qui ne valent pas mieux l'une que l'autre. *Des escrocs de la même farine.* ➛ fam. *Rouler qqn dans la farine,* le tromper. **3** Poudre résultant du broyage de certaines graines ou plantes (fèves, pois, soja). ⇒ **farineux.** *Farine de manioc* (⇒ **cassave**), *de pomme de terre* (⇒ **fécule**). « *cochon de lait farci à la rissole et saupoudré de farine de tapioca* » (Cendrars).

fariner v. tr. [1] – XVe ■ Saupoudrer, enrober de farine. *Fariner des filets de poisson.*

farineux, euse adj. et n. m. – XVIe **1** Qui contient de la farine ou de la fécule. ♦ n. m. (surtout plur.) Végétal comestible contenant de la fécule (ex. pois, lentilles, haricots). ⇒ **féculent. 2** Couvert de farine. **3** Dont la consistance, le goût évoquent la farine. *Pomme farineuse.*

farlouche → **ferlouche**

farlouse n. f. – XVIe ; o. i. ■ Passereau à plumage jaune rayé de brun. → **pipit.**

farniente [farnjɛnte ; farnjɑ̃t] n. m. – XVIIe ; it. *far(e)* « faire » et *niente* « rien » ■ Douce oisiveté. « *c'est la flemme, le farniente italien* » (Cocteau).

❑ *Farniente* apparaît en français sous la forme italienne *far niente* dans l'œuvre de Mme de Sévigné (1670).

faro n. m. – XIXe ; mot wallon ■ Bière belge faite avec du malt d'orge et du froment non germé. *Le faro et la gueuze.* ✪ HOM. Faraud.

① **farouche** n. m. – XVIIIe ; lat. *farrago* « mélange de grains » ■ région. Trèfle incarnat cultivé comme fourrage.

② **farouche** adj. – XIIIe ; lat. *forasticus* « étranger, sauvage » **1** Qui n'est pas apprivoisé et s'effarouche facilement. ⇒ **indompté, sauvage.** *Ces moineaux ne sont pas farouches.* ➛ (personnes) Qui redoute par tempérament le contact avec autrui. ⇒ **insociable, misanthrope, sauvage.** *Un enfant farouche.* ⇒ **timide.** ♦ *Femme peu farouche.* ⇒ **facile. 2** D'une rudesse sauvage. ⇒ **barbare, cruel, violent.** « *Ce farouche ennemi qu'on ne pouvait dompter* » (Rac.). ⇒ **acharné, implacable.** ♦ Qui a qqch. d'absolu et de violent, de peu civilisé (caractère, comportement). ⇒ **sauvage.** *Un regard farouche. Haine farouche.* ⇒ **opiniâtre, véhément.** *Opposer une farouche résistance.* ⇒ **acharné, tenace.** ✪ CONTR. Apprivoisé. Accueillant, sociable. Soumis.

farouchement adv. – XIVe ■ D'une manière rude, brutale, acharnée. ⇒ **violemment.** « *mon secret farouchement gardé* » (Duham.).

farrago n. m. – XVIIe ; lat. *far* « blé » ■ Mélange de grains qu'on sème pour servir de fourrage.

farsi n. m. – d. i. ; mot iranien ■ Nom que les Iraniens donnent à leur propre langue (le persan). ✪ HOM. Farci.

fart [faʀt] n. m. – 1904 ; mot norv. ■ Cire dont on enduit la semelle des skis pour améliorer la glisse.

fartage n. m. – 1932 ■ Action de farter (des skis) ; son résultat.

farter v. tr. [1] – 1908 ■ Enduire de fart. « *Le magasin de sport où je faisais farter mes skis* » (Beauv.).

fasce n. f. – XIIe ; lat. *fascia* « bandelette » ■ En héraldique, Pièce honorable qui coupe l'écu horizontalement par le milieu et en occupe le tiers. ✪ HOM. Face.

fascé, ée adj. – XVIIe ■ Chargé de bandes horizontales, de même largeur et d'émail alterné. *Écu fascé d'argent et d'azur.*

fascia n. m. – XIXe ; mot lat. « bande » ■ Membrane de tissu conjonctif, autour de groupes de muscles et de certains organes qu'elle maintient.

fasciation n. f. – XIXe ; lat. *fascia* « bande » ■ Disposition de structures végétales (branches, rameaux, pédoncules) qui s'aplatissent au lieu de rester cylindriques.

fascicule n. m. – XVe ; lat. *fascis* « faisceau, paquet » **1** Ensemble de feuilles, de cahiers formant une partie d'un ouvrage publié par fragments. ⇒ **livraison.** *Fascicules reliés en volumes.* **2** *Fascicule de mobilisation* : document indiquant au réserviste ce qu'il doit faire en cas de mobilisation.

fasciculé, ée adj. – XVIIIe ■ Disposé en faisceau. ➛ *Racine fasciculée,* sans pivot. ➛ *Colonne fasciculée,* formée d'un faisceau de petites colonnes.

fascié, iée adj. – XVIIIe ■ Marqué de bandes. *Coquillage fascié.*

fascinant, ante adj. – XIXe ■ Qui fascine. *Un regard fascinant.* ♦ Qui attire fortement, éblouit. *Un être fascinant.* ⇒ **captivant, éblouissant, séduisant.** *D'une beauté fascinante.* ⇒ **ensorcelant, envoûtant, troublant.** « *ce qu'il y a de fascinant, d'irrésistible dans le vrai séducteur* » (Romains).

fascinateur, trice adj. – XVIe ■ littér. Qui charme, fascine. ⇒ **fascinant.** « *à sa beauté séduisante, à son geste fascinateur* » (Balz.).

fascination n. f. – XIVe **1** Action qu'exerce (qqn, qqch.) sur une personne en fixant son regard, sa pensée. *Pouvoir de fascination d'un hypnotiseur.* **2** Irrésistible influence exercée sur qqn ou subie par qqn. ⇒ **enchantement, ensorcellement, envoûtement, séduction.** *Elle exerce sur lui une étrange fascination. La fascination de l'aventure.* ⇒ **appel.** « *Qui a observé des jumeaux ne peut échapper à la fascination de leur corps* » (Tournier).

fascine n. f. – XVIe ; lat. *fascis* → faix ■ Fagot. ➛ Fagot serré de branchages, employé dans les travaux de terrassement, de fortification, d'hydraulique. *Parapet de fascines.*

① **fasciner** v. tr. [1] – XVe ■ Garnir de fascines.

② **fasciner** v. tr. [1] – XIVe ; lat. *fascinum* « charme, maléfice » **1** Maîtriser, immobiliser par la seule puissance du regard. ⇒ **hypnotiser. 2** Éblouir par la beauté, l'ascendant, le prestige. ⇒ **captiver, charmer, émer-**

veiller, hypnotiser, séduire. *Il a fasciné son auditoire. Voltaire « fascine et ne persuade pas »* (Hugo).

fascisant, ante [faʃizɑ̃, ɑ̃t] adj. – 1936 ■ Qui a des tendances fascistes.

fasciser [faʃize] v. tr. ⟦1⟧ – v. 1930 ■ Rendre fasciste.

fascisme [faʃism ; fasism] n. m. – 1921 ; it. *fascismo,* de *fascio* « faisceau (des licteurs romains) » 1 Doctrine, système politique que Mussolini établit en Italie en 1922. 2 Doctrine, tendance ou système politique visant à instaurer un régime autoritaire, nationaliste, totalitaire comparable au fascisme ; un tel régime. ⇒ **totalitarisme.**

❑ Pour la prononciation → fasciste (rem.).

fasciste [faʃist ; fasist] n. et adj. – 1921 1 Partisan du fascisme. 2 Tout partisan d'un régime analogue. *Les fascistes espagnols.* ⇒ **phalangiste.** 3 Partisan d'un régime autoritaire, conservateur, réactionnaire et nationaliste. ⇒ **réactionnaire.** abrév. fam. FACHO, FAF. *« Les communistes disent toujours de leurs ennemis qu'ils sont des fascistes »* (Malraux). 4 Adj. Relatif, propre au fascisme. *« Provocation fasciste, vous comprenez »* (R. Gary). ♦ Partisan d'une idéologie conservatrice, nationaliste et autoritaire, d'une autorité imposée, de l'ordre, de la contrainte. *« L'adolescence, dans les classes aisées, est fasciste d'instinct »* (Mauriac).

❑ La prononciation avec [s] est archaïque ou populaire. Celle en [ʃ] est renforcée par la graphie de *facho.*

faseyer [faseje ; fazeje] v. intr. ⟦1⟧ – XVIIᵉ ; néerl. *faselen* « agiter » ■ Battre au vent, en parlant d'une voile que le vent n'enfle pas. ⇒ **ralinguer.**

① **faste** n. m. – XVIᵉ ; lat. *fastus* « orgueil, dédain » ■ Déploiement de pompe et de magnificence. ⇒ **apparat, appareil, éclat, luxe, splendeur.** *Le faste d'une cérémonie.* ⇒ ② **brillant, magnificence.** ✪ CONTR. Simplicité. — HOM. Fastes.

❑ Ce mot est souvent employé fautivement au pluriel par confusion avec *fastes. « les fastes d'un opéra sans musique »* (Tournier).

② **faste** adj. – XIXᵉ ; lat. *fas* « expression de la volonté divine » 1 *Jour faste,* où il était permis aux Romains de procéder à certains actes publics. 2 *Jour faste,* heureux, favorable, où l'on a de la chance. ✪ CONTR. Néfaste.

fastes n. m. pl. – XVᵉ ; lat. *fasti (dies)* « calendrier des jours fastes » 1 Tables chronologiques des Romains. ⇒ **calendrier.** ➛ *Fastes consulaires :* tables ou étaient inscrits dans l'ordre les noms des consuls. 2 Registres qui conservent le souvenir d'événements mémorables. ⇒ **annales, histoire.** ✪ HOM. Faste.

fast-food [fastfud] n. m. – 1972 ; mot angl., *de fast* « rapide » et *food* « nourriture » 1 Restauration* rapide. 2 Établissement offrant ce type de restauration. *Des fast-foods.*

fastidieux, ieuse adj. – XIVᵉ ; lat. *fastidium* « dégoût » ■ Qui rebute en provoquant l'ennui, la lassitude. ⇒ **ennuyeux.** *Une énumération fastidieuse. « ces fastidieux sophistes »* (Sade). ✪ CONTR. Amusant, intéressant.

fastigié, iée adj. – XVIIIᵉ ; lat. *fastigium* « faîte » ■ Caractérisé par des ramifications dressées verticalement formant un angle aigu avec le tronc, la tige. *Cyprès fastigié.*

fastoche adj. – v. 1980 ■ fam. Facile.

fastueux, euse adj. – XVIᵉ ■ Qui aime le faste. ➛ *Un fastueux décor.* ⇒ **éclatant, luxueux, riche, somptueux.** ✪ CONTR. Simple ; modeste, pauvre.

fat, fate [fa(t), fat] adj. et n. m. – XVIᵉ ; mot provenç. « sot » ; lat. *fatuus* « fade » ■ Qui montre sa prétention de façon déplaisante et quelque peu ridicule. ⇒ **content** (de soi), **infatué, poseur, prétentieux, suffisant, vaniteux.** *Cosette « le trouva fade, niais, sot, inutile, fat, déplaisant, impertinent et très laid »* (Hugo). ➛ *Un air fat.* ⇒ **avantageux.** ➛ n. m. vieilli Personne qui affiche une très haute opinion de soi, sans raison et de manière ridicule. ✪ CONTR. Modeste. — HOM. Fa.

fatal, ale adj. – XIVᵉ ; lat. *fatum* « destin » 1 Fixé, marqué par le destin. *Le moment fatal.* ⇒ **fatidique.** 2 Qui donne la mort. *Porter le coup fatal.* ⇒ **mortel.** *Issue fatale.* 3 *FATAL À, POUR :* qui entraîne inévitablement la ruine, qui a des conséquences désastreuses. ⇒ **funeste, malheureux, néfaste.** *« rien n'est plus fatal au bonheur* [...] *que l'intervention des prêtres dans les ménages »* (Balz.). ➛ *Erreur fatale.* ♦ Choisi par le destin pour perdre, porter malheur. *Une femme fatale, une beauté fatale,* qui attire irrésistiblement ceux qui l'approchent. 4 Qui doit arriver inévitablement. ⇒ **immanquable, inéluctable, inévitable, obligatoire.** *« Et il faut que ça arrive, c'est fatal »* (Zola). ⇒ **forcé.** ✪ CONTR. Favorable, heureux, propice.

❑ Le masculin pluriel est *fatals : « assister aux fatals apprêts »* (Balzac).

fatalement adv. – XVIᵉ ■ D'une manière fatale, inévitable ; par une conséquence nécessaire. ⇒ **forcément, inéluctablement, inévitablement.**

fatalisme n. m. – XVIIIᵉ 1 Doctrine selon laquelle tous les événements sont fixés à l'avance par le destin, la fatalité. 2 Attitude par laquelle on pense que ce qui arrive devait arriver et qu'on ne peut rien faire pour s'y opposer. *« Un fatalisme foncier et paisible de petite bourgeoise »* (Colette).

fataliste n. et adj. – XVIIIᵉ ■ Personne qui professe le fatalisme, accepte les événements avec fatalisme. *« Jacques le Fataliste », roman de Diderot.*

fatalité n. f. – XVᵉ 1 Caractère de ce qui est fatal. *Fatalité de la mort.* 2 Force surnaturelle par laquelle tout ce qui arrive est déterminé d'avance d'une manière inévitable. ⇒ **destin, destinée, fatum.** *Fatalité et prédestination. « FATALITÉ. Ce qui est dit d'avance* (fatum) *ou écrit »* (Alain). 3 Suite de coïncidences fâcheuses, inexpliquées qui semblent manifester une finalité supérieure et inconnue ; sort contraire. ⇒ **adversité, malédiction.** *« Je ne sais, mon cher maître, par quelle fatalité je n'ai reçu que depuis deux jours votre lettre du 19 octobre »* (d'Alemb.).

fatidique adj. – XVᵉ ; lat. « qui prédit le destin » ■ Qui marque une intervention du destin. *Jour fatidique.*

fatigabilité n. f. – 1904 ■ Fait d'être fatigable.

fatigable adj. – XVᵉ ■ Sujet à la fatigue. ✪ CONTR. Infatigable.

fatigant, ante adj. – XVIIᵉ 1 Qui cause de la fatigue. *Travail fatigant.* ⇒ **épuisant, éreintant, exténuant, pénible, rude** ; fam. **claquant, crevant, esquintant.** *Journée fatigante.* ⇒ **harassant, tuant.** ♦ Qui exige une attention soutenue, pénible. *Lecture fatigante.* 2 Qui importune, lasse. ⇒ **assommant, ennuyeux, fastidieux, lassant, usant** ; fam. **barbant, rasant.** *« C'est fatigant de désirer toujours sans jamais se satisfaire »* (Balz.). *Il est fatigant à écouter.* ✪ CONTR. Reposant. Aisé, facile. Agréable. — HOM. Fatiguant (fatiguer).

❑ Seul le participe présent du verbe prend un *u (en se fatiguant). Intrigant, navigant, zigzagant* sont dans le même cas. → verbal (rem.).

fatigue n. f. – XIVᵉ 1 État résultant du fonctionnement excessif d'un organe, d'un organisme, et qui se traduit par une diminution des forces, de l'activité. *Légère, grande fatigue. Tomber, être mort de fatigue.*

« *la fatigue est là, toute en braise dans les jointures, au long des membres, sur la nuque* » (Giono). *Fatigue nerveuse, intellectuelle.* ➛ *La fatigue du voyage,* causée par le voyage. 2 Ce qui est cause de fatigue. « *j'ai tout supporté, les fatigues, les dangers, les coups, les avanies, la prison, tout* » (Mart. du G.). 3 Déformations, changements d'état subis par un matériau sous des efforts excessifs. *Rupture par fatigue.* ✪ CONTR. Détente, repos ; délassement.

fatigué, ée adj. – XVe 1 Dont l'activité est diminuée par suite d'un effort excessif. *Muscle, cerveau fatigué. Personne fatiguée. Se sentir très fatigué.* ⇒ **épuisé, éreinté, exténué, fourbu, harassé,** ① **las,** ② **mort, moulu, rompu, surmené.** *Fatigué par le bruit, le tumulte :* abruti, assommé, étourdi. ♦ *Un air fatigué.* 2 Dérangé. *Avoir le foie fatigué.* 3 Qui a beaucoup servi, a perdu son éclat, sa fraîcheur. ⇒ **abîmé, avachi, déformé, défraîchi, usagé, usé, vieux.** *Vêtements fatigués. Livre fatigué.* 4 *Fatigué de :* las de. ⇒ **blasé, dégoûté, ennuyé, excédé, lassé, saturé.** « *Fatigué d'écrire, ennuyé de moi, dégoûté des autres* » (Beaum.). « *je jouais l'homme fatigué de la vie, épuisé de chagrins* » (Balz.). ✪ CONTR. Dispos, ① frais, reposé. ② Neuf.

fatiguer v. [1] – XIVe ; lat. *fatigare* « épuiser ; tourmenter » **I** v. tr. 1 Causer de la fatigue à. *Cet exercice fatigue le cœur. Cette longue marche m'a fatigué.* ⇒ **briser, épuiser, éreinter, exténuer, harasser, tuer.** ➛ Faire fournir des efforts excessifs à. *Fatiguer son cheval.* ♦ *Fatiguer un champ,* l'épuiser par la culture répétée d'une même plante. *Fatiguer un arbre,* lui laisser produire trop de fruits. 2 Remuer, retourner. *Fatiguer la terre.* ➛ fam. *Fatiguer la salade.* 3 Rebuter par l'ennui, par l'importunité. *Fatiguer ses auditeurs.* ⇒ **assommer, endormir, ennuyer, lasser.** *Fatiguer qqn par des demandes, des plaintes répétées.* ⇒ **énerver, harceler, importuner.** « *si vous me fatiguez trop souvent de vos précieuses pleurnicheries* » (Baud.). **II** v. intr. 1 vx ou région. Se donner de la fatigue, se fatiguer. ➛ cour. ⇒ **peiner.** *Le moteur fatigue dans la montée.* 2 Subir des déformations consécutives à un trop grand effort. ⇒ se **déformer, plier.** *Poutre qui fatigue sous une trop forte poussée.* **III** v. pron. SE FATIGUER. 1 Se donner de la fatigue. *Il ne s'est pas trop fatigué.* ⇒ fam. se **casser,** se **fouler.** *Je me fatigue à lui expliquer cela depuis deux heures.* ⇒ s'**échiner,** s'**époumoner,** fam. s'**esquinter,** s'**évertuer,** se **tuer.** ♦ fam. Faire des efforts inutiles. « *tu écris ce qui te passe par la tête sans te fatiguer* » (Queneau). 2 SE FATIGUER DE : avoir assez, se lasser de. « *les femmes ne se fatiguaient pas de lui mettre des sous dans le tronc* » (Aymé). ✪ CONTR. Délasser, détendre, ① reposer. Amuser, intéresser. — HOM. *Fatiguant :* fatigant.

fatras n. m. – XIVe ; p.-ê. lat. *farsura* « remplissage » ▪ Amas confus, hétéroclite, de choses sans valeur, sans intérêt. « *Tout ce fatras pittoresque qu'un docteur Faust entasse dans son cabinet ou son atelier* » (Gaut.). ⇒ **bric-à-brac, fouillis.** ➛ Ensemble confus, incohérent d'idées, de paroles ou d'écrits. ⇒ **ramassis, salmigondis.**

fatrasie n. f. – XIIIe ; de *fatras* ▪ Poème du Moyen Âge, d'un caractère incohérent ou absurde, formé de dictons, proverbes, etc., mis bout à bout et contenant des allusions satiriques.

fatuité n. f. – XIVe ; lat. ▪ Satisfaction de soi-même qui s'étale d'une manière insolente, déplaisante ou ridicule. ⇒ **autosatisfaction, infatuation, prétention, suffisance, vanité.** *Être plein de fatuité.* ✪ CONTR. Modestie.

fatum [fatɔm] n. m. – XVIe ; mot lat. « chose dite, destin irrévocable, ce qui est écrit » ▪ littér. Destin.

fatwa [fatwa] n. f. – 1987 ; ar. ▪ Décret religieux musulman statuant sur la conformité d'un acte avec la loi islamique. *Prononcer, lancer des fatwas.*

faubert n. m. – XVIIe ; p.-ê. néerl. *zwabber* ▪ Balai de vieux cordages servant à sécher le pont des navires.

faubourg [fobuʀ] n. m. – XIIe ; lat. *foris* « dehors » et *burgus* « bourg » 1 Partie d'une ville qui débordait son enceinte, ses limites. 2 Quartier à la périphérie d'une grande ville. ⇒ aussi **banlieue, couronne.** *Faubourgs industriels.* « *le ruisseau qui séparait le faubourg de la ville* » (Dider.). ♦ La population ouvrière des faubourgs. 3 Dans une grande ville, Nom conservé par un quartier qui, anciennement, était hors de son enceinte. *Le faubourg Saint-Germain.* ✪ CONTR. Centre.

❑ *Fors borc* en ancien français, le mot s'est écrit *faux bourg* au XIVe s., par altération de *fors* (« hors de », cf. anglais *foreign*) sous l'influence de *faux.* On retrouve le même élément *fau(x)-* signifiant « dehors » dans *faufiler, faux-fuyant.*

faubourien, ienne adj. – XIXe ▪ Qui appartient aux faubourgs (de Paris). *Accent faubourien.*

faucard n. m. – XIVe ; picard *fauquer* « faucher » ▪ Grande faux pour faucher les herbes des rivières et des marais.

faucarder v. tr. [1] – XIXe ▪ Faucher avec le faucard.

fauchage n. m. – XIVe 1 Action de faucher. ⇒ **fauchaison.** *Le fauchage d'un pré.* 2 Mécanisme de tir destiné à battre un terrain. 3 Au football, Action de faire tomber irrégulièrement le possesseur du ballon.

fauchaison n. f. – XIIe ▪ Action de faucher. ⇒ **fauchage.** ➛ Époque où l'on fauche. ⇒ **fenaison, moisson.**

fauchard n. m. – XIIIe ; de ② *faux* 1 Arme en forme de faux. 2 Serpe à deux tranchants munie d'un long manche.

fauche n. f. – XVIIe 1 vx Fauchage. 2 fam. Vol. *Il y a de la fauche dans ce supermarché.* « *Raymond, il avait pas son pareil pour la "fauche" des œufs* » (Céline). ➛ Chose fauchée, volée.

fauché, ée adj. – XIIIe 1 Qu'on a fauché. *Blés fauchés.* 2 fam. Qui n'a pas, qui a peu d'argent. ⇒ **désargenté.** « *cette année nous étions trop fauchés pour aller à l'étranger* » (Beauv.).

faucher v. tr. [1] – XIIe ; lat. *falx* « faux » 1 Couper avec une faux ou une faucheuse. *Faucher des céréales, du blé.* ⇒ **moissonner.** *Faucher l'herbe, le foin. Faucher un pré. Il est temps de faucher.* 2 Faire tomber. ⇒ **abattre,** ① **coucher.** *Des rafales* « *secouant les buissons, fauchant les fleurs* » (Green). ➛ *Assaillants fauchés par le tir des mitrailleuses.* ⇒ **abattre, tuer.** 3 Faire tomber brutalement (un adversaire) par un moyen irrégulier. ⇒ aussi **plaquer.** 4 fam. Voler ⇒ **piquer.** *On m'a fauché mon portefeuille.* ➛ *Il lui a fauché sa place.* ⇒ **prendre.**

fauchet n. m. – XIIIe ▪ Râteau de bois.

fauchette n. f. – XIXe ▪ Serpe pour faire des fagots, tailler des arbustes.

faucheur, euse n. – XIIe 1 Personne qui fauche. ➛ littér. *La Faucheuse :* la Mort. 2 n. f. Machine agricole destinée à couper les récoltes fourragères. ⇒ **moissonneuse, motofaucheuse.** 3 n. m. Faucheux.

faucheux n. m. – XVIIe ; de *faucher* ▪ Arachnide à quatre paires de pattes longues et ténues. ⇒ **faucheur.**

fauchon n. m. – XIe ▪ Faux armée d'un râteau, pour la coupe des céréales.

faucille n. f. – XIIe ▪ Instrument tranchant fait d'une lame d'acier courbée en demi-cercle fixée à une poignée de bois, dont on se sert pour couper les céréales, l'herbe. ⇒ **serpe.**

faucon n. m. – XIe ; lat., probabl^t de *falx* « faux » 1 Oiseau rapace diurne *(falconiformes),* au bec court et crochu et aux ailes pointues. « *le faucon est léger, l'aigle plein* *de courage* » (La Font.). ➙ *Chasse au faucon.* ♦ Partisan de la force dans le règlement d'un conflit. ⇒ **épervier, va-t-en-guerre.** 2 Petit canon en usage aux XVIe et XVIIe s. ⇒ **fauconneau.**

❑ L'étymologie peut s'expliquer par la courbure du bec ou des serres de cet oiseau.

fauconneau n. m. – XVe 1 Jeune faucon. 2 Petit canon léger (XVIe et XVIIe s.).

fauconnerie n. f. – XIVe 1 Art d'élever et de dresser les faucons et les autres oiseaux de proie. ⇒ **affaitement.** 2 Chasse au moyen d'oiseaux de proie. ⇒ **volerie.** 3 Lieu où l'on élève les faucons.

fauconnier n. m. – XIIe ▪ Celui qui dresse et fait voler les faucons et autres oiseaux de proie.

faufilage n. m. – XIXe ▪ Action de faufiler.

faufiler v. tr. [1] – XVIIe ; de *fors* « hors » et *fil* 1 Coudre à grands points pour maintenir provisoirement les parties d'un ouvrage avant de les fixer définitivement. ⇒ **bâtir.** *Faufiler un ourlet.* 2 v. pron. Passer, se glisser adroitement à travers. ⇒ se **couler.** *Se faufiler dans la foule.* « *Elle se faufila par cette brèche* » (P. Benoit).

❑ Pour l'étymologie → faubourg (rem.).

① **faune** n. m. – XIVe ; lat. *Faunus* ▪ Divinité champêtre mythologique, à l'image de Pan. ⇒ **sylvain.**

❑ *Faunus* était le dieu romain de la fécondité, des champs et des troupeaux.

② **faune** n. f. – XVIIIe ; de ① *faune* 1 Ensemble des animaux d'une région ou d'un milieu déterminés. « *Tous les produits recueillis dans l'île, ceux de la flore comme ceux de la faune* » (J. Verne). 2 Ensemble de gens qui fréquentent un lieu et ont des mœurs caractéristiques et pittoresques. *La faune des Halles.*

faunesque adj. – XIXe ▪ Qui évoque un faune.

faunesse n. f. – XIXe ▪ Faune femelle.

faunique adj. – XIXe ▪ Qui concerne la faune.

❑ On dit aussi *faunistique.*

faussaire n. – XIIe ▪ Personne qui fait un faux. ⇒ **contrefacteur.**

fausse couche n. f. – XVIIe ▪ Avortement non provoqué.

faussement adv. – XIIe 1 Contre la vérité. *Être faussement accusé.* 2 D'une manière fausse. *Raisonner faussement.* 3 D'une manière affectée, simulée. « *Ce ton faussement léger, cette affectation* » (Henriot). ✪ CONTR. Droitement, réellement, véritablement.

fausser v. tr. [1] – XIe I - 1 Rendre faux, déformer la vérité, l'exactitude de. ⇒ **altérer, dénaturer.** *Erreur qui fausse un résultat, un calcul.* « *j'ai si peur de tout fausser en exprimant* » (Maurois). ⇒ **défigurer, falsifier, travestir.** 2 Déformer ; faire perdre sa justesse, sa perfection à. ⇒ **pervertir.** « *c'est fausser le jugement que coter l'art d'après son rendement moral* » (Gide). 3 Déformer (un instrument, un objet) par une pression excessive. ⇒ **forcer.** *Fausser un mécanisme. Fausser une serrure.* II FAUSSER COMPAGNIE À QQN, le quitter brusquement ou sans prévenir. ⇒ **abandonner, quitter.** ✪ CONTR. (de I) Redresser, rétablir. — HOM. Fossé.

① **fausset** n. m. – XIIe 1 *Voix de fausset* ou *fausset* : registre vocal situé dans l'aigu. ➙ Voix suraiguë. 2 Personne, chanteur qui utilise cette voix. ✪ CONTR. ① Basse.

② **fausset** n. m. – XIVe ; de *fausser* « percer » ▪ Petite cheville de bois pour boucher le trou fait à un tonneau en vue de goûter le vin.

fausseté n. f. – XIIe 1 Caractère d'une chose fausse, contraire à la vérité. *Démontrer la fausseté d'une accusation.* ➙ Caractère de ce qui manque de justesse. *La fausseté d'un raisonnement.* 2 Défaut du caractère qui consiste à dissimuler ses pensées, ses intentions véritables, à dire des mensonges, pour en tirer parti. ⇒ **déloyauté, dissimulation, duplicité, fourberie, hypocrisie.** « *l'air de fausseté et presque de friponnerie naturel à sa physionomie* » (Stendh.). ✪ CONTR. Authenticité, exactitude, réalité, véracité, vérité ; justesse. Franchise, sincérité.

faut (il) → **falloir**

faute n. f. – XIIe ; lat. °*fallita* « action de faillir, de manquer », de *fallere* « tromper » I Le fait de manquer, d'être en moins. ⇒ **défaut,** ② **manque.** « *Faute d'argent, c'est douleur non pareille* » (Rab.). *Il ne se fit pas faute d'en parler* : il ne manqua pas, il ne se priva pas d'en parler. ♦ FAUTE DE : par manque de. *Les* « *jeunes filles qui, faute de cavaliers, dansaient ensemble* » (Proust). *Faute de quoi* : sans quoi. ⇒ **autrement, sinon.** *Les Martiens* « *ont aussi un pape* [...] : *faute de quoi ils n'auraient pu se civiliser* » (Barthes). *Ce n'est pas faute d'avoir essayé.* ♦ SANS FAUTE : à coup sûr, certainement. « *À demain, sans faute, surtout !* » (Verlaine). II - 1 Manquement à la règle morale ; mauvaise action. ⇒ **attentat, crime,** ① **délit,** ① **forfait, inconduite, infraction, méfait.** *Commettre, faire une faute. Faute grave. Avouer sa faute.* ➙ *Punition d'une faute.* ♦ « *Dans un réflexe d'enfant prise en faute* » (Robbe-Grillet). 2 Acte ou omission constituant un manquement à une obligation légale ou conventionnelle dont la loi ordonne la réparation quand il a causé à autrui un dommage matériel, pécuniaire ou moral. *Faute civile,* engageant la responsabilité civile. *Faute de service.* ♦ Manquement au devoir qui peut être érigé en infraction ; imprudence, négligence. 3 Manquement à une règle, à un principe. ⇒ **erreur ; inexactitude, irrégularité, omission.** *Lourde faute, faute grossière. Faute d'inattention,* commise par inattention. *Faute de goût. Faute d'orthographe, de grammaire.* « *des pages où les fautes de syntaxe ne sont pas peu nombreuses* » (Aragon). « *On voit mieux ses fautes quand elles sont imprimées* » (Volt.). *Faire des fautes de français.* ➙ *Faire cinq fautes dans une dictée.* ➙ *Faute de frappe, de saisie. Faute d'impression.* ♦ En sport, Erreur technique, manquement aux règles entraînant une sanction. *Parcours hippique effectué sans faute.* 4 Manière d'agir maladroite ou fâcheuse ; défaut d'habileté, de prudence. ⇒ **bévue, erreur, maladresse, sottise.** *Une faute de jeunesse.* 5 Responsabilité d'une action. *C'est sa faute, c'est bien sa faute s'il lui est arrivé malheur. C'est la faute de son frère.* pop. « *Je suis tombé par terre, c'est la faute à Voltaire* » (Hugo). ♦ *C'est de sa faute.* fam. « *Ce n'est pas ma faute ! Elle ne voulait pas apprendre !* » (Ionesco). ♦ *Par la faute de.* « *Cette femme était malheureuse par la faute du mari* » (Chardonne). ♦ « *ce n'est pas tout à fait leur faute, à ces enfants* » (Daud.). ✪ CONTR. Abondance, excès, quantité. Bienfait, mérite. Exactitude ; correction.

❑ Même origine que *défaut, faillir* et ① faux. ♦ *Faute de* peut présenter la cause *(faute d'étourderie)* ou le domaine *(faute de français).*

fauter v. intr. [1] – XVIe 1 fam. vieilli Se laisser séduire, se donner, en parlant d'une femme, d'une jeune fille. 2 (fr. d'Afrique) Faire une, des fautes (d'orthographe, de français).

fauteuil n. m. – XIe ; germ. °*faldistôl* « siège pliant » 1 Siège à dossier et à bras, à une seule place. *Fauteuil capitonné.* ➙ *Fauteuil de jardin en osier. Fauteuil de toile.* « *en s'abandonnant au va-et-vient d'un fauteuil à bascule* » (Mart. du G.). ⇒ **rocking-chair.** *Fauteuil roulant.* « *Il était assis ou plutôt affalé dans un fauteuil* »

(Duham.). ♦ *Fauteuil de coiffeur, de dentiste.* ➛ *Fauteuil d'orchestre* (au théâtre). **2** Siège attribué à un membre d'une assemblée. *Fauteuil d'académicien.* ➛ Le titre d'académicien. *Briguer un fauteuil.* **3** fam. *Dans un fauteuil :* avec facilité, sans peine pour obtenir la réussite, le succès. *Une auto « qui maintenant faisait du cent vingt dans un fauteuil »* (Duras).

> ❑ On dit toujours *s'asseoir sur une chaise* mais on peut dire soit *s'asseoir dans un fauteuil,* les bras du fauteuil déterminant un espace à trois dimensions, soit *s'asseoir sur un fauteuil,* quand on ne veut pas insister sur l'idée de confort.

fauteur, trice n. – XIVe ; lat. *fautor* « qui favorise » ■ Personne qui favorise, qui cherche à provoquer. *Fauteur de troubles.* ⇒ **fomentateur, provocateur.**

fautif, ive adj. – XVe **1** vx Sujet à faillir ⇒ **faillible.** *Mémoire fautive.* ⇒ **défectueux.** **2** Qui est en faute. ⇒ **coupable.** *Il se sentait fautif. « Je me sentais rougir et me troubler comme un enfant fautif »* (Gide). ➛ n. *C'est lui le grand fautif.* ⇒ **responsable.** **3** Qui renferme des fautes, des erreurs, des défauts. *Citation fautive.* ⇒ **inexact.** ✪ CONTR. Innocent. Correct, exact.

fauve adj. et n. m. – XIe ; germ. °*falw* **1** D'un jaune tirant sur le roux. ⇒ **roussâtre.** *« Un vieux colonial à la barbe fauve »* (Sartre). **2** *Bête fauve :* félin de grande taille. ➛ *Chasse aux fauves.* **3** *Odeur fauve,* forte et animale, comparable à celle des fauves. **4** n. m. pl. *Les Fauves :* membres de la jeune école française de peinture, vers 1900.

> ❑ On appelait autrefois *bête fauve* tout animal sauvage au poil fauve (lièvre, cerf, etc.). L'emploi s'est restreint aux félins dangereux pour l'homme.

fauverie n. f. – 1949 ■ Lieu où vivent les grands fauves, dans un zoo, un cirque. ⇒ **ménagerie.**

fauvette n. f. – XIIIe ■ Petit oiseau *(passériformes)* à plumage parfois fauve, au chant agréable.

fauvisme n. m. – 1927 ■ Mouvement pictural des Fauves.

① **faux, fausse** adj. et n. m. – XIe ; lat. *fallere* « tromper » **I** adj. **1** Qui n'est pas vrai, qui est contraire à la vérité. *Avoir des idées fausses sur une question.* ⇒ **erroné.** *« tu te fais une idée fausse des brigades centrales »* (Romains). ➛ *Un faux bruit. « leur soutirer la minute de la fausse déclaration »* (Beaum.). ⇒ **fallacieux.** *Faux témoignage. Un faux témoin,* qui fait un faux témoignage. ➛ *Il est faux que vous m'ayez vu là, je n'y étais pas.* ➛ *Il est faux de prétendre.* **2** Qui n'est pas vraiment, réellement ce qu'il paraît être. *Fausses perles, faux bijoux. Fausses fleurs.* ⇒ **artificiel, factice.** *Fausse fenêtre, fausse porte.* ⇒ **trompe-l'œil.** ♦ Qui a frauduleusement une apparence conforme à la réalité. *Fabriquer de la fausse monnaie. Tricheur qui se sert de fausses cartes.* ⇒ **truqué ; falsifié.** *Faux papiers. Un faux Cézanne.* ➛ *Un faux air de :* une vague ressemblance avec. ➛ *De fausses raisons. Fausse candeur, fausse naïveté.* ⇒ **affecté, étudié, feint, simulé, trompeur.** **3** Qui évoque mais qui n'est pas ce qu'on le nomme. ⇒ **pseud(o)-.** *Faux acacia, fausse oronge. Faux diamant. Faux plafond, faux plancher. Faux col.* ♦ Qui ne mérite pas son nom, sa réputation. ⇒ **prétendu, soi-disant.** *Un faux dur. Boucher « est un faux bon peintre, comme on est un faux bel esprit »* (Dider.). **4** Qui n'est pas ce qu'il veut paraître. *« Les faux honnêtes gens sont ceux qui déguisent leurs défauts aux autres et à eux-mêmes »* (La Rochef.). ♦ *Un homme faux,* qui trompe, qui dissimule. ⇒ **déloyal, fourbe, hypocrite, perfide, pharisien, sournois.** *« elle voulut être affable, on la prétendit fausse »* (Balz.). **5** Qui n'est pas naturel à qqn, qui ne lui appartient pas naturellement. ⇒ **factice, postiche ; emprunté.** *Porter une fausse barbe, des faux cils.* **6** Qui n'est pas justifié, fondé. *Fausses espérances.* ⇒ **injustifié, vain.** *Une fausse alerte.* ➛ *Un faux problème,* qui n'a pas lieu de se poser. **7** Qui n'est pas comme il doit être. *Faire un faux mouvement, une fausse manœuvre.* ⇒ **mauvais.** *Jupe qui fait un faux pli.* ➛ *Être dans une situation fausse.* ⇒ **ambigu, équivoque.** **8** Qui marque un écart par rapport à ce qui est correct, juste, exact. ⇒ **inexact.** *Votre opération est fausse. Faire un faux numéro* (au téléphone). *Faire un faux sens :* interpréter d'une manière erronée le sens d'un mot dans un texte. **9** Qui n'est pas naturel, vraisemblable. *Ses personnages sont faux, on n'y croit pas une seconde.* **10** Qui n'est pas dans le ton juste, qui pèche contre l'harmonie. *« Quatre violons faux grincent avec la flûte »* (Bainville). ♦ advt *Chanter faux.* **II** À FAUX. Sans aplomb. *Porter à faux,* se dit d'une pièce mal assise ou ne portant pas directement sur son point d'appui. **III** n. m. **1** Ce qui est faux. *« un extrême désir d'apprendre à distinguer le vrai d'avec le faux »* (Desc.). **2** Contrefaçon ou falsification d'un écrit. *Faux en écriture,* de nature à porter préjudice à autrui. *Ce testament est un faux grossier. Être condamné pour faux et usage de faux.* ➛ *Procédure et inscription en faux* (ou *de faux*). **3** Pièce artistique ou rare qui est fausse. *Ce tableau est un faux. Les poèmes d'Ossian étaient des faux.* ⇒ **pastiche.** ➛ Imitation d'une matière précieuse ou noble. ⇒ ② **toc ; synthétique.** ✪ CONTR. Vrai. Réel, véritable ; avéré, certain, historique ; authentique. Sincère ; ② franc. Juste ; correct, exact. — HOM. Fosse.

> ❑ On dit *de fausses dents* mais *une jambe artificielle.* → artificiel (rem.). ♦ Il y a deux sortes de *faux* dans la parole, le mensonge (→ sophisme) et l'erreur (→ paralogisme). ♦ On peut dire *c'est vraiment faux* (« je suis certain que c'est faux »).

② **faux** n. f. – XIIe ; lat. *falx* **1** Instrument tranchant, formé d'une lame arquée fixée au bout d'un long manche, qui sert à couper le fourrage, l'herbe. ➛ *« Au-dessus de ma tête, voici la Mort, avec faux et sablier, planant »* (Sartre). **2** Repli membraneux en arc. *Faux du cerveau.*

faux-bourdon n. m. – XVe ; it. *falso bordone* « fausse basse » **1** Chant à une voix accompagnée par l'orgue. **2** Harmonisation à quatre voix de certains psaumes, sur un plain-chant.

faux filet n. m. – XIXe ■ Morceau de bœuf situé à côté du filet. ⇒ **contre-filet.**

faux-fuyant n. m. – XVIe ; de *fors* « en dehors » et *fuir* ■ Moyen détourné par lequel on évite de s'expliquer, de se prononcer, de se décider. ⇒ **échappatoire, excuse,** ② **prétexte, subterfuge.** *« Allons ! assez de faux-fuyants ! assez de réticences ! »* (Aymé). ⇒ **atermoiement, tergiversation.**

> ❑ Pour l'étymologie → faubourg (rem.).

faux-monnayeur n. m. – XIVe ■ Personne qui fabrique de la fausse monnaie.

faux-semblant n. m. – XIIe ■ Apparence trompeuse. *Des faux-semblants.* ➛ *Un faux-semblant de tendresse.*

favela [favela] n. f. – mil. XXe ; port. du Brésil ■ Au Brésil, Ensemble d'habitations populaires de construction sommaire et dépourvues de confort.

faveur n. f. – XIIe ; lat. *favor* **I - 1** Disposition à accorder son appui, des avantages à une personne de préférence aux autres. ⇒ ① **aide ; bienveillance.** *Il doit la rapidité de sa carrière à la faveur d'un ministre.* **2** Considération qui confère une importance sociale. ⇒ **crédit.** *Il a gagné la faveur du public.* ➛ EN FAVEUR : qui a la faveur de qqn. *Être en faveur auprès de qqn.* 3 Avantage que l'on tire de la préférence de qqn, du pouvoir qu'on a sur qqn. ⇒ **bénéfice, distinction.** *Il la combla de faveurs.* ⇒ **bienfait.** ➛ vieilli *Accorder ses faveurs, les dernières faveurs :* se donner sexuellement (femmes). 4 Bienfait, décision indulgente qui avantage qqn. *Demander, solliciter une faveur. Nous ferez-vous la faveur de nous accompagner ? La chatte « ne lui accorde plus, au jardin, la faveur d'un regard »* (Colette). ⇒ **aumône, grâce.** ♦ *DE FAVEUR :* obtenu par faveur. *« Je jouis d'un traitement de faveur, c'est-à-dire que je travaille dans un local spacieux »* (Duham.). 5 *EN FAVEUR DE :* au profit, au bénéfice, dans l'intérêt de. *Il y a erreur en ma faveur. Se prononcer en faveur de qqn.* ⇒ **pour.** 6 *À LA FAVEUR DE :* au moyen de, à l'aide de, en profitant de. *Il s'est enfui à la faveur de la nuit.* ⇒ **grâce** (à). **II** Ruban léger et étroit. *Un manuscrit « dont les feuilles sont réunies avec des faveurs d'un rose passé »* (Nerval). ✪ CONTR. Défaveur, discrédit, disgrâce. Malveillance, rigueur.

favisme n. m. – XXe ; lat. *faba* « fève » ▪ Maladie génétique ne se manifestant qu'après ingestion de fèves et se traduisant par la destruction des hématies.

favorable adj. – XIIe ; lat. « qui attire la faveur » 1 *Favorable à :* qui est animé d'une disposition bienveillante, de bonnes intentions à l'égard de. ⇒ **bienveillant, clément, indulgent.** *Il a été favorable à mon projet.* 2 Qui est à l'avantage de qqn ou de qqch., qui aide à l'accomplissement de qqch. ⇒ ① **bon.** *Cette plante a trouvé un terrain favorable pour se développer. « attendant le moment favorable »* (Fén.). ⇒ **opportun, propice.** *Jouir d'un préjugé favorable. Se montrer sous un jour favorable.* ⇒ **avantageux, flatteur.** ✪ CONTR. Défavorable ; contraire, hostile, fâcheux.

favorablement adv. – XIIIe ▪ D'une manière favorable. ⇒ ① **bien, heureusement.** *Ma requête a été accueillie favorablement.* ⇒ **positivement.** ✪ CONTR. Défavorablement.

favori, ite adj. et n. – XVIe ; it. *favorito,* de *favorire* « favoriser » **I** adj. 1 Qui est l'objet de la prédilection de qqn, plaît particulièrement. ⇒ **préféré.** *« un saladier tout plein de mon dessert favori, des fraises à la crème »* (Céline). 2 Qui est considéré comme le gagnant probable. *Ce cheval est parti favori.* **II** n. 1 vieilli Personne qui a les faveurs de qqn. *Cet acteur est le favori du public.* ⇒ fam. **coqueluche.** *« Elle était la bête noire des unes et la favorite des autres »* (Beauv.). ⇒ **chouchou, préféré.** 2 n. m. Celui qui occupait la première place dans les bonnes grâces d'un roi, d'un grand personnage. ⇒ aussi **favorite.** 3 n. m. Le cheval considéré comme devant gagner la course. *« le rapport des favoris de Maisons et du Tremblay »* (Fargue). **III** n. m. pl. *FAVORIS :* touffe de barbe sur la joue de chaque côté du visage. ⇒ ① **patte** (de lapin), **rouflaquette** ; fam. **côtelette.**

> ❑ Le féminin ancien *favorie* est devenu *favorite* sous l'influence de l'italien *favorita.*

favoriser v. tr. [1] – XIVe ; lat. *favor* « faveur » 1 Agir en faveur de. ⇒ **aider, appuyer, encourager, protéger, soutenir.** *L'examinateur a favorisé ce candidat.* ⇒ **avantager.** ♦ Être favorable à. *Les événements l'ont favorisé. La nature ne l'a pas favorisé.* ➛ *Catégories sociales favorisées* (opposé à *défavorisé*). ⇒ **privilégié.** 2 Aider, contribuer au développement, au succès de. *La faiblesse du pouvoir favorisa l'insurrection.* ⇒ **faciliter, servir.** ✪ CONTR. Défavoriser. Contrarier, empêcher, ① entraver.

favorite n. f. – XVIIe ▪ Maîtresse préférée d'un roi, d'un souverain.

favoritisme n. m. – XIXe ▪ Attribution des situations, des avantages par faveur et non selon la justice ou le mérite.

favus [favys] n. m. – XIXe ; mot lat. « gâteau de miel » ▪ Dermatose parasitaire contagieuse.

fax [faks] n. m. – 1987 ; abrév. de *téléfax,* nom déposé, mot angl., de *télé-* et *fac s(imile machine)* ▪ Système de télécopie passant par une ligne téléphonique. ♦ L'appareil reproduisant la copie. ⇒ **télécopieur.** ➛ La copie elle-même.

faxer v. tr. [1] – 1987 ▪ Envoyer par fax.

fayard [fajaʀ] n. m. – XVIe ; lat. *fagus* « hêtre » ▪ région. Hêtre. *« un vallon feutré de petits fayards et de petits pins »* (Giono).

fayot [fajo] n. m. – XVIIIe ; lat. *phaseolus* « haricot » 1 fam. Haricot sec. 2 arg. Personne qui fait du zèle pour se faire bien voir de ses supérieurs. ⇒ **lèche-cul.**

> ❑ Pour la prononciation → hayon (rem.).

fayoter [fajɔte] v. intr. [1] – 1936 ▪ arg. Faire du zèle.

fazenda [fazɛnda] n. f. – XIXe ; mot port. du Brésil, de *facienda* « choses à faire » ▪ Grande exploitation agricole, au Brésil.

féal, ale, aux adj. et n. m. – XIIIe ; de *fei,* anc. forme de *foi* 1 vx Fidèle à la foi jurée. ⇒ **dévoué, fidèle, loyal.** 2 n. m. littér. ou plaisant Partisan, ami dévoué et fidèle.

fébrifuge adj. et n. m. – XVIIe ; lat. *febris* « fièvre » et *fugare* « mettre en fuite » ▪ Qui combat et guérit la fièvre. ⇒ **antipyrétique.** ➛ N. m. *« un fébrifuge du même ordre que l'aspirine, non encore employée alors »* (Proust).

fébrile adj. – XVIe ; lat. *febris* « fièvre » 1 Qui a rapport à la fièvre, qui accuse de la fièvre. ⇒ **fiévreux.** *Pouls fébrile.* ➛ *État fébrile. Il est fébrile :* il a un peu de fièvre. 2 Qui manifeste une agitation excessive. *Une agitation fébrile.*

> ❑ *Fébrile* est le doublet savant de *fiévreux.*

fébrilement adv. – XIXe ▪ D'une manière fébrile. *S'agiter fébrilement.* ⇒ **fiévreusement, nerveusement.** *« Fébrilement, il ouvrit le tiroir de la table »* (Le Clézio).

fébrilité n. f. – XIXe ▪ État d'excitation, d'agitation intense. ⇒ **fièvre, nervosité.**

fécal, ale, aux adj. – XVIe ▪ Qui a rapport aux fèces, aux excréments. *Les matières fécales.*

fécalome n. m. – 1959 ▪ Masse de matières fécales durcies, dans le rectum ou le côlon, pouvant faire croire à une tumeur.

fèces [fɛs] n. f. pl. – XVIe ; lat. *fæx* « lie, excrément » ▪ Excréments solides formés des résidus de la digestion. ⇒ **selle.** ✪ HOM. Fesse.

> ❑ L'homonymie avec *fesse* est gênante, c'est pourquoi on prononce parfois [fesɛs] et même [fɛkɛs] d'après *fécal.*

fécial, iaux n. m. – XIVe ; lat. *fecialis* ▪ À Rome, Héraut sacré qui était chargé de faire respecter les règles du droit international.

fécond, onde adj. – XIIe ; lat. *fecundus* 1 Capable de se reproduire. *La femme n'est féconde que pendant la période de l'ovulation. « Chez les poissons, la femelle est féconde sans les approches du mâle »* (Volt.). ♦ *Fleur féconde,* qui peut donner un fruit. 2 Qui est capable d'avoir beaucoup d'enfants, de petits. ⇒ **prolifique.** *Les lapins sont très féconds.* 3 littér. Qui produit abondamment. *Terres fécondes.* ⇒ **fertile.** 4 Qui produit beaucoup. *Un travail fécond.* ⇒ **fructueux.** *Sujet fécond,* qui offre beaucoup de possibilités de développements. ⇒ **inépuisable.** *Journée féconde en événements.* ⇒ **riche.** ➛ *Écrivain fécond,* qui produit beaucoup. ✪ CONTR. Stérile ; improductif, inécond, ingrat, pauvre.

fécondabilité n. f. – mil. XXe ▪ Probabilité de fécondation selon la période du cycle menstruel.

fécondable adj. – XIXe ▪ Qui peut être fécondé.

fécondant, ante adj. – XVIIIe ▪ Qui féconde, rend fécond. « *le plus fécondant et le plus efficace des engrais, c'est l'engrais humain* » (Hugo). ✪ CONTR. Stérilisant.

fécondateur, trice adj. et n. m. – XVIIIe **1** littér. Qui a le pouvoir de féconder. ⇒ **fécondant.** **2** n. m. Canule servant à introduire le sperme dans l'utérus, dans l'insémination artificielle.

fécondation n. f. – XVe ▪ Action de féconder ; résultat de cette action. ⇒ **conception, génération, reproduction.** *Fécondation de l'ovule par le spermatozoïde, de la femelle par le mâle.* « *la fécondation et l'origine de la vie sont plus mystérieuses que le fonctionnement de l'être une fois fait et adapté* » (Valéry). *Fécondation in vitro* (⇒ **F. I. V.**).

féconder v. tr. [1] – XIIe **1** Transformer (un ovule chez les vivipares, un œuf chez les ovipares) en embryon (⇒ **frayer**). *L'ovule est fécondé par le spermatozoïde.* ➤ Transformer (l'oosphère) en œuf. *Le pollen féconde l'oosphère.* ➤ *Œuf fécondé.* ♦ Rendre (une femme) enceinte, (une femelle) pleine. **2** Rendre fertile, productif. ⇒ **fertiliser.** *Cours d'eau qui fécondent des terres arides.* **3** littér. Mettre en mesure de se développer. « *Le cœur est seul capable de féconder ses rêves* » (France).

fécondité n. f. – XIe **1** Faculté qu'ont les êtres organisés de se reproduire. ♦ Le fait de se reproduire fréquemment, d'avoir beaucoup d'enfants, de petits. **2** Faculté que possède la terre de produire. ⇒ **fertilité, productivité.** **3** Qualité, aptitude à ouvrir un vaste champ de réflexion. « *Un des premiers dons du génie, c'est l'abondance, la fécondité* » (Gaut.). ✪ CONTR. Infécondité, stérilité. Aridité, sécheresse.

fécule n. f. – XVIIe ; lat. « tartre », de *fæx* « lie » ▪ Substance blanche et farineuse composée d'amidon, extraite des pommes de terre et d'autres tubercules végétaux. *De la fécule de maïs.*

féculent, ente adj. – XVIe **1** Qui dépose une lie. *Liquide féculent.* **2** Qui contient de la fécule, est riche en fécule ou autres substances amylacées. *Les pommes de terre sont des aliments féculents.* ➤ n. m. Légume contenant de la fécule.

féculer v. tr. [1] – XIXe ▪ Extraire la fécule de. *Féculer du manioc.*

féculerie n. f. – XVIIIe ▪ Industrie de la fécule ; usine où l'on extrait la fécule.

fedayin [fedajin] n. m. – 1958 ; mot ar., plur. de *fedai* « celui qui se sacrifie » ▪ Combattant palestinien engagé dans des opérations de guérilla.

> ❑ On trouve ce mot diversement orthographié : « *les feddaine, les sacrifiés* » (Le Clézio). ♦ Ce mot étant un pluriel en arabe, il existe deux graphies au pluriel en français : *des fedayins* ou *des fedayin*.

fédéral, ale, aux adj. – XVIIIe ; lat. *fœdus* « alliance » **1** Qui concerne une fédération d'États. ⇒ **fédératif.** *Autorité fédérale.* ➤ *Gouvernement fédéral* (opposé à *provincial* au Canada, à *cantonal* en Suisse). ♦ Se dit d'un État dans lequel les diverses compétences constitutionnelles sont partagées entre un gouvernement central et les collectivités locales qui forment cet État. *République fédérale.* ➤ Qui appartient à un État fédéral. *Armée fédérale.* **2** Relatif au gouvernement central, dans un État fédéral. *Justice fédérale.* ➤ (En Suisse) *Palais fédéral* : siège du gouvernement à Berne. *Conseil fédéral* : exécutif central. **3** n. m. Partisan, soldat du Nord durant la guerre de Sécession aux États-Unis. **4** Relatif à une fédération de sociétés, etc. *Union fédérale de syndicats.*

fédéraliser v. tr. [1] – XVIIIe ▪ Organiser en fédération, donner la forme d'un État fédéral à.

fédéralisme n. m. – XVIIIe ▪ Système politique dans lequel le gouvernement central d'un État (gouvernement fédéral) partage avec les gouvernements des collectivités qui forment cet État les diverses compétences constitutionnelles. ➤ En Suisse romande, Politique consistant à maintenir ou à promouvoir l'autonomie des cantons par rapport au pouvoir central. ✪ CONTR. Centralisation, unification.

fédéraliste adj. et n. – XVIIIe ▪ Relatif au fédéralisme, au système fédéral. ➤ n. Partisan du fédéralisme.

fédérateur, trice adj. et n. – 1965 ▪ Qui tend à fédérer. *Tendances fédératrices.*

fédératif, ive adj. – XVIIIe **1** vieilli Qui constitue, qui forme une fédération d'États. *Un État fédératif.* ⇒ **fédéral.** **2** vx Qui concerne une fédération, un État fédéral.

fédération n. f. – XIVe **1** Groupement, union de plusieurs États en un seul État fédéral. **2** Mouvement national issu des provinces, en 1789, et tendant à l'unité nationale française. *Fête de la Fédération.* ♦ En 1871, Groupement révolutionnaire des gardes nationaux de Paris. **3** Association de plusieurs sociétés, clubs, partis politiques, syndicats, groupes sous une autorité commune. ⇒ **association, ligue,** ① **union.** *Fédération française de football. Fédération de l'Éducation nationale (F. E. N.).*

fédéré, ée adj. – XVIe ▪ Qui fait partie d'une fédération ; membre d'un État fédéral. ♦ n. m. Membre d'une fédération. *Les fédérés de 1792, de 1815.* ➤ Soldat insurgé de la Commune de Paris, en 1871. ⇒ **communard.** *Le mur des Fédérés* : mur du cimetière du Père-Lachaise, devant lequel furent fusillés des fédérés en 1871.

fédérer v. tr. [6] – XVIIIe ▪ Réunir en une fédération. *Fédérer de petits États.* ➤ Grouper de manière à former une association sous une autorité commune. *Fédérer des comités.* ♦ SE FÉDÉRER v. pron. Se réunir pour former un État fédéral, une fédération.

fée n. f. – XIIe ; lat. *fatum* « destin » **1** Être imaginaire de forme féminine auquel la légende attribue un pouvoir surnaturel et une influence sur la destinée des humains. *Bonne fée. L'enchanteur Merlin et la fée Morgane.* « *Je l'admirais. C'était ma fée* » (Hugo). **2** loc. *Avoir des doigts de fée, travailler comme une fée* : être extrêmement habile dans les travaux délicats. *La fée du logis* : une maîtresse de maison attentive et habile.

feed-back [fidbak] n. m. inv. – 1950 ; mot angl., de *to feed* « nourrir » et *back* « en retour » **1** Réglage des causes par les effets. ⇒ **rétroaction.** ➤ Dans un processus, Modification de ce qui précède par ce qui suit. **2** Mécanisme par lequel les métabolites agissent directement comme des signaux de régulation de leur propre synthèse ou de leur propre dégradation. ⇒ **autorégulation.**

feeder [fidœr] n. m. – XIXe ; mot angl., de *to feed* « nourrir » ▪ Voie reliant un système producteur d'énergie ou de matière première à un lieu d'utilisation.

> ❑ Le Dictionnaire des termes officiels (1994) recommande le terme *coaxial* pour remplacer cet anglicisme.

feeling [filiŋ] n. m. – 1922 ; mot angl. « sentiment », de *to feel* « sentir » **1** Expressivité musicale des sentiments, notamment dans le jazz, le blues. **2** fam. Intuition qui permet de bien sentir les événements, la situation. *Avoir un bon feeling.* ⇒ **flair.**

féerie [fe(e)ri] n. f. – XIIe **1** vieilli Pouvoir, puissance des fées. ⇒ **sorcellerie.** ♦ Monde fantastique où figurent les fées. 2 Pièce de théâtre, spectacle où paraissent des personnages surnaturels et qui exige des moyens scéniques considérables. *Féerie à grand spectacle.* 3 Spectacle splendide, merveilleux. ⇒ **enchantement.** *La féerie d'un coucher de soleil.* ➛ *Une féerie de couleurs, de lumières.* ♦ Univers irrationnel et poétique. ✪ CONTR. Banalité, laideur. — HOM. Férie, ferry.

❑ Ce dérivé de *fée,* comme *féerique,* est aujourd'hui souvent prononcé avec deux *é* [feeʀi] ce qui les distingue de *ferry, ferrique.*

féerique [fe(e)ʀik] **adj.** – XIXe 1 Qui appartient au monde des fées. « *L'Orient féerique des* Mille et une Nuits » (Daud.). 2 D'une beauté irréelle. ⇒ **enchanteur, magnifique.** *Vision féerique.* ✪ HOM. Ferrique.

❑ Pour la prononciation → féerie (rem.).

feignant, ante **n. et adj.** – XIIIe ; de *feindre* « rester inactif, paresser » ▪ fam. Paresseux invétéré. *Quel feignant !* ⇒ **fainéant.** ✪ CONTR. Bûcheur, travailleur.

feindre **v. tr.** 52 – XIe ; lat. *fingere* « modeler » ▪ Donner pour réel. ⇒ ① **affecter, imiter, simuler.** *Feindre l'étonnement, la tristesse.* ➛ « *Une émotion qui n'est pas feinte le fait zézayer* » (Romains). *Une joie feinte.* ⇒ **artificiel,** ① **faux, simulé.** ♦ FEINDRE DE : faire semblant de, faire mine de. *Les femmes « feignent de reculer afin de se voir poursuivre »* (Muss.). ♦ littér. Cacher à autrui ce qu'on sent, ce qu'on pense, en déguisant ses sentiments. *Inutile de feindre.*

feint, feinte → **feindre**

feinte **n. f.** – XIIIe 1 vieilli Le fait de cacher ses véritables sentiments, ses intentions pour donner comme vrais des intentions et des sentiments simulés. ⇒ **artifice, comédie, dissimulation, hypocrisie, mensonge, ruse, tromperie.** *Dites-nous sans feinte ce qu'il en est.* 2 Coup, mouvement simulé par lequel on trompe l'adversaire en menaçant un côté alors qu'on se propose d'en attaquer un autre. « *pour qu'une feinte réussisse à tromper l'ennemi, il faut la pousser à fond* » (Proust). 3 fam. Ruse. ⇒ **attrape, piège.**

feinter **v.** 1 – XIXe **I** **v. intr.** Faire une feinte. *L'escrimeur feinte et touche.* **II** **v. tr.** 1 Tromper par une feinte, au football, au rugby. 2 fam. Tromper par ruse, induire en erreur. ⇒ **duper.** *Il a été plus malin que moi, j'ai été bien feinté.*

feinteur, euse **n.** – 1924 ▪ fam. Personne qui fait des feintes habiles.

feintise **n. f.** – XIIe ▪ vx Action de feindre, habitude de feindre. ⇒ **dissimulation, faux-semblant.** *Sans feintise.*

feldspath [fɛldspat] **n. m.** – XVIIIe ; mot all. « spath des champs *(Feld)* » ▪ Silicate double d'aluminium et d'un métal alcalin ou alcalinoterreux, à faible coloration. « *ces trachytes vitreux, faits de cristaux de feldspath et de quartz* » (J. Verne).

feldspathique [fɛldspatik] **adj.** – XIXe ▪ Qui contient du feldspath.

fêlé, ée **adj.** – XVe 1 Qui est fêlé, présente une fêlure. 2 fam. Qui n'a pas tout son bon sens. *Il est complètement fêlé.* ⇒ **fou.** ➛ **n.** *Une bande de fêlés.*

fêler **v. tr.** 1 – XIIIe ; lat. *flagellare* « frapper » ▪ Fendre sans que les parties se disjoignent. *Fêler une assiette.* ➛ pronom. *Le vase s'est fêlé.*

félibre **n. m.** – XIXe ; mot provenç. du lat. *fellare* « sucer, téter » ▪ Écrivain, poète de langue d'oc.

❑ F. Mistral rattachait *félibre* au latin *fellebris* « nourrisson », dérivé de *fellare,* le poète étant le « *nourrisson des muses* ».

félibrige **n. m.** – XIXe ▪ École littéraire fondée en Provence (1854) par sept jeunes félibres.

félicitation **n. f.** – XVIIe ▪ au plur. 1 Compliments que l'on adresse à qqn pour lui témoigner la part que l'on prend à ce qui lui arrive d'heureux. ⇒ **congratulation.** *Adresser ses plus vives félicitations à qqn. Toutes mes félicitations.* 2 Chaleureuse approbation. ⇒ **applaudissement, éloge, louange.** *Reçu avec les félicitations du jury.* ✪ CONTR. Condoléances ; blâme, ② critique.

félicité **n. f.** – XIIIe ; lat. *felix* « heureux » ▪ littér. 1 Bonheur sans mélange. ⇒ **béatitude.** *En Jésus-Christ « est toute notre vertu et toute notre félicité »* (Pasc.). 2 Bonheur causé par une circonstance particulière. ⇒ **contentement, joie, plaisir.** « *Mon cœur s'élançait avec ardeur à mille félicités innocentes* » (Rouss.). ✪ CONTR. Infortune ; malheur ; affliction, calamité ; douleur, peine, tourment.

féliciter **v. tr.** 1 – XVe ; lat. 1 Assurer (qqn) de la part qu'on prend à sa joie, à son succès, à ce qui lui arrive d'heureux. ⇒ **complimenter, congratuler.** « *je te félicite de ta maternité future* » (Romains). 2 Complimenter (qqn) sur sa conduite. ⇒ **applaudir, approuver,** ① **louer.** « *elle avait eu quatorze et avait été félicitée par le jury* » (Proust). 3 SE FÉLICITER **v. pron.** S'estimer heureux, content. ⇒ se **réjouir.** *Nous nous félicitons de l'heureuse issue de cette affaire.* ♦ S'approuver soi-même. « *On croit pardonner ; on va jusqu'à se féliciter de sa propre grandeur d'âme* » (Larbaud). ⇒ se **louer.** fam. *Je suis sévère, et je m'en félicite.* ⇒ se **vanter.** ✪ CONTR. Corriger, critiquer. Déplorer ; reprocher (se).

félidés **n. m. pl.** – XIXe ▪ Famille de mammifères carnivores digitigrades qui vivent de la chair de vertébrés à sang chaud.

félin, ine **adj. et n. m.** – XVIIIe ; lat. *felis* « chat » 1 Qui tient du chat, ressemble au chat. *La race féline.* ♦ **n. m.** Carnassier du type chat. ⇒ **félidés.** *Les grands félins.* ⇒ **fauve.** 2 Qui a les mouvements doux, souples et gracieux du chat. *Une grâce féline.*

félinité **n. f.** – XIXe ▪ littér. Caractère félin.

fellaga ou **fellagha** **n. m.** – 1915 ; ar., plur. de *fellag* « coupeur de route » ▪ Partisan du soulèvement contre l'autorité française pour obtenir l'indépendance de son pays pendant l'époque coloniale en Afrique du Nord.

❑ *Fellaga* étant le pluriel arabe de *fellag,* il existe en français deux graphies au pluriel : *des fellagas* ou *des fellaga.*

fellah **n. m.** – XVIIe ; ar. *fallâh* « cultivateur » ▪ Paysan ; petit propriétaire agricole (Égypte, Afrique du Nord, etc.).

fellation **n. f.** – XIXe ; lat. *fellare* « sucer, téter » ▪ Acte sexuel consistant à exciter les parties génitales masculines par des caresses buccales.

félon, onne **adj.** – Xe ; germ. *°fillo* « méchant » ▪ Qui agit contre la foi due à son seigneur. ⇒ **déloyal, hypocrite, traître.** *Un chevalier félon.* ♦ **n.** *Ganelon, type du félon* (dans la « Chanson de Roland »). ✪ CONTR. Féal, fidèle.

félonie **n. f.** – XIe ▪ Déloyauté du vassal envers son suzerain. ⇒ **forfaiture, trahison.** ♦ littér. Acte déloyal.

felouque **n. f.** – XVIe ; ar. *foulk* « navire » ▪ Petit bâtiment de la Méditerranée, long, léger et étroit, qui marche à la voile ou à l'aviron. « *Nous découvrîmes une petite felouque grecque à demi submergée* » (Chateaub.).

fêlure **n. f.** – XIIIe ▪ Fente d'une chose fêlée. ⇒ **fissure.** *Ce vase a une fêlure.* ♦ littér. *Les querelles entre amants « créent des fêlures que rien ne ressoude »* (Montherl.).

femelle **n. f. et adj.** – XIIe ; lat. « petite femme » **I** **n. f.** 1 Animal du sexe qui reproduit l'espèce en produisant des ovules fécondés par le mâle. *La chèvre, femelle du bouc.* 2 pop. Femme. « *pour nous, malheureuses vieilles femelles, l'âge est passé de plaire* » (Baud.). **II**

adj. **1** Qui est une femelle, qui appartient au sexe des femelles. *Sexe femelle* (⇒ **féminin**). *Canari femelle.* **2** Se dit de l'organe qui donne un fruit après fécondation, de la plante qui porte un tel organe. *Le pistil, organe femelle des plantes phanérogames.* **3** Se dit de pièces d'assemblage destinées à en recevoir une autre, appelée « mâle ». *Fiche, prise femelle.*

féminin, ine adj. – XIIe ; lat. *femina* « femme » **1** Qui est propre à la femme. *Appareil génital féminin. L'intuition féminine.* ♦ n. m. *L'ÉTERNEL FÉMININ* : les traits, considérés traditionnellement comme permanents, de la psychologie des femmes. **2** Qui appartient au sexe féminin. *La population féminine d'un quartier.* **3** Qui a les caractères de la femme. *Elle est très féminine* : elle correspond à l'image stéréotypée de la femme. *Il a un beau visage, des traits un peu féminins.* ⇒ **efféminé.** **4** Des femmes, qui a rapport aux femmes. *Les revendications féminines.* ⇒ **féministe.** « *elle était comme le porte-drapeau de l'insurrection féminine contre les sévérités du harem* » (Loti). **5** Qui est composé de femmes. *Une équipe féminine.* **6** Qui appartient au genre marqué. *Nom, adjectif, article, pronom féminin.* – n. m. *Ce nom est du féminin. Adjectif au féminin. Mot qui n'a pas de féminin* (ex. médecin). – *Rime féminine,* terminée par un *e* muet. ✪ CONTR. Masculin, viril.

féminisant, ante adj. – 1936 ■ Qui féminise. *Gènes féminisants.*

féminisation n. f. – XIXe ■ Action de féminiser ; son résultat. *Féminisation des noms de métier.*

féminiser v. tr. [1] – XVIe **1** Donner à (un homme) un aspect féminin. ⇒ **efféminer.** – pronom. Prendre un aspect (plus) féminin. *Cette petite fille s'est féminisée en grandissant.* **2** Provoquer chez un mâle l'apparition de caractères sexuels femelles. **3** Faire accéder un plus grand nombre de femmes à. *Féminiser une profession.* – pronom. Se composer d'un plus grand nombre de femmes qu'auparavant. *Parti politique qui se féminise.* **4** Donner un féminin à. *Féminiser les noms de métier.* ✪ CONTR. Masculiniser.

> ❑ L'évolution de la société explique le développement des deux derniers sens.

féminisme n. m. – XIXe **1** Doctrine, mouvement qui préconise l'extension des droits, du rôle de la femme dans la société. « *Le féminisme, c'est de ne pas compter sur le Prince Charmant* » (Renard). *À partir de 1960, le féminisme se développe dans les pays occidentaux.* **2** Aspect d'un individu mâle qui présente certains caractères secondaires du sexe féminin.

féministe adj. – XIXe ■ Qui a rapport au féminisme (1°). *Mouvement féministe.* – n. Partisan du féminisme. *Un, une féministe.*

féminité n. f. – XIIIe ■ Caractère féminin ; ensemble des caractères propres à la femme. ⇒ **féminitude.** *Accepter, refuser sa féminité.* – Ensemble des caractères correspondant à une image sociale de la femme (charme, douceur, délicatesse) que l'on oppose à une image sociale de l'homme. *Cette jeune fille manque de féminité.*

féminitude n. f. – v. 1960 ■ Ensemble des caractères, des manières de penser, de sentir, propres aux femmes.

> ❑ Ce mot a été formé sur le modèle de *négritude.* → négritude (rem.).

femme [fam] n. f. – XIe ; lat. *femina* **I** Être humain appartenant au sexe capable de concevoir les enfants. **1** Être humain adulte de sexe féminin. ⇒ fam. **gonzesse, meuf, nana.** *Une femme, des femmes. Les femmes et les hommes. Une petite fille, une jeune fille et une femme.* « *Que la femme soit différente de l'homme, que le cœur et l'esprit aient un sexe, je n'en doute pas* » (Sand). « *Les hommes qui comptent sur les femmes pour les sortir d'affaire sont des salauds, dit-elle* » (Duras). ♦ *LA FEMME* : l'ensemble des femmes. *Fonction reproductrice, vie génitale de la femme* (⇒ **menstruation, ovulation ; grossesse, maternité ; puberté, ménopause**). *Maternité volontaire, contrôlée de la femme.* ⇒ **contraception, contrôle** (des naissances) ; **avortement.** – *Intuition, imagination, sensibilité attribuées à la femme.* « *Ô femme ! femme ! femme ! créature faible et décevante !* » (Beaum.). – *Mépris des femmes.* ⇒ **machisme, misogynie, phallocratie.** *Les droits de la femme. Émancipation de la femme* (⇒ **féminisme**). *Mouvement de libération de la femme (M.L.F.). L'affranchissement du prolétaire* « *n'était possible que par l'affranchissement de la femme* » (Flaub.). **2** (en attribut) *Elle est femme, très femme* : elle a tous les caractères qu'on reconnaît ou qu'on prête aux femmes. ⇒ **féminin.** « *Elle est femme dans toute l'acception du mot, par ses cheveux blonds, par sa taille fine* [...] *par le timbre argentin de sa voix* » (Gaut.). **3** *ÊTRE FEMME À* (et inf.) : être capable de. ⇒ **homme** (être homme à). *Elle est femme à se venger.* **4** (Opposé à *enfant, fille,* ① *fillette, jeune fille*) Femme adulte, nubile. « *Cosette devenait peu à peu une femme et se développait* » (Hugo). **5** *De bonne femme* : transmis par la tradition populaire. *Remèdes de bonne femme.* « *Reléguons cette idée puérile avec les contes de bonne femme* » (Laclos). ♦ *Une vieille bonne femme* : une vieille femme. ♦ fam. Femme (quels que soient son âge, sa classe sociale). *Les bonshommes et les bonnes femmes. Un type et une bonne femme. Il n'y a que des bonnes femmes dans ce bureau.* ♦ fam. et péj. Épouse. *Il va encore venir avec sa bonne femme* (cf. infra, II). **6** *Une femme, des femmes* (qualifiée, au physique, au moral, etc.). – *Femme blanche. Femme de type nordique. Femme noire.* – *Grande femme. Femme petite et grosse, boulotte* (fam. boudin, cageot). *Femme laide et vulgaire* (vulg. grognasse, pétasse, pouffiasse). *Les seins, la poitrine, les jambes d'une femme. Une femme superbe. Femme laide* (laideron, fam. mocheté). *Femme jeune* (cf. ci-dessous *Jeune femme*). *Femme d'un certain âge. Femme âgée. Une vieille femme.* ⇒ **mamie.** *JEUNE FEMME* : femme au statut social assimilable à celui de femme mariée et considérée socialement comme jeune (opposé à *fille, jeune fille*). *UN (PETIT) BOUT DE FEMME* : une femme petite et généralement charmante ; une petite fille. *FEMME-ENFANT* : femme qui semble avoir conservé les attributs de l'enfance, qui cultive un comportement enfantin. *Jouer les femmes-enfants.* – *Une femme de la haute société,* (fam.) *de la haute. FEMME DU MONDE* : femme appartenant à la haute société ou à un groupe social en vue. *Une femme mariée. Une femme célibataire, divorcée, veuve. Une faible femme. Femme de devoir. Femme d'action. FEMME DE TÊTE,* intelligente et avisée qui a le sens des intérêts matériels ou ne se laisse pas mener par ses affects. *MAÎTRESSE FEMME* : femme d'un caractère bien trempé, énergique, qui sait se faire obéir. – *Femme castratrice. Femme frigide. Femme homosexuelle.* ⇒ **lesbienne ;** fam. et péj. **gouine.** *FEMME-OBJET* : femme considérée (par les hommes) comme un objet (sexuel) et non comme un sujet, une personne. *Des femmes-objets. Femme de mauvaise vie ;* (euphém.) *femme de petite vertu.* ⇒ **prostituée.** – *Femme qui travaille, gagne sa vie. Le travail des femmes.* « *elle s'y révéla rapidement une remarquable femme d'affaires* » (Perec). (avec une appos. quand il n'y a pas de fém.) *Femme ingénieur. Cette femme est médecin. Cette femme est professeur, c'est un professeur. Le P.-D.G. est une femme. FEMME AU FOYER* : femme qui n'exerce pas de profession et reste chez elle, parfois pour élever ses enfants. ♦ (Contexte de l'amour ; dans une phrase dont le sujet désigne un homme). « *Mais qui donc a dit qu'il était plus facile de mourir pour la femme qu'on aime que de vivre avec elle ?* » (Maurois). *C'est la femme de sa vie.* ➛ (maternité) *Cette femme n'a jamais eu d'enfants, a un, des enfant(s)* (⇒ ① **mère**). *Femme qui veut un enfant, ne veut pas d'enfant. Femme qui attend un bébé, un enfant* (future maman). ♦ loc. *Cherchez la femme* : cherchez le mobile passionnel qui a poussé un homme à agir. **II** Épouse. *Le mari et la femme.* ⇒ **couple.** *C'est sa femme. Sa première femme, sa seconde femme. Son ancienne femme, son ex-femme. Il est venu avec sa femme* (pop. sa bourgeoise, sa légitime). « *ils vivaient ensemble comme mari et femme* » (Maupass.). ➛ loc. *Prendre femme* : se marier. *Prendre qqn pour femme,* l'épouser. **III** (dans des expr.) Domestique. ♦ *FEMME DE CHAMBRE,* attachée au service intérieur d'une maison, d'un hôtel. ⇒ **bonne,** littér. **camériste,** vieilli **servante,** fam. **soubrette.** ♦ *FEMME DE MÉNAGE,* qui vient faire le ménage dans une maison et qui est généralement payée à l'heure (cf. Employée* de maison).

> ❑ Pour la prononciation → solennel (rem.). ♦ Le latin *femina,* représentant un participe présent archaïque, signifiait à l'origine « qui allaite » et se rattache à la racine indo-européenne °*dhê* « téter » comme *fellare* « sucer » (qui a donné *fellation*) et *felix* « heureux » (qui a donné *félicité*).

femmelette [famlɛt] **n. f.** – XIVe **1** vieilli Femme faible, craintive. **2** fam. Homme faible, sans énergie. *Il tremble, c'est une femmelette.*

fémoral, ale, aux **adj.** – XVIIIe ; lat. *femur* « cuisse » ▪ Qui a rapport ou qui appartient à la cuisse. *Artère fémorale.*

femto- Élément, du danois *femten* « quinze ». Préfixe (symb. f) qui divise par 10^{15} l'unité dont il précède le nom : *femtoseconde.*

fémur **n. m.** – XVIe ; lat. *femur* « cuisse » ▪ Os long qui constitue le squelette de la cuisse. *Fracture du col du fémur.*

fenaison **n. f.** – XIIIe ; de *fener,* a. forme de *faner* ▪ Action de couper et de récolter les foins. ➛ Époque de ce travail.

fendage **n. m.** – XIXe ▪ Action de fendre. *Le fendage du diamant.*

fendant **n. m.** – XVIe ; de *fendre* **1** Coup d'épée donné de haut en bas avec le tranchant. **2** Cépage de chasselas cultivé dans le Valais ; vin blanc issu de ce cépage.

> ❑ Le *fendant* est un cépage de *raisins fendants* « à peau qui se fend ».

fendard ou **fendart** **n. m.** – XIXe ; de *fendu,* à cause de la fente de la braguette ▪ arg. Pantalon. « *le fameux pantalon blanc (Querelle l'appelait son* fendart*)* » (Genet).

fendeur, euse **n.** – XVe ▪ Personne qui travaille à fendre le bois, l'ardoise.

fendillement **n. m.** – XIXe ▪ Action de se fendiller.

fendiller **v. tr.** [1] – XVIe ▪ Faire de petites fentes superficielles à (qqch.). ➛ pronom. *Peau qui se fendille sous l'effet du froid.* ⇒ se **crevasser,** se **gercer.**

fendoir **n. m.** – XVIIIe ▪ Outil qui sert à fendre.

fendre **v. tr.** [41] – Xe ; lat. *findere* **I - 1** Couper ou diviser (un corps solide), le plus souvent dans le sens de la longueur. *Fendre du bois avec une hache.* ➛ *Il s'est fendu le crâne en tombant.* ⇒ s'**ouvrir.** fam. *Se fendre la pipe, la gueule, la pêche, la poire* : rire aux éclats. ♦ *Fendre le cœur, l'âme* : faire éprouver un vif sentiment de chagrin, de pitié. « *Cela me fend le cœur, de les voir ainsi exténués* » (Mol.). **2** S'ouvrir un chemin à travers (un fluide). « *Le vent qui leur fouettait la face et qu'ils fendaient de leurs deux têtes, comme les têtes de nageurs coupent l'eau* » (Barbey). ➛ *Fendre la foule pour se frayer un passage.* ⇒ ① **écarter. II** *SE FENDRE* **v. pron. 1** S'ouvrir, se couvrir de fentes. *Un vieux mur qui se fend.* ⇒ se **crevasser,** se **fissurer. 2** En escrime, Porter vivement une jambe loin en avant pour toucher l'adversaire. **3** fam. *Se fendre de* : se décider à offrir, à payer. *Il s'est fendu d'une bouteille. Il ne s'est pas fendu* : ce cadeau n'a pas dû lui coûter cher. « *Oh ! oui, sapristi ! mille écus, je me fends !* » (Balz.).

fendu, ue **adj.** – XIIIe **1** Coupé. *Du bois fendu.* **2** Qui présente une fente. *Jupe fendue derrière.* ➛ Qui présente une entaille. ⇒ **ouvert.** *Lèvre fendue.* **3** Qui présente une lézarde, une fêlure. *Marbre fendu.* ⇒ **fêlé. 4** Ouvert en longueur, comme une fente. *Bouche fendue jusqu'aux oreilles.*

fenestration **n. f.** – v. 1900 ; lat. *fenestra* « fenêtre » **1** Jour, ouverture (réelle ou simulée) percés dans une cloison. **2** Création d'une ouverture dans la paroi d'une cavité organique (notamment l'oreille).

fenestron **n. m.** – 1975 ; lat. *fenestra* « fenêtre » ▪ Rotor encastré dans la partie arrière d'un hélicoptère et destiné à annuler le couple de rotation du fuselage.

fenêtrage **n. m.** – XIIIe ▪ Ensemble des fenêtres d'une maison ; leur disposition sur une façade.

> ❑ On dit aussi *fenestrage.*

fenêtre **n. f.** – XIIe ; lat. *fenestra* **1** Ouverture faite dans un mur, une paroi, pour laisser pénétrer l'air et la lumière ; l'encadrement de cette ouverture. ⇒ ② **baie, bow-window, lucarne, lunette, œil-de-bœuf.** *L'embrasure d'une fenêtre. L'appui de la fenêtre. La fenêtre donne sur le parc. Regarder par la fenêtre.* « *je regardais de ma haute fenêtre l'incendie que j'avais allumé* » (Beckett). « *tous les voisins sont aux fenêtres et se plaignent du tapage* » (Balz.). ➛ *Fenêtres d'un train. Fenêtres d'un bateau.* ⇒ **hublot, sabord.** ♦ Châssis vitré qui ferme cette ouverture. *Fenêtre à guillotine. Fenêtre basculante, pivotante, coulissante. Fenêtre à double vitrage. Ouvrir, fermer une fenêtre. Fenêtres grandes ouvertes.* ♦ loc. *Chassez-le par la porte, il rentrera par la fenêtre,* se dit d'un importun dont on ne peut se débarrasser. **2** *Enveloppe à fenêtre,* comportant un rectangle de papier transparent dans lequel apparaît l'adresse écrite sur la lettre. ♦ Chacune des deux ouvertures de la paroi interne de la caisse du tympan. *La fenêtre ovale et la fenêtre ronde relient l'oreille moyenne à l'oreille interne.* **3** Intervalle de temps, défini avec précision, à l'intérieur duquel une opération est réalisée. *Fenêtre de lancement d'une fusée.* **4** Partie de l'écran d'un ordinateur à l'intérieur de laquelle se trouvent des informations relatives à une tâche déterminée.

fenêtrer **v. tr.** [1] – XIIe ▪ Pourvoir de fenêtres en les perçant ou en les équipant.

fenil [fəni(l)] **n. m.** – XIIe ; lat. *fenum* « foin » ▪ Grenier où l'on conserve le foin. ⇒ **grange.**

> ❑ Même origine que *fenaison* et *faner.* → ① foin. ♦ Pour la prononciation → chenil (rem.).

fennec [fenɛk] **n. m.** – XVIIIe ; mot ar. ▪ Mammifère carnivore *(canidés)* appelé aussi *renard des sables,* à très grandes oreilles pointues, vivant dans les déserts d'Arabie et d'Afrique du Nord.

fenouil **n. m.** – XIIe ; lat. *feniculum* « petit foin » ▪ Plante herbacée à goût anisé *(ombellifèracées),* dont on consomme les graines comme condiment et la base charnue des pétioles comme légume. *Loup grillé au fenouil.*

fente **n. f.** – XIVe **I - 1** Ouverture étroite et longue, plus ou moins profonde, à la surface d'une matière solide

Fentes de l'écorce terrestre. ⇒ **crevasse,** ② **faille, fissure.** ➛ Séparation étroite, allongée, entre deux parties ou structures de l'organisme. *Fente palpébrale.* **2** Interstice très étroit. ⇒ **intervalle, jour, vide.** *Calfater les fentes d'une barque.* « *son petit escalier en pierres entre les fentes desquelles les chardons, les pissenlits et les clochettes n'étaient plus en fleurs* » (Proust). **3** Ouverture étroite et allongée pratiquée dans toute l'épaisseur d'une matière. *Fente d'une tirelire, d'une boîte à lettres. Fente d'une poche.* ➛ Coupure pratiquée perpendiculairement au bord et dans toute l'épaisseur. *Fente d'une jupe.* **II - 1** *Bois de fente,* destiné à être fendu, débité. **2** Action de se fendre, à l'escrime. ➛ Action d'avancer un ski par rapport à l'autre ; l'écart ainsi obtenu.

fenton **n. m.** – XVIIe ; de *fente* « fer *fendu* en tringles » ▪ Tige de fer pour soutenir des ouvrages de plâtre.

fenugrec **n. m.** – XIIIe ; lat. « foin grec » ▪ Plante *(papilionacées)* dont les grains riches en mucilage sont employés en cataplasmes. ⇒ **trigonelle.**

féodal, ale, aux **adj.** et **n. m.** – XIVe ; lat. *feodum* « fief » **I adj. 1** Qui appartient à un fief. *Château féodal.* **2** Qui appartient à l'ordre politique et social fondé sur l'institution du fief. *Régime féodal.* ⇒ **seigneur, suzerain, vassal ; serf.** *Époque féodale, du* X^e *au* XIVe *siècle en France.* « *L'esclavage antique, le servage féodal ont été les étapes d'une longue route* » (Camus). **3** Qui date d'un autre âge. ⇒ **archaïque.** *Une coutume féodale.* **II n. m.** Riche possesseur de terres avec leurs paysans. *Dans certains pays, les terres appartiennent encore à de grands féodaux.*

féodalisme **n. m.** – XIXe ▪ Caractère féodal.

féodalité **n. f.** – XVIe **1** Forme d'organisation politique et sociale médiévale, caractérisée par l'existence de fiefs et seigneuries. **2** péj. Grande puissance économique, financière ou sociale, qui tend à devenir autonome dans l'État.

fer [fɛʀ] **n. m.** – X^e ; lat. *ferrum* **I - 1** Élément atomique (Fe ; n° at. 26 ; m. at. 55, 847), métal blanc grisâtre ductile et malléable. ⇒ **ferro-.** *Minerais de fer.* ⇒ **hématite, limonite, magnétite, marcassite,** ① **minette, pyrite, sidérose.** *Alliages de fer.* ⇒ **acier,** ① **fonte.** *Mine de fer, gisement de fer. Industries du fer.* ⇒ **métallurgie, sidérurgie.** *Le fer rouille. Fer forgé,* servant à fabriquer de la ferronnerie d'art. *Grille, balustrade en fer forgé. Barre de fer. Débris de fer.* ⇒ **ferraille, limaille.** ♦ *Âge du fer :* période de la protohistoire qui succède à l'âge du bronze (vers l'an 1000 av. J.-C.). ⇒ **hallstattien.** ♦ *Gris fer :* gris moyen. ♦ loc. *Croire dur comme fer (à, que),* avec une grande conviction. **2** Sels de fer. *Les épinards contiennent du fer.* « *les vertus des fers différents qu'ils avalaient* » (Huysm.). **3** DE FER. ⇒ ① **fort, résistant, robuste, vigoureux.** « *une santé de fer, une nature de grand jouisseur, une foi de charbonnier* » (Tournier). *Avoir une poigne de fer.* ♦ Très dur. *Avoir une volonté de fer.* ⇒ **inébranlable, inflexible. II - 1** Partie en fer, partie métallique d'un instrument, d'une arme. *Le fer et le manche d'une pelle. Le fer d'une lance, d'une flèche.* ⇒ **pointe. 2** Instrument en fer servant à donner une forme, à faire une empreinte. ➛ *Fers de relieur :* instruments servant à faire des empreintes sur le cuir, à froid ou à chaud. *Reliure aux petits fers.* ➛ FER (À REPASSER) : instrument en métal, à base plane, muni d'une poignée, qui une fois chaud sert à repasser le linge. *Fer à vapeur. Coup de fer :* repassage rapide. loc. fam. *Avoir deux fers au feu :* mener ensemble deux affaires. ➛ FER À FRISER : instrument qu'on applique chaud sur les cheveux pour les friser. ♦ *Fer à souder.* FER ROUGE : tige de fer que l'on porte au rouge. *Le marquage des bœufs au fer rouge.* ⇒ **ferrade.** « *le maréchal se saisit du fer rouge avec de grandes tenailles* » (Aragon). **3** Épée, fleuret. *Engager, croiser* le fer.* **4** FER (À CHEVAL) : demi-cercle ou sole de métal dont on garnit le dessous des sabots de certains équidés. *Des fers à cheval.* ➛ *Cheval qui tombe les quatre fers en l'air,* sur le dos, à la renverse. loc. fam. (d'une personne) *Il est tombé les quatre fers en l'air.* ➛ EN FER À CHEVAL : en forme de demi-cercle outrepassé. *Table en fer à cheval.* **5** au plur. LES FERS. Ce qui sert à enchaîner, à immobiliser un prisonnier. ⇒ **chaîne, menottes.** *Mettre un prisonnier aux fers.* ➛ littér. *Être dans les fers.* ⇒ **captif, esclave, prisonnier.** ✪ HOM. Faire.

féra **n. f.** – XVIe ; mot dial. de la Suisse romande ▪ Poisson du lac Léman, du genre corégone *(salmonidés).*

féralies **n. f. pl.** – XIXe ; lat. *feralis* « qui concerne les dieux mânes » ▪ Fêtes annuelles en l'honneur des morts, chez les Romains.

fer-blanc **n. m.** – XIVe ▪ Tôle de fer doux, laminé ou battu, recouverte d'une couche d'étain pour la protéger de la rouille. *Des fers-blancs. Boîte de conserve en fer-blanc.* « *des parades de théâtre avec des épées de fer-blanc et des casques en carton* » (R. Rolland).

ferblanterie **n. f.** – XIXe **1** Ustensiles en fer-blanc, laiton. ⇒ **quincaillerie.** « *un grand bruit de ferblanterie et de gamelles effondrées* » (Cendrars). **2** Commerce des objets de fer-blanc, de zinc, de laiton. ➛ Boutique de ferblantier.

ferblantier **n. m.** – XVIIIe ▪ Celui qui fabrique, vend de la ferblanterie.

-fère Élément, du lat. *-fer* « qui porte », de *ferre* « porter, renfermer ».

féria **n. f.** – 1926 ; esp. *feria* « jour de fête » ▪ En Espagne et dans certaines régions du Sud de la France, Fête annuelle comportant des activités foraines et des courses de taureaux. *La féria de Nîmes.*

férie **n. f.** – XIIe ; lat. *feriæ* « jour de repos » **1** Jour pendant lequel le travail était interdit par la religion, dans l'Antiquité romaine. **2** Jour de la semaine, à l'exception du samedi et du dimanche. ✪ HOM. Féerie, ferry.

férié, iée **adj.** – XIIe ; lat. *feriatus* ▪ *Jour férié,* où il y a cessation de travail pour la célébration d'une fête légale. ⇒ **chômé.** *Les dimanches sont des jours fériés.* ♦ Jour chômé autre que le dimanche. *Magasin fermé les dimanches et jours fériés.* ✪ CONTR. Ouvrable.

férir **v. tr.** seult inf. – XIIe ; lat. « frapper » ▪ loc. SANS COUP FÉRIR : sans rencontrer la moindre résistance, sans difficulté. *Il réussira sans coup férir.*

> ❑ *Férir,* verbe défectif, ne subsiste qu'en locution. Son participe passé s'emploie comme adjectif *(féru).*

ferler **v. tr.** [1] – XVIIe ; p.-ê. angl. *to furl* ▪ Relever (une voile) pli par pli tout le long et au dessus d'une vergue sur l'avant. ✪ CONTR. Déployer.

ferlouche ou **farlouche** **n. f.** – 1930 ; o. i., p.-ê. amérind. ▪ (Canada) Mélange de raisins secs et de mélasse pour garnir une tarte.

fermage **n. m.** – XIVe ; de ② *ferme* ▪ Mode d'exploitation agricole par ferme. ♦ Loyer d'une ferme.

fermail, aux **n. m.** – XIIe ; de *fermer* ▪ vx Agrafe ; fermoir de livre.

① **ferme** **adj.** et **adv.** – XIIe ; lat. *firmus* **I adj. 1** Qui a de la consistance, qui se tient, sans être très dur. ⇒ **compact, consistant, résistant.** *Poisson à chair ferme. Ces pêches sont un peu fermes,* pas très mûres. ➛ « *Quelle gorge ! blanche, ferme* » (Volt.). **2** Qui se tient, sans fléchir, ni chanceler. ⇒ **solide.** *Ce bébé est déjà ferme sur ses jambes.* ➛ *Attendre qqn de pied ferme,* sans crainte, prêt à l'affronter. ⇒ **courageusement, résolument. 3** Qui n'hésite pas, qui a de l'assurance. ⇒ **assuré, décidé.** *Ces mots « tracés d'une main rapide et ferme »* (Nerval). 4 Qui ne se laisse pas influencer, qui montre une calme autorité. ⇒ **déterminé, inébranlable, inflexible.** *Un père ferme avec ses enfants. « une brève admonestation, affectueuse et ferme à la fois »* (Mart. du G.). ➛ *Avoir la ferme intention de faire qqch.* ⇒ ② **arrêté.** 5 Qui ne change pas, sur quoi on peut compter. ⇒ ① **fixe, immuable, stable.** ➛ En bourse, *Valeur ferme,* dont le cours ne change pas. ⇒ **solide.** ➛ Qui est conclu, sur quoi on ne revient pas. *Prix fermes et définitifs.* **II adv.** 1 Avec force, vigueur. ⇒ **dur,** ① **fort.** *Discuter ferme,* avec ardeur, avec de nombreux arguments. *Tenir ferme :* tenir bon, résister. 2 ⇒ **beaucoup, intensément.** *Ils s'ennuient ferme.* 3 D'une manière définitive. *Acheter, vendre ferme.* ✪ CONTR. ① Flasque, ① mou. Chancelant, vacillant. Hésitant, faible. Fluctuant, indexé. — Doucement. Provisoirement.

② **ferme** n. f. – XIIe ; de *fermer* « établir de manière *ferme,* fixer » **I** - 1 Convention par laquelle un propriétaire abandonne à qqn pour un temps déterminé la jouissance d'un domaine agricole, moyennant une redevance en argent ou en nature (surtout dans *à ferme*). *Donner ses terres à ferme.* ⇒ **affermer.** 2 Système de perception des impôts indirects dans lequel le fonctionnaire traitait à forfait pour une somme déterminée à remettre d'avance au roi, se réservant la différence entre cette somme et les sommes effectivement perçues. **II** - 1 Exploitation agricole donnée à ferme ; toute exploitation agricole. ⇒ **domaine, métairie.** *Exploiter une ferme. Ferme d'élevage, ferme viticole. Cour de ferme.* ⇒ **basse-cour.** *Les « grosses fermes picardes dont toutes les façades s'ouvraient à l'intérieur de la cour »* (Tournier). 2 Les bâtiments de la ferme. *Les troupeaux rentrent à la ferme. Ferme normande à colombages.*

③ **ferme** n. f. – XVIIe ; de *fermer* « fixer » 1 Assemblage de pièces destinées à porter le faîtage, les pannes et les chevrons d'un comble. 2 Décor de théâtre sur châssis, qui se détache en avant de la toile de fond ou s'élève des dessous par des trappes.

fermé, ée adj. – XIIIe 1 Qui ne communique pas avec l'extérieur. *Mer fermée :* vaste lac. ➛ Qu'on a fermé. ⇒ ① **clos.** *Porte fermée, fermée à clé. Musée fermé le mardi.* ♦ *Une société, un milieu fermés,* où l'on s'introduit très difficilement. *« la poésie est un monde fermé où l'on reçoit très peu »* (Cocteau). 2 *Courbe fermée,* qui limite une surface (ex. cercle, ellipse). ♦ *Ensemble fermé,* comprenant les éléments de sa frontière*. 3 Qui a du mal à communiquer, peu expansif. *« un homme droit, fermé, sûr de soi »* (Sartre). ➛ *Il a l'air fermé,* replié sur lui-même. *Visage fermé.* 4 *Fermé à :* inaccessible, insensible à. *Il est fermé à toutes les nouveautés.* 5 Se dit d'un son qui comporte l'occlusion ou le resserrement du canal vocal. *É fermé* [e] ; *o fermé* [o]. ♦ *Syllabe fermée,* terminée par une consonne prononcée. ✪ CONTR. Ouvert.

fermement adv. – XIIe 1 D'une manière ferme. *Tiens-le fermement.* 2 Avec assurance, volonté, fermeté. *Croire fermement qqch.,* avec conviction. *Être fermement décidé.* ⇒ **résolument.**

ferment n. m. – XIVe 1 Ce qui fait naître un sentiment, une idée, ce qui détermine un changement interne. *Un ferment de discorde.* ⇒ **germe, levain.** 2 abusivt Micro-organisme capable de provoquer une fermentation. *Ferment lactique.* ⇒ **lactobacille ; bifidus.** ✪ HOM. Ferrement.

❑ La chimie et la biologie modernes emploient *micro-organisme, enzyme.*

fermentable adj. – XIXe ■ Qui peut fermenter. ⇒ **fermentescible.**

fermentation n. f. – XVIe 1 Transformation de substances organiques sous l'influence d'enzymes produites par des micro-organismes. *Fermentation alcoolique,* qui transforme le sucre en alcool. 2 Agitation fiévreuse (des esprits). ⇒ **ébullition, effervescence.** *Une énergie « qui indiquait une prodigieuse fermentation dans ses idées »* (Balz.). ✪ CONTR. Apaisement, ① calme.

fermenté, ée adj. – XIIIe ■ Qui a subi une fermentation. *Fromage fermenté* (opposé à *fromage frais*). *Boisson fermentée et alcoolisée.*

fermenter v. intr. [1] – XIIIe ; lat. *fervere* « bouillir » 1 Être en fermentation. *Le moût de raisin fermente dans la cuve.* 2 Se préparer sourdement, être agité de remous internes. ⇒ s'**agiter,** s'**échauffer.** *« cette humeur rancunière qui fermente dans un cœur vindicatif »* (Rouss.). ✪ CONTR. Apaiser (s'), calmer (se).

❑ Ne pas confondre avec *fomenter* « susciter, entretenir (une action néfaste) ».

fermentescible adj. – XVIIIe ■ Susceptible de fermentation. ⇒ **fermentable.** ✪ CONTR. Infermentescible.

fermer v. [1] – XIe ; lat. « rendre ferme » **I v. tr.** 1 Appliquer (une partie mobile) de manière à boucher un passage, une ouverture. *Fermer une porte, la porte. « ayant soin aussitôt de fermer volets et rideaux pour le "black-out" »* (Gide). ➛ *Fermer sa porte à qqn,* refuser de le recevoir, de l'entendre. 2 Priver de communication avec l'extérieur, par la mise en place d'un élément mobile. ⇒ **clore.** *Fermer une armoire, une valise. Fermer sa voiture,* la fermer à clé. *La vendeuse a fermé la boutique.* ➛ *Dépêchez-vous, on ferme !* ♦ Interdire l'accès de. *Fermer définitivement une pièce.* ⇒ **condamner.** *La bibliothèque sera fermée au mois d'août.* 3 Rapprocher, réunir (les parties d'un organe, les éléments d'un objet) de manière à ne pas laisser d'intervalle ou à replier vers l'intérieur. *Fermer la main. Fermer les paupières. Fermer la bouche.* ➛ fam. *La ferme !* taisez-vous. ♦ *Fermer son porte-monnaie. Fermer une lettre.* ⇒ **cacheter.** *Fermer son manteau.* ⇒ **boutonner.** ➛ *Fermer le verrou* (d'une porte). ⇒ **mettre, tirer.** 4 Rendre infranchissable, empêcher d'utiliser (un moyen d'accéder, d'avancer). ⇒ **barrer,** ① **boucher, obstruer.** *Barrière qui ferme l'entrée d'un champ. Fermer les frontières.* 5 fam. Arrêter (un flux, un courant) par un mécanisme. *Fermer l'eau, l'électricité.* ⇒ **couper.** *Fermer le robinet, l'interrupteur.* ➛ Faire cesser de fonctionner. *Fermer la radio, la télévision.* ⇒ **éteindre.** 6 Empêcher l'accès à (qqch.). *Fermer une carrière à qqn.* ➛ loc. *Fermer son cœur à la pitié :* se rendre inaccessible à la pitié. 7 Mettre une borne, une fin à. *Fermer un compte.* ⇒ **arrêter, clore.** *Fermer la parenthèse, les guillemets.* ♦ Constituer une borne, le dernier élément de. *« Le cortège était fermé par des oies »* (Gaut.). **II SE FERMER v. pron.** 1 *La porte s'est fermée toute seule. Ses yeux se ferment,* il s'endort. ➛ Se refermer. *Fleurs qui se ferment le soir.* 2 *Cette boîte se ferme facilement. Robe qui se ferme dans le dos.* **III v. intr.** 1 Être, rester fermé. *Le musée ferme à vingt heures. Entreprise qui ferme pour dépôt de bilan.* 2 Être en état d'être fermé ou de fermer qqch. *Ce tiroir ferme mal. Meuble qui ferme à clé.* ✪ CONTR. Ouvrir, rouvrir. Dégager.

fermeté n. f. – XIIe 1 État de ce qui est ferme, consistant. *Fermeté des chairs.* 2 État de ce qui est assuré, n'hésite pas, ne tremble pas. *Fermeté de la main.* ⇒ **sûreté, vigueur.** ➛ *Fermeté d'exécution* (peinture, etc.). 3 littér. Qualité de qqn que rien n'ébranle. ⇒ **courage, endurance, énergie, force, sang-froid.** *« vous avez cette fermeté d'âme qui fait la base des grandes vertus »* (Volt.). 4 Qualité de qqn qui a de l'autorité sans brutalité. ⇒ **autorité, poigne.** *Ces parents manquent* *de fermeté avec leur fils. Parler avec fermeté.* 5 Maintien de la valeur (des cours de la Bourse). ⇒ **stabilité, tenue** (bonne tenue). *Fermeté du franc face au mark.* ✪ CONTR. Mollesse. Défaillance, faiblesse. Instabilité.

① **fermette** n. f. – XVIIe ; dimin. de ③ *ferme* ▪ Ferme de faux-comble ou de lucarne. ➛ Ferme qui soutient un barrage mobile sur un cours d'eau.

② **fermette** n. f. – 1941 ; dimin. de ② *ferme* (II) ▪ Petite ferme servant de maison de campagne.

> ❑ *Fermette* n'appartient pas au vocabulaire du monde rural.

fermeture n. f. – XIIe 1 Dispositif servant à fermer. *Fermeture hermétique, étanche. Fermeture à glissière,* constituée de deux bandes qui s'engagent l'une dans l'autre. ➛ marque déposée *FERMETURE ÉCLAIR* : fermeture à glissière munie de dents, de la marque de ce nom. ⇒ **zip.** *Des fermetures éclair.* 2 Action de fermer ; état de ce qui est fermé (local, etc.). *Attention à la fermeture automatique des portes.* ➛ *Heures de fermeture d'un magasin, d'un musée.* 3 Le fait de fermer (une ouverture). *Fermeture de l'objectif* (en photographie). ➛ *Fermeture d'un compte.* ⇒ **clôture.** ✪ CONTR. Ouverture.

fermi n. m. – 1968 ; n. pr. ▪ Unité de longueur valant un milliardième de micromètre.

fermier, ière n. – XIIIe ; de ② *ferme* 1 FERMIER GÉNÉRAL : financier qui, sous l'Ancien Régime, prenait à ferme le recouvrement des impôts. 2 Personne qui tient à ferme une propriété agricole ; exploitant d'un domaine agricole. ⇒ **agriculteur, cultivateur, paysan.** *La fermière est en train de traire les vaches.* 3 adj. De ferme ; qui n'est pas industrialisé, pasteurisé. *Poulet fermier. Beurre fermier.*

fermion n. m. – 1955 ; de *Fermi,* nom d'un physicien italien ▪ Particule fondamentale ou atome dont le nombre de spin est demi-entier ou nul (ex. électron, nucléon).

fermium [fɛʀmjɔm] n. m. – 1957 ; de *Fermi,* n. pr. ▪ Élément artificiel radioactif (Fm ; n° at. 100).

fermoir n. m. – XIIIe ▪ Attache ou agrafe destinée à tenir fermé (un sac, un bijou, un livre...). « *son missel à fermoir de fer* » (J. Verne).

féroce adj. – XVe ; lat. *ferus* « sauvage » 1 Se dit d'un animal cruel par instinct. ⇒ ① **sanguinaire, sauvage.** *Les fauves sont des bêtes féroces.* 2 (personnes) Cruel et brutal. ⇒ **dur, impitoyable.** « *une lutte incessante, une société cynique et féroce* » (Huysm.). 3 Très dur, impitoyable. ⇒ **implacable, méchant.** *Une ironie féroce.* 4 par exagér. ⇒ **terrible.** *Un féroce appétit.* ✪ CONTR. Apprivoisé. ① Bon, doux, inoffensif.

> ❑ *Féroce* et *fier* sont issus du même étymon (doublets) mais sont sans rapport de sens aujourd'hui.

férocité n. f. – XIVe 1 Naturel féroce (d'un animal). *La férocité du tigre.* ⇒ **cruauté.** 2 (personnes) Caractère féroce. ⇒ **barbarie, cruauté, sauvagerie.** 3 Dureté impitoyable. *Se moquer de qqn avec férocité.* ✪ CONTR. Bonté, douceur. Indulgence.

ferrade n. f. – XVIIe ; provenç. *ferra* « ferrer » ▪ région. Action de marquer le bétail au fer rouge. ➛ Fête célébrée à cette occasion, en Provence.

ferrage n. m. – XIVe 1 Action de ferrer un objet, un animal. *Ferrage d'un cheval.* 2 Action de ferrer un poisson. « *sentir au ferrage la résistance profonde de la bête, piquée là-bas, à quatre mètres au-dessous du bateau* » (Genev.).

ferraillage n. m. – 1953 ▪ Ensemble des éléments métalliques d'une construction en béton armé.

ferraille n. f. – XIVe 1 Déchets de fer, d'acier ; morceaux ou objets de fer hors d'usage. *Tas de ferraille. Cette voiture est bonne à mettre à la ferraille,* à la casse. ➛ *Faire un bruit de ferraille,* un bruit sourd et confus d'objets en fer heurtés. 2 fam. Petite monnaie. ⇒ **mitraille.** *Je vous donne toute ma ferraille.*

ferraillement n. m. – XIXe 1 Action de ferrailler. 2 Bruit de ferraille.

ferrailler v. intr. [1] – XVIIe 1 péj. Se battre au sabre ou à l'épée (à cause du bruit des lames heurtées). ♦ fig. Batailler. 2 Faire un bruit de ferraille.

① **ferrailleur** n. m. – XVIIe ▪ péj. Celui qui aime à ferrailler, à se battre à l'épée. ⇒ **bretteur, duelliste.**

② **ferrailleur, euse** n. – XVIIe ▪ Marchand(e) de ferraille.

ferrate n. m. – XIXe ▪ Sel d'un acide ferrique H_2FeO_4 (non isolé).

ferratier [fɛʀatje] n. m. – XVIIe ▪ Marteau de maréchal-ferrant, servant à forger les fers.

ferré, ée adj. – XIIe 1 Garni de fer ; muni d'une garniture de fer, d'acier. *Bâton ferré. Voie ferrée,* de chemin de fer. ♦ Qui a des fers. « *le soulier ferré du roulier* » (Giono). 2 *Être ferré sur un sujet, une question.* ⇒ **calé,** ① **fort, trapu.**

> ❑ Ne pas confondre *être ferré* (sur un sujet) avec *être féru* (d'histoire) « passionné ».

① **ferrement** n. m. – XIIe ▪ Garniture en fer. ⇒ **ferrure.** ✪ HOM. Ferment.

② **ferrement** n. m. – XIXe 1 Action de river les fers d'un forçat. 2 Action de ferrer (un cheval). ⇒ **ferrage, ferrure.**

ferrer v. tr. [1] – XIIe 1 Garnir de fer, d'acier. *Ferrer une roue.* 2 *Ferrer un cheval, un mulet,* garnir ses sabots de fers. ➛ *Ferrer un soulier.* 3 Engager le fer d'un hameçon dans les chairs de (un poisson qui vient de mordre), en tirant le fil d'un coup sec.

ferret n. m. – XIVe ; de *fer* ▪ Bout métallique qui termine un lacet, une aiguillette. ➛ *Des ferrets de diamants,* ornés de diamants. *Les ferrets de la reine* (dans « Les Trois Mousquetaires » d'Alexandre Dumas).

ferreur n. m. – XIIe ▪ Ouvrier qui ferre. *Ferreur de chevaux.*

ferreux, euse adj. – XIXe ▪ Se dit des composés où le fer est bivalent. *Chlorure ferreux* ($FeCl_2$). ♦ Qui contient du fer. *Alliage ferreux. Métaux non ferreux :* métaux usuels qui ne sont pas du fer, n'en contiennent pas (cuivre, bronze, etc.).

ferricyanure n. m. – XIXe ; de *ferri(que)* et *cyanure* ▪ Composé de fer, de cyanogène et d'un métal.

ferrique adj. – XIXe ▪ Se dit de l'oxyde et des sels dans lesquels le fer est trivalent. ✪ HOM. Féerique.

ferrite n. f. – XIXe ▪ Oxyde complexe de fer et de divers autres métaux aux propriétés magnétiques et électromagnétiques.

ferro- Élément, du lat. *ferrum* « fer », indiquant la présence de fer dans un alliage.

ferrociment n. m. – 1932 ▪ Matériau obtenu par projection de mortier sur une armature métallique.

ferrocyanure n. m. – XIXe ▪ Sel voisin du ferricyanure, dans lequel le fer est bivalent.

ferroélectricité n. f. – mil. XXe ▪ Phénomène lié à une polarisation spontanée dans les cristaux, sous l'action d'un champ électrique extérieur.

ferromagnétisme n. m. – 1900 ▪ Propriété de certains métaux (fer, cobalt, nickel) et alliages qui sont fortement magnétiques.

ferronickel n. m. – XIXe ▪ Alliage de fer et de nickel (plus de 25 %).

ferronnerie n. f. – XIIIe ; de *ferron* « marchand de *fer* » 1 Fabrique d'objets, d'ornements de fer. 2 Fabrication d'objets artistiques en fer forgé. *Ferronnerie d'art.* ➙ Objets, ornements artistiques en fer. *Des « ferronneries ventrues et compliquées servant de garde-fous »* (Robbe-Grillet).

ferronnier, ière n. – XVIe ▪ Personne qui fabrique, qui vend des objets en fer, et spécialt des objets artistiques.

ferronnière n. f. – XIXe ; du nom du portrait (p.-ê. de Vinci) dit *La Belle Ferronnière ;* p.-ê. de *ferronnier* ▪ Ornement porté sur le front, chaînette ou bandeau garni d'un joyau en son milieu.

ferroutage [fɛʀutaʒ] n. m. – 1970 ; de *fer* et *route* ▪ Transport combiné par remorques routières spéciales acheminées sur wagons plats.

ferroviaire adj. – 1911 ; it. *ferrovia* « chemin *(via)* de fer » ▪ Relatif aux chemins de fer. *Trafic ferroviaire.* ➙ Relatif au transport par voie ferrée. *Une société ferroviaire.*

ferrugineux, euse adj. – XVIIe ▪ Qui contient du fer, le plus souvent à l'état d'oxyde. *Eaux ferrugineuses.*

ferrure n. f. – XIIIe 1 Garniture de fer, de métal. *Les ferrures d'une porte.* ⇒ **penture.** 2 Opération par laquelle on ferre un cheval ; manière dont un cheval est ferré.

ferry → **car-ferry ; ferry-boat**

ferry-boat [feʀibot ; feʀebot] n. m. – XVIIIe ; mot angl., de *to ferry* « transporter » et *boat* « bateau » ▪ Navire conçu pour le transport des trains ou des véhicules et de leurs passagers, d'une rive à l'autre d'un fleuve, d'un lac, d'un bras de mer. *Des ferry-boats.* ⇒ ① **bac, car-ferry, transbordeur** (recomm. offic.). ➙ abrév. FERRY. *Des ferrys, des ferries.*

❑ Au Québec, on dit *traversier* pour éviter cet anglicisme. ♦ Pour le pluriel de *ferry* → ① y (rem.).

ferté n. f. – XIIe ; forme pop. de *fermeté* « forteresse » ▪ Forteresse, place forte (dans un nom de ville). *La Ferté-Milon ; La Ferté-Bernard.*

fertile adj. – XIVe ; lat. 1 Qui produit beaucoup de végétation utile (sol, terre). ⇒ **fécond, productif, riche.** *Champ fertile. Terre fertile en blés, en vignes.* ♦ Se dit d'une femelle qui peut être fécondée et qui est capable de procréer. ♦ sc. *Élément, produit fertile,* qui, après capture de neutrons peut donner naissance à des produits fissiles. 2 *FERTILE EN :* qui fournit beaucoup de. ⇒ **fécond.** *Période fertile en événements. Un « personnage fertile en fourberies »* (Gaut.). ♦ *Il a une imagination fertile.* ⇒ **inventif.** ✪ CONTR. Aride, improductif, infertile, infructueux, stérile.

fertilisable adj. – XIXe ▪ Qui peut être fertilisé.

fertilisant, ante adj. – XVIIIe ▪ Qui fertilise. ➙ n. m. ⇒ **engrais.**

fertilisation n. f. – XVIIIe ▪ Action de fertiliser. ✪ CONTR. Épuisement.

fertiliser v. tr. [1] – XVIe ▪ Rendre fertile (une terre). ⇒ **améliorer, amender,** ① **bonifier, enrichir.** *« la campagne caillouteuse que la pluie fertilisait »* (Le Clézio). ✪ CONTR. Épuiser.

fertilité n. f. – XIVe 1 Qualité de ce qui est fertile. *La fertilité d'un sol.* ⇒ **fécondité, richesse.** 2 Capacité d'avoir des enfants. *Fertilité d'un couple. Faible fertilité.* ⇒ **hypofertilité.** 3 Capacité intellectuelle à créer. ⇒ **fécondité, richesse.** *Une grande fertilité d'imagination.* ✪ CONTR. Aridité, stérilité. Pauvreté, sécheresse.

féru, ue adj. – XVe ; de *férir* ▪ Pris d'un vif intérêt, de passion. *Il est féru d'archéologie.* ⇒ **passionné.**

❑ Ne pas confondre avec *ferré* « savant, instruit ».

férule n. f. – XIVe ; lat. 1 Plante herbacée *(ombellifères)* aux racines énormes. 2 Petite palette de bois ou de cuir avec laquelle on frappait la main des écoliers en faute. ♦ loc. littér. *Être sous la férule de qqn,* dans l'obligation de lui obéir. ⇒ **autorité.**

fervent, ente adj. – XIIe ; lat. *fervere* « bouillir » 1 Qui a de la ferveur religieuse. *Chrétien fervent.* ♦ Ardent, enthousiaste, passionné. *Un fervent admirateur de Proust.* ➙ subst. *Les fervents de Beethoven.* ⇒ **fanatique.** 2 Où il entre de la ferveur. *Un amour fervent.* ⇒ **brûlant.** ✪ CONTR. ① Froid, indifférent, tiède.

ferveur n. f. – XIIe ; lat. *fervor* « chaleur » 1 Ardeur vive et recueillie des sentiments religieux. *Prier avec ferveur.* 2 Élan de qqn qui agit, réagit avec enthousiasme. *Travail accompli avec ferveur.* ⇒ **ardeur, zèle.** *« La ferveur de mon adolescence, je ne l'ai plus jamais retrouvée »* (Gide). ✪ CONTR. Froideur, indifférence.

fesse n. f. – XIVe ; lat. *findere* « fendre » 1 Chacune des deux parties charnues de la région postérieure du bassin, dans l'espèce humaine et chez certains mammifères. (dans l'usage courant) *Les fesses.* ⇒ ② **derrière,** ① **fessier, postérieur ;** fam. et arg. **cul,** ② **meule, miche ; -pyge.** *Une bonne paire de fesses. Pantalon qui moule les fesses.* ♦ loc. fam. *Donner (à qqn) un coup de pied aux fesses. À grands coups de pied aux fesses :* avec énergie, pour expulser, etc. *Botter les fesses à qqn. Gare à tes fesses !* (menace de fessée). *Pousse, gare tes fesses :* pousse-toi. *Serrer les fesses* (de peur). *Montrer ses fesses :* se produire nu dans un spectacle ; être tout nu. *Avoir qqn aux fesses,* derrière soi (avec l'idée de poursuite). *Il a les flics aux fesses. Avoir le feu aux fesses :* être pressé. *Occupe-toi de tes fesses,* de tes affaires. ➙ (valeur dépréciative) *De mes fesses :* sans valeur. *« chez ta Florence de mes fesses et chez les autres qui ne valent pas mieux »* (Mac Orlan). ♦ (contexte sexuel) *Les fesses, la fesse :* la sexualité, l'amour physique. ⇒ **cul.** *Une affaire de fesses.* 2 Partie arrondie de la voûte d'un navire formant la transition de la voûte à la muraille. ✪ HOM. Fèces.

❑ Dans les locutions, en concurrence avec *derrière* et surtout *cul, fesse* est le moins familier.

fessée n. f. – XVIe ▪ Coups donnés sur les fesses. *« elle lui donna, malgré ses douze ans, la plus belle fessée qu'elle eut jamais reçue »* (Goncourt). ♦ fam. Défaite humiliante. ⇒ **déculottée.**

fesse-mathieu n. m. – XVIe ; de *fesser* et *saint Matthieu* ▪ vx Usurier. ➙ vieilli ⇒ **avare.** *Des fesse-mathieux.*

❑ Littéralement, « celui qui bat saint Matthieu (patron des changeurs) pour lui soutirer de l'argent ».

fesser v. tr. [1] – XVe ; lat. *fascia* « bande, lien » ▪ Battre en donnant des coups sur les fesses, donner la fessée à (qqn). *« Candide fut fessé en cadence »* (Volt.).

❑ Sans rapport étymologique avec *fesse,* le sens premier était « battre avec des verges ».

① **fessier** n. m. – XVIe ▪ fam. Les deux fesses. ⇒ **cul** ② **derrière.**

② **fessier, ière** adj. – XVIe ▪ Relatif à la région des fesses. *Muscles fessiers.*

fessu, ue adj. – XIIIe ▪ fam. Qui a de grosses fesses.

festif, ive adj. – XVe ; lat. *festivus* « de fête » ▪ Qui se rapporte à la fête ; qui constitue une fête. *Un événement festif.*

festin n. m. – XVIe ; it. « petite fête » ▪ Repas de fête, d'apparat, au menu copieux et soigné. ⇒ **agape, banquet** fam. **bombance, gueuleton, ripaille.** *Faire un festin* ⇒ **festoyer.**

festival n. m. – XIXe ; lat. *festivus* « de fête » ▪ Grande manifestation musicale. *Des festivals. Festival de Bayreuth.*

Festival de jazz. ♦ Série de représentations où l'on produit des œuvres d'un art ou d'un artiste. *Ce film a obtenu la Palme d'or au festival de Cannes. Festival Fellini.* ⇒ **rétrospective.**

❑ Cet emprunt à l'anglais aurait été introduit par Berlioz.

festivalier, ière n. – 1955 ▪ Personne qui fréquente les festivals. *Hôtel envahi par les festivaliers.* ➛ adj. Qui concerne les festivals.

festivité n. f. – XIIe ; lat. « gaieté » ▪ (surtout plur.) Fête, réjouissance. *Le mariage princier a donné lieu à de grandes festivités.*

fest-noz [fɛstnoz] n. m. – v. 1970 ; mot breton « fête de nuit » ▪ région. Fête bretonne traditionnelle. *Des fest-noz* ou plur. bret. *des festou-noz* [fɛstunoz].

feston n. m. – XVIe ; it. « ornement de fête *(festa)* » **1** Guirlande de fleurs et de feuilles liées en cordon, que l'on suspend, en forme d'arc. ♦ Ornement architectural figurant un feston. **2** Broderie en forme de dent arrondie utilisée comme bordure. *Lingerie à festons.*

festonner v. tr. [1] – XVIe **1** Orner de festons. **2** Découper, broder, de manière à faire des festons. *Drap festonné.*

festoyer v. intr. [8] – XIIe ; de *fête* ▪ Prendre part à un festin ; faire bombance, bonne chère. ⇒ **banqueter ;** fam. **gueuletonner, ripailler.**

feta [feta] n. f. – mil. XXe ; mot gr. ▪ Fromage grec à pâte molle, traditionnellement fait avec du lait de brebis. *Des fetas.*

fêtard, arde n. – XIXe ▪ fam. Personne qui aime faire la fête, s'amuser. ⇒ **noceur, viveur.**

fête n. f. – XIe ; lat. *festa dies* « jour de fête » **I** - **1** Solennité religieuse célébrée à certains jours de l'année. *Fêtes catholiques* (Ascension, Assomption, Noël, Pâques, Pentecôte, Toussaint). *Les dimanches et fêtes.* ➛ *Fêtes juives, musulmanes.* **2** Jour de la fête du saint dont qqn porte le nom. *Souhaiter à qqn sa fête, bonne fête.* loc. fam. *Ça va être ta fête* (menace ironique). ♦ *Fête patronale* (d'un lieu, d'un village). **3** Réjouissance publique et périodique en mémoire d'un événement, d'un personnage. *La fête nationale du 14 Juillet. La fête du Travail, le 1er Mai.* ➛ au plur. Réjouissances étalées sur plusieurs jours. ⇒ **festivité.** *Les fêtes de fin d'année :* Noël, réveillon du nouvel an. *Où irez-vous pour les fêtes ?* ♦ Jour fixé pour honorer une catégorie de personnes. *La fête des Mères.* **4** Ensemble de réjouissances organisées occasionnellement. *Organiser, faire une fête pour son anniversaire.* ⇒ **réception, soirée.** *Salle des fêtes.* **5** Ensemble de réjouissances ayant lieu en famille, entre intimes. *Une fête de famille,* à l'occasion de quelque événement heureux : noce, anniversaire. **6** loc. *Faire la fête :* s'amuser en compagnie, mener joyeuse vie. ⇒ fam. et pop. ② **bringue, fiesta,** ① **foire, java, noce, nouba ; fêtard.** ♦ loc. *Ce n'est pas tous les jours fête :* il y a des moments moins agréables que d'autres. **II** (dans des expr.) Bonheur, gaieté, joie, plaisir. *Un air de fête.* ➛ *EN FÊTE :* gai. *La nature est en fête.* ➛ loc. *FAIRE FÊTE* à qqn, lui réserver un accueil, un traitement chaleureux. ➛ *Se faire une fête de :* se réjouir à l'avance de. « *Je compte être à Venise vers le commencement de juin et je m'en fais une fête* » (Flaub.). ➛ *Être à la fête :* éprouver la plus grande satisfaction. *Il n'a jamais été à pareille fête,* dans une situation aussi agréable. *Ne pas être à la fête :* être dans une situation pénible. ✪ HOM. Faîte.

Fête-Dieu n. f. – XVIe ▪ Solennité religieuse en l'honneur du saint sacrement. *Procession de la Fête-Dieu. Des Fêtes-Dieu.*

❑ Conforme à la syntaxe de l'ancien français (de même que *hôtel-Dieu*), le complément déterminatif étant juxtaposé au nom.

fêter v. tr. [1] – XIIe **1** Consacrer, marquer par une fête. ⇒ **célébrer, commémorer.** *Fêter une victoire, un anniversaire.* ➛ Faire une fête à l'occasion de. *Fêtons nos retrouvailles.* **2** Faire fête à. ✪ HOM. *Fête :* faites (① faire).

fétiche n. m. – XVIIe ; lat. *facticius* « artificiel » **1** Nom donné par les Blancs aux objets de culte des civilisations dites primitives. ➛ En Afrique, Objet, animal, végétal ou minéral chargé d'un pouvoir surnaturel, bénéfique ou maléfique. **2** Objet auquel on attribue un pouvoir magique et bénéfique. ⇒ **amulette, grigri, porte-bonheur.**

féticheur n. m. – XIXe ▪ Prêtre des religions traditionnelles (animistes), en Afrique ; initié capable de susciter et de faire agir des fétiches. « *Grand féticheur, entouré d'une aura de mystère* » (Morand).

fétichisme n. m. – XVIIIe **1** Culte des fétiches ; religion (animisme) qui comporte ce culte. **2** Admiration exagérée et sans réserve d'une personne ou d'une chose. ⇒ **vénération. 3** Perversion sexuelle dans laquelle la satisfaction sexuelle est recherchée par le contact ou la vue de certains objets normalement dénués de signification érotique. *Fétichisme de la chaussure.*

fétichiste adj. et n. – XIXe ▪ Qui pratique le fétichisme. ♦ Qui concerne les fétiches, les religions traditionnelles animistes, en Afrique.

fétide adj. – XVe ; lat. *fœtere* « puer » ▪ Qui a une odeur très désagréable. ⇒ **empesté, nauséabond, puant.** *Une haleine fétide. Un chou-fleur* « *emplissait le logement de son odeur fétide* » (Mart. du G.).

fétidité n. f. – XVe ▪ didact. Caractère de ce qui est fétide. ⇒ **infection, puanteur.** « *une fétidité de cave humide* » (Zola).

fétu n. m. – XIIe ; lat. *festuca* « brin de paille » ▪ *Fétu de paille :* brin de paille. ➛ loc. *Être emporté, traîné comme un fétu.*

fétuque n. f. – XVIIIe ; lat. *festuca* « brin de paille » ▪ Graminée des prés et des bois.

❑ Certains emploient ce mot au masculin (« *le balancement des fétuques chargés de graines* » [Giono]), peut-être sous l'influence de *fétu* (de même origine).

① **feu** n. m. – IXe ; lat. *focus* « foyer, feu » **I** - **1** *LE FEU :* dégagement d'énergie calorifique et de lumière accompagnant la combustion vive. ⇒ **crémation, ignition, incandescence ; flamme ; pyro-.** *Les anciens considéraient le feu comme l'un des quatre éléments. Le feu de l'Enfer.* ♦ loc. *Le feu sacré :* ardeur, enthousiasme. *Il n'a pas le feu sacré.* ➛ fam. *Du feu de Dieu :* exceptionnel. ♦ *Allumer, faire du feu :* réunir des matières combustibles et les faire brûler. « *L'homme est le seul animal qui fasse du feu, ce qui lui a donné l'empire du monde* » (Rivarol). loc. *Faire feu de tout bois :* utiliser tous les moyens en son pouvoir. *Faire feu des quatre fers,* se dit d'un cheval qui frappe le pavé de ses fers ; fig. être plein de pétulance. ➛ *Prendre feu.* ⇒ **brûler,** s'**enflammer, flamber.** ➛ *Mettre le feu à qqch. :* faire brûler. ⇒ **allumer, enflammer.** ➛ *Jouer avec le feu,* avec le danger. ➛ loc. *J'en mettrais ma main au feu :* j'en jurerais, j'en ai la conviction. ♦ *EN FEU :* en train de brûler. ⇒ **flamme** (en). *Matière en feu.* ⇒ **embrasé, enflammé, igné, incandescent.** ♦ Étincelle, flamme ou matière enflammée, dans la nature. *Le feu du ciel, le feu céleste.* ⇒ ① **foudre, météore.** ♦ *Feu Saint-Elme :* étincelle due à l'électricité atmosphérique. **2** Ensemble de matières rassemblées et allumées (pour produire de la chaleur, etc.). ⇒ **foyer.** *Faire un* feu. *Mettre des bûches dans le feu.* « *Un grand feu pétillait, clair, dans la cheminée* » (Rimb.). *Les flammes, la chaleur du feu. Feu de bois, de tourbe. Feu de paille :* fig. sentiment vif et passager. ➛ *S'installer près, auprès du feu.* ⇒ **âtre.** ➛ loc. *Le coin du feu :* l'endroit où l'on allume du feu (âtre, cheminée). *Veillée au coin du feu.* ➛ *FEU DE JOIE :* feu allumé en signe de réjouissance à l'occasion d'une fête. *Feux de la Saint-Jean. FEU DE CAMP :* feu allumé dans un camp de scouts, etc., et autour duquel on se réunit pour chanter, jouer des saynètes. **3** Source de chaleur utilisée dans la transformation des aliments, etc. *La soupe est sur le feu.* ⇒ **cuire.** ➛ *À, AU FEU. Cuire à feu doux, à feu vif.* ➛ *COUP DE FEU :* action vive du feu ; fig. moment de presse où l'on doit déployer une grande activité. ♦ Foyer d'une cuisinière, d'un réchaud. *Cuisinière à quatre feux.* ⇒ **foyer. 4** loc. *N'avoir ni feu ni lieu,* ni foyer ni domicile fixe. « *On est sans feu ni lieu. Sans foi ni loi. On passe* » (Sartre). **5** Foyer destructeur, allumé involontairement ou criminellement. ⇒ **embrasement, incendie.** *Le feu gagne, se propage. Maison, forêt en feu.* ➛ *Il y a le feu à la maison.* loc. *(Il n')y a pas le feu :* rien ne presse. (Suisse) *Il n'y a pas le feu au lac.* ➛ fam. *Avoir le feu au derrière (au cul, quelque part) :* être très pressé, filer très vite. *Avoir le feu au cul :* avoir des besoins sexuels impérieux (surtout d'une femme). « *Le feu au cul comme elle avait, ça lui était difficile de trouver assez d'amour* » (Céline). ➛ *Mettre le feu à un bâtiment, une voiture, une plantation.* ⇒ **incendier.** *Défense, protection contre le feu.* ⇒ ① **pompier ; bombardier** (d'eau), **canadair ; antifeu.** *Les soldats du feu :* les pompiers. *Éteindre un feu. Crier au feu,* pour alerter, appeler au secours. *Au feu !* ➛ loc. *Faire la part du feu :* se résigner à perdre ce qui ne peut plus être sauvé pour préserver le reste. « *ils sont prêts à faire la part du feu, à perdre quelque chose pour sauver le reste* » (Simenon). ➛ *FEU DE CHEMINÉE :* embrasement de la suie accumulée dans la cheminée. ➛ *FEU DE BROUSSE :* incendie dans la végétation de la brousse africaine. **6** Supplice du bûcher. ➛ fig. *Le chagrin le fait mourir à petit feu,* lentement et cruellement. **7** Ce qui sert à allumer le tabac. *Avez-vous du feu ?* ⇒ **allumette,** ① **briquet. II - 1** *COUP DE FEU.* ⇒ **décharge, détonation** (d'une matière fulminante dans une arme). *Entendre des coups de feu.* ➛ *ARME À FEU :* ⇒ **fusil, mitraillette, pistolet, revolver.** ➛ *MISE À FEU* (d'une fusée, d'un engin spatial) : lancement des moteurs. ♦ *Faire long feu :* ne pas atteindre son but. ⇒ **échouer.** *Cette farce a fait long feu,* elle ne produit plus son effet, elle ne prend plus. ➛ *Ne pas faire long feu :* ne pas durer longtemps. **2** Tir d'armes à feu ; combat où l'on tire. ⇒ **tir.** *Ouvrir le feu sur un objectif. Faire feu. Feu !* commandement militaire. *Être sous le feu de l'ennemi.* ➛ *Se trouver, être entre deux feux :* fig. être pris entre deux dangers. **3** Combat, guerre. *Halte au feu ! Une troupe* « *qui sait mourir au feu* » (Mac Orlan). **4** *FEU D'ARTIFICE.* ⇒ **artifice.** ➛ *Feu de Bengale :* composition chimique qui en s'enflammant produit une lueur colorée ; cette lueur. **5** fam. Pistolet, revolver. *Il a sorti son feu.* **III - 1** Toute source de lumière (d'abord flamme d'un feu). *Feux des projecteurs.* loc. *PLEINS FEUX SUR* (qqn, qqch.) : le fait d'attirer l'attention, de faire l'actualité sur (qqn, qqch.). **2** Signal lumineux (aujourd'hui électrique) destiné à l'éclairage et au balisage des véhicules. *Naviguer tous feux éteints.* ➛ *Les feux d'un avion.* ➛ *Feux d'une automobile.* ⇒ **antibrouillard, code, lanterne, phare, veilleuse.** *Feu de position. Feux de détresse.* ⇒ **warning.** *Feux de croisement, de route.* ➛ *Feu rouge arrière d'une bicyclette* (⇒ aussi **cataphote).** ♦ Signal lumineux destiné à guider, à réglementer le déplacement des véhicules. ➛ *Feux de signalisation, feux tricolores,* réglementant la circulation routière. *Feu rouge :* passage interdit. *Feu orange,* qui annonce le feu rouge. *Feu vert :* voie libre. loc. *DONNER LE FEU VERT* (à qqch., à qqn) : autoriser (une action ; qqn à agir). **3** loc. *N'Y VOIR QUE DU FEU :* ne rien y voir (comme qqn qui est ébloui), n'y rien comprendre. *On a substitué l'objet et il n'y a vu que du feu.* **4** Éclat. *Les feux d'un diamant. Pierre qui jette mille feux.* ➛ *Le feu du regard.* **IV - 1** Sensation de chaleur intense, de brûlure. *Le feu lui monte au visage. Le feu du rasoir :* irritation, sensation de brûlure après s'être rasé. ♦ *EN FEU. Avoir les joues en feu,* très chaudes et rouges. **2** littér. Ardeur des sentiments, des passions. ⇒ **exaltation.** *Dans le feu de la colère.* ➛ *Tempérament de feu :* bouillant, enthousiaste, passionné. ➛ loc. fam. *ÊTRE TOUT FEU TOUT FLAMME,* passionné, enthousiaste et irréfléchi (dans une circonstance). ➛ *Parler avec feu.* ⇒ **chaleur, conviction.** ➛ *Dans le feu de l'action.* **3** vx ou littér. Passion amoureuse. ⇒ **amour, flamme.** *Le feu, les feux de l'amour, de la passion.*

❑ Magellan baptisa la Patagonie *Terre des Feux,* à cause des nombreux feux allumés sur la côte.

② **feu, feue** adj. – XIe ; lat. « qui a accompli son destin *(fatum)* » ▪ dr., littér. ou plaisant (avant le nom) Qui est mort depuis peu de temps. ⇒ **défunt.** *Feu Monsieur* X. *Feu Madame* Y. *Ma feue tante.*

❑ Attention à la place de cet adjectif ; entre le déterminant et le nom, il s'accorde. Invariable dans les autres cas. ♦ Ne se dit que de qqn que l'on a connu vivant.

feudataire n. – XVe ; lat. *feudum* « fief » ▪ Titulaire d'un fief. *Grands feudataires :* les principaux vassaux de la couronne. ✪ CONTR. Suzerain.

feudiste n. – XVIe ; lat. *feudum* « fief » ▪ didact. Spécialiste du droit féodal.

feuil n. m. – 1961 ; lat. *folia* ▪ Revêtement de très faible épaisseur. ⇒ **film, pellicule.** *Un feuil de vernis.* ✪ HOM. Feuille.

feuillage n. m. – XIVe **1** Ensemble des feuilles d'un arbre ou d'une plante de grande taille. *Feuillage du chêne, du houx. S'asseoir à l'ombre du feuillage.* ⇒ **feuillée, frondaison,** ① **ramée, ramure. 2** Rameaux coupés, couverts de feuilles. *Se faire un lit de feuillage.*

feuillaison n. f. – XVIIIe ▪ Renouvellement annuel des feuilles. ⇒ **foliation.** ✪ CONTR. Défoliation.

feuillant, antine n. – XVIIe ; du nom du monastère de *Feuillants* (Haute-Garonne) où fut fondée la congrégation en 1586 **1** Religieux, religieuse de l'ordre de Cîteaux, réformé par Jean de La Barrière. **2** n. m. pl. *Les Feuillants :* nom donné en 1791 aux modérés, ou constitutionnels, dont le club siégeait dans un ancien couvent de feuillants.

feuillard n. m. – XIVe **1** Branche flexible fendue en deux qui sert à faire des cerceaux de tonneaux. *Feuillard de châtaignier, de saule.* **2** Bande étroite de fer servant à consolider un emballage.

feuille n. f. – XIIe ; lat. *folium* **I** Partie des végétaux qui naît de la tige et quelquefois de la racine, et dont l'aspect est le plus souvent celui d'une lame mince de couleur verte. ⇒ **-phylle.** *Parties de la feuille.* ⇒ **gaine, limbe, pétiole.** *Feuilles caduques, persistantes.* ➛ *Feuille de marronnier, de rosier, de menthe, de nénuphar. Feuilles de chou, de salade. Feuille de tabac. Chute des feuilles. Feuilles mortes.* « *Les Feuilles d'automne* », poèmes de V. Hugo. ♦ *Feuille de chêne :* laitue à feuilles très découpées. ♦ Se dit couramment des folioles *(trèfle à quatre feuilles),* des bractées qui ressemblent à des feuilles *(feuilles d'artichaut).* ♦ Représentation de certaines feuilles. *Chapiteau à feuilles d'acanthe.* **II - 1** Morceau de papier rectangulaire. *Endroit, envers* (⇒ **recto, verso),** *face d'une feuille de papier.* ⇒ ① **page.** *Feuille blanche. Écrire sur une feuille.* « *une feuille quadrillée, un papier de lettre* *anonyme* » (Cocteau). *Feuille de papier à lettres. Feuille volante.* ➛ *Bonnes feuilles,* premières feuilles du tirage définitif d'un livre, avant brochage ; extrait publié d'un livre à paraître. ♦ (papiers, documents, états) *Feuille d'impôt. Feuille de paye. Feuille de maladie* ou *feuille de soins :* imprimé rempli par le médecin et le patient, destiné à la Sécurité sociale. 2 Périodique (journal, hebdomadaire). « *la version de certaines "feuilles à sensations" serait on ne peut plus troublante* » (Green). 3 Plaque mince (d'une matière quelconque). *Feuille d'or.* 4 loc. fam. *Être dur de la feuille,* dur d'oreille, un peu sourd. ✪ HOM. Feuil.

❑ Les mots de la même famille étym. empruntés au latin ne prennent qu'un *l* (*folié, folique, foliole,* etc.). ♦ Les mots comme *follicule* n'ont aucun rapport avec *feuille.*

feuillée n. f. – XIIe 1 littér. Abri que forme le feuillage des arbres. *Danser sous la feuillée.* ⇒ ① **ramée.** 2 plur. Tranchée servant de latrines aux troupes en campagne.

feuille-morte adj. inv. – XVIe ▪ De la couleur des feuilles mortes, brun-roux assez clair.

feuiller v. intr. [1] – XIIe ▪ rare Se garnir de feuilles. *Arbre qui commence à feuiller.*

feuilleret n. m. – XVIIe ▪ Rabot pour faire des feuillures.

feuillet n. m. – XIIe 1 Feuille de papier utilisée sur ses deux faces. 2 Troisième poche de l'estomac des ruminants. 3 *Feuillets embryonnaires :* les trois lames cellulaires (ectoderme, mésoderme et endoderme) qui se développent après la segmentation et desquelles se différencient plus tard les divers tissus et organes.

feuilletage n. m. – XVIe ▪ Action de feuilleter la pâte ; aspect feuilleté d'une pâte.

feuilleté, ée adj. et n. m. – XVIe 1 Qui présente des feuilles, des lames superposées. « *un schiste tendre et feuilleté* » (Buff.). 2 *Pâte feuilletée :* pâte légère formée de fines feuilles superposées, obtenue par des pliures successives. 3 n. m. Pâtisserie feuilletée. *Un feuilleté aux amandes.*

feuilleter v. tr. [4] – XIIIe 1 Tourner les pages de (un livre, un cahier), en les regardant, en les lisant rapidement et un peu au hasard. « *il feuilleta un dossier, jeta un coup d'œil sur un tableau* » (Aymé). ⇒ **parcourir.** 2 Beurrer et plier (de la pâte) plusieurs fois, afin que cuite elle présente des feuilles.

feuilletis n. m. – XVIIIe ▪ Contour tranchant d'un diamant.

feuilleton n. m. – XVIIIe ; de *feuillet* 1 Partie réservée au bas d'un journal pour une rubrique régulière. ➛ Article de littérature, de sciences, de critique, qui paraît régulièrement dans un journal, généralement au bas d'une page. ⇒ **article,** ① **chronique, rubrique.** 2 Fragment, chapitre d'un roman qui paraît régulièrement dans un journal. ➛ Émission radiodiffusée ou télévisée dont l'histoire est fractionnée en épisodes généralement courts et de même durée. *Regarder tous les soirs le feuilleton à la télévision.* ♦ ROMAN-FEUILLETON *:* roman populaire qui paraît par fragments dans un journal. ➛ Histoire invraisemblable, très longue. *C'est du roman-feuilleton !*

feuilletonesque adj. – XIXe ▪ Qui a les caractéristiques du feuilleton.

feuilletoniste n. – XIXe ▪ Personne qui fait des feuilletons dans un journal ; qui écrit des romans-feuilletons.

feuillette n. f. – XIVe ; p.-ê. de *feuille* « planche » ▪ Tonneau dont la capacité varie de 114 à 140 litres.

feuillu, ue adj. – XIIe 1 Qui a beaucoup de feuilles. ⇒ **touffu.** 2 Qui porte des feuilles. *Arbres feuillus* (opposé à *résineux*). ➛ n. m. *Une forêt de feuillus.*

feuillure n. f. – XIVe ; de *feuiller,* var. de *fouiller* ▪ Entaille, rainure dans un panneau, pour y loger une autre pièce.

feulement n. m. – XIXe ▪ Cri du tigre ; bruit de gorge que fait entendre le chat en colère.

feuler v. intr. [1] – XIXe ; lat. *felis* « chat » ▪ Crier (tigre). ⇒ **rauquer.** ➛ Grogner (chat).

feutrage n. m. – XVIIIe ▪ Action de feutrer, de se feutrer.

feutre n. m. – XIe ; germ. *°filtir* 1 Étoffe obtenue en foulant et en agglutinant du poil ou de la laine. *Semelle de feutre.* 2 Chapeau de feutre. *Il* « *portait un feutre mou entouré d'un galon* » (Queneau). ♦ *Feutres d'un piano, d'une machine à écrire :* petites pièces de feutre servant à empêcher les vibrations. 3 Stylo à encre grasse muni d'une pointe en feutre ou en nylon. ⇒ **marqueur, stylo-feutre, surligneur.**

feutré, ée adj. – XIIe 1 Fait de feutre ou travaillé comme du feutre. *Étoffe feutrée.* ♦ Garni de feutre, ou de qqch. qui donne l'impression du feutre. 2 Qui a pris l'aspect du feutre. *Pull feutré.* 3 Étouffé, peu sonore. « *le bruit du coup de feu était feutré, comme amorti* » (P. Benoit). *Marcher à pas feutrés.* ⇒ **silencieux.**

feutrer v. tr. [1] – XIe 1 Mettre en feutre (du poil, de la laine). ♦ Garnir de feutre. *Feutrer une selle.* 2 Donner l'aspect du feutre à. ➛ pronom. *Se feutrer :* prendre l'aspect du feutre après lavage. ➛ intrans. *Un lainage qui feutre.*

feutrine n. f. – 1951 ▪ Épais tissu de laine feutré, souvent teint de couleurs vives.

fève n. f. – XIIe ; lat. *faba* 1 Plante *(légumineuses)* annuelle, dont on consomme les graines. 2 La graine de cette plante. *Fèves au lard.* ♦ Petite figurine que l'on met dans une galette des Rois. 3 *Fève (de cacao) :* graine de cacaoyer (contenue dans la cabosse).

❑ Au Québec, ce mot désigne également le haricot (*fèves vertes, rouges*).

féverole n. f. – XVIIe ; de *fève* ▪ Fève d'une variété à petit grain utilisée pour l'alimentation du bétail.

févier n. m. – XVIIIe ; de *fève* ▪ Arbre épineux *(césalpinées)* dont le fruit est une longue gousse renfermant des graines plates.

février n. m. – XIIe ; lat. *februarius* « mois de purification » ▪ Second mois de l'année, qui a vingt-huit jours (ou vingt-neuf les années bissextiles).

❑ Dans le calendrier révolutionnaire, ce mois était réparti entre *pluviôse* et *ventôse.*

fez [fɛz] n. m. – XVIIe ; de *Fez,* ville du Maroc ▪ Coiffure tronconique, de laine rouge ou blanche, ornée parfois d'un gland ou d'une mèche. ⇒ **chéchia.** « *un fez arrondi, de couleur rouge, et surmonté d'une petite queue* » (Mac Orlan).

F.F.I. [ɛfɛfi] n. m. inv. – 1944 ; sigle de *Forces françaises de l'intérieur* ▪ Membre des Forces françaises de l'intérieur, sous l'occupation allemande. ⇒ **résistant.**

fi interj. – XIIIe ; onomat., p.-ê. lat. *fimus* « fumier » 1 vx ou plaisant Interjection exprimant le dédain, le mépris, le dégoût. ⇒ **pouah.** « *Fi, le vilain qui est jaloux de sa femme !* » (Mol.). 2 *FAIRE FI DE* : dédaigner, mépriser. *Il a fait fi de mes conseils.* ✪ HOM. Phi.

fiabiliser v. tr. [1] – v. 1980 ▪ Rendre plus fiable.

fiabilité n. f. – XIIIe 1 Aptitude d'un système, d'un matériel, à fonctionner sans incidents pendant un temps donné. *Appareil de haute fiabilité.* 2 Caractère de ce qui est fiable. *La fiabilité d'une méthode.*

fiable adj. – XIIe ▪ Auquel on peut se fier. *Une méthode fiable. Ma mémoire n'est pas très fiable.* ⇒ **fidèle.** ➛ *Cette personne n'est pas fiable.* ⇒ **crédible, sérieux.**

fiacre n. m. – XVIIe ; de *saint Fiacre* ▪ Voiture à cheval qu'on louait à la course ou à l'heure.

❑ Une maison de la rue Saint-Antoine à Paris louant cette sorte de voiture portait une enseigne à l'effigie de saint *Fiacre.*

fiançailles n. f. pl. – XIIe ▪ Promesse solennelle de mariage, échangée entre futurs époux. *Bague de fiançailles.* ➛ Le temps qui s'écoule entre cette promesse et la célébration du mariage. *Durant leurs fiançailles.*

❑ Pour la liste des noms féminins pluriels en *-ailles* → semailles (rem.).

fiancé, ée n. – XIIe ▪ Personne engagée par une promesse solennelle de mariage. *Les deux fiancés.* ⇒ **futur, promis.** ♦ adj. *Jeunes gens fiancés.*

fiancer v. tr. [3] – XIIe ; a. fr. *fiance* « état de l'âme qui se fie ; engagement » ▪ Engager par une promesse de mariage. *Ils ont fiancé leur fille à, avec ce jeune homme.* ♦ pronom. *Ils se sont fiancés hier.*

fiasco n. m. – XIXe ; it. *far fiasco* « échouer » 1 Défaillance, échec d'ordre sexuel chez l'homme. 2 Échec complet et notoire. ⇒ fam. **bide.** *Cette pièce est un fiasco.* ⇒ **four.** *Des fiascos.* ✪ CONTR. Réussite.

❑ Emprunt introduit par Stendhal qui était sujet à ce type de défaillance.

fiasque n. f. – XVIe ; it. ▪ Bouteille à col long et à large panse garnie de paille, en usage en Italie. *Une fiasque de chianti.*

fibranne n. f. – 1941 ▪ Textile artificiel à fibres courtes associées par torsion.

fibre n. f. – XIVe ; lat. 1 Formation élémentaire, végétale ou animale, d'aspect filamenteux, se présentant généralement sous forme de faisceaux. *Fibre conjonctive, musculaire, nerveuse.* ♦ *Cette viande est pleine de fibres.* ⇒ **filandre.** ➛ plur. Résidus des aliments végétaux non transformés par la digestion (cellulose, pectine, mucilages). 2 *Fibre textile :* substance filamenteuse susceptible d'être filée et tissée. *Fibre synthétique* (dacron, nylon, polyamide, polyester, tergal, etc.). ♦ *Fibre de verre,* utilisée dans l'isolation thermique. ♦ *FIBRE OPTIQUE :* filament de verre de section circulaire, de très petit diamètre, conducteur de lumière par réflexion totale, utilisé dans la fabrication d'instruments d'optique, dans la transmission des images de télévision, etc. 3 Disposition à ressentir certaines émotions ; sensibilité particulière. *Avoir la fibre paternelle. Faire jouer la fibre patriotique.* ⇒ **corde, sentiment.**

fibreux, euse adj. – XVIe 1 Qui a des fibres. *Tumeur fibreuse.* ⇒ **fibrome.** 2 Dont les fibres sont apparentes ou sensibles. *Viande fibreuse,* qui présente des éléments allongés et durs (tendons, fibres musculaires...). ⇒ **filamenteux, tendineux.**

fibrillation [fibʀijasjɔ̃ ; fibʀi(l)lasjɔ̃] n. f. – 1907 ▪ Contractions rapides et désordonnées des fibres du muscle cardiaque.

fibrille [fibʀij ; fibʀil] n. f. – XVIIe ▪ Petite fibre. *Les fibrilles d'une racine.*

fibrine n. f. – XIXe ▪ Protéine filamenteuse, élastique et insoluble, formée par action de la thrombine sur le fibrinogène, et constituant le réseau du caillot sanguin au cours de la coagulation.

fibrinogène n. m. – XIXe ▪ Protéine du plasma sanguin qui se transforme en fibrine* sous l'action de la thrombine.

fibrinolyse n. f. – 1937 ▪ Digestion ou dissolution de la fibrine.

fibro- Élément, de *fibre.*

fibroblaste n. m. – XIXe ; *fibro-* et *-blaste* ▪ Cellule jeune, peu différenciée, précurseur du tissu conjonctif.

fibrociment n. m. – 1907 ; marque déposée ▪ Matériau de construction en amiante-ciment (fibres d'amiante et ciment).

fibroïne n. f. – XIXe ▪ Protéine insoluble dans l'eau, homogène et transparente constituant en partie la soie du cocon des insectes séricigènes (vers à soie, etc.).

fibromateux, euse adj. – 1925 ▪ Relatif au fibrome, à la fibromatose. *Utérus fibromateux.*

fibromatose n. f. – 1929 ▪ Développement de tumeurs fibreuses, de fibromes.

fibrome n. m. – XIXe ▪ Tumeur bénigne formée par du tissu fibreux.

fibromyome n. m. – XIXe ▪ Tumeur bénigne constituée de tissu musculaire et de tissu fibreux.

fibroscope n. m. – v. 1970 ; *fibro-* et *-scope* ▪ Endoscope souple, réalisé à partir de fibres optiques, permettant l'exploration de cavités profondes de l'organisme.

fibroscopie n. f. – v. 1970 ; *fibro-* et *-scopie* ▪ Exploration d'un organe au fibroscope. *Fibroscopie gastro-intestinale.*

fibrose n. f. – XIXe ▪ Transformation fibreuse d'un tissu.

fibule n. f. – XVIe ; lat. ▪ Broche antique pour retenir les extrémités d'un vêtement.

ficaire n. f. – XVIIIe ; lat. *ficus* « verrue » ▪ Petite plante de printemps, à fleurs jaunes *(renonculacées).*

❑ Ses racines évoquent des verrues.

ficelage n. m. – XVIIIe ▪ Action de ficeler ; son résultat.

ficelé, ée adj. – XVIIe 1 Qu'on a ficelé. *Paquet ficelé.* 2 fam. *Mal ficelé :* mal habillé. ⇒ **fagoté.** 3 fam. (d'un projet, d'une œuvre) *Bien, mal ficelé :* bien, mal conçu, construit. *Scénario, roman bien ficelé.*

ficeler v. tr. [4] – XVIIe ▪ Attacher, lier avec de la ficelle. *Ficeler un paquet.*

ficelle n. f. – XIVe ; lat. *funis* « corde », avec infl. de *fil* **I - 1** Corde mince. *Pelote de ficelle. Lier, attacher avec des ficelles.* « *je coupe les ficelles la plupart du temps au lieu de dénouer les nœuds* » (Colette). ➛ loc. *Tirer sur la ficelle :* exagérer, aller trop loin (dans la recherche d'un avantage, etc.). 2 Fil servant à faire mouvoir les marionnettes. ➛ *Celui qui tire les ficelles :* celui qu'on ne voit pas et qui fait agir les autres. ♦ Artifice caché. *Il connaît bien les ficelles du métier,* les procédés cachés. ⇒ ① **truc. II** Pain de fantaisie, très mince, de poids équivalant à celui d'une demi-baguette.

fichage n. m. – 1930 ▪ Action de mettre dans un fichier ; de faire des fiches concernant des personnes.

fichant, ante adj. – XVIIe ▪ *Tir fichant,* qui frappe l'obstacle presque à angle droit.

① **fiche** n. f. – XIIe 1 Cheville, tige de bois ou de métal destinée à être fichée, enfoncée. ➛ *Fiches d'alimentation :* fiches métalliques qu'on enfonce dans les douilles d'une prise de courant. ⇒ **broche.** *Fiche mâle.* ⇒ **jack.** « *Le téléphoniste plantait ses fiches dans le standard* » (St-Exup.). 2 Carte ou feuille cartonnée sur laquelle on écrit des renseignements en vue d'un classement. *Remplir, trier des fiches. Fiches perforées, mécanographiques.* ⇒ **carte.** ♦ Feuille de papier comportant des renseignements concis. *Fiche d'état civil.*

② **fiche** → ① **ficher** (II)

① **ficher** v. tr. [1] ; aux sens du II, conjug. irrég. : inf. et p. p. comme *foutre,* autres formes comme *ficher* – XIIe ; lat. *figere* « attacher, fixer » **I** surtout au p. p. Faire pénétrer et fixer par la pointe. ⇒ **planter.** *Il a « fiché une fausse perle dans sa cravate »* (Queneau). **II** (par infl. de *foutre,* inf. cour. FICHE) fam. **1** loc. *Envoyer qqn se faire fiche,* l'envoyer promener, paître. ⇒ ① **foutre.** *Va te faire fiche.* **2** (Dans tous les emplois qui suivent, *fiche* peut être remplacé par *foutre,* plus mod.) Faire. *Qu'est-ce que tu fiches ici ? Il ne fiche rien. Je n'en ai rien à fiche :* ça ne m'intéresse pas, ça m'est égal. ⇒ **cirer.** ♦ Donner. *Fiche des coups.* ⇒ ② **flanquer.** *Ça lui a fichu un coup :* il a été très touché, ému. *Ça me fiche la trouille, le cafard. Fiche-moi la paix !* laisse-moi tranquille. ➛ pronom. *Se fiche dedans :* se tromper. « *Je le reconnais : je me suis trompé, fichu dedans, fourré le doigt dans l'œil, tout ce que vous voudrez* » (Cl. Simon). ♦ Mettre. *Je l'ai fichu aux ordures. Elle en a fichu partout.* ➛ pronom. *Elle s'est fichue par terre.* ⇒ ① **tomber.** *Cela fiche par terre tous mes plans.* ⇒ **bouleverser.** ➛ « *fichez-moi à la porte si je vous embête* » (Queneau). *Ça l'a fichu en colère.* **3** SE FICHE DE qqn, qqch. : se moquer de, ne pas prendre au sérieux. *Elle se fiche de ce qui peut arriver. Elle s'est fichue de moi.* ➛ *Je m'en fiche :* ça m'est égal. ⇒ ① **foutre.** « *Vous vous fichez pas mal de son bonheur* » (Colette). *Je me fiche d'être là ou ailleurs. Elle se fiche pas mal qu'on parte.*

❑ L'infinitif *fiche* ne peut être classé dans aucune des catégories de désinences verbales *(-er, -ir, -oir, -re).* → se contrefiche (rem.).

② **ficher** v. tr. [1] – 1934 ▪ Établir au nom de (qqn) une fiche portant des informations personnelles. « *ils ont peur d'être fichés par la police* » (Le Clézio).

fichier n. m. – 1922 **1** Collection de fiches. *Méthode de classement d'un fichier.* ♦ En informatique, Ensemble structuré d'informations numériques mémorisées sur un support physique. **2** Meuble, boîte, classeur contenant des fiches.

fichtre interj. – XIXe ; crois. entre ① *ficher* et *foutre* ▪ fam., vieilli Exprime l'étonnement, l'admiration, la contrariété. ⇒ **bigre,** ② **foutre.** « *Ah ! fichtre ! elle est bigrement bien !* » (Zola).

fichtrement adv. – XIXe ▪ fam. et vieilli Extrêmement. *Ce petit vin est fichtrement bon !*

① **fichu** n. m. – XVIIe ; probablt de ② *fichu* « mis à la hâte » ▪ Pièce d'étoffe dont les femmes se couvrent la tête, la gorge et les épaules. ⇒ **carré, châle, mantille, pointe.**

② **fichu, ue** adj. – XVIIe ; de ① *ficher,* d'apr. *foutu* ▪ fam. **1** Détestable, mauvais. ⇒ **sale.** *Il a un fichu caractère. Fichu métier !* **2** Dans une fâcheuse situation, un mauvais état. *Mon costume est fichu. Tout est fichu, il n'y a plus d'espoir.* **3** BIEN FICHU : bien bâti, bien fait. *Une femme bien fichue.* ➛ MAL FICHU : un peu malade, souffrant ; contrefait, difforme. **4** Capable de. ⇒ **foutu** (de). *Elle n'est pas fichue de s'en souvenir.*

fictif, ive adj. – XVIIe **1** Créé par l'imagination. *Des personnages fictifs.* ⇒ **imaginaire.** ➛ n. m. *Mêler le réel au fictif.* **2** Qui n'existe qu'en apparence. ⇒ ① **faux, feint.** *Promesses fictives.* **3** Qui n'a de valeur qu'en vertu d'une convention, d'une fiction. ⇒ **conventionnel.** *Valeur fictive de la monnaie fiduciaire.* ✪ CONTR. Réel.

fiction n. f. – XIIIe ; lat. *fingere* « feindre » ▪ Construction de l'imagination. *Tout cela n'est qu'une pure fiction.* « *La vérité est, quoi qu'on dise, supérieure à toutes les fictions* » (Renan). ♦ Création de l'imagination, en littérature. *Livre de fiction* (conte, roman). ♦ (En valeur d'adj., sur le modèle de *science-fiction*) *Politique-fiction.* ✪ CONTR. Réalité.

fictionnel, elle adj. – 1967 ▪ Qui relève de la fiction.

fictivement adv. – XVe ▪ D'une manière fictive.

ficus [fikys] n. m. – XIXe ; mot lat. « figuier » ▪ Plante d'appartement *(ulmacées)* se présentant en Inde comme un arbre de grande taille que l'on cultive pour son latex.

fidéicommis n. m. – XIIIe ; lat. « ce qui est confié à la bonne foi » ▪ Disposition (don, legs) par laquelle une personne gratifie une autre personne d'un bien, pour qu'elle le remette, à sa mort, à un tiers.

fidéisme n. m. – XIXe ; lat. *fides* « foi » ▪ Doctrine catholique selon laquelle la vérité absolue est fondée sur la révélation, sur la foi.

fidèle adj. et n. – Xe ; lat. *fides* « foi » **I** adj. **1** *FIDÈLE (À QQN) :* qui ne manque pas aux engagements pris (envers qqn). « *Je resterai fidèle au compagnon de mes mauvais jours* » (Chateaub.). **2** Dont les affections, les sentiments (envers qqn) ne changent pas. *Ami fidèle. Chien fidèle.* ➛ *Nous informons notre fidèle clientèle.* ♦ Qui n'a de relations amoureuses qu'avec celui (celle) envers qui il (elle) est engagé(e). *Elle est fidèle à son mari.* **3** *FIDÈLE À (QQCH.) :* qui ne manque pas à, ne trahit pas. *Être fidèle à ses engagements, à sa parole.* ⇒ **observer, tenir.** « *trahir la société pour rester fidèle à sa conscience* » (Hugo). ➛ loc. *FIDÈLE AU POSTE :* qui ne bouge pas de là où il est. ⇒ **constant, solide.** ♦ *Rester fidèle à soi-même :* ne pas changer ; garder ses qualités. **4** Conforme à la vérité. ⇒ **correct, exact.** *Témoignage fidèle. Traduction fidèle,* proche du texte original. ➛ *Fidèle à :* qui imite, respecte (un modèle). *Le film est fidèle au roman.* ➛ *Souvenir fidèle,* exact et durable. ➛ *Mémoire fidèle,* qui retient avec exactitude. **5** Dont les résultats ne sont pas altérés au cours du temps lors de mesures répétées. *Instrument de mesure fidèle.* **II** n. **1** Partisan fidèle. « *une petite cour de fidèles l'entourait et ponctuait ses phrases de rires enchantés* » (Tournier). ➛ Personne qui fréquente assidûment. ⇒ **habitué. 2** Personne unie à une Église, à une religion par la foi. ⇒ **croyant.** *Les fidèles* (de l'Église catholique). ✪ CONTR. Infidèle. Déloyal, traître ; adultère, inconstant. ① Faux, inexact. — Incroyant.

fidèlement adv. – XVIe ▪ D'une manière fidèle. *Recopier fidèlement un texte.*

fidéliser v. tr. [1] – v. 1970 ▪ Rendre fidèle (un client), rendre (le consommateur) attaché à un produit.

fidélité n. f. – XIIIe **1** Qualité d'une personne fidèle (à qqn). ⇒ **dévouement, loyalisme.** *Fidélité à, envers qqn. Jurer fidélité.* **2** Constance dans les affections, les sentiments. *La fidélité d'un ami. Fidélité du chien.* ♦ Le fait d'être fidèle en amour. *Les époux se doivent fidélité.* **3** *Fidélité à* (qqch.) : le fait de ne pas manquer à, de ne pas trahir. « *En 1792, la fidélité au serment passait encore pour un devoir* » (Chateaub.). ➛ *Fidélité à un produit.* **4** Conformité à la vérité. ⇒ **exactitude.** *Fidélité d'une traduction. Fidélité d'un récit.* ⇒ **objectivité. 5** Qualité de ce qui est fidèle* (5°). *Fidélité d'un instrument de mesure.* ⇒ **fiabilité.** ♦ Restitution sans altération du son ou de l'image dans un appareil de radio, de télévision, une chaîne stéréo (surtout dans l'expr. *haute-fidélité*). ➛ adj. *Une chaîne haute-fidélité.* ⇒ **hi-fi.** ✪ CONTR. Déloyauté, trahison ; inconstance, infidélité. Erreur, inexactitude.

fiduciaire adj. et n. – XVIe ; lat. *fiducia* « confiance » 1 *Héritier fiduciaire*, chargé d'un fidéicommis. 2 Se dit de valeurs fondées sur la confiance accordée à la personne qui les émet. *Monnaie fiduciaire* : monnaie de papier, pièces de bronze, aluminium, etc. ♦ *Société fiduciaire*, ou n. f. *une fiduciaire* : établissement s'occupant de l'organisation commerciale, comptable, administrative et fiscale pour le compte de sociétés privées.

fief n. m. – XIe ; lat. *feodum* 1 Au Moyen Âge, Domaine concédé à titre de tenure noble par le seigneur à son vassal, à charge de certains services. 2 Domaine où qqn est maître, exerce une influence prépondérante. « *le fief qu'il s'est conquis à la force du poignet* » (Fargue). *Fief électoral*, où l'on est toujours réélu.

fieffé, ée adj. – XIIe ; a. fr. *fieffer* « pourvoir d'un *fief* » ▪ Qui possède au plus haut degré un défaut, un vice. *Un fieffé menteur*. ⇒ ① **sacré.**

fiel n. m. – XIIe ; lat. *fel* « bile, fiel » 1 Bile des animaux de boucherie, de la volaille. *Fiel de bœuf*. 2 Amertume qui s'accompagne de mauvaise humeur, de méchanceté. ⇒ **acrimonie, aigreur, animosité, haine.** « *un regard plein de fiel, de haine et de défi* » (Balz.).

fielleux, euse adj. – XVe ▪ Plein de fiel. ⇒ **haineux, méchant.** *Paroles fielleuses.*

fiente [fjɑ̃t] n. f. – XIIe ; lat. *fimus* « fumier » ▪ Excrément mou ou liquide d'oiseau et de quelques animaux. *Fiente de pigeon.*

fienter [fjɑ̃te] v. intr. [1] – XIVe ▪ Faire de la fiente. *Les pigeons fientent sur les statues.*

fier (se) v. pron. [7] – XIe ; lat. *fidus* « fidèle » ▪ Accorder sa confiance (à qqn ou à qqch.). *Je me fie entièrement à vous.* ⇒ **abandonner** (s'), **remettre** (s'en). « *Les usuriers ne se fient à personne, ils veulent des garanties* » (Balz.). *On ne sait plus à qui se fier. Se fier aux apparences. Je me fie à votre jugement.* ➛ *Ne vous y fiez pas* : méfiez-vous. ✪ CONTR. Défier (se), méfier (se), suspecter. – HOM. *Fie* : fis (① faire).

fier, fière [fjɛʀ] adj. – XIe ; lat. *ferus* « sauvage » 1 vieilli Qui, par son attitude hautaine, ses manières distantes, montre qu'il se croit supérieur aux autres. ⇒ **arrogant, hautain.** « *Un homme fier et superbe n'écoute pas celui qui l'aborde* » (La Bruy.). ♦ mod. plaisant « *Tu es bien fière, que tu passes sans dire bonjour aux amis* » (Zola). loc. *Être fier comme Artaban, comme un coq, comme un paon, comme un pou**, très fier, prétentieux. ➛ pop. *Il n'est pas fier* : il est familier (avec les gens simples). ♦ subst. *Faire le fier* : être prétentieux, suffisant, se donner des grands airs. *Elle fait la fière.* 2 littér. Qui a un vif sentiment de sa dignité, de son honneur. ⇒ **digne, noble.** *Il est trop fier pour accepter votre argent.* 3 FIER DE (qqn, qqch.) : qui a de la joie, de la satisfaction de. ⇒ **content, heureux, satisfait.** « *un bon colosse, fier de sa taille et de ses épaules* » (Maupass.). « *Il est fier de participer aux tractations secrètes* » (Romains). *Je l'ai fait et j'en suis fier. Je suis fier que tu aies réussi.* ➛ iron. *Il n'y a pas de quoi être fier.* ⇒ se **vanter** ; fam. **pavoiser.** 4 (avant le nom) ⇒ **fameux, fieffé.** *Il a un fier culot !* ⇒ fam. ① **sacré.** ✪ CONTR. Affable. Familier, humble, modeste, simple. Indigne, veule. Honteux.

> ❑ *Fier* est le doublet de *féroce*. → féroce (rem.).

-fier Groupe suffixal, du lat. *-ficare*, de *facere* « faire », servant à former des verbes, et signifiant « rendre, transformer en ».

fier-à-bras n. m. – XIVe ; du nom propre d'un géant sarrasin des chansons de geste, p.-ê. de *fera bracchia* « bras redoutables », d'apr. *fier* ▪ vieilli Fanfaron. ⇒ **matamore.** *Des fiers-à-bras.*

fièrement adv. – XIe ▪ D'une manière courageuse et digne. « *Je portais ma pauvreté fièrement* » (Balz.). ⇒ **dignement.**

fiérot, ote adj. et n. – XVIe 1 Prétentieux, fat d'une manière puérile. 2 Fier de qqch. d'une manière enfantine. *Il est tout fiérot de son succès.*

fierté n. f. – XIe 1 vieilli Attitude arrogante. ⇒ **arrogance,** ① **morgue, suffisance.** « *Sa fierté l'abandonne, il tremble, il cède, il fuit* » (Boil.). 2 littér. Sentiment élevé de la dignité, de l'honneur. ⇒ **amour-propre, orgueil.** loc. *On a sa fierté !* on n'accepte pas les choses humiliantes. 3 Le fait d'être fier de qqch., de s'enorgueillir. ⇒ **contentement, satisfaction.** *Il en tire une fierté légitime. Annoncer qqch. avec fierté.* « *il se défendait mal de la fierté d'être Normalien* » (Romains). ➛ Ce qui fait concevoir de la fierté. *Son jardin fait sa fierté.* ✪ CONTR. Humilité. Modestie, simplicité. Honte.

fiesta n. f. – 1964 ; mot esp. « fête » ▪ fam. Partie de plaisir, fête*. *Faire la fiesta.* « *les escapades, puis les séjours de fiesta de plus en plus prolongés à Paris* » (Tournier).

fièvre n. f. – XIIe ; lat. *febris* 1 Élévation anormale de la température du corps (en médecine, supérieure à 38 °C ⇒ **hyperthermie**). *Avoir de la fièvre, un accès, une poussée de fièvre.* ⇒ **température.** « *Il passait son temps à trembler, claquant des dents, disant qu'il avait la fièvre* » (Hugo). *Une grosse, une forte fièvre.* loc. fam. *Une fièvre de cheval*, très forte. *Médicaments pour faire baisser, tomber la fièvre.* ⇒ **antipyrétique, fébrifuge.** ➛ fam. *Bouton de fièvre* : vésicule d'herpès sur la lèvre. 2 Maladie fébrile. ⇒ **pyrexie.** *Fièvre jaune* : maladie infectieuse virale des régions tropicales. ⇒ **vomito negro.** *Fièvre quarte*, forme de paludisme. 3 Vive agitation, état passionné. ⇒ **excitation, fébrilité.** *La fièvre du départ.*

fiévreusement adv. – XIXe ▪ D'une manière fiévreuse. « *j'attendais fiévreusement la rentrée des classes* » (Beauv.). ⇒ **fébrilement.**

fiévreux, euse adj. – XIIe 1 Qui a ou dénote la fièvre. *Des mains fiévreuses.* ⇒ **chaud.** *Se sentir fiévreux.* 2 Qui a qqch. d'intense, de hâtif. *Activité fiévreuse.* ⇒ **fébrile, frénétique.** ♦ Qui est dans l'agitation de l'inquiétude. *Attente fiévreuse.* ⇒ **inquiet.** ✪ CONTR. ② Calme.

> ❑ *Fiévreux* et *fébrile* viennent du même étymon (doublets), le second étant savant et emprunté au latin.

fifre n. m. – XVIe ; all. *Pfeifer* « joueur de fifre *(Pfeife)* » 1 Petite flûte traversière en bois au son aigu. *Une* « *marche belliqueuse jouée par un fifre et un tambourin* » (Loti). 2 Joueur de fifre. « *Le Fifre* », *tableau de Manet.*

fifrelin n. m. – XIXe ; all. *Pfifferling* « girolle » ▪ vx (ou loc.) Petite chose, menue monnaie sans valeur. *Cela ne vaut pas un fifrelin.*

fifty-fifty loc. adv. – 1928 ; angl. « cinquante (pour cent)-cinquante (pour cent) » ▪ fam. Moitié*-moitié. *Partager fifty-fifty.*

figement n. m. – XVIe ▪ rare Action de (se) figer ; état de ce qui est figé.

figer v. tr. [3] – XIIe ; lat. « prendre l'aspect du foie *(ficatus)* » 1 Coaguler (le sang). pronom. « *Le soleil s'est noyé dans son sang qui se fige* » (Baud.). ➛ fig. *Cris d'effroi qui me figent le sang* (sous l'effet de la terreur). ⇒ **glacer.** 2 Épaissir, solidifier (un liquide gras) par le froid. *Le froid fige l'huile.* ➛ *Sauce refroidie et figée.* 3 Rendre immobile, fixer dans une certaine attitude, un certain état. *La surprise le figea sur place.* ⇒ **immobiliser, paralyser.** ➛ pronom. « *le sourire de connivence qu'il apprêtait se figea sur ses lèvres* » (Mart. du G.). ➛ *Attitude figée.* ⇒ **hiératique, immobile.** ➛ *Expression, locution figée*, dont on ne peut changer aucun des termes. ✪ CONTR. Dégeler, fondre. Animer (s'). Évoluer. Mobile, ② vivant.

fignolage n. m. – XIXe ▪ Action de fignoler. ✪ CONTR. Bâclage.

fignoler v. tr. [1] – XVIIIe ; de *fin* et suff. obsc. ▪ fam. Exécuter avec un soin minutieux jusque dans les détails. ⇒ **parfaire,** fam. **peaufiner, soigner.** *Ce n'est pas la peine de fignoler.* ⇒ **raffiner.** – *Travail fignolé.* ⇒ **léché.** ✪ CONTR. Bâcler.

figue n. f. – XIIe ; lat. *ficus* 1 Fruit charnu et comestible du figuier. *Figues blanches, vertes, violettes. Figues fraîches, sèches.* 2 *FIGUE DE BARBARIE :* fruit de l'oponce. « *Il y a des figues de Barbarie sur ces cactus en Algérie* » (Apoll.). 3 *MI-FIGUE, MI-RAISIN :* qui présente une ambiguïté, par un mélange de satisfaction et de mécontentement, ou de sérieux et de plaisant. *Il m'a fait un accueil mi-figue, mi-raisin.* ⇒ **mitigé.**

❑ N'est pas un fruit au sens botanique, mais un réceptacle charnu qui porte les fruits (comme la fraise). → ① fraise (rem.).

figuier n. m. – XIIe 1 Arbre ou arbrisseau méditerranéen *(moracées),* à feuilles lobées, qui donne les figues. ♦ Grand arbre exotique (de la même famille). ⇒ **banian.** 2 *FIGUIER DE BARBARIE :* oponce.

figuline n. f. – XVIe ; lat. ▪ Ancien vase en terre cuite.

figurant, ante n. – XVIIe 1 Personnage de théâtre, de cinéma, au rôle secondaire et généralement muet ; dans un ballet, Rôle non dansé. ⇒ **comparse.** 2 Personne dont le rôle est effacé ou simplement décoratif dans une réunion, une société. ⇒ **potiche.** *Nation réduite au rôle de figurant dans une conférence internationale.*

figuratif, ive adj. – XIIIe ▪ *Art figuratif,* qui s'attache à la représentation de l'objet (opposé à *art abstrait,* ou *non-figuratif*). ♦ n. m. Artiste dont l'œuvre est figurative. *Les figuratifs et les abstraits.* – *Le figuratif :* l'art, le genre figuratif.

figuration n. f. – XIVe I Fait de rendre sensible à la vue par des moyens graphiques, picturaux, plastiques, etc. *La figuration des êtres et des choses.* – *La figuration des montagnes par des hachures sur une carte.* ♦ Peinture figurative. *La nouvelle figuration :* courant d'art figuratif moderne. ⇒ **hyperréalisme, pop art.** *La figuration libre.* II - 1 Rôle de figurant. – loc. *Faire de la figuration :* avoir un rôle de figurant dans un spectacle ; fig. faire acte de présence sans intervenir, dans une réunion. 2 Ensemble des figurants (d'un spectacle).

figure n. f. – Xe ; lat. « forme » I - 1 vx Forme extérieure, aspect d'un corps. – loc. *N'avoir plus figure humaine :* être si mal en point que la forme humaine n'est plus reconnaissable. 2 *FIGURE DE PROUE :* tête, buste (d'une personne, d'un animal) à la proue des anciens navires à voile. fig. Personne célèbre et influente. ♦ Dessin au trait, mis en rapport avec un texte écrit ou imprimé, et destiné à en faciliter la lecture, la compréhension. ⇒ **croquis, illustration, schéma.** *Voir figure page 4.* ♦ Représentation d'un personnage. ⇒ **effigie, portrait.** *La figure d'un tableau.* ♦ Carte à jouer représentant un personnage (roi, dame, cavalier, valet). 3 loc. *FAIRE BONNE, PIÈTRE, MAUVAISE FIGURE :* avoir une apparence (bonne, piètre, mauvaise). ♦ *FAIRE FIGURE DE :* avoir l'air de, paraître, passer pour (en bien ou en mal). « *les patrons, qui faisaient encore figure de potentats* » (Duham.). ♦ *PRENDRE FIGURE :* prendre forme. 4 Personnalité marquante. ⇒ **caractère, personnage.** « *une grande figure du passé attardée dans notre XXe siècle* » (Loti). 5 Représentation dans le plan ou dans l'espace euclidien des points, droites, courbes, surfaces ou volumes. Ces objets géométriques eux-mêmes. *Tracer, construire une figure.* – *CAS DE FIGURE :* fig. situation envisagée à titre d'hypothèse, parmi d'autres. *Dans ce cas de figure, il conviendrait de...* 6 Chemin décrit par les danseurs suivant certaines lignes déterminées. ♦ *Figures libres, imposées,* en patinage artistique. II - 1 Partie antérieure de la tête de l'homme. ⇒ **face, tête, visage ;** fam. ② **balle,** ② **bouille.** *Recevoir un coup en pleine figure.* ⇒ fam. ① **fraise, poire,** ① **pomme.** « *La figure était médiocre, gâtée par un trop gros nez* » (Huysm.). 2 Air, mine. *Il fait une drôle de figure.* ⇒ fam. **trombine.** *Sa figure s'allongea.* III Expression, tournure imagée, ou atténuée, ou insistante de la pensée (métaphore, euphémisme, antiphrase, litote, etc.). *Figures de rhétorique, de style* ou *figures.* « *C'est là une expression tout usée, mais une figure admirable* » (Valéry).

❑ Pour l'emploi → visage (rem.).

figuré, ée adj. – XIe I - 1 Qui est représenté ou composé par une figure, un dessin. *Plan figuré d'une maison.* 2 Qui porte des représentations d'hommes, d'animaux. *Chapiteau figuré.* II - 1 *SENS FIGURÉ,* qui comporte le transfert sémantique d'une image concrète à des relations abstraites. subst. *Au propre et au figuré :* au sens propre et au sens figuré. 2 *Langage, style figuré,* riche en figures, en métaphores et en comparaisons. ⇒ **imagé.**

figurer v. [1] – XIe I v. tr. Représenter (une personne, une chose) sous une forme visible. ⇒ **dessiner, peindre, sculpter.** ♦ Représenter d'une manière sommaire ou conventionnelle. *Figurer des montagnes sur une carte par des hachures.* II v. intr. 1 Être figurant dans un spectacle (cf. Faire de la figuration*). 2 Apparaître, se trouver. *Son nom ne figure pas sur la liste. Figurer parmi les vainqueurs.* III *SE FIGURER* v. pron. Se représenter par la pensée, l'imagination. ⇒ s'**imaginer,** se **représenter.** « *vous êtes vraiment la personne que je m'étais figurée d'après vos livres* » (Ste-Beuve). *Elle s'est figuré que j'allais accepter. Tu te figures que... ?* ⇒ **croire.** *Je l'aime, figure-toi ! Tu ne peux pas te figurer comme il est bête.*

figurine n. f. – XVIe ; it. *figura* ▪ Statuette de petite dimension (bilboquet, magot, poupée, poussah). *Les tanagras, figurines de terre cuite découvertes à Tanagra.*

❑ *Figurine* peut s'employer sans pléonasme avec des adjectifs exprimant la petitesse : *Des figurines minuscules et une figurine centrale plus grande.*

figuriste n. – XVIIe ▪ Personne qui fait des personnages en plâtre. *Mouleur-figuriste* (opposé à *sculpteur ornemaniste*).

fil n. m. – XIIe ; lat. *filum* I - 1 Brin long et fin des matières textiles. Réunion des brins de ces matières tordus et filés. *Fil de lin, de chanvre, de coton, de laine, de soie, de nylon, de polyester. Chaussettes en fil d'Écosse.* ♦ *DROIT FIL :* le sens des fils (trame ou chaîne) d'un tissu (opposé à *biais*). *Une jupe droit fil.* loc. *Dans le droit fil de :* dans la ligne de pensée, l'orientation de. *Dans le droit fil de la politique gouvernementale.* ⇒ **conforme** (à), **orthodoxe.** ♦ Fil de lin. *Des draps de fil, pur fil.* 2 *FIL (À COUDRE) :* brins filés et tordus utilisés pour la couture. *Bobine de fil. Fil à bâtir.* « *elle tendit son aiguille à la lumière et approcha un fil* » (Chardonne). ♦ loc. *COUSU DE FIL BLANC :* trop apparent pour abuser quiconque. « *Cela n'avait pas le sens commun, c'était cousu de fil blanc* » (Renan). – *DE FIL EN AIGUILLE :* petit à petit, insensiblement. – *Mince comme un fil :* très mince. ⇒ **filiforme.** 3 Brin de matière textile, de fibre ou de toute matière souple, servant à tenir, attacher. *Fil de canne à pêche.* ⇒ **ligne.** – Fibre utilisée pour les sutures, les ligatures en chirurgie. *Fils qui se résorbent.* ⇒ **catgut.** « *l'odeur de l'éther, les fils qu'on enlève à une appendicite* » (Aragon). – *FIL À PLOMB :*

instrument formé d'une masse de plomb fixée à un fil, servant à donner la verticale. ♦ *Ne tenir qu'à un fil,* à très peu de chose, être fragile, précaire. *Sa vie ne tient plus qu'à un fil.* ➛ fam. *Avoir un fil à la patte :* être tenu par un engagement dont on voudrait bien se libérer. ♦ FIL D'ARIANE (de la pelote de fil qu'Ariane remit à Thésée pour lui permettre de ne pas s'égarer dans le Labyrinthe) ; FIL CONDUCTEUR ; FIL ROUGE : ce qu'on peut suivre pour se diriger. « *Le classement est le fil d'Ariane dans le dédale de la nature* » (Maurois). *Le fil conducteur d'une enquête.* **4** Morceau d'une matière qui s'étire en brins longs et minces. *Les fils du gruyère fondu.* **5** Limite d'arrivée d'une course à pied. *Être coiffé sur le fil.* **6** Matière métallique étirée en forme de long brin mince. *Fil de plomb, de cuivre, d'or. Câble en fil d'acier.* ♦ FIL DE FER : fil métallique (fer, acier). ♦ FIL À COUPER LE BEURRE : instrument formé d'un fil métallique portant à ses extrémités deux poignées, et qui sert à débiter les mottes de beurre. ➛ fam. *Il n'a pas inventé* le fil à couper le beurre.* **7** FIL (ÉLECTRIQUE) : conducteur électrique fait de fil métallique entouré d'une gaine isolante. ⇒ **câble.** *Fils télégraphiques, téléphoniques. Fil de terre. Fil d'antenne. Téléphone sans fil,* muni d'une batterie rechargeable. ♦ fam. Fil téléphonique ; téléphone. *Qui est au bout du fil ?* à l'appareil. COUP DE FIL. ⇒ **appel, communication.** *Recevoir des coups de fil.* **8** Matière produite et filée par l'organisme de quelques animaux. *Les fils du vers à soie.* Ce que l'araignée sécrète pour se mouvoir dans l'espace, faire sa toile, piéger ses proies. ➛ *Fils de la vierge :* fils de certaines araignées qui ne font pas de nid et que le vent emporte (par allusion poétique à des fils soyeux échappés du fuseau de la Vierge Marie). ⇒ vx **filandre. 9** Filament durci de certains légumes, de certains fruits. *Haricots verts sans fils.* **II** fig. **1** Sens dans lequel un cours d'eau coule. loc. *Au fil de l'eau.* ➛ AU FIL DE : tout au long de ; à mesure que le temps passe. *Au fil du temps, des ans.* **2** Cours, enchaînement. *Le fil des événements.* ⇒ **suite.** *Suivre le fil de ses idées. Perdre le fil :* ne plus savoir ce qu'on voulait dire. « *Il n'en pouvait suivre le fil* [de la conversation], *il la trouvait décousue* » (Radiguet). **III** Partie coupante d'une lame. ⇒ **tranchant.** loc. *Sur le fil du rasoir :* dans une situation instable et dangereuse. *Passer au fil de l'épée :* tuer par l'épée. ✪ HOM. File.

filable adj. – XVIIe ▪ Qui peut être filé. *Matières filables.*

fil-à-fil n. m. inv. – 1930 ▪ Tissu de laine ou de coton très solide, en fils de deux couleurs alternées. *Chemise en fil-à-fil.*

filage n. m. – XIIIe ▪ Transformation des fibres textiles en fil. ➛ Travail du fileur. ♦ Fabrication du fil métallique. ⇒ **extrusion.**

① **filaire** n. f. – XIXe ; lat. *filum* « fil » ▪ Ver long et fin *(nématodes),* parasite de divers vertébrés. *Parasitose due à une filaire.* ⇒ **filariose, onchocercose.** ✪ HOM. Fillér.

② **filaire** adj. – mil. XXe ; de *fil* ▪ Dont la transmission se fait par fil (opposé à *sans fil*). *Appareils filaires.* ✪ CONTR. Radiophonique.

filament n. m. – XVIe **1** Production organique longue et fine comme un fil. *Filaments de bave.* ♦ Structure en forme de fil. *Filament axile de la cellule nerveuse.* ⇒ **axone.** ♦ Filandre de la viande. **2** Fil conducteur extrêmement fin porté à incandescence dans les ampoules électriques.

filamenteux, euse adj. – XVIe ▪ Qui est constitué de filaments, qui est en forme de filament. ⇒ **fibreux, filandreux.**

filandière n. f. – XIIIe ; lat. *filanda* « ce qui est à filer » ▪ vx Femme qui file à la main. ➛ adj. *Les sœurs filandières :* les Parques. « *Vous qui filez nos jours, Ô Parques filandières* » (G. Nouveau).

filandre n. f. – XIVe ; lat. *filanda* « ce qui est à filer » **1** Fibre longue et coriace de certaines viandes, de certains légumes. **2** vx Fil* de la Vierge.

filandreux, euse adj. – XVIIe **1** Rempli de filandres. « *cette viande filandreuse, cette purée de pommes de terre cuites à l'eau la dégoûtaient* » (Green). **2** *Phrase filandreuse,* interminable, enchevêtrée, confuse. « *ces phrases filandreuses avec lesquelles on calme les irritations en gagnant du temps* » (Balz.). ✪ CONTR. Clair, concis, explicite.

filant, ante adj. – XIXe **1** Qui coule lentement sans se diviser et s'allonge en une sorte de fil continu. *Matière visqueuse et filante.* **2** *Pouls filant,* très faible. ✪ HOM. Philanthe.

filao n. m. – XIXe ; mot malgache ▪ Arbre des pays tropicaux *(casuarinales),* qui croît dans les régions humides et que l'on cultive pour son bois utilisé en menuiserie. ⇒ **casuarina.** « *Les longs filaos, secoués par le vent* » (Socé).

filariose n. f. – 1901 ; lat. *filaria* (→ ① filaire) et ② *-ose* ▪ Maladie due à la présence dans l'organisme de filaires, transmise à l'homme par l'intermédiaire des moustiques. ⇒ **éléphantiasis.**

> ❑ L'anglais a formé plus tôt les termes *filariasis* (1879) puis *filariosis* (1888).

filasse n. f. – XIIe **1** Matière textile végétale non encore filée. ⇒ **étoupe.** *Filasse de chanvre, de lin.* **2** *Cheveux blond filasse,* et adjt *cheveux filasse,* d'un blond fade et sans éclat.

filateur n. m. – XIXe ▪ Industriel dirigeant l'exploitation d'une filature.

filature n. f. – XVIIIe **I - 1** Ensemble des opérations industrielles qui transforment les matières textiles en fils à tisser. *Filature de la laine, du coton, de la soie.* **2** Usine où est fabriqué le fil. *Les filatures de Roubaix.* « *employés comme dévideurs de trame ou comme porteurs de bobines dans les filatures* » (Bernanos). **II** Action de filer, de suivre qqn pour le surveiller. *Prendre qqn en filature.*

fil de fer → **fil** (I, 6°)

fildeferiste n. – 1943 ▪ Équilibriste qui fait des exercices sur un fil métallique. *Des fildeféristes.*

file n. f. – XVe ; de *filer* **1** Suite (de personnes, de choses) dont les éléments sont placés un par un et l'un derrière l'autre (à la différence du rang*). « *Barca vit avancer un des miliciens, puis une dizaine, puis une longue file* » (Malraux). *File d'attente devant un guichet, à un guichet.* ⇒ **queue. 2** CHEF DE FILE : personne qui vient la première dans une hiérarchie, qui est à la tête d'un groupe, d'une entreprise. ⇒ **leader. 3** EN FILE ; À LA FILE : les uns derrière les autres, l'un derrière l'autre. *Marcher, se suivre à la file.* « *Les rues des villes chinoises sont faites pour un peuple habitué à marcher en file* » (Claudel). *Avancer en file indienne,* immédiatement l'un derrière l'autre comme faisaient les guerriers indiens. ♦ À LA FILE : successivement (cf. D'affilée, de suite). *Boire trois verres à la file.* ♦ EN DOUBLE FILE : le long de la file des voitures déjà stationnées sur un côté de la chaussée. *Stationner en double file.* **4** Partie (généralement délimitée) de la chaussée de la largeur d'une voiture. ⇒ **voie.** *Changer de file.*

filé n. m. – XIIIe **1** Fil employé pour le tissage. **2** Fil de métal (or, argent) très fin, entourant un fil de soie, de lin.

filer v. [1] – XIIe ; lat. *filum* « fil » **I** v. tr. **1** Transformer en fil (une matière textile). *Filer de la laine à la main avec une quenouille, un fuseau, un rouet. Filer selon des procédés industriels.* ⇒ **filature.** ♦ *L'araignée file sa* *toile.* ♦ Passer (un métal) à la filière. *Filer de l'or, de l'acier.* ➝ *Filer du verre,* l'étirer en fil. *Bibelots en verre filé.* 2 Dérouler de façon égale et continue. ➝ *Navire qui file trente nœuds,* qui a une vitesse de trente nœuds. ➝ *Filer un son,* le tenir sur une seule respiration ou un seul coup d'archet. ➝ *Filer une métaphore,* la développer longuement, progressivement. ➝ iron. *Filer le parfait amour :* se donner réciproquement des témoignages constants d'un amour partagé. 3 Marcher derrière (qqn), le suivre pour le surveiller, épier ses faits et gestes. *Policier qui file un suspect.* 4 fam. Donner. ⇒ **refiler.** *File-moi cent balles ! « il lui fila un rancart pour l'apéritif à la brasserie du Sphéroïde »* (Queneau). **II** v. intr. 1 (Prendre la forme d'un fil) Couler lentement sans que les gouttes se séparent. *Sirop qui file.* ➝ Former des fils (matière visqueuse). *Le gruyère fondu file.* 2 Se dérouler, se dévider. *Câble qui file.* ♦ *Une maille qui file,* dont la boucle de fil se défait, entraînant les mailles de la même rangée verticale. *Son collant a filé.* 3 Aller droit devant soi, en ligne droite ; aller vite. *Filer comme une flèche, comme un zèbre, à toutes jambes. « de longues ambulances blanches qui filaient à toute allure »* (Camus). 4 fam. S'en aller, se retirer. ⇒ **déguerpir,** ① **partir.** *« une heure moins le quart ! File et que je ne te revoie plus ! »* (Colette). 5 *« L'argent file entre mes doigts comme du sable »* (Bernanos). ⇒ **fondre.** *Cinq cents francs, ça file vite !*

① **filet** n. m. – XIe ; de *fil* **I** - 1 Fine ramification. *Filet nerveux.* ➝ Repli muqueux de certains organes. ⇒ **frein.** *Filet de la langue, du prépuce.* ♦ Partie mince et allongée de l'étamine qui porte l'anthère. 2 Petite moulure. ⇒ **listel.** *Filets d'un chapiteau.* 3 Trait fin, continu. *Texte entouré d'un filet.* 4 Saillie en hélice (d'une vis). ⇒ **filetage.** **II** Écoulement fin et continu. *Un filet de sang, de salive. « Un maigre filet d'eau coula du robinet »* (Hugo). ➝ *Un filet de vinaigre,* une très petite quantité. ♦ *Un filet de voix :* une voix très faible qui se fait à peine entendre. *« distillant son aigre filet de voix au diapason le plus haut »* (Daud.).

② **filet** n. m. – XIVe ; de *fil* 1 Morceau de l'aloyau, partie charnue et tendre qu'on lève le long de l'épine dorsale de quelques animaux. *Filet et faux-filet. Filet de bœuf, de porc. Filet de volaille.* ⇒ **aiguillette,** ② **blanc, magret.** ➝ *Filet mignon :* pointe du filet. 2 Morceau de chair levé de part et d'autre de l'arête d'un poisson. *Filets de sole.*

❑ En Belgique, on dit un *filet américain* pour un *steak tartare.*

③ **filet** n. m. – XIIIe ; de *filer* 1 Réseau à larges mailles servant à capturer des animaux. *Filets de pêche. Les mailles d'un filet. Jeter un filet. « Les jambes nues, les bras nus, les pêcheurs halent le grand filet »* (Genev.). ➝ *Filet à papillons.* ♦ loc. *Tendre ses filets :* tendre un piège. ➝ *Attirer qqn dans ses filets.* ⇒ **piéger, séduire.** ➝ *Coup de filet :* action de police, rapide, destinée à prendre des malfaiteurs sur le fait. *Réussir un beau coup de filet.* 2 Réseau de mailles pour envelopper, tenir, retenir. ➝ *Filet à cheveux,* pour maintenir les cheveux **(⇒ résille, réticule).** *« ses cheveux, tirés en arrière et pris dans un filet duquel ils s'échappaient par mèches »* (France). *Filet de pommes de terre, d'oignons.* ♦ FILET À PROVISIONS : sac en réseau de fils. *« Une femme de marinier attendait, l'air morne, un filet à provisions au bras »* (Simenon). ♦ *Filet de ping-pong, de tennis, de volley-ball,* qui sépare la table, le terrain de jeu en deux parties et au-dessus duquel la balle doit passer. MONTER AU FILET : jouer près du filet pour réceptionner la balle avant qu'elle ne rebondisse ; fig. s'engager seul, avant le groupe qu'on représente, dans une démarche délicate, difficile. ♦ Grand filet tendu par précaution sous des acrobates. loc. *Travailler sans filet :* prendre des risques.

filetage n. m. – XIXe ■ Action de fileter (des vis). ♦ Ensemble des filets d'une vis.

fileté n. m. – XIXe ; de ① *filet* ■ Tissu dont un fil de chaîne est plus gros et forme de fines rayures en relief. *Fileté de coton.*

fileter v. tr. [5] – XIIIe ; de ① *filet* ■ Faire un filet, une saillie en hélice sur (une pièce cylindrique ou conique). *Fileter une pièce pour faire une vis.* ➝ *Tige filetée.*

fileur, euse n. – XIIIe ■ Personne qui file une matière textile, à la main, à la machine. *« Les Fileuses », tableau de Vélasquez.*

filial, iale, iaux adj. – XIVe ; lat. *filius* « fils » ■ Qui émane d'un enfant à l'égard de ses parents (surtout positif). *Respect filial. « l'amour filial* [...] *qui est, comme disent si bien les bonnes gens, dans le sang »* (Verlaine).

filiale n. f. – XIXe ■ Société jouissant d'une personnalité juridique distincte (à la différence de la succursale) mais dirigée ou étroitement contrôlée par la société mère.

filialement adv. – XVe ■ D'une manière filiale.

filialiser v. tr. [1] – av. 1972 ■ Transférer à une ou plusieurs filiales tout ou partie de l'activité de (une entreprise).

filiation n. f. – XIIIe 1 Lien de parenté unissant l'enfant à son père ou à sa mère. ⇒ **agnat ; cognation, consanguinité.** *« Pantagruel est fils de Gargantua. On ne peut douter de cette filiation »* (France). *Filiation matrilinéaire, patrilinéaire.* 2 Lien de descendance directe entre ceux qui sont issus les uns des autres. ⇒ **lignée.** 3 Succession de choses issues les unes des autres. ⇒ **enchaînement.** *La filiation des idées.*

filière n. f. – XIIIe **I** - 1 Instrument, organe destiné à étirer ou à produire des fils. *Dégrossir un métal en le faisant passer par la filière.* ⇒ **étirer ; tréfilerie.** 2 Pièce servant à fileter* en vis. 3 Organe, orifice par lequel les araignées, les chenilles produisent leur fil. **II** - 1 Succession d'états à traverser, de degrés à franchir, de formalités à accomplir avant de parvenir à un résultat. *« Tu veux faire la bête à concours, suivre toute la filière »* (Aragon). 2 Enseignement spécifique en vue d'une orientation professionnelle précise. *Filière courte, longue.* 3 Succession d'intermédiaires, d'étapes par lesquels passe un trafic. ⇒ **réseau.** *Remonter la filière.* 4 Ensemble des activités productrices qui, de l'amont à l'aval, alimentent un marché final déterminé. *La filière bois.* 5 Technique utilisée pour produire de l'énergie électrique dans un réacteur nucléaire. *Filière américaine à l'uranium enrichi.* **III** Titre à ordre émis par le vendeur et par lequel le porteur est invité à prendre livraison de la marchandise à un terme et un prix fixés.

❑ *Filière* a signifié en ancien français « pelote de fil » (1228), puis « fil » (1352).

filiforme adj. – XVIIIe ■ Mince, fin et allongé comme un fil. *Pattes filiformes.* ♦ D'une extrême minceur. *« Sa croissance brusque de long garçonnet filiforme »* (Colette). ✪ CONTR. Gros.

filigrane n. m. – XVIIe ; it. « fil à grains » 1 Ouvrage fait de fils de métal (argent, or), de fils de verre, entrelacés et soudés. *« les brûle-parfum en filigrane d'or et d'argent »* (Gaut.). ♦ Fil de métal entourant la poignée d'une épée, d'un sabre. 2 Dessin imprimé dans la pâte du papier par un ensemble de fils entrelacés sur le châssis, et qui peut se voir par transparence. *Filigrane des billets de banque.* ➝ EN FILIGRANE : d'une façon implicite. *Idée qui apparaît en filigrane dans une œuvre.*

❑ *Filigrane* vient du latin *granum* « grain » car les filets du filigrane (ouvrage d'orfèvrerie) ont d'abord été ornés de grains.

filigraner v. tr. [1] – XIXe **1** Façonner en filigrane (1°). **2** *Papier filigrané,* qui présente un filigrane (2°).

filin n. m. – XVIIe ; de *fil* ▪ Cordage en chanvre. « *Des filins de couleur blonde, neufs aussi et sentant le goudron* » (Loti). ➛ Cordage (quelle que soit la matière).

filipendule n. f. – XVe ; lat. *filum* « fil » et *pendulus* « suspendu » ▪ Spirée.

fille n. f. – XIe ; lat. *filia* ▪ Enfant ou personne jeune du sexe féminin. **I** (Opposé à *fils*) **1** Personne de sexe féminin, considérée par rapport à son père et à sa mère ou à l'un des deux seulement. *Avoir deux filles et un fils. Fille aînée. Fille cadette. Leur plus jeune fille.* ⇒ **benjamin, dernier.** ➛ iron. *Elle est bien la fille de son père, de sa mère,* elle a les mêmes défauts, les mêmes qualités. ➛ *Fille légitime, naturelle. Fille adoptive.* « *Le devoir d'une fille est dans l'obéissance* » (Corn.). ♦ (en appellatif) fam. *Ma fille* (à une étrangère, méprisant). *Ma pauvre fille !* ♦ *Une fille du peuple, de la campagne, du pays,* considérée par rapport à ses origines. **2** littér. Descendante. *Une fille de rois. Les filles de France,* de la famille royale de France. ➛ par plais. *Fille d'Ève :* femme. **3** littér. Chose qui résulte d'une autre. ⇒ **enfant ;** ① **fruit.** *La jalousie, fille du soupçon.* **II** (Opposé à *garçon*) **1** Enfant ou jeune être humain du sexe féminin. *Garçons et filles. Elle a accouché d'une fille.* ♦ (Même sens que *fillette, petite fille* [cf. ci-dessous], avec une nuance plus fam.) *Vélo de fille. Rose, la couleur des filles, bleu, celle des garçons.* ♦ Jeune fille (cf. ci-dessous) ou jeune femme. ⇒ fam. **gonzesse, nana,** ② **nénette ;** péj. **greluche.** « *Boris n'aurait pas su aimer une fille de son âge* » (Sartre). ♦ (en appellatif ; au plur. seult) *Salut les filles !* ♦ (avec un qualificatif) *Une fille sympa. Une jolie fille. Un beau brin de fille. C'est une chic fille.* **2** PETITE FILLE : enfant du sexe féminin jusqu'au début de la puberté. ⇒ ① **fillette,** fam. **gamine,** péj. **pisseuse.** *Des jeux de petites filles. Les petites filles modèles.* ➛ (au sens I) *Une dame et ses deux petites filles.* **3** (équiv. moins fam. de *fille*) *JEUNE FILLE :* adolescente ou femme jeune non mariée. ⇒ **femme ; demoiselle.** *Une toute, une très jeune fille.* ⇒ fam. **môme.** *Une jeune fille nubile et vierge.* ⇒ fam. **pucelle.** « *À quoi rêvent les jeunes filles* », pièce de Musset. « *À l'ombre des jeunes filles en fleurs* », œuvre de Proust. *Nom de jeune fille d'une femme mariée. Des jeunes filles et des jeunes gens.* « *Ne fallait-il pas prémunir la jeune fille au moment de son entrée dans le monde, contre les dangers d'une éducation par trop conventionnelle ?* » (Romains). **4** vieilli ou rural Personne non mariée (opposé à *femme*). « *Elle ne supportait pas l'idée de mourir fille* » (Balz.). ➛ vieilli ou péj. *FILLE-MÈRE* (cf. mod. Mère célibataire*). ➛ *VIEILLE FILLE :* femme qui a atteint ou passé l'âge mûr sans se marier (péj., implique des idées étroites, une vie monotone). ⇒ **célibataire, demoiselle.** *Des habitudes de vieille fille.* « *Sèche, les yeux creusés par les veilles, c'était le type accompli de la vieille fille endurcie* » (Klossowski). **5** vieilli *Fille publique. Fille de joie.* ⇒ **prostituée. 6** Nom donné à certaines religieuses. *Filles du Calvaire.* **7** vieilli *FILLE DE... :* jeune fille ou femme employée à une fonction, un travail. *Fille d'auberge, de ferme.*

fillér [filɛʀ] n. m. – 1930 ; mot hongr. ▪ Monnaie hongroise. *Cent fillérs.* ⇒ **forint.** ✪ HOM. Filaire.

① **fillette** n. f. – XIIe ▪ Petite fille. *Fillette de onze ans.*

② **fillette** n. f. – XIVe ; altér. de *feuillette* « tonneau » ▪ région. Demi-bouteille, utilisée surtout pour les vins d'Anjou.

filleul, eule n. – XIIe ; lat. *filius* « fils » ▪ Personne qui a été tenue sur les fonts baptismaux, par rapport à son parrain et à sa marraine. *Offrir un cadeau à son filleul pour son anniversaire.* « *Cet enfant n'est nommé votre filleul qu'à cause qu'il devient votre fils spirituel en Jésus-Christ* » (Fén.).

film [film] n. m. – XIXe ; mot angl. « pellicule » **1** Pellicule photographique. *Développer un film.* ♦ Pellicule cinématographique ; bande régulièrement perforée. *Un film super 8.* **2** Œuvre cinématographique enregistrée sur film. ⇒ **cinéma.** *Scénario d'un film. Réaliser, tourner un film. Montage ; plans, séquences, scènes d'un film. La musique d'un film. Film de long, moyen, court métrage. Film doublé, en version originale (en v. o.). Film en noir et blanc. Mauvais film.* ⇒ **navet.** *Film à grand spectacle.* ⇒ **superproduction.** *Film de science-fiction. Film fantastique. Film policier. Film d'épouvante. Film comique. Film publicitaire. Film pornographique, classé X.* ➛ *Aller voir un film au cinéma. Reprise d'un film. Regarder un film à la télévision. Le réalisateur, les acteurs, la vedette d'un film. La production, la distribution d'un film.* ➛ fam. *Il n'a rien compris au film,* à ce qui s'est passé, ce qui s'est dit. **3** Déroulement (d'événements). *Le film des événements de la semaine.* « *Le passé s'imposait à son souvenir, défilait devant ses yeux, comme un film déroulé à une vitesse de rêve* » (Mart. du G.). **4** Pellicule, mince couche d'une matière. ⇒ **feuil.** *Recouvert d'un film protecteur, adhésif.* ➛ *Film dentaire :* mince couche liquide, plus ou moins bactérienne, à la surface des dents. ⇒ **plaque.**

filmer v. tr. [1] – 1908 **1** Enregistrer (des vues) sur un film cinématographique ; par ext. sur un support magnétique. *Filmer une scène en studio, en extérieur.* ⇒ **tourner.** *Filmer un enfant avec une caméra d'amateur, un caméscope.* ➛ *Théâtre, opéra filmé.* **2** Recouvrir d'un film (4°). *Fruits en barquette filmée.*

filmique adj. – 1936 ▪ Relatif au film, à l'œuvre cinématographique. *L'univers filmique.*

filmographie n. f. – 1947 ▪ Liste raisonnée des films (d'un auteur, d'un acteur, d'un genre, etc.). *Une filmographie du western.*

filmologie n. f. – 1946 ▪ Domaine du savoir qui a pour objet l'étude du cinéma, en tant que phénomène esthétique, social, etc. *Institut français de filmologie.*

filmothèque n. f. – 1969 ; de *[micro]film* et *-thèque* ▪ Collection de microfilms constituée en dépôt d'archives.

❑ Ne pas confondre avec *cinémathèque,* « lieu où les films sont conservés et projetés ».

filocher v. [1] – 1921 **1** v. intr. fam. Aller vite, filer. **2** v. tr. fam. Suivre (qqn) pour l'épier. ⇒ **filer.**

filon n. m. – XVIe ; it. *filo* « fil » **1** Masse allongée de roches éruptives, de substances minérales existant dans le sol au milieu de couches de nature différente. *Filon de cuivre, d'argent.* ⇒ **veine.** *Exploiter, épuiser un filon. Puissance d'un filon,* son épaisseur. **2** Source de profits. ⇒ ② **mine.** *L'Angleterre* « *exploite tous les filons de la prospérité humaine* » (Mirab.). **3** fam. Moyen, occasion de s'enrichir ou d'améliorer son existence. « *Il y a les courageux qui estiment que l'on abuse d'eux et les embusqués qui cherchent toujours un filon* » (Duham.). *Trouver le filon. Un bon filon.*

filonien, ienne adj. – XIXe ▪ Qui forme, qui contient des filons. *Gîtes filoniens.*

filoselle n. f. – XVIe ; p.-ê. du lat. *°follicellus* « petit sac » ▪ Bourre de soie mélangée à du coton que l'on utilisait en bonneterie. *Gants de filoselle.*

filou n. m. – XVIe ; de *filer* ▪ Homme malhonnête, sans scrupules. « *Les filous connaissent bien les règles et en profitent* » (Chardonne). ➛ adjt *Il est filou,* très rusé.

> ❑ On trouve le féminin *filoute :* « *plusieurs allusions malignes, et parfois même filoutes, à la chose* » (Perec). Comparer à *voyoute, louloute, choute.*

filouter v. tr. [1] – XVIIe ▪ Escroquer. *Se faire filouter.*

filouterie n. f. – XVIIe ▪ vieilli Action de filou. ⇒ **escroquerie.** ♦ Délit consistant dans le fait de consommer en sachant être dans l'impossibilité de payer. ⇒ **grivèlerie.**

filovirus [filɔviʀys] n. m. – 1995 ▪ Virus extrêmement fin et long.

fils [fis] n. m. – XIe ; lat. *filius* **1** Personne du sexe masculin, considérée par rapport à son père et à sa mère ou à l'un des deux seulement. ⇒ fam. **fiston.** *C'est le fils de M. X ; c'est son fils. Fils légitime, naturel. Fils adoptif. Avoir deux fils et une fille.* ⇒ **garçon.** *Fils unique. Fils aîné, cadet. Alexandre Dumas fils. Untel, père et fils,* désigne une entreprise commerciale dirigée par le père et le fils. *De père en fils.* « *Je ne vois pas une différence de génération entre un père et un jeune fils, mais la distance de deux mondes incommunicables : la jeunesse et la maturité* » (Chardonne). *Amour d'un fils pour ses parents.* ⇒ **filial.** fam. *C'est bien le fils de son père, de sa mère :* il a les mêmes défauts, les mêmes qualités. ♦ fam. *Le fils, les fils Durand.* ♦ péj. *Fils à papa,* qui profite de la situation de son père. *Effacer* « *de ce visage de fils à papa gavé son air de supériorité, d'obtuse satisfaction* » (Sarraute). ♦ (injures) *Fils de pute.* **2** *Fils de Dieu, Fils de l'homme :* Jésus-Christ. ➛ *Au nom du Père, du Fils et du Saint-Esprit.* **3** littér. au plur. Descendant. ⇒ **postérité.** *Les fils de Saint Louis.* ⇒ **race.** ♦ littér. Homme considéré par rapport à son pays natal. *Un fils du pays.* **4** *FILS SPIRITUEL :* celui qui a reçu l'héritage spirituel de qqn, qui continue son œuvre, etc. ⇒ **disciple.** « *Les poètes du dix-neuvième siècle, les écrivains du dix-neuvième siècle, sont les fils de la Révolution française* » (Hugo). ➛ (d'un ecclésiastique à un homme) *Je vous bénis, mon fils.* **5** *Fils de ses œuvres :* celui qui ne doit sa situation, son état qu'à lui-même, qu'à son travail.

filtrable adj. – XVIIIe ▪ Que l'on peut filtrer.

filtrage n. m. – XIXe **1** Action de filtrer ; son résultat. *Élimination des impuretés, du dépôt d'une boisson par filtrage.* ⇒ **clarification, filtration. 2** Contrôle visant à éliminer une partie (d'un groupe, d'un ensemble). « *L'oral d'admissibilité ne comportait que deux épreuves de mathématiques placées là pour un premier filtrage* » (Abellio). *Le filtrage des nouvelles.* ⇒ **censure.**

filtrant, ante adj. – XVIIIe **1** Qui sert à filtrer. *Cartouche filtrante d'un filtre à air.* **2** *Verre filtrant :* filtre optique.

filtrat n. m. – XIXe ▪ Liquide, fluide filtré.

filtration n. f. – XVIe ▪ Passage à travers un filtre.

filtre n. m. – XVIe ; lat. *filtrum* **1** Appareil (tissu ou réseau, passoire) à travers lequel on fait passer un liquide pour le débarrasser des particules solides qui s'y trouvent. « *Il a clarifié notre eau par des filtres compliqués* » (Chardonne). ♦ *Filtre servant à préparer le café infusé. Filtre en papier. Le café* « *passait dans le filtre, avec un bruit chantant de grosses gouttes* » (Zola). **2** Corps poreux ou percé de trous, appareil servant à débarrasser un fluide des particules en suspension. *Filtre à air, à essence, à huile. Filtre d'un lave-vaisselle.* **3** Dispositif destiné à éliminer certaines composantes fréquentielles d'un spectre (électrique, acoustique, optique, mécanique). *Filtre grave, aigu d'une chaîne haute-fidélité. Filtre absorbant, coloré, d'un appareil photographique.* **4** *Filtre, bout filtre,* servant à filtrer la nicotine (d'une cigarette, etc.). *Cigarette avec, sans filtre.* ✪ HOM. Philtre.

> ❑ On a dit un *filtre* pour un *café-filtre* « café préparé au moyen d'un filtre » : « *Pour le café, dis-je, c'est différent. Si tu veux, on peut commander un filtre* » (Duras).

filtre-presse n. m. – XIXe ▪ Appareil pour filtrer les liquides sous pression. *Des filtres-presses.*

filtrer v. [1] – XVIe **I** v. tr. **1** Faire passer à travers un filtre. *Filtrer un liquide pour en éliminer les impuretés.* ⇒ **clarifier, dépurer, épurer, purifier.** « *il fallut la* [l'eau] *filtrer dans des torchons afin de la rendre presque potable* » (Huysm.). ♦ « *Le fin brouillard rose filtre le soleil* » (Colette). **2** Retenir (un élément) au moyen d'un filtre. *Organe qui filtre les déchets de l'organisme.* **3** Soumettre à un contrôle, à une vérification, à un tri. « *Londres est la bourse mondiale des informations. Elles sont reçues et filtrées ici* » (Morand). **II** v. intr. **1** S'écouler en passant à travers un filtre. ⇒ **couler, passer.** *Ce café filtre lentement.* ➛ *L'eau filtre à travers le sable.* **2** *Vitraux qui laissent filtrer le jour.* « *À travers les portières de tapisserie, filtre un murmure de voix* » (Duham.). ➛ Se répandre malgré les obstacles. « *un de ces sujets du jour qui ne manquent jamais de filtrer jusqu'au fond des sérails* » (Loti).

① **fin** n. f. – X^e ; lat. *finis* « borne, limite, fin » **I - 1** Moment, instant auquel s'arrête un phénomène, une période, une action. ⇒ **limite, terme.** *Du début, du commencement à la fin, jusqu'à la fin. La fin de l'année. Avant la fin de l'hiver.* « *Au milieu ou à la fin de la semaine prochaine, je m'y mets* » (Flaub.). *Nous nous reverrons fin avril.* ♦ *À LA FIN.* ⇒ **enfin, finalement.** « *Ce qui d'abord est gloire, à la fin est fardeau* » (Hugo). ➛ fam. *Tu m'ennuies, j'en ai assez à la fin !* **2** Point auquel s'arrête un objet que l'on parcourt, dont on fait usage. ⇒ ① **point** (final). *Arriver à la fin d'un livre.* **3** Derniers éléments d'une durée, dernière partie d'une action, d'un ouvrage. *Une belle fin de journée. Il n'a pu assister qu'à la fin du match.* « *Antoine avait une façon provocante de faire sonner la fin de ses phrases* » (Mart. du G.). loc. *Avoir des fins de mois difficiles :* avoir du mal à équilibrer son budget. ➛ *En fin de semaine* (plus étendu que le week-end). *En fin de carrière.* ♦ *Faire une fin :* adopter un mode de vie stable, notamment en se mariant. ⇒ se **ranger.** « *Malgré ses beaux dehors, il se connaissait et ne pouvait se tromper sur lui-même, il pensait à faire une fin, à se marier* » (Balz.). **4** Arrêt, cessation de l'existence d'un être, de l'action d'un phénomène, d'un sentiment. ⇒ **disparition.** *La fin du monde.* ⇒ **apocalypse.** *La fin de la guerre, des hostilités. Solder des articles de fin de série. On n'en verra jamais la fin :* c'est interminable. ⇒ **bout.** ➛ fam. *C'est la fin de tout, la fin des haricots !* il n'y a plus rien à faire, tout est perdu. plaisant *C'est le commencement de la fin. Les meilleures choses ont une fin.* ♦ *N'AVOIR NI FIN NI CESSE :* ne pas cesser. *Il n'a ni fin ni cesse que* (et subj.) : il n'a de cesse* que. ➛ *METTRE FIN À :* faire cesser, arrêter. ⇒ **finir.** *Il est temps de mettre fin à cette affaire.* ⇒ **terminer.** *Mettre fin à ses jours :* se suicider. ➛ *PRENDRE FIN :* cesser. ⇒ se **terminer.** ➛ *TIRER, TOUCHER À SA FIN :* être sur le point de finir. ➛ *SANS FIN. Discourir sans fin.* ⇒ **indéfiniment, interminablement.** adjt *Vis sans fin,* permettant une transmission continue du mouvement. **5** Cessation de la vie humaine. ⇒ ① **mort.** *Sentir sa fin proche. Une belle fin.* **6** *Mener à bonne fin une étude, une affaire,* à terme. ⇒ **accomplir, achever. II - 1** (souvent plur.) Chose qu'on veut réaliser, à laquelle on tend volontairement. ⇒ **but,** ② **objectif.** *Parvenir à ses fins.* ⇒ **réussir.** loc. *Qui veut la fin veut les moyens :* celui qui veut atteindre son but accepte d'y arriver par tous les moyens. *La fin justifie les moyens,* thèse du machiavélisme politique. ➛ *Fin en soi :* résultat cherché pour lui-même. ♦ loc. *À cette fin, à ces fins :* pour arriver à ce résultat. *À cette fin, nous avons décidé... À toutes fins utiles :* pour servir le cas échéant et en tout cas. ➛ *À seule fin de, à seules fins de* (et inf.) : seulement afin de. 2 Terme auquel un être ou une chose tend ou va instinctivement ou par nature. ⇒ **destination, finalité.** « *l'homme est sa propre fin. S'il veut être quelque chose, c'est dans cette vie* » (Camus). ➛ *Les fins dernières :* la mort, le jugement dernier, le ciel et l'enfer ⇒ **eschatologie.** 3 *Fin de non-recevoir :* refus. *Opposer une fin de non-recevoir à qqn.* ✪ CONTR. Commencement, début. ① Départ, naissance, origine. Condition, principe. — HOM. Faim, feint.

② **fin, fine** adj. – XIe ; lat. *finis* « fin », pris adjt **I - 1** *LE FIN FOND :* la partie la plus reculée. *Le fin fond des bois.* ➛ *LE FIN MOT DE QQCH. :* le dernier mot, le mot qui donne la clé du reste. *Voici le fin mot de l'histoire.* 2 adv. ⇒ **complètement,** ① **tout** (à fait). « *Quand vous reviendrez de votre tour de France, la maison sera fin prête* » (Beauv.). **II - 1** Qui est de la dernière pureté. ⇒ **affiné, pur.** *Métal fin. Or fin.* ➛ *Perles fines.* ⇒ **précieux.** 2 Qui est de la matière la plus choisie, la meilleure (opposé à *commun, ordinaire*). ⇒ **raffiné.** *Lingerie fine.* ➛ *Épicerie fine :* conserve alimentaire de qualité supérieure. *Vins fins. Beurre fin et beurre extrafin.* ♦ subst. *LE FIN DU FIN :* ce qu'il y a de mieux dans le genre. ⇒ **nec plus ultra.** *Le fin du fin d'un métier.* 3 D'une grande acuité. ⇒ **sensible.** *Avoir l'oreille, l'ouïe fine.* 4 Qui discerne les moindres rapports des choses. ⇒ **perspicace, sagace, subtil.** *Esprit fin, très fin.* ♦ Qui marque de la subtilité d'esprit, une sensibilité délicate. *Observations justes et fines. Une fine plaisanterie* (souvent iron. : plaisanterie bête). ♦ Qui est appliqué avec précision et exactitude. *Une analyse très fine.* ⇒ **pointu.** 5 Qui excelle dans une activité réclamant de l'adresse et du discernement. ⇒ **adroit, habile.** *Fin gourmet. Une fine lame :* un escrimeur habile. (Fam.) *Une fine gueule :* un gourmet. *Faire la fine bouche :* être difficile sur la nourriture ; par ext. sur ce qu'on vous propose. 6 D'une habileté qui s'accompagne de ruse. ⇒ **astucieux, avisé, futé, malin, subtil.** *Jouer au plus fin.* ⇒ **finasser.** « *Le vrai moyen d'être trompé, c'est de se croire plus fin que les autres* » (La Rochef.). ➛ *Il n'est pas très fin,* pas intelligent. iron. *Avoir l'air fin,* ridicule. **III - 1** Dont les éléments sont très petits. *Sable fin. Sel fin. Petits-pois fins, très fins, extrafins.* ➛ *Une pluie fine.* adv. *Moudre fin.* 2 Délié. *Cheveux fins et soyeux.* ➛ Mince avec élégance. *Taille fine.* ⇒ **svelte.** « *Le temps qui change si malheureusement les figures à traits fins et délicats* » (Balz.). 3 Très aigu. *Aiguille fine. Oiseau au bec fin.* 4 Peu épais. ⇒ **mince.** *Couper en tranches fines.* ♦ (avec une idée de beauté). ⇒ **délicat, léger.** *Peau fine.* 5 Mince et délicat dans l'exécution. *Écriture fine. Broderie fine.* ♦ Difficile à percevoir. *Les plus fines nuances de la pensée.* ⇒ **ténu.** ✪ CONTR. Gros, grossier. Balourd, bête, lourd, niais, sot, stupide. Épais, gros. — HOM. Faim, feint, ① fin ; fine, fines, finn.

finage n. m. – XIIIe ; de ① *fin* ■ Autrefois, Limites, étendue d'une paroisse ou d'une juridiction.

> ❑ Ce mot, d'usage régional (Bourgogne, Franche-Comté) a désigné aussi (XVIe s.) l'étendue d'une terre exploitée, en agriculture.

final, ale, als ou **aux** adj. – XIIe **1** Qui est à la fin, qui sert de fin. *Mesure, note, accords finals d'un air. Résultat final.* « *C'est la lutte finale* », refrain de *l'Internationale.* ➛ *POINT FINAL,* à la fin d'une phrase. *Mettre le point final à une affaire,* y apporter une conclusion définitive. 2 *AU FINAL.* ⇒ **finalement.** 3 Qui marque une fin (sens II), un but, en philosophie. *Cause* finale.* ✪ CONTR. Initial. — HOM. Finaud.

① **finale** n. f. – XVIIIe **1** Syllabe ou éléments en dernière position dans un mot ou une phrase. *Finale accentuée.* 2 Dernière épreuve (d'un tournoi, d'une coupe) qui, après les éliminatoires et parfois le repêchage, désigne le vainqueur. *Arriver en finale. Seizièmes, huitièmes, quarts de finale, demi-finales d'un tournoi de tennis, d'échecs. La finale opposera la France à l'Irlande.* « *Aux actualités vous verrez Agen battre Montauban, en quart de finale* » (Courchay).

② **finale** n. m. – XVIIIe ; it. *finale,* de *fine* « fin » ■ Dernière partie d'un opéra, d'une symphonie, d'un concerto. ⇒ **coda.** « *L'Hymne à la joie* », *finale de la IXe symphonie de Beethoven.*

finalement adv. – XIIIe ■ À la fin, pour finir. *Ils se sont finalement réconciliés.* ♦ En dernière analyse, en définitive.

finaliser v. tr. [1] – 1936 **1** Donner une fin, une orientation précise à. 2 Mettre au point de manière détaillée ; présenter sous sa forme quasi définitive. *Finaliser un projet.*

> ❑ Cet anglicisme « finir dans le moindre détail » ne peut être remplacé ni par *terminer* ni par *fignoler.* ♦ Il existe un dérivé, *finalisation* n. f.

finalisme n. m. – 1907 ■ Philosophie finaliste.

① **finaliste** n. et adj. – XIXe ■ Qui croit à la finalité comme explication de l'univers. *Théories finalistes en biologie.*

② **finaliste** n. – 1924 ■ Concurrent, équipe qualifié(e) pour une finale. *Être plusieurs fois finaliste d'un tournoi.*

finalité n. f. – XIXe **1** Caractère de ce qui tend à un but ; le fait de tendre à ce but, par l'adaptation de moyens à des fins. *Principe de finalité.* ⇒ **téléologie.** « *L'Europe (et le monde blanc) ont oublié leur finalité spirituelle : le désordre politique naît de cette trahison* » (Daniel-Rops). 2 Adaptation des êtres vivants, des organes à une fin.

finance n. f. – XIIIe ; du v. *finer* « payer » **1** *MOYENNANT FINANCE :* en échange d'argent. ➛ au plur., fam. *Cela dépendra de l'état de mes finances.* 2 *LES FINANCES :* ensemble des recettes et des dépenses de l'État et des collectivités publiques ; gestion financière de l'État et des collectivités publiques. *Finances publiques.* ⇒ **denier, fonds** (public), **recette.** *Ministre des Finances. Lois de finances :* ensemble de lois dont la plus importante *(loi de finances initiale)* fixe le budget annuel de l'État et sa répartition fonctionnelle. 3 *LA FINANCE :* art, science traitant de la monnaie ou de l'argent ; grandes affaires d'argent. ⇒ **affaire ; banque,** ② **bourse, commerce.** *Termes de finance.* « *Son voisin au contraire étant tout cousu d'or, Chantait peu, dormait moins encor. C'était un homme de finance* » (La Font.). ➛ Ensemble de ceux qui ont de grosses affaires d'argent. ⇒ **financier.** *La haute finance internationale.*

financement n. m. – XIXe **1** Ensemble des méthodes et moyens de règlement mis en œuvre pour la réalisation d'un projet. ⇒ **montage** (financier). *Plan de financement pour l'acquisition d'un logement.* 2 Affectation de ressources à une entreprise, à un service public. *Financement d'une industrie par le capital privé, par l'État.* ♦ *Financement des partis politiques.*

financer v. tr. [3] – XVIe ■ Soutenir financièrement (une entreprise), procurer les capitaux nécessaires au fonctionnement de. *Société qui finance un journal. Financer un spectacle, une compétition sportive, une émission de télévision.* ⇒ **parrainer, sponsoriser.**

financier, ière n. et adj. – XVe **I** n. m. **1** Celui qui fait de grosses affaires d'argent, des opérations de banque, de bourse. « *un des maîtres du monde, un de ces* *financiers omnipotents, plus forts que des rois* » (Maupass.). ♦ Spécialiste de la gestion des finances publiques ou privées. *Les financiers et les commerciaux d'une entreprise.* **2** Petit gâteau rectangulaire à base de poudre d'amandes et de blancs d'œufs. **II adj.** **1** Relatif aux ressources pécuniaires, à l'argent. *Soucis financiers.* « *tout de suite la question financière se posa entre eux* » (Aragon). **2** Relatif aux finances publiques. *Équilibre financier. Crise financière.* **3** Relatif aux affaires d'argent. *Les marchés financiers. Scandales financiers.* ♦ Qui s'occupe des affaires d'argent (d'une entreprise). *Directeur financier.* **4** *Sauce financière,* et subst. *financière :* sauce garnie de ris de veau, quenelles de volailles, etc. *Vol-au-vent financière.*

❑ Le féminin de *financier* (I, 1°), comme *banquière*, est rare : « *Chacun de ces types de financières et de spéculatrices* » (Robida).

financièrement **adv.** – XIXe ▪ Au point de vue financier. *Société financièrement prospère.* ➝ fam. En ce qui concerne l'argent, l'aspect pécuniaire. ⇒ **matériellement.** *Un contrat financièrement intéressant.*

finasser **v. intr.** [1] – XVIIe ▪ Agir avec une finesse qui est proche de la déloyauté ; user de subterfuges. ⇒ **ruser.** « *vendre un champ à un paysan en finassant pendant huit jours à l'effet de gagner 300 francs* » (Stendh.).

finasserie **n. f.** – XVIIIe ▪ Procédé d'une personne qui finasse. « *Mais la Société n'est-elle pas l'infini tissu de toutes ces petitesses, de ces finasseries, de ces hypocrisies, de ces misères ?* » (Flaub.).

finaud, aude **adj.** – XVIIIe ▪ Qui cache de la finesse sous un air de simplicité. ⇒ ② **fin, futé, malin, rusé.** *Il unit* « *la blague du vieux soldat à la malice finaude du Normand* » (Maupass.). ➝ **n.** « *C'est une finaude ! elle est bien belle, elle se fera épouser* » (Balz.).

finauderie **n. f.** – XIXe ▪ Caractère ou façon d'agir de celui qui est finaud. ⇒ **malice.**

fine **n. f.** – XIXe ; de ② *fin* ▪ Eau-de-vie de raisin de qualité supérieure. ⇒ **cognac.** *Fine champagne* (la Champagne désignant une région autour de Cognac). ➝ Verre de fine. *Garçon, une fine !* ✪ HOM. Fines, finn.

fine de claire › **claire**

finement **adv.** – XIIe **1** Avec finesse, subtilité. **2** D'une manière fine, délicate. *Objet finement ouvragé.*

fines **n. f. pl.** – XIXe ; de ② *fin* ▪ Granulat constitué d'éléments de très petites dimensions, utilisé comme charge de remplissage pour augmenter la compacité du béton, d'un sol, etc. ✪ HOM. Fine, finn.

finesse **n. f.** – XIVe ; de ② *fin* **I - 1** Chose difficile à comprendre, à manier. *Connaître toutes les finesses d'une langue, d'un art.* ⇒ **subtilité.** **2** Qualité de ce qui est délicat et bien exécuté. « *Le linge était d'une finesse et d'une beauté que n'avait jamais soupçonnées Edmond* » (Aragon). *Finesse du trait.* ⇒ **délicatesse.** **3** Acuité (des sens). « *Les sens deviennent d'une finesse et d'une acuité extraordinaires. Les yeux percent l'infini. L'oreille perçoit les sons les plus insaisissables* » (Baud.). **4** Aptitude à discerner les plus délicats rapports des pensées et des sentiments. ⇒ **perspicacité, sagacité, subtilité.** *Finesse de jugement, de goût.* ⇒ **raffinement.** ➝ « *Esprit de finesse* » (Pasc.) (opposé à *esprit de géométrie**). *Propos pleins de finesse.* **II - 1** Extrême délicatesse de forme ou de matière. *Finesse des traits, des cheveux.* **2** Rapport entre les coefficients de portance et de traînée d'un avion, mesurant son aptitude à planer. **3** Étroitesse des lignes d'eau de l'avant et de l'arrière d'un navire. ✪ CONTR. Grossièreté. Balourdise, sottise, stupidité. Épaisseur.

finette **n. f.** – XVIe ; de ② *fin* ▪ Étoffe de coton croisée dont l'envers est pelucheux. « *le pyjama de finette était trop léger pour la saison* » (Le Clézio).

fini, ie **adj.** – XIIIe **1** Qui a été mené à son terme, achevé, terminé. *Mon travail est fini.* ♦ *Produits finis,* qui peuvent être utilisés dès leur sortie d'usine. ♦ Dont la finition est de qualité. *Vêtement bien fini.* ♦ subst. *Le fini :* la qualité de ce qui est soigné jusque dans les détails. ⇒ **perfection.** « *Cette grâce de tout son être, ce fini inexprimable dans le mouvement, dans la voix* » (Senancour). **2** péj. Parfait en son genre. ⇒ **accompli, achevé.** *Un menteur fini.* ⇒ **fieffé.** **3** Qui est arrivé à son terme. *Les vacances sont finies. Finie la belle vie ! Tout est fini entre eux.* ♦ *C'est un homme fini,* diminué, usé au point d'avoir perdu toute possibilité d'agir, de réussir ; qui a perdu toute considération, discrédité. « *Je me sentais fini, ruiné, décomposé* » (Gide). **4** Qui a des bornes. ⇒ **limité.** *Univers, corps, êtres finis.* subst. *Le fini et l'infini.* ➝ *Ensemble fini,* dont le nombre d'éléments est limité. ✪ CONTR. Imparfait, inachevé ; infini.

finir **v.** [2] – XIe ; lat. *finire* « borner, finir » **I v. tr.** **1** Conduire (une occupation, un travail) à son terme en faisant ce qui reste à faire. ⇒ **accomplir, achever, terminer.** *Finir un ouvrage. Coureur qui finit en beauté. Il a presque fini. Je finirai demain.* ➝ *Ils finissaient de dîner, quand je suis arrivé.* **2** Mener (une période) à son terme, en passant le temps qui reste à passer. « *Dès que j'aurai ma retraite, je viendrai finir mes jours parmi vous* » (Balz.). **3** Mener (une quantité) à épuisement, en prenant ce qui reste à prendre. *Finir son pain ; son verre.* **4** Mener brusquement à son terme, mettre un terme à. ⇒ **arrêter, cesser.** *Finissez vos bavardages. Quand vous aurez fini de jouer. Fini de rire, passons aux choses sérieuses. Tu as fini, oui ?* **5** Être le dernier élément de. ⇒ **clore, conclure, terminer.** *Mot qui finit une phrase.* **II v. intr.** **1** Arriver à son terme dans le temps. ⇒ s'**achever,** se **terminer.** *Le spectacle finira vers minuit. Il est temps que cela finisse !* ⇒ **cesser.** ➝ loc. *Pour finir :* en manière de conclusion. ♦ Avoir telle ou telle issue, telle ou telle conclusion. *Tout cela finira mal.* ➝ loc. *Tout est bien qui finit bien :* une fin heureuse vient corriger les péripéties désagréables. *Finir en beauté.* ➝ Arriver au terme de sa vie. ⇒ **mourir, périr.** *Finir à l'hôpital.* « *Il s'était dit souvent qu'il finirait tuberculeux* » (Sartre). **2** Arriver à son terme dans l'espace. « *Ils croyaient que le monde finissait où finissait leur île* » (Bern. de St-Pierre). ⇒ s'**arrêter.** *Mot qui finit en, par -ou.* **3** FINIR PAR (et inf.) : arriver, après une série de faits, à tel ou tel résultat. *Il a fini par comprendre. Tout finit par s'arranger.* **III** EN FINIR. **1** Mettre fin à une chose longue, désagréable. *Il faut en finir. Que d'explications ! il n'en finit plus !* ➝ EN FINIR AVEC QQCH. : arriver à une solution. ⇒ **régler, résoudre.** *On n'en finira jamais avec cette affaire.* ➝ EN FINIR AVEC QQN : se débarrasser de lui ; rompre ses relations, ses activités avec lui. ➝ fam. EN FINIR DE (et inf.). *On n'en finirait pas de raconter ses aventures.* ⇒ s'**arrêter.** **2** (toujours négatif) *Qqch. qui n'en finit pas, plus,* qui n'arrive pas à son terme, qui ne s'arrête pas. *Un discours qui n'en finit plus.* ⇒ **interminable.** *Des applaudissements à n'en plus finir. La pluie n'en finit pas de tomber.* ✪ CONTR. Commencer ; ébaucher, engager, entamer. Débuter.

finish **n. m.** – XIXe ; mot angl. « ① fin » **1** Fin d'un combat de boxe dont la durée n'est pas limitée. *Des finishs* ou *des finish.* ➝ fam. *Au finish :* à l'usure, en épuisant les résistances. 2 Aptitude à finir (dans une course, une compétition). *Gagner au finish.*

❑ En anglais, *finish* signifie spécialement « fin d'une course, d'une chasse, d'un combat » (XIXe s.). En français, le mot s'est répandu surtout comme terme de boxe. ♦ L'Administration conseille de remplacer *au finish* par *à l'arraché.*

finissage n. m. – XVIIIe ▪ Action de finir une fabrication, une pièce. ⇒ **finition.**

finissant, ante adj. – XIXe ▪ En train de finir. *Le siècle finissant.*

finisseur, euse n. – XIVe **I** - **1** Ouvrier, ouvrière chargé(e) des travaux de finissage, de finition. **2** Athlète, coureur qui finit bien une épreuve. **II** n. m. Engin routier automoteur qui reçoit les matériaux prêts à l'emploi, les répand, les nivelle, les dame et les lisse, livrant après son passage un tapis fini.

finition n. f. – XIVe **1** Opération ou ensemble d'opérations (finissage, etc.) qui termine la fabrication d'un objet. **2** Caractère de ce qui est plus ou moins bien fini. *Vêtement d'une finition impeccable.* **3** LES FINITIONS : les derniers travaux. *Couturière qui fait les finitions* (ourlets, surfilage, boutonnières, etc.).

finitude n. f. – 1933 ▪ Le fait d'être fini, borné. « *La finitude d'un monde resserré entre le macrocosme et le microcosme* » (Foucault).

finn [fin] n. m. – 1962 ; mot suéd. ▪ Petit voilier monotype pour régates en solitaire. ✪ HOM. Fine, fines.

finnois, oise adj. et n. – XVIIIe ; lat. *finnicus* ▪ Du peuple de langue non indo-européenne qui vit en Finlande (avec des populations suédoises) et dans les régions limitrophes. *Littérature finnoise.* ♦ n. m. *Le finnois* : langue finno-ougrienne parlée en Finlande.

finno-ougrien, ienne adj. et n. m. – XIXe ; de *finno-* (finnois) et *ougrien,* de *ougre,* nom de peuple → hongrois ▪ *Langues finno-ougriennes,* et subst. *le finno-ougrien* : groupe de langues comprenant le finnois, le lapon, l'estonien et le hongrois, ainsi que plusieurs langues des pays baltes et de la C.E.I. qui, avec la famille samoyède, forme le groupe ouralien.

fiole n. f. – XIIe ; gr. *phialê* ▪ Petite bouteille de verre à col étroit utilisée spécialement en pharmacie. ⇒ **flacon.** « *un seul objet connu me sourit : la fiole de laudanum* » (Baud.).

fioriture n. f. – XIXe ; it. *fiore* « fleur » **1** Ornement ajouté à la phrase musicale (appoggiature, mordant, trille). « *un thème de quelques notes, sur lequel il improvise aussitôt de brillantes fioritures* » (Gide). **2** Détail accessoire servant à orner. *Les fioritures d'un dessin.* « *Pur, nature, sans fioriture* » (Verlaine).

❑ Ce mot a été introduit au pluriel par Stendhal, en 1823, comme mot italien, avec le sens d'« ornement ».

fioul n. m. – 1983 ; forme francisée de *fuel* ▪ Mazout.

❑ *Fioul* est la recommandation officielle pour *fuel.*

-fique Élément, du lat. *ficus,* de *facere* « faire ».

firmament n. m. – XIIe ; lat. *firmare* « rendre ferme » ▪ littér. La voûte céleste. ⇒ **ciel, empyrée.** « *les étoiles enveloppées d'ouate, un peu pâlies dans le firmament sombre et blanchâtre* » (Maupass.).

firman n. m. – XVIIe ; turc *fermân* ▪ Édit, ordre ou permis émanant autrefois d'un souverain musulman.

❑ Ce mot est passé en français par une traduction de l'anglais ; il a été couramment employé dans les relations avec l'Empire ottoman.

firme n. f. – XIXe ; lat. *firmus* « solide » ▪ Entreprise industrielle ou commerciale. *Les grandes firmes multinationales.* ⇒ **groupe.**

fisc n. m. – XIIIe ; lat. *fiscus* « panier (pour recevoir l'argent) » ▪ Ensemble des administrations chargées de l'assiette, de la liquidation et du recouvrement des impôts. ⇒ **trésor** (public). *Les inspecteurs du fisc. Frauder le fisc.*

fiscal, ale, aux adj. – XIVe ▪ Qui se rapporte au fisc, à l'impôt. *Politique fiscale. Charges fiscales. Fraude fiscale.* « *les absurdes feuilles de "déclarations" qu'exige l'hydre fiscale* » (Duham.).

fiscalisation n. f. – v. 1960 ▪ Action de fiscaliser ; son résultat.

fiscaliser v. tr. [1] – 1919 ▪ Soumettre à l'impôt.

fiscaliste n. – mil. XXe ▪ Spécialiste du droit fiscal.

fiscalité n. f. – XVIIIe ▪ Système fiscal ; ensemble des lois, des mesures relatives au fisc, à l'impôt. *La réforme de la fiscalité.*

fish-eye [fiʃaj] n. m. – v. 1960 ; mot angl. « œil de poisson », parce que le poisson a une vision panoramique ▪ Objectif photographique couvrant un angle d'au moins 180°. ⇒ **grand-angle.** *Des fish-eyes.*

fissa adv. – 1909 ; ar. *fis-saea* « à l'heure même » ▪ Vite. *Faire fissa.*

fissible adj. – 1953 ▪ Qui peut subir la fission nucléaire. ⇒ **fissile.**

fissile adj. – XVIe ; lat. *fissilis* **1** Qui tend à se fendre, à se diviser en feuillets minces. *Schiste fissile.* **2** Susceptible de subir la fission nucléaire. ⇒ **fissible.** *Noyau, atome fissile.*

fission n. f. – 1938 ; lat. *fissus* « fendu » ▪ Division d'un noyau atomique en deux ou plusieurs nucléides qui peuvent subir ensuite une série de transmutations. *Fission créant un processus en chaîne utilisé dans la bombe atomique.*

fissuration n. f. – XIXe ▪ Le fait de se diviser par fissures.

fissure n. f. – XIVe ; lat. *findere* « fendre » ▪ Petite fente. ⇒ **cassure, crevasse, scissure.** *Fissure d'un mur, d'une cloison.* ⇒ **lézarde.** « *une fissure à peine visible, qui, partant du toit de la façade, se frayait une route en zigzag à travers le mur* » (Baud.). ♦ ⇒ ② **faille.** « *Ce sera la première fissure* réelle *dans l'estime que j'ai pour vous* » (Montherl.).

fissurer v. tr. [1] – XVIe ▪ Diviser par fissures. ⇒ **crevasser, fendiller, fendre.** pronom. *Mur, plafond qui se fissure de mille lézardes.*

fiston n. m. – XVIe ▪ fam. Fils. ➛ « *Tu as fait deux ans de médecine, fiston* » (Aragon).

fistulaire adj. – XIVe **1** Qui présente un canal dans toute sa longueur. *Stalactite fistulaire.* **2** ⇒ **fistuleux.**

fistule n. f. – XIVe ; lat. « tuyau, tube » ▪ Canal d'origine congénitale, accidentelle ou artificielle, par où s'écoule un produit physiologique (urine, matières fécales) ou pathologique (pus). *Fistule anale.*

fistuleux, euse adj. – XVe ▪ Qui est de la nature de la fistule. *Ulcère fistuleux.* ⇒ **fistulaire.**

fistuline n. m. – XIXe ▪ Champignon *(basidiomycètes)* comestible à chapeau épais, rouge, appelé couramment *foie-de-bœuf,* ou *langue-de-bœuf.*

F.I.V. [ɛfive] n. f. – 1983 ; sigle ▪ Fécondation in vitro.

fivète n. f. – 1984 ; acronyme de *Fécondation in vitro et transfert d'embryon* ■ Méthode de procréation assistée consistant à prélever des ovocytes et à replacer l'œuf dans l'utérus après fécondation in vitro. (cf. Bébé*-éprouvette).

fixage n. m. – XIXe 1 Action de fixer (des couleurs, etc.). 2 Opération par laquelle l'image photographique est rendue inaltérable à la lumière. *Il y a « de l'alchimie dans les bacs de révélateur, d'arrêt ou de fixage où l'on jette successivement les épreuves impressionnées »* (Tournier).

fixateur, trice adj. et n. m. – XIXe 1 rare Qui a la propriété de fixer. ⇒ ② **fixatif.** 2 n. m. Vaporisateur qui projette un fixatif. ♦ Substance qui fixe l'image photographique. ♦ Substance chimique, servant à maintenir une préparation de cellules ou de tissus sous une forme inaltérable, sans modifier leur structure. ♦ Produit permettant de fixer une coiffure. ⇒ **gel, laque.**

① **fixatif** n. m. – XIXe ■ Préparation liquide qui fixe les traces de fusain, pastel, etc., sur un support, les empêche de s'effacer.

② **fixatif, ive** adj. – XIXe ■ Qui fixe. ⇒ **fixateur.**

fixation n. f. – XVIe I - 1 Action de fixer. *Fixation de l'image photographique.* ⇒ **fixage.** ♦ Le fait de faire tenir solidement (une chose matérielle). *Gel coiffant à fixation souple, forte. Crochets de fixation.* ➛ Dispositif servant à fixer, tenir. *Fixations de sécurité d'un ski.* ♦ Opération par laquelle on soumet une préparation de cellules ou de tissus à l'action d'un fixateur. 2 Le fait de se fixer. *La fixation des nomades.* ⇒ **établissement.** 3 « Attachement intense de la libido à une personne, à un objet ou à un stade du développement » (Lagache). « *Probable que Mlle Mignot avait un penchant pour les vieux messieurs. Cela se voit couramment. Les psychanalystes appellent cela une fixation au père* » (Dutourd). ➛ *Faire une fixation sur qqch.*, ne pas pouvoir en détacher son esprit, être obsédé par qqch. II Action de déterminer. ⇒ **détermination.** *La fixation d'un lieu de rendez-vous.* ✪ CONTR. Arrachement, ébranlement.

① **fixe** adj. et n. m. – XIIIe ; lat. *figere* « enfoncer, fixer » I - 1 Qui ne bouge pas, qui demeure toujours à la même place à l'intérieur d'un système donné. ⇒ **immobile.** *Un point fixe.* 2 *Avoir le regard fixe, les yeux fixes* : regarder le même point, sans dévier ; regarder dans le vague, les yeux grands ouverts et immobiles. « *Une de ces figures mélancoliques où le regard trop fixe, signifie qu'on se fait pour un rien de la bile* » (Proust). 3 interj. *FIXE !* Commandement militaire prescrivant aux hommes de se mettre au garde-à-vous. *À vos rangs, fixe !* II - 1 Qui ne change pas ; qui est établi d'une manière durable dans un état déterminé. ⇒ **immuable, invariable, stationnaire.** *Menu à prix fixe.* « *Il fait une lumière fixe de plein été* » (Duras). ♦ *BEAU FIXE* : beau temps durable. ➛ *Avoir le moral au beau fixe.* 2 Réglé d'une façon précise et définitive. ⇒ **défini, déterminé.** *Manger à heure fixe.* ♦ *IDÉE FIXE* : idée dominante, dont l'esprit ne peut se détacher. ⇒ **dada, obsession.** « *c'est cette idée fixe qui revenait sans cesse, qui le torturait, qui lui mordait la cervelle et lui déchiquetait les entrailles* » (Hugo). 3 Assuré et régulier. *Revenu fixe.* ➛ n. m. *Un fixe* : appointements fixes (opposé à *commission*). ✪ CONTR. Mobile. Changeant, variable. ① Incertain, instable.

② **fixe** n. m. – v. 1974 ; angl. *to fix* ■ Injection de drogue. ⇒ **shoot.** *Se faire un fixe.*

fixe-chaussette n. m. – 1936 ■ Support-chaussette. « *Les fixe-chaussettes n'étaient plus très neufs, mauves* » (Aragon).

fixement adv. – XVIe ■ D'un regard fixe. « *Le soleil ni la mort ne se peuvent regarder fixement* » (La Rochef.).

fixer v. tr. [1] – XIVe I - 1 Établir d'une manière durable à une place, sur un objet déterminé. ⇒ **attacher, immobiliser, maintenir.** *Fixer les volets avec des crochets. Fixer qqch. au mur.* ⇒ **accrocher.** « [Mélanie] *croisait sur sa poitrine son petit châle noir et l'y fixait par une épingle* » (France). 2 Faire demeurer en un lieu. pronom. *Il s'est définitivement fixé à Paris.* ⇒ s'**établir,** s'**installer.** ♦ *Fixer ses idées sur le papier*, les écrire pour les ordonner et les conserver. 3 *Fixer les yeux, son regard sur qqn, sur qqch.* ⇒ **arrêter, attacher.** *Les yeux fixés au ciel, à terre.* ➛ *FIXER QQN, QQCH.* (du regard). « *Il souriait en fixant sa mère* » (Romains). ♦ *Fixer son attention sur qqch.* ➛ pronom. *Son choix se fixa sur une robe bleue.* II - 1 *Fixer les couleurs sur un tissu.* ➛ *Fixer un cliché*, le rendre inaltérable à la lumière avec un fixateur*. ➛ Empêcher (un corps gazeux ou volatil) de se perdre. *Organisme qui fixe mal le calcium*, qui a du mal à le conserver. 2 Rendre stable et immobile (ce qui évolue, change). ⇒ **arrêter.** pronom. « *La langue française n'est point* fixée *et ne se fixera point. Une langue ne se fixe pas* » (Hugo). ⇒ se **stabiliser** ; se **figer.** 3 *Je ne suis pas encore fixé, pas très fixé* : je ne sais pas quel parti prendre. ⇒ **décidé.** *Être fixé sur le compte de qqn* : savoir à quoi s'en tenir. 4 Régler d'une façon déterminée, définitive. ⇒ **arrêter, définir, déterminer.** *Les limites fixées par la loi. Fixer un rendez-vous. Fixer un prix. Au jour fixé*, dit, décidé, convenu. ✪ CONTR. Déplacer, ① détacher, ébranler. Détourner, distraire. Changer, errer.

fixette n. f. – 1987 ■ fam. Fixation sur un objet, une idée ; idée fixe. *Faire une fixette.*

fixisme n. m. – 1922 ■ Doctrine de la fixité des espèces (opposé à *évolutionnisme, transformisme*).

fixiste adj. – 1931 ■ Qui a rapport au fixisme. *Théories fixistes.*

fixité n. f. – XVIIe 1 Caractère d'un regard fixe. « *Ses yeux, dans leur atonie fatiguée, gardaient une fixité farouche* » (Loti). 2 Caractère de ce qui est invariable, définitivement fixé. ⇒ **constance, invariabilité, permanence.** *L'apparente fixité d'une langue.* ✪ CONTR. Mobilité. Évolution, transformation.

fjeld [fjɛld] n. m. – XIXe ; mot norv. ■ Plateau rocheux usé par un glacier continental.

fjord [fjɔʀ(d)] n. m. – XVIIIe ; mot norv. ■ Ancienne vallée glaciaire envahie par les eaux marines durant la déglaciation, caractéristique des côtes scandinaves et écossaises. « *comme une flamme liquide et bleue, le fjord dort entre les monts à pic* » (Suarès).

> ❑ On écrit aussi *fiord.* ♦ Le mot, en géographie, peut s'employer pour toute formation analogue, où que ce soit.

flaccidité [flaksidite] n. f. – XVIIIe ; lat. *flaccidus* « flasque » ■ État de ce qui est flasque. *Flaccidité des chairs.* « *La flaccidité de son visage, des yeux lourds et mornes* » (Aymé). ✪ CONTR. Fermeté, tonicité.

flache n. f. – XIIe ; lat. *flaccus* « flasque » ■ Dépression, creux à l'arête d'une poutre ; à la surface d'un bois, d'une pierre. ✪ HOM. Flash.

> ❑ *Flache* au sens de « flaque » reste d'emploi régional ; Rimbaud l'utilise : « *Dans une flache laissée par l'inondation du mois précédent* ».

flacherie n. f. – XIXe ; a. fr. *flache* « mou » ■ Maladie mortelle des vers à soie.

flacon n. m. – XIVe ; germ. *flaska* 1 Petit récipient ouvragé, de forme et de matière variables, fermé par un bouchon. ⇒ **fiole.** « *le cristal des flacons à bouchons de vermeil* » (Chardonne). ♦ Petite bouteille servant au conditionnement des liquides. *Il « saisit un flacon d'éther au milieu de sa pharmacie »* (Balz.). 2 Le contenant, la forme (par opposition au contenu). « *Aimer est le grand point, qu'importe la maîtresse ? Qu'importe le flacon pourvu qu'on ait l'ivresse* » (Muss.).

flaconnage n. m. – XIXe **1** Fabrication des flacons. *Flaconnage de luxe.* **2** Ensemble de flacons ; série de flacons.

flaconnier n. m. – 1906 **1** Ouvrier qui fait des flacons. **2** Étui contenant plusieurs flacons.

flafla ou **fla-fla** n. m. – XIXe ; de *fla* « coup de tambour » ▪ fam. Recherche de l'effet. ⇒ **chichi, chiqué, esbroufe, façon, tralala.** « *toutes les dames en grands atours faisaient mille chichis et flaflas* » (Céline). *Des fla-flas.*

flagada adj. – 1936 ; probablt du rad. *flac-*, lat. *flaccus* « flasque » ▪ fam. Sans force, fatigué. ⇒ **flapi, ramollo, raplapla.** *Elles sont flagadas.*

flagellaire adj. – XIXe ▪ Relatif au flagelle.

flagellant n. m. – XVIIe ▪ Membre d'une secte religieuse (XIIIe-XIVe s.), qui se flagellait en public.

flagellateur, trice n. et adj. – XVIe ▪ Personne qui flagelle. ♦ adj. Qui recourt à la flagellation. *Pratiques flagellatrices.*

flagellation n. f. – XIVe ▪ Action de flageller. ⇒ **fustigation.** *La flagellation de Jésus-Christ.* ♦ Action de se flageller (pour faire pénitence).

flagelle n. m. – XIXe ; lat. *flagellum* « fouet » ▪ Filament mobile servant d'organe locomoteur à certaines bactéries, aux protozoaires et aux spermatozoïdes.

flagellé, ée adj. et n. m. – XIXe ▪ Qui est muni d'un ou plusieurs flagelles. ➤ n. m. pl. *Les flagellés :* embranchement des protozoaires qui se déplacent par battement des flagelles. ⇒ **zoïde.**

flageller v. tr. [1] – XIVe ; lat. *flagellum* « fouet » ▪ Battre de coups de fouet. ⇒ **fouailler, fouetter, fustiger.** pronom. *Se flageller.*

flageolant, ante adj. – XIXe ▪ Qui flageole ; dont les jambes flageolent. ⇒ **chancelant.** *Le « bruit de pas flageolants qui le suivaient »* (Colette).

flageolement n. m. – XIXe ▪ Action, fait de flageoler. ⇒ **vacillement.**

flageoler v. intr. [1] – XVIIe ; de *flageolet* « jambe grêle » ▪ Trembler de faiblesse, de fatigue, de peur (jambes de l'homme, du cheval). *L'émotion « avait coupé les jambes à Angelo. Il les sentait flageoler sous lui à chaque pas »* (Giono).

① **flageolet** n. m. – XIIIe ; lat. *°flabeolum* « souffle » ▪ Flûte à bec, généralement percée de six trous.

② **flageolet** n. m. – XVIIIe ; crois. entre ① *flageolet* (allus. aux propriétés flatulentes des haricots) et un dér. soit du lat. *phaseolus* « haricot », soit du lat. *faba* « fève » ▪ Haricot nain très estimé, dont on consomme les grains imparfaitement mûrs. *Gigot aux flageolets.*

flagorner v. tr. [1] – XVe ; p.-ê. d'un crois. entre l'a. v. *flaer* « souffler » et *corner* « répandre une nouvelle » ▪ vieilli Flatter* bassement, servilement. « *Es-tu un prince pour qu'on te flagorne ?* » (Beaum.).

flagornerie n. f. – XVIe ▪ vieilli Flatterie grossière et basse.

flagorneur, euse n. et adj. – XVe ▪ vieilli Personne qui flagorne. ⇒ **flatteur.**

flagrance n. f. – XVIe ▪ État de ce qui est flagrant. *La flagrance du délit.*

❑ Ne pas confondre avec *fragrance* « odeur agréable ».

flagrant, ante adj. – XVe ; lat. *flagrare* « flamber » **1** Qui est commis, vient de se commettre sous les yeux mêmes de celui qui le constate. loc. *Flagrant délit*.* **2** Qui éclate aux yeux de tous, qui n'est pas niable. ⇒ **évident, incontestable, patent.** *Injustice, erreur flagrante.* « *ce désaccord flagrant entre vos opinions et votre conduite* » (Balz.).

flair n. m. – XIIe **1** Faculté de discerner par l'odeur. ⇒ **odorat.** *Le flair du chien.* **2** Aptitude instinctive à prévoir, deviner. ⇒ **intuition, perspicacité.** *Avoir du flair.* « *Cela ne se voyait point d'une façon manifeste, éclatante ; mais, avec son flair inquiet, elle le sentait et le devinait* » (Maupass.).

flairer v. tr. [1] – XIIe ; lat. *fragrare* **1** Discerner, reconnaître ou trouver par l'odeur. ⇒ **sentir.** « *le chien flaire mes vêtements et s'éloigne la queue basse* » (Balz.). ♦ Sentir avec insistance, comme fait un animal. ⇒ **humer, renifler.** « *Tous, le nez tourné vers le poêle où se rissolaient les alouettes, flairaient la bonne odeur* » (Zola). **2** Discerner (qqch.) par intuition. ⇒ **deviner, pressentir, sentir, soupçonner, subodorer.** *Flairer la bonne aubaine.* « *Dès le seuil, je flairai l'insolite* » (Gide). *Il a flairé qu'il y avait un danger.*

flamand, ande adj. et n. – XIe ; germ. *flaming* **1** De Flandre (française, belge ou néerlandaise). *Lille et Anvers, villes flamandes.* ➤ *École flamande :* école de peinture du XVe s. **2** De la Flandre belge. ♦ n. *Les Flamands et les Wallons.* ➤ n. m. *Le flamand :* ensemble des dialectes néerlandais parlés en Belgique (⇒ **flamingant**). ✪ HOM. Flamant.

❑ On emploie parfois *néerlandophone* opposé à *francophone*, mais les termes officiels sont *flamand* et *français*.

flamant n. m. – XVIe ; lat. *flamma* « flamme » ▪ Oiseau échassier palmipède *(phœnicoptériformes)*, au plumage généralement rose. ✪ HOM. Flamand.

flambage n. m. – XVIIIe **1** Action de flamber, de passer à la flamme. *Flambage d'un poulet.* **2** Déformation, courbure d'une pièce longue sous l'effet de la compression qu'elle subit en bout.

❑ À la place de *flambage* « déformation » on peut dire *flambement.*

flambant, ante adj. – XVIe **1** Qui flambe. ⇒ **ardent, brûlant.** ➤ *Charbon flambant,* et subst. *Flambant :* charbon qui produit de grandes flammes en brûlant (plus de 35% de matières volatiles). **2** *FLAMBANT NEUF :* tout neuf. *Maison flambant neuf* ou *flambant neuve.*

❑ Dans *flambant neuf, flambant* est toujours invariable et *neuf* peut varier en genre et en nombre ou rester invariable.

flambard n. m. – XIIIe ; de *flambe* **1** Charbon à demi consumé. **2** fam. et vieilli *Faire le flambard,* le fanfaron. ⇒ **crâneur.**

flambe n. f. – XIe ; lat. *flamma* « flamme » ▪ Épée à lame ondulée.

flambé, ée adj. – XVIe **1** Passé à la flamme. *Aiguille flambée.* ➤ *Bananes, crêpes flambées,* arrosées d'un alcool auquel on met le feu. **2** fam. Perdu, ruiné. *Un joueur flambé.*

flambeau n. m. – XIVe **1** Appareil d'éclairage portatif, formé d'une ou plusieurs mèches enduites de cire, de résine, que l'on utilisait autrefois. ⇒ **bougie, brandon, torche.** *À la lueur des flambeaux.* **2** littér. Ce qui éclaire (intellectuellement ou moralement). ⇒ **lumière.** « *Le savoir est le patrimoine de l'humanité, le flambeau qui éclaire le monde* » (Pasteur). ➤ loc. *Passer le flambeau à qqn,* lui laisser le soin d'assurer la continuité d'une action déjà commencée. **3** Chandelier. *Flambeau Louis XV, Louis XVI.* « *allumez deux bougies dans mes flambeaux d'argent* » (Mol.).

❑ La locution *passer le flambeau* fait allusion aux coureurs antiques qui se transmettaient le flambeau de main en main.

flambée n. f. – XIVe **1** Feu vif et assez bref. *Faire une flambée pour se réchauffer.* ⇒ **chaude.** **2** Explosion d'un sentiment violent, d'une action. *Flambée de colère.* ♦ *La flambée des cours de l'or, des prix,* leur hausse soudaine.

flamber v. [1] – XIIe ; de *flambe* **I** v. intr. **1** Brûler, être l'objet d'une combustion vive avec flammes et production de lumière. *Bois sec, papier qui flambe. Faire flamber une allumette.* ➛ « *Un feu clair flambait dans la cheminée de mon cabinet de travail* » (France). **2** littér. Être animé d'une vive ardeur. ⇒ **brûler.** « *Je flambais, je me hâtais, comme les gens qui doivent mourir jeunes et qui mettent les bouchées doubles* » (Radiguet). *Flamber de colère.* **3** *Prix qui flambent,* qui augmentent très rapidement. **II** v. tr. **1** Passer à la flamme. *Flamber une volaille,* pour brûler le duvet, les dernières plumes. **2** Arroser (un mets) d'alcool que l'on fait brûler. *Flamber un caneton au calvados.* ➛ *Faire flamber des crêpes.* **3** Dépenser follement. *Flamber une fortune en peu de temps.* ♦ Jouer gros jeu.

flamberge n. f. – XVIe ; nom de l'épée de Renaud de Montauban, altér. de *Froberge,* n. pr. germ., par attract. de *flamme* ▪ vx Longue épée. loc. *Mettre flamberge au vent* : tirer l'épée ; s'apprêter à se battre.

flambeur, euse n. – XIXe ▪ arg. Personne qui joue gros jeu.

flamboiement n. m. – XVIe ▪ Éclat de ce qui flamboie. *Le flamboiement d'un incendie, du soleil.*

flamboyant, ante adj. et n. m. – XIIe **1** Qui produit une vive lueur, un vif éclat. ⇒ ① **brillant, étincelant.** *Épée flamboyante.* ♦ Qui a l'éclat, la couleur d'une flamme. *Yeux flamboyants de haine.* ➛ D'une couleur rouge vif, qui évoque les flammes. ⇒ **rutilant.** « *Un coq aux plumes flamboyantes comme un chef de Peaux-Rouges* » (Renard). **2** En héraldique, Qui se termine par une flamme (en parlant d'une pièce ondée). **3** *Gothique flamboyant* : style caractéristique de l'architecture gothique française tardive (XVe s.), où certains ornements (soufflets, mouchettes) sont en forme de flamme. « *Cet édifice était le dernier monument du moyen âge, la dernière fusée lancée par le style gothique flamboyant, par le gothique déchu mais exaspéré de mourir* » (Huysm.). **4** n. m. Arbre tropical *(césalpinées)* à fleurs rouge vif.

flamboyer v. intr. [8] – XIe ; de *flambe* ▪ Jeter par intervalles des flammes, un reflet éclatant. *Bûches qui flamboient dans la cheminée. Métal qui flamboie au soleil.* ⇒ **scintiller.**

flamenco [flamɛnko] n. m. – XIXe ; mot esp. utilisé pour désigner les Gitans venus des Flandres ▪ Musique populaire andalouse héritée des Gitans, chantée et dansée. *Danseuse de flamenco.*

❑ Le mot a d'abord désigné en français la langue des Gitans (1890) et les Gitans eux-mêmes (1899).

flamiche n. f. – XVe ; de *flamme* ▪ région. (Nord) Tourte aux poireaux.

flamine n. m. – XIVe ; lat. *flare* « souffler (sur le feu sacré) » ▪ Prêtre attaché au service d'une divinité, dans l'Antiquité romaine.

flamingant, ante adj. et n. – XIIe ; de *flameng,* anc. forme de *flamand* **1** Où l'on parle flamand. *Belgique flamingante.* **2** n. Personne qui prône en matière politique, culturelle et linguistique la limitation de l'influence de la minorité francophone en Belgique (souvent péj.).

❑ Ce doublet de *flamand* est politiquement marqué et n'appartient pas aux textes officiels.

flamme n. f. – Xe ; lat. *flamma* **I - 1** Phénomène lumineux produit par une substance ou un mélange gazeux en combustion. *La lumière, la chaleur de la flamme. Dragon qui crache des flammes.* « *La flamme des bougies dansait et nos ombres informes rampaient au pied des murailles* » (Duham.). *Régler la flamme d'un briquet.* ➛ *Passer à la flamme.* ⇒ **flamber.** ♦ LES FLAMMES : l'incendie ; le feu qui détruit. *Édifice qui est la proie des flammes, dévoré par les flammes. Les flammes de l'enfer. En flammes.* ⇒ **enflammé.** ➛ loc. *Jeter, lancer feu et flammes* : être irrité, en colère. ♦ Flamme symbolique. *La flamme olympique.* **2** Éclat, brillant. *La flamme de son regard.* **3** Ardeur, feu. ⇒ ① **fougue.** « *Sa pensée est sans aile et son cœur est sans flamme* » (Hugo). *Parler avec flamme.* ♦ littér. Passion amoureuse, désir amoureux. ⇒ ① **feu.** « *leur flamme est mutuelle. Il adore Émilie, il est adoré d'elle* » (Corn.). *Déclarer sa flamme à qqn.* **II - 1** Petite banderole à deux pointes qui garnissait les lances, les mâts des navires. ⇒ **banderole.** mod. Pavillon long et étroit. **2** Ornement architectural long et ondé. **3** Petite ampoule électrique allongée et pointue. **4** Marque postale allongée, imprimée sur les lettres, généralement à côté de l'oblitération et portant souvent une légende, un symbole.

flammé, ée adj. – XIXe ▪ Qui a des taches allongées et ondoyantes. *Grès flammé.*

flammèche n. f. – XIIe ▪ Parcelle enflammée qui se détache d'un brasier, d'un foyer. « *Un pin se débat, craque, se tord, s'écroule dans une pétarade d'étincelles. Une flammèche fuse dans l'herbe sèche* » (Giono).

flammerole n. f. – XVIe ▪ vx ou région. Feu follet.

① **flan** n. m. – XIIe ; germ. *°flado* **1** Crème à base de lait, d'œufs et de farine, que l'on fait prendre au four. ⇒ **dariole.** *Flan aux pruneaux* (⇒ **far**), *aux cerises.* ♦ Crème moulée parfumée, cuite sur le feu. *Flan au caramel.* **2** Disque destiné à recevoir une empreinte par pression. *Flan d'une monnaie.* ♦ Carton que l'on applique sur des caractères mobiles afin d'en prendre l'empreinte pour le clichage. **3** loc. fam. *En être, en rester comme deux ronds de flan* : être stupéfait, muet d'étonnement. ✪ HOM. Flanc.

② **flan** n. m. – XVIIe ; rattaché à ① *flan,* o. i. ▪ fam. *C'est du flan,* de la blague. « *J'avais peut-être une petite chance que ça soye pas du tout du flan son départ en Chine !... qu'il m'embarque !... que ça se décide !* » (Céline). ♦ loc. adv. AU FLAN : au hasard. *Dire qqch. au flan.*

flanc [flɑ̃] n. m. – XIe ; germ. *°hlanka* « hanche » **1** Partie latérale du corps de l'homme et de certains animaux. ➛ Chacune des deux régions symétriques, droite et gauche, situées sous les côtes. *Se coucher sur le flanc,* sur le côté. ➛ loc. ÊTRE SUR LE FLANC, extrêmement fatigué. ⇒ **éreinté,** fam. **flapi.** fam. *Tirer au flanc* : chercher à échapper à une corvée ; paresser. ♦ Région latérale de l'abdomen et des côtes d'un animal. *Cheval qui bat des flancs,* essoufflé. **2** littér. Le ventre maternel. ⇒ **sein.** « *Croit-on que dans ses flancs un monstre m'ait porté ?* » (Rac.). **3** Partie latérale de certaines choses. *Flanc d'un vaisseau.* ⇒ **travers.** À FLANC DE : sur le flanc de. *À flanc de coteau.* **4** Côté droit ou gauche d'une troupe, d'une armée (opposé à *front*). ⇒ **aile.** *Sur son flanc droit.* ♦ PRÊTER LE FLANC : s'exposer (à qqch. de pénible, ou de dangereux). *Prêter le flanc à la critique.* **5** En héraldique, Une des divisions qui touchent au bord de l'écu, quand il est tiercé en pal. ✪ HOM. Flan.

flanc-garde [flɑ̃gaʀd] n. f. – XIXe ▪ Détachement militaire protégeant les flancs d'une troupe en marche. *Des flancs-gardes.*

flancher v. intr. [1] – XIXe ; germ. °*hlankjan* « ployer » ou de *flacher* « mollir » ▪ fam. Céder, faiblir. *Le cœur du malade a flanché brusquement.* ⇒ ① **lâcher.** *Il semblait résolu, mais il a flanché au dernier moment.* ⇒ **abandonner,** fam. se **dégonfler.**

flanchet n. m. – XIVe ; dimin. de *flanc* ▪ Morceau de bœuf, de veau, dans la surlonge, entre la poitrine et la tranche grasse.

flandrin n. m. – XVe ; de *Flandre* ▪ fam. Homme grand, d'allure gauche. *Grand flandrin.* ⇒ **dadais.**

> ❑ Ce terme injurieux vient de la réputation des valets flamands, souvent de grande taille. ♦ Souvent employé avec *grand.*

flanelle n. f. – XVIIe ; angl., du gallois *gwlân* « laine » ▪ Tissu de laine peignée ou cardée, peu serré, doux et pelucheux. *Pantalon de flanelle.*

> ❑ Les premières flanelles ont été fabriquées en Angleterre et aussitôt appréciées en France pour leur confort. ♦ Malgré son origine, *flanelle* avec son pseudo-suffixe diminutif (type *tourelle, prunelle*) a un air bien français.

flâner v. intr. [1] – XVIIe ; a. scand. *flana* « courir çà et là » **1** Se promener sans hâte, au hasard, en s'abandonnant à l'impression et au spectacle du moment. ⇒ **baguenauder,** se **balader, musarder.** « *il flânait dans Venise et s'y promenait en fumant des cigares* » (Balz.). **2** S'attarder, paresser. « *Il jouait le monsieur débordé de besogne, qui repassera une autre fois n'ayant pas le temps de flâner* » (Courtel.). ⇒ **lanterner, traîner.** ✪ CONTR. Hâter (se). Travailler.

flânerie n. f. – XVIe ▪ Action ou habitude de flâner ; promenade faite en flânant. « *L'ombre tiède du parc invitait à la flânerie* » (Mart. du G.).

flâneur, euse n. et adj. – XVIe ▪ Personne qui flâne, ou qui aime à flâner. ⇒ **badaud, promeneur.** « *Le Flâneur des deux rives* », ouvrage d'Apollinaire.

flanquement n. m. – XVIIIe ▪ Ouvrage défensif qui en flanque un autre.

① **flanquer** v. tr. [1] – XVIe **1** Garnir sur les flancs, à l'aide d'un ouvrage défensif, d'une construction. **2** Être sur le côté de (un ouvrage fortifié, un bâtiment). *Château flanqué d'une tour.* ➛ Se trouver près de, tout contre. « *Deux bergères en tapisserie flanquaient la cheminée en marbre* » (Flaub.). **3** Protéger sur le flanc (4°). *Détachement flanquant une colonne.* **4** Accompagner. (souv. péj.) *Chef de bande flanqué de ses acolytes.*

② **flanquer** v. tr. [1] – XVIe ; probablt de *flaquer* « lancer brusquement », avec infl. de *flanc* ▪ fam. **1** Lancer, jeter brutalement ou brusquement. ⇒ ① **ficher,** ① **foutre.** *Flanquer une gifle à qqn. Flanquer un employé à la porte.* « *Il l'avait empoigné par le bras, il le flanqua dehors* » (Zola). ➛ pronom. *Se flanquer par terre :* tomber. **2** Donner. ⇒ **coller.** *Flanquer la frousse à qqn.* « *Cet excès de belladone lui flanqua seulement une mémorable colique* » (Bazin).

flapi, ie adj. – XIXe ; de *flapir* « flétrir » ▪ fam. Épuisé, éreinté. ⇒ **flagada.**

flaque n. f. – XIVe ; lat. *flaccidus* « flasque » ▪ Petite nappe de liquide stagnant. *Chemin couvert de flaques d'eau. Flaques d'huile.* ➛ *Patauger dans les flaques* (d'eau).

flash n. m. – 1918 ; mot angl. **1** Lampe émettant une lumière brève et intense qui permet de prendre des photographies en milieu sombre, ou en intérieur ; appareil, dispositif associé à cette lampe. *Des flashs ou des flashes. Prendre une photo au flash.* ♦ Éclair produit par cet appareil. *Ébloui par les flashs.* ➛ loc. *Avoir un flash,* une idée soudaine, un souvenir qui revient. **2** Scène rapide d'un film. Plan de très courte durée (cinéma, télévision). *Flash publicitaire.* ⇒ **message, spot. 3** Message transmis en urgence (à la radio, à la télévision) pour annoncer une nouvelle importante. *Flash spécial.* **4** État de plaisir obtenu par absorption de drogue. ✪ HOM. Flache.

flashant, ante adj. – 1981 ▪ fam. Qui séduit, fait une grosse impression.

flash-back n. m. – 1923 ; mot angl. « scène de rappel (du passé) » ▪ Séquence d'un film évoquant un fait passé par rapport à l'action présentée. *Des flash-back, des flashs-back* ou *des flashes-back.*

> ❑ On recommande de dire *retour en arrière* (*rétrospective,* au Québec), mais le mot usuel est resté *flash-back.*

flasher v. [1] – 1983 **1** v. intr. fam. FLASHER SUR : être très intéressé par, avoir le coup de foudre pour. **2** v. tr. En imprimerie, Produire (des films, des bromures composés) à l'aide d'une photocomposeuse à laser.

① **flasque** adj. – XVe ; lat. *flaccidus* ▪ Qui manque de fermeté. ⇒ **avachi,** ① **mou.** *Peau flasque.* « *il n'y eut jamais de fleurs, rien qu'une tige flasque garnie de feuilles chlorotiques* » (Beckett). ✪ CONTR. Dur, ① ferme, raide, rigide, tendu.

② **flasque** n. f. – XVIe ; germ. *flaska* « flacon » ▪ Petit flacon plat.

③ **flasque** n. m. – XVe ; var. de *flacque* « partie plate, planche » **1** Chacune des deux pièces latérales d'un affût de canon. **2** Pièce mécanique verticale servant de support.

flatter v. tr. [1] – XIIe ; germ. *flat* « plat » **I** - **1** Louer excessivement ou faussement (qqn), pour plaire, séduire. ⇒ **encenser, flagorner.** *Flatter pour obtenir qqch. Il ne cesse de le flatter bassement.* « *Plus on aime quelqu'un, moins il faut qu'on le flatte* » (Mol.). *Vous me flattez !* votre compliment est aimable mais excessif. **2** Caresser (un animal) avec la main. *Un cheval* « *qu'il flatta, à plusieurs reprises, en lui frappant du plat de la main le col et la croupe* » (Gaut.). **3** Être agréable à, faire concevoir de la fierté ou de l'orgueil à. *Cette distinction me flatte et m'honore.* « *Rien ne flatte les gens davantage que l'intérêt que l'on prend, ou semble prendre, à leurs propos* » (Gide). ♦ FLATTÉ, ÉE. ⇒ **content, fier, satisfait.** « *ils s'empressèrent, très flattés de le voir chez eux* » (Zola). **4** Faire paraître plus beau que la réalité. ⇒ **avantager, embellir.** *Cette coiffure la flatte.* **5** Encourager, favoriser avec complaisance. « *Flattez les passions du moment, vous devenez partout un héros* » (Balz.). **6** Affecter agréablement (les sens). ⇒ **caresser, charmer.** *Vin qui flatte le palais.* **II** SE FLATTER v. pron. **1** SE FLATTER DE : être persuadé, se croire assuré de. ⇒ **penser, prétendre.** « *Il ne comprenait pas tout. Mais qui de nous peut se flatter de tout comprendre ?* » (France). **2** SE FLATTER DE : tirer orgueil, vanité de. ⇒ se **féliciter,** se **targuer.** « *Les plus rebelles, et qui se flattent de l'être* » (Suarès). **3** littér. « *On est accessible à la flatterie dans la mesure où soi-même on se flatte* » (Valéry). ✪ CONTR. Blâmer, critiquer.

flatterie n. f. – XIIIe ▪ Action de flatter ; louange fausse ou exagérée que l'on adresse à qqn par calcul. *De basses flatteries.* ⇒ **flagornerie.** *Il nous a fait mille flatteries.* « *On est accessible à la flatterie dans la mesure où soi-même on se flatte* » (Valéry). ✪ CONTR. ② Critique.

flatteur, euse n. et adj. – XIIIe **I** n. Personne qui flatte, qui donne des louanges exagérées ou fausses. ⇒ **enjôleur, flagorneur ;** fam. **fayot, lèche-botte, lèche-cul.** « *Les* *flatteurs cherchent à profiter de l'amour que les hommes ont pour les louanges* » (Mol.). **II** adj. **1** vieilli Qui loue avec exagération ou de façon intéressée. *Courtisans flatteurs.* ⇒ **obséquieux.** **2** Qui flatte l'amour-propre, l'orgueil. ⇒ **agréable, élogieux.** *Une comparaison flatteuse. Ce n'est pas flatteur !* **3** Qui embellit. *Un éclairage flatteur. Faire un tableau flatteur de la situation.* « *Les sveltes et musclés acrobates qui révèlent, sous un maillot nacré, les particularités les plus flatteuses de leur anatomie* » (Colette).

flatulence n. f. – XVIIIe ▪ Accumulation de gaz dans les intestins, se traduisant par un ballonnement abdominal et des flatuosités. ⇒ **météorisme.**

flatulent, ente adj. – XVIe ; lat. *flatus* « vent » ▪ Qui s'accompagne de gaz, qui en produit. *Dyspepsie, colique flatulente.*

flatuosité n. f. – XVIe ▪ Gaz accumulé dans les intestins ou expulsé du tube digestif. ⇒ **vent.**

flavescent, ente adj. – XIXe ; lat. *flavescere* « jaunir » ▪ littér. Qui tire sur le jaune, le blond. *Moissons flavescentes.* ⇒ **doré.** « *cette barbe bouclée, ardente, blonde, flavescente* » (Péguy).

flaveur n. f. – v. 1970 ; lat. *fla-* « odeur » et *savor* ▪ littér. Sensation provoquée conjointement par le goût et l'odeur d'un aliment.

flavine n. f. – XIXe ; lat. *flavus* « jaune » ▪ Pigment jaune présent dans les organismes vivants et qui intervient dans les processus biologiques d'oxydoréduction.

fléau n. m. – Xe ; lat. *flagellum* « fouet » **I** – **1** Instrument à battre les céréales, composé de deux bâtons liés bout à bout par des courroies. « *Un fléau, au long manche et au battoir de cornouiller, que des boucles de cuir reliaient entre eux* » (Zola). **2** *FLÉAU D'ARMES :* arme composée d'un manche et d'une chaîne au bout de laquelle était attachée une boule hérissée de clous. ⇒ **plombée, plommée.** **3** Pièce rigide (d'une balance) aux extrémités de laquelle sont fixés les plateaux. ⇒ **joug.** **II** – **1** Personne ou chose qui semble être l'instrument de la colère divine. **2** Calamité qui s'abat sur une population. ⇒ **catastrophe, désastre.** « *notre vie est assez courte pour qu'on puisse se passer du fléau de la guerre* » (Volt.). « *Quand on parle des grands fléaux dont souffre notre société, on cite la drogue, la violence, le tabac, l'alcool et les accidents de la route* » (Tournier). **3** Personne, chose funeste, redoutable. ⇒ **plaie.** « *Mon père était la terreur des domestiques, ma mère le fléau* » (Chateaub.). ➛ par exagér. *Quel fléau ce gosse !* ⇒ **poison.**

fléchage n. m. – 1951 ▪ Action de flécher un itinéraire ; ensemble des flèches indiquant un parcours.

① **flèche** n. f. – XIIe ; germ. *fliugika* « celle qui fuit » **I** – **1** Projectile de certaines armes de jet consistant en une tige munie d'une pointe à une extrémité et d'ailerons à l'autre. ⇒ **carreau, fléchette,** ① **trait.** *En forme de flèche.* ⇒ **sagittal, sagitté.** *Cupidon* « *tira de son carquois d'or la plus aiguë de ses flèches, il banda son arc* » (Fén.). *Tirer, décocher une flèche.* ♦ loc. *Partir, filer comme une flèche,* très vite. ➛ *MONTER EN FLÈCHE,* en ligne droite. fig. Augmenter très rapidement. *Prix qui montent en flèche.* ➛ *Faire flèche de tout bois :* utiliser tous les moyens disponibles, même s'ils ne sont pas adaptés. **2** fig. Trait d'esprit, raillerie, sarcasme. ⇒ **épigramme.** « *Trépignements du public à chaque flèche anticléricale* » (Gide). ♦ loc. fam. *Ça n'est pas une flèche !* ce n'est pas quelqu'un de très vif, de très intelligent. **3** ski Slalom géant ; récompense attribuée pour cette épreuve. **II** – **1** Ce qui est droit et pointu. ♦ Partie effilée d'un bas mât. *Mât, voile de flèche.* ♦ Comble pyramidal ou conique d'un clocher, d'une tour. ⇒ **aiguille.** « *la flèche aiguë de la cathédrale* » (Maupass.). **2** Ce qui avance en pointe, comme une flèche posée sur un arc. *La flèche d'un char, d'une charrette.* ⇒ **timon.** ➛ Partie de l'affût d'un canon qui sert à « asseoir » la pièce. ➛ fig. *Se trouver en flèche :* être à l'avant-garde (d'un mouvement, d'un groupe) (cf. À la pointe*). **3** Segment de droite qui joint le milieu de la corde à celui de l'arc de cercle qu'elle sous-tend. ➛ Hauteur verticale de la clef de voûte au-dessus des naissances de cette voûte. **4** Signe figurant une flèche et servant à indiquer un sens, ou à attirer l'attention sur un point. *Flèches de signalisation.*

❑ Les dérivés de *flèche* prennent un accent aigu : *fléchage, fléché, flécher, fléchette.*

② **flèche** n. f. – XIIe ; germ. ▪ Pièce de lard sur le côté du porc, de l'épaule à la cuisse.

fléché, ée adj. – 1933 ▪ Dont l'extrémité porte un signe en forme de pointe de flèche. ♦ Qui porte une flèche, est indiqué par des flèches. *Itinéraire fléché.*

flécher v. tr. 6 – XVIe ▪ Indiquer (une route à suivre) par des flèches, des panneaux de signalisation. ⇒ **baliser.**

fléchette n. f. – XIXe ▪ Petite flèche qui se lance à la main contre une cible. *Jeu de fléchettes.*

fléchi, ie adj. – 1916 ▪ Qui a subi une flexion (2°). *Formes fléchies du substantif* (⇒ ② **cas**), *du verbe* (⇒ **conjugué**).

fléchir v. 2 – XIIe ; lat. *flectere* « ployer, fléchir » **I** v. tr. **1** Faire plier progressivement sous un effort, une pression. ⇒ **courber, plier, ployer.** *Fléchir les bras, les jambes* (⇒ **flexion**). ➛ *FLÉCHIR LE GENOU, LES GENOUX.* ⇒ **s'agenouiller.** **2** fig. Faire céder peu à peu. ⇒ **adoucir.** *Fléchir ses juges.* « *Une jeune souris de peu d'expérience Crut fléchir un vieux chat, implorant sa clémence* » (La Font.). **II** v. intr. **1** Plier, se courber peu à peu sous un effort, une pression. ⇒ **arquer, plier, ployer.** *Poutre qui fléchit.* « *Toute la ramure est pesante de fruit* [sic]. *Elle va fléchir, craquer peut-être* » (Duham.). ♦ Se plier (membre). *Sentir ses genoux, ses jambes fléchir.* **2** fig. Perdre de sa force, de sa rigueur. ⇒ **céder, faiblir,** fam. **flancher.** « *Il fléchissait sous la pire épreuve qui pût accabler un prêtre : cette certitude que la masse des hommes n'ont pas besoin de lui* » (Mauriac). **3** Diminuer de valeur. ⇒ **baisser.** *Valeurs cotées en Bourse qui fléchissent.* ✪ CONTR. Dresser, redresser. Dominer, résister. Durcir, endurcir.

fléchissement n. m. – XIVe **1** Action de fléchir ; état d'un corps qui fléchit. ⇒ **courbure, flexion.** *Le fléchissement du genou.* **2** Fait de faiblir, de céder. *Le fléchissement de la volonté.* **3** ⇒ **baisse, diminution.** *Fléchissement des cours en Bourse.*

fléchisseur adj. et n. m. – XVIe ▪ *Muscle fléchisseur,* qui accomplit une flexion (opposé à extenseur). *Muscle fléchisseur du pouce* ou n. m. *le fléchisseur du pouce.*

flegmatique adj. – XIIe ▪ Qui contrôle facilement ses émotions. ⇒ ② **calme, impassible.** « *Calme, flegmatique, l'œil pur, la paupière immobile, c'était le type achevé de ces Anglais à sang-froid* » (J. Verne). ➛ *Tempérament flegmatique.* ➛ n. Personne qui a du flegme. ✪ CONTR. Émotif, excité, passionné.

flegmatiquement adv. – XVIIIe ▪ Avec flegme.

flegme n. m. – XIIIe ; gr. *phlegma* « humeur » **1** Lymphe (une des quatre humeurs de l'ancienne médecine). Mucosité qu'on expectore. ⇒ **pituite.** **2** Liquide obtenu par la première distillation d'un produit de fermentation alcoolique. **3** Tempérament, comportement d'une personne qui garde son sang-froid. ⇒ **impassibilité.** *Faire perdre son flegme à qqn.* ✪ CONTR. Exaltation, excitation.

flein n. m. – 1907 ; o. i. ▪ Petit panier, corbeille servant au conditionnement des fruits ou légumes fragiles.

flemmard, arde adj. et n. – XIXe ▪ fam. Qui n'aime pas faire d'efforts. ⇒ **paresseux ;** fam. **cossard, feignant.** ◆ n. *Bande de flemmards !*

❑ La graphie originelle *flémard* est vieillie.

flemmarder v. intr. [1] – 1905 ▪ fam. Paresser ; ne rien faire. ⇒ **buller.** « *Vous n'êtes pas payé pour flemmarder. – Je ne flemmarde pas, Monsieur, je reprends le souffle* » (Vian).

❑ On trouve aussi *flemmasser* : « *une semaine rien qu'à traînailler et flemmasser* » (Beckett).

flemmardise n. f. – mil. XXe ▪ fam. Comportement, conduite de flemmard. ⇒ **paresse.**

flemme n. f. – XVIIIe ; de *phlegma* → flegme ▪ fam. Grande paresse. ⇒ **fainéantise, indolence.** *Avoir la flemme, tirer sa flemme.*

fléole ou **phléole** n. f. – XVIIIe ; gr. *phleos* « roseau » ▪ Plante *(graminées)* herbacée, fourragère. « *le long du Beuvron, il va, les genoux caressés par les épillets des fléoles* » (Genev.).

flet n. m. – XIIIe ; néerl. *vlete* « sorte de raie » ▪ Poisson plat euryhalin *(pleuronectiformes)*, à la chair peu estimée.

flétan n. m. – XVIe ; néerl. ▪ Grand poisson plat des mers froides *(pleuronectiformes)*, à chair blanche et délicate. ⇒ région. **elbot.**

flétri, ie adj. – XIIIe **1** Qui a perdu sa sève, sa forme, ses couleurs. ⇒ **fané.** *Feuilles de salade flétries.* **2** Qui est flasque et ridé. « *L'architecture du visage demeure intacte sous la peau flétrie* » (Mauriac). ✪ CONTR. ① Frais. ① Lisse.

① **flétrir** v. tr. [2] – XIIe ; lat. *flaccidus* « flasque » **1** Faire perdre sa forme naturelle et ses couleurs à (une plante) en privant d'eau. ⇒ **faner, sécher.** *Le vent, la chaleur ont flétri ces fleurs.* ◆ pronom. Se faner. **2** littér. Dépouiller de son éclat, de sa fraîcheur. ⇒ **altérer, décolorer, ternir.** « *Elle avait des yeux vifs dans un visage de petite fille, que l'ennui flétrissait instantanément* » (Cocteau). ◆ pronom. *Beauté qui se flétrit.* **3** fig. et littér. Avilir. « *Le désir fleurit, la possession flétrit toutes choses* » (Proust).

② **flétrir** v. tr. [2] – XVIe ; germ. *flat* « plat » → flatter **1** Marquer (un criminel) d'un fer rouge. *On flétrissait les criminels à l'épaule.* **2** Vouer à l'opprobre. ⇒ **stigmatiser.** *Flétrir le nom de qqn.* ◆ Déshonorer. « *L'or aux mains flétrit plus que le fer sur l'épaule* » (Hugo). ✪ CONTR. Exalter, honorer, réhabiliter.

flétrissement n. m. – 1912 **1** Maladie (des plantes) par laquelle le végétal se flétrit. **2** littér. Fait de perdre sa jeunesse. *Le flétrissement de la peau.*

① **flétrissure** n. f. – XVe ; de ① *flétrir* **1** État d'une plante flétrie. **2** littér. Altération de la fraîcheur, de l'éclat (du teint, de la beauté). « *Seule une grande ferveur intellectuelle triomphe de la fatigue et de la flétrissure du corps* » (Gide). ✪ CONTR. Éclat, fraîcheur.

② **flétrissure** n. f. – XVe ; de ② *flétrir* **1** anciennt Marque au fer rouge. ⇒ **stigmate.** **2** vieilli Grave atteinte à la réputation, à l'honneur. ⇒ **déshonneur, opprobre.** ✪ CONTR. Considération, honneur.

fleur n. f. – XIe ; lat. *flos, floris* **I - 1** Production colorée, parfois odorante, de certains végétaux (souvent considérée avec la tige) ; organe caractéristique des végétaux supérieurs (phanérogames) comprenant des pièces protectrices et des pièces fertiles. ⇒ **-anthe, flor(i)- ; flore.** *Transformation de la fleur en fruit.* ◆ *Fleur en bouton, qui s'ouvre, s'épanouit* (⇒ **éclosion).** *Fleur qui se fane. Arbres en fleur(s).* ⇒ **fleuri.** *Parfum des fleurs. Couper, cueillir des fleurs. Bouquet de fleurs. Offrir des fleurs. Marché aux fleurs.* ◆ loc. *Être belle, fraîche comme une fleur.* **2** Plante qui porte des fleurs (belles, grandes). *Cultiver, arroser des fleurs. Fleurs coupées. Massif de fleurs. Fleurs en pot. Bac à fleurs.* **3** Reproduction, imitation de cette partie du végétal. *Fleurs artificielles. Papier, tissu à fleurs. Assiettes à fleurs.* ◆ *FLEUR DE LYS.* ⇒ **lis.** **4** par métaph. *Couvrir qqn de fleurs.* ⇒ **complimenter.** ♦ adjt *Il est très fleur bleue.* ⇒ **sentimental.** « *Le côté fleur bleue de ses états d'âme* » (A. Jardin). ♦ fam. *COMME UNE FLEUR* : très facilement. *Arriver premier comme une fleur.* ♦ loc. fam. *FAIRE UNE FLEUR À QQN* : accorder une faveur, un avantage. **5** Ornement poétique. *Les fleurs de rhétorique.* **6** *À LA, DANS LA FLEUR DE* : en plein épanouissement. *Mourir à la fleur de l'âge,* en pleine jeunesse. « *Qu'est-ce que cela, soixante ans ? C'est la fleur de l'âge cela* » (Mol.). **7** Ce qu'il y a de meilleur, de plus beau. *La fleur d'une civilisation, des arts.* « *je n'accepte que la fleur de tout plaisir et le meilleur de ce qu'il y a de mieux* » (Colette). ◆ loc. *La fine fleur de qqch.* : ce qu'il y a de mieux parmi le meilleur. ⇒ **nec plus ultra.** *La fine fleur de la société.* ⇒ fam. **gratin.** ♦ spécialt *FLEUR DE FARINE* : farine très blanche et très fine. ◆ (En chimie ancienne) *Fleur de chaux, de plâtre, de soufre.* **II** *Fleurs de vin, de vinaigre* : mycodermes qui se développent à la surface du vin, du vinaigre. **III - 1** *À FLEUR DE* : presque au niveau de, sur le même plan que (⇒ **affleurer, effleurer).** *Écueils à fleur d'eau.* fig. *Sensibilité à fleur de peau,* qui réagit à la plus petite excitation. *Avoir les nerfs à fleur de peau.* **2** Dessus, côté du poil d'une peau tannée. *La fleur d'une peau* (opposé à *croûte*).

❑ En principe on écrit *en fleurs* quand il s'agit d'espèces diverses *(Les vergers sont en fleurs),* et *en fleur* quand il s'agit de fleurs d'une même espèce *(Les pommiers sont en fleur)* ; mais cette règle n'est pas toujours respectée, et *en fleurs* tend à se généraliser.

① **fleurage** n. m. – XVIe ▪ Ensemble de fleurs décoratives, sur un tapis, une tenture.

② **fleurage** n. m. – XIXe ▪ Son fin qui sert à saupoudrer le pain.

fleurdelisé, ée adj. – XVIe ▪ Orné de fleurs de lys.

❑ Pour la graphie → lis ou lys (rem.).

fleurer v. tr. [1] – XIVe ; lat. *flatare* « souffler » ▪ littér. Répandre (une odeur agréable). ⇒ **exhaler, sentir ; embaumer.** *Fleurer bon.* « *leur bouillon qui fleurait un peu le céleri, un peu la noix de muscade* » (Colette). fig. *Il « aimait tout ce qui fleurait l'intrigue et le théâtre »* (Duham.).

❑ L'étymologie populaire rapproche ce mot de *fleur* (« sentir bon comme une fleur »).

fleuret n. m. – XVIe ; it. *fioretto* « petite fleur » **1** anciennt Épée à lame de section carrée, au bout garni d'un bouton de cuir (⇒ **mouche)** pour s'exercer. ♦ auj. Épée d'escrime. **2** Tige d'acier montée sur les engins mécaniques, servant à creuser des trous de mine.

fleurette n. f. – XIIe **I - 1** Petite fleur. ♦ *Fleurettes du chou-fleur, du brocoli.* **2** *Conter fleurette à une femme,* la courtiser. **II** en appos. *Crème fleurette* : première crème très fluide qui se forme au-dessus du lait.

fleuri, ie adj. – XIIe **1** En fleurs. *Arbre fleuri.* ◆ Couvert de fleurs. *Pré fleuri. Des palissades « fleuries de tubéreuses, de roses »* (Sév.). **2** Garni de fleurs. *Un corso fleuri.* ◆ Orné de fleurs représentées. *Les femmes « étaient vêtues de robes légères et fleuries »* (Mac Orlan). **3** fig. Qui a la fraîcheur, les vives couleurs de la santé. « *le teint fleuri, la lèvre gaie et vermeille* »

(Romains). ⇒ **florissant ; coloré,** ① **frais, vermeil. 4** Très orné. fig. *Style fleuri.* ⇒ **précieux.**

fleurir v. [2] – XIIe **1** v. intr. Produire des fleurs, être en fleur (plante). ⇒ **floraison.** *Plante qui fleurit à l'automne.* ♦ S'ouvrir (fleurs). ⇒ **éclore,** s'**épanouir. 2** Se couvrir de poils, de boutons, etc. *Un nez qui fleurit.* ⇒ **bourgeonner. 3** Éclore et s'épanouir comme une fleur. « *Sur ce visage volontaire, fleurit parfois un sourire de profonde et délicate bonté* » (Duham.). **4** fig. Être dans tout son éclat, dans toute sa splendeur ; être en honneur, en vogue. ⇒ **prospérer** (cf. Faire florès). *À cette époque les arts fleurissaient* (⇒ **florissant). 5** v. tr. Orner de fleurs, d'une fleur. *Fleurir une table. Fleurir une tombe.* ✪ CONTR. Défleurir, faner (se). Dépérir, mourir.

❑ Au sens « prospérer », l'ancienne variante *florir* est employée surtout à l'imparfait : « *à cette époque florissait une société de jeunes gens riches* » (Balzac). → florissant.

fleuriste n. – XVIIe **1** Personne qui cultive des fleurs pour les vendre. ⇒ **horticulteur.** ➛ Personne qui fait le commerce des fleurs, prépare les bouquets. **2** Personne qui fait ou vend des fleurs artificielles.

fleuron n. m. – XIVe **1** Ornement en forme de fleur. *Fleurons d'une couronne.* ➛ *Le plus beau fleuron* (d'une collection) : l'élément le plus précieux, le plus beau. **2** Élément floral du capitule de certaines composées. *Les fleurons du bleuet.*

fleuronné, ée adj. – XVe ▪ Orné, formé de fleurons.

fleuve n. m. – XIIe ; lat. **1** Grande rivière (remarquable par le nombre de ses affluents, l'importance de son débit, la longueur de son cours) ; spécialt lorsqu'elle aboutit à la mer. *Source, lit d'un fleuve* (⇒ **fluvial).** *Bords, rives d'un fleuve. Fleuve qui arrose, baigne une région. Rivière qui se jette dans un fleuve.* ⇒ **affluent.** *Fleuve navigable.* ♦ Cours d'eau (même petit) aboutissant à la mer. *Fleuve côtier.* **2** littér. Ce qui coule, ce qui est répandu en abondance. ⇒ **flot.** *Fleuve de sang.* ➛ *Le fleuve du temps, de la vie.* « *par les quais coulait un fleuve d'êtres humains se dirigeant vers le Nil* » (Gaut.). ♦ (en composition avec un nom) Qui semble ne pas avoir de fin. *Un discours-fleuve.*

flexibiliser v. tr. [1] – 1984 ▪ Rendre flexible (les horaires, l'emploi...).

flexibilité n. f. – XIVe ▪ Caractère de ce qui est flexible. ⇒ **élasticité, souplesse.** *Flexibilité de l'osier. La flexibilité des horaires de travail.*

flexible adj. – XIVe ; lat. *flectere* → fléchir **1** Qui se laisse courber, plier. ⇒ **élastique, souple.** *Lame d'acier flexible. Cou flexible. Rendre flexible.* ⇒ **assouplir.** *Une femme* « *mince, allongée, flexible comme un jonc de rivière* » (From.). ♦ *Une transmission flexible* ou n. m. *un flexible* : tube souple réunissant deux pièces. *Un flexible de douche.* **2** fig. Qui s'adapte facilement aux circonstances. ⇒ **malléable, souple.** *Caractère flexible.* **3** Que l'on peut changer pour adapter aux circonstances. *Horaire flexible.* ⇒ **aménagé.** ✪ CONTR. Inflexible. Dur, rigide.

flexion n. f. – XVe **1** Mouvement par lequel une chose fléchit ; état de ce qui est fléchi. ⇒ **fléchissement.** *Flexion d'un ressort.* ➛ (opposé à *extension*). *Flexion de l'avant-bras, de la jambe, du genou.* **2** Modification d'un mot à l'aide d'éléments (⇒ **désinence)** qui expriment certains aspects et rapports grammaticaux. *Flexion verbale* (⇒ **conjugaison).** *Langue à flexions.* ⇒ **flexionnel.**

flexionnel, elle adj. – XIXe ▪ Qui présente des flexions (2°). *Langue flexionnelle,* qui exprime les rapports grammaticaux par des flexions. ⇒ ② **casuel.**

flexueux, euse adj. – XVIe ▪ littér. Qui présente des courbures en divers sens. ⇒ **sinueux.** « *Les plantes grimpantes, sortes d'ipomées ou cucurbitacées flexueuses à larges feuilles* » (Gide).

flexure n. f. – XIXe ; lat. « courbure » ▪ Pli monoclinal. *Flexure continentale :* zone mobile où l'enveloppe des continents et du fond des océans change de sens de courbure.

flibuste n. f. – XVIIe ▪ Piraterie des flibustiers ; ensemble des flibustiers. « *Un beau château fort du temps de la flibuste* » (Leiris).

flibustier n. m. – XVIIe ; néerl. *vrijbuiter* « qui fait du butin librement » ▪ Pirate des côtes espagnoles d'Amérique, du XVIe au XVIIIe s. ⇒ **boucanier, corsaire.**

flic n. m. – XIXe ; p.-ê. all. *Fliege* « mouche, policier » **1** fam. Agent de police et par ext. Policier. ⇒ **cogne, poulet ;** arg. **vache.** *Appeler les flics. Flic en civil. Car de flics.* « *Les flics comme une nuée s'étaient abattus sur ce coin de Montmartre* [...] *les gens fuyaient sous les coups de matraque* » (Aragon). ➛ appos. *Une femme flic* (ou *fliquesse*). **2** par ext. péj. Personne qui aime faire régner l'ordre et punir. *C'est un vrai flic !* (⇒ **flicage, fliquer).**

flicage n. m. – v. 1970 ▪ fam. Surveillance exercée par la police. ♦ péj. Surveillance systématique et répressive.

flicaille n. f. – 1939 ▪ péj. et fam. Ensemble des agents de police.

flic flac [flikflak] interj. – XVIIe ▪ fam. Exprime un clapotement, un bruit d'eau.

flingue n. m. – XIXe ; all. *flinke, flingge* « pierre à aiguiser » ▪ fam. Fusil. ➛ Arme à feu. ⇒ **pétard.**

flinguer v. tr. [1] – 1947 **1** fam. Tirer sur (qqn) avec un flingue, une arme à feu. ➛ pronom. *Se flinguer :* se suicider avec une arme à feu. **2** fam. Détruire (qqch.). *Il a flingué sa bagnole.* ⇒ **bousiller, fusiller. 3** Critiquer violemment (qqn). ⇒ **démolir.**

flingueur, euse n. et adj. – 1963 ▪ fam. Qui use d'armes à feu. « *Les Tontons flingueurs* », film de G. Lautner.

flint-glass [flintglas] n. m. inv. ou **flint** [flint] n. m. – XVIIIe ; angl. *flint* « silex » et *glass* « verre » ▪ Verre à base de plomb, servant à faire des lentilles d'optique.

flip [flip] n. m. – v. 1975, de ② *flipper* ▪ fam. État de dépression consécutif à l'absorption de stupéfiants. ♦ par ext. Déprime.

① **flipper** [flipœʀ] n. m. – 1964 ; mot angl., de *to flip* « secouer » ▪ Mécanisme d'un billard électrique qui sert à renvoyer la bille. ➛ Le billard lui-même. *Jouer au flipper.*

❑ Ce mot ne se dit pas en anglais pour la machine, qui s'appelle *pin ball machine.* ♦ En français, *flipper* est souvent abrégé en *flip* [flip].

② **flipper** [flipe] v. intr. [1] – v. 1970 ; angl. *to flip* « secouer, agiter » ▪ fam. **1** Être abattu, déprimé lorsque la drogue a fini son effet. **2** par ext. Être déprimé. ♦ Être angoissé. *Flipper avant de passer un examen.*

fliquer v. tr. [1] – v. 1970 ; de *flic* ▪ fam. Exercer une surveillance policière sur. ♦ Exercer une surveillance répressive sur (qqn).

fliquesse → **flic**

flirt [flœʀt] n. m. – XIXe **1** Relation amoureuse plus ou moins chaste, généralement dénuée de sentiments profonds. « *un flirt sans conséquence, ça peut avoir sa poésie* » (Romains). **2** Personne avec laquelle on flirte. ⇒ **amoureux.**

flirter [flœʀte] v. intr. [1] – XIXe ; angl. *to flirt* « jeter ; agiter » ▪ Avoir un flirt (avec qqn). « *Le boulanger cassait de* *temps en temps la gueule au receveur-buraliste qui flirtait avec sa femme* » (Aragon). ➛ *Adolescents qui commencent à flirter.* ♦ fig. Chercher à plaire à (un groupe). *Ministre qui flirte avec l'opposition.*

❏ Certains ont voulu rattacher le verbe anglais *to flirt* (XVIe s.), d'origine obscure, au moyen français *fleureter* (XVIe s. « voler de fleur en fleur ») mais celui-ci n'a eu le sens de « faire la cour » qu'à la fin du XIXe s. alors que *to flirt* avait déjà ce sens au XVIIIe siècle.

floc interj. – XVe ▪ Exprime le bruit d'un plongeon. ⇒ **plouf.** ➛ subst. *Un gros floc dans l'eau.*

flocage n. m. – 1938 ; angl. *flock* « bourre de laine » ▪ Procédé qui donne à une surface l'aspect du velours.

① **floche** adj. – XVIe ; lat. *fluxus* « mou, lâche » ▪ Dont la torsion est faible (en parlant d'un fil). « *la serviette turque brodée de soie floche* » (Gaut.). ✪ HOM. Flush.

② **floche** n. f. – XIVe ; lat. *floccus* « flocon de laine » ▪ région. Amas floconneux. *Des floches de brume.*

flock-book [flɔkbuk] n. m. – 1921 ; angl. *flock* « troupeau » et *book* « livre » ▪ Livre généalogique pour les moutons, les brebis et les chèvres. *Des flock-books.*

flocon n. m. – XIIe ; lat. *floccus* 1 Petite touffe de laine, de soie, de coton. 2 Petite masse peu dense (de neige, vapeur, etc.). *La neige tombait à gros flocons.* 3 Petite lamelle (de céréales). *Flocons d'avoine, de maïs* (⇒ **corn-flakes**). ♦ *Purée en flocons.*

floconner v. intr. [1] – XVe ▪ Former des flocons. « *Quelques légers moutons floconnent sur le bleu pâturage de la mer* » (Gaut.).

floconneux, euse adj. – XVIIIe ▪ Qui est en flocons, ou ressemble à des flocons. *Nuages floconneux.*

floculation n. f. – 1908 ▪ Rassemblement, sous forme de petits flocons, des particules d'une suspension colloïdale. ⇒ **agglutination, précipitation.**

floculer v. intr. [1] – 1911 ; du lat. *flocculus* « petit flocon » ▪ Précipiter par floculation.

flonflon n. m. – XVIIe ; onomat. ▪ au plur. Accords bruyants de certains morceaux de musique populaire. *Les flonflons du bal.*

flop [flɔp] interj. et n. m. – 1952 ; angl. *to flop* « se laisser tomber » 1 Bruit de chute (notamment de choses molles, pâteuses) ou bruit analogue. ⇒ **floc.** 2 n. m. Échec. ⇒ **bide, four.** *Le film fit un flop retentissant.*

flopée n. f. – XIXe ; lat. *faluppa* → flapi ▪ fam. Grande quantité. ⇒ **multitude.** *Avoir une flopée de mômes.*

floraison n. f. – XVIIIe 1 Épanouissement des fleurs. *Les pommiers* « *étaient en pleine floraison, d'un luxe inouï, les pieds dans la boue et en toilette de bal* » (Proust). 2 fig. Épanouissement. *Une floraison de talents.*

floral, ale, aux adj. – XVIe 1 *Jeux floraux* : concours littéraire toulousain (les lauréats reçoivent une fleur d'or, d'argent). ♦ Qui présente des fleurs, est composé de fleurs. *Parc floral. Art floral.* 2 Qui appartient à la fleur ou qui la concerne. *Enveloppe florale.* ⇒ **périanthe.**

floralies n. f. pl. – XIXe ▪ Exposition de fleurs.

flore n. f. – XVIIIe 1 Ensemble des espèces végétales qui croissent dans une région déterminée. *Étudier la flore alpestre. Flore marine.* 2 Ensemble des micro-organismes vivant dans un écosystème donné. *Flore intestinale.* ⇒ **microflore.**

floréal n. m. – XVIIIe ▪ Huitième mois du calendrier républicain (du 20 ou 21 avril, suivant les années, au 19 ou 20 mai). *Des floréals.*

florès [flɔʀɛs] n. m. – XVIIe ; lat. *floridus* « fleuri » ▪ loc. littér. *Faire florès* : obtenir des succès, de la réputation. ⇒ **briller, réussir.** « *Je vous trouve jolie comme un amour ! Vous allez faire florès à Rouen* » (Flaub.).

❏ Pour la prononciation → faciès (rem.).

flor(i)- Élément, du lat. *flos, floris* « fleur ».

floricole adj. – XIXe ▪ Qui vit sur les fleurs. *Insecte floricole.*

floriculture n. f. – XIXe ▪ Branche de l'horticulture qui s'occupe de la culture des fleurs, des plantes d'ornement.

florifère adj. – XVIIIe ▪ Qui porte des fleurs. *Tige florifère.* ➛ Qui donne beaucoup de fleurs. *Plante florifère.*

florilège n. m. – XVIIe ; lat. *flos* « fleur » ▪ Recueil de pièces choisies. ⇒ **anthologie.**

florin n. m. – XIIIe ; it. *fiore* « fleur » ▪ Unité monétaire des Pays-Bas.

❏ Le mot désignait l'ancienne monnaie florentine marquée d'un lis (fleur qui figure sur les armes de Florence), qui se répandit dans les États italiens et européens.

florissant, ante adj. – XIIIe 1 Qui fleurit (fig.), est en plein épanouissement, en pleine prospérité. *Pays florissant.* ⇒ **heureux, prospère.** *Commerce florissant.* « *En face de lui s'étalait, florissante et hilare, la famille du pharmacien* » (Flaub.). 2 *Santé florissante,* très bonne. ➛ par ext. *Une mine florissante.* ⇒ **fleuri ; rayonnant, resplendissant.** ✪ CONTR. Pauvre.

❏ *Florir* est une ancienne variante de *fleurir.* → fleurir (rem.).

flosculeux, euse adj. – XVIIIe ; lat. *flos* « fleur » ▪ Qui est uniquement composé de fleurons (2°). *Fleur flosculeuse.*

flot n. m. – XIIe ; germ. *fluod* « fleuve » 1 au plur. Eaux en mouvement. ⇒ **lame, onde,** ① **vague.** *Les flots de la mer, d'un lac.* ➛ poét. La mer. *Naviguer sur les flots.* ♦ au sing. ⇒ ② **courant.** *Le flot monte.* ➛ par ext. *Un flot de lave* (⇒ **coulée**). ♦ *Le flot* : la marée montante (opposé à *jusant*). ⇒ **flux.** 2 Ce qui est ondoyant, se déroule en vagues. *Des flots de ruban.* 3 Quantité considérable de liquide versé, répandu. ⇒ **déluge, fleuve, torrent.** ♦ *Verser des flots de larmes.* ➛ *Événement qui fait couler des flots d'encre,* sur lequel on écrit beaucoup. 4 Ce qui est comparé aux flots (écoulement abondant). ⇒ **affluence, fleuve.** *Flots de lumière.* ➛ « *Du passage souterrain jaillissait, sans trêve, un flot de voyageurs* » (Mart. du G.). ⇒ **foule.** ♦ *Un flot de souvenirs.* « *Son long silence creva en un flot de paroles* » (Zola). ⇒ **débordement, torrent.** ♦ loc. adv. *À flots.* ⇒ **abondamment.** *Le soleil entre à flots.* 5 loc. adj. *À FLOT* : qui flotte. *Navire à flot. Remettre à flot un bateau.* ⇒ **renflouer.** ➛ loc. fig. *Être à flot* : cesser d'être submergé par les difficultés (d'argent, de travail). *Remettre à flot* (qqn, une entreprise). ⇒ **renflouer.**

flottable adj. – XVIe 1 Sur lequel du bois peut flotter. *Cours d'eau navigable et flottable.* 2 Qui peut flotter. ⇒ **insubmersible.**

flottage n. m. – XVIe ▪ Transport par eau de bois flotté. ⇒ région. ② **drave.**

flottaison n. f. – XVe ▪ Intersection de la surface externe d'un navire à flot avec le plan horizontal d'une eau tranquille. ➛ cour. *Ligne de flottaison,* que le niveau de l'eau trace sur la coque d'un bâtiment.

flottant, ante adj. – XVIe 1 Qui flotte. *Glaces flottantes.* ⇒ **iceberg.** *Bois flottants. Pêche à la ligne flottante.* ♦ *ÎLE FLOTTANTE* : entremets composé de blancs d'œufs battus en neige flottant sur une crème anglaise. ➛ *Les grands paquebots, villes flottantes.* 2 Qui flotte dans les airs au gré du vent. *Brume flottante.* ➛ Qui ondoie librement. *Cheveux flottants.* ➛ *Vêtement flottant.* ⇒ **ample,** ③ **vague.** **3** fig. Qui n'est pas fixe ou assuré. *Effectifs flottants.* ⇒ **fluctuant, variable.** ➛ *Dette flottante :* dette à court terme de l'État, dont le montant fluctue au rythme des souscriptions et des remboursements (opposé à *dette consolidée*). *Capitaux flottants,* qui se déplacent d'une place financière à une autre. ♦ Incertain dans ses jugements, ses décisions. ⇒ **hésitant, indécis, irrésolu.** « *Vous avez toujours été flottant en politique* » (Fén.). ➛ Qui ne s'applique, ne s'arrête à rien de précis. « *Les pensées flottantes, les songes sans formes* » (Taine). ✪ CONTR. ① Fixe, ① précis, sûr.

① **flotte** n. f. – XIIe **1** Réunion de navires de guerre ou de commerce naviguant ensemble, destinés aux mêmes opérations ou se livrant à la même activité. *La flotte de la Méditerranée.* ⇒ **escadre.** **2** par ext. Ensemble des forces navales d'un pays. *La flotte de guerre,* ou absolt *la Flotte.* ⇒ ① **marine.** *Flotte marchande.* **3** *Flotte aérienne :* formation d'avions, ensemble des forces aériennes.

② **flotte** n. f. – XIIIe **1** vieilli Flotteur. *Ligne de pêche munie d'une flotte.* ⇒ **bouchon.** **2** région. Train de bois flottant.

③ **flotte** n. f. – XIXe ▪ fam. Eau. *Boire de la flotte.* ♦ Pluie.

flottement n. m. – XIVe ; de ① *flotter* **1** Mouvement d'ondulation. ⇒ **agitation, balancement.** *Le flottement d'un drapeau.* ➛ *Il y a du flottement dans les rangs,* un mouvement d'ondulation qui rompt l'alignement. **2** fig. État incertain dû à des hésitations. ⇒ **incertitude, indécision.** *Flottement dans les opinions de qqn. Il y a du flottement.* « *Ils s'habituent à la responsabilité que vous leur donnez, après un temps de flottement* » (Romains). **3** État d'une monnaie dont la valeur fluctue. *Le flottement du franc.*

① **flotter** v. [1] – XIIe **I** v. intr. **1** Être porté sur un liquide. ⇒ **surnager.** *Flotter à la surface de l'eau. Faire flotter une bouée.* « *La blanche Ophélia flotte comme un grand lys* » (Rimb.). **2** Être en suspension dans les airs. ⇒ ① **voler.** *Brume qui flotte au-dessus des prés.* ➛ « *Il flottait encore dans l'air un reste d'encens* » (Green). **3** Bouger, remuer au gré du vent. ⇒ **ondoyer, onduler.** *Drapeaux qui flottent.* « *L'autre, dont les cheveux flottent sur les épaules* » (France). ♦ Être libre, non ajusté. *Vêtements amples qui flottent autour du corps.* ➛ *Flotter dans son pantalon.* ⇒ **nager.** **4** Être instable, errer. *Un sourire flottait sur ses lèvres.* ➛ *Laisser flotter son attention,* renoncer à la contrôler. ♦ Hésiter. « *flottant toujours entre la faiblesse et le courage* » (Rouss.). **5** Fluctuer selon l'offre et la demande, en parlant d'une monnaie. *Laisser flotter le franc.* **II** v. tr. *Flotter du bois,* le lâcher dans un cours d'eau pour qu'il soit transporté. ⇒ région. **draver.** ➛ *Bois flotté.* ✪ CONTR. Couler, sombrer. Fixer (se). Liquider (se).

② **flotter** v. impers. [1] – XIXe ; o. i. ▪ fam. Pleuvoir abondamment. *Il a flotté toute la journée.*

① **flotteur** n. m. – XVe ▪ Ouvrier employé au transport du bois par flottage.

> ❑ Au Canada on dit aussi *draveur**.

② **flotteur** n. m. – XIXe **1** Objet conçu pour flotter à la surface de l'eau. ⇒ **bouée,** ② **flotte.** *Flotteur d'une ligne de pêche.* ➛ *Flotteur de chasse d'eau.* ♦ Organe qui repose sur l'eau et fait flotter un véhicule. *Les flotteurs d'un hydravion, d'un pédalo, d'un catamaran.* **2** Corps solide dont la densité est plus faible que celle d'un liquide.

flottille n. f. – XVIIe ▪ Réunion de petits navires. ♦ Formation aérienne (dans l'aéronavale). ⇒ **escadrille.**

flou, floue adj. et n. m. – XVIIe ; lat. *flavus* « jauni », d'où « fané, flétri » **1** arts Dont les contours sont adoucis, estompés. ⇒ **fondu.** ➛ subst. « *Ce "flou" délicieux des peintures de Lawrence, en harmonie avec la douceur de son caractère* » (Balz.). **2** Dont le contour est peu net. « *Elle était tout étourdie.* [...] *Autour d'elle, tout était flou et chancelait, les arbres, les façades des maisons* » (Mart. du G.). *Photo floue.* ➛ n. m. Diminution de la netteté des images dans un but esthétique. *Effet de flou.* loc. *Flou artistique.* fig. *Laisser les choses dans un flou artistique,* dans une imprécision volontaire. **3** Qui n'a pas de forme nette. *Coiffure floue.* **4** fig. Imprécis. ⇒ ③ **vague.** *Souvenir flou.* subst. *Laisser les choses dans le flou.* ✪ CONTR. Distinct, ② net, ① précis.

flouer v. tr. [1] – XVIe ; p.-ê. lat. *fraudare* « tromper en fraudant » ▪ vx Voler (qqn) en le dupant. ⇒ **escroquer.** ♦ Tromper (moralement). ⇒ **duper.**

flouve n. f. – XVIIIe ; o. i. ▪ Plante monocotylédone *(graminées),* qui donne au foin son odeur particulière.

flouze n. m. – 1916 ; ar. *flus* « l'argent » ▪ pop. Argent. *Avoir du flouze.*

> ❑ On écrit aussi *flouse.* Comparer avec *partouze, partouse ; perlouze, perlouse.*

fluage n. m. – 1918 ; de *fluer* ▪ Déformation d'un métal soumis à de très fortes pressions.

fluate n. m. – XVIIIe ▪ Nom commercial des silicates de fluor.

fluctuant, ante adj. – XIVe **1** Qui varie, va d'un objet à un autre et revient au premier. ⇒ **changeant, hésitant, indécis.** *Être fluctuant dans ses opinions.* **2** Qui est sujet à des variations. ⇒ **flottant.** *Prix fluctuants.* ✪ CONTR. ① Ferme, invariable.

fluctuation n. f. – XIIe **1** rare Mouvement alternatif comparable à l'agitation des flots. **2** fig. Variations successives en sens contraire. ⇒ **changement.** *Fluctuations de l'opinion publique.* « *fluctuations de la sensibilité* » (Valéry). ➛ *Les fluctuations d'un marché, de la cote des changes.* **3** sc. Écart, variation (par rapport à une moyenne). *Mesurer les fluctuations d'une grandeur.* ⇒ **variance.**

fluctuer v. intr. [1] – XVIe ; lat. *fluere* « couler » ▪ Être fluctuant, changer. *Idées, opinions qui fluctuent.*

fluer v. intr. [1] – XIIIe ; lat. *fluere* « couler » ▪ littér. Couler, s'écouler. « *la petite rivière agaçante fluant sous ses fenêtres* » (Maupass.).

fluet, ette adj. – XVIIe ; altér. de *flouet,* de *flou* ▪ Mince et d'apparence frêle (corps ou partie du corps). ⇒ **délicat, gracile,** ② **grêle.** « *Petit et fluet, il rachetait sa piètre figure par cet air têtu qui sied aux Bourguignons* » (Balz.). ♦ Aigu et de faible intensité (son). *Une voix fluette.* ✪ CONTR. Épais.

fluide adj. et n. m. – XIVe ; lat. *fluere* → fluer **I** adj. **1** Qui n'est ni solide ni épais, coule aisément. *Huile très fluide.* **2** fig. Qui coule avec facilité et harmonie. *Style fluide.* ⇒ ① **coulant.** ♦ En économie, *Marché fluide.* ⇒ **liquide.** **3** En parlant de la circulation routière, Qui se fait à une cadence et à une vitesse régulières. *Circulation fluide sur l'autoroute de l'Ouest.* **II** n. m. **1** Corps qui épouse la forme de son contenant. ⇒ **gaz, liquide.** ♦ *Fluide glacial :* liquide à forte évaporation donnant une impression de froid intense. **2** Force, influence subtile, mystérieuse, qui émanerait des astres, des êtres ou des choses. ⇒ **émanation, flux, onde.** *Fluide astral.* « *relié à elle, même absent* [...] *par un fluide permanent* » (Jouhand.). ♦ Énergie occulte d'une personne. « *le fluide dégagé du médium en transe* » (Huysm.). *Avoir du fluide.* ✪ CONTR. Solide. Compact, concret, épais, visqueux.

fluidifiant, iante adj. – XIXe ▪ Propre à fluidifier. ➛ *Remède fluidifiant,* ou n. m. *un fluidifiant :* médicament qui rend plus fluides certaines sécrétions. ⇒ **expectorant.**

fluidifier v. tr. [7] – XIXe ■ Rendre fluide.

fluidité n. f. – XVIe ■ État de ce qui est fluide. *Fluidité du sang. Fluidité du trafic routier.* ➝ (opposé à *viscosité*) Degré de fluidité. ➝ fig. *La fluidité de la parole, d'un style.* « *La mélodie consiste en une certaine fluidité de sons coulants et doux comme le miel* » (Joubert). ♦ État d'un marché où la concurrence économique est parfaite. ✪ CONTR. Consistance, épaisseur.

fluor adj. et n. m. – XVIe ; mot lat. « écoulement » **1** adj. et n. VX Minéral fusible ou utilisable comme fondant. mod. *Spath fluor.* ⇒ **fluorine. 2** n. m. Élément atomique (F ; n° at. 9 ; m. at. 19) du groupe des halogènes, gaz toxique jaune pâle.

fluoration n. f. – 1968 ■ Adjonction de fluorures à l'eau de consommation pour prévenir les caries dentaires. ♦ Application protectrice de produits fluorés sur les dents.

fluoré, ée adj. – XIXe ■ Qui contient du fluor. *Dentifrice fluoré.*

fluorescéine n. f. – XIXe ■ Matière colorante fluorescente en solution.

fluorescence n. f. – XIXe ■ Luminescence d'une substance (solide, liquide ou gaz) sous l'influence de radiations. *Fluorescence obtenue par l'excitation de rayons ultraviolets.*

fluorescent, ente adj. – XIXe **1** Relatif à la fluorescence ; doué de fluorescence. *Lumière fluorescente* **(⇒ phosphorescent).** ♦ *Tube fluorescent.* ⇒ **néon.** *Écran de télévision fluorescent.* **2** Qui évoque la fluorescence. *Rose, vert, jaune fluorescent.* ➝ *Un feutre fluorescent.* ➝ abrév. fam. inv. FLUO. *Des tee-shirts fluo.*

fluorhydrique adj. – XIXe ■ *Acide fluorhydrique :* acide obtenu à partir de la fluorine, utilisé dans la gravure.

fluorine n. f. – XIXe ■ Fluorure de calcium naturel (cf. Spath* fluor). « *l'infinie variété des jaunes, du jaune serin au jaune miellé des orpiments cristallisés et des fluorines* » (Goncourt).

❑ On dit aussi *fluorite.*

fluorose n. f. – 1925 ■ Intoxication par le fluor et ses dérivés.

fluorure n. m. – XIXe ■ Sel de l'acide fluorhydrique.

fluotournage n. m. – mil. XXe ■ Usinage par déformation en vue d'obtenir des pièces de révolution.

flush [flœʃ ; flœʃ] n. m. – XIXe ; mot angl. ; o. i., p.-ê. de *flux* ■ Au poker, Réunion de cinq cartes de la même couleur. *Des flushs* ou *des flushes.* ✪ HOM. Floche.

❑ Ce mot est parfois écrit *floche* en français par attraction de deux autres mots homonymes (*soie floche* et *floche de brume*).

① **flûte** n. f. – XIIe ; o. i., p.-ê. onomat., avec l'initiale du lat. *flare* « souffler » **1** Instrument à vent formé d'un tube percé de plusieurs trous, ou de tubes d'inégale longueur. « *Ses pieds passaient l'un devant l'autre, au rythme de la flûte et d'une paire de crotales* » (Flaub.). *Flûte de Pan,* faite de roseaux de longueur décroissante. ⇒ **syrinx.** « *La Flûte enchantée* », *opéra de Mozart.* ➝ *Flûte à bec* ou *flûte douce :* flûte à embouchure en forme de bec. ➝ *Flûte traversière :* flûte en métal, à ouverture latérale. ➝ *Petite flûte.* ⇒ **piccolo. 2** Pain de forme mince et allongée. **3** Verre à pied, haut et étroit. *Une flûte à champagne.* **4** fam. plur. Les jambes. *Jouer des flûtes.* ⇒ **courir. 5** vieilli Interjection marquant l'impatience, la déception. ⇒ **mince, zut.**

② **flûte** n. f. – XVIe ; p.-ê. néerl. *fluit* ■ Navire de guerre qui servait au transport du matériel.

flûté, ée adj. – XVIIIe ■ Semblable au son de la flûte. *Une voix flûtée.* ⇒ **aigu.** « *la note flûtée d'une rainette* » (Tournier).

flûter v. tr. [1] – XVIIe ■ Produire, dire avec un son analogue à celui de la flûte.

flûtiau [flytjo] n. m. – XIIIe **1** Petite flûte sommaire. ⇒ **chalumeau. 2** Plantain d'eau.

flûtiste n. – XIXe ■ Instrumentiste qui joue de la flûte.

fluvial, iale, iaux adj. – XIIIe ■ Relatif aux fleuves, aux rivières. *Port fluvial.* ➝ Qui s'effectue sur un fleuve, une rivière. *Navigation fluviale.*

fluviatile adj. – XVIe ■ Qui vit ou pousse dans les eaux douces courantes ou au bord des fleuves, des rivières.

fluvioglaciaire adj. – XIXe ■ Qui provient à la fois de l'action des cours d'eau et des glaciers.

fluviomètre n. m. – XIXe ■ Appareil servant à mesurer les variations du niveau d'un cours d'eau.

fluviométrique adj. – XIXe ■ Relatif au niveau de l'eau, à ses variations, dans un cours d'eau. *Échelle fluviométrique.*

flux [fly] n. m. – XIVe ; lat. *fluere* « couler » **1** Action de couler. ⇒ **écoulement.** *Flux artériel, veineux. Flux menstruel :* les règles. **2** Grande quantité mouvante. ⇒ **abondance, afflux.** *Un flux de protestations.* ⇒ **débordement, flot.** *Contrôler le flux des nouveaux arrivants.* **3** Marée montante (opposé à *reflux*). « *le mouvement du flux et reflux est un balancement égal des eaux, une espèce d'oscillation régulière* » (Buff.). ➝ fig. *Flux et reflux d'opinions contraires.* ⇒ **fluctuation. 4** Quantité d'une grandeur scalaire ou vectorielle qui traverse pendant l'unité de temps une aire donnée. *Flux lumineux, énergétique, électrique.* **5** Ensemble des échanges des mouvements effectués dans les circuits de la vie économique. *Flux monétaires.* ➝ *Flux tendu :* réduction maximale des stocks.

fluxion n. f. – XIVe ; lat. *fluere* « couler » **1** Afflux de sang ou d'autres liquides en certains tissus. ⇒ **congestion.** ➝ VX *Fluxion de poitrine.* ⇒ **pneumonie. 2** Gonflement inflammatoire de la joue, provoqué par un abcès dentaire, une anesthésie locale.

fluxmètre n. m. – 1908 ■ Galvanomètre qui sert à mesurer des flux d'induction magnétique.

F. M. [ɛfɛm] n. f. inv. – mil. XXe ; sigle de l'angl. *Frequency Modulation* ■ Modulation de fréquence.

foc n. m. – XVIIIe ; néerl. ■ Voile triangulaire à l'avant du navire. *Il* « *ajouta un clinfoc au floc déjà tendu* » (Mac Orlan). *Foc d'artimon :* voile d'étai placée entre le grand mât et le mât d'artimon. ✪ HOM. Phoque.

focal, ale, aux adj. et n. f. – XIXe ; lat. *focus* « foyer » **1** Qui concerne le foyer, les foyers d'un instrument d'optique. ⇒ **bifocal.** ➝ n. f. Distance focale. *Objectif à focale variable.* ⇒ **zoom. 2** Relatif aux foyers d'une conique.

focaliser v. tr. [1] – 1929 ■ Concentrer en un point (foyer). ➝ pronom. *Faisceau lumineux qui se focalise.* ♦ fig. Concentrer. *Focaliser son attention sur.* ➝ pronom. *Se focaliser sur les points essentiels.*

foehn [føn] n. m. – XVIIIe ; mot all., lat. *favonius* « zéphyr » **1** Vent chaud et sec des Alpes suisses et autrichiennes. **2** région. (Suisse) Sèche-cheveux. « *Puis il enclencha le* *foehn sur "air chaud" et il eut la surprise de voir la chevelure, raidie et foncée par l'eau, retrouver sa souplesse* » (Chessex).

foène ou **foëne** [fwɛn] **n. f.** – XIIe ; lat. *fuscina* « trident » ▪ Gros harpon.

fœtal, ale, aux [fetal, o] **adj.** – XIXe ▪ Relatif au fœtus. ➛ Du fœtus. *Développement fœtal.* ➛ « *Instinctivement je reprenais à la même place la posture fœtale qui me demeurait familière – et je m'endormais* » (Tournier).

fœtus [fetys] **n. m.** – XVIe ; mot lat. ▪ Produit de la conception encore renfermé dans l'utérus, lorsqu'il commence à présenter les caractères distinctifs de l'espèce. ⇒ **embryon.** « *le fœtus est nourri par les substances qui lui arrivent du sang maternel après avoir filtré à travers les membranes du placenta* » (Carrel).

> ❑ Le radical latin *fe-* se rattache à une racine indo-européenne °*dhê* « têter » que l'on retrouve dans *fécond* et dans *femme*.

fofolle → **foufou**

foi **n. f.** – X[e] ; lat. *fides* « confiance, croyance » → féal, fidèle **I** vx ou en loc. **1** Assurance donnée d'être fidèle à sa parole. ⇒ **engagement, promesse, serment.** ➛ vieilli *Foi d'honnête homme.* « *Avant l'août, foi d'animal* » (La Font.). ➛ MA FOI : certes, en effet. *Ma foi oui.* **2** Garantie résultant d'une promesse. *Sous la foi du serment.* ♦ SUR LA FOI DE. *Sur la foi des témoins,* en se fondant sur leurs déclarations. ♦ FAIRE FOI : donner force probante. ⇒ **prouver, témoigner.** *Le cachet* de la poste faisant foi* (de la date). ♦ dr. EN FOI DE QUOI : en se fondant sur ce qu'on vient de rapporter. **3** BONNE FOI : qualité d'une personne qui parle ou agit avec sincérité. ⇒ **franchise, loyauté.** « *Je l'écrivis de bonne foi et sans aucun dessein de la tromper* » (Muss.). *Prouver sa bonne foi. Être de bonne foi :* dire ce que l'on croit (même si la réalité est autre). ♦ MAUVAISE FOI : déloyauté, duplicité, perfidie. *Être de mauvaise foi.* **II** - **1** Le fait de croire qqn, d'avoir confiance en qqch. *Une personne, un témoin digne de foi,* que l'on peut croire sur parole. **2** Confiance absolue que l'on met (en qqn ou en qqch.). « *On ne peut tout seul garder la foi en soi-même. Il faut que nous ayons un témoin de notre force* » (Mauriac). *Avoir foi en l'avenir.* ⇒ **espérer.** ♦ LIGNE DE FOI, servant de repère pour observer avec exactitude (dans un instrument optique). **3** Le fait de croire à un principe par une adhésion profonde de l'esprit et du cœur qui emporte la certitude. ⇒ **croyance ; conviction.** « *la sublime foi patriotique, démocratique et humaine* » (Hugo). ♦ Croyance en une religion. « *Voilà ce que c'est que la foi : Dieu sensible au cœur, non à la raison* » (Pasc.). *Avoir la foi.* ⇒ **croire.** *Perdre la foi.* « *Hommes de peu de foi* » (Évangile). PROFESSION DE FOI : déclaration publique de sa foi, renouvellement des promesses du baptême (cf. Communion* solennelle) ; par ext. exposition des principes auxquels on adhère. ➛ *N'avoir ni foi ni loi :* n'avoir ni religion ni morale ; être capable des pires actions. **4** L'objet de la foi. ⇒ **confession, dogme, religion.** *Professer la foi chrétienne, la foi musulmane.* ✪ CONTR. Infidélité, trahison. ② Critique, doute. Agnosticisme, incrédulité, incroyance, scepticisme ; athéisme. — HOM. Foie, fois.

> ❑ Lorsque *foi* est employé absolument, il s'agit de la religion dominante dans la civilisation concernée, le plus souvent, en français, du christianisme.

foie **n. m.** – VIIIe ; lat. *ficatum* « foie gras » **1** Organe situé dans la partie supérieure droite de l'abdomen, qui joue un rôle essentiel dans le métabolisme digestif, dans la formation du sang et qui sécrète la bile. *Qui a rapport au foie.* ⇒ **hépatique.** *Affections du foie.* ⇒ **cirrhose, hépatite, ictère, jaunisse.** « *J'ai mal au foie, et le vichy-fraise me débecte* » (Queneau). ➛ *Crise de foie :* trouble digestif. ➛ loc. fam. *Avoir les foies :* avoir peur. **2** (aliments) *Acheter du foie chez le tripier. Foie de veau, de génisse. Foies de volaille. Huile de foie de morue,* riche en vitamines A et B. ➛ « *Une terrine de vulgaire pâté de foie* » (Mart. du G.). ➛ FOIE GRAS : foie hypertrophié d'oie ou de canard engraissés par gavage. **3** FOIE-DE-BŒUF [fwadbœf] **n. m.** Fistuline. *Des foies-de-bœuf.* ✪ HOM. Foi, fois.

① **foin** **n. m.** – XIIe ; lat. *fenum* **1** Herbe des prairies fauchée ou coupée, destinée à la nourriture du bétail. ⇒ ① **fourrage.** *Faire les foins. Botte de foin.* « *Les plaines étaient couvertes de javelles et de meules de foin* » (Nerval). « *La pénétrante odeur des foins coupés s'exhale* » (Samain). ➛ *Rhume des foins,* qui affecte certains sujets allergiques, à l'époque de la floraison des graminées. **2** *Foin d'artichaut :* poils qui garnissent le fond de l'artichaut. **3** fam. *Faire du foin :* faire du scandale, du bruit ; protester.

② **foin** **interj.** – XVIe ; de ① *foin* ou de *fi* ▪ vieilli Marque le dédain, le mépris, le rejet. *Foin des richesses !* « *foin du plus parfait des mondes si je n'en suis pas* » (Dider.).

① **foire** **n. f.** – XIIe ; lat. *feriæ* « jours de fête » **1** Grand marché public où l'on vend diverses sortes de marchandises. *Marchands qui font les foires.* ⇒ **forain.** *Foire aux bestiaux. Foire à la ferraille.* **2** Grande réunion périodique où des échantillons de marchandises diverses sont présentés au public. ⇒ **exposition, salon.** *La foire de Leipzig, de Bruxelles, de Paris.* **3** Fête foraine ayant lieu à certaines époques de l'année. *La foire du Trône.* **4** fig. et fam. Lieu bruyant où règnent le désordre et la confusion. ⇒ **bazar.** « *Garçon, veillez à notre paix. C'est une foire ici !* » (Giraud.). ♦ fam. *Faire la foire,* la fête. ⇒ ② **bombe,** ② **bringue, fête, noce.**

② **foire** **n. f.** – XIIe ; lat. *foria* ▪ vieilli Diarrhée.

foirer **v. intr.** 1 – XIIe ; de ② *foire* **1** vieilli Avoir la diarrhée. **2** fig. Mal fonctionner. *Fusée, obus qui foire.* **3** fam. Échouer lamentablement. ⇒ **rater ;** fam. **merder.** *Projet qui foire.*

foireux, euse **adj.** et **n.** – XIIIe ; de ② *foire* **1** Qui a la diarrhée ; sali d'excréments. « *Ta mère fit un pet foireux Et tu naquis de sa colique* » (Apoll.). **2** fam. et vieilli Peureux. ⇒ **péteux.** **3** fam. Qui risque d'échouer lamentablement. *Une affaire foireuse.*

fois **n. f.** – XIe ; lat. plur. *vices* « tour, succession » **I** (marquant le degré de fréquence) Cas où un fait se produit ; moment du temps où un événement, conçu comme identique à d'autres événements, se produit. **1** *C'est arrivé une fois, une seule fois. La seule et unique fois. Se produire une fois sur deux, une fois de plus.* « *Aimez ce que jamais on ne verra deux fois* » (Vigny). *Cela dépend des fois.* ➛ *Plusieurs fois, maintes fois :* souvent. ➛ *Autant de fois qu'il le faudra.* ➛ *Une fois pour toutes,* d'une manière définitive, sans qu'il y ait lieu d'y revenir. « *Rien n'est jamais acquis une fois pour toutes avec les êtres, ni en amour, ni en amitié* » (Mauriac). ➛ *Ne pas se le faire dire deux fois :* faire aussitôt. par exagér. *Je vous l'ai dit cent fois.* ♦ (marquant la fréquence à l'intérieur d'une unité de temps) *Une fois par mois. Plusieurs fois par jour.* ♦ *C'est la première et la dernière fois que je vous en parle.* ♦ *On le tient, cette fois !* dans cette circonstance. *Ce n'était pas cette fois-là, c'était une autre fois. Chaque fois.* ⇒ **toujours.** *La prochaine fois. C'était la même fois.* ♦ pop. DES FOIS : certaines fois. ⇒ **parfois, quelquefois.** **2** *Y regarder, s'y prendre à deux fois.* ⇒ **reprise.** *À chaque fois.* « *À la septième fois, les murailles tombèrent* » (Hugo). ♦ *En plusieurs fois. Payer en une, en trois fois. Faire qqch. en une fois,* d'un seul coup. ♦ littér. « *Les ombres par trois fois ont obscurci les cieux* » (Rac.). ♦ *Pour une fois, il est à l'heure. Pour cette fois, on ne vous dira rien.* « *Chaque* *jour je la vois Et crois toujours la voir pour la première fois* » (Rac.). **3** loc. adv. *À LA FOIS :* en même temps. « *La colonne était attaquée à la fois de front et par les deux flans* » (Volt.). *Ne parlez pas tous à la fois.* ⇒ ① **ensemble. 4** vx ou région. *UNE FOIS :* un certain jour, à une certaine époque passée. ⇒ **autrefois, jadis.** « *J'étais une fois à Versailles* » (Dict. de Trévoux). *Il était une fois,* commencement classique des contes de fées. ♦ (Belgique) Donc. *Venez une fois ici.* **5** *UNE FOIS QUE :* dès que, dès l'instant où. *Une fois qu'il s'est mis qqch. en tête, il ne veut plus rien entendre.* ♦ « *une fois pris dans l'événement, les hommes ne s'en effraient plus* » (St-Exup.). **6** loc. conj. « *Pour une fois qu'il s'était emballé, quels regrets et quelle chute !* » (Huysm.). *À chaque fois que. La dernière fois que je l'ai vu.* **7** pop. *Des fois que :* si par hasard, si jamais. « *allons-y vite, des fois qu'il y aurait trop de monde* » (Dorgelès). ♦ *Non, mais des fois !* formule de menace (cf. Sans blague). **II** (marquant un degré de grandeur) **1** Servant d'élément multiplicateur ou diviseur. *Quantité deux fois plus grande qu'une autre. Trois fois quatre font douze ; trois fois quatre, douze.* ➙ *Cent fois pire. Je suis trois fois grand-père.* **2** fig. et littér. Équivalent d'un superlatif. *Vous avez mille fois raison. C'est trois fois rien* (⇒ **insignifiant).** ✪ HOM. Foi, foie.

❑ On dit *bien des fois, de nombreuses fois,* mais on ne dit pas *beaucoup de fois.* ♦ Ne pas confondre *quelques fois* « plusieurs fois » et *quelquefois* « parfois ».

foison n. f. – XIIe ; lat. *fusio* « écoulement, action de se répandre » → fusion ▪ vx Très grande quantité. ➙ loc. adv. *À FOISON :* en grande quantité. ⇒ **abondamment, beaucoup.** « *laissez-moi pousser des soupirs à foison* » (Mol.). ✪ CONTR. ② Manque. Peu.

foisonnant, ante adj. – XVIe ▪ Qui foisonne. ⇒ **abondant.**

foisonnement n. m. – XVIe ▪ Abondance. *Un foisonnement de plantes.* fig. « *Il arrive que mes brouillons soient très surchargés, mais cela vient du foisonnement des pensées* » (Gide).

foisonner v. intr. [1] – XIIe **1** Être en grande abondance, à foison. *Le gibier foisonne dans ce bois.* ⇒ **pulluler. 2** *FOISONNER EN, DE :* être pourvu abondamment de. ⇒ **regorger.** *Sous-sol qui foisonne en, de richesses minières.* « *C'était jeudi, jour de marché. La grande cour, entourée d'arcades, foisonnait de bêtes et de gens* » (Tharaud). **3** Augmenter de volume. ⇒ **gonfler.** *La chaux mouillée foisonne.* ✪ CONTR. Manquer. Diminuer.

fol → **fou**

folâtre adj. – XIVe ; de *fol* → fou ▪ vieilli Qui aime à jouer. *Enfant folâtre.* ♦ mod. ⇒ **léger, plaisant.** « *Mais il faut voir comme, dans les folâtres jeux, elle offre l'image d'une gaieté naïve et franche* » (Laclos). ✪ CONTR. Grave, triste.

folâtrer v. intr. [1] – XVe ▪ Jouer, s'agiter de façon folâtre. ⇒ **badiner, batifoler.** *Des poissons* « *faisaient des sauts, des cabrioles et folâtraient avec la vague* » (Gaut.).

folâtrerie n. f. – XVIe ▪ vieilli ou littér. Humeur folâtre ; manifestation d'une gaieté folâtre. « *du correct gentleman s'échappait quelque folâtrerie* » (E. de Goncourt).

foldingue n. et adj. – 1983 ▪ fam. Fou. ⇒ **cinglé.** ➙ adj. ⇒ **folingue.**

❑ On trouve le féminin *folledingue.*

foliacé, ée adj. – XVIIIe ; lat. *folium* « feuille » ▪ Qui a l'aspect d'une feuille ; en forme de feuille. *Lichen foliacé.*

foliaire adj. – XVIIIe ▪ Qui appartient à la feuille. *Glande foliaire.*

foliation n. f. – XVIIIe **1** Disposition des feuilles sur la tige. ➙ Développement des feuilles. ⇒ **feuillaison. 2** Structure en feuillets observée dans certaines roches.

folichon, onne adj. – XVIIe ▪ (en emploi négatif) Pas folichon ; pas gai, pas drôle. *Cela n'a rien de folichon.* ⇒ **amusant.** *Ma vie* « *n'est pas précisément folichonne* » (Flaub.).

folie n. f. – XIe ; de *fol* → fou **1** Altération plus ou moins grave de la santé psychique, entraînant des troubles du comportement. ⇒ **aliénation, délire, démence, déséquilibre** (mental), **névrose, psychose.** *Accès de folie. Folie furieuse. Les divagations, les hallucinations de la folie.* « *si la folie consistait dans une décoordination de nos cellules nerveuses, elle serait caractérisée par l'irruption du hasard* » (Claudel). ➙ *Folie discordante.* ⇒ **schizophrénie.** *Folie de la persécution. Folie des grandeurs.* ⇒ **mégalomanie. 2** Caractère de ce qui échappe au contrôle de la raison. ⇒ **irrationnel.** « *J'ai toujours préféré la folie des passions à la sagesse de l'indifférence* » (France). **3** Manque de jugement, de bon sens ; absence de raison. ⇒ **déraison, extravagance.** « *Et c'est une folie à nulle autre seconde De vouloir se mêler de corriger le monde* » (Mol.). ➙ *Avoir la folie de. Il a eu la folie de partir. C'est de la folie, de la pure folie.* ⇒ **aberration, délire** (fig.). loc. adv. *À LA FOLIE.* ⇒ **follement, passionnément.** « *Quand elles sont aimées à la folie, elles veulent être aimées raisonnablement* » (Balz.). **4** *UNE FOLIE :* idée, parole, action déraisonnable. ⇒ **absurdité, extravagance.** *C'est encore une de ses folies.* ⇒ **lubie.** ♦ *Faire une folie, des folies.* ⇒ **extravagance, sottise.** ♦ Dépense excessive. *Vous avez fait une folie en nous offrant ce cadeau.* **5** vx Maison de plaisance. ✪ CONTR. Équilibre, santé. Jugement, raison, sagesse.

❑ En psychiatrie moderne, on n'utilise plus le terme *folie,* on parle de *maladie mentale* ou de *troubles mentaux.*

folié, iée adj. – XVIIIe ; lat. ▪ Garni de feuilles. ⇒ **feuillu.** ♦ Qui a la forme, l'épaisseur d'une feuille.

❑ Les mots de la même famille étymologique que *feuille* empruntés au latin ne prennent qu'un *l.*

folingue adj. – 1935 ▪ fam. Un peu fou.

folio n. m. – XVIe ; lat. *folium* « feuille » **1** Feuillet de manuscrit. **2** Chiffre qui numérote chaque page d'un livre. ➙ abrév. graphique f^o.

foliole n. f. – XVIIIe ▪ Chacune des petites feuilles qui forment une feuille composée. « *de tous les arbres tombait incessamment une pluie de folioles* » (E. de Goncourt). ➙ Chaque pièce du calice, de l'involucre. ⇒ **bractée, sépale.**

folioter v. tr. [1] – XIXe ▪ Numéroter (un feuillet, un livre) feuillet par feuillet. ➙ Numéroter (une page, un livre) page par page. ⇒ **paginer.**

folioteur n. m. et **folioteuse** n. f. – XIXe ▪ Machine à imprimer les folios (2°).

folique adj. – v. 1900 ▪ *Acide folique :* vitamine du groupe B présente dans les feuilles vertes, utilisée dans le traitement de certaines anémies.

folk n. m. et adj. – v. 1960 ; angl. *folk-song* « chanson populaire traditionnelle » ▪ Musique traditionnelle populaire modernisée. ➙ adj. *Des groupes folks.*

folklore n. m. – XIXe ; angl. « science *(lore)* du peuple *(folk)* » ▪ Science des traditions, des usages et de l'art populaires d'un pays, d'une région. ♦ par ext. Ensemble de ces traditions. ♦ loc. fam. *C'est du folklore :* ce n'est pas sérieux, pas crédible.

❑ Le mot apparaît en français avec la graphie anglaise ancienne *folk-lore,* en 1877. La graphie francisée en un seul mot est donnée en 1902. Cette soudure est mieux en rapport avec la syllabation française [fɔl-klɔʀ].

folklorique adj. – XIXe ■ Relatif au folklore. *Danses folkloriques.* ♦ fam. Pittoresque, mais dépourvu de sérieux. *La dernière réunion était plutôt folklorique.* ➛ abrév. fam. FOLKLO [fɔlklo]. *Un type folklo. C'est très folklo.*

folkloriste n. – XIXe ■ Spécialiste du folklore.

① **folle** n. f. – XVIe ; lat. *follis* « enveloppe » ■ (Normandie) Filet fixe à grandes mailles pour la pêche en mer.

② **folle** → **fou**

follement adv. – XIIe ■ D'une manière folle, déraisonnable, excessive. *Il est follement amoureux.* ⇒ **éperdument.** ➛ *C'est follement cher. Un spectacle follement drôle.* ⇒ **extrêmement, très.**

follet, ette adj. et n. m. – XIIe 1 vx ou dial. Un peu fou ; étourdi. ➛ subst. *Une petite follette.* ♦ *Esprit follet,* et subst. *Follet :* lutin. ⇒ **farfadet.** 2 fig. Qui a qqch. de capricieux, d'irrégulier. ⇒ **fou.** *Poil follet :* première barbe légère, ou duvet des petits oiseaux. « *un duvet follet se mourait le long de ses joues* » (Balz.). 3 *FEU FOLLET :* petite flamme due à une exhalaison de gaz (hydrogène phosphoré) spontanément inflammable.

① **folliculaire** n. m. et adj. – XVIIIe ; de *follicule* ■ péj. et littér. Mauvais journaliste, pamphlétaire sans talent, sans scrupule. « *Toutes les plumes de folliculaires à gages, bien astiquées, qui attendaient* » (Romains).

② **folliculaire** adj. – XIXe ■ Relatif à un follicule. *Phase folliculaire du cycle ovarien.*

follicule n. m. – XVIe ; lat. *folliculus* « petit sac » 1 Fruit sec, déhiscent, formé par un carpelle imparfaitement soudé. 2 Petite formation arrondie au sein d'un tissu, d'un organe. *Follicule dentaire.* 3 Amas de cellules inflammatoires.

❑ Ce mot n'a aucun rapport avec *feuille.*

folliculine n. f. – XXe ■ Un des œstrogènes élaborés par le follicule ovarien.

folliculite n. f. – XIXe ■ Toute inflammation du follicule pilosébacé (de la peau). ⇒ **furoncle.**

fomentateur, trice n. – XVIIe ■ Personne qui fomente (des troubles, une révolte). *Fomentateur de troubles.* ⇒ **agitateur.**

fomentation n. f. – XIIIe 1 En médecine ancienne, Action d'appliquer un topique chaud. *Ce n'était pas « une fomentation onctueuse, mais un massage vigoureux »* (J. Verne). 2 littér. fig. Action de fomenter. « *la fomentation des haines les plus injustifiées* » (Proust).

fomenter v. tr. [1] – XIIIe ; lat. *fovere* « chauffer » ■ Susciter ou entretenir (un sentiment ou une action néfaste). *Fomenter la discorde. Fomenter la révolte.* ✪ CONTR. Apaiser, calmer.

❑ Ne pas confondre avec *fermenter* « se préparer sourdement ».

fomenteur, euse n. – XIXe ■ Fomentateur.

fonçage n. m. – XIXe 1 Action de foncer, de munir d'un fond. *Le fonçage d'un tonneau.* 2 Action de creuser. *Le fonçage d'un puits.* ⇒ **forage.**

foncé, ée adj. – XVIIe ■ Qui est d'une nuance sombre. *Une couleur foncée. Des cheveux châtain foncé. Peau foncée, teint foncé.* ⇒ **brun.** « *le bleu foncé du ciel et le vert cru de la mer* » (Gaut.). ✪ CONTR. Clair, pâle.

foncer v. [3] – XIVe ; de *fond* I v. tr. 1 Garnir d'un fond. *Foncer un tonneau.* ♦ Garnir le fond de (un ustensile de cuisine) avec de la pâte, des bardes de lard. 2 Creuser (un puits de mine, etc.). II - 1 v. tr. Charger en couleur de manière à rendre plus sombre. *Foncer une teinte.* 2 v. intr. Devenir foncé. *Ses cheveux ont foncé.* III v. intr. Faire une charge à fond, se jeter impétueusement sur. ⇒ **attaquer, charger, fondre** (sur). *Foncer sur l'ennemi.* fam. *Foncer dans le tas.* ♦ Aller très vite, droit devant soi. *Foncer tête baissée. Il a foncé comme un fou sur l'autoroute. Il « fonça en reprenant le pas de course vers la jetée d'aval »* (Simenon). ➛ fig. Aller de l'avant (⇒ **fonceur**). « *Il n'écoute que ses passions, ses désirs. Il fonce* » (Duham.).

fonceur, euse adj. et n. – 1966 ■ fam. Dynamique et audacieux. *Elle est fonceuse, elle ira loin.*

foncier, ière adj. – XIVe ; de *fonds* 1 Qui constitue un bien-fonds. *La propriété foncière,* ou n. m. *le foncier.* ♦ Qui possède un fonds, des terres. *Propriétaire foncier.* ♦ Relatif à un bien-fonds. *Crédit foncier. Taxe foncière.* 2 fig. Qui est au fond de la nature, du caractère de qqn. ⇒ **inné.** *Il est d'une honnêteté foncière.* ✪ CONTR. Mobilier, viager. ② Acquis, superficiel.

foncièrement adv. – XVe ■ Dans le fond, au fond. ⇒ **profondément.** « *Cet homme que j'ai devant moi est foncièrement un brave homme* » (Romains).

fonction n. f. – XVIe ; lat. *fungi* « s'acquitter de » I - 1 Exercice d'un emploi, d'une charge ; par ext. Ce que doit accomplir une personne pour jouer son rôle dans la société, dans un groupe social. ⇒ **activité,** ② **devoir, mission, office, rôle, service, tâche,** ① **travail.** « *ceux dont c'est la fonction de nous aimer, je veux dire les parents* » (Camus). *S'acquitter de ses fonctions.* 2 Profession considérée comme contribuant à la vie de la société. ⇒ **charge, emploi, métier, profession, situation.** *Remplir une fonction en titre* (⇒ **titulaire**), *en remplacement* (⇒ **suppléant**). *Fonction de directeur, de magistrat.* ♦ *Les fonctions de qqn,* l'ensemble des obligations de sa profession. *Dans l'exercice de ses fonctions.* ♦ *EN FONCTION. Être, rester en fonction.* ♦ *DE FONCTION. Appartement, voiture de fonction.* ♦ *FAIRE FONCTION DE :* jouer le rôle de. ♦ *Fonction publique, administrative,* poste impliquant la gestion des affaires publiques ; ensemble de ces postes ; situation juridique de l'agent d'un service public. *Être dans la fonction publique.* ⇒ **fonctionnaire.** 3 Rôle caractéristique que joue une chose dans l'ensemble dont elle fait partie (souvent opposé à *structure*). ⇒ ① **action, rôle ; utilité.** *Faire fonction de :* tenir lieu de, servir de. *Ce canapé fait fonction de lit.* 4 Ensemble des propriétés actives concourant à un même but, chez l'être vivant. « *La vie est l'ensemble des fonctions qui résistent à la mort* » (Bichat). *Fonctions du foie, du cœur.* « *Nous avons dit que l'intelligence avait pour fonction d'établir des rapports* » (Bergson). 5 En linguistique, Ensemble des propriétés d'une unité par rapport aux autres dans un énoncé. *Fonction, catégorie et sens d'une unité lexicale. Fonctions de l'adjectif* (épithète, attribut). *Fonction sujet* (du nom, du pronom). 6 Ensemble déterminé de propriétés chimiques (suivi d'un nom en appos.). *Fonction acide, base, sel, alcool...* 7 Action propre (d'un organe, d'un instrument, d'une machine). *Les différentes fonctions d'un four.* II - 1 Relation qui existe entre deux quantités, telle que toute variation de la première entraîne une variation correspondante de la seconde. 2 Relation entre plusieurs grandeurs interdépendantes. *La masse d'un objet relativiste est fonction de sa vitesse.* ⇒ ① **dépendre.** 3 Ce qui dépend de qqch. ⇒ **conséquence, effet.** *Être fonction de :* dépendre de. *La qualité est fonction du prix.* ➛ *Considérer qqch. en fonction de.* ⇒ **rapport** (par rapport à), **relativement** (à). *Agir en fonction de ses intérêts.*

fonctionnaire n. – XVIIIe ▪ Personne qui remplit une fonction publique ; personne qui occupe un emploi permanent dans les cadres d'une administration publique (spécialt l'État). ⇒ **administrateur, agent, employé.** *Fonctionnaires des postes, des douanes. Fonctionnaire de police. Haut fonctionnaire.* ⇒ **technocrate.** « *un État supérieurement bureaucratique où des milliers de fonctionnaires contrôlaient le pauvre monde* » (Daniel-Rops). *Fonctionnaire en poste à l'étranger. Corruption de fonctionnaire.* ➤ « *tu aimes cette vie-là, calme, réglée, une vraie vie de fonctionnaire* » (Sartre).

❑ Ce mot apparaît en 1770 sous la plume de Turgot. Son succès est lié au développement du rôle de l'État dans l'administration civile et militaire et, au XIXe s., à celui de la bureaucratie.

fonctionnalisme n. m. – XIXe **1** Théorie d'après laquelle la beauté de l'œuvre d'art dépend de son adaptation à sa fonction. **2** sc. humaines Théorie qui accorde à la fonction des éléments d'un système et au fonctionnement du système la primauté sur le classement des éléments (taxinomie) et sur les modifications du système.

fonctionnariser v. tr. [1] – 1933 ▪ Assimiler aux fonctionnaires. ➤ *Personnel fonctionnarisé d'une entreprise publique.*

fonctionnarisme n. m. – XIXe ▪ péj. Prépondérance des fonctionnaires dans un État. « *Ce qui lui répugne dans l'économie dirigée c'est le fonctionnarisme* » (Sartre).

fonctionnel, elle adj. – XIXe **1** sc. Relatif aux fonctions (en biologie, psychologie, chimie). *Trouble fonctionnel,* sans cause organique décelable. ♦ Qui étudie les fonctions, tient compte des fonctions. *Psychologie, linguistique fonctionnelle.* **2** *Espace fonctionnel :* espace vectoriel dont les éléments sont des fonctions. *Relation fonctionnelle.* ⇒ **fonction. 3** cour. Qui remplit une fonction pratique avant d'avoir tout autre caractère. *Meubles fonctionnels.*

fonctionnellement adv. – XVIIIe ▪ Du point de vue de la fonction. ➤ D'une manière fonctionnelle, pratique. *Cuisine aménagée fonctionnellement.*

fonctionnement n. m. – XIXe ▪ Action, manière de fonctionner. ⇒ ② **marche,** ① **travail.** *Fonctionnement d'un organe. Vérifier le bon fonctionnement d'un mécanisme.* ➤ *Le fonctionnement d'une entreprise.* ⇒ **activité,** ② **marche.**

fonctionner v. intr. [1] – XVIIe **1** Accomplir une fonction (organe, mécanisme, etc.). ⇒ ① **aller, marcher.** *Machine, appareil qui fonctionne bien. Faire fonctionner.* ⇒ **actionner, manœuvrer.** *Ce moteur fonctionne à l'essence.* **2** Jouer, remplir son rôle. ⇒ **travailler.** « *Même l'intelligence ne fonctionne pleinement que sous l'impulsion du désir* » (Claudel). ➤ *Organisation, système qui fonctionne mal, bien.* **3** fam. (personnes) Se comporter, agir (d'une certaine manière et selon une causalité consciente ou inconsciente). *Je ne comprends pas comment elle fonctionne.*

fond n. m. – XIe ; lat. *fundus* « fond » et « fonds » **I - 1** Paroi ou partie inférieure (d'un contenant). *Fond d'une bouteille, d'une casserole.* ⇒ **cul.** *Le fond d'un puits, d'un tonneau. Fond d'un navire :* partie inférieure de la coque. *Barque à fond plat. Fouiller au fond de sa poche, de son sac.* « *Le ciel a mis l'oubli pour tous au fond d'un verre* » (Muss.). **2** Substance contenue près du fond ou au fond d'un récipient. *Finir les fonds de bouteille.* ➤ *Un fond* (de verre, etc.) : une petite quantité. *Il en reste un fond.* **3** Sol où reposent des eaux. ⇒ **bas-fond, haut-fond.** *Le fond de l'eau, de la mer, d'un fleuve.* « *Dans une mer sans fond, par une nuit sans lune* » (Hugo). *Le bateau a touché le fond.* ⇒ **échouer.** *Envoyer un navire par le fond.* ⇒ **couler.** ♦ Couche inférieure des eaux, eaux profondes. *Les grands fonds sous-marins.* ⇒ **abysse. 4** Hauteur d'eau. ⇒ **profondeur.** *Il n'y a pas assez de fond pour plonger.* **5** Le point le plus bas, le point extrême. *Toucher le fond du désespoir.* absolt *Toucher le fond :* atteindre le point le plus bas (physiquement, moralement, dans ses affaires). **6** Partie basse (d'une dépression naturelle). *Le fond de la vallée.* **7** Intérieur de la mine (opposé à *surface* ou *jour*). *Mineur de fond. Travailler au fond.* **8** Partie la plus reculée, opposée à l'entrée. *La chambre du fond. Au fond du couloir, à gauche.* ⇒ **bout.** « *J'aime le son du cor, le soir au fond des bois* » (Vigny). **9** La partie opposée à l'orifice, à l'ouverture. *Le fond d'une armoire.* **10** Partie d'un vêtement éloignée des bords. *Le fond d'un chapeau.* « *Elle grelottait dans son manteau de loutre et ses mains au fond de son manchon étaient roidies* » (Green). *Le fond d'une culotte.* ♦ Pièce rapportée à cet endroit. *Mettre un fond à un pantalon.* **11** *Mots, cris qui restent au fond de la gorge. Examen du fond de l'œil* (⇒ **ophtalmoscopie).** *Un fond d'œil,* cet examen. **12** La partie (d'un tissu) sur laquelle le décor est broché, les motifs imprimés. *Fond d'une tapisserie.* ⇒ **canevas.** *Jupe à pois blancs sur fond bleu.* **13** Plan uniforme, arrière-plan, sur lequel se détachent les figures et objets représentés. ⇒ **champ.** *Vases grecs anciens à figures noires sur fond rouge.* ♦ Arrière-plan d'un paysage, arrière-plan naturel. *Se détacher sur un fond sombre.* « *Le vert est le fond de la nature* » (Baud.). ➤ fig. « *Sur un fond d'hostilité, tous les détails prennent du relief* » (Renard). **14** Arrière-plan sonore. *Fond sonore :* bruits, sons, musique accompagnant un spectacle. *Un fond de brouhaha.* **15** *FOND DE TEINT :* crème colorée destinée à donner au visage un teint uniforme. **16** fam. *Le fond de l'air :* ce qui semble être la température réelle, de base, indépendamment des accidents momentanés (vent, ensoleillement). *Le fond de l'air est frais.* **II - 1** La réalité profonde. *Découvrir le fond de son cœur. Je vous remercie du fond du cœur,* très sincèrement. « *explique mieux le fond de ta pensée* » (Corn.). *Aller au fond des choses.* « *Comme un juge sévère, son œil semblait aller au fond de toutes les questions, de toutes les consciences, de tous les sentiments* » (Balz.). *Nous touchons ici au fond du problème.* **2** loc. adv. *AU FOND ;* fam. *DANS LE FOND :* à considérer le fond des choses (et non l'apparence) (cf. En réalité*). « *M. débitait souvent des maximes de roué, en fait d'amour ; mais, dans le fond, il était sensible* » (Chamf.). **3** loc. adv. *À FOND :* en allant jusqu'à la limite du possible. ⇒ **complètement.** *Connaître son sujet à fond. Se donner à fond. Respirer à fond. Visser à fond.* « *on fait le ménage seulement tous les quinze jours, et pas très à fond* » (Cl. Simon). ♦ fam. *Aller, rouler à fond,* à toute allure. **4** Élément essentiel, permanent. *Avoir un fond de bon sens. Elle a un bon fond.* ➤ *Le fond populaire du langage.* ⇒ **base, fondement, substrat.** *Il y a un fond de vérité dans ce que vous dites.* « *résister, c'est le fond de la vertu* » (Balz.). **5** Ce qui appartient à la matière, au contenu essentiel du droit et de tout acte juridique (opposé à *forme*). *Condition de fond et de forme du mariage.* **6** Ce qui fait la matière, le sujet d'une œuvre (opposé à *forme*). ⇒ ② **contenu, matière, substance.** « *Il en vanta beaucoup la forme [du discours] pour ne pas avoir à s'exprimer sur le fond* » (Flaub.). **7** loc. adj. *DE FOND :* essentiel, fondamental. *Article de fond* (dans un journal), faisant le point sur un sujet important. *Livre, ouvrage de fond,* de base, de référence. **8** *FAIRE FOND SUR* (qqn, qqch.) : avoir confiance en. **9** Qualités physiques essentielles de résistance. *Avoir du fond.* ➤ *Épreuve de fond,* disputée sur une longue distance. ➤ *Courses de fond. Coureur de fond.* ➤ *Ski* de fond.* ✪ CONTR. Surface. Haut ; ② dessus. Entrée, ouverture. Apparence, ② extérieur. — HOM. Fonds, fonts.

fondamental, ale, aux adj. – XVe **1** Qui a l'importance d'une base, un caractère essentiel et déterminant. ⇒ **essentiel.** *Lois fondamentales de l'État.* ⇒ **constitutif.** *Une question fondamentale.* ⇒ ① **capital, crucial, vital.** « *L'acte fondamental d'une vie est de décider ce qui est important et ce qui ne l'est pas* » (Montherl.). *Le « respect des droits de l'homme et des libertés fondamentales* » (DÉCLAR. DR. HOM.). ➛ *Vocabulaire fondamental.* ⇒ ② **basique.** ♦ Qui se manifeste, qui s'exerce à la base même (de l'homme, des choses), et à fond. ⇒ **foncier, radical.** *Un mépris fondamental. Une contradiction fondamentale.* **2** *Fréquence fondamentale :* en musique, fréquence la plus basse fournie par un système vibrant. subst. *Le fondamental et ses harmoniques.* **3** *Recherche fondamentale,* orientée vers l'étude des fondements d'une discipline (opposé à *recherche appliquée*). ⇒ **pur.** ✪ CONTR. Accessoire, complémentaire, secondaire.

fondamentalement adv. – XVe ▪ D'une manière fondamentale. ⇒ **essentiellement, totalement.** *Notions fondamentalement opposées.*

fondamentalisme n. m. – v. 1980 ▪ Courant religieux conservateur et intégriste. *Le fondamentalisme islamique.* ⇒ **islamisme.**

fondamentaliste adj. et n. – 1966 **1** Qui se livre à la recherche fondamentale. **2** Qui appartient au fondamentalisme. ⇒ **intégriste.**

fondant, ante adj. et n. m. – XVIe **1** adj. Qui fond. *La température de la glace fondante est le zéro de l'échelle centésimale.* **2** Qui se dissout dans la bouche. *Poire fondante.* « *de fondants jambonneaux de cochon cuits en pot-au-feu* » (Colette). ♦ n. m. Pâtisserie de consistance fondante. *Un fondant au chocolat.* **3** n. m. Substance qu'on ajoute à une autre pour en faciliter la fusion. *Chaux utilisée comme fondant.*

❑ En Suisse, les *fondants* sont des bonbons fins au chocolat (aux amandes, noisettes pilées, nougat).

fondateur, trice n. et adj. – XIVe **1** n. Personne qui crée et organise une œuvre durable. *Fondateur d'un empire.* ⇒ **bâtisseur.** *Fondatrice d'un ordre religieux.* « *Les fondateurs de colonies, les pasteurs de peuples, les prêtres missionnaires exilés au bout du monde* » (Baud.). *Hérodote est le fondateur de l'histoire.* ⇒ **père.** ➛ *Fondateur d'une entreprise.* adj. *Membre fondateur.* **2** Personne qui fait une fondation (3°). *Fondateur d'un hôpital.* **3** adj. Qui sert de fondement. *Idée fondatrice d'une théorie.*

fondation n. f. – XIIIe **1** Ensemble des travaux et ouvrages destinés à assurer au sol la stabilité d'une construction. ⇒ **infrastructure.** *Faire, creuser, jeter les fondations d'un édifice.* « *une grande fente qui a partagé le mur maître depuis la fondation jusqu'aux tuiles* » (Giono). **2** Action de fonder (une ville, un établissement, une institution). ⇒ **création. 3** Création par voie de donation ou de legs d'un établissement d'intérêt public ou d'utilité sociale. *Fondation d'un hôpital.* ♦ Établissement créé par une fondation. *La fondation Rothschild.*

fondé, ée → **fonder** (4°)

fondé, ée de pouvoir ou **pouvoirs** n. – XVIIIe ▪ Personne qui est chargée d'agir au nom d'une autre ou pour le compte d'une société.

fondement n. m. – XIIe **I - 1** Base, assise. *Jeter, poser les fondements d'un empire, d'une religion,* en commencer l'établissement. **2** fig. Fait justificatif d'une croyance, d'une réalité. « *La volonté du peuple est le fondement de l'autorité des pouvoirs publics* » (DÉCLAR. DR. HOM.). *Rumeur dénuée de tout fondement. Éprouver des craintes sans fondement.* ⇒ **motif, raison,** ③ **sujet. 3** Système d'idées le plus simple et le plus général d'où l'on peut déduire un ensemble de connaissances. ⇒ **principe.** « *lorsqu'on donne la religion pour fondement à la morale* » (Bergson). **II** fam. Rectum, anus. « *elle en éprouvait un mal affreux au fondement* » (Céline).

fonder v. tr. [1] – XIIe **1** rare FONDER (QQCH.) SUR : établir sur des fondations (un ouvrage dont on entreprend la construction). **2** Prendre l'initiative de construire (une ville), d'édifier (une œuvre) en faisant les premiers travaux d'établissement. ⇒ **créer.** *Fonder une école. Fonder un parti, une société.* ➛ *Fonder un foyer :* se marier. **3** FONDER (QQCH.) SUR : établir sur (une base). ⇒ **asseoir, baser.** *Fonder son pouvoir sur la force.* « *On peut fonder des empires glorieux sur le crime, et de nobles religions sur l'imposture* » (Baud.). ➛ pronom. *Sur quoi vous fondez-vous pour affirmer cela ?* ⇒ s'**appuyer.** ➛ *Récit fondé sur des documents authentiques.* « *je n'avais que des présomptions fondées sur des raisonnements invérifiés et invérifiables* » (Bourget). ♦ Placer, mettre en qqn (une croyance). *Je fonde de grands espoirs sur lui.* **4** Pourvoir d'un fondement rationnel. ♦ Constituer le fondement de. ⇒ **justifier, motiver.** *Voilà ce qui fonde la réclamation.* ♦ *Une opinion, une critique bien, mal fondée.* « *cette nouvelle ne me paraît pas fondée* » (Sév.). *C'est une interprétation qui me paraît fondée.* ⇒ **juste, valable.** ♦ *ÊTRE FONDÉ À :* avoir de bonnes raisons pour. *Être fondé à croire, à prétendre qqch.* ✪ CONTR. Abolir, détruire. — HOM. *Fondent :* fondent ; *fonderai :* fondrai (fondre).

fonderie n. f. – XIVe **1** Technique et industrie de la fabrication des objets en métal fondu et coulé dans des moules. ⇒ ① **fonte. 2** Usine où l'on fond le minerai pour en extraire le métal. ⇒ **aciérie, forge.**

① **fondeur** n. m. – XIIIe **1** Celui qui dirige une fonderie (cf. Maître de forges*). **2** Ouvrier qui travaille dans une fonderie. *Fondeur de cloches.* ♦ Ouvrier des hauts fourneaux qui surveille la coulée de la fonte.

② **fondeur, euse** n. – 1947 ▪ Personne qui pratique le ski de fond.

fondeuse n. f. – 1907 ▪ Machine employée en fonderie.

fondoir n. m. – XIIIe ▪ Endroit où l'on fond les suifs, les graisses dans un abattoir.

fondouk n. m. – XVIe ; ar. « magasin » ▪ Dans les pays arabes, Emplacement où se tient le marché ; entrepôt où l'on entasse toutes sortes de marchandises ; auberge. ⇒ **caravansérail.**

fondre v. [41] – XIIe ; lat. *fundere* « répandre, faire couler » **I** v. tr. **1** Rendre liquide (un corps solide ou pâteux) par l'action de la chaleur. ⇒ **liquéfier.** *Fondre un métal, du minerai.* **2** Fabriquer avec une matière fondue. ⇒ **mouler.** *Fondre une cloche, une statue.* **3** fig. Combiner intimement de manière à former un tout. ⇒ **amalgamer, fusionner.** « *un romancier qui fond ensemble divers éléments empruntés à la réalité pour créer un personnage imaginaire* » (Proust). ♦ Joindre (des couleurs, des tons) en graduant les nuances. **II** v. intr. **1** Entrer en fusion, passer de l'état solide à l'état liquide par l'effet de la chaleur. ⇒ se **liquéfier.** *La neige commence à fondre. Le fer fond à 1 510 degrés.* ➛ *L'oseille fond à la cuisson.* **2** Se dissoudre dans un liquide. *Laisser fondre le sucre dans son café. Fondre dans la bouche :* être très tendre. **3** fig. Diminuer rapidement. ⇒ **disparaître.** *Fondre comme neige au soleil.* « *une seule de tes paroles d'enjôleuse fait fondre le plus fort de ses vouloirs* » (Balz.). ♦ Maigrir. « *Le pauvre petit avait fondu pendant sa maladie, il avait l'air d'un pauvre poulet déplumé* » (Sarraute). **4** S'attendrir. *J'ai fondu devant sa gentillesse.* ⇒ fam. **craquer. 5** *FONDRE SUR :* s'abattre avec impétuosité, avec violence sur. ⇒ **foncer,** se **jeter,** se **précipiter.** *L'aigle fond sur sa proie.* ➛ « *Quels orages de coups vont fondre sur ton dos !* » (Mol.). **III** *SE FONDRE* v. pron.

Se réunir, s'unir en un tout. ⇒ se **confondre, fusionner.** « *tous les bruits se fondaient en un seul bourdonnement* » (Flaub.). ♦ *Silhouette qui se fond dans la brume.* « *être le plus vite possible hors d'atteinte ; se fondre dans la foule* » (Mart. du G.). ✪ CONTR. Coaguler, figer. ① Détacher, séparer. Durcir. Augmenter, grossir. — HOM. *Fond :* font (① faire) ; *fondent :* fondent ; *fondrai :* fonderai (fonder).

fondrière n. f. – XVe ▪ Affaissement, trou plein d'eau ou de boue dans un chemin défoncé. ⇒ **ornière.**

fonds n. m. – XIIe ; → fond **1** Bien immeuble constitué par un domaine qu'on exploite ou un sol sur lequel on bâtit. ⇒ **propriété ; bien-fonds, foncier.** **2** *Fonds de commerce,* ou *fonds :* ensemble des éléments corporels et incorporels appartenant à un commerçant ou un industriel et lui permettant d'exercer son activité. ⇒ **établissement, exploitation.** *Être propriétaire d'un fonds. Vendre son fonds.* **3** Capital immobilisé (opposé à *revenus, intérêts*). « *Manger son fonds avec son revenu* » (La Font.). *Aliénation à fonds perdu.* ⇒ **viager.** fig. et fam. *Prêter à fonds perdu,* à un débiteur insolvable. **4** Capital servant au financement. *Posséder les fonds nécessaires à une entreprise. Bailleur de fonds.* ⇒ **commanditaire.** *Chercher, trouver des fonds. Rentrer dans ses fonds. Fonds de roulement.* ➛ *Fonds publics, fonds d'État.* **5** Capital affecté à une utilisation déterminée. *Fonds de garantie, de prévoyance. Fonds commun de placement :* ensemble de valeurs mobilières et de liquidités détenues en copropriété. ⇒ **sicav.** **6** au plur. Argent comptant. *Manier des fonds considérables.* ⇒ ① **somme.** *Dépôts de fonds à une banque.* ⇒ **espèce.** *Convoyeur de fonds. Mouvement de fonds.* ⇒ **caisse.** *Détournement de fonds.* « *il ne lui restait pas grands fonds en poche* » (Queneau). ➛ *ÊTRE EN FONDS :* disposer d'argent. **7** fig. Ressources propres à qqch. ou personnelles à qqn. *Il y a là un fonds très riche que les historiens devraient exploiter.* ⇒ **filon,** ② **mine.** *Le fonds Untel :* les œuvres provenant de la collection de monsieur Untel et léguées à une bibliothèque, un musée. ⇒ **legs.** **8** vx et littér. Employé pour *fond**. « *je me sens un si grand fonds de patience* » (Sév.). ✪ HOM. Fond, fonts.

> ❑ Ne pas confondre avec *fonts* (famille étym. de *fontaine*).

fondu, ue adj. et n. m. – XIIe **1** adj. Amené à l'état liquide. « *une bise aigre s'était levée, qui charriait de la neige fondue* » (Mart. du G.). *Plomb fondu. Beurre fondu.* **2** En peinture, Qui passe par des tons gradués. *Des tons fondus.* ⇒ **dégradé.** **3** fam. Un peu fou. *Il est fondu, ce type.* ⇒ **givré.** **4** n. m. *Fondu enchaîné :* au cinéma, Effet où une image se substitue progressivement à une autre. ♦ Abaissement progressif du son.

fondue n. f. – XVIIIe **1** Plat composé de fromage (gruyère, emmenthal) fondu dans du vin blanc, dans lequel chaque convive trempe des morceaux de pain. *Fondue savoyarde.* « *c'est socialement très liant la fondue, et démocratique, tous dans le même caquelon sans distinction de sexe* » (A. Grobéty). **2** *Fondue bourguignonne :* morceaux de viande crue que chaque convive trempe dans l'huile bouillante.

fongible adj. – XVIIIe ; lat. *fungi* « s'acquitter de, consommer » ▪ dr. Se dit des choses qui se consomment par l'usage et peuvent être remplacées par une chose analogue (denrée, argent comptant). *Biens fongibles.*

fongicide adj. – XIXe ; de *fongus* ▪ Qui détruit les champignons parasites. ⇒ **anticryptogamique, antifongique.** *Pommade fongicide.* ➛ n. m. *Un fongicide.*

fongiforme adj. – XIXe ▪ Qui a la forme d'un champignon.

fongique adj. – XIXe ▪ De la nature des champignons ; qui ressemble aux champignons. *Végétation fongique.* ➛ Causé par les champignons. *Intoxication fongique.*

fongistatique adj. et n. m. – v. 1970 ▪ Qui arrête le développement des champignons pathogènes. *Médicament fongistatique.*

fongosité n. f. – XVIe ; de *fongueux* ▪ Excroissance charnue et molle qui se développe à la surface d'une plaie de la peau ou d'une muqueuse.

fongueux, euse adj. – XVIe ▪ En médecine, Qui présente l'aspect d'une éponge ou d'un champignon.

fongus [fɔ̃gys] n. m. – XVIe ; lat. « champignon » **1** Champignon. « *La muraille par places était couverte de fongus difformes* » (Hugo). **2** Tumeur à l'aspect d'une éponge ou d'un champignon.

fontaine n. f. – XIIe ; lat. *fons, fontis* « source » **1** Eau vive qui sort de terre et se répand à la surface du sol. *Bassin, source d'une fontaine.* « *À la claire fontaine* » (chans. pop.). ➛ loc. *Pleurer comme une fontaine,* beaucoup. **2** Construction aménagée de façon à donner issue aux eaux amenées par canalisation, et généralement accompagnée d'un bassin. *Fontaine publique. Boire à la fontaine.* « *une très vieille fontaine de marbre, toute sculptée d'exquises arabesques* » (Loti).

fontainebleau n. m. – v. 1930 ; de *Fontainebleau,* ville ▪ Fromage frais à base de lait caillé et de crème fouettée. *Des fontainebleaux.*

fontainier n. m. – XIIIe ▪ Personne qui s'occupe des conduites d'eau. ♦ Personne qui fait des sondages pour découvrir les eaux souterraines.

fontanelle n. f. – XVIIe ; de *fontaine* ▪ Espace membraneux compris entre les os du crâne des jeunes enfants, qui s'ossifie progressivement au cours de la croissance.

fontange n. f. – XVIIe ; de *Fontanges* n. pr. ▪ Coiffure féminine qui était composée d'une monture supportant des ornements de toile, des rubans et des boucles de cheveux postiches.

> ❑ Mademoiselle de *Fontanges,* maîtresse de Louis XIV, fit, selon Bussy-Rabutin, la première « *fontange* » en nouant ses cheveux d'un ruban qui retombait sur le front.

① **fonte** n. f. – XVe **I** - **1** Le fait de fondre. *La fonte des neiges.* **2** vx Opération qui consiste à fondre les métaux par l'action de la chaleur. ⇒ **fusion.** **3** Fabrication par fusion et moulage d'un métal. *Fonte d'une cloche.* **II** Alliage de fer et de carbone obtenu dans les hauts fourneaux par le traitement des minerais de fer au moyen de coke métallurgique. « *les pelles chargées de fonte incandescente, en blocs énormes gouttant du feu comme des quartiers de glace vermeille en train de fondre* » (Daud.). *Une cocotte, une poêle en fonte. Tuyaux, radiateurs de fonte.*

② **fonte** n. f. – XVIIIe ; lat. *funda* « petite bourse » ▪ généralt au plur. *Les fontes :* les deux étuis de cuir attachés à l'arçon d'une selle pour y placer des pistolets.

fontis n. m. – XIIIe ; de *fondre* « s'affaisser » ▪ Effondrement d'une galerie souterraine naturelle ou artificielle.

fonts n. m. pl. – XIe ; lat. *fontes,* plur. de *fons* « fontaine » ▪ *Fonts baptismaux :* bassin placé sur un socle et destiné à l'eau du baptême. ⇒ **baptistère.** « *Les fonts baptismaux avaient été taillés dans la pierre dure par un artiste de grand talent* » (Zola). *Tenir un enfant sur les fonts baptismaux,* en être le parrain, la marraine. ✪ HOM. Fond, fonds.

football [futbol] n. m. – XIXe ; mot angl. « balle *(ball)* au pied *(foot)* » ▪ Sport d'équipe opposant deux équipes de onze joueurs, où il faut faire pénétrer un ballon rond dans les buts adverses, sans le toucher de la main. *Équipe de football composée d'avants, de demis, d'arrières et d'un gardien (de but) ou goal. Match de football.*

abrév. fam. *FOOT* [fut]. *Jouer au foot.* ♦ *Football de table.* ⇒ **baby-foot.**

❑ Dans tous les noms de sports formés avec *ball,* on prononce [bol] *(football, volley-ball, basket-ball, base-ball)* à l'anglaise. Font exception *handball* et *ball-trap* où l'on entend [bal]. Le premier est un mot allemand et le deuxième un faux anglicisme. ♦ En français du Québec, *football* désigne ce que l'on appelle parfois en France *football américain* ou *rugby américain,* et le jeu de pied se dit, comme en anglais, *soccer.*

footballeur, euse [futbolœʀ, øz] n. – XIXe ▪ Personne qui joue au football. « *le capitaine eut un geste du pied pour lancer contre le mur opposé un petit morceau de bois posé par terre. C'était un geste de footballeur* » (Genet).

footing [futiŋ] n. m. – XIXe ; mot angl. ▪ Marche, course à pied pratiquée pour entretenir sa forme physique. ⇒ aussi **jogging.**

for n. m. – XIIIe ; lat. *forum* « place publique », « tribunal » ▪ *En, dans mon (son, etc.) for intérieur :* dans la conscience, au fond de soi-même. ✪ HOM. Fors, fort.

forage n. m. – XIVe ▪ Action de forer. *Forage d'un puits.*

forain, aine adj. et n. – XIIe ; lat. *foris* « dehors » ▪ Qui exerce son activité, qui a lieu dans les foires. « *comme un hercule forain qui va faire des poids* » (Dorgelès). *Marchand* ou *commerçant forain,* qui s'installe sur les marchés et les foires. ➛ n. *Des forains.* ♦ *Fête foraine :* ensemble de baraques, attractions et manèges installés sur la voie publique. « *Paris transformé le soir, avec les annonces lumineuses, en véritable fête foraine* » (Léautaud). ♦ n. Personne itinérante qui organise des distractions foraines (cirque, attractions diverses).

foraminé, ée adj. – XIXe ; lat. *foramen* « trou » ▪ Percé de petits trous (coquillages, plantes).

foraminifère n. m. – XIXe ▪ Protozoaire marin *(rhizopodes)* recouvert d'un test calcaire percé de trous par lesquels il émet des pseudopodes.

forban n. m. – XIIIe ; a. fr. *forbannir* « bannir » **1** Pirate qui entreprenait à son profit une expédition armée sur mer sans autorisation. ⇒ **boucanier.** « *un ancien Islandais, un peu forban, enrichi par des entreprises audacieuses sur mer* » (Loti). **2** littér. Individu sans scrupules. ⇒ **bandit, brigand.**

forçage n. m. – XIIe **1** Action de forcer (une bête qu'on chasse, qu'on fait courir). *Forçage d'un cerf.* **2** Culture des plantes hors de saison. *Forçage des primeurs.*

❑ *Forçage* a signifié « violence » jusqu'au XVe s.

forçat n. m. – XVIe ; it. *forzare* « forcer » **1** Galérien ou bagnard. « *Un ancien forçat libéré, nommé Jean Valjean* » (Hugo). **2** Condamné aux travaux forcés. ♦ loc. *Travailler comme un forçat,* très dur. ➛ fig. Homme réduit à une condition très pénible. *Les forçats de la faim.*

force n. f. – XIe ; lat. *fortis* « fort » **I - 1** Puissance d'action physique (d'un être, d'un organe). *Force physique ; force musculaire.* ⇒ **robustesse, vigueur.** *Force herculéenne. Avoir de la force, beaucoup de force. Avoir de la force dans les bras. Ne pas sentir sa force :* frapper, pousser, etc., trop fort sans s'en rendre compte. *Lutter à forces égales.* « *Carlotta s'était levée, l'écartant avec une force peu commune chez une femme* » (Aragon). *Être à bout de forces. Ne plus avoir la force de parler.* ♦ au plur. Ensemble, concours d'énergies. ⇒ **énergie.** *Ménager ses forces. Ce travail est au-dessus de ses forces. Reprendre des forces. De toutes ses forces ;* par ext. le plus fort possible. *Crier de toutes ses forces.* ♦ *EN FORCE,* opposé à *en souplesse. Courir, nager en force.* ➛ *DE FORCE :* qui exige de la force. *Tour de force. Travailleur de force :* personne dont le métier exige une grande dépense de force physique. ➛ *À LA FORCE DE. Se hisser à la force des bras.* ♦ loc. *Être dans la force de l'âge,* au moment où l'on atteint la maturité. **2** Capacité de l'esprit ; possibilités intellectuelles et morales. ⇒ **courage, énergie, volonté.** *Force morale ; force de caractère.* « *Elle avait la force devant qui les autres plient : le calme* » (R. Rolland). *S'opposer avec force. Cette épreuve est au-dessus de mes forces.* **3** *DE* (telle ou telle) *FORCE. Ils sont de la même force* (physique, morale). ➛ *Ce joueur n'est pas de force.* ⇒ **taille.** **4** *Faire la force de qqn,* constituer sa supériorité. « *Moi, ce qui fait ma force, c'est que je fais tout moi-même* » (Romains). **II - 1** Pouvoir, puissance, influence (d'un groupe). *La force d'un parti. Force militaire d'un pays. La force publique :* ensemble des agents armés du gouvernement. ⇒ ① **police.** *La force armée :* les troupes. *Force d'intervention.* ➛ *Force de frappe :* ensemble des moyens militaires modernes (fusées, armes atomiques) destinés à écraser rapidement l'ennemi. ➛ *Force de vente :* personnel commercial (d'une entreprise). ♦ *EN FORCE. Être en force ; arriver, attaquer en force,* avec des effectifs considérables. **2** plur. Ensemble des armées. ⇒ **armée, troupe.** *Les forces armées françaises. Forces navales, aériennes. Les forces de police, les forces de l'ordre.* ➛ *Forces politiques, syndicales.* **3** Résistance d'un objet. ⇒ **robustesse, solidité.** *Force d'un mur, d'une barre.* **4** Intensité ou pouvoir d'action (d'une chose) ; caractère de ce qui est fort. *La force du vent. Retour en force de l'hiver. Force d'un coup, d'un choc. Force d'un médicament.* ♦ *La force d'un sentiment,* son intensité. ⇒ **violence.** « *Un muscle perd sa vigueur, un désir sa force* » (Colette). ➛ *Force d'une idée. Ici,* « *le mensonge a autant de force que la vérité* » (Green). ➛ loc. *Dans toute la force du mot, du terme :* dans l'acception la plus signifiante. ➛ *Force du style.* ⇒ **vigueur.** *S'exprimer avec force.* ⇒ ① **feu, véhémence.** « *Je crois que le plus grand caractère du génie est avant tout la force* » (Flaub.). **III - 1** Pouvoir de contrainte. ⇒ **violence.** *Employer alternativement la force et la douceur. Imposer qqch. par la force.* ➛ *Le gouvernement menace de recourir à la force* (en employant des forces de police, la force publique). ⇒ **répression.** ♦ *DE FORCE. Coup de force. Être en position de force,* en mesure d'imposer ses vues dans une négociation, un conflit. ➛ *Situation de force. Épreuve de force.* **2** *La force de* (qqch.), son caractère irrésistible. *Faire qqch. par la force de l'habitude,* automatiquement, machinalement. ➛ *La force des choses :* la nécessité qui résulte d'une situation. ⇒ **nécessité, obligation.** *Par la force des choses :* obligatoirement, inévitablement. ♦ *Force d'une loi,* son caractère obligatoire. ⇒ **autorité.** *Avoir force de loi :* avoir le caractère obligatoire d'une loi. ➛ *Force majeure :* événement imprévisible, inévitable et irrésistible qui libère le débiteur de son obligation. *C'est un cas de force majeure.* ♦ loc. *Force est de :* il faut, on ne peut que. « *Force lui fut de reconnaître qu'*[...] *il avait opté pour le plus facile* » (Mart. du G.). **3** loc. adv. *DE FORCE :* en faisant effort pour surmonter une résistance. *Prendre de force qqch. à qqn.* ➛ *PAR FORCE :* en recourant à la force ; en cédant à la force. *Obtenir qqch. par force.* « *Le mariage est une chaîne où l'on ne doit jamais soumettre un cœur par force* » (Mol.). ➛ *À TOUTE FORCE :* en dépit de toutes les résistances. ⇒ **absolument.** « *ceux qui voulaient à toute force qu'on travaillât pour eux* » (P.-L. Cour.). **IV - 1** sc. Cause capable de déformer un corps, d'en modifier le mouvement, la direction. *La mécanique, science de l'équilibre des forces et des mouvements qu'elles produisent. Point d'application, intensité d'une force.* ⇒ **vecteur.** *Résultante de deux forces. Force d'inertie. Forces centrifuge* *et centripète dans un mouvement circulaire. Forces qui s'exercent entre particules fondamentales.* ⇒ **interaction.** ➛ *Unité de mesure des forces.* ⇒ **newton.** *Force électromotrice.* ♦ Courant électrique triphasé. *Prise de force.* **2** Principe d'action, cause quelconque de mouvement, de changement. « *notre volonté est une force qui commande à toutes les autres forces* » (Buff.). ♦ *Les forces occultes de l'univers.* ➛ fig. *C'est une force de la nature,* se dit d'une personne dotée d'une vitalité irrésistible. **V** adv. de quantité vx ou littér. FORCE (qqch.) : beaucoup de. « *Nous nous séparâmes à la porte avec force poignées de main* » (Daud.). ♦ loc. prép. *À FORCE DE :* par beaucoup de, grâce à beaucoup de. *À force de patience, il réussira.* ➛ « *À force de penser à Marthe, j'y pensai de moins en moins* » (Radiguet). ➛ loc. adv. fam. *À FORCE :* à la longue. *À force, il a fini par y arriver.* ✪ CONTR. Affaiblissement, faiblesse, fatigue. Apathie, mollesse. Inefficacité. Douceur. — HOM. Forces.

forcé, ée adj. – XVIe **1** Qui est imposé par la force des hommes ou des choses. « *Le Mariage forcé* », *comédie de Molière* (1664). *Cours forcé d'une monnaie. L'avion a dû faire un atterrissage forcé.* ♦ fam. (Pour marquer le caractère nécessaire d'un événement passé ou futur). *C'est forcé.* ⇒ **évident, fatal, inévitable.** *Il perdra, c'est forcé !* **2** Qui manque de sincérité ou de naturel. ⇒ **artificiel, contraint.** *Un sourire forcé.* ⇒ **factice.** « *L'enfant laissa échapper un cri bref, qui se mua bien vite en rire forcé* » (Mart. du G.). **3** Qui s'écarte du vrai ou du naturel. *Une comparaison forcée.* ✪ CONTR. Libre. Naturel, vrai.

forcement n. m. – XIVe ▪ Action de forcer. ⇒ **forçage.** *Le forcement d'un coffre.*

forcément adv. – XIVe ▪ D'une manière nécessaire, par une conséquence inévitable. ⇒ **fatalement, inévitablement** ; fam. **automatiquement.** « *Et il faut que ça arrive, c'est fatal, comme un caillou* [...] *qu'on a lancé en l'air et qui retombe, forcément* » (Zola). ✪ CONTR. Éventuellement, probablement.

forcené, ée adj. et n. – XIe ; a. v. *forsener* « être hors *(fors)* du bon sens » **1** adj. Fou de colère ; qui marque une rage folle. ⇒ **furieux.** « *il continuait sa promenade forcenée* [...] *sans fatiguer sa rage impuissante* » (Gaut.). **2** Emporté par une folle ardeur ; acharné. « *La terre exige un travail forcené de l'aube à la nuit* » (Mauriac). **3** n. Personne en proie à une crise furieuse. « *Des bandes de forcenés parcourent la ville en semant la terreur* » (Gaut.). *Maîtriser un forcené.* ♦ par ext. *Travailler comme un forcené.* ✪ CONTR. Raisonnable ; ② calme.

❑ Le c de *forcené,* apparu au XVIe s., est dû à un rapprochement erroné avec *force,* les fous étant difficiles à maîtriser.

forceps [fɔʀsɛps] n. m. – XVIIe ; mot lat. « pinces » ▪ Instrument en forme de pinces, qui sert à saisir la tête du fœtus pour en faciliter l'expulsion lors de certains accouchements. ⇒ **fer.**

forcer v. [3] – XIe **I** v. tr. **1** Faire céder (qqch.) par force. *Forcer une porte, un coffre.* ⇒ **fracturer.** *Forcer une serrure.* ⇒ **crocheter.** « *sa femme avait forcé tous les tiroirs et le secrétaire* » (Balz.). ♦ *Forcer un barrage.* « *Seigneur, ils ont forcé le passage ! la poterne cède* » (Giraud.). ➛ fig. *Forcer la porte de qqn,* pénétrer chez lui malgré son interdiction. **2** Faire céder (qqn) par la force ou la contrainte. ⇒ **contraindre, obliger.** *Il faut le forcer. Forcer la main à qqn,* le faire agir contre son gré. *Agir contraint et forcé.* ♦ FORCER À... (qqch.). *Cela me force à des démarches compliquées.* ⇒ **entraîner, obliger.** *J'y suis forcé !* ➛ *Forcer à, forcer de.* « *Je suis forcé de faire à la hâte et mal un travail qui demanderait le loisir et la tranquillité* » (Rouss.). *On m'y a forcé.* **3** vx Venir à bout de (un adversaire). « *il fallut les poursuivre et les forcer* [les assiégés] *de maison en maison* » (Rollin). ⇒ **traquer.** ➛ *Forcer une femme.* ⇒ **violer.** ♦ S'assurer la maîtrise de qqch. *Forcer le destin, la chance.* **4** vieilli Soumettre à une pression, une sujétion (les sentiments, les volontés). *Je ne veux pas forcer ton cœur.* ♦ Obtenir, soit par la contrainte, soit par l'effet d'un ascendant irrésistible. *Forcer l'admiration de tout le monde.* ⇒ **emporter, gagner.** *Forcer le respect.* **5** Imposer un effort excessif à. *Forcer un cheval. Forcer un cerf, un lièvre à la course.* ♦ *Chanteur qui force sa voix. Coureur qui force l'allure.* ⇒ **accélérer.** *Forcer un moteur.* ⇒ **pousser.** ♦ *Forcer des fleurs, des plantes fourragères,* en hâter la floraison et la maturation. ➛ *Cultures forcées.* **6** Dépasser (la mesure normale). ⇒ **augmenter, exagérer.** *Forcer la dose. Forcer la note.* **7** Altérer par une interprétation abusive. ⇒ **dénaturer.** *Forcer la vérité.* **II** v. intr. **1** Fournir un gros effort, se dépenser. *Forcer sur les avirons :* ramer le plus vigoureusement possible. *Il a gagné sans forcer.* ♦ fam. *Forcer sur qqch.,* en user sans modération. *Le cuisinier a forcé sur le sel.* ⇒ **abuser** (de). **2** Aux cartes, Monter. **III** *SE FORCER* v. pron. Faire un effort sur soi-même. ⇒ se **contraindre.** ➛ *Se forcer à :* s'imposer la pénible obligation de. ⇒ s'**obliger.** « *Il faut donc se forcer à travailler tous les jours* » (Stendh.).

forcerie n. f. – XIIIe ▪ Serre chaude pour le forçage.

forces n. f. pl. – XIIe ; lat. *forfex* ▪ Grands ciseaux destinés à tondre les moutons, à couper les étoffes, les feuilles de métaux. ✪ HOM. Force.

forcing n. m. – 1912 ; mot angl., de *to force* « forcer » **1** Attaque sportive soutenue contre un adversaire. *Faire le forcing.* ♦ fig. et fam. Pression (contre un adversaire réel ou supposé). *Obtenir un rendez-vous au forcing.* **2** Effort ou entraînement intensif.

forcipressure n. f. – XIXe ; lat. *forceps* « pinces » et *presser* ▪ Méthode d'hémostase provisoire par application d'une pince sur un vaisseau sanguin.

forcir v. intr. [2] – XIXe ▪ Devenir plus fort, plus gros. ⇒ **engraisser, grossir.** « *T'es tout luisant de bonne santé, mon Claudius ! T'as forci, on dirait ?* » (G. Chevallier). ♦ *Le vent forcit.*

forclore v. tr. [45] ; surtout inf. et p. p. – XIIe ; de *fors* et *clore* **1** Priver du bénéfice d'un droit lorsque les délais fixés ont été dépassés. *Il s'est laissé forclore.* ➛ Qui s'est laissé prescrire un droit. *Être forclos à la date de prescription.* **2** fig. Exclure en empêchant d'entrer, tenir exclu par la force.

forclusion n. f. – XVe **1** Déchéance d'un droit non exercé dans les délais prescrits. *Sous peine de forclusion.* **2** fig. Exclusion forcée ; impossibilité d'entrer, de participer. **3** Mécanisme psychique de défense. *La forclusion serait à l'origine d'états psychotiques.*

forer v. tr. [1] – XIIe ; lat. **1** Percer un trou dans (une matière dure) à l'aide d'un foret. *Forer une clé. Forer une roche.* **2** Former (un trou, une excavation) en creusant mécaniquement. *Forer un tunnel.* ✪ CONTR. ① Boucher, combler.

foresterie n. f. – 1946 ▪ Ensemble des activités d'aménagement et d'exploitation des forêts.

forestier, ière n. m. et adj. – XIIe **1** n. m. Celui qui exerce une charge dans une forêt du domaine public. ⇒ **sylviculteur.** appos. *Agent, garde forestier.* **2** adj. Qui est couvert de forêt ; qui appartient à la forêt. *Région forestière. Chemin forestier.* « *le chêne, le hêtre et les autres arbres forestiers que j'avais semés* » (Buff.).

❑ *Forestier* a remplacé *bûcheron,* sorti de l'usage rural.

foret n. m. – XIIIe ▪ Instrument servant à forer les bois les métaux. ⇒ **perceuse, vilebrequin, vrille.** ➛ Instrument destiné à percer des trous dans un os ou à perforer le tissu d'une dent (⇒ ④ **fraise, roulette, trépan).** ✪ HOM. Forêt.

forêt n. f. – XIIe ; probablt lat. *(silva) forestis* « forêt en dehors *(foris)* de l'enclos » ou « forêt du tribunal royal *(forum)* » **1** Vaste étendue de terrain peuplée principalement d'arbres ; ensemble de ces arbres. ⇒ **bois, futaie ; sylv(i)-.** « *la forêt s'est emplie de bruits étranges, inquiétants, cris et chants d'oiseaux, appels d'animaux inconnus, froissements de feuillage* » (Gide). *La forêt amazonienne, équatoriale, tropicale. Forêt vierge. Forêt de feuillus, de résineux. Promenade en forêt.* ➛ *Plantation, entretien et exploitation des forêts.* ⇒ **foresterie, sylviculture.** ➛ *Incendie de forêt.* ♦ LES EAUX ET FORÊTS *:* administration chargée de la gestion et de l'exploitation des forêts de l'État. *Ingénieur des Eaux et Forêts.* **2** Quantité considérable d'objets verticaux, longs et serrés. *Une forêt de colonnes, de mâts.* « *la forêt des minarets, qui a poussé sur toute cette pointe du sérail* » (Loti). ✪ HOM. Foret.

forêt-noire n. f. – XXe ; de *Forêt-Noire,* forêt d'Allemagne ▪ Gâteau au chocolat fourré de cerises et de crème chantilly. *Des forêts-noires.*

foreur n. m. – XIXe ▪ Ouvrier qui fore.

foreuse n. f. – XIXe ▪ Machine servant à forer le métal (⇒ **perceuse),** les roches (⇒ **perforatrice, trépan).**

① **forfait** n. m. – XIe ; de *fors* et *faire* ▪ littér. Crime énorme. *Commettre un forfait.* « *La noirceur de mon forfait* » (Rouss.).

② **forfait** n. m. – XVIe ; de *fur* « taux » (→ fur) et *fait* **1** Convention par laquelle il est stipulé un prix fixé par avance d'une manière invariable. *Faire un forfait avec un entrepreneur pour la construction d'une maison. Forfait vacances :* ensemble de prestations proposé par un voyagiste. *Forfait pour les remontées mécaniques.* loc. adj. et adv. *À FORFAIT :* à un prix fixé d'avance. *Vendre, acheter à forfait.* « *Nous ferons le marché d'avance, nous traiterons cette fois à forfait* » (Bernanos). **2** Évaluation approximative du revenu des personnes non salariées pour déterminer leur imposition.

③ **forfait** n. m. – XIXe ; de ① *forfait* ▪ Indemnité que doit payer le propriétaire pour retirer d'une course un cheval déjà engagé. ⇒ **dédit.** ♦ loc. *Déclarer forfait :* annoncer qu'on ne prendra pas part à une épreuve. fig. Abandonner, se retirer.

> ❑ Ce mot est une adaptation de l'anglais *forfeit,* emprunté lui-même (XIVe s.) à l'ancien français *fortet, forfait* « crime ».

forfaitaire adj. – XIXe ; de ② *forfait* ▪ Fixé par un forfait ; à forfait. *Prix forfaitaire. Impôt forfaitaire.*

forfaiture n. f. – XIIIe ; de ① *forfait* **1** En droit féodal, Violation du serment de foi et hommage. ⇒ **félonie, trahison.** ➛ littér. Manque de loyauté. **2** Crime d'un fonctionnaire public qui commet certaines graves infractions dans l'exercice de ses fonctions (⇒ **prévarication).** *Être accusé de forfaiture.* ✪ CONTR. Fidélité, foi, loyauté.

forfanterie n. f. – XVIe ; it. *furfante* « coquin » **1** Vantardise impudente. ⇒ **hâblerie.** « *Que d'affectation et de forfanterie !* » (Mol.). **2** Action, parole de fanfaron, de vantard. « *en dépit de ses forfanteries de langage, [elle] n'avait aucune force de caractère* » (R. Rolland). ✪ CONTR. Modestie, naturel.

forficule n. m. – XVIIIe ; lat. *forfex* → forces ▪ Insecte *(dermaptères),* dont l'abdomen se termine par une paire de pinces cornées. ⇒ **perce-oreille, pince-oreille.**

forge n. f. – XIIe ; lat. *fabrica* « atelier » **1** Atelier où l'on travaille les métaux au feu et au marteau. *Artisans, ouvriers d'une forge.* ⇒ **forgeron.** ♦ Fourneau sur lequel on met le métal à chauffer. *Au fond,* « *il y avait l'enclume, la forge, le grand soufflet noir* » (Bosco). **2** Installation où l'on façonne par traitement mécanique (à froid ou à chaud) les métaux et alliages. **3** plur. Fonderie. *Maître de forges :* autrefois, propriétaire d'une aciérie. ⇒ ① **fondeur.**

forgeage n. m. – XVIIIe ▪ Mise en forme (d'un métal, d'un alliage) par déformation plastique.

> ❑ On a dit aussi *forgement.*

forger v. tr. [3] – XIIe ; lat. *fabricare* « façonner, fabriquer » **1** Travailler (un métal, un alliage) à chaud, sur l'enclume et au marteau. ⇒ **battre.** *Forger le fer, l'argent.* ➛ *Fer* forgé.* **2** Façonner (un objet de métal) à la forge. *Forger un fer à cheval, une clé.* **3** fig. Élaborer d'une manière artificielle ou pénible (⇒ **fabriquer).** *Forger un mot nouveau.* ⇒ **construire, inventer.** « *Nous voilà essayant de forger un plan très compliqué* » (Romains). **4** Imaginer à sa fantaisie. « *je me forgeai bientôt des consolations* » (Rouss.). ➛ Inventer. *Se forger un alibi.* « *Il avait forgé une histoire admirable, un fourbi de secrètes accointances avec un mystérieux monsieur* » (Courtel.). *Récit forgé de toutes pièces.*

forgeron n. m. – XIVe ▪ Celui qui travaille le fer au marteau après l'avoir fait chauffer à la forge. *Forgeron qui ferre un cheval* (⇒ **maréchal-ferrant).**

forgeur, euse n. – XIIIe **1** n. m. Celui qui façonne un objet, un métal à la forge. *Un forgeur de couteaux.* **2** littér. ⇒ **fabricant, inventeur.** *Un forgeur de contes.* « *l'écrivain forgeur de réalités au regard desquelles la réalité pâlit* » (Leiris).

forint [fɔʀint] n. m. – 1946 ; mot hongr. ▪ Unité monétaire hongroise. *Des forints.*

forjeter v. [4] – XIIe **1** v. tr. Construire en saillie, hors de l'alignement d'un mur. **2** v. intr. Sortir de l'alignement, de l'aplomb. *Mur, bâtiment qui forjette.*

forlancer v. tr. [3] – XVIIe ▪ Faire sortir (une bête) de son gîte.

forlonger v. tr. [3] – XIIe ▪ En vénerie, Laisser en arrière, distancer. *Cerf qui forlonge la meute.*

formage n. m. – XVIe ▪ Opération de mise en forme (d'un objet).

formaldéhyde n. m. – XIXe ▪ Aldéhyde formique, gaz incolore et irritant (HCHO) utilisé en solution comme désinfectant (→ **formol)** et dans la synthèse organique.

formalisation n. f. – 1945 ▪ Réduction aux structures formelles. *La formalisation de la logique.*

formaliser (se) v. pron. [1] – XVIe ; de *formel* ▪ Être choqué d'un manquement au savoir-vivre, aux conventions sociales. ⇒ s'**offenser,** s'**offusquer.** *Se formaliser pour un rien.* « *On fait de moi, avec moi, devant moi, tout ce qu'on veut, sans que je m'en formalise* » (Dider.).

formaliser v. tr. [1] – XIXe ▪ Réduire (un système de connaissances) à ses structures formelles. *Formaliser un raisonnement.* ⇒ **axiomatiser ; formalisation.** *Syntaxe formalisée.* ➛ *Logique formalisée.* ⇒ **axiomatique, logistique.**

formalisme n. m. – XIXe **1** Attachement scrupuleux aux règles de la vie sociale, religieuse, etc. **2** Doctrine qui soutient que les vérités scientifiques sont purement formelles, et reposent sur des conventions. **3** Principe par lequel la validité des actes est strictement subordonnée à l'observation de formalités. *Formalisme juridique, administratif.* **4** Tendance à rechercher exclusivement la beauté formelle en art. ➛ Doctrine selon laquelle les formes artistiques se suffisent à elles-mêmes (opposé à *réalisme*).

formaliste adj. – XVIe 1 Qui observe les formes, les formalités avec scrupule. ➸ Où les formes, les règles sont strictement observées. *Religion, société formaliste.* ➸ péj. Qui est trop attaché aux conventions sociales, aux usages reçus. ⇒ **protocolaire.** 2 Qui est partisan du formalisme, en philosophie, en art, en littérature ; relatif au formalisme. n. *Les formalistes russes.* ✪ CONTR. Naturel, simple.

formalité n. f. – XVe ; lat. *formalis* « relatif à la forme » 1 Opération prescrite par la loi, la règle, et qui est liée à l'accomplissement de certains actes comme condition de leur validité. ⇒ **forme, procédure.** « *Toutes les formalités avaient été simplifiées* » (Camus). 2 Acte, geste imposé par le respect des convenances. ⇒ **cérémonial, étiquette.** *Se plier aux formalités d'usage.* 3 Acte qu'on doit accomplir, mais qui ne présente aucune difficulté. *Ce n'est qu'une simple formalité.*

formant n. m. – 1951 1 Élément (morphème lexical) de formation d'un mot complexe. 2 Fréquence de résonance du conduit vocal qui détermine le timbre caractéristique d'une voyelle.

format n. m. – XVIIIe ; probablt it. *formare* « former » 1 Dimension d'un imprimé (livre, journal), déterminée par le nombre de feuillets d'une feuille pliée ou non. *Format in-folio, in-quarto.* ➸ Dimensions d'un livre en hauteur et en largeur. *Livre de petit format, format de poche.* 2 Dimension caractéristique de la feuille de papier, généralement désignée par son filigrane. ♦ Dimension, taille. ➸ *Format d'un tableau. Photo de format 9 × 13.* 3 Agencement structuré d'un support de données informatiques. ➸ Disposition des données elles-mêmes.

> ❑ Le sens informatique est emprunté à l'anglais, ainsi que *formater.*

formatage n. m. – v. 1970 ▪ Opération qui consiste à formater un support informatique.

formater v. tr. [1] – v. 1970 ▪ Préparer (un support informatique) à recevoir des données, selon un format.

formateur, trice n. et adj. – XVe 1 rare Ce qui donne une forme, qui impose un ordre. 2 Personne chargée de former des professionnels. 3 adj. Qui forme. *Expérience formatrice.* ✪ CONTR. Destructeur.

formatif, ive adj. – XIIIe ▪ Qui sert à former. ⇒ **formateur.**

formation n. f. – XIIe 1 Action de former, de se former ; manière dont une chose se forme ou est formée. ⇒ **composition, constitution, création, élaboration.** *Être en cours, en voie de formation. Formation d'une équipe. Formation d'un empire.* « *tout parut annoncer la formation d'un grand parti travailliste français* » (Mauriac). ➸ *Formation de l'embryon.* ⇒ **développement.** *Formation du système nerveux.* pop. *Époque, âge de la formation,* où l'organisme arrive à l'état physiologique adulte. ⇒ **puberté.** ➸ *Formation de mots par composition, dérivation. Mot de formation savante. Formation du pluriel en français.* 2 Couche de terrain d'origine définie. *Formation quaternaire, sédimentaire.* 3 Mouvement par lequel une troupe prend une disposition ; cette disposition. *Avions en formation triangulaire.* 4 Groupement militaire. ⇒ **groupe, unité.** *Formation aérienne.* « *Nous apercevons une formation de 50 à 70 avions ennemis* » (Cendrars). ♦ *Les grandes formations politiques, syndicales.* ⇒ **organisation,** ① **parti.** *Formation sportive.* ⇒ **équipe.** ➸ *Formation de musiciens.* ⇒ ② **ensemble, groupe, orchestre.** 5 Éducation intellectuelle et morale d'un être humain. *La formation du caractère, du goût. Avoir reçu une solide formation littéraire.* ♦ Ensemble de connaissances théoriques et pratiques dans une technique, un métier ; leur acquisition. *Formation professionnelle. Stage de formation.* « *avant de subir une formation accélérée à l'arrière du front* » (Tournier). ✪ CONTR. Déformation, destruction.

forme n. f. – XIe ; lat. I - 1 Ensemble des contours (d'un objet, d'un être) résultant de la structure de ses parties et le rendant identifiable. ⇒ **apparence, aspect, configuration, conformation ; morph(o)-.** *Avoir une forme régulière, symétrique, irrégulière. Objet de forme sphérique. Sans forme, sans forme précise.* ⇒ **informe.** *Changer de forme :* se transformer. ⇒ se **métamorphoser.** *N'avoir plus forme humaine.* ⇒ **figure.** *Prendre forme :* se former. fig. *Le projet prend forme.* ⇒ ① **tournure.** ♦ Être ou objet confusément aperçu et dont on ne peut préciser la nature. « *je vis s'avancer en rampant une forme allongée* » (Gide). 2 Apparence extérieure donnant à un objet ou à un être sa spécificité. *La forme d'un vase, d'un vêtement.* ⇒ ② **coupe, façon.** ♦ *EN FORME DE.* « *un gâteau de Savoie, en forme de temple* » (Zola). ♦ *EN FORME. Jupe en forme,* qui, par sa coupe, s'applique aux hanches puis s'évase. ♦ *Sous la forme de :* avec l'apparence de. ➸ *SOUS FORME DE,* se dit de l'aspect variable que revêt une chose dont la nature demeure inchangée. *Médicament présenté sous forme de gélules.* 3 *Les formes :* les contours du corps humain ; les rondeurs féminines. *Formes pleines, parfaites.* « *l'élégante minceur de ses formes* » (France). 4 Les contours considérés d'un point de vue esthétique. ⇒ **dessin, galbe, ligne, modelé, relief, tracé.** *Beauté des formes* (⇒ **plastique**). *Formes pures, géométriques. L'artiste* « *pense et sent directement avec les formes, comme d'autres avec les mots* » (R. Huyghe). 5 Manière variable dont une notion, une idée, un événement, une action, un phénomène se présente. *Les différentes formes de l'énergie, de la vie.* ⇒ **apparence, aspect, état, variété.** *Les différentes formes que revêt l'expérience humaine.* « *l'esclavage et la traite des esclaves sont interdits sous toutes leurs formes* » (DÉCLAR. DR. HOM.). « *cette entrevue prit la forme d'un déjeuner d'affaires* » (Romains). ⇒ **allure,** ③ **tour.** 6 Mode particulier selon lequel une société, un ensemble est organisé. ⇒ **organisation,** ① **régime, statut.** « *On donne à cette forme de gouvernement le nom de démocratie* » (Rouss.). 7 Aspect matériel sous lequel se présente un terme ou un énoncé. *Étude des variations de forme.* ⇒ **morphosyntaxe.** *Forme du singulier, du pluriel ; du masculin, du féminin.* 8 Manière dont une pensée, une idée s'exprime (⇒ **expression, langage**). *Donner à sa pensée, à une idée une forme nouvelle.* ➸ Type déterminé sur le modèle duquel on compose, on construit une œuvre d'art. *Poème en forme d'acrostiche.* ♦ Manière dont les moyens d'expression sont organisés en vue d'un effet esthétique ; l'effet produit par cette organisation. ⇒ **expression, style.** *Opposer la forme au fond.* « *La forme est essentielle et absolue : elle vient des entrailles mêmes de l'idée* » (Hugo). II - 1 plur. Manières polies, courtoises. *Apprenez-lui cet échec en y mettant les formes,* avec des précautions. 2 Manière de procéder, d'agir selon les règles convenues, établies. ⇒ **formalité, règle.** *Les formes de l'étiquette. Respecter les formes consacrées* (⇒ **formalisme**). ♦ *Dans les formes :* avec les formes habituelles. 3 Aspect extérieur d'un acte juridique, d'un jugement. *Contrat en bonne et due forme. Rédiger dans les formes.* ⇒ **libeller.** ➸ *POUR LA FORME :* par simple respect des usages ou conventions. « *moi, son fils, je ne l'ai jamais consulté que pour la forme, après m'être renseigné ailleurs et décidé en dehors de lui* » (Mart. du G.). *DE PURE FORME :* sans examen du fond. *Contrôle de pure forme.* III Condition physique (d'un cheval, d'un sportif, etc.) favorable aux performances. *Athlète au mieux de sa forme. Être dans une forme olympique.* ➸ Bonne condition physique et intellectuelle. *Être, se sentir en forme, en pleine forme.* fam. *Avoir la forme.* ⇒ **frite,** ① **pêche.** IV - 1 Ce qui règle l'exercice de la pensée, ou impose des conditions à notre expérience. *Forme d'un jugement, d'un raisonnement.* 2 *Théorie de la Forme* (⇒ **gestaltisme**) : théorie selon laquelle les propriétés d'un phénomène psychique ou d'un être vivant résultent de l'ensemble des relations entre ses éléments. ⇒ **structure.** V - 1 Ce qui sert à donner une forme déterminée à un produit manufacturé. ⇒ **gabarit, modèle,** ① **moule,** ② **patron.** *Bottier qui monte une chaussure sur une forme.* ➝ Moule plein servant à la fabrication des chapeaux. ➝ *Chapeau haut de forme.* ⇒ **haut-de-forme.** 2 Moule creux. ⇒ **matrice.** *Forme à fromage.* ♦ Châssis utilisé dans la fabrication manuelle du papier. *Papier à la forme.* 3 Bassin. *Un navire avarié qui passe en forme.* 4 Couche de sable sur laquelle on établit le pavé. 5 *Lièvre en forme,* au gîte. ✪ CONTR. Essence, matière, réalité. Âme, esprit. Fond ; ② contenu, substance, ③ sujet.

❑ Le sens de « condition physique » est emprunté à l'anglais *form.* D'abord appliqué aux chevaux de courses, cet emprunt de sens relève de l'importation massive du vocabulaire du turf en français.

-forme Élément, du lat. *-formis,* de *forma* « forme ».

formé, ée adj. – XIIe 1 Qui a achevé son développement normal. *Fruit formé. Épi formé.* ♦ *Jeune fille formée.* ⇒ **nubile, pubère.** ♦ *Avoir le goût, l'esprit formé.* 2 *Mot bien formé, phrase bien formée,* dont la construction est correcte, conforme aux règles de la langue (⇒ **élément ; morphologie**).

formel, elle adj. – XIIIe ; lat. *forma* → forme 1 Dont la précision et la netteté excluent toute méprise, toute équivoque. ⇒ **clair, explicite,** ① **précis.** *Démenti formel. Refus formel.* ⇒ **catégorique.** *Affirmer d'une manière formelle.* ⇒ **assuré, certain, sûr.** *Elle détient « la preuve formelle de votre culpabilité »* (Romains). ⇒ **irréfutable.** ➝ Qui énonce qqch. d'une manière formelle. ⇒ **absolu.** *Il a été formel sur ce point. La loi est formelle.* 2 Qui concerne uniquement la forme. *Une distinction purement formelle.* ♦ Qui considère la forme, l'apparence plus que la matière, le contenu. *Politesse formelle.* ♦ *Critère formel de la loi* (opposé à *critère matériel*). 3 Qui possède une existence actuelle, effective. *Cause formelle.* 4 Qui concerne l'ensemble des relations entre éléments. ⇒ **structural.** « *En mathématiques, la relation* $(a+b)^2 = a^2+b^2+2ab$ *est formelle en tant qu'elle reste vraie pour tous les nombres réels* » (Lalande). ✪ CONTR. Ambigu, douteux, tacite. Informel.

formellement adv. – XIVe 1 De façon formelle. *Il est formellement interdit de fumer.* ⇒ **absolument.** 2 En considérant la forme. *Raisonnement formellement juste.*

former v. tr. [1] – XIIe ; lat. I - 1 (en parlant du Créateur, de la Nature) ⇒ **créer.** « *Dieu forma l'homme à son image* » (BIBLE). 2 Concevoir par l'esprit. ⇒ **imaginer.** *Former un projet, le dessein de...* 3 Faire exister (un ensemble, une chose complexe) en arrangeant des éléments. *Former une collection. Former un convoi.* ➝ « *Le train n'était pas formé encore* » (Mauriac). ♦ *Former un gouvernement. Former une société.* ⇒ **constituer.** 4 Être la cause de. ⇒ **produire.** *L'eau calcaire forme du tartre.* ♦ Constituer. *Le sable forme des dunes.* II - 1 Façonner en donnant une forme déterminée. *Bien former ses lettres.* ⇒ **calligraphier, écrire.** ➝ *Former les temps d'un verbe.* ⇒ **conjuguer.** *Former un numéro de téléphone.* ⇒ **composer.** 2 Développer (une aptitude, une qualité) ; exercer ou façonner (l'esprit, le caractère de qqn). ⇒ **cultiver, élever, instruire.** *Former l'intelligence.* « *J'appelle éducation positive ce qui tend à former l'esprit avant l'âge* » (Rouss.). ➝ *Former un apprenti.* « *De mon temps, on formait des hommes d'Église* » (Bernanos). III - 1 Entrer dans un ensemble en tant qu'élément constitutif. ⇒ **composer, constituer.** *Parties qui forment un tout. Former un contraste. Lettres formant un mot.* ➝ *Former un attroupement. Les personnes qui forment une assemblée. Ils forment un beau couple.* 2 Prendre la forme, l'aspect de. *La route forme une série de courbes.* ⇒ **dessiner, présenter.** *Les arbres forment une voûte.* IV SE FORMER v. pron. 1 Se constituer peu à peu, prendre forme. *Manière dont la terre s'est formée.* « *Les crevasses se formaient avec une grande rapidité* » (J. Verne). ➝ « *Des couples se formaient et se déformaient* » (Aragon). ➝ *Les idées qui se forment en nous.* 2 Prendre une certaine forme. *Les manifestants se formèrent en cortège.* 3 Prendre sa forme normale. ⇒ se **développer.** *Les fruits commencent à se former.* 4 S'instruire, se cultiver, apprendre son métier. *Se former sur le tas.* « *adolescent je me suis formé seul* » (Mauriac). ✪ CONTR. Déformer, détruire.

formeret n. m. – XIVe ; de *forme* ■ Arc dans l'axe de la voûte, recevant sa retombée.

formiate n. m. – XVIIIe ; de *formique* et *-ate* ■ Sel ou ester de l'acide formique.

formica n. m. – 1950 ; nom déposé, d'apr. *formique* ■ Matériau stratifié recouvert de résine artificielle. « *Il est assis sur un tabouret en formica* » (Perec).

formicant, ante adj. – XVIe ; lat. *formicare* « fourmiller » ■ vieilli Qui produit une sensation analogue au picotement de fourmis. *Pouls formicant.*

formidable adj. – XIVe ; lat. *formidare* « craindre, redouter » 1 vieilli Qui inspire une grande crainte. ⇒ **effrayant, terrible.** « *cet homme formidable qui fait trembler Carthage* » (Flaub.). 2 Dont la taille, la force, la puissance est très grande. ⇒ **énorme, extraordinaire.** *Une volonté formidable.* « *un grand cou de poule tout déformé par une formidable pomme d'Adam* » (Giono). 3 ⇒ **extra, fabuleux, remarquable, sensationnel,** ② **super.** *Un livre, un film formidable. J'ai une idée formidable ! C'est une femme formidable. Ce vin n'est pas formidable.* ⇒ **terrible.** ♦ Qui étonne. *Vous êtes formidable, qu'est-ce que je pouvais faire d'autre ?* ✪ CONTR. Faible, petit. Mauvais.

❑ *Formidable* est aujourd'hui totalement détaché de l'idée étymologique de « peur » sauf dans les emplois littéraires, bien que des puristes n'acceptent toujours que ce sens.

formidablement adv. – XVIIIe 1 VX D'une manière qui fait peur. 2 Énormément. « *tout formidablement beau, brûlant et dormant* » (Valéry). ➝ fam. ⇒ **terriblement, très.**

formique adj. – XIVe ; lat. *formica* « fourmi » ■ *Acide formique :* liquide incolore, piquant et corrosif, qui existe à l'état naturel notamment dans l'organisme des fourmis rouges.

formol n. m. – XIXe ■ Solution de formaldéhyde employée comme désinfectant. *Conserver un organe dans le formol.*

formulable adj. – XIXe ■ Qui peut être formulé. ⇒ **exprimable.**

formulaire n. m. – XVe 1 Recueil de formules. *Formulaire des pharmaciens.* ⇒ **codex.** 2 Imprimé comportant une série de questions en face desquelles la personne intéressée doit inscrire ses réponses. ⇒ **formule, questionnaire.** *Remplir un formulaire.*

formulation n. f. – XIXe 1 Action d'exposer avec précision ; manière dont qqch. est formulé. *Modifier la formulation d'une question.* 2 Action de mettre en formule. *Formulation d'une loi mathématique.*

formule n. f. – XIVe ; lat. *forma* → forme **I - 1** Modèle qui contient les termes exacts dans lesquels un acte doit être rédigé. *Formule d'un contrat, d'un testament. Formule du titre d'une loi.* ⇒ **intitulé. 2** Paroles rituelles qui doivent être prononcées dans certaines circonstances, pour obtenir un résultat (en religion, magie). « *une formule incantatoire propre à conjurer un envoûtement* » (Tournier). *Formule magique.* **3** Expression consacrée dont le code des convenances, les coutumes sociales prescrivent l'emploi dans certaines circonstances. ⇒ **cérémonial, étiquette.** *Formules de politesse. Chercher la formule qui convient.* **II - 1** Expression concise, générale (souvent symbolique), définissant avec précision soit des relations fondamentales entre termes qui entrent dans la composition d'un tout, soit les règles à suivre pour un type d'opérations. ♦ *Formule mathématique, algébrique.* ♦ *Formule sanguine.* ⇒ **hémogramme.** *Formule chimique* : expression figurant par leurs symboles les éléments qui entrent dans un corps composé. *H_2O est la formule moléculaire de l'eau.* ➛ *Formule d'un médicament.* ⇒ **composition. 2** Solution type d'un problème ; manière de procéder pour parvenir à un résultat. *Il a trouvé une bonne formule pour apprendre l'allemand.* ⇒ **méthode, procédé.** *C'est la formule idéale ! Formule de paiement.* ⇒ ② **mode.** ♦ Manière de concevoir, de présenter (un divertissement, un service, etc.). *Une nouvelle formule de voyage.* ♦ Catégorie de voitures destinées aux compétitions. *Une voiture de formule 1, une formule 1. Courir en formule 2.* **3** Expression concise, nette et frappante, d'une idée ou d'un ensemble d'idées. *Formule renfermant un conseil moral.* ⇒ **aphorisme, proverbe.** *Formule publicitaire.* ⇒ **slogan.** « *Un mot ou une formule, voilà les véritables acquisitions intellectuelles. Il est enfantin de les combattre* » (Aragon). ♦ Mode d'expression, considéré dans sa valeur stylistique. *Une formule évasive. Une formule heureuse. Formule toute faite.* ⇒ **cliché.** *Selon la formule consacrée.* **4** Feuille de papier imprimée destinée à recevoir un texte court. *Une formule de télégramme.* ⇒ **formulaire.**

formuler v. tr. [1] – XIVe **1** Énoncer avec la précision, la netteté d'une formule juridique. ⇒ **exposer, exprimer.** *Formuler une demande.* « *Je vous somme de formuler vos griefs contre moi* » (Villiers). *Formuler une plainte* (en justice). ⇒ ① **déposer. 2** Exprimer (avec ou sans précision). *Formuler tout haut ses craintes. Formulez plus clairement vos critiques. Formuler un souhait, des vœux.* ⇒ **former.** *Certain compliment grossier* « *qu'un homme avait formulé dans la rue à propos de ses jambes* » (Aymé). ✪ CONTR. ① Cacher, dissimuler, taire.

formyle n. m. – XIXe ; de *form(ique)* et *-yle* ▪ Radical monovalent CHO.

fornicateur, trice n. – XIIe ▪ Personne qui commet le péché de fornication.

fornication n. f. – XIIe ; lat. *fornix* « voûte » ▪ Péché de la chair (entre personnes qui ne sont ni mariées ni liées par des vœux). ➛ plais. Relations sexuelles. ⇒ **copulation.**

❑ Les prostituées, à Rome, se tenaient dans des chambres voûtées *(fornices)*, ce qui explique l'étymologie du mot.

forniquer v. intr. [1] – XIVe ▪ Commettre le péché de fornication. ➛ plais. Avoir des relations sexuelles. ⇒ **copuler.**

fors prép. – X[e] ; lat. *foris* « dehors » ▪ vx Excepté, sauf. « *Tout est perdu, fors l'honneur* », mot attribué à François Ier. ✪ HOM. For, fort.

forsythia [fɔʀsisja] n. m. – XIXe ; de *Forsyth,* horticulteur angl. ▪ Arbrisseau *(oléacées)* à fleurs jaunes décoratives très précoces. « *Quelques forsythias décorent de jaune les squares* » (Colette).

① **fort, forte** adj. et n. m. – X[e] ; lat. **I - 1** Qui a de la force physique. ⇒ **robuste, solide, vigoureux ;** fam. **balèze, baraqué, costaud.** *Un homme grand et fort. Un* « *mécanicien, qui a l'air doux comme un agneau, mais fort comme un bœuf* » (Vallès). *Forte constitution. Le sexe fort* : les hommes. ➛ *Prêter main-forte.* ⇒ **main-forte. 2** Euphémisme pour *gros. Femme forte, un peu forte.* ⇒ **corpulent.** ➛ *Une forte poitrine,* très développée. ⇒ **opulent. 3** Qui a une grande force intellectuelle, de grandes connaissances (dans un domaine), qui excelle dans la pratique (de qqch.). ⇒ **capable, doué, habile, savant ;** fam. **calé, fortiche.** « *Nous disions : "C'est un brave homme, mais il n'est pas bien fort"* » (Romains). *Être fort en maths, en français.* subst. « *le premier fort en thème venu vous expliquera* » (Verlaine). ➛ *Être fort sur une question, dans sa partie.* ➛ *Être fort à un exercice, un jeu. Fort aux échecs.* ➛ *Il est toujours très fort pour critiquer.* « *Je sais que t'es forte en mensonges* » (Céline). *Être fort en gueule.* subst. *C'est un fort en gueule.* ♦ fam. *C'est trop fort pour moi.* ⇒ **ardu,** fam. **calé, difficile.** ➛ *C'est son point fort.* **4** Qui résiste, a de la force. ⇒ **solide.** *Papier fort. Colle forte.* ➛ *Ils sont unis par des liens très forts.* **5** *Une place, une ville forte.* ⇒ **fortifié ;** ③ **fort** (II), **fortification. 6** Qui est capable de résister au monde extérieur ou à soi-même. ⇒ **énergique,** ① **ferme.** *Être fort dans l'épreuve.* « *Un homme est bien fort quand il s'avoue sa faiblesse* » (Balz.). ➛ *Les esprits forts* : les incrédules. **II - 1** Intense (mouvement, effort physique). *Coup très fort.* ⇒ **énergique, violent.** *Forte poussée. Un vent fort. Mer forte.* ➛ Qui dépasse la normale. *Fortes chutes de neige.* ⇒ **abondant.** *Forte fièvre. Payer une forte somme.* ⇒ **gros.** *De fortes chances de réussite.* ⇒ **grand.** ➛ *Payer le prix fort.* **2** Dont l'intensité a une grande action sur les organes des sens. ➛ (Opposé à *doux, léger*) *Lumière forte. Voix forte.* ⇒ **sonore.** *Accent fort, forte accentuation d'une syllabe.* ➛ *Des odeurs fortes.* ⇒ **lourd, violent.** *Ton chant* « *me ferait tourner la tête comme un parfum trop fort* » (Gaut.). ⇒ **enivrant, pénétrant.** *Goût fort, saveur forte.* ➛ *Moutarde forte.* ⇒ ① **piquant.** *Sauce trop forte qui emporte la bouche* (⇒ **épicé,** ① **relevé).** *Tabac fort.* ♦ Qui affecte violemment le goût, par la concentration de l'infusion, du mélange. *Café fort.* ⇒ **serré.** ➛ *Vin fort,* très alcoolisé. *Alcool fort.* **3** *Douleur trop forte.* ⇒ **grand, intense.** *Faire une forte impression sur qqn.* ⇒ **vif.** *La tentation était trop forte. Les moments, les temps forts d'un film,* où l'émotion est intense, l'intérêt soutenu. ➛ *À plus forte raison* : d'autant plus. ⇒ **a fortiori.** *Une forte opposition au sein du gouvernement.* **4** Dont l'intensité a un grand pouvoir d'évocation (moyens d'expression). *L'épithète est un peu forte !* ⇒ **outré.** *Ce mot n'est pas assez fort. Au sens fort du mot.* ➛ *Une œuvre forte.* ⇒ **puissant, vigoureux. 5** Difficile à croire ou à supporter par son caractère excessif. *La plaisanterie est un peu forte.* ⇒ **exagéré, poussé.** ➛ *C'est un peu fort, où est-il passé ?* ⇒ **inouï.** *Ça, c'est trop fort !* ⇒ **inadmissible.** ➛ *Ce qu'il y a de plus fort, c'est que...* ⇒ **incroyable.** « *Et le plus fort, c'est qu'il le croyait* » (Daud.). *De plus en plus fort !* **6** Qui agit avec force, est capable de grands effets. *Remède fort.* ⇒ **efficace.** *Ces lunettes sont trop fortes pour moi.* **7** Qui a un grand pouvoir d'action, de l'influence (souvent opposé à *faible*). ⇒ **influent, puissant.** *Avoir affaire à forte partie,* à un adversaire puissant et redoutable. *Trouver plus fort que soi.* ♦ *ÊTRE FORT DE* : puiser sa force, sa confiance, son assurance dans. *Fort de son innocence, il nie les accusations. Forte de son expérience en la matière.* ♦ *Se porter fort pour qqn,* se porter garant, caution pour lui. ♦ *SE FAIRE FORT DE* : se déclarer assez fort pour obtenir tel résultat. ⇒ **se piquer,** se **targuer,** se **vanter.** *Elle se fait fort de réussir. Les Autrichiens « se font fort de pouvoir [...] contraindre militairement la Serbie à capituler »* (Mart. du G.). **8** Qui a la force ou n'hésite pas à employer la contrainte. *État fort. Régime fort.* ➛ *L'homme fort d'un régime, d'un État :* celui qui dispose de la puissance réelle (militaire, policière). **9** Qui dispose d'une force militaire, économique, etc. « *un peuple, pour être fort, doit être nombreux* » (Benda). **10** Qui agit efficacement, produit des effets importants (qualités morales ou intellectuelles). *Sentiment, croyance plus forts que la raison.* ➛ *C'est plus fort que moi,* se dit d'une habitude, un désir auquel on ne peut résister. **11** *Monnaie, devise forte,* qui a un cours élevé sur le marché des changes et varie peu. **III** n. m. **1** Le côté fort, l'aspect sous lequel une personne, une chose révèle le plus de puissance, d'efficacité. « *Après avoir examiné le fort et le faible des sciences* » (Volt.). ➛ Ce en quoi qqn excelle. *C'est son fort.* fam. et iron. *La générosité n'est pas son fort.* **2** Partie forte, résistante d'une chose. *Le fort d'une poutre.* **3** loc. prép. AU FORT DE. *Au fort, au plus fort de l'été, de l'hiver.* ⇒ **cœur, milieu.** *Au plus fort de la crise.* ✪ CONTR. Faible ; fragile, malingre. Anodin, inefficace, doux. Peureux, timide. Ignorant. — HOM. For, fors.

> ❑ *Fort* reste invariable dans la locution *se faire fort de,* car c'était la forme commune aux deux genres jusqu'au XIVe s. Cependant, l'accord en genre et en nombre (rare) est admis par la plupart des grammairiens normatifs. ♦ Cet adverbe, comme *bien* et *très* peut se rencontrer devant le nom d'une locution verbale (*il en a fort besoin ;* région. *il a fort faim*). ⇒ adverbe (rem.).

② **fort** adv. – XVe **1** adv. de manière Avec de la force physique, en fournissant un gros effort. *Appuyer fort, pousser fort. Cogner fort.* ⇒ **vigoureusement, violemment.** *Serrer très fort. De plus en plus fort.* ♦ Avec une grande intensité. *Cœur qui bat fort. Le vent souffle fort. Chauffage qui marche trop fort.* ➛ *Parler fort. Mettre la radio très fort,* à plein volume. *Jouer fort* (⇒ **forte, fortissimo**). ➛ loc. fam. *Y aller fort. Tu y vas un peu fort !* ⇒ **exagérer.** *Ça ne va pas fort :* ça ne va pas bien. ➛ *Faire fort :* employer les grands moyens. *Ils ont fait très fort.* **2** adv. de quantité ⇒ **beaucoup, extrêmement.** *J'en doute fort.* ⇒ **fortement.** *Il aura fort à faire* [fɔʀtafɛʀ] *pour nous convaincre.* ♦ ⇒ ① **bien, très.** *Homme fort occupé. J'en suis fort aise. Je le sais fort bien. Fort bien !* exprime l'assentiment. ✪ CONTR. Faiblement. Peu.

③ **fort** n. m. – XIIIe **I** - **1** *Fort des Halles :* employé des Halles de Paris qui manipulait et livrait les marchandises ; par ext. homme très fort. **2** Personne qui a la force, la puissance (matérielle). ⇒ **puissant.** *Protéger le faible contre le fort.* **3** Personne qui a une force morale, de la fermeté. **II** Ouvrage destiné à protéger un lieu stratégique, une ville. ⇒ **citadelle, forteresse, fortification, fortin.** *En 1916, les forts de Vaux et de Douaumont ont brisé l'offensive allemande.*

forte [fɔʀte] adv. – XVIIIe ; mot it. ▪ Fort. *Passage à exécuter forte,* en jouant ou en chantant fort (⇒ **fortissimo**). ➛ n. m. inv. Passage à exécuter fort. *Des forte.* ✪ CONTR. ② Piano.

fortement adv. – XIe **1** Avec force. *Appuyer, serrer fortement.* ⇒ **vigoureusement.** *Des traits, des contours fortement marqués.* ⇒ **nettement.** ♦ *Désirer, espérer fortement.* ⇒ **intensément, profondément.** **2** ⇒ **beaucoup, très.** *Il a été fortement intéressé par votre projet.* ➛ *Il est fortement question d'une réunion.* ✪ CONTR. Faiblement ; doucement. Peu.

forte-piano [fɔʀtepjano] adv. et n. m. – XVIIIe ; mot it. **I** adv. Indication de nuance, passage du forte au piano. ➛ n. m. inv. Passage exécuté dans cette nuance. *Des forte-piano.* **II** n. m. Piano-forte. *Des forte-pianos.*

forteresse n. f. – XIIe ; lat. *fortis* « fort » **1** Lieu fortifié pour défendre une zone territoriale, une ville. ⇒ **château** (fort), **citadelle, fortification, place** (forte). ♦ Fort servant de prison d'État. **2** Ce qui résiste à l'action extérieure. « *le corps enferme l'esprit dans une forteresse* » (Proust). **3** *Forteresse volante :* bombardier lourd américain mis en service au cours de la Seconde Guerre mondiale.

> ❑ *Forteresse volante* est un calque de l'anglais *flying fortress.*

fortiche adj. – XIXe ; de ① *fort* ▪ fam. Habile, calé. *Il est fortiche à ce jeu.* ➛ n. *C'est un fortiche.*

fortifiant, iante adj. et n. m. – XVIe ▪ Qui accroît ou rétablit les forces physiques (aliments, boissons). ⇒ vieilli **cordial, reconstituant, stimulant.** ♦ n. m. Aliment, médicament fortifiant. « *À l'infirmerie ils m'ont donné un fortifiant* » (Duras). ✪ CONTR. Anémiant.

fortification n. f. – XIVe ▪ Ouvrage défensif, ou ensemble des ouvrages fortifiés destinés à la défense d'une position, d'une place. ⇒ **bastion, citadelle,** ① **enceinte,** ③ **fort, forteresse.** ♦ Emplacement des anciennes fortifications entourant Paris.

fortifier v. tr. 7 – XIVe **1** Rendre fort, vigoureux ; donner plus de force à. *L'exercice fortifie le corps. Nourriture, remède qui fortifie.* ♦ Donner de la solidité à. ⇒ **consolider, renforcer.** *Pilier qui fortifie une construction.* ⇒ **étayer.** **2** *Le temps fortifie l'amitié.* ⇒ **augmenter, renforcer.** *Le christianisme « fortifie la résolution chancelante »* (Chateaub.). « *Loin de le rendre raisonnable, mes discours fortifiaient ce jeune seigneur dans son obstination* » (France). ⇒ **encourager.** **3** Munir d'ouvrages de défense. ⇒ **armer.** ➛ *Ville fortifiée* (opposé à *ville ouverte*). ✪ CONTR. Affaiblir, réduire, ruiner.

fortin n. m. – XVIIe ▪ Petit fort.

fortiori (a) → **a fortiori**

fortissimo adv. – XVIIIe ; mot it. ▪ Très fort. ➛ n. m. Passage qui doit être exécuté fortissimo. *Des fortissimo* ou *des fortissimos.* ✪ CONTR. Pianissimo.

fortran n. m. – 1956 ; acronyme de l'angl. *For(mula) Tran(slation)* « traduction formulaire » ▪ Langage informatique évolué orienté vers la résolution de problèmes scientifiques et techniques. ⇒ **algol, cobol,** ③ **pascal.**

fortuit, ite adj. – XIVe ; lat. *fors* « hasard » ▪ Qui arrive ou semble arriver par hasard, d'une manière imprévue. ⇒ **accidentel, inattendu, inopiné.** *Une rencontre fortuite.* « *Ce n'est pas une rencontre fortuite. Il connaît mon itinéraire habituel* » (Duham.). ✪ CONTR. Nécessaire, obligatoire.

fortuitement adv. – XIVe ▪ D'une manière fortuite.

fortune n. f. – XIIe ; lat. « bonne ou mauvaise fortune » **I** - **1** littér. Puissance qui est censée distribuer le bonheur et le malheur sans règle apparente. ⇒ **hasard, sort.** *La fortune sourit aux audacieux.* « *dans les exils divers où la ballotta la fortune* » (Ste-Beuve). **2** Divinité antique qui représente cette puissance. **3** Événement ou suite d'événements considérés dans ce qu'ils ont d'heureux ou de malheureux. ⇒ **chance** (1°), **hasard.** *Bonne fortune :* chance heureuse ; succès galant. *Un homme « signalé pour avoir eu des bonnes fortunes »* (Sand). ➛ *Avoir l'heureuse fortune de. Mauvaise fortune :* malheur, malchance. *Faire contre mauvaise fortune bon cœur :* ne pas se laisser abattre par les revers. ⇒ se **résigner.** ➛ *Chercher fortune.* ⇒ **aventure.** ➛ *Dîner à la fortune du pot, inviter qqn à la fortune du pot,* sans façon, sans cérémonie. ♦ DE FORTUNE : improvisé pour parer au plus pressé. ⇒ **provisoire.** « *fabriquer des sérums sur place, avec du matériel de fortune* » (Camus). *Une réparation de fortune.* ➛

Voile de fortune ou *fortune* : voile carrée de goélette. 4 littér. Hasard heureux, chance. *Il eut la fortune de vivre dans une société brillante.* 5 *Fortune de mer* : tout risque fortuit (perte, avarie) dont l'armateur est responsable. 6 Carrière, destin. *La fortune d'une œuvre d'art, d'un livre.* 7 Situation dans laquelle se trouve qqn. *Revers de fortune.* ➛ « *À Paris, la fortune est de deux espèces : il y a la fortune matérielle, l'argent* [...] *et la fortune morale, les relations, la position* » (Balz.). ⇒ **prospérité, succès. II - 1** Ensemble des biens, des richesses qui appartiennent à un individu, à une collectivité. ⇒ **argent, ② capital.** *Évaluer la fortune de qqn. Inégalité des fortunes. Léguer sa fortune. Imposer les grandes fortunes.* « *le besoin de me marier "pour arranger ma fortune"* » (Sade). 2 Ensemble de biens d'une valeur considérable. *Fortune personnelle.* ➛ FAIRE FORTUNE : s'enrichir. *Dilapider sa fortune.* ➛ fam. *Une fortune, des fortunes* : une somme importante. *Ça coûte une fortune.* ♦ Personne possédant une grande fortune. *C'est une des plus grandes fortunes du pays.* ⇒ **magnat.** ✪ CONTR. Adversité, infortune, malchance, pauvreté.

fortuné, ée adj. - XIVe 1 vx ou littér. Favorisé par la fortune, par le sort. ⇒ **chanceux, heureux.** 2 Qui possède de la fortune. ⇒ **aisé, riche.** *Une famille fortunée.* ✪ CONTR. Infortuné, malheureux. Pauvre.

forum [fɔʀɔm] n. m. - XVIIIe ; mot lat. « place publique » 1 Dans l'Antiquité romaine, Place du marché. ♦ Place où se tenaient les assemblées du peuple et où se discutaient les affaires publiques (comme en Grèce l'agora). *Les forums impériaux.* ♦ littér. Lieu où se discutent les affaires publiques. 2 Réunion où l'on débat d'un sujet. ⇒ **colloque, symposium.** *Organiser un forum sur l'éducation.*

❏ Au sens de « place », *forum*, en tant que mot latin, peut rester invariable : « *Les forum, les palais s'écroulent* » (Lamartine).

forure n. f. - XVIIe ▪ Trou fait avec un foret. *La forure d'une clé.*

fosse n. f. - XIe ; lat. *fodere* « creuser, fouir » 1 Cavité creusée pour servir de réceptacle. ⇒ **excavation, fossé.** *Fosse servant de piège pour les animaux.* ♦ *Fosse d'orchestre* : emplacement de l'orchestre situé devant la scène d'un théâtre, d'une salle de spectacle. ♦ Puits d'une exploitation houillère ; lieu aménagé pour le chargement du charbon. ➛ Cavité pratiquée dans le sol d'un garage pour avoir accès au dessous d'une voiture. ♦ *Fosse aux ours, aux lions,* où on les tient en captivité. loc. fig. *La fosse aux lions* : lieu où l'on affronte de redoutables adversaires. ♦ *Jeter un prisonnier dans une fosse.* ♦ *Fosse à purin.* ➛ *Fosse d'aisances,* destinée à recevoir les matières fécales. ⇒ **latrines.** *Fosse septique.* 2 Trou creusé en terre pour l'inhumation des morts. ⇒ **tombe.** « *la fosse attendait sa future habitante* » (Baud.). *Fosse commune,* où sont déposés ensemble plusieurs cadavres ou cercueils **(⇒ charnier).** 3 Cavité naturelle. ⇒ **géosynclinal.** *Fosse géologique. Fosse sous-marine.* 4 Cavité que présentent certains organes. *Fosses nasales.* ✪ HOM. Fausse (① faux).

fossé n. m. - XIe 1 Fosse creusée en long dans le sol et servant à l'écoulement des eaux, à la séparation des terrains. ⇒ **canal, tranchée.** *Fossés qui bordent une route. La voiture est allée dans le fossé.* ➛ Tranchée entourant un ouvrage fortifié et servant à la défense. 2 Cassure, coupure. « *Ce n'est pas un fossé qui se creuse entre nous, Laurent, c'est un abîme* » (Duham.). *Le fossé des générations.* ✪ HOM. Fausser.

fossette n. f. - XIIe ▪ Petit creux dans une partie charnue (joues, menton, etc.). *Avoir une fossette, des fossettes.* « *une aimable fossette riait au milieu de son menton* » (R. Rolland).

fossile adj. et n. m. - XVIe ; lat. « tiré de la terre » 1 Se dit d'un reste ou d'une empreinte de plante ou d'animal qui a vécu dans une ère passée et a été conservé dans les roches par enfouissement ou infiltration. ♦ *Énergies fossiles* : matériaux combustibles formés dans les roches par transformation de végétaux fossiles. ⇒ **charbon, gaz** (naturel), **naphte, pétrole.** « *photographies surexposées, presque blanches, presque mortes, presque déjà fossiles* » (Perec). 2 n. m. *Étude des fossiles.* ⇒ **paléontologie.** *Terrain contenant des fossiles* **(⇒ fossilifère).** 3 fam. Qui est très arriéré. ⇒ **démodé, dépassé, vieux.** *Littérature fossile.* ♦ n. m. Personne aux idées démodées. *Un vieux fossile.*

fossilifère adj. - XIXe ▪ Qui contient des fossiles. *Calcaire fossilifère.*

fossilisation n. f. - XIXe ▪ Passage d'un corps organisé à l'état de fossile.

fossiliser v. tr. 1 - XIXe ▪ Rendre fossile ; amener à l'état de fossile. ⇒ **pétrifier.** ➛ *Animal fossilisé.* pronom. Devenir fossile.

fossoir n. m. - XIe ; lat. *fodere* « creuser » ▪ Houe employée en viticulture. ➛ Charrue vigneronne.

fossoyeur n. m. - XIVe 1 Celui qui creuse les fosses dans un cimetière. 2 littér. Personne qui anéantit, ruine qqch. ⇒ **démolisseur.** *Le fossoyeur d'une civilisation, d'une doctrine.*

fou (ou fol), folle n. et adj. - XIe ; lat. *follis* « sac, ballon plein d'air » **I** n. 1 Personne atteinte de troubles, de désordres mentaux. ⇒ **aliéné, dément, malade** (mental) ; **folie.** *Au fou ! Fou délirant. Fou dangereux.* MAISON DE FOUS : vx asile d'aliénés. fam. HISTOIRE DE FOUS : aventure absurde, incroyable. 2 Bouffon qui était attaché à la personne de certains hauts personnages. ♦ Pièce du jeu d'échecs qui circule en diagonale. 3 Personne qui, sans être atteinte de troubles mentaux, se comporte d'une manière déraisonnable, extravagante. *Un jeune fou. Une vieille folle.* ♦ COMME UN FOU : avec l'agitation que manifesterait un fou. *Crier comme un fou.* ➛ Extrêmement, exagérément. *Travailler comme un fou.* 4 fam. FOLLE. Homosexuel efféminé. *Une grande folle.* 5 Personne d'une gaieté exubérante. *Les enfants ont fait les fous toute la journée.* 6 UN FOU DE (qqch.). Personne qui a un goût extrême pour qqch. ⇒ **fanatique ;** fam. **mordu.** *C'est un fou de cinéma.* 7 n. m. Oiseau des îles et des littoraux qui chasse les poissons en plongeant. *Fou de Bassan.* « *les fous n'ont pas peur. Ils écartent leurs ailes puissantes et ils se soulèvent* [...] *au-dessus de l'eau* » (Le Clézio). **II** adj. (*Fol* [fɔl] devant un subst. sing. commençant par une voyelle ou un *h* aspiré) 1 (vx en psychiatrie) Atteint de désordres, de troubles mentaux. ⇒ **délirant, dément.** *Il est devenu fou et on a dû l'enfermer.* 2 Qui est hors de soi. « *Ce que je ne peux pas supporter, ce sont les imbéciles, les gens qui m'ennuient, ça me rend folle* » (Proust). *Il y a de quoi devenir fou ! Amoureux fou. Fou de rage.* 3 FOU DE (qqn, qqch.) : qui a un goût extrême pour. ⇒ **amoureux, passionné.** *Elle est folle de lui. Être fou de peinture.* « *Moi fou de vers et toi de musique* » (Verlaine). *Il aimait* « *la société des femmes folles de leur corps, ainsi que les nommait le vieux passionné* » (E. de Goncourt). 4 Qui se comporte d'une façon anormale. ⇒ **déraisonnable, dérangé ;** fam. **allumé, atteint, barjo, cinglé, dingue, fada, fêlé, givré, ② jeté, maboul, marteau, ① piqué, siphonné, timbré.** *Il est fou à lier. Il est un peu fou.* ⇒ **farfelu.** *Il faut être fou pour... Fou, fol qui s'y fie. Il n'est pas assez fou pour... ; pas si fou.* fam. *Il n'est pas fou* : il sait ce qu'il fait. fam. *Pas folle, la guêpe !* ♦ Qui est gai, fantasque. ♦ Qui dénote la folie, l'étrangeté. *Regard fou.* ⇒ **hagard.** *Fou rire* : rire que l'on ne peut réprimer. *Une crise de fou rire. Des fous rires.* ♦ Contraire à la raison, à la prudence.

⇒ **absurde, insensé.** *Idée folle. Un fol espoir. Une course folle.* ⇒ **éperdu.** *Une folle envie de rire. Folle passion.* 5 Dont le mouvement est imprévisible, incontrôlable. *Moteur fou.* ⇒ **emballé.** *Boussole, aiguille folle.* fam. *Avoir une patte folle :* boiter. ♦ Se dit de brins végétaux, de poils s'agitant au vent. *Herbes folles. Mèches folles.* 6 Se dit de plantes sauvages. *Folle avoine.* 7 ⇒ **énorme, prodigieux.** *Il y avait un monde fou à cette inauguration. Un succès fou.* ⇒ **démentiel.** *Il a mis un temps fou pour venir. Se donner un mal fou. Dépenser un argent fou.* ➛ fam. *C'est fou ce que c'est cher.* ✪ CONTR. Équilibré, normal, sensé. ② Calme, raisonnable. Rationnel. Régulier. — HOM. ① Folle.

❑ *Fou* ne s'emploie plus en psychiatrie ; on dit *malade mental, psychopathe.* → folie (rem.).

fouace n. f. – XIIe ; lat. *focus* « foyer » → fougasse ▪ région. Galette de fleur de froment cuite au four ou sous la cendre.

fouage n. m. – XIIIe ; de l'a. fr. *fou* « feu » ▪ Dans la féodalité, Redevance qui se payait par foyer.

fouaille n. f. – XIIIe ; a. fr. *fou* « feu » ▪ Abats de sanglier que l'on donne aux chiens après la chasse.

fouailler v. tr. [1] – XIVe ; a. fr. *fou* « hêtre » ▪ littér. Frapper de coups de fouet répétés. ⇒ **battre, fouetter.** *Fouailler un cheval.* ➛ *Il soutenait la causerie « et l'activait, la fouaillant avec sa verve »* (Maupass.). ✪ HOM. Foyer.

❑ Même famille étymologique que *fouet.*

foucade n. f. – XVIe ; lat. *fuga* « fuite » ▪ littér. Élan capricieux. ⇒ **caprice, lubie, tocade.**

❑ Même famille étymologique que *fougue.*

fouchtra interj. – XIXe ; de *foutre* ▪ Juron attribué aux Auvergnats. ⇒ **fichtre.**

① **foudre** n. f. et m. – XIe ; lat. *fulgur* « éclair » 1 Décharge électrique qui se produit par temps d'orage, avec une lumière et une détonation (⇒ **éclair, tonnerre).** *« l'éclair trace devant la foudre un lumineux sentier »* (Nerval). *Arbre frappé par la foudre.* ⇒ **foudroyer.** ♦ Faisceau enflammé, arme et attribut de Jupiter. 2 COUP DE FOUDRE. Manifestation subite de l'amour dès la première rencontre. ➛ *J'ai eu le coup de foudre pour cette robe.* 3 (plur.) Condamnation, reproche. *Les foudres de l'Église. S'attirer les foudres de qqn.* 4 n. m. vieilli *Un foudre de guerre :* un grand capitaine. ➛ mod. *Ce n'est pas un foudre de guerre :* il n'est pas très malin (⇒ ① **flèche).**

❑ Même famille étymologique que *fulgurant.*

② **foudre** n. m. – XVIe ; all. *Fuder* ▪ Tonneau de grande dimension pouvant contenir de 50 à 300 hectolitres.

foudroiement n. m. – XIIIe ▪ rare Action de foudroyer ; fait d'être foudroyé.

foudroyant, ante adj. – XVIe ▪ Qui a la brutalité, la rapidité de la foudre. *Mort foudroyante. « Il y eut un cas de choléra foudroyant »* (Giono). *Démarrage foudroyant. Succès foudroyant.* ⇒ **fulgurant.**

foudroyer v. tr. [8] – XIIe 1 Frapper, tuer par la foudre. ➛ *Il a été foudroyé par le courant à haute tension.* ⇒ **électrocuter.** 2 Tuer, anéantir avec soudaineté. *Une crise cardiaque l'a foudroyé.* ➛ *« La pauvre jeune femme, foudroyée par le chagrin »* (Maupass.). ♦ *Foudroyer qqn du regard,* le regarder méchamment.

fouet n. m. – XIIIe ; a. fr. *fou* « hêtre » 1 Instrument formé d'une lanière au bout d'un manche. *Donner un coup de fouet.* ⇒ **fouetter, fustiger.** ♦ Impulsion vigoureuse. *Médicament qui donne un coup de fouet à l'organisme.* 2 *Le fouet de l'aile :* l'extrémité de l'aile des oiseaux. ➛ *Le fouet de la queue :* touffe de poils. *« Le lévrier tourne autour de lui, les oreilles couchées, le fouet battant »* (Tournier). 3 Appareil servant à battre les sauces, les blancs d'œufs, etc. ⇒ **batteur.** 4 Châtiment infligé avec un fouet ou des verges. *« les voisins devaient les menacer d'aller leur donner le fouet »* (Zola). *Le supplice du fouet.* ⇒ **flagellation.**

fouettard, arde adj. – XVIIIe ▪ *Père Fouettard :* personnage dont on menaçait les enfants. ⇒ **croquemitaine.**

fouetté, ée adj. et n. m. – XVIIe 1 adj. *Crème fouettée,* battue vivement. ⇒ **chantilly.** 2 n. m. *Un fouetté :* pirouette dont l'impulsion est donnée par la jambe libre du danseur.

fouettement n. m. – XVIe ▪ rare Action de fouetter. *Le fouettement de la pluie sur le pavé.*

fouetter v. [1] – XVIe I v. tr. 1 Frapper avec un fouet. ⇒ **flageller, fouailler, fustiger.** *Être fouetté jusqu'au sang. Fouetter un cheval.* 2 Frapper, comme avec un fouet. *La pluie lui fouette le visage.* ♦ Battre vivement, rapidement. *Fouetter une crème.* 3 Stimuler. *Fouetter le désir.* ⇒ **exciter.** *« Mme de Cambremer aimait à se "fouetter le sang" en se chamaillant sur l'art, comme d'autres sur la politique »* (Proust). II v. intr. 1 Frapper, cingler comme le fait un fouet. *La pluie fouette contre les volets.* 2 fam. Sentir mauvais. ⇒ **empester, chlinguer.** *« Ça fouette dans ton escalier. Pire qu'un terrier »* (Colette). 3 fam. Avoir peur.

foufou, fofolle adj. – XXe ▪ Un peu fou, folle ; écervelé.

fougasse n. f. – XVIIe ; lat. °*focacia* « du foyer » ▪ région. (Sud) Galette de froment cuite au four. ⇒ **fouace.**

fouger v. intr. [3] – XIVe ; lat. *fodere* « fouir » ▪ Fouiller le sol à coups de boutoir (sanglier).

fougeraie n. f. – XVIIe ▪ Lieu où poussent les fougères.

fougère n. f. – XIIe ; lat. *filix* « fougère » ▪ Plante cryptogame *(ptéridophytes)* à feuilles (frondes) très découpées. *Fougère mâle,* ainsi appelée pour son port dressé. *Fougère ornementale.* ⇒ **adiante, capillaire.** *« un fouillis de fougères arborescentes, de feuillages géants »* (Cl. Simon).

① **fougue** n. f. – XVIe ; lat. *fuga* « fuite » ▪ Ardeur impétueuse. ⇒ ① **élan, emportement, entrain, impétuosité.** *Il a agi avec la fougue de la jeunesse. La fougue d'un orateur.* ⇒ **véhémence, verve.** *« le fruit de la pétulance et de la fougue intrépide du talent jeune »* (Balz.). ✪ CONTR. ① Calme, placidité.

② **fougue** n. f. – XVIIe ; altér. de *(mât) de foule* « qui supporte le plus l'effort du vent » ▪ Mât de hune et vergue de hune d'artimon. ⇒ **perroquet.**

fougueusement adv. – XIXe ▪ Avec fougue.

fougueux, euse adj. – XVIe ▪ Qui a de la fougue (①). *Jeunesse fougueuse.* ⇒ **ardent, enthousiaste, impétueux, pétulant.** *Caractère, tempérament fougueux.* ➛ *Cheval fougueux.* ⇒ **vif.** ✪ CONTR. ② Calme, posé.

fouille n. f. – XVIe 1 Action de fouiller la terre. ♦ (surtout plur.) Ensemble des opérations qui permettent de mettre au jour et d'étudier les vestiges de civilisations disparues. *Entreprendre, faire des fouilles. L'archéologue dirige le chantier de fouilles.* 2 Excavation faite dans la terre (pour les constructions, travaux publics, etc.). 3 Action d'explorer, en vue de découvrir qqch. de caché. *Fouille des bagages à la douane.* ⇒ **visite.** *Fouille au corps.* 4 pop. Poche (d'un vêtement).

fouillé, ée adj. – XIXe ▪ Travaillé de manière à figurer, à suggérer la profondeur en peinture. ♦ Travaillé avec minutie. *Les détails « sont moins fins, moins fouillés »* (Ste-Beuve). ♦ Approfondi dans le détail. *Une étude très fouillée.* ⇒ **poussé.**

fouille-merde n. – XVIe ▪ fam. Personne indiscrète à l'affût des histoires scandaleuses ou scabreuses de la vie d'autrui. *Des fouille-merdes* ou inv. *des fouille-merde.*

fouiller v. [1] – XIIIe ; lat. *fodere* « fouir » **I** v. tr. **1** Creuser (le sol, un emplacement) pour découvrir ce qui peut y être enfoui. *Fouiller un site archéologique. Des corbeaux viennent « gratter la terre et la fouiller de leurs pattes et du bec »* (Balz.). ⇒ **fouir.** **2** Explorer avec soin en tous sens. *Fouiller les buissons.* ⇒ **battre, inspecter, scruter.** *Douanier qui fouille des bagages.* ⇒ **examiner, visiter.** *La police a fouillé la maison.* ⇒ **perquisitionner.** « *Une poche fouillée, il fouilla l'autre. Il passa aux goussets, explora le premier, retourna le second* » (Hugo). ♦ *Fouiller qqn,* chercher soigneusement ce qu'il peut dissimuler dans ses vêtements, ou sur lui. ➛ Étudier à fond. ⇒ **approfondir, creuser.** *Fouiller la question.* **3** Tailler en évidant. « *les bas-reliefs, les médaillons de sa façade sont fouillés par un ciseau hardi* » (Gaut.). **II** v. intr. **1** Faire un creux dans le sol. *Animal qui fouille pour se nourrir.* ⇒ **fouger.** **2** Faire des recherches, en déplaçant ce qui peut cacher la chose cherchée. ⇒ **chercher, fureter ;** fam. **farfouiller, fouiner.** *Qui a fouillé dans mes affaires ?* « *Il furetait, fouillait partout* » (Zola). ➛ *Fouiller dans les poches,* en explorer le contenu. ♦ *Fouiller dans le passé, dans ses souvenirs,* afin de retrouver ce qui était perdu, oublié. « *Lorsque je fouille dans mes pensées, il y a des noms* [...] *qui échappent à ma mémoire* » (Chateaub.). *Fouiller dans la vie de qqn.* ⇒ **fouille-merde.** **III** *SE FOUILLER* v. pron. **1** Chercher dans ses poches. « *Il se crut volé, il se fouilla, pâlissant* » (Zola). **2** fam. *Tu peux te fouiller !* ne compte pas obtenir ce que tu demandes. ⇒ se **brosser, courir.**

fouilleur, euse n. – XVe **1** Personne qui fouille, aime fouiller. ⇒ **fouineur, fureteur.** « *c'était un voyou de famille, un fouilleur d'armoires* » (Duras). ➛ Personne qui pratique des fouilles archéologiques. **2** n. f. Charrue qui remue et ameublit le sous-sol sans retourner la terre.

fouillis n. m. – XIVe ▪ Entassement d'objets disparates réunis pêle-mêle. ⇒ **désordre, pagaille.**

fouine n. f. – XIIe ; lat. °*fagina (mustela)* « (martre) du hêtre » ▪ Petit mammifère carnivore au corps mince et au museau allongé. ♦ *Tête, nez de fouine.* ⇒ **chafouin.**

fouiner v. intr. [1] – XVIIIe ; de *fouine* ▪ fam. **1** Se livrer à des recherches méticuleuses. **2** péj. Fouiller indiscrètement dans les affaires d'autrui. « *Ils ont fouiné partout, perquisitionné comme ils disent* » (Genev.).

> ❑ On *fouine* comme la *fouine* qui fourre son museau partout.

fouineur, euse adj. et n. – XIXe ▪ Qui cherche indiscrètement, fouine partout. ⇒ **curieux, fureteur.** « *il a l'air fouineur et soupçonneux* » (Duham.).

fouir v. tr. [2] – XIIe ; lat. *fodere* ▪ Creuser (le sol), surtout en parlant des animaux. « *il fouissait le sol de son nez dur* » (Bosco).

fouisseur, euse adj. et n. m. – XIIIe ▪ *Animal fouisseur,* qui creuse le sol avec une grande facilité (ex. taupe). ➛ n. m. « *ses grandes dents blanches de fouisseur* » (Giono). ♦ *Pattes fouisseuses* (en forme de pelles).

foulage n. m. – XIIIe **1** Action de fouler. *Foulage du raisin.* ⇒ **écrasement.** ➛ *Foulage des cuirs* (⇒ **chamoisage, tannage**), *des peaux* (⇒ **corroyage**). *Foulage d'un tissu de laine,* pour resserrer et enchevêtrer les fibres, et donner de l'épaisseur et du moelleux au tissu. *Foulage à la machine* (⇒ **foulon**). **2** Relief produit par l'impression au verso du papier.

foulant, ante adj. – XVIIIe **1** Qui foule. *Pompe foulante,* qui élève le niveau d'un liquide par pression. **2** fam. Fatigant. *Ce n'est pas un travail bien foulant.* ⇒ **cassant.**

foulard n. m. – XVIIIe ; o. i., p.-ê. provenç. **1** Étoffe de soie légère ou de rayonne. *Une robe de foulard à pois.* **2** Pièce d'étoffe que l'on porte autour du cou ou sur la tête. ⇒ **carré, écharpe,** ① **fichu.** ➛ *Foulard islamique,* dont certaines musulmanes se recouvrent la tête. ⇒ aussi **tchador,** ① **voile.** ♦ Coiffure faite d'un mouchoir noué. ⇒ **madras.**

> ❑ *Foulard islamique* ne désigne pas le voile qui passe sur la bouche et le nez. → ① voile (rem.).

foule n. f. – XIIe ; de *fouler* **1** Multitude rassemblée en un lieu. ⇒ **affluence, monde.** *Se mêler à la foule. Foule en marche.* ⇒ **cortège, troupe.** *La foule des badauds.* « *le cri délirant de la foule, dont le grouillement énorme, en bas, clamait toujours* » (Zola). ➛ *Il y a foule :* il y a beaucoup de monde, d'affluence. **2** *LA FOULE :* le commun des hommes. ⇒ ① **masse, multitude, peuple.** *Fuir la foule.* **3** *UNE FOULE DE :* un grand nombre de (personnes, choses de même catégorie). ⇒ **armada, armée, collection,** ① **masse, quantité, tas.** *Une foule de clients est venue aujourd'hui. Une foule de gens pensent que c'est faux.* ➛ *Elle nous a donné une foule de détails. J'ai une foule de choses à faire.* **4** *EN FOULE :* en masse, en grand nombre. *Le public est venu en foule. Les idées « ne viennent point ou elles viennent en foule »* (Rouss.). ✪ HOM. Full.

> ❑ Après *une foule de,* le verbe est au singulier si la totalité est considérée collectivement (« *Une foule de volontaires courut attaquer la contrescarpe* » [Voltaire]) ; il est au pluriel si la pluralité est considérée individuellement (« *une foule d'aspirations confuses* [...] *font en moi un bruissement de ruche* » [Mauriac]).

foulée n. f. – XIIIe **1** (au plur.) Trace que la bête laisse sur l'herbe ou les feuilles mortes. ⇒ **piste, voie.** *Les foulées du cerf.* **2** Appui que le cheval prend sur le sol à chaque temps de trot ou de galop ; mouvement effectué à chaque temps de galop. ♦ Enjambée de l'athlète en course. *Courir à grandes, à petites foulées. Allonger la foulée.* ➛ Le pas dans la marche. « *quand il se met en mouvement, il fait des foulées de chasseur et de paysan* » (Duham.). ♦ *Dans la foulée :* sur son élan ; dans le prolongement d'un événement.

fouler v. tr. [1] – XIe ; lat. *fullo* « foulon » **1** Presser (qqch.) en appuyant à plusieurs reprises, avec les mains, les pieds, un outil. *Tissus foulés* (feutres, draps). *Fouler des peaux.* ⇒ **corroyer.** *Fouler la vendange.* **2** littér. Presser (le sol) en marchant dessus. *Fouler le sol natal.* ♦ loc. *Fouler aux pieds :* piétiner avec violence, colère ou mépris ; traiter avec le plus grand mépris. ⇒ **bafouer, braver, mépriser, piétiner.** *Fouler aux pieds les convenances, les lois.* **3** Blesser par une foulure. *Se fouler le poignet.* ⇒ **luxer.** « *il s'est foulé un genou en faisant des exercices* » (Romains). ➛ *Avoir la cheville foulée.* ♦ fam. pronom. *Ne pas se fouler :* ne pas se donner beaucoup de peine. *Elle ne s'est pas foulée.* ⇒ se **casser,** se **fatiguer.**

foulerie n. f. – XIIIe ▪ Atelier où l'on foule les draps, les cuirs. ➛ Machine à fouler.

fouleur, euse n. – XIIIe ▪ Personne qui effectue le foulage.

fouloir n. m. – XIIIe ▪ Instrument servant à fouler. *Fouloir à raisin.* ➛ Instrument de dentiste servant à enfoncer l'amalgame lors de l'obturation.

foulon n. m. – XIIe ; lat. *fullo* « celui qui presse les étoffes pour les dégraisser » ▪ *Terre à foulon :* argile servant au dégraissage du drap à fouler. ➛ *Moulin à foulon,* ou *un foulon :* machine servant au foulage (des étoffes de laine, des cuirs).

foulque n. f. – XIVe ; lat. ▪ Oiseau aquatique proche du râle *(gruiformes),* au plumage noir.

foultitude n. f. – XIXe ; de *foule* et *multitude* ▪ fam. Foule, grande quantité.

foulure n. f. – XIIe ▪ Légère entorse par distension des ligaments articulaires. *Foulure du poignet. Se faire une foulure à la cheville.*

four n. m. – XIe ; lat. *furnus* 1 Ouvrage de maçonnerie, de forme circulaire, muni d'une ouverture par-devant, et où l'on fait cuire le pain, la pâtisserie, etc. *Four de boulanger. Voûte* (chapelle), *cul d'un four. Mettre au four* (⇒ **enfourner**). ♦ loc. *Ouvrir la bouche comme un four.* ➛ *Il fait noir comme dans un four.* « *On n'y voyait pas plus que dans un four* » (Aragon). 2 Échec complet d'une pièce, d'un spectacle, d'une réunion, d'une manifestation artistique. ⇒ **désastre, fiasco, insuccès ;** fam. **bide.** *Faire un four.* « *Fini aussi le talent. Quel four, sa* Faunesse *au dernier Salon !* » (Daud.). 3 Partie fermée d'un fourneau, d'une cuisinière, ou appareil indépendant, où l'on met des aliments pour les faire cuire ou réchauffer. *Rôti cuit au four. Four électrique, à gaz, à micro-ondes* (⇒ **micro-ondes**). *Four à catalyse, à pyrolyse,* autonettoyant. *Thermostat d'un four.* 4 Ouvrage ou appareil dans lequel on fait subir à diverses matières, sous l'effet d'une chaleur intense, des transformations physiques ou chimiques. *Cheminée, foyer, gueulard, sole, trémie d'un four. Fours à minerai. Four à chaux* (⇒ **chaufour**), *à ciment,* destiné à la fabrication de la chaux, du ciment. *Four solaire,* à énergie solaire concentrée par un miroir concave. ✪ HOM. Fourre.

> ❑ Le sens de « désastre » tire probablement son origine du fait que, faute de spectateurs, on éteignait les chandelles et que la salle devenait alors obscure comme un four.

fourbe adj. et n. – XVe ; de *fourbir* « voler » ▪ vieilli Qui trompe ou agit mal en se cachant, en feignant l'honnêteté. ⇒ ① **faux, hypocrite, perfide, sournois.** *Il est fourbe et menteur.* ➛ n. « *Un imposteur est un fourbe qui veut en imposer aux autres pour son profit* » (Rouss.). ➛ *Il a un air fourbe.* « *cette gentillesse un peu fourbe qui m'ouvrait si aisément les cœurs* » (Mauriac). ✪ CONTR. ① Droit, ② franc, honnête, loyal.

fourberie n. f. – XVIIe ▪ vieilli Caractère d'une personne fourbe. ⇒ **duplicité, fausseté, hypocrisie, perfidie, sournoiserie.** ♦ littér. Tromperie hypocrite. ⇒ **ruse, trahison, traîtrise.** « *Les Fourberies de Scapin* », *comédie de Molière.* ✪ CONTR. Droiture, franchise, honnêteté.

fourbi n. m. – XVIe ; de l'a. fr. *forbeter, fourber* « tromper, voler » ▪ fam. 1 Équipement (d'un soldat). ⇒ **attirail, fourniment ;** fam. **barda.** ➛ Les affaires, les effets que possède qqn. *Tu ne vas pas emporter tout ton fourbi !* 2 Choses en désordre. ⇒ **fouillis.** *Range ton fourbi.* 3 Objet dont on ne peut dire le nom. ⇒ **bidule, chose, machin,** ① **truc.** *Elle rapportait « des fourbis qui n'ont plus de noms, et des trucs qu'on saura jamais »* (Céline).

fourbir v. tr. [2] – XIe ; germ. ▪ Nettoyer (un objet de métal) de façon à le rendre brillant. ⇒ **astiquer, polir.** ♦ loc. *Fourbir ses armes :* se préparer à la guerre ; se préparer à un danger, une épreuve ; préparer ses arguments.

fourbissage n. m. – XVe ▪ Action de fourbir. ⇒ **astiquage.**

fourbisseur n. m. – XIIe ▪ Celui qui polit et monte les armes blanches. ⇒ **armurier.**

fourbu, ue adj. – XVIe ; de l'a. fr. *forboire* « boire à l'excès » 1 Atteint de fourbure (animal de trait). *Cheval fourbu.* ♦ *Cheval, animal fourbu,* épuisé de fatigue, forcé, surmené. 2 Harassé, très fatigué. ⇒ **éreinté, moulu, rompu, vidé ;** fam. **crevé.** « *Je vois des ruines, de la boue, des files d'hommes fourbus* » (Dorgelès).

fourbure n. f. – XVIIe ▪ Congestion inflammatoire des tissus du pied du cheval (⇒ **fourbu**).

fourche n. f. – XIe ; lat. *furca* I - 1 Instrument à main, formé d'un long manche muni de dents, utilisé pour divers travaux, surtout agricoles. *Fourche à deux* (⇒ **bident**), *trois dents* (⇒ ① **fuscine, trident**). *Fourche à foin.* 2 Objet à deux branches. ♦ *Fourches patibulaires :* gibet composé de fourches supportant une traverse à laquelle on suspendait les suppliciés. ♦ Partie formée de deux tubes parallèles entre lesquels est fixée la roue (d'un cycle). *Fourche télescopique.* II - 1 Partie où les jambes (d'un pantalon) se séparent. 2 Endroit où les grosses branches (d'un arbre) se séparent du tronc. ⇒ **enfourchure.** « *je me revois à la plus haute fourche du vieil arbre dans le vent* » (Claudel). 3 Endroit où un chemin se divise en plusieurs directions. ⇒ **bifurcation, carrefour, embranchement.** *À la fourche, prenez à droite.* 4 Extrémité divisée d'un cheveu fourchu. *Couper les fourches.* III région. (Belgique) Temps libre dans un horaire de cours. ⇒ **battement.**

fourchée n. f. – XVIIIe ▪ Quantité (de foin, paille, etc.) prise en une fois avec une fourche.

fourcher v. intr. [1] – XIIe ▪ loc. fam. *La langue lui a fourché :* il, elle a prononcé un mot au lieu d'un autre, par méprise. ⇒ **lapsus.**

fourchet n. m. – XVIIe ▪ Maladie du pied du mouton et de la vache.

fourchette n. f. – XIVe 1 Ustensile de table muni de dents, dont on se sert pour piquer les aliments. *La fourchette, la cuillère et le couteau.* ⇒ ① **couvert.** *Fourchette à dessert, à poisson.* ➛ *Avoir un bon coup de fourchette :* manger de bon appétit et beaucoup. « *Qu'est-ce qu'il a comme coup de fourchette. Il dévore* » (Queneau). 2 Pièce à deux branches (d'un mécanisme). *Fourchette d'une horloge.* ⇒ **pendillon.** 3 Soudure des deux clavicules de l'oiseau. ♦ *Fourchette sternale :* échancrure médiane située à l'extrémité supérieure du sternum. 4 Partie du sabot du cheval formant le milieu de sa face inférieure. 5 En balistique, le plus petit bond en portée, tel que le sens du coup suit sûrement le sens du bond. ♦ *Prendre son adversaire en fourchette :* avoir deux cartes, l'une supérieure, l'autre inférieure à celle d'un adversaire. 6 *Coup de fourchette,* ou *fourchette :* coup qui consiste à enfoncer l'index et le médius tendus dans les yeux d'un adversaire. 7 Écart entre deux valeurs extrêmes dans une prévision, une évaluation. *Les résultats sont dans la fourchette.* ➛ *La fourchette des prix.*

fourchon n. m. – XVe ▪ rare Dent d'une fourche, d'une fourchette.

fourchu, ue adj. – XIIe ▪ Qui a la forme, l'aspect d'une fourche ; qui fait une fourche. *Cheveu fourchu,* divisé à l'extrémité (⇒ **fourche**). ♦ *Pied fourchu :* pied fendu des ruminants. « *Il a l'air d'un faune obèse qui cacherait ses pieds fourchus sous des bottines de chevreau* » (Duham.).

fourgon n. m. – XVIIe ; o. i. 1 Long véhicule couvert pour le transport de bagages, de vivres, de munitions. ♦ *Fourgon funéraire, mortuaire.* ⇒ **corbillard.** ➛ *Fourgon à bétail.* ⇒ **bétaillère.** ➛ *Fourgon cellulaire* : véhicule servant au transport des prisonniers. 2 Dans un train de voyageurs, Voiture servant au transport des bagages.

fourgonner v. intr. [1] – XIIIe ; lat. *furare* « voler » ▪ Fouiller (dans qqch.), en dérangeant tout. ⇒ ① **fourrager.** *Elle « continuait à fourgonner dans ses ferrailles »* (Hugo).

fourgonnette n. f. – 1949 ▪ Petite camionnette. « *avec une fourgonnette, je pourrais peut-être faire du transport pour les chantiers* » (Le Clézio).

fourgue n. m. et f. – XIXe 1 n. m. arg. Receleur. « *Cela fait partie de mon métier de fourgue* » (Cendrars). 2 n. f. Trafic du receleur. ➛ La marchandise recelée. « *Toute la petite fourgue ils l'ont paquetée* » (Céline).

fourguer v. tr. [1] – XIXe ; lat. °*furicare* « fouiller » 1 arg. Vendre à un receleur. 2 fam. Vendre, placer (une mauvaise marchandise). ⇒ **refiler.** 3 arg. Dénoncer à la police.

fouriérisme n. m. – XIXe ▪ Doctrine d'organisation sociale et politique exposée par Fourier. ⇒ **phalanstère.**

❏ Charles *Fourier,* philosophe et économiste (1772-1837), se consacra à l'élaboration de son projet de réforme économique, sociale et humaine, projet utopique qui ne put se réaliser.

fouriériste adj. et n. – XIXe ▪ Partisan du fouriérisme. ♦ Relatif au fouriérisme.

fourme n. f. – XIIe ; lat. *forma* « moule à fromage » ▪ Fromage cylindrique de lait de vache, du centre de la France. *Fourme du Cantal.* ⇒ **cantal.** *Fourme d'Ambert,* à pâte persillée.

fourmi n. f. – XIIe ; lat. *formica* 1 Petit insecte *(hyménoptères)* vivant en société organisée dans des fourmilières. *Fourmis noires, rousses* (dites *rouges*). *Fourmis ailées* (mâles et femelles, avant la fécondation), *aptères* (femelles fécondées et ouvrières). *Œufs, larves de fourmis* (⇒ **couvain).** ♦ abusivt *Fourmis blanches.* ⇒ **termite.** 2 loc. *Avoir des fourmis dans les membres, dans les jambes,* y éprouver une sensation de picotement. ⇒ **formication, fourmillement.** 3 Personne laborieuse, économe. 4 arg. Petit passeur de drogue.

fourmilier n. m. – XVIIIe ▪ Mammifère primitif d'Amérique *(édentés)* qui se nourrit de fourmis et de termites qu'il attrape avec sa longue langue gluante. *Grand fourmilier.* ⇒ **tamanoir.**

❏ Distinguer *fourmilier* et *fourmiller* → fusilier (rem.).

fourmilière n. f. – XVIe 1 Nid de fourmis, pourvu de galeries, de loges. 2 Lieu où vit et s'agite une multitude de personnes. ⇒ **ruche.** « *fourmilière de cireurs de bottes, harcelants comme des mouches* » (Maupass.).

fourmilion ou **fourmi-lion** n. m. – XVIIIe ▪ Insecte du désert *(planipennes)* dont la larve attire les fourmis dans son trou et les broie avec ses mandibules. *Des fourmilions, des fourmis-lions.*

fourmillant, ante adj. – XVIIe ▪ Qui s'agite, grouille à la façon des fourmis. ⇒ **grouillant.** *Cette population « si nombreuse, si pressée, si fourmillante »* (Gaut.).

fourmillement n. m. – XVIe 1 Agitation désordonnée et continuelle d'une multitude d'êtres. ⇒ **grouillement, pullulement.** ♦ fig. *Un fourmillement d'idées.* ⇒ **foisonnement, multitude.** 2 Sensation comparable à celle que donnent des fourmis courant sur la peau. ⇒ **picotement.**

fourmiller v. intr. [1] – XVIe 1 S'agiter en grand nombre. ⇒ **grouiller, pulluler.** ♦ Être en grand nombre. ⇒ **abonder.** ♦ FOURMILLER DE : être rempli d'un grand nombre de. « *La cour fourmillait d'enfants* » (Duham.). 2 Être le siège d'une sensation de picotement. ⇒ **démanger.** *Toute la main me fourmille.*

fournaise n. f. – XIIe ; lat. *fornax,* augment. de *furnus* « four » 1 vx Grand four. ♦ région. (Canada ; critiqué) Appareil de chauffage central. 2 Endroit surchauffé. ⇒ **étuve.** « *Quand le soleil y donne, c'est une fournaise ; quand la tramontane souffle, une glacière* » (Daud.). 3 Lieu de combat, où la bataille fait rage.

❏ Au Québec, on recommande l'emploi de *chaudière à mazout* pour *fournaise à huile* (anglais *oil furnace*).

fourneau n. m. – XIIe I - 1 Four dans lequel on soumet à un feu violent des substances à fondre, à calciner. *Fourneau à bois. Fourneau de forge. Bas fourneau* : four à cuve. *Fourneau de sidérurgie.* ⇒ **haut fourneau.** 2 Appareil fixe sur lequel on fait cuire les aliments. ⇒ **cuisinière.** *Fourneau en fonte.* ➛ loc. *Être à ses fourneaux* : faire la cuisine. II - 1 *Fourneau de mine* : cavité dans laquelle on met une charge d'explosifs. 2 Partie évasée d'une pipe où brûle le tabac. « *une pipe au long tuyau, au fourneau minuscule* » (Beauv.).

fournée n. f. – XIIe 1 Quantité que l'on fait cuire à la fois dans un four. *Le boulanger fait deux fournées par jour.* 2 iron. Ensemble de personnes nommées à la fois aux mêmes fonctions ou dignités, qui accomplissent une même action ou subissent le même sort.

fourni, ie adj. – XIIe 1 Approvisionné, pourvu, rempli. *Une librairie bien fournie.* 2 Où la matière abonde. *Une barbe fournie.* ⇒ **dru, épais.** ✪ CONTR. Pauvre, vide ; clairsemé, rare. — HOM. Fournil.

fournier n. m. – XVIIIe ▪ Oiseau *(passériformes)* d'Amérique du Sud, construisant un nid en forme de four.

fournil [fuRni] n. m. – XIIe ▪ Local où est placé le four du boulanger et où l'on pétrit la pâte. ✪ HOM. Fourni.

❏ Pour la prononciation → chenil (rem.).

fourniment n. m. – XVe ; de *fournir,* avec infl. de l'it. *fornimento* ▪ Ensemble des objets composant l'équipement du soldat. ⇒ fam. **fourbi.**

❏ Ne pas confondre avec *fournissement,* terme de droit.

fournir v. tr. [2] – XIIe ; germ. « exécuter » I v. tr. dir. 1 Pourvoir de ce qui est nécessaire. ⇒ **alimenter, approvisionner.** *Négociant qui fournit de vins un grand restaurant.* ♦ pronom. *Se fournir chez un commerçant.* ⇒ se **ravitailler,** se **servir.** 2 Faire avoir. ⇒ **offrir.** *Fournir du travail à un chômeur.* ♦ *Fournir des renseignements à qqn. Cela me fournira le prétexte de le voir.* « *l'instruction avait fourni la matière d'un dossier énorme* » (Zola). ♦ Présenter. ⇒ **produire.** *Fournir des preuves.* ⇒ **apporter.** *Il devra fournir les pièces nécessaires.* 3 Procurer à un client en échange d'une somme d'argent. ⇒ **vendre.** *Tapissier qui fournit le tissu. Fournir des vivres à un pays.* ⇒ **livrer.** 4 Produire. *Vignoble qui fournit un vin estimé.* ♦ *Il a dû fournir un effort considérable.* ⇒ ① **faire.** II v. tr. ind. vieilli FOURNIR À : contribuer, en tout ou en partie, à. ⇒ **participer.** « *ils déclarent qu'ils ne fourniront plus aux frais de la guerre* » (Rac.). ✪ CONTR. Dégarnir, démunir. Priver.

fournissement n. m. – XIIIe ▪ Apport de chaque associé au fonds commun dans une société. ➛ Action d'établir des lots entre copartageants.

❏ Ne pas confondre avec *fourniment* « équipement du soldat ».

fournisseur, euse n. – XVe ▪ Personne, établissement qui fournit des marchandises à un client. *Les fournisseurs d'une entreprise. Entrée des fournisseurs.*

fourniture n. f. – XIIe 1 Action de fournir. ⇒ **approvisionnement, livraison.** *Fourniture d'armes à un pays.* 2 Petit outillage nécessaire à l'exercice d'un métier. ⇒ **accessoire.** *Matériel et fournitures pour boulangerie.* ➛ *Fournitures de bureau, fournitures scolaires.* 3 Accessoires divers que fournissent les professionnels à leurs clients lors de l'exécution des travaux demandés.

① **fourrage** n. m. – XIIe ; germ. « paille » ▪ Plantes servant à la nourriture du bétail ; cette nourriture.

② **fourrage** n. m. – XVe ▪ Action de fourrer de crème, de confiture... ; la garniture elle-même. *Fourrage à la praline d'une bûche de Noël.*

① **fourrager** v. intr. [3] – XIVe ; de ① *fourrage* ▪ Chercher en mettant du désordre, en remuant. ⇒ **fouiller, fourgonner, fureter.** *Fourrager dans ses papiers.*

② **fourrager, ère** adj. – XIXe ▪ Qui fournit du fourrage. *Betterave fourragère.*

fourragère n. f. – XIXe ; de ① *fourrager* ▪ Ornement de l'uniforme militaire ou insigne formé d'une tresse agrafée à l'épaule.

fourre n. f. – XVe ; germ. ▪ Suisse 1 Taie d'oreiller, housse d'édredon. 2 Enveloppe. *Fourre de livre, de coussin.*
✪ HOM. Four.

① **fourré** n. m. – XVIIe ▪ Massif épais et touffu de végétaux sauvages de taille moyenne, d'arbustes à branches basses. *Fourrés d'un bois.* ⇒ **hallier, taillis.** *Fourré de broussailles, de ronces.* ⇒ **buisson.**

> ❑ Le *bois fourré* « épais » a cédé la place au nom, un *fourré.*

② **fourré, ée** adj. – XIIe 1 *COUP FOURRÉ :* coup porté et reçu en même temps par chacun des deux escrimeurs ; fig. attaque hypocrite, coup en traître. ⇒ **traîtrise.** 2 Doublé de fourrure, de qqch. de chaud (⇒ **molletonné, ouatiné).** « *il releva le collet fourré de sa redingote* » (J. Verne). 3 Dont on a garni l'intérieur. *Bonbons fourrés.*

fourreau n. m. – XIe ; germ. « fourrage » 1 Enveloppe allongée, destinée à recevoir une chose de même forme pour la préserver. ⇒ **étui, gaine.** *Tirer l'épée du fourreau. Fourreau de parapluie.* ♦ Repli cutané protégeant la verge de certains animaux. 2 Robe très étroite, moulant le corps. ➛ *Robe fourreau.*

fourrer v. tr. [1] – XIIe I - 1 vx Recouvrir de qqch. qui garnit ou protège. ➛ *Fourrer une médaille,* la couvrir d'or ou d'argent. 2 Doubler de fourrure. *Fourrer un manteau avec du lapin.* 3 Garnir intérieurement. *Fourrer des dattes avec de la pâte d'amande.* II - 1 Faire entrer comme dans un fourreau. *Fourrer ses mains dans ses poches.* ⇒ **enfoncer.** ➛ *S'en fourrer jusque-là :* se gaver de nourriture. ⇒ **s'empiffrer,** se **goinfrer.** 2 Faire entrer brutalement ou sans ordre. ⇒ **enfourner.** *Fourrer des objets dans un sac.* ⇒ ② **flanquer,** fam. ① **foutre.** ♦ *Je ne sais qui vous a fourré de telles idées dans la tête.* ⇒ **mettre.** 3 fam. Déposer, mettre, placer sans soin. *Je ne sais plus où j'ai fourré ce papier.* III v. pron. Se mettre, se placer. *Se fourrer sous les couvertures.* ➛ *Je voudrais bien savoir « pourquoi ma bonne est tout le temps fourrée chez ta femme ? »* (Aragon). ➛ loc. *Ne plus savoir où se fourrer :* ne savoir comment se dérober à la confusion, à la honte qu'on éprouve.

fourre-tout n. m. inv. – XIXe 1 fam. Pièce, placard, meuble où l'on fourre toute sorte de choses. *Des fourre-tout.* 2 Sac de voyage souple et sans compartiments.

fourreur n. – XIIIe ▪ Personne qui s'occupe de pelleterie, qui confectionne et vend des vêtements de fourrure.

fourrier n. m. – XIIe ; a. fr. *fuerre* « fourrage » 1 Autrefois, Sous-officier chargé du cantonnement des troupes et du couchage. 2 littér. Personne, chose qui annonce ou prépare qqch. « *Et la mémoire et l'habitude sont les fourriers de la mort* » (Péguy).

fourrière n. f. – XIIIe ; a. fr. *fuerre* « fourrage » ▪ Lieu de dépôt d'animaux errants, de véhicules saisis et retenus par la police jusqu'au paiement d'une amende, de droits.

fourrure n. f. – XIIe 1 Peau d'animal munie de son poil, préparée pour servir de vêtement, de doublure, d'ornement. ⇒ **pelleterie.** *Couverture, descente de lit en fourrure. Industrie, commerce de la fourrure. Manteau de fourrure. Fausse fourrure.* ➛ Vêtement de fourrure. ♦ Émail de l'écu représentant de la fourrure. 2 Poil de certains animaux. ⇒ ① **pelage.** « *La fourrure du ventre et des cuisses étincelait de blancheur* » (Balz.).

fourvoiement n. m. – XVe ▪ littér. Le fait de s'égarer, de se tromper.

fourvoyer v. tr. [8] – XIIe ; de *fors* et *voie* ▪ littér. 1 Mettre hors de la voie, détourner du bon chemin. ⇒ **égarer.** *Ce guide nous a fourvoyés.* 2 pronom. Se tromper, faire fausse route. *La traductrice s'est fourvoyée.*

foutaise n. f. – XVIIe ▪ fam. Chose insignifiante, sans intérêt. *C'est de la foutaise !*

> ❑ Ce mot vient de *foutre,* bien que sans connotation sexuelle. Il s'agit peut-être d'une attraction de *fadaise.*

foutoir n. m. – XVIIe ▪ fam. Grand désordre. ⇒ **bordel.**

① **foutre** v. tr. *je fous, nous foutons ; je foutais ; je foutrai ; que je foute, que nous foutions ; foutant ; foutu ;* inus. aux passés simple et antérieur de l'ind., aux passé et plus-que-parfait du subj. – XIIIe ; lat. *futuere* « avoir des rapports avec une femme » I vieilli et trivial 1 Posséder sexuellement, pénétrer. « *J'ai foutu trois femmes et tiré quatre coups* » (Flaub.). ♦ fig. *Tu peux aller te faire foutre !* 2 Faire l'amour. ⇒ ① **baiser.** « *Une jolie fille ne doit s'occuper que de foutre et jamais d'engendrer* » (Sade). II v. tr. fam. 1 Faire. ⇒ ① **ficher,** ② **fiche.** *Il ne fout rien de la journée.* « *Qu'est-ce que ça peut me foutre ? Ça me fout que je te nourris et que tu n'es qu'un propre à rien* » (Ch.-L. Philippe). *Je n'en ai rien à foutre :* cela m'est bien égal, je m'en moque. ♦ fam. *Qu'est-ce qu'il fout ? ça fait une heure qu'on l'attend.* ⇒ **fabriquer.** « *qu'est-ce que tu fous donc, Mesnil, dans une église, à pareille heure ?* » (Barbey). 2 Mettre. ⇒ ② **flanquer.** *Foutez tout ça dans un coin.* « *Et si je te foutais mon poing sur la gueule ?* » (Gide). ♦ Mettre avec violence. ⇒ **jeter.** *Foutre qqch. par terre,* le renverser brusquement. *Fous-moi ça à la poubelle.* ➛ *Foutre qqn à la porte,* le renvoyer. *Foutre qqn en tôle.* ♦ *Ça la fout mal :* cela fait mauvais effet. 3 loc. *Je t'en fous :* ça n'est pas vrai, contrairement à ce que tu crois. « *Tu peux rentrer en Europe. Mais je t'en fous ! Je suis sûr que tu ne partiras pas !* » (Césaire). *Je t'en foutrais des... :* tu n'en auras pas, je ne te donnerai rien. III v. pron. fam. 1 Se mettre (avec violence, rapidité). ⇒ se **jeter.** *Se foutre par terre :* tomber. *Se foutre à l'eau. Se foutre en l'air :* se tuer. *Se foutre dedans :* se tromper. ➛ *Se foutre sur la gueule, se foutre dessus :* se battre. ♦ *Il s'est foutu à chialer.* 2 *SE FOUTRE DE :* se moquer de. *Tu te fous de moi ?* ♦ Être indifférent à. *Il « se fout de ton fric : il en gagne »* (Carco). *Il s'en fout. Il se fout de tout.* ➛ Ne pas se soucier. « *Les Américains se foutent qu'on continue à crever dans les camps* » (Beauv.).

② **foutre** interj. – XVIIe ▪ fam. et vieilli ⇒ **fichtre ; diable.**

foutrement adv. – XIXe ▪ fam. Beaucoup, très. « *bien qu'elle fût foutrement bien faite, la déesse* » (Aragon).

foutriquet n. m. – XVIIIe ▪ vieilli Personnage insignifiant et incapable.

foutu, ue adj. – XVe ▪ fam. 1 Mauvais. ⇒ ② **fichu.** *Il a un foutu caractère.* ⇒ ① **sacré, sale.** 2 Perdu, ruiné ou condamné. *C'est un type foutu.* ⇒ **fini.** « *La mayonnaise est ratée* [...] *Elle est foutue !* » (Beauv.). 3 Arrangé, conçu. *Une fille bien foutue,* bien faite. ⇒ **roulé.** *Un placard mal foutu.* ➙ *Se sentir mal foutu,* souffrant, fatigué. ⇒ **patraque.** 4 Capable. *Il n'est même pas foutu d'y arriver.*

fovéa n. f. – 1900 ; lat. *fovea centralis* « fosse centrale » ▪ Dépression médiane de la tache jaune au centre de la rétine.

foxé, ée adj. – XIXe ; angl. *fox* « renard » ▪ *Goût foxé :* goût particulier à certains cépages américains. ⇒ **framboisé.**

> ❑ Le vignoble détruit par le phylloxéra vers 1865 fut reconstitué avec du plant américain et la France découvrit le goût *foxé.*

fox-hound [fɔksaund] n. m. – XIXe ; mot angl. « chien *(hound)* pour chasser le renard *(fox)* » ▪ Chien courant de grande taille. *Des fox-hounds.*

fox-terrier n. m. – XIXe ; mot angl. ▪ Chien terrier à poil lisse et dur, blanc avec des taches fauves ou noires. *Des fox-terriers.* ➙ abrév. FOX.

fox-trot [fɔkstʀɔt] n. m. inv. – v. 1919 ; mot angl. « trot *(trot)* du renard *(fox)* » ▪ Danse à quatre temps, d'allure saccadée.

foyer n. m. – XIIe ; lat. *focus* « foyer » **I - 1** Espace aménagé dans les pièces d'une maison pour y faire du feu. ⇒ **cheminée.** ♦ Partie de la cheminée où brûle le feu. ⇒ **âtre.** 2 Le feu qui brûle dans le foyer, dans l'âtre. ♦ *Foyer d'incendie :* brasier d'où se propage l'incendie. 3 Partie d'un appareil de chauffage dans laquelle brûle le combustible. *Chaudière à deux foyers.* **II - 1** Lieu où vit, où habite la famille (⇒ **demeure, home, maison, toit**) ; la famille elle-même. « *le fâcheux accueil que je dus essuyer à mon retour au foyer* » (Gide). *Femme au foyer,* sans activité professionnelle. *Fonder un foyer :* se marier, fonder une famille. ➙ *Foyer fiscal :* famille ou personne seule assujettie à l'impôt sur le revenu. ♦ vieilli *Rentrer dans ses foyers,* dans son pays natal, à son domicile. ⇒ **pénates.** 2 Lieu de réunion ou de vie réservé à une catégorie de personnes et offrant certains services collectifs. *Foyer de jeunes travailleurs.* 3 Salle d'un théâtre où l'on fume, boit. *Le foyer de l'Opéra. Flânant « dans les couloirs, au foyer, sur la scène »* (Léautaud). **III - 1** Source d'un rayonnement. ➙ Point image d'un faisceau de rayons parallèles dont le point objet est à l'infini (⇒ **focal**). *Lunettes à double foyer.* 2 *Foyer d'une conique :* point fixe du plan affine euclidien associé à une droite tel que le rapport des distances de tout point de la conique au foyer et à la directrice, est constant. 3 Point central, d'où provient qqch. ⇒ **centre.** *Le foyer de la révolte.* ➙ Siège principal d'une maladie ; lésion. *Foyer tuberculeux.* ✪ HOM. Fouailler.

frac n. m. – XVIIIe ; probablt de l'angl. *frock,* du franç. *froc* ▪ Habit masculin de cérémonie, noir, à basques en queue de morue par-derrière.

> ❑ Ne pas confondre avec le *smoking* « veste courte à revers de soie ». ♦ On emploie plutôt *habit* aujourd'hui.

fracas n. m. – XVe ▪ Bruit qui résulte d'une rupture violente, de chocs. *Le fracas des vagues.* ⇒ **vacarme.** « *sous le fracas des mitrailleuses anti-tanks* » (Malraux). ♦ loc. *Il s'est fait renvoyer avec perte et fracas,* brutalement.

fracassant, ante adj. – XIXe 1 Qui fait un bruit violent. « *L'avion passe avec un bruit fracassant* » (Sartre). 2 Qui fait sensation, scandale. ⇒ **provocant.** *Des révélations fracassantes.*

fracasser v. tr. [1] – XVe ; it. *fracassare* ▪ Mettre en pièces, briser avec violence. ⇒ **casser, rompre.** « *quelques verres brisés, des bouteilles fracassées* » (Baud.). ➙ pronom. *La barque s'est fracassée sur un écueil.*

fractal, ale adj. et n. f. – 1975 ; lat. *fractus* « brisé » ▪ *Objet fractal :* objet mathématique servant à décrire des objets de la nature dont les formes découpées laissent apparaître à des échelles d'observation de plus en plus fines des motifs similaires. *Les objets fractals.* ➙ n. f. Objet fractal. ♦ *Dimension fractale :* nombre décimal qui exprime l'occupation d'un objet dans l'espace.

fraction n. f. – XIIe ; lat. *frangere* « briser » **I** Action de rompre le pain eucharistique avant de communier. **II - 1** Couple d'entiers *(p, q)* qui représente le rationnel *p/q* (écrit aussi $\frac{p}{q}$). *Numérateur et dénominateur d'une fraction. La fraction 6/10 (six dixièmes). Barre de fraction :* le numérateur du dénominateur. *Réduire des fractions au même dénominateur.* 2 Partie d'une totalité. ⇒ **parcelle, portion.** *Pendant une fraction de seconde.* ✪ CONTR. Entier, unité. Totalité.

> ❑ Une fraction écrite en chiffres ne comporte aucune lettre : *7/100* (et non *7/100e ; 7/100me, 7/100ème*).

fractionnaire adj. – XVIIIe 1 Écrit sous forme de fraction. *Nombre fractionnaire.* 2 *Livre fractionnaire :* livre de commerce sur lequel n'est portée qu'une catégorie d'opérations.

fractionnel, elle adj. – 1925 ▪ Qui tend à diviser un parti, un groupe. ⇒ **fractionniste.**

fractionnement n. m. – XIXe 1 Action de réduire en fractions ; état de ce qui est fractionné. ⇒ **morcellement, segmentation.** 2 *Méthode de fractionnement,* pour la séparation, par étapes successives, des composants d'un mélange liquide ou gazeux. ⇒ **distillation.** ✪ CONTR. Réunion, synthèse.

fractionner v. tr. [1] – XVIIIe ▪ Diviser en parties, en fractions. ⇒ **partager, sectionner.** *Fractionner un domaine en plusieurs lots.* ➙ pronom. *L'assemblée s'est fractionnée en trois groupes.* ⇒ se **scinder.**

fractionniste n. et adj. – av. 1959 ▪ Qui s'efforce de briser la cohésion d'un groupement politique. ⇒ **fractionnel.**

fracture n. f. – XIIe ; lat. *frangere* « briser » 1 Cassure de l'écorce terrestre. ⇒ ② **faille ; coupure.** 2 Lésion osseuse formée par une solution de continuité avec ou sans déplacement des fragments. *Fracture ouverte,* avec plaie. *Fracture du crâne.* 3 fig. *Fracture sociale,* séparation sociale et économique profonde entre les nantis et les exlus.

fracturer v. tr. [1] – XVIe 1 Blesser par une fracture. *Le choc lui a fracturé deux côtes.* ⇒ **casser, rompre.** ➙ *Elle s'est fracturé la clavicule.* 2 Briser avec effort *Fracturer une porte, une serrure.* ⇒ **forcer.**

fragile adj. – XIVe ; lat. *frangere* « briser » 1 Qui se brise, se casse facilement. ⇒ **cassant.** *Fragile comme du verre* 2 Qui manque de solidité, est sujet à se briser, à être détruit ou altéré. ⇒ **cassable, faible.** « *Notre vie ressemble à ces bâtisses fragiles* » (Chateaub.). 3 De constitution faible ou de fonctionnement délicat sujet à se détériorer, à durer peu. ⇒ **délicat.** *Un enfant fragile.* ⇒ **chétif, faible, malingre.** ➙ *Avoir l'estomac fragile.* ➙ *Une santé fragile.* ⇒ **précaire.** ♦ Qui manque de résistance psychologique, morale ⇒ **vulnérable.** 4 Facile à ébranler, menacé de ruine ⇒ **éphémère, précaire.** *Bonheur fragile.* ✪ CONTR. Résistant, robuste, solide ; incassable. ① Ferme, ① fort. Assuré, durable, éternel, stable.

❑ *Fragile* est emprunté au latin *fragilis* qui a abouti par évolution phonétique régulière à *frêle* (doublet).

fragiliser v. tr. 1 – 1956 ▪ Rendre fragile, plus fragile. *Ce virus fragilise l'organisme.* ⇒ **affaiblir.** ➛ littér. Rendre plus précaire. ⇒ aussi **déstabiliser.** *Gouvernement fragilisé par des scandales.* ✪ CONTR. Consolider.

fragilité n. f. – XIIe 1 Facilité à se casser. *Fragilité de la porcelaine.* 2 Manque de solidité. *La fragilité d'un moteur.* 3 Délicatesse, faiblesse de la constitution. *Fragilité d'un enfant.* ⇒ **délicatesse.** ➛ *La fragilité de sa santé.* ⇒ **précarité.** ♦ Manque de résistance psychologique. ⇒ **vulnérabilité.** 4 Caractère éphémère. ⇒ **instabilité, précarité.** *La fragilité de la reprise.* ✪ CONTR. Résistance, robustesse, solidité. Force, stabilité. Infaillibilité.

fragment n. m. – XIIIe ; lat. 1 Morceau d'une chose qui a été cassée. ⇒ **bout, brisure, débris, éclat, miette.** « *L'on a trouvé aussi, dans les décombres, quelques fragments de statues* » (Gaut.). 2 Partie extraite d'une œuvre, d'un texte. ⇒ **citation, extrait, passage.** « *Fragments d'un discours amoureux* », *œuvre de R. Barthes.* 3 Part, partie. ⇒ **bribe, parcelle.** « *ce fragment de ma vie que je passe sous silence* » (Daud.). ✪ CONTR. ② Ensemble, tout, unité.

fragmentaire adj. – XIXe ▪ Qui existe à l'état de fragments. *Informations fragmentaires.* ⇒ **incomplet, partiel.** ✪ CONTR. ① Complet, entier.

fragmentation n. f. – XIXe ▪ Action de fragmenter, fait de se fragmenter. ⇒ **division, éclatement, segmentation.** *Fragmentation du chromosome.* ➛ *Bombe à fragmentation,* qui se divise en multiples fragments.

fragmenter v. tr. 1 – XIXe ▪ Partager, séparer en fragments. ⇒ **diviser, morceler, parcelliser.** *Fragmenter un diamant.* ➛ pronom. *Structure qui se fragmente.* ⇒ **éclater.** ✪ CONTR. Rassembler, réunir.

fragon n. m. – XIIe ; lat. *frisco* « houx », p.-ê. d'o. gaul. ▪ Arbrisseau vivace épineux *(liliacées)* aussi nommé *petit houx.*

fragrance n. f. – XIIIe ; lat. *fragrare* « exhaler une odeur » ▪ vx ou littér. Odeur agréable. ⇒ **parfum.**

❑ Même famille étymologique que *flairer.*

fragrant, ante adj. – XVIe ▪ vx ou littér. Qui exhale une odeur suave.

① **frai** n. m. – XIVe ; de *frayer* 1 Ponte des œufs par la femelle des poissons ; fécondation de ces œufs par le mâle. ♦ Œufs fécondés de batraciens, de poissons. *Du frai de carpes.* 2 Très jeunes poissons dont on peuple un étang, un vivier. ⇒ **alevin, fretin.** ✪ HOM. Frais, fret.

② **frai** n. m. – XVIIe ; de *frayer* « frotter, s'user » ▪ Usure des monnaies en circulation.

fraîche (à la) loc. adv. – XVIIe ▪ À l'heure où il fait frais. *Partir à la fraîche.*

fraîchement adv. – XIIe 1 Depuis très peu de temps. ⇒ **récemment.** « *les murs semblaient fraîchement repeints* » (Maurois). 2 Avec une froideur marquée. ⇒ **froidement.** *Il fut fraîchement reçu par la population.* ✪ CONTR. Anciennement. Chaleureusement, chaudement.

fraîcheur n. f. – XIIIe I - 1 Propriété de ce qui est frais. *La fraîcheur de l'air.* « *La fraîcheur humide du matin commençait à tomber sur la mer* » (Loti). 2 Température fraîche, air frais ou rafraîchissant. ⇒ ② **froid.** « *les hauts ombrages entretenaient un peu de fraîcheur* » (Mart. du G.). 3 Absence marquée de chaleur, de cordialité. *La fraîcheur d'un accueil.* II - 1 Qualité de ce qui est nouvellement produit ou fourni, n'a subi aucune altération. *Poisson d'une grande fraîcheur.* 2 Qualité de ce qui respire la santé et la vie. *Beauté et fraîcheur du teint.* ♦ Qualité de ce qui garde son éclat, sa vivacité, sans se faner ou se ternir. *Fraîcheur des couleurs.* 3 Qualité de ce qui a qqch. de vivifiant, de jeune et de pur. « *toute la fraîcheur et la saveur de la nouveauté* » (Stendh.). *La fraîcheur d'un premier amour.* ⇒ **pureté.** ✪ CONTR. Chaleur.

fraîchin n. m. – XVIe ▪ Odeur du poisson frais ; odeur de marée.

fraîchir v. intr. 2 – XIIe 1 Augmenter de force. ⇒ se **lever.** « *je vois fraîchir le vent et déployer les voiles* » (Rouss.). 2 Devenir frais, ou plus frais. ⇒ se **rafraîchir.** *Le temps a bien fraîchi.*

frairie n. f. – XIIe ; lat. *fratria* ▪ région. (Ouest) Fête patronale d'un village.

① **frais, fraîche** adj. – XIe ; germ. I - 1 Légèrement froid. *Le fond de l'air est frais. Les nuits sont fraîches en cette saison. Avoir les mains fraîches.* ➛ Agréablement froid. *Servir des boissons fraîches.* ♦ adv. *Il fait frais ce matin.* ⇒ **frisquet.** ♦ n. m. L'air frais. ⇒ **fraîcheur.** « *comme le frais de la nuit tombait* » (Giono). *Prendre le frais* : respirer l'air frais du dehors. *Mettre du beurre au frais,* dans un endroit plus froid que l'air ambiant. 2 Sans chaleur, sans cordialité. *On lui a réservé un accueil plutôt frais.* II - 1 Qui est arrivé, s'est produit tout nouvellement. ⇒ ② **neuf, nouveau, récent.** *Nouvelles fraîches. Peinture fraîche,* qui vient d'être appliquée et n'a pas encore séché. ➛ *Argent frais* : argent nouvellement reçu, fonds nouveaux alimentant une trésorerie. ♦ adv. Depuis très peu de temps. ⇒ **fraîchement, nouvellement, récemment.** littér. « *cette baraque fraîche peinte* » (Daud.). « *Elle disposait des lauriers d'or sur ma tête frais tondue* » (Mauriac). 2 Qui est tout nouvellement produit, fourni ou employé, qui n'est pas encore altéré. *Du pain frais. L'Ogre* « *flairait à droite et à gauche, disant qu'il sentait la chair fraîche* » (Perrault). 3 Qui est présenté à la consommation sans avoir subi de préparation de longue conservation (opposé à *en conserve, surgelé, sec*). *Pâtes fraîches. Petits fours frais.* 4 Qui respire la santé et la vie. ⇒ ① **sain.** *Une fille fraîche comme une rose.* ➛ *Avoir le teint frais.* 5 fam. et iron. Dans une fâcheuse situation. « *Me voilà frais, avec celle-ci qui pleure encore !* » (Genev.). ⇒ **propre.** 6 Qui a gardé intacte, ou a retrouvé sa vitalité ; qui n'est pas ou n'est plus fatigué. ⇒ **reposé.** *Frais comme l'œil. Envoyer des troupes fraîches en renfort.* 7 *Vent frais,* qui souffle avec une certaine force favorable à la navigation. n. m. *La force de ce vent. Avis de grand frais.* 8 Qui donne une impression vivifiante de pureté, de jeunesse. *Haleine fraîche. Robe d'été aux couleurs fraîches.* ⇒ **éclatant.** 9 Candide, pur. *Un film très frais.* ✪ CONTR. Brûlant, chaud, desséchant. — Ancien, vieux. Desséché, rassis, sec ; corrompu, gâté, rance. Défraîchi, fatigué, ① las. — HOM. Frai, fret.

❑ Les adjectifs en *-ais* font leur féminin en *-aîse (niaise)* ou *-aisse (épaisse)* sauf *frais.*

② **frais** n. m. pl. – XIIIe ; lat. *frangere* « briser, rompre » 1 Dépenses occasionnées par une opération quelconque. ⇒ **coût, débours, dépense.** *Frais d'inscription. Participation aux frais d'envoi.* « *Sa mère lui laissait un petit crédit pour ses frais de tramway* » (Romains). 2 loc. *À GRANDS FRAIS* : en dépensant beaucoup ; en se donnant beaucoup de peine. ➛ *À PEU DE FRAIS ; À MOINDRES FRAIS* : économiquement ; en se donnant peu de mal, moins de mal. ➛ *AUX FRAIS DE QQN,* les frais étant assumés par lui. *Voyager aux frais de l'État. Ils* « *imprimaient parfois leurs livres à leurs frais* » (Duham.). ♦ *SE METTRE EN FRAIS ; FAIRE DES FRAIS* : faire des dépenses inhabituelles ; faire des efforts. « *Ils se connaissaient depuis assez longtemps pour ne pas se mettre en frais* » (Simenon). ♦ *FAIRE LES FRAIS DE QQCH.* : participer à la dépense engagée ; être la personne qui paie, qui est victime ; fournir la matière principale de qqch., être celui qui y contribue le plus. *Faire les frais de la conversation.* ♦ *EN ÊTRE POUR SES FRAIS :* ne rien obtenir en échange de la dépense qu'on a faite ; avoir perdu sa peine, être déçu. « *Je ne pipais pas pendant qu'il me parlait. Il en fut donc pour ses frais de confidences* » (Céline). ♦ fam. *Arrêter les frais :* cesser de se donner du mal. 3 Dépenses et charges entraînées par la création, le fonctionnement (d'une entreprise). ⇒ **coût.** *Frais de production, de fabrication.* ♦ *Frais directs :* dépenses se rapportant à des opérations spécifiques. *Frais d'approvisionnement, de main-d'œuvre. Frais généraux,* liés au fonctionnement normal d'une entreprise. *Frais fixes :* charges permanentes. *Frais financiers,* occasionnés par les capitaux empruntés. 4 Dépense occasionnée par l'accomplissement d'un acte juridique ou d'une formalité. *Frais d'enregistrement.* ⇒ ③ **droit, taxe.** *Frais de notaire. Frais de justice.* ♦ *FAUX FRAIS :* dépense accidentelle s'ajoutant aux dépenses principales. ✪ CONTR. Économie, épargne.

fraisage n. m. – XIXe ▪ Travail des métaux à froid, à la fraise.

① **fraise** n. f. – XIIe ; lat. *fragum* 1 Fruit rouge, dont la partie comestible est un réceptacle épanoui en masse charnue qui porte les akènes. *Fraises des bois* ou *fraises sauvages. Tarte aux fraises.* « *mon dessert favori, des fraises à la crème* » (Céline). ♦ adj. inv. De la nuance de rouge propre à la fraise. *Des rubans fraise, fraise écrasée.* ♦ *ALLER AUX FRAISES :* fig. aller dans les bois, flâner. ➛ fam. *SUCRER LES FRAISES :* être agité d'un tremblement ; être gâteux. « *Je tremble de partout, regardez mes mains, je sucre les fraises* » (Aymé). 2 fam. Lésion de la peau (⇒ **angiome, nævus).** 3 fam. Figure. « *deux baffes en pleine fraise* » (Aymé).

❑ Au sens botanique, les véritables fruits du fraisier sont les petits grains qui parsèment la fraise. → figue (rem.).

② **fraise** n. f. – XIIe ; probablt de ① *fraiser* ▪ Membrane qui enveloppe les intestins du veau et de l'agneau (⇒ **mésentère).**

③ **fraise** n. f. – XVIe ; probablt de ② *fraise* 1 Collerette empesée et plissée sur plusieurs rangs que portaient hommes et femmes au XVIe et au début du XVIIe s. 2 Membrane charnue, granuleuse et plissée d'un rouge violacé, qui pend sous le bec du dindon. ⇒ **caroncule.**

④ **fraise** n. f. – XVIIe ; de ② ou ③ *fraise* ▪ Outil de coupe entraîné par une machine rotative pour usiner le bois, le métal. ➛ Instrument rotatif muni de dents tranchantes, utilisé pour percer des trous dans un os ou évider une dent. ⇒ **roulette.**

① **fraiser** v. tr. [1] – XIIe ; lat. *frendere* « broyer, écraser » ▪ Mélanger intimement les éléments de (une pâte) avec la paume de la main.

② **fraiser** v. tr. [1] – XVIIe ; de ④ *fraise* ▪ Évaser l'orifice de (un trou).

fraiseraie n. f. – 1914 ▪ Plantation de fraisiers.

fraiseur, euse n. – 1930 ▪ Ouvrier, ouvrière qui exécute des travaux de fraisage.

fraiseuse n. f. – XIXe ▪ Machine-outil utilisée pour le fraisage.

fraisier n. m. – XIIIe 1 Plante basse *(rosacées)* qui se propage par stolons et fournit les fraises. 2 Gâteau fait d'une superposition de génoise, de crème et de fraises.

fraisure n. f. – XVIIIe ▪ Évasement conique pratiqué avec une fraise.

framboise n. f. – XIIe ; germ. « mûre » ▪ Fruit rouge composé de petites drupes et produit par le framboisier. ♦ Liqueur, eau-de-vie de framboise.

framboiser v. tr. [1] – XVIIe ▪ Parfumer à la framboise. ♦ Donner un goût de framboise à. *Vin framboisé.* ⇒ **foxé.**

framboisier n. m. – XIVe 1 Arbrisseau *(rosacées),* ronce dont la souche vivace émet des tiges annuelles qui portent les framboises. 2 Gâteau fait d'une superposition de génoise, de crème et de framboises.

framée n. f. – XVIe ; lat. *framea* ▪ Long javelot, dont se servaient les Francs.

① **franc, franque** [fʀɑ̃, fʀɑ̃k] n. et adj. – Xe ; germ. ▪ Membre des peuplades germaniques qui, à la veille des grandes invasions, occupaient les rives du Rhin *(Francs Ripuaires)* et la région maritime de la Belgique et de la Hollande *(Francs Saliens).* ➛ adj. *Les tribus franques.*

② **franc, franche** [fʀɑ̃, fʀɑ̃ʃ] adj. – XIe ; de ① *franc* **I - 1** VX De condition libre. 2 Sans entrave, ni gêne, ni obligation. ♦ *Corps francs :* troupes ne faisant pas partie des unités combattantes régulières. ➛ *Coup franc :* coup tiré sans opposition de l'adversaire, pour sanctionner une faute aux jeux de ballon. ➛ *Barre franche :* barre de gouvernail qu'on manœuvre directement à la main. 3 Libéré de certaines servitudes ; exempt de charges, taxes, impositions. *Ville franche,* qui avait obtenu une charte de franchise. *Boutique franche,* située dans une zone où les produits vendus sont exemptés de taxes. ➛ *Franc de port :* dont le destinataire n'a pas à payer les frais de port et d'emballage. ⇒ ① **franco** (opposé à *port dû*). **II - 1** Qui s'exprime ou se présente ouvertement, en toute clarté, sans artifice, ni réticence. ⇒ ① **droit, honnête, loyal, ouvert, sincère, spontané.** « *aussi droit, aussi franc, que l'autre était retors et papelard* » (Gide). *Je serai franc avec vous :* je vous parlerai franchement. ⇒ ① **direct.** ➛ adv. littér. ⇒ **franchement.** *Parler franc.* ♦ Qui exprime la loyauté. « *Sa figure est bonne et franche ; ses yeux regardent bien en face* » (Loti). *Un regard franc. Une franche hostilité :* une hostilité déclarée. ⇒ ② **net, ouvert.** loc. *Jouer FRANC JEU :* agir loyalement, sans rien dissimuler, en respectant les règles. ⇒ **fair-play.** 2 Qui présente des caractères de pureté, de naturel. ⇒ **pur, simple.** *Un rouge franc.* 3 Qui est véritablement tel. ⇒ **achevé, fieffé, parfait, vrai.** *Une franche canaille.* 4 *Huit jours francs :* huit jours complets. ✪ CONTR. Assujetti, taxé. — Artificieux, dissimulé, hypocrite, menteur, sournois. Équivoque, ① louche. Douteux.

③ **franc** [fʀɑ̃] n. m. – XIVe 1 Unité monétaire légale de la France. ⇒ fam. ④ **balle.** abrév. F. *Mille francs.* ⇒ **kilofranc.** *Dix mille francs.* ➛ loc. *Trois francs six sous :* peu d'argent. *Francs constants :* unité abstraite de compte permettant d'éliminer l'influence des variations de prix ; *francs courants.* 2 *Franc belge, franc suisse, franc luxembourgeois :* unité monétaire légale de la Belgique, de la Suisse, du Luxembourg. *Franc C.F.A.* (⇒ **C.F.A.).**

❑ Pour désigner un millier et un million de francs, on peut employer les symboles *kF* et *MF.* ♦ On écrit *100 francs* ou *100 F* (et non *100 Frs, 100 f, 100 fr.*).

français, aise adj. et n. – XIe 1 Qui appartient, est relatif à la France et à ses habitants. *La République française. L'équipe française de judo.* ⇒ **hexagonal, tricolore.** ➛ *La langue française.* ➛ Propre à la langue française. *D'expression française.* ⇒ **francophone.** « *Ce qui n'est pas clair n'est pas français* » (Rivarol). 2 n. Personne de nationalité française. *Un Français moyen* (⇒ fam. et péj. **beauf, franchouillard).** 3 n. m. La langue française, langue romane parlée en France, dans certains pays de civilisation analogue (Belgique, Suisse romande, Québec, etc.), langue privilégiée dans de nombreuses régions du monde (Afrique

Antilles). « *Le français, qui nous semble si simple, est une langue très difficile* » (Gide). ➛ loc. fam. *Vous ne comprenez pas le français ?* vous n'avez donc pas compris ce qu'on vous dit ? *En bon français :* pour parler plus clairement, plus simplement. ♦ adv. *Parlez-vous français ?*

❑ La pédagogie du français distingue : le *français langue maternelle*, le *français langue seconde* et le *français langue étrangère* (FLE [flœ]).

franc-alleu [fʀɑ̃kalø] n. m. – XIIe ; de ② *franc* et germ. *°al-ôd* « totale propriété » ■ Terre de pleine propriété (opposé à *fief*). *Des francs-alleux* [fʀɑ̃kalø].

franc-bord [fʀɑ̃bɔʀ] n. m. – XVIIIe 1 Terrain libre de propriétaire, en bordure d'une rivière ou d'un canal. *Des francs-bords.* 2 Distance entre le niveau de l'eau et la partie supérieure du pont, mesurée au milieu de la longueur du navire.

franc-bourgeois [fʀɑ̃buʀʒwa] n. m. – XIIIe ■ Au Moyen Âge, Habitant d'une ville exempt des charges municipales. *Des francs-bourgeois.*

franc-fief [fʀɑ̃fjɛf] n. m. – XIIIe 1 Héritage noble, féodal ou tenu en franc-alleu. ♦ Fief non assujetti à l'hommage. *Des francs-fiefs.* 2 Droit que devait payer au roi un roturier qui acquérait un fief.

franchement adv. – XIIe 1 Sans hésitation, d'une manière décidée. ⇒ **carrément, résolument.** *Y aller franchement.* ⇒ **rondement ;** fam. ② **franco.** 2 Sans équivoque, nettement. ⇒ **clairement.** *Poser franchement un problème.* ♦ Vraiment. *Il est franchement insupportable.* 3 Sans détour, sans dissimulation. ⇒ **loyalement, sincèrement.** *Je vais « parler à Yves bien franchement, pour en avoir le cœur net »* (Loti). *Dites-moi franchement ce que vous en pensez. Franchement, il exagère !* ✪ CONTR. Timidement. Hypocritement.

franchir v. tr. [2] – XIIe ; de ② *franc* 1 Passer par-dessus en sautant, en gravissant, etc. ⇒ **enjamber, escalader.** « *Il franchit résolument une barrière de bois* » (Hugo). ➛ loc. *Franchir le Rubicon :* prendre une décision irrévocable, passer hardiment à l'action. ➛ *Pont qui franchit une rivière.* ♦ Surmonter, vaincre. ⇒ **triompher** (de). *Franchir les barrières sociales.* 2 Aller au-delà de. ⇒ **passer.** *Avion qui franchit le mur du son.* « *Le corbillard franchit le seuil du cimetière* » (Hugo). ➛ *Le cap de la trentaine* « *que les femmes ont une si naïve répugnance à franchir* » (Gaut.). ⇒ **dépasser.** 3 Traverser. *Franchir un col.* ♦ Aller d'un bout à l'autre de. ⇒ **parcourir, traverser.** *Franchir les océans.* ➛ *Sa réputation a franchi les siècles.*

❑ Le Rubicon, rivière séparant la Gaule cisalpine de l'Italie, fut franchi par César qui, par cet acte, déclarait la guerre au Sénat romain.

franchisage n. m. – 1973 ; angl. *franchising* ■ Contrat par lequel une entreprise concède à une autre le droit d'exploiter sa marque, sa raison sociale ou un brevet.

❑ Le *Dictionnaire des termes officiels* (1994) recommande ce mot à la place de l'anglicisme *franchising.*

franchise n. f. – XIIe 1 vx Liberté, indépendance. ♦ Droit limitant l'autorité souveraine au profit d'une ville, d'un corps, d'un individu. *Charte, lettre de franchise.* ♦ Exemption, exonération. *Franchise douanière :* exonération des droits de douane sur certaines marchandises. ➛ Exemption légale de taxe ou d'impôts. « *Une franchise d'impôts garantie aux nouveaux venus provoqua un flot d'immigration* » (Tournier). ➛ *Franchise postale :* exemption de la taxe sur la correspondance. ➛ *Commerce en franchise,* dont l'exploitant est lié par contrat à une marque et à ses produits (⇒ **franchisage).** ➛ Part d'un dommage qu'un assuré conserve à sa charge. *Contrat d'assurance avec franchise.* 2 Qualité d'une personne franche. ⇒ **droiture, franc-parler, loyauté, sincérité, spontanéité.** « *Ce médecin était pour la franchise à tout prix, préférable certes aux bienfaisants mensonges* » (Yourcenar). ➛ *En toute franchise :* bien franchement. ✪ CONTR. Dissimulation, fausseté, mensonge, sournoiserie.

❑ La *franchise* peut friser l'impolitesse et l'agression, tandis que la *sincérité* ne dévoile que ce qu'on lui demande.

franchisé, ée adj. et n. – 1973 ■ Qui exploite la marque d'une entreprise par un contrat de franchisage. *Magasins franchisés.*

franchiser v. tr. [1] – 1973 ■ Mettre sa marque à la disposition de (un commerçant, une entreprise) par un contrat de franchisage.

franchiseur n. m. – 1973 ■ Entreprise qui met sa marque à la disposition d'une autre entreprise par un contrat de franchisage.

franchissable adj. – XIXe ■ Qui peut être franchi. *Col franchissable en été.* ✪ CONTR. Infranchissable.

franchissement n. m. – XIIIe ■ Action de franchir. ⇒ **passage.** *Le « dangereux franchissement de la barre »* (Gide).

franchouillard, arde adj. et n. – av. 1964 ; de l'arg. *franchouillard* « sot », de *tranche* « tronche », avec infl. de *français* ■ fam. et péj. Caractéristique du Français moyen avec ses défauts. ⇒ **beauf.**

francien n. m. – XIXe ■ Dialecte de langue d'oïl, parlé en Île-de-France et en Orléanais au Moyen Âge, qui a supplanté les autres dialectes pour donner le français.

francique n. m. – XVIIe 1 Langue des Francs, dialecte du germanique occidental. ➛ adj. *Mots français d'origine francique.* 2 Ensemble des parlers de l'Allemagne centrale, faisant partie du haut allemand.

francisation n. f. – XVIIIe 1 Action de franciser. ➛ Action de donner une forme française, un caractère français. *La francisation de « beefsteak » en « bifteck ».* 2 Formalité conférant à un navire le droit de naviguer sous le pavillon français, avec les avantages s'y rattachant.

franciscain, aine n. – XVIe ; lat. *Franciscus* « François » 1 n. m. Religieux de l'ordre fondé, au début du XIIIe s., par saint François d'Assise. ⇒ **cordelier.** ➛ adj. *L'art franciscain.* 2 n. f. Religieuse du tiers ordre régulier de saint François d'Assise. ♦ abusivt Clarisse.

franciser v. tr. [1] – XVIe ■ Donner à (un mot, une expression) une prononciation, une orthographe conformes au système de la langue française. « *Le vrai nom de Bonaparte est Buonaparte. [...] Il le francisa ensuite* » (Chateaub.). ♦ Revêtir d'un caractère français.

francisque n. f. – XVIe ; lat. *(securis) francisca* « (hache) franque » ■ Hache de guerre des Francs. ♦ Emblème du gouvernement de Vichy.

francité n. f. – 1936 ■ Caractères propres à la culture française, à la communauté de langue française.

francium [fʀɑ̃sjɔm] n. m. – 1939 ■ Élément atomique (Fr. ; n° at. 87 ; m. at. 223) de la colonne des alcalins.

franc-maçon, onne [fʀɑ̃masɔ̃, ɔn] n. et adj. – XVIIIe ; angl. *free mason* « maçon libre » ■ Adepte de la franc-maçonnerie. ⇒ **frère, maçon.** *Les francs-maçons.* ➛ adj. ⇒ **franc-**

maçonnique, maçonnique. *Les associations franc-maçonnes.*

> ❑ Dans ce mot, *franc* ne varie pas en genre, et il varie en nombre seulement au masculin. ♦ Il existe des loges de *franc-maçonnes* et des loges mixtes.

franc-maçonnerie [fʀɑ̃masɔnʀi] n. f. – XVIIIe ▪ Association ésotérique et initiatique, à caractère philosophique, et progressiste, qui se consacre à la recherche de la vérité, à l'amélioration de l'homme et de la société. ⇒ **maçonnerie.** ♦ Alliance entre personnes de même profession, de mêmes idées. ⇒ **clan, coterie.** « *Ils sont unis par une franc-maçonnerie qui a ses rites et ses lois* » (Genev.). *Des franc-maçonneries.*

franc-maçonnique [fʀɑ̃masɔnik] adj. – XVIIIe ▪ Relatif à la franc-maçonnerie. ⇒ **maçonnique.** « *il lui serra la main d'une façon expressive, avec un clignement d'yeux franc-maçonnique* » (Zola).

① **franco** adv. – XVIIIe ; it. *franco (porto)* « (port) franc » ▪ Sans frais de transport pour le destinataire. *Expédier un colis franco, franco de port.* ➛ Désignation du lieu jusqu'où les frais et les risques d'une expédition sont à la charge du vendeur. *Franco Marseille.* ✪ CONTR. ② Port (en port dû).

② **franco** adv. – XIXe ▪ fam. Franchement, carrément. *Allez-y franco.* ✪ CONTR. Mollo.

franco- Élément, de *français.*

franco-canadien, ienne n. m. et adj. – XIXe ▪ vieilli Français propre aux régions francophones du Canada. ⇒ **acadien, québécois ; joual.** ➛ adj. *Une expression franco-canadienne.*

franco-français, aise adj. – 1968 1 Qui concerne des rapports entre deux groupes de Français. 2 fam. Inhérent aux Français ; exclusivement français. ⇒ **franchouillard.**

francolin n. m. – XIVe ; it. ▪ Oiseau très voisin de la perdrix *(galliformes),* très répandu en Afrique.

francophile adj. et n. – XVIe ; *franco-* et *-phile* ▪ Qui aime la France et les Français, soutient la politique française. ✪ CONTR. Francophobe.

francophilie n. f. – 1919 ▪ Disposition d'esprit, attitude du francophile. ✪ CONTR. Francophobie.

francophobe adj. et n. – XIXe ; *franco-* et *-phobe* ▪ Hostile à la France et aux Français. ✪ CONTR. Francophile.

francophobie n. f. – XIXe ▪ État d'esprit, attitude du francophobe ✪ CONTR. Francophilie.

francophone adj. et n. – XIXe ; *franco-* et *-phone* 1 Qui parle habituellement le français, comme langue première ou seconde. *Les Africains francophones.* ♦ Dans lequel le français est pratiqué en tant que langue maternelle, officielle ou véhiculaire. *La communauté francophone. Université francophone d'Alexandrie.* ♦ n. Personne appartenant à une telle communauté. 2 Relatif à la francophonie. *La littérature francophone.*

francophonie n. f. – XIXe ▪ Ensemble constitué par les populations francophones.

> ❑ Mot créé par Onésime Reclus, diffusé après 1960 (Senghor, Bourguiba, etc.).

franco-provençal, ale, aux n. m. et adj. – XIXe ▪ Ensemble des dialectes français de la Suisse romande, de la Savoie, du Dauphiné, du Lyonnais et de la Bresse.

franc-parler [fʀɑ̃paʀle] n. m. – XVIIIe ▪ Liberté de langage ; absence de contrainte et de réserve dans ses propos. « *Je dis les choses comme elles me viennent ; j'use en plein de mon franc-parler* » (Dider.). *Avoir son franc-parler :* exprimer librement toute sa pensée.

franc-quartier [fʀɑ̃kaʀtje] n. m. – XVIIe ▪ Quartier entier occupant le quart de l'écu à l'un quelconque des angles.

franc-tireur [fʀɑ̃tiʀœʀ] n. m. – XVIIIe ▪ Combattant qui n'appartient pas à une armée régulière. ⇒ **guérillero, maquisard, partisan, résistant.** « *des compagnies de francs-tireurs s'organisaient avec frénésie* » (Daud.). ♦ Personne qui mène une action indépendante, isolée, n'observe pas la discipline d'un groupe. ⇒ **indépendant.**

frange n. f. – XIIe ; lat. *fimbria* 1 Bande de tissu d'où pendent des fils tirés ou des filets rapportés, servant à orner en bordure des vêtements, des meubles, etc. ⇒ **crépine,** ② **effilé.** *Les franges d'un tapis.* 2 Cheveux coupés couvrant le front sur toute sa largeur. 3 sc. Raie lumineuse blanche ou irisée, dont la partie centrale est plus brillante ou plus sombre que les bords. 4 *Franges synoviales :* replis graisseux de la membrane interne d'une articulation. 5 Limite imprécise entre deux états, deux notions. ⇒ **marge.** « *On ne peut aborder les franges du sommeil que par le rêve* » (Bosco). 6 Minorité, plus ou moins marginale. « *cette frange de ratés et d'aigris* » (Sartre).

frangeant adj. m. – XIXe ; angl. *to fringe* « franger » ▪ Se dit des récifs coralliens qui bordent immédiatement la terre ferme.

franger v. tr. [3] – XIIIe ▪ Garnir, orner de franges. ♦ « *ses paupières frangées de longs cils* » (Gaut.).

frangin, ine n. – XIXe ; déform. arg. de *frère,* probablt d'o. it. ▪ fam. Frère, sœur. « *ça doit être son frangin, il lui ressemble* » (Céline).

frangipane n. f. – XVIIe ; de *Frangipani,* n. pr. ▪ Crème pâtissière à base d'amandes pilées. *Galette à la frangipane.* ♦ Gâteau garni de cette crème. ⇒ **pithiviers.**

frangipanier n. m. – XVIIIe ▪ Arbrisseau exotique *(apocynacées)* dont les fleurs ont un parfum qui rappelle celui de la frangipane.

franglais n. m. – 1959 ▪ Emploi, usage de la langue française où l'influence anglaise est très sensible.

franquette (à la bonne) loc. adv. – XVIIe ; de ② *franc* ▪ Sans façon, sans cérémonie. ⇒ **simplement.** *Recevoir un ami à la bonne franquette.*

franquisme n. m. – v. 1945 ▪ Régime instauré en Espagne par le général Franco en 1936.

franquiste n. et adj. – 1936 ▪ Partisan du franquisme. ➛ *L'Espagne franquiste.*

fransquillon n. m. – XVIIe ; de *français* 1 péj. En Belgique francophone, Personne qui parle le français avec affectation, en prenant l'accent de Paris. 2 En Belgique de langue flamande, Personne francophone.

frappant, ante adj. – XVIIIe ▪ Qui frappe, fait une vive impression. ⇒ **impressionnant, marquant, saisissant.** *Une formule frappante.* ♦ D'une évidence indiscutable, qui saute aux yeux. *Une ressemblance frappante.* ⇒ **étonnant.** ✪ CONTR. Douteux, faible.

① **frappe** n. f. – XVIe 1 Choc qui fait entrer le poinçon formant la matrice d'un caractère ou d'une monnaie ; empreinte ainsi obtenue. 2 Action, manière de taper à la machine. ⇒ **dactylographie ; saisie.** *Faute de frappe.* « *Les stencils, crevés à la troisième frappe* » (Vian). 3 Action, manière de frapper à la boxe, d'attaquer le ballon. 4 Opération militaire ponctuelle pouvant combiner des moyens terrestres, navals et aériens. *Force de frappe.*

② **frappe** n. f. – XIXe ; de *frapouille,* var. de *fripouille* ▪ fam. Voyou ⇒ **gouape, loubard, malfrat.** « *les Ashby étaient de petites frappes redoutées dans toute la région* » (Perec).

frappé, ée adj. – XIXe ▪ fam. Fou*.

frappement n. m. – XIIIe ▪ rare Action de frapper ; bruit de ce qui frappe.

frapper v. tr. [1] – XIIe ; probablt germ. **I** v. tr. dir. **1** Toucher plus ou moins rudement en portant un ou plusieurs coups. ⇒ **battre.** *Frapper un enfant. Un boxeur qui frappe sec.* ⇒ **cogner.** ♦ loc. *L'assassin a encore frappé,* a commis un nouveau meurtre. ➛ *La balle l'a frappé en pleine poitrine.* ⇒ **atteindre,** ① **toucher.** *Frappé à mort :* mortellement atteint. ♦ « *Il ouvrit le piano, frappa quelques accords* » (Gide). **2** Marquer d'une empreinte. ⇒ **estamper.** *Frapper un décor sur le plat d'une reliure.* ➛ *Velours frappé,* orné de motifs en relief. ♦ *FRAPPER LA MONNAIE :* imprimer à un disque de métal l'empreinte d'un coin pour obtenir une pièce. **3** Toucher à la suite d'un mouvement rapide, tomber sur. *Pluie qui frappe le visage.* ⇒ ② **cingler, fouetter.** ♦ Refroidir (une boisson) au réfrigérateur ou dans un seau à glace. ➛ *Champagne frappé.* **4** Donner, porter (un coup). ⇒ **assener.** « *des coups réguliers frappés sur des tambourins* » (From.). ♦ *Frapper un grand coup.* **5** Atteindre. « *Elle s'accommoda du grand malheur qui la frappait* » (Céline). ⇒ **affliger.** *Être frappé de paralysie.* ♦ Punir. « *La loi frappait les grands coupables d'un châtiment réputé terrible, la privation de sépulture* » (Fustel de Coul.). ➛ *Contrat frappé de nullité.* **6** Affecter d'une certaine impression. ⇒ **impressionner, saisir.** *Cette date* « *me frappa vivement, car c'est aussi celle de ma naissance* » (Bosco). ➛ *Être frappé de stupeur.* ♦ Affecter violemment. ⇒ **choquer, marquer.** *La mort de son frère l'a beaucoup frappé.* ⇒ **éprouver.** ♦ Surprendre, en excitant l'imagination, l'attention ou l'intérêt. ⇒ **étonner, saisir.** *Cela ne m'a pas frappé.* **II** v. tr. ind. Donner un coup, des coups. ⇒ ② **taper.** *Il* « *donne le signal en frappant des mains* » (Rouss.). ♦ *FRAPPER (À LA PORTE),* pour se faire ouvrir. ⇒ **heurter,** fam. **toquer.** *Entrez sans frapper. Frappez fort.* ➛ loc. *Frapper à toutes les portes :* s'adresser à tout le monde. *Frapper à la mauvaise porte.* **III** v. pron. fam. S'inquiéter plus que de raison. « *Il avait décidé de ne plus se frapper* » (Beauv.).

frappeur, euse adj. – XVe ▪ *Esprit frappeur :* esprit qui, dans les séances de spiritisme, se signale en frappant des coups.

frasil [fʀazi(l)] n. m. – XIXe ; mot canadien, probablt de ① *fraiser* ▪ (Canada) Fragments de glace entraînés par le courant et flottant à la surface d'un cours d'eau ; pellicule formée par la glace qui commence à prendre.

❑ Pour la prononciation → chenil (rem.).

frasque n. f. – XVe ; it. ▪ Écart de conduite. ⇒ **équipée, extravagance, fredaine, incartade.** *Des frasques de jeunesse.*

❑ S'emploie le plus souvent au pluriel.

fraternel, elle adj. – XIIe ; lat. *frater* « frère » **1** Qui concerne les relations entre frères ou entre frères et sœurs (⇒ aussi **sororal).** *L'amour fraternel.* **2** Propre à des êtres qui se traitent en frères. « *le fraternel coup de main donné à un ami* » (Courtel.). ➛ Qu'inspire la charité envers le prochain. ⇒ **bienveillant.** ♦ Qui se conduit comme un frère.

fraternellement adv. – XIVe ▪ D'une manière fraternelle.

fraternisation n. f. – XVIIIe ▪ Action de fraterniser.

fraterniser v. intr. [1] – XVIe ▪ Faire acte de fraternité, de sympathie ou de solidarité. ✪ CONTR. Brouiller (se), disputer (se).

fraternité n. f. – XIIe **1** rare Parenté entre frères et sœurs. **2** Lien existant entre les hommes considérés comme membres de la famille humaine ; sentiment profond de ce lien. ⇒ **charité, solidarité.** *Un élan de fraternité. Liberté, Égalité, Fraternité.* **3** Lien particulier établissant des rapports fraternels. ⇒ **camaraderie, confraternité.** « *Vive l'unité et la fraternité entre les peuples* » (R. Gary). ⇒ **amitié, entente.** ✪ CONTR. Inimitié.

① **fratricide** n. m. – XIIe ; lat. ▪ Meurtre d'un frère, d'une sœur.

② **fratricide** n. et adj. – XVe ; lat. **1** n. Personne qui tue son frère ou sa sœur. **2** adj. Qui conduit des hommes d'une même communauté à s'entretuer. *Guerre fratricide.*

fratrie n. f. – v. 1970 ; lat. *frater* « frère » ▪ didact. Ensemble des frères et sœurs d'une famille. ✪ HOM. Phratrie.

fraude n. f. – XIIIe ; lat. *fraus, fraudis* ▪ Tromperie ou falsification punie par la loi. *Répression des fraudes. Fraude électorale, fiscale.* ♦ Acte accompli dans l'intention de porter atteinte aux droits ou intérêts d'autrui. ⇒ **dol, escroquerie,** ① **faux, tromperie ;** fam. **arnaque.** ♦ *EN FRAUDE :* par un acte qui constitue une fraude. *Passer la frontière en fraude.*

frauder v. [1] – XIVe **1** v. tr. Commettre une fraude au détriment de. ⇒ ② **voler.** *Frauder le fisc.* **2** v. intr. Être coupable de fraude. « *frauder sur le poids des denrées* » (Huysm.).

fraudeur, euse n. – XIVe ▪ Personne qui fraude.

frauduleusement adv. – XIVe ▪ Avec intention frauduleuse, en fraude.

frauduleux, euse adj. – XIVe ▪ Entaché de fraude. *Concurrence, banqueroute frauduleuse.* ✪ CONTR. Honnête.

fraxinelle n. f. – XVIe ; lat. *fraxinus* « frêne » ▪ Dictame.

frayage n. m. – av. 1946 ; de *frayer* ▪ Phénomène consistant dans le fait que le passage d'un flux nerveux dans les conducteurs devient plus facile en se répétant.

frayement n. m. – XVIe ▪ Inflammation cutanée, érythème causé par le frottement, chez certains animaux.

frayer v. [8] – XIIe ; lat. *fricare* « frotter » **I** v. tr. **1** Frotter. *Le cerf fraye son bois aux arbres.* ♦ Excorier, enflammer par frottement. **2** Tracer par le passage. « *ces massifs d'arbres, sans aucun chemin frayé* » (J. Verne). ♦ Ouvrir, pratiquer (un chemin) en écartant les obstacles. ➛ *Il* « *tente courageusement de se frayer une route à travers les charbons* » (Vigny). **II** v. intr. **1** Déposer ses œufs, en parlant de la femelle du poisson ; féconder ces œufs, en parlant du mâle. **2** Avoir des relations familières et suivies, fréquenter. « *Elle allait croire qu'il frayait avec les gens du commun* » (Flaub.).

frayère n. f. – XIXe ▪ Lieu où les poissons déposent leurs œufs.

frayeur n. f. – XIIe ; lat. *fragor* « tracas », puis « peur » ▪ Peur très vive, généralement passagère, provoquée par un danger réel ou supposé. ⇒ **affolement, effroi.** *Éprouver une grande frayeur. Se remettre de ses frayeurs.*

❑ Contrairement aux apparences, *frayeur* et *effrayer* ne sont pas de la même famille.

freak [fʀik] n. – 1966 ; mot angl. « monstre » ▪ Jeune refusant les valeurs de la société bourgeoise. ➛ Toxicomane. ✪ HOM. Fric.

❑ Aux États-Unis, le mot s'est surtout appliqué aux monstres exhibés dans les foires et les cirques.

fredaine n. f. – XVe ; a. fr. *fredain* « mauvais » ▪ (surtout au plur.) Écart de conduite sans gravité. ⇒ **équipée, folie, frasque, incartade.** « *Florian a raconté ses premières aventures, ses fredaines de jeunesse* » (Ste-Beuve).

fredonnement n. m. – XVIe ▪ Action de fredonner un air.

fredonner v. tr. [1] – XVIe ; lat. *fritinnire* « gazouiller » ▪ Chanter à mi-voix, à bouche fermée. ⇒ **chantonner.** « *Elle fredonna la mélodie d'une voix insaisissable* » (Colette). ➝ *Elle fredonne toute la journée.*

free-jazz [fʀidʒaz] n. m. inv. – 1965 ; angl. *free* « libre » et *jazz* ▪ Style de jazz fondé sur l'improvisation collective.

free-lance [fʀilɑ̃s] adj. inv. et n. – 1970 ; mot angl. « franc-tireur » ▪ Qui est indépendant dans sa profession. « *Il disait qu'il était journaliste free-lance, reporter* » (Le Clézio). ➝ n. *Des free-lances.* ➝ n. m. Ce type de travail.

free-martin [fʀimaʀtɛ̃] n. m. – XIXe ; angl. *freemartin,* p.-ê. du gaélique *mart* « génisse » ▪ Jumeau femelle stérile d'une vache ou d'une chèvre. *Des free-martins.*

freesia [fʀezja] n. m. – XIXe ; de *Freese,* n. pr. all. ▪ Plante ornementale à bulbe *(iridacées),* cultivée pour ses fleurs odorantes aux couleurs vives.

❑ Le mot a été formé par le botaniste Ecklon en l'honneur de son ami le docteur *Freese.* ♦ S'écrit parfois *frésia,* conformément à la prononciation francisée.

freezer [fʀizœʀ] n. m. – 1953 ; mot angl., de *to freeze* « geler » ▪ Compartiment d'un réfrigérateur où se forme la glace.

frégate n. f. – XVIe ; it. *fregata* **1** Bâtiment de guerre à trois mâts. ♦ Bâtiment d'escorte anti-sous-marin. **2** Oiseau de mer *(pélécaniformes),* de grande envergure, à la queue fourchue et au bec très long et crochu. « *Parfois, quelque grand oiseau, albatros ou frégate, passait à portée de fusil* » (J. Verne).

frégater v. tr. [1] – XVIIe ▪ Rendre un bateau plus rapide en en affinant les formes.

frein n. m. – XIe ; lat. *frenum* **I - 1** Mors (du cheval). ➝ RONGER SON FREIN : contenir difficilement sa colère, son impatience, son dépit. **2** Ce qui ralentit, entrave le développement de qqch. *Mettre un frein à qqch.* : empêcher l'essor de qqch. ➝ *Sans frein* : excessif, sans limite. « *Cette passion de douleur, sans frein* » (R. Rolland). **II - 1** Repli muqueux cutané ou fibreux. *Frein du prépuce.* **2** Organe ou dispositif servant à ralentir, à arrêter le mouvement d'un ensemble mécanique. *Freins à sabot ou à patin, à ruban, à tambour ou à mâchoires, à disque.* ➝ Le dispositif adapté aux roues d'un véhicule. *Freins avant, arrière. Pédale de frein. Garnitures, plaquettes de frein. Liquide de frein. Frein à main. Les freins ont lâché.* ➝ *Coup de frein sur les prix.* **3** *Frein moteur* : résistance opposée par le moteur ralenti à la rotation des roues. ✪ CONTR. Accélérateur.

freinage n. m. – XIXe ▪ Action, manière de freiner. *Distance de freinage.* ♦ *Le freinage des augmentations de salaire.* ✪ CONTR. Accélération.

freiner v. [1] – XIIIe **1** v. intr. Ralentir, arrêter la marche d'une machine, d'un véhicule au moyen d'un frein. « *Il freina brusquement et rangea l'auto au bout du chemin* » (Sartre). ➝ *Voiture qui freine bien,* qui a de bons freins. **2** v. tr. Ralentir dans son mouvement. *Le vent freinait les coureurs. Les barges descendaient lentement « freinées par les hommes armés de leurs longues perches souples »* (Le Clézio). ♦ Ralentir, empêcher de se développer pleinement. ⇒ **contrarier, gêner.** « *ce serait une erreur de croire que votre beauté va freiner l'ardeur des bourreaux* » (Robbe-Grillet). *Freiner le progrès.* ✪ CONTR. Accélérer, encourager.

freinte n. f. – XIIe ; a. fr. *frainte* « chose brisée », lat. *frangere* « briser » ▪ Perte de volume ou de poids subie par certaines marchandises pendant la fabrication ou le transport.

frelatage n. m. – XVIIe ▪ Action de frelater ; son résultat. ⇒ **fraude.**

frelater v. tr. [1] – XIVe ; moy. néerl. *verlaten* « transvaser » ▪ Altérer dans sa pureté en mêlant des substances étrangères. ⇒ **dénaturer, falsifier.** *Vin frelaté.*

frêle adj. – XIe ; lat. *fragilis* **1** Dont l'aspect ténu donne une impression de fragilité. « *un frêle vaisseau à la merci des vagues et des tempêtes* » (Fén.). **2** Qui semble manquer de ressources vitales, de force. ⇒ **débile, délicat, fragile.** « *les contours juvéniles de son corps élégant et frêle* » (Gaut.). **3** littér. ⇒ **faible, léger, ténu.** *De frêles espérances.* ✪ CONTR. ① Fort, gros, robuste.

❑ *Frêle* est le doublet populaire de *fragile.* → fragile (rem.).

frelon n. m. – XIIe ; germ. °*hurslo* ▪ Grosse guêpe.

freluquet n. m. – XVIIe ; de *freluque* « mèche », de *freluche* « houppe » ▪ vieilli Jeune homme frivole et prétentieux. ⇒ **godelureau.**

frémir v. intr. [2] – XIIe ; lat. *fremere* « gronder » **1** Être agité d'un faible mouvement d'oscillation ou de vibration qui produit un son léger, confus. ⇒ **bruire, frissonner, vibrer.** « *Les voiles de l'estrade frémissent* » (Montherl.). « *Nous écoutions frémir l'eau dans la panse du samovar* » (Colette). **2** Être agité d'un tremblement causé par le froid, la peur, une émotion. « *Il frémit tout entier et ses dents claquèrent* » (Mauriac). **3** FRÉMIR DE... : ressentir une vive agitation morale, psychique sous l'action de. « *Tu frémiras d'horreur si je romps le silence* » (Rac.). ♦ *C'est à faire frémir !* c'est horrible.

frémissant, ante adj. – XVe **1** Qui frémit. ⇒ **tremblant.** *Eau frémissante,* sur le point de bouillir. **2** Prompt à s'émouvoir. ⇒ **vibrant.** *Une sensibilité frémissante.*

frémissement n. m. – XIIe **1** Faible mouvement d'oscillation ou de vibration qui rend un léger bruit. ⇒ **bruissement, friselis, murmure.** *Le « frémissement argentin des grelots »* (Gaut.). ➝ *Le frémissement de l'eau près de bouillir.* **2** Tremblement léger, causé par une émotion. ⇒ **frisson.** ♦ Agitation qui se propage dans un groupe sous l'effet d'une émotion partagée. **3** Changement positif presque imperceptible ; légère reprise. ⇒ **sursaut.**

frênaie n. f. – XIIIe ▪ Terrain planté de frênes.

french cancan [fʀɛnʃkɑ̃kɑ̃] n. m. – 1935 ; angl. *french* « français » et ② *cancan* ▪ Danse constituant le spectacle traditionnel des bals publics du Montmartre 1900. *Des french cancans.*

❑ D'abord appelée *cancan,* cette danse, particulièrement appréciée par les Anglo-Saxons, prit ensuite le nom de *french cancan.*

frêne n. m. – XIe ; lat. *fraxinus* ▪ Arbre des forêts d'Europe *(oléacées),* à bois clair, dur et élastique. ♦ Bois de cet arbre.

frénésie n. f. – XIIIe ; gr. *phrên* « esprit » **1** État d'agitation fébrile, d'exaltation violente qui met hors de soi. ⇒ **fièvre, folie.** « *c'était une vraie frénésie qui m'ôtait jusqu'au sommeil* » (Ste-Beuve). **2** Ardeur ou violence extrême. ⇒ **fureur, furie.** *Applaudir avec frénésie.* ⇒ **enthousiasme.** ✪ CONTR. ① Calme, mesure.

frénétique adj. – XIIe ▪ Qui marque de la frénésie, est poussé jusqu'à la frénésie. ⇒ **délirant, effréné, passionné, violent.** « *Des hommes d'une éloquence frénétique* » (Flaub.). *Applaudissements frénétiques.* ⇒ **enthousiaste.**

frénétiquement adv. – XVIIe ▪ D'une manière frénétique.

fréon n. m. – 1947 ; nom déposé, du rad. de *froid* ▪ Fluide frigorifique ; gaz propulseur d'aérosols. ⇒ **chlorofluorocarbone.**

fréquemment [frekamɑ̃] adv. – XIVe ▪ D'une manière fréquente. ⇒ **souvent.** « *on commet assez fréquemment cette erreur* » (Baud.). ✪ CONTR. Rarement.

fréquence n. f. – XIIe ; lat. *frequentia* 1 Caractère de ce qui arrive plusieurs fois, de ce qui se reproduit périodiquement. ⇒ **nombre, répétition.** « *se faire une idée sur la fréquence moyenne de la faute d'orthographe chez Leheudry* » (Romains). 2 Nombre de cycles identiques d'un phénomène par unité de temps. *Fréquence respiratoire :* nombre de cycles respiratoires par minute. *Fréquence d'un courant alternatif. Bande de fréquence. Intervalle de fréquence.* ⇒ **décade, octave.** *Fréquence musicale* ou *acoustique,* correspondant aux tons audibles. ➛ *Radio émettant sur telle fréquence.* ♦ *Fréquence d'un son :* nombre de vibrations sonores par unité de temps. ♦ Nombre d'observations d'un événement. ⇒ **probabilité.** ✪ CONTR. Rareté.

fréquencemètre n. m. – 1907 ▪ Appareil servant à mesurer la fréquence d'un phénomène périodique.

fréquent, ente adj. – XIVe 1 Qui se produit souvent, se répète à intervalles plus ou moins rapprochés. ⇒ **continuel, nombreux, répété.** « *Les sentiments qui reposent sur des rapports fréquents, l'amour, l'amitié, les relations de voisinage* » (Chardonne). ♦ Dont on voit de nombreux exemples. ⇒ **commun,** ② **courant, habituel, ordinaire.** « *Contraste fréquent dans les choses humaines* » (Balz.). 2 Marqué par la répétition d'actes semblables. *J'en fais un fréquent usage.* ✪ CONTR. Espacé ; rare.

fréquentable adj. – XVIe ▪ Que l'on peut fréquenter. *Un individu peu fréquentable.* ⇒ **recommandable.** ✪ CONTR. Infréquentable.

fréquentatif, ive adj. et n. m. – XVIe ▪ Qui marque la répétition, la fréquence de l'action. ⇒ **itératif.** *Verbe fréquentatif.* ➛ n. m. Exciter *vient de* excitare, *fréquentatif de* excire.

fréquentation n. f. – XIVe ▪ Action de fréquenter. « *la fréquentation d'un homme actif, alerte, d'humeur vive, un peu chaude* » (Léautaud) ♦ Personnes que l'on fréquente. ⇒ **relation.** *Avoir de mauvaises fréquentations. Il me harangua « sur mes lectures, sur mes fréquentations »* (Maurois).

fréquenté, ée adj. – XVe ▪ Où il y a habituellement du monde. *Une rue très fréquentée. Un établissement bien fréquenté.* ⇒ **famé.** ✪ CONTR. ① Désert.

fréquenter v. tr. [1] – XIIe ; lat. 1 Aller souvent, habituellement dans. ⇒ **hanter.** « *De toutes les écoles que j'ai fréquentées* » (France). « *Vous ne fréquenterez point les promenades publiques* » (Dider.). 2 Avoir des relations habituelles avec ; rencontrer, voir fréquemment. « *J'aime fréquenter la jeunesse* » (Cocteau). pronom. *Ils ont cessé de se fréquenter.* ⇒ **voir.** ♦ région. Voir fréquemment pour des raisons sentimentales. ⇒ **courtiser.** « *Je suis fâché que tu n'aies pas eu le courage de renoncer à la fréquenter* » (Sand). ➛ « *avec deux ou trois francs d'argent de poche par jour, il est difficile de* fréquenter, *comme on dit dans le Midi* » (R. Gary). ✪ CONTR. Abandonner, éviter.

> ❑ La construction *fréquenter* avec une préposition est vieillie. « *il fréquente dans les cafés ou dans les bars* » (Simenon). « *J'ai fréquenté chez les astronomes* » (Duhamel).

fréquentiel, ielle adj. – v. 1980 ▪ Relatif à la fréquence. *Analyse fréquentielle.*

frère n. m. – IXe ; lat. *frater* 1 Celui qui est né des mêmes parents que la personne considérée, ou seulement d'un des deux parents (⇒ **demi-frère).** *Frère aîné* (fam. *grand frère*), *cadet, puîné* (fam. *petit frère*). ⇒ fam. **frangin, frérot.** *Frères jumeaux.* ♦ *Ressembler à qqn comme un frère,* beaucoup. *Aimer qqn comme un frère.* 2 Ami fraternel. *Tu es un vrai frère pour moi.* 3 Homme considéré par rapport à ses semblables, comme membre de la race, de la famille humaine. « *Frères humains qui après nous vivez* » (Villon). ♦ (au plur.) Hommes considérés en tant que créatures d'un même Dieu. *Aimer ses frères,* son prochain. ➛ *Mes (bien chers) frères,* termes par lesquels un prêtre s'adresse aux fidèles. ♦ Appellation des membres de certains ordres religieux. *Les Frères mineurs, prêcheurs. Les frères des écoles chrétiennes. Il a été élevé chez les frères.* 4 Homme qui a avec la personne considérée une communauté d'origine, d'intérêts, d'idées, et qui a avec elle un lien affectif, intellectuel. ⇒ **ami, camarade, compagnon, confrère, copain.** « *les fusils qui, demain, ne partiront pas contre nos frères d'Allemagne* » (Aragon). *Frères de couleur, de race. Des peuples frères.* ➛ *FAUX FRÈRE :* traître à ses amis, ses associés, fourbe, hypocrite. ➛ *FRÈRE D'ARMES :* celui qui a combattu aux côtés de la personne considérée. ➛ *Les frères maçons* (ou *frères trois-points*) : les membres de la franc-maçonnerie. 5 Chose, notion apparentée. « *Les vertus devraient être sœurs, Ainsi que les vices sont frères* » (La Font.).

frérot n. m. – XVIe ▪ fam. Petit frère.

fresque n. f. – XVIIe ; it. *(dipingere a) fresco* « (peindre sur un enduit) frais » 1 Procédé de peinture murale qui consiste à utiliser des couleurs délayées à l'eau sur un enduit de mortier frais. *Peindre à fresque.* 2 Œuvre peinte d'après ce procédé. *Les fresques de Pompéi.* « *la fresque ne convient pas aux climats humides* » (Gaut.). 3 Vaste peinture murale. 4 Composition littéraire, présentant un tableau d'ensemble d'une époque, d'une société. « *La Comédie humaine* » *de Balzac,* « *les Rougon-Macquart* » *de Zola, sont de vastes fresques.*

fresquiste n. – XIXe ▪ Peintre de fresques.

fressure n. f. – XIIIe ; lat. *frixura* « poêle à frire » ▪ Ensemble des gros viscères d'un animal de boucherie.

> ❑ On faisait des fricassées avec ces viscères, ce qui explique l'étymologie du mot.

fret [frɛ(t)] n. m. – XIIIe ; néerl. *vrecht* 1 Prix du transport des marchandises par mer, par air ou par route. ♦ Prix de location d'un navire. 2 *À FRET :* en louant le bâtiment servant au transport des marchandises. 3 Cargaison. *Le bateau « s'en allait vers les Tropiques, avec son fret de colonniaux, d'officiers et de fonctionnaires »* (Céline). 4 Transport de marchandises. *Avions de fret.* ✪ HOM. Frai, frais ; frette.

fréter v. tr. [6] – XIIIe 1 rare Affréter (un navire). ♦ Prendre en location (un véhicule). 2 Donner en location (un navire, un avion). ⇒ **noliser.** ✪ HOM. Fretter.

fréteur n. m. – XVIIe ▪ Personne qui donne en location un navire. ⇒ **armateur.** ✪ CONTR. Affréteur.

frétillant, ante adj. – XVe ▪ Qui frétille.

frétillement n. m. – XIVe ▪ Mouvement de ce qui frétille.

frétiller v. intr. [1] – XIIe ; a. fr. *freter* « frotter », lat. *fricare* ▪ Remuer, s'agiter par petits mouvements rapides. *Poisson qui frétille au bout de la ligne.* ➛ *Frétiller d'impatience.* ⇒ se **trémousser.**

fretin n. m. – XIIIe ; de l'a. fr. *fraindre* « briser », lat. *frangere.* 1 Petits poissons que le pêcheur rejette généralement à l'eau. 2 Ce qu'on considère comme négligeable ou insignifiant, dans un groupe, une collection. « *trier les visiteurs,* [...] *expédier le menu fretin* » (Romains).

frettage n. m. – XVIIIe ▪ Consolidation d'une pièce avec une frette (①).

① **frette** n. f. – XIIe ; probablt germ. °*fetur* « chaîne » ▪ Anneau ou ceinture métallique dont on entoure une pièce pour la renforcer, l'empêcher de se fendre. ✪ HOM. Fret.

② **frette** n. f. – XIVe ; a. fr. *fraindre* « briser » 1 Pièce de l'écu formée d'un entrecroisement de cotices en bande et en barre. 2 Demi-baguette dessinant des lignes brisées sur une moulure.

fretter v. tr. [1] – XIIe ▪ Garnir d'une frette (①). *Fretter un moyeu.* ✪ HOM. Fréter.

freudien, ienne adj. – 1910 ▪ Propre ou relatif à Freud et au freudisme. *Psychanalyse freudienne. Ils « font les importants avec le rudiment retenu de la méthode freudienne »* (Aragon). ➛ n. Partisan de Freud.

freudisme n. m. – 1913 ▪ Ensemble des théories et des méthodes psychanalytiques de Freud et de ses disciples.

freux n. m. – XIIIe ; germ. °*hrôk* ▪ Corneille *(corvidés)* à bec étroit dont la base n'est pas garnie de plumes.

friabilité n. f. – XVIIe ▪ Caractère de ce qui est friable.

friable adj. – XVIe ; lat. *friare* « broyer » ▪ Qui peut facilement se réduire en menus fragments, en poudre.

① **friand, friande** adj. – XIIIe ; a. fr. *frier* « brûler d'envie » ▪ FRIAND DE : qui recherche, aime particulièrement. *Il est friand de gibier.* ♦ *« J'ai toujours été friand de confidences »* (Gide).

② **friand** n. m. – 1906 1 Petit pâté feuilleté garni d'un hachis de viande. *Friand au jambon.* 2 Petit gâteau frais très sucré et fondant.

friandise n. f. – XIVe ▪ Petite pièce de confiserie ou de pâtisserie. *« les gorgeant de friandises, de sucreries et de gâteaux »* (Maupass.).

fric n. m. – XIXe ; probablt abrév. de *fricot* → fricoter ▪ fam. Argent. ⇒ **flouze, pèze, pognon.** *« Cette substantifique moelle qu'est le fric »* (Queneau). ✪ HOM. Freak.

❑ *Fric* ne s'emploie qu'au singulier, comme *argent.*

fricandeau n. m. – XVIe ; probablt rad. de *fricassée, fricot* ▪ Grenadin de veau lardé. *Des fricandeaux.*

fricassée n. f. – XVe ▪ Ragoût fait de morceaux de viande blanche ou de volaille, sautés au beurre, puis mijotés dans une sauce. *Fricassée de lapin.*

fricasser v. tr. [1] – XVe ; crois. probablt entre *frire* et *casser* ▪ Faire cuire en fricassée.

fricatif, ive adj. et n. f. – XIXe ; lat. *fricare* « frotter » ▪ *Consonne fricative,* ou *une fricative :* consonne dont l'articulation comporte un resserrement du canal vocal. ⇒ **constrictif, spirant.**

fric-frac [fʀikfʀak] n. m. inv. – XVIIe ; onomat. ▪ fam. et vieilli Cambriolage avec effraction.

friche n. f. – XIIIe ; moy. néerl. *versch* « frais » 1 Terre non cultivée. *« les longues friches où foisonnent les bruyères »* (Genev.). ♦ *Friche industrielle :* zone industrielle à l'abandon. 2 EN FRICHE : inculte. *« ce jardin en friche si bien en harmonie avec ce château en ruine »* (Gaut.).

frichti n. m. – XIXe ; all. *Frühstück* « petit déjeuner » ▪ fam. Repas, plat que l'on cuisine.

fricot n. m. – XVIIIe ; de *fricasser* ▪ fam. Mets grossièrement cuisiné, mauvaise cuisine. *Faire le fricot,* la cuisine.

fricoter v. [1] – XIXe I v. tr. 1 fam. Accommoder en ragoût. ⇒ **fricasser.** 2 Manigancer, mijoter, tramer. *Qu'est-ce qu'il fricote encore ?* II v. intr. 1 S'occuper d'affaires louches. 2 *Fricoter avec qqn :* avoir des relations sexuelles avec lui.

fricoteur, euse n. – XIXe ▪ fam. Trafiquant malhonnête, profiteur. ⇒ **aigrefin.**

friction n. f. – XIVe ; lat. *fricare* « frotter » 1 Manœuvre de massage consistant à frotter vigoureusement une partie du corps pour provoquer une révulsion ou faire absorber un produit par la peau. *Friction à l'eau de Cologne.* 2 Résistance à un mouvement relatif entre des surfaces de contact. ⇒ **frottement.** 3 Heurt, désaccord. ⇒ **frottement, tirage.** *« Il y avait de perpétuels conflits [...] tout devenait cause de friction »* (Maurois).

❑ Même famille étymologique que *frotter* et *frayer.*

frictionnel, elle adj. – 1962 ▪ Relatif à la friction, aux frottements. ♦ *Chômage frictionnel :* inactivité temporaire entre deux contrats de travail due à une mobilité insuffisante de la main-d'œuvre.

frictionner v. tr. [1] – XVIIIe ▪ Administrer une friction à. ⇒ **frotter.** *Frictionner une personne évanouie.* pronom. *Se frictionner après le bain.*

fridolin n. m. – 1917 ; prénom all., de *Fritz* ▪ fam. et péj. Allemand. ⇒ **boche, chleuh,** ② **frisé, fritz.** *« je pensais que leurs bombes c'était pas pour moi mais pour les Fridolins »* (Queneau).

frigidaire n. m. – 1920 ; nom déposé, lat. *frigidarium* « glacière » ▪ Armoire munie d'un dispositif frigorifique, permettant de conserver des denrées périssables. ⇒ **réfrigérateur ;** fam. **frigo.**

frigidarium [fʀiʒidaʀjɔm] n. m. – XVIIe ; mot lat. ▪ Partie des thermes antiques où l'on prenait des bains froids (opposé à *caldarium*).

frigide adj. – XVIIIe ; lat. *frigidus* 1 Froid. *« l'eau frigide de sa claire fontaine »* (Chateaub.). 2 Qui n'éprouve pas le plaisir sexuel (femme). ✪ CONTR. Chaud, sensuel.

frigidité n. f. – XIVe ▪ Absence d'orgasme chez la femme (⇒ **anorgasmie**).

frigo n. m. – 1915 ▪ fam. Réfrigérateur. ⇒ **frigidaire.**

frigorie n. f. – XIXe ; lat. *frigus* « froid » ▪ Ancienne unité utilisée dans l'industrie du froid, quantité de chaleur qu'il faut enlever à un kilogramme d'eau à 15° pour abaisser d'un degré sa température (symb. fg). ✪ CONTR. Calorie.

frigorifier v. tr. [7] – XIXe ▪ Soumettre au froid pour conserver. ⇒ **réfrigérer.** ♦ fam. *Être frigorifié :* avoir très froid. ⇒ **gelé,** ② **transi.**

frigorifique adj. – XVIe ▪ Qui sert à produire le froid. ⇒ **réfrigérant.** *Installation frigorifique.* ➛ *Chambre, camion frigorifique,* équipés d'une installation frigorifique. ✪ CONTR. Calorifique.

frigoriste n. – 1948 ; lat. *frigus* « froid » ▪ Technicien des installations frigorifiques.

frileusement adv. – XIXe ▪ Avec un geste frileux.

frileux, euse adj. – XIIe ; lat. *frigorosus* 1 Qui craint beaucoup le froid, y est très sensible. *« la volupté d'une chatte frileuse »* (France). 2 Qui dénote l'effet, la crainte du froid. *Assise « dans une posture un peu frileuse »* (Romains). 3 Qui hésite à agir, craintif. ⇒ **pusillanime, timoré.**

frilosité n. f. – XIVe ▪ Comportement craintif, qui manque d'audace. ⇒ **pusillanimité, timidité.** *La frilosité du marché bancaire.*

frimaire n. m. – XVIIIe ; de *frimas* ▪ Troisième mois de l'année républicaine (du 21-22 novembre au 20-21 décembre).

❑ Ce mot a été créé par Fabre d'Églantine, comme tous les noms de mois du calendrier révolutionnaire.

frimas n. m. – XIIe ; germ. °*frim* ▪ Brouillard épais et froid formant des dépôts de givre.

frime n. f. – XVe ; lat. *frumen* « gosier » ▪ fam. Comportement trompeur. *C'est de la frime.* ⇒ **bluff, esbroufe, fanfaronnade, vantardise.** *Faire de la frime.*

frimer v. intr. 1 – XIXe ▪ fam. Chercher à en imposer, à se faire admirer. ⇒ **bluffer, crâner, esbroufer, fanfaronner, parader, plastronner,** se **vanter.**

frimeur, euse n. – v. 1972 ▪ fam. Personne qui frime. ⇒ **bluffeur, crâneur, esbroufeur, fanfaron, vantard.**

frimousse n. f. – XVIe ; probablt de *frime* ▪ fam. Visage agréable.

fringale n. f. – XVIIIe ; de *faim* et bret. *gwall* « mauvais » 1 fam. Faim violente et pressante. « *c'était toujours entre les repas que la fringale m'assaillait* » (Tournier). 2 Désir violent, irrésistible. ⇒ **boulimie, envie.**

fringant, ante adj. – XVe ; de *fringuer* « gambader » 1 Très vif, toujours en mouvement. *Chevaux fringants.* 2 Dont l'allure vive et décidée, la mise élégante dénotent de la vitalité, une belle humeur. ⇒ ② **alerte, guilleret, pétulant, pimpant, sémillant, vif.** « *Paul alors entra tout fringant et bien fringué* » (Queneau).

fringillidés [fʀɛ̃ʒilide] n. m. pl. – XIXe ; lat. *fringilla* « pinson » ▪ Famille d'oiseaux *(passereaux)* à bec conique, de petite taille.

fringuer v. tr. 1 – XIIIe ; o. i. ▪ fam. Habiller. ➛ pronom. *Elle se fringue mal.* ⇒ se **saper.** ➛ « *La haine autour de moi des autres lycéens parce que mal fringué* » (Aragon).

fringues n. f. pl. – XIXe ▪ fam. Vêtements.

fripe n. f. – XVIIe ; lat. *faluppa* « fibre, chose sans valeur » ▪ (surtout au plur.) Vieux vêtement, vêtement d'occasion.

friper v. tr. 1 – XVIe ; a. fr. *frepe* « guenilles » ▪ Défraîchir en chiffonnant, en froissant. ➛ pronom. *Sa robe s'est fripée.* ♦ Rider, flétrir. « *son visage tiré, fripé, ridé* » (Vallès).

friperie n. f. – XIIIe 1 Vieux habits, linge usagé. 2 Commerce, boutique de fripier.

fripier, ière n. – XIIIe ▪ Personne qui revend d'occasion des habits, du linge. ⇒ **brocanteur, chiffonnier.**

fripon, onne n. – XVe ; de *friponner* « voler », de *friper* « s'agiter » 1 vx Personne malhonnête. ⇒ **coquin, escroc, filou, gredin.** « *ce maître de poste est un fripon* » (Stendh.). 2 fam. Enfant malicieux, espiègle. ⇒ **brigand, coquin, vaurien.** *Petit fripon !* ➛ adj. Qui a qqch. d'un peu provocant. « *ces petits êtres gentils à croquer, à l'air fripon* » (Balz.). ✪ CONTR. Probe. Pudique, réservé.

friponnerie n. f. – XVIe ▪ vx ou littér. Acte de fripon, malhonnêteté. « *Ce serait un vol, une friponnerie* » (Balz.).

fripouille n. f. – XVIIIe ; de *friper* ▪ fam. Personne sans scrupules. ⇒ **canaille, crapule, escroc, voyou.** « *les gens qui ne serreront pas la main à une fripouille* » (Proust).

❑ Le mot a d'abord signifié « bon à rien », ce qui explique son étymologie : la *fripouille* ne vaut pas grand-chose, comme les guenilles.

friqué, ée adj. – 1930 ▪ fam. Riche.

friquet n. m. – XVIe ; a. fr. *frique, friche* « vif, éveillé », probablt d'o. germ. ▪ Moineau des champs.

frire v. seult *je fris, tu fris, il frit ; je frirai, tu friras, ils friront ; je frirais, tu frirais, ils friraient ; fris ; frit, frite* – XIIe ; lat. *frigere* « faire griller, rôtir » 1 v. tr. Faire cuire par immersion dans un corps gras bouillant. *Frire des beignets dans de l'huile.* ➛ *Pommes de terre frites* (⇒ **chips, frite**). ➛ *Poêle à frire.* 2 v. intr. Cuire dans la friture. « *terne comme l'œil d'un poisson qu'on fait frire* » (Baud.).

frisage n. m. – XIXe ▪ rare Action de friser.

frisant, ante adj. – XIXe ▪ Se dit de la lumière qui effleure une surface. ⇒ **rasant.** *La lumière « se faisait frisante et vaporeuse »* (Romains).

frisbee [fʀizbi] n. m. – v. 1978 ; mot angl. ; marque déposée ▪ Disque en plastique, légèrement bombé, destiné à être lancé de façon à le faire planer. ➛ Jeu qui se joue avec ce disque.

frise n. f. – XIIIe ; lat. *phrygium* « (ouvrage) phrygien » 1 Partie de l'entablement entre l'architrave et la corniche. 2 Bordure ornementale en forme de bandeau continu. *Frise de papier peint.* 3 Bande de toile fixée au cintre d'un théâtre et qui descend au niveau des décors. 4 Planche à parquet. ⇒ **lame.**

frise (cheval de) n. m. – XVIe ; néerl. *friese ruiter* « cavalier de la *Frise* (néerlandaise) » ▪ Pièce de bois ou de fer hérissée de pointes. *Barrer une route avec des chevaux de frise.*

❑ Ce système de défense a été inventé dans la province de la Frise pendant la guerre de libération contre les Espagnols.

① **frisé, ée** adj. – XVIe ▪ Disposé en boucles fines et serrées. ⇒ **bouclé, crépu.** *Des cheveux frisés.* ➛ Aux cheveux frisés. *Il est frisé comme un mouton.* ➛ n. *Un petit frisé.* ♦ Aux feuilles finement dentelées. ✪ CONTR. ① Lisse, ① plat, raide.

② **frisé** n. m. – 1941 ; altér. de *Fritz,* prénom all. ▪ fam. et péj. Allemand. ⇒ **boche, chleuh, fridolin, fritz.**

frisée n. f. – d. i. (XXe) ▪ Chicorée aux feuilles finement dentelées, consommée en salade.

friselis n. m. – XIXe ▪ littér. Faible frémissement. « *l'insensible friselis des feuilles au haut des arbres* » (Goncourt).

friser v. 1 – XVe ; o. i. I v. tr. 1 Mettre en boucles fines et serrées. ⇒ **boucler.** *Friser les cheveux au fer.* 2 Passer au ras de, effleurer. ⇒ **frôler, raser.** *Balle de tennis qui frise le filet.* 3 Approcher de très près. *Elle « devait bien friser la soixantaine »* (Bosco). II v. intr. Être ou devenir frisé. ⇒ **frisotter.** *Elle frise naturellement.* ✪ CONTR. Défriser.

① **frisette** n. f. – XIXe ▪ Petite boucle de cheveux frisés. ⇒ **accroche-cœur, bouclette,** ② **frison, frisottis.**

② **frisette** n. f. – 1928 ; de *frise* ▪ Planche fine utilisée dans la construction et la décoration intérieure. « *le grenier aménagé, lambrissé de frisettes de pin* » (Tournier).

frisolée n. f. – XVIIIe ▪ Maladie de la pomme de terre, qui donne aux feuilles un aspect frisé.

① **frison, onne** adj. et n. – XVIe ▪ De la Frise. *L'archipel frison.* ➛ n. m. Langue constituant une branche du bas allemand. ♦ De la Frise néerlandaise. *Race frisonne* : race de vaches laitières.

② **frison** n. m. – XVIe ▪ Petite mèche qui frise.

frisottant, ante adj. – XIXe ▪ Qui frisotte.

frisotter v. 1 – XVIe 1 v. tr. Friser, enrouler en petites boucles serrées. 2 v. intr. Friser en petites ondulations serrées.

❑ Pour le suffixe fréquentatif → -oter (rem.).

frisottis n. m. – 1957 ▪ littér. Petite mèche frisottée.

frisquet, ette adj. – XIXe ; de *frisque,* dial. du Nord, flam. *frisch* ▪ Un peu froid. ⇒ ① **frais.** *Vent frisquet.*

❑ Même origine que ① *frais.*

frisson n. m. – XIe ; lat. *frigere* « avoir froid » 1 Tremblement irrégulier et passager, accompagné d'une sensation de froid. « *Des frissons de fièvre lui parcourent les reins* » (Mart. du G.). 2 Frémissement qui accompagne une émotion. ⇒ **tressaillement.** ➛ « *Nous sentons* venir le froid du danger et nous en avons le frisson » (Vallès). ⇒ **haut-le-corps, soubresaut, sursaut.** loc. *Donner le frisson :* faire peur. *Le grand frisson :* l'orgasme. « *un frisson voluptueux lui parcourait l'échine* » (Genev.). ♦ Courant d'émotion, état d'âme collectif qui se propage. *Un frisson d'indignation parcourut l'assemblée.* ⇒ ① **vague.** 3 poét. Léger mouvement qui se propage par ondulation ou vibration. ⇒ **frémissement, friselis, frissonnement.** « *la Méditerranée n'avait pas un frisson sur toute sa surface* » (Maupass.).

frissonnant, ante adj. – XVIe ▪ Qui frissonne. « *notre demoiselle était toute frissonnante* » (Daud.).

frissonnement n. m. – XVIe ▪ littér. Léger frisson dû à une émotion. ♦ Tremblement, accompagné d'un faible bruit. « *le frissonnement des petites feuilles de l'arbre* » (Valéry).

frissonner v. intr. [1] – XVe 1 Avoir des frissons. *Frissonner de froid* (⇒ **grelotter**), *de fièvre.* ⇒ **trembler.** 2 Être saisi d'un léger tremblement consécutif à une émotion. ⇒ **frémir, tressaillir.** « *Cela fait frissonner d'horreur* » (Dider.). 3 (choses) Poét. Trembler légèrement (avec ou sans bruit). « *Une large lueur frissonnait sur l'eau* » (Hugo).

frisure n. f. – XVIe ▪ Façon de friser, état des cheveux frisés. *Frisure légère.* ♦ Boucle, frisette.

frite n. f. – XIXe 1 (généralt au plur.) Bâtonnet de pomme de terre servi frit et chaud. *Un cornet de frites. Bifteck frites,* accompagné de frites. 2 loc. fam. *Avoir la frite :* être en forme. 3 fam. Coup sur les fesses donné du revers de la main. *Faire une frite.* ✪ HOM. Fritte.

friterie n. f. – 1909 1 Installation pour la friture, ou la cuisson des poissons, dans une conserverie. 2 Baraque de marchand de frites.

friteuse n. f. – 1955 ▪ Ustensile de cuisine contenant un bain de friture. *Friteuse électrique.*

fritillaire n. f. – XVIIe ; lat. *fritillus* « cornet à dés » ▪ Plante bulbeuse *(liliacées)* dont une espèce, appelée *couronne impériale,* a des fleurs décoratives en forme de cloche.

fritons n. m. pl. – 1907 ▪ Résidu de viande de porc ou d'oie qu'on a fait fondre. ⇒ **grattons, rillons.**

frittage n. m. – XIXe ▪ Vitrification préparatoire pour éliminer les éléments volatils. ♦ Agglomération des poudres métalliques par chauffage.

fritte n. f. – XVIIe ; de *frire* ▪ Mélange de sable et de soude employé dans la fabrication du verre, de la céramique. ✪ HOM. Frite.

fritter v. tr. [1] – XVIIIe ▪ Soumettre au frittage. – *Verre fritté.*

friture n. f. – XIIe 1 Action, manière de frire un aliment. *Friture au beurre, à l'huile.* ♦ *Bruit de friture,* ou *friture :* grésillement qui perturbe les transmissions radio ou téléphoniques. ⇒ **parasite.** « *Je n'entendais rien que des sifflets, des couinements, de la friture* » (Morand). 2 Matière grasse qui sert à frire. *Bain de friture.* « *plongeant l'écumoire dans la friture chantante* » (France). 3 Aliment frit, notamment petits poissons frits. *Aimer la friture.* 4 région. (Belgique) Baraque à frites. ⇒ **friterie.** « *une friture où l'on sert des bocks, des moules, des harengs au vinaigre et des pommes frites* » (Simenon).

fritz [fʀits] n. m. – 1915 ; prénom all. ▪ fam., péj. et vieilli Soldat allemand. – Allemand. *Les Fritz.*

❑ *Fritz* est le diminutif de *Friedrich,* correspondant à *Frédéric. Frisé* et *fridolin* viennent de *Fritz.*

frivole adj. – XIIe ; lat. 1 Dépourvu de sérieux, d'importance. ⇒ **futile, inconsistant, insignifiant, léger, superficiel.** *Lectures, distractions frivoles.* 2 Qui ne s'occupe que de choses futiles, ou traite à la légère les choses sérieuses. ⇒ **futile, léger.** ♦ Inconstant dans les relations amoureuses. ⇒ **volage.** ✪ CONTR. Grave, sérieux.

frivolité n. f. – XVIIIe 1 Caractère d'une personne frivole. ⇒ **légèreté.** ♦ Légèreté, inconstance dans les relations amoureuses. 2 Chose frivole. ⇒ **bagatelle, futilité.** « *des billets de théâtre, des invitations à dîner, mille frivolités de la vie* » (Gaut.). 3 plur., vieilli Petits articles de mode, de parure. ⇒ **colifichet, fanfreluche, fantaisie.** ✪ CONTR. Gravité, sérieux.

froc n. m. – XIIe ; germ. 1 Habit monacal. « *un vieillard en froc de bure, avec un chapelet au côté* » (Flaub.). – loc. *Jeter le froc aux orties :* quitter les ordres. ⇒ **défroquer.** 2 fam. Pantalon. – loc. *Faire dans son froc :* avoir très peur. *Baisser son froc :* subir une humiliation sans oser réagir ; se soumettre. ⇒ se **déculotter.**

① **froid, froide** adj. – XIe ; lat. *frigidus* **I** - 1 Qui est à une température sensiblement plus basse que celle du corps. *Un peu froid.* ⇒ ① **frais, frisquet.** *Très froid.* ⇒ **glacé, glacial.** *Eau froide. Courant d'air froid. L'hiver a été froid.* ⇒ **rude.** – *Chambre froide.* ⇒ **frigorifique.** ♦ Qui n'a pas d'éclat. « *un froid soleil, souvenir lointain des ardeurs de l'été* » (Barrès). – *Le bleu, le vert, couleurs froides.* 2 Qui a perdu sa chaleur, qui s'est refroidi. *Avoir les pieds froids.* ⇒ **gelé.** *Une odeur de tabac froid.* ♦ *Ce café est froid,* n'est plus assez chaud. ⇒ **tiède.** *Viandes froides,* cuites et servies froides. *Un buffet froid.* ♦ Qui n'a pas fonctionné depuis un certain temps (machine). *Moteur froid qui a des ratés.* 3 *Animaux à sang froid* (⇒ **poïkilotherme**). **II** - 1 Qui ne s'anime ou ne s'émeut pas facilement. ♦ « *aussi ouvert avec moi que le permet son caractère froid* » (Stendh.). – *Une femme froide,* peu sensuelle. ⇒ **frigide ; glaçon.** ♦ « *Arthur resta froid et imperturbable, en gentleman qui a pris la gravité pour base de son caractère.* » (Balz.). ⇒ ② **calme, impassible, imperturbable.** *Garder la tête froide :* rester calme, lucide. ⇒ **sang-froid.** 2 Dont la réserve marque de l'indifférence, de la distance ou de l'hostilité. ⇒ **distant, glacial, réservé, sévère.** « *Mon air froid m'attira son aversion* » (Rouss.). « *On la trouvait hautaine et froide* » (Jouhand.). ⇒ **réfrigérant.** loc. *LAISSER* (qqn) *FROID,* ne lui causer aucune émotion, aucun effet. « *Le spectacle me laissa froid* » (Daud.). ⇒ **indifférent.** 3 Qui manque de sensibilité, de générosité. ⇒ **dur, insensible, sec.** *Obéir à de froids calculs.* 4 Qui ne suscite aucune émotion, par défaut de sensibilité, de vie. *Beauté froide.* ⇒ **inexpressif.** **III** loc. adv. *À FROID :* sans mettre au feu, sans chauffer. *Démarrer à froid.* ♦ *Opérer à froid,* quand les phénomènes inflammatoires ont disparu. – *Prendre, cueillir un adversaire à froid,* le surprendre d'entrée de jeu. ♦ Sans chaleur apparente, sans émotion véritable. *Les plaisanteries à froid d'un pince-sans-rire.* « *dire en chantant ce qui est impensable à froid* » (Valéry). ✪ CONTR. Chaud, brûlant. Ardent. Chaleureux, expansif. Sensible. Animé, expressif.

② **froid** n. m. – XIe 1 État de la matière, de l'atmosphère quand elle est froide ; sensation résultant du contact avec un corps ou un milieu froid. *Coup de froid :* abaissement subit de la température ; rhume. *Vague de froid.* ⇒ **froidure.** *La science* « *ne pouvait rien contre ce terrible, contre cet invincible ennemi, le froid* » (J. Verne). fam. *Un froid de canard, de loup :* un grand froid. par exagér. *On meurt, on crève de froid ici.* ⇒ **geler ;** fam. **cailler, peler.** ♦ *Il fait froid :* le temps est froid. *Avoir froid :* éprouver une sensation de froid. *Avoir froid aux pieds.* loc. *N'avoir pas froid aux yeux :* être audacieux. – *Prendre, attraper froid,* un refroidissement. ♦ *Froid artificiel, industriel,* produit par les divers procédés de réfrigération et de congélation. ➛ *Thérapeutique par le froid.* ⇒ **cryothérapie, hibernation. 2** État ou sensation comparable. « *Nous sentons venir le froid du danger et nous en avons le frisson* » (Vallès). loc. *Donner, faire froid dans le dos à qqn,* l'effrayer. *Jeter un froid :* provoquer un malaise. *Sa réponse a jeté un froid.* **3** Absence de chaleur, d'affection dans les relations humaines. ➛ loc. *Être en froid avec qqn* (⇒ **brouille**). ✪ CONTR. Chaleur, chaud.

froidement adv. – XIIe ▪ Avec froideur, sans empressement. ⇒ **fraîchement.** *On l'a reçu froidement.* ◆ En gardant la tête froide et lucide. ⇒ **calmement.** *Examiner froidement la situation.* ◆ Avec insensibilité, sans scrupule de conscience. *Il l'a abattu froidement.*

froideur n. f. – XIIe **1** Absence relative d'émotivité, de sensibilité. ⇒ **flegme, impassibilité, réserve.** « *Les gens superficiels l'accusent de froideur* » (Balz.). ◆ Manque de sensualité. ⇒ **insensibilité ; frigidité. 2** Indifférence marquée, manque d'empressement et d'intérêt. ⇒ **détachement.** « *je lui témoignais de la froideur* » (Bosco). **3** Défaut de chaleur, d'éclat, en art. ⇒ **sécheresse.** ✪ CONTR. Chaleur. Ardeur, émotion. Cordialité.

froidure n. f. – XIIe ▪ littér. Atmosphère, saison froide. « *Le temps a laissé son manteau De vent, de froidure et de pluie* » (Ch. d'Orléans). ◆ Lésion cutanée due au froid.

froissable adj. – XVIe ▪ Qui se froisse (3°) facilement. ✪ CONTR. Infroissable.

froissant, ante adj. – XIXe ▪ Qui froisse (4°). ⇒ **blessant, choquant, désobligeant, vexant.** « *tout le monde dit qu'elle a été folle de vous, cela n'a rien de froissant* » (Proust).

froissement n. m. – XIIIe **1** Action de froisser, de plisser ; son résultat. « *de petits froissements de la bouche* » (Goncourt). *Froissement d'un muscle.* ⇒ **claquage, élongation.** ◆ Bruissement de ce qui est froissé. *Des froissements de papier.* **2** Choc de caractères, d'intérêts en conflit. ⇒ **friction, heurt.** ◆ Ce qui blesse qqn dans son amour-propre, sa sensibilité. ⇒ **blessure, vexation.** « *Mon orgueil sans cesse s'irrite de mille infimes froissements* » (Gide).

froisser v. tr. [1] – XIe ; lat. *frustum* « morceau » **1** Meurtrir par une pression violente. *Se froisser un muscle.* **2** Endommager par frottement ou compression (un corps offrant peu de résistance). ⇒ **écraser.** « *l'herbe livre son suc dès qu'on la froisse* » (Colette). ⇒ **fouler, piétiner. 3** Faire prendre de faux plis à (une étoffe). ⇒ **friper.** pronom. *Ce tissu ne se froisse pas.* ⇒ **infroissable.** ➛ « *Je la vis froisser le papier ; le rouler entre ses doigts* » (Gide). ⇒ **chiffonner. 4** Blesser légèrement dans son amour-propre, dans sa délicatesse. ⇒ **désobliger, piquer, vexer.** « *Sans m'en douter, je vous agaçais, je vous froissais* » (France). ➛ pronom. « *sans se froisser qu'il l'écoutât son chapeau sur la tête* » (Proust). ⇒ se **formaliser.** ✪ CONTR. Défriper, défroisser, repasser. Flatter, ① ménager.

frôlement n. m. – XVIIIe ▪ Léger et rapide contact d'un objet qui se déplace le long d'un autre. « *déplacer le collier autour du cou avec des frôlements juste un peu prolongés* » (Romains). *Doux frôlements.* ⇒ **attouchement, caresse.** ◆ Bruit léger qui en résulte. ⇒ **frémissement, froissement, froufrou.** « *il distinguait des frôlements furtifs, un trot léger sur des feuilles sèches, un froissement de plumes* » (Genev.).

frôler v. tr. [1] – XVe ; o. i. **1** Toucher légèrement en glissant, en passant. ⇒ **effleurer.** *Des mains exercées* « *ont l'air de frôler tout juste les notes* » (Romains). **2** Passer très près de, en touchant presque. ⇒ **raser.** *La balle l'a frôlé.* **3** Échapper de peu à. « *J'ai frôlé quatre fois la mort* » (Apoll.). *Frôler le ridicule.* ⇒ **friser.**

frôleur, euse n. – XIXe ▪ Personne qui cherche à frôler d'autres personnes, pour obtenir des émotions érotiques. ⇒ **peloteur, tripoteur.**

fromage n. m. – XIIe ; lat. °*formaticus* « fait dans une forme » **1** Aliment obtenu par la coagulation du lait, suivie ou non de fermentation. *Fabrication du fromage.* ⇒ **fromagerie,** ② **fruitier** (1°). *Fromage (de lait) de vache, de brebis,* etc. « *C'était du fromage de chèvre, arrondi à la paume de la main* » (Giono). *Croûte, pâte du fromage.* ◆ Masse de fromage moulée, de forme déterminée. *Fromages frais. Fromages fermentés à pâte molle et à croûte fleurie* (ex. brie, camembert), *à croûte lavée* (livarot, munster, reblochon), *à croûte naturelle* (saint-marcellin, crottin de Chavignol). *Fromages fermentés à pâte pressée non cuite* (cantal, gouda, tomme), *à pâte pressée cuite* (comté, emmenthal, gruyère), *à pâte persillée* (roquefort). ➛ *Fromage bien fait, coulant, crémeux ; pas assez fait, plâtreux.* ➛ *Fromage râpé. Omelette au fromage. Sandwich au fromage.* ➛ loc. *Entre la poire et le fromage :* à la fin du repas, quand les propos deviennent moins sérieux. ◆ *Fromage blanc :* lait caillé égoutté. **2** Situation, place avantageuse et peu fatigante. ⇒ **sinécure. 3** loc. fam. *Faire de qqch. un fromage :* exagérer l'importance d'un fait. *Il en a fait tout un fromage.* **4** *Fromage de tête :* pâté fait avec des morceaux de tête de porc en gelée.

❑ Même famille étymologique que *fourme.*

① **fromager, ère** adj. – XIXe ▪ Relatif au fromage. *Industrie fromagère.*

② **fromager** n. m. – XIIIe **1** Personne qui fabrique ou vend des fromages. ⇒ ② **fruitier. 2** Très grand arbre tropical dont les fruits fournissent le kapok.

❑ Le *fromager* « arbre » a été ainsi nommé par comparaison de son bois très tendre avec le fromage.

fromagerie n. f. – XIVe ▪ Local où l'on fabrique et vend en gros des fromages ; industrie, commerce des fromages. ⇒ ② **fruitier** (1°). ➛ Boutique où l'on vend des fromages. ⇒ **crémerie.**

froment n. m. – XIIe ; lat. *frumentum* ▪ Blé. ◆ Grains de blé. *Farine de froment.*

fromental, aux n. m. – XVIIIe ▪ Avoine fourragère, dite aussi *avoine élevée.*

fronce n. f. – XIe ; p.-ê. germ. « ride » ▪ Chacun des plis courts et serrés donnés à une étoffe par une série de points devant. *Jupe à fronces.* « *Une fronce par-ci, une pince par-là, un pli, un bouffant* » (Bosco).

froncement n. m. – XVIe ▪ Action de froncer (le sourcil).

froncer v. tr. [3] – XIIe **1** Plisser, rider en contractant, en resserrant. « *elle fronçait souvent les sourcils, ce qui couvrait son front de rides* » (Radiguet). **2** Plisser (une étoffe) en formant des fronces. *Rideaux froncés.*

froncis n. m. – XVIe ▪ Suite de fronces, de plis (d'une étoffe) ; bande d'étoffe froncée.

frondaison n. f. – XIXe ; de ① *fronde* **1** Apparition des feuilles sur les arbres. ⇒ **feuillaison. 2** littér. Ensemble des feuilles (d'un arbre), notamment lorsqu'il est abondant, vaste. ⇒ **feuillage.** « *la jeune frondaison des marronniers* » (Duham.).

① **fronde** n. f. – XVe ; lat. *frons, frondis* « feuillage » ▪ Feuille des plantes acotylédones. *Les frondes des fougères.* ➛ Thalle aplati en lame (de certaines algues).

② **fronde** n. f. – XIIIe ; lat. *funda* **1** Arme de jet utilisant la force centrifuge, poche de cuir suspendue par deux cordes et contenant un projectile (balle ou pierre). *Faire tournoyer une fronde.* **2** Jouet d'enfant composé d'une petite fourche et d'un caoutchouc. ⇒ **lance-pierre.**

③ **fronde** n. f. – XVIIe ; de *fronder* **1** *La Fronde :* sédition qui éclata contre Mazarin et Anne d'Autriche, sous la minorité de Louis XIV. **2** *Un esprit, un vent de fronde,* de révolte. « *Disparition de l'esprit de fronde, de l'esprit satirique* » (Léautaud).

fronder v. 1 – XIIIe 1 v. intr. Appartenir au parti de la Fronde. ♦ Être frondeur, porté à la contradiction. 2 v. tr. littér. Attaquer ou railler (qqn, qqch., objet de respect), en usant de traits d'impertinence, de moquerie, de satire. ⇒ **attaquer, critiquer.** *Fronder le pouvoir, le gouvernement.* ✪ CONTR. Flatter.

frondeur, euse n. – XIIIe ; de ② *fronde* 1 Soldat armé de la fronde. 2 Partisan de la Fronde. 3 littér. Personne qui critique, sans retenue, le gouvernement, l'autorité. « *l'ouvrier français est né malin, c'est un frondeur, une forte tête* » (Sartre) ➛ adj. *Propos frondeurs.* ♦ Qui est porté à la contradiction, à l'opposition. « *frondeuse comme une lycéenne, irrévérencieuse envers les vieillards* » (Colette). ✪ CONTR. Respectueux.

front n. m. – XIe ; lat. I - 1 Partie supérieure de la face humaine, entre les sourcils et la racine des cheveux. *Un front large, bombé. Cheveux sur le front.* ⇒ **frange.** ➛ Partie antérieure et supérieure de la tête (de certains animaux). *Cheval qui a une étoile au front.* ➛ littér. Tête, visage. *Baisser, pencher le front.* ➛ fig. *Les opprimés relèvent le front.* ⇒ se **révolter ; résister.** 2 Air effronté. ⇒ **audace, toupet.** *Quel front ! Il a eu le front de répliquer.* II - 1 Face antérieure que présentent des choses d'une certaine étendue. *Front d'un bâtiment.* ⇒ **façade, fronton.** *Front de mer :* avenue en bord de mer. 2 Troupe rangée face à l'ennemi. *Front de bataille :* premiers rangs d'une troupe en ordre de bataille. ⇒ **ligne.** ➛ fig. *Faire front :* affronter, faire face. 3 *Le front :* la ligne des positions occupées face à l'ennemi, la zone des batailles. « *cacher à ceux de l'arrière les choses effroyables qui se passent au front !* » (Mart. du G.). *Claire* « *aurait voulu partir pour le front, comme infirmière* » (Maurois). 4 Union étroite entre des partis ou des individus s'accordant sur un programme commun. ⇒ **bloc, groupement, ligue.** *Front populaire. Front de libération nationale (F. L. N.).* 5 Face, plan vertical. *Front de taille* (d'une mine). ♦ Ligne de démarcation entre des masses d'air de température et d'origine différentes. *Front froid.* 6 loc. adv. DE FRONT : du côté de la face, par-devant. *Attaquer l'ennemi de front.* ➛ fig. *Attaquer, heurter de front qqn, une opinion, des préjugés...,* directement et sans ménagement. « *Il ne faut pas le heurter de front. Il est assez susceptible* » (Duham.). ♦ Sur la même ligne, côte à côte. « *un sentier si étroit qu'on n'y pouvait circuler deux de front* » (Gide). ➛ fig. *Mener de front plusieurs activités.* ⇒ ① **ensemble, simultanément.** ✪ CONTR. ① Bas, ② arrière, dos. — Biais (de), file (à la file), séparément.

❑ Sont de la même famille étymologique les mots *affront, affronter, effronté* et aussi *frontière, frontispice, fronton.*

frontail n. m. – XVIe ▪ Partie de la têtière du cheval qui passe sur le front. *Des frontails.*

frontal, ale, aux n. m. et adj. – XIIe 1 Bandeau de front. ♦ Frontail. 2 adj. Du front. *Os frontal,* ou n. m. *le frontal. Muscle frontal.* ♦ Que l'on place sur le front. *Sur chacun* [des casques] « *est fixée une petite lampe frontale* » (Tournier). 3 *Plan frontal, droite frontale :* plan, droite de front*, parallèles au plan vertical de projection. 4 *Ordinateur frontal,* situé entre un terminal et un ordinateur. ✪ HOM. Fronteau.

frontalier, ière n. et adj. – XVIIIe ▪ Habitant d'une région frontière. ➛ *Ville frontalière.* ⇒ **frontière, limitrophe.**

fronteau n. m. – XIIe 1 Bijou porté sur le front. 2 Petit fronton surmontant une baie. ✪ HOM. Frontaux (frontal).

frontière n. f. – XIIIe ; de *front* 1 Limite d'un territoire qui en détermine l'étendue. ⇒ **borne, lisière.** *Au-delà des frontières.* ➛ Limite séparant deux États. ⇒ **démarcation.** *Le Rhin, frontière naturelle entre la France et l'Allemagne. Poste de police, de douane installé à la frontière. Passer, franchir la frontière.* « *la frontière suisse venait d'être fermée* » (Carco). ➛ *Défendre, protéger ses frontières contre l'ennemi.* ➛ *Sans frontières :* international. *Médecins sans frontières.* ➛ *Ville frontière.* ⇒ **frontalier, limitrophe.** ♦ *Frontières linguistiques,* délimitant des aires linguistiques. ♦ En mathématiques, Ensemble des éléments délimitant un domaine. 2 Limite, séparation. *Reculer les frontières du savoir.* « *rêver de choses qui sont à la frontière du possible et de l'impossible* » (Mart. du G.). ✪ CONTR. Centre, intérieur, milieu.

frontignan n. m. – XVIIe ▪ Cépage cultivé près de Frontignan, dans l'Hérault ; vin blanc muscat produit par ce cépage.

frontispice n. m. – XVIe ; de *front* 1 vx Façade principale (d'un grand édifice). 2 Grand titre d'un ouvrage. ♦ Planche illustrée placée avant la page de titre ; gravure placée face au titre.

fronton n. m. – XVIIe ; de *front* 1 Couronnement d'un édifice ou d'une partie d'édifice consistant en deux éléments de corniche obliques ou en une corniche courbe se raccordant avec la corniche d'un entablement. *Partie intérieure du fronton.* ⇒ **tympan.** *Fronton surmontant le portique d'un temple. Devises, inscriptions gravées, peintes au fronton d'un édifice.* 2 Partie supérieure du mur contre lequel on joue à la pelote basque. ➛ Ce mur et le terrain qui s'étend devant lui.

frottage n. m. – XVIIe ▪ Action de frotter.

frotte-manche n. m. – d. i. ▪ région. (Belgique) fam. Flatteur. ⇒ **lèche-botte.** *Des frotte-manches.*

frottement n. m. – XVe 1 Action de frotter ; contact de deux corps dont l'un au moins se déplace par rapport à l'autre. ⇒ **friction.** « *la paume de ses mains, brûlée par le frottement contre le bois* » (Mac Orlan). *Matière qui use par frottement.* ➛ *Frottement pleural, péricardique :* bruit perçu à l'auscultation dans les cas d'inflammation de la plèvre ou du péricarde. 2 Force qui s'oppose au glissement d'une surface sur une autre. *Freinage par frottement. Chaleur produite par le frottement. Usure par frottement. Protection des pièces en frottement.* 3 Difficulté, désaccord provenant de contacts trop fréquents, trop étroits. ⇒ **friction, tirage.** *Il y a eu des frottements.*

frotter v. 1 – XIIe ; lat. *fricare* I v. tr. 1 Exercer sur (qqch.) une pression accompagnée de mouvement. *Frotter une allumette.* ⇒ **gratter.** 2 Rendre plus propre, plus luisant, en frottant. ⇒ **astiquer, briquer, essuyer, fourbir, lustrer, nettoyer.** *Frotter le linge. Frotter les cuivres, le parquet.* ➛ *Frotter ses semelles sur un paillasson.* 3 *Frotter qqn pour le laver, le sécher ; pour le réchauffer, activer sa circulation* (⇒ **frictionner).** *Se frotter le nez.* ➛ *Se frotter les mains,* en signe de contentement. ⇒ se **réjouir.** *Frotter les oreilles de qqn,* le battre. « *je sortis de ma voiture dans l'intention de frotter les oreilles de ce mal embouché* » (Camus). ➛ *Chat qui se frotte le museau.* 4 Enduire par frottement, par friction. *Frotter d'huile, de graisse, de pommade. Pain frotté d'ail.* II v. pron. 1 Frotter son corps. *Le chat* « *vint se frotter à lui en ronronnant* » (Giono). 2 *Se frotter à qqn,* l'attaquer, le provoquer. *Il vaut mieux ne pas se frotter à ces gens-là.* ➛ *Il a eu tort de s'y frotter,* de courir le risque. III v. intr. Exercer, produire un frottement en se mouvant au contact de qqch. *Roue qui frotte contre un trottoir.* ✪ CONTR. Glisser.

frotteur, euse n. – XIVe 1 Personne qui frotte les planchers, les parquets. 2 n. m. Pièce destinée à produire un frottement. *Frotteur à patin.*

frotti-frotta n. m. inv. – 1937 ▪ fam. Action de se frotter sur qqn pour le plaisir.

frottis n. m. – XVIIe 1 Mince couche de couleur, laissant paraître le grain de la toile. *Glacis et frottis des peintres.* 2 Préparation en couche mince d'un produit organique en vue d'un examen au microscope. *Frottis vaginal.*

frottoir n. m. – XVe ▪ Objet, ustensile dont on se sert pour frotter.

frouer v. intr. [1] – XVe ; lat. *fraudare* ▪ Imiter le cri de la chouette, du geai.

froufrou n. m. – XVIIIe ; onomat. 1 Bruit léger produit par le frôlement ou le froissement d'une étoffe soyeuse, de plumes, etc. ⇒ **bruissement, frémissement, friselis.** « *On n'entend que le froufrou des robes* » (Loti). 2 Vêtement féminin orné, aguichant. *Aimer les froufrous.*

❑ On trouve parfois l'ancienne forme avec trait d'union : « *elle n'entendit pas le frou-frou de la robe de soie de la comtesse* » (Barbey d'Aurevilly).

froufroutant, ante adj. – XIXe ▪ Qui froufroute. *Lingeries froufroutantes.*

froufroutement n. m. – 1910 ▪ Action de froufrouter ; son résultat.

froufrouter v. intr. [1] – XIXe ▪ Produire un froufrou. ⇒ **bruire.**

❑ Dérivé de *froufrou* par ajout d'un *t*, ce qui est une formation courante : *bijou, clou* donnent *bijoutier, clouter* et *glouglou* donne *glouglouter.* → filou (rem.).

froussard, arde adj. et n. – XIXe ▪ fam. Qui a la frousse. ⇒ **peureux, poltron** ; fam. **pétochard, trouillard.**

frousse n. f. – XIXe ; p.-ê. onomat. ou provenç. *frous* « bruit strident » ▪ fam. Peur. *Avoir la frousse.* ⇒ **pétoche, trouille.**

fructidor n. m. – XVIIIe ; lat. *fructus* « fruit » et gr. *dôron* « don, présent » ▪ Douzième et dernier mois du calendrier républicain (du 18, 19 août au 17, 18 septembre).

fructifère adj. – XVIe ; lat. *fructus* « fruit » et *-fère* ▪ Qui porte des fruits ou des organes reproducteurs.

fructification n. f. – XIVe 1 Formation, production de fruits. ➝ Ensemble des fruits que porte un végétal. 2 Ensemble des organes reproducteurs chez les cryptogames. 3 fig. Le fait de fructifier. « *cette fructification confuse des esprits* » (Balz.).

fructifier v. intr. [7] – XIIe ; lat. *fructus* « fruit » 1 Produire, donner des récoltes, des fruits. 2 Produire un effet, des résultats avantageux, heureux. *Idée qui fructifie.* ⇒ se **développer.** « *faire fructifier de si belles qualités* » (Ste-Beuve). 3 Produire des bénéfices. *Faire fructifier de l'argent.*

fructose n. m. – XIXe ; lat. *fructus* « fruit » et ① *-ose* ▪ Sucre d'origine végétale, isomère du glucose. ⇒ **lévulose.**

fructueusement adv. – XIVe ▪ Avec fruit, succès.

fructueux, euse adj. – XIIe ▪ Qui donne des résultats avantageux. *Opération financière fructueuse.* ⇒ **avantageux, lucratif, profitable, rentable.** *Collaboration fructueuse.* ✪ CONTR. Improductif, infructueux, stérile.

frugal, ale, aux adj. – XVIe ; lat. *frugalis* 1 Qui consiste en aliments simples, peu recherchés, peu abondants. *Quelques coquillages frais « composaient pour nous ce frugal dîner »* (Lamart.). 2 Qui se contente d'une nourriture simple. ⇒ **sobre.** « *Sénèque était frugal ; riche, il vivait comme s'il eût été pauvre* » (Dider.). ✪ CONTR. Glouton, vorace.

frugalité n. f. – XIVe 1 Qualité de ce qui est frugal. *La frugalité d'un repas.* 2 Qualité d'une personne frugale. ⇒ **modération, sobriété, tempérance.** ✪ CONTR. Goinfrerie, voracité.

frugivore adj. et n. – XVIIIe ; lat. *frux* « récolte, fruit de la terre » et *-vore* ▪ Qui se nourrit de fruits. *L'ours et le singe sont frugivores.*

① **fruit** n. m. – Xe ; lat. *fructus* « rapport, revenu » **I - 1** (au plur.) vx ou littér. Produits de la terre qui servent à la nourriture des êtres humains et des animaux. ➝ FRUITS DE MER : animaux marins comestibles à l'exclusion des poissons. *Plateau de fruits de mer.* 2 Production des plantes apparaissant après la fleur ; ovaire développé de la fleur des plantes phanérogames qui contient et protège les ovules devenus graines. *Fruit charnu* (⇒ ③ **baie, drupe**) *et fruit sec* (⇒ **akène, capsule, caryopse, follicule, gousse, pyxide, samare, silique**). *Fruit déhiscent, indéhiscent. Fruit composé.* ⇒ **grain, grappe,** ② **régime.** *Le pédoncule, la peau, la chair, la pulpe, les graines, les pépins, le noyau d'un fruit.* 3 Fruit comestible, lorsqu'il est sucré. *Fruit sauvage, cultivé. Fruit vert, mûr.* ➝ *Fruits frais. Corbeille, coupe de fruits. Salade de fruits. Mordre dans un fruit. Écorce, pelure, trognon, zeste de fruits.* ➝ *Fruits au sirop.* « *l'éclat lumineux des fruits confits, le sourd chatoiement des pâtes de fruits* » (Beauv.). *Jus de fruit.* ➝ *Fruits rouges. Fruits à noyau. Fruits à pépins. Fruits exotiques.* ➝ LE FRUIT DÉFENDU : fruit de l'arbre de la science du bien et du mal que Dieu avait défendu à Adam et Ève de manger. Chose qu'on désire d'autant plus qu'on doit s'en abstenir. **II - 1** littér. Enfant, considéré comme produit de sa mère, de l'union des sexes. *Le fruit de l'amour.* 2 au plur. Produits que donne une chose à intervalles périodiques, sans altération ni diminution de sa substance. ⇒ **rapport, revenu, usufruit.** *Fruits naturels ; industriels ; civils.* **III** Résultat avantageux. ⇒ **avantage, profit, récompense.** « *j'ai toujours vécu, au jour le jour, du fruit de mon travail* » (Sand). ♦ *Ses efforts furent sans fruit.* ⇒ **infructueux.** ♦ Produit, effet bon ou mauvais de qqch. ⇒ **conséquence, résultat.** *Le fruit de profondes réflexions.*

❑ De la même famille étymologique : *fructifier, fructueux, frugivore* et *fructidor.*

② **fruit** n. m. – XVIe ; de *effriter* ▪ Diminution d'épaisseur qu'on donne à un mur à mesure qu'on l'élève, l'inclinaison ne portant que sur la face extérieure du mur et la face intérieure restant verticale.

fruité, ée adj. – XVIIe ▪ Qui a un goût de fruit frais. *Vin fruité.*

fruiterie n. f. – XIIIe 1 Local industriel où l'on garde des fruits frais. 2 Boutique où l'on vend au détail des fruits et, accessoirement, des légumes, des laitages.

fruiticulteur, trice n. – 1973 ▪ Personne qui cultive des arbres fruitiers, pour la vente des fruits. ⇒ **arboriculteur.**

① **fruitier, ière** adj. et n. – XIIIe **I** adj. 1 Qui donne des fruits comestibles, en parlant d'un arbre. *Arbres fruitiers.* ➝ « *Une petite commode en bois fruitier* » (Perec). 2 *Cargo fruitier,* aménagé pour le transport des fruits. **II** n. 1 n. m. Lieu planté d'arbres fruitiers. ⇒ **verger.** ♦ Local où l'on garde les fruits frais. ➝ Étagère à claire-voie où l'on étale les fruits. 2 Commerçant qui tient une fruiterie.

② **fruitier, ière** n. – XVIe ; de ① *fruit,* « produit du bétail, laitage » ▪ région. (Suisse) 1 n. f. Coopérative de fabrication des fromages. ♦ Lieu où ces fromages sont fabriqués. ⇒ **fromagerie.** 2 Personne qui fabrique des fromages. ⇒ ② **fromager.**

frumentaire adj. – XVIe ; lat. *frumentum* « froment » ▪ *Lois frumentaires,* qui réglaient la distribution du blé, à Rome.

frusques n. f. pl. – XVIIIe ; de *saint-frusquin* ▪ fam. Habits. *De vieilles frusques.*

fruste adj. – XVIe ; it. *frusto* « usé », du lat. *frustum* « morceau » 1 Qui est usé, altéré par le temps, le frottement. « *des médailles frustes et couvertes de rouille, dont la légende est effacée* » (Volt.). 2 Non poli, mal dégrossi. ⇒ **grossier, rude.** *Manières frustes. Homme fruste.* ⇒ **lourd.** ✪ CONTR. Affiné, cultivé, évolué, ② fin, raffiné.

> ❑ Attention de ne pas commettre la faute fréquente *frustre* ; la prononciation de ce mot ne comporte qu'un *r* (aucun rapport avec *frustrer,* mais influence de *rustre* pour le sens et la forme).

frustrant, ante adj. – 1967 ▪ Qui frustre. « *une mère ambivalente tantôt gratifiante, tantôt frustrante* » (Lagache). ✪ CONTR. Gratifiant, satisfaisant.

frustration n. f. – XVIe 1 Action de frustrer d'un bien. *Frustration d'un héritier.* 2 État d'une personne frustrée ou qui se refuse la satisfaction d'une demande pulsionnelle. ⇒ **inassouvissement, insatisfaction.** *Sentiment de frustration.* ✪ CONTR. Satisfaction ; gratification.

frustrer v. tr. [1] – XIVe ; lat. *frustra* « en vain » 1 Priver d'un bien, d'un avantage. *Frustrer un héritier de sa part.* ⇒ **déposséder, dépouiller.** 2 Priver d'une satisfaction. « *On l'a frustré de toutes les satisfactions nobles que le métier procurait à l'artisan* » (Mart. du G.). 3 Ne pas répondre à. ⇒ **décevoir, désappointer, tromper.** *Frustrer l'espoir de qqn.* 4 Mettre dans une situation de déception, de frustration. *Se sentir frustré.* ✪ CONTR. Avantager, satisfaire ; combler.

frutescent, ente adj. – XIXe ; lat. *frutex* « arbrisseau » ▪ Qui a des tiges ligneuses. *La myrtille, plante frutescente.*

fucacées n. f. pl. – XIXe ; de *fucus* ▪ Famille d'algues brunes *(phéophycées)* marines.

fuchsia [fyʃja ; fyksja] n. m. – XVIIe ; mot créé par un botaniste, le père Plumier, en l'honneur de *Fuchs,* botaniste bavarois ▪ Arbrisseau d'origine chilienne *(œnothéracées),* aux fleurs pourpres, roses, en clochettes pendantes. ➛ *Rose fuchsia* ou *fuchsia* : couleur des fleurs de cette plante.

> ❑ La prononciation [fyksja] correspond (en partie) à celle de l'allemand [fuks] pour *Fuchs.* → fuchsine.

fuchsine [fyksin] n. f. – XIXe ; nom commercial formé de *Fuchs,* trad. all. de *Renard,* nom des fabricants ▪ Matière colorante rouge utilisée en cytologie.

fucus [fykys] n. m. – XVIe ; gr. *phukos* ▪ Algue brune *(phéophycées)* de la famille des fucacées. « *Sur la mer épaissie les fucus gélatineux se dévident* » (Gide).

fuel [fjul] n. m. – 1944 ; angl. *fuel-oil* « huile combustible » ▪ Mazout. ⇒ **fioul.**

> ❑ L'anglais *fuel* est emprunté à l'ancien français *fouaille* « bois de chauffage » et *oil* à une forme ancienne de *huile.* La graphie de cet anglicisme a été à son tour francisée en *fioul,* finale déjà existante en français *(bougnoul, tamoul, capitoul, maboul).*

fugace adj. – XVIIIe ; lat. *fugere* « fuir » ▪ Qui disparaît promptement, dure très peu. ⇒ **fugitif, passager.** *Odeur fugace. Souvenir fugace.* « *Un coq royal* [...] *chatoyant de fugaces reflets mauves* » (Genev.). ✪ CONTR. Durable, permanent.

fugacité n. f. – XVIIIe ▪ littér. Caractère de ce qui est fugace. ✪ CONTR. Permanence.

-fuge 1 Élément, du lat. *fugere* « fuir ». 2 Élément, du lat. *fugare* « faire fuir ».

fugitif, ive adj. et n. – XIVe ; lat. *fugere* « fuir » 1 Qui s'enfuit, qui s'est échappé. *Esclave fugitif.* ♦ n. *La police est à la poursuite des fugitifs.* ⇒ **évadé, fuyard.** 2 Qui passe, disparaît, s'éloigne rapidement ; qui est bref. ⇒ **fugace.** « *Fugitive beauté* » (Baud.). « *l'image fugitive des passants* » (Duham.). 3 Qui s'écoule rapidement. « *de l'heure fugitive, hâtons-nous, jouissons* » (Lamart.). ➛ Qui est de brève durée. ⇒ ① **court, éphémère, passager.** « *les moments très beaux sont toujours mélancoliques. On sent qu'ils sont fugitifs* » (Maurois). ✪ CONTR. Durable, ① fixe, permanent, solide, stable, tenace.

fugitivement adv. – XIXe ▪ D'une manière fugitive. ✪ CONTR. Durablement.

fugu [fugu] n. m. – 1973 ; mot jap. ▪ Poisson comestible, dont les viscères contiennent un poison violent.

fugue n. f. – XVIe ; it. *fuga* « fuite » 1 Composition musicale caractérisée par une entrée successive des voix, un thème répété ou suivi de ses imitations, qui forme plusieurs parties qui semblent « se fuir et se poursuivre l'une l'autre » (Rousseau). ⇒ ② **canon.** « *L'Art de la fugue* », *de J.-S. Bach.* 2 Action de s'enfuir momentanément du lieu où l'on vit habituellement. ⇒ **échappée, équipée, escapade, fuite.** « *Jacques, à quatorze ans, avait déjà fait une fugue* » (Mart. du G.).

fugué, ée adj. – XIXe ▪ Dont la forme est semblable ou comparable à celle de la fugue. *Composition fuguée.*

fuguer v. intr. [1] – v. 1960 ; de *fugue* ▪ fam. Faire une fugue.

fugueur, euse adj. et n. – 1930 ▪ Qui fait des fugues. *Enfant fugueur.*

führer [fyRœR] n. m. – v. 1930 ; mot all. « guide » ▪ Titre porté par Adolf Hitler. ✪ HOM. Fureur.

fuir v. [17] – X[e] ; lat. *fugere* I v. intr. 1 S'éloigner en toute hâte pour échapper à qqn ou à qqch. de menaçant. ⇒ **s'enfuir,** ① **partir.** « *La chatte ne fuyait pas à mon approche* » (Colette). ➛ *Laid à faire fuir.* ♦ Chercher à échapper à quelque difficulté d'ordre moral. ⇒ se **dérober.** *Fuir devant ses responsabilités.* 2 S'éloigner par un mouvement rapide. *La voiture fuyait devant nous.* 3 littér. S'écouler rapidement. ⇒ **passer.** « *Le temps m'échappe et fuit* » (Lamart.). 4 S'échapper par quelque issue étroite ou cachée. *Eau qui fuit d'un réservoir.* 5 Présenter une issue par où s'échappe ce qui est contenu. *Stylo qui fuit.* II v. tr. 1 Chercher à éviter. *On les fuit comme la peste. Fuir son pays. Fuir un danger.* ⇒ **esquiver,** se **garder,** se **soustraire.** « *Ô ! fuir, partir ! fuir les lieux connus, les hommes* [...] *et les mêmes pensées surtout !* » (Maupass.). *Un exemple à fuir. Fuir les responsabilités.* ♦ v. pron. Chercher à s'éviter. *Voilà deux mois qu'ils sont brouillés et qu'ils se fuient.* ➛ « *je suis las de me fuir* » (Sartre). 2 littér. Échapper à la possession de..., se refuser à... « *Cette paix que je cherche et qui me fuit toujours* » (Rac.). ✪ CONTR. Approcher, résister, rester, tenir. — Affronter, endurer ; rechercher.

fuite n. f. – XIIe I - 1 Action de fuir ; mouvement d'une personne qui fuit. ⇒ **échappée, évasion.** *Une fuite éperdue. Être en fuite* (⇒ fam. ② **cavale**). *Prendre la fuite* : se mettre à fuir. « *Il y a toujours plus de sûreté en la défense qu'en la fuite* » (Desc.). *Mettre en fuite* : faire fuir. *La fuite de Louis XVI à Varennes en 1791.* ➛ *Délit de fuite,* dont se rend coupable l'auteur d'un accident qui poursuit sciemment sa route. ♦ *Fuite en avant* : accélération d'un processus jugé nécessaire bien que dangereux. 2 Action de se dérober. ⇒ **dérobade, échappatoire, excuse, faux-fuyant.** *Fuite de qqn devant ses responsabilités.* « *Il n'y a qu'un remède à l'amour : la fuite* » (Anouilh). ➛ *Fuite dans le sommeil.* II - 1 Action de fuir, de s'éloigner. *Fuite des capitaux à l'étranger.* ⇒ **évasion.** ♦ *La fuite du temps, des jours.* ⇒ **écoulement.** ➛ *Fuite des idées* : succession rapide d'idées fugaces, caractéristique de la psychose maniaque. ⇒ **mentisme.** 2 Écoulement par quelque issue étroite ou cachée. *Fuite d'eau, de gaz.* « *la fuite susurrante du robinet* » (Duham.). *Fuite nucléaire.*

Fuite de courant. ➛ L'issue elle-même, la fissure. ⇒ **fente, trou.** *Il y a une fuite dans le tuyau.* 3 Disparition de documents destinés à demeurer secrets. ➛ Divulgation clandestine de renseignements. *Il y a eu des fuites.* ⇒ **indiscrétion.** 4 Aspect de choses qui semblent fuir. *Point de fuite :* point de convergence des lignes parallèles en perspective. ✪ CONTR. Approche, résistance. Permanence.

❑ Surtout au pluriel au sens de « disparition de documents, divulgation de renseignements », sens qui s'est répandu au cours de l'affaire Dreyfus.

fulgurance n. f. – XIXe ▪ littér. 1 Fulguration. 2 fig. Illumination soudaine qui traverse l'esprit.

fulgurant, ante adj. – XVe ; lat. *fulgur* « foudre » 1 Qui jette une lueur vive et rapide comme l'éclair. ⇒ ① **brillant, éblouissant, éclatant.** *Regard fulgurant.* ⇒ **foudroyant.** 2 *Douleur fulgurante,* très vive et de courte durée. 3 Qui frappe vivement et soudainement l'esprit, l'imagination. *Idée fulgurante.* « *Soupçon fulgurant et furtif, pareil à l'éclair* » (Mart. du G.). 4 Rapide comme l'éclair. *Progrès fulgurants.*

fulguration n. f. – XVIe 1 Lueur électrique qui se produit dans les hautes régions de l'atmosphère, sans qu'on entende le tonnerre. ⇒ **éclair** (de chaleur). 2 Action de la foudre sur les êtres animés. ➛ Emploi des étincelles de haute fréquence et de haute tension dans la thérapeutique. ⇒ **étincelage ; électrothérapie.**

fulgurer v. intr. [1] – XIXe ▪ Briller comme l'éclair. *Là-bas* « *la ligne d'un torrent forestier fulgure* » (Claudel).

fuligineux, euse adj. – XVIe ; lat. *fuligo* « suie » 1 Qui rappelle la suie, en a la couleur. ⇒ **noirâtre.** *Flamme fuligineuse.* 2 fig. D'une obscurité épaisse. ⇒ **fumeux, obscur.** « *la rhétorique fuligineuse de ces orateurs révolutionnaires* » (R. Rolland). ⇒ **incompréhensible.** ✪ CONTR. Clair, limpide, lumineux.

fuligule n. m. – 1922 ; lat. *fuligo* « suie » ▪ Canard plongeur *(anatidés)* au corps rond et trapu.

full [ful] n. m. – XIXe ; mot angl. « plein » ▪ Au poker, Ensemble formé par un brelan et une paire. ✪ HOM. Foule.

❑ L'équivalent français est *main pleine.*

fulmicoton n. m. – XIXe ; lat. *fulmen* « foudre » et *coton* ▪ Nitrocellulose qui a l'aspect du coton. ⇒ **coton-poudre, pyroxyle.**

❑ On trouve parfois l'ancienne forme avec trait d'union : « *Cyrus Smith préféra donc fabriquer du pyroxyle, c'est-à-dire du fulmi-coton* » (J. Verne).

fulminant, ante adj. – XVe 1 Qui éclate en menaces sous l'empire de la colère. ➛ Qui est chargé de menaces, trahit une violente colère. ⇒ **menaçant.** *Une lettre fulminante.* 2 Qui peut détoner sous l'influence de la chaleur ou par l'effet d'un choc. *Poudre fulminante.* ⇒ **détonant,** ① **explosif.** 3 *Douleur fulminante,* qui survient brutalement.

fulminate n. m. – XIXe ; lat. *fulmen* « foudre » et *-ate* ▪ Sel détonant de mercure ou d'or.

fulmination n. f. – XVe ▪ Publication d'une décision canonique.

fulminer v. [1] – XIVe ; lat. « lancer la foudre » I v. intr. 1 Se laisser aller à une explosion de colère, se répandre en menaces, en reproches. ⇒ **éclater,** s'**emporter, exploser, invectiver, pester, tempêter, tonner.** *Fulminer contre qqn.* 2 Faire explosion. ⇒ **détoner, exploser.** *La nitroglycérine fulmine très violemment par le choc.* II v. tr. 1 Lancer (une condamnation) dans les formes. ⇒ **prononcer.** « *la cour de Rome fulminait des bulles pour prévenir ces atrocités* » (Chateaub.). 2 Formuler avec véhémence.

fulminique adj. – XIXe ▪ Qui fait détoner. *Acide fulminique.*

fumable adj. – XIXe ▪ Qui peut être fumé. *Tabac trop sec, qui n'est guère fumable.* ✪ CONTR. Infumable.

① **fumage** n. m. – XVIIIe ▪ Action d'exposer à la fumée. *Le fumage du lard.*

② **fumage** n. m. – XIVe ▪ Action de fumer une terre.

fumagine n. f. – XIXe ▪ Maladie des plantes, caractérisée par un dépôt couleur de suie sur la tige et les feuilles.

fumaison n. f. – XIXe ▪ Ensemble des procédés de conserve par fumage. *Fumaison du saumon.*

fumant, ante adj. – XVIe 1 Qui émet de la fumée. « *la mèche toujours fumante de leurs fusils* » (Vigny). 2 Qui émet (ou semble émettre) de la vapeur. *Elle* « *avait pris la bouilloire et s'était mise à verser l'eau fumante sur les feuilles* » (Barbey). *Naseaux fumants d'un cheval.* 3 *Fumant de colère.* ⇒ **bouillonnant, fou.** 4 fam. *Un coup fumant :* coup admirablement réussi.

❑ *Coup fumant* vient de l'expression ancienne *bloc fumant,* coup par lequel le joueur de billard bloquait si vivement la bille qu'il provoquait un nuage de poussière.

fumasse adj. – 1918 ; de ① *fumer* ▪ fam. En colère, furieux. ⇒ **furax, furibond.**

① **fumé, ée** adj. – XVIIe 1 Qui a été exposé à la fumée. *Harengs fumés.* ⇒ **saur.** 2 Noirci à la fumée. ➛ *Verres fumés :* verres de lunettes noirs, teintés. « *les petits yeux rougis s'abritaient sous des lunettes fumées* » (Loti).

② **fumé** n. m. – XIXe ▪ Épreuve de photogravure.

fume-cigare n. m. – 1907 ▪ Tube court au bout duquel on adapte un cigare pour le fumer. *Des fume-cigares.*

fume-cigarette n. m. – XIXe ▪ Petit tube au bout duquel on adapte une cigarette pour la fumer. *Il* « *serra les dents sur son fume-cigarette* » (Colette). *Des fume-cigarettes.*

fumée n. f. – XIIe 1 Mélange de produits gazeux et de très fines particules solides, qui se dégage des corps en combustion ou portés à haute température. *Fumée d'une bougie.* « *Une petite fumée bleuâtre, montant de la cheminée de brique* » (Daud.). *Fumées industrielles.* • *Conduit de fumée :* tuyau qui évacue la fumée d'une cheminée. ♦ *La fumée du tabac. Il* « *aspira la fumée de son cigare et la rendit par le nez* » (Balz.). ♦ *S'en aller, s'évanouir en fumée :* être consommé sans profit. 2 Vapeur qu'exhale un liquide ou un corps humide dont la température est plus élevée que l'air ambiant. ⇒ **exhalaison, fumet.** *Fumée s'élevant d'un étang.* 3 plur. Vapeurs qui sont supposées monter au cerveau sous l'effet de l'alcool, brouillant ainsi les idées. *Les fumées du vin.* ⇒ **excitation.**

① **fumer** v. [1] – XIIe ; lat. *fumus* « fumée » I v. intr. 1 Dégager de la fumée. « *Quand reverrai-je hélas, de mon petit village Fumer la cheminée* » (du Bellay). ♦ *La cheminée fume :* la fumée est rabattue sur le foyer. 2 Exhaler de la vapeur. *Potage qui fume.* ➛ *Neige carbonique qui fume.* 3 fam. Ressentir une colère, un dépit violents. ⇒ **fulminer, pester, rager.** II v. tr. 1 Exposer, soumettre à l'action de la fumée. *Fumer du poisson,* pour le sécher et le conserver. ⇒ **boucaner, saurer.** 2 Faire brûler (du tabac ou une autre substance) en aspirant la fumée par la bouche. *Fumer du tabac, du haschisch. Fumer une cigarette.* ⇒ fam. ① **griller.** *Le vieillard* « *fumait une pipe en écume* » (Simenon). ➛ (Sans compl.) ⇒ fam. **cloper.** *Fumer comme un pompier, un sapeur,* beaucoup. « *Défense de fumer, tout le monde fume ; j'allume une cigarette* » (Sartre). ✪ HOM. *Fume :* fûmes (① être).

② **fumer** v. tr. [1] – XIIe ; lat. *fimus* « fumier » ▪ Amender (une terre) en y épandant du fumier. ⇒ **engraisser, fertiliser.**

fumerie n. f. – XVIIIe ▪ Lieu où l'on fume de l'opium.

fumerolle n. f. – XIXe ; it. *fumaruolo* « orifice de cheminée » ▪ Émanation de gaz s'échappant d'un volcan.

fumeron n. m. – XVIIe ▪ Morceau de charbon de bois insuffisamment carbonisé et qui jette encore de la fumée.

fumet n. m. – XVIe 1 Odeur agréable et pénétrante émanant de certaines viandes pendant ou après la cuisson. « *nous aurons à dîner une poularde d'un fumet délicat* » (France). 2 Bouquet d'un vin. 3 Sauce faite de jus de viande assaisonné de truffes et de champignons. 4 Bouillon corsé obtenu par concentration d'un liquide aromatisé. *Fumet de poisson.* 5 Émanation odorante (du gibier, de certains animaux sauvages). ⇒ **odeur, senteur.**

fumeterre n. f. – XIVe ; lat. *fumus terræ* « fumée de la terre » ▪ Plante dicotylédone *(fumariacées)* à feuilles très découpées et à fleurs roses.

fumeur, euse n. – XVIIe ▪ Personne qui a l'habitude de fumer. *Fumeur d'opium.* ♦ Fumeur de tabac. *Compartiment fumeurs dans un train.* ✪ CONTR. Non-fumeur. — HOM. Fumeuse (fumeux).

fumeux, euse adj. – XIIe 1 Qui répand de la fumée, qui s'enveloppe de fumée. *Flamme, bûche fumeuse.* 2 fig. Qui manque de clarté ou de netteté. ⇒ **brumeux, obscur,** ③ **vague.** « *nous étions aux antipodes de ces jobards et de leurs fumeuses théories* » (Cendrars). ⇒ **nébuleux.** ✪ CONTR. Clair, compréhensible, ① précis. — HOM. Fumeuse (fumeur).

fumier n. m. – XIIe ; lat. *fimus* 1 Engrais naturel d'origine animale, mélange des litières et des déjections d'animaux, décomposé par fermentation. *Fumier de cheval, de vache. Trou, fosse à fumier. Tas de fumier.* 2 Ce qui est sale, corrompu, répugnant. « *le fumier de la misère* » (Bernanos). ♦ fam. (injurieux) Homme méprisable. ⇒ **ordure, salaud.** *Quel fumier !*

❏ Même origine étym. que *fiente.* ♦ Le terme d'injure ne semble pas s'employer en parlant d'une femme.

fumigateur n. m. – XIXe ▪ Appareil servant à faire les fumigations.

fumigation n. f. – XIVe 1 Action d'utiliser la fumée ou la vapeur de substances chimiques pour désinfecter des locaux, exterminer des espèces animales ou combattre les parasites des plantes. 2 Action de soumettre une partie du corps à des fumées ou vapeurs, obtenues en chauffant des substances médicamenteuses. *Fumigation des voies respiratoires.* ⇒ **inhalation.** « *je fais sans cesse des fumigations qui m'aident à respirer* » (Proust).

fumigatoire adj. – XVIe ▪ Qui sert aux fumigations.

fumigène adj. et n. m. – 1909 ▪ Qui produit de la fumée. *Engins, grenades fumigènes.*

fumiger v. tr. [3] – XIVe ▪ Soumettre à des fumigations.

fumiste n. – XVIIIe 1 n. m. Personne dont le métier est d'installer ou de réparer les cheminées et appareils de chauffage. 2 fam. Personne qui ne fait rien sérieusement, sur qui on ne peut compter. ⇒ **amateur, plaisantin.** « *Tout le monde croyait que tu étais un fumiste, mais moi, je savais que tu étais quelqu'un* » (Le Clézio). ✪ CONTR. Sérieux.

❏ Le sens familier peut s'appliquer à une femme : *cette fille est une vraie fumiste.*

fumisterie n. f. – XIXe 1 Métier de fumiste. 2 fam. Action, chose entièrement dépourvue de sérieux. ⇒ ② **farce.** *Ce beau programme est une vaste fumisterie.* ✪ CONTR. Sérieux.

fumivore adj. – XVIIe ▪ Qui absorbe de la fumée. *Appareil fumivore.*

fumoir n. m. – XIXe 1 Local où l'on fume les viandes, les poissons. 2 Pièce où l'on se tient pour fumer.

fumure n. f. – XIVe ▪ Amendement d'une terre par incorporation d'engrais. ➛ Quantité de fumier ou d'engrais apporté sur un champ.

fun [fœn] n. m. – 1974 ; mot angl. « amusement » ▪ Joie délirante et exubérante. adjt *Ils sont fun.* ♦ région. (Québec) Amusement. *C'est le fun !* [fɔn].

funambule n. – XVIe ; lat. *funis* « corde » et *ambulare* « marcher » ▪ Acrobate qui marche, danse sur la corde raide. ⇒ **équilibriste, fildeferiste.**

funambulesque adj. – XIXe ▪ Qui a rapport au funambule, à l'art du funambule. ♦ fig. *Projet funambulesque.* ⇒ **bizarre, extravagant.**

funboard [fœnbɔʀd] n. m. – 1983 ; mot angl. « planche *(board)* à plaisir *(fun)* » 1 Planche à voile très courte. 2 Sport pratiqué avec cette planche à voile. ➛ abrév. FUN.

funèbre adj. – XIVe ; lat. *funebris* 1 Qui a rapport aux funérailles. *Ornements funèbres.* ⇒ **funéraire, mortuaire.** ➛ *Service des pompes funèbres* : service communal chargé de l'organisation des funérailles. *Marche funèbre. Oraison funèbre.* 2 Qui se rapporte à la mort. ⇒ **mortuaire.** *Veillée funèbre.* 3 Qui évoque l'idée de la mort. ⇒ **lugubre,** ① **sinistre ; funeste.** *Une mine funèbre.* ✪ CONTR. Gai, plaisant, riant.

❏ *Funèbre* a un emploi figuré (« *Un silence funèbre cernait la patrouille* » [Mac Orlan]) que ne possède pas *funéraire.* Ce dernier s'applique plutôt aux choses matérielles : *dalle, ornements funéraires.*

funérailles n. f. pl. – XVe ; lat. *funeralis* « relatif aux funérailles » ▪ Ensemble des cérémonies accomplies pour rendre les derniers devoirs à la dépouille de qqn. ⇒ **crémation, ensevelissement, enterrement, incinération, inhumation, levée** (du corps), **obsèques, sépulture.**

❏ Pour la liste des noms féminins pluriels en *-ailles* → semailles (rem.).

funéraire adj. – XVIe 1 Qui concerne les funérailles. ⇒ **funèbre.** *Frais funéraires.* 2 Qui est relatif aux tombes ; qui commémore les morts. *Vase, urne funéraire.* « *Chaque dalle de cette église est une dalle funéraire* » (Loti). 3 Au Canada, *Salon funéraire* : établissement où le mort est embaumé et préparé pour être placé en chapelle ardente dans un salon réservé aux proches du défunt.

❏ Pour le sens → funèbre (rem.).

funérarium [fyneʀaʀjɔm] n. m. – 1973 ; de *funérailles,* d'après *crématorium* ▪ Établissement où se réunissent les familles autour des défunts avant les obsèques.

funeste adj. – XIVe ; lat. *funus* « funérailles » 1 Qui annonce, fait présager la mort. *Funeste pressentiment.* 2 Qui porte avec soi le malheur et la désolation, qui est de nature à entraîner de sérieux maux, de graves dommages. ⇒ **catastrophique, déplorable, désastreux, lamentable, tragique.** *Erreurs funestes.* ♦ FUNESTE À. ⇒ **fatal.** *Politique funeste aux intérêts du pays.* ⇒ **contraire, nuisible.** ✪ CONTR. ① Bon, favorable, heureux, propice, salutaire.

funiculaire adj. – XVIIIe ; lat. *funis* « corde » 1 Qui fonctionne au moyen de cordes, de câbles. *Chemin de fer funiculaire.* ➛ n. m. *Le funiculaire de Montmartre.* 2 Qui a rapport au cordon spermatique. *Hernie funiculaire.*

❏ Même famille que *funambule.*

funicule n. m. – XIXe ; lat. ■ Filament qui relie l'ovule au placenta chez les angiospermes.

funk [fœnk] n. m. et adj. – v. 1980 ■ Style de rock des années 70, issu du funky. *Musique funk.*

funky [fœnki] n. m. et adj. inv. – 1970 ; mot angl. « malodorant » ■ Musique d'origine noire américaine qui tient du soul et du disco. *Des funkys.* ◆ adj. inv. *Musiciens funky.*

fur n. m. – XIIe ; lat. *forum* « marché » ■ *AU FUR ET À MESURE* [ofyʀeam(ə)zyʀ] : en même temps et proportionnellement ou successivement. *S'apercevoir des difficultés au fur et à mesure qu'on avance.* ◆ *Passez-nous ces photos au fur et à mesure.* ◆ « *Je vous le remettrai au fur et à mesure de vos besoins* » (Romains).

❑ *Fur,* autrefois utilisé de façon isolée, a eu le sens (XVIe s.) de « à proportion, à mesure » : « *au fur de la marche et du jour, je m'avance* » (Claudel) ; la locution *au fur et à mesure* est donc pléonastique, mais ce fait est admis.

furane n. m. – 1902 ; abrév. de *furfurane,* all. *Furfuran* → furfural ■ Liquide incolore préparé à partir du furfural et utilisé comme solvant pour les matières plastiques ou les résines.

furax [fyʀaks] adj. – 1944 ; de *furieux* ■ fam. Furieux. *Elle est furax !*

furet n. m. – XIIIe ; lat. *fur* « voleur » **1** Mammifère carnivore plus petit que le putois, au pelage blanc et aux yeux rouges. *Chasser le lapin au furet.* **2** Jeu de société dans lequel des joueurs assis en rond se passent rapidement de main en main un objet *(le furet),* tandis qu'un autre joueur se tenant au milieu du cercle doit deviner qui le détient. **3** Tige flexible utilisée pour dégorger des canalisations.

fureter v. intr. [5] – XIVe **1** Chasser au furet. **2** Chercher, s'introduire partout avec curiosité dans l'espoir d'une découverte. ⇒ **fouiller, fouiner.** « *je l'ai vu fureter autour de mon bureau. Sa myopie lui est une excellente excuse* » (Duham.).

fureteur, euse n. et adj. – XVIe ■ Personne qui cherche, fouille partout en quête de découvertes. ♦ adj. « *Il avait un œil trop fureteur pour ne pas s'en être aperçu* » (Balz.). ⇒ **curieux, fouineur, indiscret.**

fureur n. f. – X^e ; lat. *furor* « folie, égarement » **1** Passion sans mesure, créant un état voisin de la folie. « *J'ai la fureur d'aimer. Mon cœur si faible est fou* » (Verlaine). ⇒ **frénésie, rage.** ◆ *FAIRE FUREUR :* connaître un grand succès auprès du public. *Mode qui fait fureur.* **2** Colère folle, sans mesure. *Accès, crise de fureur.* ⇒ **courroux.** *Entrer, être, mettre en fureur. Une fureur noire.* ◆ Colère qu'engendre et entretient l'action violente. *Se battre avec fureur.* ⇒ **acharnement, furie, impétuosité, violence.** **3** Caractère d'extrême violence. « *Celui qui met un frein à la fureur des flots* » (Rac.). ✪ CONTR. Raison, ① sens (bon). ① Calme, douceur. — HOM. Führer.

furfuracé, ée adj. – XVIIIe ; lat. *furfur* « son (de céréales) » ■ Qui a l'apparence du son.

furfural n. m. – XIXe ■ Aldéhyde, liquide incolore utilisé comme solvant et dans la synthèse des colorants, laques et résines. *Des furfurals.*

furia n. f. – XIXe ; mot it. ■ Emportement enthousiaste, impétuosité.

furibard, arde adj. – XIXe ■ fam. Furibond.

furibond, onde adj. – XIVe ; lat. *furibundus* « délirant, égaré » ■ Qui ressent ou annonce une grande fureur. ⇒ **furieux ;** fam. **fumasse, furibard.** *Air furibond. Rouler des yeux furibonds.* ✪ CONTR. ② Calme.

furie n. f. – XIIe ; lat. *furia* **1** Divinité infernale. ♦ Femme donnant libre cours à sa colère, à sa haine. ⇒ **harpie, mégère.** **2** Fureur particulièrement vive qui se manifeste avec éclat. ⇒ **passion.** « *tu te demandes pourquoi cette soudaine furie d'écrire* » (Mauriac). ⇒ **manie.** ◆ *Mettre qqn en furie.* ⇒ **colère, rage.** ◆ Colère que développe l'action violente. *Attaquer avec furie.* ♦ Violente agitation. *Mer en furie. La furie des passions.* ✪ CONTR. ① Calme, douceur.

furieusement adv. – XVe **1** D'une manière furieuse. **2** Extrêmement.

furieux, ieuse adj. – XIIIe **1** En proie à la fureur. *Un fou furieux.* **2** Qui est animé, excité par une passion folle, sans frein. *Une haine furieuse.* ⇒ **exacerbé, exalté.** **3** En proie à une folle colère. ⇒ **furibond ;** fam. **fumasse, furax, furibard.** *Être furieux contre qqn.* ◆ *Un lion furieux.* ◆ *Air furieux.* ⇒ **exaspéré.** *Les autres* « *lançaient des coups de pieds furieux* » (Genev.). **4** Qui a un caractère d'extrême violence. ⇒ **violent.** *Vent, torrent furieux.* ⇒ **déchaîné.** ◆ Très fort. « *ce furieux appétit de vengeance* » (Montaigne). ✪ CONTR. ② Calme, doux, paisible, tranquille.

❑ *Furieux* a signifié « en proie à la folie » : l'expression *fou furieux,* autrefois utilisée en psychiatrie, ne se dit plus qu'au figuré.

furioso adj. – XIXe ; mot it. « furieux, fou » ■ En musique, Qui a un caractère violent, furieux. *Allegro furioso.*

furole n. f. – XVIe ; a. angl. *fyr, fuir,* mod. *fire* « feu » ■ vx ou région. Feu follet.

furoncle n. m. – XIVe ; lat. *furunculus* ■ Infection d'un follicule pilosébacé causée par un staphylocoque et se présentant sous la forme d'un bourbillon entouré d'inflammation. ⇒ fam. **clou.** « *J'eus vite le bistouri en main* [...] *pour ouvrir un furoncle* » (Duham.).

❑ Même famille étymologique que *furet, fureter, furtif,* du latin *fur* « voleur » : le latin *furunculus* « furoncle » est issu, par analogie de forme, du sens « bosse de la vigne à l'endroit du bouton », proprement « petit voleur » car il dérobe la sève de la plante. On retrouve cette métaphore dans *gourmand (branche gourmande).*

furonculose n. f. – XIXe ■ Éruption de furoncles.

furtif, ive adj. – XIVe ; lat. *fur* « voleur » **1** Qui se fait à la dérobée, qui passe presque inaperçu par sa rapidité. ⇒ ① **discret, rapide.** *Regard furtif.* **2** Qui ne peut être détecté par les radars, les systèmes de défense. *Avion furtif.*

❑ Pour l'étymologie → furoncle (rem.).

furtivement adv. – XIVe ■ D'une manière furtive. ⇒ **discrètement, subrepticement.** ✪ CONTR. Ostensiblement, ouvertement.

furtivité n. f. – v. 1986 ■ Aptitude à déjouer la détection adverse.

fusain n. m. – XIIe ; lat. *fusus* « fuseau » **1** Arbuste ornemental *(célastracées),* à feuilles sombres et luisantes. **2** Charbon friable fait avec le bois du fusain. « *je dessinais, au fusain, le portrait de M. Dudebat* » (Duham.). ◆ Dessin exécuté au fusain.

fusainiste n. – XIXe ■ Artiste qui dessine au fusain.

fusant, ante adj. – XIXe ■ Qui fuse. ◆ *Obus fusant,* ou n. m. *fusant :* obus qui éclate en l'air avant le choc (opposé à *percutant*).

① **fuscine** n. f. – XVe ; lat. *fuscina* ■ Fourche à trois dents, emblème de Neptune. ⇒ **trident.**

② **fuscine** n. f. – XIXe ; lat. *fuscus* « noir » ■ Pigment noir de la rétine.

fuseau n. m. – XIIe ; lat. *fusus* **1** Petit instrument en bois tourné, renflé au milieu, effilé aux deux extrémités, qui sert à tordre et à enrouler le fil, lorsqu'on file à la quenouille. 2 *(Pantalon) fuseau* : pantalon dont les jambes, se rétrécissant jusqu'à la cheville, sont terminées par un sous-pied. 3 Broche conique autour de laquelle on envide un textile, le fil d'une dentelle. *Dentelle du Puy au fuseau.* ➛ Élément fuselé d'un avion. ➛ Mollusque *(gastéropodes)* à spire longue et pointue. ➛ *Fuseau neuromusculaire* : faisceau de fibres striées muni d'une fibre nerveuse. ➛ *Fuseau achromatique* : disposition fusiforme des fibres cytoplasmiques entre les deux pôles de la cellule lors de la mitose. 4 *Fuseau horaire* : chacun des 24 fuseaux sphériques arbitrairement tracés à la surface du globe avec les pôles pour extrémités, soumis à la même heure légale.

fusée n. f. – XIIIe ; lat. *fusus* « fuseau » I Chacune des extrémités de l'essieu d'une voiture qui entrent dans les moyeux des roues. ➛ Cône cannelé où s'enroule la chaîne (montres de marine, etc.). II - 1 Pièce de feu d'artifice, tube contenant une préparation fusante et une préparation lumineuse qui, lorsqu'on l'allume, s'élève et éclate en parcelles incandescentes. ⇒ **chandelle** (romaine). « *une fusée lumineuse qui s'élève et s'achève dans une élégante parabole* » (Mac Orlan). *Fusée de détresse.* 2 Engin propulsé par un moteur anaérobie à réaction. *Fusées nucléaires à longue portée.* ➛ *Fusée spatiale, interplanétaire. Lancement, tir, mise à feu d'une fusée. Booster d'une fusée.* ➛ Tout véhicule spatial. ⇒ **vaisseau.** « *Au temps des fusées* [...], *les gens gardent la même mentalité qu'au* XIXe *siècle* » (Beauv.). 3 Composition fusante destinée à mettre le feu à un explosif. ➛ *Fusée d'obus* : petite fusée fixée sur l'ogive du projectile destinée à le faire éclater. ⇒ **détonateur.** ✪ HOM. Fuser.

fusel n. m. – XIXe ; haut all. *Fusel* ▪ *(Huile de) fusel* : mélange de liquides provenant de la rectification des alcools.

fuselage n. m. – 1908 ▪ Partie fuselée du corps d'un avion, d'un planeur à laquelle sont fixées les ailes et qui contient l'habitacle.

fuselé, ée adj. – XIVe ▪ En forme de fuseau. ⇒ **fusiforme.** *Jambes fuselées.*

fuseler v. tr. [4] – XIXe ▪ Donner la forme d'un fuseau à.

fuser v. intr. [1] – XVIe ; lat. *fundere* « fondre » 1 Se décomposer en crépitant sous l'action de la chaleur. *Le salpêtre fuse.* ➛ Brûler sans détoner. *La poudre déflagre ou fuse.* 2 Partir, jaillir comme une fusée. « *les coups de sifflet qui fusent de tous les coins de rue* » (Duras). ✪ HOM. Fusée.

fusette n. f. – 1936 ; de *fusée* « fuseau » ▪ Petit tube sur lequel est enroulé du fil.

fusibilité n. f. – XVIIe ▪ Qualité de ce qui est fusible.

fusible adj. et n. m. – XIVe ; lat. « qui peut fondre » → fuser 1 Qui peut fondre, passer à l'état liquide sous l'effet de la chaleur. « *Ce minerai, très riche en fer, enfermé dans sa gangue fusible* » (J. Verne). 2 n. m. Petit fil d'un alliage fusible qu'on interpose dans un circuit électrique et qui coupe celui-ci en fondant en cas de surintensité. ⇒ **coupe-circuit, plomb.** *Les fusibles ont sauté.* ✪ CONTR. Infusible, réfractaire.

fusiforme adj. – XVIIIe ; lat. *fusus* « fuseau » et *-forme* ▪ Qui a la forme d'un fuseau.

fusil [fyzi] n. m. – XIIe ; lat. *focus* « feu » I - 1 vx Petite pièce d'acier avec laquelle on bat un silex pour faire jaillir des étincelles. ⇒ ① **briquet.** 2 mod. Instrument pour aiguiser les couteaux, composé d'une tige d'acier munie d'un manche. II - 1 Arme à feu portative constituée d'un long canon et d'une monture munis de dispositifs de visée et de mise à feu des projectiles. ⇒ fam. **flingue, pétoire, seringue.** *Fusil à canon court.* ⇒ **carabine, mousqueton.** ➛ *Fusil de guerre. Fusil à baïonnette. Fusil à lunette. Fusil semi-automatique, automatique. Fusil de chasse.* ➛ *Charger, épauler un fusil. Tirer, recevoir un coup de fusil.* « *des coups de fusil éclatèrent* » (J. Verne). ♦ *Fusil sous-marin* : arme du chasseur sous-marin, qui décoche une flèche attachée par un fil. 2 Le tireur. « *le baron était l'un des fusils les plus fameux de tout le canton* » (Tournier). 3 *Changer son fusil d'épaule* : changer radicalement de projet, d'opinion, d'activité. *La fleur au fusil,* avec enthousiasme et gaieté. fam. *Coup de fusil* : prix trop élevés pratiqués par un hôtelier, un restaurateur.

> ❑ Pour la prononciation → chenil (rem.).

fusilier n. m. – XVIe ; de *fusil* ▪ *Fusilier marin* : marin assurant à bord l'ordre, la discipline et l'instruction, et participant aux combats d'abordage et de débarquement.

> ❑ Bien distinguer ce substantif du verbe *fusiller,* tant pour l'orthographe, *...lier,* que pour la prononciation : on doit dire [fyzilje]. Comparer avec *fourmilier* n. m. et *fourmiller* v.

fusillade n. f. – XVIIIe ▪ Décharge de coups de fusil. ➛ Combat à coups de fusil. *Une fusillade a éclaté.*

fusiller v. tr. [1] – XVIIIe 1 Exécuter par une décharge de coups de fusil. « *on les fusille immédiatement, douze balles dans la peau !* » (Proust). 2 fam. *Les photographes n'ont cessé de la fusiller toute la journée de leurs caméras.* ⇒ **mitrailler.** ➛ *Fusiller qqn du regard.* ⇒ **foudroyer.** 3 fam. Abîmer, détériorer. ⇒ **bousiller, flinguer.** *Fusiller un moteur.*

fusilleur n. m. – XVIIIe ▪ Celui qui fusille ou en donne l'ordre.

fusil-mitrailleur [fyzimitʀajœʀ] n. m. – 1919 ▪ Arme collective automatique, alimentée par boîte-chargeur (abrév. *F.-M.*). *Des fusils-mitrailleurs.*

fusion n. f. – XVIe ; lat. *fundere* « fondre » I - 1 Passage d'un corps solide à l'état liquide sous l'action de la chaleur. ⇒ ① **fonte, liquéfaction.** *Température de fusion.* 2 État d'une matière liquéfiée par la chaleur. *Métal en fusion.* ⇒ **coulée.** *Coulées de roches en fusion.* ⇒ **lave.** 3 Combinaison, mélange intime. ➛ *Fusion chromosomique* : soudure de deux chromosomes non homologues. ➛ *Fusion des noyaux des gamètes.* ⇒ **fécondation.** *Fusion nucléaire* : combinaison de deux nucléides avec dégagement d'énergie. ♦ *Fusion de deux fichiers informatiques* : réunion des articles en un fichier unique. II Union intime résultant de la combinaison ou de l'interpénétration d'êtres ou de choses. *Fusion entre l'homme et la nature.* ♦ *Fusion de sociétés, d'entreprises.* ⇒ **absorption, concentration, entente, intégration,** ① **union ;** aussi **scission.** ✪ CONTR. Congélation, solidification. Fission. Séparation.

fusionnement n. m. – XIXe ▪ Action de fusionner.

fusionner v. [1] – XIXe 1 v. tr. Unir par fusion. ⇒ **mêler, réunir, unifier.** 2 v. intr. S'unir par fusion. « *la maison Russel fusionnait avec sa vieille concurrente* » (P. Benoit). ⇒ se **fondre.**

fustanelle n. f. – XIXe ; lat. *fustaneum* « tissu de coton » ▪ Court jupon masculin, tuyauté et empesé, qui fait partie du costume traditionnel grec.

fustet n. m. – XIVe ; ar. *fustuq* « pistachier » ▪ Sumac à houppes plumeuses.

fustigation n. f. – XVe 1 rare et littér. Action de fustiger. 2 Forme de massage consistant à appliquer des coups légers.

fustiger v. tr. [3] – XVe ; lat. *fustis* « bâton » 1 vx Corriger à coups de bâton, de fouet. ⇒ **flageller, fouetter.** ➛ « *les pointes hargneuses des branches lui fustigeaient les joues* » (Mart. du G.). 2 littér. Critiquer vivement. ⇒ **blâmer, stigmatiser.**

fût n. m. – XIe ; lat. *fustis* « bâton ; tronc » **I - 1** Tronc d'arbre dans sa partie droite et dépourvue de branches. **2** Tige d'une colonne entre la base et le chapiteau. ⇒ **escape.** *Fût lisse, cannelé.* **3** Monture de bois. ⇒ **affût.** *Fût d'un fusil. Le fût d'un archet de violon.* **II** Tonneau. *Petit fût d'eau-de-vie.* ⇒ **baril, tonnelet.** *Cognac vieilli en fût de chêne.*

❑ L'accent circonflexe de *fût* remplace un ancien *s* étymologique (*fust*, 1080, *Chanson de Roland*). *Affût, affûter* et leurs dérivés ont également cet accent, à la différence de *futaie, futaille*, mots de la même famille.

futaie n. f. – XIIIe ▪ Forêt d'arbres très élevés. *Haute futaie* : futaie parvenue à tout son développement.

futaille n. f. – XIIIe ▪ Récipient de bois en forme de tonneau. ⇒ **fût.** *Futailles de vin, d'huile.*

futaine n. f. – XIIe ; lat. *fustis* « bois », d'apr. le gr. *xulina (lina)* « (fils) d'arbre », désignant le coton ▪ Tissu croisé, dont la chaîne est en fil et la trame en coton. ⇒ **basin.**

futal n. m. – 1916 ; o. i. ▪ fam. Pantalon. *Des futals.*

futé, ée adj. – XVIIe ; o. i. ▪ Qui est plein de finesse, de malice, sait déjouer les pièges, esquiver les coups. ⇒ **débrouillard, finaud, malin, roué, rusé.** ➤ n. *Une petite futée.* ➤ *Air futé.* ⇒ **fripon, malicieux.** ➤ fam. FUTE-FUTE [tytfyt]. *Il n'est pas très fute-fute.* ✪ CONTR. Benêt, bête, niais, nigaud.

futée n. f. – XVIIe ; de *fût* ▪ Mastic composé de sciure de bois et de colle forte, servant à boucher les trous du bois ou à garnir une feuillure.

fute-fute → **futé**

futile adj. – XIVe ; lat. *futilis* « qui laisse échapper ce qu'il contient » **1** Qui est dépourvu de sérieux, qui ne mérite pas qu'on s'y arrête. ⇒ **insignifiant.** *Propos futiles.* ⇒ **creux, frivole, vain, vide.** « *ce débat futile m'agaçait* » (Maurois). *Sous le prétexte le plus futile.* ⇒ **léger. 2** Qui ne se préoccupe que de choses sans importance. ⇒ **frivole, léger, superficiel.** ✪ CONTR. Grave, important, profond, sérieux.

futilité n. f. – XVIe **1** Caractère futile. ⇒ **frivolité, inanité, vanité. 2** Chose futile. *Dire des futilités.* ⇒ **baliverne, fadaise.** ✪ CONTR. Gravité, importance, intérêt, poids, sérieux, utilité.

futon n. m. – 1917 ; mot jap. ▪ Matelas de coton, couchage traditionnel au Japon.

futur, ure adj. et n. m. – XIIIe ; lat. *esse* « être » **I** adj. **1** Qui appartient à l'avenir. ⇒ **prochain, ultérieur.** *Les générations futures.* ⇒ ① **suivant.** *Les siècles futurs.* **2** Qui sera tel dans l'avenir. *Les futurs époux. Le futur Louis XIV. Un futur champion.* **II** n. m. **1** Partie du temps qui vient après le présent. ⇒ **avenir.** *Le réactionnaire « se soucie de préparer un futur qui soit identique au passé »* (Sartre). **2** Ensemble des formes d'un verbe qui expriment qu'une action, un état sont placés dans un moment de l'avenir considéré par rapport au moment de la parole (*futur simple* : je partirai), ou par rapport à un autre événement à venir (*futur antérieur** : je serai parti quand vous arriverez). *Conjuguer un verbe au futur.* « *Quant au socialisme* [...] *il était obligé d'en parler au futur* » (Camus). ✪ CONTR. Antérieur, ② ex-, ③ passé, ① présent.

❑ Il est incorrect de dire *le futur de quelqu'un, nous n'avons pas de futur.* C'est *avenir* qui convient, *futur* est un anglicisme dans cet emploi, l'anglais ne disposant que d'un seul mot *(future)* là où nous en avons deux.

futurisme n. m. – 1909 ▪ Mouvement esthétique, fondé par le poète italien Marinetti, exaltant le mouvement et tout ce qui dans le présent préfigurerait le monde futur.

futuriste adj. – 1909 **1** Partisan du futurisme. **2** Qui évoque l'état futur de l'humanité tel qu'on croit pouvoir l'imaginer. *Une architecture futuriste.*

futurologie n. f. – v. 1968 ▪ Ensemble des recherches prospectives concernant l'évolution future de l'humanité.

futurologue n. – v. 1968 ▪ Spécialiste de futurologie.

fuyant, ante adj. et n. – XIIIe **I** adj. **1** poét. Qui s'éloigne rapidement, qui court. « *les eaux fuyantes* » (Baud.). **2** Qui échappe, qui se dérobe à toute prise. ⇒ **insaisissable.** *Regard fuyant. Homme fuyant.* **3** Qui paraît s'éloigner, s'enfoncer dans le lointain. « *la perspective fuyante des terrains plats* » (Zola). ♦ Dont les lignes s'incurvent vers l'arrière. *Front, menton fuyant.* **II** n. m. L'ensemble des lignes fuyantes ; la perspective (d'un point). ➤ n. f. Ligne fuyante. ✪ CONTR. ① Fixe, stable ; certain, sûr.

fuyard, arde n. – XVIe ▪ Personne qui s'enfuit (⇒ **fugitif**). « *les soldats commencèrent la fouille des maisons* [...] *et la poursuite des fuyards* » (Hugo).

G

① **g** [ʒe] n. m. inv. ▪ Septième lettre et cinquième consonne de l'alphabet : *g majuscule* (G), *g minuscule* (g). ➛ Lettre qui note l'occlusive vélaire sonore [g] devant *a, o, u (gaga, fagot, déguster)*, devant une consonne autre que *n* ou en finale *(gris, gag)* et qui note une fricative sonore [ʒ] devant *i, e, y (gîte, gel, gypse, rouge)*, sauf dans certains emprunts. *Digrammes comportant g : gg*, qui note [g] *(agglomération)* ou [gʒ] *(suggérer) ; gu*, qui note [g] devant *e, i (guerre, guitare)* et parfois devant *a, o* notamment dans la conjugaison *(naviguons) ; ge*, qui note [ʒ] devant *a, o (geai, bougeons) ; gh*, qui note [g] *(ghetto, afghan) ; gn*, qui note généralement la nasale palatale [ɲ] *(gnôle, agneau, cygne)* ou parfois [gn] dans des mots savants ou des emprunts *(gnome, prognathe) ; ing*, qui note [iŋ] dans les emprunts à l'anglais à la finale *(camping)*. ❑ *Gu* note [g] dans *en se fatiguant*. Il est à noter qu'aucun adjectif verbal ne prend le *u* du verbe *(fatigant)*. ♦ *Gua* note [gwa] dans les noms et les adjectifs *(jaguar, lingual) ; gui* note [gɥi] dans *aiguille, linguiste* et leurs dérivés. Même problème → ① q (rem.).

② **g** abrév. et symboles **1** G [ʒe] La note *sol*, dans la notation anglo-saxonne et germanique. **2** g [gʀam] Gramme. **3** G [ʒiga] Giga-. **4** G [ʒe] Constante universelle de gravitation égale à $6,67.10^{-11}$ Nm^2/kg^2. ➛ g [ʒe] Accélération due à la pesanteur à la surface de la Terre, égale à 9,81 m/s^2.

GABA n. m. inv. – 1971 ; acronyme angl. de *gamma-aminobutyric acid* ▪ Neurotransmetteur inhibiteur utilisé dans le traitement de l'épilepsie et de l'hémorragie cérébrale.

gabardine n. f. – XIXe ; esp. **1** Tissu croisé de laine ou de coton, à fines côtes. *Il « était là, en pantalons de gabardine, en chemise blanche »* (Simenon). **2** Imperméable en gabardine.

gabare ou **gabarre** n. f. – XIVe ; gr. *karabos* « langouste » **1** Embarcation pour le transport des marchandises. **2** Filet de pêche. ⇒ **seine.**

gabariage n. m. – XIXe ▪ Fabrication d'un gabarit ; comparaison avec un gabarit.

gabarier v. tr. [7] – XVIIIe ▪ Construire conformément à un gabarit.

gabarit n. m. – XVIIe ; germ. « préparation, modèle » **1** Modèle d'une pièce de construction établi en vraie grandeur. ♦ Modèle servant à vérifier la forme, les dimensions. **2** Appareil de mesure pour vérifier forme ou dimensions. **3** Dimension, forme déterminée ou imposée d'avance. *Des navires « de tout gabarit et de tout tonnage »* (Gaut.). ➛ Taille, stature. *Il « examina le gabarit de Gabriel et se dit c'est un malabar »* (Queneau). ➛ *Un petit gabarit* : une personne de petite stature.

gabarre → **gabare**

gabbro n. m. – XVIIIe ; mot florentin ▪ Roche éruptive composée de plagioclases et de pyroxène.

gabegie n. f. – XVIIIe ; a. scand. *gabb* « raillerie » ▪ Désordre résultant d'une mauvaise administration ou gestion. ⇒ **gaspillage.** *Lutter contre la gabegie.* ✪ CONTR. Économie, ordre.

gabelle n. f. – XIVe ; ar. *qabâla* « impôt » ▪ Impôt indirect sur le sel, aboli en 1790. ♦ Administration qui le percevait.

gabelou n. m. – XVIe ▪ Commis de la gabelle. ♦ péj. Douanier.

gabier n. m. – XVIIe ; a. provenç. *gabia* « cage » ▪ Matelot chargé de l'entretien, de la manœuvre des voiles, du gréement. ➛ Matelot breveté de la spécialité manœuvre.

gabion n. m. – XVIe ; it. *gabbia* « cage » **1** Cylindre de clayonnage, de branchages tressés, de grillage, qui, rempli de terre, sert de protection dans la guerre de siège. *« la fabrication des fascines, des gabions, des sacs de terre »* (Goncourt). **2** région. Grand panier à anses pour le transport du fumier, de la terre. **3** Abri pour les chasseurs de gibier d'eau.

gable ou **gâble** n. m. – XIIIe ; a. scand. *gafl* « plafond » ▪ Couronnement triangulaire coiffant l'arc d'une baie, d'une voûte.

gâchage n. m. – XIXe ▪ Action de délayer le plâtre, le mortier.

gâche n. f. – XIIIe ; germ. « crampon » ▪ Pièce métallique fixe présentant une mortaise dans laquelle s'engage le pêne d'une serrure, la crémone d'une fenêtre.

gâcher v. tr. [1] – XIIe ; germ. **1** Délayer (du mortier, du plâtre) avec de l'eau. **2** Perdre, manquer (qqch.) faute d'en tirer parti, de savoir, de pouvoir en profiter. ⇒ **gaspiller.** *« préoccupé sans cesse de ne pas gâcher de la toile, ni d'employer trop de couleurs »* (Gide). *Gâcher son argent, ses chances. Gâcher le métier* : travailler à trop bon marché. ➛ *De l'énergie gâchée.* ♦ Gâter, troubler. *Il nous gâche le plaisir.*

gâchette n. f. – XVe ; de ① *gâche* **1** Tige, pièce de métal qui maintient le pêne d'une serrure dans la position de la fermeture. **2** Pièce interne immobilisant le percuteur ou le chien (d'une arme à feu). ♦ abusivt La détente. *Il « épaula son fusil et appuya sur la gâchette »* (Mac Orlan). **3** Électrode de commande de certains dispositifs semi-conducteurs. ⇒ **grille.**

> ❑ Le *â* se prononce [a] de même que dans *mâchicoulis*. → circonflexe (rem.). ♦ La confusion de sens avec *détente* est courante. → détente (rem.).

gâcheur, euse n. – XIIIe 1 n. m. Ouvrier qui gâche le plâtre, le mortier. 2 Personne qui gâche, bâcle, gaspille. ⇒ **gaspilleur, saboteur.**

gâchis n. m. – XVIe 1 Mortier fait de plâtre, de chaux, de ciment. 2 Amas de choses gâchées ; gaspillage. *Tu as fait un beau gâchis.* 3 Situation confuse, embrouillée. ⇒ **désordre, pagaille.** « *L'innommable gâchis du monde moderne* » (Mart. du G.).

gadget [gadʒɛt] n. m. – 1946 ; mot angl. ; p.-ê. du fr. *gâchette* ▪ Dispositif, objet amusant et nouveau, parfois dénué d'utilité. ♦ Innovation, solution dont l'efficacité est mise en doute. *Cette loi n'est qu'un gadget.*

> ❑ *Gadget,* ainsi que *basket, quartet* et *racket,* se prononcent à l'anglaise, en faisant sonner le *t,* alors que *budget* et *ticket* sont intégrés au système français.

gadin n. m. – 1914 ; o. i. ▪ fam. Chute. *Ramasser, prendre un gadin :* tomber.

gadolinium [gadɔlinjɔm] n. m. – XIXe ; de *Gadolin* n. pr. ▪ Élément chimique (Gd ; n° at. 64 ; m. at. 157,2) de la famille des lanthanides.

gadoue n. f. – XVIe ; o. i. ▪ Terre détrempée. ⇒ **boue, bouillasse.** *Patauger dans la gadoue.*

gaélique adj. et n. – XVIIIe ▪ Relatif aux Gaëls. ➛ Celtique. *Ballades gaéliques.* ♦ n. m. Groupe des parlers celtiques d'Irlande et d'Écosse.

① **gaffe** n. f. – XIVe ; a. provenç. *gaf* « crochet, perche » ▪ Perche servant à la manœuvre d'une embarcation, à accrocher le poisson. *Une péniche « s'en allait à la gaffe jusqu'à l'écluse »* (Simenon).

② **gaffe** n. f. – XIXe ; probablt de ① *gaffer* ▪ fam. Action, parole intempestive ou maladroite. ⇒ **bévue, boulette, bourde, impair.** *Faire une gaffe.* « *Gaffe évidente. Manque de psychologie* » (Romains).

③ **gaffe** n. f. – XIXe ; de ③ *gaffer* ▪ fam. FAIRE GAFFE : faire attention.

① **gaffer** v. tr. [1] – XVIIe ▪ Accrocher avec une gaffe. *Gaffer un poisson.*

② **gaffer** v. intr. [1] – XIXe ▪ Faire une gaffe, un impair.

gaffeur, euse n. – XIXe ▪ fam. Personne qui fait des gaffes. ➛ adj. *Elle est très gaffeuse.*

gag [gag] n. m. – 1922 ; mot angl. ▪ Effet comique rapide, burlesque. *Un bon gag.*

> ❑ Ce mot a été connu par les films comiques américains (Mack Sennett, Chaplin, Marx Brothers, etc.).

gaga n. et adj. – XIXe ▪ fam. Gâteux. *Elles sont complètement gagas de lui.* ⇒ **fou.**

gage n. m. – XIe ; germ. I - 1 Contrat de remise d'une chose mobilière à un créancier pour garantir le paiement d'une dette. ⇒ **caution, dépôt, garantie, nantissement.** *Prêteur sur gages. Mettre un bijou en gage.* ⇒ **engager.** 2 Biens affectés à la garantie d'une dette. 3 Pénitence que les autres joueurs imposent au perdant. *Avoir un gage.* 4 Ce que l'on consigne entre les mains d'un tiers, en cas de contestation, pour être ensuite remis à celui qui aura gain de cause. 5 Ce qui représente un garant ou une garantie. *Un gage de fidélité.* ⇒ **assurance, promesse.** *En gage d'amitié.* ⇒ **preuve, témoignage.** II au plur. Salaire. ⇒ **appointements.** « *César eut la nourriture, six francs de gages par mois* » (Balz.). ➛ *Être aux gages de qqn,* être à son service. ➛ À GAGES : payé pour accomplir un travail. *Tueur à gages.*

gager v. tr. [3] – XIe 1 littér. Parier, supposer. *Gageons qu'il ne tiendra pas ses promesses.* 2 Garantir par un gage. *Gager un emprunt.*

gageure [gaʒyʀ], critiqué mais fréquent [gaʒœʀ] n. f. – XIIIe ▪ littér. Action, projet, opinion si étrange, si difficile, qu'on dirait un pari à tenir, un défi à relever. *C'est une gageure de lui faire confiance.*

> ❑ Attention à prononcer correctement : le *e* sert à la prononciation du *g* en [ʒ] devant *u.* Ce mot dérive de *gager,* avec le suffixe *-ure* (comme *tourner / tournure*). La finale de *vergeure* se prononce de la même manière.

gagiste n. – XVIIe ▪ Personne dont la créance est garantie par un gage.

gagman [gagman] n. m. – 1922 ; mot angl., de *gag* et *man* « homme » ▪ Auteur de gags. *Des gagmans* ou *des gagmen* [gagmɛn].

gagnant, ante adj. et n. – XIIIe 1 Qui fait gagner. *La combinaison gagnante du tiercé.* 2 Qui gagne, remporte une épreuve. ♦ n. « *l'argent misé en commun sur le gagnant du Grand Prix* » (Anouilh). ⇒ **vainqueur.** ✪ CONTR. Perdant.

gagne n. f. – 1986 ▪ fam. Quasi-certitude de gagner, qui aide un sportif dans ses succès.

gagne-pain n. m. inv. – XIIIe ▪ Ce qui permet à qqn de gagner sa vie.

gagne-petit n. m. inv. – XVIe ▪ Personne qui a un métier peu rémunérateur.

gagner v. tr. [1] – XIIe ; germ. « se procurer de la nourriture, du butin » ; d'où « paître, brouter » I - 1 S'assurer (un profit matériel) par un travail, une activité. *On a autant de peine « à se passer d'argent qu'à en gagner »* (Renard). *Gagner son pain à la sueur de son front. Il « ne fit pas fortune, mais il gagna sa vie, et largement »* (Daud.). *Gagner des mille et des cents.* 2 S'assurer (un profit matériel) par le jeu, par un hasard favorable. ⇒ **empocher, encaisser, rafler, ramasser.** *Gagner le tiercé.* ⇒ ① **toucher.** ➛ *Le numéro tant gagne un lot de vingt mille francs.* II - 1 Acquérir, obtenir. *Il y a gagné beaucoup d'assurance. Vous avez bien gagné vos vacances.* ⇒ **mériter.** *C'est toujours ça de gagné.* ➛ *Gagner du temps :* obtenir l'avantage de disposer d'un temps plus long, en différant une échéance ; faire une économie de temps. ➛ *Gagner de la place.* ➛ *Avoir tout à gagner et rien à perdre.* ♦ *Gagner au change.* ⇒ **bénéficier.** ♦ « *L'intelligence dans les chaînes perd en lucidité ce qu'elle gagne en fureur* » (Camus). *Son style a gagné en précision.* ⇒ s'**améliorer, progresser.** ♦ *En jouant sur l'épaisseur, on peut gagner sur la quantité.* ♦ intrans. GAGNER À : retirer un avantage, avoir une meilleure position. « *je gagne peu, en vérité, à être connu* » (Ste-Beuve). *Ce vin gagnerait à vieillir.* ➛ GAGNER DE : obtenir l'avantage de, arriver à ce résultat que. *Vous y gagnerez d'être enfin tranquille.* 2 Obtenir (les dispositions favorables d'autrui). ⇒ s'**attirer, capter, conquérir.** *Gagner l'amitié de qqn.* III - 1 Remporter. *Gagner le prix. Gagner la coupe.* ⇒ **enlever.** 2 Être vainqueur dans. *Gagner la bataille. Gagner les élections.* ➛ *Gagner un procès.* ♦ *Gagner une course.* ➛ *On a gagné !* 3 L'emporter sur (l'adversaire). ⇒ **battre, vaincre.** « *Jean-Jacques Rousseau, qui me gagnait toujours aux échecs* » (Dider.). ➛ *Gagner qqn de vitesse,* arriver avant lui en allant plus vite. ⇒ **dépasser, devancer.** 4 GAGNER DU TERRAIN. ⇒ **avancer, progresser.** *L'ennemi a gagné du terrain. L'incendie gagne du terrain.* ⇒ s'**étendre.** 5 intrans. S'étendre au détriment de qqn, qqch. *L'incendie gagne.* ⇒ se **propager.** IV - 1 Atteindre en se déplaçant. *Le navire a gagné le large. Veuillez gagner la sortie.* 2 Atteindre en s'étendant. ⇒ **progresser,** se **propager,** se **répandre.** *La grève gagne tous les secteurs.* ⇒ ① **toucher.** ♦ *Être gagné par le doute.* 3 Agir sur (qqn) par une impression. ⇒ s'**emparer** (de), **envahir.** « *Idriss percevait l'angoisse et l'impatience qui* *gagnaient son compagnon* » (Tournier). ✪ CONTR. Perdre.

gagneur, euse n. et adj. – XIIe ▪ Personne qui gagne, qui aime gagner. ✪ CONTR. Loser, perdant.

gai, gaie adj. – XIIe ; germ. « rapide, vif » 1 Qui a de la gaieté. ⇒ **allègre, content, enjoué, folâtre,** ① **gaillard, guilleret, joyeux, mutin, réjoui, rieur, souriant.** *Elle est toujours gaie et de bonne humeur. Gai comme un pinson,* très gai. ♦ Dont la gaieté provient d'une légère ivresse. *Être un peu gai.* ⇒ **éméché, gris, pompette.** 2 Qui marque de la gaieté ; où règne la gaieté. « *Cette table, assez nombreuse, était très gaie sans être bruyante* » (Rouss.). ⇒ **animé.** *Il n'a pas une vie bien gaie.* ⇒ **drôle,** fam. **folichon.** 3 Qui inspire de la gaieté. ⇒ **amusant, comique, divertissant, drôle.** « *ce n'était pas gai, cette cuisine sombre et nue de paysan pauvre* » (Zola). ⇒ **agréable, plaisant.** 4 Homosexuel. ⇒ **gay.** ✪ CONTR. Triste. Ennuyeux, sérieux, sombre. Attristant, désolant. — HOM. Gué ; gay, guai, guet.

gaïac n. m. – XVIe ; esp. *guayaco,* mot d'Haïti ▪ Arbre *(zygophyllacées)* d'Amérique centrale et des Antilles, à fleurs bleues, à feuilles persistantes, à bois dur, compact et résineux.

gaïacol n. m. – XIXe ▪ Ester extrait de la résine de gaïac, ou de la créosote du goudron de bois.

gaiement ou **gaîment** adv. – XIVe ▪ Avec gaieté. ⇒ **joyeusement.** *Elles* « *se livrent gaiement aux amusements de la ville* » (Rouss.). ✪ CONTR. Tristement.

gaieté ou **gaîté** n. f. – XIIe 1 État ou disposition d'une personne animée par le plaisir de vivre, une humeur riante. ⇒ **allégresse, enjouement, entrain, joie, jovialité, jubilation.** *Franche gaieté. Perdre, retrouver sa gaieté. Accès de folle gaieté.* ➛ DE GAIETÉ DE CŒUR : de son propre mouvement, sans y être obligé. 2 Caractère de ce qui marque ou traduit un tel état. « *sa boutique lui apparaissait toute claire, d'une gaieté neuve* » (Zola). 3 Trait, acte, geste, propos manifestant un tel état ; chose plaisante. ⇒ **plaisanterie.** « *il était joyeux, parleur et plein de gaietés amusantes* » (E. de Goncourt). ✪ CONTR. ② Chagrin, mélancolie, tristesse. Ennui. — HOM. Guetter.

> ❑ La *gaieté* est plutôt une inclination du tempérament alors que la *joie* est une émotion momentanée.

① **gaillard, arde** adj. et n. – XIe ; rac. celt. *gal-* « force » **I adj.** 1 Plein de vie, de bonne santé. ⇒ ① **alerte, allègre,** ① **frais, vif.** « *ce vieillard gaillard n'était toujours bien porté* » (Hugo). ⇒ **vert.** 2 D'une gaieté un peu libre. ⇒ **égrillard, grivois, léger, leste, licencieux.** « *chacun lui adressait quelque compliment gaillard sur sa tournure* » (Mérimée). **II n. m.** 1 Homme plein de vigueur et d'entrain. ⇒ **luron.** « *c'était un immense gaillard blond et musclé* » (Aragon). ⇒ **costaud.** 2 fam. Garçon, jeune homme. ⇒ **drôle, gars, lascar.** *Ce sont des gaillards qu'il faut avoir à l'œil. Ah ! mon gaillard !* ✪ CONTR. Faible ; fatigué, triste.

② **gaillard** n. m. – XVIe ; de *château gaillard* « château fort » 1 Sur les voiliers, Partie extrême du pont supérieur. *Gaillard d'arrière,* à l'arrière du grand mât. *Gaillard d'avant.* 2 Superstructure à l'avant du pont supérieur. *Le gaillard d'avant et la dunette.*

① **gaillarde** n. f. – XVe ; de ① *gaillard* ▪ Danse animée des XVe et XVIe s., de rythme ternaire ; sa musique.

② **gaillarde** n. f. – XIXe ; de *Gaillard,* bot. fr. ▪ Plante herbacée ornementale *(composées)* à fleurs jaunes ou rouges.

gaillardement adv. – XIe ▪ D'une manière gaillarde ; avec entrain, bonne humeur.

gaillardise n. f. – XVIe ▪ vieilli 1 Bonne humeur, gaieté un peu libre. 2 Propos gaillard, un peu libre. ⇒ **gaudriole, gauloiserie, grivoiserie.** « *il se versait à boire coup sur coup, et lâchait des gaillardises* » (Flaub.).

gaillet n. m. – XVIIIe ; gr. *galion* ▪ Plante herbacée *(rubiacées),* astringente et vulnéraire, à fleurs jaunes.

gaîment → **gaiement**

gain n. m. – XIIe ; de *gagner* 1 Action de gagner. *Le gain d'une bataille.* ⇒ **succès, victoire.** *Le gain d'un procès.* 2 Ce qu'on gagne ; profit, bénéfice financier. *Les gains d'un employé. Tirer, retirer un gain, du gain de qqch.* ♦ Avantage. *Le gain que l'on retire d'une lecture.* ⇒ ① **fruit, profit.** *Un gain de temps, de place.* ⇒ **économie.** 3 L'argent, recherché avec avidité. ⇒ **lucre.** *Céder à l'appât du gain.* « *la rage du gain, cette fièvre chaude de l'argent* » (Zola). 4 Mesure de l'amplification apportée par un dispositif électronique, exprimée en décibels. ✪ CONTR. Dépense, perte.

gainage n. m. – 1930 ▪ Action de gainer.

gaine n. f. – XIIIe ; lat. *vagina* « fourreau » 1 Enveloppe ayant la forme de l'objet qu'elle protège. ⇒ **étui, fourreau.** « *les musiciens remettaient les instruments dans les gaines* » (Simenon). ♦ Sous-vêtement en tissu élastique enserrant les hanches et la taille. ⇒ **corset.** 2 Enveloppe résistante qui protège. *Gaine des muscles.* ⇒ **aponévrose.** ➛ Base du pétiole d'une feuille entourant un segment de tige. 3 Support quadrangulaire plus étroit à la base qu'au sommet. *Gaine de marbre.* ⇒ **piédestal, sellette, socle.** ➛ *La gaine d'une horloge.* ⇒ **caisse, coffre.** 4 *Gaine d'aérage,* qui protège les parois d'une cheminée d'aération (mines). ➛ *Gaine technique,* pour le passage des colonnes d'alimentation et d'évacuation, dans un bâtiment.

gainer v. tr. [1] – XVIIIe 1 Faire, mettre une gaine à. *Gainer un fil électrique.* ⇒ **guiper.** 2 Mouler comme fait une gaine. « *Ces belles jambes gainées d'une miroitante soie* » (Duham.).

gainerie n. f. – XVe ▪ Technique, ouvrage, commerce du gainier. ➛ Fabrique de gaines, d'étuis.

gainier, ière n. – XIIIe 1 Personne qui vend ou fabrique des gaines, des étuis. 2 **n. m.** Arbre d'ornement *(légumineuses césalpiniacées)* appelé aussi *arbre de Judée,* dont les fleurs roses apparaissent par bouquets sur le tronc et les branches.

gaîté → **gaieté**

gala n. m. – XVIIe ; a. fr. *gale* « réjouissance » ▪ Grande fête. ⇒ **cérémonie, réception.** *Gala de bienfaisance. Soirée de gala.*

> ❑ De même origine que *galant.*

gala-, galact(o)- Éléments, du gr. *gala* « lait ».

galactique adj. – XIXe 1 Relatif à la Voie lactée. 2 Qui appartient à une galaxie, à la Galaxie. ✪ CONTR. Extragalactique.

galactogène adj. et n. m. – XIXe ; *galacto-* et *-gène* ▪ Qui détermine ou favorise la sécrétion du lait.

galactomètre n. m. – XVIIIe ; *galacto-* et *-mètre* ▪ Instrument pour mesurer la densité du lait. ⇒ **lactomètre, pèse-lait.**

galactophore adj. – XVIIIe ; *galacto-* et *-phore* ▪ *Canaux galactophores,* conduisant le lait des glandes mammaires vers le mamelon.

galactose n. m. – XVIIIe ▪ Sucre obtenu par hydrolyse du lactose ou de certaines gommes.

galalithe n. f. – 1906 ; nom déposé ; *gala-* et *-lithe* ▪ Matière plastique obtenue par le traitement au formol de la caséine pure.

galamment adv. – XVIIe ▪ D'une manière galante.

galandage n. m. – XVIIIe ; de *garlande* « guirlande » ▪ Cloison de briques posées de chant.

galant, ante adj. – XIVe ; a. fr. *galer* « s'amuser » 1 loc. VERT GALANT : séducteur redoutable. *Henri IV, le Vert-Galant.* 2 Empressé, entreprenant auprès des femmes. ➛ Poli, délicat, attentionné. *Soyez galant et offrez votre place à cette dame. Se conduire en galant homme.* ♦ *Femme galante* : courtisane. ♦ Qui a rapport aux relations amoureuses. *Rendez-vous galant.* 3 n. m. vieilli Amoureux. « *rosser le galant de sa femme* » (E. de Goncourt).

galanterie n. f. – XVIe 1 Courtoisie que l'on témoigne aux femmes par des égards, des attentions. ⇒ **amabilité, civilité, politesse.** *La vieille galanterie française.* 2 vieilli Propos flatteur, écrit galant adressé à une femme. ⇒ **compliment, douceur.** *Il lui adressa « des galanteries voisines de l'obscénité »* (Romains). ✪ CONTR. Froideur. Brutalité, goujaterie, impolitesse, muflerie.

galantine n. f. – XIIIe ; p.-ê. lat. *gelatina* « gélatine » ▪ Charcuterie à base de viandes blanches et de farce, que l'on sert dans sa gelée. ⇒ **ballottine.** *Galantine de volaille.*

galapiat n. m. – XVIIIe ; p.-ê. a. fr. *galer* « s'amuser » ▪ fam. Galopin.

> ❑ Il existe de nombreuses variantes dialectales. Le mot est issu du croisement avec *galopin*, de forme et de sens proches.

galaxie n. f. – XVIe ; gr. *gala* « lait » 1 La Voie lactée. 2 *La Galaxie* : nébuleuse spirale composée d'une centaine de milliards d'étoiles dont le Soleil, de gaz et de poussières interstellaires, se présentant à l'observateur terrestre sous la forme de la Voie lactée. ♦ Toute nébuleuse spirale.

> ❑ S'écrit avec une majuscule quand on parle de la nébuleuse comprenant le Soleil.

galbe n. m. – XVIe ; it. *garbo* « jolie forme » 1 Contour ou profil harmonieux plus ou moins courbe. *Le galbe d'un vase, d'une commode.* 2 Contour harmonieux d'un corps, d'un visage.

galbé, ée adj. – XVIIe ▪ Qui présente un galbe. *Colonne galbée,* légèrement renflée au tiers de sa hauteur. ➛ « *ces belles jambes bien galbées* » (Duham.).

galber v. tr. [1] – 1907 ▪ Donner du galbe à.

gale n. f. – XVIe ; var. de *galle* 1 Maladie cutanée contagieuse, très prurigineuse, due à un acarien qui creuse des sillons sous l'épiderme. *Avoir la gale.* ♦ loc. *Ne pas avoir la gale* : être sain, fréquentable. 2 Maladie cryptogamique provoquant des pustules sur les tissus végétaux. *La gale de la pomme de terre.* 3 Personne méchante, haïssable. ⇒ **peste, teigne.** ✪ HOM. Gal, galle.

> ❑ Ce mot désigne une maladie des végétaux, de même que son homonyme *galle.*

galéasse n. f. – XVe ; it. *galea* « galère » ▪ Bâtiment à voiles et à rames, grande galère surchargée d'artillerie. ⇒ **mahonne.**

> ❑ Pour l'origine → galère (rem.).

galéjade n. f. – XIXe ; provenç. *gala* « s'amuser » ▪ région. (Provence) Histoire inventée ou exagérée. « *Comment ! vous avez cru... mais c'est une* galéjade » (Daud.).

galéjer v. intr. [6] – XIXe ▪ région. (Provence) Dire des galéjades.

galène n. f. – XVIe ; gr. *galênê* « plomb » ▪ Sulfure naturel de plomb.

galénique adj. – XVIe ; de *Galenus,* nom lat. de *Galien* ▪ *Pharmacie galénique,* ou n. f. *la galénique* : partie de la pharmacie qui traite de la mise en forme des produits pharmaceutiques.

> ❑ L'influence des théories de *Galien,* médecin grec (v. 131-v. 201), fut considérable jusqu'au XVIIe siècle.

galénisme n. m. – XVIIIe ▪ Doctrine médicale de Galien.

galéopithèque n. m. – XVIe ; gr. *galeos* « belette » et *pithêkos* « singe » ▪ Mammifère frugivore nocturne de Malaisie et des Philippines *(dermoptères),* pouvant planer grâce à une membrane reliant les membres et la queue.

galère n. f. – XVe ; catalan 1 Bâtiment de guerre à voiles et à rames. ⇒ **galéasse.** ♦ loc. *Vogue la galère !* advienne que pourra. 2 plur. Peine de ceux qui étaient condamnés à ramer sur les galères du roi. 3 fam. Travail pénible, situation difficile. *C'est la galère.*

> ❑ De même origine que *galéasse, galion, galiote,* qui désignent également des navires à voiles. Ces mots sont probablement issus du grec *galeos* « requin ».

galérer v. intr. [6] – 1980 ▪ fam. Se lancer dans des entreprises pénibles, hasardeuses, souvent sans résultat. ⇒ ① **ramer.**

galerie n. f. – XIVe ; lat. 1 Lieu de passage ou de promenade, couvert, beaucoup plus long que large, ménagé à l'extérieur ou à l'intérieur d'un édifice ou d'une salle. *Les galeries du Palais-Royal.* ⇒ **arcade.** ♦ GALERIE MARCHANDE : galerie bordée de boutiques, notamment dans un centre commercial. ♦ *Galerie intérieure d'un appartement.* ⇒ **corridor, couloir, vestibule.** *La galerie des Glaces du château de Versailles.* 2 Salle où sont réunies des collections. *Grande galerie du Louvre.* ➛ Magasin où sont exposés des objets d'art en vue de la vente. *Exposer dans une galerie.* ♦ Collection d'objets d'art ou de science dans un musée. *Les galeries du Muséum.* 3 Emplacement réservé aux spectateurs ; les spectateurs eux-mêmes. ♦ Le monde, l'opinion. *Épater la galerie.* « *ton Jaurès, il plastronne pour la galerie !* » (Mart. du G.) ♦ Dans un théâtre, Balcon à encorbellement. ➛ *Galerie d'une église.* ⇒ **jubé, tribune.** 4 Cadre métallique fixé sur le toit d'une voiture et qui sert de porte-bagages. ♦ Rebord métallique couronnant un meuble. 5 Passage souterrain ou couvert, pratiqué par l'assiégeant pour s'approcher d'une place. ⇒ ② **sape.** ♦ Passage souterrain permettant l'exploitation d'une mine. « *la galerie de roulage était boisée* » (Zola). ♦ Passage souterrain. ⇒ **boyau, tunnel.** ♦ Petit chemin souterrain creusé par divers animaux. *Réseau de galeries d'une termitière.*

galérien n. m. – XVIe ▪ Homme condamné à ramer sur les galères du roi. ♦ Bagnard, forçat. « *Les galères font le galérien* » (Hugo).

galeriste n. – 1983 ▪ Personne qui tient une galerie d'art.

galerne n. f. – XIIe ; mot de l'Ouest ; probablt gaul. ▪ *Galerne* ou *vent de galerne* : vent d'ouest-nord-ouest.

galet n. m. – XIIe ; a. fr. *gal* « caillou » 1 Caillou arrondi, poli par le frottement, que l'on trouve sur le rivage ou dans le lit des torrents. *Plage de galets.* « *il descend jusqu'au lit du fleuve, et il s'assoit sur les galets* » (Le Clézio). 2 Disque, petite roue. *Les galets d'un fauteuil.* ⇒ **roulette.**

galetas n. m. – XIVe ; de *Galata,* nom d'une tour de Constantinople ▪ Logement misérable et sordide. ⇒ **bouge,** ② **réduit, taudis.**

galette n. f. – XIIIe ; de *galet* 1 Gâteau rond et plat, à base de farine ou de féculents. *Galette de pommes de terre.* ➛ *Galette des Rois,* confectionnée à l'Épiphanie et contenant une fève. ♦ Crêpe salée de farine de sarrasin ou de maïs. 2 Objet en forme de galette. *Siège recouvert d'une galette de cuir.* 3 fam. Argent. *Avoir de la galette.* ⇒ **blé.**

galeux, euse adj. – XVe 1 Atteint de la gale. *Chien galeux.* 2 Qui semble atteint de la gale. *Murs galeux.* ⇒ **lépreux.** ✪ CONTR. Propre, ① sain.

galgal n. m. – XIXe ; gaélique *gal* « caillou » ▪ Tumulus celtique renfermant une crypte. *Des galgals.*

galhauban n. m. – XVIIe ; de *caler* et *hauban* ▪ Cordage servant à assujettir les mâts supérieurs par le travers, et vers l'arrière.

galibot n. m. – XIXe ; mot picard, de *galibier* « polisson » ▪ Jeune manœuvre travaillant au service des voies dans les galeries de mines.

① **galiléen, enne** adj. et n. – XVIe ▪ De Galilée. ➝ *Le Galiléen* : Jésus-Christ.

② **galiléen, enne** adj. – 1929 ▪ Relatif aux travaux de Galilée, à la physique telle qu'il l'a définie.

galimatias [galimatja] n. m. – XVIe ; p.-ê. lat. *ballimathia* « chanson obscène » ▪ Discours, écrit confus, embrouillé, inintelligible. ⇒ **charabia.**

galion n. m. – XIIIe ; a. fr. *galie* « galère » ▪ Grand bâtiment armé destiné au commerce avec l'Amérique, au transport de l'or que l'Espagne tirait de ses colonies.

❑ Pour l'origine → galère (rem.).

galiote n. f. – XIIIe ▪ Navire à voiles, à formes rondes, dont se servaient les Hollandais.

❑ Pour l'origine → galère (rem.).

galipette n. f. – XIXe ; o. i. ▪ fam. Cabriole, culbute. ⇒ **roulade, roulé-boulé.** « *J'ai envie de chanter, de faire des galipettes* » (Simenon).

galipot n. m. – XVIe ; o. i. ▪ Matière résineuse qui exsude en hiver des incisions des pins. ♦ Mastic qu'on étale sur les surfaces d'un bateau à protéger de l'eau de mer.

galle n. f. – XIIIe ; lat. ▪ Excroissance apparaissant sur un tissu végétal, provoquée par un agent pathogène. ⇒ **cécidie.** *Galle du chêne* ou *noix de galle.* ✪ HOM. Gal, gale.

gallérie n. f. – XIXe ; lat. ▪ Insecte lépidoptère dont la chenille creuse des galeries dans la cire des ruches.

gallican, ane adj. et n. – XIVe ; lat. *gallicanus* « gaulois » ▪ Qui concerne l'Église catholique de France, considérée comme jouissant d'une certaine indépendance à l'égard du Saint-Siège. ♦ Partisan des libertés de l'Église de France. *Le petit clergé « gallican, fort éloigné de Rome »* (Sartre). ✪ CONTR. Ultramontain.

gallicanisme n. m. – XIXe ▪ Principes et doctrines de l'Église gallicane.

❑ Cette doctrine, niant la suprématie absolue du pape est liée à la politique religieuse des souverains (Charlemagne, Philippe Auguste, Philippe IV le Bel).

gallicisme n. m. – XVIe ; lat. *gallicus* « gaulois, français » 1 Idiotisme propre à la langue française. 2 Emprunt fait au français par une autre langue. *L'abbé « s'efforçait de prononcer le latin à l'italienne, mais les gallicismes abondaient »* (Apoll.).

gallicole adj. – XIXe ▪ Qui vit dans les galles, cause l'apparition de galles. *Le cynips, insecte gallicole.*

gallinacé, ée adj. et n. m. – XVIIIe ; lat. *gallina* « poule » ▪ Qui se rapporte ou ressemble à la poule ou au coq. ♦ n. m. pl. Tribu d'oiseaux terrestres *(galliformes)* à laquelle appartiennent les espèces du genre *gallus* (⇒ ① **coq,** ① **poule).** *Des « couples de gallinacés de la famille des faisans »* (J. Verne).

gallique adj. – XVIIIe ▪ *Acide gallique,* provenant de la noix de galle ou de la décomposition du tanin.

gallium [galjɔm] n. m. – XIXe ; lat. *gallus* « coq », trad. du nom du savant *Lecoq de Boisbaudran* ▪ Élément atomique (Ga ; n° at. 31 ; m. at. 69,723) du même groupe que le bore et l'aluminium.

gallo adj. et n. – XIVe ▪ De Bretagne non bretonnante. *Le pays gallo.* ♦ n. m. Dialecte gallo-roman parlé dans la partie de la Bretagne où le celtique n'est pas en usage. ✪ HOM. Galop.

gallo- Élément, du lat. *gallus* « gaulois ». ⇒ **franco-.**

gallois, oise adj. et n. – XVIIIe ▪ Du pays de Galles. ➝ n. m. Langue celtique du pays de Galles. ⇒ **kymrique.**

gallon n. m. – XVIIe ; mot angl. ▪ Mesure anglo-saxonne de capacité, égale à 4,54 litres en Grande-Bretagne et au Canada, et à 3,78 litres aux États-Unis. ✪ HOM. Galon.

gallo-romain, aine adj. – XIXe ▪ Se dit de la population, de la civilisation issue du contact des Romains et des Gaulois après la conquête de la Gaule. *Vestiges gallo-romains.* n. *Les Gallo-Romains.*

gallo-roman, ane n. m. et adj. – XIXe ▪ Langue romane, forme de latin tardif, parlée en Gaule. ♦ adj. *Dialectes gallo-romans d'oc et d'oïl.*

galoche n. f. – XIIIe ; p.-ê. gaul. « pierre plate » 1 Sabot à dessus de cuir et semelle de bois. ➝ Chaussure montante à semelle de bois épaisse. ♦ fam. *Menton en galoche,* long et relevé vers l'avant. 2 Poulie longue et aplatie dont la caisse est ouverte sur l'une de ses faces.

galon n. m. – XIVe 1 Ruban de passementerie qui sert à border ou orner. ♦ (Canada) Ruban gradué. *Galon de couturière.* 2 Signe distinctif des grades et des fonctions dans l'armée. ⇒ **chevron ;** fam. **ficelle, sardine.** *Il portait « sur sa manche, le double galon rouge des quartiers-maîtres »* (Loti). ♦ loc. *Prendre du galon ;* fig. obtenir une promotion. ✪ HOM. Gallon.

galonner v. tr. 1 – XIIe ; ▪ Orner ou border de galon.

galop [galo] n. m. – XIe 1 Allure la plus rapide que prend naturellement le cheval (et certains équidés) lancé. *Cheval qui part au triple galop. Un cheval au galop,* en train de galoper. *Galop d'essai ;* fig. mise à l'épreuve des qualités de qqn, de qqch. ♦ Allure du cavalier dont le cheval est au galop. ♦ AU GALOP : très rapidement. 2 *Bruit de galop* : troisième battement du cœur qui s'ajoute aux deux temps normaux. 3 Danse très rapide à deux temps ; air sur lequel se faisait cette danse. ✪ HOM. Gallo.

galopade n. f. – XVIIe 1 Chevauchée faite au galop. 2 Course précipitée.

galopant, ante adj. – XIXe 1 Qui galope. ♦ fig. « *les grosses lunettes qu'une myopie galopante lui imposait* » (Tournier). 2 Qui a une croissance très rapide. *Démographie galopante.*

galope n. f. – XIXe ▪ Outil de relieur servant à tracer rapidement les raies.

galoper v. intr. 1 – XIIe ; germ. ▪ Aller au galop. *Les chevaux « galopaient d'un train si furieux que leur ventre paraissait frôler la terre »* (Flaub.). ♦ Courir rapidement ; aller vite, se hâter. *Son imagination galope.* ⇒ **s'emballer.**

galopeur, euse n. – XVIe ▪ Cheval ayant des aptitudes pour le galop.

galopin n. m. – XIIe ; de *galoper* ▪ fam. Enfant espiègle, effronté. ⇒ **chenapan, garnement, polisson, vaurien.** *Petits galopins !*

galoubet n. m. – XVIIIe ; provenç., p.-ê. got. *galaubei* « beau, de valeur » ▪ région. Instrument à vent proche du flageolet.

galuchat n. m. – XVIIIe ; nom de l'inventeur ▪ Produit de maroquinerie préparé à partir de la peau de sélaciens.

galurin n. m. – XIXe ; lat. *galerus* « bonnet » ▪ fam. Chapeau.

galvanique adj. – XVIIIe 1 *Courants galvaniques :* courants électriques continus de basse tension étudiés par Galvani. 2 Relatif au galvanisme. *Théories galvaniques.*

galvanisation n. f. – XIXe 1 Application de courants galvaniques à des structures vivantes. 2 Fait de galvaniser (2°) ; son résultat. *La galvanisation des esprits.* 3 Fixation d'un dépôt électrolytique sur un métal pour le préserver de l'oxydation. ⇒ **électrolyse, métallisation.**

galvaniser v. tr. [1] – XVIIIe 1 Électriser au moyen d'un courant galvanique. *Galvaniser une grenouille.* 2 Animer d'une énergie soudaine, souvent passagère. ⇒ **électriser, enflammer, exalter, exciter.** *Son énergie « galvanise ceux qui l'entourent »* (Gide). 3 Recouvrir d'une couche de métal par galvanisation. ⇒ **électrolyser, métalliser.** ➛ *Tôle galvanisée.*

galvanisme n. m. – XVIIIe ▪ Phénomènes électriques découverts par Galvani et dont les muscles et les nerfs sont le siège.

galvano → **galvanotype**

galvano- Élément, de *Galvani,* n. pr., qui sert à composer des termes scientifiques et techniques.

galvanomètre n. m. – XIXe ; *galvano-* et *-mètre* ▪ Instrument de mesure des faibles intensités des courants électriques continus. ⇒ **ampèremètre.**

galvanoplastie n. f. – XIXe ; *galvano-* et *-plastie* ▪ Procédé qui permet d'appliquer un dépôt de sels métalliques libérés par électrolyse sur des objets. ⇒ **galvanotypie.**

galvanotype n. m. – v. 1900 ; *galvano-* et *-type* ▪ Cliché en relief obtenu par galvanotypie. ➛ abrév. fam. *GALVANO.*

galvanotypie n. f. – XIXe ▪ Procédé de galvanoplastie qui permet de reproduire des gravures, des caractères d'imprimerie, etc.

galvaudage n. m. – XIXe ▪ rare Action de galvauder.

galvauder v. tr. [1] – XVIIe ; p.-ê. de *galir* « sauter, s'élancer » et norm. °*vauder* « aller de côté et d'autre » ▪ Compromettre par un mauvais usage. *Galvauder ses dons,* en les consacrant à des objets indignes de soi. ⇒ **gaspiller, perdre.** ➛ *« Le terme de révolution a été galvaudé. Tout le monde s'en sert, à propos de n'importe quoi »* (Siegfried). ➛ pronom. ⇒ **s'abaisser,** ① **se dégrader.** *« Il fallait pas que je me galvaude ! J'avais déjà trop de sales instincts »* (Céline).

gamay n. m. – XVIIIe ▪ Cépage de la Côte-d'Or ; vin issu de ce cépage.

gambade n. f. – XVe ; lat. *gamba* « jambe » ▪ Saut marquant la gaieté, le besoin de s'ébattre. ⇒ **bond, cabriole, galipette.**

gambader v. intr. [1] – XVe ▪ Faire des gambades. ⇒ **bondir, danser, folâtrer, sautiller.** *« de petits chevaux corses gambadant la crinière au vent »* (Daud.).

gambas [gɑ̃bas] n. f. pl. – répandu v. 1960 ; mot catalan ▪ Grosses crevettes comestibles de la Méditerranée.

gambe n. f. – XVIIe ; it. *gamba* « jambe » ▪ *Viole de gambe :* instrument à cordes, sans pique, ancêtre du violoncelle.

gamberge n. f. – 1952 ▪ arg. fam. Réflexion, raisonnement.

gamberger v. [3] – XIXe ; var. de *comberger,* p.-ê. altér. de *compter* ▪ arg. fam. 1 v. intr. Réfléchir, méditer. *« j'ai bien souvent gambergé à ces problèmes »* (Queneau). 2 v. tr. Calculer, combiner. ⇒ **manigancer, mijoter.**

gambette n. f. et m. – XIIIe ; de *gambe* « jambe » 1 n. f. fam. Jambe. ⇒ **guibolle.** *Elle a de belles gambettes.* 2 n. m. Échassier du genre chevalier.

gambiller v. intr. [1] – XVIe ; de *gambe* « jambe » ▪ fam. Danser.

gambit n. m. – XVIIIe ; it. *gambetto* « croc-en-jambe » ▪ Aux échecs, Coup qui consiste à sacrifier un pion, une pièce, pour dégager le jeu, ou pour s'assurer un avantage d'attaque ou de position.

gambusie n. f. – 1930 ; esp. d'Amérique du Sud ▪ Poisson des étangs et marais *(athériniformes),* qui détruit les larves de moustiques.

-game, -gamie Éléments, du gr. *gamos* « mariage ».

gamelan n. m. – XIXe ; javanais *gamel* « instrument » ▪ Orchestre traditionnel indonésien comprenant gongs, xylophones, tambours, etc.

gamelle n. f. – XVIe ; lat. *camella* « coupe » 1 Récipient métallique individuel, pour la nourriture, muni d'un couvercle. *« L'homme essuie sa cuiller contre le revers de sa veste et la plonge dans sa gamelle »* (Duras). ➛ Le contenu de ce récipient. *Faire chauffer sa gamelle.* 2 Table commune des officiers d'un navire. ⇒ **carré ; mess.** 3 fam. Chute. *Ramasser, prendre une gamelle :* tomber ; subir un échec.

gamète n. m. – XIXe ; gr. *gamos* « mariage » ▪ Cellule reproductrice sexuée possédant la moitié des chromosomes des autres cellules de l'organisme, et qui, en s'unissant à une cellule reproductrice de sexe opposé, forme l'œuf.

gamétogenèse n. f. – 1935 ▪ Processus de formation des gamètes.

gamin, ine n. – XVIIIe ; o. i. 1 Garçon, fille jeune. ⇒ **gosse.** *Une gamine de onze ans. Quand j'étais gamin.* ➛ adj. *Elle est restée gamine.* 2 fam. Fils, fille encore jeune. *« son gamin qui est toujours premier en classe »* (Aymé). ✪ CONTR. Adulte, sérieux.

gaminerie n. f. – XIXe ▪ Comportement, acte, propos de gamin, dignes d'un gamin. ⇒ **enfantillage.** *« les gamineries n'étaient plus de saison »* (Colette).

gamma n. m. – XIXe ; mot gr. 1 Troisième lettre de l'alphabet grec (Γ, γ), correspondant au G [g]. 2 *POINT GAMMA :* intersection de l'écliptique avec le plan de l'équateur. ⇒ **vernal.** 3 *Rayons gamma :* rayonnements électromagnétiques très pénétrants, de fréquence élevée.

gammaglobulines n. f. pl. – 1950 ▪ Fraction du sérum sanguin contenant la plupart des anticorps, utilisée contre certaines maladies infectieuses.

gammagraphie n. f. – 1953 1 Étude de la structure interne des corps opaques, au moyen des rayons gamma. 2 ⇒ **scintigraphie.**

gammare n. m. – XVIe ; lat. « écrevisse » ▪ Petit crustacé appelé couramment *crevette d'eau douce.*

gammathérapie n. f. – 1923 ▪ Traitement par rayons gamma. ⇒ **curiethérapie, radiumthérapie.**

gamme n. f. – XIIe ; de la lettre gr. *gamma* « première note de la gamme » 1 Échelle de sons établie selon une répartition conventionnelle. ♦ Suite des sept notes comprises dans l'intervalle d'une octave. *La gamme de do majeur.* ➛ *Faire ses (des) gammes au piano. Faire ses gammes :* fig. s'exercer. 2 Série, succession (de teintes, de couleurs) en gradation naturelle. *Du cirage « du noir pur au blanc incolore en passant par toute la gamme des fauves »* (Tournier). 3 Série continue où tous les degrés, toutes les espèces sont représentés. *Chanter « la gamme entière des sensations »* (Maupass.). *Proposer une gamme de prix.* ⇒ **éventail.** ♦ Série de produits comparables, appartenant à une même catégorie, classés selon leur utilisation, leur prix, etc. ➛ *HAUT DE GAMME ; BAS DE GAMME* (ou *entrée de gamme*) : l'ensemble des produits les plus chers, les moins chers dans une telle série. *Téléviseurs haut de gamme.* ♦ Catégorie de produits alimentaires classés selon leur mode de conservation (frais, surgelés ou conservés).

gammée adj. f. – XIXe ■ *CROIX GAMMÉE,* dont les branches sont coudées en forme de gamma majuscule. ⇒ **svastika.**

gamopétale adj. – XIXe ; gr. *gamos* « mariage » et *pétale* ■ Dont les pétales sont soudés.

gamosépale [gamosepal] adj. – XIXe ; gr. *gamos* « mariage » et *sépale* ■ Dont les sépales sont soudés.

① **ganache** n. f. – XVIIe ; it. *ganascia* « mâchoire » 1 Région latérale de la tête du cheval entre la joue et le bord du maxillaire inférieur. 2 fam. vieilli Personne sans intelligence, sans capacité.

② **ganache** n. f. – 1936 ; o. i. ■ Crème à base de chocolat fondu et de crème fraîche.

ganaderia [ganadeʀja] n. f. – XIXe ; esp. *ganado* « troupeau » ■ Élevage de taureaux de combat.

gandin n. m. – XVIIIe ; p.-ê. « habitué du boulevard de *Gand* » à Paris ■ vieilli Jeune élégant raffiné et plus ou moins ridicule.

> ❑ Le boulevard de Gand (aujourd'hui boulevard des Italiens) était le rendez-vous des élégants.

gandoura n. f. – XIXe ; ar. maghrébin ■ Tunique sans manches portée au Maghreb.

gang [gɑ̃g] n. m. – XIXe ; mot angl. « équipe » ■ Bande organisée, association de malfaiteurs. ✪ HOM. Gangue.

ganga n. m. – XVIIIe ; mot catalan ■ Oiseau d'Europe et d'Asie *(columbiformes)* appelé couramment *gélinotte des Pyrénées.*

gangétique adj. – XIXe ■ Qui appartient, qui a rapport au Gange.

ganglion n. m. – XVIe ; gr. ■ Petit renflement sur le trajet des vaisseaux lymphatiques et de certains nerfs. *Ganglion lymphatique, nerveux.* « *les ganglions du cou et les membres avaient gonflé* » (Camus).

ganglionnaire adj. – XIXe ■ Qui concerne les ganglions.

gangrène n. f. – XVIe ; gr. *gaggraina* « pourriture » 1 Mort et destruction des tissus à la suite de l'arrêt de l'irrigation sanguine. *Gangrène gazeuse,* due à l'infection bactérienne d'une blessure. 2 Ce qui pourrit, corrompt et s'étend. ⇒ **corruption, décomposition, destruction, pourriture.** *Gangrène de l'âme.* ⇒ **cancer.**

gangrener [gɑ̃gʀəne ; gɑ̃gʀene] ou **gangréner** v. tr. [5] et [6] – XVIe 1 rare Affecter de gangrène. ➛ pronom. *Membre qui se gangrène.* 2 ⇒ **corrompre, empoisonner, ronger, vicier.** *Lorsque* « *le fanatisme a gangrené un cerveau* » (Volt.).

gangreneux, euse [gɑ̃gʀənø ; gɑ̃gʀenø, øz] ou **gangréneux, euse** adj. – XVIe ■ Qui est de la nature de la gangrène. *Plaie gangreneuse.*

gangster [gɑ̃gstɛʀ] n. m. – v. 1925 ; mot angl. ■ Membre d'un gang, malfaiteur. ⇒ **bandit.** *Film de gangsters.*

> ❑ *Gangster* évoque l'Amérique et sa violence (la Mafia, le hold-up, le racket, le kidnapping) alors que *bandit* véhicule d'autres images, notamment plus anciennes.

gangstérisme [gɑ̃gsteʀism] n. m. – 1934 ■ Activités criminelles des gangsters. ⇒ **banditisme.**

gangue n. f. – XVIe ; all. *Gang* « chemin », « filon » 1 Substance qui entoure un minerai, une pierre précieuse à l'état naturel. *Gangue terreuse, métallique.* 2 ⇒ **enveloppe.** « *Briser sa gangue, sortir de soi* » (Leiris). ✪ HOM. Gang.

ganoïde adj. – XIXe ; gr. *ganos* « éclat » ■ *Écailles ganoïdes,* à l'épaisse couche d'émail brillant.

ganse n. f. – XVIe ; gr. *gampsos* « courbé » ■ Cordonnet ou ruban étroit servant à border, à faire des brides, à orner. ⇒ **cordon, galon, passement.** « *son veston noir bordé de ganses* » (Giraud.).

ganser v. tr. [1] – XVIIIe ■ Garnir d'une ganse.

gant n. m. – XIe ; germ. 1 Pièce de l'habillement qui s'adapte à la main et la recouvre au moins jusqu'au poignet en épousant la forme de chaque doigt séparément. *Une paire de gants. Doigts d'un gant. Pointures de gants. Gants de cuir, de laine.* ➛ *Boîte à gants d'une automobile.* ⇒ **vide-poche.** 2 Gant, moufle, utilisés pour protéger la main. *Gants de caoutchouc. Gants de jardinage. Gants de chirurgien.* ➛ *GANT DE BOXE :* grosse moufle de cuir bourrée de crin. ♦ *GANT DE CRIN,* avec lequel on se frictionne. « *Passe-moi le dos au gant de crin* » (Simenon). ➛ *GANT DE TOILETTE :* poche généralement en tissu éponge dans laquelle on enfile la main pour se laver. ♦ *Gant de pelote basque.* ⇒ **chistera.** 3 loc. *Être souple comme un gant :* avoir un caractère docile, servile. ➛ *Aller comme un gant à qqn :* convenir parfaitement. ➛ *Jeter le gant à qqn,* le défier, le provoquer. *Ramasser, relever le gant :* accepter le combat. ♦ fam. *Prendre, mettre des gants :* agir avec ménagement, précaution.

gantelet n. m. – XIIIe 1 Gant métallique qui faisait partie de l'armure. 2 Morceau de cuir avec lequel certains artisans protègent la paume de leurs mains. ⇒ **manicle,** ① **paumelle.**

ganter v. tr. [1] – XVe 1 Mettre un gant, des gants à. 2 Absolt Avoir comme pointure de gants. ✪ CONTR. Déganter.

ganterie n. f. – XIVe ■ Industrie, commerce du gantier. ♦ Lieu où l'on fabrique, où l'on vend des gants.

gantier, ière n. – XIIIe ■ Personne qui confectionne, vend des gants.

garage n. m. – XIXe 1 Action de garer des wagons à l'écart de la voie principale. *VOIE DE GARAGE :* voie se détachant de la voie principale par un aiguillage. fam. Poste, activité sans avenir. 2 Abri destiné à recevoir des véhicules. *Garage d'avions.* ⇒ **hangar.** *Garage d'autobus* (⇒ **dépôt**). ➛ *Villa avec garage.* 3 Entreprise commerciale s'occupant de tout ce qui concerne la garde, l'entretien et les réparations des automobiles. *Conduire sa voiture au garage.*

garagiste n. – 1922 ■ Propriétaire, gérant d'un garage (3°).

garance n. f. – XIe ; germ. 1 Plante herbacée *(rubiacées)* des régions chaudes et tempérées. 2 Teinture tirée de cette plante. ➛ adj. inv. Couleur de cette teinture, rouge vif. *Pantalons garance.*

garant, ante n. – XIe ; germ. °*warjan* « garantir comme vrai » 1 Personne tenue légalement envers une autre de l'obligation de garantie. ⇒ **responsable.** ♦ Personne qui répond de la dette d'autrui. ⇒ **caution.** *Se porter garant.* ♦ *Les États garants d'un traité.* 2 *ÊTRE, SE PORTER GARANT DE :* répondre de. « *Personne n'a à décliner son identité. La directrice se porte garante de ses clients* » (Duras). *Je suis garant que.* ⇒ **assurer, répondre.** ♦ N. m. *LE GARANT DE QQCH. :* ce qui garantit. ⇒ **assurance, gage, garantie, sûreté.** *Sa conduite est le garant de sa sincérité.* 3 n. m. Cordage employé pour former un palan.

garantie n. f. – XIIe 1 Obligation d'assurer à qqn la jouissance d'une chose, d'un droit, ou de le protéger contre un dommage éventuel ; responsabilité résultant de cette obligation. *Contrat de garantie,* dont l'objet principal est de fournir une garantie à un créancier. ➛ Affectation d'un bien procuré par le débiteur au paiement du créancier. ♦ Obligation qui pèse sur le vendeur d'assurer la jouissance paisible et utile de la chose remise à l'acheteur. *Bon, certifi-*

cat de garantie. Garantie d'un an. Garantie pièces et main-d'œuvre. Appareil sous garantie. ➤ Brevet délivré sans garantie du gouvernement (S. G. D. G.). 2 Ce qui garantit, sert à garantir. ⇒ **garant, sûreté.** « *il offrait les plus grandes garanties dans sa discrétion* » (Balz.). *Nous n'avons aucune garantie.* ♦ Ce qui assure la protection, la sauvegarde. *Garantie de l'emploi.* ⇒ **sécurité.**

garantir v. tr. [2] – XIe **1** Assurer sous sa responsabilité (qqch.) à qqn. ⇒ **répondre** (de). *La République garantit le libre exercice des cultes. Garantir une pension à qqn.* ♦ *Lois garantissant les libertés, les droits du citoyen.* ➤ S'engager sur la qualité de. *Cette voiture n'est pas neuve, mais le vendeur me l'a garantie.* ➤ *Appareil garanti pièces et main-d'œuvre. Garanti sur facture.* **2** Rendre sûr ou assuré. *Je ne peux rien vous garantir :* ça n'est pas sûr. ➤ « *c'est le casse-pipe garanti* » (Sartre). ♦ Donner pour vrai, en prenant l'affirmation sous sa propre responsabilité. ⇒ **affirmer, certifier.** *Je peux vous garantir l'anecdote.* « *je te garantis que Lucien en avait peur !* » (Sartre). **3** Mettre à l'abri de. ⇒ **défendre, préserver, protéger.** *Stores qui garantissent du soleil.* ⇒ **abriter.** ✪ CONTR. Compromettre, exposer.

garbure n. f. – XVIIIe ; gasc. ▪ Dans le sud-ouest de la France, Soupe épaisse faite de pain de seigle, de choux, de lard et de confit d'oie.

garce n. f. – XIIe ; de *gars* ▪ fam. Femme, fille méprisable ou méchante. ⇒ **chameau, chipie, vache.** *Ah ! la garce !* ⇒ **salope.** ➤ adjt *Elle est un peu garce.* ♦ « *cette garce de société moderne* » (Péguy). ⇒ **chienne, putain.**

> ❑ Ce mot est aujourd'hui péjoratif, à la différence de *gars* dont il était à l'origine le féminin.

garcette n. f. – XIIIe ; de *garce* ▪ Cordage court en tresse.

garçon n. m. – XIe ; probablt germ. « vagabond, misérable » **1** Enfant du sexe masculin. *Jeu de garçons. Ils n'ont que des garçons et voudraient avoir une fille.* ⇒ **fils.** ➤ *GARÇON MANQUÉ :* fille se donnant des allures de garçon. ➤ *PETIT GARÇON,* entre l'âge du bébé et la douzième année environ. ⇒ **garçonnet ;** fam. **gamin.** ➤ *JEUNE GARÇON :* adolescent. **2** Jeune homme ; homme. ⇒ **gars,** fam. **mec.** *Un garçon de vingt-quatre ans. Elle* « *trouva qu'il était diablement beau garçon* » (Sand). *Bon, brave garçon.* **3** vieilli Jeune homme non marié. ⇒ **célibataire.** ➤ loc. *VIEUX GARÇON :* homme qui a atteint ou passé l'âge mûr sans se marier. **4** Employé subalterne. *Garçon coiffeur, boucher.* ➤ *Garçon d'ascenseur.* ⇒ **liftier.** *Garçon de courses.* ⇒ ② **coursier.** ♦ *Garçon (de café) :* homme qui assure le service. ⇒ **serveur.**

> ❑ En ancien français, *garçon* était le cas régime et *gars* le cas sujet du même mot. ♦ On distingue le *garçon de café* et le *barman* → barman (rem.).

garçonne n. f. – XIXe ▪ vieilli Jeune fille menant une vie indépendante. « *des garçonnes au nuques rasées qui arboraient des cravates* » (Beauv.). ➤ *Cheveux coupés à la garçonne,* coupés court.

> ❑ Ce mot s'est répandu grâce au roman de Victor Margueritte, *La Garçonne* (1922) ; il est aujourd'hui démodé.

garçonnet n. m. – XIIe ▪ Petit garçon.

garçonnier, ière adj. – XIIe ▪ Qui, chez une fille, rappelle les formes, les allures d'un garçon ; qui convient plutôt à un garçon.

garçonnière n. f. – XIXe ▪ vieilli Petit appartement de célibataire.

① **garde** n. f. – XIe **I - 1** Action de garder, de conserver. ⇒ **conservation, préservation, protection, surveillance.** *Le service de la consigne se charge de la garde des bagages. Mettre, tenir sous bonne garde.* ♦ Obligation, pour le propriétaire, l'utilisateur d'une chose (ou d'un animal), de l'empêcher de causer dommage à autrui. ➤ Le fait de détenir la chose d'autrui. *Garde d'un dépôt.* ➤ *Garde judiciaire :* surveillance légale d'objets saisis. *GARDE À VUE :* mesure permettant à un officier de police judiciaire de retenir qqn, dans le cadre d'une enquête et pendant le délai fixé par la loi. **2** Action de veiller sur un être vivant. *Confier un enfant à la garde de qqn.* ⇒ **soin. 3** Surveillance. *Patrouille, ronde qui assure la garde. Poste de garde.* ➤ *CHIEN DE GARDE :* chargé de veiller sur une maison, une propriété. ♦ Service de surveillance assuré pendant la nuit, les congés, une absence. *Garde de nuit.* ⇒ **veille.** *Gardes d'enfants.* ⇒ **baby-sitting.** ➤ *Être de garde.* ⇒ **astreinte.** *Tour de garde.* ➤ *Médecin, pharmacie de garde.* ➤ *Monter la garde.* **4** Position de défense en vue d'éviter un coup, un danger. ♦ Position du corps et des bras du sportif (boxeur, escrimeur) prêt à parer les coups de l'adversaire ou à attaquer. **5** *EN GARDE :* dans un état de méfiance, de vigilance. *Je* « *l'ai mise en garde contre la confusion du sacré et du profane* » (Montherl.). *Se tenir sur ses gardes.* **6** *PRENDRE GARDE :* faire, prêter attention (pour éviter un danger, se protéger). « *Sans y prendre garde, elle s'habillait devant lui* » (Flaub.). ➤ Être attentif à ce qui se passe autour de soi. *Prenez garde !* ⇒ **attention,** ② **gare.** « *Sa mère lui a recommandé de prendre garde aux voitures* » (Romains). « *Prenez bien garde de ne pas tacher vos tabliers* » (Aymé). **II - 1** Ensemble des personnes chargées de garder, de protéger la personne d'un souverain, d'un chef. *Garde d'honneur.* ⇒ **escorte.** *Garde impériale. Garde nationale. Garde municipale* ou *garde républicaine :* garde chargée de la police militaire de Paris. loc. *La vieille garde :* les amis fidèles, les partisans inconditionnels d'un homme politique, d'un régime. **2** Ensemble des soldats en armes qui occupent un poste, surveillent. *La relève de la garde.* ♦ *CORPS DE GARDE :* groupe de soldats chargés de garder un poste, un bâtiment, une caserne. ➤ loc. *Histoire, plaisanterie de corps de garde,* grossière. **III - 1** Rebord placé entre la lame et la poignée (d'une épée, d'un sabre) et servant à protéger la main. « *Je lui plongeai mon sabre jusqu'à la garde dans le dos* » (Barbey). **2** *Pages de garde,* placées au commencement et à la fin d'un livre, entre le titre et la couverture. **3** plur. Pièces placées à l'intérieur d'une serrure pour empêcher que n'importe quelle clé ne puisse l'ouvrir. ⇒ **bouterolle. 4** Palan. **IV** *La garde de la pédale de frein, d'embrayage,* distance que doit parcourir la pédale avant qu'elle ne soit efficace.

② **garde** n. m. – XIIe **1** Personne qui garde une chose, un dépôt, un lieu. ⇒ **conservateur, dépositaire, gardien, surveillant.** ➤ *GARDE DES SCEAUX :* ministre de la Justice (auquel sont confiés les sceaux de l'État). ➤ *Garde forestier,* chargé de surveiller des forêts. ➤ *GARDE CHAMPÊTRE :* agent de la force publique, préposé à la garde des propriétés rurales, dans une commune. **2** Personne qui a la garde d'un prisonnier. ⇒ **gardien, geôlier. 3** Personne qui veille sur la personne d'un souverain, d'un prince, d'un chef d'armée. ➤ *GARDE DU CORPS,* chargé de veiller à la sécurité d'une personne. ⇒ fam. **gorille.** ♦ Soldat d'une garde. *Un garde républicain.*

> ❑ Suivi d'un nom, ce mot s'écrit avec un trait d'union *(garde-malade),* mais il n'en prend pas s'il est suivi d'un adjectif *(garde champêtre).* Il varie au pluriel *(des gardes-barrières),* à la différence des mots formés avec le verbe *garder (des garde-meubles).*

③ **garde** n. – XVIIIe ▪ vieilli Personne qui garde, soigne un malade chez lui. ⇒ **garde-malade.**

gardé, ée adj. – XIe ▪ CHASSE GARDÉE, réservée à son propriétaire ; fig. ce qu'on se réserve exclusivement. ➛ TOUTE(S) PROPORTION(S) GARDÉE(S) : en tenant compte des différences entre ce que l'on compare.

garde-à-vous n. m. inv. – XIXe ▪ Position immobile du soldat prêt à exécuter un ordre. *Se mettre, rester au garde-à-vous. Garde-à-vous !* ⇒ ① **fixe.** « *pétrifié dans un impeccable garde-à-vous* » (Carco). ♦ Attitude contrainte, raidissement. ✪ CONTR. Repos.

garde-barrière n. – XIXe ▪ Personne qui assure la sécurité à un passage à niveau. *La maison des gardes-barrières.*

garde-bœuf, plur. **garde-bœufs** [gaʀdəbœf, gaʀdəbø] n. m. – XIXe ▪ Échassier *(ardéidés),* qui se pose sur les bœufs, les buffles, les éléphants et les débarrasse de leurs parasites. ⇒ **pique-bœuf.**

garde-boue n. m. inv. – XIXe ▪ Bande de métal incurvée qui recouvre en partie la roue (d'une bicyclette, d'une moto, des anciennes automobiles), et protège des éclaboussures. « *à chaque ressaut les garde-boue raclaient les pneus* » (Sartre).

garde-chasse n. m. – XVIIe ▪ Homme préposé à la garde du gibier et à la répression des infractions dans un domaine privé. *Des gardes-chasse* ou *des gardes-chasses.*

garde-chiourme n. m. – XIXe 1 Surveillant des forçats, dans un bagne ou une galère. *Des gardes-chiourme.* 2 Surveillant brutal et sans scrupules.

garde-corps [gaʀdəkɔʀ] n. m. inv. – XIVe 1 Cordage tendu sur le pont d'un navire pour servir d'appui. ⇒ **bastingage.** 2 Parapet empêchant de tomber d'un pont, d'un lieu élevé. ⇒ **garde-fou ; balustrade, rambarde.**

garde-côte n. m. – XVIe ▪ Petite embarcation chargée de la surveillance douanière et de surveiller la pêche le long des côtes. ⇒ **garde-pêche.** *Des garde-côtes.*

garde-feu n. m. – XVIIe ▪ Grille de toile métallique ou plaque de tôle que l'on place devant une cheminée pour se préserver des étincelles. ⇒ **pare-feu.** *Des garde-feux* ou *des garde-feu.* « *À travers les lames du garde-feu, pareil à un gros éventail* » (Flaub.).

garde-fou n. m. – XVe ▪ Parapet, balustrade. ⇒ **barrière, garde-corps.** *Des garde-fous.*

garde-magasin n. m. – XVIIe ▪ Sous-officier chargé de surveiller les magasins d'un corps de troupe. *Des gardes-magasins.*

garde-malade n. – XVIIIe ▪ Personne qui garde les malades. ⇒ ③ **garde.** « *Garde-malade,* [...] *j'ai dû accepter sans trop d'étonnement et surtout sans dépit les transports et les accablement de l'âme aux prises avec la fièvre* » (Sand). *Des gardes-malades.*

garde-manger n. m. inv. – XIVe ▪ Petite armoire mobile, placard extérieur dans lequel on conserve des aliments.

garde-meuble n. m. – XIVe ▪ Lieu où l'on garde les meubles. *Des garde-meubles.*

gardénal n. m. – 1926 ; nom déposé ; de *garder* et *(véro)nal* ▪ Phénobarbital, barbiturique utilisé comme sédatif et tranquillisant. « *Bonne nuit, assurée par cinq pastillettes de gardénal* » (Gide). *Des gardénals.*

❑ Lorsqu'il fallut donner un nom à ce nouveau produit, un chimiste proposa de *garder* « *nal* » de *véronal* (autre barbiturique).

gardénia n. m. – XVIIIe ; de *Garden,* n. pr. ▪ Arbuste exotique *(rubiacées)* à feuillage persistant, à fleurs simples ou doubles, souvent d'un beau blanc mat, particulièrement odorantes. ➛ Cette fleur. « *le beau gardénia crémeux qui décorait sa boutonnière* » (Duham.).

❑ *Garden,* qui donna son nom à l'arbuste, était un botaniste écossais du XVIIIe s.

garden-party [gaʀdɛnpaʀti] n. f. – XIXe ; mot angl., de *garden* « jardin » et *party* « partie de plaisir » ▪ vieilli Réception mondaine donnée dans un grand jardin ou dans un parc. *Des garden-partys* ou *des garden-parties.*

❑ Pour le pluriel → ① y (rem.).

garde-pêche n. m. – XVIIe 1 Agent chargé de surveiller la pêche. *Des gardes-pêche.* 2 inv. Embarcation utilisée pour la surveillance des pêches côtières. *Des garde-pêche.* ⇒ **garde-côte.**

garde-port n. m. – XVIIe ▪ Personne qui reçoit et dispose les marchandises, dans un port fluvial. *Des gardes-ports.*

garder v. tr. [1] – XIe ; germ. °*wardôn* **I** - 1 Prendre soin de. ⇒ **veiller** (sur) ; **surveiller.** *Garder des bêtes, un troupeau. Garder des enfants.* 2 Empêcher de sortir, de s'en aller. ⇒ **enfermer, séquestrer.** « *Il nous le fait garder jour et nuit, et de près* » (Rac.). 3 Rester dans un lieu pour surveiller, défendre ce qui s'y trouve. *Un chien garde la propriété. Agent de sécurité qui garde l'entrée d'une banque.* « *Des soldats et des eunuques noirs gardaient ces entrées défendues* » (Loti). ♦ *Garder la chambre, le lit* : rester couché par suite de maladie. 4 littér. ou région. Protéger ; préserver. ⇒ **garantir, sauvegarder.** *Garder qqn de l'erreur. Les chapeaux* « *sont trop plats ; ils ne gardent pas du soleil* » (Guillaumin). « *Dieu me garde de mes amis ! Quant à mes ennemis, je m'en charge* » (mot attribué à Voltaire). *Dieu vous garde !* **II** - 1 Préserver de la destruction, d'altérations. *Produit à garder à l'abri de la chaleur et de l'humidité.* ⇒ **conserver.** *Garder du vin dans une cave.* ➛ Mettre en lieu sûr. *Garder des marchandises en entrepôt.* 2 Conserver pour soi, ne pas se dessaisir de. *Garder un double du contrat.* « *Sa mère ne pouvait pas se dépouiller ainsi ; il fallait bien qu'elle gardât de quoi vivre* » (Mauriac). *Garder sa voiture dix ans,* ne pas en changer. ♦ Ne pas rendre. *Il a gardé le livre qu'on lui avait prêté.* 3 Conserver sur soi. *Gardez votre manteau.* 4 Retenir avec soi. *Garder qqn à dîner.* ♦ Conserver un employé à son service. ➛ *Garder un client,* le conserver dans sa clientèle. 5 Ne pas dévoiler, ne pas divulguer. *Garder un secret.* ➛ Ne pas communiquer, garder pour soi. *Gardez vos réflexions pour vous.* 6 Continuer à avoir. « *L'œuvre garde le jeune éclat, la juste harmonie et la fraîcheur vivace* » (Gaut.). ➛ *Suivre un régime pour garder la ligne.* ♦ *Garder son sang froid.* ➛ *Garder qqch. en mémoire.* ➛ *Garder le silence.* ⇒ **observer.** *Garder l'espoir. Je lui garde toute ma confiance.* 7 *Garder les yeux baissés.* ⇒ **tenir.** *Garder la tête froide.* ➛ « *Il avait gardé intacte la chambre de sa compagne* » (Maupass.). 8 Préserver, conserver. *Cette lessive garde aux couleurs leur éclat.* **III** Mettre de côté, en réserve. ⇒ **réserver.** *Si vous arrivez le premier, gardez-moi une place. Garder le meilleur pour la fin.* **IV** Observer fidèlement, avec soin. ⇒ **pratiquer, respecter.** *Garder la mesure. Garder une discrétion absolue. Garder ses distances* : s'abstenir de toute familiarité. ⇒ **maintenir.** **V** v. pron. 1 SE GARDER DE : prendre garde à. ⇒ se **défier,** se **méfier,** se **préserver.** *Il faut se garder des jugements hâtifs.* ➛ S'abstenir de. « *Gardez-vous, leur dit-il, de vendre l'héritage* » (La Font.). *Elle s'est bien gardée de m'en parler.* 2 Se conserver. *Produits qui se gardent plusieurs mois.* ✪ CONTR. Abandonner, céder, changer, congédier, détruire, donner, enlever, gâter, laisser, rendre, renoncer (à). — Débarrasser (se), défaire (se). Négliger, oublier, perdre. Révéler.

garderie n. f. – XVIe 1 Étendue de bois que surveille un seul garde forestier. 2 Local où l'on garde les enfants en bas âge. ⇒ **crèche.** « *Chaque matin, il lui faut mener ses enfants à la garderie, et, le soir, aller les chercher* » (Renard). ♦ Accueil des jeunes enfants en dehors des heures et jours de classe.

garde-robe n. f. – XIIe 1 vieilli Armoire dans laquelle on range les robes, les vêtements. ⇒ **penderie.** 2 Ensemble des vêtements d'une personne. « *les femmes aussi superbement parées que le permettait leur garde-robe de province, un peu arriérées sur les modes de la cour* » (Gaut.). *Renouveler sa garde-robe.* 3 vx Cabinet d'aisances. *Des garde-robes.*

gardeur, euse n. – XIIe ▪ Personne qui garde (des animaux). ⇒ **berger.** *Gardeuse d'oies.*

garde-voie n. m. – XIXe ▪ Employé chargé de garder une voie ferrée. *Des gardes-voies.*

gardian n. m. – 1911 ; mot provenç. ▪ Gardien de bœufs, de taureaux, de chevaux, en Camargue.

gardien, ienne n. – XIIe 1 Personne qui a charge de garder. ⇒ ② **garde.** *Gardien de prison. Gardien d'immeuble.* ⇒ **concierge.** *Gardien de square. Gardien de musée. Gardien de phare.* ➛ « *le gardien de nuit balance la lanterne* » (Romains). ➛ *GARDIEN DE BUT :* joueur chargé de défendre le but au football, au hockey... ⇒ **goal.** 2 Personne, institution qui garde, qui défend, protège. ⇒ **garant, protecteur.** *Un sénat, gardien de la Constitution.* ➛ *GARDIEN DE LA PAIX :* agent de police. 3 région. (Belgique) *École gardienne :* école maternelle.

> ❑ Le corps des *gardiens de la paix publique* a été créé le 8 septembre 1870 par un arrêté du préfet de police de Paris.

gardiennage n. m. – XIXe 1 Emploi de gardien. 2 Fait de garder, de surveiller. *Société de gardiennage.*

gardon n. m. – XIIIe ; o. i., p.-ê. germ. ▪ Poisson *(cyprinidés)* comestible, dont la chair a peu de goût, vivant dans les eaux douces tranquilles. ➛ loc. *Frais comme un gardon :* en bonne forme.

① **gare** n. f. – XVIIe ; de *garer* 1 Bassin, élargissement d'un cours d'eau navigable où les bateaux peuvent se croiser, se garer. *Gare fluviale.* 2 Ensemble des bâtiments et installations établis aux stations des lignes de chemin de fer pour l'embarquement et le débarquement des voyageurs et des marchandises. *Gare de triage,* où se fait le triage des wagons de marchandises et se forment les trains. *Gare maritime,* dont les voies aboutissent aux quais du port d'embarquement ou de débarquement. *Salle d'attente, buffet d'une gare. Quais d'une gare. Chef de gare. Gares de banlieue. Aller à la gare.* ➛ *Le train entre en gare.* ➛ loc. *Littérature, roman DE GARE,* que l'on trouve dans les kiosques de gare, de lecture facile. ♦ Station de métro, de R.E.R. 3 *GARE ROUTIÈRE :* espace destiné à accueillir les véhicules routiers de gros tonnage. « *j'ai marché jusqu'à la gare des autocars, j'ai pris un billet pour Bologne* » (Le Clézio).

② **gare** interj. – XVe ▪ Interjection pour avertir de se garer ; de laisser passer qqn, qqch., de prendre garde à quelque éventualité fâcheuse. *Gare !* ⇒ **attention.** *Crier gare.* ⇒ **casse-cou.** ➛ loc. *SANS CRIER GARE :* sans prévenir, inopinément. « *Mais l'âge vient tout à coup, sans crier gare* » (Green). ➛ *Gare à toi si tu désobéis.*

garenne n. f. – XIIIe ; p.-ê. germ. °*warôn* « garer » ▪ Bois où les lapins vivent à l'état sauvage. « *nous vous ferons tirer un lapin dans la garenne* » (Flaub.). ➛ *LAPIN DE GARENNE* (par oppos. à *lapin de clapier*).

garer v. tr. [1] – XVe ; p.-ê. germ. °*warôn* « avoir soin » **I** v. tr. 1 Mettre (un bateau, un véhicule) à l'écart, à l'abri, en un lieu sûr ou spécialement aménagé. ⇒ **abriter,** ① **ranger.** *Avion garé dans un hangar. Où as-tu garé la voiture ?* 2 *Garer de :* mettre à l'abri de. **II** v. pron. 1 Se ranger de côté pour laisser passer. 2 Se mettre à l'écart dans un lieu de stationnement. ⇒ **parquer.** *Voitures qui se garent le long du trottoir.* ⇒ **stationner.** ♦ fam. *Quartier où il est difficile de se garer.* ➛ *Être mal garé.* 3 *SE GARER DE :* faire en sorte d'éviter. *Se garer des coups.* ⇒ se **préserver,** se **protéger.**

gargantuesque adj. – XIXe ▪ Digne de Gargantua. ⇒ **pantagruélique.**

gargariser (se) v. pron. [1] – XIIIe ; gr. *gargarizein* 1 Se rincer l'arrière-bouche, la gorge avec de l'eau ou un liquide médicamenteux. 2 fam. Se délecter. ⇒ **savourer.** « *Il pérore, l'imbécile [...] Il se gargarise de lieux communs* » (Mart. du G.).

gargarisme n. m. – XIIIe 1 Médicament liquide dont on fait usage pour se gargariser. ⇒ **collutoire.** 2 Action de se gargariser.

gargote n. f. – XVIIe ; de *gargoter* « manger malproprement » ; rad. *garg-* « gorge » ▪ Restaurant à bon marché, où la cuisine et le service manquent de soin. « *la forte et nauséabonde odeur de vin et de mangeaille qui vous saisit à Paris, en passant devant les gargotes de faubourgs* » (Balz.).

gargouille n. f. – XIIIe ; du rad. *garg-* « gorge » et *goule* « gueule » ▪ Dégorgeoir en saillie par lequel s'écoulent, à distance des murs, les eaux de pluie recueillies dans les gouttières, les chéneaux. « *les gargouilles à laide figure, les petits monstres aux traits vagues* » (Loti).

gargouillement n. m. – XVIe ▪ Bruit analogue à celui de l'eau tombant d'une gargouille. ⇒ **gargouillis, glouglou.** *Les gargouillements d'un siphon d'évier.* ♦ *Gargouillements gastro-intestinaux.* ⇒ **borborygme.**

gargouiller v. intr. [1] – XIVe ▪ Produire un bruit analogue à celui de l'eau tombant d'une gargouille. « *Les toits laissent ruisseler la pluie ; les tuyaux gargouillent* » (Le Clézio). ♦ Produire des gargouillements dans le corps.

gargouillis n. m. – XVIe ▪ ⇒ **gargouillement.**

gargoulette n. f. – XIVe ▪ Vase poreux dans lequel les liquides se rafraîchissent par évaporation. ⇒ **alcarazas.**

gargousse n. f. – XVIe ; provenç. *carga* « charger » ▪ Charge de poudre à canon, dans son enveloppe cylindrique.

garnement n. m. – XIVe ; de *garnir* ▪ Enfant turbulent.

> ❑ Le mot s'est d'abord employé pour désigner l'équipement d'un soldat et, par métonymie, un homme armé, puis un vaurien.

garni n. m. – XIXe ▪ vieilli Maison, chambre meublée, affectée à la location. ⇒ **meublé.**

garniérite n. f. – XIXe ; du nom du voyageur *Garnier* ▪ Minerai de nickel.

garnir v. tr. [2] – XIe ; germ. °*warnjan* « prendre garde », « protéger » 1 Pourvoir d'éléments destinés à protéger ou à renforcer. ⇒ **munir.** *Garnir une paroi d'un revêtement.* 2 Pourvoir des éléments dont la présence est nécessaire ou normale. ⇒ **approvisionner, équiper, outiller, remplir.** *Garnir des sièges.* ⇒ ① **canner, capitonner,** ② **pailler, rembourrer.** ➛ pronom. *La salle se garnissait peu à peu* (de gens). ♦ Remplir, en tant que garniture. *Livres qui garnissent les rayons d'une bibliothèque.* 3 Pourvoir d'éléments qui s'ajoutent à titre d'accessoires ou d'ornements. *Garnir une robe de dentelle.* ⇒ **agrémenter, enrichir, orner.** ➛ *Plat de viande garni de légumes,* servi avec un accompagnement de légumes. « *C'est un carré de filet de bœuf rôti sai-*

gnant, garni de pommes soufflées et de cresson » (Romains). ➝ *Choucroute garnie,* accompagnée de charcuteries. ✪ CONTR. Dégarnir, priver.

garnison n. f. – XIe ; de *garnir* ▪ Corps de troupes caserné dans une ville. *Être en garnison, tenir garnison à Metz.* ♦ *Ville de garnison,* où séjourne une garnison.

garnissage n. m. – XVIIIe ▪ Action de garnir ; son résultat.

garniture n. f. – XIVe 1 Ce qui peut servir à garnir, à compléter, à orner. ⇒ **ornement, parure.** *Garniture de cheminée* : ensemble des objets ornant le dessus d'une cheminée. 2 Pièce destinée à protéger, à renforcer. ⇒ **enveloppe, protection, renfort.** *Garnitures métalliques.* ➝ *Garniture de frein,* matériau de friction à la périphérie des mâchoires. ➝ Dispositif, joint assurant l'étanchéité. *Garnitures d'une pompe.* ♦ vieilli *Garniture hygiénique, périodique.* ⇒ **protection, serviette.** 3 Ce qui remplit, accompagne, en cuisine. *La garniture d'un plat de viande,* les légumes qui l'accompagnent. ⇒ **accompagnement.**

garou n. m. – XVIIIe ; mot germ. ▪ Daphné (plante). ⇒ **sainbois.**

garrigue n. f. – XVIe ; rad. préceltique °*carra* « pierre » ▪ Terrain aride à sous-sol calcaire de la région méditerranéenne ; végétation broussailleuse qui couvre ce genre de terrain. ⇒ **lande, maquis.** « *une vaste garrigue, peuplée de houx, de myrtes* » (Bosco).

① **garrot** n. m. – XVe ; p.-ê. provenç. *garrot,* de même o. gaul. que *jarret* ▪ Chez les grands quadrupèdes, Partie du corps située au-dessus de l'épaule et qui prolonge l'encolure. *Hauteur au garrot d'un cheval.*

② **garrot** n. m. – XIVe ; p.-ê. de l'a. fr. *garokier* « tordre », o. germ. 1 Morceau de bois passé dans une corde pour la serrer en tordant. 2 Lien servant à comprimer un membre pour arrêter une hémorragie. « *Il fallut poser un garrot en toute hâte et porter le blessé sur la table d'opérations* » (Duham.). 3 Instrument de supplice composé d'un collier de fer serré par une vis, pour étrangler.

garrottage n. m. – XVIe ▪ Action de garrotter ; son résultat.

garrotter v. tr. 1 – XVIe ▪ Attacher, lier très solidement, comme un garrot. *Garrotter un prisonnier.* ♦ *Garrotter l'opposition.* ⇒ **bâillonner, museler.** ✪ CONTR. Délier, délivrer, libérer.

gars [gɑ] n. m. – XIIe ; de *garçon* ▪ fam. Garçon, jeune homme ; homme. ⇒ **mec, type.** *Un brave gars.* ➝ « *Une étoile filante, les gars. Faites un vœu* » (Sartre).

gascon, onne adj. et n. – XIe 1 De la Gascogne, ancienne province de France. ♦ n. m. Parler occitan de Gascogne. 2 vieilli Qui a des traits de caractère attribués aux Gascons. ⇒ **fanfaron, hâbleur.** *Un ton gascon. Promesse de Gascon,* peu sérieuse.

gasconnade n. f. – XVIe ▪ littér. Action, propos de Gascon, digne d'un Gascon. ⇒ **fanfaronnade, hâblerie, vantardise.**

gasconnisme n. m. – XVIe ▪ Tour, mot gascon employé en français.

gasoil ou **gas-oil** → **gazole**

gaspacho [gaspatʃo] n. m. – XVIIIe ; esp. ▪ Potage froid d'origine espagnole, à base de tomate, de piments et d'épices.

> ❏ Le mot, qui avait été employé par Mérimée (1830), ne s'est répandu qu'après 1950 avec le développement du tourisme français en Espagne.

gaspillage n. m. – XVIIIe ▪ Action de gaspiller. ⇒ **dilapidation, dissipation, prodigalité.** « *C'était, à l'office, un gaspillage effréné, un coulage féroce* » (Zola). ♦ « *un fol gaspillage de mon cher et précieux temps* » (Duham.). ✪ CONTR. Conservation, économie, épargne.

gaspiller v. tr. 1 – XVIe ; probablt d'o. gaul. ▪ Dépenser, consommer sans discernement, inutilement. *Gaspiller sa fortune, son argent.* ⇒ **croquer, dilapider ;** fam. **claquer.** « *il faut dilapider et chacun gaspille à qui mieux mieux ses richesses, ses vivres* » (Caillois). ⇒ **gâcher.** ♦ *Gaspiller son temps.* « *Apprends donc un métier et tâche de l'exercer de manière à gagner ta vie honorablement sans y gaspiller toutes tes forces* » (Duham.). ✪ CONTR. Conserver, économiser, épargner.

gaspilleur, euse n. – XVIe ▪ Personne qui gaspille. ➝ adj. *Il est très gaspilleur.* ✪ CONTR. Avare, économe.

gastéro-, gastr(o)-, -gastre Éléments, du gr. *gastêr* « ventre ; estomac ».

gastéropodes n. m. pl. – XVIIIe ; *gastéro-* et *-pode* ▪ Classe de mollusques qui possèdent une sole de reptation et une masse viscérale généralement enfermée dans une coquille univalve.

> ❏ La variante *gastropode* est archaïque.

gastralgie n. f. – XIXe ; *gastr(o)-* et *-algie* ▪ Douleur vive au niveau de l'estomac.

gastralgique adj. – XIXe ▪ De la gastralgie. ♦ Atteint de gastralgie.

gastrectomie n. f. – XIXe ; *gastr(o)-* et *-ectomie* ▪ Ablation totale ou partielle de l'estomac.

gastrine n. f. – 1905 ▪ Hormone sécrétée par l'estomac, participant à la digestion des aliments.

gastrique adj. – XVIe ▪ De l'estomac. *Suc gastrique.* « *Il avait des mouches devant les yeux, et des points d'or. La crampe gastrique s'accentuait* » (Aragon).

gastrite n. f. – XIXe ▪ Inflammation de la muqueuse de l'estomac.

gastr(o)- → **gastéro-**

gastroentérite n. f. – XIXe ▪ Inflammation simultanée des muqueuses gastrique et intestinale.

gastroentérologie n. f. – 1938 ; *gastro-, entéro-* et *-logie* ▪ Médecine du tube digestif.

gastroentérologue n. – mil. XXe ▪ Médecin spécialiste du tube digestif.

gastro-intestinal, ale, aux adj. – XIXe ▪ Qui a rapport à la fois à l'estomac et à l'intestin. *Troubles gastrointestinaux.*

gastronome n. – XIXe ▪ Amateur de bonne chère, de repas fins. ⇒ **gourmet.** « *Il n'engageait jamais ces soi-disant gastronomes qui ne sont que des gloutons dont le ventre est un abîme, et qui mangent partout, de tout et tout* » (Brillat Sav.).

gastronomie n. f. – XIXe ; gr. ▪ Art de la bonne chère.

gastronomique adj. – XIXe ▪ Qui a rapport à la gastronomie. ⇒ **culinaire.** *Repas gastronomique.*

gastroscopie n. f. – XIXe ; *gastro-* et *-scopie* ▪ Examen visuel de l'intérieur de l'estomac.

gastrotomie n. f. – XVIIe ; *gastro-* et *-tomie* ▪ Opération qui consiste à ouvrir l'estomac.

gastrula n. f. – XIXe ; gr. *gastêr* « ventre » ▪ Stade du développement embryonnaire caractérisé par la présence d'une cavité au sein de l'endoderme.

> ❏ Le mot a été créé en 1872 par le biologiste allemand Haeckel.

gastrulation n. f. – XIXe ▪ Ensemble des mouvements qui mettent en place les trois feuillets de l'embryon.

gâteau n. m. – XIIe ; probablt germ. °*wastil* « nourriture » **I - 1** Pâtisserie ordinairement à base de farine, de beurre et d'œufs, le plus souvent sucrée. *Part de gâteau.* « *Il prit ensuite le thé avec un excellent gâteau au pavot* » (R. Gary). *Gâteau au chocolat. Moule, pelle, service à gâteau.* ➛ *GÂTEAUX SECS ; PETITS GÂTEAUX,* de petite taille, sans crème, qui peuvent se conserver. ➛ *Gâteau d'anniversaire,* que l'on garnit de bougies. ♦ Entremets moulé. *Gâteau de riz.* ♦ fam. *Avoir, réclamer, vouloir sa part du gâteau,* du profit. *Se partager le gâteau.* ➛ *C'est du gâteau !* se dit de qqch. d'agréable, de facile. ⇒ **billard, nanan.** 2 inv. fam. *Une maman gâteau, un grand-père gâteau,* qui gâte les enfants. II Masse d'une substance analogue à la pâte et prenant la forme moulée et cylindrique d'un gâteau. *Gâteau de plâtre.* ➛ *Gâteau de cire :* masse d'alvéoles, où les abeilles déposent leur miel. ⇒ ② **rayon.** ♦ Morceau de cire ou de terre dont les sculpteurs garnissent les creux d'un moule.

gâte-bois n. m. inv. – XIXe ▪ Cossus, insecte dont la larve mange le bois.

gâter v. tr. [1] – XIe ; lat. *vastare* « ravager » **I - 1** Détériorer en pourrissant, en putréfiant. ⇒ **altérer, avarier, corrompre.** *Des fruits gâtés par l'humidité.* « *Et il riait, en montrant impunément ses dents gâtées* » (Baud.). ⇒ **carié.** 2 littér. Priver de sa beauté, de ses qualités naturelles. ⇒ **abîmer, défigurer, déparer, enlaidir.** *La figure était « gâtée par un trop gros nez »* (Huysm.). 3 Priver de ses avantages, de ses effets profitables, heureux, favorables. *Tout gâter :* compromettre, ruiner toutes les possibilités de succès. ⇒ fam. **bousiller.** *Ce qui ne gâte rien :* c'est un avantage supplémentaire. 4 Affaiblir, diminuer, détruire en privant de son effet agréable. « *Nous te regrettons tous, cela gâte un peu le plaisir que nous avons à être ici* » (Flaub.). ⇒ **gâcher.** « *L'idée de manger des calories me gâte l'appétit* » (Duham.). **II - 1** vieilli Traiter (un enfant) avec une faiblesse et une indulgence extrêmes. « *Moi seul ai causé les désordres de mes filles, je les ai gâtées* » (Balz.). ➛ *Enfant gâté.* 2 Traiter (qqn) en comblant de prévenances, de cadeaux, de gentillesses... ⇒ **pourrir.** *Sa grand-mère l'a gâté pour Noël. C'est trop, vous me gâtez !* ⇒ **combler.** *La vie ne l'a pas gâté.* **III** v. pron. 1 S'abîmer, pourrir. *Les fruits commencent à se gâter.* 2 Se détériorer. *Le temps se gâte.* ⇒ se **brouiller.** *Les choses se gâtent,* tournent mal. ✪ CONTR. Améliorer, conserver, corriger, maintenir. Décorer, embellir.

gâterie n. f. – XVIIe ▪ Action ou moyen de gâter, de choyer. ⇒ **cajolerie, indulgence, prévenance, soin.** « *Elle avait, par grande gâterie, pris sur ses bras notre petite sœur* » (Duham.). ➛ Petit présent. *Apporter des gâteries à un malade.*

gâte-sauce n. m. – XIXe ▪ Marmiton. *Des gâte-sauces.*

gâteux, euse adj. et n. – XIXe 1 Dont les fonctions physiologiques et les facultés intellectuelles sont amoindries. *Un vieillard gâteux.* 2 Qui devient stupide sous l'empire d'un sentiment violent auquel l'intelligence critique ne s'oppose plus. *Il adore cette petite, il en est gâteux !* ⇒ fam. **gaga.**

gâtifier v. intr. [7] – 1939 ▪ fam. Devenir gâteux ; se comporter comme un vieillard gâteux. ⇒ **bêtifier.**

gâtisme n. m. – XIXe ▪ État d'une personne gâteuse.

gatte n. f. – XVIe ; germ. °*wahta* « guet » ▪ Emplacement à l'avant du navire où sont lovées les chaînes d'ancre.

gattilier n. m. – XVIIIe ; esp. *gatillo,* altér. de *(agno) castil,* par crois. avec *gato* « chat » ▪ ⇒ **agnus-castus.**

gauche adj. et n. – XIIIe ; p.-ê. de *gauchir* **I - 1** Qui est de travers, qui présente une déviation. ⇒ **dévié, oblique, tordu.** *Planche gauche.* ➛ *Figure géométrique, courbe gauche,* qui n'est pas contenue dans un plan. 2 Dépourvu de grâce, d'adresse, d'assurance. ⇒ **balourd, empoté, emprunté, godiche, lourdaud, maladroit, malhabile, pataud.** « *Il était très grand de taille, et gauche au-delà de tout* » (Ste-Beuve). ➛ *Geste gauche,* maladroit ou disgracieux. *Air gauche,* gêné et mal à l'aise. ⇒ **contraint, embarrassé. II - 1** Qui est situé du côté du cœur ; du côté où est la main gauche. *Œil gauche.* n. m. Le poing gauche. *Direct du gauche.* ♦ *Mariage de la main gauche :* union libre. ➛ *Se lever du pied gauche :* être de mauvaise humeur, mal commencer la journée. ♦ Qui est du côté correspondant au côté gauche d'une personne orientée de même manière. *Côté gauche d'un navire.* ⇒ **bâbord.** *Aile gauche d'une voiture. Le côté gauche de la chaussée. Habiter au troisième (étage du côté) gauche.* ♦ Se dit dans une assemblée politique du côté situé à main gauche du président. 2 n. f. Orientation de l'espace correspondant au côté gauche. *S'asseoir à la gauche de qqn. À ma gauche. La file de gauche.* ➛ loc. fam. *Jusqu'à la gauche :* complètement. ♦ *À GAUCHE :* du côté gauche, sur la gauche. *Tourner à gauche.* ➛ *À gauche de l'escalier.* ➛ loc. *Passer l'arme à gauche :* mourir. ➛ *Mettre de l'argent à gauche,* de côté. ➛ « *elle dispensait des saluts à droite et à gauche, comme une souveraine au fond de sa calèche* » (Green). ➛ *De droite et de gauche :* de tous côtés. **III** n. f. Les membres d'une assemblée politique qui siègent à la gauche du président et professent des idées avancées, progressistes ; la fraction de l'opinion que représentent ces membres de l'assemblée. « *Si la gauche fait une politique de droite, ce n'est plus la gauche* » (Beauv.). *Partis de gauche. Extrême gauche.* ➛ *Être à gauche, de gauche :* avoir des opinions de gauche. *Voter à gauche.* ✪ CONTR. ① Droit, ① plan. Adroit, habile. — Dextre, ② droit. — Droite.

> ❑ L'emploi de *gauche* (III) en politique date de 1791 ; en effet, en 1789 les royalistes se placèrent à droite du président et les partisans de la Révolution s'installèrent à sa gauche ; cette disposition a été maintenue mais ce sens politique n'est plus senti comme lié à la répartition dans l'espace.

gauchement adv. – XVIe ▪ D'une manière gauche, maladroite ou contrainte. ⇒ **maladroitement.** « *Trop tard pour les éviter. Il se sentit rougir jusqu'aux oreilles. Il salua gauchement* » (Aragon). ✪ CONTR. Adroitement, habilement.

gaucher, ère adj. et n. – XVe ▪ Qui se sert ordinairement de la main gauche. *Joueur de tennis gaucher.* ➛ n. *Ciseaux pour gauchers.* ✪ CONTR. Droitier.

gaucherie n. f. – XVIIIe 1 Manque d'adresse, d'aisance, de grâce. ⇒ **embarras, timidité.** « *La gaucherie est signe de mauvaise conscience et présage d'insuccès* » (Caillois). 2 Acte, geste gauche, faute qui dénote de la maladresse. « *Des gaucheries, des oublis, des inadvertances* » (Ste-Beuve). 3 Prédominance fonctionnelle de la main ou de l'œil gauche. ✪ CONTR. ② Adresse, dextérité ; aisance, grâce.

gauchir v. [2] – XIIIe ; germ. °*wenkjan* « vaciller » **I** v. intr. Perdre sa forme, se contourner. ⇒ se **courber,** se **déformer, gondoler,** se **tordre,** ② se **voiler.** *Planche qui gauchit.* **II** v. tr. 1 Rendre gauche. ⇒ **déformer, tordre.** *L'humidité a gauchi la porte.* 2 Altérer, déformer, fausser. *Gauchir un fait.* ✪ CONTR. Dresser, redresser.

gauchisant, ante adj. et n. – 1959 ▪ Dont les idées se rapprochent de celles de la gauche, qui est favorable à la gauche.

gauchisme n. m. – XIXe ▪ Courant politique d'extrême gauche. ✪ CONTR. Droitisme.

gauchissement n. m. – XVIe ▪ Action de gauchir ; son résultat. ⇒ **déformation.**

gauchiste n. et adj. – XIXe ▪ Partisan extrême des solutions de gauche, révolutionnaires. ⇒ **anarchiste,**

⇒ **maoïste, trotskiste.** ◆ *Des groupuscules gauchistes.* ✪ CONTR. Droitiste.

gaucho [go(t)ʃo] **n. m.** – XIXe ; mot esp., de l'araucan (langue indienne du Chili) ou du quechua *cachu* « camarade » ▪ Cavalier chargé de surveiller les troupeaux dans la pampa.

gaude **n. f.** – XIIIe ; germ. °*walda* ▪ Réséda, fournissant une teinture jaune.

gaudriole **n. f.** – XVIIIe ; de *gaudir* « se réjouir » ▪ fam. 1 Propos gai, plaisanterie un peu leste. ⇒ **gauloiserie, grivoiserie.** 2 Les relations amoureuses et sexuelles. ⇒ **bagatelle.** *Il ne pense qu'à la gaudriole.*

gaufrage **n. m.** – XIXe ▪ Action de gaufrer ; son résultat.

gaufre **n. f.** – XIIe ; germ. °*wafla* « rayon de miel » 1 Pâtisserie de pâte légère, cuite entre deux plaques alvéolées qui lui impriment un dessin en relief. *Gaufre au sucre.* 2 Gâteau de cire des abeilles.

gaufrer **v. tr.** [1] – XVe ▪ Imprimer des motifs ornementaux en relief ou en creux sur. *Gaufrer une étoffe.* ◆ *Papier gaufré.*

gaufrette **n. f.** – XVIe ▪ Biscuit sec feuilleté, alvéolé, fourré. *Gaufrette à la vanille.* « *ces gaufrettes mâconnaises, minces, dorées, craquantes et transparentes* » (Lecomte).

gaufreur, euse **n.** – XVIIe ▪ Personne qui gaufre. ♦ **n. f.** Machine à gaufrer.

gaufrier **n. m.** – XIVe ▪ Moule formé de deux plaques métalliques articulées entre lesquelles on fait cuire les gaufres.

gaufroir **n. m.** – XVIIIe ▪ Fer à gaufrer.

gaufrure **n. f.** – XVe ▪ Apprêt, empreinte, résultant du gaufrage.

gaulage **n. m.** – XIXe ▪ Action de gauler.

gaule **n. f.** – XIIIe ; germ. °*walu* ▪ Longue perche. *Il* « *piquait le flanc des bœufs avec une gaule longue et légère* » (Sand). ◆ Canne à pêche. ✪ HOM. Goal.

gauleiter [golajtœʀ] **n. m.** – v. 1940 ; mot all., de *Gau* « district » et *Leiter* « chef » ▪ Chef de district, dans l'Allemagne hitlérienne.

gauler **v. tr.** [1] – XIVe 1 Battre (un arbre) avec une gaule pour faire tomber les fruits. *Gauler un châtaignier.* « *Des enfants gaulent les pommiers, et j'écoute avec ravissement la pluie des fruits, que les femmes ramassent dans l'herbe courte* » (Gide). ◆ *Gauler des noix.* 2 fam. Prendre, arrêter. ⇒ **alpaguer, choper.** *Il s'est fait gauler par les flics.*

gaulis **n. m.** – XIVe ; de *gaule* ▪ Ensemble forestier dont les pousses sont encore minces. « *pas un craquement de brindilles brisées, nul froissement de gaulis, un silence absolu* » (Genev.).

❑ Les branches du *gaulis* peuvent être utilisées pour faire des *gaules*.

gaullisme **n. m.** – 1941 ▪ Attitude politique des gaullistes.

gaulliste **adj.** et **n.** – v. 1941 ▪ Partisan du général de Gaulle ; relatif à sa politique. *L'électorat gaulliste.*

❑ Pour qualifier l'action, la pensée ou la personnalité du général de Gaulle, on emploie l'adjectif *gaullien, ienne (un style gaullien).*

gaulois, oise **adj.** et **n.** – XVe 1 De Gaule. *Les peuples gaulois.* ⇒ **celtique** ; aussi **gallo-romain.** ◆ *Nos ancêtres les Gaulois.* ♦ **n. m.** Langue celtique parlée en Gaule. ♦ Français. *Le coq gaulois,* symbole de la France. 2 Qui a une gaieté franche, rude, et un peu libre. *Histoire gauloise.* ⇒ ① **gaillard, grivois, leste, licencieux.** 3 **n. f.** Cigarette, de tabac brun à l'origine.

gauloisement **adv.** – XIXe ▪ D'une manière gauloise.

gauloiserie **n. f.** – XIXe 1 Propos licencieux ou leste. ⇒ **gaudriole, grivoiserie.** 2 Caractère gaulois, grivois. *La gauloiserie d'un récit.*

gaulthérie **n. f.** – XIXe ; du nom du bot. canadien *Gaulther* ▪ Arbuste *(éricacées)* dont les feuilles persistantes fournissent l'essence de wintergreen.

❑ On trouve aussi la forme latine *gaultheria.*

gaur **n. m.** – XIXe ; hindi occid. *gour* ▪ Bœuf sauvage de l'Inde et de la Malaisie (⇒ **gayal).** ✪ HOM. Gord.

gauss [gos] **n. m.** – XIXe ; du nom du mathématicien *C. F. Gauss* ▪ Ancienne unité C.G.S. d'induction magnétique (G), valant 10^{-4} tesla.

gausser (se) **v. pron.** [1] – XVIe ; p.-ê. esp. *gozarse* « se réjouir » ▪ littér. ou plaisant Se moquer ouvertement de. ⇒ **railler.** ◆ *Vous vous gaussez !* ⇒ se **moquer, plaisanter.**

gavage **n. m.** – XIXe ▪ Action de gaver ; son résultat. *Gavage des oies.* ♦ Introduction d'aliments dans l'estomac d'un malade à l'aide d'une sonde gastrique.

gave **n. m.** – XIVe ; gasc. *gabe* ▪ Torrent pyrénéen. *Le gave de Pau.* « *le gave s'enfonce et gronde, tantôt complètement disparu sous une masse de sauvage et splendide végétation, tantôt écumeux, blanc comme la neige* » (Sand).

gaver **v. tr.** [1] – XVIIe ; d'un prélatin *gaba* « gorge, gésier », p.-ê. d'o. gaul. 1 Faire manger de force et abondamment (la volaille). *Gaver des oies.* 2 Nourrir abondamment. « *Léa le réveillait pour le gaver de fraises, de crème, de lait* » (Colette). ⇒ **bourrer, gorger.** ◆ pronom. Manger énormément. *Se gaver de bonbons.* ⇒ se **bourrer,** fam. se **goinfrer.** « *on se gavait de raisin depuis l'aube, le gosier poissé de sucre, la panse enflée et ronde comme une tonne* » (Zola).

gaveur, euse **n.** – XIXe ▪ Personne qui gave les volailles. *Une gaveuse d'oies.* ♦ **n. f.** Appareil pour gaver les volailles.

gavial **n. m.** – XVIIIe ; hindi ▪ Reptile piscivore *(crocodiliens)* d'Asie du Sud, au long museau (appelé couramment *crocodile*). *Les gavials du Gange.*

gavotte **n. f.** – XVIe ; provenç. ▪ Ancienne danse à rythme binaire ; air sur lequel on la dansait.

gavroche **n. m.** et **adj.** – XIXe ; nom d'un personnage des « Misérables », de Hugo (1862) ▪ Gamin de Paris, frondeur et gouailleur. ⇒ **poulbot, titi.** ◆ **adj.** « *un côté gavroche, un côté blagueur* » (Goncourt).

gay **adj. inv.** et **n. m.** – 1952 ; mot angl. « gai » ▪ Relatif à l'homosexualité masculine, aux homosexuels. *Des bars gay.* ◆ **n. m.** Homosexuel. *Les gays.* ✪ HOM. Gai, guai, guet.

❑ *Gay* est un mot anglais des États-Unis qui a été utilisé dans ce sens spécial, par euphémisme discret, dans l'argot des prisons dès 1935 ; il s'est répandu dans le public après la guerre.

gayal [gajal] **n. m.** – XIXe ; mot hindi ▪ Bœuf domestique d'Asie du Sud-Est. *Des gayals.*

gaz [gɑz] **n. m.** – XVIIe ; d'apr. lat. *chaos* 1 Corps fluide indéfiniment expansible, occupant tout le volume dont il dispose. ◆ État de la matière dans lequel les molécules ont la plus faible cohésion. *Gaz rares.* ⇒ **argon, hélium, krypton, néon, radon, xénon.** ♦ Émanation gazeuse. ⇒ **exhalaison, fumée, fumerolle,** ① **vapeur.** *Gaz des houillères* (⇒ **grisou).** 2 plur. Gaz accumulés dans le tube digestif. ⇒ **flatulence, météorisme,** fam. **pet.** *Avoir des gaz.* ⇒ **vent.** 3 Corps gazeux utilisé comme matière première ou source d'énergie. *Gaz combustibles.* ◆ *Gaz à l'eau,* obtenu par l'action du carbone sur la vapeur d'eau. *Gaz riche :* mélange d'hydrogène et d'oxyde de carbone. *Gaz pauvre, à l'air* (azote et oxyde de carbone), *gaz mixte* (obtenu par addition d'air humide). ⇒ **gazogène.** *Gaz de houille,* obtenu par distillation de la houille. ➛ *Gaz de pétrole :* gaz naturel exploité par puits. *Gaz de pétrole liquéfié (G. P. L.) :* gaz résiduaire des raffineries. ⇒ **butane, propane.** ➛ *GAZ NATUREL :* mélange d'hydrocarbures où domine le méthane. ♦ *LE GAZ* (*gaz de ville,* fabriqué, *ou gaz naturel*). *Stockage et distribution du gaz.* ⇒ **gazomètre.** *Compteur à gaz. Facture de gaz et d'électricité.* ➛ *Bouteille de gaz* (butane, propane). ➛ *Chauffage au gaz. Cuisinière à gaz.* ⇒ **camping-gaz, gazinière.** *Mettre une casserole sur le gaz,* sur la flamme du réchaud. ⇒ ① **feu.** « *Maigret alla éteindre le gaz, car la soupe débordait et commençait à se répandre sur le réchaud* » (Simenon). *Ça sent le gaz. Fuite de gaz.* ➛ *BEC DE GAZ* ⇒ **réverbère.** ➛ loc. fam. *Il y a de l'eau dans le gaz :* l'atmosphère est à la querelle. **4** Corps gazeux destiné à produire des effets nocifs sur l'organisme. *Gaz asphyxiants, lacrymogènes. Gaz de combat,* arme de guerre. ⇒ **chloropicrine, cyanogène, tabun, ypérite ; gazé.** ➛ *CHAMBRE À GAZ,* utilisée dans les camps d'extermination nazis et pour l'exécution des condamnés à mort. **5** Mélange gazeux utilisé dans les moteurs à explosion. *Gaz d'échappement. La poignée des gaz d'un vélomoteur.* loc. fam. *(À) PLEINS GAZ :* à pleine puissance. *Rouler pleins gaz.* ➛ *Mettre les gaz :* accélérer à l'aide de la manette des gaz d'un avion. ✪ CONTR. Liquide, solide. — HOM. Gaze.

> ❑ *Gaz,* d'abord *gas,* est un mot créé par le médecin et chimiste flamand Van Helmont (1577-1644), d'après le latin *chaos.* ♦ Ne prend pas de *s* au pluriel comme tous les mots en *z* (*fez, jerez, merguez,* etc.).

gazage n. m. – XIXe **1** Action de gazer les fils (des tissus). **2** Action d'intoxiquer par un gaz.

gaze n. f. – XVe ; p.-ê. de la ville de *Gaza* ▪ Tissu léger et transparent, de soie, de lin ou de laine. « *un fourreau de gaze transparente moulait exactement les contours juvéniles de son corps* » (Gaut.). ♦ *Bande, compresse de gaze* (de coton). « *La gaze enveloppait le crâne et tournait autour du cou* » (Aragon). ✪ HOM. Gaz.

gazé, ée adj. et n. – 1914-1918 ▪ Intoxiqué par les gaz de combat. ➛ n. *Les gazés de la Grande Guerre.*

gazéification n. f. – XIXe ▪ Action de gazéifier. *Gazéification souterraine :* transformation du charbon en gaz combustible dans la mine.

gazéifier v. tr. [7] – XIXe **1** Faire passer à l'état de gaz. ⇒ **sublimer, vaporiser. 2** Rendre (un liquide) pétillant par addition de gaz carbonique. ➛ *Boisson gazéifiée.* ⇒ **gazeux.**

gazelle n. f. – XIIIe ; ar. ▪ Mammifère des déserts d'Afrique et d'Asie *(bovidés)* à cornes annelées, à longues pattes fines. « *les gazelles ont les yeux noirs, grands, très vifs et en même temps si tendres* » (Buff.).

gazer v. [1] – XIXe **I** v. tr. **1** Flamber (des fils dont on veut enlever le duvet). **2** Intoxiquer par un gaz de combat. ⇒ **asphyxier.** *Il est mort* « *des suites de la guerre ; il avait été gazé* » (Sartre). **3** Exterminer dans une chambre à gaz. **II** v. intr. fam. vieilli Aller à souhait, marcher. « *Le mariage. Le commerce. Tout ça. Ça gaze ?* » (Queneau). ⇒ **boumer, coller.**

gazetier, ière n. – XVIe ▪ Personne qui rédigeait, publiait une gazette.

gazette n. f. – XVIIe ; vénitien « petite monnaie », prix d'une gazette **1** vx, région. ou plaisant Écrit périodique contenant des nouvelles. ⇒ **journal, revue.** *J'ai lu ça dans les gazettes,* dans la presse. **2** vieilli Personne qui aime à colporter des nouvelles. ⇒ **bavard, commère, concierge.** *Il était « la gazette du faubourg »* (Balz.).

gazeux, euse adj. – XVIIIe **1** Relatif au gaz ; de la nature des gaz. *État gazeux* (opposé à *liquide, solide*). **2** Qui contient du gaz dissous. *Eau, boisson gazeuse.* ⇒ **pétillant.**

gazier, ière adj. et n. – XIXe **1** Relatif au gaz. **2** n. m. Ouvrier d'une usine à gaz. ➛ Employé d'une compagnie du gaz.

gazinière n. f. – 1934 ▪ Cuisinière à gaz.

gazoduc n. m. – 1958 ▪ Conduite transportant le gaz naturel sur de longues distances.

gazogène n. m. – XIXe ; de *gaz* et *-gène* ▪ Appareil transformant par oxydation incomplète un combustible en gaz. *Gaz de gazogène :* gaz à l'air, à l'eau, mixte. ➛ Cet appareil qui alimentait un moteur à explosion. « *le lourd camion à gazogène s'ébranlait en pétaradant dans un nuage bleuâtre* » (Carco).

> ❑ Le mot *gazogène,* parfois abrégé en *gazo* n. m., a été très courant en 1940-1945 pour désigner le véhicule fonctionnant à l'aide de cet appareil.

gazole n. m. – 1973 ; francis. de *gas-oil* ▪ Produit combustible de la distillation du pétrole, carburant des diesels.

gazoline n. f. – XIXe ▪ Éther de pétrole.

gazomètre n. m. – XVIIIe ▪ Appareil mesurant le volume et réglant le débit du gaz de ville. ⇒ **compteur.** ♦ Grand réservoir de gaz, à partir duquel s'effectue la distribution.

gazon n. m. – XIIIe ; germ. **1** Herbe fine entretenue pour qu'elle reste courte et dense. ⇒ **gramen.** *Semer du gazon* (⇒ **ray-grass**). *Tondeuse à gazon. Gazon anglais.* « *le vert tendre du gazon* » (Gide). **2** Surface couverte de gazon. ⇒ **pelouse, pré, verdure.** *Hockey, tennis sur gazon. Gazon d'un golf.* ⇒ **green.**

gazonnant, ante adj. – XIVe ▪ Qui pousse en formant du gazon. *Plantes gazonnantes.*

gazonné, ée adj. – XVIe ▪ Couvert de gazon. *Talus gazonné.*

gazonnement n. m. – XVIIIe ▪ Action de revêtir de gazon.

gazonner v. [1] – XIIIe **1** v. tr. Revêtir de gazon. **2** v. intr. Pousser en gazon. ➛ Se couvrir de gazon.

gazouillant, ante adj. – XVIIIe ▪ Qui gazouille. *Un ruisseau gazouillant.*

gazouillement n. m. – XIVe ▪ Action de gazouiller ; bruit qui en résulte. ⇒ **murmure,** ① **ramage.**

gazouiller v. intr. [1] – XIVe ; onomat. **1** Produire un bruit modulé, léger et doux. ⇒ **bruire, murmurer.** *Oiseaux qui gazouillent.* **2** Parler avec douceur ; spécialt Émettre des sons peu articulés, en parlant d'un petit enfant. ⇒ **babiller.** « *l'enfant gazouille au berceau* » (Lamart.).

gazouilleur, euse adj. – XVIe ▪ Qui gazouille. *Enfant gazouilleur.*

gazouillis n. m. – XVIe ▪ Bruit produit par un ensemble de gazouillements. *Le gazouillis d'un bébé.* ⇒ **babil.** « *il y avait dans le gazouillis de ces jeunes filles des notes que les femmes n'ont plus* » (Proust).

geai n. m. – XIIe ; onomat. ou n. pr. ▪ Oiseau *(passériformes)* au plumage bigarré. *Geai bleu.* ⇒ **rollier.** *Le geai jase.* ✪ HOM. Jais, ① jet.

géant, ante n. et adj. – XIe ; de *Gigas,* personnage mythologique **I** n. **1** (*G* majuscule). Être fabuleux, né de la Terre (Gaïa) et du Ciel (Ouranos). ⇒ **cyclope, titan.** *Le Géant Atlas.* ♦ Être fabuleux, gigantesque, bon ou mauvais génie. ⇒ **ogre.** *Le géant Gargantua.* **2** Personne atteinte de gigantisme. ♦ Personne de taille largement supérieure à la moyenne. ⇒ **colosse.** ➛ loc. *À pas de géant* : très rapidement. *Avancer, progresser à pas de géant.* **3** Personne remarquable, hors du commun. ⇒ **génie, héros, surhomme, titan.** « *Ses ailes de géant l'empêchent de marcher* » (Baud.). ➛ « *Le monde est simplifié : deux géants se dressent seuls* » (Sartre). ⇒ **supergrand, superpuissance.** *Les géants de l'industrie.* **II adj. 1** Dont la taille dépasse de beaucoup la moyenne. ⇒ **colossal, gigantesque, immense.** *Projection sur écran géant. Tortue géante.* **2** *Étoile géante,* très lumineuse et de grand rayon. subst. *Une géante rouge.* **3** fam. Extraordinaire (en bien). *C'est géant !* ⇒ **fabuleux, formidable, génial,** ② **super.** ✪ CONTR. Nain, petit.

gecko **n. m.** – XVIIIe ; mot malais ▪ Lézard grimpeur *(lacertiliens),* aux doigts munis de lamelles adhésives. ⇒ **tarente.**

-gée Élément, du gr. *gê* « terre ». ⇒ **géo-.**

géhenne **n. f.** – XIIIe ; hébr. « vallée de Hinnom » **1** Séjour des réprouvés dans la Bible. ⇒ **enfer. 2** vieilli Souffrance intense, intolérable. ⇒ **martyre, supplice, torture.**

geignard, arde **adj.** et **n.** – XIXe ▪ fam. Qui geint, se lamente à tout propos. ⇒ **pleurnicheur.** « *elle entendait leurs voix geignardes, furieuses, implorantes* » (Green).

geignement **n. m.** – XIXe ▪ rare Action de geindre. ⇒ **gémissement, jérémiade, lamentation, plainte.**

① **geindre** **v. intr.** 52 – XIIe ; lat. *gemere* **1** Faire entendre des plaintes faibles et inarticulées. ⇒ **gémir,** se **plaindre.** *Malade qui geint.* ♦ (choses) *L'orgue « geignait lamentablement »* (Gaut.). **2** fam. et péj. Se lamenter à tout propos, sans raison **(⇒ geignard).** *Arrête de geindre !* ⇒ **pleurnicher.**

② **geindre** → **gindre**

geisha [gɛʃa ; gɛjʃa] **n. f.** – XIXe ; mot jap. ▪ Chanteuse et danseuse japonaise qui divertit les hommes par sa conversation, sa musique et sa danse. *École de geishas.*

> ❑ D'abord francisé en *guécha* (1887, Loti), le mot a été ensuite écrit *geisha* (1899) par translittération d'un mot japonais.

gel **n. m.** – XIe **1** Temps de gelée. « *Un matin de gel, où les traîneaux glissaient* » (Apoll.). **2** Congélation des eaux (et de la vapeur d'eau atmosphérique). ⇒ **givre, glace.** *Le gel a fait éclater les tuyauteries* **(⇒ antigel). 3** État semi-liquide obtenu par chauffage, floculation, polymérisation de peptides ou glucides hydratés ; substance caractérisée par cet état. *Gel thixotrope.* **4** Produit translucide à base d'eau ou d'huile. ⇒ **gelée.** *Gel coiffant* **(⇒ brillantine, gomina). 5** Arrêt, suspension (d'une activité, d'un processus). *Gel des prix.* ✪ CONTR. Dégel.

gélatine **n. f.** – XVIIe ; it. ▪ Substance protidique obtenue à partir de collagène animal soumis à l'action prolongée de l'eau bouillante. *Feuilles de gélatine alimentaire.*

gélatiné, ée **adj.** – XIXe ▪ Enduit de gélatine. *Plaque photographique gélatinée.*

gélatineux, euse **adj.** – XVIIIe ▪ Qui évoque la gélatine, la gelée. *Une sauce gélatineuse.*

gélatiniforme **adj.** – XIXe ▪ didact. Semblable à de la gélatine. *Tumeur gélatiniforme.*

gélatinobromure **n. m.** – XIXe ▪ Composition de bromure d'argent en suspension dans la gélatine. *Émulsion photographique au gélatinobromure d'argent.*

> ❑ On a écrit aussi *gélatino-bromure.*

gélatinochlorure **n. m.** – XIXe ▪ Composition de chlorure d'argent en suspension dans la gélatine.

> ❑ On a écrit aussi *gélatino-chlorure.*

gelé, ée **adj.** – XIIe **1** Dont l'eau a gelé. *Patiner sur un lac gelé.* « *Le piétinement des durs sabots résonnait sur la terre gelée* » (Genev.). **2** Très froid. *Avoir les pieds gelés.* ⇒ **glacé.** *Être gelé jusqu'aux os.* ⇒ **frigorifié,** ② **transi. 3** *Crédits gelés,* immobilisés dans des investissements, donc indisponibles.

gelée **n. f.** – XIe **1** État de la température lorsqu'elle s'abaisse au-dessous du zéro de l'échelle thermométrique et provoque la congélation de l'eau. ⇒ **gel, glace, verglas.** « *la gelée solidifie les canaux que la neige recouvre et rattache les îles à la terre ferme* » (Gaut.). ➛ *GELÉE BLANCHE* : congélation de la rosée avant le lever du soleil par temps clair. **2** Suc de substance animale, transparent, qui devient ferme en refroidissant. *Bouillon qui prend en gelée,* qui flocule. *Œuf en gelée.* ♦ Préparation à base de jus de fruits riches en pectine, qui coagule en refroidissant. *Gelée de coings, de groseilles.* **3** Corps de consistance gélatineuse. ➛ *GELÉE ROYALE* : sécrétion de l'abeille servant à nourrir les larves et la reine.

geler **v.** 5 – XIIe ; lat. **I v. tr. 1** Transformer en glace, durcir par le froid. ⇒ **congeler, surgeler. 2** Endommager, détruire par un froid excessif (des tissus organiques). *Le froid a gelé les bourgeons.* ⇒ ① **griller. 3** Faire souffrir du froid. *Ce vent me gèle.* fam. *Se les geler* (les fesses) : avoir très froid. ➛ pronom. *Ne restez pas dehors à vous geler.* **4** Arrêter, bloquer, suspendre. *Geler les prix, les salaires,* les fixer sans hausse possible. ➛ *Capitaux gelés.* **II v. intr. 1** Se transformer en glace. ⇒ se **congeler,** se **figer,** se **prendre.** ♦ Être endommagé, détruit par le froid. *Ses orteils ont gelé.* **2** Souffrir du froid. ⇒ **grelotter, transir ;** fam. **cailler, peler.** « *Vite, mon petit, je gèle. J'ai pris froid* » (Colette). **III** (sujet impers.) *Il va geler. Il gèle à pierre fendre* : il fait très froid. « *Le commencement de l'hiver avait été doux, il n'avait encore ni gelé, ni neigé* » (Hugo). ✪ CONTR. Dégeler, fondre, liquéfier, réchauffer. Brûler.

gélif, ive **adj.** – XVIe ▪ didact. Susceptible de se fendre sous l'action du gel **(⇒ gélivure).** *Roches gélives.*

gélifiant **n. m.** – 1975 ▪ Additif destiné à donner une consistance de gel à une préparation. *Gélifiant pour confitures* (agar-agar, gélose, pectine).

gélifier **v. tr.** 7 – v. 1900 ▪ Transformer en gel [illegible]. ➛ **p. p. adj.** (plus cour.) *Peinture gélifiée qui ne coule pas. Dessert gélifié.*

gélinotte **n. f.** – XVIe ; a. fr. *géline* « poule » ▪ Oiseau *(galliformes),* voisin de la perdrix. *Gélinotte commune,* dite *poule des bois. Gélinotte des Pyrénées.* ⇒ **ganga.** *Gélinotte blanche.* ⇒ **lagopède.**

gélivure **n. f.** – XVIIIe ; de *gélif* ▪ didact. Fente creusée par le gel dans les arbres, les pierres.

gélose **n. f.** – XIXe ▪ Substance mucilagineuse, extraite d'algues marines. ⇒ **agar-agar.** *Levure cultivée sur gélose.*

gélule **n. f.** – 1909 ; de *gél(atine),* d'apr. *capsule* ▪ Capsule de gélatine dure, formée de deux parties emboîtées l'une dans l'autre, contenant des substances médicamenteuses.

gelure **n. f.** – XIXe ▪ Lésion très grave de la peau causée par le froid, pouvant aller jusqu'à la nécrose. ⇒ **engelure, froidure.**

> ❑ Ce mot régional était dénoncé au XIXe s. comme un « barbarisme » pour *engelure.*

gémeau, elle **adj.** et **n.** – XIIe ; lat. *gemellus* **1** vx ⇒ **jumeau.** « *Je suis son frère, Monsieur : nous sommes gémeaux* »

(Mol.). 2 **n. m. pl.** *Les Gémeaux* (Castor et Pollux) : constellation zodiacale de l'hémisphère boréal. ♦ Troisième signe du zodiaque (21 mai-21 juin). ➙ ellipt *Elle est Gémeaux,* née sous ce signe. ✪ HOM. Gemmaux (gemmail).

gémellaire **adj.** – XIXe ▪ didact. Relatif aux jumeaux. *Grossesse gémellaire.*

gémellipare **adj.** – XIXe ▪ Qui porte des jumeaux. *Femelle gémellipare.*

gémellité **n. f.** – XIXe 1 Cas où se présentent des jumeaux. 2 Caractère de deux choses exactement semblables.

gémination **n. f.** – XVe ▪ didact. État de ce qui est disposé par paire. ➙ Redoublement d'un phonème (⇒ **géminé**) ou d'une syllabe (ex. la fifille à sa mémère).

géminé, ée **adj.** – XVIe ▪ Disposé par deux, par paires. ⇒ **jumelé.** ➙ *Consonne géminée* et **n. f.** *une géminée* : deux consonnes identiques consécutives prononcées (ex. illusion [illyzjɔ̃], elle l'a vu [ɛllavy]).

géminer **v. tr.** [1] – XVe ; lat. ▪ didact. ou littér. Grouper deux par deux.

gémir **v. intr.** [2] – XIIe ; lat. 1 Exprimer une sensation intense d'une voix plaintive et par des sons inarticulés. ⇒ ① **geindre,** se **plaindre.** *Gémir de douleur, de plaisir.* ➙ Manifester sa douleur, son infortune, par des plaintes. ⇒ se **lamenter,** se **plaindre, pleurer.** *Cesse de gémir sur ton sort.* 2 Faire entendre un cri, un chant plaintif. *Le ramier gémit.* 3 (choses) Émettre un son prolongé et plaintif. « *Un vent aigre gémissait dans les branches* » (Loti). « *La porte de fer gémissait* » (Cocteau).

gémissant, ante **adj.** – XVe ▪ Qui gémit. *Parler d'une voix gémissante.* ⇒ **plaintif.**

gémissement **n. m.** – XIIe 1 Expression vocale, inarticulée et plaintive d'une sensation intense, en particulier de la douleur. ⇒ **lamentation, plainte.** *Gémissements de douleur, de plaisir. Pousser un gémissement.* ♦ Cri (de certains oiseaux). « *J'ai ouï parler de la douceur et du gémissement de la colombe* » (Guez de Balz.). 2 Son plaintif. « *les gémissements des deux essuie-glaces* » (Le Clézio).

gemmage **n. m.** – XIXe ▪ Action de gemmer (les pins).

gemmail, aux **n. m.** – 1957 ; de *gemme* et *vitrail* ▪ Panneau constitué de morceaux de verre colorés juxtaposés et superposés sans plomb. ✪ HOM. Gémeau.

gemmation **n. f.** – XVIIIe ▪ Développement des bourgeons.

gemme **n. f.** – XIe ; lat. « pierre précieuse » et « bourgeon » 1 Matière minérale (pierre fine, pierre précieuse) ou organique (perle, ambre) utilisée en bijouterie, joaillerie et orfèvrerie (⇒ **gemmologie**). ➙ **adj.** *Sel gemme,* tiré des mines. 2 Suc résineux qui coule des incisions du tronc des pins (⇒ **résine**).

gemmé, ée **adj.** – XIe ▪ littér. Orné de gemmes (1°).

gemmer **v. tr.** [1] – XIXe ▪ Inciser l'écorce de (certains pins) pour recueillir la gemme.

gemmeur, euse **adj.** et **n.** – XIXe ▪ Qui gemme les pins. ⇒ **résinier.**

gemmifère **adj.** – XVIe ▪ Qui contient des gemmes. ♦ Qui produit de la gemme. *Le pin maritime est gemmifère.*

gemmologie **n. f.** – 1962 ▪ Science qui étudie les gemmes.

gemmule **n. f.** – XIXe ▪ Bourgeon de l'embryon, partie sommitale de la plantule. ⇒ **plumule.**

gémonies **n. f. pl.** – XVIe ; lat. *gemoniæ (scalæ)* « (escalier) des gémissements » ▪ loc. VOUER (qqn, qqch.) AUX GÉMONIES, l'accabler publiquement de mépris, d'opprobre. ⇒ **vilipender.**

> ❑ L'« escalier des gémissements » désigne un escalier, situé au flanc du Capitole, où l'on exposait, à Rome, les cadavres des condamnés après leur strangulation, avant de les jeter dans le Tibre.

gênant, ante **adj.** – XVIe 1 Qui cause une gêne physique. *Un handicap gênant. Ces talons sont gênants pour courir.* ⇒ **malcommode.** 2 Qui importune, met dans l'embarras. *Supprimer un témoin gênant. Un silence gênant.* ⇒ **pesant.** *Cette situation est très gênante pour elle.* ⇒ **déplaisant, ennuyeux, inconfortable.** ✪ CONTR. Agréable, ① commode.

gencive **n. f.** – XIIe ; lat. *gingiva* ▪ Muqueuse qui recouvre le bord alvéolaire des maxillaires, et entoure le collet des dents (⇒ **gingival**). « *Ces gencives qui semblaient faites de la pulpe d'une cerise mûre* » (Loti). *Inflammation des gencives.* ⇒ **gingivite.** ♦ fam. La mâchoire, les dents. *Un bon coup dans les gencives.*

gendarme **n. m.** – XIVe ; de *gens d'armes* **I - 1** Militaire appartenant à la gendarmerie. *Être arrêté par les gendarmes.* « *les menottes au poignet, entre deux files de gendarmes* » (Loti). *Jouer au(x) gendarme(s) et au(x) voleur(s).* ♦ LE GENDARME, symbole de la force publique, de l'autorité. *La peur du gendarme* : la peur de la sanction qui retient d'agir. ➙ *Gendarme couché* : ralentisseur. ♦ loc. fam. *Faire le gendarme* : faire régner l'ordre, la discipline d'une manière autoritaire et répressive. 2 Personne autoritaire et revêche. « *un grand gendarme de femme avare et maigre qui lui faisait peur* » (Daud.). ⇒ **virago.** **II - 1** fam. Hareng saur. ♦ Saucisse sèche et plate. 2 région. Punaise des bois. 3 Piton rocheux difficile à franchir.

gendarmer (se) **v. pron.** [1] – XVIe ▪ S'irriter, s'emporter pour une cause légère. ➙ Protester, réagir vivement. *Il a dû se gendarmer pour le faire taire.* ⇒ se **fâcher, menacer.**

gendarmerie **n. f.** – XVe 1 Corps militaire, chargé d'assumer la police administrative du territoire français, la surveillance des armées (⇒ **prévôté**) et de collaborer à la police judiciaire. *Corps de gendarmerie.* ⇒ **légion.** *Capitaine, brigadier de gendarmerie. Gendarmerie nationale. Gendarmerie de l'air.* 2 Caserne où logent les gendarmes ; bureaux où ils remplissent leurs fonctions administratives.

gendre **n. m.** – XIIe ; lat. ▪ Le mari d'une femme par rapport au père et à la mère de celle-ci. ⇒ **beau-fils.** « *comment trouver un gendre qui convînt également au père et à la fille ?* » (Balz.).

gène **n. m.** – 1911 ; gr. ▪ Élément du chromosome responsable de l'expression des caractères héréditaires. ⇒ **génotype.** *Gène dominant, récessif. Intervention sur les gènes.* ⇒ **génie** (génétique) ; **bioéthique.** ✪ HOM. Gêne.

> ❑ *Gène* est un mot formé en allemand (1909) par le biologiste danois W. Johannsen à partir du grec *genos* « naissance, famille, race », à rattacher à *gignesthai* « naître » et « devenir ».

-gène Élément, du gr. *-genês,* de *genos* « naissance, origine ».

gêne **n. f.** – XVIe ; germ. 1 Malaise ou trouble physique éprouvé dans l'accomplissement de certaines fonctions ou de certains actes. *Avoir de la gêne dans la respiration, à respirer* : étouffer, suffoquer. *Éprouver une certaine gêne à avaler, pour marcher.* ⇒ **difficulté.** 2 Situation embarrassante, imposant une contrainte, un désagrément. ⇒ **embarras.** *Je ne veux vous causer aucune gêne.* ⇒ **dérangement.** ♦ vieilli Situation embarrassante due au manque d'argent.

Être dans la gêne. ⇒ **besoin.** « *mon patron, homme de plaisir et fort dépensier, se trouva dans une gêne considérable* » (Balz.). 3 Impression désagréable que l'on éprouve devant qqn quand on se sent mal à l'aise. ⇒ **confusion, embarras,** ② **trouble.** *Il y eut un moment de gêne, de silence. Parlez sans gêne.* « *sans gêne, il traversait la cuisine, à moitié nu* » (Zola) (⇒ **sans-gêne).** ✪ CONTR. Aisance, facilité. Aplomb, assurance. — HOM. Gène.

généalogie n. f. – XIIe ; gr. 1 Suite d'ancêtres qui établit une filiation (⇒ **ascendance, descendance, lignée).** *Dresser la généalogie d'un individu, d'une famille.* ➛ *Généalogie d'animaux de race.* ⇒ **pedigree.** 2 Science qui recherche l'origine et la filiation des familles. 3 Historique d'un événement. *La généalogie des faits.*

généalogique adj. – XVe ▪ Relatif à la généalogie. *Arbre* généalogique.*

généalogiste n. – XVIIe ▪ Personne qui dresse les généalogies, s'occupe de généalogie.

génépi n. m. – XVIIIe ; mot savoyard ▪ Armoise aromatique des hautes montagnes. ♦ Liqueur ou vulnéraire fait avec cette plante.

gêner v. tr. [1] – XIVe 1 Mettre mal à l'aise, en causant une gêne physique. *Cette veste me gêne aux emmanchures.* ➛ *Est-ce que la fumée vous gêne ?* ⇒ **déranger, incommoder, indisposer.** *Cela vous gênerait-il de vous pousser un peu ?* ♦ Entraver, freiner, empêcher le mouvement, l'action de. *Donnez-moi ce paquet qui vous gêne.* ⇒ **embarrasser, encombrer.** 2 Mettre dans une situation embarrassante, difficile. ⇒ **embarrasser, empêcher, handicaper.** *J'ai été gêné par le manque de temps.* ⇒ **contraindre.** ♦ Infliger à qqn l'importunité d'une présence, d'une démarche. ⇒ **déranger, importuner.** *Je crains de vous gêner en m'installant chez vous.* absolt *Il a toujours peur de s'imposer, de gêner.* ♦ Mettre dans une situation financière embarrassante. *Cette dépense va me gêner. Je me trouve un peu gêné.* ⇒ **serré.** 3 Mettre mal à l'aise. ⇒ **intimider, troubler.** « *Son silence et sa maussaderie gênaient toute la table* » (Maurois). *Votre question me gêne. Ça me gêne de lui demander.* ➛ *Avoir l'air gêné.* ⇒ **contraint, emprunté, gauche.** *J'étais terriblement gêné.* « *Son sourire, son rire, ont l'air, après chaque phrase de vous demander pardon. C'est un des êtres les plus gênés que je connaisse* » (Gide). 4 *SE GÊNER* v. pron. S'imposer une contrainte physique ou morale. *Elle ne s'est pas gênée pour lui dire ce qu'elle pensait.* iron. *Ne vous gênez pas !* se dit à qqn qui en prend un peu trop à son aise (⇒ **sans-gêne).** « *C'est ça, insulte-moi* [...] *Ne te gêne pas !* » (Aragon). fam. *Je vais me gêner !* je ne vais pas hésiter à le faire. ✪ CONTR. Soulager. Aider, servir. ① Aise (mettre à l'aise).

① **général, ale, aux** adj. – XIIe ; lat. « qui appartient à un genre » 1 Qui s'applique, se réfère à un ensemble de cas ou d'individus (opposé à *particulier*). « *les phénomènes les plus simples sont nécessairement les plus généraux* » (Comte). *S'en tenir à des considérations générales.* ⇒ ③ **vague.** *D'une manière générale* : sans application à un cas spécial (⇒ **généralement).** ♦ n. m. *Conclure du particulier au général.* ⇒ **généraliser.** 2 Qui s'applique à l'ensemble ou à la majorité des cas ou des individus d'une classe. « *il exprimait avec un rare bonheur un sentiment général, et chantait tout haut ce que chacun murmurait tout bas* » (Gaut.). *C'est la tendance générale.* ⇒ ① **courant, dominant, habituel, ordinaire.** *L'opinion générale.* ⇒ **commun.** *Dans l'intérêt général,* de tous. 3 Qui concerne tous les individus, tous les éléments d'un ensemble. ⇒ **total.** *Assemblée générale. À la demande générale. Grève générale. Responsabilité générale.* ⇒ **collectif.** ➛ *Une vue générale,* d'ensemble. ⇒ **global.** ♦ *Alarme générale,* ou n. f. *la générale* : batterie ou sonnerie militaire appelant au rassemblement. ♦ *Répétition générale,* ou n. f. *LA GÉNÉRALE* : ultime répétition d'une pièce devant un public d'invités. *La couturière, la générale et la première.* ♦ *Histoire générale.* ⇒ **universel.** *Dictionnaire général,* non spécialisé. *Littérature générale* : les œuvres littéraires. ♦ Qui intéresse toutes les parties d'un individu, d'un organisme. *Anesthésie générale* (opposé à *local*). 4 Qui embrasse l'ensemble d'un service, d'une organisation. *Direction générale. Quartier général.* ➛ (Qualifiant le titulaire lui-même d'une haute fonction, d'un grade supérieur) *Fermiers généraux. Secrétaire général.* 5 loc. adv. *EN GÉNÉRAL* : sans considérer les détails, les cas spéciaux (opposé à *en particulier*). « *c'est l'homme en général et non tel homme qu'ils représentent* » (Taine). ➛ Dans la plupart des cas, le plus souvent. ⇒ **communément, généralement.** *C'est en général ce qui arrive.* ✪ CONTR. Individuel, particulier, singulier ; exceptionnel, inhabituel, local, partiel, rare.

② **général, ale, aux** n. – XVe ; de *capitaine général* I n. m. 1 Celui qui commande en chef une armée, une unité militaire importante. *Alexandre, Hannibal, généraux de l'Antiquité* (⇒ **capitaine).** 2 Supérieur d'un ordre religieux. *Le général des Jésuites.* 3 Officier du plus haut grade des armées de terre et de l'air. *Général de brigade* (2 étoiles), *de division* (3), *de corps d'armée* (4), *d'armée et commandant en chef* (5). *Général en chef.* ⇒ **généralissime.** *À vos ordres, mon général.* II n. f. 1 Supérieure de certains ordres religieux. 2 Épouse d'un général. *Madame la générale.*

❑ En appellatif on dit « *mon général* » si le locuteur est un militaire, un homme, et « *général* » si le locuteur est une femme.

généralat n. m. – XVIe ; de ② *général* ▪ rare 1 Grade, fonction de général (3°). « *Au mois de juin Bonaparte est appelé au généralat des troupes cantonnées dans les Alpes Maritimes* » (Chateaub.). ♦ Dignité de général (II, 1°). *Le généralat de l'Oratoire.* 2 Temps que dure cette fonction.

générale → ① **général** (3°) et ② **général** (II)

généralement adv. – XIIe 1 D'un point de vue général. *Généralement parlant.* « *une conversation généralement partisane et particulièrement neutre* » (Duras). 2 Dans l'ensemble ou la grande majorité des individus. ⇒ **communément.** *Usage très généralement répandu.* 3 Dans la plupart des cas, le plus souvent. ⇒ **habituellement, ordinairement.** « *Les familles sont généralement plus nombreuses dans le peuple que dans les autres conditions* » (Buff.). ✪ CONTR. Particulièrement, spécialement. Jamais, rarement.

généralisable adj. – XIXe ▪ Qui peut être généralisé. *Mesures généralisables.*

généralisateur, trice adj. – XVIIIe ▪ Qui généralise.

généralisation n. f. – XVIIIe 1 Action de (se) généraliser. *Généralisation du conflit.* ⇒ **extension.** ➛ *Généralisation d'un cancer par métastases.* 2 Opération intellectuelle par laquelle on étend à l'ensemble d'une classe, ou à une autre classe, les propriétés et caractères observés sur un nombre limité de cas ou d'individus (⇒ **analogie, induction)** ; son résultat. ⇒ **extrapolation.** *L'abstraction est inséparable de la généralisation. Généralisation abusive.* ✪ CONTR. Individualisation, particularisation.

généraliser v. tr. [1] – XVIe 1 Étendre, appliquer (qqch.) à l'ensemble ou à la majorité des individus. ⇒ **universaliser.** *Généraliser une mesure.* pronom. *L'instruction s'est généralisée en France.* ⇒ **répandre.** ➛ *Crise généralisée.* ♦ pronom. S'étendre à l'ensemble d'un organisme. ➛ *Cancer généralisé.* 2 Affecter d'une extension ou d'une portée plus grande. *Généraliser les résultats d'une expérience.* ♦ absolt Raisonner par généralisation, en allant du particulier au général. « *Le savant généralise, l'artiste individualise* » (Renard). *Il ne faudrait pas trop généraliser.* ✪ CONTR. Limiter, restreindre. Individualiser, particulariser.

généralissime n. m. – XVIe ▪ Général chargé du commandement en chef des troupes.

généraliste adj. – 1962 1 Qui pratique la médecine générale. *Médecin généraliste.* ➝ n. *Un, une généraliste.* ⇒ **omnipraticien.** 2 Qui n'est pas spécialisé. *Journaliste généraliste.* ♦ *Formation généraliste. Chaîne* (de télévision) *généraliste* (opposé à *spécialisé, thématique, ciblé*). ✪ CONTR. Spécialiste.

généralité n. f. – XIIIe I - 1 Caractère de ce qui est général (1°). *Généralité d'une proposition.* ♦ Réflexion générale qui n'entre pas dans le détail (surtout au plur.). *Ouvrir un cours par des généralités.* ➝ péj. (surtout au plur.) Idée trop générale. *Un tissu de généralités.* ⇒ **banalité,** ① **lieu** (commun). 2 *La généralité des... :* le plus grand nombre des. ⇒ **majorité, plupart** (la). *Dans la généralité des cas.* II Sous l'Ancien Régime, Circonscription financière dirigée par un *général des finances.* ✪ CONTR. Particularité ; détail. Minorité.

> ❑ La *généralité* ne se mesure pas avec des nombres comme la *pluralité* ou la *totalité ;* elle est abstraite ; aussi peut-on employer *un* ou *le* au lieu de *tous les* pour en parler : *le cheval est un mammifère.*

générateur, trice adj. et n. – XVIe 1 adj. Qui engendre, sert à engendrer. *Fonction génératrice.* ⇒ **reproduction.** ➝ fig. ⇒ **créateur.** *Un système générateur de chômage* (⇒ **source**). « *un terrible hiver générateur d'épidémies meurtrières* » (R. Roussel). 2 Qui engendre par son mouvement (une ligne, une surface, un solide). *Ligne génératrice d'une surface.* ➝ n. f. Courbe permettant de définir une surface réglée, une surface de révolution (⇒ **directrice**). 3 n. m. Dispositif producteur. *Générateur de vapeur :* chaudière. *Générateur de particules.* ♦ Appareil, machine convertissant en énergie électrique une autre forme d'énergie. ⇒ **photopile,** ① **pile.** ➝ n. f. *Génératrice (à courant continu) :* machine produisant un courant continu à partir d'énergie mécanique. ⇒ **dynamo,** ① **magnéto.** « *la génératrice centrale, cette géante multiforme* » (Céline). ✪ CONTR. Destructeur. ① Récepteur.

génératif, ive adj. – XIVe ▪ *Grammaire générative :* description de la génération* des phrases d'une langue (formation des phrases possibles).

génération n. f. – XIIe 1 Production d'un nouvel individu ; fonction par laquelle les êtres se reproduisent. ⇒ **reproduction.** *Génération asexuée* (⇒ **multiplication**), *sexuée* (⇒ **fécondation**). ➝ *Génération spontanée :* ancienne théorie d'après laquelle des êtres organisés naîtraient spontanément, par la seule force de la matière. ⇒ **abiogenèse.** ♦ fig. ⇒ **genèse, production.** « *la génération des mots* » (Baud.). ➝ *Génération d'une surface, d'un solide,* par mouvement ou révolution. ➝ Production des phrases par le locuteur (⇒ **génératif**). ➝ Famille (de produits) d'une même technique avancée. *Ordinateurs de la première, de la quatrième génération.* 2 Ensemble des êtres qui descendent de qqn à chacun des degrés de filiation. ⇒ **progéniture.** *De génération en génération,* de père en fils. *Trait héréditaire qui saute une génération.* ♦ Espace de temps correspondant à l'intervalle entre chaque degré d'une filiation (une trentaine d'années). *Cette coutume a disparu en une génération.* 3 Ensemble des individus à peu près du même âge. *La génération montante. Ils sont de la même génération. Le conflit des générations.*

générer v. tr. 6 – XIIe ; lat. 1 Produire, avoir pour conséquence. ⇒ **engendrer.** *Secteur qui génère des emplois.* 2 Dans les théories génératives, Produire (une phrase).

généreusement adv. – XVIe 1 littér. En montrant de la grandeur d'âme, de la magnanimité. 2 Avec libéralité, sans compter. *Récompenser généreusement qqn.* 3 Avec abondance. ⇒ **abondamment, copieusement.** *Verser généreusement à boire.* « *une savoureuse portion de veau généreusement lardée* » (Mart. du G.). ✪ CONTR. Mesquinement. Parcimonieusement.

généreux, euse adj. – XIVe ; lat. *genus* « race » 1 vieilli Qui a l'âme grande et noble. ⇒ **brave, chevaleresque, vaillant.** 2 Qui a de nobles sentiments qui le portent au désintéressement, au dévouement. ⇒ ① **bon, charitable, humain.** *Vainqueur généreux envers le vaincu.* ➝ *Sentiments généreux.* ⇒ **élevé, noble.** « *pour une nature généreuse autant que la sienne, il n'y a pas de plus grande joie que de réjouir un autre être* » (Gide). 3 Qui donne plus qu'il n'est tenu de le faire. ⇒ **charitable, large, libéral, prodigue.** *Elle s'est montrée généreuse envers ses enfants.* « *Les gens généreux font de mauvais commerçants* » (Balz.). ➝ *Pourboire généreux.* ♦ *Sol généreux, terre généreuse.* ⇒ **fécond, fertile, productif, riche.** *Vin généreux.* ⇒ **corsé,** ① **tonique.** *Portion généreuse.* ⇒ **copieux.** ➝ *Une poitrine généreuse.* ⇒ **plantureux.** *Femme aux formes généreuses.* ✪ CONTR. ① Bas, mesquin ; cupide, intéressé. Aride, stérile.

① **générique** adj. – XVIe ; lat. *genus, eris* « origine, genre » 1 didact. Qui appartient à la compréhension logique du genre (opposé à *spécifique*). *Caractère générique.* ➝ Qui désigne un genre entier. *Terme générique.* ⇒ **hyperonyme.** 2 *Médicament générique,* ou n. m. *un générique :* médicament dont le brevet est tombé dans le domaine public. ➝ *Produit générique,* commercialisé sans nom de marque. ✪ CONTR. Spécifique ; spécial. Individuel, particulier.

② **générique** n. m. – 1934 ▪ Partie (d'un film, d'une émission) où sont indiqués le nom des auteurs, des interprètes, des collaborateurs. *Générique de fin.*

générosité n. f. – XVIe 1 Qualité qui dispose à sacrifier son intérêt personnel, à se dévouer. ⇒ **abnégation, altruisme, désintéressement, noblesse.** *Agir par générosité.* ♦ Sentiment d'humanité qui porte à être bienveillant, charitable, à pardonner, à épargner un ennemi. ⇒ **bonté, indulgence, magnanimité.** « *La générosité n'est que la pitié des âmes nobles* » (Chamf.). 2 Disposition à donner plus qu'on n'est tenu de le faire. ⇒ **largesse, libéralité, munificence.** *Faire preuve de générosité.* « *La générosité est si sacrée chez ce peuple qu'il est permis de voler pour donner* » (Stendh.). *Générosité excessive.* ⇒ **prodigalité.** ♦ Acte généreux. « *des générosités de père et de chef de clan* » (Romains). ⇒ **bienfait, cadeau,** ① **don, libéralité.**

genèse n. f. – XIIe ; gr. 1 *La Genèse :* premier livre de l'Ancien Testament relatant la Création. 2 Ce qui a contribué à produire qqch. ; manière dont une chose s'est formée. ⇒ **élaboration, formation, gestation.** *Genèse d'une œuvre d'art.*

> ❑ Pour le sens → origine (rem.).

-genèse ou vieilli **-génèse, -génésie** Groupes suffixaux, du gr. *genesis* « naissance, formation, production ». ⇒ **-génie.**

génésiaque adj. – XIXe ▪ Relatif à la Genèse.

génésique adj. – XIXe ▪ Relatif à la génération, la reproduction. *La* « *fonction génésique de conservation de l'espèce* » (Abellio).

genet n. m. – XIVe ; esp. *jinete* « cavalier armé à la légère », o. ar. ▪ Petit cheval de race espagnole. ✪ HOM. Genêt.

genêt n. m. – XIIe ; lat. ▪ Arbrisseau *(légumineuses papilionées)* à fleurs jaune d'or. *Genêt commun* ou *genêt à balai,* fournissant la spartéine. « *dans la chaude paix de la pinède, les genêts* [...] *mêlent à l'odeur des sèves résineuses leur arôme d'amande amère* » (Genev.). ✪ HOM. Genet.

généthliaque adj. – XVIe ; gr. *genethlê* « naissance » ▪ Relatif à l'horoscope. ➛ Qui prédit le destin d'après le ciel de naissance.

généticien, ienne n. – 1931 ▪ Spécialiste de génétique.

> ❑ *Généticien* a remplacé *génétiste* (fin XIXe s.) qui est employé aujourd'hui comme adjectif (« relatif au génétisme »).

génétique adj. et n. f. – XIXe ; gr. *genêtikos* « propre à la génération » 1 Relatif à l'hérédité. ⇒ **héréditaire.** ➛ Relatif aux gènes (⇒ **génique**), à l'ensemble des gènes et à leur effet. *Manipulation génétique. Distance génétique :* longueur de la molécule d'A.D.N. ou du chromosome séparant deux gènes ou deux mutations. 2 n. f. Branche de la biologie, science de l'hérédité. *Génétique évolutive :* partie de la génétique qui traite des questions relatives à l'évolution des espèces. *Génétique des populations.*

génétiquement adv. – 1941 ▪ D'un point de vue génétique.

génétisme n. m. – XIXe ▪ Théorie d'après laquelle la perception de l'espace, du monde extérieur par les sens est acquise. ⇒ **empirisme.**

genette n. f. – XIIIe ; o. ar. ▪ Petit mammifère *(carnivores)* à la robe tachetée, à la longue queue rayée.

gêneur, euse n. – XIXe ▪ Personne qui gêne, empêche d'agir librement. ⇒ **fâcheux, importun ;** fam. **casse-pieds, emmerdeur.**

genévrier n. m. – XIIIe ▪ Arbre d'Europe *(cupressacées)* aux feuilles acérées et aux fruits globuleux bleu-noir. ⇒ **genièvre.** « *Le vert genévrier de ses senteurs me grise* » (Noailles).

génial, iale, iaux adj. – XVIe 1 Inspiré par le génie. « *la chambre funéraire, dont la majesté tient aux proportions, à la géniale rigueur de l'architecture* » (Malraux). ♦ *Idée géniale.* ⇒ **excellent, ingénieux.** ♦ fam. Extraordinaire. *Un film génial.* ⇒ **extra, géant,** ② **super.** 2 Qui a du génie. *Shakespeare,* « *le plus génial des hommes de lettres* » (R. Rolland). ✪ CONTR. Faible, médiocre.

> ❑ Au sens d'« extraordinaire », le mot est à la mode depuis 1945-1950 comme intensif familier.

génialement adv. – XVIIe ▪ D'une manière géniale. ⇒ **magistralement.**

géniculé, ée adj. – XIXe ; lat. *genu* « genou » ▪ Coudé.

génie n. m. – XVIe ; lat. *genius* « divinité tutélaire », « inclination, talent » **I - 1** Être mythique, qui influe sur la destinée. *Bon, mauvais génie.* 2 Être surnaturel doué d'un pouvoir magique. ⇒ **esprit.** *Génie enfermé dans une bouteille.* 3 Être allégorique personnifiant une idée abstraite. *Le génie de la liberté.* **II - 1** *LE GÉNIE DE :* caractères distinctifs qui forment la nature propre d'une chose, d'une réalité vivante, son originalité, son individualité. « *le génie de la langue, c'est-à-dire le sens profond de la langue* » (Duham.). « *Le Génie du christianisme* », œuvre de Chateaubriand. ➛ Disposition naturelle, aptitude remarquable. ⇒ ① **don, goût, penchant, talent.** *Il a le génie des affaires.* ⇒ fam. **bosse.** *Il a le génie de, pour tout compliquer.* 2 Aptitude supérieure de l'esprit qui rend capable de créations, d'inventions, d'entreprises qui paraissent extraordinaires ou surhumaines. *Le génie de Napoléon, de Mozart. Génie poétique. Avoir du génie. Croire, avoir confiance en son génie.* « *Le talent sans génie est peu de chose. Le génie sans talent n'est rien* » (Valéry). ♦ *DE GÉNIE :* qui a du génie ou qui en porte la marque. « *L'homme de génie tait son orgueil, l'intrigant arbore le sien* » (Balz.). *Œuvre, invention de génie.* ➛ *Trait de génie,* plein d'ingéniosité, d'astuce. ♦ Personne qui a du génie. *Génie méconnu. Il se prend pour un génie.* **III - 1** *Génie militaire :* arme, service technique chargés de travaux (construction et entretien des casernements, fortifications, mise en œuvre de ponts, chemins de fer, transmissions). ♦ *Génie maritime :* corps d'officiers chargés de la construction des bâtiments de l'État. 2 *Génie civil :* art des constructions ; ensemble des ingénieurs civils. *Génie rural :* ingénierie appliquée au monde rural. 3 *Génie chimique, génie atomique :* connaissances et techniques de l'ingénieur (en chimie, physique atomique). ⇒ **ingénierie.** ♦ *Génie informatique :* ensemble des méthodes de conception, de mise en œuvre et de maintenance des produits informatiques. ♦ *Génie génétique :* méthodes d'investigation et d'expérimentation sur les gènes. ✪ CONTR. (de II) Médiocrité, nullité.

-génie Élément, du gr. *-geneia* « production, formation ». ⇒ **-genèse.**

genièvre n. m. – XIIe ; lat. *juniperus* 1 Genévrier. « *les salmis de bécasses, parfumées de baies de genièvre* » (Goncourt). 2 Fruit aromatique du genévrier. 3 Eau-de-vie obtenue par distillation de moûts fermentés de céréales. ⇒ **gin, schiedam.**

> ❑ *Genièvre* a donné l'anglais *gin.*

génique adj. – 1936 ▪ Des gènes ; relatif aux gènes (⇒ **génétique**). *Thérapie génique,* par intervention sur les gènes.

génisse n. f. – XIIe ; lat. *junix* ▪ Jeune vache qui n'a pas encore vêlé. *Foie de génisse.*

> ❑ En boucherie ou en mégisserie, on emploie en général *veau* pour le veau ou la génisse. En triperie le *foie de génisse* est distinct du *foie de veau* (bête plus âgée).

génital, ale, aux adj. – XIVe ; lat. *genitalis* « qui engendre » ▪ Qui a rapport à la reproduction sexuée des animaux et de l'homme. *Parties génitales. Organes génitaux.* ⇒ **sexuel.** *Vie génitale. Cycle génital.* ➛ *Stade génital :* dernier stade de la libido (opposé à *oral, anal*).

géniteur, trice n. – XIIe ; lat. *genitor* « père » 1 plaisant Personne qui a engendré. *Nos géniteurs.* ⇒ **parent.** 2 n. m. Animal mâle destiné à la reproduction. ⇒ **reproducteur.**

génitif n. m. – XIVe ; lat. *genitivus casus* « cas qui engendre » ▪ Dans les langues à déclinaisons, Cas qui exprime le plus souvent la dépendance ou l'appartenance.

génito-urinaire adj. – XIXe ▪ Qui a rapport aux fonctions de la reproduction et à l'excrétion urinaire. ⇒ **urogénital.** *Maladies génito-urinaires.*

génocide n. m. – 1945 ; gr. *genos* « race » et *-cide* ▪ Destruction méthodique d'un groupe ethnique. ⇒ **ethnocide.** *Le génocide des Arméniens.*

génois, oise adj. et n. – XVIIe 1 De Gênes. 2 n. f. Pâte à biscuit légère, à base de sucre et d'œufs fouettés. *Génoise fourrée.* ♦ Frise provençale composée de tuiles superposées. « *Sous les gênoises* [sic] *des toits, les engoulevents venaient s'abriter* » (Giono). 3 n. m. Grand foc en tissu léger.

génome n. m. – 1930 ; all. *Genom,* de *Genotypus* → génotype ▪ Ensemble des chromosomes d'un gamète (⇒ **haploïde**).

génomique adj. – mil. XXe ▪ Qui concerne le génome.

génotype n. m. – 1930 ; all. *Gen* « gène » et *Typus* « type » ■ Patrimoine génétique d'un individu dépendant des gènes hérités de ses parents (opposé à *phénotype*). *Les vrais jumeaux ont le même génotype.*

genou n. m. – XIe ; lat. *genu* 1 Articulation du fémur (cuisse) et du tibia (jambe), et région avoisinante, chez l'homme. *Ménisques du genou.* « *il s'est foulé un genou en faisant des exercices* » (Romains). *Jupe qui s'arrête au-dessus du genou. S'enfoncer jusqu'aux genoux.* ➛ *Faire du genou à qqn,* le toucher du genou pour attirer son attention. ➛ *Genoux fléchis, en extension.* ➛ *Mettre un genou à terre,* pour tirer ou en signe de dévouement, de soumission. « *un genou en terre, les mains en croix sur la poitrine et les yeux levés vers le ciel,* [...] *il récitait une prière* » (Balz.). ➛ *Être aux genoux de qqn,* pour le supplier. ⇒ **pied.** fam. *Être sur les genoux,* très fatigué. ♦ *À GENOUX :* les genoux posés par terre. *Se mettre à genoux. C'est à se mettre à genoux :* c'est admirable. *Demander à genoux,* avec une grande insistance, en s'abaissant. ♦ Partie d'un vêtement, à l'endroit des genoux. *Pantalon usé aux genoux.* ♦ au plur. Cuisses d'une personne assise. *Écrire sur ses genoux. Assieds-toi sur mes genoux.* 2 Chez les quadrupèdes, Articulation du membre antérieur, entre l'avant-bras et le canon. 3 Articulation, joint constitué par l'emboîtement d'une partie convexe et d'une partie concave.

genouillère n. f. – XIIe 1 Ce qu'on attache au genou, sur le genou pour le protéger. *Genouillère de gardien de but.* 2 Charnière mobile. ➛ Partie coudée d'un tuyau.

genre n. m. – XIIe ; lat. *genus* « origine, naissance » I *Le genre humain :* l'ensemble des hommes. ⇒ **espèce ; humanité.** II - 1 Idée générale d'un groupe d'êtres ou d'objets présentant des caractères communs. ⇒ **concept.** 2 Subdivision de la classification des êtres vivants, située au-dessous de la famille. *Toutes les roses appartiennent au genre* rosa. 3 Catégorie d'œuvres, définie par la tradition. « *nous recourrons à tous les genres littéraires pour familiariser le lecteur avec nos conceptions* » (Sartre). *Genre oratoire.* ♦ Classe ou nature du sujet traité par l'artiste. *Tableau, peinture de genre :* jusqu'au XVIIIe s., tout ce qui n'était pas peinture d'histoire (ou de style) ; les tableaux d'intérieurs, natures mortes, peintures d'animaux. III Catégorie exprimant parfois l'appartenance au sexe masculin, au sexe féminin ou aux choses (neutre). *Mot du genre masculin, du genre féminin. Mot qui varie en genre et en nombre.* IV - 1 ⇒ **espèce, sorte, type.** *Quel genre de costume désirez-vous ?* « *Le digne homme n'imagine pas combien il peut raser les élèves avec des propos de ce genre* » (Gide). *Chaussures en tout genre, en tous genres. Du même genre :* de même espèce, de même famille. *Dans son genre, il a du charme. Il n'est pas du genre à se laisser faire,* ce n'est pas dans son caractère. 2 *GENRE DE VIE :* façon de vivre, ensemble des habitudes d'un individu ou d'un groupe d'individus. ⇒ **manière,** ② **mode, style.** 3 Façons de s'habiller, de se comporter. ⇒ **allure, attitude,** fam. **look, manières, tenue.** *Elle a un mauvais genre, un drôle de genre. Avoir bon genre :* être bien élevé, élégant, distingué. *Bon chic, bon genre.* ⇒ **B.C.B.G.** ➛ *C'est un genre qu'il se donne. Ce n'est pas le genre de la maison.* « *ses cheveux rouges sont un peu excentriques, mais c'est un genre qui lui va* » (Le Clézio). ➛ *Le genre artiste.* « *l'élégance était scandinave et calédonienne, le genre anglais pur ne devait prévaloir que plus tard* » (Hugo). ♦ *Faire du genre, se donner du genre :* affecter certaines manières. ⇒ ② **affectation.** ♦ *Ce n'est pas mon genre :* ce n'est pas de mon goût, ce n'est pas dans mes goûts. ⇒ **style.** « *une femme qui ne me plaisait pas, qui n'était pas mon genre !* » (Proust).

① **gens** [ʒɑ̃] n. m. et f. pl. – Xe ; plur. de *gent* 1 Personnes, en nombre indéterminé. ⇒ **homme,** ① **personne.** *Il y a des gens qui exagèrent. Tous les gens. Certaines gens. Toutes sortes de gens. Ces gens-là.* « *Des gens comme toi et moi. Des Français* » (Aragon). *Des gens très sympathiques. Les pauvres gens. Des gens du peuple. Des gens simples,* aux habitudes simples et modestes. « *avec la brutalité des gens timides* » (Zola). « *tous les gens du village, hommes, femmes, enfants* » (Hugo). ⇒ **habitant.** ➛ *Rencontrer des gens de connaissance.* ➛ *Vieilles gens :* personnes âgées. ♦ Les hommes en général. *Bêtes et gens. Les gens sont fous.* « *Il ne faut point juger des gens sur l'apparence* » (La Font.). *Ils ne sont pas gens à exagérer.* 2 *JEUNES GENS :* jeunes filles et garçons. ⇒ **adolescent.** *Un groupe de jeunes gens.* ⇒ **jeune** (n.). *Aimer la compagnie des jeunes gens.* ⇒ **jeunesse.** ♦ *Les jeunes filles et les jeunes gens.* ⇒ **garçon.** 3 *Gens de justice. Gens d'Église. Gens de maison.* ⇒ **domestique.** *Les gens du spectacle.* « *il a ce jargon de politesse doucereuse, pateline, et évidemment affectée qui caractérise nos gens de lettres* » (Stendh.). ⇒ **auteur, écrivain.** 4 vieilli Domestiques, serviteurs. *Un grand seigneur et ses gens.* ⇒ **suite.** ✪ HOM. Gent, jan.

② **gens** [ʒɛ̃s ; gɛns] n. f. – XIXe ; mot lat. ■ À Rome, Groupe de familles dont les chefs descendaient d'un ancêtre commun.

gent [ʒɑ̃] n. f. – Xe ; lat. *gens* « nation, race, peuple » ■ littér. Race, espèce. « *La gent trotte-menu* » (La Font.) : les souris. « *le public, gent moutonnière* » (Balz.). ✪ HOM. ① Gens, jan.

> ❑ On entend parfois la prononciation fautive [ʒɑ̃t], probablement à cause du genre féminin de *gent.*

gentiane n. f. – XIIIe ; lat. ■ Plante herbacée *(gentianacées)* dont les racines produisent un suc amer aux propriétés toniques. « *le calice de la gentiane dont le bleu est si profond* » (Proust). ♦ Boisson alcoolisée apéritive, à base de racine de gentiane. ⇒ ① **amer.**

① **gentil** [ʒɑ̃ti] n. m. – XVe ; lat. *gentiles* « étrangers, païens » ■ Païen, pour les premiers juifs et les premiers chrétiens. ⇒ **infidèle.** *Saint Paul, l'apôtre des gentils.*

② **gentil, ille** [ʒɑ̃ti, ij] adj. – XIe ; lat. *gentilis* « de famille, de race » 1 Qui plaît par la grâce familière de ses formes, de son allure, de ses manières. ⇒ **agréable, aimable,** ① **beau, gracieux, joli, mignon, plaisant.** *Elle est gentille comme un cœur.* « *Il se montrait gentil, plein de soins, d'égards, de tendresse* » (Maupass.). ➛ *Une gentille petite robe.* ⇒ **charmant.** *C'est gentil chez vous.* ➛ Agréable mais un peu superficiel. ⇒ **gentillet.** 2 Qui plaît par sa délicatesse morale, sa douceur, sa bienveillance. ⇒ **délicat, généreux, prévenant.** *Une gentille attention.* « *vous venez faire une visite au vieux capitaine ; c'est gentil à vous* » (Vigny). ➛ *Vous serez gentille de fermer la porte derrière vous.* 3 D'une certaine importance. ⇒ **coquet.** *Il en coûte la gentille somme de...* ✪ CONTR. Laid. Désagréable, dur, égoïste, méchant, vilain. Insupportable.

> ❑ Le « *l* » final de *gentil* est muet. Pour la prononciation des mots en *-il* → chenil (rem.).

gentilé n. m. – XVIIIe ; lat. *gentile nomen* « nom de gens » → ② gens ■ Dénomination des habitants d'un lieu, relativement à ce lieu.

> ❑ La liste des *gentilés* se trouve en annexe à la fin de cet ouvrage.

gentilhomme [ʒɑ̃tijɔm], plur. **gentilshommes** [ʒɑ̃tizɔm] n. m. – XIe 1 Noble de naissance. *Nom et armes d'un gentilhomme.* « *Le Bourgeois gentilhomme* », *comédie de Molière.* 2 littér. Homme qui montre de la noblesse, de la générosité dans ses actes, de la distinction dans ses manières. *Agir en gentilhomme.* ⇒ **gentleman, seigneur.** ✪ CONTR. Bourgeois.

gentilhommière [ʒɑ̃tijɔmjɛʀ] **n. f.** – XVIIe ▪ Petit château à la campagne. ⇒ **castel, manoir.**

gentillesse **n. f.** – XIIe ▪ Qualité d'une personne qui a de la bonne grâce, de l'empressement à être agréable, serviable. ⇒ **amabilité, aménité, complaisance, obligeance.** *Auriez-vous la gentillesse de ranger ce livre ? « Il poussait même la gentillesse jusqu'à faire la conversation avec la servante »* (Henriot). ♦ Action, parole pleine de gentillesse. ⇒ **attention, prévenance.** *« elle avait des prévenances inimaginables, des attentions délicieuses, des gentillesses infinies »* (Maupass.). *Il voulait me faire une gentillesse.* ✪ CONTR. Grossièreté, rudesse ; dureté, méchanceté.

gentillet, ette **adj.** – XVIe ▪ Agréable mais insignifiant. *Un roman gentillet.*

gentilshommes → **gentilhomme**

gentiment **adv.** – XIIe ▪ D'une manière gentille. *« Dis gentiment bonjour ! »* (Colette). ✪ CONTR. Méchamment.

gentleman [ʒɑ̃tləman ; dʒɛntləman] **n. m.** – XVIe ; mot angl., d'apr. *gentilhomme* ▪ Homme distingué, d'une parfaite éducation. *« cet honnête et courageux gentleman, auquel elle devait la vie »* (J. Verne). *Se comporter en gentleman. Des gentlemans* ou *des gentlemen* [dʒɛntlɛmɛn].

❑ D'abord adapté en *gentilleman* (XVIe s.), le mot est introduit en français à la fin du XVIIe s. pour distinguer, chez les Anglais, le *gentilhomme* qui implique la noblesse héréditaire, de la noblesse non titrée *(gentleman). Gentleman* ne se répand qu'avec le romantisme et se dit aujourd'hui par référence au « chic britannique » (cf. le *gentleman cambrioleur* Arsène Lupin).

gentleman-farmer [ʒɑ̃tləmanfaʀmœʀ ; dʒɛntləmanfaʀmœʀ] **n. m.** – XIXe ; mot angl. « gentilhomme fermier » ▪ Propriétaire foncier qui vit sur ses terres et s'occupe de leur exploitation. *Des gentlemans-farmers* ou *des gentlemen-farmers.*

gentlemen's agreement [dʒɛntləmɛnsagʀimɛnt] ou **gentleman's agreement** [dʒɛntləmansagʀimɛnt] **n. m.** – 1930 ; loc. angl. « accord de gentlemen » ▪ Accord international dépourvu de force juridique ; accord, promesse qui n'a pour garant que l'honneur de ceux qui ont donné leur parole. *Des gentlemen's agreements, des gentleman's agreements.*

gentry [dʒɛntʀi] **n. f.** – XVIIe ; mot angl. ▪ Noblesse anglaise non titrée. *Des gentrys* ou *des gentries.*

❑ Pour le pluriel → ① y (rem.).

génuflexion **n. f.** – XIVe ; lat. *genuflectere* « fléchir le genou » ▪ Action de fléchir le genou, les genoux en signe d'adoration, de respect, de soumission. ⇒ **agenouillement, prosternation.** *« L'oblique génuflexion des dévots pressés »* (Flaub.).

géo- Élément, du gr. *gê* « Terre ».

géocentrique **adj.** – XVIIIe ▪ Qui est repéré par rapport à la Terre prise comme centre.

géocentrisme **n. m.** – 1955 ▪ Théorie faisant de la Terre le centre de l'univers.

géochimie **n. f.** – XIXe ▪ Science qui a pour objet l'étude de la composition chimique de la croûte terrestre.

géochronologie [ʒeokʀɔnɔlɔʒi] **n. f.** – v. 1950 ▪ Chronologie des événements géologiques.

géode **n. f.** – XVIe ; gr. *geôdês* « terreux » 1 Masse pierreuse creuse, dont l'intérieur est tapissé de cristaux. 2 Petite cavité pathologique dans un tissu. 3 Sphère d'acier creuse contenant une salle de projection dont l'écran est constitué par la surface intérieure de la demi-sphère. *La Géode de la Villette, à Paris.*

géodésie **n. f.** – XVIIe ; gr. *geôdaisia* « partage de la Terre » ▪ Science qui a pour objet l'étude de la forme, des dimensions et du champ de gravitation de la Terre.

géodésique **adj.** – XVIe ▪ Relatif à la géodésie. ➝ *Ligne géodésique,* ou **n. f.** *une géodésique :* ligne la plus courte reliant deux points d'une surface.

géodynamique **n. f.** – XIXe ▪ Étude des modifications de l'écorce terrestre dues aux agents externes et internes.

géographe **n.** – XVIe ▪ Spécialiste de géographie. *« Qu'est-ce qu'un géographe ? – C'est un savant qui connaît où se trouvent les mers, les fleuves, les villes, les montagnes et les déserts »* (St-Exup.).

géographie **n. f.** – XVIe ; *géo-* et *-graphie* 1 Science qui étudie et décrit la Terre à sa surface, en tant qu'habitat de l'homme et de tous les organismes vivants. *Géographie générale, régionale. Géographie physique. Géographie humaine, économique, sociale. Géographie urbaine, rurale. Carte de géographie.* ➝ abrév. fam. GÉO [ʒeo]. *Prof d'histoire-géo.* 2 Réalité qui fait l'objet d'étude de la science géographique. *La géographie de la France, du Bassin parisien, de la Méditerranée.*

géographique **adj.** – XVIe ▪ Relatif à la géographie.

géographiquement **adv.** – XVIe ▪ Quant à la géographie.

géoïde **n. m.** – XIXe ; de *géo-* et *-oïde* ▪ Solide en forme d'ellipsoïde qui représente la Terre au niveau moyen des mers.

geôle [ʒol] **n. f.** – XIIe ; lat. *cavea* « cage » ▪ vx ou littér. ⇒ **cachot, prison.**

geôlier, ière [ʒolje, jɛʀ] **n.** – XIIe ▪ vx ou littér. Personne qui garde les prisonniers. ⇒ **gardien.** *« précédé du geôlier qui tenait les clés »* (Chateaub.).

géologie **n. f.** – XVIIIe ; *géo-* et *-logie* 1 Science qui a pour objet la connaissance de la Terre, de sa surface, l'histoire de ses parties, l'évolution de leur agencement. *La géologie étudie les parties du globe directement accessibles à l'observation. Géologie structurale,* qui étudie les déformations des roches et de leurs ensembles. ⇒ **tectonique.** 2 Ensemble des géologies d'une région. *La géologie du Bassin parisien.* ⇒ **orographie, structure.**

géologique **adj.** – XVIIIe ▪ Qui concerne la géologie. *Carte géologique.*

géologue **n.** – XVIIIe ▪ Spécialiste de géologie.

❑ La forme *géologiste* est archaïque.

géomagnétisme **n. m.** – 1953 ▪ Magnétisme terrestre.

géomancie **n. f.** – XIIIe ; *géo-* et *-mancie* ▪ Divination par la terre, la poussière, les cailloux ou par des points marqués au hasard et réunis pour former des figures.

géométral, ale, aux **adj.** – XVIe ▪ Qui représente un objet avec ses dimensions relatives exactes, sans tenir compte de la perspective. *Plan géométral,* ou *un géométral.*

géomètre **n.** – XIVe 1 Spécialiste de géométrie. *« Plus vous serez poète, moins vous serez géomètre et dans la vie il faut un peu de géométrie, et, ce qui est pis encore, beaucoup d'arithmétique »* (Loti). 2 *(Arpenteur) géomètre :* technicien qui s'occupe du levé des plans, du nivellement. ⇒ **arpenteur.** 3 Phalène* dont la chenille arpente le sol en semblant le mesurer. ⇒ **arpenteuse.**

géométrie **n. f.** – XIIe ; gr. 1 Science des figures de l'espace physique. 2 Étude des invariants du groupe opérant sur des ensembles de points. *Géométrie* *affine et géométrie vectorielle. Géométrie algébrique. Géométrie descriptive,* où les figures de l'espace sont définies par leurs projections orthogonales sur deux plans perpendiculaires. *Géométrie différentielle. Géométrie euclidienne.* « *Je me mettais à piocher ma géométrie, en recommençant depuis le début* » (Mart. du G.). ➛ *Figure de géométrie.* 3 Configuration d'un avion, de ses ailes. *Avion à géométrie variable,* dont la voilure peut être modifiée en fonction des besoins en vol. ➛ *À géométrie variable :* qui peut varier dans ses dimensions, son fonctionnement, selon les besoins.

géométrique adj. – XIVe 1 De la géométrie. *Figure géométrique. Progression* ou *suite géométrique* (opposé à ① *arithmétique*) : série de termes dont l'un procède du précédent en le multipliant par un nombre constant. 2 Simple et régulier comme les figures géométriques. *Ville à plan géométrique.* « *le port bleu, les bateaux blancs, la dentelle géométrique des cordages et des mâts* » (Colette). 3 Qui procède avec la rigueur, la précision de la géométrie. *Exactitude, rigueur géométrique.* ⇒ **mathématique.**

géométriquement adv. – XVIe 1 Par la géométrie. 2 D'une manière géométrique.

géomorphologie n. f. – 1939 ▪ Partie de la géologie qui décrit et explique les formes du relief terrestre.

géophile n. m. – XIXe ; *géo-* et *-phile* 1 Gastéropode terrestre à coquille réduite, interne ou absente. ⇒ **limace.** 2 Petit arthropode. ⇒ ② **scolopendre.**

géophone n. m. – 1962 ; *géo-* et *-phone* ▪ Instrument servant à écouter les bruits provenant du sol.

géophysicien, ienne n. – 1944 ▪ Spécialiste de géophysique.

géophysique n. f. – XIXe ▪ Étude de la Terre par les méthodes de la physique. ➛ adj. *Études géophysiques.*

géopoïèse [ʒeopɔjɛz] n. f. – 1986 ; gr. *poiein* « faire » ▪ Autoorganisation de la biosphère qui se poursuit depuis plus de 3 milliards d'année.

> ❑ Ce concept scientifique s'appelle l'« hypothèse Gaïa » (J. Lovelock, 1972) et conduit à une protection de la Terre aux dépens des besoins de l'homme.

géopolitique n. f. et adj. – 1924 ▪ Étude des rapports entre les données naturelles de la géographie et la politique des États. ➛ *Théories géopolitiques.*

géorgien, ienne adj. et n. – XVIe 1 Relatif à la Géorgie, habitant de la Géorgie (République caucasienne). ♦ n. m. Langue caucasienne de Géorgie. 2 De la Géorgie (État des États-Unis d'Amérique).

géorgique adj. – XIVe ; gr. *gê* « terre » et *ergon* « travail » ▪ *Poème géorgique,* qui concerne les travaux des champs.

géostation n. f. – 1973 ▪ Station scientifique établie à terre.

géostationnaire adj. – 1966 ▪ Se dit d'un satellite géosynchrone décrivant une orbite équatoriale dans le sens de la rotation de la Terre.

géostratégie n. f. – v. 1965 ▪ Ensemble des facteurs stratégiques en liaison avec la géographie et la démographie.

géosynchrone adj. – 1975 ▪ Se dit d'un satellite dont la période de révolution égale un jour sidéral (⇒ **géostationnaire**).

géosynclinal, aux [ʒeosɛ̃klinal, o] n. m. – XIXe ▪ Vaste dépression synclinale, caractérisée par une grande épaisseur de sédiments.

géotechnique [ʒeotɛknik] adj. – 1967 ▪ Qui concerne les applications techniques de recherches géologiques.

géothermie n. f. – XIXe 1 Étude de l'énergie calorifique interne de la Terre. 2 Énergie utilisant la chaleur des profondeurs de la Terre.

géothermique adj. – XIXe ▪ Relatif à la géothermie. *Gradient géothermique :* variation de la température de la Terre avec la profondeur.

géotropisme n. m. – XIXe ▪ Orientation d'un organe vers la Terre, sous l'action de la pesanteur.

géotrupe n. m. – XIXe ; *géo-* et gr. *trupân* « percer » ▪ Insecte *(coléoptères)* qui creuse son terrier sous les crottins et les bouses. ⇒ **bousier.**

géphyrien n. m. – XIXe ; gr. *gephura* « pont » ▪ Animal marin non segmenté vivant dans la vase *(hémicordés).*

gérable adj. – 1968 ▪ Qui peut être géré. ✪ CONTR. Ingérable.

gérance n. f. – XIXe ▪ Fonction de gérant ; temps que dure cette fonction. ⇒ **administration, gestion.** *Mettre un fonds de commerce en gérance. Gérance libre* (ou *location-gérance*) : exploitation d'un fonds de commerce par un gérant.

géranium [ʒeʀanjɔm] n. m. – XVIe ; gr. *geranos* « grue » 1 Plante herbacée *(géraniacées)* aux fleurs roses et aux feuilles très fortement aromatiques. 2 Pélargonium. « *des fenêtres qu'égayaient des capucines et des géraniums* » (Mart. du G.).

gérant, ante n. – XVIIIe ▪ Personne qui gère pour le compte d'autrui, assume une gérance. ⇒ **administrateur, agent, directeur, dirigeant, gestionnaire, mandataire, syndic.** *Gérant d'immeubles.* ♦ Mandataire placé à la tête d'une entreprise. « *gardant les anciens patrons comme gérants provisoires* » (Romains). ♦ Dans certains types de société, Personne chargée de l'administration des affaires sociales. ♦ *Gérant d'un journal,* directeur responsable de la publication.

gerbage n. m. – XVIe ▪ Action de gerber (des céréales). ♦ Action d'empiler (des marchandises).

gerbe n. f. – XIIe ; germ. °*garba* 1 Botte de céréales coupées, où les épis sont disposés d'un même côté. *Gerbe de blé.* « *Elle soulevait trois, quatre javelles* [...] *puis, avec un lien tout prêt, elle nouait sa gerbe* » (Zola). 2 Botte de fleurs coupées à longues tiges. « *je reste seule avec ma gerbe de roses, une grande gerbe banale serrée dans une ceinture de ruban vert pâle* » (Colette). 3 ⇒ ① **bouquet, faisceau.** *Gerbe d'eau.* « *Chaque obus soulevait une longue gerbe de terre dans un nuage de fumée* » (Dorgelès). ➛ Ensemble des trajectoires parcourues par les projectiles lancés sur un même but dans les tirs successifs d'une même pièce. ♦ *Gerbe de particules :* faisceau du rayonnement cosmique secondaire qui semble provenir d'une même particule et conserve la direction de celle-ci. ➛ *Gerbe atmosphérique,* dont les particules pénètrent l'atmosphère.

gerbée n. f. – XVe ▪ Botte de paille où il reste quelques épis.

gerber v. [1] – XIIIe I v. tr. 1 VX Mettre en gerbes. 2 Empiler (des colis, des marchandises). II v. intr. fam. Vomir. « *Moi, j'ai gerbé dans la luzerne* » (Tournier).

gerbera [ʒɛʀbeʀa] n. m. – XVIIIe ; du nom du naturaliste all. *Trangott Gerber* ▪ Plante ornementale *(composacées),* cultivée pour ses grands capitules orange vif ou rouges.

gerbeur, euse adj. et n. f. – XVIe 1 Qui sert au gerbage. 2 n. f. Appareil de levage pour gerber les charges.

gerbier n. m. – XVe ▪ Grand tas de gerbes.

gerbille n. f. – XIXe ; lat. *gerbillus* ■ Petit rongeur des savanes et des déserts.

gerboise n. f. – XVIIIe ; ar. *yarbu* ■ Petit rongeur d'Asie et d'Afrique, aux pattes postérieures quatre fois plus longues que les antérieures.

gerce n. f. – XVIIe 1 Teigne qui ronge les étoffes, les papiers. 2 Fente dans le bois causée par la dessiccation.

gercer v. 3 – XIIIe ; gr. *kharassein* « entailler » 1 v. tr. Faire de petites crevasses, en parlant de l'action du froid ou de la sécheresse. « *le froid desséchait les visages et gerçait les lèvres* » (Mac Orlan). ⇒ **crevasser, fendiller, fendre.** ➝ pronom. *Mains qui se gercent.* 2 v. intr. Se couvrir de petites crevasses. *Lèvres qui gercent.* ➝ *Lèvres gercées.*

gerçure n. f. – XIVe 1 Petite fissure de la peau. ⇒ **crevasse.** *Gerçures aux mains.* 2 Petite fente qui se produit à la surface de la terre, aux troncs d'arbres. ⇒ **gélivure.** « *l'écorce aux gerçures saignantes* » (Ste-Beuve). 3 Fendillement à la surface d'une matière, d'un revêtement. *Gerçures de l'enduit d'un tableau.*

gérer v. tr. 6 – XVe ; lat. *gerere* 1 Administrer (les intérêts, les affaires d'un autre). *Gérer un commerce. Gérer les biens d'un mineur.* 2 Administrer (ses propres affaires). ⇒ **conduire, diriger, gouverner, régir.** ➝ *Affaire bien gérée.* 3 *Gérer un problème,* y faire face, s'en occuper. *Situation très difficile à gérer.* ➝ *Gérer son temps.*

gerfaut n. m. – XIIe ; p.-ê. nord. *geirfalki* ■ Grand rapace diurne, qui vit dans les pays du Nord. « *Comme un vol de gerfauts hors du charnier natal* » (Heredia).

> ❑ Le gerfaut était très estimé au Moyen Âge pour la fauconnerie (chasse au héron, au faisan) en raison de sa ténacité à la poursuite.

gériatrie n. f. – 1915 ; gr. *gerôn* « vieillard » et *-iatrie* ■ Médecine de la vieillesse. ⇒ **gérontologie.**

① **germain, aine** adj. et n. – XIIe ; lat. *germanus* « qui est du même sang » ■ *Cousins germains,* ayant au moins une grand-mère ou un grand-père commun. ➝ *Cousins issus de germains* : cousins dont les parents sont cousins germains. ✪ HOM. Germen.

② **germain, aine** adj. et n. – XIIIe ; p.-ê. celt. *gair* « voisin » et *maon* « peuple » 1 Qui appartient à la Germanie. ⇒ **germanique.** 2 n. Habitant de la Germanie.

germandrée n. f. – XIIe ; gr. *khamaidrus* « chêne nain » ■ Herbe ou arbrisseau aromatique *(labiées).* « *Ce savant botaniste qui prétend que la germandrée est d'un jaune sale* » (Sand).

germanique adj. et n. – XVIe 1 Qui a rapport aux Germains. ⇒ ② **germain, teuton.** *Le Saint-Empire romain germanique. Langues germaniques.* 2 De l'Allemagne. ⇒ **allemand.** ♦ Des régions de langue et de civilisation allemandes. *Les pays latins et les pays germaniques.*

germanisant, ante adj. et n. – XIXe ■ Qui affectionne ce qui est germanique, allemand.

> ❑ « *un germaniste est un savant ou un lettré qui s'occupe de philologie ou de littérature germaniques* [...], *un germanisant est un monsieur quelconque touché par l'esprit germanique* » (A. Therive, *Querelles de langage,* II, p. 182).

germaniser v. tr. 1 – XVIe ■ Rendre germanique ; imposer le caractère germanique à. « *Battus, nous serons germanisés* » (Sartre).

germanisme n. m. – XVIIIe ■ Tournure, idiotisme propre à la langue allemande. « *les plaisants germanismes de Grimm, qui n'était pas encore devenu puriste* » (Rouss.). ➝ Emprunt à l'allemand.

germaniste n. – XIXe ■ Linguiste spécialisé dans l'étude des langues germaniques, de l'allemand. ➝ Spécialiste d'études allemandes.

> ❑ Pour le sens → germanisant (rem.).

germanium [ʒɛrmanjɔm] n. m. – XIXe ; lat. *Germania* « Allemagne » ■ Élément atomique (Ge ; n° at. 32 ; m. at. 72,61), métal du même groupe que le carbone et le silicium.

germano- Élément, du lat. *germanus* « allemand ».

germanophile adj. et n. – XIXe ; *germano-* et *-phile* ■ Qui aime les Allemands. « *les fragments du discours de Mussolini, que donne le journal germanophile de Tunis* » (Gide).

germanophobe adj. et n. – XIXe ; *germano-* et *-phobe* ■ Qui déteste les Allemands.

germanophone adj. et n. – v. 1945 ; *germano-* et *-phone* ■ Qui parle, où l'on parle l'allemand. *La Suisse germanophone.* ⇒ **alémanique.**

germe n. m. – XIIe ; lat. *germen* 1 Premier rudiment d'un être vivant. 2 Micro-organisme capable d'engendrer une maladie. *Germes microbiens.* 3 Partie de la semence, qui en se développant forme la plante. ⇒ **embryon.** ➝ Première pousse qui sort de la graine, du bulbe, du tubercule. ⇒ **plantule.** *Germes de blé, d'orge.* 4 Principe, élément de développement. ⇒ **cause, semence, source.** *Les germes d'une crise économique.* ⇒ **origine.** *En germe* : à l'état latent.

germen [ʒɛrmɛn] n. m. – déb. XXe ; mot lat. « germe » ■ Lignée des gamètes d'un être vivant (opposé à *soma*). ✪ HOM. Germaine (germain).

germer v. intr. 1 – XIIe 1 Développer un germe (en parlant des graines, bulbes ou tubercules). *On fait germer l'orge pour la fabrication de la bière. Pommes de terre germées.* 2 Commencer à se développer. ⇒ se **former, naître.** « *mille projets enthousiastes germaient dans nos têtes* » (France).

germicide adj. – XVIIIe ; de *germe* et *-cide* ■ Qui tue les germes microbiens.

① **germinal** n. m. – XVIIIe ■ Septième mois du calendrier républicain (21, 22 mars-18, 19 avril), mois de la germination. *Des germinals.* ➝ « *Germinal* », *roman de Zola.*

② **germinal, ale, aux** adj. – XIXe ■ Relatif au germe ou au germen. « *sous la poussée des puissances germinales* » (Bosco).

germinateur, trice adj. – XVIIIe ■ Qui a le pouvoir de faire germer.

germinatif, ive adj. – XVIe 1 Qui a rapport au germe ou à la germination. *Pouvoir germinatif d'une graine.* 2 Relatif au germen* (opposé à *somatique*).

germination n. f. – XVIe ; lat. *germen* « germe » ■ Reprise de la vie active par un végétal sous forme de graine ou de spore. « *la germination se fait dans un profond silence, enfouie, insoupçonnée de tous* » (Montherl.).

germoir n. m. – XVIIIe 1 Récipient destiné à recevoir certaines graines qui doivent être mises en terre après leur séparation de la plante, mais qu'on ne veut semer que plus tard. 2 Bâtiment où l'on fait germer des semences, des plantes.

germon n. m. – XIVe ; p.-ê. de *germe* ■ Thon blanc. « *des germons,* [...] *aux flancs bleuâtres, et rayés de bandes transversales* » (J. Verne).

gérondif n. m. – XVe ; lat. *gerere* « faire » 1 En latin, Forme verbale, déclinaison de l'infinitif. 2 En français,

Forme verbale en *-ant* (⇒ **participe**), généralement précédée de la préposition *en*, servant à exprimer des compléments circonstanciels (ex. En forgeant, on devient forgeron).

géronte n. m. – XVIIe ; gr. *gerôn* « vieillard » ▪ VX Vieillard crédule, facile à berner.

gérontisme n. m. – XIXe ▪ Vieillissement prématuré chez un adulte ou un enfant. ⇒ **sénilisme.**

géront(o)- Élément, du gr. *gerôn* « vieillard ».

gérontocratie n. f. – XIXe ; *géronto-* et *-cratie* ▪ Gouvernement, domination exercés par les vieillards. « *les vieilles sociétés riches ont tendance à devenir des gérontocraties* » (Maurois).

gérontologie n. f. – 1950 ; *géronto-* et *-logie* ▪ Étude de la vieillesse. ⇒ **gériatrie.**

gérontologue n. – 1965 ▪ Spécialiste de la gérontologie.

gérontophilie n. f. – 1909 ; *géronto-* et *-philie* ▪ Attraction sexuelle pour les vieillards.

gerseau n. m. – XVIIe ; altér. probable de *herseau,* dimin. de *herse* ▪ Filin ou cordage qui renforce une poulie.

gésier n. m. – XIIIe ; lat. *gigeria* « entrailles de volailles sacrifiées » ▪ Troisième poche digestive des oiseaux, faisant suite au jabot. *Les dindons « ont un double estomac, c'est-à-dire un jabot et un gésier »* (Buff.).

gésine n. f. – XIIe ; de *gésir* ▪ VX *Femme EN GÉSINE,* en train d'accoucher.

gésir v. intr. défectif seult *je gis, tu gis, il gît, nous gisons, vous gisez, ils gisent ; je gisais,* etc. ; *gisant* – X^e^ ; lat. *jacere* « être étendu » ▪ littér. 1 Être couché, étendu, sans mouvement. *Malade qui gît sur son lit.* ♦ Être enterré. *Ci-gît.* 2 Se trouver. *Là, gisait la vraie difficulté.* ⇒ **résider.**

gesse n. f. – XIe ; provenç. *jaisso,* p.-ê. du lat. *(faba) ægyptia* « (fève) d'Égypte » ▪ Plante herbacée *(légumineuses papilionées).*

gestaltisme [gɛʃtaltism] n. m. – mil. XXe ; de l'all. *Gestalt* « forme » ▪ Théorie de la forme.

gestalt-thérapie [gɛʃtaltteʀapi] n. f. – v. 1960 ▪ Thérapie de groupe permettant à l'individu de reconnaître et d'accepter les parties antagonistes de son corps et de sa personnalité.

gestant, ante adj. – mil. XXe ▪ *Femelle gestante,* en gestation. ⇒ **gravide.**

gestation n. f. – XVIe ; lat. *gerere* « porter » 1 État d'une femelle vivipare qui porte son petit, depuis la conception jusqu'à l'accouchement. *Gestation de la femme.* ⇒ **grossesse.** 2 Travail latent qui prépare la naissance, la mise au jour d'une création de l'esprit, d'une situation nouvelle. « *on ne fait rien de bon avec un thème qui n'a pas eu, dans l'esprit, son temps de gestation normal* » (Maurois). *Une œuvre en gestation.*

① **geste** n. m. – XVe ; lat. *gestus* 1 Mouvement du corps, révélant un état psychologique, ou visant à exprimer, à exécuter qqch. ⇒ **attitude, mouvement.** *S'exprimer par gestes. Faire beaucoup de gestes en parlant. Le langage par gestes des sourds-muets. Joindre le geste à la parole.* « *en encourageant le pasteur de la voix et du geste* » (Aymé). *Ne pas faire un geste :* ne pas bouger du tout. *Gestes lents, brusques, vifs.* « *Ses gestes incohérents trahissaient sa fébrilité* » (Mart. du G.). *Précision des gestes du chirurgien.* ♦ Simple mouvement expressif ou caractéristique. ⇒ **signe.** *Un geste d'adieu. Geste approbateur de la tête.* ⇒ **hochement.** « *le geste de la main qui demande le silence* » (Aragon). « *Le geste auguste du semeur* » (Hugo). *Un geste déplacé, obscène.* 2 ⇒ ① **acte,** ① **action.** *Geste de générosité. Faire un beau geste.* loc. *Faire un geste :* intervenir en faveur de qqn ; se montrer généreux.

② **geste** n. f. – XIe ; lat. *gesta* « exploits » 1 Ensemble des poèmes épiques du Moyen Âge, relatant les exploits d'un même héros. ⇒ ① **cycle.** *Chanson de geste.* 2 au plur. *Les FAITS ET GESTES de qqn,* toute sa conduite. *La police interrogea le prévenu sur ses faits et gestes.*

gesticulant, ante adj. – XVIIIe ▪ Qui gesticule. *Foule gesticulante.*

gesticulation n. f. – XVe ▪ Action de gesticuler.

gesticuler v. intr. [1] – XVIe ▪ Faire beaucoup de gestes, trop de gestes. « *l'ensemble des buveurs attablés, parlant avec animation et gesticulant* » (Robbe-Grillet).

gestion n. f. – XVe ; lat. *gerere* « gérer » 1 Action de gérer. *La gestion d'un patrimoine, d'une fortune. Avoir la gestion des fonds.* ⇒ **maniement.** *Une bonne gestion.* ♦ Science de l'administration, de la direction d'une organisation et de ses différentes fonctions ; économie d'entreprise. ⇒ **administration, direction, management, organisation.** *Gestion d'entreprise. Gestion financière. Gestion du personnel. École de gestion. Société de gestion,* conseillant les entreprises en matière de gestion. ♦ Administration des biens d'une personne physique ou morale par son représentant. ♦ *Compte de gestion,* établi pour l'ensemble des opérations effectuées pendant l'année budgétaire. ⇒ **exercice.** ♦ *Gestion d'affaires :* acte d'une personne qui a agi pour le compte d'un tiers, dans son intérêt, sans avoir reçu mandat de celui-ci. 2 Contrôle du fonctionnement. *Programme d'ordinateur effectuant la gestion d'un périphérique.*

gestionnaire adj. et n. – XIXe 1 Qui concerne la gestion ou qui en est chargé. 2 n. Personne chargée de la gestion. *C'est un excellent, un très mauvais gestionnaire.* 3 n. m. Logiciel effectuant la gestion. *Gestionnaire de bases de données, d'écran.*

gestualité n. f. – v. 1960 ▪ Ensemble des gestes, mouvements et postures d'une personne, variable selon les cultures. *La gestualité des Italiens.* ⇒ **gestuelle.**

gestuel, elle adj. et n. f. – 1937 ▪ Du geste. *Le langage gestuel des sourds-muets.* ➝ n. f. *GESTUELLE :* ensemble des gestes expressifs considérés comme des signes. ⇒ **gestualité.**

getter [gɛtɛʀ] n. m. – 1933 ; mot angl., de *to get* « obtenir » ▪ Substance métallique utilisée pour obtenir un vide poussé dans les tubes électroniques.

geyser [ʒɛzɛʀ] n. m. – XVIIIe ; o. islandaise 1 Source d'eau chaude jaillissant par intermittence. 2 Grande gerbe jaillissante. « *Des gros obus tombaient* [...] *soulevant des geysers noirs* » (Dorgelès).

> ❑ Ce mot n'était pas encore entré dans la langue courante au milieu du XIXe s., d'où les hésitations orthographiques : *Les « djeysers ou volcans de boue de l'Islande »* (Villiers de l'Isle-Adam).

ghetto n. m. – XVIe ; mot it. ▪ Quartier juif, quartier où les Juifs étaient forcés de résider. *Le ghetto de Varsovie.* ➝ Lieu où une communauté vit, séparée du reste de la population. *Les ghettos noirs des villes américaines.* ♦ Situation de ségrégation. « *Prolétaires de tous les pays, sortez de votre ghetto* » (Mauriac).

> ❑ Ce mot italien d'origine vénitienne désignait l'île où les Juifs de Venise furent assignés à résidence à partir de 1516. Cette île tirait sont nom de *ghetto* « fonderie » (ancien italien *ghettare* « jeter ») ; elle s'appelle aujourd'hui *la Giudecca* [dʒjudɛkka].

ghettoïsation n. f. – 1972 ▪ Transformation en ghetto.

ghilde → **guilde**

G. I. [dʒiaj] n. m. – v. 1945 ; sigle angl., de ***G****overnment* ***I****ssue* « fourniture du gouvernement » ▪ Soldat de l'armée américaine. *Des G.I., des G.I's.*

giaour n. m. – XVIIIe ; mot turc « incroyant » ▪ Terme de mépris appliqué aux non-musulmans en Turquie. ⇒ **roumi.**

gibbérelline n. f. – 1958 ; lat. *gibber* « bosse » ■ Hormone végétale qui stimule la germination et la croissance des plantes.

gibbeux, euse adj. – XVe ; lat. *gibber* « bosse » ■ Qui a la forme d'une bosse. ♦ Qui est muni d'une ou plusieurs bosses. ⇒ **bossu.** « *Des nains au corps gibbeux et difforme* » (Gaut.).

gibbon n. m. – XVIIIe ; p.-ê. d'un dial. de l'Inde ■ Singe des forêts tropicales d'Asie, sans queue et à longs bras.

gibbosité n. f. – XIVe ■ littér. Bosse produite par une difformité de la colonne vertébrale.

gibecière n. f. – XIIIe ■ Sac dont se servent les chasseurs, les paysans, les pêcheurs, et qu'on porte en bandoulière. ⇒ **carnassière, carnier, sacoche.** « *une immense gibecière, retenue aux épaules par une large courroie en cuir jaune, lui battait les reins* » (Barrès).

gibelin n. m. – XIVe ; de *Weibelingen*, nom d'un empereur d'Allemagne ■ Partisan des empereurs d'Allemagne, en Italie. *Les guelfes et les gibelins.*

gibelotte n. f. – XVIIe ; a. fr. *gibelet* « plat d'oiseaux » ■ Fricassée au vin blanc. *Gibelotte de lapin.*

giberne n. f. – XVIe ; p.-ê. *gaberna* « bissac » ■ Boîte où les soldats mettaient leurs cartouches. ⇒ **cartouchière.**

gibet n. m. – XIIe ; germ. °*gibb* « bâton fourchu » ■ Potence où l'on exécute les condamnés à la pendaison.

gibier n. m. – XIVe ; germ. °*gabaite* « chasse au vol » **1** Ensemble des animaux bons à manger que l'on prend à la chasse. *Gros, petit gibier. Gibier à plumes, à poil. Poursuivre, rabattre le gibier.* ♦ Viande du gibier. *Gibier en civet.* « *Le gibier fait le délice de nos tables ; c'est une nourriture saine, chaude, savoureuse, de haut goût, et facile à digérer toutes les fois que l'individu est jeune* » (Brillat-Sav.). **2** Personne qu'on cherche à prendre, à attraper, à duper. ➝ loc. *GIBIER DE POTENCE :* personne qui mérite d'être pendue ; mauvais sujet.

giboulée n. f. – XVIe ; o. i., mot occitan ■ Pluie soudaine, quelquefois accompagnée de grêle, et bientôt suivie d'une éclaircie. ⇒ **averse, ondée.** « *Les giboulées de mars balayaient le ciel* » (Bosco).

giboyeux, euse adj. – XVIIIe ■ Riche en gibier. *Pays giboyeux.*

gibus [ʒibys] n. m. – XIXe ; nom de l'inventeur ■ Chapeau haut de forme qu'on peut aplatir. ⇒ ② **claque.**

giclée n. f. – XIXe ■ Jet de liquide qui gicle.

giclement n. m. – 1918 ■ L'action ou le fait de gicler. « *Le fatal giclement de mon sang* » (Apoll.).

gicler v. intr. [1] – XIXe ; provenç. *gisclar* **1** Jaillir, rejaillir avec une certaine force. « *D'autres* (arbres) *à tête spongieuse, et si on y enfonce la main par mégarde, un liquide brun gicle partout* » (Michaux). ⇒ **éclabousser.** **2** trans. (Suisse) Asperger, éclabousser. *Il a giclé son pantalon.* ➝ intrans. Être projeté. *Ses affaires ont giclé partout.*

gicleur n. m. – 1907 **1** Petit tube du carburateur servant à faire gicler l'essence dans le courant d'air aspiré par le moteur. *Le chauffeur « se penche dans le capot ouvert, pour nettoyer le gicleur »* (Le Clézio). **2** *Gicleur d'incendie :* dispositif qui réagit à une élévation anormale de température en libérant un flux d'eau.

gifle n. f. – XIIIe ; germ. °*kifel* « mâchoire » **1** Coup donné de la main sur la joue. ⇒ fam. **baffe,** ① **claque.** *Donner, flanquer une gifle à qqn. Recevoir une gifle. Une paire de gifles.* **2** Affront, humiliation. ⇒ **camouflet.** « *Ce jour-là, les Lengaigne l'emportaient, c'était une vraie gifle pour les Macqueron* » (Zola).

gifler v. tr. [1] – XIXe **1** Frapper sur la joue, du plat ou du revers de la main. « *D'un revers de main, il gifla le gosse. "Tiens, ça t'apprendra"* » (Aragon). **2** Cingler, fouetter. *Visage giflé par la pluie.*

giga- Préfixe du système international (symb. G), du gr. *gigas* « géant », qui multiplie par 10^9 l'unité dont il précède le nom.

gigantesque adj. – XVIe ; it. *gigante* « géant » **1** Qui tient du géant ; qui dépasse de beaucoup la taille ordinaire, qui paraît extrêmement grand. ⇒ **colossal, démesuré, éléphantesque, énorme, immense.** *Homme d'une taille gigantesque. Le séquoia, arbre gigantesque.* « *la lueur d'un falot dessinait sur le sol une étoile gigantesque* » (Mac Orlan). **2** Qui dépasse la commune mesure. ⇒ **énorme, étonnant, formidable, prodigieux.** *L'œuvre gigantesque de Balzac.* ✪ CONTR. Petit ; minuscule, ① moyen.

gigantisme n. m. – XVIIIe **1** Développement excessif du squelette dans toutes ses dimensions. *Gigantisme constitutionnel.* **2** Caractère démesuré, gigantesque. *Le gigantisme des mégalopoles.* ✪ CONTR. Nanisme.

gigantomachie n. f. – XVIIe ■ Combat des Géants contre les dieux.

gigogne adj. – XVIIe ; prob. de *cigogne* ■ Se dit d'objets identiques de taille décroissante, que l'on peut glisser les uns sous les autres *(lits gigognes)* ou emboîter les uns dans les autres *(poupées gigognes).*

gigolo n. m. – XIXe ; p.-ê. de ① *gigue* ■ fam. Jeune amant d'une femme plus âgée qui l'entretient. *Elle a un gigolo.*

gigot n. m. – XIVe ; de l'a. fr. *gigue* « instrument à cordes » **1** Cuisse (de mouton, d'agneau, de chevreuil), coupée pour être mangée. *Gigot d'agneau. Gigot aux flageolets.* « *un de ces délicieux petits gigots limousins parfumés aux herbes des collines* » (Chardonne). **2** *Manche gigot :* manche longue, ajustée dans le bas et bouffante aux épaules.

gigoter v. intr. [1] – XVIIe ; de *gigot*, ou de *giguer* « gambader » ■ fam. Remuer vivement ses membres. ⇒ se **trémousser.** *Enfant qui gigote.*

① **gigue** n. f. – XVIIe ; de *gigot* ■ fam. **1** Cuisse de chevreuil. ⇒ **cuissot, gigot.** **2** *Une grande gigue :* une fille grande et maigre. ⇒ ① **bringue.**

② **gigue** n. f. – XVIIe ; angl. *jig* ■ Aux XVIIe et XVIIIe s., Danse ternaire à deux temps, rapide et brillante. ➝ Un des mouvements de la suite instrumentale.

gilde → **guilde**

gilet n. m. – XVIIe ; turc *yelek* **1** Vêtement d'homme, court, sans manches, ne couvrant que le torse, qui se porte par-dessus la chemise et sous le veston. *Gilet de soie.* ➝ loc. *Venir pleurer dans le gilet de qqn :* venir se plaindre et chercher une consolation. ♦ *Gilet de sauvetage,* gonflé à l'air comprimé. ⇒ **brassière.** ➝ *Gilet pare-balles.* **2** Vêtement court, se portant sur la peau ou sur la chemise. *Gilet de peau.* **3** Tricot à manches longues fermé devant. ⇒ **cardigan.**

giletier, ière n. – XIXe ■ Personne qui fabrique des gilets. ⇒ **tailleur.**

gille n. m. – XVIIe ; nom d'un bouffon de foire ■ vx Personnage niais et naïf.

gimmick [gimik] n. m. – 1967 ; mot angl. « procédé malhonnête pour tricher au jeu » ; p.-ê. altér. de *gimac,* anagramme de *magic* ■ Procédé ou objet astucieux, truc destiné à provoquer un effet marquant.

> ❑ Ce terme reste assez rare en français, à la différence de *gadget.*

gin [dʒin] n. m. – XVIIIe ; néerl. *genever* « genièvre » ■ Eau-de-vie de grain aromatisée au genièvre. *Gin-fizz :* cocktail à base de gin et de citron. *Gin tonic,* à base de gin et de tonic. « *Ce qui m'a achevée, c'est le champagne au gin. À la cinquième coupe, j'étais complètement groggy* » (Aymé). ✪ HOM. Djinn, jean.

gindre n. m. – XIIIe ; lat. *junior* « plus jeune » ■ Ouvrier boulanger. ✪ HOM. ① Geindre.

> ❑ On écrit aussi *geindre.*

gingembre n. m. – XIe ; d'un mot indien ■ Plante herbacée *(zingibéracées),* à rhizome charnu. Ce rhizome. *Gingembre confit.* ♦ Le condiment tiré de ce rhizome. *Biscuits au gingembre.*

gingival, ale, aux adj. – XIXe ; lat. *gingiva* « gencive » ■ Relatif aux gencives. *Muqueuse gingivale.*

gingivite n. f. – XIXe ; lat. *gingiva* « gencive » et *-ite* ■ Inflammation des gencives.

ginkgo [ʒiŋko] n. m. – XVIIIe ; mot jap. ■ Grand arbre originaire d'Extrême-Orient *(ginkgoacées),* aux feuilles en éventail.

gin-rummy [dʒinʀami] n. m. – 1964 ; mot angl., de *gin* et *rummy* « jeu de cartes » ■ Jeu de cartes à deux joueurs.

ginseng [ʒinsɛŋ] n. m. – XVIIe ; chin. *jên-shên* « plante-homme » ■ Plante herbacée d'Asie non tropicale *(araliacées),* dont la racine contient des stéroïdes. ➝ Cette racine et les drogues qu'on en tire.

giorno (à) [adʒɔʀno ; aʒjɔʀno] loc. adv. – XIXe ; loc. it. *a giorno* ■ Aussi brillamment que par la lumière du jour. *Jardins éclairés à giorno.* ➝ adj. *Éclairage à giorno.*

> ❑ *À giorno* est le seul exemple d'emprunt au latin ou à l'italien où l'on ait mis un *à ;* pas d'accent dans *a priori, a capella,* etc.

girafe n. f. – XIIIe ; ar. *zarafah* 1 Grand mammifère artiodactyle d'Afrique, à cou très long et rigide, à pelage roux marqué d'un système de raies claires formant un cloisonnement polygonal. ➝ loc. fam. *Peigner la girafe :* faire un travail inutile et long ; ne rien faire. 2 fam. Personne grande et maigre. 3 Longue perche ou potence articulée qui supporte un microphone et que l'on déplace pour suivre une source sonore mobile.

girandole n. f. – XVIe ; lat. *gyrare* « faire tourner » 1 Faisceau de jets d'eau, de fusées. ⇒ **gerbe.** *La girandole d'un feu d'artifice :* gerbe tournante. ⇒ **soleil.** 2 Chandelier à plusieurs branches disposées en pyramide. « *les vieilles girandoles dorées qui ornent la cheminée* » (Balz.). 3 Guirlande lumineuse servant d'enseigne, de décoration.

girasol [ʒiʀasɔl] n. m. – XVIe ; it. *girasole,* de *girare* « tourner » et *sole* « soleil » ■ Opale, employée en joaillerie.

giration n. f. – XIVe ; lat. *gyrare* « faire tourner » ■ Mouvement circulaire. ⇒ **rotation.**

giratoire adj. – XVIIIe ■ Circulaire. *Mouvement giratoire.* ⇒ **rotatif.** « *le mouvement giratoire* (dans l'escalier) *est merveilleusement propice au recueillement. Il enroule toutes les pensées sur l'axe de l'être* » (Duham.). ➝ *Sens giratoire :* sens obligatoire que doivent suivre les véhicules autour d'un rond-point.

giraumont n. m. – XVIIe ; tupi anc. *°jirumum* ■ Courge d'Amérique.

giravion n. m. – 1962 ; lat. *gyrare* « faire tourner » et *avion* ■ Appareil volant dont la sustentation est assurée par des voilures tournantes. ⇒ **autogire, girodyne, hélicoptère.**

> ❑ Pour le radical → autogire (rem.).

girelle n. f. – XVIe ; lat. *gyrus* « cercle, tour » ■ Petit poisson *(perciformes)* des mers chaudes. « *les girelles violettes striées en zigzag de bandes dorées de la couleur des peaux d'oranges* » (Maupass.).

girl [gœʀl] n. f. – 1910 ; mot angl. « fille, jeune fille » ■ Jeune danseuse de music-hall faisant partie d'une troupe. « *une douzaine de girls de peau foncée et d'allure belle vinrent inscrire dans le cercle de la piste le dodécagone de leurs fesses musclées* » (Queneau).

> ❑ Ce mot a vieilli. On dit plutôt *danseuse de music-hall.*

gir(o)- → **gyr(o)-**

girodyne n. m. – mil. XXe ; de *gyro-* et *-dyne* ■ Giravion dont la propulsion n'est pas assurée par les voilures tournantes destinées à la sustentation.

girofle n. m. – XIIe ; lat. *caryophyllon,* d'o. gr. ■ Bouton des fleurs du giroflier, ayant la forme d'un clou à tête, utilisé comme épice, dit plus souvent *clou* de girofle. Du pâté* « *bien épicé au girofle et à la muscade* » (Mart. du G.).

giroflée n. f. – XIVe ; de *girofle* ■ Plante herbacée *(crucifères)* aux fleurs odorantes.

giroflier n. m. – XIVe ■ Grand arbre pyramidal sempervirent d'Indonésie, de Zanzibar et de Madagascar *(myrtacés),* qui produit les clous de girofle.

girolle n. f. – XVIe ; lat. *gyrus* « cercle » ■ Champignon comestible, chanterelle jaune d'or en forme de calice.

> ❑ On écrit aussi *girole.* ♦ Dans le commerce, *girolle* et *chanterelle* sont distinctes (cette dernière est brune et plus tardive).

giron n. m. – XIIe ; germ. *°gêro* « pièce d'étoffe en pointe » 1 Partie du corps allant de la ceinture aux genoux, chez une personne assise. « *la petite déjà blottie dans son giron* » (Balz.). 2 littér. Milieu où l'on se sent protégé, en sécurité. ⇒ **sein.** « *les enfants élevés, comme vous, dans le giron maternel, restent plus longtemps enfants que les autres* » (Balz.). 3 En héraldique, Surface triangulaire dont la pointe aboutit au centre de l'écu. 4 Largeur de la marche d'un escalier. *Cette marche a vingt-cinq centimètres de giron.* ✪ HOM. Girond.

girond, onde adj. – XIXe ; p.-ê. lat. *gyrare* « faire tourner » ■ fam. Bien en chair. ⇒ **rond.** « *Elle est charmante la caissière. Un peu gironde, peut-être* » (Anouilh). ✪ HOM. Giron.

girondin, ine adj. et n. – XVIIIe 1 De la Gironde. 2 *Le parti girondin :* parti qui se forma en 1791 autour de quelques députés de la Gironde. ➝ n. *Les Girondins et les Jacobins.*

gironné, ée adj. – XIIe 1 *Écu gironné,* partagé en plusieurs triangles, à émaux alternés. 2 *Marche gironnée :* marche triangulaire d'un escalier tournant.

girouette n. f. – XVIe ; a. norm. *wirewite,* croisé avec *girer* « tourner » et *pirouette* 1 Plaque de métal qui, en tournant autour d'un axe vertical placé au sommet d'un édifice, indique la direction du vent. 2 Personne versatile qui change aisément d'avis, de sentiment. « *M. Thiers est une girouette qui, malgré son incessante mobilité, reste sur le même bâtiment* » (Chateaub.).

gisant, ante adj. et n. m. – XIIIe 1 littér. Qui gît, est étendu immobile. 2 n. m. Statue représentant un mort étendu (opposé à *orant*).

gisement n. m. – XIIe ; de *gésir* 1 Angle que fait une direction avec l'axe d'un navire. *Gisement d'une direction :* angle que forme cette direction avec celle du nord, compté dans le sens des aiguilles d'une montre. 2 Masse minérale importante, propre à l'exploitation. *Contrée riche en gisements.* ⇒ **bassin, gîte.** *Gisement pétrolifère, métallifère.* 3 Emplacement où vivent les coquillages, en nombre suffisant pour permettre une exploitation coquillière (opposé à *parc*). *Gisement d'huîtres.* ⇒ **banc.** 4 Ce qui contient des richesses à exploiter. « *Cette vieille terre parisienne est un gisement d'événements* » (Hugo). ♦ Potentiel humain susceptible d'être touché. *Gisement d'audience d'une chaîne de télévision.*

gît → **gésir**

gitan, ane n. – XVIIIe ; lat. *Ægyptanus* « Égyptien » 1 Tsigane d'Espagne. ⇒ **bohémien, manouche, romanichel, zingaro.** « *Je ne serai tout de même pas assez stupide pour demander à une gitane de me révéler mon avenir* » (Mac Orlan). ➝ adj. *Le flamenco gitan.* 2 n. f. *Gitane :* cigarette de la Régie française des tabacs.

gîte n. m. et f. – XIIe ; de *gésir* I n. m. 1 Lieu où l'on trouve à se loger, où l'on peut coucher. ⇒ **abri, logement.** *Chercher un gîte pour la nuit. Offrir le gîte et le couvert à qqn.* ➝ *Gîte rural :* logement aménagé, à la campagne, pour recevoir des hôtes payants. 2 Lieu où s'abrite le gibier. « *après une heure de fouille, quatre rongeurs furent pris au gîte* » (J. Verne). 3 Dépôt de minerai contenant des gisements. *Gîte houiller.* 4 Partie inférieure de la cuisse du bœuf vendue en boucherie. ➝ *Gîte à la noix :* le morceau du gîte où se trouve la noix. II n. f. Inclinaison (navire). ⇒ ③ **bande.** *Donner de la gîte.* ⇒ **gîter.**

❑ Le *gîte* (4°) en boucherie se dit aussi *gîte-gîte.*

gîter v. intr. [1] – XIIIe 1 vx ou littér. Avoir son gîte quelque part. « *Le lièvre était gîté dessous un maître chou* » (La Font.). 2 Donner de la gîte, s'incliner sur un bord. *Le bateau gîtait dangereusement.*

gîtologie n. f. – v. 1960 ; de *gîte* et *-logie* ■ Étude des gîtes minéraux.

giton n. m. – XVIIIe ; de *Gito,* nom d'un personnage du *Satiricon* de Pétrone ■ littér. Jeune homme entretenu par un homosexuel. → **mignon.** « *les Phrynés de Venise et les gitons de Rome* » (Volt.).

givrage n. m. – 1939 ■ Formation de givre sur une partie froide.

givrant, ante adj. – mil. XXe ■ Qui givre. *Brouillards givrants.* ⇒ **frimas.** ✪ CONTR. Antigivrant.

givre n. m. – XVe ; mot prélatin ■ Couche fine et blanche de glace formée sur une surface froide par cristallisation de gouttes de vapeur d'eau. ⇒ **frimas, gelée** (blanche). *Cristaux de givre.* « *parmi les pins frangés de givre* » (Daud.).

givré, ée adj. – XIXe 1 Couvert de givre. *Fruit givré,* rempli d'un sorbet fait avec la chair du fruit et dont l'écorce est recouverte d'un léger givre. ♦ *Verre givré,* dont le bord est enduit de sucre glace. 2 fam. Fou.

givrer v. tr. [1] – XIXe ■ Couvrir de givre. *Le froid givrait les arbres.*

givreux, euse adj. – XIXe ■ Qui présente une petite tache blanche provenant de l'éclat fait par l'outil du lapidaire. *Diamant givreux.* ⇒ **glaceux.**

givrure n. f. – XVIIIe ■ Tache blanche et mate, défaut de la pierre givreuse. ⇒ **glace.**

glabelle n. f. – XIXe ; lat. *glaber* « glabre » ■ Région comprise entre les deux sourcils.

glabre adj. – XVIe ; lat. *glaber* 1 Sans poils, sans duvet. *Tiges glabres.* 2 Dépourvu de poils. *Menton glabre.* « *Antinoüs flétris, dandys à face glabre* » (Baud.). ✪ CONTR. Barbu, cotonneux, duveté, duveteux, ① poilu, velouté.

glaçage n. m. – XIXe 1 Action de glacer. *Glaçage du papier.* ⇒ ② **lissage, lustrage.** 2 Action de recouvrir d'une couche de sucre ou d'une gelée. ⇒ **nappage.** *Le glaçage des fruits confits.*

glaçant, ante adj. – XIIe ■ Qui décourage à force de froideur, de sévérité. *Attitude, manières glaçantes.* ⇒ ① **froid, glacial, réfrigérant.**

glace n. f. – XIIe ; lat. *glacies* I - 1 Eau congelée formant un solide dur et translucide. *Patins à glace. Mer de glace.* ⇒ ① **glacier.** *Froid comme la glace.* 2 plur. Blocs de glace. *Navire pris dans les glaces.* 3 Eau congelée artificiellement. *Barre, pain de glace, dans une glacière. Bacs à glace d'un freezer. Seau à glace. Glace pilée.* 4 *Être, rester de glace,* absolument insensible. *Rompre, briser la glace :* dissiper la gêne ; faire cesser la contrainte dans un entretien. 5 Crème congelée, parfumée à diverses essences ou substances employées en confiserie. *Glace au lait, à la crème* (⇒ **parfait**), *à l'eau* (⇒ **granité, sorbet**). « *deux énormes glaces nappées de crème et de chocolat fondu* » (Le Clézio). *Cornet de glace. Glace à la pistache, au chocolat, à la fraise, pralinée. Coupe de glace. Marchand de glaces.* II - 1 Plaque de verre ou de cristal employée à divers usages, selon qu'elle est ou non étamée. *Glace sans tain.* ⇒ **vitre.** *Glace de vitrine. Bris de glace.* ♦ Châssis vitré, vitre fixe ou mobile d'une voiture. *Baisser, lever les glaces. Glaces de sécurité,* faites avec du verre qui ne se brise pas en éclats dangereux. 2 Grande plaque de verre à l'étain, au mercure, qui reflète les images. *Glace taillée, biseautée. La galerie des Glaces, au château de Versailles. Se regarder dans une glace.* « *Une lumière douce fit étinceler la glace de l'armoire* » (France). ➝ Miroir. *Glace d'un poudrier.* « *ronde, une glace à raser, à deux faces, l'une grossissante, l'autre fidèle* » (Beckett). 3 Couche brillante et lisse comme un vernis, à base de sucre et de blanc d'œuf, dont on recouvre certains gâteaux, certaines confiseries. *Sucre glace,* en poudre très fine. 4 Petite trace d'éclat sur une pierre précieuse. ⇒ **givrure.**

❑ Au sens de « vitre », on peut confondre avec « miroir » → miroir (rem.).

glacé, ée adj. – XIIe 1 Converti en glace. ⇒ **gelé.** *Neige glacée. Crème glacée :* glace au lait. *Chocolat glacé.* ⇒ **esquimau.** 2 Très froid. → **glacial.** « *un courant d'air glacé fusait sous la porte* » (Sartre). ♦ Refroidi par de la glace artificielle. *Café glacé.* ⇒ **frappé.** *Servir glacé.* 3 Très froid, qui n'est pas à la température normale du corps. *Avoir les pieds glacés.* ⇒ **gelé.** 4 Empreint d'une grande froideur. *Regard glacé.* ⇒ **dur.** 5 Recouvert d'une couche de sucre transparente. *Marrons glacés.* 6 Qui a un apprêt brillant. *Gants en chevreau glacé. Papier glacé.* ⇒ **couché, satiné.** ✪ CONTR. Fondu, brûlant ; bouillant, chaleureux.

glacer v. tr. [3] – XIIe 1 rare Convertir en glace. ⇒ **congeler, geler.** ➝ littér. *Glacer le sang :* saisir d'une émotion si forte que le sang paraît brusquement se figer. 2 Rendre très froid. ⇒ **refroidir.** « *L'hiver a quitté la plaine Qu'hier il glaçait encor* » (Hugo). ➝ *Glacer du champagne.* ⇒ **frapper.** 3 Pénétrer d'un froid très vif. *Cette petite pluie fine me glace.* ⇒ **transir.** 4 Paralyser, décourager par sa froideur ou quelque aspect rebutant. « *Je glaçais les gens par mon seul aspect. Plus j'en prenais conscience, plus je me raidissais* » (Mauriac). ⇒ **intimider.** 5 Frapper d'une émotion violente et profonde qui cloue sur place. ⇒ **pétrifier.** *Ce hurlement dans la nuit les glaça d'horreur.* 6 Couvrir d'une couche de sucre unie et transparente. *Glacer des millefeuilles.* ➝ Couvrir d'une gelée. *Glacer des* *viandes froides.* ♦ Garnir d'un apprêt. ⇒ **calandrer, cirer.** *Glacer des peaux.* ➛ Revêtir d'une couleur brillante et transparente. ⇒ ② **glacis.** ➛ Procéder au glaçage d'une épreuve photographique. ✪ CONTR. Dégeler, fondre, brûler, chauffer, échauffer, réchauffer.

glacerie n. f. – XVIIIe ■ Industrie ou commerce des glaces de verre. ⇒ **miroiterie.**

glaceur n. m. – XIXe ■ Ouvrier employé au glaçage.

glaceuse n. f. – 1962 ■ Machine effectuant le glaçage des épreuves photographiques.

glaceux, euse adj. – XVe ■ Qui présente des glaces. *Diamant glaceux.* ⇒ **givreux.**

glaciaire adj. – XIXe ■ Propre aux glaciers. *Relief glaciaire. Régime glaciaire* (d'un cours d'eau), qui dépend de la fonte des glaciers. *Période glaciaire* : période géologique caractérisée par l'extension des glaciers. ⇒ **glaciation.** subst. *Le glaciaire.* ✪ HOM. Glacière.

glacial, iale adj. – XIVe 1 Qui a la température de la glace, qui pénètre d'un froid très vif. *Vent glacial. Des hivers glacials* ou rare *glaciaux.* 2 D'une froideur qui glace, rebute, paralyse. ⇒ **glaçant, réfrigérant.** « *Cet accueil glacial fut suivi d'une semonce que j'écoutai sans souffler* » (Bosco). ✪ CONTR. Ardent, brûlant, chaud ; accueillant, chaleureux.

glaciation n. f. – XVIe 1 Transformation en glace. 2 Formation particulière des périodes glaciaires ; période pendant laquelle une région a été recouverte par les glaces. *Les quatre glaciations du quaternaire.*

① **glacier** n. m. – XIVe ■ Champ de glace éternelle. *Mouvement de descente des glaciers. Glaciers polaires.* ⇒ **inlandsis.**

② **glacier** n. m. – XVIIIe ■ Personne qui prépare ou débite des glaces, des sorbets.

glacière n. f. – XVIIe 1 Local dans lequel on conservait la glace produite pendant l'hiver. ➛ Armoire ou coffre hermétiquement clos et tapissés de matières isolantes dans lesquels la glace entretient une basse température favorable à la conservation des denrées. *Glacière de camping.* 2 fam. Lieu très froid. « *La salle d'attente était une glacière et empestait le moisi* » (Mart. du G.). ✪ CONTR. (du 2°) Étuve, fournaise. – HOM. Glaciaire.

glaciologie n. f. – XIXe ■ Étude de la glace naturelle, des glaciers et des terres glacées.

① **glacis** n. m. – XVe ; de *glacer* « glisser » 1 Talus incliné qui s'étend en avant d'une fortification. ➛ Zone protectrice formée par des pays indépendants mais soumis à l'influence militaire d'un autre pays. 2 Surface d'érosion, en pente. 3 Pente donnée à la saillie d'une corniche, d'une cimaise pour l'écoulement des eaux.

② **glacis** n. m. – XVIIIe ■ Mince couche de couleur, transparente comme une glace, qu'on étend sur des couleurs déjà sèches.

glaçon n. m. – XIIe 1 Morceau de glace. *La rivière charrie des glaçons.* « *la débâcle s'était produite* [...] *et quelques glaçons flottants se dirigeaient vers la haute mer* » (J. Verne). ➛ Petit cube de glace artificielle. 2 fam. Personne froide, surtout en amour.

glaçure n. f. – XIXe ■ Enduit ou préparation qui donne à certaines matières un aspect vitrifié ou glacé.

gladiateur n. m. – XIIIe ; lat. *gladius* « glaive » ■ Homme qui combattait dans les jeux du cirque, à Rome, l'arme à la main.

> ❑ Le mot s'est dit à l'époque classique (1646) pour « duelliste » et on relève (av. 1650) jusqu'au XVIIIe s. le féminin *gladiatrice* « femme qui combat avec l'épée ».

glagolitique adj. – XIXe ; slavon *glagol* « parole » ■ *Écriture glagolitique,* utilisée dans la littérature slave au XIe s.

glaïeul n. m. – XIIIe ; lat. *gladius* « glaive » ■ Plante herbacée *(iridacées)* à feuilles longues et pointues, à grandes fleurs décoratives disposées en épi le long d'une seule tige dressée. « *des parterres orangés et rouges, cannas et glaïeuls* » (Malraux). ➛ La fleur coupée. *Gerbe de glaïeuls.*

glaire n. f. – XIIe ; lat. *clarus* « clair » 1 Blanc d'œuf cru. 2 Matière visqueuse sécrétée par certaines muqueuses. ➛ *Glaire cervicale,* sécrétée au niveau du col de l'utérus lors de l'ovulation.

glairer v. tr. [1] – XVIIe ■ Frotter de blanc d'œuf la couverture d'un livre pour lui donner du lustre.

glaireux, euse adj. – XIIIe ■ Qui a la nature ou l'aspect de la glaire ; visqueux et clair.

glairure n. f. – XIXe ■ Blanc d'œuf mélangé d'alcool dont on frotte la reliure d'un livre pour lui donner du lustre.

glaise n. f. – XIIe ; gaul. °*gliso-* ■ Terre grasse compacte et plastique, imperméable. ⇒ **argile, marne.** « *on y voit le champ dont la glaise servit à Yahvé pour modeler le premier homme* » (Tournier). ➛ *Terre glaise.*

glaiseux, euse adj. – XIIIe ■ Qui est de la nature de la terre glaise, qui contient de la glaise. « *Un peu de sel versé sur les terres glaiseuses est un des meilleurs engrais possibles* » (Volt.).

glaisière n. f. – XVIIIe ■ Terrain d'où l'on tire de la glaise.

glaive n. m. – X[e] ; lat. *gladius* 1 Épée de combat à deux tranchants. « *on lutte, glaive au poing* » (Hugo). 2 vx ou littér. Cette épée, symbole de la guerre, de la justice divine, du pouvoir judiciaire. *Le glaive et la balance,* attributs de la Justice.

glanage n. m. – XVIe ■ Action de glaner.

gland n. m. – XIIe ; lat. *glans* 1 Fruit du chêne, akène contenant une graine farineuse, enveloppé à sa base dans une cupule. 2 Renflement antérieur de la verge. ⇒ **nœud.** ♦ fam. Imbécile, balourd. *Quel gland !* ➛ adj. « *Tu nous crois assez glands pour tomber dans le panneau ?* » (Dorgelès). ⇒ **stupide.** 3 Ouvrage de passementerie de forme ovoïde. « *un rideau de peluche rouge était retenu par une embrasse en torsade qui se terminait par un gland* » (Maurois).

> ❑ Le sens figuré d'« imbécile » vient de l'emploi anatomique par une évolution semblable à celle de *couillon.*

glande n. f. – XIIIe ; lat. *glans* « gland » 1 Organe dont la fonction est de produire une sécrétion. *Glandes salivaires, mammaires. Glandes endocrines.* 2 vieilli, fam. Ganglion lymphatique. ➛ Engorgement, inflammation de ganglions lymphatiques. *Cet enfant a des glandes.* 3 loc. fam. *Avoir les glandes* : être énervé ; être mal à l'aise ; avoir peur.

glandée n. f. – XVIe ■ Récolte des glands.

glander v. intr. [1] – 1941 ; de *gland* ■ fam. Ne rien faire, perdre son temps.

glandeur, euse n. – v. 1960 ■ fam. Personne qui ne fait rien, qui perd son temps.

glandulaire adj. – XVIIe ; de *glandule* « petite *glande* » 1 Qui a la nature ou la forme d'une glande. ⇒ **glanduleux.** 2 Qui a rapport aux glandes. *Troubles glandulaires.* ⇒ **hormonal.**

glanduleux, euse adj. – XIVe ■ Glandulaire.

glane n. f. – XIIIe 1 *Glane d'oignons :* chapelet d'oignons attachés ensemble. 2 Action de glaner.

glaner v. tr. [1] – XIIIe ; bas lat. *glenare,* d'o. gaul. 1 Ramasser dans les champs, après la moisson. « *D'autres enfants, plus grands, glanaient dans le champ, enfournaient les épis dans des sacs de jute* » (Le Clézio). 2 Recueillir par-ci par-là des bribes dont on peut tirer parti. ⇒ **butiner, grappiller.** *Glaner quelques informations.*

glaneur, euse n. – XIIIe ▪ Personne qui glane.

glapir v. intr. [2] – XIIIe ; de *glatir* 1 Pousser un cri bref et aigu. « *les nécropoles embaumées où les hyènes glapissent* » (Flaub.). *Petit chien qui glapit.* 2 Faire entendre une voix aigre, des cris aigus.

❑ Ne pas confondre avec *glatir,* qui se dit de l'aigle.

glapissant, ante adj. – XVIe ▪ Qui glapit. « *un gramophone de bistro à grand pavillon et à la voix glapissante* » (Cendrars).

glapissement n. m. – XVIe ▪ Cri aigu. « *le cri le plus lugubre qu'il y ait au monde : le glapissement du chacal* » (Loti).

glaréole n. f. – XVIIIe ; lat. *glarea* « gravier » ▪ Petit oiseau grégaire des marais *(charadriiformes).*

glas n. m. – XIIe ; lat. *classicum* « sonnerie de trompette » ▪ Tintement lent d'une cloche d'église pour annoncer l'agonie, la mort ou les obsèques d'un fidèle. *Sonner le glas.*

glasnost [glasnɔst] n. f. – 1986 ; mot russe, de *glasny* « rendu public », du vieux slave *glas* « voix » ▪ En ex-Union soviétique, Politique de transparence et de divulgation de l'information, menée dans le cadre de la perestroïka*.

glatir v. intr. [2] – XIe ; lat. *glattire* « japper » ▪ rare Crier, en parlant de l'aigle.

❑ Ne pas confondre avec *glapir* (mammifères).

glaucome n. m. – XVIIe ; gr. ▪ Maladie de l'œil caractérisée par une augmentation de la pression interne qui accroît la dureté du globe, et entraîne une compression du nerf optique et une diminution de l'acuité visuelle.

glauque adj. – XVIe ; gr. « vert pâle » 1 D'un vert qui rappelle l'eau de mer. ⇒ **verdâtre.** « *Pâles plantes glauques élastiques et épaisses comme des algues* » (Claudel). 2 Qui donne une impression de tristesse et de misère. ⇒ **lugubre, sordide.** *Une atmosphère glauque.* ♦ fam. Pénible, sinistre.

glaviot n. m. – XIXe ; de *claviot,* du lat. *clavus* « clou » ▪ fam. et vulg. Crachat.

glèbe n. f. – XVe ; lat. *gleba* ▪ Fonds de terre auquel les serfs étaient attachés et qu'ils devaient cultiver.

gléchome ou **glécome** n. m. – XIXe ; gr. *glêkhon* « pouliot » ▪ Plante vivace *(labiacées)* à tiges rampantes, communément appelée *lierre terrestre.*

① **glène** n. f. – XVIe ; gr. ▪ Cavité arrondie d'un os dans laquelle s'emboîte un autre os.

② **glène** n. f. – XVIIIe ; provenç. ▪ Portion de cordage pliée sur elle-même.

gléner v. tr. [6] – XIXe ▪ Lover (un cordage).

glénoïde adj. – XVIe ; de ① *glène* et *-oïde* ▪ Se dit d'une cavité arrondie recevant un condyle. *Cavité glénoïde de l'omoplate.*

❑ On dit aussi *glénoïdal, ale, aux.*

glial, gliale, gliaux adj. – 1962 ; de *gliome* ▪ Qui appartient à la névroglie.

gliome n. m. – XIXe ; gr. *gloios* « glu » et *-ome* ▪ Tumeur constituée par la prolifération du tissu conjonctif de soutien d'une structure nerveuse.

glissade n. f. – XVIe ▪ Action de glisser ; mouvement que l'on fait en glissant. *Faire des glissades sur la glace.* ♦ Manœuvre acrobatique (avion). *Glissade sur l'aile.*

glissage n. m. – XIXe ▪ Opération consistant à faire descendre sur des glissoirs, le long des pentes, les bois abattus. ⇒ **schlittage.**

glissant, ante adj. – XIVe 1 Où l'on glisse facilement. « *je marche sur le pavé glissant, sur le grès rose et gris des ruelles de ma colline* » (Duham.). ♦ Qui comporte des dangers. ⇒ **dangereux, risqué.** *Être sur une pente glissante,* qui mène à un danger. ⇒ **savonneux.** 2 Qui glisse facilement entre les mains ou le long d'un autre corps. *Ramuntcho trouve* « *ce tronc d'arbre mouillé, glissant et rond* » (Loti). 3 *Vecteur glissant.* ⇒ **glisseur.**

glisse n. f. – XVIIIe 1 région. (Suisse) Luge, traîneau. ♦ Glissoire. ♦ Glissade. *Faire des glisses.* 2 Aptitude d'un ski, d'un skieur à glisser sur la neige. 3 *Sports de glisse :* ensemble des sports où l'on glisse sur la neige.

glissé, ée adj. – XVIIIe ▪ *Pas glissé,* ou n. m. *un glissé :* pas exécuté en effleurant le sol.

glissement n. m. – XVe 1 Action de glisser, mouvement de ce qui glisse. *Le glissement d'un traîneau sur la neige.* ♦ *Glissement de terrain :* mouvement de masse descendant, rapide, entraînant tout ou partie d'un versant. ⇒ **affaissement.** 2 Action de tendre progressivement et insensiblement vers qqch. ⇒ **évolution.** *Le résultat des élections marque un léger glissement à gauche.* « *Nonchalant, délicieux glissement dans l'indifférence* » (Mart. du G.). 3 Variation du niveau d'une grandeur entre deux dates. *Glissement des prix.*

glisser v. [1] – XIIe ; germ. *°glidan,* par infl. de *glacier,* a. forme de *glacer* **I** v. intr. 1 Se déplacer d'un mouvement continu, sur une surface lisse ou le long d'un autre corps, les deux surfaces restant en contact permanent. « *Dans la rue les plus dignes sont ceux qui viennent de glisser sur du crottin* » (Giraud.). *Son pied a glissé.* ➝ *Voiture qui glisse sur le verglas.* ⇒ **déraper.** ➝ *Ce fer à repasser glisse bien.* ➝ *Le verre m'a glissé des mains,* il est tombé accidentellement. ⇒ **échapper.** 2 Avancer régulièrement et sans bruit comme en glissant. *Cygne, embarcation qui glisse au fil de l'eau.* ♦ Passer doucement, graduellement, insensiblement. ⇒ **évoluer.** « *plus d'un écrivain glisse à la morale* » (Paulhan). 3 Se laisser aller. ⇒ **s'abandonner.** *Glisser sur une mauvaise pente.* 4 Passer légèrement. ⇒ **courir, passer.** « *Ses doigts glissant doucement sur les touches* » (Maurois). ➝ **effleurer.** *Regard qui glisse sur les choses.* 5 Ne pas approfondir, ne pas insister. *Glissons (sur ce détail).* ⇒ **passer.** ♦ *Les injures glissent sur lui,* ne l'atteignent pas. **II** v. tr. Faire passer, introduire adroitement ou furtivement. *Glisser du courrier sous la porte de qqn.* « *Au revoir, madame, dit Daniel en glissant un billet dans la main de la vieille* » (Sartre). ♦ *Glisser un mot à l'oreille de qqn.* ➝ *Glisser un regard en coin.* **III** v. pron. Passer, pénétrer adroitement ou subrepticement quelque part. ⇒ se **couler,** se **faufiler,** s'**insinuer,** s'**introduire.** « *Un homme se glissa sous le porche avec la fantastique vélocité d'une ombre* » (Balz.). *Se glisser dans ses draps.* ♦ *Une erreur s'est glissée dans le texte.* ✪ CONTR. Approfondir, appuyer, enfoncer, frotter, insister.

glisseur n. m. – XVIIe ▪ *Glisseur* ou *vecteur glissant :* couple formé par une droite affine et un vecteur directeur de cette droite.

glissière n. f. – XIXe ▪ Pièce métallique fixe retenant par une rainure une autre pièce que le mouvement ferait dévier. ⇒ **coulisse.** *Fermeture à glissière. Porte à glissière,* dont les vantaux se déplacent parallèlement. ♦ *Glissière de sécurité :* bordure métallique le long d'une route servant de protection aux véhicules ayant quitté la chaussée.

glissoir n. m. – XVIIe 1 Petit coulant mobile où passe une chaîne. 2 Couloir ménagé sur le versant d'une montagne pour l'opération du glissage. ⇒ région. **dévaloir.** ✪ HOM. Glissoire.

glissoire n. f. – XIVe ▪ Étendue ou piste de glace où les enfants s'amusent à glisser (⇒ **glissade**). ✪ HOM. Glissoir.

global, ale, aux adj. – XIXe ▪ Qui s'applique à un ensemble, qui est considéré en bloc. *Revenu global.* ⇒ **entier, total.** *Vision globale,* d'ensemble. ♦ *Méthode globale :* méthode d'apprentissage de la lecture consistant à faire reconnaître aux enfants un ensemble avant d'en analyser les éléments. ✪ CONTR. Partiel.

globalement adv. – XIXe ▪ D'une manière globale, dans son ensemble. *Le bilan est globalement positif.* ✪ CONTR. Détail (en détail).

globaliser v. tr. [1] – 1965 ▪ Prendre, présenter en bloc, d'une manière globale.

globalisme n. m. – 1923 ▪ Doctrine d'après laquelle un tout composé a des propriétés que les composants n'ont pas. ⇒ **structuralisme.**

globalité n. f. – 1936 ▪ Caractère global. ⇒ ② **ensemble, intégralité, totalité.**

globe n. m. – XIVe ; lat. 1 Boule, sphère. *Le centre, le diamètre d'un globe.* ➤ *Globe oculaire.* ⇒ **œil.** 2 *LE GLOBE (TERRESTRE) :* la Terre. *Une région du globe,* de la surface terrestre. « *Le feu central avait brisé la croûte du globe, soulevé des terrains, fait des crevasses* » (Flaub.). *Carte du globe.* ⇒ **mappemonde, planisphère.** 3 Sphère matérielle représentant le globe terrestre. 4 Sphère ou demi-sphère creuse de verre, de cristal. « *et tombant des globes laiteux, une lumière de sacristie* » (Romains). *Mettre qqch. sous globe,* à l'abri de tout danger.

globe-trotter [glɔbtʀɔtœʀ ; -tʀɔtɛʀ] n. – XIXe ; mot angl., de *globe* et *trotter* « coureur » ▪ vieilli Personne qui voyage beaucoup à travers le monde. *Des globe-trotters.*

> ❑ Le mot a pénétré en français à une époque où quelques individus privilégiés, souvent anglo-saxons, parcouraient le monde ; il est démodé, depuis le grand tourisme.

globigérine n. f. – XIXe ; lat. *globus* « globe » et *gerere* « porter » ▪ Protozoaire pélagique, foraminifère dont les coquilles constituent des dépôts calcaires.

globine n. f. – 1901 ; de *(hémo)globine, globuline* ▪ Protéine entrant dans la composition de l'hémoglobine*.

globulaire adj. et n. f. – XVIIe I adj. 1 Qui a la forme d'un globe, d'une sphère. 2 Qui concerne les globules sanguins. *Numération globulaire.* II n. f. Plante dicotylédone fournissant une décoction purgative (séné des Provençaux).

globule n. m. – XVIIe 1 Élément de forme sphérique qui se trouve en suspension dans certains liquides organiques. *Globules du sang, sanguins. Globules rouges* (⇒ **érythrocyte, hématie**), *globules blancs* (⇒ **leucocyte**). ⇒ aussi **plaquette.** 2 *Globules polaires :* chacune des deux petites masses sphériques expulsées par les ovocytes pour former le gamète femelle.

globuleux, euse adj. – XVIIe 1 Qui a la forme d'un petit globe. ⇒ **globulaire.** 2 *Œil globuleux,* dont le globe est saillant. « *Derrière les lentilles de ses lunettes,* [...] *ses yeux globuleux, démesurément grossis, saillaient comme des œufs pochés* » (Mart. du G.).

globuline n. f. – XIXe ; de *globule* ▪ Protéine de poids moléculaire très élevé. *Le fibrinogène, la myosine sont des globulines.*

gloire n. f. – XIe ; lat. *gloria* I - 1 Grande renommée répandue dans un très vaste public, et tenant à des mérites, des actions ou des œuvres jugés remarquables. ⇒ **célébrité, éclat, honneur, illustration,** ② **lustre, renom, renommée, réputation.** « *Aucun chemin de fleurs ne conduit à la gloire* » (La Font.). *Être avide de gloire. Se couvrir de gloire. Être au sommet de la gloire. Faire qqch. pour la gloire,* sans autre dédommagement que le prestige qu'on en tire. « *À vaincre sans péril on triomphe sans gloire* » (Corn.). « *L'ambition enivre plus que la gloire* » (Proust). ♦ *Dire, publier qqch. à la gloire de qqn,* pour contribuer à sa célébrité, à son honneur. 2 Ce qui est source de célébrité, suscite l'admiration. *Les chevaux de course* « *sont la gloire de la race chevaline* » (Maupass.). ⇒ **orgueil.** *Cette mode eut son heure de gloire.* 3 *La gloire de :* honneur acquis par. *S'attribuer toute la gloire d'une réussite.* ⇒ **mérite.** *Je n'en tire aucune gloire.* 4 Personne célèbre. ⇒ **célébrité.** *Il fut une des gloires de son temps.* II - 1 vx ou littér. Éclat prestigieux dont la grandeur est environnée. ⇒ ② **lustre, prestige, rayonnement, splendeur.** *La gloire de Carthage.* 2 Splendeur des manifestations divines. *La gloire de Dieu.* ⇒ **majesté.** 3 *RENDRE GLOIRE,* hommage. *Rendre gloire à Dieu.* ♦ Hommage de respect, d'admiration. « *Gloire à notre France éternelle* » (Hugo). 4 Auréole enveloppant tout le corps du Christ. ➤ Représentation picturale du ciel, avec des anges et des saints. *La* « *Gloire de Venise* », *du Tintoret.* ➤ Faisceau de rayons divergents d'un triangle représentant la Trinité. ✪ CONTR. Déshonneur, honte, humiliation, ignominie, infamie, obscurité, opprobre, turpitude.

glome n. m. – XIXe ; lat. *glomus* « peloton, boule » ▪ Renflement corné du sabot, chez les équidés.

gloméris [glɔmeʀis] n. m. – XIXe ; lat. *glomus* « peloton » ▪ Petit arthropode *(diplopodes)* au corps cylindrique.

glomérule n. m. – XIXe 1 Inflorescence composée, formée par le regroupement dense de fleurs sessiles. 2 Peloton vasculaire, glandulaire ou nerveux. *Glomérules sudoripares.*

gloria n. m. inv. – XVIIe ; mot lat. « gloire » ▪ Hymne de louange qui commence par les mots *Gloria in excelsis Deo.*

gloriette n. f. – XIIe ; lat. *gloria* « gloire » ▪ Pavillon de verdure, dans un jardin. ⇒ **tonnelle.** « *C'est une gloriette qui donne sur le parc vers les tennis* » (Duras).

glorieusement adv. – XIIe ▪ D'une manière glorieuse, avec gloire. ✪ CONTR. Honteusement, modestement, piteusement.

glorieux, ieuse adj. – XIe 1 Qui donne, procure de la gloire ; qui est plein de gloire. ⇒ **célèbre, éclatant, fameux, illustre, magnifique, mémorable.** *Nom glorieux.* « *Ils font plus d'état d'une mort belle et glorieuse que de l'immortalité même* » (Rac.). ➤ n. f. *Les Trois Glorieuses :* les 27, 28 et 29 juillet 1830. *Les trente glorieuses :* la période 1945-1975 caractérisée par une forte croissance économique. 2 Qui s'est acquis de la gloire. ⇒ **célèbre, fameux, illustre.** *Général glorieux.* 3 vieilli Qui a le sentiment d'une gloire personnelle dont il tire orgueil. ⇒ **fier, orgueilleux.** 4 Qui participe de la gloire céleste. ➤ *Corps glorieux :* les corps des bienheureux après la résurrection. ✪ CONTR. Avilissant, déshonorant, ignominieux, infamant, infâme ; ignoré, méprisé, obscur. Humble, modeste.

glorificateur, trice adj. et n. – XVe ▪ littér. Qui glorifie.

glorification n. f. – XIVe ▪ Action de glorifier ; son résultat. ⇒ **apologie, célébration, exaltation, louange.** ✪ CONTR. Abaissement, avilissement.

glorifier v. tr. 7 – XIIe ; lat. *glorificare* **1** Honorer (qqn, qqch.) en proclamant ses mérites, sa gloire. ⇒ **célébrer, exalter,** ① **louer, magnifier.** « *une pensée qui prône l'effort, qui glorifie l'effort* » (Duham.). ⇒ **vanter.** *Poème qui glorifie les hauts faits de qqn.* ⇒ **chanter.** ♦ v. pron. Se faire gloire, tirer gloire de. → **s'enorgueillir ;** se **flatter,** se **louer,** se **vanter.** *Se glorifier de ses exploits.* **2** Rendre gloire à (Dieu). ⇒ ① **louer ; bénir.** ✪ CONTR. Avilir, déshonorer, humilier, rabaisser.

gloriole n. f. – XVIIIe ▪ Vaine gloire, vanité qu'on tire de petites choses. ⇒ **orgueil.** « *la gloriole littéraire* » (Rouss.). ✪ CONTR. Humilité, simplicité.

❑ Dans *gloriole* le suffixe *-ole*, joint à une base nominale, a une valeur diminutive comme dans *artériole, bestiole, coupole, rougeole.*

glose n. f. – XIIe ; gr. *glôssa* « langue » **1** Annotation entre les lignes ou en marge d'un texte, pour expliquer un mot difficile, éclaircir un passage obscur. ⇒ **explication, interprétation, note.** ♦ Commentaire, note explicative. *Ces éditions « illustrées de notes, gloses et commentaires très savants »* (France). **2** Commentaire oiseux ou malveillant.

gloser v. tr. 1 – XIIe ▪ Expliquer par une glose, un commentaire. ⇒ **annoter, commenter, interpréter.** ♦ trans. ind. Se perdre en discussions, en vains discours à propos de tout. « *Nous glosions sur tout et coupions en quatre les plus ténus cheveux* » (Gide).

glossaire n. m. – XVIe ; bas lat. *glossarium* ▪ Dictionnaire qui donne l'explication de mots anciens, spéciaux ou mal connus. ♦ Lexique d'un dialecte, d'un patois. ♦ Lexique d'un domaine spécialisé. *Glossaire de génétique.*

glossateur n. m. – XVe ▪ Auteur d'une glose ou d'un recueil de gloses. ⇒ **commentateur.**

glossine n. f. – XIXe ; gr. *glôssa* « langue » ▪ Mouche africaine.

glossite n. f. – XIXe ; *gloss(o)-* et *-ite* ▪ Inflammation de la langue.

gloss(o)-, -glosse Éléments, du gr. *glôssa* « langue ».

glossolalie n. f. – XIXe ; *glosso-* et *-lalie* ▪ Langage personnel utilisé par certains psychopathes ou dans un but ludique, constitué de néologismes organisés selon une syntaxe rudimentaire.

glossopharyngien, ienne adj. – XVIIIe ▪ Relatif à la langue et au pharynx.

glossotomie n. f. – XVIIIe ; *glosso-* et *-tomie* ▪ Incision ou amputation de la langue.

glottal, ale, aux adj. – XIXe ▪ Qui est émis au niveau de la glotte. *Consonne glottale.*

glotte n. f. – XVIe ; gr. *glôttis* ▪ Orifice du larynx délimité par les cordes vocales, dont l'ouverture ou la fermeture contrôle le débit d'air expiré. ➛ *Coup de glotte* : occlusive produite par la brusque fermeture de la glotte.

glottique adj. – XIXe ▪ Relatif à la glotte.

glouglou n. m. – XVIIe ; onomat. **1** fam. Bruit que fait un liquide qui coule dans un conduit, hors d'un récipient, etc. « *des bruits de gorge pareils à des glouglous de gouttières* » (Maupass.). *Des glouglous.* **2** Cri du dindon, de la dinde.

glouglouter v. intr. 1 – XVIe ▪ Produire un glouglou. *Un « jet d'eau glougloutait »* (Céline).

gloussant, ante adj. – XVIIe ▪ Qui fait un bruit de gloussement. « *C'est un rire bas, gloussant* » (Duham.).

gloussement n. m. – XVe **1** Cri de la poule, de la gélinotte. « *les gloussements, les cacardements, les roucoulements, tous les caquetages gazouillants des bêtes* » (Goncourt). **2** Petits cris, rires étouffés.

glousser v. intr. 1 – XIIe ; lat. *glocire* **1** Pousser des cris brefs, répétés. *On entendait « glousser une poule dans la cage aux volailles »* (Flaub.). **2** Rire en poussant de petits cris.

glouton, onne adj. et n. m. – XIe ; lat. *gluttus* « gosier » **1** Qui mange avidement, excessivement, en engloutissant les morceaux. ⇒ **goinfre, goulu, vorace ;** arg. **morfal.** ➛ *S'empiffrer comme un glouton.* **2** n. m. Mammifère carnivore qui vit dans la toundra. ✪ CONTR. Frugal, gourmet, sobre, tempérant.

❑ Même famille que *déglutir* et *engloutir.*

gloutonnement adv. – XVe ▪ À la façon d'un glouton.

gloutonnerie n. f. – XIIe ▪ Avidité de glouton. ⇒ **goinfrerie, voracité.**

glu n. f. – XIIe ; lat. *gluten* **1** Matière visqueuse et collante, extraite de l'écorce du houx et des baies de gui. « *Un merle qu'à la glu en nos forêts je pris* » (Ronsard). **2** Colle forte. ♦ fam. Personne importune et tenace. ⇒ **crampon.**

❑ *La glu* s'écrit sans *e* final comme *la bru* et *la vertu* ; attention à l'influence de l'anglais *glue* [glu:].

gluant, ante adj. – XIIIe **1** Qui est de la nature de la glu. ⇒ **collant, visqueux.** « *cette ignoble mayonnaise qui couvre tous les plats de sa masse insipide et gluante* » (Claudel). ➛ *Riz gluant.* **2** Recouvert d'une matière comparable à la glu. ⇒ **poisseux.** « *L'eau coulait de partout, de la paroi gluante* » (Dorgelès).

gluau n. m. – XIVe ; de *glu* ▪ Branche ou planchette enduite de glu pour prendre les petits oiseaux.

glucagon n. m. – 1926 ; de *gluc(o)-* et gr. *agô* « je conduis » ▪ Hormone sécrétée par le pancréas, qui augmente la glycémie.

glucide n. m. – XIXe ; *gluc(o)-* et *-ide* ▪ Substance composée de carbone, d'hydrogène et d'oxygène. ⇒ **hydrate** (de carbone), **ose, oside.** *Aliments énergétiques riches en glucides.*

glucidique adj. – v. 1960 ▪ Relatif aux glucides ou au glucose.

gluc(o)-, glyco- Éléments, du gr. *glukus* « doux ».

glucomètre n. m. – XIXe ; *gluco-* et *-mètre* ▪ Aréomètre qui mesure la quantité de sucre des moûts (⇒ **pèse-moût**).

glucose n. m. – XIXe ; *gluc(o)-* et ① *-ose* ▪ Glucide à 6 atomes de carbone très répandu dans la nature (miel, raisin, amidon). ⇒ **dextrose.** *Sirop de glucose utilisé en confiserie.*

glucoserie n. f. – 1904 ▪ Fabrique de glucose.

glucoside n. m. – XIXe ▪ Substance d'origine végétale constituée de glucose lié à une fraction non glucidique. ⇒ **hétéroside, holoside.**

glume n. f. – XIXe ; lat. ▪ Enveloppe de l'épillet des graminées, formée de deux pièces scarieuses. ⇒ ③ **balle.** *Glume du blé.*

glumelle n. f. – XIXe ▪ Enveloppe de la fleur des graminées, formée de deux bractées.

gluon n. m. – 1974 ; de *glu* ▪ Particule de charge et de masse théoriquement nulles, assurant la cohésion des quarks à l'intérieur d'un hadron.

glutamate n. m. – XIXe ▪ Sel de l'acide glutamique.

glutamine n. f. – XIXe ▪ Un des vingt acides aminés constituant les protéines, amide de l'acide glutamique.

glutamique adj. – XIXe ; de *glut(en)* et *am(ide)* ▪ *Acide glutamique :* diacide, un des vingt acides aminés constituant les protéines.

gluten [glytɛn] n. m. – XVIe ; mot lat. « glu, colle » ▪ Matière protidique qui subsiste après élimination de l'amidon des farines de céréales.

glutineux, euse adj. – XIIIe ▪ De la nature du gluten. ♦ Qui contient du gluten.

glycémie n. f. – XIXe ; *glyc(o)-* et *-émie* ▪ Teneur du sang en glucose.

glycéride n. f. – XIXe ; de *glycérine* et *-ide* ▪ Ester du glycérol.

glycérie n. f. – XIXe ; gr. *glukeros* « doux » ▪ Graminée des lieux humides.

glycérine n. f. – XIXe ; gr. *glukeros* « doux » ▪ Trialcool, liquide incolore, sirupeux, de saveur sucrée, existant sous forme d'esters dans divers lipides. ⇒ **glycérol.** « *je désirai follement un savon transparent à la glycérine* » (Colette).

glycériner v. tr. [1] – XIXe ▪ Enduire de glycérine. ♦ *Savon glycériné,* préparé à base de glycérine.

glycérique adj. – XIXe ▪ *Acide glycérique,* obtenu par oxydation de la glycérine.

glycérol n. m. – 1905 ; de *glycérine* et *-ol* ▪ Glycérine.

glycérophtalique adj. – 1953 ▪ Se dit d'une résine dérivée du glycérol et de l'acide phtalique.

① **glycine** n. f. – XVIIIe ; gr. *glukus* « doux » ▪ Plante grimpante *(légumineuses papilionées)* d'origine exotique, à grappes de fleurs mauves, blanches ou roses très odorantes. « *les glycines aux feuilles de dentelle tendre* » (Zola).

② **glycine** n. f. – XIXe ; var. de *glucine* « oxyde de béryllium », de *gluc(o)-* et *-ine* ▪ Acide aminé, le plus simple de tous.

glyco- → **gluc(o)-**

glycogène n. m. – XIXe ; *glyco-* et *-gène* ▪ Glucide de réserve des cellules animales susceptible d'élaborer le glucose.

glycogenèse n. f. – XIXe ; *glyco-* et *-genèse* ▪ Formation du glucose notamment à partir du glycogène emmagasiné dans le foie.

glycogénique adj. – XIXe ▪ Relatif à la glycogenèse.

glycogénogenèse n. f. – 1962 ; *glycogène* et *-genèse* ▪ Synthèse du glycogène à partir du glucose.

glycol n. m. – XIXe ; *glyc(o)-* et *-ol* ▪ Corps possédant deux fonctions alcool. ⇒ **dialcool.**

glycolipide n. m. – v. 1970 ; de *glyco-* et *lipide* ▪ Lipide contenant un glucide.

glycolyse n. f. – XIXe ; *glyco-* et *-lyse* ▪ Dégradation du glucose d'un organisme vivant, sous l'action d'enzymes.

glycoprotéine n. f. – 1908 ; de *glyco-* et *protéine* ▪ Protéine liée à un oligosaccharide (abrév. gp [suivi d'un nombre représentant le poids moléculaire]).

glycosurie n. f. – XIXe ; de *glycose* vx « glucose » et *-urie* ▪ Présence anormale de sucre dans l'urine. *La glycosurie, symptôme du diabète.*

glyphe n. m. – XVIIIe ; gr. « ciselure » ▪ Trait gravé en creux. ⇒ **triglyphe.**

glyptique n. f. – XVIIIe ; gr. ▪ Art de graver sur pierres fines. ⇒ **camée, intaille.**

glypto- Élément, du gr. *gluptos* « gravé ».

glyptodon ou **glyptodonte** n. m. – XIXe ; de *glypto-* et gr. *odous* « dent » ▪ Mammifère fossile *(édentés)* à carapace, des terrains quaternaires d'Amérique.

❑ Pour la graphie → ptéranodon (rem.).

glyptographie n. f. – XVIIIe ; *glypto-* et *-graphie* ▪ Étude des pierres gravées.

glyptothèque n. f. – XIXe ; *glypto-* et *-thèque* ▪ Cabinet, musée de pierres gravées, de camées, et par ext. de sculptures.

G. M. T. [ʒeɛmte] loc. nominale – 1948 ; abrév. de l'angl. *Greenwich mean time* ▪ Temps moyen de Greenwich. *Treize heures G. M. T.*

❑ On traduit parfois G.M.T. par *G. meridian time* ou *G. middle time.*

gnangnan [ɲɑ̃ɲɑ̃] adj. inv. et n. – XIXe ; onomat. ▪ fam. Mou, sans énergie. *Elles sont un peu gnangnan.* ⇒ ① **mollasse.** ➛ n. *Les gnangnans.*

gnaule → **gnôle**

gneiss [gnɛs] n. m. – XVIIIe ; all. ▪ Roche métamorphique où alternent les plages claires (quartz, feldspath) et foncées (mica, amphibole). *Des gneiss.*

gneissique [gnesik] adj. – XIXe ▪ De la nature du gneiss.

gnète [gnɛt] n. f. – XIXe ; lat. ▪ Gymnosperme ligneuse *(gnétacées),* liane des forêts tropicales.

gniouf → **gnouf**

gnocchi [ɲɔki] n. m. – XIXe ; mot it. « petits pains » **1** Boulette de semoule ou de purée de pommes de terre, pochée et gratinée. **2** Tartelette garnie de béchamel et de gnocchis, recouverte de fromage râpé.

gnognote ou **gnognotte** n. f. – XIXe ; onomat. ▪ fam. Chose négligeable, de peu de valeur. *Ce bordeaux, c'est pas de la gnognote.*

gnôle n. f. – XIXe ; mot franco-provenç. ▪ fam. Eau-de-vie.

❑ On écrit aussi *gnaule, gniôle* ou *niôle.*

gnome [gnom] n. m. – XVIe ; lat. *gnomus* « intelligence » ▪ Petit génie laid et difforme qui habite à l'intérieur de la terre. « *les pauvres ouvriers travaillant sous terre à des œuvres de patience, comme des gnomes ou des kobolds* » (Gaut.). ♦ Homme très petit et contrefait. ⇒ **nabot, nain.**

❑ On prononce séparément le *g* et le *n* comme dans *diagnostic.*

gnomique [gnɔmik] adj. – XVIIe ; gr. « sentencieux » ▪ didact. Qui se présente sous forme de sentences. *Poésie gnomique. Aoriste gnomique,* temps de la conjugaison grecque employé dans les proverbes et dictons.

gnomon [gnɔmɔ̃] n. m. – XVIe ; gr. ▪ Instrument composé d'une tige verticale faisant ombre sur une surface plane. ⇒ **cadran** (solaire). *Les Péruviens avaient « des gnomons réguliers, pour marquer les points des équinoxes et des solstices »* (Volt.).

gnomonique [gnɔmɔnik] adj. et n. f. – XVIe ▪ Relatif aux gnomons. ♦ n. f. Art de construire les gnomons.

gnon n. m. – XVIIe ; de *oignon* ▪ fam. Coup. *Il « riposta par un gnon en pleine tronche »* (Queneau).

gnose [gnoz] n. f. – XVIIe ; gr. « connaissance » **1** Éclectisme philosophique prétendant à concilier toutes les religions et à en expliquer le sens profond par une connaissance ésotérique des choses divines. ⇒ **gnos-**

ticisme. 2 Philosophie suprême contenant les connaissances sacrées. ⇒ **ésotérisme, théosophie.**

-gnose, -gnosie, -gnostique Éléments, du gr. *gnôsis* « connaissance ».

gnoséologie [gnozeɔlɔʒi] **n. f.** – 1954 ; gr. *gnosis* « connaissance » et *-logie* ▪ Théorie de la connaissance. *L'épistémologie, gnoséologie de la science.*

gnosie [gnozi] **n. f.** – 1937 ; gr. ▪ Perception, connaissance élémentaire. *Gnosie tactile.* ⇒ **stéréognosie.**

gnosticisme [gnɔstisism] **n. m.** – XIXe ▪ Ensemble des doctrines de la gnose des premiers siècles du christianisme.

gnostique [gnɔstik] **n.** – XVIe 1 Adepte de la gnose (1°). « *À la grâce toute puissante et arbitraire, les gnostiques ont voulu seulement substituer la notion grecque d'initiation qui laisse à l'homme toutes ses chances* » (Camus). ➞ **adj.** *La secte gnostique des ophites.* 2 Initiateur d'une doctrine secrète de salut.

gnou [gnu] **n. m.** – XVIIIe ; mot hottentot ▪ Mammifère herbivore *(périssodactyles)* du Sud-Est africain. *Troupeau de gnous.*

gnouf n. m. – 1938 ; de *bignouf,* d'o. i. ▪ arg. Prison, poste de police.

❏ On écrit aussi *gniouf.*

go n. m. – XIXe ; mot jap. ▪ Jeu de stratégie d'origine chinoise qui consiste à placer ses pions sur un damier de manière à délimiter un territoire plus vaste que celui de son adversaire.

go (tout de) loc. adv. – XVIe ; de *tout* et *gob,* de *gober* ▪ Directement, sans préambule. ♦ Librement, sans cérémonie. *Il est entré tout de go.*

❏ Cette locution est aujourd'hui démotivée ; le rapport avec *gober* était sensible au XVIe s. : *avaler tout de gob* « d'un seul coup ».

goal [gol] **n. m.** – XIXe ; mot angl. 1 vieilli But (football, rugby, polo, etc.). 2 Gardien de but. « *nous jouâmes alors à nous faire des passes, à tirer des buts, à plonger dans l'herbe comme de vrais goals* » (Abellio). ✪ HOM. Gaule.

goal-average [golaveʀaʒ] **n. m.** – 1927 ; mot angl., de *goal* « but » et *average* « moyenne » ▪ Dans certains jeux de ballon, Différence entre les points marqués et les points encaissés par une équipe, permettant de départager deux équipes ex aequo. *Les goal-averages.*

gobelet n. m. – XIIIe ; p.-ê. gaul. 1 Récipient à boire, généralement plus haut que large, et sans pied ; son contenu. ⇒ **chope,** ① **godet,** ② **quart, tasse, timbale, verre.** *Gobelets en carton, plastique. Elle* « *déboucha la bouteille* (thermos) *et versa du café chaud dans le gobelet* » (Sartre). 2 Récipient tronconique servant à agiter et à lancer les dés, à réaliser des tours d'escamotage.

gobeleterie [gɔblɛtʀi] **n. f.** – XVIIIe ▪ Fabrication, commerce de verrerie de table (gobelets, verres, carafes).

gobeletier, ière [gɔblətje ; gɔbletje, jɛʀ] **n.** – XVIIIe ▪ Personne qui fabrique, vend de la gobeleterie.

gobe-mouche n. m. – XVIe ▪ Oiseau insectivore *(passériformes). Les gobe-mouches d'Amérique.* ⇒ **tyran.**

gober v. tr. [1] – XIIIe ; gaul. °*gobbo-* « bouche » 1 Avaler en aspirant, et généralement sans mâcher. *Gober une huître, un œuf cru.* 2 fam. Croire sans examen. ⇒ **avaler.** « *je ne suis pas homme à gober le morceau* » (Mol.). *Il gobe tout ce qu'on lui dit.*

goberger (se) v. pron. [3] – XVe ; p.-ê. même o. que *gober* ▪ fam. Prendre ses aises, bien se traiter, faire bombance.

gobeur, euse n. – XVIIe 1 Personne qui gobe. 2 fam. Personne qui croit naïvement tout ce qu'on lui dit. ⇒ **crédule,** ② **gogo, naïf.**

gobie n. m. – XIXe ; lat. *gobio* « goujon » ▪ Poisson *(perciformes)* qui se fixe aux rochers par ses nageoires ventrales soudées.

godailler v. intr. [1] – 1923 ▪ fam. Faire des faux plis (vêtement). ⇒ **goder.** *Sa jupe godaille.*

godasse n. f. – XIXe ; de *godillot* ▪ fam. Chaussure. « *mes vieilles godasses qui ont fait le tour du monde* » (Cendrars).

godelureau n. m. – XVIe ; d'un rad. onomat. *god-* et *galureau,* crois. de *galer* (→ galant) et *lureau* « luron » ▪ Jeune élégant prétentieux. ⇒ **gandin.**

godemiché n. m. – XVIe ; esp. *guadameci* « cuir de *Ghadamès* » ▪ Phallus artificiel destiné au plaisir sexuel. « *les godemichés simples, striés, annelés* » (Tournier). ➞ abrév. *Gode.*

goder v. intr. [1] – XVIIIe ; de ① *godet* ▪ Faire de faux plis en bombant, à cause d'une mauvaise coupe ou d'un assemblage défectueux. ⇒ **godailler, grigner.** *Un pardessus* « *dont le col godait à la nuque* » (Duham.).

① **godet n. m.** – XIVe ; néerl. « morceau de bois cylindrique » 1 Petit récipient à boire sans pied ni anse. ⇒ **gobelet.** ♦ fam. Verre. « *Tu prends un godet avec moi ! Oui ?* » (Simonin). ♦ Très petit récipient de même forme où l'on délaie des couleurs, recueille la résine, etc. « *C'est long à suinter le caoutchouc dans les petits godets qu'on accroche au tronc des arbres* » (Céline). 2 Auge. *Roue à godets. Chaîne à godets :* chaîne sans fin d'un élévateur, d'une drague.

② **godet n. m.** – XIXe ▪ Faux pli d'un vêtement, d'une étoffe qui gode. ♦ *Jupe à godets,* à gros plis souples, qui tombent en s'évasant.

godiche adj. et n. f. – XVIIIe ; p.-ê. de *Godon,* dimin. de *Claude* ▪ fam. ⇒ **benêt, maladroit, niais.** « *je la trouvais godiche de m'aimer avec cette béatitude* » (Renard). *Il a l'air godiche.* ⇒ **emprunté, gauche.** ♦ **n. f.** *Quelle godiche, cette fille !* ✪ CONTR. Débrouillard, dégourdi.

godille n. f. – XVIIIe ; o. i. 1 Aviron placé à l'arrière d'une embarcation. *Avancer à la godille.* ♦ loc. adj. fam. *À la godille :* mal fait, qui ne convient pas. « *ses avis à la godille* » (Simonin). 2 Technique de descente, enchaînement de virages effectués face à la pente, skis parallèles.

godiller v. intr. [1] – XVIIIe 1 Manœuvrer une embarcation avec la godille. « *un marinier détachait son bachot, commençait à godiller* » (Simenon). 2 Faire la godille, à skis.

godilleur, euse n. – XIXe 1 Batelier qui godille. 2 Skieur, skieuse qui pratique la godille.

godillot n. m. – XIXe ; de *Alexis Godillot,* fournisseur de l'armée 1 Chaussure militaire à tige courte. « *Ses larges godillots craquelés et racornis* » (Dorgelès). ♦ fam. Gros soulier. 2 fam. Inconditionnel, fidèle qui marche sans discuter. *Les godillots du Général* (de Gaulle). ➞ **adj.** *Une majorité godillot.*

godiveau n. m. – XVIe ; d'un rad. *god-* « enflé » et *beille* « ventre », d'apr. *veau* ▪ Hachis de viande façonné en boulettes oblongues (⇒ **quenelle**), pochées.

godron n. m. – XIVe ; de ① *godet* 1 Ornement creux ou saillant, de forme ovoïde, aux bords de la vaisselle d'argent. *Argenterie à godrons.* 2 Gros pli rond et empesé d'une fraise, d'un jabot. ⇒ **tuyau.** *Collerette à godrons.*

goéland n. m. – XVe ; bret. *gwelan* « mouette » ▪ Palmipède marin *(lariformes)* de la taille d'une grosse mouette, vivant en colonies. « *On raconte que les goélands des îles Feroë sont si forts et si voraces, qu'ils mettent souvent en pièces des agneaux* » (Buff.).

goélette n. f. – XVIIIe ; de *goéland* ▪ Bâtiment léger à deux mâts et à voiles auriques ou triangulaires. « *C'était une charmante petite goélette de vingt tonneaux* » (J. Verne).

goémon n. m. – XIVe ; bret. *gwemon* ▪ Algue marine. ⇒ **varech.** « *l'amère senteur des glauques goémons* » (Hugo). ♦ Engrais fait de goémon.

goglu n. m. – XIXe ; o. i. ▪ Au Canada, Passereau chanteur de l'Amérique du Nord.

① **gogo (à)** loc. adv. – XVe ; a. fr. *gogue* « réjouissance » ▪ fam. Abondamment, à discrétion. *Servir du vin à gogo.*

② **gogo** n. m. – XIXe ; nom d'un personnage de comédie ▪ fam. vieilli Homme crédule et niais, facile à tromper. ⇒ **jobard, naïf, pigeon.** *C'est bon pour les gogos.*

goguenard, arde adj. – XVIIe ; a. fr. *gogue* « réjouissance » ▪ Qui a l'air de se moquer d'autrui. ⇒ **gouailleur, moqueur, narquois, railleur.** « *Aussi continuait-il à se dandiner d'un air goguenard et supérieur* » (Zola). ✪ CONTR. Sérieux.

❑ Même famille étymologique que *goguette* et *à gogo.*

goguenots n. m. pl. – XIXe ; mot normand ▪ fam. Lieux d'aisances, toilettes*. ⇒ **chiotte.** abrév. *gogs* ou *gogues.*

goguette n. f. – XIIIe ; a. fr. *gogue* « réjouissance » ▪ loc. fam. *EN GOGUETTE* : légèrement ivre, disposé à s'amuser. *Être en goguette.* « *une verve de curé en goguette* » (Maupass.).

goinfre n. m. et adj. – XVIe ; o. i. ▪ Personne qui mange avec excès et salement. ⇒ **glouton, goulu,** arg. **morfal, vorace.** *Il* « *mangeait beaucoup, non tant comme un gourmet que comme un goinfre* » (Gide). ✪ CONTR. Frugal, sobre.

goinfrer (se) v. pron. [1] – XVIIe ▪ fam. Manger comme un goinfre. ⇒ **bâfrer, s'empiffrer,** se **gaver.** *Se goinfrer de pâtisseries.*

goinfrerie n. f. – XVIIe ▪ Caractère, comportement du goinfre. ⇒ **avidité, gloutonnerie, voracité.**

goitre n. m. – XVe ; lat. *guttur* « gorge » ▪ Déformation de la partie antérieure du cou, par augmentation de volume de la glande thyroïde. *Goitre exophtalmique.*

goitreux, euse adj. – XVe ▪ De la nature du goitre. *Tumeur goitreuse.* ♦ Atteint d'un goitre. ➛ n. *Un goitreux.*

golden [gɔldɛn] n. f. – 1959 ; angl. *golden (delicious)* « (délicieuse) dorée » ▪ Pomme à peau jaune et chair juteuse. *Un kilo de goldens.* appos. *Des pommes golden.*

❑ La *Golden Delicious* est une espèce de pomme américaine qui a été répandue en Europe après la dernière guerre.

gold point [gɔldpɔjnt] n. m. – v. 1900 ; mot angl., de *gold* « or » et *point* « point » ▪ Taux de change limite en deçà duquel il devient avantageux d'importer de l'or ou au-delà duquel il est préférable d'en exporter. *Des gold points.*

golf n. m. – XVIIIe ; mot angl. 1 Sport qui consiste à faire pénétrer une balle, par le minimum de coups, dans des trous disposés le long d'un parcours. *Cannes de golf* (⇒ ② **club**) *que porte un garçon* (⇒ ① **caddie**). *Championnat de golf. Partie de golf. Les coups au golf* (⇒ **drive, putt, swing ;** ② **par**). « *on remet en honneur un vieux sport anglais du* XVIIIe *s., le golf* » (Morand). 2 Terrain aménagé pour ce sport. ⇒ **green.** *Un golf (de) dix-huit trous.* 3 *Culottes (pantalon) de golf,* bouffantes et serrées au-dessous du genou. « *Un pantalon de golf roux bouffait au-dessus de ses chaussures énormes* » (Plisnier). ✪ HOM. Golfe.

❑ Comme on le voit dans cet article, le vocabulaire du golf est essentiellement formé d'anglicismes dont beaucoup pourraient être avantageusement remplacés.

golfe n. m. – XIIe ; gr. *kolpos* « pli, creux » ▪ Vaste bassin en cul-de-sac plus ou moins ouvert, que forme la mer à l'intérieur des terres. *Petit golfe.* ⇒ **anse,** ① **baie, calanque, crique.** *Golfe étroit et profond, en Norvège.* ⇒ **fjord.** *Le golfe de Gascogne.* ➛ absolt *Le Golfe* : le golfe Persique. *La guerre du Golfe.* ✪ HOM. Golf.

golfeur, euse n. – 1901 ▪ Joueur, joueuse de golf.

golfique adj. – 1934 ▪ Relatif au golf.

golmotte n. f. – déb. XXe ; o. i. ▪ Nom de quelques champignons (lépiote, amanite).

gombo n. m. – XVIIIe ; langue bantoue d'Angola ▪ Plante potagère tropicale *(malvacées)* dont on consomme les feuilles et les fruits riches en mucilage ; ces fruits, employés comme légumes. « *légumes verts, choux palmistes, gombos en salade* » (Cendrars).

goménol n. m. – XIXe ; marque déposée, de *Gomen,* localité de Nouvelle-Calédonie ▪ Liquide huileux antiseptique et cicatrisant, utilisé en gouttes nasales.

goménolé, ée adj. – 1908 ▪ Qui renferme du goménol. *Huile goménolée.*

gomina n. f. – 1933 ; nom déposé, de l'esp. *goma* « gomme » ▪ Pommade pour les cheveux. ⇒ **brillantine, gel.** « *des boucles noires collées sur le front à la gomina* » (Aymé).

gominer (se) v. pron. [1] – 1931 ▪ Passer ses cheveux à la gomina. ⇒ **pommader.** ➛ *Cheveux gominés.*

gommage n. m. – XIXe 1 Action d'imprégner de gomme ; son résultat. *Gommage des étoffes* : apprêt. 2 Action de gommer (2°), d'effacer ; son résultat. ➛ Atténuation (des caractères distinctifs de qqch.). 3 Nettoyage de la peau avec un produit éliminant les cellules mortes. ⇒ **peeling.**

gomme n. f. – XIIe ; gr., d'o. égypt. 1 Substance mucilagineuse transparente qui suinte de l'écorce de certains arbres (⇒ **gommier**). *Le cerisier* « *blessé élabore une gomme blanche dont il recouvre sa blessure* » (Ramuz). *Gomme de l'hévéa.* ⇒ **latex.** ➛ n. f. *GOMME-RÉSINE* : mélange naturel de gomme et de résine. *Gommes-résines aromatiques.* ⇒ **calamite, encens, ladanum, myrrhe, opopanax.** ➛ n. f. *GOMME-GUTTE* : gomme-résine jaune, utilisée en peinture et en médecine. *Pastilles, boules de gomme* : bonbons faits à partir de gomme-gutte. « *Sa toux est purement nerveuse, je l'ai calmée avec une pastille de gomme* » (Balz.). ➛ *Gomme à mâcher* : chewing-gum. 2 Colle sèche, qui adhère lorsqu'elle est mouillée. *Gomme d'un timbre.* 3 Bloc de caoutchouc, de plastique servant à effacer le crayon, l'encre. 4 Maladie de certains arbres qui se traduit par des ulcérations d'où suintent des liquides visqueux. ♦ Nodosité inflammatoire infectieuse, évoluant vers le ramollissement et l'ulcération. *Gomme syphilitique.* 5 fam. *À la gomme* : incapable ; sans valeur. *Des idées à la gomme.* 6 fam. *Mettre la gomme* : activer l'allure (d'un véhicule, d'un moteur).

❑ Pour la maladie des arbres, ont dit aussi *gommose.*

gommé, ée adj. ▪ Enduit de gomme (2°). *Enveloppe gommée ; papier gommé.* ⇒ **collant, précollé.**

gommer v. tr. [1] – XIVe 1 Enduire de gomme. *Gommer les bords d'une enveloppe.* ⇒ **coller.** Empeser par gommage. ♦ Mélanger de gomme. 2 Frotter avec une gomme (3°). *Gommer un dessin, un mot.* ⇒ **effacer.** ➛ fig. *Gommer les souvenirs désagréables.*

gommette n. f. – mil. XXe ▪ Petit morceau de papier gommé ou adhésif.

gommeux, euse adj. et n. m. – XIVe 1 Qui produit de la gomme. *Arbres gommeux et résineux.* ♦ Semblable à de la gomme. 2 *Lésion gommeuse.* ⇒ **gomme** (4°). 3 n. m. vx Jeune homme que son élégance excessive et son air prétentieux rendent ridicule. « *la mode du noir pour les jeunes gommeux* » (Stendh.).

gommier n. m. – XVIIe ▪ Arbre fournissant de la gomme (acacia, mimosa). *Gommier bleu.* ⇒ **eucalyptus.** « *des bouquets de gommiers verdoyants* » (J. Verne).

gomorrhéen, enne adj. et n. f. – XIXe ; de *Gomorrhe* ▪ littér. Relatif à l'homosexualité féminine.

gon n. m. – v. 1980 ; gr. *gônia* « angle » ▪ Unité de mesure d'angle plan. ⇒ ① **grade.** ✪ HOM. Gond, gong.

gonade n. f. – XIXe ; gr. *gonê* « semence » ▪ Organe qui produit les gamètes ; glande sexuelle. *Gonade mâle* (⇒ **testicule**), *femelle* (⇒ **ovaire**).

❑ Même famille étymologique que *cosmogonie, épigone* et *gonocoque.*

gonadique adj. – 1936 ▪ Relatif aux gonades.

gonadostimuline n. f. – mil. XXe ; de *gonade* et *stimuline* ▪ Hormone gonadotrope sécrétée par l'hypophyse et le placenta.

gonadotrope adj. – 1938 ; de *gonade* et *-trope* ▪ Qui agit sur les gonades. *Hormones gonadotropes,* sécrétées par l'hypophyse et qui stimulent l'activité fonctionnelle des gonades (⇒ **gonadostimuline, gonadotrophine**).

gonadotrophine ou **gonadotropine** n. f. – mil. XXe ; de *gonade* et gr. *trophê* « nourriture » ou de *gonadotrope* et *-ine* ▪ Gonadostimuline.

gond n. m. – XIIe ; gr. ▪ Pièce de fer coudée en équerre, sur laquelle tournent les pentures d'une baie. ⇒ **charnière ; crapaudine,** ① **paumelle.** « *La porte, dont les gonds huilés étaient moelleux comme de la ouate* » (Barbey). ♦ loc. *Sortir de ses gonds :* s'emporter. ✪ HOM. Gon, gong.

gondolage n. m. – XIXe ▪ Action de se gondoler ; état de ce qui est gondolé.

gondolant, ante adj. – XIXe ▪ fam. Qui fait rire, se gondoler*. ⇒ **amusant, drôle.**

gondole n. f. – XIIIe ; gr. *kontouros* « à courte queue » 1 Barque vénitienne à un seul aviron, longue et plate, aux extrémités relevées et recourbées. *Promenade en gondole, sur une gondole.* « *on voit passer par moments, dans les ténèbres, les gondoles, chargées de masques et de musiciens, à demi éclairées* » (Hugo). 2 Meuble servant de présentoir dans un libre-service. *Tête de gondole,* son extrémité.

gondoler v. intr. [1] – XVIIe 1 Se bomber, se déformer (sous l'effet de la chaleur, de l'humidité). ⇒ **gauchir,** se **gonfler.** *Carton qui gondole.* ➛ pronom. *Cette planche s'est gondolée.* 2 SE GONDOLER v. pron. fam. Se tordre de rire. « *moi je me gondolais et m'amusais comme un foufou* » (Cendrars). ✪ CONTR. Aplatir (s'), redresser (se).

gondolier, ière n. – XVIe 1 n. m. Batelier qui conduit une gondole. 2 Approvisionneur d'une gondole (2°).

① **-gone, -gonal, ale, aux** Éléments, du gr. *gônia* « angle ».

② **-gone, -gonie** Éléments, du gr. *gonos, gonia* « génération ».

gonelle → **gonnelle**

gonfalon n. m. – XIe ; germ. ▪ Bannière de guerre du Moyen Âge, bandelette à plusieurs pointes suspendue à une lance.

gonfalonier n. m. – XIe ▪ Porteur du gonfalon.

gonflable adj. – 1957 ▪ Qui se gonfle. *Bateau gonflable.* ⇒ **pneumatique.**

gonflage n. m. – XIXe ▪ Action de gonfler (un pneumatique) ; son résultat. *Vérifier le gonflage des pneus.* ⇒ **pression.**

gonflant, ante adj. – 1925 1 Qui a de l'ampleur, du volume. *Le duvet est gonflant. Une coiffure gonflante.* ⇒ **bouffant.** 2 fam. Qui ennuie, énerve. *Il est gonflant, ce type !*

gonflement n. m. – XVIe ▪ Action de (se) gonfler ; état de ce qui est gonflé. *Gonflement d'un ballon. Gonflement d'une partie du corps, d'un organe.* ⇒ **ballonnement, dilatation, enflure, engorgement, fluxion, grosseur, hypertrophie, œdème, tuméfaction, turgescence.** ♦ fig. *Gonflement de la masse monétaire.* ⇒ **inflation.** ✪ CONTR. Dégonflement.

gonfler v. tr. [1] – XVIe ; lat. *flare* « souffler » 1 Distendre en remplissant d'air, de gaz. *Gonfler un ballon, un canot pneumatique. Gonfler ses joues* (⇒ **dilater, enfler**). ➛ *Le vent gonfle les voiles.* ♦ fam. au p. p. *Être gonflé à bloc,* d'un dynamisme, d'une assurance à toute épreuve. ⇒ **remonté.** ➛ *Il est vraiment gonflé !* il est courageux ; il a du culot, il exagère. 2 Faire augmenter de volume, sous l'action d'une cause quelconque. *La crue gonfle la rivière. Torrent gonflé par les pluies.* ➛ « *parfois, un soupir gonflait sa poitrine et soulevait les émaux de son gorgerin* » (Gaut.). *Yeux gonflés de larmes.* ⇒ **bouffi, boursouflé.** *Face congestionnée et gonflée.* ⇒ **soufflé.** ♦ fam. *Gonfler qqn,* l'ennuyer, le mettre en colère. *Tu nous gonfles avec tes histoires !* 3 Remplir à l'excès ou complètement. *Ses succès l'ont gonflé d'orgueil.* ⇒ **remplir.** *Cœur gonflé de chagrin* (⇒ **gros**), *d'enthousiasme* (⇒ **débordant**). 4 Augmenter le nombre, la puissance, la quantité de. *Gonfler un moteur,* accroître sa puissance. « *c'était pas une Maserati. C'était une vieille Chrysler* [...] *qu'il avait gonflée* » (Tournier). ➛ Exagérer, surestimer (un chiffre, une évaluation). ⇒ **grossir.** *Gonfler le nombre des manifestants. Gonfler les prix.* ⇒ **majorer, surfacturer.** 5 intrans. Augmenter de volume, devenir volumineux. ⇒ **grossir.** *La pâte gonfle.* → **foisonner,** ① **lever.** *Le bois a gonflé.* ⇒ **travailler.** *Faire gonfler ses cheveux en les crêpant* (⇒ **bouffer**). ➛ « *les poignets vous font mal à vous aussi ? La chair a dû gonfler pendant que je dormais* » (Sartre). ⇒ **enfler.** 6 SE GONFLER v. pron. Devenir gonflé, enflé. *La voile se gonfle.* « *Les eaux se gonflaient et redescendaient lentement* » (Camus). ✪ CONTR. Dégonfler.

gonflette n. f. – v. 1970 ▪ fam., parfois péj. Musculation culturiste visant à obtenir un important volume musculaire. *Faire de la gonflette.* ⇒ **bodybuilding, culturisme.** ➛ Musculation ainsi obtenue.

gonfleur n. m. – 1911 ▪ Appareil servant à gonfler.

gong [gɔ̃(g)] n. m. – XVIIe ; malais 1 Instrument de percussion d'Extrême-Orient, plateau de métal suspendu sur lequel on frappe avec une baguette à tampon. « *Au loin le gong d'un temple battait faiblement* » (Farrère). 2 Instrument analogue utilisé pour donner un signal sonore. « *Au coup de gong annonçant le commencement du premier round* » (Hémon). ✪ HOM. Gon, gond.

gongorisme n. m. – XIXe ; de *Gongora,* poète esp., 1561-1627 ▪ Préciosité, recherche dans le style (abus des images, des métaphores, etc.).

gonio- Élément, du gr. *gônia* « angle » (⇒ ① **-gone**).

goniomètre n. m. – XVIIIe ; *gonio-* et *-mètre* ▪ Instrument servant à mesurer les angles. *Goniomètre d'arpenteur.*

goniométrie n. f. – XVIIIe ▪ Science de la mesure des angles. ♦ Approche algébrique de la trigonométrie. ⇒ **radiogoniométrie.**

gonnelle n. f. – XIXe ; p.-ê. a. fr. « robe » ▪ Poisson de l'Atlantique et du Pacifique Nord *(perciformes)* au corps allongé, aux flancs tachetés de noir.

❑ On écrit aussi *gonelle.*

gonochorisme [gɔnɔkɔʀism] n. m. – XIXe ; gr. *gonos* « génération » et *khôrismos* « séparation » ▪ Séparation des sexes dans des individus distincts. ✪ CONTR. Hermaphrodisme.

gonococcie n. f. – XIXe ▪ Infection provoquée par le gonocoque. ⇒ **blennorragie.**

gonocoque n. m. – XIXe ; gr. *gonos* « semence » et *kokkos* « grain » ▪ Microbe de la blennorragie. « *le damné gonocoque qui fait tellement pour compliquer les relations entre hommes et femmes* » (Michaux).

gonozoïde n. m. – 1946 ; gr. *gonos* « génération, semence », *zoo-* et *-oïde* ▪ Polype reproducteur dans une colonie d'hydraires.

gonze n. m. – XVIIIe ; it. *gonzo* arg. « individu stupide » ▪ arg. vieilli Homme, individu.

gonzesse n. f. – XIXe ; fém. de *gonze* ▪ fam. Femme, fille. *Une belle gonzesse.*

❑ Le mot s'emploie pour parler d'un homme avec une valeur péjorative : « homosexuel » ou « lâche ».

gord n. m. – XIIe ; gaul. « haie » ▪ Pêcherie formée d'une double rangée de perches en angle au fond d'une rivière, fermée au sommet par un filet. ✪ HOM. Gaur.

gordien adj. m. – XVIe ; lat. *Gordius,* n. pr. ▪ *Nœud* gordien.*

goret n. m. – XIIIe ; a. fr. *gore* « truie » ; onomat. **1** Jeune cochon. « *Un soldat ouvrit la porte des soues et une centaine de petits gorets ronchonneurs et goguenards se précipita vers l'eau claire* » (Mac Orlan). ♦ fam. Personne, notamment enfant, sale, malpropre. ⇒ **cochon. 2** Balai raide, grande brosse pour nettoyer la carène.

goretex [gɔʀtɛks] n. m. – 1989 ; *Gore-tex* nom déposé, finale *tex* de *textile* ▪ Fibre textile synthétique imperméable, dérivée du téflon. *Combinaison de ski en goretex.*

gorfou n. m. – XVIIIe ; danois ▪ Manchot des mers australes, de la taille du canard.

gorge n. f. – XIIe ; lat. *gurges* « gouffre » **I – 1** Parties antérieure et latérale du cou. *La gorge et la nuque. Serrer la gorge de qqn.* ⇒ fam. **kiki, sifflet ; étrangler.** *Couper la gorge à qqn* (⇒ **égorger ; coupe-gorge**). ➜ loc. *Prendre qqn à la gorge,* le contraindre par la violence, par une pression impitoyable. « *le danger est là qui les prend à la gorge* » (Taine). ➜ *Mettre à qqn le couteau sous la gorge,* lui imposer sa volonté par la violence, les menaces. *Avoir le couteau sous la gorge :* être contraint par une menace. **2** littér. Seins, poitrine (d'une femme). ⇒ **buste.** « *Vive ta gorge aux bouts de fraise !* » (Verlaine). **II – 1** Région située au fond de la bouche, à l'entrée du pharynx, partie intérieure du cou comprenant le voile du palais, la luette et les deux amygdales. ⇒ **gosier.** *Avoir la gorge sèche, irritée. Avoir mal à la gorge* (⇒ **amygdalite, angine, laryngite, pharyngite**). *Gorge serrée par l'angoisse. La fumée nous prenait à la gorge,* nous piquait la gorge. ⇒ **suffoquer.** ♦ (Considéré comme le centre de production de la voix, avec le larynx, le pharynx.) « *Il se mit à rire à gorge déployée comme si nous avions été seuls dans le salon* » (Proust). *S'éclaircir, se racler la gorge.* ➜ *Voix de gorge.* ⇒ **guttural.** ➜ *Faire rentrer à qqn ses mots dans la gorge,* l'obliger à se rétracter, à désavouer ses propos. ➜ *Ça m'est resté dans la gorge, en travers de la gorge :* je n'ai pu l'admettre ou le dire. **2** loc. *Faire des gorges chaudes de qqch.,* se répandre en plaisanteries malveillantes, s'en régaler. ⇒ se **moquer.** ♦ RENDRE GORGE : restituer par force ce qu'on a pris de manière illicite. *Je vais lui faire rendre gorge.* **III – 1** Passage étroit, défilé entre deux montagnes ; vallée étroite et encaissée. ⇒ **canyon, col, couloir,** ① **porte.** *Les gorges du Tarn.* ♦ Entrée d'un ouvrage fortifié. **2** Partie creuse, cannelure, rainure. « *Elle passa le bout de son doigt dans la gorge d'une moulure* » (Colette). *Marbre à gorge. Gorge d'une poulie.* ➜ Échancrure, entaille. *Gorge d'une serrure.*

gorge-de-pigeon adj. inv. – XVIIe ▪ D'une couleur à reflets changeants. « *les draperies gorge-de-pigeon s'enflèrent sous l'haleine d'un vent invisible* » (Gaut.).

gorgée n. f. – XIIe ▪ Quantité de liquide qu'on avale en une seule déglutition. ⇒ **goulée, lampée.** « *Il buvait à petites gorgées machinales, le whisky qu'on lui avait servi par erreur* » (Colette).

gorger v. tr. [3] – XIIIe **1** rare Remplir (qqn) de nourriture jusqu'à la gorge, avec excès. *Gorger un enfant de sucreries.* **2** SE GORGER v. pron. ⇒ se **bourrer,** s'**empiffrer,** se **goinfrer.** ➜ « *Gorgés de vin et de nourriture* » (Michelet). **3** Remplir jusqu'à gonfler, imprégner, saturer. « *L'écœurante chaleur gorge la chambre étroite* » (Rimb.). ➜ (surtout au p. p.) *Une terre gorgée d'eau. Des fruits gorgés de soleil.* ✪ CONTR. Priver, vider.

gorgerin n. m. – XVe **1** Partie inférieure (d'un casque) qui protégeait le cou. **2** Partie étroite du chapiteau dorique ou toscan, au-dessus de l'astragale.

gorget n. m. – XVIIIe **1** Rabot pour creuser les gorges. ⇒ **bouvet. 2** Moulure plus petite que la gorge.

gorgone n. f. – XVIe ; gr. **1** Monstre mythologique à la chevelure de serpents et au regard pétrifiant. *La Gorgone.* ♦ Tête décorative de femme à la bouche ouverte et à la chevelure de serpents. **2** Cœlentéré coralliaire *(anthozoaires)* formant des colonies arborescentes. ⇒ **polypier.**

gorgonzola n. m. – XIXe ; nom d'une ville italienne ▪ Fromage italien à pâte persillée crémeuse.

gorille n. m. – XVIIIe **1** Grand singe anthropoïde des forêts d'Afrique équatoriale, dont la taille peut atteindre deux mètres. **2** fam. Garde du corps.

gosette n. f. – XIXe ; mot wallon dér. de *gousse* ▪ région. (Belgique) Chausson aux fruits.

gosier n. m. – XIIIe ; o. gaul. **1** Arrière-gorge et première partie du pharynx, comme partie des voies digestives. « *Une crampe lui serrait le gosier, l'étranglait* » (Mart. du G.). **2** Siège de la voix. *Chanter à plein gosier.* « *Je me suis mis à crier à plein gosier et je l'ai insulté* » (Camus). ⇒ s'**égosiller.**

❑ *Gosier,* de même que *gorge,* est un mot du langage courant. Seule l'expression *isthme* du gosier* appartient à l'usage scientifique.

gospel n. m. – 1956 ; angl. *gospel song* « chant évangélique » ▪ Chant religieux des Noirs d'Amérique du Nord. *Des gospels.*

❑ *Gospel* tend à se substituer à *negro-spiritual.*

gosse n. – XVIIIe ; o. i., p.-ê. de *gonze* ▪ fam. Enfant, jeune garçon ou fille. *Un gosse d'une dizaine d'années.* « *Un gosse pleurait, sa mère lui tamponnait les yeux, avec un mouchoir* » (Sartre). *C'est un grand gosse, un vrai gosse,* qqn qui est resté très enfant. adj. *Quand j'étais gosse.* ♦ fam. *Un beau gosse :* beau garçon. adj. « *J'étais beau gosse ! J'avais des mollets, mon vieux* » (Céline). ♦ fam. Enfant (3°), fils ou fille. *Ils ont trois gosses.*

gotha n. m. – XIXe ; de l'*almanach de Gotha,* ville d'Allemagne où se publiait cet almanach 1 Almanach contenant le relevé des familles aristocratiques. ⇒ **nobiliaire.** *Être, figurer dans le Gotha.* 2 Ensemble des personnalités de l'aristocratie, du monde politique, culturel, etc., considérées du point de vue de leur notoriété.

gothique adj. et n. – XVe ; lat. « relatif aux Goths » 1 *Style gothique :* style répandu en Europe du XIIe au XVIe s., entre le style roman et le style Renaissance (⇒ **ogive).** *Notre-Dame de Paris, cathédrale gothique. Chapelle gothique, flèche gothique.* ➛ subst. *Le gothique :* le style gothique. 2 *Écriture gothique* ou n. f. *la gothique :* écriture à caractères droits, à angles et à crochets apparue vers le XIIe s. ✪ HOM. gotique.

gotique n. m. – XIXe ▪ Langue des Goths, rameau oriental des langues germaniques. ✪ HOM. gothique.

gouache n. f. – XVIIIe ; lat. *aquatio* « action de mouiller » ▪ Peinture à l'eau gommée, de consistance pâteuse. *Tube de gouache. Peindre à la gouache. « des dessins à la plume, des paysages à la gouache »* (Flaub.). ♦ Tableau peint à la gouache.

gouacher v. tr. [1] – XIXe ▪ Rehausser de touches de gouache.

gouaille n. f. – XVIIIe ▪ Action, habitude de gouailler. ⇒ **effronterie, insolence, moquerie.** *La gouaille des faubourgs.*

gouailler v. [1] – XVIIIe ; même o. que *gaver, engouer* 1 v. tr. vieilli Railler sans délicatesse. 2 v. intr. Dire des railleries. ⇒ se **moquer.** *« Cet être raille, braille, gouaille, bataille »* (Hugo).

gouaillerie n. f. – XIXe ▪ Caractère de qqn qui aime gouailler. *« cette gouaillerie française qui semble la moelle de notre race »* (Maupass.).

gouailleur, euse adj. – XVIIIe ▪ Qui gouaille. ⇒ **goguenard, moqueur, narquois, railleur.** *Sourire gouailleur. « son élocution tranchante et satisfaite, un peu gouailleuse aux finales »* (Mart. du G.).

goualante n. f. – XIXe ; de *goualer* « chanter », p.-ê. de *gouailler* ▪ fam. et vieilli Chanson, complainte populaire.

gouape n. f. – XIXe ; arg. esp. « brigand » ▪ fam. ⇒ ② **frappe, vaurien, voyou.** *Ce type est une petite gouape.*

gouda n. m. – 1957 ; nom d'une ville de Hollande ▪ Fromage de Hollande de forme sphérique, à pâte pressée non cuite.

goudron n. m. – XIIe ; ar. ▪ Produit huileux, visqueux, de couleur brune ou noire, obtenu par distillation sèche de diverses matières organiques. *Goudron végétal* ou *goudron de bois* (⇒ **poix).** *« Au loin, les marteaux de calfat tamponnaient des carènes, et une brise lourde apportait la senteur du goudron »* (Flaub.). *Goudron animal,* produit par la distillation des os. *Goudron de houille,* ou absolt *goudron* (⇒ **coaltar).** ♦ Revêtement routier à base de goudron de houille, mélangé à du laitier, des cailloux. ⇒ **asphalte, bitume, macadam ; goudronnage.** *« telle était la chaleur que se liquéfiait le goudron des routes »* (Mauriac). ♦ *La teneur en goudrons et en nicotine d'une cigarette.*

goudronnage n. m. – XVIIe ▪ Action de goudronner ; son résultat. *Goudronnage des routes :* opération consistant à répandre du goudron sur les voies macadamisées.

goudronner v. tr. [1] – XVe ▪ Enduire ou imbiber de goudron. *Goudronner du carton, de la toile. Goudronner une route.* ⇒ **bitumer, macadamiser.** ➛ *Chaussée goudronnée.*

goudronneur n. m. – XVIe ▪ Ouvrier qui goudronne.

goudronneuse n. f. – 1918 ▪ Machine à goudronner. ✪ HOM. Goudronneuse (goudronneux).

goudronneux, euse adj. – XIXe ▪ De la nature du goudron. *La poix, matière goudronneuse.* ✪ HOM. Goudronneuse.

gouet n. m. – XIVe ; lat. *gubia* « gouge » 1 vx ou région. Grosse serpe de vigneron, de bûcheron. 2 Arum.

gouffre n. m. – XIIe ; gr. *kolpos* « creux » 1 Trou vertical, effrayant par sa profondeur et sa largeur. ⇒ **abîme.** *Spéléologue qui explore un gouffre. Gouffre sous-marin.* ⇒ **fosse.** ♦ Courant tourbillonnaire. *Le gouffre du Maelström.* ♦ Vaste cavité en forme d'entonnoir creusée par les eaux de ruissellement dans les terrains calcaires. ⇒ **aven, bétoire, doline.** *Le gouffre de Padirac.* 2 littér. (en parlant de ce qui est insondable) *« On se perd dans ces gouffres de misère qu'on appelle la nature humaine »* (Barbey). *Un gouffre de malheurs. « En quel gouffre d'horreur m'as-tu précipité ? »* (Corn.). loc. *Être au bord du gouffre,* devant un péril imminent (⇒ **précipice).** 3 Ce qui engloutit de l'argent, chose ruineuse. *Ce procès est un gouffre.* ⇒ **ruine.**

gouge n. f. – XIVe ; lat. *gubia* ▪ Outil creusé en canal, à bout tranchant et courbe. *Gouge de menuisier, de sculpteur. Le visage « comme travaillé à la gouge »* (Beckett).

gouger v. tr. [3] – XVIIIe ▪ Reprendre (une soudure) en la creusant pour éliminer les irrégularités.

gougère n. f. – XIIIe ; o. i. ▪ Tarte ou chou au fromage.

gougnafier n. m. – XIXe ; o. i. ▪ fam. Bon à rien. ➛ Rustre, goujat.

> ❑ Céline emploie fréquemment *gougnafe : « on est venu chez des gougnafes, dans un coin pourri ».*

gouine n. f. – XVe ; p.-ê. même o. que *goujat* ▪ péj. Homosexuelle, lesbienne. *« elle avait l'air d'une gouine, avec la bouche velue et les yeux durs »* (Sartre).

goujat n. m. – XVe ; hébr. *goya* « servante chrétienne » → goy 1 vieilli Rustre. 2 Homme manquant de savoir-vivre et d'honnêteté, et dont les indélicatesses sont offensantes. ⇒ **malotru, mufle, rustre.** *Quel goujat !* ➛ adj. GOUJAT, GOUJATE. *Des manières goujates.*

goujaterie n. f. – XVIIe ▪ Caractère, conduite du goujat. ⇒ **grossièreté, impolitesse, indélicatesse, muflerie.** *« les hommes d'aujourd'hui ont si peu d'égards et de savoir-vivre qu'il faut se montrer toujours sévère. C'est vraiment le règne de la goujaterie »* (Maupass.).

① **goujon** n. m. – XIIe 1 Petite gouge de sculpteur. 2 Cheville de bois ; de métal. Broche qui unit les deux parties d'une charnière. ⇒ **goupille.** ➛ Clou à deux pointes. 3 Axe de poulie.

② **goujon** n. m. – XIVe ; lat. ▪ Petit poisson d'eau douce *(cypriniformes),* très commun. *« les petits goujons qui s'agitent, frétillards et pourous »* (Gaut.). *Friture de goujons.* loc. *Taquiner le goujon :* pêcher à la ligne.

goujonner v. tr. [1] – XVe ▪ Assembler avec des goujons (①). *Goujonner des planches.*

goujonnette n. f. – 1933 ▪ Petit filet de poisson. *Des goujonnettes de sole.*

goujonnière adj. f. – XIXe ▪ *Perche goujonnière.* ⇒ **grémille.**

goulache ou **goulasch** n. m. ou f. – XIXe ; hongr. ▪ Ragoût de bœuf à la hongroise, avec du paprika. *Des goulaches, des goulaschs.*

> ❑ On écrit aussi *goulash.*

goulafre adj. et n. – XVIIe ; lat. *gula* « gosier » ▪ région. (Belgique, Nord-Est) Goinfre, glouton.

goulag [gulag] n. m. – 1938 ; acronyme russe, de *Glavnoïé Oupravlenié Lagereï* « Direction générale des camps » 1 Institution des camps de travail forcé, dans l'ex-U.R.S.S. ➛ Mise à l'écart, dans un régime totalitaire, des éléments jugés indésirables. 2 Camp de travail forcé.

goule n. f. – XVIIIe ; ar. « démon » ▪ Vampire femelle des légendes orientales. « *des goules, molles et nues comme ver, elles rampent autour en gloussant au cadavre* » (Beckett).

goulée n. f. – XIIe ; a. fr. *goule* « gueule » ▪ fam. Grosse bouchée ou gorgée. ➛ par ext. *Une goulée d'air.*

goulet n. m. – XIVe ; a. fr. *goule* « gueule » 1 Passage, couloir étroit dans les montagnes. 2 Entrée étroite d'un port, d'une rade. ⇒ ② **passe.** *Franchir le goulet.* 3 *GOULET D'ÉTRANGLEMENT* : obstacles, difficulté qui retardent un processus. ⇒ **goulot.** *Le péage de l'autoroute forme un goulet d'étranglement.*

gouleyant, ante adj. – 1931 ; a. fr. *goule* « gueule » ▪ Frais et léger (d'un vin).

goulot n. m. – XVe ; a. fr. *goule* « gueule » 1 Col étroit (d'un récipient). *Goulot d'une bouteille. Boire au goulot.* ♦ pop. Bouche, gosier. 2 *GOULOT D'ÉTRANGLEMENT.* ⇒ **goulet** (3°).

❑ L'expression *goulot d'étranglement* est considérée comme fautive. → goulet.

goulotte n. f. – XVIIe ; a. fr. *goule* « gueule » 1 Conduit d'écoulement des eaux (rigole, petit canal). 2 Conduit incliné dans lequel passent différents matériaux ou produits entraînés par gravité.

goulu, ue adj. – XVe ; a. fr. *goule* « gueule » 1 Qui mange avec avidité. ⇒ **glouton, goinfre, vorace.** subst. *Un gros goulu.* 2 *Pois goulus* (ou *gourmands*), que l'on mange avec les cosses. ⇒ **mange-tout.** 3 Carcajou. ⇒ **glouton.** ✪ CONTR. Frugal, sobre.

goulûment adv. – XVIe ▪ D'une façon goulue, à la manière d'un goulu. « *C'est indécence* [...] *de manger goulûment, comme je fais* » (Montaigne). ⇒ **avidement.**

goum [gum] n. m. – XIXe ; ar. *qaum* « troupe » ▪ Durant la colonisation, Contingent militaire recruté en Afrique du Nord parmi la population indigène.

goupil [gupi(l)] n. m. – XIIe ; lat. *vulpes* ▪ Renard. « *tapement de pattes d'un lapin, donnant l'alerte au goupil* » (Tournier).

❑ *Goupil*, éliminé par *renard*, se maintient comme archaïsme littéraire.

goupille n. f. – XVe ; fém. de *goupil* ▪ Cheville métallique qui sert à assembler deux pièces percées d'un trou. *Enlever la goupille d'une grenade* (⇒ **dégoupiller**).

goupiller v. tr. 1 – XVIIe 1 Fixer avec des goupilles. *Goupiller une roue sur un axe.* 2 fam. Arranger, combiner. *Qu'est-ce qu'il est en train de goupiller ?* ➛ pronom. *Ça s'est mal goupillé.* ✪ CONTR. Dégoupiller.

goupillon n. m. – XIIe ; germ. *vippa*, d'un rad. *vip-* « se balancer » 1 Instrument liturgique dont on se sert pour asperger d'eau bénite. ⇒ **aspersoir.** *Ils* « *aspergeaient la dépouille mortelle du portier d'un coup de goupillon* » (Balz.). ➛ loc. fam. *Le sabre et le goupillon* : l'armée et l'Église. 2 Brosse cylindrique à long manche pour nettoyer les objets creux. ⇒ **écouvillon.**

① **gour** n. m. pl. – XIXe ; mot ar. ▪ Fragments de plateau isolés par l'érosion éolienne, formant butte. *Les gour du Sahara.* ✪ HOM. Gourd.

② **gour** n. m. – XIIe ; lat. *gurges* « gouffre d'eau » ▪ région. Partie creuse d'un cours d'eau remplie d'eau même en période sèche.

❑ En Auvergne, *gour* désigne un lac profond.

gourance n. f. – XIXe ▪ fam. Le fait de se gourer, erreur.

gourbi n. m. – XIXe ; mot ar. d'Algérie 1 Habitation rudimentaire en Afrique du Nord. « *les gourbis, huttes de branchages* » (Maupass.). 2 Abri de tranchée (⇒ **cagna**). 3 fam. Habitation misérable. ⇒ **taudis.**

gourd, gourde adj. – XIIe ; lat. *gurdus* « lourdaud, grossier » ▪ Engourdi par le froid. « *mains gourdes et gonflées* » (Montherl.). ♦ fig. *Des gestes gourds*, maladroits. ✪ CONTR. Agile. Dégourdi. — HOM. Gour ; gourde.

gourde n. f. – XIIIe ; lat. *cucurbita* 1 Espèce de courge dite *courge calebasse.* ➛ Récipient constitué par le fruit de la gourde. ♦ Bidon destiné à transporter de la boisson. *Prendre une gourde d'eau.* 2 fig. et fam. Personne niaise, maladroite. ⇒ **cruche.** adj. « *Il faut être gourde pour croire de pareils bobards* » (Queneau). *Ce qu'il est gourde !* ⇒ **empoté.**

gourdin n. m. – XVIe ; it. *corda* « corde » ▪ Bâton gros et lourd servant à frapper. ⇒ **massue, matraque.**

gourer (se) v. pron. 1 – XIIIe ; p.-ê. rad. de *goret* ▪ fam. Se tromper. *Tu t'es complètement gouré !* ⇒ se **planter.**

gourgandine n. f. – XVIIe ; p.-ê. rad. de *gouret, goret* et a. fr. *gander* → gandin ▪ vieilli Femme facile, dévergondée. ⇒ **catin.** « *son argent, qu'il buvait avec des gourgandines* » (Anouilh).

gourmand, ande adj. – XIVe ; o. i. → gourmet 1 Qui aime la bonne cuisine, mange par plaisir. *Il est très gourmand.* ➛ subst. *Un gourmand raffiné.* ⇒ **gastronome, gourmet.** « *L'âme d'un gourmand est toute dans son palais* » (Rouss.). 2 fig. Qui dénote le désir, l'avidité. *Regard gourmand. Des lèvres gourmandes. Être gourmand de flatteries.* ➛ Exigeant en matière d'argent. *Se montrer trop gourmand.* 3 *Gourmand (en qqch.). Une voiture gourmande en essence.* ♦ *Branche gourmande*, dont la pousse nuit aux rameaux voisins en absorbant la sève à son profit. subst. *Élaguer les gourmands.* ✪ CONTR. Frugal, sobre.

gourmander v. tr. 1 – XIVe ; de *gourmand* ▪ littér. Reprendre qqn en lui adressant des reproches sévères. ⇒ **gronder, réprimander.** « *Elle le gourmandait sans cesse* [...], *lui reprochait aigrement ses moindres actes* » (Maupass.).

gourmandise n. f. – XVe ; de *gourmand* 1 Défaut du gourmand. ♦ Caractère d'une personne gourmande. *Je n'ai plus faim, j'en reprends par gourmandise.* « *Il me semble que c'est dans la gourmandise que l'égoïsme se manifeste le plus honteusement* » (Gide). 2 plur. Mets capables de plaire à un gourmand. ⇒ **douceur, friandise, sucrerie.** *Aimer les gourmandises.* ✪ CONTR. Frugalité, sobriété.

gourme n. f. – XIIIe ; germ. « pus » 1 vieilli Dermatose qui affecte le visage et le cuir chevelu. ⇒ **eczéma, impétigo.** ➛ Maladie du jeune cheval, caractérisée par une inflammation des voies respiratoires. 2 loc. vieilli *Jeter sa gourme*, se dit des jeunes gens qui font leurs premières frasques.

gourmé, ée adj. – XVIIIe ; de *gourme* ▪ littér. Qui affecte un maintien grave, raide. ➛ *Air gourmé.* ⇒ **affecté, compassé, guindé.**

gourmet n. m. – XIVe ; o. i., un rapport s'est établi avec *gourmand* ▪ Personne raffinée en matière de boire et de manger. ⇒ **gastronome, gourmand.** *Un fin gourmet.* « *Il goûte lentement, à petites gorgées de gourmet* » (Dorgelès).

❑ D'abord « valet chargé de conduire les vins », *gourmet* s'est dit au XVe s. de « celui qui déguste du vin, qui sait l'apprécier ».

gourmette n. f. – XVe ; de *gourme* « chaîne qui fixe le mors » 1 Chaînette qui fixe le mors dans la bouche du cheval. 2 Bracelet en mailles de métal aplaties.

gourou n. m. – XVIIIe ; sanskr. « lourd, grave » ▪ Dans la religion brahmanique, Maître spirituel. ♦ Maître à penser. *Des gourous.*

gousse n. f. – XIIIe ; o. i. 1 Fruit déhiscent allongé s'ouvrant en deux valves, fruit des légumineuses et de la vanille. 2 Caïeu. « *Il mangeait des gousses d'ail cru tout le jour comme des bonbons* » (Giono).

gousset n. m. – XIIIe 1 Autrefois, Petite bourse. ➛ Petite poche de gilet ou de pantalon. *Montre de gousset.* 2 Pièce d'assemblage triangulaire. ➛ Support de console.

goût n. m. – XIIIe ; lat. *gustus* I - 1 Sens grâce auquel l'homme et les animaux perçoivent les saveurs des aliments. *Aliment agréable au goût.* 2 Saveur. ⇒ **sapidité.** *Relever le goût d'une sauce.* ⇒ **assaisonner.** *Goût acide, amer, fade, fort, sucré d'un aliment. Aliment qui a bon goût, mauvais goût. Un sale goût. Goût de brûlé.* ➛ *Du goût* : un goût marqué, reconnaissable. *Aliment qui a du goût.* ➛ *Avoir un goût,* un goût anormal. *Cette eau a un goût.* ➛ fig. « *j'aimais le goût des larmes retenues, de celles qui semblent tomber des yeux dans le cœur* » (Larbaud). 3 Appétit, envie. « *Je n'avais goût à rien* » (Gide). ♦ loc. *Faire passer à qqn le goût du pain,* le tuer ou lui faire perdre l'envie de recommencer. II - 1 Aptitude à discerner les beautés d'une œuvre d'art, d'une production de l'esprit. *Avoir le goût infaillible. Mauvais goût. Avoir un goût sûr.* ➛ Avis, jugement, opinion. *À mon goût, ceci ne vaut rien.* 2 Jugement intuitif des valeurs esthétiques. « *Le goût, qui fait deviner le beau où il est* » (Delacroix). *Avoir du goût. Elle n'a aucun goût. Homme, femme de goût. Une faute de goût.* ➛ *Appartement arrangé avec beaucoup de goût.* 3 *GOÛT DE, POUR* (qqch.) : penchant. ⇒ **amour, disposition, vocation.** *Il a peu de goût pour son travail. Le goût du risque. Prendre goût à* : se mettre à apprécier. *Reprendre goût à la vie.* ♦ *Être au goût de.* ⇒ **plaire.** « *Écoutez si vous trouverez l'air à votre goût* » (Mol.). *Cette mesure ne sera pas du goût de tout le monde.* ⇒ **convenance ; gré, guise.** ♦ au plur. Préférences qui se manifestent dans les habitudes de chacun. *Être liés par des goûts communs. Avoir des goûts simples. Changer ses goûts.* ➛ *Tous les goûts sont dans la nature* : il faut savoir admettre la diversité des goûts. ♦ Inclination amoureuse pour une personne. ⇒ **attirance, attrait.** *Trouver qqn à son goût. Si « je me laissais entraîner à avoir du goût pour cette grande poupée blonde »* (Stendh.). 4 *DE* (bon, mauvais) *GOÛT, D'UN GOÛT* (et adj.), se dit des choses qui révèlent tel ou tel goût. *C'est du meilleur goût, d'un goût déplorable. Plaisanterie d'un goût douteux.* 5 *DANS LE, AU GOÛT...* ⇒ **genre, manière, ① mode, style.** *Tableau dans le goût classique. Ouvrage au goût du jour.* fam. *Dans ce goût-là* : de ce genre. *Ce doit être qqch. dans ce goût-là.* ✪ CONTR. Dégoût. Antipathie, aversion, répulsion. Grossièreté, vulgarité.

① **goûter** v. [1] – XIIe I v. tr. 1 Apprécier par le sens du goût la saveur de (un aliment, une boisson). ⇒ **déguster, savourer.** ➛ *Avaler sans goûter.* 2 Manger ou boire une petite quantité de (qqch.), afin d'en éprouver la saveur. *Goûter une sauce, un vin.* ⇒ **déguster.** ➛ *Je peux goûter ?* 3 Éprouver avec plaisir (une sensation, une émotion). « *le premier sentiment que je goûtai fut celui de la liberté que j'avais recouvrée* » (Rouss.). 4 littér. Trouver à son goût, juger favorablement. ⇒ **aimer, apprécier.** *Je goûte peu ce genre de plaisanterie.* II v. tr. ind. 1 *GOÛTER À* : prendre un peu d'une chose dont on n'a pas encore bu ou mangé. *Goûtez-y, vous m'en direz des nouvelles. Il y a à peine goûté.* ➛ *Ils « ont goûté sans vergogne aux plaisirs ordinaires »* (Duham.). 2 *GOÛTER DE* : boire ou manger pour la première fois. III v. intr. Faire une collation, entre le déjeuner et le dîner. *Goûter à quatre heures.* IV (Belgique, Canada) 1 v. tr. dir. Avoir le goût de. *Cette soupe goûte le brûlé.* 2 v. tr. ind. Plaire par le goût. *Cette sauce me goûte. Rien ne lui goûte.* ✪ HOM. Goutter.

② **goûter** n. m. – XVIe ▪ Nourriture et boisson que l'on prend dans l'après midi. ⇒ **collation.** *C'est l'heure du goûter. Emporter son goûter.* ⇒ fam. **quatre-heures.** *Un goûter d'anniversaire.*

> ❏ Depuis le XVIIIe s., ce mot s'emploie surtout à propos des enfants.

goûteur, euse n. – XVIe ▪ Personne dont le métier est de goûter (une boisson, une préparation). *Goûteur de cru.* ⇒ **dégustateur.** ✪ HOM. Goûteuse (goûteux), goutteuse (goutteux).

goûteux, euse adj. – 1910 ▪ Qui a du goût (lorsque ce goût est bon). ✪ HOM. Goutteux ; goûteuse (goûteur).

① **goutte** n. f. – Xe ; lat. *gutta* I - 1 Très petite quantité de liquide qui prend une forme arrondie. *Goutte d'eau, de sang. Il n'est pas tombé une goutte de pluie depuis des mois. Pleuvoir à grosses gouttes.* ♦ *Suer à grosses gouttes* : transpirer abondamment. ♦ fam. *Avoir la goutte au nez* : avoir le nez qui coule. 2 loc. *Se ressembler comme deux gouttes d'eau* : se ressembler trait pour trait. ➛ *La dernière goutte. Boire jusqu'à la dernière goutte.* ➛ *Il n'y en a plus une goutte,* plus du tout. fig. « *Je n'avais pas pour lui une goutte de tendresse* » (Stendh.). ♦ *C'est une goutte d'eau dans la mer* : c'est insignifiant. ♦ loc. adv. *GOUTTE À GOUTTE* : une goutte après l'autre. ⇒ **stillation.** *Verser un liquide goutte à goutte.* ⇒ **instiller ; goutte-à-goutte.** *Couler goutte à goutte.* ⇒ **dégoutter, s'égoutter, goutter.** ➛ « *Voir ses jours épuisés s'écouler goutte à goutte* » (Lamart.). 3 Très petite quantité de boisson. *Voulez-vous du café ? – Juste une goutte.* ⇒ **peu.** ♦ *Ne jamais boire une goutte d'alcool.* ➛ fam. *Boire la goutte* : boire un petit verre d'alcool. 4 plur. Médicament prescrit et administré en gouttes. *Un monde plein « de gouttes à prendre avant ou après les repas »* (Simenon). 5 Petit objet ou tache comparable à une goutte. *Goutte d'eau* : pierre précieuse taillée en forme de goutte et montée en pendentif. II vx ou plaisant *N'y voir goutte* : ne rien voir du tout. *N'y entendre goutte* : ne rien comprendre.

② **goutte** n. f. – XIIIe ; de ① *goutte* ▪ Inflammation douloureuse des articulations, notamment du gros orteil, due à une accumulation d'acide urique dans l'organisme. *Avoir la goutte.*

goutte-à-goutte n. m. inv. – 1931 ▪ Appareil médical permettant de faire une perfusion lente et régulière ; cette perfusion. « *une sonde dans le nez et un goutte-à-goutte dans le bras* » (Le Clézio).

gouttelette n. f. – XIIIe ▪ Petite goutte d'un liquide.

goutter v. intr. [1] – XIVe 1 Couler goutte à goutte. *Eau qui goutte d'un robinet.* « *je sentais les larmes couler sur mes joues, le long de mon nez, goutter sur la valise* » (Le Clézio). 2 Laisser tomber des gouttes. ⇒ **dégoutter.** *Le robinet goutte.* ✪ HOM. Goûter.

goutteux, euse adj. – XIIe 1 Qui est atteint de la goutte. « *Aveugle, goutteuse, presque sourde, elle vivait seule* » (Muss.). ➛ n. *Un goutteux.* 2 Qui se rapporte à la goutte, est causé par elle. ✪ HOM. Goûteux ; goûteuse (goûteur).

gouttière n. f. – XIIe 1 Canal fixé au bord inférieur des toits. ⇒ **chéneau.** ♦ *Chat de gouttière* : chat de race indéterminée et commune. ♦ Rebord sur le toit d'une automobile, destiné au drainage de l'eau de pluie. 2 Appareil destiné à immobiliser un membre fracturé. 3 Rainure à la surface d'un os.

gouvernail n. m. – XIIe 1 Plan mince orientable servant à régler la direction d'un navire, d'un avion. *Des* *gouvernails. Être au gouvernail.* ♦ *Gouvernail de profondeur d'un sous-marin,* servant à régler la profondeur d'immersion (barre de plongée). ➝ *Gouvernail de direction d'un avion.* 2 Ce qui sert à diriger, à conduire ; conduite des affaires. ⇒ **barre.** *Tenir le gouvernail.*

❑ Le sens de *gouvernail* et de *gouverne* a évolué dans le cadre de l'adaptation du vocabulaire de la marine à l'aviation.

gouvernance n. f. – XIIIe 1 Juridiction de certaines villes françaises sous la domination des Pays-Bas. 2 Au Sénégal, Ensemble des services administratifs d'une région. *La gouvernance de Casamance.*

gouvernant, ante adj. et n. – XVe 1 adj. Qui gouverne (un pays, l'État). ⇒ **dirigeant.** « *assurer le recrutement d'une classe gouvernante* » (Maurois). 2 n. Personne qui détient et exerce le pouvoir politique. ⇒ **gouvernement.** ✪ CONTR. Gouverné, ② sujet.

gouvernante n. f. – XVIe 1 Femme à qui l'on confie la garde et l'éducation d'un ou de plusieurs enfants chez soi. 2 Femme chargée de s'occuper d'une personne seule. *La gouvernante d'un curé.*

gouverne n. f. – XIIIe 1 loc. *Pour ma (ta, sa) gouverne :* pour servir de règle de conduite. « *Seulement, prends garde, qu'il a ajouté pour ma gouverne* » (Céline). 2 Direction d'une embarcation. ➝ Dispositif servant à la conduite d'un avion, d'un dirigeable, d'une fusée. *Les gouvernes d'un avion.* ⇒ **empennage, gouvernail ; aileron.**

❑ Pour l'évolution du sens → gouvernail (rem.).

gouverné, ée adj. ▪ Qui est dirigé, gouverné. ♦ subst. *Les gouvernés :* l'ensemble de ceux qui sont soumis au pouvoir politique. *Les gouvernants et les gouvernés.*

gouvernement n. m. – XIIe 1 vx Action ou manière de diriger, de régir (qqch. ou qqn). ⇒ **administration, direction.** *Le gouvernement d'une maison.* 2 Action d'exercer le pouvoir politique sur (un groupe social). ⇒ **administration.** *Prendre en main le gouvernement d'un pays.* ➝ *Méthode de gouvernement. Organe de gouvernement.* 3 Le pouvoir politique ; les organes de ce pouvoir. ⇒ **état.** « *Tout gouvernement est un mal, tout gouvernement est un joug* » (Chateaub.). *Gouvernement central, gouvernements locaux d'un État fédéral.* 4 Le pouvoir exécutif, suprême (opposé à *administration*) ; les organes qui l'exercent (opposé à *pouvoir législatif*). *Gouvernement provisoire. Gouvernement français* (chef de l'État ; conseil des ministres). 5 Dans les régimes parlementaires, La partie qui détient le pouvoir exécutif ; le corps des ministres. ⇒ **cabinet, conseil, ministère.** *Le chef du gouvernement :* le Premier ministre. *Les membres du gouvernement. Former le gouvernement.* 6 Organisation, structure politique de l'État. ⇒ **constitution, institutions,** ① **régime, système.** *Gouvernement monarchique. Gouvernement démocratique, républicain* (⇒ **démocratie, république**). « *Toute nation a le gouvernement qu'elle mérite* » (J. de Maistre). ✪ CONTR. Anarchie, désordre. Opposition.

gouvernemental, ale, aux adj. – XIXe 1 Relatif au gouvernement, au pouvoir exécutif. *Les organes gouvernementaux.* 2 Relatif au ministère. *L'équipe gouvernementale. La politique gouvernementale.* ♦ Qui soutient le gouvernement, le ministère. *Presse gouvernementale.*

gouverner v. tr. [1] – XIe ; gr. *kubernân* « diriger un navire » I Diriger (une embarcation). ⇒ **manœuvrer.** ➝ *Gouverner vent arrière. Gouverner sur un cap.* II - 1 vx Administrer, gérer. 2 Exercer une influence sur la conduite de (qqn). *Se laisser gouverner par qqn.* ⇒ **mener, régenter.** ➝ « *Je ne prétends pas gouverner ma vie* » (Bernanos). ➝ Exercer son empire sur. « *ce n'est pas la raison qui gouverne les hommes* » (France). 3 vx Régir (en grammaire). *En latin, le verbe actif gouverne l'accusatif.* 4 Exercer le pouvoir politique sur. *Chef, monarque qui gouverne un pays.* « *Il m'importe assez peu par qui je suis gouverné ; si je suis trop gouverné* » (Renan). ➝ pronom. *Droit des peuples à se gouverner eux-mêmes.* ♦ Détenir et exercer le pouvoir politique, et spécialt le pouvoir exécutif. *Ceux qui gouvernent.* « *Gouverner c'est mentir* » (Giono).

❑ Même famille étymologique que *cybernétique.*

gouverneur n. m. – XIIe I - 1 Haut fonctionnaire royal à qui était confié un gouvernement militaire. 2 *Gouverneur militaire :* officier général placé à la tête de certaines régions militaires. 3 Chef de certaines grandes institutions financières. *Gouverneur de la Banque de France.* 4 Fonctionnaire qui, dans une colonie ou un territoire, était à la fois le représentant de l'autorité métropolitaine et le chef de l'administration. 5 Aux États-Unis, Chef du pouvoir exécutif d'un État. *L'élection du gouverneur du Texas.* 6 *GOUVERNEUR GÉNÉRAL :* au Canada, représentant de la reine (ou du roi). 7 Au Sénégal, Fonctionnaire civil placé à la tête d'une région. II Celui qui dirigeait l'éducation d'un ou plusieurs enfants. *Le gouverneur des enfants royaux.*

goy [gɔj] n. – XVIe ; mot hébr. « chrétien » ▪ Nom donné par les Juifs aux personnes étrangères à leur culte, et spécialt aux chrétiens. « *les autres enfants s'étaient moqués d'elle, ils avaient même dit :* goy, *ce qui veut dire "païen"* » (Le Clézio). *Des goys,* ou plur. hébr. *des goyim* [gɔjim].

goyave [gɔjav] n. f. – XVIe ; esp. *guayaba* ▪ Fruit du goyavier, baie parfumée et sucrée. *Confiture de goyaves.*

goyavier [gɔjavje] n. m. – XVIIe ▪ Arbre originaire d'Amérique tropicale *(myrtacées)* qui produit les goyaves.

G. R. [ʒeɛʀ] n. m. – v. 1952 ; sigle de ***G****rande* ***R****andonnée* ▪ Sentier de grande randonnée.

grabat n. m. – XIe ; gr. *krabbatos* « petit lit bas » ▪ Lit misérable. ♦ vx Lit de malade (⇒ **grabataire**).

grabataire adj. et n. – XVIIIe ▪ Qui est malade et ne quitte pas le lit. ⇒ **alité.** n. « *Le grabataire est cloué au sol* » (Tournier). ✪ CONTR. Ambulatoire.

graben [gʀabɛn] n. m. – XIXe ; mot all. ▪ Fossé tectonique. *Des grabens.*

grabuge n. m. – XVIe ; p.-ê. it. *garbuglio* ▪ fam. Dispute, querelle bruyante ; désordre qui en résulte. ➝ « *il pourrait bien y avoir du grabuge* » (Balz.). ⇒ **bagarre.**

grâce n. f. – XIe ; lat. I - 1 Ce qu'on accorde à qqn pour lui être agréable. ⇒ **bienfait, faveur.** *Demander, obtenir une grâce. Implorer une grâce.* ➝ *Me ferez-vous la grâce de venir ?* ⇒ **amabilité, honneur.** 2 *LES BONNES GRÂCES DE QQN,* les faveurs qu'il accorde ; ses dispositions favorables. *Être dans les bonnes grâces de qqn.* 3 Disposition à faire des faveurs, à être agréable à qqn. ⇒ **bienveillance, bonté, protection.** loc. *Trouver grâce aux yeux de qqn,* lui plaire, gagner sa bienveillance, son indulgence. ➝ *Terme de grâce :* délai que les juges peuvent accorder à un débiteur. ➝ loc. adv. *DE GRÂCE :* je vous en supplie. 4 Titre d'honneur (surtout dans les pays anglo-saxons). *Votre Grâce.* 5 La bonté divine ; les faveurs qu'elle dispense. ⇒ **bénédiction.** *La grâce de Dieu. Roi par la grâce de Dieu.* ⇒ **volonté.** loc. adv. *À la grâce de Dieu :* comme il plaira à Dieu, en laissant les choses évoluer d'elles-mêmes. 6 Aide surnaturelle qui rend l'homme capable de parvenir au salut. ⇒ **bénédiction, inspiration.** *Dieu répand sa grâce. La grâce a touché ce pécheur. Je vous salue,*

Marie, pleine de grâce. ➛ *Être en état de grâce, sans péché* (⇒ **pureté**). *État de grâce* : période où tout semble favorable. 7 *Avoir la grâce.* ⇒ ① **don, inspiration.** 8 Pardon, remise de peine, de dette. ⇒ **amnistie, sursis.** *Demander la grâce de qqn.* ➛ *Demander grâce. Grâce !* ⇒ **pitié.** *Faire grâce.* ⇒ **excuser, pardonner.** ♦ FAIRE GRÂCE *à qqn d'une dette, d'une obligation.* ⇒ **dispenser.** ➛ Épargner. *Je te fais grâce du reste.* 9 COUP DE GRÂCE : coup qui termine les souffrances d'un blessé, d'un supplicié en lui donnant la mort. ♦ Coup qui achève d'abattre, de perdre qqn ou qqch. *Donner, porter le coup de grâce à qqn.* 10 Mesure de clémence que prend le pouvoir exécutif au profit d'un condamné. *Le droit de grâce* (⇒ **gracier**). *Recours en grâce d'un condamné à la prison à vie.* ⇒ **requête, supplique.** *Grâce simple, grâce amnistiante* (⇒ **amnistie**). 11 Action de reconnaître un bienfait, une grâce. « *La France* [...] *rend grâce à Voltaire* » (Michelet). ♦ *Action de grâce(s)* : témoignage de reconnaissance rendu à Dieu. ➛ *Les grâces* : prière de remerciement qui se dit après les repas. ♦ *Grâce* (en soit rendue) *à Dieu. Grâce à Dieu, nous avons réussi.* ♦ loc. prép. GRÂCE À (qqn, qqch.) : à l'aide de (en parlant d'un résultat heureux). *Grâce à lui, nous avons pu y arriver.* ⇒ **avec.** « *sans être entendu de personne, grâce à la neige qui assourdissait comme un tapis le bruit de mes pas* » (Daud.). **II - 1** Charme, agrément (des formes, des mouvements...). ⇒ **attrait.** *Grâce naturelle. Avoir de la grâce.* ➛ *Grâce des gestes, des attitudes.* ⇒ **aisance, élégance.** *Danser avec grâce. S'exprimer avec grâce.* 2 au plur. LES GRÂCES. ⇒ **beauté, finesse, ornement.** ➛ vieilli ⇒ **attrait,** ② **charme.** « *les charmes et les grâces de cette fille enchanteresse* » (Rouss.). ➛ Manières gracieuses. *Faire des grâces.* ⇒ **façon, minauderie.** ➛ Démonstrations de politesse. « *L'une d'elles refusa avec mille grâces* » (Céline). 3 BONNE GRÂCE : bonne volonté naturelle et aimable. ⇒ **amabilité, gentillesse.** *Faire qqch. de bonne grâce.* ⇒ **volontiers.** ♦ MAUVAISE GRÂCE : mauvaise volonté. *Il l'a fait de mauvaise grâce. Il aurait mauvaise grâce de se plaindre, à se plaindre.* 4 *Les trois Grâces* : les trois déesses (Aglaé, Thalie et Euphrosyne), qui personnifiaient le don de plaire. ✪ CONTR. Dette, obligation ; défaveur, malveillance. Condamnation, disgrâce. Laideur, lourdeur ; grossièreté. — HOM. Grasse (gras).

> ❑ L'accent circonflexe de *grâce* a été introduit par l'Académie en 1762. ♦ Parmi les dérivés de *grâce*, seul *disgrâce* prend un accent.

gracier v. tr. [7] – XIe ▪ Faire grâce à (un condamné) ; remettre ou commuer la peine de (qqn). ✪ CONTR. Condamner, exécuter.

gracieusement adv. – XIVe 1 D'une manière gracieuse, avec courtoisie. ⇒ **aimablement.** 2 Avec grâce. *Sourire gracieusement.* 3 À titre gracieux, gratuitement.

gracieuseté n. f. – XVe ▪ littér. Manière aimable, pleine de bonne grâce. ⇒ **civilité, politesse.** *Faire mille gracieusetés.*

gracieux, ieuse adj. – XIIe 1 vx Bienveillant, bon. *Notre gracieux souverain.* 2 Qui est aimable et souriant. ⇒ ① **avenant,** ① **poli.** *Un enfant gracieux.* 3 Qui est accordé sans que rien soit exigé en retour. ⇒ **gratuit.** *Faire qqch. à titre gracieux,* bénévolement. 4 Qui a de la grâce. ⇒ **charmant, élégant.** *Une femme gracieuse. Un corps svelte et gracieux.* ➛ *Un gracieux animal.* « *Ses gestes étaient gracieux sans être efféminés* » (Genet). ✪ CONTR. Méchant, sévère ; impoli ; onéreux ; disgracieux, laid.

gracile adj. – XVIe ; lat. *gracilis* « maigre, grêle » ▪ littér. Mince et délicat. ⇒ ② **grêle.** *Les formes graciles d'une fillette.* ✪ CONTR. Épais, trapu.

> ❑ *Gracile* est le doublet savant de *grêle* (adj.).

gracilité n. f. – XVe ▪ littér. Minceur délicate. *Une gracilité juvénile.* ✪ CONTR. Grosseur, robustesse.

gradateur n. m. – 1974 ▪ Variateur de puissance électrique. *Gradateur de lampe halogène.*

gradation n. f. – XVe 1 Progression par degrés successifs, et le plus souvent ascendante. ⇒ **accroissement, augmentation ; graduer.** « *cette douleur subite dont la gradation m'alarmait* » (Dumas fils). *Gradations d'effets. Par gradation.* ⇒ **graduellement.** ♦ Progression ascendante, suivant l'échelle des sons. *Gradation des notes de la gamme.* ♦ Passage insensible d'un ton à un autre (en peinture). *Une subtile gradation* (⇒ aussi **dégradé**). 2 ⇒ **degré,** ① **grade, palier.** *Passer par des gradations successives.* ✪ CONTR. Saut, saute.

> ❑ Ne pas confondre avec *graduation* « division en degrés ».

① **grade** n. m. – XVIe ; it. *grado,* ou lat. *gradus* 1 Degré d'une hiérarchie. ⇒ **échelon.** *Grades de la police. Avancer, monter en grade* (⇒ **avancement, promotion**). ♦ Degré de la hiérarchie militaire, distinct de la dignité ou du titre. « *les plus élevés en grade, comme le colonel, les commandants et quelques-uns des capitaines* » (Cl. Simon). ➛ *Épaulettes, galons, insignes de grade.* ♦ loc. fam. *En prendre pour son grade* : se faire vivement réprimander. « *toute la société bourgeoise de la ville en prendra pour son grade* » (Simenon). ♦ *Grade universitaire,* attesté par un diplôme conféré après examen. 2 Unité de mesure d'angle plan (symb. gr). ⇒ **gon.**

② **grade** n. m. – 1960 ; mot angl. « degré » ▪ (affecté d'un numéro) Catégorie S.A.E.* de viscosité d'une huile.

-grade Élément, du lat. *-gradus,* de *gradi* « marcher ».

gradé, ée adj. – XVIIIe ▪ Qui a un grade dans l'armée. subst. « *un gradé, un homme qui commande, que l'on salue la main au front* » (Genev.).

grader [gʀadœʀ] n. m. – 1931 ; mot angl., de *to grade* « niveler » ▪ Niveleuse. Recomm. offic. *profileuse* n. f.

gradient [gʀadjɑ̃] n. m. – XIXe ; lat. *gradus* « degré » **I - 1** *Gradient de température* : variation de la température en fonction de l'altitude. *Gradient de pression* : variation de la pression atmosphérique en fonction de la distance. 2 *Gradient de potentiel* : variation du potentiel (électrique ou magnétique) entre deux points. 3 Mesure d'une variation continue, chez un être vivant. *Gradient de pression veineuse.* **II** *Gradient d'une fonction numérique f* : le vecteur, noté [grad *f*], dont les coordonnées, par rapport à une base canonique orthonormée, sont les dérivées partielles, en chacun des points de l'espace, de cette fonction par rapport aux coordonnées de ce point.

gradin n. m. – XVIIe ; it. *grado* « degré d'escalier » → ① grade 1 Chacun des bancs disposés en étages dans un amphithéâtre. « *les tribunes étageaient leurs gradins chargés de foule* » (Zola). 2 Les différents plans d'un terrain. *Cultures en gradins.* ⇒ **étage, palier, terrasse.**

gradualité n. f. – 1963 ▪ Caractère de ce qui est graduel.

graduat n. m. – d. i. ; de *graduation* ou de *graduer* ▪ En Belgique, Grade non universitaire sanctionnant certaines études techniques ou administratives.

graduateur n. m. – XIXe ▪ Dispositif à transformateur permettant de faire varier la puissance délivrée à une charge.

graduation n. f. - XVe 1 Division en degrés d'égale longueur, sur un instrument de mesure. *Graduation en centimètres.* ➝ Ensemble de ces divisions. 2 Concentration graduelle de l'eau des marais salants pour recueillir le sel marin.

❑ Ne pas confondre avec *gradation* « progression par degrés ».

gradué, ée adj. - XVe 1 Progressif. 2 Qui porte une graduation. *Thermomètre gradué.*

① **graduel** n. m. - XIVe ; lat. *gradus* « marche » ■ Partie de la messe qui se disait autrefois avant l'évangile. ♦ Livre de chants pour la messe.

② **graduel, elle** adj. - XVIIe ■ Qui va par degrés. ⇒ **progressif.** *Aggravation graduelle d'une maladie. Effort graduel.* ✪ CONTR. Brusque, subit.

graduellement adv. - XIVe ■ Par degrés, par échelons. ⇒ **progressivement.** « *les narines semblaient s'ouvrir graduellement de plus en plus* » (Balz.). ✪ CONTR. Brusquement, subitement.

graduer v. tr. [1] - XVIe 1 Augmenter (qqch.) graduellement. *Graduer les difficultés.* ➝ Augmenter graduellement l'intensité, la difficulté de. « *graduer l'expérience, c'est l'art d'instruire* » (Alain). 2 Diviser en degrés (⇒ **graduation**).

gradus [gʀadys] n. m. - XIXe ; abrév. de *Gradus ad Parnassum* « Degré vers le Parnasse » ■ Dictionnaire de prosodie latine. ➝ Dictionnaire poétique. *Un gradus français.*

graffiter v. tr. [1] - v. 1968 1 Couvrir de graffitis, de tags. ⇒ **bomber, taguer.** *Graffiter un mur.* ➝ *Des camionnettes graffitées.* 2 Figurer au moyen de graffitis. ✪ HOM. Graphiter.

graffiteur, euse n. - 1943 ■ Personne qui trace des graffitis. ⇒ **tagueur.**

graffiti n. m. - XIXe ; mot it. ■ Inscription, dessin tracés sur les murailles, les monuments des villes antiques. ♦ Inscription, dessin griffonnés sur les murs. *Des graffitis* ou *des graffiti.* ➝ Dessin, peinture à la bombe. ⇒ **tag.**

① **grailler** v. intr. [1] - XVIe ; lat. *gracula* « femelle du geai » ■ Crier (en parlant des corneilles). ⇒ **crailler.**

② **grailler** v. intr. [1] - XIIe ; lat. *gracilis* « fluet » (son) ■ Sonner du cor pour rappeler les chiens.

③ **grailler** v. tr. [1] - 1944 ; de *graille* « nourriture », de ② *graillon* ■ fam. Manger. *Rien à grailler !* ➝ *Ils sont en train de grailler.*

① **graillon** n. m. - XIXe ; de *crailler* « cracher », rad. germ. *krakk* ■ fam. et vulg. Crachat épais. ⇒ **mollard.**

② **graillon** n. m. - XVIIe ; région. *grailler* « griller » 1 plur. Morceaux de gras frits qui restent d'un plat. 2 Odeur ou goût de graisse brûlée. *Cuisine qui sent le graillon.*

① **graillonner** v. intr. [1] - XIXe ■ fam. Tousser pour expectorer des graillons. « *Cela graillonne, cela souffle, cela halète* » (Anouilh). ♦ Parler d'une voix grasse, enrouée.

② **graillonner** v. intr. [1] - XIXe ■ Prendre une odeur de graillon.

grain n. m. - XIIe ; lat. *granum* **I** - 1 Fruit comestible des graminées. *Grain de blé, de maïs, de riz. Ôter les grains d'un épi.* ⇒ **égrener.** ♦ *LES GRAINS* ou *LE GRAIN* : les grains récoltés des céréales. *Moudre le grain* (⇒ **farine**). *Animaux se nourrissant de grains.* ⇒ **granivore.** *Poulet de grain* : poulet nourri exclusivement de grain. *Alcool, eau-de-vie de grain(s)*, de céréales. 2 Grain destiné à la semence, et par ext. Semence comestible. ⇒ **graine.** *Semer le grain.* ➝ « *Si le grain ne meurt* » (BIBLE ; titre d'une œuvre de Gide), sous-entendu : la plante ne poussera pas. 3 Fruit, graine ou toute autre partie menue de certaines plantes. *Grain de raisin. Les grains d'une grenade. Grain de café.* ➝ *Café, poivre en grains* (opposé à *moulu*). 4 Petite chose arrondie, rappelant un grain. *Les grains d'un chapelet.* ♦ Parcelle de forme arrondie, ou trop petite pour qu'on en distingue la forme. ⇒ **corpuscule, fragment.** *Grain de poussière. Grain de sable.* GRAIN DE SEL. loc. fam. *Mettre son grain de sel* : intervenir mal à propos (dans une conversation, une affaire). 5 Aspérité grenue d'une surface, d'une matière (⇒ **grené**). *Granit à gros grains, à petits grains.* ➝ *GRAIN DE BEAUTÉ* : petit nævus pigmenté de la peau. ⇒ **lentigo.** 6 *LE GRAIN* : aspect d'une surface plus ou moins grenue. *Grain de la peau. Le grain d'un cuir.* « *une chair dont le tissu et le grain rappellent* [...] *l'ivoire, la pierre* » (Nizan). *Grain d'un papier. Soie gros grain.* ⇒ **gros-grain.** *Grain d'une plaque photographique.* ➝ Effet produit par les tailles diversement croisées d'une gravure. ♦ Aspect des particules formant la masse d'une matière solide. *L'acier a le grain plus fin que le bronze.* 7 Très petite quantité. ⇒ **atome,** ① **once, pointe.** *Il n'a pas un grain de bon sens.* ⇒ **brin.** ➝ *Avoir un grain* : être un peu fou. 8 vx Petit poids valant 0,053 g. *Poids de 480 grains.* ⇒ ① **once.** « *Quatre grains d'ellébore* » (La Font.). ➝ Au Canada, Masse équivalant à 0,002 once ou à 0,0647 gramme. **II** - 1 Vent violent, accompagné généralement de précipitations. *Essuyer un grain.* ♦ loc. *Veiller au grain* : veiller à toute éventualité. 2 Averse soudaine et brève apportée par le vent. « *Les grains, qui se succédaient, fouettaient le visage du comte, trempaient ses joues* » (Maupass.).

❑ De nombreux dérivés et composés de *grain* sont formés sur les radicaux *gren-* (*grenier, égrener*) et *gran(i)-* (*granit, granivore, filigrane*).

grainage n. m. - XVIIe 1 ⇒ **grenage.** 2 Production, récolte des œufs du ver à soie.

graine n. f. - XIIe ; lat. *grana*, plur. neutre de *granum* « grain » 1 Partie des plantes à fleurs (phanérogames) qui assure leur reproduction ; ovule fécondé de la fleur. *Les graines d'une baie.* ⇒ ① **pépin.** *La graine d'une drupe* (⇒ **amande**). *Germination, pousse d'une graine. Semer des graines* (⇒ **semence**). *Graines comestibles. La graine, de la graine de...* : collectif désignant les graines, la semence. *Plante qui monte en graine*, qui produit sa semence. ➝ *Graines oléagineuses*, dont on tire l'huile. 2 loc. *Monter en graine*, se dit d'un enfant qui se met à grandir rapidement. ♦ *En prendre de la graine* : en tirer un exemple, une leçon. ♦ péj. *GRAINE DE*, pour exprimer ce qu'on pense qu'une personne pourrait devenir. *Graine de voyou.* ➝ *Mauvaise graine*, se dit d'enfants dont on ne présage rien de bon. ♦ fam. *Casser la graine* : manger (cf. Casser la croûte*). 3 (collect.) Œufs du ver à soie.

grainer → **grener**

grainetier, ière [gʀɛntje, jɛʀ] n. - XVIe ■ Personne qui vend des grains, des graines destinés à la consommation.

grainier, ière n. - XVIIe 1 Personne qui vend des graines de semences. 2 n. m. Local où l'on conserve les graines de semence.

graissage n. m. - XVe ■ Action de graisser. ➝ Application d'un corps lubrifiant entre deux surfaces de frottement. *Vidange et graissage d'une voiture.*

graisse n. f. - XIIe 1 Substance onctueuse, de fusion facile, répartie en diverses parties du corps de l'homme et des animaux. ⇒ **adip(o)-, lipo-.** *Excès de graisse, mauvaise graisse.* ⇒ **adiposité, embonpoint, obésité.** *Exercices, massages destinés à faire perdre la graisse.* 2 Cette substance, tirée du corps de certains animaux. ⇒ **gras.** *Graisse de porc.* ⇒ **lard,** ① **panne ; saindoux.** *Graisse d'oie. Odeur de graisse.*

⇒ ② **graillon.** 3 Corps gras, matière grasse. *Graisses animales, végétales.* ⇒ **beurre, huile, lanoline, margarine, spermaceti, suif.** *Graisses minérales.* ⇒ **paraffine, vaseline.** *L'oléine, la stéarine, la butyrine, principaux constituants de nombreuses graisses.* ⇒ **lipide.** ➝ *Graisses utilisées pour la lubrification des pièces de machine.* « *les cylindres surtout dévoraient des quantités de graisse déraisonnables* » (Zola). ➝ *Tache de graisse.* 4 Épaisseur des pleins de la lettre, dans les caractères d'imprimerie. *Augmenter, diminuer la graisse d'un caractère.* 5 Altération des vins, bières, cidres, qui leur donne une consistance visqueuse. ✪ CONTR. ① Maigre (n.).

graisser v. [1] – XVIe I v. tr. 1 Enduire, frotter d'un corps gras. ⇒ **oindre.** *Il* « *graissait ses souliers de chasse avec le lard de ses cochons* » (Flaub.). *Faire graisser les engrenages d'une machine.* ⇒ **huiler, lubrifier.** ➝ loc. *Graisser la patte à qqn,* lui mettre de l'argent dans la main pour le soudoyer. 2 Tacher de graisse ; rendre gras. ⇒ **salir.** II v. intr. Tourner en graisse, en parlant du vin, de la bière. ✪ CONTR. Dégraisser.

graisseur n. m. – XVIe 1 Ouvrier chargé du graissage. 2 Appareil automatique qui opère le graissage.

graisseux, euse adj. – XVIe 1 De la nature de la graisse. ⇒ **adipeux.** *Tissu graisseux.* 2 Taché de graisse. ⇒ **gras.** « *un petit livre graisseux* » (Zola).

gram [gʀam] n. m. inv. – XIXe ; de *Gram,* n. pr. ▪ Méthode de coloration des microbes avec une solution à base d'iode et d'iodure de potassium. ✪ HOM. Gramme.

❑ *Gram* est le nom du bactériologiste danois (1853-1938) qui mit au point cette méthode.

gramen [gʀamɛn] n. m. – XIVe ; mot lat. « herbe » ▪ littér. Herbe à gazon ; gazon. « *de frêles gramens se penchaient que firent ployer des insectes* » (Gide). ⇒ **graminée.**

graminacées n. f. pl. – XVIIIe ▪ Famille de plantes phanérogames angiospermes, appelées aujourd'hui *poacées,* à tige cylindrique, à fleurs peu apparentes. ⇒ **graminée.**

graminée n. f. – XVIIIe ; lat. *gramen* « herbe » ▪ Plante de la famille des graminacées. *La tige des graminées fournit la paille.* « *le sol couvert de lichens et de graminées fines* » (Loti).

grammage n. m. – v. 1950 ▪ Poids de l'unité de surface d'un papier ou carton).

grammaire n. f. – XIIe ; gr. *grammatikê* « art de lire et d'écrire » 1 Ensemble des règles à suivre pour parler et écrire correctement une langue. *Règle, faute de grammaire.* ➝ Ensemble des structures et des règles qui permettent de produire tous les énoncés appartenant à une langue. *La grammaire du français, du chinois* (par oppos. à *lexique*). ⇒ **morphologie, syntaxe.** 2 Étude systématique des éléments constitutifs d'une langue. ⇒ **phonétique, phonologie ; morphologie, syntaxe.** ➝ Étude des formes et des fonctions (morphologie et syntaxe). 3 Livre, traité, manuel de grammaire. « *Ces phrases que j'ai apprises là-bas, à coups de lexique et de grammaire* » (Loti). *Acheter une grammaire russe.*

❑ *Grimoire* est un doublet de *grammaire.*

grammairien, ienne n. – XIIIe 1 Personne spécialisée dans l'étude de la grammaire. ➝ Lettré qui étudie la langue et fixe les règles du bon usage. *Meigret, Vaugelas, Ménage, Arnauld, grammairiens français.* 2 Linguiste spécialisé dans l'étude de la morphologie et de la syntaxe.

grammatical, ale, aux adj. – XVe 1 Relatif à la grammaire ; de la grammaire (⇒ **morphologique, syntaxique).** *Règle grammaticale.* « *La faute grammaticale est le plus souvent un remède à une faute euphonique* » (Claudel). *Mots grammaticaux :* mots de relation invariables (par oppos. à *mots lexicaux*). ➝ *Analyse grammaticale :* analyse de mots dans une phrase donnée (nature, genre, nombre, temps, personne, etc.). 2 Conforme à la grammaire et à ses règles. *Phrases grammaticales.* ✪ CONTR. Agrammatical.

grammaticalement adv. – XVIe ▪ D'une manière grammaticale. *Phrase grammaticalement correcte.*

grammaticaliser v. tr. [1] – XIXe ▪ Donner à (un élément linguistique) le caractère grammatical, une fonction grammaticale. ➝ pronom. (opposé à *se lexicaliser*). *Le latin* mens, mentis *s'est grammaticalisé en français pour donner le suffixe adverbial* -ment.

grammaticalité n. f. – v. 1960 ▪ Caractère d'une phrase bien construite, dont la syntaxe est correcte. ⇒ **acceptabilité.**

gramme n. m. – XVIIIe ; gr. « vingt-quatrième partie d'une once » ▪ Unité de mesure et de masse (symb. g) du système C.G.S. (⇒ **kilogramme).** ♦ Très petite quantité. *Il n'a pas un gramme de bon sens.* ⇒ fam. **atome ; poil.** ✪ HOM. Gram.

-gramme Élément, du gr. *gramma* « lettre, écriture », signifiant « lettre » ou « graphique ».

gramophone n. m. – 1901 ; angl., nom déposé ▪ Phonographe à disques.

❑ Ce mot ne s'emploie plus qu'en histoire des techniques.

grand, grande [gʀɑ̃, gʀɑ̃d] ou en liaison [gʀɑ̃t] adj. – Xe ; lat. I - 1 Dont la hauteur, la taille dépasse la moyenne. *Un homme grand et mince.* ⇒ **élancé.** *Extrêmement grand.* ⇒ **géant, gigantesque, immense.** « *Édouard est plus grand que moi sans doute ; en vérité, il est trop grand* » (Tournier). *Les grands singes. Grands arbres.* 2 Qui atteint toute sa taille et le développement psychique correspondant. ⇒ **adulte.** *Ses enfants sont déjà grands. Tu comprendras quand tu seras grand. Les grandes personnes :* les adultes. ♦ loc. fam. *Être assez grand pour :* être capable de (sans avoir besoin de l'aide de personne). *Je suis assez grand pour savoir ce que j'ai à faire.* ♦ subst., fam. *Les grands :* les enfants les plus âgés. ➝ fam. *Mon grand, ma grande.* 3 Dont la longueur dépasse la moyenne. *Grandes mains. Marcher à grands pas. Une grande distance.* 4 Dont la surface dépasse la moyenne. ⇒ **spacieux, vaste.** *Grand appartement. Grand ensemble :* groupe important d'habitations collectives, le plus souvent situé en zone urbaine. *Grande ville. Rendre plus grand.* ⇒ **agrandir, augmenter, étendre.** ➝ *Un grand F :* un F majuscule. ♦ (d'un orifice) Ouvert. *Ouvrir la fenêtre toute grande. Les yeux grands ouverts* (cf. ci-dessous adv.). 5 Dont le volume, l'ensemble des dimensions en général dépasse la moyenne. ⇒ **gros, volumineux.** *Extrêmement grand.* ⇒ **énorme, monumental.** *Grand édifice. Grand trou.* ⇒ **profond.** 6 en parlant des mesures *Grande hauteur, largeur. Grande quantité. À grande vitesse. Grand âge.* ➝ Un peu plus long que le nombre indiqué. ⇒ ① **bon.** « *Jean réfléchit une grande minute* » (Zola). ⇒ **long.** 7 Très abondant ou très intense, très important. *Grande foule.* ⇒ **nombreux.** loc. *Il n'y a pas grand monde dans la salle.* ➝ *Film à grand spectacle.* ➝ *Laver à grande eau,* avec beaucoup d'eau. ➝ *Grande fortune.* ➝ *À grands frais :* en dépensant beaucoup. ➝ *Grand vent. Grande marée. Grande chaleur, grand froid. Grand bruit. Grand effort.* ➝ *Le grand air :* l'air sain et vif. ➝ *Il fait grand jour.* II - 1 au sens le plus génér. ⇒ **considérable, important.** *Une grande nouvelle. Un grand chagrin.* ➝ *Faire grand tort, grand cas. Il est grand temps.* ♦ *Grand travailleur. Grand dépensier. Grand blessé :* blessé grave. ➝ loc. *De grand matin. Au grand complet.* 2 (Qui majore, distingue parmi les autres)

⇒ **essentiel, important, principal.** *La Grande Guerre. Les grandes écoles. Grands vins, grands crus. Les grandes puissances.* Subst. *Les trois, les cinq... Grands :* les trois, cinq... plus grandes puissances. ◆ *La grande industrie.* subst. *Les grands de la finance.* **3** Qui a une importance sociale ou politique. *Un grand personnage. Grand seigneur. Grande dame. Le grand monde.* ⇒ fam. **gratin.** *La grande bourgeoisie.* ♦ Qui a le titre le plus haut. *Grand officier de la Légion d'honneur. Le Grand Turc.* ⇒ **sultan.** subst. *Les grands de ce monde.* **4** Propre aux grands personnages. *Être en grande tenue. En grande pompe. Un grand nom.* ⇒ ① **auguste.** **5** Qui est célèbre pour sa valeur. ⇒ **illustre, supérieur.** *Grand homme.* ⇒ **génie, héros.** ◆ *Une grande figure du passé. Les grands créateurs. Un grand champion.* ◆ *Louis le Grand :* Louis XIV. *Pierre le Grand.* ◆ *Être grand* (intellectuellement, moralement). « *Rien ne nous rend si grands qu'une grande douleur* » (Muss.). **6** ⇒ ① **beau, grandiose, magnifique, noble.** *Grandes actions.* ◆ *De grand cœur. Du grand art.* « *Il est impossible d'imaginer une grande civilisation sans une grande littérature* » (Duham.). *La Grande Armée.* **III** *Grand-rue :* la rue principale. *Grand-route. Grand-messe. Grand-croix. Avoir grand-peur.* **IV** adv. **1** *Voir grand :* avoir de grands projets. *Il a su voir grand.* ◆ *Grand ouvert. Les yeux grand ouverts.* **2** *EN GRAND :* en observant de grandes dimensions, un vaste plan ; hors de toute vue étroite. *Il faut voir les choses en grand.* ✪ CONTR. Petit. Minime. ① Bref. Exigu. Faible, modeste. Mesquin.

❑ Dans *grand ouvert, grand* s'accorde généralement (« *Il avait les yeux grands ouverts* » [Boscol) mais peut rester invariable si on lui donne une valeur adverbiale *(une fenêtre grand ouverte).*

grand-angle [gʀɑ̃tɑ̃gl] n. m. – XXe ▪ Objectif à courte focale couvrant un angle important. ⇒ **fish-eye.** *Panorama pris au grand-angle* (opposé à *téléobjectif*). *Des grands-angles.*

grand-chose n. inv. – XVe **1** *PAS GRAND-CHOSE :* peu de chose. *Cela ne vaut pas grand-chose.* « *le mot de fuite n'évoque pas grand-chose de bon* » (Bernanos). *Il n'y a plus grand-chose à faire.* **2** fam. *Un, une pas grand-chose :* personne qui ne mérite pas d'estime.

❑ On a écrit aussi *grand'chose* avec l'apostrophe. *Sa figure grimée « ne laisse pas deviner grand'chose de son vrai visage »* (Colette).

grand-croix → **croix**

grand-duc n. m. – XVIIe **1** Titre de princes souverains. *Le grand-duc et la grande-duchesse de Luxembourg.* ♦ Prince de la famille impériale de Russie. fam. *Faire la tournée des grands-ducs,* la tournée des restaurants, des cabarets luxueux. **2** *Grand duc* (oiseau). ⇒ **duc.**

grand-ducal, ale, aux adj. – XIXe **1** Du grand-duc. *Dignité grand-ducale.* **2** Du grand-duché de Luxembourg, luxembourgeois. *Le français grand-ducal.*

❑ Au sens 2°, ce mot est usité surtout en Belgique et au Luxembourg.

grand-duché n. m. – XIXe ▪ Pays gouverné par un grand-duc, une grande-duchesse. *Les grands-duchés.*

grande-duchesse n. f. – XVIIe **1** Femme ou fille d'un grand-duc. **2** Souveraine d'un grand-duché. *Les grandes-duchesses.*

grandement adv. – XIIe **1** Beaucoup, tout à fait. *Il s'est grandement trompé.* ◆ Largement. *Il a grandement de quoi vivre.* ⇒ **amplement.** **2** Dans des proportions et avec une ampleur qui dépasse l'ordinaire. *Être logé grandement. Faire les choses grandement,* sans rien épargner. ⇒ **généreusement.** ✪ CONTR. Peu. Peine (à peine). Mesquinement, petitement. Bassement.

grand ensemble → **grand** (I, 4°)

grandet, ette adj. – XIIIe ▪ vx ou région. Un peu grand, plutôt grand.

grandeur n. f. – XIIe **I** - **1** loc. *Regarder qqn du haut de sa grandeur,* de haut en bas, avec un air de supériorité. **2** Caractère de ce qui est grand, important. ⇒ **ampleur, étendue.** *La grandeur de la faute.* ⇒ **énormité, gravité.** *Il est saisi « par la grandeur et l'imminence des dangers »* (Romains). **3** Importance sociale, politique (d'une personne). ⇒ ② **pouvoir, puissance.** *Air de grandeur.* ⇒ **majesté.** *Du temps de sa grandeur.* ⇒ **splendeur.** *Grandeur d'un État.* « *Carthage n'est plus que le nom de sa grandeur rayée du monde* » (Malraux). ♦ Titre honorifique. *Votre Grandeur.* **4** ⇒ **élévation, noblesse.** *Grandeur et misère de l'homme selon Pascal.* ♦ *GRANDEUR D'ÂME.* ⇒ **générosité, magnanimité.** **II** - **1** Qualité de ce qui est plus ou moins grand. ⇒ **dimension, étendue, taille.** *De la grandeur d'une main. Choses d'égale grandeur. Un certain ordre de grandeur,* une valeur approximative. *Dans un autre ordre de grandeur.* **2** loc. adj. *GRANDEUR NATURE :* aux dimensions réelles. *Portrait grandeur nature.* ♦ loc. adv. *EN VRAIE GRANDEUR :* dans des circonstances réelles, et non provoquées. *Réaliser une expérience en vraie grandeur.* **3** Unité de mesure de l'éclat des étoiles. ⇒ **magnitude.** **III** Ce qui est susceptible de variation et peut être calculé, évalué ou mesuré. ⇒ **variable ; quantité.** *Échelle des grandeurs.* ✪ CONTR. Exiguïté, petitesse. Faiblesse, médiocrité. Décadence, misère. Bassesse, mesquinerie.

grand-guignolesque adj. – 1903 ▪ Digne du Grand-Guignol, d'une horreur extrême et bizarre. *Des incidents grand-guignolesques.*

grandiloquence n. f. – XVIe ; lat. *grandis* « sublime » et *loqu* « parler » ▪ Éloquence ou style affecté, qui abuse des grands mots. ⇒ **emphase.** ✪ CONTR. Naturel, simplicité.

grandiloquent, ente adj. – XIXe **1** Qui s'exprime avec grandiloquence. ⇒ **emphatique, pompeux.** **2** Où il entre de la grandiloquence. *Discours grandiloquent.*

grandiose adj. – XVIIIe ; it. ▪ Qui impressionne par son aspect majestueux, son ampleur. ⇒ **imposant, magnifique.** « *ces vestibules majestueux, ces escaliers grandioses* » (Balz.). *Paysage grandiose.* ♦ subst. « *L'ode vit de l'idéal, l'épopée du grandiose, le drame du réel* » (Hugo). ✪ CONTR. Médiocre, mesquin, petit.

grandir v. [2] – XIIIe **I** v. intr. **1** Devenir plus grand. *Il a grandi de cinq centimètres.* ◆ *Je l'ai trouvé grandi.* ◆ « *Comme au couchant Grandit l'ombre des arbres* » (Hugo). ♦ *Grandir en sagesse, en vertu.* **2** Devenir plus intense. *L'obscurité grandit.* ♦ *Son influence grandit* ⇒ s'**accroître,** s'**étendre.** *Sa rancœur grandissait.* ◆ « *elle sentit que son angoisse grandissait* » (Green). **3** Gagner en noblesse. *Il sort grandi de cette épreuve.* **II** v. tr. **1** Rendre ou faire paraître plus grand. ⇒ **hausser** *De hauts talons qui la grandissent. Microscope qui grandit les objets.* ⇒ **agrandir, grossir.** **2** Donner plus d'intensité. *L'imagination grandit les dangers.* **3** Donner plus de grandeur, de noblesse à. ⇒ **élever, ennoblir.** *Cela le grandissait à mes yeux.* « *La réserve et la dignité de caractère servent donc à grandir un homme* » (Vigny). **4** *SE GRANDIR* v. pron. Se rendre plus grand. ✪ CONTR. Décroître, diminuer, rapetisser. Atténuer, réduire.

grandissant, ante adj. – XIXe ▪ Qui grandit peu à peu, qui va croissant. *Une rumeur grandissante.*

grandissement n. m. – XIXe ▪ Rapport des dimensions d'un objet à son image donnée par un système optique. ⇒ **grossissement.**

grand-mère n. f. – XVIe 1 Mère du père ou de la mère de qqn. ⇒ **aïeule,** vx **mère-grand ;** fam. **bonne-maman, mamie ;** pop. **mémé, mémère.** *Il a encore ses deux grands-mères.* 2 fam. Femme âgée.

❑ En ancien français, *grand* était invariable en genre, d'où pendant longtemps l'usage de l'apostrophe pour ce qui était senti comme une élision du *e* dans *grand-mère.* Même cas pour *grand-tante.*

grand-messe n. f. – XIVe ▪ Messe chantée. *Des grands-messes.* ♦ Réunion à caractère solennel. *La grand-messe annuelle du parti.*

grand-oncle [gʀɑ̃tɔ̃kl] n. m. – XVIe ▪ Frère du grand-père ou de la grand-mère. ⇒ **oncle.** *Un de mes grands-oncles.*

grand-peine (à) → **peine**

grand-père n. m. – XIIe 1 Père du père ou de la mère. ⇒ **aïeul ;** fam. **bon-papa, papi ;** pop. **pépé, pépère.** *Grand-père paternel, maternel. Des grands-pères.* 2 fam. Homme âgé.

grands-parents n. m. pl. – XVIIIe ▪ Le grand-père et la grand-mère du côté paternel et maternel. ⇒ **aïeul,** ② **ascendant.**

grand-tante n. f. – XVIe ▪ Sœur du grand-père ou de la grand-mère. ⇒ **tante.** *Une de ses grands-tantes.*

grand-voile → ② **voile**

grange n. f. – XIIe ; lat. *granum* « grain » ▪ Bâtiment servant à entreposer la récolte, dans une exploitation agricole.

grangée n. f. – XVIe ▪ Contenu d'une grange pleine. *Une grangée de blé.*

granit [gʀanit] n. m. – XVIIe ; it. *granito* « grenu » ▪ Roche dure, formée de cristaux de feldspath, de quartz et de mica ou d'amphibole. *Bloc de granit. Terrain de granit.* ⇒ **granitique.** « *un petit golfe tranquille creusé dans un granit bleuâtre* » (Giono). *Monument de granit.* ♦ *Cœur de granit,* impitoyable (⇒ **pierre**).

❑ On écrit aussi *granite,* graphie usuelle en sciences.

granité, ée adj. et n. m. – XIXe I adj. Qui présente des grains comme le granit. ⇒ **granuleux, grenu.** *Papier granité.* II n. m. 1 Tissu de laine à gros grains. 2 Sorbet granuleux.

graniter v. tr. [1] – XIXe ▪ Peindre, moucheter (une surface) de manière à imiter le granit. *Graniter des stucs, une toile.*

graniteux, euse adj. – XVIIIe ▪ Qui contient du granit. *Roche graniteuse.*

granitique adj. – XVIIIe ▪ Qui est de la nature du granit. *Terrain granitique. Roches granitiques.* Qui est propre au granit. *Relief granitique.*

granito n. m. – mil. XXe ; nom déposé, de *granit* ou it. *granito* ▪ Béton présentant l'aspect du granit. « *le bruit des pas pressés dans le corridor, sur les dalles de granito* » (Le Clézio).

granitoïde adj. – XVIIIe ▪ Qui ressemble au granit. *Roches granitoïdes.*

granivore adj. – XVIIIe ▪ Qui se nourrit de grains. *Oiseaux granivores.* subst. *Les granivores.*

granny smith [gʀanismis] n. f. inv. – 1964 ; mot angl., de *Maria Ann Smith* dite *Granny Smith* « mémé Smith » ▪ Pomme verte à chair ferme et acidulée. *Des granny smith.* abrév. GRANNY. *Des grannys.*

granulaire adj. – XIXe ▪ Qui est formé de petits grains. ⇒ **granulé, granuleux.** *Roche granulaire.*

granulat n. m. – XIXe ▪ Ensemble de matériaux inertes (sable, gravier, etc.) entrant dans la composition des mortiers et bétons. ⇒ **agrégat ; fines.**

granulation n. f. – XVIIe 1 Formation d'une substance en petits grains (par réduction, agglomération). *Granulation d'un métal.* 2 Aspect granuleux. *Surface qui présente des granulations.* 3 Petite masse arrondie, constituée dans un tissu ou un organe au cours de divers processus pathologiques. ⇒ **granulie.**

granule n. m. – XIXe ; lat. *granulum,* de *granum* « grain » ▪ Petit grain. ➛ Petite pilule. *Granules homéopathiques.*

granulé, ée adj. et n. m. – XVIIIe 1 Qui est formé de petits grains, de granules. ⇒ **granulaire, granuleux.** 2 n. m. *Des granulés :* médicament sous forme de grains. *Médicament en granulés.* ➛ *Un granulé :* chaque grain de la préparation.

granuler v. tr. [1] – XVIIe ▪ Réduire en granules.

granuleux, euse adj. – XVIe 1 Formé de petits grains. *Roche granuleuse.* ➛ Dont la surface est couverte de petits grains. *Il m'établit un « passeport sur papier granuleux »* (Céline). 2 Formé de granulations (3°) ; présentant des granulations. *Tumeur granuleuse.* ✪ CONTR. Compact, ① lisse.

granulie n. f. – XIXe ▪ Forme de la tuberculose, les poumons et de nombreux organes étant envahis de granulations. ⇒ **tuberculose** (miliaire). « *une granulie foudroyante qui a dévoré* [...] *ses poumons déjà rongés par l'ypérite* » (Bernanos).

granulite n. f. – XIXe ▪ Roche métamorphique granitoïde constituée principalement de quartz et feldspaths.

granulocyte n. m. – mil. XXe ▪ Leucocyte présentant des granulations.

granulome n. m. – XIXe ▪ Tumeur de forme arrondie.

granulométrie n. f. – av. 1928 ▪ Mesure de la forme, de la dimension et de la répartition en différentes classes des grains et des particules de la matière divisée. *Méthodes de granulométrie* (⇒ **tamisage**).

graphe n. m. – 1926 ; gr. *graphein* « écrire » ▪ Ensemble des couples d'éléments vérifiant une relation donnée. *Diagramme représentant le graphe d'une relation.* ➛ Représentation graphique d'une fonction.

-graphe, -graphie, -graphique Éléments, du gr. *graphein* « écrire ».

graphème n. m. – 1913 ▪ La plus petite unité distinctive et significative de l'écriture.

grapheur n. m. – v. 1985 ▪ Logiciel servant à présenter des graphiques.

graphie n. f. – XIXe 1 « Mode ou élément de représentation de la parole par l'écriture » (Marouzeau). 2 Manière quelconque dont un mot est écrit. *Graphie traditionnelle* (⇒ **orthographe**). « *les différences de graphie entre une graphie ancienne et une graphie moderne* » (Péguy).

❑ Pour le sens → orthographe (rem.).

graphique adj., n. m. et n. f. – XVIIIe I adj. Qui représente, par des lignes, des figures sur une surface. *Système graphique.* ⇒ **alphabet, écriture.** *Arts graphiques.* ⇒ **dessin, peinture.** ♦ Relatif aux procédés d'impression artistique. *Méthode, procédé graphique :* représentation graphique de relations abstraites ; emploi des appareils enregistreurs. ➛ *Terminal graphique.* II n. m. Représentation du rapport de deux variables par une ligne joignant des points caractéristiques. ⇒ **courbe, diagramme, tracé.** *Le graphique des températures d'un malade.* « *Le graphique des progrès de la peste avec sa montée incessante, puis le long plateau* » (Camus). III n. f. Technique de représentation d'un phénomène ou d'une réalité quelconque à l'aide de graphiques. ✪ CONTR. Oral.

graphiquement adv. – XVIIe ▪ Par le dessin, l'écriture.

graphisme n. m. – XIXe 1 Caractères particuliers d'une écriture individuelle, donnant des indications sur la personnalité du scripteur (⇒ **graphologie**). 2 Aspect esthétique des signes graphiques.

graphiste n. – 1966 ▪ Spécialiste de la conception de projets d'expression visuelle (illustration, mise en pages, etc.).

graphitage n. m. – XIXe ▪ Lubrification de pièces mobiles métalliques par enduit de graphite.

graphite n. m. – XVIIIe ▪ Variété de carbone cristallisé, presque pur. *Le graphite est employé dans la fabrication des crayons.* ⇒ **plombagine.** *Lubrifiant au graphite.*

❑ Le *graphite* est appelé couramment *mine de plomb.*

graphiter v. tr. [1] – 1907 ▪ Enduire de graphite ; mélanger à du graphite. ➝ *Lubrifiant graphité.* ✪ HOM. Graffiter.

graphiteux, euse adj. – XIXe ▪ Qui contient du graphite. *Minerai graphiteux.*

grapho- Élément, du gr. *graphein* « écrire ».

graphologie n. f. – XIXe ; *grapho-* et *-logie* ▪ Étude de l'écriture individuelle considérée comme une expression de la personnalité du scripteur.

graphologique adj. – XIXe ▪ Relatif à la graphologie. *Analyse graphologique.*

graphologue n. – XIXe ▪ Personne qui pratique la graphologie.

graphomètre n. m. – XVIe ; *grapho-* et *-mètre* ▪ Instrument de topographie qui était destiné à la mesure des angles. « *Nous allions lever des plans au graphomètre et à la planchette* » (Stendh.).

grappa n. f. – 1941 ; mot it. ▪ Eau-de-vie de marc de raisin fabriquée en Italie. *Boire deux grappas.*

❑ L'italien *grappa* a la même origine que le français *grappe.*

grappe n. f. – XIIe ; germ. °*krappa* « crochet » 1 Assemblage de fleurs ou de fruits étagés sur un axe commun. *Grappes de lilas. Grappes de la vigne.* ➝ vulg. Organes sexuels de l'homme. loc. fam. *Lâche-moi la grappe :* laisse-moi tranquille. 2 Assemblage serré de petits objets (grains, etc.), ou de personnes. *Grappes d'œufs d'insectes.* ➝ *Le chameau « passe majestueusement avec sur le dos une grappe de petites filles »* (Tournier).

grappillage n. m. – XVIe ▪ Action de grappiller. ➝ Petits larcins.

grappiller v. [1] – XVIe I v. intr. 1 Cueillir les petites grappes de raisin qui restent après la vendange. 2 Recueillir des objets, des connaissances, faire de petits profits çà et là. « *j'aime bien grappiller un peu partout* » (Sarraute). II v. tr. 1 Prendre les grains de (raisin) un à un. ➝ Prendre de-ci, de-là (des fruits, des fleurs). ⇒ **cueillir, ramasser.** 2 Prendre, recueillir au hasard. *Grappiller des nouvelles.* ⇒ **glaner.** ➝ *Grappiller quelques sous.* « *quelque chose de bon à grappiller* » (Queneau).

grappilleur, euse n. – XVIIe ▪ Personne qui grappille.

grappillon n. m. – XVIe ▪ Partie d'une grappe de raisin ou petite grappe entière.

grappin n. m. – XIVe 1 Petite ancre d'embarcation à quatre crochets. ➝ Crochet d'abordage. ⇒ **crampon, croc.** ➝ loc. *Mettre le grappin sur qqn, qqch.*, l'accaparer (⇒ **harponner**). « *il avait dû jeter le grappin sur le magot de sa bourgeoise* » (Zola). 2 Instrument muni de crochets. *Grappin de pêche.*

gras, grasse adj. – XIIe ; lat. *crassus* « épais » I - 1 Formé de graisse ; de nature graisseuse. *Matière grasse. Corps gras.* ⇒ **graisse ; lipide.** ➝ *Crème grasse pour peaux sèches.* ♦ *Aliments gras.* ➝ *Les jours gras,* où l'Église catholique permet la consommation de viande. *Mardi gras.* ♦ subst. La partie grasse de la viande. *Enlever le gras.* ➝ adv. *Manger gras.* 2 vieilli ⇒ **graveleux, licencieux.** « *une grasse causerie scatologique* » (Goncourt). 3 Qui a beaucoup de graisse. ⇒ **adipeux, grassouillet, gros.** *Une femme un peu grasse. Visage, ventre gras.* ➝ subst. *Les gras et les maigres.* ♦ *Chapon gras.* ➝ « *les poules trop grasses sont moins fécondes* » (Buff.). 4 Qui sécrète du sébum. *Avoir la peau grasse.* 5 Enduit, sali de graisse. ⇒ **graisseux, huileux.** *Avoir les mains grasses. Ramasser des papiers gras.* II - 1 Qui évoque la graisse par sa consistance. ⇒ **onctueux.** *Terre argileuse et grasse.* ➝ « *Le pavé était gras, la brume tombait* » (Flaub.). *Terrain gras,* boueux et glissant. ♦ *Toux grasse,* accompagnée d'une expectoration de mucosités. 2 Épais. ♦ *Rire gras.* ♦ *Encre grasse. Caractères gras.* subst. *Renvois notés en gras.* ➝ *Crayon gras.* ♦ *Plantes grasses,* à feuilles épaisses et charnues. ⇒ **cactées.** ♦ subst. *Le gras de la jambe,* le mollet. 3 fig. ⇒ **abondant.** « *Il y a des morceaux de Provence gras, herbus, baignés de sources* » (Colette). ➝ loc. *Faire la grasse matinée :* se lever très tard. 4 adv. fam. *Il n'y a pas gras à manger,* pas beaucoup. ✪ CONTR. ① Maigre, pauvre, sec. — HOM. Grâce.

gras-double n. m. – XVIIe ▪ Membrane comestible de l'estomac du bœuf. *Des gras-doubles.*

❑ *Double* dans *gras-double* est un nom qui signifie « panse ».

grassement adv. – XIVe 1 Abondamment, largement. *Payer grassement.* ⇒ **généreusement.** 2 D'une manière grasse. *Rire grassement.* ✪ CONTR. Chichement.

grasserie n. f. – XVIIIe ▪ Maladie du ver à soie.

grasset n. m. – XIIe ▪ Région du membre postérieur du bœuf, du cheval, comprenant la rotule et les parties molles environnantes.

grasseyant, ante adj. – XVIIIe ▪ Qui grasseye.

grasseyement n. m. – XVIIe ▪ Prononciation d'une personne qui grasseye. « *Un léger grasseyement, qu'on eût dit bourguignon* » (Gide).

grasseyer v. intr. [1] – XVIe 1 Parler gras, avec une prononciation gutturale ou peu distincte des R. 2 Prononcer les R sans les rouler. ♦ trans. *Grasseyer les r.* ➝ *R grasseyé* (opposé à *roulé*).

grassouillet, ette adj. – XVIIe ▪ Assez gras et rebondi. ⇒ **potelé.** « *de petites mains un rien grassouillettes* » (Goncourt).

grateron ou **gratteron** n. m. – XIVe ; germ. *kletto* « bardane » Gaillet (plante).

gratifiant, iante adj. – mil. XXe ▪ Qui gratifie. ⇒ **valorisant.** ✪ CONTR. Frustrant.

gratification n. f. – XIVe 1 Somme d'argent donnée à qqn en sus de ce qui lui est dû. ⇒ **pourboire, récompense.** *Gratification illicite.* ⇒ **dessous-de-table, pot-de-vin.** ➝ Ce qui est fourni par un employeur en sus du salaire. ⇒ ② **prime.** 2 Ce qui gratifie ; sentiment de satisfaction lié à une bonne image de soi (⇒ **valorisation**). ✪ CONTR. Retenue. Frustration.

gratifier v. tr. [7] – XIVe ; lat. *gratificari* « faire plaisir » 1 Pourvoir libéralement d'un don, d'une faveur. « *Votre Excellence m'a gratifié de la conciergerie du château* » (Beaum.). 2 iron. Affliger de qqch. de mauvais, de dérisoire. *Auteur qui se voit gratifié des erreurs d'u* *autre.* ⇒ **attribuer, imputer.** 3 Satisfaire sur le plan psychologique. Valoriser, revaloriser à ses propres yeux. ✪ CONTR. Priver. Frustrer.

gratin n. m. – XVIe ; de *gratter* 1 vx Ce qui attache et rissole au fond d'un récipient de cuisson, et qu'on ne détache qu'en grattant. ⇒ **grattons.** 2 Manière d'apprêter certains mets recouverts de chapelure, de fromage râpé et cuits au four. *Endives au gratin* (⇒ **gratiné**). ♦ Croûte dorée qui se forme à la surface d'une telle préparation ; le mets lui-même. *Gratin dauphinois* : plat composé de pommes de terre et de lait. ➤ *Plat à gratin.* 3 fam. Les personnes les plus en vue d'une société. ⇒ **crème, élite, gotha.** « *mes dîners dans le gratin* » (Fargue). ✪ CONTR. (du 3°) Lie.

❑ Pour l'étymologie → grattons (rem.).

gratiné, ée adj. – XIXe 1 Cuit au gratin. *Soupe gratinée.* subst. *UNE GRATINÉE* : soupe à l'oignon gratinée au fromage. 2 fam. Remarquable, dans l'outrance ou le ridicule. « *un beau malentendu bien gratiné* » (Perret).

gratiner v. tr. [1] – XIXe ▪ Faire cuire en gratin. *Gratiner des pommes de terre.*

gratiole [gʀasjɔl] n. f. – XVIe ; lat. *gratia* « grâce » ▪ Plante herbacée, vivace, communément appelée *séné des prés,* qui croît dans les prés humides.

gratis [gʀatis] adv. – XVe ; adv. lat. ▪ Sans qu'il en coûte rien. ⇒ **gratuitement.** *Assister gratis à un spectacle. Il « exerce la médecine gratis pour ses amis et pour les pauvres »* (Sand). ♦ adj. *Spectacle gratis.* ⇒ **gratuit.**

gratitude n. f. – XVe ; de *ingratitude* ▪ Sentiment d'affection que l'on ressent pour qqn dont on est l'obligé. ⇒ **reconnaissance.** *Sentiment de gratitude. Avoir de la gratitude envers qqn.* « *je n'ai jamais pu t'avoir de véritable gratitude* » (Duham.). *Manifester toute sa gratitude à qqn.* ✪ CONTR. Ingratitude.

gratouiller ou **grattouiller** v. tr. [1] – XIXe ▪ fam. Démanger. « *Est-ce que ça vous chatouille, ou est-ce que ça vous gratouille ?* » (Romains).

grattage n. m. – XVIIIe ▪ Action de gratter ; son résultat.

gratte n. f. – XIIIe 1 Sarcloir. 2 fam. Petit profit obtenu en grappillant. 3 fam. Guitare.

gratte-ciel n. m. – XIXe ▪ Immeuble à très nombreux étages, atteignant une grande hauteur. ⇒ **building,** ① **tour.** *Les gratte-ciel* (ou *les gratte-ciels*) *de Manhattan.*

❑ *Gratte-ciel* ne s'emploie plus qu'à propos de l'Amérique. On dit plutôt *tour.* → building (rem.).

gratte-cul [gʀatky] n. m. – XVIe ▪ Fruit du rosier, de l'églantier (⇒ **cynorhodon**) ; capitule de la bardane commune. « *ces fruits durets des rosiers, que les personnes sans dignité appellent des gratte-culs* » (Montherl.).

gratte-dos n. m. inv. – XIXe ▪ Baguette portant à l'une de ses extrémités une petite main permettant de se gratter le dos.

grattement n. m. – XVIe ▪ Action de gratter. « *de pensifs grattements de tête* » (Goncourt). ➤ Bruit de ce qui gratte.

gratte-papier n. m. – XVIe ▪ péj. Employé chargé des écritures. ⇒ **rond-de-cuir.** ➤ vx Mauvais écrivain. ⇒ **plumitif.** *Des gratte-papier* ou *des gratte-papiers.*

gratte-pieds [gʀatpje] n. m. inv. – 1930 ▪ Paillasson servant à gratter les semelles des chaussures. ⇒ **grattoir.**

gratter v. [1] – XIIe ; germ. *krattôn* **I** v. tr. 1 Frotter avec qqch. de dur en entamant très légèrement. ⇒ **racler.** *Gratter un mur, un plancher. Gratter une allumette,* l'enflammer. ⇒ **craquer.** ➤ *Plume qui gratte* (le papier), qui ne court pas aisément. ⇒ **accrocher.** 2 Racler (en employant les ongles, les griffes). *Chien qui gratte le sol.* ⇒ **fouiller, remuer.** ♦ *Se gratter les jambes, les mains. Gratte-moi le dos. Il « se grattait distraitement les parties génitales »* (Queneau). ♦ fam. Faire éprouver une démangeaison à, irriter la peau de. *Ça me gratte.* ➤ *Pull qui gratte.* 3 Faire disparaître en raclant (ce qui est sur la surface ainsi frottée). ⇒ **enlever ; effacer.** *Gratter une inscription. Gratter un vernis qui s'écaille.* ➤ Faire apparaître la réalité profonde. *Il semble sincère, mais il ne faut pas trop gratter.* 4 fam. Recueillir tout ce qui peut être utilisé. *Gratter les fonds de tiroir.* ⇒ **racler.** ♦ Prélever à son profit, mettre de côté. *C'est une affaire où il y a peu à gratter.* ⇒ **grappiller.** ➤ *Gratter sur la dépense.* 5 fam. Dépasser (un concurrent). ⇒ **devancer,** ① **griller.** *Coureur cycliste qui gratte ses concurrents. Se faire gratter.* **II** v. intr. 1 Faire entendre un grattement. *Gratter à la porte.* ➤ *Gratter du violon, de la guitare,* en jouer médiocrement. 2 fam. Travailler. ⇒ ② **bosser.** *Il a gratté tout le week-end sur son projet.* **III** *SE GRATTER* v. pron. 1 Gratter son corps, une partie du corps lorsqu'on a des démangeaisons. « *on s'irrite à tousser ou à se gratter* » (Alain). 2 fam. *Tu peux toujours te gratter :* tu n'obtiendras rien. ⇒ se **fouiller.**

gratteron → **grateron**

gratteur, euse n. – XIIIe ▪ Personne qui gratte.

grattoir n. m. – XVIe 1 Instrument qui sert à gratter. ⇒ **racloir.** 2 Grille, lame de métal où l'on gratte ses chaussures avant d'entrer. ⇒ **gratte-pieds.** 3 Enduit sur lequel on enflamme une allumette.

grattons n. m. pl. – 1949 ; de *gratter* 1 Charcuterie faite de morceaux de porc cuits dans la graisse. ⇒ **rillons.** 2 Partie d'un mets attachée au récipient de cuisson et qu'on détache en grattant.

❑ La même image se retrouve dans *grattons* et *gratin* : la nécessité de *gratter* ce qui a attaché en cuisant.

grattouiller → **gratouiller**

gratture n. f. – XIIIe ▪ Débris provenant d'un grattage. *Grattures de cuivre.* ⇒ **rognure.**

gratuit, uite adj. – XIVe ; lat. *gratis* 1 Que l'on donne sans faire payer ; dont on jouit sans payer. *Consultation gratuite. Enseignement gratuit et obligatoire.* ➤ « *Le père et la mère avaient des cartes de transport gratuit à cause de leurs nombreux enfants* » (Duras). *Échantillon gratuit. À titre gratuit :* sans avoir rien à payer. ⇒ **gratis.** 2 Qui n'a pas de raison valable, de preuve. ⇒ **arbitraire, infondé.** « *Un bienfait purement gratuit est certainement une œuvre que j'aime à faire* » (Rouss.). *Une accusation purement gratuite.* ♦ *Acte gratuit,* irrationnel. « *un acte absolument gratuit, je veux dire que sa motivation n'est point extérieure* » (Gide). ✪ CONTR. Intéressé, payant. Fondé.

gratuité n. f. – XIVe 1 Caractère de ce qui est gratuit, bénévole, non payant. *La gratuité de l'enseignement.* 2 Caractère de ce qui est injustifié, non motivé ou désintéressé. *La gratuité d'une accusation.* ✪ CONTR. Intérêt ; cherté. Utilité.

gratuitement adv. – XVe 1 Sans rétribution, sans contrepartie. ⇒ **gracieusement, gratis.** 2 Sans motif, sans fondement. 3 Sans motif extérieur ou rationnel. *Agir gratuitement, par jeu.*

grau n. m. – XVIIIe ; lat. *gradus* « degré » ▪ région. (Languedoc) Chenal par lequel un cours d'eau, un étang débouche dans la mer. ⇒ **embouchure.** *Des graus.* ♦ Passage montagneux. ✪ HOM. Gros.

❑ Ce mot reste vivant en Languedoc, en toponymie (ex. *Le Grau-du-Roi*).

gravatier [gʀavatje] n. m. - XVIIIe ■ Celui qui enlève les gravats d'un chantier.

gravats n. m. pl. - XIIe ; de ① *grève* 1 Partie du plâtre qui ne traverse pas le tamis. 2 Débris provenant d'une démolition. ⇒ **décombres, plâtras.** « *le bulldozer est seul sur la plaine de gravats* » (Le Clézio).

grave adj. - XIVe ; lat. *gravis* I - 1 Qui agit avec réserve et dignité ; qui donne de l'importance aux choses. « *Germain était grave et attendri auprès d'elle* » (Sand). ➛ Austère, sérieux. *Un air grave.* ⇒ **solennel, sombre.** ➛ *Parler d'un ton grave.* 2 Qui a de l'importance, du poids. *Une faute grave. C'est une grave erreur. Une grave responsabilité.* ⇒ **lourd.** 3 Susceptible de conséquences sérieuses, de suites dangereuses. *De très graves ennuis. Maladie grave. Grave accident. Ce n'est pas grave !* ➛ « *Un mort, deux blessés graves, tous les autres blessés légers* » (Malraux). II - 1 Se dit des sons produits par des ondes de faible fréquence, appartenant aux degrés inférieurs de l'échelle musicale. ⇒ ① **bas.** *Note grave. Voix grave.* ⇒ **profond.** ➛ subst. *Le grave :* le registre des sons graves. *Belle voix dans les graves.* 2 *Accent grave :* en français, signe (`) servant à noter le timbre de l'*e* ouvert [ɛ] et à distinguer certains mots de leurs homonymes *(à, où, là).* III adj. et adv. Lent, solennel (en parlant d'un mouvement musical). ✪ CONTR. ① Badin, insouciant. Anodin. — Léger. Aigu. — HOM. Graves.

graveleux, euse adj. - XIIIe ; de *gravelle* 1 Qui contient du gravier. *Terre graveleuse.* ➛ *Fruit graveleux,* dont la chair contient de petits corps durs. 2 Très licencieux. ⇒ ② **cru, obscène.** « *une anecdote graveleuse, dite en termes si violents* » (Maupass.).

❑ Le sens de « licencieux » correspond à une métaphore : ce qui est licencieux est pénible pour la conscience, comme la gravelle l'est pour le corps.

gravelle n. f. - XIIe ; lat. °*grava* « grève » ■ VX Maladie caractérisée par des calculs rénaux. ⇒ **lithiase, pierre.**

gravement adv. - XIVe 1 Avec gravité et sérieux. ⇒ **dignement.** *Parler gravement.* ⇒ **solennellement.** 2 D'une manière importante, dangereuse. ⇒ **lourdement.** « *il s'était endetté gravement* » (Maupass.). *Il est gravement blessé.* ⇒ **grièvement.**

❑ Pour le sens → grièvement (rem.).

graver v. tr. [1] - XIIe ; germ. °*graban* « creuser » 1 Tracer en creux sur une matière dure, au moyen d'un instrument pointu. ⇒ **buriner.** *Graver un nom sur un arbre.* ➛ *Graver un disque.* 2 Tracer en creux sur une matière dure, en vue de la reproduction. *Graver une vignette sur cuivre. Graver à l'eau-forte. Graver une médaille, une monnaie :* graver le poinçon avec lequel on frappe le coin d'une médaille, d'une monnaie. ♦ Reproduire par le procédé de la gravure. *Faire graver des cartes de visite.* 3 Rendre durable. ⇒ **imprimer, marquer.** « *en graver les divers articles dans son esprit* » (J. Verne). ➛ pronom. « *Ce qui touche le cœur se grave dans la mémoire* » (Volt.).

graves n. f. pl. et n. m. - XIVe ; de ① *grève* 1 n. f. pl. Terrains tertiaires de la Gironde. 2 n. m. Vin des vignobles poussant sur les graves. ✪ HOM. Grave.

graveur, euse n. - XIVe ■ Personne dont la profession est de graver. ⇒ **ciseleur, nielleur, sculpteur.** *Graveur sur métaux.* ♦ Artiste qui, par les divers procédés de la gravure, confectionne des planches destinées à la reproduction. *Graveur de médailles, de monnaies.* ♦ En photogravure, Ouvrier qui traite à l'acide les copies sur métal.

gravide adj. - XIXe ; lat. *gravis* « lourd » ■ Qui contient un embryon, un fœtus. *Utérus gravide.* ♦ Qui est en période de gestation. ⇒ **gestant.** *Jument gravide,* pleine.

gravidique adj. - XIXe ■ Relatif à la grossesse.

gravidité n. f. - XIXe ■ État d'une femelle ou d'un utérus gravide (⇒ **grossesse**).

gravier n. m. - XIIe ; de ① *grève* 1 Ensemble de petits cailloux servant au revêtement des allées, dans un jardin, etc. *Ratisser le gravier.* ♦ Petit caillou formant le gravier. 2 Roche détritique à éléments assez gros, d'origine fluviale ou littorale.

gravifique adj. - XVIIIe ; lat. *gravis* « lourd » ■ Qui se rapporte à la gravité (4°).

gravillon n. m. - XVIe ; de *grave* « gravier » ■ Fin gravier. ♦ Petit caillou formant le gravillon. *Le « concasseur qui transformait la pierre en gravillons »* (Le Clézio).

gravillonner v. tr. [1] - 1931 ■ Couvrir de gravillon.

gravillonneuse n. f. - 1941 ■ Machine destinée à répandre uniformément du gravillon.

gravimétrie n. f. - 1904 ; lat. *gravis* « lourd » et *-métrie* ■ Mesure de l'intensité de la pesanteur. ➛ Analyse par pesées.

gravir v. tr. [2] - XIIe ; probablt germ. °*krawjan* « griffer, grimper en s'aidant des griffes » ■ Monter avec effort (une pente rude). ⇒ **escalader, monter.** *Gravir une côte.* « *Le prêtre gravit lentement les marches* » (Flaub.). ♦ *Gravir les échelons de la hiérarchie.* ⇒ **franchir.** ✪ CONTR. Descendre. — HOM. *Gravîtes :* gravite (graviter).

gravissime adj. - 1942 ■ Extrêmement grave.

gravitation n. f. - XVIIIe ■ Phénomène par lequel deux corps quelconques s'attirent avec une force proportionnelle au produit de leur masse et inversement proportionnelle au carré de leur distance. ⇒ **attraction ; gravité.** *Les lois de la gravitation universelle, formulées par Newton.*

❑ Bien que d'origine latine et facilement assimilable en français, cet emprunt à l'anglais a rencontré des résistances au XVIIIe s.

gravitationnel, elle adj. - 1912 ■ Relatif à la gravitation.

gravité n. f. - XIIe ; lat. *gravitas* « pesanteur » 1 Qualité d'une personne grave ; air, maintien grave. ⇒ **austérité, dignité, majesté.** « *On n'échappe pas au ridicule par une affectation de gravité* » (Bernanos). ➛ *La gravité du ton.* 2 Caractère de ce qui a de l'importance. *La gravité d'une erreur.* 3 Caractère de ce qui peut entraîner de graves conséquences. *La gravité de la situation.* ➛ *Gravité d'une blessure. Un accident sans gravité.* 4 vieilli Phénomène par lequel un corps est attiré vers le centre de la Terre. ⇒ **pesanteur ; attraction, gravitation.** *Lois de la gravité,* de la chute des corps. ♦ Manœuvre des wagons sous l'effet de la pesanteur. *Triage par gravité.* 5 Caractère d'un son grave. ✪ CONTR. Légèreté. Bénignité.

graviter v. intr. [1] - XVIIIe 1 Se mouvoir selon les lois de la gravitation. 2 GRAVITER AUTOUR : tourner autour (d'un centre d'attraction). *Les planètes gravitent autour du Soleil* (⇒ **orbite**). ♦ *Graviter autour du pouvoir.* « *Nous aussi, nous gravitons les uns autour des autres* » (Mart. du G.). ✪ HOM. *Gravite :* gravîtes (gravir).

gravure n. f. - XIIIe 1 Action de graver. *La gravure d'une inscription.* ➛ Manière dont un objet est gravé. *La gravure d'un bijou.* 2 Art de graver, soit pour orner un objet dur, soit pour reproduire une œuvre graphique. *Gravure sur métaux. Gravure d'orfèvrerie.* ⇒ **ciselure.** ♦ Procédé de reproduction par plaques gravées. *Gravure en relief, en taille d'épargne,* où les blancs du dessin sont évidés et les parties qui doivent venir en noir épargnées. *Gravure en creux,* où les parties creusées de la planche apparaissent en noir après avoir été bourrées au tampon. *Gravure à* burin, en taille douce, à la pointe sèche. ♦ *Gravure photochimique, électrochimique.* 3 Reproduction de l'ouvrage du graveur. ⇒ **épreuve, ② estampe.** *Livre orné de gravures.* ⇒ **illustration.** *Gravures en couleurs.* ➛ vieilli *GRAVURE DE MODE* ; fig. personne habillée d'une manière trop élégante et recherchée. ➛ Toute image reproduisant un tableau, une photographie, etc. *Accrocher des gravures au mur.* 4 Action de graver un disque phonographique ; son résultat. *Enregistrement et gravure.*

gray n. m. – d. i. ; de *Stephen Gray* ▪ Unité de mesure de dose absorbée de radiation (symb. Gy) communiquant à 1 kg de matière irradiée une énergie de 1 joule. ✪ HOM. Grès.

gré n. m. – Xe ; lat. *gratus* « chose agréable » 1 Ce qui plaît, ce qui convient. *AU GRÉ DE* : selon le goût, la volonté de. *Trouver qqch. à son gré. Le matin ou le soir à votre gré.* ⇒ **convenance, guise.** « *tout allait au gré de mes désirs* » (Rouss.). ➛ *Au gré des circonstances* : comme les circonstances le permettent. *Le bateau avance au gré du vent.* ➛ *À mon gré* : à mon avis, à mon sens. ♦ *DE SON (PLEIN) GRÉ.* ⇒ **volontairement, volontiers.** *Je suis venu de mon plein gré.* ➛ *DE GRÉ OU DE FORCE* : que cela plaise ou non. ➛ *DE GRÉ À GRÉ* : à l'amiable, en se mettant d'accord. ➛ *CONTRE LE GRÉ DE* : contre la volonté de. *Contre son gré* : à son corps défendant. ♦ *BON GRÉ MAL GRÉ* : en se résignant, malgré soi, que cela plaise ou non. 2 *SAVOIR GRÉ* à qqn : avoir de la reconnaissance pour qqn. *Nous vous saurions gré de nous répondre rapidement* : nous vous en serions obligés. « *je lui savais gré de me juger ainsi* » (Yourcenar).

grèbe n. m. – XVIe ; mot savoyard ; o. i. ▪ Oiseau aquatique palmipède *(podicipédidés). Nid flottant du grèbe.*

grébiche n. f. – XIXe ; o. i., p.-ê. de *gribiche* 1 Numéro d'inscription d'un manuscrit sur les registres d'un imprimeur. 2 Garniture métallique du bord d'un vêtement, d'un objet de maroquinerie.

grec, grecque adj. et n. – XIIe 1 De Grèce. *La péninsule, les îles grecques.* ⇒ **hellénique.** *L'Antiquité grecque.* ⇒ **préhellénique.** *Mythologie grecque.* ➛ *Le profil grec,* dont le nez est dans le prolongement du front. « *le miracle grec* » (Renan). *Alphabet grec. Version grecque.* ➛ *L'Église orthodoxe grecque.* ♦ N. *Les Grecs.* ⇒ **hellène.** ➛ n. m. La langue grecque. *Grec ancien. Grec moderne.* ⇒ **démotique.** 2 *À LA GRECQUE* : préparé à l'huile d'olive et aux aromates. *Champignons à la grecque.* ✪ HOM. Grecque.

gréciser v. tr. [1] – XVIe ▪ Donner une forme grecque à un mot. ⇒ **helléniser.**

grécité n. f. – XIXe ▪ Caractère de ce qui est grec. ⇒ **hellénisme.**

gréco- Élément, du lat. *graecus* « grec ».

gréco-bouddhique adj. – 1923 ▪ Se dit d'un art de l'Inde où paraissent des influences grecques.

gréco-latin, ine adj. – XIXe ▪ Qui concerne à la fois le grec et le latin. *Études gréco-latines.*

gréco-romain, aine adj. – XIXe ▪ Commun aux civilisations de la Grèce et de Rome, dans l'Antiquité. ➛ *Lutte gréco-romaine,* excluant coups et clés et n'autorisant de prises qu'au-dessus de la ceinture.

grecque n. f. – XVIIIe 1 Scie de relieur ; entaille obtenue avec cette scie. 2 Ornement fait de lignes droites qui reviennent sur elles-mêmes à angle droit. *Grecque ornant une frise.* « *Le soubassement est entouré d'une double grecque* » (Gaut.). ✪ HOM. Grec.

gredin, ine n. – XVIIe ; moy. néerl. *gredich* ▪ vieilli Personne malhonnête, méprisable. ⇒ **bandit, coquin, malfaiteur.** *Il « s'était retiré chez son gredin d'aîné »* (Zola).

gréement n. m. – XVIIe 1 Ensemble des objets et appareils nécessaires à la propulsion et à la manœuvre des navires. « *on avait fini de mettre le gréement en ordre à bord* » (Loti). 2 Action de gréer. ➛ Manière dont un navire est gréé.

green [gʀin] n. m. – 1904 ; mot angl. « vert » ▪ Partie rase et bien roulante du gazon d'un terrain de golf autour de chaque trou.

❑ Comme la plupart des termes de golf, *green* est emprunté à l'anglais et n'a été ni traduit ni francisé.

gréer v. tr. [1] – XIIe ; scand. *greida* « équiper » ▪ Garnir de voiles, poulies, cordages, etc. « *Le General-Grant était gréé en trois-mâts goélette* » (J. Verne).

greffage n. m. – XIXe ▪ Action de planter un greffon ; ensemble des opérations dont la greffe est le résultat.

① **greffe** n. m. – XIe ; gr. *grapheion* « poinçon pour écrire » ▪ Bureau où l'on garde les minutes des actes de procédure. *Le greffe du tribunal.*

② **greffe** n. f. – XIIIe ; de ① *greffe* 1 Pousse d'une plante que l'on insère dans une autre plante pour que celle-ci produise les fruits de la première. ⇒ **greffon ; ente, scion.** *Greffe qui prend bien.* 2 Opération par laquelle on implante un greffon (⇒ **greffage**) ; résultat de cette action. « *Il essaya plusieurs sortes de greffes, greffes en flûte, en couronne, en écusson, greffe herbacée, greffe anglaise* » (Flaub.). 3 Opération qui consiste à insérer une portion de l'organisme d'un individu sur une autre partie du corps (⇒ **autogreffe, autoplastie**) ou sur un autre individu. ⇒ **allogreffe ; homogreffe, isogreffe ; hétérogreffe, hétéroplastie, xénogreffe.** *Greffe expérimentale opérée sur des animaux. Greffe réparatrice sur les plaies des brûlés. Greffes d'organes. Greffe du cœur.* ⇒ **transplantation** (cardiaque).

❑ Pour le sens → transplantation (rem.).

greffer v. tr. [1] – XVe 1 Insérer une greffe sur. ⇒ **enter.** *Greffer un rosier sur un églantier.* ➛ Soumettre à l'opération de la greffe. *Plants assez vigoureux pour être greffés.* 2 Implanter par une greffe chirurgicale. *Greffer un organe.* ⇒ **transplanter.** *On lui a greffé un rein.* 3 Pratiquer une greffe sur (qqn). ➛ *Un brûlé greffé.* Subst. *Les greffés du cœur.* 4 Ajouter, insérer. « *en greffant après coup de nouveaux opéras sur ces symphonies dramatiques* » (R. Rolland). ➛ pronom. « *Le drame de famille s'était greffé à vif sur le drame d'amour* » (Mart. du G.).

greffier, ière n. – XIIIe ▪ Officier public préposé au greffe.

❑ Le féminin ne saurait être rare, 86% des « greffiers » étant des femmes.

greffoir n. m. – XVIIIe ▪ Outil, couteau à greffer.

greffon n. m. – XVIe 1 Partie d'un végétal dont on veut obtenir de nouveaux spécimens et qu'on greffe sur un autre végétal. ⇒ ② **greffe.** 2 Fragment de tissu ou d'organe transplanté dans l'opération de la greffe. ⇒ **transplant.**

grégaire adj. – XVIe ; lat. *grex* « troupeau » 1 Se dit des espèces dont les individus vivent en troupes. *Des animaux grégaires.* 2 Qui provoque le groupement d'êtres vivants, ou qui en résulte. *Instinct grégaire.* ➛ Qui porte certains individus à suivre avec docilité les impulsions du groupe où ils se trouvent. *Esprit grégaire* (⇒ **moutonnier**).

❏ Même famille que *agréger, ségrégation.*

grégarine n. f. – XIXe ; lat. *grex* « troupeau » ▪ Sporozoaire parasite du tube digestif des insectes, des crustacés et des vers de terre.

grégarisme n. m. – XIXe ▪ Instinct grégaire.

grège adj. – XVIe ; it. *(seta) greggia* « (soie) brute » **1** *Soie grège,* telle qu'on l'obtient après simple dévidage du cocon. ⇒ **brut ; écru. 2** De la couleur beige gris de la soie grège. *Des robes grèges.*

grégeois adj. m. – XIIe ; lat. *græcus* « grec » ▪ *FEU GRÉGEOIS :* mélange de soufre, de poix, de salpêtre, etc., que les Byzantins utilisaient à la guerre.

grégorien, ienne adj. – XVe ▪ Se dit de modifications liturgiques introduites par le pape Grégoire Ier au VIe s. *Rite grégorien.* ♦ *Chant grégorien :* le plain-chant.

grègues n. f. pl. – XVe ; provenç. *grega* « grecque » ▪ Haut-de-chausses.

① **grêle** n. f. – XIe **1** Précipitation constituée de grains de glace. ⇒ **grêlon, grésil.** *Averse de grêle.* **2** Ce qui s'abat sur qqn comme la grêle. *Une grêle de coups.* ➛ *Il l'accablait* « *d'une grêle de phrases qui répétaient la même idée* » (Balz.).

② **grêle** adj. – XIIe ; lat. *gracilis* « gracile » **1** D'une longueur, d'une finesse excessive. ⇒ **filiforme,** ② **fin, fluet,** ① **maigre, mince.** *Pattes grêles.* **2** Aigu et peu intense. *Voix grêle.* **3** *L'intestin grêle,* ou n. m. *le grêle :* portion de l'intestin comprise entre le duodénum et le cæcum. ⇒ **iléon, jéjunum.** ✪ CONTR. Épais, ① fort.

❏ *Grêle* est le doublet populaire de *gracile.*

grêlé, ée adj. – XIIIe ▪ Marqué par la petite vérole. *Visage grêlé.*

grêler v. impers. [1] – XIIe ; germ. °*grisilôn* ▪ *Il grêle :* il tombe de la grêle. ♦ trans. Gâter, dévaster par la grêle. *Toute la région a été grêlée.*

grelin n. m. – XVIIe ▪ Fort cordage (plus mince, plus grêle que le câble).

grêlon n. m. – XVIe ▪ Grain de glace qui tombe pendant une averse de grêle. « *ces grêlons, dont quelques-uns avaient la grosseur d'un œuf de pigeon* » (J. Verne).

grelot n. m. – XIVe ; germ. *grell* « aigu » **1** Sonnette constituée d'une boule de métal creuse, percée de trous, contenant un morceau de métal qui la fait résonner dès qu'on l'agite. ➛ loc. fam. *Avoir les grelots :* avoir peur, trembler. **2** arg. Téléphone.

grelottant, ante adj. – XIXe ▪ Qui grelotte.

grelottement n. m. – XIXe ▪ Fait de grelotter. ⇒ **tremblement.** *Grelottement de fièvre. Il se rappelaient* « *le grelottement du déshabillage* » (Huysm.).

grelotter v. intr. [1] – XVIe **1** rare Émettre un bruit de grelot. **2** Trembler de froid ou sous l'effet d'une vive émotion. ⇒ **frissonner.** *Grelotter de peur.*

greluche n. f. – v. 1930 ; de *grelu* « gueux » ▪ fam. Jeune femme, jeune fille. ⇒ **nana.**

grémil n. m. – XIIIe ; premier élément d'o. i. et a. fr. *mil* « millet » ▪ Plante dicotylédone *(borraginées),* dite *herbe aux perles.*

grémille n. f. – XVIIIe ; mot région., p.-ê. lat. °*grumellus* « petit tas » ▪ Poisson d'eau douce originaire de l'Europe centrale *(percidés),* voisin de la perche, vivant sur les fonds de gravier.

grenache n. m. – XIIIe ; it. *vernaccia,* de la ville de *Vernazza* ▪ Cépage noir, à gros grains, cultivé dans le Languedoc, le Roussillon. ➛ Vin produit par ce cépage.

❏ Vernazza est située dans une importante région viticole italienne.

grenadage n. m. – v. 1914 ▪ Attaque à la grenade, lancement de grenades.

grenade n. f. – XIIe ; lat. *granatum* « (fruit) à grains » **I** Fruit du grenadier, baie ronde de la grosseur d'une orange, à saveur aigrelette, renfermant de nombreux pépins entourés d'une pulpe rouge. **II - 1** Projectile lancé à courte distance, formé d'une charge d'explosif enveloppée de métal et muni d'un détonateur pour régler l'explosion. *Grenade lacrymogène. Dégoupiller une grenade. Ils* « *lançaient des grenades et des bouteilles enflammées* » (Beauv.). **2** Ornement de l'uniforme des soldats du génie, des sapeurs-pompiers.

grenadeur n. m. – v. 1950 ▪ Appareil servant au lancement des grenades sous-marines.

① **grenadier** n. m. – XVe ▪ Arbrisseau épineux des régions tempérées *(punicacées),* à fleurs rouges. « *Un grand grenadier dont les belles fleurs rouges s'épanouissaient au soleil* » (Daud.).

② **grenadier** n. m. – XVIIe ▪ Soldat spécialisé dans le lancement des grenades. ➛ Soldat d'élite.

grenadière n. f. – XVIIe ▪ Sac à grenades.

grenadille n. f. – XVIe ▪ Passiflore dont le fruit rappelle la grenade. ♦ Fruit de cette plante.

grenadin n. m. – XVIIIe ; de *grenade* **1** Œillet rouge, très odorant. **2** Médaillon de veau taillé dans la sous-noix.

grenadine n. f. – XIXe ▪ Sirop fait de jus de grenade ou imitant le sirop de grenade. *Un* « *verre de grenadine, jolie comme confiture de rubis* » (Fargue). ➛ Verre de ce sirop.

grenage n. m. – XVIIIe ▪ Action de réduire en grains. ♦ Action de donner du grain, du relief à la surface lisse d'un matériau. ⇒ **grainage.**

grenaillage n. m. – XVIIIe ▪ Décapage, nettoyage par projection de grenaille.

grenaille n. f. – XIVe **1** Rebut de grain. *Jeter la grenaille aux poules.* **2** Métal réduit en grains. *Cartouche chargée de grenaille de plomb.* ⇒ **cendrée.**

grenailler v. tr. [1] – XVIIIe ▪ Réduire en petits grains.

grenaison n. f. – XVIe ▪ Formation du grain des céréales.

grenat n. m. – XIIe ; de *grenade* **1** Pierre fine très dure (silicates complexes), généralement d'un beau rouge sombre. ⇒ **escarboucle. 2** Rouge sombre. ⇒ **bordeaux.** Adj. inv. « *un chapeau rouge avec une couronne de roses grenat* » (Cendrars).

grené, ée [gʀəne] adj. – XVIe ▪ Qui offre une multitude de petits grains très rapprochés. ⇒ **grenu.** *Cuir grené.*

greneler [gʀɛnle ; gʀənle] v. tr. [4] – XIVe ▪ Préparer (un cuir, un papier) de telle sorte qu'il paraisse couvert de grains. *Peau grenelée.* ⇒ **grené.**

grener [gʀəne] v. [5] – XIIe ; de *grain* **1** v. intr. Produire de la graine. *Le blé grène mal cette année.* **2** v. tr. Réduire en petits grains. **3** v. tr. Donner du grain à (une pierre lithographique, une glace ou une pièce de métal).

❏ On écrit aussi *grainer,* d'après *graine.*

grènetis n. m. – XVIIe ▪ Cordon fait de petits grains au bord des monnaies, des médailles. ⇒ **crénelage.**

greneur, euse n. – XIXe ▪ Ouvrier, ouvrière qui donne le grain aux pierres, aux plaques de métal utilisées en gravure.

grenier n. m. – XIIIe ; lat. *granum* « grain » 1 Partie d'un bâtiment de ferme, d'ordinaire située sous les combles, où l'on conserve les grains et les fourrages. ⇒ **fenil, grange,** ① **pailler.** *Grenier à blé.* ⇒ **silo.** ♦ Contrée fertile en blé. « *la Beauce, l'antique grenier de la France* » (Zola). 2 Étage supérieur d'une maison sous les combles. ⇒ ① **comble, mansarde.**

grenouillage n. m. – mil. XXe ▪ fam. Ensemble d'intrigues douteuses, de tractations malhonnêtes. ⇒ **magouille.**

grenouille n. f. – XIIIe ; lat. *rana* « grenouille » ▪ Batracien anoure aux pattes postérieures longues et palmées, à peau lisse, nageur et sauteur. *Grenouille verte, rousse.* ⇒ **rainette, roussette.** *La grenouille coasse. Larve de grenouille.* ⇒ **têtard.** *Grenouille mâle.* ➛ *Manger des cuisses de grenouilles.* ♦ loc. fam. *Mare aux grenouilles* : milieu politique malhonnête. ➛ *Avoir des grenouilles dans le ventre.* ⇒ **borborygme.**

grenouiller v. intr. [1] – av. 1945 ▪ fam. Pratiquer le grenouillage. ⇒ **magouiller.**

grenouillère n. f. – XIIIe ▪ Combinaison pour bébé dont les jambes se terminent en chaussons.

grenouillette n. f. – XVIe ; de *grenouille* 1 Renoncule d'eau à fleurs blanches. 2 Tumeur bénigne placée sous la langue.

grenu, ue adj. – XIIIe 1 Riche en grains. *Épis grenus.* 2 Qui semble formé de petits grains ; dont le grain est apparent. ⇒ **granité, granuleux, grené.** *Tissu grenu.* ♦ *Roches grenues,* à cristaux visibles. ⇒ **cristallin.**

grenure n. f. – XVIIIe ▪ État du cuir grené.

grès n. m. – XIIe ; germ. *°greot* « gravier » 1 Roche sédimentaire formée de nombreux petits éléments unis par un ciment de nature variable. « *des rochers de grès crayeux absolument nus* » (Cendrars). *Pavé, moellon de grès.* 2 Terre glaise mêlée de sable fin dont on fait des poteries. *Pot, pichet de grès.* ✪ HOM. Gray.

grésage n. m. – XIXe ▪ Action de gréser.

gréser v. tr. [6] – XVIIe 1 Polir, poncer avec une meule, de la poudre de grès. 2 Rogner au grésoir.

gréseux, euse adj. – XVIIIe ▪ De la nature du grès ; contenant du grès. *Roche gréseuse.*

grésil n. m. – XIe ; p.-ê. d'un gallo-roman *°crisiculum* « treillis, crible » ▪ Précipitation de fins granules de glace ou de neige fondue. « *Une pluie froide mêlée de grésil* » (Daud.).

❑ Le plus souvent, on prononce le *l* → chenil (rem.).

grésillement n. m. – XVIIIe 1 Crépitation analogue à celle du grésil qui tombe, à celle de certaines substances sur le feu. ⇒ **crépitement.** « *un bruit de grésillement, semblable à celui de l'huile bouillante dans laquelle on trempe un corps froid* » (Buff.). 2 rare Cri du grillon.

① **grésiller** v. impers. [1] – XIIe ▪ rare *Il grésille* : il y a du grésil. ⇒ **grêler.**

② **grésiller** v. intr. [1] – XIVe ; altér. de *grediller,* var. région. de *griller,* sous l'infl. de ① *grésiller* ▪ Produire un crépitement rapide et assez faible. « *D'énormes moustiques, la nuit, grésillaient autour des lampes* » (Yourcenar).

grésoir n. m. – XVIIe ▪ Instrument du vitrier servant à rogner les pointes du verre coupé au diamant.

gressin n. m. – XIXe ; it. *grissino* ▪ Petit bâtonnet allongé de pain séché, ayant la consistance des biscottes. ⇒ **longuet.**

① **grève** n. f. – XIIe ; lat. *°grava,* p.-ê. d'o. gaul. 1 Terrain plat, situé au bord de la mer ou d'un cours d'eau. ⇒ **bord, côte, plage, rivage.** « *La grève était déserte. Nulle trace, nulle empreinte* » (J. Verne). ➛ Banc de sable mobile. *Les grèves de la Loire.* 2 *La Grève, la place de Grève* : ancien nom de la place de l'Hôtel-de-Ville à Paris, située au bord de la Seine.

② **grève** n. f. – XIXe ; de *être en grève* « se tenir sur la place de *Grève* » 1 Cessation volontaire et collective du travail, décidée par les salariés dans un but revendicatif et entraînant la suppression du salaire pendant cette période. ⇒ **arrêt** (de travail), **débrayage.** *Droit de grève. Syndicat qui lance un ordre de grève. Préavis de grève. Grève illimitée. Grève des cheminots. Faire grève, faire la grève. Se mettre, être en grève. Usine en grève.* « *L'évasion des capitaux est contre mon pays un chantage aussi efficace que les grèves* » (Bernanos). ➛ *Grève générale,* touchant tous les services d'une entreprise, tous les secteurs d'une activité. *Grève sauvage,* qui éclate spontanément. *Grève surprise,* déclenchée sans préavis. *Grève tournante,* qui affecte successivement tous les secteurs de production. *Grève sur le tas,* les salariés présents à leur poste de travail demeurant inactifs. 2 Arrêt collectif d'une activité, par revendication ou protestation. *Grève des étudiants.* ♦ *GRÈVE DE LA FAIM* : attitude qui consiste à refuser toute nourriture.

❑ Les ouvriers qui cherchaient de l'embauche se réunissaient place de Grève (→ ① grève) ; *être en grève* signifiait « chercher du travail ». Au milieu du XIXe s., ce mot est passé du sens de « chômage » à celui de « refus de travail ».

grever [gʀəve] v. tr. [5] – XIIe ; lat. *gravare* « charger » ▪ Frapper de charges financières, de servitudes. ⇒ **charger, imposer.** *Dépenses qui grèvent un budget.* ⇒ **alourdir.** « *la propriété de votre mère est grevée d'hypothèques* » (Mart. du G.). ➛ *Grever l'économie d'un pays.* ⇒ **accabler, surcharger.** ✪ CONTR. Alléger, décharger, dégrever.

gréviste n. – XIXe ▪ Personne qui fait grève.

gribiche adj. – v. 1900 ; p.-ê. du moy. néerl. *kribbich* « grognon » ▪ *SAUCE GRIBICHE* : vinaigrette mêlée d'un hachis d'œuf dur, de cornichons, de câpres et de fines herbes.

gribouillage n. m. – XVIIIe ▪ Dessin informe comparable aux premières productions graphiques des jeunes enfants. ⇒ **gribouillis.** ♦ Écriture informe, illisible. ⇒ **griffonnage.**

gribouille n. m. – XVIe ; de *gribouiller* ▪ Personne naïve et mal avisée qui se jette stupidement dans les ennuis, les maux mêmes qu'elle voulait éviter.

gribouiller v. [1] – XVIIe ; néerl. *kriebelen,* ou var. de *grabouiller* 1 v. intr. Faire des gribouillages. ⇒ **barbouiller, griffonner.** *Enfant qui gribouille sur les murs.* 2 v. tr. Écrire, dessiner de manière confuse. ✪ CONTR. Calligraphier.

gribouilleur, euse n. – XVIIIe ▪ Personne qui gribouille.

gribouillis n. m. – XIXe ▪ Dessin, écriture informe. ⇒ **gribouillage.**

grièche → **pie-grièche**

grief n. m. – XIIIe ; de *grever* ▪ Sujet, motif de plainte. ⇒ **doléance, reproche.** *Avoir des griefs contre qqn, à l'égard de qqn. Exposer, formuler ses griefs* : se plaindre, protester. ➛ *Faire grief de qqch. à qqn,* le lui reprocher. « *Il n'a pas prononcé ce mot, je ne lui en fait pas grief* » (Duham.).

grièvement adv. – XIVe ; a. fr. *gref* « pénible à supporter » ▪ Gravement. ⇒ **sérieusement.** *Être grièvement blessé.* ✪ CONTR. Légèrement.

❑ *Grièvement* ne se rencontre qu'avec un adjectif signifiant « physiquement atteint ». *Gravement* est d'un emploi plus courant et plus large.

griffe n. f. – XIIIe I - 1 Formation cornée pointue et crochue, qui termine les doigts de certains animaux. *Les griffes rétractiles du chat. Griffes des oiseaux de proie* (⇒ ① **serre**). *Sortir ses griffes* (pour attaquer ou se défendre). *Rentrer ses griffes. Coup de griffe.* ♦ *Montrer les griffes :* menacer. *Toutes griffes dehors :* avec agressivité. *Coup de griffe :* attaque, remarque blessante. *Tomber sous la griffe de qqn,* en son pouvoir. *Être entre les griffes de qqn,* à la merci de ses mauvais desseins. ➡ région. (Belgique) Égratignure, éraflure. ⇒ **griffure.** 2 Racine tubéreuse. *Griffes d'asperge.* 3 Outil, instrument, pièce à dents recourbées. *Griffe de tapissier. Embrayage à griffes* (⇒ **crabot).** ➡ Petit crochet qui maintient une pierre sur un bijou. « *Avec son gros couteau, il ferait jaillir les pierres des griffes d'or qui les retenaient* » (Simenon). **II** - 1 Empreinte reproduisant une signature. *Apposer sa griffe.* 2 Marque de la personnalité de qqn dans ses œuvres. ⇒ **empreinte.** *La griffe voltairienne.* 3 Morceau d'étoffe cousu sur un vêtement, portant le nom du créateur. *Griffe de grand couturier.* ♦ Marque d'un fabricant de produits de luxe. *Vendre divers produits sous sa griffe.*

griffé, ée adj. – v. 1965 ▪ Qui porte une griffe. *Foulard griffé.* ✪ CONTR. Dégriffé, démarqué. — HOM. Griffer, gryphée.

❑ Le contraire de *griffé, dégriffé,* est d'un emploi plus courant.

griffer v. tr. [1] – XIVe ; germ. *grifan* « prendre, saisir » ▪ Égratigner d'un coup de griffe ou d'ongle. *Le chat lui a griffé la joue.* ➡ « *Il se battait comme une fille, les mains ouvertes, giflant et griffant* » (Maurois). ✪ HOM. Griffé, gryphée.

griffeur, euse adj. et n. – 1904 ▪ Qui donne des coups de griffe.

griffon n. m. – XIe ; gr. *grups* 1 Animal fabuleux, monstre à corps de lion, à tête et à ailes d'aigle. 2 Oiseau de proie de grande taille. 3 Chien de chasse (barbet) à poils longs et broussailleux. 4 Endroit où l'eau d'une source sort du sol.

griffonnage n. m. – XVIIe ▪ Écriture mal formée, illisible ; dessin informe. ⇒ **barbouillage, gribouillage, gribouillis.**

griffonnement n. m. – XVIIe ▪ Ébauche d'une sculpture, en cire ou en terre.

griffonner v. tr. [1] – XVIe ; de *griffer* ▪ Écrire d'une manière confuse, peu lisible. « *Je suis émerveillé de votre belle écriture, la plupart des princes griffonnent* » (Volt.). ♦ Dessiner grossièrement, confusément. ✪ CONTR. Calligraphier.

griffu, ue adj. – XVIe ▪ Armé de griffes, d'ongles longs et crochus. « *Elle croyait la tenir dans ses mains griffues pour tout le temps de sa vie* » (Sand).

griffure n. f. – XIXe ▪ Égratignure. ⇒ **écorchure, éraflure.** *Griffure sur la joue.*

grigne n. f. – XVIIe ; de *grigner* 1 Couleur dorée du pain. ♦ Fente que le boulanger fait sur le pain. 2 Inégalité du feutre.

grigner v. intr. [1] – XIIe ; germ. °*grînan* « faire la moue » ▪ Faire des plis, des fronces. *Couture qui grigne.* ⇒ **goder.**

grignotage n. m. – XIXe ▪ Action de grignoter. ♦ Tactique d'usure consistant en opérations restreintes et répétées.

grignotement n. m. – XVIIIe ▪ Action de grignoter. ♦ Bruit ainsi produit. *Le* « *grignotement de la pluie sur la capote de la calèche* » (Chateaub.).

grignoter v. [1] – XVIe ; de *grigner* 1 v. intr. Manger en rongeant. ➡ Manger très peu, du bout des dents. ⇒ **chipoter.** *Grignoter entre les repas.* 2 v. tr. Manger petit à petit, en rongeant. *Souris qui grignote un fromage.* ♦ Détruire peu à peu, lentement. « *La vie extérieure me ligote... Elle me grignote !* » (Céline). ➡ *Coureur qui grignote ses concurrents.*

grignoteur, euse adj. et n. f. – XVIe 1 Qui grignote. 2 n. f. Machine pour le découpage des bois, des métaux en feuille.

grignotis n. m. – XVIe ; de *grignoter* ▪ Taille en traits courts (gravure).

grigou n. m. – XVIIe ; langued. *grigou* « gredin, filou », de *grec* ▪ fam. Homme avare. *Un vieux grigou.*

grigri n. m. – XVIe ; o. i. ▪ Amulette ; objet magique, porte-bonheur (ou malheur).

❑ On écrit aussi *gris-gris.*

gril [gʀil] n. m. – XIIe ; de *grille* 1 Ustensile de cuisine formé d'une grille métallique ou plaque de fonte permettant une cuisson à feu vif. *Steak cuit sur le gril.* ♦ Ancien instrument de supplice. *Le gril de saint Laurent.* ➡ fam. *Être sur le gril,* extrêmement anxieux ou impatient. « *Paul se retournait sur le gril, brûlé de curiosité* » (Cocteau). 2 Claire-voie en amont d'une vanne d'écluse. ➡ Plancher à claire-voie au-dessus du cintre d'un théâtre. ➡ Chantier de carénage à claire-voie. 3 *Gril costal :* cage thoracique. ✪ HOM. Grill.

❑ Pour la prononciation → chenil (rem.).

grill [gʀil] n. m. – XIXe ; abrév. de l'angl. *grill-room* ▪ Restaurant où l'on mange essentiellement des grillades. *Des grills.* ✪ HOM. Gril.

grillade n. f. – XVIIe ▪ Tranche de viande, de poisson cuite au gril. *Grillade de porc, de thon.* « *Ils se retrouveraient pour déjeuner, d'un sandwich ou d'une grillade* » (Perec).

① **grillage** n. m. – XIVe ; de *grille* 1 Treillis qu'on met aux fenêtres, aux portes à jour, etc. *Grillage en bois des fenêtres arabes.* ⇒ **moucharabieh.** ♦ Clôture en treillis de fils de fer. ⇒ **claire-voie.** *Jardins enclos d'un grillage.* 2 Treillage bouchant un étang (pour y retenir le poisson).

② **grillage** n. m. – XVIIIe 1 Action de griller. *Le grillage du café* (⇒ **torréfaction).** 2 Opération consistant à chauffer au rouge un minerai en présence d'oxygène.

grillager v. tr. [3] – XIXe ▪ Munir d'un grillage. ➡ *Il* « *n'ouvrait jamais à personne sans avoir regardé par un guichet grillagé* » (Balz.).

grille n. f. – Xe ; lat. *craticula* « petit gril » **I** - 1 Assemblage à claire-voie de barreaux fermant une ouverture ou servant de séparation. *Grille d'une cage de fauves. Grille d'égout.* ➡ *Grille d'un confessionnal,* séparant le pénitent du confesseur. 2 Ouvrage de ferronnerie servant à enclore un terrain. ➡ Portail formé par une grille. « *la grille, qui, selon toute apparence, tournait rarement sur ses gonds oxydés* » (Hugo). 3 Châssis formé de barres parallèles, plaque ajourée, servant de support, de protection ou de filtre. *La grille d'un barbecue.* 4 Électrode en forme de grille ou de spirale, placée entre la cathode et l'anode d'un tube électronique. ➡ Électrode de commande d'un transistor à effet de champ. **II** - 1 Carton à jours conventionnels pour la lecture des textes rédigés en langage chiffré. « *Comme on ajuste sur les papiers diplomatiques la "grille" qui isole les mots vrais* » (Claudel). ➡ Quadrillage pour le chiffrement et le déchiffrement des messages. ⇒ **cryptographie.** ♦ *Grille de lecture :* interprétation (d'un phénomène) faite en fonction d'une idéologie. 2 Figure quadrillée. *Grille de loto.* 3 Tableau présentant une organisation, une répartition chiffrée ; cette organisation. *Grille de programmes de télévision.* ➡ *Grille des salaires.*

grille-pain n. m. inv. – XIXe ▪ Appareil électroménager servant à griller des tranches de pain. ⇒ **toasteur.**

① **griller** v. [1] - XIIe **I** v. tr. **1** Faire cuire, rôtir sur le gril. *Griller des saucisses.* ➛ *Viande grillée. Du pain grillé.* ♦ Cuire à sec sur des charbons ou de la braise. « *l'odeur du feu de bois et la châtaigne grillée* » (Colette). **2** Racornir par un excès de chaleur ou de froid. ⇒ **dessécher.** *La gelée grille les bourgeons.* **3** Torréfier. *Griller du café. Amandes grillées.* **4** fam. *Griller une cigarette.* ⇒ ① **fumer. 5** Mettre hors d'usage par un court-circuit ou par un courant trop intense. *Changer une ampoule grillée.* **6** *Griller un feu rouge,* le franchir sans s'arrêter. ⇒ **brûler.** ♦ fam. Dépasser, supplanter (un concurrent). ♦ *Être grillé :* être discrédité. **II** v. intr. **1** Cuire à chaleur vive. *Faire griller des châtaignes.* **2** *Griller de :* être impatient de, avoir envie de. ⇒ **brûler.** « *je grillais de monter chez elle* » (Sand).

② **griller** v. tr. [1] - XVe ▪ Fermer d'une grille. ⇒ **grillager.**

grilloir n. m. - XIXe ▪ Gril d'un four.

grillon n. m. - XVe ; lat. *grillus* ▪ Insecte orthoptère sauteur, de couleur noire, dont la stridulation est produite (chez le mâle) par le frottement des élytres. ⇒ fam. **cricri.** *Grillon du foyer.* « *le grillon – cette cigale de l'âtre de l'homme* » (Barbey).

grill-room → **grill**

grimaçant, ante adj. - XVIIe ▪ Qui grimace. « *ces visages indécis et grimaçants* » (Proust).

grimace n. f. - XIIIe ; germ. °*grima* « masque » **1** Expression caricaturale du visage due à la contraction de certains muscles faciaux. *Enfants qui s'amusent à se faire des grimaces.* « *des grimaces de clowns méchants* » (Tournier). *Grimace de dégoût, de douleur.* ♦ *Faire la grimace :* manifester son mécontentement, son dégoût. **2** au plur. littér. Politesses exagérées. ⇒ **façon, simagrée, singerie.** *Voilà bien des grimaces !* **3** Figure grotesque sculptée sur les sièges des stalles. **4** Mauvais pli (d'une étoffe).

grimacer v. intr. [3] - XVe **1** Faire des grimaces. *Grimacer de douleur.* **2** Faire un faux pli (étoffe). ⇒ **grigner.**

grimacier, ière adj. - XVIe ▪ Qui a l'habitude de faire des grimaces.

grimage n. m. - XIXe ▪ Maquillage de scène. *Le grimage d'un clown.*

grimer v. tr. [1] - XIXe ; de *grime* « grimace, ride » ▪ Farder, maquiller pour le théâtre, le cinéma (ou d'une manière outrancière). *Grimer un acteur en vieillard.* pronom. « *Il excellait à se déguiser, à se grimer* » (Balz.).

grimoire n. m. - XIIIe ; altér. de *grammaire* **1** Livre de magie à l'usage des sorciers. **2** Ouvrage ou discours obscur, inintelligible.

> ❑ *Grimoire* désignait au Moyen Âge la grammaire en latin, inintelligible pour le commun des mortels.

grimpant, ante adj. - XVIIe ▪ Qui grimpe, a l'habitude de grimper. ➛ *Plante grimpante,* dont la tige s'élève en s'accrochant ou en s'enroulant aux corps voisins.

grimpe n. f. - v. 1985 ▪ Escalade à mains nues de parois abruptes. ⇒ **varappe.**

grimpée n. f. - XIXe ▪ Ascension rude et pénible (⇒ **grimpette**).

grimper v. [1] - XVe ; forme nasalisée de *gripper* **I** v. intr. **1** Monter en s'aidant des mains et des pieds. *Grimper aux arbres. Grimper à l'échelle, à la corde.* ♦ n. m. LE GRIMPER : exercice à la corde lisse ou à nœuds. **2** Monter en s'accrochant. « *les plantes grimpantes grimpaient avec plus d'audace* » (J. Verne). **3** Monter avec effort sur un lieu élevé, d'accès difficile. *Grimper jusqu'au sommet d'un glacier.* ➛ « *La Simonne grimpa sur une chaise* » (Flaub.). **4** S'élever en pente raide. *La route grimpe.* **5** Accéder à un échelon supérieur. « *il était désireux de grimper aux sommets glacés de la société* » (Morand). **6** Monter, augmenter rapidement. *Prix qui grimpent.* **II** v. tr. ⇒ **escalader, gravir.** *Grimper un escalier quatre à quatre.* ✪ CONTR. Descendre, dévaler.

grimpereau n. m. - XVIe ▪ Passereau qui s'accroche aux troncs des arbres pour y chercher sa nourriture. ⇒ **échelette, sittelle.**

grimpette n. f. - XIXe ▪ fam. Chemin court en pente rapide. ⇒ **côte.** ➛ Action de grimper. ⇒ **grimpe, grimpée.**

grimpeur, euse adj. et n. - XVIe **1** Qui a l'habitude de grimper. *Les animaux grimpeurs.* **2** n. Personne qui pratique l'escalade, la grimpe (⇒ **varappeur**). **3** n. Cycliste qui excelle à monter les côtes.

grinçant, ante adj. - XIXe ▪ Qui grince. « *la petite porte grinçante de la villa* » (Queneau). ♦ *Des compliments grinçants.* ⇒ **aigre.** *Ironie grinçante.*

grincement n. m. - XVIe ▪ Action de grincer ; bruit aigre ou strident qui en résulte. ⇒ **couinement, crissement.** « *Le grincement de ma plume d'oie sur le papier* » (Léautaud). ➛ GRINCEMENT DE DENTS : douleur, tristesse. « *je ferai passer vos bouches convulsives du rire au grincement de dents* » (Hugo).

grincer v. intr. [3] - XIVe ; forme nasalisée de l'a. v. *grisser,* doublet de *crisser* **1** GRINCER DES DENTS : faire entendre un son en serrant les mâchoires et en frottant les dents d'en bas contre celles d'en haut. ⇒ **crisser. 2** Produire un son aigu et prolongé, désagréable. ⇒ **crier.** « *Une porte grinça sur ses gonds* » (Bosco). **3** Émettre un cri grinçant. *La chauve-souris grince.* ⇒ **couiner.**

grincheux, euse adj. et n. - XIXe ; var. dial. de *grinceur* « qui *grince* facilement des dents » ▪ D'humeur maussade et revêche. ⇒ **acariâtre, grognon, hargneux ;** région. **gringe.** *C'est un vieux grincheux.*

gringalet n. m. - XVIIe ; suisse all. *gränggeli* « homme chétif » ou a. fr. *quinqalet* « cheval », du gallois ▪ Homme de petite taille, de corps maigre et chétif. ⇒ **avorton, demi-portion.**

gringe adj. - XVIIIe ; germ. °*grisan* « craquer, crisser » ▪ région. (Suisse) Grincheux.

gringo [gʀiŋgo] n. et adj. - XIXe ; mot esp. ▪ Américain des États-Unis, anglo-saxon, pour les Latino-Américains.

> ❑ *Gringo* serait une altération de *griego* « grec » puis « jargon incompréhensible », plutôt que de *Green, go out* « vert ("soldat yankee") va-t'en ».

gringue n. m. - XIXe ; moy. fr. *grignon* « croûton » ▪ loc. fam. *Faire du gringue à qqn,* lui faire la cour.

griot, griotte n. - XVIIe ; p.-ê. port. *criado* « domestique » ▪ En Afrique, Membre de la caste de poètes musiciens, dépositaires de la tradition orale. « *C'est aux griots que revient le soin de battre le tam-tam pour les bamboulas* » (Loti). ✪ HOM. Griotte.

griotte n. f. - XVIe ; provenç. *agre* « aigre » **1** Cerise à queue courte, à chair molle et très acidulée, à jus coloré. **2** Calcaire d'aspect noduleux, verdâtre ou rougeâtre. ✪ HOM. Griotte (griot).

> ❑ *L'agriotte,* cerise acidulée comme son nom l'indiquait à l'origine, a abouti à *la griotte* par confusion du *a* initial avec celui de l'article féminin. Le même phénomène s'est produit pour *prêle.*

grippage n. m. - XIXe ▪ Ralentissement ou arrêt du mouvement (de pièces ou organes mécaniques), provoqué par le frottement et la dilatation des surfaces métalliques mal lubrifiées. ♦ *Le grippage de l'économie.*

grippal, ale, aux adj. – XIXe ▪ Propre à la grippe. *État grippal.*

grippe n. f. – XIIIe ; de *gripper* 1 PRENDRE EN GRIPPE : avoir une antipathie soudaine contre. « *Je prenais ma profession en grippe dix fois par jour* » (Sand). 2 Maladie infectieuse, à virus, contagieuse, caractérisée par un abattement général et des symptômes variés (fièvre, courbatures, atteintes des voies respiratoires). ⇒ **influenza.** *Épidémie de grippe. Grippe espagnole, asiatique.* ➛ *Grippe intestinale,* accompagnée de troubles intestinaux.

grippé, ée adj. et n. – XVIIIe ▪ Atteint de la grippe.

gripper v. [1] – XVe ; germ. °*grîpan* « saisir » **I** v. tr. Provoquer un grippage dans. *La rouille a grippé le mécanisme.* ➛ pronom. *Le moteur s'est grippé.* **II** v. intr. 1 Se froncer. *Soie qui grippe sous le pied-de-biche.* 2 S'accrocher, se coincer, s'arrêter par l'effet du grippage. ⇒ **se bloquer.** *Le moteur va gripper si on ne le graisse pas.* ✪ CONTR. ① Lâcher. Tourner (rond).

grippe-sou n. m. – XVIIe ▪ Personne avare qui économise sur tout et cherche à obtenir de l'argent par tous les moyens. ⇒ **rapiat.** *Des grippe-sous.*

gris, grise adj. et n. – XIIe ; germ. **I** - 1 D'une couleur intermédiaire entre le blanc et le noir. *Une souris grise. Un costume gris.* « *des oliviers plutôt gris que verts* » (Alain). « *Les branches des ficus et des palmiers pendaient* [...] *grises de poussière* » (Camus). ♦ *Temps gris.* ➛ *Il fait gris :* le temps est couvert. 2 *Cheveux gris,* dans lesquels il y a beaucoup de cheveux blancs. ⇒ **argenté.** « *Une vieille femme borgne à cheveux gris* » (Carco). 3 Sans éclat, sans intérêt. ⇒ ① **morne.** « *vie terne et grise* » (Balz.). 4 Qui est près d'être ivre. ⇒ **éméché, gai.** *Il tomba « la tête sur la table, non pas gris, mais ivre mort »* (Balz.). **II** n. m. 1 Couleur grise. « *L'ennui de toute peinture est le gris* » (Delacroix). *Gris perle, souris, ardoise, anthracite.* 2 Robe d'un cheval, caractérisée par un mélange de poils blancs, noirs et autres. *Gris pommelé.* 3 Vêtements gris. *Le gris est peu salissant.* 4 Tabac ordinaire de la Régie (enveloppé de papier gris).

grisaille n. f. – XVIIe 1 Peinture monochrome en camaïeu gris. 2 Caractère terne, atmosphère morne, manque d'éclat ou d'intérêt. « *tout se fondait en une grisaille lugubre* » (Simenon). *La grisaille du quotidien.* ⇒ **monotonie, tristesse.** ✪ CONTR. Couleur, éclat, fraîcheur.

grisant, ante adj. – XIXe ▪ Qui grise. ⇒ **enivrant, excitant.** *Succès grisant.*

grisard n. m. – XIVe ▪ Peuplier argenté.

grisâtre adj. – XVIe ▪ Qui tire sur le gris. « *Une forme grisâtre oscille dans l'eau* » (Hugo).

grisbi n. m. – XIXe ; de *gris* « monnaie grise » ▪ arg. Argent. « *Touchez pas au grisbi* », *roman de Simonin.*

grisé n. m. – XIXe ▪ Teinte grise obtenue par des hachures, par un pointillé.

griser v. tr. [1] – XVIe **I** - 1 Rendre gris, un peu ivre. ⇒ **enivrer, soûler.** *Alcool qui grise.* ♦ « *Cet air vif des montagnes qui grise et qui fait danser* » (Daud.). 2 Agiter psychologiquement, en étourdissant légèrement. ⇒ **enivrer, étourdir, exciter.** *Se laisser griser par le succès.* **II** v. pron. 1 S'enivrer. 2 S'exalter, se repaître. « *L'aigle se grise de son vol* » (Gide).

griserie n. f. – XIXe 1 Excitation comparable aux premiers effets de l'ivresse. ⇒ **étourdissement, exaltation, ivresse.** « *La vitesse, griserie inconnue de nos pères* » (Mauriac). 2 Exaltation s'accompagnant d'une certaine altération du jugement. *La griserie du pouvoir.*

griset n. m. – XIIe 1 Jeune passereau qui a encore le plumage gris. 2 Petit requin. 3 Champignon, variété de tricholome comestible.

grisette n. f. – XIIe ▪ vieilli Jeune ouvrière dans les maisons de couture, de mœurs faciles et légères.

gris-gris → **grigri.**

grisoller v. intr. [1] – XVIIIe ; d'un rad. onomat. ▪ rare Faire entendre son chant (en parlant de l'alouette).

grison, onne adj. et n. – XIXe ; romanche *grischun* ▪ Du canton suisse des Grisons. ♦ n. Habitant ou originaire de ce canton. ➛ n. m. rare Langue romane parlée par les Grisons. ⇒ **romanche.**

grisonnant, ante adj. – XVIe ▪ Qui grisonne. *Tempes grisonnantes.* ➛ « *un gros bonhomme grisonnant* » (Proust).

grisonnement n. m. – XVIe ▪ littér. État du poil, des cheveux qui grisonnent.

grisonner v. intr. [1] – XVe ▪ Commencer à devenir gris. *Ses cheveux grisonnent.* ➛ Commencer à avoir le poil gris par l'effet de l'âge. « *âgé de quarante-cinq ans environ, il grisonnait déjà* » (J. Verne).

grisou n. m. – XVIIIe ; forme wallonne de *grégeois* ▪ Gaz combustible formé de méthane, d'anhydride carbonique et d'azote, qui se dégage dans certaines mines de houille. ➛ COUP DE GRISOU : explosion du grisou au contact de l'air.

grisoumètre n. m. – XIXe ▪ Appareil servant à mesurer la proportion de grisou dans l'air d'une mine.

grisouteux, euse adj. – XIXe ▪ Qui contient du grisou.

> ❑ Un *t* ajouté à la fin de *grisou* pour former son dérivé *grisouteux,* comme pour *caillou, caillouteux.*

grive n. f. – XIIIe ; p.-ê. a. fr. *griu* « grec » ou lat. *cribrum* « crible » ▪ Oiseau *(passériformes)* dont le plumage est brun plus ou moins clair, parsemé de taches noirâtres. « *elle était grasse comme une grive après la vendange* » (Balz.). *Pâté de grives.*

grivelé, ée adj. – XIIIe ; de *grivel* « bœuf tacheté » ▪ Tacheté, mêlé de brun (ou de gris) et de blanc. *Oiseau grivelé.*

griveler v. intr. [4] – XVIIe ; de *grive* ou de °*grivel* « crible » ▪ Être coupable de grivèlerie.

grivèlerie n. f. – XVIe ▪ Escroquerie qui consiste à consommer sans payer, dans un café, un restaurant, un hôtel.

grivelure n. f. – XVIe ▪ Coloration, nuance blanche, grise et brune.

grivois, oise adj. – XVIIe ; de *grive* « guerre » ▪ Qui est d'une gaieté licencieuse. ⇒ **égrillard,** ① **gaillard, gaulois, léger, leste, libertin.** *Chansons grivoises.* ⇒ ② **cru, paillard,** ① **salé ;** fam. **cochon.** ✪ CONTR. Honnête, prude, pudibond.

grivoiserie n. f. – XIXe ▪ Caractère de ce qui est grivois. ⇒ **gauloiserie, licence, paillardise.** ♦ Action ou parole grivoise.

grizzli ou **grizzly** n. m. – XIXe ; angl. *grizzly (bear)* « (ours) grisâtre » ▪ Ours gris des montagnes Rocheuses.

grœnendael [grɔ(n)ɛndal] n. m. – 1933 ; mot flamand, nom d'un village de Belgique ▪ Chien de berger à longs poils noirs.

grog [grɔg] n. m. – XVIIIe ; mot angl., sobriquet de l'amiral Vernon, *Old Grog* (il était habillé de gros grain, *grogram*), qui obligea ses marins à étendre d'eau leur ration de rhum ▪ Boisson faite d'eau chaude sucrée et d'eau-de-vie, de rhum. « *une espèce de grog composé de sucre, d'eau-de-vie et d'eau chaude, un puissant digestif* » (Barbey).

groggy [gRɔgi] **adj. inv.** – 1910 ; mot angl. « ivre » ▪ Étourdi par les coups, qui semble près de s'écrouler. ⇒ **sonné.** ◆ fam. « *à la cinquième coupe, j'étais complètement groggy* » (Aymé).

grognard **n. m.** – XIIIe ▪ Soldat de la vieille garde, sous Napoléon Ier.

grognasse **n. f.** – XIXe ▪ vulg. Femme laide et d'humeur acariâtre. ⇒ **pouffiasse.** « *Ça veut tout savoir les grognasses !* » (Céline).

grogne **n. f.** – XIVe ▪ Mécontentement exprimé par un groupe de personnes. *La grogne des ouvriers.*

grognement **n. m.** – XVe 1 Cri du cochon, du sanglier, de l'ours. 2 Action de grogner, bruit que fait une personne qui grogne. ⇒ **grommellement.** « *Un grognement arriva du palier, la voix de Maheu bégayait, empâtée* » (Zola). ♦ *Des grognements de protestation.*

grogner **v. intr.** [1] – XIIe ; lat. *grunnire* 1 Pousser son cri, en parlant du cochon, du sanglier, de l'ours. ♦ Émettre un bruit sourd, une sorte de grondement. ⇒ **gronder.** *Chien qui grogne.* 2 Manifester son mécontentement par de sourdes protestations. ⇒ **bougonner, grommeler, maugréer, ronchonner.** *Obéir en grognant.* ⇒ **pester ;** fam. **maronner, râler, rouscailler, rouspéter.** « *je grogne même contre moi-même et tout seul* » (Flaub.).

grognon, onne **adj.** et **n.** – XVIIIe ▪ Qui a l'habitude de grogner, qui est d'une humeur maussade, désagréable. ⇒ **bougon, grincheux.** « *la vieille la plus grognon que je connus de ma vie* » (Rouss.). ◆ *Une moue grognon.* ✪ CONTR. Affable, aimable, gai.

❑ La forme *grognon* s'emploie tant au masculin qu'au féminin : la forme *grognonne* est rare. « *Une humeur fureteuse et grognon de marcassin* » (Colette). « *la compagnie grognonne des cochons* » (Sainte-Beuve).

groin **n. m.** – XIIe ; lat. *grunnire* « grogner » ▪ Museau du porc, du sanglier. ♦ Visage hideux, bestial.

groisil [gRwazi(l)] **n. m.** – XVIIe ; germ. *°greot* « gravier » ▪ Débris de verre pulvérisés utilisés dans la fabrication des verres communs **(⇒ calcin).**

❑ Pour la prononciation → chenil (rem.).

grole ou **grolle** **n. f.** – XVIe , lat. *gracula* ▪ région. (Ouest, Berry) Corneille, choucas, freux.

grolle **n. f.** – XIIIe ; lat. ▪ fam. Chaussure. « *il me truffe le cul à grands coups de grolles* » (Céline).

grommeler **v.** [4] – XIIe ; moy. néerl. *grommen* 1 **v. intr.** Murmurer, se plaindre entre ses dents. ⇒ **bougonner, grogner, gronder, ronchonner.** *Céder qqch. en grommelant.* ♦ Grogner, en parlant du sanglier. 2 **v. tr.** Dire de manière confuse et avec colère. *Grommeler des injures.* ⇒ **marmonner.**

grommellement **n. m.** – XVIe ▪ Action de grommeler ; bruit d'une personne qui grommelle. ◆ Paroles grommelées.

grondant, ante **adj.** – XVIe ▪ Qui gronde.

grondement **n. m.** – XIIIe 1 Son menaçant, sourd et prolongé. ⇒ **grognement.** *Les grondements d'un chien prêt à mordre.* 2 Bruit sourd et prolongé. « *un lointain grondement de tonnerre ébranla toute la mine* » (Zola). ✪ CONTR. Gazouillis, murmure.

gronder **v.** [1] – XIIIe ; lat. *grunnire* « grogner » **I** **v. intr.** 1 Émettre un son menaçant et sourd. ⇒ **grogner.** *Chien qui gronde.* 2 Produire un bruit sourd, grave et plus ou moins menaçant. *Le canon gronde.* ◆ *La mer gronde.* ♦ Être menaçant, près d'éclater. *La révolte gronde.* 3 vx ou littér. Murmurer, se plaindre à voix basse entre ses dents. ⇒ **bougonner, grogner, grommeler, murmurer, ronchonner.** *Gronder entre ses dents.* **II** **v. tr.** Réprimander. ⇒ **attraper, sermonner, tancer ;** fam. **engueuler, enguirlander, secouer.** « *en prenant une grosse voix, comme on fait pour gronder les petits enfants* » (Loti). *Se faire gronder.* ✪ CONTR. (de II) CONTR. ① Louer, remercier.

gronderie **n. f.** – XVIe ▪ Action de gronder ; réprimande. ⇒ **admonestation ;** fam. **engueulade.**

grondeur, euse **adj.** – XVIe 1 Qui a l'habitude de gronder. ⇒ **bougon, grognon.** 2 Qui émet un grondement. ⇒ **bruyant, ronflant, tonnant.** « *La terre est calme auprès de l'océan grondeur* » (Hugo). ✪ CONTR. Aimable, doux. Silencieux.

grondin **n. m.** – XVIe ; de *gronder* ▪ Poisson comestible *(triglidés)*, au corps épineux, généralement rose ou rouge. ⇒ **trigle.** *Rouget grondin et rouget barbet.* ⇒ **rouget.**

❑ Ce poisson fait entendre un *grondement* quand il est pris.

groom [gRum] **n. m.** – XVIIe ; mot angl. « jeune homme, valet » ▪ Jeune employé en livrée, chargé de faire les courses dans les hôtels, les restaurants, les cercles. ⇒ **chasseur.**

gros, grosse **adj., adv.** et **n.** – XIe ; lat. *grossus* **I** **adj.** 1 Qui, dans son genre, dépasse la mesure ordinaire, moyenne. *Une grosse pierre. Gros nuage, grosse vague. Gros paquet.* ⇒ **volumineux.** *Gros livre. Gros chat.* « *La grenouille qui veut se faire aussi grosse que le bœuf* » (La Font.). *Un gros poisson.* ◆ subst. *La pêche au gros.* 2 Qui est plus large ou plus gras que la moyenne des êtres humains. ⇒ **corpulent, empâté, énorme, épais, ① fort, gras, massif, obèse, pesant, rebondi, replet, rond, rondelet, ventripotent.** « *Blaud est un gros garçon bien en chair* » (Gide). *Gros et gras. Grosse dame. Gros bébé.* ⇒ **joufflu, potelé.** *Elle est trop grosse, elle voudrait maigrir.* ◆ loc. *Être Gros-Jean comme devant* : éprouver quelque désillusion. ♦ *Un gros ventre.* ⇒ **arrondi, bombé, renflé.** *Avoir une grosse tête. Grosse poitrine.* ⇒ **opulent.** *Grosses lèvres.* ⇒ **charnu, épais.** *De gros yeux ronds.* ⇒ **globuleux.** ♦ *Gros comme le poing, comme une tête d'épingle.* 3 Désignant une catégorie de grande taille. *Gros sel.* 4 Qui est temporairement anormalement gros. ⇒ **enflé.** « *les yeux gros de larmes* » (France). *Avoir le cœur gros* : avoir du chagrin. ♦ *Grosse mer* : mer houleuse dont les vagues s'enflent. ◆ *Gros temps* : mauvais temps. « *Très gros temps sur la côte de Sion* » (Gracq). ♦ vieilli *Femme grosse.* ⇒ ① **enceinte.** « *Tu es grosse, tu es perdue, tu es déshonorée* » (Barbey). *La vache est grosse.* ⇒ **pleine.** ♦ GROS DE... : qui recèle (certaines choses) en germe, en puissance. *Nuée grosse d'orage.* « *Toute image avantageuse est grosse de menace* » (Tournier). ⇒ **lourd.** 5 Abondant, important. *Grosse averse. Grosse récolte. Gros village.* ◆ *Gros appétit*, qui ne se satisfait que par une grande quantité de nourriture. ♦ Qui dépasse ou semble dépasser la mesure exprimée. ⇒ ① **bon.** *Un gros kilo.* ♦ *Grosse fortune. Grosse somme.* ⇒ **considérable, immense, important.** *Faire de grosses dépenses.* ⇒ **excessif.** *Il a une grosse situation. Jouer gros jeu. Gros travaux.* ⇒ **grand.** *Gros dégâts.* ◆ *Le plus gros est fait.* ⇒ **essentiel, principal.** 6 *Gros buveur, gros mangeur* : personne qui boit, mange en très grande quantité. ⇒ **grand.** ♦ Important par le rang, par la fortune. ⇒ **influent, opulent, riche.** *Gros propriétaire.* 7 Dont les effets sont importants. ⇒ ① **fort, intense.** *Une grosse voix*, forte et grave. *Gros baiser.* ⇒ **sonore.** *Gros soupir.* ⇒ **profond.** ◆ *Grosse fièvre.* ⇒ **violent.** ◆ *De gros ennuis. Gros chagrin. Grosse erreur.* ⇒ **grave.** 8 Qui manque de raffinement, de finesse, de délicatesse. ⇒ **commun, épais, grossier, ordinaire.** *Avoir de gros traits. Du gros rouge* : vin très ordinaire. *Gros travaux.* ⇒ **pénible.** ◆ *Grosse plaisanterie.* ⇒ **vulgaire.**

– « *des questions de gros bon sens* » (Gide). ⇒ **simple, solide.** – GROS MOT : mot grossier. *Dire des gros mots.* – *C'est gros, un peu gros* : c'est difficile à croire. – *Dire des bêtises grosses comme soi.* **II adv. 1** Dans de grandes dimensions. *Écrire gros,* avec de gros caractères. ♦ ⇒ **beaucoup.** « *Je gagne gros dans mon commerce* » (Stendh.). « *sans doute aurait-il donné gros pour ne pas être vu* » (Simenon). *Jouer gros,* une grosse somme. *Ça peut rapporter gros. Risquer gros* : s'exposer à de graves difficultés. – loc. fam. *Gros comme une maison* : énormément ; de manière évidente. – *En avoir gros sur le cœur* : avoir du chagrin, du dépit. **2** EN GROS : en grandes dimensions. *C'est écrit en gros.* – En grande quantité. *Vente en gros ou au détail.* – Dans les grandes lignes, sans entrer dans les détails. ⇒ **globalement, grosso modo, schématiquement.** « *En admettant que cela soit vrai "en gros"* » (Maurois). **III n. 1** Personne grosse. *Une petite grosse.* fam. *Un gros plein de soupe.* **2** pop. ou plaisant Personne riche, influente. « *Que peut-on gagner* [...] *à plaider contre un gros ?* » (Stendh.). **IV n. m. 1** La partie la plus grosse d'une chose. *Le gros de l'arbre* : le tronc. – La plus grande quantité. *Le gros de l'assemblée.* **2** Le moment le plus intense. « *Elle tremblait comme au gros de l'hiver* » (Aragon). ⇒ ① **fort.** – La partie la plus importante. ⇒ **essentiel, important, principal.** *Le gros d'un travail.* **3** *Commerce de gros,* d'achat et de revente en grandes quantités (opposé à *détail*). *Prix de gros.* ✪ CONTR. ① Fin, petit ; ① maigre. Faible ; délicat, ① fin. — HOM. Grau.

gros-bec n. m. – XVIe ▪ Moineau qui se nourrit d'insectes, de graines, d'amandes de fruits.

groschen [gʀɔʃɛn] n. m. – XVIIIe ; mot all. ▪ Centième du schilling autrichien.

gros-cul [gʀoky] n. m. – v. 1965 ; de *gros* et *cul*, pour *C. U.* « charge utile » ▪ fam. Poids lourd. ⇒ ① **camion.** *Des gros-culs.*

groseille n. f. – XIIe ; germ. °*krusil* **1** Fruit du groseillier. *Groseilles rouges, blanches. Gelée de groseille(s).* – *Groseille à maquereau* : grosse baie solitaire, verte, jaune ou rouge. ♦ *Groseille noire.* ⇒ ① **cassis. 2** Couleur rose vif voisin du rouge. adj. inv. *Des gants groseille.*

❑ La *groseille à maquereau* est employée dans une sauce accompagnant le *maquereau.*

groseillier n. m. – XIIe ▪ Arbuste cultivé pour ses fruits, les groseilles.

❑ À l'écrit, penser au *i* du suffixe *-ier* → arbre (rem.).

gros-grain n. m. – XVIe ▪ Tissu de soie à côtes plus ou moins grosses. ⇒ **ottoman.** ♦ Ruban de ce tissu. *Des gros-grains.*

gros-porteur n. m. – 1969 ▪ Avion de transport de grande capacité. *Des gros-porteurs.* Recomm. offic. pour *jumbo-jet.*

grosse n. f. – XIXe **1** Expédition d'une obligation notariée ou d'une décision judiciaire, dont les caractères sont plus gros que ceux de la minute, et qui est revêtue de la formule exécutoire. ⇒ **copie.** *La grosse d'un contrat.* **2** Douze douzaines.

grossesse n. f. – XIIIe ▪ État d'une femme enceinte. ⇒ **gestation, gravidité, maternité.** *Être au sixième mois de sa grossesse.* « *L'état de grossesse est pénible presque pour toutes les femmes* » (Dider.). *Grossesse gémellaire. Grossesse extra-utérine.* ♦ *Interruption volontaire de grossesse (I. V. G.)* : avortement provoqué avant douze semaines d'aménorrhée. – *Grossesse nerveuse* : ensemble de signes évoquant la grossesse en l'absence d'embryon. – *Grossesse à risque,* où des complications sont prévisibles.

grosseur n. f. – XIIe **1** État d'un être gros. ⇒ **corpulence, embonpoint, obésité, rotondité.** *Une race « un peu molle dans sa grosseur »* (Michelet). **2** Volume de ce qui est plus ou moins gros. ⇒ **dimension, épaisseur, largeur, taille.** *Trier des fruits selon leur grosseur.* ⇒ **calibre.** *Le faisan est de la grosseur du coq.* **3** Enflure. ⇒ **bosse, boule, tumeur.** *Avoir une grosseur à l'aine.* ✪ CONTR. Finesse, minceur, petitesse.

grossier, ière adj. – XIIe ; de *gros* **1** Qui est de mauvaise qualité ou façonné de manière rudimentaire. ⇒ **brut, commun, gros, ordinaire.** « *son vin noir et grossier* [...] *est du cru de sa vigne* » (Rouss.). ♦ Qui manque de soin, de fini. *Travail grossier. C'est une grossière imitation.* ⇒ **maladroit.** ♦ Qui manque d'élaboration, d'approfondissement, de précision. ⇒ **approximatif.** *Je n'en ai qu'une idée grossière.* ⇒ **élémentaire, imparfait, imprécis, sommaire,** ③ **vague. 2** Qui manque de finesse, de grâce. ⇒ **épais, lourd.** *Visage aux traits grossiers.* **3** Digne d'un esprit peu subtil, peu cultivé. ⇒ **gros, maladroit.** *C'est une ruse grossière. Faute, erreur grossière.* ⇒ **grave, lourd. 4** Qui offense la pudeur, est contraire aux bienséances. *Propos grossiers.* ⇒ ② **cru, inconvenant, incorrect, obscène, ordurier, scatologique, trivial, vulgaire.** *Mot grossier.* ⇒ **gros.** *Geste grossier.* **5** Qui agit d'une manière contraire aux bienséances. « *Le mari grossier, brutal* » (Daud.). ⇒ **discourtois, incorrect, insolent.** *Grossier personnage.* ⇒ **goujat.** ✪ CONTR. Fini, raffiné. Délicat, ① fin, parfait, ① précis. Correct, décent, distingué, élégant ; civil, courtois.

grossièrement adv. – XIVe **1** D'une manière grossière. *Bois grossièrement équarri.* ⇒ **sommairement.** – D'une manière sommaire. *Calculer grossièrement un prix de revient.* ⇒ **approximativement.** ♦ *Se tromper grossièrement.* ⇒ **lourdement. 2** D'une façon blessante ou inconvenante. *Répondre grossièrement à qqn.*

grossièreté n. f. – XVIIe **1** Caractère de ce qui est grossier, de peu de valeur, ou imparfaitement façonné, exécuté. *Grossièreté de fabrication.* **2** Ignorance ou mépris des bonnes manières ; action peu délicate, dans les relations sociales. « *elle a été révoltée de votre grossièreté de rustre* » (Maupass.). ⇒ **goujaterie, impolitesse, incorrection, insolence, muflerie. 3** Caractère de ce qui offense la pudeur, les bienséances. ⇒ **inconvenance, obscénité, trivialité, vulgarité.** *La grossièreté d'une plaisanterie.* – Caractère d'une personne grossière dans son langage. ♦ Mot, propos grossier. ⇒ **cochonnerie, obscénité.** « *Il disait des grossièretés, des obscénités et des ordures* » (Hugo). ✪ CONTR. Finesse. Délicatesse. Civilité, politesse. Attention, égard. Bienséance, correction, distinction.

grossir v. [2] – XIIe **I v. intr. 1** Devenir gros, plus gros. *Elle a beaucoup grossi.* ⇒ **engraisser, épaissir ;** s'**empâter.** *Les féculents font grossir. Il a grossi de cinq kilos en trois mois.* – *La rivière a grossi.* « *Les ganglions avaient encore grossi* » (Camus). ⇒ **enfler, gonfler. 2** Augmenter. *La foule des badauds grossissait. Bruit qui grossit.* **3** Prendre de l'ampleur, des proportions. ⇒ s'**amplifier.** *Nouvelle qui grossit.* **II v. tr. 1** Rendre gros, plus gros, volumineux. « *une de ces belles pluies qui grossissent tout à coup les ruisseaux* » (Balz.). ♦ Faire paraître gros, plus gros. *Ce vêtement vous grossit.* – *Microscope qui grossit mille fois.* **2** Rendre plus nombreux, plus important. ⇒ **accroître, augmenter.** *Grossir le nombre des mécontents. Les Buteau « grossissaient la note des frais »* (Zola). ⇒ **gonfler. 3** Accorder une importance exagérée ou accrue à (qqch.), par la pensée ou le langage. ⇒ **amplifier, exagérer.** *On a grossi l'affaire à des fins politiques.* ✪ CONTR. Maigrir. Rapetisser. Décroître, faiblir. — Amincir. Minimiser.

grossissant, ante adj. – XVIIIe ▪ Qui fait paraître plus gros. *Verre grossissant.*

grossissement n. m. – XVIe **1** Fait de devenir gros, d'augmenter de volume. *Grossissement d'une tumeur.* ⇒ **développement.** **2** Action de rendre plus gros. ⇒ **agrandissement.** ♦ Rapport des angles sous lesquels l'image d'un objet est vue dans un instrument d'optique et l'objet vu à l'œil nu. *Loupe à fort grossissement.* **3** Amplification. ⇒ **exagération.** *Des choses qui, vues « sous un certain angle, avec un certain grossissement* [...] *offrent des côtés ridicules »* (R. Rolland). ✪ CONTR. Amaigrissement. Amoindrissement, réduction.

grossiste n. – XIXe ▪ Commerçant de gros. ✪ CONTR. Détaillant.

grosso modo loc. adv. – XVIe ; lat. « d'une manière grosse » ▪ En gros, sans entrer dans le détail. ✪ CONTR. Exactement, précisément.

grossoyer v. tr. [8] – XIVe ▪ Faire la grosse de. ⇒ **copier, expédier.** *Notaire qui grossoie un acte.*

grotesque n. et adj. – XVIe ; it. *grotta* « grotte » **I** n. m. ou f. pl. **1** Ornements fantastiques découverts aux XVe et XVIe s. dans les ruines des monuments antiques italiens. ➛ *Les grotesques de Raphaël,* à l'imitation des grotesques antiques. **2** Figures fantasques, caricaturales. *Peintre de grotesques.* **II - 1** adj. Risible par son apparence bizarre, caricaturale. ⇒ **burlesque, extravagant.** *Personnage grotesque. Accoutrement grotesque.* ♦ Qui prête à rire. ⇒ **ridicule.** *Une histoire banale et grotesque. « si je suis triste, je me trouve grotesque »* (Gide). **2** n. m. Ce qui est grotesque, le genre grotesque. *Il est d'un grotesque achevé.* ♦ Le comique de caricature poussé jusqu'au fantastique, à l'irréel. *« Le mélange du grotesque et du tragique est agréable à l'esprit »* (Baud.). ✪ CONTR. (de II) CONTR. Ordinaire ; sérieux.

grotte n. f. – XIIIe ; lat. *crypta* ▪ Cavité naturelle de grande taille dans le rocher, le flanc d'une montagne, etc. ⇒ **antre, caverne.** *Grottes préhistoriques.*

> ❑ Même famille étymologique que *crypte.*

grouillant, ante adj. – XVIe **1** Qui grouille, remue en masse confuse. ⇒ **fourmillant.** *Foule grouillante.* **2** Qui grouille (de...). *Place grouillante de monde. « une de ces paillasses grouillantes de poux »* (Yourcenar). ✪ CONTR. Immobile. ① Désert.

grouillement n. m. – XVIIIe ▪ État de ce qui grouille. ⇒ **fourmillement, pullulement.**

grouiller v. intr. [1] – XVe ; p.-ê. de *grouler,* forme région. de *crouler* **1** Remuer, s'agiter en masse confuse, en parlant d'éléments nombreux. ⇒ **fourmiller, pulluler.** *Les vers grouillent sur la viande avariée.* **2** GROUILLER DE : être plein de, abonder en (êtres en mouvement). *Rue qui grouille de monde.* **3** v. pron. fam. Se dépêcher, se hâter. ⇒ se **dégrouiller,** se **manier.** *« grouille-toi, fais fiça, magne-toi le pot, le popotin »* (Queneau).

grouillot n. m. – 1913 ; de *grouiller* **1** À la Bourse, Jeune employé qui porte les ordres d'achat, de vente. **2** Apprenti, débutant, personne chargée de faire de petites besognes.

groupage n. m. – XIXe **1** Action de regrouper, pour les acheminer, des colis provenant de plusieurs expéditeurs ou adressés à plusieurs destinataires. *Tarif de groupage.* **2** Détermination du groupe sanguin. ➛ *Groupage tissulaire :* identification des antigènes d'histocompatibilité, caractérisant le groupe* tissulaire d'un individu.

groupe n. m. – XVIIe ; it. *gruppo* « nœud, assemblage », d'o. germ. °*kruppa* « masse arrondie » **1** Ensemble de personnes réunies dans un même lieu. ⇒ **réunion.** *« un groupe de poissardes et d'écaillères qui se disputaient »* (Vigny). *Se mêler à un groupe de touristes. Des groupes se formèrent dans la rue.* ⇒ **attroupement.** **2** Ensemble de personnes ayant des caractères en commun. ⇒ **association.** *Groupe humain, groupe social.* ⇒ **collectivité, communauté, société ; classe.** *Appartenir à un groupe. Groupe fermé.* ⇒ **clan, coterie.** *Groupe de travail.* ⇒ **comité, commission, séminaire.** *Travail en groupe.* ⇒ **équipe.** *Tarif, billet de groupe.* ♦ *Groupe politique, parlementaire :* ensemble des parlementaires d'un même parti. ➛ GROUPE DE PRESSION : ensemble de personnes ayant des intérêts communs et qui exercent une pression sur les organismes de décision. ⇒ **lobby.** ➛ *Groupe littéraire, artistique.* ⇒ **cénacle, école.** ➛ *Groupe financier. Groupe de presse. Groupe industriel :* ensemble d'entreprises. ⇒ **holding, trust.** ♦ Ensemble de musiciens et de chanteurs appartenant à une même formation. *Un groupe de rock.* ♦ Unité élémentaire de combat, dans l'infanterie. ➛ Unité dans l'armée de l'air. ➛ *Groupes armés. Groupe terroriste.* **3** Ensemble de choses ayant une cohérence de nature ou spatiale. *« Un groupe d'immenses cheminées d'usines et de fonderies »* (Maupass.). *Groupe de mots.* ♦ Gruppetto. *« écoutez les groupes aux violons »* (Alain). ♦ Réunion d'appareils moteur et générateur assurant une conversion d'énergie. *Groupe électrogène.* ♦ *Groupe scolaire :* ensemble des bâtiments d'une école communale. **4** *Ensemble ayant une structure de groupe,* où il existe une loi de composition interne, associative, ayant un élément neutre unique, et par laquelle tout élément a un seul symétrique. Cet ensemble lui-même. ⇒ **anneau, corps.** **5** Dans une classification, Ensemble de personnes, de choses ayant un caractère commun. ⇒ **catégorie, classe, division, espèce, famille, ordre, taxon ; sous-groupe.** *Un groupe de corps chimiques. Groupe de dialectes. Dans la grammaire traditionnelle, les verbes sont répartis en trois groupes.* ➛ GROUPES SANGUINS : classification des individus selon la présence ou l'absence d'agglutinogènes (antigènes) et d'agglutinines (anticorps) spécifiques des globules rouges et du sérum. *Groupe AB* (receveurs universels) ; *groupe 0* (donneurs universels). ➛ *Groupe tissulaire :* groupe de compatibilité permettant la greffe d'un organe **(⇒ H. L. A.).**

> ❑ Même famille étymologique que *croupe.* ♦ Les « trois groupes » de verbes induisent en erreur sur la régularité du 1er groupe (il y a des verbes en *-er* irréguliers)

groupement n. m. – XIXe **1** Action de réunir en groupe. ⇒ **assemblage, rassemblement.** *Groupement d'usines dans une zone industrielle.* ⇒ **concentration.** ➛ État de ce qui est en groupe. *Le groupement des parties.* ⇒ **arrangement, disposition.** **2** Réunion importante. ⇒ **association.** *« Elle appartenait même à un groupement d'extrême-droite »* (Montherl.). *Groupement syndical.* ⇒ **confédération, fédération.** *Groupement d'intérêt économique (G. I. E.).* ➛ *Groupement tactique :* réunion temporaire d'éléments de diverses armes en vue d'une mission précise. ♦ Association d'atomes dans une molécule qui lui confère les propriétés d'une fonction. *Groupement acide, amine.* ✪ CONTR. Dispersion, division.

grouper v. tr. [1] – XVIIe **1** Mettre ensemble. ⇒ **assembler, réunir.** *Grouper tous les adversaires du régime.* ⇒ **coaliser.** ➛ *« l'aptitude à grouper les faits, à confronter les signes »* (Duham.). ⇒ **rapprocher.** **2** v. pron. *Se grouper autour d'un chef. Groupez-vous par trois.* ✪ CONTR. Disperser, diviser, parsemer, séparer.

groupie n. – v. 1970 ; mot angl., de *group* « groupe » ▪ Personne qui admire beaucoup un musicien, un chanteur ou un groupe, qui le suit dans ses tournées et assiste à tous ses concerts. ⇒ **admirateur,** fam. **fan.**

❑ Les *groupies* étant le plus souvent des jeunes filles, ce mot se rencontre rarement au masculin.

groupuscule n. m. – 1932 ▪ Petit groupe politique. *Des groupuscules extrémistes.*

grouse n. f. – XVIIIe ; mot écossais ▪ Coq de bruyère d'Écosse. ⇒ **lagopède, tétras.**

gruau n. m. – XIIe ; germ. °*grût* 1 Grain d'avoine, privé de son. *Des gruaux.* ➛ Plat à base de gruau. ♦ Grain d'une céréale. ⇒ **farine.** 2 Fine fleur de froment. *Pain de gruau.*

grue n. f. – XIIe ; lat. *grus* I - 1 Grand oiseau échassier *(gruidés)* qui migre en troupe. *La grue craquette, glapit.* ♦ loc. *Faire le pied de grue :* attendre longtemps debout. 2 vieilli Prostituée. II - 1 Machine de levage et de manutention. ⇒ **bigue, chèvre, derrick, sapine.** *Grue télescopique de chantier. Grue flottante,* pour le chargement et le déchargement des navires. « *La grue tourna sur elle-même avec un bruit d'engrenage et de tremblotements séniles* » (Sartre). 2 *Grue de prise de vues :* appareil articulé permettant les mouvements de caméra.

gruger v. tr. [3] – XVe ; néerl. *gruizen* « écraser » 1 région. (Canada) Grignoter. 2 littér. Duper ; dépouiller de son bien. ⇒ **spolier,** ② **voler.** « *vous vous laisseriez gruger jusqu'au dernier sou par ce misérable* » (Balz.).

grume n. f. – XVIe ; lat. *gluma* « cosse, écorce » 1 Grain de raisin. 2 Écorce qui reste sur le bois coupé non encore équarri. ♦ Pièce de bois non encore équarrie. « *la senteur des grumes chauffées par le soleil* » (Genev.).

grumeau n. m. – XIIIe ; lat. *grumus* « motte (de terre) » ▪ Masse coagulée et gluante dans un liquide, une pâte. *Cette crème a fait des grumeaux, est pleine de grumeaux.*

grumeler (se) v. pron. [4] – XIIIe ▪ Se mettre en grumeaux.

grumeleux, euse adj. – XIVe 1 Qui est en grumeaux. *Crème grumeleuse.* 2 Qui présente des granulations. « *une peau grumeleuse, parce qu'elle avait la chair de poule* » (Sartre).

gruppetto, plur. **gruppetti** [grupeto ; grupɛtto, i] n. m. – XIXe ; mot it. « petit groupe » ▪ Ornement composé de trois ou quatre petites notes brodant autour d'une note principale. ⇒ **groupe.** *Exécuter des gruppetti* (ou *des gruppettos*) *avec légèreté.*

grutier, ière n. – 1953 ▪ Conducteur, conductrice d'une grue.

gruyère [gryjɛr] n. m. – XVIIe ; nom de lieu, en Suisse ▪ Fromage de lait de vache à pâte pressée cuite, de couleur ivoire, parsemé de quelques trous, d'abord fabriqué dans la Gruyère, puis en France et dans d'autres pays. ⇒ aussi ② **comté, emmenthal.** *Une meule de gruyère. Gruyère râpé.* « *cette soupe au gruyère, mijotée, écumeuse, filante* » (Mart. du G.).

❑ La prononciation [grɥjɛr] est très négligée. ♦ Pour la différence avec l'emmenthal → emmenthal (rem.).

gryphée n. f. – XIXe ; lat. *grypus* « recourbé » ▪ Mollusque lamellibranche, à coquille allongée et irrégulière. *Gryphée comestible :* huître portugaise. ✪ HOM. Griffé, griffer.

guai ou **guais** adj. m. – XVIIIe ; de *gai* « qui joue librement, qui a du jeu » ▪ Se dit du hareng quand il est vide de laitance et d'œufs. ✪ HOM. Gai, gay, guet.

guanaco [gwanako] n. m. – XVIe ; péruv. *huanaco* ▪ Lama sauvage.

guanine [gwanin] n. f. – XIXe ; de *guano* ▪ Une des quatre bases azotées, constituant des acides ribonucléique et désoxyribonucléique.

guano [gwano] n. m. – XVIe ; péruv. *huano* 1 Matière constituée par les amas de déjections d'oiseaux marins. *Le guano est un puissant engrais.* 2 Engrais fabriqué avec des débris et déchets d'origine animale. *Guano de poisson.*

guarani [gwarani] adj. et n. – XIXe ; mot guarani 1 Qui appartient à une population indienne du Paraguay. ⇒ aussi **tupi.** *La culture guarani.* ♦ n. m. La langue des Guaranis. 2 n. m. Unité monétaire du Paraguay.

① **gué** n. m. – XIe ; lat. *vadum,* croisé avec un germ. °*wad* ▪ Endroit d'une rivière où le niveau de l'eau est assez bas pour qu'on puisse traverser à pied. ⇒ **passage.** *Passer un gué. Traverser à gué.* « *les mules chargées de nos sacs et de nos couvertures passent à gué* » (Gide). ✪ HOM. Gai.

② **gué** interj. – XVIIe ; de *gai* ▪ vx Interjection exprimant la joie. *La bonne aventure, ô gué !*

guéable adj. – XIIe ▪ Que l'on peut passer à gué.

guèbre n. – XVIIe ; persan *gabr* « adorateur du feu » ▪ vieilli Fidèle de la religion de Zoroastre. ⇒ **parsi, zoroastrien.**

guède n. f. – XIe ; all. *Waid* 1 Pastel. 2 Couleur bleue que l'on extrayait de la guède et que l'on employait en teinturerie.

guéguerre n. f. – 1945 ; de *guerre* ▪ fam. Conflit jugé mineur.

guelfe n. m. – XIVe ; de *Welf,* nom d'une famille d'Allemagne ▪ Partisan du pape contre l'empereur du Saint Empire romain germanique, dans l'Italie médiévale. *Les guelfes, ennemis des gibelins*.*

guelte n. f. – XIXe ; all. *Geld* « argent » ▪ Pourcentage accordé à un employé de commerce, proportionnellement aux ventes qu'il effectue. ⇒ **boni, commission, gratification,** ② **prime.**

guenille n. f. – XVIIe ; p.-ê. gaul. °*wadana* « eau » 1 au plur. Vêtement en lambeaux. ⇒ **haillon, hardes, loque, nippe.** *Clochard en guenilles.* 2 Chose méprisable, d'importance nulle. « *Guenille, si l'on veut ; ma guenille m'est chère* » (Mol.).

guenon n. f. – XVIe ; p.-ê. même rad. que *guenille* 1 Singe femelle. 2 fam. Femme très laide.

❑ En zoologie, *guenon* désignait le cercopithèque, mâle ou femelle → singe (rem.).

guépard n. m. – XVIIe ; it. *gattopardo* « chat-léopard » ▪ Mammifère carnivore *(félidés)* à robe tachetée. « *les longs miaulements des guépards* » (Cendrars).

guêpe n. f. – XIIe ; lat. *vespa* 1 Insecte hyménoptère *(vespidés),* dont la femelle porte un aiguillon contenant un venin allergène. « *Autour du compotier de reines-claudes une guêpe bourdonnait* » (Mart. du G.). *Piqûre de guêpe.* ♦ TAILLE DE GUÊPE : taille très fine. 2 fam. *Pas folle la guêpe !* il (elle) a trop de ruse pour se laisser tromper.

guêpier n. m. – XIVe 1 Passereau se nourrissant surtout d'abeilles et de guêpes. 2 Nid de guêpes. ♦ Position critique dans une affaire, ou parmi des personnes hostiles, nuisibles. *Se fourrer dans un guêpier.*

guêpière n. f. – v. 1945 ▪ Gaine étroite qui amincit la taille.

guère adv. – XIe ; germ. °*waigaro* « beaucoup » 1 NE... GUÈRE : pas beaucoup, pas très. ⇒ **médiocrement, peu.** *Vous n'êtes guère raisonnable. La plus vieille* « *n'a guère plus de soixante ans* » (Gaut.). *Cela ne se dit guère.* « *La bêtise consterne et ne donne guère l'envie de rire* » (Cocteau). ➛ *Je n'ai guère de courage.* 2 Pas longtemps. *La paix ne dura guère. Tu ne tarderas guère.* ➛ Pas souvent, presque jamais. ⇒ **rarement.** *Vous ne venez guère nous voir.* 3 NE... GUÈRE QUE :

presque, seulement, si ce n'est. *Il n'y a guère que vous qui puissiez faire ce travail. Il n'y a guère que deux heures qu'elle est partie.* « *Ce terme n'est guère employé que par les docteurs* » (Gide). ✪ CONTR. Beaucoup, très. — HOM. Guerre.

guéret n. m. – XIe ; lat. *vervactum* « jachère » ■ Terre labourée et non ensemencée. *Ces sommets* « *avaient l'air de guérets abandonnés* » (Chateaub.).

guéri, ie adj. – XVIIe ■ Rétabli d'un mal physique. *Il a été très malade, mais le voilà guéri.* ⇒ **remis.** ♦ Débarrassé, délivré (d'une chose pénible, d'un poids). « *À tout jamais je suis guérie des bêtes. Je n'en veux plus* » (Genev.).

guéridon n. m. – XVIIe ; nom d'un personnage de farce ■ Table ronde, pourvue d'un seul pied central.

❑ Le mot *guéridon* sert de référence à un calembour traditionnel : *Si t'es gai, ris donc !*

guérilla n. f. – XIXe ; esp. « ligne de tirailleurs » ■ Guerre de harcèlement, de coups de main, menée par des partisans, des groupes clandestins.

guérillero ou **guérilléro** [gerijero] n. m. – XIXe ■ Soldat d'une guérilla.

guérir v. [2] – XIe ; germ. °*warjan* **I** v. tr. **1** Délivrer d'un mal physique ; rendre la santé à. ⇒ **sauver.** *Guérir un malade.* ✦ « *il n'y a point de médecin sans la passion de soigner et de guérir* » (Duham.). ♦ *Guérir une maladie.* **2** Faire disparaître les effets de. ⇒ **adoucir, calmer, pallier, remédier** (à). *Une peine que rien ne peut guérir.* « *Il est peu de plaies morales que la solitude ne guérisse* » (Balz.). **II** v. intr. **1** Recouvrer la santé ; aller mieux et sortir de maladie. ⇒ se **remettre,** se **rétablir.** « *le seul moyen de guérir, c'est de se considérer comme guéri* » (Flaub.). ✦ *Guérir d'un cancer.* ♦ *Plaie qui guérit vite.* ⇒ se **cicatriser,** se **fermer. 2** Être débarrassé, soulagé. « *Je sais un moyen de guérir De cette passion malsaine* » (Baud.). « *En amour, celui qui est guéri le premier est toujours le mieux guéri* » (La Rochef.). **III** v. pron. **1** Se délivrer d'un mal physique. *Il se guérira peu à peu.* **2** *Une maladie qui se guérit facilement.* ⇒ se **soigner,** se **traiter. 3** *Il ne s'est pas encore guéri de ses préjugés.* ⇒ se **débarrasser ;** se **délivrer ; perdre.** ✪ CONTR. Aggraver, détraquer.

guérison n. f. – XIe **1** Fait de guérir, de retrouver la santé. ⇒ **rétablissement.** *Convalescent en voie de guérison. Chances de guérison. Guérison complète.* **2** Disparition, fin. *Guérison d'un chagrin.* ⇒ **apaisement.** « *Attendre la guérison, la fin de l'amour* » (Colette). ✪ CONTR. Aggravation.

guérissable adj. – XIIIe ■ Qui peut être guéri. ⇒ **curable.** ✪ CONTR. Incurable, inguérissable.

guérisseur, euse n. – XIVe ■ Personne qui fait profession de guérir sans avoir la qualité de médecin et par des moyens non reconnus de la médecine. ⇒ **rebouteux.**

guérite n. f. – XIIIe ; provenç. *garir* « protéger » ■ Abri où une sentinelle se met à couvert. ⇒ arg. **guitoune.** « *Une guérite, de place en place, abrite un factionnaire l'arme au pied* » (Robbe-Grillet). ♦ Baraque aménagée pour abriter un travailleur isolé, faire office de bureau sur un chantier, etc.

guerre n. f. – XIe ; germ. °*werra* **I - 1** Lutte armée entre groupes sociaux, entre États, considérée comme un phénomène social. « *La guerre est un mal qui déshonore le genre humain* » (Fén.). « *Quelle connerie, la guerre* » (Prévert). *Déclarer la guerre. Faire la guerre. La guerre et la paix.* ♦ *EN GUERRE* : en état de guerre. *Nations en guerre. Entrer en guerre.* ♦ *DE GUERRE. État de guerre.* ⇒ **belligérance.** *Ruse de guerre.* ⇒ **embuscade, piège.** *Cri de guerre.* ✦ *Correspondant de guerre d'un journal.* ✦ *Homme de guerre ; gens de guerre* : soldats de métier. *Blessé, mutilé de guerre. Prise de guerre.* ⇒ **butin, capture.** *Prisonnier de guerre.* ✦ *Armes de guerre.* ✦ « *des navires de guerre battant pavillon britannique* » (Mart. du G.). *Port de guerre.* ✦ *Indemnités de guerre,* payées par le pays vaincu. **2** Les questions militaires ; l'organisation des armées (en temps de paix comme en temps de guerre). ⇒ ① **défense. 3** Conflit considéré comme un phénomène historique, localisé dans l'espace et dans le temps. ⇒ **conflagration, conflit, hostilité, lutte** (armée). *Menaces de guerre. En cas de guerre* : au cas où la guerre éclaterait. *Guerre qui éclate. Gagner, perdre une guerre. Durant, pendant la guerre. En temps de guerre.* ♦ *La guerre de Cent Ans. La guerre de 70* (1870). *La Grande Guerre, la guerre de 14* (1914). *La Première, la Seconde Guerre mondiale* (1914-1918 ; 1939-1945). ♦ *Guerre propre, guerre sale. Guerre de libération. Guerre de conquête. Guerre d'extermination. Guerre raciale* (⇒ **génocide**). *Guerre coloniale.* ✦ *Guerre planétaire,* qui s'étend à une partie importante de la planète. *Guerre ouverte* : hostilité déclarée. *Guerre totale,* qui utilise tous les moyens pour détruire l'adversaire. *Guerre d'usure.* ✦ *Guerre de positions, de tranchées. Guerre de mouvement. Guerre éclair,* fondée sur le principe d'une attaque foudroyante. *Guerre terrestre ; aérienne ; navale ; sous-marine. Guerre chimique, bactériologique. Guerre presse-bouton,* qui se fait au moyen de dispositifs automatiques. *Guerre atomique, nucléaire. Guerre des étoiles* : initiative de défense stratégique (I. D. S.). ✦ *PETITE GUERRE* : guerre de harcèlement, simulacre de guerre. ⇒ **exercice,** ① **manœuvre.** ✦ *Guerre sainte* : guerre que mènent les fidèles d'une religion au nom de leur foi (⇒ **croisade ; djihad**). *Guerres de Religion,* entre catholiques et protestants aux XVIe et XVIIe s. en France. *La guerre des pierres.* ⇒ **intifada.** ✦ *GUERRE CIVILE* : lutte armée entre groupes et citoyens d'un même État. « *la guerre civile est le règne du crime* » (Corn.). **4** Action de se battre dans un conflit armé ; situation individuelle de celui qui se bat. ⇒ **bataille, combat ;** fam. **baroud, casse-pipe.** *Aller à la guerre. Mourir à la guerre.* ⇒ **front. 5** Hostilité, lutte entre groupes sociaux, États, n'allant pas jusqu'au conflit armé. *Guerre économique. Guerre des ondes. Guerre de propagande, guerre idéologique. Guerre des nerfs,* visant à briser la résistance morale de l'adversaire. ✦ *Guerre froide* : état de tension, d'hostilité entre États. **II - 1** Toute espèce de combat, de lutte. *Guerre ouverte, déclarée entre deux personnes. Entre eux deux, c'est la guerre. Partir en guerre contre les préjugés.* ♦ *FAIRE LA GUERRE à qqn sur qqch., à propos de qqch.,* réprimer cette chose en lui. ✦ *Faire la guerre aux abus.* **2** loc. *DE GUERRE LASSE* : en renonçant à résister, à combattre. *Céder de guerre lasse.* ✦ *DE BONNE GUERRE* : sans hypocrisie ni traîtrise ⇒ **loyalement.** ✦ *À la guerre comme à la guerre* : il faut accepter les inconvénients qu'imposent les circonstances. ✪ CONTR. Paix ; concorde, entente. – HOM. Guère.

❑ Dans la locution *de guerre lasse,* l'adjectif reste au féminin. Selon Littré, cette tournure « représente une figure hardie où la lassitude est transposée de la personne à la guerre ». Selon Grevisse, il s'agirait de l'ancienne prononciation *las* [las]. → hélas.

guerrier, ière n. et adj. – XIe **I** n. Personne dont la fonction dans la société était de faire la guerre. ⇒ **combattant, militaire, soldat.** *Les guerriers francs.* ♦ mod. *Le guerrier* : l'homme de guerre, le soldat. « *Le droit de tuer, qui s'ajoute au risque de l'être, transporte le guerrier dans un univers d'une effrayante intensité* » (Caillois). ✦ *Le repos* du guerrier.* **II** adj. **1** littér. Relatif à la guerre, au combat, aux armes. ⇒ **militaire.** *Chant guerrier.* **2** Qui a ou qui montre des dispositions pour la guerre, aime se battre. ⇒ **belliqueux.** *Peuple guerrier.* ♦ *Air guerrier.* ⇒ **martial.** ✪ CONTR. Pacifique, pacifiste.

guerroyer v. intr. [8] - XIe ■ Faire la guerre. *Le seigneur guerroyait contre ses vassaux.* ⇒ **batailler,** se **battre.** ♦ *Guerroyer contre les abus, les privilèges.* ⇒ **lutter.**

❑ *Guerroyer,* au sens propre, ne s'emploie plus de nos jours qu'en parlant des gens de guerre du Moyen Âge, de l'Ancien Régime, ou par allusion à eux et plus ou moins ironiquement.

guet n. m. - XIIIe 1 Action de guetter. *Faire le guet.* ⇒ fam. **pet.** « *Vous devriez vous cacher dans un coin, faire le guet et, quand ce type arriverait, lui flanquer une bonne tatouille* » (Queneau). 2 vieilli Surveillance exercée de nuit par la troupe ou la police. *Postes de guet. Sentinelle chargée du guet.* ⇒ **faction,** ① **garde.** ✪ HOM. Gai, gay, guai.

guet-apens [gɛtapɑ̃] n. m. - XVe ; de *guet* et a. fr. *apenser* « réfléchir, préméditer » 1 Fait d'attendre qqn en un endroit pour exercer sur lui des actes de violence, le tuer. *Tomber dans un guet-apens. Endroit* « *désert et propice aux guets-apens* » (Gaut.). 2 Machination perfidement préparée. ⇒ **attaque, attentat, embûche, embuscade, piège, traquenard.**

guêtre n. f. - XVe ; p.-ê. germ. °*wrist* « cou-de-pied » ■ Enveloppe de tissu ou de cuir qui recouvre le haut de la chaussure et parfois le bas de la jambe. « *Il portait des souliers cachés par des guêtres* » (Balz.). *Boutons de guêtre.* ♦ loc. *Ça lui va comme des guêtres à un lapin,* très mal. ➛ *Traîner ses guêtres :* flâner, errer sans but précis.

guette ou **guète** n. f. - XVIIe ; p.-ê. de *guêtre* ■ Demi-croix de Saint-André, posée en contrefiche dans une charpente.

guetter v. tr. [1] - XIe ; germ. °*wahtôn* « veiller » 1 Observer pour surprendre. ⇒ ② **épier.** *Le chat guette la souris.* ➛ pronom. « *les deux lignes, face à face, se guettaient, haineuses et résignées* » (Dorgelès). ♦ *Guetter à sa fenêtre.* 2 Attendre avec impatience en étant attentif à ne pas laisser échapper. *Il* « *guettait en vain des symptômes nets de guérison* » (Mart. du G.). *Guetter une occasion favorable.* ➛ *Guetter le facteur.* 3 Attendre (qqn) en faisant peser sur lui une menace. ⇒ **menacer.** « *C'est la paralysie générale qui vous guette* » (Courtel.). ✪ HOM. Gaieté.

guetteur n. m. - XIIIe 1 Personne qui guette, qui est chargée de guetter et de donner l'alerte. 2 Préposé à la signalisation optique ou électrique, dans les phares, les sémaphores, les stations émettrices des côtes.

gueulante n. f. - 1939 ■ fam. Explosion de colère. *Pousser une gueulante.*

① **gueulard** n. m. - XIVe ■ Ouverture supérieure d'un haut fourneau.

② **gueulard, arde** adj. et n. - XIIIe I région. Gourmand ou glouton. II - 1 fam. Qui a l'habitude de gueuler, de parler haut et fort. ➛ *Quel gueulard !* 2 n. m. Porte-voix de marin.

gueule n. f. - Xe ; lat. *gula* « gosier, bouche » I Bouche (de certains animaux). *La gueule d'un chien, d'un brochet, d'un reptile.* « *il y avait deux poissons grillés, du fenouil leur sortait de la gueule* » (Duras). ➛ loc. *Se jeter, se précipiter dans la gueule du loup,* dans un danger certain, et de façon imprudente. II fam. 1 La bouche considérée comme servant à parler ou crier. ⇒ **clapet.** *Ferme ta gueule !* tais-toi. ➛ *Pousser un coup de gueule :* crier très fort. *Un fort en gueule, une grande gueule :* un homme bavard et grossier, souvent plus fort en paroles qu'en actes. « *Un peu trop forte en gueule, et fort impertinente* » (Mol.). *Crever la gueule ouverte :* mourir sans secours. 2 La bouche considérée comme servant à manger. *Ce piment arrache la gueule.* ➛ *Puer de la gueule :* avoir mauvaise haleine. ➛ *Une fine gueule.* ⇒ **gastronome, gourmet.** ➛ *S'en mettre plein la gueule :* s'empiffrer. *Se bourrer la gueule :* s'enivrer. 3 Figure, visage. *Il a une sale gueule. Faire la gueule à qqn.* ⇒ **bouder.** ➛ *Se casser la gueule.* ⇒ ① **tomber.** *Casser la gueule à qqn.* ⇒ **battre.** *Je vais lui mettre mon poing sur la gueule.* ➛ *Se foutre de, se payer la gueule de qqn,* se moquer de lui. *En prendre plein la gueule :* recevoir les pires affronts. ♦ *Gueule cassée :* mutilé de guerre blessé au visage. ♦ *Gueule noire.* ⇒ ② **mineur.** 4 Aspect, forme. *Ce chapeau a une drôle de gueule.* ➛ *Ce décor a de la gueule,* il fait grand effet. ⇒ **allure.** III - 1 *Fleur, corolle en gueule,* divisée en deux lèvres qui demeurent plus ou moins ouvertes. 2 Ouverture par laquelle entre ou sort qqch. *La gueule d'un pot, d'un canon.*

gueule-de-loup n. f. - XIXe 1 Muflier des jardins. *Des gueules-de-loup.* 2 Assemblage de deux pièces par une surface courbe.

gueulement n. m. - XIXe ■ fam. Cri. ⇒ **hurlement.**

gueuler v. intr. [1] - XVIIe ■ fam. 1 Parler, crier ou chanter très fort. ⇒ **hurler, vociférer.** ➛ Protester, revendiquer avec force. ⇒ **rouspéter.** « *Nous gueulons contre notre époque* » (Flaub.). ♦ trans. *Gueuler des ordres.* « *Qui ne gueule pas la vérité, quand il sait la vérité, se fait le complice des menteurs et des faussaires* » (Péguy). 2 Produire un grand bruit. « *Un voisin mit en marche une radio qui gueula* » (Queneau). ⇒ **beugler.**

gueules n. m. - XIIIe ; plur. de *gueule* ■ La couleur rouge de l'écu.

gueuleton n. m. - XVIIIe ■ fam. Repas gai où l'on mange et boit avec excès. ⇒ **festin.** *Faire un gueuleton.*

gueuletonner v. intr. [1] - XIXe ■ fam. Faire un gueuleton.

① **gueuse** n. f. - XVIe ; all. *Göse* « morceaux informes de fer fondu », plur. de *Gos* « oie » 1 Lingot de fonte. 2 Moule de sable dans lequel on verse le métal en fusion.

② **gueuse** → **gueux**

③ **gueuse** → **gueuze**

gueux, gueuse n. - XVe ; moy. néerl. *guit* « fripon, fourbe » 1 vx Personne qui est réduite à mendier pour vivre. ⇒ **clochard, mendiant, miséreux, vagabond, va-nu-pieds.** « *La Chanson des gueux* », *de J. Richepin.* 2 n. f. Femme de mauvaise vie. ⇒ **catin ; prostitué, ribaud.** ➛ loc. vieilli *Courir la gueuse :* se débaucher. ✪ HOM. ① Gueuse, gueuze.

gueuze ou **gueuse** n. f. - XIXe ; moy. néerl. *guit* « coquin » ■ Bière belge, forte et aigre. « *On y buvait du stout comme à Greenwich et de la gueuse brune comme à Anvers* » (Hugo).

❑ On emploie aussi *gueuze-lambic, gueuse-lambic.*

gugusse n. m. - XIXe ; de *Auguste* ■ fam. Personne qui ne peut être prise au sérieux. ⇒ **guignol.** *Qu'est-ce que c'est que ce gugusse ?* (⇒ **gus).**

① **gui** n. m. - XIVe ; lat. *viscum* ■ Plante parasite (*loranthacées*) à feuilles persistantes et à baies blanches, qui croît sur les branches de certains arbres. *Boules de gui.* « *S'embrasser sous le gui de Noël* » (Maurois).

② **gui** n. m. - XVIIe ; néerl. *giek* ou *gijk* ■ Fort espar arrondi sur lequel vient se border toute voile à corne. ⇒ **bôme.**

guibolle ou **guibole** n. f. - XIXe ; p.-ê. du norm. *guibon* « cuisse », rad. de *regimber* ■ fam. ⇒ **jambe.** « *Je cours guibolles à mon cou !* » (Céline).

guibre n. f. - XVIIIe ; altér. de *guivre* ■ Sur des navires en bois, Construction rapportée à l'avant et destinée à fournir les points d'appui nécessaires pour l'attache du beaupré.

guiche n. f. – XIIe ; probablt germ. *whitig* « lien d'osier » ▪ Mèches de cheveux plaquées sur le front, les tempes. ⇒ **accroche-cœur.**

guichet n. m. – XIIe ; scand. *vik* « cachette » **1** Petite ouverture, pratiquée dans une cloison et par laquelle on peut parler à qqn, faire passer des objets. *Le guichet d'une prison. Guichet grillagé.* ⇒ **judas.** ➛ *Le guichet d'un confessionnal.* **2** Petite ouverture par laquelle le public communique avec les employés d'une administration, d'un bureau. ⇒ aussi **hygiaphone.** *Le guichet de la gare.* ➛ loc. *Jouer à guichets fermés* (ou *bureaux fermés*), après avoir loué la totalité des places. ➛ *Guichet automatique de banque* : ordinateur permettant aux clients d'effectuer certaines opérations de banque. ⇒ **billetterie, distributeur** (de billets).

> ❑ *Guichet* continue d'être utilisé même lorsque les opérations administratives se déroulent de part et d'autre d'un simple comptoir séparant les employés du public, comme dans les banques.

guichetier, ière n. – XVIIe ▪ Préposé à un guichet.

guidage n. m. – XVIIe **1** Dispositif qui guide une pièce mobile d'une machine. **2** Aide apportée aux avions en vol par des stations radioélectriques. ⇒ **radioguidage.** **3** Processus visant à imposer une trajectoire à un mobile. ⇒ **autoguidage, radioguidage, téléguidage.**

guide n. m. et f. – XIVe **I** n. m. **1** Personne qui accompagne (qqn) pour montrer le chemin. *Servir de guide à qqn.* ⇒ **cicérone.** ➛ *Guide de montagne* : alpiniste professionnel. « *Un guide nous apporta quelques edelweiss, les pâles fleurs des glaciers* » (Maupass.). ➛ *Guide d'un musée, d'un monument historique. Suivez le guide ! Elle est guide.* fam. (n. f.) *La guide.* **2** fig. Personne qui conduit d'autres personnes dans la vie, les affaires. ⇒ ② **conseiller, mentor, pilote.** *Maître qu'on prend pour guide. Guide spirituel.* **3** Principe directeur qui inspire qqn. « *Consulte ta raison, prends sa clarté pour guide* » (Mol.). **4** Ouvrage contenant des informations pratiques. ⇒ aussi **vade-mecum.** *Guide touristique. Guide gastronomique.* « *Ne connaissant pas les hôtels de Sens, il fit halte sous un réverbère pour consulter le guide* » (St-Exup.). **II** n. f. **1** Jeune fille appartenant à un mouvement féminin de scoutisme. **2** ⇒ **guides.** **III** n. m. **1** Partie d'outillage dont le rôle est de diriger des pièces mobiles. ⇒ **glissière.** **2** *Guide d'ondes* : dispositif destiné à canaliser l'énergie électromagnétique.

guideau n. m. – XIVe **1** Barrage fait de planches inclinées, pour diriger l'écoulement de l'eau. **2** Filet de pêche en forme de sac.

guide-fil n. m. – XIXe ▪ Petit appareil destiné à guider les fils sur les bobines des métiers à filer et des machines à coudre. *Des guide-fils.*

guider v. tr. [1] – XIVe ; germ. *wîtan* « montrer une direction » **1** Accompagner (qqn) en montrant le chemin. ⇒ **conduire, piloter.** ➛ Conduire (qqn) en veillant à la marche. *Guider un aveugle.* **2** par ext. Faire aller (un être animé, un véhicule) dans une certaine direction. ⇒ **diriger, mener.** *Cavalier guidant son cheval.* ➛ *Avion guidé par radio.* ⇒ **radioguider, téléguider.** **3** (choses) Mettre (qqn) sur la voie. *Thésée guidé par le fil d'Ariane.* « *Une ampoule qui brûlait en veilleuse les guida vers un couloir* » (Mart. du G.). **4** Aider à choisir une direction intellectuelle, morale. ⇒ ① **conseiller, orienter.** *Guider un adolescent dans le choix d'une carrière.* « *Le vrai critique devance le public, le dirige et le guide* » (Ste-Beuve). *Les principes qui guident nos choix.* ⇒ **commander, déterminer.** **5** SE GUIDER v. pron. Trouver son chemin. ➛ *Se guider sur* : se diriger d'après un repère. *Se guider sur le soleil. Se guider sur l'exemple de qqn.* ✪ CONTR. Aveugler, égarer, tromper.

guiderope n. m. – XIXe ; angl. *guide-rope*, du fr. *guide* et de l'angl. *rope* « corde » ▪ Cordage que les pilotes d'aérostats laissent traîner sur le sol dans certaines manœuvres.

> ❑ On écrit souvent *guide-rope*.

guides n. f. pl. – XVIIe ▪ Lanières de cuir, attachées au mors d'un cheval attelé et servant à le diriger. ⇒ aussi **rêne.**

guidon n. m. – XIVe ; it. *guidone* **I** - **1** vx Étendard. ⇒ **drapeau, fanion.** ➛ par ext. Celui qui portait cet étendard. ⇒ ② **enseigne.** **2** Fanion qui détermine l'alignement dans les manœuvres d'infanterie. **3** Petite saillie, à l'extrémité du canon d'une arme à feu, qui donne la ligne de mire. **II** Tube à poignées qui commande la roue directrice d'une bicyclette, d'une motocyclette. *Guidon de vélo de course.* « *Courbé sur le guidon, Bénin gravit la rampe de la cour* » (Romains).

① **guignard** n. m. – XIIIe ; de *guigner* ▪ Petit échassier (*charadriidés*) chassé pour sa chair délicate (appelé aussi *pluvier* des Alpes*).

② **guignard, arde** adj. – XIXe ; de ② *guigne* ▪ fam. et vieilli Qui a la guigne, malchanceux. ✪ CONTR. Veinard, verni.

① **guigne** n. f. – XIVe ; lat. *guina* ; p.-ê. germ. *wîhsila* ▪ Petite cerise très sucrée. ♦ loc. fam. *Se soucier de qqn, de qqch. comme d'une guigne*, très peu, pas du tout.

② **guigne** n. f. – XIXe ; de *guigner* ▪ fam. Malchance qui semble s'attacher à qqn. *Avoir la guigne, porter la guigne à qqn.* ⇒ fam. **poisse.** *Quelle guigne !* « *Je ne crois pas du tout à la guigne et crois que c'est s'en préserver que de se refuser à y croire* » (Gide). ✪ CONTR. Chance, veine.

guigner v. tr. [1] – XIIe ; germ. *wingjan* « faire signe » **1** Regarder à la dérobée. *Guigner le jeu du voisin.* ⇒ **lorgner** ; fam. **loucher** (sur). *Guigner une femme au passage.* « *Son fils le guignait du coin de l'œil* » (Aragon). **2** fig. Convoiter. *Guigner un beau parti.*

guignier n. m. – XVIe ▪ Cerisier qui produit des guignes.

> ❑ À l'écrit, penser au *i* du suffixe *-ier* → arbre (rem.).

guignol n. m. – XIXe ; n. pr. **1** Marionnette animée par les doigts de l'opérateur. ♦ fig. Personne involontairement comique ou ridicule. « *tu voudrais que j'écoute l'avis d'un guignol pareil ?* » (Queneau). **2** Théâtre de marionnettes où l'on joue des pièces dont Guignol est le héros ; ces pièces elles-mêmes. *Emmener ses enfants au guignol.*

> ❑ *Guignol* était le nom d'un canut lyonnais dont Mourguet fit le héros de son théâtre de marionnettes, à la fin du XVIIIe s. à Lyon ; *guignol*, proprement « celui qui cligne de l'œil », est dérivé de *guigner*.

guignolet n. m. – XIXe ; de ① *guigne* ▪ Liqueur faite avec des guignes.

guilde n. f. – XIIe ; moy. néerl. *gilde* « troupe, corporation » **1** Au Moyen Âge, Association de secours mutuel entre marchands, artisans, bourgeois. **2** Association d'intérêt commercial. *La Guilde du disque.*

> ❑ On a écrit aussi *ghilde* et *gilde*.

guili-guili n. m. inv. – av. 1910 ; onomat. ▪ fam. Chatouillement.

guillaume n. m. – XVIe ; n. pr. ▪ Rabot servant à faire les rainures, les moulures. ♦ Outil des ravaleurs, pour gratter et nettoyer les pierres.

guilledou n. m. – XVIe ; o. i., p.-ê. a. fr. *guiller* « tromper, séduire » et *doux* ▪ loc. fam. COURIR LE GUILLEDOU : aller en quête d'aventure galante. « *Tu as vingt ans, lui dis-je, et tu n'en profites pas. Cours donc un peu le guilledou* » (Jouhand.).

guillemet n. m. – XVIIe ; de *Guillaume,* l'imprimeur qui inventa ce signe ▪ Signe typographique qu'on emploie par paires (« ... ») pour isoler un mot, un groupe de mots. *Ouvrir, fermer les guillemets.* ♦ loc. orale *Entre guillemets,* se dit pour indiquer qu'on ne prend pas à son compte le mot ou la locution qu'on emploie. *Un type normal entre guillemets.*

❑ On met souvent les néologismes et les mots étrangers entre guillemets. ♦ *Entre guillemets* a aussi un correspondant gestuel à l'oral (repliement des index des deux mains face à face).

guillemeter v. tr. [4] – XIXe ▪ Mettre entre guillemets.

guillemot n. m. – XVIe ; dimin. de *Guillaume,* surnom de cet oiseau ▪ Oiseau palmipède *(charadriiformes)* voisin du pingouin, habitant les régions arctiques.

guilleret, ette adj. – XVe ; probablt de *guilleri* « chant du moineau », p.-ê. de l'a. fr. *guiller* → guilledou 1 Qui manifeste une gaieté vive, pétulante. *Il est tout guilleret dès le matin.* ⇒ **allègre, joyeux.** ➤ *Il « portait sa verte vieillesse d'un air guilleret »* (Balz.). 2 Un peu libre, léger. ⇒ **leste.** *Propos guilleret.* ✪ CONTR. Triste.

guilloche n. f. – XIXe ▪ Burin à guillocher.

guilloché, ée adj. – XVIe ▪ Orné de guillochis. « *Il plongea son large pouce et son index dans sa boîte d'argent guilloché* » (Barbey). subst. masc. *Du guilloché.*

guillocher v. tr. [1] – XVIe ; probablt it. *goccia* « goutte », ornement architectural ▪ Orner de traits gravés, sculptés en creux et entrecroisés. *Guillocher une plaque de cuivre.*

guillocheur, euse n. – XVIIIe ▪ Ouvrier, artiste qui guilloche. ⇒ **graveur.**

guillochis n. m. – XVIe ▪ Ornement de sculpture ou d'orfèvrerie formé de traits gravés entrecroisés. « *les délicates sculptures, les guillochis merveilleux de cette architecture de fées* » (Gaut.).

guillochure n. f. – XIXe ▪ Chacun des traits, des entrecroisements de traits formant un guillochis. « *des sabots noirs à guillochures* » (Romains).

guillotine n. f. – XVIIIe ; de *Guillotin,* n. pr. 1 Instrument de supplice servant à décapiter les condamnés à mort. ⇒ **échafaud ;** arg. **veuve.** *Couperet de guillotine. Dresser la guillotine.* ➤ Le supplice de la guillotine (autrefois, en France). *Il a été condamné à la guillotine.* 2 *Fenêtre à guillotine,* dont le châssis glisse verticalement entre deux rainures.

❑ Ce n'est pas le Dr Guillotin qui inventa cet instrument ; il se contenta d'en conseiller l'usage afin d'abréger les souffrances des condamnés. La guillotine avait été inventée par un autre médecin, le Dr Louis ; on l'appela la *louisette.*

guillotiner v. tr. [1] – XVIIIe ▪ Faire mourir par le supplice de la guillotine. ⇒ **décapiter.**

guimauve n. f. – XIIe ; d'un élément *gui-,* du lat. *hibiscus,* altéré par crois. avec *gui-,* et de *mauve* ajouté pour éviter la confusion de sens 1 Plante herbacée *(malvacées),* à très haute tige. *Guimauve rose :* rose trémière. *Infusion de guimauve.* 2 *Pâte de guimauve* ou *guimauve :* friandise à pâte molle et sucrée. ⇒ **marshmallow.** ♦ fig. *Un roman à la guimauve :* niais et sentimental **(⇒ sirupeux).**

guimbarde n. f. – XVIIe ; provenç. *guimba* « sauter » → guibolle 1 Petit instrument de musique, fait de deux branches de fer que l'on maintient dans la bouche et d'une languette métallique que l'index fait vibrer. 2 Vieille automobile. ⇒ **tacot.** « *sa vieille guimbarde disloquée* » (Zola).

guimpe n. f. – XIIe ; germ. *wimpil* « fichu de tête » 1 Morceau de toile qui encadre le visage des religieuses. « *Elles sont vêtues de noir, avec une guimpe qui, selon la prescription expresse de saint Benoît, monte jusqu'au menton* » (Hugo). 2 Chemisette en tissu léger, que l'on porte avec une robe décolletée, une veste de tailleur.

guincher v. intr. [1] – XIXe ; o. i., p.-ê. du même rad. que *guinguette* ▪ fam. Danser. « *elle aimait beaucoup guincher quand elle était jeune* » (É. Ajar).

guindé, ée adj. – XVIIe 1 Qui s'efforce de paraître digne, supérieur. ⇒ **compassé.** ➤ Qui manque de naturel, a de la raideur. ⇒ fam. **constipé.** *Avoir un air guindé.* « *une vieille demoiselle, un peu guindée, vieux jeu* » (Mallet-Joris). 2 Affecté, ampoulé. *Style guindé.* ⇒ **emphatique, pompeux.** ✪ CONTR. Aisé, naturel.

guindeau n. m. – XIIe ▪ Cabestan horizontal pour lever l'ancre. « *le cliquetis du linguet qui frappait sur le guindeau* » (J. Verne).

guinder v. tr. [1] – XIIe ; germ. *winda* « hausser » 1 Hisser (un mât) au moyen d'un palan. ♦ Élever (un fardeau) avec une machine. ⇒ ① **lever.** 2 littér. Donner une allure raide à. ➤ pronom. « *Le récit se guinde un peu* » (Sartre). ✪ CONTR. Abaisser, laisser (aller).

guinée n. f. – XVIIe ; angl. *guinea* ▪ Ancienne monnaie anglaise en or de Guinée.

guingois (de) loc. adv. – XVe ; germ. *gîga* « violon » → gigot ▪ fam. De travers. « *un chapeau melon beige de guingois sur le sommet du crâne* » (Mac Orlan). ♦ fig. *Tout va de guingois,* de travers, mal. ✪ CONTR. ① Droit.

guinguette n. f. – XVIIe ; de l'a. fr. *giguer, ginguer* « sauter », germ. *gîga ;* cf. *de guingois* ▪ Café populaire où l'on consomme et où l'on danse, le plus souvent en plein air. « *Il y a une guinguette au bord de l'eau, un type boit* » (Sartre).

guiper v. tr. [1] – XIVe ; germ. *wipan* « entourer de soie » 1 Passer un brin de textile sur (ce qui est déjà tors). 2 Entourer (un fil électrique) d'un isolant. ⇒ **gainer.**

guipure n. f. – XIVe ; de *guiper* 1 Dentelle sans fond dont les motifs sont séparés par de grands vides. « *elle portait une guimpe et un col de guipure qui lui enserrait le cou jusqu'aux oreilles* » (Mauriac). 2 fig. Ce qui rappelle la guipure par l'aspect ajouré et délicat. ⇒ **dentelle.** « *La rosée avait laissé sur les choux des guipures d'argent* » (Flaub.).

guirlande n. f. – XVe ; it. *ghirlanda* ▪ Cordon décoratif de végétaux naturels ou artificiels, de papier découpé, festonné, enroulé en couronne, etc. « *Une guirlande de roses pompon circulait coquettement autour d'une glace de Venise* » (Gaut.). *Les guirlandes de Noël.* ♦ Sa représentation dans les arts. *Guirlande sculptée.* ♦ *Guirlande de diamants.*

guisarme [g(ɥ)izaʀm] n. f. – XIIe ; o. i. ▪ Arme médiévale à lame asymétrique et munie d'un ou deux crochets.

guise n. f. – XIe ; germ. *wisa* « manière » ▪ *À MA, TA, SA... GUISE :* selon le goût, la volonté propre. *Laissez chacun agir à sa guise,* à son gré, comme il l'entend. *À ta guise :* comme tu voudras. *N'en faire qu'à sa guise,* à sa tête. ♦ loc. prép. *EN GUISE DE :* en manière de, comme. *Il a reçu un petit cadeau en guise de consolation.* ➤ À la place de. *Porter un ruban en guise de cravate.*

❑ Avec *en guise de,* le nom n'est jamais précédé d'un déterminant.

guitare n. f. – XIVe ; gr. *kithara ;* cf. *cithare* ▪ Instrument de musique à cordes pincées (généralement six) muni d'un manche et d'une caisse de résonance. ⇒ fam. **gratte.** *La rosace d'une guitare. Jouer de la guitare.* ➤ *Guitare classique. Guitare électrique. Guitare sèche,* sans amplificateur. *Guitare flamenco.*

guitariste n. – XIXe ■ Musicien, musicienne qui joue de la guitare. *Guitariste classique, de jazz* (⇒ **bassiste**).

guitoune n. f. – XIXe ; ar. *kitoun* « tente » ■ fam. Tente de campement.

guivre n. f. – XIe ; lat. *vipera* ; cf. *vouivre* ■ Animal fantastique ayant un corps de serpent, des ailes de chauve-souris et des pattes de pourceau. ♦ blas. ⇒ **serpent.**

guivré, ée adj. – XVIIe ■ blas. Orné de guivres, d'une tête de guivre.

gulden [gyldɛn] n. m. – XVIIIe ; mot holl. ■ Pièce de monnaie ayant cours aux Pays-Bas, valant un florin.

gunite n. f. – v. 1940 ; mot angl., de *gun* « canon » ■ Mélange de sable et de ciment projeté sous pression par une machine comme enduit.

günz [gynz] n. m. – 1927 ; du nom d'un affluent du haut Danube ■ Première des quatre grandes glaciations de l'ère quaternaire en Europe, datée d'un million d'années environ.

guppy n. m. – mil. XXe ; n. pr. ■ Petit poisson téléostéen d'eau douce *(cyprinodontidés)*, richement coloré. *Des guppys* ou *des guppies.*

> ❑ Pour le pluriel → ① y (rem.).

gus [gys] n. m. – 1954 ; de *Gugusse* ■ fam. Type, mec. ⇒ **gugusse.** « *des gus pas catholiques du collier* » (San-Antonio).

gustatif, ive adj. – XVIe ; lat. *gustare* « goûter » ■ Qui a rapport au goût. *Sensibilité gustative.*

gustation n. f. – XVIe ■ Perception des saveurs par le goût. *Les papilles gustatives.*

gustométrie n. f. – XXe ■ En médecine, Appréciation de l'intensité des sensations gustatives.

gutta-percha [gytapɛʀka] n. f. – XIXe ; malais *getah perca* ■ Gomme obtenue par solidification du latex de certains arbres. *Chatterton en gutta-percha. Des guttas-perchas.*

guttural, ale, aux adj. – XVIe ; lat. *guttur* « gosier » 1 Qui appartient au gosier. *Artère gutturale.* 2 Émis par le gosier. ⇒ **rauque.** « *le bramement guttural d'un cerf* » (Goncourt).

① **guyot** n. m. – 1950 ; de *Arnold Guyot* ■ Volcan sous-marin, à sommet aplati, de 3 à 4000 m de hauteur.

② **guyot** n. f. – 1924 ; de *Jules Guyot* ■ Poire sucrée.

guzla n. f. – XVIIIe ; mot croate ■ Instrument de musique monocorde, espèce de violon, en usage chez les peuples dalmates.

gymkhana [ʒimkana] n. m. – XIXe ; angl., croisé de *gym(nastics)* et hindi *(gend-)khana* « aire de jeu de balle » ■ Course d'obstacles au parcours compliqué. *Des gymkhanas automobiles.*

gymnase n. m. – XIIe ; gr. *gumnazein* « s'exercer aux exercices gymniques » 1 Dans l'Antiquité grecque, École publique d'athlétisme. ⇒ **palestre.** 2 Établissement où l'on pratique les exercices du corps, équipé de tous les appareils nécessaires. « *Dans tous les collèges il faut établir un gymnase ou lieu d'exercices corporels pour les enfants* » (Rouss.). *Séances de culture physique dans un gymnase.*

> ❑ En Allemagne et en Suisse, le *gymnase* est un établissement d'enseignement secondaire, l'équivalent du *lycée.*

gymnasiarque n. m. – XVIe ■ Chef d'un gymnase antique.

gymnaste n. – XVIe 1 Maître qui formait les athlètes dans les gymnases de la Grèce antique. 2 Professionnel(le) de la gymnastique. ⇒ **acrobate.**

gymnastique adj. et n. f. – XIVe 1 rare Qui a rapport aux exercices du corps. *Entraînement gymnastique.* ⇒ **athlétique.** 2 n. f. Art d'assouplir et de fortifier le corps par des exercices physiques ; ces exercices (cf. Culture* physique, éducation* physique). ⇒ **aérobic, aquagym, musculation, stretching, taï-chi.** *Appareils et instruments de gymnastique. Professeur de gymnastique.* ♦ abrév. fam. GYM. *Faire de la gym. Prof de gym.* ♦ *Gymnastique corrective.* ⇒ **rééducation ; kinésithérapie.** ➤ loc. *Pas de gymnastique* : pas de course cadencé. « *C'est tout pour aujourd'hui, les gars. À la douche et au pas de gymnastique* » (Sartre). 3 Série de mouvements plus ou moins acrobatiques, imposés par une situation. « *Pour apporter les plats, les garçons se livraient à des gymnastiques étranges* » (Gaut.). 4 fig. Exercices qui permettent de développer une faculté intellectuelle. *Gymnastique de l'esprit.*

gymnique adj. et n. f. – XVIe 1 Qui a rapport à la gymnastique sportive. *Exercices gymniques.* 2 n. f. Science des exercices du corps.

gymn(o)- Élément, du gr. *gumnos* « nu ».

gymnocarpe adj. – XIXe ; de *gymno-* et gr. *karpos* « fruit » ■ Se dit des plantes dont le fruit n'est enveloppé d'aucun organe accessoire.

gymnosperme adj. et n. f. – XVIIIe ■ Dont la graine est nue. ➤ n. f. pl. Sous-embranchement des spermaphytes, comprenant des plantes à ovule nu porté par une feuille fertile. ⇒ **conifère.** ➤ sing. *Une gymnosperme.*

gymnote n. m. – XVIIIe ; gr. *nôtos* « dos », proprt « dos nu » ■ Poisson d'eau douce *(téléostéens)*, appelé *anguille électrique*, dépourvu de nageoire dorsale et dont les décharges électriques paralysent les proies.

gynandromorphisme n. m. – 1913 ; gr. *gunê* « femme, femelle », *anêr, andros* « homme, mâle » et *morphê* « forme » ■ Présence, chez un animal, de caractères sexuels mâles et femelles.

-gyne Élément, du gr. *gunê* « femme ».

gynécée n. m. – XVIIe ; gr. *gunê, gunaikos* « femme » 1 Appartement des femmes dans les maisons grecques et romaines de l'Antiquité. « *S'engourdir dans une béate torpeur de gynécée* » (Carcopino). ♦ fig. ⇒ **harem.** 2 Ensemble des carpelles. ⇒ **pistil.**

> ❑ Pour la finale de ce nom masculin → mausolée (rem.).

gynéco- Élément, du gr. *gunê, gunaikos* « femme ».

gynécologie n. f. – XIXe ; *gynéco-* et *-logie* ■ Branche de la médecine consacrée à l'étude de l'organisme de la femme et de son appareil génital.

gynécologique adj. – XIXe ■ De la gynécologie. *Examen gynécologique.*

gynécologue n. – XIXe ■ Médecin spécialiste de l'appareil génital féminin. ➤ abrév. fam. GYNÉCO. *Des gynécos.*

gynécomastie n. f. – v. 1900 ; de *gynéco-* et gr. *mastos* « mamelle » ■ Développement exagéré des glandes mammaires chez l'homme.

gypaète n. m. – XVIIIe ; du gr. *gups* « vautour » et *aetos* « aigle » ■ Grand oiseau rapace diurne *(falconidés, accipitridés)* à vastes ailes, se nourrissant surtout de charognes. « *le gypaète au blanc plumage, aux serres d'or* » (Gaut.).

gypse n. m. – XVe ; gr. *gupsos* « plâtre » ■ Sulfate hydraté de calcium naturel, communément appelé *pierre à plâtre. Variétés de gypse.* ⇒ **alabastrite, albâtre.**

gypseux, euse adj. – XVIe ■ De la nature du gypse. *Albâtre gypseux.*

gypsomètre n. m. – XIXe ▪ Appareil servant à déterminer la teneur des vins en sulfate de potassium.

gypsophile n. f. – XIXe ▪ Plante herbacée *(caryophyllacées)* à petites fleurs blanches, à feuillage gris-vert très fin.

-gyre Élément, du gr. *guros* « cercle » ⇒ **gyr(o)-**.

gyrin n. m. – XVIIIe ; → gyr(o)- ▪ Insecte aquatique, coléoptère de l'hémisphère boréal, appelé aussi *tourniquet* parce qu'il tournoie à la surface de l'eau.

gyr(o)- ou **gir(o)-** Élément, du gr. *guros* « cercle ».

gyrocompas n. m. – 1914 ▪ Compas utilisant un gyroscope.

gyromètre n. m. – XIXe ▪ Dans un avion, Appareil qui indique les variations de direction.

gyrophare n. m. – 1974 ▪ Lanterne rotative à feu clignotant placée sur le toit d'un véhicule prioritaire.

gyropilote n. m. – v. 1960 ▪ Compas gyroscopique actionnant automatiquement les gouvernes d'un avion.

gyroscope n. m. – XIXe ; *gyro-* et *-scope* ▪ Appareil comprenant un gyrostat et utilisant ses propriétés particulières, dues à la rapidité de son mouvement de rotation (fixité de l'orientation de son axe, effet gyroscopique, détection des forces agissant sur ses armatures). *Gyroscope à laser*.

gyroscopique adj. – XIXe ▪ Qui ressemble ou a rapport au gyroscope. ➛ *Horizon gyroscopique* : horizon* artificiel.

gyrostat n. m. – 1901 ; *gyro-* et *-stat* ▪ Solide animé d'un mouvement de rotation autour de son axe. ⇒ **gyroscope.**

❑ Selon les mots, ce radical s'écrit *gyr-* ou *gir-* → autogire (rem.).

H ① **(*)h** [aʃ] n. m. inv. ▪ Huitième lettre et sixième consonne de l'alphabet : *h majuscule* (H), *h minuscule* (h). ➛ Lettre qui ne correspond à aucun son en français *(habit, cahot, euh)*, sauf dans certaines interjections où elle note un bruit de souffle produit par une friction glottale de l'air expiré *(ha, ha, ha !)* ou parfois de l'air aspiré dans le soupir. Lettre qui note encore actuellement un souffle dans les langues germaniques (angl. *hot*). *Mot commençant par h aspiré* : mot (souvent issu d'une langue germanique) où le *h* initial indique l'impossibilité de la liaison et de l'élision. *Le h aspiré est noté par le signe * placé avant l'entrée (*héros : un héros* [œeʀo], *le héros* [ləeʀo]). *Mot commençant par h muet*, où le *h* n'entraîne aucun phénomène phonétique (*un homme* [œ̃nɔm], *l'homme* [lɔm], *les hommes* [lezɔm]). *Digrammes ou trigrammes comportant h : ch, sch* (→ ① c) ; *sh* (→ ① s) ; *ph* (→ ① p) ; *th* (→ ① t) ; *kh* (→ ① k) ; *gh* (→ ① g) ; *rh* (→ ① r). ✪ HOM. Ache, hache, hasch. ❑ La prononciation varie selon le contexte ; on dit *le h* mais plutôt *un h* [œ̃naʃ] en faisant la liaison. ♦ *H aspiré* → aspirer (rem.). ♦ Parfois nom féminin : « *je ne sais quelle consonne de gorge, une* h *un peu aspirée* » (Renard).

② **h** abrév. et symboles 1 ***H** Hydrogène. *Bombe* H.* 2 **h** [ɛkto] Hecto-. ➛ **h** [œʀ] Heure. *Cent km/h.*

① ***ha** [a ; ha] interj. – XIIe ; onomat. 1 Exprime la douleur. ⇒ **aïe, ouille.** 2 Exprime la surprise, agréable ou non. Subst. *Pousser des ho ! et des ha !* 3 Exprime le rire, surtout sous la forme redoublée *ha, ha !* ⇒ **hi.**

❑ Variante moins courante de *ah.*

② **ha** ▪ Symbole de l'hectare.

***habanera** [abaneʀa] n. f. – XIXe ; mot esp., de *La Habana*, ville de Cuba ▪ Danse espagnole, originaire de La Havane. ➛ Musique sur laquelle s'exécute cette danse. « *La Habanera pour violon* », de Maurice Ravel.

habeas corpus [abeaskɔʀpys] n. m. – XVIIe ; mots lat. « que tu aies le corps » ▪ Institution garantie par la loi anglaise de 1679 en vue d'assurer le respect de la liberté individuelle. *Invoquer l'habeas corpus en cas d'arrestation arbitraire.*

habile adj. – XIIIe ; lat. « facile à manier » **I** Qui remplit les conditions requises pour l'exercice d'un droit. *Rendre une personne habile à succéder* (→ **habiliter**). **II** - 1 Qui exécute ce qu'il entreprend avec adresse et compétence. ⇒ **capable.** *Ouvrier habile.* ⇒ **émérite, expert.** *Être habile de ses mains.* ⇒ **adroit.** ➛ *Politicien habile.* ⇒ **rusé.** ♦ HABILE À. ⇒ **apte, rompu** (à). *Sa main « habile à filouter naguère les oranges des étalages »* (Colette). *Homme habile à ruser.* ➛ *Être habile à un jeu d'adresse.* 2 *Écrivain habile*, ingénieux. 3 Qui est fait avec adresse et intelligence. *Manœuvre habile. Ce qu'il a répondu était très habile. Il serait plus habile de...* ✪ CONTR. Gauche, inhabile, maladroit, malhabile, sot.

habilement adv. – XIVe ▪ Avec habileté, intelligence. ⇒ **adroitement, finement.** *Des « pierres précieuses habilement serties »* (Balz.). *Diplomate qui conduit habilement une négociation.* ✪ CONTR. Maladroitement.

habileté n. f. – XVIe 1 Qualité d'une personne habile. ⇒ ② **adresse, dextérité.** *Habileté manuelle. Habileté à faire qqch.* ➛ *Ouvrage exécuté avec habileté.* ♦ *Habileté dans les relations sociales.* ⇒ **diplomatie, doigté, finesse.** « *C'est une grande habileté que de savoir cacher son habileté* » (La Rochef.). ➛ *Son habileté en la matière.* ⇒ **ingéniosité, talent.** 2 Procédé habile. ⇒ **finesse.** *Les habiletés du métier.* ✪ CONTR. Gaucherie, inhabileté, maladresse.

habilitation n. f. – XIVe 1 Action de conférer une capacité juridique. 2 Capacité légale à exercer certains pouvoirs. *Habilitation à diriger une thèse.*

habilité n. f. – XIIIe ▪ Capacité légale.

habiliter v. tr. [1] – XIVe ; lat. ▪ Rendre (qqn) légalement capable d'exercer certains pouvoirs. *Être habilité à passer un marché*, avoir qualité pour.

habillable adj. – XIXe 1 Qu'on peut habiller. 2 Qui est en état de recevoir un habillage afin de s'intégrer dans un ensemble. *Machine à laver habillable.*

habillage n. m. – XVe **I** Action d'apprêter (une chose) pour un usage. *Habillage d'une montre.* ⇒ **montage.** **II** - 1 Action d'habiller, de s'habiller. *Salon d'habillage.* 2 Action de recouvrir comme d'un vêtement. *Habillage des bouteilles.* ♦ Enveloppe protectrice d'un appareil, étudiée pour plaire à la clientèle. *L'habillage d'un téléviseur.* 3 Présentation destinée à tromper. *L'habillage juridique d'actes illégaux.* ✪ CONTR. Déshabillage.

habillé, ée adj. – XIVe 1 Couvert de vêtements (opposé à ① *nu*). *Se coucher tout habillé.* Fouché « *avait l'air d'une hyène habillée* » (Chateaub.). ♦ Couvert de tels ou tels vêtements. *Il est bien habillé.* 2 Dans une tenue mondaine. *Elle est trop habillée pour la circonstance.* ➛ « *Cette robe* habillée, *brunâtre, à galon blanc* » (Larbaud). ➛ *Soirée habillée.* ✪ CONTR. Dévêtu.

habillement n. m. – XIVe 1 Action d'habiller, de s'habiller. *Dépenses d'habillement.* 2 Ensemble des habits dont on est vêtu. ⇒ **vêtement.** *Un habillement soigné.* « *tu te fais paraître laide par ton habillement et ton langage* » (Sand). ⇒ **tenue.** 3 Ensemble des professions du vêtement.

habiller v. tr. [1] – XIIIe ; de *bille* **I** Apprêter (une chose) pour un usage. ⇒ **préparer.** *Habiller une bête de boucherie, un poisson.* ⇒ **habillage.** **II** - 1 Couvrir (qqn) de vêtements. ⇒ **vêtir.** *Habiller un enfant.* ➛ Fournir (qqn) en vêtements. *Habiller ses enfants pour la rentrée.* ⇒ **équiper.** « *Ta mère ne t'habille que de bleu et de blanc* » (Apoll.). ◆ Fabriquer les vêtements de (qqn). *Elle se fait habiller par les grands couturiers.* ♦ *Un rien l'habille* : tout lui va. 2 Couvrir (qqch.) comme d'un vêtement. *Habiller un canapé d'une housse.* ◆ Recouvrir. *Habiller un livre d'une jaquette.* 3 Revêtir. « *Les passions dépouillées de ce qui les habille* » (Suarès). III S'HABILLER v. pron. 1 Mettre ses habits. ⇒ se **vêtir ;** fam. se **fringuer.** *Je ne sais pas comment m'habiller aujourd'hui. S'habiller avec recherche.* ⇒ fam. se **saper.** ◆ Mettre des vêtements élégants. *Faut-il s'habiller pour ce dîner ?* ♦ *S'HABILLER EN...* : mettre le costume, la tenue de. ⇒ se **déguiser,** se **travestir.** 2 Porter telle sorte d'habits. *Façon de s'habiller* (⇒ **look**). *S'habiller chaudement. S'habiller en noir. S'habiller à la dernière mode. S'habiller aux puces.* ◆ *Elle ne sait pas s'habiller.* ✪ CONTR. Déshabiller, dévêtir.

❑ Ce mot a été influencé par *habit* d'une tout autre étymologie.

habilleur, euse n. – XVIe ■ (surtout au fém.) Personne qui aide les acteurs et actrices, les mannequins à s'habiller, qui prend soin de leurs costumes.

habit n. m. – XIIe ; lat. *habitus* « manière d'être », « costume » 1 sing. vieilli Pièce d'habillement. ⇒ **costume, vêtement.** *Habit de velours.* 2 plur. L'ensemble des pièces composant l'habillement. ⇒ **affaires, vêtements ;** fam. **fringues.** *Mettre ses habits* (⇒ s'**habiller**). *Habits de deuil, de travail.* « *Un groupe de paysannes en habits de fête* » (Giono). *Brosse à habits.* 3 Vêtement propre à une fonction. *Habit de chasse, de gala.* ⇒ **costume, tenue.** *Habit de magistrat* (⇒ **robe**). *L'habit vert* : tenue des membres de l'Académie française. *L'habit militaire.* ⇒ **uniforme.** ◆ Habit religieux (⇒ **froc, soutane**). *Prendre l'habit* : devenir prêtre, moine. 4 Costume masculin de cérémonie. ⇒ **frac, queue** (de pie). *Venir en habit. L'habit est obligatoire.*

habitabilité n. f. – XIXe 1 Qualité de ce qui est habitable. 2 Qualité de ce qui offre plus ou moins de place pour des personnes. *Habitabilité d'une voiture.*

habitable adj. – XIIe 1 Où l'on peut habiter, vivre. *Maison, logement habitable,* en bon état. « *La maison, quoique déjetée, était encore habitable* » (J. Verne). 2 *Surface habitable* : surface intérieure effectivement habitable d'un logement (opposé à *surface au sol*). ✪ CONTR. Inhabitable.

habitacle n. m. – XIIe 1 Armoire qui contient le compas dans un navire. 2 Poste de pilotage d'avion. ⇒ **cabine, cockpit.** ◆ Partie d'un véhicule spatial, équipée pour permettre le séjour de cosmonautes. ◆ Intérieur d'une voiture où peuvent se tenir les occupants.

habitant, ante n. – XIIe 1 Être vivant qui occupe un lieu. ⇒ ② **faune, population.** *Les habitants de la Terre.* 2 Personne qui réside en un lieu déterminé. *Les habitants d'un pays.* ⇒ **peuple, population.** *Recensement des habitants. Ville de trente mille habitants. Les habitants de Sens s'appellent les Sénonais* (⇒ **gentilé**). ♦ collect. *Loger chez l'habitant,* chez les gens du pays. « *Il y a déjà vingt-deux chambres retenues chez l'habitant* » (Simenon). 3 Personne qui habite (une maison). ⇒ **occupant ; locataire, propriétaire.** *Les habitants d'un grand ensemble.* 4 région. (Canada ; Antilles) Personne qui exploite la terre. ⇒ **cultivateur, fermier, paysan.** ◆ péj. Rustre.

habitat n. m. – XIXe 1 Milieu géographique propre à la vie d'une espèce animale ou végétale. ⇒ **biotope, milieu.** 2 Mode d'organisation et de peuplement par l'homme du milieu où il vit. *Habitat rural, urbain. Habitat sédentaire, nomade.* ♦ Ensemble des conditions d'habitation. *Amélioration de l'habitat.*

habitation n. f. – XIIe 1 Le fait d'habiter durablement dans un logement. *Locaux à usage d'habitation* (opposé à *usage commercial,* etc.). *Conditions d'habitation.* ⇒ **habitat.** *Taxe d'habitation.* 2 Lieu où l'on habite. ⇒ **demeure, domicile, logement, maison ; toit.** *Habitations à loyer modéré.* ⇒ **H. L. M.** ◆ *Groupe d'habitations.* ⇒ **cité,** ② **ensemble.**

habité, ée adj. – XIIe ■ Qui a des habitants. *Des régions habitées.* ⇒ **peuplé.** ♦ *Vaisseau spatial habité.* ✪ CONTR. ① Désert. Vide.

habiter v. [1] – XIe ; lat. *habitare,* de *habere* « avoir » I v. intr. Avoir sa demeure. ⇒ **loger, résider,** ① **vivre.** *Habiter à la campagne, en ville. Il habite dans le Sud. Elle habite (au) 2, (de la) rue Taitbout. Habiter au sixième étage.* II v. tr. 1 Occuper (une habitation, un logis) de façon durable. ⇒ ① **vivre** (dans, à). *Habiter un petit studio.* 2 Avoir sa demeure dans. ♦ *Les fauvettes qui habitent nos jardins.* 3 Être comme dans une demeure. ⇒ **hanter, résider** (dans). « *Durant des semaines et des mois m'habita l'angoisse de la solitude* » (Gide). ◆ *Être habité d'une passion.*

habitude n. f. – XIVe ; lat. *habere* « se tenir, se trouver dans tel état » 1 Manière d'agir individuelle, fréquemment répétée. « *Avancer en âge, c'est s'enrichir d'habitudes* » (Mauriac). *De vieilles habitudes. Avoir ses petites habitudes. Prendre une bonne, une mauvaise habitude.* « *La seule habitude qu'on doit laisser prendre à un enfant est de n'en contracter aucune* » (Rouss.). *Être esclave de ses habitudes* (⇒ **maniaque, routinier**). *Perdre une habitude.* « *Grognon comme un vieux chien qu'on aurait dérangé dans ses habitudes* » (Céline). *Cela n'est pas dans ses habitudes. Avoir ses habitudes dans un restaurant* (⇒ **habitué**). Loc. PAR HABITUDE : machinalement. « *elles continuaient à manger par habitude (pas résignation : habitude) les minuscules poires* » (Cl. Simon). *À son habitude, selon, suivant son habitude* : comme il fait d'ordinaire. ♦ L'HABITUDE DE (qqch., faire qqch.). « *Monseigneur a l'habitude de toujours dire d'entrer* » (Hugo). ◆ *Avoir pour habitude de faire qqch.* ♦ *L'habitude* : l'ensemble des habitudes de qqn. « *L'influence anesthésiante de l'habitude* » (Proust). *La force de l'habitude.* 2 Usage d'une collectivité. ⇒ **coutume, mœurs, tradition, usage.** « *il y a des ménagements et des pudeurs qui ne sont guère dans nos habitudes occidentales* » (Loti). *Ce sont les habitudes du pays. Avoir des habitudes de bourgeois.* ⇒ **manière.** 3 Accoutumance. « *Qui t'a donné une philosophie aussi gaie ? – L'habitude du malheur* » (Beaum.). *C'est une question d'habitude, vous vous y ferez. Manque d'habitude.* 4 Usage répété, action répétée qui apporte l'habileté ou la connaissance. ⇒ ① **pratique.** « *L'habitude du métier est si nécessaire dans tous les arts* » (Gaut.). *Je n'ai pas l'habitude de cette voiture.* ⇒ **expérience.** 5 loc. adv. *D'HABITUDE* : comme d'ordinaire. ⇒ **habituellement.** *D'habitude, je me lève tôt. Le café est meilleur que d'habitude.* ◆ COMME D'HABITUDE : comme toujours. *Comme d'habitude, il est en retard.* ✪ CONTR. Exception. Nouveauté.

❑ Même famille étymologique que *habit* et *habiter.*

habitué, ée n. – XVIIIe ■ Personne qui fréquente habituellement un lieu. « *il s'installa comme un habitué et mangea en lisant le journal* » (Simenon). ⇒ fam. **pilier.** *Un habitué de la maison.* ⇒ **familier.**

habituel, elle adj. – XIVe 1 Passé à l'état d'habitude. *Sa vivacité habituelle.* ⇒ **coutumier.** *Gestes habituels.* ⇒ **familier, machinal.** ◆ *Fournisseur habituel.* 2 Qui est constant, ou très fréquent. ⇒ **ordinaire.** *Au sens habituel du terme. C'est le coup habituel.* ⇒ **classique.** *État habituel.* ✪ CONTR. Inaccoutumé, inhabituel, occasionnel, rare, unique.

habituellement adv. – XIVe ▪ D'une manière habituelle. ⇒ **normalement, ordinairement.** *Il rentre habituellement à neuf heures.* ⇒ **généralement.** ♦ *Les classes se terminent habituellement en juillet.* ✪ CONTR. Accidentellement, exceptionnellement, rarement.

habituer v. tr. [1] – XIVe ▪ HABITUER À. 1 Rendre familier, par l'habitude. « *Elle habitua peu à peu ses sœurs à faire des kilomètres* » (Jouhand.). ⇒ **accoutumer.** *Il faut l'habituer à prendre des responsabilités. Habituer un chiot à être propre.* ⇒ **dresser.** 2 S'HABITUER À v. pron. Prendre l'habitude de. ⇒ **s'accoutumer.** *Les yeux s'habituent à l'obscurité. S'habituer à une idée.* ▸ *À la longue, il s'habituera.* ♦ *S'habituer à parler devant un auditoire.* ⇒ **s'entraîner, s'exercer.** 3 ÊTRE HABITUÉ À : avoir l'habitude de. *Ils sont habitués au bruit.* « *vous n'êtes habitué à parler qu'à des chevaux* » (Beaum.). ✪ CONTR. Désaccoutumer, déshabituer.

habitus [abitys] n. m. – XVIe ; mot lat. « manière d'être » 1 Apparence générale du corps, en tant qu'indication de l'état général de santé ou de maladie. 2 Manière d'être d'un individu, liée à un groupe social, se manifestant notamment dans l'apparence physique (vêtements, maintien, voix, etc.).

***hâblerie** n. f. – XVIIe ; esp. *hablar* « parler » ▪ littér. Propos, manière d'être du hâbleur. ⇒ **fanfaronnade, forfanterie, vantardise.** « *ce besoin de forfanterie, de hâblerie, de vantardise ingénue* » (Courtel.).

***hâbleur, euse** n. – XVIe ▪ Personne qui a l'habitude de parler beaucoup en exagérant, en promettant, en se vantant. « *Don Juan n'était rien de plus qu'un incorrigible hâbleur – mot d'origine espagnole qui veut dire beau parleur* » (Tournier).

***hachage** n. m. – XIXe ▪ Action de hacher. *Le hachage de la paille.*

***hache** n. f. – XIIe ; germ. °*happia* ▪ Instrument servant à fendre, formé d'une lame tranchante fixée à un manche. *Fendre du bois à la hache. Hache de pierre préhistorique.* ▸ « *Ce récit fut aussi aigrement incisif que l'est un coup de hache* » (Balz.). ▸ loc. *Fait, taillé à coups de hache,* grossièrement, particulièrement en parlant d'un visage anguleux. ▸ (Canada) *Mettre la hache dans une chose,* la détruire. ♦ *Hache de guerre.* ⇒ **francisque, tomahawk.** loc. *Enterrer, déterrer la hache de guerre* : suspendre, ouvrir les hostilités. ✪ HOM. Ache, ① h, hasch.

> ❑ On trouve fréquemment un accent circonflexe fautif sur le *a* de *hache* et de ses dérivés, sur le modèle de *bâche, gâche, mâche, tâche.*

***haché, ée** adj. – XIVe 1 Coupé en petits morceaux. *Viande hachée, steak haché.* n. m. *Du haché.* 2 Entrecoupé, interrompu. *Style haché.* « *la discontinuité de ses phrases hachées* » (Sartre).

***hache-paille** n. m. inv. – XVIIIe ▪ Instrument servant à hacher la paille et le fourrage dont on nourrit le bétail.

***hacher** v. tr. [1] – XIIIe 1 Réduire, couper en menus morceaux avec un instrument tranchant. *Hacher des oignons. Hacher de la viande.* ▸ *Hacher menu.* ♦ Être disposé à tout supporter. « *je me ferais hacher pour que la famille fût à jamais grande et glorieuse* » (Zola). 2 Entrecouper. « *La toux qui hachait ses phrases* » (Mart. du G.). 3 Sillonner de hachures. *Hacher une estampe.* ⇒ **hachurer.**

***hachereau** n. m. – XVe ▪ Petite hache. ⇒ **hachette.** ▸ Petit outil de charpentier tranchant d'un côté et formant marteau de l'autre.

***hachette** n. f. – XIVe ▪ Petite hache. *Hachette à bois.*

***hachich** → **haschisch**

***hachis** n. m. – XVIe ▪ Préparation de viande, de poisson ou de légumes hachés très fin. ▸ *Hachis Parmentier* : hachis de viande recouvert de purée de pommes de terre.

***hachoir** n. m. – XVe 1 Large couteau (⇒ **couperet**) servant à hacher. ▸ Instrument mécanique ou électrique, qui sert à hacher (viande, légumes, etc.). 2 Épaisse planche sur laquelle on hache les aliments.

***hachure** n. f. – XVIIe ▪ Chacun des traits parallèles ou croisés qui marquent les demi-teintes, les ombres, les reliefs d'un dessin, d'une gravure. ♦ au plur. Entailles pratiquées sur les métaux avant de les dorer ou de les argenter.

***hachurer** v. tr. [1] – XIXe ▪ Couvrir de hachures. ▸ *Parties hachurées d'une carte.*

hacienda [asjɛnda] n. f. – XIXe ; mot esp., de *hacer* « faire » ▪ Grande exploitation rurale, en Amérique du Sud. *Des haciendas.*

***hacker** [akœʀ] n. m. – 1984 ; mot angl. ▪ Personne qui pirate les réseaux et les systèmes informatiques.

hadal, ale, aux adj. – mil. XXe ; gr. *Hadês,* roi des enfers ▪ Des fonds océaniques au-delà de 6000 m. ⇒ **abyssal.** *Faune hadale.*

***haddock** n. m. – XIIIe ; mot angl. ▪ Églefin fumé. ✪ HOM. Ad hoc.

***hadji** n. m. – XVIe ; mot ar. ▪ Musulman qui a fait le pèlerinage de La Mecque. *Les hadjis.*

> ❑ On dit aussi **hadj.*

hadron n. m. – 1965 ; gr. *hadros* « abondant » et *(électr)on* ▪ Particule à interaction forte (contrairement au lepton). ⇒ **gluon, parton, quark.**

***hafnium** [afnjɔm] n. m. – 1923 ; danois *(København)havn* « Copenhague », lieu de découverte, et *-ium* ▪ Élément atomique (Hf ; n° at. 72 ; m. at. 178,5), métal très brillant, ductile.

***hagard, arde** adj. – XIVe ; germ. ▪ Qui a une expression égarée et farouche, bouleversée. ⇒ **effaré.** *L'œil hagard. Air hagard.* « *Je me dressais hagard sur ma couche* » (Cendrars).

***haggis** [agis] n. m. – 1960 ; angl. *hagas* « sorte de pudding » ▪ Plat anglais et écossais, à base d'abats de mouton (ou de veau) et d'avoine, cuits dans l'estomac de l'animal.

hagiographe n. – XVe ; gr. *hagios* « sacré » et *graphein* « écrire » ▪ Auteur qui traite de la vie et des actions des saints. ♦ Biographe qui embellit systématiquement la vie de son héros.

hagiographie n. f. – XIXe ▪ Rédaction des vies des saints. *Le sourire* « *que les petits livres d'hagiographie prêtent aux saints personnages de jadis* » (Barrès). ♦ Biographie excessivement élogieuse.

haïdouc ou **haïdouk** → **heiduque**

***haie** n. f. – XIIe ; germ. °*hagja* 1 Clôture faite d'arbres, d'arbustes servant à limiter ou à protéger un champ, un jardin. ⇒ **bordure.** « *les haies épineuses des campagnes européennes* » (J. Verne). *Tailler une haie* (⇒ **taille-haie**). *Haie servant d'abri contre le vent.* ⇒ **brise-vent.** *Haie vive,* formée d'arbustes en pleine végétation. *Haie morte* ou *sèche,* faite de bois mort. ♦ *Course de haies,* où les chevaux ont à franchir des haies (naturelles ou factices). ⇒ **obstacle, steeple-chase.** ▸ *Course de haies,* où le coureur doit franchir des haies factices. 2 File (de personnes) bordant une voie pour laisser passage à qqn, à un cortège ou pour créer un obstacle. ⇒ **file, rang.** *Une haie de C.R.S.*

⇒ **cordon.** *Cortège qui défile entre deux haies de spectateurs. Haie d'honneur.* ➜ *Une haie de drapeaux.* ✪ HOM. Ais.

***haïk** n. m. – XVIIe ; mot ar. ■ Longue pièce d'étoffe rectangulaire, que les femmes musulmanes portent pardessus leurs autres vêtements, et formant voile sur la tête. « *des burnous de laine rouge, des haïks de laine et de soie* » (Perec).

***haïku** [ajku ; aiku] n. m. – 1922 ; mot jap. ■ Poème classique japonais de dix-sept syllabes réparties en trois vers.

***haillon** n. m. – XVe ; germ. *hadel* « lambeau » ■ Vieux vêtement en lambeaux. ⇒ **guenille, hardes, loque.** *Un mendiant couvert de haillons.* « *des gredins en haillons galonnés et tout couverts de vermine* » (Flaub.).

***haine** n. f. – XIIe 1 Sentiment violent qui pousse à vouloir du mal à qqn et à se réjouir du mal qui lui arrive. ⇒ **aversion, exécration, répulsion ; -phobie.** « *L'affection ou la haine changent la justice de face* » (Pasc.). *Parler sans colère et sans haine.* ➜ *Haine implacable, éternelle. Éprouver de la haine pour qqn.* ⇒ **haïr.** *Prendre qqn en haine. Assouvir sa haine.* ⇒ **vengeance.** *S'attirer la haine de qqn.* ➜ *Haine d'autrui* (⇒ **misanthropie**), *raciale* (⇒ **racisme, xénophobie**), *religieuse* (⇒ **fanatisme, intolérance**). *Regards, cri de haine.* ♦ au plur. *De vieilles haines.* 2 Aversion profonde pour qqch. *Le bourgeois* « *a la haine du gratuit, du désintéressé* » (Gide). *Sujet de haine.* 3 loc. prép. PAR HAINE DE... « *Toutes ces vies jouées à pile ou face par haine du projet* » (Sartre). ✪ CONTR. Amour. Amitié, fraternité. Culte. — HOM. Aine, ① n.

***haineusement** adv. – XIVe ■ D'une façon haineuse, par haine.

***haineux, euse** adj. – XIIe 1 Naturellement porté à la haine. ⇒ **malveillant.** « *plus mesquins et plus haineux encore que d'habitude* » (Céline). 2 Qui trahit la haine. *Regards haineux.* 3 Inspiré par la haine. ⇒ **fielleux, venimeux.** *Article de journal haineux.* ✪ CONTR. Affectueux, bienveillant.

***haïr** v. tr. [10] – XIe ; germ. °*hatjan* 1 Avoir (qqn) en haine. ⇒ **détester, exécrer.** « *à l'école, Armand a haï ses condisciples* » (Aragon). *Haïr qqn à mort.* ➜ NE PAS HAÏR (qqn) : aimer. « *Va, je ne te hais point* » (Corn.). ➜ « *Elle le haïssait de ce qu'elle l'avait aimé* » (R. Rolland). 2 Avoir (qqch.) en haine. ⇒ **abhorrer.** *Haïr la dictature, la contrainte. Je hais cette façon de parler.* 3 SE HAÏR v. pron. réfl. « *nous devons nous haïr nous-mêmes* » (Pasc.). ♦ récipr. « *Les hommes sont forcés de se haïr pour se dévorer* » (Valéry). ✪ CONTR. Aimer. Adorer. — HOM. *Hais* : es, est (① être), ai (① avoir).

> ❑ Au Canada, [ajiʀ] avec *h* muet : *j'hais.*

***haïssable** adj. – XVIe ■ Qui mérite d'être haï. ⇒ **exécrable, odieux.** « *la moyenne en tout est haïssable, comme = médiocrité* » (Léautaud). ✪ CONTR. Adorable, aimable.

***halage** n. m. – XVe ■ Action de haler (un bateau). *Halage d'une péniche du bord d'un fleuve. Chevaux de halage* (⇒ **tirage**). ➜ *Chemin de halage,* qui longe un cours d'eau pour permettre le halage des bateaux. ♦ (Canada) Action de sortir le bois en grumes de la forêt. *Chemin de halage,* servant au transport des grumes abattues. ✪ HOM. Hallage.

***halal** ou ***hallal** adj. inv. – 1987 ; ar. *halal* « suivant la loi » ■ Se dit de la viande d'un animal tué selon le rite musulman.

> ❑ La viande *halal* est l'équivalent musulman de la viande *casher* pour les Juifs.

***halbi** n. m. – XVIIIe ; néerl. *haalbier* « petite bière » ■ région. Boisson normande faite de pommes et de poires fermentées.

***halbran** n. m. – XIVe ; germ. *halber-ant* « demi-canard » ■ Jeune canard sauvage.

***hâle** n. m. – XIIe ■ Couleur plus ou moins brune que prend la peau exposée à l'air et au soleil. *Avoir un joli hâle.* ⇒ **bronzage.** « *Sa peau a dépassé le ton de hâle qui convenait au bleu de ses yeux* » (Colette).

***hâlé, ée** adj. – XIIe ■ Bruni par le soleil. ⇒ **bronzé, bruni.** « *un corps hâlé, bistré, bronzé, cuit et recuit à la flamme des soleils* » (Gaut.). ✪ CONTR. ① Blanc, pâle.

> ❑ Pour le sens → basané (rem.).

haleine n. f. – XIe ; lat. *anhelare* « respirer difficilement, exhaler » 1 Air qui sort des poumons et s'exhale par la bouche et le nez. « *votre haleine est empestée* » (Mol.). *Son haleine sent l'ail, le tabac. Haleine fraîche, forte. Avoir bonne, mauvaise haleine.* 2 La respiration (inspiration et expiration). ⇒ **souffle.** *Respirer d'une haleine égale.* « *Nous avons écouté, retenant notre haleine* » (Vigny). ♦ loc. *Perdre haleine* : avoir du mal à respirer à la suite d'un effort soutenu. ⇒ s'**essouffler.** ➜ loc. adv. *À PERDRE HALEINE* : au point de ne plus pouvoir respirer ; fig. sans s'arrêter. *Courir à perdre haleine.* ➜ *Être hors d'haleine,* à bout de souffle. ⇒ **essoufflé, haletant.** ➜ *Reprendre haleine* : reprendre sa respiration après un effort. 3 Intervalle entre deux inspirations. « *Haletant, palpitant, l'haleine courte* » (Barbey). ➜ *Travail de longue haleine,* qui exige beaucoup de temps. ♦ littér. *D'une (seule) haleine* : sans s'arrêter pour respirer. « *Comme vous débitez tout cela d'une haleine !* » (Gaut.). ♦ *Tenir qqn en haleine,* maintenir son attention en éveil. « *Quand l'espérance les tient en haleine* » (Mariv.). ✪ HOM. Alène, allène.

halener [alǝne ; alene] v. tr. [5] – XIVe ■ Flairer (l'odeur de la bête, la bête), en parlant d'un chien.

***haler** v. tr. [1] – XIIe ; germ. *halôn* « amener, aller chercher » 1 Tirer sur. *Haler un câble.* ⇒ **paumoyer.** ♦ (Canada) Tirer. *Elle hale toute la couverture de son côté.* 2 Remorquer (un bateau) au moyen d'un cordage tiré du rivage. *Cheval, tracteur qui hale une péniche.* ✪ CONTR. Pousser. — HOM. Allée, aller.

***hâler** v. tr. [1] – XIIe ; p.-ê. lat. *assare* « rôtir », et néerl. *hael* « desséché » 1 vx Dessécher (les végétaux), en parlant de l'air, du soleil. ⇒ **faner,** ① **flétrir.** 2 Brunir (la peau, le teint) en parlant de l'air et du soleil. ⇒ **bronzer.** ➜ pronom. *Peau qui se hâle facilement.* ✪ CONTR. Blanchir.

***haletant, ante** adj. – XVIe ■ Dont le rythme de respiration est anormalement précipité ; hors d'haleine. ⇒ **essoufflé, pantelant.** *Chien haletant. Être haletant d'émotion, d'avoir couru.* ➜ Qui tient en haleine. *Un roman policier haletant.*

***halètement** n. m. – XVe ■ Le fait de haleter ; état d'une personne haletante. ⇒ **essoufflement.** ♦ « *le halètement cadencé de la locomotive* » (Cl. Simon). ✪ HOM. Allaitement.

***haleter** v. intr. [5] – XIIe ; p.-ê. pour *aleter* « battre des ailes, palpiter » ■ Respirer à un rythme anormalement précipité ; être hors d'haleine. ⇒ s'**essouffler.** *Haleter après une course. Haleter d'émotion.* ➜ « *Une locomotive halète à coups espacés* » (Romains). ♦ Être tenu en haleine. ✪ HOM. *Halète* : allaite (allaiter) ; *haletèrent* : altère (altérer).

> ❑ *Haleter* serait dérivé de *aile* (le *h* étant d'origine expressive), sur le modèle de *voler/voleter.* ♦ G. Duhamel conjugue ce verbe sur le modèle de *jeter,* ainsi que le préconise Littré, contrairement à l'Académie : *Le public « halette de plaisir ».*

***haleur, euse** n. – XVIIe ■ Personne qui hale les bateaux. « *Comme je descendais des fleuves impassibles Je ne me sentis plus guidé par les haleurs* » (Rimb.). ♦ n. m. Remorqueur.

***half-track** n. m. – 1946 ; mot angl., de *half* « demi » et *track* « chenille » ■ Véhicule blindé, semi-chenillé. *Des half-tracks.*

halieutique adj. et n. f. – XVIIIe ; gr. ■ Qui concerne la pêche. *Ressources halieutiques.* ♦ n. f. *L'halieutique :* exploitation biologique des fonds marins, technique de la pêche en mer.

haliple n. m. – XIXe ; gr. « qui nage en mer » ■ Insecte aquatique *(coléoptères)* des eaux douces ou saumâtres.

***hall** [ol] n. m. – XVIIe ; mot angl. ■ Grande salle servant d'entrée, d'accès (dans un édifice public, une grande maison particulière). ⇒ **entrée, salle, vestibule.** *Hall de gare. Hall d'accueil.* « *à l'intérieur du hall, il trouve sans peine le bouton de la minuterie* » (Robbe-Grillet). ♦ Grande salle destinée à différentes activités. *Hall d'exposition.*

***hallage** n. m. – XIIIe ■ Droit payé par les marchands pour vendre aux halles. ✪ HOM. Halage.

***hallal** → **halal**

hallali interj. et n. m. – XVIIIe ; de *haler* « exciter les chiens » et *à lui* ■ Cri de chasse qui annonce que la bête poursuivie est aux abois. ♦ n. m. Ce cri lui-même, ou la sonnerie de cor qui le remplace. *Sonner l'hallali.* ➝ Le moment où la bête est mise à mort. « *on avait à l'hallali un daguet presque agonisant* » (Genevoix). ♦ Défaite, ruine.

***halle** n. f. – XIIIe ; germ. 1 Vaste emplacement couvert qui abrite un marché, un commerce en gros. *Halle aux vins, au blé.* ➝ (Suisse) *Halle de gymnastique :* gymnase. 2 plur. *LES HALLES :* bâtiment où se tient le marché central de denrées alimentaires d'une ville. *Les Halles de Rungis. Les forts des halles.*

***hallebarde** n. f. – XIVe ; germ. *helmbarte* « hache *(barte)* à poignée *(helme)* » ■ Autrefois, Arme d'hast à longue hampe, munie d'un fer tranchant et pointu et de deux fers latéraux. « *le suisse armé de sa hallebarde, le bedeau avec une grande croix* » (Flaub.). ♦ loc. fam. *Il tombe des hallebardes :* il pleut à verse.

***hallebardier** n. m. – XVe ■ Homme d'armes qui portait la hallebarde.

***hallier** n. m. – XVe ; germ. *hasal* « buisson du noisetier » ■ Groupe de buissons serrés et touffus. *Halliers impénétrables.* ✪ HOM. Allié, allier.

halloween [alɔwin] n. f. – mil. XXe ; mot angl., abrév. de *All Hallow Even* « veille de la Toussaint » ■ Au Canada et aux États-Unis, Fête annuelle (31 octobre), au cours de laquelle les enfants déguisés présentent des paniers pour qu'on y dépose des friandises.

***hallstattien, ienne** [alstatjɛ̃ ; alʃtatjɛ̃, jɛn] adj. – XIXe ; de *Hallstatt* n. pr. ■ Relatif à la première période de l'âge du fer, dite « de Hallstatt » (1000 à 500 av. J.-C.).

❑ *Hallstatt* est le nom d'un village d'Autriche.

hallucinant, ante adj. – XIXe 1 Qui provoque des hallucinations. *Pouvoir hallucinant.* ⇒ **hallucinogène.** 2 Qui a une grande puissance d'illusion, d'évocation. *Un spectacle hallucinant.*

hallucination n. f. – XVIIe 1 Perception pathologique de sensations, de faits, qui n'existent pas. ⇒ **illusion.** *Hallucinations visuelles, auditives. Hallucinations dues aux toxiques* (cocaïne, haschisch). ⇒ **psychédélique ; hallucinogène.** *Les hallucinations des délires chroniques.* 2 Erreur des sens, illusion. *J'ai cru le voir ici, je dois avoir des hallucinations.* « *Fallait-il croire que nous étions tous le jouet d'une hallucination ?* » (Aymé).

hallucinatoire adj. – XIXe 1 De l'hallucination. *Vision hallucinatoire.* 2 Qui provoque l'hallucination. *Choc hallucinatoire.*

halluciné, ée adj. et n. – XVIIe ; gr. *aluein* « errer » 1 Qui a des hallucinations. ♦ n. « *un perpétuel rêve d'halluciné* » (Loti). 2 *Un air halluciné.* ⇒ **égaré.**

halluciner v. tr. 1 – XIXe ■ rare Produire des hallucinations chez (qqn). Rendre halluciné.

hallucinogène adj. et n. m. – 1934 ■ Qui provoque des hallucinations (substance). *Champignons hallucinogènes.* ♦ n. m. Drogue provoquant un état psychédélique. ⇒ **cocaïne, haschisch, L. S. D., mescaline.**

hallucinose n. f. – 1908 ■ Phénomène hallucinatoire dont le sujet reconnaît l'irréalité (à la différence de l'hallucination).

***halo** n. m. – XIVe ; gr. *halôs* 1 Cercle lumineux entourant parfois le Soleil ou la Lune, produit par la réfraction de la lumière par les cristaux de glace de l'atmosphère. ♦ Auréole lumineuse diffuse autour d'une source lumineuse. « *la lueur des réverbères n'était qu'un halo dans le brouillard* » (Mart. du G.). 2 Irradiation lumineuse autour de l'image photographique d'un point lumineux. 3 Éclat qui semble émaner de qqn (⇒ **aura**). ✪ HOM. Allo.

halogénation n. f. – 1910 ■ Introduction d'halogènes dans une molécule. ⇒ **halon.**

halogène n. m. – XIXe ; gr. *hals* « sel » et *-gène* 1 Chacun des éléments chimiques faisant partie de la colonne VII du tableau de Mendeleïev qui comprend en particulier le chlore. 2 *Lampe (à) halogène* ou n. m. *halogène :* lampe dont l'atmosphère gazeuse contient un halogène et qui permet un éclairage progressif. ✪ HOM. Allogène.

halogénure n. m. – 1908 ■ Sel ou ester obtenu par combinaison d'un halogène avec un autre élément.

***hâloir** n. m. – XVIIIe ; de *hâler* ■ région. Lieu où l'on sèche le chanvre. ♦ Local où l'on fait sécher certains fromages.

halon n. m. – 1968 ; nom déposé, de *halogène* et *-on* ■ Dérivé par halogénation d'hydrocarbures, utilisé comme agent extincteur et frigorifique. ⇒ **fréon.**

halophile adj. – XIXe ; gr. *hals* « sel » et *-phile* ■ Qui croît dans les milieux imprégnés de sel marin. *Bactérie halophile.*

halophyte n. f. – XIXe ; gr. *hals* « sel » et *-phyte* ■ Végétal qui croît en milieu salé.

***halte** n. f. – XIIe ; germ. 1 Arrêt, temps d'arrêt consacré au repos, au cours d'une marche ou d'un voyage. ⇒ **pause.** *Faire halte. Marquer une halte.* ♦ (sans idée de repos) *Faire halte :* s'arrêter. 2 Lieu où se fait la halte. ⇒ **escale, étape, relais.** *Une halte de routiers.* ♦ Point d'arrêt sur une ligne de chemin de fer. ⇒ **station.** « *Le train s'arrêtait à toutes les gares, même aux simples haltes* » (Cl. Simon). 3 Moment de pause au cours d'une évolution. « *Il y a des haltes, des repos, des reprises d'haleine dans la marche des peuples* » (Hugo). 4 interj. *HALTE !* commandement militaire par lequel on ordonne à une troupe de s'arrêter (opposé à *Marche !*). *Section, halte !* ➝ *Dire halte à la guerre. Halte aux essais nucléaires !* ⇒ **stop.** ➝ « *Pas de ça, mon gars : halte-là !* » (Vallès). ✪ CONTR. ② Marche. Continuation.

haltère n. m. – XVIe ; gr. *haltêres* « balanciers pour le saut, la danse » 1 Instrument de gymnastique fait de deux boules ou disques de métal réunis par une tige. « *sa demi-heure de culture physique avec manipulation d'haltères et d'extenseur* » (Queneau). ➝ Exercice pratiqué avec cet instrument. *Faire des haltères.* ♦ *POIDS ET HALTÈRES :*

sport consistant à soulever les haltères, en exécutant certains mouvements. ⇒ **haltérophilie.** 2 Balancier situé à l'arrière des ailes de certains insectes.

❑ *Haltère* est souvent employé à tort au féminin, le singulier étant rare : « *ses petites haltères d'une livre et demie* » (Colette).

haltérophile n. – 1903 ■ Athlète qui pratique l'haltérophilie.

haltérophilie n. f. – 1924 ■ Sport des poids et haltères.

***halva** n. m. – XIXe ; mot turc, de l'ar. ■ Confiserie orientale à base de sésame, de sucre et d'amandes. *Des halvas.*

***hamac** n. m. – XVIe ; caraïbe *hamacu* ■ Rectangle de toile ou de filet suspendu, utilisé comme lit. « *il n'y avait pas de place pour un lit. Je suppléais par un hamac* » (Sand).

***hamada** n. f. – XIXe ; mot ar. ■ Plateau rocheux des régions désertiques.

hamadryade n. f. – XVe ; gr. *hama* « ensemble » et *drus* « chêne » 1 Nymphe des bois naissant et mourant avec un arbre. ⇒ **dryade.** 2 Cobra royal d'Asie.

hamadryas [amadʀijas] n. m. – XIXe ; cf. *hamadryade* ■ Grand singe cynocéphale d'Afrique.

hamamélis [amamelis] n. m. – XVIIe ; gr. « sorte de néflier » ■ Arbuste d'Amérique du Nord *(hamamélidacées)*, dont l'écorce et les feuilles sont employées en pharmacie.

***hamburger** [ɑ̃buʀgœʀ ; ɑ̃bœʀgœʀ] n. m. – 1930 ; mot angl., de *Hambourg*, ville all. ■ Sandwich chaud constitué d'un bifteck haché servi dans un pain rond.

❑ La première attestation du mot en français est chez Paul Morand, en 1930 : « *fritures italiennes, sauces anglaises, hamburgers et saucisses allemandes.* »

***hameau** n. m. – XIIIe ; germ. *haim* « petit village » ■ Petit groupe de maisons situées à l'écart d'un village, et ne formant pas une commune. ⇒ **écart, lieudit.**

hameçon n. m. – XIIIe ; lat. *hamus* 1 Petit crochet métallique qu'on adapte au bout d'une ligne et qu'on garnit d'un appât pour prendre le poisson. *Il « montait l'hameçon selon l'appât et les victimes élues »* (Genevoix). 2 *Mordre à l'hameçon :* se laisser prendre. ⇒ **appât, piège.**

hameçonner v. tr. [1] – XVe 1 Garnir d'hameçons. *Hameçonner une ligne.* ➛ *Ligne hameçonnée.* 2 Prendre à l'hameçon (un poisson).

***hammam** [amam] n. m. – XVIIe ; mot arabo-turc « bain chaud » ■ Établissement de bains comportant une étuve ; bains de vapeur à l'orientale (cf. Bain turc*).

***hammerless** [amɛʀlɛs] n. m. – XIXe ; mot angl., de *hammer* « chien (de fusil) » et *less* « sans » ■ Fusil de chasse à percussion centrale, sans chien apparent.

① ***hampe** n. f. – XVe ; lat. *hasta* « lance, tige » et germ. *hant* « main » 1 Long manche de bois auquel est fixé le fer d'une arme d'hast, une croix, un drapeau... « *Il faut que je couse ce drapeau à sa hampe* » (Green). ♦ Long manche de certains instruments (écouvillon, pinceau). 2 Tige allongée dépourvue de feuilles et terminée par une fleur ou un groupe de fleurs. 3 Trait vertical (de certaines lettres). *Hampe de* h ; *de* p (⇒ **queue).**

② ***hampe** n. f. – XIIIe ; p.-ê. germ. *wampa* « fanon » ■ Partie du ventre du bœuf, du côté de la cuisse. *Steak dans la hampe.* ⇒ **grasset.**

***hamster** [amstɛʀ] n. m. – XVIIIe ; mot all. ■ Petit mammifère fouisseur *(rongeurs)*, au pelage roux et à ventre blanc.

***han** [ɑ̃ ; hɑ̃] interj. – XIVe ; onomat. ■ Cri sourd d'une personne qui fait un violent effort. ✪ HOM. An, en.

***hanap** [anap] n. m. – XIIe ; germ. *hnapp* « écuelle » ■ Autrefois, Grand vase à boire en métal, monté sur un pied et muni d'un couvercle. « *Un canon de vin de Suresnes, dans les hanaps d'étain de maître Raymond* » (Nerval).

***hanche** n. f. – XIIe ; germ. *hanka* 1 Chacune des deux régions symétriques du corps formant saillie au-dessous de la taille. *Articulation de la hanche.* ⇒ **bassin, cuisse.** *Malformation de la hanche* (coxalgie, coxarthrose, luxation). *Hanches étroites, larges. Faire 90 centimètres de tour de hanches.* « *la poitrine forte, la hanche puissante et la jambe un peu lourde* » (Maupass.). ➛ *Rouler des hanches.* ⇒ se **déhancher.** « *Elle s'avançait en se balançant sur ses hanches* » (Mérimée). *Porter un enfant sur la hanche.* ♦ Chez les insectes, Segment des pattes, articulé au corselet. 2 Partie supérieure de la muraille d'un navire qui avoisine le tableau. ✪ HOM. Anche.

***hanchement** n. m. – XIXe ■ Attitude hanchée. *Le hanchement des Vierges gothiques du* XIVe *siècle.* ⇒ **déhanchement.**

***hancher** v. [1] – XIXe 1 v. intr. Se tenir dans une posture qui fait saillir une hanche. ⇒ se **déhancher.** 2 v. tr. Représenter (un personnage) de manière à faire saillir une hanche. ♦ *Posture hanchée.* « *La belle "Vierge dorée" du trumeau, légèrement hanchée* » (M. Aubert).

***handball** ou ***hand-ball** [ɑ̃dbal] n. m. – 1912 ; mot all. « balle à la main » ■ Sport d'équipe analogue au football, mais qui se joue avec les mains. ➛ abrév. fam. HAND.

❑ Ne venant pas de l'anglais mais de l'allemand, le *...all* de *handball* se prononce [al] et non [ol] comme dans *football, hall*, etc. → football (rem.).

***handballeur, euse** [ɑ̃dbalœʀ, øz] n. – 1966 ■ Joueur de handball.

(*)handicap n. m. – XIXe ; mot angl., probablt de *hand in cap* « main dans le chapeau » 1 Course de chevaux dans laquelle on désavantage les meilleurs afin d'égaliser les chances de chacun. ⇒ **omnium.** *Cheval qui rend vingt-cinq mètres dans un handicap.* ♦ Épreuve sportive où l'inégalité des chances des concurrents est compensée au départ. ➛ Classement du joueur de golf tenant compte des coups excédentaires frappés. ♦ Désavantage imposé à un concurrent pour que les chances soient égales. *Partir avec un handicap, combler son handicap.* 2 Déficience physique ou mentale (⇒ **handicapé).** *Handicap mental, physique.* ⇒ **infirmité, invalidité.** *Handicap moteur.* ♦ Désavantage, infériorité qu'on doit supporter. ⇒ **entrave, gêne.** « *Apatride, sans raison sociale ni domicile fixe, vous cumuliez de lourds handicaps* » (Modiano). ♦ *Le handicap économique des jeunes nations.* ✪ CONTR. Avance, avantage.

❑ On constate dans l'usage actuel une tendance à considérer comme muet le *h* de *handicap*. La prononciation régulière, sans liaison, ni élision, est recommandée : *le handicap est une course.*

***handicapant, ante** adj. – 1985 ■ Qui handicape. *Maladie handicapante.* ⇒ **invalidant.**

***handicapé, ée** adj. et n. – 1957 ■ Qui présente un handicap physique ou mental. « *L'aide des psychologues à l'éducation des enfants handicapés, sourds-muets, aveugles, etc.* » (Piaget). ➛ n. *Handicapé mental. Handicapé physique.* ⇒ **infirme, invalide.** *Sport pour les handicapés.* ⇒ **handisport.**

***handicaper** v. tr. 1 – XIXe 1 Imposer à (un cheval, un concurrent) un désavantage quelconque. 2 Mettre (qqn) en état d'infériorité. ⇒ **désavantager.** *Il est très handicapé depuis son accident. Sa timidité le handicape.* ✪ CONTR. Avantager, servir.

***handicapeur** n. m. – XIXe ▪ Commissaire d'une société de courses chargé d'établir les handicaps.

***handisport** adj. – 1977 ; de *handi(capé)* et *sport* ▪ Relatif au sport pratiqué par les handicapés physiques. *Jeux olympiques handisports.*

> ❑ Mot-valise mal formé, mais qui a l'avantage d'être court.

***hangar** n. m. – XIVe ; germ. *haim* « hameau » et *gard* « enclos » ▪ Construction sommaire destinée à abriter du matériel, des marchandises. ⇒ **abri, entrepôt, remise.** *Hangar à fourrage.* « *Au fond, sous un hangar, il y avait l'enclume, la forge* » (Bosco). *Hangars d'un port.* ⇒ **dock.** ♦ Vaste construction close servant d'abri aux avions, aux bateaux. ♦ (Canada) Abri pour le bois de chauffage.

***hanneton** n. m. – XIe ; germ. *hano* « coq » 1 Insecte des jardins *(coléoptères),* ordinairement roux, à antennes en lamelles, au vol lourd et bruyant. 2 fam. *Qui n'est pas piqué (mangé) des hannetons :* qui se manifeste dans toute sa force. « *Un petit froid qui n'est pas piqué des hannetons* » (Aragon).

***hannetonner** v. intr. 1 – XVIIIe ▪ Détruire les hannetons.

***hanse** n. f. – XIIe ; germ. « troupe » ▪ Au Moyen Âge, Association de marchands ayant le monopole du commerce par eau, dans une région. *La Hanse (germanique) :* association de villes commerçantes de la mer du Nord et de la Baltique. ✪ HOM. Anse.

hanséatique adj. – XVIIe ▪ Relatif, appartenant à la Hanse (germanique). *Ligue hanséatique.*

hantavirus [ɑ̃tavirys] n. m. – 1994 ; de *Hantaan* n. pr. ▪ Virus du continent asiatique, qui provoque des fièvres hémorragiques.

***hanté, ée** adj. – XIXe ▪ Visité par les fantômes, les revenants, les esprits. *Château hanté.* ✪ HOM. Enté, enter.

***hanter** v. tr. 1 – XIIe ; germ. *haim* « hameau » 1 (en parlant des fantômes, des esprits) Fréquenter (un lieu). *On dit qu'un revenant hante cette ruine.* « *ce lieu solitaire et abandonné avait été hanté* [...] *autrefois* » (Barbey). 2 Habiter l'esprit de (qqn) en gênant, on tourmentant. ⇒ **obséder, poursuivre.** « *la pensée de cette faillite hante mes nuits* » (Gide). ✪ CONTR. Fuir ; éloigner (s'). — HOM. Enté, enter.

> ❑ Le français *hanter,* l'anglais *home,* l'allemand *Heim* (« foyer ») ont la même origine étymologique.

***hantise** n. f. – XIIIe ▪ Caractère obsédant d'une idée, d'une pensée, d'un souvenir ; préoccupation constante dont on ne parvient pas à se libérer. ⇒ **obsession.** « *il avait eu la hantise du péché mortel* » (Romains).

hapax ou **apax** [apaks] n. m. – 1922 ; gr. *hapax (legomenon)* « (chose dite) une seule fois » ▪ Mot, forme, emploi dont on ne peut relever qu'un exemple (à une époque donnée ou dans un corpus donné) ; attestation isolée.

haplo- Élément, du gr. *haplous* « simple ». ⇒ **mon(o)-.**

haploïde adj. – 1911 ; *haplo-* et *-oïde* ▪ *Cellule, individu, noyau haploïde,* qui contient un stock simple de chromosomes. *La cellule haploïde n'a qu'un exemplaire de chaque chromosome* (opposé à *diploïde, polyploïde*).

haplologie n. f. – 1908 ; *haplo-* et *-logie* ▪ En phonétique, Le fait de n'énoncer que l'une de deux articulations semblables et successives (cas de dissimilation) (ex. « tragicomique » pour « tragico-comique »).

***happe** n. f. – XIIIe ; de *happer* ▪ Crampon qui sert à lier deux pièces de charpente, deux pierres.

***happening** [ap(ə)niŋ] n. m. – 1963 ; mot angl., de *to happen* « arriver, survenir » ▪ Spectacle où la part d'imprévu et de spontanéité est essentielle. Événement collectif comparé à ce type de spectacle. *Des happenings.*

> ❑ On a proposé de remplacer ce mot par *impromptu.*

***happer** v. tr. 1 – XIIe ; rad. onomat. germ. *happ-* ▪ Saisir, attraper brusquement et avec violence. *Être happé par un train.* ♦ (animaux) Saisir brusquement dans sa gueule, son bec. *Oiseau qui happe au vol des insectes.* ✪ CONTR. ① Lâcher.

***happy end** [apiɛnd] n. m. ou f. – 1945 ; angl. *happy* « heureux » et *end* « fin » ▪ Heureuse fin (d'un film tragique) souvent considérée comme une concession au goût du public. *Les happy ends caractéristiques des films américains.*

> ❑ Parfois au féminin (« *Donne-moi une happy end* » [Dutourd]), sous l'influence de *fin (end),* nom féminin. Comparer à *week-end,* nom masculin. → week-end (rem.).

***happy few** [apifju] n. m. pl. – XIXe ; angl. *happy* « heureux » et *few* « peu nombreux » ▪ Ensemble restreint des privilégiés (fortunés, initiés, élite intellectuelle, etc.).

***haquebute** n. f. – XVe ; germ. *hakebusse* ▪ ⇒ **arquebuse.**

***haquenée** n. f. – XIVe ; de *Hackney,* village angl. dont les chevaux étaient renommés ▪ Cheval ou jument de taille moyenne, d'allure douce, allant ordinairement l'amble, que montaient les dames. « *son cheval, magnifique haquenée andalouse, d'un blanc sans tache* » (Dumas). ✪ HOM. Acné.

***haquet** [akɛ] n. m. – XVIIe ; p.-ê. a. fr. *haquet* « cheval » ▪ Charrette étroite et longue, sans ridelles. ✪ HOM. Acquêt.

***hara-kiri** n. m. – XIXe ; mot jap. ▪ Mode de suicide particulièrement honorable, au Japon, consistant à s'ouvrir le ventre. ⇒ **seppuku.** *Des hara-kiris.*

> ❑ Les Japonais et les spécialistes de la civilisation japonaise n'emploient que le synonyme *seppuku.*

***harangue** n. f. – XVe ; germ. *hring* « cercle, rang » 1 Discours solennel prononcé devant une assemblée, un haut personnage. *Faire une harangue.* « *quand approchait le moment de rédiger un rapport ou de prononcer des harangues* » (Duham.). 2 Discours pompeux et ennuyeux ; remontrance interminable.

***haranguer** v. tr. 1 – XVe ▪ Adresser une harangue à (un groupe de personnes). « *Des hommes d'une éloquence frénétique haranguaient la foule au coin des rues* » (Flaub.).

***haras** n. m. – XIIe ; p.-ê. germ. *hârr* « qui a le poil gris » ▪ Lieu, établissement destiné à la reproduction de l'espèce chevaline, à l'amélioration des races de chevaux par la sélection des étalons. ✪ HOM. Ara.

***harassant, ante** adj. – XIXe ▪ Qui harasse. ⇒ **épuisant, fatigant.** *Travail harassant.*

***harasse** n. f. – XIIIe ; p.-ê. var. du région. *charasse,* même sens ▪ Emballage léger, caisse à claire-voie, pour le transport du verre, de la porcelaine.

***harassé, ée** adj. ▪ Épuisé de fatigue. *Être, se sentir harassé.* « *Fatigués, harassés, moulus* » (Beaum.). ⇒ **fourbu, recru.** ✪ CONTR. Dispos, ① fort, ① frais.

***harassement** n. m. – XVIe ▪ rare Action de harasser. ◆ Fatigue extrême.

***harasser** v. tr. 1 – XVIe ; a. fr. *hare* « cri pour exciter les chiens », interj. d'o. germ. (→ haro) ▪ VX (sauf aux temps comp. et p. p. ⇒ **harassé**) Accabler de fatigue. ⇒ **exténuer, fatiguer.** *Être harassé de travail.*

***harcelant, ante** adj. – XIXe ▪ Qui harcèle.

***harcèlement** n. m. – XVIIe ▪ Action de harceler. « *Le harcèlement constant des moustiques* » (Gide). *Guerre de harcèlement.* ⇒ **guérilla.** ♦ *Harcèlement sexuel* (de la part d'un supérieur hiérarchique).

***harceler** v. tr. 5 – XVe ; var. de *herceler*, de *herser*, au fig. « tourmenter » ▪ Soumettre sans répit à de petites attaques réitérées, à de rapides assauts incessants. ⇒ **tarabuster ;** fam. **asticoter.** *Harceler l'ennemi. Harceler un lièvre jusqu'à épuisement.* ⇒ **poursuivre.** « *Sa bru la suivait pas à pas* [...] *la harcelant de questions* » (Mauriac). ➛ « *Un remords le harcelait* » (Maupass.). ✪ CONTR. Apaiser, calmer. Laisser.

***hard** [aʀd] adj. – v. 1975 ; mot angl. « dur » ▪ Excessif et violent. *Hard rock* : forme de rock très violente. ♦ *Cinéma, film hard,* pornographique, très explicite. *Des films très hards.* ✪ HOM. Harde, hardes.

① ***harde** n. f. – XIIe ; germ. *herda* ▪ Troupe (de bêtes sauvages) vivant ensemble. *Harde de cerfs, de daims.* ⇒ **harpail.** ✪ HOM. Hard, hardes.

② ***harde** n. f. – XIVe ; var. fém. de *hart* ▪ Lien servant à attacher les chiens, par quatre ou par six, en vénerie. ➛ Couples de chiens ainsi attachés.

***hardes** n. f. pl. – XVe ; ar. *fardah* « balle de vêtements, d'étoffes » ▪ Vêtements pauvres et usagés. ⇒ **guenille, haillon, nippes.** ✪ HOM. Hard, harde.

> ❑ *Hardes* a désigné l'ensemble des effets personnels, emploi encore conservé dans certaines régions.

***hardi, ie** adj. – XIe ; germ. *hart* « dur » 1 Qui manifeste, dénote un tempérament, un esprit prompt à oser sans se laisser intimider. ⇒ **audacieux, déterminé, entreprenant, intrépide, résolu.** *Guerriers hardis.* « *il était hardi en pensée, timide en action* » (Gaut.). ♦ *Un projet particulièrement hardi.* ♦ En héraldique *Coq hardi,* figuré la patte levée et le bec ouvert. 2 ⇒ **provocant.** *Vous ne trouvez pas ce passage un peu hardi ?* ⇒ **osé.** 3 Qui est audacieux avec bonheur. ⇒ ② **original.** *Une métaphore hardie.* 4 interj. HARDI ! Formule servant à encourager et pousser en avant. ⇒ **courage.** *Hardi, petit !* ✪ CONTR. Lâche, peureux, timide, timoré. Banal, ① plat, ① terne.

***hardiesse** n. f. – XIIe I littér. 1 Qualité d'une personne hardie, de ce qui est hardi. ⇒ **audace, bravoure, intrépidité.** *Faire preuve de hardiesse.* « *Il faut une grande hardiesse pour oser être soi* » (Delacroix). 2 péj. *Il a la hardiesse de soutenir cela !* ⇒ **effronterie, impudence, insolence.** 3 *Hardiesse du style.* ⇒ **nouveauté, originalité.** II Action, idée, parole, expression hardie. *Se permettre certaines hardiesses.* ⇒ **liberté, licence.** ✪ CONTR. Lâcheté, timidité. Décence, modestie. Banalité, platitude.

***hardiment** adv. – XIIe ▪ Avec hardiesse. *S'exposer hardiment aux dangers.* ⇒ **courageusement.** *Nier hardiment.* ⇒ **effrontément, impudemment.** ✪ CONTR. Craintivement, timidement.

***hardware** [aʀdwɛʀ] n. m. – 1965 ; mot angl. « quincaillerie » ▪ Les éléments matériels d'un système informatique. *Hardware et software.* Recomm. offic. *matériel* (et *logiciel*).

> ❑ Ce mot s'emploie toujours, malgré la recommandation officielle d'utiliser *matériel ;* en revanche, *logiciel* l'a emporté sur *software.*

***harem** [aʀɛm] n. m. – XVIIe ; ar. *haram* « chose interdite et sacrée » 1 Appartement des femmes (chez un grand personnage musulman). ⇒ **gynécée.** *Le harem du palais du sultan.* 2 Ensemble des femmes qui habitent le harem.

***hareng** [aʀɑ̃] n. m. – XIIe ; germ. *haring* ▪ Poisson de mer *(clupéiformes),* vivant en bancs souvent immenses. *Pêche au hareng. Hareng salé* ou *hareng saur*.* ⇒ **bouffi, gendarme.** *Hareng mariné.* ⇒ **rollmops.** *Filets de hareng.*

***harengaison** n. f. – XIVe ▪ Pêche au hareng ; temps où elle a lieu.

***harengère** n. f. – XIIIe 1 VX Vendeuse au détail des harengs et autres poissons. 2 Femme grossière, criarde. ⇒ **poissarde.**

***harenguet** n. m. – XVIIIe ▪ Sprat.

***harenguier** n. m. – 1922 ▪ Bateau spécialisé pour la pêche au hareng.

***haret** adj. et n. m. – XVIIe ; a. fr. *harer* « crier hare, traquer » ▪ rare *Chat haret* ou n. m. *un haret :* chat domestique qui est retourné à l'état sauvage et vit de gibier. ✪ HOM. Arrêt.

***harfang** [aʀfɑ̃] n. m. – XVIIIe ; mot suéd. ▪ Oiseau rapace nocturne *(strigiformes)* des régions septentrionales, dit *chouette blanche.*

***hargne** n. f. – XVIe ; p.-ê. germ. *harmjan* « insulter » ▪ Mauvaise humeur se traduisant par des propos acerbes, un comportement agressif, parfois méchant ou haineux. ⇒ **colère.** *Répliquer avec hargne.* « *Il écrivit ces lignes un peu pour se libérer de la hargne* » (Duham.).

***hargneusement** adv. – XIXe ▪ D'une façon hargneuse. ⇒ **méchamment.**

***hargneux, euse** adj. – XIIe 1 Qui est plein de hargne. ⇒ **coléreux, grincheux, teigneux.** « *je deviens sec, hargneux et malveillant* » (Flaub.). 2 Qui exprime ou dénote de la hargne. *Ton hargneux.* ✪ CONTR. Aimable, doux.

***haricot** n. m. – XIVe ; a. fr. *harigoter* « couper en morceaux » I Ragoût (de mouton). *Un haricot de mouton.* II - 1 Plante herbacée *(légumineuses papilionacées),* originaire d'Amérique centrale, dont gousses et graines sont comestibles. *Pied de haricot.* 2 Partie comestible de cette plante, comprenant soit les gousses encore vertes *(haricots verts),* soit les gousses et les graines peu développées *(haricots mange-tout),* soit les graines seules, imparfaitement mûres (⇒ ② **flageolet**) ou mûres (*haricots blancs* ⇒ **chevrier,** ② **coco**). ♦ Graines des espèces « à écosser » qui se mangent fraîches ou sèches. ⇒ fam. **fayot.** *Un gigot aux haricots.* « *une bonne odeur se répandait, des haricots rouges et du veau aux oignons* » (Zola). 3 fam. *Travailler pour des haricots,* pour presque rien. *C'est la fin des haricots,* la fin de tout. ♦ Tête. *Courir sur le haricot* (à qqn) : ennuyer, importuner. 4 Récipient en forme de haricot utilisé dans les hôpitaux. ⇒ **bassin.**

> ❑ Le sens initial de « ragoût » était seul en usage avant le XVIIe s. Ce plat était souvent accompagné de fèves et le haricot, au moment de son introduction en Europe, aurait été désigné sous le nom de *feves d'aricot* (1628).

***haridelle** n. f. – XVIe ; p.-ê. du rad. de *haras* ▪ Mauvais cheval maigre et efflanqué. ⇒ **rosse, rossinante.**

(*)harissa n. f. ou m. – 1930 ; ar. *harasa* « piler » ▪ Poudre ou purée de piments utilisée comme assaisonnement (dans la cuisine maghrébine). *Sauce à la harissa, à l'harissa, avec du harissa pour le couscous.*

> ❑ Ce mot se prononce plutôt avec *h* aspiré : *la harissa.*

***harki** n. m. – v. 1960 ; mot ar., de *harka* « mouvement » ▪ Militaire indigène d'Afrique du Nord qui servait dans une milice supplétive (une *harka*) aux côtés des Français.

***harle** n. m. – XVIe ; mot du Nivernais ■ Oiseau aquatique *(ansériformes, anatidés)* voisin du canard.

harmattan n. m. – XVIIIe ; mot d'une langue africaine ■ Vent chaud et sec qui souffle de l'est sur le Sahara et l'Afrique occidentale.

harmonica n. m. – XVIIIe ; lat. *harmonicus* « harmonieux » ■ Instrument de musique composé de petits tuyaux à anche métallique juxtaposés que l'on fait vibrer par le souffle.

> ❑ Benjamin Franklin a donné ce nom à l'instrument de musique qu'il mit au point *(harmonica de verre)*.

harmonie n. f. – XIIe ; gr. « assemblage » **I** - 1 vx Son, succession de sons agréables. ➛ mod. *Table d'harmonie* : table sur laquelle sont tendues les cordes d'un instrument de musique. 2 Ensemble des principes qui règlent l'emploi et la combinaison de sons simultanés, en musique. *Les règles, les lois de l'harmonie classique. Étudier l'harmonie, le contrepoint.* ♦ *Les harmonies* : les accords conformes aux règles de l'harmonie. *Harmonies consonantes, dissonantes.* 3 Ensemble des bois, des cuivres et percussion (d'un orchestre). *L'harmonie municipale.* ⇒ **fanfare.** 4 Ensemble des caractères (combinaisons de sons, accents, rythme) qui rendent un discours agréable à l'oreille. ⇒ **euphonie, mélodie.** *L'harmonie des périodes, de la phrase.* ⇒ **cadence, rythme. II** - 1 Relations existant entre les parties d'un tout et qui font que ces parties concourent à un même effet d'ensemble ; cet effet. ⇒ **unité ; ordre, organisation.** « *il faut de l'harmonie dans les sentiments et de l'opposition dans les caractères* » (Staël). « *Sa vie était en harmonie avec ses idées* » (Balz.). ⇒ **s'harmoniser.** 2 Accord, bonnes relations entre personnes. ⇒ **entente, paix,** ① **union.** *L'harmonie qui règne dans une famille. Détruire, rompre, rétablir l'harmonie entre... Vivre en harmonie avec qqn.* ⇒ **amitié, entente, sympathie.** ➛ *Harmonie des vues, des sentiments de plusieurs personnes.* ⇒ **concordance, conformité.** 3 Ensemble des rapports entre les parties, les éléments d'un objet, d'une œuvre d'art, d'un spectacle. ⇒ **équilibre, eurythmie.** *Harmonie des volumes, des proportions, dans un tableau.* ⇒ **balancement.** ➛ *Harmonie d'un visage.* ⇒ **beauté, régularité, symétrie.** ✪ CONTR. Désaccord, désordre, discordance. — Antagonisme, incompatibilité. Discorde, dissentiment.

harmonieusement adv. – XVe ■ D'une manière harmonieuse. ➛ *Univers harmonieusement ordonné.*

harmonieux, ieuse adj. – XIVe **I** - 1 Agréable à l'oreille (en parlant d'un son, d'une combinaison de sons). ⇒ **mélodieux.** *La musique « est la parole la plus profonde de l'âme, le cri harmonieux de sa joie et de sa douleur »* (R. Rolland). 2 Qui produit des sons agréables. *Instrument harmonieux.* 3 Qui a de l'harmonie, en parlant du discours, du langage. *Style harmonieux.* **II** Qui a, qui produit de l'harmonie, par les relations qui existent entre ses éléments ; qui est en harmonie avec les autres éléments. *Un tout harmonieux.* « *l'harmonieux équilibre des éléments très divers qui la composent* [la France] » (Gide). *Un visage harmonieux.* ➛ *Formes, couleurs harmonieuses.* ✪ CONTR. Cacophonique, discordant, dissonant. — Désorganisé, disparate, disproportionné, incohérent.

harmonique adj. et n. m. ou f. – XIVe 1 Qui concourt à l'harmonie musicale. ♦ Se dit de certains sons, de certains rapports ou assemblages de sons caractéristiques, en harmonie. *Gamme, échelle harmonique.* ⇒ **diatonique.** 2 *Vibration, son harmonique,* ou n. *un* ou *une harmonique* : vibration, son dont la fréquence est un multiple entier de la fréquence fondamentale. *Deuxième, troisième harmonique,* dont la fréquence est double, triple, etc., de celle du fondamental. 3 *Division harmonique,* de quatre points alignés, lorsque leurs distances deux à deux sont dans un rapport inverse. ➛ *Moyenne harmonique de plusieurs nombres,* l'inverse de la moyenne arithmétique de leur inverse.

harmoniquement adv. – XVIe ■ Suivant les lois de l'harmonie.

harmonisation n. f. – XIXe ■ Action d'harmoniser ; son résultat. ⇒ **accompagnement, arrangement, orchestration.**

harmoniser v. tr. [1] – XVe 1 Mettre en harmonie, en accord. ⇒ **accorder, coordonner, équilibrer.** *Harmoniser des couleurs.* ⇒ **assortir.** 2 Combiner (une mélodie) avec d'autres parties ou avec des suites d'accords, en vue de réaliser un ensemble harmonique. *Harmoniser un air pour chœur et orchestre.* ⇒ **arranger, orchestrer.** ➛ Régler le timbre des tuyaux d'orgue. 3 *S'HARMONISER* à, avec (qqch.) v. pron. Se mettre, être en harmonie. ⇒ **s'accorder, concorder, correspondre.** *Teintes qui s'harmonisent bien ensemble.* ✪ CONTR. Désaccorder. Détonner, dissoner.

harmoniste n. – XVIIIe ■ Musicien spécialiste de l'harmonie. ➛ Spécialiste qui règle les jeux d'orgues.

harmonium [aʀmɔnjɔm] n. m. – XIXe ■ Instrument à clavier et à soufflerie, comme l'orgue, mais qui est (comme l'accordéon) muni d'anches libres au lieu de tuyaux.

***harnachement** n. m. – XVIe 1 Action de harnacher. 2 Ensemble des harnais, équipement des chevaux et animaux de selle. 3 Équipement lourd et incommode. ⇒ **accoutrement, équipement.** « *le harnachement complet de musettes, sac, bidon, ceinturon* » (Robbe-Grillet).

***harnacher** v. tr. [1] – XIIIe 1 Mettre le harnais, les harnais à (un cheval, un animal de selle). *Harnacher les chevaux.* 2 (surtout p. p.) Accoutrer (qqn) comme d'un harnais. ⇒ **affubler, attifer.** « *Il est prêt à partir, tout harnaché de courroies, de musettes* » (Giono).

***harnais** ou (vx ou région. [Canada]) ***harnois** n. m. – XIIe ; germ. *her-nest* « provision de voyage » 1 Autrefois, Armure, équipement complet (d'un homme d'armes). ♦ loc. *Blanchi sous le harnois* (ou *sous le harnais*) : vieilli dans le métier (des armes, etc.) ; compétent dans son domaine. 2 Équipement d'un cheval de selle, de trait, de tout animal de travail. ⇒ **harnachement.** *Mettre le harnais.* ⇒ **harnacher.** ➛ Pièce de harnachement. *Changer les harnais d'un cheval.* 3 *Harnais (de sécurité)* : système de sangles destiné à protéger les alpinistes, véliplanchistes, etc., des chutes, des chocs. 4 *Harnais d'engrenage* : groupe d'engrenages commandant un arbre secondaire.

> ❑ La forme archaïque *harnois* ne subsiste plus guère que dans quelques expressions *(blanchi sous le harnois)*. *Harnais* est courant depuis le XVIIIe s.

***haro** interj. et n. m. inv. – XIIe ; de *hare* « cri pour exciter les chiens » ■ loc. *CRIER HARO SUR* le baudet (La Font.), qqn, qqch. : dénoncer à l'indignation de tous. « *crier haro sur la bêtise contemporaine* » (Baud.).

harpagon n. m. – XVIIIe ; du nom de *L'Avare* de Molière ■ Homme d'une grande avarice.

***harpail** n. m. – XIVe ; de l'a. v. *harpailler* « séparer » ■ Troupe de biches et de jeunes cerfs. *Des harpails.*

① ***harpe** n. f. – XIe ; germ. *harpa* ■ Instrument à cordes pincées, formé d'un cadre triangulaire et de cordes de longueur inégale. *Jouer de la harpe. Harpe à simple mouvement,* à 47 cordes. *Harpe chromatique,* à 78 cordes. *Sonate pour harpe, flûte et alto.*

② ***harpe** n. f. – XVe ; a. fr. *harper* « empoigner », avec infl. gr. *harpa* « faucille, crochet » **1** Pierre en saillie ou pierre d'attente, servant au raccord entre constructions. **2** région. Instrument en forme de griffe, de croc.

***harpie** n. f. – XIVe ; gr. *Harpuia* **1** Monstre fabuleux, à tête de femme et à corps de vautour, à griffes acérées, dans la mythologie grecque. ♦ Femme méchante, acariâtre. ⇒ **furie, mégère. 2** Oiseau rapace diurne *(falconidés)* vivant en Amérique du Sud.

❑ Désignant le monstre, on trouve parfois l'ancienne graphie *harpye : les « harpyes tératologiques héritées d'Alexandrie »* (Malraux).

***harpiste** n. – XVIIe ▪ Musicien, musicienne qui joue de la harpe.

***harpon** n. m. – XIIe ; germ. *harpa* « action de tordre, crampe » **1** Pièce de métal coudée servant à relier deux pièces de maçonnerie. ⇒ **crampon,** ② **harpe. 2** Grappin utilisé par les sapeurs-pompiers. **3** Instrument en forme de flèche qui sert à prendre les gros poissons, les cétacés. ⇒ **digon, foène.** *Pêche au harpon.*

***harponnage** n. m. – XVIIIe ▪ Action de harponner.

***harponner** v. tr. [1] – XVIIe **1** Atteindre, accrocher avec un harpon. *Harponner une baleine.* **2** fam. Arrêter au passage. *Se faire harponner par un importun.*

***harponneur** n. m. – XVIIe ▪ Matelot qui lance le harpon.

harpye → **harpie**

***hart** [aR] n. f. – XIIe ; germ. *hard* « filasse » ▪ vx Corde avec laquelle on pendait les condamnés. ➛ La pendaison elle-même. ✪ HOM. Arc, arrhes, ars, art.

haruspice → **aruspice**

***hasard** n. m. – XIIe ; ar. *az-zahr* « jeu de dés » **I** *UN, DES HASARD (S).* **1** Cas, événement fortuit ; concours de circonstances inattendu et inexplicable. *Quel hasard !* ⇒ **coïncidence.** *C'est un pur hasard,* rien n'était calculé, prémédité. *Heureux hasard.* ⇒ **aubaine, chance, veine. 2** au plur. Risque, circonstance périlleuse. *Les hasards de l'existence.* ⇒ **aléa, incertitude. II - 1** *LE HASARD :* cause fictive de ce qui arrive sans raison apparente ou explicable, souvent personnifiée au même titre que le sort, la fortune, etc. *« Un coup de dés jamais n'abolira le hasard »* (Mallarmé). *Le hasard fait bien les choses,* se dit à l'occasion d'un heureux concours de circonstances. *Les caprices du hasard.* ⇒ **destin, fatalité.** *« Le souci de ne rien laisser au hasard »* (Mauriac). *S'en remettre au hasard.* **2** *AU HASARD :* à l'aventure, n'importe où. *« J'allais au hasard, où mes pas me portaient »* (Lamart.). ➛ Sans réflexion, sans choix ni règle. *« Les abus et les décorations tombent au hasard, sur le juste et l'injuste »* (Maurois). ♦ *AU HASARD DE... :* selon les hasards de. *Au hasard des rencontres.* ♦ *À TOUT HASARD.* En prévision ou dans l'attente de toute espèce d'événements possibles. *Prendre son parapluie à tout hasard.* **3** *PAR HASARD.* ⇒ **accidentellement, fortuitement.** *Rencontrer qqn par hasard.* (Pour atténuer une question) *Est-ce que par hasard, vous ne seriez pas au courant ? Par le plus grand des hasards* (souvent iron.). ➛ *Comme par hasard :* comme si c'était un hasard. *« comme par hasard le baron s'absentait toujours en même temps qu'elle »* (Tournier). ➛ *Si par hasard :* au cas où, éventuellement. *Si par hasard tu le vois, préviens-le.* **4** *Jeu de hasard,* où le calcul, l'habileté n'ont aucune part (dés, roulette, baccara, loterie). ✪ CONTR. Déterminisme, finalité, nécessité.

***hasarder** v. tr. [1] – XVe **1** littér. Livrer (qqch.) au hasard, aux aléas du hasard, du sort. ⇒ **aventurer, exposer, risquer.** *Hasarder sa vie, sa réputation.* **2** Faire, entreprendre (qqch.) en courant le risque d'échouer ou de déplaire. ⇒ **essayer, tenter.** *Hasarder une démarche.* **3** Mettre en avant, se risquer à exprimer. ⇒ **avancer.** *« Daniel se garda, prudemment, de hasarder des chiffres »* (Duham.). **4** *SE HASARDER* v. pron. Aller, se risquer (en un lieu où il y a du danger). *Il n'est pas prudent de se hasarder dans ce quartier.* ⇒ s'**aventurer.** ♦ *SE HASARDER À :* se risquer à. *À ta place, je ne m'y hasarderais pas.*

***hasardeux, euse** adj. – XVIe ▪ Qui expose à des hasards, des périls ; qui comporte des risques. *« je me plais à tenter des entreprises hasardeuses »* (Mol.). ⇒ **dangereux, périlleux.** *« j'aime la vie hasardeuse »* (Gide). *Il serait hasardeux de.* ⇒ **problématique, risqué.** ✪ CONTR. Sûr.

***hasardisation** n. f. – 1977 ▪ Méthode de sélection au hasard.

***hasch** n. m. – v. 1968 ▪ fam. Haschisch. ✪ HOM. Ache, ① h, hache.

***haschisch** ou ***haschich** n. m. – XVIe ; ar. *hâchich* « herbe » ▪ Chanvre indien dont on mâche ou fume les feuilles séchées **(⇒ ① kif).** ♦ Drogue enivrante ou stupéfiant préparé avec ce chanvre. ⇒ **cannabis, herbe, marijuana,** fam. **shit.** *« Du vin et du haschisch », œuvre de Baudelaire. Fumer du haschisch.* ⇒ fam. **hasch.**

❑ On écrit aussi *hachich,* variante graphique simplifiée, mais peu courante.

***hase** n. f. – XVIe ; all. *Hase* « lièvre » ▪ Femelle du lièvre ou du lapin de garenne.

***hassidisme** n. m. – 1923 ; de *Hassidim,* mot hébr. « les pieux » ▪ Courant religieux juif, en Allemagne à l'époque médiévale. ➛ Courant religieux juif né en Pologne au XVIIIe s., inspiré de la Kabbale.

hast [ast] n. m. – XVIe ; lat. *hasta* « lance, hampe de lance » ▪ *ARME D'HAST :* toute arme dont le fer est monté sur une longue hampe.

hastaire n. m. – XVIe ▪ Dans l'Antiquité, Soldat romain armé d'une lance. ✪ HOM. Aster.

hasté, ée adj. – XVIIIe ▪ Se dit, en botanique, de ce qui a la forme d'un fer de lance. *Feuilles hastées.*

***hâte** n. f. – XIIe ; germ. *haist* « violence, vivacité » ▪ Grande promptitude (dans l'exécution d'un travail, etc.). ⇒ **célérité, empressement.** *Mettre de la hâte, peu de hâte à faire qqch. « quelle hâte à détruire »* (Mauriac). ➛ *Avoir hâte, n'avoir qu'une hâte :* être pressé, impatient. *« J'avais hâte d'entrer en fonctions »* (Daudet). ➛ *Sans hâte :* en prenant tout son temps. ♦ *EN HÂTE.* ⇒ **promptement, rapidement, vite.** *Venez en toute hâte !* ♦ *À LA HÂTE :* avec précipitation, au plus vite. *« je t'écris à la hâte »* (Flaub.). ✪ CONTR. Atermoiement, ① calme, lenteur.

***hâter** v. tr. [1] – XIe **1** littér. Faire arriver plus tôt, plus vite. ⇒ **avancer, brusquer, précipiter.** *Hâter son départ.* **2** Faire évoluer plus vite, rendre plus rapide. ⇒ **accélérer, activer.** *Hâter le mouvement. Hâter le pas.* ⇒ **presser.** ➛ *Hâter une plante, les fruits.* ⇒ **forcer ; hâtif. 3** *SE HÂTER* v. pron. Aller vite, faire vite ; faire diligence, ne pas perdre son temps. ⇒ se **dépêcher,** s'**empresser.** *Hâtez-vous. Se hâter vers la sortie.* ⇒ **courir,** se **précipiter.** *« Les passants sous leurs parapluies se hâtaient »* (Maupass.). ♦ *Se hâter de sortir, de terminer un travail.* ✪ CONTR. Freiner, ralentir, remettre, retarder, tarder, traîner.

❑ *Hâter,* verbe transitif, est d'usage soutenu dans tous ses emplois. Seul le pronominal reste courant, bien qu'on utilise plutôt *se dépêcher.*

***hâtier** n. m. – XIIe ; lat. *hasta* « lance » ▪ Grand chenet de cuisine, muni de crochets sur lesquels on appuie les broches.

***hâtif, ive** adj. – XIe 1 Qui se produit avant la date normale ou prévue ; dont l'évolution, la course est trop rapide. *Développement hâtif.* ⇒ **précoce, prématuré.** 2 Qui se fait ou a été fait trop vite, avec une hâte excessive. *Se livrer à des conclusions hâtives. Des « solutions hâtives à des problèmes mal connus »* (Eluard). *Il est peut-être hâtif de parler d'échec.* 3 Qui est produit, arrive naturellement à maturité plus tôt que les autres individus de l'espèce (en parlant d'un végétal). ⇒ **précoce.** *Fraises hâtives.* ✪ CONTR. Lent, minutieux, retardataire, retardé, soigné ; tardif.

***hâtivement** adv. – XIe ▪ D'une manière hâtive ; trop vite. ⇒ **précipitamment.** *Travail fait hâtivement.* ✪ CONTR. Doucement, lentement.

***hauban** n. m. – XIIe ; germ. *höfudbendur* « lien du sommet (du mât) » 1 Cordage, câble métallique servant à assujettir un mât par le travers ou par l'arrière. *Haubans de hune, de misaine, d'artimon.* 2 Cordage, câble métallique servant à maintenir, à consolider. *Les haubans d'un pont suspendu.*

***haubanage** n. m. – 1927 1 Action de mettre en place les haubans. 2 Ensemble des haubans.

***haubaner** v. tr. [1] – XVIIe ▪ Assujettir, consolider au moyen de haubans. ⇒ **étayer.**

***haubert** n. m. – XIIe ; germ. *halsberg* « ce qui protège le cou » ▪ Chemise de mailles à manches, à gorgerin et à coiffe, que portaient les hommes d'armes au Moyen Âge. ⇒ **cotte** (de mailles). ✪ HOM. Aubère.

***hausse** n. f. – XIIIe 1 Objet ou dispositif qui sert à hausser, à élever. 2 Système de visée, appareil articulé et gradué qui permet de régler le tir à grande distance d'une arme à feu. *Augmenter, diminuer l'angle de hausse.* 3 Action de hausser, de s'élever. *Hausse de la température.* ⇒ **augmentation.** ♦ Augmentation (de prix, de valeur, de volume). *Hausse des salaires, des prix. « des hausses inconsidérées suivies de baisses inexplicables »* (Romains). *Hausse sensible du coût de la vie. Loyer revu à la hausse. Hausse du dollar.* ⇒ **appréciation.** ♦ loc. *Être en hausse* : être en train d'augmenter (de prix, de valeur, d'intensité, etc.). ✪ CONTR. Baisse, dépréciation, diminution.

***hausse-col** n. m. – XVe ▪ Pièce de l'armure, en acier ou en cuivre protégeant la base du cou. *Des hausse-cols.*

***haussement** n. m. – XIVe ▪ *Haussement d'épaules* : mouvement par lequel on élève les épaules en signe de dédain, d'irritation, de résignation, d'indifférence. *« Maxime ne put retenir un haussement d'épaules »* (Zola).

***hausser** v. tr. [1] – XIIe 1 Donner à (qqch.) de plus grandes dimensions dans le sens de la hauteur. *Hausser une maison d'un étage.* ⇒ **exhausser, surélever.** 2 Mettre à un niveau plus élevé. ⇒ ① **lever.** *Hausser la barre.* ♦ pronom. *Se hausser sur la pointe des pieds.* ⇒ se **dresser,** se **hisser.** 3 Donner plus d'ampleur, d'intensité à. *Hausser la voix, le ton.* ⇒ **enfler.** ✪ CONTR. Abaisser, baisser, descendre.

***haussier, ière** n. m. et adj. – XIXe 1 Spéculateur qui, en Bourse, joue à la hausse (opposé à *baissier*). 2 adj. Qui est orienté à la hausse. *Marché haussier.*

***haussière** ou **aussière** [osjɛʀ] n. f. – XIVe ; lat. *helcium* « collier de trait » ▪ Cordage du haleur servant à touer ou amarrer.

***haut, *haute** adj., n. m. et adv. – XIe ; lat. *altus* **I** adj. 1 Qui est d'une certaine dimension dans le sens vertical. *Mur haut de deux mètres. Aussi large que haut.* ➝ loc. *Haut comme trois pommes* : tout petit. 2 Qui est, dans le sens vertical, d'une dimension considérable, par rapport aux êtres ou objets de même espèce. *De hautes montagnes.* ⇒ **élevé, grand.** *Pièces hautes de plafond.* ➝ *Talons hauts* (opposé à ① *plat*). ➝ *Un oiseau haut sur pattes.* 3 Qui est placé ou porté au-dessus de la position normale ou habituelle. ⇒ **dressé, levé.** *Avoir* LA HAUTE MAIN *dans une affaire,* y avoir l'autorité, la part prépondérante. ➝ *Oiseaux de haut vol.* ➝ *Période de hautes eaux.* 4 Qui se trouve situé au-dessus, par rapport aux choses de même espèce, ou par rapport au reste de la chose. *Hauts plateaux. Le plus haut point.* ⇒ **culminant.** *La plus haute marche du podium.* ♦ *La ville haute* : la partie haute de la ville. ➝ *La haute Égypte, la haute Seine* (régions les plus éloignées de la mer ou les plus proches de la source). 5 Qui est près de l'origine. ⇒ **ancien, éloigné, reculé.** *Coutume de la plus haute Antiquité. Le haut Moyen Âge.* 6 Grand. ⇒ ① **fort, intense.** *Haute pression. Haute fréquence. Haute tension.* ♦ Aigu. ⇒ **élevé.** *Ton haut, notes hautes.* ♦ Sonore. ⇒ **éclatant,** ① **fort, retentissant.** *À haute et intelligible voix. Lire à voix haute. « Venise parle à mi-voix, doucement, jamais un mot plus haut que l'autre »* (Sartre). 7 *Le dollar est haut.* ➝ *Hauts salaires, hauts revenus.* ⇒ **gros.** ♦ *Hautes cartes,* celles qui ont le plus de valeur, qui l'emportent sur les autres. 8 ⇒ **éminent, grand, important.** *Hauts fonctionnaires. La haute finance. Les hautes sphères* : les instances dirigeantes. ➝ *Chambre haute* : la Chambre des lords du Parlement britannique. ➝ n. m. *Le Très-Haut* : Dieu. 9 Qui occupe une position nettement au-dessus de la moyenne. ⇒ **supérieur.** *Haute intelligence. « Dans l'ordre des hauts génies, Rabelais suit [...] Dante »* (Hugo). *École pratique des hautes études. Athlète de haut niveau.* ➝ *Haute couture.* ♦ *Hauts faits.* ⇒ **héroïque.** 10 Très grand. ⇒ **extrême.** *Communication de la plus haute importance. Une haute idée de soi-même.* ⇒ **exagéré.** *Instrument de haute précision.* ➝ *Haute trahison. Sous haute surveillance.* **II** n. m. 1 Dimension dans le sens vertical, de la base au sommet. ⇒ **altitude, hauteur.** *La tour Eiffel a trois cent vingt mètres de haut.* 2 Position déterminée sur la verticale. *Tomber de (tout) son haut,* de toute sa hauteur ; éprouver une extrême surprise. 3 Partie, région haute d'une chose. *Le tiroir du haut. Le haut d'une robe,* la partie au-dessus de la taille. *Jupe et haut assortis. Le haut d'un maillot de bain* : le soutien-gorge d'un deux-pièces. 4 La partie la plus haute, le point culminant. ⇒ **sommet.** *Perché sur le haut d'un arbre.* ➝ DU HAUT DE : du sommet. *« du haut de ces pyramides, quarante siècles vous contemplent »* (Bonap.). *Traiter, juger qqn du haut de sa grandeur.* ➝ DE (DU) HAUT EN BAS [otɑ̃ba]. *Visiter une maison de haut en bas.* ⇒ **complètement.** 5 région. Terrain élevé. ⇒ **butte, éminence, hauteur.** *Département des Hauts-de-Seine.* **III** adv. 1 En position haute. *Haut les cœurs !* courage ! ➝ *L'emporter* HAUT LA MAIN, avec brio, en surmontant aisément tous les obstacles. ➝ *Locomotive haut le pied,* qui circule sans être attelée à un train. 2 En un endroit, un point haut sur la verticale. *« Le soleil luisait haut dans le ciel calme et lisse »* (Verlaine). 3 En un point reculé dans le temps. ⇒ **loin.** *Remonter plus haut.* ➝ PLUS HAUT : précédemment. *Voir plus haut.* ⇒ **ci-dessus, supra.** 4 À haute voix, d'une voix forte. *Parler haut.* ➝ *Penser tout haut* : soliloquer. ♦ Sans craindre de se faire entendre, sans ambages. ⇒ **franchement, ouvertement.** *Je le dirai bien haut, s'il le faut.* loc. *Dire tout haut ce que chacun pense tout bas.* ♦ *Monter haut* : atteindre des notes élevées, aiguës. 5 À un haut degré de puissance, à un haut degré de l'échelle sociale. *Des personnes haut placées.* 6 À un haut degré sur l'échelle des prix, des valeurs. *« s'ils décidaient de pousser l'enchère beaucoup plus haut »* (Romains). 7 À un haut degré sur l'échelle des valeurs intellectuelles, esthétiques, morales. *Il plaçait « trop haut sa Marthe pour la croire capable de trahison »* (Radiguet). **IV** - 1 *DE HAUT* : d'un lieu, d'un point haut sur la verticale. ♦ *Tomber de haut :* éprouver de graves désillusions, de graves revers. ➛ *Le prendre de très haut :* réagir avec arrogance. *Regarder qqn de haut,* avec dédain, arrogance. 2 *EN HAUT :* dans la région, la partie haute, la plus haute. *Gilet boutonné jusqu'en haut. Tout en haut :* au point le plus haut. ➛ *Passez par en haut,* par le haut. ➛ En direction du haut. *Mouvement de bas en haut* [dəbazɑ̃o]. 3 *EN HAUT DE :* dans la partie supérieure de. *Doubler en haut de côte.* 4 *D'EN HAUT :* de la partie haute, de la région supérieure. *D'en haut, on voit la mer.* ➛ D'une autorité supérieure. *Des ordres qui viennent d'en haut.* ✪ CONTR. ① Bas. Petit. Récent. Faible. Modeste. ① Bas, base, fond. — ① Bas. Près, récemment. Infra. — HOM. Au, aulx (ail), aux, eau, ho, ① o, ô, oh, os ; hôte.

❑ En géographie, lorsqu'il s'agit d'appellations officielles de départements, provinces, etc., *haut* prend une majuscule et est suivi d'un trait d'union : *la Haute-Savoie, la Haute-Volta.* ♦ Éviter le pléonasme *monter en haut :* on dit *aller en haut.*

***hautain, aine** adj. – XIIe ▪ Qui, dans ses manières et son aspect, marque une fierté dédaigneuse et arrogante. ⇒ **altier, arrogant, condescendant, dédaigneux, orgueilleux.** « *On la trouvait hautaine et froide ; elle ne saluait personne* » (Jouhand.). ➛ *Air hautain.* ⇒ **impérieux, supérieur.** ✪ CONTR. Affable, modeste. — HOM. Hautin.

***hautbois** n. m. – XVe ; de *haut* et *bois* 1 Instrument de musique à vent, à anche double, de perce conique. ➛ Hautboïste. 2 Jeu d'orgue faisant partie des jeux d'anches.

***hautboïste** [obɔist] n. – XVIIIe ▪ Personne qui joue du hautbois.

***haut-commissaire ; *haut-commissariat** → **commissaire ; commissariat**

***haut-de-chausses** n. m. – XVe ▪ Autrefois, Partie de l'habillement masculin allant de la ceinture aux genoux. ⇒ **culotte, rhingrave.** « *il était vêtu d'un pourpoint et d'un haut-de-chausses violet* » (Dumas). *Porter des hauts-de-chausses.*

***haut-de-forme** n. m. – XVIIe ▪ Chapeau d'homme, en soie, haut et cylindrique. ⇒ ② **claque, gibus.** *Des hauts-de-forme.*

❑ On a dit aussi *haute-forme :* « *coiffé d'un haute-forme à bords plats* » (Léautaud).

***haute-contre** n. f. et m. – XVIe 1 n. f. Voix d'homme aiguë, plus étendue dans le haut que celle de ténor. ⇒ **contre-ténor.** 2 n. m. et adj. Chanteur qui a cette voix. *Des ténors hautes-contre.*

***haute-fidélité** → **fidélité**

***hautement** adv. – XIe 1 Tout haut et sans craindre de se faire entendre. ⇒ **franchement, nettement, ouvertement.** 2 À un haut degré, fortement, supérieurement. ⇒ **très.** *Personnel hautement qualifié.* « *On pouvait vivre dans ces cellules et être innocent ? improbable, hautement improbable !* » (Camus). ✪ CONTR. Timidement. Médiocrement, peu.

***hautesse** n. f. – XIIe ▪ Titre honorifique donné autrefois au sultan de Turquie. ⇒ **altesse.** ✪ HOM. Hôtesse (hôte).

***hauteur** n. f. – XIIe I - 1 Dimension dans le sens vertical, de la base au sommet. *Hauteur d'un mur. Maison tout en hauteur. Hauteur sous plafond :* dimension comprise entre le sol et le plafond. *Deux mètres de hauteur,* de haut. *Hauteur relative d'une montagne,* calculée par rapport au sol où elle s'élève ; *hauteur absolue,* par rapport au niveau de la mer. ⇒ **altitude.** ♦ Dimension considérable, grande taille. *Pont remarquable par la hauteur de ses arches.* ♦ Distance d'un sommet à la base opposée. *Hauteur d'un triangle.* ➛ Distance entre deux bases opposées. *Hauteur d'un parallélogramme.* 2 Position déterminée sur la verticale ; élévation par rapport à un lieu de référence. ⇒ **altitude.** *Une hauteur vertigineuse.* ➛ *À hauteur d'homme.* ♦ *Prendre de la hauteur :* s'élever dans l'espace. ♦ *Hauteur d'un astre :* angle que fait sa direction avec le plan de l'horizon. 3 *À LA HAUTEUR DE. Mettre une chose à la hauteur d'une autre.* ⇒ **niveau.** ➛ *Élever qqch. à la hauteur d'une institution.* ⇒ **rang.** ➛ *Être à la hauteur de :* être l'égal de. *Se mettre à la hauteur de qqn.* ⇒ **portée.** *Être, se montrer à la hauteur de la situation,* avoir, montrer les qualités requises pour y faire face. « *Tâchons d'être à la hauteur des événements* » (Giono). *Être à la hauteur :* faire preuve de compétence, d'efficacité. ♦ *Être à la hauteur d'une île,* se trouver à la même latitude, sur le même parallèle. *New York est à la hauteur de Madrid.* ➛ Au niveau de, sur la même ligne que. « *Il était à la hauteur d'une petite épicerie* » (Romains). ♦ *Subventionner un projet à hauteur de 20%.* 4 *Hauteur d'un son :* sensation auditive liée à la fréquence d'un son périodique qui fait dire que ce son est plus ou moins aigu ou grave. 5 Terrain, lieu élevé. ⇒ **élévation, éminence.** *Maison sur une hauteur.* « *nous nous arrêtâmes sur une hauteur d'où l'on découvrait toute la ville* » (France). II - 1 Caractère élevé (d'une personne, d'une chose d'ordre moral). ⇒ **élévation, grandeur, noblesse, supériorité.** *Prendre de la hauteur.* 2 Caractère, attitude d'une personne qui regarde les autres de haut, avec mépris. ⇒ **arrogance, condescendance, dédain,** ① **morgue, orgueil.** *Parler avec hauteur. Toiser qqn avec hauteur.* « *Sa hauteur, son mépris ne m'en imposaient plus* » (Giraud.). ✪ CONTR. Petitesse. Abîme, bas-fond, enfoncement. — Bassesse, médiocrité. Affabilité, humilité, simplicité. — HOM. Auteur.

❑ Pour le sens → altitude (rem.).

***haut-fond** n. m. – XVIIIe ▪ Sommet sous-marin recouvert de peu d'eau. « *Il n'y a aux environs de l'île ni hauts-fonds ni dangers d'aucune espèce* » (Baudelaire). ⇒ **banc, bas-fond ; platier.**

❑ *Haut-fond* n'a pas de valeur figurée, contrairement à *bas-fond.* ♦ Attention, *bas-fond* n'est pas antonyme → bas-fond (rem.).

***haut fourneau** n. m. – XVIIIe ▪ Grand four à cuve destiné à fondre le minerai de fer. ➛ Usine qui possède au moins un haut fourneau.

***hautin** n. m. – XVIe ▪ Vigne cultivée en hauteur et s'appuyant sur des arbres ou des échalas. ✪ HOM. Hautain.

***haut-le-cœur** n. m. inv. – XIXe ▪ Remontée des aliments de l'estomac. ⇒ **nausée.** ➛ Mouvement de dégoût, de répulsion.

***haut-le-corps** n. m. inv. – XVIe 1 Bond, saut brusque d'un cheval. 2 Mouvement brusque et involontaire du buste vers le haut marquant une vive surprise ou l'indignation. ⇒ **soubresaut, sursaut, tressaillement.**

***haut-parleur** n. m. – 1902 ▪ Transducteur transformant une énergie électrique d'audiofréquence en énergie acoustique. « *les haut-parleurs qui* [...] *servaient à annoncer les résultats des matches* » (Camus). *Haut-parleurs d'une radio.* ➛ Ensemble formé par un ou plusieurs haut-parleurs et le coffret qui les réunit. ⇒ **baffle,** ① **enceinte.**

❑ Dans ce mot, *haut* est adverbe et donc invariable (« parler haut »), au contraire de *haut-fond, haut-relief* où il est adjectif.

***haut-relief** n. m. – XVIIe ▪ Sculpture présentant un relief très saillant sans se détacher toutefois du fond dans toute son épaisseur (intermédiaire entre le bas-relief et la ronde-bosse). *Les hauts-reliefs de l'arc de triomphe de l'Étoile.* ✪ CONTR. Bas-relief.

***hauturier, ière** adj. – XVIIe ; provenç. *auturo* « hauteur » ▪ De la haute mer. *Navigation hauturière,* au large. ✪ CONTR. Côtier.

***havage** n. m. – XIXe ▪ Mode d'exploitation minière qui consiste à pratiquer de profondes entailles parallèles à la stratification des roches. ♦ L'entaille elle-même.

***havane** n. m. – XIXe 1 Tabac de La Havane. ➛ Cigare fabriqué avec ce tabac. *Une boîte de havanes.* 2 adj. inv. De la couleur marron clair des havanes. *Des bottes havane.*

***hâve** adj. – XVIe ; germ. *haswa* « gris comme le lièvre » ▪ Amaigri et pâli par la faim, la fatigue, la souffrance. ⇒ **émacié,** ① **maigre.** ✪ CONTR. ① Frais, replet.

***haveneau** n. m. – XVIIIe ; germ. *hafr-net* ▪ Filet utilisé sur les plages sablonneuses pour la pêche à la crevette et aux poissons plats.

***haver** v. tr. [1] – XVIe ; mot wallon « creuser » ▪ Entamer et abattre par l'opération du havage. *Haver du schiste.* ✪ HOM. Ave.

***haveur** n. m. – XVIe ▪ Mineur pratiquant le havage.

***haveuse** n. f. – XIXe ▪ Machine destinée au havage.

***havre** n. m. – XIIe ; germ. *havene* 1 vx ou région. Petit port naturel ou artificiel, bien abrité, généralement à l'embouchure d'un fleuve. 2 littér. ⇒ **abri,** ① **port, refuge.** *Un havre de paix.*

***havresac** [ɑvʀəsak] n. m. – XVIIe ; all. *Habersack* « sac à avoine » ▪ Sac qui contenait l'équipement du fantassin et porté sur le dos à l'aide de bretelles. ♦ Sac à dos.

> ❑ On trouve parfois la graphie avec trait d'union : *Jean Valjean « prit son havre-sac, l'ouvrit, le fouilla »* (Hugo).

hawaïen, ïenne [awajɛ̃, jɛn] adj. et n. – XIXe ▪ Des îles Hawaï. ➛ *Chemise hawaïenne,* ornée de gros motifs floraux. ♦ *Volcan hawaïen,* dont l'édifice est surbaissé et la lave très fluide.

***hayon** [ɛjɔ̃] n. m. – XIIIe ; de *haie* ▪ Panneau amovible à l'avant ou à l'arrière d'une charrette. ♦ Partie mobile articulée tenant lieu de porte à l'arrière d'un véhicule. ➛ *Hayon élévateur* : élévateur situé à l'arrière d'un camion.

> ❑ On prononce très souvent [ajɔ̃] comme *les haillons,* contrairement à la règle (cf. Crayon, rayon). *Sabayon, batayole* (d'origine italienne), *bayadère, fayot* et *mayonnaise* font exception à la règle et se prononcent [aj].

***hé** [e ; he] interj. – XIe ; onomat. ▪ Sert à interpeller, à appeler. *« Hé bonjour, Monsieur du Corbeau »* (La Font.). *Hé ! vous, là-bas.* ⇒ **hep ; psitt.** ➛ Pour renforcer ce qui suit. ⇒ **eh.** *« Hé bien, Andrée, qu'est-ce que tu attends pour venir ? »* (Proust). ➛ *Hé ! Hé !* (approbation, appréciation, ironie, moquerie). *« hé ! hé ! J'aurais pu tomber plus mal »* (Sartre). ✪ HOM. Eh, et.

***heaume** n. m. – XIe ; germ. *helm* « casque » ▪ Grand casque enveloppant toute la tête et le visage, que portaient les hommes d'armes au Moyen Âge. ✪ HOM. Home, ohm.

hebdomadaire adj. et n. m. – XIIIe ; gr. *hepta* « sept » 1 Qui a lieu une fois par semaine, se renouvelle chaque semaine. *Fermeture hebdomadaire. Revue hebdomadaire.* ♦ Qui s'effectue dans l'intervalle d'une semaine. *Travail hebdomadaire.* 2 n. m. Publication qui paraît régulièrement chaque semaine. ➛ abrév. fam. HEBDO. *« Il s'agit d'un hebdo purement littéraire »* (Beauv.).

> ❑ *Hebdomadaire* a d'abord désigné, comme nom masculin, un moine en fonction pour la semaine.

hebdomadairement adv. – XVIIIe ▪ Chaque semaine, une fois par semaine.

hébéphrénie n. f. – XIXe ; gr. *hêbê* « jeunesse » et *phrên* « esprit » ▪ Psychose, forme de schizophrénie.

héberge n. f. – XIe ; de *héberger* ▪ Partie supérieure du bâtiment le moins élevé dans le cas de contiguïté de deux bâtiments d'inégale hauteur.

hébergement n. m. – XIIe ▪ Action d'héberger. ⇒ **logement.** *Centre d'hébergement pour réfugiés.*

héberger v. tr. [3] – XIe ; germ. *heribergôn* « loger (une armée) » ▪ Loger (qqn) généralement à titre provisoire. *Pouvez-vous nous héberger pour la nuit ?* ⇒ **abriter, recevoir.** *Héberger des réfugiés.*

hébétement ou **hébètement** [ebɛtmɑ̃] n. m. – XVIe ▪ État d'une personne hébétée. ⇒ **abrutissement.**

> ❑ La graphie *hébètement,* avec *e* accent grave, est conforme à la prononciation.

hébéter v. tr. [6] – XIVe ; lat. « émousser, enlever la finesse » ▪ Rendre stupide. ⇒ **abêtir, abrutir.** *Des « incertitudes à hébéter le plus fort cerveau »* (Gaut.). ➛ *Air, regard, yeux hébétés.* ⇒ **abasourdi, ahuri.** ✪ CONTR. Dégourdir, éveiller.

hébétude n. f. – XVIe 1 État morbide marqué par une obnubilation des fonctions intellectuelles. 2 littér. État d'une personne hébétée, stupide. ⇒ **abrutissement, stupeur.** *Hébétude de l'ivresse, de la fièvre. « Le froid le tira de cette hébétude »* (Mauriac).

hébraïque adj. – XVe ▪ Qui appartient aux Hébreux, concerne les Hébreux. ⇒ **hébreu, juif.** *Alphabet hébraïque. L'université hébraïque de Jérusalem.*

hébraïsant, ante n. et adj. – XVIe ▪ Personne qui étudie la langue hébraïque, les textes sacrés hébreux.

hébraïser v. [1] – XVIIIe 1 v. intr. Se servir de tournures propres à la langue hébraïque. Vivre selon les coutumes, les dogmes hébraïques. 2 v. tr. Marquer du caractère de la civilisation hébraïque. ➛ *Des populations hébraïsées.*

hébraïsme n. m. – XVIe ▪ Façon de parler, expression propre à la langue hébraïque. *« un grec mêlé d'hébraïsmes »* (Boss.).

hébreu n. m. et adj. m. – XIIe ; gr. *hebraios* **I** n. m. 1 Membre ou descendant du peuple sémite du Moyen-Orient dont la tradition biblique relate l'histoire. ⇒ **israélite, juif.** 2 Langue chamito-sémitique du nord-ouest parlée autrefois par les Hébreux et aujourd'hui par les Israéliens. ♦ loc. *C'est de l'hébreu* : c'est incompréhensible. **II** adj. m. Qui appartient au peuple, à la langue des Hébreux. ⇒ **hébraïque.** *L'État hébreu* : l'État d'Israël.

> ❑ *Hébreu* n'a pas de féminin : pour les personnes on dit *juive, israélite,* pour les choses on emploie l'adjectif *hébraïque, (la langue hébraïque)* ou, plus particulièrement pour ce qui a trait à la religion, aux coutumes et institutions, *juive* ou parfois *israélite* : *la pâque juive.*

hécatombe n. f. – XVIe ; gr. *hekatombê* « (sacrifice) de cent *(hekaton)* bœufs *(bous)* » 1 Sacrifice d'un grand nombre d'animaux. ⇒ **immolation.** *Les Grecs « sacrifiaient à Apollon des hécatombes choisies de taureaux et de* *chèvres* » (Lec. de Lisle). 2 Massacre d'un grand nombre de personnes. ⇒ **boucherie, carnage, tuerie.** *Les hécatombes des guerres.* ♦ *Quatre-vingts pour cent de recalés à cet examen, quelle hécatombe !*

hectare n. m. – XVIIIe ▪ Unité de mesure agraire de superficie équivalant à cent ares ou dix mille mètres carrés (symb. ha). *Un terrain de 100 ha.*

hectique adj. – XVIe ; gr. « habituel » ▪ *Fièvre hectique :* fièvre continue, de longue durée, caractérisée par de grandes oscillations de température. *Fièvre hectique du paludisme.*

hecto → **hectolitre**

hect(o)- Préfixe du système international, du gr. *hekaton* « cent », qui multiplie par cent l'unité dont il précède le nom (symb. h).

hectolitre n. m. – XVIIIe ▪ Mesure de capacité valant cent litres (symb. hl). ➛ abrév. fam. HECTO.

hectomètre n. m. – XVIIIe ▪ Mesure de longueur valant cent mètres (symb. hm) ; cette longueur.

hectométrique adj. – XIXe ▪ Qui sert à jalonner les hectomètres.

hectopascal n. m. – d. i. ; adopté offic. 1986 ▪ Unité de mesure de pression valant cent pascals (symb. hPa). *L'hectopascal équivaut au millibar.*

hédonisme n. m. – XIXe ; gr. *hêdonê* « plaisir » ▪ Doctrine qui prend pour principe de la morale la recherche du plaisir, de la satisfaction et l'évitement de la souffrance. ⇒ **eudémonisme.**

hédoniste n. et adj. – XIXe ▪ Adepte de l'hédonisme, relatif à l'hédonisme. *Morale hédoniste.*

hégélianisme [egeljanism] n. m. – XIXe ▪ Doctrine de Hegel.

hégémonie n. f. – XIXe ; gr. *hêgemôn* « chef » ▪ Domination souveraine (d'une puissance, d'une nation) sur d'autres. ⇒ **autorité, direction, leadership, ② pouvoir, prépondérance, suprématie.** *Les nations « ont cherché à exercer une hégémonie sur les autres »* (Renan). *Étendre son hégémonie* (⇒ **empire**).

hégire n. f. – XVIe ; ar. *hedjra* « fuite » ▪ Ère des musulmans qui commence avec l'émigration de Mahomet de La Mecque à Médine, en 622 de l'ère chrétienne.

heiduque n. m. – XVIe ; hongr. *hajduk* « boyard » 1 Fantassin hongrois. 2 Domestique vêtu à la hongroise en Europe. 3 Patriote chrétien des Balkans.

> ❑ On dit aussi **haïdouc, *haïdouk* [ajduk] : « *Présentation des Haïdoucs* », *roman de Panaït Istrati.*

***heimatlos** [ajmatlos] adj. et n. – XIXe ; mot all. « sans patrie » ▪ rare Qui a perdu sa nationalité d'origine, sans en acquérir de nouvelle. ⇒ **apatride, sans-patrie.**

***hein** [ɛ̃ ; hɛ̃] interj. – XVIe ; lat. *hem*, onomat. ▪ fam. 1 S'emploie seul, soit pour inviter l'interlocuteur à répéter ce qu'il vient de dire, soit pour l'interrompre. ⇒ **comment, pardon, quoi.** *Hein ? qu'est-ce que tu dis ?* 2 Se joint à une interrogation pour la renforcer. « *T'es bien décidé, hein, Théo ?* » (Genet). 3 Se joint à une phrase pour marquer la surprise, l'étonnement. *Hein ? que me chantez-vous là ?* ♦ Pour demander une approbation. « *C'est dur, hein, de se sentir n'importe qui ?* » (Sartre). ♦ Pour renforcer un ordre, une menace. « *pas de blague, hein ?* » (Cendrars).

hélas [elɑs] interj. – XIIe ; de *hé* et a. fr. *las* « malheureux » ▪ Interjection de plainte, exprimant la douleur, le regret. ⇒ ② **las.** « *j'ai vu mourir, hélas ! des centaines* [...] *de blessés* » (Duham.).

hélépole n. f. – XVIIe ; gr. *helein* « prendre » et *polis* « ville » ▪ Machine de guerre en forme de tour mobile, utilisée par les Anciens pour s'élever jusqu'à la hauteur de remparts.

***héler** v. tr. 6 – XVIe ; moy. angl. *heilen* ▪ Appeler de loin. *Héler un taxi, un porteur.* ✪ HOM. Ailé.

hélianthe n. m. – XVIIe ; gr. *hêlios* « soleil » et *-anthe* ▪ Plante à grands capitules jaunes *(composacées). Hélianthe tubéreux.* ⇒ **topinambour.** *Hélianthe annuel.* ⇒ **tournesol.** « *L'hélianthe tord sa tige pour suivre le soleil dont il est l'image* » (Colette).

hélianthème n. m. – XVIIe ▪ Plante herbacée *(cistacées)* dont les variétés hybrides sont ornementales.

hélianthine n. f. – XIXe ▪ Colorant azoïque qui tourne au jaune-orange en milieu basique et au rouge en milieu acide.

héliaque adj. – XVIe ; gr. *hêlios* « soleil » ▪ *Lever, coucher héliaque d'un astre :* lever ou coucher peu avant le lever ou peu après le coucher du soleil.

hélice n. f. – XVIe ; gr. *helix* « spirale » 1 Courbe gauche dont la tangente fait un angle constant avec une direction fixe. EN HÉLICE : en forme de vis. ⇒ **hélicoïdal, hélicoïde.** *Filet en hélice d'une vis.* ➛ *Escalier en hélice.* 2 Volute latérale d'un chapiteau corinthien. 3 Appareil de propulsion, de traction ou de sustentation dans un fluide, constitué de plusieurs pales solidaires d'un arbre. *L'hélice d'un navire. Avion à hélice(s)* (opposé à *réaction*). *Aéronef à hélices horizontales.* ⇒ **autogire, hélicoptère.** ➛ « *les hélices des ventilateurs bourdonnaient sans répit* » (Mart. du G.). *Hélice d'une éolienne.*

> ❑ Désignant une courbe à trois dimensions, *hélice* terme de science, a pour synonyme courant *spirale.*

héliciculteur, trice n. – 1922 ▪ Personne qui pratique l'élevage des escargots.

héliciculture n. f. – 1914 ; de *hélix* ▪ Élevage des escargots.

hélicoïdal, ale, aux adj. – XIXe 1 En forme d'hélice. *Escalier hélicoïdal.* 2 *Mouvement hélicoïdal :* mouvement d'un solide qui tourne autour d'un axe fixe en se déplaçant le long de cet axe. *Engrenage hélicoïdal.*

hélicoïde adj. et n. m. – XVIIIe ; gr. *helix* « spirale » et *-oïde* ▪ En forme d'hélice. *Parabole hélicoïde.* ♦ n. m. Surface engendrée par le mouvement hélicoïdal d'une droite autour d'un axe. *Une vis est un hélicoïde.*

hélicon n. m. – 1902 ; gr. *helikos* « sinueux » ▪ Tuba contrebasse que sa forme circulaire permet de porter autour du corps en le faisant reposer sur une épaule.

hélicoptère n. m. – XIXe ; gr. *helix* « spirale » et *-ptère* ▪ Aéronef dont la sustentation et la propulsion sont assurées par la rotation d'une ou plusieurs hélices placées au-dessus de l'appareil, et qui décolle à la verticale. ⇒ **autogire, giravion, girodyne.** *Les rotors d'un hélicoptère. Sauvetage en montagne par hélicoptère.* ➛ abrév. fam. HÉLICO.

héligare n. f. – 1957 ▪ Gare pour les passagers des hélicoptères.

héli(o)-, -hélie Éléments, du gr. *hêlios* « soleil ».

héliocentrique adj. – XVIIIe ▪ Qui est mesuré, considéré par rapport au centre du Soleil (opposé à *géocentrique*).

héliographe n. m. – XIXe ; *hélio-* et *-graphe* ▪ Appareil enregistrant le nombre d'heures d'ensoleillement.

héliographie n. f. – XIXe 1 Description du Soleil. 2 Procédé photographique de gravure. ⇒ **photogravure.**

héliograveur, euse n. – 1905 ▪ Personne qui fait de l'héliogravure.

héliogravure n. f. – XIXe ▪ Procédé de photogravure en creux, se tirant comme la gravure en taille-douce.

Impression en héliogravure. ♦ Gravure exécutée selon ce procédé.

héliomarin, ine adj. – 1933 ▪ En médecine, Qui utilise l'action simultanée des rayons solaires et de l'air marin.

héliomètre n. m. – XVIIIe ; *hélio-* et *-mètre* ▪ Lunette servant à mesurer le diamètre apparent des corps célestes.

hélion n. m. – 1923 ; de *hélium* ▪ Noyau d'hélium, particule du rayonnement alpha.

héliostat n. m. – XVIIIe ; *hélio-* et *-stat* ▪ Instrument d'optique formé d'un miroir plan mû par un mécanisme d'horlogerie qui assure, malgré le mouvement apparent du Soleil, la projection en un point fixe des rayons solaires réfléchis.

héliosynchrone adj. – XXe ▪ *Satellite héliosynchrone :* satellite artificiel dont le plan orbital conserve un angle pratiquement invariable avec le plan de l'écliptique.

héliothérapie n. f. – 1900 ; *hélio-* et *-thérapie* ▪ Traitement de certaines maladies par la lumière et la chaleur solaires. *Séances d'héliothérapie.*

héliotrope n. m. – XIVe ; *hélio-* et *-trope* 1 Plante à feuilles alternes et persistantes, à fleurs odorantes *(borraginacées).* « *la fleur nommée héliotrope tourne sans cesse vers cet astre du jour* » (Mol.). 2 Calcédoine à fond verdâtre jaspé de veines rouges.

héliotropine n. f. – v. 1900 ▪ Composé aromatique, à base d'essence de sassafras, d'un parfum analogue à celui de l'héliotrope. ⇒ **pipéronal.**

héliotropisme n. m. – XIXe ▪ Propriété des végétaux et des animaux inférieurs fixés de se tourner vers la lumière solaire ou de s'en détourner. ⇒ **phototropisme.**

héliport n. m. – 1952 ▪ Aéroport pour hélicoptères.

❑ Dans les mots récents, le radical *hélico-* pour « hélicoptère » a été abrégé en *héli-*.

héliporté, ée adj. – 1955 ▪ Transporté par hélicoptère. *Commando héliporté.* ♦ Exécuté par hélicoptère. *Opération héliportée.*

hélistation n. f. – 1959 ▪ Plateforme sommairement aménagée pour recevoir des hélicoptères.

hélitreuiller v. tr. [1] – 1974 ▪ Hisser au moyen d'un treuil situé dans un hélicoptère en vol. *Hélitreuiller des naufragés.*

hélium [eljɔm] n. m. – XIXe ; gr. *hêlios* « soleil » ▪ Élément chimique (He ; n° at. 2 ; m. at. 4), gaz rare très léger, ininflammable. *Ballon gonflé à l'hélium.*

hélix [eliks] n. m. – XVIIe ; gr. *helix* « spirale » 1 Ourlet du pavillon de l'oreille. 2 Escargot.

hellébore → **ellébore**

hellène adj. et n. – XVIIe ▪ De Grèce. ⇒ **grec.**

hellénique adj. – XVIIIe ▪ Qui a rapport aux Hellènes, à la Grèce. ⇒ **grec.** *Civilisation hellénique.*

hellénisant, ante n. et adj. – XIXe ▪ Personne qui s'occupe d'études grecques. ⇒ **helléniste.**

hellénisation n. f. – XIXe ▪ Action de marquer d'un caractère hellénique.

helléniser v. tr. [1] – XIXe ▪ Donner un caractère grec à. ⇒ **gréciser.**

hellénisme n. m. – XVIe 1 Construction ou emploi propre à la langue grecque. 2 Ensemble de la civilisation grecque.

helléniste n. – XVIe ▪ Personne qui s'occupe de philologie, de littérature grecques.

hellénistique adj. – XVIIe ▪ Relatif à la période historique qui va de la mort d'Alexandre à la conquête romaine, et à ce qui se rapporte à cette période d'adaptation de l'hellénisme à l'Orient. *Le monde hellénistique.* « *Alors paraissent les écrits hellénistiques sur l'art* » (Malraux).

***hello** [ɛllo] interj. – XIXe ; mot angl. ▪ Interjection pour appeler quelqu'un en le saluant.

helminthe n. m. – XVIe ; gr. *helmins* « ver » ▪ Ver parasite de l'homme ou des animaux.

helminthiase n. f. – XIXe ▪ Parasitose causée par les helminthes.

helminthique n. et adj. – XVIIIe ▪ Qui se rapporte aux vers parasites.

helminthologie n. f. – XVIIIe ▪ Partie de la zoologie qui traite des vers parasites.

helvète adj. et n. – XIXe ▪ De l'Helvétie. ⇒ **suisse.**

helvétique adj. – XVIIIe ; lat. *Helvetii* « les Helvètes » ▪ Relatif à la Suisse. ⇒ **suisse.** *La Confédération helvétique.*

❑ S'emploie surtout dans des contextes juridiques ou politiques. Dans l'usage courant, on dit *suisse.*

helvétisme n. m. – XIXe ▪ Fait de langue propre au français de la Suisse romande.

***hem** [ɛm ; hɛm] interj. – XVIe ; onomat. → hein ▪ Interjection servant à attirer l'attention, à exprimer le doute, un scepticisme moqueur, certains sous-entendus (⇒ **hum**). ♦ Onomatopée imitant un raclement de gorge, un toussotement.

héma-, hémat(o)-, hémo- Éléments, du gr. *haima* « sang ». ⇒ **-émie.**

hémarthrose n. f. – XIXe ▪ Épanchement de sang dans une articulation.

hématémèse n. f. – XIXe ; *hémat(o)-* et gr. *emesis* « vomissement » ▪ Vomissement de sang.

hématidrose n. f. – XIXe ; *hémat(o)-* et gr. *hidrôs* « sueur » ▪ Trouble de la sécrétion sudorale caractérisé par une coloration rouge due à la présence d'hémoglobine.

hématie n. f. – XIXe ▪ Globule rouge du sang. ⇒ **érythrocyte ; réticulocyte.**

hématine n. f. – XIXe ▪ Forme oxydée de la matière colorante de l'hémoglobine.

hématique adj. – XIXe ▪ D'origine sanguine.

hématite n. f. – XIIe ▪ Oxyde de fer naturel de couleur rougeâtre ou brune. ♦ Pierre noire, d'éclat métallique, formée de cet oxyde.

hémat(o)- → **héma-**

hématocrite n. m. – 1900 ; *hémato-* et gr. *krites* « juge, arbitre » ▪ Rapport du volume cellulaire au volume sanguin total.

hématologie n. f. – XIXe ; *hémato-* et *-logie* ▪ Branche de la médecine consacrée à l'étude et au traitement des maladies du sang et des organes formateurs du sang.

hématologique adj. – XIXe ▪ De l'hématologie.

hématologue n. – XIXe ▪ Spécialiste de l'hématologie.

❑ On dit aussi *hématologiste.* → -logue, -logiste (rem.).

hématome n. m. – XIXe ; *hémat(o)* et *ome* ▪ Accumulation circonscrite de sang dans un tissu, due à des lésions vasculaires. ⇒ **ecchymose ; bleu.** « *un hématome qui est en train de s'infecter* » (Duham.).

hématopoïèse n. f. – XIXe ; *hémato-* et gr. *poiein* « faire » ▪ Formation des cellules sanguines. ⇒ **érythropoïèse.**

hématopoïétique adj. – XIXe ▪ *Organes hématopoïétiques,* où se forment les globules.

hématose n. f. – XVIIe ▪ Échanges gazeux qui se produisent dans le poumon au cours de la respiration.

hématurie n. f. – XVIIIe ; *hémat(o)-* et *-urie* ▪ Présence anormale de sang dans l'urine.

hème n. m. – 1970 ; gr. *haima* « sang » ▪ Pigment contenant du fer ferreux et constituant la partie prosthétique de certaines protéines telles que l'hémoglobine.

héméralopie n. f. – XVIIIe ; gr. *hêmera* « jour » et *ops* « œil » ▪ Diminution considérable de la vision lorsque l'éclairage est faible.

hémérocalle n. f. – XVIIe ; gr. « belle d'un jour *(hêmera)* » ▪ Plante *(liliacées)* dont les fleurs très décoratives ne durent chacune qu'un jour.

hémi- Élément, du gr. *hêmi* « demi ».

hémicellulose n. f. – XIXe ▪ Association de polysaccharides de haut poids moléculaire, coexistant avec la cellulose dans les parties ligneuses des végétaux.

hémicycle n. m. – XVIe ▪ Espace, construction qui a la forme d'un demi-cercle. *L'hémicycle d'un théâtre.* ♦ Rangées de gradins semi-circulaires et concentriques, destinées à des auditeurs, des spectateurs, aux membres d'une assemblée. *L'hémicycle de l'Assemblée nationale.* « *Il se voit descendant des gradins supérieurs, traversant l'hémicycle* » (Romains).

hémicylindrique adj. – XIXe ▪ Qui a la forme d'un demi-cylindre.

hémiédrie n. f. – XIXe ; *hémi-* et gr. *edra* « face » ▪ Caractère de certains minéraux dont la symétrie est inférieure de moitié à celle de leur réseau cristallin.

hémine n. f. – XIXe ; gr. *haima* « sang » et *-ine* ▪ Substance cristallisée obtenue par un procédé spécial à partir de l'hémoglobine. ⇒ **bilirubine, biliverdine.**

hémione n. m. – XVIIIe ; gr. *hêmionos* « demi-âne » ▪ Mammifère ongulé des déserts d'Asie, qui tient de l'âne et du cheval.

hémiplégie n. f. – XVIe ; gr. *hêmiplêgês* « à moitié frappé » ▪ Paralysie frappant une moitié latérale du corps.

hémiplégique adj. et n. – XVIIIe ▪ Qui a rapport à l'hémiplégie. ♦ Atteint d'hémiplégie.

hémiptères n. m. pl. – XVIIIe ; *hémi-* et *-ptère* ▪ Ordre d'insectes suceurs, dont les ailes antérieures, au repos, recouvrent partiellement l'abdomen. ⇒ **rhynchotes.**

hémisphère n. m. – XVIe 1 Chacune des deux moitiés d'une sphère limitée par un des plans passant par le centre. 2 Moitié du globe terrestre. ♦ Chacune des deux moitiés du globe limitée par l'équateur. *Hémisphère nord* ou *boréal, sud* ou *austral.* 3 Moitié de la sphère céleste. 4 *Hémisphères cérébraux* : les deux moitiés symétriques, droite et gauche, du cerveau.

> ❑ *Hémisphère, planisphère* sont des noms masculins à la différence de *sphère, atmosphère, stratosphère* qui sont féminins. → sphère (rem.).

hémisphérique adj. – XVIe ▪ Qui a la forme d'un hémisphère (1°). *Voûte hémisphérique. Un chapeau « à calotte hémisphérique »* (Baudelaire).

hémistiche n. m. – XVIe ; *hémi-* et gr. *stikhos* « vers » 1 Moitié d'un vers marquée par une césure. *Chaque hémistiche de l'alexandrin a six syllabes.* 2 Césure placée au milieu d'un vers. *Coupe à l'hémistiche.*

hémitropie n. f. – XIXe ; *hémi-* et *-tropie* ▪ Groupement régulier de cristaux de même forme et de même nature. *Hémitropie du gypse.*

hémo- → **héma-**

hémochromatose [emokʀomatoz] n. f. – 1946 ; *hémo-*, gr. *kroma* « couleur » et ② *-ose* ▪ Anomalie génétique du métabolisme du fer.

hémoculture n. f. – 1909 ▪ Ensemencement d'un milieu de culture avec du sang.

hémocyanine n. f. – XIXe ; *hémo-* et gr. *kuanos* « bleu » ▪ Pigment protéique bleu, contenant du cuivre, dans le sang des crustacés et des mollusques.

hémodialyse n. f. – apr. 1947 ▪ Dialyse du sang dérivé hors de l'organisme et restitué après élimination des toxiques et rééquilibrage ionique.

hémodynamique adj. – XIXe ▪ Qui se rapporte aux conditions mécaniques de la circulation du sang.

hémoglobine n. f. – XIXe ; *hémo-* et *globuline* ▪ Pigment respiratoire des mammifères, protéine contenue dans les hématies qui assure le transport de l'oxygène. ♦ fam. Sang.

hémoglobinopathie n. f. – 1958 ; de *hémoglobine* et *-pathie* ▪ Anomalie héréditaire de la structure de l'hémoglobine.

hémogramme n. m. – 1938 ; *hémo-* et *-gramme* ▪ Résultat de l'étude quantitative et qualitative des éléments figurés du sang.

hémolymphe n. f. – 1908 ▪ Fluide circulant dans les espaces interstitiels des tissus des invertébrés.

hémolyse n. f. – 1901 ; *hémo-* et *-lyse* ▪ Destruction des hématies avec libération de l'hémoglobine.

hémolysine n. f. – 1900 ▪ Substance capable de détruire les hématies.

hémolytique adj. – 1900 ▪ Qui provoque l'hémolyse, qui s'accompagne d'hémolyse.

hémopathie n. f. – XIXe ; *hémo-* et *-pathie* ▪ Maladie du sang. ⇒ **anémie, leucémie.**

hémophile adj. et n. – XIXe ▪ Atteint d'hémophilie.

hémophilie n. f. – XIXe ; *hémo-* et *-philie* ▪ Maladie héréditaire transmise par les femmes et qui se manifeste surtout chez les individus mâles, se traduisant par une incapacité du sang à coaguler. « *Augustine, atteinte d'hémophilie, n'a jamais voulu apprendre à coudre, parce qu'il lui suffisait d'une piqûre pour faire une hémorragie* » (Aragon).

hémoprotéine n. f. – mil. XXe ▪ Chromoprotéine ayant l'hème comme groupement prosthétique.

hémoptysie n. f. – XVIIe ; *hémo-* et gr. *ptuein* « cracher » ▪ Crachement de sang provenant des voies respiratoires.

hémoptysique adj. et n. – XVIIIe ▪ Relatif à l'hémoptysie. ♦ Qui a des hémoptysies.

hémorragie n. f. – XVIe ; gr. *haima* « sang » et *rhêgunai* « rompre » 1 Effusion de sang due soit à la rupture d'un vaisseau, soit à la perméabilité pathologique d'une paroi vasculaire (⇒ **saignement**). « *Un saignement de nez, ou plutôt une espèce d'hémorragie* » (Rac.). *Hémorragie interne. Hémorragie cutanée. Hémorragie cérébrale.* 2 Perte de vies humaines. *L'hémorragie causée par une guerre.* ➛ Perte, fuite. *L'hémorragie des capitaux.*

> ❑ La graphie *hémorrhagie,* recommandée par Littré, n'est plus en usage. → -rragie (rem.).

hémorragique adj. – XVIIIe ▪ Relatif à l'hémorragie.

hémorroïdal, ale, aux adj. – XVIe 1 Relatif aux hémorroïdes. 2 Qui appartient à la région du rectum, de l'anus. *Nerf hémorroïdal.*

hémorroïde n. f. – XIIIe ; *hémo-* et gr. *rhein* « couler » ▪ surtout au plur. Tumeur variqueuse qui se forme à l'anus et au rectum par la dilatation des veines.

❑ La graphie *hémorrhoïde* est archaïque : « *Le cardinal de Richelieu n'était sanguinaire que parce qu'il avait des hémorrhoïdes* » (Voltaire). ♦ La prononciation [emɔʀyid] est populaire.

hémostase n. f. – XVIIIe ; *hémo-* et gr. *stasis* « arrêt » ▪ Arrêt d'une hémorragie.

hémostatique adj. et n. m. et f. – XVIIIe 1 Qui peut arrêter une hémorragie. *Pinces hémostatiques. Médicament hémostatique.* ➝ n. m. *L'amadou et le tanin sont des hémostatiques.* 2 n. f. Ensemble d'études se rapportant à l'équilibre du sang dans les vaisseaux.

hendéca- Élément, du gr. *hendeka* « onze ».

hendécagone [ɛ̃dekagɔn ; -gon] n. m. – XVIIe ; *hendéca-* et *-gone* ▪ Polygone qui a onze angles et onze côtés. ➝ adj. *Figure hendécagone.*

hendécasyllabe [ɛ̃dekasi(l)lab] n. m. – XVIe ▪ Vers qui compte onze syllabes. ➝ adj. *Vers hendécasyllabe.*

hendiadys [ɛ̃djadis] n. m. – 1902 ; gr. *hen dia duoin* « une chose au moyen de deux mots » ▪ Figure de rhétorique qui consiste à dissocier en deux noms coordonnés une expression unique. Ex. « *Un temple rempli de voix et de prières* » (Lamart.).

❑ On dit aussi *hendiadyin* [ɛ̃djadin].

***henné** n. m. – XVIe ; ar. *hinna* 1 rare Plante du Moyen-Orient et d'Afrique du Nord *(lythrariacées),* dont l'écorce et les feuilles séchées et pulvérisées fournissent une poudre colorante jaune ou rouge. « *Elle pilait du henné dans un petit mortier* » (Mac Orlan). 2 Cette poudre utilisée pour la teinture des cheveux, des lèvres, des paupières, des doigts. *Shampoing au henné.* ✪ HOM. Aîné.

***hennin** n. m. – XVe ; néerl. *henninck* « coq » ▪ Coiffure féminine du Moyen Âge, en forme de bonnet conique, très haut et rigide.

***hennir** v. intr. [2] – XIe ; lat. *hinnire* ▪ En parlant du cheval, Pousser son cri. « *Des étalons cabrés, qui hennissaient à pleins naseaux du côté des juments* » (Flaub.).

❑ Ce verbe s'est d'abord employé en parlant d'êtres humains *(La Chanson de Roland),* tout comme *braire.*

***hennissant, ante** adj. – XVIIe ▪ Qui hennit.

***hennissement** n. m. – XIIIe ▪ Cri du cheval. « *Des hennissements aigus comme un éclat de trompette* » (From.).

henry n. m. – XIXe ; n. pr. ▪ Unité pratique d'inductance électrique (symb. H).

***hep** [ɛp ; hɛp] interj. – XVIIe ; onomat. ▪ Interjection servant à appeler. *Hep ! taxi !* « *Hep ! vous oubliez cela* » (Morand).

héparine n. f. – 1923 ; gr. *hêpar* « foie » ▪ Polysaccharide sulfaté aux propriétés anticoagulantes, présent dans les tissus de nombreux mammifères.

hépatalgie n. f. – XIXe ; *hépat(o)-* et *-algie* ▪ Douleur au niveau du foie irradiant en général vers l'épaule droite.

hépatique n. et adj. – XIVe ; gr. *hêpar* « foie » I - 1 Qui a rapport au foie. *Insuffisance hépatique. Colique hépatique.* 2 Qui souffre du foie. « *quatre agents des postes du Gabon, hépatiques, édentés* » (Céline). II n. f. 1 Plante herbacée *(renonculacées)* à fleurs généralement bleues. 2 au plur. Classe de plantes cryptogames *(bryophytes),* à reproduction sexuée.

hépatisation n. f. – XIXe ▪ État pathologique d'un tissu organique qui prend la coloration et la densité du tissu hépatique.

hépatite n. f. – XVIIe ▪ Maladie du foie, d'origine toxique ou virale. *Hépatite virale. Hépatite A,* transmissible par voie orale. *Hépatite B,* transmissible par voie parentérale. *Hépatite C,* transmissible par voie parentérale et provoquée par un virus différent des deux virus connus de l'hépatite.

hépat(o)- Élément, du gr. *hêpar* « foie ».

hépatocèle n. f. – XIXe ; *hépato-* et *-cèle* ▪ Hernie partielle du foie.

hépatocyte n. m. – 1973 ; *hépato-* et *-cyte* ▪ Cellule du foie.

hépatologie n. f. – XVIIIe ; *hépato-* et *-logie* ▪ Étude du foie.

hépatomégalie n. f. – 1907 ; *hépato-* et *-mégalie* ▪ Augmentation du volume du foie.

hepta- Élément, du gr. *hepta* « sept ».

heptacorde adj. – XVIe ▪ *Lyre heptacorde,* à sept cordes.

heptaèdre n. m. – XVIIIe ; *hepta-* et *-èdre* ▪ Solide à sept faces.

heptagone n. m. – XVIe ; *hepta-* et *-gone* ▪ Polygone qui a sept angles et sept côtés.

heptamètre adj. et n. m. – XIXe ; *hepta-* et *-mètre* ▪ *Vers heptamètre,* qui a sept pieds.

heptane n. m. – XIXe ; *hept(a)-* et *-ane* ▪ Hydrocarbure saturé possédant sept atomes de carbone.

heptasyllabe adj. – XVIIIe ▪ De sept syllabes.

heptathlon n. m. – 1980 ; *hept(a)-* et gr. *athlon* « lutte, combat » ▪ Compétition féminine d'athlétisme, regroupant sept épreuves.

héraldique adj. et n. f. – XVe ; lat. *heraldus* « héraut » 1 Relatif au blason. *Science héraldique.* 2 n. f. Connaissance des armoiries. ♦ Ensemble des emblèmes de blason.

héraldiste n. – XIXe ▪ Spécialiste du blason.

***héraut** n. m. – XIIIe ; germ. *heriwald* « chef d'armée » 1 *Héraut (d'armes) :* au Moyen Âge, Officier dont les fonctions étaient la transmission des messages, les proclamations solennelles, l'ordonnance des cérémonies. 2 littér. Personne qui annonce la venue de qqn ou de qqch. ⇒ **annonciateur, messager.** ✪ HOM. Héro (② héroïne), héros.

❑ Ne pas confondre avec *le héros* qui est aussi un homme.

herbacé, ée adj. – XVIe ▪ De la nature de l'herbe. *Plante herbacée* (opposé à *ligneuse*).

herbage n. m. – XIIe ▪ Prairie naturelle dont l'herbe, consommée sur place par le bétail, est suffisamment riche pour l'engraisser. ⇒ **embouche, pâturage.** *Les herbages de Normandie.* « *Devant moi s'étendait un herbage épais* » (Beckett).

① **herbager, ère** n. et adj. – XVIIIe 1 Éleveur qui s'occupe d'engraisser des bovins. 2 adj. Caractérisé par des herbages. *Les régions herbagères.*

② **herbager** v. tr. [3] – XVe ▪ Mettre à paître dans un herbage. *Herbager des bœufs.*

herbe n. f. – XIe ; lat. 1 Végétal non ligneux dont les parties aériennes sont annuelles. *Le bananier est une herbe arborescente.* ♦ Ce végétal, lorsqu'il est de petite taille et souple. *Herbes annuelles, vivaces. Herbes aquatiques. Herbes médicinales, officinales.* ⇒ **simple.** ➝ *Herbes odorantes, aromatiques.* ♦ FINES HERBES : herbes aromatiques qui entrent dans l'assaisonnement de certains mets. ♦ *Herbes de Provence :* thym, romarin, origan, sarriette, marjolaine et basilic séchés. *Herbe aux ânes* (② onagre). *Herbe au chantre* (sisymbre). *Herbe à chat, aux chats* (népète, cataire, valériane). *Herbe aux perles* (grémil). *Herbe de Saint-*

Jean (armoise, millepertuis). 2 Plante herbacée qui pousse naturellement partout où les conditions lui sont favorables. ⇒ **graminée.** *Les hautes herbes des prés. Herbes folles. Herbes sèches. Une odeur « pénétrante et forte, l'odeur des herbes coupées »* (Zola). ➛ *Mauvaise herbe :* herbe qui n'est d'aucune utilité et nuit aux cultures qu'elle envahit. *« ces charmantes plantes qu'on appelle mauvaises herbes, parce qu'elles sont libres »* (Gaut.). loc. *Pousser comme une mauvaise herbe,* rapidement, facilement. *L'enfant « avait poussé dru, en mauvaise herbe »* (Zola). 3 *DE L'HERBE :* végétation naturelle de plantes herbacées peu élevées où les graminées dominent. ⇒ **ray-grass ; gazon ; pelouse.** *Touffe, brin d'herbe. Herbe rase, courte, grasse. Herbe verte* (⇒ **verdure**). ➛ *Marcher, courir dans l'herbe, sur l'herbe. Déjeuner sur l'herbe. Herbe coupée, fauchée.* ➛ loc. *Couper, faucher l'herbe sous le pied à qqn :* frustrer qqn d'un avantage en le devançant, en le supplantant. 4 fam. Plante hallucinogène. *Fumer de l'herbe.* 5 *EN HERBE :* se dit des céréales qui, au début de leur croissance, sont vertes, courtes et molles comme de l'herbe. *Blés en herbe.* ♦ En parlant d'enfants, de jeunes gens qui ont des dispositions pour qqch. *« un mécanicien en herbe »* (Balz.). ⇒ **apprenti, futur.**

❑ *Herbe* a eu le sens général de « légumes verts et salades ». *Avec « des œufs, des herbes, du fromage [...] on est toujours sûr de me bien régaler »* (Rousseau). *« C'était un marchand d'herbes cuites »* (Zola).

herbeux, euse adj. – XIe ▪ Où il pousse de l'herbe (⇒ **herbu**). *Des sentiers herbeux.*

herbicide adj. et n. m. – v. 1930 ▪ Qui détruit les mauvaises herbes. ⇒ **pesticide ; débroussaillant, défoliant, désherbant.**

herbier n. m. – XIIe 1 Collection de plantes séchées destinées à l'étude, et conservées aplaties entre deux feuillets. 2 Banc d'herbes ou d'algues, sous l'eau.

herbivore adj. et n. – XVIIIe ▪ Qui se nourrit exclusivement de végétaux. ⇒ **phytophage ;** aussi **végétarien.** *Animal herbivore.* ♦ n. m. pl. Groupe de mammifères herbivores.

herborisation n. f. – XVIIIe ▪ Action d'herboriser ; excursion au cours de laquelle on herborise. *« La vie que je mène depuis dix ans à la campagne n'est guère qu'une herborisation continuelle »* (Rouss.).

❑ Ne pas confondre avec *arborisation* « dessin naturel en forme d'arbre ».

herborisé, ée adj. – XVIIIe ▪ *Agate, pierre herborisée.* ⇒ **arborisé.**

herboriser v. intr. [1] – XVIe ▪ Recueillir des plantes là où elles poussent spontanément pour les étudier, pour utiliser leurs vertus médicinales. *« Certains jours elle partait herboriser »* (Gide).

herboriste n. – XVe ▪ Personne qui vend des plantes médicinales, des préparations à base de plantes.

herboristerie n. f. – XIXe ▪ Commerce, boutique d'herboriste.

herbu, ue adj. – XIIe ▪ Où l'herbe foisonne (⇒ **herbeux**). *« Il y a des morceaux de Provence, gras, herbus, baignés de sources »* (Colette).

herbue n. f. – XIXe ▪ Terre légère et peu profonde qui ne peut servir qu'à faire des pâturages.

❑ On écrit aussi *erbue.*

***herchage** n. m. – XVIIIe ▪ Action de hercher.

***hercher** v. intr. [1] – XVIIIe ; lat. *hirpex* « herse » ▪ Pousser les wagonnets au fond d'une mine.

***hercheur, euse** n. – XVIIIe ▪ Mineur chargé du herchage.

hercule n. m. – XVIe ; nom d'un demi-dieu de la myth. gréco-latine ▪ Homme d'une force physique exceptionnelle. ⇒ **colosse.** ♦ *Hercule de foire, hercule forain,* qui fait des tours de force.

❑ *Hercule* a été employé comme nom commun par Ronsard.

herculéen, enne adj. – XVIe ▪ Digne d'Hercule. *Un garçon « trapu et d'une force herculéenne »* (Sand).

hercynien, ienne adj. – XVIIIe ; lat. *Hercynia silva,* Forêt-Noire ▪ Relatif au cycle orogénique du primaire qui s'étend sur le permien, le carbonifère et le dévonien. *Chaîne hercynienne.*

***herd-book** [œrdbuk] n. m. – XIXe ; mot angl. « livre de troupeau » ▪ Livre généalogique des races bovines et de certaines races porcines. *Des herd-books.*

① ***hère** n. m. – XVIe ; p.-ê. de l'all. *Herr* « seigneur » (par dérision), ou de *haire* « misère » ▪ *Pauvre hère :* homme misérable. ✪ HOM. Air, aire, ère, erre, ers, ① r.

② ***hère** n. m. – XVIIIe ; néerl. *hert* « cerf » ▪ Jeune cerf de plus de six mois qui n'est pas encore daguet.

héréditaire adj. – XVe 1 Relatif à l'hérédité. *Droit héréditaire :* droit de recueillir une succession. ➛ Qui se transmet par droit de succession. *Titre héréditaire.* ♦ Qui a la qualité d'héritier. 2 Qui se transmet par voie de reproduction, des parents aux descendants. *Caractères héréditaires.* ♦ Transmis par hérédité. ⇒ **génétique.** *Maladie héréditaire.* ➛ abusivt *C'est héréditaire dans la famille.* ⇒ **atavique, congénital.** 3 Hérité des parents, des ancêtres par l'habitude, la tradition. *L'ennemi héréditaire.*

héréditairement adv. – XIVe ▪ D'une façon héréditaire.

hérédité n. f. – XIe ; lat. *heres* « héritier » I Caractère héréditaire ; transmission par voie de succession. *Hérédité de la couronne.* II - 1 Transmission des caractères d'un être vivant à ses descendants par l'intermédiaire des gènes. *Lois de l'hérédité formulées par Mendel. Hérédité maternelle, paternelle.* 2 L'ensemble des caractères, des dispositions hérités des parents, des ascendants. *« Il avait certainement une hérédité chargée. Du côté de son père »* (Sartre). *Une lourde hérédité.* ♦ Caractères qu'on retrouve à chaque génération dans certains milieux géographiques, sociaux. ⇒ **héritage.**

hérésiarque n. m. – XVIe ▪ Auteur d'une hérésie ; chef d'une secte hérétique.

hérésie n. f. – XIIe ; gr. *hairesis* « choix » puis « secte religieuse » 1 Doctrine, opinion émise au sein de l'Église catholique et condamnée par elle comme corrompant les dogmes. ⇒ **hétérodoxie, secte.** *Hérésie qui provoque un schisme.* ♦ Doctrine contraire à l'orthodoxie au sein d'une religion établie. *Les hérésies musulmanes.* 2 Idée, théorie, pratique qui heurte les opinions considérées comme justes et raisonnables. *Une hérésie scientifique.*

hérétique adj. et n. – XIVe 1 Qui soutient une hérésie. *Auteur hérétique.* ➛ *L'Église condamne et excommunie les hérétiques.* ⇒ **apostat, relaps, renégat.** 2 Entaché d'hérésie. ⇒ **hétérodoxe.** *Doctrine hérétique.* 3 Qui soutient une opinion, une doctrine contraire aux idées reçues. ⇒ **dissident.** *« Freud est* [pour les marxistes] *un penseur hérétique »* (Camus).

***hérissement** n. m. – XVe 1 Le fait de se hérisser ou d'être hérissé (poils, plumes). ♦ *Un hérissement de* colère (⇒ **horripilation**). 2 Disposition de choses pointues rassemblées. « *un hérissement de fusils échafaudés* » (Leiris).

***hérisser** v. tr. [1] – XIIe ; lat. *ericius* « hérisson » **I** v. tr. 1 Dresser (ses poils, ses plumes). *Chat en colère qui hérisse ses poils.* ➛ *Cheveux hérissés.* Présenter sous forme de pointes. *Cactus qui hérisse ses épines.* ♦ Faire dresser (les poils, les plumes). *Le froid hérisse les poils* (⇒ **horripiler**). 2 Se dresser sur. « *j'attendais avec impatience le moment* [...] *où une barbe piquante me hérisserait le menton* » (France). *Pointes qui hérissent une planche.* ♦ *Animaux au corps hérissé de piquants :* hérisson, oursin, porc-épic. « *des immeubles hérissés d'antennes de télévision* » (Tournier). 3 Garnir, munir de choses aiguës, pointues. *Hérisser une grille de pointes de fer.* 4 Garnir, remplir de choses rébarbatives, désagréables, difficiles. ⇒ **embarrasser, surcharger.** ➛ *Dictée hérissée de difficultés.* 5 Disposer défavorablement en inspirant de la colère, de la défiance. ⇒ **horripiler, indisposer, irriter.** *Cela me hérisse.* **II** v. pron. 1 Se dresser. *Il « criait et grinçait des dents, ses cheveux roux se hérissaient »* (Hugo). ♦ Dresser son poil, ses plumes, ses piquants. 2 Se dresser, en parlant de choses aiguës, pointues. « *L'aloès et le cactus se hérissaient parmi les broussailles* » (Nerval). 3 Manifester son opposition, sa colère. ⇒ se **fâcher,** s'**irriter.** *À cette proposition, il se hérissa.* ⇒ se **raidir.** ✪ CONTR. Aplatir, ① lisser ; adoucir, calmer.

***hérisson** n. m. – XIIe ; lat. *(h)ericius* 1 Petit mammifère d'Eurasie *(insectivores)*, au corps couvert de piquants. 2 Personne d'un caractère, d'un abord difficile. ⇒ **porc-épic.** 3 Animal dont le corps est garni de piquants. *Hérisson de mer.* ⇒ **oursin.** ♦ Champignon comestible dont la masse charnue est couverte d'aiguillons pendants. 4 Assemblage de pointes de fer garnissant le sommet d'un mur, d'une clôture. ♦ Élément mobile d'un réseau barbelé, formé d'un quadrilatère de fils de fer barbelés. ♦ Tige garnie de chevilles où l'on place les bouteilles à égoutter. ⇒ **égouttoir, if.** ♦ Rouleau garni de pointes servant à écraser les mottes de terre (⇒ **herse**). ➛ Organe distributeur du semoir d'engrais. ♦ Brosse métallique sphérique, servant à ramoner les cheminées. 5 Couche de fondation formée de gros blocs posés de chant. 6 Centre de résistance ; point fortifié d'un front discontinu.

> ❑ Pour la femelle du hérisson, l'emploi du féminin *hérissonne* est assez rare. En parlant d'une femme d'un caractère difficile, on dit *cette femme est un vrai hérisson.*

***hérissonne** n. f. – XVIIIe 1 rare Femelle du hérisson. 2 Chenille de certains papillons nocturnes.

héritabilité n. f. – v. 1950 ▪ Probabilité pour qu'une caractéristique d'un individu soit transmise héréditairement par les facteurs génétiques.

héritage n. m. – XIIe 1 Patrimoine laissé par une personne décédée et transmis par succession ; action d'hériter. ⇒ **succession ; hérédité, hoirie.** *Faire un héritage,* le recueillir. « *Elles avaient en espérance un héritage dont elles parlaient souvent* » (Loti). ➛ *Laisser un bien à qqn en héritage. Les parts d'un héritage.* ⇒ **succession** (1°). *Dilapider son héritage.* 2 Ce qui est transmis comme par succession. *Un héritage de croyances. Héritage culturel.* ⇒ **patrimoine.**

hériter v. tr. [1] – XIIe ; lat. *heres* « héritier » **I** v. tr. ind. Devenir propriétaire, titulaire par voie de succession. *Hériter d'un immeuble, d'une immense fortune.* « *Toute la fortune dont je viens d'hériter* » (Beaum.). ➛ *Depuis qu'il a hérité, il mène grand train.* ♦ fam. Recueillir la possession, l'usage, la jouissance. *J'ai hérité d'un beau tapis.* ♦ *Il a hérité des qualités de son père.* **II** v. tr. 1 Recevoir, recueillir par héritage, par voie de succession. « *L'archevêque, qui vient d'hériter la très grosse fortune de Fernisoun* » (Apoll.). *Une maison qu'il a héritée de son père.* ♦ *Il a hérité d'un oncle.* 2 ⇒ **recevoir, recueillir.** *Hériter une tradition.* ➛ pronom. « *La culture ne s'hérite pas, elle se conquiert* » (Malraux). ✪ CONTR. Léguer ; créer, inventer.

héritier, ière n. – XIIe 1 Parent appelé par la loi à recueillir la succession d'un défunt. ⇒ **ayant cause.** *Héritiers légitimes. Héritier unique. Mourir sans héritier.* ➛ *Héritier présomptif.* ⇒ **successible.** 2 Personne qui reçoit des biens en héritage. ⇒ **légataire, successeur.** *L'héritier d'une grande fortune.* ➛ *Riche héritière :* fille qui doit hériter d'une grande succession. 3 ⇒ **continuateur, successeur.** « *un des plus profonds écrivains* [...], *un des héritiers de Bossuet* » (Balz.). 4 vx ou plaisant Enfant. *Ils attendent un héritier.* « *je suis son seul héritier mâle* » (Sartre). ✪ CONTR. Auteur, de cujus, testateur.

hermaphrodisme n. m. – XVIIIe ▪ Caractère d'un organisme capable d'élaborer des gamètes de l'un et de l'autre sexe. ⇒ **intersexualité.** ➛ Comportement à la fois masculin et féminin. ✪ CONTR. Gonochorisme.

hermaphrodite n. m. et adj. – XIIIe ; du n. du fils d'*Hermès* et d'*Aphrodite* **I** n. m. 1 Être légendaire auquel on supposait une forme humaine à deux sexes. « *Là, dans ce bosquet entouré de fleurs, dort l'hermaphrodite* » (Lautréam.). 2 Être humain possédant à la fois ovaire(s) et testicule(s). ⇒ **bisexué** et aussi **androgyne.** **II** adj. 1 Qui est doté de caractères des deux sexes. *Statue de dieu hermaphrodite.* 2 *Espèce hermaphrodite,* dont la fleur porte étamines et carpelles. ➛ *L'escargot, le ver et la sangsue sont hermaphrodites* (⇒ **ovotestis**). ✪ CONTR. Asexué, unisexué.

herméneutique adj. et n. f. – XVIIIe ; gr. *hermêneuein* « interpréter » 1 Qui a pour objet l'interprétation des textes (philosophiques, religieux). ⇒ ② **critique.** ➛ n. f. Interprétation des textes, des symboles. *L'herméneutique sacrée :* interprétation des textes bibliques. 2 Relatif à l'interprétation des phénomènes du discours considérés en tant que signes. *Texte, philosophie herméneutique.* ➛ n. f. Système d'interprétation (décodage) d'une séquence de signes complexes. ⇒ **sémiologie ; philologie.**

hermès [ɛʀmɛs] n. m. – XVIIIe ; nom d'une divinité grecque ▪ Statue, tête de Mercure. ♦ *Buste en hermès,* dont les épaules, la poitrine, le dos sont coupés par des plans.

herméticité n. f. – XIXe ▪ rare 1 Qualité de ce qui est fermé, clos d'une manière hermétique. ⇒ **étanchéité.** 2 Caractère de ce qui est obscur.

hermétique adj. – XVIe ; de *Hermès (Trismégiste)* 1 Relatif à la partie occulte de l'alchimie. ⇒ **hermétisme.** *La philosophie, la science hermétique.* 2 Se dit d'une fermeture parfaite. ⇒ **étanche.** *Fermeture hermétique d'un récipient.* ➛ *Boîte hermétique.* ♦ *Être hermétique à qqch.,* y être fermé, insensible, n'y rien comprendre. *Il est complètement hermétique à ce genre d'humour.* 3 Impénétrable, difficile ou impossible à comprendre. ⇒ **obscur.** *Écrivain hermétique.* « *visage strictement hermétique* [...] *où plus rien de sensible ne subsistait* » (Mauriac). ✪ CONTR. Clair. Ouvert.

hermétiquement adv. – XVIIe ▪ Par une fermeture hermétique. *Récipient bouché hermétiquement.*

hermétisme n. m. – XIXe 1 Ensemble des doctrines ésotériques des alchimistes (⇒ **alchimie**) ; philosophie hermétique (⇒ **ésotérisme, magie, occultisme**). 2 littér. Caractère de ce qui est incompréhensible, obscur. « *L'hermétisme de la poésie contemporaine* » (Aragon).

hermétiste n. – v. 1900 ▪ Personne versée dans l'hermétisme.

hermine n. f. – XIIe ; lat. *armenius (mus)* « (rat) d'Arménie » 1 Mammifère carnivore *(mustélidés)*, un peu plus grand que la belette à laquelle il ressemble. ⇒ **martre** (blanche). ➛ *La blancheur de l'hermine*, symbole de la pureté, de l'innocence. 2 Peau, fourrure de l'hermine. « *un fourreau de velours noir, bordé d'hermine* » (Maurois). ♦ Une des deux fourrures du blason.

herminette n. f. – XVIe ▪ Hachette à tranchant recourbé (comme le museau de l'hermine).

> ❑ On écrit aussi *erminette.*

hermitien, ienne [ɛʀmitjɛ̃, jɛn] adj. – XIXe ▪ Relatif aux fonctions, aux polynômes et au théorème d'Hermite.

***herniaire** adj. – XVIIe ▪ Qui a rapport à une hernie. *Sac, tumeur herniaire.*

***hernie** n. f. – XVe ; lat. 1 Tuméfaction formée par un organe totalement ou partiellement sorti de la cavité qui le contient à l'état normal. ⇒ **-cèle.** *Hernie discale*, d'un disque intervertébral. ➛ Hernie abdominale. 2 Excroissance formée par une chambre à air à travers une déchirure de l'enveloppe d'un pneumatique. *Nos pneus « étaient rapiécés et gonflés de bizarres hernies »* (Beauv.).

***hernié, iée** adj. – XIXe ▪ Sorti par hernie. *Anse intestinale herniée.*

héroïcité n. f. – XVIIIe ▪ rare Qualité de ce qui est héroïque.

héroïcomique adj. – XVIIe ▪ Qui tient de l'héroïque et du comique. *Théâtre héroïcomique.* ➛ *Aventures héroïcomiques.*

① **héroïne** n. f. – XVIe 1 Femme d'un grand courage, qui fait preuve d'une force d'âme au-dessus du commun. ⇒ **héros.** *Jeanne d'Arc, héroïne nationale française.* 2 Principal personnage féminin. « *Ces héros et ces héroïnes que le véritable romancier met au monde* » (Mauriac). ♦ *L'héroïne d'un fait divers.*

② **héroïne** n. f. – 1903 ; gr. *hêros* « héros » 1 Diacétylmorphine. 2 Médicament et stupéfiant extrait de cet ester, poudre blanche cristalline, très toxique. ⇒ **blanche.** *Trafiquants d'héroïne.* ➛ abrév. fam. HÉRO.

> ❑ Ce mot a été formé par analogie entre la fougue du héros et l'exaltation provoquée par la drogue.

héroïnomane n. et adj. – 1906 ▪ Toxicomane à l'héroïne.

héroïnomanie n. f. – 1906 ▪ Toxicomanie à l'héroïne.

héroïque adj. – XIVe 1 Qui a rapport aux anciens héros. « *Chez les Grecs, dans les temps héroïques* » (Montesq.). ➛ *Remonter aux temps héroïques*, très reculés. ➛ En parlant d'un temps où se sont déroulés des événements mémorables, qui, avec l'éloignement, prennent un caractère de légende. *Les temps héroïques de l'aviation.* 2 littér. Qui célèbre, conte les exploits des héros, des hommes illustres. *Légendes héroïques.* 3 Qui est digne d'un héros ; qui dénote de l'héroïsme. *Courage héroïque.* ⇒ ① **fort, impavide, stoïque.** *Résistance héroïque.* ♦ *Une décision héroïque.* 4 Qui fait preuve d'héroïsme. ⇒ **brave, courageux.** « *un de ces hommes héroïques sur lesquels se reflète notre gloire nationale* » (Balz.). ✪ CONTR. Lâche.

héroïquement adv. – XVIe ▪ D'une manière héroïque. ⇒ **bravement, courageusement.** « *les femmes marchèrent héroïquement au supplice* » (Chateaub.).

héroïsme n. m. – XVIIe ▪ Courage, force d'âme qui fait les héros. *L'héroïsme d'un martyr.* ⇒ **bravoure, courage, sacrifice.** *Actes d'héroïsme.* ➛ *L'héroïsme d'un geste, d'une tâche, d'une vie.* ⇒ **grandeur.** ✪ CONTR. Lâcheté.

***héron** n. m. – XIIe ; germ. *°haigro* ▪ Grand échassier à long cou grêle en S *(ardéidés)*, à bec très long, droit, conique. « *Le héron au long bec emmanché d'un long cou* » (La Font.). *Héron cendré.* ➛ *Coq héron.* ⇒ **huppe.**

***héros** n. m. – XIVe ; gr. 1 Dans l'Antiquité, Demi-dieu. *Hercule, héros vainqueur d'Antée.* ➛ Personnage légendaire auquel on prête un courage et des exploits remarquables. *Siegfried, héros de la tradition germanique.* 2 Celui qui se distingue par ses exploits ou un courage extraordinaire. ⇒ **brave.** « *Il ne reste plus de héros après la guerre ; il ne reste que des boiteux, des culs-de-jatte, des visages affreux* » (Giono). *Mourir en héros.* ➛ *Héros de la Résistance.* 3 Homme digne de l'estime publique, de la gloire, par sa force de caractère, son génie, son dévouement total à une cause, une œuvre. *Pierre le Grand, héros national russe.* ➛ « *Ces héros du travail, dont l'obstination est sans limite* » (Alain). 4 Personnage principal. *Héros de roman. Le héros d'un film. Héros éponyme. Le héros romantique.* ♦ *Le héros d'une aventure*, celui à qui elle est arrivée, qui en a été le principal acteur. ⇒ **protagoniste.** ✪ CONTR. Bravache, lâche. — HOM. Héraut, héro (② héroïne).

> ❑ *Héros* est le seul mot de la famille à avoir un *h* aspiré. ♦ Ne pas confondre avec le *héraut* qui est aussi un homme.

***herpe** n. f. – XVIIe ; probablt de ② *harpe* ▪ Pièce de construction du garde-corps, dont une extrémité soutient la partie supérieure de la guibre. ⇒ ④ **lisse.**

herpès [ɛʀpɛs] n. m. – XIIIe ; gr. *herpês* « dartre » ▪ Affection cutanée caractérisée par une éruption de petites vésicules transparentes, groupées sur une tache congestive, provoquée par un virus.

> ❑ Pour la prononciation → faciès (rem.).

herpétique adj. – XVIIIe ▪ Qui a rapport à l'herpès.

herpétologie → **erpétologie**

***hersage** n. m. – XIVe ▪ Façon que l'on donne à la terre avec la herse.

***herse** n. f. – XIIe ; lat. *hirpex* 1 Instrument à pointes fixées à un bâti, qu'un attelage ou un tracteur traîne ou roule sur une terre labourée pour briser les mottes, enfouir les semences. 2 Grille armée par le bas de fortes pointes, et qui, suspendue par une chaîne à l'entrée d'un château fort, d'une forteresse, pouvait être abaissée pour en défendre l'accès. ⇒ **sarrasine.** « *Chevalier, haut la herse et bas le pont-levis !* » (Hugo). 3 Grand chandelier hérissé de pointes sur lesquelles on pique les cierges. 4 Appareil d'éclairage dissimulé dans les cintres des scènes de théâtre. ✪ HOM. Erse.

***herser** v. tr. [1] – XIIe ▪ Soumettre à l'action de la herse. ⇒ **ameublir, écroûter, émotter, labourer.** « *comme le champ il a été hersé, les pommes de terre, elles remontent à la surface* » (Duras).

***herseur, euse** n. – XIIe 1 Personne qui herse. ➛ adj. *Rouleau herseur.* 2 n. f. Herse mécanique.

hertz [ɛʀts] n. m. – 1930 ; du nom du physicien all. *Hertz* ▪ Unité de mesure de fréquence d'un phénomène périodique (symb. Hz). ⇒ **kilohertz, mégahertz.**

hertzien, ienne [ɛʀtsjɛ̃ ; ɛʀdzjɛ̃, jɛn] adj. – XIXe ▪ Qui a rapport aux ondes électromagnétiques. *Ondes hertziennes.* ⇒ ② **radio.** *Faisceau hertzien.*

hésitant, ante adj. – XVIIIe 1 Qui hésite, a de la peine à se déterminer. ⇒ ① **incertain, indécis, irrésolu.** *Être hésitant.* ⇒ **perplexe.** 2 Qui n'est pas déterminé, caractérisé. ⇒ **flottant, fluctuant.** « *début trouble, incertain, hésitant* » (Hugo). 3 Qui exprime ou trahit l'hésitation ; qui manque d'assurance, de fermeté. *Voix hésitante.* ✪ CONTR. Assuré, certain, décidé, ① ferme, résolu.

hésitation n. f. – XIIIe 1 Le fait d'hésiter. ⇒ **doute, embarras, flottement, incertitude, indécision.** *N'avoir plus aucune hésitation. Accepter sans hésitation. Se décider après bien des hésitations.* ⇒ **atermoiement, tergiversation.** 2 Arrêt dans l'action ; attitude qui trahit de l'indécision, de l'embarras. « *l'hésitation que sa fille avait marquée avant de prononcer le mot de* mère » (Balz.). ✪ CONTR. Assurance, décision, détermination, résolution.

hésiter v. intr. [1] – XVe ; lat. *hæsitare* 1 Être dans un état d'incertitude, d'irrésolution qui suspend l'action, la détermination. ⇒ **balancer,** se **tâter.** *Se décider après avoir longtemps hésité.* ⇒ **atermoyer, attendre, reculer, tergiverser.** *Il n'y a pas à hésiter. Il n'hésita pas une seconde. Hésiter sur l'orthographe d'un mot.* « *il hésita entre un taxi-auto et un fiacre* » (Romains). « *n'hésitez pas à me mettre à contribution* » (Aymé). ⇒ **craindre** (de). 2 Marquer ou sembler marquer de l'indécision. *Cheval qui hésite devant l'obstacle.* ⇒ **broncher.** « *je lui soufflais la leçon quand il hésitait* » (Rouss.). ✪ CONTR. Agir, choisir, décider (se).

> ❑ Les constructions *hésiter de* et *hésiter si* sont archaïques. ♦ Pour le sens → balancer (rem.).

hétaïre n. f. – XVIIIe ; gr. *hetaira* ▪ Dans l'Antiquité, Prostituée d'un rang social élevé. ⇒ **courtisane.**

hétéro → **hétérosexuel**

hétér(o)- Élément, du gr. *heteros* « autre ». ✪ CONTR. Homo-, is(o)- ; auto-.

hétérocerque adj. – XIXe ; *hétéro-* et gr. *kerkos* « queue » ▪ Qui a deux lobes inégaux, en parlant de la nageoire caudale de certains poissons. ➤ *Poisson hétérocerque.*

hétérochromie [eterɔkrɔmi] n. f. – XIXe ; *hétéro-* et *-chromie* ▪ Coloration différente (en parlant de parties qui sont normalement de la même couleur). *Hétérochromie de l'iris.*

hétérochromosome [eterokromozom] n. m. – 1907 ▪ Chromosome qui détermine le sexe, différent de son homologue de l'autre sexe.

hétéroclite adj. – XVe ; gr. ▪ Fait, composé de parties appartenant à des styles ou à des genres différents. *Pièce de théâtre hétéroclite ; édifice hétéroclite.* ⇒ **composite, disparate.** ♦ Qui est constitué d'éléments variés peu homogènes. ⇒ **bigarré, divers, hétérogène, mélangé, varié.** *Des matériaux hétéroclites. Mélange hétéroclite.* ⇒ **patchwork.** ✪ CONTR. Homogène.

hétérocycle n. m. – 1909 ▪ Corps chimique à chaîne fermée comprenant au moins un atome différent du carbone.

hétérodoxe adj. et n. – XVIIe ; *hétéro-* et *-doxe* 1 Qui s'écarte de la doctrine reçue. *Théologien hétérodoxe.* ⇒ **hérétique.** 2 Qui n'est pas orthodoxe, conformiste. *Un savant aux idées hétérodoxes.* ⇒ **anticonformiste, dissident.** ✪ CONTR. Conformiste, orthodoxe.

hétérodoxie n. f. – XVIIe ▪ Doctrine hétérodoxe ; caractère de ce qui est hétérodoxe. ⇒ **hérésie.** ✪ CONTR. Orthodoxie.

hétérodyne adj. et n. f. – 1922 ; *hétéro-* et *-dyne* ▪ Qui utilise un changement de fréquence obtenu par battement pour transposer un signal dans une bande de fréquence audio. ➤ n. f. Oscillateur local permettant un changement de fréquence. ⇒ **superhétérodyne.**

hétérogamie n. f. – XIXe ; *hétéro-* et *-gamie* ▪ Reproduction sexuée par deux gamètes de morphologie différente (opposé à *isogamie*). ⇒ **anisogamie.**

hétérogène adj. – XIVe ; *hétéro-* et *-gène* 1 rare Qui est de nature différente. *Éléments hétérogènes d'un corps.* 2 Qui est composé d'éléments de nature différente. *Roche hétérogène.* 3 Qui n'a pas d'unité. ⇒ **composite, disparate, divers, hétéroclite.** *Nation hétérogène.* ✪ CONTR. Homogène ; analogue.

hétérogénéité n. f. – XVIe ▪ Caractère de ce qui est hétérogène. ⇒ **disparité, dissemblance, diversité.** ✪ CONTR. Homogénéité ; analogie.

hétérogenèse n. f. – v. 1910 ; *hétéro-* et *-genèse* ▪ Apparition de caractères différents au cours de générations successives. ⇒ **mutation.**

hétérogreffe n. f. – mil. XXe ▪ ⇒ **hétéroplastie.** ✪ CONTR. Homogreffe.

hétérologue adj. – XIXe ; *hétéro-* et *-logue* ▪ Dont la structure paraît différente de celles d'autres parties de l'organisme. *Tissu hétérologue.* ♦ Qui provient d'une espèce différente. *Greffe hétérologue.* ✪ CONTR. Homologue.

> ❑ Ce mot est beaucoup plus rare que son contraire *homologue.*

hétéromorphe adj. – XIXe ; *hétéro-* et *-morphe* ▪ Qui présente des formes très différentes.

hétéromorphisme n. m. – XIXe ▪ Caractère de ce qui est hétéromorphe.

hétéronome adj. – XIXe ; *hétéro-* et gr. *nomos* « loi » ▪ Qui reçoit de l'extérieur les lois qui le gouvernent. ✪ CONTR. Autonome.

hétéronomie n. f. – XIXe 1 État de la volonté qui puise hors d'elle-même le principe de son action. 2 Absence d'autonomie. ✪ CONTR. Autonomie.

hétéronyme adj. – XIXe ; *hétér(o)-* et *-onyme* 1 Qui est en relation d'opposition ; qui intéresse deux parties symétriques de l'organisme. 2 *Termes hétéronymes,* qui se réfèrent au même hyperonyme mais ne sont pas synonymes.

> ❑ On appelle aussi ces termes *cohyponymes.* ♦ Certains emploient *hétéronymes* pour deux mots de langues différentes qui désignent la même chose.

hétéroplastie n. f. – XIXe ; *hétéro-* et *-plastie* ▪ Transplantation sur un sujet de greffons prélevés sur un individu appartenant à une espèce différente. ⇒ **hétérogreffe.**

hétéroplastique adj. – XIXe ▪ Qui a rapport à l'hétéroplastie.

hétéroprotéine n. f. – XIXe ▪ Composé formé d'une protéine liée à un groupement non protéique.

hétéroptères n. m. pl. – XIXe ; *hétéro-* et *-ptère* ▪ Sous-ordre d'hémiptères, dont les ailes antérieures sont cornées à la base et membraneuses à leur extrémité. ⇒ **rhynchotes.**

hétérosexualité [eterosɛksɥalite] n. f. – XIXe ▪ Sexualité de l'hétérosexuel. ✪ CONTR. Homosexualité.

hétérosexuel, elle [eterosɛksɥɛl] adj. et n. – XIXe ▪ Qui éprouve une attirance sexuelle pour les individus du sexe opposé. ➤ abrév. fam. HÉTÉRO (opposé à *homo*). *Les hétéros.* ✪ CONTR. Homosexuel.

hétéroside n. m. – 1927 ; *hétéro-* et *oside* ▪ Substance glucidique composée d'un ou plusieurs sucres (oses) et d'une partie non glucidique.

hétérotrophe adj. – 1905 ; *hétéro-* et gr. *trophê* « nourriture » ▪ Qui se nourrit de substances organiques. ➤ n. m. Organisme hétérotrophe. ✪ CONTR. Autotrophe.

hétérozygote adj. et n. – 1928 ▪ Se dit d'une cellule ou d'un individu qui possède deux allèles différents aux localisations correspondantes des deux chromosomes d'une même paire. ➤ Se dit d'un organisme provenant de l'union de gamètes de constitution génétique dissemblable. ✪ CONTR. Homozygote.

***hêtraie** n. f. – XVIIIe ▪ Lieu planté de hêtres.

***hêtre** n. m. – XIIIe ; germ. *haisi* « fourré » ▪ Arbre forestier *(fagacées)* de grande taille, à tronc droit, cylindrique, à écorce lisse, à feuilles ovales, à fleurs monoïques, à fruits (⇒ **faîne**) enchâssés dans une cupule. ⇒ **fayard.** « *De noirs sapins entremêlés de hêtres prodigieux* » (Rouss.). ♦ Le bois de cet arbre. ✪ HOM. Être, êtres.

***heu** interj. – XVe ; onomat. ▪ Interjection qui marque l'embarras, le doute, la difficulté à trouver ses mots. ⇒ **euh.** ✪ HOM. ① E, euh, eux, œufs (œuf).

heur n. m. – XIe ; lat. *augurium* « présage » ▪ *Avoir l'heur de,* la chance, le plaisir de. *Je n'ai pas eu l'heur de lui plaire.* ✪ CONTR. Malheur. HOM. Heure, heurt.

> ❑ Ce mot est rare, mais non ses dérivés et composés *heureux, bonheur, malheur, malheureux,* etc.

heure n. f. – XIe ; gr. *hôra* 1 Espace de temps égal à la vingt-quatrième partie du jour. *Heure sidérale, heure solaire vraie, heure solaire moyenne. L'heure est subdivisée en 60 minutes.* ➛ *Deux heures avant, après, plus tôt, plus tard. Revenez dans une heure.* ➛ *Heure de :* heure consacrée à, occupée par. *Une heure de liberté.* « *Vous savez que les ouvriers font quarante heures de travail par semaine* » (Giono). *Une heure d'avion.* ➛ Heure de trajet. *Habiter à une heure de Paris.* ➛ *Faire cent kilomètres à l'heure, du cent à l'heure :* aller à une vitesse qui, constamment soutenue, ferait parcourir cent kilomètres en une heure. *Kilomètre-heure* (symb. km/h). ➛ *Femme de ménage payée à l'heure,* dont la paye est calculée d'après le nombre d'heures de travail fourni. *Payer qqn soixante francs (de) l'heure.* ♦ *Voilà une heure qu'on t'attend !* ⇒ **longtemps.** ♦ Symbole du temps. *L'heure tourne.* 2 Point précis du jour, déterminé pratiquement par référence à un instrument de mesure et chiffré de 0 à 11 ou de 0 à 23 (symb. h). ⇒ arg. **plombe.** *Magasin ouvert de 8 h à 12 h. Le train de 0 h 45. 8 heures du matin* (⇒ **A. M.**). *15 heures* ou *3 heures de l'après-midi* (⇒ **P. M.**). « *Une heure du matin : c'est-à-dire l'heure la plus douce de la nuit* » (Dumas). ♦ *Heure locale,* différente d'un méridien à l'autre. *Il était 7 heures, heure locale. Heure légale,* en France, celle du méridien de Greenwich avancée d'une heure en hiver, et de deux en été (opposé à *heure solaire*). ♦ *Regarder l'heure. Quelle heure est-il ?* ➛ *Montre qui donne l'heure exacte. Mettre sa montre à l'heure. À heures fixes. Toutes les heures, tous les quarts d'heure.* ➛ *Il est plus de huit heures, huit heures passées.* ➛ *Six heures un quart, et quart, et demie. Deux heures dix. Six heures moins vingt* ou *cinq heures quarante.* ♦ *L'horloge sonne les heures. Trois heures ont sonné.* ♦ *L'HEURE :* l'heure fixée, prévue. *Votre heure sera la mienne. L'heure du train,* fixée pour le départ du train. ➛ *À L'HEURE. Arriver, être à l'heure.* 3 *Heures canoniales,* celles où l'on récite les diverses parties du bréviaire ; ces parties elles-mêmes. ➛ *Livres d'Heures* ou *Heures :* recueil de dévotion. 4 Moment de la journée. *Aux heures, à l'heure des repas. Heures d'affluence. Heures d'ouverture d'un magasin.* ⇒ **horaire.** *C'est l'heure d'aller se coucher.* « *C'était l'heure tranquille où les lions vont boire* » (Hugo). ♦ *À la première heure :* très tôt le matin. *Les combattants de la première heure,* ceux du début. ➛ *Nouvelles de dernière heure,* celles qui parviennent à une rédaction dans les ultimes moments précédant l'impression, la diffusion. ♦ Moment habituel ou agréable à qqn pour faire telle ou telle chose. *Ce doit être lui qui arrive, c'est son heure.* ➛ *À SES HEURES :* à certains moments, selon sa fantaisie. *Il est poète à ses heures.* ♦ *À LA BONNE HEURE :* au bon moment, à propos ; c'est très bien, tant mieux. 5 Moment de la vie. ⇒ **époque,** ② **instant, temps.** *Connaître dans sa vie des heures difficiles.* « *Certaines heures semblent impossibles à vivre* » (Green). ➛ loc. *L'heure n'est pas à qqch. :* ce n'est pas le moment de. ➛ *Heure suprême, dernière :* les derniers instants d'une vie. *Son heure est venue, a sonné :* il va bientôt mourir. *Croire sa dernière heure arrivée :* se sentir en danger de mort. ♦ Moment, époque de la vie où s'offre une chance favorable à la réussite de qqch., au succès de qqn, au bonheur de son existence. *Attendre son heure.* ➛ *Avoir eu son heure de gloire.* ♦ Le moment présent. *L'heure est grave.* ➛ *L'HEURE H :* l'heure prévue pour l'attaque ; l'heure de la décision. 6 loc. vieilli ou région. (Belgique) *À CETTE HEURE* [astœʀ] : maintenant, présentement. « *N'allez-vous pas effrayer tout le voisinage [...] à c't'heure ?* » (Balz.). ➛ *À L'HEURE QU'IL EST :* en ce moment de la journée ; à l'époque actuelle. ⇒ **actuellement, aujourd'hui.** ➛ *À TOUTE HEURE :* à tout moment de la journée, à n'importe quel moment. *Pharmacie ouverte à toute heure. À toute heure du jour et de la nuit.* ♦ *À L'HEURE :* à l'ère, à l'époque. « *Mon village à l'heure allemande* », roman de J.-L. Bory. ➛ *À L'HEURE DE :* à l'époque de ; à la manière de, sous l'influence de. *Un petit village qui* « *semble s'être mis à l'heure du progrès* » (Mallet-Joris). ♦ *POUR L'HEURE :* pour le moment, dans les circonstances actuelles. ♦ vieilli *SUR L'HEURE :* aussitôt, à l'instant, sur-le-champ. ⇒ **immédiatement,** ② **incontinent.** ♦ *TOUT À L'HEURE :* dans un moment, après un bref laps de temps. *Nous verrons cela tout à l'heure.* Il y a très peu de temps. *Je l'ai vu tout à l'heure.* ♦ *D'HEURE EN HEURE :* d'une heure à l'autre, à mesure que le temps passe. « *L'état s'aggrave d'heure en heure* » (Mart. du G.). ➛ *D'UNE HEURE À L'AUTRE :* en l'espace d'une heure, d'un moment à l'autre. *La situation peut changer d'une heure à l'autre.* ♦ *DE BONNE HEURE :* à une heure matinale, ou en avance sur l'heure fixée, habituelle. *De très bonne heure. Se lever de bonne heure.* ➛ Avant l'époque habituelle, normale. ⇒ **précocement.** *Un homme* « *formé de bonne heure au monde* » (Sainte-Beuve). ✪ HOM. Heur, heurt.

heureusement adv. – XVIe 1 D'une manière heureuse, avantageuse ou favorable ; avec succès. ⇒ **avantageusement,** ① **bien, favorablement.** *L'affaire s'est terminée heureusement.* 2 D'une manière esthétiquement heureuse, réussie. « *Les conifères, heureusement disposés* » (Duham.). 3 Par une heureuse chance, par bonheur. *Heureusement, il est indemne.* ➛ *Heureusement pour moi :* c'est heureux pour moi. ➛ *Heureusement que j'y ai pensé.* ✪ CONTR. Malheureusement.

heureux, euse adj. – XIIe ; de *heur* **I** – 1 Qui bénéficie d'une chance favorable, que le sort favorise. ⇒ **chanceux ;** fam. **veinard.** *Être heureux au jeu, en affaires.* ➛ *S'estimer heureux :* estimer qu'on a de la chance. *Il a liquidé l'affaire, trop heureux de n'avoir pas tout perdu.* 2 Qui est favorable. ⇒ **avantageux,** ① **bon.** *Heureux hasard. Faire une heureuse rencontre.* ♦ Que le succès accompagne, couronne. *Choix heureux.* ➛ loc. *Avoir la main heureuse :* réussir dans les choses qu'on entreprend, les choix qu'on fait. ♦ Qui est signe ou promesse de succès. *Heureux présage, augure.* ♦ *C'est heureux pour vous :* c'est une chance pour vous. « *Encore heureux que je ne hurle pas* » (Anouilh). 3 Qui marque une disposition favorable de la nature ; qui est remarquable et rare en son genre. ⇒ ① **bon.** *Un heureux caractère. Une heureuse nature,* portée à l'optimisme. 4 Dont l'originalité, la justesse, l'habileté ont qqch. d'inspiré qui semble dû à la chance. ⇒ **juste,** ② **original, réussi.** *Expression, formule heureuse. Heureux équilibre.* **II** – 1 Qui jouit du bonheur. *Il a tout pour être heureux.* « *le bonheur des femmes qui sont heureuses* » (Balz.). *Ils furent heureux et eurent beaucoup d'enfants.* ➛ loc. *Être heureux comme un poisson dans l'eau, comme un roi, comme un pape,* très heureux. ⇒ **béat, ravi.** *Un imbécile heu-*

reux. ⇒ **satisfait.** « *Il faut rire avant que d'être heureux, de peur de mourir sans avoir ri* » (La Bruy.). ➛ « *Heureux les bègues, car ils emportent les contradictions comme un fétu* » (Alain). ⇒ **bienheureux.** ♦ ÊTRE HEUREUX DE. ⇒ ② **aise, content, satisfait.** *Je suis très heureux de votre succès, de vous revoir. Très heureux d'avoir fait votre connaissance.* ⇒ **charmé, enchanté, ravi.** *Je suis très heureux qu'il aille mieux.* ♦ **n.** *Faire un heureux, des heureux :* faire le bonheur de qqn, de quelques personnes. **2** Qui exprime le bonheur. *Un air, un visage heureux.* ⇒ **radieux, triomphant. 3** Marqué par le bonheur ; où règne le bonheur. *Situation heureuse.* ⇒ **prospère.** *Vie heureuse.* ⇒ ① **beau.** *Bonne et heureuse année !* « *Il n'y a pas d'amour heureux* », poème de Louis Aragon. ✪ CONTR. Malheureux. Infortuné, malchanceux. Affligeant, déplorable, désolant, douloureux, fâcheux, funeste. — Fâché, mécontent, triste.

heuristique adj. et n. f. – XIXe ; gr. *heuriskein* « trouver » **1** Qui sert à la découverte. *Méthode heuristique,* consistant à faire découvrir à l'élève ce qu'on veut lui enseigner. **2 n. f.** Partie de la science qui a pour objet la découverte des faits. ♦ Méthode de recherche informatique fondée sur l'approche progressive d'un problème donné.

> ❑ Le mot est aussi écrit *euristique.* ♦ Ne pas confondre avec *éristique* « relatif à la controverse ».

***heurt n. m.** – XIIe **1** Action de heurter ; résultat de cette action. ⇒ **coup ; choc.** *Déplacer sans heurt un objet fragile.* ⇒ **à-coup, cahot, saccade. 2** Opposition brutale, choc résultant d'un désaccord, d'une dispute. ⇒ **antagonisme, conflit, friction, froissement.** « *une rupture était imminente* [...], *le moindre heurt allait amener la catastrophe* » (Zola). **3** Opposition forte. ⇒ **contraste.** *Un heurt déplaisant de sonorités.* ✪ CONTR. Conciliation. Harmonie. — HOM. Heur, heure.

***heurté, ée adj.** – XVIIIe ▪ Qui manque de fondu, qui est fait de contrastes appuyés. *Tons heurtés.* ➛ *Style heurté.* ⇒ **haché, saccadé.** ✪ CONTR. Fondu, lié. Harmonieux.

***heurter v.** [1] – XIIe ; p.-ê. germ. *°hurt* « bélier » ou lat. *urus* « taureau sauvage » **I v. tr. 1** Toucher en entrant brusquement en contact avec. ⇒ **choquer, cogner.** *Un bourdon* « *vint heurter Jacques au visage* » (Mart. du G.). *Heurter du coude. Heurter une voiture.* ⇒ **percuter.** ♦ *Se heurter le front.* **2** Venir contrecarrer, aller à l'encontre de. ⇒ **blesser, choquer, contrarier, froisser, offenser, vexer.** *Heurter de front qqn, ses idées.* ⇒ **affronter, attaquer, combattre.** *Heurter l'opinion.* ⇒ **atteindre.** ➛ « *En heurtant, bien souvent l'on brise ; et c'est tout. Il faut émouvoir* » (Gide). **II v. intr. 1** vieilli *Heurter contre :* entrer rudement en contact avec. ⇒ **achopper,** ② **buter, cogner, donner,** ① **porter,** ② **taper.** *Heurter contre une marche.* **2** *Heurter à :* frapper avec intention à. *Heurter à la porte.* **III** *SE HEURTER* **v. pron. 1** *Se heurter contre, à un mur.* ⇒ se **cogner.** ♦ Rencontrer un obstacle d'ordre humain, moral. *Se heurter à un refus.* **2** *Passants pressés qui se heurtent.* « *cette mer démontée, dont les lames se heurtaient alors à celles que provoquait la nouvelle aire du vent* » (J. Verne). ⇒ s'**entrechoquer.** *Les deux voitures se sont heurtées de plein fouet.* ♦ Se contrarier, entrer en conflit. ⇒ s'**accrocher,** s'**affronter.** « *On ne se rencontre qu'en se heurtant* » (Flaub.).

***heurtoir n. m.** – XIVe **1** Marteau adapté à la porte d'entrée d'une maison, dont on se sert pour frapper. *Heurtoir en forme de main.* **2** Pièce disposée de façon à arrêter un objet mobile. ⇒ **amortisseur, butoir.**

hévéa n. m. – XVIIIe ; mot quechua ▪ Grand arbre *(euphorbiacées),* produisant un latex utilisé pour la fabrication du caoutchouc.

> ❑ Le mot a été importé en France en même temps que *caoutchouc.*

hexa- Élément, du gr. *hex* « six ».

hexacoralliaires n. m. pl. – 1924 ▪ Groupe de grands coraux qui forment des polypes dont les cloisons ont une symétrie hexagonale. ⇒ **madrépore.**

hexacorde n. m. – XVIIe ▪ Ancien système musical fondé sur une gamme de six notes consécutives. ⇒ **solmisation.**

hexadécimal, ale, aux adj. – 1972 ▪ Se dit d'un système de numération de base 16.

hexaèdre adj. – XVIIIe ; *hexa-* et *-èdre* ▪ Qui a six faces planes. ➛ **n. m.** Polyèdre à six faces.

hexafluorure n. m. – 1904 ▪ Sel dont la molécule contient six atomes de fluor.

hexagonal, ale, aux adj. – XVIIe **1** Qui a six angles et six côtés. ♦ Dont la base est un hexagone. *Pyramide hexagonale.* **2** Qui concerne l'Hexagone. ⇒ **français.**

hexagone n. m. – XIVe ; *hexa-* et *-gone* **1** Polygone à six angles et six côtés. **2** *L'Hexagone :* la France métropolitaine.

> ❑ Le mot a été employé la première fois au sens de « France » en 1934, par le général de Gaulle.

hexamètre adj. et n. m. – XVe ; *hexa-* et *-mètre* ▪ Qui a six pieds ou six mesures. *Vers hexamètre.* ➛ **n. m.** *Le* « *plus facile de tous les vers qui est l'hexamètre* » (Rouss.).

hexapode adj. et n. m. – XVIIIe ; *hexa-* et *-pode* ▪ Qui a six pattes. *Larve hexapode.*

hexose n. m. – XIXe ; *hex(a)-* et ① *-ose* ▪ Sucre possédant dans sa molécule six atomes de carbone (ex. glucose).

***hi** [i ; hi] **interj.** – XVe ; onomat. ▪ Onomatopée qui, répétée, figure le rire, les pleurs. ✪ HOM. Hie, ① i, ② et ③ y.

hiatal, ale, aux adj. – déb. XXe ▪ Qui concerne un hiatus (2°). *Hernie hiatale :* hernie de l'hiatus œsophagien.

(*)hiatus [jatys] **n. m.** – XVIe ; mot lat. « ouverture », puis « hiatus » **1** Rencontre de deux voyelles, de deux éléments vocaliques, soit à l'intérieur d'un mot (ex. aérer), soit entre deux mots énoncés sans pause (ex. tu as eu). **2** En anatomie, Ouverture, fente. **3** Interruption. ⇒ **coupure, lacune.** *Le dimanche* « *est un hiatus, une solution de continuité dans la trame des jours vivants* » (Duham.). ✪ CONTR. Liaison ; continuité.

hibernal, ale, aux adj. – XVIe ; lat. *hibernus* « hiver » ▪ Relatif à l'engourdissement d'hiver. *Sommeil hibernal.* ⇒ **hiémal.**

hibernant, ante adj. – XIXe ▪ Qui hiberne.

hibernation n. f. – XIXe ▪ État d'engourdissement, s'accompagnant d'une hypothermie, où tombent certains mammifères pendant l'hiver (opposé à *estivation*). ♦ *Hibernation artificielle :* refroidissement du corps humain dans un but thérapeutique.

hiberner v. intr. [1] – XVIIIe ▪ Passer l'hiver dans un état d'engourdissement.

> ❑ Ne pas confondre avec *hiverner* « passer l'hiver à l'abri ».

hibiscus [ibiskys] **n. m.** – XVIIIe ; lat. *hibiscum* « guimauve » ▪ Arbre tropical *(malvacées),* à grandes fleurs de couleurs vives. ⇒ **ketmie.**

***hibou n. m.** – Xe ; probabl. onomat. ▪ Oiseau rapace nocturne *(strigiformes)* portant des aigrettes. ⇒ **duc.** *Les hiboux hululent, huent, bouboulent.* « *tous les hiboux* *ont deux aigrettes de plumes en forme d'oreilles droites de chaque côté de la tête, tandis que les chouettes ont la tête arrondie, sans aigrettes* » (Buff.). ➛ loc. *Avoir des yeux de hibou,* de gros yeux ronds.

***hic** n. m. – XVIIe ; mot lat. « ici » ▪ fam. Point difficile, essentiel. ⇒ **nœud.** *Voilà le hic.* ⇒ fam. **cactus, os,** ① **pépin.**

***hic et nunc** [ikɛtnɔ̃k ; -nœk] loc. adv. – XVIIIe ; mots lat. « ici et maintenant » ▪ Sur-le-champ, sans délai.

***hickory** n. m. – XVIIIe ; abrév. de *pohickery,* mot indien de Virginie ▪ Grand arbre *(juglandacées),* voisin du noyer. ⇒ **pacanier.** *Canoë en hickory.*

hidalgo n. m. – XVIe ; mot esp., contract. de *hijo de algo* « fils de quelque chose » ▪ Noble espagnol. « *intraitable comme un hidalgo sur le point d'honneur* » (Gaut.).

***hideur** n. f. – XIIe ; a. fr. *hisde* « horreur, peur » ▪ Qualité, état de ce qui est hideux ; laideur extrême. « *Son bec-de-lièvre, sa hideur et son baragouin* » (Flaub.). ♦ *Hideur d'un crime.* ⇒ **abjection, bassesse.** ✪ CONTR. Beauté.

***hideusement** adv. – XIIe ▪ D'une manière hideuse.

***hideux, euse** adj. – XIIe ▪ D'une laideur repoussante, horrible. ⇒ **affreux, laid.** *Monstre hideux. Chose hideuse à voir.* « *de hideux reptiles serpentaient* » (Nerval). ✪ CONTR. ① Beau.

***hie** n. f. – XIIe ; moy. néerl. *heie* ▪ Instrument formé d'une lourde masse et d'un manche, servant à enfoncer les pavés (⇒ ① **dame, demoiselle),** les pilotis (⇒ **mouton, sonnette).** ✪ HOM. Hi, ① i, ② et ③ y.

hièble ou **yèble** n. f. – XIIe ; lat. *ebulum* ▪ Sureau *(caprifoliacées)* à tige herbacée, à baies noires.

hiémal, ale, aux adj. – XVIe ; lat. *hiems* « hiver » ▪ De l'hiver. ⇒ **hibernal ; hivernal.** *Plantes hiémales.*

hier [jɛʀ] adv. – XIe ; lat. *heri* 1 Le jour qui précède immédiatement celui où l'on est. ⇒ **veille.** *Hier soir, hier au soir. La journée d'hier. Depuis hier.* ♦ n. m. *Vous aviez tout hier pour vous décider.* 2 Dans un passé récent, à une date récente. « *Ce qu'on acceptait hier est remis à la meule aujourd'hui* » (Hugo). ➛ loc. fam. *N'être pas né d'hier :* avoir de l'expérience, être averti. ✪ CONTR. Aujourd'hui ; demain.

***hiérarchie** n. f. – XIVe ; gr. *hieros* « sacré » et *-archie* 1 Ordre et subordination des chœurs des anges. ♦ Ordre et subordination des degrés de l'état ecclésiastique. 2 Organisation sociale dans laquelle chacun se trouve dans une série ascendante de pouvoirs ou de situation. ⇒ **ordre, subordination.** *Hiérarchie administrative. Hiérarchie du personnel dans une entreprise.* ⇒ **organigramme.** *Les degrés, les échelons de la hiérarchie.* 3 Organisation d'un ensemble en une série où chaque terme est supérieur au terme suivant. ⇒ **classement, classification, gamme, ordre.** *Hiérarchie des valeurs.* « *les sentiments ont leur hiérarchie secrète* » (Barbey). ♦ *Hiérarchie des opérateurs :* en informatique, ordre dans lequel doivent être pris en compte les opérateurs pour l'évaluation des expressions numériques. ✪ CONTR. Anarchie, désordre. Égalité.

***hiérarchique** adj. – XIVe ▪ Relatif à la hiérarchie, qui appartient à une hiérarchie. *Supérieurs hiérarchiques. Suivre la voie hiérarchique.* ✪ CONTR. Anarchique, égalitaire.

***hiérarchiquement** adv. – XVIIe ▪ Par une hiérarchie ou conformément à elle.

***hiérarchisation** n. f. – XIXe ▪ Action d'organiser selon une hiérarchie ; cette organisation.

***hiérarchiser** v. tr. [1] – XIXe ▪ Organiser, régler selon une hiérarchie, d'après un ordre hiérarchique. ⇒ **ordonner, structurer.** *Hiérarchiser une société.* ➛ « *une société pharisaïque et hiérarchisée* » (Mauriac). ✪ CONTR. Égaliser.

***hiérarque** n. m. – XVIe ; gr. *hierarkhês* « grand prêtre » 1 Titre de hauts dignitaires de l'Église orthodoxe. 2 Personnage important dans une hiérarchie. *Les hiérarques d'un parti.* ⇒ **cacique.**

***hiératique** adj. – XVIe ; gr. *hieros* « sacré » 1 Qui concerne le formalisme religieux, la liturgie. ♦ *Écriture hiératique :* écriture cursive ancienne des Égyptiens. ♦ arts Qui est réglé par une tradition sacrée. *Figures hiératiques de l'art égyptien.* 2 Qui semble réglé, imposé par un rite, une tradition. ⇒ **solennel.** *Personnage hiératique.* ⇒ **immobile ; figé.** « *Les gestes étaient solennels et presque hiératiques* » (R. Rolland). ✪ CONTR. Laïque, profane. Libre. Mobile, ② vivant.

***hiératisme** n. m. – XIXe ▪ Caractère, aspect hiératique.

hiér(o)- Élément, du gr. *hieros* « sacré ».

***hiéroglyphe** n. m. – XVIe ; gr. *hieros* « sacré » et *gluphein* « graver » 1 Caractère, signe des anciennes écritures égyptiennes. *Valeur figurative, idéographique ou phonétique des hiéroglyphes.* 2 Signe, caractère difficile ou impossible à comprendre.

***hiéroglyphique** adj. – XVIe 1 Formé de hiéroglyphes. *Écriture hiéroglyphique. Textes hiéroglyphiques.* ➛ Qui constitue un hiéroglyphe. *Caractère, signe hiéroglyphique.* 2 Indéchiffrable. ✪ CONTR. Clair.

***hiéronymite** n. m. – XVIIe ; lat. *Hieronymus* « (saint) Jérôme » ▪ Religieux d'un des ordres qui prirent saint Jérôme pour patron.

***hiérophante** n. m. – XVIe ; gr. *hieros* « sacré » et *phainein* « révéler » ▪ Prêtre qui présidait aux mystères d'Éleusis.

***hi-fi** n. f. inv. et adj. inv. – 1955 ; abrév. de l'angl. *high fidelity* ▪ Haute-fidélité. ⇒ **fidélité.** ➛ adj. *Des chaînes hi-fi.*

***highlander** [ajlɑ̃dœʀ] n. m. – XVIIe ; mot angl., de *highland* « haute terre » 1 Habitant ou natif des Highlands, en Écosse. 2 Soldat d'un régiment écossais. *Kilt des highlanders.*

***high-tech** [ajtɛk] n. m. inv. – 1980 ; abrév. angl. de *high technology* « haute technologie » 1 Utilisation décorative d'objets et d'éléments industriels. 2 Technologie de pointe. ➛ *Médecine high-tech.*

***hi-han** interj. et n. m. inv. – XIVe ; onomat. ▪ Onomatopée qui évoque le cri de l'âne. ➛ n. m. *Des hi-han sonores.* ⇒ **braiment.**

***hilaire** adj. – XIXe ▪ Relatif à un hile.

hilarant, ante adj. – XIXe 1 vx *Gaz hilarant :* protoxyde d'azote, qui produit une sorte d'exaltation. 2 Qui provoque le rire. ⇒ **amusant, comique, drôle.**

hilare adj. – XIVe ; gr. « joyeux » ▪ Qui est dans un état d'euphorie, de gaieté. ⇒ **gai.** *Elles étaient hilares.* ➛ « *un visage hilare de folle* » (Mac Orlan). *Air hilare.* ✪ CONTR. ① Chagrin, maussade.

hilarité n. f. – XIIIe ▪ Brusque accès de gaieté ; explosion de rires. « *Ce toast excita l'hilarité générale* » (Balz.). ✪ CONTR. ② Chagrin, tristesse.

***hile** n. m. – XVIIe ; lat. ▪ Point d'insertion des vaisseaux et des conduits excréteurs sur un organe. *Le hile du foie, du rein.* ✪ HOM. Il, île.

hilote → **ilote**

himalayen, yenne [imalajɛ̃, jɛn] adj. – XIXe 1 De l'Himalaya. 2 fig. Immense. « *les poussiéreuses et himalayennes montagnes de contrats et d'actes* » (Cl. Simon).

(*)hindi n. m. et adj. – XIXe ; mot hindi ▪ Langue indo-aryenne parlée dans le nord de l'Inde, langue officielle de l'Union indienne. *L'hindi, le hindi.* ➛ adj. *La langue hindi.*

❑ Ce mot se prononce plutôt avec *h* muet.

hindou, e adj. et n. – XVIIe ▪ De l'Inde et relatif à la civilisation brahmanique. *Castes de la société hindoue.* ♦ Adepte de l'hindouisme. ➝ n. *Un hindou, une hindoue.* ♦ vx Habitant de l'Inde. ⇒ **indien.**

❑ *Hindou* est parfois employé à tort pour éviter l'ambiguïté avec *indien* « amérindien ».

hindouisme n. m. – XIXe ▪ Religion brahmanique pratiquée en Inde.

hindouiste adj. et n. – 1948 ▪ De l'hindouisme. ➝ n. *Les hindouistes.*

hinterland [intɛʀlɑ̃d] n. m. – XIXe ; mot all., de *hinter* « derrière » et *Land* « pays » ▪ Arrière-pays. *L'hinterland d'un grand port.*

***hip** [ip ; hip] interj. – XIXe ; angl. ▪ Marque l'enthousiasme, la victoire. *Hip hip hip ! hourra !* (⇒ **ban**).

hipparchie n. f. – XIXe ; gr. ▪ Dans l'Antiquité, Division de cavalerie grecque.

hipparion n. m. – XIXe ; mot gr. « petit cheval » ▪ Mammifère périssodactyle *(équidés),* fossile du tertiaire.

hipparque n. m. – XVIIIe ▪ Général commandant une hipparchie.

hippiatrie n. f. – XVIe ; gr. ▪ Thérapeutique du cheval.

***hippie** [ipi] n. et adj. – 1967 , angl. *hippy* de *hip* « dans le vent » ▪ Adepte d'un mouvement des années 1970, fondé sur le refus de la société de consommation et des valeurs traditionnelles. ⇒ ④ **baba, beatnik.** « *un de ces hippies, jeunes bourgeois intellectuels en rupture de bonne famille* » (Tournier). ➝ adj. *Le mouvement hippie.*

hippique adj. – XIXe ; gr. **1** vx Qui a rapport au cheval. ⇒ **équin. 2** Qui a rapport à l'hippisme. *Concours hippique.* ⇒ **équestre.** *Sport hippique.*

hippisme n. m. – XIXe ▪ Ensemble des sports pratiqués à cheval. ⇒ **course, équitation, polo, turf.**

hipp(o)- Élément, du gr. *hippos* « cheval ».

❑ Ne pas confondre avec *hypo-* « au-dessous, en deçà ».

hippocampe n. m. – XVIe ; gr. *hippo-* et *kampos* « sorte de poisson » **1** Animal mythique, moitié cheval, moitié poisson. **2** Petit poisson *(gastérostéiformes)* qui nage en position verticale et dont la tête rabattue contre la gorge rappelle celle du cheval. « *Planche folle, escortée des hippocampes noirs* » (Rimb.). **3** Circonvolution temporale du cerveau jouant un rôle primordial dans les processus de mémorisation.

hippocratisme n. m. – XVIIIe **1** Doctrine inspirée des principes d'Hippocrate. **2** *Hippocratisme digital :* déformation de l'extrémité des doigts et des orteils entraînant une incurvation des ongles.

hippodrome n. m. – XIIe ; gr. **1** Dans l'Antiquité, Cirque aménagé pour les courses de chevaux et de chars. **2** Terrain de sport hippique ; champ de courses. « *Une pouliche battue sur tous les hippodromes* » (Zola).

hippogriffe n. m. – XVIe ; it. ▪ Animal fabuleux moitié cheval, moitié griffon. « *Va, va, va !... galope sur l'hippogriffe du divin Ariosto* » (Balz.).

❑ Ce mot a été formé par l'Arioste à partir du grec *hippos* « cheval » et de l'italien *grifo* « griffon ».

hippologie n. f. – XIXe ; *hippo-* et *-logie* ▪ Étude du cheval.

hippologique adj. – XVIIIe ▪ Qui a rapport à l'hippologie.

hippomobile adj. – XIXe ; *hippo-* et *-mobile* ▪ Tiré par un ou plusieurs chevaux. *Véhicule hippomobile.*

hippophagie n. f. – XIXe ; *hippo-* et *-phagie* ▪ Usage alimentaire de la viande de cheval.

hippophagique adj. – XIXe ▪ Qui fait du commerce de la viande de cheval. *Boucherie hippophagique.* ⇒ **chevalin.**

hippopotame n. m. – XIIe ; gr. « cheval *(hippos)* de fleuve *(potamos)* » ▪ Gros mammifère ongulé d'Afrique *(artiodactyles),* amphibie, au corps massif et aux membres trapus à quatre doigts. « *démesurément gonflée, elle* [la vache] *ressemblait à un hippopotame* » (Flaub.).

❑ Ce mot est apparenté à *myopotame, potamochère* et *mésopotamien* (gr. *potamos* « fleuve »).

hippopotamesque adj. – XIXe ▪ Qui ressemble à un hippopotame, évoque sa lourdeur.

hippotechnie [ipotɛkni] n. f. – XIXe ; *hippo-* et *-technie* ▪ Technique de l'élevage et du dressage des chevaux.

hircin, ine adj. – XVe ; lat. *hircus* « bouc » ▪ Qui tient ou vient du bouc. « *leur odeur bondissait, hircine, capiteuse à vomir* » (Grainville).

hirondelle n. f. – XVIe ; lat. *hirundo* **1** Oiseau migrateur *(passériformes),* à queue fourchue, aux ailes fines et longues. *Hirondelle qui rase le sol avant l'orage. L'hirondelle, messagère du printemps.* ♦ *Hirondelle de mer.* ⇒ **sterne.** ➝ *Nid d'hirondelle :* nid de la salangane, bâti avec des algues, qui constitue un mets très apprécié en Extrême Orient. **2** fam. et vieilli Agent de police à bicyclette.

❑ *Hirondelle* s'est substitué à l'ancien français *aronde.*

hirsute adj. – XIXe ; lat. ▪ Qui a le poil, le cheveu fourni et d'aspect hérissé. ⇒ **ébouriffé, échevelé.** *Tête hirsute. Gamin hirsute.* « *la brosse hirsute des cheveux poivre et sel* » (Mart. du G.).

hirsutisme n. m. – 1920 ▪ Développement excessif du système pileux, dû à une sécrétion exagérée d'hormones corticosurrénales. ⇒ **pilosisme.**

hirudine n. f. – 1908 ▪ Substance sécrétée par la sangsue, aux propriétés anticoagulantes.

hirudinées n. f. pl. – XIXe ; lat. *hirudo* « sangsue » ▪ Classe d'annélides dépourvus de soies, comprenant les sangsues. ➝ au sing « *retirer l'avide hirudinée juste après le temps moral d'une succion consciencieuse* » (Verlaine).

hispanique adj. – XVIe ; lat. ▪ Qui a trait à l'Espagne, aux Espagnols. ⇒ **ibérique.**

hispanisant, ante n. – XIXe ▪ Linguiste spécialisé dans l'étude de la langue espagnole ; spécialiste de l'Espagne.

hispanisme n. m. – XVIIIe ▪ Construction ou emploi propre à la langue espagnole.

hispano- Élément, du lat. *hispanus* « espagnol ».

hispano-américain, aine adj. – XIXe ▪ Qui a rapport à l'Amérique et à l'Espagne. ♦ Relatif à la partie de l'Amérique latine où l'on parle espagnol. ➝ n. *Les Hispano-Américains.* ➝ n. m. *L'hispano-américain :* l'espagnol parlé en Amérique latine.

hispano-mauresque adj. – XIXe ▪ Se dit de l'art musulman qui appartient à l'époque où les califes de Cordoue réunirent sous leur domination le Maroc et l'Espagne.

hispanophone adj. et n. – d. i. ; *hispano-* et *-phone* ▪ Qui parle l'espagnol. n. *Des hispanophones.*

hispide adj. – XVe ; lat. ▪ Hérissé de poils rudes et épais. *Tige hispide de la vipérine.*

***hisser** v. tr. [1] – XVIe ; germ. *hissen* **1** Élever, faire monter au moyen d'une drisse. *Hisser un mât.* ⇒ **guinder.** ➝ *Hisser les couleurs, un pavillon.* **2** Tirer en haut et avec effort. ⇒ **élever.** *Ils* « *hissèrent péniblement le* *malade hors de la baignoire* » (Mart. du G.). ♦ *OH ! HISSE !* interjection accompagnant un effort collectif. 3 v. pron. S'élever avec effort. ⇒ **grimper, monter.** *Se hisser sur un toit. Se hisser sur la pointe des pieds.* ♦ *Se hisser au plus haut niveau.* ⇒ se **hausser.** ✪ CONTR. Baisser (les couleurs) ; descendre.

histamine n. f. – 1919 ; *hist(o)-* et *amine* ▪ Amine dérivée de l'histidine, présente dans la plupart des tissus animaux. *Rôle de l'histamine dans les manifestations allergiques.*

histaminique adj. – 1926 ▪ Qui a rapport à l'histamine.

histidine n. f. – XIXe ; mot all., *hist(o)-*, *-ide* et *-ine* ▪ L'un des vingt acides aminés constituants des protéines.

histiocyte [istjɔsit] n. m. – 1917 ; gr. *histiôn* « voile de navire, tenture, toile » et *-cyte* ▪ Macrophage libre du tissu conjonctif assurant le remplacement des cellules par phagocytose.

hist(o)- Élément, du gr. *histos* « tissu ».

histochimie n. f. – XIXe ▪ Étude de la composition chimique des cellules et des tissus et des réactions chimiques s'y déroulant.

histocompatibilité n. f. – 1965 ▪ Compatibilité entre les antigènes tissulaires de deux individus de la même espèce.

histogénèse n. f. – XIXe ; *histo-* et *-génèse* ▪ Formation, développement des tissus de l'embryon et remaniement de ces tissus au cours des métamorphoses.

histogramme n. m. – 1956 ; gr. *histos* « texture, trame » et *-gramme* ▪ Graphique représentant la densité d'un effectif en fonction des valeurs d'un caractère. *Histogramme du chiffre d'affaires d'une entreprise.*

❑ Le mot a été formé en anglais *(histogram)* en 1903.

histoire n. f. – XIIe ; gr. *historia* « recherche, enquête » **I - 1** Connaissance et récit des événements du passé, relatifs à l'évolution de l'humanité (d'un groupe social, d'une activité humaine) ; les faits ainsi relatés. *L'histoire de France.* « *Histoire de la Révolution française* », *de Michelet. Histoire ancienne, histoire du Moyen Âge, histoire des temps modernes* ou *histoire moderne, histoire contemporaine* (depuis 1789). *Histoire politique, sociale. Histoire de l'art, de la littérature, des sciences.* ♦ *HISTOIRE SAINTE* : les récits de la Bible. ♦ *LA PETITE HISTOIRE* : les anecdotes concernant une période historique. ♦ Récit d'un développement dans le temps. ⇒ **historique.** « *Histoire de la langue française* », *de F. Brunot. Histoire d'un homme.* ⇒ **biographie, vie.** *Écrire sa propre histoire.* ⇒ **autobiographie.** 2 Étude scientifique d'une évolution, d'un passé ; cette évolution. *L'histoire géologique de l'Europe.* 3 Ensemble des connaissances relatives au passé de l'humanité ; méthode permettant d'acquérir et de transmettre ces connaissances. L'évolution humaine considérée comme objet d'étude. *L'objectivité en histoire.* « *Voilà comme on écrit l'histoire* » (Volt.) : voilà comment un événement est déformé. *Les sources, les documents de l'histoire* : annales, archives, chronique, mémoires, etc. *Sciences annexes de l'histoire.* ⇒ **archéologie, chronologie, généalogie, paléographie.** « *l'Histoire est la science des choses qui ne se répètent pas* » (Valéry). *Conception scientifique moderne de l'histoire.* ♦ *Auteur de livres d'histoire.* ⇒ **historien.** *Professeur d'histoire. Licence, agrégation d'histoire.* 4 par ext. La mémoire des hommes, le jugement de la postérité. *Laisser son nom dans l'histoire. L'histoire jugera,* dira si on a eu raison d'agir ainsi. ♦ La vérité historique. *Récit conforme à l'histoire.* 5 La suite des événements qu'étudie l'histoire **(⇒ ① passé).** *Le cours, la marche de l'histoire.* ➤ *Les enseignements de l'histoire.* 6 Ensemble de facteurs historiques. *L'unité de ce pays a été déterminée par l'histoire.* 7 La période connue par des documents écrits, opposée à la préhistoire et à la protohistoire. 8 Récit, écrit, livre d'histoire. *Acheter une histoire de France.* 9 Récit, discours des historiens en tant que genre littéraire. « *l'histoire demande le même art que la tragédie* » (Volt.). **II** vieilli *HISTOIRE NATURELLE* : sciences naturelles. ⇒ **science.** « *Histoire naturelle des animaux sans vertèbres* », *de Lamarck.* **III - 1** Récit d'actions, d'événements réels ou imaginaires. *Raconter une histoire, des histoires. Lire une histoire aux enfants. Histoire vraie. Histoire légendaire, fabuleuse.* ⇒ **conte, légende, mythe.** *Une histoire d'amour.* « *Ce fut, entre le surréalisme et moi, une histoire d'amour* » (Gracq). *C'est l'histoire de... L'intrigue, le sujet d'une histoire. La morale de cette histoire. Courte histoire. Son histoire est invraisemblable, ne tient pas debout. Une histoire absurde.* « *il inventerait une histoire à dormir debout* » (Tournier). ➤ *L'histoire d'un film,* racontée dans le film. ⇒ **scénario.** ➤ *HISTOIRE DRÔLE* : bref récit comique. *Histoire leste, grivoise* ; (fam.) *cochonne, de cul.* 2 Histoire inventée, invraisemblable ou destinée à tromper. *Tout ça, ce sont des histoires.* ⇒ **baliverne ;** fam. **blague.** *Raconter des histoires.* ⇒ **mensonge,** fam. ① **salade.** « *juste le temps d'inventer une histoire pour expliquer mon retard* » (Daudet). 3 Suite d'événements concernant qqn. ⇒ **affaire.** *Il faut oublier cette histoire. Quelle histoire !* ⇒ **aventure.** *Ils se sont brouillés pour une histoire d'argent. Il m'est arrivé une drôle d'histoire. Être impliqué dans une sale histoire,* dans une mauvaise affaire. *C'est toujours la même histoire* : les mêmes choses se répètent. ♦ *S'attirer des histoires.* ⇒ **ennui.** ➤ *Allons, pas d'histoires entre nous !* ⇒ **manière ;** fam. **chichi.** ➤ *N'en faites pas toute une histoire.* ⇒ fam. ② **plat.** « *Me voilà bien ! [...] ça va faire une histoire !* » (Labiche). ➤ *Un homme, une femme à histoires,* qui crée facilement des ennuis. ⇒ **problème.** ♦ *SANS HISTOIRE* : sans problème. *Une vie sans histoire.* ♦ loc. fam. *HISTOIRE DE,* marque le but, l'intention. ⇒ **pour.** « *histoire de la distraire un peu de ses vilaines idées* » (Daudet).

histologie n. f. – XIXe ; *histo-* et *-logie* ▪ Partie de la biologie traitant de la structure microscopique des tissus. ⇒ **cytologie.**

histologique adj. – XIXe ▪ Qui a rapport à l'histologie. *Examen histologique.*

histolyse n. f. – XIXe ; *histo-* et *-lyse* ▪ Destruction de tissus vivants.

histone n. f. – XIXe ; gr. *histos* « tissu » ▪ Protéine basique du noyau cellulaire.

histoplasmose n. f. – apr. 1908 ; de *histoplasma,* nom de l'agent responsable, et ② *-ose* ▪ Infection interne due à des champignons microscopiques.

historicisme n. m. – 1908 ▪ Doctrine selon laquelle l'histoire est capable à elle seule d'établir ou d'expliquer des vérités humaines.

historicité n. f. – XIXe ▪ Caractère de ce qui est historique. ⇒ **authenticité.** « *le peu d'historicité des Évangiles* » (Green).

historié, iée adj. – XVIe ▪ Décoré de scènes à personnages, et notamment de scènes de la vie des saints. *Un chapiteau historié.*

historien, ienne n. – XIIIe 1 Auteur d'ouvrages d'histoire, de travaux historiques. ⇒ **chroniqueur, mémorialiste.** *Les historiens de la Révolution. Un historien de l'art.* 2 fam. Étudiant, étudiante en histoire.

historiette n. f. – XVIIe ▪ Petit récit d'événements de peu d'importance. ⇒ **anecdote, nouvelle.** « *une histo-*

riette légèrement sceptique et irrévérencieuse » (Daudet).

historiographe n. – XIVe ▪ Auteur, écrivain chargé officiellement d'écrire l'histoire de son temps. *Racine, Boileau, historiographes de Louis XIV.*

historiographie n. f. – XVIe ▪ Art, travail de l'historiographe. ♦ Ensemble d'ouvrages d'historiographes.

historique adj. et n. m. – XVe 1 Qui a rapport à l'histoire, à l'étude ou aux perspectives de l'histoire. *Études historiques. Explication historique d'un événement.* ➝ *Circonstances historiques.* « *Qu'est cette vérité historique la plupart du temps ? Une fable convenue* » (Napoléon). *Grammaire, dictionnaire historique.* ⇒ **diachronique.** 2 Qui relève des faits avérés, objectivement établis. ⇒ **réel, vrai.** *Fait historique.* ♦ *Roman historique,* dont le sujet est emprunté partiellement à l'histoire. « *le roman historique, c'est à dire la vérité fausse ou le mensonge vrai* » (Gaut.). 3 Qui est ou mérite d'être conservé par l'histoire. *Un événement historique.* « *Nous savons que les paroles historiques ne furent jamais dites* » (Cocteau). ⇒ **mémorable.** ➝ MONUMENT HISTORIQUE : monument présentant un intérêt historique et artistique, protégé par l'État. 4 n. m. Exposé chronologique des faits. *Rappeler l'historique des événements.* ✪ CONTR. Fabuleux, légendaire, mythologique.

historiquement adv. – XVIIe ▪ D'une manière historique. *Fait historiquement établi.*

histrion n. m. – XVIe ; lat. ▪ Acteur qui jouait des farces grossières, bouffon. ♦ péj. et littér. Comédien. ⇒ **cabotin.**

❑ Le féminin *histrionne* pour parler d'une femme est attesté chez Diderot et Huysmans.

hitlérien, ienne adj. – 1930 ▪ Qui a rapport à Hitler. ⇒ **national-socialiste, nazi.** *Jeunesses hitlériennes.* « *les massacres hitlériens* » (Genet). ➝ n. Adepte de Hitler ou d'un régime analogue au nazisme.

hitlérisme n. m. – 1932 ▪ Doctrine de Hitler. ⇒ **nazisme.**

***hit-parade** [itparad] n. m. – 1950, mot angl., de *hit* « succès fracassant » et *parade,* empr. au fr. ▪ Palmarès des meilleures ventes de disques de variétés. *Premier au hit-parade.* ➝ Classement selon un certain succès, une certaine popularité. *Au hit-parade des livres pour enfants. Des hit-parades.* Recomm. offic. PALMARÈS.

***hittite** adj. – XIXe ; lat. *Hethæi,* hébr. *Hittim* ▪ Relatif aux Hittites, peuple de l'Antiquité.

HIV** [aʃive] n. m. – v. 1985 ; sigle angl., de ***H*uman* ***I****mmunodeficiency* ***V****irus* ▪ Virus tenu pour l'agent responsable du sida. ⇒ **V.I.H.**

hiver n. m. – XIIe ; lat. *hibernus* « hivernal » ▪ La plus froide des quatre saisons de l'année, qui succède à l'automne. *Hiver astronomique, hiver boréal,* qui commence au solstice de décembre (22 décembre) et se termine à l'équinoxe de mars (20 ou 21 mars) dans l'hémisphère Nord. *Hiver rigoureux, rude.* « *Les soirées d'hiver étaient longues* » (Lamart.). *Semaine de vacances d'hiver. Jeux olympiques d'hiver. Sommeil de la nature, des animaux pendant l'hiver.* ⇒ **hibernation.** loc. *Été comme hiver :* en toutes saisons. ♦ SPORTS D'HIVER, qui se pratiquent sur la neige, la glace. *Aller aux sports d'hiver,* à la montagne pour pratiquer ces sports. ✪ CONTR. Été.

hivernage n. m. – XIIIe 1 Temps de la mauvaise saison que les navires passent en relâche. 2 Saison des pluies, dans les régions tropicales. 3 Labour qui précède l'hiver. ➝ Séjour du bétail à l'étable pendant l'hiver (opposé à *estivage*). ♦ Fourrage destiné à la consommation d'hiver. 4 Maintien des végétaux, des œufs de ver à soie à une température assez basse pour retarder leur développement.

hivernal, ale, aux adj. – XIIe ▪ Propre à l'hiver, de l'hiver. ⇒ **hibernal, hiémal.** *Froid hivernal. Les lièvres polaires* « *portaient leur robe hivernale* » (J. Verne). ✪ CONTR. Estival.

hivernale n. f. – 1961 ▪ Ascension, course effectuée l'hiver en haute montagne.

hivernant, ante n. – XIXe ▪ Personne qui séjourne dans un lieu pendant l'hiver (opposé à *estivant*).

hiverner v. 1 – XIIe 1 v. intr. Passer l'hiver à l'abri. *Le long des quais* « *quelques bateaux qui hivernent surpris par les froids* » (Gaut.). 2 v. tr. *Hiverner une terre,* la labourer avant l'hiver. ♦ *Hiverner les bestiaux,* les mettre à l'étable l'hiver. ✪ CONTR. Estiver.

❑ Ne pas confondre avec *hiberner* « passer l'hiver dans un état d'engourdissement ».

H.L.A.** [aʃɛla] adj. – 1965 ; sigle angl., de ***H*uman* ***L****eucocyte* ***A****ntigen* ▪ *Système H.L.A. :* système d'histocompatibilité chez l'homme. *Gènes, antigènes H.L.A.*

H.L.M.** [aʃɛlɛm] n. m. ou (plus correct) n. f. – 1951 ; sigle de ***H*abitation à* ***L****oyer* ***M****odéré* ▪ Immeuble construit par une collectivité et affecté aux foyers qui ont de faibles revenus. *Habiter un, une H.L.M.* « *la construction de plusieurs immeubles sociaux – ces H.L.M. programmées depuis vingt ans* » (Duras). appos. *Un appartement H.L.M.*

❑ Le genre féminin tend à être supplanté par le masculin, le locuteur pensant davantage à *immeuble* qu'à *habitation.*

***ho** [o ; ho] interj. – XIIIe ; onomat. ▪ Sert à appeler (⇒ **eh, hé, holà**), à exprimer l'indignation. ⇒ **oh.** ✪ HOM. Au, aulx (ail), aux, eau, haut, ① o, ô, oh, os (plur.).

***hobby** n. m. – XIXe ; mot angl., de *hobby (horse)* « dada » ▪ Passe-temps favori (cf. Violon* d'Ingres). *Des hobbys* ou *des hobbies.* ✪ HOM. Obi.

❑ Pour le pluriel → ① y (rem.).

***hobereau** n. m. – XIIe ; germ. *hobbelen* « bouger, se démener » 1 Faucon de petite taille. 2 péj. Gentilhomme campagnard.

***hocco** n. m. – XVIIIe ; mot de la Guyane ▪ Oiseau *(gallinacés)* comestible, appelé aussi *coq indien, coq d'Amérique.* *Des hoccos.*

***hochement** n. m. – XVIe ▪ HOCHEMENT DE TÊTE : action de hocher la tête ; mouvement qui en résulte. « *c'étaient entre eux des hochements de tête, de petits rires fins* » (Daudet).

***hochequeue** n. m. – XVIe ▪ Bergeronnette qui remue la queue en sautillant. ⇒ **lavandière.** *Des hochequeues.*

***hocher** v. tr. 1 – XIIe ; germ. *hotton* « faire balancer » ▪ HOCHER LA TÊTE, la secouer (de haut en bas pour acquiescer, de droite à gauche pour refuser). « *Jean-sans-Tête hocha la tête, compréhensivement* » (Queneau).

***hochet** n. m. – XIVe 1 Jouet de bébé à grelots. 2 littér. Chose futile qui contente, flatte l'esprit (⇒ **illusion**). *Les hochets de la gloire.*

***hockey** n. m. – XIXe ; mot angl., de l'a. fr. *hoquet* « crochet, bâton crochu », germ. °*hôk* ▪ Sport d'équipe qui consiste à faire passer une balle de cuir entre deux poteaux (buts), au moyen d'une crosse. *Hockey sur gazon.* ➝ *Hockey sur glace,* où la balle est remplacée par un palet. ✪ HOM. Hoquet, O.K.

***hockeyeur, euse** n. – 1908 ▪ Joueur, joueuse de hockey sur glace ou sur gazon.

hoirie n. f. – XIVe ; lat. *heres* « héritier » ■ vx Héritage. ➛ dr. *Avancement* d'hoirie.*

***holà** [ɔla ; hɔla] interj. – XIVe 1 Sert à appeler. ⇒ **ho.** 2 Sert à modérer, à arrêter. ⇒ **doucement.** *Holà ! pas si vite.* ⇒ **hé.** 3 n. m. inv. loc. *Mettre le holà à* (qqch.) : mettre fin, bon ordre à. « *s'il s'élevait des disputes, Cadenet mettait le holà* » (Balz.).

***holding** n. m. ou f. – 1937 ; mot angl., abrév. de *holding company,* de *to hold* « tenir » ■ Société détenant des participations financières dans d'autres sociétés afin de les diriger ou de contrôler leur activité. ⇒ **groupe, trust.**

***hold-up** [ɔldœp] n. m. inv. – 1925 ; mot angl., de *to hold up one's hands* « tenir les mains en l'air » ■ Vol à main armée dans un lieu public. ⇒ fam. **braquage.** *Commettre un hold-up.*

***hollandais, aise** adj. et n. – XIIIe ■ De Hollande (région des Pays-Bas) ; abusivt Des Pays-Bas. ⇒ **néerlandais.** *Les grands peintres de l'école hollandaise.* ♦ *Sauce hollandaise,* à base de beurre et de jaunes d'œufs. ♦ n. *Les Hollandais.* ➛ n. m. *Le hollandais* : la langue germanique parlée notamment en Hollande. ⇒ **néerlandais.**

❑ Pour l'emploi → néerlandais (rem.).

***hollande** n. m. – XVIe 1 Fromage de Hollande. ⇒ **édam, gouda, mimolette.** *Du hollande.* 2 Papier de luxe vergé, très résistant.

***hollywoodien, ienne** [ɔliwudjɛ̃, jɛn] adj. – 1937 ■ De Hollywood, capitale du cinéma américain. ➛ Qui rappelle le luxe (tapageur) de Hollywood. « *les hollywoodiennes villas des négociants en vin* » (Cl. Simon).

***holmium** [ɔlmjɔm] n. m. – XIXe ; de *(Stock)holm* et suff. *-ium* ■ Élément atomique (Ho ; n° at. 67 ; m. at. 164,93), métal du groupe des terres rares.

holo- Élément, du gr. *holos* « entier ».

❑ *Holo-* peut perdre son *h* dans *olographe.*

holocauste n. m. – XIIe ; *holo-* et gr. *kaiein* « faire brûler » 1 Chez les Juifs, Sacrifice religieux où la victime était entièrement consumée par le feu. *Offrir un bélier en holocauste.* 2 Sacrifice total, à caractère religieux ou non. *S'offrir en holocauste à une cause.* « *La Russie vaincue, mutilée, décimée, broyée, offerte en holocauste au communisme mondial* » (Gracq). 3 *L'Holocauste* ou *l'holocauste* : le génocide des Juifs par les nazis.

❑ L'*Holocauste* est appelé *la Shoah* par les Juifs.

holocène n. m. – 1931 ; *holo-* et *-cène* ■ Période la plus récente du quaternaire, succédant au pléistocène. ➛ adj. *Période holocène.*

hologramme n. m. – 1970 ; *holo-* et *-gramme* ■ Image obtenue par holographie. ➛ Support sur lequel cette image est enregistrée.

holographe → **olographe**

holographie n. f. – 1947 ; *holo-* et *(photo)graphie* ■ Méthode d'enregistrement et de reproduction des images en trois dimensions, utilisant les interférences de deux faisceaux laser.

holophrastique adj. – XIXe ; *holo-* et gr. *phrasis* « énoncé » ■ Se dit d'une langue dans laquelle une phrase entière s'exprime par un seul mot ou mot-phrase.

holoprotéine n. f. – 1955 ■ Protéine constituée exclusivement par des acides aminés.

holoside n. m. – 1927 ■ Substance glucidique (⇒ **oside**) constituée de plusieurs oses, et qui ne donne par hydrolyse que des oses. ⇒ **hétéroside.**

holothurie n. f. – XVIe ; gr. ■ Animal marin *(échinodermes)* de forme allongée. *Holothurie comestible.* ⇒ **tripang.**

***homard** n. m. – XVIe ; germ. *humarr* ■ Crustacé marin décapode *(malacostracés),* à fortes pinces, pêché pour sa chair fine. « *un homard aux lourdes pinces bleues et à la détente caudale redoutable* » (Tournier). *Casier à homards.* ➛ *Homard à l'américaine. Homard thermidor.*

***homarderie** n. f. – 1904 ■ Parc où l'on élève les homards.

***home** [om] n. m. – XIXe ; mot angl. « maison » 1 vieilli Domicile, logis. ⇒ **chez** (chez-soi), **foyer.** ➛ loc. adv. AT HOME : à la maison, chez soi. 2 *Home d'enfants* : centre d'accueil, pension pour enfants. ✪ HOM. Heaume, ohm.

❑ Le mot a été introduit en France par Mme de Staël, dans *Corinne,* en 1807.

homélie n. f. – XIIe ; gr. *homilia* « réunion » 1 Commentaire par le célébrant de la messe d'un passage de l'Évangile. ⇒ **prêche, sermon.** ♦ Discours simple sur des matières religieuses. 2 littér. Discours moralisateur. ⇒ **sermon.** « *sous cette pluie d'homélies comme sous une pluie d'été* » (Gaut.).

homéo- Élément, du gr. *homoios* « semblable ». ⇒ **homo-.** ✪ CONTR. Allo-, hétér(o)-.

homéomorphisme n. m. – 1926 1 Analogie des formes cristallines. 2 Bijection qui, à deux éléments voisins d'un ensemble, fait correspondre deux éléments également voisins d'un autre.

homéopathe n. – XIXe ■ Médecin qui pratique l'homéopathie (opposé à *allopathe*). ➛ adj. *Médecin homéopathe.*

homéopathie n. f. – XIXe ; *homéo-* et *-pathie* ■ Méthode thérapeutique qui consiste à administrer à doses infinitésimales des remèdes qui, à des doses plus élevées, produiraient sur l'homme sain des symptômes semblables à ceux de la maladie à combattre. *Homéopathie et allopathie.*

❑ Le mot a été formé en allemand : *Homöopathie.*

homéopathique adj. – XIXe ■ Qui a rapport à l'homéopathie. fig. *À dose homéopathique* : à très faible dose. ✪ CONTR. Allopathique.

homéostasie n. f. – 1950 ; angl. *homœstasis,* de *homéo-* et *stasis* « position » ■ Stabilisation, chez les organismes vivants, des différentes constantes physiologiques.

homéostat n. m. – 1953 ; *homéo-* et *-stat* ■ Appareil complexe, qui règle lui-même son fonctionnement.

homéotherme n. et adj. – XIXe ; *homéo-* et *-therme* ■ Être vivant (mammifère, oiseau) dont la température moyenne est constante. ➛ adj. *Animaux homéothermes.* ✪ CONTR. Poïkilotherme.

❑ On dit couramment *animal à sang chaud.*

homérique adj. – XVIe 1 Qui appartient, qui a rapport à Homère. *L'Iliade et l'Odyssée, poèmes homériques.* 2 Qui est digne d'Homère, de sa manière. *Lutte homérique.* « *j'eus une discussion homérique avec le sergent* » (Cendrars). ♦ loc. *Rire homérique* : fou rire bruyant.

***homespun** [omspœn] n. m. – XIXe ; mot angl. « filé *(spun)* à la maison *(home)* » ■ Tissu écossais primitivement fabriqué à domicile par des artisans.

***home-trainer** [omtʀɛnœʀ] n. m. – v. 1980 ; de l'angl. *home* « domicile » et *trainer* « entraîneur » ■ Appareil fixe de culture physique à domicile (⇒ ① **rameur**). *Des home-trainers.*

homicide n. et adj. – XIIe ; lat. *homo* « homme » et *-cide* 1 n. littér. Personne qui tue un être humain. ⇒ **assassin, meurtrier.** 2 adj. Qui cause la mort d'une ou de nombreuses personnes. ⇒ **meurtrier.** « *Les glaives meurtriers, les* *lances homicides* » (Rac.). 3 **n. m.** Action de tuer un être humain. *Homicide involontaire, par imprudence. Être accusé d'homicide volontaire.* ⇒ **assassinat, crime, meurtre.**

hominidés **n. m. pl.** – XIXe ; lat. *homo* « homme » ■ Famille de primates *(hominoïdes)* qui comprend les hommes fossiles et les hommes actuels. ⇒ ② **homo.**

hominiens **n. m. pl.** – XIXe ; lat. *homo* « homme » ■ Sous-ordre de primates auquel appartient l'espèce humaine. ⇒ **hominidés, hominoïdes.** ➛ au sing. *Un hominien.*

hominisation **n. f.** – v. 1950 ; lat. *homo* « homme » ■ Ensemble des processus évolutifs qui caractérisent le passage du primate à l'homme *(Homo sapiens).* ⇒ **anthropogénie.**

hominisé, ée **adj.** – v. 1962 ■ Qui a subi le processus d'hominisation.

hominoïdes **n. m. pl.** – 1955 ; lat. *homo* « homme » et *-oïde* ■ Famille de primates qui comprend les singes supérieurs et les hominidés. ⇒ aussi **anthropoïde.**

hommage **n. m.** – XIIe ; de *homme* **1** Acte par lequel le vassal se déclarait l'homme de son seigneur, en lui promettant une fidélité absolue. **2** Acte de courtoisie, preuve de dévouement d'un homme à une femme. *Recevoir l'hommage de ses admirateurs.* ➛ au plur. *Présenter ses hommages.* « *les hommes dont elle serait flattée de recevoir les hommages* » (Romains). **3** Marque de vénération. *Rendre hommage à Dieu* (⇒ **adorer).** ➛ Témoignage de respect, d'admiration. *Rendre hommage à qqn. Rendons hommage à son mérite. Rendre un dernier hommage à qqn, lors de ses obsèques.* **4** Don respectueux, offrande. *Hommage de l'éditeur, de l'auteur.*

hommasse **adj.** – XIVe ■ péj. Qui ressemble à un homme par l'allure, les manières, en parlant d'une femme. ⇒ **masculin.** « *une brune douce, un peu duvetée et hommasse* » (Colette).

homme **n. m.** – Xe ; lat. *homo* → on **I - 1** Être (mâle ou femelle) appartenant à l'espèce animale la plus évoluée de la Terre, mammifère primate de la famille des hominidés, seul représentant de son espèce, caractérisé notamment par une intelligence développée, un langage articulé et la station verticale. *L'homme est un animal très proche des grands singes.* ⇒ **anthropoïde ; hominoïdes.** ♦ Hominien. *L'homme de Neandertal, de Cro-Magnon.* **2** Être humain actuel considéré comme un être social. ⇒ ① **personne.** « *L'homme est l'avenir de l'homme* » (Ponge). « *Où sont les hommes ? reprit le petit prince. On est un peu seul dans le désert... – On est seul aussi chez les hommes, dit le serpent* » (St-Exup.). ➛ *Les hommes ou l'homme.* ⇒ **humanité.** ➛ *La Déclaration des droits de l'homme et du citoyen,* de 1789. ➛ *Chaque homme.* ⇒ **chacun, on.** *Un homme à la mer !* ➛ *L'exploitation de l'homme par l'homme.* ♦ *Le Fils de l'homme* : le Christ. *Le fils de Dieu s'est fait homme* (⇒ **incarnation). 3** L'homme considéré dans ses qualités. *Être digne du nom d'homme. Ce n'est qu'un homme* (avec ses faiblesses). « *J'ai le cœur aussi bon, mais enfin je suis homme* » (Corn.). « *On s'attendait de voir un auteur, et on trouve un homme* » (Pasc.). **II - 1** Être humain mâle. *Caractères sexuels de l'homme.* **2** Être humain mâle et adulte. ⇒ fam. **bonhomme, gars, mec, type.** *Des hommes, des femmes, des enfants. Homme viril. Homme marié. Un bel homme. Galant homme. Homme à femmes,* qui recherche les conquêtes féminines (⇒ **don Juan, séducteur).** *Homme misogyne, phallocrate.* ➛ *Homme qui a plusieurs femmes* (⇒ **polygame).** *Homme homosexuel.* ♦ Être humain mâle, considéré en tant qu'adulte responsable, courageux. « *Chez nous, dans les grands jours, les enfants sont des hommes* » (Hugo). *Parole d'homme.* loc. D'HOMME À HOMME : en toute franchise et sans intermédiaire. ♦ Être humain mâle adulte, caractérisé par une qualité ou par sa fonction. ➛ (qualifié) *Un brave, un honnête homme. Saint homme. Grand homme* : homme remarquable. *Homme public, politique.* ➛ *Homme d'action, de mérite. Homme de poids,* important. *Homme d'esprit.* « *C'est à l'homme de génie seul qu'est réservé l'honneur de briser tous les freins de l'ignorance et de la stupidité* » (Sade). ➛ *Homme du monde.* ➛ *Homme d'État. Homme de loi* : magistrat, avocat, juriste. *Homme d'affaires,* qui fait des affaires. *Homme d'Église* : ecclésiastique. *Homme de lettres* : écrivain. ➛ *Homme de mer* : marin, matelot. *Homme d'équipage. Homme de peine* : domestique, manœuvre. *Homme de ménage,* qui fait des travaux de ménage. ♦ *C'est l'homme de la situation.* ➛ loc. ÊTRE HOMME À... : être du genre à. *Il n'est pas homme à se laisser faire.* ➛ *Être l'homme de...* : être apte à... « *Il n'était pas l'homme d'un travail régulier, monotone et contraignant* » (Tournier). ♦ Mari ou amant. « *Je connais des femmes, leurs hommes, ils s'arrangent, ils font de l'arnaque au marché noir* » (Aymé). ⇒ fam. **bonhomme, jules, mec.** ➛ L'homme qui convient, dont on a besoin. *Le parti a trouvé son homme. Je suis votre homme.* **3** Individu considéré comme dépendant d'un autre, sous son autorité. ♦ *Homme lige.* ⇒ **vassal.** ♦ Exécutant, militaire ou civil, dans une hiérarchie, une équipe. *Le régiment perdit « onze officiers et cinq cent quarante-six hommes »* (Cl. Simon). ⇒ **soldat.** *Le commissaire et ses hommes. Chef de chantier et ses hommes.* ⇒ **ouvrier.** ➛ loc. COMME UN SEUL HOMME : avec un ensemble parfait. *Agir comme un seul homme.* **III** JEUNE HOMME. **1** Homme jeune. *Il a encore des jambes de jeune homme. Des jeunes hommes.* **2** Garçon pubère, homme jeune célibataire. ⇒ **adolescent, garçon,** fam. **gars.** *Un jeune homme, une jeune fille* (plur. *jeunes gens**). *Un tout jeune homme.* « *Le jeune homme est souvent sot et timide* » (Romains). ♦ fam. Petit garçon. *Bonjour, jeune homme !* ✪ CONTR. Femme.

> ❑ Au sens d'« humain » *homme* désigne les hommes et les femmes, éventuellement seulement les hommes mais jamais uniquement les femmes.

homme-grenouille **n. m.** – v. 1960 ■ Plongeur muni d'un scaphandre autonome, qui travaille sous l'eau. *Des hommes-grenouilles.*

> ❑ Pour une femme, on dit : *elle est homme-grenouille.* → plongeur (rem.).

homme-orchestre [ɔmɔʀkɛstʀ] **n. m.** – XIXe ■ Musicien qui joue simultanément de plusieurs instruments. ♦ Personne qui accomplit des fonctions diverses, dans une entreprise, qui a des compétences variées. *Des hommes-orchestres* [ɔmɔʀkɛstʀ]

homme-sandwich [ɔmsɑ̃dwitʃ] **n. m.** – XIXe ■ Homme qui promène dans les rues deux affiches publicitaires, l'une sur la poitrine, l'autre dans le dos. « *un homme-sandwich, qui promenait l'affiche d'une vedette de cinéma* » (Carco). *Des hommes-sandwichs.*

① **homo** **n. et adj.** – 1964 ; abrév. ■ fam. Homosexuel, homosexuelle. *Des homos.* ➛ **adj.** *Il, elle est homo. Des revues homos.* ⇒ **gay.**

> ❑ Cette forme abrégée n'est pas péjorative → pédé (rem.).

② **homo** **n. m.** – XVIIIe ; lat. *homo* « homme » ■ Espèce zoologique formée par l'homme au sein des primates. ⇒ **hominidés.**

homo- Élément, du gr. *homos* « semblable, le même ». ⇒ **homéo-.** ✪ CONTR. Allo-, hétér(o)-.

homocentrique **adj.** – XVIIe ■ Se dit de courbes, de surfaces ayant le même centre. *Sphères homocen-*

triques. ◆ *Faisceau lumineux homocentrique,* dont tous les rayons passent par le même point.

homocerque adj. – XIXe ; *homo-* et gr. *kerkos* « queue » ■ Qui a les deux lobes égaux, en parlant de la nageoire caudale des poissons. ◆ *Les carpes sont homocerques.* ✪ CONTR. Hétérocerque.

homochromie [ɔmɔkʀɔmi] n. f. – 1903 ; *homo-* et *-chromie* ■ Identité de couleur entre un animal et le milieu où il vit. *Homochromie du caméléon.* ⇒ **mimétisme.**

homocinétique adj. – 1931 **1** *Liaison homocinétique* : transmission régulière des vitesses entre deux arbres non alignés. **2** De même vitesse. *Particules homocinétiques.*

homogamie n. f. – XIXe ; *homo-* et *-gamie* **1** État des plantes à fleurs du même sexe. ⇒ **isogamie ; dioïque. 2** Mariage entre personnes d'un même groupe social (opposé à *hétérogamie*). ⇒ **endogamie.**

homogène adj. – XVIe ; *homo-* et *-gène* **1** Dont les éléments constitutifs sont de même nature ou répartis de façon uniforme. *Mélange, ensemble homogène. Former un tout homogène.* ♦ ⇒ **cohérent, uniforme.** *Groupe homogène.* « *je ne vis jamais dîner si homogène bien que si composite* » (Proust). ♦ *Polynôme homogène de degré k* : polynôme à plusieurs variables, dont la somme des exposants de chaque monôme vaut k. **2** Qui est de même nature. ⇒ **analogue, semblable.** *Partie homogène avec une autre.* ◆ *Les éléments homogènes d'une substance chimiquement pure.* ✪ CONTR. Hétérogène. Disparate, hétéroclite.

homogénéisateur, trice adj. – 1907 ■ Qui sert à l'homogénéisation des liquides, des aliments. ◆ n. m. *Un homogénéisateur.*

homogénéisation n. f. – 1907 ■ Action de rendre homogène. *L'homogénéisation du lait.* ◆ *Homogénéisation sociale, culturelle.* ⇒ **harmonisation.**

homogénéiser v. tr. [1] – XIXe ■ Rendre homogène, en mélangeant les éléments ou en éliminant les éléments non conformes. ♦ *Lait homogénéisé,* dont les globules gras ont été réduits et mélangés.

homogénéité n. f. – XVIe ■ Caractère de ce qui est homogène. *Une substance d'une parfaite homogénéité.* ♦ *Homogénéité d'une équipe.* ⇒ **cohérence, cohésion.** ✪ CONTR. Hétérogénéité.

homographe adj. et n. m. – XIXe ; *homo-* et *-graphe* ■ Se dit des mots qui ont même orthographe. ◆ n. m. *Homographes non homophones* (ex. le couvent [kuvɑ̃] et elles couvent [kuv]). ⇒ **allophone.**

homographie n. f. – XIXe ■ Transformation ponctuelle bijective associée à une fonction homographique. ♦ Fait d'être homographe(s).

homographique adj. – XIXe ■ Relatif à l'homographie. *Figures homographiques.* ◆ *Fonction homographique* : fonction définie par le quotient de deux fonctions du premier degré, et dont la courbe représentative est une hyperbole.

homogreffe n. f. – XIXe ■ Greffe au moyen d'un greffon provenant d'un sujet de même espèce que celle du receveur (opposé à *hétérogreffe*).

homologation n. f. – XVIe ■ Action d'homologuer. *Homologation administrative, judiciaire.* ⇒ **ratification, validation.** ◆ *Homologation d'une performance sportive.* ✪ CONTR. Annulation.

homologie n. f. – XIXe ■ Caractère, état d'éléments homologues.

homologue adj. – XVIe ; *homo-* et *-logue* **1** Équivalent. ⇒ **analogue, correspondant.** *Côtés homologues de deux triangles semblables.* ◆ subst. *Le ministre de l'Éducation a rencontré son homologue espagnol.* **2** Se dit de composés chimiques constituant une série, présentant un même motif de base. *Composés homologues de l'éthylène.* ◆ *Protéines homologues,* qui dérivent d'un ancêtre commun et qui présentent des homologies de structure. ✪ CONTR. Hétérologue.

homologuer v. tr. [1] – XVe **1** Approuver (un acte) par une mesure lui donnant force exécutoire. ⇒ **entériner, ratifier, valider.** *Homologuer un partage de succession.* ◆ *Tarif homologué.* **2** Reconnaître, enregistrer officiellement (une performance, un record). « *Sa performance, accomplie sans témoins officiels, ne serait pas homologuée* » (Montherl.). **3** Reconnaître officiellement conforme au règlement. *Homologuer un établissement.*

homomorphisme n. m. – déb. XXe ; *homo-* et *-morphisme* ■ Application d'un ensemble dans un autre, chacun étant muni d'une loi de composition interne, telle que l'image d'un composé de deux éléments est le composé des images de ces éléments. ⇒ **morphisme.**

homoncule n. m. – XVIIe ; lat. *homo* « homme » **1** Petit être vivant à forme humaine, que les alchimistes prétendaient fabriquer. **2** Petit homme. ⇒ **avorton.** « *un homoncule, un nain manqué, un pygmée* » (Buff.).

> ❑ La variante *homuncule* se prononce de la même manière.

homonyme adj. et n. m. – XVIe ; *homo-* et *-onyme* ■ Se dit des mots de prononciation identique (⇒ **homophone**) et de sens différents, qu'ils soient de même orthographe (⇒ **homographe**) ou non. *Noms, adjectifs homonymes.* ◆ n. *Les homonymes.* ✪ CONTR. Hétéronyme.

> ❑ Ne pas confondre avec *synonyme* « de même sens ». ♦ En grec, chez Aristote, ce mot qualifiait les choses qui ont le même *(homo)* nom *(onoma)*, ce qui est beaucoup plus clair.

homonymie n. f. – XVIe ■ Caractère de ce qui est homonyme.

> ❑ Ne pas confondre avec *polysémie* → polysémie (rem.).

homonymique adj. – 1970 ■ Qui concerne l'homonymie ; de l'homonymie.

homophile n. m. et adj. – v. 1970 ; *homo-* et *-phile* ■ Homme qui éprouve une affinité sexuelle pour les personnes de son sexe, éventuellement sans pratiques homosexuelles (⇒ **inverti**).

homophone adj. et n. m. – XIXe ; *homo-* et *-phone* ■ Se dit de lettres, de mots qui ont la même prononciation. f *et* ph [f], eau *et* haut [o] *sont homophones.* ◆ n. m. *Les homophones* (opposé à *allophone*).

homophonie n. f. – XVIIIe **1** Musique de l'Antiquité qui s'exécutait à l'unisson (opposé à *polyphonie*). **2** Identité des sons représentés par des signes différents.

homosexualité [ɔmɔsɛksɥalite] n. f. – XIXe ■ Tendance, conduite des homosexuels.

homosexuel, elle [ɔmɔsɛksɥɛl] n. et adj. – XIXe **1** Personne qui éprouve une attirance sexuelle pour les individus de son sexe. *Un homosexuel.* ⇒ **gay, homophile, inverti, pédéraste ;** fam. et péj. ① **homo, pédale, pédé, tante, tapette.** *Une homosexuelle.* ⇒ **lesbienne ;** fam. et péj. **gouine.** « *J'essayai de peindre l'homosexuel épris de virilité* » (Proust). **2** adj. *Être à la fois homosexuel et hétérosexuel.* ⇒ **bisexuel.** ♦ Relatif à l'homosexualité. *Relations homosexuelles.* ✪ CONTR. Hétérosexuel.

homosphère n. f. – 1962 ▪ Couche de l'atmosphère, située entre le sol et une altitude de 100 km, où la composition de l'air est constante.

homothermie n. f. – XIXe ; *homo-* et *-thermie* ▪ État d'un corps dont la température est homogène et constante.

homothétie n. f. – XIXe ; *homo-* et gr. *thesis* « position » ▪ Transformation qui fait correspondre à tout point de l'espace un autre point dans un rapport constant avec le premier, par rapport à un point fixe.

homozygote adj. et n. – 1903 ▪ Se dit d'un individu qui possède deux gènes identiques situés aux endroits correspondants des deux chromosomes d'une même paire. ➛ n. *Un homozygote.* ✪ CONTR. Hétérozygote.

homuncule → **homoncule**

***hongre** adj. – XVe ; de *Hongrie* ▪ Châtré, en parlant du cheval. ⇒ **castré.** ➛ n. m. *Un hongre.* ✪ CONTR. Entier, ① étalon.

❑ L'usage de châtrer les chevaux vient de *Hongrie.*

***hongrois, oise** adj. et n. – XVe ▪ De Hongrie. ⇒ **magyar.** *Musique tsigane hongroise.* ♦ n. *Un Hongrois, une Hongroise.* ➛ n. m. *Le hongrois* : langue finno-ougrienne parlée en Hongrie.

***hongroyer** v. tr. [8] – XVIIIe ▪ Préparer (le cuir) à la manière dite « de Hongrie », au gros sel et à l'alun.

honnête adj. – XIe ; lat. *honestus* 1 Qui se conforme aux principes de la probité, de la loyauté. ⇒ ① **droit,** ② **franc, intègre, loyal, probe.** *Une femme honnête.* « *cet honnête et courageux gentleman* » (J. Verne). Scrupuleux en matière d'argent. *Un commerçant honnête.* ♦ vieilli (d'une femme) Irréprochable dans sa conduite, de mœurs pures. ⇒ **fidèle, vertueux.** 2 Qui témoigne d'honnêteté. *Mes intentions sont tout à fait honnêtes. Des procédés peu honnêtes.* « *Il serait plus honnête de me laisser mourir de ma belle mort* » (Volt.). 3 Qui ne s'écarte pas de la moyenne et peut être considéré comme satisfaisant. ⇒ **convenable, correct.** *Un salaire honnête. Obtenir des résultats honnêtes.* ✪ CONTR. Déloyal, malhonnête. – Extraordinaire, supérieur.

honnêtement adv. – XIIe 1 D'une manière honnête. *Gérer honnêtement une affaire. Il m'a honnêtement mis en garde.* ⇒ **loyalement.** ♦ Franchement. *Honnêtement, qu'en penses-tu ?* 2 Selon des normes raisonnables ou moyennes. ⇒ **correctement, passablement.** « *son travail de journaliste, honnêtement payé* » (Romains). *Il s'en tire très honnêtement,* plutôt bien. ✪ CONTR. Malhonnêtement.

honnêteté n. f. – XIIIe ▪ Qualité d'une personne qui est honnête ou de ce qui est honnête. ⇒ **droiture, intégrité, moralité, probité.** *Un homme d'une grande honnêteté. Honnêteté en affaires.* ⇒ **correction, intégrité.** ♦ Droiture, franchise. *En toute honnêteté. Il pourrait avoir l'honnêteté de reconnaître ses torts.* ✪ CONTR. Malhonnêteté.

honneur n. m. – XIe ; lat. *honor* I - 1 Fait de mériter la considération, l'estime (des autres et de soi-même) sur le plan moral. ⇒ **dignité, fierté ; estime, respect** (de soi-même). « *Tout est perdu, fors l'honneur* » (François Ier). *Défendre son honneur.* « *L'honneur, c'est la poésie du devoir* » (Vigny). ♦ *POINT D'HONNEUR* : ce qu'on regarde comme intéressant l'honneur au premier chef. *Se faire un point d'honneur de réussir. Il a mis un point d'honneur à venir quand même.* ♦ *Dette d'honneur.* ➛ *PAROLE D'HONNEUR. Je vous donne ma parole d'honneur que...* : je vous jure que. *(Ma) parole d'honneur !* ➛ *Je l'atteste sur l'honneur.* ♦ *Compromettre, sauver l'honneur de la famille.* 2 Sentiment qui pousse à obtenir ou à préserver l'estime des autres et de soi-même. *Règles, code de l'honneur. C'est une question d'honneur.* ➛ *Homme d'honneur. Il n'a pas d'honneur.* II - 1 Considération qui s'attache au mérite, aux talents. ⇒ **estime, gloire, réputation.** *Il s'en est tiré avec honneur,* avec succès. *C'est tout à son honneur. À qui revient l'honneur de cette découverte ? Travailler pour l'honneur,* de façon désintéressée. ♦ *Être l'honneur de,* une source d'honneur pour. ⇒ **fierté, ornement.** « *Ah ! tu seras un jour l'honneur de ta famille* » (Rac.). ♦ loc. *CHAMP D'HONNEUR,* où l'on acquiert de l'honneur. *Mourir au champ d'honneur,* sur le champ de bataille, à la guerre. ♦ *Être à l'honneur* : être au premier plan, être célébré. 2 Traitement spécial destiné à honorer qqn ; privilège qui distingue du commun. *Honneur rendu aux dieux.* ⇒ **culte, vénération.** *À vous l'honneur !* à vous de commencer. ➛ *Faire un grand honneur à qqn.* ➛ *C'est lui faire trop d'honneur* : il ne mérite pas tant d'égards. ♦ *EN L'HONNEUR DE* (qqn), afin de l'honorer. *Donner une fête en son honneur.* ➛ *En l'honneur de* (quelque événement). ➛ fam. *En quel honneur ?* pourquoi ? ; pour qui ? *En quel honneur cette nouvelle robe ?* ♦ *L'HONNEUR DE. Le président nous fait l'honneur de sa visite.* ⇒ **faveur, grâce.** ➛ *Me ferez-vous l'honneur d'assister à la cérémonie ? À qui ai-je l'honneur ?* (de parler). 3 loc. *... D'HONNEUR* : qui rend, confère un honneur. *Garçon, demoiselle d'honneur. Cour d'honneur du château. Place d'honneur. Prix, tableau d'honneur. Titre d'honneur.* ⇒ **honorifique.** *Président d'honneur.* ⇒ **honoris causa ; honoraire.** ➛ *Tour d'honneur,* fait après la victoire par le gagnant d'une course. 4 *FAIRE HONNEUR À (QQN)* : valoir de la considération à. *Élève qui fait honneur à son maître.* « *C'est une jolie maîtresse. [...] Gardez-la, elle vous fera honneur* » (Dumas fils). *Ces scrupules vous font honneur.* ⇒ **honorer.** ➛ *Faire honneur à qqch.,* s'en montrer digne. *Faire honneur à ses engagements.* fam. *Faire honneur à un repas,* manger largement et avec entrain. ♦ *Se faire honneur de qqch.,* en tirer honneur, s'enorgueillir de. 5 *VOTRE HONNEUR,* titre usité dans les pays anglo-saxons et dans l'ancienne Russie, pour marquer son respect à de hauts personnages. III *LES HONNEURS.* 1 Témoignages d'honneur. *Elle a été reçue avec les honneurs dus à son rang.* ⇒ **égard.** ➛ *Honneurs militaires* : saluts, salves d'artillerie, sonneries. *Obtenir les honneurs de la guerre* : bénéficier dans une capitulation de conditions honorables ; se sortir honorablement d'une situation critique. ♦ *Faire (à qqn) les honneurs d'une maison, du logis,* l'y guider soi-même. ⇒ **accueillir.** « *Mon amoureux faisait les honneurs d'une automobile neuve* » (Colette). 2 Tout ce qui confère éclat ou distinction dans la société. ⇒ **grandeur ; dignité, privilège.** *Rechercher, briguer les honneurs.* « *Les honneurs déshonorent* » (Flaub.). *Refuser les honneurs.* 3 Hiérarchie des magistratures et fonctions publiques. *Les honneurs militaires et civils.* 4 Les cartes les plus hautes à certains jeux (notamment au bridge). ✪ CONTR. Déshonneur, honte, opprobre ; malhonnêteté. – Humiliation.

***honnir** v. tr. [2] – XIIe ; germ. °*haunjan* « railler, insulter » ▪ littér. Dénoncer au mépris public de façon à couvrir de honte. ⇒ **conspuer, vilipender.** *Il est honni par tout le monde.* ➛ loc. *Honni soit qui mal y pense !* honte à qui y voit du mal (devise de l'ordre de la Jarretière, en Angleterre). ✪ CONTR. ① Louer ; encenser. Honorer.

❑ Même famille étymologique que *honte.*

honorabilité n. f. – XIIIe ▪ Qualité d'une personne honorable. *Un homme d'une parfaite honorabilité.* ⇒ **respectabilité.**

honorable adj. – XIIe 1 Qui mérite d'être honoré, estimé. ⇒ **respectable.** *Une famille honorable.* 2 Qui honore, qui attire la considération, le respect, ou sauvegarde l'honneur, la dignité. *Sentiments honorables.* ⇒ ① **bon, digne.** « *lui procurer par la suite un gagne-pain honorable* » (Romains). ♦ *Classement très honorable, plus qu'honorable.* ♦ *Pièces honorables de l'écu.* ✪ CONTR. Déshonoré ; déshonorant, honteux.

honorablement adv. – XIIe 1 D'une manière honorable, avec honneur. *Se conduire honorablement.* ⇒ ① **bien.** 2 D'une manière suffisante, convenable. *Ils ont de quoi vivre honorablement.* ⇒ **honnêtement.**

honoraire adj. – XVe ; lat. *honorarius* 1 Qui, ayant cessé d'exercer une fonction, en garde le titre et les prérogatives honorifiques. *Professeur honoraire.* 2 Qui, sans exercer la fonction, en a le titre honorifique. *Président honoraire d'une société* (cf. D'honneur). ✪ HOM. Honoraires.

honoraires n. m. pl. – XVIe ■ Rétribution perçue par les personnes exerçant une profession libérale. ⇒ **appointements, émoluments.** *Les honoraires d'un avocat.* « *Aux honoraires qu'il demande, je présume que c'est un bon médecin* » (Montherl.). ➛ *Recevoir des honoraires* (opposé à *salaire*). ✪ HOM. Honoraire.

honorariat n. m. – XIXe ■ Qualité, dignité d'une personne qui conserve le titre après avoir cessé d'exercer la fonction.

honoré, ée adj. et n. f. – XIIe 1 Flatté. *Je suis très honoré.* 2 Que l'on tient en haute estime. *Mon honoré confrère.* ⇒ **honorable.** 3 n. f. Lettre. *J'ai bien reçu votre honorée du...*

honorer v. tr. [1] – X^e 1 Procurer de l'honneur à, mettre en honneur. « *l'un des plus grands orateurs qui honorent l'Angleterre* » (J. Verne). *Cette franchise vous honore.* 2 Rendre honneur à (qqn), traiter avec beaucoup de respect et d'égard. *Honorer Dieu, les saints.* ⇒ **adorer, célébrer.** « *Rome enfin que je hais parce qu'elle t'honore* » (Corn.). *Honoré de tous.* ➛ *Honorer la mémoire de qqn.* ⇒ **célébrer, glorifier, saluer.** ♦ *Votre confiance m'honore.* ➛ *Honorer qqn de son amitié.* 3 Acquitter, payer afin de faire honneur à un engagement. *Honorer un chèque.* ➛ *Honorer sa signature.* 4 *S'HONORER DE* v. pron. Tirer honneur, orgueil, fierté de. ⇒ s'**enorgueillir.** *Je m'honore d'être son ami.* ✪ CONTR. Abaisser, déshonorer, mépriser.

honorifique adj. – XVe ■ Qui confère des honneurs (sans avantages matériels). *Titres honorifiques.* ♦ *À TITRE HONORIFIQUE* : sans autre droit qu'un titre purement honorifique. *Président à titre honorifique.* ⇒ **honoraire, honoris causa** (cf. D'honneur).

honoris causa [ɔnɔʀiskoza] loc. adj. – XIXe ; loc. lat. « pour l'honneur » ■ *Docteur honoris causa,* à titre honorifique.

***honte** n. f. – XIe ; germ. °*haunita* « mépris, raillerie » 1 Déshonneur humiliant. ⇒ **indignité, opprobre.** *Essuyer la honte d'un affront, d'un démenti.* « *Viens mon fils, viens mon sang, viens réparer ma honte* » (Corn.). ➛ *À la honte de* (qqn), en lui faisant souffrir un déshonneur. *À ma grande honte.* ➛ *Être la honte de sa famille.* ♦ *C'est une honte ! Quelle honte !* ♦ *Honte à celui qui* : que le déshonneur soit sur lui. « *Honte à qui peut chanter pendant que Rome brûle* » (Lamart.). 2 Sentiment pénible de son indignité ou de son abaissement dans l'opinion des autres. ⇒ **humiliation.** *Rougir de honte.* *AVOIR HONTE* : avoir, éprouver de la honte (de qqch., de qqn). *Avoir honte de sa conduite. Tu devrais avoir honte ! Elle aurait honte de réclamer quoi que ce soit.* « *Je n'ai honte d'aucune paix. J'ai honte de toutes les guerres* » (Giono). fam. *C'est la honte.* ➛ loc. littér. *Avoir TOUTE HONTE BUE* : devenir inaccessible à la honte, pour l'avoir trop ressentie. 3 *FAIRE HONTE* (à qqn), être pour lui un sujet de honte. *Tu me fais honte.* ➛ Faire à qqn des reproches destinés à lui inspirer de la honte. ➛ Inspirer de la honte à qqn en lui donnant conscience de son infériorité. ⇒ **humilier.** 4 *FAUSSE HONTE* : scrupule excessif à propos de qqch. qui n'est pas blâmable. ⇒ **réserve, retenue.** « *La fausse honte, qui en est bien une très véritable* » (Muss.). 5 Sentiment de gêne éprouvé par scrupule de conscience, timidité, crainte du ridicule, etc. *Étaler son luxe sans honte.* ⇒ **pudeur.** ✪ CONTR. Gloire, honneur. Audace.

❑ Même famille étymologique que *honnir.*

***honteusement** adv. – XIIe ■ D'une manière honteuse, avec honte. *Il est honteusement mal payé.* ✪ CONTR. Cyniquement.

***honteux, euse** adj. – XIIe 1 Qui cause de la honte, du déshonneur ; qui suscite un sentiment de honte. ⇒ **avilissant, dégradant, déshonorant.** *Conduite honteuse.* ⇒ **abject, ignoble, immoral, infâme, méprisable, vil.** *Un honteux chantage. C'est honteux ! Il n'y a rien de honteux à penser cela.* ♦ Dont on a honte, que l'on cache. « *Les secrets pénibles, les secrets honteux* » (Maupass.). ➛ vieilli *Les parties honteuses* : les organes génitaux. 2 Qui éprouve un sentiment de honte. ⇒ **confus, consterné.** *Être honteux de son ignorance.* « *Honteux d'avoir été bête* » (Baudelaire). ⇒ **déconfit, penaud.** ➛ Qui manifeste de la honte. *Un air honteux.* 3 Qui n'affiche pas ses convictions. *Un chrétien, un communiste honteux.* ✪ CONTR. Fier, noble ; avoué, cynique.

***hooligan** ou ***houligan** [uligan ; uligɑ̃] n. m. – 1925 ; mot angl., o. i. ■ Asocial qui exerce la violence, le vandalisme dans les lieux publics ou lors de rencontres sportives.

❑ *Hooligan* pourrait être un nom propre irlandais ou une mauvaise interprétation de *Hooley's gang* « la bande à Hooley ».

***hooliganisme** ou ***houliganisme** [uliganism] n. m. – 1914 ■ Vandalisme de groupe.

***hop** [ɔp ; hɔp] interj. – XIXe ; onomat. ■ Interjection servant à stimuler, à faire sauter. *Allez, hop ! Hop là !* ♦ Pour accompagner un geste, une action brusque. *Et hop ! allons-y.*

hôpital, aux n. m. – XIIe ; lat. *hospitalis* « d'hôte, hospitalier » 1 Établissement charitable, hospitalier, où l'on recevait les gens sans ressources. ⇒ **asile, hospice.** 2 Établissement public qui reçoit et traite les malades, les blessés et les femmes en couches. ⇒ **hôtel-Dieu.** abrév. fam. *HOSTO. Des hostos. Les hôpitaux et les cliniques. Personnel soignant d'un hôpital.* ⇒ **hospitalier.** *Médecin, chirurgien des hôpitaux. D^r X, ancien interne des hôpitaux de Paris. Lit d'hôpital. Entrer à l'hôpital* (⇒ **hospitalisation).** *Consultations, service des urgences d'un hôpital. Hôpital militaire. Hôpital psychiatrique* (anciennt asile).

❑ Même famille étymologique que *hospice, hôte* et *hôtel.* ♦ Toujours un *o* ouvert [ɔ] malgré l'accent circonflexe. ♦ Le synonyme familier *hosto* vient de *hôtel.*

hoplite n. m. – XVIIIe ; gr. *hoplon* « arme » ■ Fantassin pesamment armé, dans l'Antiquité grecque.

***hoquet** n. m. – XVe ; de *hok* onomat. ■ Contraction spasmodique du diaphragme produisant un appel d'air assez fort pour faire vibrer les cordes vocales ; bruit qui en résulte. *Avoir le hoquet.* « *Les derniers hoquets d'une poitrinaire* » (Renard). ✪ HOM. Hockey, O.K.

***hoqueter** v. intr. [4] – XIIe ■ Avoir un hoquet, le hoquet. ♦ Faire un bruit saccadé comparable au hoquet. *Le moteur hoqueta puis s'arrêta.*

***hoqueton** n. m. – XIIe ; ar. *al-goton* « le coton » ■ Veste de grosse toile que les hommes d'armes portaient sous le haubert. ➛ Casaque de paysan.

horaire adj. et n. m. – XVIe ; lat. *hora* « heure » **I - 1** adj. Relatif aux heures ; à la division du temps en heures. ➙ Qui correspond à une durée d'une heure. *Taux horaire. Vitesse horaire :* distance parcourue en une heure. ➙ *Cercles horaires :* grands cercles de la sphère céleste, passant par les pôles et par un astre. **2** Qui a lieu toutes les heures. *Pause horaire.* **II** n. m. **1** Relevé des heures de départ, de passage, d'arrivée (d'un moyen de transport). *Changement d'horaire. Ce train est en avance sur l'horaire.* ➙ Tableau, livret... indiquant un horaire. *Consulter l'horaire des chemins de fer.* ⇒ **indicateur. 2** Emploi du temps heure par heure. ⇒ **programme.** *Un horaire chargé.* ➙ Répartition des heures de travail. *Un horaire commode. Horaire variable.* ➙ Heures d'ouverture. *Horaires des cinémas, d'ouverture des bureaux.*

***horde** n. f. – XVIe ; turco-mongol « camp militaire » **1** Autrefois, Tribu errante, nomade (chez les peuples de l'Asie centrale). *Horde mongole.* **2** Troupe ou groupe d'hommes indisciplinés. *Horde de gamins.* ⇒ ② **bande.** « *des hordes de hobereaux à demi barbares* » (Romains).

hordéine n. f. – XIXe ; lat. *hordeum* « orge » ▪ Protéine simple extraite de l'orge.

***horion** n. m. – XIIIe ; o. i., p.-ê. altér. de l'a. fr. *oreillon* « coup sur l'oreille » ▪ généralt au plur. Coup violent. « *quoique j'attrapasse force horions* » (Rouss.).

horizon n. m. – XIIIe ; gr. *horos* « borne, limite » **1** Limite circulaire de la vue, pour un observateur qui en est le centre. *La plaine s'étend jusqu'à l'horizon. Le soleil disparaît au-dessous de l'horizon. La ligne d'horizon :* la ligne qui semble séparer le ciel de la terre (ou de la mer), à l'horizon. ➙ Grand cercle théorique divisant la sphère céleste en deux parties égales, l'une visible, l'autre invisible. *Horizon astronomique.* ➙ *Horizon artificiel :* système gyroscopique matérialisant la direction d'un avion par rapport au plan horizontal. **2** Les parties de la surface terrestre et du ciel voisines de l'horizon visuel. « *au-delà du plat horizon de la Beauce* » (Zola). ➙ *Scruter l'horizon.* ➙ À L'HORIZON : au loin, dans le lointain. ➙ *Du fond, du bout de l'horizon.* « *De gros nuages couraient d'un horizon à l'autre* » (Camus). ♦ Espace visible au niveau de l'horizon. ⇒ **distance, étendue.** *Chaîne de montagnes qui limite, ferme l'horizon.* ➙ *De cette hauteur on embrasse un vaste horizon. N'avoir pour horizon que l'immeuble d'en face.* ⇒ **paysage, vue.** ♦ Lieu, espace éloigné. *Changer d'horizon :* voir autre chose. **3** Domaine qui s'ouvre à la pensée, à l'activité de qqn. ⇒ **champ** (d'action), **perspective.** *Ce livre révèle, ouvre des horizons nouveaux.* « *l'horizon de leurs désirs était impitoyablement bouché* » (Perec). ➙ *L'horizon politique, économique :* les perspectives politiques, économiques. ➙ *Menace de crise sociale à l'horizon,* pour l'avenir. ➙ *Faire un tour d'horizon :* aborder, étudier successivement et succinctement toutes les questions.

horizontal, ale, aux adj. et n. f. – XVIe **1** Qui est parallèle à l'horizon astronomique, perpendiculaire à la direction de la pesanteur en un lieu (opposé à *vertical*). *Plan horizontal ; ligne, droite horizontale.* ➙ fam. *Prendre la position horizontale :* se coucher, s'allonger. ➙ *Droite horizontale,* ou n. f. *une horizontale :* droite parallèle au plan horizontal. ➙ *Coordonnées horizontales d'un astre,* son azimut et sa hauteur. ♦ Qui se rapporte à la direction horizontale. *Projection horizontale,* sur un plan horizontal. **2** Qui concerne des éléments de même niveau. *Programme horizontal de collaboration.* **3** n. f. Position horizontale. « *le tronc à l'horizontale, les jambes écartées, les genoux fléchis* » (Beckett). ✪ CONTR. Vertical.

horizontalement adv. – XVIe ▪ Dans une direction, une position horizontale. « *les deux bras étendus horizontalement* » (Baudelaire).

horizontalité n. f. – XVIIIe ▪ Caractère de ce qui est horizontal (opposé à *verticalité*). *Vérifier l'horizontalité d'une surface à l'aide d'un niveau.*

horloge n. f. – XIIe ; gr. *hôrologion* « ce qui dit l'heure » **1** vieilli Appareil destiné à indiquer l'heure, à marquer les heures. *Horloge solaire.* ⇒ **cadran** (solaire). **2** Machine de grande dimension destinée à indiquer l'heure, le plus souvent par des aiguilles. *Pièces, mécanisme, mouvement d'une horloge.* ⇒ **horlogerie.** *Horloge à poids, à balancier. Horloge électrique, à quartz.* ➙ *Le tic-tac d'une horloge. Horloge de la gare, de l'église. L'horloge sonne six heures. Horloge qui avance, retarde. Remonter une horloge.* ➙ *L'horloge parlante,* procédé de diffusion de l'heure par téléphone. ♦ *Être réglé comme une horloge,* avoir des habitudes très régulières. ➙ *Une heure d'horloge,* une heure entière.

> ❑ *Horloge* a été un nom masculin, comme en témoigne encore *le gros horloge* à Rouen.

horloger, ère n. et adj. – XIVe **1** Personne qui fabrique, répare, vend des horloges, montres, pendules. *Horloger bijoutier.* **2** adj. Relatif à l'horlogerie. *L'industrie horlogère.*

horlogerie n. f. – XVIIe **1** Fabrication, industrie et commerce des instruments destinés à la mesure du temps. *Horlogerie de précision.* **2** Ouvrages de cette industrie (chronomètres, horloges, pendules, montres). **3** Magasin d'horloger. *Une horlogerie bijouterie.*

***hormis** prép. – XIVe ; de *hors* et *mis* ▪ À part. ⇒ ① **excepté, hors, sauf.** *Hormis les cas de force majeure.* « *Tout s'excuse ici-bas, hormis la maladresse* » (Muss.). ✪ CONTR. Compris (y compris), inclus.

> ❑ Attention de ne pas aligner la graphie de *hormis* (de *mettre*) sur celle de *parmi* (de *mi* « milieu »).

hormonal, ale, aux adj. – 1941 ▪ Relatif à une hormone, aux hormones. *Insuffisance hormonale.* ➙ *Traitement hormonal.*

hormone n. f. – 1911 ; gr. *hormôn* « exciter » ▪ Substance chimique élaborée par un groupe de cellules ou un organe, déversée dans le sang, et qui exerce une action spécifique sur un autre tissu ou un autre organe. *Hormones mâles* ou *androgènes* (⇒ **androstérone, testostérone**) ; *femelles* (⇒ **folliculine ; progestérone**). ➙ *Hormones de croissance.* ➙ *Troubles dus aux excès ou insuffisances d'hormones.* ➙ *Traitement par les hormones.* ⇒ **hormonothérapie ; opothérapie.** ♦ *Hormones végétales* (⇒ **phytohormone**), sécrétées par les plantes et agissant sur leur développement. ♦ Produit de synthèse à effet semblable à celui des hormones naturelles. *Poulet, veau aux hormones.*

> ❑ Le mot a été formé en anglais en 1904. ♦ La prononciation [ɔʀmon] est celle des scientifiques.

hormonologie n. f. – 1963 ▪ Partie de l'endocrinologie qui étudie les hormones et leurs applications médicales.

hormonothérapie n. f. – 1938 ▪ Traitement par les hormones.

***hornblende** [ɔʀnblɛ̃d] n. f. – XVIIIe ; all. *Horn* « corne » et *blenden* « briller » ▪ Minéral noir ou vert foncé, silicate de fer, d'aluminium et de magnésium, appartenant au groupe des amphiboles.

horo- Élément, du gr. *hôra* « heure ».

horodaté, ée adj. – v. 1973 ▪ Se dit d'un document mentionnant l'heure à laquelle il a été établi. *Tickets horodatés.* ➛ *Stationnement horodaté,* dont la durée est indiquée sur un ticket horodaté.

horodateur, trice n. m. et adj. – 1927 ▪ Appareil qui imprime automatiquement la date et l'heure. ➛ adj. *Horloge horodatrice.*

horokilométrique adj. – XIXe ▪ Relatif à une vitesse exprimée en kilomètres-heure. *Compteur horokilométrique.*

horoscope n. m. – XVIe ; gr. « qui considère *(skopein)* l'heure *(hôra)* de la naissance » ▪ Étude de la destinée (d'un individu) fondée sur les influences astrales lors de sa naissance ; observation de l'état du ciel à ce moment. ⇒ **astrologie ;** ② **ascendant, signe, zodiaque.** *Dresser l'horoscope de qqn. Lire son horoscope.*

horreur n. f. – XIIe ; lat. *horrere* « se hérisser, trembler » 1 Impression violente causée par la vue ou la pensée d'une chose affreuse ou repoussante. ⇒ **épouvante, peur, répulsion.** *Être muet d'horreur. Frisson, cri d'horreur.* ➛ FAIRE HORREUR (À). ⇒ **répugner ; dégoûter.** *Chose, personne qui fait horreur* **(⇒ horrible).** ➛ *Cette idée la remplissait d'horreur.* 2 Sentiment violemment défavorable qu'une chose, une personne inspire. ⇒ **dégoût, haine, répugnance.** *L'horreur du risque inutile. L'horreur de la foule.* ⇒ **phobie.** ➛ *Avoir horreur de la guerre.* « *J'ai horreur de ce temps. Il m'amollit* » (Bosco). *Elle a horreur de cet acteur,* elle ne l'aime pas, il lui déplaît. *Il a horreur du lait.* ➛ *Avoir, prendre* (qqn ou qqch.) *en horreur.* ⇒ **grippe, haine.** 3 Caractère de ce qui inspire ou peut inspirer de l'effroi, de la répulsion. *C'est la misère dans toute son horreur. Vision d'horreur. Film d'horreur.* ⇒ **grand-guignolesque.** « *C'était pendant l'horreur d'une profonde nuit* » (Rac.). *L'horreur d'un crime, d'un acte.* ⇒ **atrocité, noirceur.** 4 La chose qui inspire un sentiment d'horreur. ⇒ **crime, monstruosité.** ➛ fam. Personne ou chose dont l'aspect provoque la répulsion, le dégoût. *Comment a-t-il pu épouser une telle horreur ? Elle rapportait* « *des armures et des ombrelles, des horreurs dorées du Japon* » (Céline). ➛ *Quelle horreur ! C'est l'horreur !* 5 au plur. Aspects horribles d'une chose ; choses horribles. ⇒ **atrocité.** *Les horreurs de la guerre.* ♦ Sentiments criminels, actes cruels, sanglants. « *toutes les horreurs dont une âme est capable* » (Mol.). 6 au plur. Imputations outrageantes. « *elle n'a pas arrêté de me raconter des horreurs sur son mari* » (Cendrars). ➛ Propos obscènes. ⇒ **cochonnerie, grossièreté, obscénité.** ✪ CONTR. Admiration, amour. — Beauté, ② charme.

horrible adj. – XIIe 1 Qui fait horreur, remplit d'horreur ou de dégoût. ⇒ **abominable, affreux, atroce, effrayant, effroyable, épouvantable, horrifiant.** *Blessure horrible. Pousser des cris horribles. Une mort horrible. Crime horrible.* ⇒ **monstrueux.** *Horrible à voir, à dire.* ➛ subst. « *La soif de l'inconnu et le goût de l'horrible* » (Baud.). 2 Très laid, très mauvais. ⇒ **détestable, exécrable.** *Un temps horrible. Un horrible petit chapeau.* 3 Qui passe les bornes (d'une chose désagréable ou dangereuse). ⇒ **excessif, terrible.** « *l'horrible puanteur des cadavres qu'on disséquait* » (Rouss.). ⇒ **intolérable.** ✪ CONTR. ① Beau.

horriblement adv. – XIIe ▪ D'une manière horrible. *Souffrir horriblement.* ⇒ **atrocement.** ➛ *C'est horriblement cher.* ⇒ **extrêmement.**

horrifiant, iante adj. – XIXe ▪ Qui horrifie. ⇒ **épouvantable, terrifiant.** *Des révélations horrifiantes.*

horrifier v. tr. [7] – XIXe ▪ rare Remplir, frapper d'horreur. ♦ *Être horrifié par la gravité d'une situation.* ✪ HOM. Aurifier.

horrifique adj. – XVIe ▪ vx ou plaisant Qui cause ou est de nature à causer de l'horreur.

horripilant, ante adj. – XIXe ▪ Qui horripile. ⇒ **énervant, exaspérant, irritant.** « *Elle s'est mise à sourire, horripilante au possible* » (Céline).

horripilation n. f. – XVe 1 Érection des poils dans le frisson. ⇒ **hérissement** (cf. Chair* de poule). 2 État d'exaspération extrême.

horripiler v. tr. [1] – XIXe ; lat., de *horror* « horreur » et *pilus* « poil » 1 Causer l'horripilation de. 2 Exaspérer fortement (qqn). ⇒ **énerver, hérisser.** *Il* « *a commencé de m'agacer, de m'horripiler même* » (Duham.).

***hors** adv. et prép. – XIe ; de *dehors* I adv. de lieu vx ⇒ **dehors.** *Aller hors.* II prép. 1 À l'extérieur de, au-delà de. *Modèle hors série* ; destin hors série.* ➛ *Hors ligne*, hors pair.* ⇒ **exceptionnel, remarquable.** *Hôtel hors catégorie. Hors sujet :* qui n'a pas de rapport avec le sujet proposé. *Hors saison. Faire du ski hors saison.* ♦ *Joueur hors jeu.* ⇒ **hors-jeu.** ♦ *Mettre* (qqn) *hors la loi,* décréter qu'il ne bénéficiera plus de la protection des lois et sera passible d'exécution sans jugement **(⇒ hors-la-loi).** 2 littér. Excepté, sauf. « *Tout sur terre appartient aux princes, hors le vent* » (Hugo). III loc. prép. HORS DE. 1 En dehors de. *Une maison hors de la ville.* ⇒ **extra-muros.** *Le dormeur* « *a un de ses bras qui dépasse hors des couvertures* » (Robbe-Grillet). *Poisson qui saute hors de l'eau.* ➛ *Hors d'ici !* interjection exprimant l'ordre de sortir. ⇒ **dehors.** ➛ *Hors d'atteinte. Hors de portée.* ♦ Au sens temporel d'exclusion, d'extériorité. *Hors du temps* (intemporel). *Hors de saison,* déplacé. 2 loc. *Hors de danger. Être hors d'affaire :* être sorti d'une situation difficile. *Hors d'état de nuire. Mettre hors de combat. Hors d'usage. Hors de proportion.* ➛ *Hors de soi :* furieux ; en proie à l'agitation, à l'égarement ou à l'extase. « *Pourquoi l'ai-je frappé ? [...] Il fallait que je fusse hors de moi !* » (Bernanos). ✪ CONTR. Dans, dedans, ① en ; compris (y). — HOM. Or, ores.

❑ Bien que le *h* soit aspiré, on entend souvent une liaison fautive : *c'est hors de question* [sɛtɔʀdəkɛstjɔ̃].

***horsain** n. m. – XIIIe ; de *hors* ▪ région. Étranger.

***hors-bord** n. m. inv. – 1930 1 Moteur généralement amovible, placé en dehors de la coque d'une embarcation. 2 Petit canot automobile, léger et rapide, muni d'un moteur hors-bord (opposé à *in-bord*). *Courses de hors-bord.*

❑ Calque de l'anglais *outboard.*

***hors-concours** n. m. – XIXe ▪ Personne qui ne peut concourir à cause d'une supériorité écrasante sur ses concurrents ou parce qu'elle est déjà lauréate. *Les hors-concours.* ♦ adj. et adv. (sans trait d'union) *Être, être mis hors concours.*

***hors-d'œuvre** n. m. inv. – XVIe 1 Pièce en saillie détachée du corps d'un bâtiment. 2 Petit plat que l'on sert au début du repas, avant les entrées ou le plat principal. *Hors-d'œuvre variés. Plateau de hors-d'œuvre.*

❑ Pour le sens → entrée (rem.).

***hors-jeu** n. m. inv. – XIXe ▪ Dans certains sports d'équipe, Faute d'un joueur dont la position sur le terrain est interdite par les règles. *Des hors-jeu.* ➛ adj. inv. (sans trait d'union) *Joueur hors jeu.*

***hors-la-loi** **n. inv.** – XVIIIe ■ Personne qui s'affranchit des lois, vit en marge des lois.

> ❑ Calque de l'anglais *outlaw*, connu parce qu'il qualifiait Robin Hood (Robin des Bois). Ce mot a vieilli.

***hors-piste** **n. m. inv.** – v. 1970 ■ Ski pratiqué en dehors des pistes balisées. *Faire du hors-piste.* ➛ *Ski hors-piste.*

***hors service** **adj. inv.** – mil. XXe ■ Qui n'est pas ou qui n'est plus en service. *L'ascenseur est hors service.* ➛ abrév. *H.S.* [aʃɛs] fam. Très fatigué, indisponible pour agir.

***horst** [ɔRst] **n. m.** – 1902 ; mot all. « butoir » ■ Structure tectonique formée de terrains soulevés entre des failles parallèles entre elles. ✪ CONTR. Graben.

***hors-texte** **n. m. inv.** – XIXe ■ Gravure tirée à part, intercalée ensuite dans un livre, et non comprise dans la pagination. *Des hors-texte en couleurs.*

***hors tout** **adj. inv.** – mil. XXe ■ Se dit des plus grandes dimensions d'un objet, mesurées sans que rien ne dépasse. « *Sa largeur hors tout approchait les soixante-dix centimètres* » (Perec).

hortensia **n. m.** – XVIIIe ; lat. *hortensius* « de jardin » ■ Arbrisseau ornemental *(saxifragacées),* cultivé pour ses fleurs groupées en grosses boules ; ces fleurs. *Hortensia rose, blanc, bleu.* « *les cafés aux terrasses fleuries d'hortensias en caisses* » (Cl. Simon).

horticole **adj.** – XIXe ; lat. *hortus* « jardin » ■ Relatif à la culture des jardins **(⇒ horticulture).** *Exposition horticole.*

horticulteur, trice **n.** – XIXe ; lat. *hortus* « jardin » ■ Personne qui pratique l'horticulture. ⇒ **jardinier, maraîcher.** ➛ Personne qui cultive des plantes d'ornement (arbres, fleurs). ⇒ **arboriculteur, fleuriste.**

horticulture **n. f.** – XIXe ■ Branche de l'agriculture comprenant la culture des légumes, des fleurs, des arbres et arbustes fruitiers et d'ornement.

hortillonnage **n. m.** – XIXe ; lat. *hortus* « jardin » ■ En Picardie, Marais utilisé pour la culture des légumes. *Les hortillonnages sont divisés par des canaux.*

hosanna **n. m.** – XIIIe ; mot hébr. « sauve donc ! » ■ Acclamation religieuse utilisée dans certaines prières juives. ➛ Hymne catholique, chanté le jour des Rameaux.

hospice **n. m.** – XIIIe ; lat. *hospitium* **1** Maison où des religieux donnent l'hospitalité aux pèlerins, aux voyageurs. *L'hospice du Grand-Saint-Bernard.* **2** *Hospice de vieillards,* où l'on accueille les personnes âgées démunies. *Finir à l'hospice, dans un hospice.* ✪ HOM. Auspices.

hospitalier, ière **adj. et n.** – XIIe ; lat. *hospitalarius* **I** - **1** Qui recueillait les voyageurs, les indigents (en parlant des religieux et religieuses de certains ordres). **n.** *Les hospitaliers :* membres de certains ordres charitables ou militaires. **2** Relatif aux hôpitaux. *Service hospitalier. Tarif hospitalier. Centre hospitalier universitaire* **(⇒ C. H. U.),** *régional.* ➛ *Personnel hospitalier,* travaillant dans les hôpitaux. **II** - **1** Qui pratique volontiers l'hospitalité. ⇒ **accueillant.** *Il est très hospitalier :* sa maison est ouverte à tous. « *rien ne rend plus hospitalier que de n'avoir pas besoin souvent de l'être* » (Rouss.). **2** Où l'hospitalité est pratiquée. *Ville hospitalière.* ✪ CONTR. Hostile. Inhospitalier.

hospitalisation **n. f.** – XIXe ■ Admission et séjour dans un établissement hospitalier. ➛ *Hospitalisation à domicile (H.A.D.) :* soins à domicile délivrés sous contrôle de la médecine hospitalière.

hospitaliser **v. tr.** [1] – XIXe ; lat. *hospitalis* « hospitalier » ■ Faire entrer, admettre (qqn) dans un établissement hospitalier. *Hospitaliser un malade.*

hospitalisme **n. m.** – 1949 ; angl. *hospital* « hôpital » ■ Troubles psychosomatiques présentés par un jeune enfant à la suite d'une hospitalisation prolongée, qui le prive des relations affectives avec sa mère.

hospitalité **n. f.** – XIIe ; lat. *hospitalitas* ■ Libéralité qu'on exerce en recevant qqn sous son toit, en le logeant gratuitement. *Donner, offrir l'hospitalité à qqn. L'hospitalité traditionnelle des nomades.* ♦ Action de recevoir chez soi, d'accueillir avec bonne grâce. ⇒ **accueil, réception.** *Merci de votre aimable hospitalité.*

hospitalo-universitaire **adj.** – 1958 ; lat. *hospitalis* « hôpital » et *universitaire* ■ De l'hôpital, dans la mesure où les futurs médecins y font leurs études. *Les enseignements hospitalo-universitaires.*

hospodar **n. m.** – XVIIe ; mot slave « maître, seigneur » ■ Ancien titre des princes vassaux du sultan de Turquie placés à la tête des provinces roumaines.

hostellerie **n. f.** – XIIe ; forme archaïque de *hôtellerie* ■ Hôtellerie (I, 2°).

hostie **n. f.** – XIIe ; lat. *hostia* « victime » ■ Petite rondelle de pain de froment, généralement azyme (dans les Églises latine, arménienne, maronite), consacrée au cours de la messe **(⇒ eucharistie).** *Ciboire, patène contenant des hosties.* « *le prêtre, portant l'hostie et les saintes huiles* » (Daudet). *Donner l'hostie à un communiant* **(⇒ communion).** *Dogme de la présence réelle du Christ dans l'hostie* **(⇒ transsubstantiation).**

hostile **adj.** – XVe ; lat. *hostis* « ennemi » **1** Qui manifeste de l'agressivité, se conduit en ennemi. *Foule hostile et menaçante.* ➛ *Nature, milieu hostile.* ⇒ **contraire, ingrat, inhospitalier.** ♦ HOSTILE À... ⇒ **défavorable ; contraire, opposé ;** ① **ant(i)-.** *Être farouchement hostile à un projet.* **2** Qui est d'un ennemi, annonce, caractérise un ennemi. « *Elle regardait d'un œil hostile cette écriture bête* » (Mauriac). *Silence, regard hostile.* ⇒ **inamical.** *Propos hostiles.* ⇒ **désobligeant, malveillant.** ✪ CONTR. Amical, bienveillant, cordial, favorable.

hostilement **adv.** – XVe ■ D'une manière hostile, en ennemi.

hostilité **n. f.** – XIVe **1** LES HOSTILITÉS : l'ensemble des actions, des opérations de guerre. ⇒ **conflit, guerre.** *Engager les hostilités. Interruption des hostilités. Reprendre les hostilités. Pendant la durée des hostilités.* **2** Disposition hostile, inamicale. ⇒ **antipathie, haine.** *Hostilité envers, contre qqn. Être en butte à l'hostilité de qqn.* « *la muette hostilité qui sépare l'oppresseur de l'opprimé* » (Camus). ✪ CONTR. Amitié, bienveillance.

hosto → **hôpital**

***hot** [ɔt] **adj. inv.** – 1930 ; mot angl. « chaud » ■ Se dit du jazz joué avec force, avec un rythme violent, « échauffé » (opposé à *cool*). *Il « siffle un air hot »* (Queneau). ➛ **n. m.** *Le hot.* ✪ HOM. Hotte.

***hot-dog** [ɔtdɔg] **n. m.** – 1929 ; angl. « chien chaud » ■ Saucisse de Francfort, servie chaude dans un petit pain. *Des hot-dogs.*

hôte, hôtesse **n.** – XIIe ; lat. *hospes* **I** - **1** *Un hôte, une hôtesse.* Personne qui donne l'hospitalité, qui reçoit qqn. ⇒ **amphitryon, maître** (de maison). *Remercier ses hôtes.* « *l'affable hospitalité de vos hôtes américains* » (Duham.). *Hôtesse charmante.* ➛ *Robe d'hôtesse :* robe d'intérieur longue, à la fois élégante et confortable. **2** *Table d'hôte :* table commune où plusieurs personnes réunies mangent à prix fixe dans une auberge, un restaurant. **3** HÔTESSE *(DE L'AIR) :* jeune fille, femme chargée de veiller au confort, à la sécurité des passagers dans les avions de ligne. *L'hôtesse et le steward font partie de l'équipage.* ➛ HÔTESSE : jeune fille, femme chargée de l'accueil (dans des centres, des villes, des gares, etc.). *Hôtesse d'accueil.* 4 *HÔTE* **n. m.** Organisme ou cellule susceptible d'abriter un parasite. *Hôte vecteur,* qui assure le transport du parasite. II *Un hôte, une hôte.* Personne qui reçoit l'hospitalité. *Recevoir, loger, nourrir un hôte, une hôte, ses hôtes.* ⇒ **invité.** *Un hôte de marque.* ➛ *Hôte payant,* qui prend pension chez qqn, moyennant redevance. *Chambre d'hôte,* mise en location par un particulier. ♦ Client d'une auberge, d'un hôtel. ✪ HOM. Haute (haut) ; hautesse.

❑ *Hôte* exprime deux relations opposées : « celui qui reçoit » et « celui qui est invité ». Même situation pour *louer* et *dépister* → ② dépister, ② louer (rem.).

hôtel **n. m.** – XIe ; lat. *hospitale* « chambre pour les hôtes » → hôpital 1 Établissement où on loge et où l'on trouve toutes les commodités du service (à la différence du meublé), pour un prix journalier. ⇒ **auberge, hôtellerie.** *Hôtel deux, trois étoiles,* ou *un deux, un trois étoiles. Hôtel-restaurant. Chaîne d'hôtels.* ➛ *Le hall, la réception, le bar d'un hôtel.* « *C'était un bar comme tous les bars des grands hôtels* » (Simenon). *Chambre d'hôtel. Prendre une chambre à l'hôtel. Note d'hôtel.* 2 Demeure citadine d'un riche particulier. *Hôtel de Lauzun, de Luynes. Un hôtel du XVIIIe siècle.* *HÔTEL PARTICULIER :* immeuble entièrement habité par un particulier. 3 *MAÎTRE D'HÔTEL :* personne qui dirige le service de table, chez un riche particulier, ou dans un restaurant. *Le maître d'hôtel et les garçons.* ♦ *(À la) maître d'hôtel,* qualifie une préparation à base de beurre et de persil. 4 Grand édifice destiné à un établissement public. *Hôtel de la Monnaie.* ♦ *HÔTEL DE VILLE :* édifice où siège l'autorité municipale dans une grande ville. ⇒ **mairie.** ✪ HOM. Autel.

hôtel-Dieu **n. m.** – XIIIe ▪ Hôpital principal de certaines villes. *Des hôtels-Dieu. L'Hôtel-Dieu :* l'un des grands hôpitaux de Paris.

❑ On retrouve dans la formation de *hôtel-Dieu* la même syntaxe que dans *Fête-Dieu.* → Fête-Dieu (rem.).

hôtelier, ière **n.** et **adj.** – XIIe 1 **n.** Personne qui tient un hôtel, une hôtellerie, une auberge. ⇒ **aubergiste.** 2 **adj.** Relatif aux hôtels, à l'hôtellerie (II). *Industrie hôtelière. École hôtelière,* formant ses élèves aux diverses professions de l'hôtellerie. *L'équipement hôtelier d'une région.*

hôtellerie **n. f.** – XIIe I - 1 Bâtiment d'une abbaye destiné à recevoir les hôtes. 2 Hôtel ou restaurant d'apparence rustique, confortable ou même luxueux. ⇒ **hostellerie.** II Métier, profession d'hôtelier ; industrie hôtelière.

hôtesse → **hôte** (I)

***hotte** **n. f.** – XIIIe ; germ. 1 Grand panier ou cuve, qu'on porte sur le dos au moyen de bretelles (ou brassières). *Hotte de vendangeur.* ⇒ ① **bouille,** région. **brante.** *La hotte du Père Noël.* 2 Construction en forme de hotte renversée, se raccordant au bas d'un tuyau de cheminée, d'un conduit d'aération. *Hotte aspirante :* appareil électrique placé au-dessus d'un appareil de cuisson dans une cuisine, servant à évacuer l'air chargé d'odeurs et de vapeurs grasses. ✪ HOM. Hot.

***hottentot, ote** **adj.** et **n.** – XVIIe ; mot holl. « qui bégaie » ▪ Relatif à une population de pasteurs nomades de l'Afrique du Sud-Ouest (parfois appliqué abusivement aux Bochimans, leurs voisins). ➛ **n.** *Les Hottentots.*

***hou** [u ; hu] **interj.** – XIIe ; onomat. ▪ Interjection pour faire peur ou honte. *Hou ! la vilaine !* ♦ *Hou ! hou !* interjection redoublée servant à appeler. ✪ HOM. Août, houe, houx, ou, où.

***houache** **n. f.** – XVIIe ; moy. néerl. *wech* « sillage » ▪ Sillage d'un navire en marche.

❑ On dit aussi *houaiche.*

***houblon** **n. m.** – XVe ; néerl. *hoppe* ▪ Plante vivace grimpante *(cannabinacées),* à tige volubile. *Les fleurs femelles du houblon servent à aromatiser la bière.*

***houblonnage** **n. m.** – XIXe ▪ Action de houblonner ; troisième opération dans la fabrication de la bière.

***houblonner** **v. tr.** [1] – XVIIe ▪ Mettre du houblon dans (une boisson). *Le stout, bière fortement houblonnée.*

***houblonnier, ière** **n.** et **adj.** – XIXe ▪ Personne qui cultive le houblon. ♦ **adj.** Qui produit du houblon.

***houblonnière** **n. f.** – XVIe ▪ Champ de houblon. *Les houblonnières d'Alsace, de Belgique.* « *parmi les houblonnières et les champs de betteraves* » (Maurois).

***houdan** **n. f.** – XIXe ; nom d'une ville des Yvelines ▪ Poule d'une race créée à Houdan.

***houe** **n. f.** – XIIe ; germ. °*hauwa* ▪ Pioche à lame assez large dont on se sert pour les binages. « *la houe suffisait au peu de labours qui s'y faisaient* » (Balz.). ✪ HOM. Août, hou, houx, ou, où.

***houille** **n. f.** – XVIe ; germ. °*hukila* « bosse, tas » ▪ Combustible minéral de formation sédimentaire, généralement noir, à facettes brillantes, et renfermant 75 à 93% de carbone pur. ⇒ **charbon.** *La houille provient de végétaux décomposés. Gisement de houille. Gaz dans les mines de houille* (grisou, méthane). *Emploi de la houille comme combustible. Produits de la distillation de la houille.* ⇒ ① **coke, goudron ; gaz** (d'éclairage). *Goudron de houille.* ⇒ **coaltar.** ♦ *HOUILLE BLANCHE :* énergie hydraulique fournie par les chutes d'eau en montagne. ➛ *Houille bleue :* énergie hydraulique fournie par les vagues et les marées. ✪ HOM. Ouille.

***houiller, ère** **adj.** – XVIIIe ▪ Qui renferme des couches de houille. ⇒ **carbonifère.** *Bassin houiller.* ♦ Relatif à la houille. *Industries houillères.*

***houillère** **n. f.** – XVIe ▪ Mine de houille. *Exploitation d'une houillère.* ⇒ **charbonnage.** « *cette houillère, ce grand trou noir d'où son mari n'était pas revenu* » (J. Verne).

***houka** **n. m.** – XIXe ; mot ar. ▪ Pipe à réservoir, sorte de narguilé.

***houle** **n. f.** – XVe ; germ. *hol* « creux » ▪ Mouvement qui agite l'eau (d'un lac, de la mer) sans déferlement des vagues. *Une forte, une grosse houle.* « *La houle se cabra sous le navire* » (Hugo).

***houlette** **n. f.** – XIIIe ; a. fr. *houler* « jeter » 1 Bâton de berger, muni à son extrémité d'une plaque de fer en forme de gouttière servant à jeter des mottes de terre ou des pierres aux moutons qui s'écartent du troupeau. « *Il sifflait le chien, il prenait la houlette, et les moutons et les chèvres se mettaient en marche* » (Le Clézio). ♦ loc. *Sous la houlette de qqn,* sous sa conduite. 2 Petite bêche de jardinier.

***houleux, euse** **adj.** – XVIIIe 1 Agité par la houle. *Mer houleuse.* 2 ⇒ **agité, troublé.** *Salle houleuse. Débat houleux.* ⇒ **mouvementé, orageux, tumultueux.** ✪ CONTR. ② Calme, paisible.

***houligan** → **hooligan**

***houlque** **n. f.** – XVIIIe ; lat. *holcus* « orge sauvage » ▪ Plante herbacée *(graminées),* vivace, à tige souterraine, à feuilles velues, qui pousse en grosses touffes.

***houp** [up ; hup] interj. – XVIIe ; onomat. ■ ⇒ **hop.** « *Allons, houp ! débarrassez le plancher !* » (Zola). ✪ HOM. Houppe.

***houppe** n. f. – XIVe ; germ. °*huppo* « touffe » **1** Assemblage de brins de fil, de laine, de soie formant une touffe et servant généralement d'ornement. ⇒ ② **floche, houppette, pompon.** ➛ *Houppe à poudre.* ⇒ **houppette. 2** Touffe. ⇒ **toupet.** *Riquet à la houppe, personnage des contes de Perrault. Houppe de plumes.* ⇒ **aigrette, huppe.** ✪ HOM. Houp.

***houppelande** n. f. – XIIIe ; a. angl. *hop-pâda* « pardessus » ■ Long vêtement de dessus, très ample et ouvert pardevant, souvent ouaté et fourré, à col plat, à larges manches flottantes évasées, que l'on portait autrefois. ⇒ **cape.** « *Il était vêtu d'une houppelande noire usagée, qui lui descendait jusqu'à mi-jambes* » (Montherl.).

***houppette** n. f. – XIVe ■ Petite houppe. *Houppette à poudre* : petit tampon arrondi (de coton, de cygne) pour se poudrer.

***hourd** [uʀ] n. m. – XIIIe ; germ. °*hurd* « claie » ■ Estrade pour les spectateurs d'un tournoi ; scène de théâtre en charpente (au Moyen Âge). ♦ Charpente en encorbellement au sommet d'une tour, d'une muraille.

***hourdage** n. m. – XVe ■ Maçonnage grossier (d'une cloison). ⇒ **hourdis.** ➛ Couche de plâtre étendue sur un lattis pour former l'aire d'un plancher.

***hourder** v. tr. [1] – XIIe **1** Garnir de hourds. **2** Maçonner grossièrement avec du plâtre.

***hourdis** n. m. – XIIe ■ Maçonnerie légère qui garnit un colombage, une armature en pans de bois. ♦ Corps creux en terre cuite ou élément de béton placé entre les solives, les poutrelles du plancher.

***houri** n. f. – XVIIe ; ar. *hour* « qui a le blanc et le noir des yeux très tranchés » ■ Beauté céleste que le Coran promet au musulman fidèle dans le paradis d'Allah. *Les Turcs « se voient dans le neuvième ciel entre les bras de leurs houris »* (Volt.).

***hourque** n. f. – XIVe ; moy. néerl. *hulke* ■ Bâtiment de transport à varangues plates et à flancs renflés. « *les vieilles hourques hollandaises, grosses et dures comme une noix vernie !* » (Claudel).

***hourra** [uʀa ; huʀa] n. m. – XVIIIe ; russe *hurrah* ■ Cri d'enthousiasme, d'acclamation. « *le taureau se précipita dans l'arène au milieu d'un hourra immense* » (Gaut.). ➛ interj. *Hip, hip, hip ! hourra !* ⇒ **bravo, youpi.**

***hourvari** n. m. – XVIe ; probablt crois. entre *hou, hari,* cris pour exciter les chiens, et *charivari* ■ littér. Grand tumulte. ⇒ **tapage ;** fam. **charivari, ramdam.** « *Par moments il s'élevait un hourvari de clameurs* » (Hugo). ✪ CONTR. ① Calme, silence.

> ❑ D'abord terme de vénerie, *hourvari* désignait le cri des chasseurs ou la sonnerie de trompe pour ramener les chiens tombés en défaut.

***houseau** n. m. – XIIe ; germ. ■ généralt plur. Sorte de jambière, simulant la tige d'une botte. ✪ HOM. Ouzo.

***house-boat** [ausbot] n. m. – mil. XXe ; angl., de *house* « maison » et *boat* « bateau » ■ Bateau (souvent immobilisé) aménagé pour y vivre. *Des house-boats.* Recomm. offic. *coche (de plaisance).*

***houspiller** v. tr. [1] – XIIIe ; de *pigner, peigner* et *housser* vx « maltraiter » ■ Attaquer, maltraiter (qqn) en paroles ; harceler de reproches, de critiques. ⇒ **critiquer, gronder ;** fam. **attraper.** *Il s'est fait houspiller durement.* ⇒ **réprimander.**

> ❑ Même famille étymologique que *houx, houssoir.*

***houssaie** n. f. – XIIIe ■ région. Lieu planté de houx.

***housse** n. f. – XIIe ; germ. °*hulftia* « couverture » **1** Couverture attachée à la selle et qui couvre la croupe du cheval. ⇒ **caparaçon. 2** Enveloppe souple recouvrant et protégeant certains objets (meubles, vêtements, etc.) dont elle épouse la forme. *Canapé à housse amovible* (⇒ **déhoussable**). « *les fauteuils couverts de housses étaient rangés contre les murs* » (Mauriac). ➛ *Housse à vêtements,* grand sac dans lequel on les enferme. *Housse de couette. Drap-housse* (voir ce mot). ♦ Enveloppe de protection d'un siège d'automobile. *Housse avant, arrière.*

***housser** v. tr. [1] – XIIIe ■ Couvrir d'une housse.

***houssoir** n. m. – XVe ■ Ancien balai de houx, et par ext. de branchages, de crin, de plumes.

***houx** n. m. – XIIe ; germ. °*hulis* ■ Arbre ou arbuste *(aquifoliacées)* aux feuilles coriaces à bords épineux, aux baies rouges (⇒ **cenelle**). *Branches de houx.* « *Noël approchait* [...] *on offrait du houx, des touffes de gui* » (Chardonne). ✪ HOM. Août, hou, houe, ou, où.

hovercraft [ɔvœʀkʀaft] n. m. – v. 1960 ; mot angl., de *to hover* « planer » et *craft* « embarcation » ■ Aéroglisseur, hydroglisseur.

> ❑ *Hovercraft,* qui est un nom déposé en anglais, est devenu moins courant au profit de *aéroglisseur.*

***hoyau** [ɔjo ; wajo] n. m. – XIVe ; de *houe* ■ Petite houe à lame courbe taillée en biseau.

H. S. → **hors service**

H. T. ■ Abréviation de *hors-taxe.* ⇒ **taxe**

***huard** ou ***huart** [ɥaʀ] n. m. – XIVe ; de *huer* **1** ⇒ **pygargue. 2** (Canada) Oiseau du grand Nord, plongeon arctique. ⇒ ① **plongeon.**

***hublot** n. m. – XIVe ; o. i. ; p.-ê. de *houle* « trou, brèche » **1** Petite fenêtre étanche, généralement ronde, pour donner du jour et de l'air à l'intérieur d'un navire. « *nous coulions* [...] *L'eau touchait déjà le bas des hublots* » (Bosco). ♦ Fenêtre circulaire dans un avion de transport. ♦ Partie vitrée de la porte d'une machine à laver, d'un four. **2** fam., au plur. Lunettes, yeux. « *Ouvrez grand vos hublots, las de caves* » (Queneau).

***huche** n. f. – XIIe ; lat. *hutica,* probablt o. germ. ■ Grand coffre de bois rectangulaire à couvercle plat. *Huche à vêtements, à pain.*

***hue** [y ; hy] interj. – XVIIe ; onomat. ■ Mot dont on se sert pour faire avancer un cheval, pour le faire tourner à droite. *Allez, hue !* ➛ *Tirer à hue et à dia* : tirer en sens contraire ; fig. employer des moyens contradictoires. « *Les uns tiraient à hue, les autres à dia, quand une solution mit tout le monde d'accord* » (Courtel.). ✪ HOM. U.

***huée** n. f. – XIIe ■ Cri de dérision, de réprobation poussé par une assemblée de personnes. *Orateur interrompu par des huées.* ⇒ **charivari, tollé ; huer.** *S'enfuir sous les huées.* « *Exilé sur le sol, au milieu des huées, Ses ailes de géant l'empêchent de marcher* » (Baudelaire). ✪ CONTR. Acclamation, applaudissement, ovation.

***huer** v. [1] – XIIe ; de *hue* **1** v. tr. Pousser des cris hostiles contre (qqn). ⇒ **huée ; conspuer, siffler.** *L'orateur s'est fait huer.* ➛ *La pièce a été huée.* **2** v. intr. Pousser son cri, en parlant de la chouette, du hibou (⇒ **chat-huant**). ✪ CONTR. Acclamer, ovationner.

***huguenot, ote** n. et adj. – XVIe ; altér. all. *Eidgenossen* « confédérés » ■ Surnom donné par les catholiques aux protestants calvinistes, en France, du XVIe au XVIIIe s. ➛ adj. *La croix huguenote.*

hui adv. – X^e ; lat. *hodie* ■ vx Aujourd'hui. ✪ HOM. Huis, huit.

huilage n. m. – XIXe 1 Action de tremper dans un bain d'huile. 2 Action d'enduire, de frotter d'huile. *L'huilage des machines* (⇒ **graissage**).

huile n. f. – XIIe ; lat. *oleum* 1 Substance grasse inflammable, liquide à la température ordinaire et insoluble dans l'eau, d'origine végétale, animale ou minérale. ⇒ **graisse ; oléi-, oléo-**. *Huiles végétales alimentaires : huile d'arachide, de tournesol, de maïs, de soja, d'olive, etc. Huile de coton, de lin (huiles industrielles). Graines, pulpes dont on tire de l'huile.* ⇒ **oléagineux.** ➛ *Huiles animales. Huile de foie de morue.* ♦ *Huiles minérales :* hydrocarbures liquides. *Huile minérale brute* ou *huile de naphte.* ⇒ **pétrole.** *Huile de graissage. Huile de paraffine, de vaseline.* ♦ *Huiles médicamenteuses,* ou *médicinales. Huile d'amandes douces. Huile solaire,* pour protéger la peau de l'action du soleil et faire bronzer. 2 Huile comestible. *Assaisonner avec de l'huile et du vinaigre* (⇒ **vinaigrette**). *Sardines, thon à l'huile. Faire revenir, faire frire dans l'huile.* « *la cuisine à l'huile a quelque peu relâché ses intestins* » (Gide). ♦ Huile de graissage. ⇒ **dégrippant, lubrifiant.** *Bidon d'huile. Vidanger l'huile d'une voiture.* ➛ *Lampe à huile.* « *Je consommais plus d'huile que de pain ; la lumière qui m'éclairait pendant ces nuits obstinées me coûtait plus cher que ma nourriture* » (Balz.). 3 Mélange d'huile (de lin, d'œillette) et d'une matière colorante. *Peinture à l'huile* (opposé à *peinture à l'eau*). ♦ *Une huile :* un tableau peint à l'huile. *Une huile de Degas.* 4 *Huile sainte, huile d'onction,* utilisée pour sacrer les rois dans les religions juive et chrétienne. ➛ *Les saintes huiles.* ⇒ **chrême, extrême-onction.** 5 par compar. ou fig. *Mer d'huile,* sans vagues (comme une nappe d'huile). *Nous partîmes* « *par une mer d'huile, que ne ridait aucun souffle* » (Lamart.). ➛ *Tache d'huile :* ce qui se propage, gagne du terrain de manière insensible mais continue. *Idée qui fait tache d'huile.* « *ainsi que la tache d'huile, la flétrissure s'étend et elle gagne de proche en proche* » (Balz.). ♦ *Jeter de l'huile sur le feu :* pousser à la dispute. ⇒ **attiser, envenimer, exciter.** ♦ fam. *Dans l'huile :* avec une grande aisance, facilement. *Ça baigne* dans l'huile.* 6 fam. *Les huiles :* personnages importants, autorités. ⇒ **légume.** ➛ au sing. « *Le père est un grand manitou dans les chemins de fer... C'est une huile* » (Céline).

huiler v. tr. [1] – XVe 1 Frotter, oindre avec de l'huile. ⇒ **graisser, lubrifier.** *Huiler une chaîne de vélo. Huiler les rouages d'une machine.* ➛ *S'huiler la peau à l'huile d'amandes douces.* ♦ fig. *Bien huilé :* dont le fonctionnement est parfait. *Spectacle aux mécanismes bien huilés.* 2 Assaisonner avec de l'huile (seult au p. p.). *Salade trop huilée.*

huilerie n. f. – XVIe 1 Usine où l'on fabrique des huiles végétales. 2 Industrie de la fabrication des huiles végétales.

huileux, euse adj. – XVIe 1 Qui est de la nature de l'huile ; qui en contient. *Médicament injectable en solution huileuse.* 2 Qui évoque l'huile. « *Ses eaux blanchâtres, huileuses, portent des taches de bitume* » (Loti). 3 Qui est ou semble imprégné d'huile. ⇒ **graisseux, gras.** *Cheveux huileux.*

① **huilier** n. m. – XIIIe 1 rare Fabricant, marchand d'huile. 2 Ustensile de table contenant deux burettes pour l'huile et le vinaigre.

② **huilier, ière** adj. – XIXe ■ Qui a rapport à la fabrication des huiles. *Industrie huilière.* ⇒ **huilerie.**

huis n. m. – XIIe ; lat. *ustium* « entrée, ouverture » 1 vx Porte d'une maison. « *On frappe à l'huis* » (La Font.). 2 loc. *À HUIS CLOS :* toutes portes fermées. ♦ dr. Sans que le public soit admis. *Délibérer à huis clos. Audience à huis clos.* n. m. **HUIS CLOS.* *Tribunal qui ordonne le huis clos.* ✪ HOM. Hui, huit.

> ❑ Même famille étymologique que *orifice*. Le *h* a été ajouté pour éviter la confusion entre *u* et *v*, en typographie ancienne. ♦ Le *h* devient aspiré dans *huis clos : le huis clos.*

huisserie n. f. – XIIIe ■ Bâti formant l'encadrement d'une porte, d'une fenêtre. *Huisserie en bois, métallique. Les huisseries d'une maison.*

huissier n. m. – XIIe ; de *huis* I Officier dont la principale charge était d'ouvrir et de fermer une porte. *Huissier de la chambre du roi.* ♦ Celui qui a pour métier d'annoncer et d'introduire les visiteurs (dans un ministère, une administration). II - 1 Celui qui est préposé au service de certaines assemblées. *Les huissiers du Palais-Bourbon, d'une faculté.* ⇒ **appariteur.** 2 *Huissier (de justice).* Officier ministériel chargé de mettre à exécution les décisions de justice. *Constat d'huissier.* « *je suis huissier, je viens tout saisir ici* » (Balz.).

> ❑ Bien que 15 % des *huissiers de justice* soient des femmes en 1995, le féminin *huissière* semble inusité.

***huit** [ɥi(t)] adj. numér. inv. et n. inv. – XIe ; lat. *octo* I adj. numér. card. (prononcé [ɥi] devant un mot commençant par une consonne, [ɥit] dans tous les autres cas) 1 Nombre entier équivalant à sept plus un (8 ; VIII). ⇒ **oct(a)-**. *Huit jours,* une semaine (bien qu'elle ne compte que sept jours). *Dans huit jours.* ⇒ **huitaine.** loc. *Donner ses huit jours* (à un domestique, un employé), le renvoyer. ➛ *Journée de huit heures. Intervalle de huit notes.* ⇒ **octave.** *Polygone à huit côtés.* ⇒ **octogone.** *Huit bits.* ⇒ **octet ; octal.** *Huit fois plus grand.* ⇒ **octuple.** *Huit dizaines.* ⇒ **quatre-vingt(s) ;** région. **huitante, octante.** ➛ *(D')aujourd'hui en huit :* dans huit jours. *Prendre rendez-vous pour jeudi en huit,* pour le jeudi après celui qui vient. *Faire les trois-huit.* ⇒ ② **trois-huit.** ➛ (en composition) *Dix-huit* [dizɥit]. *Quatre-vingt-huit* [katʀəvɛ̃ɥit]. 2 pronom. *Ils sont venus à huit. Elles étaient huit. Il en a pris huit.* II adj. numér. ord. [ɥit] Huitième. 1 *Henri VIII. Chapitre VIII* [ʃapitʀəɥit] ; *page 8* [paʒɥit]. ➛ *Le 8 mai. Il est 8 h 25.* ➛ *Elle est arrivée huit ou neuvième.* 2 subst. Le huitième jour du mois. *Lettre datée du 8.* ♦ Ce qui porte le numéro 8. *Habiter (au) 8, rue de... Miser sur le 8.* III n. m. inv. [ɥit] 1 *Huit et huit, seize. Multiplier par huit.* ➛ *Huit pour cent* (ou *8 %*). 2 Le chiffre, le numéro 8. *Des huit romains.* par ext. Forme du 8 arabe. *Il* « *faisait, avec un arrosoir, des huit sur le dallage poussiéreux* » (Mart. du G.). ➛ *Le grand 8 :* attraction de fête foraine comportant un circuit en forme de 8. ➛ Note correspondant à huit points. *Il a eu (un) 8 sur 10 en allemand.* ➛ Carte à jouer marquée de huit signes. *Le huit de trèfle.* ✪ HOM. Hui, huis.

***huitain** n. m. – XVe ■ Petit poème de huit vers. ➛ Strophe de huit vers.

***huitaine** n. f. – XVe ■ Ensemble de huit choses, d'environ huit éléments de même sorte. *Une huitaine de jours.* ➛ *Il part dans une huitaine,* dans huit jours. *Sous huitaine :* dans un délai de huit jours. « *sous huitaine je vous en dirai mon jugement définitif* » (Dider.).

***huitante** adj. numér. inv. et n. inv. – XIIe ■ (Suisse ; officiel dans le canton de Vaud) Quatre-vingt(s). ⇒ région. **octante.** « *une vieille fille de huitante-trois ans* » (Chessex).

> ❑ Ce mot s'intègre de façon cohérente dans la série *quarante, cinquante, soixante,* à la différence de *quatre-vingt (s)* qui présente en outre des difficultés orthographiques. ♦ *Huitante* est formé comme *cinquante* sur *cinq ; octante* est savant et formé comme *soixante.*

***huitième** adj. et n. – XIIe **I** adj. **1** adj. numér. ord. Qui suit le septième. *Le VIIIe siècle. Le huitième étage* ou, subst. m., *habiter au huitième.* ➜ *La huitième merveille du monde,* se dit d'une chose merveilleuse qui paraît pouvoir s'ajouter aux Sept Merveilles traditionnelles. ➜ (dans une compétition) *Elle a fini huitième.* ♦ (en composition) *Vingt-huitième* [vɛ̃tɥitjɛm]. *Quatre-vingt-huitième* [katʀəvɛ̃ɥitjɛm]. **2** adj. Se dit d'une partie d'un tout également divisé ou divisible en huit. *La huitième part.* ➜ subst. m. *Les trois huitièmes.* ➜ sport *Huitième de finale.* **II** n. **1** *Il est le huitième à passer.* **2** n. f. Cours moyen première année (CM1), dans l'enseignement primaire français.

***huitièmement** adv. – XVe ▪ En huitième lieu.

huître n. f. – XIIIe ; lat. *ostrea,* du gr. ▪ Mollusque bivalve *(lamellibranches),* à coquille feuilletée ou rugueuse, comestible ou recherché pour sa sécrétion minérale (nacre, perle). *Huître portugaise, huître creuse.* ⇒ **gryphée ; marennes.** *Huître plate.* ⇒ **belon.** *Parc à huîtres* (⇒ **ostréiculture**). *Une bourriche d'huîtres. Couteau à huîtres,* pour les ouvrir. loc. *Se fermer comme une huître,* se replier sur soi.

① **huîtrier, ière** adj. – XIXe ▪ Relatif aux huîtres, à leur élevage (⇒ **ostréiculture**).

② **huîtrier** n. m. – XVIIIe **1** rare Ostréiculteur. **2** Oiseau des rivages *(charadriiformes),* appelé aussi *pie de mer,* se nourrissant de coquillages.

huîtrière n. f. – XVIe ▪ Banc d'huîtres. ♦ Établissement où se fait l'élevage des huîtres.

***hulotte** n. f. – XVIe ; lat. *ululare* « hurler » ▪ Oiseau rapace nocturne qui se nourrit principalement d'insectes et de petits rongeurs. ⇒ **chat-huant.**

***hululement** n. m. – XVIe ▪ Cri des oiseaux de nuit.

***hululer** v. intr. [1] – XVe ; lat. ▪ Crier, en parlant des oiseaux de nuit. ⇒ **huer.** *La chouette hulule.*

> ❑ Même origine étymologique que *hurler.*

***hum** [œm ; hœm] interj. – XVIIe ; onomat. ▪ Interjection qui exprime généralement le doute, la réticence. ⇒ **hem.** ➜ n. m. « *des "hé ! hé !" des "hum ! hum !" toute la pantomime des sous-entendus* » (Daud.).

humain, aine adj. et n. m. – XIIe ; lat. *homo* « homme » **I** adj. **1** De l'homme en tant qu'espèce, propre à l'homme. *Vie humaine. Organisme humain. Chair humaine. Voix humaine. Langage humain. C'est au-dessus des forces humaines.* ⇒ **surhumain.** « *une existence conforme à la dignité humaine* » (DÉCLAR. DR. HOM.). *Relations humaines. L'erreur est humaine.* « *Tous ceux qui se regardent comme au dessus du niveau humain dégringolent au-dessous* » (Flaub.). ♦ Qui a les caractères de l'homme, qui est homme. *La personne humaine.* « *peut-être mourrez-vous sans vous être aperçu qu'une femme est aussi un être humain* » (Malraux). ⇒ **individu,** ② **personne.** *Une loque humaine.* « *La Bête humaine* », *roman de Zola.* ♦ Formé, composé d'hommes. *L'espèce humaine. Les races humaines. Le genre humain.* ⇒ **humanité.** *Groupes humains.* ⇒ **ethnique.** ♦ Relatif à l'homme. *Anatomie humaine. Géographie humaine.* **2** Qui est compréhensif et compatissant. ⇒ ① **bon.** *Un patron très humain.* « *Danton, bien qu'il fût humain, n'était point sentimental* » (Jaurès). ➜ *Sentiments humains.* ⇒ **humanitaire.** *Choisir la solution la plus humaine.* **II** n. m. **1** Ce qui est humain ; l'homme et ce qui appartient à l'homme. *L'humain et le divin.* **2** Être humain. ⇒ **homme, femme, enfant.** *Les humains.* ⇒ **humanité.** « *Du reste des humains je vivais séparée* » (Rac.). *Les humains et les extra-terrestres.* ✪ CONTR. Divin ; impitoyable, inhumain, méchant, sévère.

humainement adv. – XIIe **1** En homme, pour l'homme, du point de vue de l'homme. *Faire tout ce qui est humainement possible pour aider qqn.* **2** Avec humanité, bonté. *Traiter humainement un prisonnier.* ✪ CONTR. Cruellement, inhumainement.

humanisation n. f. – XIXe ▪ Action d'humaniser ; résultat de cette action.

humaniser v. tr. [1] – XVIe **1** Mettre à la portée de l'être humain. « *Humanisez votre discours, et parlez pour être entendu* » (Mol.). **2** Rendre plus humain. *Humaniser les conditions de détention.* ➜ pronom. *Les villes s'humanisent.* ✪ CONTR. Déshumaniser.

humanisme n. m. – XVIIIe **1** Théorie, doctrine qui prend pour fin la personne humaine et son épanouissement. « *Le pur* humanisme, *c'est-à-dire le culte de tout ce qui est de l'homme* » (Renan). **2** Mouvement intellectuel européen de la Renaissance, caractérisé par un effort pour relever la dignité de l'esprit humain et un retour aux sources gréco-latines.

humaniste n. et adj. – XVIe **1** Lettré qui a une connaissance approfondie des langues et littératures grecques, latines. ➜ Lettré de la Renaissance qui se consacrait à l'étude des écrivains antiques et en faisait connaître les œuvres et les idées. *Érasme fut un grand humaniste.* **2** Partisan de l'humanisme (1°) philosophique. *Une humaniste.* **3** Relatif à l'humanisme, aux humanistes de la Renaissance, aux humanités. ♦ Relatif, conforme à l'humanisme philosophique ; partisan de l'humanisme.

humanitaire adj. – XIXe ▪ Qui vise au bien de l'humanité. *Aide humanitaire. Organisations humanitaires.* ⇒ **O.N.G.** *Sentiments humanitaires.* ⇒ ① **bon, humain.**

humanitarisme n. m. – XIXe ▪ péj. Conceptions humanitaires (jugées utopiques). « *ce stupide amour collectif qu'il faut nommer l'humanitarisme* » (Balz.).

humanité n. f. – XIIe **1** Caractère de ce qui est humain, nature humaine. *Humanité et divinité de Jésus-Christ.* **2** Sentiment de bienveillance, de compassion envers ses semblables. ⇒ **bonté.** *Faire preuve d'humanité.* « *un siècle de fer, moins capable d'humanité que ne l'étaient les sociétés du moyen âge* » (Duham.). **3** Le genre humain, les hommes en général. *L'humanité tout entière. Un bienfaiteur de l'humanité* (⇒ **philanthrope**). *Histoire de l'humanité.* ⇒ **civilisation.** *Crime contre l'humanité.* **4** au plur. vieilli Étude de la langue et de la littérature grecques et latines. *Faire ses humanités.* ♦ (Belgique) Études secondaires (classiques, modernes ou techniques). ✪ CONTR. Animalité, inhumanité. Barbarie, cruauté.

humanoïde adj. et n. – 1951 **1** Qui rappelle l'homme. **2** n. Dans le langage de la science-fiction, Être voisin de l'homme, robot d'apparence humaine. ⇒ **androïde.**

> ❑ Ne pas assimiler *humanoïde* (1°) à *anthropoïde,* ce dernier appartenant à la taxinomie zoologique.

humble adj. – XIe ; lat. *humilis* « bas, près de la terre » **I - 1** Qui s'abaisse volontairement, par humilité. ⇒ **effacé, modeste.** « *N'est pas humble celui qui se hait* » (Cioran). ➜ ⇒ **soumis.** *Je suis votre humble serviteur.* **2** Qui est d'une condition sociale modeste. ⇒ **pauvre, simple.** **II - 1** Qui marque de l'humilité, de la déférence. *Air, ton humble.* ⇒ **timide.** « *l'humble regard de ce tendre épagneul* » (Lamart.). ➜ *À mon humble avis...* **2** littér. Qui est sans éclat, sans prétention. ⇒ **modeste.** *Une humble demeure.* ⇒ **pauvre.** ✪ CONTR. Ambitieux, fier, insolent, orgueilleux.

humblement adv. – XIIe ▪ Avec humilité ; d'une manière humble. ⇒ **modestement.** « *je me fais humblement petite* » (Balz.). *Demander humblement pardon. Je vous ferai humblement remarquer que...* ✪ CONTR. Orgueilleusement.

humectage n. m. – XIXe ▪ Action d'humecter ; son résultat.

humecter v. tr. [1] – XVIe ; lat. ▪ Rendre humide, mouiller superficiellement. *Humecter du linge avant le repassage.* ⇒ **humidifier.** ➛ *S'humecter les lèvres.* ➛ pronom. *Ses yeux s'humectèrent.* ⇒ s'**embuer.** ✪ CONTR. Sécher ; imbiber, tremper.

❑ Pour l'emploi → humidifier (rem.).

***humer** v. tr. [1] – XIe ; rad. onomat. ▪ Aspirer par le nez pour sentir. « *un reste d'encens dont elle huma l'odeur une ou deux fois* » (Green). ➛ *Humer un plat.* ⇒ **flairer.**

huméral, ale, aux adj. – XVIe ▪ Relatif à l'humérus.

huméro- Élément, du lat. *humerus,* servant à former des adj. en anatomie.

humérus [ymeʀys] n. m. – XVIe ; lat. « épaule » ▪ Os du bras, de l'épaule au coude. *Tête de l'humérus :* surface articulaire arrondie (à l'extrémité supérieure de l'humérus).

humeur n. f. – XIIe ; lat. *humor* **I** Liquide organique du corps humain, dans la médecine ancienne. *Humeurs séreuses* (⇒ **sérosité**), *subtiles* (⇒ ① **vapeur**). ♦ vx *Les humeurs viciées, causes de maladies.* ➛ « *J'allais nettoyer votre corps et en évacuer entièrement les mauvaises humeurs* » (Mol.). ♦ mod. *Humeur aqueuse, humeur vitrée de l'œil.* **II - 1** Ensemble des tendances dominantes qui forment le caractère (que l'on attribuait autrefois aux humeurs du corps). ⇒ **tempérament.** « *le baron et la baronne d'Étraille s'étaient séparés à l'amiable pour incompatibilité d'humeur* » (Maupass.). *Humeur gaie, maussade. Être d'humeur égale. Humeur changeante. Sautes d'humeur.* **2** littér. Impulsion irraisonnée. *Billet d'humeur d'un journaliste.* « *elle était prise* [...] *d'humeurs inexplicables* » (Zola). **3** Disposition momentanée qui ne constitue pas un trait de caractère, parfois liée aux circonstances. *L'humeur du moment. Tout dépend de son humeur. De quelle humeur est-il ?* ♦ D'HUMEUR À. ⇒ **disposé, enclin** (à). *Je ne suis pas d'humeur à plaisanter.* **4** BONNE HUMEUR ; BELLE HUMEUR : disposition passagère à la gaieté, à l'optimisme. ⇒ **entrain.** *La bonne humeur règne. Dans la joie et la bonne humeur.* ➛ *Être de bonne humeur. Il n'est pas de très bonne humeur.* ♦ MAUVAISE HUMEUR : disposition passagère à l'irritation, à la colère. *Avoir l'air, être de mauvaise humeur.* ⇒ **mécontent.** *Manifester sa mauvaise humeur.* ⇒ **bouder,** fam. **râler.** *Mettre qqn de mauvaise humeur.* ➛ *Méchante humeur ; humeur massacrante.* ♦ HUMEUR NOIRE : mélancolie profonde ; tristesse, abattement. ⇒ **cafard.** « *Son humeur noire lui donnait un esprit de contradiction* » (Fén.). **5** Mauvaise humeur. *Garder de l'humeur contre qqn.* ⇒ **rancune.** *Mouvement d'humeur.*

❑ La médecine ancienne s'appuyait sur la théorie des humeurs au nombre de quatre : bile, atrabile (bile noire), flegme (lymphe) et sang. → hypocondriaque (rem.).

humide adj. – XVe ; lat. ▪ Imprégné légèrement d'eau, de liquide, de vapeur. *Cave humide.* ➛ « *je ne sais que faire, sinon application de compresses humides* » (Gide). ➛ *Mains humides.* ⇒ **moite.** *Un front humide de sueur.* ➛ « *Trois mois d'été humide et ouaté de brouillard* » (Yourcenar). *Climat, région humide,* où il pleut souvent. ➛ *Yeux humides de larmes.* ✪ CONTR. Sec ; aride.

humidificateur n. m. – XIXe ▪ Appareil destiné à augmenter le degré hygrométrique de l'air. ✪ CONTR. Dessiccateur.

humidifier v. tr. [7] – XVIIe ▪ Rendre humide. ⇒ **humecter, mouiller.** *Humidifier l'air.* ✪ CONTR. Sécher ; dessécher.

❑ Ce mot est plutôt réservé à des emplois techniques, à la différence de *humecter.*

humidimètre n. m. – v. 1980 ▪ Appareil qui sert à mesurer l'humidité d'un matériau (notamment celle des murs d'une construction).

humidité n. f. – XIVe ▪ Caractère de ce qui est humide, chargé d'eau, de liquide, de vapeur ; l'eau, la vapeur imprégnant un corps, un lieu. ⇒ **hygro-.** *Traces d'humidité sur les murs. Papier moisi par l'humidité.* « *les roues étaient rouillées et rongées d'humidité* » (Hugo). ➛ Teneur en vapeur d'eau. *L'humidité de l'air, du climat* (⇒ ① **brouillard, brume, moiteur**). *Mesure de l'humidité atmosphérique.* ⇒ **hygrométrie.** ✪ CONTR. Sécheresse ; aridité.

humiliant, iante adj. – XIIe ▪ Qui cause ou est de nature à causer de l'humiliation. ⇒ **avilissant, dégradant, vexant.** *Situation humiliante. Aveu humiliant.* ✪ CONTR. Exaltant, flatteur, glorieux.

humiliation n. f. – XIVe ; lat. **1** Action d'humilier ou de s'humilier. ⇒ **abaissement, honte.** « *il m'affirma que Dieu me saurait gré de cette humiliation volontaire* » (Apoll.). **2** État, sentiment d'une personne qui est humiliée. ⇒ **confusion, honte.** *Rougir d'humiliation.* **3** Ce qui humilie, blesse l'amour-propre. ⇒ **affront, vexation.** « *les humiliations dévorées en silence, les fureurs matées tant bien que mal* » (Green). ✪ CONTR. Flatterie, glorification, gratification.

humilier v. tr. [7] – XIIe ; lat. *humilis* « humble » **1** Rendre humble, remplir d'humilité. ⇒ **abaisser.** ➛ pronom. *S'humilier devant Dieu.* **2** Rabaisser d'une manière outrageante ou avilissante, atteindre dans sa dignité. ⇒ ① **dégrader, mortifier, vexer.** *Humilier qqn en public.* ➛ pronom. « *Vous voulez que le roi s'abaisse et s'humilie ?* » (Rac.). ➛ *Être humilié de, par son échec.* ⇒ **honteux.** ✪ CONTR. Élever, enorgueillir, exalter, glorifier, gratifier.

humilité n. f. – X^e **1** Sentiment de sa faiblesse, de son insuffisance qui pousse à réprimer tout mouvement d'orgueil. ⇒ **modestie.** *Courber la tête en signe d'humilité. Ton d'humilité.* ⇒ **componction.** **2** Grande déférence. ⇒ **soumission.** « *il détestait l'humilité avec laquelle elle acceptait qu'il la rudoyât* » (Green). loc. *En toute humilité :* très humblement. ✪ CONTR. Amour-propre, fierté, insolence, orgueil, ① superbe, vanité.

humoral, ale, aux adj. – XIVe ; lat. *humor* « humeur » ▪ Relatif aux liquides organiques.

humoriste n. et adj. – XVIe ▪ Qui a de l'humour ; qui s'exprime avec humour. ➛ n. « *Plus un humoriste est intelligent, moins il a besoin de déformer la réalité pour la rendre signifiante* » (Gide). ➛ Auteur de dessins satiriques ou comiques. ⇒ **caricaturiste.**

humoristique adj. – XIXe ▪ Relatif à l'humour ; qui s'exprime avec humour ; empreint d'humour. *Récit, dessin humoristique.*

humour n. m. – XVIIIe ; mot angl., empr. au fr. *humeur* ▪ Forme d'esprit qui consiste à présenter la réalité avec drôlerie, qu'elle soit insolite, absurde ou désagréable. « *Humour : pudeur, jeu d'esprit. C'est la propreté morale et quotidienne de l'esprit* » (Renard). *Un récit plein d'humour.* ⇒ **humoristique.** *Humour à froid.* ⇒ **pince-sans-rire.** *L'humour anglais, juif.* HUMOUR NOIR, qui exploite des sujets dramatiques. ➛ *Avoir de l'humour, le sens de l'humour :* être capable de s'exprimer avec humour, de comprendre l'humour. *Manquer d'humour.* ✪ CONTR. Sérieux.

❑ « *Les Anglais ont pris leur* humour, *qui signifie chez eux plaisanterie naturelle, de notre mot* humeur *employé en ce sens dans les premières comédies de Corneille* » (Voltaire).

humus [ymys] **n. m.** – XVIIIe ; mot lat. « sol » ■ Matière organique du sol formée par la décomposition des matières animales et végétales. ⇒ **terreau.** *Une odeur « de forêt, d'humus, de feuilles pourrissantes »* (Perec).

***hune** **n. f.** – XIIe ; germ. ■ Plateforme d'un bateau arrondie à l'avant, qui repose sur un bas-mât. ✪ HOM. Une.

***hunier** **n. m.** – XVIe ■ Voile carrée du mât de hune, située au-dessus des basses voiles.

***huppe** **n. f.** – XIIe ; lat. *upupa* 1 Oiseau *(coraciadiformes)* portant une touffe érectile de plumes sur la tête, appelé communément *coq héron.* 2 par ext. Touffe de plumes que portent certains oiseaux sur la tête. ⇒ **aigrette, houppe.**

❑ *Huppe* et *houppe*, proches par la forme et le sens, n'ont pas la même étymologie.

***huppé, ée** **adj.** – XVe 1 Qui porte une huppe. 2 fam. De haut rang ; riche. « *Ce restaurant est fréquenté par les gens les plus huppés* » (France).

***hurdler** [œʀdlœʀ] **n. m.** – 1930 ; mot angl., de *hurdle* « haie (de course) » ■ Sportif qui fait des courses de haies.

***hure** **n. f.** – XIIe ; o. i., probablt germ. 1 Tête du sanglier, du cochon, et par ext. de certains animaux à la tête allongée. « *pour le premier service : une hure d'esturgeon* » (Flaub.). 2 Préparation de charcuterie faite avec des morceaux de hure de porc. ⇒ **fromage** (de tête), **museau.**

***hurlant, ante** **adj.** – XVIe 1 Qui hurle. *Meute hurlante.* « *Les monstres glapissants, hurlants* » (Baud.). 2 Qui produit un son semblable à un hurlement. *Sirène hurlante.* 3 Qui produit un effet violent. *Témoignage hurlant de vérité.* ⇒ **criant.**

***hurlement** **n. m.** – XIIe 1 Cri aigu et prolongé que poussent certains animaux (loup, chien). 2 (personnes) Cri violent et prolongé. *Pousser des hurlements de terreur, de rage.* « *les oreilles percées par les hurlements du dernier-né* » (Sartre). ⇒ **braillement.** 3 fig. *Les hurlements du vent.*

***hurler** **v.** 1 – XIIe ; lat. *ululare* **I v. intr.** 1 (animaux) Pousser des hurlements. *Chien qui hurle à la lune, à la mort.* ➛ loc. fig. *Hurler avec les loups :* se rallier aux attitudes, aux opinions du plus grand nombre. 2 (personnes) Pousser des cris prolongés et violents. « *Il frémit, haletant d'effroi, et se mit à hurler* » (Green). 3 Parler, crier, chanter de toutes ses forces. ⇒ fam. **brailler, gueuler.** 4 Produire un son semblable à un hurlement. « *la sirène de la jetée hurla* » (Maupass.). 5 fig. (couleurs) Produire un effet violemment discordant. ⇒ **jurer.** **II v. tr.** Exprimer par des hurlements. *Hurler sa douleur.* ♦ Dire avec fureur, en criant très fort. ⇒ **clamer.** *Hurler des injures, des menaces.*

❑ De même origine étymologique que *hululer.*

***hurleur, euse** **adj.** et **n.** – XVIIe ■ Qui hurle, pousse des hurlements. ⇒ **braillard.** ➛ *Singe hurleur,* ou **n. m.** *un hurleur.* ⇒ **alouate.**

hurluberlu, ue **n.** – XVIe ; p.-ê. de *hurelu* « ébouriffé », de *hure* et *berlu* « qui a la berlue » ■ Personne qui parle et agit d'une manière extravagante. ⇒ **écervelé, farfelu, loufoque.** ➛ **adj.** *Elle est un peu hurluberlue.* ✪ CONTR. Sage, sérieux.

***huron, onne** **n.** et **adj.** – XIVe ; de *hure* ■ Membre d'une peuplade indienne d'Amérique du Nord (Canada). *Un Huron.* ➛ **n. m.** *Le huron :* langue du groupe iroquois parlée au Canada.

***hurrah** → **hourra**

***husky** [œski] **n. m.** – v. 1983 ; mot angl. « enroué » ■ Chien de traîneau à fourrure beige et noire. *Un attelage de huskys* (ou *huskies*).

❑ Pour le pluriel → ① y (rem.).

***hussard** **n. m.** – XVIe ; hongr. *huszár* « le vingtième » ■ anciennt Cavalier de l'armée hongroise. ♦ Soldat de la cavalerie légère. ellipt *Le quatrième hussards.*

***hussarde** **n. f.** – XVIIIe ■ loc. adv. et loc. adj. *À la hussarde :* à la manière des hussards. *Danse à la hussarde,* ou *une hussarde,* danse hongroise. ♦ fig. Brutalement, sans délicatesse. « *Ce matin, réveil à la hussarde* » (Tournier).

***hussite** **n. m.** – XVe ■ Chrétien de Bohême partisan de Jan Hus.

***hutte** **n. f.** – XIVe ; germ. ■ Abri rudimentaire, de bois, de terre, de paille. ⇒ **cabane.** « *Une hutte d'osier et de roseaux m'apparut* » (Bosco). ✪ HOM. Ut.

hyacinthe **n. f.** – XVIe ; gr. *huakinthos* 1 Pierre fine, variété de zircon jaune rougeâtre. 2 vx Jacinthe.

❑ En poésie, ce mot désigne la couleur jaune orangé : « *Les soleils couchants Revêtent les champs* [...] *D'hyacinthe et d'or* » (Baudelaire).

hyalin, ine **adj.** – XVe ; gr. *hualos* « verre » ■ Qui a la transparence du verre. *Quartz hyalin :* cristal de roche. ✪ CONTR. Opaque.

hyalite **n. f.** – XIXe 1 Variété transparente d'opale. 2 Inflammation du corps vitré de l'œil.

hyaloïde **adj.** – XVIe ■ En anatomie, Qui ressemble à du verre. *Humeur hyaloïde :* humeur vitrée de l'œil.

hybridation **n. f.** – XIXe ■ Croisement entre plantes ou animaux de variété ou d'espèce différente (⇒ aussi **métissage).**

hybride **adj.** et **n. m.** – XVIe ; lat. 1 Qui provient du croisement de variétés, de races, d'espèces différentes (⇒ aussi **métis).** *Maïs hybride.* ➛ **n. m.** *Le mulet est un hybride de l'âne et de la jument.* 2 *Mot hybride,* formé d'éléments empruntés à des langues différentes. 3 Composé d'éléments disparates. ⇒ **composite.** *Opter pour une solution hybride.* ⇒ **bâtard.** ➛ **n. m.** « *L'homme d'affaires, c'est un hybride du danseur et du calculateur* » (Valéry). ✪ CONTR. Pur.

❑ L'étude des *hybrides* a été fondamentale dans les théories de l'évolution et de l'hérédité.

hybrider **v. tr.** 1 – XIXe ■ Pratiquer l'hybridation entre. ⇒ **croiser.**

hybridisme **n. m.** – XIXe ■ sc. État caractérisant les hybrides.

hybridome **n. m.** – v. 1980 ■ Lignée cellulaire issue de la fusion de lymphocytes avec une lignée appropriée de cellules transformées.

hydarthrose **n. f.** – XIXe ; gr. *hudôr* « eau » et *arthron* « articulation » ■ Épanchement d'un liquide séreux dans une cavité articulaire.

hydatide **n. f.** – XVIe ; gr. *hudôr* « eau » ■ Forme larvaire de l'échinocoque.

hydatique **adj.** – XVIIIe ■ Relatif aux hydatides. *Kyste hydatique.* ⇒ **échinococcose.**

hydne **n. m.** – XVIIIe ; gr. *hudnon* « tubercule, truffe » ■ Champignon basidiomycète, charnu ou coriace, présentant des aiguillons sous le chapeau. ⇒ **pied-de-mouton.**

hydracide **n. m.** – XIXe ■ Acide ne renfermant pas d'oxygène mais de l'hydrogène et d'autres éléments. ⇒ **-hydrie.**

hydraire n. m. – XIXe ▪ Cœlentéré *(hydrozoaires)* qui passe par les phases de polype vivant en colonie, puis de méduse libre.

hydrant n. m., **hydrante** n. f. – XIXe ; mot all. ▪ (Suisse) Borne d'incendie.

hydrargyrisme n. m. – XIXe ; de *hydrargyre* vx « mercure », gr. *arguros* « argent » ▪ Intoxication par le mercure ou ses composés.

hydratant, ante adj. et n. m. – XIXe ▪ Qui fixe l'eau, qui permet l'hydratation. *Lotion hydratante,* qui hydrate la peau. ➛ n. m. *Un hydratant.*

hydratation n. f. – XIXe **1** Transformation (d'un corps) en hydrate. **2** Introduction d'eau dans l'organisme. *Hydratation de la peau.* ✪ CONTR. **Déshydratation.**

hydrate n. m. – XIXe ; gr. *hudôr* « eau » **1** Composé renfermant une ou plusieurs molécules d'eau. **2** vieilli *Hydrate de carbone :* glucide.

hydrater v. tr. [1] – XIXe **1** Combiner (un corps chimique) avec de l'eau. ➛ pronom. *S'hydrater :* passer à l'état d'hydrate. **2** Introduire, fixer de l'eau (dans l'organisme). ✪ CONTR. **Déshydrater.**

hydraulicien, ienne n. – XIXe ▪ Spécialiste de l'hydraulique.

hydraulique adj. et n. f. – XVe ; gr. *aulos* « flûte, tuyau » **I** adj. **1** Mû par l'eau ; qui utilise l'énergie statique ou dynamique de l'eau, d'un liquide. *Roue hydraulique.* ⇒ ③ **aube.** *Moteur hydraulique. Suspension hydraulique. « une presse hydraulique pour fabriquer mon huile avec des noisettes »* (Balz.). **2** *Énergie hydraulique,* fournie par les cours et les chutes d'eau, les marées. ⇒ **hydroélectricité. 3** Relatif à la circulation, à la distribution de l'eau. *Installation hydraulique.* **4** Qui durcit sous l'action de l'eau. *Mortier hydraulique.* **II** n. f. Science, technique des liquides en mouvement **(⇒ hydrodynamique).**

hydravion n. m. – 1913 ▪ Avion conçu pour décoller et se poser à la surface de l'eau.

> ❑ L'*hydravion* est un *avion* qui flotte et l'*hydroptère* un *bateau* qui vole.

hydrazine n. f. – XIXe ; de *hydr(o)-* et *az(ote)* ▪ Base liquide corrosive ($H_2N–NH_2$) utilisée comme combustible dans les fusées.

hydre n. f. – XIIIe ; gr. *hudra* « serpent d'eau » **1** Animal fabuleux de la mythologie grecque. *L'hydre de Lerne :* serpent à sept têtes qui repoussaient sitôt coupées. ♦ fig. Mal qui se renouvelle en dépit des efforts faits pour s'en débarrasser. *« l'hydre de l'hérésie fut de nouveau terrassée »* (Chateaub.). *L'hydre du racisme.* **2** Hydraire, polype solitaire de petite taille portant une couronne de tentacules filiformes autour de la bouche. *Hydre d'eau douce.*

> ❑ L'*hydre* (« polype ») a la faculté de régénérer les parties de son corps qui sont coupées, tout comme l'animal mythique.

-hydre → **hydr(o)-**

hydrémie n. f. – XIXe ; *hydr(o)-* et *-émie* ▪ Quantité d'eau contenue dans le sang. ➛ Excès d'eau dans le sang.

-hydrie, -hydrique Éléments indiquant les hydracides, leur présence dans l'organisme. ⇒ **hydr(o)-** (2°).

hydrique adj. – XIXe ; *hydr(o)-* et *-ique* ▪ sc. Qui a rapport à l'eau ; de l'eau. ➛ Qui se fait par l'eau.

hydr(o)-, -hydre 1 Éléments, du gr. *hudôr* « eau ». **2** HYDR(O)- : élément indiquant la présence d'hydrogène.

> ❑ Ne pas confondre avec *hygro-* « humide ». Comparer *hydrophile* et *hygrophile.*

hydrocarbonate n. m. – XIXe ▪ Carbonate hydraté.

hydrocarboné, ée adj. – XIXe ▪ Formé de carbone et d'hydrogène.

hydrocarbure n. m. – XIXe ▪ Composé organique contenant seulement du carbone et de l'hydrogène ; carbure d'hydrogène. *Les huiles minérales sont des mélanges d'hydrocarbures.* ⇒ **pétrole.**

hydrocèle n. f. – XVIe ; gr. *hudrokêlê* ▪ Épanchement séreux dans la tunique vaginale du testicule ou dans les tuniques du cordon spermatique.

> ❑ Même famille que *hépatocèle* et *varicocèle.* → -cèle.

hydrocéphale adj. et n. – XVIe ; gr. *kephalê* « tête » ▪ Qui est atteint d'hydrocéphalie. ➛ n. *Un « hydrocéphale, qui avait en guise de tête une monstrueuse protubérance »* (Beauv.).

hydrocéphalie n. f. – XIXe ▪ Excès de liquide céphalorachidien dans les cavités du cerveau.

hydrocoralliaire n. m. – 1933 ▪ Hydrozoaire formé de polypes entourés de calcaire.

hydrocortisone n. f. – 1959 ▪ Hormone corticosurrénale prescrite comme médicament anti-inflammatoire.

hydrocraquage n. m. – 1968 ; adapt. de l'angl. *hydrocracking* ▪ Procédé de raffinage du pétrole par craquage en présence d'hydrogène.

hydrocution n. f. – 1950 ; de *hydro-* et *(électro)cution* ▪ Syncope survenant au contact trop brutal du corps avec l'eau froide et pouvant entraîner la mort.

> ❑ La finale *...cution* n'est pas un suffixe ; le mot *electrocution* est formé en anglais avec *(exe)cution.*

hydrodynamique adj. et n. f. – XVIIIe **1** Relatif aux mouvements des liquides, par ext. des gaz non comprimés **(⇒ aéraulique).** ➛ Conçu pour minimiser la résistance de l'eau. *Forme hydrodynamique d'un bateau.* **2** n. f. Science des écoulements des liquides. ⇒ **hydraulique.**

hydroélectricité ou **hydro-électricité** n. f. – v. 1950 ▪ Électricité produite par l'énergie hydraulique.

hydroélectrique ou **hydro-électrique** adj. – XVIIIe ▪ Relatif à la production d'électricité par l'énergie hydraulique, au moyen de turbines. *« les chutes du Niagara alimentent dans un grondement de tonnerre le plus grand ensemble hydro-électrique du continent américain »* (Tournier).

hydrofoil [idʀɔfɔjl] n. m. – 1955 ; mot angl., de *foil* « feuille, surface plane » ▪ vieilli ⇒ **hydroptère.**

hydrofuge adj. – XIXe ; *hydro-* et *-fuge* ▪ Qui préserve de l'eau, de l'humidité. *Peinture hydrofuge.*

hydrofuger v. tr. [3] – 1933 ▪ Rendre hydrofuge. ⇒ **imperméabiliser.**

hydrogénation n. f. – XIXe ▪ Action d'hydrogéner ; résultat de cette action.

hydrogène n. m. – XVIIIe ; *hydro-* et *-gène* ▪ Élément atomique (H ; n° at. 1 ; m. at. 1) le plus léger et le plus simple, gaz incolore et inodore. *Molécule d'hydrogène* (H_2). *Bombe* à hydrogène* ou *bombe H.* ➛ *L'hydrogène entre dans la composition de l'eau* (H_2O) *et des substances organiques.*

> ❑ Ce mot a d'abord été un adjectif signifiant « qui produit de l'eau ». → oxygène (rem.).

hydrogéné, ée adj. – XIXe ▪ Combiné avec l'hydrogène ; qui contient de l'hydrogène.

hydrogéner v. tr. [6] – XIXe ▪ Combiner avec de l'hydrogène.

hydrogéologie n. f. – XIXe ▪ Partie de la géologie traitant de la recherche et du captage des eaux souterraines.

hydroglisseur n. m. – 1914 ; de *hydro-* et *glisser* ▪ Bateau à fond plat mû par une hélice aérienne.

hydrographe n. – XVIe ▪ Spécialiste d'hydrographie.

hydrographie n. f. – XVIe ; *hydro-* et *-graphie* **1** Partie de la géographie physique qui traite des océans (⇒ **océanographie**), des mers, des eaux douces. ◆ Topographie maritime considérée du point de vue de la navigation. **2** Ensemble des cours d'eau et des lacs d'une région.

hydrographique adj. – XVIe ▪ Relatif à l'hydrographie. *Réseau hydrographique d'une région.*

hydrolase n. f. – XIXe ; de *hydrol(yse)* et *-ase* ▪ Enzyme qui catalyse une hydrolyse (ex. pepsine).

hydrolat n. m. – XIXe ; de *hydro-*, d'apr. *alcoolat* ▪ Eau chargée, par distillation, d'arômes végétaux. *Hydrolat de roses.*

hydrologie n. f. – XVIIe ; *hydro-* et *-logie* ▪ Étude des eaux, de leurs propriétés.

hydrologique adj. – XIXe ▪ Relatif à l'hydrologie.

hydrologue n. – XIXe ▪ Géophysicien spécialiste de l'hydrologie.

hydrolyse n. f. – XIXe ; *hydro-* et *-lyse* ▪ Décomposition chimique d'un corps par fixation d'eau. *Hydrolyse des sucres.*

hydrolyser v. tr. [1] – XIXe ▪ Décomposer par hydrolyse.

hydromécanique adj. – XIXe ▪ Mû par l'eau. ⇒ **hydraulique.**

hydromel n. m. – XIVe ; gr. *meli* « miel » ▪ Boisson faite d'eau et de miel, souvent fermentée. « *Un hydromel égal à celui de Junon* » (Jammes).

> ❑ Même famille étymologique que *mélasse, mélilot, mélisse* et les mots en *melli-*.

hydromètre n. m. et f. – XVIIIe ; *hydro-* et *-mètre* **1** n. m. Instrument qui sert à mesurer la densité, la pression des liquides. **2** n. f. Insecte *(hétéroptères)* appelé communément *araignée d'eau.*

> ❑ Le terme courant *araignée d'eau* est impropre, l'*hydromètre* étant un insecte alors que l'araignée est un arachnide.

hydrométrie n. f. – XVIIIe ; *hydro-* et *-métrie* ▪ Science qui étudie les propriétés physiques des liquides.

hydrominéral, ale, aux adj. – XIXe **1** Relatif aux eaux minérales. ⇒ **thermal. 2** Se dit du métabolisme de l'eau et des électrolytes.

hydronéphrose n. f. – XIXe ; *hydro-*, *néphr(o)-* et *-ose* ▪ Distension des calices et du bassinet du rein par accumulation d'urine, en cas d'obstruction des uretères.

hydropéricarde n. m. – XIXe ▪ Accumulation de sérosité dans le péricarde.

hydrophile adj. et n. m. – 1902 ; *hydro-* et *-phile* **1** Qui absorbe l'eau, les liquides. *Coton hydrophile.* **2** n. m. Insecte *(coléoptères)* qui vit dans les eaux stagnantes. ✪ CONTR. Hydrophobe.

hydrophobe adj. et n. – XVIe ; *hydro-* et *-phobe* **1** Qui a une peur morbide de l'eau. **2** Que l'eau ne mouille pas. *Fibre hydrophobe.* ✪ CONTR. Hydrophile.

hydrophobie n. f. – XIVe ▪ Peur morbide de l'eau.

hydrophone n. m. – mil. XXe ; *hydro-* et *-phone* ▪ Transducteur électroacoustique utilisé pour l'émission et la réception d'ondes acoustiques dans l'eau, que l'on emploie en sismologie, dans la détection pétrolière, etc.

hydropique adj. – XIIe ▪ vieilli Atteint d'hydropisie. ◆ n. *Un, une hydropique.*

hydropisie n. f. – XIIe ; gr. *hudrôps* ▪ vieilli Épanchement de sérosité dans une cavité naturelle du corps (spécialt l'abdomen). « *l'hydropisie avait réduit à rien son buste au profit du ventre énorme* » (Jouhand.). ◆ mod. Cet épanchement, quand il entraîne des œdèmes généralisés.

hydropneumatique adj. – XIXe ▪ Qui fonctionne à l'aide de l'eau et d'un gaz comprimé. *Freins hydropneumatiques.*

hydroponique adj. – 1951 ; de *hydro-* et lat. *ponere* « poser » ▪ *Culture hydroponique* : culture réalisée à l'aide de substances nutritives, sans le support d'un sol.

hydroptère n. m. – v. 1960 ; *hydro-* et *-ptère* ▪ Navire dont la coque, munie d'ailes portantes, se soulève hors de l'eau à grande vitesse.

> ❑ Ce mot a supplanté l'anglicisme *hydrofoil.* ♦ Ne pas confondre *hydroptère* et *hydravion.* → hydravion (rem.).

hydropulseur n. m. – v. 1975 ; de *hydro-* et *pulser* ▪ Appareil d'hygiène buccodentaire qui projette un jet d'eau sous pression.

hydrosoluble [idʀosɔlybl] adj. – 1933 ▪ Soluble dans l'eau et en milieu aqueux. *Les vitamines B, C sont hydrosolubles.*

hydrosphère n. f. – XIXe ▪ L'élément liquide de la Terre.

hydrostatique n. f. et adj. – XVIIe **1** Science qui étudie les conditions d'équilibre des liquides. **2** adj. Relatif à l'hydrostatique. *Niveau hydrostatique* : surface de la nappe phréatique.

hydrothérapie n. f. – XIXe ▪ Emploi thérapeutique de l'eau sous toutes ses formes. ⇒ **balnéothérapie, thalassothérapie.**

hydrothérapique adj. – XIXe ▪ Relatif à l'hydrothérapie.

hydrothermal, ale, aux adj. – XIXe ▪ Qui se rapporte aux eaux thermales ; qui résulte de l'action des eaux thermales. *Source hydrothermale.*

hydrothorax [idʀotɔʀaks] n. m. – XVIIIe ▪ Épanchement de liquide clair, non inflammatoire, dans la plèvre.

hydrotimétrie n. f. – XIXe ; gr. *hudrotês* « liquidité » et *-métrie* ▪ Détermination de la dureté d'une eau par dosage de ses sels de calcium et de magnésium.

hydroxyde n. m. – XIXe ; de *hydr(o)-* et *oxyde* ▪ Composé formé par l'union d'un métal avec un ou plusieurs hydroxyles. ⇒ **base.**

hydroxyle n. m. – XIXe ; *hydr(o)-*, *ox(ygène)* et *-yle* ▪ Radical monovalent OH. ◆ *Ion hydroxyle* : radical OH chargé négativement.

hydrozoaires n. m. pl. – XIXe ; *hydro-* et *-zoaire* ▪ Classe de cœlentérés présentant des formes polypes et des formes méduses. sing. *Un hydrozoaire.*

hydrure n. m. – XVIIIe ; *hydr(o)-* et *-ure* **1** Composé que forme l'hydrogène avec un corps simple ou composé. **2** Composé binaire d'un métal avec l'hydrogène.

(*)hyène n. f. – XIIe ; gr. *huaina* ▪ Mammifère carnassier d'Afrique et d'Asie à pelage gris ou fauve, se nourrissant surtout de charognes. « *les nécropoles embaumées où les hyènes glapissent, nichées sous les momies des rois* » (Flaub.). ✪ HOM. Yen.

> ❑ Le *h* initial est considéré tantôt comme muet et on fait l'élision (ou la liaison) : « *des chaussures en peau d'hyène* » (Flaubert), tantôt comme aspiré : « *les cris de hyène* » (Balzac).

hygiaphone n. m. – 1965 ; nom déposé, du gr. *hugiês* « sain » et *-phone* ▪ Dispositif formé d'une plaque transparente perforée permettant le dialogue de part et d'autre d'un guichet, en évitant toute contamination.

❑ *Hygia...* n'est pas un radical.

hygiène n. f. – XVIe ; gr. *hugieinon* « santé » **1** Ensemble des principes et des pratiques tendant à préserver, à améliorer la santé. *Prendre des mesures d'hygiène. Avoir une bonne hygiène alimentaire* : se nourrir sainement. « *elle avait suivi une certaine hygiène ; elle avait toujours ménagé son cœur malade* » (Mauriac). ➛ *Hygiène publique* : ensemble des moyens mis en œuvre par les pouvoirs publics pour sauvegarder la santé publique. ⇒ **salubrité, santé.** *Services d'hygiène d'une ville.* ♦ *Hygiène mentale.* **2** Ensemble des soins visant à la propreté du corps. *Hygiène corporelle, dentaire.*

❑ Avant la découverte des microbes, l'hygiène luttait contre la putréfaction, les émanations puantes (miasmes), l'air humide et vicié.

hygiénique adj. – XVIIIe **1** Qui a rapport à l'hygiène, à la propreté. ➛ *Papier hygiénique. Serviette, tampon hygiénique,* utilisés pendant les règles. ⇒ **périodique.** **2** Qui est conforme à l'hygiène, bon pour la santé. ⇒ ① **sain.** *Promenade hygiénique.* « *MATELAS. Plus il est dur, plus il est hygiénique* » (Flaub.). ✪ CONTR. Antihygiénique.

hygiéniquement adv. – XIXe ▪ D'une manière hygiénique.

hygiéniste n. – XIXe ▪ Médecin spécialiste des questions d'hygiène.

hygro- Élément, du gr. *hugros* « humide ».

❑ Ne pas confondre avec *hydro-* « eau », les sens étant voisins.

hygroma n. m. – XIXe ; *hygro-* et *-ome* ▪ Collection séreuse enkystée. *Hygroma du genou, du coude.*

hygromètre n. m. – XVIIe ; *hygro-* et *-mètre* ▪ Instrument de précision servant à mesurer le degré d'humidité de l'air.

hygrométrie n. f. – XVIIIe ▪ Mesure du degré d'humidité de l'atmosphère ; cette humidité.

❑ Ne pas confondre avec *hydrométrie* « étude des propriétés physiques des liquides ».

hygrométrique adj. – XVIIIe ▪ Qui a rapport à l'hygrométrie. *État, degré hygrométrique de l'air.*

hygrophile adj. – XIXe ; *hygro-* et *-phile* ▪ sc. Qui a une préférence pour les lieux humides. *Mousse hygrophile.* ✪ CONTR. Hygrophobe, xérophile.

hygrophobe adj. – XIXe ; *hygro-* et *-phobe* ▪ Qui fuit l'humidité, qui ne peut s'adapter à un habitat humide. ✪ CONTR. Hygrophile.

hygroscope n. m. – XVIIe ; *hygro-* et *-scope* ▪ Hygromètre indiquant les variations d'humidité de l'air. *L'hygroscope au chlorure de cobalt vire du bleu au rose par temps humide.* « *La danseuse de l'hygroscope Se balance entre mauve et bleu* » (Aragon).

❑ L'*hygroscope* donne une indication approximative, à la différence de l'*hygromètre* qui donne une mesure précise.

hygroscopie n. f. – XIXe ▪ Hygrométrie.

hygroscopique adj. – XVIIIe ▪ Qui a rapport à l'hygroscope ou à l'hygroscopie. ♦ Qui absorbe l'humidité de l'air. *Sels hygroscopiques.*

hyl(é)-, hyl(o)- Éléments, du gr. *hulê* « bois ; matière ». ⇒ **-yle.**

① **hymen** [imɛn] n. m. – XVIe ; gr. *humên* « cri poussé lors du mariage » ▪ littér. et vieilli Mariage. ⇒ **hyménée.** « *Je sais qu'ils se sont fait une superbe loi De ne point à l'hymen assujettir leur foi* » (Rac.).

❑ Le rapprochement étymologique avec ② *hymen* « membrane » n'est qu'une supposition.

② **hymen** [imɛn] n. m. – XVIe ; gr. *humên* « membrane » ▪ Membrane qui ferme partiellement l'entrée du vagin, chez la vierge (⇒ **pucelage, virginité**).

❑ Pour l'étymologie → ① hymen (rem.).

hyménée n. m. – XVIe ▪ littér. et vieilli Mariage. ⇒ ① **hymen.**

hyménium [imenjɔm] n. m. – XIXe ; gr. *humenion* « petite membrane » ▪ Chez certains champignons, Assise de cellules reproductrices.

hymén(o)- Élément, du gr. *humên* « membrane ».

hyménomycètes n. m. pl. – XIXe ; *hyméno-* et *-mycète* ▪ Super-ordre de champignons *(basidiomycètes)* chez lesquels l'hyménium tapisse l'extérieur de l'appareil producteur de spores. ➛ au sing. *Un hyménomycète.*

hyménoptères n. m. pl. – XVIIIe ; *hyméno-* et *-ptère* ▪ Ordre d'insectes caractérisés par deux paires d'ailes membraneuses brillantes (ex. abeilles, fourmis). ➛ au sing. *Un hyménoptère.*

hymne n. – XIIe ; gr. *humnos* **1** n. m. Chant, poème à la gloire des dieux, des héros. **2** n. m. ou f. Chant à la louange de Dieu. ⇒ **cantique, psaume.** *J'entendis « chanter cette hymne avant le jour sur le perron de la cathédrale »* (Rouss.). **3** n. m. Chant, poème lyrique exprimant la joie, célébrant une personne, une chose. *Hymne à la nature. Un hymne d'amour.* ♦ Chant en l'honneur de la patrie. *L'hymne national français est « la Marseillaise ».*

hyoïde adj. – XVIe ; gr. *huoeidês (ostoûn)* « (os) en forme de *u* » ▪ *Os hyoïde,* ou n. m. *l'hyoïde* : os en forme de fer à cheval, situé au-dessus du larynx.

hypallage n. f. – XVIe ; gr. *hupallagê* « échange, interversion » ▪ Figure de style qui consiste à attribuer à certains mots d'une phrase ce qui convient à d'autres mots de la même phrase (ex. rendre qqn à la vie pour rendre la vie à qqn). ⇒ **métonymie.**

hyper- Élément, du gr. *huper* « au-dessus, au-delà », qui exprime l'excès, le plus haut degré dans des formations savantes ou familières. ⇒ **super-.** ✪ CONTR. Hypo-.

❑ Le mode de formation avec *hyper-* et un mot ordinaire est de plus en plus productif (ex. *hypermarché*).

hyperacidité n. f. – XIXe ▪ Acidité excessive (notamment du suc gastrique).

hyperacousie n. f. – XIXe ; de *hyper-* et gr. *akousis* « action d'entendre » ▪ Sensibilité excessive de l'acuité auditive. ✪ CONTR. Hypoacousie.

❑ Même famille étymologique que *acoustique.*

hyperactif, ive adj. et n. – probablt déb. XXe ▪ Qui déploie une très grande activité.

hyperactivité n. f. – 1900 ▪ Activité intense ou excessive.

hyperalgésie n. f. – XIXe ; de *hyper-* et du gr. *algos* « douleur » ▪ Augmentation anormale de la sensibilité à la douleur. ⇒ **hyperalgie.** ✪ CONTR. Hypoalgésie.

hyperalgie n. f. – 1957 ; *hyper-* et *-algie* ▪ Sensibilité accrue à la douleur (⇒ aussi **hyperalgésie**).

hyperbare adj. – 2e moitié du XXe ; *hyper-* et *-bare* ▪ Se dit d'une enceinte où la pression est supérieure à la pression atmosphérique. *Caisson hyperbare.*

hyperbate n. f. – XVIe ; gr. *huperbaton* « inversion » ▪ Figure de style qui consiste à intervertir l'ordre naturel des mots (⇒ **inversion).**

hyperbole n. f. – XIIIe ; gr. *huper* « au-dessus » et *ballein* « lancer » I Figure de style qui consiste à mettre en relief une idée au moyen d'une expression excessive (opposé à *litote*). ⇒ **emphase, exagération.** *Manier l'hyperbole.* II Courbe géométrique formée par les points d'un plan dont les distances à deux points fixes de ce plan ont une différence constante.

❑ Même famille étymologique que *discobole, parabole.*

hyperbolique adj. – XVIe I Caractérisé par l'hyperbole. ⇒ **emphatique, grandiloquent.** *Des compliments hyperboliques.* ⇒ **exagéré, excessif.** II - 1 Relatif à l'hyperbole. ➛ *Fonctions hyperboliques.* 2 Qui a la forme d'une hyperbole. *Miroir hyperbolique.*

hyperboréen, enne adj. – XVIe ; gr. *huper* et *boreas* « vent du nord, nord » ▪ littér. De l'extrême Nord. ⇒ **arctique, septentrional.** « *bises hyperboréennes* » (J. Verne).

❑ On trouve aussi *hyperboréal* chez Loti.

hyperchlorhydrie [ipɛʀklɔʀidʀi] n. f. – XIXe ▪ Excès d'acide chlorhydrique dans le suc gastrique. ⇒ **hyperacidité.** ✪ CONTR. Hypochlorhydrie.

hypercholestérolémie [ipɛʀkɔlɛsteʀɔlemi] n. f. – 1912 ▪ Élévation de la teneur en cholestérol du sang, facteur prédisposant à l'athérosclérose.

hyperchromie [ipɛʀkʀɔmi] n. f. – 1901 ; *hyper-* et *-chromie* 1 Pigmentation accrue, locale ou étendue, de la peau. *Hyperchromie d'un nævus.* ⇒ **mélanisme.** 2 Augmentation relative de l'hémoglobine du sang. ✪ CONTR. Achromie, hypochromie.

hypercorrection n. f. – mil. XXe ▪ Reconstruction fautive d'une forme linguistique produisant une forme supposée correcte. *Employer « vous médites » pour « vous médisez » par hypercorrection.*

hyperémie n. f. – XIXe ; *hyper-* et *-émie* ▪ Congestion locale d'un organe ou d'un tissu due à une cause physique ou chimique.

hyperémotif, ive adj. et n. – 1913 ▪ Exagérément émotif.

❑ Pour le sens → hypersensible (rem.).

hyperémotivité n. f. – 1905 ▪ Exagération de l'émotivité ; susceptibilité extrême aux émotions. ⇒ **hypersensibilité.**

hyperespace n. m. – fin XIXe ▪ En mathématiques, Espace de plus de trois dimensions. « *les mathématiciens dessinent les courbures de leurs hyperespaces* » (Caillois).

hyperesthésie n. f. – XIXe ; *hyper-* et *-esthésie* ▪ Sensibilité exagérée, pathologique. *Hyperesthésie du toucher.*

hyperfocal, ale, aux adj. – v. 1900 ▪ *Distance hyperfocale :* la plus petite distance à laquelle un appareil photographique mis au point sur l'infini donne l'image nette d'un objet.

hyperfréquence n. f. – 1949 ▪ Fréquence radioélectrique très élevée (supérieure à 1000 mégahertz).

hyperglycémie n. f. – XIXe ▪ Excès de sucre dans le sang. ⇒ **diabète.** ✪ CONTR. Hypoglycémie.

hyperlipémie n. f. – 1958 ▪ Excès de lipides dans le sang. ✪ CONTR. Hypolipémie.

hypermarché n. m. – v. 1968 ▪ Magasin libre service à grande surface. ⇒ **supermarché.** Abrév. fam. HYPER. *Les hypers.*

❑ Ce mot désigne officiellement une grande surface de plus de 2500 m².

hyperménorrhée n. f. – 1950 ; *hyper-* et *-ménorrhée* ▪ Excès de l'écoulement menstruel. ⇒ **ménorragie.**

hypermétrope adj. et n. – XIXe ; gr. *hupermetros* « qui passe la mesure » et *ops, opis* « œil, vue » ▪ Qui ne distingue pas avec netteté les objets très rapprochés. ⇒ **presbyte.** ➛ n. *Un, une hypermétrope.*

hypermétropie n. f. – XIXe ▪ État d'un œil pour lequel les images se forment en arrière de la rétine (opposé à *myopie*). ⇒ **amétropie, presbytie.**

hypermnésie n. f. – XIXe ; *hyper-* et *-mnésie* ▪ Exaltation pathologique de la mémoire. ✪ CONTR. Amnésie.

hypernerveux, euse adj. – 1926 ▪ D'une nervosité excessive, pathologique. ➛ subst. *C'est une hypernerveuse.*

hypéron n. m. – 1953 ; de *hyper-* et *(électr)on* ▪ Baryon de masse supérieure à celle du nucléon.

❑ Parmi les mots formés avec *hyper-*, *hypéron* est le seul à porter un accent. → supérette (rem.).

hyperonyme n. m. – v. 1960 ; *hyper-* et *-onyme* ▪ *Hyperonyme d'un mot,* mot qui englobe son sens et lui sert de classificateur. ⇒ ① **générique.** « *Insecte* » *est l'hyperonyme de « papillon », « guêpe »...* ✪ CONTR. Hyponyme.

hyperplasie n. f. – XIXe ; *hyper-* et *-plasie* ▪ Développement anormal d'un tissu, d'un organe, par multiplication de ses cellules (opposé à *aplasie*). ⇒ **hypertrophie.**

hyperréalisme [ipɛʀʀealism] n. m. – 1971 ▪ Courant artistique d'origine américaine, caractérisé par la reproduction minutieuse de la réalité.

hyperréaliste [ipɛʀʀealist] adj. et n. – v. 1972 ▪ Qui concerne l'hyperréalisme. *La peinture hyperréaliste.* ➛ n. *Les hyperréalistes américains.*

hypersécrétion n. f. – XIXe ▪ Sécrétion excessive d'une glande. *Hypersécrétion de larmes, de salive.* ✪ CONTR. Hyposécrétion.

hypersensibilité n. f. – XIXe ▪ Sensibilité exagérée, pathologique. ⇒ **hyperémotivité.** ✪ CONTR. Insensibilité.

hypersensible adj. et n. – 1930 ▪ D'une sensibilité extrême, exagérée. ➛ *Organe, tissu hypersensible à* (une excitation, un allergène). ✪ CONTR. Insensible.

❑ *Hypersensible* est plus proche de *fragile, susceptible* que de *hyperémotif.*

hypersomnie n. f. – 1927 ; de *hyper-* et lat. *somnus* « sommeil » ▪ Exagération du besoin de dormir, au cours de certaines affections. ✪ CONTR. Insomnie.

hypersonique adj. – mil. XXe ; de *hyper-*, d'apr. *supersonique* ▪ *Vitesses hypersoniques,* plusieurs fois supérieures à celle du son (mesurées en nombre de Mach*). ⇒ **supersonique.**

hypersustentateur, trice adj. et n. m. – mil. XXe ▪ Se dit d'un dispositif destiné à assurer l'augmentation momentanée de la portance des ailes.

hypertélie n. f. – mil. XXe ; gr. *hupertelês,* de *telos* « fin, terme » ▪ Développement exagéré d'un caractère morphologique, d'une structure anatomique, pouvant constituer une gêne (ex. les bois de certains cervidés).

❑ L'hypertélie dessert l'hypothèse selon laquelle « la fonction crée l'organe ».

hypertendu, ue adj. et n. – 1907 ▪ Qui souffre d'hypertension. ➛ n. *Les hypertendus.* ✪ CONTR. Hypotendu.

hypertensif, ive adj. – 1907 ▪ Qui relève, qui augmente la tension vasculaire. *Médicament hypertensif,* ou n. m. *un hypertensif.* ✪ CONTR. Hypotenseur.

hypertension n. f. – XIXe ▪ Tension artérielle supérieure à la normale ; augmentation de la tension. *Souffrir d'hypertension.* ✪ CONTR. Hypotension.

hyperthermie n. f. – XIXe ; *hyper-* et *-thermie* ▪ SC. Fièvre. ✪ CONTR. Hypothermie.

hyperthyroïdie n. f. – 1904 ▪ Exagération de la sécrétion de la thyroïde. ✪ CONTR. Hypothyroïdie.

hypertonie n. f. – XIXe ; gr. *hupertonos* « tendu à l'excès » → ① tonique 1 Pression osmotique supérieure à celle d'une solution isotonique. 2 Excès de tension musculaire. ✪ CONTR. Atonie, hypotonie.

hypertrophie n. f. – XIXe ; de *hyper-* et gr. *trophê,* littéralt « excès de nutrition » 1 Excès de volume d'un organe avec ou sans altération anatomique. *Hypertrophie mammaire.* 2 (abstrait) Développement excessif, anormal. ⇒ **exagération.** ✪ CONTR. Atrophie, hypotrophie.

hypertrophié, iée adj. – XIXe ▪ Atteint d'hypertrophie. ✪ CONTR. Atrophié.

hypertrophier v. tr. [7] – XIXe ▪ Produire l'hypertrophie de. ♦ pronom. Se développer exagérément. ➛ fig. « *Il est né dans cette ville. De jour en jour, il l'a vue s'hypertrophier* » (Duham.).

hypertrophique adj. – XIXe ▪ Relatif à l'hypertrophie ; caractérisé par l'hypertrophie. *Cœur hypertrophique.*

hypervitaminose n. f. – 1941 ▪ Troubles provoqués dans l'organisme par l'ingestion excessive d'aliments vitaminés. ✪ CONTR. Hypovitaminose.

hyphe n. m. – XIXe ; gr. *huphê* « tissu » ▪ Filament du mycélium des champignons supérieurs **(⇒ thalle).** ✪ HOM. If.

❑ On trouve aussi ce mot au féminin.

hypnagogique adj. – XIXe ; *hypn(o)-* et *-agogie* 1 Qui cause le sommeil. ⇒ **soporifique.** 2 Qui précède immédiatement le sommeil. *Visions hypnagogiques.*

hypne n. f. – XVIIIe ; gr. *hupnon* ▪ Bryophyte très commune *(hypnobriales),* mousse des sous-bois et des troncs d'arbres.

hypn(o)- Élément, du gr. *hupnos* « sommeil ».

hypnoïde adj. – 1900 ; *hypn(o)-* et *-oïde* ▪ SC. Se dit d'un état proche du sommeil.

hypnose n. f. – XIXe 1 État voisin du sommeil, provoqué par des procédés psychiques, physiques ou mécaniques, ou par des médicaments hypnotiques. ⇒ **catalepsie, magnétisme, narcose, somnambulisme, transe.** *Agir sous hypnose.* 2 État de fascination rappelant l'hypnose. *Un auditoire en état d'hypnose* (cf. Être envoûté).

hypnotique adj. – XVIe ; gr. *hupnos* « sommeil » 1 Qui provoque le sommeil. ⇒ **narcotique, somnifère.** n. m. *Un hypnotique.* 2 Qui a rapport à l'hypnose, à l'hypnotisme. *État hypnotique.* ➛ Qui provoque l'hypnose. *Pratiques hypnotiques.*

hypnotiser v. tr. [1] – XIXe 1 Endormir artificiellement (qqn, un animal) par les procédés de l'hypnotisme. « *Il me regarde comme s'il voulait m'hypnotiser* » (Duham.). 2 fig. Fasciner (qqn) au point qu'il oublie tout le reste. ⇒ **obnubiler.** « *la musique m'hypnotise, elle boit mes pensées* » (Maupass.).

hypnotiseur, euse n. – XIXe ▪ Personne qui hypnotise. ⇒ **magnétiseur.**

hypnotisme n. m. – XIXe 1 Ensemble des phénomènes qui caractérisent le sommeil artificiel provoqué **(⇒ hypnose).** « *une somnambule qui, mise en état d'hypnotisme, peut se rendre en esprit où l'on veut qu'elle aille* » (Huysm.). 2 Ensemble des procédés mis en œuvre pour provoquer un état d'hypnose. ⇒ **fascination, magnétisme, suggestion.** *Séances d'hypnotisme.* 3 Science qui traite des phénomènes hypnotiques.

hypo- Élément, du gr. *hupo* « au-dessous, en deçà », qui exprime la diminution, l'insuffisance, la situation inférieure. ✪ CONTR. Hyper-.

❑ Ne pas confondre avec *hippo-* « cheval ».

hypoacousie n. f. – 1900 ; de *hypo-* et gr. *akousis* « action d'entendre » ▪ Diminution de l'acuité auditive. ✪ CONTR. Hyperacousie.

hypoalgésie n. f. – 1933 ; de *hypo-* et du gr. *algesis* « douleur » ▪ Diminution anormale de la sensibilité à la douleur. ✪ CONTR. Hyperalgésie.

hypoallergénique adj. – v. 1970 ▪ Dont la composition diminue les risques d'allergie. ⇒ aussi **anallergique.** *Lait hypoallergénique pour nourrissons.*

hypocagne → **hypokhâgne**

hypocalorique adj. – v. 1970 ▪ Qui est faible en calories. *Régime hypocalorique amaigrissant.*

hypocauste n. m. – XVIe ; *hypo-* et gr. *kaiein* « brûler » ▪ Dans l'Antiquité, Fourneau souterrain pour chauffer les bains, les chambres.

❑ Même famille étymologique que *caustique, holocauste.*

hypocentre n. m. – 1922 ▪ Foyer réel d'un séisme, situé dans les profondeurs de la terre (opposé à *épicentre*).

hypochloreux [ipoklɔʀø] adj. m. – XIXe ▪ ACIDE HYPOCHLOREUX : acide (HClO) obtenu par action de l'eau sur le chlore. *L'acide hypochloreux est un désinfectant.*

hypochlorhydrie [ipoklɔʀidʀi] n. f. – XIXe ▪ Insuffisance d'acide chlorhydrique dans le suc gastrique. ✪ CONTR. Hyperchlorhydrie.

hypochlorite [ipoklɔʀit] n. m. – XIXe ▪ Sel de l'acide hypochloreux. *Hypochlorite de sodium* (NaClO) : eau de Javel*.

hypochromie [ipɔkʀɔmi] n. f. – 1931 ; *hypo-* et *-chromie* 1 Pâleur anormale d'un organe ou d'un tissu ; diminution de la pigmentation de la peau. 2 Teneur anormalement basse en hémoglobine des globules rouges du sang. ✪ CONTR. Hyperchromie.

hypocondre n. m. – XIVe ▪ Chacune des parties latérales de la région supérieure de l'abdomen, à droite et à gauche de l'épigastre.

hypocondriaque adj. et n. – XVIe ; *hypo-* et gr. *khondros* « cartilage des côtes » ▪ Atteint d'hypocondrie. *Il devint « hypocondriaque. Il s'aperçut qu'il était affligé d'une demi-douzaine de maladies et d'infirmités* » (Queneau). ➛ n. *Un, une hypocondriaque.*

❑ On dit souvent *malade imaginaire,* mais ce vécu pathologique est bien réel. Le dictionnaire de Furetière (1690) donne cette définition : « Qui est travaillé [par] des vapeurs et fumées qui s'élèvent des hypocondres » (foie dans l'hypocondre droit, rate et estomac dans le gauche). Ainsi on faisait des hypocondres le siège d'une humeur, « *la bile noire ou atrabile que les anciens croyaient embarrassée dans les hypocondres* » (Diderot).

hypocondrie n. f. – XVIIIe ▪ État d'anxiété habituelle et excessive à propos de sa santé (autrefois supposée avoir son origine dans les *hypocondres*).

hypocoristique adj. et n. m. – XIXe ; gr. *hupokoristikos* « caressant » ; « diminutif » ▪ Se dit de ce qui, dans le langage exprime une intention affectueuse, caressante. *Diminutif, redoublement hypocoristique.* ➛ n. m. Chouchou *est un hypocoristique.*

hypocras [ipɔkʀas] n. m. – XIVe ; p.-ê. du nom d'*Hippocrate*, lat. *hippocrasticum (vinum)* « (vin) hippocratique » ▪ Tonique des Anciens, vin sucré où l'on a fait infuser de la cannelle, du girofle. « *Des verres d'hypocras et de vin écumants* [...] *S'élève une vapeur gaie, ardente, enflammée* » (Hugo).

hypocrisie n. f. – XIIe ; gr. *hupokrinesthai* « jouer un rôle, mimer » 1 Attitude qui consiste à déguiser son véritable caractère, à affecter des opinions, des sentiments, des vertus qu'on n'a pas. ⇒ **dissimulation, duplicité, fausseté, fourberie, jésuitisme.** « *Je n'avais pas la moindre adresse, pas le plus petit art de me retourner, pas la moindre hypocrisie doucereuse* » (Stendh.). « *L'hypocrisie est un hommage que le vice rend à la vertu* » (La Rochef.). 2 Caractère de ce qui est hypocrite. *Hypocrisie d'un argument.* 3 Acte, manifestation hypocrite. ⇒ **comédie, mensonge, simagrée, tromperie.** ✪ CONTR. Franchise, loyauté, sincérité.

hypocrite n. et adj. – XIIe 1 n. Personne qui fait preuve d'hypocrisie. ⇒ **fourbe, jésuite, sainte nitouche, sournois.** « *il y a des instants de haut-le-cœur où l'hypocrite est sur le point de vomir sa pensée* » (Hugo). 2 adj. Qui se comporte avec hypocrisie. ⇒ **dissimulé,** ① **faux, menteur, sournois.** « *Sois hypocrite, et ta fortune est faite* » (Volt.). ♦ Qui est empreint d'hypocrisie, qui dénote de l'hypocrisie. *Sourire, ton hypocrite.* ✪ CONTR. Franc, loyal, sincère, spontané.

hypocritement adv. – XVIe ▪ D'une manière hypocrite ; avec hypocrisie. ✪ CONTR. Franchement.

hypocycloïde n. f. – XIXe ▪ Courbe engendrée par un point d'un cercle qui roule sans glisser à l'intérieur d'un cercle fixe.

hypoderme n. m. – XIXe 1 Tissu sous-cutané. *Injection dans l'hypoderme.* 2 Genre d'insectes diptères dont les larves vivent sous la peau des ruminants, provoquant l'hypodermose.

hypodermique adj. – XIXe ▪ Qui concerne le tissu sous-cutané. *Piqûre hypodermique.* ➝ *Seringue hypodermique.*

hypodermose n. f. – 1910 ▪ Affection cutanée causée aux animaux (bovins) par les larves d'hypodermes.

hypofertilité n. f. – 1986 ▪ Faible fertilité d'un homme, due au nombre insuffisant et à la qualité inégale des spermatozoïdes.

❑ À distinguer de la *stérilité.*

hypogastre n. m. – XVIe ; gr. « qui est sous le ventre » ▪ Région médiane inférieure de l'abdomen, située entre les fosses iliaques. ⇒ **bas-ventre.**

hypogastrique adj. – XVIe ▪ Relatif à l'hypogastre.

hypogé, ée adj. – XIXe ; gr. *hupo* « sous » et *gê* « terre » ▪ Qui se développe sous la terre. *Germination hypogée.* ➝ *Organisme hypogé.* ✪ CONTR. Épigé.

hypogée n. m. – XVIe ; gr. *hupo* « sous » et *gê* « terre » ▪ Construction, et spécialt sépulture souterraine. *Les hypogées égyptiens.*

❑ Pour la terminaison de ce mot masculin et le radical *géo-* → apogée (rem.).

hypoglosse adj. – XVIIIe ; gr. *hupo glôssios,* cf. -glosse ▪ *Nerf grand hypoglosse,* ou n. m. *l'hypoglosse :* nerf crânien qui se distribue aux muscles de la langue.

hypoglycémie n. f. – XIXe ▪ Diminution ou insuffisance du taux de glucose du sang. ✪ CONTR. Hyperglycémie.

hypoglycémique adj. et n. – 1953 ▪ Relatif à l'hypoglycémie. *Coma hypoglycémique.* ♦ Qui présente une hypoglycémie. *Diabétique hypoglycémique.*

hypogyne adj. – XIXe ; *hypo-* et *-gyne* ▪ Qui est inséré sous l'ovaire d'une plante. *Corolle hypogyne.*

hypokhâgne n. f. – XIXe ▪ fam. Lettres supérieures, classe précédant la khâgne.

❑ On écrit aussi *hypocagne.*

hypolipémie n. f. – 1959 ▪ Diminution anormale de la lipidémie. ✪ CONTR. Hyperlipémie.

hyponomeute n. m. – XIXe ; gr. *huponomos* « qui creuse en dessous » ▪ Insecte lépidoptère qui pond ses œufs sur les branches des arbres fruitiers, où les chenilles causent de grands dégâts. ⇒ **teigne.**

hyponyme n. m. – v. 1960 ; *hyp(o)-* et *-onyme* ▪ *Hyponyme d'un mot :* mot qui désigne une sous-classe par rapport au classificateur. « *Mouche* », « *pou* » *sont des hyponymes de* « *insecte* ». ✪ CONTR. Hyperonyme.

hypophosphoreux, euse adj. – XIXe ▪ Se dit de l'acide le moins oxygéné du phosphore.

hypophosphorique adj. – XIXe ▪ Se dit d'un des oxacides du phosphore.

hypophysaire adj. – XIXe ▪ Relatif à l'hypophyse.

hypophyse n. f. – XIXe ; *hypo-* et *-physe* ▪ Glande endocrine située sous la partie antérieure du cerveau.

❑ Même famille étymologique que *apophyse.*

hyposcenium [ipɔsenjɔm] n. m. – XVIIIe ; gr. *huposkênion* ▪ Dessous de la scène d'un théâtre antique.

hyposécrétion [iposekʀesjɔ̃] n. f. – XIXe ▪ Sécrétion glandulaire insuffisante ou inférieure à la normale. ✪ CONTR. Hypersécrétion.

hyposodé, ée [ipɔsɔde] adj. – mil. XXe ▪ Qui comporte peu de sel ajouté. *Régime hyposodé.*

hypospadias [ipɔspadjas] n. m. – XIXe ; *hypo-* et gr. *span* « déchirer » ▪ Malformation de l'urètre caractérisée par un méat urinaire situé à la face inférieure de la verge.

hypostase n. f. – XIVe ; gr. *huphisthanai* « placer sous » 1 Chacune des trois personnes de la Trinité en tant que substantiellement distincte des deux autres. 2 Substitution d'une catégorie grammaticale à une autre.

hypostyle adj. – XIXe ; *hypo-* et gr. *stulos* « colonne » ▪ Dont le plafond est soutenu par des colonnes.

❑ Même famille étymologique que *épistyle, péristyle, prostyle.*

hypotaupe n. f. – d. i. ▪ fam. Classe de mathématiques supérieures, précédant la taupe. ⇒ ② **taupe.**

hypotendu, ue adj. et n. – 1907 ▪ Qui a une tension artérielle insuffisante. ➝ n. *Un hypotendu.* ✪ CONTR. Hypertendu.

hypotenseur adj. m. et n. m. – 1906 ▪ Qui fait baisser la tension artérielle. *Médicament hypotenseur.* ➝ n. m. *Un hypotenseur.* ✪ CONTR. Hypertensif.

hypotensif, ive adj. – 1903 ▪ Qui a trait à l'hypotension, qui est causé par une hypotension.

hypotension n. f. – XIXe ▪ Tension artérielle inférieure à la normale ; diminution de la tension. *Souffrir d'hypotension.* ✪ CONTR. Hypertension.

hypoténuse n. f. – XVIe ; gr. *hupoteinousa* « se tendant sous (les angles) » ▪ Dans un triangle rectangle, Le côté opposé à l'angle droit.

❑ *Hypoténuse* n'a pas de *h* après le *t.* Sans rapport avec *hypothèse.*

hypothalamique adj. – 1953 ▪ Qui se rapporte à l'hypothalamus.

hypothalamus [ipɔtalamys] n. m. – 1933 ▪ Région du diencéphale située sous le thalamus, siège de centres supérieurs du système neurovégétatif, et qui joue un rôle capital dans les équilibres vitaux.

hypothécable adj. – XVIIe ▪ Qui peut être hypothéqué.

hypothécaire adj. – XIVe ▪ Relatif à l'hypothèque. *Garantie hypothécaire. Prêts hypothécaires.*

hypothécairement adv. – XVe ▪ Par hypothèque.

hypothénar n. m. – XVIe ; gr. ▪ SC. Saillie à la partie interne de la paume de la main, que forment les muscles courts du petit doigt (⇒ **thénar).**

hypothèque n. f. – XIIIe ; gr. **1** Droit réel accordé à un créancier sur un bien immobilier en garantie du paiement de la dette, sans que le propriétaire en soit dépossédé. ⇒ **gage, garantie.** *Emprunter sur hypothèque. « la propriété de votre mère est grevée d'hypothèques »* (Mart. du G.). ➛ loc. fig. *Prendre une hypothèque sur l'avenir :* disposer d'une chose avant de la posséder. **2** Obstacle, difficulté qui entrave ou empêche l'accomplissement de qqch. *L'hypothèque est enfin levée entre ces deux pays.*

hypothéquer v. tr. [6] – XIVe **1** Affecter à une hypothèque ; grever d'une hypothèque. *« il avait fallu emprunter, hypothéquer le bien de campagne »* (Loti). ➛ *Immeuble hypothéqué.* ➛ fig. ⇒ **engager, lier.** *Hypothéquer l'avenir.* **2** Garantir par une hypothèque.

hypothermie n. f. – XIXe ; *hypo-* et *-thermie* ▪ Abaissement de la température du corps au-dessous de la normale. ✪ CONTR. Hyperthermie.

hypothèse n. f. – XVIe ; gr. *hupotithenai* → thèse **1** Base de la démonstration d'un théorème, d'une théorie. ⇒ **axiome, convention, postulat. 2** Proposition relative à l'explication de phénomènes naturels, admise provisoirement avant d'être vérifiée par les faits. ⇒ **conjecture.** *« ces sciences où l'hypothèse balbutie et où l'imagination reste maîtresse »* (Zola). *Hypothèse de travail. Hypothèse confirmée, abandonnée.* **3** Conjecture concernant l'explication ou la possibilité d'un événement. ⇒ **supposition.** *Émettre une hypothèse. Faire une hypothèse sur qqch. « c'est une simple hypothèse pour la commodité de mon raisonnement »* (Romains). *En être réduit aux hypothèses :* n'avoir aucune certitude. *La police n'exclut pas l'hypothèse d'un attentat. Dans l'hypothèse où il s'agirait de lui.* ⇒ **éventualité.** ✪ CONTR. Conclusion ; certitude, évidence.

hypothéticodéductif, ive adj. – mil. XXe ▪ Qui part de propositions hypothétiques et en déduit les conséquences logiques. *Sciences hypothéticodéductives* (opposé à *inductives, d'observation, expérimentales*).

hypothétique adj. – XIIIe **1** Qui est de la nature de l'hypothèse, n'existe qu'à l'état d'hypothèse. *Données hypothétiques.* ⇒ **présumé, supposé. 2** Qui n'est pas certain. ⇒ **douteux,** ① **incertain.** *Compter sur un héritage hypothétique.* ♦ *Emploi hypothétique des subordonnées,* pour exprimer la supposition, l'hypothèse. ✪ CONTR. Certain, ① effectif, évident, indubitable, sûr.

hypothyroïdie n. f. – 1906 ▪ Insuffisance de la sécrétion de la thyroïde. ⇒ **myxœdème.** *L'hypothyroïdie de l'enfant, non traitée, entraîne un retard psychomoteur.* ✪ CONTR. Hyperthyroïdie.

hypotonie n. f. – XIXe **1** Caractère d'une solution hypotonique. ⇒ **isotonie. 2** Insuffisance de tonicité musculaire. ⇒ **asthénie.** ✪ CONTR. Hypertonie.

hypotonique adj. – 1907 ▪ Dont la concentration en soluté est inférieure à celle d'une solution de référence. *Sérum hypotonique.*

hypotrophie n. f. – XIXe ; de *hypo-* et gr. *trophê* « nourriture » ▪ Développement insuffisant du corps, avec retard de la croissance. ⇒ **atrophie.** ✪ CONTR. Hypertrophie.

hypotypose n. f. – XVIe ; gr. ▪ Description animée et frappante.

hypovitaminose n. f. – 1955 ▪ Carence d'une ou plusieurs vitamines. ⇒ **avitaminose.** ✪ CONTR. Hypervitaminose.

hypoxémie n. f. – XIXe ; de *hypo-, ox(ygène)* et *-émie* ▪ Diminution de la quantité d'oxygène dans le sang. ⇒ **anoxémie.**

hypoxie n. f. – XXe ; de *hypo-* et *ox(ygène)* ▪ Anoxie.

hypso- Élément, du gr. *hupsos* « hauteur ».

hypsomètre n. m. – XIXe **1** Instrument qui indique l'altitude d'un lieu. **2** Appareil permettant de mesurer, en décibels, les niveaux dans les systèmes de transmission.

hypsométrie n. f. – XIXe **1** Détermination de l'altitude d'un lieu. **2** Représentation des altitudes, du relief sur une carte. ⇒ **altimétrie.**

hysope n. f. – XIIe ; gr. *hussôpos* ▪ Arbrisseau méditerranéen *(labiées)* à feuilles persistantes et à fleurs bleues.

❏ La locution *depuis le cèdre jusqu'à l'hysope* « du plus grand au plus petit » n'est plus qu'une allusion érudite à la Bible (premier Livre des Rois).

hystérectomie n. f. – XIXe ; *hystér(o)-* et *-ectomie* ▪ Ablation de l'utérus.

❏ Se dit aussi pour les chiennes et chattes que l'on castre.

hystérésis [isteʀezis] n. f. – XIXe ; gr. *husterein* « être en retard » ▪ Retard de l'effet sur la cause dans le comportement des corps soumis à une action physique. *Hystérésis magnétique, élastique.*

hystérie n. f. – XVIIIe **1** Névrose caractérisée par une exagération des modalités d'expression psychique et affective *(névrose d'expression)* qui peut se traduire par des symptômes d'apparence organique et par des manifestations psychiques pathologiques. ➛ *Hystérie de conversion,* dans laquelle le conflit psychique se manifeste par des symptômes corporels (⇒ **somatisation).** *Hystérie de défense.* **2** Excitation intense. ⇒ **exaltation.** *C'est de l'hystérie,* de la folie, de la rage. *Hystérie collective.*

❏ Ce mot a été formé en français sur *hystérique,* et non l'inverse.

hystériforme adj. – XIXe ▪ Dont les manifestations rappellent l'hystérie.

hystérique adj. et n. – XVIe ; gr. *hustera* « utérus » **1** Qui est atteint d'hystérie. *Une femme, un homme hystérique.* ➛ Qui a le comportement d'une personne atteinte d'hystérie. *Il est un peu hystérique.* n. *« Il avait la migraine, broyait du noir, était franchement insupportable et faisait de la neurasthénie aiguë. Encore un hystérique »* (Cendrars). **2** Qui a rapport à l'hystérie. *Amnésies hystériques.* ♦ Nerveux, très excité. *Voix, rire hystérique.* ➛ *Une foule,* par ext. *une salle hystérique* (cf. En délire).

❏ *Hystérique* a été formé sur *hustera* « utérus » parce que l'hystérie était autrefois considérée comme uniquement féminine.

hystér(o)- Élément, du gr. *hustera* « utérus ».

hystérographie n. f. – 1945 ; de *hystéro-* et *(radio)graphie* ▪ Radiographie de l'utérus.

hystérotomie n. f. – XVIIIe ; *hystéro-* et *-tomie* ▪ Incision pratiquée sur l'utérus par voie vaginale ou abdominale dans les accouchements difficiles (⇒ **césarienne).**

Hz ▪ Symbole du hertz.

I ① **i** [i] n. m. inv. 1 Neuvième lettre et troisième voyelle de l'alphabet : *i majuscule* (I), *i minuscule* (i), *i accent circonflexe* (î) *(abîme, vous fîtes)*, *i tréma* (ï) *(maïs)*. ➛ prononc. Lettre qui correspond à la voyelle antérieure étirée [i] *(pile, farci, mie)* ou à la semi-consonne [j] devant une voyelle prononcée *(ciel, piano, hier)* (⇒ **yod**). *Digrammes, trigrammes comportant i : ai, ei,* qui notent [ɛ] *(plaine, peine, lait)* ; *oi,* qui note [wa] *(oiseau, poisson, foi)* ; *-il* final, *-ill-* (→ ① l) ; *ain, ein, oin, ien, in* (→ ① n) ; *-ti-* suivi d'une voyelle (→ ① t). 2 Par compar. *Droit comme un I :* très droit. « *C'était, dans la nuit brune, Sur le clocher jauni, La Lune, Comme un point sur un i* » (Muss.). loc. fig. *Mettre les points sur les i :* faire comprendre plus nettement (et plus brutalement) ses intentions. ✪ HOM. Hi, hie, ② et ③ y.

② **i** abrév. et symboles 1 I Un, en chiffres romains (placé après un autre chiffre, il s'y ajoute ; placé avant, on l'en retranche). *VI (6) ; IV (4).* 2 **i** [i]. Nombre complexe dont le carré est égal à – 1. 3 **I** [i]. Intensité d'un courant électrique.

iambe n. m. – XVIe ; gr. 1 Pied de deux syllabes, la première brève, la seconde longue. ➛ Vers grec ou latin, dont les deuxième, quatrième et sixième pieds étaient des iambes. ♦ Poème formé d'iambes. 2 au plur. littér. Pièce de vers satiriques.

iambique adj. – XVe ▪ Composé d'iambes.

iatr(o)- ; -iatre, -iatrie Éléments, du gr. *iatros* « médecin ».

❑ L'élément *-iatre* ne prend pas d'accent. Ne pas confondre avec le suffixe *-âtre* exprimant un caractère approchant ou une idée péjorative *(bellâtre)*.

iatrogène adj. – av. 1970 ; *iatro-* et *-gène* ▪ Qui est provoqué par le médecin ou par le traitement médical.

ibère adj. et n. – XVIe ; gr. *Ibêr* ▪ Relatif à l'Ibérie et au peuple qui habitait le sud de la Gaule et le nord de l'Espagne vers le ve s. avant J.-C.

ibérique adj. et n. – XVIIIe ▪ Relatif à l'Espagne et au Portugal. *La péninsule ibérique.*

ibéris [iberis] n. f. – XVIIe ; gr. « cresson » ▪ Plante *(crucifèracées)* appelée communément *corbeille d'argent,* que l'on cultive pour ses fleurs. ⇒ **thlaspi.**

ibidem [ibidɛm] adv. – XVIIe ; adv. lat. « ici même » ▪ Dans le même ouvrage, dans le même passage (d'un ouvrage déjà cité). ➛ abrév. graphique *ibid., ib.*

❑ Ne pas confondre avec *idem* « la même chose ».

ibis [ibis] n. m. – XVIe ; mot gr., empr. à l'égyptien ▪ Oiseau *(échassiers)* des régions chaudes d'Afrique et d'Amérique, à bec long, mince et arqué. « *Au loin passaient* [...] *des ibis d'Égypte* » (From.).

❑ Pour les anciens Égyptiens, cet oiseau était sacré ; le dieu Thot était représenté avec une tête d'ibis.

icaque n. f. – XVIIe ; esp. *icaco,* mot caraïbe 1 Arbrisseau d'Amérique tropicale *(rosacées)*, dont les fruits sont comestibles. 2 Fruit de cet arbrisseau.

icarien, ienne adj. – XIXe 1 Relatif à Icare ou à sa légende. 2 De l'Icarie (île de la mer Égée).

iceberg [isbɛʀg ; ajsbɛʀg] n. m. – XIXe ; mot angl., du norv. *isberg* « montagne de glace » ▪ Masse de glace flottante, détachée d'un glacier polaire. « *ces icebergs mobiles* [...] *dont l'œil ne pouvait soutenir la réverbération* » (J. Verne). ➛ loc. *La partie cachée de l'iceberg :* la partie cachée et la plus importante d'une affaire.

icelui, icelle ; plur. **iceux, icelles** pron. et adj. dém. – XIe ▪ vx ou plaisant Celui-ci, celle-ci.

ichneumon [iknømɔ̃] n. m. – XVIe ; gr. *ikhneumôn* « qui suit à la piste » ▪ Insecte hyménoptère térébrant *(ichneumonidés)* dont la larve est parasite des chenilles.

ichor [ikɔʀ] n. m. – XVIe ; gr. *ikhôr* ▪ vx Pus sanguinolent. ⇒ **sanie.**

ichty(o)-, vx **ichthy(o)-** Éléments, du gr. *ikhthus* « poisson ».

ichtyoïde [iktjɔid] adj. – XIXe ; *ichty(o)-* et *-oïde* ▪ didact. Qui ressemble à un poisson. ⇒ **pisciforme.**

❑ *Ichtyoïde* est formé d'éléments d'origine grecque ; son synonyme *pisciforme,* d'éléments d'origine latine.

ichtyol [iktjɔl] n. m. – XIXe ; nom déposé, gr. *ikhthus* « poisson » et *-ol* « huile » ▪ Substance obtenue par distillation de certains schistes bitumineux contenant des poissons fossiles.

ichtyologie [iktjɔlɔʒi] n. f. – XVIIe ; *ichtyo-* et *-logie* ▪ Partie de la zoologie qui traite des poissons.

ichtyologiste [iktjɔlɔʒist] n. – XVIIIe ▪ Spécialiste d'ichtyologie.

ichtyophage [iktjɔfaʒ] adj. et n. – XVIe ; *ichtyo-* et *-phage* ▪ Qui se nourrit principalement de poisson. ⇒ **piscivore.**

❑ Pour la formation de ce mot et de son synonyme *piscivore* → ichtyoïde (rem.).

ichtyornis [iktjɔʀnis] n. m. – XIXe ; gr. *ikhthus* « poisson » et *ornis* « oiseau » ; cf. *ornitho-* ▪ Oiseau fossile du crétacé à bec muni de dents coniques.

ichtyosaure [iktjozɔʀ] n. m. – XIXe ; *ichtyo-* et *-saure* ▪ Grand reptile fossile pélagique de l'époque secondaire.

ichtyose [iktjoz] n. f. – XIXe ; *ichtyo-* et ② *-ose* ▪ Maladie de la peau, caractérisée par la sécheresse des téguments épaissis, rugueux et couverts de grosses écailles.

ici adv. – XIe ; lat. *ecce hic,* forme renforcée de *hic* « ici » 1 Dans ce lieu (opposé à *là, là-bas*). *Arrêtons-nous ici. Ils se sont rencontrés ici-même. Monsieur X..., ici présent. Vous* êtes ici chez vous. C'est la tradition ici. ♦ À cet endroit. « *une voix vous tient compagnie :* Ici l'Interurbain. – Composez l'indicatif du département » (Aragon). ♦ D'ICI : de ce lieu. *Je l'entends d'ici. Sortez d'ici ! Près d'ici.* ♦ PAR ICI. Par cet endroit, dans cette direction. *Par ici la sortie.* ➛ Dans les environs, dans ce pays. *Il habite par ici.* **2** *ICI-BAS :* dans ce bas monde. « *Elle attend de la vie future tout ce qui lui manque ici-bas* » (Gide). **3** À l'endroit où l'on se trouve, que l'on désigne, dans un discours, un écrit. « *Les regrets que j'exprimais alors, il me faut les répéter ici* » (Chateaub.). **4** *Jusqu'ici :* jusqu'à présent. ➛ D'ICI, marquant le point de départ dans le temps. *D'ici à trois jours. D'ici peu :* dans peu de temps. *D'ici là, elle aura oublié.* ➛ *D'ici (à ce) qu'il ne fasse plus rien, il n'y a pas loin.* ✪ CONTR. Ailleurs.

> ❑ *D'ici* employé pour un point de départ actuel dans le temps est suivi de *à* lorsque l'aboutissement exprime une durée : *d'ici à quinze jours, d'ici à l'automne ;* on préfère supprimer le *à* lorsque le moment est précis, ponctuel : *d'ici demain, d'ici mardi, d'ici Noël, d'ici le 25, d'ici 19h.* L'expression assez courante *d'ici à dans un mois* (jour pour jour) est négligée.

icone n. m. – v. 1970 ; angl. *icon* ▪ Signe qui ressemble à ce qu'il désigne, à son référent. ⇒ **iconique.** *L'onomatopée est un icone.* ♦ Symbole graphique affiché sur l'écran d'ordinateur, qui représente et permet d'activer une fonction du logiciel. *Icone d'un traitement de texte.* ✪ HOM. Icône.

> ❑ Même mot que *icône* (grec classique *eikôn* « image »), qui a perdu son accent en passant par l'anglais avec ce sens sémiotique.

icône n. f. – XIXe ; gr. byzant. *eikona* ▪ Dans l'Église d'Orient, Peinture religieuse exécutée sur un panneau de bois. ✪ HOM. Icone.

iconique adj. – XVIIIe ; lat. « fait d'après nature » ▪ De l'image. ♦ Relatif à l'icone. *Caractère iconique des signes visuels représentatifs.* ✪ CONTR. Arbitraire.

icon(o)- Élément, du gr. *eikôn* « image ».

iconoclasme n. m. – XIXe ▪ Doctrine, mouvement des iconoclastes.

iconoclaste n. et adj. – XVIe ; gr. byzant. *eikonoklastês* « briseur d'images » **1** Partisan des empereurs byzantins qui s'opposèrent à l'adoration et au culte des images saintes. ➛ adj. *La querelle iconoclaste.* **2** Personne qui proscrit ou détruit les images saintes, les œuvres d'art. « *des bandes d'iconoclastes avaient dévasté les cathédrales* » (Taine). **3** Qui est hostile aux traditions et cherche à les détruire, à les faire disparaître. ➛ n. *Des iconoclastes.* ⇒ **vandale.** ✪ CONTR. Iconolâtre.

iconographe n. – XIXe **1** Spécialiste de l'iconographie. **2** Personne chargée de l'iconographie, dans l'édition.

iconographie n. f. – XVIIe ; *icono-* et *-graphie* **1** Étude des diverses représentations figurées d'un sujet. *Iconographie d'un personnage célèbre.* **2** Ensemble des illustrations d'une publication. *Iconographie d'un livre d'art.*

iconolâtre n. – XVIIIe ; *icono-* et *-lâtre* ▪ Personne qui rend un culte à des images. ✪ CONTR. Iconoclaste.

iconolâtrie n. f. – XVIIIe ▪ Culte, adoration des images.

iconologie n. f. – XVIIe ; *icono-* et *-logie* ▪ didact. **1** Art de représenter des figures allégoriques avec leurs attributs distinctifs ; connaissance de ces attributs. **2** Étude de la représentation en art.

iconoscope n. m. – 1947 ; *icono-* et *-scope* ▪ Forme primitive de la caméra électronique.

iconostase n. f. – XIXe ; de *icono-* et gr. *stasis* « action de poser » ▪ Dans les églises orthodoxes, Cloison décorée d'images, d'icônes, qui sépare la nef du sanctuaire où le prêtre officie.

> ❑ Même famille que *diastase, hémostase, hypostase, métastase, stase.*

icosaèdre n. m. – XVIe ; du gr. *eikosi* « vingt » et *-èdre* ▪ Polyèdre limité par vingt faces.

ictère n. m. – XVIe ; gr. *ikteros* « jaunisse » ▪ Coloration jaune de la peau et des muqueuses, qui révèle la présence de pigments biliaires dans les tissus. ⇒ **cholémie, jaunisse.**

ictérique adj. – XVIe ▪ Relatif à l'ictère. ♦ Qui présente un ictère.

ictus [iktys] n. m. – XIXe ; mot lat. « coup » **1** Battement de la mesure dans le vers, dans la poésie antique. **2** Manifestation morbide violente et soudaine. *Ictus apoplectique.*

ide n. m. – XVIIIe ; suéd. *id* ▪ Poisson d'eau douce *(cyprinidés)* au corps allongé, aux nageoires rouges. ✪ HOM. Ides.

-ide Élément, du gr. *eidos* « aspect, forme » **(⇒ -oïde).**

① **idéal, ale, als** ou **aux** adj. – XVIe ; bas lat. *idealis* **1** Qui est conçu et représenté dans l'esprit sans être ou pouvoir être perçu par les sens. ⇒ **idéel, théorique.** « *montrant le poing à un être imaginaire, à un bouc émissaire idéal* » (Loti). **2** Qui atteint toute la perfection que l'on peut concevoir ou souhaiter. ⇒ **accompli, parfait.** « *l'attente de l'être idéal que nous aimons* » (Proust). *Beauté, formes idéales. Dans les conditions idéales.* ⇒ **optimal. 3** fam. Tel qu'on n'en imagine pas de meilleur. ⇒ **parfait, rêvé.** *Cette mansarde* « *était un lieu de rêve et de retraite idéal* » (Tournier). *C'est la solution idéale.* ✪ CONTR. Matériel ; réel ; imparfait, relatif.

② **idéal, als** ou **aux** n. m. – XVIIIe **1** Ce qu'on se représente ou se propose comme type parfait ou modèle absolu. *Idéal de beauté.* ⇒ ② **canon.** « *le dessin du grand dessinateur doit résumer l'idéal et le modèle* » (Baudelaire). *Combattre pour un idéal. Les grands idéaux révolutionnaires.* **2** Ensemble de valeurs esthétiques, morales ou intellectuelles. « *Ils voyageaient sans pain, sans bâton et sans urnes, Mordant au citron d'or de l'idéal amer* » (Mallarmé). ♦ Ce qui donnerait une parfaite satisfaction aux aspirations du cœur ou de l'esprit. *Le contraste entre l'idéal et la triste réalité.* « *Aimer et être aimé, voilà l'idéal* » (Cocteau). ➛ loc. *Ce n'est pas l'idéal :* il y a mieux. ➛ *DANS L'IDÉAL :* sans tenir compte des difficultés matérielles. ⇒ **théoriquement.** ✪ CONTR. Réalité, réel.

idéalement adv. – XVIe ▪ D'une manière idéale.

idéalisateur, trice adj. et n. – XIXe ▪ Qui idéalise.

idéalisation n. f. – XVIIIe ▪ Action d'idéaliser ; son résultat. ⇒ **embellissement, stylisation.**

idéaliser v. tr. [1] – XVIIIe ▪ Revêtir d'un caractère idéal. ⇒ **embellir, magnifier.** « *Vous innocentez l'ivrognerie, vous idéalisez la crapule* » (Baudelaire). ✪ CONTR. Rabaisser, enlaidir.

idéalisme n. m. – XVIIIe **1** Système philosophique qui ramène l'être à la pensée, et les choses à l'esprit. *Idéalisme platonicien.* **2** Attitude d'esprit ou forme de caractère qui pousse à faire une large place à l'idéal, au sentiment, pour améliorer l'homme. « *On observe chez lui* [...] *la coexistence de l'humilité et de l'orgueil, de l'idéalisme et du cynisme* » (Siegfried). ➛ Tendance à négliger le réel, à croire à des chimères. ✪ CONTR. Réalisme ; matérialisme ; cynisme.

idéaliste adj. et n. – XVIIe **1** Propre à l'idéalisme, attaché à l'idéalisme. *Théories idéalistes.* **2** Qui a un idéal. « *vous n'apprendrez pas* [...] *si sa maîtresse est intel-*

ligente ou bête, idéaliste ou positive » (Proust). ➝ n. ⇒ **utopiste.** *Gluck « ne jouait pas à l'idéaliste. Il ne se faisait d'illusion ni sur les hommes ni sur les choses »* (R. Rolland). ✪ CONTR. Réaliste ; ② pratique.

idéalité n. f. – XVIIIe 1 Caractère de ce qui est idéal. *« discussions sur la réalité ou l'idéalité du monde extérieur »* (Bergson). 2 *Les idéalités mathématiques.* ⇒ **abstraction.** ✪ CONTR. Réalité.

idéation n. f. – XIXe ▪ Formation et enchaînement des idées.

idée n. f. – XII ; gr. *idea* « forme visible » I Essence éternelle et purement intelligible des choses sensibles (chez Platon et les philosophes platoniciens). ⇒ **archétype.** II - 1 Représentation abstraite et générale d'un être, d'une manière d'être, ou d'un rapport, qui est formée par l'entendement. *Idée d'un objet particulier.* ⇒ **représentation.** *Idée générale.* ⇒ **concept, notion.** *L'idée de triangle.* 2 Toute représentation élaborée par la pensée. *« L'idée sans le mot serait une abstraction ; le mot sans l'idée serait un bruit »* (Hugo). *Idées fausses. Nous avons « sur son avenir des idées très arrêtées »* (Proust). *Avoir une haute idée de soi :* être prétentieux. *Association d'idées. Perdre le fil de ses idées.* ➝ loc. *Rassembler ses idées.* ♦ IDÉE-FORCE : idée capable d'influencer l'évolution d'un individu, d'une époque. ♦ *« l'idée de manger des calories me gâte l'appétit »* (Duham.). ⇒ ① **pensée, perspective.** ➝ *« L'idée qu'il allait partir, que je ne le verrais plus »* (Daudet). 3 Vue élémentaire, approximative. ⇒ **aperçu.** *Pour vous en donner une idée. Je n'en ai pas la moindre idée.* ➝ *J'ai idée qu'il sera d'accord :* il me semble qu'il sera d'accord. 4 Conception purement imaginaire, fausse ou irréalisable. ⇒ **chimère, rêve.** ➝ loc. *Se faire des idées :* imaginer des choses fausses. 5 Vue que l'intelligence élabore dans le domaine de la connaissance, de l'action ou de la création artistique. ⇒ **dessein,** ③ **plan, projet.** *Il me vient une idée. Suivre son idée. C'est une bonne idée. Idée directrice. « l'idée première de* Bouvard et Pécuchet *remonte à un écrit de jeunesse »* (Queneau). ⇒ **inspiration, source,** ③ **sujet.** ♦ au plur. Pensées neuves, fortes, heureuses. *Ouvrage plein d'idées.* ⇒ **trouvaille.** 6 Façon particulière de se représenter le réel, de voir les choses. *J'ai ma petite idée sur la question, là-dessus.* ⇒ **opinion.** *Idée reçue.* ⇒ **préjugé.** *Agir à son idée.* ♦ au plur. Ensemble des opinions d'un individu ou d'un groupe social en quelque domaine. *« je veux être maître dans ce journal, y défendre les idées qui me plaisent »* (Romains). *Communion d'idées. Aller jusqu'au bout de ses idées.* ➝ *Idées d'un écrivain, d'un penseur.* ⇒ **doctrine, philosophie, théorie, vue.** *Idées politiques.* ➝ *Les idées :* spéculations touchant aux plus hauts problèmes. *Courant d'idées.* 7 L'esprit qui élabore les idées. *J'ai dans l'idée qu'il ne viendra pas. On ne m'ôtera pas ça de l'idée.* ♦ *En idée :* en imagination.

> ❑ Pour le sens → concept (rem.).

idéel, elle adj. – XVIIe ▪ De l'idée, des idées. ⇒ **conceptuel,** ① **idéal.**

idem [idɛm] adv. – XVIe ; mot lat. « la même chose » ▪ Le même (abrév. id.). ♦ fam. De même. ⇒ **itou.**

> ❑ Ne pas confondre avec *ibidem* « dans le même ouvrage ».

identifiable adj. – XIXe ▪ Qui peut être identifié.

identificateur n. m. – 1927 ▪ Symbole attribué à un élément d'information, afin d'éviter de le désigner par son adresse en mémoire.

identification n. f. – XVIIe 1 Action d'identifier ; résultat de cette action. *L'identification d'un cadavre.* 2 Le fait de s'identifier, de se confondre avec qqn ou qqch. ⇒ **empathie.** *L'identification d'un acteur avec son personnage.* ➝ *Identification au père, à la mère.*

identificatoire adj. – v. 1983 ▪ Qui concerne, qui permet une identification.

identifier v. tr. 7 – XVIIe 1 Considérer comme identique, comme assimilable à autre chose ou comme ne faisant qu'un. ⇒ **assimiler, confondre.** *Identifier une chose avec une autre, à une autre.* 2 Reconnaître. *Je le connais, mais je n'arrive pas à l'identifier.* ♦ Reconnaître du point de vue de l'état civil. *La police a identifié le coupable* (⇒ **tapissage**). 3 Reconnaître comme appartenant à une certaine espèce ou classe d'individus. *Accent qu'on ne parvient pas à identifier. Objet volant non identifié.* ⇒ **ovni.** 4 v. pron. Se faire ou devenir identique, se confondre, en pensée ou en fait. *« le lecteur commence sa lecture en s'identifiant au héros du roman »* (Sartre). ✪ CONTR. Différencier, discerner, distinguer.

identique adj. – XVIIe ; lat. *idem* « le même » 1 Se dit d'objets ou d'êtres parfaitement semblables, tout en restant distincts. ⇒ **pareil.** *« une ligne de petits dessins, tous identiques »* (Robbe-Grillet). *Aboutir à des conclusions identiques.* ⇒ **même.** *À l'identique :* de la même façon, avec les mêmes matériaux. 2 Qui est unique, quoique perçu, conçu ou nommé de manières différentes. *« les "dormants" des contes [...] qui se réveillent identiques à eux-mêmes »* (Caillois). ⇒ **inchangé.** ♦ sc. *Identique à* (représenté par le signe ≡). ✪ CONTR. Autre, différent.

identiquement adv. – XVIe ▪ D'une manière identique. ✪ CONTR. Différemment.

identitaire adj. – v. 1975 ▪ Qui est relatif à l'identité. *« des relations fraternelles, identitaires, narcissiques »* (Tournier).

identité n. f. – XIVe ; lat. *idem* « le même » 1 Caractère de deux objets de pensée identiques. ⇒ **similitude.** *L'identité d'une chose avec une autre, d'une chose et d'une autre. Identité de vue. Identité de goût entre deux êtres.* ⇒ **communauté.** 2 Caractère de ce qui est un. ⇒ **unité.** *Identité de l'étoile du soir et de l'étoile du matin* (Vénus). 3 *Identité personnelle :* caractère de ce qui demeure identique à soi-même. *« l'identité du moi ne se prolonge que par la mémoire »* (Rouss.). *Crise d'identité.* ➝ *Identité culturelle :* ensemble de traits culturels propres à un groupe ethnique qui lui confèrent son individualité ; sentiment d'appartenance d'un individu à ce groupe. ♦ Le fait pour une personne d'être légalement reconnue sans nulle confusion grâce aux éléments qui l'individualisent ; ces éléments. *Décliner son identité. Usurpation d'identité. Pièce d'identité :* pièce officielle prouvant l'identité d'une personne. *Carte, photo d'identité.* ➝ *Identité judiciaire :* service de la police judiciaire chargé de la recherche et de l'établissement de l'identité des malfaiteurs. 4 Relation entre deux termes identiques, formule énonçant cette relation. *Principe d'identité :* « ce qui est, est ; ce qui n'est pas, n'est pas ». ♦ Égalité qui demeure vraie quelles que soient les valeurs attribuées aux termes qui la constituent. ✪ CONTR. Altérité, contraste, différence.

idéo- Élément, du gr. *idea* « idée ».

idéogramme n. m. – XIXe ; *idéo-* et *-gramme* ▪ Signe graphique minimal qui, dans certaines formes d'écriture, constitue un morphème, un mot ou une notion (opposé à *phonogramme*). ⇒ **logogramme.** *L'écriture à idéogrammes du chinois.*

idéographie n. f. – XIXe ; *idéo-* et *-graphie* ▪ Écriture idéographique.

idéographique adj. – XIXe ▪ Se dit d'une écriture qui utilise des idéogrammes. ✪ CONTR. Phonétique.

idéologie n. f. – XVIIIe ; *idéo-* et *-logie* ▪ Ensemble des idées, des croyances et des doctrines propres à une époque, à une société ou à une classe. « *l'idéologie n'est rien d'autre que l'idée en tant qu'elle domine* » (Barthes). ♦ Système d'idées, philosophie du monde et de la vie. *L'idéologie d'un parti politique.*

idéologique adj. – XIXe ▪ Relatif à l'idéologie. *Luttes idéologiques.*

idéologue n. – XIXe 1 Doctrinaire dépourvu de réalisme. 2 Personne qui croit à la puissance des idées. « *cette témérité des idéologues qui laisseront périr le monde plutôt que de renoncer à un seul iota de leur programme* » (Duham.). ✪ CONTR. Réaliste.

idéomoteur, trice adj. – XIXe ▪ Se dit d'un mouvement déclenché directement par une représentation mentale (opposé à *sensorimoteur*).

ides n. f. pl. – XIIe ; lat. *idus,* p.-ê. d'orig. étrusque ▪ Dans le calendrier romain, Jour qui tombait le 15 en mars, mai, juillet, octobre et le 13 dans les autres mois. ✪ HOM. Ide.

❑ Selon Plutarque, un devin avait conseillé à Jules César de se défier des *Ides de mars,* et c'est ce jour-là qu'il fut assassiné.

id est [idɛst] loc. conj. – 1905 ; loc. lat. ▪ C'est-à-dire (abrév. *i. e.*).

idio- Élément, du gr. *idios* « propre, spécial ».

idiolecte n. m. – v. 1960 ; angl. *idio-* « particulier » et *(dia)lect* ▪ Utilisation personnelle d'une langue par un sujet parlant.

idiomatique adj. – XVIe ▪ Propre à un idiome.

idiome n. m. – XVIe ; gr. « particularité propre à une langue, idiotisme » ▪ Ensemble des moyens d'expression d'une communauté correspondant à un mode de pensée spécifique. ⇒ **langue.** « *vous croyez posséder à fond un idiome étranger* » (Chateaub.). ♦ Parler propre à une région. ⇒ **dialecte, patois.**

idiosyncrasie [idjosɛ̃kʀazi] n. f. – XVIe ; de *idio-* et gr. *sugkrasis* « mélange » ▪ Disposition personnelle particulière à réagir à l'action des agents extérieurs. ⇒ **anaphylaxie.** ♦ Tempérament personnel. « *Nous ne valons que par ce qui nous distingue des autres ; l'idiosyncrasie est notre maladie de valeur* » (Gide).

idiot, idiote adj. et n. – XIIe ; gr. *idiotês* « simple particulier », d'où « étranger à un métier, ignorant » **I** adj. 1 Qui manque d'intelligence, de bon sens. ⇒ **bête, imbécile, sot, stupide.** *Elle est idiote.* ➛ *Question idiote. Air idiot.* ⇒ **niais.** *Un accident idiot.* ⇒ **absurde.** *Ce serait idiot de refuser.* 2 Atteint d'idiotie. **II** n. 1 Personne dénuée d'intelligence, de bon sens. ⇒ **crétin, imbécile ;** fam. **con.** *Espèce d'idiot ! Faire l'idiot.* 2 Personne atteinte d'idiotie. fam. *L'idiot du village :* le simple d'esprit, l'innocent.

idiotie n. f. – XIXe 1 Forme la plus grave d'arriération mentale. ⇒ **crétinisme, débilité, imbécillité.** 2 Manque d'intelligence, de bon sens. ⇒ **stupidité.** 3 Action, parole qui traduit un manque d'intelligence, de bon sens. ⇒ **bêtise,** fam. **connerie.** *Ne dites pas d'idioties !* ⇒ **ineptie.** ➛ fam. Œuvre stupide.

idiotisme n. m. – XVIe ; gr. « langage courant » ▪ Forme ou locution propre à une langue, impossible à traduire littéralement dans une autre langue de structure analogue.

❑ Le grec *idiôtismos* vient de *idiotês* « simple particulier » → idiot (étym.).

idoine adj. – XIIe ; lat. *idoneus* « propre à » ▪ littér. ou plais. Propre (à), qui convient (à). ⇒ **approprié.** « *Ils choisirent l'endroit idoine* » (Queneau).

idolâtre adj. et n. – XIIIe ; gr. *eidôlon* « image » et *latreuein* « servir, adorer » 1 didact. Qui rend un culte divin aux idoles. 2 littér. Qui voue une sorte de culte, d'adoration. *Passion idolâtre.*

idolâtrer v. tr. [1] – XIVe ▪ littér. Aimer avec passion en rendant une sorte de culte. ⇒ **adorer.** « *ne voulant pas me remarier, dans l'intérêt de ma fille que j'idolâtre* » (Balz.).

idolâtrie n. f. – XIIe 1 Culte rendu à l'idole d'un dieu. ⇒ **fétichisme.** 2 Amour passionné, admiration outrée. ⇒ **adoration, culte, passion.** ✪ CONTR. Haine.

idolâtrique adj. – XVIe ▪ Relatif à l'idolâtrie ; qui tient de l'idolâtrie.

idole n. f. – XIe ; gr. *eidôlon* « image » 1 Représentation d'une divinité que l'on adore comme si elle était la divinité elle-même. ⇒ **fétiche.** *Une* « *idole de jonc tressé, à forme humaine* » (France). 2 Personne ou chose qui est l'objet d'une sorte d'adoration. ➛ Vedette adulée du public.

❑ Le genre de ce mot a varié. Aujourd'hui, il n'est plus que féminin, même en parlant d'un homme.

idylle n. f. – XVIe ; gr. *eidullion* « petit poème lyrique » 1 Petit poème ou petite pièce, à sujet pastoral et généralement amoureux. ⇒ **églogue, pastorale.** 2 Petite aventure amoureuse naïve et tendre. ➛ Relation vécue dans un climat de bonne entente.

idyllique adj. – XIXe 1 littér. Relatif à l'idylle. 2 Qui rappelle l'idylle par le décor champêtre, l'amour tendre. ♦ Merveilleux, idéal. *Une vision idyllique des choses.*

i. e. → **id est**

if n. m. – XIe ; gaul. *ivos* 1 Arbre *(conifères)* à fruits rouges, décoratifs. « *Les petits ifs du cimetière* » (Verlaine). 2 Cône garni de pointes servant à égoutter les bouteilles. ✪ HOM. Hyphe.

igloo ou **iglou** [iglu] n. m. – XIXe ; mot esquimau « maison » ▪ Abri en forme de dôme, construit avec des blocs de glace ou de neige.

❑ La graphie francisée *iglou,* adoptée par J. Malaurie dans *Les Derniers Rois de Thulé,* respecte la prononciation.

igname [iɲam ; ignam] n. f. – XVIe ; port. *inhame,* d'o. africaine ▪ Plante tropicale vivace et grimpante, à gros tubercules farineux ; ce tubercule.

ignare adj. et n. – XIVe ; lat. ▪ Sans instruction, d'une ignorance complète. ⇒ **ignorant, inculte.** *Être ignare en musique.* ✪ CONTR. Instruit, savant.

❑ *Ignare* n'est pas courant comme *ignorant ;* on l'écrit parfois à tort *ignard* avec un féminin *ignarde.*

igné, ée [igne ; iɲe] adj. – XVe ; lat. *igneus* 1 littér. Qui est de feu, a les caractères du feu. ⇒ **ardent.** *Substance ignée.* 2 Produit par l'action du feu. *Roches ignées.*

igni- Élément, du lat. *ignis* « feu ».

ignifugation [iɲifygasjɔ̃ ; igni-] n. f. – 1900 ▪ Action d'ignifuger ; résultat de cette action.

ignifuge [iɲifyʒ ; igni-] adj. et n. m. – XIXe ; *igni-* et *-fuge* ▪ Qui rend ininflammables les objets naturellement combustibles. ➛ n. m. *Un ignifuge efficace.*

ignifugeant, ante [iɲifyʒɑ̃, ɑ̃t ; igni-] adj. et n. m. – 1907 ▪ Qui a la propriété de rendre ininflammable.

ignifuger [iɲifyʒe ; igni-] v. tr. [3] – XIXe ▪ Rendre ininflammable ; imprégner de substances ignifuges. ➛ *Charpentes ignifugées.*

ignipuncture ou **igniponcture** [iɲipɔ̃ktyʀ ; igni-] n. f. – XIXe ; *igni-* et *-puncture* ▪ Méthode de cautérisation par une aiguille chauffée à blanc.

❑ Pour la graphie *igniponcture* → acupuncture (rem.).

ignition [iɲisjɔ̃ ; ignisjɔ̃] n. f. – XIVe ▪ État d'un corps en combustion. *Matière en ignition.*

❑ Il est plus élégant de prononcer séparément le *g* et le *n*, comme dans *diagnostic.*

ignoble adj. – XIVe ; lat. *ignobilis* « non noble » **1** Qui est vil, moralement bas. ⇒ **abject, infâme.** *Un ignoble individu.* ➛ *Procédé ignoble, honteux.* ⇒ **odieux. 2** D'une laideur affreuse ou d'une saleté repoussante. ⇒ **dégoûtant, hideux, immonde, répugnant.** *Taudis ignoble.* ➛ *Un temps ignoble.* ⇒ **affreux, horrible.** ✪ CONTR. Noble, ① beau.

ignoblement adv. – XVIe ▪ D'une manière ignoble.

ignominie n. f. – XVe ; lat. **1** Déshonneur extrême causé par un outrage public, une peine, une action infamante. ⇒ **honte, infamie, opprobre.** *Se couvrir d'ignominie.* **2** Caractère de ce qui déshonore. *Ignominie d'une condamnation.* **3** Action ignominieuse. ⇒ **turpitude.** ✪ CONTR. Gloire, honneur.

ignominieusement adv. – XVe ▪ littér. Avec ignominie. ⇒ **honteusement.** ✪ CONTR. Glorieusement.

ignominieux, ieuse adj. – XVe ▪ littér. Qui apporte de l'ignominie. ⇒ **honteux ; abject, infâme, méprisable.** « *pour rendre sa défaite plus ignominieuse* » (Mol.). ✪ CONTR. Glorieux.

ignorance n. f. – XIIe **1** État d'une personne qui ignore ; le fait de ne pas connaître qqch. *Laisser qqn dans l'ignorance de qqch.* « *Notre ignorance de l'histoire nous a fait calomnier notre temps* » (Flaub.). ♦ Défaut de connaissances ou de pratiques dans un domaine déterminé. ⇒ **incompétence, insuffisance.** ♦ Absence de connaissance, inexpérience totale. « *les ténèbres de l'ignorance* » (Rouss.). **2** Manque d'instruction, de savoir ; absence de connaissances intellectuelles, de culture générale. « *je suis, je vous l'avoue, d'une ignorance incroyable* » (Balz.). ✪ CONTR. Connaissance, ② culture, expérience, instruction, ② savoir, science.

ignorant, ante adj. et n. – XIIIe **1** IGNORANT DE : qui n'a pas la connaissance d'une chose ; qui n'est pas au courant, pas informé de. *Être ignorant des usages.* **2** Qui manque de connaissances ou de pratique dans un certain domaine. *Ignorant en histoire.* **3** Qui manque d'instruction, de savoir. ⇒ **ignare, illettré, inculte.** ➛ n. *C'était* « *un ignorant. Mais ce n'était pas un imbécile* » (Hugo). ✪ CONTR. Averti, cultivé, instruit, savant.

ignorantin adj. m. et n. m. – XVIIIe **1** *Frères ignorantins,* les *ignorantins* : les religieux de l'ordre de Saint-Jean-de-Dieu. **2** n. m. péj. Frère de la doctrine chrétienne (chargé de l'enseignement).

ignoré, ée adj. – XIVe ▪ Qui n'est pas su, connu. ⇒ **inconnu.** *Événements restés ignorés. Vivre ignoré.* ⇒ **obscur.** ✪ CONTR. Célèbre.

ignorer v. tr. [1] – XIVe ; lat. **1** Ne pas connaître, ne pas savoir. *Nul n'est censé ignorer la loi. J'ignore tout de cette affaire. Il ignorait vous avoir fait tant de peine. Vous ignorez qui je suis. J'ignorais si vous viendriez.* ➛ *La critique a longtemps ignoré cet artiste.* ⇒ **bouder, méconnaître.** ♦ pronom. *Voisins de palier qui s'ignorent.* ➛ *C'est un artiste qui s'ignore,* qui n'a pas conscience de sa véritable nature. « *la fraîcheur virginale, la grâce qui s'ignore, tout ce charme qui s'en va si vite* » (Gaut.). **2** Ne pas avoir l'expérience de. *Ignorer la peur, la faim.* **3** trans. ind. *Afin que nul n'en ignore.* ✪ CONTR. Connaître, ① savoir.

iguane [igwan] n. m. – XVIe ; esp. *iguana,* d'o. amérind. ▪ Reptile saurien ayant l'aspect d'un grand lézard.

iguanodon [igwanɔdɔ̃] n. m. – XIXe ; mot angl., de *iguana* et gr. *odôn* « dent » ▪ Reptile dinosaurien fossile, bipède et à très grosse queue, qui vivait à l'époque crétacée.

❑ Pour la graphie → ptéranodon (rem.). ♦ *L'iguanodon,* comme l'indique son étymologie, était un animal denté. Le *ptéranodon,* autre reptile fossile, ne l'était pas (grec *anodous, ontos* « édenté »).

il pron. pers. m. – IXe ; lat. *ille* « celui-là » **I - 1** Pronom personnel sujet de la troisième personne du singulier *(il)* et du pluriel *(ils),* du genre masculin **(⇒ lui ; eux, ① leur).** « *Le plus étonnant, c'est qu'il ne s'appelait pas Jules* » (Pagnol). *Viendra-t-il ?* ➛ *Dit-il, pense-t-il.* **2** Au plur., désigne des personnes qu'on préfère ne pas mentionner mais qu'on tient pour responsables de l'action désignée par le verbe. « *L'autre en général, c'est "ils". [...] "Ils", c'est l'intervention, l'autorité, l'administration, la bureaucratie, les pouvoirs* » (H. Lefebvre). **II** Pronom personnel neutre troisième personne. **1** *Il fait chaud.* « *Et il ventait devant ma porte* » (Rutebeuf). *Il était une fois. Il y a. Il faut que. Il paraît. Quelle heure est-il ?* « *Alors voilà qu'il arrive des balles* » (Duham.). *Il s'agit de réagir. Il ne sera pas dit que. Il a été décidé que.* ✪ HOM. Hile, île.

ilang-ilang [ilɑ̃ilɑ̃] n. m. – XIXe ; probablt mot indonésien ▪ Plante des Moluques dont la fleur est employée en parfumerie. *Des ilangs-ilangs.*

❑ On écrit aussi *ylang-ylang.*

île n. f. – XIIe ; lat. *insula* **1** Étendue de terre ferme émergée d'une manière durable. *Groupe d'îles.* ⇒ **archipel.** *Île corallienne.* ⇒ **atoll.** *L'île de Beauté :* la Corse. *Les îles Britanniques. Une île déserte.* ➛ *L'île de la Cité, berceau de Paris.* ➛ *L'Île-de-France,* nom donné à la province qui forma le premier centre politique de la France et qui s'étend entre la Seine, l'Oise, la Marne et leurs affluents. **2** *Les Îles :* les Antilles. *Oiseau des îles.* ✪ HOM. Hile, il.

❑ Même famille étymologique que *insulaire, péninsule.* ♦ *Île-de-France* (nom d'une région) a donné le dérivé *francilien.* ♦ *Île* se dit *insula* en latin et *nêsos* en grec. → indonésien (rem.).

iléal, ale, aux adj. – 1931 ▪ De l'iléon. *Artères iléales.*

iléite n. f. – XIXe ; de *iléon* et *-ite* ▪ Inflammation de l'iléon.

iléocæcal, ale, aux [ileosekal, o] adj. – XIXe ; de *iléon* et *cæcal* ▪ Relatif à l'iléon et au cæcum.

iléon n. m. – XVIe ; gr. *eilein* « faire tourner » ▪ Troisième segment de l'intestin grêle, situé entre le jéjunum et le gros intestin.

iléus [ileys] n. m. – XIVe ; gr. *eilein* « faire tourner » ▪ Obstruction, occlusion intestinale.

iliaque adj. – XIVe ; lat. *ilia* « flancs » ▪ Relatif aux flancs. *Os iliaque :* chacun des deux os formant, avec le sacrum, le bassin osseux. ⇒ **coxal.**

îlien, îlienne adj. et n. – XIXe ▪ Qui habite une île (spécialement sur le littoral breton). ⇒ **insulaire.**

ilion n. m. – XVIe ; lat. *ilia* « flancs » ▪ Segment supérieur de l'os iliaque.

illégal, ale, aux [i(l)legal, o] adj. – XIVe ▪ Qui n'est pas légal ; qui est contraire à la loi. ⇒ **illicite, irrégulier.** *Exercice illégal de la médecine.* « *testament illégal* » (Mauriac). ✪ CONTR. Légal.

❑ Pour le sens → illicite (rem.).

illégalement [i(l)legalmɑ̃] adv. – XVIIIe ▪ D'une manière illégale. ✪ CONTR. Légalement.

illégalité [i(l)legalite] **n. f.** – XIVe 1 Caractère de ce qui est illégal. 2 Acte illégal. 3 Situation d'une personne qui contrevient ouvertement à la loi. ✪ CONTR. Légalité.

illégitime [i(l)leʒitim] **adj.** – XVe 1 Né hors du mariage. *Enfant illégitime.* ⇒ **adultérin,** péj. **bâtard, naturel.** 2 Qui n'est pas conforme au bon droit, à la loi, à la morale. *Acte illégitime.* ⇒ **illégal, irrégulier.** 3 Qui n'est pas justifié, pas fondé. ⇒ **déraisonnable, infondé, injustifié.** « *des frayeurs illégitimes* » (Camus). ✪ CONTR. Légitime. Fondé, régulier.

illégitimement [i(l)leʒitimmɑ̃] **adv.** – XVe ▪ D'une manière illégitime. ⇒ **indûment.** ✪ CONTR. Légitimement.

illégitimité [i(l)leʒitimite] **n. f.** – XVIIIe ▪ Caractère de ce qui est illégitime. ✪ CONTR. Légitimité.

illettré, ée [i(l)letʀe] **adj.** et **n.** – XVIe 1 vieilli Qui n'est pas lettré. ⇒ **ignorant, inculte.** 2 mod. Qui ne sait ni lire ni écrire **(⇒ analphabète).** « *Bien qu'il ne soit pas illettré, son orthographe est aussi capricieuse que son langage* » (Duham.). ✪ CONTR. Lettré.

illettrisme [i(l)letʀism] **n. m.** – 1983 ▪ État de l'illettré incapable de maîtriser la lecture d'un texte simple.

illicite [i(l)lisit] **adj.** – XIVe ▪ Qui n'est pas licite, qui est défendu par la morale ou par la loi. ⇒ **illégal,** ① **interdit, prohibé.** « *des enchères clandestines qui, pour paraître illicites, ne tombent pourtant pas sous le coup de la loi* » (Gide). ✪ CONTR. Licite.

> ❑ *Illicite,* à la différence de *illégal,* est en relation avec plusieurs sortes de lois (juridiques, morales, religieuses, sociales) et se rapproche de *coupable.*

illico [i(l)liko] **adv.** – XVe ; mot lat. ▪ fam. Sur-le-champ. ⇒ **aussitôt, immédiatement.**

illimité, ée [i(l)limite] **adj.** – XVIIe 1 Qui n'a pas de bornes, de limites ; dont on ne distingue pas les limites. ⇒ **grand, infini.** « *Le mur fuit dans la brume et semble illimité* » (Hugo). *Pouvoirs illimités.* ⇒ **discrétionnaire.** 2 Qui n'est pas limité, dont la grandeur n'est pas fixée. ⇒ **indéfini, indéterminé.** *Une grève illimitée.* ✪ CONTR. Fini, limité.

illisibilité [i(l)lizibilite] **n. f.** – XIXe ▪ Caractère de ce qui est illisible. ✪ CONTR. Lisibilité.

illisible [i(l)lizibl] **adj.** – XVIIe 1 Qu'on ne peut lire, qui est très difficile à lire. ⇒ **indéchiffrable.** *Signature illisible.* 2 Dont la lecture est insupportable. ✪ CONTR. Lisible.

illogique [i(l)lɔʒik] **adj.** – XIXe ▪ Qui n'est pas logique. ⇒ **incohérent.** *Esprit illogique.* ✪ CONTR. ② Logique ; cohérent.

illogisme [i(l)lɔʒism] **n. m.** – XIXe 1 Caractère de ce qui est illogique ; manque de logique. « *Elle me tient pour ergoteur parce que je ne supporte pas l'illogisme* » (Gide). 2 Chose illogique. ⇒ **absurdité, non-sens.**

illumination [i(l)lyminasjɔ̃] **n. f.** – XIVe 1 Inspiration subite, lumière soudaine qui se fait dans l'esprit. ⇒ **idée,** ① **trait** (de génie) ; **flash.** « *l'illumination n'est que la vision soudaine, par l'Esprit, d'une route lentement préparée* » (St-Exup.). 2 Action d'éclairer, de baigner de lumière ; son résultat. ⇒ **éclairage, éclairement.** ➛ *Les illuminations du 14 Juillet.*

> ❑ Dans le titre du recueil de Rimbaud, *Les Illuminations,* le mot signifie « enluminure », sens ancien repris à l'anglais en 1636. → illuminer (rem.).

illuminé, ée [i(l)lymine] **adj.** et **n.** – XVIe ▪ Qui a une vision. ♦ **n.** Mystique croyant à l'illumination intérieure. *Sectes d'illuminés.* ➛ Esprit chimérique qui ne doute pas de ses inspirations. ⇒ **visionnaire.** *C'est un illuminé !*

illuminer [i(l)lymine] **v. tr.** 1 – XIIIe ; lat. 1 Éclairer d'une vive lumière. *Éclair qui illumine le ciel.* ⇒ **enflammer.** ➛ fig. *Cette divine créature* « *dont la présence illuminait le vieux salon fané* » (France). ♦ Orner de lumières. *Illuminer un monument. Ville illuminée.* 2 Mettre un reflet, un éclat lumineux sur. « *ce sourire qui semblait l'illuminer tout entière* » (Mauriac). ➛ pronom. *Son visage s'illumina.* ✪ CONTR. Obscurcir ; assombrir ; rembrunir (se).

> ❑ *Illuminer* et *enluminer* proviennent du même étymon latin *illuminare.* L'anglais *to illuminate* signifie quant à lui à la fois « éclairer, illuminer » et « enluminer ».

illuminisme [i(l)lyminism] **n. m.** – XVIIIe 1 Doctrine, mouvement de certains mystiques. « *Illuminés et Illuminisme* », *de Nerval.* 2 Exaltation pathologique accompagnée de visions de phénomènes surnaturels.

illusion [i(l)lyzjɔ̃] **n. f.** – XIIe ; lat. *ludere* « jouer » **I - 1** Erreur de perception causée par une fausse apparence. ⇒ **aberration.** *Être le jouet, être victime d'une illusion. Décor qui donne l'illusion de la réalité.* 2 Interprétation erronée de la perception sensorielle de faits ou d'objets réels. *Illusion d'optique.* 3 Apparence dépourvue de réalité. ⇒ **hallucination, mirage, vision.** « *Je n'étais pas sûr que ce ne fût une illusion, une fantasmagorie, un rêve* » (Gaut.). **II** Opinion fausse, croyance erronée qui abuse l'esprit par son caractère séduisant. ⇒ **chimère, leurre, rêve, utopie.** « *La victoire est la mère de beaucoup d'illusions* » (Malraux). *Avoir des illusions. Ne se faire aucune illusion sur qqn, qqch. Se bercer de douces illusions.* « *Illusions perdues* », *roman de Balzac.* « *Sans l'illusion, où irions-nous ?* [...] *L'illusion est une foi démesurée* » (Balz.). « *La Grande Illusion* », *film de J. Renoir.* ♦ *Illusion monétaire :* erreur d'appréciation de l'évolution du revenu réel en période d'inflation. ♦ *FAIRE ILLUSION :* duper, tromper, en donnant de la réalité une apparence flatteuse. *Il cherche à faire illusion.* ✪ CONTR. Réalité. Désillusion.

illusionner (s') [i(l)lyzjɔne] **v. pron.** 1 – XIXe ▪ Se faire des illusions. ⇒ s'**abuser,** se **leurrer,** se **tromper.** *Ne plus* « *s'illusionner sur la nature de la tumeur* » (Mart. du G.).

illusionnisme [i(l)lyzjɔnism] **n. m.** – XIXe ▪ Art de créer l'illusion par des tours de prestidigitation, des artifices, des trucages.

illusionniste [i(l)lyzjɔnist] **n.** – XIXe ▪ Personne qui pratique l'illusionnisme. ⇒ **escamoteur, prestidigitateur.**

illusoire [i(l)lyzwaʀ] **adj.** – XIVe ▪ Qui peut faire illusion, mais ne repose sur rien de réel, de sérieux. ⇒ **chimérique,** ① **faux, trompeur, vain.** « *dans l'immense majorité des cas, la soi-disant liberté de pensée reste parfaitement illusoire* » (Gide). ✪ CONTR. Réel, sûr.

illustrateur, trice [i(l)lystʀatœʀ, tʀis] **n.** – XIIIe ▪ Artiste spécialisé dans l'illustration. ⇒ **dessinateur, graveur.**

illustration [i(l)lystʀasjɔ̃] **n. f.** – XIIIe 1 Action d'éclairer, d'illustrer par des explications, des exemples. « *J'ajouterai, pour l'illustration de ce passage, une petite exhortation aux philosophes* » (Volt.). 2 Figure illustrant un texte. *Ouvrage comportant des illustrations.* ⇒ **image ; iconographie.** ➛ L'ensemble des techniques mises en œuvre pour illustrer les textes. *Les métiers du livre et de l'illustration.*

> ❑ C'est au sens ancien d'« action de rendre illustre, honorable » qu'il faut entendre ce mot dans le titre du manifeste de Du Bellay, *Défense et Illustration de la langue française.*

illustre [i(l)lystʀ] **adj.** – XVe ; lat. « éclairer » ▪ Qui est très connu, du fait d'un mérite ou de qualités extraordinaires. ⇒ **célèbre, fameux, glorieux.** « *Vies des hommes illustres* », *de Plutarque. Famille illustre.* « *J'ai fait illustre un nom qu'on m'a transmis sans gloire* » (Vigny). ✪ CONTR. Obscur.

illustré, ée [i(l)lystʀe] adj. et n. m. – XIXᵉ 1 Orné d'illustrations. *Journal illustré.* 2 n. m. vieilli Périodique comportant de nombreuses illustrations, en particulier des bandes dessinées.

illustrer [i(l)lystʀe] v. tr. [1] – XVIᵉ ; lat. « éclairer » 1 vx ou littér. Rendre illustre, célèbre. ➛ pronom. *S'illustrer dans le métier des armes.* ⇒ se **distinguer.** 2 Rendre plus clair. ⇒ **éclairer.** ➛ *Ces éditions « illustrées de notes, gloses et commentaires »* (France). ♦ Mettre en lumière. *Cette réaction illustre bien son caractère.* 3 Orner de figures, d'images. *Dessinateur dont le métier est d'illustrer des livres.*

illustrissime [i(l)lystʀisim] adj. – XVᵉ ▪ vx ou plaisant Très illustre.

illuviation [i(l)lyvjasjɔ̃] n. f. – mil. XXᵉ ; lat. *illuvio* « débordement » ▪ Processus d'accumulation d'éléments étrangers dans un horizon du sol.

îlot n. m. – XVIᵉ 1 Très petite île. 2 Petit espace isolé dans un ensemble d'une autre nature. *Des îlots de verdure.* ♦ *Îlots de Langerhans* : cellules pancréatiques qui sécrètent l'insuline. ♦ *Des îlots de résistance.* 3 Petit groupe de maisons. *Démolir un îlot insalubre. Îlot administratif.* ⇒ **îlotage, îlotier.** 4 *Îlot directionnel* : terre-plein servant à canaliser la circulation automobile.

îlotage n. m. – 1972 ▪ Division d'une ville, d'un quartier, en unités administratives placées chacune sous la surveillance d'un policier.

ilote n. – XVIᵉ ; gr. *heilôs* 1 Habitant de Laconie réduit en esclavage par les Spartiates. 2 Personne asservie, réduite au dernier degré de la misère, de l'ignorance.

> ❑ Au sens d'« esclave », on trouve aussi la graphie *hilote*, plus conforme à l'étymologie.

îlotier n. m. – XIXᵉ ▪ Policier chargé de la surveillance d'un îlot (3°).

ilotisme n. m. – XIXᵉ 1 Condition d'ilote, à Sparte. 2 État d'ilote, auquel sont réduits les éléments opprimés d'une société.

I. L. S. [iɛlɛs] n. m. – XXᵉ ; sigle angl. de *Instrument Landing System* « système d'atterrissage aux instruments » ▪ Méthode utilisant la radiogoniométrie et permettant l'atterrissage des avions sans visibilité.

image n. f. – XIᵉ ; lat. *imago* **I** - 1 Reproduction inversée qu'une surface polie donne d'un objet qui s'y réfléchit. ⇒ **reflet.** *Image dans une glace.* ♦ sc. Ensemble des points de convergence des rayons lumineux issus des divers points d'un corps donné *(image réelle)* ou du prolongement de ces rayons *(image virtuelle)*. ♦ *Image photographique.* ⇒ **cliché, épreuve, photo, photographie.** *Image nette.* ➛ *Film pris image par image* ⇒ **photogramme.** ➛ *Images vidéo. Qualité de l'image d'un téléviseur. Image de synthèse,* construite sur un écran par des traitements informatiques. *Points définissant une image* (⇒ **pixel**). ♦ *Image en trois dimensions.* ⇒ **hologramme.** ➛ *Image radar* : image reconstituée à partir des signaux recueillis sur un radar. 2 Représentation d'une forme par les arts graphiques ou plastiques (⇒ **dessin, figure**) ou par la photographie. « *le morceau de toile où naissait une image sous la caresse de ses pinceaux* » (Maupass.). ♦ *Culte, querelle des images* (⇒ **iconoclaste**). 3 Petite estampe. *Livre d'images. Images qui illustrent un texte.* ⇒ **gravure, illustration.** *Images d'Épinal.* ➛ loc. *Sage comme une image,* se dit d'un enfant calme, posé. ➛ Petite carte illustrée d'une image. *Images pieuses.* **II** - 1 Reproduction exacte ou représentation analogique d'un être, d'une chose. ⇒ **portrait, reflet.** « *Puis Dieu dit : "Faisons l'homme à notre image* [...]" » (BIBLE). ➛ Manifestation sensible de l'invisible ou de l'abstrait. ⇒ **expression.** « *Elle donnait, de la mort, une image angélique, touchante, belle* » (Duham.). 2 Ce qui évoque une réalité. ⇒ **figure, icone, symbole.** « *cette sonate était l'image de l'amour* » (Maurois). 3 Comparaison, métaphore. *Image banale, usée.* ⇒ **cliché.** *Hardiesse, justesse des images. Théorie surréaliste de l'image.* 4 En mathématiques, Élément qui correspond (et correspond seul) dans un ensemble à un élément d'un premier ensemble. ⇒ **application, correspondance, fonction, relation.** 5 Phénomène où l'on observe une correspondance entre les points de deux ensembles physiques. **III** - 1 Reproduction mentale d'une perception ou impression antérieure, en l'absence de l'objet qui lui avait donné naissance. *Chasser une image de son esprit.* 2 Vision intérieure d'un être ou d'une chose. « *Présente, je vous fuis ; absente, je vous trouve ; Dans le fond des forêts votre image me suit* » (Rac.). « *Parmi les chambres dont j'évoquais le plus souvent l'image dans mes nuits d'insomnie* » (Proust). 3 Produit de l'imagination. ⇒ **illusion, vision.** ➛ *Image de soi. L'image parentale.* ⇒ **imago.** 4 IMAGE DE MARQUE : représentation qu'a le public (d'un produit, d'une firme, d'une marque commerciale). ⇒ **notoriété, réputation.** ➛ Représentation collective d'une institution, d'une personne. *L'image de marque d'un ministre. Soigner son image.*

imagé, ée adj. – XIIIᵉ ▪ Orné d'images, de métaphores. *Style imagé.* ⇒ **coloré, figuré.**

imagerie n. f. – XIIIᵉ 1 Fabrication, commerce des images. 2 Ensemble d'images provenant de la même origine. *Imagerie d'Épinal.* ♦ Ensemble d'images de même inspiration. *Imagerie populaire.* 3 Technique permettant d'obtenir des images à partir de différents types de rayonnement ; ensemble d'images ainsi obtenues. *Imagerie médicale.*

imagier, ière n. et adj. – XIIIᵉ 1 Peintre, sculpteur ou graveur du Moyen Âge. 2 Qui concerne les images, l'illustration. ⇒ **iconique.**

imaginable adj. – XIIIᵉ ▪ Que l'on peut imaginer, concevoir. ⇒ **concevable.** *Toutes les teintes possibles et imaginables.* ✪ CONTR. Inconcevable, inimaginable.

imaginaire adj. et n. m. – XVᵉ 1 Qui n'existe que dans l'imagination, qui est sans réalité. ⇒ **irréel ; fictif.** *Animaux imaginaires.* ⇒ **fabuleux, fantastique.** *Être imaginaire.* ⇒ **légendaire, mythique.** *Danger imaginaire.* ♦ *Nombre imaginaire* : qui contient le nombre i dont la racine carrée est négative (ce qui est impossible pour les nombres réels). 2 Qui n'est tel que dans sa propre imagination. « *inventeur imaginaire* » (Duham.). 3 n. m. Produit, domaine de l'imagination. « *L'imagination est un domaine de rêver, l'imaginaire, un domaine de formes* » (Malraux). ✪ CONTR. ① Effectif, réel, véritable, vrai.

imaginal, ale, aux adj. – XIXᵉ ; lat. *imago* « image » ▪ Qui se rapporte à l'imago (1°). *Cellules imaginales.*

imaginatif, ive adj. et n. – XIVᵉ ▪ Qui a l'imagination fertile, qui imagine aisément.

imagination n. f. – XIIᵉ 1 Faculté que possède l'esprit de se représenter des images ; connaissances, expérience sensible. *Cela a frappé son imagination.* 2 Faculté d'évoquer les images des objets qu'on a déjà perçus. ⇒ ① **mémoire.** « *Les bords de la Brenta trompèrent mon attente : ils étaient demeurés plus riants dans mon imagination* » (Chateaub.). *Vision qui reste dans l'imagination.* 3 Faculté de former des images d'objets qu'on n'a pas perçus ou de faire des combinaisons nouvelles d'images. « *ne voyant rien d'existant qui fût digne de mon délire, je le nourris dans un monde idéal que mon imagination créatrice eut bientôt peuplé d'êtres selon mon cœur* » (Rouss.). *Imagination débordante. Cette histoire est le fruit de son imagination.* ➞ *N'exister que dans l'imagination.* ♦ *Avoir de l'imagination. Manquer d'imagination.* ♦ Faculté de créer en combinant des idées. ⇒ **créativité, inventivité.** *Avec un peu d'imagination, il aurait pu se tirer d'affaire.* ♦ Création, inspiration artistique ou littéraire. *L'imagination exubérante de Rabelais.* 4 Ce que qqn imagine ; spécialt chose imaginaire, extravagante. ⇒ **chimère, fantasme, rêve.** « *des imaginations cochonnes* » (Céline). *C'est une pure imagination !* ⇒ **fable, invention, mensonge.** ✪ CONTR. Raison. Réalité, vérité.

imaginer v. tr. [1] – XIIIe ; lat. *imaginari* **I** - 1 Se représenter dans l'esprit. *J'imagine très bien la scène.* ⇒ **voir.** *Cela dépasse tout ce qu'on peut imaginer.* ⇒ **concevoir, envisager.** « *je t'imaginais veuve et mère de deux garçons* » (Sartre). ⇒ **croire.** *Je l'imagine bien à ce poste. Je ne l'imagine pas marié. J'imagine qu'il a voulu plaisanter.* ⇒ **supposer.** ➞ « *Elle est libre, j'imagine* » (Sartre). 2 Inventer. *Imaginer un expédient.* ⇒ **combiner, élaborer.** *Histoire imaginée de toutes pièces. Il ne sait plus quoi imaginer pour me plaire.* « *il cherchait, imaginait des expédients* » (Flaub.). ➞ *Imaginer de :* avoir l'idée de. **II** v. pron. 1 Se représenter soi-même en esprit. *Elle s'imaginait à quarante ans.* ⇒ se **voir.** 2 Se représenter, concevoir. ⇒ se **figurer.** « *Qu'on s'imagine ces douze hommes assemblés après la mort de Jésus-Christ* » (Pasc.). 3 Croire à tort. *Elles s'étaient imaginé qu'elles étaient les meilleures.*

imago n. m. et f. – XIXe ; mot lat. 1 n. m. ou f. Forme adulte de l'insecte sexué à métamorphoses. *Imago du hanneton.* 2 n. f. Prototype inconscient acquis dans l'enfance par le sujet, survivance imaginaire d'un participant de sa situation interpersonnelle. *Imago paternelle.*

imam [imam] n. m. – XVIe ; mot ar. « guide » 1 Titre donné au successeur de Mahomet et à ceux d'Ali. 2 Chef de prière dans une mosquée. ➞ Celui qui dirige la communauté musulmane.

imamat n. m. – XVIIe ▪ Dignité, titre, charge d'imam.

imbattable adj. – XIXe 1 Qui ne peut être battu, vaincu. *Un champion imbattable.* ⇒ **invincible.** ➞ *Record imbattable.* 2 Que la concurrence ne peut pas battre. *Prix imbattables,* qui ne peuvent être plus bas.

imbécile adj. et n. – XVe ; lat. *imbecillus* **I** adj. 1 Atteint d'imbécillité. ⇒ **arriéré.** 2 Qui est dépourvu d'intelligence, qui parle, agit sottement. ⇒ **bête, idiot, stupide.** « *à la portée des plus imbéciles* » (Hermant). – « *ce serait d'une goujaterie imbécile* » (Flaub.). **II** n. 1 Arriéré mental. ⇒ **dégénéré, faible** (d'esprit). 2 Personne sans intelligence. ⇒ **abruti, âne, cornichon, crétin, demeuré, idiot, niais, sot ;** fam. **andouille, con, couillon, cruche, gourde,** ④ **manche, taré.** *Passer pour un imbécile. Imbécile heureux,* satisfait, fier de lui. ✪ CONTR. Intelligent.

❑ En dépit de son étymologie, ne prend qu'un *l*, à la différence de *imbécillité.*

imbécillité [ɛ̃besilite] n. f. – XIVe 1 Deuxième degré de l'arriération mentale entre l'idiotie et la simple débilité mentale. ⇒ **crétinisme.** 2 Grave manque d'intelligence ; état de l'imbécile. ⇒ **abrutissement, bêtise, crétinerie, idiotie.** 3 Acte, parole, idée imbécile. ⇒ **ânerie,** fam. **connerie, sottise.** ✪ CONTR. Intelligence.

❑ Ce mot est le seul substantif en *-illité* (deux *l*) correspondant à un adjectif en *-ile.* → imbécile (rem.).

imberbe adj. – XVIe ; lat. *imberbis,* de *barba* « barbe » ▪ Qui est sans barbe, n'a pas encore de barbe. ✪ CONTR. Barbu.

imbiber v. tr. [1] – XVe ; lat. 1 Pénétrer d'eau, d'un liquide. ⇒ **imprégner, tremper.** *Imbiber une compresse d'alcool à 90°.* 2 v. pron. Absorber un liquide. *Les corps poreux s'imbibent par capillarité.* ♦ fam. Boire à l'excès. « *quiconque veut être un héros doit s'imbiber de brandy* » (Maurois).

❑ Même famille étym. que *boire, biberon.*

imbibition n. f. – XIVe ▪ Action d'imbiber, de s'imbiber. ➞ État d'un corps imbibé. ⇒ **imprégnation.** ✪ CONTR. Dessiccation.

imbitable ou **imbittable** adj. – 1977 ; de ① *in-* et *biter* « comprendre » ▪ très fam. Incompréhensible.

imbrication n. f. – XIXe ▪ Disposition de choses imbriquées.

imbriqué, ée adj. – XVIe ; lat. *imbrex* « tuile » 1 Formé d'éléments qui se recouvrent partiellement. « *Le serpent aztèque a la peau imbriquée, non d'écailles mais de plumes* » (Morand). 2 au plur. Qui se recouvrent partiellement (en parlant d'éléments). *Ardoises imbriquées.* 3 fig. En étroite liaison. *Événements imbriqués les uns dans les autres.*

imbriquer v. tr. [1] – XIXe ▪ Disposer des choses de façon qu'elles soient imbriquées. pronom. ⇒ s'**ajuster,** s'**emboîter.**

❑ Pour le sens → intriquer (rem.).

imbroglio [ɛ̃bʀɔljo ; ɛ̃bʀɔglijo] n. m. – XVIIe ; mot it., de *imbrogliare* « embrouiller » 1 Situation confuse, embrouillée. ⇒ **confusion, mélange.** *Quel imbroglio !* 2 Pièce de théâtre, dont l'intrigue est fort compliquée.

❑ La prononciation italienne du *gl* [ɛ̃bʀɔljo] est assez affectée dans ce mot, alors qu'elle est courante dans d'autres. → tagliatelle (rem.).

imbrûlé, ée adj. et n. m. – XIXe ▪ *Gaz imbrûlés* ou *les imbrûlés :* vapeurs d'hydrocarbure restant dans les gaz d'échappement d'un moteur à explosion.

imbu, ue adj. – XVe ; lat. *imbuere* « imbiber » ▪ Qui est imprégné, pénétré (de sentiments, d'idées). ⇒ **plein, rempli.** *À cette date,* « *Saint-Juste est encore imbu des doctrines philanthropiques du* XVIIIe *siècle* » (Ste-Beuve). ➞ *Être imbu de soi-même :* se croire supérieur aux autres. ⇒ **infatué.**

imbuvable adj. – XVIIe 1 Qui n'est pas buvable. *Ce vin est imbuvable.* 2 fam. ⇒ **insupportable.** *Cet homme-là est imbuvable.*

❑ Ne pas confondre avec *non potable* « impropre à la consommation ».

imitable adj. – XVIe ▪ Qui peut être imité. ✪ CONTR. Inimitable.

imitateur, trice n. – XVe ▪ Personne qui imite. *Un pâle imitateur.* ➞ Artiste de variétés qui imite la voix, le comportement de personnalités. ♦ *Les imitateurs de Racine.* ✪ CONTR. Créateur, inventeur, novateur.

imitatif, ive adj. – XVe 1 Qui imite les sons de la nature. *Mots imitatifs.* ⇒ **onomatopée.** 2 Qui imite une personne. *Mimique imitative.*

imitation n. f. – XIIIe 1 Action de reproduire ou de chercher à reproduire (une apparence, un geste, un acte d'autrui) ; résultat de cette action. *Imitation réussie. Imitation outrée, comique.* ⇒ **caricature, parodie.** « *Octave, qui possède un petit talent d'imitation* » (Duham.). ♦ Reproduction volontaire ou involontaire, consciente ou inconsciente, de gestes, d'actes. ⇒ **mimétisme.** « *les effets de la mode et de la publicité qui développent l'imitation aux dépens du goût personnel* » (Valéry). 2 Le fait de prendre qqn, son œuvre pour modèle, de s'en inspirer *L'imitation des anciens. Imitation du style d'un auteur.* ⇒ **pastiche ; parodie.** 3 Œuvre sans originalité imitée d'un modèle. *Imitation servile.* ⇒ **copie, plagiat.** 4 Reproduction artificielle d'un objet, d'une matière ; l'objet imité d'un autre. ⇒ **copie.** *Imitation d'un produit.* ⇒ **ersatz.** *Imitation frauduleuse.* ⇒ **contrefaçon,** ① **faux.** *Une belle imitation. Reliure imitation cuir.* ⇒ **façon, simili.** *Veste imitation renard.* ◆ EN IMITATION : en matière imitée. ⇒ **simili,** ② **toc.** 5 Répétition par une partie d'un thème musical énoncé par une autre partie. *Imitation libre.* 6 *À L'IMITATION DE :* à la façon de, sur le modèle de. « *Vouloir édifier l'avenir à l'imitation du passé, quelle coupable folie !* » (Gide). ✪ CONTR. Création. Authenticité. Originalité.

imiter v. tr. [1] – XVe ; lat. *imitari* 1 Faire ou s'efforcer de faire la même chose que (qqn), chercher à reproduire. ⇒ **contrefaire, copier, mimer, parodier, singer.** *Imiter ses camarades. Imiter l'accent de qqn, le cri d'un animal.* « *il imitait très bien* [...] *la voix pâteuse de l'empereur* » (Zola). ♦ Faire comme (qqn), sans intention de reproduire exactement ses gestes. *Il leva son verre et tout le monde l'imita.* ⇒ **suivre.** 2 Prendre pour modèle, pour exemple. *Imiter un maître, un chef.* « *Les vrais amis n'imitent que les vertus dans leurs amis. Les flatteurs imitent le vice* » (Rac.). 3 Prendre pour modèle. ⇒ **s'inspirer** (de). « *On a dit l'an passé que j'imitais Byron* » (Muss.). *Imiter servilement un original.* ⇒ **copier, plagier.** 4 S'efforcer de reproduire, dans l'intention de faire passer la reproduction pour authentique. ⇒ **contrefaire.** *Imiter la signature de qqn.* 5 Produire le même effet que. ⇒ **ressembler** (à). *Des « peintures en trompe-l'œil imitant de vieilles marbrures »* (Perec). ✪ CONTR. Créer, innover, inventer.

immaculé, ée adj. – XVe ; lat. *macula* « tache » 1 Qui est sans tache de péché. ⇒ **pur.** 2 Sans une tache. ⇒ ② **net, propre.** *Du linge immaculé.* ♦ D'une blancheur parfaite. *Neige immaculée.* ✪ CONTR. Maculé, souillé, taché.

immanence n. f. – XIXe ▪ Caractère de ce qui est immanent. *Principe d'immanence,* selon lequel tout est intérieur à tout, un au-delà de la pensée est impensable. ✪ CONTR. Transcendance.

immanent, ente adj. – XIVe ; lat. *immanere* « résider dans » ▪ Qui est contenu dans la nature d'un être. ◆ *Justice immanente,* dont le principe est contenu dans les actions commises, qui se dégage du cours naturel des événements. ✪ CONTR. Transcendant.

> ❑ Ne pas confondre avec *imminent* « qui va se produire dans très peu de temps ».

immanentisme n. m. – 1907 ▪ Doctrine qui affirme l'immanence de Dieu ou d'un absolu quelconque à la nature ou à l'homme. ✪ CONTR. Transcendantalisme.

immangeable [ɛ̃mɑ̃ʒabl] adj. – XVIIe ▪ Qui n'est pas bon à manger. ⇒ **mauvais.** ✪ CONTR. Mangeable.

> ❑ La prononciation ne suit pas la règle, tout comme dans *immanquable, immariable, immettable.* ♦ Distinguer de *non comestible* « impropre à la consommation ».

immanquable [ɛ̃mɑ̃kabl] adj. – XVIIe ▪ Qui ne peut manquer d'arriver. ⇒ **fatal, inéluctable, inévitable, nécessaire.** *Conséquence immanquable.* ✪ CONTR. Douteux, ① incertain.

immanquablement [ɛ̃mɑ̃kabləmɑ̃] adv. – XVIIe ▪ Infailliblement, sûrement.

immarcescible adj. – XVe ; lat. *marcescere* « se flétrir » ▪ Qui ne peut se flétrir.

> ❑ Ce mot s'emploie surtout au figuré. ♦ On trouve aussi la graphie *immarcessible,* peu recommandable.

immariable [ɛ̃maʀjabl] adj. – XVIIe ▪ Non mariable, difficile à marier. ✪ CONTR. Mariable.

> ❑ Pour la prononciation → immangeable (rem.).

immatérialisme n. m. – XVIIIe ▪ Doctrine métaphysique qui nie l'existence de la matière. ⇒ **idéalisme.** ✪ CONTR. Matérialisme.

immatérialiste n. – XVIIIe ▪ Partisan de l'immatérialisme. ✪ CONTR. Matérialiste.

immatérialité n. f. – XVIIe ▪ Qualité, état de ce qui est immatériel. ✪ CONTR. Matérialité.

immatériel, ielle adj. – XIVe 1 Qui n'est pas formé de matière. ⇒ **incorporel, spirituel.** 2 Qui est étranger à la matière, ne concerne pas la chair, les sens. « *un immatériel baiser* » (Verlaine). 3 Qui ne semble pas de nature matérielle. ⇒ **aérien, léger.** « *d'une minceur immatérielle* » (Colette). ✪ CONTR. Charnel, matériel.

immatriculation n. f. – XVIIe ▪ Action d'inscrire le nom et le numéro d'une personne, d'un animal ou d'une chose sur un registre ; résultat de cette action. ⇒ **inscription.** *Immatriculation d'un appelé* (⇒ **matricule**). *Numéro, plaque d'immatriculation d'une automobile* (⇒ **minéralogique**). *Immatriculation à la Sécurité sociale.*

immatriculer v. tr. [1] – XVe ▪ Inscrire sur un registre public, sur la matricule. ◆ *Voiture immatriculée dans la Sarthe.*

immature adj. – XVIe ▪ Qui manque de maturité intellectuelle, affective. ✪ CONTR. Mature, mûr.

immaturité n. f. – XVIe ▪ Absence de maturité psychologique, intellectuelle.

immédiat, iate adj. et n. m. – XIVe ; lat. *medius* « central, intermédiaire » **I - 1** Qui opère, se produit ou est atteint sans intermédiaire. *Cause immédiate.* ⇒ ① **direct.** 2 *Principe immédiat :* corps qui peut être extrait d'une substance par simple procédé mécanique, sans intervention chimique. **II - 1** Qui précède ou suit sans intermédiaire. *Successeur immédiat. Au voisinage immédiat de votre maison.* 2 Qui suit sans délai ; qui est du moment présent, a lieu tout de suite. *Effets immédiats d'une décision. Danger immédiat.* ⇒ **imminent.** « *Des sangsues amenèrent un soulagement immédiat* » (Flaub.). ⇒ **instantané.** 3 n. m. *DANS L'IMMÉDIAT :* dans un avenir proche ; pour le moment. ✪ CONTR. Indirect, médiat ; éloigné.

immédiatement adv. – XVIe 1 Sans intermédiaire. « *les maisons qui touchaient immédiatement aux remparts* » (Flaub.). ⇒ **directement.** 2 À l'instant même, tout de suite. ⇒ **aussitôt,** fam. **illico, instantanément.** *Sortez immédiatement !* ✪ CONTR. Indirectement.

immédiateté n. f. – XVIIIe ▪ Qualité de ce qui est immédiat.

immelmann [imɛlman] n. m. – 1917 ; de *Immelmann,* pilote de chasse allemand ▪ Figure de voltige aérienne constituée d'un demi-looping suivi d'un demi-tonneau.

immémorial, iale, iaux adj. – XVIe ; lat. *memoria* « mémoire » ▪ Qui remonte à une époque si ancienne qu'elle est sortie de la mémoire. *En des temps immémoriaux.*

immense adj. – XIVe ; lat. *metiri* « mesurer » 1 Dont l'étendue, les dimensions sont considérables. ⇒ **grand, vaste.** « *rien que le ciel immense* » (Loti). 2 Qui est très considérable en son genre, par la force, l'importance, la quantité. ⇒ **colossal, démesuré, énorme, gigantesque.** *Un homme immense,* très grand. *Une immense fortune. L'immense majorité des gens.* « *quelle immense amitié il fallait que j'eusse pour vous* » (Flaub.). ✪ CONTR. Exigu, infime, minuscule, petit.

immensément adv. – XVIe ▪ D'une manière immense. ⇒ **extrêmement.** *Il est immensément riche.*

immensité n. f. – XIVe 1 Caractère de ce qui est immense ; grandeur démesurée. « *L'homme n'a pas besoin de voyager pour s'agrandir ; il porte avec lui l'immensité* » (Chateaub.). 2 Étendue trop vaste pour être facilement mesurée. ⇒ **vastitude.** « *l'immensité bleue de la mer* » (Baud.). ♦ Étendue illimitée ou qui paraît telle. ⇒ ① **espace, infini.** *Se perdre dans l'immensité.* 3 Grandeur considérable (de qqch.). *L'immensité de son orgueil.* ✪ CONTR. Exiguïté, petitesse.

immergé, ée adj. – XVIe ▪ Plongé dans un liquide, dans la mer. *Câble immergé.* ⇒ **sous-marin.** *Terres immergées.* ⇒ **inondé.** ✪ CONTR. Émergé, flottant.

immerger v. tr. [3] – XVIe ; lat. ▪ Plonger dans un liquide. ➝ pronom. *Sous-marin qui s'immerge.*

❑ Même famille que *émerger, submerger.*

immérité, ée adj. – XVe ▪ Qui n'est pas mérité. ⇒ **indu, injuste.**

immersif, ive adj. – XVIIe ▪ Réalisé par immersion.

immersion n. f. – XIVe ▪ Action d'immerger, de plonger dans un liquide ; résultat de cette action. *Baptême par immersion.* ♦ *Objectif à immersion :* objectif de microscope avec lequel on observe les objets à travers une goutte d'un liquide de même indice de réfraction que celui de l'objectif. ♦ Entrée d'une planète dans l'ombre d'un astre. ✪ CONTR. Émersion.

immettable [ɛ̃metabl] adj. – XVIIIe ▪ Se dit d'un vêtement qu'on ne peut ou n'ose mettre. ✪ CONTR. Mettable.

❑ Pour la prononciation → immangeable (rem.).

immeuble adj. et n. m. – XIIIe 1 Qui ne peut être déplacé (ou réputé tel par la loi). *Biens immeubles.* ⇒ **immobilier.** ♦ n. m. Bien immeuble. *Patrimoine composé de meubles et d'immeubles.* 2 n. m. Maison, grand bâtiment urbain à plusieurs étages. *Immeuble de trente étages.* ⇒ **building, gratte-ciel,** ① **tour.** *Immeuble en copropriété. Habiter un appartement dans un immeuble. Immeuble de bureaux. Gérant d'immeubles.* ✪ CONTR. Meuble.

immigrant, ante n. et adj. – XVIIIe ▪ Personne qui immigre dans un pays ou qui y a immigré récemment. ⇒ **immigré.** ✪ CONTR. Autochtone.

immigration n. f. – XVIIIe ▪ Entrée dans un pays de personnes non autochtones qui viennent s'y établir, généralement pour y trouver un emploi. *Lois sur l'immigration. L'immigration clandestine.*

immigré, ée adj. et n. – XVIIIe ▪ Qui est venu de l'étranger, par rapport au pays qui l'accueille. *Travailleurs immigrés.* ➝ n. ⇒ **immigrant.** *Intégration des immigrés. Foyer pour immigrés. Immigrés clandestins.*

❑ Pour le sens → émigré (rem.).

immigrer v. intr. [1] – XVIIIe ; lat. ▪ Entrer dans un pays étranger pour s'y établir. *Immigrer en Europe.*

imminence n. f. – XVIIIe ▪ Caractère de ce qui est imminent. ⇒ **proximité.** *L'imminence du danger.* « *je devinai l'imminence de la grande crise* » (Duham.).

imminent, ente adj. – XIVe ; lat. *imminere* « menacer » ▪ Qui va se produire dans très peu de temps. ⇒ **immédiat, proche.** *Son arrestation est imminente.* « *Un éclat, qui devait tout briser, était imminent* » (Zola). ✪ CONTR. Éloigné, lointain.

❑ Ne pas confondre avec *immanent* « qui est dans la nature d'un être ».

immiscer (s') v. pron. [3] – XVe ; lat. *miscere* « mêler » ▪ S'ingérer, s'introduire mal à propos ou indûment. ⇒ se **fourrer, intervenir,** se **mêler.** « *Je ne te questionne pas pour m'immiscer dans tes affaires* » (Mart. du G.).

immixtion [imiksjɔ̃] n. f. – XVIIIe ▪ Action de s'immiscer. ⇒ **ingérence, intervention.** *Immixtion dans les affaires intérieures d'un pays.*

❑ Pour l'orthographe de la finale souvent prononcée sans le *t* (comme *connexion, objection*) penser à *mixte, mixture,* mots de la même famille étymologique (même cas pour *mixtion, démixtion*).

immobile adj. – XIIIe ; lat. *immobilis* « immobile ; immeuble » 1 Qui ne se déplace pas. ⇒ ① **fixe.** *Rester immobile.* ♦ Que rien ne meut, n'agite. « *Tout le village était immobile, englué dans l'oubli de la sieste d'été* » (Duras). 2 Fixé une fois pour toutes, définitivement figé. ⇒ **invariable, statique.** « *le bonheur n'est jamais immobile* » (Maurois). ✪ CONTR. Mobile.

immobilier, ière adj. et n. m. – XVe 1 Qui est immeuble, composé d'immeubles, ou considéré comme immeuble. *Biens immobiliers. Fortune immobilière.* 2 Qui concerne, qui a pour objet un immeuble, des immeubles (2°). *Vente immobilière. Société immobilière,* s'occupant de la construction, de la vente, de l'achat d'immeubles. *Agent, promoteur immobilier.* ➝ n. m. Commerce d'immeubles, de maisons, d'appartements. ✪ CONTR. Mobilier.

immobilisation n. f. – XIXe 1 Action de rendre immobile ; résultat de cette action. *Son accident lui a valu trois mois d'immobilisation.* ♦ Maintien au sol d'un adversaire sans qu'il puisse se dégager. 2 *Immobilisation de capitaux* **(⇒ gel),** *des actions.* ➝ au plur. Dans une entreprise, Éléments d'actif qui servent de façon durable à l'exploitation.

immobiliser v. tr. [1] – XVIIIe ▪ Rendre immobile, maintenir dans l'immobilité ou l'inactivité. ⇒ **arrêter.** « *une crise de sciatique assez vive pour m'immobiliser pendant huit jours* » (Bosco). ➝ *Voiture immobilisée par une panne.* ➝ Rendre incapable d'agir, de réagir (sous l'effet d'une émotion). ⇒ **figer, paralyser, pétrifier.** ♦ Rendre immobile au moyen de bandages, d'appareils spéciaux. *Immobiliser une jambe cassée.* ♦ *Immobiliser des capitaux,* les rendre indisponibles par le placement qu'on en fait. ⇒ **geler.** ♦ pronom. Devenir, se tenir immobile. « *il s'immobilisa, face au public* » (Mart. du G.). ➝ S'arrêter. *Le train s'est immobilisé en rase campagne.* ✪ CONTR. Agiter, mouvoir. Bouger, remuer.

immobilisme n. m. – XIXe ▪ Disposition à se satisfaire de l'état présent des choses, à refuser le mouvement ou le progrès. ⇒ **conservatisme.**

immobiliste adj. et n. – XIXe ▪ Marqué d'immobilisme ; partisan de l'immobilisme. ⇒ **conservateur.**

immobilité n. f. – XIVe ▪ État de ce qui est immobile. « *son épaule que l'immobilité ankylosait* » (Colette). ♦ État de ce qui ne change pas. « *notre politique, dont le fruit [...] est l'immobilité* » (Mauriac). ✪ CONTR. Mobilité, mouvement ; évolution.

immodération n. f. – XVe ▪ rare Manque de modération, de mesure. ⇒ **excès.**

immodéré, ée adj. – XVe ▪ Qui n'est pas modéré ; qui dépasse la mesure, la normale. ⇒ **abusif, démesuré, excessif, outré.** *Usage immodéré des tranquillisants.*

❑ À la différence des mots de sens voisin *démesuré, excessif,* etc., *immodéré* appartient à l'usage soutenu, notamment médical.

immodérément adv. – XIIIe ▪ D'une manière immodérée, avec excès. ⇒ **démesurément, excessivement.**

immodeste adj. – XVIe ▪ vieilli Qui manque à la pudeur. ⇒ **impudique, indécent.** *Attitude immodeste.*

❑ Ce mot autrefois courant n'est pas le contraire de *modeste* aux sens actuels.

immodestie n. f. - XVIe 1 vieilli Manque de pudeur. 2 rare Manque de modestie. ⇒ **prétention.**

immolateur, trice n. - XVIe ▪ vx Personne qui immole. ⇒ **sacrificateur.**

immolation n. f. - XIIIe ▪ littér. 1 Action d'immoler ; résultat de cette action. ⇒ **sacrifice.** 2 Action de s'immoler, sacrifice de soi-même. *Le mariage « est la plus sotte des immolations sociales »* (Balz.).

immoler v. tr. [1] - XVe ; lat. ▪ littér. 1 Tuer en sacrifice à la divinité. ⇒ **sacrifier.** *Immoler une victime sur l'autel.* 2 Faire périr. ⇒ **massacrer, tuer.** *« Rome, à qui vient ton bras d'immoler mon amant ! »* (Corn.). 3 vieilli Sacrifier. *Vous laisserez « immoler votre fille Aux folles visions qui tiennent la famille »* (Mol.). ♦ vx Abandonner (qqch.) dans un esprit de sacrifice ou d'obéissance. ⇒ **renoncer** (à). *« immoler un privilège »* (Bainville). 4 v. pron. Faire le sacrifice de sa vie. *S'immoler par le feu.* ➛ Faire le sacrifice de ses intérêts.

immonde adj. - XIIIe ; lat. *mundus* « propre » 1 Impur selon la loi religieuse. 2 D'une saleté ou d'une hideur qui soulève le dégoût ou l'horreur. ⇒ **dégoûtant, répugnant, sale.** *Taudis immonde.* 3 D'une extrême immoralité ou d'une bassesse qui révolte la conscience. ⇒ **ignoble.** *Un crime immonde.* ⇒ **abject.** ✪ CONTR. Pur ; propre.

❑ Même famille que *émonder* « nettoyer », au sens étymologique.

immondice n. f. - XIIIe ; lat. *immunditia* → immonde ▪ au plur. Déchets de la vie humaine et animale, résidus du commerce et de l'industrie. ⇒ **détritus, ordure.** *Tas d'immondices. « Les rues de Paris [...] couvertes d'immondices dégoûtantes »* (Volt.).

❑ Ce mot est du féminin (comme *blandice*), à la différence des noms de même finale : *appendice, indice, préjudice,* d'usage plus courant.

immoral, ale, aux adj. - XVIIe ▪ Qui viole les principes de la morale établie. *Homme foncièrement immoral.* ⇒ **corrompu, débauché, dépravé ; amoral.** ♦ Contraire à la morale, aux bonnes mœurs. *Ouvrages immoraux.* ⇒ **licencieux, obscène, scandaleux.** ✪ CONTR. Vertueux ; moral.

❑ Ne pas confondre avec *amoral* « moralement neutre, indifférent aux idées de bien et de mal ».

immoralisme n. m. - XIXe ▪ Doctrine qui propose des règles d'action différentes, inverses de celles admises par la morale courante. *L'immoralisme de Nietzsche.*

immoraliste adj. et n. - XIXe ▪ Caractérisé par l'immoralisme. *Thèse immoraliste.* ➛ n. *« L'Immoraliste », roman de Gide.*

immoralité n. f. - XVIIIe ▪ Caractère d'une personne, ou de ce qui est immoral. ⇒ **corruption, dépravation, vice.** *« son affectation d'immoralité »* (Romains). ✪ CONTR. Moralité, vertu.

immortalisation n. f. - XVIe ▪ littér. Action d'immortaliser dans la mémoire des hommes.

immortaliser v. tr. [1] - XVIe 1 Rendre immortel dans la mémoire des hommes. ⇒ **éterniser, perpétuer.** ➛ pronom. *S'immortaliser par des actions mémorables.* 2 Rendre (une cellule) capable de se multiplier indéfiniment en culture.

immortalité n. f. - XIIe 1 Qualité, état d'une personne ou de ce qui est immortel. *Immortalité de l'âme.* 2 littér. Qualité de ce qui survit sans fin dans la mémoire des hommes. ⇒ **pérennité.** *Entrer dans l'immortalité.* ⇒ **éternité.**

immortel, elle adj. et n. - XIIIe 1 Qui n'est pas sujet à la mort. *Dieux immortels.* ➛ n. vx ou littér. *Un immortel, une immortelle* : un dieu, une déesse. 2 Qu'on suppose ne devoir jamais finir, que rien ne pourra détruire. ⇒ **éternel, impérissable.** *Un amour immortel.* 3 Qui survit éternellement dans la mémoire des hommes. *Chef-d'œuvre immortel.* 4 n. Membre de l'Académie française. ✪ CONTR. Mortel, périssable.

immortelle n. f. - XVIIe ▪ Plante herbacée *(composées)* dont l'involucre reste coloré quand la fleur est séchée. *Immortelle annuelle, vivace.*

immotivé, ée adj. - XIXe 1 Qui n'a pas de motif. *« un crime parfaitement immotivé »* (Gide). 2 Qui n'est pas motivé, en parlant d'un signe, d'une expression. ⇒ **arbitraire, démotivé.**

immuabilité n. f. - XVIe ▪ Caractère de ce qui est immuable. ⇒ **immutabilité.**

❑ Pour l'emploi → immutabilité (rem.).

immuable adj. - XIVe ; de *muer* « changer » 1 Qui reste identique à soi-même ; qui ne peut éprouver aucun changement. *Le Roi « déclara que sa résolution était immuable »* (Chateaub.). 2 Qui ne change guère ; qui dure longtemps. ⇒ **constant, durable, inaltérable, intemporel.** *« Tout change. Nous mûrissons. Papa reste immuable »* (Duham.). ✪ CONTR. Changeant, mouvant, variable.

immuablement adv. - XVe ▪ D'une manière immuable. ⇒ **constamment, invariablement.** *« le ciel immuablement bleu »* (From.).

immun, une adj. - 1916 ▪ Se dit d'un sujet ou d'un organisme immunisé, d'une substance immunisante.

immunisant, ante adj. - XIXe ▪ Qui immunise. ⇒ **immun.**

immunisation n. f. - XIXe ▪ Action d'immuniser ; son résultat. *Immunisation active* (⇒ **vaccination**), *passive* (⇒ **sérothérapie**).

immuniser v. tr. [1] - XIXe ; lat. *immunis* « exempt » 1 Rendre réfractaire aux agents pathogènes, à une maladie infectieuse. 2 Protéger, mettre à l'abri. *« Une douce habitude l'immunisait contre de telles réceptions »* (Cocteau). ✪ CONTR. Contaminer.

immunitaire adj. - mil. XXe ▪ Relatif à l'immunité (II). *Réaction, défenses immunitaires de l'organisme.*

immunité n. f. - XIIIe ; lat. *munus* « charge » I Exemption de charge, prérogative accordée par la loi à une catégorie de personnes. ⇒ **dispense, franchise, privilège.** *Immunité de la noblesse.* ➛ Exemption des règles générales en matière juridictionnelle, fiscale. *Immunité parlementaire,* accordée au parlementaire. ⇒ **inviolabilité, irresponsabilité.** ➛ *Immunité diplomatique* : ensemble des privilèges qui soustraient les diplomates étrangers, leurs familles, le personnel officiel des ambassades, aux juridictions du pays où ils résident. II Propriété que possède un organisme d'être réfractaire à certains agents pathogènes. *« cet homme étrange est doué d'une immunité presque magique, [...] il est totalement insensible à tous les poisons des serpents américains, complètement mithridatisé »* (R. Gary). *Immunité à une maladie. Immunité naturelle. Immunité cellulaire,* assurée par des globules blancs, des lymphocytes. ✪ CONTR. (du II) Allergie, anaphylaxie, sensibilisation.

immuno- Élément, du lat. *immunis* « exempt ».

immunochimie n. f. - 1959 ▪ Application des techniques biochimiques à l'étude des processus immunitaires.

immunocompétent, ente adj. – 1967 ▪ Se dit de cellules susceptibles d'intervenir dans les processus immunitaires. *Lymphocytes immunocompétents.*

immunodéficience n. f. – v. 1985 ▪ Incapacité de résister à l'infection, due au non-fonctionnement de tout ou partie du système immunitaire. *Syndrome d'immunodéficience acquise* : le sida.

immunodépresseur n. m. – 1967 ; de *immuno-* et lat. *depressus* « abaissé » ▪ Procédé thérapeutique qui inhibe la réponse immunitaire de l'organisme aux antigènes exogènes. ⇒ **immunosuppresseur.**

immunodépressif, ive adj. – 1968 ▪ Relatif à l'action des immunodépresseurs.

immunodépression n. f. – v. 1970 ▪ Situation de diminution des réactions immunitaires.

immunodéprimé, ée adj. et n. – 1972 ▪ Se dit d'un sujet chez lequel les défenses immunitaires sont amoindries.

immunofluorescence n. f. – 1965 ▪ Technique utilisant un marquage fluorescent d'anticorps spécifiques afin de visualiser et de localiser les antigènes correspondants.

immunogène adj. – 1906 ; *immuno-* et *-gène* ▪ Qui provoque une réaction immunitaire.

immunoglobuline n. f. – 1959 ▪ Membre d'une famille de protéines sériques, les anticorps.

immunologie n. f. – 1924 ; *immuno-* et *-logie* ▪ Étude de l'immunité.

immunologiste n. – 1946 ▪ Spécialiste de l'immunologie.

immunostimulant n. m. – 1971 ▪ Amplificateur non spécifique de la fonction immunitaire.

immunosuppresseur [imynosypʀesœʀ] n. m. – 1967 ▪ ⇒ **immunodépresseur.**

immunothérapie n. f. – 1927 ; *immuno-* et *-thérapie* ▪ Traitement consistant à provoquer ou à augmenter l'immunité de l'organisme par l'injection d'anticorps ou d'antigènes.

immunotolérant, ante adj. – v. 1970 ▪ Se dit d'un organisme qui ne réagit pas par une production d'anticorps aux antigènes qui y sont introduits.

immunotransfusion n. f. – 1927 ▪ Transfusion de sang provenant d'un sujet immunisé contre la maladie dont est atteint le malade qui la reçoit.

immutabilité n. f. – XVe ; lat. ▪ Caractère, état de ce qui ne peut changer. ⇒ **immuabilité.** « *l'apparente immutabilité du soleil* » (Proust). ✪ CONTR. Mutabilité, variabilité.

> ❑ Ce mot, d'usage didactique ou littéraire, est également un terme de droit, à la différence de son synonyme *immuabilité.*

impact [ɛ̃pakt] n. m. – XIXe ; lat. *impingere* « heurter » 1 Collision, heurt. POINT D'IMPACT : endroit où le projectile vient frapper, trace qu'il laisse. 2 Effet d'une action forte, brutale. *L'impact de la nouvelle a été terrible.* ♦ Effet, influence (emploi critiqué). *Force d'impact des médias.* ➛ *Étude d'impact* : étude des conséquences éventuelles d'un aménagement sur l'environnement.

impair, aire adj. et n. m. – XVe I adj. 1 Qui n'est pas pair, qui ne peut être divisé par deux en donnant des nombres entiers. *Nombres impairs.* ➛ Qui porte un numéro impair. *Côté impair d'une rue,* portant les numéros impairs. 2 sc. Qui est unique, qui n'a pas de double. *Foliole impaire.* II n. m. Maladresse choquante ou préjudiciable. ⇒ fam. ② **gaffe.** *Faire un impair.* « *il ne douta plus qu'il eût commis un impair* » (Courtel.).

impala [impala] n. m. – 1962 ; zoulou *i-mpalaj* ▪ Petite antilope *(bovidés)* des savanes d'Afrique du Sud-Ouest.

impalpable adj. – XVe 1 Qu'on ne peut palper, sentir au toucher. « *le monde surnaturel, habité par ces déités impalpables* » (Baud.). ⇒ **immatériel.** 2 Qui est trop ténu pour être palpé, ou dont les éléments séparés sont si petits que le toucher ne peut les percevoir. ⇒ ② **fin, ténu.** « *une impalpable poudre d'acier* » (Mart. du G.). ✪ CONTR. Palpable, saisissable.

impaludation n. f. – XIXe ▪ Inoculation du parasite du paludisme.

impaludé, ée adj. – XIXe ▪ Atteint de paludisme. ➛ *Région impaludée,* où sévit le paludisme.

impanation n. f. – XVIe ; lat. *impanatio,* de *panis* « pain » ▪ Coexistence du pain et du corps de Jésus-Christ dans l'Eucharistie (doctrine luthérienne).

imparable adj. – XVIIe ▪ Impossible à éviter, à parer.

impardonnable adj. – XIVe ▪ Qui ne mérite pas de pardon, d'excuse. ⇒ **inexcusable.** *Crime impardonnable. Excusez-moi, je suis impardonnable.* ✪ CONTR. Excusable, pardonnable.

imparfait, aite adj. et n. m. – XIVe I adj. 1 Qui n'est pas parfait, pas achevé, pas complet. ⇒ **inachevé, incomplet.** *Connaissance imparfaite.* ⇒ **insuffisant.** 2 Qui manque de fini. ⇒ **grossier.** *Imitation imparfaite.* ➛ Dont un ou plusieurs éléments présentent des défauts. ⇒ **défectueux, inégal, manqué.** « *ce monde si imparfait, et qui pourrait être si beau* » (Gide). II n. m. « Système de formes temporelles dont la fonction essentielle dans les langues indo-européennes était d'énoncer une action en voie d'accomplissement dans le passé et conçue comme non achevée » (Marouzeau). *Imparfait de l'indicatif, du subjonctif.* « *Si les Français ne veulent plus de l'imparfait du subjonctif,* [...] *c'est comme ça* » (Queneau).

imparfaitement adv. – XIVe ▪ D'une manière imparfaite. ⇒ **incomplètement, insuffisamment.** ✪ CONTR. Parfaitement.

impari- Élément, du lat. *impar* « impair ».

imparidigité, ée adj. – 1957 ; de *impari-* et lat. *digitus* « doigt » ▪ Dont les doigts sont en nombre impair. *Mammifères imparidigités.* ⇒ **périssodactyles.**

imparipenné, ée adj. – XIXe ▪ Se dit des feuilles composées pennées qui possèdent un nombre impair de folioles.

imparisyllabique [ɛ̃paʀisi(l)labik] adj. et n. m. – XIXe ▪ (En lat. et en gr.) Qui n'a pas le même nombre de syllabes aux cas obliques qu'au nominatif singulier. *Mot imparisyllabique.* ✪ CONTR. Parisyllabique.

imparité n. f. – XIVe ▪ rare Caractère de ce qui est impair. ✪ CONTR. Parité.

impartageable adj. – XVIe ▪ rare Qui ne peut être partagé. ✪ CONTR. Partageable.

impartial, iale, iaux adj. – XVIe ▪ Qui n'est pas partial, qui est sans parti pris. ⇒ **juste, neutre.** *Arbitre, juge impartial.* ⇒ **équitable.** ➛ *Un compte rendu impartial.* ⇒ ① **objectif.** ✪ CONTR. Injuste, partial.

> ❑ *Impartial* s'emploie à propos des hommes et de leurs productions ; *objectif* est plus général.

impartialement adv. – XVIIIe ▪ D'une manière impartiale. ✪ CONTR. Partialement.

impartialité n. f. – XVIe ▪ Qualité d'une personne impartiale. ⇒ **équité, objectivité.** *Faire preuve* *d'impartialité.* ➛ *Impartialité d'un arbitrage.* ✪ CONTR. Partialité, ① parti (pris).

impartir v. tr. [2] ; usité seult inf., indic. prés. et p. p. – XIVe ; lat. *impartiri* « donner une part » ▪ Accorder. *Dans les délais qui nous ont été impartis.* ✪ CONTR. Refuser.

impasse n. f. – XVIIIe ; de ① *in-* et *passer* 1 Petite rue qui n'a pas d'issue. ⇒ **cul-de-sac.** *Habiter dans une impasse.* 2 Situation sans issue favorable. « *On ne sort pas d'une pareille impasse par une simple pirouette* » (Proust). ♦ *Faire, tenter une impasse :* au bridge, à la belote, jouer la carte inférieure d'une fourchette lorsqu'on suppose que l'adversaire qui doit jouer avant détient la carte intermédiaire. ➛ Partie du programme qu'un étudiant n'apprend pas. loc. *Faire l'impasse sur qqch. :* ne pas prendre en considération, parmi d'autres choses, en prenant un risque. 3 *Impasse budgétaire :* insuffisance des recettes publiques définitives par rapport à l'ensemble des dépenses inscrites dans la loi de finances. ⇒ **déficit.**

impassibilité n. f. – XIIIe ▪ Qualité d'une personne qui ne donne aucun signe d'émotion, de trouble. ⇒ ① **calme, flegme, froideur, imperturbabilité, sang-froid.** *Impassibilité des stoïciens.* ⇒ **ataraxie.** ➛ « *ce regard indéfinissable dont l'impassibilité me glaçait* » (Bernanos). ✪ CONTR. Agitation, ② trouble.

impassible adj. – XIVe ; lat. *pati* « souffrir » ▪ Qui n'éprouve ou ne trahit aucune émotion, aucun sentiment, aucun trouble. ⇒ ② **calme, imperturbable.** *Examinateur impassible.* ➛ *Visage impassible.* ⇒ **fermé, impénétrable.** ✪ CONTR. Agité, ému, troublé.

> ❑ Ne pas confondre avec *impavide* « qui ne montre aucune crainte ».

impatiemment [ɛ̃pasjamɑ̃] adv. – XIIIe ▪ Avec impatience. ✪ CONTR. Calmement, patiemment.

impatience [ɛ̃pasjɑ̃s] n. f. – XIIe 1 Manque de patience ; incapacité habituelle de se contenir, de patienter. *L'impatience de la jeunesse.* ⇒ **impétuosité.** 2 Manque de patience pour supporter, attendre. *Donner des signes d'impatience. Je suis dans l'impatience de vous voir.* ✪ CONTR. ① Calme, impassibilité, ① patience. — HOM. Impatiens.

impatiens [ɛ̃pasjɑ̃s] n. f. – XVIIIe ; mot lat. ▪ Balsamine, appelée aussi *impatiente.* ✪ HOM. Impatience.

> ❑ Cette plante est ainsi nommée parce que son fruit déhiscent s'ouvre au moindre contact.

impatient, iente [ɛ̃pasjɑ̃, jɑ̃t] adj. – XIIe 1 Qui manque de patience, qui est incapable de se contenir, de patienter. ⇒ **ardent, bouillant, nerveux, vif.** « *l'impatient Achille* » (Rac.). 2 Qui supporte ou attend avec impatience. ➛ subst. « *Parce que vous êtes un impatient, parce que vous exigez de la science des résultats immédiats* » (Zola). ♦ *Il est impatient de vous revoir.* 3 n. f. ⇒ **impatiens.** ✪ CONTR. ② Calme, patient.

impatienter [ɛ̃pasjɑ̃te] v. tr. [1] – XVIe 1 Rendre impatient, faire perdre patience à. ⇒ **agacer, énerver, exaspérer.** *Impatienter son auditoire.* ⇒ **lasser.** 2 v. pron. Perdre patience, manifester de l'impatience. ⇒ fam. **bouillir.** *Ne vous impatientez pas.* ✪ CONTR. Patienter.

impatronisation n. f. – XVIIe ▪ rare Action d'impatroniser ou de s'impatroniser.

impatroniser v. tr. [1] – XVIe ; de ② *in-* et lat. *patronus* « patron » 1 rare Introduire, établir (qqn) en maître. ➛ Faire adopter. *Impatroniser une mode.* 2 v. pron. S'établir comme chez soi.

impavide adj. – XIXe ; lat. *pavor* « peur » ▪ littér. ou plaisant Qui n'éprouve ou ne trahit aucune peur. ⇒ **impassible, intrépide.** *Impavide devant le danger.*

> ❑ Même famille étymologique que *épouvanter, peur.* ♦ Ne pas employer *impavide* pour *impassible* « indifférent à ce qui se passe ».

impayable adj. – XIVe ▪ fam. D'une bizarrerie extraordinaire ou très comique. *Il est impayable !*

impayé, ée adj. – XVIIIe ▪ Qui n'a pas été payé. *Traite impayée.* ➛ n. m. *Recouvrement des impayés.* ✪ CONTR. Payé.

impeachment [impitʃmɛnt] n. m. – XVIIIe ; mot angl., de *to impeach* « empêcher » ▪ En Grande-Bretagne, aux États-Unis, Procédure de mise en accusation d'un élu devant le Parlement, le Congrès.

> ❑ On conserve *impeachment,* mot institutionnel anglais, parce que sa francisation par *empêchement* entraînerait une incertitude quant au sens.

impeccable adj. – XVe ; lat. *peccare* « pécher » 1 Incapable de commettre un péché, des péchés. ♦ littér. Incapable de faillir, de commettre une erreur. 2 Sans défaut. ⇒ **irréprochable.** *Attitude impeccable.* ➛ D'une propreté, d'une tenue parfaite. *Il est toujours impeccable.* 3 fam. Parfait. ⇒ **extra, formidable.** ➛ abrév. fam. inv. IMPEC. ✪ CONTR. Incorrect.

impeccablement adv. – XVIIIe ▪ D'une manière impeccable, parfaite. ➛ abrév. fam. IMPEC.

impécunieux, ieuse adj. – XVIIe ; de ① *in-* et lat. *pecunia* « argent » ▪ littér. Qui manque d'argent. ✪ CONTR. Riche.

> ❑ Même famille que *pécuniaire.*

impécuniosité n. f. – XVIIe ▪ vieilli et littér. Manque d'argent.

impédance n. f. – XIXe ; lat. *impedire* « empêcher » ▪ Rapport entre les valeurs efficaces de la tension aux bornes d'un circuit et de l'intensité du courant sinusoïdal qui le traverse.

impedimenta [ɛ̃pedimɛ̃ta] n. m. pl. – XIXe ; mot lat. 1 Véhicules, bagages qui embarrassent la marche d'une armée. « *Couchés sur le ventre et chacun chargé de ses impedimenta* » (Cendrars). 2 littér. Ce qui entrave le déplacement, l'activité.

> ❑ Ce mot vient du latin *impedire* « entraver », de *pes, pedis* « pied ».

impénétrabilité n. f. – XVIIe 1 sc. Propriété en vertu de laquelle deux corps ne peuvent occuper en même temps le même lieu dans l'espace. 2 État de ce qui est impénétrable. ✪ CONTR. Pénétrabilité.

impénétrable adj. – XIVe 1 Où l'on ne peut pénétrer ; qui ne peut être traversé. ⇒ **inaccessible.** *Forêt impénétrable.* ➛ « *Est-il dessous les cieux Un cœur impénétrable au pouvoir de vos yeux ?* » (Corn.). 2 Qu'il est difficile ou impossible de connaître, d'expliquer. ⇒ **caché, incompréhensible, inexplicable, insondable, mystérieux, obscur,** ① **secret.** *Les voies du Seigneur sont impénétrables.* 3 Qui ne laisse rien deviner de lui-même. ⇒ **énigmatique.** « *Un fou sadique, Landru ? Que non. Il est bien plus impénétrable* » (Colette). ✪ CONTR. Accessible, pénétrable.

impénitence n. f. – XIVe ▪ État du pécheur impénitent. ✪ CONTR. Contrition, pénitence, repentir.

impénitent, ente adj. – XVIe 1 Qui ne se repent pas de ses péchés. *Pécheur impénitent.* ⇒ **endurci.** 2 Qui ne renonce pas à une habitude jugée mauvaise. ⇒ **incorrigible, invétéré.** *Buveur impénitent.* ✪ CONTR. Contrit, repenti.

impensable adj. – XIXe ▪ Que l'on a du mal à imaginer, à admettre. ⇒ **inconcevable, inimaginable.** « *Qu'un garçon de mon âge et de ma formation ait pu rester dupe,* [...] *c'est impensable* » (Romains). ✪ CONTR. Pensable.

impense n. f. – XVe ; lat. *impensa* « dépense » ▪ (au plur.) Dépenses faites par un possesseur pour la conservation ou l'amélioration d'un immeuble dont il a la possession.

imper → **imperméable**

impératif, ive n. m. et adj. – XIIIe ; lat. *imperare* « commander » I n. m. 1 Mode du verbe qui exprime le commandement, l'exhortation, le conseil, la prière et la défense. *Présent de l'impératif.* 2 « Proposition ayant la forme d'un commandement » (Lalande). *Impératif catégorique* (Kant), *hypothétique.* ♦ Prescription d'ordre moral. ➛ *Les impératifs de la mode.* II adj. 1 Qui exprime ou impose un ordre. *Consigne impérative.* 2 Qui est empreint d'autorité. ⇒ **autoritaire, impérieux.** *Ton impératif.* 3 Qui s'impose, a le caractère de la nécessité. ⇒ **impérieux.** *Des besoins impératifs.* ✪ CONTR. (du II, 2°) Humble, timide.

> ❑ L'adjectif *impératif* ne s'emploie qu'avec un nom de chose, à la différence de *impérieux.*

impérativement adv. – XVIe 1 D'une manière impérative. ⇒ **impérieusement.** 2 Obligatoirement. ⇒ **absolument.**

impératrice n. f. – XVe ; lat. *imperatrix* 1 Épouse d'un empereur. *L'impératrice Eugénie.* 2 Souveraine d'un empire. *Catherine II, impératrice de Russie.*

imperceptibilité n. f. – XIXe ▪ rare Caractère de ce qui est imperceptible. ✪ CONTR. Perceptibilité.

imperceptible adj. – XIVe 1 Qu'il est impossible de percevoir par les seuls organes des sens. *Imperceptible à l'œil nu. L'air tiède « lui passait de temps en temps sur la face d'une façon exquise, imperceptible »* (Maupass.). 2 Qu'il est impossible ou très difficile d'apprécier par l'esprit ; qui échappe à l'attention. *Gradations imperceptibles.* ⇒ **insensible.** 3 Qui est à peine perceptible. ⇒ **petit ; infime, minuscule.** « *Une petite fleur blanche tellement imperceptible qu'on appelle "Désespoir du peintre"* » (Claudel). ✪ CONTR. Perceptible ; considérable.

imperceptiblement adv. – XIVe ▪ D'une manière imperceptible.

imperdable adj. – XVIIIe ▪ Qu'on ne pense pas pouvoir perdre. *Match imperdable.*

imperfectible adj. – XIXe ▪ Qui n'est pas perfectible.

imperfectif, ive adj. – XIXe ▪ Qui exprime une action envisagée dans son cours. *Aspect, verbe imperfectif,* exprimant la durée. ✪ CONTR. Perfectif.

imperfection n. f. – XIIe ; lat. 1 État de ce qui est imparfait. *Imperfection de l'homme.* 2 Ce qui rend imparfait. ⇒ **défaut.** « *les imperfections et vices que nous reconnaissons en nous* » (Montaigne). « *Le journal, malgré toutes ses imperfections* » (Duham.). ✪ CONTR. Perfection. Qualité.

imperforation n. f. – XVIIe ▪ Occlusion d'un canal, d'un orifice naturel. *Imperforation de l'anus.*

impérial, iale, iaux adj. et n. f. – XIIe ; lat. *imperium* « empire » I - 1 Qui appartient à un empereur, à son autorité, à ses États. *Famille impériale. Manteau impérial. Le pouvoir impérial.* 2 n. f. Petite touffe de poils qu'on laisse pousser sous la lèvre inférieure. 3 *Latin impérial,* parlé sous l'Empire romain. II - 1 Qui évoque la grandeur impériale. *Un air impérial.* ➛ *Papyrus impérial,* de qualité supérieure. 2 n. f. Dessus d'une voiture pouvant recevoir des voyageurs. *Autobus à impériale.*

impérialement adv. – XIIIe ▪ rare D'une manière impériale (II, 1°).

impérialisme n. m. – XIXe 1 Politique d'un État visant à réduire d'autres États sous sa dépendance. ⇒ **colonialisme, expansionnisme.** *L'impérialisme britannique au* XIXe *siècle.* ♦ Pour les marxistes, Stade du capitalisme au cours duquel le capital financier a pris la suprématie. 2 Tendance à la domination morale, psychique, intellectuelle.

impérialiste n. et adj. – XVIe 1 Partisan d'un empereur, du régime impérial. 2 Partisan de l'impérialisme. ➛ adj. *Politique impérialiste.* ⇒ **expansionniste.**

impérieusement adv. – XVIe ▪ D'une manière impérieuse. ⇒ **impérativement.**

impérieux, ieuse adj. – XVe ; lat. *imperium* « empire » 1 Qui commande d'une façon absolue, n'admettant ni résistance ni réplique. ⇒ **autoritaire, tyrannique.** « *un enfant impérieux et mutin* » (Rouss.). ➛ *Air impérieux.* ⇒ **impératif, tranchant.** 2 Qui force à céder ; auquel on ne peut résister. ⇒ **irrésistible, pressant.** *Besoin impérieux.* ⇒ **impératif.** ✪ CONTR. Humble, obéissant, soumis.

> ❑ Pour l'emploi → impératif (rem.).

impérissable adj. – XVIe ▪ Qui ne peut périr. ⇒ **immortel, indestructible.** ♦ Qui continue, dure très longtemps. ⇒ **durable.** *Souvenir impérissable.* ✪ CONTR. Fragile, périssable.

impéritie n. f. – XVe ; lat. *peritus* « expérimenté » ▪ littér. Manque d'aptitude, d'habileté dans l'exercice de sa fonction. ⇒ **incapacité, incompétence.** *L'impéritie d'un chirurgien.* ✪ CONTR. Capacité, habileté, science.

> ❑ La finale de ce mot se prononce [si], comme c'est le cas pour *acrobatie, facétie, suprématie* ; mais ce n'est pas une règle (cf. *épiphytie, épizootie,* etc.).

imperméabilisation n. f. – XIXe ▪ Opération par laquelle on rend imperméable un tissu, un papier.

imperméabiliser v. tr. [1] – XIXe ▪ Rendre imperméable. *Imperméabiliser ses chaussures.*

imperméabilité n. f. – XVIIIe ▪ Caractère de ce qui est imperméable. *Imperméabilité d'un sol.* ✪ CONTR. Perméabilité.

imperméable adj. et n. m. – XVIe 1 Qui ne se laisse pas traverser par un fluide. ⇒ **étanche.** *Terrains imperméables,* arrêtant les eaux de pluie et les retenant ou les forçant à s'écouler. ➛ *Toile imperméable.* ⇒ **waterproof.** ➛ Imperméabilisé. *Manteau imperméable.* ♦ n. m. Vêtement de pluie en tissu imperméabilisé. ⇒ **caoutchouc, ciré, gabardine, trench-coat.** ➛ abrév. fam. IMPER [ɛ̃pɛʀ]. 2 Qui ne se laisse pas atteindre ; qui est absolument étranger à. ⇒ **insensible.** *Être imperméable à la musique.* ✪ CONTR. Perméable. Sensible.

impersonnalité n. f. – XVIIIe ▪ Caractère impersonnel. *L'impersonnalité de la science.*

impersonnel, elle adj. – XIIe ; lat. *impersonalis* 1 Qui exprime une action sans sujet réel ou dont le sujet ne peut être déterminé. *Verbes impersonnels,* ne s'employant qu'à la troisième personne du singulier et à l'infinitif. ➛ n. m. Verbe impersonnel. 2 Qui ne constitue pas une personne. *Un dieu impersonnel.* ♦ Qui n'appartient pas à une personne ; qui ne s'adresse pas à une personne en particulier. *La loi est impersonnelle.* 3 Indépendant de toutes particularités individuelles. « *il cherchait à donner un aperçu impersonnel des faits* » (Mart. du G.). ⇒ ① **objectif.** ➛

Qui manque d'originalité. ⇒ **dépersonnalisé, neutre.** *Décor impersonnel.* ✪ CONTR. Personnel ; ② original, personnalisé.

❑ Les verbes impersonnels ont un participe passé invariable : *la pluie qu'il est tombé, les efforts qu'il a fallu.* ♦ La forme impersonnelle a aujourd'hui tendance à remplacer le passif : *il est arrivé plusieurs paquets* pour *plusieurs paquets sont arrivés.* ♦ On crée de nouveaux passifs impersonnels pour préserver l'anonymat du sujet et dissimuler l'impératif : *il est demandé de ne pas fumer* pour *prière de ne pas fumer.*

impersonnellement adv. – XVe ▪ D'une manière impersonnelle.

impertinence n. f. – XVIe ▪ Attitude, conduite d'une personne impertinente. ⇒ **effronterie, impolitesse, impudence, insolence, outrecuidance.** « *il était caustique jusqu'à l'impertinence* » (Madelin). *Il a eu l'impertinence de ricaner.* ♦ Parole, action impertinente. ✪ CONTR. Correction, politesse.

impertinent, ente adj. – XIVe ; lat. « qui ne convient pas » 1 vieilli Qui n'est pas pertinent, est déplacé, contraire au bon sens. « *La majeure en est inepte, la mineure impertinente, et la conclusion ridicule* » (Mol.). 2 Qui montre de l'irrévérence, une familiarité déplacée, choquante. ⇒ **désinvolte, effronté, impoli, incorrect, insolent.** *Élève impertinent.* ➛ n. *Petit impertinent !* ➛ *Ton impertinent.* ✪ CONTR. Correct, déférent, ① poli, respectueux.

❑ On réserve plutôt *impertinent* au sens d'« insolent » aux enfants.

imperturbabilité n. f. – XVIIe ▪ Caractère d'une personne imperturbable. ⇒ ① **calme, flegme, froideur, impassibilité.**

imperturbable adj. – XVe ; lat. *perturbare* « troubler » ▪ Que rien ne peut troubler, émouvoir. ⇒ **inébranlable, impassible.** « *ce vieux prêtre à l'ordinaire si courtois, tout à coup roidi, imperturbable* » (Bernanos). ✪ CONTR. Ému, troublé.

imperturbablement adv. – XVIe ▪ D'une manière imperturbable.

impétigo n. m. – XIIIe ; lat. *impetere* « attaquer » ▪ Infection de la peau par des germes pyogènes. ⇒ **gourme.**

impétrant, ante n. – XIVe ▪ Personne qui a obtenu un diplôme. *Signature de l'impétrant.*

❑ Employer ce mot administratif au sens de « candidat » est abusif.

impétration n. f. – XIVe ▪ rare Fait d'impétrer. ⇒ **obtention.**

impétrer v. tr. [6] – XIIIe ; lat. *impetrare* « obtenir » ▪ rare Obtenir de l'autorité compétente, à la suite d'une requête.

impétueusement adv. – XIVe ▪ littér. Avec impétuosité. ✪ CONTR. Calmement, tranquillement.

impétueux, euse adj. – XIIIe ; lat. *impetus* « élan, attaque » 1 littér. Dont l'impulsion est violente et rapide. *Torrent impétueux.* 2 Qui a de la rapidité et de la violence dans son comportement. ⇒ **ardent, fougueux, vif, violent.** « *L'impétueuse Électre* » (Volt.). ➛ *Tempérament impétueux.* ⇒ **volcanique.**

impétuosité n. f. – XIIIe ▪ littér. Caractère de ce qui est impétueux. ⇒ **ardeur, fougue, vivacité.** *L'impétuosité d'un torrent.* ➛ « *Cette violence, cette impétuosité des désirs* » (Gide). ✪ CONTR. ① Calme, mollesse.

impie adj. et n. – XVe ; lat. *pius* « pieux » ▪ vieilli ou littér. 1 Qui n'a pas de religion ; qui offense la religion. ⇒ **irréligieux.** ♦ Qui marque le mépris de la religion. *Paroles impies.* ⇒ **blasphématoire.** 2 n. Athée, incroyant. « *J'étais plein de religion et je raisonnais en* impie ; *mon cœur aimait Dieu, et mon esprit le méconnaissait* » (Chateaub.). ✪ CONTR. Croyant, pieux.

impiété n. f. – XIIe ; lat. *impietas* ▪ vieilli ou littér. 1 Mépris pour les choses de la religion. *L'impiété de Voltaire.* 2 Parole, action impie. ⇒ **blasphème,** ① **sacrilège.** ✪ CONTR. Piété.

impitoyable adj. – XVIe ▪ Sans pitié. ⇒ **cruel, dur, féroce, inflexible, inhumain.** *Ennemi impitoyable.* ⇒ **implacable.** « *Aussi barbare époux qu'impitoyable père* » (Rac.). ♦ Qui observe, juge sans indulgence, ne fait grâce de rien. *Critique impitoyable.* ⇒ **sévère.** ♦ *Un humour d'une férocité impitoyable.* ✪ CONTR. ① Bon, charitable ; bienveillant, indulgent.

impitoyablement adv. – XVIe ▪ D'une manière impitoyable.

implacabilité n. f. – XVIIIe ▪ rare Caractère d'une personne, d'une chose implacable. ✪ CONTR. Clémence, indulgence ; douceur.

implacable adj. – XVe ; lat. *placare* « apaiser » 1 littér. Dont on ne peut apaiser la fureur, le ressentiment, la violence. ⇒ **cruel, inflexible.** ➛ *Haine implacable.* 2 Sans pitié, sans indulgence. ⇒ **impitoyable, sévère, terrible.** « *Déesse ! ayez pitié de ma tristesse et de mon délire ! Mais l'implacable Vénus regarde au loin* » (Baud.). 3 À quoi l'on ne peut se soustraire ; que rien ne peut arrêter ou modifier. ⇒ **fatal, inéluctable, inexorable, irrésistible.** *Logique implacable.* ✪ CONTR. Doux ; indulgent.

implacablement adv. – XVIe ▪ D'une manière implacable.

implant n. m. – 1932 ▪ Comprimé d'hormone (⇒ **pellet**), fragment de tissu, prothèse ou substance radioactive qu'on introduit sous la peau ou dans un autre tissu à des fins thérapeutiques. ♦ *Implant dentaire* : infrastructure métallique enfoncée dans le maxillaire pour supporter une prothèse dentaire fixe. ➛ *Implants capillaires.*

implantation n. f. – XVIe 1 Action d'implanter, de s'implanter. *Implantation d'une industrie dans une région.* ⇒ **établissement, installation.** ➛ Disposition des bâtiments, du matériel d'une entreprise. 2 Introduction d'un implant sous la peau. 3 Nidation. 4 Manière dont les cheveux sont plantés. ➛ Position des dents sur l'arcade dentaire.

implanter v. tr. [1] – XVIe 1 Introduire et faire se développer d'une manière durable dans un nouveau milieu. ⇒ **établir.** *Implanter une mode.* ♦ *Implanter un embryon dans l'utérus.* ➛ *Implanter un stimulateur dans l'organisme.* 2 Introduire un implant hormonal dans l'organisme de (un animal de boucherie). 3 v. pron. Se fixer, être fixé, introduit quelque part. ⇒ s'**établir,** s'**installer.** *Société qui s'implante sur un marché étranger.* ✪ CONTR. Arracher, déraciner.

implémentation n. f. – 1975 ▪ Action d'implémenter ; son résultat.

implémenter v. tr. [1] – 1975 ; angl. *to implement* « exécuter, réaliser » ▪ Installer (un programme particulier) sur un ordinateur.

implication n. f. – XVe 1 Action d'impliquer dans une affaire criminelle. 2 Relation logique consistant en ce qu'une chose en implique une autre (si A, alors B). 3 au plur. Conséquence. *Les implications financières d'une décision.* ⇒ **incidence, retombée.** 4 Fait d'être impliqué, de s'impliquer.

implicite adj. – XVe ; lat. *implicare* « envelopper » ▪ Qui est virtuellement contenu dans une proposition, un fait, sans être formellement exprimé. *Condition implicite.* ⇒ **tacite.** ✪ CONTR. Explicite, ① exprès, formel.

implicitement adv. – XVe ▪ D'une manière implicite. ⇒ **tacitement.** ✪ CONTR. Explicitement.

impliquer v. tr. [1] – XIVe ; lat. *implicare* « plier dans, envelopper » **1** Engager dans une affaire fâcheuse ; mettre en cause dans une accusation. ⇒ **compromettre, mêler.** *Il est impliqué dans un scandale financier.* **2** Comporter de façon implicite. ⇒ **comprendre, supposer.** « *l'expérience implique une certaine somme de bévues* » (Baud.). **3** Entraîner comme conséquence. ⇒ **imposer.** « *la perte du gaz impliquait une déperdition* [...] *de la force d'ascension* » (Baud.). **4** Entraîner l'implication de. *La proposition A implique la proposition B.* **5** pronom. *S'impliquer dans son travail.* ⇒ s'**investir.** ✪ CONTR. Exclure.

implorant, ante adj. – XVIIIe ▪ littér. Qui implore. ⇒ **suppliant.** *Regard implorant.*

imploration n. f. – XIVe ▪ littér. Action d'implorer. ⇒ **prière, supplication.**

implorer v. tr. [1] – XIIIe ; lat. *plorare* « pleurer » **1** Supplier d'une manière humble et touchante. ⇒ **adjurer, conjurer, prier.** *Implorer le Ciel.* **2** Demander avec insistance. ⇒ **solliciter.** *Implorer l'indulgence.*

imploser v. intr. [1] – v. 1960 ; de ② *in-* et *exploser* ▪ Faire implosion.

implosif, ive adj. – XIXe ; de ② *in-* et *explosif* ▪ *Consonne implosive,* à tension décroissante, située à la fin d'une syllabe (opposé à *explosive*).

implosion n. f. – XIXe ; d'apr. *explosion* **1** Première phase de l'articulation d'une occlusive*. **2** Irruption brutale et accidentelle d'un fluide à l'intérieur d'une enceinte de pression plus faible. *Implosion d'un téléviseur.*

impluvium [ɛ̃plyvjɔm] n. m. – XIXe ; mot lat. ▪ Bassin creusé au milieu de l'atrium pour recueillir les eaux de pluie. *Des impluviums.*

❑ Même famille étym. que *pluvieux, pleuvoir, pluie.*

impoli, ie adj. – XIVe ▪ Qui manque à la politesse. ⇒ **discourtois, grossier, incivil, incorrect, malhonnête,** fam. **malpoli.** *Enfant impoli.* ♦ *Il est impoli d'arriver en retard.* ✪ CONTR. Correct, courtois, ① poli.

❑ *Malpoli* pour *impoli* est très négligé.

impoliment adv. – XVIIIe ▪ D'une manière impolie. ✪ CONTR. Poliment.

impolitesse n. f. – XVIIe **1** Manque de politesse ; faute contre les règles du savoir-vivre. ⇒ **grossièreté, incorrection, sans-gêne. 2** Acte, manifestation d'impolitesse. ✪ CONTR. Correction, politesse, savoir-vivre.

impondérabilité n. f. – XIXe ▪ Caractère de ce qui est impondérable.

impondérable adj. – XVIIIe ▪ Dont l'action, quoique déterminante, ne peut être exactement appréciée ni prévue. *Facteurs impondérables.* ➝ n. m. *Les impondérables de la vie,* ce qui peut arriver.

impopulaire adj. – XVIIIe ▪ Qui déplaît au peuple, lui inspire de la défiance. « *Les gouvernements impopulaires durent autant que les autres* » (France). *Impôt impopulaire.* ♦ abusivt (personnes) Qui est mal vu (dans un groupe). ✪ CONTR. Populaire.

❑ Pour le sens → populaire (rem.).

impopularité n. f. – XVIIIe ▪ Manque de popularité ; caractère de ce qui est impopulaire.

import → **importation**

① **importable** adj. – XIXe ▪ Qu'il est permis ou possible d'importer.

❑ C'est le découpage du mot qui le distingue de ② *importable* (*import-able* et *im-portable*).

② **importable** adj. – XVIIe ▪ Impossible à porter (vêtement). ⇒ **immettable.**

importance n. f. – XIVe **1** Caractère de ce qui est important. ⇒ **intérêt.** *Mesurer l'importance d'un événement.* ⇒ **dimension, gravité, portée.** *Communication de la plus haute importance. Prendre de l'importance.* ⇒ **essor, extension.** *C'est d'une importance capitale. Cela n'a aucune importance :* cela ne fait rien. ➝ Valeur que l'on attribue à une chose. « *Ce qu'on me dit se brouille dans ma tête, j'y attache si peu d'importance !* » (Proust). ➝ Valeur quantitative. *Importance d'une somme.* **2** Autorité que confèrent un rang social élevé, des talents notoires, de grandes responsabilités. ⇒ **crédit, influence, poids, prestige.** « *ne se voyant pas accueilli par l'aristocratie suivant l'importance qu'il se donnait* » (Balz.). **3** vieilli ou littér. *D'IMPORTANCE :* beaucoup, fortement. « *je vous rosserai d'importance* » (Mol.). ➝ Important. « *L'affaire est d'importance* » (Corn.). ✪ CONTR. Futilité, insignifiance, médiocrité.

important, ante adj. – XVe **I** - **1** Qui importe ; qui a beaucoup d'intérêt, de grandes conséquences. ⇒ **considérable, grand.** *Rôle important. Rien d'important à signaler.* ⇒ **intéressant.** *Ce n'est pas très important.* ⇒ **grave, sérieux.** ➝ *Une découverte importante pour l'avenir.* ➝ *Il est important d'agir vite.* ♦ n. m. Ce qui importe. ⇒ **essentiel.** « *L'important* [...] *n'est pas de guérir, mais de vivre avec ses maux* » (Camus). **2** Qui est grand ; dont la mesure est grande. *Somme importante.* ⇒ **élevé, gros. II** Qui a de l'importance par sa situation. ⇒ **considérable, influent.** *Un homme important.* ♦ n. péj. *Faire l'important.* ✪ CONTR. Accessoire, dérisoire, futile, insignifiant.

importateur, trice n. et adj. – XVIIIe ▪ Personne qui importe des produits. ➝ Personne qui fait le commerce de produits importés. ⇒ **agent, courtier, négociant.** *Importateur de tapis d'Orient.* ➝ adj. *Pays importateur.*

importation n. f. – XVIIIe **1** Action d'importer. *Importation de voitures étrangères. Article d'importation.* ➝ *Importation de devises.* ➝ Abrév. *IMPORT.* **2** Ce qui est importé. *Équilibre des importations par rapport aux exportations. Quotas d'importation.* **3** Action d'introduire une race animale, une espèce végétale dans un pays. *L'importation de la pomme de terre en Europe.*

① **importer** v. tr. [1] – XIVe ; lat. *importare* ▪ Introduire dans un pays. *La France importe du café, des chaussures, des machines-outils. Moto importée du Japon.* ➝ *Importer une technologie, de la main-d'œuvre.*

② **importer** v. intr. et tr. ind. [1] ; seult à l'inf., au p. prés. et aux troisièmes pers. – XVIe ; lat. *importare* « porter dans », « causer, entraîner » **1** *IMPORTER À* qqn : avoir de l'importance, présenter de l'intérêt pour qqn. ⇒ **intéresser.** *Ton avis m'importe au plus haut point.* ➝ *La seule chose qui importe.* ⇒ **compter.** ➝ *Il importe de ne pas se tromper.* « *il importe que nous bouchions le souterrain fait sous la galerie* » (Dumas). **2** *PEU IMPORTE. Peu importe le prix.* « *Peu importe les noms* » (Vercors). *Peu m'importe, lui importe :* cela m'est, lui est indifférent **(⇒ chaloir).** *Peu m'importe(nt) leurs critiques ! Peu importe !* ➝ *QU'IMPORTE.* « *Que tu viennes du ciel ou de l'enfer, qu'importe* » (Baud.). ➝ *N'IMPORTE :* cela n'a pas d'importance. **3** *N'IMPORTE QUI, QUOI* [nɛ̃pɔʀtəki, kwa]. Une personne, une chose quelconque, qui, quoi que ce soit. *N'importe qui pourrait entrer. C'est à la portée de n'importe qui,* du premier venu. ⇒ **quiconque.** « *tous les samedis, confession : il avouait n'importe quoi* » (Mauriac). ➝ *N'importe lequel, laquelle d'entre nous. Donnez-moi des pommes, n'importe lesquelles.*

♦ *N'IMPORTE QUEL, QUELLE :* une chose, une personne quelconque, quelle qu'elle soit. « *un télégramme désespéré lui demandant de revenir à n'importe quelles conditions* » (Proust). ⇒ **tout.** ➛ *À n'importe quel prix.* ♦ *N'IMPORTE COMMENT, OÙ, QUAND :* d'une manière, dans un endroit, à un moment quelconque. *Partons n'importe où. Travailler n'importe comment,* mal. ➛ *N'importe comment, elle arrivera à ses fins,* de toute façon. ✪ CONTR. Indifférer.

import-export n. m. – XIXe ; de *import(ation)-export(ation)* ▪ Commerce international de produits importés et exportés. « *elle était secrétaire dans un bureau d'import-export* » (Tournier).

❑ Les *t* ne se font pas entendre.

importun, une adj. et n. – XVIe ; lat. 1 littér. Qui déplaît, ennuie, gêne par sa présence ou sa conduite hors de propos. ⇒ **indiscret ; ennuyeux, envahissant, indésirable.** *Je ne voudrais pas être importun.* ♦ n. m. ⇒ **fâcheux, gêneur.** *Éviter un importun.* 2 littér. (choses) ⇒ **agaçant, désagréable, gênant, inopportun, intempestif.** *Visite importune.* ✪ CONTR. ① Discret. Agréable, opportun.

❑ Pour le sens → inopportun (rem.).

importunément adv. – XIIIe ▪ littér. D'une manière importune. ✪ CONTR. Discrètement.

importuner v. tr. 1 – XVe ▪ littér. Ennuyer, fatiguer par ses assiduités ; gêner par une présence ou un comportement hors de propos. *Cessez de m'importuner.* ♦ *Être importuné par le bruit.*

importunité n. f. – XIVe ▪ littér. Caractère de ce qui est importun. *L'importunité d'une démarche.* ✪ CONTR. Opportunité.

imposable adj. – XVe ▪ Qui peut être imposé, assujetti à l'impôt. *Revenus imposables.*

imposant, ante adj. – XVIIIe 1 Qui impose le respect, l'admiration, décourage toute familiarité. ⇒ **majestueux.** *Un vieillard imposant. Air imposant.* ⇒ **grave, noble, solennel.** 2 Qui impressionne par l'importance, la quantité, la taille. ⇒ **considérable, important, impressionnant.** *Un imposant service d'ordre.* ✪ CONTR. Insignifiant, ridicule. Petit.

imposé, ée adj. et n. – XIVe 1 Obligatoire. *Figures imposées en patinage artistique* (opposé à *libre*). *Prix imposé,* qui doit être observé strictement. 2 Soumis à l'impôt. *Capital imposé.* ➛ n. *Les imposés.* ⇒ **contribuable.**

imposer v. tr. 1 – XIVe ; de ② *in* et *poser* I - 1 Faire payer de manière autoritaire. *Imposer une taxe.* 2 Faire payer à, assujettir à l'impôt. *Être imposé sur ses bénéfices.* ♦ *Imposer une marchandise :* percevoir sur elle des taxes, des droits. ⇒ **taxer.** 3 *IMPOSER QQCH. À QQN :* prescrire, faire subir à qqn. ⇒ **commander, exiger, ordonner ; infliger.** *Imposer un travail à qqn. Imposer (le) silence à qqn,* le faire taire. *Imposer sa loi.* ⇒ **dicter.** ➛ « *les obligations que m'imposait ma nouvelle foi* » (Maurois). ♦ Faire accepter, admettre par une pression, une contrainte morale. *Imposer ses façons de voir.* ♦ *S'imposer qqch. :* s'en faire une obligation. *S'imposer un effort. S'imposer de faire qqch.* ➛ pronom. Devoir être accepté, ne pouvoir être rejeté. *Prendre les mesures qui s'imposent.* « *Le passé s'imposait à son souvenir* » (Mart. du G.). 4 Faire accepter (qqn) par force, autorité, prestige. *Imposer qqn comme chef.* « *Elle l'imposerait dans un petit rôle, pour commencer* » (Aragon). ➛ *Imposer sa présence.* ♦ pronom. Se faire admettre, reconnaître. *S'imposer comme meneur. S'imposer par le talent.* 5 trans. ind. *EN IMPOSER À* (qqn) : faire une forte impression, inspirer le respect. *Elle était* « *plus faible que ceux à qui elle en imposait tant* » (Green). *S'en laisser imposer :* se laisser impressionner par qqn. II - 1 *Imposer les mains,* pour bénir, conférer certains sacrements ; pour guérir. « *Il imposait les mains aux vaches qui donnaient du lait bleu* » (Maupass.). 2 *Imposer une feuille :* grouper les pages de composition de façon à obtenir, après pliage de la feuille imprimée, un cahier présentant des marges correctes et une pagination suivie.

❑ *Imposer (à qqn)* s'employait autrefois au sens de « commander le respect » (nous disons aujourd'hui *en imposer*) : *Elle avait* « *ce pouvoir inexplicable qui impose toujours* » (Balzac).

imposition n. f. – XIIIe I Le fait d'imposer une charge financière, des droits, une contribution. ⇒ **taxation.** *Imposition des plus-values.* ➛ Procédé d'assiette et de liquidation d'un impôt. *Tranche d'imposition.* II - 1 *Imposition des mains* (⇒ **imposer,** II, 1°). 2 Action d'imposer une feuille.

impossibilité n. f. – XIIIe 1 Caractère de ce qui est impossible. ⇒ **impuissance, incapacité.** *Être dans l'impossibilité de faire qqch.* 2 Chose impossible. « *Faire de la peine à quelqu'un a toujours été pour moi une impossibilité* » (Renan). ✪ CONTR. Possibilité.

impossible adj. et n. m. – XIIIe I adj. 1 Qui ne peut se produire, être atteint ou réalisé. *Cette éventualité lui paraît impossible.* ⇒ **inenvisageable.** « *Le lâche croit que tout est impossible et renonce avant que d'avoir entrepris* » (Maurois). ⇒ **infaisable, irréalisable.** *Une mission impossible. Un nom impossible à prononcer.* « *Il a été impossible de rien organiser pour ce soir* » (Zola). *Impossible de le joindre. Il n'est pas impossible que je vienne :* il se peut que je vienne. ➛ loc. prov. *À cœur vaillant rien d'impossible* (devise de J. Cœur). *Impossible n'est pas français* (attribué à Napoléon). 2 Très difficile, très pénible. *Il nous rend l'existence impossible.* 3 fam. Absurde, extravagant, invraisemblable. *Il lui arrive toujours des histoires impossibles.* 4 Insupportable. ⇒ **invivable.** *Ces enfants sont impossibles.* II n. m. 1 Ce qui n'est pas possible. *Tenter l'impossible.* 2 *PAR IMPOSSIBLE :* en supposant que se réalise une chose que l'on tient pour impossible. « *Si, par impossible, le cœur lui défaille* » (Bernanos). ✪ CONTR. Possible, réalisable. Acceptable, supportable.

imposte n. f. – XVIe ; it. *imporre* « placer sur » 1 Moulure saillante surmontant un piédroit de porte, un pilier de nef. *Les impostes d'une arcade.* 2 Partie supérieure d'une baie de porte ou de fenêtre. ➛ Partie vitrée dormante d'une porte pleine, d'une cloison.

imposteur n. m. – XVIe ; lat. *imponere* « tromper » 1 Personne qui abuse de la confiance, de la crédulité d'autrui. ⇒ **charlatan, menteur, mystificateur.** 2 Personne qui cherche à en imposer par de fausses apparences, des dehors de vertu. ⇒ **hypocrite.** « *Le Tartuffe ou l'Imposteur* », *comédie de Molière.* ➛ Personne qui usurpe le nom, la qualité d'un autre. ⇒ **usurpateur.** « *Thomas l'Imposteur* », *roman de Cocteau.*

imposture n. f. – XIIe ; lat. 1 vieilli Action de tromper par des discours mensongers, de fausses apparences. « *un temps où la force fonde réellement le règne de la raison, sans avoir besoin de recourir à l'imposture* » (Renan). 2 littér. Tromperie d'une personne qui se fait passer pour ce qu'elle n'est pas. *Les impostures d'un escroc.* ✪ CONTR. Franchise. Sincérité.

impôt n. m. – XIVe ; lat. *imponere* « imposer » 1 Prélèvement opéré par l'État et les collectivités locales afin de subvenir aux charges publiques ; ensemble des sommes ainsi prélevées. ⇒ **charge, contribution, imposition ; accise,** ③ **droit, taxe, tribut.** *Code général des impôts.* ➛ *Base, assiette, barème, calcul de l'impôt. Perception, recouvrement de l'impôt. Contrô-*

leur, inspecteur des impôts. ⇒ **fisc.** ➝ « *Plus un pays est riche, plus les impôts y sont lourds* » (Volt.). *Exonération, exemption d'impôts.* ➝ *Impôts locaux,* perçus au profit des communes, des départements et des régions. *Impôts directs,* assis sur la matière imposable et directement payés par le contribuable. *L'impôt sur le revenu. Impôts indirects,* perçus sur les entreprises à l'occasion de transactions ou à l'importation et répercutés sur des tiers tels que les consommateurs. ➝ *Les impôts :* l'impôt sur le revenu. *Déclaration, feuille d'impôts. Payer ses impôts. Rendement net d'impôt(s).* 2 Obligation imposée. ⇒ **tribut.** littér. *L'impôt du sang :* l'obligation du service armé.

impotence n. f. – XIIIe ▪ État d'une personne impotente.

impotent, ente adj. et n. – XIVe ; lat. *impotens* « impuissant » ▪ Qui ne peut se mouvoir, ou ne se meut qu'avec une extrême difficulté. ⇒ **infirme, invalide, perclus, podagre ; grabataire.** ✪ CONTR. Ingambe, valide.

❑ Même famille que *omnipotent* et doublet de *impuissant.*

impraticable adj. – XVIIe 1 Qu'on ne peut mettre en pratique, à exécution. ⇒ **inapplicable, irréalisable.** « *à force d'outrer tous les devoirs, le christianisme les rend impraticables* » (Rouss.). 2 Où l'on ne peut passer, où l'on passe difficilement. *Piste impraticable pour les voitures.* ✪ CONTR. Possible, praticable.

imprécation n. f. – XIVe ; lat. *precari* « prier » ▪ littér. Souhait de malheur contre qqn. ⇒ **anathème, malédiction.** *Lancer, proférer des imprécations. Les imprécations de Camille, dans « Horace » de Corneille.* ✪ CONTR. Bénédiction.

imprécatoire adj. – XVIe ▪ littér. Qui a rapport à l'imprécation.

imprécis, ise adj. – XIXe 1 Qui laisse place au doute, à l'incertitude dans l'esprit. ⇒ **confus.** *Souvenir imprécis.* ⇒ **flou,** ① **incertain,** ③ **vague.** 2 Qui n'est pas perçu, défini nettement. *Contours imprécis.* ⇒ **indistinct.** 3 Qui n'est pas exécuté avec précision. *Estimation imprécise et globale.* ⇒ **approximatif.** ✪ CONTR. Clair, ② net, ① précis.

imprécision n. f. – XIXe ▪ Caractère de ce qui est imprécis ; manque de précision. ⇒ **flou,** ③ **vague.** ✪ CONTR. Netteté, précision.

imprédictible adj. – XXe ; de ① *in-* et *prédire* ▪ Que l'on ne peut prédire. ⇒ **imprévisible.**

❑ Ce mot scientifique ne possède pas le sens courant de *prédire,* et se réfère à des règles, des lois.

imprégnation n. f. – XIVe 1 Pénétration d'un fluide dans une substance, un corps. ⇒ **imbibition.** 2 Diffusion dans l'organisme de produits qui en sont normalement absents. *Imprégnation alcoolique.* 3 Pénétration (d'une influence, d'une idée) dans l'esprit, dans un groupe. ⇒ **assimilation.** « *La culture et l'imprégnation sont évidemment deux choses différentes* » (Duham.).

imprégner v. tr. 6 – XVIe ; lat. *prægnans* « enceinte (adj.) » 1 Pénétrer (un corps) de liquide dans toutes ses parties. ⇒ **imbiber, tremper.** *Teinture dont on imprègne les cuirs.* ➝ « *l'atmosphère était imprégnée de jeunesse et de bonheur* » (Gaut.). 2 Pénétrer, influencer profondément. « *toute religion vivante imprègne les œuvres profanes* » (Malraux). pronom. *S'imprégner de littérature anglaise.*

imprenable adj. – XIVe 1 Qui ne peut être pris. *Citadelle imprenable.* ⇒ **inexpugnable.** 2 *Vue imprenable,* qui ne peut être masquée par de nouvelles constructions. ✪ CONTR. Indéfendable, prenable.

impréparation n. f. – XVIIIe ▪ Manque de préparation.

imprésario ou **impresario** [ɛ̃presarjo ; ɛ̃prezarjo] n. m. – XVIIIe ; it. *impresa* « entreprise » ▪ Personne qui s'occupe de la vie professionnelle et des intérêts d'un artiste du spectacle. ⇒ **agent,** ① **manager.** *Imprésario d'une chanteuse. Des imprésarios,* vieilli *des impresarii.*

imprescriptibilité n. f. – XVIIIe ▪ Caractère de ce qui est imprescriptible. *Imprescriptibilité des crimes contre l'humanité.*

imprescriptible adj. – XVe 1 Qui n'est pas susceptible de prescription. *Biens inaliénables et imprescriptibles.* 2 Qui a une existence, une valeur immuable. *Droits imprescriptibles de la personne.* ✪ CONTR. Prescriptible.

impression n. f. – XIIIe ; lat. *impressio* **I - 1** Procédé de reproduction par pression d'une surface sur une autre qui en garde l'empreinte. ➝ Action d'imprimer à la surface d'objets des caractères ou des dessins. ⇒ **gravure, imprimerie, reproduction.** *Impressions des papiers peints. Impression sur tissu. Impression d'un fichier informatique.* ⇒ **édition.** 2 Reproduction d'un texte, d'une illustration par l'imprimerie. *Composition et impression d'un texte. Impression en noir et blanc, en relief. Ouvrage à l'impression,* sous presse. *Fautes d'impression.* 3 Première couche de peinture à l'huile. **II - 1** Effet qu'une cause extérieure produit dans l'esprit, le cœur. *Faire bonne impression. Faire, produire une vive, une forte, une grande impression sur qqn.* ⇒ **émotion.** *Cela ne lui fait aucune impression.* « *Impression, soleil levant* », *tableau de Monet.* ➝ *Faire impression :* susciter un vif intérêt, attirer vivement l'attention. 2 Forme de connaissance élémentaire, immédiate et vague que l'on a d'un être, d'un objet, d'un événement ; état de conscience plus affectif qu'intellectuel. ⇒ **sensation, sentiment.** *Une impression de gêne, de déjà vu, de sécurité.* « *ils échangeaient en riant leurs impressions* » (R. Rolland). *Se fier à sa première impression.* ⇒ **feeling, intuition.** ♦ DONNER L'IMPRESSION, *une impression de :* faire naître le sentiment, l'illusion de. « *Ce n'est jamais par des reconstitutions intellectuelles que nous arriverons à donner l'impression vraie du temps* » (Maurois). « *Cette chaleur et ce soleil [...] lui donnaient l'impression d'un dépaysement extrême* » (Loti). ➝ Faire l'effet de. ♦ AVOIR L'IMPRESSION. ⇒ **croire,** s'**imaginer.** *J'ai l'impression qu'elle va mieux.* « *elle avait l'impression d'être prisonnière* » (Proust). 3 « Ensemble des états physiologiques qui provoquent dans la conscience l'apparition d'une sensation » (Lalande). *Impressions rétiniennes, transmises au cerveau par des nerfs spécifiques.*

impressionnabilité n. f. – XIXe ▪ Caractère d'une personne impressionnable. ⇒ **émotivité, sensibilité.**

impressionnable adj. – XVIIIe ▪ Susceptible de recevoir de vives impressions ; facile à impressionner. ⇒ **émotif, sensible.** *Enfant impressionnable.* ✪ CONTR. Indifférent, insensible.

impressionnant, ante adj. – XVIIIe ▪ Qui impressionne. ⇒ **émouvant, étonnant, frappant.** *Site impressionnant.* ⇒ **grandiose, saisissant.** *Un silence impressionnant. Une somme impressionnante.* ⇒ **considérable.** ✪ CONTR. Insignifiant ; faible.

impressionner v. tr. 1 – XVIIIe 1 Affecter d'une vive impression. ⇒ **émouvoir, frapper,** ① **toucher.** *Il a été favorablement impressionné. Ne te laisse pas impressionner.* ⇒ **influencer, intimider, troubler.** 2 *Impressionner une pellicule photographique,* y laisser une image.

impressionnisme n. m. – XIXe 1 Courant artistique représenté par les peintres impressionnistes. 2 Style, manière d'écrivains, de musiciens qui se proposent de rendre par le langage, les sons les impressions fugitives, les nuances les plus délicates du sentiment. *L'impressionnisme des Goncourt.*

impressionniste n. et adj. – XIXe ; du titre d'un tableau de Monet *« Impression, soleil levant »* 1 Se dit des peintres qui, à la fin du XIXe s., s'efforcèrent d'exprimer dans leurs œuvres les impressions que suscitent les objets et la lumière. 2 Écrivain, musicien qui se rattache à l'impressionnisme.

❑ Mot créé par le critique Louis Leroy dans un article du *Charivari* du 25 avril 1874. Choisi par dérision, il a vite perdu sa valeur péjorative.

imprévisibilité n. f. – 1907 ▪ Caractère de ce qui est imprévisible.

imprévisible adj. – XIXe ▪ Qui ne peut être prévu. *Événements imprévisibles.* ⇒ **déroutant, imprédictible, inattendu.** ➛ *Il est imprévisible.* ✪ CONTR. Prévisible.

imprévision n. f. – XIXe 1 littér. Défaut de prévision. ⇒ **imprévoyance.** 2 *Théorie de l'imprévision,* par laquelle les tribunaux administratifs admettent la révision des contrats de longue durée, lorsque surviennent des événements imprévisibles lors de la conclusion.

imprévoyance n. f. – XVIIe ▪ Défaut de prévoyance. ⇒ **étourderie, insouciance, irréflexion.** ✪ CONTR. Prévoyance.

imprévoyant, ante adj. et n. – XVIe ▪ Qui manque de prévoyance. ⇒ **étourdi, insouciant, irréfléchi, léger.** *La cigale de la fable était imprévoyante.* ✪ CONTR. Prévoyant.

imprévu, ue adj. et n. m. – XVIe ▪ Qui n'a pas été prévu ; qui arrive lorsqu'on ne s'y attend pas. ⇒ **accidentel, fortuit, inattendu, inopiné.** *Survenir d'une manière imprévue.* ♦ n. m. Ce qui est imprévu. « *Un des grands malheurs de la vie moderne, c'est le manque d'imprévu* » (Gaut.). ➛ Événement imprévu. *En cas d'imprévu, écrivez-moi.*

imprimant, ante adj. et n. f. – 1962 1 Qui imprime. *Calculatrice imprimante.* 2 n. f. Périphérique d'ordinateur qui imprime sur papier. *Imprimante laser.*

imprimatur n. m. – XIXe ; mot lat. « qu'il soit imprimé » ▪ Autorisation d'imprimer (accordée par l'autorité ecclésiastique ou par l'Université). *Des imprimatur ou des imprimaturs.*

imprimé n. m. – XVIe 1 Tissu, papier orné d'un motif imprimé. *Un imprimé à fleurs.* 2 Impression ou reproduction sur papier ou sur une matière analogue. ⇒ **brochure, journal,** ① **livre.** *Le département des imprimés à la Bibliothèque nationale.* ♦ Feuille, formule imprimée. *Imprimé publicitaire* (⇒ **prospectus**), *administratif* (⇒ **formulaire**).

imprimer v. tr. [1] – XIIIe ; lat. I - 1 vx Faire pénétrer profondément (dans le cœur, l'esprit de qqn) en laissant une marque, une empreinte durable. ⇒ **imprégner** (de). *Souvenirs imprimés dans la mémoire.* ⇒ **fixer, graver.** 2 Communiquer, transmettre (un mouvement). *Imprimer une impulsion, une vitesse, une énergie.* II - 1 littér. Faire, laisser (une marque, une empreinte, une trace) par pression. *Son pied* « *imprime fidèlement sa forme sur le sable fin* » (Baud.). ➛ « *Pleurez l'irréparable affront Que sa fuite honteuse imprime à votre front* » (Corn.). 2 Reproduire par l'application et la pression d'une surface sur une autre. *Imprimer la marque d'un cachet. Imprimer un visa.* ⇒ **apposer.** *Imprimer des dessins sur un tissu.* ➛ *Imprimer une étoffe. Tissu imprimé* (opposé à *uni*). 3 Reproduire par la technique de l'imprimerie. *Imprimer un texte.* ➛ Procéder au tirage de. ⇒ **tirer.** « *de petits journaux clandestinement imprimés* » (Ste-Beuve). ➛ Faire paraître. ⇒ **éditer.** *Éditeur qui imprime un livre à mille exemplaires.* ♦ *Imprimer un auteur.* ⇒ **publier.**

❑ Même famille étym. que *empreindre, empreinte.*

imprimerie n. f. – XVe 1 Art d'imprimer des livres ; ensemble des techniques permettant la reproduction d'un texte, d'une illustration par impression. ➛ *Caractères d'imprimerie. Écrire en lettres d'imprimerie.* 2 Établissement, lieu où l'on imprime. *L'Imprimerie nationale.* « *quelques pages, qu'il envoyait à l'imprimerie d'où elles revenaient en placards* » (Gaut.).

imprimeur n. m. – XVe 1 Propriétaire, directeur d'une imprimerie. 2 Ouvrier travaillant dans une imprimerie.

improbabilité n. f. – XVIIe ▪ Caractère de ce qui est improbable. ✪ CONTR. Probabilité.

improbable adj. – XVe ▪ Qui a peu de chances de se produire. ⇒ **douteux.** *Éventualité hautement improbable.* ✪ CONTR. Probable.

improbateur, trice adj. – XVIIe ; lat. *improbator* ▪ vx Qui désapprouve. ⇒ **désapprobateur, réprobateur.** ✪ CONTR. Approbateur, approbatif.

improbation n. f. – XVe ; lat. *improbatio* ▪ vx Action de désapprouver, de condamner. ⇒ **désapprobation, réprobation.** « *Toute marque d'approbation est interdite, comme toute marque d'improbation* » (Hugo). ✪ CONTR. Approbation.

improbité n. f. – XIVe ▪ littér. Manque de probité. ⇒ **malhonnêteté.**

improductif, ive adj. – XVIIIe 1 Qui ne produit, ne rapporte rien. *Terre improductive.* ⇒ **stérile.** 2 Qui ne produit, ne crée rien. ♦ n. m. *Les improductifs :* personnel d'une entreprise, actifs d'un secteur ne participant pas aux tâches de production. ✪ CONTR. Productif.

impromptu, ue [ɛ̃pʀɔ̃pty] n. m., adj. et adv. – XVIIe ; lat. *in promptu* « en évidence, sous la main » I n. m. 1 Petite pièce (poétique, dramatique) composée sur-le-champ et, en principe, sans préparation. 2 Petite pièce instrumentale, souvent à deux thèmes. II adj. Improvisé. *Dîner impromptu.* III adv. À l'improviste, sans préparation. « *parler impromptu sans avoir une seule minute pour me préparer* » (Rouss.).

❑ Famille de *prompt.*

imprononçable adj. – XVIe ▪ Impossible à prononcer. ✪ CONTR. Prononçable.

❑ Ce qui est imprononçable dans une langue donnée est généralement étranger aux habitudes de sa propre langue (par exemple, en français, plus de quatre consonnes à la suite).

impropre adj. – XIVe 1 Qui ne convient pas, n'exprime pas exactement l'idée. *Expression impropre.* ⇒ **incorrect, vicieux.** 2 *IMPROPRE À... :* qui n'est pas propre à. ⇒ **inapte.** « *cette maladive délicatesse qui le rendait impropre aux violents exercices* » (Balz.). ♦ Qui ne convient pas, ne se prête pas à. *Denrées impropres à la consommation.* ✪ CONTR. Apte, convenable, propre.

improprement adv. – XIVe ▪ D'une manière impropre.

impropriété n. f. – XVe 1 Caractère de ce qui est impropre (1°). ⇒ **incorrection.** « *l'impropriété d'un mot sauvage et bas. Qu'en termes décisifs condamne Vaugelas* » (Mol.). 2 Emploi impropre d'un mot. *Une impropriété de langage.*

improuvable adj. – XVIe ▪ rare Qu'on ne peut pas prouver. ⇒ **invérifiable.** ✪ CONTR. Prouvable.

> ❑ L'adjectif *improuvable* reste proche de *preuve* et s'applique aussi à des preuves sensibles ; *invérifiable, indémontrable* sont plus abstraits.

improvisateur, trice n. – XVIIIe ▪ Personne qui improvise.

improvisation n. f. – XIXe 1 Action, art d'improviser. 2 Ce qui est improvisé. ➝ Morceau de musique improvisé.

improviser v. tr. [1] – XVIIe ; lat. *improvisus* « imprévu » 1 Composer sur-le-champ et sans préparation. *Improviser un discours.* ➝ *Improviser au piano.* 2 Organiser sur-le-champ, à la hâte. « *un petit bal improvisé* » (Gaut.). ➝ *Improviser une excuse.* ⇒ **inventer.** 3 v. pron. Être fait sans préparation. *Cela ne s'improvise pas.* ➝ Devenir subitement. « *beaucoup s'étaient improvisés planteurs* » (Duras). ✪ CONTR. Préparer.

improviste (à l') loc. adv. – XVIe ; it. *improvviso* « imprévu » ▪ D'une manière imprévue, inattendue, au moment où on s'y attend le moins. ⇒ **inopinément, subitement.** *Arriver à l'improviste.*

imprudemment [ɛ̃pʀydamɑ̃] adv. – XVIe ▪ D'une manière imprudente. ✪ CONTR. Prudemment.

imprudence n. f. – XIVe 1 Manque de prudence. ⇒ **irréflexion, légèreté.** *Il eut l'imprudence de tout lui dire.* ➝ Manque de prévoyance ou de précaution qui engage la responsabilité. *Homicide par imprudence.* 2 Caractère de ce qui est imprudent. « *l'imprudence de son équipée* » (Rouss.). 3 Action imprudente. ⇒ **étourderie, maladresse.** *Ne faites pas d'imprudences.*

imprudent, ente adj. et n. – XVe ▪ Qui manque de prudence. ⇒ **audacieux, aventureux, écervelé, étourdi, inconsidéré, malavisé, téméraire.** *Automobiliste imprudent.* ➝ n. *Un incorrigible imprudent.* ⇒ fam. **casse-cou, risque-tout.** ♦ *Ne quittez pas les pistes de ski, c'est imprudent.* ⇒ **dangereux.** « *une tradition qu'il est imprudent d'attribuer à la seule naïveté* » (Malraux). ✪ CONTR. Prudent.

impubère n. et adj. – XVe ▪ littér. Personne qui n'a pas encore atteint l'âge de puberté. ✪ CONTR. Nubile, pubère.

impuberté n. f. – XIXe ▪ État d'impubère. ✪ CONTR. Nubilité, puberté.

impubliable adj. – XVIe ▪ Qui n'est pas publiable.

impudemment [ɛ̃pydamɑ̃] adv. – XVe ▪ D'une manière impudente ; avec impudence. *Mentir impudemment.* ⇒ **effrontément.**

impudence n. f. – XVIe 1 Effronterie audacieuse ou cynique qui choque, indigne. ⇒ **cynisme, effronterie ; aplomb, culot, front, hardiesse, insolence.** « *son impudence d'enfant gâté* » (Baud.). 2 Caractère de ce qui est impudent. *L'impudence de ses mensonges.* 3 Action, parole impudente. ✪ CONTR. Discrétion, pudeur, réserve.

impudent, ente adj. – XVIe ; lat. *impudens* ▪ Qui montre de l'impudence. ⇒ **cynique, effronté, éhonté, hardi, impertinent, insolent.** ➝ *Propos impudents.* ⇒ **choquant.** ✪ CONTR. ① Discret, réservé.

> ❑ Ne pas confondre avec *impudique* « qui outrage ou blesse la pudeur ».

impudeur n. f. – XVIIe 1 Manque de pudeur, de réserve, de discrétion. *Étaler ses sentiments avec impudeur.* ♦ (sur le plan sexuel) ⇒ **impudicité, indécence.** 2 rare Impudence. ⇒ **cynisme, indécence.** *Il a l'impudeur de demander encore de l'argent.* ✪ CONTR. Pudeur, réserve, retenue.

> ❑ Ne pas confondre *impudeur* et *impudicité*, formés sur le même radical. *Impudicité* a rapport à l'érotisme montré. Quant à *impudeur*, il désigne le manque de réserve, sur le plan sexuel ou psychologique.

impudicité n. f. – XIVe ▪ littér. 1 Disposition à se conduire d'une manière réprouvée par la morale sexuelle établie. ⇒ **dévergondage, impudeur, lasciveté, lubricité, luxure.** 2 Caractère de ce qui est impudique, contraire à la décence. ⇒ **indécence, obscénité.** 3 Acte ou parole impudique. ✪ CONTR. Chasteté, pudicité, pureté.

> ❑ Pour le sens → impudeur (rem.).

impudique adj. – XIVe 1 Qui outrage la pudeur par sa conduite, ses mœurs. ⇒ **dévergondé.** « *cette fille, scélératement impudique* » (Barbey). 2 Qui blesse la pudeur. ⇒ **obscène.** *Une robe impudique.* ⇒ **indécent.** ✪ CONTR. Chaste, pudique.

> ❑ Ne pas confondre avec *impudent* « qui montre une effronterie audacieuse ou cynique ».

impudiquement adv. – XVe ▪ littér. D'une manière impudique. ✪ CONTR. Pudiquement.

impuissance n. f. – XVe 1 Manque de puissance, de moyens. ⇒ **faiblesse, incapacité.** « *on se sent écrasé sous le sentiment* [...] *de l'impuissance humaine* » (Maupass.). *Aveu, geste d'impuissance. Réduit à l'impuissance.* 2 *Impuissance (sexuelle)* : incapacité physique d'accomplir l'acte sexuel normal et complet, pour l'homme. ✪ CONTR. Aptitude, capacité, efficacité, ② pouvoir, puissance. Virilité.

impuissant, ante adj. – XVe 1 Qui n'a pas de puissance, de moyens suffisants pour faire qqch. *On était venu « pour être un grand écrivain, on se trouve un impuissant folliculaire »* (Balz.). ➝ *Être impuissant à résoudre un problème.* 2 Se dit d'un homme qui est incapable physiquement d'accomplir l'acte sexuel. 3 Qui est sans effet, sans efficacité. « *des maux contre lesquels les remèdes ordinaires restent impuissants* » (Bosco). ⇒ **inefficace, inopérant.** ✪ CONTR. Capable, efficace, puissant.

> ❑ Doublet de *impotent.* ♦ En parlant d'un homme, distinguer *stérile* et *impuissant* → stérile (rem.).

impulser v. tr. [1] – XVIe ▪ Animer, donner une impulsion à. ⇒ ① **lancer, promouvoir.** *Impulser un secteur industriel.*

> ❑ Cet anglicisme devenu courant est critiqué par les puristes, tout comme *initier* « commencer ».

impulsif, ive adj. et n. – XVe ▪ Qui agit sous l'impulsion de mouvements spontanés, irréfléchis ou plus forts que sa volonté. ⇒ **emporté, fougueux.** ➝ *Acte impulsif.* ⇒ **irréfléchi.** ✪ CONTR. ② Calme, pondéré, réfléchi.

impulsion n. f. – XIVe ; lat. *impellere* « pousser vers » 1 Action de pousser ; ce qui pousse. ⇒ **poussée.** *Force d'impulsion.* ♦ sc. Force créant un mouvement. ➝ Produit d'une force constante par son temps d'application. ➝ Signal de grande amplitude et de courte durée. *Radar à impulsions.* 2 Le fait de pousser, d'inciter ; ce qui anime. *Impulsion donnée aux affaires.* ⇒ **animation, direction,** ① **élan, essor.** ➝ *Achat d'impulsion,* effectué spontanément. 3 Tendance spontanée à l'action. ⇒ **instinct, mouvement, penchant.** *Céder à ses impulsions.* ✪ CONTR. Barrière, frein, inhibition.

impulsivement adv. – XIXe ▪ D'une manière impulsive.

impulsivité n. f. – 1907 ▪ Caractère impulsif.

impunément adv. – XVIe 1 Sans être puni, sans subir de punition. « *On fait souvent du bien pour pouvoir impunément faire du mal* » (La Rochef.). 2 Sans dommage pour soi. « *cette veuve qui maniait si impunément des barres de fer rouge* » (Volt.).

impuni, ie adj. – XIVe ■ Qui n'est pas puni, ne reçoit pas de punition. *Coupable impuni.* « *Ce vice impuni, la lecture* », de *V. Larbaud.*

impunité n. f. – XIVe ■ Caractère de ce qui est impuni ; absence de punition. *Être assuré de l'impunité. Il a agi en toute impunité.*

impur, ure adj. – XIVe 1 Qui n'est pas pur, est altéré par des éléments étrangers. *Eau impure.* ⇒ **pollué.** *Air impur.* ⇒ **vicié.** 2 Dont la loi religieuse commande de fuir le contact comme un péché ; qui s'est souillé en commettant certains actes défendus par la Loi. « *rien n'est impur de soi-même et* [...] *il n'est impur qu'à celui qui le croit impur* » (BIBLE). 3 vx ou littér. Qui est mauvais moralement. ⇒ **immoral, indigne, infâme, vil.** « *Qu'un sang impur abreuve nos sillons* » (La Marseillaise). 4 vieilli Contraire à la chasteté. ⇒ **déshonnête, impudique.** *Pensées impures.*

impureté n. f. – XIVe ■ Corruption résultant d'une altération, d'un mélange. ⇒ **souillure.** *L'impureté de l'air.* ⇒ **pollution.** ♦ Ce qui rend impur. *Liquide rempli d'impuretés.* ⇒ **immondice, saleté.** ✪ CONTR. Pureté.

imputabilité n. f. – XVIIIe ■ Caractère de ce qui est imputable, de ce que l'on peut imputer à qqn. ⇒ **responsabilité.** *Imputabilité d'un acte à qqn.*

imputable adj. – XIVe 1 Qui peut, qui doit être imputé, attribué. ⇒ **attribuable.** « *une illusion d'optique imputable à la différence des échelles, des perspectives* » (Perec). 2 Qui doit être prélevé. *Somme imputable sur tel chapitre.*

imputation n. f. – XVe 1 Action d'imputer à qqn, de mettre sur le compte de qqn. ⇒ **accusation, allégation, attaque, inculpation.** *Imputation de vol.* 2 Affectation, application d'une somme, d'une écriture à un compte, un service déterminé. *Imputation budgétaire.*

imputer v. tr. [1] – XIIIe ; lat. *imputare* « porter au compte » 1 IMPUTER À : attribuer à qqn. ⇒ **accuser, charger** (de). *Imputer un crime, une erreur à qqn.* ⇒ **incriminer.** « *il imputait à mon influence occulte le rejet de son travail* » (Ste-Beuve). 2 Porter en compte, appliquer à un compte. ⇒ ② **affecter, appliquer** (à), ① **porter.** *Je suis d'avis « d'imputer sur nos dépenses annuelles des honoraires fixes »* (Romains).

imputrescibilité n. f. – XIXe ■ Caractère de ce qui est imputrescible.

imputrescible adj. – XVe ■ Qui ne peut se putréfier. ⇒ **incorruptible.** *Bois imputrescible.* ✪ CONTR. Putrescible ; biodégradable.

in [in] adj. inv. – 1965 ; mot angl. « dans, dedans » 1 À la mode. *Les boîtes de nuit in.* 2 *Voix in* : voix d'une personne présente à l'écran (opposé à *voix off*).

> ❑ La recommandation officielle pour *voix in* est *voix dans le champ.*

① **in-** ■ Élément négatif, du préfixe lat. *in-* (var. *il-* devant *l*, *im-* devant *b, m, p*, *ir-* devant *r*).

② **in-** ■ Élément locatif, du lat. *in* « en, dans » (var. *il-, im-, ir-*).

inabordable adj. – XVIIe 1 Où l'on ne peut aborder. « *une boue épaisse qui rendait la côte presque inabordable* » (J. Verne). ➤ Qu'il est impossible ou très difficile d'atteindre, d'approcher. ⇒ **inaccessible.** 2 D'un prix élevé, qui n'est pas à la portée de toutes les bourses. ⇒ **cher, exorbitant.** ✪ CONTR. Abordable, accessible.

inabrogeable adj. – XVIIIe ■ Qui ne peut être abrogé.

inaccentué, ée adj. – XIXe ■ Qui ne porte pas d'accentuation. ⇒ **atone.** *Voyelle inaccentuée.* ✪ CONTR. Accentué, ① tonique.

inacceptable adj. – XVIIIe ■ Qu'on ne peut, qu'on ne doit pas accepter. ⇒ **inadmissible, irrecevable.** *Le notaire* « *lui proposait une transaction inacceptable* » (Bernanos). ✪ CONTR. Acceptable.

inaccessibilité n. f. – XVIe ■ Caractère de ce qui est inaccessible. ✪ CONTR. Accessibilité.

inaccessible adj. – XIVe 1 Qui n'est pas accessible ; dont l'accès est impossible. ⇒ **impénétrable, inabordable.** « *L'île de Calypso était inaccessible à tous les mortels* » (Fén.). ♦ Qu'on ne peut atteindre ; hors d'atteinte. ⇒ **inatteignable.** « *La vérité est un idéal inaccessible* » (R. Rolland). ♦ Qu'on ne peut atteindre, connaître, comprendre. ⇒ **inconnaissable.** *Texte scientifique inaccessible au profane.* ⇒ **hermétique.** 2 (personnes) Qui est d'un abord très difficile. « *Elle lui parut donc si vertueuse et inaccessible que toute espérance l'abandonna* » (Flaub.). ➤ *La foule* « *est inaccessible au raisonnement* » (France). ⇒ **impénétrable, insensible.** ✪ CONTR. Accessible.

inaccompli, ie adj. – XIXe ■ littér. Qui n'est pas accompli.

inaccomplissement n. m. – XIXe ■ littér. Défaut d'accomplissement.

inaccoutumé, ée adj. – XIVe 1 Qui n'a pas coutume de se produire, de se faire. ⇒ **anormal, inhabituel, insolite.** *Une agitation inaccoutumée.* 2 littér. Qui n'est pas accoutumé, habitué à. « *une indécence qui pouvait révolter des yeux inaccoutumés à ces spectacles* » (Volt.). ✪ CONTR. Coutumier, habituel. Accoutumé, habitué.

inachevé, ée adj. – XVIIIe ■ Qui n'est pas achevé. ⇒ **incomplet.** *Des études inachevées.*

inachèvement n. m. – XIXe ■ État de ce qui n'est pas achevé. « *Il éprouvait le sentiment d'un manque, d'un inachèvement* » (Tournier). ✪ CONTR. Achèvement.

inactif, ive adj. – XVIIIe 1 Qui n'a pas d'activité. ⇒ **désœuvré, oisif, paresseux.** « *Il la trouvait toujours là, casanière, inactive* » (Daud.). ➤ *Marché boursier inactif,* très peu actif. 2 Qui n'a pas d'activité professionnelle régulière, sans être chômeur. • n. *Les étudiants sont des inactifs.* 3 Qui n'agit pas, est sans action. *Le remède est resté inactif.* ⇒ **inefficace.** ✪ CONTR. Actif, occupé. Efficace.

inactinique adj. – 1904 ; gr. *aktis* « rayon » ■ Se dit d'un rayonnement qui n'a aucune action chimique sur un milieu donné.

inaction n. f. – XVIIe ■ Absence ou cessation de toute action ; état d'une personne inactive. ⇒ **inactivité ; désœuvrement, oisiveté.** « *Les gens réduits à l'inaction par la fermeture des magasins* » (Camus). ✪ CONTR. ① Action, exercice, occupation.

inactiver v. tr. [1] – 1911 ■ Rendre inactif, supprimer l'activité spécifique de (une substance, un organisme vivant). *Virus inactivé,* dont on a détruit le pouvoir infectieux.

> ❑ L'élément négatif *in-* ne sert pas à former des verbes ; un adjectif en *in-* (*inactif*) sert de base à ce verbe. Même cas pour *indifférer, insupporter.*

inactivité n. f. – XVIIIe 1 Manque d'activité. ⇒ **inaction.** 2 Situation d'un fonctionnaire, d'un militaire qui n'est pas momentanément en service actif.

inactuel, elle adj. – XIXe ■ Qui n'est pas d'actualité. ✪ CONTR. Actuel.

inadaptable adj. – XIXe ■ Qui ne peut s'adapter, s'intégrer à un milieu.

inadaptation n. f. – XIXe ▪ Défaut d'adaptation.

inadapté, ée adj. – XIXe ▪ Qui n'est pas adapté. *Des moyens inadaptés au but recherché.* ⇒ **inapproprié.** ♦ *Enfant inadapté,* présentant un déficit intellectuel ou des troubles affectifs qui le rendent incapable de faire face aux conditions normales de la vie. ➛ n. « *l'action répressive que la collectivité exerce sur le faible, le malade, l'inadapté* » (Sartre).

inadéquat, quate [inadekwa(t), kwat] adj. – XVIIIe ▪ Qui n'est pas adéquat. *Un matériel inadéquat.* ⇒ **inapproprié.**

inadéquation [inadekwasjɔ̃] n. f. – 1907 ▪ Caractère de ce qui n'est pas adéquat. ✪ CONTR. Adéquation, convenance.

inadmissibilité n. f. – XVIIIe ▪ Caractère de ce qui est inadmissible.

inadmissible adj. – XVe ▪ Qu'il est impossible d'admettre, de recevoir. ⇒ **inacceptable.** *Son refus est inadmissible.* ⇒ **intolérable.**

inadvertance n. f. – XIVe ; lat. ▪ *PAR INADVERTANCE* : par défaut d'attention. *Il s'est blessé par inadvertance.* ✪ CONTR. Attention, soin.

> ❑ Même famille étym. que *avertir.* ♦ Il a existé un substantif *advertance* « attention, surveillance », qui a disparu.

inaliénabilité n. f. – XVIIIe ▪ Caractère de ce qui est inaliénable. ✪ CONTR. Aliénabilité.

inaliénable adj. – XVIe ▪ Qui ne peut être aliéné. *Droits inaliénables.* ⇒ **incessible.**

inaliénation n. f. – XVIIIe ▪ État de ce qui n'est pas aliéné.

inaltérabilité n. f. – XVIIIe ▪ Caractère de ce qui est inaltérable. ✪ CONTR. Fragilité.

inaltérable adj. – XIVe ▪ Qui ne peut être altéré ; qui garde ses qualités. *Matière inaltérable à la chaleur.* ⇒ **imputrescible, incorruptible, inusable.** *Couleur inaltérable.* ➛ *Principes inaltérables.* ⇒ **immuable, invariable, permanent, perpétuel.** ♦ « *l'inaltérable douceur de votre âme* » (Rouss.). ⇒ **constant, éternel.** ✪ CONTR. Changeant, fragile.

inaltéré, ée adj. – XIXe ▪ Qui n'a subi aucune altération. ⇒ **intact, pur.** « *la voix que le phonographe restitue, inaltérée* » (Proust). ✪ CONTR. Altéré, changé.

inamical, ale, aux adj. – XVIIIe ▪ Qui n'est pas amical. ⇒ **hostile.**

inamissible adj. – XVe ; lat. *amittere* « perdre » ▪ Qui ne peut se perdre. « *Grâce inaltérable et inamissible* » (Bourd.).

> ❑ Ce mot est un terme de théologie. ♦ Ne pas confondre avec *inadmissible* « impossible à admettre ».

inamovibilité n. f. – XVIIIe ▪ Prérogative en vertu de laquelle les magistrats du siège et certains fonctionnaires ne peuvent être déplacés, privés ou suspendus de leurs fonctions, sans la mise en œuvre de procédures protectrices exorbitantes du droit commun disciplinaire. « *à l'abri de toute destitution par l'inamovibilité judiciaire* » (Balz.).

inamovible adj. – XVIIIe ▪ Qui n'est pas amovible, qui ne peut être destitué, suspendu ou déplacé dans les conditions administratives ordinaires. *Magistrat inamovible.* ♦ Qui garde sa fonction, sa place, qu'on ne remplace pas. ⇒ **éternel.** « *les inamovibles vieillards, aux inamovibles casquettes, aux inamovibles mégots* » (Cl. Simon).

inanalysable adj. – XIXe ▪ Qu'on ne peut analyser.

inanimé, ée adj. – XVe 1 Qui, par essence, est sans vie. « *Objets inanimés, avez-vous donc une âme* » (Lamart.). 2 Qui a perdu la vie, ou qui a perdu connaissance. ⇒ **inerte.** *Tomber inanimé.* ✪ CONTR. Animé, conscient, ② vivant.

inanité n. f. – XVe ; lat. *inanis* « vide, vain » ▪ Caractère d'inutilité. ⇒ **futilité, inutilité, vanité.** « *l'inanité des chicaneries de mauvaise foi* » (Courtel.). ✪ CONTR. Importance.

> ❑ Même famille étymologique que *inanition.*

inanition n. f. – XIIIe ; lat. *inanis* « vide, à jeun » ▪ Épuisement par défaut de nourriture. *Tomber, mourir d'inanition.* ⇒ **faim.** ✪ CONTR. Réplétion.

inapaisable adj. – XIXe ▪ littér. Qui ne peut être apaisé. *Faim, soif inapaisable.* ⇒ **inextinguible, insatiable.** « *une haine inapaisable, sauvage, une haine de mère jalouse* » (Maupass.).

inaperçu, ue adj. – XVIIIe ▪ *PASSER INAPERÇU* : ne pas être remarqué. « *au milieu de tant de morts, ces deux exécutions passèrent inaperçues* » (Camus).

inappétence n. f. – XVIe ▪ Défaut d'appétit. ⇒ **anorexie.** ♦ littér. Manque de besoin, de désir. ⇒ **indifférence.** « *l'inappétence des passions blasées* » (Huysm.). ✪ CONTR. Appétence, appétit, besoin, faim ; avidité, désir.

inapplicable adj. – XVIIIe ▪ Qui ne peut être appliqué. ✪ CONTR. Applicable.

inapplication n. f. – XVIIe 1 Manque d'application, de soin. ⇒ **étourderie, inattention.** 2 dr. Défaut d'application, de mise en pratique.

inappliqué, ée adj. – XVIIe 1 Qui n'est pas appliqué, qui manque d'application. *Élève inappliqué.* ⇒ **étourdi, inattentif.** 2 Qui n'a pas été appliqué, mis en pratique. *Décret jusqu'ici inappliqué.* ✪ CONTR. Appliqué, attentif.

inappréciable adj. – XVe 1 Qui ne peut être apprécié, évalué. *Nuance inappréciable.* 2 Qu'on ne saurait trop apprécier, estimer ; de grande valeur. ⇒ **inestimable, précieux.** « *d'inappréciables et rares bonheurs* » (Maupass.). ✪ CONTR. Appréciable ; médiocre.

inapprivoisable adj. – XVIIIe ▪ Qui ne peut être apprivoisé. ⇒ ② **farouche, sauvage.** ✪ CONTR. Apprivoisable.

inapproprié, iée adj. – 1975 ▪ Qui n'est pas approprié. *Mot inapproprié.* ⇒ **inadéquat.** *Objet inapproprié.* ⇒ **inadapté, inadéquat.**

inapte adj. et n. – XVe ▪ Qui n'est pas apte, qui manque d'aptitude. ⇒ **incapable, inhabile.** *Être inapte à un travail.* ♦ Impropre au service national. *Être déclaré inapte.* ✪ CONTR. Adroit, apte, capable.

> ❑ Mot rare jusqu'à la fin du XVIIIe s., car on employait en ce sens *inepte.*

inaptitude n. f. – XIVe ▪ Défaut d'aptitude. ⇒ **incapacité.** « *Cette inaptitude atavique à désespérer* » (R. Gary). ♦ État d'un soldat inapte.

inarticulé, ée adj. – XVe ▪ Qui n'est pas articulé ; émis, prononcé sans netteté. *Émettre des sons inarticulés.* ✪ CONTR. Articulé, clair.

inassimilable adj. – XIXe 1 Qui n'est pas assimilable. *Substances inassimilables par l'organisme.* 2 Qui ne peut être assimilé. ⇒ **incomparable.** *La situation est inassimilable à celle de l'an passé.*

inassouvi, ie adj. – XVIIIe ▪ Qui n'est pas assouvi, satisfait. *Besoins inassouvis.* ⇒ **insatisfait.** ✪ CONTR. Apaisé, assouvi, comblé, repu, satisfait.

inassouvissement n. m. – XIXe ▪ littér. État de ce qui n'est pas ou ne peut être assouvi. ⇒ **insatisfaction.** *L'inassouvissement d'un désir.*

inattaquable adj. – XVIIIe 1 Qu'on ne peut attaquer avec quelque succès. *Site inattaquable.* 2 Qui ne peut être altéré. ⇒ **inaltérable.** *Métal inattaquable par l'acide.* 3 Qui ne peut être mis en cause. ⇒ **certain, incontestable, irréfutable.** *Une réputation inattaquable.* ⇒ **irréprochable.** ♦ « *Elle est inattaquable* [...] *C'est une honnête femme* » (Maupass.). ✪ CONTR. Attaquable. Critiquable, douteux.

inatteignable adj. – XIXe ▪ Qu'on ne peut atteindre. ⇒ **inaccessible.**

inattendu, ue adj. – XVIIe ▪ Qu'on n'attendait pas, à quoi on ne s'attendait pas. *Une rencontre inattendue.* ⇒ **fortuit, imprévu, inopiné.** « *cette audace inattendue dans un homme ordinairement si craintif* » (Rouss.). ⇒ **étonnant, surprenant.** *Le résultat, l'effet fut très inattendu.* ⇒ **déconcertant, déroutant.** ✪ CONTR. Attendu, prévu ; coutumier ; banal, normal.

inattentif, ive adj. – XVIIIe ▪ Qui ne prête pas attention aux circonstances extérieures, qui manque d'attention. *Élève inattentif.* ⇒ **dissipé, inappliqué.** ✪ CONTR. Attentif.

inattention n. f. – XVIIe ▪ Manque d'attention. *Un instant d'inattention. Faute, erreur d'inattention,* d'étourderie.

inaudible adj. – XIXe 1 Que l'être humain ne peut entendre. *Vibrations inaudibles.* 2 Que l'on entend difficilement, à peine audible. *Un murmure inaudible.* 3 Trop mauvais pour être écouté. ⇒ **inécoutable.** ✪ CONTR. Audible.

> ❑ Ce mot concerne les vibrations sonores alors que *inécoutable* est employé pour la qualité d'une œuvre musicale.

inaugural, ale, aux adj. – XVIe ▪ Qui a rapport à une inauguration. *Séance inaugurale.*

inauguration n. f. – XIVe 1 Cérémonie par laquelle on consacre (un temple, un édifice), on livre au public (un édifice, un monument nouveau). *Inauguration d'une exposition de peinture.* ⇒ **vernissage.** 2 littér. Commencement, début. *L'inauguration d'une ère nouvelle.* ✪ CONTR. Désaffectation, fermeture ; clôture.

inaugurer v. tr. [1] – XIVe ; lat. « prendre les *augures,* consacrer » 1 Consacrer ou livrer au public solennellement. *Inaugurer un temple.* ⇒ **consacrer.** *Inaugurer une autoroute.* 2 Entreprendre, mettre en pratique pour la première fois. ⇒ **instaurer.** « *Diderot a inauguré le roman moderne, le drame et la critique d'art* » (Goncourt). ✪ CONTR. Fermer. Continuer, poursuivre.

inauthenticité n. f. – XIXe ▪ Manque d'authenticité.

inauthentique adj. – XIXe 1 Qui n'est pas authentique. *Ouvrage inauthentique.* ⇒ **apocryphe,** ① **faux.** 2 Qui ne possède pas ou ne représente pas les formes authentiques de l'existence. *Vie inauthentique.*

inavouable adj. – XIXe ▪ Qui n'est pas avouable. « *les secrets honteux, toutes les inavouables faiblesses* » (Maupass.).

inavoué, ée adj. – XVIIIe ▪ Qui n'est pas avoué. *Acte, crime inavoué,* caché, secret. ♦ *Des sentiments inavoués,* qu'on ne s'avoue pas. ✪ CONTR. Avoué, connu.

in-bord [inbɔʀ(d)] adj. inv. – 1954 ; mot angl., de *in-* et *board,* d'apr. *hors-bord* ▪ *Moteur in-bord,* placé à l'intérieur de la coque d'un bateau. ➛ n. m. *Un in-bord,* une embarcation munie d'un tel moteur (opposé à *hors-bord*).

inca adj. et n. – XVIIe ; mot quechua ▪ Relatif à la puissance politique précolombienne établie dans les Andes. *La civilisation inca.* ♦ n. *Les Incas :* les sujets de l'Empire inca.

incalculable adj. – XVIIIe 1 Impossible à dénombrer, à compter. ⇒ **considérable.** 2 Impossible à calculer. ➛ fig. Impossible ou difficile à apprécier. ⇒ **imprévisible.** « *les grands événements ont des suites incalculables* » (Hugo). ✪ CONTR. Calculable.

incandescence n. f. – XVIIIe ▪ État d'un corps incandescent. *Métal chauffé jusqu'à l'incandescence.* ⇒ ② **blanc** (à blanc).

incandescent, ente adj. – XVIIIe ; lat. *candere* « brûler » ▪ Chauffé à blanc ou au rouge vif ; rendu lumineux par une chaleur intense. ⇒ **ardent, igné, lumineux.** *Charbon incandescent.* ✪ CONTR. ① Froid, éteint.

> ❑ De même origine que *chandelle, encens, incendie.*

incantation n. f. – XIIIe ; lat. *incantare* « enchanter » 1 Emploi de paroles magiques pour opérer un charme, un sortilège ; ces paroles. ⇒ **enchantement, évocation.** « *la toute-puissance de la parole, qu'elle soit commandement ou incantation* » (Caillois). 2 Action d'enchanter, d'agir avec force par l'émotion. « *Sous l'incantation de ses yeux bleus* » (Proust).

incantatoire adj. – XIXe 1 Qui forme une incantation. « *une formule incantatoire propre à conjurer un envoûtement* » (Tournier). 2 Qui agit avec force par l'émotion. « *la poésie est une tentative incantatoire* » (Sartre).

incapable adj. – XVe 1 Qui n'est pas capable. ⇒ **inapte.** *Être incapable de faire qqch.* ⇒ fam. **infichu, infoutu.** « *il devenait muet, incapable de rien dire et même de penser* » (Maupass.). *Être incapable de faire un travail.* ⇒ **incompétent, maladroit.** ➛ *Il est incapable de mentir,* dans l'impossibilité morale de mentir. ♦ *Ce peuple* « *inculte, presque incapable de civilisation* » (Maupass.). 2 Qui n'a pas l'adresse, l'aptitude, la capacité nécessaire. *Un homme incapable.* ♦ n. *Bande d'incapables !* 3 Inapte à jouir d'un droit ou à l'exercer. *Majeurs incapables :* aliénés, faibles d'esprit, prodigues. ✪ CONTR. Capable ; apte, habile.

incapacitant, ante adj. et n. m. – 1968 ; mot angl., de *to incapacitate* « rendre incapable » ▪ Susceptible de rendre temporairement inapte au combat. *Bombe incapacitante.* ➛ n. m. Substance toxique incapacitante.

incapacité n. f. – XVIe 1 État d'une personne qui est incapable de faire qqch. ⇒ **impossibilité ; impuissance, inaptitude** (à). « *l'incapacité des gens du monde à porter un jugement valable sur les choses de l'esprit* » (Proust). *Je suis dans l'incapacité de vous répondre.* ♦ Défaut de capacité. ⇒ **ignorance, impéritie, incompétence, inhabileté.** 2 État de qqn devenu incapable de travailler, d'accomplir certains actes. ➛ *Incapacité de travail.* ⇒ **invalidité.** *Incapacité permanente :* infirmité mettant qqn dans l'impossibilité de travailler. 3 État d'une personne privée, par la loi, de la jouissance ou de l'exercice de certains droits (⇒ **déchéance**). ➛ *Incapacité électorale,* entraînant la perte du droit de vote. ✪ CONTR. Aptitude, capacité.

incarcération n. f. – XIVe ▪ Action d'incarcérer (⇒ **emprisonnement**) ; état d'une personne incarcérée. ⇒ **captivité, détention.** ✪ CONTR. Liberté.

incarcérer v. tr. [6] – XIIIe ; lat. *carcer* « prison » ▪ Mettre en prison. ⇒ **écrouer, emprisonner.** ✪ CONTR. Délivrer, libérer.

> ❑ De même famille que *carcéral* (en espagnol *prison* se dit *carcel*).

incarnadin, ine adj. – XVIe ▪ littér. D'une couleur d'incarnat pâle. « *la flamme perle encore sa goutte incarnadine* » (Huysm.). ➛ n. m. *Des œillets d'un bel incarnadin.*

incarnat, ate adj. – XVIe ; it. « couleur de la chair *(carne)* » ▪ D'un rouge clair et vif. *Des roses incarnates.* ➛ n. m. « *L'incarnat de son teint était plus vif* » (Balz.).

incarnation n. f. – XIIe 1 Action par laquelle une divinité s'incarne dans le corps d'un homme ou d'un animal. ♦ Dans la religion chrétienne, Union intime en Jésus-Christ de la nature divine avec une nature humaine. 2 Ce qui incarne, représente. ⇒ **image, personnification.** *Elle est l'incarnation de la douceur.*

incarné, ée adj. – XIIe I - 1 Qui s'est incarné, s'est fait chair. *Le Verbe incarné :* Jésus-Christ. 2 Qui est représenté sous une forme matérielle. « *Brutus et Caton étaient la république romaine incarnée* » (Chateaub.). ⇒ **personnifié.** II Qui pénètre dans les chairs. *Ongle incarné* (⇒ **onyxis).** ✪ CONTR. Désincarné.

incarner v. tr. [1] – XIVe ; lat. *caro, carnis* « chair » 1 Revêtir (un être spirituel) d'un corps charnel, d'une forme humaine ou animale. ➛ pronom. « *Le Verbe s'est incarné à l'homme de douleur* » (Chateaub.). 2 Représenter en soi, soi-même. ⇒ **figurer, personnifier.** *Elle incarne la bonté.* 3 Représenter (un personnage) dans un spectacle. ⇒ **interpréter, jouer.** *Sarah Bernhardt incarna l'Aiglon.*

incartade n. f. – XVIIe ; it. *inquartata,* en escrime 1 Léger écart de conduite. ⇒ **caprice, écart, extravagance, folie.** « *un bourg minuscule où la moindre incartade eût fait scandale* » (Romains). 2 Écart brusque d'un cheval.

incasique adj. – XIXe ▪ Relatif aux Incas.

incassable adj. – XIXe ▪ Qui ne peut être brisé. *Verres de lunettes incassables.* ✪ CONTR. Cassable, cassant, fragile.

incendiaire n. et adj. – XIIIe I n. Personne qui allume volontairement un incendie. ⇒ **pyromane.** II adj. 1 Propre à causer l'incendie. ⇒ **ardent.** *Mélange incendiaire.* 2 Propre à enflammer les esprits, à allumer la révolte. ⇒ **séditieux.** *Propos incendiaires.* ♦ Qui éveille les désirs amoureux. ⇒ **provocant.** *Une blonde incendiaire.* « *ces œillades incendiaires que l'Orient a léguées à l'Espagne* » (Gaut.).

incendie n. m. – XVIe ; lat. 1 Grand feu qui se propage en causant des dégâts. ⇒ **embrasement.** *Incendie involontaire, criminel. Incendie qui éclate, se déclare, fait rage. Un incendie de forêt. Foyer d'incendie. Lutte contre l'incendie.* 2 Bouleversement, guerre. *La Serbie* « *peut toujours être le brandon d'un incendie européen* » (Aragon).

incendier v. tr. [7] – XVIe 1 Mettre en feu. ⇒ **brûler, consumer.** *Néron incendia Rome.* ➛ *Forêt incendiée.* 2 Colorer d'une lueur ardente. *La lumière* « *incendiait la chevelure* » (Mart. du G.). 3 Enflammer, exciter. ⇒ **échauffer, embraser, exalter.** *Les petites bonnes* « *dont il incendiait l'imagination avec le récit mensonger de ses exploits* » (Mac Orlan). 4 fam. Accabler de reproches. ⇒ **réprimander.**

① **incertain, aine** adj. – XIVe 1 Qui n'est pas certain, qui peut ou non se produire. ⇒ **aléatoire, contingent, hypothétique, problématique.** « *Le succès d'une dernière attaque était incertain* » (Volt.). *Entreprise incertaine,* dont le résultat n'est pas certain. ⇒ **chanceux, hasardé, précaire.** ➛ *Temps incertain.* ⇒ **changeant, instable, variable.** 2 Qui n'est pas connu avec certitude. « *La noblesse de vos parents est incertaine* » (Mariv.). ⇒ **contestable, douteux.** *Origine incertaine.* 3 Qui manque de certitude, de décision, de détermination ; qui est dans le doute. ⇒ **embarrassé, faible, hésitant, indécis, irrésolu.** « *à court de riposte, il demeurait un moment incertain* » (Colette). ⇒ **perplexe.** ♦ INCERTAIN DE : qui est dans le doute sur. *Il flotta,* « *incertain du parti qu'il devait prendre* » (Mérimée). ➛ *Démarche incertaine,* mal assurée. ✪ CONTR. Certain. Assuré, sûr ; stable. Décidé, ① ferme, résolu.

② **incertain** n. m. – XVIIIe ▪ Cotation de devises déterminant le prix variable en monnaie nationale d'un montant fixe de monnaie étrangère.

incertitude n. f. – XVe I - 1 État de ce qui est incertain. « *L'incertitude de notre avenir donne aux objets leur véritable prix* » (Chateaub.). ⇒ **fragilité, précarité.** ♦ sc. Majorant de la valeur absolue d'une erreur, intervalle à l'intérieur duquel se trouvent la valeur exacte, inconnue, et la valeur calculée d'une grandeur. *Incertitude absolue, relative.* ➛ *Principe d'incertitude* (ou *d'indétermination*) *de Heisenberg,* d'après lequel il est impossible de déterminer avec précision à la fois la position et la vitesse (ou la quantité de mouvement) d'un corpuscule, en mécanique intraatomique. 2 Chose imprévisible. ⇒ **aléa, hasard.** « *un dédale d'incertitudes et de contradictions* » (France). II État d'une personne incertaine. ⇒ **anxiété, doute, inquiétude.** *Être dans l'incertitude.* ♦ État d'une personne incertaine de ce qu'elle fera. ⇒ **embarras, hésitation, indécision, indétermination, irrésolution, perplexité.** *Il* « *écarta les bras du corps en signe d'incertitude* » (Duham.). ✪ CONTR. Certitude, clarté. – Fermeté, résolution.

incessamment adv. – XIVe ▪ Très prochainement, sans délai, sans retard. ⇒ **bientôt.** *Il doit arriver incessamment.*

> ❑ Ce mot a d'abord signifié « sans cesse » : *Un corps d'homme* « *change à chaque seconde* [...] *incessamment il vieillit* » (Giraudoux).

incessant, ante adj. – XVIe ▪ Qui ne cesse pas, dure sans interruption. ⇒ **continu, continuel, ininterrompu, perpétuel.** *Un va-et-vient incessant.* « *Un incessant concert de grillons* » (Gide). ✪ CONTR. Discontinu, interrompu.

incessibilité n. f. – XIXe ▪ Caractère de ce qui est incessible. ⇒ **inaliénabilité.**

incessible adj. – XVIe ▪ Qui ne peut être cédé. ⇒ **inaliénable.**

inceste n. m. – XIIe ; lat. *incestus* « non chaste » ▪ Relations sexuelles entre un homme et une femme parents ou alliés à un degré qui entraîne la prohibition du mariage. *Commettre un inceste.*

incestueux, euse adj. – XIIIe 1 Coupable d'inceste. *Une mère incestueuse.* 2 Qui constitue un inceste. *Amour incestueux.* 3 Issu d'un inceste. *Enfant incestueux.*

inchangé, ée adj. – XVIIIe ▪ Qui n'a pas changé. *La situation est inchangée.* ⇒ **identique.**

inchavirable adj. – XIXe ▪ Conçu pour minimiser les risques de chavirement. ⇒ aussi **insubmersible.**

inchoatif, ive [ɛ̃kɔatif, iv] adj. – XIVe ; lat. *inchoare* « commencer » ▪ Qui sert à exprimer une action commençante, un devenir, une progression. *Verbe inchoatif.*

incidemment [ɛ̃sidamɑ̃] adv. – XIVe 1 D'une manière incidente ; sans y attacher une importance capitale. « *J'ai dû te nommer incidemment, parmi les camarades* » (Romains). 2 D'une manière accidentelle ; par hasard. ⇒ **accidentellement.** *J'ai appris la nouvelle incidemment.*

incidence n. f. – XIIIe 1 Rencontre (d'une ligne, d'un corps et d'une autre ligne, d'une surface, etc.). *Point d'incidence :* point de rencontre du rayon incident et de la surface. *Plan d'incidence. Angle d'incidence,* formé par le rayon incident et la normale à la surface frappée, au point d'incidence. ➛ Direction du rayon incident. 2 Effet de la charge fiscale sur une personne ou une classe qui la supporte finalement au lieu du contribuable qui, légalement, l'acquitte. *Incidence des impôts de consommation.* 3 Conséquence, effet, influence. ⇒ **impact, retombée.** *L'incidence des salaires sur les prix de revient.* « *Ce qui se passe dans le reste du monde n'a pour elles que des incidences parlementaires* » (Mauriac). ⇒ **implication, répercussion.** 4 Nombre de cas de maladie apparus pendant une période de temps donnée au sein d'une population.

> ❑ Le sens d'« effet, influence » est un anglicisme critiqué par les puristes.

① **incident** n. m. – XIIIe ; lat. *incidere* « tomber sur, survenir » 1 Petit événement qui survient. *Un incident sans importance, sans gravité.* « *À l'église, il y eut un incident pénible, l'abbé Madeline s'évanouit* » (Zola). ♦ Petite difficulté imprévue qui survient au cours d'une entreprise. ⇒ **accroc, anicroche.** *Incident technique.* 2 Événement peu important en lui-même, mais capable d'entraîner de graves conséquences dans les relations internationales. *Incident diplomatique.* ➤ Désordre. *Créer, provoquer des incidents dans une réunion.* 3 Événement accessoire qui survient dans le cours de l'action principale (d'une pièce de théâtre, d'un roman). ⇒ **épisode, péripétie.** 4 Contestation accessoire au cours d'un procès, venant en interrompre le déroulement. *Soulever un incident.* ➤ Difficulté, objection (dans un débat, un jeu). ⇒ **chicane, dispute.** loc. *L'incident est clos* : arrêtons-là la querelle, n'en parlons plus.

② **incident, ente** adj. – XVe 1 Qui survient accessoirement dans un procès, une affaire. ⇒ **accessoire.** *Requête incidente.* 2 Qui est accessoire, non essentiel. ⇒ **secondaire.** *Des remarques incidentes.* 3 Qui rencontre une surface, un corps. *Rayon incident. Particule incidente.* 4 Se dit d'une proposition qui suspend une phrase pour y introduire un énoncé accessoire. ⇒ **incise.** ➤ n. f. « *en phrases hachées coupées d'incidentes étrangères au sujet* » (Zola). ✪ CONTR. Dominant, principal.

incinérateur n. m. – XIXe ▪ Appareil où l'on incinère les ordures.

incinération n. f. – XIVe ▪ Action d'incinérer. *Fours d'incinération.* ⇒ **incinérateur.** « *le feu des usines d'incinération* » (Tournier). ➤ Opération par laquelle on réduit en cendres un cadavre. ⇒ **crémation.**

incinérer v. tr. [6] – XVe ; lat. *cinis, cineris* « cendre » ▪ Réduire en cendres. *Incinérer des ordures.* ⇒ **brûler.** ➤ Détruire (un cadavre) par le feu.

incipit [ɛ̃sipit] n. m. – XIXe ; mot lat., de *incipere* « commencer » ▪ Premiers mots d'un manuscrit, d'un texte. *Table des incipit* (ou *des incipits*).

> ❑ Les poèmes ne comportant pas de titre particulier sont désignés par l'incipit.

incirconcis, ise adj. et n. m. – XVIe ▪ Qui n'est pas circoncis.

incise n. f. et adj. f. – XVIIIe ; lat. *incisa* « coupée » 1 Groupe de notes formant une unité rythmique à l'intérieur d'une phrase musicale. 2 Proposition insérée dans la phrase, ou rejetée à la fin, pour indiquer qu'on rapporte des paroles ou pour exprimer une sorte de parenthèse. ⇒ ② **incident.** Ex. « Un soir, *t'en souvient-il* ? nous voguions en silence » (Lamart.). *Phrase en incise.* ➤ adj. *Proposition incise.*

inciser v. tr. [1] – XVe ; lat. *incidere* « couper » ▪ Fendre avec un instrument tranchant. ⇒ **couper, entailler.** *Inciser un hévéa pour recueillir le latex.* ⇒ **saigner.** *Le bistouri* « *pour ouvrir un furoncle, pour inciser un petit phlegmon* » (Duham.). ⇒ **débrider, ouvrir.** *Abcès incisé.*

incisif, ive adj. – XIVe ▪ Qui a un effet pénétrant, qui attaque ou touche profondément. ⇒ **acerbe, acéré, aigu, mordant, tranchant.** *Critique incisive.* ➤ « *le plus incisif et le plus savoureux illustrateur de sa génération* » (Carco). ✪ CONTR. ① Mou, ① plat.

incision n. f. – XIVe ▪ Action d'inciser ; son résultat. ⇒ **coupure, entaille, fente.** *Des poteries* « *ornées soit par incision, soit en relief* » (Cendrars). ♦ Division des parties molles avec un instrument chirurgical tranchant. « *l'incision des bubons avait amené un mieux* » (Camus).

incisive n. f. – XVIe ▪ Dent aplatie et tranchante, dans la partie médiane des arcades dentaires.

incisure n. f. – XVe ▪ Découpure irrégulière.

incitateur, trice n. – XVe ▪ rare Personne qui incite. ⇒ **excitateur, instigateur.** *Un incitateur de troubles.*

incitatif, ive adj. – XVe ▪ Qui incite à faire qqch. ⇒ **motivant, stimulant.** *Mesures peu incitatives.*

incitation n. f. – XIVe ▪ Action d'inciter ; ce qui incite. ⇒ **conseil, encouragement, exhortation, instigation.** *Incitation à la consommation. Incitation à la violence.* ⇒ **excitation, provocation.** ➤ *Incitation de mineurs à la débauche.*

inciter v. tr. [1] – XIIe ; lat. ▪ Conduire à un sentiment, un comportement, par une influence morale. ⇒ **engager, incliner,** ① **porter, pousser.** « *la vue d'un lilas ou de quelque pensée les incitait à la poésie* » (Proust). *Tout m'incite à penser qu'il est innocent.* ✪ CONTR. Détourner, empêcher.

incivil, ile adj. – XIVe ▪ vx ou littér. 1 Qui manque de civilité. ⇒ **discourtois, grossier, impoli.** 2 Contraire à la bienséance. ✪ CONTR. Civil, courtois, ① poli.

> ❑ Ne pas confondre avec *incivique* « qui manque de civisme ».

incivilité n. f. – XVIe ▪ vx ou littér. 1 Manque de civilité. ⇒ **impolitesse.** 2 Action ou parole incivile. *Commettre une incivilité.* ✪ CONTR. Civilité, politesse.

incivique adj. – XVIIIe ▪ vieilli Qui manque de civisme. ➤ n. (Belgique) Collaborateur (2°).

> ❑ Ne pas confondre avec *incivil* « impoli ».

incivisme n. m. – XVIIIe ▪ vieilli Manque de civisme.

inclassable adj. – XIXe ▪ Impossible à classer, à rapporter à un ensemble connu.

inclémence n. f. – XVIe ▪ Manque de clémence. *L'inclémence de l'hiver.*

inclément, ente adj. – XVIe ▪ Qui manque de clémence. *Juges incléments.* ➤ « *Dans l'inclément désert* » (Hugo).

inclinable adj. – XVIIe ▪ Qui peut être mis dans une position oblique.

inclinaison n. f. – XVIIe 1 État de ce qui est incliné ; obliquité d'une ligne droite ou d'une surface relativement au plan de l'horizon. *Inclinaison d'un terrain, d'un toit.* ⇒ **déclivité, penchant, pente.** ➤ *Inclinaison magnétique* : angle formé avec l'horizon par une aiguille aimantée mobile autour de son centre de gravité et suspendue dans le plan vertical du méridien magnétique. 2 Relation d'obliquité. ➤ *Inclinaison d'un plan, d'une surface, d'une ligne* : angle qu'ils font avec un autre plan, une autre surface ou ligne. *Angle d'inclinaison.* ➤ Angle formé par le plan de l'orbite d'une planète avec le plan de l'écliptique. 3 Action de pencher ; position inclinée, penchée. « *l'inclinaison de l'écrivain sur la table de travail* » (Péguy). ✪ CONTR. Aplomb, rectitude.

inclination n. f. – XIIIe 1 Mouvement affectif, spontané vers un objet ou une fin. ⇒ **appétit, désir, envie, penchant, propension, tendance.** *Suivre son inclination. Avoir une certaine inclination à la paresse, à paresser.* 2 littér. Mouvement qui porte à aimer qqn. ⇒ **affection, amour, sympathie.** *Mariage d'inclination.* 3 Action d'incliner en avant la tête ou le corps en signe d'acquiescement ou de déférence. « *Les hommes se* *levèrent pour répondre par une inclination polie* » (Balz.). ✪ CONTR. Aversion.

❑ *Inclination* s'emploie surtout au sens moral, alors que *inclinaison* ne s'emploie que dans le domaine matériel.

incliné, ée adj. – XVIe 1 Placé dans une position oblique. *Toits très inclinés.* ⇒ **pentu.** – « *sa véloce écriture inclinée* » (Colette). ⇒ **penché.** ♦ *PLAN INCLINÉ,* utilisé pour faciliter la montée des corps lourds ou ralentir leur descente. 2 Enclin, porté (à). ⇒ **prédisposé.** *Je suis incliné à penser que.* ✪ CONTR. ① Droit.

incliner v. [1] – XIIIe ; lat. « pencher vers » **I** v. tr. 1 Rendre oblique ; diriger, porter vers le bas ou de côté. ⇒ **abaisser, baisser, courber, fléchir, pencher, plier.** *Inclinez le flacon et versez doucement.* – Pencher en avant. *Incliner la tête.* 2 Rendre enclin à. ⇒ **inciter,** ① **porter, pousser.** « *rien n'incline à la méchanceté comme d'être heureuse* » (G. Bataille). *Tout m'incline à croire que vous avez raison.* **II** v. pron. 1 Se courber, se pencher. *Il* « *joignait les talons, s'inclinait assez bas devant les hommes* » (Romains). 2 *S'incliner devant qqn,* lui donner des marques de respect, d'humilité ; reconnaître sa supériorité. ⇒ **se soumettre.** « *Il s'inclina cérémonieusement devant toute cette coterie qui avait l'air si bien riche* » (Queneau). ♦ S'avouer vaincu, renoncer. ⇒ **abandonner, céder,** se **résigner.** *Notre équipe s'est inclinée en finale.* – *Vous avez raison, je m'incline.* 3 Se placer, être placé obliquement par rapport à l'horizon ou à un plan donné. *Les* « *faibles rayons d'un soleil qui s'incline* » (Barrès). ⇒ **décliner. III** v. intr. *INCLINER À :* avoir de l'inclination pour qqch. ou (vieilli) pour qqn. ⇒ **pencher,** ① **tendre** (à, vers). *Incliner à l'indulgence, vers l'indulgence.* « *elle inclinait à s'entêter* » (Loti). ✪ CONTR. ① Lever, relever ; redresser.

inclinomètre n. m. – 1902 1 Appareil destiné à mesurer l'inclinaison* magnétique. 2 ⇒ **clinomètre.**

inclure v. tr. [35] – XVIe 1 Mettre dans. ⇒ **enfermer, insérer, introduire.** *Inclure un chèque dans une lettre.* ⇒ **joindre.** 2 Comprendre. ⇒ **comporter, contenir, renfermer.** *Cette condition en inclut une autre.* ✪ CONTR. Excepter, exclure.

❑ Se conjugue comme *conclure* sauf au participe passé *(inclus, use).*

inclus, use adj. – XIVe ; lat. *includere* « enfermer » 1 Contenu, compris, inséré. *Les charges sont incluses dans le loyer.* – *Jusqu'au troisième chapitre inclus.* – *Dent incluse,* enfouie dans l'arcade osseuse d'une mâchoire. ♦ *Ensemble E inclus dans l'ensemble E'* (noté $E \subset E'$), dont tous les éléments appartiennent à l'ensemble E'. 2 *CI-INCLUS, CI-INCLUSE :* placé ici, à l'intérieur. ⇒ ① **joint.** « *n'ouvre la lettre ci-incluse qu'en cas d'accident* » (Stendh.). ♦ inv. « *Ci-inclus la note sur la botanique* » (Flaub.). ✪ CONTR. Exclu.

❑ Le féminin est *incluse,* le contraire est *exclue.*

inclusif, ive adj. – XVIIe ■ Qui renferme en soi. « *Ces deux propositions sont inclusives l'une de l'autre* » (Littré). ✪ CONTR. Exclusif.

inclusion n. f. – XVIe 1 Relation entre deux classes, entre deux ensembles, dont l'un est inclus dans l'autre **(⇒ implication).** *Inclusion réciproque.* ⇒ **identité.** 2 Introduction dans un tissu anatomique d'une substance qui lui donne assez de dureté pour être découpé au microtome. 3 Ce qui est inclus ; élément inclus dans un milieu de nature différente. *Inclusion d'air dans du verre.* ⇒ ② **bulle.** ♦ *Inclusion de la dent de sagesse,* qui reste enfermée dans le tissu osseux du maxillaire. ✪ CONTR. Exclusion.

inclusivement adv. – XIVe ■ En comprenant. *Jusqu'au quinzième siècle inclusivement.* ⇒ **compris.** ✪ CONTR. Exclusivement.

incoagulable adj. – XVIIIe ■ Qui ne se coagule pas.

incoercible [ɛ̃kɔɛʀsibl] adj. – XVIIIe ; de ① *in-* et lat. *coercere* « contraindre » ■ littér. Qu'on ne peut contenir, retenir. « *Un fou rire incoercible* » (Gide). ⇒ **irrépressible.**

incognito adv. et n. m. – XVIe ; mot it. « inconnu » 1 En faisant en sorte qu'on ne soit pas connu, reconnu. *Voyager incognito.* ⇒ **anonymement, secrètement.** « *pour aller incognito en des lieux de débauche* » (Pasc.). 2 n. m. Situation d'une personne qui cherche à n'être pas reconnue, à cacher son identité. *Garder l'incognito.* ⇒ **anonymat.** ✪ CONTR. Publiquement.

❑ L'*incognito* résulte d'une décision, à la différence de l'*anonymat* qui peut être fortuit.

incohérence n. f. – XVIIe 1 Caractère de ce qui est incohérent ; manque de lien logique, d'unité. ⇒ **désordre.** « *L'incohérence d'un discours dépend de celui qui l'écoute* » (Valéry). 2 Parole, idée, action incohérente. ⇒ **illogisme.** « *un tissu d'inconséquences et d'incohérences* » (Baud.). ✪ CONTR. Cohésion, cohérence, unité.

incohérent, ente adj. – XVIIIe 1 Qui manque de liaison, de suite, d'unité. *Gestes incohérents.* ⇒ **désordonné.** *Tenir des propos incohérents.* ⇒ **absurde, extravagant, illogique, incompréhensible.** *Conduite incohérente.* « *une politique incohérente poursuivant dix lièvres à la fois* » (R. Rolland). 2 *Vibrations incohérentes,* dont la différence de phase n'est pas constante. ✪ CONTR. Cohérent, ② logique.

incollable adj. – mil. XXe 1 fam. (personnes) Qu'on ne peut coller ; qui répond à toutes les questions. 2 Qui ne colle pas, n'attache pas. *Riz incollable.*

incolore adj. – XVIIIe ; lat. 1 Qui n'est pas coloré ; sans couleur. *Liquide incolore.* 2 Sans éclat. ⇒ ① **terne.** *Style incolore,* abstrait, sans images. ⇒ **insipide,** ① **plat.** ✪ CONTR. Coloré.

incomber v. tr. ind. [1] – XVe ; lat. *incumbere* « peser sur » ■ *INCOMBER À :* peser, retomber sur, être imposé à. *Les devoirs et les responsabilités qui lui incombent.* ♦ *C'est à vous qu'il incombe de faire cette démarche.* ⇒ **appartenir, revenir.**

incombustibilité n. f. – XVIIIe ■ Caractère de ce qui est incombustible.

incombustible adj. – XIVe ■ Qui n'est pas combustible, qui ne brûle pas ou très mal. ⇒ **apyre.**

incommensurabilité n. f. – XIVe ■ Caractère de ce qui est incommensurable.

incommensurable adj. – XIVe ; lat. 1 Se dit de grandeurs qui n'ont pas de mesure commune, dont le rapport ne peut donner de nombre entier ni fractionnaire. ⇒ **irrationnel.** – *Nombres incommensurables.* 2 Qui ne peut être mesuré, qui est très grand. ⇒ **démesuré, illimité.** *Une bêtise incommensurable.* – subst. *L'incommensurable :* l'infini. « *plongé dans le non-sens, dans l'incommensurable, dans l'irrationnel* » (Valéry). ✪ CONTR. Commensurable, mesurable, petit.

incommodant, ante adj. – XVIIe ■ Qui incommode physiquement. ⇒ **désagréable, gênant.** *Odeur incommodante.* ✪ CONTR. Agréable.

incommode adj. – XVIe 1 rare Peu pratique à l'usage. *Outil incommode.* ⇒ **malcommode.** 2 littér. Qui est désagréable, qui gêne. « *C'était une position incommode, mais sans danger* » (Anouilh). ⇒ **inconfortable.** ✪ CONTR. ① Commode, ② pratique. Confortable.

incommodément adv. – XVIe ■ D'une manière incommode. *Être installé incommodément.* ⇒ **inconfortablement.** ✪ CONTR. Commodément.

incommoder v. tr. [1] – XVe ▪ Causer une gêne physique à (qqn), mettre mal à l'aise. ⇒ **gêner, indisposer.** *Ce bruit m'incommode.* ⇒ **déranger.** « *incommodé par le soleil dont un rayon lui tombait sur les yeux* » (Balz.). ➤ « *Des gens dont la personnalité étrangère l'incommodait* » (Chardonne). ♦ *Être incommodé :* se sentir un peu souffrant. ⇒ **indisposé, malade.**

incommodité n. f. – XIVe 1 littér. Gêne, désagrément causé par ce qui est incommode. ⇒ **ennui, inconvénient.** *Les* « *incommodités qu'on éprouve à vivre parmi les grands* » (France). 2 Caractère de ce qui n'est pas pratique. *Incommodité d'un appartement.* ⇒ **inconfort.** « *L'incommodité des commodes était un fait démontré pour lui* » (Gaut.). ✪ CONTR. Agrément, facilité ; commodité, ② confort.

incommunicabilité n. f. – XIXe ▪ Impossibilité de communiquer avec d'autres personnes. « *Le gouffre infranchissable, qui fait l'incommunicabilité* » (Baud.).

incommunicable adj. – XVe 1 Qui n'est pas transmissible. ⇒ **intransmissible.** *Privilèges incommunicables.* 2 Dont on ne peut faire part à personne. ⇒ **inexprimable.** « *la pensée est incommunicable, même entre gens qui s'aiment !* » (Baud.). 3 Qui ne peut être mis en communication, qui n'a aucun rapport (avec autre chose). *Deux mondes incommunicables.* ✪ CONTR. Communicable, transmissible.

incommutable adj. – XIVe ▪ Qui ne peut changer de possesseur, de propriétaire. *Propriété incommutable.*

incomparable adj. – XVe 1 Qui ne peut être comparé à autre chose ; qui n'a pas son semblable. *Deux choses absolument incomparables,* complètement différentes. 2 À qui ou à quoi rien ne semble pouvoir être comparé (en bien) ; sans pareil. ⇒ **inégalable, supérieur, unique.** *Un* « *laurier rose d'un éclat et d'une beauté incomparables* » (Gaut.). *Une femme incomparable.* ⇒ **remarquable.** ✪ CONTR. Comparable, inférieur, médiocre.

incomparablement adv. – XIIe ▪ Sans comparaison possible. *Elle est incomparablement plus intelligente.* ➤ D'une manière unique, très bien. *Chanter incomparablement.*

incompatibilité n. f. – XVe 1 Impossibilité de s'accorder, d'exister ensemble. ⇒ **antagonisme, désaccord, opposition.** *Des incompatibilités d'opinions. Ils* « *s'étaient séparés à l'amiable pour incompatibilité d'humeur* » (Maupass.). 2 Impossibilité légale de cumuler certaines fonctions ou occupations. 3 Rapport entre médicaments qui, employés ensemble, deviendraient dangereux ou inutiles. ➤ *Incompatibilité de deux groupes sanguins* (pour les transfusions). ✪ CONTR. Accord, compatibilité. Cumul.

incompatible adj. – XIVe 1 Qui ne peut coexister, être associé avec (une autre chose). ⇒ **contraire, inconciliable, opposé.** *Choses incompatibles, incompatibles entre elles.* ⇒ **contradictoire, discordant.** *Ses dépenses sont incompatibles avec ses ressources. Caractères incompatibles.* 2 Se dit des fonctions, mandats, emplois dont la loi interdit le cumul. 3 En mathématiques, *Événements incompatibles entre eux,* qui ne peuvent se réaliser simultanément. ➤ *Système d'équations incompatibles,* dont l'ensemble des solutions est vide. ✪ CONTR. Compatible, convenable.

incompétence n. f. – XVIe 1 Inaptitude d'une autorité publique à accomplir un acte juridique. *Incompétence d'un tribunal.* 2 Défaut des connaissances, ou de l'habileté nécessaires. ⇒ **ignorance, incapacité.** *Reconnaître son incompétence.* ✪ CONTR. Aptitude, compétence.

incompétent, ente adj. – XVIe 1 Qui n'est pas compétent (spécialt d'une juridiction). 2 Qui n'a pas les connaissances suffisantes, l'habileté requise pour juger, pour décider d'une chose. ⇒ **ignorant, nul.** *Être incompétent en musique. Elle est incompétente en la matière.* ♦ Qui ne sait pas faire ce que sa profession, sa fonction exige. ⇒ **incapable.** *Ministre incompétent.* n. *Une commission d'irresponsables et d'incompétents.* ✪ CONTR. Compétent.

incomplet, ète adj. – XIVe ▪ Qui n'est pas complet ; auquel il manque qqch., un élément. *Dossier incomplet.* « *Je suis une chose incomplète et dépendante* » (Desc.).

incomplètement adv. – XVIe ▪ D'une manière incomplète. ✪ CONTR. Complètement.

incomplétude n. f. – 1903 1 *Sentiment d'incomplétude :* sentiment d'inachevé, d'insuffisant que certains malades éprouvent à propos de leurs actes, de leurs émotions. ⇒ **psychasthénie.** 2 Caractère d'un système hypothéticodéductif qui contient des propositions indécidables.

incompréhensibilité n. f. – XVIe ▪ littér. Caractère de ce qui est incompréhensible. ✪ CONTR. Compréhensibilité.

incompréhensible adj. – XIVe 1 Qui ne peut être compris. ⇒ **inconcevable.** *L'homme est un* « *monstre incompréhensible* » (Pasc.). *Mystères incompréhensibles.* ⇒ **impénétrable, insondable.** *C'est incompréhensible.* ♦ littér. *L'homme* « *est toujours disposé à nier ce qui lui est incompréhensible* » (Pasc.). ➤ *Incompréhensible pour* (qqn). 2 Impossible ou très difficile à comprendre, à expliquer. ⇒ **inexplicable, inintelligible, mystérieux.** *Texte incompréhensible.* ⇒ **obscur.** *Cette réaction est incompréhensible.* ➤ *Il est incompréhensible.* ✪ CONTR. Clair, compréhensible.

incompréhensif, ive adj. – XIXe ▪ Qui n'est pas compréhensif, ne se met pas à la portée des autres. *Des parents incompréhensifs.*

incompréhension n. f. – XIXe ▪ Absence de compréhension, incapacité ou refus de comprendre qqn ou qqch., de lui rendre justice. *L'incompréhension envers (qqn, qqch.), à l'égard de (qqn). Incompréhension entre deux personnes. Compositeur qui a souffert de l'incompréhension du public.*

incompressibilité n. f. – XVIIe ▪ Caractère de ce qui est incompressible. ✪ CONTR. Compressibilité.

incompressible adj. – XVIIe 1 Qui n'est pas compressible, dont le volume ne diminue pas par la pression. *Aucun fluide n'est incompressible.* 2 Impossible à réduire. *Dépenses incompressibles.* ✪ CONTR. Compressible, élastique.

incompris, ise adj. – XVIe ▪ Qui n'est pas compris, apprécié à sa juste valeur. *Ouvrage incompris.* ➤ « *pas un fou qui ne se targue d'être incompris !* » (Mart. du G.). ♦ n. « *il joue les grands incompris, les héros poursuivis par la fatalité* » (Duham.). ✪ CONTR. Apprécié, compris.

inconcevable adj. – XVIe 1 Dont l'esprit humain ne peut se former aucune représentation. *L'infini est inconcevable.* 2 Impossible ou difficile à comprendre, à expliquer, à imaginer, à croire. ⇒ **incompréhensible, incroyable.** *Cette histoire est inconcevable.* ⇒ **inimaginable.** « *elle vivait dans une oisiveté inconcevable* » (Muss.). ➤ Inacceptable. « *Il est inconcevable que cet abus ne soit pas réformé* » (Littré). ⇒ **inadmissible.** *C'est inconcevable !* ✪ CONTR. Concevable ; compréhensible.

inconciliable adj. – XVIIIe ▪ Qui n'est pas conciliable. ⇒ **incompatible.** « *un idéalisme inconciliable avec le marxisme* » (Beauv.). *Intérêts inconciliables.* ⇒ **opposé.**

inconditionnalité n. f. – XIXe 1 Caractère de ce qui est inconditionnel. 2 Adhésion donnée sans réserve (par qqn).

inconditionnel, elle adj. – XVIIIe 1 (choses) Qui ne dépend d'aucune condition. ⇒ **absolu.** *Ordre inconditionnel.* ⇒ **impératif.** *Reddition inconditionnelle.* 2 (personnes) Qui suit en toute circonstance et sans discussion les décisions (d'un homme, d'un parti). *Il lui apporte un soutien inconditionnel.* ➛ Qui est partisan sans réserve de qqch. ou de qqn. *Une admiratrice inconditionnelle.* ♦ n. *Un inconditionnel du gaullisme.*

inconditionnellement adv. – XIXe ▪ De façon inconditionnelle.

inconduite n. f. – XVIIe ▪ littér. Mauvaise conduite. *Inconduite notoire.*

inconfort n. m. – XIXe ▪ Manque de confort. *L'inconfort d'un logement.* ➛ *Inconfort moral.*

inconfortable adj. – XIXe ▪ Qui n'est pas confortable. *Un siège inconfortable.* ♦ fig. Qui donne un sentiment de gêne. *Être dans une situation inconfortable.*

inconfortablement adv. – 1927 ▪ D'une manière inconfortable.

incongru, ue adj. – XIVe ▪ Contraire à ce qui convient, à ce qui est considéré comme convenable. ⇒ **déplacé, inconvenant.** *Questions incongrues.* ✪ CONTR. Convenable.

> ❑ *Incongru,* par rapport aux mots de sens voisin *déplacé* et *inconvenant,* exprime un glissement vers l'idée d'absurdité, de chose surprenante.

incongruité n. f. – XVIe 1 Caractère de ce qui est contraire à la bienséance, aux usages. 2 Action ou parole incongrue, déplacée. « *vous me faites dire des incongruités* » (Balz.).

incongrûment adv. – XIVe ▪ rare D'une manière incongrue.

inconjugable adj. – XIXe ▪ Qu'on ne peut conjuguer. *Les verbes défectifs, tels que* gésir, *sont pratiquement inconjugables.* ✪ CONTR. Conjugable.

inconnaissable adj. et n. m. – XIVe ▪ Qui ne peut être connu. *L'avenir inconnaissable.* ✪ CONTR. Connaissable.

> ❑ Ne pas confondre avec *méconnaissable* « impossible ou difficile à reconnaître ».

inconnu, ue adj. et n. – XIVe I adj. 1 Dont on ignore l'existence ou la nature. *Découvrir un monde inconnu. J'ai trouvé « un autel avec cette inscription : "Au dieu inconnu"* » (BIBLE). *Les causes du décès restent inconnues.* ➛ *Inconnu à, de* (qqn). *Un phénomène inconnu de tous.* ♦ Dont on ignore l'identité. *Elle m'est inconnue de nom. Enfant né de père inconnu. Tombeau du Soldat inconnu.* ➛ loc. fam. *Inconnu au bataillon :* complètement inconnu (de la personne qui parle). ➛ n. *On a découvert le cadavre d'une inconnue.* n. iron. *Un illustre inconnu :* un individu qui voudrait être célèbre et demeure obscur. 2 Qu'on ne connaît pas ou qu'on connaît très peu, faute d'étude, d'usage. *Un mot inconnu. Être en pays inconnu. Ce visage ne m'est pas inconnu.* ♦ Qu'on n'a encore jamais connu, ressenti. ⇒ ② **neuf, nouveau.** *Une impression, une joie inconnue.* 3 Dont on n'a jamais fait connaissance. ⇒ **étranger.** ♦ n. *C'est un inconnu pour moi. Une belle inconnue.* ➛ Personne qui n'appartient pas à un clan, une famille. ⇒ **étranger, tiers.** *Il ne veut pas en parler devant des inconnus.* II n. m. *L'INCONNU :* ce qui est inconnu, ignoré. « *Plonger au fond du gouffre* [...] *Au fond de l'Inconnu pour trouver du* nouveau ! » (Baud.). *La peur de l'inconnu. Un saut dans l'inconnu.* III n. f. Variable à déterminer pour connaître la solution d'un problème. ➛ Racine d'une équation. *Système d'équations à deux inconnues.* ✪ CONTR. Célèbre, connu, familier, renommé.

inconsciemment [ɛ̃kɔ̃sjamɑ̃] adv. – XIXe 1 De façon inconsciente. *Agir inconsciemment. Il lui en veut inconsciemment.* 2 Sans avoir réfléchi aux conséquences. ⇒ **légèrement.** *S'engager un peu inconsciemment dans une affaire délicate.* ✪ CONTR. Consciemment, volontairement. Sciemment.

inconscience [ɛ̃kɔ̃sjɑ̃s] n. f. – XVIIIe 1 Privation permanente ou momentanée de la conscience. *Le malade a sombré dans l'inconscience* (⇒ aussi **coma**). 2 Caractères de phénomènes qui, par nature, échappent à la conscience. ⇒ **inconscient** (I, 3°). 3 Absence de jugement, de conscience claire. *Courir un tel risque, c'est de l'inconscience. Faire preuve d'inconscience.* ⇒ **irréflexion, irresponsabilité, légèreté.** ♦ *Inconscience de :* état d'une personne qui ne perçoit pas nettement, n'imagine pas (qqch.). ⇒ **ignorance.** *Dans l'inconscience où j'étais du danger.* ✪ CONTR. Connaissance, conscience, lucidité.

inconscient, iente [ɛ̃kɔ̃sjɑ̃, jɑ̃t] adj. et n. – XIXe I adj. 1 À qui la conscience fait défaut, de façon permanente ou temporaire. *À la suite de l'accident, il est resté inconscient quelques minutes,* évanoui. 2 Qui ne se rend pas compte clairement des choses. *Il est complètement inconscient.* ⇒ **fou, irréfléchi.** ➛ *Il est inconscient du danger.* « *Le véritable artiste reste toujours à demi inconscient de lui-même, lorsqu'il produit* » (Gide). 3 Dont on n'a pas conscience ; qui échappe à la conscience. *Geste inconscient.* ⇒ **instinctif, machinal.** *Hostilité inconsciente.* ⇒ **refoulé.** II n. Personne qui juge ou agit sans réflexion, qui n'a pas une conscience claire. *Se conduire en inconscient.* ⇒ **irresponsable.** III n. m. *L'INCONSCIENT :* ce qui, dans le psychisme, échappe entièrement à la conscience, même quand le sujet cherche à le percevoir. *Désirs refoulés dans l'inconscient. Le rêve, manifestation de l'inconscient. Investigation de l'inconscient.* ⇒ **psychanalyse.** ✪ CONTR. Conscient, volontaire.

inconséquence n. f. – XVIe 1 Manque de suite dans les idées, de réflexion dans la conduite. ⇒ **irréflexion, légèreté.** ➛ « *l'inconséquence d'une conversation* » (Balz.). 2 Action ou parole inconséquente, irréfléchie. ⇒ **contradiction.** *Un tissu d'inconséquences.* ✪ CONTR. ① logique.

inconséquent, ente adj. – XVIe 1 Qui n'est pas conforme à la logique. ⇒ **absurde.** *Comportement, raisonnement inconséquent.* ♦ Dont on n'a pas calculé les conséquences. *Démarche inconséquente.* ⇒ **irréfléchi, malavisé.** 2 Qui est en contradiction avec soi-même. ⇒ **illogique, incohérent.** « *Chateaubriand a été inconséquent, il s'est beaucoup contredit* » (Ste-Beuve). *Il est inconséquent avec ses principes.* ♦ Qui ne réfléchit pas aux conséquences de ses actes ou de ses paroles. *C'est un homme inconséquent.* ✪ CONTR. Conséquent, ② logique ; réfléchi, sérieux.

inconsidéré, ée adj. – XVe ▪ Qui témoigne d'un manque de réflexion ; qui n'a pas été considéré, pesé. ⇒ **imprudent, irréfléchi.** *Propos inconsidérés. Des valeurs « sujettes à des hausses inconsidérées suivies de baisses inexplicables* » (Romains). ✪ CONTR. Réfléchi.

inconsidérément adv. – XVIe ▪ D'une manière inconsidérée. « *risquer inconsidérément la vie de nos soldats* » (Gide).

inconsistance n. f. – XVIIIe 1 Manque de force ou de fondement. *L'inconsistance d'une argumentation.* ⇒ **faiblesse, fragilité.** *L'inconsistance des accusations portées contre un prévenu.* ➛ Manque de profondeur. *Ce film est d'une totale inconsistance.* 2 Manque de fermeté. *L'inconsistance d'une pâte, d'une crème.*

inconsistant, ante adj. – XVIe 1 Qui manque de consistance morale, de solidité. *Caractère faible et inconsistant.* « *il était inconsistant, flâneur* » (Gide). ♦ *Idées inconsistantes. Espoirs inconsistants.* ⇒ **fragile.** ➙ Qui manque de profondeur, d'intérêt. *Un personnage de roman inconsistant.* 2 Qui manque de consistance. *Crème, bouillie inconsistante.* ✪ CONTR. Consistant.

inconsolable adj. – XVIe ▪ Qui n'est pas consolable. « *On dit qu'on est inconsolable ; On le dit, mais il n'en est rien* » (La Font.). *Il est inconsolable de la mort de sa femme.*

inconsolé, ée adj. – XVe ▪ Qui n'est pas consolé. *Veuve inconsolée. Douleur inconsolée.* ✪ CONTR. Consolé.

inconsommable adj. – XIXe ▪ Impropre à la consommation, qui n'est pas comestible. ⇒ **immangeable.** *Denrées périmées, inconsommables.*

inconstance n. f. – XIIIe 1 littér. Facilité à changer (d'opinion, de résolution, de sentiment, de conduite). ⇒ **instabilité, versatilité.** ♦ Tendance à l'infidélité en amour. *L'inconstance d'un amant.* 2 littér. Caractère changeant d'une chose. « *Ô Fortune, quelle est ton inconstance !* » (Mol.). ✪ CONTR. Constance, fidélité, stabilité.

inconstant, ante adj. – XIIIe 1 Qui n'est pas constant, change facilement (d'opinion, de sentiment, de conduite). ⇒ **changeant, instable, versatile.** *Homme faible et inconstant.* ⇒ **frivole ; girouette, papillon.** *Humeur inconstante.* ♦ (En amour) ⇒ **infidèle, volage.** *Une femme inconstante.* 2 littér. Qui est sujet à changer. *Bonheur inconstant.* ✪ CONTR. Constant, stable.

inconstitutionnalité n. f. – XVIIIe ▪ Caractère inconstitutionnel.

inconstitutionnel, elle adj. – XVIIIe ▪ Qui n'est pas constitutionnel ; qui est en opposition avec la constitution d'un État (⇒ **anticonstitutionnel**). *Mesure inconstitutionnelle.*

❑ Ce mot et ses dérivés appartiennent au vocabulaire juridique, ce qui n'est pas le cas de son synonyme *anticonstitutionnel* et de son dérivé.

inconstitutionnellement adv. – XVIIIe ▪ D'une manière inconstitutionnelle. ⇒ **anticonstitutionnellement.**

❑ Pour l'emploi → inconstitutionnel (rem.).

inconstructible adj. – v. 1950 ▪ Inapte à recevoir des constructions selon la réglementation des permis de construire. *Zone inondable inconstructible.*

incontestable adj. – XVIIe ▪ Qui n'est pas contestable, que l'on ne peut mettre en doute. ⇒ **avéré, certain, indéniable, indiscutable.** *Un incontestable succès. Sa bonne foi est incontestable. Preuve incontestable.* « *des œuvres d'art d'une incontestable valeur* » (Valéry). ➙ *Il est incontestable qu'il y a une crise. C'est incontestable* : cela ne fait aucun doute. ⇒ **évident.** ✪ CONTR. Contestable, discutable, douteux ; ① faux.

incontestablement adv. – XVIIe ▪ D'une manière incontestable. ⇒ **assurément, indéniablement, indiscutablement.** ✪ CONTR. Peut-être.

incontesté, ée adj. – XVIIe ▪ Qui n'est pas contesté ; que l'on ne met pas en doute, en question. *Droits, principes incontestés.* ➙ *Chef incontesté.*

incontinence n. f. – XIIe 1 littér. Activité sexuelle pratiquée sans retenue. ⇒ **débauche, luxure.** 2 Absence de contrôle des sphincters. *Incontinence d'urine.* ⇒ **énurésie.** 3 Absence de retenue (en matière de langage). « *une volubile incontinence de paroles* » (Cendrars). *Incontinence verbale.* ⇒ **logorrhée.** ♦ *Incontinence mentale, émotionnelle* : incapacité de contrôler ses réactions émotives. ✪ CONTR. Continence.

① **incontinent, ente** adj. – XIVe 1 vx Qui n'est pas continent. ⇒ **débauché, intempérant.** 2 Atteint d'incontinence (2o). *Un malade incontinent.* ⇒ **énurétique.** ♦ n. *Couches pour incontinents.* ✪ CONTR. ① Continent.

② **incontinent** adv. – XIIIe ; lat. *in continenti (tempore)* « dans (un temps) continu » ▪ littér. Tout de suite, sur-le-champ. ⇒ **aussitôt.** « *il faut incontinent se lever en sursaut* » (Pasc.).

incontournable adj. – 1967 ▪ Qui ne peut être évité ; dont il faut tenir compte. *Réformes incontournables.* « *l'élément féminin à la fois incontournable et jamais reconnu dans la sphère de la citoyenneté* [dans l'Antiquité] » (G. Duby).

❑ Ce mot est bien formé. Non attesté au sens concret « que l'on ne peut contourner », il s'est imposé avec un sens figuré, et cela avec une fréquence quelque peu lassante.

incontrôlable adj. – XVIIe 1 Qui n'est pas contrôlable. ⇒ **invérifiable.** *Alibi incontrôlable.* 2 Que l'on ne peut maîtriser. *Colère incontrôlable. Des éléments incontrôlables se sont mêlés aux manifestants.* ⇒ **incontrôlé.**

incontrôlé, ée adj. – XVIIIe ▪ Qui n'est pas contrôlé. *Des bandes incontrôlées de rebelles,* qui échappent à l'autorité de leur chef.

inconvenance n. f. – XVIe 1 Caractère de ce qui est contraire aux convenances. *Inconvenance d'une proposition.* ⇒ **incorrection.** 2 *Une, des inconvenances* : parole, action inconvenante, déplacée. *Dire des inconvenances.* ⇒ **grossièreté, incongruité.** ✪ CONTR. Bienséance, convenance.

inconvenant, ante adj. – XVIIIe 1 Qui est contraire aux convenances, aux usages. *Propos inconvenants.* ⇒ **déplacé, grossier.** ♦ Qui enfreint les règles de la société, en matière sexuelle. « *de grandes peintures inconvenantes comme on en retrouve à Pompéi* » (Maupass.). ⇒ **licencieux.** 2 Qui se conduit contrairement aux convenances. ⇒ **incorrect.** *Je l'ai trouvé inconvenant.* ✪ CONTR. Bienséant, convenable, décent. ① Poli.

inconvénient [ɛ̃kɔ̃venjɑ̃] n. m. – XIIIe ; lat. 1 Conséquence fâcheuse d'une action, d'une situation donnée. *Vous en subirez les inconvénients. Il n'y a pas d'inconvénient à essayer.* ⇒ **danger, risque.** *Si vous n'y voyez pas d'inconvénient* : si cela ne vous dérange pas. ⇒ **empêchement, objection, obstacle.** 2 Desavantage, défaut. *Avantages et inconvénients de qqch. Je n'y vois pas d'inconvénient.* « *les inconvénients des tramways, les ennuis des omnibus et la grossièreté des cochers de fiacre* » (Maupass.). ✪ CONTR. Avantage, qualité.

inconvertibilité n. f. – mil. XXe ▪ Le fait d'être inconvertible. *L'inconvertibilité d'une devise.* ✪ CONTR. Convertibilité.

inconvertible adj. – XVIe 1 vx Qu'on ne peut convertir à une religion, une doctrine. 2 Qu'on ne peut convertir, échanger contre une monnaie, contre de l'or. *Monnaie inconvertible en une autre devise.*

incoordination n. f. – XIXe 1 Absence de coordination. *L'incoordination d'opérations militaires.* 2 Difficulté ou impossibilité de coordonner les mouvements des différents groupes musculaires.

incorporable adj. – XIXe ▪ Qui peut être incorporé. *Appelé incorporable.*

incorporation n. f. – XVe 1 Action de faire entrer (une matière) dans une autre. ⇒ **amalgame, mélange.** *Incorporation de jaunes d'œufs dans du lait.* 2 Action de faire entrer (un élément) dans un tout. *Incorporation d'une minorité religieuse dans une communauté.* ⇒ **assimilation, intégration.** 3 Inscription (des recrues) sur les contrôles d'un corps. ⇒ **appel.** *Incorporation des conscrits dans un régiment.* ✪ CONTR. Exclusion, séparation.

incorporel, elle adj. – XIIe 1 Qui n'a pas de corps, qui n'est pas matériel. ⇒ **immatériel.** *L'âme est incorporelle.* 2 *Biens incorporels :* tous les droits, sauf le droit de propriété. ♦ *Éléments incorporels de l'actif d'une entreprise,* n'ayant pas un caractère matériel et n'étant pas comptabilisé au bilan. ✪ CONTR. Corporel, matériel ; concret.

incorporer v. tr. [1] – XIIe ; lat. *corpus* « corps » 1 Unir intimement (une matière à une autre). ⇒ **mélanger.** « *Battez, pour qu'ils soient mousseux, Quelques œufs ; Incorporez à leur mousse Un jus de cédrat choisi* » (Rostand). ⇒ **amalgamer.** 2 Faire entrer comme partie dans un tout. *Incorporer une note au texte, dans un texte.* ⇒ **insérer, introduire.** *Incorporer un territoire dans un empire.* ⇒ **annexer.** *Appareil photo avec flash incorporé,* faisant corps avec l'appareil. ➛ *Incorporer qqn dans une société.* ⇒ **intégrer.** ➛ *Incorporer une recrue dans tel régiment.* ⇒ **enrôler.** ♦ pronom. *Minorité qui s'incorpore bien à la population locale.* ⇒ s'**intégrer.** ✪ CONTR. Exclure, isoler, séparer.

incorrect, e [ɛ̃kɔʀɛkt] adj. – XVe 1 Qui n'est pas correct, qui comporte des erreurs. *Terme incorrect.* ⇒ **impropre ; incorrection.** *Tracé, dessin incorrect. Réglage incorrect d'un appareil.* ➛ ⇒ ① **faux, inexact.** *Interprétation incorrecte des faits.* 2 Qui est contraire aux usages, aux bienséances. *Tenue incorrecte.* ⇒ **inconvenant.** ♦ Grossier, impoli. *Être incorrect avec qqn,* manquer aux règles (de la politesse, des affaires, etc.). *Incorrect en affaires.* ⇒ **déloyal, irrégulier.** ✪ CONTR. Correct ; fidèle ; exact. Convenable, courtois, ① poli, régulier.

incorrectement adv. – XVIe ▪ D'une manière incorrecte. ✪ CONTR. Correctement ; ① bien.

incorrection n. f. – XVIe 1 Défaut de correction, notamment en matière de langage. *Incorrection du style.* ♦ Expression incorrecte. ⇒ **barbarisme, faute.** *Il y a quantité d'incorrections dans ce texte.* 2 Caractère de ce qui est contraire aux usages, aux règles du savoir-vivre. *Incorrection en affaires.* ⇒ **indélicatesse.** *Incorrection envers qqn.* ♦ Parole ou action incorrecte. ⇒ **grossièreté, impolitesse.** ✪ CONTR. Correction, pureté. Courtoisie, délicatesse, politesse.

incorrigible adj. – XIVe 1 Qui persévère dans ses défauts, ses erreurs. ⇒ **impénitent, invétéré.** *Ceux « qui demeureraient incorrigibles et voudraient persévérer en leur impiété et dureté de cœur »* (Ronsard). *Un incorrigible optimiste.* 2 (défauts, erreurs) Qui persiste chez qqn. ⇒ **incurable.** *Son incorrigible paresse.*

incorrigiblement adv. – XVIe ▪ D'une manière incorrigible.

incorruptibilité n. f. – XVe ▪ Caractère de ce qui est incorruptible. ♦ fig. *Incorruptibilité d'un fonctionnaire.* ⇒ **intégrité, probité.**

incorruptible adj. – XIVe 1 Qui n'est pas corruptible. ⇒ **inaltérable, inattaquable.** *Bois incorruptible.* ⇒ **imputrescible.** 2 Qui est incapable de se laisser corrompre pour agir contre son devoir. ⇒ **honnête, intègre.** *Fonctionnaire, juge incorruptible.* ♦ n. *Un, une incorruptible.* ✪ CONTR. Corruptible, corrompu.

incrédibilité n. f. – XVIe ▪ littér. Caractère de ce qui est incroyable. *L'incrédibilité d'un récit.* ✪ CONTR. Crédibilité, vraisemblance.

incrédule adj. et n. – XIVe 1 Qui ne croit pas, qui doute (en matière de religion). ⇒ **incroyant, irréligieux.** ➛ n. *Les incrédules.* 2 Qui ne croit pas facilement, qui se laisse difficilement convaincre. ⇒ **sceptique.** *Ses explications me laissent incrédule.* ♦ Qui marque de l'incrédulité. « *une moue incrédule, et presque désapprobatrice* » (Mart. du G.). ✪ CONTR. Croyant ; crédule, naïf.

incrédulité n. f. – X[e] 1 Manque de foi, de croyance religieuse ; doute. ⇒ **incroyance, irréligion.** 2 Absence de crédulité ; état d'une personne incrédule. ⇒ **doute, scepticisme.** *Accueillir une nouvelle avec incrédulité. Se heurter à l'incrédulité de qqn.* « *mon cœur vieilli, empoisonné d'incrédulité* » (Maupass.). ✪ CONTR. Croyance, foi ; crédulité.

incréé, ée adj. – XVe ▪ Qui existe sans avoir été créé. « *Règne, ô Père éternel, Fils, Sagesse incréée* » (Rac.). ✪ CONTR. Créé.

incrément n. m. – XVIIIe ; lat. ▪ sc. Augmentation minimale d'une variable prenant des valeurs discrètes. ➛ Quantité dont on accroît une variable à chaque cycle d'une boucle de programme informatique.

❑ Famille étymologique de *croître.*

incrémentiel, ielle adj. – v. 1980 ▪ Qui permet un traitement séquentiel immédiat des informations. *Compilateur incrémentiel.*

increvable adj. – XIXe 1 Qui ne peut être crevé. *Pneu increvable.* 2 fam. Qui n'est jamais fatigué. ⇒ **infatigable.** *Comme marcheur, il est increvable.*

incrimination n. f. – XIXe ▪ Action d'incriminer. ⇒ **accusation, attaque.**

incriminé, ée adj. – XIXe ▪ Mis en cause, accusé.

incriminer v. tr. [1] – XVIe ; lat. 1 vx Déclarer criminel, accuser d'un crime. ⇒ **inculper.** 2 Mettre (qqn) en cause, le rendre responsable (d'une faute). *Incriminer qqn à tort.* ⇒ **accuser, attaquer, blâmer, suspecter.** ➛ Mettre en cause (qqn, qqch.), sans qu'il y ait faute. « *les citations incriminées* » (Romains). ✪ CONTR. Disculper.

incrochetable adj. – XIXe ▪ Impossible à crocheter. *Serrure incrochetable.*

incroyable adj. et n. – XVIe 1 Qui n'est pas croyable ; qu'il est impossible ou très difficile de croire. ⇒ **invraisemblable, surprenant.** *Un récit incroyable.* ➛ subst. *Croire l'incroyable.* ♦ *Il est incroyable de penser que.* ⇒ **impensable, inimaginable.** 2 Qui est peu commun, peu ordinaire. ⇒ **étonnant, extraordinaire, fantastique, inouï.** *Un courage incroyable. Il a fait des progrès incroyables.* 3 Dont le comportement surprend. *Il est incroyable, ce type !* 4 n. *Les incroyables :* jeunes gens qui, sous le Directoire, affichaient une recherche extravagante dans leur mise et leur langage. ⇒ **muscadin.** ✪ CONTR. Croyable ; crédible.

incroyablement adv. – XVe ▪ D'une manière incroyable. ⇒ **extraordinairement, extrêmement.** *Il est incroyablement étourdi.*

incroyance n. f. – XIXe ▪ Absence de croyance religieuse ; état d'une personne qui ne croit pas. ⇒ **athéisme, incrédulité.** ✪ CONTR. Croyance, foi.

incroyant, ante adj. – XVIIIe ▪ Qui n'est pas croyant, qui refuse de croire (en matière de religion). ♦ n. ⇒ **athée, mécréant.** ✪ CONTR. Croyant.

incrustant, ante adj. – XVIIIe ▪ Qui couvre les corps d'une croûte minérale plus ou moins épaisse. *Les eaux incrustantes de Saint-Alyre.* ⇒ **pétrifiant.**

incrustation n. f. – XVIe 1 Action d'incruster ; manière dont un objet, une surface est incrustée. *Décoration faite par incrustation. Incrustation d'émail sur argent.* ⇒ ② **nielle.** ♦ Ornement incrusté. « *de délicates incrustations de nacre* » (Gaut.). 2 Enduit pierreux naturel déposé par des matières salines

(⇒ **pétrification ; tartre**). 3 Insertion, par un procédé électronique, dans une image de télévision, d'une autre image à l'intérieur d'un contour déterminé.

❑ On parle aussi d'incrustations en couture *(lingerie avec incrustations de dentelle)*.

incruster v. tr. 1 – XVIe ; lat. **I - 1** Orner (un objet, une surface) suivant un dessin gravé en creux, avec des fragments d'une autre matière. ➛ « *des boucles incrustées de diamants* » (Nerval). *Poignard incrusté d'or.* ⇒ **damasquiner.** 2 sc. Couvrir d'un dépôt formant croûte. 3 Faire une incrustation dans (une image télévisée). ➛ *Image incrustée.* **II** S'INCRUSTER v. pron. 1 Adhérer fortement à un corps. ➛ fig. *Préjugés qui s'incrustent.* 2 *S'incruster chez qqn*, ne plus en déloger. *Il « s'incrusta presque dans sa maison et l'accompagna partout »* (Balz.). 3 Être incrusté (1°) ou susceptible de l'être. 4 Se couvrir d'un dépôt formant croûte. *Votre radiateur s'est incrusté de tartre.* ⇒ **entartrer.**

❑ Famille étymologique de *croûte*.

incubateur, trice adj. et n. – XIXe 1 Où s'opère l'incubation des œufs. *Appareil incubateur. Poche incubatrice.* ♦ n. m. Appareil servant à l'incubation artificielle des œufs. 2 n. f. Couveuse artificielle pour bébés prématurés.

incubation n. f. – XVIIe 1 Action de couver des œufs ; développement de l'embryon dans l'œuf, dans une poche incubatrice, etc. *Incubation naturelle, artificielle. Durée d'incubation.* 2 Temps qui s'écoule entre l'époque de la contagion et l'apparition des premiers symptômes d'une maladie. *Période d'incubation des maladies infectieuses.* 3 fig. Période pendant laquelle un événement, une création se prépare sourdement, sans se manifester (⇒ **couver**). « *L'incubation des insurrections* » (Hugo).

incube n. m. – XIVe ; lat. *incubus* « cauchemar » ▪ Démon masculin censé abuser d'une femme pendant son sommeil (opposé à *succube*).

❑ Même famille que *incuber*.

incuber v. tr. 1 – XVIIIe ; lat. ▪ Opérer l'incubation de. ⇒ **couver.** ➛ Mettre à couver (des œufs) dans un incubateur.

inculpation n. f. – XVIIIe ▪ Action d'inculper. ➛ Imputation officielle d'un crime ou d'un délit à un individu (terme remplacé en 1993 par *mise en examen*). *Être arrêté sous l'inculpation d'assassinat.* ✪ CONTR. Disculpation.

inculpé, ée adj. et n. – XVIIe ▪ ancienn Qui est inculpé. *Les personnes inculpées.* ♦ n. « *une perquisition fut ordonnée au domicile de l'inculpé* » (France).

❑ Pour le sens → prévenu (rem.).

inculper v. tr. 1 – XVIe ; lat. *culpa* « faute » ▪ Imputer à (qqn) une infraction sanctionnée pénalement ; mettre en examen. *Il a été inculpé de meurtre.* ✪ CONTR. Disculper.

❑ Famille étymologique de *coulpe*. → coulpe (étym.).

inculquer v. tr. 1 – XVIe ; lat. *calx, calcis* « talon » ▪ Faire entrer (qqch.) dans l'esprit d'une façon durable. ⇒ **apprendre, graver** (graver dans l'esprit). *Des « millions d'hommes à qui on a inculqué savamment la peur »* (Césaire).

inculte adj. – XVe ; lat. 1 Qui n'est pas cultivé. *Sols incultes.* ⇒ **friche** (en friche). 2 Peu soigné (cheveux, etc.). « *Chevelure hérissée, barbe inculte* » (J. Verne). 3 Sans culture intellectuelle. ⇒ **ignare, ignorant.** « *un paysan inculte, mais heureusement doué* » (Sand). ✪ CONTR. Cultivé. Soigné. Cultivé, instruit.

❑ Même famille étymologique que *cultiver, culture*.

incultivable adj. – XVIIIe ▪ Qui ne peut être cultivé. *Terres incultivables.* ⇒ **aride, stérile.** ✪ CONTR. Arable, cultivable, fertile.

inculture n. f. – XVIIIe ▪ Absence de culture intellectuelle. *Son inculture nuit à son travail.* ✪ CONTR. ② Culture.

incunable adj. et n. m. – XIXe ; lat. *incunabulum* « berceau, commencement » 1 Qui date des premiers temps de l'imprimerie. *Édition incunable.* 2 n. m. Ouvrage imprimé antérieur à 1500.

❑ Attention, ce mot ne désigne pas un manuscrit ancien. ♦ Le catalogue des premiers ouvrages imprimés, publié à Amsterdam en 1688, avait pour titre « *Incunabula typographiæ* », littéralement « les berceaux de la typographie ». ♦ La structure apparente du mot (*in-* + verbe + *-able*) peut mettre sur une fausse piste.

incurabilité n. f. – XVIIIe ▪ rare Caractère de ce qui est incurable ; état d'une personne incurable.

incurable adj. – XIVe 1 Qui ne peut être guéri. ⇒ **inguérissable.** « *un homme tourmenté par une bronchite incurable* » (Duham.). ➛ *Malade incurable.* ⇒ **condamné.** subst. *Les incurables.* 2 fig. « *que d'éternelles et incurables douleurs dans la gaieté d'un bouffon !* » (Hugo). ➛ *Bêtise incurable.* ➛ *Il est incurable* : il ne changera jamais. ⇒ **incorrigible.** ✪ CONTR. Curable, guérissable.

incurablement adv. – XVIe ▪ D'une manière incurable.

incurie n. f. – XVIe ; lat. *cura* « soin » ▪ Manque de soin, d'organisation. ⇒ **laisser-aller, négligence.** « *cette incurie ordinaire à tous les gouvernements* » (France). ✪ CONTR. Soin.

❑ Le latin *cura* a donné *cure* « souci, soin », au sens étymologique.

incuriosité n. f. – XVe ▪ littér. Absence de curiosité, d'intérêt pour ce qu'on ne connaît pas. « *Sa paresse semblait n'avoir d'égale que son incuriosité* » (Cl. Simon).

incursion n. f. – XIVe ; lat. *currere* « courir » 1 Invasion de courte durée d'un groupe armé. ⇒ **invasion, raid.** ♦ Entrée brusque ; passage rapide. *Faire une incursion dans un lieu, chez qqn.* 2 fig. Le fait de s'intéresser momentanément à un domaine qui n'est pas le sien. *Poète qui fait une incursion dans le domaine des sciences.*

incurvation n. f. – XVIe ▪ Action d'incurver ; son résultat. ⇒ **courbe, courbure.** ✪ CONTR. Redressement.

incurvé, ée adj. – XVIe ▪ Rendu courbe. *Ligne incurvée* (⇒ **curviligne**), convexe ou concave. *Canapé à pieds incurvés.* ✪ CONTR. ① Droit.

incurver v. tr. 1 – XIIe ; lat. *curvare* « courber » ▪ Rendre courbe. *Incurver une barre de fer.* ➛ pronom. Prendre une forme courbe. ✪ CONTR. Redresser.

indatable adj. – mil. XXe ▪ Qu'on ne peut dater. *Manuscrit indatable.*

indéboulonnable adj. – mil. XXe ▪ fam. Que l'on ne peut pas déposséder de sa place, de son poste. *Un chef de parti indéboulonnable.*

indébrouillable adj. – XVIIIe ▪ rare Qui ne peut être débrouillé. ⇒ **inextricable.**

indécelable adj. – 1933 ▪ Qu'on ne peut déceler. ⇒ **indétectable.**

indécemment [ɛ̃desamɑ̃] adv. – XVIe 1 Contrairement à la décence, à la pudeur. ⇒ **impudiquement.** 2 Avec excès et insolence. *Elle paraît indécemment jeune.*

indécence n. f. – XVIe 1 Manque de correction ; caractère de ce qui est indécent (1°). 2 Caractère de ce qui blesse la pudeur. ⇒ **impudicité.** *L'indécence d'une tenue.* 3 Action, parole indécente. « *des indécences, des obscénités, des insanités* » (R. Rolland). ✪ CONTR. Décence, convenance, pudeur.

indécent, ente adj. – XIVe 1 Inconvenant, déplacé. *L'étalage d'un luxe indécent.* 2 Qui choque la pudeur ; contraire à la décence. ⇒ **impudique, obscène.** *Geste indécent.* ♦ « *Une femme nue n'est point indécente* » (Dider.). 3 Qui choque par sa démesure. ⇒ **insolent.** *Il a une chance indécente.* ✪ CONTR. Convenable, correct, décent, pudique.

indéchiffrable adj. – XVIIe 1 Qui ne peut être déchiffré. *Message codé indéchiffrable.* 2 Très difficile à lire. ⇒ **illisible.** *Écriture indéchiffrable.* 3 fig. Incompréhensible. ⇒ **inintelligible, obscur.** *Personnage indéchiffrable.* ⇒ **énigmatique.** ✪ CONTR. Clair, déchiffrable.

indéchirable adj. – XIXe ▪ Qui ne peut se déchirer. *Tissu indéchirable.*

indécidable adj. – 1957 ▪ didact. Qui n'est pas décidable. *Proposition indécidable.*

indécis, ise adj. – XVe 1 Qui n'est pas décidé, au sujet de quoi aucune décision n'est prise. ⇒ ① **incertain, indéterminé.** *La question reste indécise,* n'est pas tranchée. *La victoire est encore indécise.* ♦ Qu'il est difficile de distinguer, de reconnaître. ⇒ **confus, imprécis,** ③ **vague.** *Des formes indécises.* ⇒ **flou, indistinct.** ➛ « *je n'étais plus qu'un être indécis, une sorte de fantôme* » (Bosco). 2 Qui n'a pas encore pris une décision ; hésitant. *Il est indécis sur le parti à prendre.* « *elle tourbillonnait sur elle-même, indécise* » (Flaub.). ♦ Qui ne sait pas prendre une décision, une résolution. *Caractère, esprit indécis.* ⇒ **irrésolu.** ➛ subst. *Les indécis d'un sondage.* ✪ CONTR. Décidé, déterminé, ① précis, résolu.

indécision n. f. – XVIIe ▪ Manque de décision ; caractère, état d'une personne indécise. ⇒ **doute, hésitation, incertitude, irrésolution.** *Être dans l'indécision la plus totale.* ➛ *Sa voix* « *d'une indécision tremblante* » (Baud.). ✪ CONTR. Assurance, certitude, décision. Précision.

indécomposable adj. – XVIIIe 1 Qui ne peut être décomposé. *Corps simple indécomposable.* 2 fig. Qu'on ne peut séparer en parties distinctes. ⇒ **inanalysable.** *Ceci forme un tout indécomposable.*

indécrochable adj. – mil. XXe 1 Qu'on ne peut décrocher. 2 fam. Qu'on ne peut obtenir. *Une augmentation indécrochable.*

indécrottable adj. – XVIIe 1 rare Qu'on ne peut décrotter, nettoyer. 2 fam. Qu'on ne parvient pas à débarrasser de ses mauvaises habitudes. ⇒ **incorrigible.** « *le paresseux est indécrottable. Il ne changera jamais* » (Michaux).

indéfectibilité n. f. – XVIIe ▪ Caractère de ce qui est indéfectible.

indéfectible adj. – XVIe ; lat. *deficere* « faire défaut » ▪ didact. ou littér. 1 Qui dure toujours. ⇒ **éternel, indestructible.** *Un attachement indéfectible.* 2 Qui ne peut être pris en défaut. *Une mémoire indéfectible.* ✪ CONTR. Passager. Labile.

❑ Même famille étym. que *défectif, déficient.*

indéfendable adj. – XVe 1 Qui ne peut être défendu. *Ville indéfendable.* 2 (abstrait) Trop mauvais pour être défendu. *Une théorie indéfendable.*

indéfini, ie adj. – XIVe 1 Dont les limites ne sont ou ne peuvent être déterminées. *Le lexique d'une langue est indéfini.* ➛ Sans fin. ⇒ **illimité, infini.** *Une* « *durée presque indéfinie* » (Loti). 2 Qui n'est pas défini, qu'on ne peut caractériser. ⇒ **imprécis, indéterminé,** ③ **vague.** « *une de ces angoisses indéfinies qu'on éprouve dans le noir* » (Sartre). 3 En linguistique, Qui est propre à présenter un concept sous son aspect le plus général, sans le rapporter à un être ou à un objet déterminé. *Article indéfini* (⇒ **un, une,** ③ **des**). ➛ *Adjectifs indéfinis.* ⇒ **aucun, autre, certain, chaque, maint, nul, plus** [d'un], **plusieurs, quelque, tous, tout, même, tel.** ➛ *Nominaux indéfinis* (improprement appelés *pronoms indéfinis*) : ⇒ **autrui, plusieurs, quelqu'un, quiconque.** ➛ On, *pronom personnel indéfini.* ✪ CONTR. Borné, défini, déterminé, distinct, limité.

indéfiniment adv. – XVIe ▪ D'une manière indéfinie, sans fin. ⇒ **éternellement.** *Répéter indéfiniment la même chose.* « *je n'avais pas le temps de prolonger indéfiniment ces visites* » (Proust).

indéfinissable adj. – XVIIIe 1 Qu'on ne peut définir. *Mots indéfinissables.* ⇒ **primitif.** 2 Dont on ne saurait préciser la nature, qu'on ne peut classer. *Saveur indéfinissable.* ⇒ **indéterminable.** 3 Étrange, inexplicable (et plutôt agréable). *Un charme indéfinissable. Trouble indéfinissable.* ⇒ **indescriptible, indicible.** ✪ CONTR. Définissable, ① précis.

indéformable adj. – XIXe ▪ Qui ne peut être déformé.

indéfrisable adj. et n. f. – XIXe 1 Qui ne peut être défrisé. 2 n. f. vieilli ⇒ **permanente.**

indéhiscence n. f. – XVIIIe ▪ Caractère d'un organe indéhiscent. ✪ CONTR. Déhiscence.

indéhiscent, ente adj. – XVIIIe ▪ Qui ne s'ouvre pas spontanément à l'époque de la maturité (en parlant de certains fruits). ✪ CONTR. Déhiscent.

indélébile adj. – XVIe ▪ Qui ne peut s'effacer. ⇒ **ineffaçable.** *Encre indélébile.* ♦ fig. ⇒ **indestructible.** *Souvenir indélébile.* ⇒ **inoubliable.** ✪ CONTR. Délébile, effaçable.

indélicat, ate adj. – XVIIIe 1 Qui manque de délicatesse morale, de tact. ⇒ **discourtois, grossier.** 2 Malhonnête et déloyal. *Il est indélicat en affaires.* ♦ *Procédés indélicats.* ✪ CONTR. Délicat, prévenant. Honnête, scrupuleux.

indélicatesse n. f. – XVIIIe 1 Manque de délicatesse dans les manières. *Il est d'une indélicatesse insupportable.* ⇒ **goujaterie, grossièreté, impolitesse.** 2 Procédé, acte indélicat. ⇒ **malhonnêteté.** *Commettre une indélicatesse.* ✪ CONTR. Délicatesse, doigté, tact.

indémaillable adj. – 1932 ▪ Dont les mailles ne filent pas si l'une se défait. *Jersey indémaillable.* ➛ n. m. Tissu indémaillable.

indemne adj. – XIVe ; lat. *damnum* « dommage » ▪ Qui n'a éprouvé aucun dommage. *Sortir indemne d'un accident.*

❑ Même famille étym. que *dam, dommage.*

indemnisable adj. – XIXe ▪ Qui peut ou qui doit être indemnisé. *Les communes indemnisables.*

indemnisation n. f. – XVIIIe ▪ Action d'indemniser ; fixation, paiement d'une indemnité. ⇒ **dédommagement.** ➛ *Toucher une forte indemnisation.* ⇒ **indemnité.**

indemniser v. tr. [1] – XVe ; de *indemne* ▪ Dédommager (qqn) de ses pertes, de ses frais, d'un préjudice.

⇒ **rembourser.** *Les sinistrés ont été indemnisés par l'État.*

indemnitaire n. et adj. – XIXe 1 Personne qui a droit à une indemnité. 2 adj. Qui a le caractère d'une indemnité. *Prestation indemnitaire.*

indemnité n. f. – XIVe 1 Ce qui est attribué à qqn en réparation d'un dommage, d'un préjudice, ou de la perte d'un droit. ⇒ **compensation, dédommagement.** *Indemnités de guerre imposées au vaincu. Indemnité de licenciement. Indemnité journalière,* versée par la Sécurité sociale à tout salarié en cas d'accident, de maladie ou de maternité. *Indemnités journalières de chômage.* ➛ *Indemnité d'expropriation. Verser une indemnité.* 2 Ce qui est attribué en compensation de certains frais. ⇒ **allocation, défraiement,** ② **prime.** *Indemnités de logement.* ➛ « *Nous donnons à chaque médecin une indemnité de trois mille francs par an, pour s'occuper de nos pauvres* » (Balz.). *Indemnité parlementaire :* allocation perçue par les membres du Parlement.

❑ L'*indemnité* est toujours pécuniaire, à la différence du *dédommagement.*

indémodable adj. – 1972 ▪ Qui ne risque pas de se démoder. *Une tenue de soirée indémodable.*

indémontable adj. – mil. XXe ▪ Qui n'est pas fait pour être démonté. *Armoire indémontable.*

indémontrable adj. – XVIIIe ▪ Qui ne peut être démontré, prouvé. *Un a priori indémontrable.*

indéniable adj. – XVIIIe ▪ Qu'on ne peut dénier ou réfuter. ⇒ **certain, incontestable.** *Son honnêteté est indéniable. La situation empire, c'est indéniable.* « *il est indéniable que l'alcoolisme est un empoisonnement* » (Péguy). ✪ CONTR. Douteux, niable.

indéniablement adv. – XIXe ▪ D'une manière indéniable. ⇒ **incontestablement, indiscutablement.**

indentation n. f. – XIXe ; de ① *in-* et *dent* ▪ littér. Échancrure en forme de morsure. *Les indentations d'un littoral rocheux.*

indépassable adj. – XIXe ▪ Qu'on ne peut dépasser. ⇒ **infranchissable.** *Limite indépassable.*

indépendamment adv. – XVIIe **I** adv. D'une manière indépendante, individuelle. *Ils préfèrent agir indépendamment.* ⇒ **séparément. II** loc. prép. INDÉPENDAMMENT DE. 1 Sans aucun égard à, en faisant abstraction de. « *être heureux, indépendamment de tout* » (Ionesco). 2 Par surcroît, en plus de. ⇒ ② **outre.** *Indépendamment de son salaire, il touche des indemnités.* ✪ CONTR. ① Ensemble. Grâce (à).

indépendance n. f. – XVIIe **I - 1** État d'une personne indépendante. ⇒ **liberté.** « *Il avait perdu l'habitude qu'on s'occupât de lui ; la moindre attention lui paraissait une atteinte à son indépendance* » (Mart. du G.). *Elle veut conserver son indépendance.* ♦ État d'une personne qui est financièrement autonome. 2 Caractère d'une personne qui ne se soumet pas aux habitudes sociales communément admises. ⇒ **individualisme, non-conformisme.** *Faire preuve d'indépendance.* ➛ *Indépendance d'esprit, de caractère.* 3 Situation d'un organe ou d'une collectivité qui n'est pas soumis à un autre organe ou à une autre collectivité. *L'indépendance de la justice dans les démocraties. Indépendance d'un État.* ⇒ **autonomie, souveraineté.** *Accession à l'indépendance.* ⇒ **décolonisation.** *Guerre d'indépendance. Région qui réclame son indépendance.* **II** Absence de relation, de dépendance (entre plusieurs choses). *Indépendance de deux événements. Indépendance des pouvoirs.* ⇒ **séparation.** ✪ CONTR. Assujettissement, dépendance ; conformisme. Corrélation, interdépendance.

indépendant, ante adj. – XVIe **I - 1** Qui ne dépend pas (d'une personne, d'une chose). « *c'était un Barbare, qui [...] était indépendant de toute police et de tout besoin* » (Fén.). ♦ Qui est libre de toute dépendance. « *je n'ai point d'idole. J'ai lu, j'ai vu, je pense et j'écris seul, indépendant* » (Vigny). *Une femme indépendante. Il gagne sa vie, il est maintenant indépendant.* ⇒ **autonome.** ➛ n. m. *Le Salon des Indépendants,* des artistes non soumis à un jury. ➛ *Travailleur indépendant,* non salarié et non soumis à un employeur. *Photographe indépendant.* ⇒ **free-lance.** 2 Qui garantit l'indépendance de qqn. *Profession indépendante.* ⇒ **libéral.** 3 Qui aime l'indépendance, ne veut être soumis à personne. ⇒ **individualiste, non-conformiste.** *Il est très indépendant et ne supporte pas la moindre autorité.* ➛ *Esprit indépendant.* 4 Se dit d'un organe, d'une collectivité qui jouit de l'indépendance. ⇒ **autonome.** *État, pays indépendant et souverain.* **II - 1** Qui n'a pas de rapport, de relation avec (qqch.). *Événements indépendants les uns des autres. Pour des raisons indépendantes de notre volonté...* 2 Sans dépendance mutuelle. ⇒ **distinct, séparé.** *Deux questions indépendantes.* ➛ *Mécanismes indépendants.* ⇒ **autonome.** ➛ En grammaire, *Proposition indépendante,* qui ne dépend d'aucune autre et dont aucune autre ne dépend. 3 Se dit d'un logement, isolé ou séparé des logements contigus, possédant une entrée particulière. ✪ CONTR. Assujetti, dépendant, tributaire. Connexe, corrélatif.

indépendantiste adj. et n. – 1969 ▪ Partisan de l'indépendance. ⇒ **autonomiste, séparatiste.** ➛ n. (opposé à *fédéraliste*) *Les indépendantistes québécois.*

indéracinable adj. – XVIIIe ▪ Qu'on ne peut déraciner, ôter de l'esprit, du cœur de qqn. ⇒ **indestructible.** « *cette indéracinable tendresse qui germe toujours au cœur des femmes* » (Maupass.).

indéréglable adj. – XIXe ▪ Qui ne peut se dérégler, en parlant d'un mécanisme.

indescriptible adj. – XVIIIe ; lat. *describere* « décrire » ▪ Si important, si fort qu'on ne peut le décrire. *Désordre indescriptible. Joie indescriptible.*

indésirable adj. et n. – XIXe 1 Qu'on ne désire pas accueillir dans un pays ; dont on ne veut pas dans une communauté, un groupe. *Expulser, exclure des éléments indésirables.* ➛ n. *Proscrire les indésirables.* ➛ *Votre présence est indésirable.* 2 Qui n'est pas désiré, souhaité. *Effets indésirables d'un médicament.*

❑ Au sens 1°, ce mot est un emprunt à l'anglais *undesirable.*

indestructible adj. – XVIIe ▪ Qui ne peut ou semble ne pouvoir être détruit. *Monument indestructible. Marque indestructible.* ⇒ **indélébile.** ➛ (abstrait) « *la fiction de l'amour indestructible qui unit parents et enfants* » (Maurois). ✪ CONTR. Destructible, fragile.

indétectable adj. – mil. XXe ▪ Qui ne peut être détecté. *Avion indétectable par les radars.* ⇒ **furtif.** ✪ CONTR. Décelable.

indéterminable adj. – XVe 1 sc. Qui ne peut être déterminé, connu avec précision. *Grandeur, proportion indéterminable.* 2 ⇒ **indéfinissable.** « *Des cheveux raides, d'une couleur indéterminable* » (Duham.). ✪ CONTR. Calculable, déterminable.

indétermination n. f. – XVIe 1 Caractère de ce qui n'est pas défini ou connu avec précision. *L'indétermination d'un texte de loi.* ⇒ **imprécision,** ③ **vague.** 2 État d'une personne qui n'a pas encore pris de détermination, qui hésite. ⇒ **incertitude, indécision, irrésolution.** *Demeurer dans l'indétermination.* ✪ CONTR. Détermination.

indéterminé, ée adj. – XIVe **1** Qui n'est pas déterminé, fixé. *À une date indéterminée. Pour une cause indéterminée.* ➝ subst. *Il se plaisait « dans le vague et l'indéterminé »* (France). **2** (personnes) rare ⇒ **hésitant, indécis.** ✪ CONTR. Déterminé ; défini, ① précis. Décidé, résolu.

❑ Ne pas confondre *indéterminé* et *illimité, infini.* → infini.

indéterminisme n. m. – XIXe ▪ Doctrine qui admet pour principe que les phénomènes sont indéterminés. *L'indéterminisme postulé par les partisans du libre arbitre.* ♦ Caractère d'un phénomène qui échappe au déterminisme. ⇒ **contingence, hasard.** ✪ CONTR. Déterminisme.

index [ɛ̃dɛks] n. m. – XVIe ; mot lat. « indicateur » **1** Doigt de la main le plus proche du pouce. *« Il m'intime, avec l'index, l'ordre de rester immobile »* (Duham.). **2** Repère fixe ou mobile. **3** Table alphabétique (de sujets traités, de noms cités dans un livre) accompagnée de références (⇒ **classement**). *Index des auteurs cités. Index géographique. Registre d'index,* permettant l'adressage indexé des données en informatique. ♦ *L'Index :* catalogue des livres dont le Saint-Siège interdisait la lecture. *Ce livre est à l'Index.* ➝ loc. fig. *Mettre* (qqn ou qqch.) *à l'index,* exclure, condamner comme indésirable. **4** Élément sur lequel portent les hypothèses d'une étude comparative (par oppos. à *témoin*).

❑ Éviter de parler d'*index alphabétique :* c'est un pléonasme.

indexation n. f. – XIXe **1** Fait d'indexer. *Indexation des loyers sur l'indice à la construction. Indexation des salaires.* **2** Action d'indexer, de classer. *Indexation automatique de documents grâce aux mots-clés.*

indexer v. tr. ⓵ – XIXe **1** Lier les variations de (une valeur) à celle d'un élément de référence, d'un indice déterminé. *Indexer un emprunt sur le cours de l'or.* ➝ *Retraite indexée sur l'indice du coût de la vie.* **2** *Indexer un document, un texte,* lui attribuer des marques distinctives, en vue de le classer. ✪ CONTR. Désindexer.

indianisme n. m. – XIXe **1** Caractère indien. ➝ Forme propre aux langues de l'Inde. ➝ Étude des langues et des civilisations de l'Inde. **2** Intérêt porté aux cultures indiennes d'Amérique latine.

indianiste n. – XIXe ▪ Personne qui étudie les langues et civilisations de l'Inde.

indic → **indicateur**

indican n. m. – XIXe ; lat. *indicum* « indigo » ▪ Substance extraite des feuilles de l'indigotier, utilisée comme colorant. ➝ *Indican métabolique, urinaire,* apparaissant dans l'urine en cas d'insuffisance hépatique, de fermentation intestinale.

indicateur, trice n. et adj. – XVe **1** Personne qui dénonce un coupable, un suspect, qui se met à la solde de la police pour la renseigner. ⇒ **délateur, informateur ;** fam. **mouchard.** *« le quartier chinois* [...] *est plein d'indicateurs et de poulets »* (Mac Orlan). ➝ abrév. INDIC. *Des indics.* **2** n. m. Livre, brochure ou journal donnant des renseignements. *L'indicateur des chemins de fer.* ⇒ **horaire. 3** n. m. Instrument, dispositif servant à fournir des indications. *Indicateur de niveau, de pression, d'altitude. Indicateur de changement de direction* (⇒ **clignotant,** ① **feu**). **4** n. m. *Indicateur de pH* ou *indicateur coloré :* substance ajoutée à une solution et qui change de couleur selon le pH. **5** n. m. Variable ayant pour objet de mesurer une évolution économique. *Les indicateurs de la reprise économique. Indicateur de divergence du système monétaire européen.* ➝ *Indicateur de tendance,* qui indique l'évolution des cours de la Bourse. *Indicateur à la hausse, à la baisse.* ⇒ **indice. 6** n. m. Oiseau insectivore de la famille du pic qui, par ses cris, attire les prédateurs vers les ruches et se nourrit ensuite de cire, de miel et de larves. **7** adj. Qui indique qqch., porte une indication. *Poteau indicateur. « Il fait un geste indicateur »* (Barbusse).

indicatif, ive adj. et n. m. – XIVe **1** Qui indique. *Donner un prix à titre indicatif.* **2** *Mode indicatif,* et n. m. L'INDICATIF : mode verbal qui convient pour représenter l'énoncé de façon neutre, objective. *Indicatif et subjonctif. Conjuguer un verbe au présent de l'indicatif, à l'indicatif présent. Les huit temps de l'indicatif.* **3** n. m. *Indicatif d'appel :* appellation conventionnelle formée de lettres et de chiffres, particulière à chaque émetteur-récepteur télégraphique ou radiophonique. ➝ *Indicatif (téléphonique) :* chiffres sélectionnant une zone téléphonique, et que l'on compose avant le numéro d'un correspondant. ⇒ **préfixe.** ♦ Fragment musical qui annonce une émission radiophonique ou télévisée régulière. ⇒ **jingle.**

indication n. f. – XIVe **1** Action d'indiquer. *Indication d'origine. Je m'adresse à vous sur l'indication de X.* ⇒ **avis. 2** Ce qui indique, révèle qqch. ⇒ **indice, marque, signe.** *C'est une indication.* **3** Ce qui est indiqué. *Utiliser un objet selon les indications du fabricant. Donner de bonnes indications.* ⇒ **renseignement, tuyau.** *« donner aux acteurs des indications de jeu »* (Duham.). **4** Cas où une médication peut être employée (opposé à *contre-indication*).

indice n. m. – XIIe ; lat. *index* **I** Signe apparent qui indique avec probabilité. ⇒ **marque.** *Les premiers indices du printemps. Les indices d'une maladie* (⇒ **symptôme**). *« cette belle fausseté de voix qui est l'indice des consciences calmes »* (Courtel.). ➝ *La police n'a aucun indice.* **II** - **1** Indication numérique ou littérale qui sert à caractériser un signe et placée le plus souvent en bas à droite. a_n se lit *a indice n.* **2** Indication numérique ou littérale qui sert à exprimer un rapport. *Indice d'octane d'un carburant.* **3** Rapport de deux valeurs d'une même grandeur mesurée à deux moments, dans deux lieux différents. *Indice corrigé des variations saisonnières.* ➝ *Indice des prix,* mesurant l'évolution des prix et servant d'indicateur conjoncturel à l'inflation. *Salaire indexé sur l'indice officiel du coût de la vie.* ⇒ **échelle** (mobile), **indexation.** ♦ *Indice de traitement :* nombre affecté à un échelon, un grade, un emploi et permettant de calculer le salaire. *Fonctionnaire à l'indice 750.* ♦ *Indice d'écoute :* nombre de personnes, évalué en pourcentage, ayant écouté ou regardé une émission à un moment déterminé (⇒ **audience, audimat**). **4** Mesure de l'évolution des cours de la Bourse à partir d'un ensemble de titres représentatifs des secteurs d'activité économique. *Indice Dow-Jones, Nikkei.* ⇒ **indicateur** (de tendance).

indiciaire adj. – XVe ▪ Relatif à un, à des indices. ⇒ **indiciel.**

indicible adj. – XVe ; lat. *dicere* « dire » ▪ littér. Qu'on ne peut caractériser par le langage. ⇒ **indescriptible, inexprimable.** *« J'étais triste et las, et tourmenté d'une angoisse indicible »* (France). ➝ subst. *L'indicible.*

❑ On devrait réserver *indicible* aux cas où il n'existe pas de mot approprié ; car on peut tout dire d'une autre façon (périphrase, métaphore, etc.) comme en témoignent les grands écrivains.

indiciel, ielle adj. – XVIe **1** Qui utilise les indices (II, 1°). *Notation indicielle.* **2** Relatif aux indices de traitement. *Grille indicielle de la fonction publique.* ⇒ **indiciaire. 3** Relatif à l'indice d'écoute.

indien, ienne adj. et n. – XIIIe **1** Des régions d'Asie anciennement appelées Indes. *Océan Indien.* ➝ De l'Inde. *Les frontières indiennes. L'Union indienne.* ♦ n. *Indiens musulmans, hindouistes* (⇒ **hindou**). 2 Autochtone d'Amérique. ⇒ **amérindien.** *Indiens des Andes, du Canada.* ♦ adj. *Anciennes civilisations indiennes. Nage indienne,* et subst. *nager à l'indienne.*

> ❑ Pour éviter toute ambiguïté, il faut dire *amérindien* pour les Indiens d'Amérique. ♦ Ne pas employer *hindou* (religion) pour *indien* de l'Inde. ♦ *Été indien* → été (rem.).

indienne n. f. - XVIIe ▪ Toile de coton peinte ou imprimée qui se fabriquait primitivement en Inde.

indifféremment [ɛ̃difeʀamɑ̃] adv. - XIVe ▪ Sans distinction, sans faire de différence. *Vêtement unisexe,* destiné indifféremment aux hommes ou aux femmes. « *il n'est ni méthode ni théorie qui soit applicable indifféremment à chacun* » (Gide).

indifférence n. f. - XVe 1 État d'une personne qui n'éprouve ni douleur, ni plaisir, ni crainte, ni désir. ⇒ **apathie, désintéressement, détachement, distance, insensibilité.** « *cette mort du cœur qui s'appelle l'indifférence* » (Balz.). 2 Détachement à l'égard d'une chose, d'un événement. ⇒ **dédain.** *Faire son travail avec indifférence. Indifférence devant, pour les malheurs d'autrui.* 3 Absence d'intérêt à l'égard d'un être, des hommes. ⇒ **froideur, réserve.** *Dans l'indifférence générale.* ⇒ **désintérêt, inattention.** ♦ Absence d'amour. « *son indifférence pour Marie, je ne peux pas la digérer* » (Mauriac). ✪ CONTR. Intérêt, passion ; désir ; amour, sentiment, tendresse.

indifférenciation n. f. - XIXe ▪ État de ce qui est indifférencié.

indifférencié, iée adj. - XIXe ▪ Qui n'est pas différencié. *Cellules vivantes indifférenciées* (⇒ **totipotent**). *Une clientèle indifférenciée.*

indifférent, ente adj. - XIVe 1 Sans intérêt, sans importance, de peu de conséquence. *Parler de choses indifférentes.* 2 Qui n'intéresse pas, ne touche pas. « *l'une de ces personnes qui ne sont ni amies ni indifférentes* [...], *ce qu'on nomme enfin une connaissance* » (Balz.). ➡ spécialt Qui n'inspire aucun sentiment amoureux. *Je vous assure qu'elle m'est indifférente.* ♦ *Son sort m'est indifférent.* 3 Qui, d'un côté comme de l'autre, présente un intérêt (ou une absence d'intérêt) égal ; qui n'importe ou ne touche ni plus ni moins. ⇒ **égal.** *Ici ou là, cela m'est indifférent.* ♦ N'importe quel (dans une annonce). *Quartier indifférent. Âge, sexe indifférent.* 4 INDIFFÉRENT À. Qui ne s'intéresse pas à, qui n'est pas préoccupé de (qqch. ou qqn). ⇒ **insensible.** *Indifférent à tout. Vos difficultés ne me laissent pas indifférent. Il est resté indifférent à ses avances.* ➡ « *je ne suis pas indifférente à cet enfant* » (Sév.). *Elle m'est indifférente.* ♦ subst. *Il n'a rencontré que des indifférents.* 5 Qui n'est touché par rien ni par personne. *C'est un homme indifférent, rien ne peut l'émouvoir.* ⇒ **blasé, égoïste,** ① **froid.** « *Elle était mieux qu'indolente ; elle était indifférente* » (Barbey). par ext. *Air indifférent.* ⇒ **détaché.** ♦ subst. « *L'Indifférent* », *tableau de Watteau.* ✪ CONTR. Important, intéressant. Intéressé. Déterminé. — Attentif, curieux, sensible.

indifférer v. tr. [6] - XIXe ; de *indifférent* ▪ Laisser indifférent (qqn). *Cela m'indiffère totalement.* « *je sais que cela vous indiffère* » (Aragon).

> ❑ Se construit seulement avec un pronom personnel comme complément d'objet direct. ♦ Pour la formation du mot → inactiver (rem.).

indigénat n. m. - XVIIe ▪ Régime administratif qui s'appliquait aux indigènes de certaines colonies.

indigence n. f. - XIIIe 1 État d'une personne indigente. ⇒ **misère, pauvreté.** *Tomber dans l'indigence.* 2 fig. Pauvreté (intellectuelle, morale). « *dans l'espoir de dissimuler l'indigence de leur imagination* » (Duham.). ✪ CONTR. Abondance, richesse.

indigène adj. et n. - XVIIIe ; lat. *genere* « engendrer » 1 didact. Qui est originaire du pays où il, elle vit. ⇒ **aborigène, autochtone ; natif.** *Population indigène.* ➡ n. *Les indigènes d'Australie.* 2 Qui appartient à un groupe ethnique existant dans un pays d'outre-mer avant sa colonisation. ➡ *Coutumes indigènes.* ➡ n. *Colons et indigènes.* 3 Qui croît, vit naturellement dans une région sans y avoir été importé (animal, plante). ✪ CONTR. Allogène.

> ❑ Peut désigner une personne de n'importe quelle ethnie, pourvu qu'elle soit native du pays dont il est question et qu'elle y vive. ♦ Au sens 2°, ce mot est considéré comme péjoratif ; on peut lui substituer *autochtone.*

indigéniste adj. - v. 1980 ▪ Qui adopte une attitude de soutien aux Indiens d'Amérique latine, par opposition aux Blancs. *Littérature indigéniste.*

indigent, ente adj. - XIIIe ; lat. *indigere* « manquer de » 1 vieilli Qui manque des choses les plus nécessaires à la vie. ⇒ **nécessiteux, pauvre.** *Vieillard indigent qui vit d'aumônes.* ➡ subst. *Aide aux indigents.* 2 fig. ⇒ **pauvre, rare.** *Imagination indigente. Un texte indigent.* ✪ CONTR. Fortuné, riche.

indigeste adj. - XIIIe 1 Difficile à digérer. *Aliment indigeste.* ⇒ **lourd.** 2 fig. Mal assimilable par son désordre, son manque d'élégance. *Ouvrage indigeste.* ✪ CONTR. ② Digeste, digestible.

indigestion n. f. - XIIIe ▪ Indisposition momentanée due à une digestion qui se fait mal. *Avoir une indigestion.* « *L'indigestion est chargée par le bon Dieu de faire la morale aux estomacs* » (Hugo). ♦ *J'ai trop regardé la télévision, j'en ai une indigestion.*

indignation n. f. - XIIe ▪ Sentiment de colère que soulève une action révoltante. ⇒ **révolte.** *Elle* « *s'arrête sur le seuil, figée d'indignation en présence de la transgression* » (Larbaud). *Protester avec indignation.*

indigne adj. - XIIe I INDIGNE DE. 1 Qui n'est pas digne de (qqch.), qui ne mérite pas. *Elle est indigne de notre confiance. Il s'est rendu indigne d'un tel poste.* ⇒ **démériter,** se **disqualifier.** 2 Qui n'est pas à la hauteur (de qqn). *Ce travail lui paraît indigne de lui.* II - 1 Qui n'est pas digne de sa fonction, de son rôle. ⇒ **méprisable.** *Père indigne.* 2 Tout à fait condamnable. ⇒ **déshonorant, inqualifiable, révoltant.** « *souffrir les plus indignes traitements* » (Rouss.). ✪ CONTR. Digne.

indigné, ée adj. - XIVe ▪ Qui éprouve de l'indignation. « *Je sortis indigné, le cœur gros de colère et de haine* » (France). ➡ Qui exprime, qui marque de l'indignation. *Regard indigné. Un ton indigné.*

indignement adv. - XIIe ▪ D'une manière indigne. ✪ CONTR. Dignement.

indigner v. tr. [1] - XIIe 1 Remplir d'indignation. ⇒ **révolter.** *Sa conduite a indigné tout le monde.* 2 S'INDIGNER v. pron. Être saisi d'indignation. *S'indigner d'un procédé. S'indigner contre qqn. Elle* « *s'indignait de leur tenue qu'elle jugeait révoltante* » (Aymé). *S'indigner devant tant de misère. Je m'indigne qu'il soit si lâche.* ✪ CONTR. Enthousiasmer (s').

indignité n. f. - XVe 1 littér. Caractère d'une personne indigne. « *La bassesse et l'indignité de son âme* » (Rouss.). ♦ *Indignité électorale* : privation du droit de vote à la suite d'un jugement pénal. *Indignité nationale,* sanctionnant les faits de collaboration avec l'ennemi. 2 Caractère de ce qui est indigne. ⇒ **bassesse.** *L'indignité d'un procédé.* 3 Action, conduite indigne. *C'est une indignité.* 4 vx Traitement outrageant. « *Je n'ai mérité Ni cet excès d'honneur, ni cette indignité* » (Rac.). ✪ CONTR. Dignité, honneur.

indigo n. m. – XVIe ; mot esp., lat. *indicum* « indien » 1 Matière tinctoriale bleue, obtenue primitivement à partir de l'indigotier et aujourd'hui par synthèse. 2 Bleu violacé très sombre ; une des couleurs fondamentales du spectre solaire. *Des indigos.* appos. *Bleu indigo.* ◆ adj. inv. *Soieries indigo.*

indigotier [ɛ̃digɔtje] n. m. – XVIIIe ▪ Arbrisseau *(légumineuses-papilionacées)* qui croît dans les régions tropicales, et des feuilles duquel on extrait l'indigo.

❑ Pour le suffixe → cacaoyer (rem.).

indiqué, ée adj. ▪ Signalé comme étant approprié (médicament, traitement). ◆ Adéquat, opportun. *Dans ton cas, ce n'est pas indiqué.* ⇒ **conseillé.** ✪ CONTR. Contre-indiqué.

indiquer v. tr. 1 – XVIe ; lat. 1 Faire voir d'une manière précise, signaler. ⇒ **montrer.** *Indiquer qqch. du doigt, du regard. Le panneau indique la direction à prendre.* 2 Faire connaître à qqn (la chose ou la personne qu'il a besoin ou envie de connaître). *Pouvez-vous m'indiquer un bon médecin.* « *Pour rien au monde elle n'eût demandé qu'on lui indiquât un hôtel* » (Green). ◆ *Dictionnaire indiquant tous les emplois d'un mot.* ⇒ **donner, énumérer.** ♦ Déterminer et faire connaître (une date, un lieu choisis pour une rencontre, une réunion). ⇒ **fixer.** ◆ *À l'endroit indiqué, à l'heure indiquée.* 3 Faire connaître (l'existence ou le caractère de qqn, qqch.) en servant d'indice. ⇒ **annoncer, attester, déceler, dénoncer, dénoter, manifester, marquer, révéler, signaler, témoigner, trahir.** *Traces qui indiquent le passage d'un animal.* « *un noir rougeoiement indiquait l'emplacement des boulevards* » (Camus). *Comme son nom l'indique.* 4 Représenter sans s'attacher aux détails. ⇒ **ébaucher, esquisser.** *Indiquer sommairement l'emplacement des meubles sur un plan.* ◆ *L'auteur n'a fait qu'indiquer le caractère de ce personnage.*

❑ Même famille étymologique que *index* et *indice*.

indirect, e [ɛ̃dirɛkt] adj. – XVe 1 Qui n'est pas direct, qui fait un ou plusieurs détours. *Itinéraire indirect.* ◆ *Éclairage indirect.* ♦ *Arriver à ses fins par des moyens indirects. Critique indirecte. Se faire comprendre d'une manière indirecte.* ⇒ **allusif, détourné.** ♦ dr. *Ligne indirecte.* ⇒ **collatéral.** 2 Qui comporte un ou plusieurs intermédiaires. ⇒ **médiat.** *Effet indirect.* ⇒ **contrecoup.** *Renseignement indirect,* de seconde main. ♦ *Complément indirect,* rattaché au mot qu'il complète par l'intermédiaire d'une préposition. *Complément d'objet indirect.* ◆ *Interrogation indirecte,* exprimée dans une proposition subordonnée (ex. il demande si vous viendrez). ◆ *Discours indirect* (opposé à ① *direct*) : discours rapporté avec un terme de liaison après un verbe de parole (ex. il a dit qu'il l'avait vu la veille). *Style indirect.* ⇒ **oblique.** ♦ *Impôts* indirects ; contributions indirectes.* ✪ CONTR. ① Direct. Immédiat.

indirectement adv. – XVe ▪ D'une manière indirecte. *Cela s'adressait indirectement à moi.* ✪ CONTR. Directement.

indiscernable adj. – XVIe 1 Qui ne peut être discerné d'une autre chose de même nature. ⇒ **identique.** *Une copie indiscernable de l'original.* « *on ne put jamais trouver deux feuilles d'arbres indiscernables* » (Volt.). 2 Dont on ne peut se rendre compte précisément. ⇒ **insaisissable.** *Des subtilités indiscernables.* ✪ CONTR. Discernable, distinct.

indiscipline n. f. – XVIe ▪ Manque de discipline. « *On était pour l'ordre avec indiscipline* » (Hugo). *Faire preuve d'indiscipline.* ✪ CONTR. Discipline, obéissance.

indiscipliné, ée adj. – XIVe ▪ Qui n'est pas discipliné, qui n'observe pas la discipline. ⇒ **désobéissant, indocile, insoumis, insubordonné.** *Élève indiscipliné. Des* « *brigands qui ont déserté de ces armées indisciplinées* » (Volt.). ◆ *Caractère indiscipliné.* ♦ *Cheveux indisciplinés,* difficiles à coiffer. ✪ CONTR. Discipliné, docile, obéissant, soumis.

indiscret, ète adj. – XIVe 1 Qui manque de discrétion, de réserve dans les relations sociales. ⇒ **importun.** *Je ne voudrais pas être indiscret.* ◆ subst. *Un coin tranquille à l'abri des indiscrets.* ♦ Qui dénote de l'indiscrétion. *Question indiscrète. À l'abri des regards indiscrets.* 2 Qui révèle ce qu'il devrait tenir caché ; qui ne sait pas garder un secret. ⇒ **bavard.** « *Un homme indiscret est une lettre décachetée : tout le monde peut la lire* » (Chamf.). ◆ *Méfiez-vous des oreilles indiscrètes.* ✪ CONTR. ① Discret.

indiscrètement adv. – XIVe ▪ D'une manière indiscrète. ✪ CONTR. Discrètement.

indiscrétion n. f. – XIIe 1 Manque de discrétion, de réserve dans les relations sociales. *Il poussait l'indiscrétion jusqu'à lire mon courrier.* ⇒ **indélicatesse.** *Sans indiscrétion, peut-on savoir votre âge ?* ♦ Action, parole indiscrète. 2 Défaut d'une personne qui ne sait pas garder un secret ; le fait de révéler ce qui devrait rester caché. *Son indiscrétion lui fait beaucoup d'ennemis.* ◆ *Commettre une indiscrétion. Les indiscrétions d'un journaliste.* ⇒ **racontar, révélation.** ◆ *Indiscrétion financière* (cf. Délit d'initié*). ✪ CONTR. Discrétion, réserve, retenue.

indiscutable adj. – XIXe ▪ Qui n'est pas discutable, qui s'impose par son évidence, son authenticité. ⇒ **certain, évident, incontestable.** *Supériorité indiscutable. Preuve indiscutable.* ⇒ **formel, irrécusable, irréfutable.** ✪ CONTR. Discutable, douteux, ① faux.

indiscutablement adv. – XIXe ▪ D'une manière indiscutable. ⇒ **certainement, incontestablement.** *C'est indiscutablement le meilleur roman de l'année.*

indiscuté, ée adj. – XVIIIe ▪ Qui n'est pas discuté ; qui ne fait l'objet d'aucun doute. ⇒ **incontesté, reconnu.** *Droits indiscutés.* ◆ « *une bande de petits amis dont j'étais le chef indiscuté* » (Loti).

indispensable adj. – XVIe ▪ Qui est très nécessaire, dont on ne peut se passer. ⇒ **essentiel.** *Objets, vêtements indispensables. Condition indispensable pour réussir.* « *l'une des qualités indispensables aux diplomates* » (Balz.). ◆ *Il est indispensable de partir maintenant si nous voulons arriver à l'heure* (⇒ **falloir**). ◆ n. m. *Elles* « *firent l'indispensable* » (Zola). ♦ *Il se croit indispensable.* ⇒ **irremplaçable.** ✪ CONTR. Inutile, superflu.

❑ Est *indispensable* ce dont on ne peut *se dispenser*.

indisponibilité n. f. – XVIIIe 1 État de ce qui est indisponible. 2 État d'un fonctionnaire qui quitte provisoirement son poste. ✪ CONTR. Disponibilité.

indisponible adj. – XVIIIe 1 Qui n'est pas disponible. ◆ Dont la loi ne permet pas de disposer. *Biens indisponibles.* 2 Qui est empêché de fournir un travail. ✪ CONTR. Disponible.

indisposé, ée adj. – XIVe ▪ vieilli 1 Qui est affecté d'une indisposition. ⇒ **fatigué, souffrant.** 2 par euphém. (au fém.) Qui a ses règles. « *Laure ne peut pas venir avec moi, parce qu'elle est indisposée* » (Le Clézio).

indisposer v. tr. [1] - XVIe **1** Altérer légèrement la santé de, mettre dans un état de légère indisposition physique. *L'odeur de tabac froid l'indispose.* ⇒ **incommoder.** **2** Mettre dans une disposition peu favorable. « *j'aurais indisposé contre moi cette fille* » (Mariv.).

indisposition n. f. - XVe ▪ vieilli **1** Légère altération de la santé. ⇒ **malaise.** **2** (euphém.) Période des règles.

indissociable adj. - XVIe ▪ Qu'on ne peut dissocier, séparer. ⇒ **inséparable.** *Un événement indissociable de son contexte.* ✪ CONTR. Dissociable, séparable.

indissolubilité n. f. - XVIIe ▪ Caractère de ce qui est indissoluble. *Indissolubilité du mariage religieux.*

indissoluble adj. - XVe ▪ Qui ne peut être dissous, délié, désuni. ⇒ **indestructible, perpétuel.** « *le mariage doit être rendu aussi indissoluble que possible* » (Sand).

indistinct, incte [ɛ̃distɛ̃(kt), ɛ̃kt] adj. - XVe ▪ Qui n'est pas distinct, que l'on distingue mal. ⇒ **confus, flou,** ③ **vague.** *Apercevoir des formes indistinctes dans la pénombre.* ➛ *Bruits indistincts.* ⇒ **sourd.** ♦ Qui n'est pas bien défini, bien précis. *Un sentiment indistinct.* ⇒ **imprécis, obscur.** ✪ CONTR. Clair, défini, distinct, ② net, ① précis.

indistinctement adv. - XVe **1** D'une manière indistincte. ⇒ **confusément.** *Parler indistinctement.* **2** Sans distinction, sans faire de différence. ⇒ **indifféremment.** *Tous les Français indistinctement.*

indium [ɛ̃djɔm] n. m. - XIXe ; de *ind(igo),* à cause de la couleur d'une raie de son spectre ▪ Métal blanc (In ; n° at. 49 ; m. at. 114,82), mou et ductile, du groupe de l'aluminium.

individu n. m. - XIIIe ; lat. *individuum* « corps indivisible » **I - 1** Corps organisé vivant d'une existence propre et qui ne saurait être divisé sans être détruit. ⇒ ① **animal,** ② **plante.** **2** Membre de l'espèce humaine. ⇒ ② **être, homme, humain,** ① **personne.** *Sacrifier l'individu à l'espèce. L'individu et la société.* « *C'est l'individu pur ; c'est l'homme qui n'a pas besoin de la société* [...], *qui se suffit à lui-même* » (Giono). *Tempérament propre à un individu* (⇒ **idiosyncrasie**). **II** (souvent péj.) Personne quelconque, que l'on ne peut ou que l'on ne veut pas nommer (ne se dit pas d'une femme au sing.). ⇒ **homme ;** fam. **bonhomme, gars, type.** *C'est un drôle d'individu, un individu bizarre.*

❑ Le latin *individuum* traduit le grec *atomos* « atome », littéralement « qu'on ne peut couper ». → insecte (rem.). ♦ Même famille étymologique que *diviser* et *indivis.*

individualisation n. f. - XIXe **1** Action d'individualiser (1°) ; état, caractère d'un être individualisé. **2** Action d'individualiser (2°). *Le « christianisme, cette incomparable école d'individualisation »* (Gide). ✪ CONTR. Généralisation.

individualiser v. tr. [1] - XVIIIe **1** Différencier par des caractères individuels. ⇒ **caractériser, particulariser.** *Les caractères qui individualisent les êtres.* **2** Rendre individuel, en adaptant ou en attribuant à l'individu. *Enseignement individualisé,* adapté à l'âge ou aux aptitudes de l'enseigné. ♦ pronom. *S'INDIVIDUALISER :* acquérir des caractères distinctifs ou les accentuer. ⇒ se **particulariser,** se **singulariser.** ✪ CONTR. Généraliser.

individualisme n. m. - XIXe **1** Théorie ou tendance qui voit dans l'individu la suprême valeur dans le domaine politique, économique, moral. **2** Théorie ou tendance visant au développement des droits et des responsabilités de l'individu. **3** Attitude d'esprit, état de fait favorisant l'initiative et la réflexion individuelle, le goût de l'indépendance. ⇒ **non-conformisme, originalité.** ➛ péj. Tendance à ne vivre que pour soi. ⇒ **égoïsme, solipsisme.** *Un individualisme farouche.* ✪ CONTR. Communisme, étatisme, totalitarisme ; conformisme ; solidarité.

individualiste adj. - XIXe **1** Qui appartient à l'individualisme. *Théorie individualiste.* **2** Qui montre de l'individualisme dans sa vie, dans sa conduite. *Les jeunes sont souvent plus individualistes que les personnes d'âge mûr.* ➛ subst. « *ces apôtres demeuraient malgré eux des individualistes* » (Mart. du G.).

individualité n. f. - XVIIIe **1** Caractère ou ensemble de caractères par lesquels une personne ou une chose diffère des autres. ⇒ **originalité, particularité.** « *Je respectais son individualité, comme je respectais celle de Delacroix* » (Sand). **2** Personne douée d'un caractère très marqué. ⇒ **personnalité.** « *Ils offraient très peu d'individualités fortes,* [...] *nul grand inventeur, nul héros* » (Michelet).

individuation n. f. - XVIe **1** Ce qui différencie un individu d'un autre de la même espèce. *Principe d'individuation* (Leibniz). « *les dieux apparaissent comme des principes d'individuation* » (Caillois). **2** Induction qui, à partir d'un embryon, aboutit à une structure organique complète. ⇒ **différenciation.**

individuel, elle adj. - XVe **1** Qui concerne l'individu ; qui constitue un individu. *Caractères individuels.* ⇒ **distinct, propre, singulier.** ♦ (Opposé à *collectif, social*). ⇒ **particulier, personnel.** *Liberté individuelle. Parler à titre individuel. Propriété individuelle.* ⇒ **privé.** ➛ subst. *L'individuel et le collectif.* **2** Qui concerne une seule personne, une seule personne à la fois. *Chambre individuelle.* ➛ *Biscuits en sachets individuels,* enveloppés un par un. ♦ n. m. Compartiment de wagon-lit pour une personne seule. ⇒ **single.** **3** *Épreuve individuelle d'athlétisme.* ➛ n. m. Sportif n'appartenant à aucune équipe, à aucun club. ✪ CONTR. Collectif, commun, ① général, ① générique, universel. Public, social.

individuellement adv. XVIe ▪ En particulier. *Chacun pris individuellement,* indépendamment des autres. « *les femmes, lâches individuellement, en troupe sont audacieuses* » (Barbey). ✪ CONTR. Bloc (en bloc), collectivement, ① ensemble.

indivis, ise adj. - XVIe ▪ Se dit d'un bien sur lequel plusieurs personnes ont un droit et qui n'est pas matériellement divisé entre elles. ⇒ **indivision.** *Propriétés indivises.* ⇒ **commun.** ➛ *Cohéritiers, propriétaires indivis,* qui possèdent par indivis. ⇒ **indivisaire.** ♦ PAR INDIVIS. Sans division, sans partage en commun. ⇒ **indivisément.** *Propriétaires qui possèdent un bien par indivis.* ✪ CONTR. Divis, divisé, partagé.

indivisaire n. - 1936 ▪ Possesseur par indivis.

indivisément adv. - XVIe ▪ Par indivis.

indivisibilité n. f. - XIVe ▪ Caractère de ce qui est indivisible. ✪ CONTR. Divisibilité.

indivisible adj. - XIVe ▪ Qui n'est pas divisible. *La République une et indivisible,* proclamation de l'unité de la République sous la Révolution, qui s'opposait aux tendances fédéralistes.

indivision n. f. - XVe ▪ État d'une chose indivise ; situation juridique des personnes titulaires d'un droit indivis. ⇒ **communauté, copropriété.** *Propriété en indivision.* ✪ CONTR. Division, partage.

in-dix-huit [indizɥit] adj. inv. - XVIIIe ▪ Se dit du format d'un livre dont chaque feuille est pliée en dix-huit feuillets (trente-six pages). *Format in-dix-huit* (in-18). ➛ **n. m. inv.** *Des in-dix-huit.*

indo- Élément, du lat. *Indus* « de l'Inde ».

indocile **adj.** – XVe ▪ littér. Qui n'est pas docile, qui est difficile à diriger. *Enfant indocile.* ⇒ **désobéissant, dissipé.** ➛ *Caractère indocile.* ✪ CONTR. Docile, obéissant, soumis, souple.

indocilité **n. f.** – XVIe ▪ littér. Caractère de celui qui est indocile. ⇒ **désobéissance.** ✪ CONTR. Docilité, obéissance, soumission.

indo-européen, enne **adj.** – XIXe ▪ Se dit des langues d'Europe et d'Asie qui ont une origine commune (sanskrit, grec, latin, et langues romanes, langues slaves, germaniques, etc.) et des peuples qui parlent ces langues.

indole **n. m.** – XIXe ; de *ind(igo)* et lat. *oleum* « huile » ▪ Composé faiblement basique, obtenu par distillation de l'indigo.

indolemment [ɛ̃dɔlamɑ̃] **adv.** – XVIIIe ▪ littér. D'une manière indolente. ⇒ **mollement, paresseusement.** « *indolemment assise sur un sofa comme une sultane* » (Chateaub.).

indolence **n. f.** – XVIe ; lat. *dolere* « souffrir » ▪ Disposition à éviter le moindre effort physique ou moral. ⇒ **langueur, mollesse, nonchalance, paresse.** « *grave sans mélancolie, paisible sans indolence* » (Rouss.). ✪ CONTR. Activité, énergie, vivacité.

indolent, ente **adj.** – XVIe ▪ Qui évite de se donner de la peine, de faire des efforts. *Personne indolente.* ⇒ **insouciant, nonchalant.** « *La Géorgienne indolente* » (Gaut.). subst. « *ô ma chère indolente* » (Baud.). ➛ *Un air indolent.* ✪ CONTR. Actif, énergique, vif.

indolore **adj.** – XIXe ; lat. *indolorius* « qui ne souffre pas » ▪ Qui ne cause pas de douleur physique. *Opération parfaitement indolore.* ✪ CONTR. Douloureux, sensible.

indomptable [ɛ̃dɔ̃(p)tabl] **adj.** – XVe **1** Qu'on ne peut dompter. ⇒ **féroce, inapprivoisable.** *Un fauve indomptable.* **2** Qu'on ne peut soumettre à aucune autorité. ⇒ **courageux, fier.** *Caractère indomptable et fier.* ✪ CONTR. Apprivoisable, docile.

> ❑ Pour la prononciation → dompter (rem.).

indompté, ée [ɛ̃dɔ̃(p)te] **adj.** – XVIe **1** Qui n'a pas été dompté. ⇒ ② **farouche, fougueux.** *Cheval indompté.* **2** Qu'on ne peut contenir, réprimer. « *l'homme impatient est entraîné par ses désirs indomptés et farouches* » (Fén.). ✪ CONTR. Dompté, soumis. Maîtrisé.

indonésien, ienne **adj.** et **n.** – XIXe ; *indo-* et gr. *nêsos* « île » ▪ D'Indonésie. ➛ **n.** *Les Indonésiens.* ♦ **n. m.** *L'indonésien* : groupe de langues comprenant notamment le malais, le philippin, le javanais et le malgache. ➛ Langue officielle de l'Indonésie. ⇒ **malais.**

> ❑ Le grec *nêsos* « île » a aussi donné *mélanésien.*

indophénol **n. m.** – XIXe ; de *indigo* et *phénol* ▪ Matière colorante bleue ou violette obtenue par action d'un phénolate alcalin sur une amine double.

in-douze [induz] **adj. inv.** – XVIe ▪ Dont la feuille, pliée en douze feuillets, forme vingt-quatre pages. *Livre de format in-douze* (in-12) et subst. *un, des in-douze.*

indri **n. m.** – XVIIIe ; exclam. malgache « le voilà », prise à tort pour le nom du singe ▪ Mammifère lémurien d'assez grande taille, arboricole, diurne et frugivore, vivant en groupes à Madagascar.

indu, ue **adj.** – XIVe ; de ① *in-* et *dû* ▪ Qui va à l'encontre de la règle, de l'usage. « *Que viens-tu faire en cette maison, à des heures indues ?* » (Beaum.). ♦ Qui n'est pas fondé juridiquement. *Réclamation indue.* ✪ CONTR. Convenable, normal, régulier. Dû.

indubitable **adj.** – XVIe ; lat. *dubitare* « douter » ▪ Dont on ne peut douter, qu'on ne peut mettre en doute. ⇒ **certain, incontestable, indiscutable, sûr.** *Preuve indubitable. C'est indubitable* : cela ne fait aucun doute. ➛ « *il est indubitable que le temps de cette vie n'est qu'un instant* » (Pasc.). ✪ CONTR. Douteux, erroné, ① faux, hypothétique.

indubitablement **adv.** – XVe ▪ D'une manière indubitable. ⇒ **assurément, certainement, sûrement.**

inductance **n. f.** – XIXe ▪ Coefficient d'auto-induction. ➛ Le circuit caractérisé par son coefficient d'auto-induction.

> ❑ *Inductance* est un mot anglais (de *to induct* « produire par induction »).

inducteur, trice **adj.** et **n. m.** – XIXe **I** **adj.** Qui induit, qui produit l'induction. *Courant, flux inducteur.* **II** **n. m.** **1** Partie d'une machine électrique tournante produisant le champ magnétique agissant sur l'induit. **2** Substance qui provoque la synthèse d'une enzyme. ✪ CONTR. Induit.

inductible **adj.** – 1952 ▪ *Enzyme inductible,* dont la synthèse est provoquée par la présence d'un inducteur dans le milieu nutritif.

inductif, ive **adj.** – XIVe **1** Qui procède par induction ou résulte d'une induction (1°). *Méthode inductive.* **2** Qui a rapport à l'induction, qui est dû aux phénomènes d'induction. *Courant inductif.* ✪ CONTR. Déductif.

induction **n. f.** – XIIIe ; lat. **1** Opération mentale qui consiste à remonter des faits à la loi, de cas singuliers à une proposition plus générale. ⇒ **généralisation.** *Induction mathématique.* ➛ *Raisonnement par induction.* ⇒ **inférence.** **2** Transmission à distance d'énergie électrique ou magnétique par l'intermédiaire d'un aimant ou d'un courant. *Induction électromagnétique* : apparition de forces électromagnétiques dans un circuit par variation du flux magnétique qui le traverse. *Bobine d'induction.* ♦ *Induction magnétique* : vecteur caractérisant la densité de flux magnétique dans une substance, produit du vecteur champ magnétique par la perméabilité magnétique de cette substance. **3** Processus d'orientation de la différenciation cellulaire au cours de l'embryogenèse (recomm. de l'Académie des sciences *DÉTERMINATION*). ✪ CONTR. Déduction.

induire **v. tr.** [38] – XIIIe ; lat. *inducere* « conduire dans, vers » **1** loc. *Induire (qqn) en erreur.* ⇒ **tromper.** « *je ne puis l'induire en erreur, à moins que je ne le veuille* » (Rouss.). **2** Trouver par l'induction. ⇒ **conclure, inférer.** *On peut induire la rotation de la Terre du mouvement des étoiles.* **3** Soumettre aux effets de l'induction. ✪ CONTR. Déduire.

> ❑ Ne pas confondre avec *enduire* « recouvrir » (faute populaire *enduire en erreur*), de même étymologie → enduire (rem.).

induit, ite **adj.** et **n. m.** – XIXe ▪ *Courant induit* : courant électrique produit par une variation de flux dans un circuit (sous l'influence d'un aimant ou d'un courant inducteur). ➛ *Circuit induit,* et **n. m.** *un induit* : organe d'une machine électrique dans lequel prennent naissance les forces électromotrices induites produites par l'inducteur. ✪ CONTR. Inducteur.

indulgence **n. f.** – XIIe ; lat. « bonté », puis « remise d'une peine » **1** Facilité à excuser, à pardonner. ⇒ **bienveillance, bonté, compréhension, mansuétude.** *Faire preuve d'indulgence envers qqn, à l'égard de qqn. L'avocat demande pour son client l'indulgence de la cour.* « *notre indulgence sera jugée sans indulgence* » (Gide). ➛ *Regard plein d'indulgence, sans indulgence.* **2** Rémission par l'Église des peines temporelles que les péchés méritent. *L'indulgence plénière, partielle.* ✪ CONTR. Dureté, rigueur, sévérité.

indulgent, ente adj. – XVIe 1 Qui excuse, pardonne facilement. ⇒ **bienveillant,** ① **bon, clément.** *Un père, un critique indulgent. Être indulgent avec qqn. Se montrer indulgent pour les défauts d'autrui.* 2 Qui est plein d'indulgence ; qui marque l'indulgence. ⇒ **bienveillant, favorable.** « *un sourire mi-railleur, mi-indulgent* » (Beauv.). ✪ CONTR. Dur, impitoyable, sévère.

induline n. f. – XIXe ; nom déposé ; mot angl., de *indigo* et *(ani)line* ▪ Nom de plusieurs colorants bleus ou violets dérivés de l'aniline.

indult [ɛ̃dylt] n. m. – XVe ; lat. *indulgere* « être indulgent, permettre » ▪ Privilège accordé par le pape en dérogation du droit commun. *Des indults généraux, particuliers.*

indûment adv. – XIVe ▪ D'une manière indue. « *ceux qui le séquestraient indûment* » (J. Verne). ✪ CONTR. Dûment.

induration n. f. – XIVe ▪ Durcissement d'un tissu. ♦ Partie indurée. ⇒ **callosité.**

indurer v. tr. [1] – XIXe ; lat. *indurare* « se durcir » ▪ Durcir (un tissu organique). *Chancre induré.*

❑ Doublet de *endurer.*

indusie n. f. – XIXe ; lat. *indusium* « chemise » ▪ Repli formé par la feuille de fougère pour protéger un groupe de sporanges.

industrialisation n. f. – XIXe 1 Application des procédés et des techniques industriels. *Industrialisation de l'agriculture.* 2 Action de développer l'industrie, les équipements industriels. *Pays en voie d'industrialisation.*

industrialiser v. tr. [1] – XIXe 1 Exploiter industriellement, organiser en industrie. *Industrialiser l'agriculture.* 2 Équiper d'industries. ➛ pronom. *Région qui s'industrialise.* ➛ *Les pays industrialisés.*

industrialisme n. m. – XIXe ▪ Système qui donne une importance prépondérante à l'industrie dans la société ; prépondérance de l'industrie dans l'activité économique. « *songeons au présent, et que l'industrialisme reprenne son empire !* » (J. Verne).

industrie n. f. – XIVe ; lat. « activité » **I** vx ou littér. Habileté. ⇒ **ingéniosité, invention, savoir-faire.** *Un mauvais génie « a employé toute son industrie à me tromper »* (Desc.). ♦ péj. ⇒ **ruse.** *Vivre d'industrie,* d'expédients. *Chevalier* d'industrie.* **II** vx Profession comportant généralement une activité manuelle. ⇒ **activité,** ① **travail.** ➛ mod. et plaisant *Voleur qui exerce sa coupable industrie,* son activité délictueuse. **III - 1** Ensemble des activités économiques ayant pour objet l'exploitation de matières premières, de sources d'énergie et leur transformation, ainsi que celle de produits semi-finis en biens de production ou de consommation. *L'agriculture, le commerce et l'industrie.* ➛ *Capitaine d'industrie.* ⇒ **industriel.** *Petite, moyenne, grande industrie,* selon l'importance de la production, des moyens mis en œuvre. ➛ *Industries métallurgiques. L'industrie automobile. Industries chimiques. Industries textiles. Industries agroalimentaires.* ➛ *Industrie de la chaussure. Industries du spectacle, du livre.* 2 *Une industrie :* l'une quelconque des branches de l'industrie. *Une industrie d'avenir.*

industriel, ielle adj. et n. – XVe 1 Qui a rapport à l'industrie (III). *Activité industrielle. Secteur industriel. Révolution industrielle. Équipement industriel.* 2 Qui est produit par l'industrie. *Fer industriel. Pain, fromage industriel.* ➛ loc. fam. *Quantité industrielle :* très grande quantité. « *Que n'ai-je acquis [...] le lasting par quantités industrielles !* » (Colette). 3 Où l'industrie est développée. *Régions industrielles. Zone industrielle.* 4 n. Propriétaire, dirigeant d'une entreprise industrielle. ⇒ **entrepreneur, fabricant.** *Les industriels du textile.* ✪ CONTR. Agricole, artisanal, commercial. Fermier.

industriellement adv. – XIXe 1 Par les moyens et les méthodes de l'industrie. *Produit fabriqué industriellement.* 2 Relativement à l'industrie. *Le pays industriellement le plus avancé.* ✪ CONTR. Artisanalement.

industrieux, ieuse adj. – XVe ▪ littér. Qui a, qui montre de l'industrie, de l'adresse, de l'habileté. ⇒ **adroit, habile, ingénieux.** « *Industrieux, il excellait dans l'empirisme* » (Gide).

induvie n. f. – XIXe ; lat. *induviæ* « vêtement » ▪ Formation qui se développe après la fécondation, qui enveloppe un fruit ou lui sert de réceptacle.

inébranlable adj. – XVIIe 1 Qu'on ne peut ébranler, dont on ne peut compromettre la solidité, l'équilibre. ⇒ ① **fixe, immobile.** *Masse inébranlable.* 2 Qui ne se laisse point abattre. ⇒ **constant,** ① **ferme.** *Rester inébranlable au milieu des plus grandes infortunes.* ➛ Qu'on ne peut faire changer de dessein, d'opinion. ⇒ **déterminé, inflexible.** *Être, rester inébranlable dans ses résolutions.* ➛ Qui ne change pas. ⇒ **immuable, inaltérable.** *Certitude inébranlable.* « *une constance inébranlable à souffrir les plus indignes traitements* » (Rouss.). ✪ CONTR. Fragile. Changeant.

inécoutable adj. – XIXe ▪ Mauvais au point d'être insupportable à écouter. ⇒ **inaudible.**

❑ Pour le sens → inaudible (rem.).

inécouté, ée adj. – XVIIIe ▪ Qui n'est pas écouté, dont on ne tient pas compte. *Leurs conseils sont restés inécoutés.*

inédit, ite adj. et n. m. – XVIIIe 1 Qui n'a pas été édité. *Correspondance inédite d'un écrivain.* ➛ n. m. *Publier des inédits.* 2 Qui n'a pas été diffusé. *Film inédit en France.* 3 Qui n'est pas connu. ⇒ **nouveau,** ② **original.** *Un moyen inédit de réussir.* ✪ CONTR. Édité, imprimé, publié. Banal, connu.

inéducable adj. – 1908 ▪ Impossible ou difficile à éduquer. *Enfant inéducable.*

ineffable adj. – XVe ; lat. *fari* « parler » ▪ (en parlant de choses agréables) Qui ne peut être exprimé par des paroles. ⇒ **indicible, inexprimable.** *Un bonheur ineffable.* « *des cravates prodigieuses et des chapeaux ineffables* » (Zola).

❑ Même famille étymologique que *fable.*

ineffaçable adj. – XVIe ▪ littér. Qui ne peut être effacé. ⇒ **indélébile.** *Empreinte ineffaçable.* ♦ Qui ne peut être détruit, qui ne peut disparaître. *Un souvenir ineffaçable.* ⇒ **inoubliable.** ✪ CONTR. Délébile, effaçable.

inefficace adj. – XIVe ▪ Qui n'est pas efficace, qui ne produit pas l'effet souhaité. *Remède inefficace. Mesure, démarche inefficace.* ⇒ **infructueux, inutile.** ♦ *Des collaborateurs inefficaces.* ✪ CONTR. Actif, agissant, efficace.

inefficacité n. f. – XVIIe ▪ Caractère de ce qui est inefficace ; manque d'efficacité. ✪ CONTR. Efficacité, force.

inégal, ale, aux adj. – XIVe **I - 1** (au plur.) Dont la quantité, la nature, la qualité diffère dans plusieurs objets considérés. *Côtés, angles inégaux d'un triangle scalène. Forces inégales.* ♦ Dont la mesure n'est pas la même, dans plusieurs objets considérés. ⇒ **différent, divers.** *Cordes d'inégale grosseur.* 2 Dont les éléments ou les participants ne sont pas égaux. « *Un homme attaqué par trois autres ? La partie est trop inégale* » (Mol.). **II - 1** Qui n'est pas uni, lisse. *Surface inégale.* ⇒ **raboteux, rugueux.** « *Un sentier de chèvre* *pierreux, rapide, inégal* » (Lamart.). 2 Qui n'est pas régulier. ⇒ **irrégulier.** *Marcher d'un pas inégal.* 3 Qui n'est pas constant. *Fromage fermier de qualité inégale.* ⇒ **variable.** *Humeur inégale.* ⇒ **changeant.** « *Mon humeur était impétueuse, mon caractère inégal* » (Chateaub.). 4 Dont la qualité n'est pas constamment bonne. *Œuvre inégale.* ➛ *Un écrivain très inégal.* ✪ CONTR. Égal ; identique, même, pareil. ① Lisse, uni ; régulier, uniforme.

inégalable adj. – XIXe ■ Qui ne peut être égalé. ⇒ **incomparable, unique.** *Une grâce, une beauté inégalable.*

inégalé, ée adj. – XIXe ■ Qui n'est pas égalé, qui n'a pas de rival.

inégalement adv. – XVe ■ D'une manière inégale. *Enfants inégalement doués.*

inégalitaire adj. – XIXe ■ Qui n'est pas égalitaire.

inégalité n. f. – XIIIe **I** - 1 Défaut d'égalité. ⇒ **différence.** *Inégalité sociale. Le « Discours sur l'origine et le fondement de l'inégalité parmi les hommes », de Rousseau.* 2 Expression dans laquelle on compare deux quantités inégales. *L'inégalité se note par les signes :* ≠ (différent de), < (plus petit que), > (plus grand que). **II** Défaut d'uniformité, de régularité. ⇒ **irrégularité.** *Inégalités de terrain.* ⇒ **accident, dénivellation.** ✪ CONTR. Égalité, identité. Régularité.

inélégance n. f. – XVIe ■ Manque d'élégance. ➛ Indélicatesse (dans le comportement). *Un procédé d'une parfaite inélégance.* ✪ CONTR. Élégance.

inélégant, ante adj. – XVe ■ Qui n'est pas élégant. *Une silhouette inélégante.* ➛ Qui manque de délicatesse, de correction. *Procédé, geste inélégant.* ✪ CONTR. Élégant.

inéligibilité n. f. – XVIIIe ■ État d'une personne inéligible.

inéligible adj. – XVIIIe ■ Qui n'est pas éligible.

inéluctable adj. – XVIIIe ; lat. *eluctari* « échapper en luttant » ■ Contre quoi il est impossible de lutter ; qu'on ne peut éluder, empêcher, éviter. ⇒ **fatal, inévitable.** *Conséquence inéluctable.*

❑ Même famille étymologique que *lutter.*

inéluctablement adv. – XIXe ■ D'une manière inéluctable. ⇒ **inévitablement.** *Une entreprise inéluctablement vouée à l'échec.*

inémotivité n. f. – 1910 ■ Absence de manifestations émotionnelles. ⇒ **athymie.**

inemployable adj. – XIXe ■ Qu'on ne peut employer. ⇒ **inutilisable.**

inemployé, ée adj. – XVIIIe ■ Qui n'est pas employé. ⇒ **inutilisé.**

inénarrable adj. – XVe ■ Dont on ne peut parler sans rire ; qui est d'une bizarrerie extraordinaire. ⇒ **comique, drôle.** *Si vous aviez vu la scène ! c'était inénarrable !* « *Le duc de Guermantes, inénarrable en pyjama rose et peignoir de bain* » (Proust).

inentamé, ée adj. – XIXe ■ Qui n'est pas entamé.

inenvisageable adj. – 1948 ■ Qu'on ne peut envisager, qui n'est pas envisageable. *C'est inenvisageable pour le moment.* ⇒ **impossible.**

inéprouvé, ée adj. – XIXe ■ Qui n'a pas encore été éprouvé, ressenti. « *des émotions inéprouvées* » (Bourget).

inepte adj. – XVe ; lat. *ineptus* « qui n'est pas approprié » ■ Qui dénote l'absurdité, la sottise. ⇒ **idiot, stupide.** *Une histoire inepte.* ♦ « *ces ineptes donneurs d'avis* » (Rouss.). ⇒ **bête.** ✪ CONTR. Intelligent.

❑ Même famille étymologique que *apte* : *inepte* est un doublet de *inapte.* → inapte (rem.).

ineptie n. f. – XVIe 1 Caractère de ce qui est inepte. ⇒ **bêtise.** *Propos d'une rare ineptie.* 2 Action, parole inepte. ⇒ **idiotie, sottise.** *Débiter gravement des inepties.* ✪ CONTR. Finesse, intelligence.

inépuisable adj. – XVe 1 Qu'on ne peut épuiser. *Des réserves inépuisables d'énergie.* « *une source inépuisable de grâces* » (Gaut.). ➛ Très grand, qui n'a pas de fin. ⇒ **infini.** *Sujet inépuisable.* 2 *Il est inépuisable sur ce chapitre.* ⇒ **intarissable.**

inépuisé, ée adj. – XVIIIe ■ littér. Qui n'est pas épuisé. « *Et des raffinements toujours inépuisés* » (Baud.).

inéquation [inekwasjɔ̃] n. f. – XIXe ■ En mathématiques, Inégalité conditionnelle existant entre deux quantités et dépendant de certaines variables (ou inconnues). *Résoudre une inéquation.*

inéquitable adj. – XVIe ■ Qui n'est pas conforme à l'équité. *Partage inéquitable.* ✪ CONTR. Équitable.

inerme adj. – XVIe ; lat. *inermis,* de *in-* « sans » et *arma* « armes » ■ Qui n'a ni aiguillon ni épines. *Rose inerme.* ➛ Qui n'a pas de crochet. *Ténia inerme.* ✪ CONTR. Épineux.

inerte adj. – XVIe ; lat. *iners,* de *in-* « sans » et *ars* « art » 1 Qui n'a ni activité ni mouvement propre. *La matière inerte.* ➛ *Gaz, liquide inerte,* qui ne provoque aucune réaction des corps avec lesquels il est en contact. 2 Qui ne donne pas signe de vie. *Il gisait par terre, complètement inerte.* ♦ Sans réaction. ⇒ **amorphe,** ① **passif.** « *plus inerte qu'une couleuvre engourdie* » (Flaub.). ✪ CONTR. Actif.

inertie n. f. – XIVe 1 Résistance des objets pesants au mouvement qui leur est imposé. *L'inertie de la matière. Centre d'inertie.* ⇒ **gravité ; barycentre.** ➛ *Force d'inertie* : résistance que les corps opposent au mouvement, en raison de leur masse ; résistance passive. ➛ *Principe d'inertie,* selon lequel un corps pesant, non soumis à une force, est au repos ou en mouvement rectiligne uniforme. ♦ *Navigation par inertie,* utilisant, pour calculer une position, l'intégration des accélérations subies par le véhicule. 2 Perte de la contractilité (d'un muscle, d'un organe). *Inertie intestinale.* 3 Manque absolu d'activité, d'énergie intellectuelle ou morale. ⇒ **inaction, paresse.** *Sortir de son inertie.* ⇒ **apathie.** « *dans l'inertie absolue où elle vivait* » (Proust). ✪ CONTR. Activité, entrain.

inertiel, ielle adj. – XXe ■ Relatif à l'inertie. ♦ Relatif à la détermination de la position du centre d'inertie d'un solide en mouvement. *Centrale inertielle.*

inescomptable adj. – XIXe ■ Qui ne peut être escompté.

inespéré, ée adj. – XVe ■ Se dit d'un événement heureux que l'on n'espérait pas, ou que l'on n'espérait plus. ⇒ **imprévu, inattendu.** *Succès inespéré.* « *Une pareille bonne fortune à son âge était inespérée* » (Flaub.).

inesthétique adj. – XIXe ■ Qui choque le goût esthétique. ⇒ **laid.** *Une cicatrice inesthétique.*

inestimable adj. – XIVe 1 Dont la valeur dépasse toute estimation. *Tableau inestimable.* 2 Qu'on ne saurait trop estimer. ⇒ **précieux.** *Services inestimables.* ✪ CONTR. Estimable.

inévitable adj. – XIVe 1 Qu'on ne peut éviter, qui se produit sans qu'on puisse l'empêcher. ⇒ **fatal, inéluctable.** *Conséquence inévitable.* « *l'inévitable bousculade de la sortie* » (Queneau). ➛ *Il est inévitable qu'il en soit ainsi.* 2 Qui est toujours là ; qu'il faut subir. ⇒ **habituel, sempiternel.** *Le ministre et son inévitable cigare.* ✪ CONTR. Évitable.

inévitablement adv. – XVe ▪ D'une manière inévitable. ⇒ **fatalement, nécessairement.**

inexact, acte [inɛgza(kt), akt] adj. – XVIIe **1** Qui n'est pas exact, n'est pas conforme à la réalité ou à la vérité. ⇒ ① **faux.** *Renseignements inexacts.* ⇒ **erroné.** *Calcul inexact. Non, c'est inexact.* ♦ Qui manque d'exactitude. *Donner une version inexacte d'un événement.* **2** Qui manque de ponctualité. *Être inexact à un rendez-vous.* ✪ CONTR. Correct, exact, juste. Ponctuel.

❑ Pour la prononciation → exact (rem.).

inexactitude n. f. – XVIIe **1** Manque d'exactitude ; caractère de ce qui est inexact. *Inexactitude d'un calcul, d'un témoignage.* **2** *Une, des inexactitudes.* ⇒ **erreur, faute.** *Relever, trouver de petites inexactitudes dans un compte rendu. Votre propos « fourmille d'inexactitudes »* (Romains). **3** Manque de ponctualité. ✪ CONTR. Exactitude. Assiduité, ponctualité.

inexcitabilité n. f. – XIXe ▪ Caractère de ce qui est inexcitable, absence d'excitabilité. *L'inexcitabilité d'un organe.*

inexcitable adj. – XIXe ▪ Qui n'est pas excitable.

inexcusable adj. – XVe ▪ Qu'il est impossible d'excuser. ⇒ **impardonnable.** « *c'est paresse et négligence inexcusable* » (Montaigne). ✪ CONTR. Excusable, pardonnable.

inexécutable adj. – XVIIe ▪ Qu'on ne peut exécuter. *Ordre inexécutable.*

inexécution n. f. – XVIIe ▪ Absence d'exécution. *Inexécution d'un contrat.*

inexercé, ée adj. – XVIIIe ▪ rare Qui n'est pas exercé. ⇒ **inexpérimenté.** *Des troupes inexercées.* ✪ CONTR. Exercé.

inexhaustible adj. – XIXe ; lat. *exhaurire* « épuiser » ▪ littér. Inépuisable. « *l'inexhaustible espace des soirs où je n'avais pas connu Albertine* » (Proust).

inexigibilité n. f. – XIXe ▪ Caractère de ce qui est inexigible. *L'inexigibilité d'une créance.* ✪ CONTR. Exigibilité.

inexigible adj. – XVIIIe ▪ Qui ne peut être exigé. *Dette inexigible.* ✪ CONTR. Exigible.

inexistant, ante adj. – XVIIIe **1** Qui n'existe pas. *Les risques sont inexistants.* ⇒ **nul.** **2** fam. Sans valeur, sans importance, sans efficacité. ⇒ **négligeable, nul.** *L'aide qu'il m'apporte est inexistante.* ✪ CONTR. Existant, réel.

inexistence n. f. – XVIIe **1** Fait de ne pas exister. *Inexistence d'un personnel d'encadrement.* **2** Défaut d'existence d'un acte juridique résultant de l'absence d'un des éléments constitutifs essentiels à sa formation, ou de la présence d'un défaut flagrant. ✪ CONTR. Existence.

inexorabilité n. f. – XVIIe ▪ Caractère, état de ce qui est inexorable. ✪ CONTR. Clémence.

inexorable adj. – XVIe ; lat. *exorare* « vaincre par ses prières » ▪ littér. **1** Qui résiste aux prières, qu'on ne peut fléchir ; sans pitié. ⇒ **impitoyable, implacable, inflexible.** *Juge inexorable.* **2** À quoi l'on ne peut se soustraire. *Fatalité inexorable.* « *un pilonnage régulier, inexorable* » (Dorgelès). ✪ CONTR. Clément, indulgent.

❑ Même famille étymologique que *oracle, oraison* et *orant.*

inexorablement adv. – XVIIe ▪ littér. D'une manière inexorable. *Maladie qui évolue inexorablement vers la mort.*

inexpérience n. f. – XVe ▪ Manque d'expérience. *J'avoue ma totale inexpérience dans ce domaine.* ✪ CONTR. Expérience, habileté.

inexpérimenté, ée adj. – XVe **1** Qui manque de pratique dans un domaine déterminé. ⇒ **débutant, inexpert, novice.** *Jeune conducteur encore inexpérimenté.* **2** Dont on n'a pas encore fait l'expérience. *Arme nouvelle encore inexpérimentée.* ✪ CONTR. Expérimenté ; aguerri ; expert, habile.

inexpert, erte adj. – XVe ▪ littér. Qui n'est pas expert, qui manque d'habileté. ⇒ **inexpérimenté.** *Être inexpert dans un domaine.* ✪ CONTR. Expert.

inexpiable adj. – XVe **1** Qui ne peut être expié. *Crime inexpiable.* **2** littér. Que rien ne peut apaiser, faire cesser. *Lutte inexpiable,* sans merci. ⇒ **impitoyable, implacable.**

inexplicable adj. – XVe ▪ Qu'il est impossible ou très difficile d'expliquer ; qui paraît bizarre du fait même qu'on ne se l'explique pas. ⇒ **incompréhensible.** « *une foule d'actions humaines resteront inexpliquées, inexplicables* » (Baudelaire). *Une réaction inexplicable.*

inexplicablement adv. – XVe ▪ D'une manière inexplicable. *Elle a disparu inexplicablement.*

inexpliqué, ée adj. – XVIIIe ▪ Qui n'a pas reçu d'explication. *Un phénomène longtemps inexpliqué.*

inexploitable adj. – XIXe ▪ Qu'on ne peut exploiter. *Gisement inexploitable.* ➝ *Renseignements inexploitables.* ⇒ **inutilisable.**

inexploité, ée adj. – XIXe ▪ Qui n'est pas exploité. ⇒ **inutilisé.** *Ressources inexploitées.*

inexploré, ée adj. – XIXe ▪ Qui n'a pas été exploré. « *Nous ne laisserons pas une partie de l'île inexplorée* » (J. Verne). ⇒ **inconnu, vierge.** ➝ *Les domaines encore inexplorés de la science.*

inexpressif, ive adj. – XVIIIe **1** Qui n'est pas expressif. *Style inexpressif.* ⇒ ① **plat.** **2** Qui manque d'expression. « *un visage inexpressif, aux traits creusés par la fatigue* » (Robbe-Grillet). *Regard inexpressif.* ⇒ **éteint.** ✪ CONTR. Expressif.

inexprimable adj. – XVIe ▪ Qu'il est impossible ou très difficile d'exprimer ; qui est au-delà de toute expression. ⇒ **indicible.** *Haine inexprimable.* « *une tristesse inexprimable et pénétrante* » (Maupass.). *Douceur inexprimable.* ⇒ **ineffable.**

inexprimé, ée adj. – XIXe ▪ Qui n'est pas ou n'a pas été exprimé. ⇒ **informulé.** *Pensée pleine de regrets inexprimés.*

inexpugnable [inɛkspygnabl ; -pyɲabl] adj. – XIVe ; lat. *expugnare* « prendre d'assaut » ▪ littér. Qu'on ne peut prendre d'assaut ; qui résiste aux attaques, aux sièges. ⇒ **imprenable.** *Forteresse inexpugnable.*

❑ Même famille étymologique que *poing* et *pugnace.*

inextensible adj. – XVIIIe ▪ Qui n'est pas extensible. *Tissu inextensible.* ✪ CONTR. Élastique, extensible.

in extenso [inɛkstɛ̃so] loc. adv. – XIXe ; loc. lat., de *extensum* « intégralité » ▪ Dans toute son étendue, toute sa longueur (d'un texte). *Publier un discours in extenso.* ⇒ **intégralement.** ♦ adj. *Compte rendu in extenso d'un débat.*

inextinguible adj. – XVe ▪ Qui ne peut être satisfait, comblé. *Soif inextinguible. Haine inextinguible.* « *un rire fou, scandaleux, sauvage, inextinguible* » (Daudet). ✪ CONTR. Extinguible.

inextirpable adj. – XVIe ▪ rare Qui ne peut être extirpé. *Racine inextirpable.*

in extremis [inɛkstʀemis] loc. adv. et loc. adj. – XVIIIe ; loc. lat., de *extrema* « les choses dernières » ▪ Au tout dernier moment. *Éviter une catastrophe in extremis,* de justesse. *Des Chapelles « nommé* in extremis *général par Napoléon aux Cent-Jours »* (Gracq).

inextricable adj. – XIVe ; lat. *extricare* « démêler » 1 Qu'on ne peut démêler. ⇒ **indébrouillable.** *Fouillis inextricable.* ➛ *La situation est inextricable.* 2 Dont on ne peut sortir. « *ce dédale inextricable de ruelles* » (Hugo).

inextricablement adv. – XIXe ▪ D'une manière inextricable.

infaillibilité n. f. – XVIe 1 Caractère de ce qui ne peut manquer de réussir. *L'infaillibilité d'une méthode, d'un procédé.* 2 Caractère d'une personne infaillible. *Infaillibilité du pape :* dogme proclamé en 1870, selon lequel le souverain pontife est infaillible lorsqu'il parle ex cathedra pour définir la doctrine de l'Église universelle. ✪ CONTR. Faillibilité, fragilité.

infaillible adj. – XIVe 1 Qui ne peut tromper ; qui a des conséquences certaines, des résultats assurés, qui produit l'effet souhaité à tous coups. *Remède infaillible contre la toux.* ⇒ **parfait, radical, souverain.** « *Il y a un signe infaillible auquel on reconnaît que l'on aime quelqu'un d'amour* » (Tournier). 2 Qui ne peut se tromper ; qui n'est pas sujet à l'erreur. *Nul n'est infaillible :* tout le monde peut se tromper. 3 *Un instinct infaillible.* ⇒ **sûr.** ✪ CONTR. Inefficace, mauvais. – Faillible.

infailliblement adv. – XVe ▪ D'une manière infaillible, certaine. ⇒ **certainement, sûrement.** *Cela arrivera infailliblement.* ⇒ **immanquablement.**

infaisable [ɛ̃fəzabl] adj. – XVIIe ▪ Qui ne peut être fait. ⇒ **irréalisable.** *Ce n'est pas infaisable, mais ce sera très difficile.* ✪ CONTR. Faisable, possible.

infalsifiable adj. – XIXe ▪ Qui ne peut être falsifié. *Document infalsifiable.*

infamant, ante adj. – XVIe ▪ Qui flétrit l'honneur, la réputation. ⇒ **avilissant, déshonorant.** *Accusation infamante.* ➛ *Peine infamante,* qui atteint le condamné principalement dans sa considération et sa capacité juridique. ⇒ **bannissement.** ✪ CONTR. Glorieux, honorable.

> ❑ Même famille étymologique que *diffamer, fameux, infâme,* etc.

infâme adj. – XIVe ; lat. *fama* « renommée » 1 Qui entraîne une flétrissure morale. *Commerce, trafic infâme.* ⇒ **abject, avilissant, dégradant.** 2 Détestable, odieux. *Infâme saligaud.* 3 Qui cause de la répugnance. *Une infâme odeur de graillon.* ⇒ **infect.** ✪ CONTR. Honorable, noble.

> ❑ *Infâme* s'écrit avec un accent circonflexe, contrairement à *infamant* et *infamie.* Le même phénomène se produit dans *grâce/gracieux* et, pour le o, dans *arôme/aromatique, fantôme/fantomatique, symptôme/symptomatique.*

infamie n. f. – XIVe 1 vx Flétrissure faite à la réputation de qqn. ⇒ **déshonneur.** « *N'ai-je donc tant vécu que pour cette infamie ?* » (Corn.). 2 littér. Caractère d'une personne infâme, vile. ⇒ **abjection, bassesse.** 3 littér. *Une, des infamies.* Action, parole infâme. *Dire des infamies à qqn.* ✪ CONTR. Gloire, honneur, noblesse.

infant, ante n. – XVe ; lat. *infans* ▪ Titre donné aux enfants puînés des rois d'Espagne et de Portugal. *Le personnage de l'infante dans « le Cid ».*

> ❑ Même origine étymologique que *enfant.*

infanterie n. f. – XVe ; it. *infante* « enfant » 1 Autrefois, Ensemble des gens de guerre marchant et combattant à pied (et qui étaient à l'origine les valets d'armes des chevaliers). 2 L'arme qui est chargée de la conquête et de l'occupation du terrain. *Soldat d'infanterie.* ⇒ **fantassin.** *Infanterie de marine.*

① **infanticide** adj. et n. – XVIe ▪ Qui tue volontairement un enfant, et spécialt un nouveau-né. *Une mère infanticide.* ➛ n. *Un, une infanticide.*

② **infanticide** n. m. – XVIIe ▪ Meurtre d'un enfant, spécialt d'un enfant nouveau-né. « *un avortement n'est pas un infanticide, c'est un meurtre "métaphysique"* » (Sartre).

infantile adj. – XVIe 1 Relatif à la première enfance. « *Elle n'avait eu ni les oreillons, ni la coqueluche, ni la varicelle, aucune des maladies infantiles* » (Simenon). ♦ (appliqué à des adultes) Dont le développement mental, affectif ou physique s'est arrêté au stade de l'enfance. *Sujet infantile.* 2 Comparable à un enfant, digne d'un enfant (quant au niveau intellectuel et affectif). ⇒ **enfantin, puéril.** *Une réaction infantile* (opposé à *adulte*).

infantiliser v. tr. [1] – av. 1966 ▪ Rendre infantile, donner à (qqn) une mentalité, un comportement d'enfant.

infantilisme n. m. – XIXe ▪ Caractère, comportement infantile (2°). ⇒ **immaturité.** *C'est de l'infantilisme.*

infarctus [ɛ̃faʀktys] n. m. – XIXe ; graphie altérée de *infartus,* du lat. *infarcire* « farcir, remplir » ▪ Nécrose plus ou moins étendue d'un tissu ou d'un organe par oblitération de l'artère qui assure son irrigation. *Infarctus pulmonaire après embolie.* ➛ *Infarctus (du myocarde) :* lésion du cœur provoquée par un spasme prolongé ou une thrombose des artères coronaires.

> ❑ On entend parfois *infractus* à cause d'un rapprochement fautif avec *fracture* et du grand nombre de mots en *infra-.*

infatigable adj. – XVe ▪ Qui ne peut se fatiguer ; qui ne se fatigue, ne se lasse pas facilement. ⇒ **résistant, robuste ;** fam. **increvable.** *Marcheur infatigable.* ✪ CONTR. Fatigable.

infatuation n. f. – XVIIe ▪ littér. Satisfaction excessive, injustifiée que l'on a de soi. ⇒ **fatuité, prétention.** « *L'infatuation est toujours accompagnée de sottise* » (Gide). ✪ CONTR. Modestie.

infatué, ée adj. – XVe ; lat. *fatuus* « sot », « insipide » ▪ Content de soi. ⇒ **fat, prétentieux, vaniteux.** « *une grande oie infatuée d'elle-même* » (Baudelaire). ✪ CONTR. Humble, modeste.

infécond, onde adj. – XVe 1 Qui n'est pas fécond, en l'absence de stérilité avérée. *Un couple infécond.* 2 Qui ne produit rien ou rien d'utile. ⇒ **improductif.** *Terre inféconde.* ⇒ **infertile.** ✪ CONTR. Fertile.

infécondité n. f. – XIVe ▪ littér. Manque de fécondité. ⇒ **agénésie, stérilité.** *Infécondité d'une plante, d'un animal.* ✪ CONTR. Fécondité.

infect, e [ɛ̃fɛkt] adj. – XIVe ; lat. *inficere* « imprégner, infecter » 1 Qui a une odeur, un goût ignoble. ⇒ **pestilentiel, putride.** *Charogne infecte.* ➛ *Odeur infecte. Goût infect.* 2 Très mauvais dans son genre. *Ce vin est infect.* ⇒ **ignoble, infâme.** ♦ Très sale, d'aspect repoussant. *Le taudis « était abject, sale, fétide, infect, ténébreux, sordide »* (Hugo). 3 Qui suscite le dégoût moral. ⇒ **abject.** *Il a été infect avec ses meilleurs amis.* ✪ CONTR. Délicieux ; ① bon, propre. ① Bien, chic.

infectant, ante adj. – XIXe ▪ Qui peut causer l'infection. *Germes infectants.*

infecter v. tr. [1] – XVe ▪ Transmettre, communiquer l'infection à. *Plaie infectée purulente.* ➛ pronom. « *un hématome qui est en train de s'infecter* » (Duham.). ✪ CONTR. Désinfecter.

> ❑ Ne pas confondre avec *infester* « envahir », proche par le sens.

infectieux, ieuse adj. – XIXe ▪ Qui communique ou détermine l'infection. *Germe infectieux.* ♦ Qui s'accompagne d'infection, est caractérisé par l'infection. *Maladies infectieuses.* ⇒ **bactérien, viral.**

infection n. f. – XIIIe ; lat. **1** Pénétration dans l'organisme de germes pathogènes ; troubles qui en résultent. *Infection généralisée.* ⇒ **septicémie.** *Infection virale, microbienne.* « *Les foyers d'infection sont en extension croissante* » (Camus). ➛ Maladie infectieuse. *Infection intestinale.* **2** Grande puanteur. ⇒ **pestilence, puanteur.** *C'est une véritable infection.*

inféodation n. f. – XIVe ▪ Action d'inféoder. ➛ *Inféodation à un parti, à une coterie.* ⇒ **soumission.**

inféodé, ée adj. – XVe ▪ Soumis, comme un vassal. *Une presse inféodée au pouvoir.*

inféoder v. tr. [1] – XVe ; lat. « concéder en fief *(feodum)* » **1** Au Moyen Âge, Donner (une terre) à un vassal pour qu'il la tienne en fief. ⇒ **aliéner. 2** Soumettre à une autorité. *Inféoder un journal à un groupe financier.* ➛ pronom. *S'inféoder à un parti.*

infère adj. – XVIIIe ; lat. *inferus* ▪ Se dit de l'ovaire d'une fleur, lorsqu'il est situé au-dessous des verticilles. ✪ CONTR. Supère.

inférence n. f. – XVIIe **1** Opération logique par laquelle on admet une proposition en vertu de sa liaison avec d'autres propositions déjà tenues pour vraies. ⇒ **déduction, induction. 2** *Moteur d'inférence :* logiciel d'exploitation d'une base de connaissances dans un système expert.

inférer v. tr. [6] – XIVe ; lat. *inferre* « porter dans », « mettre en avant, produire » ▪ littér. Tirer (d'un fait, d'une proposition) une conséquence. ⇒ **conclure, déduire, induire.** *J'infère de ce que vous me dites, j'en infère que nous pouvons réussir.* « *en inférant de là qu'elle devait être une jeune fille très libre* » (Proust).

inférieur, ieure adj. et n. – XVe ; lat. *inferior,* compar. de *inferus* « plus bas » **I - 1** Qui est au-dessous, plus bas, en bas. INFÉRIEUR À... *Le niveau de la Méditerranée est un peu inférieur à celui de la mer Rouge.* ➛ *Étages inférieurs. Mâchoire, lèvre inférieure.* **2** Dont l'altitude est inférieure ; qui est plus près de la mer. *Cours inférieur d'un fleuve.* **3** *Planètes inférieures,* plus rapprochées du Soleil que la Terre. **II - 1** Qui a une valeur moins grande ; qui occupe une place, un degré au-dessous, dans une classification, une hiérarchie. ⇒ ① **mineur, moindre, subordonné.** *Note inférieure à la moyenne. Ennemi inférieur en nombre.* ➛ *Produits de qualité inférieure.* **2** Plus petit que. *6 est inférieur à 8. Prix inférieur à mille francs.* « *tenir ses produits à des prix inférieurs à ceux de ses concurrents* » (Balz.). ➛ *Arrondir au franc inférieur.* **3** Moins avancé, peu avancé dans l'évolution. *Animaux inférieurs.* **4** n. Personne qui occupe une position sociale inférieure. ⇒ **subalterne, subordonné.** *Ils sont mes inférieurs.* ✪ CONTR. Supérieur.

> ❑ *Inférieur* tend à disparaître au sens de « vers la mer » à cause des connotations péjoratives (*Loire-Inférieure* est ainsi devenu *Loire-Atlantique*). → ① bas (rem.). ♦ Pour le superlatif → infime (rem.). ♦ Pour l'emploi avec *plus* ou *très* → postérieur (rem.).

inférieurement adv. – XVIe ▪ rare À une place inférieure, au-dessous. ➛ *Inférieurement à :* plus mal que. ✪ CONTR. Supérieurement.

infériorisation n. f. – XIXe ▪ Action d'inférioriser (qqn) ; son résultat.

inférioriser v. tr. [1] – XIXe **1** Donner un sentiment d'infériorité à (qqn). *Cette situation l'infériorise.* **2** Sous-estimer la valeur de (qqn ou qqch.). ⇒ **déprécier, rabaisser.** *Il ne cesse d'inférioriser sa femme en public.*

infériorité n. f. – XVIe **1** État de ce qui est inférieur (en rang, force, valeur, mérite). *Infériorité en nombre, infériorité numérique. Maintenir qqn dans une situation d'infériorité.* « *cette infériorité morale attribuée à la femme a révolté mon jeune orgueil* » (Sand). ➛ *Sentiment d'infériorité :* impression pénible d'être inférieur (aux autres, à un idéal désiré). **2** Ce qui rend inférieur. *C'est une infériorité, pour un sportif.* ⇒ **désavantage, handicap.** ✪ CONTR. Supériorité.

infermentescible adj. – XIXe ▪ Qui n'est pas susceptible de fermentation. *Aliment rendu infermentescible.* ⇒ **pasteurisé, stérilisé.**

infernal, ale, aux adj. – XIIe **1** Qui appartient aux enfers, à l'enfer. *Puissances infernales.* **2** Qui évoque l'enfer par référence à certains traits horrifiants de la représentation chrétienne (chaleur, lueur des brasiers, souffrances, cris des damnés, méchanceté des démons). *Bruit infernal.* ♦ Difficilement supportable, terrible. *Cadences infernales.* ➛ *Ce gosse est infernal.* ⇒ **insupportable.** ♦ Qui dénote la malveillance, la méchanceté, qui est inspiré par le mal. *Machination infernale.* ⇒ **démoniaque, diabolique.** ✪ CONTR. ① Angélique, céleste, divin.

inférovarié, iée adj. – XIXe ▪ Dont l'ovaire est infère (végétaux). ✪ CONTR. Superovarié.

infertile adj. – XVe ▪ littér. Qui n'est pas fertile. *Terre infertile.* ♦ *Imagination infertile.* ⇒ **stérile.**

infertilité n. f. – XVe ▪ littér. État d'une personne, d'une chose infertile.

infestation n. f. – XIVe ▪ Pénétration et fixation dans l'organisme d'un parasite non microbien microscopique ou visible à l'œil nu. *Infestation par des poux.*

infester v. tr. [1] – XIVe ; lat. *infestus* « hostile » **1** littér. Ravager, rendre peu sûr (un pays) en s'y livrant à des actes incessants de violence, d'hostilité. *Les pirates infestaient les côtes.* **2** Abonder au point d'envahir (en parlant d'animaux ou de plantes nuisibles). « *Ces insectes diptères, qui infestent ce pays marécageux* » (J. Verne). ♦ Se fixer sur, pénétrer dans (un organisme), en parlant de parasites.

> ❑ Ne pas confondre avec *infecter* « communiquer une infection ».

infeutrable adj. – 1967 ▪ Qui ne se feutre pas. *Laine infeutrable.*

infibulation n. f. – XVIe ; lat. *fibula* « agrafe » ▪ Mutilation sexuelle féminine qui consiste à coudre les grandes lèvres dans le but d'empêcher les relations sexuelles. *Excision et infibulation.*

infichu, ue adj. – v. 1988 ▪ fam. Incapable ; pas fichu de. ⇒ **infoutu.** *Être infichu de comprendre qqch.*

infidèle adj. – XIVe **I** vx Qui professe une autre religion que la religion considérée comme vraie. ⇒ ① **gentil, hérétique, impie, mécréant, païen.** *Peuples infidèles.* ➛ subst. *Croisade contre les infidèles.* ⇒ **musulman. II - 1** Qui n'est pas fidèle, qui est changeant dans ses relations, dans ses sentiments. *Des amis infidèles.* ♦ Qui n'est pas fidèle en amour. ⇒ **adultère, inconstant, volage.** *Mari, femme infidèle. Il lui est infidèle.* **2** Qui trahit, ne respecte pas (qqch. qui engage). *Infidèle à sa parole.* ⇒ **parjure, traître.** 3 Qui manque à la vérité, à l'exactitude. *Traducteur infidèle.* ➝ *Mémoire infidèle.* ⇒ **défaillant.** ✪ CONTR. Fidèle. Exact.

infidèlement adv. – XVe ■ D'une manière infidèle. *Propos infidèlement rapportés.* ✪ CONTR. Fidèlement.

infidélité n. f. – XIIe 1 Absence de fidélité dans les sentiments, en amitié, en amour. ⇒ **inconstance.** « *il lui reprocha son infidélité, sa perfidie, son ignominie* » (Maupass.). ➝ Acte qui traduit l'infidélité. *Il a fait bien des infidélités à sa femme.* ➝ par plais. *Faire des infidélités à son fournisseur habituel,* en changer. 2 Manque de fidélité (à une obligation). *Infidélité à la parole donnée.* 3 Manque de vérité, d'exactitude. ➝ *Il y a de grandes infidélités dans ce roman historique.* ⇒ **erreur, inexactitude.** ✪ CONTR. Fidélité. Constance. Exactitude.

infiltrat n. m. – v. 1925 ■ Amas de cellules diverses dans un tissu ou un organe. *Infiltrat pulmonaire.*

infiltration n. f. – XIVe 1 Action de s'infiltrer. *L'infiltration des eaux de pluie dans le sol.* ➝ Pénétration accidentelle d'eau dans un mur, une paroi. *Traces d'infiltration. La corniche « démantelée par l'infiltration des eaux pluviales »* (Gaut.). 2 Accumulation dans un tissu (de liquides organiques, gaz, substances injectées ou de cellules modifiant sa structure). *Infiltration graisseuse.* ⇒ **adiposité, obésité.** *Infiltration purulente.* ⇒ **phlegmon.** 3 Injection d'un médicament de manière à ce qu'il se répande lentement dans une région de l'organisme. *On lui a fait des infiltrations dans le coude.* 4 Pénétration lente et subreptice d'éléments extérieurs dans un pays, un groupe. ⇒ **noyautage.** *Infiltration d'espions.*

infiltrer v. tr. [1] – XIVe **I** v. tr. 1 Faire entrer (un liquide) dans un corps. *Infiltrer un anti-inflammatoire dans une articulation.* 2 Parvenir à introduire des éléments extérieurs dans (un groupe, un milieu) afin d'obtenir des renseignements. *Infiltrer une organisation terroriste.* **II** *S'INFILTRER* v. pron. 1 Pénétrer (dans un corps) en s'insinuant. *L'eau s'infiltre dans certains terrains.* 2 Passer, entrer insensiblement. *Le sable s'infiltre par tous les interstices.* ➝ *Il s'est infiltré à travers les lignes ennemies.*

infime adj. – XIVe ; lat. « le plus bas » ■ Tout petit. ⇒ **infinitésimal, minime, minuscule.** *Une infime majorité.* « *quand on le contrarie sur un détail quelquefois infime* » (Romains). ✪ CONTR. ① Capital, immense.

❑ Le latin *infimus* est le superlatif de *inferus* « placé en bas », *inferior* « inférieur » en est le comparatif.

in fine [infine] loc. adv. – XIVe ; loc. lat. « à la fin » 1 (dans une référence) À la fin, dans les dernières lignes d'un chapitre, d'un ouvrage. 2 En fin de compte.

infini, ie adj. et n. m. – XIIIe **I** adj. 1 En quoi nous ne remarquons ni ne concevons aucune limite. *La puissance, la miséricorde divines sont infinies.* 2 Qui est plus grand que tout ce qui comporte une limite. *L'espace conçu comme un milieu infini et infiniment divisible.* ➝ *Ensemble infini,* dont le nombre d'éléments est illimité. 3 Qui semble ne jamais devoir se terminer, être sans bornes ; très considérable (par la grandeur, la durée, le nombre, l'intensité). ⇒ **illimité, immense.** « *Le silence éternel de ces espaces infinis* » (Pasc.). *Un nombre infini de...* ➝ *Une patience infinie.* ⇒ **extrême.** *D'infinies précautions.* **II** n. m. 1 Ce qui est infini par l'un quelconque de ses aspects (grandeur, distance). *Les deux infinis de grandeur et de petitesse, selon Pascal.* ➝ *Fonction qui tend vers plus l'infini* ($+\infty$), *moins l'infini* ($-\infty$). 2 Ce qui semble infini, en raison de sa grandeur, de son intensité ou de son indétermination. ⇒ **immensité.** *L'infini des temps.* « *La notion de l'infini peut seule agrandir un peu l'être fini que nous sommes* » (Sand). 3 *À L'INFINI.* Sans qu'il y ait de borne, de fin. *Droite prolongée à l'infini.* ⇒ **indéfiniment.** ➝ *On ne va pas en discuter à l'infini.* ✪ CONTR. Borné, fini, limité.

❑ Au sens de « qui est sans bornes », on peut dire *plus, le plus infini* : « *aucune chose qui soit [...] plus mystérieuse et plus infinie* » (Hugo).

infiniment adv. – XIVe 1 D'une manière infinie. *Dieu est infiniment bon.* ➝ *Infiniment grand, infiniment petit* (⇒ **infinitésimal**) **:** plus grand, plus petit que toute quantité mesurable. ➝ *L'infiniment grand* (le cosmos, l'univers), *l'infiniment petit* (objets quantiques, micro-organismes). 2 Beaucoup, énormément. *Je regrette infiniment.* ➝ « *des pages d'une valeur infiniment plus grande* » (Proust). ⇒ **incomparablement.**

infinité n. f. – XIIIe 1 Quantité infinie, nombre infini. *Système d'équations qui possède une infinité de solutions.* 2 Très grande quantité. *Une infinité de gens.* ⇒ **multitude.**

infinitésimal, ale, aux adj. – XVIIIe 1 Relatif aux quantités infiniment petites. *Calcul infinitésimal, analyse infinitésimale* : partie des mathématiques comprenant le calcul différentiel, le calcul intégral et le calcul des variations. 2 Infiniment petit. ⇒ **infime, microscopique.** *Quantités infinitésimales.* « *Une senteur infinitésimale du choix le plus exquis* » (Baudelaire). ✪ CONTR. Grand, infini.

infinitif, ive n. et adj. – XIVe ; lat. *infinitivus (modus)* **I** n. m. Forme nominale du verbe exprimant l'idée de l'action ou de l'état, sans indication de personne ni de temps. « Aimer », « finir », « perdre », « vouloir » *sont des infinitifs. Verbe à l'infinitif. Infinitif présent, infinitif passé* (ex. On ne peut *être* et *avoir été*). **II** adj. *Proposition infinitive,* ou n. f. *une infinitive* : proposition subordonnée complétive dont le verbe est à l'infinitif et possède un sujet propre différent de celui de la principale (ex. Je l'ai vu venir).

infinitude n. f. – XVIe ■ Qualité de ce qui est infini. ✪ CONTR. Finitude.

infirmatif, ive adj. – XVIe ■ Qui infirme, rend nul. *Arrêt infirmatif d'un jugement.* ✪ CONTR. Confirmatif.

infirmation n. f. – XVe ■ Annulation partielle ou totale d'une décision de justice par le juge d'appel. *Infirmation d'un jugement.* ⇒ **annulation.**

infirme adj. et n. – XIIIe ; lat. « faible » ■ Qui est atteint d'une ou plusieurs infirmités (spécialement d'infirmités incurables). ⇒ **handicapé, invalide.** *Demeurer infirme à la suite d'un accident.* ➝ n. « *comme un infirme, après une opération, recouvre l'usage d'un sens qu'il avait cru perdu pour toujours* » (Larbaud). ⇒ **handicapé.** ✪ CONTR. Ingambe, valide.

infirmer v. tr. [1] – XIVe ; lat. *infirmare* « affaiblir, annuler » 1 Affaiblir (qqch.) dans son autorité, sa force, son crédit. *Infirmer une preuve,* en montrer le côté faible. 2 Annuler (une décision rendue par une juridiction inférieure). ✪ CONTR. Attester, avérer, prouver ; confirmer.

infirmerie n. f. – XIVe ; a. fr. *enfermerie* refait sur *infirme* ■ Local aménagé dans une collectivité pour recevoir et soigner les malades et les blessés légers. *Infirmerie d'une caserne, d'une école.*

infirmier, ière n. – XIIIe ■ Personne qualifiée qui assure la surveillance des malades, leur prodigue des soins et leur administre des médicaments, sous la direction des médecins ou en appliquant leurs prescriptions. *Les infirmières et les aides-soignantes d'un hôpital.* « *quelques infirmiers militaires (encore des sales planqués ceux-là)* » (Perec).

infirmité n. f. – XIIe ■ État (congénital ou accidentel) d'un individu ne jouissant pas d'une de ses fonctions ou n'en jouissant qu'imparfaitement (sans que sa santé générale en soit totalement compromise). ⇒ **handicap, impotence, invalidité.** « *son infirmité lui inspirait la crainte d'être dédaigné* » (Maurois).

infixe n. m. – XIXe ; lat. « inséré » ■ Élément qui s'insère dans l'intérieur d'un mot, afin d'en modifier le sens. ⇒ ① **affixe.**

inflammabilité n. f. – XVIIe ■ Caractère de ce qui est inflammable. *L'inflammabilité du soufre.*

inflammable adj. – XIVe ■ Qui a la propriété de s'enflammer facilement et de brûler vivement. *Gaz inflammable.* « *le phosphore qui est le plus inflammable de tous les corps* » (Buff.). ✪ CONTR. Apyre, ignifugé, ininflammable.

inflammation n. f. – XIVe ■ Ensemble des réactions locales provoquées par des agents physiques, chimiques ou par des germes pathogènes. ⇒ **-ite.** *Médicament qui combat l'inflammation.* ⇒ **anti-inflammatoire, antiphlogistique.**

inflammatoire adj. – XVIe ■ Qui est caractérisé par une inflammation, qui cause une inflammation. *Processus inflammatoire.*

inflation n. f. – XVe ; lat. *inflatio* « gonflement » **1** Hausse généralisée et continue des prix. *Taux d'inflation mesuré à partir de l'indice des prix. Inflation de 10% par an. Inflation monétaire, budgétaire. Réduire, juguler l'inflation.* **2** Extension, augmentation jugée excessive d'un phénomène. *Inflation verbale.* ✪ CONTR. ② Déflation.

inflationniste adj. – XIXe ■ Qui a rapport ou tend à l'inflation. *Politique inflationniste.* ✪ CONTR. Anti-inflationniste, déflationniste.

infléchi, ie adj. – XVIIIe **1** Recourbé du dehors en dedans. *Rameaux infléchis.* **2** *Voyelle infléchie,* qui a subi l'inflexion. ✪ CONTR. ① Droit.

infléchir v. tr. [2] – XVIIIe **1** Fléchir de manière à former une courbe plus ou moins accentuée. *L'atmosphère infléchit les rayons lumineux.* ⇒ **dévier. 2** Modifier le cours, l'orientation de. *Essayer d'infléchir la politique du gouvernement.* **3** S'INFLÉCHIR v. pron. *Poutre surchargée qui s'infléchit.* ⇒ **ployer.** ➛ *Leur politique s'est infléchie à gauche.* ✪ CONTR. Redresser.

infléchissement n. m. – XIXe ■ Modification légère, atténuation d'un phénomène ou d'une situation.

inflexibilité n. f. – XIVe ■ Caractère de ce qui est inflexible ; attitude d'une personne inflexible. *L'inflexibilité d'une règle.* « *l'inflexibilité de son caractère* » (Volt.). ✪ CONTR. Flexibilité, souplesse.

inflexible adj. – XIVe ■ Que rien ne peut fléchir ni émouvoir ; qui résiste à toutes les tentatives de persuasion, à toutes les influences. ⇒ ① **ferme, intraitable, intransigeant.** *Demeurer inflexible dans une résolution.* ⇒ **inébranlable.** ➛ Qui ne fléchit pas ; que rien ne peut abattre ou ébranler. ⇒ **implacable, indomptable.** *Volonté inflexible.* « *leur morale était aussi inflexible que celle des premiers puritains* » (Pagnol). ✪ CONTR. Flexible, influençable, souple.

inflexion n. f. – XIVe ; lat. **1** Mouvement par lequel une chose s'infléchit. ⇒ **flexion.** ➛ Changement de direction, d'orientation. *Inflexion vers, à droite de...* ➛ *Point d'inflexion d'une courbe plane,* point où la courbe traverse sa tangente. **2** Changement subit d'accent ou de ton dans la voix. « *Sa voix molle, presque dépourvue d'inflexions* » (Aymé).

infliger v. tr. [3] – XVe ; lat. **1** Appliquer (une peine matérielle ou morale). *Infliger une sanction, une peine à qqn.* ⇒ **donner, prononcer** (contre). **2** Faire subir. *Infliger un affront.* « *j'infligeais à son amour-propre la blessure la plus acérée* » (Yourcenar). ➛ Imposer (qqch. de mal supporté). *Il nous a infligé sa présence.* ✪ CONTR. Épargner, subir.

inflorescence n. f. – XVIIIe ; lat. *inflorescere* « se couvrir de fleurs » ■ Mode de groupement des fleurs sur la tige d'une plante. *Inflorescence axillaire, terminale.* ➛ Groupe de fleurs ainsi formé. *Les belles inflorescences des hortensias.*

influençable adj. – XIXe ■ Qui se laisse influencer. *C'est un homme très influençable.* ✪ CONTR. Inflexible, têtu.

influence n. f. – XIIIe ; lat. *influere* « couler dans » **1** Action qu'exerce une chose, un phénomène, une situation sur qqn ou qqch. ⇒ **effet, pression.** *L'influence de l'éducation.* ➛ SOUS L'INFLUENCE DE : sous l'effet, l'emprise, le coup de. *Il a agi sous l'influence de la colère.* « *savoir sous quelles influences extérieures* [...] *les artistes produisent leurs ouvrages* » (Sand). **2** *Influence électrostatique :* déplacement des charges électriques d'un conducteur sous l'action du champ créé par d'autres corps chargés. **3** Action (volontaire ou non) qu'une personne exerce sur qqn. ⇒ ② **ascendant, domination, empire, emprise.** *Il a beaucoup changé sous l'influence de son ami. Avoir de l'influence sur qqn. Avoir, exercer une bonne, une mauvaise influence sur qqn.* **4** Pouvoir social d'une personne qui amène les autres à se ranger à son avis. ⇒ **autorité, crédit, prestige.** *User de son influence en faveur de qqn.* **5** Action morale, intellectuelle. *Influence d'un grand homme sur son époque. Influence des lettres françaises à l'étranger.* **6** Autorité politique d'un État, d'une civilisation dans une région. *Influence britannique dans telle partie du monde. Sphère, zone d'influence.*

influencer v. tr. [3] – XVIIIe ■ Soumettre à son influence. ⇒ **agir** (sur), **influer** (sur). *Se laisser influencer par la publicité. Je ne veux pas vous influencer.* ➛ *Je ne veux pas influencer votre décision.* ⇒ **peser** (sur).

influent, ente adj. – XVIe ■ Qui a de l'influence, du prestige, du crédit. ⇒ **important, puissant.** « *un journaliste influent dont nous espérons l'appui* » (Romains).

> ❑ Ne pas confondre avec *influant,* participe présent de *influer.*

influenza [ɛ̃flyɑ̃za ; ɛ̃flyɛnza] n. f. – XVIIIe ; mot it. « écoulement de fluide », d'où « épidémie » ■ vieilli Grippe.

influer v. intr. [1] – XIVe ; lat. « couler dans » ■ INFLUER SUR : exercer sur (une personne ou une chose) une action de nature à la modifier. ⇒ **influencer.** *La mélancolie* « *commençait à influer sur sa santé* » (Stendh.).

influx n. m. – XVIe **1** Fluide hypothétique transmettant une force, une action. ⇒ **influence.** « *l'influx magnétique* » (Baud.). **2** *Influx nerveux :* série de phénomènes assurant la transmission de l'excitation dans les éléments nerveux. ⇒ **neurotransmetteur.**

infographie n. f. – v. 1970 ; nom déposé, de *info(rmatique)* et *-graphie* ■ Procédé de création d'images assistée par ordinateur.

in-folio [infɔljo] adj. inv. et n. m. – XVIe ; lat. *in* « dans » et *folium* « feuille » ■ Dont la feuille d'impression est pliée en deux, formant quatre pages. *Format in-folio.* ➛ abrév. graphique *in-f°.* ♦ n. m. Livre in-folio. « *un gros in-folio relié en maroquin rouge* » (Nerval). *Des in-folios* ou *des in-folio.*

infondé, ée adj. – XIXe ■ Qui est sans fondement, qui n'est pas établi sur une base sûre. ⇒ **injustifié.** *Craintes infondées.*

informateur, trice n. – XIVe ■ Personne qui donne des informations ; personne dont la fonction est de recueillir des informations. *Informateur* (de police). ⇒ **indicateur, mouchard.**

informaticien, ienne n. – 1966 ▪ Spécialiste en informatique, théorique ou appliquée. ⇒ **analyste, concepteur, développeur, programmeur, pupitreur.**

informatif, ive adj. – 1939 ▪ Qui apporte de l'information. *Réunion informative.*

information n. f. – XIIIe I Ensemble des actes qui tendent à établir la preuve d'une infraction et à en découvrir les auteurs. ⇒ **instruction** (préparatoire). II - 1 Renseignements sur qqn, sur qqch. *Détenir des informations. « elle avait pris à l'avance ses informations »* (Loti). abrév. fam. INFO. ➛ Ensemble des renseignements obtenus par qqn. *Une information prodigieuse.* 2 Action de s'informer, de prendre des renseignements. ⇒ **enquête, examen, investigation.** *Note transmise à X pour information.* 3 UNE INFORMATION, DES INFORMATIONS : fait ou jugement qu'on porte à la connaissance d'une personne, d'un public à l'aide de mots, de sons ou d'images. ⇒ **avis, communiqué, nouvelle.** *Une information de dernière minute. Informations politiques, sportives, régionales. Bulletin, flash d'informations.* ➛ Bulletin d'informations (à la radio, à la télévision). ⇒ **actualité, journal.** *Écouter, regarder les informations, les infos* (abrév. fam.). *« Si la télévision marchait encore, elle pourrait voir si les informations sont déjà passées »* (Le Clézio). 4 *L'information.* Action d'informer l'opinion sur la vie publique, les événements récents. ⇒ **communication.** *Droit à l'information, liberté de l'information.* ➛ *Supports de l'information, moyens d'information.* ⇒ **média.** III Élément ou système pouvant être transmis par un signal ou une combinaison de signaux (⇒ **message**), appartenant à un répertoire fini ; ce qui est transmis (objet de connaissance, de mémoire). *Théorie de l'information. Traitement de l'information.* ⇒ **cybernétique, informatique ; donnée.** *Autoroute de l'information.* ⇒ **inforoute.**

informationnel, elle adj. – 1961 ▪ Qui concerne l'information (III).

informatique n. f. – 1962 ; de *information* et *-ique,* d'apr. *mathématique, électronique* ▪ Science du traitement de l'information ; ensemble des techniques de la collecte, du tri, de la mise en mémoire, du stockage, de la transmission et de l'utilisation des informations traitées automatiquement à l'aide de programmes (⇒ **logiciel**) mis en œuvre sur ordinateurs. *Les métiers de l'informatique.* ⇒ **informaticien.** *Informatique théorique* (*informatique fondamentale, formelle* ou *analytique*) et *informatique appliquée* (*informatique de gestion, informatique documentaire,* etc.). ➛ adj. *Réseaux informatiques. Équipement, matériel informatique.* ⇒ ② **calculateur, ordinateur.**

informatiquement adv. – v. 1987 ▪ Par des moyens informatiques. *Enquête traitée informatiquement.*

informatisation n. f. – 1969 ▪ Action d'informatiser.

informatiser v. tr. [1] – 1969 ▪ Traiter, organiser (une activité) à l'aide de moyens informatiques. *Informatiser la gestion d'une entreprise.* ➛ *Service entièrement informatisé.*

informe adj. – XVIe 1 Dont on ne peut définir la forme. *Ombres informes.* 2 Dont la forme n'est pas achevée. ⇒ **ébauché.** *Un projet informe.* 3 Dont la forme est peu esthétique. *Vêtement informe. « des cascades de chair informe »* (Romains). ✪ CONTR. Formé, structuré.

informé, ée adj. et n. m. – XVIIe 1 Qui sait ce qu'il faut savoir. ⇒ **averti, avisé, renseigné.** *Dans les milieux bien informés.* 2 n. m. loc. *Jusqu'à plus ample informé :* avant d'en savoir plus.

informel, elle adj. et n. m. – mil. XXe 1 Qui refuse de représenter des formes reconnaissables et classables. *L'art abstrait informel s'oppose aux tendances géométriques.* n. m. *L'informel.* 2 Qui n'est pas organisé de manière officielle. *Réunion informelle.* ✪ CONTR. Officiel, protocolaire.

❑ Le dernier sens est un emprunt à l'anglais *informal* ; on peut dire selon le contexte *non officiel, simple, sans façon.*

informer v. tr. [1] – XIIe ; lat. « façonner, former » 1 Mettre au courant (de qqch.), faire part à (qqn). ⇒ **avertir,** ② **aviser, instruire, prévenir, renseigner.** *Informer qqn d'un fait, d'une décision, d'un événement. Informer qqn que,* lui faire savoir que. ➛ *Être informé de, sur.* ⇒ **connaître,** ① **savoir.** 2 intrans. Faire une instruction en matière criminelle. ⇒ **instruire.** *Informer contre X.* 3 S'INFORMER v. pron. Se mettre au courant. ⇒ s'**enquérir,** se **renseigner.** *« les gens du village s'informent beaucoup de toi, et de quand tu reviendras »* (Loti). *S'informer si une place est libre.* ➛ Recueillir des informations. *S'informer par la presse.*

❑ Pour l'emploi → prévenir (rem.).

informulé, ée adj. – XIXe ▪ Qui n'est pas formulé. *Vœu informulé.* ✪ CONTR. Formulé.

inforoute n. f. – 1994 ; de *info* « information » ▪ Autoroute* de l'information, réseau électronique.

infortune n. f. – XIVe ▪ littér. Mauvaise fortune. ⇒ **malheur.** *Pour comble d'infortune.* ⇒ **malchance.** *Compagnon d'infortune :* personne qui partage les malheurs d'une autre personne. ✪ CONTR. Bonheur, félicité, fortune.

infortuné, ée adj. et n. – XIVe ▪ littér. Qui est dans l'infortune. ⇒ **malheureux.** *L'infortunée victime.* ➛ n. *« ce n'est pas d'argent seulement qu'ont besoin les infortunés »* (Rouss.). ✪ CONTR. Fortuné, heureux.

infoutu, ue adj. – v. 1987 ▪ fam. Incapable. ⇒ **infichu.** *Il est infoutu de se débrouiller seul.*

infra adv. – XIXe ; mot lat. « au-dessous, plus bas » ▪ Sert à renvoyer à un passage qui se trouve plus loin dans un texte. ✪ CONTR. Supra.

infra- Élément signifiant « inférieur », « en dessous de ».

infraction n. f. – XIIIe ; lat. *frangere* « briser » 1 Violation d'un engagement, d'une loi, d'une convention. ⇒ **dérogation, faute, manquement.** *Infraction au règlement.* 2 Violation d'une loi de l'État, qui est frappée d'une peine strictement définie par la loi. ⇒ **crime,** ① **délit.** *Être en infraction.* ✪ CONTR. Observation, respect.

infradien, ienne adj. – 1976 ; de *infra-* et *(circa)dien* ▪ *Rythme infradien :* rythme biologique dont l'évolution est plus lente que celle d'un rythme circadien (opposé à *ultradien*).

infraliminal, ale, aux adj. – 1977 ▪ Se dit d'un stimulus d'un niveau insuffisant pour manifester sa présence. ⇒ **subliminal.**

❑ On dit aussi *infraliminaire,* avec un autre suffixe.

infranchissable adj. – XVIIIe ▪ Qu'on ne peut franchir. *« Le gouffre infranchissable, qui fait l'incommunicabilité, reste infranchi »* (Baudelaire).

infrangible adj. – XVIe ; lat. *frangere* « briser » ▪ littér. Qui ne peut être brisé, détruit, rompu. ⇒ **solide.**

infrarouge adj. – XIXe ▪ Se dit de radiations non visibles, dont la longueur d'onde est inférieure à celle de la lumière visible rouge et supérieure à celle des radiofréquences. *Rayons infrarouges.* abrév. I. R. ➛ n. m. *Chauffage par infrarouge.*

infrason [ɛ̃fʀasɔ̃] n. m. – 1925 ▪ Vibration sonore de fréquence inférieure à 20 hertz qui n'est pas perceptible par l'homme.

infrasonore [ɛ̃fʀasɔnɔʀ] adj. – 1950 ▪ Relatif aux infrasons.

infrastructure n. f. – XIXe I - 1 Parties inférieures (d'une construction). ⇒ **fondation.** ➙ Ensemble des terrassements et ouvrages qui concourent à l'établissement de la plateforme d'une voie de chemin de fer, d'une route. 2 Dans l'aviation, Ensemble des installations au sol. ➙ Ensemble des installations nécessaires à l'activité des forces militaires sur un territoire. 3 Ensemble des équipements économiques ou techniques. *L'infrastructure hôtelière d'une région.* II En philosophie, Structure cachée ou non remarquée, qui soutient qqch. de visible. ➙ Organisation économique de la société, considérée comme le fondement de l'idéologie (vocabulaire marxiste). ✪ CONTR. Superstructure.

infréquentable adj. – XIXe ▪ Qu'on ne peut fréquenter. « *l'ouvrière restait pour lui un être inquiétant, infréquentable* » (Tournier).

infroissable adj. – 1912 ▪ Qui n'est pas froissable. *Tissu infroissable.*

infructueux, euse adj. – XIVe ▪ Sans profit, sans résultat. ⇒ **vain.** *Tentatives infructueuses.* « *des recherches infructueuses dans des armoires* » (Proust).

infumable adj. – XIXe ▪ Désagréable à fumer. *Tabac infumable.*

infundibuliforme adj. – XVIIe ; lat. *infundibulum* « entonnoir » et *-forme* ▪ Qui a la forme d'un entonnoir. *Corolle infundibuliforme du liseron.*

infus, use adj. – XVIe ; lat. *infundere* « verser dans » ▪ littér. *Don infus avec la vie.* ⇒ **inné, naturel.** loc. cour. *Avoir la science infuse* : savoir de façon innée, sans avoir appris ; prétendre tout savoir.

infuser v. tr. [1] – XIVe 1 Laisser tremper (une substance) dans un liquide bouillant afin qu'il se charge des principes qu'elle contient. *Infuser de la verveine. Une bonne tasse de thé* « *bouillant, bien infusé* » (Sarraute). ♦ intrans. *Laisser infuser quelques minutes.* 2 Communiquer. *Infuser un sang nouveau à qqn, à qqch.*, l'animer d'une vie nouvelle. « *Ta femme doit être un sang neuf infusé à la lignée* » (Tournier).

infusible adj. – XVIIIe ▪ Qui ne peut être fondu. ⇒ **apyre.** *L'amiante, substance infusible à haute température.*

infusion n. f. – XIIIe ; lat. *infusio* 1 Action d'infuser dans un liquide une substance végétale dont on veut extraire les principes solubles. *Les tisanes, le thé se font par infusion dans l'eau chaude.* 2 Tisane de plantes (camomille, menthe, tilleul, verveine, etc.). *Infusion de fleurs pectorales.*

infusoire n. m. – XVIIIe ; de *infusion* ▪ Protozoaire cilié qui vit dans les eaux stagnantes. « *il faut quarante-sept millions de ces infusoires pour peser un grain* » (J. Verne).

ingagnable adj. – XVIIIe ▪ Qui ne peut être gagné. *Un procès ingagnable.*

ingambe adj. – XVIe ; it. *in gamba* « en jambe » ▪ Qui est alerte, a un usage normal de ses jambes. *Un vieillard encore ingambe.* ⇒ ① **gaillard.** ✪ CONTR. Impotent, infirme.

ingénier (s') v. pron. [7] – XIVe ; lat. *ingenium* « esprit, talent » ▪ S'INGÉNIER À (et inf.) : mettre en jeu toutes les ressources de son esprit (pour parvenir à un but). ⇒ **chercher,** s'**évertuer.** « *tu t'ingénies à te persuader que tu es un vieux jeton* » (Aymé).

ingénierie n. f. – v. 1964 ; de *ingénieur* 1 Conception, étude globale d'un projet industriel sous tous ses aspects (techniques, économiques, financiers, sociaux), coordonnant les études particulières des spécialistes. ➙ Recomm. offic. pour ENGINEERING. 2 *Ingénierie génétique.* ⇒ **génie.**

ingénieur n. m. – XVIe ; de *engin* « machine de guerre » ▪ Personne qui a reçu une formation scientifique et technique la rendant apte à diriger certains travaux, à participer à des recherches. *École, diplôme d'ingénieur. Elle est ingénieur. Ingénieur civil. Ingénieur des Mines, des Ponts et Chaussées, des Travaux publics. Ingénieur agronome, chimiste, électricien.* « *à la fois pilote et ingénieur-mécanicien* » (Mart. du G.). ➙ appos. *Femme ingénieur.*

> ❑ Le mot n'a pas de féminin, sauf au Québec : *ingénieure*, toutefois peu perceptible à l'oral *(l'ingénieure/l'ingénieur).*

ingénieusement adv. – XIIe ▪ D'une manière ingénieuse. ⇒ **astucieusement, habilement.**

ingénieux, ieuse adj. – XIVe ; lat. *ingeniosus* 1 Qui a l'esprit inventif. ⇒ **adroit, astucieux, habile, inventif, malin.** « *L'ingénieux Ulysse* » (Rac.). *Bricoleur ingénieux.* 2 Qui témoigne de l'adresse, d'une grande fertilité d'imagination. *Trouvaille ingénieuse.* ✪ CONTR. Incapable, maladroit.

> ❑ Même famille étymologique que *s'ingénier* et *génie.*

ingéniosité n. f. – XIVe ▪ Qualité d'une personne ingénieuse. ⇒ ② **adresse, astuce, habileté.** *Déployer des trésors d'ingéniosité.* ♦ Caractère de ce qui est ingénieux. *Un procédé d'une extrême ingéniosité.*

ingénu, ue adj. – XVe ; lat. *ingenuus* « né libre », « noble, franc » ▪ littér. Qui a une sincérité innocente et naïve. ⇒ **candide.** *Jeune fille ingénue, un peu nunuche. Regard ingénu.* ➙ subst. « *L'Ingénu* », *conte de Voltaire.* « *ce rôle d'ingénue, dont s'enveloppait la jeune comtesse* » (Goncourt).

ingénuité n. f. – XIVe ▪ Sincérité innocente et naïve. ⇒ **candeur, innocence, naïveté.** *Répondre avec ingénuité.* ✪ CONTR. Fausseté, rouerie.

ingénument adv. – XVIe ▪ D'une manière ingénue. *Répondre ingénument à une question.*

ingérable adj. – XXe ▪ Que l'on ne peut gérer, très difficile à gérer. *Une crise ingérable.* ✪ CONTR. Gérable, maîtrisable.

ingérence n. f. – XIXe ▪ Action de s'ingérer dans les affaires d'autrui. ⇒ **intervention, intrusion.** *Il ne tolère pas d'ingérence dans sa vie privée.* ➙ Intervention d'un État dans les affaires d'un autre État. *Devoir, droit d'ingérence.* ✪ CONTR. Non-ingérence, non-intervention.

ingérer v. [6] – XIVe ; lat. *ingerere* « porter dans » I S'INGÉRER v. pron. S'introduire indûment, sans en être requis ou en avoir le droit. ⇒ s'**entremettre,** s'**immiscer, intervenir.** *S'ingérer dans les affaires d'autrui.* II v. tr. Introduire par la bouche (dans les voies digestives). ⇒ **avaler,** ① **manger.** *Ingérer des aliments.*

ingestion n. f. – XIXe ▪ Action d'ingérer (des aliments, des boissons). *Ingestion d'alcool.* « *à un moment plus ou moins avancé de l'ingestion du remède* » (Proust).

ingouvernable adj. – XVIIIe 1 Qui ne peut être gouverné. *Peuple ingouvernable.* 2 littér. Impossible à maîtriser. *Force ingouvernable.* ✪ CONTR. Docile ; maîtrisable.

ingrat, ate adj. et n. – XIVe ; lat. *gratus* « chose agréable » 1 Qui n'a aucun gré, aucune reconnaissance. ⇒ **oublieux.** *Se montrer, être ingrat pour, vis-à-vis de qqn. Ne soyez pas ingrats envers vos amis.* « *Ingrate patrie, tu n'auras pas mes os* », paroles attribuées à Scipion l'Africain. ➙ n. *Vous n'aurez pas affaire à un ingrat,* je vous le revaudrai. 2 Qui ne dédommage guère de la peine qu'il donne, des efforts qu'il coûte. *Sol ingrat, terre ingrate.* ⇒ **stérile.** ➙ *Sujet ingrat, tâche ingrate.* ⇒ **aride.** 3 Qui manque d'agrément, de grâce. ⇒ **déplaisant, désagréable.** *Visage ingrat.* ♦ *Âge ingrat,* celui de la puberté. ✪ CONTR. Reconnaissant ; fécond, fertile ; ① avenant, plaisant.

ingratitude n. f. – XIIIe ▪ Caractère d'une personne ingrate ; manque de gratitude, de reconnaissance. ⇒ **méconnaissance, oubli.** *Faire preuve d'ingratitude à l'égard de qqn.* « *l'ingratitude vient peut-être de l'impossibilité où l'on est de s'acquitter* » (Balz.). ✪ CONTR. Gratitude, reconnaissance.

❑ De la même famille que son adjectif, alors qu'à *gratitude* correspond *reconnaissant.*

ingrédient [ɛ̃gʀedjɑ̃] n. m. – XVIe ; lat. *ingredi* « entrer dans » ▪ Élément qui entre dans la composition d'une préparation ou d'un mélange quelconque. *Les ingrédients d'une sauce.*

inguérissable adj. – XVe 1 Qui n'est pas guérissable. *Maladie inguérissable.* ⇒ **incurable.** 2 Sans remède. *Douleur, chagrin inguérissable.* « *notre méchanceté inguérissable* » (Mauriac). ✪ CONTR. Curable, guérissable.

inguinal, ale, aux [ɛ̃gɥinal, o] adj. – XVe ; lat. *inguen* « aine » ▪ Qui appartient à l'aine, à la région de l'aine. *Ganglions inguinaux.*

ingurgitation n. f. – XIXe ▪ rare Action d'ingurgiter. *Engraisser des oies par ingurgitation.* ✪ CONTR. Régurgitation.

ingurgiter v. tr. [1] – XIXe ; lat. « engouffrer » 1 rare Introduire dans la gorge, faire avaler. ⇒ **enfourner.** *La potion qu'on lui a ingurgitée.* 2 Avaler avidement et en quantité. ⇒ **engloutir.** *Le goinfre a tout ingurgité.* ♦ « *la demi-science qu'elle a jadis ingurgitée* » (Montherl.). ✪ CONTR. Dégurgiter, régurgiter.

inhabile adj. – XIVe ▪ littér. Qui manque d'habileté, d'adresse. *Un apprenti inhabile.* ⇒ **gauche, maladroit, malhabile.** *Des mains inhabiles.* ✪ CONTR. Adroit, habile, expert.

inhabileté n. f. – XIVe ▪ littér. Manque d'habileté. ⇒ **gaucherie, maladresse.** ✪ CONTR. Habileté.

inhabilité n. f. – XIVe ▪ Incapacité légale. ✪ CONTR. Capacité, habilité.

inhabitable adj. – XIVe ▪ Qui n'est pas habitable, qui est difficilement habitable. *Une contrée inhabitable.* ⇒ **hostile, inhospitalier.** « *tout cela est pur, inhabité, inhabitable, gelé, sculpté dans la glace* » (Tournier).

inhabité, ée adj. – XIVe 1 Qui n'est pas habité. *Régions inhabitées.* ⇒ ① **désert, sauvage.** *La terre* « *deviendra inhabitable et sera inhabitée comme la lune* » (J. Verne). 2 littér. Où il n'y a pas de vie, d'intelligence. *Un visage inhabité.*

inhabituel, elle adj. – XIXe ▪ Qui n'est pas habituel. ⇒ **inaccoutumé, insolite.** *Il régnait dans la rue une animation inhabituelle.* – *Des clients inhabituels.* ✪ CONTR. Habituel.

inhalateur, trice adj. et n. m. – XIXe ▪ Que l'on emploie pour les inhalations. *Appareil inhalateur.* ♦ n. m. Appareil servant à faire des inhalations.

inhalation n. f. – XVIIIe ▪ Absorption par les voies respiratoires (de gaz, de vapeurs). ⇒ **aspiration, inspiration.** *Inhalation de chloroforme en vue de provoquer l'anesthésie.* ♦ Aspiration par le nez de vapeurs qui désinfectent, décongestionnent. ⇒ **fumigation.** *Faire des inhalations pour soigner un rhume.* ✪ CONTR. Exhalation.

inhaler v. tr. [1] – XIXe ; lat. *halare* « souffler » ▪ Aspirer par inhalation. ⇒ **absorber, inspirer, respirer.** *Inhaler de l'air froid.* ✪ CONTR. Exhaler.

❑ Même famille étymologique que *haleine.*

inharmonieux, ieuse adj. – XVIIIe ▪ littér. Qui manque d'harmonie. *Sons inharmonieux.* ⇒ **discordant, dissonant.** ✪ CONTR. Harmonieux.

inharmonique adj. – XIXe ▪ Qui n'est pas harmonieux ; qui ne correspond pas aux règles de l'harmonie. *Accords inharmoniques.*

inhérence n. f. – XIVe ▪ Caractère inhérent. *L'inhérence entre deux choses.*

inhérent, ente adj. – XVIe ; lat. *inhærere* « être attaché à » ▪ Qui appartient essentiellement à un être, à une chose, qui lui est joint de manière inséparable. ⇒ **essentiel, intrinsèque.** *Les qualités inhérentes à la personne.* « *le drame naturel inhérent à tout homme* » (Baudelaire).

inhibé, ée adj. – XIXe ▪ Qui est victime d'inhibitions. ⇒ fam. **coincé, complexé, refoulé, timide.** « *ma sœur, moins inhibée que moi, osa interroger maman* » (Beauv.). subst. *Un inhibé.*

inhiber v. tr. [1] – XIVe ; lat. « retenir, arrêter » 1 Exercer une action d'inhibition sur. *Inhiber la croissance.* 2 Freiner, arrêter (dans son activité, son impulsion, son développement). ⇒ **paralyser ;** fam. **bloquer.** *La présence de ses parents l'inhibe.* ✪ CONTR. Exciter, stimuler. Désinhiber.

❑ Même famille que *exhiber.*

inhibiteur, trice adj. et n. m. – XIXe 1 Qui provoque une inhibition. ⇒ **inhibitif.** « *pas une des influences, exaltantes [...] qui ne devienne inhibitrice à son tour* » (Gide). 2 n. m. Substance qui ralentit ou arrête complètement une réaction (chimique, physiologique). *La pilule est un inhibiteur de l'ovulation.*

inhibitif, ive adj. – XVIe ▪ Qui exerce une inhibition. ⇒ **inhibiteur.** *Mécanismes inhibitifs.* ✪ CONTR. Dynamogène.

inhibition n. f. – XIIIe 1 Action nerveuse ou hormonale empêchant ou modérant le fonctionnement d'un organe ; diminution d'activité qui en résulte. 2 Action d'un fait psychique qui empêche d'autres faits de se produire ou d'arriver à la conscience ; état d'impuissance, de paralysie qui en résulte. *Inhibition émotive, intellectuelle.* ⇒ **blocage.** *Inhibition sexuelle. Il faut vaincre vos inhibitions.* ✪ CONTR. Excitation, impulsion.

inhospitalier, ière adj. – XVIe 1 Qui ne pratique pas l'hospitalité. « *Inhospitalier de nature, le Français soigne d'une manière défensive ses abords immédiats* » (Colette). 2 Où l'on trouve difficilement l'hospitalité. *Pays inhospitalier.* 3 Où les conditions de vie sont difficiles. *Climat inhospitalier.* ✪ CONTR. Accueillant, hospitalier.

inhumain, aine adj. – XIVe 1 Qui manque d'humanité. ⇒ **barbare, cruel.** *Tyran inhumain. Prisonnier soumis à un traitement inhumain.* 2 Qui n'a rien d'humain. *Un hurlement inhumain.* « *le caractère inhumain, monstrueux, antinaturel de ses sentiments* » (Mauriac). 3 Très pénible. ⇒ **insupportable.** *Un travail inhumain.* ⇒ **surhumain.** ✪ CONTR. Humain ; généreux.

inhumainement adv. – XIVe ▪ littér. D'une façon inhumaine. ✪ CONTR. Humainement.

inhumanité n. f. – XIVe ▪ littér. Caractère d'une personne, d'une chose inhumaine. ⇒ **barbarie, cruauté, férocité.** *Acte d'inhumanité.* « *la peur qu'ils avaient de la guerre venait de son inhumanité* » (Giono). ✪ CONTR. Humanité.

inhumation n. f. – XVe ▪ Action d'inhumer. ⇒ **ensevelissement, enterrement.** *La cérémonie d'inhumation a lieu à midi.* ✪ CONTR. Exhumation.

inhumer v. tr. [1] – XVe ; lat. *humus* « terre » ▪ Mettre en terre (un corps humain), avec les cérémonies d'usage. ⇒ **ensevelir, enterrer.** *Il est inhumé au Père-Lachaise.*

→ *Permis d'inhumer*, délivré par le médecin. ✪ CONTR. Déterrer, exhumer.

inimaginable adj. – XVIe ▪ Qu'on ne peut imaginer, dont on n'a pas idée. ⇒ **impensable, inconcevable, incroyable.** « *la quantité d'enfants est inimaginable* » (Gide). *C'est inimaginable !*

inimitable adj. – XVe ▪ Qui ne peut être imité. *Son style est inimitable.* → *Signature inimitable.*

inimitié [inimitje] n. f. – XIIIe ; lat. *inimicus* « ennemi » ▪ littér. Sentiment hostile. ⇒ **animosité.** « *la profonde inimitié qui régnait entre les Reybert et les Moreau* » (Balz.). *Inimitié profonde. Avoir de l'inimitié pour, contre qqn.* ✪ CONTR. Amitié.

ininflammable adj. – XVIe ▪ Qui n'est pas inflammable, qui ne peut prendre feu. ⇒ **apyre.** *Tissu ininflammable. Rendre ininflammable.* ⇒ **ignifuger.** ✪ CONTR. Inflammable.

inintelligence n. f. – XVIIIe ▪ Manque d'intelligence. ⇒ **bêtise, stupidité.**

inintelligent, ente adj. – XVIIIe ▪ Qui n'est pas intelligent. ⇒ **bête, sot, stupide.** ♦ Qui dénote un manque d'intelligence. *Conduite inintelligente.* ✪ CONTR. Intelligent.

inintelligibilité n. f. – XVIIe ▪ Caractère de ce qui est inintelligible. *Inintelligibilité d'un texte.* ✪ CONTR. Intelligibilité.

inintelligible adj. – XVIIe ▪ Qu'on ne peut comprendre ; dont on ne peut saisir le sens. ⇒ **incompréhensible, obscur.** « *une de ces explications compliquées, inintelligibles* » (Barbey). *Style confus, inintelligible.* ⇒ **amphigourique.** ✪ CONTR. Intelligible.

inintéressant, ante adj. – XIXe ▪ Dépourvu d'intérêt. « *Ses récits n'étaient pas inintéressants, mais péchaient par extravagance* » (Gide). ✪ CONTR. Intéressant.

ininterrompu, ue adj. – XVIIIe ▪ Qui n'est pas interrompu (dans l'espace ou dans le temps). ⇒ **continu.** *File ininterrompue de voitures. Une heure de musique ininterrompue.* ⇒ **non-stop.** « *le chœur ininterrompu des rainettes* » (Claudel). *Travailler de façon ininterrompue.* ✪ CONTR. Discontinu, interrompu.

inique adj. – XIVe ; lat. *iniquus*, de *in-* et *æquus* « uni », « égal » ▪ Qui manque gravement à l'équité, très injuste. ⇒ **partial.** *Jugement, loi inique. Un juge inique.* ✪ CONTR. Équitable, juste.

iniquité n. f. – XIIe ▪ Manque d'équité. ⇒ **injustice.** *L'iniquité d'un jugement, d'une loi.* ♦ Acte, chose inique. ⇒ **crime, usurpation.** *Une iniquité flagrante.* ✪ CONTR. Équité, justice.

initial, iale, iaux adj. et n. f. – XIIe ; lat. *initium* « commencement » **1** Qui est au commencement, qui caractérise le commencement (de qqch.). *État initial.* ⇒ **originel, primitif.** *Cause initiale.* ⇒ **premier. 2** Qui commence qqch., qui est placé au début. ⇒ **premier.** *Un versement initial de 5 000 F.* → *Lettre initiale d'un mot, d'un nom propre* (⇒ **majuscule).** subst. *À l'initiale d'un mot*, au début de ce mot. **3** n. f. Première lettre (d'un mot, d'un nom). *Initiales formant le mot* Unesco (⇒ **acronyme, sigle).** → au plur. Premières lettres du nom et du prénom (de qqn). *Signer de ses initiales. Initiales entrelacées.* ⇒ **chiffre, monogramme.** ✪ CONTR. Dernier, final, ① terminal.

initialement adv. – XIXe ▪ Dans la période initiale ; au commencement, au début.

initialiser v. tr. [1] – apr. 1970 ; angl. *to initialize* ▪ Mettre (un dispositif informatique) dans un état permettant la mise en route d'une exploitation. *Initialiser une disquette.* ⇒ **formater.**

initiateur, trice n. – XVIe ▪ Personne qui initie (qqn), qui enseigne le premier (qqch.). ⇒ **éducateur, maître.** *Elle fut son initiatrice en littérature. Les principaux initiateurs de la révolte.* ⇒ **auteur, instigateur.** → *Un initiateur.* ⇒ **novateur, précurseur.**

initiation n. f. – XVe **1** Admission à une religion, un culte, à un état social particulier. ⇒ **affiliation, introduction.** *Initiation maçonnique. Cérémonie d'initiation. Rites d'initiation.* **2** Introduction à la connaissance de choses secrètes, cachées, difficiles. *Initiation aux arcanes de la politique.* **3** Action de donner ou de recevoir les rudiments (d'une science, d'un art, d'un jeu, etc.). ⇒ **apprentissage, instruction.** *Initiation aux mathématiques. Cours d'initiation à la musique.* « *C'était comme l'initiation au monde, l'accès de plaisirs défendus* » (Flaub.).

initiatique adj. – 1922 ▪ Relatif à l'initiation, caractérisé par l'initiation. *Rites, épreuves initiatiques.*

initiative n. f. – XVIe **1** Action d'une personne qui est la première à proposer, entreprendre, organiser qqch. *Prendre l'initiative d'une démarche* (⇒ **entreprendre, provoquer).** « *L'initiative dans l'admiration est chose extrêmement rare ; ici encore, l'on ne rencontre que des suiveurs* » (Gide). ♦ *Une initiative malheureuse.* → *Sur, à l'initiative de qqn*, sur sa proposition. **2** Droit de soumettre à l'autorité compétente une proposition en vue de la faire adopter par celle-ci. *Le parlement a l'initiative des lois.* **3** Qualité d'une personne qui sait prendre des initiatives, qui est disposée à entreprendre, à oser. *Faire preuve d'initiative, manquer d'initiative. Poste qui réclame un peu d'initiative. Faire qqch. de sa propre initiative.* ✪ CONTR. Passivité, routine.

initié, iée n. – XIVe **1** Personne qui a été initiée. « *Moins il y a d'initiés, plus les mystères sont sacrés* » (Volt.). **2** Personne qui est dans le secret. *Une poésie accessible aux seuls initiés. Un petit cercle d'initiés.* ♦ *Délit d'initié* : infraction commise par une personne qui, disposant d'informations privilégiées, les utilise pour des opérations en Bourse. ✪ CONTR. Non-initié, profane.

initier v. tr. [7] – XIVe ; lat. *initium* « commencement » **1** Admettre à la pratique d'une religion, admettre au sein d'une société secrète. *Initier qqn à la franc-maçonnerie.* **2** Admettre (qqn) à la connaissance d'un savoir peu répandu. *Initier qqn aux secrets de la Bourse.* **3** Être le premier à instruire, à faire accéder (qqn) à des connaissances. ⇒ **enseigner, instruire.** *Initier qqn à la philosophie. Il « initia Bouvard à la théorie »* (Flaub.). ♦ pronom. S'INITIER À : acquérir les premiers éléments (d'un art, d'une science, d'une technique). ⇒ **s'instruire. 4** Prendre l'initiative de, commencer. *Initier une enquête.*

> ❑ Le sens « commencer » est un anglicisme critiqué. → impulser (rem.).

injectable adj. – 1925 ▪ Qui doit être administré par injection. *Solution injectable.* → *Ampoule injectable*, dont le contenu doit être injecté avec une seringue (opposé à *buvable*).

injecter v. tr. [1] – XVIe **1** Introduire (un liquide en jet, un gaz sous pression) dans un organisme. ⇒ **injection.** *Injecter un calmant à qqn.* → « *Il s'était injecté une dose foudroyante de son poison habituel* » (Bourget). ♦ *Son œil s'injecte de sang*, se colore par l'afflux de sang. → *Yeux injectés de sang.* **2** Faire pénétrer (un liquide sous pression). *Injecter du ciment dans un mur de pierres sèches.* **3** Apporter (des crédits, des capitaux) pour relancer une entreprise, un secteur de l'économie. ✪ CONTR. Ponctionner, prélever.

❑ *Injecter* a été créé par les médecins d'après le latin *injectare* « jeter sur » pour servir de verbe à *injection.*

injecteur, trice n. m. et adj. – XIXe **1** Appareil servant à injecter un liquide dans l'organisme. ➛ adj. *Seringue injectrice.* **2** Dispositif assurant l'alimentation en eau d'une chaudière ou l'arrivée du carburant dans un moteur, sans l'intermédiaire d'un carburateur.

injection n. f. – XIVe ; lat. *injicere* « jeter sur, dans » **1** Introduction d'un fluide sous pression dans l'organisme à l'aide d'une seringue ou d'un autre instrument. *Injection d'air dans la plèvre.* ⇒ **pneumothorax.** *Injection rectale, vaginale.* ♦ Piqûre. *Injection intraveineuse, intramusculaire.* **2** Le produit injecté. **3** Pénétration d'un liquide sous pression (dans une substance). *Façade consolidée par injection de ciment.* ➛ Procédé d'alimentation d'un moteur thermique consistant à pulvériser le combustible sous pression dans le comburant. *Moteur à injection.* ➛ *Moulage par injection,* dans la fabrication des objets en matière plastique. ♦ Introduction des ergols dans la chambre de combustion d'une fusée. **4** Mise sur orbite (d'un satellite). **5** Apport massif (d'argent, de capitaux). **6** En mathématiques, Application d'un ensemble dans un autre, telle qu'il n'existe pas deux éléments ayant même image.

injoignable adj. – 1970 ▪ Que l'on ne peut joindre, contacter, appeler par téléphone. ✪ CONTR. Joignable.

injonctif, ive adj. – XVIIIe ▪ Qui renferme un ordre.

injonction n. f. – XIIIe ; lat. ▪ Action d'enjoindre, d'ordonner expressément ; ordre exprès. ⇒ **commandement.** *Recevoir l'injonction de faire qqch.* « *Les deux fonctionnaires obtempérèrent à l'injonction du Conseiller d'État* » (Balz.). ➛ *Injonction de payer :* procédure de recouvrement de créances non payées.

injouable adj. – XVIIIe ▪ Qui ne peut être joué (théâtre, musique). « *la pièce est injouable avec les acteurs que nous avons* » (Volt.). ♦ Impossible à jouer (sport). ✪ CONTR. Jouable.

injure n. f. – XIIe ; lat. « injustice, tort » **1** littér. Injustice. *Faire injure à qqn,* traiter injustement. **2** littér. Offense grave et délibérée. ⇒ **affront, outrage.** « *en amour, une faveur qui n'est pas exclusive est une injure* » (Rouss.). « *C'était lui faire injure de l'implorer* » (Pasc.). ⇒ **offenser, outrager. 3** Parole offensante. ⇒ **insulte.** « *il recommença à l'accabler d'injures atroces et dignes d'un cocher de fiacre* » (Stendh.). ⇒ **injurier.** *Agonir qqn d'injures. Bordée d'injures. Injures racistes.* ♦ Délit consistant à proférer à l'encontre d'un personnage officiel un terme de mépris. ⇒ **outrage.** *Injure à agent.* ✪ CONTR. Compliment, éloge, louange.

injurier v. tr. [7] – XIIIe ▪ Couvrir d'injures. ⇒ **insulter.** « *critiquez-le* [cet essai], *mais sans m'injurier* » (Beaum.). ➛ pronom. (récipr.) *Les automobilistes s'injuriaient grossièrement.* ✪ CONTR. Complimenter, flatter, ① louer.

injurieusement adv. – XIVe ▪ D'une manière injurieuse. *Traiter qqn injurieusement.*

injurieux, ieuse adj. – XIIIe ▪ Qui contient des injures, qui constitue une injure. ⇒ **blessant, insultant, outrageant.** « *Quel torrent de mots injurieux* » (Rac.). *Article de presse injurieux.* ⇒ **diatribe.** ✪ CONTR. Élogieux, flatteur, respectueux.

injuste adj. – XIIIe **1** Qui agit contre la justice ou l'équité. *Un maître injuste. Être injuste avec, envers qqn. La vie « est souvent dure et parfois injuste et cruelle »* (France). **2** Qui est contraire à la justice. ⇒ **inique.** *Sentence, jugement injuste. Partage injuste.* ⇒ **inéquitable.** ➛ subst. *Distinguer le juste et l'injuste.* ✪ CONTR. Juste.

injustement adv. – XIIIe ▪ D'une manière injuste. « *un innocent injustement puni* » (Hugo). ✪ CONTR. Justement.

injustice n. f. – XIIe **1** Caractère d'une personne, d'une chose injuste ; manque de justice. ⇒ **iniquité.** *L'injustice des hommes. L'injustice d'une sentence.* ⇒ **partialité.** ➛ *Être révolté par l'injustice.* « *je ne rencontre que des passe-droits et de l'injustice* » (Gide). **2** Acte, décision, jugement contraire à la justice. *Être victime d'une terrible injustice. Réparer une injustice.* ✪ CONTR. Justice.

injustifiable adj. – XVIIIe ▪ Qu'on ne peut justifier. *Une conduite injustifiable.* ⇒ **inexcusable.**

injustifié, iée adj. – XIXe ▪ Qui n'est pas justifié. ⇒ **injuste.** *Une mesure injustifiée. Réclamation injustifiée.* ⇒ **immotivé, infondé.** ✪ CONTR. Fondé, justifié.

inlandsis [inlɑ̃dsis] n. m. – XIXe ; mot scand. ▪ Glacier continental des régions polaires ; calotte glaciaire.

❑ Signifie étymologiquement « glace *(is)* à l'intérieur *(in-)* du pays *(land)* ».

inlassable adj. – XIXe ▪ Qui ne se lasse pas. ⇒ **infatigable, patient.** *Un chercheur inlassable. Une patience inlassable.*

inlassablement adv. – 1907 ▪ D'une manière inlassable. *Poser inlassablement les mêmes questions.*

inlay [inlɛ] n. m. – XIXe ; mot angl. « incrustation » ▪ Obturation dentaire au moyen de métal (spécialement, d'or) coulé reconstituant la forme anatomique de la dent ; la matière obturatrice. *Des inlays.*

❑ L'équivalent français est *incrustation.*

inné, ée adj. – XVIe ; lat. *innatus* ▪ Que l'on a en naissant (opposé à ② *acquis*). ⇒ **infus.** *Don inné. Avoir le sens inné des affaires.* « *cet amour de la justice, inné dans tous les cœurs* » (Rouss.). ✪ CONTR. ② Acquis.

innéité n. f. – XIXe ▪ philos. Caractère inné (de caractères mentaux, de structures mentales). « *l'innéité de notre désespoir* » (Cioran).

innervation n. f. – XIXe ▪ Distribution des nerfs (dans une région du corps). *Innervation de la face.*

innerver v. tr. [1] – XIXe ▪ Fournir de nerfs, en parlant d'un tronc nerveux. *Le nerf facial et le nerf trijumeau innervent la face.* ➛ *Le lobe de l'oreille est peu innervé.*

innocemment [inɔsamɑ̃] adv. – XIVe ▪ Avec innocence, sans faire ou sans vouloir faire le mal.

innocence n. f. – XIIe **1** État de l'être qui n'est pas souillé par le mal, qui est incapable de le commettre. ⇒ **pureté.** *Le blanc, symbole de l'innocence.* ♦ État d'une personne qui ignore le mal. ⇒ **candeur, ingénuité.** « *Il avait gardé une innocence d'enfant, une douceur de jeune fille* » (Yourcenar). loc. adv. *En toute innocence :* innocemment, sans penser à mal. ➛ vieilli ou plaisant Virginité. ♦ Trop grande naïveté. *Avoir l'innocence de croire que...* **2** littér. État de ce qui ne nuit pas, n'est pas malfaisant. **3** Qui n'est pas coupable. « *il avait la conviction de l'innocence des accusés* » (Balz.). *Protester de son innocence. Clamer son innocence. Prouver l'innocence de qqn.* ✪ CONTR. Impureté. Culpabilité.

innocent, ente adj. et n. – XIe ; lat. *nocere* « nuire » **1** Qui n'est pas souillé par le mal. ⇒ **pur.** ➛ Qui ignore le mal, est pur et sans malice. ⇒ **candide.** *Innocent comme l'enfant, l'agneau qui vient de naître. Ai innocent. Une main innocente a procédé au tirage au sort.* ➛ n. *Un innocent, une innocente.* **2** Qui a une naïveté trop grande. ⇒ **crédule.** *Il est bien innocent* de le croire. ♦ n. Simple d'esprit. *L'innocent du village.* ⇒ **idiot.** 3 littér. Qui ne nuit pas, n'est pas dangereux. ⇒ **inoffensif.** « *de petits remèdes innocents* » (Rac.). ⇒ **anodin, bénin.** 4 Qui n'est pas coupable. *Il est innocent du crime dont on l'accuse. Tout homme accusé est présumé innocent jusqu'à ce qu'il ait été déclaré coupable. Innocente victime.* ➛ n. « *il vaut mieux hasarder de sauver un coupable que de condamner un innocent* » (Volt.). *Faire l'innocent,* celui qui ne comprend pas. 5 Qui n'est pas blâmable. *Plaisirs innocents. Baiser innocent.* ⇒ **chaste.** *Plaisanteries innocentes,* pas méchantes. ✪ CONTR. Impur ; averti, rusé ; dangereux, malfaisant, nuisible. Coupable, responsable.

innocenter v. tr. [1] – XVIe ▪ Déclarer (qqn) innocent, non coupable. ⇒ **blanchir, disculper, réhabiliter.** *Innocenter un condamné. On m'a « emprisonné, jugé, condamné et* [elle n'a] *pas élevé la voix pour m'innocenter* » (Aymé). ➛ *Cette déclaration du témoin l'innocente.* ✪ CONTR. Accuser, condamner.

innocuité n. f. – XVIIIe ; lat. *innocuus* « qui n'est pas nuisible » ▪ Qualité de ce qui n'est pas nuisible. « *pour les convaincre de l'innocuité de son breuvage, il en absorba devant eux plusieurs bouteilles* » (Flaub.). ✪ CONTR. Nocivité.

innombrable adj. – XIVe ▪ De nombre trop considérable pour être compté, d'un nombre très important. ⇒ **infini, nombreux.** *Foule innombrable.* ⇒ **considérable.** *Ils étaient en quantité innombrable* (⇒ **beaucoup**). « *d'innombrables libellules aux ailes de verre, nacrées et frémissantes* » (Maupass.). ✪ CONTR. Dénombrable, nombrable.

> ❑ *Innombrable* est employé parfois, dans la langue littéraire, avec un nom singulier qui n'est pas un collectif. « *Le devoir innombrable* » (Hugo). « *Le Cœur innombrable* », recueil de vers d'Anna de Noailles. ♦ On peut faire entendre les deux *n*.

innomé, ée → **innommé**

innominé, ée adj. – XVIe ; lat. ▪ *Ligne innominée :* relief osseux à la face interne de l'os iliaque.

innommable adj. – XVIe 1 Qui ne peut être nommé. « *l'attente de quelque chose d'inconnu, d'innomé et d'innommable* » (Daniel-Rops). 2 Trop vil, trop ignoble pour être désigné. ⇒ **dégoûtant.** « *le long couloir* [...] *maculé de traces humides plus ou moins innommables* » (Robbe-Grillet). *Crime innommable.*

> ❑ On peut faire entendre les deux *n*.

innommé, ée ou **innomé, ée** adj. – XIVe ▪ Qui n'a pas reçu de nom, de dénomination (⇒ **innommable**).

innovant, ante adj. – v. 1980 ▪ Qui innove, apporte ou constitue une innovation. ⇒ **novateur.**

innovateur, trice n. – XVe ▪ Personne qui innove. ⇒ **créateur, novateur, promoteur.** *Un innovateur hardi.* ➛ adj. Qui fait des innovations. *Politique innovatrice.* ✪ CONTR. Routinier.

innovation n. f. – XIIIe ▪ Action d'innover. ♦ Résultat de cette action, chose nouvelle. ⇒ **changement, création, nouveauté.** *Faire des innovations dans sa maison.* « *Le mélange et l'excès, l'innovation et le changement sont également redoutés* » (Caillois). *Innovations en matière de cinéma, dans l'industrie. Innovations scientifiques.* ⇒ **découverte, invention.** ✪ CONTR. Archaïsme, routine, tradition.

innover v. [1] – XIVe ; lat. 1 v. tr. Introduire qqch. de nouveau dans un domaine. ⇒ **changer ; inventer, trouver.** « *ne rien innover, telle est la loi du pays* » (Balz.). 2 v. intr. Introduire qqch. de nouveau. *Innover en matière d'art. Il n'a pas innové.* ✪ CONTR. Conserver, copier, imiter.

inobservable adj. – XVIIIe 1 Qui ne peut être observé. *Phénomène inobservable.* 2 Qui ne peut être suivi. *Règlement inobservable.*

inobservance n. f. – XVIe ▪ littér. Défaut d'observance (des prescriptions morales, religieuses, médicales).

inobservation n. f. – XVIe ▪ Action de ne pas observer, de ne pas se conformer à. *L'inobservation de la loi, d'un contrat.*

inobservé, ée adj. – XVIIIe ▪ Qui n'a pas été observé. *Règles inobservées.*

inoccupation n. f. – XVIIIe ▪ littér. État d'une personne inoccupée (⇒ **désœuvrement**), d'une chose inoccupée. « *Un ennui d'inoccupation et d'inactivité morale la prenait* » (Goncourt).

inoccupé, ée adj. – XVIIIe 1 Où il n'y a personne. ⇒ **vacant, vide.** *Appartement inoccupé* (⇒ **inhabité**). *Siège inoccupé.* ⇒ **libre.** *Le poste est encore inoccupé,* est à pourvoir. 2 Qui n'a pas d'occupation. ⇒ **désœuvré, oisif.** *Rester inoccupé. Avoir les mains inoccupées.* « *Sa vie se traînait inoccupée, ramenant les mêmes heures monotones* » (Zola).

in-octavo [inɔktavo] adj. inv. et n. m. – XVIe ; mots lat. « en huitième » ▪ Où la feuille d'impression est pliée en huit feuillets (ou seize pages). *Le format in-octavo* (in-8°), et n. m. *l'in-octavo.* ➛ *Livre in-octavo.* ➛ n. m. Livre in-octavo. *Des in-octavos* ou *des in-octavo.*

inoculable adj. – XVIIIe ▪ Qui peut être inoculé.

inoculation n. f. – XVIe ▪ Introduction dans l'organisme (des germes d'une maladie). *Inoculation accidentelle par morsure, par seringue contaminée.* ➛ *Inoculation immunisante* (⇒ **vaccin, vaccination**).

inoculer v. tr. [1] – XVIIIe ; lat. *oculus* « œil, bourgeon » 1 Introduire dans l'organisme par inoculation (les germes d'une maladie). *Il se fit une piqûre « qui lui inocula une affection purulente »* (France). ➛ *Inoculer un vaccin.* 2 fig. Communiquer, transmettre. « *nous inoculons nos goûts, nos vices peut-être, à la femme qui nous aime* » (Balz.).

inodore adj. – XVIIe 1 Qui ne dégage aucune odeur. *L'hydrogène, gaz inodore.* 2 fig. Sans caractère, sans relief. ⇒ **insipide.** *Un personnage inodore.* ✪ CONTR. Odorant, odoriférant.

inoffensif, ive adj. – XVIIIe 1 Qui est incapable de nuire ; qui ne fait pas de mal à autrui. ⇒ **innocent.** *N'ayez pas peur, ce chien est inoffensif.* ▪ *Plaisanterie inoffensive.* ⇒ **anodin.** « *La rêverie n'est pas inoffensive, dans un monde où il faut constamment agir* » (R. Rolland). 2 Qui n'est pas nocif. *Un traitement inoffensif.* « *le whisky est la chose la plus inoffensive du monde* » (Anouilh). ✪ CONTR. Dangereux, nuisible. Nocif, toxique.

inondable adj. – XIXe ▪ Qui peut être inondé, risque d'être inondé. *Terres inondables.*

inondation n. f. – XIIIe 1 Débordement d'eaux qui inondent le pays environnant. *Inondation causée par les pluies, la fonte des neiges.* « *Le Nil n'est pas le seul fleuve dont les inondations soient périodiques et annuelles* » (Buff.). *Dégâts dus aux inondations.* 2 Eaux qui inondent. ♦ Grande quantité de liquide qui se répand. *Il y a une inondation dans la cave.* 3 fig. Afflux massif. ⇒ **invasion.** « *Les paysans arrondissaient les yeux, gagnés d'une panique, à l'idée de cette inondation du blé étranger* » (Zola). ✪ CONTR. Assèchement, dessèchement.

inondé, ée adj. – XIIIe 1 Recouvert par les eaux. *Terres inondées.* ⇒ **immergé.** ➛ *Cave inondée.* ♦ *Salon inondé de soleil.* 2 Qui subit les effets d'une inondation. *Les populations inondées.*

inonder v. tr. [1] – XIIe ; lat. 1 Couvrir d'eaux qui débordent ou affluent. ⇒ **immerger,** ① **noyer.** *Le fleuve a inondé les champs. L'orage a inondé la cave.* 2 Mouiller abondamment. ⇒ **arroser, tremper.** *Inonder la salle de bains en prenant une douche.* ➡ pronom. *Elle s'est inondée de parfum.* ⇒ s'**asperger.** 3 Envahir massivement. *Inonder un pays de produits.* ➡ *Être inondé de courrier.* 4 fig. Couvrir en se répandant. « *Des torrents de lumière inondaient le cirque* » (Gaut.). ♦ Pénétrer, remplir. *Joie qui inonde l'âme.* ⇒ **submerger.** ✪ CONTR. Assécher, sécher.

inopérable adj. – XIXe ▪ Qui ne peut être opéré. *Blessé inopérable.*

inopérant, ante adj. – XIXe ▪ Qui ne produit aucun effet. ⇒ **inefficace.** *Mesures inopérantes.* ✪ CONTR. Efficace, opérant.

inopiné, ée adj. – XIVe ; lat. ▪ Qui arrive, se produit alors qu'on ne s'y attendait pas. ⇒ **imprévu, inattendu.** *Visite inopinée. Nouvelle inopinée.* ⇒ **surprenant.** ✪ CONTR. Attendu, prévu.

inopinément adv. – XVe ▪ D'une manière inopinée. *Arriver inopinément chez qqn.* « *Tout cela s'était fait inopinément, sans qu'il y prît part* » (Maupass.).

inopportun, une adj. – XIVe ▪ Qui n'est pas opportun. ⇒ **déplacé, importun.** *Demande inopportune. Le moment est inopportun,* mal choisi. ✪ CONTR. Convenable, opportun.

❑ Ce qui est *importun* dérange, ce qui est *inopportun* arrive, est fait au mauvais moment (plus neutre).

inopportunément adv. – XVe ▪ D'une manière inopportune. *Arriver inopportunément.* ✪ CONTR. Opportunément.

inopportunité n. f. – XVe ▪ littér. Caractère de ce qui est inopportun. *Inopportunité d'une mesure.*

inopposable adj. – XIXe ▪ dr. Qui ne peut être opposé. *Acte, droit inopposable aux tiers.* ✪ CONTR. Opposable.

inorganique adj. – XVIe 1 Qui ne provient pas de la matière vivante. *Matière inorganique* (⇒ **minéral).** 2 *Trouble inorganique.* ⇒ **fonctionnel.** ✪ CONTR. Organique.

inorganisable adj. – XIXe ▪ Qui ne peut être organisé. ✪ CONTR. Organisable.

inorganisation n. f. – XVIIIe ▪ Absence d'organisation ; état de ce qui est inorganisé. ✪ CONTR. Organisation.

inorganisé, ée adj. – XVIIIe 1 Inorganique. 2 Qui n'est pas inscrit à un syndicat. *Travailleurs inorganisés.* ✪ CONTR. Syndiqué.

inoubliable adj. – XIXe ▪ Que l'on ne peut oublier. ⇒ **mémorable.** *Un fait inoubliable.* ➡ D'une telle qualité qu'on en gardera le souvenir. *Spectacle inoubliable.*

inouï, ïe adj. – XVIe ; de ① *in-* et *ouï* → ouïr 1 vx ou littér. Qu'on n'a jamais entendu. « *Cette façon de parler est inouïe à la cour* » (Vaugelas). 2 Qui est extraordinaire, sans exemple. ⇒ **incroyable, prodigieux.** « *ils* [les orages] *sont nombreux et d'une violence inouïe dans cette région* » (Cendrars). *Une aventure inouïe.* ⇒ **inconcevable.** ➡ *Il a un culot inouï.* ⇒ **invraisemblable.** *Tu es inouï !* ✪ CONTR. Commun, ordinaire.

❑ Dans l'usage spontané *inouï* signifie « incroyable » et l'on est souvent obligé de rappeler la valeur étymologique du mot pour lui redonner son premier sens.

inox [inɔks] n. m. – 1933 ; abrév. de *(acier) inoxydable* ▪ Acier inoxydable. *Évier en inox.*

inoxydable adj. – XIXe ▪ Qui ne s'oxyde pas. ⇒ **inaltérable.** *Alliage, métal inoxydable.* ⇒ **inox.** *Couverts inoxydables.* ➡ n. m. *C'est de l'inoxydable.*

in pace ou **in-pace** [inpase ; inpatʃe] n. m. inv. – XVIIe ; mots lat. « en paix » ▪ Cachot, prison d'un couvent, où on enfermait à perpétuité certains coupables scandaleux. « *interné jusqu'à sa mort* [...] *dans un noir in-pace, sans air* » (Huysm.).

in partibus [inpaʀtibys] loc. adj. – XVIIIe ; abrév. de la loc. lat. *in partibus infidelium* « dans les pays des infidèles » ▪ Se disait des évêques titulaires de diocèses situés en pays non chrétiens. ➡ fam. Sans fonction réelle. *Professeur in partibus.*

in petto [inpeto] loc. adv. – XVIIe ; mots it. « dans la poitrine » ▪ littér. Dans le secret du cœur, à part soi. ⇒ **intérieurement.** « *Avec son regard embroussaillé et pétillant de malice, il avait toujours l'air de se faire à lui-même quelque récit piquant, dont il lui suffisait de goûter* in petto *le sel* » (Mart. du G.).

❑ Bien que l'expression soit lexicalisée en français, elle s'écrit en général en italique.

in-plano adj. inv. et n. m. – XIXe ; mots lat. « en plan » ▪ Dont la feuille d'impression n'est pas pliée. *Format in-plano.* ➡ n. m. Format in-plano. *L'in-plano. Des in-planos* ou *des in-plano.*

input [input] n. m. – 1953 ; mot angl., de *to input* « mettre dedans » 1 Entrée de données dans un système informatique, de signal dans un dispositif électronique. *Des inputs.* 2 Intrant. ✪ CONTR. Output.

❑ L'équivalent français de *input* (1°) est *entrée.*

inqualifiable adj. – XIXe ▪ Qu'on ne peut qualifier (assez sévèrement). ⇒ **indigne.** *Elles* « *sont toujours d'une inqualifiable grossièreté* » (Maupass.).

inquart n. m. – XVIIe ; de ② *in-* et *quart* ▪ Opération qui consiste à ajouter à l'or, avant la coupellation, trois fois son poids d'argent. ⇒ **alliage.**

in-quarto [inkwaʀto] adj. inv. et n. m. – XVIe ; mots lat. « en quart » ▪ Dont la feuille, pliée en quatre feuillets, forme huit pages. *Format in-quarto,* et n. m. *l'in-quarto* (in-4°). ➡ n. m. Livre in-quarto. « *C'était un vieil in-quarto, à la tranche d'un rouge fort pâle* » (Valéry). *Des in-quartos* ou *des in-quarto.*

inquiet, inquiète adj. – XVIe ; lat. « agité » → coi, quiet 1 Qui ne peut trouver le repos, la tranquillité. « *son sommeil était inquiet : il parlait, criait, riait, pleurait, en dormant* » (R. Rolland). ⇒ **agité, troublé.** 2 littér. Qui n'est jamais satisfait de sa situation, de son état. « *L'homme, créature vide et inquiète* » (Vauven.). 3 Qui est agité par la crainte, l'incertitude. ⇒ **angoissé, anxieux, tourmenté.** *Elle est inquiète de ne pas recevoir de vos nouvelles. Je suis inquiet à son sujet.* ➡ n. *C'est un inquiet.* ➡ *Être d'un caractère inquiet.* ♦ Qui dénote l'inquiétude, est empreint d'inquiétude. *Attente inquiète.* ⇒ **fiévreux.** *Air, regard inquiet. Avoir l'air inquiet.* « *La jalousie n'est souvent qu'un inquiet besoin de tyrannie appliqué aux choses de l'amour* » (Proust). ✪ CONTR. Quiet (vx) ; CONTR. ② calme, tranquille ; heureux, insouciant, serein.

inquiétant, ante adj. – XVIIIe ▪ Qui cause de l'inquiétude, du souci. ⇒ **alarmant, angoissant.** *Situation, nouvelle inquiétante.* ⇒ **préoccupant.** *Ça devient inquiétant. L'état du malade est inquiétant.* ⇒ **grave.** ➡ *Expression inquiétante,* qui fait peur. ⇒ **patibulaire,** ① **sinistre.** ➡ « *un être étrange, inquiétant, suspect à tous* » (France). ✪ CONTR. Rassurant.

inquiéter v. tr. [6] – XIIe **I** - 1 vx ou littér. Troubler la quiétude, la tranquillité de. ⇒ **agiter, troubler.** 2 Troubler par des attaques, des démonstrations hostiles. ⇒ **harceler.** *Depuis ce témoignage, la police ne l'a plus inquiété.* ♦ sport Menacer. *Après ce résultat,* *l'équipe ne peut plus être inquiétée.* 3 Remplir d'inquiétude, rendre inquiet (qqn). ⇒ **alarmer, angoisser, ennuyer, tourmenter.** *Sa santé m'inquiète.* « *Il parlait avec circonspection, s'efforçant d'être véridique sans trop l'inquiéter* » (Mart. du G.). *C'est bien ce qui m'inquiète.* ⇒ fam. **turlupiner.** II *S'INQUIÉTER* v. pron. 1 Commencer à être inquiet. ⇒ s'**alarmer,** se **tracasser.** *Il n'y a pas de quoi s'inquiéter.* 2 *S'INQUIÉTER DE* : se préoccuper, prendre soin, s'enquérir de. *S'inquiéter de l'heure du train.* « *Il lui semblait pourtant qu'il découvrait soudain sa belle-sœur. Il ne s'était jamais inquiété d'elle* » (Tournier). ✪ CONTR. Calmer, rassurer, tranquilliser.

inquiétude n. f. - XIVe 1 vx Absence de quiétude. 2 littér. État d'agitation, d'instabilité d'un esprit tourmenté. *Il* « *porte en lui l'inquiétude d'un malaise perpétuel* » (Baud.). 3 État pénible déterminé par l'attente d'un événement, d'une souffrance que l'on appréhende, par l'incertitude où l'on est. ⇒ **alarme, tourment.** *Vive inquiétude.* ⇒ **angoisse, anxiété.** « *un doute, une inquiétude vague l'envahissait* » (Maupass.). *Sujet d'inquiétude. Son état me donne de l'inquiétude. Remplir d'inquiétude. Être fou d'inquiétude. Soyez sans inquiétude* : ne vous inquiétez pas. ♦ Sujet d'inquiétude. *J'ai des inquiétudes au sujet de son avenir.* ✪ CONTR. ① Calme, paix, repos, tranquillité.

inquisiteur, trice n. m. et adj. - XIIIe ; lat. *inquirere* « faire une enquête » 1 n. m. Juge du tribunal de l'Inquisition. 2 adj. Qui interroge indiscrètement, de façon autoritaire. ⇒ **inquisitorial.** « *Elle jetait sur Rodolphe des regards inquisiteurs* » (Balz.). *Questions inquisitrices.*

inquisition n. f. - XIIe 1 vx Enquête, recherche. « *Il n'y a point de fin dans nos inquisitions* » (Montaigne). 2 *Tribunal de l'Inquisition,* et absolt *l'Inquisition* : juridiction ecclésiastique d'exception pour la répression des crimes d'hérésie et d'apostasie, des faits de sorcellerie, etc. « *Un petit homme noir, familier de l'Inquisition* » (Volt.). ➛ Les membres de ce tribunal. ⇒ **inquisiteur.** 3 Enquête ou recherche vexatoire, entachée d'arbitraire. ⇒ **perquisition.** *L'inquisition fiscale. C'est de l'inquisition !*

inquisitoire adj. - d. i. ■ Dirigé par le juge. *Procédure inquisitoire.*

inquisitorial, iale, iaux adj. - XVIe 1 Qui a rapport aux tribunaux, aux juges de l'Inquisition. 2 littér. Qui est digne d'un inquisiteur, qui a le caractère vexatoire, insupportable d'une inquisition. « *un regard furtif, à la fois inquisitorial et timoré* » (Proust).

inracontable adj. - XVIIIe ■ Qu'on ne peut raconter. ✪ CONTR. Racontable.

> ❑ Les mots récents ont tendance à conserver le *in-* négatif devant *l* et *r* (*inracontable, inratable, inrenversable*), comparer à *irréel.* ♦ Même problème seulement à l'oral → immangeable (rem.).

inratable adj. - 1928 ■ fam. Qu'on ne peut rater. « *c'est simple comme bonjour, inratable* » (Bernanos).

inrenversable adj. - v. 1980 ■ Qui ne peut être renversé aisément. *Parasol à socle inrenversable.* ♦ *Gouvernement inrenversable.*

> ❑ Pour le *in-* devant *r* → inracontable (rem.). ♦ Ne pas confondre avec *irréversible* (renversement dans le temps).

insaisissable adj. - XVIIIe 1 Qui ne peut faire l'objet d'une saisie. *Bien de famille insaisissable.* ➛ *La partie insaisissable du salaire.* 2 Qu'on ne peut saisir, attraper, trouver. *Fugitif insaisissable.* « *la cavalerie de Charlemagne s'usait* [...] *contre un insaisissable ennemi, qu'on ne savait où rencontrer* » (Michelet). 3 Qui ne peut être saisi, perçu, apprécié. « *L'oreille perçoit les sons les plus insaisissables au milieu des bruits les plus aigus* » (Baudelaire). *Nuance insaisissable.* ⇒ **imperceptible.** ✪ CONTR. Saisissable, sensible.

insalissable adj. - XIXe ■ Qui ne peut être sali. « *Il avait son propre système pour rendre inusable, insalissable, imperméable, les faux-cols en toile ordinaire* » (Céline). ✪ CONTR. Salissant.

insalivation n. f. - XIXe ■ Imprégnation des aliments par la salive.

insalubre adj. - XVIe ■ Qui n'est pas salubre. ⇒ **malsain.** *Logement insalubre.* ➛ Qui est cause d'insalubrité. ⇒ **polluant.** *Industries insalubres.* ✪ CONTR. Salubre.

insalubrité n. f. - XVIe ■ Caractère de ce qui est insalubre. ✪ CONTR. Salubrité.

insane adj. - XVIIIe ; lat. 1 littér. Déraisonnable, contraire au bon sens. ⇒ **fou, insensé.** *Tenir des propos insanes.* 2 Qui ne présente aucun intérêt. *Ils étaient gavés* « *d'une télévision stupide, de journaux insanes* » (Sagan). ⇒ **inepte.**

insanité n. f. - XVIIIe 1 Caractère de ce qui est déraisonnable. *L'insanité de ses projets.* 2 Action, parole sotte, insensée. *Un tissu d'insanités.* ⇒ **bêtise, ineptie.**

insaponifiable adj. - 1904 ■ Qui n'est pas altéré au cours d'une saponification, qu'on ne peut saponifier. ✪ CONTR. Saponifiable.

insatiabilité n. f. - XVIe ■ littér. Caractère d'une personne insatiable. ⇒ **avidité.** « *l'exigence, l'insatiabilité des artistes d'aujourd'hui* » (Mauriac).

insatiable adj. - XIIIe ; lat. ■ Qui ne peut être rassasié. *Un appétit insatiable.* ⇒ **vorace.** ♦ Qui ne se satisfait jamais. « *insatiable dans ses curiosités et ses ambitions* » (Taine). ⇒ **insatisfait.** *Curiosité insatiable.* ⇒ **dévorant.** ✪ CONTR. Assouvi, rassasié, satisfait.

insatisfaction n. f. - XVIIe ■ État d'une personne qui n'est pas satisfaite, n'a pas ce qu'elle souhaite. *Éprouver un sentiment d'insatisfaction. Insatisfaction sexuelle.* ⇒ **frustration.** « *Les rêves naissent de l'insatisfaction* » (Montherl.). ✪ CONTR. Satisfaction.

insatisfaisant, ante [ɛ̃satisfəzɑ̃, ɑ̃t] adj. - XVIIIe ■ Qui n'est pas satisfaisant, ne donne pas satisfaction. *Résultats insatisfaisants.* ⇒ **décevant, insuffisant.**

insatisfait, aite adj. - XVIe ■ Qui n'est pas satisfait. *Homme exigeant, sans cesse insatisfait.* « *Ce mariage mal équilibré avait fait d'elle une créature insatisfaite et indomptable* » (Maurois). ➛ subst. *Un éternel insatisfait.* ♦ Que l'on n'a pas satisfait. « *son désir plus vif parce qu'insatisfait* » (Radiguet). ✪ CONTR. Comblé, satisfait.

> ❑ Ce mot s'emploie souvent dans le contexte sentimental et érotique.

insaturé, ée adj. - XIXe ■ Se dit de composés organiques comportant des doubles liaisons entre atomes de carbone. *Hydrocarbures insaturés.* ✪ CONTR. Saturé.

inscriptible adj. - XVIIe 1 Qui peut être inscrit dans un cercle. *Tous les polygones réguliers sont inscriptibles.* 2 Qu'on peut inscrire dans une liste. *Candidat inscriptible.*

inscription n. f. - XVe 1 Ensemble de caractères écrits ou gravés pour conserver un souvenir, indiquer une destination, exprimer une opinion, etc. ⇒ **épigraphe ; graffiti, légende.** *Murs couverts d'inscriptions. Inscription funéraire* (⇒ **épitaphe**). « *les lettres en relief de l'inscription, qui brillaient maintenant d'or vif* » (Loti). *Inscription d'un écriteau, d'une étiquette.* 2 Action d'inscrire qqn, qqch. sur un registre, une liste ; ce qui est inscrit. *Inscription d'un nom sur un registre.* ⇒ **immatriculation.** *Inscription électorale* : inscription des citoyens sur les listes électorales. *Inscription d'une question à l'ordre du jour. Inscription d'un étu-*

diant dans une faculté. « *Il fallait faire son Droit, [...] payer des sommes considérables pour les inscriptions, les examens, les thèses* » (Balz.). ♦ *Inscription en faux :* procédure tendant à démontrer la fausseté d'un acte authentique. **3** Action d'inscrire (une figure) dans une surface donnée. ✪ CONTR. ① Radiation.

inscrire v. tr. [39] – XIIIe ; lat. « écrire dans » **1** Écrire, graver sur la pierre, le marbre, le métal. *Inscrire une épitaphe sur une tombe.* ➛ pronom. fig. « *Le déluge s'est inscrit dans la mémoire des hommes* » (Alain). **2** Écrire dans un registre, sur une liste afin de conserver la trace. ⇒ **noter.** *Inscrire un acte sur un registre.* ⇒ **copier, enregistrer.** *Inscrire une question à l'ordre du jour. Inscrire son nom, le nom de qqn, qqn sur une liste.* Bianchon « *alla faire inscrire cet enfant à la Mairie* » (Balz.). ♦ pronom. *S'INSCRIRE :* inscrire ou faire inscrire son nom. *S'inscrire à un club, à un parti. S'inscrire à un examen.* **3** Tracer, faire apparaître (des signes). *L'appareil enregistreur inscrit la courbe.* pronom. *Il* « *surveillait les chiffres qui s'inscrivaient sur le tableau illuminé* » (Le Clézio). **4** pronom. *S'INSCRIRE EN FAUX,* en vue d'établir la fausseté d'une pièce, suivant la procédure d'inscription de faux. ➛ *S'inscrire en faux contre qqch.,* y opposer un démenti. **5** Tracer dans l'intérieur d'une figure (une autre figure). *Inscrire un triangle dans un cercle.* pronom. *Ce clocher était venu* « *s'inscrire dans le carreau de ma fenêtre* » (Proust). ⇒ s'**encadrer.** ➛ fig. Faire partie, être dans le cadre de. ⇒ s'**insérer.** *Projet qui s'inscrit dans une réforme générale.* ✪ CONTR. Biffer, ② radier, rayer.

inscrit, ite adj. et n. – XVIe **1** Dont le nom est inscrit dans la liste constitutive d'un groupe. ➛ n. « *Chaque inscrit aurait à se préparer pour une grande représentation de gala* » (R. Roussel). *Pourcentage de votants par rapport aux inscrits* (sur les listes électorales). **2** *Angle inscrit,* dont le sommet se trouve sur une circonférence. *Polygone inscrit dans un cercle, polyèdre inscrit dans une sphère,* dont tous les sommets sont sur le cercle, sur la sphère. ⇒ **circonscrit.** *Cercle inscrit dans un triangle,* tangent à chaque côté du triangle. ⇒ **exinscrit.** ✪ CONTR. Non-inscrit.

inscrivant, ante n. – XIXe ■ Personne qui requiert l'inscription d'une hypothèque.

insécable adj. – XVIe ; lat. *secare* « couper » ■ Qui ne peut être coupé, divisé, partagé. *Mot insécable.*

insectarium [ɛ̃sɛktaʀjɔm] n. m. – 1922 ■ Local aménagé pour l'élevage des insectes. *Des insectariums.*

insecte n. m. – XVIe ; lat. *insectum,* proprt « coupé », à cause des étranglements dans la forme du corps **1** abusivt Tout petit animal invertébré articulé. *Lutter contre les insectes.* ⇒ **désinsectisation. 2** Petit animal invertébré *(arthropodes)* à six pattes, qui a une tête munie d'antennes, un corps segmenté et dont la larve subit des métamorphoses (⇒ **chenille, chrysalide, imago, ver).** *Insecte ailé. Insectes sociaux.* ⇒ **abeille, fourmi, termite.** *Insectes nuisibles. Étude, science des insectes.* ⇒ **entomologie.** « *un tout petit insecte dont les mœurs sont bien curieuses : le fourmilion* » (Maupass.).

❑ On appelait aussi *insectes,* au XVIIe s., les animaux qui vivent encore, croyait-on, après qu'on les a coupés, comme les vers, les serpents, etc. : « *Il fait trois Serpents de deux coups, Un tronçon, la queue, et la tête. L'insecte sautillant cherche à se réunir* » (La Fontaine).

insecticide adj. et n. m. – XIXe ■ Qui tue, détruit les insectes. *Poudre insecticide.* ➛ n. m. *Un insecticide.*

insectifuge adj. et n. m. – v. 1930 ■ Qui éloigne les insectes. ➛ n. m. *Un insectifuge.*

insectivore adj. et n. m. – XVIIIe ■ Qui se nourrit principalement ou exclusivement d'insectes. ⇒ **entomophage.** *Oiseau insectivore.* ♦ n. m. pl. *LES INSECTIVORES :* ordre de mammifères placentaires (hérisson, musaraigne, taupe) qui vivent surtout d'insectes. au sing. *Un insectivore.*

insécurité n. f. – XVIIIe ■ Manque de sécurité. *Sentiment d'insécurité.* « *Une périlleuse symétrie où l'angoisse de l'un sollicite l'insécurité et l'anxiété de l'autre* » (R. Gary). *Climat d'insécurité. L'insécurité dans le métro.* ✪ CONTR. Sécurité.

in-seize [insɛz] adj. inv. et n. m. inv. – XVIe ■ Dont la feuille d'impression est pliée en seize et forme trente-deux pages. *Volume in-seize* (in-16). ➛ n. m. Livre in-seize.

inselberg [inselbɛʀg] n. m. – 1908 ; mot norv., de *insel* « île » et *berg* « montagne » ■ Butte isolée au milieu d'une plaine d'érosion. ⇒ **pédiment.**

inséminateur, trice adj. et n. – 1950 **1** Qui sert à inséminer. *Pistolet inséminateur,* pour inséminer les vaches. **2** n. Spécialiste de l'insémination artificielle.

insémination n. f. – XVIIe ; lat. *inseminare* « semer, procréer » ■ Dépôt de la semence mâle dans les voies génitales de la femelle. *Insémination naturelle,* dans l'accouplement. ♦ *Insémination artificielle :* introduction artificielle de sperme dans les voies génitales femelles. ♦ Dépôt du sperme près de l'ovule. *Insémination in vitro pour transfert d'embryon.* ⇒ **fécondation, fivète.**

inséminer v. tr. [1] – XIXe ■ Féconder par l'insémination artificielle. ➛ *Femme inséminée artificiellement.*

insensé, ée adj. – XVe **1** vx Qui n'est pas sensé, dont les actes sont contraires au bon sens. ⇒ **fou.** ♦ subst. *C'est un insensé.* **2** Contraire au bon sens. ⇒ **extravagant, fou.** « *la faible lueur d'un espoir insensé* » (Ionesco). *Projet insensé. Ils vivent dans un luxe insensé.* ✪ CONTR. Raisonnable, sage, sensé.

insensibilisation n. f. – XIXe ■ Action d'insensibiliser ; résultat de cette action.

insensibiliser v. tr. [1] – XVIIIe ■ Rendre insensible à la douleur. ⇒ **anesthésier.** *Insensibiliser le nerf d'une dent.* ✪ CONTR. Sensibiliser.

insensibilité n. f. – XIVe **1** Absence de sensibilité physique. *Insensibilité d'un nerf, d'un organe.* « *J'étais dans cet état de faiblesse et d'insensibilité, entre la mort et la vie* » (Volt.). *Insensibilité à la douleur.* ⇒ **analgésie, anesthésie. 2** Absence de sensibilité morale. ⇒ **dureté, indifférence.** *Les femmes* « *passent avec rapidité de la tendresse la plus ardente à la plus froide insensibilité* » (France). ✪ CONTR. Hyperesthésie. Compassion, émotion, sensibilité.

insensible adj. – XIIIe **I - 1** Qui n'éprouve pas les sensations habituelles, normales. *Membre insensible. Insensible au froid, à la chaleur.* **2** Qui n'a pas de sensibilité morale ; qui n'a pas ou a peu d'émotions. ⇒ **détaché,** ① **froid, indifférent.** « *Elle va me croire plus insensible qu'un roc. Il eût fallu quelques larmes* » (Flaub.). *Insensible aux compliments, aux railleries.* ⇒ **imperméable.** *Il n'est pas resté insensible à ses avances, à son charme.* ➛ *Insensible à la poésie.* ⇒ **fermé, inaccessible.** « *C'est l'amour qu'il avait pour l'esprit qui rendait Voltaire insensible au lyrisme* » (Gide). **II - 1** Qu'on ne sent pas, qu'on ne perçoit pas ou qui est à peine perceptible. ⇒ **imperceptible, léger.** « *Son pouls, inégal, était presque insensible maintenant* » (Flaub.). *Différence insensible.* **2** Graduel, progressif. « *Les drains se dirigeaient en pente insensible vers un canal collecteur* » (Tournier). ✪ CONTR. Sensible ; ému, impressionnable. Ardent, enflammé. Notable, perceptible.

insensiblement adv. – XIIIe ■ D'une manière insensible, graduelle. ⇒ **doucement, peu** (à peu). « *Insensiblement, ce tumulte s'ordonna, devint rythme* » (Mart. du G.).

inséparable adj. – XIVe ▪ Que l'on ne peut séparer, considérer isolément. ⇒ **indissociable, lié, uni.** « *La pauvreté lui semblait inséparable d'une existence héroïque* » (Romains). ♦ Qui sont toujours ensemble. *Deux amis inséparables ; ils sont inséparables.* « *La sottise et la vanité sont compagnes inséparables* » (Beaum.). ➛ Qui est toujours avec (qqn). subst. « *Il devint l'inséparable de Paul, l'ami de tous les instants* » (Maupass.). ✪ CONTR. Décomposable, séparable.

insérable adj. – XIXe ▪ Qui peut être inséré.

insérer v. tr. 6 – XIVe ; lat. 1 Introduire (une chose) dans une autre de façon à incorporer. ⇒ **intercaler.** « *quelques photos insérées dans la feuillure de la glace* » (Mart. du G.). 2 Mettre, glisser dans. *Insérer un encart.* ⇒ **encarter.** 3 Faire entrer, mettre dans. ⇒ **ajouter, introduire.** *Insérer un communiqué dans un journal.* ➛ *Prière d'insérer* : encart imprimé contenant des indications sur un ouvrage et qui est joint aux exemplaires adressés à la critique. 4 v. pron. S'attacher à, sur. ⇒ s'**implanter.** *Les muscles s'insèrent sur les os.* ♦ Trouver sa place dans un ensemble. ⇒ s'**intégrer.** *S'insérer dans un cadre, dans un contexte.* ✪ CONTR. Ôter, retirer, retrancher.

insermenté adj. m. – XVIIIe ▪ Se dit des prêtres qui refusèrent de prêter serment lorsque la Constitution civile du clergé fut proclamée en 1790 (opposé à *assermenté, constitutionnel*). ⇒ **réfractaire.**

insert n. m. – 1946 ; mot angl. « ajout, insertion, pièce rapportée » 1 Gros plan bref, séquence, élément sonore intercalé entre deux plans d'une séquence filmée, dans une émission. 2 Poêle à bois qui s'encastre dans l'âtre d'une cheminée.

insertion n. f. – XVIe 1 Action d'insérer ; son résultat. ⇒ **introduction.** *Insertion d'un plan dans un film.* ➛ *Insertion d'une note dans un texte. Insertion légale d'un communiqué dans la presse écrite.* 2 Mode d'attache. *Insertion des muscles sur un os.* 3 Intégration d'un individu (ou d'un groupe) dans un milieu. *L'insertion des handicapés dans le monde du travail. L'insertion des immigrés.* ⇒ **intégration.**

insidieusement adv. – XIVe ▪ D'une manière insidieuse. ⇒ **sournoisement.**

insidieux, ieuse adj. – XVe ; lat. *insidiæ* « embûches » ▪ Qui a le caractère d'un piège. ⇒ **trompeur.** « *Une manière de procéder insidieuse et perfide* » (Rouss.). *Une question insidieuse.* ♦ *Maladie insidieuse,* dont l'apparence bénigne masque la gravité. ⇒ **sournois.** ➛ fig. « *une forme insidieuse de la désespérance* » (Romains).

> ❑ Cet adjectif est noté « nouveau » dans Vaugelas (1647) et « soutenu » par l'Académie (1694).

① **insigne** adj. – XIVe ; lat. *in-* et *signum* « signe » ▪ Qui s'impose à l'attention. ⇒ **remarquable ; éminent.** *Avoir l'insigne honneur de.*

② **insigne** n. m. – XVe 1 Marque extérieure et distinctive d'une dignité, d'une fonction, d'un grade. ⇒ **emblème, signe, symbole.** *Insigne honorifique.* ⇒ **décoration, médaille.** 2 Signe distinctif des membres d'un groupe, d'un groupement. ⇒ **badge, écusson, macaron.** « *Il portait un beau calot à liseré rouge avec un insigne* » (Sartre).

> ❑ Ce mot, dans la langue familière parlée, est parfois employé de manière erronée au féminin.

insignifiance n. f. – XVIIIe ▪ Caractère de ce qui est insignifiant. *L'insignifiance du personnage.* « *il commençait à mesurer l'insignifiance de la vie où sa mère l'avait confiné* » (Tournier). ✪ CONTR. Intérêt, valeur. Importance.

insignifiant, iante adj. – XVIIIe 1 Qui ne présente aucun intérêt. *Personne insignifiante,* qui a peu de personnalité. ⇒ **inconsistant,** ① **terne.** « *Rose était laide, plate, insignifiante* » (Maupass.). *C'est un type insignifiant.* 2 Qui n'est pas important, n'a pas de conséquence. « *des détails insignifiants d'autrefois qui, dans sa mémoire dépeuplée, s'amplifiaient soudain* » (Mart. du G.). ⇒ **négligeable.** *Une somme insignifiante.* ⇒ **dérisoire.** *Échanger des propos insignifiants.* ⇒ **vain.** ✪ CONTR. Intéressant, remarquable. Important.

insincérité n. f. – XVIIIe ▪ littér. Absence de sincérité.

> ❑ On trouve aussi parfois l'adjectif *insincère* : « *le langage insincère des préfaces* » (Proust).

insinuant, ante adj. – XVIIe 1 Qui s'insinue auprès des gens. « *le jeune Mazarin, toujours souple et insinuant* » (Vigny). 2 Qui est propre à circonvenir autrui. *Voix insinuante.*

insinuation n. f. – XIVe ▪ Action ou manière de faire entendre une chose qu'on n'affirme pas positivement. *Procéder par insinuation.* ⇒ **allusion.** « *Si je n'affirme pas davantage, c'est que je crois l'insinuation plus efficace* » (Gide). ♦ Ce que l'on donne à entendre sans le dire. ⇒ **sous-entendu.** ➛ *Insinuations perfides.* ⇒ **allusion.**

insinuer v. tr. 1 – XIVe ; lat. *in-* et *sinus* « courbure, pli » **I** - 1 Autrefois, Inscrire (un acte) dans un registre qui lui donne authenticité. *Insinuer une donation.* 2 Donner à entendre (qqch.) sans dire expressément. ⇒ **souffler, suggérer.** *Que voulez-vous insinuer ?* « *Je suis loin d'insinuer qu'elle ait manigancé un complot par esprit de vengeance* » (Romains). **II** S'INSINUER v. pron. 1 Se glisser, s'infiltrer. *La pluie s'insinuait par les plis de son col.* 2 Pénétrer. *Des idées* « *qui s'insinuent dans mon esprit comme des parasites venimeux* » (Duham.). 3 S'introduire habilement (quelque part, auprès de qqn). *Intrigant qui s'insinue partout.* fig. *S'insinuer dans les bonnes grâces de qqn.*

insipide adj. – XVIe ; lat. *in-* et *sapidus* « qui a du goût » 1 Qui n'a aucune saveur, aucun goût. *Il* « *avait avalé, à son insu, une poudre insipide* [...] *dans une tasse de thé à la menthe* » (Mac Orlan). ♦ Qui n'a pas assez de goût. ⇒ **fade.** *Une boisson insipide.* 2 fig. Qui manque d'agrément, de piquant. ⇒ **ennuyeux, fastidieux.** *Une conversation insipide.* ♦ Qui manque d'esprit, de charme, d'intérêt. « *les plus insipides romanciers* » (Rouss.). ✪ CONTR. Sapide, savoureux.

insipidité n. f. – XVIe 1 Caractère de ce qui est insipide, sans saveur. ⇒ **fadeur.** 2 fig. littér. « *L'insipidité de la vie* » (Senancour). ✪ CONTR. Sapidité, saveur.

insistance n. f. – XVIe 1 Action d'insister. ⇒ **obstination, persévérance.** *Réclamer avec insistance.* « *Une femme passa et le regarda avec insistance* » (Sartre). ⇒ **fixer.** 2 Le fait de revenir avec régularité. *L'insistance d'un thème musical.*

insistant, ante adj. – XVIe ▪ Qui insiste. *Supplier d'un ton insistant.* « *Caricatures un peu trop poussées, trop insistantes* » (Maurois). ⇒ **appuyé, lourd.** ➛ *Il s'est montré très insistant.*

insister v. intr. 1 – XIVe ; lat. « se poser sur, s'attacher à » 1 S'arrêter avec force sur un point particulier ; mettre l'accent sur. ⇒ **appuyer, souligner.** *Insister sur les syllabes finales.* ⇒ **accentuer.** *Insister sur un fait.* « *Insistant sur un sujet qui lui tenait à cœur* » (France). ➛ *J'ai compris, inutile d'insister.* ⇒ **répéter.** 2 Persévérer à demander qqch. *Insister pour obtenir qqch., pour qqch.* ➛ *S'il refuse, n'insistez pas.* ⇒ s'**obstiner.** 3 Faire porter son effort sur (qqch.). *Laver du linge en insis-*

tant sur les taches. ♦ Persévérer dans son effort. ⇒ **continuer, persévérer.** *Frappez fort et insistez si personne ne répond.* ✪ CONTR. Glisser, passer.

❑ En principe le pronom *y* remplace un complément introduit par *à (j'y renonce).* Néanmoins l'expression *j'y insiste* a tendance à se répandre alors qu'il s'agit de *insister sur.* Le cas est identique pour *compter sur : j'y compte bien.*

in situ [insity] **loc. adv.** – XIXe ; mots lat. « en place » ▪ Dans son milieu naturel. *Plante étudiée in situ.* ✪ CONTR. In vitro.

insociabilité **n. f.** – XVIIIe ▪ Caractère insociable. ✪ CONTR. Sociabilité.

insociable **adj.** – XVIe ▪ Qui n'est pas sociable. « *un être susceptible, désagréable, insociable* [...] *à ne pas prendre avec des pincettes* » (Labiche). ✪ CONTR. Accommodant, sociable.

insoignable **adj.** – XXe ▪ Que l'on ne peut pas soigner. ✪ CONTR. Soignable.

insolation **n. f.** – XVIe ; lat. « exposition au soleil » **1** Action d'exposer à la chaleur et à la lumière solaire ; son résultat. *L'insolation d'une plaque photographique.* ⇒ aussi **solarisation. 2** Ensemble des troubles provoqués par l'exposition prolongée au soleil. *Mon ami « tomba de cheval,* [...] *foudroyé par une insolation »* (Maupass.). **3** Temps pendant lequel le soleil a brillé. ⇒ **ensoleillement.**

insolemment [ɛ̃sɔlamɑ̃] **adv.** – XIVe **1** D'une manière insolente. **2** De façon provocante. « *un Boucher insolemment rose* » (Maurois).

insolence **n. f.** – XVe **1** Manque de respect injurieux. ⇒ **impertinence, irrespect.** *Répondre avec insolence à un supérieur. Quelle insolence !* « *votre lettre est d'une insolence rare* » (Laclos). **2** Parole, action insolente. *Je suis las de vos insolences.* **3** Orgueil offensant. ⇒ **arrogance,** ① **morgue.** *Froide insolence.* ✪ CONTR. Déférence, égard.

insolent, ente **adj. et n.** – XVe ; lat. *insolens* « qui n'a pas l'habitude de » **1** Dont le manque de respect est offensant. ⇒ **impertinent, impoli.** *Un élève insolent avec ses professeurs.* **n.** *Quel insolent !* ♦ Qui dénote l'insolence. *Réponse insolente. Ton insolent.* **2** Qui blesse par son orgueil outrageant, son assurance hautaine. ⇒ **arrogant.** « *Tout vainqueur insolent à sa perte travaille* » (La Font.). **3** Qui, par son caractère extraordinaire, apparaît comme un défi, une provocation envers la condition commune. ⇒ **indécent, inouï.** *Chance insolente.* « *on les voyait étaler un luxe insolent* » (Flaub.). ✪ CONTR. Respectueux ; modeste, ordinaire.

insoler **v. tr.** [1] – XVIIe ; lat. → insolation ▪ Exposer à la lumière (du soleil, etc.). *Insoler une plaque photographique.*

insolite **adj.** – XVe ; lat. *solere* « avoir coutume de » ▪ Qui étonne, surprend par son caractère inaccoutumé, contraire à l'usage. ⇒ **bizarre, étonnant, inhabituel.** *Événement insolite. Visite insolite. Aspect insolite. Personnage insolite.* ➛ subst. « *Dès le seuil, je flairai l'insolite* » (Gide). ✪ CONTR. Accoutumé, familier, normal.

❑ Péjoratif jusqu'au XXe s., ce mot, devenu à la mode, est plutôt laudatif de nos jours.

insolubilité **n. f.** – XVIIIe **1** Caractère insoluble d'une substance. **2** Caractère insoluble d'un problème. ✪ CONTR. Solubilité.

insoluble **adj.** – XIIIe **1** Qu'on ne peut résoudre. ⇒ **impossible.** « *tournant et retournant dans son cœur l'insoluble problème* » (Mart. du G.). **2** Qui ne peut se dissoudre. *Substance insoluble.* ✪ CONTR. Résoluble. Soluble.

❑ Il existe un verbe *insolubiliser* « rendre insoluble » (2°).

insolvabilité **n. f.** – XVIe ▪ État d'une personne insolvable. ✪ CONTR. Solvabilité.

insolvable **adj.** – XVe ▪ Qui est hors d'état de payer ses dettes. ✪ CONTR. Solvable.

insomniaque **adj. et n.** – XIXe ▪ Qui souffre d'insomnie. ♦ **n.** *Le village « semblait dormir, mais il y avait sûrement des insomniaques qui épiaient tous les bruits »* (Beauv.).

insomnie **n. f.** – XVIe ; lat. *somnus* « sommeil » ▪ Difficulté à s'endormir ou à dormir suffisamment. « *Un peu d'insomnie n'est pas inutile pour apprécier le sommeil* » (Proust). ➛ Moment pendant lequel une personne ne trouve pas le sommeil. *Avoir de fréquentes insomnies.*

insondable **adj.** – XVIe **1** Qui ne peut être sondé, dont on ne peut atteindre le fond. *Gouffre insondable.* ⇒ **abyssal. 2** fig. *Mystère insondable.* ⇒ **impénétrable, incompréhensible. 3** péj. Immense, infini. *Une insondable bêtise.*

insonore **adj.** – XIXe **1** Qui n'est pas sonore. **2** Qui amortit les sons. *Matériaux insonores.*

insonorisation **n. f.** – 1931 ▪ Le fait d'insonoriser ; son résultat. ⇒ **isolation.**

insonoriser **v. tr.** [1] – 1931 ▪ Rendre moins sonore, plus silencieux. *Faire insonoriser une pièce, un local.* ➛ *Cabine téléphonique insonorisée.*

insonorité **n. f.** – XIXe ▪ Absence de sonorité.

insortable **adj.** – 1963 ▪ Que l'on ne peut présenter en public. *Elle est vraiment insortable.*

insouciance **n. f.** – XVIIIe ▪ État ou caractère d'une personne insouciante. *L'insouciance de la jeunesse. Vivre dans l'insouciance.* « *J'avais l'insouciance de ceux qui croient leur bonheur durable* » (Proust). ♦ Absence de souci au sujet de (qqch.). *L'insouciance du lendemain.* ✪ CONTR. Inquiétude, ① souci.

insouciant, iante **adj.** – XVIIIe **1** INSOUCIANT DE : qui ne se soucie pas de (qqch.). ⇒ **indifférent, insoucieux.** *Insouciant du danger.* **2** Qui ne se préoccupe de rien. ⇒ **frivole, imprévoyant.** *Gais et insouciants.* ➛ subst. *Un insouciant.* ✪ CONTR. Curieux, inquiet, soucieux.

insoucieux, ieuse **adj.** – XVIIIe ▪ littér. Qui ne prend pas souci de (qqch.). ⇒ **insouciant.** « *parfois le démon de la curiosité l'emporte* [...] *et me rend insoucieux du danger* » (Gide). ✪ CONTR. Soucieux.

insoumis, ise **adj. et n.** – XVIe **1** Qui n'est pas soumis, refuse de se soumettre. ⇒ **rebelle, révolté.** *Tribus insoumises.* ➛ **n.** « *L'insoumis refuse la servitude et s'affirme l'égal du maître* » (Camus). **2** *Soldat insoumis,* et **n. m.** *un insoumis :* militaire qui a commis le délit d'insoumission. ⇒ **déserteur, réfractaire ; objecteur** (de conscience). ✪ CONTR. Obéissant, soumis.

insoumission **n. f.** – XIXe **1** Caractère, état d'une personne insoumise. ⇒ **désobéissance, rébellion, révolte.** *Acte d'insoumission. Insoumission à la loi, aux règles.* **2** Délit correctionnel qui consiste à ne pas répondre à une convocation régulière de l'autorité militaire. ⇒ **désertion.**

insoupçonnable **adj.** – XIXe ▪ Qui ne peut être soupçonné ; à l'abri de tout soupçon. « *Le parfum d'honnê-*

teté sévère et insoupçonnable, spécial aux vieilles bonnes et aux femmes laides » (Goncourt). ✪ CONTR. Soupçonnable, suspect.

insoupçonné, ée adj. – XVIIIe ■ Dont l'existence n'est pas soupçonnée, pressentie. *Perspectives, richesses insoupçonnées.* ⇒ **inattendu, nouveau.**

insoutenable adj. – XVe 1 Qu'on ne peut soutenir, défendre. ⇒ **indéfendable.** *Théorie insoutenable.* 2 Qu'on ne peut supporter, endurer. ⇒ **insupportable, intolérable.** *Douleur insoutenable. Un film d'une violence insoutenable.* « *l'insoutenable éclat d'une lame d'acier au soleil* » (Courtel.). ➛ subst. *À la limite de l'insoutenable.* ✪ CONTR. Soutenable, supportable.

inspecter v. tr. [1] – XVIIIe 1 Examiner (ce dont on a la surveillance). ⇒ **contrôler, surveiller.** *Inspecter une école, des travaux.* 2 Examiner avec attention. ⇒ **explorer, fouiller.** *Inspecter les lieux.* « *il se sentait examiné, inspecté des pieds à la tête, pesé, jugé* » (Maupass.).

inspecteur, trice n. – XVe ■ Agent d'un service public ou privé qui est chargé de contrôler le fonctionnement d'une administration, d'une entreprise, de veiller à l'application des règlements. ⇒ **contrôleur.** *Inspecteur du travail. Inspecteur des Contributions, des impôts.* ♦ *Inspecteur de l'enseignement primaire, secondaire. Inspecteur d'Académie :* directeur de l'enseignement dans une académie. ♦ *INSPECTEUR DES FINANCES :* membre de l'inspection générale des Finances. ♦ *INSPECTEUR (DE POLICE) :* fonctionnaire en civil chargé de tâches de direction et d'investigations.

❑ 10% des inspecteurs de police sont des femmes qu'on appelle néanmoins *inspecteur*, alors que la forme féminine existe.

inspection n. f. – XIIIe ; lat. *in-* et *spicere* « apercevoir » 1 Examen attentif dans un but d'enquête, de contrôle, de vérification ; travail, fonction d'inspecteur. *Faire, passer une inspection. Inspection de l'armée.* ⇒ **revue.** *Inspection des travaux. Tournée, visite d'inspection.* 2 Charge d'inspecteur. ⇒ **inspectorat.** 3 Ensemble des inspecteurs d'une administration ; le service qui les emploie, les locaux de ce service. *Inspection générale des Finances. L'inspection du Travail.*

inspectorat n. m. – XIXe ■ Charge d'inspecteur, d'inspectrice ; durée de cette charge. ⇒ **inspection.**

inspirant, ante adj. – XVIIIe ■ Qui est propre à inspirer. ⇒ **inspirateur.** *Ce n'est pas très inspirant.*

inspirateur, trice adj. et n. – XIVe I - 1 rare Qui donne l'inspiration. *Idées inspiratrices.* 2 n. f. Femme qui donne l'inspiration. *L'inspiratrice d'un poète.* ⇒ **égérie, muse.** 3 n. Personne qui inspire qqn ou dont on s'inspire. ⇒ ② **conseiller.** ♦ Personne qui dirige, anime. ⇒ **initiateur, instigateur.** *Inspirateur d'un complot.* 4 n. « *La religion est la grande inspiratrice de leurs actes* » (Maupass.). **II** - 1 Qui assure l'inspiration d'air dans les poumons. *Muscles inspirateurs.* 2 n. m. Appareil servant à assurer ou à faciliter l'inspiration d'air dans les poumons. ✪ CONTR. (de II) Expirateur.

inspiration n. f. – XIIe I - 1 Sorte de souffle émanant d'un être surnaturel, qui apporterait aux hommes des révélations. ⇒ **esprit, grâce, illumination ; divination.** 2 Souffle créateur. *Inspiration poétique. Chercher l'inspiration.* « *vous savez qu'il faut recevoir l'inspiration, et ne la jamais chercher* » (Volt.). *Être à court d'inspiration.* 3 Action d'inspirer qqch. à qqn ; résultat de cette action. *C'est sous son inspiration que le comité fut créé.* ⇒ **influence, instigation.** 4 Fait de s'inspirer, de subir l'influence de. *Mode d'inspiration orientale.* 5 Idée, résolution soudaine. *Suivre son inspiration.* « *ayant eu l'heureuse inspiration d'aller faire une petite visite à une femme que j'aime* » (Courtel.). **II** Action par laquelle l'air entre dans les poumons ; résultat de cette action. ⇒ **aspiration.** « *On lui mit la compresse de chloroforme sous le nez ; il fit deux ou trois grandes inspirations* » (Duham.). *Alternance de l'inspiration et de l'expiration.* ⇒ **respiration.** ✪ CONTR. Étude. — Expiration.

inspiratoire adj. – XIXe ■ Relatif à l'inspiration (II). *Capacité inspiratoire.* ✪ CONTR. Expiratoire.

inspiré, ée adj. et n. 1 Animé par l'inspiration, souffle divin ou créateur. *Œuvre inspirée.* ➛ *Air inspiré* (souvent iron.) ♦ n. *Un inspiré.* ⇒ **illuminé, mystique.** 2 *Bien, mal inspiré,* qui a une bonne, une mauvaise idée (pour agir).

inspirer v. [1] – XIIe ; lat. *spirare* « souffler » **I** v. tr. 1 Animer d'un souffle, d'un élan divin. 2 Donner l'inspiration, le souffle créateur à. « *quelques lueurs, qui sont les moments où l'artiste a été inspiré* » (Delacroix). ♦ Être cause et sujet d'inspiration pour. *La Provence a beaucoup inspiré Cézanne.* ♦ fam. Plaire, tenter. *Ce projet ne m'inspire pas,* ne me dit rien. 3 Faire naître (un sentiment, une idée, un dessein). ⇒ **suggérer.** *Inspirer à qqn l'horreur de qqch.* « *On donne des conseils, mais on n'inspire point de conduite* » (La Rochef.). ➛ *Inspirer qqn,* déterminer son comportement par des conseils. ⇒ **conduire,** ① **conseiller.** 4 Être l'instigateur de (qqch.). *Un premier attentat* « *fut inspiré par Henri de Guise* » (Bainville). 5 Être la cause et l'objet (de sentiments, pour qqn). ⇒ **donner.** *Inspirer de l'amour à une personne. Cette personne ne m'inspire pas confiance.* « *Il ne m'inspire pas la moindre sympathie* » (Romains). « *L'état du patient inspirait les plus pressantes inquiétudes* » (Duham.). **II** *S'INSPIRER* v. pron. *S'inspirer de :* prendre, emprunter des idées, des éléments à. *Le romancier s'est inspiré d'une légende populaire.* **III** v. intr. Faire entrer l'air dans ses poumons. ⇒ **aspirer ; respirer.**

❑ *Inspirer* ne se dit que de la respiration, alors que *aspirer* signifie « faire entrer un liquide, un gaz dans l'organisme ou dans un appareil (seringue, pompe, etc.) ».

instabilité n. f. – XIIIe 1 sc. État d'un corps qui subit aisément une décomposition. ➛ Propriété d'un corps qui se décompose spontanément. 2 Caractère de ce qui change de place. *Instabilité d'une population.* ⇒ **nomadisme.** ♦ Caractère de ce qui n'est pas fixe, permanent. *L'instabilité des prix.* ⇒ **fluctuation.** *Instabilité politique.* 3 Caractère, état d'une personne qui change souvent d'humeur, d'intérêts. *Son instabilité est grande.* ✪ CONTR. Stabilité.

❑ *Instabilité* a des emplois parallèles à ceux de l'adjectif *instable*, surtout dans un contexte psychologique ou en parlant d'une situation sujette à changer. En sciences, son emploi est plus rare.

instable adj. – XIIIe 1 Se dit d'une combinaison chimique qui peut se désintégrer spontanément. ➛ *Équilibre instable,* détruit par la moindre perturbation. ♦ Mal équilibré. *Meuble instable.* ⇒ **bancal.** 2 Qui se déplace, n'est pas stable en un lieu. *Population instable.* ⇒ ① **errant, nomade.** 3 Qui n'est pas fixe, permanent. ⇒ **changeant.** *Temps instable.* ⇒ **variable.** *Paix instable.* ⇒ **fragile, précaire.** ♦ *Sentiments instables.* « *leur sensibilité irritée, susceptible, instable enfin* » (Camus). 4 Incapable de se maintenir dans un état mental, affectif. ⇒ **changeant, inconstant.** « *On me juge frivole, instable* » (Cocteau). ➛ subst. *Un instable.* ✪ CONTR. Stable, ① fixe ; constant.

installateur, trice n. – XIXe ■ Spécialiste qui effectue des installations. *Un installateur de cuisines* (⇒ **cuisiniste**), *de chauffage* (⇒ **chauffagiste**).

installation n. f. – XIVe 1 Mise en possession solennelle d'une charge ecclésiastique. *Installation d'un* *évêque.* ⇒ **intronisation.** ➛ Formalité d'entrée en exercice. *Installation d'un magistrat ; installation dans une fonction.* **2** Action d'emménager. *Ils ont terminé leur installation.* ➛ Manière dont on est installé. *Ce n'est encore qu'une installation de fortune.* **3** Action d'installer (qqch.) ; mise en place. ⇒ **aménagement, arrangement, établissement.** *Surveiller l'installation des meubles dans une maison. Installation de l'électricité, du gaz, du chauffage.* **4** Ensemble de ce qui est installé en vue d'un usage déterminé. *Installations électriques, sanitaires.* ⇒ **équipement.** ✪ CONTR. Déménagement, évacuation.

installer v. tr. [1] – XIVe ; lat. « mettre dans sa stalle » **I** - **1** Établir solennellement dans sa dignité, dans une fonction. *Installer un pape* (⇒ **introniser**), *un magistrat.* **2** Mettre (qqn) dans le logement, dans l'endroit qui lui était destiné. ⇒ **caser, loger.** *Nous l'avons installé dans son nouveau bureau.* ➛ Placer ou loger d'une façon déterminée. *Installer un malade confortablement. Ils sont bien installés dans leur ferme.* **3** Disposer à une place définie. ⇒ **établir, mettre,** ① **placer.** *Installer des rayonnages sur un mur.* ⇒ **poser.** *Installer le téléphone.* ♦ Aménager (un appartement, une pièce). *Installer une cuisine.* **II** S'INSTALLER v. pron. **1** Se mettre à une place déterminée ou d'une façon déterminée. *S'installer confortablement dans un fauteuil.* ➛ *Ils se sont installés en province.* ⇒ s'**établir,** se **fixer.** « *Partout où il va, il s'installe* [...], *il semble que sa place était là depuis toujours* » (Michaux). ♦ S'établir pour l'exercice d'une profession libérale. *Dentiste qui s'installe.* **2** fig. S'établir de façon durable. « *la France et le monde s'installaient dans la guerre* » (Duham.). « *Cette idée de la mort s'installa définitivement en moi comme fait un amour* » (Proust). ✪ CONTR. Déplacer. ① Aller (s'en aller), déménager.

instamment adv. – XIVe ▪ D'une manière instante, avec force. *Prier, demander instamment.* « *Je vous supplie instamment de rendre gloire à la vérité* » (Volt.).

instance n. f. – XIIIe ; de *instant* **1** Sollicitation pressante. *Céder aux instances de qqn.* ⇒ **demande, pression.** *Il a fini par accepter, sur les instances de ses amis.* **2** Ensemble d'actes, délais et formalités de poursuite en justice. ⇒ **procédure, procès.** *Introduire une instance. Tribunal d'instance,* du premier degré dans la hiérarchie des juridictions. *Tribunal de grande instance.* ♦ EN INSTANCE (DE) : en cours. *Être en instance de divorce.* ➛ *En dernière instance* : en dernière analyse. **3** Juridiction, tribunal. *L'instance supérieure.* ➛ Autorité, corps constitué qui détient un pouvoir de décision. ⇒ **institution.** *Les instances internationales.* **4** Chacune des différentes parties de l'appareil psychique considérée comme élément dynamique (moi, ça et surmoi). **5** *Les instances du discours* : production du discours avec ses caractères spécifiques (locuteur, interlocuteur, situation).

① **instant, ante** adj. – XVIe ; lat. *instare* « serrer de près, presser » ▪ littér. Pressant. *Demande, prière instante.*

② **instant** n. m. – XIVe ▪ Durée très courte considérée comme un tout. ⇒ **moment.** *Cela n'a duré qu'un instant. Ce fut l'affaire d'un instant. Attendre l'instant propice. Avoir un instant d'inattention.* ♦ Le moment présent. *L'homme « ne vit que fort peu dans l'instant même »* (Valéry). *Profiter de l'instant présent.* ♦ *Un instant* : un temps très court. *Il crut un instant que...* « *J'ai fait le pied de grue un instant devant sa porte* » (Stendh.). *Patientez un instant. Quelques instants plus tard.* ➛ *Un instant ! et je suis à vous.* ♦ loc. EN UN INSTANT : très vite. « *La douleur était si soudaine, et si aiguë, qu'en un instant elle disloqua tous les traits de son visage* » (Mart. du G.). ➛ DANS UN INSTANT. ⇒ **bientôt.** *Je suis à vous dans un instant.* ♦ À L'INSTANT : tout de suite. *Il arrive à l'instant,* il vient d'arriver. ♦ À CHAQUE, À TOUT INSTANT : très souvent. ⇒ **continuellement.** ♦ POUR L'INSTANT : pour le moment. ♦ DE TOUS LES INSTANTS : constant, perpétuel. *Une attention de tous les instants.* ♦ D'UN INSTANT À L'AUTRE : de manière imminente. ⇒ **bientôt.** *On l'attend d'un instant à l'autre.* ✪ CONTR. Éternité, perpétuité.

instantané, ée adj. – XVIIe **1** Qui ne dure qu'un instant. ⇒ ① **bref.** « *Des visions instantanées, rapides* » (From.). **2** Qui se produit soudainement. ⇒ **immédiat.** *La mort fut instantanée.* **3** vieilli *Photographie instantanée,* obtenue par une exposition de très courte durée. ➛ subst. « *Henriette, dans son lit, en larmes brandissait un instantané envoyé par Guillaume* » (Cocteau). **4** Qui se prépare, se dissout instantanément. *Café, potage instantané.* ✪ CONTR. Durable, lent, long.

❑ *Instantané* dérive de *instant* sur le modèle de *momentané.*

instantanéité n. f. – XVIIIe ▪ Caractère de ce qui est instantané.

instantanément adv. – XVIIIe ▪ D'une manière instantanée ; en un instant. ⇒ **aussitôt, immédiatement.** ✪ CONTR. Lentement, progressivement.

instar (à l'instar de) loc. prép. – XVIe ; lat. *ad instar* « à la ressemblance de » ▪ littér. À l'exemple, à la manière de, de même que. ⇒ **comme.** « *une pièce en un seul acte, à l'instar des tragiques grecs* » (Montherl.).

instaurateur, trice n. – XVIe ▪ littér. Personne qui instaure. ⇒ **promoteur.** *Instaurateur de la liberté.*

instauration n. f. – XVe ▪ Action d'instaurer. ⇒ **établissement, fondation.** *L'instauration d'un nouveau régime.*

instaurer v. tr. [1] – XIVe ; lat. « recommencer, réparer » ▪ Établir pour la première fois. ⇒ **fonder, inaugurer.** *Instaurer un usage.* « *Exalter la violence et la haine pour instaurer le règne de la justice et de la fraternité, c'est un non-sens* » (Mart. du G.). pronom. *Une ère nouvelle s'instaure.* ✪ CONTR. Abolir, détruire, renverser.

instigateur, trice n. – XIVe ▪ Personne qui incite, qui pousse à faire qqch. *Les instigateurs de ce mouvement.* ⇒ **inspirateur, promoteur.** *Instigateur d'un complot.* ➛ fig. « *L'esprit est le vrai tentateur de la conscience et le premier instigateur du péché* » (Proudh.).

instigation n. f. – XIVe ▪ Action de pousser qqn à faire qqch. ⇒ **incitation.** ➛ À L'INSTIGATION DE. *Agir à l'instigation de qqn,* sur ses conseils ou en subissant son influence.

instiguer v. tr. [1] – XIVe ; lat. « exciter, stimuler » ▪ (Belgique) INSTIGUER qqn (à faire qqch.), le pousser, l'inciter.

instillation [ɛ̃stilasjɔ̃] n. f. – XIVe ▪ Action d'instiller. *Instillations nasales.*

instiller [ɛ̃stile] v. tr. [1] – XIVe ; lat. *stilla* « goutte » **1** Verser goutte à goutte (un liquide médicamenteux) dans une cavité ou un conduit. *Instiller un collyre dans l'œil.* **2** fig. Faire entrer, pénétrer lentement. ⇒ **insinuer.** *Instiller le doute.*

❑ Pour la prononciation → distiller (rem.).

instinct [ɛ̃stɛ̃] n. m. – XVe ; lat. « impulsion » **1** Tendance innée et puissante, commune à tous les êtres vivants ou à tous les individus d'une même espèce. ⇒ **tendance.** *L'instinct de conservation. Instinct sexuel.* ⇒ **libido.** « *L'instinct maternel est divinement animal* » (Hugo). **2** Tendance innée à des actes déterminés (selon les espèces), exécutés parfaitement sans expérience ; ces actes. *Instinct des animaux. Instinct migratoire.* ♦ *L'instinct et l'intelligence.* **3** L'intuition, le sentiment (opposé à *raison*). *Agir par instinct.* ♦ loc. adv. D'INSTINCT : d'une manière naturelle et spontanée. « *En toutes choses, d'instinct, je m'opposais à lui* » (France). **4** Faculté naturelle de sentir, de pressentir, de deviner. ⇒ **intuition.** *Se fier à son instinct.* ⇒ **flair.** ♦ Don, disposition naturelle. ⇒ ① **sens, talent.** *Avoir l'instinct des affaires.* **5** au plur. Tendance innée et irréfléchie. *Céder à ses mauvais instincts.*

❑ Pour la prononciation → exact (rem.).

instinctif, ive adj. – XIXe **1** Qui naît d'un instinct, de l'instinct. ⇒ **instinctuel.** *Désirs instinctifs. Antipathie instinctive. C'est instinctif !* c'est une chose qu'on fait, qu'on sent d'instinct. *Geste instinctif.* ⇒ **inconscient, irréfléchi.** – *Un art plus instinctif que raisonné.* ⇒ **spontané. 2** En qui domine l'impulsion, la spontanéité de l'instinct. *Un être instinctif.* ✪ CONTR. Conscient, réfléchi, volontaire.

instinctivement adv. – XIXe ▪ D'une manière instinctive, d'instinct. ⇒ **spontanément.** « *Instinctivement, les hommes se sont arrêtés, de peur d'être vus* » (Le Clézio).

instinctuel, elle adj. – XIXe ▪ Qui appartient à la catégorie de l'instinct. « *les composantes instinctuelles de l'être* » (J. Rostand).

instit [ɛ̃stit] n. – 1966 ; abrév. ▪ fam. Instituteur, institutrice. *Les instits.*

instituer v. tr. [1] – XIIIe ; lat. *stare* « se tenir debout » **1** Établir officiellement en charge, en fonction (un prélat). « *Le pape instituait les évêques, mais c'est le roi qui les nommait* » (Jaurès). – Nommer (un héritier) par testament. **2** Établir d'une manière durable dans une société, un État. ⇒ **créer, fonder, instaurer.** *Instituer un règlement.* « *La force publique est instituée pour l'avantage de tous* » (DÉCLAR. DR. HOM.). – pronom. *Les relations qui se sont instituées entre les deux pays.* ⇒ **établir.** ✪ CONTR. Abolir, abroger, supprimer.

institut n. m. – XVe ; lat. « ce qui est établi » → instituer **1** Règle d'un ordre religieux établie au moment de sa fondation. ⇒ **constitution. 2** Titre donné à certains corps constitués de savants, d'artistes, d'écrivains. *Institut de France,* ou *l'Institut,* comprenant les cinq Académies. ⇒ **académie.** ♦ Nom donné à certains établissements de recherche scientifique ou d'enseignement. *Institut Pasteur. Institut national de la santé et de la recherche médicale (INSERM).* **3** Établissement à caractère commercial où l'on donne des soins, des cours. *Institut dentaire ; institut de beauté.* ♦ Institution scolaire privée.

institutes n. f. pl. – XIIIe ; lat. *instituta* « institutions » ▪ Manuel de droit rédigé par les jurisconsultes romains.

instituteur, trice n. – XVe **1** vx Personne qui institue (qqch.). « *L'instituteur divin du christianisme* » (Volt.). **2** Personne qui enseigne dans une école primaire ou maternelle. ⇒ **maître, maîtresse ;** fam. **instit.** « *Nous n'avons pas assez de patients, de dévoués instituteurs* » (Balz.).

❑ Même famille étymologique que *instituer.*

institution n. f. – XIIe **I - 1** Action d'instituer. ⇒ **création, établissement, fondation.** *L'institution d'une commission d'enquête.* « *l'institution du couvre-feu* » (Camus). – *Institution d'héritier.* ⇒ **désignation, nomination.** *Institution d'un évêque.* **2** *D'institution* : institué par les hommes (par oppos. à ce qui est établi par la nature). *Usages d'institution.* **3** La chose instituée (personne morale, groupement, régime). *Institutions politiques, religieuses. Le mariage civil est une institution.* ♦ *Les institutions* : l'ensemble des formes ou structures sociales, établies par la loi ou la coutume. *Peuple attaché à ses institutions. Renverser, défendre les institutions. Des institutions démocratiques.* ⇒ ① **régime.** *Rester dans le cadre des institutions.* ♦ fam. (iron.) Se dit de qqch. qui est passé dans les mœurs. *La corruption est ici une institution.* ♦ fam. Personnage marquant qui sert de référence à d'autres. *En volcanologie, Haroun Tazieff est une véritable institution.* **II - 1** vx Éducation, instruction. **2** UNE INSTITUTION : un établissement privé d'éducation et d'instruction. ⇒ **collège, école, institut, pension.** *Institution pour jeunes filles.* « *Je fréquentais dans une petite institution libre* » (Duham.). ✪ CONTR. (de I, 1° et 2°) Abolition.

institutionnalisation n. f. – 1949 ▪ Fait d'institutionnaliser.

institutionnaliser v. tr. [1] – v. 1955 ▪ Donner à (qqch.) le caractère officiel et durable d'une institution.

institutionnel, elle adj. – 1933 **1** Relatif aux institutions. *L'appareil institutionnel d'un État.* **2** Qui concerne l'influence exercée par les groupes sociaux (famille, structure sociale) sur le développement de la personnalité. *Psychothérapies institutionnelles,* favorisant la réintégration sociale des malades.

instructeur n. m. – XIVe ▪ Celui qui est chargé de l'instruction des recrues. adj. m. *Sergent instructeur.* – Personne qui instruit une affaire. adj. m. *Juge instructeur* : juge d'instruction.

instructif, ive adj. – XIVe ▪ Qui instruit. ⇒ **édifiant, éducatif.** *Lecture, conversation instructive.*

instruction n. f. – XIVe **I - 1** Action d'enrichir et de former l'esprit (de la jeunesse). ⇒ **enseignement, formation, pédagogie.** « *l'instruction des enfants est un métier où il faut savoir perdre du temps pour en gagner* » (Rouss.). *L'instruction qu'il a reçue à l'école.* – *Instruction religieuse.* ⇒ **catéchisme.** *Instruction civique. Instruction militaire.* **2** Savoir de l'homme instruit. ⇒ **bagage** (fig.), **connaissances,** ② **culture.** *Avoir un bon niveau d'instruction. Homme sans instruction,* ignare, illettré. *Il cachait « sous un déluge de lieux communs* [...] *son défaut absolu d'instruction* » (Balz.). **II - 1** INSTRUCTIONS : explications verbales ou écrites à l'usage de la personne chargée d'une entreprise ou d'une mission. ⇒ **consigne, directive.** *Donner des instructions à qqn.* ♦ Groupe de bits codé déclenchant dans l'unité de traitement d'un ordinateur l'exécution d'une tâche élémentaire. *Instructions en langage machine.* ♦ Mode d'emploi d'un produit, rédigé par le fabricant. *Se conformer aux instructions ci-jointes.* **2** Document écrit émanant d'un chef à l'usage de ses services. ⇒ **circulaire.** *Instruction ministérielle, préfectorale.* **III** Phase de la procédure pénale au cours de laquelle le juge d'instruction procède aux recherches et apprécie la culpabilité des personnes poursuivies. ⇒ **information, interrogatoire.** *Le secret de l'instruction.*

instruire v. tr. [38] – XIIe ; lat. *instruere* « outiller, instruire » **I - 1** littér. Mettre en possession de connaissances nouvelles. *Être instruit par l'expérience.* **2** Dispenser un enseignement à (un élève). ⇒ **éduquer, enseigner, former.** *Instruire un enfant dans une discipline, en sciences, sur un sujet.* **3** INSTRUIRE QQN DE : mettre qqn au courant de (un fait, une connaissance particulière). ⇒ **avertir,** ② **aviser, informer.** « *vous m'avez paru tant désirer ce départ, que j'ai cru devoir vous en instruire* » (Laclos). **II** v. pron. réfl. S'INSTRUIRE. **1** Enrichir ses connaissances ou son expérience. ⇒ **apprendre,** se **cultiver.** *Chercher à s'instruire.* **2** S'informer de, se renseigner sur. *S'instruire des circonstances exactes d'un événement.* **III** Mettre (une cause) en état d'être jugée, procéder à l'instruction de. *Instruire une affaire, le procès de qqn.*

instruit, ite adj. – XIVe ▪ Qui a des connaissances étendues dénotant une solide instruction. ⇒ **cultivé, érudit.** *Elle est très instruite.* ✪ CONTR. Ignare, ignorant, illettré, inculte.

instrument n. m. – XIIe ; lat. *instruere* « outiller, instruire » **I - 1** Objet fabriqué servant à exécuter qqch., à faire une opération. *Instruments de chirurgie. Instruments de précision, de mesure. Instruments de bord d'un avion.* ➤ *Apportez vos instruments de travail.* **2** *Instrument (de musique). Jouer d'un instrument. Instruments à cordes. Instruments à vent.* **II - 1** Moyen. *Instruments de paiement.* ⇒ **monnaie.** **2** Personne ou chose servant à obtenir un résultat. *La concurrence, instrument de sélection. Il avait « une voix surtout, un instrument de charme et de conquête incomparable »* (Zola).

❑ *Instrument* désigne en français moderne des objets plus compliqués que *outil* et plus simples que *appareil* et *machine.*

instrumentaire adj. – XVIe ▪ *Témoin instrumentaire,* qui assiste un officier ministériel dans les actes dont la validité requiert la présence de témoins.

instrumental, ale, aux adj. – XIVe **1** Qui sert d'instrument. *Les pièces instrumentales d'un procès.* **2** Qui s'exécute avec des instruments. *Musique instrumentale* (opposé à *vocale*). **3** Qui se fait à l'aide d'instruments médicaux. *Pelvimétrie instrumentale.*

instrumentaliser v. tr. [1] – v. 1980 ▪ Considérer (qqch., qqn) comme un instrument ; rendre purement utilitaire.

instrumentalisme n. m. – 1946 ▪ Doctrine pragmatique suivant laquelle toute théorie est un outil, un instrument pour l'action. ⇒ **pragmatisme.**

instrumentation n. f. – XIXe **1** Partie de l'orchestration qui consiste à choisir les instruments d'une composition. **2** Ensemble d'instruments, d'appareils. *L'instrumentation de bord d'un engin spatial.*

instrumenter v. [1] – XVe **I** v. intr. Dresser un instrument (contrat, acte, procès-verbal). « *La brigade de la voie publique* [...] *n'a le droit d'instrumenter qu'en cas de flagrant délit* » (Simenon). **II** v. tr. **1** rare ⇒ **orchestrer.** **2** Doter (une installation, un appareil) d'instruments de contrôle. *Avions instrumentés.*

instrumentiste n. – XIXe **1** Musicien qui joue d'un instrument. *Les choristes et les instrumentistes.* **2** Aide chargé de préparer et de passer les instruments au cours d'une intervention chirurgicale.

insu (à l'insu de) loc. prép. – XVIe ; de ① *in* et *su,* p. p. de *savoir* **1** Sans que la chose soit sue de (qqn). « *la façon subtile dont elle avait, à l'insu de tous, esquissé ce signe d'intelligence* » (Mart. du G.). *À mon insu, à leur insu.* **2** Sans (en) avoir conscience. ⇒ **inconsciemment.** *Se trahir à son insu.* ✪ CONTR. Su (au su de). Consciemment, sciemment.

insubmersible adj. – XVIIIe ▪ Qui ne peut être submergé. *Canot insubmersible.* ✪ CONTR. Submersible.

insubordination n. f. – XVIIIe ▪ Refus de se soumettre. ⇒ **désobéissance, indiscipline, insoumission.** *Esprit d'insubordination.* « *l'insubordination ouvrière pouvait mettre en péril les affaires* » (Aragon). ➤ Refus d'obéissance d'un militaire aux ordres d'un supérieur. ✪ CONTR. Subordination ; obéissance, soumission.

❑ Attention un seul *n* → ordinateur (rem.).

insubordonné, ée adj. – XVIIIe ▪ Qui a l'esprit d'insubordination. ⇒ **désobéissant, indiscipliné.** *Troupes insubordonnées.* ✪ CONTR. Subordonné.

insuccès n. m. – XVIIIe ▪ Manque de succès, de réussite ; fait d'échouer. ⇒ **échec.** *Insuccès d'une entreprise.* ✪ CONTR. Réussite, succès.

insuffisamment adv. – XIVe ▪ D'une manière insuffisante. *Une pièce insuffisamment éclairée.* ✪ CONTR. Assez, suffisamment.

insuffisance n. f. – XIVe **1** Caractère, état de ce qui ne suffit pas. ⇒ **défaut,** ② **manque.** *Insuffisance de moyens, de ressources.* ➤ *Ce candidat est d'une insuffisance flagrante.* ⇒ **ignorance, incapacité.** **2** au plur. ⇒ **déficience, lacune.** *Les insuffisances de son esprit.* **3** État d'un organe, d'une glande... qui ne fonctionne plus normalement. ⇒ **déficience.** *Insuffisance cardiaque, respiratoire.* ✪ CONTR. Abondance, excès, suffisance. Aptitude, capacité.

insuffisant, ante adj. – XIVe **1** Qui ne suffit pas. *Les médecins sont en nombre insuffisant à la campagne. Connaissances insuffisantes.* « *des pensées informulables parce que les mots sont insuffisants* » (Green). **2** Qui manque de dons, de talent. *On le juge insuffisant pour cette charge.* **3** n. (avec un adj.) Personne dont une fonction physiologique est diminuée. *Les insuffisants cardiaques.* ✪ CONTR. Suffisant ; abondant, excessif.

insufflateur n. m. – XIXe ▪ Instrument servant à insuffler dans une cavité organique (voies respiratoires, oreilles, etc.) de l'air, des gaz, des vapeurs, ou des médicaments en poudre.

insufflation n. f. – XIVe ▪ Action d'insuffler (une poudre, un liquide ou un gaz) dans une cavité du corps.

insuffler v. tr. [1] – XIVe **1** Faire pénétrer en soufflant ; communiquer par le souffle. *Dieu insuffla la vie à sa créature.* ⇒ **animer.** ♦ ⇒ **inspirer.** *Insuffler du courage.* **2** Introduire (de l'air, un gaz) dans les poumons, une cavité de l'organisme. *Insuffler de l'air dans la bouche d'un noyé.*

insulaire adj. – XVIe ; lat. *insula* « île » **1** Qui habite une île. *Peuple insulaire.* ⇒ **îlien.** subst. *Les insulaires de Bornéo.* **2** Qui appartient à une île, aux îles. *Administration insulaire.* ✪ CONTR. Continental.

insularité n. f. – XIXe **1** État d'un pays composé d'une ou de plusieurs îles. *Insularité du Royaume-Uni.* **2** Caractère de ce qui est insulaire.

insulinase n. f. – mil. XXe ▪ Enzyme du foie qui rend l'insuline inactive.

insuline n. f. – 1931 ; lat. *insula* « île » ▪ Hormone sécrétée par les îlots* de Langerhans, qui active l'utilisation du glucose dans l'organisme.

❑ Même famille étymologique que *insulaire, île,* cette hormone étant extraite des *îlots* du pancréas.

insulinothérapie n. f. – mil. XXe ▪ Traitement de certaines maladies par l'administration d'insuline.

insultant, ante adj. – XVIIe ▪ Qui insulte ; qui constitue une insulte. ⇒ **injurieux, offensant, outrageant.** *Propos insultants. Il « se contenta de hausser les épaules, d'un air de moquerie insultante »* (Zola).

insulte n. f. – XIVe **1** Acte ou parole qui vise à outrager ou constitue un outrage. ⇒ **affront, injure, offense.** *C'est la pire insulte qu'on puisse lui faire. Adresser des insultes à qqn.* ⇒ **invective.** **2** *C'est une insulte à sa douleur.* ⇒ **atteinte, outrage.** ➤ *Ce raisonnement est une insulte au bon sens.*

insulter v. tr. [1] – XIVe ; lat. « faire assaut contre » **1** Attaquer (qqn) par des propos ou des actes outrageants. ⇒ **injurier, offenser.** « *l'homme qui insulte une femme commet une lâcheté gratuite* » (Sand). *Se faire insulter. Il ose m'insulter !* ➤ pronom. *Elles se sont insultées.* **2** tr. ind. littér. INSULTER À : constituer un défi, par contraste avec une chose respectable. *Le luxe des riches insulte à la misère des déshérités.* ✪ CONTR. Respecter.

insupportable adj. – XIVe **1** Qu'on ne peut supporter, endurer. ⇒ **atroce, intolérable.** *Douleur insupportable.* ♦ Extrêmement désagréable. *Trouver la vie insupportable.* **2** Particulièrement désagréable ou agaçant. *Enfant insupportable.* « *Il avait la migraine, broyait du noir, était franchement insupportable* » (Cendrars) *Un caractère insupportable.* ⇒ **épouvantable, impossible.** ✪ CONTR. Supportable ; agréable.

insupporter v. tr. [1] – XIXe ▪ fam. et par plais. Être insupportable à. ⇒ **indisposer.** « *Cette vieille roulure m'insupporte* » (H. Bataille).

❑ Ce verbe s'emploie surtout avec un pronom complément : *sa conduite m'insupporte.* ♦ Pour la formation → inactiver (rem.).

insurgé, ée n. – XVIIIe ▪ Agitateur, révolté. ⇒ **rebelle.** « *L'Insurgé* », *roman de J. Vallès.* « *Des toits, des porches, des fenêtres, les insurgés tiraient* » (Malraux). ✪ CONTR. Soumis.

❑ Même famille étymologique que *surgir* et *sourdre.*

insurger (s') v. pron. [3] – XVe ; lat. « se dresser » ▪ Se soulever (contre l'autorité). ⇒ se **révolter.** *Peuple qui s'insurge contre un tyran.* ⇒ se **dresser,** se **rebeller.** ➛ *S'insurger contre la mauvaise foi.* ✪ CONTR. Soumettre (se).

insurmontable adj. – XVIe ▪ Qu'on ne peut surmonter. *D'insurmontables difficultés.* ➛ *Angoisse insurmontable.* ✪ CONTR. Facile, surmontable.

insurpassable adj. – XVIe ▪ Qu'on ne peut surpasser. *Il est insurpassable dans l'art du calembour.*

insurrection n. f. – XIVe **1** Action de s'insurger ; soulèvement qui vise à renverser (le pouvoir établi). ⇒ **émeute, rébellion, révolte, soulèvement.** *Insurrection populaire. Foyer d'insurrection.* **2** Le fait de s'insurger, révolte. *L'insurrection de qqn contre l'injustice.* ✪ CONTR. Soumission.

insurrectionnel, elle adj. – XVIIIe ▪ Qui tient de l'insurrection. *Mouvement insurrectionnel.* ♦ *Gouvernement insurrectionnel,* issu de l'insurrection.

intact, e [ɛ̃takt] adj. – XVe ; lat. « non touché » **1** À quoi l'on n'a pas touché ; qui n'a pas subi d'altération, de dommage. « *Il avait gardé intacte la chambre de sa compagne* » (Maupass.). *La carrosserie est abîmée, mais le moteur est intact.* **2** Qui n'a souffert aucune atteinte. *Réputation intacte,* sans tache. ⇒ **sauf.** ✪ CONTR. Altéré, endommagé ; blessé. Compromis.

❑ Pour la prononciation → exact (rem.).

intactile adj. – XVIe ▪ Qui ne peut, par nature, être perçu par le toucher. *Un son est intactile.* ⇒ **impalpable.**

❑ Mot rare mais plus précis que *impalpable* et *intangible.*

intaille n. f. – XIXe ; it. *intaglio,* du lat. *taliare* « couper » → tailler ▪ Pierre fine gravée en creux (à l'inverse du camée).

intangibilité n. f. – XIXe ▪ État de ce qui est intangible, de ce qui est ou doit être maintenu intact. *L'intangibilité d'une loi.*

intangible adj. – XVe ▪ À quoi on ne doit pas toucher, porter atteinte ; que l'on doit maintenir intact. ⇒ **inviolable,** ① **sacré.** *Principes intangibles.*

intarissable adj. – XVIe **1** Qui ne peut être tari, qui coule sans arrêt. ⇒ **abondant, inépuisable.** *Source intarissable.* **2** fig. *Il a une verve intarissable. Il est intarissable sur ce sujet.*

intarissablement adv. – XIXe ▪ D'une manière intarissable. *Il répète intarissablement la même chose.* ⇒ **inlassablement.**

intégrable adj. – XVIIIe ▪ En mathématiques, *Fonction intégrable,* qui admet une intégrale. *Équation différentielle intégrable,* qui admet des solutions.

intégral, ale, aux adj. et n. f. – XIVe ; lat. *integer* « entier » **I** Qui n'est l'objet d'aucune diminution, d'aucune restriction. ⇒ ① **complet, entier.** *Remboursement intégral. Texte intégral, édition intégrale d'un ouvrage.* ➛ n. f. *L'intégrale des symphonies de Beethoven.* **II** - **1** *Calcul intégral :* branche du calcul infinitésimal qui a pour objet de trouver les fonctions qui admettent une fonction donnée pour dérivée. **2** n. f. UNE INTÉGRALE : résultat de l'opération fondamentale du calcul intégral. *Intégrale d'une fonction. Le signe* ∫ *symbolise l'intégrale. Intégrale définie dans un intervalle (a, b) :* différence des valeurs d'une primitive de la fonction à intégrer, lorsque la variable prend les valeurs *b* et *a* (notée $\int_a^b$). ✪ CONTR. Incomplet, partiel.

intégralement adv. – XVIe ▪ D'une manière intégrale, au complet. ⇒ **complètement, totalement.** *Rembourser intégralement ses dettes.* ✪ CONTR. Incomplètement, partiellement.

intégralité n. f. – XVIIe ▪ État d'une chose complète. ⇒ **complétude, entièreté.** *Intégralité d'un revenu.* ➛ loc. *Dans son intégralité :* dans son ensemble, sa totalité.

❑ Pour le sens → intégrité (rem.). ♦ Doublet du mot belge *entièreté* → entièreté (rem.).

intégrant, ante adj. – XVIe ▪ *Faire partie intégrante de qqch.,* être parmi ses éléments constituants les plus importants.

intégrateur n. m. – XIXe ; de *intégrer* ▪ Appareil qui totalise des indications continues, résout les équations différentielles.

intégration n. f. – XIVe **1** En mathématiques, Opération (inverse de la différentiation) par laquelle on détermine la grandeur limite de la somme de quantités infinitésimales en nombre indéfiniment croissant. **2** Coordination des activités de plusieurs organes, nécessaires à un fonctionnement harmonieux. **3** Action d'adjoindre à l'activité propre d'une entreprise les activités qui s'y rattachent dans le cycle de la fabrication des produits. ⇒ **concentration** (verticale). **4** Opération par laquelle un individu ou un groupe s'incorpore à une collectivité, à un milieu (opposé à *ségrégation*). *Intégration politique, sociale, raciale, culturelle. Politique d'intégration des immigrés.* ⇒ **assimilation, insertion.**

intégrationniste adj. et n. – mil. XXe ▪ Relatif à l'intégration politique ou raciale (spécialement aux États-Unis). « *une campagne intégrationniste en faveur du vote des Noirs* ». (Le Clézio). ✪ CONTR. Ségrégationniste.

intègre adj. – XVIe ▪ D'une probité absolue. ⇒ **honnête, incorruptible.** *Juge intègre.* ⇒ **équitable, impartial, juste.** ✪ CONTR. Corrompu, malhonnête, vénal.

intégré, ée adj. **1** Qui inclut en tant que partie intégrante. ➛ *Commerce intégré,* où les fonctions de commerce de gros et de détail sont regroupées au sein d'une même entité économique. **2** ⇒ **assimilé.** *Populations bien intégrées.* **3** En informatique, *Traitement intégré* (des données), réalisant automatiquement une série complexe d'opérations.

intégrer v. [6] – XIVe ▪ v. tr. **1** *Intégrer une fonction,* calculer son intégrale. **2** Faire entrer dans un ensemble en tant que partie intégrante. ⇒ **assimiler, incorporer.** *Intégrer plusieurs théories dans un système.* ⇒ **comprendre, inclure.** ➛ pronom. S'insérer. *Travailleurs immigrés qui se sont bien intégrés.* ⇒ s'**assimiler.** **3** v. tr. ou tr. ind. arg. scol. Être reçu au concours d'entrée dans une grande école. *Intégrer (à) l'École normale.* ✪ CONTR. ① Détacher.

intégrisme n. m. – 1913 ▪ Attitude de croyants qui refusent toute évolution. ⇒ **fondamentalisme.** ✪ CONTR. Progressisme.

intégriste n. et adj. – XIXe ; de *intègre,* d'apr. l'esp. ▪ Partisan de l'intégrisme. ➛ adj. *Thèses intégristes.* ⇒ **fondamentaliste.**

intégrité n. f. – XIVe **1** État d'une chose demeurée intacte. ⇒ **intégralité, totalité.** *Préserver l'intégrité du territoire.* « *en même temps que décroît son intégrité physique* » (Caillois). ➛ *Dans son intégrité* : total, absolu. **2** État d'une personne intègre. ⇒ **honnêteté, incorruptibilité.** *Un homme d'une parfaite intégrité.* ✪ CONTR. Altération, corruption, malhonnêteté.

❑ *Intégrité* est plus qualitatif que *intégralité,* réservé généralement à ce qui est mesurable.

intellect [ɛ̃telɛkt] n. m. – XIIIe ; lat. *intellegere* « comprendre » ▪ L'esprit dans son fonctionnement intellectuel. ⇒ **entendement, intelligence.**

❑ Ce mot est neutre qualitativement, à la différence de ses synonymes ; il ne supporte guère d'adjectif.

intellectualisation n. f. – XIXe ▪ Action d'intellectualiser ; résultat de cette action.

intellectualiser v. tr. [1] – XIXe ▪ Revêtir d'un caractère intellectuel ; transformer par l'action de l'intelligence.

intellectualisme n. m. – XIXe **1** Doctrine qui affirme la prééminence des éléments intellectuels sur ceux de l'affectivité et de la volonté. *L'intellectualisme de Spinoza.* **2** Tendance à sacrifier la vie et l'instinct aux satisfactions de l'intelligence.

intellectualiste adj. – XIXe ▪ Marqué d'intellectualisme ; partisan de l'intellectualisme. « *La science sera intellectualiste ou elle ne sera pas* » (Poincaré).

intellectualité n. f. – XVIIIe ▪ littér. **1** Ensemble des facultés intellectuelles, du domaine intellectuel. **2** Caractère intellectuel (d'un processus psychique ; d'une personne, d'une attitude). « *il avait affaire à des femmes d'une intellectualité supérieure* » (Proust).

intellectuel, elle adj. et n. – XIIIe **1** Qui se rapporte à l'intelligence (connaissance ou entendement). *Facultés intellectuelles.* « *la vie moderne tend à nous épargner l'effort intellectuel* » (Valéry). *Travail intellectuel.* **2** Qui a un goût prononcé (ou excessif) pour les choses de l'intelligence, de l'esprit ; chez qui prédomine la vie intellectuelle. ⇒ **cérébral.** *Elle est très intellectuelle.* ♦ Dont la vie est consacrée aux activités intellectuelles. *L'élite intellectuelle.* ♦ n. « *Il était fin causeur mais ce n'était pas un intellectuel* » (Cendrars). *Un intellectuel de gauche.* ➛ abrév. fam., péj. INTELLO. *Les intellos.* ✪ CONTR. Affectif, émotionnel ; corporel, matériel. ① Manuel.

intellectuellement adv. – XVIe ▪ Sous le rapport de l'intelligence. *Un enfant intellectuellement très doué.*

intelligemment [ɛ̃teliʒamɑ̃] adv. – XVIIe ▪ Avec intelligence, d'une manière qui marque de l'intelligence. *Se comporter intelligemment.*

intelligence n. f. – XIIe ; lat. *intellegere* « comprendre » **I - 1** Faculté de connaître, de comprendre. ⇒ **âme, esprit,** ① **pensée, raison.** *Le cerveau, siège de l'intelligence. Avoir l'intelligence vive, pénétrante.* « *une femme dévote et d'une intelligence étroite* » (Balz.). *Cultiver, faire travailler son intelligence. Les divers types d'intelligence.* **2** L'ensemble des fonctions mentales ayant pour objet la connaissance conceptuelle et rationnelle (opposé à *sensation* et à *intuition*). ⇒ **abstraction, conception, entendement, intellect.** « *L'intelligence est* [...] *une machine à fabriquer des systèmes d'abstraction* » (H. Delacroix). **3** Aptitude (d'un être vivant) à s'adapter à des situations nouvelles, à découvrir des solutions aux difficultés qu'il rencontre. ➛ *Intelligence des animaux* (avec idée d'instinct supérieur). ♦ *Intelligence artificielle (I.A.)* : partie de l'informatique qui a pour but la simulation de facultés cognitives afin de suppléer l'être humain. **4** Qualité de l'esprit qui comprend et s'adapte facilement ; caractère d'une personne intelligente*. ⇒ **discernement, jugement, perspicacité, réflexion.** *Cela exige, suppose de l'intelligence. Intelligence exceptionnelle, supérieure. Faire preuve d'intelligence.* « *Mon père avait eu l'intelligence de me prévenir* » (Camus). **II** Être humain doué d'un certain type ou d'un certain degré d'intelligence. ⇒ **esprit.** « *C'était sûrement une intelligence remarquable et un organisateur de premier ordre* » (Romains). **III** *INTELLIGENCE DE (QQCH.)* : acte ou capacité de comprendre (qqch.). ⇒ **compréhension, perception.** *Pour l'intelligence de ce qui va suivre, notons que...* ➛ Connaissance ou possession de certains points ou moyens de l'art. ⇒ ① **sens.** *L'intelligence des affaires.* **IV** au plur. ou dans des expr. **1** littér. Communication entre des personnes qui s'entendent, se concertent dans un but qu'elles n'avouent pas ouvertement. ⇒ **collusion, complicité, connivence.** *D'INTELLIGENCE. Être d'intelligence avec qqn. Faire à qqn des signes d'intelligence. Forestier* « *échangeait avec sa femme des regards d'intelligence* » (Maupass.). **2** au plur. Complicités secrètes entre personnes que les circonstances placent dans des camps opposés. *Entretenir des intelligences (secrètes) avec l'ennemi.* **3** *EN* (bonne, mauvaise...) *INTELLIGENCE* : en union, conformité de sentiments. ⇒ **accord, entente.** *Ils vivent en parfaite intelligence* (⇒ **harmonie**), *en mauvaise intelligence* (⇒ **désaccord**). ✪ CONTR. Bêtise, inintelligence, stupidité. Incompréhension. Mésintelligence ; désunion, dissension.

❑ L'usage de *intelligence* peut être étendu aux animaux, mais *entendement, raison* sont réservés à des aptitudes humaines.

intelligent, ente adj. – XVe **1** Qui a la faculté de connaître et de comprendre. *Les êtres intelligents.* ⇒ **pensant. 2** Qui est, à un degré variable, doué d'intelligence. ⇒ **éveillé, malin, perspicace.** *Médiocrement intelligent. Elle est supérieurement intelligente.* ♦ Qui comprend vite et bien, s'adapte facilement aux situations. « *Les gens disent : "Il est intelligent", parce que vous êtes de leur avis* » (Vallès). ➛ *Ce chien est très intelligent.* **3** Qui dénote de l'intelligence. *Visage, regard intelligent. Réponse intelligente.* ➛ *Des armes intelligentes.* ✪ CONTR. Abruti, bête, borné, imbécile, inepte, inintelligent, sot, stupide.

intelligentsia [ɛ̃teliʒɛnsja ; inteligɛnsja] n. f. – 1920 ; mot russe, « intelligence » **1** La classe des intellectuels, dans la Russie tsariste. **2** Les intellectuels (dans un milieu, un pays, un groupe humain).

❑ On trouve parfois la graphie *intelligentzia* avec *z* : « *Serait-il dit qu'encore une fois l'intelligentzia française* [...] *serait mise en défaut ?* » (Perec).

intelligibilité n. f. – XVIIIe ▪ Caractère de ce qui est intelligible. *L'intelligibilité d'un raisonnement.* ✪ CONTR. Inintelligibilité.

intelligible adj. – XIIIe **1** Qui ne peut être connu que par l'intelligence, par l'entendement, et non par les sens (opposé à *sensible*). *Le monde intelligible des platoniciens.* **2** Qui peut être compris, est aisé à comprendre. ⇒ **clair, compréhensible.** *Texte peu intelligible. Intelligible à tous, aux seuls initiés.* **3** Qui peut être distinctement perçu par l'ouïe. « *les larmes le gagnaient à un tel point, qu'il ne pouvait plus prononcer d'une manière intelligible* » (Stendh.). loc. *À haute et intelligible voix.* ✪ CONTR. Sensible. Inintelligible, obscur.

intelligiblement adv. – XVIe ▪ D'une manière intelligible. *S'exprimer intelligiblement.* ⇒ **clairement.** ✪ CONTR. Obscurément.

intempérance n. f. – XIVe ▪ Abus des plaisirs de la table, des plaisirs sexuels. ✪ CONTR. Mesure, tempérance.

intempérant, ante adj. – XVIe ▪ Qui abuse des plaisirs de la table, des plaisirs sexuels. ✪ CONTR. Sobre, tempérant.

intempéries n. f. pl. – XVIe ; lat. « état déréglé, immodéré (de qqch.) » ▪ Les rigueurs du climat, mauvais temps (pluie, vent). *Lutter contre les intempéries.*

intempestif, ive adj. – XVe ; lat. « hors de saison, déplacé » ▪ Qui se produit à contretemps, n'est pas fait à propos. ⇒ **inopportun.** *En cas d'arrêt intempestif appuyer sur le bouton rouge. Gaieté intempestive.* ⇒ **déplacé, inconvenant.** *Pas de zèle intempestif !* ✪ CONTR. Convenable, opportun.

intemporalité n. f. – 1933 ▪ Caractère de ce qui est intemporel.

intemporel, elle adj. – XVIIIe ▪ Qui, par sa nature, est étranger au temps, ne s'inscrit pas dans la durée ou apparaît comme invariable. ⇒ **éternel.**

intenable adj. – XVIIe 1 Que l'on ne peut tenir ou soutenir. ⇒ **insoutenable.** *Position intenable.* 2 ⇒ **intolérable.** *Chaleur intenable.* ♦ fam. *Gamin mal élevé, intenable.* ⇒ **insupportable.** ✪ CONTR. Défendable. Supportable ; ② gentil.

intendance n. f. – XVIe 1 Charge, fonction des anciens intendants. 2 *Intendance militaire,* préposée à l'administration de l'armée, et spécialement au ravitaillement et à l'entretien des troupes. ➛ Bureaux de cette administration. « *J'ai besoin que vous alliez à l'intendance porter un ordre* » (Genet). ♦ Ensemble des tâches économiques de l'État. loc. *L'intendance suivra :* les questions matérielles, économiques seront subordonnées aux décisions politiques. 3 Service administratif qui est chargé de l'entretien et du ravitaillement d'une collectivité. ⇒ **économat.** *L'intendance d'un lycée.*

intendant, ante n. – XVIe ; lat. *superintendere* « surveiller » 1 n. m. Agent du pouvoir royal, investi d'attributions illimitées dans une ou plusieurs provinces. *Turgot, intendant du Limousin.* 2 *Intendant militaire :* fonctionnaire du service de l'Intendance. ➛ *Intendante d'un lycée.* 3 Personne chargée d'administrer la maison, les affaires et les biens d'un riche particulier. ⇒ **domestique, factotum, régisseur.**

intense adj. – XIIIe ; lat. *intendere* « tendre vers », « avoir l'intention de » → entendre ▪ Qui dépasse la mesure ordinaire. ⇒ **extrême,** ① **fort, grand, vif.** *Lumière intense.* ♦ *Joie, plaisir intense.* « *elle avait une vie sentimentale intense* » (Romains) ✪ CONTR. Faible.

intensément adv. – XIVe ▪ D'une manière intense. *Vivre intensément.*

intensif, ive adj. – XIVe 1 Qui est l'objet d'un effort intense, soutenu, pour accroître l'effet, le rendement. *Entraînement intensif.* ♦ *Culture intensive* (opposé à *culture extensive*) : culture sur une étendue restreinte, produisant un fort rendement à l'hectare, d'une façon continue. 2 *Grandeur intensive,* dans laquelle il est possible de distinguer des degrés d'intensité, mais qui ne peut ni se mesurer par un nombre, ni se représenter par une étendue. *La sensation, grandeur intensive.* ✪ CONTR. Extensif.

intensification n. f. – XIXe ▪ Action d'intensifier ou de s'intensifier. *Intensification de la production.* ⇒ **augmentation.** ✪ CONTR. Baisse, diminution.

intensifier v. tr. [7] – XIXe ▪ Rendre plus intense (au prix d'un effort). ⇒ **augmenter.** *Intensifier la lutte contre la drogue.* ♦ v. pron. Devenir plus intense. *Les combats s'intensifient.*

intensité n. f. – XVIIIe 1 Degré d'activité, de force ou de puissance. *Intensité du son.* ➛ Amplitude d'un phénomène exprimée en valeur numérique. *Intensité d'un courant électrique* (symb. I) : quantité d'électricité traversant un conducteur pendant l'unité de temps (seconde). ⇒ **ampérage.** *Intensité lumineuse.* 2 Caractère de ce qui est intense. *Intensité dramatique d'un événement.* ⇒ **puissance.**

intensivement adv. – XIVe ▪ D'une manière intensive. *Préparer intensivement un examen.*

intenter v. tr. [1] – XIVe ; lat. « diriger contre » ▪ Entreprendre contre qqn (une action en justice). *Intenter un procès à qqn.*

intention n. f. – XIIe ; lat. « tension, action de tendre », « effort vers un but » ▪ Fait de se proposer un certain but. ⇒ **dessein.** *Commettre un acte avec l'intention de nuire. C'est l'intention qui compte. Il est plein de bonnes intentions.* « *Ce n'est pas que la pauvre enfant eût de mauvaises intentions* » (Sand). *Il n'entre pas, il n'est pas dans mes intentions d'accepter.* ♦ loc. *Faire un procès d'intention à qqn,* lui reprocher non des faits mais des intentions qu'on lui prête. ➛ AVOIR L'INTENTION DE (et inf.). ⇒ se **proposer,** ① **vouloir.** *Il a l'intention de partir.* ♦ DANS L'INTENTION DE (et inf.) : en vue de. *Acheter dans l'intention de revendre.* ♦ À L'INTENTION DE. ⇒ **pour.** *J'ai acheté ceci à votre intention.*

> ❑ Ne pas confondre avec *attention* dans l'expression *à l'attention de,* mention utilisée en tête de lettre, de notice, pour préciser son destinataire ; *intention* est incorrect dans cet emploi.

intentionné, ée adj. – XVIe ▪ *Être bien, mal intentionné :* avoir de bonnes, de mauvaises intentions.

intentionnel, elle adj. – XVe ▪ Qui est fait exprès, avec intention, à dessein. ⇒ **délibéré, volontaire, voulu.** *Un retard intentionnel.* ✪ CONTR. Involontaire.

intentionnellement adv. – XVIe ▪ Avec intention, de propos délibéré. ⇒ ② **exprès, volontairement.** *C'est intentionnellement que je ne l'ai pas remercié.*

① **inter** [ɛ̃tɛʀ] n. m. – 1920 ; abrév. de *interurbain* ▪ *Appelez l'inter.*

② **inter** [ɛ̃tɛʀ] n. m. – 1905 ; abrév. de *intérieur* ▪ Avant placé entre un ailier et l'avant centre, au football.

inter- Élément, du latin *inter* « entre », exprimant l'espacement, la répartition ou une relation réciproque (⇒ **entre-**).

interactif, ive adj. – v. 1980 1 En informatique, Qui permet d'utiliser un mode conversationnel. *Borne interactive.* 2 Se dit d'un support de communication permettant un échange avec le public. *Émission de télévision interactive. Livre interactif.*

interaction n. f. – XIXe ▪ Action réciproque de deux ou plusieurs phénomènes. ⇒ **interdépendance.** *Interaction sociale.* ♦ *Interactions de gravitation, nucléaires, électromagnétiques. Interaction faible. Interaction forte.*

interactivité n. f. – v. 1980 1 Activité de dialogue entre l'utilisateur d'un système informatique et la machine, par l'intermédiaire d'un écran. 2 Caractère interactif d'un média.

interagir v. intr. [2] – 1966 ▪ Avoir une action réciproque.

interallié, iée adj. – 1915 ▪ Qui concerne les nations alliées, leurs relations. « *il ne pouvait y avoir de commandement interallié valable qui ne fût désintéressé* » (de Gaulle).

interarmées adj. – 1917 ▪ Commun à plusieurs armées (de terre, de mer, de l'air).

> ❑ On écrit *interarmées, interarmes, interclubs,* adjectifs invariables avec *s* au singulier, contrairement à *intergroupe,* adjectif variable.

interarmes adj. – 1931 ▪ Relatif à plusieurs armes (infanterie, artillerie, etc.). *École militaire interarmes.*

interbancaire adj. – 1960 ▪ Qui concerne des opérations réalisées entre des banques. *Taux interbancaire.*

intercalaire adj. – XIVe 1 *Jour intercalaire* : jour que l'on ajoute au mois de février dans les années bissextiles (calendrier grégorien). 2 Qui peut s'intercaler, être inséré. *Feuillets intercalaires.* ➛ n. m. *Un intercalaire.*

intercalation n. f. – XVe ▪ Action d'intercaler, d'insérer.

intercaler v. tr. [1] – XVIe ; lat. 1 Ajouter (un jour) au mois de février tous les quatre ans (pour faire concorder l'année civile avec l'année solaire). 2 Mettre (une chose) entre deux autres, l'insérer dans un ensemble. *Intercaler une citation dans un texte.* ♦ S'INTERCALER v. pron. *Fiche qui s'intercale entre deux autres.*

intercéder v. intr. [6] – XIVe ; lat. « venir, aller entre » ▪ Intervenir, user de son influence par la parole (en faveur de qqn). *Se faire l'avocat de qqn en intercédant pour lui. Veuillez intercéder en sa faveur.*

intercellulaire adj. – XIXe ▪ Qui se trouve entre les cellules d'un tissu animal ou végétal.

intercepter v. tr. [1] – XVIe 1 Prendre au passage et par surprise (ce qui est adressé, envoyé ou destiné à qqn). ⇒ **s'emparer, saisir.** « *il avait donné à son concierge [...] l'ordre d'intercepter son courrier* » (Mart. du G.). ➛ *Joueur de football, de rugby qui intercepte le ballon.* 2 Arrêter dans son cours. *Nuage qui intercepte le soleil.* ⇒ ① **cacher, éclipser.**

intercepteur n. m. – XVIIIe ▪ Avion d'interception (chasseur).

interception n. f. – XVe ; lat. *intercipere* « soustraire, dérober » 1 Action d'intercepter ; son résultat. *Interception d'un message.* ♦ *Avions d'interception,* qui ont pour tâche d'intercepter les appareils ennemis. 2 Arrêt. *Interception des rayons solaires par le brouillard.*

intercesseur n. m. – XIIIe ▪ littér. Personne qui intercède. *Être intercesseur auprès de qqn, pour qqn, en faveur de qqn.* ⇒ ① **avocat, défenseur.**

intercession n. f. – XIIIe ▪ littér. Action d'intercéder. ⇒ **entremise, intervention.** ✪ HOM. Intersession.

interchangeabilité n. f. – 1902 ▪ Caractère de ce qui est interchangeable.

interchangeable adj. – XIXe 1 Se dit de pièces, d'objets semblables, de même destination, qui peuvent être mis à la place les uns des autres sans inconvénient. ⇒ **substituable.** *Pneus interchangeables.* 2 Remplaçable l'un par l'autre. « *l'interchangeable fonctionnaire qui officie à toutes les frontières du monde* » (Cl. Simon).

intercirculation n. f. – 1909 ▪ Circulation entre les voitures d'un train.

interclasse n. m. – 1948 ▪ Bref intervalle entre deux cours. ⇒ **intercours, pause.**

interclasser v. tr. [1] – 1951 ▪ Classer (les éléments de deux ou plusieurs séries) en une série unique. *Logiciel permettant d'interclasser des fichiers.*

interclasseuse n. f. – 1951 ▪ Machine à cartes perforées permettant la fusion de deux groupes de cartes.

interclubs [ɛ̃tɛʀklœb] adj. – XIXe ▪ Où s'opposent plusieurs clubs. *Rencontre interclubs.*

> ❑ Pour la graphie → interarmées (rem.).

intercommunal, ale, aux adj. – XIXe ▪ Qui concerne plusieurs communes.

interconnecter v. tr. [1] – 1962 ▪ Relier entre eux (des réseaux, des appareils, etc.).

interconnexion n. f. – v. 1930 ▪ Connexion simultanée et réciproque de plusieurs circuits. *Interconnexion de réseaux électriques.*

intercontinental, ale, aux adj. – XIXe ▪ Qui concerne deux ou plusieurs continents.

intercostal, ale, aux adj. – XVIe ; *inter-* et lat. *costa* « côte » ▪ Qui est situé entre deux côtes. « *ils soignèrent Chamberlan [...] pour ses douleurs intercostales* » (Flaub.).

intercours [ɛ̃tɛʀkuʀ] n. m. – XXe ▪ Interclasse.

interculturel, elle adj. – v. 1970-1980 ▪ Qui concerne les rapports, les échanges entre cultures, entre civilisations différentes.

intercurrent, ente adj. – XVIIIe ; lat. *currere* « courir » ▪ *Maladie intercurrente,* qui survient au cours d'une autre.

interdépartemental, ale, aux adj. – XIXe ▪ Qui concerne plusieurs départements, qui leur est commun.

interdépendance n. f. – XIXe ▪ Dépendance réciproque.

interdépendant, ante adj. – 1916 ▪ Qui est dans un état d'interdépendance.

interdiction n. f. – XVe 1 Action d'interdire. ⇒ ① **défense.** *Interdiction de stationner. Lever une interdiction.* 2 Action d'interdire à un membre d'un corps constitué (civil ou ecclésiastique) l'exercice de ses fonctions. *Prononcer l'interdiction d'un prêtre, d'un fonctionnaire.* ➛ *Interdiction légale* : privation des droits civils résultant de toute condamnation à une peine afflictive et infamante. ➛ *Interdiction de séjour* : défense faite à un condamné libéré de se trouver dans certains lieux. « *agitateurs dangereux frappés, pour la plupart, d'interdiction de séjour* » (Duham.). « *Son médecin lui interdisait toutes sucreries* » (Céline). ✪ CONTR. Autorisation, permission.

interdigital, ale, aux adj. – XIXe ▪ Situé entre deux doigts.

interdire v. tr. [37] ; sauf *interdisez* – XIIe ; lat. *interdicere* 1 Défendre (qqch. à qqn). « *son médecin lui interdisait toutes sucreries* » (Céline). ⇒ **défendre.** *Je t'interdis de lui répondre. Les meetings furent interdits. Interdire un ouvrage.* ➛ *Il est expressément, formellement interdit de fumer dans la salle. Il m'est interdit d'en parler.* ♦ pronom. S'INTERDIRE QQCH. (à soi-même) : s'imposer la privation de. *Il s'interdit d'y penser.* ⇒ **se refuser.** 2 Empêcher. *La discrétion m'interdit d'en dire plus.* 3 Frapper (qqn) d'interdiction. *Interdire un officier ministériel pour six mois.* ⇒ **suspendre.** ✪ CONTR. Permettre.

> ❑ *(Vous) interdisez. Contredire, dédire, interdire, médire, prédire* se conjuguent comme *dire* sauf à la deuxième personne du pluriel de l'indicatif présent et de l'impératif. ♦ Le slogan *Il est interdit d'interdire* (1968) est une contradiction (qui fait sens néanmoins) car c'est *interdire* que de proclamer *il est interdit.*

interdisciplinaire adj. – av. 1959 ▪ Qui concerne plusieurs disciplines, plusieurs sciences à la fois. *Recherches interdisciplinaires.*

interdisciplinarité n. f. – v. 1968 ▪ Caractère interdisciplinaire. ⇒ **pluridisciplinarité.**

① **interdit, ite** adj. – XIVe **1** Non autorisé. *Sens, stationnement interdit. Film interdit aux moins de douze ans.* **2** *Prêtre interdit. Elle est interdite de séjour. Être interdit de chéquier.* **3** Très étonné. ⇒ **ébahi, interloqué, pantois, stupéfait.** « *je restais là muet, interdit* » (Rouss.).

② **interdit** n. m. – XIIIe **1** Sentence ecclésiastique défendant la célébration des offices divins et l'usage de certains sacrements, soit à un ministre du culte, soit dans un lieu déterminé. *Jeter, prononcer l'interdit.* **2** Condamnation visant à exclure. *Jeter l'interdit sur (qqn, qqch.). Lever l'interdit.* **3** Interdiction émanant du groupe social ou d'une instance psychique. ⇒ **tabou.** *Respecter, transgresser les interdits.*

intéressant, ante adj. – XVIIIe **1** Qui retient l'attention, captive l'esprit. *Livre intéressant.* ⇒ **passionnant.** *Détail intéressant à signaler.* « *je trouvais ce qu'il racontait juste et intéressant* » (Camus). ♦ Qui intéresse par son esprit, sa personnalité. *Auteur intéressant.* péj. *Chercher à se rendre intéressant,* à se faire remarquer. n. *Faire l'intéressant.* ⇒ **malin, mariolle.** **2** Qui touche moralement, qui est digne d'intérêt, de considération. *Ces gens-là ne sont pas bien intéressants.* **3** Qui présente un intérêt matériel. ⇒ **avantageux, profitable.** *Affaire intéressante.* ✪ CONTR. Ennuyeux, fastidieux, inintéressant. Désavantageux.

intéressé, ée adj. – XVIe **1** Qui a un intérêt, une part, un rôle (dans qqch.) ; qui est en cause, en jeu, en question. *Les puissances, les parties intéressées.* ⇒ **concerné.** ➛ n. *Être le principal intéressé.* **2** Qui recherche avant tout son avantage personnel, et surtout un avantage matériel. ⇒ **avide, cupide.** *C'est un homme intéressé.* **3** Inspiré par la recherche d'un avantage personnel. *Une amitié intéressée.* ⇒ **calculé.** ✪ CONTR. Désintéressé, généreux ; gratuit.

intéressement n. m. – 1954 ▪ Action d'intéresser financièrement (le personnel) aux bénéfices. ⇒ **participation.** *Intéressement des salariés aux résultats de l'entreprise.*

intéresser v. tr. [1] – XIVe **I** – **1** Avoir de l'intérêt, de l'importance pour (qqn, qqch.). ⇒ **concerner, regarder,** ① **toucher.** *Cette loi intéresse les étrangers résidant en France.* « *de bien graves fractures qui intéressent l'articulation* » (E. de Goncourt). **2** Éveiller et retenir l'attention de (qqn) ; constituer un objet d'intérêt pour. *Ce film nous a beaucoup intéressés.* ⇒ **captiver, passionner.** *Votre offre m'intéresse.* ➛ iron. *Continue, tu m'intéresses !* **3** Toucher, tenir à cœur. *l'on avis m'intéresse.* ⇒ ② **importer.** **4** INTÉRESSER QQN À QQCH., faire prendre goût, intérêt à. *Il ne sait pas intéresser les élèves.* **5** Associer (qqn) à un profit. *Être intéressé aux bénéfices.* **II** S'INTÉRESSER v. pron. Prendre intérêt. *S'intéresser à qqn, à ce que fait qqn.* ⇒ **se préoccuper.** « *je me suis sentie abandonnée* [...] *personne pour s'intéresser à moi !* » (Mérimée). « *les choses sont intéressantes dans la mesure où nous nous y intéressons* » (Duham.). ✪ CONTR. Ennuyer. Dégoûter (de). — Désintéresser (se), moquer (se).

intérêt n. m. – XIIIe ; lat. *interest* « il importe », de *interesse* « être entre, parmi » **1** DOMMAGES ET INTÉRÊTS ou *dommages-intérêts.* ⇒ **dommage.** **2** Somme qui rémunère un créancier pour l'usage de son argent par un débiteur pendant une période déterminée. ⇒ **rapport, rente, revenu.** *Taux d'intérêt. Emprunt à 11 % d'intérêt. Intérêt bancaire.* ⇒ **agio, commission, escompte.** *Servir, payer les intérêts.* ♦ Ce que rapporte un capital placé. ⇒ **rapport, rendement, taux.** *Intérêts d'un placement.* ⇒ **dividende.** **3** Ce qui importe, ce qui convient à qqn (en quelque domaine que ce soit). *Agir, parler dans son intérêt, contre son intérêt.* « *il se soumit à tout ce qu'on lui conseilla de faire dans l'intérêt de son frère* » (Sand). *Trouver son intérêt, avoir intérêt à (faire qqch.).* ⇒ **avantage.** *L'avocat défend les intérêts de son client. Intérêt général. Société reconnue d'intérêt public.* ♦ au plur. Part, argent qu'une personne a dans une affaire. *Avoir des intérêts dans une compagnie pétrolière.* **4** Recherche de son avantage personnel. *Agir par intérêt. Mariage d'intérêt.* **5** Attention favorable (que l'on porte à qqn) ; fait de prendre part (à ce qui concerne qqn). *Porter, témoigner de l'intérêt à qqn.* **6** État de l'esprit qui prend part à ce qu'il trouve digne d'attention, à ce qu'il juge important. *Écouter, regarder, lire avec intérêt. Quels sont vos centres d'intérêt ? Exciter, susciter l'intérêt.* **7** Qualité de ce qui retient l'attention, captive l'esprit. *C'est sans intérêt, dénué d'intérêt. Une déclaration du plus haut intérêt.* **8** loc. fam. *(Il) y a intérêt :* il vaudrait mieux (parfois sous-entendant une menace). ✪ CONTR. Fonds. Désintéressement, indifférence, insignifiance.

interethnique adj. – mil. XXe ▪ Qui concerne les relations, les rapports entre communautés ethniques différentes. *Affrontements interethniques.*

interface n. f. – v. 1960 ; mot angl. d'o. lat. → face **1** Surface de séparation entre deux états distincts de la matière. **2** Jonction permettant un transfert d'informations entre deux éléments d'un système informatique.

interfécondité n. f. – 1936 ▪ Capacité de deux espèces ou de deux races de se croiser en donnant naissance à des individus eux mêmes féconds. ⇒ **hybridation.**

interférence n. f. – XVIIIe **1** Phénomène résultant de la superposition de deux vibrations de même longueur d'onde, lorsque celles-ci sont en phase ou en opposition de phase. *Interférence des rayons lumineux.* **2** Intervention contradictoire, immixtion ; conjonction de faits. *Interférence des phénomènes politiques et économiques.*

interférent, ente adj. – XIXe ▪ Qui présente le phénomène de l'interférence. *Rayons interférents.*

interférentiel, ielle adj. – XIXe ▪ Relatif aux interférences (1°). *Filtres interférentiels.*

interférer v. intr. [6] – XIXe ; angl. *to interfere,* de l'a. fr. *s'entreférir* (de *férir* « frapper ») **1** Produire des interférences. **2** Se faire du tort (en parlant d'actions simultanées). *Événements qui interfèrent les uns avec les autres, entre eux.*

> ❑ L'emploi de ce verbe à la forme pronominale est rare : « *Nos désirs vont s'interférant* » (Proust).

interféromètre n. m. – 1900 ▪ Instrument permettant de mesurer la distance des franges d'interférence. *Interféromètre à neutrons.*

interférométrie n. f. – 1938 ▪ Technique de mesure utilisant les interférences.

interféron n. m. – 1963 ; de *interférer* ▪ Protéine produite à la suite d'une infection virale, inhibant la reproduction de virus d'espèces différentes.

interfluve n. m. – 1956 ; de *inter-* et lat. *fluvius* « fleuve » ▪ Relief qui sépare des vallées.

interfolier v. tr. [7] – XVIIIe ; de *inter-* et lat. *folium* « feuille » ▪ Brocher, relier (un manuscrit, un imprimé) en insérant entre les feuillets des feuilles de papier blanc.

intergalactique adj. – 1963 ▪ Situé entre les galaxies. *L'espace intergalactique.*

interglaciaire adj. – XIXe ▪ Qui sépare deux périodes glaciaires. ➛ Formé au cours d'une telle période. *Les lœss interglaciaires.*

intergouvernemental, ale, aux adj. – 1946 ▪ Qui concerne plusieurs gouvernements. *Organisation intergouvernementale.*

intergroupe adj. et n. m. – mil. XXe ▪ Qui réunit plusieurs groupes parlementaires pour étudier un problème. *Réunion intergroupe* (ou *intergroupes*).

❑ Pour la graphie → interarmées (rem.).

intérieur, ieure adj. et n. m. – XVe ; lat. *interior* « plus en dedans » **I** adj. **1** Qui est au-dedans, dans l'espace compris entre les limites d'une chose, d'un être (opposé à ① *extérieur*). ⇒ **interne.** *Point intérieur à un cercle. Poche intérieure d'un vêtement.* ♦ *Bissectrice intérieure d'un triangle ABC, en A* : bissectrice qui coupe le côté opposé BC. **2** Qui concerne une collectivité, une société, un pays. *Politique intérieure.* **3** Qui concerne la vie psychologique, qui se passe dans l'esprit. ⇒ **intime, psychique.** « *rien n'a jamais paru de sa vie intérieure* [de Chopin] » (Sand). **II** n. m. **1** Espace compris entre les limites d'une chose. ⇒ **dedans.** *L'intérieur d'une boîte.* ♦ À L'INTÉRIEUR DE. ⇒ **dans.** *À l'intérieur de la prison.* **2** *Voulez-vous m'attendre à l'intérieur ? L'intérieur est doublé de fourrure.* **3** Habitation considérée dans son aménagement intérieur. ⇒ **chez(-soi), foyer.** « *Intérieur bourgeois anglais avec des fauteuils anglais* » (Ionesco). ➤ *Femme d'intérieur,* qui se plaît à tenir sa maison. **4** Espace compris entre les frontières d'un pays ; le pays lui-même. *À l'intérieur et à l'extérieur.* ➤ *Le ministère de l'Intérieur.* **5** football ⇒ ② **inter.** ✪ CONTR. International. — Dehors, ② extérieur.

❑ Bien que cet adjectif soit à l'origine un comparatif, on peut l'employer avec un adverbe de comparaison : « *il y a une salle plus intérieure* » (Romains) ; « *certains rythmes* [...] *qui sont plus intérieurs à l'homme* » (Paulhan).

intérieurement adv. – XVIe **1** Dans l'intérieur, au-dedans. *Porte verrouillée intérieurement.* **2** Dans l'esprit, le cœur. « *Je me révoltai intérieurement contre une pareille idée* » (Lamart.). ✪ CONTR. Extérieurement, ouvertement.

intérim [ɛ̃teʀim] n. m. – XVe ; lat. *interim* « pendant ce temps » **1** Intervalle de temps pendant lequel une fonction vacante est exercée par une autre personne que le titulaire. *L'intérim dura un mois.* ➤ *Fonction exercée par intérim.* **2** Exercice d'une fonction pendant l'intérim. ⇒ **remplacement.** *Assurer des intérims.* **3** Organisation de travail temporaire (offert aux entreprises par une entreprise spécialisée). *Société, agence d'intérim.*

intérimaire adj. – XVIIIe **1** Qui s'exerce par intérim. *Travail intérimaire.* ⇒ **temporaire.** **2** Qui assure l'intérim. ⇒ **remplaçant.** « *il se considérait comme le remplaçant intérimaire de M. Verlaque* » (Zola). *Personnel intérimaire.* ➤ n. *Une intérimaire.*

interindividuel, elle adj. – XIXe ▪ Qui concerne les relations entre individus. *Psychologie interindividuelle.*

❑ Sens différent de celui du mot *social,* qui met l'accent sur le groupe.

intériorisation n. f. – XIXe ▪ Fait d'intérioriser ; aptitude mentale à s'isoler du monde extérieur. ⇒ **introspection, introversion.** ➤ Introjection. ✪ CONTR. Extériorisation, projection.

intérioriser v. tr. [1] – XIXe ▪ Ramener à l'intérieur, au moi ; traduire en activité psychologique. *Intérioriser un conflit.* ✪ CONTR. Extérioriser, projeter.

intériorité n. f. – XVe ▪ didact. Caractère de ce qui est intérieur. *La préposition* en *marque l'intériorité.*

interjectif, ive adj. – XVIIIe ▪ Relatif à l'interjection, de la nature d'une interjection. *Locution interjective* (ex. Nom d'une pipe !).

interjection n. f. – XIIIe ; lat. *interjicere* « placer, jeter entre » ▪ Mot invariable pouvant être employé isolément pour traduire une attitude affective du sujet parlant. ⇒ **exclamation.**

interjeter v. tr. [4] – XVe ▪ dr. Introduire, faire intervenir (un appel). loc. *Interjeter appel.*

interleukine n. f. – 1985 ; gr. *leukos* « blanc » et *kinein* « mettre en mouvement » ▪ Protéine sécrétée par les lymphocytes, activant la réaction immunitaire. ⇒ **lymphokine.**

interlignage n. m. – XIXe ▪ Action, manière d'interligner.

interligne n. m. et f. – XVIe **I** n. m. Espace qui est entre deux lignes écrites ou imprimées. ⇒ ② **blanc.** « *j'ai écrit dans les interlignes de si horribles galimatias* » (Volt.). *Tapez ce texte en double interligne,* en laissant deux espaces. **II** n. f. Lame de métal qui servait à séparer et à maintenir les lignes.

interligner v. tr. [1] – XVIe ▪ Séparer par des interlignes.

interlinéaire adj. – XIVe ▪ Qui est écrit dans l'interligne. *Notes interlinéaires.*

interlingual, ale, aux [ɛ̃tɛʀlɛ̃gwal, o] adj. – mil. XXe ▪ Qui se fait entre langues différentes. *Synonymie interlinguale de* lit *et de l'angl.* bed.

interlock n. m. – 1951 ; mot angl., de *to interlock* « entrecroiser » ▪ Tissu indémaillable généralement en coton, utilisé en lingerie.

interlocuteur, trice n. – XVIe ; lat. *interloqui* « interrompre » **1** Personnage qu'un écrivain introduit dans un dialogue. **2** Personne qui parle, converse avec une autre. *Se faire comprendre de son interlocuteur.* ♦ Personne avec laquelle on peut entamer une négociation, des pourparlers. ⇒ **partenaire.** *Un interlocuteur valable.*

interlocutoire adj. – XIIIe ▪ *Jugement interlocutoire* : jugement qui, avant de se prononcer sur le fond, ordonne des mesures destinées à compléter l'instruction de l'affaire.

interlope adj. – XVIIe ; angl. *interloper* « intrus » **1** Dont l'activité n'est pas légale. *Commerce interlope.* **2** D'apparence louche, suspecte. « *les personnages interlopes qu'on côtoyait dans des atmosphères troubles* » (Tournier).

interloqué, ée adj. – XVIIIe ▪ Décontenancé, déconcerté (à la suite d'une parole, d'un acte inattendu). « *Bernard, interloqué se tait* » (Duham.). ⇒ ① **interdit, stupéfait.**

interloquer v. tr. [1] – XVe ; lat. *interloqui* « interrompre » ▪ Rendre (qqn) interdit. ⇒ **décontenancer, démonter.** *Cette réflexion l'a interloqué.*

interlude n. m. – XIXe ; mot angl., de *inter-* et lat. *ludus* « jeu » **1** Petit intermède dans un programme dramatique, cinématographique, etc. **2** Courte pièce musicale exécutée entre deux autres plus importantes.

intermaxillaire [ɛ̃tɛʀmaksilɛʀ] adj. – XVIIIe ▪ Placé entre les deux maxillaires supérieurs. *Ligament intermaxillaire.*

intermède n. m. – XVIe ; de *inter-* et lat. *medius* « qui se trouve au milieu » **1** Divertissement, représentation entre les actes d'une pièce de théâtre, les parties d'un spectacle. *Intermède musical.* **2** Ce qui interrompt qqch., sépare dans le temps deux choses de même nature. « *Le séjour à Newstead avait été un intermède tendre et gai* » (Maurois).

intermédiaire adj. et n. – XVIIe **I** adj. Qui, étant entre deux termes, se trouve placé dans une situation moyenne, forme une transition ou assure une communication. *Chaînons intermédiaires d'une évolution. Une solution intermédiaire.* ⇒ **compromis.** **II** n. **1** n. m. Terme, état intermédiaire. **2** n. m. *Par l'intermédiaire de* (qqn, qqch.). ⇒ **canal,** ② **moyen, voie.** **3** Personne qui met en relation deux personnes ou deux groupes. *Un, une intermédiaire. Servir d'inter* *médiaire dans une négociation.* ⇒ **médiateur.** ♦ Personne qui intervient dans un circuit économique, un circuit commercial. *Vente directe, sans intermédiaire.* ✪ CONTR. Extrême.

intermédiation n. f. – 1973 ▪ Fonction qui consiste à recueillir des ressources et à mettre des fonds à la disposition des tiers. *Intermédiation bancaire.*

intermezzo [ɛ̃tɛʀmɛdzo] n. m. – XIXe ; mot it. **1** Partie musicale insérée entre les actes d'une œuvre théâtrale. ⇒ **intermède. 2** Mouvement de liaison dans une œuvre musicale. *Des intermezzos.*

❑ Le pluriel italien *(des intermezzi)* est très affecté.

interminable adj. – XIVe ▪ Qui n'a pas ou ne semble pas avoir de terme, de limite (dans l'espace ou dans le temps). ⇒ **infini, long.** *Une file interminable. Une attente interminable.* « *il allongeait, vautré dans un fauteuil, des jambes interminables* » (R. Gary). ✪ CONTR. ① Bref, ① court.

interminablement adv. – XVIIIe ▪ Sans fin. ✪ CONTR. Brièvement, rapidement.

interministériel, ielle adj. – 1906 ▪ Commun à plusieurs ministères, plusieurs ministres. *Circulaire interministérielle.*

intermission n. f. – XIVe ; lat. « discontinuité, interruption » ▪ Interruption des effets d'un mal, de la douleur. ⇒ **intermittence.**

❑ Même famille que *rémission.*

intermittence n. f. – XVIIe ▪ littér. ou didact. **1** Caractère intermittent ; arrêt momentané. *Par intermittence* : irrégulièrement, par accès. **2** Intervalle entre les accès d'une fièvre, d'une maladie. ⇒ **intermission, rémittence.** ✪ CONTR. Continuité, régularité.

intermittent, ente adj. – XVIe ; lat. *intermittere* « laisser au milieu » ▪ Qui s'arrête et reprend par intervalles. ⇒ **discontinu, irrégulier.** *Fièvre intermittente.* ⇒ **erratique, rémittent.** ➛ « *le rayonnement intermittent d'un phare* » (Mart. du G.). ✪ CONTR. Continu, permanent, régulier.

intermoléculaire adj. – XIXe ▪ Qui se trouve entre les molécules d'un corps. *Espace intermoléculaire.*

intermusculaire adj. – XVIIIe ▪ Qui est situé, se produit entre deux ou plusieurs muscles. *Cloison intermusculaire.*

internat n. m. – XIXe **1** Situation d'élève interne. ➛ École où vivent des internes. ⇒ **pensionnat. 2** Fonction d'interne des hôpitaux ; sa durée. *Deuxième année d'internat.* ♦ Concours qui donne le titre d'interne. *Préparer l'internat.* ✪ CONTR. Externat.

international, ale, aux adj. – XIXe ▪ Qui a lieu, qui se fait de nation à nation, entre plusieurs nations ; qui concerne les rapports des nations entre elles. *Politique internationale. Conférence internationale.* ➛ *Organisations internationales. Fonds monétaire international (F.M.I.).* ♦ *Épreuve, rencontre internationale,* opposant deux ou plusieurs nations. *Championnats internationaux. Les Internationaux de France.* subst. *Un, une international(e)* : joueur, athlète sélectionné pour les rencontres internationales. *Un international de rugby.* ♦ n. f. *L'INTERNATIONALE* : groupement de prolétaires des diverses nations du monde, unis pour la défense de leurs revendications communes. *Karl Marx, fondateur de la Ire Internationale.* « *L'Internationale* », *hymne révolutionnaire.*

❑ Cet anglicisme a pénétré en français en 1801, dans la traduction d'un ouvrage de Jeremy Bentham, créateur du mot en anglais.

internationalisation n. f. – XIXe ▪ Action d'internationaliser ; son résultat.

internationaliser v. tr. [1] – XIXe ▪ Rendre international. *Internationaliser un débat.*

internationalisme n. m. – XIXe ▪ Doctrine préconisant l'union internationale des peuples, par-delà les frontières. *Internationalisme ouvrier.*

internationaliste adj. et n. – XIXe ▪ Partisan de l'internationalisme.

internationalité n. f. – XIXe ▪ Caractère de ce qui est international.

interne adj. et n. – XIVe ; lat. **I** adj. **1** Qui est situé en dedans, est tourné vers l'intérieur. ⇒ **intérieur.** *Parois internes. Oreille interne.* **2** Qui affecte l'intérieur (du corps, d'un organe). *Hémorragie interne.* « *une simple contusion abdominale sans lésions internes* » (Maupass.). **3** Qui appartient, est intérieur à ce dont on parle. *Causes internes.* ⇒ **intrinsèque. II** n. **1** Élève logé et nourri dans l'établissement scolaire qu'il fréquente. ⇒ **pensionnaire. 2** Étudiant en médecine reçu au concours de l'internat. *Interne des hôpitaux de Paris (I.H.P.).* ✪ CONTR. ① Extérieur, externe.

interné, ée adj. – XIXe ▪ Enfermé (spécialt pour troubles mentaux).

internement n. m. – XIXe ▪ Action d'interner ; état d'une personne internée. *Camp d'internement.* ➛ Placement (d'une personne) dans un établissement psychiatrique, sur la base d'un certificat médical. *Puis-je* « *provoquer son internement dans une maison de santé ?* » (Courtel.).

interner v. tr. [1] – XVIIIe ▪ Enfermer par mesure administrative. ⇒ **emprisonner.** *Interner des réfugiés politiques dans un camp.* ♦ Enfermer dans un hôpital psychiatrique. *Il a fallu l'interner, le faire interner.*

internonce n. m. – XVIe ▪ Prélat qui fait fonction de nonce dans un pays où il n'y en a pas.

interocéanique adj. – XIXe ▪ Qui est, se fait entre deux océans.

interoculaire adj. – XIXe ▪ Qui est entre les yeux. *Espace interoculaire.*

interosseux, euse adj. – XVIe ▪ Situé entre deux os. *Ligament interosseux.*

interpariétal, ale, aux adj. – XIXe ▪ Qui est entre les pariétaux. *Suture interpariétale.*

interparlementaire adj. – XIXe ▪ Qui réunit les membres de plusieurs parlements. *Commission interparlementaire.*

interpellateur, trice n. – XVIe ▪ Personne qui interpelle. ♦ Parlementaire qui fait une interpellation.

interpellation n. f. – XIVe **1** Action d'interpeller, d'adresser vivement la parole à qqn. ⇒ ① **apostrophe. 2** Demande d'explications adressée au gouvernement par un membre du Parlement en séance publique. **3** Action d'interpeller (qqn) lors d'une opération de police. *Procéder à des interpellations.*

interpeller [ɛ̃tɛʀpəle] v. tr. [1] – XIVe ; lat. *interpellare* « interrompre, ① sommer » **1** Adresser la parole brusquement à (qqn) pour demander qqch., questionner, insulter. ⇒ **apostropher.** « *je l'interpellai, rien que pour lui faire tourner la tête de mon côté* » (Céline). **2** Questionner (qqn) sur son identité, en parlant de la police. **3** Susciter un écho chez (qqn). *La faim dans le monde nous interpelle.* ➛ très iron. *Ça m'interpelle quelque part.*

❑ Le verbe garde le double *l* dans toute sa conjugaison. Sa prononciation est influencée par celle de *appeler, il interpelle* [ɛ̃tɛʀpɛl], *nous interpellons* [ɛ̃tɛʀpəlɔ̃] mais, à la différence de *appeler,* le [ə] est toujours prononcé. On écrirait mieux °*interpeler,* selon la prononciation.

interpénétration n. f. – XIXe ▪ didact. Pénétration réciproque. ⇒ **imbrication.** *L'interpénétration des idées.*

interpénétrer (s') v. pron. [6] – 1907 ▪ didact. Se pénétrer réciproquement. ⇒ s'**entremêler,** s'**imbriquer.** *Doctrines qui s'interpénètrent.*

interpersonnel, elle adj. – 1920 ▪ Qui a lieu entre plusieurs personnes. *Relations interpersonnelles.*

interphase n. f. – 1953 ▪ Période de croissance de la cellule entre les divisions de la mitose.

interphone n. m. – av. 1952 ; de [télé]*phone inté*[rieur] ▪ Appareil de communication téléphonique intérieure. *Interphone reliant la porte d'entrée d'un immeuble et les appartements.*

interplanétaire adj. – XIXe ▪ Qui est, a lieu entre les planètes. ⇒ **intersidéral.** *Voyages interplanétaires.*

interpolation n. f. – XIVe **1** Action d'interpoler un texte ; résultat de cette action. « *il ne répugne pas à l'interpolation. Il prête aux grands hommes. Il ajoute aux textes illustres* » (Duham.). **2** En mathématiques, Intercalation de valeurs ou de termes intermédiaires dans une série de valeurs ou de termes connus. *Approximation d'une fonction numérique par interpolation linéaire.*

interpoler v. tr. [1] – XIVe ; lat. « réparer » **1** Introduire dans un texte, par erreur ou par fraude (des mots ou des phrases n'appartenant pas à l'original). **2** En mathématiques, Intercaler (des valeurs, des termes intermédiaires) dans une série de valeurs ou de termes connus. ✪ CONTR. Extrapoler.

interposé, ée adj. – XIVe ▪ *Par personnes interposées :* par l'intermédiaire d'autres personnes. ➛ *Par sociétés interposées.*

interposer v. tr. [1] – XIVe **1** Poser (qqch.) entre deux choses. *Interposer un écran.* **2** Faire intervenir. ➛ pronom. *S'interposer dans une dispute,* intervenir pour y mettre un terme. ⇒ s'**entremettre.**

interposition n. f. – XIIe **1** Situation d'un corps interposé entre deux autres. *Interposition de la Lune entre le Soleil et la Terre.* **2** Intervention, médiation au cours d'un conflit. *Force d'interposition.*

interprétable adj. – XIVe ▪ Que l'on peut interpréter. *Faits difficilement interprétables.* ⇒ **compréhensible.** ♦ *Ce morceau n'est interprétable que par un excellent pianiste.* ⇒ **jouable.** ✪ CONTR. Incompréhensible, obscur ; injouable.

interprétariat n. m. – XXe ▪ Fonction, carrière d'interprète (1°). *École d'interprétariat.*

> ❑ Ce mot est formé à tort sur le modèle de *secrétariat,* de *secrétaire,* alors qu'il n'y a pas de °*interprétaire.* Le suffixe est *-at (patronat).* Même problème pour *vedettariat.* → -at (rem.).

interprétatif, ive adj. – XVIIIe ▪ Qui sert à l'interprétation. *Déclaration interprétative.*

interprétation n. f. – XIIe **1** Action d'expliquer, de donner une signification claire (à une chose obscure) ; son résultat. ⇒ **explication.** *Interprétation d'un texte.* ➛ *Interprétation des rêves.* **2** Action de donner une signification (aux faits, actes ou paroles de qqn). *Erreur d'interprétation. Les diverses interprétations d'un même fait.* ♦ *Délire d'interprétation :* raisonnement qui tire de faits vrais des inductions et déductions erronées, liées aux tendances du malade. **3** Manière de jouer (une œuvre dramatique, musicale). ⇒ **exécution.** *Une interprétation magistrale. Prix de la meilleure interprétation masculine* (de cinéma). **4** Exécution, à l'aide d'un interpréteur, d'un programme écrit dans un langage évolué.

interprète n. – XIVe **1** Personne qui donne oralement, dans une langue, l'équivalent de ce qui a été dit dans une autre, servant d'intermédiaire entre personnes parlant des langues différentes. *Interprètes et traducteurs.* **2** Personne qui est chargée de faire connaître les sentiments, les volontés d'une autre. ⇒ **intermédiaire.** *Se faire l'interprète de qqn auprès d'une autre personne.* **3** Personne qui assure l'interprétation d'un rôle, d'une œuvre. ⇒ **acteur.** « *les interprètes servaient la pièce au mieux* » (Mauriac).

> ❑ *Interprète* est distinct de *traducteur,* qui ne concerne que l'écrit.

interpréter v. tr. [6] – XIIe ; lat. *interpretari* « rendre clair, expliquer » **1** Expliquer, rendre clair (ce qui est obscur dans un texte). ⇒ **commenter.** *Interpréter un document.* ➛ *Interpréter les songes, les présages.* **2** Donner un sens à (qqch.), tirer une signification de. ⇒ **comprendre, expliquer.** « *une conduite bizarre et qui pourrait être mal interprétée* » (Stendh.). **3** Jouer d'une manière personnelle. *Interpréter un rôle. Interpréter un morceau au piano.* **4** Traduire (une instruction) à l'aide d'un interpréteur.

interpréteur n. m. – v. 1970 ▪ Dans un ordinateur, Programme qui traduit une à une, en langage binaire, les instructions établies en langage évolué (basic, fortran...).

interprofessionnel, elle adj. – 1932 ▪ Commun à plusieurs professions, à toutes les professions. *Salaire minimum interprofessionnel de croissance.* ⇒ **S. M. I. C.**

interracial, iale, iaux [ɛ̃tɛʀʀasjal, jo] adj. – 1964 ▪ Qui se produit entre des personnes de races différentes. *Mariage interracial.* ⇒ **mixte.**

interrégional, ale, aux [ɛ̃tɛʀʀeʒjɔnal, o] adj. – 1906 ▪ Commun à plusieurs régions, qui concerne plusieurs régions. *Championnats interrégionaux.*

interrègne [ɛ̃tɛʀʀɛɲ] n. m. – XIVe ▪ Temps qui s'écoule entre deux règnes ; intervalle pendant lequel un État est sans chef.

interrogateur, trice n. et adj. – XVIe **1** Personne qui fait subir une interrogation orale à un candidat. ⇒ **examinateur. 2** adj. Qui interroge. « *il avait levé les sourcils, il regardait Horace et Neville d'un air interrogateur* » (Sartre). ⇒ **interrogatif.**

interrogatif, ive adj. et n. – XVe **1** Qui exprime, marque l'interrogation. ⇒ **interrogateur.** *Regard interrogatif.* **2** Qui sert à interroger. *Adjectifs, pronoms, adverbes interrogatifs* (ex. quel, lequel, pourquoi). ➛ n. m. *Un interrogatif :* un mot, un terme interrogatif. ➛ n. f. Phrase interrogative. *Interrogative directe ; indirecte.* ✪ CONTR. Affirmatif, négatif.

interrogation n. f. – XIIIe **1** Action de questionner, d'interroger (qqn). ⇒ **demande, question.** *L'interrogation des témoins.* ♦ Question, ensemble de questions que l'on pose à un élève, à un candidat. *Interrogation écrite.* abrév. fam. *INTERRO.* **2** Type de phrase logiquement incomplète qui a pour objet de poser une question ou qui implique un doute. ⇒ **interrogatif.** ♦ *POINT D'INTERROGATION :* signe de ponctuation (?) qui marque la fin de toute phrase d'interrogation directe. ➛ Chose incertaine. *Quant à l'avenir, c'est un point d'interrogation.* ✪ CONTR. Affirmation, assertion, négation.

> ❑ La forme interrogative identique à l'assertion (« Tu partiras demain ? »), qui se répand de plus en plus, ne permet pas au lecteur de « mettre le ton ». Le point d'interrogation renversé, utilisé devant la phrase en espagnol, serait utile.

interrogatoire n. m. – XIVe ▪ Mode d'instruction d'une affaire par voie de questions posées aux parties par un magistrat commis à cet effet. *Procéder à plusieurs* *interrogatoires.* ♦ Suite de questions posées à qqn. « *après un long interrogatoire, il fut relaxé* » (France). *Subir un interrogatoire en règle.*

interrogeable adj. – XXe ■ Susceptible d'être interrogé. *Répondeur téléphonique interrogeable à distance.*

interroger v. tr. [3] – XIVe ; lat. « demander les avis (de plusieurs personnes) » 1 Questionner (qqn), avec l'idée d'obtenir une réponse. « *elle l'interrogeait, vibrante de curiosité* » (Maupass.). *Interroger les témoins. Examinateur qui interroge un candidat. Interroger qqn du regard.* ♦ pronom. Se poser des questions. *S'interroger sur l'attitude à adopter.* ♦ Chercher à obtenir des informations de (un système informatique), en donnant des instructions. *Interroger une base de données.* 2 Examiner avec attention (une chose) pour y trouver une réponse aux questions qu'on se pose. *Interroger le ciel.* ✪ CONTR. Répondre.

interrompre v. tr. [41] – XIIe 1 Rompre (qqch.) dans sa continuité. ⇒ **briser, couper.** *Interrompre un circuit électrique.* ➤ (dans le temps) ⇒ **arrêter.** *Interrompre ses études. Interrompre un voyage.* 2 Empêcher (qqn) de continuer (ce qu'il est en train de faire). ⇒ **déranger, troubler.** *Je l'ai interrompu dans son travail.* 3 Couper la parole à. *Ne m'interrompez pas tout le temps.* 4 *S'INTERROMPRE* v. pron. S'arrêter (de faire qqch.). *Elle « parcourait de haut en bas tout le clavier sans s'interrompre »* (Flaub.). ➤ S'arrêter de parler. *S'interrompre au milieu d'une phrase.* ✪ CONTR. Recommencer, reprendre.

interrupteur n. m. – XVIe ■ Dispositif permettant d'interrompre ou de rétablir le passage du courant électrique dans un circuit. ⇒ **bouton** (électrique), **commutateur, disjoncteur.** « *Il ralluma. Il avait cherché l'interrupteur à tâtons* » (Malraux).

interruptif, ive adj. – XIXe ■ Qui produit l'interruption.

interruption n. f. – XIVe 1 Action d'interrompre ; état de ce qui est interrompu. ⇒ **arrêt, cessation.** *Interruption d'un travail. Interruption du courant.* ⇒ **coupure.** *Interruption momentanée de l'image. Sans interruption* : sans arrêt, d'affilée. ⇒ **consécutivement.** *Se succéder sans interruption.* ➤ loc. *Interruption volontaire de grossesse (I. V. G.).* ⇒ **avortement.** ♦ Moment pendant lequel qqch. est interrompu. *Une courte interruption.* 2 Action d'interrompre une personne qui parle. ✪ CONTR. Reprise, rétablissement. Continuation.

intersaison n. f. – 1934 ■ Espace de temps entre deux saisons sportives, touristiques, etc. *Magasin qui solde pendant l'intersaison.*

intersection n. f. – XIVe 1 Rencontre, lieu de rencontre de deux lignes, de deux surfaces ou de deux volumes qui se coupent. *Intersection de deux plans.* 2 Disposition de deux lignes, bandes, objets longilignes qui se croisent. ⇒ **croisement.** *Intersection de deux rues.* 3 *Intersection de deux ensembles A et B* : ensemble des éléments appartenant à la fois à A et à B (notée $A \cap B$ et lue *A inter B* ; opposé à *réunion*).

intersession n. f. – XIXe ■ Temps qui sépare deux sessions consécutives (d'une assemblée). *L'intersession parlementaire.* ✪ HOM. Intercession.

> ❑ Ne pas confondre avec *intercession* (du verbe *intercéder*).

intersexualité n. f. – 1931 ■ En biologie, Caractère d'un individu qui change de sexe au cours de son évolution.

intersidéral, ale, aux adj. – XIXe ■ Qui est situé, compris entre les étoiles. *Les espaces intersidéraux.* ⇒ **interplanétaire, interstellaire.**

interspécifique adj. – mil. XXe ■ sc. Qui concerne deux espèces différentes et leurs relations. *Croisements interspécifiques.*

interstellaire adj. – XIXe ■ Situé, compris entre les étoiles. *Les espaces interstellaires.* ⇒ **intersidéral.** *Matière interstellaire* : matière extrêmement diffuse existant dans l'espace interstellaire de notre galaxie.

interstice n. m. – XVe ; lat. *interstitium* ■ Très petit espace vide (entre les parties d'un corps ou entre différents corps). ⇒ **intervalle.** *Des plantes « avaient poussé dans l'interstice des pierres »* (Gaut.).

interstitiel, ielle adj. – XIXe ■ Qui est situé dans les interstices (d'un tissu). *Cellule interstitielle.*

> ❑ Seul adjectif formé sur un nom en *...ice* dont la finale s'écrit *...tiel* (avec *t* étym.) et non *...ciel* : *artifice* donne *artificiel* et *cicatrice, cicatriciel.*

intersubjectif, ive adj. – 1931 ■ En philosophie, Qui se produit entre deux sujets humains. *Communication intersubjective.*

intersubjectivité n. f. – 1931 ■ En philosophie, Situation de communication entre deux sujets.

intersyndical, ale, aux adj. et n. f. – 1931 ■ Qui concerne, réunit plusieurs syndicats. ➤ n. f. *Une intersyndicale* : réunion groupant des délégués de plusieurs centrales syndicales.

intertextualité n. f. – 1958 ■ Ensemble des relations existant entre un texte (notamment littéraire) et un ou plusieurs autres avec lesquels le lecteur établit des rapprochements. *Intertextualité entre les fables de La Fontaine et celles d'Ésope.*

intertidal, ale, aux adj. – 1921 ; mot angl., de *tide* « marée » ■ *Zone intertidale* : zone d'oscillation de la marée. ⇒ **estran.**

intertitre n. m. – 1955 ■ Titre de paragraphe ou d'ensemble de paragraphes. ♦ Texte inséré entre les plans d'un film.

> ❑ Les *intertitres* jouent le rôle du narrateur en littérature, alors que les *sous-titres* sont une traduction des paroles dites.

intertrigo n. m. – XVIIIe ; mot lat. de *terere* « frotter » ■ Inflammation de la peau au niveau des plis.

intertropical, ale, aux adj. – XIXe ■ Qui est, se rencontre entre les tropiques. *Zone intertropicale.*

interurbain, aine adj. et n. m. – XIXe ■ Qui assure les communications (notamment téléphoniques) entre deux ou plusieurs villes. ➤ n. m. *L'INTERURBAIN* : le service téléphonique interurbain. ⇒ ① **inter.** *Avant l'automatique, on demandait l'interurbain.*

intervalle n. m. – XIIe ; lat. *intervallum* 1 Distance d'un point à un autre, d'un objet à un autre. *Arbres plantés à cinq mètres d'intervalle. Dans l'intervalle de* : entre. ♦ *PAR INTERVALLE(S)* : de loin en loin. 2 Écart entre deux sons, mesuré par le rapport de leurs fréquences. *Intervalle de seconde, de tierce.* 3 Espace de temps qui sépare deux époques, deux dates, deux faits. *À intervalles réguliers, rapprochés. Intervalle entre deux sessions parlementaires. Dans l'intervalle.* ⇒ **entre-temps.** *Durant, pendant cet intervalle.* « *Versement en deux tranches, à six mois d'intervalle, à la rigueur* » (Romains). *PAR INTERVALLES* : de temps à autre. « *le vent, par intervalles, secouait toute la surface de l'espalier* » (Flaub.). 4 Ensemble des nombres compris entre deux nombres donnés. *Intervalle fermé* ($[\![a, b]\!]$), *ouvert* ($]\!] a, b [\![$), incluant ou n'incluant pas ces deux nombres. *Intervalle ouvert à gauche, fermé à droite* ($]\!] a, b]\!]$), excluant *a* et incluant *b*.

❑ *Intervalle* est un mot en *...alle* qui, comme *thalle* (et *prothalle*) est du genre masculin ; *balle, dalle, galle, malle, salle, stalle, talle,* sont féminins. On trouve *intervalle* au féminin jusqu'au XVIe s.

intervenant, ante adj. et n. – XVIIe **1** Qui intervient dans une instance, un procès. ➛ n. *Un(e) intervenant(e).* **2** n. Personne qui prend la parole au cours d'un débat, d'une discussion.

intervenir v. intr. [22] – XIIe **1** Arriver, se produire au cours d'un procès. *Une ordonnance est intervenue.* ➛ *Un accord est intervenu entre la direction et les grévistes.* **2** Prendre part à une action, à une affaire en cours, dans l'intention d'influer sur son déroulement. « *Jeannine intervint pour les prier de parler plus bas* » (Mauriac). *Intervenir dans un débat. Il est intervenu en votre faveur.* ⇒ **agir, intercéder.** *Intervenir auprès de qqn.* ♦ *Demander à un personnage influent d'intervenir.* ➛ Entrer en action. *La police est prête à intervenir.* ➛ Pratiquer une intervention chirurgicale. ⇒ **opérer.** *Il faut intervenir d'urgence.* **3** Agir, jouer un rôle. *Circonstances, facteurs qui interviennent dans...* ✪ CONTR. Abstenir (s').

❑ Aux temps composés, ne s'emploie qu'avec l'auxiliaire *être.*

intervention n. f. – XIVe **1** Action d'intervenir (par la parole ou par l'action). *Intervention d'un homme politique à la télévision. Intervention en faveur de qqn.* ⇒ **entremise, intercession.** ➛ *Intervention énergique, rapide, de la police.* ⇒ ① **action.** ♦ Acte d'ingérence d'un État dans les affaires d'un autre. *Politique d'intervention,* qui consiste à intervenir dans les affaires d'un pays étranger. *Forces d'intervention de l'O.N.U.* ⇒ **interposition. 2** Recours à un traitement énergique. *Intervention chirurgicale.* ⇒ **opération. 3** Action, rôle (de qqch.). « *l'intervention dans notre vie de l'invisible et de l'infini* » (Maurois). ✪ CONTR. Abstention, neutralité, non-intervention.

interventionnisme n. m. – XIXe ▪ Doctrine préconisant l'intervention de l'État dans le domaine économique, ou d'une nation dans un conflit entre d'autres pays. ✪ CONTR. Neutralisme.

interventionniste adj. et n. – XIXe ▪ Favorable à l'intervention (dans le domaine économique ou international). *Politique interventionniste.* ➛ n. *Les interventionnistes.* ✪ CONTR. Neutraliste, non-interventionniste.

interversion n. f. – XVIe ▪ Dérangement, renversement de l'ordre naturel, habituel ou logique. ⇒ **inversion, permutation.** *Interversion de syllabes dans un mot* (⇒ **verlan**).

intervertébral, ale, aux adj. – XVIIIe ▪ Qui se trouve entre deux vertèbres. *Disque intervertébral.*

intervertir v. tr. [2] – XVIe ; lat. *intervertere* ▪ Déplacer (les éléments d'un tout, d'une série) en renversant l'ordre primitif. ⇒ **changer, inverser, permuter.** ➛ *Intervertir les rôles :* prendre envers une autre personne l'attitude qui normalement lui est réservée.

interview [ɛ̃tɛʀvju] n. f. – XIXe ; mot angl., de l'a. fr. *entreveue* ▪ Entrevue au cours de laquelle un journaliste interroge une personne sur sa vie, ses projets, ses opinions, dans l'intention de publier une relation de l'entretien. *Demander, accorder une interview.* ♦ Article qui rapporte cet entretien. « *Il tenait à la main le numéro du* Figaro *où venait de paraître son interview* » (Gide).

❑ *Interview,* mot féminin en français, doit son genre à *entrevue.* ♦ Les Commissions n'ont rien proposé pour remplacer cet anglicisme dont le sens n'est pas celui de *entrevue.*

interviewer [ɛ̃tɛʀvjuve] v. tr. [1] – XIXe ▪ Soumettre (qqn) à une interview. *Interviewer un homme politique.*

intervieweur, euse [ɛ̃tɛʀvjuvœʀ, øz] n. ou **intervieweur** n. m. – XIXe ▪ Journaliste, reporter spécialisé dans les interviews.

intervocalique adj. – XIXe ▪ En phonétique, Placé entre deux voyelles. *Consonne intervocalique.*

intestat adj. – XIIIe ; lat. *testis* « témoin » ▪ Qui n'a pas fait de testament. *Elle est morte intestat* (⇒ aussi **ab intestat**). ➛ n. *Les intestats.*

① **intestin, ine** adj. – XIVe ; lat. *intestinus* « intérieur » ▪ Qui se passe à l'intérieur d'un groupe social. *Querelles intestines.*

❑ S'emploie surtout au pluriel et presque toujours au féminin pour éviter l'homonymie avec *intestin* n. m. : « *les troubles intestins affligèrent Rome* » (Voltaire).

② **intestin** n. m. – XIVe ; lat. *intestina* « entrailles » ▪ Viscère abdominal, partie du tube digestif qui fait suite à l'estomac. *L'intestin* ou *les intestins.* ⇒ **entrailles.** *L'intestin grêle* (⇒ **duodénum, iléon, jéjunum**) *et le gros intestin* (⇒ **cæcum, côlon, rectum**). ♦ *Intestin comestible des animaux de boucherie.* ⇒ **boyau, crépine,** ② **fraise, tripe.**

intestinal, ale, aux adj. – XVe ▪ Qui a rapport aux intestins. ⇒ **cœliaque, entérique ; entér(o)-.** *Gaz intestinaux. Occlusion intestinale.*

inti [inti] n. m. – 1985 ; mot quechua « soleil » ▪ Unité monétaire du Pérou.

intifada [intifada] n. f. – 1988 ; mot ar. « soulèvement » ▪ Lutte menée à jets de pierres par les jeunes Palestiniens contre les Israéliens, dans les territoires occupés par Israël.

intimation n. f. – XIVe ▪ Mise en demeure. ⇒ **injonction,** ① **sommation.**

intime adj. – XIVe ; lat. « ce qui est le plus en dedans » **1** littér. Qui est contenu au plus profond d'un être. ⇒ **intérieur.** *Avoir la conviction, le sentiment intime de qqch.* **2** Qui lie étroitement, par ce qu'il y a de plus profond. *Mélange intime.* ♦ Très uni. *Être intime avec qqn. Ils sont très intimes. Ami intime.* ➛ n. « *quelques rares intimes avaient accès dans l'exigu salon particulier* » (Gide). ⇒ **ami, familier.** ➛ loc. *Pour les intimes,* qualifie une appellation réservée aux intimes. **3** Qui est tout à fait privé et généralement tenu caché aux autres. « *Je respecte la vie intime de mes voisins* » (Nerval). ➛ *Journal intime.* ♦ Qui concerne les parties génitales. *Toilette intime.* **4** Qui crée, favorise ou évoque l'intimité. « *un beau salon un peu sombre, intime, recueilli* » (Maupass.). ✪ CONTR. ① Extérieur. Superficiel. Public. ① Froid.

intimé, ée adj. et n. – XVe ▪ Assigné en justice. ✪ CONTR. Appelant.

intimement adv. – XVe ▪ Très profondément. *J'en suis intimement persuadé.*

intimer v. tr. [1] – XIVe ; lat. « faire pénétrer dans » **1** Citer, assigner (qqn) devant une juridiction supérieure. **2** Signifier (qqch. à qqn) avec autorité. ⇒ **notifier.** « *Il m'intime, avec l'index, l'ordre de rester immobile* » (Duham.).

intimidable adj. – XIXe ▪ Qu'on peut intimider. *Il est difficilement intimidable.*

intimidant, ante adj. – XVIe ▪ Qui intimide, trouble. *Examinateur intimidant.*

intimidation n. f. – XVIe ▪ Action d'intimider (1°) volontairement ; son résultat. *Manœuvres d'intimidation.*

intimider v. tr. [1] – XVIe ; lat. *timere* « craindre » **1** Remplir (qqn) de peur, en imposant sa force, son autorité.

⇒ **effrayer, terroriser.** *Chercher à intimider qqn par des menaces.* 2 Remplir de timidité, de trouble, de confusion. ⇒ **impressionner, troubler.** *Examinateur qui intimide les candidats.* ⇒ **inhiber, paralyser.** *Elle a l'air intimidée.* ✪ CONTR. Encourager, enhardir, rassurer. Décontracter, désinhiber.

intimisme n. m. – 1905 ▪ littér. École, manière intimiste (en peinture, littérature...).

intimiste n. et adj. – XIXe ▪ littér. 1 Peintre de scènes d'intérieur. ➛ adj. *Peintre intimiste.* 2 Poète, écrivain qui prend pour sujet des sentiments délicats, intimes. ➛ adj. *Film intimiste.*

intimité n. f. – XVIIe 1 littér. Caractère intime, intérieur et profond ; ce qui est intérieur et secret. *Dans l'intimité de la conscience.* 2 Liaison, relations étroites et familières. *Intimité conjugale. Vivre dans la plus grande intimité avec qqn.* 3 La vie intime, privée. *Préserver son intimité.* ➛ *Dans l'intimité :* dans le privé, dans les relations avec des intimes. *Le mariage aura lieu dans la plus stricte intimité,* les intimes seront seuls admis. 4 Confort d'un endroit chaleureux, isolé du monde extérieur. « *l'intimité de cette table éclairée par une lampe* » (Huysm.). ✪ CONTR. Extériorité. Public (en).

intitulé n. m. – XVIIe ▪ Titre (d'un livre, d'un chapitre). ♦ Formule en tête d'une loi, d'un acte.

intituler v. tr. [1] – XIIIe ; lat. *titulus* « titre » ▪ Donner un titre à. *Comment a-t-il intitulé son livre ?* ♦ pronom. *Ouvrage qui s'intitule : « Mémoires de guerre ».*

intolérable adj. – XIIIe 1 Qu'on ne peut tolérer, supporter. ⇒ **insupportable.** « *ses douleurs devenaient intolérables* » (Proust). ⇒ **insoutenable.** « *L'existence serait intolérable si l'on ne rêvait jamais* » (France). 2 Qu'on ne peut admettre. ⇒ **inadmissible.** *Pratique intolérable.* ✪ CONTR. Supportable, tolérable.

intolérance n. f. – XVIe 1 Absence de tolérance (religieuse, politique, etc.) ; refus de la liberté d'opinion d'autrui. ⇒ **fanatisme.** « *Il y a deux monstres qui désolent la terre en pleine paix : l'un est la calomnie, l'autre l'intolérance* » (Volt.). 2 Tendance à ne pas supporter, à condamner ce qui déplaît dans les opinions ou la conduite d'autrui. ⇒ **intransigeance, sectarisme.** 3 Réaction anormalement forte de l'organisme (à un médicament, à un agent physique ou chimique). *Intolérance d'un malade aux antibiotiques.* ⇒ **allergie.** ✪ CONTR. Tolérance. Compréhension, Indulgence.

intolérant, ante adj. – XVIIe ▪ Qui fait preuve d'intolérance, manifeste de l'intolérance. *Religion intolérante. Être intolérant envers, avec qqn.* ✪ CONTR. Tolérant. Compréhensif, large (d'esprit).

intonation n. f. – XIVe ; lat. *intonare* « faire retentir » 1 Hauteur à laquelle est joué ou chanté un son. *Intonation fausse, juste.* ➛ Action d'entonner. 2 Ton que l'on prend en parlant, en lisant. ⇒ **accent, inflexion.** *Une voix aux intonations tendres.*

intouchable adj. et n. – XVIe 1 Qui ne peut être l'objet d'aucun blâme, d'aucune sanction. *Personnage intouchable,* hors d'atteinte, protégé. 2 n. En Inde, Personne hors caste, considérée comme impure, dans l'ancien système social hiérarchique. ⇒ **paria.**

intoxication n. f. – XVe 1 Action nocive qu'exerce une substance toxique (poison) sur l'organisme ; ensemble des troubles qui en résultent. ⇒ **empoisonnement.** *Intoxication alimentaire. Intoxication par l'oxyde de carbone.* ⇒ **asphyxie.** 2 Action insidieuse sur les esprits, tendant à accréditer certaines opinions, à démoraliser, à affaiblir le sens critique. ⇒ **désinformation, matraquage.** *L'intoxication par la propagande politique.* abrév. fam. INTOX(E). *C'est de l'intoxe !* ✪ CONTR. Désintoxication.

intoxiquer v. tr. [1] – XVe 1 Provoquer une intoxication chez (un être vivant). ⇒ **empoisonner.** *Il a été intoxiqué par des champignons.* 2 Influencer par la propagande, les méthodes d'intoxication. *La publicité nous intoxique.* ✪ CONTR. Désintoxiquer.

intra- Élément, du lat. *intra* « à l'intérieur de ». ✪ CONTR. ① Extra-.

> ❑ Après *intra-*, le maintien du trait d'union évite une altération de la prononciation lorsque le second élément commence par un *a* ou par un *u* : *intra-utérin.*

intra-atomique adj. – v. 1903 ▪ Qui est ou se passe à l'intérieur de l'atome.

intracardiaque adj. – XIXe ▪ Qui concerne l'intérieur du muscle cardiaque. *Affection intracardiaque.*

intracellulaire adj. – XIXe ▪ Qui est, se produit à l'intérieur d'une cellule.

intracérébral, ale, aux adj. – XIXe ▪ Relatif à l'intérieur du cerveau.

intracommunautaire adj. – 1966 ▪ Qui se fait à l'intérieur d'une communauté, notamment de la Communauté européenne. *Commerce intracommunautaire.*

intracrânien, ienne adj. – XIXe ▪ Qui est, se produit à l'intérieur de la boîte crânienne.

intradermique adj. – XIXe ▪ Qui est situé, se fait dans l'épaisseur du derme. *Injection intradermique,* ou subst. *une intradermique.*

intradermo-réaction n. f. – 1908 ▪ Injection intradermique d'une substance (toxine, antigène particulier) pour déterminer le degré de sensibilité de l'organisme à l'égard de certaines réactions. abrév. fam. *INTRADERMO.*

intrados n. m. – XVIIe ; de *intra-* et *dos* 1 Partie intérieure et concave d'un arc, d'une voûte. 2 Surface inférieure d'une aile d'avion. ✪ CONTR. Extrados.

intraduisible adj. – XVIIe 1 Qu'il est impossible de traduire. *Mots anglais intraduisibles.* « *les professionnels du sport ont acclimaté, chez nous, un jargon* [...] *presque intraduisible* » (Duham.). 2 Qu'il est impossible ou très difficile d'interpréter ou d'exprimer. *Un sentiment intraduisible.*

intraitable adj. – XVe ▪ Avec qui l'on ne peut traiter, ni s'accorder, en raison de son humeur difficile, de son entêtement. « *il était intraitable comme un hidalgo sur le point d'honneur* » (Gaut.). ⇒ **inflexible, intransigeant, sévère.** ✪ CONTR. Accommodant, arrangeant, conciliant, traitable.

intramoléculaire adj. – XIXe ▪ Qui se produit à l'intérieur d'une même molécule. *Liaisons intramoléculaires.*

intra-muros [ɛ̃tʀamyʀɔs] adv. et adj. inv. – XIXe ; mots lat. ▪ En dedans des murs, à l'intérieur de la ville. *Habiter intra-muros.* ➛ *Paris intra-muros.* ✪ CONTR. Extra-muros.

intramusculaire adj. – XIXe ▪ Qui est, se fait dans l'épaisseur d'un muscle. *Injection intramusculaire,* ou subst. *une intramusculaire.*

intransigeance [ɛ̃tʀɑ̃ziʒɑ̃s] n. f. – XIXe ▪ Caractère d'une personne intransigeante. *Faire preuve d'intransigeance. Être d'une intransigeance absolue sur qqch.* ✪ CONTR. Débonnaireté, souplesse.

intransigeant, ante [ɛ̃tʀɑ̃ziʒɑ̃, ɑ̃t] adj. – XIXe ▪ Qui ne transige pas, n'admet aucune concession, aucun compromis. ⇒ **dur, inflexible, intraitable, irréductible.** *Être intransigeant sur les principes.* ➛ *Morale intransigeante.* ✪ CONTR. Accommodant, souple.

❑ Le mot, qui indiquait à l'origine une qualité, tend à prendre la nuance péjorative qui s'attache à *intraitable* et à *intolérant.*

intransitif, ive [ɛ̃tʀɑ̃zitif, iv] adj. et n. m. – XVIIe ▪ Se dit d'un verbe qui exprime une action limitée au sujet et ne passant sur aucun objet. Voyager *est un verbe intransitif, un intransitif.* ✪ CONTR. Transitif.

intransitivement [ɛ̃tʀɑ̃zitivmɑ̃] adv. – XVIIe ▪ D'une manière intransitive. *Verbe transitif employé intransitivement.* ⇒ **absolument.** ✪ CONTR. Transitivement.

intransmissibilité n. f. – XIXe ▪ Caractère de ce qui est intransmissible. *Intransmissibilité des caractères acquis* (en génétique).

intransmissible adj. – XVIIIe ▪ Qui ne peut se transmettre.

intransportable adj. – XVIIIe ▪ Que l'on ne peut transporter. *Blessé intransportable.*

intrant n. m. – XVIe ; lat. *intrare* « entrer » ▪ Élément entrant dans la production d'un bien. *Intrants agricoles* (énergie, engrais, matériels).

intranucléaire adj. – XIXe ▪ Qui est ou s'effectue à l'intérieur du noyau atomique.

intrarachidien, ienne adj. – XIXe ▪ Qui se trouve ou a lieu à l'intérieur du canal rachidien.

intra-utérin, ine adj. – XIXe ▪ Qui a lieu, se situe dans l'utérus. *Vie intra-utérine du fœtus.* ⇒ **utérin.** ✪ CONTR. Extra-utérin.

❑ Pour le trait d'union → intra- (rem.).

intraveineux, euse adj. – XIXe ▪ Qui est, se fait à l'intérieur des veines. *Piqûre, injection intraveineuse,* ou subst. *une intraveineuse.*

intrépide adj. – XVe ; lat. *trepidus* « tremblant » ▪ Qui ne tremble pas devant le péril, l'affronte sans crainte. ⇒ **audacieux, courageux.** « *c'était un de ces intrépides observateurs qui écrivent sous les balles* » (J. Verne). ✪ CONTR. Lâche, peureux.

intrépidité n. f. – XVIIe ▪ Caractère d'une personne intrépide. ⇒ **audace, courage.** ✪ CONTR. Lâcheté.

intrication n. f. – XIIIe ▪ didact. État de ce qui est entremêlé. ⇒ **complexité.**

intrigant, ante adj. et n. – XVIe ▪ Qui recourt à l'intrigue pour parvenir à ses fins. « *il passait pour intrigant, habile, ne perdant pas une occasion pour plaire aux gens puissants* » (Stendh.).

❑ Attention à la répartition des graphies : *intrigant* pour l'adjectif et le nom, *intriguant* pour le participe présent du verbe *intriguer. Fatigant, navigant, zigzagant* sont dans le même cas. → participe (rem.).

intrigue n. f. – XVIe ; it. *intrigo* 1 vieilli Liaison amoureuse généralement clandestine et peu durable. ⇒ **affaire** (de cœur), **aventure.** *Intrigue amoureuse.* 2 Ensemble de combinaisons secrètes et compliquées visant à faire réussir ou manquer une affaire. ⇒ ① **manœuvre.** *Intrigue de cour. Déjouer une intrigue.* 3 Ensemble des événements qui forment le nœud d'une pièce de théâtre, d'un roman, d'un film. ⇒ **histoire.** *Rebondissements, dénouement d'une intrigue.*

intriguer v. [1] – XVIe ; lat. *intricare* « embrouiller » **I** v. tr. Embarrasser en donnant à penser, en excitant la curiosité. *Il m'intrigue avec ses cachotteries. Ça m'intrigue.* ➛ *Air, regard intrigué.* ⇒ **étonné, perplexe. II** v. intr. Mener une intrigue, recourir à l'intrigue. ⇒ **manœuvrer** ; fam. **magouiller.** *Édouard* « *intrigua* [...] *pour être admis comme volontaire* » (Tournier).

intrinsèque adj. – XIVe ; lat. *intrinsecus* « au-dedans » ▪ Qui est intérieur à l'objet dont il s'agit, appartient à son essence. ⇒ **essentiel, inhérent.** *Valeur intrinsèque d'une monnaie,* valeur qu'elle tient de sa nature propre (et non d'une convention). *Mérite intrinsèque de qqn.* ✪ CONTR. Extrinsèque.

❑ Ce mot vient du latin *interim* et de *secus* « le long de » ; même famille que *séquence.*

intrinsèquement adv. – XVIe ▪ En soi, dans son essence.

intriquer v. tr. [1] – XVe ; lat. *intricare* « embrouiller » ▪ didact. Rendre complexe ; entremêler.

❑ *Intriquer* et *imbriquer* ont des sens très proches, mais *intriquer* est plus abstrait.

intro- Élément, du lat. *intro* « dedans ».

introducteur, trice n. – XIIIe 1 rare Personne qui introduit, fait entrer (qqn). 2 Personne qui introduit (un usage, une mode, etc.). ⇒ **initiateur.**

introductif, ive adj. – XVIe ▪ Qui présente ce qui va suivre, qui sert d'entrée en matière. *Chapitre introductif.*

introduction n. f. – XIIIe **I - 1** Action d'introduire, de faire entrer (qqn). *L'introduction d'un visiteur dans un salon d'attente.* ♦ *Lettre d'introduction,* par laquelle on recommande qqn. ⇒ **recommandation.** 2 Action d'introduire, de faire adopter. ⇒ **adoption, importation.** *Introduction de produits étrangers dans un pays.* 3 Action de faire entrer (une chose dans une autre). *Le piano* « *se mettait en marche par l'introduction d'une pièce de deux sous* » (Romains). **II - 1** Ce qui prépare qqn à la connaissance, à la pratique d'une chose ; ouvrage destiné à une telle préparation. *Pécuchet* « *se procura une introduction à la philosophie hégélienne et voulut l'expliquer à Bouvard* » (Flaub.). ⇒ **initiation.** 2 Texte préliminaire et explicatif placé en tête d'un ouvrage. ⇒ **avant-propos, exorde, préambule, préface, prologue.** ➛ Entrée en matière d'un discours, d'une dissertation. *Introduction, développement et conclusion.* ✪ CONTR. Sortie. — Conclusion.

introduire v. tr. [38] – XIIe ; lat. *introducere* 1 Faire entrer (qqn) dans un lieu. *Ma mère* « *introduisait les visiteurs dans la salle à manger* » (Sartre). ➛ Faire admettre (qqn) dans un lieu, une société. *Introduire auprès de qqn.* 2 Faire adopter (qqch.). *Introduire une mode. Introduire un produit sur le marché.* ⇒ **implanter,** ① **lancer.** 3 Faire entrer (une chose dans une autre). ⇒ **enfoncer, insérer.** *Introduire la clé dans la serrure.* ➛ *Introduire une marchandise en fraude dans un pays.* 4 v. pron. Entrer, pénétrer. *S'introduire en cachette dans une pièce.* ⇒ se **glisser.** *Le doute s'introduisit dans son esprit.* ⇒ s'**insinuer.** ♦ Se faire admettre. *Il a réussi à s'introduire dans le réseau.* 5 *INTRODUIT, ITE.* Qui a ses entrées, qui est reçu habituellement. *Il est bien introduit dans ce milieu.* ✪ CONTR. Chasser, éloigner. Enlever.

introït [ɛ̃tʀɔit] n. m. – XIVe ; lat. *introitus* « entrée » ▪ Chant exécuté avant la messe, pendant l'entrée du célébrant et de ses ministres.

introjection n. f. – 1924 ; *intro-* et *(pro)jection* ▪ Processus inconscient par lequel l'image d'une personne est incorporée au moi et au surmoi. *Introjection de l'image des parents par l'enfant.*

intromission n. f. – XVe ; lat. *intromittere* « faire entrer » ▪ didact. Action d'introduire, de mettre dans ; entrée. « *des bourrelets de feutre empêchent toute intromission d'air froid* » (Gaut.).

intron n. m. – 1979 ; *intr(o)-* et *(cod)on,* par l'angl. ■ Séquence d'A.D.N. non codante, intervenant entre deux exons d'un gène.

intronisation n. f. – XIVe ■ Action d'introniser ; le fait d'être intronisé. *Intronisation d'un pape.*

introniser v. tr. [1] – XIIIe ; gr. *thronos* « trône épiscopal » ■ Placer solennellement sur le trône, sur le siège épiscopal, sur la chaire pontificale. *Introniser un pape, un roi.*

introspectif, ive adj. – XIXe ■ Qui emploie, concerne l'introspection. *Psychologie introspective,* subjective (opposé à ① *objectif, expérimental*).

introspection n. f. – XIXe ; angl. *introspection,* du lat. *introspicere* « regarder à l'intérieur » ■ Observation d'une conscience individuelle par elle-même. *Se livrer à l'introspection :* analyser ses sentiments.

introuvable adj. – XVIIe **1** Qu'on ne peut trouver ou qu'on ne parvient pas à trouver. *Le voleur reste introuvable.* **2** Très difficile à trouver. « *le vieux dictionnaire de l'Académie, celui de 1694, aujourd'hui presque introuvable* » (Duham.). ⇒ **rare.**

introversion n. f. – 1913 ; lat. *introversus* « vers l'intérieur » ■ Fait d'être tourné vers soi plutôt que vers les autres et le monde extérieur. ⇒ **égocentrisme.** ✪ CONTR. Extraversion.

> ❑ Emprunt à l'allemand employé par le psychanalyste C.G. Jung, notamment dans son ouvrage *Psychologische Typen* (1921).

introverti, ie adj. et n. – 1922 ■ Porté à l'introversion. *Enfant solitaire et introverti.* ✪ CONTR. Extraverti.

> ❑ Ne pas confondre avec *inverti* « homosexuel ».

intrus, use n. – XIVe ; lat. *introtrusus* « introduit de force » ■ Personne qui s'introduit quelque part sans y être invitée, ni désirée. ⇒ **importun, indésirable.** *Chasser, écarter un intrus.*

intrusion n. f. – XIVe **1** Fait de s'introduire, sans en avoir le droit ; dans une société, un groupe. *Faire intrusion dans une réunion. Ils « trouvaient mon intrusion dans leur groupe assez indiscrète »* (Gide). *Intrusion de l'étranger dans les affaires d'un pays.* ⇒ **ingérence, intervention.** **2** Pénétration d'une roche dans une couche de nature différente. *Roches d'intrusion.*

intubation n. f. – 1924 ■ Introduction d'un tube dans la trachée ou le larynx, qui assure le passage de l'air dans les poumons. ⇒ **tubage.**

intuitif, ive adj. – XVe **1** Qui a les caractères, qui est le résultat d'une intuition. *Connaissance intuitive* (opposé à *discursif, scientifique*). **2** Qui fait ordinairement preuve d'intuition. « *les esprits logiques et les esprits intuitifs* » (Carrel). ✪ CONTR. Déductif, discursif.

intuition n. f. – XVIe ; lat. *intueri* « regarder attentivement » **1** Forme de connaissance immédiate qui ne recourt pas au raisonnement. *Comprendre par intuition.* **2** Sentiment plus ou moins précis de ce qu'on ne peut vérifier, ou de ce qui n'existe pas encore. ⇒ **pressentiment.** « *L'amour a ses intuitions comme le génie a les siennes* » (Balz.). *Avoir l'intuition de ce qui va se passer, d'un danger. Suivre son intuition.* ♦ *Avoir de l'intuition :* sentir ou deviner les choses. ⇒ **flair.** ✪ CONTR. Déduction, raisonnement.

intuitionnisme n. m. – 1908 ■ Théorie d'après laquelle les mathématiques ont recours à l'intuition et pas seulement à l'hypothèse et à la déduction.

intuitivement adv. – XVIe ■ Par intuition.

intumescence n. f. – XVIIe ■ Fait d'enfler, de gonfler. *Intumescence de la rate.* ⇒ **gonflement, tuméfaction.**

inuit [inɥit] n. et adj. inv. en genre – XIXe ; mot de la langue *inuit* « les hommes », plur. de *inuk* « homme » ■ Esquimau. *La civilisation inuit.* ♦ n. *Les Inuits.*

> ❑ Mot courant en français du Canada où l'emploi de *esquimau* est officiellement proscrit à la demande des intéressés. En France, *esquimau* tend à être abandonné, au moins chez les spécialistes.

inule n. f. – XVIe ; lat. *inula* ■ Aunée.

inuline n. f. – XIXe ■ Glucide voisin de l'amidon, présent dans la racine de l'aunée et d'autres végétaux (dahlia, topinambour).

inusable adj. – XIXe ■ Qui s'use très peu, dure très longtemps. ⇒ **résistant, solide.** « *le vieux et inusable monde* » (Cl. Simon). *Chaussures inusables.*

inusité, ée adj. – XVe ■ Qui n'est pas usité. ⇒ **inutilisé.** ➜ Que personne, ou presque personne n'emploie. *Formes inusitées de l'imparfait du subjonctif.* ✪ CONTR. ① Courant, usité.

in utero [inyteʀo] loc. adv. – 1962 ; mots lat. ■ Dans l'utérus. *Fécondation in utero* (opposé à *in vitro*).

inutile adj. – XIIe **1** Qui n'est pas utile, ne sert pas. *S'encombrer de bagages inutiles.* « *Je refuse tout ce qui est inutile et en premier lieu toutes les guerres* » (Giono). ➜ *C'est inutile, il est inutile d'essayer,* ce n'est pas la peine. *Inutile d'insister.* **2** Qui ne rend pas de services. *Individu inutile à la société.* ✪ CONTR. Utile. Indispensable, nécessaire.

inutilement adv. – XVe ■ D'une manière inutile, sans résultat. *Vous vous fatiguez inutilement.* ✪ CONTR. Utilement.

inutilisable adj. – XIXe ■ Qui ne peut être utilisé. *Cette voiture est devenue inutilisable.* ✪ CONTR. Utilisable.

inutilisé, ée adj. – XIXe ■ Qui n'est pas utilisé. *Ressources qui restent inutilisées.* ⇒ **inemployé.**

inutilité n. f. – XIVe ■ Défaut d'utilité. *Inutilité d'une démarche.* ✪ CONTR. Utilité.

invagination n. f. – XVIIIe ; de ② *in-* et lat. *vagina* « gaine » ■ Glissement en doigt de gant retourné d'une partie d'intestin dans une partie voisine.

> ❑ De même famille étymologique, ce mot n'a pas de rapport sémantique avec *vagin.*

invaginer (s') v. pron. [1] – XIXe ■ Se replier vers l'intérieur, par invagination.

invaincu, ue adj. – XVe ■ littér. Qui n'a jamais été vaincu. « *Ton bras est invaincu, mais non pas invincible* » (Corn.). ✪ CONTR. Vaincu.

invalidant, ante adj. – v. 1965 ■ Qui rend invalide. *Maladie invalidante.*

invalidation n. f. – XVIIe ■ Action d'invalider. *Invalidation d'une élection.* ⇒ **annulation.** ✪ CONTR. Validation.

invalide adj. et n. – XVIe ; lat. *invalidus* « faible, débile » ■ Qui n'est pas en état de mener une vie active, de travailler, du fait de sa mauvaise santé, de ses infirmités, de ses blessures, etc. ⇒ **handicapé, infirme.** ➜ n. Militaire que l'âge, les blessures rendent incapable de servir. « *C'était un invalide tout courbé, tout ridé et tout blanc* » (Hugo). *(Grand) invalide de guerre.* ⇒ **mutilé.**

> ❑ L'*Hôtel des Invalides* fut fondé par Louis XIV pour accueillir les militaires mutilés.

invalider v. tr. [1] – XVe **1** Rendre non valable. ⇒ **annuler.** *Invalider une élection.* **2** Rendre invalide (1°).

Accident qui invalide un enfant. ✪ CONTR. Confirmer; valider.

invalidité n. f. – XVIe ▪ État d'une personne invalide. ⇒ **impotence, infirmité.** ♦ Diminution de la capacité de travail (des deux tiers au moins). *Invalidité temporaire, permanente.* ⇒ **incapacité.**

invar n. m. – 1904 ; marque déposée, abrév. de *invariable* ▪ Acier au nickel, de dilatation très faible.

❑ C'est le même ...*var* que l'on retrouve dans *cultivar.*

invariabilité n. f. – XVIIe ▪ Caractère de ce qui est invariable. ⇒ **constance, fixité.** ✪ CONTR. Changement, variabilité.

invariable adj. – XIVe ▪ Qui ne varie pas, ne change pas. ⇒ **constant,** ① **fixe, immuable.** *Lois, principes invariables.* « *l'invariable ennui, le profond ennui* » (France). ➜ Qui ne comporte pas de modifications flexionnelles. *Les adverbes sont des mots invariables.* ✪ CONTR. Changeant, variable.

invariablement adv. – XVe ▪ D'une manière invariable, constante. ⇒ **toujours.** *Il est invariablement en retard.*

invariance n. f. – 1903 ▪ Propriété de ce qui est invariant.

invariant, iante adj. et n. m. – XIXe ▪ Se dit d'une grandeur, d'une expression, d'une relation ou d'une propriété qui se conserve dans une transformation de nature physique ou mathématique. ➜ En chimie, *Système invariant,* de variance nulle. ♦ n. m. Caractère, donnée qui ne varie pas. ⇒ **constante.** *Les variables et les invariants.*

invasif, ive adj. – XVIIIe 1 Se dit d'un procédé d'exploration qui risque d'affecter l'organisme exploré. 2 Se dit de tumeurs pouvant se propager. *Cancer invasif.*

invasion n. f. – XIIe ; lat. *invadere* « envahir » 1 Pénétration belliqueuse et massive des forces armées d'un État sur (le territoire d'un autre État). « *la guerre est arrivée, la défaite a suivi, l'invasion, l'occupation* » (Aymé). ♦ Migration accompagnée de violences, de dévastations. *Les grandes invasions* (Ve siècle). 2 Action d'envahir, de se répandre dangereusement. *Invasion de sauterelles.* 3 Entrée soudaine et massive. ⇒ **incursion, irruption.** *Invasion des touristes sur la côte.* 4 « Période qui s'étend depuis l'apparition des premiers symptômes d'une maladie jusqu'à la période d'état » (Garnier). *L'incubation précède la période d'invasion.* ✪ CONTR. Évacuation, fuite, ② retrait, ① retraite.

invective n. f. – XVe ; lat. *invehi* « attaquer » ▪ Parole ou suite de paroles violentes contre qqn ou qqch. ⇒ **injure, insulte.** « *subitement il éclata en invectives d'une violence extrême* » (Gide).

invectiver v. tr. 1 – XVIe ▪ littér. Couvrir d'invectives. ⇒ **injurier.** *L'ivrogne invective les passants.*

❑ La construction classique est *invectiver contre (qqn)* : « *Ils invectivent contre les chanteuses* » (Barrès) ; certains puristes y restent fidèles.

invendable adj. – XVIIIe ▪ Qui n'est pas vendable, ne peut trouver d'acheteur. *Stocks invendables.*

invendu, ue adj. et n. – XVIIIe ▪ Qui n'a pas été vendu. *Marchandises invendues.*

inventaire n. m. – XIVe ; lat. *invenire* « trouver » 1 Opération qui consiste à énumérer et à décrire les éléments composant l'actif et le passif d'une communauté, d'une succession, etc. ; état descriptif dressé lors de cette opération. *Procéder à l'inventaire d'une succession. Dresser un inventaire. Inventaire commercial* (obligatoire et annuel). 2 Revue minutieuse et détaillée (d'un ensemble de choses). ⇒ ② **liste, recensement,** ② **relevé.** *Inventaire des richesses artistiques d'une province. Faire l'inventaire du contenu de ses poches.*

inventer v. tr. 1 – XVe 1 Créer ou découvrir (qqch. de nouveau). ⇒ **concevoir, créer, découvrir, imaginer.** *Les Chinois ont inventé l'imprimerie.* loc. fam. *Il n'a pas inventé le fil à couper le beurre, l'eau tiède* : il n'est pas très malin. 2 Trouver, imaginer pour un usage particulier. *Inventer un moyen de s'en tirer. Il ne sait pas quoi inventer pour se rendre intéressant.* 3 Imaginer de façon arbitraire, sans respecter la vérité, la réalité. ⇒ **forger.** *Inventer une histoire. Inventer une excuse, un prétexte.* ➜ *Qu'allez-vous inventer là ?* ⇒ **supposer.** ➜ pronom. *Ce sont des choses qui ne s'inventent pas,* qui sont sûrement vraies. ✪ CONTR. Copier, imiter.

inventeur, trice n. – XVe ; lat. *invenire* « trouver » I Personne qui invente, qui a inventé. ⇒ **créateur.** 1 *Inventeur, inventrice de.* ⇒ **auteur ;** ① **mère, père** (fig.). *L'inventeur d'une machine.* 2 Auteur d'inventions importantes (scientifiques, techniques). *Un inventeur de génie.* II Personne qui trouve (un trésor, un objet perdu, un gisement archéologique). ✪ CONTR. Copiste, imitateur.

❑ Le féminin *inventrice* est rare, le féminin normal *inventeuse,* inusité. On dit plutôt *elle est l'inventeur de...*

inventif, ive adj. – XVe 1 Qui a le don, le goût d'inventer. ⇒ **créatif.** « *un homme supérieur, d'une intelligence inventive et profonde* » (Proust). 2 Fertile en ressources, en expédients. ⇒ **ingénieux.**

invention n. f. – XIIIe I Action de trouver. ➜ *Invention d'un trésor.* ⇒ **inventeur** (II). II - 1 Action d'inventer (qqch.). ⇒ **création, découverte.** *Invention d'un jeu, d'un système.* 2 Chose inventée, nouveauté scientifique ou technique. ⇒ **découverte, trouvaille.** *Les* « *inventions pratiques, avion, téléphone, cinéma* » (Gide). 3 Faculté, don d'inventer. ⇒ **créativité, imagination, inspiration, inventivité.** *Être à court d'invention.* 4 Action d'imaginer (un moyen) ; moyen inventé. ⇒ **combinaison,** ② **expédient.** *Inventions diaboliques.* 5 Chose imaginaire, inventée. ⇒ **fable, mensonge.** *Ce témoignage est une pure invention.* ➜ loc. *De l'invention de qqn,* inventé, trouvé par lui. *Il nous a préparé un plat de son invention.* ✪ CONTR. Imitation. Réalité, vérité.

inventivité n. f. – 1917 ▪ Capacité d'inventer, d'innover. ⇒ **fécondité, fertilité** (d'esprit). *Cet auteur manque d'inventivité.* ⇒ **créativité, imagination.**

inventorier v. tr. 7 – XIVe ; a. fr. *inventoire* « inventaire » ▪ Faire l'inventaire de. *Inventorier une succession, des marchandises. On allait* « *inventorier ce qu'il avait dans ses tiroirs, à sa banque !* » (Aragon).

invérifiable adj. – XIXe ▪ Qui ne peut être vérifié. *Assertions, hypothèses invérifiables.* « *je suis soutenu par un espoir invérifiable* » (Tournier).

inversable adj. – XVIIe ▪ Qui ne peut se renverser. *Encrier inversable.*

inverse adj. et n. m. – XIIe ; lat. *invertere* « retourner » I adj. 1 (direction, ordre) Qui est exactement opposé, contraire. *Tourner dans le sens inverse des aiguilles d'une montre.* « *il croisaient d'autres bêtes fuyant en sens inverse* » (Tournier). 2 *Rapport, raison inverse* : rapport de deux quantités dont l'une augmente dans la même proportion que l'autre diminue. *Fonctions inverses. Nombres inverses,* dont chacun est le quotient de l'unité par l'autre. *Opérations inverses,* qui laissent inchangée la grandeur qui les a subies successivement. II n. m. *L'inverse* : la chose inverse (soit par changement d'ordre ou de sens, soit par contradiction totale). ⇒ **contraire.** *Vous avez fait l'inverse de* *ce qu'il fallait faire.* ♦ *À l'inverse :* tout au contraire. *À l'inverse de* (cf. Au contraire, à l'encontre de). *À l'inverse de sa sœur, il était très timide.* ✪ CONTR. Même.

inversement adv. – XVIIIe 1 D'une manière inverse. *Inversement proportionnel.* 2 (en tête de phrase) Par un phénomène, un raisonnement inverse.

inverser v. tr. [1] – XIXe 1 Faire prendre à (deux objets) une position relative inverse de la précédente ; changer (la position, l'ordre). ⇒ **intervertir.** *Inverser l'ordre de deux facteurs.* 2 Renverser le sens de (un courant électrique, un mouvement).

inverseur n. m. – XIXe ▪ Appareil destiné à inverser à volonté le sens du courant. ⇒ **commutateur.** ➛ Mécanisme permettant de renverser le sens de marche d'un système. *Inverseur de poussée* (dans un propulseur à réaction).

inversible adj. – XIXe ▪ Se dit d'une émulsion photographique destinée à produire un film positif après inversion. *Film inversible.* ⇒ **diapositive.**

inversion n. f. – XVIe I - 1 Déplacement (d'un mot ou d'un groupe de mots) par rapport à l'ordre normal ou habituel de la construction. *Inversion du sujet dans l'interrogation* (ex. « Veux-tu m'aider ? »). 2 Position inverse ou retournement d'un organe sur lui-même. ⇒ **invagination.** *Inversion utérine.* 3 Changement de sens d'un courant électrique ; de rotation d'un moteur. 4 *Inversion du sucre :* dédoublement du saccharose en glucose et en lévulose. 5 *Inversion de relief :* transformation d'un synclinal en anticlinal (et inversement) sous l'action de l'érosion. 6 En mathématiques, Transformation ponctuelle telle que la droite joignant les points homologues M et M′ passe par un point fixe O et que le produit des valeurs algébriques $\overline{OM}.\overline{OM'}$ reste constant. 7 Opération de développement photographique permettant d'obtenir un film positif à partir d'un film négatif. II *Inversion (sexuelle) :* tendance, conduite des invertis ⇒ **homosexualité.** « *ses instincts l'avaient entraîné vers l'inversion* » (Maurois).

❑ L'inversion du sujet peut entraîner des modifications dans la conjugaison des verbes : *e* devient *é* dans *aimé-je, dussé-je,* ajout d'un *t* entre le verbe et le sujet, *aime-t-il.* ♦ Attention à l'hypercorrection populaire et fautive *est-ce que* suivi de l'inversion (« est-ce que ton père vient-il ? »).

invertébré, ée adj. – XVIIIe ▪ Qui n'a pas de vertèbres, de squelette. ➛ subst. *LES INVERTÉBRÉS :* tous les animaux qui ne possèdent pas de colonne vertébrale. *L'escargot est un invertébré.* ✪ CONTR. Vertébré.

inverti, ie adj. et n. – XIXe ; lat. *invertere* « retourner » I adj *Sucre inverti,* dédoublé par inversion (I, 4°). II n. Personne qui éprouve une attirance sexuelle pour les êtres de son sexe. ⇒ **homosexuel.**

❑ Ne pas confondre avec *introverti* « tourné vers soi ».

investigateur, trice n. – XVIe ▪ Personne qui fait des investigations, des recherches systématiques sur qqch. ⇒ **chercheur, enquêteur.** ➛ adj. *Regard investigateur.* « *cet esprit fin et investigateur qui distingue les femmes inoccupées* » (Balz.).

investigation n. f. – XIVe ; lat. *investigare* « suivre à la trace » ▪ Recherche suivie, systématique, sur quelque objet. ⇒ **enquête, examen, recherche.** « *à mesure que d'Artagnan poursuivait ses investigations* » (Dumas). *Méthodes d'investigation.*

investir v. tr. [2] – XIIIe ; lat. « revêtir, garnir » I - 1 Revêtir solennellement d'un pouvoir, d'une dignité, par la remise symbolique d'un attribut. 2 Mettre en possession (d'un pouvoir, d'un droit, d'une fonction). *Investir un ministre de pouvoirs extraordinaires.* ➛ *Investir qqn de sa confiance.* II Entourer avec des troupes (un objectif militaire). ⇒ **cerner, encercler.** *Investir une place forte.* III - 1 Employer, placer (des capitaux) dans une entreprise. *Il a investi beaucoup d'argent dans cette affaire.* ⇒ **engager,** ① **placer.** ➛ *Investir dans de nouvelles machines.* 2 Mettre son énergie psychique dans (une activité, un objet). *Il a beaucoup investi dans sa vie professionnelle.* ➛ v. pron. *Elle s'investit trop dans cette relation amoureuse.* ⇒ s'**impliquer.**

❑ Même famille étym. que *vêtement, vêtir.* ♦ Ne pas employer *investir* au sens d'« occuper ». ♦ L'emploi en économie a été pris à l'anglais *to invest.*

investissement n. m. – XVIIIe I Action d'investir (une place, une armée) ; résultat de cette action. ⇒ **blocus, siège.** II - 1 Action d'acquérir des biens de production (bâtiment, machine, etc.) pour l'exploitation d'une entreprise ; le capital physique ainsi acquis. *Taux de rendement d'un investissement.* ♦ ⇒ **placement.** *C'est un bon investissement.* 2 Fait d'investir (III, 2°).

investisseur n. m. – 1960 ▪ Personne ou collectivité qui place des capitaux dans l'achat de biens de production. *Les investisseurs privés et les investisseurs institutionnels* (⇒ ② **zinzin**).

investiture n. f. – XIIIe 1 Au Moyen Âge, Acte formaliste accompagnant la mise en possession (d'un fief, d'un bien-fonds). 2 Acte par lequel un parti désigne officiellement un candidat à une élection. *Recevoir l'investiture de son parti.* ✪ CONTR. Déposition.

invétéré, ée adj. – XVe ; lat. *inveterare* « faire vieillir » 1 Fortifié et enraciné avec le temps. ⇒ **ancré.** *Habitude invétérée.* 2 Qui est tel depuis longtemps. « *un alcoolique profond, invétéré, atavique* » (Tournier). ⇒ **impénitent, incorrigible.**

❑ Même famille étymologique que *vétéran, vieux.*

invincibilité n. f. – XVIe ▪ Caractère de ce qui est invincible. « *cette paisible invincibilité de la pierre ou du bronze* » (Cl. Simon).

invincible adj. – XIVe ; lat. 1 Qui ne peut être vaincu. ⇒ **imbattable.** *Héros invincible.* ♦ *Courage invincible.* ⇒ **indomptable.** 2 Dont on ne peut triompher. *Argument invincible.* ⇒ **irréfutable.** ♦ Que la volonté ne peut maîtriser. « *une invincible timidité me retenait* » (Gide).

invinciblement adv. – XVe ▪ D'une manière invincible, irrésistible.

inviolabilité n. f. – XVIIe 1 Caractère de ce qui est inviolable. *L'inviolabilité du domicile.* 2 Prérogative d'une personne déclarée inviolable. *Inviolabilité parlementaire.* ⇒ **immunité.**

inviolable adj. – XIVe 1 Qu'il n'est pas permis de violer, ou d'enfreindre. ⇒ **intangible,** ① **sacré.** *Droit inviolable.* 2 À qui la loi ou la Constitution accorde une immunité en matière criminelle ou correctionnelle. 3 Que l'on ne peut prendre par la force des armes. *Forteresse inviolable.*

inviolé, ée adj. – XVe ▪ littér. Qui n'a pas été violé, enfreint. *Une interdiction inviolée.* ♦ Qui n'a pas été profané. *Sépulture inviolée.* ✪ CONTR. Violé.

invisibilité n. f. – XVIe ▪ Caractère, état de ce qui est invisible.

invisible adj. et n. m. – XIIIe 1 Qui est trop petit pour être visible, qui échappe à la vue (par nature ou par accident). « *L'homme invisible* », roman de H. G. Wells. ➛ *Invisible à l'œil nu.* 2 Que l'on voit très peu. ⇒ **imperceptible.** *Cicatrice invisible.* 3 Qui se dérobe aux regards et qu'on ne peut rencontrer. *Le directeur reste invisible.* 4 **n. m. pl.** *Les invisibles :* dans la balance des paiements, ensemble des opérations portant sur les échanges de services et les transferts de revenus. ✪ CONTR. Visible.

invitation **n. f.** – XIVe 1 Action d'inviter ; son résultat. *Accepter, refuser une invitation. Il « n'acceptait que bien rarement une invitation à dîner »* (Duham.). *Invitation à un cocktail, à un mariage.* ♦ Lettre, carte d'invitation. *Montrer son invitation à l'entrée.* 2 Action d'inciter, d'engager à. *Sur l'invitation de qqn.* ⇒ **prière.**

invite **n. f.** – XVIIIe ▪ Invitation plus ou moins déguisée (à faire qqch.). *« C'était une invite à le laisser »* (Gide).

invité, ée **n.** – XIXe ▪ Personne invitée par une autre. *Les invités partirent tard dans la nuit.* ⇒ **convive, hôte.**

inviter **v. tr.** [1] – XIVe ; lat. 1 Prier (qqn) de se rendre, de se trouver à quelque endroit, d'assister à qqch. ⇒ **convier.** *Inviter à un mariage. « je ne vous invite pas à dîner chez eux : ils ne sont pas drôles »* (Sartre). ➝ *Aujourd'hui, c'est moi qui invite,* qui offre (le repas, la boisson). 2 Inciter, engager en employant la persuasion, la douceur. ⇒ **exhorter, inciter, prier.** *Inviter qqn à faire qqch.* 3 ⇒ ① **porter, pousser** (à). *« L'ombre tiède du parc invitait à la flânerie »* (Mart. du G.).

in vitro [invitʀo] **loc. adv.** – XIXe ; mots lat. « dans le verre » ▪ En milieu artificiel, en laboratoire. *Observation faite in vitro* (opposé à *in vivo*). *Fécondation in vitro* (opposé à *in utero*). ⇒ **F. I. V.**

invivable **adj.** – 1927 1 Très difficile à vivre. *Atmosphère invivable.* 2 fam. Impossible, insupportable. *Il est devenu invivable.*

in vivo [invivo] **loc. adv.** – 1901 ; mots lat. « dans le vivant » ▪ Dans l'organisme vivant. *Expériences in vivo* (opposé à *in vitro*).

invocation **n. f.** – XIIe ▪ Action d'invoquer ; résultat de cette action. *Invocation à la divinité. Église placée sous l'invocation d'un saint,* sous son patronage, sa protection.

invocatoire **adj.** – XVIIe ▪ littér. Qui sert à invoquer. *Formule invocatoire.*

involontaire **adj.** – XIVe 1 Qui n'est pas volontaire, qui échappe au contrôle de la volonté. *Geste involontaire.* ⇒ **automatique, irréfléchi, machinal.** *« j'ai lu, de façon involontaire, votre nom sur l'étiquette de votre valise »* (Duham.). *Erreur involontaire.* 2 Qui agit ou se trouve dans une situation, sans le vouloir. *Être le témoin involontaire d'un drame.* ✪ CONTR. Volontaire, voulu.

involontairement **adv.** – XIVe ▪ D'une manière involontaire ; sans le vouloir. ✪ CONTR. ② Exprès, délibérément, volontairement ; sciemment.

involucre **n. m.** – XVIe ; lat. *involucrum* « enveloppe » ▪ Ensemble de bractées formant à la base de certaines inflorescences une sorte de collerette.

involuté, ée **adj.** – XVIIIe ; lat. *involvere* « enrouler » ▪ Roulé de dehors en dedans. *Chapeau involuté d'un champignon.*

involutif, ive **adj.** – XVIIIe 1 Qui se rapporte à une involution, en mathématiques. 2 *Dépression, lésion involutive.* ⇒ **involution** (2°).

involution **n. f.** – XIVe ; lat. « enroulement » 1 Application f d'un ensemble E dans lui-même, telle que $f = f^{-1}$. *Les symétries sont des involutions.* 2 Modification régressive d'un organe, de l'organisme, d'une tumeur. *Involution utérine,* retour de l'utérus à ses dimensions normales, après l'accouchement. ➝ *Involution sénile :* ensemble des modifications de l'organisme dues à la vieillesse.

invoquer **v. tr.** [1] – XIVe ; lat. *invocare* 1 Appeler à l'aide par des prières. ⇒ **conjurer, prier.** *Invoquer Dieu.* ➝ Implorer, réclamer. *Invoquer la clémence d'un roi.* 2 Faire appel, avoir recours à. *Invoquer une loi. Il aimait « invoquer des arguments d'ordre moral »* (Mart. du G.).

> ❑ Ne pas confondre avec *évoquer* « faire apparaître par la magie », « rappeler à la mémoire » et « faire allusion à ».

invraisemblable [ɛ̃vʀɛsɑ̃blabl] **adj.** – XVIIIe 1 Qui n'est pas vraisemblable, ne semble pas vrai. ⇒ **impensable, incroyable.** *Histoire invraisemblable. Aussi invraisemblable que cela paraisse.* ⇒ **improbable.** 2 Très étonnant (et souvent comique). ⇒ **étonnant, inimaginable.** *« une redingote à teintes invraisemblables »* (Balz.). ✪ CONTR. Vraisemblable.

invraisemblablement [ɛ̃vʀɛsɑ̃blabləmɑ̃] **adv.** – XVIIIe ▪ D'une manière invraisemblable.

invraisemblance [ɛ̃vʀɛsɑ̃blɑ̃s] **n. f.** – XVIIIe 1 Défaut de vraisemblance. *Invraisemblance d'un fait.* 2 Chose invraisemblable. *Récit plein d'invraisemblances.* ✪ CONTR. Crédibilité, vraisemblance.

invulnérabilité **n. f.** – XVIIIe ▪ littér. Qualité de ce qui est invulnérable. *L'invulnérabilité d'Achille.*

invulnérable **adj.** – XVIe 1 Qui n'est pas vulnérable, qui ne peut être blessé. *« celui qui se croirait invulnérable n'aurait peur de rien »* (Rouss.). 2 littér. Qui est moralement au-dessus de toute atteinte. *Être invulnérable au malheur.* ➝ Que l'on ne peut atteindre dans sa position hiérarchique, sociale. ⇒ **intouchable.** *Un homme politique invulnérable.* ✪ CONTR. Fragile, vulnérable.

iodate **n. m.** – XIXe ▪ Sel de l'acide iodique.

iode **n. m.** – XIXe ; gr. *iôdês* « violet » ▪ Corps simple (I ; n° at. 53 ; m. at. 126,90) de la famille des halogènes, qui donne naissance à des vapeurs violettes quand on le chauffe. ➝ *Teinture d'iode :* solution d'iode et d'iodure de potassium dans l'alcool à 90° (désinfectant). ➝ *Phares à iode.* ✪ HOM. Yod.

iodé, ée **adj.** – XIXe ▪ Qui contient de l'iode. *Eau iodée.* ➝ *L'air iodé du bord de mer.*

ioder **v. tr.** [1] – XIXe ▪ Couvrir d'iode, mêler d'iode.

iodhydrique **adj. m.** – XIXe ▪ *Acide iodhydrique :* acide (HI) formé par la combinaison d'iode et d'hydrogène, gaz incolore très soluble dans l'eau.

iodique **adj.** – XIXe ▪ *Acide iodique* (HIO_3). *Anhydride iodique* (I_2O_5), résultant de l'oxydation de l'iode.

iodisme **n. m.** – XIXe ▪ Intoxication par l'iode ou l'un de ses composés.

iodler ou **jodler** [jɔdle] **v. intr.** [1] – XIXe ; all. *jodeln* ▪ Vocaliser en passant de la voix de poitrine à la voix de tête et vice versa, sans transition.

iodoforme **n. m.** – XIXe ▪ Composé (CHI_3) solide, jaune, cristallisé, à odeur tenace et désagréable, utilisé comme antiseptique.

iodure **n. m.** – XIXe ▪ Sel ou ester de l'acide iodhydrique.

ioduré, ée **adj.** – XIXe ▪ Qui contient un iodure. *Bain ioduré.* ➝ Couvert d'une couche d'iodure. *Plaque photographique iodurée.*

ion **n. m.** – XIXe ; gr. *ion,* p. prés. de *ienai* « aller » ▪ Atome ou molécule qui a perdu sa neutralité électrique par acquisition ou perte d'un ou de plusieurs électrons. *Ions positifs* (⇒ **cation**), *négatifs* (⇒ **anion**).

❑ Ce mot a été créé par le physicien Faraday, en 1834. L'ion est étymologiquement la « particule qui va » (vers l'anode ou la cathode).

ionien, ienne adj. – XVIe ▪ D'Ionie, ancienne province grecque d'Asie Mineure. *Les îles Ioniennes. La mer Ionienne.*

① **ionique** adj. – XVIe ; gr. *iônikos* « de l'Ionie » ▪ *Ordre ionique,* un des trois ordres grecs caractérisé par un chapiteau orné de deux volutes latérales. *Colonne ionique.*

② **ionique** adj. – 1903 ; de *ion* ▪ Relatif aux ions. *Charge ionique.*

ionisant, ante adj. – 1903 ▪ Qui produit des ions. *Rayons ionisants* (rayons X, alpha, bêta, gamma). ⇒ **radioactif.**

ionisation n. f. – XIXe ▪ Production d'ions par modification du nombre d'électrons d'un atome ou par scission d'une molécule. *Le rayonnement cosmique est responsable de l'ionisation de l'atmosphère.*

ioniser v. tr. [1] – XIXe ▪ Transformer en ions ; modifier en donnant naissance à des ions. *Gaz ionisé.*

ionone n. f. – 1907 ; gr. *ion* « violette » ▪ Cétone isomère de l'irone ($C_{13}H_{20}O$), corps synthétique à odeur de violette, utilisé en parfumerie.

ionosphère n. f. – 1935 ▪ Couche supérieure de l'atmosphère, au-delà de la mésosphère, d'altitude variant de 100 à 1000 km, où les gaz sont fortement ionisés par le rayonnement cosmique et solaire.

iota n. m. – XIIIe ; gr. ▪ Neuvième lettre de l'alphabet grec, la plus petite de toutes, qui correspond à notre *i.* ♦ La moindre chose, le plus petit détail. *Copier un texte sans changer un iota,* sans rien changer. « *des idéologues qui laisseront périr le monde plutôt que de renoncer à un seul iota de leur programme* » (Duham.).

iotacisme n. m. – XIXe ▪ Emploi fréquent du son [i] dans une langue. ♦ Prononciation défectueuse du [ʒ] en [j] (ex. iambon [jɑ̃bɔ̃] pour jambon [ʒɑ̃bɔ̃]).

ipéca n. m. – XIXe ; mot port., du tupi (Brésil) ▪ Arbrisseau d'Amérique du Sud *(rubiacées)* dont le rhizome séché est utilisé en pharmacopée pour ses propriétés vomitives. *Sirop d'ipéca.*

ipomée n. f. – XIXe ; gr. *ips, ipos* « ver » et *homoios* « semblable » ▪ Plante herbacée ou ligneuse *(convolvulacées),* dont une variété est cultivée comme ornementale (⇒ **volubilis**).

ipso facto loc. adv. – XIXe ; loc. lat. « par le fait même » ▪ Par voie de conséquence, automatiquement. « *tous les habitants du canton sont ipso facto nos clients désignés* » (Romains).

iranien, ienne adj. et n. – XIXe ▪ Relatif à l'Iran. ⇒ **persan.** ➛ *Langues iraniennes :* groupe de langues indo-européennes parlées en Iran et jusqu'au Pakistan (persan, kurde, afghan, etc.). ♦ n. *Les Iraniens.*

irascibilité n. f. – XIVe ▪ littér. Caractère irascible ; défaut d'une personne irascible. ⇒ **colère, emportement.** ✪ CONTR. ① Calme, douceur.

irascible adj. – XIIe ; lat. *ira* « colère » → ire ▪ Prompt à s'irriter, à s'emporter. ⇒ **coléreux, irritable.** « *un être inattentif, facilement irascible* » (Mart. du G.). ➛ *Caractère irascible.* ✪ CONTR. Aimable, ② calme, doux, paisible.

ire n. f. – Xe ; lat. *ira* ▪ vx Colère.

❑ Ce vieux mot a encore des emplois littéraires mais est surtout très utile aux auteurs de mots croisés.

irénique adj. – XIXe ; gr. *eirênê* « paix » ▪ Empreint d'irénisme.

irénisme n. m. – 1962 ▪ Attitude de compréhension dans la discussion entre personnes d'opinions différentes, particulièrement entre chrétiens de confessions différentes. ⇒ **œcuménisme.**

iridacées n. f. pl. – XIXe ; de *iris* ▪ Famille de plantes monocotylédones, à grandes fleurs ornementales.

iridectomie n. f. – XIXe ; de *iris* et *-ectomie* ▪ Excision partielle de l'iris.

iridescent, ente adj. – XIXe ▪ littér. Qui a des reflets irisés.

iridié, iée adj. – XIXe ▪ Allié avec de l'iridium. *Platine iridié.*

iridien, ienne adj. – XIXe ▪ Relatif à l'iris de l'œil. *Cellules iridiennes.* ⇒ **irien.**

iridium [iʀidjɔm] n. m. – XIXe ; lat. *iris, iridis* « arc-en-ciel », à cause des couleurs variées qu'offrent les combinaisons de ce métal → iris ▪ Élément (Ir ; n° at. 77 ; m. at. 192), métal blanc très dur, cassant.

iridologie n. f. – v. 1950 ▪ Méthode de diagnostic fondée sur l'examen de l'iris (II).

irien, ienne adj. – XIXe ▪ De l'iris (II). ⇒ **iridien.**

iris [iʀis] n. m. – XIIIe ; gr. *iris, iridos* « arc-en-ciel » **I** Plante *(iridacées),* à rhizome ou à bulbe et à haute tige portant de grandes fleurs ornementales. *Iris violet, jaune.* **II** - **1** Muscle circulaire de l'œil, diversement coloré, situé derrière la cornée et percé en son centre d'un orifice (⇒ ② **pupille**). « *chacun de nous ignore la couleur de l'iris de presque tous ses amis* » (Malraux). **2** *Iris* ou *diaphragme (à) iris d'un appareil photo.* ⇒ **diaphragme.**

irisation n. f. – XIXe ▪ Production des couleurs de l'arc-en-ciel par réfraction de la lumière ; ces couleurs. *L'irisation d'un prisme.*

irisé, ée adj. – XVIIIe ▪ Qui prend les couleurs du prisme. *Perle, nacre irisée.*

iriser v. tr. [1] – XVIIIe ; lat. *iris, iridis* « arc-en-ciel » ▪ Colorer des couleurs de l'arc-en-ciel. *La lumière solaire irise les facettes d'un cristal.*

irish coffee [ajʀiʃkɔfi] n. m. – mil. XXe ; loc. angl. « café irlandais » ▪ Boisson faite de café chaud sucré et de whisky, recouverts de crème fraîche. *Des irish coffees.*

❑ La traduction *café irlandais,* en usage, ne parvient pas à s'imposer.

iritis [iʀitis] n. f. – XIXe ▪ Inflammation de l'iris.

irlandais, aise adj. et n. – XVIe ▪ D'Irlande. *La bière irlandaise. Setter irlandais. Armée républicaine irlandaise (IRA).* ♦ n. *Les Irlandais catholiques, protestants.* ➛ n. m. *L'irlandais :* groupe des parlers celtiques d'Irlande (⇒ **gaélique**).

IRM [iɛʀɛm] n. f. – v. 1970 ; sigle de *Imagerie par résonance magnétique* ▪ Ensemble des techniques permettant d'obtenir des images anatomiques à partir de la résonance magnétique nucléaire.

iroko n. m. – 1962 ; mot d'une langue africaine ▪ Arbre d'Afrique *(moracées)* ; bois de cet arbre.

irone n. f. – XIXe ▪ Principe chimique odorant, présent dans la violette et l'iris.

ironie n. f. – XIVe ; gr. *eirôneia* « action d'interroger en feignant l'ignorance », à la manière de Socrate **1** Manière de se moquer (de qqn ou de qqch.) en disant le contraire de ce qu'on veut faire entendre. ⇒ **humour, persiflage, raillerie.** *Une pointe d'ironie. Faire de l'ironie. Je le dis sans ironie.* **2** Disposition railleuse, moqueuse, correspondant à cette manière de s'exprimer. « *L'ironie est surtout un jeu d'esprit. L'humour serait plutôt un jeu* *du cœur* » (Renard). *Une nuance d'ironie dans le ton.* ⇒ **moquerie.** **3** loc. *Ironie (du sort)* : intention de moquerie méchante qu'on prête au sort.

❑ Le sens étymologique est dû au procédé de Socrate qui, interrogeant ainsi ses interlocuteurs, faisait apparaître leur ignorance *(ironie socratique).*

ironique adj. – XVe **1** Où il entre de l'ironie. ⇒ **narquois, persifleur, railleur, sarcastique.** *Propos ironiques. Sourire ironique.* ⇒ **goguenard.** « *ne prenez pas cet air ironique ! Vous entendez ?* » (Simenon). **2** Qui use de l'ironie. *Un ironique retour des choses.* ✪ CONTR. Sérieux.

ironiquement adv. – XVe ▪ D'une manière ironique, par ironie. « *charmante relation ! s'écria ironiquement mon père* » (Proust). ✪ CONTR. Sérieusement.

ironiser v. intr. [1] – XVIIe ▪ User d'ironie, prendre le ton de l'ironie. ⇒ se **moquer, railler.**

iroquois, oise adj. – XVIIe ; déform. d'un mot algonquin « vraies vipères » ▪ Qui appartient à une peuplade indienne de l'Amérique du Nord, vivant près des Grands Lacs. **n.** *Un Iroquois.* ➤ *L'iroquois* : famille de langues parlées par les Iroquois.

irradiant, iante adj. – XVe ▪ Qui irradie. *Douleur irradiante.*

irradiation n. f. – XIVe **I** - **1** Émission de radiations, visibles ou invisibles. ⇒ **rayonnement.** *L'irradiation du soleil à travers les nuages.* **2** Mouvement qui part d'un centre et rayonne dans toutes les directions. *Irradiation douloureuse* : propagation de la douleur depuis son point d'origine. **II** Action de soumettre l'organisme ou une de ses parties à un rayonnement. *Irradiation d'une tumeur par les rayons X.*

irradier v. [7] – XVe ; lat. *radius* « rayon » **I v. intr.** Se propager en rayonnant à partir d'un centre, par irradiation. ⇒ se **diffuser.** ➤ *La douleur irradie dans le côté droit.* **II v. tr.** Exposer (un organisme ou une substance) à l'action de certaines radiations, à la radioactivité. *Populations irradiées de Hiroshima, de Tchernobyl,* brûlées par irradiation.

irraisonné, ée adj. – XIXe ▪ Qui n'est pas raisonné ; où n'intervient pas la raison. *Peur irraisonnée.*

irrationalisme n. m. – 1912 ▪ Hostilité au rationalisme, absence de foi dans la raison.

irrationalité n. f. – XIXe ▪ Caractère de ce qui est irrationnel ; l'irrationnel. *Irrationalité d'un principe.*

irrationnel, elle adj. – XIVe **1** *Nombre irrationnel,* qui ne peut être mis sous la forme d'un rapport entre deux nombres entiers ; qui n'est ni entier ni fractionnaire. ⇒ **transcendant.** **2** Qui n'est pas rationnel, qui n'est pas conforme à la raison ou du domaine de la raison. ⇒ **déraisonnable, fou, illogique.** *Conduite irrationnelle.* ➤ subst. *L'irrationnel* : ce qui est inaccessible ou même contraire à la raison. « *La griserie de l'irrationnel* » (Camus).

irrattrapable adj. – 1955 ▪ Qui n'est pas rattrapable. *Une bévue irrattrapable.* ✪ CONTR. Rattrapable, rectifiable.

❑ On dit aussi *inrattrapable,* surtout dans les situations où intervient le temps (courses, etc.).

irréalisable adj. – XIXe ▪ Qui ne peut se réaliser. ⇒ **chimérique, impossible, impraticable, inexécutable.** *Désir, projet irréalisable.*

irréalisé, ée adj. – XIXe ▪ littér. Qui n'a pas été réalisé. *Une fatalité* « *d'espérances irréalisées, de projets manqués* » (Loti). ✪ CONTR. Accompli, réalisé.

irréalisme n. m. – 1907 ▪ Manque de réalisme. *L'irréalisme d'une politique.* ✪ CONTR. Réalisme.

irréaliste adj. – 1927 ▪ Qui manque de réalisme. *Un projet irréaliste.* ⇒ **chimérique, utopique.** ✪ CONTR. Réaliste.

irréalité n. f. – XIXe ▪ Caractère de ce qui est irréel ; l'irréel. « *une irréalité qui ressemble au néant* » (Duham.). ✪ CONTR. Matérialité, réalité.

irrecevabilité n. f. – XIXe ▪ Caractère de ce qui n'est pas recevable. *Irrecevabilité d'une plainte, d'une action en justice.*

irrecevable adj. – XVIe ▪ Qui n'est pas recevable, qui ne peut être admis. ⇒ **inacceptable.** *Demande irrecevable.*

irréconciliable adj. – XVIe ▪ Avec qui il n'y a pas de réconciliation possible. « *On les considérait comme deux contraires, comme deux ennemis irréconciliables* » (Pasc.)

irrécouvrable adj. – XIXe ▪ Qu'on ne peut recouvrer. *Créances irrécouvrables.* ✪ CONTR. Recouvrable.

❑ Attention au *e* accentué. → irréligieux (rem.).

irrécupérable adj. – XIVe **1** Qui ne peut être récupéré. *Une vieille ferraille irrécupérable.* **2** Qui ne peut être réinséré dans un groupe, un parti. *Un récidiviste irrécupérable.* ✪ CONTR. Récupérable, recyclable.

irrécusable adj. – XVIIIe **1** Qui ne peut être récusé. *Témoignage irrécusable.* **2** Qu'on ne peut refuser, contester, mettre en doute. ⇒ **incontestable.** *Preuve irrécusable.* ⇒ **irréfragable, irréfutable.** « *par divers signes irrécusables, elle avait reconnu être enceinte* » (Apoll.). ✪ CONTR. Récusable. Contestable, discutable.

irrédentisme n. m. – XIXe ; it. *irredento* « non racheté, non délivré » ▪ Doctrine politique des nationalistes italiens qui, après la formation de l'unité, ont réclamé l'annexion des territoires de langue italienne non encore libérés de la domination étrangère *(« Italia irredenta »).* ♦ Tout mouvement national s'inspirant des mêmes principes.

irréductibilité n. f. – XVIIIe ▪ Caractère de ce qui est irréductible. *Irréductibilité d'une équation. Irréductibilité d'un fait à un autre.*

irréductible adj. – XVIIe **1** Qui n'est pas réductible, qui ne peut être réduit. *Fracture irréductible.* ➤ *Fraction, équation irréductible.* **2** Qui ne peut être ramené à autre chose. *Fait irréductible.* **3** Qui ne peut être entamé, dont on ne peut venir à bout. *Une volonté irréductible. Un ennemi irréductible.* ✪ CONTR. Réductible. Apprivoisable.

irréductiblement adv. – 1914 ▪ De manière irréductible.

irréel, elle adj. – XVIIIe ▪ Qui n'est pas réel, qui est en dehors de la réalité. ⇒ **abstrait, imaginaire.** *Univers irréel.* « *la pièce était noyée dans une pénombre où tout semblait irréel* » (Mart. du G.). ✪ CONTR. Authentique, ① effectif, réel.

irréfléchi, ie adj. – XVIIIe ▪ Qui n'est pas réfléchi ; qui agit sans réflexion. *Jeune homme irréfléchi.* ⇒ **étourdi, impulsif.** ♦ Qui se fait sans réflexion. *Propos irréfléchis.* ⇒ **inconsidéré.** ✪ CONTR. Avisé, raisonnable, réfléchi.

irréflexion n. f. – XVIIIe ▪ Manque de réflexion. ⇒ **étourderie, inattention, inconséquence.**

irréformable adj. – XVIe ▪ dr. Qui ne peut être réformé, corrigé. *Jugement, arrêt irréformable.*

irréfragable adj. – XVe ; lat. *refragari* « s'opposer à, voter contre » ▪ Qu'on ne peut contredire. ⇒ **irrécusable, irréfutable.** *Autorité, témoignage irréfragable.* ✪ CONTR. Controversable, discutable.

irréfutable adj. – XVIIIe ■ Qui ne peut être réfuté. *Argument, preuves irréfutables.* ⇒ **formel, incontestable, indéniable, irrécusable.** ✪ CONTR. Réfutable.

irréfutablement adv. – XIXe ■ littér. D'une manière irréfutable. *Prouver irréfutablement qqch.* ⇒ **formellement, indéniablement.**

irrégularité n. f. – XIVe 1 Caractère, aspect irrégulier (des choses qui manquent de régularité). *Irrégularité d'un pavage. Irrégularité du travail fourni. Irrégularité du pouls.* 2 *Une, des irrégularités.* Chose ou action irrégulière. *Surface qui présente des irrégularités.* ⇒ **inégalité.** *Irrégularités dans une conjugaison.* 3 Chose contraire à la loi. *Élection entachée d'irrégularité.* ⇒ **illégalité.** *Le sous-directeur « soupçonnait un de ses employés de certaines irrégularités »* (Simenon). ✪ CONTR. Régularité.

irrégulier, ière adj. – XIIIe 1 Qui n'est pas régulier dans sa forme, ses dimensions, sa disposition, son rythme. *Forme irrégulière.* ⇒ **asymétrique, biscornu, dissymétrique.** *« il parlait, découvrant des dents un peu irrégulières »* (Green) *Écriture irrégulière. Mouvement irrégulier.* ⇒ **heurté, saccadé.** ➤ *Pouls irrégulier.* ⇒ **inégal, intermittent.** 2 Qui n'est pas conforme à la règle établie, à l'usage commun. *Étrangers en situation irrégulière.* ➤ Qui n'est pas conforme ou pas entièrement conforme à un type grammatical considéré comme normal. *Verbes irréguliers. Pluriels irréguliers.* 3 *Troupes irrégulières, soldats irréguliers,* ou subst. *les irréguliers,* qui n'appartiennent pas à l'armée régulière. 4 Qui n'est pas constamment égal à soi-même. *Élève irrégulier,* qui n'est pas régulier dans son travail. ✪ CONTR. Régulier. Égal. Symétrique, uniforme ; assidu.

irrégulièrement adv. – XIVe 1 D'une manière irrégulière. *Perquisition effectuée irrégulièrement.* ⇒ **illégalement.** 2 Sans régularité. *Il est payé irrégulièrement.* ✪ CONTR. Régulièrement.

irréligieux, ieuse adj. – XVe ■ Qui n'a pas de croyance religieuse ; qui s'oppose à la religion par sa conduite, ses discours, ses écrits. ⇒ **athée, impie, incroyant, mécréant, sceptique.** *Esprits irréligieux.* ➤ Qui marque l'irréligion. *Attitude irréligieuse.* ✪ CONTR. Croyant, pieux, religieux.

> ❑ Précédé du préfixe *ir-, re-* prend la forme *ré-*, bien que le mot de base soit inaccentué : *irrécouvrable* de *recouvrable, irréligieux* de *religieux, irrémédiable* de *remède, irréprochable* de *reproche.* En revanche, on dit *irrecevable* (de *recevable*).

irréligion n. f. – XVIe ■ Manque de religion, d'esprit religieux. ⇒ **athéisme, impiété, incroyance.** *Être accusé d'irréligion.* ✪ CONTR. Foi, piété, religion.

irrémédiable adj. – XVe ■ À quoi on ne peut remédier (pr. et fig.). *Perte, désastre irrémédiable.* ⇒ **irréparable.** ➤ subst. *Éviter l'irrémédiable.* ✪ CONTR. Remédiable, réparable.

> ❑ Pour le *é* → irréligieux (rem.).

irrémédiablement adv. – XVe ■ D'une manière irrémédiable. *Carrière irrémédiablement compromise.* ⇒ **définitivement.**

irrémissible adj. – XIIIe ■ littér. Qui ne mérite pas de rémission, de pardon. ⇒ **impardonnable.** *Faute, crime irrémissible.* ✪ CONTR. Pardonnable.

irrémissiblement adv. – XVIe ■ littér. Sans rémission. *« Nous sommes irrémissiblement damnés ! »* (Stendh.).

irremplaçable adj. – XIXe 1 Qui ne peut être remplacé. *« Chaque instant de notre vie est irremplaçable »* (Gide). ⇒ **spécial, unique.** 2 Qui ne peut être remplacé (par qqn de même valeur). *Un collaborateur irremplaçable.* loc. *Nul n'est irremplaçable.* ✪ CONTR. Interchangeable, remplaçable, substituable.

irréparable adj. – XIIIe ■ Qui ne peut être réparé. 1 ⇒ **irrémédiable.** *Tort, perte irréparable. « Pour réparer des ans l'irréparable outrage »* (Rac.). *Il se reprochait « de s'être compromis, d'une façon peut-être irréparable »* (Romains) ➤ subst. *L'irréparable est accompli.* 2 *Montre irréparable.* ⇒ fam. ② **fichu.** ✪ CONTR. Réparable.

irréparablement adv. – XIVe ■ D'une manière irréparable. ⇒ **irrémédiablement.** *Avenir irréparablement compromis.*

irrépréhensible adj. – XIVe ■ littér. Qu'on ne peut reprendre, blâmer. ⇒ **inattaquable, irréprochable.** *Conduite irrépréhensible.*

irrépressible adj. – XIXe ■ Qu'on ne peut réprimer, contenir, refréner. ⇒ **incoercible, irrésistible.** *Un fou rire irrépressible.*

irréprochable adj. – XVe ■ À qui, à quoi on ne peut faire aucun reproche. *Fonctionnaire irréprochable.* ➤ *Moralité irréprochable. « ces vieux gentilshommes au linge blanc, à la tenue irréprochable »* (Nerval).

> ❑ Pour le *é* → irréligieux (rem.).

irréprochablement adv. – XVIIe ■ littér. D'une manière irréprochable. *« Quant à sa fille, elle l'avait élevée irréprochablement »* (Barbey).

irrésistible adj. – XVe 1 À quoi, à qui on ne peut résister. *L'avalanche « d'une force irrésistible a balayé la maison »* (Green). *Charme irrésistible. Besoin irrésistible.* ⇒ **impérieux, incoercible, irrépressible.** 2 Qui séduit. ⇒ **séduisant.** *Une femme irrésistible par sa beauté.* 3 Qui fait rire. *Il est irrésistible quand il raconte son histoire.* ➤ *C'est d'un comique irrésistible.* ✪ CONTR. Résistible.

> ❑ Le contraire *résistible,* sorti d'usage, a été repris dans le titre français d'une pièce de B. Brecht, *« La Résistible Ascension d'Arturo Ui ».*

irrésistiblement adv. – XVIIIe ■ D'une manière irrésistible. *« j'étais irrésistiblement ramené vers elle par ma pensée »* (Proust).

irrésolu, ue adj. – XVIe 1 rare Qui est resté sans solution. *C'est un problème encore irrésolu.* 2 Qui n'est pas résolu, qui a peine à se résoudre, à se déterminer. ⇒ **hésitant,** ① **incertain, indécis.** *Caractère irrésolu.* ✪ CONTR. Décidé, déterminé, résolu.

irrésolution n. f. – XVIe ■ État ou caractère d'une personne qui est irrésolue. ⇒ **hésitation, indécision, perplexité.** *« il était plongé dans un abîme d'irrésolution »* (France). ✪ CONTR. Décision, détermination, résolution.

irrespect [iʀɛspɛ] n. m. – XVIIIe ■ Manque de respect. ⇒ **impertinence, insolence, irrévérence.** *Enfants qui montrent de l'irrespect envers leurs parents.*

irrespectueux, euse adj. – XVIIe ■ Qui n'est pas respectueux. ⇒ **impertinent, insolent, irrévérencieux.** *Tenir des propos irrespectueux envers les autorités.*

irrespirable adj. – XVIIIe ■ Qui est dangereux à respirer. ⇒ **asphyxiant, délétère.** *Gaz irrespirable.* ♦ Pénible à respirer. *Un air vicié irrespirable.* ➤ *Depuis leur brouille, l'atmosphère était devenue irrespirable.* ⇒ **insupportable.** ✪ CONTR. Respirable.

irresponsabilité n. f. – XVIIIe ■ Qualité d'une personne irresponsable, absence de responsabilité (légale ou morale). *Plaider l'irresponsabilité de l'accusé.* ➤ *L'irresponsabilité de la jeunesse.* ⇒ **inconscience, légèreté.** ✪ CONTR. Responsabilité.

irresponsable adj. – XVIIIe 1 Qui n'est pas responsable, n'a pas à répondre de ses actes. *Les enfants, les aliénés sont irresponsables.* 2 Qui se conduit sans esprit de responsabilité ; qui agit pour lui-même sans envisager les conséquences de ses actes. ➛ Irréfléchi, étourdi, léger. *Une attitude irresponsable.* ⇒ **insouciant.** ♦ subst. « *les fautes et les abus des ignorants et des irresponsables* » (Duham.). ✪ CONTR. Responsable.

irrétrécissable adj. – XIXe ▪ Qui ne peut rétrécir. *Tissu garanti irrétrécissable au lavage.*

irrévérence n. f. – XIIIe ▪ vieilli ou littér. Manque de révérence, de respect. ⇒ **impertinence, impolitesse, insolence, irrespect.** *Parler avec irrévérence.* ✪ CONTR. Révérence ; respect.

irrévérencieux, ieuse adj. – XVIIIe ▪ vieilli ou littér. Qui fait preuve d'irrévérence, qui montre de l'irrévérence. ⇒ **impertinent, impoli, insolent, irrespectueux.** *Propos irrévérencieux.* ✪ CONTR. Révérencieux ; respectueux.

irréversibilité n. f. – XIXe ▪ Caractère de ce qui est irréversible. ✪ CONTR. Réversibilité.

irréversible adj. – XIXe 1 Qui ne peut fonctionner que dans un seul sens. 2 Qui ne peut se produire que dans un seul sens. « *Comme le temps physique, le temps physiologique est irréversible* » (Carrel). ➛ *Une décision irréversible.* ⇒ **irrévocable.** ✪ CONTR. Réversible.

> ❑ Ne pas confondre avec *irrenversable* « qui ne peut être renversé aisément ».

irréversiblement adv. – 1955 ▪ D'une manière irréversible.

irrévocabilité n. f. – XVIe ▪ Caractère de ce qui est irrévocable.

irrévocable adj. – XIVe ▪ Qui ne peut être révoqué. *Jugement irrévocable.* ➛ *Décision irrévocable.* ⇒ ② **arrêté, définitif.** « *c'était irrévocable, une force invincible l'y poussait* [...] *c'était dit* » (Aragon).

irrévocablement adv. – XIIIe ▪ D'une manière irrévocable. « *irrévocablement j'étais décidé à ne pas épouser Albertine* » (Proust).

irrigable adj. – XIXe ▪ Susceptible d'être irrigué.

irrigateur, trice n. m. et adj. – XIXe ▪ Instrument servant à irriguer, à arroser. ⇒ **arroseur.** ♦ *Canal irrigateur.*

irrigation n. f. – XVe 1 Action de faire couler de l'eau (sur une partie malade, une plaie). 2 Arrosement des terres en déviant les eaux douces. *Canaux d'irrigation.* 3 Circulation (du sang, des liquides) dans l'organisme. *Irrigation du foie.* ✪ CONTR. Assèchement, drainage.

irriguer v. tr. [1] – XIXe ; lat. *irrigare* ▪ Arroser par irrigation. ➛ *Vaisseaux sanguins qui irriguent le bras.* ✪ CONTR. Assécher, drainer.

irritabilité n. f. – XVIIe 1 « Propriété que possède tout élément anatomique d'être mis en activité et de réagir d'une certaine manière sous l'influence des excitants extérieurs » (Cl. Bernard). ⇒ **contractilité, excitabilité.** 2 Propension à la colère. ⇒ **emportement, irascibilité.**

irritable adj. – XVIe 1 Susceptible de réagir à un stimulus. ⇒ **excitable.** 2 Prompt à se mettre en colère. ⇒ **chatouilleux, emporté, irascible, susceptible.** « *la maladie m'avait rendu nerveux et irritable* » (Daudet). ⇒ **acariâtre.** ✪ CONTR. ② Calme.

irritant, ante adj. – XVIe 1 Qui irrite, met en colère. ⇒ **agaçant, crispant, énervant, exaspérant.** *Une discussion irritante.* « *la sonnerie irritante et inexorable d'un réveille-matin* » (Loti). 2 Qui détermine de l'irritation, de l'inflammation. *Fumée irritante.* ✪ CONTR. Apaisant, calmant ; adoucissant, émollient.

irritatif, ive adj. – XVe ▪ Qui est causé par une irritation.

irritation n. f. – XIVe 1 État d'une personne irritée. ⇒ **agacement, colère, énervement, exaspération.** « *la vieille semblait au comble de l'irritation* » (Mart. du G.). 2 Inflammation légère. *Irritation de la peau.* ✪ CONTR. Apaisement, ① calme.

irriter v. tr. [1] – XIVe ; lat. « exciter, stimuler » 1 Mettre en colère. ⇒ **agacer, contrarier, énerver, exaspérer, fâcher, impatienter.** « *Cette femme l'irritait dans tout ce qu'elle faisait* » (Green). ⇒ **hérisser.** ➛ *Il m'a paru très irrité.* ♦ pronom. Se mettre en colère. ⇒ **bouillir,** se **fâcher,** se **monter.** *S'irriter contre qqn, de qqch.* 2 Rendre douloureux, sensible en déterminant une légère inflammation. ⇒ **enflammer.** *La fumée irrite les yeux.* ➛ *Gorge irritée.* pronom. « *On s'irrite à tousser ou à se gratter* » (Alain). 3 sc. Faire réagir sous l'effet d'une excitation. ✪ CONTR. Apaiser, attendrir, calmer ; adoucir, diminuer.

irruption n. f. – XVe ; lat. *irrumpere* « se précipiter dans, envahir » 1 Invasion soudaine et violente. ⇒ **attaque, envahissement, incursion.** *L'irruption des Barbares dans l'Empire romain.* 2 Entrée de force et en masse, ou de façon inattendue. « *Un nouveau flot d'hommes fait irruption, dégorge* [...] *par la tribune publique et submerge l'assemblée* » (France). ➛ *Irruption des eaux.* ⇒ **débordement, inondation.**

> ❑ Attention à la confusion avec *éruption* « sortie brusque ». Le préfixe *ir-* représente *in-* « dans, vers l'intérieur de ».

isabelle adj. inv. – XVIIe ; n. pr. ▪ Jaune pâle. *Rubans isabelle.* ➛ *Cheval isabelle.*

isallobare n. f. – 1948 ; d'apr. *isobare,* avec intercalation du gr. *allos* « autre » ▪ Courbe joignant les points de la Terre où les variations de la pression atmosphérique sont égales en un temps donné.

isard n. m. – XIVe ; d'un mot ibér. prélatin « étoile » ▪ Chamois des Pyrénées.

> ❑ Dans les Pyrénées, *isard* a supplanté *chamois,* mot employé dans les Alpes.

isatis [izatis] n. m. – XVIIIe ; mot gr. « pastel » 1 ⇒ ① **pastel.** 2 Renard polaire à la fourrure grise en été, blanche en hiver. « *le renard bleu, connu zoologiquement sous le nom d'isatis* » (J. Verne).

isba [izba] n. f. – XVIIIe ; mot russe ▪ Petit maison en sapin, particulière aux paysans de la Russie du Nord.

> ❑ La graphie *izba* est sortie d'usage « *L'izba était déjà encombrée* » (Comtesse de Ségur).

isbn [iɛsbɛn] n. m. – 1977 ; mot angl., sigle de *International Standard Book Number* ▪ Numéro d'identification attestant l'enregistrement international d'une publication.

ischémie [iskemi] n. f. – XIXe ; gr. *iskhaimos* « qui arrête le sang » ▪ Anémie locale.

ischémique [iskemik] adj. et n. – XIXe ▪ Qui est provoqué par l'ischémie. *Gangrène ischémique.* ♦ Atteint d'ischémie.

ischiatique [iskjatik] adj. – XVIIIe ▪ Qui appartient, qui a rapport à l'ischion ou à l'articulation de la hanche. *Artère ischiatique.*

ischion [iskjɔ̃] n. m. – XVIe ; gr. *iskhion* ▪ Partie de l'os iliaque, en bas et en arrière du bassin.

isentropique adj. – 1903 ; *is(o)-* et *entropie* ▪ À entropie constante.

isiaque adj. – XVIIIe ▪ Relatif à la déesse Isis, et à son culte. *Mystères isiaques.*

islam [islam] n. m. – XVIIe ; mot ar. « soumission, résignation » 1 Religion prêchée par Mahomet et fondée sur le

Coran. ⇒ **islamisme.** 2 L'ensemble des peuples qui professent cette religion, et la civilisation qui les caractérise. *Histoire de l'Islam.*

islamique adj. – XIXe ▪ Qui appartient, qui a rapport à l'islam. ⇒ **musulman.** *Études islamiques* (⇒ **coranique**).

❑ Ne pas confondre *arabe* et *islamique* comme on faisait pour *indien* et *hindou.* → arabe (rem.).

islamisation n. f. – 1903 ▪ Action d'islamiser ; son résultat.

islamiser v. tr. [1] – XIXe ▪ Intégrer à l'islam, rendre conforme aux règles de l'islam. ➛ pronom. *Peuples qui s'islamisent.*

islamisme n. m. – XVIIe ▪ Religion musulmane. ⇒ **islam.** « *avez-vous aussi l'intention d'embrasser l'islamisme ?* » (Loti). ➛ Mouvement prônant l'expansion ou le respect de l'islam.

islamiste adj. et n. – XIXe ▪ Relatif à l'islamisme. ➛ Qui est partisan de l'islamisme.

islandais, aise adj. et n. – XVIe ▪ De l'Islande. ♦ n. Habitant de l'Islande. ➛ Pêcheur breton qui va pêcher sur les bancs de l'Islande. – n. m. La langue des Islandais. ⇒ **nordique, scandinave.**

ismaélisme n. m. – XIXe ▪ Mouvement des descendants d'Ismaël, issu de la communauté chiite.

ISO n. m. inv. – XXe ; acronyme angl., de *International Standardization Organization* « organisation internationale de standardisation » ▪ *Degré ISO :* unité de sensibilité des émulsions photographiques (⇒ aussi **ASA, DIN**).

is(o)- Élément, du grec *isos* « égal ».

isoagglutination n. f. – 1931 ▪ Phénomène d'agglutination des hématies d'un sujet par introduction de sang d'un individu de même espèce, mais de groupe sanguin différent.

isobare adj. et n. f. – XIXe ; *iso-* et gr. *baros* « pesanteur » 1 Qui s'effectue à pression constante. 2 D'égale pression atmosphérique. *Lignes, courbes isobares* ou n. f. *des isobares,* qui sur une carte relient des points de pression atmosphérique égale, à un instant et à une altitude donnés.

isobathe adj. et n. f. – 1904 ; *iso-* et gr. *bathos* « profondeur » ▪ D'égale profondeur. *Ligne, courbe isobathe* ou n. f. *une isobathe,* reliant sur une carte les points d'égale profondeur.

isocarde n. m. – XVIIIe ; *iso-* et *-carde* ▪ Mollusque *(lamellibranches)* à coquille en forme de cœur.

isocèle adj. – XVIe ; *iso-* et gr. *skelos* « jambe » ▪ Dont deux côtés non parallèles sont égaux. *Triangle isocèle*

isochore [izɔkɔʀ] adj. – 1948 ; *iso-* et gr. *khôra* « espace » ▪ À volume constant.

isochromatique [izɔkʀɔmatik] adj. – XIXe ▪ Dont la couleur est uniforme. ➛ Sensible à toutes les couleurs du spectre.

isochrone [izɔkʀɔn ; izokʀon] adj. – XVIIe ; *iso-* et *-chrone* ▪ Dont la durée est constante. *Oscillations isochrones du pendule.*

isochronisme [izɔkʀɔnism] n. m. – XVIIe ▪ Caractère de ce qui est isochrone.

isoclinal, ale, aux adj. – XIXe ; *iso-* et *(syn)clinal* ▪ Dont les flancs ont la même inclinaison. *Structure isoclinale,* formée de plis isoclinaux parallèles.

isocline adj. et n. f. – XIXe ; *iso-* et gr. *klinein* « pencher » ▪ À inclinaison constante. ➛ D'égale inclinaison magnétique. *Lignes isoclines* ou *des isoclines,* qui relient sur une carte les points de la Terre où l'inclinaison de l'aiguille aimantée est la même.

isodynamie n. f. – XIXe ; *iso-* et gr. *dunamis* « puissance » ▪ Équivalence énergétique d'aliments différents.

isodynamique adj. – XIXe ▪ Dont la force est équilibrée par une autre. ➛ *Courbe, ligne isodynamique,* reliant les points de la Terre où l'intensité horizontale magnétique terrestre prend la même valeur.

isoédrique adj. – XIXe ; *iso-* et *-èdre* ▪ sc. Dont les facettes sont semblables.

isoélectrique adj. – 1904 ▪ *Point isoélectrique,* désignant, sur une échelle de pH, la valeur à laquelle une substance a une charge nulle.

isoète n. m. – XIXe ; *iso-* et gr. *etos* « année » ▪ Petite plante lacustre *(isoétacées)* aux longues feuilles minces.

isogame adj. – 1904 ; *iso-* et *-game* ▪ Qui se reproduit par isogamie.

isogamie n. f. – 1904 ▪ Reproduction sexuée par union de deux gamètes semblables. ⇒ **homogamie.** *Isogamie chez les algues.* ♦ Union de deux individus de même statut social, classe ou caste (⇒ **homogamie**).
✪ CONTR. Anisogamie, hétérogamie.

isoglosse n. f. et adj. – XXe ; *iso-* et *-glosse* ▪ Ligne qui joint les lieux où se manifeste un même phénomène linguistique. ➛ adj. *Lieux isoglosses.*

isoglucose n. m. – XXe ▪ Isomère du glucose, produit à partir du maïs.

isogone adj. – XVIIe ; *iso-* et *-gone* ▪ À angles respectivement égaux. *Triangles isogones.* ⇒ **semblable.** ➛ *Courbes isogones,* de même déclinaison magnétique.

isogreffe n. f. – v. 1970 ▪ Greffe réalisée entre un donneur et un receveur appartenant à la même espèce (⇒ **homogreffe**) et possédant les mêmes antigènes d'histocompatibilité.

isohyète adj. – 1948 ; *iso-* et gr. *huetos* « pluie » ▪ *Courbe, ligne isohyète,* joignant les points du globe où les précipitations moyennes sont égales.

isohypse adj. – XIXe ; *iso-* et gr. *hupsos* « hauteur » ▪ En géographie, *Ligne isohypse :* courbe de niveau.

iso-ionique adj. – 1962 ▪ Qui a la même quantité d'ions.

isolable adj. – XIXe ▪ Qui peut être isolé, séparé. ⇒ **dissociable, séparable.**

isolant, ante adj. et n. m. – XVIIIe 1 Qui isole, empêche la propagation des vibrations. *Matériaux isolants.* n. m. *Un isolant phonique.* ♦ Qui ne conduit pas l'électricité ou la chaleur (opposé à *conducteur*). *Bouteille isolante.* 2 *Langues isolantes,* caractérisées par la juxtaposition d'éléments simples dont la valeur grammaticale dépend de la place ou de l'intonation (ex. le chinois).

isolat n. m. – 1947 1 Groupe ethnique isolé. ➛ Groupe d'êtres vivants isolé. 2 Matériel obtenu à partir d'organismes vivants, à des fins d'examen ou en vue d'une culture.

❑ Ce mot a peut-être été formé sur le modèle de *habitat.*

isolateur n. m. – XVIIIe ▪ Support en matière isolante, destiné à soutenir les conducteurs d'électricité. « *les câbles reposent sur des isolateurs de verre et de porcelaine* » (Le Clézio). ♦ Enceinte permettant l'expérimentation sans risque de contamination.

isolation n. f. – XVIIIe ▪ Action d'isoler un corps conducteur d'électricité. ♦ Action de protéger une pièce contre la chaleur, le froid, le bruit.

isolationnisme n. m. - 1931 ▪ Politique d'isolement.

isolationniste n. et adj. - 1938 ▪ Partisan de l'isolationnisme. ➜ adj. *Mesures isolationnistes.*

isolé, ée adj. et n. - XVIe ; it. *isolato* « séparé comme une île *(isola)* » 1 Séparé des choses de même nature. *Quelques applaudissements isolés* (⇒ **rare**). ♦ Qui est éloigné de toute habitation. ⇒ ② **écarté, perdu, reculé, retiré.** « *Une pauvre maison isolée, la seule que l'on rencontre dans un espace de huit lieues* » (Gaut.). ➜ À l'écart. « *Écoutez, reprit Léonard en l'attirant dans un endroit isolé* » (Sand). 2 Qui est séparé des autres hommes. ⇒ **seul, solitaire.** *Se sentir isolé.* ⇒ **esseulé.** *Un tireur isolé.* ➜ n. « *Couples et bandes et, plus rares, des isolés, passaient et repassaient* » (Queneau). 3 Détaché d'un contexte. *Phrase isolée de son contexte.* ♦ Dont on ne connaît pas d'autre exemple. ⇒ **particulier.** *Cas isolé.* ⇒ **unique.** 4 *Corps isolé,* qui n'est pas en contact avec un conducteur. ✪ CONTR. ① Joint ; fréquenté. Commun.

isolement n. m. - XVIIIe 1 État d'une chose isolée. *Cet empire « dont toutes les parties tendaient à l'isolement »* (Michelet). ➜ État d'un système conçu pour s'opposer au passage du courant, de la chaleur, du bruit ; mesure prise pour obtenir ce résultat. ⇒ **isolation.** 2 État, situation d'une personne isolée. ⇒ **solitude.** « *Le sentiment momentané de mon isolement* » (Lamart.). ➜ *Isolement des contagieux. Isolement de certains détenus.* 3 Absence d'engagement avec les autres nations. *Le « splendide isolement » de l'Angleterre au XIXe siècle.* ✪ CONTR. Association, groupement. Contact. Compagnie, société.

isolément adv. - XVIIIe ▪ D'une manière isolée. « *de braves gens, si on les considère isolément* » (Aragon). ⇒ **séparément.** ✪ CONTR. Collectivement, ① ensemble.

isoler v. tr. [1] - XVIIe 1 Séparer des objets environnants. ⇒ ① **détacher.** ♦ *Isoler un corps,* le mettre hors de contact avec tout corps conducteur d'électricité ➜ *Isoler une pièce,* l'insonoriser avec des matériaux isolants. ♦ sc. Extraire, séparer de ses combinaisons ou de son milieu. *Isoler un virus.* « *il s'agissait d'isoler le sulfure de fer et de le transformer en sulfate* » (J. Verne). 2 Éloigner de la société des autres hommes. *Isoler un contagieux.* « *Son ouïe rebelle l'isolait chaque jour davantage* » (Mart. du G.). 3 Considérer à part, hors d'un contexte. ⇒ **abstraire, distinguer, séparer.** « *C'est le droit de l'historien d'isoler un grand aspect des choses* » (Jaurès). 4 v. pron. Se séparer des autres hommes, se retirer de façon à être isolé. ⇒ se **retirer.** *S'isoler pour travailler.* ✪ CONTR. Associer, combiner, grouper, joindre, rassembler, unir.

isoleucine n. f. - 1906 ▪ L'un des vingt acides aminés constituants des protéines, isomère de la leucine.

isologue adj. - XIXe ; *iso-* et *(homo)logue* ▪ *Corps isologues :* corps organiques très voisins.

isoloir n. m. - XVIIIe ▪ Cabine où l'électeur s'isole pour préparer son bulletin de vote.

❑ Le mot a signifié « isolateur » : « *des poteaux, munis d'isoloirs en verre, et destinés à supporter le fil* » (J. Verne).

isomère adj. et n. m. - XIXe ; *iso-* et *-mère* ▪ Se dit de composés ayant la même formule brute et des propriétés différentes dues à un agencement différent des atomes dans la molécule.

isomérie n. f. - XVIIe ▪ Caractères des corps isomères.

isomérisation n. f. - 1905 ▪ Transformation d'un corps en un isomère.

isométrie n. f. - 1910 ; *iso-* et *-métrie* ▪ Transformation ponctuelle laissant invariantes les distances.

isométrique adj. - XIXe ▪ Dont les dimensions sont égales. *Cristaux isométriques.* ➜ *Perspective isométrique,* dans laquelle les arcs de comparaison sont égaux.

isomorphe adj. - XIXe ; *iso-* et *-morphe* 1 Qui affecte la même forme cristalline. 2 Lié par une relation d'isomorphisme. ✪ CONTR. Hétéromorphe.

isomorphisme n. m. - XIXe 1 Propriété que possèdent des corps de constitution chimique analogue d'avoir des formes cristallines voisines. 2 Morphisme dont l'application est bijective. ♦ Relation entre deux langues qui ont les mêmes structures ou entre deux systèmes sémantiques comparables.

isoniazide n. f. - v. 1950 ; de *(acide) isoni(cotinique)* et *(hydr)azide* ▪ Substance antibactérienne, utilisée dans le traitement de la tuberculose.

isooctane n. m. - déb. XXe ▪ Isomère de l'octane.

isopet → **ysopet**

isopode adj. et n. m. - XIXe ; *iso-* et *-pode* ▪ Dont les pattes sont toutes semblables.

isoprène n. m. - XIXe ; probablt *iso-* et *pr(opyl)ène* 1 Liquide volatil qui peut se polymériser en une substance analogue au caoutchouc. 2 Unité constitutive des stérols et de certains pigments.

isoptères n. m. pl. - XIXe ; *iso-* et *-ptère* ▪ Ordre d'insectes à ailes égales, comprenant les termites.

isorel n. m. - 1952 ; marque déposée ▪ Matériau fait de fibres de bois encollées et agglomérées. *Panneaux d'isorel.* « *les plaques d'isorel recouvrent les paroles, les conditionneurs d'air ronflent dans les murs* » (Le Clézio).

❑ Ce mot est probablement formé d'après *isoler.*

isosiste adj. et n. f. - 1902 ; *iso-* et *séisme* ▪ *Ligne isosiste* ou *une isosiste,* qui relie sur une carte les points où l'intensité d'un séisme est la même.

isospin [izospin] n. m. - XXe ; contract. de *spin isotopique* ▪ Grandeur quantique associée au fait que l'interaction entre deux nucléons est indépendante de la charge.

isostasie n. f. - 1900 ; *iso-* et gr. *stasis* « stabilité » ▪ Théorie de l'équilibre des différents segments de l'écorce terrestre.

isotherme adj. et n. f. - XIXe ; *iso-* et *-therme* 1 *Ligne isotherme,* ou *une isotherme :* ligne qui, sur une carte, relie tous les points du globe ayant même température moyenne. « *il faut remarquer que les lignes isothermes* [...] *ne suivent nullement les parallèles terrestres* » (J. Verne). 2 Qui se produit à température constante. ➜ Qui comporte une isolation thermique. *Sac isotherme.*

isotonie n. f. - v. 1900 ; *iso-* et gr. *tonos* « tension » ▪ État de liquides, de solutions qui ont même tension osmotique, même concentration moléculaire.

isotonique adj. - XIXe ▪ Caractérisé par l'isotonie. *Sérum isotonique :* sérum artificiel ayant la même concentration moléculaire que le sérum sanguin.

isotope n. m. - 1922 ; *iso-* et gr. *topos* « lieu, place » ▪ Chacun des éléments de même numéro atomique,mais de masse atomique différente.

isotopique adj. - 1954 ▪ Relatif aux isotopes.

isotron n. m. - 1953 ; *iso-* et *-tron* ▪ Accélérateur linéaire de particules qui sépare les isotopes grâce à la différence de leurs vitesses.

isotrope adj. - XIXe ; *iso-* et *-trope* ▪ Dont les propriétés ne dépendent pas de la direction. *Corps isotropes.* ✪ CONTR. Anisotrope.

israélien, ienne adj. et n. – 1948 ▪ De l'État d'Israël. ◆ n. *Les Israéliens.*

❑ Ne pas confondre *israélien* qui désigne une appartenance nationale et *israélite* qui concerne la religion.

israélite n. et adj. – XVe ▪ Descendant d'Israël ; personne qui appartient à la communauté, à la religion juive. ⇒ **hébreu, juif.** ◆ adj. *La communauté israélite.*

❑ Pour l'emploi → hébreu (rem.).

issant, ante adj. – XVIe ; a. fr. *issir* « sortir » ▪ Se dit de figures d'animaux qui ne présentent que la partie supérieure du corps, et paraissent sortir de la pièce ou du champ de l'écu. ⇒ **naissant.**

❑ Participe présent adjectivé de l'ancien verbe *issir*, terme de blason. → issu (rem.).

issart → **essart**

-issime Suffixe, du latin *-issimus*, servant à former des adjectifs à valeur superlative.

issu, ue p. p. – XIe ; lat. *exire* « sortir » ▪ Qui est né, sorti. *Il est issu d'une grande famille.* ◆ « *Un de mes parents. Un cousin issu de germains* » (Duham.).

❑ Participe passé de l'ancien verbe *issir*, aboutissement du latin *exire* et supplanté par *sortir* au XVIe siècle.

issue n. f. – XIIe **1** Ouverture, passage offrant la possibilité de sortir. ⇒ **dégagement,** ① **porte, sortie.** *Une issue de secours.* « *Toutes les issues de ma chambre étaient fortement closes* » (Maupass.). *Rue sans issue.* **2** Possibilité, moyen de sortir d'affaire et d'aller plus avant. ⇒ **échappatoire, solution.** « *le désespoir que cause une vie sans issue* » (Balz.). ♦ Manière dont sort d'une affaire, dont une chose arrive à son terme. ⇒ **aboutissement,** ① **fin, résultat.** *Issue fatale d'une maladie.* ♦ *À L'ISSUE DE :* à la fin de. « *Elle se vit, à l'issue du procès, brutalement expulsée* » (Henriot). **3** plur. Ce qui reste des moutures après séparation de la farine. ⇒ ③ **son.** ◆ Extrémités ou viscères des animaux formant, avec les abats, le « cinquième quartier ». ✪ CONTR. Accès, entrée ; commencement.

isthme [ism] n. m. – XVIe ; gr. *isthmos* « passage étroit » **1** Langue de terre resserrée entre deux mers ou deux golfes et réunissant deux terres. *L'isthme de Corinthe.* **2** Partie rétrécie (d'un organe). *Isthme du gosier.* ✪ CONTR. Détroit.

italianisant, ante n. et adj. – 1908 **1** Artiste qui s'inspire de l'art italien. *Gluck* « *était un italianisant* ». (R. Rolland). ◆ adj. *Peintre italianisant.* **2** Spécialiste de la langue, de la littérature, de la civilisation italiennes.

italianiser v. tr. [1] – XVIe ▪ Rendre italien ; marquer d'un caractère italien. « *Ce siècle de fanatisme et de corruption qu'italianisa Catherine de Médicis* » (Barbey).

italianisme n. m. – XVIe ▪ Manière de parler propre à l'italien et empruntée par une autre langue.

italien, ienne adj. et n. – XIIIe ▪ De l'Italie. ⇒ **transalpin.** *La « botte » italienne. Peinture, musique italienne. Cuisine italienne.* ♦ n. *Les Italiens.* ⇒ fam. et péj. **macaroni, rital.** ◆ n. m. *L'italien :* groupe de langues romanes parlées en Italie ; la langue issue du dialecte toscan.

italique adj. et n. – XVe **1** *Lettres italiques* (inventées en Italie par Alde Manuce) : lettres d'imprimerie légèrement inclinées vers la droite. ◆ n. m. *Mettre un mot en italique.* **2** Qui appartient, qui a rapport à l'Italie ancienne. *Les peuples italiques.* ♦ Les langues romanes parlées dans l'Italie ancienne.

-ite Suffixe d'origine grecque *(-itis)* servant à désigner les maladies de nature inflammatoire.

① **item** [itɛm] adv. – XIIIe ; mot lat. ▪ De même, en outre (dans un compte, un état).

② **item** [itɛm] n. m. – v. 1960 ; mot angl. « article, élément », du lat. *item* ▪ Élément minimal d'un ensemble organisé. ⇒ **unité.**

itératif, ive adj. – XVe **1** Qui est réitéré. *Itératif commandement.* **2** Fréquentatif. *Verbe itératif.* **3** Qui est répété plusieurs fois. ⇒ **répétitif.** *Boucle itérative dans un programme informatique.* **4** Qui procède par itération. *Calcul itératif.*

itération n. f. – XVe **1** Répétition. **2** Méthode de résolution d'une équation par approximations successives (⇒ **récurrence**). **3** Répétition involontaire et inutile d'un même acte moteur ou verbal.

itérer v. tr. [6] – XVe ; lat. *iterare* « recommencer » ▪ Exécuter plusieurs fois (une boucle de programme informatique).

❑ Ce verbe est sorti d'usage dès le XVIIe s. et a été remplacé par *réitérer.* Il a été repris en informatique par l'intermédiaire de l'anglais *to iterate.*

ithyphallique adj. – XVIe ; grec *ithuphallos* « pénis en érection » ▪ Qui présente un phallus en érection. *Statue ithyphallique.*

itinéraire n. m. et adj. – XVIIe ; lat. *iter, itineris* « chemin » **1** Chemin pour aller d'un lieu à un autre. ⇒ **circuit, parcours, route, trajet.** « *Nous allions par petites étapes, suivant un itinéraire capricieux* » (Duham.). *Itinéraire de délestage.* ◆ *Itinéraire professionnel.* **2** adj. Qui a rapport aux chemins, aux routes. *Mesures itinéraires,* indiquant les distances.

itinérant, ante adj. – XIXe ▪ Qui se déplace dans l'exercice de sa charge, de ses fonctions, sans avoir de résidence fixe. *Ambassadeur itinérant.* ◆ *Cirque itinérant.* ✪ CONTR. Sédentaire.

itou adv. – XVIIe ; probablt de l'a. fr. *atout* « avec » ▪ fam. et vieilli Aussi, de même, également. « *Brrr, fit le duc. Et son page itou* » (Queneau). *Et moi itou.*

iule n. m. – XVIIe ; gr. *ioulos* « objet velu » **1** Chaton de certaines fleurs. **2** Myriapode noir et luisant, qui s'enroule en spirale quand on le touche.

-ium Élément, entrant dans la formation de certains noms de métaux.

I. U. T. [iyte] n. m. – 1966 ; sigle de ***I****nstitut* ***u****niversitaire de* ***t****echnologie* ▪ Établissement d'enseignement supérieur dispensant une formation intermédiaire entre celles de technicien et d'ingénieur.

ive n. f. – XVe ; de *if* ▪ Germandrée à fleurs jaunes, dite aussi *petit if,* qui exhale une odeur aromatique résineuse.

I. V. G. [iveʒe] n. f. – 1975 ; sigle ▪ Interruption volontaire de grossesse.

ivoire n. m. – XIIe ; lat. *ebur* **1** Matière fine, résistante, d'un blanc laiteux, qui constitue les défenses de l'éléphant. ⇒ ① **morfil.** *Peigne d'ivoire.* ◆ Objet d'art en ivoire. **2** Matière des dents et défenses de certains autres animaux (rhinocéros, morse, etc.). ⇒ **rohart.** ◆ Partie dure des dents, revêtue d'émail à la couronne et de cément à la racine. ⇒ **dentine.** « *je voyais briller l'ivoire de leurs dents* » (Le Clézio). **3** *Ivoire végétal.* ⇒ **corozo.** **4** adj. inv. D'une couleur analogue à celle de l'ivoire. *Des dentelles ivoire.*

ivoirerie n. f. – XVIIe ▪ Art de l'ivoirier ; objets en ivoire sculpté.

ivoirier n. m. – XIVe ▪ Artiste, artisan qui sculpte l'ivoire.

ivoirin, ine adj. – XVIe ▪ littér. Qui a l'éclat, l'apparence de l'ivoire. ⇒ **éburnéen.** « *Une gorge ronde, jolie, ivoirine* » (Gaut.).

ivraie n. f. – XIIIe ; lat. *ebrius* « ivre » ▪ Plante monocotylédone, herbacée *(graminées)*, particulièrement nuisible aux céréales. ⇒ **ray-grass.** ➛ (allus. bibl.) *Séparer le bon grain de l'ivraie*, les bons des méchants, le bien du mal.

❑ De même famille étym. que *ivre*, l'ivraie était réputée pour provoquer une sorte d'ivresse.

ivre adj. – XIe ; lat. *ebrius* **1** Qui n'est pas dans son état normal, pour avoir trop bu d'alcool. ⇒ **enivré, soûl ;** fam. **bourré, cuit, noir, paf, pété, plein, rond,** ① **schlass.** *Il « tomba, la tête sur la table, non pas gris, mais ivre mort »* (Balz.). ♦ Étourdi, grisé. *Ivre de fatigue.* **2** Qui est transporté hors de soi. *Ivre de bonheur. Ismaïl « ivre de surcroît d'un amour sans espoir »* (Tournier). ✪ CONTR. Lucide, sobre.

❑ Au sens propre *ivre* est d'emploi soutenu, sauf dans *ivre mort*.

ivresse n. f. – XIIe **1** État d'une personne ivre (intoxication produite par l'alcool et causant des perturbations dans l'adaptation nerveuse et la coordination motrice). ⇒ **ébriété, enivrement ;** fam. **biture, cuite, soûlerie.** *Conduite en état d'ivresse.* ♦ *L'ivresse du combat.* ⇒ **enthousiasme, exaltation, excitation, griserie, transport.** ♦ *Ivresse des profondeurs* : accident de plongée causant une sensation d'ébriété. **2** État d'une personne transportée, vivement émue. *L'ivresse du pouvoir. Dans l'ivresse de la victoire.* ♦ État d'euphorie, de ravissement, d'exaltation. ⇒ **enivrement, extase.** *« Il y avait de l'ivresse dans l'air : l'ivresse du froid, de la course sur la glace, puis du sang »* (Simenon). *Moments d'ivresse.* ✪ CONTR. Froideur, lucidité, sobriété.

❑ Ce mot vient de *ivre*, lui-même issu du latin *ebrius* d'où *ébriété*. ♦ *Ivresse* a pris des sens figurés qui n'existent pas pour *ébriété* (seulement la boisson).

ivrogne adj. et n. – XIIe ▪ Qui a l'habitude de s'enivrer, d'être ivre. ⇒ **alcoolique.** ♦ n. *« J'écris dans les cafés au risque de passer pour un ivrogne »* (Bernanos). ⇒ **buveur ;** fam. **pochard, poivrot, soûlard, soûlaud.** ➛ loc. *Serment d'ivrogne*, qui ne sera pas tenu. ✪ CONTR. Abstinent, tempérant, sobre.

ivrognerie n. f. – XIVe ▪ Habitude de s'enivrer ; comportement de l'ivrogne. ⇒ **alcoolisme, dipsomanie, intempérance ;** fam. **soûlographie.** *Elle « s'est fait chasser de partout pour son ivrognerie »* (France). ✪ CONTR. Sobriété, tempérance.

ivrognesse n. f. – XVIe ▪ pop. Femme ivrogne.

ixette n. f. – 1995 ; de *l'X* « l'École polytechnique » ▪ Fam. Polytechnicienne. ⇒ ② **x.**

❑ Le *x* [iks] est transcrit comme nom de lettre orale ; même problème que *énième, ixième.* → nième (rem.).

ixia n. f. – XVIIIe ; mot lat. ▪ Plante monocotylédone *(iridacées)* à fleurs très décoratives.

***ixième** adj. numér. – 1950 ; de *x* ▪ Qui désigne un nombre d'ordre indéterminé et élevé. ⇒ **nième.** *Je te le répète pour la ixième fois.*

❑ Même cas de transcription de l'oral que pour *énième*. → nième (rem.).

ixode n. m. – XVIIIe ; gr. *ixôdês* « gluant » ▪ Tique.

izba → **isba**

J ① **j** [ʒi] **n. m. inv.** ▪ Dixième lettre et septième consonne de l'alphabet : *j majuscule* (J), *j minuscule* (j). ➜ Lettre qui note la fricative sonore palatale [ʒ] *(jardin, ajout)* et parfois [dʒ] *(jazz, jean)* ou [j] *(fjord)* dans des emprunts.

② **j** abrév. et symboles **1** J [ʒul]. Joule. **2** j [ʒuʀ]. Jour. *Deux comprimés / j,* par jour. ➜ J [ʒi]. Jour. *Le jour* J.*

③ **J** [ʒi] **n. inv.** – 1940 ; abrév. de *jeune* ▪ J_1, J_2, J_3 : catégories de la population française de 3 à 21 ans correspondant à une carte de rationnement pendant la Seconde Guerre mondiale.

jabiru **n. m.** – XVIIIe ; mot guarani ▪ Échassier des régions chaudes *(ciconiiformes),* à gros bec, voisin de la cigogne. « *C'était un "jabiru", la grue géante des colons anglais* » (J. Verne).

jable **n. m.** – XIVe ; lat. *gabulum* « gibet » ▪ Rainure pratiquée aux extrémités des douves d'un tonneau pour fixer les fonds. ➜ Partie de la douve en saillie sur le fond du tonneau.

jabler **v. tr.** [1] – XVIe ▪ Faire le jable de.

jabloir **n. m.** ou **jabloire** **n. f.** – XVIIe ▪ Rabot de tonnelier pour jabler.

jaborandi **n. m.** – XVIIIe ; mot guarani ▪ Arbre *(rutacées)* du Brésil et du Paraguay, dont les feuilles contiennent des alcaloïdes. ⇒ **pilocarpine.**

jabot **n. m.** – XVIe ; prélatin °*gaba* « gorge d'oiseau » **1** Poche de l'œsophage des oiseaux qui précède le gésier. **2** Ornement attaché à la base du col d'une chemise, d'une blouse, et qui s'étale sur la poitrine. *Chemise à jabot.*

jaboter **v. intr.** [1] – XVIIe **1** rare Pousser des cris en secouant le jabot (oiseaux). **2** fam. et vieilli Bavarder à plusieurs. ⇒ **cancaner, caqueter.** « *je me demandais de quoi ils pouvaient jaboter si longtemps* » (Maupass.).

jacaranda **n. m.** – XVIIe ; mot guarani ▪ Arbre originaire d'Amérique *(bignoniacées),* dont une espèce fournit un bois recherché en ébénisterie. « *les massifs d'acanthes et de jacarandas* » (Tournier).

jacassement **n. m.** – XIXe **1** Cri de la pie. **2** Bavardage incessant et bruyant.

jacasser **v. intr.** [1] – XIXe ; probablt de *jaqueter* « crier, en parlant de la pie *(jaquette)* », avec infl. de *agacer* **1** Pousser son cri (en parlant de la pie). **2** Parler à voix haute, de choses futiles. ⇒ **bavarder, caqueter.** *Un enfant* « *qui babille, qui jacasse, qui jabote, qui rit* » (Hugo).

jacasseur, euse **adj.** et **n.** – XIXe ▪ Qui jacasse, aime à jacasser. ⇒ **bavard.** *Les indigènes du village* « *furieusement jacasseurs* » (Céline).

jacée **n. f.** – XIIIe ; lat. *jacea* « menthe » ▪ Centaurée à fleurs mauves, appelée aussi *tête-de-moineau.*

jachère **n. f.** – XIIIe ; gaul. °*gansko* « branche, charrue » ▪ État d'une terre labourable qu'on laisse temporairement reposer en ne lui faisant pas porter de récolte. *Champ en jachère.* ♦ Terre en cet état. ⇒ **guéret.** « *on finissait le labour des jachères* » (Zola). ✪ CONTR. ① Culture.

jacinthe **n. f.** – XIIe ; gr. *huakinthos* ▪ Plante bulbeuse *(liliacées),* à hampe florale portant une grappe simple de fleurs colorées et parfumées. « *Je la regardais tous les jours, ma jacinthe. Elle était rose. J'aurais préféré une bleue* » (Beckett). ➜ *Jacinthe des bois.* ⇒ **clochette, endymion.**

❑ Le mythe grec fait naître cette fleur du sang de *Hyacinthe,* jeune Laconien aimé d'Apollon qui le tua involontairement.

jack [(d)ʒak] **n. m.** – XIXe ; mot angl. ▪ Commutateur de standard téléphonique manuel. ➜ Fiche mâle, à deux conducteurs coaxiaux. ✪ HOM. Jacques, jaque.

jackpot [(d)ʒakpɔt] **n. m.** – v. 1970 ; mot angl., de *jack* « valet » et *pot* « ensemble de mises » ▪ Combinaison de figures qui permet de gagner la monnaie accumulée dans certaines machines à sous. ➜ La machine. ♦ Gros profit rapide. ⇒ **pactole.** loc. *Gagner le jackpot.*

jacobée **n. f.** – XVIIe ; lat. *Jacobus* « Jacques » ▪ Séneçon, appelé aussi *herbe de Saint-Jacques.*

jacobin, ine **n.** – XIIIe ; lat. *Jacobus* « Jacques » **1** vx Dominicain. **2** **n. m.** Membre d'une société politique révolutionnaire établie à Paris dans un ancien couvent de Jacobins. *Le club des Jacobins.* ♦ **n.** Républicain intransigeant. « *un jacobin, un buveur de sang* » (France). ➜ **adj.** *Idées jacobines.*

jacobinisme **n. m.** – XVIIIe ▪ Doctrine politique des Jacobins. ♦ Esprit jacobin.

jacot → **jacquot**

jacquard **n. m.** et **adj. inv.** – XIXe ; n. pr. **1** Métier à tisser dont Jacquard réalisa la mécanique vers 1780. **2** **adj inv.** *Un tricot jacquard,* ou **n. m.** *un jacquard* : tricot qui présente des bandes de motifs géométriques ou de dessins variés et multicolores. ➜ Ces motifs.

jacquemart → **jaquemart**

jacquerie **n. f.** – XIVe ; de *Jacques* **1** Soulèvement des paysans français contre les seigneurs en 1358. **2** Révolte paysanne. « *les émeutes serviles, les jacqueries, les guerres des gueux* » (Camus).

jacques **n. m.** – XIVe ; n. pr. **1** Surnom du paysan français. ♦ fam. *Faire le Jacques* : faire l'idiot, se conduire stupidement. **2** iron. *Maître Jacques* : factotum. ✪ HOM. Jack, jaque.

jacquet **n. m.** – XIXe ; p.-ê. de *ja(c)quet* « valet, bouffon » ▪ Jeu de table proche du trictrac.

jacquier → **jaquier**

jacquot, jacot ou **jaco** **n. m.** – XVIIIe ; de *Jacques* ▪ Perroquet gris.

① **jactance** **n. f.** – XIIe ; lat. *jactantia* « vantardise » ▪ littér. Attitude d'une personne qui manifeste avec arrogance ou emphase la haute opinion qu'elle a d'elle-même.

⇒ **vanité.** « *sa prestance s'est courbée, sa jactance s'est dégonflée* » (Tournier). ✪ CONTR. Modestie.

② **jactance** n. f. – XIXe ; de *jacter* ▪ fam., vieilli Bavardage.

❑ Le sens étant proche de celui de ① *jactance,* quelques puristes ont condamné ce mot qu'ils jugent être un contre-sens.

jacter v. intr. [1] – XIXe ; déform. de *jaqueter* → jacasser ▪ fam. Parler, bavarder. ⇒ **jacasser.** *Il « parut ravi d'avoir jacté avec autant de distinction »* (Queneau).

❑ Rare aux formes terminées par un *e* muet *(il jacte)* → becter (rem.).

jaculatoire adj. – XVIe ; lat. *jaculari* « lancer » ▪ *Oraison jaculatoire :* prière courte et fervente.

jacuzzi [ʒakyzi] n. m. – v. 1984 ; nom déposé amér. ; n. pr. ▪ Bassin ou baignoire équipé(e) d'un dispositif qui provoque des remous dans l'eau.

jade n. m. – XVIIe ; esp. *(piedra de la) ijada* « (pierre des) flancs » **1** Roche métamorphique très dure, dont la couleur varie du blanc olivâtre au vert sombre. ➝ Pierre fine de cette roche. ⇒ **jadéite.** *Statuette de jade.* **2** Objet en jade.

jadéite n. f. – XIXe ▪ Silicate d'aluminium et de sodium, variété de jade plus aisément fusible.

jadis [ʒadis] adv. – XIIe ; contract. de *ja a dis* « il y a déjà des jours » ; lat. *jam* « déjà » et *dies* « jour » ▪ Dans le temps passé, il y a longtemps. ⇒ **autrefois.** « *Le* Piquet *de jadis avait pourtant ses vertus* » (Valéry). ⇒ **antan** (d').

❑ Ne pas confondre avec *naguère* « il y a peu de temps ».

jaguar [ʒagwaʀ] n. m. – XVIIIe ; tupi *jaguara* ▪ Grand mammifère carnivore de l'Amérique du Sud, voisin de la panthère et du léopard, à pelage fauve moucheté de taches noires ou ocellées.

❑ Pour la prononciation de *gua* → ① g (rem.).

jaillir v. intr. [2] – XIIe ; probablt rad. gaul. °*gali-* « bouillir » **1** Sortir en un jet subit et puissant. ⇒ **sourdre.** *Pétrole jaillissant d'un puits de forage.* « *le sang jaillit à gros bouillons de deux plaques rouges* » (Gaut.). ⇒ **gicler.** ➝ *Faire jaillir des étincelles.* « *des cris aigus qui semblaient jaillir d'un gosier humain* » (Gaut.). **2** Sortir soudainement. ⇒ **surgir.** « *Comme il longeait la lisière du bosquet, une troupe de coureurs en jaillit* » (Giono). ⇒ s'**élancer. 3** Se manifester soudainement. « *le sentiment qui jaillit le plus volontiers de mon cœur, c'est celui de la reconnaissance* » (Gide).

jaillissant, ante adj. – XVIIe ▪ Qui jaillit. *Source jaillissante.*

jaillissement n. m. – XVIIe ▪ Action de jaillir, mouvement de ce qui jaillit. *Jaillissements d'eau, de vapeur.* ⇒ ① **jet.** ♦ Manifestation subite. « *de perpétuels jaillissements de talent* » (Ste-Beuve).

jaïn ou **jaïna** adj. et n. – XIXe ; mot hindou, de *jina* « conquérant » ▪ Qui professe le jaïnisme, appartient au jaïnisme.

❑ *Jina* est le nom du fondateur du jaïnisme.

jaïnisme n. m. – XIXe ▪ Religion hindoue, qui se propose de délivrer l'âme de la transmigration.

jais n. m. – XIIe ; gr. *gagates* « pierre de *Gagas* », ville d'Asie Mineure ▪ Lignite fibreuse et dure, d'un noir luisant. *Collier de jais.* ♦ *Noir comme (du) jais.* ➝ « *des chevelures du plus sombre jais* » (Tournier). ✪ HOM. Geai, ① jet.

jalap [ʒalap] n. m. – XVIIe ; esp. *Jalapa,* nom d'une ville mexicaine ▪ Plante d'Amérique *(convolvulacées)* dont le tubercule renferme une gomme résineuse utilisée comme purgatif ; cette résine.

jale n. f. – XIIe ; var. de *gale, galon* → gallon ▪ région. Grande jatte ou baquet.

jalon n. m. – XVIIe ; p.-ê. de *jaillir* **1** Tige de bois ou de métal qu'on plante en terre pour prendre un alignement, déterminer une direction. ➝ *Jalon-mire,* surmonté d'une mire. *Des jalons-mires.* **2** Ce qui sert à situer, à diriger. ⇒ **marque, repère.** « *mille détails qui sont mille jalons pour qui sait les reconnaître* » (J. Verne).

jalonnement n. m. – XIXe ▪ Action de jalonner.

jalonner v. tr. [1] – XVIIe **1** Déterminer, marquer la direction, l'alignement, les limites de (qqch.) au moyen de jalons, de repères. *Jalonner une piste de balises.* **2** Marquer en se suivant. *Des tonneaux, des caisses « jalonnaient la longue cour de l'usine »* (Maurois). ♦ *Les succès jalonnent sa carrière.*

jalonneur n. m. – XIXe **1** Ouvrier qui pose des jalons. **2** Soldat placé comme jalon.

jalousement adv. – XIIIe ▪ Avec jalousie. ♦ Avec un soin jaloux. « *conserver jalousement quelques heures de solitude chaque jour* » (Duham.).

jalouser v. tr. [1] – XIIe ▪ Être jaloux (2°) de, considérer avec jalousie. ⇒ **envier.** *Jalouser qqn, la réussite de qqn.*

jalousie n. f. – XIIe **I** - **1** Sentiment hostile qu'on éprouve en voyant un autre jouir d'un avantage qu'on ne possède pas ou qu'on désirerait posséder exclusivement ; inquiétude qu'inspire la crainte de partager cet avantage ou de le perdre au profit d'autrui. ⇒ **dépit, envie, ombrage.** *Jalousie entre frères et sœurs. Éprouver de la jalousie, crever de jalousie. Exciter la jalousie.* « *affronter la critique, la jalousie, la concurrence, la raillerie et le dédain* » (Valéry). **2** Sentiment douloureux que font naître les exigences d'un amour inquiet, le désir de possession exclusive de la personne aimée, la crainte, le soupçon ou la certitude de son infidélité. *Il est d'une jalousie maladive.* « *La jalousie se nourrit dans les doutes* » (La Rochef.). *Crise, scène de jalousie.* **II** Volet mobile composé de lames verticales ou horizontales, orientables. ⇒ **contrevent, persienne, store.** « *Les jalousies étaient baissées* » (Vian). ✪ CONTR. Indifférence.

jaloux, ouse adj. et n. – XIIe ; gr. *zêlos* « jalousie » **1** vieilli ou littér. JALOUX DE : particulièrement attaché à. *Être jaloux de sa réputation, de ses prérogatives, de son indépendance.* ♦ *Avec un soin jaloux :* avec une vigilance particulière, ombrageuse. **2** Qui éprouve de la jalousie à l'idée qu'un autre jouit ou pourrait jouir d'un avantage que lui-même ne possède pas ou qu'il désire posséder exclusivement. ⇒ **envieux, ombrageux.** *Être jaloux de qqn, du succès de qqn.* « *jaloux de toute renommée* » (Chateaub.). ♦ n. *Son succès va faire des jaloux.* **3** Qui éprouve de la jalousie en amour. *Mari jaloux.* loc. *Jaloux comme un tigre :* extrêmement jaloux. « *malheur à la femme qui s'avisera d'être jalouse de son mari !* » (Sade). ➝ *Amour jaloux.* ➝ n. *Un jaloux, une jalouse.* ✪ CONTR. Débonnaire, indifférent.

jamais adv. de temps – XIe ; lat. *jam* « déjà » et *mais,* lat. *magis* « plus » **I** En un temps quelconque, un jour. *A-t-on jamais vu cela ?* ⇒ **déjà.** « *Le plus grand scélérat qui jamais ait été* » (Mol.). *Aujourd'hui, plus que jamais. La plus belle chose que j'aie jamais vue. Si jamais :* au cas où. ♦ *À (TOUT) JAMAIS ; POUR JAMAIS :* dans tout le temps à venir, pour toujours. ⇒ **éternellement.** *Partir à tout jamais. Perdu pour jamais.* **II** - **1** *NE... JAMAIS, JAMAIS... NE :* en nul temps, à aucun moment. *Il ne l'a plus jamais vue. On ne sait jamais ce qui peut arriver ! Jamais, au grand jamais, je n'accepterai.* ♦ *Ne... jamais que... :* en aucun temps... autre chose que... *Il n'a jamais fait que s'amuser.* ➝ Après tout, somme toute. *Ça ne fait jamais que cent francs de plus.* ♦ *Je ne l'ai jamais plus revu.* ♦ *SANS (...) JAMAIS. Poursuivre* *un idéal sans jamais l'atteindre.* 2 À aucun moment. ⇒ ② **pas.** *Jamais plus. Plus jamais ça ! Jamais de la vie !* certainement pas. « *Donnez-lui vos mille francs.* [...] – *Mes mille francs, jamais ! J'aime mieux crever* » (Zola). « *Il faut chercher l'approbation, jamais les applaudissements* » (Montesq.). *C'est maintenant ou jamais.* ♦ *Ses spectacles donnent « une impression de jamais vu »* (Artaud). ✪ CONTR. Constamment, toujours. Encore.

❑ On retrouve le *ja* de *jamais* dans *déjà* et *jadis,* et le *mais* dans *désormais.*

jambage n. m. – XIVe 1 Chacun des deux montants verticaux d'une baie de cheminée, de fenêtre, de porte (⇒ **piédroit).** ➛ Pilier, renfort vertical de pierre ou de maçonnerie. 2 Chacun des éléments verticaux des lettres *m, n* et *u. Les trois jambages du* m. « *Vous n'en finissez pas avec vos jambages ! vos déliés !* » (Céline). ➛ Trait vertical (du *p,* du *q*) situé au-dessous de la ligne. *Hampes et jambages.*

jambe n. f. – XIe ; gr. *kampê* **I - 1** Partie de chacun des membres inférieurs de l'homme, qui s'étend du genou au pied. *L'articulation du genou réunit la cuisse à la jambe.* ➛ Cette partie, ou le membre inférieur tout entier. ⇒ fam. **canne,** ① **flûte, fumeron, gambette, gigot, guibolle,** ① **patte, pince,** ① **quille.** *Avoir des jambes longues, courtes. Avoir de grosses jambes.* ⇒ fam. **pilier, poteau.** *Jambes arquées.* ➛ *Croiser les jambes. Jambes écartées.* ➛ *Avoir de bonnes, de mauvaises jambes :* marcher, courir facilement ou non. *Jambe cassée. Tirer, traîner la jambe.* ➛ *Se dégourdir les jambes.* fam. *Avoir les jambes en coton :* se sentir très faible. *Ne plus pouvoir se tenir sur ses jambes.* « *j'allais m'évanouir, mes jambes ne me portaient plus* » (Radiguet). ➛ *Jeu de jambes d'un sportif :* aptitude à mouvoir et disposer les jambes. ♦ loc. *Courir, s'enfuir* À TOUTES JAMBES, le plus vite possible. ➛ fam. *En avoir plein les jambes :* être fatigué. ➛ *Avoir des jambes de vingt ans :* être alerte. *La peur lui coupe les jambes,* le paralyse. *Avoir les jambes sciées.* ➛ *Être dans les jambes de qqn,* trop près de lui, sur son chemin. *Tirer dans les jambes de qqn,* lui nuire, le desservir de façon déloyale. ➛ fam. *Tenir la jambe à qqn,* le retenir, l'importuner par des bavardages. *Traiter qqn, faire qqch. par-dessous, par-dessus la jambe,* sans égard, de façon désinvolte. ➛ *Cela me fait une belle jambe :* c'est un avantage qui ne me sert à rien, que je n'apprécie pas. ➛ fam. *Partie de jambes en l'air :* ébats sexuels. ♦ *RONDS DE JAMBE :* mouvement d'une jambe qui décrit un demi-cercle. ➛ *Faire des ronds de jambe,* des politesses exagérées. 2 *Jambe de bois :* pièce en bois adaptée au moignon d'un amputé. ⇒ **pilon.** *Jambe artificielle, articulée,* appareil de prothèse. 3 Patte des animaux. « *Le lynx est moins gros que le loup et plus bas sur ses jambes* » (Buff.). ➛ Partie des membres postérieurs du cheval, entre le fémur et l'astragale, qui correspond à l'avant-bras des membres antérieurs. ⇒ **gigot.** 4 *Jambe d'un pantalon :* chacune des deux parties qui couvrent les jambes. *Des pantalons « dont les jambes étaient très courtes et le fond immense »* (Mac Orlan). 5 *Les jambes d'un compas,* ses branches. **II - 1** *Jambe de force :* sorte d'arbalétrier supportant une fermette. 2 Chaîne verticale apparente placée dans un mur afin de le consolider. *Jambe boutisse.* ♦ Tige reliant l'essieu au cadre du châssis.

jambette n. f. – XIIIe ▪ Petite pièce de bois verticale soulageant une pièce oblique de la charpente. ♦ au plur. Montants, bouts d'allonges qui dépassent le platbord d'un bâtiment, et sur lesquels on tourne des manœuvres.

jambier, ière adj. et n. m. – XVIe ▪ Relatif à la jambe. *Muscles jambiers.* n. m. *Le jambier antérieur, postérieur.*

jambière n. f. – XIIIe 1 Pièce de l'armure recouvrant la jambe et parfois le genou. 2 Pièce du vêtement, de l'équipement, qui enveloppe et protège la jambe. ⇒ **guêtre, houseau, leggins.** *Jambières renforcées des joueurs de hockey.*

jambon n. m. – XIIIe 1 Charcuterie élaborée par salaison ou cuisson de la cuisse ou de l'épaule de porc. *Jambon cru ; jambon de pays. Jambon blanc, braisé. Des « jambons fumés, dorés et gras »* (Huysm.). *Une tranche de jambon.* 2 fam. Cuisse bien en chair.

jambonneau n. m. – XVIIe 1 Petit jambon fait avec la partie de la jambe du porc située au-dessous du genou. « *de fondants jambonneaux de cochon cuits en pot-au-feu* » (Colette). 2 Coquillage du genre *pinne**.

jambonnette n. f. – mil. XXe ▪ Préparation à base de viande façonnée en forme de petit jambon. *Jambonnette de volaille.*

jamboree [ʒɑ̃bɔʀe ; ʒambɔʀi] n. m. – 1910 ; mot angl., du hindi ▪ Réunion internationale de scouts.

jambose ou **jamerose** n. f. – XVIIe ; port. *jambo* ▪ Fruit du jambosier, appelé aussi *pomme de rose.*

jambosier ou **jamerosier** n. m. – XVIIIe ; malais *jambu* ▪ Arbre exotique *(myrtacées),* à grandes fleurs et à grosses baies rouges.

jam-session [dʒamsesjɔ̃] n. f. – v. 1935 ; mot angl., de *jam* « foule » et *session* « réunion » ▪ Réunion de musiciens de jazz qui improvisent. ⇒ **bœuf.** *Faire des jam-sessions.*

jan n. m. – XVIe ; probablt de *Jean,* prénom ▪ Au trictrac, Coup donnant ou ôtant des points ; chacun des deux compartiments attribués à un joueur. *Petit, grand jan.* ✪ HOM. ① Gens, gent.

jangada n. f. – XIXe ; mot port. ▪ Radeau de bois très léger portant une cabane d'habitation, utilisé par les pêcheurs brésiliens.

janissaire n. m. – XVe ; turc *yeni* « nouvelle » et *çeri* « troupe » ▪ Soldat d'élite de l'infanterie ottomane.

jansénisme n. m. – XVIIe ▪ Doctrine de Jansenius sur la grâce et la prédestination ; mouvement religieux et intellectuel animé par les partisans de cette doctrine. *Port-Royal, berceau du jansénisme.* ♦ Morale austère, rigoriste.

janséniste n. et adj. – XVIIe 1 Partisan du jansénisme. *Les luttes entre jésuites et jansénistes.* ➛ adj. *Esprit janséniste.* 2 Personne qui fait preuve d'une rigueur excessive dans ses idées. « *ces jansénistes de la peinture et de la poésie* » (Valéry). ➛ adj. *Éducation janséniste,* austère. ⇒ **puritain, rigide, sévère.** 3 *Reliure janséniste :* type de reliure classique sobre, sans ornement.

jante n. f. – XIIe ; gaul. *°cambo* « courbe » ▪ Cercle de bois ou de métal qui forme la périphérie d'une roue. *Pneu monté sur jante métallique.*

janvier n. m. – XIIe ; lat. *Janus,* dieu à qui ce mois était dédié ▪ Premier mois de l'année. *Janvier a 31 jours.* « *Il suait à grosses gouttes quoique ce fût au mois de janvier* » (Guez de Balz.). *Le 1er janvier, jour de l'an.*

japon n. m. – XVIIIe 1 Porcelaine du Japon. 2 Papier de couleur ivoire, originairement fabriqué au Japon. *Édition de luxe sur japon impérial. Las « des japons nacrés et dorés »* (Huysm.).

japonais, aise adj. et n. – XVIe ▪ Du Japon. ⇒ **nippon.** *Moto japonaise.* ♦ n. *Un Japonais.* abrév. fam. JAP. ➛ n. m. Langue parlée au Japon.

japonaiserie n. f. – XIXe ▪ Objet d'art, bibelot de style japonais.

japonisant, ante n. et adj. – 1922 1 Spécialiste de la langue, de l'histoire ou de la civilisation japonaise.

2 adj. Qui est inspiré, influencé par l'art japonais traditionnel. « *un papier bleu pâle à décors japonisants* » (Perec).

japoniser v. tr. 1 – XIXe ▪ Rendre japonais, marquer d'un caractère japonais.

jappement n. m. – XVIe ▪ Action de japper ; cri d'un animal quand il jappe.

japper v. intr. 1 – XIIe ; onomat. ▪ Pousser des aboiements aigus et clairs. ⇒ **aboyer, glapir.** *Ce roquet* « *ne jappait d'ailleurs que pour réclamer sa pitance* » (Maupass.). ♦ Pousser son cri, en parlant du chacal.

① **jaque** n. m. ou f. – XIVe ; probablt de *Jacques,* anc. sobriquet du paysan français ▪ Justaucorps à manches que portaient les hommes au Moyen Âge. ✪ HOM. Jacques, jack.

② **jaque** n. m. – XVIe ; tamoul *tsjaka* ▪ rare Fruit du jaquier.

jaquelin n. m., **jacqueline** n. f. – XVIIe ; ustensile attribué à *Jacqueline de Bavière* ▪ Cruche de grès à large panse, en usage dans les Flandres. ⇒ **dame-jeanne.**

jaquemart ou **jacquemart** n. m. – XVIe ; de *Jacques* ▪ Figure de métal ou de bois représentant un homme d'armes muni d'un marteau avec lequel il frappe les heures sur le timbre ou la cloche d'une horloge monumentale.

jaquette n. f. – XIVe ; de ① *jaque* **I** Vêtement masculin de cérémonie à pans ouverts descendant jusqu'aux genoux. ⇒ **habit.** « *sa jaquette d'alpaga dont les basques flottaient derrière lui* » (Mart. du G.). ➤ loc. arg. *Être de la jaquette (flottante) :* être homosexuel. **II - 1** Couverture amovible en papier protégeant la couverture d'un livre relié ou broché. **2** Couronne en céramique employée en prothèse dentaire esthétique.

> ❑ *Jaquette,* aux sens de « couverture » et « couronne dentaire » est un emprunt à l'anglais *jacket.*

jaquier ou **jacquier** n. m. – XVIIe ; de ② *jaque* ▪ Arbre laticifère *(urticacées)* des régions tropicales, très voisin de l'arbre à pain.

jard ou **jar** n. m. – XVIIe ; gallo-roman °*carra* « pierre » ▪ région. Sable caillouteux d'origine fluviale. « *Le jard, nom du gros sable que charrie la Loire* » (Balz.). ✪ HOM. Jarre, jars.

jardin n. m. – XIIe ; germ. °*gardo* « clôture » **1** Terrain où l'on cultive des végétaux. *Jardin fruitier, potager.* ⇒ ② **clos,** ① **fruitier, pépinière, potager, verger ; ouche.** *Jardin ornemental, d'agrément. Jardin de curé :* petit jardin clos de murs. *Jardin paysager. Jardin fleuri. Les roses du jardin. Fraises, cresson de jardin.* ➤ *Allées, massifs, parterres, planches, platebandes d'un jardin.* ➤ *Entretenir, soigner, arroser son jardin.* ➤ *Outils de jardin. Meubles de jardin. Pavillon de jardin.* ⇒ **gloriette, kiosque, tonnelle.** ➤ *Déjeuner, lire dans le jardin.* « *Elle jeta un châle sur ses épaules, descendit au jardin* » (Mauriac). ➤ *Jardin classique, jardin à la française,* où les parterres, les pièces d'eau sont disposés géométriquement. *Jardin anglais, à l'anglaise,* imitant la nature. *Jardins suspendus,* étagés en terrasses. ➤ *Jardin public :* espace vert mis à la disposition des citadins. ⇒ **parc, square.** *Jardin botanique,* aménagé pour l'étude scientifique des végétaux. ➤ *Jardin zoologique.* ♦ *Le jardin d'Éden, le jardin des délices :* le paradis terrestre. *Le jardin des Hespérides :* jardin des dieux où poussaient les pommes d'or. ♦ loc. *Jeter une pierre dans le jardin de qqn :* l'attaquer indirectement. ♦ loc. prov. « *il faut cultiver notre jardin* » (Volt.), mener une vie calme et laborieuse sans perdre son temps à des spéculations. **2** *JARDIN D'HIVER :* pièce vitrée où les plantes sensibles au froid sont à l'abri. ⇒ ① **serre. 3** *JARDIN JAPONAIS :* vasque contenant un jardin miniature composé de petites plantes, de graviers multicolores, de ponts, de temples évoquant le Japon et ses jardins. **4** *JARDIN D'ENFANTS :* établissement qui accueille après la crèche les enfants d'âge préscolaire. ⇒ **garderie, maternelle.** « *Les cours de récréation ont été pour moi, dès le jardin d'enfants, des lieux de tourments* » (Tournier). **5** *Jardin secret :* domaine des sentiments, des pensées les plus intimes d'un individu.

① **jardinage** n. m. – XIIIe **1** Culture, entretien des jardins. ⇒ **arboriculture, horticulture, maraîchage.** *Faire du jardinage.* « *des outils de jardinage, sa bêche, son râteau* » (Proust). **2** Mode d'exploitation d'une futaie consistant à enlever çà et là, outre les arbres vieux, quelques sujets en bon état destinés au commerce.

② **jardinage** n. m. – XVIIIe ; de *jardineux* ▪ Défaut d'un diamant, trace due à une fêlure ou à une substance étrangère. *Crapauds et jardinages.*

jardiner v. intr. 1 – XVe **1** Cultiver, entretenir un jardin. **2** Employer la méthode du jardinage, dans l'exploitation d'un bois, d'une futaie. ➤ trans. *Jardiner un bois.*

jardinerie n. f. – 1974 ▪ Magasin où l'on vend tout ce qui concerne le jardin.

jardinet n. m. – XIIIe ▪ Petit jardin.

jardineux, euse adj. – XVIIe ; germ. °*gard* → ② jarre ▪ En joaillerie, Qui présente des traces de jardinage. *Diamant jardineux.*

jardinier, ière n. et adj. – XIIe **I** n. **1** Personne dont le métier est de cultiver les jardins. **2** Personne qui dessine, agence des jardins. ⇒ **paysagiste. 3** n. f. *JARDINIÈRE D'ENFANTS :* éducatrice travaillant dans un jardin d'enfants. **II** n. f. **1** Meuble supportant ou contenant un récipient, bac où l'on fait pousser des plantes ornementales, des fleurs, des arbres d'agrément. ⇒ **caisse, vasque.** « *une jardinière débordante de plantes vertes* » (Simenon). **2** Garniture composée d'un mélange de légumes printaniers cuits. *Rôti de veau jardinière.* **3** Insecte des jardins, courtilière, carabe doré qui attaque les plantes potagères. **III** adj. Relatif aux jardins.

① **jargon** n. m. – XIIe ; rad. onomat. *garg-* « gosier » **1** Langage déformé, fait d'éléments disparates (⇒ **babélisme) ;** langage incompréhensible. ⇒ **baragouin, charabia, galimatias, sabir. 2** Langage particulier à un groupe et caractérisé par sa complication, l'affectation de certains mots, de certaines tournures. « *jamais le jargon de la métaphysique n'a fait découvrir une seule vérité* » (Rouss.). ♦ Façon de s'exprimer propre à une profession, une activité. *Le jargon des médecins, du sport.*

② **jargon** n. m. – XVIIe ; lat. *hyacinthus* « jacinthe » **1** Petite pierre rouge ressemblant à l'hyacinthe. **2** Zircon jaune.

jargonaphasie n. f. – 1906 ▪ Aphasie sensorielle caractérisée par un débit rapide, des paraphasies et des néologismes.

jargonner v. intr. 1 – XIIIe **I** Parler d'une façon peu intelligible. « *chez les grands aphasiques, le frein mental du langage est détruit et ils ne s'arrêtent plus de jargonner* » (R. Gary). **II** rare Pousser son cri, en parlant du jars.

jargonneux, euse adj. – v. 1960 ▪ Se dit d'un texte qui emploie un jargon scientifique à la mode.

jarnicoton interj. – XVIe ; de *je renie Coton* ▪ vx Juron. *Jarnicoton !*

> ❑ Le père *Coton,* confesseur d'Henri IV, aurait demandé au roi d'employer cet euphémisme à la place de *jarnidieu* « je renie Dieu ».

jarosse ou **jarousse** n. f. – XIVe ; mot gaul. ▪ région. Gesse chiche des régions méditerranéennes.

① **jarre** n. f. – XIIe ; ar. *djarra* ■ Grand récipient ovoïde, en grès, en terre cuite, destiné à conserver l'eau, l'huile, etc. ✪ HOM. Jard, jars.

② **jarre** n. m. – XVIIe ; germ. *°gard* « aiguillon, piquant » ■ Poil droit et raide qui se trouve mêlé au poil fin des fourrures ou à la laine.

jarret n. m. – XIIe ; gaul. *°garra* « jambe » 1 Région postérieure du genou humain. ⇒ **poplité.** « *une culotte dont le fond très large retombait sur les jarrets* » (Mac Orlan). 2 Endroit où se plie la jambe de derrière, chez les mammifères ongulés. ♦ Morceau de boucherie constituant la partie inférieure de la noix et de l'épaule. *Jarret de veau.* « *Un jarret de porc salé dans la soupe de chou blanc* » (Giono). 3 Bosse, saillie qui rompt la continuité d'une ligne, d'une courbe, en architecture, en menuiserie.

jarretelle n. f. – XIXe ; de *jarretière* ■ Chacune des quatre bandes élastiques d'un porte-jarretelles, terminée par une petite pince, servant à maintenir et tendre les bas.

jarreter v. intr. [4] – XVIIe ■ Former un jarret, un coude.

jarretière n. f. – XIVe ; de *jarret* ■ Cordon, bande élastique destinée à fixer les bas en les entourant au-dessus ou au-dessous du genou. *La jarretière de la mariée.* ➛ *Ordre de la Jarretière,* institué en 1348 par Édouard III d'Angleterre.

jars n. m. – XIIe ; germ. *°gard* → ② jarre ■ Mâle de l'oie. *Le jars jargonne.* ✪ HOM. Jard, jarre.

① **jas** n. m. – XVIIe ; mot provenç. ■ Barre transversale d'une ancre fixe ou mobile, et qui peut dans ce cas se placer le long de la verge.

② **jas** n. m. – XIIIe ; lat. *jacere* « être couché » ■ région. Bergerie, dans les Alpes et le midi de la France.

jaser v. intr. [1] – XVIe ; rad. onomat. *gas-* → gazouiller 1 Faire des commentaires plus ou moins désobligeants et médisants. ⇒ **médire.** « *on commençait à jaser beaucoup à Paris sur les frasques du ministre* » (Maurois). *On commence à jaser dans le village. Cela fait jaser.* 2 Émettre des cris ou des sons qui évoquent un babil. *La pie, le perroquet jasent.* ⇒ **jacasser.** « *Dans la cour le jet d'eau qui jase* » (Baudelaire).

jaseran ou **jaseron** n. m. – XIIe ; de *Al Djazaïr,* nom ar. d'Alger 1 Chemise de mailles. ⇒ **haubert.** 2 vieilli Chaîne de cou à mailles très fines. « *ces imperceptibles petites chaînettes d'or, ténues comme des cheveux, qu'on appelle jaseron* » (Gaut.).

jaseur n. m. – XVIe ■ Oiseau passereau *(ampélidés)* de la taille d'un étourneau, qui vient des régions boréales hiverner en France.

jasmin n. m. – XVe ; arabo-persan *yâsimîn* ■ Arbuste sarmenteux et vivace *(oléacées),* à grandes fleurs jaunes ou blanches souvent très odorantes, solitaires ou groupées en cymes. « *Nous chanterons ensemble, assis sous le jasmin* » (Lamart.). ♦ Ces fleurs. *Thé au jasmin.*

jaspe n. m. – XIIe ; gr. *iaspis* 1 Roche siliceuse formée de quartz et de calcédoine, finement rubanée, colorée en vert, rouge, brun ou noir. *Vase de jaspe.* 2 Objet en jaspe.

jaspé, ée adj. – XVIe ■ Dont la couleur, la bigarrure évoque le jaspe. *Marbre jaspé. Un hanneton « jaspé comme un œuf de vanneau »* (Colette).

jasper v. tr. [1] – XVIe ■ Bigarrer par bandes ou par taches irrégulières pour donner un aspect jaspé. *Jasper les tranches d'un volume.* ⇒ **marbrer.**

jaspiner v. intr. [1] – XVIIIe ; crois. de *jaser* et du v. dial. *japiner* « japper » ■ fam. et péj. Bavarder, causer.

jaspure n. f. – XVIe ■ Couleur, bigarrure de ce qui est jaspé, de ce qu'on a jaspé. ⇒ **marbrure.**

jatte n. f. – XIIe ; lat. *gabata* ■ région. (Belgique) Récipient arrondi, très évasé, sans rebord ni anse ni manche. ⇒ ① **bol,** ① **coupe, saladier.** « *une jatte de lait reposait sur la table* » (Bosco). ♦ Le contenu d'une jatte.

❑ Dans *cul-de-jatte, jatte* a le sens de « support plat ».

jauge n. f. – XIIe ; germ. *°galga* « perche » 1 Capacité que doit avoir un récipient déterminé. *Robinets de jauge,* qui renseignent sur le niveau de l'eau d'une chaudière, d'un réservoir. ➛ Capacité cubique intérieure du navire exprimée en tonneaux. ⇒ **tonnage.** *Jauge brute, nette.* ♦ Quantité déterminée de mailles existant dans une surface donnée de tricot. 2 Instrument ou objet étalonné qui sert à mesurer la contenance d'un récipient ou le niveau de son contenu. *Jauge de niveau d'huile.* 3 Instrument servant à mesurer les dimensions de corps solides. *Jauge de filetage, de longueur.* 4 Petite tranchée aménagée pour y conserver provisoirement des plants avant la plantation. *Mettre de jeunes sapins en jauge.* 5 *Jauge du champ électromagnétique :* ensemble des potentiels dont dérivent les champs électrique et magnétique.

jaugeage n. m. – XIIIe ■ Action de jauger. *Jaugeage d'un tonneau.* ♦ Mesure du débit d'un cours d'eau.

jauger v. [3] – XIIIe **I** v. tr. 1 Prendre la jauge de ; mesurer ou contrôler avec une jauge. *Jauger un réservoir.* ♦ *Jauger une source,* évaluer son débit. 2 Apprécier par un jugement de valeur. ⇒ **évaluer,** ① **juger.** *Des hommes capables « de jauger une personnalité exceptionnelle »* (Anouilh). ➛ pronom. *Les adversaires se jaugent avant le combat.* **II** v. intr. 1 Avoir un tirant d'eau de. *Péniche jaugeant un mètre.* 2 Avoir une capacité de. ⇒ **tenir.** *Navire qui jauge 1 200 tonneaux.*

jaugeur n. m. – XIIIe 1 Homme employé à jauger. 2 Appareil à jauger.

jaumière n. f. – XVIIe ; moy. néerl. *helm* ■ Ouverture pratiquée dans la voûte d'un navire pour le passage de la mèche du gouvernail.

jaunâtre adj. – XVIe ■ Qui tire sur le jaune, d'un jaune terne.

❑ On dit aussi familièrement *jaunasse,* plus péjoratif.

jaune adj., n. et adv. – XIe ; lat. *galbinus* **I** adj. 1 Qui est d'une couleur placée dans le spectre entre le vert et l'orangé et dont la nature offre de nombreux exemples. ⇒ **ambré, blond, doré ; xantho-.** *Corps jaune :* masse jaune dans l'ovaire, formée par un follicule de De Graaf après la chute de l'ovule et sécrétant la progestérone. ⇒ **progestatif.** 2 *La race jaune :* race humaine, en majeure partie asiatique, caractérisée par des yeux bridés et une pigmentation brun très clair de la peau. 3 Qui est jaune mais dont ce n'est pas la teinte idéale. *Dents jaunes. Teint jaune.* ⇒ **bilieux, cireux.** 4 *Syndicats jaunes :* organisations syndicales créées en 1899 contre les syndicats ouvriers. **II** n. 1 n. m. Une des sept couleurs fondamentales du spectre solaire, entre le vert et l'orangé. *Un jaune clair, vif, éclatant.* ♦ adj. inv. *Fleurs jaune d'or. Étoffes jaune citron, jaune paille, jaune moutarde.* Fam. « *leur insigne jaune pipi* » (Fallet). 2 n. m. Matière colorante jaune. *Jaunes végétaux. Jaunes minéraux : jaune de chrome, de zinc. Jaune de quinoléine :* colorant alimentaire. 3 n. m. Partie jaune d'un objet. *Le jaune de l'œuf, un jaune d'œuf ; le jaune, un jaune* (opposé à ② *blanc*). ⇒ **vitellus.** *Un gamin « mangeait un œuf à la coque, maladroitement, en se barbouillant de jaune »* (Simenon). 4 n. Personne de race jaune. ⇒ **asiatique.** 5 Ouvrier, ouvrière, qui refuse de prendre part à une grève. ⇒ **briseur** (de grève), **renard.** **III adv.** *Rire jaune,* d'un rire forcé, qui dissimule mal le dépit ou la gêne.

jaunet, ette adj. – XIIe ■ Légèrement jaune. *Tu es « un petit brin jaunette, mais j'aime le jaune »* (Balz.).

jaunir v. 2 – XIIIe **1 v. tr.** Rendre jaune, colorer de jaune. *Doigts jaunis par la nicotine. « Des traitants français jaunis par la fièvre et l'anémie »* (Loti). **2 v. intr.** Devenir jaune, prendre une teinte jaune. *Ivoire, papier qui a jauni.*

jaunissant, ante adj. – XVIe ■ Qui jaunit, est en train de jaunir.

jaunisse n. f. – XIIe ■ Ictère. ➛ fam. *En faire une jaunisse :* en éprouver un violent dépit.

jaunissement n. m. – XVIIe ■ Action de rendre jaune ; le fait de devenir jaune.

java n. f. – 1901 ; o. i. ■ Danse de bal musette à trois temps, assez rapide. ➛ Air, musique qui l'accompagne. « *Chantez des javas canailles* » (Vian). ♦ loc. fam. *Faire la java :* faire la fête.

① **javanais, aise** adj. et n. – XVIe **1** De l'île de Java. **2 n. m.** Groupe de langues malayo-polynésiennes (indonésien) parlées à Java et Sumatra.

② **javanais** n. m. – XIXe ; p.-ê. d'apr. le présent de *avoir : j'ai, j'avais* et d'apr. ① *javanais* ■ Argot consistant à intercaler dans les mots les syllabes *va* ou *av* (ex. grosse « gravosse »).

javeau n. m. – XIIIe ; de *javelle* ■ Île de sable, de limon, formée par le débordement d'un cours d'eau.

Javel (eau de) n. f. – XVIIIe ; de *Javel,* village, aujourd'hui quartier de Paris ■ Mélange en solution aqueuse d'hypochlorite et de chlorure de sodium ou de potassium, utilisé comme détersif, décolorant et antiseptique. *Laver à l'eau de Javel. « Au bord d'une piscine où règne l'odeur de l'eau de javel »* (Le Clézio). ✪ HOM. Javelle.

javelage n. m. – XVIIIe ■ Action de javeler les céréales. ♦ Temps durant lequel on laisse les javelles sur terre afin de les faire sécher.

javeler v. 4 – XIIe **1 v. tr.** Mettre en javelles. **2 v. intr.** Jaunir (en parlant de céréales mises en javelles).

javeleur, euse n. – XVIIe ■ Personne qui met les moissons en javelles.

javeline n. f. – XVe ; de *javelot* ■ Arme de jet, formée d'une hampe mince et d'un fer généralement long et aigu. ⇒ ① **dard.**

javelle n. f. – XIIe ; gaul. °*gabella* **1** Brassée de céréales ou de plantes oléagineuses, coupées et non liées, qu'on laisse sur le sillon en attendant de les mettre en gerbes ou en petites meules. « *les javelles de foin dressées* » (Gracq). **2** Tas de sel tiré d'un marais salant. ✪ HOM. Javel.

javellisation n. f. – 1916 ■ Purification, stérilisation par l'eau de Javel. ⇒ **verdunisation.**

javelliser v. tr. 1 – 1919 ■ Stériliser par addition d'eau de Javel. *Eau javellisée.*

javelot n. m. – XIIe ; p.-ê. gaul. °*gabalaccos* **1** Arme de trait, dard assez long et lourd qu'on lançait à la main ou à l'aide d'une machine. ⇒ **angon, framée, hast, javeline, lance, pilum. 2** Instrument de lancer en forme de lance employé en athlétisme. *Le lancer du javelot.*

jazz [dʒaz] n. m. – 1908 ; mot angl., o. i. ■ Musique issue de la musique profane des Noirs des États-Unis. « *Le jazz, c'est la mélodie nègre du sud débarquant à la gare de Pennsylvanie* » (Morand). *Jazz-rock :* jazz influencé par le rock.

jazzman [dʒazman] n. m. – v. 1930 ; mot angl., de *jazz* et *man* « homme » ■ Musicien, instrumentiste de jazz. *Des jazzmans* ou *des jazzmen* [dʒazmɛn].

jazzy [dʒazi] adj. inv. – v. 1970 ; mot angl. ■ Relatif au jazz, propre au jazz.

je pron. pers. – IXe ; lat. *ego* **1** Pronom personnel de la première personne du singulier, sans distinction de genre. ⇒ **me, moi.** *Je parle. J'entends. Je me décide. Je ne viens pas. Moi, je viens.* **2** fam. Avec la valeur d'une deuxième ou d'une troisième personne. *Et je te pousse, et je te bouscule.* **3 n. m. inv.** *Le je :* principe auquel l'individu attribue ses états et ses actes. ⇒ **ego, moi.**

jean [dʒin] n. m. – 1948 ; de l'angl. *jeans,* ellipse de *Jene fustyan* « futaine de Gênes », de l'a. fr. *Jannes* « Gênes », ville italienne d'où l'on importait la toile **1** Pantalon de toile très solide, à coutures apparentes. *Un jean noir.* **2** Toile très serrée et très solide. ⇒ **denim.** *Veste en jean marron.* **3** Pantalon coupé comme un jean. *Elle est grande « avec son jean de velours noir et ses bottes »* (Le Clézio). ✪ HOM. Djinn, gin.

> ❑ Comme en anglais, on dit aussi *un jeans.* La graphie anglaise sans *s* vient de *Genoa,* nom ancien de *Gênes.*

jean-foutre [ʒɑ̃futʀ] n. m. inv. – XVIIe ■ fam. Individu incapable, sur lequel on ne peut compter. ⇒ **je-m'en-foutiste.**

jean-le-blanc [ʒɑ̃ləblɑ̃] n. m. inv. – XVIe ; de *Jean* et *blanc* ■ Circaète.

① **jeannette** n. f. – XVe ; de *Jeanne* **1** Narcisse des poètes. « *des jeannettes jaunes au cœur safrané* » (Colette). **2** Planchette à repasser montée sur pied.

② **jeannette** n. f. – 1933 ; de *Jeanne d'Arc* ■ Petite fille appartenant au scoutisme catholique.

jectisse adj. f. – XVIIe ; a. fr. *geteis* « qu'on jette » ■ *Terres jectisses,* remuées ou rapportées. *Pierres jectisses,* qui peuvent se poser à la main.

jeep [(d)ʒip] n. f. – v. 1942 ; nom déposé, mot angl., des initiales *G. P.,* de *general purpose* « tous usages » ■ Automobile tout terrain à quatre roues motrices. ⇒ **quatre-quatre.** « *il roula en jeep à travers des déserts, en Libye* » (Le Clézio).

> ❑ *Jeep* a pris le genre féminin en français d'après *automobile* et *voiture,* mais est masculin en français du Canada.

jéjuno-iléon n. m. – XIXe ; de *jéjunum* et *iléon* ■ Portion de l'intestin grêle s'étendant du duodénum au cæcum. *Des jéjuno-iléons.*

jéjunum [ʒeʒynɔm] n. m. – XIVe ; lat. *jejunum (intestinum)* « (intestin) à jeun » ■ Premier segment du jéjuno-iléon.

je-m'en-fichisme n. m. – XIXe ; de *je m'en fiche* ■ fam. Attitude d'indifférence envers ce qui devrait intéresser ou préoccuper. ⇒ **insouciance, je-m'en-foutisme.**

je-m'en-fichiste adj. et n. – XIXe ■ fam. Qui fait preuve de je-m'en-fichisme. ⇒ **je-m'en-foutiste.** *Des je-m'en-fichistes.*

je-m'en-foutisme n. m. – XIXe ■ fam. Je-m'en-fichisme.

je-m'en-foutiste adj. et n. – XIXe ; de *je m'en fous* ■ fam. Je-m'en-fichiste. ⇒ **jean-foutre.**

je ne sais quoi ou **je-ne-sais-quoi** [ʒən(ə)sɛkwa] n. m. inv. – XVIe ■ Chose qu'on ne peut définir ou exprimer. « *Ce je ne sais quoi de médiocre qu'a toujours la réalité* » (Yourcenar).

jérémiade n. f. – XVIIe ; lat. *Jeremias* « Jérémie » ■ fam. Plainte sans fin qui importune. ⇒ **doléance, lamentation, plainte.**

> ❑ Le prophète *Jérémie* est l'auteur du *Livre des Lamentations.*

jerez → **xérès**

jerk [(d)ʒɛʀk] n. m. – 1965 ; mot angl. « secousse » ■ Danse moderne qui consiste à imprimer des secousses rythmées à tout le corps.

jéroboam [ʒeʀɔbɔam] n. m. – XIXe ; nom d'un roi d'Israël ■ Grosse bouteille d'une contenance de quatre bouteilles normales.

❑ Ne pas confondre avec le *réhoboam* de champagne, d'une contenance de six bouteilles.

jerrycan ou **jerricane** [(d)ʒeʀikan] n. m. – 1944 ; mot angl., de *Jerry,* surnom donné aux Allemands, et *can* « récipient » ■ Bidon quadrangulaire à poignée, d'environ 20 litres, utilisé pour la manutention et la distribution des carburants. ⇒ **bidon, nourrice.** « *un homme renverse un jerrycan d'essence sur le sol de l'édifice* » (Le Clézio).

jersey n. m. – XVIIe ; du nom de l'île de *Jersey* ■ Tissu tricoté à l'aide d'un seul fil formant des mailles toujours semblables sur une même face. *Jersey de laine, de soie.* ♦ *Point de jersey* ou *jersey :* point exécuté en alternant un rang de points à l'endroit et un rang de points à l'envers.

jersiais, iaise adj. – XIXe ■ De Jersey. *Race jersiaise,* race de bovins.

jésuite n. m. et adj. – XVIe ; de *(compagnie de) Jésus* **1** Membre de la compagnie de Jésus. *Collège de jésuites.* abrév. fam. *JÈSE* ou *JÈZE.* ♦ adj. *Art, style jésuite :* style d'architecture baroque adopté par les jésuites au XVIIe s. **2** péj. Personne qui recourt à des astuces hypocrites. ➙ adj. *Un air jésuite.* ⇒ **fourbe, hypocrite, jésuitique.** « *pas la moindre hypocrisie doucereuse (ou jésuite)* » (Stendh.).

jésuitique adj. – XVIe **1** Propre aux jésuites. **2** Digne d'un jésuite. *Procédé jésuitique.* ⇒ **hypocrite.**

jésuitisme n. m. – XVIe **1** Système moral reproché aux jésuites. **2** Attitude, conduite jésuitique. ⇒ **fourberie, hypocrisie.**

jésus interj. et n. m. – XVe **I** interj. Marquant la surprise, la peur, l'admiration. *Doux Jésus !* **II** n. m. **1** Format de papier (56×76). *Petit jésus* (56×72). **2** Image, statuette de Jésus enfant. **III** n. m. Gros saucisson court fabriqué dans le Jura, en Alsace et en Suisse.

① **jet** [ʒɛ] n. m. – XIIe **I** - **1** Action de jeter ; mouvement d'une chose lancée. → ② **lancer.** *Jets de pierres. Jet à la mer :* action de jeter par-dessus bord tout ou partie du chargement. **2** Distance parcourue par une chose jetée. *À un jet de pierre.* **3** Opération par laquelle on jette ou fait couler dans le moule le métal en fusion. **4** *D'un seul jet :* d'un coup, d'une seule venue. *Poème écrit d'un seul jet.* ♦ *Premier jet :* première expression de l'œuvre d'un créateur avant toute retouche. ⇒ **ébauche, esquisse.** *Chopin* « *passait six semaines sur une page pour en revenir à l'écrire telle qu'il l'avait tracée du premier jet* » (Sand). **II** - **1** Mouvement par lequel une chose jaillit, fuse, s'écoule avec plus ou moins de force. ⇒ **émission, giclée, jaillissement.** « *le halètement régulier de la locomotive lâchant à intervalles ses jets de vapeur* » (Cl. Simon). *Douche en jet.* ➙ loc. fam. *À jet continu :* sans interrompre le débit. ♦ Les gaz éjectés d'une fusée, d'une tuyère de turboréacteur. ♦ *Jet moléculaire :* faisceau de molécules qu'un diaphragme limite à un pinceau unidirectionnel. **2** *JET D'EAU :* gerbe d'eau jaillissant verticalement et retombant dans un bassin. ➙ Dispositif permettant l'écoulement de l'eau, au bas d'une fenêtre, d'une porte. ➙ abusivt Tuyau d'arrosage. **3** Rayons qui jaillissent. « *le jet lumineux d'une lampe de poche* » (Mac Orlan). ⇒ **faisceau.** **III** Nouvelle pousse d'un arbre. ⇒ ① **rejet, rejeton.** ♦ Rameau, tige. « *des jets de ronce leur égratignaient les mains* » (Nizan). ✪ HOM. Geai, jais.

② **jet** [dʒɛt] n. m. – 1957 ; mot angl., de *jet plane* de *jet* « jaillissement d'un gaz » et *plane* « avion » ■ Avion à réaction.

jetable adj. – v. 1970 ■ Destiné à être remplacé et non entretenu. *Briquet jetable* (opposé à *rechargeable*).

① **jeté** n. m. – XVIIe **1** Saut lancé par une seule jambe et reçu par l'autre. *Jeté battu.* ♦ Mouvement consistant à amener la barre des haltères au bout des bras tendus verticalement, par flexion et détente brusques des jambes. **2** Au tricot, Brin, fil jeté sur l'aiguille entre deux mailles. ♦ Bande d'étoffe que l'on étend sur un meuble en guise d'ornement. *Un jeté de table.*

② **jeté, ée** adj. – XXe ■ fam. Fou, cinglé.

jetée n. f. – XIIIe **1** Construction formant une chaussée qui s'avance dans l'eau, destinée à protéger un port, à limiter le chenal. ⇒ **digue, estacade,** ② **môle.** *Pêcher sur la jetée.* « *Sur la jetée de Dieppe, je vis un pêcheur de mouettes* » (Alain). *Jetée d'embarquement, de débarquement.* **2** Couloir reliant l'aérogare à un satellite ou à un poste de stationnement d'avion.

jeter v. tr. [4] – X^e ; lat. *jactare,* fréquent. de *jacere* **I** - **1** Lancer. *Jeter une balle. Jeter un caillou dans l'eau. Une vache* « *grelottante des seaux d'eau qu'on lui jetait sur le corps* » (Flaub.). ♦ *Jeter qqch. à la tête de qqn.* ⇒ fam. ② **flanquer.** *Il nous jette à la tête ses belles relations,* il en fait étalage. **2** Laisser, faire tomber. ⇒ **balancer.** *Jeter des projectiles du haut du toit.* ➙ *Ils furent jetés dans la rivière.* ♦ *Jeter une bouée.* **3** Disposer, établir dans l'espace, d'un point à un autre. *Jeter une passerelle sur un ruisseau. Jeter un pont.* ⇒ **construire.** ♦ Établir, poser. *Jeter les bases d'une société.* **4** Envoyer pour donner. *Jeter un os à un chien.* ♦ loc. *Jeter un sort :* envoyer, diriger le mauvais sort (sur qqn). ➙ *N'en jetez plus, (la cour est pleine) :* assez, cela suffit. **5** Abandonner, rejeter. ⇒ se **débarrasser,** se **défaire.** *Vieux papiers bons à jeter. Jeter une chose à la poubelle, au feu.* ⇒ **mettre.** *Jeter par-dessus bord.* ➙ *Jeter le masque. Jeter du lest.* ♦ fam. *Se faire jeter :* être rejeté, abandonné, exclu ; ne pas être admis. **6** Mettre, poser promptement et sans ordre, sans soin. « *elle jeta plus qu'elle ne les déposa sur la nappe, le pain et le fromage* » (Carco). ♦ *Les dés sont jetés. Jeter des lettres à la poste.* ⇒ **mettre.** ♦ fam. *S'en jeter un :* boire un verre. ♦ *Jeter sur :* mettre promptement pour couvrir. « *elle jeta son mantelet de velours sur ses épaules* » (Sartre). *Jeter sur le papier :* écrire, noter rapidement. **7** Répandre. *Jeter de l'ombre sur qqch.* **8** *Jeter le métal dans le moule,* le faire couler. **9** *Jeter l'effroi.* → **semer.** *Jeter le trouble dans les esprits. Jeter un froid.* ➙ *Le sort en est jeté :* tout est décidé ; il n'y a plus rien à faire. **II** - **1** Diriger (une partie du corps) dans telle direction. *Elle lui jeta ses bras autour du cou.* ➙ *Jeter un coup d'œil sur qqch.* **2** Faire sortir de soi. ⇒ **émettre, répandre.** *Diamants qui jettent mille feux.* → **flamboyer.** *Jeter des étincelles.* Fam. *En jeter :* avoir belle apparence, faire impression. « *Elle en jette, dit Boris avec admiration* » (Sartre). **3** Émettre avec une certaine force, une certaine brusquerie. *Jeter des cris.* « *dites-moi des mots que je puisse lui jeter à la figure* » (Aymé). **III** - **1** Pousser, diriger avec force. ⇒ **envoyer.** *Jeter sa voiture dans le fossé.* ➙ *Jeter qqn dehors,* le mettre à la porte. *Jeter en prison.* **2** Mettre brusquement dans une certaine disposition d'esprit. ⇒ **plonger.** « *ce sourire féroce qui nous jetait dans l'épouvante* » (Duham.). **3** *JETER BAS, À BAS, À TERRE :* faire tomber brutalement. ⇒ **abattre, démolir, renverser,** ② **terrasser.** *Jeter bas une maison.* « *Elle devait jeter bas le vieil établissement* » (Romains). **IV** v. pron. **1** Sauter, se laisser choir. *Se jeter dans la rivière.* ⇒ **plonger.** *Se jeter par la fenêtre, dans le vide.* **2** Aller d'un mouvement précipité. ⇒ **s'élancer,** se **précipiter.** *Se jeter de côté.* « *Je me jetai aux genoux de Madame Ives* » (Chateaub.). *Se jeter aux pieds,* *dans les bras, à la tête de qqn. La voiture s'est jetée contre un arbre.* ➛ *Il s'est jeté sur lui et l'a frappé.* ➛ *Se jeter sur la nourriture.* **3** S'engager avec fougue. *Se jeter à corps perdu dans une entreprise.* ⇒ se **lancer.** *Se jeter dans la bagarre.* « *l'état de guerre est si antinaturel pour une nation moderne qu'elle ne peut que* s'y jeter, *les yeux fermés* » (Gracq). **4** Déverser ses eaux. ⇒ **affluer.** *Les rivières qui se jettent dans la Seine.*

jeteur, euse n. – XIIe ▪ *Jeteur de sort* : sorcier qui jette un sort.

jeton n. m. – XIVe ; de *jeter* « calculer » **1** Pièce plate et ordinairement ronde, autrefois utilisée pour calculer, représentant, de nos jours, une certaine valeur ou un numéro d'ordre. *Jeton d'ivoire, de métal. Jetons et plaques servant de mise à la roulette. Jeton de téléphone.* ➛ JETON (DE PRÉSENCE) : pièce remise à chacun des membres présents d'un conseil, d'une assemblée, symbolisant des honoraires ou un remboursement de frais. Ces honoraires. **2** fam. *Faux comme un jeton,* dissimulé, hypocrite. ➛ UN FAUX JETON [foʒtɔ̃] : un hypocrite. ♦ fam. *Un vieux jeton* : un vieillard rétrograde. **3** pop. Coup. *La voiture a pris un jeton.* ♦ *Avoir les jetons* : avoir peur.

jet-stream [dʒɛtstʀim] n. m. – 1955 ; mot angl., de *jet* (→ ① jet) et *stream* « courant » ▪ Courant rapide dans les couches élevées de la troposphère, au-dessus des zones subtropicales. *Des jet-streams.*

❑ L'équivalent français proposé est *courant-jet.*

jettatura [dʒetatuʀa] n. f. – XIXe ; mot it., de *gettare (il malaugurio)* « jeter (un mauvais sort) » ▪ En Italie du Sud, Mauvais œil, envoyé par le jeteur de sort. « *Cette* jettatura *mystérieuse avec laquelle ces passionnés Italiens* [...] *expliquent un malheur qu'ils ne comprennent pas* » (Barbey).

jeu n. m. – XIe ; lat. *jocus* « badinage, plaisanterie » **I - 1** Activité physique ou mentale purement gratuite, qui n'a d'autre but que le plaisir qu'elle procure. ⇒ **amusement, divertissement, récréation ; ludique.** *Le besoin du jeu chez l'enfant.* ➛ *Faire qqch. par jeu.* ♦ *Un jeu brutal, bruyant, dangereux, paisible, puéril. La comédie est* « *un jeu qui imite la vie* » (Bergson). *Ce n'est qu'un jeu* : cela ne tire pas à conséquence. ➛ *Jeu d'imitation, de manipulation. Jeux éducatifs. Des jeux de son âge.* ➛ *Jeux de main(s),* où l'on échange des coups légers par plaisanterie. **2** Activité qui présente un ou plusieurs caractères du jeu. ♦ Ce qui relève ou semble relever de la fantaisie pure. *Les jeux de l'esprit.* « *Le Jeu de l'amour et du hasard* », comédie de *Marivaux.* ➛ JEU DE MOTS : allusion plaisante fondée sur l'équivoque de mots. ⇒ **calembour, contrepèterie.** ➛ JEU D'ÉCRITURES : opération comptable purement formelle. **3** Chose sans gravité, qui ne tire pas à conséquence **(⇒ bagatelle, plaisanterie)** ou qui n'offre pas grande difficulté. *Elle* « *crut que ce lui serait un jeu d'en venir à bout* » (Mauriac). *Se faire un jeu des difficultés,* en triompher aisément. **II - 1** Cette activité organisée par un système de règles définissant un succès et un échec, un gain et une perte. *Que gagne-t-on à ce jeu ? Quel était votre partenaire à ce jeu ? Elle est très forte à ce jeu.* ➛ *C'est le jeu* : l'ensemble des règles à respecter. ➛ loc. *Jouer le jeu* : se conformer strictement aux règles. ♦ *Jeux de plein air. Jeux de balle, de ballon. Jeux de poursuite.* ➛ *Jeux d'adresse. Jeux de plage. Jeu d'équipe. Jeu à treize* : rugby. *Terrain de jeux.* ⇒ **stade, terrain.** *Aire de jeu* : espace aménagé pour les jeux d'enfants. ➛ (au plur.) Dans l'Antiquité, Compétitions sportives. *Jeux du cirque.* ♦ *Jeux intellectuels. Jeux d'esprit. Jeux électroniques.* ➛ *Jeux radiophoniques, télévisés. Jeu-concours* : jeu public, souvent publicitaire. ♦ *Jeux de dames, d'échecs, de go, de dés. Jeux de hasard ; jeu de l'oie, des petits chevaux.* « *une partie de dominos, – jeu spécialement silencieux et méditatif* » (Nerval). *Jeux d'argent,* où l'on risque de l'argent. ➛ LE JEU. *Cercle, établissement, maison, salle de jeu.* ⇒ **casino, tripot.** « *On connaît cette chance immanquable des novices aux tables de jeu* » (Aragon). *Le démon du jeu. Dettes de jeu.* ♦ *Théorie des jeux,* mettant en relief les analogies du comportement des agents économiques et des différents partenaires d'un jeu lors de l'élaboration d'une stratégie ou de la prise d'une décision. *Jeu d'entreprise* : simulation (sur ordinateur) de la gestion d'une entreprise. ➛ *Jeux de langage.* ♦ fam. *Jeux de con* : jeux absurdes. **2** Action de jouer, partie qui se joue. *Suivre le jeu, être au jeu.* ➛ loc. *Calmer le jeu* : apaiser une querelle. *Joueur hors jeu.* ♦ ENTRER EN JEU : ouvrir le jeu ; se mettre de la partie, entrer dans une affaire, une discussion. *Facteurs qui entrent en jeu dans une affaire.* ➛ *Entrer dans le jeu* : prendre part à une entreprise déjà commencée. ⇒ **participer.** *Entrer dans le jeu de qqn,* favoriser ses intérêts. ➛ ÊTRE EN JEU : être en cause, en question. *Une grosse somme est en jeu. Son honneur est en jeu.* ➛ *Mettre* (de l'argent) *en jeu.* ⇒ **miser.** *Mettre en jeu la vie d'un homme,* l'exposer, la risquer. ♦ D'ENTRÉE DE JEU : dès le début. « *il fallait d'entrée de jeu noter les circonstances* » (Tournier). *Se prendre, se laisser prendre, se piquer...* AU JEU : se laisser passionner ; s'obstiner. **3** Chacune des divisions de la partie, au tennis. *Deux jeux à trois. Jeu décisif.* ⇒ **tie-break. 4** Pièce en vers, dramatique ou comique, au Moyen Âge. *Le Jeu de Robin et de Marion.* **5** Somme d'argent risquée au jeu. *Jouer gros jeu* : prendre de grands risques. ➛ *Faites vos jeux* : misez. *Les jeux sont faits, rien ne va plus.* **III - 1** Instruments du jeu. *Jeu d'échecs, de dames, de l'oie, de dominos. Jeu de 32, de 52 cartes. Jeux de société, éducatifs, électroniques, vidéo.* **2** Assemblage de cartes qu'un joueur a en main. *Avoir du jeu, un beau jeu.* ➛ loc. *Avoir beau jeu* : être en situation de triompher aisément. *Mettre tous les atouts dans son jeu.* ♦ *Le grand jeu* : le jeu complet des tarots, en cartomancie. **3** Série complète d'objets de même nature et d'emploi analogue. *Un jeu de clés* **(⇒ trousseau).** ➛ *Jeu d'avirons, de voiles.* ➛ *Jeu d'orgue(s)* : rangée de tuyaux de même espèce et de même timbre. **IV - 1** La manière dont on joue. *Jouer un jeu dangereux.* ➛ loc. *Jouer (un) double jeu* : agir de deux façons pour tromper. *Voir clair, lire dans le jeu de qqn ; percer le jeu de qqn,* deviner ses intentions. ➛ *Bien jouer son jeu* : conduire habilement son entreprise. *Faire le jeu de qqn* : servir involontairement ses intérêts. **2** Façon de jouer d'un instrument, d'une arme. « *Le jeu du flûtiste était d'une rectitude implacable* » (Giono). **3** Manière de jouer un rôle. *Le jeu d'un comédien.* ⇒ **interprétation.** ➛ *Jeu de scène* : ensemble d'attitudes qui concourent à un effet scénique. ♦ loc. adj. (inv.) VIEUX JEU : peu en accord avec la mode, le goût du jour. ⇒ **démodé.** *Elles sont vieux jeu.* ♦ Rôle, comédie qu'on joue. *Être pris à son propre jeu. Jouer le grand jeu* : déployer tous ses talents pour convaincre, séduire, arriver à ses fins. **4** Manière de mettre en œuvre. *Le jeu de mains d'un pianiste. Il avait* « *un jeu de jambes vertigineux* » (Queneau). ➛ *Jeu de physionomie* : mouvement des traits qui rend le visage particulièrement expressif à un moment donné. ♦ *Jeu de lumière* : combinaison de reflets mobiles et changeants. *Jeu d'orgue* : tableau électrique qui commande les éclairages, au théâtre. ➛ JEU D'EAU : combinaison de formes variées qu'on fait prendre à un ou plusieurs jets d'eau. *Les jeux d'eau de Versailles.* **V - 1** Mouvement aisé, régulier d'un objet, d'un organe, d'un mécanisme. ⇒ **fonctionnement.** *Jeu d'un ressort.* « *le jeu rapide des doigts dépeçant la viande* » (From.). **2** ⇒ ① **action.** *Par le jeu d'alliances secrètes. Les forces en jeu. Le jeu de l'offre* *et de la demande.* **3** Espace ménagé pour la course d'un organe, le mouvement aisé d'un objet. *Jeu du cylindre,* entre le piston et le couvercle ou le fond du cylindre. *Donner du jeu à un tiroir.* ♦ Défaut de serrage, d'articulation entre deux pièces d'un mécanisme. *Cette pièce a du jeu.*

jeudi n. m. – XIIe ; lat. *Jovis dies* « jour de Jupiter » ▪ Quatrième jour de la semaine, qui succède au mercredi. *Le jeudi saint,* qui précède Pâques. ➛ loc. fam. *La semaine des quatre jeudis :* jamais.

❑ Le jeudi était autrefois le jour de congé scolaire en France (remplacé aujourd'hui par le mercredi). « *Le lendemain, jeudi, les lycéens sont libres* » (Gide).

jeun (à) [aʒœ̃] loc. adv. – XIIIe ; lat. *jejunus* ▪ Sans avoir rien mangé, l'estomac vide. *Être à jeun.* « *Elle était à jeun et se sentait la tête un peu légère* » (Green). ✪ CONTR. Rassasié, repu, soûl.

jeune adj. et n. – XIe ; lat. *juvenis* **I** adj. **1** Qui est dans la jeunesse. *Il est encore bien jeune.* ⇒ **jeunet, jeunot.** « *Je suis jeune, il est vrai, mais aux âmes bien nées, La valeur n'attend pas le nombre des années* » (Corn.). *Le plus jeune des deux ; le plus jeune et l'aîné.* ⇒ **benjamin, cadet.** *Être encore jeune. Ils se sont mariés jeunes.* ➛ *Ce n'est plus un jeune homme, c'est un homme jeune. Un jeune cadre dynamique. Jeune et jolie.* ➛ *Faire plus jeune que son âge. Ils font jeunes,* ou advt *jeune.* ♦ Formé de personnes jeunes. *S'adresser à un public très jeune.* **2** *Jeune chat, jeune chien.* ➛ *Une jeune pousse.* **3** Nouveau, récent. *Un pays jeune. Une industrie jeune.* **4** Qui a les caractères physiques, moraux d'une personne peu avancée en âge. ⇒ **vert.** *Il est toujours jeune.* ➛ *Être jeune de caractère, d'esprit.* **5** Qui a la crédulité, l'ingénuité de la jeunesse. ⇒ **naïf.** « *nous étions donc si jeunes, tellement faciles à tromper !* » (Michelet). **6** Qui appartient aux personnes peu avancées en âge. « *les histoires de mon jeune temps* » (Duham.). **7** Qui présente les caractères de la jeunesse. *Allure jeune. Corps, visage jeune.* ♦ Qui convient, sied à la jeunesse. *Une coiffure jeune.* adv. *S'habiller jeune :* s'habiller comme les personnes jeunes. **8** Qui est relativement moins âgé que la plupart des personnes de même état. *Ses parents sont très jeunes.* **9** Qui est né après. ➛ (Opposé à *aîné*) ⇒ **cadet, junior.** « *Fromont jeune et Risler aîné* », *d'Alphonse Daudet.* ➛ (Opposé à *père, ancêtre*) → **fils.** *Dupont jeune.* subst. *Pline le Jeune et Pline l'Ancien.* **10** Qui est nouveau. *Jeunes mariés :* personnes récemment mariées. **11** fam. Qui est juste, insuffisant. ⇒ ① **court.** *Cent francs ! c'est un peu jeune.* ⇒ **léger.** **II** n. **1** Personne jeune. *Les jeunes.* → **adolescent, jeunesse.** *Tous, les jeunes, comme les vieux. Place aux jeunes ! Les jeunes d'aujourd'hui. Une bande de jeunes. Club, maison de jeunes. Maison des jeunes et de la culture. Film, émission pour les jeunes.* « *Les jeunes ne savent plus s'amuser gentiment* » (Bernanos). **2** rare Petit d'un animal. ⇒ **petit.** ✪ CONTR. Âgé, doyen, vieux. Aîné ; père ; ancien. — Vieillard.

jeûne n. m. – XIIe ▪ Privation volontaire de toute nourriture. ⇒ **abstinence ;** ① **diète.** ➛ *Le jeûne du ramadan.*

jeunement adv. – XIIIe ▪ *Cerf dix cors jeunement,* qui a ses dix cors depuis peu.

jeûner v. intr. [1] – XIIe ; lat. *jejunare* **1** Se priver volontairement de nourriture ou en être privé ; rester à jeun. *Le loir jeûne tout l'hiver. Faire jeûner un malade.* **2** Observer un jeûne rituel. « *J'ai prié sans relâche et jeûné quatre jours* » (Lec. de Lisle). ✪ CONTR. Alimenter (s'), ① manger.

❑ *Déjeuner* et *à jeun* ne prennent pas d'accent circonflexe sur le *u,* contrairement à *jeûne, jeûner* et *jeûneur.* → ① déjeuner (rem.).

jeunesse n. f. – XIIe **I** - **1** Temps de la vie entre l'enfance et la maturité. *L'adolescence, première partie de la jeunesse. Première, prime, tendre jeunesse.* ➛ *Péché, folie, erreur de jeunesse.* « *Au temps de ma jeunesse folle* » (Villon). *Une œuvre de jeunesse. Jeunesse studieuse. Il a eu une jeunesse difficile. Dans ma jeunesse.* « *Dis, qu'as-tu fait, toi que voilà, De ta jeunesse ?* » (Verlaine). ➛ *Seconde jeunesse :* sorte de nouvelle jeunesse des personnes d'âge mûr. « *un homme dans la force de sa seconde jeunesse* » (Tournier). **2** Période qui va de la naissance au développement complet des organes. *Les chats sont joueurs dans leur jeunesse.* **3** littér. Le premier temps qui suit la naissance, l'apparition. *La jeunesse du monde.* **4** Le fait d'être jeune. « *Rodrigue a du courage. – Il a trop de jeunesse* » (Corn.). ♦ Le fait d'exister depuis peu de temps. ⇒ **nouveauté.** « *La force des peuples barbares tient à leur jeunesse* » (Hugo). ➛ *Jeunesse d'un vin.* **5** État d'une personne jeune. *La fraîcheur, l'éclat de la jeunesse. L'idéalisme de la jeunesse.* **6** Ensemble de caractères propres à la jeunesse, mais qui peuvent se conserver jusque dans la vieillesse. *Il a encore beaucoup de jeunesse pour son âge.* ⇒ **fraîcheur, verdeur, vigueur.** *Air de jeunesse. La jeunesse de son sourire.* ➛ « *La plus belle des jeunesses : la jeunesse de l'esprit quand on n'est plus jeune* » (Léautaud). **II** - **1** Les personnes jeunes. *Aimer fréquenter la jeunesse.* « *Beaucoup de jeunesse. Ce sont eux qui vont faire changer le vieux monde* » (Le Clézio). *Jeunesse étudiante, agricole, ouvrière.* ♦ Les enfants et les adolescents. *Émissions, spectacles pour la jeunesse.* ➛ fam. *Roulez, jeunesse !* **2** fam. ou région. Fille ou femme très jeune. « *quelques jeunesses mal élevées étouffèrent un fou rire* » (Proust). ⇒ **tendron.** **3** au plur. Groupes organisés de jeunes gens. *Les jeunesses hitlériennes.* ✪ CONTR. Vieillesse. Sénilité.

jeunet, ette adj. – XIIe ▪ fam. Bien jeune. ⇒ **jeunot.** « *Tout petit, riant, jeunet, l'air d'un séminariste* » (Renard).

jeûneur, euse n. – XVIe ▪ Personne qui jeûne.

jeunot, otte adj. et n. m. – 1904 ▪ fam. Jeune. ⇒ **jeunet.** ➛ n. m. *Un petit jeunot.*

jigger [(d)ʒigœʀ ; (d)ʒigɛʀ] n. m. – XIXe ; mot angl. « cribleur » ▪ Transformateur pour coupler les circuits radioélectriques.

jingle [dʒingœl] n. m. – 1967 ; mot angl. « son de cloche » ▪ Motif sonore court employé pour introduire ou accompagner une émission (→ **indicatif**) ou un message publicitaire. ➛ Recomm. offic. *SONAL.*

jiu-jitsu [ʒjyʒitsy] n. m. – 1906 ; mot jap. « art de la souplesse » ▪ Technique japonaise de combat sans armes. *Le jiu-jitsu a donné naissance au judo. Des jiu-jitsus.*

joaillerie n. f. – XVe **1** Art de monter les pierres précieuses ou fines pour en faire des joyaux. **2** Métier, commerce du joaillier. ➛ Marchandise du joaillier. « *un de ces bijoux de grosse joaillerie commune* » (Zola). **3** Atelier, magasin de joaillier. ⇒ **bijouterie.**

joaillier, ière n. – XIVe ▪ Personne qui fabrique des joyaux, qui en fait commerce. *Bijoutier-joaillier.*

job [dʒɔb] n. m. – XIXe ; mot angl. ▪ fam. Petit travail rémunéré. *Étudiant qui cherche un job pour l'été.* ➛ Tout travail, emploi rémunéré. ⇒ ② **boulot.** *Il a un bon job.*

jobard, arde adj. et n. – XVIe ; du moy. fr. *job* « gosier » ou de *Job,* personnage biblique qui eut à subir de nombreuses railleries ▪ Crédule jusqu'à la bêtise. ⇒ **naïf, niais.** *Il est vraiment jobard.* ♦ n. « *toutes les sociétés sont formées de jobards* » (Huysm.). ✪ CONTR. Malin.

❑ Le verlan *barjo* « un peu fou » est courant dans le langage familier.

jobardise ou **jobarderie** n. f. – XIXe ▪ Caractère, comportement de jobard. ⇒ **crédulité, niaiserie.** « *L'attendre plus longtemps serait pure niaiserie, complaisance indigne, jobarderie* » (Duham.).

jocasse n. f. – XVIIIe ; p.-ê. germ. *juk* « perchoir » (→ jucher) ou de *jacasse* « pie » ▪ Grosse grive, appelée aussi *litorne.*

jockey n. m. – XVIIIe ; mot angl. ▪ Personne dont le métier est de monter les chevaux dans les courses. ⇒ **cavalier.** *Casquette, casaque de jockey.* ➛ *Une femme jockey.* ➛ fam. *Régime jockey :* régime alimentaire qui ne fait pas grossir (comme celui des jockeys) ; alimentation insuffisante.

jocrisse n. m. – XVIe ; p.-ê. moy. fr. *joquerus* « homme mou, niais » ▪ vx Benêt qui se laisse mener. ⇒ **niais, nigaud ; jobard.**

jodhpur n. m. – 1939 ; de *Jodhpur,* ville du Rajasthan ▪ Pantalon serrant la jambe du genou au pied. *Elle portait un jodhpur, des jodhpurs.*

❑ Ce vêtement a été importé de l'Inde par les officiers anglais qui le portaient pour monter à cheval.

jodler → **iodler**

jogger [dʒɔge] v. intr. [1] – 1978 ▪ Pratiquer le jogging.

joggeur, euse [dʒɔgœʀ, øz] n. – 1978 **1** Personne qui pratique le jogging. **2** n. m. Chaussure de sport basse adaptée au jogging.

jogging [(d)ʒɔgiŋ] n. m. – 1974 ; mot angl., de *to jog* « trottiner » **1** Course à pied, à allure modérée, sans esprit de compétition (⇒ **footing).** *Il fait son jogging tous les matins.* **2** Survêtement. *Être en jogging.*

johannique adj. – XIXe ; lat. *Johannes* « Jean » ▪ Relatif à l'apôtre Jean. *L'Évangile johannique.*

johannite n. et adj. – XIXe ▪ Membre d'une secte chrétienne d'Orient, où le baptême se fait au nom de saint Jean-Baptiste.

joie n. f. – XIe ; lat. *gaudia* **1** Émotion agréable et profonde, sentiment exaltant. *Joie calme, sereine.* « *Une joie profonde et inavouable inondait son cœur* » (Maupass.). *Joie intense, extrême.* ⇒ **allégresse, ravissement.** *Joie délirante. Joie sans mélange. Être au comble de la joie. Être fou de joie. Fête où règne la joie.* ➛ *Mettre en joie.* ➛ *Manifestations de joie.* ⇒ ② **rire,** ② **sourire ; entrain, gaieté.** *La joie éclate sur son visage* (⇒ **radieux, rayonnant, réjoui).** *Communiquer sa joie. Sauter de joie. Crier, pleurer de joie. Des yeux qui pétillent de joie. L'*« *Hymne à la joie* », *de Beethoven.* ➛ *Respirer la joie de vivre.* « *Le progrès pour lui c'était la joie de vivre* » (Giono). *Quand aurai-je la joie de vous revoir ?* ⇒ ① **plaisir.** *Nous avons la grande joie de vous annoncer... Accepter avec joie. À ma grande joie.* ➛ loc. fam. *C'est pas la joie !* la situation est difficile. **2** Cette émotion liée à une cause particulière. *Quelle joie d'être ici !* « *Il y a de merveilleuses joies dans l'amitié* » (Alain). *Se faire une joie de :* se réjouir d'une chose actuelle ou attendue. au plur. *Les joies de la vie.* ⇒ **plaisir, satisfaction. 3** Cause de joie. « *Enfants, ma seule joie en mes longs déplaisirs* » (Rac.). ⇒ **consolation. 4** (iron.) plur. Ennuis, désagréments. *Encore une panne, ce sont les joies de la voiture !* ✪ CONTR. ② Chagrin, désespoir, peine, tristesse.

❑ Pour le sens → gaieté (rem.).

joignable adj. – XXe ▪ Que l'on peut joindre, avec qui l'on peut entrer en contact. *Il n'est pas joignable ce matin.* ✪ CONTR. Injoignable.

joindre v. [49] – XIe ; lat. *jungere* **I** v. tr. **1** Mettre (des choses) ensemble, de façon qu'elles se touchent, ou tiennent ensemble. ⇒ **ajuster, assembler, unir.** *Joindre bout à bout :* aboucher, ajointer. *Joindre les deux bouts* (du mois) : équilibrer son budget. « *À chaque inventaire annuel, ils joignaient à peu près les deux bouts* » (Zola). *Ne pas pouvoir joindre les deux bouts.* ➛ *Joindre les mains,* les mettre en contact paume contre paume. *Il* « *joignait les talons, s'inclinait assez bas* » (Romains). **2** Mettre en communication (deux ou plusieurs choses). *Isthme qui joint deux continents.* ⇒ **relier, réunir. 3** Mettre ensemble. ⇒ **rassembler, réunir.** *Il nous faut joindre nos efforts.* ⇒ **conjuguer, unir. 4** JOINDRE À : mettre avec. ⇒ **ajouter.** *Joindre une pièce au dossier* (⇒ aussi **insérer).** *Joindre une enveloppe timbrée pour la réponse. Joindre l'utile à l'agréable. Joindre le geste à la parole.* ♦ Unir (tel caractère à tel autre). *Joindre la force à la beauté.* ➛ pronom. *La gloire* « *est au comble, quand l'admiration s'y joint* » (Volt.). **5** Entrer en communication, prendre contact avec (qqn). *Je n'arrive pas à le joindre.* ⇒ ① **toucher.** « *qu'on le joigne où il est* [...] *et qu'on lui demande de passer immédiatement ici* » (Anouilh). *Joindre qqn par téléphone.* **6** v. pron. SE JOINDRE À : se mettre, aller avec (qqn). ⇒ se **réunir,** s'**unir.** *Pourquoi ne pas vous joindre à nous ? Se joindre aux manifestants.* ➛ *Mon mari se joint à moi pour vous envoyer tous nos vœux.* ➛ Prendre part à. ⇒ s'**associer, participer** (à). *Se joindre à la conversation.* **II** v. intr. Se toucher sans laisser d'interstice. *Planches qui joignent bien* (⇒ **jointif).** ✪ CONTR. Disjoindre, ① détacher, isoler, séparer. Éloigner.

① **joint, jointe** adj. – XIe **1** Qui est, qui a été joint. ➛ *Sauter à pieds joints. Mains jointes pour la prière.* ➛ *Pièces solidement jointes.* ♦ Dont les éléments sont bien joints (⇒ **fermé),** bien assemblés. « *une cabane dont les murs sont de pierres mal jointes, sans ciment* » (Lamart.). **2** Mis ensemble, avec. *Efforts joints* (⇒ **conjugué).** ➛ *Compte joint :* compte bancaire qui a plusieurs titulaires. ♦ JOINT À. ⇒ **ajouté.** *Chèque joint à une lettre. Clause jointe à un traité.* **3** CI-JOINT : joint ici même, joint à ceci (⇒ ① **ci).** *Lettre ci-jointe. Documents ci-joints. Vous trouverez ci-jointe la copie.* ➛ adv. *Vous trouverez ci-joint copie du document.* ✪ CONTR. Disjoint, séparé.

② **joint** n. m. – XIIIe **1** Ligne, surface où se rejoignent les éléments d'un assemblage. **2** Espace qui subsiste entre des éléments joints. *Remplir un joint avec du plâtre* (⇒ **ruiler).** *Joints d'une fenêtre.* **3** *Chercher, trouver le joint,* le moyen de résoudre une difficulté. « *Il se disait* [...] *Je vais chercher un joint. Il ne trouva pas de joint et ne dit rien* » (Maupass.). **4** Articulation entre deux pièces mécaniques. **5** Garniture assurant l'étanchéité d'un assemblage. *Joint de robinet.* ➛ *Joint de culasse :* plaque métallique souple interposée entre le bloc-carter des cylindres et l'ensemble des culasses.

③ **joint** n. m. – v. 1970 ; mot arg. angl. ▪ fam. Cigarette de haschisch. « *Ils ont bu des cafés, ils ont fumé un joint, puis ils sont partis* » (Le Clézio).

❑ L'anglais *joint* (lui-même emprunté au français) a pris le sens de « lieu de rencontre plus ou moins illégal », d'où la « cigarette de haschisch », dans le milieu des drogués.

jointé, ée adj. – XVIe ▪ *Cheval court-jointé, long-jointé,* dont le paturon est trop court, trop long (par rapport au canon).

jointif, ive adj. – XIIe ▪ Qui est joint, qui est en contact par les bords. *Planches jointives.* ➛ Dont les éléments sont joints. *Cloison jointive,* et subst. *une jointive.*

jointoiement n. m. – XIXe ▪ Action de jointoyer ; résultat de cette action.

jointoyer v. tr. [8] – XIIe ▪ Traiter (une maçonnerie, un mur) de sorte que les joints en affleurent exactement le parement. « *ces murs de pierre admirablement jointoyés* » (Claudel).

jointoyeur n. m. – 1906 ▪ Ouvrier, maçon qui effectue les jointoiements.

jointure n. f. – XIe 1 Endroit où les os se joignent. ⇒ **articulation.** « *Ce matin, mes jointures craquent douloureusement, mes plaies se contractent, mes muscles sont au bord de la crampe* » (Tournier). 2 Endroit où deux parties se joignent ; façon dont elles sont jointes. *Jointure étanche.*

① **jojo** n. m. – v. 1973 ; du nom d'un personnage créé par le dessinateur Ami ▪ *Un affreux jojo* : enfant insupportable, garnement. *Une bande d'affreux jojos.*

② **jojo** → **joli**

jojoba n. m. – 1958 ; mot esp. du Mexique ▪ Arbuste des déserts du Mexique et de Californie dont les graines produisent une cire utilisée en pharmacie et en cosmétique. *Shampoing au jojoba.*

joker [(d)ʒɔkɛʀ] n. m. – 1912 ; mot angl. « farceur » ▪ Carte à jouer à laquelle le détenteur attribue telle ou telle valeur. ➛ loc. fig. *Sortir son joker* : se sortir d'une situation embarrassante par un moyen inattendu.

joli, ie adj. – XIIe ; probablt germ. *jôl*, nom d'une grande fête 1 Très agréable à voir. ⇒ **gracieux, mignon.** « *Elle était mieux que jolie, elle était charmante* » (Sand). *Jolie fille. Jolie femme. Jolie comme un cœur* : très jolie. *Il est joli garçon. Avoir de jolies jambes.* ➛ abrév. fam. inv. JOJO. *Elles sont pas jojo !* ♦ *Une jolie maison.* ⇒ ① **beau, charmant, ravissant.** *Jolie vue. Aimer les jolies choses. De jolis mouvements.* ⇒ **gracieux, harmonieux.** ➛ Très agréable à entendre. *Jolie voix. Jolie chanson.* ♦ subst. *Le joli et le beau.* ➛ adv. *Faire joli.* ⇒ ① **bien.** *Ça fait joli.* 2 fam. Digne de retenir l'attention. *De jolis bénéfices.* ⇒ **considérable, coquet.** « *En revendant à terme, cela ferait un joli magot* » (Aragon). *Réussir un joli coup. Bravo, joli !* ➛ loc. *C'est bien joli, mais...* : ce n'est pas sans intérêt, mais malgré tout... *Ce n'est pas joli joli* : c'est condamnable. « *C'est pas joli joli la guerre, ça non* » (Perec). 3 Amusant, plaisant. *Selon le joli mot de Voltaire.* 4 par antiphr. *Un joli monsieur, un joli coco* : un individu peu recommandable. *Nous voilà dans un joli pétrin. Du joli travail.* ➛ *C'est joli de dire du mal des absents !* ➛ n. m. *C'est du joli !* c'est mal. *Ça va faire du joli.* ⇒ **vilain.** ✪ CONTR. Laid.

joliesse n. f. – XIXe ▪ littér. Caractère de ce qui est joli, délicat. ⇒ **beauté.** « *Elle n'était pas jolie de la joliesse qu'on veut chez les fillettes de cet âge* » (Verlaine). ✪ CONTR. Laideur.

joliment adv. – XIIIe 1 D'une manière jolie, agréable. ⇒ ① **bien.** *Compliment joliment tourné. Maison joliment décorée.* ➛ par antiphr. *Tu l'es joliment arrangé !* 2 D'une façon considérable. ⇒ **beaucoup,** ① **bien.** « *Eugénie, qui arrondit joliment sa pelote* » (Balz.). ✪ CONTR. ② Mal.

> ❑ Pas de *e* après le *i* comme dans *poliment* et *vraiment*, contrairement à *gaiement.*

jonc [ʒɔ̃] n. m. – XIIe ; lat. *juncus* 1 Plante herbacée *(joncacées)*, à hautes tiges droites et flexibles, qui croît dans l'eau, les marécages. 2 La tige elle-même du jonc (employée dans la vannerie). *Corbeille, panier de jonc. Natte en jonc tressé.* 3 Canne, badine (de jonc, etc.). *Il* « *fouettait l'air avec un jonc dont la pomme d'or brillait* » (Balz.). 4 Bague, bracelet dont le cercle est partout de même grosseur. ♦ arg. L'or (métal). ➛ Argent. ⇒ **fric.** *Avoir du jonc.*

jonchaie n. f. – XVIIIe ▪ Lieu où poussent des joncs. ⇒ **joncheraie, jonchère.** ✪ HOM. Jonchet.

① **jonchée** n. f. – XIIe ▪ Grande quantité d'objets qui jonchent le sol. « *une jonchée de très fins squelettes végétaux* » (Gracq).

② **jonchée** n. f. – XIVe ▪ Petit fromage fait dans un panier de jonc.

joncher v. tr. [1] – XIe ; de *jonc* 1 Parsemer de branchages, de feuillages, de fleurs. « *Les roses jonchaient la terre* » (Loti). 2 Couvrir d'objets jetés ou répandus en grande quantité. « *le monceau de revues qui jonchaient une table de faux ébène* » (Green). ➛ « *talus jonchés de papiers blancs et d'éclats de verre* » (Le Clézio).

joncheraie n. f. – 1926 ▪ Lieu où poussent des joncs. ⇒ **jonchaie, jonchère.**

jonchère n. f. – XIIIe ▪ Lieu où poussent des joncs. ⇒ **jonchaie, joncheraie.** ➛ Grosse touffe de joncs sur pied.

jonchet n. m. – XVe ; de *jonc* ▪ Chacun des bâtonnets de bois, d'os, qu'on joue à jeter pêle-mêle pour les retirer ensuite un à un sans faire bouger les autres. ⇒ **mikado.** ✪ HOM. Jonchaie.

jonction n. f. – XIVe ; lat. *junctio* 1 Action de joindre une chose à une autre ; le fait d'être joint. ⇒ **assemblage, réunion.** *Jonction de deux tuyaux. Point de jonction.* 2 Action par laquelle deux choses entrent, sont mises en contact. ⇒ ① **rencontre.** *Jonction de deux routes, de deux voies de chemin de fer. Ligne aérienne faisant la jonction entre deux villes.* ⇒ **liaison.** *Jonction de deux circuits électriques.* ♦ *À la jonction des deux routes.* 3 Action de se joindre. *Les deux fusées ont effectué leur jonction.* 4 Contact entre deux semi-conducteurs de type différent permettant le redressement du courant (⇒ **diode**). ✪ CONTR. Disjonction, séparation.

jongler v. intr. [1] – XIIe ; lat. *joculari* « plaisanter » 1 Lancer en l'air plusieurs objets qu'on reçoit et relance alternativement. *Clown qui jongle avec des boules, des cerceaux, des torches.* 2 *Jongler avec* : manier de façon adroite et désinvolte. ⇒ **jouer.** *Jongler avec les chiffres. Jongler avec la loi.*

jonglerie n. f. – XIIe 1 rare Art du jongleur. 2 Exercice de virtuosité pure. « *d'habiles jongleries verbales* » (Maurois).

jongleur, euse n. – XIIe 1 Ménestrel qui récitait ou chantait des vers, en s'accompagnant d'un instrument. ⇒ **troubadour.** 2 Personne dont le métier est de jongler. 3 fig. *Hugo* « *l'étourdissant jongleur de mots* » (Henriot).

jonque n. f. – XVIe ; javanais *(d)jong* ▪ Voilier d'Extrême-Orient, dont les voiles de nattes ou de toile sont cousues sur de nombreuses lattes horizontales en bambou. *Le port* « *bourré de jonques et de sampans qui servent d'habitations à des familles entières* » (Robbe-Grillet).

jonquille n. f. et adj. inv. – XVIe ; esp. *junco* « jonc » 1 n. f. Variété de narcisse à fleurs jaunes, dont les feuilles rappellent celles du jonc. ➛ La fleur elle-même. *Bouquet de jonquilles.* 2 adj. inv. De la couleur (jaune vif) de cette fleur. *Des gardes* « *habillés de gris avec des ceintures jonquille* » (Cl. Simon).

jota [xɔta] n. f. – XIXe ; mot esp. 1 Danse populaire espagnole, à trois temps. *L'orchestre* « *commença à jouer les jotas et les fandangos indigènes* » (Sand). 2 Phonème guttural [x] noté *j*, consonne espagnole.

> ❑ Le nom de la danse pourrait venir du castillan *sotar* « danser » ou de l'arabe *satha* « danse ». ♦ Le nom de la lettre vient du grec *iôta* « iota ».

jottereau n. m. – XVIIe ; a. fr. *jotte* « joue (d'un vaisseau) » ▪ Pièce de bois dur ou de tôle fixée de chaque côté d'un mât.

jouable adj. – XVIIIe 1 Qui peut être joué. *Cette pièce n'est pas jouable.* 2 Qui peut être joué avec quelque chance de succès. *Le coup est jouable.* – *C'est jouable :* cela peut être tenté. ⇒ **faisable, possible.** ✪ CONTR. Injouable.

joual n. m. – av. 1920 ; prononc. pop. de *cheval* dans certaines régions de l'ouest de la France et au Québec ■ Mot utilisé au Québec pour désigner globalement les écarts (phonétiques, lexicaux, syntaxiques ; anglicismes) du français populaire canadien. *Des jouals. Parler joual.*

joubarbe n. f. – XIIe ; lat. *Jovis barba* « barbe de Jupiter » ■ Plante grasse *(crassulacées),* à feuilles charnues groupées en rosette d'où s'élève une panicule de fleurs roses ou jaunâtres. *La joubarbe des toits.* ⇒ **artichaut** (sauvage). « *La joubarbe se cramponne dans le ciment* » (Chateaub.).

joue n. f. – XIe ; p.-ê. prélat. *gaba* « jabot, gosier » 1 Partie latérale de la face s'étendant entre le nez et l'oreille, du dessous de l'œil au menton. *Joues creuses. Joue pendante.* ⇒ **abajoue, bajoue.** *Avoir de bonnes joues* (⇒ **joufflu**). *Joues pâles, roses. Le rouge lui montait aux joues. Danser joue contre joue.* « *ils se déposaient mutuellement sur les deux joues des bécots sonores* » (Queneau). – *Présenter, tendre l'autre joue :* s'exposer volontairement à un redoublement d'outrages. ♦ loc. *Coucher, mettre en joue un fusil,* contre la joue, pour tirer. ⇒ **épauler.** – *En joue !* commandement militaire pour la position de tir. – *Mettre* (une cible) *en joue,* la viser. 2 Partie latérale de la tête de certains animaux. *Joue de bœuf.* 3 *Joue d'un fauteuil,* panneau latéral entre le siège et les bras. ♦ *Joues d'un navire,* partie renflée de l'avant, sur le côté. ✪ HOM. Joug.

jouée n. f. – XIIe ; de *joue* ■ Épaisseur de mur dans l'ouverture d'une porte, d'une fenêtre. ✪ HOM. Jouer.

jouer v. [1] – XIe ; lat. *jocari* « badiner, plaisanter » I v. intr. 1 Se livrer au jeu. ⇒ s'**amuser.** *Enfants qui jouent dans la rue. Allez jouer ailleurs ! Ce n'était pas sérieux, c'était pour jouer.* ⇒ **plaisanter,** ① **rire.** ♦ « *des moires changeantes qui jouaient sur la mer* » (Loti). 2 *Meuble, panneau de bois qui joue,* dont l'assemblage ne joint plus exactement. « *les bois des volets et des portes avaient joué, et ne fermaient plus* » (Gaut.). ♦ Fonctionner à l'aise, sans frotter ni accrocher. *Faire jouer la clé dans la serrure.* 3 Intervenir, entrer, être en jeu. *La question d'intérêt ne joue pas entre eux. Une circonstance qui joue en faveur de qqn. Le temps joue contre lui. Cet argument joue à plein.* – *Faire jouer :* mettre en œuvre. *Faire jouer ses relations.* 4 Pratiquer un jeu déterminé. *Jouer bien, mal.* ♦ S'adonner aux jeux d'argent. *Il joue tous les soirs au casino.* ⇒ **flamber.** ♦ Agir, dans le jeu ; faire un coup. *À vous de jouer ;* fig. à vous d'agir. 5 Se servir d'un instrument de musique. *Jouer en mesure.* 6 Exercer l'activité d'acteur. « *On ne joue bien qu'en jouant avec son cœur* » (France). II (Avec une prép.) 1 JOUER AVEC. *Petite fille qui joue avec sa poupée.* ⇒ s'**amuser.** *Il joue avec un camarade.* – Manier, pour s'amuser ou distraitement. « *Tout en causant, Balzac jouait avec son couteau ou sa fourchette* » (Gaut.). – *Chat qui joue avec une souris.* – *Jouer avec les mots.* ⇒ **jongler.** – Exposer avec légèreté, imprudence. *Jouer avec sa santé.* 2 JOUER À (un jeu déterminé). « *Les agents jouaient aux cartes* » (Malraux). *Jouer aux échecs.* – *Jouer à faire des pâtés.* – (un sport) *Jouer au football, au tennis.* ⇒ **pratiquer.** ♦ Se livrer (à un jeu de hasard). *Jouer à la roulette.* – *Jouer aux courses, au tiercé, au loto. Jouer à la baisse, à la hausse :* spéculer sur la baisse, sur la hausse des valeurs boursières. ♦ Affecter d'être. *Jouer au généreux.* « *Joue à l'andouille* [...] *tu vas gagner* » (Giono). 3 JOUER SUR. ⇒ **spéculer.** *Jouer sur le cours des devises.* – loc. *Jouer sur du velours,* en étant sûr de gagner. – *Jouer sur la faiblesse d'autrui,* miser sur elle pour en tirer profit. – *Jouer sur les mots :* tirer parti des équivoques que créent les homonymies, les à-peu-près. 4 JOUER DE (qqch.) : se servir de (une chose, un instrument) avec plus ou moins d'adresse. *Jouer du couteau.* – *Jouer des jambes, des flûtes :* s'enfuir. *Jouer de la prunelle :* avoir un regard provocant. – *Savoir jouer du piano.* ⇒ ① **toucher.** ♦ Exploiter, tirer profit (de qqch.). *Jouer de son ascendant, de son infirmité.* III v. tr. 1 Pratiquer (un jeu). *Jouer le bridge-contrat.* ♦ Faire (une partie). *Jouer une partie de dames, un match de rugby. Équipe qui joue la finale.* – loc. fig. *C'est joué d'avance :* le résultat est certain. ♦ Mettre en jeu. *Jouer la balle* (tennis), *un pion* (dames, échecs), *une carte ; jouer pique.* – *Jouer une personne contre une autre,* favoriser l'une pour venir à bout de l'autre. 2 Hasarder, risquer au jeu. *Jouer ses derniers sous.* – loc. *Jouer gros jeu. Jouer mille francs sur un cheval.* ⇒ **miser, parier.** – *Jouer le tout pour le tout.* ⇒ **risquer.** *Jouer sa réputation, sa tête, sa vie.* ⇒ **exposer.** « *Jamais je n'ai joué aussi gros* » (Tournier). 3 vieilli Tromper en ridiculisant. ⇒ **berner, duper.** *J'étais* « *honteux de me sentir joué* » (Maurois). 4 Interpréter avec un instrument. ⇒ **exécuter.** *Jouer une sonate, un morceau.* – *Jouer du Mozart ; jouer Mozart.* 5 Représenter sur scène ou à l'écran. *Jouer une pièce, un opéra. Il joue en ce moment une comédie.* – *Faire jouer une pièce.* ♦ *Jouer un tour :* tromper, décevoir ; être néfaste. « *sans se méfier du tour que lui jouait le diable* » (Sand). *Il nous a joué un sale, un vilain tour.* ♦ *Jouer un film,* le projeter. – Passer (un film). *Qu'est-ce qu'on joue au cinéma du quartier ?* 6 Interpréter (une œuvre dramatique). *Acteur qui joue une pièce de Marivaux, du Marivaux.* – *Jouer dans un film.* – *Jouer la comédie :* affecter des sentiments qu'on n'a pas. ♦ *Jouer un personnage, un rôle.* ⇒ **incarner.** *Jouer Antigone. Jouer les victimes, les héros.* « *je jouais l'homme fatigué de la vie* » (Balz.). *Jouer l'innocence.* ⇒ **feindre.** IV SE JOUER v. pron. 1 *En se jouant :* très facilement. 2 SE JOUER DE (qqn, qqch.) : agir sur, sans se soucier des conséquences ; se moquer de. *Se jouer des difficultés,* les résoudre facilement. 3 Être joué (jeu, musique, théâtre...). *Ce jeu se joue à quatre.* ✪ HOM. Jouée.

jouet n. m. – XVIe 1 Objet dont les enfants se servent pour jouer. ⇒ **jeu, joujou.** *Jouets éducatifs. Marchand de jouets. Rayon des jouets d'un grand magasin.* 2 Personne, chose qui semble livrée à une volonté, une force extérieure. *Être le jouet du destin ; d'une illusion.*

jouette adj. – d. i. ■ (Belgique) Qui ne pense qu'à jouer. *Cet enfant est jouette.*

joueur, joueuse n. – XIIe 1 Personne qui joue à un jeu, qui pratique un sport. JOUEUR DE... *Joueur de boules, de tennis. Joueur de cartes. Un grand joueur d'échecs.* – adj. Qui aime jouer. 2 Personne qui joue à des jeux d'argent, qui a la passion du jeu (⇒ **flambeur**). « *Ce que les joueurs regrettent par-dessus tout, d'ordinaire, c'est moins la perte de leur argent que celle de leurs folles espérances* » (J. Verne). – adj. *Un jeune homme* « *joueur, prodigue et querelleur* » (Beaum.). 3 loc. BEAU JOUEUR : personne qui accepte loyalement sa défaite. *Se montrer beau joueur.* ⇒ **fair-play.** *Mauvais joueur.* 4 Personne qui joue d'un instrument. *Joueur de cornemuse.*

> ❑ Au sens d'« instrumentiste », on dit *joueur de* quand le nom de l'instrument n'est pas très courant ou qu'il n'existe pas de nom spécifique pour désigner le musicien : on ne dit pas *joueur de piano* mais *pianiste.*

joufflu, ue adj. – XVIe ■ Qui a de grosses joues. *Un bébé joufflu. Visage joufflu.* subst. « *C'était une grosse joufflue* » (Lesage).

joug [ʒu] **n. m.** – XIIe ; lat. *jugum* **1** Pièce de bois qu'on met sur la tête ou l'encolure des animaux de trait. *Joug simple,* pour une seule bête. *Joug double.* **2** Contrainte matérielle ou morale qui entrave ou aliène la liberté. *Le joug des préjugés, de la loi. Le joug du mariage.* ⇒ **chaîne, collier.** *Mettre sous le joug :* asservir. *Tomber sous le joug de qqn,* en son pouvoir. *Secouer le joug :* se révolter. **3** Chez les Romains, Pique attachée horizontalement sur deux autres fichées en terre et sous laquelle on faisait passer les vaincus. **4** Fléau d'une balance. ✪ CONTR. (du 2°) Indépendance, liberté. — HOM. Joue.

jouir **v. tr. ind.** [2] – XIe ; lat. *gaudere* « se réjouir » **I - 1** *JOUIR DE :* tirer plaisir, agrément (de qqch.). ⇒ **apprécier,** ① **goûter, savourer.** *Jouir de la vie. Jouir de sa réussite.* ➛ *Jouir d'un bien,* en percevoir les fruits. ⇒ **jouissance, usufruit. 2** Éprouver le plaisir sexuel **(⇒ orgasme).** « *Je veux que tu jouisses en même temps que moi, dit-il* » (Beauv.). ♦ fam. Éprouver un vif plaisir. *Il jouit de nous ridiculiser.* **II** *JOUIR DE.* Avoir la possession (de qqch.). ⇒ ① **avoir, posséder.** *Jouir d'une bonne santé.* « *il jouissait d'un beau physique* » (Balz.). ➛ *Jouir d'un droit,* en être titulaire. ♦ *Appartement qui jouit d'une belle vue.* ✪ CONTR. Pâtir, souffrir ; manquer (de).

jouissance **n. f.** – XVe **1** Plaisir que l'on goûte pleinement. ⇒ **satisfaction.** *Les jouissances de l'esprit.* ⇒ **joie.** *Jouissance des sens, de la chair.* ⇒ **volupté.** ➛ Plaisir sexuel. *Atteindre la jouissance.* ⇒ **orgasme. 2** Action de disposer d'une chose, d'en tirer les satisfactions qu'elle procure. *La jouissance d'un jardin.* ⇒ **usage.** *Avoir la jouissance d'un passage privé.* ♦ *Avoir la jouissance d'un bien.* ⇒ **usufruit. 3** Fait d'être titulaire (d'un droit). ♦ Droit de percevoir les fruits d'un bien. *Abus de jouissance.* ✪ CONTR. Abstinence, ascétisme, non-jouissance, privation.

jouissant, ante **adj.** – XIIe ▪ vx Qui procure du plaisir. ⇒ **jouissif.** « *Une femme du grand monde. Ça doit être jouissant* » (Sartre).

jouisseur, euse **n.** – XVIe ▪ Personne qui ne songe qu'aux jouissances matérielles de la vie. ⇒ **épicurien, viveur.** « *Je ne suis au fond qu'un jouisseur délicat, intelligent et difficile* » (Maupass.). ➛ **adj.** *Elle est jouisseuse.* ✪ CONTR. Ascète.

jouissif, ive **adj.** – 1963 ▪ Qui procure un vif plaisir. *Spectacle jouissif. Être applaudi, c'est jouissif.*

joujou **n. m.** – XVe ▪ lang. enfantin **1** *FAIRE JOUJOU :* jouer. **2** Jouet. « *Tous les enfants parlent à leurs joujoux* » (Baudelaire). **3** Se dit d'une mécanique très perfectionnée, dont l'acquisition semble être un luxe. ⇒ **bijou.** *Son ordinateur est son nouveau joujou.*

joule **n. m.** – XIXe ; n. pr. ▪ Unité de mesure de travail, d'énergie et de quantité de chaleur (symb. J). *Une calorie vaut environ 4,18 joules.*

❑ J. P. *Joule* est un physicien anglais du XIXe siècle.

jour **n. m.** – XIe ; lat. *diurnum* **I - 1** Clarté que le soleil répand sur la terre. *Lumière du jour* **(⇒ diurne).** *Le jour se lève. La pointe du jour.* ⇒ ① **aube, aurore.** « *Elle était la première levée le matin, déjà prête au point du jour* » (Cl. Simon). *Le petit jour :* la faible clarté de l'aube. *Il fait jour, tout à fait jour. En plein jour :* en pleine lumière ; au milieu de la journée. ➛ *Le jour baisse. Tombée du jour.* ⇒ **crépuscule, soir.** poét. *L'astre du jour :* le soleil. ♦ loc. *Beau (belle) comme le jour :* très beau. *C'est le jour et la nuit :* ce sont deux choses, deux personnes complètement opposées. **2** *Donner le jour à un enfant,* le mettre au monde. ⇒ **naissance ; enfanter.** *Voir le jour.* ⇒ **naître.** ➛ *Ce livre ne verra jamais le jour.* **3** Source de lumière naturelle qui permet de voir. *Laisser entrer le jour dans une pièce. Regarder les couleurs à la lumière du jour. Se placer contre le jour.* ⇒ **contre-jour.** ➛ *Étaler au grand jour,* aux yeux de tous, sans se cacher. **4** Éclairage montrant un aspect particulier. ⇒ **apparence.** ➛ *SOUS UN JOUR. Montrer (qqch., qqn) sous un jour favorable, nouveau.* « *Vos amis vous connaissent sous votre véritable jour* » (Aymé), tel que vous êtes. ♦ *FAUX JOUR :* mauvais éclairage. **II - 1** Ouverture qui laisse passer le jour. *Percer un jour dans une muraille.* ➛ « *Une cloison assez mal jointe pour laisser entre les planches qui la forment plusieurs jours* » (Sade). **2** Vide décoratif dans un tissu. *Faire des jours à un mouchoir.* **3** *À JOUR.* ⇒ **ajouré.** *Clôture à jour.* ⇒ **claire-voie. 4** *SE FAIRE JOUR.* ⇒ **apparaître.** *La vérité commence à se faire jour.* **III - 1** Espace de temps entre le lever et le coucher du soleil. ⇒ **journée.** *Le début* **(⇒ matin),** *le milieu* **(⇒ midi),** *la fin* **(⇒ soir)** *du jour. Les jours raccourcissent, rallongent.* ♦ *DE JOUR :* pendant le jour. *Travailler de jour.* Qui a lieu le jour. *Service de jour.* ⇒ **diurne.** ♦ *Nuit et jour ; jour et nuit :* continuellement. **2** Espace de temps qui s'écoule pendant une rotation de la Terre sur elle-même et qui sert d'unité de temps (24 heures). *C'est à un jour de marche.* ➛ *Jour solaire :* durée de la révolution apparente du Soleil autour de la Terre. *Jour civil,* de minuit à minuit. *Le jour de l'An :* le 1er janvier. *Les sept jours du calendrier grégorien* **(⇒ semaine).** *Quel jour sommes-nous ?* ➛ poét. *LE JOUR, LES JOURS,* symbole du Temps. « *l'angoisse de la fuite des jours* » (Loti). **3** (Employé pour situer un événement dans le temps). ⇒ **date.** *Le jour d'avant* **(⇒ veille),** *d'après* **(⇒ lendemain).** *Il y a un jour* **(⇒ hier) ;** *dans un jour* **(⇒ demain).** *Dans huit jours. Il y a un an, jour pour jour. À jour fixe.* ➛ *Ce jour-là. À ce jour :* aujourd'hui. ➛ *L'autre jour :* un jour récent. ➛ loc. *UN JOUR :* autrefois, dans le passé ; dans l'avenir. *Un de ces jours :* dans un avenir imprécis. *Un jour ou l'autre :* tôt ou tard. « *Je savais bien que tu viendrais voir ton oncle un jour ou l'autre* » (J. Verne). *CHAQUE JOUR. La tâche, la pratique de chaque jour.* ⇒ **journalier, quotidien.** ➛ *TOUS LES JOURS. Choses qui arrivent tous les jours,* couramment. *De tous les jours :* habituel, ordinaire. *Les habits de tous les jours.* ➛ *JOUR APRÈS JOUR :* quotidiennement. ➛ *DE JOUR EN JOUR :* peu à peu. ⇒ **graduellement.** *La situation s'améliore de jour en jour.* ➛ *D'UN JOUR À L'AUTRE :* incessamment. *Nous l'attendons d'un jour à l'autre.* ♦ Le jour où l'on est, où l'on parle. *À dater de ce jour.* ⇒ **aujourd'hui.** ➛ *DU JOUR :* du jour même. *Nouvelles du jour. Le plat du jour. Des œufs du jour,* pondus le jour même. ➛ *La fête, l'office du jour.* ➛ *Du jour au lendemain :* d'un moment à l'autre, sans transition. ➛ *À JOUR :* au courant ; en tenant compte des données nouvelles, des obligations. *Mettre à jour un dictionnaire.* ⇒ **actualiser.** *Être à jour dans son travail* (opposé à *être en retard*). *Tenir ses comptes à jour.* **4** Durée d'un jour. ⇒ **journée.** *En peu de jours.* « *Cinquante ans passent comme un jour dans le sommeil de l'âme* » (Sand). ➛ *PAR JOUR :* dans une journée. *Une, plusieurs fois par jour.* ♦ *AU JOUR LE JOUR.* « *C'était cette vie au jour le jour qui exaspérait Félicité* » (Zola). ♦ *DE JOUR,* se dit d'un service de vingt-quatre heures. *L'officier de jour. Il est de jour.* **5** (Considéré d'après les caractères ou les événements qui le remplissent) ⇒ **journée.** ➛ *Jours d'orage, de gelée.* ➛ *Le jour de Pâques. Le jour des Rois :* l'Épiphanie. *Jour du Seigneur :* le sabbat ; le dimanche. *Jour férié. Jours ouvrables.* ➛ *Jours d'arrêt, de prison.* ➛ *Jour de travail, de fermeture, de repos, de sortie.* ♦ *On lui doit quinze jours* (de travail, de salaire). ♦ *Jours de deuil, de malheur, de joie. Jours critiques, jours heureux. Jour solennel ; grand jour.* « *Le jour de gloire est arrivé* » (La Marseillaise). *Jour historique. Le jour de qqn,* qui lui est favorable. *Rien ne va aujourd'hui, ce n'est pas mon jour. Le jour J,* fixé pour une opération militaire. ➛ *Il est dans son bon jour,* de bonne humeur. **6** Espace de temps, époque. ➛ *DU JOUR :* de notre époque. ⇒ **actuellement, aujourd'hui.** *Le goût du jour, l'homme du jour. C'est le héros du jour.* « *C'est l'homme du jour ! Madrid entier vibre de ses louanges* » (Artaud). ➛ loc. adv. *DE NOS JOURS* : à notre époque. ♦ *Un jour* : un court espace de temps, peu de temps. ⇒ **moment.** *Vedettes d'un jour.* **7** plur. ⇒ **vie.** *Couler des jours heureux. Abréger, finir ses jours. Vieux jours* : la vieillesse. ✪ CONTR. Nuit, obscurité.

❑ Ne pas confondre *mettre à jour* « actualiser » et *mettre au jour* « révéler ». Dans le premier cas, *jour* désigne une date, dans le second la lumière qui permet de voir.

journal, aux n. m. – XIIe **1** Relation quotidienne des événements ; écrit portant cette relation. *Tenir un journal intime. Écrire son journal.* ⇒ ② **mémoire.** « *il faisait un journal jour par jour, heure par heure, de tout ce qui se disait et se faisait autour de lui* » (Sand). « *Le Journal d'un curé de campagne* », de Bernanos. ➛ *Journal de bord* : compte rendu chronologique des données relatives à la navigation d'un navire, d'un avion. **2** Publication périodique donnant des informations spécialisées ou non. ⇒ **magazine.** *Journal de mode. Journaux d'enfants. Journal économique, financier.* ♦ Publication quotidienne consacrée à l'actualité. ⇒ **quotidien ;** fam. **canard.** *Le Journal officiel. Journal d'information. Journal régional. Journaux politiques. Le journal d'un parti.* ⇒ **organe.** *Les journaux du matin, du soir.* ➛ *Les titres, les colonnes d'un journal. Rédaction d'un journal* (⇒ **journaliste**). ➛ *S'abonner à un journal. Marchand de journaux. Kiosques à journaux.* ➛ *Papier journal.* ♦ Un exemplaire de journal. *Acheter, lire le journal, son journal.* « *il y avait un tas de journaux dépliés* » (Aragon). *Coupure de journal.* ♦ L'administration, la direction, les bureaux d'un journal. *Écrire au journal.* **3** Bulletin quotidien d'information. *Journal parlé* (radiodiffusé), *télévisé.* ➛ *Le journal de 20 heures.*

❑ La construction normale est *lire qqch. dans le journal ; lire qqch. sur le journal* est négligé.

journalier, ière adj. et n. – XVIe **1** Qui se fait chaque jour. ⇒ **quotidien.** *Travail, salaire journalier.* « *la matérialité des événements journaliers* » (Goncourt). **2** n. *Un journalier, une journalière* : ouvrier, ouvrière agricole payé(e) à la journée.

journalisme n. m. – XVIIIe **1** Métier de journaliste. *Faire du journalisme.* « *Le journalisme mène à tout – à condition d'en sortir* » (Janin). **2** Ensemble des journaux, des journalistes. ⇒ **presse.** **3** Le genre, le style propre aux journaux. *C'est du bon journalisme.*

journaliste n. – XVIIe **1** vieilli Celui qui fait, publie un journal. **2** Personne qui collabore à la rédaction d'un journal. ⇒ **rédacteur ; chroniqueur, correspondant, envoyé** (spécial), ② **reporter.** *Journaliste politique, sportif, scientifique. Mauvais journaliste.* ⇒ ① **folliculaire.** *Le papier d'un journaliste.* « *Un journaliste professionnel est un homme qui déforme les faits, consciemment ou non* » (Mauriac). *Journaliste de télévision, de radio.*

journalistique adj. – XIXe ▪ Propre aux journaux, à leur contenu. *Genre, style journalistique.* « *cette formule journalistique et pleine de charlatanisme* » (Balz.). ♦ Propre à la presse. *Carrière journalistique.*

journée n. f. – XIIe **1** Espace de temps qui s'écoule du lever au coucher du soleil. ⇒ **jour.** « *Indulgent et sociable encore pendant la journée, il était impitoyable le soir* » (Baudelaire). *Demi-journée* (⇒ **matinée ; après-midi**). *Dans la journée d'hier. Perdre sa journée.* ➛ loc. *À longueur de journée ; toute la journée, la sainte journée.* ⇒ **continuellement.** *En fin de journée.* ➛ *Une belle journée d'automne. Journée historique. Journée d'émeute. Les journées de juillet 1830* : les Trois Glorieuses. *La journée a été chaude* : la bataille, l'épreuve a été rude. *Une rude journée nous attend.* **2** *Journée (de travail)* : le travail effectué pendant la journée. ➛ loc. *Journée continue*, où le travail n'est pas (ou est à peine) interrompu pour le repas, et qui se termine plus tôt. *Faire la journée continue. Travailler, être payé à la journée.* ⇒ **journalier.** ♦ Salaire journalier. *Se faire de bonnes journées.* ➛ iron. *Il a gagné sa journée* : il aurait mieux fait de s'abstenir. **3** Chemin effectué (ou qu'on peut effectuer) en une journée. ⇒ **distance.** *Il y a une journée de marche.*

❑ *Journée* a gardé le *n* de l'ancien français *jorn* ; ce n'est pas un dérivé direct comme *année* l'est de *an* et *matinée* de *matin.*

journellement adv. – XVIe **1** Tous les jours, chaque jour. ⇒ **quotidiennement.** **2** Souvent. *Cela se rencontre journellement.*

joute n. f. – XIIe **1** Combat singulier à la lance et à cheval, au Moyen Âge. ♦ *Joute sur l'eau* : jeu où deux sportifs, debout sur une barque, cherchent à se faire tomber à l'eau, à l'aide de longues perches. **2** Combat verbal. *Joutes oratoires. Joutes politiques.*

jouter v. intr. [1] – XIe ; lat. *juxta* « près de » **1** Autrefois, Combattre de près, à cheval, avec des lances. ♦ Combattre sur l'eau avec des perches. **2** littér. Rivaliser dans une lutte.

jouteur n. m. – XIIe ▪ rare Celui qui joute contre qqn.

jouvence n. f. – XIIe ▪ *Fontaine de Jouvence* : fontaine fabuleuse dont les eaux avaient la propriété de faire rajeunir. ➛ Source de jeunesse, de rajeunissement. *Eau, bain de jouvence.* « *Ce bain de jouvence qu'est le dormir* » (Gide).

jouvenceau, elle n. – XIIe ; lat. *juventus* « jeune » ▪ vx ou par plais. Jeune homme, jeune fille. ⇒ **adolescent, fille, garçon.**

jouxter v. tr. [1] – XIVe ; lat. *juxta* « près de » ▪ vx ou littér. Avoisiner, être près de. « *Des fossés jouxtant la route* » (Balz.).

jovial, iale, iaux adj. – XVIe ; lat. « de Jupiter » ▪ Qui est plein de gaieté franche et communicative. ⇒ **enjoué, gai.** *Des hommes joviaux.* ♦ *Air jovial. Être d'humeur joviale. Je suis* « *toujours d'un caractère très jovial* » (Flaub.). ✪ CONTR. ① Froid, maussade.

❑ La planète *Jupiter*, selon les astrologues, promet à une destinée heureuse. Le sens de « gai » donné à *jovial* a peut-être été favorisé par la proximité de *joie* et *joyeux.*

jovialement adv. – XIXe ▪ D'une manière joviale.

jovialité n. f. – XVIIe ▪ Caractère jovial ; humeur joviale. ⇒ **gaieté.** ✪ CONTR. Tristesse.

jovien, ienne adj. – XVIe ▪ Relatif à la planète Jupiter. *Les satellites joviens.* ♦ subst. Personne née sous le signe de Jupiter. ⇒ **jupitérien.**

joyau n. m. – XIIe ; probablt de *jeu* **1** Objet de matière précieuse destiné à orner ou à parer. ⇒ **bijou.** *Les joyaux de la couronne.* « *Des trônes constellés de joyaux lumineux* » (Baud.). *Commerce des joyaux.* ⇒ **joaillerie.** **2** Chose rare et belle, de grande valeur. *Un joyau de l'architecture médiévale.*

joyeusement adv. – XIIIe ▪ Avec joie, d'une manière joyeuse. ✪ CONTR. Tristement.

joyeuseté n. f. – XIIIe ▪ littér. ou iron. Propos, action qui amuse. *Les* « *joyeusetés de la grande bohème des hommes de lettres* » (Maupass.). *Les joyeusetés des transports en commun.*

joyeux, euse adj. – XIe **1** Qui éprouve, ressent de la joie. ⇒ **gai, heureux.** *Être tout joyeux.* « *animés par le* *vin et la bonne chère, joyeux enfin d'être à Paris* » (Gaut.). ♦ Qui aime à rire, à manifester sa joie. *C'est un joyeux luron, drille. Une joyeuse bande.* ➛ *Être de joyeuse humeur.* ⇒ **jovial.** ➛ loc. *Mener joyeuse vie,* une vie de plaisirs. 2 Qui exprime la joie. *Une joyeuse ambiance. Mines joyeuses.* ⇒ **radieux, réjoui.** *Cris joyeux.* 3 Qui apporte la joie. *Une joyeuse nouvelle. Joyeuse fête ! Joyeux Noël !* ✪ CONTR. Sombre, triste. Pénible.

jubarte n. f. – XVIIe ; lat. *gibbus* « bosse » ▪ Baleine à bosse. ⇒ **mégaptère.**

jubé n. m. – XIVe ; de la prière *Jube, Domine* « Ordonne, Seigneur » ▪ Tribune transversale en forme de galerie, élevée entre la nef et le chœur, dans certaines églises. ⇒ **ambon.**

jubilaire adj. – XVIe **1** Qui a rapport au jubilé catholique. « *Commence cette année jubilaire que le Pape nouveau accorde* » (Claudel). **2** Qui a accompli cinquante ans de fonction, d'exercice. *Docteur jubilaire.*

jubilation n. f. – XIIe ▪ Joie vive, exubérante. ⇒ **gaieté.** « *tout contribuait à notre jubilation* » (Beauv.). ✪ CONTR. Affliction.

jubilatoire adj. – XIXe ▪ Qui provoque la jubilation. *Spectacle jubilatoire.*

jubilé n. m. – XIIIe ; hébr. *yobhel* « corne pour annoncer la fête » **1** Solennité publique célébrée autrefois tous les cinquante ans chez les Juifs. ➛ Indulgence plénière accordée pour une année (année sainte) par le pape. *Année du jubilé.* ⇒ **jubilaire. 2** Fête célébrée à l'occasion du cinquantenaire de l'entrée dans une fonction, un état. *Le jubilé du règne de la reine Victoria.*

❑ L'attraction du latin *jubilare* (› jubiler) peut expliquer la forme latine *jubilaeus,* et non *jobelaeus* que l'on attend de l'hébreu.

jubiler v. intr. [1] – XIIe ; lat. « pousser des cris de joie » ▪ fam. Se réjouir vivement de qqch. *Il n'avait pas tant espéré ; vous pensez s'il jubile !* ➛ Se réjouir intérieurement. *Nos ennuis doivent le faire jubiler.* ✪ CONTR. Affliger (s'). Enrager.

juchée n. f. – XIXe ▪ Lieu où juchent les faisans.

jucher v. [1] – XIIe ; germ. *juk* « joug, perchoir » **1** v. intr. Se percher en un lieu élevé pour dormir, en parlant des oiseaux. *Faisans qui juchent sur une branche.* **2** v. tr. Placer très haut, comme sur un perchoir. *Jucher un enfant sur ses épaules.* ➛ *Juché sur une échelle.* « *ma maison est juchée sur un tertre* » (Montaigne). ♦ pronom. *Se jucher sur une branche.* ➛ *Juchée sur de hauts talons.* ✪ CONTR. Descendre.

juchoir n. m. – XVIe ▪ Endroit où juchent les oiseaux de basse-cour. ⇒ **perchoir.** *Juchoirs de poulailler.*

judaïcité n. f. – 1931 ▪ Le fait d'être juif, d'appartenir à la communauté juive. ⇒ **judaïté, judéité.** *Affirmer sa judaïcité.*

judaïque adj. – XVe ▪ Qui appartient aux anciens Juifs, à la religion juive, au judaïsme. ⇒ **juif.** *Religion, loi judaïque.* « *L'héritage judaïque dans le christianisme* » (Camus).

judaïser v. [1] – XIVe **1** v. intr. Observer les cérémonies, les pratiques de la loi judaïque. **2** v. tr. Rendre juif. Peupler d'habitants juifs. ➛ *Territoires judaïsés.*

judaïsme n. m. – XIIIe ; gr. *ioudaios* « juif » ▪ Religion des Juifs. *Se convertir au judaïsme.* ➛ Appartenance à la communauté juive ; attachement aux valeurs juives. ⇒ **judaïcité, judaïté, judéité.**

judaïté n. f. – 1962 ▪ La réalité juive, la condition de Juif. ⇒ **judéité ; judaïcité.**

judas n. m. – XIIIe ; de *Judas Iscariote* **1** Personne qui trahit. ⇒ **fourbe, traître.** *C'est un Judas. Un baiser de Judas.* **2** Petite ouverture pratiquée dans un plancher, une cloison, pour épier sans être vu. *Judas grillagé d'une porte.* ⇒ **guichet.** « *Essuie tes pieds, jeta Gracieuse à travers le judas* » (Carco). *Judas (optique),* équipé d'une lentille et permettant de voir de l'intérieur vers l'extérieur.

❑ Judas Iscariote est le disciple de Jésus qui, selon les Évangiles, le trahit et le livra pour trente deniers d'argent.

judéité n. f. – 1962 ▪ Le fait d'être juif. ⇒ **judaïcité, judaïté.**

judelle n. f. – XVIe ; o. i. ▪ région. Foulque noire.

judéo- Élément, du lat. *judaeus* « juif ».

judéo-allemand, ande adj. et n. – XIXe ▪ Relatif aux Juifs d'Allemagne. ♦ n. *Les judéo-allemands.* ➛ n. m. ⇒ **yiddish.**

judéo-arabe adj. et n. – mil. XXe ▪ Relatif à la fois aux Juifs et aux Arabes. *La civilisation judéo-arabe en Espagne.* ➛ n. *Les judéo-arabes.* ⇒ **séfarade.**

judéo-chrétien, ienne [ʒydeokʀetjɛ̃, jɛn] adj. – XIXe ▪ Qui appartient à la fois au judaïsme et au christianisme. *La civilisation judéo-chrétienne.*

judéo-christianisme [ʒydeokʀistjanism] n. m. – XIXe ▪ Ensemble des dogmes et préceptes communs au judaïsme et au christianisme.

judéo-espagnol, ole adj. et n. – mil. XXe ▪ Des Juifs chassés d'Espagne en 1492. ♦ n. *Les judéo-espagnols.* ➛ n. m. Dialecte des israélites d'Espagne. ⇒ **ladino.**

judicature n. f. – XVe ▪ vx Profession de juge.

judiciaire adj. – XIVe ; lat. *judex* « juge » **1** Relatif à la justice et à son administration. *Pouvoirs législatif, exécutif et judiciaire. Police judiciaire* (par oppos. à *police administrative*). **2** Qui se fait en justice ; par autorité de justice. *Acte judiciaire.* ⇒ **juridique.** *Casier judiciaire. Mener une enquête judiciaire. Une erreur judiciaire.* « *sous le coup d'une poursuite judiciaire pour outrage aux bonnes mœurs* » (Maupass.).

judiciairement adv. – XVe ▪ En forme judiciaire. « *lutter judiciairement contre son mari* » (Sand).

judicieusement adv. – XVIIe ▪ D'une manière judicieuse. ⇒ ① **bien, intelligemment.** *Les* « *remèdes que vous avez si judicieusement proposés* » (Mol.).

judicieux, ieuse adj. – XVIe **1** Qui a le jugement bon, juste. *Un esprit judicieux.* ⇒ ① **droit. 2** Qui marque du jugement. ⇒ **intelligent, pertinent.** *Remarque judicieuse.* « *Vos critiques sont judicieuses* » (Proudh.). *Il serait judicieux de renoncer.* ✪ CONTR. Absurde, stupide.

judo n. m. – 1931 ; mot jap., de *ju* « souple » et *do* « voie » ▪ Sport de combat d'origine japonaise dont le but est de faire tomber ou d'immobiliser l'adversaire (⇒ **jiu-jitsu**). *Prise de judo.* ⇒ **atemi, immobilisation.** *Ceinture noire de judo.* ⇒ aussi **dan, kyu.**

❑ *Judo, kendo* et *aïkido* ont en commun le mot *do* « voie, méthode ».

judoka n. – v. 1944 ▪ Personne qui pratique le judo. *Une judoka. Des judokas.*

jugal, ale, aux adj. – XVIe ; lat. *jugum* « joug » ▪ *Os jugal :* os de la pommette. ⇒ **malaire.**

juge n. m. – XIe ; lat. *judex* **1** Magistrat chargé d'appliquer les lois et de rendre la justice. *Juges des tribunaux judiciaires* (⇒ **magistrature**). *Juges administratifs.* ⇒ ② **conseiller.** ♦ Juge de l'ordre judiciaire (opposé à ② *conseiller*). *Récuser un juge. Les juges siègent, délibèrent, se prononcent. Elle est juge. Madame le juge.* Fam. *La juge.* ➛ Magistrat statuant à un tribunal civil, pénal, commercial (opposé à *conseiller* [en cour d'appel, de cassation]). *Juge aux affaires matrimoniales. Juge* des enfants. Juge de l'application des peines, chargé de la surveillance de l'exécution des décisions pénales. ➛ *Juge d'instruction* : magistrat spécialement chargé d'informer en matière criminelle ou correctionnelle. *Juge des référés. Juge de paix* (anciennt), *juge d'instance* : magistrat qui statue sur des affaires généralement peu importantes en matière civile et de simple police. ♦ *Juge au tribunal de l'Inquisition. Juges de l'Ancien Régime.* ⇒ **prévôt, viguier.** ♦ Titre des magistrats suprêmes qui gouvernèrent le peuple juif avant l'établissement de la royauté. **2** Personne appelée à faire partie d'un jury, à se prononcer comme arbitre. *Les juges d'un concours.* ➛ *Juge-arbitre* (d'un tournoi de tennis). *Juge de ligne, juge de touche.* **3** Personne qui juge, qui a le droit et le pouvoir de juger. *Dieu est le juge suprême. À la télévision, l'audimat peut être le juge absolu.* **4** Personne qui est appelée à donner une opinion, à porter un jugement. *Je vous en fais juge.* « *Je demeure mon juge le plus sévère* » (Colette). *Être son propre juge.* ♦ *Être bon, mauvais juge,* plus ou moins capable de porter un jugement. ⇒ **expert.** *Je suis mauvais juge en la matière.*

jugé ou **juger** n. m. – XIIIe ▪ loc. adv. *AU JUGÉ* ou *AU JUGER* : en devinant, en présumant ; d'une manière approximative, à l'estime. « *Le mieux est de se précipiter, au juger* » (Renard).

jugeable adj. – XIIe ▪ Qui peut être mis en jugement.

jugement n. m. – XIe **1** Action de juger. *Le jugement d'un accusé. Poursuivre qqn en jugement.* ⇒ **justice.** ➛ Résultat de cette action. ⇒ **décision ; arrêt, sentence, verdict.** *Le jugement a lieu demain. Rendre un jugement. Faire appel d'un jugement. Infirmer, casser un jugement.* ♦ Écrit contenant les termes de la décision. *Minute de jugement.* ➛ *Jugement de Dieu.* ⇒ **ordalie.** ♦ *Jugement dernier,* dans la religion chrétienne, celui que Dieu prononcera à la fin du monde, sur le sort de tous les vivants et des morts ressuscités. **2** Opinion favorable ou défavorable qu'on porte sur qqn ou qqch. « *les vagues jugements qu'ils portent les uns sur les autres* » (Sartre). *Revenir sur ses jugements* : se déjuger. *Jugement préconçu* (⇒ **préjugé**), *hâtif.* ♦ Façon de voir (les choses) particulière à qqn. ⇒ **opinion, point de vue ; sentiment.** *Je m'en remets à votre jugement.* ⇒ **appréciation. 3** Faculté de l'esprit permettant de bien juger, d'apprécier ; l'exercice de cette faculté. ⇒ **discernement, intelligence, perspicacité, raison,** ① **sens** (bon sens, sens commun). *Manquer de jugement.* ⇒ fam. **jugeote.** *Erreur de jugement.* « *on lui attribuait une certaine sûreté de jugement* » (Romains). **4** Décision mentale par laquelle le contenu d'une assertion est posé à titre de vérité. ⇒ **affirmation.** *Jugement et croyance.* ♦ Fait de poser l'existence d'une relation déterminée entre des termes ; cette relation. *Jugement de valeur,* qui formule une appréciation.

jugeote n. f. – XIXe ▪ fam. Jugement, bon sens. *Tu n'as pas de jugeote ! Cette faculté intuitive* « *qu'en bon français on nomme la jugeote* » (Duham.).

❑ Parfois écrit *jugeotte* : « *J'agirai selon ma jugeotte et ma nature* » (Bernanos).

① **juger** v. tr. [3] – XIe **1** Soumettre (une cause, une personne) à la décision de sa juridiction. *Juger une affaire, un crime. Le procès sera jugé demain. Juger un accusé.* ♦ Rendre la justice. *Juger sur pièces. Le tribunal jugera.* ⇒ **décider, statuer. 2** Décider en qualité d'arbitre. *Juger un différend.* ➛ *L'histoire jugera.* ⇒ **apprécier.** ♦ Prendre nettement position sur (une question). ⇒ **décider.** *C'est à vous de juger.* **3** Soumettre au jugement de la raison, de la conscience (⇒ **apprécier, considérer, examiner**), pour se faire une opinion ; émettre une opinion favorable ou défavorable sur. *Juger un livre. Être jugé à sa juste valeur. Juger les gens sur la mine. Juger favorablement, défavorablement.* « *Beaucoup d'amis ont le tort de vous juger d'après eux-mêmes* » (Sand). ➛ pronom. « *Du moins ai-je appris à me juger sans indulgence* » (Gide). ➛ « *Plus on juge, moins on aime* » (Balz.). ♦ tr. ind. *JUGER DE. Bien juger, mal juger des choses.* ➛ *Jugez-en par vous-même. À en juger par son attitude. Il est difficile d'en juger. Autant qu'on puisse en juger* : à ce qu'il me semble. **4** Considérer comme. ⇒ **estimer, trouver.** *Elle le juge insignifiant.* « *J'avertis l'officier que j'étais médecin moi-même* [...] *et que je jugeais son examen superflu* » (Duham.). *Si vous le jugez bon.* ⇒ **croire.** *Si vous jugez sa présence nécessaire.* ➛ pronom. *Il se jugea perdu.* **5** tr. ind. ⇒ **imaginer, se représenter.** *Jugez de ma surprise.* **6** Affirmer ou nier une existence ou un rapport. « *La puissance de bien juger et distinguer le vrai d'avec le faux* » (Desc.).

② **juger** → **jugé**

jugulaire adj. et n. f. – XVIe ; lat. *jugulum* « gorge » **1** Qui appartient à la gorge. *Veines jugulaires,* et **n. f.** *les jugulaires* : les quatre veines situées dans les parties latérales du cou. « *Je sens une sorte de vertige, le sang cogne dans mes tempes, dans mes jugulaires* » (Le Clézio). **2 n. f.** Courroie qui maintient une coiffure en passant sous le menton. ⇒ **bride, mentonnière.** « *nous n'avions pas assuré les jugulaires de notre casquette* » (Gaut.).

juguler v. tr. [1] – XIIIe ; lat. *jugulum* « gorge » ▪ Arrêter, interrompre le développement, le progrès de (qqch.). ⇒ ② **enrayer, étouffer.** *Juguler une épidémie.* « *quand nous aurons jugulé les crises* » (Proust). *Juguler une révolte.*

juif, juive n. et adj. – X^e ; hébr. *Yehuda* « Juda » **1** Nom donné depuis l'Exil (IVe s. av. J.-C.) aux descendants d'Abraham (⇒ **hébreu, israélite**), peuple sémite monothéiste qui vivait en Palestine. ➛ *Le Juif errant* : personnage que la légende suppose condamné à errer jusqu'à la fin du monde. ♦ Personne descendant de ce peuple. *Juif allemand, polonais. Dispersion des Juifs à travers le monde.* ⇒ **diaspora.** *Haine des Juifs.* ⇒ **antisémitisme.** *Massacre des Juifs.* ⇒ **génocide, pogrom.** *Extermination des Juifs par les nazis.* ⇒ **holocauste.** *Les Juifs ont obtenu le partage de la Palestine et la création de l'État d'Israël en 1947* (⇒ **sionisme**). **2** fam. *Le petit juif* : l'endroit sensible du coude. **3 adj.** Relatif à la communauté des Juifs. « *Le peuple juif, moqué des gentils* » (Pasc.). *Religion juive.* ⇒ **judaïsme.** *Temple juif.* ⇒ **synagogue.** *Prêtres juifs.* ⇒ **rabbin.** *Humour juif.*

❑ Pour l'emploi → hébreu (rem.).

juillet [ʒɥijɛ] n. m. – XIIIe ; lat. *Julius (mensis)* « (mois) de Jules César » ▪ Septième mois de l'année, de trente et un jours. *Prendre ses vacances en juillet, au mois de juillet. Le 14 Juillet, anniversaire de la prise de la Bastille et fête nationale française.* « *Un soleil de juillet flambait au milieu du ciel* » (Maupass.).

juillettiste [ʒɥijetist] n. – 1969 ▪ fam. Personne qui prend ses vacances au mois de juillet. *Les juillettistes et les aoûtiens.*

juin n. m. – XIIe ; lat. *Junius (mensis)* « (mois) de Junius Brutus » ▪ Sixième mois de l'année, de trente jours. « *Vinrent juin et les plus longs jours* » (Colette).

juiverie n. f. – XIIIe **1** Quartier juif, communauté juive de la diaspora. **2** péj. Ensemble de Juifs.

jujube n. m. – XIIIe ; gr. *zizuphon* **1** Fruit du jujubier. **2** Pâte extraite de ce fruit (remède contre la toux).

jujubier n. m. – XVIe ▪ Arbre ou arbuste épineux *(rhamnacées),* à fruit comestible, appelé aussi *épine** *du Christ.*

juke-box [ʒykbɔks ; dʒukbɔks] **n. m. inv.** – 1954 ; mot angl., de *juke* « petit bar où il y a de la musique de danse » et *box* « boîte » ▪ Machine située dans un lieu public, faisant passer automatiquement le disque demandé. *Des juke-box.* « *De temps en temps, quelqu'un mettait une pièce dans le juke-box* » (Le Clézio).

julep [ʒylɛp] **n. m.** – XIIIe ; persan *goulab* « eau de rose » ▪ Potion à base d'eau et de sucre, aromatisée, servant de véhicule à divers médicaments.

jules **n. m.** – XIXe ; du prénom *Jules* ▪ **fam.** Amant, amoureux, mari. ⇒ **mec.** « *C'est comme ça qu'elle est quand elle a un jules* » (Queneau).

julien, ienne **adj.** – XVIIe ; lat. *Julianus* « de Jules César » ▪ *Calendrier julien,* réformé par Jules César. *Année julienne :* année de 365 jours ou 366 jours (bissextile).

juliénas [ʒyljenɑs] **n. m.** – d. i. ; nom d'une commune du Beaujolais ▪ Cru renommé du Beaujolais. *Un verre de juliénas.*

① **julienne** **n. f.** – XVIIe ; du prénom *Jules* ou *Julien* **1** Plante ornementale *(crucifèracées)* à fleurs en grappes ou à tiges rampantes. **2** Préparation de légumes taillés en filaments minces utilisée soit en garniture soit pour des potages. Potage contenant cette préparation. *Julienne de légumes.*

② **julienne** **n. f.** – XVe ; du prénom *Julien* ▪ **région.** Lingue. *Filets de julienne.*

jumeau, elle **adj. et n.** – XIIe ; lat. *gemellus* → gémeau **1** Se dit de deux (ou plusieurs) enfants nés d'un même accouchement. ⇒ **gémellité.** *Frères jumeaux, sœurs jumelles. Ils sont jumeaux. C'est son frère jumeau.* ♦ **n.** *Un jumeau, des jumeaux.* ⇒ aussi **quadruplés, quintuplés, triplés.** « *On reconnut bien vite que c'était deux bessons, c'est-à-dire deux jumeaux d'une parfaite ressemblance* » (Sand). *Jumeaux monozygotes* ou *vrais jumeaux,* provenant d'un seul œuf divisé en deux. *Jumeaux dizygotes* ou *faux jumeaux,* provenant de deux ovules fécondés par deux spermatozoïdes. **2** Se dit de deux choses semblables. *Lits jumeaux. Maisons jumelles.* ✪ HOM. Jumel, jumelle.

jumel **adj. m.** – XIXe ; n. pr. ▪ *Coton jumel :* variété de coton à longues fibres produit en Égypte. ✪ HOM. Jumelle.

> ❑ Alexis *Jumel* (1785-1823) est l'ingénieur français qui découvrit et mit en culture cette variété de coton en Égypte.

jumelage **n. m.** – XIXe ▪ Action de jumeler ; son résultat. ➤ Assemblage de deux ou plusieurs armes automatiques dont le tir est commandé par une seule détente. ➤ *Jumelage de villes :* coutume consistant à déclarer jumelles deux villes situées dans deux pays différents, afin de susciter entre elles des échanges.

jumelé, ée **adj.** – XVIIe **1** Consolidé par des jumelles. *Mât jumelé.* **2** Disposé par couples. ⇒ **géminé.** *Colonnes jumelées.* ➤ *Roues jumelées :* roues doubles à pneus indépendants, à l'arrière des poids lourds. ➤ *Pari jumelé,* désignant les chevaux arrivés premier et deuxième dans une course. ➤ *Villes jumelées* **(⇒ jumelage).**

jumeler **v. tr.** [4] – XVIIIe **1** Renforcer, consolider par des jumelles. *Jumeler un mât, une vergue.* **2** Ajuster ensemble (deux objets, deux choses semblables). *Jumeler des roues.* ⇒ **accoupler.** ➤ *Jumeler deux villes* **(⇒ jumelage).**

① **jumelle** **n. f.** – XIIIe ; fém. de *jumeau* **1** En héraldique, Pièce honorable formée de deux filets parallèles. **2** (surtout au plur.) Pièces semblables, dans le même outil, la même machine. *Les jumelles d'une presse.* **3** Instrument d'optique portatif à deux lunettes ; double lorgnette. *Une jumelle marine.* au plur. *Des jumelles de campagne, de spectacle.* « *Planque-toi bien : ils ont des jumelles* » (Sartre). *Étui à jumelles.* ✪ HOM. Jumel.

> ❑ Ce mot désignant toujours un instrument composé de deux lunettes, il est abusif de dire *paire de jumelles.*

② **jumelle** → **jumeau**

jument **n. f.** – XIIe ; lat. *jumentum* « bête d'attelage » ▪ Femelle du cheval. *Jeune jument.* ⇒ **pouliche.** « *c'était sa jument, une pouliche de robe acajou, bien soignée* » (Carco). *Monter une jument. Jument qui met bas.* ⇒ **pouliner.**

jumping [dʒœmpiŋ] **n. m.** – 1901 ; mot angl., de *to jump* « sauter » ▪ Saut d'obstacles à cheval. *Épreuves de jumping.*

jungle [ʒœ̃gl ; ʒɔ̃gl] **n. f.** – XVIIIe ; mot angl., de l'hindi occid. *jangal* « steppe » **1** Dans les pays de mousson, Forme de savane couverte de hautes herbes, de broussailles et d'arbres, où vivent les grands fauves. « *Le Livre de la jungle* », *de R. Kipling.* **2** Tout milieu humain ou règne la loi du plus fort. « *la jungle urbaine* » (Le Clézio).

> ❑ On trouve parfois ce mot écrit *jongle,* d'après la prononciation soignée d'autrefois calquée du latin (celle de Littré), et qui serait aujourd'hui affectée. → u (rem.).

junior **adj. et n.** – XVIIIe ; mot lat. « plus jeune » **1** Se dit, quelquefois, du frère cadet, ou du fils pour le distinguer du père. ⇒ **cadet, puîné.** *Dupont junior.* **2** **adj. et n.** Se dit d'une catégorie sportive intermédiaire entre celle des seniors et celle des cadets. *Équipe junior de football.* **3** Qui concerne les jeunes, est destiné aux jeunes. *Style junior.* ➤ **n.** *Les juniors :* les adolescents, les jeunes.

junkie [dʒœnki] **n. et adj.** – 1968 ; mot angl., de *junk* « drogue dure » ▪ **fam.** Consommateur de drogues dures. *Des junkies.*

junonien, ienne **adj.** – XIXe ▪ De la déesse Junon. *Le culte junonien.*

junte **n. f.** – XVIe ; esp. *junta,* fém. de *junto* « joint » ; lat. *junctus* ▪ Conseil administratif, politique, en Espagne, au Portugal ou en Amérique latine. *Junte militaire.*

> ❑ On prononçait autrefois [ʒɔ̃t], sur le modèle latin. → u (rem.).

jupe **n. f.** – XIIe ; ar. *djubbah* **1** Partie de l'habillement féminin qui descend de la ceinture à une hauteur variable. *Jupe longue. Jupe à mi-mollet. Jupe au genou. Jupe courte.* ⇒ **minijupe.** *Jupe droite, plissée.* ➤ *Jupe entravée, fendue.* ♦ *Les jupes :* ensemble formé autrefois par la jupe de dessus et le ou les jupons. *Relever ses jupes.* ➤ **loc.** *Être dans les jupes de sa mère,* ne jamais la quitter. **2** Surface latérale d'un piston. **3** Carénage aérodynamique de la partie inférieure d'une locomotive, d'une voiture. **4** Paroi souple des bateaux à coussin d'air. *La jupe d'un aéroglisseur.*

jupe-culotte **n. f.** – XIXe ▪ Vêtement féminin, sorte de culotte ample qui présente l'aspect d'une jupe. *Des jupes-culottes.*

jupette **n. f.** – XIXe ▪ Jupe très courte ne couvrant que le haut des cuisses. ⇒ **minijupe.** *Jupette de tennis.*

jupitérien, ienne **adj.** – XVIIIe **1** Relatif à Jupiter. ⇒ **jovien.** **2** Qui a un caractère impérieux, dominateur. « *La crinière noire et la barbe jupitérienne de Mario* » (Tournier).

jupon **n. m.** – XIVe **1** Jupe de dessous. *Jupon à volants, à dentelles. Jupon empesé.* ➤ « *Les enfants se suspendaient aux jupons de leurs mères* » (Baud.). **2** **collect.** Les femmes, les filles. *Coureur de jupon.*

juponner **v. tr.** [1] – XVIIIe ▪ Soutenir (une robe, une jupe), par un ample jupon. *Juponner une robe d'été.* ➤ *Robe du soir juponnée.*

jurançon n. m. – XIXe ▪ Vin de Jurançon et des environs (Pyrénées-Atlantiques).

jurande n. f. – XVIe ; de *juré* ▪ Dans les anciennes corporations de métiers, Charge conférée à un ou plusieurs membres de la corporation choisis pour la représenter (⇒ **juré**), défendre ses intérêts et veiller à l'application du règlement intérieur.

jurassien, ienne adj. et n. – XIXe 1 Relatif, propre au Jura. « *La forêt de mélèzes jurassienne* » (Claudel). ➛ *Relief jurassien*, analogue au relief du Jura. 2 Qui habite le Jura. ➛ n. *Un Jurassien.*

jurassique adj. et n. m. – XIXe ▪ Se dit des terrains secondaires dont le Jura est constitué en majeure partie. *Période jurassique.* ➛ n. m. *Le jurassique* : partie centrale de l'ère secondaire.

> ❑ Le *Jura* tire son nom du mot celtique *juris* « forêt, montagne ».

juratoire adj. – XIIIe ▪ *Caution juratoire* : serment fait en justice de se représenter en personne ou de rapporter une chose.

juré, ée adj. et n. – XIIe **I** adj. et n. 1 Qui avait prêté serment en accédant à la maîtrise, dans une corporation. *Jurés d'une corporation.* 2 adj. *Ennemi juré*, dont on a juré la perte. **II** n. Citoyen, citoyenne appelé(e) à faire partie d'un jury ; membre d'un jury. *Les jurés d'une cour d'assises.* ➛ *Les jurés* : les membres du jury à la cour d'assises.

> ❑ Lorsqu'une femme est membre du jury, on dit *une femme juré.*

jurement n. m. – XIIe ▪ vx Blasphème, juron. « *des jurements trop gros pour sa bouche* » (Goncourt).

jurer v. tr. [1] – IXe ; lat. **I** - 1 littér. Attester (Dieu, une chose sacrée), par serment. loc. *Jurer ses grands dieux* : affirmer avec force. *Il « lui jurait ses grands dieux qu'il veillerait sur son frère et sa sœur »* (Zola). 2 Prêter, faire serment. *Jurer sur la Bible.* loc. *On ne jure plus que par lui* : on l'admire tellement qu'on croit tout ce qu'il dit, qu'on l'imite en tout. 3 Proférer des imprécations, des jurons. ⇒ **sacrer.** *Jurer comme un charretier.* 4 Produire une discordance, aller mal (avec). ⇒ **détonner.** *Couleurs qui jurent entre elles.* **II** - 1 Promettre (qqch.) par un serment plus ou moins solennel. *Jurer fidélité, obéissance à qqn.* ➛ *Jurer de faire qqch.* ⇒ s'**engager.** *Jurez-vous de dire toute la vérité, rien que la vérité ? Levez la main droite et dites « Je le jure ». Il lui a juré de ne pas recommencer. Jure-moi que c'est vrai. Je le jure sur la tête de mes enfants.* « *Tu as pris des photos de Chaton ? – Je vous jure que non* » (Simenon). ♦ pronom. Prendre envers soi (une décision). *Elle s'est juré de ne jamais recommencer.* 2 Affirmer fortement. ⇒ **assurer, déclarer.** *Je vous jure que non. Je te jure que ce n'est pas facile.* ➛ fam. (exclam. d'indignation) « *La dame se retourna. – Ah, je vous jure !* » (Duras). 3 JURER DE (qqch.) : affirmer de façon catégorique. *Il ne faut jurer de rien.* « *On ne doit pas jurer de ce dont on n'est pas sûr* » (Renan). *J'en jurerais* : je le crois ; *je n'en jurerais pas* : je ne le crois pas. ✪ CONTR. Abjurer. Accorder (s').

jureur n. m. – XIIe ▪ *Les prêtres jureurs*, qui, sous la Révolution, avaient prêté serment à la Constitution civile du clergé.

juridiction n. f. – XIIIe ; lat. *jurisdictio*, de *jus* « droit » et *dicere* « dire » 1 Pouvoir de juger, de rendre la justice ; étendue et limite de ce pouvoir. ⇒ **compétence,** ② **ressort.** « *Leur juridiction souveraine, absolue, héréditaire* » (Michelet). *Juge, magistrat, tribunal qui exerce sa juridiction. Cela ne relève pas de sa juridiction.* 2 Tribunal, ensemble de tribunaux. ⇒ **chambre, conseil, cour.** *Porter une affaire devant la juridiction compétente. Juridictions administratives, civiles, de droit commun ; juridictions d'exception.*

> ❑ Pour la graphie → jurisprudence (rem.).

juridictionnel, elle adj. – XVIe ▪ Relatif à la juridiction.

juridique adj. – XVe 1 Qui se fait, s'exerce en justice, devant la justice. ⇒ **judiciaire.** *Intenter une action juridique.* 2 Qui a rapport au droit. *Situation, régime juridique.* ➛ *Études juridiques. Avoir une bonne formation juridique. Conseiller juridique.* ➛ *Vide juridique* : absence de législation sur un cas.

juridiquement adv. – XVe 1 Devant la justice, en justice. *Sentence juridiquement prononcée.* 2 Au point de vue du droit. *Être juridiquement dans son tort.*

juridisme n. m. – 1940 ▪ Attitude de qqn qui s'en tient étroitement aux lois. ⇒ **formalisme, légalisme.**

jurisconsulte n. m. – XIVe ; lat. *jurisconsultus* ▪ Juriste qui donne des avis sur des questions juridiques.

jurisprudence n. f. – XVIe ; lat. *jurisprudentia*, de *jus* « droit » et *prudentia* « connaissance » ▪ Ensemble des décisions des juridictions qui constituent une source de droit ; ensemble des principes juridiques qui s'en dégagent (droit coutumier). *Législation, jurisprudence et doctrine. Arrêt qui fait jurisprudence*, qui fait autorité. ♦ Manière dont un tribunal juge habituellement une question. *La jurisprudence de la Cour n'a pas varié.*

> ❑ Le *s* du génitif latin *(juris)* de *jus* s'est maintenu dans *jurisprudence* (mais pas dans *juridiction*).

jurisprudentiel, ielle adj. – XIXe ▪ Qui se rapporte à la jurisprudence, résulte de la jurisprudence.

juriste n. – XIVe ▪ Personne qui a de grandes connaissances juridiques et en fait profession ; auteur d'ouvrages, d'études juridiques. ⇒ **jurisconsulte.**

juron n. m. – XVIe ▪ Terme grossier dont on se sert pour blasphémer, injurier, marquer son dépit, sa colère. *Lâcher un juron, une bordée de jurons.*

jury n. m. – XVIIIe ; mot angl., de l'a. fr. *jurée* « serment, enquête » 1 Ensemble des jurés chargés officiellement de l'examen d'une affaire judiciaire. *Président du jury. Après délibération, le jury et la cour ont rendu leur verdict.* « *quoique les jurys de province soient plus sévères que ceux de Paris* » (Simenon). 2 Ensemble d'examinateurs. *Jury de thèse. Jury d'un prix littéraire.*

jus n. m. – XIIe ; lat. 1 Liquide contenu dans une substance végétale et que l'on extrait. ⇒ **suc.** *Le jus des fruits. Jus d'orange, de citron. Fruit qui donne beaucoup de jus.* ⇒ **juteux.** *Jus de raisin. Jus de légumes. Jus de carottes. Du jus de tomate.* 2 Liquide rendu par une viande qui cuit. *Jus de viande.* ⇒ **sauce.** *Arroser un gigot de son jus.* ➛ loc. *Laisser qqn mijoter dans son jus*, le laisser attendre pour qu'il devienne plus maniable. 3 pop. Café. « *Il est le premier à étrenner la boutique pour le jus matinal* » (Fargue). ♦ arg. milit. *Premier, deuxième jus* : soldat de 1re, 2e classe. 4 fam. *Balancer qqn au jus*, le jeter à l'eau. *Au jus !* 5 fam. Courant électrique. *Il n'y a plus de jus dans la batterie. Prendre le jus* : recevoir du courant. *Un court*-jus.* 6 *Ça vaut le jus*, la peine, le coup. ♦ fam. *Pur jus* : qui présente tous les caractères de son type. « *une douzaine de socialistes pur jus* » (Mart. du G.).

jusant n. m. – XVe ; lat. *deorsum* « vers le bas » ▪ Marée descendante. ⇒ **reflux.** « *il faut attendre le jusant pour ne pas risquer d'être entraîné par les courants* » (Le Clézio).

jusqu'au-boutisme n. m. – 1962 ▪ Conduite du jusqu'au-boutiste. ⇒ **extrémisme.**

jusqu'au-boutiste n. – 1917 1 Partisan de la guerre menée jusqu'au bout. 2 Personne qui va jusqu'au bout de ses idées, quelles qu'en soient les conséquences. ⇒ **extrémiste.** *Des jusqu'au-boutistes.* ✪ CONTR. Modéré.

jusque ou (vx ou poét.) **jusques** **prép.** et **conj.** – Xe ; lat. *de usque,* ou *inde usque* ■ Marque le terme final, la limite que l'on ne dépasse pas. **I prép.** (Suivi le plus souvent de *à,* d'une autre prép. ou d'un adv.) **1** *JUSQU'À.* En parcourant toute la distance qui sépare de. *Aller jusqu'à Lyon. Rempli jusqu'au bord. Du haut jusqu'en bas. Branches qui pendent jusqu'à terre. Jusqu'au bout.* – *Jusqu'à un certain point.* « *Frédéric se sentit blessé, jusqu'au fond de l'âme* » (Flaub.). – *Rougir jusqu'aux oreilles. Se gratter jusqu'au sang. Être plongé jusqu'au cou dans les études.* – *Poli jusqu'à l'obséquiosité. Boire jusqu'à satiété,* (fam.) *jusqu'à plus soif.* – « *Sa tendresse pour moi allait jusqu'à troubler sa raison* » (France). ♦ (temps) *Du matin jusqu'au soir. Jusqu'à la dernière minute. Jusqu'à la fin. Il a vécu jusqu'à quatre-vingt-quatre ans. Jusqu'au moment où... Jusqu'à nouvel ordre.* ♦ (totalité) *JUSQUE(S). Jusques et y compris* [ʒyskəzeikɔ̃pʀi] *la page dix. Jusqu'au 17 juin inclus.* – *Tous, jusqu'à sa femme, l'ont accusé.* « *Jusqu'à mon repos, tout est un combat* » (Muss.). **2** *JUSQUE,* suivi d'une prép. autre que *à. Il l'accompagne jusque chez lui.* « *Elle y demeura jusques après Pâques* » (Flaub.). *C'est fermé jusqu'en mai.* **3** *JUSQUE* (suivi d'un adv.). *Jusqu'à présent. Jusqu'à demain. Jusqu'à quand ? Jusqu'à combien ?* – *Jusqu'ici, jusque-là :* jusqu'à cet endroit ; jusqu'à maintenant ; jusqu'à ce moment-là. fam. *En avoir jusque-là :* être excédé. *J'en ai jusque-là de vos histoires !* loc. *S'en mettre jusque-là :* manger beaucoup. – *Jusqu'où ira-t-il ?* « *Jusqu'où la charité peut-elle aller trop loin ?* » (Mauriac). **II** emploi adv. ⇒ **même.** « *il regrettait jusqu'à la senteur du gaz* » (Flaub.). **III conj. 1** *JUSQU'À CE QUE :* jusqu'au moment où. *Jusqu'à ce que je revienne.* « *Je verrai cet instant jusqu'à ce que je meure* » (Hugo). *Jusqu'à ce que mort s'ensuive.* **2** *JUSQU'À TANT QUE. Jusqu'à tant que cela cesse.*

> ❑ Le *s* final adverbial, étymologique pour certains adverbes *(plus, moins)* a été ajouté par analogie dans quelques autres *(ailleurs, jusques, sans).* La graphie *jusques* n'est plus employée que pour des raisons phonétiques, surtout en poésie. ♦ Normalement, le *e* s'élide devant une voyelle (*jusqu'à, jusqu'où,* etc.).

jusquiame [ʒyskjam] **n. f.** – XIIIe ; gr. *hus* « porc » et *kuamos* « fève » ■ Plante herbacée *(solanacées)* à fleurs jaunes rayées de pourpre, à propriétés narcotiques et toxiques.

jussiée **n. f.** – XIXe ; de *Jussieu* n. pr. ■ Plante exotique *(onagrariacées),* aquatique, à grandes fleurs jaunes ornementales.

justaucorps [ʒystokɔʀ] **n. m.** – XVIIe **1** Ancien vêtement serré à la taille et muni de basques assez longues. ⇒ **pourpoint.** *Justaucorps d'homme, de femme.* **2** Maillot collant d'une seule pièce utilisé pour la danse et la gymnastique. ⇒ **body.**

juste **adj., n. m.** et **adv.** – XIIe ; lat. *justus,* de *jus* « droit » **I adj. 1** Qui se comporte, agit conformément à la justice, à l'équité. ⇒ **équitable.** *Un maître sévère mais juste.* « *l'homme juste a l'estime de son valet* » (Rouss.). *Être juste envers qqn.* ⇒ **intègre.** – exclam. *Juste ciel !* ♦ **n. m.** *Dormir du sommeil du juste,* d'un sommeil paisible et profond. **2** Qui est conforme à la justice, au droit, à l'équité. *Une belle et juste cause.* – *Il serait juste de le dédommager.* – subst. *Le sentiment du juste et de l'injuste.* ♦ *De justes revendications.* ⇒ **fondé, légitime.** *À juste titre :* à bon droit. **3** Qui a de la justesse, qui est bien tel qu'il doit être. ⇒ **adéquat.** *Trouver un juste milieu entre deux extrêmes. Estimer les choses à leur juste prix.* ⇒ **réel.** *L'addition est juste. L'heure juste.* ⇒ **exact.** *Trouver le mot juste.* ⇒ **propre.** ♦ (Opposé à ① *faux*) *Note juste. Voix juste.* – Qui fonctionne avec exactitude et précision. *Ma montre est juste.* ♦ Conforme à la vérité, à la raison, au bon sens. ⇒ **exact,** ② **logique, vrai.** *Dire des choses justes. Très juste ! Ils* « *paraissaient se faire une idée plus juste de leurs intérêts* » (Camus). – subst. *Être dans le juste :* avoir raison. ♦ Qui apprécie avec exactitude. *Avoir le coup d'œil juste, l'oreille juste.* **4** Qui est trop ajusté, en parlant de vêtements, de chaussures. ⇒ **étroit, petit.** *Veste trop juste.* ⇒ **étriqué. 5** Qui suffit à peine. ⇒ ① **court.** *Repas trop juste pour dix personnes. C'est un peu juste. Il a été reçu, mais c'était juste !* ♦ fam. *Être un peu juste :* manquer d'argent. **II adv. 1** Avec justesse, exactitude, comme il convient. « *Cette femme, qui ne voyait pas les pièges à deux mètres, voyait dans l'avenir. Encore une fois, elle vit juste* » (Cocteau). – *Division qui tombe juste,* où il n'y a pas de reste. – *Chanter juste.* ♦ Avec précision. « *C'est bien ça, j'avais calculé juste* » (Zola). *Frapper, toucher juste :* atteindre très exactement le but visé ; agir ou parler exactement comme il convient. **2** Exactement, précisément. *Il est midi juste. C'est juste à côté. Juste ce qu'il faut. C'est juste le contraire. Il vient (tout) juste d'arriver.* ♦ *Tout juste !* en effet, c'est bien cela. **3** D'une manière trop stricte, en quantité à peine suffisante. *Compter, prévoir un peu juste. Il est resté juste un moment.* ⇒ **seulement.** *Redis-le juste une fois.* ⇒ **rien** (que). *Savoir tout juste lire. C'est tout juste passable.* – *Au plus juste :* le plus exactement possible. **4** loc. adv. *AU JUSTE.* ⇒ **exactement.** « *Une habitude que j'ai. Je ne sais pas au juste* » (Duras). ♦ *COMME DE JUSTE :* comme il se doit. « *Louis XVIII avait, comme de juste, pris la caisse sans dire seulement merci* » (Barbey). ✪ CONTR. Abusif, arbitraire, ① faux, inique, injuste.

justement **adv.** – XIIe **1** Conformément à la justice. « *ils avaient été justement récompensés de leur loyauté* » (Hugo). **2** Avec justesse. *On dira plus justement que...* **3** D'une manière exacte. *C'est justement ce qu'il ne fallait pas dire. Il va venir ; justement le voici.* – (en tête de phrase) Précisément, à plus forte raison. *Il sera peiné de l'apprendre.* – *Justement, ne lui dites rien !* ✪ CONTR. Injustement, faussement.

justesse **n. f.** – XVIIe **1** Qualité qui rend une chose parfaitement adaptée ou appropriée à sa fonction. *Justesse d'un instrument de mesure.* ♦ *La justesse d'un raisonnement.* ⇒ **exactitude. 2** Précision, manière de faire sans erreur. *Justesse du tir. Chanter avec justesse.* ♦ *Justesse de l'oreille, du coup d'œil.* – *Juger avec justesse.* « *Les enfants apprécient avec une parfaite justesse la valeur morale de leurs maîtres* » (France). **3** loc. adv. *DE JUSTESSE :* de peu. *Gagner de justesse.* « *Il évita de justesse un autobus* » (Mart. du G.). ✪ CONTR. Approximation, erreur, faute.

justice **n. f.** – XIe ; lat. *justitia* **1** Juste appréciation, reconnaissance et respect des droits et du mérite de chacun. ⇒ **droiture, équité, impartialité.** *Agir avec justice.* « *La justice est le respect de la dignité humaine* » (Proudh.). **2** Principe moral de conformité au droit. *Faire régner la justice. Agir contre la justice.* – *En bonne justice :* selon ce qui est de droit. *C'est justice, ce n'est que justice.* ⇒ **juste. 3** Pouvoir de faire régner le droit ; exercice de ce pouvoir. « *La justice humaine est une faible image de la justice céleste* » (Balz.). – *Rendre la justice.* ⇒ ① **juger.** *Relever de la justice de tel ou tel tribunal. Déni de justice.* – *Cour de justice. Frais de justice.* ♦ Reconnaissance du droit, du bon droit de qqn. *Obtenir justice.* – *RENDRE JUSTICE* à qqn, lui reconnaître son droit, lui accorder ce qu'il est juste qu'il obtienne ; rendre hommage, récompenser. *L'avenir, la postérité lui rendra justice. Il n'a pas manqué de courage, rendons-lui cette justice.* – *SE FAIRE JUSTICE (À SOI-MÊME) :* se venger ; se tuer. *Le coupable s'est fait justice.* **4** Organisation du *pouvoir judiciaire ; ensemble des organes chargés d'administrer la justice. Défense des droits devant la justice, en justice. Exercice d'un droit en justice.* ⇒ ① **action, poursuite.** *Litige soumis à la justice* (⇒ **procès**). *Être appelé, assigné, cité en justice.* ➛ *Palais de justice,* où siègent les tribunaux. ♦ Police judiciaire. *Avoir des démêlés avec la justice.* **5** L'ensemble des juridictions de même ordre, de même classe. *Justice administrative, militaire, pénale, politique.* ♦ *Le ministère de la Justice.* ⇒ **chancellerie.** *Le ministre de la Justice* ou *garde des Sceaux.* ⇒ ② **garde. 6** *LA JUSTICE,* personnifiée par une femme aux yeux bandés portant une balance et un glaive. ♦ loc. fam. *Raide comme la justice :* guindé, compassé. ✪ CONTR. Iniquité, injustice.

justiciable adj. et n. – XIIe ; de l'a. v. *justicier* « punir » **1** Qui relève de certains juges, de leur juridiction. *Criminel justiciable des tribunaux français.* **2** Qui peut être jugé par. *Être justiciable de la critique.* **3** Qui relève. *Contravention justiciable d'un timbre-amende.*

justicier, ière n. – XIIe **1** Personne qui rend justice, qui fait régner la justice ou l'applique. *Saint Louis, roi et justicier.* **2** Personne qui agit en redresseur de torts, vengeant les innocents et punissant les coupables. *Se poser en justicier.*

justifiable adj. – XIIIe ▪ Qui peut être justifié. ⇒ **défendable, excusable.** *Conduite peu justifiable.* ✪ CONTR. Injustifiable, insoutenable.

justifiant, iante adj. – XIVe ▪ *Grâce justifiante,* qui rend juste.

justificateur, trice adj. – XVIe ▪ Qui justifie. ⇒ **justificatif.**

justificatif, ive adj. – XVIe ▪ Qui sert à justifier, à prouver ce qu'on allègue. *Fournir toutes les pièces justificatives.* ➛ n. m. Pièce justificative. *Vous recevrez les justificatifs de mes frais.*

justification n. f. – XIIe **1** Action de justifier qqn, de se justifier ; résultat de cette action. *Qu'avez-vous à dire pour votre justification ?* ⇒ **décharge,** ① **défense, excuse.** *Demander des justifications.* ⇒ **compte, explication.** ➛ Action de justifier ou de présenter comme juste. « *La justification de la guerre peut prendre la forme d'une haute pensée* » (Montherl.). ➛ Ce qui justifie, sert à justifier. *Demander, fournir une justification.* **2** Action d'établir une chose comme réelle ; résultat de cette action. ⇒ **preuve.** *Justification d'un paiement.* **3** Longueur d'une ligne d'impression, définie par le nombre de caractères. *La justification et les marges d'un livre.* ✪ CONTR. Accusation, calomnie.

justifier v. tr. [7] – XIIe **1** Innocenter (qqn) en expliquant sa conduite, en démontrant que l'accusation n'est pas fondée. ⇒ **décharger, défendre, disculper, excuser.** « *Je justifierais les femmes de bien des choses dont on les accuse* » (Mol.). ➛ pronom. Prouver son innocence, son bon droit. « *il essayait de se justifier, de s'expliquer, donc, de se trouver des excuses* » (Ionesco). **2** Rendre légitime. *Théorie qui justifie tous les excès.* ⇒ **autoriser, légitimer. 3** Faire admettre ou s'efforcer de faire reconnaître comme juste, légitime, fondé. ⇒ **exprimer, motiver.** *Justifier une démarche. Justifiez vos critiques.* « *aucune d'elles n'aurait mieux justifié ce nom de panthère* » (Barbey). *Ses craintes ne sont pas justifiées.* **4** Confirmer. ⇒ **vérifier.** *L'événement a justifié nos espoirs.* **5** Montrer comme vrai, juste, réel, par des arguments, des preuves. ⇒ **démontrer, prouver.** *Justifier ce qu'on avance. Justifier l'emploi des sommes reçues.* ♦ trans. ind. *Justifier de son identité en montrant ses papiers,* en apporter la preuve. ➛ *Reçu qui justifie d'un paiement.* **6** *Justifier une ligne imprimée,* la mettre à la longueur requise au moyen de blancs. ✪ CONTR. Accuser, blâmer, condamner, incriminer.

jute n. m. – XIXe ; mot angl., du bengali *jhuto* **1** Plante herbacée *(tiliacées),* cultivée pour les fibres textiles de ses tiges. **2** Fibre textile qu'on en tire. *Tapisser une pièce en toile de jute, en jute.*

juter v. intr. [1] – XIXe ▪ Rendre du jus. *Pêche qui jute.*

juteux, euse adj. et n. m. – XIVe **1** Qui a beaucoup de jus. *Poire juteuse.* ⇒ **fondant. 2** fam. Qui rapporte beaucoup. ⇒ **intéressant, lucratif, rémunérateur.** *Les* « *gros clients dont les affaires juteuses se cuisinaient en ce moment* » (Balz.). **3** n. m. arg. milit. Adjudant.

❑ Un *t* de liaison comme dans *caillouteux.*

juvénat n. m. – XIVe ▪ Stage en usage dans certains ordres religieux qui prépare au professorat.

juvénile adj. – XIIe ; lat *juvenis* « jeune » **1** Qui est propre à la jeunesse. ⇒ **jeune.** *Fraîcheur juvénile. Air juvénile. La délinquance juvénile.* **2** *Hormone juvénile :* hormone des insectes, qui contrôle leur mue, l'ovaire et la ponte. **3** *Eau juvénile,* qui a une origine volcanique ou magmatique. ✪ CONTR. Sénile, vieux.

juvénilité n. f. – XVe ▪ littér. Caractère juvénile. ⇒ **jeunesse.** « *il mettait dans son rôle de boute-en-train une juvénilité qui semblait un peu forcée* » (Tournier). ✪ CONTR. Sénilité.

juxta- Élément, du lat. *juxta* « près de ».

juxtalinéaire adj. – XIXe ▪ *Traduction juxtalinéaire,* où le texte et la version se répondent ligne à ligne dans deux colonnes contiguës.

juxtaposable adj. – 1927 ▪ Qui peut être juxtaposé.

juxtaposé, ée adj. – XIXe ▪ Qui est mis à côté, sans lien, sans liaison. « *Saint-Marc, mosquée dont le pavement déclive et boursouflé ressemble à des tapis de prière juxtaposés* » (Morand). *Mots juxtaposés.* ✪ CONTR. Distant.

juxtaposer v. tr. [1] – XIXe ▪ Poser, mettre (une ou plusieurs choses) à côté. *Juxtaposer une chose à une autre, une chose et une autre.* ➛ *Juxtaposer deux mots pour former un composé.* ⇒ **accoler.** ✪ CONTR. Éloigner, espacer.

juxtaposition n. f. – XVIIe ▪ Action de juxtaposer ; résultat de cette action. ⇒ **assemblage.**

K

① **k** [ka] **n. m. inv.** ▪ Onzième lettre et huitième consonne de l'alphabet : *k majuscule* (K), *k minuscule* (k). ➛ prononc. Lettre qui note la consonne occlusive vélaire sourde [k] dans des mots empruntés aux langues grecque *(kilo)*, germanique *(képi)*, slave *(knout)* ou orientales *(moka)*. ➛ *Digrammes comportant k : kh,* qui note [k] *(khan, kolkhoze)* ; *ck* (→ ① c). ✪ HOM. Cas. ❑ Le *k* est resté rare (sauf dans des mots venus du grec) jusqu'à la fin du XVIIIe s. ; au XIXe s. surtout, quantité d'emprunts à des langues orientales, au russe, à l'allemand, etc., ont répandu son emploi.

② **k** abrév. et symboles **1 k** [kilo] Kilo-. **2 K** [kɛlvin] **n. m. inv.** Kelvin.

kabbale **n. f.** – XVIe ; hébr. *qabbalah* « tradition » ▪ Tradition juive donnant une interprétation mystique et allégorique de l'Ancien Testament. *L'école, les docteurs de la kabbale.* ⇒ **ésotérisme, herméneutique.**

❑ On a écrit *cabale.*

kabbalistique **adj.** – XVIe ▪ Relatif à la kabbale. *Interprétation kabbalistique.*

❑ On a écrit *cabalistique.*

kabig [kabik] **n. m.** – 1965 ; mot bret. ▪ Manteau court à capuche, muni sur le devant d'une poche formant manchon.

kabuki [kabuki] **n. m.** – XIXe ; mot jap. ▪ Genre théâtral traditionnel, au Japon. *Acteur de kabuki.*

kabyle **adj.** et **n.** – XVIIIe ; ar. *qabilah* « tribu » ▪ De la Kabylie, région montagneuse d'Algérie. ♦ **n. m.** Ensemble des dialectes et parlers berbères de Kabylie.

kafkaïen, ïenne **adj.** – 1964 ▪ Qui rappelle l'atmosphère absurde et inquiétante des romans de Kafka.

kaïnite **n. f.** – XIXe ; gr. *kainos* « nouveau » ▪ Sulfate et chlorure hydraté naturel de potassium et de magnésium.

kaiser [kɛzɛʀ ; kajzɛʀ] **n. m.** – XIXe ; lat. *Cæsar* « empereur » ▪ *Le Kaiser* : l'empereur d'Allemagne (de 1871 à 1918). ➛ Guillaume II (1888-1918).

kakémono **n. m.** – XIXe ; mot jap. « chose suspendue » ▪ Peinture japonaise sur soie ou sur papier, étroite et haute et que l'on peut enrouler autour d'un bâton de bois.

❑ Ne pas confondre avec *makimono* « peinture japonaise plus large que haute ».

① **kaki** **n. m.** – XIXe ; jap. *kakino* ▪ Plaqueminier du Japon, dont les fruits d'un jaune orangé ont la forme de tomates. ♦ Ce fruit.

② **kaki** **adj. inv.** et **n. m. inv.** – XIXe ; hindi occid. *khâki* « couleur de poussière » ▪ D'une couleur jaunâtre tirant sur le brun. *Chemises kaki.* « *leur vareuse militaire kaki* » (Mac Orlan). ➛ **n. m.** *Soldat en kaki.*

kala-azar **n. m.** – 1909 ; mot indien de l'Assam, « maladie *(azar)* noire *(kala)* » ▪ Maladie parasitaire grave provoquée par la leishmania.

❑ Le kala-azar est une forme de leishmaniose.

kalachnikov [kalaʃnikɔf] **n. f.** – 1972 ; nom d'une marque soviétique ▪ Pistolet-mitrailleur soviétique de cette marque.

kaléidoscope **n. m.** – XIXe ; gr. *kalos* « beau », *eîdos* « aspect » et *-scope* **1** Petit instrument cylindrique, dont le fond est occupé par des fragments mobiles de verre colorié qui, en se réfléchissant sur un jeu de miroirs angulaires y produisent d'infinies combinaisons d'images. **2** Succession rapide et changeante (d'impressions, de sensations, d'activités).

kaléidoscopique **adj.** – XIXe ▪ Du kaléidoscope. ➛ Fait d'éléments divers qui se succèdent rapidement.

kali **n. m.** – XVIe ; ar. *qali* « soude » ▪ Plante à feuilles épineuses *(chénopodiacées)* dont on retirait autrefois la soude.

kaliémie **n. f.** – 1938 ; de *kalium* et *-émie* ▪ Taux de potassium dans le sang.

kalium [kaljɔm] **n. m.** – XIXe ; ar. *qali* « soude » ▪ vx Potassium (symb. K).

kalmouk, e **adj.** – XVIe ; mot mongol ▪ De Kalmoukie (Russie). *Langue kalmouke,* et **n. m.** *le kalmouk.*

kami **n. m.** – XIXe ; mot jap. « seigneur » ▪ Divinité, dans le shintoïsme. ➛ Titre de noblesse au Japon.

kamichi **n. m.** – XVIIIe ; mot caraïbe (Brésil) ▪ Grand oiseau échassier d'Amérique du Sud. *Le « kamichi [...] porte sur chaque aile deux puissants éperons, et sur la tête une corne pointue* » (Buff.).

kamikaze **n. m.** – v. 1950 ; mot jap. « vent divin » ▪ Avion-suicide, piloté par un volontaire (au Japon, en 1944-1945) ; ce volontaire. ♦ Personne d'une grande témérité. ➛ **adj.** Qui tient du suicide.

❑ Ce mot japonais désignait à l'origine deux typhons qui ont détruit providentiellement la flotte d'invasion mongole en 1274 et 1281.

kanak, e ou **canaque** **n.** et **adj.** – XIXe ; polynésien *kanaka* « homme » ▪ Autochtone de Nouvelle-Calédonie. *Les Kanaks et les Caldoches*.* ➛ **adj.** *Identité kanake.*

kandjar [kɑ̃dʒaʀ] **n. m.** – XVIe ; ar. *handjar* « coutelas » ▪ Poignard oriental à longue lame tranchante, dont la poignée n'a pas de garde. « *Ces kandjars [...] qui ont pour manche un écrin de pierreries* » (Gaut.).

kangourou **n. m.** – XVIIIe ; angl. *kangaroo,* mot australien ▪ Grand mammifère australien herbivore *(marsupiaux)*, à pattes postérieures très développées et à longue queue. *Kangourou de petite taille.* ⇒ **wallaby.** « *il existe des kangourous noirs et rouges ; des kangourous de rochers, des kangourous rats* » (J. Verne). ♦ *Sac kangourou* : harnais qui permet de porter un bébé. ⇒ **porte-bébé.**

kantien, ienne [kɑ̃sjɛ̃ ; kɑ̃tjɛ̃, jɛn] **adj.** et **n.** – XVIIIe ▪ Qui a rapport à la philosophie de Kant. ➤ **n.** Partisan des théories de Kant.

kantisme **n. m.** – XIXe ▪ Doctrine de Kant, idéalisme transcendantal.

kaolin **n. m.** – XVIIIe ; chin. ▪ Silicate d'alumine pur qui entre dans la composition des pâtes céramiques, de la porcelaine. *Le kaolin se présente sous la forme d'une argile blanche.*

❑ On extrayait cette argile dans des régions dénommées « haute colline », en chinois *kaoling.*

kaon [kaɔ̃] **n. m.** – v. 1960 ; de *(méson) K* et *-on* ▪ Particule élémentaire dont la masse est 970 fois plus grande que celle de l'électron.

kapo ou **capo** **n. m.** – v. 1940 ; all. *Kapo,* abrév. de *Kamerad Polizei,* ou it. *capo* « chef » ▪ Détenu(e) chargé(e) de commander les autres détenus, dans les camps de concentration nazis. ✪ HOM. Capot.

kapok **n. m.** – XVIIe ; malais *kapuk* ▪ Fibre végétale, imperméable, imputrescible et très légère, constituée par les poils fins et soyeux qui recouvrent les graines du kapokier. *Coussin rembourré de kapok.*

kapokier **n. m.** – XVIIe ▪ Grand arbre *(bombacacées)* de Java. ⇒ ② **fromager.**

kappa **n. m.** – XVIIe ; mot gr. ▪ Lettre de l'alphabet grec (K, ϰ), correspondant au son du *k.* ✪ HOM. C.A.P.A.

karakul → **caracul**

karaoké **n. m.** – 1985 ; jap. *kara* « vide » et *oke* « orchestration » ▪ Divertissement qui consiste à chanter en public à l'aide d'un appareil qui fait défiler les paroles sur un écran et qui fournit l'accompagnement musical original ; cet appareil.

karaté **n. m.** – 1956 ; mot jap. ▪ Art martial japonais, fondé sur l'éducation de la volonté et la maîtrise physique.

karatéka **n.** – 1966 ▪ Personne qui pratique le karaté.

❑ Même finale que dans *judoka* « personne qui pratique le judo ».

karbau **n. m.** – v. 1900 ; mot malais ▪ Buffle de l'Inde, répandu en Malaisie.

❑ On dit aussi *kérabau.*

karité **n. m.** – XIXe ; mot d'une langue d'Afrique de l'Ouest ▪ Arbre *(sapotacées)* appelé aussi *arbre à beurre,* dont la graine renferme une substance grasse *(beurre de karité).*

karma **n. m.** – XIXe ; mot sanskr. « acte » ▪ Dogme central de la religion hindouiste selon lequel la destinée d'un être vivant et conscient est déterminée par la totalité de ses actions passées, de ses vies antérieures.

❑ On dit aussi *karman* [kaʀman].

karman [kaʀman] **n. m.** – 1959 ; du nom d'un ingénieur amér. d'orig. hongr. ▪ Pièce profilée qui évite la formation de tourbillons au raccordement de l'aile et du fuselage d'un avion.

karst [kaʀst] **n. m.** – 1928 ; nom d'une région de Yougoslavie ▪ Plateau calcaire où domine l'érosion chimique.

karstique **adj.** – 1906 ▪ Qui a rapport au karst. *Relief karstique.*

kart [kaʀt] **n. m.** – 1960 ; mot angl. **1** Petit véhicule automobile, sans carrosserie, ni boîte de vitesses, ni suspension. **2** Karting. ✪ HOM. Carte, quarte.

karting **n. m.** – 1960 ; mot angl. ▪ Sport pratiqué avec les karts.

kascher → **casher**

kata **n. m.** – d. i. ; mot jap. ▪ Dans les arts martiaux japonais, Enchaînement codifié de mouvements.

kathakali **n. m.** – 1926 ; mot malayalam, de *katha* « récit » et *kali* « jeu » ▪ Théâtre dansé sacré de l'Inde.

kava **n. m.** – XIXe ; mot du sud-ouest polynésien ▪ Poivrier *(Piper methysticum)* dont la racine est utilisée pour fabriquer une boisson enivrante ; cette boisson.

kayak [kajak] **n. m.** – XIXe ; mot esquimau **1** Canot de pêche groenlandais, étroit et long, en peau de phoque. **2** Petite embarcation en toile qui se manœuvre à la pagaie. ⇒ **canoë.** ➤ Sport pratiqué avec ce type de bateau.

kayakiste [kajakist] **n.** – 1943 ▪ Personne qui pratique le kayak. ⇒ **canoéiste.**

kebab [kebab] **n. m.** – XVIIIe ; mot turc ▪ Viande coupée en morceaux et rôtie à la broche.

keepsake [kipsɛk] **n. m.** – XIXe ; mot angl., de *to keep* « garder » et *(for my) sake* « pour l'amour de moi » ▪ Livre-album qu'il était de mode d'offrir en cadeau, à l'époque romantique. « *les premiers* keepsakes [en l'année 1817] *venaient de paraître, la mélancolie pointait pour les femmes* » (Hugo).

keffieh [kefje ; kefjɛ] **n. m.** – XIXe ; ar. *kaffiyah* ▪ Coiffure des Bédouins, formée d'un carré de tissu plié en triangle et retenu par un lien.

kéfir → **képhir**

keksekça [kɛksɛksa] **loc. interrog.** – XIXe ; prononc. pop. de *qu'est-ce que c'est que ça ?* ▪ Fam. et plais. Qu'est-ce que c'est ? *Gavroche* « *jeta au boulanger en plain visage cette apostrophe indignée – Keksekça ?* » (Hugo).

❑ On écrit aussi *kekseksa.* ♦ Il existe une forme familière aussi courte mais plus respectueuse de la langue : *c'est quoi, ça ?*

kelvin [kɛlvin] **n. m.** – 1953 ; de *lord Kelvin,* physicien angl. ▪ Unité de mesure thermodynamique de température (symb. K). *Le kelvin est défini comme la fraction de 1/273,16 de la température du point triple de l'eau.*

kendo [kɛndo] **n. m.** – v. 1970 ; mot jap., littéralt « voie dure » ▪ Art martial japonais pratiqué avec un sabre fait de lamelles de bambou.

❑ On retrouve le *do* (« voie ») de *kendo* dans *aïkido, judo.*

kénotron **n. m.** – 1922 ; gr. *kenos* « vide » et *(élec)tron* ▪ Valve à vide très poussé, employée pour le redressement des courants alternatifs.

kentia [kɛ̃tja] **n. m.** – XIXe ; de *Kent,* horticulteur angl. ▪ Palmier australien.

képhir ou **kéfir** **n. m.** – XIXe ; mot caucasien ▪ Boisson gazeuse et acidulée, obtenue en faisant fermenter du petit-lait avec une levure.

képi **n. m.** – XIXe ; all. *Kappe* « bonnet » ▪ Coiffure militaire rigide, à fond plat et surélevé, munie d'une visière. « *les képis blancs de la Légion étrangère* » (R. Gary).

kérabau → **karbau**

kératine **n. f.** – XIXe ; *kérat(o)-* et *-ine* ▪ Scléroprotéine fibreuse, riche en cystine, présente dans les phanères et dans les cellules superficielles de l'épiderme.

kératinisation n. f. – XIXe **1** Fait de se kératiniser. **2** Enrobage des capsules et pilules médicamenteuses à l'aide d'une substance analogue à la kératine.

kératiniser v. tr. [1] – XIXe **1** v. pron. S'infiltrer de kératine. ➛ *Cellules kératinisées.* **2** *Kératiniser des pilules,* les enrober dans une substance analogue à la kératine.

kératite n. f. – XIXe ; *kérat(o)-* et *-ite* ▪ Inflammation de la cornée.

kérat(o)- ▪ Élément, du gr. *keras* « corne, cornée ».

kératocône n. m. – 1900 ▪ Modification de la courbure de la cornée qui prend peu à peu la forme d'un cône.

kératome n. m. – XIXe ; *kérat(o)-* et *-ome* ▪ Épaississement circonscrit de la peau, ayant l'aspect d'une corne.

kératoplastie n. f. – XIXe ; *kérato-* et *-plastie* ▪ Greffe de la cornée.

kératose n. f. – XIXe ; *kérat(o)-* et ② *-ose* ▪ Épaississement de la couche cornée de l'épiderme.

kératotomie n. f. – XIXe ; *kérato-* et *-tomie* ▪ Incision de la cornée.

kerma n. m. – v. 1980 ; mot angl., acronyme de ***K****inetic* ***E****nergy* ***R****eleased in* ***Ma****terial* « énergie cinétique dégagée dans la matière » ▪ Grandeur caractérisant la dose de rayonnement ionisant absorbée par unité de masse d'un matériau.

kermès [kɛʀmɛs] n. m. – XVe ; ar. *al-qirmiz* **1** Insecte hémiptère *(cochenilles)* parasite de certains chênes, et dont les œufs séchés et traités servaient à fabriquer une teinture écarlate. ➛ Cette teinture. **2** *Kermès* ou *chêne-kermès :* chêne arbustif des garrigues méditerranéennes. ✪ HOM. Kermesse.

kermesse n. f. – XIVe ; flam. *kerkmisse* « messe d'église » **1** En Hollande, Belgique, dans le nord de la France, Fête patronale villageoise, foire annuelle. ⇒ **ducasse.** « *Les kermesses flamandes, anciens plaisirs de peuples qui ne savent plus s'amuser* » (Morand). « *La kermesse héroïque* », *film de J. Feyder.* **2** Fête de bienfaisance, souvent en plein air. *La kermesse de l'école.* ✪ HOM. Kermès.

kérogène n. m. – 1959 ; gr. *kêros* « cire » et *-gène* ▪ Constituant organique contenu dans les schistes bitumeux, susceptible de donner des hydrocarbures par distillation.

> ❑ Ne pas confondre avec *kérosène.*

kérosène n. m. – XIXe ; gr. *kêros* « cire » et *-ène* ▪ Liquide pétrolier utilisé entre autres comme carburant, notamment dans les moteurs d'avion à réaction.

kerrie n. m. – XIXe ; de *Ker*, botaniste angl. ▪ Arbuste ornemental *(rosacées)* originaire du Japon et cultivé pour ses longues grappes de fleurs jaune d'or.

kesako [kezako] loc. interrog. – XVIIIe ; provenç. *qu'es-aco* ▪ Fam. et plais. Qu'est-ce que c'est ?

> ❑ On trouve cette expression sous sa forme provençale chez Beaumarchais (*Mariage de Figaro*, 1784). ♦ On trouve aussi *quèsaco* (Daudet) mais la tendance moderne privilégie le *k* comme dans *yaka*, de *il n'y a qu'à*. → keksekça (rem.).

ketch n. m. – XVIIe ; mot angl. ▪ Voilier dont le mât d'artimon, plus petit que le mât avant, est implanté devant le gouvernail. ⇒ **dundee.** *Des ketchs.*

> ❑ On trouve aussi le pluriel anglais *ketches* chez Le Clézio.

ketchup [kɛtʃœp] n. m. – XIXe ; probablt du chin. *kôetchiap* ou malais *kêchap* ▪ Sauce à base de tomates, légèrement vinaigrée et sucrée.

ketmie n. f. – XVIIe ; ar. *hatmi* « guimauve » ▪ Arbre ou arbrisseau *(malvacées)* des régions chaudes dont le fruit est le nafé*. ⇒ **hibiscus.**

kevlar n. m. – 1972 ; nom déposé ▪ Résine aramide utilisée sous forme de fibre dans certains matériaux composites.

keynésien, ienne adj. – 1946 ▪ De Keynes, de ses théories économiques.

kF ▪ Abrév. de *kilofranc.*

kg ▪ Symb. du kilogramme.

khâgne n. f. – XIXe ; de *cagne* région. « paresse » ou de *cagneux* ▪ fam. Classe préparatoire à l'École normale supérieure (Lettres). ⇒ aussi **hypokhâgne.**

> ❑ On écrit aussi *cagne.*

khâgneux, euse n. – XIXe ▪ fam. Élève d'une classe de khâgne. ✪ HOM. Cagneux.

> ❑ On écrit aussi *cagneux, euse.*

khalifat ; khalife → **califat ; calife**

khamsin [xamsin] n. m. – XVIIIe ; mot ar. ▪ Vent de sable analogue au sirocco, en Égypte.

> ❑ On écrit aussi *chamsin.*

① **khan** n. m. – XIIIe ; mot persan « gouverneur de province » ▪ Titre que prenaient les souverains mongols, les chefs tartares, et qui passa avec eux dans l'Inde et jusqu'au Moyen-Orient. *Son « influence sur les khans et sur leurs hordes »* (J. Verne). ✪ HOM. Camp, quand, quant.

> ❑ Ce mot a été introduit en Europe, après les invasions mongoles de la première moitié du XIIIe s., par les missions européennes à la cour mongole et par les récits de voyage de Marco Polo.

② **khan** n. m. – XVe ; arabo-persan *han* ▪ Caravansérail. « *une longue construction à galeries en arcades au rez-de-chaussée, c'est un khan* » (Flaub.).

khanat n. m. – XVIIe **1** Pays soumis à un khan. **2** Dignité de khan. ✪ HOM. Canna.

kharidjisme n. m. – 1902 ; ar. *kharadja* « sortir » ▪ Doctrine d'un mouvement politico-religieux de l'Islam, puritain et fanatique.

khat → **qat**

khédive n. m. – XIXe ; turc *khediw* « roi, souverain » ▪ Titre porté par le vice-roi d'Égypte entre 1867 et 1914.

> ❑ Au féminin, *khédive* a désigné une marque de cigarettes blondes : « *Tu auras une khédive avec ta tasse de café* » (Colette).

khi n. m. ▪ Lettre de l'alphabet grec (Χ, χ). ✪ HOM. Qui.

khmer, khmère [kmɛʀ] adj. et n. – XIXe ; mot sanskr., du n. pr. *Kambou* ▪ De la population d'origine hindoue qui habite le Cambodge. ♦ *La langue khmère,* ou n. m. *le khmer :* langue parlée au Cambodge. ♦ *La République khmère.* ➛ n. *Un Khmer, une Khmère.*

khôl n. m. – XVIIe ; ar. *kohl* → alcool ▪ Fard de couleur sombre utilisé pour le maquillage des yeux, à l'origine dans le monde arabe.

kibboutz [kibuts] n. m. – v. 1950 ; mot hébr. « collectivité » ▪ En Israël, Exploitation agricole communautaire. *Des kibboutz* ou plur. hébr. *des kibboutzim* [kibutsim].

kick n. m. – 1919 ; mot angl., de *to kick* « donner des coups de pied » ▪ Dispositif de mise en marche d'un moteur de motocyclette à l'aide du pied.

kidnapper v. tr. 1 – 1931 ; angl. de *kid* « enfant » et *to nap* « saisir » ▪ Enlever (une personne), en général pour en tirer une rançon.

kidnappeur, euse n. – 1936 ▪ Personne qui kidnappe. ⇒ **ravisseur.**

kidnapping n. m. – 1935 ▪ Enlèvement (d'une personne) en vue d'obtenir une rançon. ⇒ **rapt.**

> ❑ André Malraux a employé la forme francisée *kidnappage* en 1933 dans *La Condition humaine.*

kief [kjɛf] n. m. – XVIIIe ; mot turc, de l'ar. *kef* « aise, état de béatitude » ▪ Repos absolu au milieu du jour, chez les Turcs. « *cette heure du jour que les Méridionaux consacrent à la sieste, et les Turcs au kief* » (Nerval). ➙ État de béatitude.

kieselguhr ou **kieselgur** [kizɛlguʀ ; -gyʀ] n. m. – XIXe ; mot all. ▪ ⇒ **tripoli.**

kiesérite n. f. – XIXe ; de *Kieser,* savant all. ▪ Sulfate de magnésium hydraté naturel.

① **kif** n. m. – XIXe ; ar. *kef* → kief ▪ Mélange de tabac et de chanvre indien (⇒ **haschisch**).

② **kif** n. m. – 1914 ▪ fam., vieilli *C'est du kif :* c'est la même chose. ⇒ **kif-kif.**

kif-kif ou **kifkif** adj. inv. – XIXe ; mot ar. « comme comme » ▪ fam. Pareil, la même chose. « *Arabe, Berbère, c'est kifkif, non ? – Non.* » (Tournier). ⇒ ② **kif.**

kiki n. m. – XIXe ; abrév. de *quiriquiqui* arg. « gosier » ▪ fam. **1** Gorge, gosier. *Serrer le kiki.* « *Soudain, il se sentit le kiki serré* » (Queneau). **2** loc. (Appellatif affectueux) *C'est parti, mon kiki :* ça marche, on commence.

kil n. m. – XIXe ; abrév. de *kilo* ▪ pop. *Un kil de rouge :* un litre de vin rouge.

kilim [kilim] n. m. – d. i. ; mot turc ▪ Tapis d'Orient tissé.

kilo n. m. – XVIIIe ; abrév. de *kilogramme* ▪ Kilogramme. *Il a perdu deux kilos.* « *le cochon coûtait trois cents francs le kilo* » (Aymé). ➙ loc. fam. *En faire des kilos :* exagérer.

kilo- En métrologie, Élément (symb. k), du gr. *khilioi* « mille », qui multiplie par 10^3 (soit 1 000) l'unité dont il précède le nom : *kilomètre.* ♦ En informatique, Élément (symb. K), qui multiplie par 2^{10} (soit 1 024) l'unité d'information dont il précède le nom.

kilocalorie n. f. – 1933 ▪ Unité (symb. kcal), valant 1 000 calories.

kilofranc [kilofʀɑ̃] n. m. – v. 1980 ▪ Valeur, unité de compte correspondant à mille francs. ➙ abrév. kF [kaɛf]. *Salaire annuel de 400 kF.*

kilogramme n. m. – XVIIIe ▪ Masse valant mille grammes (abrév. *kilo*). ➙ Unité de base du système international de mesure de masse (symb. kg). ➙ *Kilogramme par mètre* (symb. kg/m), *par mètre carré* (symb. kg/m^2), *par mètre cube* (symb. kg/m^3).

> ❑ Ce mot a été créé sous la Révolution, par une loi du 18 germinal an III (1795).

kilohertz [kiloɛʀts] n. m. – 1958 ▪ Unité de mesure de fréquence valant 1 000 hertz (symb. kHz).

kilojoule n. m. – 1908 ▪ Unité de mesure de travail valant 1 000 joules.

kilométrage n. m. – XIXe **1** Action de kilométrer ; résultat de cette action. **2** Nombre de kilomètres parcourus. *Compteur qui indique le kilométrage d'une voiture.*

kilomètre n. m. – XVIIIe **1** Unité de distance qui vaut mille mètres (symb. km). *Marcher pendant des kilomètres.* « *le porteur noir qui remonte le Niger sur mille kilomètres* » (Sartre). *Voiture qui fait 130 kilomètres à l'heure, du 130 kilomètres-heure* ou ellipt *du 130* (symb. km/h). ➙ *Kilomètre lancé* (abrév. *KL*) : épreuve sportive où les concurrents sont chronométrés après avoir atteint leur pleine vitesse, sur une distance d'un kilomètre. ♦ *Kilomètre carré* (symb. km^2) : un million de mètres carrés ou 100 hectares. *Des kilomètres carrés.* ➙ *Kilomètre cube* (symb. km^3) : un milliard de mètres cubes. **2** *Texte au kilomètre :* bande magnétique de saisie informatique, sans mise en page.

> ❑ *Kilomètre,* attesté sous la Révolution (comme *gramme* et *kilogramme*) en 1790, s'est peu à peu substitué aux unités de longueur alors en usage *(lieue, pied...).*

kilométrer v. tr. 6 – XIXe ▪ Mesurer en kilomètres ; jalonner de bornes kilométriques.

kilométrique adj. – XIXe ▪ Qui a rapport au kilomètre. *Bornes kilométriques,* marquant chaque kilomètre sur une route.

kilotonne n. f. – 1957 ▪ Mille tonnes. ➙ Unité de puissance des explosifs atomiques, équivalant à l'explosion de 1 000 tonnes de T. N. T.

kilowatt [kilowat] n. m. – XIXe ▪ Ancienne unité de puissance du système M. T. S. valant 1 000 watts (symb. kW).

kilowattheure [kilowatœʀ] n. m. – XIXe ▪ Unité pratique de travail ; travail accompli en une heure par un moteur d'une puissance de 1 000 watts (abrév. kWh).

kilt [kilt] n. m. – XVIIIe ; mot angl., de *to kilt* « retrousser » ▪ Jupe courte et plissée, attachée sur le côté avec une épingle, pièce du costume national des Écossais. « *Les mouvements terribles des kilts* [dans une danse] *alarmaient un peu les dames* » (Mérimée). ➙ Cette jupe, portée par les femmes.

kimberlite n. f. – 1902 ; de *Kimberley,* ville sud-africaine ▪ Roche éruptive dans laquelle on trouve le diamant.

kimono n. m. – XVIIe ; mot jap. « vêtement, robe » **1** Longue tunique japonaise à manches, d'une seule pièce, croisée devant et maintenue par une large ceinture. ➙ Peignoir léger rappelant ce vêtement. **2** *Manches kimono :* manches amples non rapportées.

kinase n. f. – 1902 ; gr. *kinein* « mettre en mouvement » ▪ Enzyme capable d'activer une autre enzyme ou une protéine.

kinescope n. m. – 1948 ; du gr. *kinêsis* « mouvement » et *-scope* ▪ anciennt Procédé permettant de conserver sous forme de films les émissions de télévision. *Le kinescope a été remplacé par le magnétoscope.*

> ❑ Attention ce mot, comme *télescope,* ne porte pas d'accent sur le *e* qui précède le *s* (mais on écrit *caméscope*).

kinési- Élément, du gr. *kinêsis* « mouvement ».

kinésithérapeute n. – 1948 ▪ Praticien, praticienne de la kinésithérapie. *Masseur kinésithérapeute.* ➙ abrév. fam. KINÉ. *Un, une kiné.*

> ❑ À côté de *kiné,* il existe une autre abréviation, *kinési,* qui est vieillie.

kinésithérapie n. f. – XIXe ; *kinési-* et *-thérapie* ▪ Emploi thérapeutique des mouvements de gymnastique et de massages. ➙ abrév. fam. KINÉ. *Séances de kiné.*

> ❑ Ce mot est également abrégé en *kinési.*

kinesthésie n. f. – v. 1900 ; de *kinési-* et gr. *aisthêsis* « sensation » → -esthésie ▪ Sensation consciente du mouvement des parties du corps assurée par la sensibilité profonde des muscles et par les excitations de l'oreille interne.

kinétoscope n. m. – XIXe ; du gr. *kinêtos* « mobile » et *-scope* ▪ Appareil permettant la projection en déroulement rapide de photographies prises à très courts intervalles, donnant ainsi une impression de mouvement, un des ancêtres du cinéma.

king-charles [kiŋʃaʀl] **n. m. inv.** – XIXe ; angl. *King Charles's spaniel* « épagneul du roi Charles » ▪ Épagneul, petit chien à poils longs.

kinkajou **n. m.** – XVIIe ; d'une langue indienne d'Amérique ▪ Petit mammifère arboricole *(carnivores)*, à longue queue prenante, qui vit en Amérique tropicale.

❑ Ne pas confondre avec *carcajou* « blaireau du Labrador ».

kiosque **n. m.** – XVIIe ; turc *köşk* « pavillon de jardin » **1** Pavillon de jardin ouvert. ➛ *Kiosque à musique.* « *un kiosque formé de colonnettes supportant un toit léger* » (Gaut.). **2** Édicule où l'on vend des journaux, des fleurs, etc. *Kiosque à journaux.* ♦ Système de vente de services par téléphone ou par minitel. ➛ nom déposé Service de messageries par minitel. **3** Abri vitré sur le pont d'un navire. ➛ Superstructure du sous-marin dont la partie supérieure sert de passerelle.

kiosquier, ière **n.** – mil. XXe ▪ Personne qui tient un kiosque à journaux.

kippa **n. f.** – d. i. ; mot hébr. ▪ Calotte portée par les juifs pratiquants.

kipper [kipœʀ] **n. m.** – XIXe ; mot angl., d'ab. « saumon mâle » ; o. i. ▪ Hareng ouvert, fumé et salé.

kir **n. m.** – v. 1953 ; n. déposé, du nom du chanoine *Kir* ▪ Apéritif composé de vin blanc et de liqueur de cassis. ➛ *Kir royal*, au champagne. ➛ *Kir au vin rouge.* ⇒ **communard.**

kirsch **n. m.** – XVIIIe ; all. *Kirschwasser* « eau *(Wasser)* de cerise *(Kirsche)* » ▪ Eau-de-vie de cerises aigres et de merises. « *Une bouteille de marasquin et une de kirsch* » (Balz.).

kit [kit] **n. m.** – 1958 ; mot angl. « boîte à outils » ▪ Ensemble des éléments constitutifs d'un objet vendu prêt à être monté. *Acheter une table en kit.* ✪ HOM. Quitte.

kitchenette [kitʃənɛt] **n. f.** – 1936 ; mot angl., de *kitchen* « cuisine » ▪ Petite cuisine, coin cuisine. *Studio avec kitchenette.*

kitsch ou **kitch** **adj. inv. et n. m. inv.** – 1962 ; all. *kitschen* « rénover, revendre du vieux » ▪ Se dit d'un style et d'une attitude esthétique caractérisés par l'usage d'éléments démodés (⇒ ② **rétro**) ou considérés comme de mauvais goût. *Une robe kitsch. Des meubles kitsch.* ➛ **n. m.** *Le kitsch.*

① **kiwi** [kiwi] **n. m.** – XIXe ; maori ▪ Oiseau coureur de Nouvelle-Zélande *(aptérygiformes).* ⇒ **aptéryx.**

❑ On surnomme les Néo-Zélandais les *kiwis.*

② **kiwi** [kiwi] **n. m.** – v. 1970 ; angl. ▪ Fruit d'un arbuste d'Asie acclimaté en France, à pulpe verte, au goût acidulé et à fine écorce duveteuse.

❑ Ce fruit, importé de Chine sous le nom de *chinese gooseberry*, fut d'abord cultivé en Nouvelle-Zélande. L'appellation *kiwi* est probablement un surnom donné à ce fruit par allusion à l'oiseau *kiwi*, symbole de la Nouvelle-Zélande.

klaxon [klaksɔn] **n. m.** – 1911 ; nom déposé ; gr. *klazein* « retentir » ▪ Avertisseur sonore pour les véhicules. *Donner un coup de klaxon.*

❑ La recommandation officielle *avertisseur* est plus ou moins entrée dans l'usage, à la différence de *avertir* (pour *klaxonner*) qui ne s'emploie guère.

klaxonner **v.** [1] – 1930 **1** **v. intr.** Actionner le klaxon. ⇒ ① **corner.** *Interdiction de klaxonner.* **2** **v. tr.** fam. Donner un coup de klaxon à l'intention de (qqn). *Klaxonner un cycliste.*

❑ Pour la recommandation → klaxon (rem.).

kleenex [klinɛks] **n. m.** – 1965 ; mot angl., marque déposée ▪ Mouchoir en papier jetable. *Un paquet de kleenex.*

kleptomane ; kleptomanie → **cleptomane ; cleptomanie**

km ▪ Symb. du kilomètre.

knickers [(k)nikœʀ(s) ; -ɛʀ(s)] **n. m. pl.** – XIXe ; abrév. de l'angl. *knickerbockers* ▪ Culotte large, serrée au genou. *Alpiniste en knickers de velours.* au sing. *Un knicker.*

knock-down [(k)nɔkdɔn ; (k)nɔkdaun] **n. m. inv.** – 1909 ; angl. *to knock* « frapper » et *down* « à terre » ▪ Mise à terre d'un boxeur qui n'est pas encore hors de combat (⇒ **knock-out).**

❑ Ne pas confondre avec *knock-out.*

knock-out [(k)nɔkaut] **n. m. inv. et adj. inv.** – XIXe ; angl. *to knock* « frapper » et *out* « dehors » **1** **n. m.** Mise hors de combat du boxeur resté à terre plus de dix secondes. ➛ **adj.** « *Il venait de mettre knock-out, en deux rounds, un gars de chez eux* » (Carco). ⇒ **K.-O. 2** **adj.** fam. Assommé. ⇒ **K.-O.**

knout [knut] **n. m.** – XVIIe ; mot russe ▪ Instrument de supplice de l'ancienne Russie, fouet à lanières de cuir terminées par des crochets ou des boules de métal ; supplice infligé avec cet instrument.

K.-O. [kao] **n. m. inv. et adj. inv.** – 1909 **1** Knock-out. *Battu par K.-O.* ➛ **adj.** *Être mis K.-O. Être K.-O., K.-O. debout*, avoir perdu. ⇒ **foutu. 2** **adj.** fam. Très fatigué. ⇒ **lessivé, vanné.** *Son voyage l'a mis K.-O.* ✪ HOM. Cahot, chaos.

❑ Cette abréviation se prononce à la française. ♦ Attention au trait d'union entre les deux initiales.

koala **n. m.** – XIXe ; australien *kula* ▪ Mammifère australien *(marsupiaux)*, animal grimpeur, recouvert d'un pelage gris très fourni, ressemblant à un petit ours.

kobold [kɔbɔld] **n. m.** – XVIIIe ; mot all. ▪ Esprit familier, dans les contes allemands, gardien des métaux précieux enfouis dans la terre. « *Dans l'herbe noire Les Kobolds vont* » (Verlaine).

koinè [kɔine ; kɔinɛ] **n. f.** – déb. XXe ; gr. *koinos* « commun » ▪ Langue commune de la Grèce aux époques hellénistique et romaine. ➛ Langue commune d'un groupe humain.

kola ; kolatier → **cola ; colatier**

kolinski **n. m.** – 1922 ; mot russe ▪ Fourrure de putois ou de loutre de Sibérie.

kolkhoze **n. m.** – 1931 ; mot russe ▪ En U.R.S.S., Exploitation agricole de forme coopérative, dans laquelle les moyens d'exploitation étaient mis en commun. « *Nous visitons* [...] *un kolkhoze modèle* » (Gide).

❑ Ne pas confondre avec *sovkhoze* « ferme-pilote appartenant à l'État (en U.R.S.S.) ».

kommandantur [kɔmɑ̃dɑtuʀ ; -tyʀ] **n. f.** – XXe ; mot all. ▪ Local où se trouve installé un commandement militaire, en Allemagne ou dans des territoires occupés par l'armée allemande. ➛ Ce commandement lui-même.

komsomol [kɔmsɔmɔl] **n.** – 1927 ; mot russe ▪ Autrefois, Membre de l'organisation soviétique des jeunesses communistes. *Une komsomol(e).*

kopeck n. m. – XVIIe ; mot russe ▪ Monnaie russe, ukrainienne, etc. (ancienne Union soviétique), centième du rouble. ➛ loc. fam. *Ne pas avoir un kopeck :* ne pas avoir d'argent du tout.

korê [kɔʀe ; kɔʀɛ] n. f. – 1933 ; mot gr. « jeune fille » ▪ Statue de l'art grec archaïque représentant une jeune fille (cf. *kouros*). ✪ HOM. Chorée.

korrigan, ane n. – XIXe ; mot bret. ▪ Esprit malfaisant, dans les traditions populaires bretonnes. « *La forêt* [...] *ses enchanteurs, ses fées, ses sorcières et ses korrigans* » (Genev.).

koubba n. f. – XIXe ; mot ar. « dôme, coupole » ▪ Monument élevé sur la tombe d'un marabout.

kouglof n. m. – XIXe ; mot alsacien ▪ Gâteau alsacien, brioche garnie de raisins secs.

> ❑ On trouve de nombreuses graphies de ce mot, entre autres *kougelhof, kugelhof.*

koulibiac n. m. – 1902 ; russe *kouliébiaka* ▪ Pâté de poisson servi chaud (plat russe).

koumis ou **koumys** [kumi(s)] n. m. – XVIIe ; mot tatar ▪ Lait de jument fermenté, boisson d'Asie centrale.

kouros [kuʀɔs] n. m. – 1930 ; mot gr. « jeune garçon » ▪ Statue grecque archaïque représentant un jeune homme (cf. *korê*). *Des kouros.*

kraal [kʀɑl] n. m. – XVIIIe ; mot néerl. **1** Village chez les Hottentots. **2** Enclos pour les éléphants. **3** Enclos pour le bétail en Afrique du Sud.

krach [kʀak] n. m. – XIXe ; mot all. « craquement » ▪ Effondrement des cours de la Bourse. ⇒ **banqueroute, débâcle** (financière). « *le krach formidable où s'engloutissait la fortune de la ville entière* » (Zola). ♦ par ext. Débâcle financière. ⇒ **faillite.** ✪ HOM. Crac, crack, craque, krak.

> ❑ Ce mot s'est répandu à la suite de l'effondrement des cours de la Bourse à Vienne, le 9 mai 1873.

kraft [kʀaft] n. m. – 1931 ; p.-ê. suéd. *kraft* « force » ▪ Papier d'emballage très résistant. *Paquet emballé dans du kraft ;* appos. *du papier kraft.*

krak n. m. – XIIe ; ar. *karak* ▪ Château fort établi au XIIe s. par les croisés, en Syrie. ✪ HOM. Crac, crack, craque, krach.

kremlinologie [kʀɛmlinɔlɔʒi] n. f. – 1966 ; de *Kremlin* ▪ Étude du discours et des actes politiques des dirigeants soviétiques.

kreutzer [kʀøtsɛʀ ; kʀødzɛʀ] n. m. – XVIIIe ; mot all., de *Kreutz* « croix » ▪ Ancienne monnaie allemande, autrichienne.

krill [kʀil] n. m. – v. 1970 ; norv. « petite friture » ▪ Population de petits crustacés des mers froides. ⇒ aussi **plancton.**

kriss → **criss**

kronprinz [kʀɔnpʀints] n. m. – XIXe ; mot all., de *Krone* « couronne » et *Prinz* « prince » ▪ Titre donné au prince héritier allemand avant 1918.

kroumir n. m. – XIXe ; p.-ê. du nom de la tribu tunisienne des *Kroumirs* ▪ Chausson de basane, porté dans des sabots, des bottes.

krypton n. m. – XIXe ; mot angl., du gr. *kruptos* « caché » ▪ Élément atomique (Kr ; n^o at. 36 ; m. at. 83,80), un des gaz rares de l'atmosphère. *Ampoule au krypton.*

ksar, plur. **ksour** n. m. – XIXe ; mot ar. *qasr,* lat. *castrum* « place forte » ▪ Lieu fortifié, en Afrique du Nord. *Des ksour* (parfois *des ksars*).

> ❑ Même famille étym. que *alcazar.*

ksi → **xi**

kss kss interj. – XVIIIe ; onomat. expressive ▪ Onomatopée servant à provoquer, à narguer.

> ❑ On trouve chez Rabelais une onomatopée voisine, *gzz,* dans le *Tiers Livre.*

kûfique → **coufique**

kummel n. m. – XIXe ; all. *Kümmel* « cumin » ▪ Liqueur parfumée au cumin.

kumquat [kɔmkwat ; kumkwat] n. m. – XIXe ; chin. *kin kü* « orange d'or » ▪ Fruit d'un citrus, très petite orange qui se mange souvent confite. ♦ Arbuste qui produit ce fruit.

kung-fu [kuŋfu] n. m. inv. – v. 1970 ; mot chin. ▪ Art martial chinois, proche du karaté.

kurde adj. et n. – XVIIe ▪ Du Kurdistan. *Tribus kurdes.* ♦ n. *Les Kurdes.* ➛ n. m. *Le kurde :* langue du groupe iranien, parlée en Turquie, en Iran et en Irak.

kuru [kuʀu] n. m. – 1957 ; mot indigène « tremblement de peur, de froid » ▪ Maladie dégénérative du système nerveux central, due à un virus lent, observée en Nouvelle-Guinée. ✪ HOM. Courroux.

kwas ou **kvas** [kvɑs] n. m. – XVIIIe ; mot russe ▪ Boisson russe légèrement alcoolisée, obtenue par la fermentation de seigle ou d'orge.

kwashiorkor [kwaʃjɔʀkɔʀ] n. m. – mil. XXe ; mot d'une langue ghanéenne ▪ Syndrome de dénutrition infantile extrême, courant en Afrique tropicale.

kymographie n. f. – 1935 ; du gr. *kuma* « flot, onde » et *-graphie* ▪ Radiographie des ombres successives que donne un organe en mouvement.

kymrique adj. et n. – XIXe ; gallois *cymraeg* ▪ Qui a rapport aux Kymris, peuple celtique du nord de la France et de la Belgique, au temps de César. ♦ n. m. Langue celtique parlée au pays de Galles. ⇒ **gallois.**

kyrie [kiʀ(i)je] ou **kyrie eleison** [kiʀ(i)jeeleisɔn] n. m. inv. – XIIe ; gr. *Kurie* « Seigneur » et *eleêson* « aie pitié » ▪ Invocation par laquelle commencent les litanies, au cours de la messe ; musique sur laquelle se chante cette invocation.

kyrielle n. f. – XIIe ; de *kyrie eleison* **1** Longue suite (de paroles). *Une kyrielle de reproches.* **2** par ext. Suite, série interminable. ⇒ **quantité.** « *une kyrielle de petits bachots et remorqueurs* » (Céline). ⇒ **ribambelle.**

kyste n. m. – XVe ; gr. *kustis* → cyst(o)- **1** Production pathologique constituée par une cavité contenant une substance liquide ou molle. *Tumeur enfermée dans un kyste* (⇒ **enkysté**). *Kyste de l'ovaire.* **2** Forme que peuvent prendre certains organismes (protozoaires), certaines parties végétales. *Kyste de protection, de reproduction* (renfermant les spores). ⇒ **germe.**

kystique adj. – XVIIIe ▪ Relatif au kyste ; de la nature du kyste ; qui renferme des kystes.

kyu [kju] n. m. – 1950 ; mot jap. ▪ Chacun des six grades marquant la progression du sportif pratiquant un art martial, avant la ceinture noire. *Les kyus et les dans.*

L ① **l** [ɛl] **n. m. inv.** **1** Douzième lettre et neuvième consonne de l'alphabet : *l majuscule* (L), *l minuscule* (l). ➝ prononc. Lettre qui note la consonne latérale dentale [l] *(labial, palais).* Le *l* est généralement prononcé à la fin des mots. ➝ *Digrammes, trigrammes comportant l :* après voyelle, *-il* final note [j] *(bail, soleil, deuil, fenouil)* ainsi que *-ill- (maillot, veiller, feuille, mouiller) ;* après consonne, *-il* note [il] *(fil, cil)* et *-ill-* note [ij] *(fille, billard).* **2** *En L :* en forme de *l* majuscule. *Salon en L.* ✪ HOM. Aile, ale, elle.

② **l** abrév. et symboles **1 l** [litʀ] **n. m. inv.** Litre. **2 l** [livʀ] **n. f. inv.** Livre (demi-kilo). **3 L** [sɛ̃kɑ̃t] **adj.** et **n. m. inv.** Cinquante, en chiffres romains. ➝ L̄ [sɛ̃kɑ̃tmil]. Cinquante mille, en chiffres romains. **4 L** ou **£** [livʀ] **n. f. inv.** Livre sterling.

① **la** → ① et ② **le**

② **la** **n. m. inv.** – XIIIe ; 1re syll. du mot *labii,* dans l'hymne de saint Jean-Baptiste **1** Note de musique, sixième son de la gamme naturelle. *Donner le la avec un diapason.* ♦ loc. *Donner le la :* donner le ton, l'exemple. « *Donner le la à la critique* » (Gide). **2** Ton correspondant. *Concerto en la bémol.* ✪ HOM. Là ; poss. lacs, las.

là **adv.** et **interj.** – XIe ; lat. *illac* « par là » **I adv.** désignant le lieu (pr. ou fig.) et plus rarement le moment. **1** Dans tel lieu (autre que celui où l'on est), opposé à *ici. Ne restez pas ici, mettez-vous là.* ➝ *Les clés ne sont pas là, elles n'y sont pas.* ➝ Dans le lieu où l'on est. *Je reste là.* ⇒ **ici.** *Qui va là ? Halte-là !* ♦ *ÊTRE LÀ :* être présent. *J'étais là quand c'est arrivé.* ➝ loc. fam. *Être un peu là, se poser là :* tenir beaucoup de place, être important. **2** À ce moment. *Là, il interrompit son récit.* **3** fig. Dans cela, en cela. *Ne voyez là aucune malveillance. La santé, tout est là !* ➝ (avec *en*) À ce point. *En être là :* être parvenu à un certain point, un certain résultat. *Vous n'en êtes encore que là ?* **4** (suivi d'une relative) *C'EST LÀ QUE* (lieu) *C'est là qu'il fut tué.* ➝ (temps) *C'est là qu'il sent la partie perdue.* ♦ *LÀ OÙ* (lieu). *Je suis allé là où vous êtes allé.* ➝ (marquant l'opposition) Alors que, au lieu que, tandis que. « *le jeune Russe avait voulu être léger comme Dorat, là où il eût fallu être simple et intelligible* » (Stendh.). **5** (accompagnant un pron. ou un adj. dém., qu'il renforce) *C'EST LA. C'est la votre erreur.* ⇒ **voilà**. *Ce ne sont pas là mes affaires.* ➝ *CELUI-LÀ.* ⇒ **celui.** ➝ (avec un adj. dém.) ⇒ ① **ce.** *Ces gens-là. Ce jour-là. Ce lundi-là,* lundi prochain. *En ce temps-là. À ce point-là ?* **6** (précédé d'une prép.) *DE LÀ :* en partant de cet endroit. *Il est allé à Calais et de là, en Angleterre.* ➝ fig. *De là à prétendre qu'il est infaillible, il y a loin (il n'y a qu'un pas).* ➝ *Il n'a pas assez travaillé ; de là, son échec.* ⇒ **où** (d'où). ♦ (temporel) « *À quelque temps de là* » (La Font.). *D'ICI LÀ... :* entre ce moment et un autre moment postérieur. *Venez à Noël, mais écrivez-moi d'ici-là.* ♦ *DE-CI DE-LÀ :* en divers endroits (⇒ **delà**) ; en diverses occasions. ♦ (précédé d'une loc. prép.) *Loin, non loin de là.* fig. *Il n'est pas décidé, loin de là !* ♦ *PAR LÀ :* par cet endroit. *Passons par là.* ➝ Aux environs. *Quelque part par là.* fig. Par ces mots. *Que faut-il entendre par là ?* ♦ *ÇA ET LÀ :* de côté et d'autre. **7** *LÀ-BAS :* à quelque distance plus ou moins grande du lieu où l'on est (opposé à *ici*). « *Regardez cette route, là-bas* » (Duham.). *Une fois là-bas, que ferez-vous ?* ♦ *LÀ-DEDANS :* à l'intérieur de ce lieu, de cet endroit. ➝ fam. *Debout, là-dedans !* ♦ *LÀ-HAUT :* dans ce lieu au-dessus. *Il demeure là-haut. Nous serons là-haut en dix minutes.* **II interj.** *LÀ !* (parfois *là ! là !*). « *Je ne répéterai rien à ton père !... Je te le jure !... Là, tu me crois ?* » (Céline). *Là, là, c'est fini ! Hé là ! doucement. Oh là là, quel désordre !* ✪ CONTR. Ici. Ailleurs. — HOM. La ; poss. lacs, las.

> ❑ Après *c'est là* on doit employer *que* et non pas *où (c'est là que j'habite),* alors que *où* est normal après *voilà (voilà où nous en sommes).* ♦ *Ici,* au sens de « dans ce lieu, cet endroit », est plus précis que *là :* « *Ici est le lieu même où est la personne qui parle ; là est un lieu différent. Ici marque un endroit déterminé ; là est plus vague : Venez ici, allez là* » (Littré). Cette opposition se perd et *là* indique souvent (et abusivement) l'endroit où l'on est.

labbe **n. m.** – XVIIIe ; suéd. ▪ Oiseau de mer *(charadriiformes)* qui migre des latitudes polaires aux latitudes moyennes. « *Pencroff reconnut plusieurs labbes, sortes de goélands* » (J. Verne).

label **n. m.** – XIXe, mot angl. **1** Marque apposée sur un produit pour certifier qu'il a été fabriqué selon les normes syndicales. ➝ Marque qui garantit l'origine ou la qualité d'un produit. *Label de qualité.* ♦ ⇒ **étiquette.** *Se présenter aux élections sous le label socialiste.* **2** En informatique, Étiquette. ✪ HOM. Labelle.

labelle **n. m.** – XIXe ; lat. « petite lèvre » **1** Pétale supérieur de la corolle des orchidées. **2** Bord renversé de certains coquillages. ✪ HOM. Label.

labelliser **v. tr.** [1] – 1083 ▪ Attribuer un label à (un produit).

labeur **n. m.** – XIIe ; lat. *labor* **1** littér. ou région. Travail pénible et soutenu. « *le patient labeur est le pain de tous les jours* » (R. Rolland). *Dur labeur.* **2** Ouvrage typographique d'une certaine importance et de longue haleine (opposé à *travaux de ville,* dits « bibelots »). *Imprimerie de labeur.*

> ❑ Même famille étymologique que *labour* et *laboratoire.*

labial, iale, iaux **adj.** – XVIIIe ; lat. *labium* « lèvre » ▪ Relatif aux lèvres. ♦ *Consonne labiale,* et **n. f.** *une labiale :* consonne qui s'articule essentiellement avec les lèvres (ex. p, b, m).

labialisation **n. f.** – 1904 ▪ Action de (se) labialiser.

labialiser **v. tr.** [1] – XIXe ▪ Prononcer (un son) en donnant une valeur labiale.

labié, iée **adj.** et **n. f.** – XVIIe ; lat. *labium* « lèvre » **1** Se dit d'une fleur dont la corolle présente deux lobes en forme de lèvres, et de la plante qui porte ces fleurs. 2 n. f. pl. LABIÉES : dicotylédones gamopétales à fleurs labiées.

labile adj. – XVe ; lat. *labi* « glisser, tomber » 1 Qui est sujet à tomber, à changer. *Pétales labiles. Vitamine labile,* peu stable. 2 fig. *Mémoire labile.* ⇒ **défaillant.**

labiodental, ale, aux adj. – 1909 ▪ *Consonne labiodentale,* ou n. f. *une labiodentale :* consonne qui s'articule avec la lèvre inférieure et les dents supérieures (ex. f, v).

labium [labjɔm] n. m. – 1946 ; mot lat. « lèvre » ▪ Pièce inférieure de l'appareil buccal des insectes (⇒ **labre**).

labo n. m. – XIXe ▪ fam. Laboratoire. *Des labos.*

laborantin, ine n. – v. 1918 ▪ Personne qui remplit dans un laboratoire des fonctions d'assistant. ⇒ **préparateur.**

laboratoire n. m. – XVIIe ; lat. *laborare* « travailler » 1 Local aménagé pour faire des expériences, des recherches, des préparations scientifiques. *Laboratoire de chimie, de biologie.* « *j'ai passé une grande part de ma vie parmi les scientifiques, dans les laboratoires* » (Duham.). *Examens de laboratoire,* qui permettent d'orienter ou de confirmer un diagnostic. ⇒ **analyse.** *Animaux de laboratoire,* destinés aux expériences (⇒ **animalerie**). ➛ *Laboratoire (de) photo,* pour développer les photos. 2 Entreprise de produits pharmaceutiques. 3 *Laboratoire de langues :* salle insonorisée équipée de magnétophones à l'aide desquels les étudiants s'entraînent à la pratique orale d'une langue étrangère.

❑ Même famille étymologique que *élaborer, collaborer.*

laborieusement adv. – XVe ▪ D'une manière laborieuse, avec travail et peine. « *un avenir laborieusement échafaudé* » (Mart. du G.).

laborieux, ieuse adj. – XIIIe ; lat. *labor* → labeur 1 littér. Qui coûte beaucoup de peine, de travail. ⇒ **pénible.** *Des recherches laborieuses.* ♦ Qui sent l'effort. *Récit, style laborieux.* ⇒ **embarrassé, lourd.** ♦ fam. *Il n'a pas encore terminé ? C'est laborieux !* c'est trop long. 2 loc. *Les masses, les classes laborieuses,* qui n'ont pour vivre que leur travail. ⇒ **travailleur.**

labour n. m. – XIIe 1 Façon donnée à une terre pour la retourner et l'ameublir. ⇒ **labourage.** *Labour à la bêche, à la charrue, au tracteur. Labours profonds.* ⇒ **défonçage.** ➛ *Bœuf, cheval de labour.* 2 Terre labourée. ⇒ **guéret.** « *Les terres nues, jaunes et fortes, des grands carrés de labour* » (Zola).

❑ Même famille étymologique que *labeur* et *laboratoire.*

labourable adj. – XIVe ▪ Qui peut être labouré. ⇒ **arable.**

labourage n. m. – XIIIe ▪ Action de labourer la terre. *Le labourage d'un champ.* ⇒ **labour.** ♦ vx Le travail de la terre, l'agriculture. « *Labourage et pâturage sont les deux mamelles dont la France est alimentée* » (Sully).

labourer v. tr. [1] – X[e] ; lat. *laborare* « travailler, se donner du mal » 1 Ouvrir et retourner (la terre) avec une bêche, une houe, une charrue, un tracteur. ⇒ ① **bêcher, biner, défoncer, piocher, retourner, scarifier.** 2 Creuser, ouvrir (comme le soc de la charrue laboure la terre). « *Je pris un poignard, et j'en labourai le bras d'Alberte à la saignée* » (Barbey). ➛ *Un sanglot « lui laboura la gorge »* (Mart. du G.).

❑ *Labourer* a conservé le sens du latin jusqu'au XVIIe s. : « *Je me divertis autant à causer avec vous, que je laboure avec les autres* » (Mme de Sévigné).

laboureur n. m. – XIIe ▪ Celui qui labourait un champ ; paysan. « *Un riche laboureur, sentant sa mort prochaine* » (La Font.).

① **labrador** n. m. – XIXe ; n. pr. ▪ Feldspath formé de calcium et de sodium.

② **labrador** n. m. – 1900 ; n. pr. ▪ Chien de chasse (retriever) servant à rapporter le gibier aquatique.

labre n. m. – XVIIIe ; lat. *labrum* « lèvre » 1 Poisson comestible *(perciformes)* à lèvres épaisses, qui vit près des côtes rocheuses. ⇒ **tourd, vieille.** 2 Lèvre supérieure des insectes.

labrit n. m. – XIXe ; ville des Landes ▪ Chien de berger du midi de la France.

labyrinthe n. m. – XVIe ; gr. 1 Enclos de murs formant des galeries entrelacées de telle sorte qu'une fois engagé à l'intérieur, on ne peut que très difficilement en trouver l'unique issue. *Thésée sortit du labyrinthe grâce au fil d'Ariane.* ➛ Dans un parc, Entrelacement de haies taillées et d'allées étroites. « *Un labyrinthe en charmille* » (Muss.). 2 Réseau compliqué de voies dont on a peine à sortir. ⇒ **dédale, lacis.** « *Les rues de Venise sont un labyrinthe si compliqué, elles se croisent de tant de façons* » (Muss.). ♦ fig. Complication inextricable. ⇒ **enchevêtrement.** *Le labyrinthe de ses pensées.* 3 Ensemble des cavités sinueuses de l'oreille interne.

labyrinthique adj. – XVIe 1 Qui tient du labyrinthe. 2 Du labyrinthe de l'oreille interne.

labyrinthodonte n. m. – XIXe ; gr. *odontos* « dent » ▪ Grand batracien fossile du trias, caractérisé par la structure compliquée des dents.

lac n. m. – XIIe ; lat. ▪ Grande nappe naturelle d'eau généralement douce, à l'intérieur des terres. ⇒ **étang, mer** (fermée). *Le lac Léman* ou *lac de Genève. Village bâti sur un lac.* ⇒ **lacustre.** « *Le Lac* », *poème de Lamartine.* ➛ *Lac artificiel.* ♦ loc. fam. *Tomber dans le lac :* échouer, n'avoir pas de suite, en parlant d'un projet, d'une entreprise. ✪ HOM. Laque.

❑ Même famille étymologique que *lagon, lagune* et *lacune.* ♦ Ne pas confondre avec *lacs* → lacs (rem.).

laçage n. m. – XIVe ▪ Action de lacer ; son résultat. *Le laçage d'une bottine.* ⇒ **lacement.**

laccase n. f. – XIXe ; de *laque* ▪ Oxydase contenant du cuivre, qui se trouve dans le latex de l'arbre à laque, dans les betteraves, les navets, le trèfle.

laccolithe n. f. – XIXe ; gr. *lakkos* « fosse » ▪ Masse de roches volcaniques insinuées dans une série sédimentaire, sans atteindre la surface, où elle crée cependant des reliefs bombés.

lacement n. m. – XVIIe ▪ Action de lacer ; son résultat. ⇒ **laçage.**

lacer v. tr. [3] – XIe ; lat. *laqueus* « nœud coulant, lien, piège » 1 Attacher (deux choses, deux éléments d'une chose) avec un lacet. ⇒ **attacher, lier.** *Lacer ses souliers.* 2 *Lacer un filet de pêche,* en faire les mailles. ⇒ **mailler.** ✪ CONTR. Délacer. — HOM. Lasser ; *lacèrent :* lacèrent (lacérer).

lacération n. f. – XIVe ▪ Action de déchirer. ⇒ **déchirement.** *Lacération des affiches.* ♦ Déchirure ou broiement accidentels de la peau et du tissu souscutané.

lacérer v. tr. [6] – XIVe ; lat. ▪ Mettre en lambeaux, en pièces. ⇒ **déchirer.** « *elle se frappait la poitrine et lacérait ses vêtements* » (Mac Orlan). ➛ *Affiche lacérée.* ✪ HOM. *Lacèrent :* lacèrent (lacer).

❑ *Lacérer* s'est employé en droit ancien pour « déchirer un écrit, un livre, par autorisation de justice » : « *Pour lacérer ledit présent procès-verbal* » (Racine). L'expression moderne *lacérer une affiche* reprend cette nuance.

lacerie n. f. – XIXe ▪ Fin tissu de paille ou d'osier.

lacertiens n. m. pl. – XIXe ; lat. *lacerta* « lézard » ▪ Ordre de reptiles sauriens (ex. gecko, lézard, varan).

lacet n. m. – XIVe ; dimin. de *lacs* **1** Cordon étroit qu'on passe dans des œillets pour serrer un vêtement, attacher une chaussure. « *Elle se déshabillait brutalement, arrachant le lacet mince de son corset* » (Flaub.). « *Il se baissa pour nouer ses lacets de souliers* » (Sartre). *Rattacher ses lacets. Une paire de lacets.* **2** Cordage qui sert à lacer une bonnette, ou une voile additionnelle à une voile. **3** Succession d'angles aigus de part et d'autre d'un axe. ⇒ **zigzag.** *Route en lacet(s).* ➛ Mouvement latéral (d'un véhicule). *Axe de lacet d'un avion.* **4** Nœud coulant pour capturer le gibier. ⇒ **lacs ; collet. 5** Tresse plate de passementerie. ⇒ **ganse.**

laceur, euse n. – XIIIe ▪ Personne qui fabrique des filets pour la pêche ou la chasse.

lâchage n. m. – XIXe **1** Action de lâcher. ♦ fam. Action d'abandonner qqn, de ne plus le soutenir. ⇒ **abandon.** « *Il était victime de l'ignoble lâchage de ministres* » (Proust). **2** Fait de lâcher, de ne plus fonctionner, brusquement. *Le lâchage des freins.*

lâche adj. – XIIe **I - 1** Qui n'est pas tendu. ⇒ **détendu,** ① **flasque,** ① **mou.** *Fil, ressort lâche.* ♦ Qui n'est pas serré. *Vêtement lâche.* ⇒ **flottant, flou,** ③ **vague. 2** littér. Qui manque d'énergie et de concision. *Style lâche et inexpressif.* **II - 1** Qui manque de courage, s'abaisse devant la force, la puissance. ⇒ **couard, peureux, pleutre, poltron.** « *je ne pense pas être lâche (mais que ne pense-t-on pas !)* » (Camus). ➛ n. *Les lâches !* ⇒ fam. **dégonflé, trouillard.** « *Les lâches qui offrirent de se rendre* » (Flaub.). **2** Qui porte la marque de la lâcheté. ⇒ ① **bas, méprisable, vil.** *Un lâche attentat.* « *Gémir, pleurer, prier est également lâche* » (Vigny). ✪ CONTR. Serré, vigoureux. — Brave, courageux.

lâchement adv. – XIIe **1** rare D'une manière lâche. « *Une cravate rouge flottait lâchement autour de son cou* » (Green). **2** D'une manière qui trahit la peur, la lâcheté. *Fuir lâchement. Ils l'ont lâchement assassiné.* ⇒ **honteusement, indignement.** ✪ CONTR. Courageusement.

① **lâcher** v. [1] – XIe ; lat. *laxare* **I** v. tr. **1** Rendre moins tendu ou moins serré. ⇒ **desserrer, détendre, relâcher.** *Lâcher sa ceinture d'un cran. Lâcher la bride, les rênes à un cheval,* lui tenir la bride plus longue. loc. *Lâcher la bride à qqn,* le libérer de la discipline, de la sujétion habituelle. **2** Émettre (des paroles, des bruits… qui surprennent ou choquent). ⇒ ① **lancer.** *Lâcher une bourde.* « *Il but, fit claquer sa langue, puis lâcha un pet* » (Apoll.). **3** Cesser de tenir. *Lâcher sa proie. Lâchez-moi, vous me faites mal.* ⇒ **laisser.** ♦ fam. Donner. « *Je veux m'enrichir, je ne lâcherai pas un sou* » (Jarry). ellipt *Les lâcher* (les sous). *Il les lâche difficilement.* **4** Abandonner, laisser. ➛ *Il a tout lâché pour cette femme.* fam. Quitter brusquement (qqn), rompre les relations plus ou moins étroites qu'on entretenait avec lui. *On comptait sur eux, mais ils nous ont lâchés.* ⇒ **lâcheur.** ♦ Distancer (un concurrent) dans une course. *Lâcher le peloton.* **5** Cesser de retenir ou de détenir ; laisser aller. *Lâcher des pigeons, un ballon. Lâcher des bombes.* ⇒ **larguer.** ♦ fig. Exprimer enfin (ce qu'on s'est retenu de dire). loc. fam. *Lâcher le morceau, le paquet :* tout avouer. **6** Lancer (un animal) à la poursuite, à l'attaque d'un gibier. *Lâcher les chiens.* **II** v. intr. Se casser, rompre. *Les freins ont lâché.* ✪ CONTR. Agripper, empoigner ; garder, retenir. Attraper, capturer.

② **lâcher** n. m. – XIXe **1** Action de lâcher. « *dans la galerie supérieure, on fait un lâcher de colombes* » (Sartre). *Un lâcher de ballons.* **2** En gymnastique, Action de lâcher les prises sur l'engin. *Un lâcher de barres.*

lâcheté n. f. – XIIe **1** Manque de bravoure, de courage devant le danger. ⇒ **couardise, poltronnerie.** *Fuir avec lâcheté.* ♦ Manque de courage moral, de franchise, de dignité. ⇒ **bassesse, faiblesse.** *Il a accepté par lâcheté.* **2** Action, manière d'agir d'un lâche. « *Est-ce que vous trouvez que c'est une lâcheté, de se tuer ?* » (Montherl.). ✪ CONTR. Bravoure, courage.

lâcheur, euse n. – XIXe ▪ fam. Personne qui abandonne facilement et sans scrupule ses amis.

lacinié, iée adj. – XVIIe ; lat. *lacinia* « frange » ▪ Qui est irrégulièrement découpé en lanières étroites et longues (plantes). *Des œillets laciniés.*

lacis n. m. – XIIe ; de *lacer* **1** Réseau de fils entrelacés. **2** Réseau entrelacé de petits vaisseaux ou de filets nerveux. ⇒ **entrelacement, plexus. 3** Réseau. *Un lacis de ruelles.* ⇒ **labyrinthe.** ➛ « *Ce procès traînait* […] *dans le lacis inextricable de la procédure* » (Balz.). ✪ HOM. Lassi, lassis.

laconique adj. – XVIe ; gr. « de *Laconie* » ▪ Qui s'exprime en peu de mots. ⇒ ① **bref, concis.** ♦ *Réponse laconique. Style laconique.* ⇒ **lapidaire.** ✪ CONTR. Verbeux.

> ❑ Les habitants de Laconie, région de la Grèce antique ayant Sparte pour capitale, étaient célèbres pour la concision de leur langage.

laconiquement adv. – XVIe ▪ D'une manière laconique. ⇒ **brièvement.**

laconisme n. m. – XVIe ▪ Manière de s'exprimer en peu de mots. ⇒ **brièveté, concision.** ♦ *Le laconisme d'un télégramme.* ✪ CONTR. Bavardage.

lacrymal, ale, aux adj. – XIVe ; lat. *lacrima* « larme » ▪ sc. Qui a rapport aux larmes. *Glande lacrymale,* qui sécrète les larmes. *Canal lacrymal.*

lacrymogène adj. – 1915 ▪ *Gaz lacrymogène :* gaz irritant qui fait pleurer, employé dans les combats de rue. ➛ Qui dégage une substance lacrymogène. *Grenade, gaz lacrymogène.*

lacs [lɑ] n. m. – XIe ; lat. *laqueus* « lacet » **1** Nœud coulant pour capturer le gibier ou certains animaux nuisibles. ⇒ **lacet. 2** Lien résistant pour effectuer des tractions, en chirurgie.

> ❑ Même famille étymologique que *lacet.* ♦ Ne pas confondre *tomber dans le lac,* à l'eau (fig.) et l'expression archaïque *tomber dans le lacs,* dans le piège.

lactaire n. m. – XVIIe ▪ Champignon qui laisse échapper, quand on le rompt, un suc laiteux. *Lactaire délicieux, lactaire poivré* (comestibles).

lactalbumine n. f. – v. 1900 ▪ Albumine du lait.

lactarium [laktaʀjɔm] n. m. – 1949 ; lat. mod. ▪ Établissement où l'on collecte et conserve du lait humain. *Des lactariums.*

lactase n. f. – v. 1900 ; *lact(o)-* et *-ase* ▪ Enzyme qui transforme le lactose en glucose et galactose.

lactation n. f. – XVIIe ▪ Sécrétion et écoulement du lait chez la femme et les femelles des mammifères après la parturition. ➛ Période de l'allaitement (chez les animaux).

lacté, ée adj. – XIVe ; lat. *lacteus* « laiteux » **1** didact. Qui a rapport au lait. *Sécrétion lactée.* ⇒ **lactation. 2** littér. Qui ressemble au lait, a l'aspect du lait. *Un blanc lacté.* ⇒ **laiteux.** ♦ *LA VOIE LACTÉE :* bande blanchâtre et floue qu'on aperçoit dans le ciel pendant les nuits claires (apparence du plus grand axe de la Galaxie). **3** Qui contient du lait. *Dessert lacté.* ♦ *Régime lacté,* où l'on ne prend que du lait.

lactescent, ente adj. – XVIIIe **1** Qui contient un suc laiteux. *Champignon lactescent* (ex. le lactaire). **2** (en parlant d'un liquide) Qui ressemble à du lait. *Sérum lactescent.*

lactifère adj. – XVIIe ▪ Qui amène, porte ou produit le lait. *Plantes lactifères,* qui renferment un suc laiteux (ou *latex*).

lactique adj. – XVIIIe ▪ *Acide lactique :* acide-alcool formé par fermentation de sucres chez de nombreux micro-organismes, et dans la décomposition du glycogène pendant la contraction musculaire. ➝ *Ferment, bacille lactique.* ⇒ **lactobacille.**

lact(o)- Élément, du lat. *lac, lactis* « lait ».

lactobacille [laktobasil] n. m. – mil. XXe ▪ Genre bactérien comportant de nombreuses espèces dont certaines sont utilisées pour la fabrication de yaourts et dans l'industrie fromagère ; bacille lactique.

lactodensimètre n. m. – XIXe ▪ Appareil servant à mesurer la densité du lait.

lactoflavine n. f. – 1950 ; lat. *flavus* « jaune » ▪ Vitamine B2. ⇒ **riboflavine.**

lactomètre n. m. – XIXe ; *lacto-* et *-mètre* ▪ Appareil servant à apprécier la qualité d'un lait, notamment sa richesse en beurre. ⇒ **galactomètre, pèse-lait.**

lactose n. m. – XIXe ; *lacto-* et ① *-ose* ▪ Diholoside contenu dans le lait des mammifères ($C_{12}H_{22}O_{11}$), qui donne du glucose et du galactose par hydrolyse.

❑ *Lactose,* comme *glucose,* est un nom masculin *(le lait contient du lactose)* alors que la plupart des noms en *-ose* sont féminins.

lactosérum [laktoseʀɔm] n. m. – 1908 ▪ sc. Petit-lait.

lacunaire adj. – XIXe **1** Qui présente des lacunes. *Tissu végétal lacunaire.* ⇒ **lacuneux. 2** Qui a des manques, incomplet. *Documentation, culture lacunaire.*

❑ Ne pas confondre avec *lagunaire* « d'une lagune ».

lacune n. f. – XVIe ; lat. « citerne, fosse » **1** sc. Espace vide dans un corps. ➝ Espace intercellulaire de taille supérieure à celle des cellules environnantes. *Les lacunes des centres nerveux. Lacunes des tiges de prêles.* **2** Interruption involontaire et fâcheuse dans un texte, un enchaînement de faits ou d'idées ; absence d'un ou de plusieurs termes dans une série. ⇒ **hiatus,** ① **manque, omission.** *Remplir, combler une lacune. Lacunes de mémoire.* ⇒ **déficience, trou ; oubli.**

❑ De même famille étymologique que *lac, lacune* a eu le sens de « étang près de la mer » (1611), tombé en désuétude au profit de *lagune.*

lacuneux, euse adj. – XVIIIe ▪ Se dit d'un tissu végétal présentant un espace entre les cellules. ⇒ **lacunaire.**

lacustre adj. – XVIe ; de *lac,* d'apr. *palustre* ▪ Relatif aux lacs ; qui se trouve, vit auprès d'un lac, dans un lac. *Faune lacustre.* ➝ *Cités, villages lacustres,* bâtis sur pilotis. ⇒ **palafitte.**

lad [lad] n. m. – XIXe ; mot angl. ▪ Jeune garçon d'écurie chargé de garder, de soigner les chevaux de course.

ladanum [ladanɔm] n. m. – XIIIe ; mot gr. ▪ Gomme-résine aromatique tirée du ciste, utilisée en parfumerie.

ladin n. m. – XIXe ; lat. *latinus* « latin » ▪ Ensemble des parlers rhéto-romans (romanche) de l'Engadine.

ladino n. m. – d. i. ; mot esp. ▪ Dialecte espagnol parlé par les judéo-espagnols.

ladite → **dit**

ladre adj. et n. – XIIe ; lat., de l'hébr. *Lazarus* **1** Se dit du porc, du bœuf atteints de ladrerie. **2** n. et adj. vx ou littér. ⇒ **avare, grigou.** « *le généreux, si on l'enrichit, devient ladre* » (St-Exup.). ✪ CONTR. Généreux.

❑ Autrefois sous la forme ancienne *lazre,* avec le sens de « lépreux » et de même famille étym. que *lazaret,* qui a désigné une léproserie. *Ladre* ne s'emploie plus, à propos d'affection physique, que dans la médecine vétérinaire.

ladrerie n. f. – XVIIIe **I** Maladie causée chez le porc, le bœuf par le développement de larves de ténia (cysticerques) dans les muscles ou sous la langue. **II** vx ou littér. Avarice sordide. ✪ CONTR. Générosité.

lady [ledi] n. f. – XVIIIe ; mot angl. **1** Titre donné aux femmes des lords et des chevaliers anglais. **2** Dame anglaise. *Des ladys* ou *des ladies.* ➝ Femme élégante, distinguée. *C'est une vraie lady.*

❑ Pour le pluriel → ① y (rem.). ♦ *Lady* est passé en français comme équivalent féminin de *gentleman.*

lagomorphes n. m. pl. – XIXe ; gr. *lagôs* « lièvre » ▪ Ordre de mammifères herbivores comprenant les lièvres et les lapins. *Les lagomorphes ont une paire d'incisives de plus que les rongeurs.*

lagon n. m. – XVIIIe ; it. *lago* « lac » ▪ Petit lac d'eau salée, lagune peu profonde entre la terre et un récif corallien, ou à l'intérieur d'un atoll.

lagopède n. m. – XVIIe ; gr., proprt « pied de lièvre » ▪ Oiseau *(galliformes)* de taille moyenne, aux pattes couvertes de plumes. *Lagopède blanc.* ⇒ **gélinotte.** *Lagopède d'Écosse.* ⇒ **grouse.**

lagotriche n. m. – XIXe ; gr. *lagôs* « lièvre » et *thrix* « poil » ▪ Singe d'Amérique du Sud *(simiiformes)* à queue préhensile, appelé aussi *singe laineux.*

laguis [lagi(s)] n. m. – XVIIIe ; pour *l'agui* → agui ▪ Cordage muni d'un nœud qui se serre par le seul poids du corps qu'il enserre (nœud de chaise).

lagunage n. m. – 1973 ▪ Création de bassins pour l'épuration de l'eau.

lagunaire adj. – XIXe ▪ D'une lagune.

❑ Ne pas confondre avec *lacunaire* « qui a des lacunes ».

lagune n. f. – XVIe ; lat. *lacuna* « lacune » ▪ Étendue d'eau de mer, comprise entre la terre ferme et un cordon littoral (lido). « *Venise dormait encore* [...] *les brouillards se jouaient sur la lagune déserte* » (Muss.).

❑ De la même famille que *lacune* → lacune (rem.).

① **lai, laie** adj. – XIIe ; gr. *laos* « peuple » ▪ *Frère lai :* frère servant. ⇒ **convers.** ✪ HOM. Laid, laie, lais, lait, laye, lei (② leu), lez.

❑ Même famille étymologique que *laïque, laïc.*

② **lai** n. m. – XIIe ; p.-ê. du celt. ▪ Poème narratif ou lyrique, au Moyen Âge. « *Le Lai du rossignol* », *de Marie de France.*

❑ Ne pas confondre le pluriel *lais* avec les *lais* « legs » : « *Certains lais* (que je fis) *l'an cinquante six* » (Villon, *le Testament*).

laïc → **laïque**

laïcat n. m. – XIXe ▪ Ensemble des chrétiens non ecclésiastiques.

laïcisation n. f. – XIXe ▪ Action de laïciser ; son résultat. *Laïcisation de l'enseignement.*

laïciser v. tr. [1] – XIXe **1** Rendre laïque. **2** Organiser suivant les principes de la laïcité. *La Révolution a laïcisé l'état civil.*

laïcisme n. m. - XIXe ▪ Doctrine qui tend à donner aux institutions un caractère non religieux.

laïcité n. f. - XIXe 1 Caractère laïque. 2 Principe de séparation de la société civile et de la société religieuse.

laid, laide adj. - XIe ; germ. « désagréable, contrariant, rebutant » 1 Qui produit une impression désagréable en heurtant le sens esthétique, ou l'idée que l'on a de la beauté. ⇒ **affreux, hideux, horrible, inesthétique, vilain ;** fam. **moche, tarte.** *Personne laide,* qui déplaît par ses imperfections physiques, surtout celle du visage. « *Mon pauvre ami* [...] *je ne veux pas te faire de peine, mais, Dieu ! que tu es laid* » (Renard). ➛ loc. *Être laid comme un pou ; laid à faire peur,* très laid. ➛ *Femme, fille laide.* ⇒ **épouvantail, laideron ;** fam. **guenon, mocheté.** ♦ *Ville laide et triste.* 2 au moral (lang. enfantin) *C'est laid de fourrer ses doigts dans son nez !* ⇒ **vilain.** 3 n. m. ⇒ **laideur.** *Le laid et le beau.* ➛ « *je ne sais pas vouloir constater le laid dans la vie réelle* » (Sand). ✪ CONTR. ① Beau. — HOM. Lai, laie, lais, lait, laye, lei (② leu), lez.

laideron n. m. - XVIe ▪ Jeune fille ou jeune femme laide. *Cette fille est un laideron.*

laideur n. f. - XIIIe 1 Caractère, état de ce qui est laid (au physique). ⇒ **hideur.** *Être d'une laideur affreuse, monstrueuse.* « *elle avait la laideur molle et bouffie* » (Zola). ➛ *La laideur d'un monument.* 2 au moral ⇒ **bassesse, turpitude, vilenie.** « *l'hypocrisie dans toute sa laideur* » (Volt.). ⇒ **horreur.** ✪ CONTR. Beauté.

① **laie** n. f. - XIIe ; germ. ▪ Femelle du sanglier. *La laie et ses marcassins.* ✪ HOM. Lai, laid, lais, lait, laye, lei (② leu), lez.

② **laie** n. f. - XIIe ; de *layer* ▪ Espace déboisé, rectiligne, tracé dans une forêt pour y établir des coupes. ⇒ **layon** (plus cour.).

③ **laie** → **laye**

④ **laie** n. f. - XVIIe ; de *layer* ▪ Marteau de tailleur de pierres, à un ou deux tranchants.

① **lainage** n. m. - XIVe 1 Étoffe de laine. 2 Vêtement de laine tricotée. ⇒ fam. **laine, tricot.** *Ses mains* « *serraient le lainage autour de son cou* » (E. de Goncourt).

② **lainage** n. m. - XVIIIe ▪ Action de lainer (le drap).

laine n. f. - XIIe ; lat. *lana* 1 Matière souple provenant du poil de l'épiderme des ovidés et de quelques autres mammifères, constituée de fibres pouvant être utilisées comme textile. *Laine d'agneau* (⇒ **lambswool**). *Laine de chèvre angora* (⇒ **mohair**), *laine angora.* ➛ *Laine vierge,* provenant de la tonte d'animaux vivants. *Pure laine vierge. Laine mélangée.* ➛ *Laine cardée, peignée. Filer la laine.* ⇒ **filage, filature.** 2 Cette matière, traitée pour être utilisée. *Tissus de laine.* ⇒ ① **lainage.** ➛ *Laine des Pyrénées :* tissu de laine moelleux, duveté. ➛ *Laine à tricoter. Pelote de laine. Tricot de laine.* ⇒ **chandail, pull-over.** ♦ *Vêtements en laine,* en lainage, en laine tricotée. ♦ loc. *Se laisser manger, tondre la laine sur le dos :* se laisser exploiter, voler, sans réagir. 3 fam. *Une (petite) laine :* un vêtement de laine tricotée, généralement gilet, pull-over. ⇒ ① **lainage.** 4 Duvet (de certaines plantes) (⇒ **lanugineux**). 5 Produits fibreux fabriqués pour être utilisés comme la laine (en isolants, en textiles). *Laine de verre*. Laine minérale. Laine de roche.*

> ❑ Même famille étym. que *lange* et *lanice.*

lainé, ée adj. - 1940 ▪ *Peau lainée :* peau de mouton ayant conservé sa laine ; vêtement confectionné avec cette peau, la laine vers l'intérieur.

lainer v. tr. [1] - XIIIe ▪ Rendre moelleux (un tissu de laine) par grattage.

laineur, euse n. - XVIIIe 1 Ouvrier qui laine le drap avec une machine à lainer. 2 n. f. Machine à lainer. ✪ HOM. Laineuse (laineux).

laineux, euse adj. - XVIe 1 Qui est garni de laine, qui a beaucoup de laine. *Drap laineux.* ♦ *Plante laineuse,* couverte de duvet, de poils. 2 Qui ressemble à de la laine (à la vue, au toucher). *Poil laineux.* ✪ HOM. Laineuse (laineur).

lainier, ière n. et adj. - XIIIe I n. Personne qui vend ou qui travaille la laine. Propriétaire d'une usine de tissage de la laine. II adj. Relatif à la laine (matière première ou marchandise). *L'industrie lainière.*

laïque adj., **laïc, laïque** n. - XVe ; lat. *laïcus* « commun, du peuple », « illettré » 1 Qui ne fait pas partie du clergé, et spécialt Qui n'a pas reçu les ordres de cléricature, en parlant d'un chrétien baptisé. *Tribunal, juridiction laïque.* ⇒ **séculier.** ♦ n. *L'ordre des laïcs, des laïques.* ♦ *Rendre qqn à la vie laïque.* ⇒ **laïciser, séculariser.** *Habit laïque.* 2 Qui est indépendant de toute confession religieuse (⇒ **laïcité**). *L'État laïque. L'enseignement laïque* (opposé à *confessionnel*). ✪ CONTR. Clerc, ecclésiastique. Religieux.

> ❑ On écrit indifféremment *un laïque, un laïc* mais toujours *laïque* pour l'adjectif masculin ou féminin.

laird [lɛʀd] n. m. - XVIIIe ; var. de *lord* ▪ Propriétaire d'une terre et d'un manoir, en Écosse.

lais n. m. - XIIe ; de *laisser* 1 au plur. Terrains que les eaux (mer ou rivière) laissent à découvert en se retirant. *Droit d'accession sur les lais.* ♦ Laisse (III). *Lais de haute mer.* 2 Jeune baliveau laissé dans une coupe pour devenir arbre de futaie. ✪ HOM. Lai, laid, laie, lait, laye, lei (② leu), lez.

> ❑ A d'abord eu le sens de « legs ». → ② lai (rem.).

laisse n. f. - XIIe I Lien avec lequel on attache un chien ou un autre animal pour le mener. *Tenir un chien en laisse. Chien qui tire sur sa laisse.* « *il avait horreur d'être promené au bout d'une laisse* » (Romains). II Tirade, couplet d'une chanson de geste. *Les laisses de la « Chanson de Roland ».* III Espace que la mer laisse à découvert à chaque marée. ⇒ **lais** (1°). *Laisse de haute mer, de basse mer :* lignes de marée haute et de marée basse, limites entre lesquelles la marée oscille.

laissé, ée-pour-compte [lesepuʀkɔ̃t] adj. - XIXe 1 *Marchandise laissée-pour-compte,* dont le destinataire refuse de prendre livraison parce qu'elle ne remplit pas les conditions stipulées à la commande. 2 fig. Chose, personne qu'on oublie, qu'on néglige. ➛ n. *Les laissés-pour-compte de la société.* ⇒ **quart-monde, sous-prolétariat.**

> ❑ On trouve aussi la variante graphique sans traits d'union : « *La plupart des liaisons sont faites de "laissés pour compte" qui* [...] *trompent ensemble leurs regrets* » (Léautaud).

laissées n. f. pl. - XIVe ▪ Fiente des sangliers.

laisser v. tr. [1] - IXe ; lat. *laxare* « relâcher » I Ne pas intervenir. 1 (suivi d'un inf.) Ne pas empêcher de (⇒ **consentir, permettre**). *Laisser partir qqn. Laisse-moi rire.* « *Il ouvre un large bec, laisse tomber sa proie* » (La Font.). ➛ *S'effacer pour laisser passer qqn.* ➛ fam. *Laisser courir :* ne pas intervenir. ➛ *Laisser faire qqn,* le laisser agir comme il l'entend. ➛ *Laisser faire :* ne pas intervenir. ➛ *Laisser voir son trouble,* le montrer. *N'en rien laisser paraître.* ♦ *Matière poreuse qui laisse passer l'air.* 2 SE LAISSER (et l'inf.). *Se laisser aller à faire* *qqch. Se laisser aller.* ⇒ s'**abandonner,** se **détendre,** se **relâcher.** « *Tu te laisses aller, tu te laisses entraîner* » (Perec). *Ne vous laissez pas abattre, réagissez ! Se laisser vivre* : vivre sans souci. « *Un enfant heureux se laisse vivre* » (Maurois). ➝ *Se laisser attendrir, impressionner. Je me suis laissé dire que...* ➝ *Se laisser faire* : n'opposer aucune résistance à la volonté d'autrui, subir ses exigences, ses affronts. fam. Accepter qqch. d'agréable. *Se laisser tenter.* ♦ fam. *Un vin qui se laisse boire,* qu'on boit sans déplaisir, et par plais., avec plaisir. 3 (avec un compl. déterminé par un adj., une complétive) Maintenir (qqn, qqch.) dans un état, un lieu, une situation ; ne rien faire pour qu'il ou elle change. ⇒ **garder.** *Laisser un plat au chaud.* ⇒ **maintenir, tenir.** ➝ *Laisse-le tranquille.* ➝ *La nouvelle nous laisse sceptiques. Cela me laisse indifférent.* ➝ *Laisser qqn dans le doute.* ➝ *Laisser la porte ouverte. Laisser une terre en friche.* ➝ *Laisser qqn,* le laisser tranquille. *Allons, laissez-moi, à la fin !* 4 Ne pas s'occuper de. *Laissons-les, ils peuvent se débrouiller. Laissez donc cela, je vais le faire.* ➝ « *Comme elle ouvrait son sac pour y prendre de la monnaie, il dit : – Laissez...* » (Simenon). 5 *LAISSER* (qqn, qqch.) *À* (qqn) : maintenir avec ; ne pas enlever à (qqn), ne pas priver de. *Laisser les enfants à leur mère. Laissez-lui une chance, un délai.* ⇒ **accorder.** *On ne m'a pas laissé le choix. Laissez-lui ses illusions.* 6 Ne pas supprimer. *Laisser des répétitions dans un texte.* II - 1 Ne pas prendre (ce qui se présente, ce qui s'offre). *Manger les raisins et laisser les pépins.* loc. *C'est à prendre ou à laisser* : il faut prendre la chose telle quelle ou ne pas la prendre du tout. 2 *LAISSER... À* (qqn) : ne pas prendre pour soi (afin qu'un autre prenne). ⇒ **réserver.** *Laisse un morceau de gâteau à ton frère.* ➝ *Laisser la priorité à une voiture.* ➝ Ne pas faire soi-même (afin qu'un autre fasse). *Laisser un travail à faire à qqn.* ♦ *Laisser une chose à qqn,* n'en pas vouloir pour soi et la réserver à la personne pour qui elle est (ou semble) faite. *Il faut laisser ces procédés aux charlatans.* ♦ loc. *LAISSER À PENSER, À JUGER* : laisser (à qqn) le soin de penser, de juger par soi-même, ne pas expliquer ce qu'on trouve évident. ➝ *Son attitude laisse à penser,* donne matière à réflexion. III Ne pas garder avec soi, pour soi. ⇒ **abandonner.** 1 Se séparer de, abandonner (qqn, qqch.). ⇒ **quitter.** *Adieu, je vous laisse. Il devait être minuit quand je les ai laissés.* ♦ Quitter volontairement et définitivement. *Elle a laissé son mari.* ⇒ **abandonner,** ① **lâcher ;** fam. **larguer, plaquer.** ♦ Ne plus vivre avec, du fait de la mort. « *la pauvre femme laissait une petite fille de trois ans* » (Goncourt). ♦ « *J'ai été laissé pour mort par des voleurs* » (Maupass.). ➝ *Laisser un coureur derrière soi.* ⇒ **dépasser, devancer.** ➝ Abandonner involontairement (qqch.). *J'ai laissé mon parapluie dans l'autobus.* ⇒ **oublier.** 2 Se séparer d'une partie de soi-même, abandonner (qqch. de soi). ⇒ **perdre.** *Laisser sa vie au combat ; y laisser sa peau.* ♦ Faire (une marque, une trace qui reste). *Le coup a laissé des marques, des cicatrices.* ➝ fig. *L'aventure lui laissa un goût d'amertume. Ce document ne doit pas laisser de trace. Laisser des descendants, des héritiers. Laisser un bon souvenir.* 3 Remettre (qqch. à qqn) en partant. ⇒ **confier, remettre.** *Laisser sa clé à la concierge. Laisser un message. Laisser un pourboire* **(⇒ donner).** 4 Vendre à un prix avantageux pour le client. ⇒ **céder.** *Je vous laisse ce tapis pour (à) deux mille francs.* 5 Donner (un bien, une somme) par voie de succession. ⇒ **léguer, transmettre.** « *Il mourut, jeune encore, laissant à sa fille une immense fortune* » (Stendh.). IV littér. *NE PAS LAISSER DE* : ne pas cesser de, ne pas s'abstenir de **(⇒ manquer).** « *Bien que rivales* [elles] *ne laissaient pas d'être amies* » (Corn.). ✪ CONTR. Empêcher ; enlever, prendre. Garder. Continuer.

❑ À la différence de *faire,* le participe de *laisser* suivi d'un infinitif s'accorde avec le complément d'objet lorsque celui-ci fait l'action exprimée par l'infinitif : « *Cette femme que j'ai laissée peindre,* veut dire : à qui j'ai laissé le loisir de peindre ; *cette femme que j'ai laissé peindre,* veut dire : que j'ai permis que l'on peignît » (Littré). → ① faire (rem.). ♦ *Se laisser* (et infinitif). Accord du participe avec le sujet lorsque celui-ci fait l'action exprimée par l'infinitif : *elle s'est laissée tomber, ils se sont laissés mourir.* Pas d'accord lorsque le sujet de *laisser* est l'objet de l'infinitif : *ils se sont laissé convaincre ;* « *Je me suis laissé accabler de visites* » (Mme de Sévigné).

laisser-aller n. m. inv. – XVIIIe 1 Absence de contrainte dans les attitudes, les manières, le comportement. ⇒ **abandon, désinvolture.** 2 péj. Absence de soin. *Le laisser-aller de sa tenue.* ⇒ **débraillé, négligé.** ➝ Négligence, relâchement (dans le comportement). « *Dans le fond, c'est mon laisser-aller qui m'inquiète* » (Sartre). *Laisser-aller dans le travail.* ⇒ **désordre, incurie.** ✪ CONTR. ② Affectation ; réserve, retenue. Ordre.

❑ Substantivation du syntagme verbal *se laisser aller : laisser* est à l'infinitif (comme dans *laisser-faire*).

laisser-faire n. m. inv. – XIXe ▪ Attitude qui consiste à ne pas intervenir.

laissez-passer n. m. inv. – XVIIe 1 Document qui doit accompagner les marchandises soumises aux impôts indirects et exemptes ou affranchies de droit de départ. ⇒ **passavant.** 2 Pièce autorisant une personne à circuler librement **(⇒ passeport, sauf-conduit).**

❑ L'impératif *laissez* exprime l'idée d'ordre.

lait n. m. – XIIe ; lat. *lac, lactis* I Liquide blanc, opaque, très nutritif, sécrété par les glandes mammaires des femelles des mammifères. 1 Aliment naturel des jeunes mammifères ; spécialt en parlant de l'espèce humaine, des nourrissons. *Lait de femme* **(⇒ lactarium),** *lait maternel. Sécrétion, montée du lait chez la mère.* ⇒ **lactation ; colostrum.** « *À la montée du lait commence l'amour maternel* » (Gide). *Femme qui nourrit un enfant de son lait.* ⇒ **allaitement ; allaiter ; téter.** ➝ *Frères, sœurs de lait* : enfants qui ont eu la même nourrice. ➝ *Veau, cochon de lait,* qui tètent encore. 2 Lait de quelques mammifères domestiques (notamment la vache), destiné à l'alimentation humaine. *Lait de chèvre, de vache, de brebis.* ➝ *Commerce, industrie du lait.* ⇒ **laiterie ; crémerie.** *Vache à lait* : vache laitière. *Bouteille, brique de lait. Pot à lait, au lait. Un litre de lait. Lait écrémé, entier. Battre le lait pour faire du beurre* **(⇒ baratte).** *Le lait caille, tourne. Lait caillé, fermenté.* ⇒ **caillé, fromage, képhir, yaourt ; lactosérum, petit-lait.** ➝ *Faire bouillir le lait pour le stériliser. Le lait bout, se sauve. Lait pasteurisé ; lait U.H.T. ; lait longue conservation.* ➝ *Lait condensé, lait concentré. Lait en poudre.* ♦ *Boire du lait.* « *un soupçon de thé et un nuage de lait* » (Muss.). ➝ *Café au lait.* 3 littér. *Blanc comme le lait.* ⇒ **lacté, lactescent, laiteux.** ➝ *Une peau, un teint de lait.* ⇒ **laiteux.** II Liquide ayant l'apparence du lait. 1 Suc blanchâtre de certains végétaux. « *ces petites herbes qui donnent une goutte de lait lorsqu'on les plie* » (Green). *Lait des plantes à caoutchouc.* ⇒ **latex.** *Lait de coco.* 2 Préparation d'apparence laiteuse. *Lait de poule* : jaune d'œuf battu avec du lait chaud sucré et aromatisé. ➝ *Lait de beauté, lait démaquillant.* ✪ HOM. Lai, laid, laie, lais, laye, lei (② leu), lez.

laitage n. m. – XIVe ▪ Aliment à base de lait. « *La collation vient, composée de quelques laitages, de gaufres* » (Rouss.).

laitance n. f. – XIVe 1 Matière blanchâtre, molle, constituée par le sperme des poissons. ⇒ **laite.** 2 Couche blanchâtre, formée de ciment, apparaissant parfois à la surface du béton.

laite n. f. – XIVe ▪ Laitance (1°).

laité, ée adj. – XIVe ▪ Qui a de la laitance ; mâle, en parlant d'un poisson (opposé à *œuvé*). *Carpe laitée.*

laiterie n. f. – XIVe 1 Dans une ferme, Lieu où l'on conserve le lait avant de le vendre ou de le transformer. 2 Usine où l'on traite le lait pour la consommation et la fabrication de produits dérivés. 3 vieilli Magasin où l'on vend du lait, des laitages et des œufs. ⇒ **crémerie.** 4 Industrie, commerce du lait et de ses dérivés.

laiteron n. m. – XVIe ▪ Plante herbacée *(composacées)* contenant un latex blanc.

laiteux, euse adj. – XVe ▪ Qui a l'aspect, la couleur blanchâtre du lait. ⇒ ① **blanc, lactescent, opalin.** *Lumière laiteuse.* « *la blancheur laiteuse de sa peau* » (Genet). ➛ *Huître laiteuse,* qui n'a pas évacué ses œufs ou sa semence.

① **laitier, ière** n. et adj. – XIIIe 1 Personne qui vend du lait (⇒ **crémier),** et spécialement qui livre le lait (à domicile, chez les détaillants). « *Les laitiers font tinter leurs bidons dans les rues* » (Apoll.). « *La Laitière et le pot au lait* », *fable de La Fontaine.* ➛ loc. *L'heure du laitier :* très tôt le matin. 2 adj. *Vache laitière,* élevée pour son lait. ➛ n. f. *Une bonne laitière.* 3 adj. Relatif au lait, matière première alimentaire. *Produits laitiers.* ⇒ **laitage.** ♦ Fabriqué industriellement en laiterie (opposé à *fermier*). *Beurre, fromage laitier.*

② **laitier** n. m. – XVIIe ▪ Ensemble des matières vitreuses qui se forment à la surface des métaux en fusion et qui rassemblent les impuretés provenant de la gangue des minerais. *Ciment de laitier.*

laiton n. m. – XIIe ; ar. *latun* « cuivre », du turc *altun* « or » ▪ Alliage de cuivre et de zinc, pouvant contenir d'autres métaux (plomb, aluminium), appelé aussi *cuivre jaune. Fil de laiton.* ⇒ **archal.** ✪ HOM. Letton.

laitonner v. tr. [1] – XIXe ▪ Garnir de fils de laiton. ♦ Recouvrir de laiton. *Métal laitonné.*

laitue n. f. – XIIe ; lat. *lac, lactis* « lait » 1 Plante herbacée *(composacées),* dont certaines variétés sont cultivées pour leurs feuilles comestibles. ⇒ **batavia, feuille** (de chêne), ① **romaine.** *Salade de laitue. Cœurs de laitue braisés.* 2 Salade de laitue. *Servir de la laitue.*

❑ Cette plante est ainsi dénommée à cause de son suc laiteux.

laïus [lajys] n. m. – XIXe ; n. pr. lat. 1 fam. Allocution, discours. *Faire un laïus à la fin d'un banquet.* ⇒ **speech.** 2 Manière de s'exprimer vague et emphatique. *Ce n'est que du laïus.* ⇒ **baratin, blabla.**

❑ Mot de la langue scolaire, les élèves de l'École polytechnique ayant eu pour premier sujet littéraire au concours d'entrée (1804) *le Discours de Laïus.*

laïusser [lajyse] v. intr. [1] – XIXe ▪ fam. Faire des laïus.

laize n. f. – XIIe ; lat. *latus* « large » 1 Largeur d'une étoffe entre les deux lisières. ⇒ **lé.** ➛ Largeur du papier en bobines. 2 Bande de toile d'une voile.

-lalie Élément, du gr. *lalein* « parler ».

lallation n. f. – XIXe ; onomat. 1 Défaut de prononciation de la consonne *l.* 2 Émission de sons plus ou moins articulés par l'enfant, avant l'acquisition du langage.

① **lama** n. m. – XVIe ; mot quechua ▪ Mammifère *(camélidés)* plus petit que le chameau et sans bosse, qui vit dans les régions montagneuses d'Amérique du Sud, sauvage ou domestiqué. ⇒ **alpaga, guanaco, vigogne.** *Poncho en poil, en laine de lama.*

② **lama** n. m. – XVIIe ; mot tibétain ▪ Prêtre, moine bouddhiste au Tibet et chez les Mongols (⇒ **lamaserie).** ♦ Personnage sacré, considéré comme l'incarnation de ses prédécesseurs. *Grand lama :* souverain spirituel et temporel du Tibet. ⇒ **dalaï-lama.**

lamage n. m. – 1931 ▪ Action de lamer (1°).

lamaïsme n. m. – XVIIIe ▪ Bouddhisme particulier au Tibet et à la Mongolie. ➛ Église tibétaine.

lamanage n. m. – XIVe ; a. fr. *laman* « pilote », du néerl. ▪ Pilotage des navires à l'entrée et à la sortie des ports, dans les passes, les chenaux.

lamaneur n. m. – XVIe 1 Pilote chargé du lamanage. 2 Ouvrier qui, à quai, veille à l'amarrage des bateaux.

lamantin n. m. – XVIe ; esp. *manati* « vache de mer », d'o. caraïbe ▪ Gros mammifère aquatique herbivore *(siréniens),* vivant dans les fleuves des régions tropicales.

lamarckisme n. m. – XIXe ; de *Lamarck,* naturaliste français ▪ Théorie transformiste qui explique l'évolution des êtres vivants par leur adaptation au milieu, et par l'hérédité des caractères acquis. *Lamarckisme et darwinisme.*

lamaserie n. f. – XIXe ▪ Couvent de lamas.

lambda n. m. et adj. inv. – XVIe ; mot gr. 1 Lettre de l'alphabet grec (Λ, λ) correspondant au *l* latin. ♦ *Point lambda :* température extrêmement basse (2,18 K) au-dessous de laquelle les propriétés physiques de l'hélium liquide sont très différentes de celles des liquides normaux (hélium II). ➛ Point situé au sommet de l'os occipital. 2 adj. inv. fam. Moyen, quelconque. *Ce livre est trop difficile pour le lecteur lambda.*

lambeau n. m. – XIIe ; germ. *labba* « chiffon » 1 Morceau déchiré (d'une étoffe). « *un lambeau de drap noir déchiqueté* » (Hugo). *Vêtements en lambeaux.* ⇒ **guenille, haillon, loque.** *Partir, tomber en lambeaux.* 2 Morceau (de chair, de papier) arraché. « *La peau de ses mains s'en va en lambeaux* » (Rac.). 3 Segment de parties molles que l'on ménage lors d'une amputation ou d'une greffe pour recouvrir une perte de substance. 4 fig. Fragment, partie détachée. « *des lambeaux d'armée en déroute* » (Maupass.). *En passant* « *il attrapait quelque lambeau de leurs conversations* » (Hugo).

lambic n. m. – XIXe ; mot flam. ▪ Bière belge, fortement alcoolisée. ➛ *Gueuze lambic.*

lambin, ine adj. – XVIe ; probablt de *lambeau* ▪ Qui agit habituellement avec lenteur et mollesse. ⇒ **traînard.** *Elle est plus lambine que paresseuse.* ✪ CONTR. Rapide, vif.

lambiner v. intr. [1] – XVIIe ▪ fam. Agir avec une lenteur, une mollesse excessive, perdre son temps à des riens. ⇒ **traîner.** *Ne lambinez pas en chemin.* ➛ **s'attarder.** ✪ CONTR. Presser (se).

lambliase n. f. – 1927 ; de *lamblia* « protozoaire parasite de l'intestin humain » ▪ Parasitose intestinale causée par un protozoaire flagellé.

lambourde n. f. – XIIIe ; germ. *lado* et a. fr. *bourde* « poutre » 1 Pièce de bois ou poutrelle métallique supportant un parquet. 2 Pièce de bois encastrée le long des murs pour soutenir les extrémités des solives d'un plancher. 3 Pierre de taille tendre et grossière issue du lit des carrières. 4 Rameau très court de poirier ou de pommier, terminé par un gros bouton à fruit.

lambrequin n. m. – XVe ; de *lambeau* 1 Bande d'étoffe qui garnissait le cimier d'un casque, le bas d'une cuirasse. ♦ au plur. Bandes d'étoffe découpées descendant du heaume et encadrant l'écu. 2 Bordure festonnée décorant une galerie de fenêtre, un ciel de lit, un auvent. *Une* « *marquise vitrée, bordée d'un lambrequin à franges et à glands d'or* » (Zola).

lambris n. m. – XIIe 1 Revêtement (en marbre, en stuc, en bois ⇒ **boiserie**), formé de cadres et de panneaux, sur les murs d'une pièce. *Lambris en pin* (⇒ ② **frisette**). ◆ Revêtement de menuiserie d'un plafond. 2 Enduit de plâtre posé sur des lattes jointives, sous les chevrons d'un comble.

lambrisser v. tr. [1] – XIIe ; lat. *la(m)brusca* « vigne sauvage » 1 Revêtir de lambris. « *Cette salle était lambrissée d'une boiserie de chêne à petits panneaux* » (Gaut.). 2 Étendre un enduit de plâtre sur les parois de (un comble). *Mansarde lambrissée.*

lambswool [lɑ̃bswul ; lambswul] n. m. – 1959 ; mot angl. ■ Laine très légère provenant de jeunes agneaux.

❑ Le mot est surtout connu pour figurer sur les étiquettes précisant la composition des vêtements de laine.

lame n. f. – XIIe ; lat. *lamina* I - 1 Bande plate et mince d'une matière dure (métal, puis verre, bois). *Petite lame.* ⇒ **lamelle.** *Réduire en lames.* ⇒ **laminer.** ◆ *Lames de parquet.* ⇒ **latte.** « *J'ai écarté les lames du store pour regarder par la fenêtre* » (Le Clézio). ◆ *Ressort à lames*, formé de plusieurs lames d'acier de longueur décroissante, superposées et assemblées (suspension de carrosserie). ◆ au plur. Fins fils de métal (or, argent...) qui entrent dans le tissage des étoffes dites *lamées.* ♦ *Champignons à lames.* ⇒ **lamelle.** ◆ *Lames de schiste, de mica.* ◆ En anatomie, Membrane, couche mince et allongée. *Lames vertébrales* (limitant les trous vertébraux). 2 Partie tranchante (d'un instrument servant à couper, gratter, tailler). *Lame de ciseau, de couteau, de faux. Tranchant d'une lame. Aiguiser, affûter une lame.* ♦ *Lames de Tolède.* ⇒ **épée.** ◆ *Une bonne, une fine lame* : un habile escrimeur. « *moi, qui me suis mesuré avec les plus fines lames* » (Gaut.). 3 Petit rectangle d'acier mince et tranchant qui s'adapte à un rasoir mécanique. *Lame de rasoir.* II Ondulation de la mer sous l'action du vent, qui s'amincit à son sommet, écume et déferle. ⇒ **flot, rouleau,** ① **vague.** *Lame qui se brise sur les rochers.* ◆ *LAME DE FOND* : lame soudaine, provenant d'un phénomène sous-marin ; fig. phénomène violent et soudain.

❑ Même famille étym. que *laminaire, laminer, omelette* (en raison de son aspect aplati, comme une lame) et *semelle.*

lamé, ée adj. et n. m. – XVIe ■ Se dit d'un tissu où entre un fil entouré de métal laminé. *Tissu lamé or.* « *une pièce de soie lamée d'or, aux dessins exquis* » (Loti). ◆ n. m. *Une robe de lamé.*

lamellaire adj. – XIXe ■ Dont la structure est faite de lamelles. *Tissu lamellaire.* ◆ *Cassure lamellaire*, à facettes brillantes (⇒ ② **laminaire**).

lamelle n. f. – XIIe 1 Petite lame très mince. ◆ Fine plaque de verre qui recouvre les préparations à examiner au microscope. ♦ Fin feuillet, sous le chapeau des basidiomycètes, support de l'hyménium. *Les champignons à lamelles.* 2 Très fine tranche détachée (d'un aliment, etc.). *Couper des truffes en lamelles* (⇒ **émincer**).

lamellé, ée adj. et n. m. – XVIIIe 1 Qui est disposé ou se laisse diviser en lamelles. *L'ardoise est lamellée.* 2 n. m. *LAMELLÉ-COLLÉ* : matériau constitué de lamelles de bois collées les unes sur les autres.

lamelli- Élément, du lat. *lamella* « lamelle ».

lamellibranches n. m. pl. – XIXe ; *lamelli-* et *branchie* ■ Classe de mollusques aquatiques acéphales, bivalves, aux branchies en forme de lamelles (huître, moule, etc.).

lamelliforme adj. – XIXe ■ En forme de lamelle.

lamellirostres n. m. pl. – XIXe ; *lamelli-* et *-rostre* ■ Ordre d'oiseaux au bec large garni sur les bords de lamelles transversales. ⇒ **ansériforme** (plus cour.).

lamentable adj. – XVe 1 Qui donne sujet de se lamenter, inspire la pitié. ⇒ **déplorable, désolant, navrant.** *On l'a retrouvé dans un état lamentable.* ⇒ **triste.** 2 Mauvais au point d'attrister ; très mauvais. ⇒ **pitoyable.** *Un film lamentable.* ⇒ **nul.** *Il s'est montré lamentable.* ⇒ **minable.** ✪ CONTR. Réjouissant ; formidable.

❑ L'idée de *se lamenter* « se plaindre » disparaît de *lamentable*, orienté vers un jugement sévère sur la qualité. → déplorable (rem.).

lamentablement adv. – XVe ■ D'une manière lamentable. *Échouer lamentablement.*

lamentation n. f. – XIIIe 1 Plainte bruyante et prolongée. ◆ *Le mur des Lamentations* : vestige du temple d'Hérode à Jérusalem devant lequel les Israélites viennent chaque vendredi pleurer la ruine du Temple. 2 (le plus souvent au plur.) Suite de paroles exprimant le regret douloureux, la récrimination. ⇒ **jérémiade, plainte.**

lamenter v. [1] – XIIIe ; lat. 1 v. intr. Pousser son cri (crocodile, oiseaux). « *la hulotte lamentait* » (Chateaub.). 2 v. pron. *SE LAMENTER* : se répandre en lamentations. ⇒ **gémir,** se **plaindre, pleurer.** *Se lamenter sur son sort.* ✪ CONTR. Réjouir (se).

lamento [lamɛnto] n. m. – XIXe ; mot it. « lamentation » ■ Air triste et plaintif, chant de douleur.

lamer v. tr. [1] – XVe 1 Exécuter sur (une pièce) un évidement circulaire dressé autour d'un trou et destiné à recevoir un écrou, une autre pièce (⇒ **lamage**). *Fraise à lamer.* 2 Exécuter (une broderie) à l'aide de lamé.

lamie n. f. – XVIe ; gr. 1 Monstre fabuleux à buste de femme sur un corps de serpent, qui, dans l'Antiquité, passait pour dévorer les enfants. 2 Requin de grande taille (3 à 4 m), appelé aussi *taupe, touille.*

lamier n. m. – XVIIIe ; lat. *lamium* « ortie » ■ Plante herbacée *(labiacées)* aux fleurs rouges ou blanches, commune dans les champs et les haies. *Le lamier blanc* (appelé aussi *ortie blanche*).

lamifié n. m. – v. 1970 ; nom déposé, de *lame* ■ Stratifié en papier de cellulose.

laminage n. m. – XVIIIe 1 Opération consistant à laminer un métal. ⇒ **aplatissement, étirage.** *Laminage à chaud, à froid* (⇒ **écrouissage**). ◆ *Laminage du verre fondu.* 2 Amincissement d'une couche géologique lors d'un plissement. ⇒ **étirement.** 3 Étirage (d'une fibre textile). 4 fig. Action de réduire très fortement l'importance (de qqch. ou de qqn). *Le laminage d'un candidat.*

① **laminaire** n. f. – XIXe ; lat. *lamina* « lame » ■ Algue marine brune *(laminariacées)* en longs rubans aplatis. « *d'épais lits de laminaires géantes* » (J. Verne).

② **laminaire** adj. – XIXe ; lat. *lamina* « lame » 1 Composé de lamelles parallèles. ⇒ **lamellaire.** *Cassure laminaire.* 2 Qui s'effectue par glissement de couches de fluide les unes sur les autres. *Écoulement, régime laminaire* (opposé à *turbulent*).

laminé n. m. – 1962 ■ Produit sidérurgique obtenu par laminage.

laminectomie n. f. – 1901 ; lat. *lamina* « lame » ■ Résection des lames vertébrales.

laminer v. tr. [1] – XVIe ; lat. *lamina* « lame » 1 Réduire (une masse métallique) en feuilles, en lames ou en barres minces au moyen du laminoir. ⇒ **étirer ; laminage.** *Acier, fer laminé.* 2 *Laminer un volume à relier,* en diminuer l'épaisseur par passage au laminoir. 3 fig. Diminuer, réduire (qqch.) jusqu'à l'anéantissement. *Laminer les revenus par l'impôt.*

lamineur, euse n. et adj. - XIXe 1 Ouvrier procédant aux opérations de laminage. 2 adj. *Cylindre lamineur.* ✪ HOM. Lamineuse (lamineux).

lamineux, euse adj. - XIXe ▪ Se dit du tissu conjonctif lâche disposé en lames parallèles. ✪ HOM. Lamineuse (lamineur).

laminoir n. m. - XVIIe 1 Machine composée de deux cylindres tournant en sens inverse entre lesquels on fait passer le métal à laminer. ⇒ **étireuse, presse.** *Train de laminoirs.* ➛ loc. fig. *Passer au laminoir :* être soumis à de rudes épreuves. 2 Machine à cylindres pour le glaçage des papiers. ➛ Appareil permettant d'aplatir les cahiers d'un volume à relier.

lampadaire n. m. - XVIe ; lat. *lampada* « lampe » 1 Appareil d'éclairage électrique monté sur un haut support qui se pose par terre. *Lampadaire d'appartement.* 2 Pylône supportant une source de lumière pour l'éclairage public. ⇒ **bec** (de gaz), **réverbère.** *À ce moment « les lampadaires de notre ville* [...] *resplendirent brusquement »* (Camus).

lampant, ante adj. - XVIe ; gr. *lampein* « briller » ▪ *Pétrole lampant,* raffiné pour l'éclairage.

lamparo n. m. - 1901 ; mot provenç. ▪ Lampe, phare utilisés pour attirer le poisson. *Pêche au lamparo.*

lampas [lɑ̃pɑ(s)] n. m. - XVIIIe ; o. i. ▪ Étoffe de soie à grands dessins tissés en relief. *Des chaises « revêtues de lampas cerise et blanc »* (Gaut.).

lampe n. f. - XIIe ; gr. 1 Récipient contenant un liquide ou un gaz combustible destiné à produire de la lumière. *Réservoir, mèche, verre d'une lampe. Lampe à huile, à pétrole.* ➛ *Laurent « souffla dans le verre de la lampe. Une odeur de pétrole se répandit aussitôt »* (Duham.). *Moucher, souffler la lampe.* ♦ loc. fam. *S'en mettre, s'en foutre plein la lampe :* manger et boire abondamment. 2 Source de lumière (électrique). ⇒ **ampoule, tube.** *Lampe de soixante watts. Lampe au néon, au krypton ; lampe fluorescente.* ⇒ **tube.** *Lampe (à) halogène.* ♦ Appareil d'éclairage, ensemble constitué par la source lumineuse et l'appareillage destiné à recevoir la lampe, l'ampoule. *Lampe de chevet. Lampe de poche* ou *lampe électrique,* à pile. 3 Récipient dont le combustible est destiné à produire de la chaleur. *Lampe à alcool.* ⇒ **réchaud.** ➛ *Lampe à souder.* ⇒ **chalumeau.** 4 Tube électrique, électronique, ne servant pas à l'éclairage. *Lampe à bronzer,* émettant des rayons U.V. *Lampe de radio.*

> ▫ *Lampe* a eu le sens argotique ancien d'« estomac » d'où *s'en mettre plein la lampe.* ♦ *Lampe électrique* apparaît d'abord chez J. Verne : « *Éclairés par deux petites lampes électriques, tous deux causaient.* »

lampée n. f. - XVIIe ▪ fam. Grande gorgée (de liquide) avalée d'un trait. « *une grande lampée d'eau fraîche* » (Zola).

lampemètre n. m. - 1962 ▪ Appareil de mesure des caractéristiques des tubes électroniques.

lamper v. tr. [1] - XVIIe ; de *laper* ▪ fam. Boire d'un trait ou à grandes gorgées. ⇒ **siffler.** « *ils lampèrent leur soupe à grand bruit* » (Mauriac).

lampion n. m. - XVIe ; it. *lampione,* du fr. *lampe* 1 Godet contenant une matière combustible et une mèche, utilisé pour les illuminations. 2 Lanterne vénitienne ; cylindre ou sphère de papier plissé. ➛ loc. *Crier, réclamer sur l'air des lampions,* en trois syllabes détachées, sur une seule note.

lampiste n. - XVIIIe 1 Personne chargée de l'entretien des lampes, de l'éclairage. *Le lampiste d'un théâtre* (⇒ **éclairagiste**), *d'une gare.* 2 fig. Subalterne à qui on fait souvent endosser injustement les responsabilités.

lampisterie n. f. - XIXe ▪ Lieu où l'on entrepose et entretient les lampes et lanternes. *La lampisterie d'une gare.*

lampourde n. f. - XVIIe ; lat. *lappa* « bardane » ▪ Plante sauvage herbacée *(composacées),* appelée aussi *petite bardane.*

lamprillon n. m. - XVIe ▪ Petite lamproie de rivière. ➛ Larve de lamproie, utilisée comme appât.

lamproie n. f. - XIIe ; lat. *lampreda* ▪ Poisson sans écailles *(cyclostomes),* au corps cylindrique, à bouche circulaire, ayant l'apparence d'une anguille. ⇒ **lamprillon.** *Lamproie marine, de rivière.* ➛ *Lamproie en matelote.*

lampyre n. m. - XVIe ; gr. *lampein* « briller » ▪ Coléoptère dont la femelle aptère et phosphorescente est appelée *ver luisant.*

lance n. f. - XIe ; probablt d'o. celt. 1 Arme à longue hampe terminée par un fer pointu. ⇒ **javelot, pertuisane,** ① **pique.** *Être tué d'un coup de lance.* ➛ *Lance de tournoi.* ♦ *En fer de lance :* en forme de feuille allongée et pointue. ⇒ **hasté, lancéolé.** *Gypse fer-de-lance.* ➛ fig. *Les parachutistes sont le fer de lance de cette armée,* l'élément qui agit directement et efficacement contre l'ennemi. 2 *Lance à eau :* ajutage métallique à l'extrémité d'un tuyau de pompe ou d'arrosage, servant à diriger le jet. *Lance d'arrosage. Lances d'incendie.* ➛ *Lance à oxygène* ou *lance thermique,* pour le forage ou le découpage thermique du métal, du béton.

lance-bombes n. m. inv. - 1914 ▪ Appareil installé à bord d'un bombardier, pour le largage des bombes.

lancée n. f. - XIXe ▪ Élan de ce qui est lancé, vitesse acquise. ⇒ **erre.** *Être, courir sur sa lancée.* ➛ fig. *Continuer sur sa lancée :* poursuivre une action en utilisant l'élan initial.

lance-engins n. m. inv. - 1962 ▪ Dispositif militaire qui effectue le lancement de missiles (ou engins). ⇒ **lance-missiles.**

lance-flammes n. m. inv. - 1916 ▪ Engin de combat servant à projeter des liquides enflammés.

lance-fusées n. m. inv. - 1931 ▪ Dispositif de guidage et de lancement de projectiles autopropulsés. ⇒ **bazooka, lance-roquettes.** *Lance-fusées antichars.*

lance-grenades n. m. inv. - 1922 ▪ Engin servant à lancer des grenades. ➛ *Fusil lance-grenades.*

lancement n. m. - XIVe 1 Action de lancer, de projeter. *Lancement du disque, du javelot.* ⇒ ② **lancer.** ➛ Projection au moyen d'un dispositif de propulsion. « *Le lancement des grenades reprit* » (Malraux). *Lancement d'une fusée. Rampe de lancement.* 2 Mise à l'eau (d'un navire) par glissement sur un plan incliné, un ber. 3 Mise en place d'un pont métallique. 4 fig. Action de lancer (un produit, une entreprise commerciale, financière, littéraire, artistique) par des moyens publicitaires destinés à assurer son succès. *Lancement d'un film, d'un parfum.* ➛ *Lancement d'une actrice.*

lance-missiles n. m. inv. - 1971 ▪ Engin servant à lancer des missiles. ⇒ **lance-engins.** ➛ *Des sous-marins nucléaires lance-missiles.*

lancéolé, ée adj. – XVIIIe 1 *Feuille lancéolée*, en fer de lance. 2 Caractérisé par des lancettes. *Arc lancéolé. Gothique lancéolé.*

lance-pierre n. m. – XIXe ▪ Instrument composé de deux branches prolongées par des élastiques reliés par une pochette de cuir où l'on place la pierre à lancer. ⇒ ② **fronde.** *Des lance-pierres.* ➛ loc. fam. *Manger avec un lance-pierre*, très rapidement.

① **lancer** v. tr. [3] – XIe ; lat. « manier la *lance* » **I - 1** Envoyer loin de soi et généralement dans une direction déterminée, en imprimant une impulsion. ⇒ **jeter, projeter.** *Lancer des pierres (contre, sur, à...). Lancer un ballon, le lancer en l'air, à qqn.* ➛ *Lancer le disque, le poids* (⇒ ② **lancer**). ➛ (à l'aide d'un dispositif, d'un engin balistique) *Lancer des flèches avec un arc. Lancer une fusée.* ➛ *Lancer des bombes sur une ville.* ⇒ ① **lâcher, larguer ; bombarder.** 2 Faire sortir de soi, avec force, avec vivacité. ⇒ **émettre, jeter.** *Volcan qui lance des cendres. Ses yeux lancent des éclairs. Assez ! lança-t-il excédé.* ⇒ ① **dire.** ♦ Envoyer dans la direction de qqn (un regard). « *le pauvre homme avait beau* [...] *lancer des regards assassins* » (Gaut.). 3 Faire mouvoir avec rapidité (une partie du corps) dans une certaine direction. « *On vit l'agent lancer son pied à toute volée dans le tas* » (Camus). ➛ *Lancer un coup, une gifle.* ♦ fig. Envoyer sans ménagement à l'adresse de qqn (des paroles, des écrits). *Lancer des accusations contre qqn.* 4 Pousser vivement en avant, faire partir impétueusement. *Lancer des soldats à l'assaut.* 5 Mettre en mouvement, donner de l'élan à. *Lancer un moteur. Train lancé à toute vapeur.* ➛ *Lancer un navire*, procéder à son lancement. ➛ fig. *Lancer les recherches.* ⇒ **déclencher.** *Lancer un emprunt.* 6 fam. Engager (qqn) dans un sujet de conversation. *Le voilà lancé, il ne s'arrêtera plus.* 7 Pousser en faisant connaître, en mettant en valeur. *Producteur qui lance une actrice.* ➛ « *J'étais très lancé autrefois. Je dînais chez le maréchal, chez le prince* » (Daud.). ♦ Employer des moyens publicitaires pour mettre en train (une affaire), faire connaître (un produit). ⇒ **promouvoir ; lancement.** *Lancer une marque de lessive, un nouveau modèle de voiture. Lancer une mode.* ♦ Adresser à un certain nombre de personnes. *Lancer des invitations.* 8 intrans. ; région. (Belgique, Nord) Causer des élancements. *Abcès qui lance.* ➛ fam. *Ça lui lance.* ⇒ **élancer. II** SE LANCER v. pron. 1 Se jeter, s'élancer. ⇒ se **précipiter.** *Se lancer à l'eau.* 2 fig. S'engager hardiment. ⇒ s'**embarquer,** s'**engager.** *Se lancer tête baissée, à corps perdu dans une entreprise.* « *pour le convaincre, elle se lança dans une volubile explication* » (Mart. du G.). ➛ Hasarder une tentative. *Tant pis, je me lance !*

② **lancer** n. m. – XVIIIe 1 Action de lancer la bête, lieu et moment de la chasse où elle est débusquée. 2 Mode de pêche à la ligne qui consiste à lancer au loin un leurre qu'on ramène à soi au moyen d'un moulinet. *Canne à lancer.* « *La Loire est assez large pour les lancers les plus hardis* » (Genevoix). 3 Épreuve d'athlétisme consistant à lancer le plus loin possible un engin particulier (poids, disque, javelot, marteau). ⇒ **lancement.**

lance-roquettes n. m. inv. – 1953 ▪ Engin portatif d'infanterie, sorte de long tube servant à lancer les roquettes. ⇒ **bazooka, lance-fusées.**

lance-torpilles n. m. inv. – XIXe ▪ Dispositif aménagé à bord d'un navire de guerre pour le lancement des torpilles.

lancette n. f. – XIIIe 1 Petit instrument de chirurgie, à lame plate, utilisé pour les petites incisions. *Lancette à vacciner.* ⇒ **vaccinostyle.** 2 Arc en tiers-point surhaussé, ressemblant à un fer de lance. *Gothique à lancettes.* ⇒ **lancéolé.**

lanceur, euse n. – XIIIe 1 Personne qui lance (I, 7°), est habile à lancer (une affaire, une mode). « *un de ces inconnus qui sont les lanceurs des modes littéraires* » (Proust). 2 Athlète spécialisé dans un lancer. *Lanceur de javelot, de marteau.* 3 n. m. Fusée capable d'envoyer une charge utile dans l'espace.

lancier n. m. – XIIIe ▪ Cavalier armé de la lance. *Les lanciers du Bengale.*

lancinant, ante adj. – XVIe 1 Qui se fait sentir par des élancements aigus. *Douleur lancinante.* 2 Qui obsède en tourmentant. ⇒ **obsédant.** *Souvenirs, regrets lancinants.* « *le plus lancinant des soucis qui tourmentaient sa femme* » (Mauriac). ➛ *Musique lancinante.*

granciner v. tr. [1] – XVIIe ; lat. *lacerare* « déchiqueter » ▪ Tourmenter de façon lancinante. ⇒ **obséder ; tracasser.** *Cette pensée le lancine.*

lançon n. m. – XVIIe ; de *lance* ▪ Poisson au corps effilé *(ammodytidés)*, appelé *anguille de sable.* ⇒ **équille.**

land, plur. **länder** [lɑ̃d, lɛndœʀ] n. m. – 1953 ; mot all. ▪ État de l'Allemagne unie. *Le land* (ou *Land*) *de Bavière.*

landais, aise adj. – XIXe ▪ De la région des Landes. *La forêt landaise.* ➛ loc. *Course landaise* : sorte de corrida pratiquée dans cette région avec des *vaches landaises*, sans mise à mort.

landau n. m. – XVIIIe ; nom d'une ville all. 1 Voiture à cheval à quatre roues, à capote formée de deux soufflets pliants. *Des landaus.* 2 Voiture d'enfant à caisse suspendue. *Pousser un landau.*

> ❑ Les mots en *-au* ont un *x* au pluriel sauf *landau* et *sarrau.*

lande n. f. – XIIe ; gaul. ▪ Étendue de terre où ne croissent que certaines plantes sauvages (ajonc, bruyère, genêt, etc.). ⇒ **brande, garrigue, maquis.** « *La lande n'était qu'un infini cri de cigales* » (Mauriac). ➛ *Les Landes* : département du sud-ouest de la France.

landgrave [lɑ̃dgʀav] n. m. – XIIIe ; all. *Graf* « comte » et *Land* « pays » ▪ Titre que portaient certains princes souverains en Allemagne.

landier n. m. – XIIe ; gaul. *°andero* « jeune taureau » ▪ Grand chenet de cuisine, muni de crochets latéraux pour les broches et d'un récipient au sommet.

> ❑ Les anciens *landiers* étaient ornés de têtes de taureaux.

landolphia n. f. – XIXe ; de *Landolphe*, nom d'un navigateur français ▪ Liane *(apocynacées)* dont plusieurs espèces donnent un latex riche en caoutchouc.

landtag [lɑ̃dtag] n. m. – XVIIe ; mot all. ▪ Assemblée délibérante, dans certains États germaniques. ⇒ ② **diète.**

laneret n. m. – XIVe ▪ Mâle du lanier*.

langage n. m. – Xe ; de *langue* **I - 1** Fonction d'expression de la pensée et de communication entre les hommes, mise en œuvre au moyen d'un système de signes vocaux (parole) et éventuellement de signes graphiques (écriture) qui constitue une langue. ⇒ **verbe ; langue** (II), **parole** (II) ; **linguistique.** *L'acquisition du langage. Troubles du langage. Exprimer qqch. par le langage.* ⇒ ① **dire, exprimer,** ① **parler ; écrire.** 2 Système de signes vocaux ou graphiques qui remplit la même fonction. ⇒ **code.** *Langage naturel*, que représentent les langues du monde. *Langage artificiel, symbolique, formel.* ➛ *Langage informatique* : ensemble codé de signes utilisé pour la programmation, permettant de formuler des instructions adaptées à un calculateur électronique. ➛ *Langage* (naturel ou artificiel) *qui décrit un langage* ⇒ **métalangage.** 3 Ensemble de la langue (système abstrait) et de la parole (réalisations). ⇒ **discours**

langue, parole. 4 Système secondaire de signes créé à partir d'une langue. *Langage subrogé, sténographique, chiffré.* 5 Système d'expression et de communication que l'on assimile au langage naturel. *Le langage des animaux. Langage gestuel*. « le seul vrai langage au monde est un baiser »* (Muss.). **II - 1** Usage qui est fait, quant à la forme, de cette fonction d'expression, d'une langue. Usage propre à un groupe (⇒ **dialecte**) ou à un individu (⇒ **idiolecte**). ⇒ **langue** (II), **usage.** *Langage courant, familier ; littéraire, soutenu. Langage incorrect.* ⇒ **baragouin, charabia,** ① **jargon.** ➛ *Mots du langage administratif, juridique.* ⇒ **lexique, terminologie, vocabulaire.** 2 Usage de la langue, quant au contenu du discours. ⇒ **discours.** *Tenir un double langage.* ➛ *Liberté de langage.* ⇒ **franc-parler.** *Surveillez votre langage !* soyez modéré, courtois. ➛ par métaph. *Écouter le langage de la raison.*

langagier, ière adj. – XIVe ▪ Relatif au langage. ⇒ **linguistique.** *Habitudes langagières.*

lange n. m. – XIIe ; lat. *lana* « laine » ▪ Large carré de laine ou de coton dont on emmaillotait un bébé de la taille aux pieds. *Le « dos d'un nourrisson meurtri par des langes trop serrés »* (Goncourt). ➛ loc. *Dans les langes :* dans l'enfance, dans les débuts.

langer v. tr. [3] – XIXe ▪ Envelopper (un bébé) d'un lange. ⇒ **emmailloter.** *Table* à langer.* ⇒ **changer.**

langoureusement adv. – XIVe ▪ De manière langoureuse. « *Paris comme une jeune fille S'éveille langoureusement* » (Apoll.).

langoureux, euse adj. – XIe ▪ Qui manifeste une langueur réelle ou feinte, particulièrement en amour. *Air, regard langoureux.* ⇒ **alangui, languide.** « *ce regard langoureux que donne le haschisch* » (Gide). ♦ Qui évoque la langueur amoureuse ou y invite. *Un tango langoureux.* ✪ CONTR. Fougueux, vif.

langouste n. f. – XIIe ; lat. *locusta* « sauterelle, langouste » ▪ Crustacé marin décapode *(malacostracés)*, aux pattes antérieures dépourvues de pinces, à la chair très appréciée. ➛ *Langouste mayonnaise.*

langoustier n. m. – XVIIIe 1 Filet à langoustes. 2 Bateau équipé pour la pêche à la langouste.

❑ Au sens de « filet », on dit aussi *langoustière*.

langoustine n. f. – XIXe ▪ Petit crustacé marin aux pinces longues et grêles, appelé aussi *homard de Norvège.*

langue n. f. – X^e ; lat. *linqua* **I - 1** Organe charnu, musculeux, allongé et mobile, situé dans la bouche. *La langue, organe du goût. Les papilles de la langue. Avoir la langue blanche, chargée, pâteuse.* ♦ loc. *Tirer la langue à qqn,* pour le narguer. loc. fig. *Tirer la langue :* avoir soif ; être dans le besoin, désirer ardemment qqch. sans l'obtenir. ♦ *La langue râpeuse du chat.* ➛ *Langue fumée, braisée* (bœuf, mouton, porc). 2 Ce corps charnu en tant qu'organe de la parole. *Rôle de la langue dans l'articulation des sons.* ➛ loc. *Avoir la langue bien pendue :* être bavard. *Ne pas avoir la langue dans sa poche :* parler avec facilité. *Ne pas savoir tenir sa langue :* ne pas savoir se taire quand il le faudrait. *Avoir un bœuf sur la langue :* garder un silence obstiné, avoir qqch. qui empêche ou retient de parler. *Se mordre la langue :* se retenir de parler, ou se repentir d'avoir parlé. ➛ *Prendre langue avec qqn :* entrer en contact en vue d'un entretien. ⇒ **s'aboucher.** ♦ *Une mauvaise, une méchante langue, une langue de vipère :* une personne portée à médire, à calomnier. *Elle « dit du mal de tout le monde, c'est une véritable langue de vipère »* (Le Clézio). adj. *Ils sont mauvaises langues.* **II - 1** Système d'expression et de communication commun à un groupe social (communauté linguistique). ⇒ **dialecte, idiome,** ② **parler.** *Langue parlée, langue écrite. Lexique, grammaire, orthographe d'une langue.* ➛ *Origine, histoire, évolution d'une langue. Étude scientifique des langues.* ⇒ **linguistique.** *Langue écrite, non écrite. Transcription d'une langue.* ⇒ **alphabet ; phonétique.** *Dictionnaire de langue* (opposé à *encyclopédique*). ♦ *Langue maternelle*, première. Langue seconde,* apprise après la langue maternelle. *Parler deux langues* (⇒ **bilingue**), *plusieurs langues* (⇒ **polyglotte ; plurilinguisme**). *Dire qqch., s'exprimer dans une langue. Langues étrangères. Traduire* une langue dans une autre. Langues mortes* (qui ne sont plus parlées) *et langues vivantes.* « *ceux qui ne savent pas trois mots de français me parlent dans leur langue* » (Sand). ➛ *Les langues :* les langues étrangères. *Être doué pour les langues. Professeur, laboratoire de langues.* ➛ *Langue artificielle internationale* (espéranto, volapuk). ➛ *Familles de langues. Langues romanes, germaniques.* 2 Langage parlé ou écrit, spécial à certaines matières, à certains milieux, à certaines époques ; aspect que peut prendre une langue donnée. ⇒ **langage** (II, 1°). *Langue populaire. Langue verte*.* ⇒ **argot.** *Langue littéraire, poétique. Langue savante, vulgaire. Langue scientifique.* ⇒ ① **jargon.** *La langue classique.* 3 Utilisation individuelle du langage, façon de s'exprimer par le langage. ⇒ **idiolecte.** *La langue d'un écrivain.* ⇒ **style.** ➛ *La langue de bois*.* 4 Mode d'expression non langagier. ⇒ **langage.** *La langue musicale.* **III** Chose plate et allongée. *Langue de feu.* ⇒ **flamme.** *Langue de terre :* bande allongée et étroite. *Langue glaciaire :* partie inférieure d'un glacier, de forme allongée. ➛ Nom de divers outils ou instruments. ♦ LANGUE-DE-BŒUF : arum, fistuline ; outil de maçon. *Des langues-de-bœuf.* LANGUE-DE-CHAT : biscuit sec, allongé, à extrémité arrondie. *Des langues de chat.*

languette n. f. – XIVe 1 Objet mince, plat, étroit et allongé. *Languette de pain.* ⇒ **lichette.** *La languette d'une chaussure.* 2 Tenon destiné à entrer dans une rainure pour assurer l'assemblage de deux planches. 3 Petite lame de métal servant d'anche dans les instruments à vent.

langueur n. f. – XIIe ; lat. 1 Mélancolie douce et rêveuse, tristesse vague. « *une secrète et douce langueur s'emparait de moi* » (Fén.). 2 Manque d'activité ou d'énergie. ⇒ **apathie, indolence, mollesse, paresse.** « *Stamboul reprenait son indicible langueur orientale* » (Loti). ✪ CONTR. Vivacité. Animation.

langueyer v. tr. [1] – XIVe 1 Procéder à l'examen de la face inférieure de la langue de (un porc présumé ladre) pour voir si elle présente des kystes. 2 Munir de languettes (un tuyau à anches).

languide adj. – XVIe ; lat. ▪ littér. Qui exprime de la langueur. *Regard languide.*

languir v. intr. [2] – XIIe ; lat. *languere* 1 Manquer d'activité, d'énergie. *Languir dans l'oisiveté, l'inaction.* ♦ Manquer d'animation, d'entrain. *La conversation languit.* 2 Attendre avec impatience (qqch. dont on éprouve le besoin, qu'on désire vivement). « *je languis après une lettre qui tarde* » (Apoll.). ⇒ **soupirer.** *Faire languir qqn,* le faire attendre longtemps avant d'accéder à ses désirs. 3 v. pron. Languir, s'ennuyer. *Je me languis de vous.*

languissamment adv. – XVIe ▪ littér. D'une manière languissante. « *Oui, j'ai bien des soucis, répondit languissamment Renée* » (Zola).

languissant, ante adj. – XIIe 1 littér. Qui exprime la langueur amoureuse. ⇒ **languide ;** ② **transi.** *Air, regard languissant.* 2 Qui manque d'énergie, d'entrain. « *la conversation reprit, faible et languissante* » (France). ✪ CONTR. Énergique, vif.

lanice adj. – XIIIe ; lat. *lana* « laine » ■ *Bourre* lanice.*

lanier n. m. – XIIe ; a. fr. *ane* « canard » ■ Faucon femelle dressé autrefois pour la chasse. *Mâle du lanier.* ⇒ **laneret.**

lanière n. f. – XIIe ; germ. °*nastila* « lacet » ■ Longue et étroite bande (de cuir ou d'une autre matière souple). ⇒ **courroie.** *Lanière d'un fouet. Des « sandales de cuir, maintenues par des lanières qui passaient entre l'orteil et le premier doigt »* (Loti).

lanoline n. f. – XIXe ; lat. *lana* « laine » et *oleum* « huile » ■ Matière grasse extraite du suint de la laine du mouton, purifiée et utilisée dans la préparation des pommades, des cosmétiques.

lansquenet n. m. – XVe ; all. *Land* « terre, pays » et *Knecht* « valet » ■ Fantassin allemand servant en France comme mercenaire, aux XVe et XVIe s.

lantanier n. m. – XIXe ; lat. d'o. gaul. ■ Arbuste exotique *(verbénacées)* cultivé en Europe pour ses fleurs ornementales colorées.

lanterne n. f. – XIe ; lat. **I - 1** Boîte à parois ajourées, translucides ou transparentes, où l'on abrite une source de lumière. ⇒ ① **falot, fanal.** *« Il faut être chat pour aller dans la rue sans lanterne à cette heure-ci ! »* (Hugo). *Lanternes vénitiennes,* en papier de couleur, servant aux illuminations. ⇒ **lampion.** ♦ loc. *Prendre des vessies pour des lanternes :* commettre une grossière méprise. *Il veut nous faire prendre des vessies pour des lanternes,* nous faire croire des choses absurdes. ♦ *Lanterne rouge,* placée à l'arrière du dernier véhicule d'un convoi. loc. fam. *Être la lanterne rouge,* le dernier d'une file, d'un classement. ♦ *Les lanternes d'une automobile :* les feux de position. ⇒ **veilleuse.** *« Vous ne garderez que vos lanternes allumées, comme si vous attendiez un client »* (Simenon). **2** Fanal qui était destiné à l'éclairage de la voie publique. ⇒ **réverbère.** *« Ah ça ira, ça ira, ça ira, les aristocrates à la lanterne ! »* (refrain révolutionnaire). **3** Appareil de projection. ➙ *LANTERNE MAGIQUE :* dispositif qui permettait de projeter, agrandies sur un écran, des images peintes sur verre. loc. *Éclairer la lanterne de qqn,* lui fournir les explications nécessaires pour qu'il comprenne. **II - 1** Dôme vitré éclairant par en haut un édifice. ➙ Tourelle ajourée surmontant un dôme. *La lanterne des Invalides.* **2** Pignon à petits barreaux verticaux parallèles où s'engrènent les dents d'une roue. **3** *LANTERNE D'ARISTOTE :* appareil masticateur des oursins.

> ❑ *Lanterne* est de la même famille étymologique que *lampe* (grec *lampein* « être lumineux, briller »).

lanterner v. intr. [1] – XVIe **1** Perdre son temps en s'amusant à des riens, ou par irrésolution. ⇒ **lambiner, musarder, traîner.** ➙ loc. *Sans lanterner :* sans attendre, sans délai. **2** *Faire lanterner qqn :* faire attendre. *« On va le faire lanterner un peu, ça lui fera les pieds »* (Queneau).

lanternon ou **lanterneau** n. m. – XVIIIe ■ Petite lanterne au sommet d'une coupole ; cage vitrée au-dessus d'un escalier, d'un atelier.

lanthane n. m. – XIXe ; gr. *lanthanein* « être caché » ■ Élément atomique (La ; n° at. 57 ; m. at. 138,90), métal de la série des lanthanides. *Le lanthane et le cérium sont présents dans la monazite.*

lanthanides n. m. pl. – mil. XXe ■ Groupe d'éléments de numéro atomique 57 (lanthane) à 71 (lutécium) appelés aussi *terres* rares.*

lanugineux, euse adj. – XVIe ; lat. *lanugo* « substance laineuse, duvet » ■ Qui a l'apparence de la laine ; couvert de duvet. *Feuilles lanugineuses.* ➙ *« une atmosphère tout à la fois lanugineuse et tiède »* (Huysm.).

laotien, ienne [laɔsjɛ̃, jɛn] adj. et n. – XVIIIe ■ Du Laos. n. *Les Laotiens.* ➙ n. m. *Le laotien :* langue thaïe parlée au Laos.

lapalissade n. f. – XIXe ; de *La Palice* ■ Affirmation dont l'évidence toute formelle prête à rire (ex. Un quart d'heure avant sa mort il était encore en vie). ⇒ **évidence, tautologie, truisme.**

> ❑ Jacques de Chabannes, seigneur de *La Palice* ou *La Palisse* (1470-1525), maréchal de France, est le héros d'une chanson composée par ses soldats pour vanter sa vaillance. Cette chanson est restée célèbre par sa naïveté, que l'on a injustement attribuée à La Palice lui-même.

laparoscopie n. f. – 1916 ; gr. *lapara* « flanc » et *-scopie* ■ Endoscopie de la cavité péritonéale.

laparotomie n. f. – XVIIIe ; gr. *lapara* « flanc » et *-tomie* ■ Incision chirurgicale de la paroi abdominale.

lapement n. m. – XVIIe ■ Action de laper ; bruit ainsi produit.

laper v. tr. [1] – XIIe ; onomat. ■ Boire à coups de langue.

> ❑ On a écrit aussi *lapper : « Elle lappait l'eau tiédie »* (Colette).

lapereau n. m. – XIVe ; ibéro-roman °*lappa-* « pierre plate » ■ Jeune lapin.

lapiaz ou **lapié** n. m. – XIXe ; lat. *lapis* « pierre » ■ Rainure superficielle creusée par les eaux en terrain calcaire. *Champs de lapiaz, de lapiés.*

lapidaire n. et adj. – XIIe ; lat. *lapis* « pierre » **I** n. **1** Artisan qui taille, polit, grave les pierres précieuses. ➙ Commerçant qui vend des pierres précieuses autres que le diamant. **2** n. m. Petite meule pour polir les pierres précieuses, le verre, le métal. **II** adj. **1** Relatif aux pierres, précieuses ou non. *Musée lapidaire. Inscriptions lapidaires,* gravées sur les monuments de pierre. ➙ *Style lapidaire :* style concis de ces inscriptions. **2** Qui évoque par sa concision et sa vigueur le style de ces inscriptions. ⇒ **concis, laconique.** *Formule lapidaire.* ✪ CONTR. Verbeux.

lapidation n. f. – XIIIe ■ Action de lapider, supplice infligé à la personne qu'on lapide.

lapider v. tr. [1] – X^e ; lat. *lapis* « pierre » ■ Tuer, attaquer à coups de pierres, en jetant des pierres.

lapidifier v. tr. [7] – XVIe ■ Transformer (un élément minéral) en pierre. ⇒ **pétrifier.**

lapié → **lapiaz**

lapilli [lapi(l)li] n. m. pl. – XVIIIe ; lat. *lapis* « pierre » ■ Petites pierres poreuses projetées par les volcans en éruption. *Couche meuble de lapilli.* ⇒ **pouzzolane.**

> ❑ On écrit aussi *des lapillis.*

lapin, ine n. – XVe ; même rad. que *lapereau* **1** Petit mammifère *(lagomorphes)* à longues oreilles, très prolifique, répandu sur tout le globe. *Lapin de garenne dans son terrier. Femelle du lapin* (⇒ **hase**). ➙ *Lapin domestique, de clapier. Le lapin glapit. Le lapin* (⇒ ② **bouquet, bouquin**), *la lapine et les lapereaux.* ➙ *Cage à lapins* (⇒ **clapier**) ; fig. immeuble moderne aux logements uniformes et exigus. ♦ n. m. Peau, fourrure de cet animal. *Un manteau de lapin.* ♦ n. m. Chair comestible de cet animal. *Râble de lapin.* **2** loc. *Avoir des dents de lapin,* des incisives supérieures très longues. *Le coup du lapin :* coup brutal sur la nuque qui peut entraîner la mort ; fig. traîtrise, coup par derrière. *Courir comme un lapin :* courir très vite détaler. ➙ fam. *Une lapine, une mère lapine :* une femme très prolifique. ➙ *Un chaud lapin :* un homme porté sur les plaisirs sexuels. ➙ t. d'affection pour les deux sexes *« "Écoute, mon lapin." Il appelait tout le* *monde mon lapin* » (Simenon). 3 **n. m.** loc. fam. *POSER UN LAPIN à qqn,* ne pas venir au rendez-vous fixé.

lapiner **v. intr.** 1 – XVIIIe ■ Mettre bas, en parlant de la lapine.

lapinière **n. f.** – XIXe ■ Construction aménagée où l'on élève des lapins. ⇒ **clapier.**

lapinisme **n. m.** – av. 1950 ■ fam. Fécondité excessive (d'un couple, d'un peuple).

lapis ou **lapis-lazuli** [lapis(lazyli)] **n. m.** – XIIIe ; lat. *lapis* « pierre » et *lazulum* « azur » ■ Pierre fine d'un bleu d'azur ou d'outremer, de la famille des feldspaths. ⇒ **lazurite.** *Poudre de lapis.* ⇒ **outremer.** *Des lapis-lazulis.*

lapon, one **adj.** et **n.** – XVIe ; suéd. *Lapp* ■ De Laponie. ➛ **n.** *Les Lapons.* ➛ **n. m.** *Le lapon* : langue finno-ougrienne parlée en Laponie.

lapper → **laper**

laps [laps] **n. m.** – XIIIe ; lat. *labi* « glisser, couler » ■ *LAPS DE TEMPS* : intervalle de temps.

❑ Même famille étymologique que *labile.*

lapsus [lapsys] **n. m.** – XIXe ; lat. *lapsus linguæ, lapsus calami* « faux pas de la langue, de la plume », de *labi* « glisser » ■ Emploi involontaire d'un mot pour un autre, à l'oral ou à l'écrit. *Faire des lapsus. La psychanalyse considère le lapsus comme un acte* manqué.*

laquage **n. m.** – XIXe 1 Opération par laquelle on laque un support. 2 *Laquage du sang* : dissolution de l'hémoglobine dans le sérum lors de l'hémolyse *(sang laqué*).*

laquais **n. m.** – XVe ; o. i. 1 Valet qui portait la livrée. 2 Personne servile. ⇒ **larbin.** « *cette tranquillité si frappante des familiers, des flatteurs, des laquais* » (Alain).

laque **n. f.** et **m.** – XVe ; sanskr. **I n. f.** 1 Suc naturel rouge brun qui exsude de certains arbres d'Extrême-Orient. *Arbre à laque.* ⇒ **sumac.** 2 Peinture très résistante brillante comme la laque. ♦ Substance insoluble, combinaison d'un colorant soluble et d'un mordant. *Laque de chrome.* 3 Produit que l'on vaporise sur les cheveux pour les fixer. 4 Vernis à ongles couvrant. **II - 1 n. m.** ou **f.** Vernis préparé avec le latex du sumac ; support enduit de ce vernis. *Laque noir, rouge.* « *des encoignures en faux laque de Chine* » (Barbey). 2 **n. m.** Objet d'art en laque. *Des beaux laques de Coromandel.* ✪ HOM. Lac.

laqué, ée **adj.** – XIXe 1 Enduit de laque (véritable). *Paravent chinois laqué.* 2 Verni, peint à la laque. *Ongles laqués.* 3 *Canard, porc laqué,* badigeonné de sauce aigre-douce en cours de cuisson. 4 *Sang laqué* : solution d'hémoglobine obtenue en ajoutant de l'eau distillée à des globules rouges. 5 Fixé par de la laque. *Cheveux laqués.*

laquelle → **lequel**

laquer **v. tr.** 1 – XIXe 1 Enduire de laque (II, 1°). 2 Vernir, peindre à la laque (I, 2°, 4°). 3 Fixer (la chevelure, la coiffure) en vaporisant de la laque.

laqueur, euse **n.** – XIXe ■ Ouvrier qui décore des ouvrages en bois avec des laques d'Extrême-Orient, des vernis.

laraire **n. m.** – XVI ; lat. *lararium* ■ Autel, niche, petite chapelle que les Romains réservaient dans leur maison au culte des lares.

larbin **n. m.** – XIXe ; o. i. 1 fam. et péj. Domestique. *Je ne suis pas son larbin.* 2 Individu servile. ⇒ **laquais, valet.**

larcin **n. m.** – XIIe ; lat. *latro* « larron » ■ littér. Petit vol commis furtivement et sans violence. *Faire, commettre un larcin.* ⇒ **chaparder, dérober.** ♦ Objet volé. *Cacher son larcin.*

lard **n. m.** – XIIe ; lat. 1 Graisse ferme formant une couche épaisse dans le tissu sous-cutané du porc, employée en cuisine (⇒ **bacon,** ② **barde, lardon).** *Couenne du lard. Il* « *graissait ses souliers de chasse avec le lard de ses cochons* » (Flaub.). ♦ Graisse des cétacés, de certains amphibiens. *Lard de phoque.* 2 fam. Graisse de l'homme. *(Se) faire du lard* : engraisser (notamment à ne rien faire). *Rentrer dans le lard à qqn,* l'agresser physiquement ou verbalement. 3 vx Porc. ♦ loc. *Se demander, ne pas savoir si c'est du lard ou du cochon,* de quoi il s'agit. ➛ *Un gros lard* : personne grosse et grasse. ➛ *TÊTE DE LARD* : personne entêtée, mauvais caractère. ✪ HOM. Lare.

larder **v. tr.** 1 – XIIe 1 Piquer (une pièce de viande) de lardons introduits dans l'épaisseur du morceau. ⇒ **entrelarder ; lardoire.** 2 Garnir (une pièce de bois) de nombreux clous pour faire tenir le plâtre qu'on veut y appliquer. 3 Transpercer, piquer à plusieurs reprises. *Il* « *lardait de coups de harpon le gigantesque animal* » (J. Verne). 4 Entremêler, truffer. *Larder un texte de citations.*

lardoire **n. f.** – XIVe ■ Brochette creuse pour larder la viande.

lardon **n. m.** – XIIe 1 Morceau de lard long et mince dont on larde la viande. ➛ Petit morceau de lard revenu qui accompagne certains plats. *Frisée aux lardons.* 2 Petit morceau de métal servant à boucher une fissure. 3 fam. Enfant en bas âge. « *Des gosses, des mioches, des bambins, des lardons, des salés* » (Colette).

lare **n. m.** – XVe ; lat. *Lar* ■ Chez les Romains, Esprit tutélaire chargé de protéger la maison, la cité, les rues. *Lares domestiques* : les âmes des ancêtres, protectrices du foyer (⇒ **laraire).** ➛ **adj.** *Les dieux lares.* ✪ HOM. Lard.

largable **adj.** – 1931 ■ Qui peut être largué (d'un avion, d'un véhicule spatial).

largage **n. m.** – v. 1950 ■ Action de larguer (d'un avion, d'un véhicule spatial). *Largage de bombes, de parachutistes* (⇒ **parachutage).**

large **adj., n. m.** et **adv.** – XIe ; lat. *largus* « abondant ; généreux » **I adj.** 1 Qui a une étendue supérieure à la moyenne dans le sens de la largeur. *Une large avenue. Plus large que haut. Larges épaules.* ➛ *Le corbeau* « *ouvre un large bec* » (La Font.). ➛ *Large sourire.* ⇒ **épanoui.** ➛ « *on laissait larges ouvertes les deux fenêtres* » (Zola), largement ouvertes. ⇒ **grand.** 2 *Large de...* : qui mesure (tant) en largeur. *Ici, le fleuve est large de cent mètres.* 3 Qui n'est pas serré, pas tendu (vêtement). ⇒ **ample, lâche.** 4 Qui est étendu (dans quelque sens que ce soit). *Décrire un large cercle.* ⇒ **vaste.** 5 Qui a une grande extension, une grande importance. ⇒ **considérable, grand, important.** *Faire une large part à qqn. Être élu à une large majorité.* ⇒ ① **fort.** *Publier de larges extraits.* 6 Qui n'est pas borné. *Esprit, idées larges.* loc. *Être large d'idées.* ⇒ **compréhensif, libéral, ouvert, tolérant.** 7 *Au sens large du terme,* le plus étendu. ⇒ **lato sensu.** ➛ Non exclusif. *Dans l'inégalité au sens large* ($a \leqslant b$), *l'égalité* ($a = b$) *est possible.* 8 Qui ne se restreint pas dans ses dépenses, qui donne volontiers. ⇒ **généreux.** ➛ *Une vie large,* où l'on dépense sans compter. ⇒ **aisé ; largement. II n. m.** 1 Largeur. *Deux mètres de large.* ➛ loc. *EN LONG ET EN LARGE* : dans tous les sens ; fig. et fam. de toutes les façons. « *Vous venez de me l'expliquer en long et en large* » (Aymé). fam. *En long, en large et en travers.* ➛ *Marcher DE LONG EN LARGE,* dans les deux sens en faisant le même trajet. 2 *Être AU LARGE* : avoir beaucoup de place ; fig. être dans l'aisance. *Ses pieds nus* « *étaient au large dans des pantoufles de velours* » (Barbey). 3 *Le large* : la haute mer. *Vent du large. Croiser au large d'une île,* dans les parages. loc.

fam. *Prendre le large* : s'en aller, s'enfuir. **III** **adv.** **1** Sur un vaste espace. loc. fam. *Ne pas en mener large* : être peu rassuré, dans une situation critique. **2** D'une manière ample. *S'habiller large.* **3** D'une manière peu rigoureuse et par excès. *Calculer large. Voir large* : voir grand. ✪ CONTR. Étroit ; serré ; borné. Strict.

> ❑ En latin, *largus* (« copieux ; libéral ») a supplanté *latus* (« large ») sans doute à cause de l'identité de la syllabe finale dans le couple *largus/longus*. Le sens étym. est cependant resté vivant, surtout dans les dérivés *largement* et *largesse*.

largement **adv.** – XIIe **1** Sur une grande largeur, un large espace. *Un « corsage largement décolleté »* (Robbe-Grillet). **2** D'une façon considérable, abondamment. *Une opinion largement répandue.* ⇒ **amplement.** **3** Sans compter, sans se restreindre. *Payer qqn largement.* ⇒ **grassement.** *Avoir largement de quoi vivre.* **4** Au minimum. ⇒ ① **bien.** *Ça vaut largement le double.* **5** De loin, de beaucoup. *Être largement battu.* ✪ CONTR. Étroitement, peu.

largesse **n. f.** – XIIe **1** Disposition à être généreux. ⇒ **générosité, libéralité, munificence.** *Donner avec largesse.* **2** Don fait d'une manière large, généreuse. *Faire des largesses.* ✪ CONTR. Avarice.

largeur **n. f.** – XIIe **1** La plus petite dimension d'une surface (opposé à *longueur*), la dimension moyenne d'un volume (opposé à *longueur* et *hauteur*) ; du point de vue de l'observateur, la dimension horizontale parallèle à la ligne des épaules (opposé à *hauteur*, et à *profondeur* ou *épaisseur*) ; étendue mesurée dans cette dimension. *Largeur d'un tronc d'arbre.* ⇒ **diamètre, grosseur.** *Largeur des épaules.* ⇒ **carrure.** ➤ loc. fam. *Dans les grandes largeurs* : complètement, au maximum. « *tu te fourres le doigt dans l'œil, et dans les grandes largeurs* » (Aragon). ♦ *Largeur de bande* : étendue spectrale (d'une source lumineuse, d'un signal). **2** Caractère de ce qui n'est pas borné. *Largeur d'esprit, de vues.* ⇒ **ouverture, tolérance.** ✪ CONTR. Étroitesse.

larghetto [largeto] **adv.** et **n. m.** – XVIIIe ; mot it. ▪ En musique, Un peu moins lentement que largo. ♦ **n. m.** Morceau exécuté dans ce tempo. *Des larghetto* ou *des larghettos.*

largo **adv.** et **n. m.** – XVIIIe ; mot it. ▪ En musique, Avec un mouvement lent et ample, majestueux. ♦ **n. m.** Morceau qui doit être joué largo. *Des largo* ou *des largos.*

largue **adj.** – XVIe ; it. *largo* « large » **1** *Grand largue* : vent intermédiaire entre le vent oblique et le vent en poupe. **adv.** *Aller grand largue.* **2** Qui n'est pas tendu (cordage).

larguer **v. tr.** [1] – XVIIe **1** Lâcher ou détacher (un cordage). *Larguer les amarres. Larguer une voile.* ⇒ **déferler.** **2** Lâcher, laisser tomber d'un avion. *Larguer des bombes.* **3** fam. Se débarrasser de (qqch., qqn). *Elle a largué son fiancé.* ⇒ **abandonner ;** ② **droper, plaquer** (cf. Laisser tomber). **4** Distancer. *Larguer ses adversaires.* ⇒ ① **lâcher, semer.** ➤ *Être largué* : ne pas parvenir à suivre, ne plus comprendre.

larigot **n. m.** – XVe ; o. i. ▪ Jeu d'orgue. ♦ *À tire-larigot.* ⇒ **tire-larigot.**

larme **n. f.** – XIe ; lat. *lacrima* **1** Goutte de liquide transparent et salé sécrété par les glandes lacrymales, baignant la conjonctive de l'œil et des paupières et qui s'écoule sous l'effet d'une irritation ou d'une émotion. ⇒ **pleur.** *Larmes de bonheur, de désespoir. Verser des larmes.* ⇒ **pleurer.** *Pleurer à chaudes larmes, fondre en larmes, être en larmes* : verser des larmes abondantes. « *Quenu pleurait toutes les larmes de son corps* » (Zola). *Yeux gonflés, rougis par les larmes. J'avais « toutes les peines du monde à retenir mes larmes »* (Daudet). ➤ *Avoir les larmes aux yeux, être au bord des larmes* : être sur le point de pleurer. ➤ *Rire aux larmes.* ♦ loc. *Avoir la larme à l'œil* : avoir tendance à pleurnicher, montrer une sensibilité excessive. **2** *Larmes de cerf* : liquide épais et noirâtre excrété par les larmiers. ♦ Écoulement de la sève de certains végétaux. *Larmes de la vigne.* **3** fam. Très petite quantité (de boisson). ⇒ ① **goutte.** *Une larme de cognac.*

larmier **n. m.** – XIVe **1** Saillie d'une corniche, creusée par-dessous en gouttière, destinée à éviter le ruissellement de l'eau sur le mur. **2** Glande au-dessous de l'angle interne de l'œil des cervidés. ♦ Partie de la tête du cheval correspondant aux tempes de l'être humain.

larmoiement **n. m.** – XVIe **1** Écoulement continuel de larmes, dû à la fatigue ou à l'irritation de l'œil. **2** Pleurnicherie.

larmoyant, ante **adj.** – XVe **1** Qui larmoie. **2** Pleurnicheur. *Voix larmoyante.* ⇒ **gémissant ;** fam. **geignard.** **3** D'une sensiblerie exacerbée. *Un mélo larmoyant.*

larmoyer **v. intr.** [8] – XIIe **1** Être atteint de larmoiement. *Les yeux « larmoyaient sans cesse et les larmes lui brûlaient les lèvres »* (Apoll.). **2** Se lamenter. ⇒ **pleurnicher.**

larron **n. m.** – X[e] ; lat. *latro* ▪ vieilli Voleur. ➤ loc. *Ils s'entendent comme larrons en foire*, à merveille. *Le troisième larron* : la personne qui profite du conflit des deux autres.

> ❑ *Larron* ne garde le sens de « brigand, voleur » que dans le contexte biblique (le bon et le mauvais larron crucifiés en même temps que le Christ). ♦ La locution *le troisième larron* est issue d'une fable de La Fontaine *(Les Voleurs et l'Âne).*

larsen [laʀsɛn] **n. m.** – 1949 ; n. pr. ▪ Oscillations parasites provoquant un sifflement dans une chaîne électroacoustique.

larvaire **adj.** – XIXe **1** Propre aux larves (2°). *Forme, état larvaire.* **2** Qui n'est pas encore développé, achevé. ⇒ **embryonnaire.**

larve **n. f.** – XVe ; lat. « fantôme » ▪ Forme embryonnaire que prennent certains animaux tels que les insectes et les amphibiens. *Larves d'insectes* (⇒ **asticot, chenille**), *de batraciens* (⇒ **têtard**), *de poissons. Métamorphose des larves.* ♦ *Vivre comme une larve*, d'une vie inférieure, ralentie, végétative. ➤ péj. et fam. Personne molle, sans énergie.

larvé, ée **adj.** – XIXe **1** Se dit d'une maladie qui se manifeste par des symptômes atypiques ou atténués. **2** Qui n'éclate pas, n'éclôt pas. ⇒ **latent.** *Révolution larvée.* « *l'état de guerre civile larvée* » (Mauriac).

larvicide **adj.** et **n. m.** – 1962 ▪ Propre à tuer les larves.

laryngé, ée **adj.** – XVIIIe ▪ Qui a rapport au larynx. *Infection laryngée.*

laryngectomie **n. f.** – XIXe ; *laryng(o)-* et *-ectomie* ▪ Ablation totale ou partielle du larynx.

laryngien, ienne **adj.** – XVIIIe ▪ Qui appartient au larynx.

laryngite **n. f.** – XIXe ; *laryng(o)-* et *-ite* ▪ Inflammation aiguë ou chronique du larynx (mal de gorge). « *Sa voix prenante s'expliquait par une laryngite chronique* » (Tournier).

laryng(o)- Élément, du gr. *larunx*, signifiant « larynx ».

laryngologie **n. f.** – XVIIIe ; *laryngo-* et *-logie* ▪ Étude médicale du larynx.

laryngologue **n.** – 1922 ▪ Spécialiste en laryngologie. ⇒ **oto-rhino-laryngologiste.**

❑ On dit aussi *laryngologiste.* → -logue, -logiste (rem.).

laryngoscope n. m. – XIXe ; *laryngo-* et *-scope* ■ Appareil permettant d'examiner la cavité laryngienne.

laryngotomie n. f. – XVIe ; gr. ■ Incision chirurgicale du larynx.

larynx [laʀɛ̃ks] n. m. – XVIe ; gr. *larugx* « gosier » ■ Organe creux situé à l'extrémité supérieure de la trachée, composé de cinq cartilages, qui constitue, par son rôle de vibrateur, l'organe vocal principal. *Saillie du larynx chez l'homme :* pomme* d'Adam. *Inflammation du larynx.* ⇒ **laryngite.** « *il s'échappait de son larynx un sifflement produit par chaque inspiration* » (Flaub.).

① **las, lasse** [la, lɑs] adj. – Xe ; lat. *lassus* 1 Qui éprouve, manifeste une sensation de fatigue générale et vague. *Se sentir las. Un geste las.* 2 littér. LAS DE : fatigué et dégoûté de. ⇒ se **lasser.** *Las de tout.* ⇒ **blasé.** « *Je suis las des musées, cimetières des arts* » (Lamart.). ✪ CONTR. Dispos, reposé. — HOM. Lacs ; poss. la, là.

❑ *De guerre lasse* → guerre (rem.).

② **las** [lɑs] interj. – XIIe ; a. fr. *las* « malheureux » ■ littér. Hélas. ✪ HOM. Lasse (① las).

lasagne n. f. – XVe ; it. *lasagna* ■ au plur. Pâtes alimentaires en forme de large ruban. ♦ Plat préparé avec ces pâtes et de la sauce tomate gratinées. *Il mangea* « *des lasagnes romaines* » (Flaub.).

lascar n. m. – XVIIe ; persan *laskar* « armée » ■ fam. 1 Homme brave, décidé et rusé. ⇒ ① **gaillard.** 2 Homme malin, ou qui fait le malin. ⇒ **voyou.**

lascif, ive adj. – XVe ; lat. 1 littér. Fortement enclin aux plaisirs amoureux. ⇒ **sensuel, voluptueux.** *Tempérament lascif.* 2 Empreint d'une grande sensualité. ⇒ **érotique, lubrique.** « *de jeunes garçons costumés en almées, exécutaient des danses lascives* » (Loti).

lascivement adv. – XVIe ■ D'une manière lascive. *Danser lascivement.*

lasciveté ou **lascivité** n. f. – XVe ■ littér. Caractère lascif. ⇒ **sensualité.**

laser [lazɛʀ] n. m. – 1960 ; mot angl. ■ Générateur d'ondes électromagnétiques qui constitue un amplificateur de lumière. *Laser à solide, à gaz carbonique (laser CO_2), à colorant. Application des lasers dans les domaines des télécommunications, de la médecine, de la télédétection, etc.* ➛ appos. *Rayon laser. Bistouri, imprimante, platine laser. Disques laser.* ⇒ **compact.**

❑ *Laser* est l'acronyme de *Light Amplification by the Stimulated Emission of Radiation* « amplificateur de lumière par émission stimulée de rayonnement ».

lassant, ante adj. – XVIIe ■ Qui fatigue en ennuyant. *Vous commencez à devenir lassant.*

lasser v. tr. [1] – XIe ; lat. 1 Fatiguer en ennuyant. *Lasser son auditoire.* « *Y a-t-il un art de ne pas lasser* » (Maurois). 2 Décourager, rebuter. *Lasser la patience de qqn.* 3 pronom. SE LASSER DE : devenir las de. *On ne se lasse pas de l'écouter. Sans se lasser :* inlassablement. ✪ CONTR. Délasser ; encourager, stimuler. — HOM. Lacer.

lassi n. m. – v. 1980 ; mot angl., de l'hindi ■ Yaourt très liquide servi comme boisson avec la cuisine indienne. *Lassi nature, salé.* ✪ HOM. Lacis, lassis.

lassis n. m. – XIIe ; var. de *lacis* ■ Bourre de soie ; tissu fait avec cette bourre. ⇒ **filoselle.** ✪ HOM. Lacis, lassi.

lassitude n. f. – XIVe 1 État d'une personne lasse. ⇒ **abattement, fatigue.** « *Je me couchais, le soir, heureux, courbatu, mort de saine lassitude* » (Duham.). 2 Abattement mêlé d'ennui, de dégoût, de découragement. *Céder par lassitude. Un soupir de lassitude.* ✪ CONTR. Entrain ; enthousiasme.

lasso n. m. – XIXe ; esp. d'Argentine *lazo* ■ Longue corde à nœud coulant pour attraper les chevaux sauvages, le bétail.

lastex [lastɛks] n. m. – 1942 ; marque déposée, de *latex* et *élastique* ■ Filé de caoutchouc (latex) recouvert de fibres textiles.

lasting [lastiŋ] n. m. – XIXe ; mot angl. « durable » ■ Étoffe rase, en laine peignée, à armure satin. « *un mauvais paletot de lasting* » (Flaub.).

lasure n. f. – 1983 ; all. *Lasur* « glacis » ■ Produit qui protège et décore le bois sans en masquer les veines.

latanier n. m. – XVIIe ; caraïbe *alattani* ■ Palmier des îles de l'océan Indien. « *le chapeau en feuilles de latanier* » (Morand).

latence n. f. – XIXe ■ État de ce qui est caché, latent. *Période de latence d'une maladie.* ➛ *Temps de latence,* entre un stimulus et la réaction. ➛ *Période de latence,* pendant laquelle la sexualité est peu active chez l'enfant, de l'âge de cinq ans à la puberté.

latent, ente adj. – XIVe ; lat. *latere* « être caché » 1 Qui demeure caché, ne se manifeste pas mais qui est susceptible de le faire à tout moment. → ① **secret.** *Conflit latent.* ⇒ **larvé.** *Homosexualité latente. Demeurer à l'état latent.* « *un antisémitisme bourgeois et latent* » (Proust). ♦ *Maladie latente,* qui ne s'est pas encore déclarée, dont les symptômes sont trop vagues pour permettre le diagnostic. ♦ *Contenu latent du rêve* (opposé à ① *manifeste*), dont la signification est accessible après analyse du rêve. 2 *Chaleur latente :* quantité de chaleur nécessaire pour faire changer d'état 1 g de substance, sans en changer la température. ✪ CONTR. Apparent.

latéral, ale, aux adj. et n. f. – XIVe ; lat. *latus* « côté » ■ Qui appartient au côté, qui est situé sur le côté de qqch. *Rue latérale.* « *Sur la droite du corridor comme sur la gauche donnent des portes latérales* » (Robbe-Grillet). *Chapelle, nef latérale.* ⇒ **collatéral ; bas-côté.** *Canal latéral à la Loire,* parallèle au cours du fleuve. ♦ *Consonne latérale* ou n. f. *une latérale :* consonne laissant échapper l'air des deux côtés de la langue (ex. [l]).

latéralement adv. – XVIe ■ D'une manière ou dans une position latérale ; de côté, sur le côté.

latéralisation n. f. – 1968 ■ Organisation, pendant la petite enfance, de la dominance fonctionnelle d'un côté du corps, droit (droitiers) ou gauche (gauchers).

latéralisé, ée adj. – v. 1960 ■ *Bien, mal latéralisé,* dont la latéralité est bien ou mal établie.

latéralité n. f. – XIXe ■ Dominance systématisée, droite ou gauche, dans l'utilisation de certains organes pairs (main, pied, œil).

❑ Ne pas confondre avec *littéralité* « conformité au texte ».

-latère, latér(o)- Éléments, du lat. *latus* « côté ».

latérite n. f. – XIXe ; lat. *later* « brique » Sol rougeâtre des climats tropicaux riche en alumine et en oxyde de fer.

latex [latɛks] n. m. – XVIIIe ; mot lat. « liqueur » ■ Émulsion sécrétée par certains végétaux. *Saigner un hévéa pour en recueillir le latex.* → **caoutchouc, gomme.** ➛ *Latex artificiel, synthétique.*

laticifère adj. – XIXe ■ Qui contient le latex. ➛ n. m. *Un laticifère.*

latifundium [latifɔ̃djɔm] n. m. – XVIe ; mot lat., de *latus* « large » et *fundus* « domaine » ■ Grand domaine agricole privé, aux méthodes d'exploitation archaïques. *Les latifundia de l'Italie du Sud.*

latin, ine adj. et n. – XIIe ; lat. *latinus* « du Latium » **I** adj. **1** Des provinces ou des peuples soumis à la domination de Rome. ⇒ **romain.** *Les peuples latins. La langue latine.* ➤ n. *Les Latins.* ♦ De la langue latine ; en cette langue. *Tournure latine.* ⇒ **latinisme.** *Version latine.* ♦ *QUARTIER LATIN* : quartier de Paris, où s'élevait l'ancienne Université et où se trouvent des facultés. **2** D'origine latine. *Langues latines.* ⇒ ② **roman.** *L'Amérique latine* : l'Amérique centrale et l'Amérique du Sud où l'on parle des langues issues du latin (espagnol et portugais). **3** *Église latine* : Église chrétienne d'Occident qui célébrait les offices en latin. *Rite latin.* ⇒ **romain. II** n. m. Langue des Latins qui s'est conservée comme langue savante et religieuse sous sa forme écrite. *Latin classique ; latin moderne. Messe en latin.* « *Le latin n'est pas seulement le père du français ; il est aussi son éducateur en matière de grand style* » (Valéry). ➤ péj. *Latin de cuisine* : mauvais latin. ♦ loc. *(Y) perdre son latin* : ne plus rien (y) comprendre.

> ❑ *Latium* est le nom d'une région d'Italie centrale qui a été formé, en raison de la nature géographique du lieu, sur *latus* « plat, étendu ».

latinisation n. f. – XVIIIe ■ Action de latiniser un mot, de donner le caractère latin à. *Latinisation d'un peuple, d'un pays.*

latiniser v. [1] – XVIe **1** v. tr. Donner une forme latine à (un mot). ➤ Marquer d'un caractère latin, de l'esprit latin. « *Raphaël hellénise ou latinise tout naturellement la Bible* » (Malraux). **2** v. intr. Pratiquer le culte de l'Église latine, en parlant des chrétiens d'Orient.

latinisme n. m. – XVIe ■ Construction ou emploi propre à la langue latine ; emprunt au latin.

latiniste n. – XVe ■ Spécialiste de philologie ou de littérature latine. ➤ Étudiant de latin.

latinité n. f. – XIVe ■ Monde latin, civilisation latine.

latino-américain, aine adj. et n. – 1931 ■ De l'Amérique latine. *Musique latino-américaine. Les Latino-Américains.* abrév. fam. *LATINO. Les latinos.*

latitude n. f. – XIVe ; lat. « largeur » **1** Faculté, pouvoir d'agir (en toute liberté). *Donner, laisser toute latitude à qqn pour faire qqch.* ⇒ **facilité, liberté. 2** (opposé à *longitude*) Distance angulaire d'un point de la surface de la terre à l'équateur, mesurée en degrés par l'arc du méridien terrestre. *Paris est à 48° de latitude Nord.* ♦ Région, climat. *Plante cultivée sous toutes les latitudes,* dans le monde entier.

latitudinaire adj. et n. – XVIIIe ; lat. *latitudo* « largeur » ■ littér. Qui a une morale très large, très relâchée. ⇒ **laxiste.** ✪ CONTR. Rigoriste.

latomies n. f. pl. – XVIe ; gr. ■ Dans l'Antiquité, Carrières servant de prison. *Les latomies de Syracuse.*

lato sensu [latosɛ̃sy] loc. adv. – 1907 ; mots lat. ■ Au sens large (opposé à *stricto sensu*).

-lâtre, -lâtrie Éléments, du gr. *latreuein* « servir », qui signifient « adorateur, adoration ».

latrie n. f. – XIVe ; gr. *latreia* ■ *Culte de latrie* : la forme la plus élevée d'adoration, qui n'est accordée qu'à Dieu seul (opposé à *culte de dulie**).

> ❑ Pas d'accent circonflexe sur le *a*, contrairement à *idolâtre, idolâtrie* pourtant de même origine.

latrines n. f. pl. – XVe ; lat. *lavatrina* ■ Lieux d'aisances dépourvus d'installation sanitaire. ⇒ **cabinet, fosse** (d'aisances). « *L'endroit le plus utile d'une maison, ce sont les latrines* » (Gaut.).

lattage n. m. – XVIe ■ Action de latter. ➤ Ouvrage composé de lattes. ⇒ **lattis.**

latte n. f. – XIIe ; lat. **1** Longue pièce de charpente en bois, mince, étroite et plate. ⇒ **planche.** *Les lattes d'un plancher.* « *les lattes du parquet frotté à outrance* » (Green). *Lattes orientables d'un store.* ⇒ **lame.** *Lattes d'un toit.* ⇒ **volige.** *Sommier à lattes.* **2** arg. fam. Chaussure ; pied. *Un coup de latte.*

latté, ée adj. et n. m. – XVIIe ■ Garni de lattes. *Plafond latté.* ➤ *Panneau latté* : contreplaqué sur lattes étroites. *Du latté.*

latter v. tr. [1] – XIIIe ■ Garnir de lattes. *Latter un plafond.*

lattis n. m. – XVe ■ Ouvrage en lattes. ⇒ **lattage.**

laudanum [lodanɔm] n. m. – XIIIe ; gr. *ladanon* ■ Teinture alcoolique d'opium, soporifique autrefois très utilisé. « *il prenait du laudanum pour essayer de ne plus souffrir* » (Maurois).

laudateur, trice n. – XVIe ; lat. *laudare* « louer » ■ littér. Personne qui fait des louanges. ⇒ **louangeur, thuriféraire.** ✪ CONTR. Détracteur.

laudatif, ive adj. – XVIIIe **1** Qui contient un éloge. ⇒ **élogieux, louangeur.** *Inscription laudative.* **2** Qui fait un éloge. *Être laudatif à l'égard de qqn.* ✪ CONTR. ② Critique.

laudes [lod] n. f. pl. – XIIIe ; mot lat. « louanges » ■ Partie de l'office catholique qui se chante à l'aurore.

laure n. f. – XVIIe ; gr. ■ Monastère orthodoxe.

lauré, ée adj. – XVIe ; lat. *laureatus* → lauréat ■ littér. Orné de laurier. *Tête laurée d'une médaille.*

lauréat, ate adj. et n. – XVIe ; lat. « couronné de *laurier* » ■ Qui a remporté un prix dans un concours. *Les élèves lauréats.* ➤ n. *Un lauréat.* ⇒ **vainqueur.** *Lauréat en histoire. Une lauréate du prix Goncourt. Liste des lauréats.* ⇒ **palmarès.**

laurier n. m. – XIe ; lat. *laurus* **1** Arbre *(lauracées)* originaire des régions méditerranéennes, à feuilles persistantes et aromatiques (d'où le nom de *laurier-sauce*). *Des lauriers-sauce.* ➤ Feuilles de cet arbre, utilisées comme aromate. *Bouquet de thym et de laurier.* ♦ Feuilles de laurier symboliques (arbre consacré à Apollon). *Couronne de laurier d'un lauréat.* ➤ fig. *Les lauriers du vainqueur.* ⇒ **gloire, succès.** ➤ loc. *Se reposer, s'endormir sur ses lauriers* : ne plus rien faire après un succès. **2** *LAURIER ROSE* : arbuste *(apocynées)* à fleurs roses ou blanches. *Des lauriers roses.* ➤ *LAURIER-CERISE* : prunus *(rosacées)* aux fleurs blanches et aux fruits rouges toxiques.

lause ou **lauze** n. f. – XVIe ; gaul. ■ Pierre plate utilisée comme dalle ou comme tuile. *Les toits de lauses de l'Aveyron.* « *L'écharpe de fumée traînait sur les lauzes des toits* » (Le Clézio).

> ❑ Même famille que *losange.*

lavable adj. – XIXe ■ Qui peut être lavé. *Pull lavable en machine.*

lavabo n. m. – XVIe ; mot lat. « je laverai » **1** Prière dite par le prêtre catholique au moment où il se lave les mains avant la consécration. **2** Fontaine d'ablutions placée à la droite de l'autel. **3** Appareil sanitaire avec cuvette, robinets d'eau courante et système de vidange. *Lavabo sur colonne, encastré.* ⇒ **vasque.** « *Un sinistre lavabo de faïence fêlée* » (Mac Orlan). **4** *LES LAVABOS* : pièce d'une collectivité où sont installés des lavabos. *Les lavabos d'une caserne.* ♦ Les cabinets d'aisances auprès desquels se trouve généralement un lavabo. ⇒ **toilettes.**

lavage n. m. – XVe **1** Action de laver. ⇒ **nettoyage.** *Lavage des murs.* ⇒ **lessivage.** *Produit, poudre de* *lavage.* ⇒ **détergent, lessive.** *Lavage du linge.* ⇒ **blanchissage, lessive.** *Pull qui rétrécit au lavage.* ♦ Nettoyage d'un organe au moyen d'irrigations. *Lavage de l'intestin.* ⇒ **lavement.** *Lavage d'estomac.* ♦ *Lavage de la laine.* ⇒ **dégorgement.** *Lavage des minerais.* ⇒ **débourbage.** 2 LAVAGE DE CERVEAU : action psychologique exercée sur une personne pour l'amener à abandonner ses convictions et à en adopter d'autres. ⇒ **endoctrinement ; lessivage.**

lavallière **adj.** et **n. f.** – XIXe ; n. pr. ■ Cravate large et souple, nouée en deux larges coques.

> ❑ La duchesse de *La Vallière* (1644-1710), favorite de Louis XIV, portait ces sortes de cravates.

lavande **n. f.** – XIVe ; it. « qui sert à laver » **1** Arbrisseau vivace *(labiacées),* aux fleurs bleues odorantes, qui croît dans les régions de Provence et des Alpes. ♦ Ces fleurs séchées. « *la lavande qu'elle mettait en sachet dans son linge, à l'ancienne mode* » (Bernanos). **2** Eau, essence de lavande. **3** *Bleu lavande :* bleu mauve assez clair.

lavandière **n. f.** – XIIe **1** Femme qui lavait le linge à la main au lavoir, par profession. ⇒ **blanchisseuse, laveuse.** « *la paille qui sert de coussinet aux genoux des lavandières* » (Sand). **2** Bergeronnette, hochequeue.

lavandin **n. m.** – 1945 ■ Hybride de lavande plus riche en essence.

lavaret **n. m.** – XVIe ; lat. *levaricinus* ■ Variété de corégone, poisson de lac à chair très estimée.

lavasse **n. f.** – XVe ■ fam. Boisson, soupe fade parce que trop étendue d'eau. *Ce café est imbuvable, c'est de la lavasse.*

lave **n. f.** – XVIe ; lat. *labes* « éboulement » ■ Matière (⇒ **magma**) en fusion des éruptions volcaniques qui se refroidit sous diverses formes. ⇒ **andésite, basalte, diorite, obsidienne, rhyolithe, trachyte.** « *pareil à un fleuve de lave qui a trouvé sa pente* » (Mart. du G.). *Laves vacuolaires,* chargées en gaz. ⇒ **ponce** (pierre ponce). ♦ Lave pétrifiée utilisée comme pierre de construction. *Églises d'Auvergne bâties en lave.*

lavé, ée **adj.** – XVIIe ■ Fait au lavis. *Dessin lavé.* ➛ Pâle. ⇒ **délavé.** « *un ciel pâle et comme lavé* » (Mauriac).

lave-glace **n. m.** – 1962 ■ Appareil qui envoie un jet d'eau sur le pare-brise d'une automobile pour le laver. *Des lave-glaces.*

lave-linge **n. m. inv.** – v. 1970 ■ Appareil électroménager servant au lavage du linge. ⇒ **machine** (à laver). *Lave-linge séchant.*

lave-mains **n. m. inv.** – XVe ■ Petit lavabo d'appoint, notamment près des toilettes.

lavement **n. m.** – XIIe **1** *Le lavement des pieds :* cérémonie du jeudi saint en souvenir de l'action de Jésus qui, le jour de la Cène, lava les pieds de ses apôtres. **2** Injection d'un liquide dans le gros intestin, par l'anus, au moyen d'un appareil. ⇒ **clystère.** *Lavement évacuateur, médicamenteux.*

laver **v. tr.** [1] – Xe ; lat. **1** Nettoyer avec un liquide, notamment avec de l'eau. ⇒ **décrasser, dégraisser,** ② **détacher, nettoyer, savonner.** *Laver à grande eau. Laver et frotter.* ⇒ **récurer.** ➛ *Poudre à laver.* ⇒ **lessive.** ➛ loc. *Laver son linge sale en famille :* régler ses différends entre soi, sans faire appel aux autres. ♦ *Laver le minerai.* ➛ *Laver une épreuve photographique.* **2** Nettoyer (le corps, une partie du corps) avec de l'eau. *Laver la figure d'un enfant.* ⇒ **débarbouiller.** ♦ *Laver une plaie.* ⇒ **déterger.** **3** Mêler d'eau. *Laver une couleur.* ⇒ **délaver.** *Laver un dessin,* l'ombrer, le colorier au lavis. **4** SE LAVER (une partie du corps). *Elle s'est lavé les mains. Se laver les dents* (⇒ **brosser**). ➛ loc. *Je m'en lave les mains !* je n'y suis pour rien, je m'en moque. **5** SE LAVER **v. pron.** Être lavé, lavable. *La soie se lave à l'eau froide.* ♦ Laver son corps, faire sa toilette. ⇒ **ablution, bain, douche, toilette.** « *à l'autre puits, les femmes se lavaient et lissaient leurs chevelures* » (Le Clézio). **6** *Confession qui lave l'âme du pécheur.* ⇒ **purifier.** ➛ *Laver qqn, se laver d'un soupçon, d'une imputation.* ⇒ **blanchir, disculper, innocenter, justifier.** « *il se lavait de toutes les souillures du pouvoir* » (Tournier). **7** *Laver un affront, une injure dans le sang,* s'en venger par la violence, en tuant l'offenseur. ✪ CONTR. Barbouiller, salir, souiller. Accuser, imputer.

> ❑ La locution *s'en laver les mains* est une allusion au passage de l'Évangile où Ponce Pilate se lave les mains et se déclare innocent du sang de Jésus.

laverie **n. f.** – XVIIIe **1** Lieu, usine où on lave le minerai. **2** *Laverie (automatique) :* blanchisserie équipée de machines à laver, à sécher, en libre-service.

lavette **n. f.** – XVIIe **1** Petit morceau de linge servant aux travaux ménagers de lavage. ♦ (Suisse) Carré de tissu éponge servant à la toilette. **2** fam. Homme lâche, sans énergie. *Une vraie lavette.* ⇒ **chiffe.**

laveur, euse **n.** – XIVe **1** Personne qui lave, moyennant rétribution. *Laveur de vaisselle, dans un restaurant.* ⇒ **plongeur.** « *laveur de carreaux, laveur de voitures, laveur de cadavres à la morgue* » (Tournier). **2** Appareil à laver. ➛ (Canada) *Une laveuse :* un lave-linge.

lave-vaisselle **n. m. inv.** – 1925 ■ Appareil électroménager servant au lavage et séchage de la vaisselle.

lavis **n. m.** – XVIIe ; de *laver* **1** Procédé qui consiste à teinter un dessin au moyen d'encres, de sépia, de bistre ou de couleurs étendues d'eau (⇒ **aquarelle, aquatinte**). *Dessin colorié au lavis.* ⇒ **lavé.** **2** Dessin ainsi obtenu.

lavoir **n. m.** – XIIe **1** Lieu public où on lavait le linge à la main. ♦ *Bateau-lavoir :* bateau aménagé pour servir de lavoir. **2** Atelier de lavage du minerai.

lavure **n. f.** – XIe ■ Eau qui a servi à laver la vaisselle. ⇒ **eau, rinçure.**

lawrencium [lɔʀɑ̃sjɔm] **n. m.** – 1962 ; de *Lawrence,* physicien amér. ■ Élément atomique (Lr ; n° at. 103), le dernier de la série des actinides.

laxatif, ive **adj.** et **n. m.** – XIIIe ; lat. *laxare* « lâcher » ■ Qui facilite l'évacuation des selles. ⇒ **purgatif.** *Fruits laxatifs. Tisane laxative.* ♦ n. m. *Un laxatif.*

laxisme **n. m.** – XIXe ; lat. *laxus* « desserré, lâche » **1** Doctrine théologique tendant à supprimer les interdits. **2** Tendance excessive à la conciliation, à la tolérance. ⇒ **laisser-aller.** *Laxisme politique.* ✪ CONTR. Purisme, rigorisme.

laxiste **adj.** et **n.** – 1914 ■ Qui manifeste du laxisme. *Éducation plutôt laxiste.* ➛ *Un, une laxiste.* ⇒ **latitudinaire.** ✪ CONTR. Puriste, rigoriste.

laxité **n. f.** – XVIe ■ État de ce qui est lâche, distendu. *Laxité ligamentaire.* ⇒ **distension.** ✪ CONTR. Tension.

laye [lɛ] **n. f.** – XIVe ; néerl. ■ Partie inférieure du sommier de l'orgue qui abrite les soupapes. ✪ HOM. Lai, laid, laie, lais, lait, lei (② leu), lez.

> ❑ On écrit aussi *laie.* ♦ La prononciation de la finale *aye* est variable selon les mots → paye (rem.).

layetier [lɛj(ə)tje] **n. m.** – XVIe ; de *layette* « coffre » ■ *Layetier-emballeur :* ouvrier chargé de la confection des emballages en bois et de la mise en place des objets à emballer.

layette **n. f.** – XIVe ; de *laye* ■ Habillement du jeune enfant, de la naissance à l'âge de 18 mois environ. *Rayon layette. Leurs épouses « travaillaient après les repas* *chacune à une pièce de layette* » (Proust). ➛ par appos. *Bleu, rose layette.*

❑ À l'origine, le mot désignait un coffret ou un tiroir servant à ranger des papiers ou des vêtements.

layon n. m. – XIXe ; de ② *laie* ▪ Petit sentier forestier. « *nous marchions dans un layon obscur, entre des taillis de jeunes charmes* » (Genevoix).

lazaret n. m. – XVIe ; it., de *Nazareto,* île vénitienne où l'on mettait les malades contagieux en quarantaine, au XVe s. ▪ Établissement où s'effectue le contrôle sanitaire, l'isolement des malades contagieux, dans un port, une station frontière, un aérodrome.

lazariste n. m. – XVIIIe ; de *Saint-Lazare,* nom d'un prieuré ▪ Membre de l'ordre religieux fondé en 1625 par saint Vincent de Paul (prêtres de la Mission).

lazulite n. f. – XVIIIe ; lat. *lazulum* ▪ Phosphate naturel de fer, de magnésium et d'aluminium, de couleur bleue, utilisé comme pierre fine.

lazurite n. f. – XIXe ; lat. *lazur* ▪ Constituant principal du lapis.

lazzi [la(d)zi] n. m. – XVIIIe ; mot it., plur. de *lazzo* ▪ littér. Plaisanterie, moquerie bouffonne. *Sous les lazzis de la foule.* ⇒ **quolibet.**

❑ On trouve aussi le pluriel italien *des lazzi* : « *les lazzi du commerce* » (Balzac).

① **le, la,** plur. **les** art. déf. – X[e] ; lat. *ille* ❑ *Le* et *la* s'élident devant une voyelle *(l'ami),* un *h* muet *(l'histoire)* ou exceptionnellement devant la semi-voyelle *y (l'yeuse).* ♦ *Le* et *les* précédés de la préposition *à* se contractent en *au* et *aux* (⇒ **à**) ; précédés de la préposition *de,* en *du* et *des* (⇒ ① **de**). **I** *LE, LA, LES* devant un nom. **1** (devant un nom générique) *Le chien est un mammifère carnivore.* « *L'homme est plus intéressant que les hommes* » (Gide). ♦ (au plur., devant un n. pr. de famille) *Les Bourbons.* **2** *LE,* devant un nom désignant un objet très connu, du locuteur ou de l'interlocuteur. *Le Soleil. La Lune. Fumer la pipe. Avoir la fièvre.* (valeur poss.) *Baisser les yeux. Il s'est cassé la jambe.* **3** (devant les noms déterminés par un compl. ou une propos.) *C'est l'homme dont je vous ai parlé. L'espoir de réussir.* ➛ (devant des n. pr.) *Le vieux Paris.* **4** valeur distributive ➛ (devant un nom désignant une unité) ⇒ **chaque,** ① **par.** *Cent francs la pièce.* ➛ (devant un nom de division du temps) *Il reçoit le jeudi, les jeudis,* chaque jeudi. **5** (apr. certaines prép. et devant un nom de nombre) Pour indiquer une approximation *Vers les huit heures. Cela coûte dans les mille francs.* **6** devant un chiffre désignant ce qui porte ce numéro dans une série « *On vous a donné la meilleure chambre, le 6* » (Simenon). **7** devant les n. pr. (de personnes) *La Thénardier* (dans « *Les Misérables* ») ; *La Pompadour.* ➛ fam. *La Marie.* « *j'étais décidé d'aller le voir, le Gustin, chez lui* » (Céline). ♦ (de lieu, sauf la plupart des villes) *L'Himalaya, la Corse ; Le Havre.* **8** devant un n. pr. pour en faire un nom commun *Les Monet de ce musée.* « *Le La Martinière va lever l'ancre* » (Simenon). **9** devant un mot substantivé *Le pourquoi et le comment.* **II** devant un qualificatif **1** devant un adj. qualificatif se rapportant à un nom déjà exprimé *Les affaires politiques et les militaires.* **2** répété devant des adj. *La grande et la petite industrie.* **3** loc. adv. *À LA,* exprimant la manière. ⇒ **à** (IV, 2°). **III** avec le superl. **(⇒ plus, moins ; mieux, pire,** ② **pis).** « *Les plus désespérés sont les chants les plus beaux* » (Muss.). ✪ HOM. La, là ; lé, lez ; poss. lacs, las.

② **le, la, les** pron. pers. – IXe ; lat. *ille* ❑ Élision de *le* et *la* en *l'* : *je l'entends ; ils l'hébergent.* ♦ Après un impératif, élision uniquement dans *l'en* et *l'y* : *faites-la entrer ; faites-l'en retirer.* ▪ Pron. pers. objet ou attribut de la 3e pers. **I - 1** Objet direct, représentant : – un nom, un pronom qui vient d'être exprimé : *Je le connais. Regardez-les ;* – un nom ou un pronom qui va être exprimé : « *Il fallait l'éblouir ou l'attendrir, cette femme !* » (France). **2** *LE* (valeur neutre). *Cela, vous le savez comme moi. Partez, il le faut.* **3** formant avec certains verbes des gallicismes *Se le tenir pour dit. L'échapper belle. Se la couler douce.* ♦ (désignant les parties sexuelles) fam. *On se les gèle.* **II** attribut représentant un mot qui vient d'être exprimé ou, plus rarement, qui va être exprimé « *Vous l'êtes, mal élevées, toutes les deux* » (Bernstein).

lé n. m. – XIe ; lat. *latus* « large » ▪ Largeur d'une étoffe entre ses deux lisières. ⇒ **laize.** ♦ Bande de papier peint dans toute sa largeur. ✪ HOM. Les (le), lez.

leader [lidœʀ] n. m. – XIXe ; mot angl. « conducteur » **1** Chef (d'un parti, d'un mouvement politique). *Les leaders de l'opposition.* ♦ Personne qui prend la tête d'un mouvement, d'un groupe. ⇒ **meneur. 2** Concurrent ou équipe qui est en tête (compétition, course, etc.). ✪ HOM. Lieder (lied).

leadership [lidœʀʃip] n. m. – XIXe ; mot angl. ▪ Fonction, position de leader. ⇒ **commandement, direction.** ♦ Position dominante. *Le leadership d'une nation, d'une entreprise. Perdre son leadership.* ⇒ **hégémonie.**

leasing [liziŋ] n. m. – 1963 ; mot angl., de *to lease* « louer » ▪ ⇒ **crédit-bail.**

lebel n. m. – XIXe ; n. pr. ▪ Fusil à répétition en usage dans l'armée française jusqu'à la guerre de 1939. *Des lebels.*

lécanore n. f. – XIXe ; gr. *lekanê* « bassin », à cause de la forme des fructifications ▪ Lichen commun sur les roches et les écorces (⇒ **orseille).**

léchage n. m. – XIXe **1** Action de lécher. ⇒ **lèchement. 2** Exécution léchée, fignolage. « *le léchage des retouches* » (Colette).

lèche n. f. – XIVe ▪ fam. Action de flatter servilement. *Faire de la lèche à qqn.* ⇒ **flatter ; lèche-botte.**

lèche-botte n. – 1901 ▪ fam. Personne qui flatte servilement. *Des lèche-bottes.*

lèche-cul n. – XIXe ▪ vulg. Flatteur servile. « *Je ne veux pas être de ces lèche-culs qui craignent de déplaire aux pions* » (Baudelaire).

lèchefrite n. f. – XIIe ; a. fr. *lèche-froie* « lèche-frotte », sous l'infl. de *frire* ▪ Ustensile de cuisine placé sous la broche ou le gril pour recevoir la graisse et le jus de ce qui cuit.

lèchement n. m. – XIVe ▪ rare Action de lécher ; résultat de cette action. ⇒ **léchage.** « *des lèchements de bête fauve* » (Barbey).

lécher v. tr. [6] – XIIe ; germ. **1** Passer la langue sur (qqch.). *Chien qui lèche un plat. Lécher une glace.* ⇒ **sucer.** ♦ *Flammes qui lèchent la bûche.* ⇒ **effleurer. 2** loc. fam. *Lécher les bottes,* (vulg.) *le cul à qqn,* le flatter avec servilité. ⇒ **lèche-botte, lèche-cul.** « *Tu lui lèches les bottes, à celui-là, tu es assez bête pour croire qu'il est le plus fort* » (Zola). ♦ *Lécher les vitrines,* les regarder attentivement. ⇒ **lèche-vitrine.** ♦ *UN OURS MAL LÉCHÉ* : un individu aux manières grossières. **3** Finir (une œuvre littéraire ou artistique) avec un soin très minutieux. ⇒ **fignoler.**

lèche-vitrine n. m. – 1950 ▪ Action de flâner en regardant les étalages. *Faire du lèche-vitrine.*

lécithine n. f. – XIXe ; gr. *lekithos* « jaune d'œuf » ▪ Phospholipide des membranes cellulaires, composé de choline, de glycérol et de phosphate. *Emploi thérapeutique de la lécithine.*

leçon n. f. – XIe ; lat. *lectio, onis* « lecture » **1** Ce qu'un élève doit apprendre. *Leçons et devoirs.* **2** Enseignement donné par un professeur, à une classe, un auditoire. ⇒ **conférence, cours.** *Un professeur « qui prépare soigneusement, chez lui, la leçon qu'il va donner le len-*

demain » (Green). ♦ Enseignement complémentaire ou spécial donné en particulier à un seul élève ou à un groupe restreint d'élèves. ⇒ **cours ; répétition.** *Prendre des leçons de chant.* « *Quelques leçons particulières* [...] *assuraient mon pain quotidien* » (Beauv.). ♦ Division pédagogique d'un enseignement par écrit. *Méthode d'anglais en vingt leçons.* 3 Conseils, règle de conduite qu'on donne à une personne. ⇒ **avertissement, exhortation, précepte.** *De sages leçons. N'avoir de leçons à recevoir de personne.* ➛ *FAIRE LA LEÇON À QQN,* lui dicter sa conduite (⇒ **endoctriner**) ; le chapitrer (⇒ **réprimander**). ➛ *La leçon de cette fable.* ⇒ **morale.** 4 Avertissement salutaire, enseignement profitable qu'on peut tirer de qqch., et spécialt d'une erreur, d'une mésaventure. ⇒ **enseignement, instruction.** « *les leçons de la vie* » (Goncourt). *Tirer la leçon d'une mésaventure.* ➛ *Cela lui donnera une leçon, une bonne leçon.* « *que l'histoire d'aujourd'hui vous serve de leçon !* » (Zola).

lecteur, trice n. – XIIe ; lat. 1 Personne qui lit à haute voix devant un ou plusieurs auditeurs. *La chaire du lecteur dans le réfectoire d'un couvent.* 2 Assistant étranger adjoint à un professeur de langues dans un établissement d'enseignement. *Lecteur, lectrice d'allemand.* 3 Personne qui lit. *Lecteur de journaux, de romans. Je prie* « *le lecteur de me pardonner cette petite préface* » (Rac.). *Courrier des lecteurs* (dans un journal). ♦ Personne chargée de lire et de juger les œuvres manuscrites pour un éditeur. 4 n. m. Dispositif servant à reproduire les sons enregistrés. *Lecteur de disques compacts.* ⇒ ① **platine.** *Lecteur-enregistreur.* ⇒ **magnétophone.** *Lecteur de cassettes portable.* ⇒ **baladeur.** ➛ *Lecteur optique.* ⇒ **crayon** (optique). *Lecteur de vidéodisques.* 5 n. m. Organe effectuant la lecture* d'informations. *Lecteur de cartes d'un distributeur de billets.*

lecture n. f. – XIVe ; lat. 1 Action matérielle de lire, de déchiffrer (ce qui est écrit). *Lecture silencieuse, à voix haute.* ➛ *Lecture d'un morceau de musique, d'une partition.* ⇒ **déchiffrage.** 2 Action de lire, de prendre connaissance du contenu (d'un écrit). *La lecture d'un roman.* « *la lecture* [...] *des Anciens, des philosophes ou poètes* » (Ste-Beuve). ➛ « *Les soirées d'hiver étaient longues ; la lecture en abrégeait les heures* » (Lamart.). ♦ *Une lecture :* la lecture d'un livre, d'un ouvrage, et par ext. ce livre, cet ouvrage. *Lectures pour la jeunesse.* ➛ *La lecture des manuscrits, dans une maison d'édition. Comité de lecture.* 3 Interprétation (d'un texte). ⇒ **herméneutique.** *Lecture psychanalytique de la comtesse de Ségur.* 4 Action de lire à haute voix (à d'autres personnes). *Donner lecture des résultats.* ♦ Délibération d'une assemblée législative sur un projet, une proposition de loi. *Loi adoptée en seconde lecture.* 5 Le fait de savoir lire. *Donner le goût de la lecture. Méthodes de lecture* (globale, syllabique, synthétique). *Difficultés de lecture.* ⇒ **alexie, dyslexie.** 6 Première phase de la reproduction des sons enregistrés. *Lecture de sons enregistrés sur bandes. Lecture optique de disques audionumériques. Tête* de lecture.* 7 Opération par laquelle une donnée est transférée d'un registre de mémoire vers l'unité de traitement. *Temps de lecture.* ♦ par ext. Opération globale de transfert du support physique d'un périphérique vers l'unité de traitement. *La lecture d'un disque dur. Lecture optique des codes-barres.*

lécythe n. m. – XVIIIe ; gr. *lêkuthos* ▪ Vase grec en forme de cylindre allongé. *Lécythe funéraire.*

ledit → **dit**

légal, ale, aux adj. – XIVe ; lat. *lex, legis* « loi » 1 Qui a valeur de loi, résulte de la loi, est conforme à la loi. ⇒ **juridique, réglementaire.** « *un acte inique et cependant légal* » (Chateaub.). *Cours légal d'une monnaie.* 2 (Personnes) Désigné par la loi. *Tuteur légal.* 3 Défini ou fourni par la loi. *Âge légal. Les voies légales.* ✪ CONTR. Illégal.

> ❑ *Légal,* emprunté au latin *legalis,* a assumé jusqu'au XVIIe siècle le sens de son doublet *loyal.* ♦ Même famille que *légiférer, législation.* ♦ Pour le sens → licite (rem.).

légalement adv. – XIVe ▪ D'une manière légale. *Assemblée légalement élue.* ✪ CONTR. Illégalement.

légalisation n. f. – XVIIe ▪ Action de légaliser. *Légalisation de l'avortement.*

légaliser v. tr. [1] – XVIIe 1 Attester, certifier authentique en vertu d'une autorité officielle. ⇒ **authentifier, confirmer.** *Faire légaliser sa signature.* 2 Rendre légal. *Légaliser l'avortement.*

légalisme n. m. – XIXe ▪ Attitude légaliste.

légaliste adj. et n. – XIXe ▪ Qui pratique un respect absolu de la loi. ⇒ **formaliste, rigoriste.** ✪ CONTR. Laxiste.

légalité n. f. – XIVe 1 Caractère de ce qui est légal, conforme au droit, à la loi. 2 Ce qui est légal ; état, situation, pouvoir conforme au droit. « *il aimait frauder, tourner les règlements, côtoyer la légalité* » (Duham.). *Rester dans les limites de la légalité.* ✪ CONTR. Arbitraire, illégalité.

légat n. m. – XIIe ; lat. *legatus* « envoyé, délégué » 1 En histoire romaine, Fonctionnaire adjoint à un proconsul. ➛ Fonctionnaire qui administrait les provinces de l'empereur (⇒ **gouverneur**). 2 Ambassadeur du Saint-Siège. ⇒ **nonce.** *Légat a latere* [alateʀe], choisi dans l'entourage du pape.

légataire n. – XIVe ; lat. *legare* → léguer ▪ Bénéficiaire d'un legs. ⇒ **héritier ; acquéreur, ayant cause.** *Légataire universel.*

légation n. f. – XIIe 1 Charge, dignité de légat ; durée de ses fonctions ; pays sous son administration. 2 Représentation diplomatique auprès d'un État où il n'y a pas d'ambassade ; résidence d'une légation.

legato [legato] adv. – XIXe ; mot it. « lié » ▪ En musique, D'une manière liée, sans détacher les notes. *Jouer legato* (⇒ **lier**). ➛ n. m. *Un legato. Des legato* ou *des legatos.* ✪ CONTR. Staccato ; ② piqué.

lège adj. – XVIIe ; néerl. *leeg* « vide » ▪ Vide ou incomplètement chargé (en parlant d'un bateau).

légendaire adj. – XVe 1 Qui n'a d'existence que dans les légendes. ⇒ **fabuleux, imaginaire, mythique.** *Personnage, pays légendaire.* 2 Qui a rapport aux légendes ; qui prend l'allure d'une légende. *Le genre humain* « *a deux aspects : l'aspect historique et l'aspect légendaire* » (Hugo). 3 Qui est entré dans la légende par sa célébrité. ⇒ **célèbre, fameux, illustre.** ➛ *Sa paresse est légendaire.* ⇒ **notoire, proverbial.** ✪ CONTR. Historique. Inconnu.

légende n. f. – XIIIe ; lat. « ce qui doit être lu » I - 1 Récit populaire à caractère fabuleux, merveilleux. ⇒ **fable, mythe.** *Légendes propres à un peuple.* ⇒ **folklore, mythologie.** *Héros de légende.* ⇒ **légendaire.** 2 Représentation (de faits ou de personnages réels) déformée ou amplifiée par l'imagination, la partialité. ⇒ **conte, fable, histoire.** *Si l'on en croit la légende.* ➛ *Légende héroïque.* ⇒ **épopée.** *Entrer dans la légende.* II - 1 Inscription d'une médaille, d'une monnaie. *Bordure réservée à la légende.* 2 Texte qui accompagne une image et lui donne un sens. *Une estampe* « *avec cette légende :* Crédit est mort ; les mauvais payeurs l'ont tué » (Balz.). 3 Liste explicative des signes conventionnels figurant sur une carte, un plan. *Légende d'un guide de la route.*

❑ *Légende* a d'abord désigné le récit de la vie d'un saint, lu en certaines occasions dans les couvents, et par métonymie un recueil contenant de tels récits.

légender v. tr. [1] – 1936 ▪ Accompagner (un dessin, une carte) d'une légende explicative.

léger, ère adj. – XIe ; lat. *levis* **I - 1** Qui a peu de poids, se soulève facilement. *Léger comme une plume. Vêtement léger à porter.* ♦ De faible densité. *Métal léger.* ♦ Qui n'est pas lourd, pas massif. *Matériaux légers. Construction légère,* peu solide. ♦ Qui ne pèse pas sur l'estomac. ⇒ **digestible.** *Repas léger. Cuisine légère.* ⇒ **allégé ; diététique.** ➝ advt *Manger léger.* ♦ Facile à transporter. *Armes légères.* ♦ *Le cœur léger :* sans inquiétude ni remords. **2** Qui semble ne peser guère ; qui se meut avec aisance et rapidité. ⇒ **agile, leste, souple, vif.** « *La bohémienne dansait* [...] *agile, légère, joyeuse* » (Hugo). *Se sentir léger,* alerte, dispos. ➝ Empreint de finesse, de délicatesse. *Démarche souple et légère.* ➝ loc. *Avoir la main légère :* ne pas faire sentir son autorité. **3** Qui est peu appuyé. *Tableau peint par touches légères.* **4** *Soprano, ténor léger,* dont la voix évolue aisément dans les registres aigus. **5** Qui a peu de matière, de substance. *Une légère couche de neige.* ⇒ **mince.** *Étoffe légère.* ⇒ ② **fin.** ➝ *Vin léger,* peu alcoolisé. *Cigarettes légères,* à faible teneur en nicotine et en goudrons. *Parfum léger,* qui n'entête pas. ➝ *Sommeil léger* (opposé à *profond*). **II** Peu sensible, peu perceptible. ⇒ **faible, petit.** *Coup léger.* « *Il ne répondit que par un léger signe affirmatif* » (Zola). *Bruit léger.* ⇒ **imperceptible.** *Un léger accent étranger. Un léger goût.* ➝ Peu important. *Blessure légère,* sans gravité. par ext. *Blessés légers et blessés graves. Débile léger* (opposé à *profond*). ➝ *Faute légère.* ⇒ **véniel.** *Peine légère. Une légère différence.* ⇒ **infime. III - 1** Qui a peu de profondeur, de sérieux. ⇒ **frivole, futile, insouciant, superficiel.** « *Ignorant et léger comme l'est un garçon, je devais me ruiner au jeu* » (Balz.). *Un caractère léger.* ➝ *Être, se montrer léger dans sa conduite.* ⇒ **déraisonnable, imprévoyant, imprudent, inconséquent, irréfléchi.** ♦ fam. Qui manque de consistance, d'approfondissement. ⇒ **insuffisant.** *Sujet de dissertation traité de façon plutôt légère.* ⇒ **superficiel.** *C'est un peu léger.* **2** Qui est trop libre. *Mœurs légères.* ⇒ **grivois ; libre, licencieux. 3** Qui a de la grâce, de la délicatesse, de la désinvolture sans lourdeur. ⇒ ① **badin, dégagé, désinvolte, enjoué.** *Ironie légère.* **4** Gai, sans gravité. *Poésie légère. Musique légère* (opposé à *classique*). **5** loc. adv. *À LA LÉGÈRE :* sans avoir pesé les choses, sans réfléchir. ⇒ **inconsidérément, légèrement.** *Parler à la légère* (cf. À tort* et à travers). *Prendre les choses à la légère,* avec insouciance. « *je prends parti à la légère, je n'ai pas le temps* » (Beauv.). ✪ CONTR. Lourd ; pesant. Épais, dense. — Important. — Posé, sérieux. Raisonnable, sévère.

❑ Même famille étymologique que *lever.*

légèrement adv. – XIIe **1** D'une manière légère. *Être vêtu légèrement.* ♦ Avec souplesse, grâce. « *Je n'avais plus de souci sur moi-même* [...] *Ainsi je marchais légèrement* » (Rouss.). ♦ Sans appuyer, sans violence. ⇒ **délicatement, doucement.** *Frotter légèrement.* ♦ Sans excès. *Manger légèrement.* ⇒ **léger. 2** Un peu, à peine. *Ses mains* « *tremblaient légèrement* » (Malraux). *Légèrement blessé. Légèrement mieux.* **3** À la légère, inconsidérément. *Agir légèrement. Prendre une décision un peu légèrement.* ✪ CONTR. Lourdement, pesamment ; ② fort. Beaucoup. Sérieusement.

légèreté n. f. – XIIe **I - 1** Caractère d'un objet peu pesant, de faible densité. *Une pirogue* « *d'une excessive légèreté* » (Balz.). **2** Caractère de ce qui se meut avec aisance, facilité. ⇒ **agilité, souplesse.** *Marcher avec légèreté.* **3** Caractère de ce qui est peu épais. ⇒ **finesse.** *La légèreté d'une étoffe.* **4** *Légèreté d'une architecture.* ⇒ **délicatesse, grâce. II - 1** Défaut d'une personne qui manque de profondeur, de sérieux ; caractère d'une personne qui ne prend pas les choses au sérieux. *Faire preuve de légèreté dans ses jugements, dans sa conduite.* ⇒ **imprudence, inconstance, irréflexion ; désinvolture, frivolité, insouciance.** « *cette légèreté particulière aux Français* » (Volt.). ♦ Manque de consistance, d'approfondissement. *La légèreté d'une thèse.* **2** Caractère d'une personne inconstante en amour. ➝ Liberté excessive (dans les mœurs, les propos). ✪ CONTR. Lourdeur, pesanteur. Componction, gravité. — Réflexion, sérieux. Constance, fidélité.

leggins ou **leggings** [legiŋs] n. f. pl. – XIXe ; angl. *leg* « jambe » ▪ Jambières de cuir ou de toile.

leghorn [legɔʀn] n. f. – XIXe ; mot angl. ▪ Poule d'une race estimée, bonne pondeuse. *Des leghorns.*

légiférer v. intr. [6] – XVIIIe ; lat. *legifer* « législateur » ▪ Faire des lois. ⇒ **codifier, décréter, édicter, réglementer.** ♦ Dicter des règles. *Légiférer en matière de langage.*

légion n. f. – XIIe ; lat. *legere* « rassembler, choisir » **1** Dans l'Antiquité romaine, Corps d'armée composé d'infanterie et de cavalerie. ➝ Corps d'infanterie, sous François Ier. ♦ mod. Corps de gendarmerie*. **2** Grand nombre, grande quantité. ⇒ **cohorte, multitude.** *Une légion de cousins.* ⇒ **ribambelle.** *ÊTRE LÉGION,* nombreux. « *On mettait pied à terre, on s'arrêtait aux plus décharnés, ne pouvant s'arrêter à tous, car ils étaient légion* » (Loti). **3** *LÉGION ÉTRANGÈRE.* Corps militaire français composé de volontaires généralement étrangers. *Entrer à la Légion étrangère,* et absolt *à la Légion.* **4** *LÉGION D'HONNEUR :* ordre national qui récompense les services civils et militaires. *Chevalier, officier, commandeur, grand officier et grand-croix de la Légion d'honneur.*

❑ L'ordre de la Légion d'honneur a été créé en 1802 par Napoléon Bonaparte. ♦ On est *nommé chevalier de la Légion d'honneur, promu officier* ou *commandeur, élevé à la dignité de grand officier* ou *de grand-croix.*

légionellose n. f. – 1983 ; de *legionella* « bactérie de la maladie des légionnaires » ▪ Maladie du légionnaire*.

légionnaire n. m. – XIIIe **1** Soldat d'une ancienne légion romaine. **2** Membre de la Légion d'honneur. **3** Soldat qui sert dans la Légion étrangère. ♦ *Maladie du légionnaire :* maladie voisine de la pneumonie, d'origine bactérienne. ⇒ **légionellose.**

❑ *Légionnaire* « de la Légion d'honneur » n'appartient qu'au langage juridique ou officiel. ♦ La maladie du légionnaire est ainsi nommée parce qu'elle se manifesta lors d'une réunion de l'*American Legion* en 1976.

législateur, trice n. – XIVe ; lat. ▪ Autorité qui légifère, qui fait les lois. ⇒ **législatif.** *Les intentions, la volonté du législateur.*

législatif, ive adj. et n. – XIVe **1** Qui fait les lois, a la mission, le pouvoir de légiférer. *Pouvoir législatif. Assemblée législative.* « *le Corps législatif venait de voter la guerre* » (Zola). ➝ subst. *Le législatif* (⇒ **parlement**) *et l'exécutif.* ♦ *L'Assemblée législative, LA LÉGISLATIVE :* l'assemblée qui succéda à la Constituante en octobre 1791. **2** Qui concerne l'assemblée législative. *Élections législatives, les législatives :* élections des députés par les citoyens.

législation n. f. – XIVe ; lat. ▪ Ensemble des normes juridiques dans un pays ou dans un domaine déterminé. ⇒ ③ **droit,** ① **loi.** *La législation française, anglaise.*

Selon la législation en vigueur. La législation du travail.

législature n. f. – XVIIe ▪ Période durant laquelle une assemblée législative exerce ses pouvoirs. « *il ne pouvait y compter avant une ou deux législatures* » (Aragon).

légiste n. – XIIIe ; lat. *lex, legis* « loi » 1 Spécialiste des lois. ⇒ **jurisconsulte, juriste** (cf. Homme de loi). ➛ adj. *Médecin légiste,* chargé d'expertises en matière légale (accidents, crimes, etc.). n. *Le rapport du légiste.* 2 Conseiller juridique (d'un roi de France). *Les célèbres légistes de Philippe le Bel.*

légitimation n. f. – XIVe ▪ Action de légitimer ; son résultat. *Légitimation des pouvoirs.* 1 Acte par lequel on rend légitime un enfant naturel. *Reconnaissance et légitimation.* 2 Action de justifier. *La légitimation de sa conduite.*

légitime adj. et n. f. – XIIIe ; lat. *lex, legis* « loi » ▪ adj. Qui est fondé en droit, en équité. 1 Qui est juridiquement fondé, consacré ou reconnu par la loi. *Union légitime :* le mariage. ➛ *C'est sa femme légitime,* fam. *sa légitime.* ♦ Opposé à *naturel. Père légitime ; enfant légitime.* 2 Qui est justifié (par le bon droit, la raison, le bon sens). ⇒ **juste.** *Excuse légitime.* ⇒ **admissible, fondé.** *Admettons* « *que mon ironie d'homme ait blessé son légitime orgueil de jeune fille* » (Balz.). *C'est tout à fait légitime qu'il proteste.* ⇒ **compréhensible, normal.** ✪ CONTR. Illégitime. Bâtard, naturel. Arbitraire, déraisonnable, injuste.

légitimement adv. – XIIIe ▪ D'une manière légitime. ✪ CONTR. Illégitimement.

légitimer v. tr. [1] – XIIIe 1 Rendre légitime juridiquement. *Légitimer un enfant né hors mariage.* 2 Faire admettre comme juste, raisonnable. ⇒ **excuser, justifier.** « *L'homme cultive les vices qui lui sont profitables ; mais il a besoin de les légitimer* » (R. Rolland).

légitimiste n. et adj. – XIXe ▪ Partisan d'une dynastie, d'un souverain considérés comme seuls légitimes. ♦ spécialt En France, Partisan de la branche aînée des Bourbons, détrônée en 1830.

légitimité n. f. – XVIIe 1 État, qualité de ce qui est légitime ou considéré comme tel. *Légitimité d'un enfant,* sa qualité d'enfant légitime. ➛ *Légitimité du pouvoir.* ⇒ **souveraineté.** ♦ Droit (fondé sur l'hérédité de la couronne) dont devaient se réclamer les princes de la branche aînée des Bourbons. 2 Qualité de ce qui est juste, équitable, raisonnable. *Légitimité d'une revendication.* ⇒ **bien-fondé.** ✪ CONTR. Illégitimité.

legs [lɛg ; lɛ] n. m. – XIIIe ; de *laisser* 1 Don fait par testament au profit d'une ou plusieurs personnes. ⇒ **héritage, succession.** *Faire un legs à qqn.* ⇒ **léguer.** *Bénéficiaire du legs.* ⇒ **légataire.** *Legs universel,* de la totalité des biens. *Legs particulier,* d'un ou plusieurs biens déterminés. *Fonds d'un musée provenant d'un legs.* 2 fig., littér. *Le legs du passé.* ⇒ **héritage.**

> ❑ Toujours un *s*, même au singulier. ♦ Ce mot est l'altération, à la suite d'un faux rapprochement étymologique avec le latin de même sens *legatum,* de l'ancien français *lais* « ce qu'on laisse à un héritier », dérivé de *laisser.*

léguer v. tr. [6] – XVe ; lat. *legare* 1 Donner, céder par disposition testamentaire. ⇒ **laisser.** *Léguer tous ses biens à un légataire universel.* 2 Transmettre à ceux qui suivent. « *ils m'ont légué cette secrète sauvagerie* » (Sand). ✪ CONTR. Hériter, recevoir.

légume n. m. et f. – XIVe ; lat. *legumen* « plante à gousse » I n. m. 1 Plante potagère dont certaines parties (feuille, racine, tubercule, bulbe, fruit, graine, fleur, tige) entrent dans l'alimentation humaine. *Culture des légumes* (cf. Culture maraîchère*, potagère*). *Légumes hâtifs.* ⇒ **primeur.** « *Son ordinaire ne se composait guère que de légumes cuits à l'eau* » (Hugo). 2 Gousse de légumineuses. II n. f. loc. fam. GROSSE LÉGUME : personnage important. ⇒ **huile.** « *les grosses légumes du parti* » (Sartre). III n. m. fam. Malade dans un état végétatif chronique.

> ❑ Ce mot a été masculin, puis féminin, puis d'un genre flottant. Enfin le masculin s'est imposé, sauf dans l'expression *une grosse légume* (on dit aussi en ce sens *une légume*).

légumier, ière adj. et n. – XVIIIe 1 adj. Relatif aux légumes. *Culture légumière.* 2 n. m. Plat dans lequel on sert généralement des légumes. 3 (Belgique) Marchand de légumes.

légumine n. f. – XIXe ▪ Protéine végétale extraite des graines des légumineuses (⇒ **aleurone**).

légumineux, euse adj. et n. f. – XVIe ; → légume ▪ Dont le fruit est une gousse. *Le haricot, plante légumineuse.* ♦ n. f. *La fève est une légumineuse.* ➛ LES LÉGUMINEUSES : Plantes dicotylédones, comprenant des arbres, des arbustes ou des herbes dont le fruit est une gousse (ex. arachide, genêt, lentille, mimosa, pois, trèfle). ⇒ **fabacées.**

lei → ② **leu**

léiomyome n. m. – XIXe ; gr. *leios* « lisse » et *myome* ▪ Fibrome des muscles lisses (⇒ **myome**).

leishmania ou **leishmanie** n. f. – 1908 ; de *Leishman,* biologiste angl. ▪ Protozoaire flagellé, parasite transmis par des insectes et pouvant déterminer des maladies graves.

leishmaniose n. f. – 1907 ▪ Parasitose produite par les leishmanias. ⇒ **kala-azar.**

leitmotiv [lɛtmɔtiv ; lajtmɔtif] n. m. – XIXe ; mot all. « motif conducteur » 1 Motif musical, thème caractéristique récurrent ayant une signification dramatique extramusicale. *Le leitmotiv de la* « *Chevauchée des Walkyries* ». *Des leimotiv* ou plur. all. *des leitmotive.* 2 Formule, idée qui revient sans cesse.

lemmatiser v. tr. [1] – 1970 ; angl. ▪ Donner à (un mot variable) une forme canonique servant d'entrée* de dictionnaire.

> ❑ Si un dictionnaire n'était pas lemmatisé, on y trouverait en entrée des formes telles que *viens, alla, irai...*

lemme n. m. – XVIIe ; gr. 1 En mathématiques, Résultat intermédiaire, préalable à une proposition subséquente. 2 philos. Proposition accessoire, démontrée ou admise, qui permet de poursuivre le raisonnement. 3 Forme canonique (masculin singulier ; infinitif...) d'un mot variable. ⇒ **entrée.**

> ❑ Ce mot, de la même famille que *dilemme,* est du genre masculin comme lui.

lemming [lemiŋ] n. m. – XVIIe ; mot norv. ▪ Petit mammifère rongeur (*muridés*) des régions boréales.

lemon-grass [lemɔngʀas] n. m. inv. – XIXe ; mot angl. ▪ Plante aromatique, dont l'essence est utilisée en parfumerie.

lémur n. m. – XIXe ; de *lémur(iens)* ▪ Mammifère lémurien de Madagascar. ⇒ **maki.** ✪ HOM. Lémure.

lémure n. m. – XIVe ; lat. *lemures* ▪ antiq. rom. Spectre d'un mort, fantôme. ✪ HOM. Lémur.

lémuriens n. m. pl. – XIXe ; lat. *lemur* ▪ Sous-ordre de mammifères primates, des régions tropicales, proches du singe. ⇒ **prosimiens.**

> ❑ Ces animaux ont été ainsi nommés parce qu'ils sont pour la plupart nocturnes, comme les fantômes. → lémure.

lendemain n. m. – XIIe 1 Jour qui suit immédiatement celui dont il est question. ⇒ **demain.** *Le lendemain matin. Tendance à remettre au lendemain* (⇒ **procrastination).** ➛ loc. *Du jour au lendemain* : en très peu de temps. ♦ *Sans lendemain* : éphémère. *Une aventure sans lendemain.* « *Des lendemains qui chantent* » (G. Péri) : un avenir heureux. 2 Jour qui suit immédiatement (un événement, un fait). « *je suis triste comme un lendemain de fête* » (Muss.). ♦ Temps qui suit de très près (un événement). « *au lendemain de la crise boulangiste* » (Mauriac). ✪ CONTR. Veille.

❑ Le sens de *lendemain* ne dépend pas de la personne qui parle. → veille (rem.). ♦ *Demain* est parfois un nom, comme *lendemain.* → demain (rem.).

lénifiant, iante adj. – XIXe 1 Qui adoucit à l'aide d'un calmant. ⇒ **calmant, lénitif.** 2 fig. Qui apaise (en général en trompant). *Propos lénifiants.* ➛ *Climat lénifiant,* qui ôte toute énergie.

❑ S'emploie surtout au sens figuré. → lénitif (rem.).

lénifier v. tr. 7 – XIVe ; lat. *lenificare* 1 Adoucir à l'aide d'un calmant (⇒ **lénitif).** 2 Calmer, apaiser. « *lénifions* [...] *l'aigreur de ses esprits* » (Mol.).

léninisme n. m. – 1917 ■ Doctrine de Lénine, application politique du marxisme. ➛ *Le marxisme-léninisme.*

lénitif, ive adj. – XIVe ; lat. 1 Adoucissant. *Remède lénitif.* ➛ n. m. *Un lénitif.* 2 fig. Calmant, apaisant.

❑ S'emploie surtout au sens propre. → lénifiant (rem.).

lent, lente adj. – XIe ; lat. *lentus* 1 Qui manque de rapidité. *La tortue, animal lent. Être lent à comprendre, à agir.* ⇒ **long.** ➛ *Avoir l'esprit lent* : ne pas comprendre vite. ⇒ **endormi, engourdi, épais, paresseux.** ♦ *Mouvements lents et mesurés.* ⇒ ② **calme, posé ; nonchalant.** 2 Qui met du temps à agir, à opérer, à s'accomplir ; dont l'effet n'est pas rapide. *Justice lente.* « *une métamorphose assez lente* » (Malraux). *Combustion lente.* ✪ CONTR. Expéditif, prompt, rapide. — HOM. Lente.

lente n. f. – XIIe ; lat. *lens, lentis* ■ Œuf de pou. *Avoir des lentes dans les cheveux.* ✪ HOM. Lente (lent).

lentement adv. – XIIe ■ D'une manière lente ; avec lenteur. ⇒ **doucement ; lento.** *Marcher lentement. Machine qui tourne lentement.* ⇒ **ralenti.** ✪ CONTR. Vite.

lenteur n. f. – XIVe 1 Fait d'être lent ; manque de rapidité. *La lenteur de la tortue. Agir avec une sage lenteur, avec une lenteur excessive.* ➛ « *cette lenteur à comprendre* » (Mol.). ♦ Caractère de ce qui est lent (à s'accomplir), de ce qui tarde (à arriver). *La lenteur des travaux.* 2 au plur. Actions, décisions lentes. *Les* « *lenteurs administratives* » (Courtel.). ✪ CONTR. Rapidité, vivacité.

lenticelle n. f. – XIXe ; var. sav. de *lenticule* ■ Voie d'aération dans le liège des arbres.

lenticulaire adj. – XIVe ■ Qui a la forme d'une lentille. ⇒ **lentiforme.**

lenticule n. f. – XVIe ; lat. *lenticula* « petite lentille » ■ Lentille d'eau.

❑ *Lenticule* est le doublet savant de *lentille.*

lentiforme adj. – XVIIIe ■ Qui a la forme d'une lentille. ⇒ **lenticulaire.**

lentigo n. m. – XIXe ; mot lat., de *lens* « lentille » ■ Petite tache cutanée pigmentée ronde ou lenticulaire. *Le grain de beauté est une forme de lentigo.*

lentille n. f. – fin XIIe ; lat. *lenticula,* de *lens, lentis* « lentille » **I - 1** Plante herbacée *(papilionacées)* aux gousses plates contenant deux graines arrondies. ♦ La graine comestible de la lentille, en forme de disque biconvexe. *Lentille blonde ; lentille verte du Puy. Petit salé aux lentilles.* 2 LENTILLE D'EAU : plante *(lemnacées)* à petites feuilles rondes, vivant à la surface des eaux stagnantes. ⇒ **lenticule. II - 1** Substance réfringente transparente (verre, etc.) limitée par deux dioptres dont l'un au moins est courbe. *Lentilles des instruments d'optique* (télescope, lunette, microscope). ⇒ aussi **loupe.** *Lentilles cornéennes* : verres de contact. 2 Dispositif modifiant la convergence d'un rayonnement, d'un faisceau d'électrons, de corpuscules. *Lentille électronique.* **III** Éphélide lentiforme. ⇒ **grain** (de beauté), **lentigo, tache** (de rousseur).

❑ *Lentille* et *lenticule* sont des doublets.

lentisque n. m. – XIIIe ; lat. ■ Arbuste des régions méditerranéennes *(anacardiacées),* à petits fruits noirâtres, voisin du pistachier. *Résine du lentisque.* ⇒ **mastic.**

lento [lɛnto] adv. et n. m. – XVIIIe ; mot it. ■ En musique, Avec lenteur (plus lentement qu'*adagio*). n. m. *Des lento* ou *des lentos.*

① **léonin, ine** adj. – XIIe ; lat. *leo, leonis* « lion » 1 Qui appartient au lion ; qui évoque le lion. « *ses cheveux blancs, sa barbe blanche,* [...] *d'une abondance léonine* » (Zola). 2 *Contrat léonin,* qui attribue tous les avantages, qui fait la part du lion* à qqn. ⇒ **abusif, injuste.**

② **léonin, ine** adj. – XIIe ; de *Léon,* poète ■ Se dit d'un vers dont les hémistiches riment ensemble.

léonure n. m. – XVIIe ; lat. *leo, leonis* « lion » et gr. *oura* « queue » ■ Agripaume.

léopard n. m. – XIe ; lat. *leo* « lion » et *pardus* « panthère » 1 Panthère d'Afrique. ♦ Fourrure de cet animal. *Manteau de léopard.* ➛ *Tenue léopard* : tenue de camouflage tachetée des militaires. 2 Animal héraldique analogue au lion mais représenté « passant », la tête de face. 3 *Léopard de mer* : phoque carnivore des mers australes.

lépido- Élément, du gr. *lepis, lepidos* « écaille ».

lépidodendron [lepidɔdɛ̃dʀɔ̃] n. m. – XIXe ; *lépido-* et *-dendron* ■ Arbre fossile de l'ère primaire.

❑ Cet arbre était couvert de petites écailles, d'où son nom. ♦ Apparenté à *philodendron, rhododendron.*

lépidolite n. m. – XIXe ; *lépido-* et *-lite (-lithe)* ■ Mica blanc ou rose violacé, qui constitue le principal minerai de lithium.

❑ Pour le suffixe *-lithe* écrit *-lite,* → -lithe (rem.).

lépidoptères n. m. pl. – XVIIe ; *lépido-* et *-ptère* ■ Ordre d'insectes à deux paires d'ailes couvertes de minuscules écailles. ⇒ **papillon.** *Larve* (⇒ **chenille),** *nymphe* (⇒ **chrysalide)** *des lépidoptères.*

lépidosirène n. m. – XIXe ■ Poisson à double respiration pulmonaire et branchiale *(dipneustes),* qui vit dans les fleuves d'Amérique du Sud.

lépidostée n. m. – XIXe ; gr. *osteon* « os » ■ Poisson à museau très allongé des grands cours d'eau américains.

lépiote n. f. – XIXe ; gr. *lepion* « petite écaille » ■ Champignon *(basidiomycètes)* dont une espèce, la coulemelle, est comestible.

lépisme n. m. – XIXe ; gr. *lepis* « écaille » ■ Insecte aptère *(thysanoures),* au corps effilé couvert d'écailles argentées, communément appelé *poisson d'argent.*

lèpre n. f. – XIIe ; gr. 1 Maladie infectieuse et contagieuse due au bacille de Hansen. *Nodules* (⇒ **léprome),** *ulcérations, lésions nerveuses de la lèpre. Malade atteint* *de la lèpre.* ⇒ **lépreux.** 2 Ce qui ronge. « *la lèpre noire dont les siècles encroûtent nos vieux édifices* » (Gaut.). 3 fig. et littér. Tout mal qui s'étend et gagne de proche en proche. ⇒ **cancer.**

lépreux, euse adj. – XIe 1 Qui est atteint de la lèpre. ◆ n. *Hôpital pour lépreux.* ⇒ **léproserie.** ♦ Qui a rapport à la lèpre. *Nodules lépreux.* 2 fig. Qui présente une surface pelée, abîmée, sale. ⇒ **galeux.** *Murs lépreux. Un « îlot de masures lépreuses »* (Carco).

léprologie n. f. – v. 1970 ■ Étude de la lèpre.

léprome n. m. – XIXe ■ Petit nodule cutané caractéristique de la lèpre.

léproserie n. f. – XVIe ■ Hôpital où l'on soigne les lépreux.

leptocéphale n. m. – XIXe ; gr. *leptos* « mince » et *-céphale* ■ Larve de l'anguille et du congre, transparente et rubanée. ⇒ **civelle.**

lepton n. m. – v. 1962 ; gr. *leptos* « mince » et *(électr)on* ■ Particule élémentaire légère (électron, muon, neutrino, etc.) qui ne subit pas d'interactions fortes (contrairement à l'hadron).

leptospire n. m. – 1945 ; gr. *leptos* « mince » et *spire* ■ Bactérie du groupe des spirochètes, trouvée dans les piscines, les égouts et les eaux naturelles.

leptospirose n. f. – av. 1945 ■ Maladie infectieuse causée par des leptospires.

lequel, laquelle, lesquels, lesquelles pron. rel. et interrog. – XIe ; comp. de *le, la, les,* et *quel* ❑ Avec les prépositions *à* et *de, lequel* se contracte en *auquel, duquel (auxquels, desquels ; auxquelles, desquelles).* ■ Pronom relatif et interrogatif employé dans certains cas à la place de *qui**. I pron. rel. 1 (sujet) Qui. dr. *Deux témoins, lesquels ont déclaré...* ◆ littér. (pour éviter une équivoque) « *J'ai reçu l'autre jour un billet* [...] *d'un éditeur anglais, lequel me promet* [...] » (Mérimée). 2 (compl. ind.) *Le milieu dans lequel il vit. La personne à laquelle vous venez de parler,* à qui. « *Voilà donc la formule magique en laquelle se résument* [...] » (Duham.). *Il rencontra plusieurs parents, parmi lesquels son cousin Jean.* ⇒ **dont.** 3 adj. rel. dr. ou littér. *Vous serez peut-être absent, auquel cas vous me préviendrez.* II pron. interrog. (représentant des personnes ou des choses qui viennent d'être ou vont être nommées) « *Votre ami est venu. – Lequel ?* » ◆ (avec un compl. déterminatif introduit par *de*) *Lequel des deux gagnera ?*

lerche adv. – 1905 ; altér. de *cher* ■ arg. *PAS LERCHE :* pas beaucoup (cf. Pas bésef*).

lérot n. m. – XVIe ; de *loir* ■ Petit mammifère rongeur, frugivore, assez semblable au loir.

les → ① et ② **le**

lès → **lez**

lesbianisme n. m. – XIXe ■ Homosexualité féminine. ⇒ **saphisme.**

lesbien, ienne adj. et n. f. – XVIe I adj. 1 De Lesbos, île de la mer Égée. 2 Relatif à l'homosexualité féminine. ⇒ **gomorrhéen, saphique.** II n. f. Femme homosexuelle. ⇒ **tribade.** *Un couple de lesbiennes.*

> ❑ *Lesbos* était la patrie de la poétesse *Sapho,* célèbre pour ses mœurs homosexuelles *(saphisme).*

lesdits, lesdites → **dit**

lèse- Élément, tiré du latin *læsa* « lésée », dans *crimen læsæ majestatis* (⇒ **lèse-majesté**), placé devant un substantif féminin, qui signifie : « qui consiste à attaquer, à léser ». « *Crime de lèse-humanité* » (d'Alemb.), *de* « *lèse-liberté* » (Danton).

lèse-majesté n. f. – XIVe ■ *Crime de lèse-majesté :* atteinte à la majesté du souverain, attentat commis contre sa personne, son pouvoir, l'intérêt de l'État.

léser v. tr. [6] – XVIe ; lat. *lædere* « outrager, offenser » 1 Atteindre, blesser (qqn) dans ses intérêts, ses droits ; lui causer du tort. ⇒ **désavantager.** *Il a été lésé par ses associés, dans le partage.* ◆ *Léser les intérêts de qqn.* ⇒ **nuire** (à). ◆ fig. *Léser l'orgueil de qqn.* ⇒ **blesser.** 2 Blesser. ⇒ **endommager ; lésion.** *La balle n'a lésé aucun organe vital.* ✪ CONTR. Avantager.

lésine n. f. – XVIIe ; it. *lesina* « alène », à propos d'avares qui raccommodaient eux-mêmes leurs souliers ■ vx ou littér. Épargne sordide jusque dans les plus petites choses. ⇒ **avarice, ladrerie, pingrerie.** *Une « maison moderne, construite avec une parcimonie visible et même avec lésine »* (France). ✪ CONTR. Générosité, prodigalité.

> ❑ Ce mot est devenu très rare, à la différence de son dérivé *lésiner* qui reste vivant.

lésiner v. intr. [1] – XVIIe ■ Épargner avec avarice. *Lésiner sur tout :* ne dépenser que le strict minimum. ⇒ **regarder,** ① **rogner.** *Il ne faut pas lésiner.*

lésion n. f. – XIIe ; lat. *lædere* « léser » 1 dr. Atteinte portée aux intérêts de qqn. ⇒ **dommage, préjudice, tort.** 2 Modification de la structure normale d'une partie de l'organisme, à la suite d'une affection, d'un accident. *Lésion visible à l'œil nu, à l'examen microscopique.* ⇒ **blessure, dégénérescence, inflammation, nécrose, plaie, ulcération.** *Lésion cancéreuse.* « *Les lésions pulmonaires paraissaient alors en voie de cicatrisation* » (Mart. du G.).

lésionnel, elle adj. – 1931 ■ Relatif à une lésion. ⇒ **organique.**

lesquels, lesquelles → **lequel**

lessivable adj. – 1926 ■ Que l'on peut lessiver. *Papier peint lessivable.*

lessivage n. m. – XVIIIe ■ Action de lessiver ; résultat de cette action. *Lessivage des murs.*

lessive n. f. – XIIIe ; lat. *lix* ou *lixa* « eau pour la lessive » I - 1 Solution alcaline destinée aux lavages et nettoyages ménagers (linge, tissus) ou industriels. ♦ Solution aqueuse de soude (à 30%) utilisée dans la fabrication du savon *(lessive des savonniers).* 2 Substance alcaline (liquide ou en poudre) pour le lavage du linge. ⇒ **détersif.** *Un baril de lessive.* II - 1 Action de lessiver, de laver le linge. ⇒ **blanchissage, lavage.** *Faire la lessive.* 2 Linge qui doit être lavé ou qui vient d'être lavé. « *le claquement furieux, échevelé, des lessives dans le vent de la mer* » (Gracq).

lessiver v. tr. [1] – XIVe 1 Nettoyer à l'aide d'une solution détersive. « *des planches lessivées, d'une propreté excessive* » (Zola). 2 En chimie, Traiter (un corps, une substance) par l'eau pour en éliminer les parties solubles. 3 fig. et fam. Dépouiller (son adversaire au jeu). ◆ Eliminer d'une compétition, d'un poste. *Il s'est fait lessiver en moins de deux.* ◆ *Être lessivé,* épuisé, très fatigué.

lessiveuse n. f. – XIXe ■ Récipient tronconique en métal dans lequel on fait bouillir le linge.

lessiviel, ielle adj. – 1951 ■ Relatif à la lessive. *Produit lessiviel :* détersif*.

lessivier n. m. – XIXe ■ Fabricant de produits détersifs.

lest [lɛst] n. m. – XIIIe ; mot frison 1 Poids dont on charge un navire pour en abaisser le centre de gravité et en assurer ainsi la stabilité (⇒ **charge,** ① **estive).** ◆ *Partir, retourner, être sur son lest,* se dit d'un navire qui n'a pas de chargement. « *Le vaisseau, qui était sur son lest, fatiguait beaucoup au roulis* » (Chateaub.). 2 Corps pesant (généralement sacs de sable) que les aéronautes emportent pour régler le mouvement ascensionnel de l'aérostat. ◆ loc. *Jeter, lâcher du lest :* faire des concessions pour rétablir une situation compromise. ✪ HOM. Leste.

lestage n. m. – XIVe ■ Action de lester (un navire, un ballon) ; son résultat. ✪ CONTR. Délestage.

leste adj. – XVe ; it. 1 Qui a de la souplesse, de la légèreté dans les mouvements. ⇒ **agile, souple.** « *le petit garnement ! Aussi leste que joli !* » (Beaum.). loc. *Avoir la main leste* : être prompt à frapper, à gifler. 2 vieilli Irrespectueux. ⇒ **cavalier, désinvolte.** 3 Qui dépasse la réserve prescrite par les conventions sociales. ⇒ ② **cru,** ① **gaillard, gaulois, grivois, hardi, libre, licencieux, osé.** *Plaisanteries un peu lestes.* « *un ton enjoué, parfois assez leste, et qui sent même la garnison* » (Ste-Beuve). ✪ CONTR. Lourdaud, maladroit. Respectueux. — HOM. Lest.

lestement adv. – XVIIe ■ Avec souplesse et légèreté. « *il se leva lestement* » (Daud.).

lester v. tr. [1] – XIVe 1 Garnir, charger de lest. ➡ *Navire lesté* (opposé à *lège*). 2 fam. Charger, remplir. *Lester ses poches. Être lesté* : avoir l'estomac plein. ✪ CONTR. Alléger, délester.

létal, ale, aux adj. – XVe ; lat. *letalis* « mortel » ■ SC. Qui provoque la mort. *Gène létal. Dose létale d'un produit toxique* (⇒ **overdose).**

❑ Pas de *h* après le *t* (aucun rapport avec *léthargie*).

létalité n. f. – XIXe ■ Caractère de ce qui est létal. ➡ Mortalité.

letchi → **litchi**

léthargie n. f. – XIIIe ; gr. 1 État pathologique caractérisé par un sommeil profond et prolongé. ⇒ **sommeil ; catalepsie,** ① **mort** (apparente), **torpeur.** *Tomber en léthargie.* 2 État d'abattement profond. ⇒ **apathie, atonie, prostration, torpeur.** « *En 1820, la marquise sortit de sa léthargie, parut à la cour et reçut chez elle* » (Balz.).

léthargique adj. – XIVe 1 Qui tient de la léthargie. *Sommeil léthargique.* 2 Qui est atteint de léthargie. ⇒ **apathique, endormi.**

letton, one adj. et n. – XIXe ; all. *Lette* ■ De Lettonie, pays balte. ♦ n. *Les Lettons.* ➡ n. m. *Le letton* : langue indo-européenne, du groupe des langues baltes. ✪ HOM. Laiton.

lettrage n. m. – XIXe ■ Action de disposer les lettres (sur une carte, un plan, un schéma) ; ensemble des lettres ainsi disposées.

lettre n. f. – Xe ; lat. *littera* I Signe graphique qui, employé seul ou combiné avec d'autres, représente, dans la langue écrite (écriture alphabétique, syllabique), un phonème ou un groupe de phonèmes. ⇒ **caractère, graphème.** *Les 26 lettres de l'alphabet français. Lettre initiale du nom, du prénom* (⇒ **chiffre, initiale, monogramme).** *Lettre majuscule, minuscule.* ➡ loc. *En toutes lettres* : sans abréviation (cf. Au long*). ➡ *Gravé en lettres d'or* : digne d'être gardé toujours présent en mémoire. II *LA LETTRE.* 1 Texte. ➡ loc. *LETTRE MORTE* : texte qui n'a plus de valeur juridique, d'autorité officielle ; fig. inutile, sans effet. *Ces documents* « *seraient pour vous lettre morte* » (Hermant). 2 Légende au bas d'une estampe. *Épreuve avant la lettre,* tirée avant qu'on n'imprime la lettre. ➡ loc. fig. *Avant la lettre* : avant l'état définitif, l'époque du complet développement. « *L'enfant, c'est l'homme avant la lettre* » (A. d'Houdetot). 3 Le sens strict des mots (d'un texte) (⇒ **littéral) ;** l'expression formelle de la pensée d'un auteur. ➡ loc. *À LA LETTRE ; AU PIED DE LA LETTRE* : au sens propre, exact du terme ; scrupuleusement, rigoureusement. « *L'amour, la jalousie, la vanité sont pour lui, à la lettre, des maladies* » (Maurois). III - 1 Écrit que l'on adresse à qqn pour lui communiquer qqch. ⇒ **épître, message, missive.** *Écrire une lettre. Échanger des lettres.* ⇒ **correspondre ; correspondance.** *Recevoir des lettres.* ⇒ **courrier.** *Papier à lettres.* ➡ *Style des lettres.* ⇒ **épistolaire.** *Lettre d'amour.* « *lettre comminatoire* » (Gide). *Lettre anonyme. Lettre de condoléances. Lettre de château* : lettre de remerciement aux personnes chez qui on a fait un séjour. *Lettre recommandée.* ➡ loc. fam. *Passer comme une lettre à la poste,* facilement et sans incident. ♦ *LETTRE OUVERTE* : article de journal, rédigé en forme de lettre et généralement de caractère polémique ou revendicatif. *Lettre ouverte au président de la République.* 2 Écrit officiel. *Lettres de noblesse. Lettres de créance,* qui accréditent un diplomate (⇒ **accréditation).** ♦ Document officialisant un acte commercial, certains actes juridiques, une opération financière. *Lettre d'embauche. Lettre de licenciement, de démission. Lettre de transport,* document constatant un contrat de transport de marchandises. ⇒ **récépissé.** ♦ *LETTRE DE CHANGE* : effet de commerce par lequel une personne donne ordre à un débiteur de payer une certaine somme d'argent, à échéance déterminée, à une autre personne ou à son ordre. ⇒ **billet** (à ordre), **traite.** IV au plur. 1 vieilli La culture littéraire. *Avoir des lettres* (⇒ **lettré).** « *Mais d'esprit* [...] *Vous n'en eûtes jamais un atome, et de lettres Vous n'avez que les trois qui forment le mot : sot !* » (Rostand). *Les belles-lettres* (vx), ou absolt *les lettres.* ⇒ **littérature ; humanités.** ♦ mod. *Académie des inscriptions et belles-lettres.* ➡ *Homme, femme de lettres.* ⇒ **écrivain.** 2 La littérature, la philologie, la philosophie, l'histoire, la géographie, les langues, par opposition aux sciences. *Faire des études de lettres* (⇒ **littéraire).**

❑ Même famille étym. que *allitération, littéral, littérature.* → oblitération (rem.).

lettré, ée adj. – XIIe ■ Qui a des lettres (IV), de la culture, du savoir. ⇒ **cultivé, érudit, humaniste, savant.** ➡ n. *Un lettré, les lettrés.* ⇒ **clerc.** ✪ CONTR. Inculte.

lettre-transfert n. f. – av. 1979 ■ Caractère graphique pouvant se reporter sur un matériau lisse par pression et frottement. *Des lettres-transferts.*

lettrine n. f. – XVIIe ■ Lettre, ornée ou non, placée au commencement d'un chapitre ou d'un paragraphe (en général plus grosse que le reste du texte).

lettrisme n. m. – 1945 ■ École littéraire d'avant-garde, qui préconise l'emploi d'onomatopées dans des poèmes dénués de sens, les signes idéographiques, etc.

❑ Ce terme a été formé par le poète Isidore Isou qui érigeait en principe esthétique l'attention accordée à la matérialité de la lettre.

① **leu** n. m. – XIe ; forme anc. de *loup* ■ loc. *À la queue* leu leu.*

② **leu,** plur. **lei** n. m. – av. 1920 ; mot roum. ■ Unité monétaire roumaine.

leucanie n. f. – XIXe ; lat. ■ Noctuelle dont la chenille vit sur les graminées.

leucémie n. f. – XIXe ; *leuc(o)-* et *-émie* ■ Maladie très grave caractérisée par une augmentation des leucocytes dans le sang et une prolifération de cellules anormales. *Leucémie aiguë, chronique.*

leucémique adj. – XIXe ■ Relatif à la leucémie. ♦ Atteint de leucémie. *Un enfant leucémique.* ➡ n. *Un, une leucémique.*

leucine n. f. – XIXe ; *leuc(o)-* et *-ine* ■ Acide aminé essentiel, l'un des vingt constituants des protéines. ⇒ **isoleucine.**

leucite n. f. – XVIIIe ; *leuc(o)-* et *-ite* ■ Silicate de potassium et d'aluminium des roches volcaniques.

leuc(o)- Élément, du gr. *leukos* « blanc ».

leucocytaire adj. – XIXe ▪ Qui concerne les leucocytes. *Formule leucocytaire :* taux des différentes espèces de leucocytes dans 1 mm³ de sang.

leucocyte n. m. – XIXe ; *leuco-* et *-cyte* ▪ Globule blanc du sang, arrondi et pourvu d'un noyau. *Leucocytes polynucléaires, leucocytes mononucléaires.*

leucocytose n. f. – XIXe ▪ Augmentation anormale du nombre de globules blancs dans le sang.

leucome n. m. – XVIIIe ; lat. ▪ Tache blanche sur la cornée. ⇒ **albugo, néphélion.**

leucopénie n. f. – v. 1900 ; gr. *penia* « pauvreté » ▪ Diminution du nombre des leucocytes du sang.

leucopoïèse [løkɔpɔjɛz] n. f. – 1907 ; gr. *poiêsis* « création, formation » ▪ Processus de formation des leucocytes.

❑ Apparenté à *érythropoïèse* et *hématopoïèse*.

leucorrhée n. f. – XVIIIe ; gr. → -rrhée ▪ Écoulement vulvaire blanchâtre, parfois purulent (syn. cour. Pertes* blanches).

leucose n. f. – XIXe ▪ Prolifération leucocytaire. ⇒ **leucémie.** *Leucose des oiseaux.*

leucotomie n. f. – apr. 1935 ; *leuco-* et *-tomie* ▪ Lobotomie partielle.

leude n. m. – XIVe ; germ. *°leudi* « gens » ▪ Chez les Germains et les Francs, Grand vassal attaché à la personne du chef, du roi.

① **leur** pron. pers. inv. – XIe ; lat. *illorum* « d'eux » ▪ À eux, à elles. *Je leur dirai tout. Je le leur dirai.*

② **leur** adj. poss. et pron. poss. – XIe ; de ① *leur* 1 Qui est (sont) à eux, à elles. *Ils ont pris leur voiture. Les arbres perdent leurs feuilles.* 2 pron. poss. LE LEUR, LA LEUR, LES LEURS. Celui, celle (ceux ou celles) qui est (sont) à eux, à elles. *Ma fille et la leur vont à l'école ensemble. Mes idées ne sont pas les leurs.* ♦ *Les leurs :* leurs parents, leurs amis, leurs proches. ⇒ **sien.** « *j'étais un des leurs, un familier de cet étrange monde* » (Michelet). ➜ *Des leurs :* invité chez eux. *J'étais des leurs dimanche dernier à dîner.*

leurre n. m. – XIIIe ; germ. *°lôthr* « appât » 1 Morceau de cuir rouge en forme d'oiseau auquel on attachait un appât pour faire revenir le faucon sur le poing. ➜ Amorce factice munie d'un hameçon. ♦ Objet destiné à simuler la présence de cibles dans les détecteurs de l'armée adverse. 2 fig. Ce qui abuse, trompe. ⇒ **duperie, illusion, imposture, tromperie.** « *les religions replâtrées, aménagées selon les besoins nouveaux, sont un leurre* » (Zola). ✪ HOM. Leur.

leurrer v. tr. [1] – XIIIe 1 Faire revenir (le faucon) en lui présentant le leurre. 2 Attirer (qqn) par des apparences séduisantes, des espérances vaines. ⇒ **bercer, bluffer, duper, endormir, enjôler, flatter.** ➜ v. pron. SE LEURRER. ⇒ s'**illusionner.** « *il ne pouvait se leurrer davantage* » (Zola). ✪ CONTR. Détromper.

lev [lɛv ; lɛf], plur. **leva** [leva] n. m. – 1922 ; mot bulgare ▪ Unité monétaire bulgare. ✪ HOM. Lève.

levage n. m. – XIIIe 1 Action de lever, de soulever. *Appareils de levage.* 2 Action de lever par la fermentation, l'ébullition. *Le levage de la pâte.*

levain n. m. – XIIe ; lat. *levare* « lever » 1 Pâte de farine qu'on a laissée fermenter ou qu'on a mélangée à de la levure. *Pain sans levain.* ⇒ **azyme.** 2 Ce qui est capable d'exciter, d'aviver (les sentiments, les passions, les idées). ⇒ **ferment, germe.** « *ne laisser germer dans mon cœur aucun levain de vengeance ou de haine* » (Rouss.).

levalloisien, ienne adj. 1931-1932 ; de *Levallois-Perret* ▪ Se dit de l'industrie et de la culture du paléolithique moyen. ⇒ **moustérien.** ➜ n. m. *Le levalloisien.*

levant, ante adj. et n. m. – XIe 1 Qui se lève, en parlant du soleil. *Au soleil levant :* à l'aurore. « *dans la clarté douteuse de cette lune levante* » (Pergaud). 2 n. m. Côté de l'horizon où le soleil se lève. ⇒ **est, orient.** *Du levant au couchant.* ♦ vieilli *Le Levant :* les régions de la Méditerranée orientale. ⇒ **orient** (Proche-Orient). ✪ CONTR. Couchant. Occident, ouest. Ponant.

levantin, ine adj. – XVIe ▪ vieilli Qui est originaire des côtes de la Méditerranée orientale. ➜ n. « *des Levantins de toute race* » (Loti).

❑ Ce mot a acquis au XIXe s. une connotation péjorative et raciste.

levé, ée adj. et n. m. I adj. 1 Mis plus haut, en haut. *Voter à main levée.* ➜ loc. *Au pied levé :* sans préparation, par surprise. ⇒ **impromptu.** 2 Dressé. *Pierre levée.* ⇒ **menhir.** 3 Sorti du lit. ⇒ **debout.** *Déjà levé ?* II n. m. 1 En musique, Action de lever la main, le pied, en battant la mesure ; temps sur lequel on lève la main, le pied (opposé à *frappé*). 2 Action de lever, de dresser un plan ; ce plan. *Levés de terrain.* ✪ CONTR. Baissé.

lève n. f. – XVIIe ; de ① *lever* ▪ Tissage par le mouvement ascendant des lices. ✪ HOM. Lev.

levée n. f. – XIIe I Remblai (de terre, de pierres, de maçonnerie). ⇒ **chaussée, digue.** « *sur la levée du chemin de fer* » (Bosco). II - 1 loc. *Levée de boucliers*.* 2 Action d'enlever, de retirer. *Levée des scellés*.* ➜ *La levée du corps :* l'enlèvement du corps du défunt à la maison mortuaire ; cérémonie qui s'y déroule devant le cercueil. ➜ *Levée d'un siège, d'un blocus.* ⇒ **cessation.** *Levée de séance. Levée d'écrou.* ⇒ **libération.** ♦ *Levée d'option,* action de la confirmer (en se portant fermement acquéreur, vendeur). 3 Action de retirer les lettres de la boîte publique où elles ont été jetées. *Heures des levées.* ➜ Action de prendre, de ramasser les cartes lorsqu'on gagne un coup ; les cartes elles-mêmes. ⇒ **main,** ① **pli.** ➜ Action de recruter des soldats. ⇒ **enrôlement.** *Levée en masse.*

lève-glace n. m. – v. 1980 ▪ Dispositif commandant l'ouverture et la fermeture des glaces d'une voiture. ⇒ **lève-vitre.** *Des lève-glaces.*

① **lever** v. [5] – Xe ; lat. *levare,* proprt « rendre léger (*levis*) » I v. tr. 1 Faire mouvoir de bas en haut. ⇒ **élever, hausser, soulever.** *Lever son verre ;* spécialt porter un toast. 2 Mettre plus haut, soulever (une partie du corps). *Lever le doigt pour demander la parole. Lever la main sur qqn* (pour le battre, le frapper). ➜ loc. *Lever les bras au ciel* (en signe d'impuissance). *Ne pas lever le petit doigt :* ne rien faire. fam. *Chien qui lève la patte,* pour uriner. *Lever le pied :* ralentir ; fig. diminuer son effort dans une activité. ♦ *Jamais* « *elle ne levait ni la tête ni les yeux vers la fenêtre où je l'attendais* » (Barbey). « *Il a levé le nez de sur sa besogne* » (Duham.). 3 Relever (qqch.) de façon à découvrir ce qui se trouve derrière ou dessous. ⇒ **soulever.** *Lever le rideau* (pour faire apparaître la scène). 4 Faire sortir de son gîte, faire partir (un animal sauvage). *Lever une perdrix.* ➜ fam. Séduire et entraîner (qqn) avec soi. ⇒ **draguer.** « *Elle levait un homme, le contentait et lui extrayait son argent* » (Mac Orlan). 5 Établir avec soin. ⇒ **dresser.** *Lever une carte, un plan.* ⇒ **dessiner.** 6 Faire cesser. *Lever le siège. Lever la séance.* ♦ Faire disparaître. ⇒ **supprimer.** *Lever une punition. Lever une hypothèque.* « *je sais l'art de lever les scrupules* » (Mol.). 7 Prendre (une partie) sur un tout. ⇒ **prélever.** *Lever un blanc de poulet.* ➜ *Lever les cartes,* ou absolt *lever :* ramasser les cartes du coup qu'on a gagné et les mettre en paquet devant soi. ➜ *Lever des impôts.* ⇒ **percevoir, recueillir.** *Lever des capitaux.* ➜ *Lever une armée.* ⇒ **mobiliser, recruter.** II v. intr. 1 Commencer à sortir de terre (plante). ⇒ **pousser.** *Le blé lève.*

2 Se gonfler sous l'effet de la fermentation (pâte). ⇒ **fermenter.** *La levure fait lever la pâte.* 3 « *C'est votre société politique entière qui nous fait lever le cœur* » (Camus), qui nous donne envie de vomir. **III** SE LEVER **v. pron.** 1 Se déplacer vers le haut. « *le rideau venait de se lever sur le troisième acte* » (Duham.). 2 Se mettre debout, se dresser sur ses pieds. *S'asseoir et se lever. Accusé, levez-vous !* ➛ *Se lever de table* : sortir de table. 3 Sortir de son lit. « *Je me levais avec le soleil* » (Rouss.). 4 Apparaître à l'horizon (en parlant d'un astre). *Le soleil se lève* (⇒ **levant).** ➛ *Le jour se lève.* ⇒ **commencer.** « *L'aube sur les grands monts se leva frémissante* » (Hugo). 5 Commencer à souffler (vent). « *Le vent se lève ! Il faut tenter de vivre* » (Valéry). 6 Devenir plus clair (temps). ✪ CONTR. Baisser, descendre, ① coucher. Maintenir. — Asseoir (s'), ① coucher (se).

② **lever** **n. m.** – XIIe 1 Action de se lever, de sortir du lit. *Demain, lever à 6 heures.* 2 Le moment où un astre se lève, paraît sur l'horizon. *Lever du soleil.* 3 *Le lever du rideau,* qui fait apparaître la scène. ➛ *Un lever de rideau* : petite pièce que l'on joue avant la partie principale du spectacle. 4 Action de lever, de dresser un plan. ✪ CONTR. ② Coucher.

lève-tard **n. inv.** – 1968 ▪ fam. Personne qui a l'habitude de se lever tard. ✪ CONTR. Lève-tôt.

lève-tôt **n. inv.** – 1967 ▪ fam. Personne qui a l'habitude de se lever tôt. ✪ CONTR. Lève-tard.

lève-vitre **n. m.** – 1976 ▪ ⇒ **lève-glace.** *Des lève-vitres.*

levier **n. m.** – XIIe 1 Corps solide, mobile autour d'un point fixe (point d'appui), permettant de multiplier une force appliquée à une résistance. *Les leviers sont utilisés pour soulever les fardeaux.* ♦ fig. *Effet de levier* : accroissement de la rentabilité des capitaux résultant d'un endettement. 2 Organe de commande (d'une machine, d'un mécanisme), utilisant le principe du levier ou en rappelant la forme. « *manœuvrant le levier des vitesses* » (Le Clézio). ➛ loc. *Être aux leviers de commande* : occuper un poste de direction, de contrôle (cf. Être à la barre*). 3 fig. Ce qui sert à vaincre une résistance ; moyen d'action. « *un homme d'argent à qui la presse et la députation avaient servi de leviers* » (Maupass.).

lévigation **n. f.** – XVIIIe ▪ Procédé de séparation des particules d'une poudre selon leur taille, à l'aide d'un courant liquide.

léviger **v. tr.** [3] – XVIIe ; lat. *levis* « lisse, uni » ▪ Soumettre (une substance) à la lévigation, pour la réduire en une poudre très fine.

lévirat **n. m.** – XVIIe ; lat. *levir* « beau-frère » ▪ Obligation que la loi de Moïse imposait au frère d'un défunt d'épouser la veuve sans enfants de celui-ci.

lévitation **n. f.** – XIXe ; lat. *levitas* « légèreté » 1 Élévation d'objets pesants, spécialt le corps humain, par psychokinésie. *Lévitation d'un yogi en état de transe.* 2 sc. Soulèvement d'un corps en l'absence de liaison matérielle. *Lévitation magnétique.*

lévite **n. m. et f.** – fin XIIe ; mot hébr. 1 **n. m.** Membre de la tribu de Lévi, voué au service du temple. 2 **n. f.** VX Longue redingote.

léviter **v. intr.** [1] – 1930 ▪ S'élever au-dessus du sol, en lévitation.

lévogyre **adj.** – XIXe ; lat. *lævus* « gauche » et *-gyre* ▪ Se dit des substances qui dévient le plan de polarisation vers la gauche (l'observateur faisant face à la lumière). ✪ CONTR. Dextrogyre.

levraut **n. m.** – XIVe ; de *lièvre* ▪ Jeune lièvre. *Les hases et leurs levrauts.*

lèvre **n. f.** – X[e] ; lat. *labrum* **I - 1** Chacune des deux parties charnues, glabres, ordinairement roses, qui bordent extérieurement la bouche et s'amincissent pour se joindre aux commissures. « *des joues plâtrées de fard, des lèvres peintes* » (Huysm.). ♦ loc. *Avoir le sourire aux lèvres. Se mordre les lèvres de rage.* fig. *S'en mordre les lèvres* : se repentir de ce qu'on a dit. ➛ *Manger du bout des lèvres,* sans appétit, avec dégoût. ➛ *Avoir le cœur au bord des lèvres* : avoir des nausées. *Une question qui brûle les lèvres,* qu'on a envie de poser. *Être suspendu aux lèvres de qqn,* l'écouter avec une grande attention. *Ne pas desserrer les lèvres* : garder le silence. *Rire, parler, répondre, approuver du bout des lèvres,* de façon peu franche, peu convaincue. « *quand il me parla, ce fut toujours du bout des lèvres, d'un air méprisant* » (Daud.). 2 sc. Chacune des régions qui bordent la bouche, limitées en haut par le nez *(lèvre supérieure),* en bas par le sillon mentonnier *(lèvre inférieure).* **II - 1** au plur. Bords saillants d'une plaie. 2 Repli charnu de la vulve. *Grandes lèvres,* extérieures. *Petites lèvres,* intérieures. « *ce sexe* [féminin] *se composant de deux bouches verticales superposées dont les quatre lèvres – deux grandes, deux petites – pouvaient s'entrouvrir comme les pétales d'une fleur* » (Tournier). 3 Chaque lobe de la corolle des plantes labiées.

levrette **n. f.** – XVe 1 Femelle du lévrier. 2 Variété petite du lévrier d'Italie. 3 loc. *En levrette,* se dit d'une position sexuelle où l'homme se place derrière sa (ou son) partenaire.

> ❑ Attention, ce mot ne désigne pas la femelle du lièvre ; en revanche, *levretter* s'applique à cette dernière (la femelle du lièvre est la *hase*).

levretter **v. intr.** [1] – XIVe ; de *levraut* ▪ Mettre bas, en parlant de la femelle du lièvre. *La hase levrette.*

> ❑ Sans rapport avec *levrette* → levrette (rem.).

lévrier **n. m.** – XIIe ; de *lièvre* ▪ Chien à jambes hautes, au corps allongé, à l'abdomen très étroit, au museau effilé, agile et rapide. *Femelle du lévrier.* ⇒ **levrette.** *Petit du lévrier.* ⇒ **levron.**

> ❑ Ce chien a été ainsi nommé parce qu'il était utilisé dans la chasse au lièvre.

levron, onne **n.** – XIVe 1 Petit du lévrier. 2 Lévrier, levrette de petite taille.

lévulose **n. m.** – XVIIIe ; lat. *lævus* « gauche » et ① *-ose* ▪ ⇒ **fructose.**

levure **n. f.** – XIIe ; de ① *lever* 1 *Levure de bière (de vin, de pain)* : masse blanchâtre constituée par des champignons ascomycètes, employée dans la fabrication de la bière, du vin ou du pain (⇒ **levain),** en raison de son intense activité de fermentation. ⇒ **ferment.** 2 *Levure chimique* : corps utilisé en pâtisserie pour faire lever la pâte.

lexical, ale, aux **adj.** – XIXe ▪ Qui concerne le lexique, le vocabulaire. *Mots lexicaux et mots grammaticaux.*

lexicalisation **n. f.** – 1927 ▪ Fait de se lexicaliser, d'être lexicalisé.

> ❑ La lexicalisation peut porter sur une lettre (ex. un W), un nom propre (ex. poubelle), une expression (ex. pomme de terre), une phrase (ex. le qu'en-dira-t-on). → mot (rem.).

lexicaliser (se) **v. pron.** [1] – mil. XXe ▪ Se mettre à fonctionner comme une unité codée lexicale. ➛ *Expression lexicalisée,* employée comme un mot (ex. chemin de fer).

lexico- Élément, du gr. *lexikon* « lexique ».

lexicographe **n.** – XVIe ; *lexico-* et *-graphe* ▪ Personne qui fait un dictionnaire de langue. *Émile Littré, célèbre lexicographe français du* XIXe *siècle.*

lexicographie n. f. – XVIIIe ▪ Travail et technique du lexicographe.

lexicographique adj. – XIXe ▪ Relatif à la lexicographie.

lexicologie n. f. – XVIIIe ; *lexico-* et *-logie* ▪ Étude des mots d'une langue.

> ❑ La lexicologie étudie les mots du point de vue du son (prononciation), de l'écrit (graphie), des éléments (morphologie) et du sens (sémantique lexicale).

lexicologue n. – XIXe ▪ Linguiste qui s'occupe de lexicologie.

lexique n. m. – XVIIIe ; gr. *lexis* « mot » **1** Dictionnaire succinct (d'une science ou d'une technique, d'un domaine spécialisé). ⇒ **glossaire.** ➛ Dictionnaire bilingue abrégé. ➛ Recueil des mots employés par un auteur, dans une œuvre littéraire. **2** L'ensemble des mots, des termes d'une langue, considéré abstraitement comme une des composantes formant le code de cette langue. ⇒ aussi **vocabulaire.** « *le lexique français, en sortant de sa bouche* [de Victor Hugo], *est devenu un monde, un univers coloré, mélodieux et mouvant* » (Baud.). **3** Ensemble des mots employés par qqn. *Le lexique de Proust* (⇒ **idiolecte).**

> ❑ Le lexique d'une langue est indéterminé (on ne peut établir une liste totale des mots) mais il est fini, dans un instant donné.

lez, les ou **lès** [lɛ ; le] **prép.** – XIe ; lat. *latus* « côté » ▪ **vx** À côté de, près de (encore dans des noms de lieux). *Plessis-lez-Tours* (Plessis près de Tours).

lézard n. m. – XIIe ; lat. *lacerta* **1** Petit reptile saurien à longue queue effilée, au corps allongé et recouvert d'écailles, à tête fine, ayant quatre courtes pattes. « *le lézard buvait le soleil. Le dos écailleux ne bougeait pas* » (Bosco). ♦ loc. *Faire le lézard :* se chauffer paresseusement au soleil. ⇒ ② **lézarder. 2** Peau du lézard. *Portefeuille en lézard.*

lézarde n. f. – XVIe **1** Crevasse profonde, étroite et irrégulière, dans un ouvrage de maçonnerie. ⇒ **fente, fissure.** *Les murs « offraient de nombreuses lézardes »* (Balz.). **2** Petit galon d'ameublement.

① **lézarder** v. tr. [1] – XVIIIe ▪ Fendre par une ou plusieurs lézardes. ➛ pronom. *Se lézarder.* ➛ « *Contre le pan de mur, lézardé par l'explosion* » (J. Verne).

② **lézarder** v. intr. [1] – XIXe ▪ fam. Faire le lézard, paresser au soleil.

li n. m. – XVIIe ; mot chin. ▪ Mesure itinéraire chinoise (environ 576 m). *Des lis* ou *des li.* ✪ HOM. Lie, lit.

liage n. m. – XIIIe ▪ Action de lier.

liais n. m. – XIIe ; probablt mot gaul., comme *lie* ▪ Pierre calcaire dure, d'un grain très fin.

> ❑ Ne pas confondre avec *lias* « jurassique inférieur ; terrain de cette période ».

liaison n. f. – XIIe ; de *lier* **I - 1** Opération qui consiste à incorporer des ingrédients (œuf, crème...) à une sauce pour l'épaissir, la rendre onctueuse. ♦ *Maçonnerie en liaison,* où le milieu de chaque pierre (ou brique) porte sur le joint de deux autres (⇒ **liaisonner).** ➛ Mortier, plâtre. **2** Ce qui relie logiquement les éléments du discours. ⇒ **enchaînement.** *Manque de liaison dans les idées. Mots, termes de liaison :* conjonctions et prépositions. **3** Rapport logique, psychologique. ⇒ **connexion, relation.** « *L'esprit s'efforce d'établir un rapport, une liaison de cause à effet* » (Baud.). *Ce problème est en liaison avec un autre.* **4** Signe (ligne en forme d'arc) de ponctuation ou d'accentuation qui unit soit deux notes de même son, soit une suite de notes différentes dont on doit soutenir le son. ⇒ **coulé. 5** Action de prononcer deux mots consécutifs en unissant la consonne finale du premier mot (non prononcée isolément ou devant une consonne) à la voyelle initiale du mot suivant (ex. les petits enfants [leptizɑ̃fɑ̃]). *Liaison vicieuse.* ⇒ **cuir, velours ; pataquès. 6** sc. Contrainte s'exerçant sur un corps mobile. *Forces de liaison, appliquées à un système.* ♦ *Énergie de liaison d'un noyau atomique :* énergie qui maintient l'ensemble des nucléons. ⇒ **interaction.** ♦ *Liaisons chimiques :* combinaisons entre atomes ou radicaux pour former un composé stable : *liaison ionique* par attraction électrostatique, *liaison de covalence,* etc. **II - 1** Relation que deux personnes entretiennent entre elles. *Liaison d'amitié.* ➛ au plur. (souvent péj.) ⇒ **accointances, fréquentation.** « *Les Liaisons dangereuses* », *roman de Laclos.* ♦ *Une liaison :* lien entre deux amants. *Avoir une liaison (avec qqn).* « *Restait ce mari qui, pour peu qu'il fût sagace, devait se douter de leur liaison* » (Huysm.). **2** Lien établi entre formations militaires, états-majors, etc., grâce à la communication des ordres, à la transmission des nouvelles. *Agent de liaison.* ➛ *Entrer, rester en liaison constante, étroite.* ⇒ **communication, contact. 3** Communication régulièrement assurée, entre deux points du globe. *Liaison aérienne. Liaison radio.* ✪ CONTR. Rupture, séparation.

> ❑ Les « règles » de la *liaison* des mots sont complexes et variables. Aussi la tendance actuelle est-elle à supprimer les liaisons. ♦ Liaison par ajout d'un *t.* → ① t (rem.).

liaisonner v. tr. [1] – XVIe **1** Remplir (des joints) avec du mortier. **2** Disposer en liaison (des éléments de maçonnerie). *Liaisonner des briques.*

liane n. f. – XVIIe ; mot français des Antilles, des dial. de l'Ouest ▪ Plante grimpante, épiphyte, qui s'élève vers la lumière, dans les forêts tropicales, la jungle. « *Les arbres ont une luxuriance tropicale, des lianes s'y enchevêtrent* » (Beauv.).

liant, liante adj. et n. m. – XIVe **I adj.** Qui se lie facilement avec autrui. ⇒ **affable, sociable.** « *je suis plus familière que liante* » (Colette). **II n. m. 1** Élasticité. *Le liant d'un alliage.* **2** littér. Disposition favorable aux relations sociales. *Avoir du liant.* **3** Composé minéral (chaux, plâtre) qui provoque le durcissement d'un mortier. *Liant hydraulique.*

① **liard** n. m. – XIVe ; o. i. ▪ Ancienne monnaie française de cuivre, qui valait trois deniers ou le quart d'un sou. *Pas un liard :* pas un sou.

② **liard** n. m. – XVIe ; probablt de *lier* ▪ région. Variété de peuplier dit *peuplier noir.*

lias [ljɑs] n. m. – XIXe ; mot angl. ▪ Jurassique inférieur. ➛ Les couches de terrains elles-mêmes. *Lias calcaire.*

> ❑ Ne pas confondre avec *liais* « pierre calcaire ».

liasse n. f. – XIIe ▪ Amas de papiers liés ensemble ou en tas. *Liasse de lettres.* « *Une faveur rose les attachait* [les lettres], *qu'il refit glisser pour ceinturer comme auparavant la liasse* » (Gide).

libage n. m. – XVIe ; gaul. ▪ Bloc de pierre, moellon grossièrement équarri, noyé dans la masse d'une maçonnerie.

libanisation n. f. – 1985 ; de *Liban* ▪ Morcellement politique d'un pays résultant de l'affrontement de différentes ethnies, religions, etc.

libation n. f. – XVe ; lat. **1** Action de répandre un liquide (vin, lait, huile) en l'honneur d'une divinité. **2** loc. *Faire des libations, de joyeuses libations :* boire abondamment (du vin, de l'alcool).

libelle n. m. – XIIIe ; lat. « petit livre » ▪ Court écrit de caractère satirique, diffamatoire. ⇒ **pamphlet.** *Ils « se* *trompent beaucoup, s'ils pensent que leurs libelles* [...] *offensent la tranquillité de mon esprit* » (Ronsard).

libellé n. m. – XIXe ▪ Termes dans lesquels un acte officiel est rédigé.

libeller v. tr. [1] – XVe ; de *libelle* **1** Rédiger dans les formes. *Libeller un contrat.* — *Libeller un chèque,* le remplir en spécifiant la destination de la somme qui y est portée. **2** Formuler par écrit. *Somme libellée en toutes lettres.*

libellule n. f. – XVIIIe ; lat. *libella* « niveau » ▪ Insecte archiptère carnassier *(odonates),* aux yeux globuleux à facettes, à corps allongé, aux quatre ailes transparentes et nervurées, qui vit près des points d'eau. ⇒ **æschne, agrion, demoiselle** (III). « *d'innombrables libellules aux ailes de verre, nacrées et frémissantes* » (Maupass.).

❑ L'étymologie du mot fait allusion au vol plané horizontal de l'insecte.

liber [libɛʀ] n. m. – XVIIIe ; mot lat. ▪ Tissu végétal constitué de vaisseaux (tubes criblés), par lequel circule la sève élaborée. ⇒ **phloème.** *Liber de la tige, de la racine.*

libérable adj. et n. m. – XIXe ▪ Qui peut être libéré. — Qui remplit les conditions nécessaires pour être libéré du service militaire. *Classes libérables.*

libéral, ale, aux adj. et n. – XIIe ; lat. *liber* « libre » **1** *Professions libérales,* de caractère intellectuel (architecte, avocat, médecin, etc.), que l'on exerce librement ou sous le seul contrôle d'une organisation professionnelle. **2** Favorable aux libertés individuelles, dans le domaine politique, économique et social. *Idées libérales. Régime libéral. Économie libérale.* ⇒ **libéralisme.** ♦ Qui est partisan du libéralisme. *Un bourgeois libéral.* — n. « *J'étais et je reste un libéral* » (Maurois). ♦ *Le Parti libéral.* ✪ CONTR. Autocrate, dictatorial, dirigiste, fasciste, totalitaire.

libéralement adv. – XIIIe ▪ D'une manière libérale, avec générosité. « *On ne donne rien si libéralement que ses conseils* » (La Rochef.).

libéralisation n. f. – XIXe ▪ Fait de rendre plus libéral (2°). *Libéralisation des prix* (déréglementation). *Libéralisation des mœurs.*

libéraliser v. tr. [1] – XVIIIe ▪ Rendre plus libéral (un régime politique, une activité économique). — Autoriser, légaliser. *Libéraliser l'avortement.*

libéralisme n. m. – XIXe **1** Ensemble des doctrines qui tendent à garantir les libertés individuelles dans la société. **2** (Opposé à *étatisme, socialisme*) Doctrine économique classique prônant la libre entreprise, la libre concurrence et le libre jeu des initiatives individuelles. *Le libéralisme s'oppose à l'intervention de l'État.* **3** Attitude de respect à l'égard de l'indépendance d'autrui, de tolérance envers ses opinions. ⇒ **tolérance.**

libéralité n. f. – XIIIe ▪ littér. **1** Disposition à donner généreusement. ⇒ **générosité, largesse, magnificence, munificence.** *Libéralité envers, à l'égard de qqn.* **2** Don fait avec générosité. « *ses libéralités avaient un peu remonté mon petit équipage* » (Rouss.). — Acte par lequel une personne accorde un avantage à une autre sans contrepartie. ✪ CONTR. Avarice.

libérateur, trice n. et adj. – XVIe **1** Personne qui libère, qui délivre. « *tu seras mon ange, mon libérateur, mon dieu tutélaire* » (Beaum.). **2** adj. *L'humour a qqch. de libérateur,* qui libère, défoule.

libération n. f. – XIVe **1** Action de rendre libre (une personne). *La libération des otages.* ♦ *Libération conditionnelle :* mise en liberté anticipée accordée à un condamné, sous certaines conditions. — Renvoi d'un militaire dans ses foyers à l'expiration de son temps de service ou à sa démobilisation. ⇒ ③ **quille.** **2** Décharge d'une servitude, d'une obligation, d'une dette. **3** Délivrance d'une sujétion, d'un lien, d'un joug. *Mouvement de libération de la femme (M.L.F.). La libération sexuelle.* **4** Délivrance d'un pays occupé, d'un peuple asservi. *Front de libération. La Libération :* la libération des territoires occupés par les troupes allemandes durant la Seconde Guerre mondiale. **5** Mise en liberté (de matière, d'énergie). *Libération de neutrons, d'électrons.* — *Vitesse de libération :* vitesse qu'un projectile doit atteindre pour échapper à l'attraction terrestre (11,4 km/s). ✪ CONTR. Asservissement. Détention, emprisonnement, incarcération. Contrainte. Occupation.

libératoire adj. – XIXe ▪ Qui a pour effet de libérer (d'une obligation, d'une dette). *Prélèvement libératoire.*

libéré, ée adj. – XVe **1** *Femme libérée,* qui rejette la phallocratie. ⇒ **émancipé.** **2** Dégagé (d'une obligation, d'une servitude). *Jeune homme libéré des obligations militaires.* « Libéré. *Il est remarquable que le même mot s'emploie pour les soldats et les forçats* » (Léautaud).

libérer v. tr. [6] – XVe ; lat. *liber* « libre » **1** Mettre (un prisonnier) en liberté. ⇒ **élargir, relâcher,** ① **relaxer.** *Négociations pour faire libérer un otage.* ♦ Délivrer de ce qui lie, de ce qui gêne, embarrasse, retient. *Libérer le passage.* ⇒ **dégager.** *Libérer les prix.* ⇒ **débloquer.** ♦ pronom. *Il « se libéra des mains qui le maintenaient »* (Mac Orlan). — Se rendre libre de toute occupation. *Je n'ai pas pu me libérer plus tôt.* ♦ Dégager (un mécanisme). *Libérer un cran de sûreté.* ♦ Rendre (un lieu) libre, disponible. *Libérer un appartement.* **2** Rendre libre, affranchi (d'une servitude, d'une obligation). ⇒ **dégager, délier, dispenser, exempter.** *Libérer qqn d'un engagement, d'un souci.* ♦ pronom. *Se libérer d'une tutelle.* ⇒ s'**affranchir,** s'**émanciper.** — *Se libérer par un paiement.* ⇒ **payer.** « *il crut pouvoir se libérer et accepta ses conditions* » (Balz.). **3** Renvoyer (un soldat) dans ses foyers. **4** Délivrer (un pays, un peuple) de l'occupation de l'étranger, d'un asservissement (⇒ **libération**). *Libérer une ville.* **5** *Libérer sa conscience,* la délivrer du poids du remords par un aveu, un acte, etc. ⇒ **soulager.** **6** Dégager (une substance, une énergie). *Réaction chimique qui libère un gaz.* ✪ CONTR. Capturer, emprisonner. Asservir. Occuper. Retenir.

libérien, ienne adj. – XIXe ▪ Du liber. *Tissu libérien.*

libériste n. – 1980 ; lat. *liber* « libre » ▪ Personne qui pratique le vol libre.

libéro n. m. – 1913 ; mot it. ▪ Au football, Joueur de l'arrière ou du milieu de terrain qui garde sa liberté de manœuvre en attaque comme en défense.

libéroligneux, euse adj. – XIXe ▪ Composé de liber et de bois.

libertaire adj. et n. – XIXe ▪ Qui n'admet, ne reconnaît aucune limitation de la liberté individuelle en matière sociale, politique. ⇒ **anarchiste.** — n. « *Les syndicalistes sont frères cadets des libertaires* » (Romains).

❑ Ce mot est apparu d'abord chez Proudhon, en 1858.

liberté n. f. – XIIe ; lat. **I - 1** État, situation d'une personne qui n'est pas sous la dépendance absolue de qqn (opposé à *esclavage, servitude*). « *je ne vous demande que la liberté d'une jeune esclave* » (Volt.). **2** Situation d'une personne qui n'est pas retenue captive (opposé à *captivité, emprisonnement*). *Rendre la liberté à un prisonnier.* — *Liberté surveillée,* concernant les mineurs délinquants. ♦ *Animal qui vit en liberté.* **II - 1** Possibilité, pouvoir d'agir sans contrainte. ◆ « *ma liberté s'arrête là où commence la liberté de l'autre* » (Garaudy). ◆ *Avoir toute liberté pour faire qqch.* ⇒ **crédit, facilité, faculté, latitude.** ♦ État d'une personne qui n'est pas liée par un engagement. *Reprendre sa liberté :* se dégager d'un engagement envers qqn ; quitter son conjoint. ♦ *LIBERTÉ DE* (suivi d'un nom ou d'un inf.) : droit, permission de faire qqch. « *sans la liberté de blâmer, il n'est point d'éloge flatteur* » (Beaum.). *Prendre la liberté de :* se permettre de. **2** au plur. *Prendre des libertés :* ne pas se gêner, se montrer d'une familiarité excessive. ⇒ **licence.** ◆ fam. *Prendre des libertés avec l'orthographe.* **3** *Liberté d'esprit :* indépendance d'un esprit qui n'est pas dominé par la crainte, par des préoccupations obsédantes ou encore par des préjugés, des préventions. ⇒ **disponibilité, indépendance.** *Avoir une grande liberté de pensée.* ◆ *Liberté de langage.* ⇒ **audace, franchise, francparler, hardiesse.** ◆ « *une élégance et une liberté d'allures que n'ont pas nos femmes* » (Gaut.). ⇒ **aisance. III - 1** Pouvoir d'agir, au sein d'une société organisée, selon sa propre détermination, dans la limite de règles définies. *Liberté naturelle et liberté civile.* **2** *LA LIBERTÉ :* absence ou suppression de toute contrainte considérée comme anormale, illégitime, immorale. « *La liberté est le droit de faire tout ce que les lois permettent* » (Montesq.). « *Liberté, Égalité, Fraternité* », devise de la République française. « *Ô liberté, que de crimes on commet en ton nom !* » (dernières paroles attribuées à Mme Roland). **3** Pouvoir que la loi reconnaît aux individus (dans un domaine précis). ⇒ ③ **droit.** « *Il ne s'agit pas de s'attaquer aux libertés individuelles respectables ;* [...] *n'attentons pas aux libertés* » (Péguy). *Libertés publiques :* l'ensemble des libertés reconnues à l'individu *(libertés individuelles)* et aux groupes sociaux. « *Tout individu a droit à la liberté d'opinion et d'expression* » (DÉCLAR. DR. HOM.). *Liberté syndicale. Liberté de la presse. Liberté religieuse :* droit de choisir sa religion ou de n'en point avoir *(liberté de conscience)*, de pratiquer la religion de son choix, d'en célébrer le culte *(liberté du culte). Liberté de l'enseignement.* **4** *Libertés des communes, des villes ; libertés locales.* ⇒ **autonomie, franchise, immunité. 5** *Combattre pour la liberté de sa patrie.* ⇒ **indépendance, libération. IV - 1** Caractère indéterminé de la volonté humaine ; libre arbitre. ⇒ **indéterminisme. 2** *Liberté morale :* état d'une personne qui agit avec pleine conscience et après réflexion (opposé à *inconscience, impulsion, folie*) ou conformément à la raison (opposé à *passion, instinct*). ✪ CONTR. Captivité, esclavage, servitude. — Contrainte, entrave, interdiction. — Dépendance, oppression. Réglementation. — Déterminisme.

liberticide adj. – XVIIIe ▪ littér. Qui détruit la liberté, les libertés. ◆ subst. *Un, une liberticide.*

libertin, ine adj. et n. – XVIe ; lat. *libertinus* « affranchi », de *liber* « libre » **1** littér. Libre penseur. **2** Qui s'adonne sans retenue aux plaisirs charnels, avec un certain raffinement. ⇒ **dévergondé, dissolu.** « *L'Ingénue libertine* », *roman de Colette.* « *ma maudite tête s'irrite et devient libertine* » (Sade). ◆ n. « *Ce libertin voulait pour épouse une femme vertueuse* » (Balz.). ⇒ **débauché.** ♦ *Propos libertins.* ⇒ **grivois, leste.**

libertinage n. m. – XVIIe ▪ Inconduite du libertin ; licence plus ou moins raffinée dans les mœurs. ⇒ **débauche, dévergondage.**

liberty n. m. inv. – XIXe ; nom déposé ▪ Étoffe de coton légère, souvent à dessins ou à petites fleurs, employée dans l'ameublement et l'habillement. « *une jeune brune habillée de liberty mandarine* » (Aragon).

❑ *Liberty* est le nom du créateur anglais de ce tissu.

libidinal, ale, aux adj. – 1927 ▪ De la libido. *Pulsions libidinales.*

libidineux, euse adj. – XVe ; lat. *libido* « désir » ▪ littér. ou plaisant Qui recherche constamment et sans pudeur des satisfactions sexuelles. ⇒ **lubrique, salace.** *Un vieillard libidineux.* ◆ *Regards libidineux.* ⇒ **vicieux.** ✪ CONTR. Chaste.

libido n. f. – 1913 ; mot lat. « désir » **1** Recherche instinctive du plaisir, et surtout du plaisir sexuel. ⇒ **désir.** *Satisfaire sa libido.* **2** (chez Freud) Énergie psychique sous-tendant les pulsions de vie, et spécialt les pulsions sexuelles. ♦ (chez Jung) Toute forme d'énergie psychique, quel que soit son objet.

❑ Ce mot fut créé par Freud en allemand.

libouret n. m. – XVIIe ; o. i. ▪ Ligne à plusieurs hameçons employée pour pêcher le maquereau.

libraire n. – XIIIe ; lat. *liber* « livre » **1** vx Artisan et marchand qui imprimait, vendait des livres. ⇒ **éditeur. 2** Commerçant dont la profession est de vendre des livres au public. ⇒ **librairie.**

librairie n. f. – XIIe **1** vx Bibliothèque. *La librairie de Montaigne.* **2** Commerce des livres au détail par les libraires. **3** Magasin où l'on vend des livres, boutique de libraire. *Librairie-papeterie.* ♦ Maison d'édition qui dispose de magasins où sont vendues les œuvres publiées par ses soins. ⇒ **éditeur.**

libration n. f. – XVIe ; lat. *librare* « mettre en équilibre » ▪ Balancement apparent (d'un astre, et spécialement de la Lune).

libre adj. – XIVe ; lat. *liber* **I - 1** Qui n'appartient pas à un maître. ⇒ ② **franc ; affranchi. 2** Qui n'est pas privé de sa liberté physique, de sa liberté de mouvement ; qui n'est pas enfermé, enchaîné. *Rendre qqn libre.* ⇒ **délivrer, libérer. II - 1** Qui a le pouvoir de décider, d'agir par soi-même. *Se sentir libre.* ◆ « *Pour former de grands desseins, il faut avoir l'esprit libre et reposé* » (Fén.). **2** *LIBRE DE* (et inf.) : qui a la possibilité, le droit de. *Libre de décider, d'agir. Libre à toi de partir :* tu peux partir. **3** Qui n'est pas soumis à un engagement, à une obligation, morale ou juridique. ◆ Qui n'est pas marié ou engagé par des relations suivies. ♦ Qui n'est pas pris, retenu, occupé. *Êtes-vous libre ce soir ?* **4** Qui s'accomplit, s'effectue librement, sans contrainte extérieure. *Libre choix.* « *Il put même y donner libre cours à ses qualités incisives* » (Ste-Beuve). ♦ Qui se pratique sans appareillage complexe. *Vol libre,* avec des ailes (⇒ **deltaplane ; libériste). 5** Qui ne se contraint pas, se laisse aller sans retenue. *Être très libre avec qqn,* ne pas se gêner avec lui. **6** Qui est indifférent aux convenances et tend à la licence. *Propos un peu libres.* ⇒ **grivois, leste, licencieux, osé. III - 1** Qui n'est pas soumis à une autorité arbitraire, tyrannique ; qui jouit de l'indépendance, de libertés reconnues et garanties. « *Les hommes naissent et demeurent libres et égaux en droits* » (DÉCLAR. DR. HOM.). ♦ *Ville, commune libre.* ⇒ **autonome, indépendant.** *Pays libre,* qui n'est pas soumis à une puissance étrangère (⇒ **souverain).** ◆ *La France libre :* les Français qui n'ont pas accepté l'armistice de 1940 et ont continué la lutte. **2** Dont le libre exercice, le fonctionnement est reconnu, garanti par la loi. *Élections libres.* ◆ *Écoles libres :* écoles privées, et spécialt écoles religieuses. « *l'opposition des cléricaux et des radicaux, de l'école libre des Frères et de la communale laïque* » (Tournier). ◆ *Libre entreprise.* **IV** Qui jouit de liberté, en parlant de l'homme, de sa volonté. « *L'homme vraiment libre ne veut que ce qu'il peut et fait ce qu'il lui plaît* » (Rouss.).

V - 1 Autorisé, permis. *Accès libre. Entrée libre.* ⇒ **gratuit.** ♦ Qui n'est soumis à aucune réglementation restrictive. *Produit en vente libre.* ➝ *Produit libre,* sans marque. 2 Qui n'est pas attaché, retenu, serré. *Cheveux libres.* ➝ *Voyelle libre* (par oppos. à *voyelle entravée*) : voyelle d'une syllabe ouverte. ♦ sc. *Famille libre (de vecteurs)* : famille de vecteurs linéairement indépendants. ➝ Se dit de la forme non combinée d'un composé (opposé à *lié*). *Fer à l'état libre.* 3 Qui n'est pas occupé, ne présente pas d'obstacle empêchant le passage. *La voie est libre.* ⇒ **dégagé.** *Taxi libre.* ⇒ **vide.** ➝ *La ligne téléphonique n'est pas libre.* ➝ *Temps libre,* qui n'est pas occupé ou retenu, que l'on peut employer à sa guise. ⇒ **loisir.** ➝ loc. *À l'air libre,* dehors. 4 Dont la forme n'est pas imposée, fixée d'avance. *Figures libres en patinage artistique* (opposé à *imposé*). *Adaptation libre,* qui ne suit pas l'original à la lettre. ➝ *Papier libre* (opposé à *papier timbré*). ✪ CONTR. Esclave ; prisonnier. Opprimé, soumis. — Défendu, ① interdit ; obligatoire. Dépendant. Gêné, empêché, forcé. Pris. ① Attaché, engagé. Occupé. — ① Fixe, imposé.

libre arbitre n. m. - XVIe ▪ Volonté libre, non contrainte. *User de son libre arbitre.* ✪ CONTR. Contrainte.

libre-échange n. m. - XIXe ▪ Système dans lequel les échanges commerciaux entre nations sont libres ou affranchis des barrières qui les entravent. *Partisans* (⇒ **libre-échangiste**) *et adversaires* (⇒ **protectionniste**) *du libre-échange. Des libres-échanges.* ✪ CONTR. Protectionnisme.

❑ *Libre-échange* a été formé d'après l'anglais *free trade* (de *free* « libre » et *trade* « commerce »).

libre-échangisme n. m. - mil. XIXe ▪ Doctrine et pratique du libre-échange. ✪ CONTR. Protectionnisme.

libre-échangiste n. - XIXe ▪ Partisan du libre-échange (opposé à *protectionniste*). *Des libres-échangistes.* adj. *Politique libre-échangiste.*

librement adv. - XIVe 1 Sans restriction d'ordre juridique. *Circuler librement.* 2 Sans obstacle, sans entrave au libre mouvement. *Animaux qui se promènent librement.* 3 En toute liberté de choix, de son plein gré. *Décider librement.* 4 Avec franchise, sans se gêner. « *Elle parlait librement de toutes choses, comme n'ayant à rougir de rien* » (Goncourt).

libre pensée n. f. - XIXe ▪ Attitude d'esprit du libre penseur.

libre penseur, euse adj. et n. - XVIIe ▪ Qui, en matière religieuse, ne se fie qu'à la raison, ne veut être influencé par aucun dogme établi. ⇒ **libertin ; esprit** (fort). *Moi qui suis* « *libre penseur, c'est-à-dire un révolté contre tous les dogmes* » (Maupass.). ➝ n. « *nos libres penseurs qui, le plus souvent, ne pensent pas librement pour la raison qu'ils ne pensent pas du tout* » (France).

libre-service n. m. - v. 1950 1 Service assuré par le client lui-même, dans un magasin, un restaurant, à une pompe à essence. ⇒ **self-service.** 2 Magasin où l'on se sert soi-même. *Des libres-services.* ⇒ **hypermarché, supérette, supermarché.**

librettiste n. - XIXe ; it. *libretto* « livret » ▪ Personne dont la profession est d'écrire des livrets. *Da Ponte, librettiste de trois opéras de Mozart.*

① **lice** n. f. - XIIe ; germ. *listia* « barrière » 1 Autrefois, Palissade. ➝ Champ clos où se déroulaient des joutes, des tournois. ♦ loc. *Entrer en lice* : s'engager dans une lutte, une compétition ; intervenir dans un débat. 2 Clôture entourant un champ de courses, de foire. « *un grand terrain en contrebas, bordé de lices blanches – un champ de foire sans doute* » (Mart. du G.). ✪ HOM. Lis, lisse.

② **lice** ou **lisse** n. f. - XIIe ; lat. 1 Pièce du métier à tisser, dans laquelle passe un fil de chaîne. 2 *Tapisserie de haute lice,* dont les fils de chaîne sont disposés verticalement ; *de basse lice,* dont les fils de chaîne sont disposés horizontalement.

③ **lice** n. f. - XIIe ; gr. *lukos* « loup » ▪ Femelle de chien de chasse. *On lui confiait* « *les chiots de lices étrangères* » (Colette).

licence n. f. - XIIe ; lat. *licere* « être permis » I - 1 Grade de l'enseignement supérieur français, première année du deuxième cycle. ⇒ **diplôme.** *Licence en droit, licence ès lettres.* 2 Autorisation administrative permettant, pour une durée déterminée, d'exercer un commerce ou une activité réglementée. ♦ Autorisation administrative nécessaire à l'importation ou à l'exportation de certains produits ; titre représentant cette autorisation. *Licence d'importation, d'exportation.* ♦ Autorisation d'exploiter un brevet d'invention. ♦ Autorisation qui permet de prendre part aux compétitions des fédérations sportives. *Licence de ski, de tennis.* II - 1 Liberté que prend un écrivain avec les règles de la versification, de l'orthographe, de la syntaxe. *Licence poétique.* 2 vieilli Liberté excessive. *Prendre, se permettre des licences avec qqn.* ⇒ **hardiesse.** 3 Caractère de ce qui est licencieux. ⇒ **débauche, débordement.** ✪ CONTR. Formalité. — Décence, retenue.

licencié, iée n. - XIVe 1 Personne qui a passé avec succès les épreuves de la licence. *Des licenciés en droit.* adj. *Étudiant licencié.* 2 Titulaire d'une licence sportive.

licenciement n. m. - XVIe ▪ Action de licencier. ⇒ **renvoi.** *Licenciement pour raisons économiques.* ⇒ aussi **débauchage, dégraissage.** *Indemnité de licenciement.*

licencier v. tr. [7] - XIVe ; lat. ▪ Priver (qqn) de son emploi, de sa fonction. ⇒ **débaucher, congédier, remercier, renvoyer.** « *celui-ci avait licencié les réfractaires* [...]. *Alors, on s'était mis en grève, demandant leur réintégration* » (Aragon). *Employés licenciés et réduits au chômage.* ✪ CONTR. Embaucher, recruter.

licencieux, ieuse adj. - XVIe ▪ vieilli ou littér. Qui manque de pudeur, de décence. ⇒ **immoral, libertin.** *Propos licencieux.* ⇒ **leste, libre,** ① **salé.** « *des livres obscènes et licencieux* » (Rouss.). ✪ CONTR. Pudique.

lichee → **litchi**

lichen [likɛn] n. m. - XVIe ; gr. *leikhên* « lécher » 1 *Lichen plan* : dermatose caractérisée par une éruption de petites papules violacées souvent prurigineuses. 2 Végétal formé de l'association d'un champignon et d'une algue vivant en symbiose, très résistant à la sécheresse, au froid et au chaud. ⇒ **lécanore, orseille, parmélie, rocelle, usnée, verrucaire.** *Des* « *pommiers rabougris et perclus, argentés par des lichens* » (Huysm.).

lichette n. f. - XIXe ; de *licher,* var. de *lécher* 1 fam. Petite tranche, petit morceau (d'un aliment). *Il restait* « *à peine une lichette de beurre* » (Zola). 2 (Belgique) Petite attache servant à suspendre un vêtement, un torchon...

licier ou **lissier** n. m. - XVIe 1 Ouvrier qui monte les lices d'un métier à tisser. 2 *Un haute licier, un basse licier* : personne qui fait des tapisseries de haute lice, de basse lice. *Des haute liciers.*

licitation n. f. - XVIe ▪ Vente aux enchères au profit des copropriétaires d'un bien indivis.

licite adj. - XIVe ; lat. « permis » ▪ Qui n'est pas défendu par la loi. « *par des voies plus ou moins licites* » (Balz.). ✪ CONTR. Défendu, illicite.

❑ Même famille étym. que *licence* et *loisir.* ♦ Ne pas confondre *légal, légitime* et *licite.* → illicite (rem.).

liciter v. tr. [1] – XVIe ; lat. ▪ Vendre par licitation.

licol → **licou**

licorne n. f. – XIIe ; lat. *unicornis* « unicorne » 1 Animal fabuleux qu'on représente avec un corps de cheval, une tête de cheval ou de cerf, et une corne unique au milieu du front. 2 *Licorne de mer :* narval.

licou n. m. – XIVe ; de *lie (lier)* et *col, cou* ▪ Pièce de harnais, lien que l'on met autour du cou des bêtes de somme pour les attacher, les mener.

> ❑ On trouve aussi *licol : « L'âne tiré par le licol »* (Malraux). → col (rem.).

licteur n. m. – XIVe ; lat. ▪ Dans l'Antiquité romaine, Officier public qui marchait devant les grands magistrats en portant une hache placée dans un faisceau de verges.

lido n. m. – XVIIIe ; du *Lido* de Venise ▪ Lagune derrière un cordon littoral ; le cordon littoral.

lie n. f. – VIIIe ; gaul. °*liga* 1 Dépôt qui se forme au fond des récipients contenant des boissons fermentées. *Lie (de vin). « le parfum vomique de la lie de vin et de la sueur »* (Le Clézio). ♦ loc. *Boire le calice, la coupe jusqu'à la lie :* subir jusqu'au bout une épreuve pénible. ♦ adj. inv. *LIE-DE-VIN* [lidvɛ̃] : rouge violacé. *« une oreille large, avec des poils et des taches lie-de-vin »* (Duham.). 2 Ce qu'il y a de plus vil. ⇒ **rebut ; racaille.** *« toute la lie qui grouille en marge des grandes villes »* (Simenon). ✪ HOM. Li, lit.

lied [lid] n. m. – XIXe ; mot all. 1 Chanson populaire, romance, ballade de caractère spécifiquement germanique. *Des lieds* ou plur. all. *des lieder* [lidœʀ]. 2 Mélodie vocale composée sur le texte d'un lied. *Les lieder de Schubert.*

liège n. m. – XIIe ; lat. *levis* « léger » ▪ Matériau léger, imperméable, isolant et élastique, formé par la couche externe de l'écorce de certains arbres, en particulier du *chêne-liège. Bouchon, flotteurs en liège.*

liégeois, oise adj. et n. – XIIIe ▪ De Liège. ➛ *Café, chocolat liégeois :* glace au café, au chocolat surmontée de chantilly.

lien n. m. – XIIe ; lat. *ligamen* **I** - 1 Chose flexible et allongée servant à lier, à attacher plusieurs objets ou les diverses parties d'un objet. ⇒ **attache ; corde, cordon, courroie, ficelle, sangle.** *Nouer, desserrer un lien.* 2 Ce qui relie, unit. *Ces faits n'ont aucun lien entre eux.* ⇒ **enchaînement, relation, suite.** *Lien de cause à effet.* ⇒ **corrélation, liaison.** *Faire le lien entre deux événements.* ⇒ **rapprochement.** 3 Ce qui unit entre elles deux ou plusieurs personnes. ⇒ **relation.** *Lien de parenté. « Nulle part les liens du sang ne sont plus étroitement serrés que chez les artistes de théâtre »* (Sand). *Nouer des liens étroits avec qqn. Je vous déclare unis par les liens du mariage* (paroles du maire, lorsqu'il célèbre un mariage). 4 Élément (affectif, intellectuel) qui attache l'homme aux choses. ⇒ **affinité.** *« Il était lié aux choses par des liens invisibles »* (France). **II** Ce qui maintient (qqn) dans un état d'étroite dépendance. ⇒ **chaîne, servitude.** *« la force du lien qui m'attache à un pays où vous êtes »* (Stendh.). ✪ CONTR. Rupture, séparation.

lier v. tr. [7] – X^e ; lat. *ligare* **I** - 1 Entourer, serrer avec un lien (plusieurs choses ou les parties d'une même chose pour qu'elles tiennent ensemble). ⇒ **attacher.** *Lier de la paille en bottes.* 2 Assembler, joindre. *Lier ses lettres,* les joindre l'une à l'autre par de légers traits, en écrivant. ➛ *Lier les notes* (opposé à *piquer*). 3 Joindre à l'aide d'une substance ou d'un ingrédient qui opère la réunion ou le mélange (⇒ **liaison).** *Lier des briques avec du ciment.* ➛ *Lier une sauce,* l'épaissir. 4 Unir par un rapport logique, fonctionnel, structural. ⇒ **associer, coordonner, relier.** ➛ *Dans cette affaire, tout est lié,* tout se tient. 5 Unir par des liens d'affection, de convenance, de solidarité, d'intérêt. ⇒ **rapprocher.** *« l'amitié qui me lie à Monsieur votre frère »* (Mol.). ♦ pronom. *SE LIER* (avec qqn). Avoir des relations d'amitié. ⇒ s'**attacher.** *Il se lie facilement.* ⇒ **liant.** *Ils se sont liés d'amitié. Des catastrophes « qui me permettraient de me lier à jamais d'amitié avec elle »* (Larbaud). ➛ *Ils sont très liés* (ensemble). 6 Faire naître (un lien). *Lier connaissance avec qqn.* ♦ loc. *Avoir partie liée (avec qqn) :* être associé d'une manière durable ; avoir des intérêts communs. **II** - 1 Attacher, enchaîner. loc. *Être fou à lier,* complètement fou. *Avoir les mains liées,* être réduit à l'impuissance, à l'inaction. 2 Imposer une obligation (juridique, morale) à. ➛ *Être lié par un serment. « Je ne suis liée que pour deux ans ;* [...] *les clauses de mon contrat me protègent »* (Romains). 3 *LIER À.* ⇒ **attacher.** *« On la lia par les cheveux* [...] *à la queue d'un cheval indompté »* (Michelet). ➛ *Lier son destin à celui d'une entreprise,* l'en faire dépendre. ✪ CONTR. Délier, ① détacher, séparer. — HOM. *Lie :* lis ; *lierai :* lirai (① lire).

lierne n. f. – XVIe ; de *lier* 1 Nervure de la voûte gothique, réunissant les sommets des tiercerons à la clef de voûte. 2 Pièce de charpente oblique qui relie des poteaux.

lierre n. m. – X^e ; lat. *hedera* 1 Grande liane épiphyte *(araliacées)* à feuilles persistantes vertes et luisantes, se fixant par ses racines adventives (⇒ **crampon).** *« les temples écroulés aux colonnes festonnées de lierre »* (Nerval). 2 *Lierre terrestre.* ⇒ **gléchome.**

> ❑ *Lierre* est issu de l'agglutination de l'article avec *hierre (l'hierre).* Le même phénomène s'est produit avec *dinde (d'Inde), nombril (un ombril), luette (l'uette).*

liesse n. f. – XIe ; lat. *lætitia* « joie » ▪ littér. *EN LIESSE :* qui manifeste publiquement et bruyamment son allégresse. *Peuple, foule en liesse.*

① **lieu** n. m. – X^e ; lat. *locus* **I** - 1 Portion déterminée de l'espace, considérée de façon générale et abstraite. ⇒ **endroit.** *Être, se trouver dans un lieu. Dans ce lieu* (⇒ **ici, là) ;** *dans un autre lieu* (⇒ **ailleurs) ;** *en tous lieux* (⇒ **partout).** *« c'est n'être en aucun lieu, que d'être partout »* (Montaigne). ➛ *Un lieu charmant.* ⇒ **coin.** *Lieu de débauche. Lieu sûr,* où l'on est en sûreté. *Mettre (qqn, qqch.) en lieu sûr.* ➛ *Indiquer l'heure et le lieu d'un rendez-vous. Date et lieu de naissance. Lieu de travail.* ➛ *Complément de lieu,* qui indique une détermination spatiale dans un énoncé. ⇒ ② **locatif.** 2 *HAUT LIEU :* lieu mémorable, théâtre de faits historiques. *Saint-Germain-des-Prés fut le haut lieu de l'existentialisme.* ♦ *LES LIEUX SAINTS :* les lieux de la vie de Jésus, en Palestine. ➛ *Lieux saints de l'Islam :* La Mecque, Médine, Jérusalem. 3 *LIEU PUBLIC :* lieu qui par destination admet le public (rue, jardin, gare, mairie), ou lieu privé auquel le public peut accéder (café, cinéma). 4 *LIEU GÉOMÉTRIQUE :* l'ensemble des points d'un espace affine qui possèdent une propriété donnée. **II** *LES LIEUX.* 1 Endroit précis où un fait s'est passé. *L'assassin est revenu sur les lieux du crime.* ➛ *La police s'est rendue sur les lieux. Être sur les lieux,* sur place. 2 Appartement, maison, propriété. *Quitter, évacuer, vider les lieux.* 3 vieilli *Lieux d'aisances.* ⇒ **cabinets, toilettes.** *« les lieux d'aisance malpropres »* (Cl. Simon). **III** - 1 Place déterminée dans un ensemble, une succession (espace ou temps). *Ce n'est pas le lieu pour en parler. EN TEMPS ET LIEU :* au moment et à la place convenables. *Nous vous ferons connaître notre décision en temps et lieu.* 2 Points successifs d'une énumération, d'un discours, d'un écrit. *En premier lieu :* d'abord, premièrement, primo. *En second lieu :* après, ensuite, secundo. *En dernier lieu :* enfin. 3 *AVOIR LIEU :* se produire, arriver, se dérouler. *La réunion aura lieu quand même.* **4** *EN HAUT LIEU :* auprès de personnes haut placées. *Je me plaindrai en haut lieu.* **5** *AU LIEU DE :* à la place de. *Employer un mot au lieu d'un autre.* ⇒ **pour.** *Au lieu de prendre l'avion, nous prendrons le train.* ⇒ **défaut** (à défaut de), **faute** (de). ➛ « *les genoux pointant vers le ciel au lieu de piquer vers le sol* » (Tournier). ⇒ **plutôt** (que). ♦ *AU LIEU QUE* (et subj.). ⇒ **loin** (loin que). « *Cette sorte d'idéal qui invite les objets à venir à nous au lieu que nous allions vers les objets* » (Gide). **6** *TENIR LIEU DE.* ⇒ **remplacer, servir** (de). « *Il s'exprimait avec une emphase qui tenait lieu d'esprit* » (Gide). **7** *AVOIR LIEU DE* (et inf.) : avoir des raisons de. *Elle n'a pas lieu de se plaindre. Nous avons tout lieu de croire que...* ➛ *Il y a lieu de :* il est opportun, il convient de. *Il n'y a pas lieu de s'inquiéter. Nous vous convoquerons, s'il y a lieu,* si c'est nécessaire. ♦ *DONNER LIEU À* (suivi d'un nom) : fournir l'occasion. « *Aucun coin de la terre n'a donné lieu, plus que Venise, à cette conspiration de l'enthousiasme* » (Maupass.). ➛ *DONNER LIEU DE* (et inf.). ⇒ **autoriser, permettre.** *Rien ne nous donne lieu d'espérer.* **IV** *LIEU COMMUN :* idée, sujet de conversation que tout le monde utilise (⇒ **banalité**) ; image, façon de s'exprimer qu'un emploi trop fréquent a affadie. ⇒ **cliché, poncif.** « *La conversation roulait dans un cercle de lieux communs* » (Chateaub.). ✪ HOM. Lieue.

② **lieu** n. m. – XVe ; a. scand. *lyr* ▪ Poisson de mer carnivore *(gadiformes)* abondant en Europe. *Lieu noir* (⇒ ① **colin**), *lieu jaune. Des lieus.*

❑ Ne pas confondre le pluriel de *lieu* « poisson » *(des lieus)* et celui de *lieu* « endroit » *(des lieux).* → ① x (rem.).

lieudit ou **lieu-dit** n. m. – XIXe ▪ Lieu de la campagne, qui porte un nom traditionnel et sert de repère faute de hameau. *Des lieudits, des lieux-dits.*

lieue n. f. – XIe ; lat. *leuca,* d'o. gaul. **1** Ancienne mesure itinéraire (env. 4 km). loc. *À vingt, cent lieues à la ronde :* dans un large rayon. *Les bottes de sept lieues* (du Petit Poucet). *Être à cent (à mille) lieues de (penser, imaginer qqch.) :* être très loin de. **2** *Lieue marine :* vingtième partie du degré équinoxial qui vaut 3 milles marins ou 5555,5 mètres. « *Vingt mille lieues sous les mers* », *roman de J. Verne.* ✪ HOM. Lieu.

lieur, lieuse n. – XIVe ▪ Personne qui liait des bottes de foin, de paille (⇒ **botteleur**), des gerbes de céréales.

lieuse n. f. et adj. f. – XIXe ▪ Machine agricole servant à lier les bottes. *Moissonneuse-lieuse* ou *lieuse,* qui lie en paquets, en rouleaux. ⇒ **faucheuse.**

lieutenant n. m. – XIIIe ; de ① *lieu* et *tenant,* proprt « tenant lieu de » **1** Personne qui est directement sous les ordres du chef et le remplace éventuellement. **2** *Lieutenant général du royaume :* personnage investi à titre exceptionnel de l'autorité du roi. ➛ Ancien officier de justice. *Les lieutenants généraux (lieutenant civil, lieutenant criminel) pouvaient être assistés de lieutenants particuliers.* **3** *Lieutenant général :* sous l'Ancien Régime, officier qui commandait sous les ordres d'un général. **4** Officier subalterne des armées de terre et de l'air dont le grade est immédiatement au-dessous de celui de capitaine. **5** *Lieutenant de vaisseau :* officier subalterne de la Marine nationale dont le grade correspond à celui de capitaine des armées.

lieutenant-colonel n. m. – XVIIe ▪ Officier supérieur des armées de terre et de l'air dont le grade est immédiatement inférieur à celui de colonel. *Des lieutenants-colonels.*

lièvre n. m. – XIe ; lat. *lepus* **1** Mammifère rongeur *(lagomorphes)* voisin du lapin, très rapide à la course grâce à ses longues pattes postérieures. *Le lièvre* (⇒ ② **bouquet, bouquin**), *sa femelle* (⇒ **hase**), *et ses petits* (⇒ **levraut**). « *les lapins rongent les jeunes pousses, les lièvres abîment les céréales* » (Flaub.). ➛ Chair comestible de cet animal. *Civet, pâté de lièvre.* **2** loc. *Courir deux lièvres à la fois :* poursuivre deux objectifs en même temps. *Lever, soulever un lièvre :* soulever à l'improviste une question embarrassante ou compromettante pour autrui. **3** Athlète qui prend la tête d'une course pour imposer un train plus rapide aux autres concurrents.

lift [lift] n. m. – 1909 ; angl. *lifted shot* « coup soulevé » ▪ Au tennis, Effet donné à une balle en la frappant de bas en haut, de façon à en augmenter le rebond.

lifter v. tr. [1] – 1913 **1** Au tennis, Donner du lift à (une balle). ➛ *Revers, service lifté.* **2** Retendre (la peau du visage) ; faire un lifting à (qqn). *Elle s'est fait lifter.*

liftier, ière n. – 1918 ; angl. *lift* « ascenseur » ▪ vieilli Personne qui manœuvre un ascenseur. « *te rappelles-tu l'ancien liftier de l'hôtel ?* » (Proust).

lifting [liftiŋ] n. m. – 1955 ; angl. ▪ Traitement esthétique chirurgical destiné à supprimer les rides du visage par tension de l'épiderme. ⇒ **déridage.** *Se faire faire des liftings.* « *un bon lifting résoudrait tous mes problèmes* » (Beauv.). ➛ Recomm. offic. *LISSAGE*, REMODELAGE.* ♦ Opération de rénovation, de rajeunissement. *Le lifting d'une entreprise.*

ligament n. m. – XIVe ; lat. *ligare* « lier » ▪ Faisceau de tissu fibreux, très résistant et peu extensible, unissant les éléments d'une articulation ou maintenant les organes en place.

ligamentaire adj. – 1903 ▪ Relatif aux ligaments.

ligamenteux, euse adj. – XVe ▪ Qui est de la nature des ligaments.

ligand n. m. – 1959 ; lat. *ligare* « lier » ▪ Molécule, ion uni à l'atome central d'un complexe par une liaison de coordinence.

ligase n. f. – 1981 ; mot angl. ▪ Enzyme permettant l'union de deux molécules avec rupture d'une liaison à haut potentiel énergétique.

ligature n. f. – XVe ; lat. *ligare* « lier » **1** Opération consistant à réunir, à fixer, à serrer avec un lien ; le lien lui-même. ➛ Nœud fait à l'aide d'un fil autour d'un vaisseau (hémostase), d'un cordon ou d'un conduit. *Ligature des trompes,* chez la femme, *des canaux déférents* (⇒ **vasectomie**), chez l'homme : méthodes de stérilisation. ➛ *Ligature d'une greffe,* pour maintenir les deux éléments. **2** Trait reliant deux lettres (ff, fl, etc.) ; signe comportant plusieurs lettres ainsi liées.

ligaturer v. tr. [1] – XIXe ▪ Serrer, fixer avec une ligature. *Ligaturer les trompes.*

lige adj. – XIe ; germ. **1** Qui a rendu à son seigneur un hommage l'engageant à une fidélité absolue. *Vassal lige.* **2** *HOMME LIGE* de (une personne, une organisation) : personne entièrement dévouée à. ⇒ **affidé, inconditionnel.**

ligie n. f. – XIXe ; lat. ▪ Crustacé isopode voisin des cloportes.

lignage n. m. – XIe **I** - **1** vx Famille, race. *De haut lignage :* de haute noblesse. **2** Ensemble des individus descendant d'un ancêtre commun par filiation unilinéaire. *Lignage matrilinéaire.* **II** Nombre de lignes imprimées qui entrent dans la composition d'un texte.

ligne n. f. – XIIe ; lat. *linea* « (corde) de lin » **I** - **1** Trait continu allongé, sans épaisseur. ♦ Figure décrite par un point dont la position est fonction continue d'un paramètre (tel que le temps). *Ligne courbe, droite.* ⇒ **courbe, droite.** *Point d'intersection de deux lignes.* **2** Trait réel ou imaginaire qui sépare deux choses ; intersection de deux surfaces. ⇒ **frontière, limite.** *Ligne de niveau,* reliant les points d'égale altitude et matérialisant le relief sur une carte. *Ligne d'arrivée d'une course.* ➤ *Ligne équinoxiale.* ⇒ **équateur.** *Passage de la ligne.* ➤ *Ligne blanche :* signalisation routière horizontale, marquant la division d'une route en plusieurs voies. *Ligne blanche continue, discontinue.* ➤ (Belgique) *La ligne des cheveux,* la raie. **3** arg. *Ligne de coke :* dose, prise individuelle de cocaïne (la dose de poudre étant disposée en une mince bande allongée). **4** Chacun des traits qui sillonnent la paume de la main. *Lire dans les lignes de la main.* ⇒ **chiromancie. 5** Contour, tracé. ⇒ **dessin, forme.** *Harmonie, pureté des lignes.* **6** LA LIGNE : effet produit par une combinaison de lignes (silhouette, dessin). *La ligne d'une voiture.* ➤ *Avoir la ligne :* être mince, svelte. « *Tu fais toujours attention à ta ligne ?* » (Queneau). **7** *Ligne mélodique.* ⇒ **mélodie. 8** Élément, point. *Les lignes essentielles d'un programme.* loc. *Dans ses grandes lignes,* en gros. **II - 1** Direction. *En ligne droite.* loc. *La dernière ligne droite :* les derniers moments avant l'arrivée. ⇒ **sprint.** *Ligne de conduite.* ⇒ **règle.** *Être dans la ligne du parti,* en conformité avec l'orthodoxie qu'il a définie. **2** Tracé idéal dans une direction déterminée. **3** Trajet emprunté par un service régulier de transport en commun entre deux lieux ; ce service. *Trafic perturbé sur l'ensemble de la ligne. Ligne de métro aérienne, souterraine. Ligne de chemin de fer. Grandes lignes,* desservant de longues distances. *Pilote de ligne. Avion de ligne.* **III - 1** Cordeau. *Ligne de charpentier.* ⇒ **simbleau. 2** Fil (soie, crin, nylon) portant à l'une de ses extrémités un hameçon garni d'un appât ou d'un leurre pour la pêche. *Ligne de fond :* ligne sans flotteur qui repose au fond de l'eau. ➤ L'engin de pêche complet (gaule et ligne). ⇒ **canne. 3** Système de fils ou de câbles conduisant et transportant l'énergie électrique. *Ligne à haute tension.* ➤ Ligne électrique assurant la transmission d'informations. *Ligne téléphonique. Être en ligne avec qqn,* en communication téléphonique. « *vous occuperez les lignes pendant un bout de temps* » (Simenon). **IV - 1** Suite alignée de choses, de personnes placées côte à côte. *Arbres plantés en ligne,* alignés. *En ligne pour le départ !* ➤ *Sur toute la ligne :* complètement. *Tu te trompes sur toute la ligne.* ➤ HORS LIGNE : sans égal, supérieur, hors pair. « *cette réunion de facultés et de qualités hors ligne* » (Sand). **2** Série alignée d'ouvrages ou de positions (militaires). *La ligne Maginot, la ligne Siegfried,* systèmes fortifiés français, allemand (en 1940). ♦ Au rugby, *Ligne d'attaque, de défense.* ➤ Le joueur. *Les troisième ligne.* ♦ Front. « *demandant de monter en ligne et d'aller se battre* » (Cendrars). **3** *Bâtiments de ligne,* navires de guerre appelés à combattre, en escadre. **4** Suite de caractères disposés dans la page sur une ligne horizontale. *Aller, revenir à la ligne,* pour entamer un autre alinéa. *Point, à la ligne.* ♦ Mots constituant une ligne, un texte. *Lire le journal de la première à la dernière ligne.* « *Si j'avais bien dormi toujours j'aurais jamais écrit une ligne* » (Céline). loc. *Lire entre les lignes :* deviner ce qui est sous-entendu. **5** loc. *Entrer en ligne de compte :* être pris en considération, compter. ➤ *Ligne de crédit :* somme mise en permanence à la disposition d'une entreprise par une banque, qu'elle peut utiliser selon ses besoins. **6** Balayage horizontal sur un écran cathodique. *Standard de télévision en 625 lignes.* ⇒ **définition, linéature. 7** Suite des degrés de parenté. ⇒ **filiation, lignée.** *Descendre en droite ligne de.* **8** Ensemble de produits cosmétiques élaboré en fonction d'un même type d'utilisation ou d'utilisateurs. ⇒ **gamme.** *Nouvelle ligne de maquillage.* **9** *En ligne,* se dit de réseaux ou services informatiques accessibles avec un terminal équipé d'un modem. **V - 1** Ancienne mesure de longueur, douzième partie du pouce. **2** Mesure de longueur utilisée au Canada, huitième partie du pouce (3,175 mm).

❑ Au sens de « gamme de produits », il s'agit d'un calque de l'anglais *line.*

lignée n. f. – XIIe **1** Ensemble des descendants (d'une personne). ⇒ **descendance.** « *Un père eut pour toute lignée Un fils* » (La Font.). ♦ *Lignées de cellules sanguines.* ⇒ **souche. 2** Filiation spirituelle. *Flaubert* « *prend sa place exacte dans une lignée illustre* » (Duham.).

ligner v. tr. [1] – XVIe ■ Marquer de lignes, rayer.

ligneul n. m. – XIIIe ; lat. *linea* « ligne » ■ Gros fil enduit de poix à l'usage des cordonniers.

ligneux, euse adj. – XVIe ; lat. *lignum* « bois » **1** De la nature du bois. *Plantes ligneuses* (opposé à *herbacées*). **2** Qui a la consistance du bois. *Les ganglions* « *durs et ligneux au toucher* » (Camus).

lignicole adj. – XIXe ; lat. *lignum* « bois » et *-cole* ■ Qui vit dans le bois. *Insectes lignicoles.*

lignification n. f. – XIXe ■ Modification des membranes de certaines cellules par association de la lignine à la cellulose.

lignifier (se) v. pron. [7] – XVIIe ; lat. *lignum* « bois » ■ Se convertir en bois par le phénomène de la lignification.

lignine n. f. – XIXe ; lat. *lignum* « bois » ■ Composé organique qui imprègne les tissus des plantes arbustives.

lignite n. m. – XVIIIe ; lat. *lignum* « bois » ■ Charbon fossile compact, composé à 70% de carbone, riche en débris ligneux.

lignomètre n. m. – 1906 ■ Règle graduée servant à compter les lignes d'un texte composé.

ligot n. m. – XVIIIe ; lat. *ligare* « lier » ■ Petit fagot de bûchettes enduites de résine, servant d'allume-feu.

ligotage n. m. – XIXe ■ Action de ligoter ; son résultat.

ligoter v. tr. [1] – XVIe ; lat. *ligare* « lier » ■ Attacher, lier (qqn) solidement avec une corde, en privant de l'usage des bras et des jambes. ⇒ **ficeler.** *On l'a retrouvé ligoté sur une chaise.*

ligue n. f. – XIIIe ; lat. *ligare* « lier » **1** Alliance de plusieurs États pour défendre des intérêts communs, poursuivre une politique concertée. ⇒ **coalition, confédération,** ⊕ **union. 2** Association formée à l'intérieur d'un État pour défendre des intérêts politiques, religieux. *La Sainte Ligue, la Ligue :* constituée par les catholiques pendant les guerres de Religion pour combattre les protestants. **3** Association qui se propose des buts d'ordre moral, humanitaire, civique etc. *La Ligue des droits de l'homme.*

liguer v. tr. [1] – XVIe **1** Unir dans une ligue. ➤ pronom. *Les catholiques se liguèrent contre les protestants.* ⇒ s'**allier,** se **coaliser. 2** Associer dans un mouvement, dans une action. pronom. *Tout en nous* « *se ligue contre Dieu* » (Mauriac). ✪ CONTR. Désunir.

ligueur, euse n. – XVIe **1** Membre de la Sainte Ligue. **2** Membre d'une ligue politique.

ligule n. f. – XVIe ; lat. « languette » ■ *Ligule foliaire :* languette membraneuse à la face supérieure des feuilles de certaines plantes. ➤ *Ligule florale :* languette de la corolle des composées.

ligulé, ée adj. – XVIIIe ■ Pourvu de ligules. *Feuille ligulée. Plantes à fleurs ligulées.*

ligure adj. et n. – XIXe ■ De la Ligurie. ♦ n. *Les Ligures.* ➤ n. m. *Le ligure :* langue ancienne du groupe italo-celtique. « *elle lui chantait des comptines en ligure* » (Le Clézio).

lilas n. m. – XVIIe ; ar. 1 Arbuste ornemental *(oléacées)* aux fleurs très parfumées, mauves ou blanches, disposées en grappes (⇒ **thyrse**). ♦ Les fleurs de cet arbuste. *Cueillir du lilas.* 2 adj. D'une couleur mauve tirant sur le rose ou le bleu. « *Sa robe de taffetas lilas* » (Flaub.).

liliacées n. f. pl. – XVIIe ; lat. *lilium* « lis » ■ Famille de plantes monocotylédones comprenant des plantes arborescentes et surtout herbacées, cultivées comme ornementales (lis, tulipe) ou alimentaires (ail, asperge).

lilial, iale, iaux adj. – XVe ; lat. *lilium* « lis » ■ littér. Qui rappelle le lis, par sa blancheur, sa pureté. *Une jeune Norvégienne « à la gorge liliale »* (Bloy).

lilliputien, ienne [lilipysjɛ̃, jɛn] adj. et n. – XVIIIe ; de *Lilliput* ■ Très petit, minuscule. « *des huttes lilliputiennes aux toits pointus* » (Loti).

❑ *Lilliput* est le nom du pays imaginaire peuplé de minuscules habitants, inventé par Swift dans *Les Voyages de Gulliver.*

limace n. f. – XIIe ; lat. *limax* ■ Mollusque terrestre *(gastéropodes)*, analogue à l'escargot, mais sans coquille. « *vautrés dans la fange comme des limaces après la pluie* » (Hugo). ♦ fam. Personne lente et molle.

limaçon n. m. – XIIe 1 vieilli Escargot. ⇒ **colimaçon.** 2 Conduit enroulé en spirale, constituant une partie de l'oreille interne. ⇒ **cochlée.**

limage n. m. – XVIe ■ Action de limer.

limaille n. f. – XIIIe ■ Parcelles de métal détachées par le frottement de la lime. *Limaille de fer.*

liman n. m. – XIXe ; gr. *limên* « port » ■ Estuaire lagunaire de fleuves, barré en partie par un cordon littoral. *Les limans de la mer Noire.*

limande n. f. – XIIIe ; p.-ê. gaul. *°lem-* « traverse » ■ Poisson de mer *(pleuronectiformes)* ovale et plat, à peau rugueuse, dont les yeux sont situés sur le côté droit. *Des limandes-soles.* ♦ loc. *Plat comme une limande :* très plat ; (d'une femme) sans poitrine. *La sèche madame Phellion « plate comme une limande »* (Balz.).

limbe n. m. – XVe ; lat. 1 Bord extérieur du disque (d'un astre). *Limbe solaire.* 2 Bord gradué (d'un instrument de mesure circulaire). *Le limbe d'un sextant.* 3 Partie principale, large et aplatie, de la feuille. ➛ Partie élargie d'un pétale, d'une corolle. ✪ HOM. Limbes.

limbes n. m. pl. – XIVe ; lat. *limbus* « lisière, frange » 1 Séjour des âmes des justes avant la Rédemption *(limbes des patriarches)*, ou des enfants morts sans baptême *(limbes des enfants)*. 2 littér. Région mal définie, état vague, incertain. *Ce projet est resté dans les limbes.* ✪ HOM. Limbe.

limbique adj. – XIXe ■ *Système limbique :* région cérébrale comprenant l'hippocampe, le septum et les bulbes olfactifs, ensemble de structures primitives importantes dans le contrôle des comportements affectifs.

① **lime** n. f. – XIIe ; lat. 1 Outil à main en métal, long et étroit, garni d'entailles, servant à tailler, ajuster, polir les métaux, le bois par frottement. ➛ *Lime à ongles,* en métal ou papier émeri. 2 Mollusque lamellibranche aux valves égales et striées.

② **lime** n. f. – XVIe ; ar. ■ Fruit d'une variété de limettier, citron vert à la peau mince, au jus amer.

limer v. tr. [1] – XIIIe ■ Travailler à la lime, pour dégrossir, polir, réduire, user, etc. *Limer des barreaux de fer.* « *César lima les dents de sa faucheuse* » (Giono). *Se limer les ongles.*

limes [limɛs] n. m. – 1925 ; mot lat. « chemin ; frontière » ■ Zone frontière d'une province de l'Empire romain.

limette n. f. – XVIIIe ; de ② *lime* ■ Fruit, à saveur douce, du limettier.

limettier n. m. – XIXe ■ Arbre du groupe des agrumes, du genre *citrus,* produisant les limettes. « *le limettier du jardin aux feuilles cousues par les fourmis* » (Le Clézio).

limeur, euse n. et adj. – XIVe 1 Ouvrier travaillant à limer. 2 n. f. Machine-outil servant à limer les grosses pièces. 3 adj. *Étau limeur :* machine-outil servant à usiner des surfaces planes et des rainures.

limicole adj. – XIXe ; lat. *limus* « limon, boue » et *-cole* ■ Qui vit sur la vase du fond de la mer, des lacs.

limier n. m. – XIIe ; a. fr. *liem* « chien tenu en laisse » 1 Grand chien de chasse employé à quêter et détourner l'animal. 2 Personne qui suit une piste, cherche à retrouver la trace de qqn. ⇒ **détective, policier.** *Les « recherches des plus fins limiers »* (Balz.).

liminaire adj. – XVIe ; lat. *limen* « seuil » 1 Placé en tête (d'un ouvrage, d'un discours). *Déclaration liminaire.* 2 Liminal.

❑ Même famille que *éliminer.*

liminal, ale, aux adj. – déb. XXe ■ Qui est au niveau du seuil de perception (c.-à-d. tout juste perceptible).

❑ Emprunt à l'anglais, lui-même de même origine que *liminaire.*

limitatif, ive adj. – XVIe ■ Qui limite, fixe ou précise des limites. ⇒ **restrictif.**

limitation n. f. – XIVe ■ Action de limiter, de fixer des limites ; son résultat. ⇒ **restriction.** *Limitation de la vitesse à 50 km/h.* ⇒ **fixation.** ➛ *Sans limitation de temps :* sans que la durée, le délai soient limités.

limite n. f. – XIVe ; lat. *limes* 1 Ligne qui sépare deux terrains ou territoires contigus. ⇒ **bord, borne, confins, démarcation, frontière, lisière.** « *les colons arrivèrent à la limite où commençait la région marécageuse* » (J. Verne). 2 Partie extrême où se termine une surface, une étendue. « *les limites de mon horizon s'agrandirent très soudainement* » (Baudelaire). 3 Terme extrême (commencement ou fin) d'un espace de temps. *À six heures, dernière limite.* ➛ *Limite d'âge :* âge au-delà duquel on ne peut se présenter à un examen, exercer une fonction. *L'âge limite. Date limite de vente.* 4 Point que ne peut ou ne doit pas dépasser l'influence, l'action de qqch. ⇒ **barrière, borne, extrémité, seuil.** « *Les limites de la science reculent* [...] *chaque jour, on le dit du moins* » (Duras). *Ma patience a des limites !* loc. *Il y a des limites (à tout) :* on ne peut tout se permettre. *Dans la limite du possible.* ⇒ **mesure.** *Une ambition sans limites.* ⇒ **démesuré.** ♦ Degré extrême (de qqch.). *Ça dépasse les limites du supportable.* 5 sc. Grandeur fixe dont une grandeur variable peut approcher indéfiniment sans l'atteindre (⇒ **asymptote**). en appos. *Cas limite.* ⇒ **extrême.** ➛ loc. *À LA LIMITE :* en poussant les choses à l'extrême. ➛ *Limite de rupture.* 6 Possibilités (physiques ou intellectuelles) extrêmes. *Connaître ses limites.*

limité, ée adj. – XIVe 1 Qui est peu étendu, qui a des limites. *Période limitée dans le temps.* 2 Dont la grandeur est fixée, peu important. ⇒ ① **réduit, restreint.** *Nombre limité. Stationnement limité à deux heures.* ➛ *Confiance limitée.* 3 fam. *Être limité :* disposer de peu de moyens intellectuels. ✪ CONTR. Illimité, infini.

limiter v. tr. [1] – XIVe 1 Servir de ligne de démarcation à, constituer la limite de. ⇒ **borner, délimiter.** *Mers qui limitent la France à l'ouest et au sud.* 2 Renfermer dans des limites, restreindre en assignant des limites. « *Le ravitaillement fut limité et l'essence* *rationnée* » (Camus). *Limiter ses dépenses.* ⇒ se **restreindre.** 3 SE LIMITER v. pron. S'imposer des limites. ♦ Avoir pour limites. « *L'enseignement ne se limite pas à l'école* » (Valéry). ✪ CONTR. Étendre, généraliser.

limiteur n. m. – XVIIe ■ Dispositif mécanique ou électrique empêchant une grandeur de dépasser certaines limites. *Limiteur de vitesse.*

limitrophe adj. – XVe ; lat. *limes* « frontière » et gr. *trophos* « qui nourrit » 1 Qui est aux frontières, sur le pourtour d'un pays ou d'une région. ⇒ **frontalier.** 2 Qui est voisin, a des frontières communes. *Départements limitrophes.* « *les terres limitrophes de la concession* » (Duras).

limnée n. f. – XVIIIe ; gr. *limnaios* « d'étang » ■ Mollusque pulmoné *(gastéropodes)* des eaux douces.

limnologie n. f. – XIXe ; gr. *limnê* « étang, lac » ■ Science ayant pour objet l'étude des eaux stagnantes (lacs, nappes phréatiques, etc.).

limogeage n. m. – 1934 ■ Action de limoger ; son résultat.

limoger v. tr. [3] – 1916 ; de *Limoges* 1 Relever (un officier général) de son commandement. 2 Frapper (un haut fonctionnaire) d'une mesure de disgrâce. ⇒ **destituer, disgracier, révoquer.**

> ❑ Joffre affecta des généraux jugés incapables à *Limoges*, ville éloignée du front.

① **limon** n. m. – déb. XIIe ; lat. *limus* « boue, vase » 1 Terre ou fines particules, entraînées par les eaux et déposées sur le lit et les rives des fleuves. ⇒ **alluvions, dépôt.** « *Chaque marée montante apporte et répand sur tout le rivage un limon impalpable* » (Buff.). 2 Roche mixte argilo-siliceuse contenant du quartz détritique, formée d'éléments plus gros que ceux des vases. ⇒ **lœss.**

② **limon** n. m. – XIIe ; gaul. °*lem-* « traverse » 1 Chacune des deux pièces de bois entre lesquelles on attelle le cheval. ⇒ **brancard.** 2 Noyau d'un escalier, dans lequel sont engagés les extrémités des marches, et la balustrade du côté du vide.

③ **limon** n. m. – XIVe ; ar. ■ VX Citron. ⇒ ② **lime.**

limonade n. f. – XVIIe ; de ③ *limon* 1 Boisson gazeuse incolore, légèrement sucrée et parfumée au citron. « *Un beau soir, foin des bocks et de la limonade* » (Rimb.). 2 Commerce des débitants de boissons. « *Quand la sueur roule jusqu'aux mentons, c'est un beau temps pour la limonade* » (Genevoix).

limonadier, ière n. – XVIIe 1 Fabricant de limonade, de boissons gazéifiées. 2 Cafetier.

limonage n. m. – XIXe ■ Fertilisation d'une terre par apport de limon.

limonaire n. m. – 1905 ; nom de l'inventeur ■ Orgue mécanique. « *les haut-parleurs n'avaient pas encore remplacé les limonaires* » (Simenon).

limonène n. m. – 1905 ■ Hydrocarbure de la famille des terpènes, qu'on rencontre dans les essences de citron, de bergamote, etc.

limoneux, euse adj. – XIVe ; de ① *limon* ■ Qui contient du limon.

limonière n. f. – XVIIIe ■ Partie de la voiture hippomobile constituée par les limons.

limonite n. f. – XIXe ; de ① *limon* ■ Hydroxyde naturel de fer, brun, opaque, présent dans les minerais d'hématite.

limoselle n. f. – XVIIIe ; lat. *limosus* « limoneux, bourbeux » ■ Plante herbacée *(scrofulariacées)*, qui croît dans les lieux limoneux ou humides.

limousin, ine adj. et n. – XVIe ; lat. *Lemovices*, nom de peuple ■ De la région de Limoges, du Limousin. ➝ *Race limousine* (bovins, ovins et porcins). ♦ n. *Les Limousins.* ➝ n. m. *Le limousin* : parler du groupe occitan.

limousinage n. m. – XVIIe ■ Maçonnerie faite avec des moellons et du mortier.

limousine n. f. – XIXe ■ Automobile à quatre portes et six glaces. « *Une limousine, vaste, confortable, familiale* » (Aragon).

> ❑ Ce mot, désignant primitivement une pèlerine protégeant de la boue, pourrait venir soit du latin *limus* « boue », soit du nom de la province du *Limousin*, les bergers limousins ayant été les premiers à porter cette pèlerine. Ce nom peut aussi avoir été donné à l'automobile par son inventeur, C. Jeantaud, né à Limoges.

limpide adj. – XVIe ; lat. 1 Dont rien ne trouble la parfaite transparence. ⇒ **clair, pur, transparent.** « *Les ruisseaux d'eau limpide* » (Zola). 2 Parfaitement clair, intelligible. *Nous en gardons « un souvenir limpide »* (Maurois). ✪ CONTR. Opaque, ① trouble. Obscur.

limpidité n. f. – XVIIe 1 Qualité, état de ce qui est limpide. ⇒ **clarté, pureté, transparence.** *La limpidité de l'eau.* 2 Grande clarté (de la pensée, de l'expression).

limule n. m. ou f. – XIXe ; lat. ■ Arthropode marin, fouisseur (Antilles, océan Indien), appelé aussi *crabe des Moluques.*

lin n. m. – XIIe ; lat. 1 Plante herbacée *(linacées)* à fleurs bleues, cultivée pour ses graines oléagineuses et ses fibres textiles. *Huile de lin. Farine de lin,* utilisée pour les cataplasmes. 2 Fibre textile végétale très résistante provenant de la tige du lin. ♦ Tissu, toile de lin. « *casques d'argent, vestes de lin* » (Verhaeren). *Torchon en lin.*

linaigrette n. f. – XVIIIe ■ Plante herbacée *(cypéracées)* appelée aussi *lin des marais,* dont les fleurs forment une aigrette argentée.

linaire n. f. – XIIIe ■ Plante herbacée *(scrofulariacées)* appelée aussi *lin sauvage,* dont les fleurs portent un long éperon. ⇒ **cymbalaire, velvote.**

linceul n. m. – XIe ; lat. *linteolum* « petite pièce de toile de lin » ■ Pièce de toile dans laquelle on ensevelit un mort. *Le linceul du Christ.* ⇒ **suaire.** « *le rapide oubli, second linceul des morts* » (Lamart.).

linéaire adj. et n. m. – XVe ; lat. *linea* « ligne » 1 Qui a rapport aux lignes, se traduit par des lignes. *Mesure linéaire* : mesure de longueur. *Dessin linéaire,* où le trait seul est utilisé. ➝ *Mètre linéaire* : unité correspondant à un mètre de mur équipé de meubles par éléments. ♦ n. m. *Le linéaire* : écriture syllabique de la Grèce archaïque. 2 Qui peut être représenté dans l'espace euclidien par une droite. ➝ *Application linéaire,* qui peut être écrite en termes du premier degré des variables (⇒ aussi **multilinéaire**). ➝ *Algèbre linéaire* : étude des applications linéaires, des espaces vectoriels, des matrices, déterminants, tenseurs. 3 Qui évoque une ligne, est sans épaisseur. *Un récit linéaire et sans digressions.* 4 n. m. Longueur occupée par des marchandises sur les rayonnages d'un magasin.

linéairement adv. – XVe ■ En obéissant à une relation linéaire. *Vecteurs linéairement dépendants.*

linéal, ale, aux adj. – XIVe ■ Qui a rapport aux lignes.

linéament n. m. – XVIe ; lat. *linea* « ligne » 1 Ligne élémentaire, caractéristique (d'une forme, d'un aspect). « *Cette vieille avait conservé de son ancienne beauté quelques linéaments simples et majestueux* » (Gaut.). ⇒ ① **trait.** 2 Premiers traits (d'une chose en développement). ⇒ **ébauche, esquisse.** *Les linéaments d'un projet.*

linéarité n. f. – 1910 ■ Caractère de ce qui est linéaire.

linéature n. f. – 1960 ; lat. *lineatus* « aligné, rayé » ▪ Nombre de lignes d'une image de télévision complète. ⇒ **définition.**

linéique adj. – 1961 ; lat. *linea* ▪ sc. Se dit d'une grandeur rapportée à l'unité de longueur.

linette n. f. – XIVe ▪ Graine de lin.

lingam [lɛ̃gam] ou **linga** [lɛ̃ga] n. m. – XVIIIe ; sanskr. ▪ Symbole phallique du dieu Shiva.

linge n. m. – XIIe ; lat. *lineus* « de lin » **1** Ensemble des pièces de tissu en coton, lin ou fibres synthétiques, servant aux besoins du ménage. *Linge de maison* (pour le lit, la toilette, la table, la cuisine). *Sac à linge sale. Laver le linge* (⇒ **lave-linge**). *Étendre le linge. Corde, pinces à linge.* **2** *Linge (de corps)* : ensemble des sous-vêtements. ⇒ ② **dessous, lingerie.** ➛ fam. *Du beau linge* : des personnes importantes, riches. **3** Pièce de linge. *Elle « le roulait dans un linge chaud »* (Duham.). ➛ loc. *Blanc comme un linge* : très pâle.

lingère n. f. – XIIIe ▪ Femme chargée de l'entretien du linge dans une communauté, une grande maison.

lingerie n. f. – XIVe **1** Commerce du linge de corps pour femmes. **2** Local réservé à l'entretien du linge dans une communauté, un grand appartement. **3** Linge de corps pour femmes. ⇒ ② **dessous.** *Lingerie fine.*

lingot n. m. – XIVe ; p.-ê. a. provenç. « langue » ▪ Masse de métal ou d'alliage gardant la forme du moule où on l'a coulée. ➛ Lingot d'or, d'environ 1 kg. « *Les lingots entassés à la Banque de France* » (Bainville).

lingotière n. f. – XVIIe ▪ Moule à faire des lingots.

lingual, ale, aux [lɛ̃gwal, o] adj. – XVIIIe ; lat. *lingua* « langue » **1** Qui appartient, a rapport à la langue. *Muscles linguaux.* **2** Produit par les mouvements de la langue. *Consonne linguale.*

linguatule [lɛ̃gwatyl] n. f. – XIXe ; lat. *lingua* « langue » ▪ Animal arthropode, au corps vermiforme, parasite des mammifères et des reptiles.

lingue n. f. – XVIIIe ; néerl. ▪ Poisson des côtes de la Manche et de l'Atlantique *(gadiformes)*, proche de la lotte. ⇒ ② **julienne.**

-lingue Élément, du lat. *lingua* « langue (langage) » : *bilingue.* ⇒ **-phone.**

linguet n. m. – XVIIe ; néerl. *hengel* « crochet » ▪ Pièce mobile destinée à empêcher un cabestan, un treuil de dévirer. ⇒ ② **rochet.** « *on entendait distinctement le cliquetis du linguet qui frappait sur le guindeau* » (J. Verne). ➛ Pièce mobile du rupteur de l'allumage d'un moteur à explosion.

linguette n. f. – 1967 ; lat. *lingua* « langue » ▪ Comprimé destiné à fondre lentement sous la langue.

❑ Doublet savant de *languette.*

linguiforme [lɛ̃gɥifɔʀm] adj. – XVIIIe ▪ En forme de langue.

linguiste [lɛ̃gɥist] n. – XVIIe ; lat. *lingua* « langue » ▪ Spécialiste en linguistique. « *linguiste ou sémanticien, le chic réside à ne connaître que sa langue maternelle* » (Aragon).

❑ Pour la prononciation du *gu* → ① g (rem.).

linguistique [lɛ̃gɥistik] n. f. et adj. – XIXe **I** n. f. Science qui a pour objet l'étude du langage, envisagé comme système de signes. « *La linguistique a pour unique* [...] *objet la langue envisagée en elle-même et pour elle-même* » (Saussure). ⇒ **dialectologie, étymologie, grammaire, lexicologie, morphologie, onomastique, philologie, phonétique, phonologie, sémantique, stylistique, toponymie.** **II** adj. **1** Relatif à la linguistique. *Théories linguistiques.* **2** Propre à la langue, envisagé du point de vue de la langue. *Communauté, géographie linguistique.* **3** Relatif à l'apprentissage des langues étrangères. *Séjours linguistiques à l'étranger.*

❑ Pour la prononciation du *gu* → ① g (rem.).

linguistiquement [lɛ̃gɥistikmɑ̃] adv. – XIXe ▪ Du point de vue linguistique.

linier, ière adj. – XVIIIe ▪ Relatif au lin, comme textile.

linière n. f. – XIIe ▪ Champ de lin.

liniment n. m. – XVe ; lat. *linire* « oindre » ▪ Liquide gras, renfermant une substance médicamenteuse, avec lequel on frictionne la peau. ⇒ **baume, onguent.**

linkage [liŋkaʒ] n. m. – 1921 ; mot angl., de *to link* « lier » ▪ Liaison existant entre les gènes d'un chromosome ; association de facteurs héréditaires qu'elle entraîne. Équiv. français *liaison (factorielle, génétique).*

links [liŋks] n. m. pl. – XIXe ; mot écossais, angl. *linch* « bord » ▪ Terrain de golf en bord de mer, avec des dunes.

lino → **linoléum**

linogravure n. f. – 1948 ▪ Procédé de gravure utilisant le linoléum comme support ; gravure obtenue par ce procédé.

linoléique adj. – XIXe ; angl., du lat. *linum* « lin » et *oleum* « huile » ▪ *Acide linoléique* : acide gras essentiel insaturé à 18 atomes de carbone et deux doubles liaisons.

linoléum [linɔleɔm] n. m. – XIXe ; angl. *linoleum*, du lat. *linum* « lin » et *oleum* « huile » ▪ Revêtement imperméable fait de toile de jute enduite d'un mélange de poudre de liège, d'huile de lin, de gomme et de résine. ➛ abrév. fam. LINO.

linon n. m. – XVIIe ; de *lin* ▪ Tissu en armure toile, fin et transparent, plus clair que la batiste.

linotte n. f. – XIIIe ; de *lin*, cet oiseau étant friand de linettes ▪ Petit passereau siffleur, au plumage brun sur le dos, rouge sur la poitrine. ♦ loc. TÊTE DE LINOTTE : personne écervelée, agissant étourdiment et à la légère. « *Une vraie tête de linotte ! Il brûlait la chandelle par les deux bouts !* » (Flaub.).

❑ On appelle parfois le mâle *linot* : « *un linot apprivoisé vola vers elle* » (Artaud).

linotype n. f. – XIXe ; mot angl., contraction de *line of types* « ligne de caractères » ▪ Machine à composer au plomb, qui fondait d'un bloc chaque ligne de caractères que l'on composait sur un clavier.

linotypie n. f. – 1911 ▪ Composition à la linotype.

linotypiste n. – 1904 ▪ Ouvrier, ouvrière composant à la linotype.

linsang [lɛ̃sɑ̃g ; linsɑ̃ŋ] n. m. – XIXe ; mot javanais ▪ Petit mammifère carnivore, félin d'Asie tropicale.

linteau n. m. – XIIe ; lat. *limitaris* « de la frontière *(limes)* », confondu en lat. pop. avec *liminaris* « relatif au seuil *(limen)* » ▪ Pièce horizontale qui forme la partie supérieure d'une ouverture et soutient la maçonnerie. « *Les cornes de son hennin frôlaient le linteau des portes* » (Flaub.).

lion, lionne n. – XIe ; lat. *leo* **I - 1** Grand mammifère carnivore, félin à pelage fauve, à crinière brune et fournie (chez le mâle), à queue terminée par une grosse touffe de poils, vivant en Afrique et en Asie. *Rugissement du lion. Le lion, la lionne et les lionceaux.* « *Le lion n'attaque jamais l'homme à moins qu'il ne soit provoqué* » (Buff.). **2** loc. *Se battre, se défendre comme un lion,* courageusement. *Tourner comme un lion en cage* : s'impatienter (avec une idée de force impuissante). *Se tailler la part du lion* : s'adjuger la plus grosse part. **3** Personne courageuse. **II - 1** Constellation zodiacale de l'hémisphère boréal.

♦ Cinquième signe du zodiaque (23 juillet-22 août). ➝ *Elle est Lion,* née sous le signe du Lion. 2 *Lion de mer :* otarie à crinière.

lionceau n. m. – XIIe ■ Petit du lion et de la lionne.

liparis [lipaʀis] n. m. – XVIe ; gr. *liparos* « gras » 1 Petit poisson de la mer du Nord et de la Baltique, à peau visqueuse. 2 Papillon nocturne épais et poilu. 3 Orchidée sauvage des marais.

lipase n. f. – XIXe ; gr. *lipos* « graisse » ■ Enzyme qui hydrolyse les graisses neutres émulsifiées en acides gras et en glycérol.

lipide n. m. – 1923 ; gr. *lipos* « graisse » ■ Corps gras renfermant un acide gras ou un dérivé d'acide gras (ester, alcool, aldéhyde gras). *Lipides alimentaires.* ⇒ **graisse.**

lipidémie n. f. – 1959 ■ Teneur du sang en lipides.

lipidique adj. – 1937 ■ Relatif aux lipides.

lipo- Élément, du gr. *lipos* « graisse ». ⇒ **adip(o)-.**

lipochrome [lipokʀom] n. m. – 1903 ; *lipo-* et *-chrome* ■ Groupe de pigments liés aux lipides intracellulaires qui leur donnent une coloration jaune ou verdâtre.

lipogenèse n. f. – 1953 ; *lipo-* et *-genèse* ■ Production de corps gras dans l'organisme (opposé à *lipolyse*).

lipogramme n. m. – XVIIe ; gr. *leipein* « enlever » et *gramma* « lettre » ■ Texte dans lequel on s'astreint à ne pas faire figurer une ou plusieurs lettres de l'alphabet (ex. « *La Disparition* » de G. Perec, sans la lettre *e*). « *La troisième tradition du lipogramme est la tradition vocalique, celle qui bannit les voyelles* » (Perec).

lipoïde adj. – XIXe ■ Qui a l'apparence de la graisse.

lipolyse n. f. – 1907 ; *lipo-* et *-lyse* ■ Destruction des graisses dans un organisme (opposé à *lipogenèse*).

lipome n. m. – XVIIIe ; *lipo-* et *-ome* ■ Tumeur constituée par une prolifération du tissu adipeux.

lipophile adj. – v. 1950 ; *lipo-* et *-phile* ■ Qui retient les substances grasses.

lipoprotéine n. f. – 1959 ■ Molécule résultant de l'union d'une protéine et d'un corps gras.

liposarcome [liposaʀkom] n. m. – XIXe ■ Tumeur mixte composée de tissu graisseux et de tissu embryonnaire.

liposoluble [liposɔlybl] adj. – 1929 ■ Soluble dans les graisses.

liposome n. m. – v. 1975 ; mot angl. ■ Petite vésicule artificielle formée de plusieurs feuillets lipidiques renfermant une solution aqueuse.

liposuccion [liposy(k)sjɔ̃] n. f. – v. 1980 ■ Prélèvement d'excès de graisse sous la peau, par aspiration.

lipothymie n. f. – XVIe ; gr. *leipein* « laisser » et *thumos* « esprit » ■ État de malaise intense ou brève perte de connaissance avec conservation de la respiration et de la circulation.

lipotrope adj. – 1922 ; *lipo-* et *-trope* ■ Qui se fixe sur les substances grasses des cellules vivantes.

lippe n. f. – XIIe ; néerl. ■ Lèvre inférieure épaisse et proéminente. ♦ loc. *FAIRE LA LIPPE :* bouder, faire la moue.

lippu, ue adj. – XVIe ■ Qui a de grosses lèvres.

> ❑ On relève parfois le pléonasme *lèvres lippues :* « *une bouche sensuelle à lèvres lippues* » (Balzac).

liquation [likwasjɔ̃] n. f. – XVIe ; lat. ■ Opération qui consiste à séparer par fusion deux ou plusieurs métaux de fusibilité différente.

liquéfacteur n. m. – XIXe ■ Appareil permettant la liquéfaction d'un gaz.

liquéfaction n. f. – XIVe ; lat. *liquefacere* « liquéfier » 1 Passage à l'état liquide d'un corps gazeux. *La liquéfaction de l'air, de l'hélium.* 2 littér. Désagrégation, dissolution. ✪ CONTR. Solidification, vaporisation.

liquéfiable adj. – XVIe ■ Qui peut être liquéfié.

liquéfiant, iante adj. – XIXe ■ Qui produit la liquéfaction. ➝ fam. Amollissant ; épuisant.

liquéfier v. tr. 7 – XIVe ; lat. *liquere* « être liquide » et *facere* « faire » 1 Faire passer à l'état liquide (un corps solide). ⇒ **fondre.** pronom. *Les grains de sable « fondaient les uns sur les autres, ils se liquéfiaient, se gazéifiaient »* (Le Clézio). 2 Faire passer à l'état liquide (un corps gazeux). pronom. *L'hélium se liquéfie à très basse température.* 3 v. pron. *SE LIQUÉFIER :* perdre toute énergie, toute résistance morale. ✪ CONTR. Solidifier.

liquette n. f. – XIXe ; arg. *limace* « chemise » ■ fam. Chemise. « *cuire la tambouille, repasser mes liquettes, repriser mes slips* » (Queneau).

liqueur n. f. – XIIe ; lat. *liquare* « être clair ou liquide » 1 Solution employée en pharmacie, dans l'industrie. 2 Boisson sucrée et aromatisée, à base d'alcool ou d'eau-de-vie. ⇒ **spiritueux.** « *une liqueur verte, dorée, chaude, étincelante, exquise* » (Daudet). ♦ Eau-de-vie, digestif (sucré ou non) : cognac, rhum, kirsch, etc. ⇒ **alcool.** *Prendrez-vous des liqueurs ?*

liquidable adj. – XVIIIe ■ Qui peut ou doit être liquidé.

liquidambar n. m. – XVIe ; esp., de *liquido* « liquide » et *ambar* « ambre » ■ Arbre exotique ornemental dont on tire des résines balsamiques utilisées comme stimulant des voies respiratoires.

liquidateur, trice n. – XVIIIe ■ Personne chargée d'une liquidation (amiable ou judiciaire). *Liquidateur de société.* ➝ appos. « *un des agents liquidateurs de sa faillite* » (Maupass.).

liquidatif, ive adj. – XIXe ■ Qui opère la liquidation.

liquidation n. f. – XVe 1 Action de calculer le montant de sommes à régler ; le règlement de ces sommes. *Liquidation des droits* (de douane) *et taxes.* ➝ Ensemble des opérations préliminaires au partage d'une indivision. *Liquidation d'une succession.* ⇒ **partage.** ♦ *Liquidation judiciaire :* réalisation de l'actif d'une société en état de cessation de paiement en vue du règlement de son passif. ⇒ **redressement** (judiciaire). ♦ Exécution des opérations boursières à terme à la date convenue ; cette date (⇒ **échéance**). *Liquidation de quinzaine, de fin de mois.* 2 Vente au rabais en vue d'un écoulement rapide des marchandises. *Liquidation du stock après inventaire.* 3 Le fait de tuer, de se débarrasser de qqn. *La liquidation d'un témoin gênant.*

liquide adj. et n. m. – XIIIe ; lat. I adj. 1 Qui coule ou tend à couler. ⇒ **fluide.** *Solide, gaz qui passe à l'état liquide* (⇒ **condensation, fusion, liquéfaction**). *Lessive, savon liquide.* ➝ *AIR LIQUIDE :* air conservé à l'état liquide par le froid. ♦ Qui n'a pas de consistance. *Lier une sauce trop liquide.* 2 *Consonnes liquides* ou n. f. *les liquides :* les consonnes *l* et *r*. 3 Qui est exactement déterminé dans son montant, sa valeur. *Créance, dette liquide.* ♦ Qui est librement et immédiatement disponible. *Avoir de l'argent liquide.* ⇒ **liquidités.** ➝ n. m. *Avoir du liquide. Payer en liquide,* en espèces. *Mille francs en liquide.* « *Il avait très besoin de pognon et puis de liquide immédiat* » (Céline). II n. m. 1 Substance caractérisée par sa fluidité et sa faible compressibilité ; corps, substance liquide (I, 1°) à température ambiante. *Écoulement, flux ; ébullition, évaporation des liquides.* ➝ *Liquide de frein, de refroidissement dans une automobile.* ➝ *Étude des propriétés physiques des liquides* (⇒ **hydrométrie**). 2 *Malade qui ne peut prendre que des liquides,* des aliments liquides (bouillon, consommé). 3 *Liquides organiques,* lymphe, sang, sérosité, etc. ✪ CONTR. Dur, épais, solide. — Gaz, solide.

❑ Même famille étym. que *prolixe* et *déliquescent.*

liquider v. tr. 1 – XVIe 1 Soumettre à une liquidation. *Liquider une succession, une société.* ♦ « *Je travaille de plus en plus à liquider mes affaires littéraires, en vue de la mort* » (Ste-Beuve). ⇒ **régler.** 2 Vendre (des marchandises) au rabais. *Liquider le stock.* 3 fam. En finir avec (qqn ou qqch.). ⇒ se **débarrasser.** *Liquider un témoin gênant.* ⇒ **éliminer, tuer.** ➛ Finir, terminer (qqch.). *Liquider les restes. C'est liquidé, on n'en parle plus.* ✪ CONTR. Acquérir.

liquidien, ienne adj. – XIXe ▪ didact. Relatif aux liquides. *Épanchement liquidien.*

liquidité n. f. – XVIe 1 Caractère de ce qui est plus ou moins liquide. ⇒ **fluidité.** 2 *La liquidité d'un placement, d'un investissement,* sa faculté de pouvoir être rapidement réalisé. ♦ au plur. Somme immédiatement disponible. *Liquidités internationales :* moyens de règlement constituant les réserves de change des banques centrales. ✪ CONTR. Consistance. Immobilisation.

liquoreux, euse adj. – XVIe ▪ Qui rappelle la liqueur par la saveur douce, le degré élevé d'alcool. *Vins liquoreux.*

liquoriste n. – XVIIIe ▪ Personne qui fabrique ou vend des liqueurs.

① **lire** v. tr. 43 – XIe ; lat. *legere* « ramasser, cueillir » **I** - 1 Suivre des yeux en identifiant (des caractères, une écriture). *Écriture difficile à lire.* « *Sur le mur de la cellule* [...] *je viens de lire les graffiti amoureux* » (Genet). ♦ Être capable de lire. *Apprendre à lire à un enfant. Savoir lire et écrire.* ♦ *Lire le braille.* 2 Prendre connaissance du contenu de (un texte), par la lecture. *J'ai lu cela dans un livre. Lire un roman.* « *N'ayant rien à lire, j'écris* » (Stendh.). ➛ *Lire Goethe dans le texte.* « *Il lisait très bien le français, mais il ne l'avait jamais parlé* » (Staël). ♦ Passer du temps à lire. ⇒ fam. **bouquiner.** *Lire beaucoup.* 3 Énoncer à haute voix (un texte écrit). *Lire qqch. tout bas, tout haut.* ♦ Faire la lecture. « *Elle lisait bien, douée d'une espèce de don spécial d'accentuation juste* » (Maupass.). *Elle lui lisait le journal.* 4 Déchiffrer (un système signifiant, un code) de manière à en maîtriser le contenu. « *il n'avait pu lire ce qui était chiffré* » (Rouss.). *Lire une partition. Lire une carte.* 5 Effectuer la saisie de l'information de (une bande magnétique) en vue d'une reproduction sonore. **II** - 1 Déchiffrer, comprendre (ce qui est caché) par un signe extérieur. *Lire l'avenir dans les lignes de la main.* 2 Discerner, reconnaître comme par un signe. ⇒ **découvrir, pénétrer.** « *Si tu pouvais lire dans mon cœur, tu verrais la place où je t'ai mise !* » (Flaub.). « *je lisais dans ses yeux* » (Le Clézio). ✪ HOM. Lyre ; *lis :* lie ; *lirai :* lierai (lier) ; *lûtes :* lute (luter), lutte (lutter).

❑ Tous les dérivés de *lire* sont formés sur le radical *lis-* des formes conjuguées : *liseur, liseuse, lisibilité, lisible, illisible.*

② **lire** n. f. – XVIe ; it. ▪ Unité monétaire italienne.

lirette n. f. – XXe ; o. i. ▪ Étoffe ou tapis dont la trame est constituée de lanières de tissu usagé.

lis ou **lys** [lis] n. m. – XIIe ; lat. *lilium* 1 Plante herbacée vivace *(liliacées),* à feuilles lancéolées et à grandes fleurs. « *Les grands lys orgueilleux se balancent au vent* » (Verlaine). 2 La fleur blanche du lis commun. ➛ *Blanc comme un lis.* Loc. *Un teint de lis et de roses.* 3 FLEUR DE LYS, DE LIS : figure héraldique formée de trois fleurs de lis schématisées et unies ; objet imitant cette figure. *La fleur de lys,* emblème de la royauté. 4 *Lis Saint-Jacques.* ⇒ **amaryllis.** ✪ HOM. Lice, lisse.

❑ La graphie *lys* est archaïque mais courante dans *fleur de lys* depuis le XIXe s., où le *y* a pu être ressenti comme une notation noble caractéristique (*roy, reyne* pour *roi, reine*). Le dérivé *fleurdelisé* s'écrit avec un *i.*

lisage n. m. – XVIIIe ; de ① *lire* 1 Opération qui consiste à analyser un dessin pour tissu et à percer correctement les cartons montés dans le métier. 2 Machine effectuant cette opération.

lise n. f. – XIIe ; var. de *glaise* ▪ Sable mouvant en bord de mer. ✪ HOM. Lyse.

liserage ou **lisérage** n. m. – XVIIIe ▪ Ouvrage qui consiste à border d'un fil (d'or, d'argent, de soie, de laine) les motifs d'une broderie ; cette bordure.

liseré ou **liséré** n. m. – XVIIIe ▪ Ruban étroit dont on borde un vêtement. ⇒ **passepoil.** ♦ Bande formant bordure, d'une autre couleur que le fond. *Un bel oiseau* « *aux ailes bordées d'un liseré blanc* » (J. Verne).

liserer ou **lisérer** v. tr. 5 et 6 – XVIe ; de *lisière* ▪ Border d'un liseré.

liseron n. m. – XVIe ; dimin. de *lis* 1 Plante herbacée volubile *(convolvulacées),* aux fleurs en forme d'entonnoir. ⇒ **convolvulus.** *Liseron des jardins.* ⇒ **belle-de-jour.** 2 Volubilis.

liseur, euse n. – XIIe ▪ Personne qui a l'habitude de lire beaucoup. ⇒ **lecteur.**

liseuse n. f. – XIXe 1 Couvre-livre interchangeable. 2 Petite cape ou veste de lainage léger qu'on porte chez soi, au lit (pour *lire* au lit, etc.). ⇒ **douillette.**

lisibilité n. f. – XIXe 1 Caractère de ce qui est lisible. *Écriture d'une lisibilité parfaite.* ♦ Compréhensibilité. 2 *Lisibilité d'une politique,* le fait qu'elle soit présentée de façon à être clairement comprise. ✪ CONTR. Illisibilité.

lisible adj. – XVe 1 Qui est aisé à lire, à déchiffrer. *Une inscription encore lisible.* 2 Compréhensible à la lecture. ♦ Digne d'être lu. *Ce roman est à peine lisible.* ✪ CONTR. Illisible.

lisiblement adv. – XVIe ▪ D'une manière lisible. « *Forme tes chiffres lisiblement* » (Flaub.).

lisier n. m. – XIXe ; lat. *lotium* « urine » ▪ Mélange d'excréments d'animaux contenant une grande quantité d'eau, qui sert d'engrais. ⇒ **purin.**

lisière n. f. – XIIe ; p.-ê. a. fr. *lis* 1 Bordure limitant de chaque côté une pièce d'étoffe. 2 Partie extrême d'un terrain, d'une région. *La lisière d'un champ, d'un bois.* ⇒ **orée.** « *Comme il longeait la lisière du bosquet* » (Giono).

lisp [lisp] n. m. – v. 1960 ; mot angl., acronyme de ***Lis****t* ***P****rocessing* « traitement de listes » ▪ Langage évolué orienté vers le traitement d'expressions symboliques et utilisé en intelligence artificielle.

① **lissage** n. m. – XIXe ▪ Manière de disposer les lices selon le tissu à obtenir.

② **lissage** n. m. – XVIIIe 1 Action de lisser ; résultat de cette action. *Elle surveille* « *l'inclinaison du chapeau, le lissage des cheveux* » (Proust). *Lissage de la peau.* ⇒ **lifting.** 2 sc. Élimination de variables aléatoires ou résiduelles dans une courbe.

① **lisse** adj. – XIIe ; de ① *lisser* ▪ Qui n'offre pas d'aspérités au toucher. ⇒ **égal, uni.** *Notre voiture* « *glissait sur la longue bande de ciment lisse* » (Céline). *Une peau lisse,* douce, unie, sans rides. ➛ « *sous la surface hypocrite et lisse de la vie familiale* » (Maurois). ♦ *Muscles lisses et muscles striés.* ♦ *Corde lisse,* sans nœuds. ✪ CONTR. Granuleux, ridé, rugueux. — HOM. Lice, lis.

② **lisse** → ② **lice**

③ **lisse** n. f. – XVIIe Outil de cordonnier, de maçon servant à polir.

④ **lisse** n. f. – XIIIe ▪ Membrure de la coque d'un navire placée contre les couples ou le bordé. ♦ Élément longitudinal reliant les couples d'un fuselage, d'une voiture. ⇒ **longeron.** ♦ Assemblage de pièces de bois servant de garde-fou. ⇒ **herpe.**

lissé n. m. – XVIe ▪ Degré de cuisson du sucre qui va entrer en ébullition. *Sucre cuit au petit, au grand lissé.* ✪ HOM. Lisser, lycée.

① **lisser** v. tr. [1] – XIe ; lat. *lixare* « repasser » **1** Rendre lisse. *Oiseau qui lisse ses plumes avec son bec.* « *Il avait léché la paume de sa main pour lisser ses cheveux* » (Giono). **2** Éliminer les fluctuations rapides de (un phénomène) pour ne retenir que l'évolution moyenne. *Lisser une courbe* (⇒ ② **lissage).** ✪ HOM. Lissé, lycée.

② **lisser** v. tr. [1] – XVIIe ▪ Garnir de lisses (un navire).

lisseur, euse n. – XVe **1** Ouvrier, ouvrière qui lisse (du papier, des étoffes). **2** n. f. Machine pour lisser le papier, les étoffes, les cuirs.

lissier → **licier**

lissoir n. m. – XVIe ▪ Instrument pour lisser (le papier, les étoffes, le cuir).

listage n. m. – 1962 ▪ Action de lister ; résultat de cette action. ♦ Document produit en continu par une imprimante d'ordinateur.

① **liste** n. f. – XIIe ; germ. « bordure, bande » ▪ Bande de poils blancs sur le chanfrein de certains chevaux. *Une jument « baie avec liste en tête »* (Cl. Simon).

② **liste** n. f. – XVIe ; it. *lista,* de même o. que ① *liste* **1** Suite de mots, de noms, de signes, généralement inscrits les uns au-dessous des autres. *Dresser, faire une liste.* « *il établit une petite liste des denrées qu'il achèterait* » (Huysm.). *Liste alphabétique. Liste méthodique d'objets.* ⇒ **catalogue, inventaire.** ➛ loc. *Liste noire :* liste de gens à surveiller, à abattre. *Être sur (la) liste rouge :* refuser que son numéro de téléphone figure dans l'annuaire. ➛ *Liste d'attente :* liste des personnes en surnombre (pour un voyage en avion, l'obtention de qqch.). *Être sur, en liste d'attente.* ➛ *Liste de mariage :* liste des cadeaux souhaités par les futurs époux, déposée dans un magasin. ♦ *Grossir la liste des mécontents :* s'ajouter au nombre de. **2** *Liste civile :* somme allouée au chef de l'État pour subvenir aux dépenses et charges de sa fonction.

listel n. m. – XVIe ; de ① *liste* **1** Petite moulure plate ou saillante. ⇒ ① **filet. 2** Bande circulaire et saillante au bord des monnaies, des médailles.

❑ On trouve parfois le pluriel irrégulier *listeaux,* de la variante ancienne *listeau* (→ ① liteau).

lister v. tr. [1] – v. 1960 **1** Mettre en liste. ⇒ **répertorier. 2** Produire (un document) en continu à l'aide d'une imprimante d'ordinateur (⇒ **listage).**

listeria [listeʀja] n. f. inv. – 1940 ; de *Lister,* nom d'un chirurgien angl. ▪ Bactérie Gram positive, pathogène pour l'homme et les animaux. *Contamination de fromages à pâte molle par des listeria.* ⇒ **listériose.**

listériose n. f. – 1950 ▪ Infection par des bacilles du genre *Listeria* (entraînant pneumonie, méningite...).

listing [listiŋ] n. m. – 1953 ; angl. « action de mettre en liste » ▪ Listage produit par un ordinateur. ⇒ **listage** (recomm. offic.).

liston n. m. – XVIIIe ; germ. ▪ Moulure, décorative ou de protection, placée le long de la muraille d'un navire.

lit n. m. – XIe ; lat. *lectus* **I - 1** Meuble destiné au coucher. ⇒ poét. **couche ;** fam. ② **pieu, plumard ;** enfantin ① **dodo.** *Le cadre, le matelas et le sommier d'un lit. Garniture de lit.* ⇒ **literie.** *Lit à une place, à deux places.* « *la chambre à coucher avait un grand lit* » (Huysm.). *Lits jumeaux. Lit à baldaquin. Lit clos* ou *lit breton,* à battants de bois qui se ferment. *Lits gigognes.* ➛ *Canapé-lit.* ⇒ **canapé, convertible.** ♦ Place couchée, dans un établissement, un lieu de résidence. *Une capacité hôtelière de mille cinq cents lits.* **2** Partie rigide (de bois, de métal, de plastique) qui soutient l'ensemble. *Lit d'acajou.* **3** Literie sur laquelle on s'étend. *Bon lit.* **4** loc. *Aller au lit, se mettre au lit.* ⇒ se **coucher.** « *hop, au lit* » (Queneau). ➛ *Rester au lit toute la matinée.* ➛ *S'étendre sur son lit.* ➛ *Coucher, dormir dans un lit.* ➛ *Sortir du lit.* ⇒ se **lever.** *Au saut du lit :* au réveil, de bon matin. *Tirer qqn du lit.* fam. *Être tombé du lit :* s'être levé tôt contrairement à son habitude. ♦ *Faire un lit :* disposer la literie pour qu'on puisse s'y coucher confortablement ; rabattre la literie pour la journée. ♦ *Malade contraint de se mettre, de rester au lit. Garder le lit. Être cloué au lit* (⇒ **aliter).** ➛ *Votre mère « qui est clouée, comme moi, sur un lit de douleurs »* (Mart. du G.). ➛ *Sur son lit de mort :* sur le point d'expirer. *Mourir dans son lit,* dans son propre lit, d'une mort naturelle. **5** (Le lit symbolisant les rapports sexuels et l'union conjugale) « *Mais quand au lit nous serons* » (Ronsard). *Lit nuptial, conjugal.* ➛ *Au lit, c'est une affaire !* ➛ *Enfants du premier lit,* d'un premier mariage. **6** *LIT DE JUSTICE :* lit à dais, où le roi se plaçait lorsqu'il tenait une séance solennelle du parlement ; la séance elle-même. **II - 1** Couche d'une matière étendue sur le sol, où l'on s'étend, où l'on dort. ⇒ **litière, matelas, natte,** ① **paillasse, tapis.** *Un lit de feuillage.* **2** Couche horizontale. « *des côtelettes d'agneau [...] couchées sur un lit épais et menu de pointes d'asperges* » (Maupass.). ➛ Couche (de matériaux) déposés par les eaux, l'érosion. ⇒ **dépôt, strate. 3** Chacune des deux faces par lesquelles les pierres sont superposées dans une construction. *Les lits et les joints d'une pierre de taille.* **4** Creux naturel du sol dans lequel coule un cours d'eau. « *Ce ruisseau avait un lit pierreux, profond* » (P. Benoit). *Fleuve qui sort de son lit.* ⇒ **déborder. 5** *Lit du vent,* la direction dans laquelle il souffle. ⇒ **aire.** ✪ HOM. Li, lie.

❑ Même famille que *aliter, déliter.* Voir aussi les composés *chienlit* et *pissenlit.*

litanie n. f. – XIIe ; gr. « prière » **1** Prière liturgique où toutes les invocations sont suivies d'une formule brève récitée ou chantée par les assistants. *Litanies des saints.* **2** Longue énumération. Répétition ennuyeuse et monotone (de plaintes, de reproches, de demandes). « *C'est la litanie éternelle. Pourquoi l'as-tu épousé ! Pourquoi l'as-tu aimé !* » (Giraud.).

litchi n. m. – XVIe ; chin. ▪ Arbre d'Asie méridionale, à fruit comestible ; ce fruit.

❑ On trouve parfois ce mot dans sa graphie anglaise, *lichee : « fruits exotiques, mangues, goyaves, lichees »* (Barthes). Il existe également une forme *letchi.*

① **liteau** n. m. – XIIIe ; de ① *liste* **1** Baguette de bois fixée à un mur pour soutenir une tablette. ⇒ **tasseau. 2** Raie de couleur parallèle à chaque lisière du linge de maison uni. **3** Bois débité en section carrée de 25 mm ou rectangulaire. ✪ HOM. Litho.

② **liteau** n. m. – XVIIe ; de *lit* ▪ Lieu où le loup se repose. ⇒ **tanière.**

liter v. tr. [1] – XVIIIe ▪ Superposer (des poissons salés) par lits dans des barriques.

literie n. f. – XVIIe ▪ Ensemble des objets qui recouvrent le châlit et le sommier.

litham [litam] n. m. – XIXe ; mot ar. ▪ Voile dont certaines musulmanes et les Touaregs se couvrent la partie inférieure du visage.

litharge n. f. – XIIIe ; gr. « pierre d'argent » ■ Oxyde naturel de plomb. ♦ Protoxyde de plomb (PbO) fondu et cristallisé en lamelles d'un jaune rougeâtre. *La litharge entre dans la fabrication des verres au plomb.*

-lithe, -lithique Éléments, du gr. *lithos* « pierre ».

❑ Dans la terminologie géologique, le suffixe *-lithe* s'écrit parfois de façon simplifiée *-lite* (ex. *lépidolite, aérolithe* ou *aérolite*).

lithiase n. f. – XVIIe ; gr. ■ Formation de calculs dans divers conduits ou cavités de l'organisme. *Lithiase rénale.* ⇒ **gravelle, pierre.**

lithinifère adj. – 1907 ■ Qui contient du lithium.

lithique adj. – XVIIIe ; gr. *lithos* « pierre » ■ Relatif à la pierre, de pierre. ✪ HOM. Lytique.

lithium [litjɔm] n. m. – XIXe ; lat. *lithion* ■ Élément atomique (Li ; n^o at. 3 ; m. at. 6,94), le premier des métaux alcalins et le plus léger de tous les métaux. *Minerai de lithium.* ⇒ **lépidolite.** *Sels de lithium.*

litho → **lithographie**

litho- Élément, du gr. *lithos* « pierre ».

❑ Le préfixe *litho-* garde toujours le *h* étymologique, à la différence de *-lithe.* → -lithe (rem.).

lithodome n. m. – XIXe ; gr. *domos* « maison » ■ Mollusque lamellibranche à coquille cylindrique, qui creuse les roches pour s'y loger.

lithographe n. – XIXe ■ Personne qui imprime par la lithographie. ⇒ **graveur.**

lithographie n. f. – XVIIe ; *litho-* et *-graphie* **1** Reproduction par impression d'un dessin, d'un texte écrit ou tracé sur une pierre calcaire de grain très fin. ⇒ **gravure. 2** Feuille, estampe obtenue par ce procédé. ➛ abrév. fam. LITHO. « *Une jolie litho de Gavarni, un brin voluptueuse* » (Colette). *Des lithos.*

lithographier v. tr. ⑦ – XIXe ■ Reproduire par la lithographie. ⇒ **graver, imprimer.** ➛ « *un album lithographié qui représentait plusieurs vues de Suisse* » (Muss.).

lithographique adj. – XVIIIe ■ Qui a rapport, sert à la lithographie.

lithophage adj. et n. m. – XVIIe ; *litho-* et *-phage* ■ sc. Qui creuse les roches dures pour s'y abriter. *Mollusques lithophages.* ➛ n. m. *Le lithodome est un lithophage.*

lithophanie n. f. – XIXe ; *litho-* et *-phanie* ■ Dessin sur une matière rendue translucide par des inégalités d'épaisseur.

lithosphère n. f. – 1907 ■ Couche externe de la croûte terrestre constituée de plaques mobiles.

lithothamnium [litotamnjɔm] n. m. – 1922 ; gr. *thamnion* « herbe » ■ Algue marine incrustée de calcaire.

lithotriteur n. m. – XIXe ■ Appareil utilisé pour la lithotritie.

lithotritie [litɔtʀisi] n. f. – XIXe ; gr. *terein* « percer, broyer » ■ Opération qui consiste à morceler les calculs vésicaux afin qu'ils puissent être évacués par les voies naturelles.

lithuanien, ienne → **lituanien**

litière [litjɛʀ] n. f. – XIIe **1** ancienn Lit ambulant généralement couvert, porté sur un double brancard. « *une litière fermée par des rideaux en velours* [...] *portée par deux mules* » (Gaut.). **2** Paille, feuilles sèches, fourrage répandus sur le sol d'une écurie, d'une étable, etc. pour que les animaux s'y couchent. ♦ Gravier absorbant. *Mettre de la litière dans la caisse du chat.*

litige n. m. – XIVe ; lat. *lis* « procès » ■ Contestation donnant matière à procès. ⇒ **affaire, cause.** ➛ Contestation. ⇒ **différend, dispute.** *La question reste en litige.*

litigieux, ieuse adj. – XIVe ■ Qui est ou peut être en litige. ⇒ **contentieux, contesté.** *Point litigieux.* ⇒ **douteux.**

litispendance n. f. – XVe ; lat. *lis* « procès » et *pendere* « être suspendu, en suspens » ■ État d'un litige porté simultanément devant deux tribunaux également compétents.

litorne n. f. – XVIe ; germ. *leuteren* « tarder » ■ Grive à tête cendrée. ⇒ **jocasse.**

litote n. f. – XVIe ; gr. « simplicité » ■ Figure de rhétorique qui consiste à faire entendre le plus en disant le moins. *Euphémisme par litote* (ex. Ce n'est pas fameux pour C'est mauvais). ✪ CONTR. Hyperbole.

① **litre** n. f. – XIIe ; germ. ■ Large bande noire aux initiales du défunt, qu'on tend autour de l'église pour des funérailles.

② **litre** n. m. – XVIIIe ; gr. **1** Unité des mesures de capacité du système métrique (symb. l), représentant le volume d'un kilogramme d'eau pure sous la pression atmosphérique normale, soit 1 décimètre cube. *Sac poubelle de trente litres.* ➛ Unité de mesure de la cylindrée d'une automobile, valant 1 000 cm³. **2** Récipient ayant la contenance d'un litre. *Litre en bois pour les moules.* ➛ Bouteille en verre d'une contenance d'un litre. *Sur les tables « les verres et les litres vides de la veille »* (Simenon). **3** Contenu d'un litre. *Un litre de (vin) rouge.* ⇒ pop. **kil,** fam. **litron.**

❑ *Litre* a été formé avec les autres termes de métrologie de la Révolution.

litron n. m. – XIXe ■ fam. Litre de vin. *Des clochards « brandissant des litrons »* (Tournier).

littéraire adj. et n. – XVIe **1** Qui a rapport à la littérature. *Œuvres littéraires.* ➛ *Milieux littéraires. Prix littéraire.* ♦ Qui étudie les œuvres, qui traite de littérature. *La critique littéraire.* ♦ Qui convient à la littérature, répond à ses exigences esthétiques. *Langue littéraire et langue parlée. Expression littéraire* (opposé à ① *courant, familier, populaire*). **2** Artificiel, manquant de sincérité. « *J'ai connu beaucoup de souffrances qui n'étaient pas littéraires ou figurées* » (Péguy). **3** Doué pour les lettres. *Un esprit plus littéraire que scientifique.* ♦ n. « *expliquer le monde, comme vous, les littéraires* » (Duham.). **4** Qui est consacré aux lettres. *Études littéraires.*

littérairement adv. – XIXe ■ Du point de vue littéraire.

littéral, ale, aux adj. – XIIIe ; lat. *littera* « lettre » **1** Qui utilise les lettres. *Symboles littéraux de l'algèbre (x, y...).* ♦ Qui procède lettre à lettre. *Transcription littérale* (⇒ **translittération**). *Copie littérale d'un texte,* conforme à l'original. ⇒ **exact, textuel.** *Arabe littéral* : l'arabe écrit, classique (opposé à *parlé, dialectal*). **2** Qui suit un texte à la lettre. *Traduction littérale,* mot à mot. ⇒ **textuel. 3** Qui est pris strictement à la lettre. ⇒ **propre.** *Le sens littéral d'un mot* (opposé à *figuré*), *d'un texte* (opposé à *allégorique, symbolique*).

littéralement adv. – XVe **1** D'une manière littérale. *Traduire littéralement.* **2** En prenant le mot, l'expression au sens propre. ⇒ **véritablement.** « *je l'ai vu, devant moi, littéralement fou* » (Bourget).

littéralité n. f. – XVIIIe ▪ Stricte conformité (d'une interprétation, d'une traduction) à la lettre, au texte.

❑ Ne pas confondre avec *latéralité*.

littérarité n. f. – 1965 ▪ Caractère d'un texte considéré comme littéraire.

❑ Ne pas confondre avec *littéralité* « conformité à la lettre ».

littérateur n. m. – XVe ▪ (souvent péj.) Homme de lettres, écrivain de métier. ⇒ **auteur.**

❑ Le féminin *littératrice* est très rarement employé : on dit *femme de lettres*.

littérature n. f. – XIIe ; lat. « écriture », puis « érudition » 1 Ensemble des ouvrages publiés sur une question. ⇒ **bibliographie.** *Il existe sur ce sujet une abondante littérature.* 2 L'ensemble des œuvres littéraires. *Littérature classique, moderne. Littérature pour enfants.* 3 Le travail, l'art de l'écrivain. ♦ Ce qui est artificiel, peu sincère. « *Et tout le reste est littérature* » (Verlaine). 4 Ensemble des connaissances concernant les œuvres littéraires. ⇒ ② **critique.** *Cours de littérature. Littérature comparée.* ♦ Livre, manuel d'histoire de la littérature. 5 Tout usage esthétique du langage. *La littérature orale.*

littoral, ale, aux adj. et n. m. – XVIIIe ; lat. *litus* « rivage » 1 Qui appartient, est relatif à la zone de contact entre la terre et la mer. *Zone littorale.* ➝ Qui vit près de la côte. *Flore littorale.* ➝ *Pêche littorale.* ⇒ **côtier.** 2 *Le littoral* : la zone littorale. ⇒ **bord, côte, rivage.** *Le littoral méditerranéen.* « *le littoral se composait, en premier plan, d'une grève de sable* » (J. Verne).

littorine n. f. – XIXe ; lat. *litus* « rivage » ▪ Gastéropode comestible, à coquille épaisse, de teinte noir verdâtre, à opercule corné. ⇒ **bigorneau,** ① **vigneau.**

lituanien, ienne adj. et n. – XVIe ▪ De Lituanie. ♦ n. *Les Lituaniens.* ➝ n. m. *Le lituanien* : langue du groupe balte.

❑ On écrit parfois *lithuanien* (et *Lithuanie*).

liturgie n. f. – XVIe ; gr. *leitourgia* « service du culte » ▪ Culte public et officiel institué par une Église. ⇒ **cérémonial, culte, service** (divin). *Liturgies catholiques. Liturgie presbytérienne.*

❑ Attention, pas de *h*, sans rapport avec la pierre (grec *lithos*).

liturgique adj. – XVIIIe ▪ Relatif ou conforme à la liturgie. ⇒ **hiératique,** ① **sacré.** *Chants liturgiques.*

liure n. f. – XIIe ; lat. *ligare* « lier » ▪ Câble servant à lier et à maintenir le chargement d'une charrette. ♦ Amarrage reliant entre elles deux pièces d'un navire.

livarot n. m. – XIXe ; nom d'une commune du Calvados ▪ Fromage fermenté à pâte molle, à croûte lavée, de forme circulaire.

live [lajv] adj. inv. – v. 1980 ; mot angl. « vivant » ▪ Se dit d'un disque, d'un spectacle enregistré en public. *Des disques live.* ➝ n. m. inv. Enregistrement public.

livèche n. f. – XIVe ; lat. *ligus* « ligure » ▪ Plante *(ombellifères)* herbacée, vivace, à graines dépuratives. ⇒ **ache.**

livedo ou **livédo** [livedo] n. m. ou f. – 1900 ; lat. *livedo* « tache bleue » ▪ Marbrures violacées de la peau, au niveau du tronc et des jambes, dues à des troubles circulatoires.

livet n. m. – XIXe ; lat. *libella* « niveau » ▪ Ligne à double courbure, intersection du pont et de la muraille du navire.

livide adj. – XIVe ; lat. *livere* « être de couleur bleuâtre, noirâtre » 1 Qui est de couleur plombée, bleuâtre. *Taches livides dues à une contusion.* 2 D'une pâleur terne. ⇒ **blafard, blême, hâve, pâle.** *Être livide de peur, de colère.* « *son beau visage était livide* » (Green).

lividité n. f. – XIVe ▪ Coloration violacée de la peau. *Lividité cadavérique.*

living-room [liviŋʀum] n. m. – 1920 ; mot angl. « pièce pour vivre » ▪ Pièce de séjour, servant de salle à manger et de salon. ⇒ **salle** (de séjour), **séjour.** *Des living-rooms.* ➝ abrév. *Living.*

❑ L'équivalent français *salle de séjour* s'est imposé, souvent abrégé en *séjour*.

livrable adj. – XIVe ▪ Qui peut, doit être livré à l'acheteur. *Marchandise livrable à domicile.*

livraison n. f. – XIIe 1 Remise d'un objet à la personne à laquelle il est destiné. ⇒ **délivrance.** *Payable à la livraison. Bordereau de livraison.* ➝ *Prendre livraison de qqch.* : retirer soi-même la marchandise commandée. 2 La marchandise livrée. *Recevoir une livraison.* 3 Chaque partie d'un ouvrage qu'on publie par volumes ou par fascicules livrables périodiquement. *Les livraisons d'une revue.* ⇒ **numéro.**

① **livre** n. m. – XIe ; lat. *liber* I Assemblage de feuilles (ou long support souple roulé, dans l'Antiquité), portant des signes destinés à être lus. ⇒ fam. **bouquin.** *Livre manuscrit, imprimé, ancien* (⇒ **incunable).** *Contenu d'un livre* (⇒ **texte).** 1 Volume imprimé d'un nombre assez grand de pages (opposé à *brochure, plaquette*), à l'exclusion des périodiques (opposé à *revue*). *Composer, imprimer un livre. Livre sous presse.* ➝ *Livre de trois cents pages. Très gros livre.* ⇒ ① **pavé.** *Livre broché, cartonné, relié. Livre de poche. Couverture, jaquette d'un livre.* ➝ *Livre blanc* : recueil de pièces officielles, diplomatiques, publié après un événement important. ➝ *Livre illustré. Livre d'images.* ⇒ **album.** *Livre de cartes.* ⇒ **atlas, portulan.** ➝ *Commerce des livres.* ⇒ **édition, librairie.** *Éditer un livre.* ⇒ **publier.** *Droits d'auteur, droits de reproduction d'un livre.* ⇒ **copyright.** *Nombre d'exemplaires d'un livre.* ⇒ **tirage.** *Livre épuisé, en réimpression. Livres d'occasion* (⇒ **bouquiniste).** *Livres rares, anciens. Beaux livres. Amateur de livres.* ⇒ **bibliophile.** *Collection de livres.* ⇒ **bibliothèque.** *Apposer sa marque sur un livre.* ⇒ **ex-libris.** ♦ LE LIVRE : l'imprimerie et ses produits. *Le syndicat du livre.* 2 Ensemble des signes contenus dans un livre ; texte imprimé reproduit dans un certain nombre d'exemplaires. ⇒ **ouvrage.** *Divisions d'un livre* : chapitre, partie, tome, volume. *Le titre d'un livre.* ➝ *Livre de cuisine. Livre de classe, d'étude. Livre de lecture, d'arithmétique. Livre d'art. Livres de référence. Livres pour enfants.* ➝ *Livres sacrés, saints* : Bible, Évangile (⇒ **écriture)** ; Coran ; Talmud ; Veda. ➝ *Livres religieux, liturgiques. Livre de messe. Livre de prières.* ➝ *L'auteur d'un livre.* ⇒ **écrivain.** *Écrire un livre sur un sujet. Ensemble des livres écrits par un auteur.* ⇒ **œuvre.** ➝ *Lire, consulter, feuilleter un livre. Être plongé dans un livre. Livre de chevet.* « *je mets les bons livres parmi les choses absolument nécessaires* » (Volt.). ♦ LES LIVRES, symbolisant l'étude, l'érudition, la science, la théorie. *Ne connaître une chose que par les livres,* en avoir une connaissance livresque, théorique. ➝ loc. *Parler comme un livre,* doctement ; péj. d'une manière ennuyeuse. ➝ *À livre ouvert* : couramment. ♦ LIVRE-CASSETTE : texte d'un livre enregistré sur cassette. 3 Ce qui peut être déchiffré, interprété comme un texte. « *Sylvie connaissait la vie. Et c'est le*

Livre des Livres » (R. Rolland). **II - 1** Chacune des parties de certains ouvrages, qu'elle constitue ou non un volume séparé. ⇒ **partie, volume ;** ① **chant. 2** Cahier, registre sur lequel on peut écrire, noter qqch. ⇒ **album, carnet, registre.** *Livre de comptes.* ➛ *LIVRE D'OR :* registre destiné à l'inscription de noms célèbres, à la réunion de commentaires élogieux. ♦ *Livres de commerce ; livres comptables. Grand livre,* où sont reportées et classées par articles les écritures du livre journal. *Livre de caisse.* ➛ *Tenir les livres.* ⇒ **comptabilité.** ➛ *Livre, grand livre* (ou *grand-livre*) *de la Dette publique.*

❑ Le latin *liber* désignait la pellicule située entre le bois et l'écorce, sur laquelle on écrivait avant la découverte du papyrus. → liber. ♦ Mots de la même famille étymologique : *libelle, librairie, librettiste.*

② **livre** n. f. – Xe ; lat. *libra* « objet qui sert à peser » **1** Unité de masse, qui variait, selon les provinces, entre 380 et 550 grammes (⇒ ① **once). ♦** Un demi-kilogramme. *Une demi-livre de beurre.* « *Un pain de dix livres était sur la huche* » (Zola). ➛ (Au Canada) Unité de masse valant 16 onces, ou 0,453 kg (abrév. *lb*). **2** Ancienne monnaie de compte, représentant moins de cinq grammes à l'établissement du système métrique (1801). ⇒ ③ **franc.** *La livre tournois.* **3** *LIVRE* ou *LIVRE STERLING.* Unité monétaire anglaise (symb. £). ⇒ **souverain.** *La livre vaut cent pence.* ➛ *Livre australienne, égyptienne.*

❑ Le mot s'est employé pour « franc » au XIXe et au début du XXe s. en parlant du montant d'une rente : « *cent bonnes mille livres de rentes* » (Hugo).

livrée n. f. – XIIIe **1** Vêtements aux couleurs des armes d'un roi, d'un seigneur, que portaient les hommes de leur suite. **2** Habits que portaient les domestiques masculins d'une même maison et de nos jours, uniforme analogue (dans certains hôtels). « *Le valet en livrée verte à boutons d'or* » (Duham.). *Portier en livrée.* **3** *La livrée d'une dame,* rubans, pièces d'étoffe à ses couleurs. **4** Aspect (d'un animal). *La livrée nuptiale des tritons.*

❑ Ce mot désignait à l'origine les vêtements « livrés », « remis » par le seigneur aux personnes attachées à son service.

livrer v. [1] – Xe ; lat. *liberare* « libérer, dégager » **I** v. tr. **1** *Livrer à :* mettre à la discrétion, au pouvoir de. *Livrer un coupable à la justice.* ⇒ **déférer, remettre ; extrader.** ♦ *Enfants livrés à eux-mêmes.* **2** Soumettre à l'action destructrice de, donner en proie à. *Livrer qqn au supplice.* ➛ *Pays livré à l'anarchie.* **3** Remettre par une trahison entre les mains, au pouvoir de. ⇒ **trahir.** *Il a livré son complice (à la police).* ⇒ **dénoncer, donner. 4** Abandonner, confier à qqn (une partie de soi, une chose à soi). *Livrer un peu de soi-même par des confidences.* ➛ *Livrer un secret.* ⇒ **communiquer, confier, dévoiler, révéler. 5** Remettre au destinataire. ⇒ **livraison.** *Livrer une commande.* ➛ *Livrer à domicile, en gare.* ♦ fam. *Livrer qqn,* lui apporter la marchandise commandée. *Être livré :* recevoir une livraison. **6** Engager, commencer (un combat, une bataille). ⇒ **donner, engager.** *Livrer bataille.* **7** loc. *Livrer passage :* permettre de passer. **II** *SE LIVRER* (à) v. pron. **1** Se mettre entre les mains de. ⇒ se **rendre,** se **soumettre.** *Se livrer à la police.* ➛ « *les pères se livrèrent pour les fils, les fils pour les pères* » (Chateaub.). **2** Se remettre, se confier. « *Je me livre en aveugle au destin qui m'entraîne* » (Rac.). ➛ *Se livrer à qqn, se livrer,* parler de soi, de ce qu'on pense. ⇒ se **confier,** s'**épancher,** s'**ouvrir.** « *Une pudeur, une prudence empêchaient Gurau de se livrer* » (Romains). **3** Accorder ses faveurs. ⇒ s'**abandonner,** se **donner.** « *elles sont capables de se livrer au premier venu* » (Loti). ♦ Se laisser aller à. ⇒ s'**adonner.** *Se livrer au désespoir.* ⇒ s'**abîmer,** s'**enfoncer,** se **plonger.** *Se livrer aux pires excès.* **4** *Se livrer à l'étude.* ⇒ s'**appliquer,** s'**attacher,** s'**atteler,** se **consacrer, effectuer.** *Se livrer à un sport.* ⇒ s'**exercer, pratiquer.** *Se livrer à ses occupations.* ⇒ **vaquer.** *Se livrer à une enquête.* ⇒ **procéder.** ✪ CONTR. Arracher, délivrer, enlever, sauver (se). Conserver, défendre, garder. — Dérober (se).

livresque adj. – XVIe ▪ Qui vient des livres, est purement littéraire, théorique (opposé à ② *pratique, réel, vécu, vrai*). *Deux strophes* « *livresques, faites de clichés élégants* » (R. Rolland). *Exposé trop livresque* (⇒ **scolaire).**

livret n. m. – XIIIe **1** Petit registre. ⇒ **carnet.** *Livret militaire individuel,* reproduisant les indications contenues au registre matricule. *Livret matricule,* détenu par l'autorité militaire. ➛ *Livret de famille,* remis aux époux lors de la célébration du mariage. ➛ *Livret scolaire :* carnet de notes scolaires et d'appréciation des professeurs. ➛ *Livret d'épargne,* sur lequel sont enregistrées les opérations concernant un compte d'épargne. Compte de dépôt rémunéré. *Compte sur livret.* **2** Texte sur lequel est écrite la musique d'une œuvre lyrique (⇒ **librettiste).**

livreur, euse n. – XIVe ▪ Personne qui livre une marchandise.

llanos [ljanos] n. m. pl. – XVIe ; mot esp. ▪ Région de plaines herbeuses, en Amérique du Sud. ⇒ **savane.**

loader [lodœR] n. m. – 1948 ; mot angl., de *to load* « charger » ▪ Engin de travaux publics capable d'assurer le chargement des déblais sur des camions.

lob n. m. – 1906 ; mot angl. ▪ Coup à trajectoire haute, dans les sports de balle. ✪ HOM. Lobe.

lobaire adj. – XIXe ▪ Relatif à un lobe, en anatomie.

lobby n. m. – XIXe ; mot angl. ▪ Groupe qui exerce une pression sur le pouvoir. *Des lobbys* ou *des lobbies.*

❑ Pour le pluriel → ① y (rem.). ♦ *Groupe de pression* remplacerait avantageusement cet anglicisme. ♦ Ne pas confondre avec *hobby* « passe-temps favori ».

lobbying [lɔbiiŋ] n. m. – XXe ▪ Action d'un lobby.

lobe n. m. – XIVe ; gr. **1** Partie arrondie et saillante (d'un organe). *Les lobes du poumon, du cerveau.* ➛ *Lobes de la nageoire caudale d'un poisson.* **2** *Lobe de l'oreille :* prolongement arrondi et charnu du pavillon. **3** Partie arrondie entre deux larges échancrures (des feuilles, des pétales). **4** Découpure en arc de cercle de certains arcs et rosaces. *Arc à deux, trois lobes.* ✪ HOM. Lob.

lobé, ée adj. – XVIIIe ▪ Divisé en lobes, qui présente des lobes. ✪ HOM. Lober.

lobectomie n. f. – 1941 ; de *lobe* et *-ectomie* ▪ Opération par laquelle on enlève un lobe (du poumon, du cerveau, etc.).

lobélie n. f. – XVIIIe ; de *Lobel,* botaniste du XVIe ▪ Plante exotique *(lobéliacées)* dont on extrait plusieurs alcaloïdes aux propriétés expectorantes.

❑ On trouve parfois la variante *lobélia :* « *un petit pot de lobélias d'un bleu intense* » (Colette).

lobéline n. f. – XIXe ▪ Principal alcaloïde de la lobélie, analeptique respiratoire.

lober v. [1] – XIXe **1** v. intr. Faire un lob. **2** v. tr. Tromper, passer (l'adversaire) grâce à un lob. ✪ HOM. Lobé.

lobotomie n. f. – 1950 ; de *lobe* et *-tomie* ▪ Section de fibres nerveuses de la substance blanche du cerveau.

lobotomiser v. tr. [1] – av. 1953 ▪ Faire subir une lobotomie à. ➛ *Malade lobotomisé.*

lobulaire adj. – XIXe ▪ Qui a la forme, l'aspect d'un lobule ; relatif au lobule. ⇒ **lobulé.**

lobule n. m. – XVIIe **1** Petit lobe. **2** Unité structurelle et fonctionnelle (d'un organe). *Lobules hépatiques.*

lobulé, ée adj. – XIXe ▪ Formé de lobules. ⇒ **lobulaire.** *Tumeur lobulée.*

lobuleux, euse adj. – XIXe ▪ Composé de lobules. *Tissu lobuleux.*

local, ale, aux adj. et n. m. – XIVe ; lat. *locus* « lieu » **I** adj. **1** Qui concerne un lieu, une région (⇒ **régional**), lui est particulier. *Histoire locale* (opposé à ① *générale*). *Éclaircies locales. L'heure locale,* du lieu dont on parle. *Coutumes locales* (opposé à *nationales*). *Radio locale. Journal local. Pouvoir local* (opposé à *central*). *Collectivités locales.* ➛ *Question d'intérêt local. Impôts locaux.* **2** Qui n'affecte qu'une partie du corps. *Anesthésie locale* (opposé à *générale*). ⇒ **locorégional. II** n. m. Pièce, partie d'un bâtiment à destination déterminée. *Locaux à usage d'habitation.* ⇒ **logement.** « *je travaille dans un local spacieux* » (Duham.). *Locaux commerciaux, administratifs, professionnels.* ✪ HOM. Loco.

localement adv. – XVe ▪ D'une manière locale. *Temps localement brumeux.* ➛ *Douleurs qui se font sentir localement.*

localier n. m. – 1972 ▪ Correspondant local d'un journal.

localisable adj. – XIXe ▪ Qu'on peut localiser. *Appel téléphonique localisable.*

localisateur, trice adj. et n. m. – XIXe **1** adj. Qui permet de localiser. *Symptômes localisateurs des lésions cérébrales.* **2** n. m. Écran opaque aux rayons X, percé d'une lumière limitant la zone d'application.

localisation n. f. – XIXe **1** Action de situer. *Localisation des sensations. Localisation d'avions sur l'écran d'un radar.* **2** Le fait d'être localisé. *Localisation d'un gène* (⇒ **locus**). *La localisation d'une infection au poumon.* ➛ *Localisation cérébrale :* détermination, à la surface du cerveau, des zones correspondant à des fonctions déterminées. **3** Action de circonscrire, de limiter dans l'espace. ✪ CONTR. Extension, généralisation.

localiser v. tr. 1 – XVIIIe **1** Placer par la pensée en un lieu déterminé de l'espace. *Localiser un bruit. Localiser la cause d'une maladie,* la rapporter à une région de l'organisme. ⇒ **déterminer.** ➛ Repérer. *Localiser par radar un engin spatial.* ⇒ **positionner. 2** Placer dans un lieu déterminé. *Localiser correctement une nouvelle industrie.* **3** Circonscrire, renfermer dans des limites. ⇒ **limiter.** *Localiser un incendie,* l'empêcher de s'étendre. ➛ *Un conflit très localisé.* ✪ CONTR. Généraliser.

> ❑ Ce verbe a été créé sous la Révolution au sens de « ranger » (1796).

localité n. f. – XVIe **1** Lieu déterminé. **2** Petite ville, village. ⇒ **agglomération, bourg.** « *La petite localité* [...] *était toute bouleversée par la campagne électorale* » (Aragon).

locataire n. – XVe ; lat. *locare* « louer » **1** Personne qui prend un bien à loyer, en vertu d'un contrat de louage (⇒ **preneur**). *Locataire d'une terre prise à ferme.* ⇒ **fermier. 2** Personne qui prend à bail un logement. « *une petite maison de rapport avec six locataires qui payent bien* » (Céline). *Donner congé à son locataire.* ➛ *Locataire principal,* qui sous-loue à un tiers (⇒ **sous-locataire**) tout ou partie du local qu'il a pris en location. ✪ CONTR. Bailleur, propriétaire.

locateur, trice n. – XVIe ▪ *Locateur d'ouvrage :* personne dont le travail est défini par un contrat de louage d'ouvrage.

① **locatif, ive** adj. – XVIIe ▪ Qui concerne le locataire ou la chose louée. *Réparations, charges locatives,* incombant au locataire. *Valeur locative :* revenu que peut rapporter un immeuble donné en location.

② **locatif, ive** adj. et n. m. – XIXe ▪ Qui marque le lieu. *Cas locatif, le locatif :* dans certaines langues à flexions, cas auquel se met le complément de lieu.

location n. f. – XIIIe **1** Action de donner ou de prendre à loyer. ⇒ **louage ; affermage, amodiation, bail.** *Donner, prendre en location.* ⇒ ② **louer.** *Location-vente :* contrat par lequel le locataire devient propriétaire de la chose louée, à l'expiration du bail. ⇒ aussi **crédit-bail, leasing.** *Location-gérance :* gérance libre. ♦ *La location d'un appartement. Prix de la location.* ⇒ **loyer.** *Appartement en location.* ➛ Logement loué. ♦ *Location d'une voiture, de skis.* ➛ *En location. Il pourrait « se procurer, en location, un costume de soirée »* (Maupass.). **2** Action de retenir à l'avance une place dans un théâtre, un moyen de transport, à l'hôtel. ⇒ **réservation. 3** *Location d'utérus :* fait d'utiliser l'utérus d'une mère porteuse.

① **loch** [lɔk] n. m. – XVIIe ; néerl. *log* « poutre » ▪ Appareil servant à mesurer la vitesse d'un bâtiment. *Filer le loch.* « *On vient de jeter le loch* [...] *le navire file dix nœuds* » (Chateaub.). ✪ HOM. Looch, loque.

② **loch** [lɔk ; lɔʒ] n. m. – XVIIIe ; mot écossais ▪ En Écosse, Lac allongé occupant le fond des vallées. *Le loch Ness.* ♦ Bras de mer s'enfonçant dans les terres (⇒ **fjord**).

loche n. f. – XIIe ; p.-ê. gaul. °*leuka* « blancheur » **1** Petit poisson d'eau douce *(cypriniformes)* à chair comestible. **2** Limace grise.

locher v. tr. 1 – XIIe ; germ. °*luggi* « branlant » ▪ *Locher un arbre,* le secouer pour en faire tomber les fruits.

lochies n. f. pl. – XVIIe ; gr. *lokheia* « accouchement » ▪ Écoulement utérin pendant les deux ou trois semaines qui suivent l'accouchement.

lock-out ou **lockout** [lɔkaut] n. m. inv. – XIXe ; angl. *to lock out* « mettre à la porte » ▪ Fermeture d'une entreprise décidée par des patrons, pour briser un mouvement de grève ou riposter à des revendications.

lock-outer ou **lockouter** [lɔkaute] v. tr. 1 – 1907 ▪ Fermer par un lock-out. ➛ Priver de travail par le lock-out.

loco → **locomotive**

loco- Élément, du lat. *locus* « lieu ».

locomobile n. f. – XIXe ; *loco-* et *-mobile* ▪ Machine à vapeur ou à moteur à explosion, montée sur roues et qui peut se déplacer d'un point à un autre pour actionner des engins industriels ou agricoles.

locomoteur, trice adj. – XVIIe **1** Qui permet de se déplacer, sert à la locomotion. *Muscles locomoteurs.* **2** De la locomotion. *Ataxie locomotrice.*

locomotion n. f. – XVIIIe **1** Action de se mouvoir, de se déplacer ; fonction qui assure ce mouvement. *Muscles de la locomotion.* ⇒ **locomoteur. 2** Ce qui permet de se déplacer. *Moyens de locomotion.* ⇒ **déplacement, transport, voyage.**

locomotive n. f. – XIXe **1** Véhicule de traction servant à remorquer les trains. ⇒ **machine ; locomotrice, motrice.** *Locomotive à vapeur, électrique.* « *la locomotive pénétra avec un sourd fracas sous la verrière de la gare* » (Cl. Simon). ➛ abrév. fam. LOCO. **2** Élément moteur. « *Marx a dit que les révolutions sont les locomotives de l'histoire* » (Nizan). ➛ Leader, personnalité en vue. *Locomotive littéraire.*

❑ *Locomotive* vient de *machine locomotive*, calque de l'anglais *locomotive engine* (1823). ♦ L'usage technique recommande l'emploi de *motrice* quand il y a traction électrique et de *locomotive* quand il y a traction à vapeur. L'expression *locomotive électrique* est donc critiquée mais couramment employée.

locomotrice n. f. - 1950 ▪ Locomotive de puissance moyenne à moteur thermique ou électrique.

locorégional, ale, aux adj. - 1962 ▪ *Anesthésie locorégionale* : anesthésie locale touchant un ensemble de nerfs, un segment de membre, un membre ou une région du corps (opposé à ① *générale*).

locotracteur n. m. - 1921 ▪ Petite locomotive utilisée pour les manœuvres. ➛ Petit tracteur automobile.

loculaire adj. - XVIIIe ; lat. *loculus* « compartiment » ▪ Partagé en plusieurs loges. *Fruit loculaire*, renfermé dans les alvéoles.

locus [lɔkys] n. m. - XIXe ; mot lat. « lieu » ▪ Localisation précise d'un gène particulier sur un chromosome. *Des locus* ou *des loci* [lɔki ; lɔsi].

locuste n. f. - XIIe ; lat. « sauterelle » ▪ Criquet migrateur.

locuteur, trice n. - av. 1927 ▪ Sujet parlant (opposé à *auditeur*). *Les locuteurs du français. Locuteur natif* : personne qui parle sa langue maternelle et peut porter sur ses phrases un jugement de « grammaticalité ». ♦ Dispositif émetteur, dans un échange d'informations numériques.

❑ Même famille étymologique que *colloque, éloquent, loquace* et *ventriloque*.

locution n. f. - XIVe ; lat. *loqui* « parler » ▪ Groupe de mots fixé par la tradition, dont le sens est souvent métaphorique, figuré. ⇒ **expression, formule, idiome,** ③ **tour ; idiotisme.** *Locution proverbiale.* ♦ Groupe de mots figé ayant une fonction grammaticale. *Locution verbale*, formée d'un verbe suivi d'un nom généralement sans article (ex. faire fi de) ; *locution adverbiale* (ex. en vain, tout de suite) ; *locution conjonctive* (ex. à moins que, dès que, pour que) ; *locution interjective* (ex. Dis donc !) ; *locution prépositive* (ex. auprès de, jusqu'à).

❑ D'abord apparu au sens de « manière de parler » : « *cet ignorant, dans l'art de bien dire, avec cette locution rude* » (Bossuet), puis évincé dans ce sens par *élocution*.

loden [lɔdɛn] n. m. - 1904 ; mot all. ▪ Tissu de laine épais et imperméable dont on fait des manteaux. « *sa cape de loden sur ses épaules* » (Tournier). ➛ Manteau de loden.

lœss [løs] n. m. - XIXe ; mot all., probablt du suisse alémanique *loch* « friable » ▪ Dépôt pulvérulent d'origine éolienne, formé de quartz, d'argile et de calcaire.

lof n. m. - XIIe ; néerl. ▪ Côté du navire frappé par le vent. ⇒ **amure.** loc. *Aller, venir au lof.* ⇒ **lofer.** *Virer lof pour lof* : virer de bord vent arrière.

lofer v. intr. [1] - XVIIIe ▪ Faire venir le navire plus près du vent en se servant du gouvernail ; venir au lof, au vent. *Mouvement du bateau qui lofe.* ⇒ **auloffée.**

loft n. m. - v. 1975 ; mot angl. « atelier, hangar » ▪ Local à usage commercial ou industriel transformé en habitation.

logarithme n. m. - XVIIe ; gr. *logos* « rapport » et *arithmos* « nombre » ▪ *Logarithme de base a d'un nombre x* : le nombre y, noté $\log_a x$, tel que $a^y = x$. *Logarithme décimal*, de base 10 (log x). *Logarithme népérien* (ou *naturel*), de base e (Log x ou ln x). ➛ abrév. fam. LOG. *Table de logs.*

❑ S'écrit avec un *i* et un *h* comme *arithmétique*, mot de la même famille.

logarithmique adj. - XVIIe ▪ Qui a rapport aux logarithmes, qui les utilise. *Calcul logarithmique.*

loge n. f. - XIIe ; germ. °*laubja* **1** Galerie extérieure pratiquée à l'un des étages d'un édifice, formée de colonnes supportant des arcades, ouverte sur le dehors. ⇒ **loggia.** *La loge pontificale* : galerie du Vatican d'où le pape donne sa bénédiction. **2** Logement situé près de la porte d'entrée d'un immeuble, habité par un concierge, un portier, un gardien. « *une loge de concierge* [...] *avec un rideau plissé et des odeurs de cuisine* » (Beauv.). ♦ Petite pièce aménagée dans les coulisses d'une salle de spectacle, où les acteurs changent de costumes, se maquillent, se reposent. ♦ Chambre, atelier où chaque candidat au prix de Rome est isolé pendant la durée du concours (⇒ **logiste**). **3** Local où se réunissent des francs-maçons ; association de francs-maçons. ⇒ **atelier.** *La Grande Loge de France.* **4** Compartiment cloisonné. *Les loges d'une écurie, d'une étable.* ⇒ ② **box, stalle. 5** Dans une salle de spectacle, Compartiment contenant plusieurs sièges. ⇒ **avant-scène, baignoire.** *Premières loges* : loges du premier étage. ➛ loc. *Être aux premières loges*, à la meilleure place pour être spectateur, témoin d'une chose. **6** Dans l'androcée, Moitié de l'anthère d'une étamine contenant deux sacs polliniques. ➛ Dans le gynécée, Cavité de l'ovaire comprise entre les cloisons des carpelles. *Les cinq loges qui contiennent les pépins de la pomme.* **7** Cavité contenant un organe. *Loge prostatique.*

logeable adj. - XVe **1** Où l'on peut habiter. *Un réduit à peine logeable.* **2** Où l'on peut ranger beaucoup de choses. *Placard très logeable.*

logement n. m. - XIIIe **1** Action de loger ou de se loger. *Assurer le logement à qqn.* ♦ Action de loger les habitants d'un pays. *Crise du logement.* ⇒ **habitat.** ➛ Action de loger chez les particuliers des troupes en déplacement. ⇒ **cantonnement, hébergement.** *Billet de logement.* **2** Local à usage d'habitation ; partie de maison, d'immeuble où l'on réside habituellement. ⇒ **appartement, chambre, demeure, domicile, habitation, logis, résidence.** *Être locataire, propriétaire de son logement. Logement de deux pièces. Logement clair, spacieux. Logement insalubre.* ⇒ **taudis. 3** Cavité dans laquelle prend place une pièce mobile ou non. *Logement du pêne d'une serrure.*

loger v. [3] - XIIe **I** v. intr. Avoir sa demeure en un endroit. ⇒ **demeurer, habiter,** ① **vivre ;** fam. **crécher, percher. II** v. tr. **1** Établir dans une maison. ⇒ **installer.** *Où logerez-vous tout ce monde-là ?* ⇒ **mettre.** *On peut vous loger pour la nuit.* ⇒ **abriter, caser, héberger.** *Être bien logé, mal logé.* ➛ *Une domestique logée et nourrie.* Subst. *Les mal-logés.* ➛ pronom. « *se loger était difficile* » (J. Verne). ♦ Être susceptible d'abriter, d'héberger. ⇒ **tenir.** *Ce collège peut loger huit cents élèves.* ⇒ **recevoir. 2** Faire entrer, faire pénétrer. *Le désespéré s'est logé une balle dans la tête.* ⇒ se **tirer.** ♦ *Loger une idée dans la tête de qqn.* **3** fam. Repérer, localiser. ✪ CONTR. Déloger. Congédier.

logeur, euse n. - XVe ▪ Personne qui loue une ou plusieurs chambres meublées.

loggia [lɔdʒja] n. f. - XVIIIe ; mot it., du fr. *loge* **1** Petite loge, enfoncement formant balcon couvert. **2** Balcon spacieux, souvent couvert, fermé sur les côtés.

logiciel, ielle n. m. et adj. - v. 1970 ; de *logique*, d'apr. *matériel* ▪ Ensemble des programmes et des procédures nécessaires au fonctionnement d'un système informatique (opposé à *matériel*). *Logiciel d'application.* ⇒ **progiciel, tableur, traitement** (de texte), **grapheur.** *Logiciels d'exploitation.* ⇒ **système** (d'exploitation), **utilitaire.** *Logiciels de base.* ⇒ **compilateur, interpréteur.** *Logiciel d'enseignement* (⇒ **didacticiel**), *de jeu* (⇒ **ludiciel**). ➛ adj. *Programmation logicielle.*

> ❑ Recommandé officiellement pour remplacer l'anglicisme *software, logiciel* est couramment employé, à la différence de *matériel.* → matériel.

logicien, ienne n. – XIIIe ▪ Spécialiste de la logique.

logicisme n. m. – 1910 1 Prépondérance accordée à la logique sur la psychologie. 2 Tendance à réduire les mathématiques à la logique. ⇒ **réductionnisme.**

logicomathématique adj. – v. 1960 ▪ Qui appartient à la logique et aux mathématiques en tant que systèmes axiomatisés.

logicopositivisme n. m. – v. 1960 ▪ Théorie de la science unifiée par les structures logicomathématiques. ⇒ **empirisme** (logique), **positivisme** (logique).

-logie, -logique, -logiste, -logue Éléments, du gr. *logia* « théorie », de *logos* « discours ».

> ❑ Sur les noms de sciences en *-logie (musicologie, lexicologie, biologie)* sont formés les noms de spécialistes : en *-logue (gynécologue, lexicologue)* ou en *-logiste (biologiste, généalogiste).* Ces suffixes sont souvent en concurrence *(laryngologue* ou *laryngologiste, radiologue* ou *radiologiste)* et l'usage seul paraît décider de telle ou telle forme. Cependant *-logiste* serait peut-être un anglicisme puisque *-logist* est la seule forme en anglais.

① **logique** n. f. – XIIIe ; gr. *logos* « raison » **I** - **1** Science ayant pour objet l'étude des normes de la vérité ; « analyse formelle de la connaissance » (Piaget). *Logique formelle, logique pure* : étude des concepts, jugements et raisonnements, considérés dans les formes où ils sont énoncés. *Logique des termes, des propositions, des inférences.* ➛ *Logique symbolique, formalisée.* ⇒ **logistique.** *Logique des classes. Logique binaire* (vrai-faux), *logiques modales. Logique générale* : épistémologie, méthodologie. ⇒ **métalogique.** *Logique mathématique.* 2 Art de convaincre par l'emploi des règles de la logique. ⇒ **dialectique.** 3 Ensemble des procédés et des concepts régissant l'étude des automatismes numériques. *Logique à microprocesseurs. Logique câblée.* **II** - 1 Manière de raisonner. *La logique de l'enfant.* « *sa logique devenait de la pure démence* » (Zola). ➛ « *La logique des passions renverse l'ordre traditionnel du raisonnement* » (Camus). ♦ Raisonnement abstrait, schématique. 2 Enchaînement cohérent d'idées, manière de raisonner juste, suite dans les idées. ⇒ **cohérence, méthode.** « *Nous exigeons trop de logique dans les autres* » (Sand). *Vous manquez de logique !* 3 Suite cohérente, régulière et nécessaire d'événements, de choses. *C'est dans la logique des choses.* ✪ CONTR. Désordre, illogisme, inconséquence.

② **logique** adj. – XVIe 1 Conforme aux règles, aux lois de la logique. *Système logique.* ⇒ **consistant.** ♦ Conforme au bon sens. *Un raisonnement logique.* ⇒ **cohérent, conséquent.** *Arguments logiques.* ⇒ **juste, vrai.** *Il n'y a pas « d'enchaînement logique absolu dans le cœur humain »* (Hugo). *Conséquences logiques.* ⇒ **naturel, nécessaire.** *Sa réaction est assez logique.* ♦ fam. Normal, explicable. 2 Qui raisonne bien. *Esprit logique.* ⇒ **cartésien, rationnel.** *Être logique avec soi-même.* 3 Qui se rapporte à l'intelligence, à l'entendement. ⇒ **intellectuel.** *Intelligence logique.* ⇒ **discursif.** *Esprits logiques et esprits intuitifs.* ⇒ **déductif.** 4 Qui se rapporte à la science de la logique. 5 Relatif aux techniques numériques, binaires. *Circuit intégré logique.* ✪ CONTR. Illogique ; contradictoire, incohérent.

logiquement adv. – XVIIIe 1 Conformément à la logique. *Raisonner logiquement.* ⇒ **raisonnablement, rationnellement.** 2 À considérer les choses avec logique. *Logiquement, les choses devraient s'arranger.* ⇒ **normalement.**

logis n. m. – XIVe 1 vieilli ou littér. Endroit où on loge, où on habite. ⇒ **demeure, habitation, logement, maison.** *Le logis familial.* ⇒ **foyer.** 2 *Corps de logis* : partie principale d'un bâtiment d'habitation (opposé à *ailes*).

logiste n. – XIXe ▪ Élève des Beaux-Arts admis à concourir en loge.

-logiste → **-logie**

logisticien, ienne n. – 1908 ▪ Spécialiste de la logistique.

logistique n. f. et adj. – XVIe ; gr. *logistikos* « arithmétique pratique » 1 vieilli Logique mathématique. 2 Art de combiner tous les moyens de transport, de ravitaillement et de logement des troupes. ➛ *Moyens logistiques d'une armée.* 3 Ensemble de moyens et de méthodes concernant l'organisation d'un service, d'une entreprise. ➛ Relatif aux activités de transport, de gestion des stocks, d'assurances, etc.

logithèque n. f. – 1984 ; de *logiciel* et *-thèque* ▪ Collection réunissant des logiciels.

logo n. m. – v. 1970 ; de *logotype* ▪ Symbole formé de signes graphiques constituant une marque pour un produit, une firme.

logo- Élément, du gr. *logos* « parole, discours ». ⇒ **-logie.**

logogramme n. m. – 1964 ▪ Dessin correspondant à une notion ou à la suite phonique constituée par un mot. ⇒ **idéogramme.**

logographe n. m. – XVIIe ▪ Se dit des premiers prosateurs grecs, et spécialt des historiens jusqu'à Hérodote. ➛ Rhéteur qui composait des discours, des plaidoyers pour des clients.

logogriphe n. m. – XVIe ; gr. *griphos* « énigme » ▪ Énigme où l'on donne à deviner, à partir d'un mot, plusieurs mots formés des mêmes lettres (ex. *orange* contient les mots *nage* et *orge*).

logomachie n. f. – XVIe ; gr. *makhê* « combat » ▪ littér. 1 Dispute, querelle sur les mots. 2 Assemblage de mots creux dans un discours, dans un raisonnement. ⇒ **logorrhée, verbalisme.**

logopathie n. f. – XIXe ; *logo-* et *-pathie* ▪ Trouble de la parole et du langage.

logopédie n. f. – v. 1960 ; gr. *pais* « enfant » ▪ Traitement qui vise à corriger les défauts de prononciation chez les enfants. ⇒ **orthophonie.**

logorrhée n. f. – XIXe ; *logo-* et *-rrhée* ▪ Flux de paroles inutiles ; besoin irrésistible, morbide de parler. ➛ Discours trop abondant. ⇒ **logomachie.**

logos [logos ; lɔgɔs] n. m. – XVIIIe ; mot gr. « parole, raison » 1 Divinité suprême, chez les stoïciens. ➛ Être intermédiaire entre Dieu et le Monde, chez les néoplatoniciens. ➛ La Raison humaine incarnée par le langage. *Les Grecs « ont appelé logos, qui est discours, l'entendement de l'entendement »* (Alain). 2 Le Verbe de Dieu.

logotype n. m. – XIXe 1 Groupe de lettres liées ensemble et portées par le même caractère. 2 ⇒ **logo.**

-logue → **-logie**

① **loi** n. f. – Xe ; lat. *lex* **I** - 1 Règle ou ensemble de règles obligatoires établies par l'autorité souveraine d'une société et sanctionnées par la force publique. « *L'Esprit des lois* », de Montesquieu. ➛ *Les lois d'un pays.* ⇒ **législation** ; ③ **droit.** « *les lois sont toujours utiles à ceux qui possèdent* » (Rouss.). *Recueil de lois.* ⇒ **code.** *Lois et institutions. Loi en vigueur.* ➛ *Obéir aux lois, observer les lois. Enfreindre, violer une loi.* ♦ Disposition prise par le pouvoir législatif. *Projet de loi. Le rapporteur d'une loi. Vote de la loi. Amender une proposition de loi. Promulgation, publication d'une loi au Journal officiel* (en France). *Texte de loi. Vu la loi du...* ➛ *Loi sur la presse. Lois civiles, pénales. Loi d'orientation.* **2** *LA LOI* : l'ensemble des règles juridiques établies par le législateur. *Conforme à la loi.* ⇒ **légal, licite.** *Consacré par la loi.* ⇒ **légitime.** *Avoir force de loi. Nul n'est censé ignorer la loi. Cas prévu par la loi.* ➛ *Homme de loi* : juriste, magistrat. **3** Domination. *Asservir, soumettre qqn à sa loi. La loi du plus fort.* **4** Commandement que l'on donne, ordre que l'on impose. *Dicter sa loi. Faire la loi* : commander, se comporter en maître. **5** Règle, condition imposée par les choses, les circonstances. *La loi de la jungle. La loi du milieu.* **6** Règle censée exprimer la volonté de Dieu, de la divinité. ⇒ **commandement, décret, dogme.** « *C'est un tort de s'absorber dans la loi divine au point de ne plus s'apercevoir de la loi humaine* » (Hugo). *La loi de Moïse. Tables, livre de la Loi. Docteurs de la Loi.* ➛ *Loi islamique.* ⇒ **charia. 7** plur. Règles ou conventions établies, qui sont ou doivent être observées dans les rapports sociaux, dans la pratique d'un art, d'un jeu, etc. ⇒ **règle ; code, norme.** *Les lois de l'honneur, du savoir-vivre, de l'hospitalité.* **II - 1** Règle dictée à l'homme par sa conscience, sa raison. *Loi naturelle.* ⇒ **principe.** ➛ *Loi morale.* ⇒ ② **devoir, précepte, règle. 2** *Les lois de l'esprit, du raisonnement* : axiomes fondamentaux qui donnent à la pensée sa valeur logique. **3** *Les lois du beau, de l'art* : les conditions de la perfection esthétique. ⇒ ② **canon, norme. III** Formule générale énonçant une corrélation entre des phénomènes physiques, et vérifiée par l'expérience. ♦ *Loi de composition externe, interne. Loi des grands nombres* **(⇒ probabilité).** ➛ *Loi physique* : expression de la permanence d'un phénomène naturel. *Loi de la chute des corps. Les lois de l'équilibre.* ➛ *La loi de l'offre et de la demande.* **IV** Principe essentiel et constant, condition sine qua non. ⇒ **nécessité.**

❑ Même famille étymologique que *légal, légiférer, législateur, législation* et *loyal.*

② **loi** n. f. – XVIIe ; forme de *aloi* ▪ Titre auquel les monnaies peuvent être fabriquées. ⇒ **aloi.**

loi-cadre n. f. – mil. XXe ▪ Loi dont les dispositions générales doivent servir de cadre à des textes d'application. *Des lois-cadres.*

loin adv. et n. m. – XIe ; lat. *longe* **I** adv. **1** À une distance considérée comme grande. *Être loin* **(⇒ éloigné, lointain),** *très loin, assez loin.* ⇒ **distance** (à distance), **écart** (à l'écart). *Être loin derrière qqn. Deux kilomètres plus loin.* ⇒ **delà** (au-delà). *Je n'irai pas plus loin.* ⇒ ① **avant.** *Aller trop loin.* ⇒ **dépasser.** *Vous n'irez pas loin avec cette voiture. Ils ne doivent pas être bien loin.* ➛ *Lire plus loin, voir plus loin,* plus en avant dans le texte. ⇒ **après** (ci-après), ① **bas** (plus bas), **infra.** ♦ *Être loin* : être loin par la pensée, par le cœur du lieu où l'on se trouve. *Il ira loin* : il réussira. ➛ *N'allez pas chercher si loin ! c'est beaucoup plus simple que cela. Pousser plus loin les recherches.* ⇒ **étendre.** *Aller plus loin que qqn.* ⇒ **dépasser, surpasser.** *Cela nous entraînerait trop loin. J'irai même plus loin* : j'irai jusqu'à dire que. *Jusqu'où on peut aller trop loin,* à quelle limite extrême (déjà jugée excessive). **2** Dans un temps éloigné du moment présent ou de celui dont on parle. *L'été n'est plus bien loin.* ➛ *Voir loin* : prévoir longtemps à l'avance. ➛ *Tout cela est bien loin.* ⇒ **vieux. II** n. m. **1** *IL Y A LOIN* : il y a une grande distance ; fig. il y a un grand écart, une grande différence. *De là à prétendre que c'est un incapable, il n'y a pas loin.* **2** loc. adv. *AU LOIN* : dans un lieu éloigné. *Partir au loin.* ⇒ s'**éloigner.** « *elle regardait les voiles au loin et tout l'horizon* » (Flaub.). ⇒ **lointain** (dans le lointain). *Entendre un bruit au loin.* **3** loc. adv. *DE LOIN* : d'un lieu éloigné. « *On se criait de loin : "Bonjour ! – Ça va bien ?"* » (Flaub.). *Arriver de loin. Suivre de loin.* ⇒ **distance** (à distance). *Appareils pour voir de loin. Observer de loin les événements,* sans s'impliquer. ➛ fig. *Revenir de loin* : réchapper d'un grand danger. *Voir venir qqn de loin,* pénétrer ses intentions secrètes. ➛ *DE PRÈS OU DE LOIN* : de quelque manière. *Il n'est mêlé à cette affaire ni de près ni de loin.* ♦ *DE LOIN* : de beaucoup, par une grande différence. *C'est de loin son meilleur film.* ♦ *Dater de loin.* ⇒ **longtemps. 4** loc. adv. *DE LOIN EN LOIN* : par intervalles. « *un long corridor qu'éclairaient de loin en loin des lanternes de verre* » (Chateaub.). ➛ *Ils ne se voient plus que de loin en loin,* de temps en temps. **III** loc. prép. *LOIN DE.* **1** À une grande distance. *Elle habite loin de son bureau.* ➛ *Non loin de là* : assez près de là. ♦ *Être loin de la vérité.* ➛ loc. *Loin de moi cette idée,* je l'écarte avec dégoût, mépris. ⇒ ① **arrière.** ➛ *Loin de là* : bien au contraire, tant s'en faut. *Il n'est pas désintéressé, loin de là !* **2** Dans un temps éloigné. *Nous sommes encore loin de la date prévue.* ➛ « *Le moment où je parle est déjà loin de moi* » (Boil.). **3** *PAS LOIN DE.* ⇒ **près** (à peu près), **presque.** *Il n'est pas loin de minuit.* **4** loc. *Être loin de,* négation exprimant le contraire de ce qu'on pouvait croire, attendre. *Il était loin de s'attendre à cela.* ➛ *Je ne suis pas loin de penser qu'il a raison,* je suis prêt à le penser. ➛ *Loin de le décourager, les difficultés le stimulent.* **IV** loc. conj. *D'AUSSI LOIN QUE ; DU PLUS LOIN QUE* : d'une distance très grande, dans l'espace ou le temps. *Du plus loin qu'il nous a aperçus.* « *d'aussi loin que je m'en souvienne, je l'ai toujours haï* » (Gide). ✪ CONTR. Près, auprès, contre, côté (à côté).

lointain, aine adj. et n. m. – XIIe **I** adj. **1** Qui est à une grande distance dans l'espace. ⇒ **distant, éloigné ; loin.** *Un pays lointain.* « *Les rumeurs lointaines de la fête* » (Camus). ➛ *Avoir l'air lointain,* distrait, absent. « *Papa souriait faiblement, l'air lointain, dédaigneux* » (Duham.). **2** Qui n'est pas proche, direct. ⇒ **éloigné.** *Ça n'a qu'un lointain rapport. Une ressemblance lointaine.* ⇒ ③ **vague. 3** Qui est très éloigné dans le temps. *Époque lointaine.* ⇒ **reculé. II** n. m. **1** Partie d'un tableau représentant de façon réaliste des lieux, des objets très éloignés du premier plan. *Des lointains fondus.* **2** Plan situé dans l'éloignement. *DANS LE, AU LOINTAIN.* ⇒ **arrière-plan, fond, horizon** (à l'horizon), **loin** (au loin). « *Un chant doux se fit entendre dans le lointain* » (Stendh.). ✪ CONTR. Proche, voisin ; récent.

loir n. m. – XIIe ; lat. *lis* ▪ Petit mammifère d'Eurasie *(rongeurs)* au pelage gris, à la queue touffue, qui peut hiberner six mois.

loisible adj. – XIVe ▪ Qui est permis, laissé à la libre volonté. *Il lui est loisible de refuser.*

loisir n. m. – XIe ; lat. *licere* « être permis » **1** loc. adv. *À LOISIR, TOUT À LOISIR* : en prenant tout son temps, à son aise. ➛ Autant qu'on le désire, à satiété. « *Lorsque mes doigts caressent à loisir Ta tête et ton dos élastique* » (Baudelaire). **2** Temps dont on dispose pour faire commodément qqch. « *j'eus le loisir de ruminer ce projet* » (Mac Orlan). **3** Temps de la vie qui n'est affecté ni au travail, ni au sommeil. *Avoir besoin d'un peu de loisir.* ⇒ **délassement, repos.** ♦ *Heures, moments de loisir.* ➛ au plur. *Avoir des loisirs,* du temps libre, du temps à soi. « *Ils travaillaient sans* *vacances, sans loisirs* » (Maurois). *Comment occupez-vous vos loisirs ? Les parcs de loisirs.* ➛ *La société, la civilisation des loisirs.* 4 au plur. Occupations, distractions, pendant le temps libre. *Ses loisirs préférés.* ⇒ **hobby.**

lolita n. f. – 1983 ; titre d'un roman de V. Nabokov ■ fam. Nymphette.

lolo n. m. – XVIe ; onomat. sur l'initiale de *lait* **1** Lait (dans le lang. enfantin). **2** fam. Sein.

lombago → **lumbago**

lombaire adj. – XVe ■ Qui appartient aux lombes, se situe dans les lombes. *Les cinq vertèbres lombaires.* ➛ n. f. *La dernière lombaire s'articule avec le sacrum* (⇒ **lombosacré**). ♦ Qui concerne la région des lombes. *Douleurs lombaires.*

lombalgie n. f. – 1931 ■ Douleur lombaire. ⇒ **lumbago.**

lombard, arde adj. et n. – XIIe ■ De Lombardie. ➛ n. m. Dialecte italien.

lombarthrose n. f. – 1950 ■ Arthrose des vertèbres lombaires.

lombes n. m. pl. – XIIe ; lat. *lumbus* « rein » ■ Région postérieure du tronc, en arrière de la cavité abdominale, à droite et à gauche de la colonne vertébrale lombaire (cf. cour. les reins*). *Douleur dans les lombes.* ⇒ **lumbago ; lombaire.**

> ❑ Le singulier *lombe* est très rare. ♦ Ce mot est du masculin (comme *rhombe* et *strombe*), contrairement aux autres noms à finale *...ombe : bombe, combe, palombe, trombe, tombe...*

lombosacré, ée adj. – XIXe ■ Du sacrum et de la dernière vertèbre lombaire. *L'articulation lombosacrée.*

lombosciatique n. f. – 1959 ■ Sciatique associée à des douleurs lombaires.

lombostat n. m. – 1962 ■ Corset orthopédique rigide destiné à soutenir les vertèbres lombaires.

lombric n. m. – XIIe ; lat. ■ Annélide *(oligochètes)*, appelé couramment *ver de terre. Lombric parasite.* ⇒ **ascaride.**

londrès [lɔ̃dʀɛs] n. m. – XIXe ; esp. « de Londres » ■ Cigare de la Havane, fabriqué à l'origine pour les Anglais. « *Ils s'épuisèrent en vain pour activer la combustion de ces londrès, qui avaient un goût de chou et ne tiraient pas* » (Huysm.).

long, longue [lɔ̃, lɔ̃g] adj., n. m. et adv. – X^e ; lat. *longus* **I** adj. **1** Qui a une étendue supérieure à la moyenne dans le sens de la longueur. ⇒ **grand.** *Une longue tige.* « *La cigogne au long bec* » (La Font.). ➛ Qui couvre une grande étendue, s'étend sur une grande distance. *Faire un long détour. Canon à longue portée.* **2** Dont la grande dimension (longueur) est importante par rapport aux autres dimensions. ➛ (Opposé à ① *court*) *Chemise à manches longues. Pantalon long. Os longs.* ➛ (Opposé à *large*) *Objets de forme longue.* ⇒ **oblong.** *Une fille longue et svelte.* ⇒ **élancé.** ➛ (Opposé à *épais*) *Sauce longue,* trop claire, trop délayée. **3** *Long de :* qui a telle dimension, dans le sens de la longueur. *Fleuve long de trois mille kilomètres.* ➛ *Prendre le chemin le plus long.* **4** Qui dure longtemps. *Longues nuits d'hiver. Longue maladie. Il* « *entama un long monologue à haute voix* » (Cendrars). *Je m'inquiète de votre long silence. Je ne serai pas long :* je ne vais pas mettre beaucoup de temps. ➛ Qui semble durer longtemps. ⇒ fam. **longuet.** *Trouver le temps long.* ♦ Qui dure longtemps et ne se répète pas souvent. *Boire à longs traits.* **5** Qui remonte loin dans le temps. ⇒ **ancien, vieux.** *Une longue habitude.* **6** Éloigné dans l'avenir. *À long terme* (opposé à ① *court* et à ① *moyen*). *À plus ou moins longue échéance.* ♦ loc. adv. *À LA LONGUE :* avec le temps, après beaucoup de temps. « *presque tous les métiers sécrètent l'ennui à la longue* » (Romains). **7** *LONG À :* lent. *Le feu a été long à s'éteindre.* **8** *Long de ; plus, moins long* (durée). *Cycle long d'un cinquantième de seconde.* **II** n. m. **1** *Table de 1,20 m de long sur 0,80 m de large.* ⇒ **longueur.** *Tomber de tout son long,* en s'allongeant par terre. ⇒ **s'étaler.** ♦ loc. adv. *DE LONG ; EN LONG :* dans le sens de la longueur. *Scieur de long.* ➛ *AU LONG ; TOUT AU LONG :* complètement, en n'omettant aucun élément. *Titre écrit au long,* sans abréviation. ➛ *TOUT DU LONG :* sur toute la longueur. *Sa jupe est déchirée tout du long.* **2** loc. prép. *AU LONG DE ; LE LONG DE ; TOUT LE LONG DE ; TOUT DU LONG DE :* en suivant sur toute la longueur de, en suivant sur une certaine étendue le bord de. « *Dans la plaine les baladins S'éloignent au long des jardins* » (Apoll.). ➛ *Grimper le long d'un mur.* ♦ Durant, pendant toute la durée de. « *Cette angoisse mystérieuse ressentie tout le long du jour* » (Giono). **III** adv. Beaucoup. *Son attitude en dit long. En savoir long.* ✪ CONTR. ① Court, large. ① Bref, instantané. Concis, succinct.

> ❑ Même famille étymologique que *loin.*

longane n. m. – XVIIe ; chin. *long* « dragon » et *yen* « œil » ■ Fruit exotique voisin du litchi*.

longanimité n. f. – XIIe ; lat. *longus* « patient » et *animus* « âme » ■ littér. **1** Patience à supporter les souffrances morales. **2** Patience à supporter ce qu'on aurait le pouvoir de réprimer, de punir. ⇒ **indulgence.** « *cette longanimité, cette tolérance dont nous aurons fait preuve à l'égard du catholicisme* » (Gide). ✪ CONTR. Impatience ; dureté.

> ❑ On retrouve aussi le latin *animus* « âme, esprit » dans *magnanime, pusillanime, unanime.*

long-courrier adj. XIXe ; de *long cours* ■ Se dit d'un bâtiment qui navigue au long cours, d'un avion de transport qui fait de longs parcours. *Avions long-courriers.* ➛ n. m. « *les long-courriers d'Australie* » (Céline).

> ❑ S'écrit avec un trait d'union, à la différence de *long cours*

① **longe** n. f. – XIe ; lat. *lumbus* « rein » ■ Moitié en long de l'échine (du veau, du chevreuil ou du porc), depuis le bas de l'épaule jusqu'à la queue.

> ❑ Même famille étymologique que *lombes.*

② **longe** n. f. – XIIe ; de *long* **1** Corde, courroie qui sert à attacher un cheval, un animal domestique, ou à le mener. « *Julien, dénouant ses longes, le lâchait tout à coup [le cheval]* » (Flaub.). **2** Lanière de cuir tressé dans une partie de sa longueur, attachée au manche d'un fouet et portant la mèche.

longer v. tr. ③ – XVIIe **1** Aller le long de, en suivant le bord, en marchant auprès. ⇒ **côtoyer.** *Longer les murs pour se cacher.* ⇒ **raser.** *Naviguer en longeant la côte.* ⇒ ① **ranger.** **2** Être, s'étendre le long de. ⇒ **border.** *Un sentier longe la rivière.*

longeron n. m. – XIIIe ; de *long* **1** Pièce de charpente parallèle aux poutres principales et fixée aux poutrelles, qui soutient chaque file de rails d'un pont de chemin de fer. ➛ Maîtresse poutre métallique (d'un pont). **2** Chacune des pièces maîtresses longitudinales de la charpente, du châssis d'un véhicule. ➛ *Longeron de voilure d'avion,* constitué par deux semelles réunies par une âme. ⇒ ④ **lisse.**

longévital, ale, aux adj. – 1995 ■ Caractérisé par la longévité. *Société longévitale.*

longévité n. f. – XVIIIe ; lat. *longus* « long » et *ævum* « âge » **1** Longue durée de la vie. *La longévité des plantes* *vivaces.* 2 Durée de la vie. *La longévité augmente dans les pays industrialisés.* ✪ CONTR. Brièveté.

❑ Apparenté par la forme avec *médiéval.*

longi- Élément, du lat. *longus* « long ».

longicorne adj. et n. m. – XIXe ▪ Qui a de longues cornes, de longues antennes.

longiligne adj. – XIXe ▪ Caractérisé par la longueur du tronc et des membres, par rapport à leur largeur.

longitude n. f. – XIVe ; lat. « longueur » ▪ L'une des coordonnées sphériques d'un point de la surface terrestre ; distance angulaire de ce point au méridien d'origine mesurée en degrés. *Île située par 60° de latitude sud et 40°20' de longitude ouest.* ◆ *Longitude géocentrique d'un astre :* la position de sa projection sur le plan de l'écliptique. ⇒ **azimut.**

longitudinal, ale, aux adj. – XIVe 1 Qui est dans le sens de la longueur. *Vallée longitudinale,* qui suit les chaînes de montagne. *Coupe longitudinale.* 2 didact. Qui limite ses observations à un seul individu ou à un nombre déterminé de sujets suivis tout au long de leur développement. *Études longitudinales, en psychiatrie.* ✪ CONTR. Transversal.

longrine n. f. – XVIIIe ; it. *lungarina,* de *lungo* « long » ▪ Pièce de charpente placée dans le sens de la longueur et qui relie d'autres pièces. ◆ Pièce placée au-dessous et tout au long des rails.

longtemps [lɔ̃tɑ̃] n. m. et adv. – Xe **I** n. m. Un long espace de temps. 1 *Depuis, pendant, pour longtemps. Vous entendrez parler de lui avant longtemps,* bientôt, sous peu. ♦ *DE LONGTEMPS :* depuis longtemps. « *Ayant de longtemps mûri sa pensée* » (Henriot). ◆ *De longtemps, d'ici longtemps :* avant un long moment. *Elle « pensait qu'elle n'aurait peut-être pas de longtemps la joie d'un rendez-vous »* (Zola). 2 *Il est déjà venu ici, il y a longtemps.* ⇒ **autrefois, jadis.** *Voilà longtemps que nous ne nous sommes vus.* **II** adv. Pendant un long espace de temps. *Il n'y a plus longtemps à attendre.* ⇒ **beaucoup.** ◆ *Assez longtemps. Restez aussi longtemps que vous voudrez,* tant que vous voudrez. « *je n'aurais pas dû parler si longtemps* » (Colette). ⇒ **longuement.** *Ils sont restés moins longtemps que la dernière fois.* ◆ *Ils s'étaient connus bien longtemps avant leur mariage. On se souviendra de lui longtemps après sa mort.* ✪ CONTR. Peu. — Bientôt, naguère, récemment.

longue n. f. – XVIIe 1 Note longue. *Une longue vaut deux brèves.* 2 Voyelle, syllabe longue. 3 *À la longue.* ⇒ **long** (I, 6°).

longuement adv. – XIe ▪ Pendant un long temps, avec longueur et continuité. *Projet longuement mûri.* ⇒ **amplement.** ◆ *Le temps ne me permet pas de m'étendre plus longuement.* ⇒ **longtemps.** ✪ CONTR. Brièvement.

longuet, ette adj. et n. m. – XIIe 1 fam. Un peu long. *Ce film est plutôt longuet.* 2 Marteau long et fin du facteur de pianos. 3 Petit pain mince et long, de consistance analogue à la biscotte. ⇒ **gressin.**

longueur n. f. – XIIe **I - 1** Dimension d'une chose dans le sens de sa plus grande étendue ; la plus grande dimension horizontale d'un volume orienté (opposé à *largeur, hauteur, profondeur*). *La longueur d'une route. Pièce tout en longueur. Sur une bonne longueur. Saut en longueur.* 2 Grandeur qui mesure cette dimension. *Un bâtiment de 50 mètres de longueur. Une longueur de 1 000 km. Une truite de bonne longueur.* ⇒ **taille.** *Longueur parcourue.* ⇒ **distance.** 3 sc. Dimension spatiale linéaire d'un objet à une seule dimension. *Longueur, surface et volume. Longueur d'un rectangle,* le plus grand côté. ♦ *LONGUEUR D'ONDE :* distance que parcourt une onde sinusoïdale pendant une période. 4 Unité définie par la longueur de la bête, du véhicule, et servant à évaluer la distance qui sépare les concurrents dans une course. *Cheval qui gagne d'une longueur* (⇒ aussi **encolure, tête**). ◆ *Avoir une longueur d'avance,* un avantage sur un adversaire. ♦ Unité définie par la longueur d'un champ de courses, d'une piscine. Loc. *Tenir la longueur :* avoir de la résistance, être capable d'aller jusqu'au bout. 5 Grandeur supérieure à la moyenne, dans le sens de la longueur. *Étroitesse et longueur d'un tunnel.* **II - 1** Espace de temps. ⇒ **durée.** « *un temps mort de longueur indéterminée* » (Robbe-Grillet). ♦ loc. prép. *À LONGUEUR DE :* pendant toute la durée de, sans discontinuer. « *le déranger à longueur de journée* » (Aragon). 2 Longue durée ; durée trop longue. *Tirer les choses en longueur,* les faire durer. **III** Durée nécessaire à la lecture, à l'expression d'une œuvre ; importance de son contenu. 1 Étendue ou durée. *La longueur d'un texte.* 2 Grande étendue ou longue durée. *Excusez la longueur de ma lettre.* 3 au plur. Passages trop longs, développements superflus qui alourdissent (un texte, etc.). *Il « les pria d'excuser ces longueurs »* (La Font.). ✪ CONTR. Brièveté.

longue-vue n. f. – XVIIe ▪ Lunette d'approche terrestre. *Des longues-vues.*

looch [lɔk] n. m. – XVIe ; ar. *la'uq* « potion qu'on lèche » ▪ Médicament sirupeux (adoucissant), composé essentiellement d'une émulsion et d'un mucilage. ✪ HOM. Loch, loque.

loofa → **luffa**

look [luk] n. m. – 1977 ; mot angl. « aspect, allure » ▪ Aspect physique caractéristique d'une mode. ⇒ **allure, genre.** *Changer de look.* ♦ Image donnée par qqch. ⇒ **style.** *Donner un nouveau look à une voiture.* ⇒ **relooker.**

looping [lupiŋ] n. m. – 1911 ; loc. angl. *looping the loop* « action de boucler la boucle » ▪ Acrobatie aérienne consistant en une boucle dans le plan vertical.

❑ Les premiers « bouclages de la boucle » furent en 1903 des exercices d'acrobatie à vélo au music-hall ; mais c'est de la figure de voltige aérienne que *looping* devait recevoir son sens définitif ; il est douteux qu'il soit jamais remplacé par *boucle.*

looser → **loser**

lope n. f. – XIXe ; de *lopaille* « pédéraste passif », altér. de *copaille* « copain » 1 arg. Homosexuel. 2 fam. Personne lâche. ◆ *Bande de lopes !*

lopette n. f. – XIXe ▪ fam. Petite lope (1° ou 2°). ◆ *Espèce de lopette !*

lophobranche n. m. – XIXe ; gr. *lophos* « aigrette » et *branchie* ▪ Poisson à lamelles branchiales élargies et frisées. « *les lophobranches* [...] *Type : les hippocampes, les pégases dragons* » (J. Verne).

lophophore n. m. – XIXe ; gr. *lophos* « aigrette » et *-phore* ▪ Oiseau de Chine *(gallinacés),* dont les plumes et aigrettes colorées ont longtemps été utilisées comme parure.

lopin n. m. – XVIe ; du rad. de *loupe* ▪ Petit morceau de terrain, petit champ. *Un lopin de terre.*

loquace adj. – XVIIIe ; lat *loqui* « parler » ▪ Qui parle volontiers. ⇒ **bavard ;** fam. **causant.** « *c'était moi qui me taisais cependant que Firmin devenait loquace* » (Bosco). ✪ CONTR. Silencieux, taciturne.

❑ Même famille étymologique que *éloquent, interloquer, locuteur, locution, soliloque...*

loquacité n. f. – XVe ▪ littér. Disposition à parler beaucoup. ⇒ **bagout, volubilité.** ✪ CONTR. Silence.

loque n. f. – XVe ; néerl. *locke* « boucle, mèche » **1** (Belgique, Nord) Reste d'étoffe usé, déchiré. ⇒ **chiffon. 2** Morceau d'étoffe déchiré. *Vêtements qui tombent en loques.* ⇒ **lambeau ; guenille, haillon.** ➛ Vieux vêtement sale et déchiré. *Un clochard vêtu de loques.* ⇒ **loqueteux. 3** Personne effondrée, sans énergie. ⇒ **épave.** « *Ruiné, vidé, une loque* » (Daud.). **4** Maladie des abeilles qui se manifeste par la pourriture du couvain. **5** (Belgique) Peau à la surface du lait bouilli. ✪ HOM. Loch, looch.

> ❑ En Belgique et dans le Nord, *loque, loque à (re)loqueter* désignent spécialement une serpillière.

-loque Élément, du lat. *loqui* « parler ».

loquet n. m. – XIIIe ; néerl. *loke,* ou anglo-norm. *loc* ▪ Fermeture de porte se composant d'une tige mobile (⇒ **clenche**) dont l'extrémité vient par translation ou rotation se bloquer dans une pièce (⇒ **mentonnet**) fixée au chambranle. ♦ Clenche d'un loquet. *Cet âne « était un animal farceur* [...] *il soulevait très bien les loquets avec sa bouche* » (Zola).

loqueteau n. m. – XVIIe ▪ Petit loquet.

loqueteux, euse adj. – XVIe **1** Vêtu de loques, de haillons. ⇒ **déguenillé. 2** En loques, déchiré. *Habit loqueteux.*

loran n. m. – 1946 ; mot angl., acronyme de ***Lo****ng* ***R****ange* ***A****id to* ***N****avigation* « aide à grande distance à la navigation » ▪ Système de radionavigation, fondé sur la détection de l'occurrence de signaux émis par un réseau de balises fixes.

lord [lɔʀ(d)] n. m. – XVIe ; mot angl. « seigneur » ▪ Titre de noblesse en Grande-Bretagne. *La Chambre des lords. L'Angleterre « venait de chasser Lord Byron accusé d'inceste* » (Maurois). ♦ Titre attribué à certains hauts fonctionnaires ou à certains ministres britanniques.

lord-maire [lɔʀ(d)mɛʀ] n. m. – XVIIe ; trad. de l'angl. *lord Mayor* ▪ Maire élu de certaines grandes villes britanniques. *Des lords-maires.*

lordose n. f. – XVIIIe ; gr. *lordos* « voûte » ▪ Courbure normale de la colonne vertébrale lombaire ou dorsolombaire, à concavité postérieure. ♦ Exagération anormale de la cambrure du dos.

lorette n. f. – XIXe ; du quartier de l'église N.-D. de *Lorette,* à Paris ▪ VX Jeune femme élégante et facile. ⇒ **courtisane, grisette.** *Le Paris « du turf et des lorettes* » (Balz.).

lorgner v. tr. [1] – XVe ; de l'a. fr. *lorgne* « louche » ▪ Regarder, observer de façon particulière (de côté, avec insistance, à l'aide d'un instrument). ➛ Regarder avec une intention galante. ⇒ fam. **reluquer.** ♦ Avoir des vues sur, convoiter. ⇒ **guigner, loucher** (sur), **prétendre** (à). *Lorgner un héritage.*

lorgnette n. f. – XVIIIe ▪ Petite lunette grossissante. ⇒ ① **jumelle.** ♦ loc. *Regarder par le petit bout de la lorgnette :* ne voir des choses qu'un aspect accessoire dont on exagère l'importance.

> ❑ La *lorgnette* fut un objet en vogue tout au long du XVIIIe s. ; on en fabriquait qui, grâce à un agencement spécial, permettaient d'observer tout en ayant l'air de regarder ailleurs (dites *lorgnettes de jalousie*).

lorgnon n. m. – XVIIIe ▪ Ensemble de deux lentilles et de leur monture sans branches (⇒ **binocle**), tenu à la main par une sorte de manche (⇒ **face-à-main**) ou maintenu sur le nez par un ressort (⇒ **pince-nez**). *Ajuster son lorgnon.*

lori n. m. – XVIIe ; mot malais ▪ Perroquet d'Indonésie et d'Océanie *(psittaciformes).* ✪ HOM. Loris, lorry.

loricaire n. m. – XIXe ; lat. *lorica* « cuirasse » ▪ Petit poisson téléostéen, vivant dans les fleuves de l'Amérique tropicale, au corps recouvert de plaques osseuses.

loriot n. m. – XIVe ; lat. *aureolus* « de couleur d'or » ▪ Oiseau *(passériformes)* plus petit que le merle, au plumage jaune vif, sauf les ailes et la base du cou qui sont noires. ⇒ **compère-loriot.**

loris n. m. – XVIIIe ; a. néerl. *loeris* « clown » ▪ Primate inférieur nocturne d'Asie du Sud *(strepsirhiniens).* ✪ HOM. Lori, lorry.

lorrain, aine adj. et n. – XIe ▪ De Lorraine. ♦ n. *Les Lorrains.* ➛ n. m. Le dialecte lorrain.

lorry n. m. – XIXe ; mot angl. ▪ Wagonnet plat employé dans les travaux de construction de voies ferrées. *Des lorrys* ou *des lorries.* ✪ HOM. Lori, loris.

> ❑ Pour le pluriel → ① y (rem.).

lors adv. – XIe ; lat. *illa hora* « à cette heure-là » **1** loc. prép. *LORS DE :* au moment de, à l'époque de. « *lors de leur arrivée et de leur installation à Paris* » (Henriot). **2** loc. adv. *Pour lors :* à ce moment, alors. **3** loc. conj. *Lors même que* (et l'indic. ou le condit.) : même si, en dépit du fait que. « *le chant naturel de l'homme est triste, lors même qu'il exprime le bonheur* » (Chateaub.). ✪ HOM. Laure.

lorsque conj. de temps – XIIe **1** Au moment où, quand. « *Lorsque la volonté se tait, l'instinct parle* » (R. Rolland). « *lorsqu'aux droits de l'homme se substituèrent les droits du bourgeois* » (Malraux). **2** Alors que, tandis que. *On fait des discours, lorsqu'il faut agir.*

losange n. m. – XIIIe ; p.-ê. gaul. °*lausa* « pierre plate » **1** Meuble de l'écu, figurant le fer de lance. **2** (Dans le plain-chant) Note en forme de losange, valant la moitié de la carrée. **3** Parallélogramme dont les côtés sont égaux. *Le carré est un losange à angles droits.* ♦ Cette figure, lorsqu'il ne s'agit pas d'un carré. ➛ *Visage en losange.*

losangé, ée adj. – XIIe ▪ Qui est formé ou couvert de losanges juxtaposés formant un motif décoratif.

loser [luzœʀ] n. m. – v. 1980 ; mot angl. « perdant » ▪ fam. Personne qui échoue, a une conduite d'échec (opposé à ③ *battant, gagneur*). ⇒ **perdant.**

> ❑ On trouve parfois la graphie fautive *looser,* par attraction d'autres mots anglais comme *fool, cool.*

lot n. m. – XIIe ; germ. °*lot* « sort » **1** Partie d'un tout partagé entre plusieurs personnes. ⇒ ① **part, portion.** *Morceler une terre en lots.* ➛ *Lots distribués à des cohéritiers.* ⇒ **héritage, succession. 2** Ensemble de produits vendus ou donnés ensemble. ⇒ **assortiment, stock.** *Lots de vieux livres.* ♦ Quantité d'un même produit pétrolier liquide expédiée séparément dans une canalisation ou un pipeline. ♦ *Traitement par lots :* mode de traitement de l'information suivant lequel chaque utilisateur regroupe son programme et ses données en un lot que l'ordinateur traitera dans son ensemble. **3** Groupe de personnes appartenant à un ensemble présentant les mêmes caractéristiques. *Se détacher du lot.* **4** Ce qui échoit à un gagnant dans une loterie. Loc. *Tirer le gros lot :* bénéficier soudain d'une chance, d'une aubaine exceptionnelle. ➛ *Obligations, valeurs à lots,* remboursées par un tirage au sort, avec des primes. **5** *Le lot de qqn,* ce qui lui échoit ; ce que le hasard, la destinée, la nature lui réserve. ⇒ **apanage, destin, sort.** « *L'exil, la captivité, la mort* [...] *il fallait y voir notre lot* » (Sartre). ✪ CONTR. Totalité.

lote → **lotte**

loterie n. f. – XVIe ; néerl. *loterije,* ou it. *loteria* **1** Jeu de hasard où l'on distribue un certain nombre de billets et où des lots sont attribués à ceux qui sont désignés par le sort. ⇒ **tombola.** *Tirage d'une loterie. Gagner à la loterie.* **2** Ce qui est réglé par le hasard. « *Tout est* loterie. *La guerre n'est plus qu'une loterie pour presque tous* » (Senancour).

loti, ie adj. – XVIIe ▪ *Être bien loti, mal loti* : être favorisé, défavorisé par le sort.

lotier n. m. – XVIe ; lat. *lotus* « mélilot » ▪ Herbe des prés et des talus *(légumineuses papilionacées)*, à fleurs jaunes, appelée aussi *trèfle cornu*.

lotion n. f. – XIVe ; lat. *lavare* « laver » **1** Application d'un liquide sur une partie du corps. *Faire des lotions sur une plaie.* **2** Le liquide utilisé pour ces applications. *Lotion capillaire. Lotion pour le visage.* ⇒ ① **tonique.** *Lotion après-rasage.*

lotionner v. tr. [1] – XIXe ▪ Soumettre à une lotion. *Se lotionner les cheveux.* ⇒ **frictionner.**

lotir v. tr. [2] – XIIe **1** Partager, répartir par lots. *Lotir un terrain*, le diviser en lotissements. ➛ *Domaine loti.* **2** Mettre en possession d'un lot. *Après le partage, chacun a été loti d'une maison.*

lotissement n. m. – XIVe **1** Action de répartir par lots, division par lots. *Le lotissement des immeubles d'une succession.* ➛ Division d'un terrain en parcelles. **2** Terrain loti ; chacune des parcelles de ce terrain. « *J'avais commencé à me faire construire une petite maison dans les lotissements de Magnific-Vista* » (Queneau). *Habiter dans un lotissement.*

lotisseur, euse n. – XIIIe ▪ Personne qui partage des terrains en lots, les vend par lots. ⇒ aussi **promoteur.**

loto n. m. – XVIIIe ; it. « lot ; sort » **1** Jeu de hasard où l'on distribue aux joueurs des cartes portant plusieurs numéros, auxquels correspondent de petits cylindres de bois *(boules de loto)* ou des cartons numérotés et mêlés dans un sac, le gagnant étant le premier à pouvoir remplir sa carte avec des numéros tirés au hasard. ⇒ **bingo.** ➛ « *les yeux arrondis en boules de loto* » (Courtel.), tout ronds. **2** Jeu public consistant à cocher des numéros sur un bulletin, qui gagnent s'ils correspondent aux numéros tirés au sort. *Gagner au loto.* ➛ *Loto sportif*, combiné avec des pronostics sportifs.

lotte n. f. – XVIe ; gaul. **1** Poisson au corps presque cylindrique, à peau épaisse, gluante, couverte d'écailles, à la chair ferme et appréciée. *Lotte à l'américaine.* **2** *Lotte de mer.* ⇒ **baudroie.**

> ❑ On trouve aussi la graphie *lote*.

lotus [lɔtys] n. m. – XVIe ; gr. *lôtos*, désignant cinq plantes différentes **1** Plante du littoral africain (Tunisie du Sud, Tripolitaine, Cyrénaïque) produisant un fruit auquel les anciens attribuaient des propriétés magiques. **2** Plante dicotylédone *(nymphéacées)*, semblable au nénuphar blanc. ♦ *Position du lotus* : position assise de méditation, au yoga, qui consiste à croiser les jambes en amenant chaque pied sur la cuisse de la jambe opposée. **3** Nénuphar du Nil.

① **louable** adj. – XIIe ▪ Qui est digne de louange. ⇒ ① **bien,** ① **bon, estimable.** « *son attitude répondait à des sentiments louables* » (Romains). *De louables efforts.* ⇒ **méritoire.** ✪ CONTR. Blâmable, condamnable, répréhensible.

② **louable** adj. – XVIIe ▪ Qu'on peut louer. *Garage louable à l'année.*

louage n. m. – XIIIe ▪ Fait de céder à loyer, pour un temps (⇒ ② **louer**). *Contrat de louage. Louage d'ouvrage, d'industrie* : contrat d'entreprise (⇒ **locateur**). ➛ *Louage de services* : contrat de travail. ♦ DE LOUAGE : qui est à louer, que l'on a loué. ⇒ **location.** *Voiture de louage.*

louange n. f. – XIIe **1** Action de louer ; le fait d'être loué. ⇒ **éloge ;** ① **louer.** *Je « souffre de la louange si je sens qu'elle m'est octroyée par méprise* » (Gide). ➛ *Discours à la louange d'un héros*, en son honneur. **2** Témoignage verbal ou écrit d'admiration ou de grande estime. ⇒ **compliment, félicitation.** *Un concert de louanges.* **3** Titre à être loué ; mérite. ⇒ **gloire.** *C'est tout à sa louange.* ✪ CONTR. Blâme, ② critique.

louanger v. tr. [3] – XIIe ▪ littér. Couvrir de louanges ; faire l'éloge de. ⇒ ① **louer, glorifier.** ✪ CONTR. Blâmer, critiquer.

louangeur, euse n. et adj. – XVIe **1** vieilli Personne qui a l'habitude, la manie de louanger. **2** adj. littér. Qui contient ou exprime une louange. ⇒ **élogieux, laudatif.** *Paroles louangeuses.* ✪ CONTR. ① Caustique, dénigreur, médisant, satirique.

loubard n. m. – av. 1973 ; probablt verlan (modifié) de *balourd* ▪ fam. Jeune homme appartenant à une bande et affectant un comportement asocial. ⇒ **loulou, voyou.** ➛ abrév. LOUB [lub].

① **louche** adj. – XIIIe ; lat. *luscus* « borgne » **1** vx Qui est atteint de strabisme. ➛ *Yeux louches.* ➛ fig. *Il « regardait parfois d'un œil louche la placidité bourgeoise* » (Romains). ⇒ **oblique, torve.** **2** vx Qui manque de clarté, de transparence. *Vin louche.* ➛ n. m. sc. *Le louche* : turbidité qui se produit dans une solution par précipitation d'un sel. **3** Qui n'est pas clair, pas honnête. ⇒ **suspect,** ① **trouble.** *Affaires louches. Fréquenter des milieux louches.* ⇒ **interlope.** *Un individu louche. Un café louche.* ⇒ **borgne.** *Voilà qui me paraît louche.* ➛ *Il y a du louche dans cette histoire.* ✪ CONTR. Clair, ② franc, ② net.

② **louche** n. f. – XIIIe ; germ. *°lôtja* **1** Grande cuillère à long manche et à cuilleron hémisphérique, avec laquelle on sert les mets liquides ou pâteux. *Manger du caviar à la louche*, en grande quantité. ➛ *Estimation à la louche*, grossière. ♦ Contenu d'une louche. *Une louche de soupe.* **2** fam. Main. *Serrer la louche à qqn.*

loucher v. intr. [1] – XVIIe ; de ① *louche* **1** Être atteint de strabisme ; avoir les axes visuels des deux yeux non parallèles. ⇒ fam. **bigler.** **2** loc. fam. *Faire loucher qqn*, provoquer sa curiosité, son envie, son dépit. ♦ *Loucher sur, vers* : jeter des regards pleins de désir, de convoitise sur. ⇒ **guigner, lorgner.**

loucherbem ou **louchébème** [luʃebɛm] n. m. – XIXe ; de ② *boucher* **1** arg. Boucher. **2** Argot qui transforme les mots (comme *boucher* en *l-oucher + b-em*).

loucherie n. f. – XVIIe ▪ vieilli Strabisme.

louchet n. m. – XIVe ; de ② *louche* ▪ Bêche à lame étroite et très allongée.

loucheur, euse n. – XIXe ▪ Personne qui louche. ⇒ fam. **bigleux, louchon.**

louchon n. m. – XIXe ▪ fam. et vieilli Personne qui louche.

louée n. f. – XIXe ▪ région. Assemblée où se louent les ouvriers agricoles, les journaliers.

① **louer** v. tr. [1] – X^e ; lat. *laudare* **1** Déclarer digne d'admiration ou de très grande estime. ⇒ **exalter, glorifier, honorer, magnifier, vanter.** *Louer qqn sans mesure.* ⇒ **encenser, flatter, louanger.** **2** LOUER (qqn) DE, POUR (qqch.). ⇒ **complimenter, féliciter.** « *je vous loue infiniment de votre choix* » (Mol.). **3** *Louer le Seigneur.* ⇒ **bénir, glorifier.** Loc. *Dieu soit loué !* exclamation de joie, de soulagement. **4** v. pron. SE LOUER (DE) : témoigner ou s'avouer la vive satisfaction qu'on éprouve (de). ⇒ **s'applaudir,** se **féliciter.** *Je me loue d'avoir accepté son offre. Il n'a qu'à se louer de son fils.* « *l'ambassadeur, qui se louait hautement de mon service* » (Rouss.). ✪ CONTR. Blâmer, critiquer, honnir, vilipender. — HOM. *Louerai* : lourai (lourer).

> ❑ Même famille étymologique que *laudatif* (aucun rapport avec ② *louer*).

② **louer** v. tr. [1] – XIe ; lat. *locare* **I - 1** Donner à loyer, en location, à bail. ⇒ **louage.** « *Le reste de la chère demeure* [...] *il avait fallu le louer à des étrangers* » (Loti). *Personne qui loue* (bailleur) *un local, une terre* (⇒ **affermer**). *Maison à louer.* **2** v. pron. Être loué. *Cet appartement doit se louer cher.* ♦ Engager son service, son travail pour un temps déterminé moyennant salaire. « *les anciens propriétaires se louaient chez lui comme saisonniers* » (Aragon). **II - 1** Prendre à loyer, en location, à bail. *Louer un appartement,* en être locataire. *Louer un navire.* ⇒ **affréter, noliser.** *Louer un coffre dans une banque.* ➝ *Chambre louée au mois.* ♦ Retenir en payant. ⇒ **réserver.** *Louer sa place dans un train.* **2** vieilli Engager à son service pour un temps déterminé, moyennant salaire. *Louer un guide pour une excursion.* ⇒ **prendre.** ➝ *Louer les services de qqn.*

❑ Même famille étymologique que *location, locataire, loyer.* ♦ Ce verbe fait partie des quelques mots qui ont deux sens opposés. → hôte, ② dépister (rem.).

loueur, euse n. – XIIIe ▪ Personne qui fait métier de donner en location. *Loueur de voitures.*

loufiat n. m. – XIXe ; o. i. ▪ fam. et péj. Garçon de café. « *Eh toi, loufiat, cria-t-il au garçon* » (Huysm.).

loufoque adj. – XIXe ; transform. arg. de *fou* ▪ fam. **1** Fou ; au comportement extravagant. *Il a l'air un peu loufoque.* abrév. LOUF. **2** Un peu bizarre et drôle. ⇒ **extravagant, saugrenu.** *Une histoire loufoque.* ⇒ **burlesque.**

loufoquerie n. f. – XIXe ▪ Caractère d'une personne loufoque, de ce qui est loufoque. ⇒ **extravagance.**

lougre n. m. – XVIIIe ; angl. *lugger* ▪ Petit bâtiment de pêche ou de cabotage à trois mâts.

louis n. m. – XVIIe ; de *Louis XIII* **1** Ancienne monnaie d'or, frappée à l'effigie du roi de France. **2** Pièce d'or française de vingt francs (⇒ **napoléon**).

louise-bonne n. f. – XVIIe ; de *Louise* et ① *bon* ▪ Poire d'automne, fondante et douce. *Des louises-bonnes.*

louis-philippard, arde adj. – XIXe ▪ Qui a rapport au règne de Louis-Philippe, appartient au style de son époque.

loukoum [lukum] n. m. – XIXe ; ar. *rahat lokoum* « le repos de la gorge » ▪ Confiserie orientale, faite d'une pâte aromatisée enrobée de sucre en fine poudre. *Des loukoums à la rose.*

loulou n. – XVIIIe ; de *loup* **I** n. m. Petit chien à museau pointu, à long poil, à grosse queue touffue enroulée sur le dos. *Loulou de Poméranie.* **II** n. fam. **1** LOULOU, LOULOUTE. Garçon, fille. ➝ t. d'affection *Ma petite louloute !* **2** n. m. Jeune d'un milieu défavorisé, appartenant à une bande. ⇒ **loubard.** *Des loulous de banlieue.*

loup n. m. – XIe ; lat. *lupus* **1** Mammifère carnivore vivant à l'état sauvage en Scandinavie, en Asie occidentale et au Canada, et qui ne diffère d'un grand chien que par son museau pointu, ses oreilles toujours droites et sa queue touffue pendante. *Tanière du loup.* ⇒ ② **liteau.** *Le loup, la louve et leurs louveteaux. Le loup hurle.* ➝ *Piège à loups.* ♦ *Homme-loup.* ⇒ **loup-garou, lycanthrope.** ♦ loc. *Une faim de loup* : une faim vorace. *Un froid de loup,* très rigoureux. *Crier au loup* : avertir d'un danger (parfois en exagérant son importance). *Être connu comme le loup blanc,* très connu. ♦ Fourrure de cet animal. *Un manteau de loup.* ♦ JEUNE LOUP : politicien, homme d'affaires jeune et ambitieux. **2** fam. Terme d'affection. *Mon petit loup* (⇒ **loulou,** II). **3** LOUP DE MER : marin très expérimenté. *C'était « une sorte de loup de mer* [...] *rien de l'aspect d'un homme du monde* » (J. Verne). *De vieux loups de mer.* **4** Poisson comestible de la Méditerranée, très vorace. ⇒ ② **bar.** *Loup au fenouil.* **5** Masque de velours ou de satin noir, couvrant une partie du visage. « *des femmes du monde, protégées* [...] *par des dominos et des loups* » (Nerval). **6** Malfaçon dans un ouvrage de construction, de couture. ⇒ **loupé.** ➝ Agglomération de matière mal fondue se formant dans un minerai en fusion.

❑ Ce mot a un doublet savant *lupus.* ♦ La forme ancienne *leu* se retrouve dans *à la queue leu leu.*

loupage n. m. – 1920 ▪ fam. Le fait de louper ; chose ratée, loupée. ⇒ **ratage.**

loup-cervier n. m. – XIIe ; lat. *lupus cervarius* « loup qui attaque les cerfs » ▪ Lynx des régions boréales d'Eurasie. *Des loups-cerviers.*

loupe n. f. – XIVe ; soit du rad. expr. *lopp-* « chose informe », soit du germ. **1** Perle brute ou pierre précieuse présentant un défaut. *Loupe d'émeraude.* **2** Kyste sébacé du cuir chevelu. ⇒ **tanne.** ♦ Excroissance ligneuse qui se développe sur certains arbres. ⇒ **nodosité.** ➝ Cette partie du bois utilisée en ébénisterie. « *un plateau rond en loupe d'orme* » (Perec). **3** Lentille convexe et grossissante qui donne des objets une image virtuelle droite et agrandie. ⇒ **compte-fils.** *Lire avec une loupe.* ➝ *Regarder une chose à la loupe,* fig. l'examiner de très près, avec une minutie exagérée.

loupé n. m. – 1919 ▪ fam. Ratage. ⇒ **loup** (6°).

louper v. tr. [1] – XIXe ; de *loup* (6°) ▪ fam. **1** Mal exécuter. Ne pas réussir. ⇒ **manquer, rater.** *Acteur qui loupe son entrée.* ➝ *Examen loupé.* **2** Ne pouvoir prendre, laisser échapper. ⇒ **manquer, rater.** *Louper son train. Louper l'occasion.* ➝ loc. *Il n'en loupe pas une* : il a fait la bêtise qu'il ne fallait pas faire. ♦ Ne pas réussir à rencontrer. ⇒ **manquer.** *Je l'ai loupé à la gare.* Pronom. *Nous nous sommes loupés de peu.* **3** intrans. Rater. *Ça n'a pas loupé.*

loup-garou n. m. – XIIIe ; germ. °*wariwulf* « homme-loup » ▪ Dans les légendes, Homme transformé en loup qui errait la nuit dans les campagnes. ⇒ **lycanthrope.** *Des loups-garous.*

loupiot, iotte ou **iote** n. – XIXe ; p.-ê. dimin. de *loup* ▪ fam. Enfant. ✪ HOM. Loupiote.

loupiote n. f. – 1915 ; p. ê. de *loupe,* dial. « chandelle » ▪ fam. Petite lampe, lumière. ✪ HOM. Loupiotte (loupiot).

lourd, lourde adj. – XIIe ; p.-ê. lat. *luridus* « blême » **I - 1** Qui manque de finesse, de subtilité ; qui est incapable de réagir vite et bien. ⇒ **balourd, épais, fruste, grossier, lourdaud, maladroit, rustaud.** « *Tu connais son genre. Un peu lourd, un peu brutal, avec des manières de casse-cœur* » (Aymé). **2** Qui manifeste de la lourdeur, de la maladresse intellectuelle. *Lourdes plaisanteries.* ⇒ **gros.** *Style lourd.* ⇒ **embarrassé, gauche. 3** Qui se meut avec maladresse, gaucherie, lenteur. ⇒ **empoté, pataud.** *Son équipement le rend lourd et maladroit.* ➝ *Avoir le pas lourd.* **II - 1** Difficile, pénible à porter, à déplacer, en raison de son poids. ⇒ **pesant.** *Une valise très lourde.* ➝ *Terrain lourd,* qu'on a de la peine à remuer, à labourer (⇒ **compact**), ou détrempé, dans lequel on enfonce. ♦ *Se sentir les jambes lourdes,* avoir de la peine à les mouvoir. ➝ Qui gêne par une impression de pesanteur. « *je sentais mes yeux se fermer et ma tête devenir lourde ; mais impossible de dormir* » (Daud.). ➝ *Sommeil lourd,* que rien ne peut déranger. ♦ *Marché lourd,* dont les cours restent bas, immobiles ou orientés vers la baisse. **2** Dont le poids est élevé ou supérieur à la moyenne. ⇒ **gros.** *Et soudain « cette bourrasque* [...] *ces lourdes gouttes glacées* » (Mauriac). ♦ *Artillerie lourde,* de gros calibre. *Industrie lourde* : grosse industrie. ♦ Dont la densité est élevée. ⇒ **dense.** *Corps plus lourd que l'air.* subst. *Les plus* *lourds que l'air* : les avions, hélicoptères, etc. ➛ *Hydrogène lourd* : isotope de l'hydrogène à masse atomique plus élevée. 3 Qui agit avec force et violence. ⇒ **rude, violent.** loc. AVOIR LA MAIN LOURDE : mesurer, peser, verser en trop grande abondance, en quantité excessive. *Elle a eu la main lourde sur le sel.* 4 Difficile à supporter. *Lourds impôts.* ⇒ **écrasant.** *Investissements lourds. Lourde tâche. Lourde responsabilité.* ⇒ **grand, important.** *Lourde hérédité,* chargée. ➛ loc. *En avoir lourd sur le cœur* : être très triste. 5 Qui accable, oppresse, pèse. *Le temps est lourd.* « *Quand le ciel bas et lourd pèse comme un couvercle* » (Baud.). *Silence lourd.* ➛ *Aliments lourds.* ⇒ **indigeste.** *Repas trop lourd,* qui alourdit, surcharge l'estomac. 6 LOURD DE : chargé de. ➛ *Phrase lourde de sous-entendus.* ⇒ **plein.** *Acte lourd de conséquences.* 7 Qui donne une impression de lourdeur, de pesanteur. ➛ (sur la vue) ⇒ **épais.** *Nuages lourds. Monument lourd.* ⇒ **massif.** *Une lourde silhouette.* ⇒ **ramassé, trapu.** ➛ (sur l'odorat) *Parfum lourd.* ⇒ ① **fort.** ➛ (sur le goût) *Un vin lourd et râpeux.* 8 **adv.** PESER LOURD. ⇒ **beaucoup.** *Cette malle pèse lourd.* ♦ *Cela ne pèsera pas lourd dans la balance,* n'aura pas grande importance. ➛ fam. *Il n'en fait pas lourd.* ✪ CONTR. ② Fin, subtil, vif. — Léger, facile ; faible. Élancé, élégant, gracieux, svelte. — HOM. Loure.

> ❑ L'évolution sémantique de ce mot est complexe ; il est passé d'un sens abstrait à un sens concret, phénomène moins rare qu'on ne le croit.

lourdaud, aude n. et adj. – XVe 1 Personne lourde, maladroite. ⇒ **butor, rustre.** 2 adj. ⇒ **balourd, gauche.** « *Édouard est un peu lourd ; il est même balourd ; il est même lourdaud* » (Duham.). ✪ CONTR. Adroit, ② fin.

lourde n. f. – XVIIe ; de *lourd* ▪ fam. Porte.

lourdement adv. – XIIe 1 Gauchement, maladroitement. *Insister lourdement.* ♦ En faisant preuve de beaucoup d'ignorance. ⇒ **grossièrement.** *Se tromper lourdement.* 2 De tout son poids. *Tomber lourdement.* « *Elle se cramponnait lourdement à son cou* » (Mac Orlan). ➛ *Peser lourdement sur qqch.* : avoir des conséquences importantes pour qqch. 3 Avec une charge, un matériel pesants. ⇒ **pesamment.** *Camions lourdement chargés.* ➛ *Ces charges grèvent lourdement son budget.* ✪ CONTR. Légèrement.

lourder v. tr. [1] – 1927 ; de *lourde* ▪ arg. fam. Mettre à la porte. ⇒ **licencier.**

lourdeur n. f. – XVIIIe ▪ État de ce qui est lourd. 1 Gaucherie, maladresse. *Lourdeur de la démarche.* ♦ Manque de finesse, de vivacité, de délicatesse. *Lourdeur d'esprit.* ⇒ **épaisseur, lenteur, pesanteur.** ➛ *Un style d'une certaine lourdeur.* 2 rare Caractère de ce qui pèse lourd. ⇒ **pesanteur, poids.** *La lourdeur d'une valise.* 3 Caractère de ce qui est difficile à supporter. *La lourdeur de l'impôt.* ♦ Douleur sourde, impression pénible de pesanteur. « *il se plaignait de sa santé, de lourdeurs, de vertiges* » (Maupass.). *Des lourdeurs d'estomac.* 4 Caractère massif, pesant. *Lourdeur d'un édifice.* ✪ CONTR. Légèreté.

lourdingue adj. – v. 1940 ▪ fam. Lourd, qui manque de finesse. *Il est un peu lourdingue.* ⇒ **lourdaud.**

loure n. f. – XVe ; lat. *lura* « sacoche », ou scand. *luthr* 1 Grande musette* en usage jusqu'au XVIIIe s. 2 Aux XVIIe et XVIIIe s., Danse de théâtre lente à trois temps. ✪ HOM. Lourd.

louré n. m. – XIXe ▪ Indication musicale qualifiant un mode d'attaque de notes liées et appuyées.

lourer v. tr. [1] – XVIe ; de *loure* ▪ Jouer (une note de musique, un passage) sur le mode louré. ✪ HOM. *Lourai* : louerai (louer).

loustic n. m. – XVIIIe ; all. *lustig* « gai » ▪ vieilli Individu facétieux. ⇒ **farceur, plaisantin.** *Élève qui fait le loustic.* ♦ mod. et fam. Homme en qui on n'a pas confiance. *Un drôle de loustic.* ⇒ ② **coco, lascar, zèbre, zigoto.**

loutre n. f. – XIIe ; lat. 1 Petit mammifère carnivore *(mustélidés),* à pelage brun épais et court, à pattes palmées, à queue épaisse, adapté à la vie aquatique, se nourrissant de poissons et de gibier d'eau. 2 Fourrure de cet animal. « *un long pardessus de drap noir à col de loutre* » (Romains).

louve n. f. – XIIe ; lat. *lupa* 1 Femelle du loup. *La louve et ses louveteaux.* 2 Outil pour le levage des pierres de taille. ⇒ **levier.** 3 Filet de pêche.

louvet, ette adj. – XVIe ▪ Qui est de la couleur du poil du loup, jaunâtre mêlé de noir. *Jument louvette.*

louveteau n. m. – XIVe 1 Petit du loup et de la louve. 2 Scout de moins de douze ans.

louveter v. intr. [4] – XVIe ▪ Mettre bas, en parlant de la louve.

louveterie n. f. – XIVe ▪ Institution assurant la destruction des grands animaux nuisibles. ➛ *Lieutenant de louveterie* : fonctionnaire exerçant sous le contrôle de l'administration des Eaux et Forêts. ⇒ **louvetier.**

> ❑ La fonction de *lieutenant de louveterie* existe toujours, mais elle est devenue bénévole.

louvetier n. m. – XVIe ; de *louve* ▪ Lieutenant de louveterie.

louvoiement n. m. – 1922 ▪ Action de louvoyer, de tergiverser. ⇒ **détour,** ① **manœuvre.**

louvoyer v. intr. [8] – XVIe ; de *lof* 1 Naviguer en zigzag pour utiliser un vent contraire. *Louvoyer au plus près* : remonter au vent. 2 Prendre des détours pour atteindre un but. ⇒ **biaiser, tergiverser.** *Il louvoie pour gagner du temps.* « *Fallait-il résister ou louvoyer ?* » (Madelin).

lover v. tr. [1] – XVIIe ; all. *lofen* « tourner » 1 Ramasser en rond (un câble, un cordage). 2 SE LOVER v. pron. S'enrouler sur soi-même. *Serpent qui se love pour dormir.* ➛ *Se lover sur un divan,* s'y pelotonner.

loxodromie n. f. – XVIIe ; gr. *loxos* « oblique » et *dromos* « course » ▪ Courbe suivie par un navire lorsqu'il coupe les méridiens sous un même angle (opposé à *orthodromie*).

loyal, ale, aux adj. – XIe ; lat. *legalis* « légal » ▪ Qui est fidèle aux engagements pris, obéit aux lois de l'honneur et de la probité. ⇒ **fidèle, honnête, probe.** *Loyal serviteur. Adversaire loyal.* ⇒ **correct,** ① **droit ;** fam. **régulier.** *Franc et loyal.* ⇒ **fair-play.** « *tu es trop probe et trop loyal pour soupçonner des friponneries chez les autres* » (Balz.). *Elle a été loyale envers lui.* ➛ *Remercier qqn pour ses bons et loyaux services.* ♦ loc. adv. À LA LOYALE : sans tricher ; sans armes ou à armes égales. *Se battre à la loyale.* ✪ CONTR. Déloyal, hypocrite, malhonnête ; perfide.

> ❑ Ce mot, doublet de *légal,* a eu un sens juridique « conforme à la loi » qui survit uniquement dans quelques expressions du droit commercial.

loyalement adv. – XIIe ▪ D'une manière loyale. ✪ CONTR. Déloyalement.

loyalisme n. m. – XIXe 1 Fidélité aux institutions établies. 2 Attachement dévoué à une cause. ⇒ **dévouement, loyauté.** *Le loyalisme d'un militant envers son parti.* ✪ CONTR. Déloyauté.

loyaliste adj. et n. – XVIIIe ▪ rare Qui a des sentiments de loyalisme.

loyauté n. f. – XIe ▪ Caractère loyal, fidélité à tenir ses engagements, à obéir aux règles de l'honneur et de la probité. ⇒ **droiture, honnêteté.** *Reconnaître avec* *loyauté les mérites de l'adversaire.* ⇒ **fair-play.** *Loyauté envers qqn.* ➝ « *j'avais la confiance la plus absolue* [...] *en la loyauté de son amitié* » (Proust). ✪ CONTR. Déloyauté, duplicité, hypocrisie, perfidie, traîtrise.

loyer n. m. – XIVe ; lat. *locarium* « prix d'un gîte » 1 vx ou dr. Prix du louage de choses. ⇒ **bail, location.** *Donner, prendre à loyer.* ⇒ ② **louer.** ♦ Prix de la location d'un local (d'habitation, etc.). *Habitation à loyer modéré (H.L.M.). Payer son loyer.* 2 *Le loyer de l'argent :* le taux d'intérêt.

L.S.D. [ɛlɛsde] n. m. – 1961 ; sigle de l'all. *Lysergsäurediäthylamid* « acide lysergique diéthylamide » ▪ Substance hallucinogène tirée d'alcaloïdes présents dans l'ergot de seigle. ⇒ **lysergamide, lysergique.**

lubie n. f. – XVIIe ; p.-ê. lat. *lubere* « trouver bon » ▪ Idée, envie capricieuse et parfois saugrenue, déraisonnable. ⇒ **caprice, fantaisie, folie, foucade.** « *Il devait combiner de tortueux échanges de porte-clés, c'est sa dernière lubie* » (Beauv.). ⇒ **tocade.**

lubricité n. f. – XIVe ▪ Penchant effréné ou irrésistible pour la luxure, la sensualité brutale. ⇒ **impudicité, sensualité ; lubrique.** ✪ CONTR. Chasteté, pureté.

lubrifiant, iante adj. et n. m. – XIVe 1 Qui lubrifie. *Liquide lubrifiant.* 2 n. m. Matière onctueuse, ayant la propriété de lubrifier. ⇒ aussi **dégrippant.** *Viscosité d'un lubrifiant.*

lubrification n. f. – XIXe ▪ Action de lubrifier. *Lubrification d'un mécanisme par graissage.*

lubrifier v. tr. [7] – XIVe ; lat. *lubricus* « glissant » ▪ Rendre glissant à l'aide d'une matière qui atténue le frottement. ♦ Enduire d'une matière lubrifiante. ⇒ **graisser, huiler.** *Lubrifier un moteur.*

lubrique adj. – XVe ; lat. *lubricus* « glissant » ▪ littér. ou plais. Qui a, manifeste un penchant effréné pour la luxure. ⇒ **luxurieux, salace, sensuel.** ♦ Empreint de lubricité. *Il* « *rôde autour des femmes et masque ses lubriques approches de religieuses exhortations* » (Maurois). *Un regard lubrique.* ⇒ **concupiscent.** ✪ CONTR. Chaste, pur.

lubriquement adv. – XIVe ▪ littér. ou plaisant D'une manière lubrique.

lucane n. m. – XVIIIe ; lat. *lucanus* « cerf-volant » ▪ Grand coléoptère, à la cuirasse brun-noir. ⇒ **cerf-volant.**

❑ Ce mot est masculin, à la différence de son paronyme *lucarne.*

lucarne n. f. – XIVe ; p.-ê. lat. *lucerna* « lampe » 1 Petite fenêtre, pratiquée dans le toit d'un bâtiment pour donner du jour sous le comble. ⇒ **faîtière.** *Lucarne d'une mansarde.* ⇒ **chien-assis.** 2 Petite ouverture pratiquée dans un mur, une cloison, une paroi. ♦ *La petite lucarne :* la télévision. 3 Ouverture limitant le champ d'un instrument d'optique. 4 Au football, Chacun des deux angles supérieurs formés par les poteaux des buts.

① **lucernaire** n. m. – XVIIIe ; lat. *lucerna* « lampe » ▪ Première partie de la vigile, office que les premiers chrétiens célébraient, à la lueur des lampes.

② **lucernaire** n. f. – XIXe ; lat. *lucerna* « lampe » ▪ Méduse *(scyphozoaires)* fixée aux algues, aux rochers par le sommet de son ombrelle et présentant l'aspect d'un entonnoir portant sur son bord huit tentacules courts terminés en touffes.

lucide adj. – XVe ; lat. « clair, lumineux » 1 Caractérisé par la raison saine et claire. *Fou qui a des intervalles lucides,* durant lesquels il retrouve sa raison. ♦ Conscient. *Il est revenu de son évanouissement, mais il n'est pas encore entièrement lucide.* 2 Qui perçoit, comprend, exprime les choses avec clarté, perspicacité. « *il a cette clarté qui fait plaisir à l'esprit, il est lucide* » (Ste-Beuve). *Esprit lucide.* ⇒ **clair, clairvoyant, pénétrant, perspicace.** ♦ Clairvoyant sur lui-même, sur son propre comportement. ✪ CONTR. Fou, inconscient.

lucidement adv. – XVe ▪ D'une manière lucide. ✪ CONTR. Aveuglément.

lucidité n. f. – XVe 1 Qualité d'une personne, d'un esprit lucide. ⇒ **acuité, clairvoyance, clarté, pénétration, perspicacité.** *Analyse d'une grande lucidité.* 2 Fonctionnement normal des facultés intellectuelles. ⇒ **conscience.** *Moments de lucidité.* ⇒ **raison.** ✪ CONTR. Aveuglement, démence, égarement.

luciférien, ienne adj. et n. – XVIe ; lat. *lux* « lumière » et *ferre* « porter » ▪ Qui tient de Lucifer, du démon. ⇒ **démoniaque, satanique.** « *certaines beautés ont un charme luciférien* » (Green).

❑ *Lucifer* (mot latin « qui apporte la lumière ») a d'abord désigné chez les Latins la planète Vénus – parfois nommée *étoile du matin* – puis, dans la tradition chrétienne, le chef des démons, ange déchu du ciel.

lucifuge adj. – XVIe ; lat. *lux* « lumière » et *-fuge* ▪ Se dit d'animaux qui fuient la lumière. « *la blatte* [...] *lucifuge* » (Queneau).

lucilie n. f. – XIXe ; lat. *lux* « lumière » ▪ Insecte diptère, appelé communément *mouche verte. Lucilie bouchère :* lucilie qui pond ses œufs dans les plaies des mammifères et dont les larves dévorent la chair vivante de leur hôte.

lucimètre n. m. – XVIIIe ; lat. *lux* « lumière » et *-mètre* ▪ Appareil de mesure du rayonnement lumineux.

luciole n. f. – XVIIIe ; it. *luce* « lumière » ▪ Insecte coléoptère, dont l'adulte est ailé et lumineux.

lucite n. f. – 1922 ; lat. *lux* « lumière » ▪ Lésion cutanée causée par les radiations lumineuses.

lucratif, ive adj. – XIIIe ▪ Qui procure un gain, des profits. ⇒ **rémunérateur, rentable.** *Opération lucrative.* ⇒ **fructueux,** fam. **juteux.** ➝ *Association à but non lucratif.* ✪ CONTR. Bénévole, désintéressé, gratuit.

lucre n. m. – XVe ; lat. ▪ Profit plus ou moins licite dont on est avide. ⇒ **gain, profit.** *L'Église* « *elle aussi, ravagée par l'appât du lucre !* » (Huysm.).

luddisme n. m. – XXe ; de *Lud,* n. pr. ▪ Destruction des machines industrielles, en Angleterre, par des ouvriers révoltés (1811-1816). ✪ HOM. Ludisme.

❑ Ned Lud, personnage réel ou mythique, aurait détruit des métiers à tisser, dans un accès de colère.

ludiciel n. m. – v. 1900 ; de *ludi(que)* et *(logi)ciel* ▪ Logiciel destiné à des jeux.

ludion n. m. – XVIIIe ; lat. *ludio* « baladin, histrion » ▪ Appareil formé d'une sphère creuse percée d'un trou à sa partie inférieure qui monte et descend dans un bocal fermé par une membrane, quand on y modifie la pression.

ludique adj. – 1910 ; lat. *ludus* « jeu » ▪ Relatif au jeu. *Activité ludique des enfants.*

ludisme n. m. – v. 1968 ▪ Activité ludique. ⇒ **jeu.** ✪ HOM. Luddisme.

ludoéducatif, ive adj. – v. 1985 ; lat. *ludus* « jeu » ▪ Didact. Qui instruit en amusant.

❑ Même famille que *ludique* et *interlude.*

ludothèque n. f. – 1971 ; lat. *ludus* « jeu » et *-thèque* ▪ Centre de prêt de jouets et de jeux.

luette n. f. – XIVe ; a. fr. *l'uete,* du lat. *uva* « grappe de raisin » ▪ Saillie médiane charnue, allongée, du bord postérieur du voile du palais, qui contribue à la fermeture de la partie nasale du pharynx lors de la déglutition. ⇒ **uvule ;** ② **staphylin.**

❑ Ne pas confondre avec la *glotte* « orifice du larynx ».

lueur **n. f.** – XIIe ; lat. *lucere* « luire » **1** Lumière faible, diffuse (⇒ **clarté) ;** lumière éphémère. *Les premières lueurs du jour.* ⇒ ① **aube, aurore.** « *Il faisait de l'orage, et ils causaient sous un parapluie, à la lueur des éclairs* » (Flaub.). **2** Expression vive et momentanée (du regard). *Pas une lueur d'intelligence dans son regard.* **3** Illumination soudaine, faible ou passagère ; légère apparence ou trace. *Lueur de lucidité.* ⇒ **éclair, étincelle.** *Une lueur d'espoir.* ⇒ ① **rayon. 4** au plur. Connaissances superficielles sur un sujet. *Avoir quelques lueurs sur un sujet.* ⇒ **lumière.**

luffa [lufa] **n. m.** – XVIIIe ; ar. *lufah* ▪ Liane d'Afrique et d'Asie *(cucurbitacées).*

❑ On trouve aussi la graphie *loofa.*

luge **n. f.** – XIXe ; mot région. (Savoie, Suisse) ▪ Petit traîneau à patins relevés à l'avant. ➛ Le sport de la luge.

luger **v. intr.** [3] – 1903 ▪ Faire de la luge.

lugeur, euse **n.** – 1905 ▪ Personne qui fait de la luge.

lugubre **adj.** – XIVe ; lat. *lugere* « être en deuil » ▪ Qui marque ou inspire une profonde tristesse, un sombre accablement. ⇒ **funeste ; funèbre,** ① **sinistre, triste.** *Une maison lugubre. Mine lugubre. Une soirée lugubre.* ⇒ **mortel.** ♦ *Il « est lugubre avec ses histoires »* (Labiche). ✪ CONTR. Gai.

lugubrement **adv.** – XVIIe ▪ D'une manière lugubre. ✪ CONTR. Gaiement.

lui **pron. pers.** – XIe ; lat. *ille* ▪ Pron. pers. de la 3e pers. du sing. **I** Pron. pers. des deux genres (plur. ⇒ ① **leur**). **1** (Énonçant les rapports de destination, d'attribution, d'appartenance, d'intérêt qu'exprime normalement à) *Il le lui a dit. Il lui est arrivé un accident.* ➛ (pour renforcer le nom) *Et à Marie, qu'est-ce que vous lui voulez ?* ♦ (compl. « d'attribution » d'un v. de perception ou de jugement) *On lui voit beaucoup d'ennemis :* on voit qu'il, elle a beaucoup d'ennemis. ♦ (compl. d'un adj. attribut, construit avec *être* ou un v. similaire, ou compl. de destination du v.) *Il lui est très facile de venir.* ♦ Faisant fonction de possessif, devant un nom désignant une partie du corps, un élément de la vie mentale ou affective. *Elle lui sauta au cou.* **2** Objet d'un v. principal et sujet d'un inf. ayant lui-même un compl. d'objet. *Je le lui ferai recommencer.* **II** Pron. masc. (⇒ **elle,** fém. ; **eux,** plur.). **1** (sujet) « *Les enfants l'adoraient, lui ne les aimait point* » (Stendh.). ➛ (sujet d'un v. au p. p. ou d'une propos. elliptique) *Elle en sait autant que lui.* **2** (en appos. au sujet) *Lui qui se plaint toujours, il devrait penser aux autres.* **3** *C'EST LUI ; C'EST LUI QUI ; C'EST LUI QUE ; C'EST LUI DONT. C'est lui qui sera content de vous voir !* **4** (attribut) *Tout ce qui n'est pas lui le laisse indifférent.* **5** (objet dir.) *Je ne veux voir que lui.* **III** avec une prép. (⇒ **elle,** fém. ; **eux,** plur.). **1** *À LUI.* (régime indirect des v. énonçant le mouvement, la pensée, et des trans. ind.) *Vous pensez encore à lui ?* ➛ (régime ind. d'un v. ayant un autre pron. pers. pour compl. d'objet) *On ne peut pas se fier à lui.* ➛ apr. un subst. « *Ils venaient juste de se marier.* [...] *Sa mère à lui était concierge* » (Simenon). ♦ *Il n'y arrivera jamais à lui tout seul,* sans se faire aider. **2** *DE LUI ; EN LUI ; PAR LUI,* etc. *J'ai confiance en lui.* **IV** employé comme réfl., au lieu de *soi Un homme content de lui.* **V** *LUI-MÊME.* **1** (plur. *eux-mêmes*) *Lui-même n'en sait rien.* **2** *Il est en contradiction avec lui-même* (⇒ **soi-même).** ➛ *Il a agi de lui-même,* de son propre chef. ➛ *Qu'il vienne ici pour voir un peu par lui-même,* personnellement.

❑ *Lui* représente *il* ou *elle* quand il est complément indirect du verbe et placé avant ce verbe *(je vais lui écrire),* ou quand il suit un impératif *(fais-lui des excuses).* Il est masculin dans tous les autres cas.

luire **v. intr.** [38] ; sauf au p. p. *lui,* pas de p. p. fém. ; passé simple et imp. du subj. inus. – XIe ; lat. *lucere* **1** Émettre ou refléter de la lumière. ⇒ **briller, éclairer, reluire.** *Le soleil luit* (⇒ **lueur).** ➛ *Yeux qui luisent de colère.* ⇒ **étinceler.** ➛ *Luire au soleil,* refléter sa lumière. ⇒ **luisant.** *Son crâne luisait.* **2** Apparaître, se manifester. « *parfois, la vérité luit, de façon furtive* » (Duham.). ✪ CONTR. Effacer (s'), pâlir.

luisant, ante **adj.** et **n. m.** – XIe **1** *VER LUISANT :* lampyre. **2** Qui réfléchit la lumière, qui a des reflets. ⇒ ① **brillant.** *Peau luisante.* **3** **n. m.** Qualité de ce qui est luisant. *Le luisant du satin.* ✪ CONTR. ② Mat, ① terne.

lumachelle **n. f.** – XVIIIe ; it. *lumaca* « limaçon » ▪ Roche sédimentaire calcaire formée de coquilles fossiles.

lumbago [lɔ̃bago ; lœbago] **n. m.** – XVIIIe ; lat. *lumbus* « rein » ▪ Affection douloureuse de la région lombaire apparaissant brusquement à la suite d'un effort et provoquée le plus souvent par une hernie de disque intervertébral.

❑ On écrit aussi *lombago.* →jungle, u (rem.).

lumen [lymɛn] **n. m.** – XIXe ; mot lat. « lumière » ▪ Unité de mesure de flux lumineux (symb. lm), correspondant au flux émis dans un stéradian par une source ponctuelle uniforme située au sommet de l'angle solide et ayant une intensité de 1 candela.

lumière **n. f.** – XIe ; lat. *lumen* « lumière » **I** Agent physique capable d'impressionner l'œil, de rendre les choses visibles. **1** Ce par quoi les choses sont éclairées. ⇒ **clarté.** *Émettre de la lumière.* ⇒ **briller, éclairer, illuminer, luire,** ① **rayonner, scintiller ; lumineux.** *Source de lumière.* ⇒ **éclairage.** *Lumière vive.* ⇒ **éclat.** *Lumière douce.* ⇒ **lueur, reflet.** *Lumière tamisée.* ➛ *Lumière du soleil.* ➛ *Lumière cendrée :* reflet du clair de Terre sur la Lune. ➛ *Lumière artificielle, électrique.* **2** Lumière du jour. « *Rouvrant les yeux à la lumière* » (Dider.). ♦ Lumière artificielle. *Éteindre la lumière.* **3** Source de lumière, point lumineux. *Les lumières de la ville.* **4** Représentation picturale de la lumière, éclairage. *Contraste de lumière et d'ombre.* ⇒ **clair-obscur. 5** loc. *Habit de lumière :* le costume, brodé de fils brillants, du torero. **6** Radiations, flux de photons émis par les corps incandescents ou luminescents. *Lumière blanche, solaire,* que l'on peut décomposer en un spectre continu. *Lumière noire,* radiations ultraviolettes excitant la fluorescence. **II - 1** Ce qui éclaire, illumine l'esprit. *Les lumières de la foi.* **2** Ce qui rend clair, fournit une explication. ⇒ **clarté, éclaircissement.** *Faire la lumière sur qqch. :* faire toutes les révélations et explications nécessaires. ⇒ **élucider.** *À la lumière des événements.* **3** État de ce qui est visible, évident pour tous. ⇒ **évidence.** *Mettre en lumière,* rendre explicite. **4** *LES LUMIÈRES :* les connaissances acquises, le savoir. *J'ai besoin de tes lumières.* ♦ « *j'aurai contribué en quelque chose au progrès des lumières* » (Sade). *Le siècle des lumières :* le XVIIIe siècle. **5** Personne de grande intelligence, de grande valeur. ⇒ **flambeau, phare, sommité.** *Ce n'est pas une lumière :* il (elle) n'est pas très intelligent(e). **III - 1** Ouverture pratiquée dans un instrument, un outil, une machine. ⇒ **jour, orifice. 2** Cavité centrale d'un objet creux de section circulaire. ✪ CONTR. Obscurité, ① ombre. — Aveuglement.

❑ Les expressions *siècle des lumières, philosophie des lumières,* se sont imposées par référence au programme laïque des philosophes et des savants qui travaillaient selon Descartes à la « *seule lumière naturelle* » (non plus théologique et surnaturelle).

lumignon n. m. – XIIe ; lat. *ellychnium,* avec infl. de *lumen* « lumière » 1 vieilli Bout de la mèche d'une bougie ou d'une lampe allumée ; bougie, chandelle près d'être consumée. « *Et il souffla le lumignon* » (Hugo). 2 mod. Lampe qui éclaire faiblement.

luminaire n. m. – XIIe ; lat. *luminare* « qui éclaire » 1 Ensemble des sources d'éclairage et des décorations lumineuses d'une église ; cierge, lampe appartenant à cet ensemble. 2 Appareil d'éclairage. ⇒ **lampe.**

luminance n. f. – 1948 ▪ Quotient de l'intensité lumineuse d'une surface par l'aire apparente de cette surface pour un observateur lointain. ⇒ vx **brillance.**

luminescence n. f. – XIXe ; lat. *lumen* « lumière », d'apr. *phosphorescence* ▪ Émission de lumière par un corps non incandescent, déterminée par une radiation lumineuse, un courant électrique, la radioactivité, une réaction chimique. ⇒ **fluorescence, phosphorescence.**

luminescent, ente adj. – XIXe ▪ Où se produit le phénomène de la luminescence.

lumineusement adv. – XVe ▪ D'une manière lumineuse.

lumineux, euse adj. – XIIIe ; lat. *lumen* « lumière » 1 Qui émet ou réfléchit la lumière. *Corps, point lumineux.* ⇒ ① **brillant, éclatant, étincelant.** *Source, enseigne lumineuse.* ➝ Clair, radieux. *Teint lumineux.* 2 Qui reçoit beaucoup de lumière naturelle. *Un appartement très lumineux.* 3 De la nature de la lumière. *Rayon lumineux.* 4 Qui est d'une parfaite clarté, d'une vérité frappante. *Un raisonnement lumineux.* ➝ fam. *C'est une idée lumineuse,* excellente, de génie. ⇒ **génial.** ✪ CONTR. Obscur.

luministe n. – XIXe ; lat. *lumen* « lumière » ▪ Peintre spécialiste des effets de lumière.

luminophore n. m. – 1907 ; lat. *lumen* « lumière » et *-phore* ▪ Substance luminescente constituant la couche sensible de l'écran des systèmes d'examen aux rayons X et de divers tubes cathodiques.

luminosité n. f. – XVe 1 Qualité de ce qui est lumineux, brillant. 2 Puissance lumineuse. *Luminosité des étoiles.* ✪ CONTR. Obscurité.

lumitype n. f. – 1962 ; marque déposée, d'apr. *linotype* ▪ Machine à composer photographique.

lump [lœp] n. m. – XVIIIe ; angl. *lump* ou *lumpfish* ▪ Poisson des mers froides au squelette peu ossifié. *Œufs de lump,* petits œufs de ce poisson, succédané du caviar.

① **lunaire** adj. – XIIIe 1 Qui appartient ou a rapport à la Lune. ⇒ ② **sélénite.** *Le sol lunaire.* ➝ *Année lunaire,* composée de douze ou treize *mois lunaires* (ou *lunaisons*). *Cycle lunaire.* ➝ *Module lunaire :* engin capable de se poser sur la Lune. ♦ *Ces neiges qui « lorsque le jour s'éteint [...] prennent des teintes livides, spectrales, de monde lunaire »* (Daud.). *Un paysage lunaire,* désolé. 2 Qui a un aspect chimérique. ➝ (personnes) ⇒ **rêveur.** *Un pierrot lunaire.*

❑ La *lune* était associée traditionnellement à la poésie et à la folie ; de là le sens de *lunaire* « chimérique, rêveur ». → lunatique, luné (rem.).

② **lunaire** n. f. – XVIe ; lat. *luna* « lune » ▪ Plante ornementale *(crucifèracées)* à grandes fleurs pourpres, à fruits en disques blancs argentés, dont une variété est appelée *monnaie-du-pape.*

lunaison n. f. – XIIe ▪ Mois lunaire ; intervalle de temps compris entre deux nouvelles lunes consécutives.

lunatique adj. et n. – XIIIe ; lat. *luna* « lune » ▪ Qui a l'humeur changeante, déconcertante. ⇒ **capricieux, fantasque, versatile.**

❑ Le sens de ce mot (à l'origine « fou périodiquement ») fait référence à l'influence plus ou moins pernicieuse attribuée autrefois à la lune. → ① lunaire, luné (rem.).

lunch [lœntʃ ; lœʃ] n. m. – XIXe ; mot angl. ▪ Repas léger que l'on sert en buffet. *Des lunchs* ou *des lunches.* ♦ Réunion au cours de laquelle on sert un lunch. *Être invité à un lunch.*

❑ *Lunch* entre dans la composition de *brunch,* mot-valise emprunté à l'anglais. ♦ La prononciation des mots à finale en *...unch* empruntés à l'anglais n'est pas uniforme. → brunch, ① et ② punch.

lundi n. m. – XIIe ; lat. *lunæ dies* « jour de la lune » ▪ Premier jour de la semaine, qui succède au dimanche.

lune n. f. – XIe ; lat. I - 1 Satellite de la Terre, recevant sa lumière du Soleil ; son aspect vu d'un point de la Terre. *Pleine lune, nouvelle lune. Croissant de lune. Le clair de lune. Nuit sans lune,* sans clair de lune. ➝ *Face de lune :* visage rond. ➝ loc. *Être dans la lune,* très distrait. *Tomber de la lune :* éprouver une vive surprise. *Demander, promettre la lune,* l'impossible. *Décrocher la lune :* obtenir l'impossible. « *Les chiens hurlent à la lune d'une façon lamentable* » (Loti). ➝ (*L* majuscule) *Premier, dernier quartier de la Lune. La face visible, la face cachée de la Lune* (depuis la Terre). *Éclipses de Lune.* ➝ *Se poser, atterrir sur la Lune.* ⇒ **alunir.** *Cratères* ou *cirques, plaines* (dites *mers*), *chaînes de montagnes de la Lune.* ➝ *Étude de la Lune.* ⇒ **sélénologie.** 2 vieilli Satellite. *Les lunes de Saturne.* 3 vx ou littér. Mois lunaire. ⇒ **lunaison.** « *tout ce qui s'était passé depuis près d'une lune* » (J. d'Ormesson). ♦ LUNE DE MIEL : les premiers temps du mariage, d'amour heureux et de bonne entente. II - 1 *Lune de mer,* ou *poisson-lune :* môle. 2 *Lune d'eau :* nénuphar blanc, nymphéa. 3 fam. Gros visage joufflu. ♦ Derrière.

luné, ée adj. – XVIe ; de *lune* ▪ fam. *Être bien, mal luné,* de bonne, de mauvaise humeur.

❑ A d'abord signifié « influencé par la lune ». → ① lunaire, lunatique (rem.).

lunetier, ière n. – XVIe ▪ Fabricant, marchand de lunettes. ⇒ **opticien ; lunetterie.** ♦ adj. *Industrie lunetière.*

lunette n. f. – XIIIe ; de *lune* I - 1 Ouverture ronde. « *la tête prise dans la lunette d'une guillotine* » (Tournier). ♦ Ouverture du siège d'aisances ; ce siège. 2 *Lunette arrière :* vitre arrière d'une automobile. 3 Ouverture formée par la pénétration d'une voûte dans une autre. 4 Pièce ronde. *Lunette de boîtier de montre.* II - 1 LUNETTES : paire de verres correcteurs ou protecteurs enchâssés dans une monture, placée devant les yeux et reposant sur le nez, qui tient par des branches. *Une paire de lunettes. Lunettes de vue,* à verres correcteurs. *Lunettes noires,* à verres teintés. *Lunettes de soleil.* ♦ loc. *Serpent à lunettes :* naja. 2 LUNETTE : instrument d'optique composé d'une ou plusieurs lentilles, servant à augmenter le diamètre apparent des objets ou à rendre la vue plus distincte. « *Napoléon, à cheval, sa lunette à la main* » (Hugo). *Lunette astronomique.* ➝ *Lunette d'approche,* qui fait paraître plus proches les objets. ⇒ ① **jumelle, longue-vue, lorgnette.**

lunetterie n. f. – XIXe ▪ Métier, commerce du lunetier.

lunisolaire adj. – XVIIIe ▪ sc. Qui a rapport à la fois à la Lune et au Soleil. *Attraction lunisolaire.*

lunule n. f. – XVIIe ; lat. *luna* « lune » 1 Aire plane en forme de croissant comprise entre deux arcs de cercles sécants de rayons différents. 2 Partie blanchâtre, en demi-lune, située à la base de l'ongle.

lupanar n. m. – XVIe ; mot lat. ■ vx ou littér. Maison de prostitution. ⇒ **bordel.**

lupercales n. f. pl. – XVIIe ; lat. ■ À Rome, Fête annuelle en l'honneur de *Lupercus* « le dieu-loup », dieu de la fécondité.

lupin n. m. – XIIIe ; lat. ■ Plante herbacée *(légumineuses papilionacées)* dont différentes espèces sont cultivées comme fourrage, engrais vert ou plantes ornementales pour leurs grappes de fleurs.

lupulin n. m. – XIXe ; lat. *lupus* « houblon » ■ Poussière résineuse jaunâtre, amère et aromatique produite par les cônes du houblon, employée dans la fabrication de la bière (⇒ **lupuline,** 2°).

lupuline n. f. – XIXe 1 Luzerne à fleurs jaunes communément appelée *minette.* 2 Alcaloïde extrait du lupulin, qui rend la bière amère et assure sa conservation.

lupus [lypys] n. m. – XIVe ; mot lat. « ulcère » ■ Maladie cutanée due au bacille tuberculeux, caractérisée par des nodules qui ont tendance à se remplir, à s'ulcérer et à laisser des cicatrices importantes. ➤ Affection de la peau d'origine non tuberculeuse. *Lupus érythémateux.*

❑ *Lupus* est le doublet savant de *loup.*

lurette n. f. sing. – XIXe ; altér. de *heurette,* dimin. de *heure* ■ loc. fam. *IL Y A BELLE LURETTE* : il y a bien longtemps. « *je la connais depuis belle lurette* » (Anouilh).

❑ Dans le nord et l'est de la France, on emploie encore *il y a une belle heurette.*

lurex [lyʀɛks] n. m. – 1968 ; nom déposé, mot angl. ■ Fil textile gainé de polyester.

luron, onne n. – XVe ; rad. onomat. *lur-* ■ *Joyeux, gai luron :* bon vivant, insouciant et toujours prêt à s'amuser. ⇒ ① **drille.**

lusin n. m. – XVIIe ; néerl. *huising* ■ Petit cordage de deux fils de caret entrelacés.

lusitanien, ienne adj. et n. – XVIIIe ; lat. *Lusitania* « Portugal » 1 adj. et n. De la Lusitanie. 2 n. m. Étage du jurassique.

lustrage n. m. – XVIIe ■ Action ou manière de lustrer. *Lustrage des étoffes.* ✪ CONTR. Délustrage.

lustral, ale, aux adj. – XIVe ; lat. → ① lustre ■ littér. Qui sert à purifier. ⇒ **purificateur.** *L'eau lustrale du baptême.*

① **lustre** n. m. – XIIIe ; lat. *lustrum* « cérémonie purificatrice célébrée tous les cinq ans » ■ littér. Cinq années. ➤ *Des lustres :* période de temps longue et indéterminée. *Je ne l'ai pas vu depuis des lustres.* ⇒ **longtemps.**

② **lustre** n. m. – XVe ; it. *lustro* I - 1 Éclat naturel ou artificiel d'un objet brillant ou poli. *Donner du lustre à qqch.* 2 Enduit, apprêt pour lustrer les étoffes, les peaux. 3 Éclat que confère la beauté, le mérite, élément remarquable qui rehausse, met en valeur. ⇒ **relief.** *Redonner du lustre à qqch.* « *l'extérieur de ce monument avait repris son ancien lustre* » (Balz.). II Appareil d'éclairage suspendu au plafond et supportant plusieurs lampes. ⇒ **plafonnier, suspension.** *Lustre de cristal.* « *Ces énormes et insensés lustres de verre taillé à facettes* » (Baud.).

lustrer v. tr. [1] – XVe ; de ② *lustre* 1 Rendre brillant, luisant. *Le chat lustre son poil en se léchant.* ➤ « *ces petits lophophores au plumage lustré* » (Daud.). ♦ Rendre brillant en utilisant les produits et techniques de lustrage. *Lustrer les cuirs.* ⇒ ① **lisser.** ➤ *Percale lustrée.* 2 Rendre brillant par le frottement, l'usure. ➤ *Veste lustrée aux coudes.* ✪ CONTR. Délustrer.

lustrerie n. f. – XIXe ■ Fabrication, commerce des appareils d'éclairage.

lustrine n. f. – XVIIIe ; it. ■ Tissu de coton d'armure croisée, fortement apprêté et glacé sur une face. *Manchettes de lustrine.*

lut [lyt] n. m. – XIIe ; lat. *lutum* « boue » ■ Enduit, mastic très résistant, servant à boucher hermétiquement des vases, des chaudières, ou à protéger des objets allant au feu. ✪ HOM. Luth, lutte.

lutécium [lytesjɔm] n. m. – 1907 ; de *Lutèce* ■ Corps simple (Lu ; n° at. 71 ; m. at. 174,96), métal du groupe des terres rares.

lutéine n. f. – XIXe ; lat. *luteus* « jaune » ■ Pigment du groupe des xanthophylles, présent dans le jaune d'œuf et dans certains végétaux.

luter v. tr. [1] – XVIe ■ Boucher, enduire avec du lut. ⇒ **colmater.** ✪ CONTR. Déluter. — HOM. Lutter ; *lute :* lûtes (① lire).

luth n. m. – XIIIe ; ar. *al-oûd* 1 Ancien instrument de musique à cordes pincées, qui connut une grande vogue du XVIe au XVIIIe s. ⇒ **théorbe.** 2 Symbole de la poésie lyrique. ⇒ **lyre.** « *Poète, prends ton luth* » (Muss.). 3 Grande tortue marine, dont la carapace sans écaille est incluse dans une peau épaisse et coriace. ✪ HOM. Lut, lutte.

luthéranisme n. m. – XVIe ■ Doctrine de Luther ; protestantisme luthérien.

❑ Ne pas déformer en *luthérianisme,* par analogie avec *christianisme.*

lutherie n. f. – XVIIIe ■ Art, commerce du luthier. ♦ Ensemble des instruments fabriqués par le luthier.

luthérien, ienne adj. – XVIe ■ Propre à Luther, relatif, conforme à sa doctrine. *Religion luthérienne et religion calviniste.* ⇒ **protestant.** *Église luthérienne,* ou *évangélique.* ➤ n. *Les luthériens.*

luthier, ière n. – XVIIe ■ Fabricant d'instruments à cordes et à caisse de résonance à l'exclusion des instruments à clavier.

❑ Pour le sens → ① facteur (rem.).

luthiste n. – XIXe ■ Joueur, joueuse de luth.

lutin n. m. – XVIe ; lat. *Neptunus* « Neptune » 1 Petit démon espiègle et malicieux. ⇒ **esprit, farfadet.** 2 littér. et vieilli Enfant vif et espiègle.

❑ *Neptunus,* nom du dieu de l'eau et de la mer chez les Romains, a désigné à basse époque un démon païen. ♦ Il a existé un adjectif *lutin, lutine* « malicieux, espiègle » qui a été à peu près éliminé par *mutin.*

lutiner v. tr. [1] – XVIe ; de *lutin* ■ Harceler (une femme) de petites privautés. ⇒ **peloter.**

lutrin n. m. – XIIe ; lat. *lectrum* « pupitre » 1 Pupitre sur lequel on met les livres de chant, à la messe ou à l'office. 2 Pupitre sur lequel on appuie un livre pour le consulter.

lutte n. f. – XIIe 1 Sport de combat opposant corps à corps deux adversaires qui, au moyen de prises appropriées, s'efforcent de se terrasser. *Lutte gréco-romaine. Lutte libre.* 2 Opposition violente entre deux adversaires. ⇒ **affrontement, conflit, rivalité.** *Lutte armée.* ⇒ **bataille, guerre.** *Abandonner la lutte.* ➤ *Lutte des classes :* dans le vocabulaire marxiste, antagonisme opposant le prolétariat et la bourgeoisie capitaliste. 3 *Lutte contre, pour... :* action soutenue et énergique d'un individu ou d'un groupe (pour résister à une force hostile ou atteindre un certain but). ⇒ **combat, effort.** « *Il semble que tout art commence par la lutte contre le chaos* » (Malraux).

Lutte contre l'alcoolisme. ⇒ **campagne.** ♦ LUTTE POUR LA VIE : sélection naturelle des espèces ; efforts pour survivre dans un contexte hostile. **4** Antagonisme entre forces contraires. ⇒ ① **duel.** *Lutte entre le bien et le mal.* **5** loc. adv. DE HAUTE LUTTE ; littér. DE VIVE LUTTE : à force, après un effort soutenu. « *il n'était guère de maîtresse qui ne se laissât vaincre de haute lutte* » (Mauriac). ✪ CONTR. Accord, paix. — HOM. Lut, luth.

lutter **v. intr.** [1] – XIe ; lat. *luctare* **1** Combattre à la lutte. *Lutter avec, contre qqn.* **2** Faire effort l'un contre l'autre pour imposer sa volonté. *Peuple qui lutte contre un envahisseur.* ⇒ se **battre, combattre. 3** Mener une action énergique. *Lutter contre le sommeil.* ➛ *Lutter contre la sottise.* ⇒ **batailler.** « *impatiente de toute autorité masculine* [George Sand] *lutta pour en émanciper les femmes* » (Maurois). ⇒ **militer.** ➛ « *Ceux qui vivent, ce sont ceux qui luttent* » (Hugo). ✪ CONTR. Abandonner. — HOM. Luter ; *lutte* : lûtes (① lire).

lutteur, euse **n.** – XIIe **1** Athlète qui pratique la lutte. ⇒ aussi **catcheur, judoka, karatéka ; sumo.** *Lutteur de foire.* ⇒ **hercule.** *Des épaules de lutteur.* **2** Personne qui aime la lutte, l'action et sait lutter avec persévérance. ⇒ **jouteur ;** ③ **battant.**

lux [lyks] **n. m.** – XIXe ; mot lat. « lumière » ■ Unité d'éclairement (symb. lx) équivalant à l'éclairement d'une surface qui reçoit un flux lumineux de 1 lumen par mètre carré. ⇒ **phot.** ✪ HOM. Luxe.

luxation **n. f.** – XVIe ; lat. ■ Déplacement anormal de deux surfaces articulaires. ⇒ **déboîtement, dislocation, entorse, foulure.** *Luxation de l'épaule.*

luxe **n. m.** – XVIIe ; lat. *luxus* « excès » **1** Mode de vie caractérisé par de grandes dépenses consacrées à l'acquisition de biens superflus, par goût de l'ostentation et du plus grand bien-être. ⇒ ① **faste, magnificence.** *Vivre dans le luxe. Avoir des goûts de luxe.* ➛ fam. *C'est du luxe, ce n'est pas du luxe,* se dit de ce qui entraîne une dépense déraisonnable ou au contraire utile. **2** Caractère somptueux. ⇒ **somptuosité.** *Le luxe d'une chambre à coucher.* ➛ DE LUXE : coûteux, de prix. *Articles de luxe. Hôtel de grand luxe* : palace. **3** *Un luxe* : bien ou plaisir coûteux qu'on s'offre sans nécessité. « *je suis en loques, mais j'ai les plus beaux souliers du monde. C'est mon luxe* » (Jouhand.). ➛ *Se payer le luxe de* (et l'inf.) : se permettre un acte inhabituel et particulièrement agréable. **4** UN LUXE DE : une grande ou une trop grande quantité de... ⇒ **abondance, profusion.** *Avec un grand luxe de détails.* ✪ CONTR. Pauvreté, simplicité. — HOM. Lux.

❑ Peut-être en rapport avec *luxer* (latin *luxus* « de travers »).

luxer **v. tr.** [1] – XVIe ; lat. ■ Provoquer la luxation de. ⇒ **déboîter,** ① **démettre, disloquer.** *Se luxer la rotule.* ➛ *Épaule luxée.*

luxmètre **n. m.** – 1933 ; de *lux* et *-mètre* ■ Appareil servant à mesurer l'éclairement.

luxueusement **adv.** – XIXe ■ Avec luxe. ⇒ **somptueusement.**

luxueux, euse **adj.** – XVIIIe ■ Qui se signale par son luxe. ⇒ **fastueux, magnifique, somptueux.** ✪ CONTR. Modeste, simple.

luxure **n. f.** – XIIe ; lat. *luxuria,* de *luxus* « excès » ■ Goût immodéré, recherche et pratique des plaisirs sexuels. ⇒ **impureté, lasciveté, lubricité.** « *La luxure n'était pas pour lui un péché comme les autres. C'était bien le grand Péché* » (R. Rolland). ✪ CONTR. Chasteté, pureté.

❑ Même famille étymologique que *luxe.*

luxuriance **n. f.** – XVIIIe ■ Caractère de ce qui est luxuriant, surabondant. ⇒ **exubérance.** « *Les arbres ont une luxuriance tropicale* » (Beauv.). « *la luxuriance de l'architecture moghole* » (Malraux).

luxuriant, iante **adj.** – XVIe ; lat. *luxuria* « surabondance » **1** Qui pousse, se développe avec une remarquable abondance. ⇒ **abondant, surabondant.** *Une végétation luxuriante.* ⇒ **touffu. 2** Exubérant, très riche. *Une imagination luxuriante.* ✪ CONTR. Pauvre, sec.

❑ Même famille étymologique que *luxe.*

luxurieux, ieuse **adj.** – XIIe ■ Adonné ou porté à la luxure. ⇒ **débauché, lascif, sensuel.** ✪ CONTR. Chaste, ① continent, pur.

luzerne **n. f.** – XVIe ; lat. *lucerna* « lampe » ■ Plante herbacée *(légumineuses)* à fleurs violettes, cultivée pour ses qualités fourragères, capable de fixer l'azote des sols peu riches. ⇒ **lupuline,** ② **minette.**

luzule **n. f.** – XIXe ; it. *luce* « lumière » ■ Plante herbacée *(joncacées),* à feuilles plates, velues, voisine du jonc.

lycanthrope **n.** – XVIe ; gr. *lukos* « loup » et *anthrôpos* « homme » ■ Personne atteinte de lycanthropie. ⇒ **loup-garou.**

lycanthropie **n. f.** – XVIe **1** Délire de la personne qui se croit transformée en loup. « *il tombe quelquefois en une lycanthropie et court les champs pensant être loup-garou* » (Ronsard). **2** Croyance d'après laquelle les humains peuvent se transformer en loup.

lycaon [likaɔ̃] **n. m.** – XVIe ; mot lat. « loup d'Éthiopie » ■ Mammifère carnivore sauvage des plaines d'Afrique *(canidés),* qui chasse en bandes.

lycée **n. m.** – XVIe ; gr. *Lukeion* ■ Établissement public donnant l'enseignement long du second degré. ⇒ aussi **athénée, gymnase.** *Proviseur, censeur, surveillants, professeurs, élèves d'un lycée. Aller au lycée.* ♦ En Belgique, Établissement secondaire pour filles. ✪ HOM. Lissé, lisser.

❑ Pour la finale de ce mot masculin › mausolée (rem.).

lycéen, enne **n.** – XIXe ■ Élève d'un lycée. ➛ **adj.** Des lycéens. *Manifestation lycéenne.*

lycène **n. f.** – XIXe ; gr. *lukaina* « louve » ■ Papillon diurne aux ailes le plus souvent bleues.

lychnis [liknis] **n. m.** – XVIe ; gr. *lukhnos* « lampe » ■ Plante herbacée *(caryophyllacées),* comprenant de nombreuses variétés, dont plusieurs ornementales. ⇒ ① **nielle.**

lycope **n. m.** – XVIIIe ; gr. *lukos* « loup » et *pous* « pied » ■ Plante dicotylédone *(labiées)* herbacée, vivace, appelée communément *pied-de-loup.*

lycoperdon **n. m.** – XIXe ; gr. *lukos* « loup » et *perdesthai* « péter » ■ Vesse-de-loup.

lycopode **n. m.** – XVIIIe ; gr. *lukos* « loup » et *pous* « pied » ■ Plante à tige grêle *(ptéridophytes ; lycopodiacées),* dont les sporanges, jaune clair, émergent sous les bruyères. *Poudre de lycopode* : poudre très fine et inflammable, formée par les spores.

lycose **n. f.** – XIXe ■ Araignée qui ne tisse pas de toile.

lycra **n. m.** – 1960 ; marque déposée ■ Tissu synthétique à réseau très élastique. *Maillot de bain en lycra.*

lyddite **n. f.** – XIXe ; mot angl., de *Lydd* ■ Explosif.

❑ *Lydd* est le nom d'une ville du Kent où l'explosif, utilisé dans la fabrication d'obus, fut essayé pour la première fois.

lydien, ienne **adj.** – XVIe ■ De Lydie. ♦ *Mode lydien* : mode de la musique grecque antique (fa), appliqué au cinquième mode grégorien.

lymphangite **n. f.** – XIXe ; de *lymphe* et gr. *aggeion* « vaisseau » ■ Inflammation des vaisseaux lymphatiques.

lymphatique **adj.** – XVIe **1** Relatif à la lymphe. *Vaisseaux lymphatiques,* ou **n. m.** *les lymphatiques* : vaisseaux où circule la lymphe. *Ganglions lymphatiques.* ➛ *Drainage lymphatique* : méthode de massage visant à évacuer les nodules dans la circulation lymphatique. 2 Apathique, lent. ⇒ **indolent,** ① **mou.** *Les Anglais « sont lymphatiques et [...] nous sommes généralement sanguins ou nerveux »* (Balz.). ➛ **n.** *Un, une lymphatique.* ♦ *Caractère, tempérament lymphatique.* ✪ CONTR. Actif, nerveux.

❑ On disait autrefois *flegmatique.* → lymphe (rem.).

lymphatisme n. m. – XIXe ▪ État d'une personne lymphatique. ♦ Manque de force, de vigueur. ⇒ **apathie.** « *le lymphatisme de sa pensée* » (Artaud).

lymphe n. f. – XVe ; lat. *lympha* « eau » ▪ Liquide organique incolore ou ambré, d'une composition comparable à celle du plasma sanguin.

❑ Traditionnellement la *lymphe* était tenue pour une des quatre humeurs (→ humeur, rem.) ; on disait aussi à l'origine *flegme.*

lymph(o)- Élément, du lat. *lympha* ou de *lymphe.*

lymphocytaire adj. – 1903 Des lymphocytes. *Leucémie lymphocytaire.*

lymphocyte n. m. – 1900 ; *lympho-* et *-cyte* ▪ Petit leucocyte à gros noyau non segmenté, présent dans le sang, la moelle et les tissus lymphoïdes, jouant un rôle important dans le processus d'immunité.

lymphocytose n. f. – 1903 ▪ Augmentation du nombre de lymphocytes.

lymphogranulomatose n. f. – 1913 ; de *lympho-* et *granulome* ▪ Maladie des ganglions lymphatiques.

lymphographie n. f. – 1938 ; *lympho-* et *-graphie* ▪ Examen radiologique des vaisseaux et des ganglions lymphatiques.

lymphoïde adj. – XIXe ▪ Qui contient des lymphocytes ou des cellules ressemblant à des lymphocytes. *Organes lymphoïdes* : rate, thymus, ganglions lymphatiques, amygdales, participant à la formation des lymphocytes.

lymphokine n. f. – v. 1975 ; gr. *kinein* « mouvoir » ▪ Substance sécrétée par des lymphocytes, qui active d'autres globules blancs, y compris d'autres lymphocytes. ⇒ **interleukine.**

lymphopénie n. f. – mil. XXe ; de *lympho(cyte)* et gr. *penia* « pauvreté » ▪ Diminution du nombre des lymphocytes du sang. ⇒ **leucopénie.**

lymphosarcome [lɛ̃fosaʀkom] n. m. – XIXe ▪ Tumeur cancéreuse formée par une prolifération anormale de lymphocytes.

lynchage n. m. – XIXe ▪ Action de lyncher ; son résultat.

lyncher v. tr. [1] – XIXe ; de l'angl. *Lynch law* ▪ Exécuter sommairement, sans jugement régulier et par une décision collective. ♦ Exercer de graves violences sur (qqn), en parlant d'une foule. ⇒ **écharper, molester.** *L'assassin a été lynché par la foule.*

❑ Un capitaine de Virginie, William *Lynch* (1742-1820), eut l'initiative de cette pratique. Le verbe s'appliquait alors aux pendaisons sommaires qui eurent lieu lors de la conquête de l'Ouest.

lyncheur, euse n. – XIXe ▪ Personne qui participe à un lynchage.

lynx [lɛ̃ks] n. m. – XIIe ; gr. *lugx* ▪ Mammifère carnivore, aux oreilles pointues garnies d'un pinceau de poils. ⇒ **caracal, loup-cervier.** ➛ loc. *Avoir des yeux de lynx,* une vue perçante. « *Son œil de lynx [...] reconnaît l'écriture de la suscription* » (Baud.).

lyophile adj. – 1931 ; gr. *luein* « dissoudre » et *-phile* ▪ Qui peut être desséché par lyophilisation puis recouvrer toutes ses propriétés dès la remise en solution.

lyophilisation n. f. – 1953 ▪ Dessiccation, réduction en poudre d'une solution liquide. ⇒ **déshydratation.**

lyophiliser v. tr. [1] – 1953 ▪ Déshydrater par lyophilisation. ➛ *Café lyophilisé.*

lyre n. f. – XIIe ; gr. *lura* 1 Instrument de musique, connu depuis l'Antiquité, à cordes pincées, fixées sur une caisse de résonance dont partent deux montants courbes. ♦ Bâti des pianos à queue qui transmet le mouvement des pédales à la mécanique. 2 littér. Symbole de la poésie, de l'expression poétique. ⇒ **luth.** « *il ne faut pas demander à la lyre ce qu'elle pense, mais ce qu'elle chante* » (Chateaub.). 3 Ménure. ✪ HOM. Lire.

lyrique adj. – XVe ; gr. *lura* « lyre » **I - 1** Qui était destiné à être chanté avec accompagnement de musique. *Poèmes lyriques grecs.* ➛ *Poète lyrique* : auteur de poèmes lyriques. 2 Propre aux genres issus de la poésie grecque (opposé à *épique* et *dramatique*). 3 Qui exprime des sentiments au moyen de rythmes et d'images propres à communiquer l'émotion du poète. *Poésie lyrique.* ➛ *Envolées lyriques.* ⇒ ① **poétique.** 4 Plein d'un enthousiasme, d'une exaltation de poète. ⇒ **passionné.** « *Jacques, le révolté lyrique, et Antoine, le stoïque réaliste* » (Maurois). **II** Destiné à être mis en musique et chanté avec accompagnement. *Drame, comédie lyrique.* ♦ *L'art lyrique,* où interviennent la musique et le chant. *Théâtre lyrique,* où sont donnés les opéras, les opérettes. *Artiste lyrique* : chanteur, chanteuse d'opéra, d'opérette. ✪ CONTR. Prosaïque.

lyriquement adv. – XVIe ▪ Avec lyrisme. ✪ CONTR. Prosaïquement.

lyrisme n. m. – XIXe 1 Poésie, genre lyrique. « *Le lyrisme est le développement d'une protestation* » (Eluard). ♦ *Le lyrisme de Bossuet, de Chopin. Le lyrisme d'un film.* 2 Manière passionnée, poétique, de sentir, de vivre. ✪ CONTR. Prosaïsme.

lys → **lis**

lysat n. m. – 1927 ▪ Produit d'une lyse.

lyse n. f. – 1918 ; gr. *lusis* « solution » ▪ Destruction d'éléments organiques sous l'action d'agents physiques, chimiques ou biologiques. ✪ HOM. Lise.

-lyse Élément, du gr. *lusis* « solution, dissolution ».

lysergamide n. m. – 1961 ; de *lysergique* et *amide* Composé dérivé des extraits de l'ergot de seigle. ⇒ **L. S. D.**

lysergide n. m. – apr. 1960 ; de *lysergi(que)* ▪ Drogue hallucinogène très toxique. ⇒ **L. S. D.**

lysergique adj. – 1961 ; de *lyse* et *erg(ot)* ▪ *Acide lysergique* : produit de dégradation des alcaloïdes contenus dans l'ergot de seigle. *Acide lysergique diéthylamide.* ⇒ **L. S. D.**

lysimaque n. f. – XVIe ; gr. ▪ Plante herbacée des lieux humides *(primulacées),* à fleurs jaunes.

lysine n. f. – XIXe ; gr. *lusis* « solution, dissolution » ▪ Acide aminé essentiel.

lysosome n. m. – 1968 ; gr. *lusis* « solution » et *sôma* « corps » ▪ Vésicule cytoplasmique des eucaryotes.

lysozyme n. m. – 1935 ; gr. *lusis* « solution » et *(en)zyme* ▪ Enzyme qui dissout certaines bactéries.

lytique adj. – 1924 ▪ Qui provoque la lyse. ♦ *Cocktail lytique* : mélange de substances capable de provoquer la mort. ✪ HOM. Lithique.

M

① **m** [ɛm] **n. m. inv.** ▪ Treizième lettre et dixième consonne de l'alphabet : *m majuscule* (M), *m minuscule* (m). ➛ prononc. Lettre qui note à l'initiale, entre voyelles ou suivie de *e* caduc, l'occlusive nasale bilabiale [m] *(ami, immortel, mammouth, âme, mesure)* ; devant consonne *(p, b)* ou en finale, *m* nasalise la voyelle précédente ainsi que le fait *n** *(impôt, faim, Adam, thym)* sauf dans certains emprunts *(macadam, idem, intérim, maximum)*. ✪ HOM. Hème.

② **m** abrév. et symboles **1 M** [mil]. Mille, en chiffres romains. **2 M.** [məsjø]. Monsieur. *M. Dupont.* ➛ **MM.** [mesjø]. Messieurs. **3 m** [mɛtʀ]. Mètre. m^2 [mɛt(ʀə)kaʀe] : mètre carré. m^3 [mɛt(ʀə)kyb] : mètre cube. **4 M** [makswɛl]. Maxwell. **5 m** [mili]. Milli- : *ml* (millilitre), *mm* (millimètre). **6 M** [meɡa]. Méga-. *MHz* (mégahertz).

ma → **mon**

maboul, e **n. et adj.** – XIXe ; ar. *mahbūl* « fou » ▪ fam. Fou. ⇒ **cinglé, dingue, toqué.** *Il est complètement maboul.*

mac **n. m.** – XIXe ; dimin. de *maquereau* ▪ arg. Souteneur. ✪ HOM. Mach.

macabre **adj.** – XIVe ; probablt d'un n. pr. *Macabré* **1** *Danse macabre* : représentation allégorique de la Mort entraînant dans sa ronde des personnages de toutes conditions. **2** Qui a trait aux squelettes, aux cadavres ; qui évoque la mort (⇒ **funèbre, lugubre,** ① **sinistre).** *Humour macabre.*

macache **adv.** – XIXe ; ar. *makans* « il n'y a pas » ▪ fam. Pas du tout, rien du tout. *« macache les permissions ! »* (Courtel.).

macadam [makadam] **n. m.** – XIXe ; de *McAdam*, nom de l'inventeur **1** Revêtement de voies avec de la pierre concassée et du sable agglomérés. **2** Macadam goudronné. *Rouler sur le macadam.* ⇒ **asphalte, bitume.**

macadamiser **v. tr.** [1] – XIXe ▪ Recouvrir (une chaussée, une route) avec du macadam. ⇒ **empierrer ; goudronner.** *« La plupart* [des rues], *non macadamisées, étaient poussiéreuses »* (Duras).

macaque **n. m.** – XVIIe, port. *macaco* **1** Singe d'Asie, à museau proéminent et à grandes abajoues. ⇒ **rhésus.** **2** fam. Homme très laid.

macareux **n. m.** – XVIIIe ; p.-ê. de *macreuse* ▪ Oiseau palmipède des mers septentrionales, au plumage noir et blanc, au gros bec multicolore.

macaron **n. m.** – XVIe ; it. *macarone* « macaroni », p.-ê. du gr. *makaria* « potage d'orge » **1** Petit gâteau, rond, à base de pâte d'amandes, de blanc d'œuf et de sucre. **2** Natte de cheveux roulée sur l'oreille. ♦ fam. Insigne, décoration de forme ronde (⇒ **badge) ;** rosette de la Légion d'honneur. *« les "macarons" de pilote qu'ils arboraient fièrement »* (R. Gary).

macaroni **n. m.** – XVIIe ; mot it. ▪ au plur. Pâtes alimentaires en forme de tube. *Un paquet de macaronis. Macaronis au fromage.*

macaronique **adj.** – XVIe ; it. *macaronea* « poème burlesque » ▪ *Poésie macaronique* : poésie burlesque où les mots sont mêlés de latin ou affublés de terminaisons latines.

macassar **n. m.** – XIXe ; nom du chef-lieu de l'île des Célèbes **1** *Huile de macassar* : huile de coco parfumée à l'essence d'ilang-ilang. **2** Ébène d'un brun veiné de noir, appréciée en ébénisterie et marqueterie.

macchabée [makabe] **n. m.** – XIIIe ; lat., n. pr. ▪ pop. Cadavre. *« des tons verts de macchabée pourrissant dans une mare »* (Zola).

❑ Héros bibliques, les sept *Macchabées* étaient des chefs juifs qui furent martyrisés par Antiochus Épiphane.

macédoine **n. f.** – XVIIIe ; de *Macédoine*, région habitée par des peuples d'origines diverses ▪ Mélange de légumes (⇒ **jardinière)** ou de fruits (⇒ ① **salade)** coupés en menus morceaux.

macédonien, ienne **adj. et n.** – XIIIe ▪ De la Macédoine. *Les Macédoniens.* ➛ **n. m.** *Le macédonien* : langue slave parlée en République de Macédoine et dans les régions adjacentes de Grèce et de Bulgarie.

macérateur **n. m.** – XIXe ▪ Récipient où l'on fait macérer des plantes, des grains.

macération **n. f.** – XIIIe **I** Mortification ascétique que l'on s'inflige dans un esprit de pénitence. ⇒ **mortification.** *« les austères figures des abbesses célèbres par leurs macérations »* (Balz.). **II - 1** Opération consistant à laisser tremper un corps dans un liquide, pour en extraire les constituants solubles (⇒ **décoction ; infusion).** *Macération des fruits dans l'alcool.* **2** Le liquide chargé, par macération, des principes solubles d'un corps. *Une macération de quinquina.*

macérer **v.** [6] – XVe ; lat. **I v. tr.** Soumettre (son corps) à des macérations. ⇒ **mortifier.** **II - 1** **v. tr.** Laisser séjourner, faire tremper. ⇒ **macération.** *Cerises macérées dans l'eau-de-vie.* **2** **v. intr.** Tremper longtemps. *Viande qui macère dans une marinade.* ⇒ **mariner.** ✪ HOM. *Macère :* massèrent (masser).

maceron **n. m.** – XVIe ; it. ▪ Plante méditerranéenne *(ombellifères)* aux fleurs vert-jaune.

Mach [mak] **n. pr.** – v. 1950 ; n. pr. ▪ *Nombre de Mach* : rapport entre la vitesse d'un mobile et celle du son se propageant dans le même milieu. *Voler à Mach 3*, à 3 fois la vitesse du son (⇒ **machmètre).** ✪ HOM. Mac.

❑ Le physicien autrichien Ernst *Mach* (1838-1916) mit en évidence le rôle de la vitesse du son en aérodynamique.

machaon [makaɔ̃] **n. m.** – XIXe ; nom myth. ▪ Grand papillon *(lépidoptères)* aux ailes jaune vif rayées de noir.

mâche n. f. – XVIIe ; lat. *pomum* « fruit » ▪ Plante herbacée *(valérianacées)* dont les feuilles se mangent en salade.

mâchefer [maʃfɛʀ] n. m. – XIIIe ; p.-ê. de *mâcher* « écraser » et *fer* ▪ Scories provenant de la combustion de la houille.

mâcher v. tr. [1] – XIIe ; lat. *masticare* **1** Broyer, écraser avec les dents avant d'avaler. *Mâcher du pain.* ⇒ ① **mastiquer.** ♦ loc. *Mâcher le travail à qqn,* le lui préparer, le lui faciliter. *Il faut tout lui mâcher.* ➛ *Ne pas mâcher ses mots :* s'exprimer avec une franchise brutale. **2** Triturer dans sa bouche (une substance non comestible que l'on rejette). ⇒ **mâchonner,** fam. **mâchouiller.** *Mâcher du tabac* (⇒ **chiquer**). « *Ils mâchaient en rêve des feuilles de coca, du bétel* » (Duham.). *Mâcher du chewing-gum.* **3** Couper sans netteté, en déchirant. *Lame mal aiguisée qui mâche le bois.*

machette n. f. – XVIIIe ; esp. ▪ Grand coutelas utilisé en Amérique du Sud comme sabre d'abattage. ⇒ **coupe-coupe.**

mâcheur, euse n. – XVIe ▪ Personne qui a coutume de mâcher (qqch.). *Des mâcheurs de bétel.*

machiavélique [makjavelik] adj. – XVIe ; de *Machiavel* ▪ Rusé et perfide. *Une manœuvre, un procédé machiavélique. Un projet machiavélique.* ⇒ **démoniaque, diabolique.** « *mes plans machiavéliques de combat et d'arrivisme* » (Cendrars).

> ❑ Pour qualifier l'œuvre de Machiavel, ses idées, on emploie l'adjectif *machiavélien, ienne.*

machiavélisme [makjavelism] n. m. – XVIIe **1** Doctrine de Machiavel ; art de gouverner en faisant abstraction de la morale. **2** Attitude d'une personne qui emploie la ruse, la mauvaise foi, ne tient pas ses promesses, pour parvenir à ses fins. ⇒ **artifice, perfidie, ruse.** ✪ CONTR. Franchise, naïveté.

mâchicoulis n. m. – XVe ; de *mâcher* « écraser » et *col* « cou » ▪ Construction en saillie au sommet des murailles ou des tours d'une fortification, percée d'ouvertures pour observer l'ennemi ou laisser tomber sur lui divers projectiles. ♦ Les ouvertures elles-mêmes.

> ❑ Le *mâchicoulis* permet d'envoyer des projectiles de manière à « écraser le cou » des assaillants. ♦ Comme dans *gâchette,* l'accent circonflexe ne change pas la prononciation du *a.*

-machie Élément, du gr. *makhê* « combat ».

machin n. m. – XIXe ; de *machine* ▪ fam. Objet, personne dont on ignore le nom, dont le nom échappe ou que l'on ne veut pas nommer correctement. ⇒ **bidule, chose, fourbi, histoire,** ① **truc.** *Qu'est-ce que c'est que ce machin ?* « *avec ton éternel vieux machin marron sur le dos* » (Le Clézio). *Monsieur Machin.* ⇒ **tartempion.** « *cette vieille mère Machin Chouette d'habilleuse* » (Colette).

machinal, ale, aux adj. – XVIIe ▪ Qui est fait sans intervention de la volonté, comme par une machine. ⇒ **automatique, inconscient, instinctif, involontaire, irréfléchi, mécanique, réflexe.** « *le travail féminin, qui, dans l'ordinaire, est presque machinal et sans invention aucune* » (Alain). ✪ CONTR. Raisonné, réfléchi, volontaire.

machinalement adv. – XVIIIe ▪ D'une façon machinale, par habitude, sans réfléchir. ⇒ **mécaniquement.** « *Son mari mangeait machinalement* » (Cocteau).

machination n. f. – XIIIe ▪ Ensemble de menées secrètes, plus ou moins déloyales. ⇒ **agissements, complot,** ① **manœuvre, ruse.** *Ténébreuses, diaboliques machinations.*

machine n. f. – XIVe ; lat. « invention, engin » **I** - **1** Objet fabriqué, généralement complexe (⇒ **mécanisme**), destiné à transformer l'énergie (⇒ **moteur**) pour produire un travail sous la conduite d'un opérateur ou d'une façon autonome. « *Jamais les machines ne remplaceront l'homme d'une manière absolue* » (Sand). *Rendement d'une machine. Organes d'une machine.* ⇒ **commande, mécanisme, moteur, transmission.** *Bâti d'une machine.* ⇒ **charpente, châssis.** *Mettre une machine en marche. Machine qui tourne, marche, fonctionne. Entretien et réparation d'une machine* (⇒ ② **maintenance ; mécanicien**). ♦ *MACHINE À VAPEUR,* qui utilise la vapeur d'eau pour produire la force motrice. ♦ *Machine hydraulique, pneumatique, à air comprimé, électrique, dynamoélectrique* (⇒ **dynamo**), *magnétoélectrique* (⇒ ① **magnéto**), *électronique* (⇒ ② **calculateur**). **2** *Machines de bureau. Informatisation des machines.* ⇒ **bureautique.** ♦ *MACHINE (À ÉCRIRE). Secrétaire qui tape une lettre à la machine.* ⇒ **dactylo.** ♦ Dispositif de saisie, de traitement ou d'exploitation de l'information. ⇒ ② **calculateur, ordinateur ; informatique.** *Machine à traitement* de texte. Machine à calculer.* ⇒ ② **calculatrice, calculette.** *Machine à traduire.* ➛ *Machine à photocopier.* ⇒ **photocopieur.** ♦ *Machine à laver* (le linge). ⇒ **lave-linge.** *Machine à laver la vaisselle.* ⇒ **lave-vaisselle.** *Machine à coudre. Machine à tricoter.* ♦ *Machine à café.* ➛ *Machine à billets.* ⇒ **distributeur.** ♦ *Les machines sont à la base de l'équipement industriel. Objet fait à la machine* (opposé à *fait à la main*). ➛ *MACHINE-OUTIL :* machine dont l'effort final s'exerce sur un outil. *Machines-outils déformant la matière par choc ; désagrégeant la matière par enlèvement.* ➛ *MACHINE-TRANSFERT :* ensemble de machines-outils à travers lesquelles les pièces à usiner avancent automatiquement. *Des machines-transferts.* **3** Dispositif assurant la propulsion d'un navire. *La salle, la chambre des machines.* ⇒ **machinerie.** *Faire machine arrière*.* **4** Véhicule comportant un mécanisme. *Le cycliste « s'arrête, hisse sa machine sur sa béquille et s'éloigne »* (Tournier). ➛ Locomotive. *Machine à vapeur.* **5** *Machines de guerre :* armes complexes d'attaque ou de défense. ➛ Engin de guerre. *Nous sommes habitués « aux horribles machines de guerre qui sèment la ruine et la mort »* (Duham.). ➛ *MACHINE INFERNALE :* dispositif meurtrier installé et réglé pour perpétrer un attentat. ⇒ ① **bombe.** **II** - **1** Personne qui agit comme un automate. ⇒ **robot.** ➛ *MACHINE À... :* ce qui est considéré comme ne servant qu'à (faire, produire qqch.). *La machine à penser.* ➛ *Il n'est qu'une machine à faire de l'argent.* **2** Ensemble complexe dont la marche a la régularité d'une machine. *La machine administrative.* **3** (Pour désigner une femme, une enfant) ⇒ **machin.**

> ❑ D'abord *machine à feu, pompe à feu* (nom donné à son invention par Denis Papin), *machine à vapeur* est un calque de l'anglais *steam* « vapeur » *engine* « machine ».

machiner v. tr. [1] – XIIIe ▪ Organiser en secret et dans les détails (des actions nuisibles, des opérations malhonnêtes). ⇒ **manigancer, ourdir, tramer ; machination.** *Machiner un complot* (⇒ **conspirer, intriguer**). « *Ne savez-vous qu'injurier bassement, machiner en secret et frapper dans les ténèbres ?* » (Beaum.).

machinerie n. f. – XIXe **1** Ensemble des machines employées à un travail. *Entretien de la machinerie d'une filature.* **2** Lieu où sont les machines ; salle des machines d'un navire.

machinisme n. m. – XVIIIe ▪ Généralisation de l'emploi des machines en remplacement de la main-d'œuvre, dans l'industrie. *Machinisme agricole.*

machiniste n. – XVIIe **1** Personne qui s'occupe des décors, des accessoires de théâtre, de cinéma. **2** Conducteur d'autobus.

machisme n. m. – 1971 ▪ Idéologie suivant laquelle l'homme domine socialement la femme et a droit à des privilèges de maître ; comportement conforme à cette idéologie. ⇒ **phallocratie, sexisme.**

machiste n. et adj. – v. 1972 ▪ Partisan du machisme. ⇒ **phallocrate ;** fam. **macho.**

machmètre [makmɛtʀ] n. m. – apr. 1955 ; de *Mach* et *-mètre* ▪ Instrument servant à mesurer le nombre de Mach à bord d'un aéronef.

macho [matʃo] n. m. – v. 1942 ; mot esp., du lat. *masculus* « mâle » ▪ fam. Homme qui fait preuve de machisme. ⇒ **machiste, phallocrate.** *Ton frère est un affreux macho. Des machos.*

mâchoire n. f. – XIIe 1 Chacun des deux arcs osseux ou cartilagineux de la bouche, dans lesquels sont implantées les dents, chez les vertébrés. *Mâchoire supérieure* (fixe), *inférieure* (mobile). ⇒ **maxillaire.** ➛ LA MÂCHOIRE : la mâchoire inférieure. ⇒ **mandibule.** *Bâiller à se décrocher la mâchoire.* 2 Chacune des pièces jumelées qui s'éloignent et se rapprochent à volonté pour serrer, tenir un objet. *Mâchoires d'un étau.* « *Le piège l'avait saisi par derrière, refermant ses mâchoires sur la patte gauche* » (Genevoix). *Mâchoire de frein* : pièce portant la garniture* de frein, et assurant le freinage par frottement.

❑ Un accent circonflexe sur le â, comme dans *mâcher* et tous les mots de la famille.

mâchon n. m. – d. i. ; de *mâcher* ▪ À Lyon, Restaurant où l'on sert un repas léger ; ce repas.

mâchonnement n. m. – XIXe ▪ Action de mâchonner.

mâchonner v. tr. [1] – XVe 1 Mâcher lentement, longuement. « *tout en mâchonnant son chewing-gum* » (Beauv.). ⇒ **mâchouiller,** ① **mastiquer.** ➛ Mordre machinalement. *Mâchonner son crayon.* ⇒ **mordiller.** 2 Parler d'une manière indistincte. ⇒ **marmonner, marmotter.** « *Il mâchonnait des bouts de phrases sous sa moustache jaunie* » (Camus).

mâchouiller v. tr. [1] – XIXe ▪ fam. Mâchonner ; mâcher sans avaler.

mâchurer v. tr. [1] – XVe ; de *mâcher* 1 Écraser, entamer par pression. *Pièce mâchurée par l'étau.* 2 Entamer en mordant. *Le loup* « *la mâchura* [la porte] *de manière à y laisser des traces* » (Sand).

macis n. m. – XIIIe ; lat. *macir* « écorce aromatique » ▪ Écorce de la noix muscade utilisée comme aromate.

macle n. f. – XIIIe ; probablt germ. *maska* « maille » ▪ Édifice cristallin composé de cristaux de même espèce juxtaposés. *Axe de macle.*

macler v. tr. [1] – XVIIIe ; o. i. ▪ Brasser (le verre en fusion) dans le creuset, pour le rendre homogène.

maçon n. m. – XIIe ; germ. *mâkon* « faire » 1 Personne qui exécute ou dirige des travaux de maçonnerie. *Maître maçon. Ouvrier maçon.* ⇒ **appareilleur.** *Apprenti, aide-maçon.* ➛ adj. Se dit de certains animaux constructeurs. *Abeille, fourmi maçonne.* 2 Franc-maçon. *Sa mère* « *voyait dans les Maçons des ennemis de l'Église* » (Romains).

maçonnage n. m. – XIIIe ▪ Action de maçonner ; travail, ouvrage de maçon. *Le maçonnage de ce mur est solide.*

maçonner v. tr. [1] – XIIIe 1 Construire ou réparer en maçonnerie. *Maçonner un mur.* « *Deux hirondelles maçonnent leur nid sous la corniche* » (Colette). 2 Revêtir de maçonnerie. ➛ Boucher avec de la maçonnerie. *Maçonner une porte.*

maçonnerie n. f. – XIIIe 1 Partie des travaux de construction comprenant l'édification du gros œuvre et certains travaux de revêtement. *Grosse maçonnerie* (gros ouvrage), comprenant les éléments essentiels du gros œuvre ; *petite maçonnerie* (ouvrage léger), comprenant la pose des enduits, le carrelage, etc. *Travaux de maçonnerie.* 2 Construction, partie de construction faite d'éléments assemblés et joints. *Une maçonnerie de pierres de taille. Maçonnerie sèche,* sans liant. *Maçonnerie renforcée par une armature.* 3 Franc-maçonnerie. « *Il a cru sentir en moi* [...] *le conspirateur, l'homme qui entrerait dans la Maçonnerie* » (Romains).

maçonnique adj. – XVIIIe ▪ Relatif à la franc-maçonnerie. ⇒ **franc-maçonnique.** *Loge maçonnique. Assemblée maçonnique.* ⇒ **convent, tenue.** « *il avait fait le signe maçonnique d'assistance, d'aide réciproques* » (Cendrars).

macoute adj. m. et n. m. – 1971 ; mot créole haïtien, du caraïbe ▪ *Tonton macoute* ou *macoute* : membre d'une milice créée en Haïti par F. Duvalier. *Les tontons macoutes.*

macramé n. m. – XIXe ; ar. *mahrama* « mouchoir, serviette » ▪ Ouvrage à jour exécuté en fils tressés et noués. *Hamac en macramé.*

macre n. f. – XVIe ; o. i. ▪ Plante aquatique *(myriophyllacées)* des étangs, à fleurs blanches.

macreuse n. f. – XVIIe ; p.-ê. du frison *markol,* ou du néerl. *meerkol* 1 Oiseau migrateur, palmipède, voisin du canard. *Au* XVIIe *siècle, la macreuse était une viande autorisée les jours maigres* (d'où le sens 2). 2 Viande maigre sur l'os de l'épaule du bœuf. *Macreuse à bifteck, à braiser.*

macro- Élément, du gr. *makros* « long, grand » **(⇒ méga-).** ✪ CONTR. Micro-.

❑ *Macro-* n'est suivi d'un trait d'union que lorsque la rencontre des voyelles changerait la prononciation.

macrobiotique n. f. – XIXe ; gr. *makrobiotês* « longévité » ▪ Régime alimentaire, à base de céréales, de fruits et de légumes. ➛ adj. *Restaurant macrobiotique.* ⇒ aussi **végétarien.**

macrocéphale adj. – XVIe ; *macro-* et *-céphale* ▪ Qui a un crâne anormalement volumineux. « *le cachalot macrocéphale, dont la taille dépasse quelquefois vingt-cinq mètres* » (J. Verne). ✪ CONTR. Microcéphale.

macrocéphalie n. f. – XIXe ▪ Augmentation pathologique du volume du crâne (⇒ aussi **acromégalie).** *Macrocéphalie due à l'hydrocéphalie.*

macrocosme n. m. – XIIIe ; de *macro-,* d'apr. *microcosme* ▪ L'univers considéré dans sa relation analogique avec l'homme (microcosme). ✪ CONTR. Microcosme.

macrocosmique adj. – XIXe 1 Relatif au macrocosme. 2 Synthétique, global. *Vision macrocosmique, en sociologie.*

macrocyte n. m. – XIXe ; *macro-* et *-cyte* ▪ Globule rouge d'un diamètre supérieur à la normale.

macroéconomie n. f. – 1948 ▪ Étude des systèmes, des phénomènes et des relations économiques à un niveau global (⇒ **agrégat).** abrév. fam. MACRO. *Cours de macro.* ✪ CONTR. Microéconomie.

macrographie n. f. – 1922 ▪ Étude de la structure des métaux et alliages à l'œil nu ou avec un faible grossissement. ✪ CONTR. Micrographie.

macro-instruction n. f. – v. 1965 ▪ Ordre donné (en langage symbolique) à l'ordinateur, et destiné à générer une séquence d'instructions en langage machine (instruction élémentaire). abrév. fam. MACRO.

macromolécule n. f. – av. 1948 ▪ Molécule formée par l'union d'un nombre élevé de « motifs moléculaires » identiques et obtenue en général par condensation ou polymérisation.

macrophage n. m. et adj. – XIXe ; *macro-* et *-phage* ■ Grosse cellule dérivant du monocyte du sang, douée du pouvoir d'englober et de détruire par phagocytose des corps étrangers volumineux. ⇒ **histiocyte.**

macrophotographie n. f. – 1943 ■ Photographie très rapprochée de petits objets donnant une image plus grande que nature. abrév. fam. MACRO.

macropode adj. et n. m. – XIXe ; *macro-* et *-pode* ■ Qui a de longs membres postérieurs, de longues nageoires, de longs pédoncules. ➙ n. m. Poisson à longues nageoires.

macroscélide n. m. – XIXe ; *macro-* et gr. *skelos* « jambe » ■ Mammifère insectivore de petite taille, au museau prolongé par une trompe mobile, à longs membres postérieurs.

macroscopique adj. – XIXe ; *macro-* et *-scope* ■ Qui se voit à l'œil nu.

macroséisme n. m. – XIXe ■ Séisme directement perceptible par l'être humain, sans l'aide d'instruments.

macrosporange n. m. – XIXe ■ Organe de certaines plantes *(ptéridophytes)* où se forment les macrospores.

macrospore n. f. – XIXe ■ Spore femelle de certains cryptogames vasculaires.

macrostructure n. f. – 1955 ■ Structure englobant d'autres structures. ➙ Structure générale d'un ensemble (et spécialement d'un ensemble textuel), par opposition à ses microstructures. *La macrostructure* (nomenclature ordonnée) *et la microstructure* (organisation de chaque article) *d'un dictionnaire.* ✪ CONTR. Microstructure.

macroure n. m. – XIXe ; *macro-* et gr. *oura* « queue » ■ Crustacé *(décapodes)* à l'abdomen très développé. ⇒ **crevette, écrevisse, homard, langouste.** « *des macroures à longue queue, brillant d'un éclat argenté* » (J. Verne).

macula n. f. – XIXe ; mot lat. ■ Tache jaune grisâtre du fond de l'œil, située sur la rétine du côté inférieur externe de la papille optique.

maculature n. f. – XVIe ■ Feuille de papier grossier qui sert à envelopper les papiers en rames. ➙ Feuilles maculées à l'impression. ➙ Feuille intercalaire.

macule n. f. – XIIIe ; lat. **1** Salissure, trace d'encre sur le papier. ⇒ **bavure. 2** Tache plane, décolorée ou rouge, sur la peau. ⇒ **érythème.**

maculer v. tr. [1] – XIIe ; lat. *macula* « tache » **1** Couvrir, souiller de taches. ⇒ **salir, souiller, tacher.** *Maculer de boue ses vêtements.* « *ses souliers, qui avaient maculé de boue la courtepointe blanche* » (Loti). **2** Salir (les feuilles fraîchement imprimées). ✪ CONTR. Nettoyer.

madame, plur. **mesdames** [madam, medam] n. f. – XIIe ; de *ma* et *dame* **1** Titre donné autrefois aux femmes des hautes classes de la société mariées ou non. ➙ Titre donné à la femme de Monsieur, frère du roi. **2** fam. *UNE MADAME :* une dame. « *Je ne veux pas parler de ces petites filles qui jouent à la madame* » (Baud.). **3** Titre donné à toute femme qui est ou a été mariée ou est en âge de l'être. *Madame, Mesdames Untel ; Mme, Mmes Untel.* **4** Titre précédant la fonction d'une femme, quand elle lui confère une autorité. *Madame la directrice.*

❑ L'abréviation graphique *Me* pour *Mme* est fautive (elle signifie « maître » et s'emploie en s'adressant aux avocats et avocates).

madapolam [madapɔlam] n. m. – XIXe ; nom d'une ville de l'Inde ■ Étoffe de coton, calicot fort et lourd.

made in [mɛdin] loc. adj. – 1906 ; angl. *made* « fait » et *in* « en, dans » ■ Fabriqué dans (suivi du nom en angl. d'un pays). *Produit made in France, in Germany.*

madeleine n. f. – XIIIe ; lat. *Magdalena* « femme de Magdala », pécheresse célèbre de l'Évangile **1** loc. *Pleurer comme une Madeleine,* abondamment. **2** Petit gâteau sucré à pâte molle, de forme ovale, au dessus renflé. *La félicité* « *que j'avais éprouvée en mangeant la madeleine* » (Proust).

❑ Le nom du gâteau viendrait du prénom de la cuisinière de Mme Perrotin du Barmond, *Madeleine* Paumier.

mademoiselle, plur. **mesdemoiselles** [mad(ə)mwazɛl, med(ə)mwazɛl] n. f. – XVe ; de *ma,* et *demoiselle* **1** Autrefois, Titre de la fille aînée des frères ou oncles du roi. *La Grande Mademoiselle.* ➙ Appellation des femmes nobles non titrées, mariées ou non. **2** Titre donné aux jeunes filles et aux femmes (présumées) célibataires. « *L'incertitude où j'étais s'il fallait lui dire madame ou mademoiselle me fit rougir* » (Proust). ➙ *Mademoiselle, Mesdemoiselles Untel ; Mlle, Mlles Untel.*

madère n. m. – XVIIIe ; de l'île port. de *Madère* ■ Vin de Madère. *Madère sec. Madère doux.* ⇒ **malvoisie.** ➙ *Sauce madère :* sauce au madère. *Jambon sauce madère.*

madérisé adj. m. – 1902 ■ *Vin madérisé :* vin qui prend un goût de madère anormal, par oxydation.

madone n. f. – XVIIe ; it. *madonna* « madame » **1** Représentation de la Vierge, généralement avec Jésus enfant, dans l'art italien. *Les Madones de Botticelli.* ⇒ **vierge.** ♦ *Visage de madone.* **2** La Vierge, en Italie.

madrague n. f. – XVIIe ; ar. *mádraba* « enceinte » ■ Piège fixe composé d'une vaste enceinte de filets pour la pêche au thon. « *il y a de grandes madragues pour la pêche au thon qui sont tendues au fond de l'eau* » (Flaub.).

madras [madʀɑs] n. m. – XVIIIe ; nom d'une ville de l'Inde **1** Étoffe à chaîne de soie et trame de coton, de couleurs vives. *Robe, mouchoir de madras.* **2** Foulard de cette étoffe noué sur la tête, servant de coiffure. « *un joli madras négligemment noué sur sa tête à la manière des créoles* » (Balz.).

madré, ée adj. – XVIe ; a. fr. *madre* « bois veiné » ■ Rusé sous des apparences de bonhomie, de simplicité. ⇒ **malin, matois, retors.** « *Ce vieux madré de cardinal* » (Volt.).

madrépore n. m. – XVIIe ; it. *madre* « mère » et *poro* « pore » ■ Polype des mers chaudes, à squelette calcaire, vivant le plus souvent en colonie. ⇒ ① **corail.** *Récifs formés par des madrépores.* « *les gommiers ressemblent à des madrépores, à des coraux noirs* » (Morand). ➙ *Les madrépores :* ordre de cœlentérés renfermant divers polypes.

madréporique adj. – XIXe ■ Formé de madrépores. *Île madréporique.* ⇒ **atoll.**

madrier n. m. – XIVe ; lat. *materia* « bois de construction » ■ Planche très épaisse. ⇒ **basting, poutre.** *Madrier de chêne pour faire des solives.*

madrigal, aux n. m. – XVIe ; o. i. **1** Pièce vocale polyphonique sur un texte profane. *Les madrigaux de Palestrina.* **2** Courte pièce de vers galants.

maelström [malstʀøm] ou **malstrom** [malstʀɔm] n. m. – XVIIIe ; mot néerl., de *malen* « moudre, broyer » et *strom* « courant » **1** Courant tourbillonnaire marin. ⇒ **gouffre, vortex. 2** Tourbillon. *Précipitée* « *dans une sorte de vertigineux maelström qui avait pour centre le bas de son ventre* » (Cl. Simon).

maerl [maɛʀl] ou **merl** [mɛʀl] n. m. – XIXe ; mot bret. ■ Sédiment organique constitué surtout de débris d'algues calcifiées, qui sert d'amendement. ✪ HOM. Merle.

maestoso [maɛstozo] adv. – XVIIIe ; mot it. ■ (en musique) Avec une lenteur majestueuse.

maestria [maɛstʀija] n. f. – XIXe ; mot it., de *maestro* ■ Maîtrise et perfection dans l'exécution (d'une œuvre d'art, d'un exercice). ⇒ **brio, virtuosité.** *Morceau joué avec maestria.* ➙ Habileté spectaculaire.

maestro [maɛstʀo] n. m. – XIXe ; mot it. « maître » ▪ Compositeur de musique ou chef d'orchestre célèbre. ⇒ **maître.** *Des maestros.*

mafia ou **maffia** n. f. – XIXe ; mot sicilien « hardiesse, vantardise » 1 *La Mafia* (n. pr.) : association secrète criminelle fondée en Sicile, dont les ramifications sont très puissantes en Italie et aux États-Unis. *Un parrain de la Mafia.* 2 Association secrète servant des intérêts privés par des moyens illicites. ⇒ ② **bande, clan.** *La mafia de la drogue.*

mafieux ou **maffieux, ieuse** adj. et n. – 1969 ▪ De la Mafia (1°).

mafioso ou **maffioso,** plur. **maf(f)iosi** n. m. – 1902 ▪ Membre de la Mafia (1°). *Un débit de vin « où des maffiosi aimaient à se retrouver »* (Mac Orlan).

magasin n. m. – XVe ; ar. *makhzin* « dépôt, bureau » 1 Lieu de dépôt de marchandises destinées à être conservées, vendues ou distribuées. ⇒ **entrepôt, réserve, resserre.** *Mettre en magasin.* ⇒ **emmagasiner.** *Avoir qqch. en magasin,* en stock. 2 *Magasin d'une arme à feu à répétition* (fusil, revolver) : partie de l'arme recevant l'approvisionnement en cartouches. ➛ *Magasin d'un appareil photo, d'une caméra,* où l'on met la pellicule. ⇒ fam. **boîte.** 3 Établissement de commerce où l'on conserve, expose des marchandises en vue de les vendre. ⇒ **boutique, commerce,** ① **échoppe, fonds.** *Tenir un magasin* (⇒ **commerçant, marchand).** *Magasin de vente en gros, au détail. Magasin d'alimentation* (⇒ **épicerie).** *Employés de magasin.* ⇒ **caissier, commis, vendeur.** ➛ GRAND MAGASIN : grand établissement de vente regroupant les marchandises de différents commerces, présentées dans des rayons spécialisés. *Chaîne* de magasins et ses points de vente.* ⇒ **succursale.** *Magasin à grande surface :* grand magasin le plus souvent à libre service où sont pratiqués des prix concurrentiels. ⇒ **hypermarché, supermarché.**

① **magasinage** n. m. – XVIIe ▪ Action de mettre en magasin, de placer en entrepôt. ➛ *Droits* (ou *frais*) *de magasinage :* droits acquittés pour le dépôt de marchandises en magasin.

② **magasinage** n. m. – 1909 ▪ (Canada) Action de magasiner. ⇒ **shopping.** *« La malheureuse épouse épuisée par son après-midi de magasinage »* (V.-L. Beaulieu).

magasiner v. intr. [1] – XVIIIe ▪ (Canada) Aller faire des achats dans les magasins. *« Elle passait des heures autour des comptoirs, à "magasiner" »* (Ringuet).

❑ Correspond à l'anglais *to shop* (couramment *faire du shopping* en France).

magasinier n. m. – XVIIe ▪ Personne qui garde et distribue les marchandises déposées dans un magasin. ⇒ **garde-magasin.**

magazine n. m. – XVIIIe ; mot angl., du fr. *magasin* 1 Publication périodique, généralement illustrée. ⇒ **journal, revue.** *Magazine hebdomadaire, mensuel. « un magazine qui donnait les programmes radiophoniques de la semaine »* (Camus). 2 Émission périodique de radio, de télévision, sur un sujet d'actualité déterminé. *Magazine télévisé.*

magdalénien, ienne adj. – XIXe ; lat. *Magdalena* « Madeleine » ▪ Relatif à la période de la préhistoire (paléolithique supérieur) définie grâce aux vestiges découverts dans les cavernes de *La Madeleine* (Dordogne). *Civilisation magdalénienne.* ➛ n. m. *Le magdalénien.*

mage n. m. – XIIIe ; gr. *magos* 1 Prêtre, astrologue, dans la Babylone antique, en Assyrie, puis dans l'Empire perse. 2 *Les Mages :* les personnages qui, selon l'Évangile, vinrent rendre hommage à l'Enfant Jésus. *Les Rois mages, Gaspard, Melchior et Balthazar. La fête des Rois, l'Épiphanie, commémore l'adoration des Rois mages.* 3 Personne qui pratique les sciences occultes, la magie. ⇒ **astrologue, devin, magicien, sorcier.**

magenta [maʒɛ̃ta] n. m. – XIXe ; mot angl. ▪ En photographie, en imprimerie, Couleur primaire rose qui absorbe la couleur verte.

❑ Les Anglais nommèrent ainsi un colorant rouge en souvenir de la bataille de *Magenta,* particulièrement sanglante.

maghrébin, ine adj. et n. – XVIIe ; ar. *maghrib* « Occident » ▪ Du Maghreb, région du nord de l'Afrique (Maroc, Algérie, Tunisie, Mauritanie, Lybie). *Travailleurs maghrébins.* ➛ *Les Maghrébins.* ⇒ **nord-africain.** *Jeune Maghrébin né en France.* ⇒ **beur.**

magicien, ienne n. – XIVe 1 Personne qui pratique la magie. ⇒ **alchimiste, astrologue, devin, enchanteur, mage, nécromancien, sorcier, thaumaturge.** 2 Personne capable de faire des choses extraordinaires. *Chateaubriand « était un grand magicien, un grand enchanteur »* (Ste-Beuve).

magie n. f. – XVIe ; gr. *mageia* « sorcellerie » 1 Art de produire, par des procédés occultes, des phénomènes inexplicables ou qui semblent tels. ⇒ **alchimie, astrologie, cabale, hermétisme, occultisme, sorcellerie, théurgie ; -mancie.** *Magie blanche,* sans maléfice. *Magie noire,* destinée à nuire en attirant les esprits mauvais sur qqn. ➛ *Comme par magie :* d'une manière incompréhensible, inexplicable. ⇒ **enchantement.** ➛ *Tours de magie,* faits par un illusionniste. ⇒ **prestidigitation.** 2 Ensemble des procédés d'action et de connaissance fondés sur la croyance en des forces supérieures et visant à les maîtriser. ⇒ **superstition.** 3 Influence vive, inexplicable, qu'exercent l'art, la nature, les passions. ⇒ ② **charme, prestige, puissance, séduction.** *« subissons la magie des soirs, regardons flamber les cuivres roses du couchant »* (Loti). *Par la magie de son sourire* (⇒ **charisme).**

magique adj. – XIIIe 1 Qui tient de la magie ; utilisé, produit par la magie. ⇒ **cabalistique, ésotérique, merveilleux, occulte, surnaturel.** *Formules magiques. Breuvages magiques* (⇒ **élixir, philtre).** 2 Où la magie, l'irrationnel tient une grande place. *L'art magique des surréalistes.* 3 Qui produit des effets extraordinaires. *Charme magique.* ⇒ **ensorcelant, envoûtant, merveilleux.** ✪ CONTR. Naturel, normal, ordinaire.

magiquement adv. – XVIe ▪ D'une manière magique, surnaturelle.

magistère n. m. – XIIe ; lat. *magister* « maître » **I - 1** Dignité de grand maître d'un ordre religieux militaire. **2** fig. Autorité doctrinale, morale ou intellectuelle s'imposant de façon absolue. *Le magistère de l'Église, du pape.* **3** Élixir auquel on attribuait des vertus souveraines. **II** Diplôme de second cycle délivré par une université en vue d'une formation professionnelle de haut niveau.

magistral, ale, aux adj. – XIIIe ; lat. *magister* « maître » 1 Du maître. *Cours magistral :* exposé donné par un professeur d'université. *Cours magistraux et travaux dirigés.* 2 Qui par son caractère imposant pourrait appartenir, convenir à un maître. *Ton magistral.* ⇒ **doctoral, dogmatique, impérieux, péremptoire, solennel.** 3 Qui est digne d'un maître, qui atteste la maîtrise. ⇒ ① **beau, grand, parfait, souverain.** *Habileté magistrale.* ➛ *Un « magistral coup de pied »* (Colette). ⇒ **formidable, magnifique.** 4 *Ligne magistrale :* ligne principale d'un plan, d'un tracé. ✪ CONTR. Médiocre, ordinaire.

magistralement adv. – XVe ▪ Avec brio. *Rôle magistralement interprété.* ⇒ **génialement.**

magistrat n. m. – XIVe ; lat. **1** Fonctionnaire public ou officier civil investi d'une autorité juridictionnelle, administrative ou politique. *Le président de la République, premier magistrat de France. Outrage à magistrat.* **2** Membre du personnel de l'ordre judiciaire ayant pour fonction de rendre la justice (⇒ **juge**) ou de requérir, au nom de l'État, l'application de la loi (⇒ **ministère** [public]). « *Le magistrat l'avait reçu debout, dans sa robe d'hermine à l'épaule et toque en tête* » (Flaub.).

magistrature n. f. – XVe **1** Charge de magistrat. *Magistrature municipale.* loc. *La magistrature suprême* : la présidence de la République. **2** Fonction d'un magistrat, état des magistrats de l'ordre judiciaire. *Faire carrière dans la magistrature.* **3** Corps des magistrats de l'ordre judiciaire. *Conseil supérieur de la magistrature.*

magma n. m. – XVIIe ; mot gr. « résidu » **1** Masse épaisse, de consistance pâteuse. *Magma informe.* **2** Roche, liquide à haute température, qui, par solidification, donne soit des roches plutoniques, soit des laves volcaniques. *Magma granitique, basaltique.*

magmatique adj. – XIXe ▪ Du magma. ➛ *Roches magmatiques,* résultant de la cristallisation d'un magma.

magnanerie n. f. – XVIIIe ; provenç. *magnan* « ver à soie » ▪ Local où se pratique l'élevage des vers à soie.

magnanier, ière n. – XVIIIe ▪ Personne qui élève des vers à soie. ⇒ **sériciculteur.**

magnanime adj. – XIIIe ; lat. *magnus* « grand » et *anima* « âme » ▪ Qui est enclin au pardon des injures, à la bienveillance envers les faibles, les vaincus. ⇒ ① **bon, clément, généreux.** *Mirabeau,* « *homme de grand cœur, magnanime pour ses plus cruels ennemis* » (Michelet). ➛ *Pensée magnanime.* ⇒ ① **beau, généreux, grand, noble.** *Geste magnanime.*

magnanimité n. f. – XIIIe ▪ Clémence, générosité. *Faire appel à la magnanimité du vainqueur.* « *La magnanimité est un noble effort de l'orgueil* » (La Rochef.).

magnat [magna ; maɲa] n. m. – XVIIIe ; lat. *magnus* « grand » ▪ Représentant puissant du capitalisme international. *Les magnats de l'industrie, de la finance. Un magnat du pétrole.* ⇒ **roi.**

> ❑ Il est plus élégant de prononcer séparément le *g* et le *n* comme dans *diagnostic.* ♦ Même famille que *magnum, magnifique* et *Charlemagne.*

magner (se) → **manier** (II)

magnésie n. f. – XVIe ; gr. *magnes (lithos)* « (pierre) de *Magnésie* », ville d'Asie Mineure ▪ Oxyde de magnésium (MgO), poudre blanche, légère, peu soluble dans l'eau. *Magnésie hydratée naturelle* : pierre blanche à l'éclat nacré. *Emploi de la magnésie comme laxatif ou purgatif.*

> ❑ On trouvait à *Magnésie* quantité de minerais aimantés.

magnésien, ienne adj. – XVIIe ▪ Qui contient du magnésium. *Engrais magnésien.*

magnésite n. f. – XVIIIe ▪ Carbonate de magnésium naturel.

magnésium [maɲezjɔm] n. m. – XVIIIe ▪ Élément atomique (Mg), métal blanc argenté, qui brûle à l'air avec une flamme blanche éblouissante en donnant de la magnésie. *Éclair de magnésium d'un flash.* « *un éclair de magnésium illumina l'espace* » (Duham.).

magnétique adj. – XVIIe ; lat. *magnes (lapis)* « aimant » **1** Relatif au magnétisme, à l'aimantation. *Champ magnétique,* où se manifeste un phénomène magnétique. *Attraction magnétique. Résistance magnétique.* ⇒ **réluctance.** ➛ *Déclinaison magnétique. Champ magnétique terrestre.* ⇒ **magnétosphère ; géomagnétisme.** ➛ Que l'on a magnétisé. *Bande magnétique d'un magnétophone. Disque magnétique.* ⇒ **disquette.** *Carte magnétique.* **2** Qui a rapport au magnétisme animal. ♦ Qui exerce une influence occulte analogue au fluide magnétique. « *un monstre dont les yeux magnétiques la charmaient* » (Balz.). ⇒ **fascinateur.**

magnétisable adj. – XIXe ▪ Qui peut être magnétisé.

magnétisant, ante adj. – XVIIIe ▪ Qui magnétise. Qui est propre à communiquer ou à produire le magnétisme.

magnétisation n. f. – XVIIIe ▪ Action, manière de magnétiser.

magnétiser v. tr. [1] – XVIIIe **1** Soumettre (un être vivant) à l'action du magnétisme animal. ⇒ ② **fasciner, hypnotiser.** *Se faire magnétiser.* ♦ Communiquer le fluide magnétique à (un objet) au moyen de passes. **2** Tenir sous le charme. « *Il les magnétise* [les femmes] *avec des flatteries adorables* » (Barbey). **3** Rendre (une substance) magnétique. ⇒ **aimanter.**

magnétiseur, euse n. – XVIIIe ▪ Personne qui pratique le magnétisme animal. ⇒ **hypnotiseur.** *Guérisseurs et magnétiseurs.*

magnétisme n. m. – XVIIe **1** Étude des propriétés de la matière aimantée, des champs et des phénomènes magnétiques. ➛ Ensemble de ces phénomènes et propriétés. ⇒ **diamagnétisme, ferromagnétisme, paramagnétisme.** *Magnétisme développé par un courant électrique.* ➛ *Magnétisme nucléaire,* dû au spin des particules du noyau. ➛ *Magnétisme terrestre* : champ magnétique de la Terre. ⇒ **géomagnétisme.** *Action du magnétisme terrestre sur l'aiguille de la boussole.* ⇒ **déclinaison.** **2** *Magnétisme animal, le magnétisme* : fluide magnétique dont disposeraient certains individus. ⇒ **biomagnétisme ; magnétiseur** et aussi **hypnotisme.** **3** ⇒ ② **charme, envoûtement, fascination.** *Subir le magnétisme de qqn.* ⇒ **autorité, influence.** « *Le magnétisme des foules enthousiastes l'avait pris* » (Flaub.).

magnétite n. f. – XIXe ▪ Minerai noir, oxyde magnétique naturel de fer.

① **magnéto** n. f. – XIXe ; abrév. de *(machine) magnétoélectrique* ▪ Génératrice de courant électrique continu, dans laquelle le champ inducteur est créé par un aimant permanent. *Des magnétos.*

② **magnéto** n. m. → **magnétophone**

magnéto- Élément, du lat. *magneticus* (⇒ **magnétique**).

magnétodynamique adj. – mil. XXe ▪ Se dit d'un appareil dans lequel l'excitation magnétique est produite par un aimant permanent.

magnétoélectrique adj. – XIXe ▪ Qui relève à la fois de l'électricité et du magnétisme. ⇒ **électromagnétique.** *Machine magnétoélectrique.* ⇒ ① **magnéto.**

> ❑ Terme créé en anglais *(magneto-electric)* par Faraday en 1831.

magnétohydrodynamique n. f. – 1964 ▪ Étude scientifique des fluides conducteurs en mouvement sous l'influence de champs magnétiques ou électriques.

magnétomètre n. m. – XVIIIe ; *magnéto-* et *-mètre* ▪ Instrument de mesure de l'intensité d'un champ magnétique.

magnétomoteur, trice adj. – XIXe ▪ *Force magnétomotrice* : somme des différences de potentiel magnétique capable de créer le flux d'induction.

magnéton n. m. – 1911 ▪ Unité de moment magnétique utilisée en physique microscopique. *Le magnéton de Bohr.*

magnétophone n. m. – XIXe ; *magnéto-* et *-phone* ▪ Appareil d'enregistrement et de reproduction des sons par aimantation rémanente d'une bande magnétique. *Magnétophone à cassettes. Magnétophone portable.* ⇒ **baladeur.** *Magnétophone d'une chaîne.* ⇒ ① **platine.** *Magnétophone intégré à un poste de radio.* ⇒ **radiocassette.** ➛ abrév. fam. MAGNÉTO. *Des magnétos.*

magnétoscope n. m. – 1961 ; *magnéto-* et *-scope* ▪ Appareil permettant l'enregistrement des images et du son sur bande magnétique. ⇒ **vidéo.** *Mettre une vidéocassette dans un magnétoscope. Magnétoscope associé à une caméra.* ⇒ **caméscope.** « *J'ai un magnétoscope, c'est uniquement pour copier des pubs* » (Tournier).

magnétoscoper v. tr. [1] – 1969 ▪ Enregistrer au magnétoscope.

magnétosphère n. f. – av. 1966 ▪ Région de l'espace entourant la Terre dans laquelle est confiné le champ magnétique terrestre.

magnétostriction n. f. – 1900 ▪ Déformation qu'accompagne l'aimantation d'un corps doué de ferromagnétisme.

magnétron n. m. – 1921 ; *magné(to-)* et *(cyclo)tron* ▪ Tube électronique à vide du type diode, soumis à un champ d'induction magnétique et utilisé comme oscillateur et amplificateur de puissance en hyperfréquence.

magnificat [maɲifikat ; magnifikat] n. m. inv. – XIVe ; mot lat., du cantique *Magnificat anima mea Dominum* « mon âme magnifie le Seigneur » 1 Cantique de la Vierge Marie qui se chante aux vêpres. 2 Musique composée sur le texte du magnificat. *Le Magnificat de Bach.*

magnificence n. f. – XIIIe 1 Disposition à dépenser sans compter. ⇒ ① **faste, munificence.** *Recevoir ses hôtes avec magnificence.* ⇒ **royalement.** 2 Qualité de ce qui est magnifique ; beauté pleine de grandeur. ⇒ **apparat, éclat,** ① **faste, luxe,** ① **pompe, richesse, somptuosité, splendeur.** *La magnificence d'un spectacle, d'une cérémonie.* « *Il y avait dans ses vêtements des vestiges de magnificence* » (Balz.). ♦ *Magnificence du style, du discours.* ✪ CONTR. Mesquinerie, pauvreté.

magnifier v. tr. [7] – XIIe ▪ Rendre plus grand, élever. ⇒ **idéaliser.** « *De cette période je parle avec émotion et je la magnifie* » (Gonot). *Sentiments magnifiés par le souvenir.* ✪ CONTR. Déprécier.

magnifique adj. – XIIIe ; lat. « qui fait de grandes choses » 1 Qui a des manières fastueuses. ⇒ **généreux, munificent,** ② **superbe.** ➛ n. *Laurent le Magnifique* (Laurent de Médicis). 2 Qui a une beauté, une somptuosité pleine de grandeur et d'éclat. ⇒ **admirable,** ① **brillant, éclatant, grandiose, pompeux, riche, somptueux, splendide,** ② **superbe.** *Palais magnifiques.* 3 Très beau. *Magnifique paysage.* « *Quoique ses yeux d'un bleu limpide fussent magnifiques* » (Barbey). 4 Remarquable, admirable en son genre. *Découverte, résultat magnifique.* ✪ CONTR. Avare, mesquin. Modeste, simple. Horrible, laid.

magnifiquement adv. – XIVe 1 D'une manière magnifique, somptueuse. ⇒ **somptueusement, superbement.** 2 Très bien. *Il s'en est magnifiquement tiré.*

magnitude n. f. – XIVe ; lat. « grandeur » 1 *Magnitude apparente* : nombre caractéristique du flux de rayonnement reçu d'un astre. 2 *Magnitude d'un séisme* : son énergie totale, mesurée selon une échelle logarithmique. *Séisme de magnitude 4 sur l'échelle de Richter.*

magnolia n. m. – XVIIIe ; lat. ▪ Arbre ornemental de grande taille *(magnoliacées)* à feuilles luisantes, à grandes fleurs blanches très odorantes. « *Le magnolia n'a d'autre rival que le palmier* » (Chateaub.).

> ❑ Ce mot a été créé en l'honneur du botaniste Pierre *Magnol* (1638-1715).

magnum [magnɔm] n. m. – XIXe ; mot lat. « grand » ▪ Grosse bouteille contenant l'équivalent de deux bouteilles normales. *Un magnum de champagne.*

> ❑ On prononce séparément le *g* et le *n* comme dans *diagnostic.*

① **magot** n. m. – XVe ; de *Magog* 1 Singe à queue rudimentaire, appartenant au genre macaque. 2 Figurine trapue de l'Extrême-Orient. *Magot chinois.*

> ❑ *Gog* et *Magog* désignent, dans l'*Apocalypse,* des peuples conduits par Satan, à l'aspect spécialement repoussant.

② **magot** n. m. – XVIe ; de *musgot* « lieu où l'on conserve les fruits » ▪ fam. Somme d'argent amassée et cachée. ⇒ ② **bas** (de laine), **économies, trésor.** *Il* « *cherchait où son fils avait bien pu cacher le magot* » (Zola).

magouillage n. m. – 1971 ▪ Fait de se livrer à des magouilles ; ensemble de magouilles.

magouille n. f. – v. 1970 ; o. i. ▪ fam. Manœuvre, tractation douteuse ou malhonnête. ⇒ **combine.** *Magouille financière. Magouilles électorales.*

magouiller v. [1] – 1972 ▪ fam. 1 v. intr. Se livrer à des magouilles. *Magouiller pour obtenir un poste.* 2 v. tr. Élaborer par des magouilles. *Qu'est-ce qu'il magouille encore ?* ⇒ **manigancer, trafiquer.**

magouilleur, euse adj. et n. – 1971 ▪ fam. Qui se livre à des magouilles.

magret n. m. – v. 1970 ; mot du Sud-Ouest « maigre » ▪ Filet maigre (d'oie, de canard gras). *Magret de canard.*

magyar, e [magjaʀ] adj. et n. – XVIIIe ; mot hongr. ▪ Qui a rapport au peuple établi au IXe s. dans l'actuelle Hongrie. ♦ n. *Les Magyars.* ➛ n. m. *Le magyar* : le hongrois.

maharajah ou **maharadja** [ma(a)ʀadʒa] n. m. – XVIIIe ; sanskr. *mahâ-* « grand » et *râjah-* « roi » ▪ Prince hindou. ⇒ **rajah.** *Des maharajahs, des maharadjas.*

maharani [ma(a)ʀani] n. f. – XIXe ; sanskr. *mahâ-* « grand » et *râjni-* « reine » ▪ Princesse hindoue. ⇒ **rani.**

mahatma [maatma] n. m. – v. 1902 ; mot sanskr. « qui possède une grande âme » ▪ Nom donné, dans l'Inde moderne, à des chefs spirituels, sages et ascètes. *Le mahatma Gandhi.*

mahdi n. m. – XVIIIe ; mot ar. « le guidé, le dirigé » ▪ Envoyé d'Allah, attendu pour compléter l'œuvre de Mahomet.

mahdisme n. m. – XIXe ▪ Croyance en la venue du mahdi.

mah-jong [maʒɔ̃g] n. m. – 1926 ; mots chin. ▪ Jeu chinois voisin des dominos. « *un restaurant plein du fracas des joueurs de mah-jong* » (Malraux). *Des mah-jongs.*

mahométan, ane n. et adj. – XVIIe ▪ vieilli Personne qui professe la religion de Mahomet, l'islamisme. ⇒ **musulman.**

> ❑ *Mahomet* est la forme francisée de l'arabe *Mohamed, Muhammad.*

mahonia n. m. – XVIIe ; de *(Port-)Mahon,* aux Baléares ▪ Arbuste buissonnant *(berbéridacées)* ornemental, à feuilles persistantes, à fleurs jaunes en grappes, à petites baies bleu foncé.

mahonne n. f. – XVIe ; turc *mavuna* 1 Galère turque. ⇒ **galéasse.** 2 Chaland de port utilisé en Méditerranée.

mahous, ousse → **maous**

mahratte → **marathe**

mai n. m. – XIe ; lat. *maius (mensis)* « (mois) de la déesse *Maia* » ▪ Cinquième mois de l'année. *Le 1er Mai, fête du Travail.* « *Puisque mai tout en fleurs dans les prés nous réclame* » (Hugo). *Des mais ensoleillés.* ✪ HOM. Maie, mais, maye, mets.

maïa n. m. – XIXe ; lat. *maia* ou *mæa* ▪ Grand crabe *(malacostracés)* à la carapace couverte de tubercules velus, appelé *araignée* de mer.* ✪ HOM. Maya.

maie n. f. – XIe ; lat. *magis* « plat, pétrin » ▪ Meuble bas de bois, sur pied, dans lequel on pétrissait le pain. ⇒ **huche, pétrin.** ✪ HOM. Mai, mais, maye, mets.

maïeur ou **mayeur** [majœʀ] n. m. – XIVe ; var. de *majeur* ▪ (Belgique) Maire. ⇒ **bourgmestre.**

maïeuticien n. m. – 1980 ▪ Homme qui exerce la profession de sage-femme.

maïeutique n. f. – XIXe ; gr. *maieutikê (tekhnê)* « art de faire accoucher » ▪ Méthode par laquelle Socrate, fils de sage-femme, disait accoucher l'esprit de ses interlocuteurs des pensées qu'il contient sans le savoir. ⇒ **dialectique.** ➛ Méthode pédagogique suscitant la réflexion intellectuelle.

① **maigre** adj. – XIIe ; lat. *macer* **1** Dont le corps a peu de graisse ; qui pèse relativement peu pour sa taille et par rapport à son ossature. ⇒ **décharné, efflanqué, étique, famélique, hâve, sec, squelettique.** *Rendre maigre, devenir maigre.* ⇒ **amaigrir, maigrir.** *Maigre comme un clou :* très maigre. *Un peu trop maigre.* ⇒ **maigrelet, maigrichon, maigriot.** *Maigre et chétif.* ⇒ **fluet,** fam. **rachitique.** *Petit homme maigre.* ⇒ **gringalet.** ➛ n. *Les gros et les maigres. Un grand, une grande maigre.* ⇒ fam. **échalas, girafe,** ② **perche.** ♦ Qui a peu de graisse. *Doigts maigres.* ⇒ ② **grêle.** *Visage maigre.* ⇒ **émacié. 2** Qui n'a, qui ne contient pas de graisse. *Poisson maigre,* peu gras. **3** *Jours maigres,* où l'Église prescrit de ne manger ni viande ni aliments gras. ➛ n. m. *Elle* « *faisait maigre le vendredi (ce qui ne signifiait pas grand-chose, ce jour étant celui où l'on servait de vastes poissons à la chair délicate)* » (Cl. Simon). **4** Qui est peu épais. ⇒ ② **fin, mince.** « *de maigres rameaux d'un lierre théorique* » (Robbe-Grillet). ♦ Peu riche en matière première. *Béton maigre.* **5** Peu fourni, peu abondant. *Un maigre repas.* ➛ *Gazon maigre.* ⇒ **clairsemé.** *Avoir le cheveu maigre.* ➛ *Terre maigre,* qui donne de maigres récoltes. ⇒ **aride, pauvre, stérile. 6** De peu d'importance. ⇒ **médiocre.** *De bien maigres résultats.* ⇒ **faible, piètre.** fam. *C'est maigre :* c'est peu. ⇒ ① **court, jeune, léger.** ✪ CONTR. Dodu, gras, gros ; abondant. Épais ; luxuriant, riche. Important.

② **maigre** n. m. – XIVe ▪ Sciène, poisson à chair très estimée.

maigrelet, ette adj. – XVIe ▪ Un peu trop maigre. ⇒ **maigrichon, maigriot.** « *Les petites filles maigrelettes qui vous offrent des fleurs* » (Nerval). ✪ CONTR. Grassouillet.

maigrement adv. – XIIIe ▪ Chichement, petitement. *Maigrement payé.* ⇒ **peu.** ✪ CONTR. Largement.

maigreur n. f. – XIVe **1** État d'une personne ou d'un animal maigre ; absence de graisse. *Une extrême maigreur. La maigreur du cou.* « *Les yeux agrandis par la maigreur* » (Gaut.) ➛ Disparition, diminution ou insuffisance des réserves graisseuses de l'organisme. ⇒ **cachexie. 2** Caractère de ce qui est peu fourni. *Maigreur d'une végétation.* ♦ Caractère de ce qui est peu abondant, peu important. *Maigreur des revenus.* ⇒ **pauvreté.** « *la maigreur de son intelligence* » (Muss.). ✪ CONTR. Embonpoint, obésité. Abondance.

maigrichon, onne adj. – XIXe ▪ fam. Un peu trop maigre. ⇒ **maigrelet, maigriot.**

maigriot, iotte adj. – XIXe ▪ fam. Maigrelet.

maigrir v. [2] – XVIe **I** v. intr. Devenir maigre ; perdre du poids. ⇒ se **dessécher, fondre.** *Il a maigri pendant sa maladie.* ⇒ fam. **décoller.** *Maigrir de trois kilos. Régime pour maigrir.* ⇒ **amaigrissant. II** v. tr. Rendre maigre. ⇒ **amaigrir, émacier.** *L'ivrognerie* « *engraisse encore l'homme gras et maigrit l'homme maigre* » (Balz.). ➛ Faire paraître maigre. ⇒ **amincir.** *Cette robe la maigrit.* ✪ CONTR. Engraisser, grossir.

mail [maj] n. m. – XIe ; lat. *malleus* « marteau, maillet » **1** Maillet avec lequel on poussait une boule de buis, au jeu qui porte son nom. ➛ Le jeu lui-même, voisin du croquet. **2** Allée réservée au jeu de mail. ➛ Allée, promenade bordée d'arbres. ✪ HOM. poss. Maille.

mailing [meliŋ] n. m. – v. 1970 ; angl. *to mail* « poster » ▪ Prospection auprès d'une clientèle par voie postale. ➛ Recomm. offic. *PUBLIPOSTAGE*.*

maillage n. m. – 1908 **1** Dimension des mailles d'un filet de pêche. **2** Structuration en réseau.

① **maille** n. f. – XIe ; lat. *macula* « boucle » et « tache » **I - 1** Chacune des boucles de matière textile dont l'entrelacement forme un tissu. *Mailles du tricot. Maille à l'endroit, à l'envers.* ⇒ ① **point.** ➛ *Tissu à mailles.* ⇒ **cellular, jersey.** *Maille qui file** (⇒ **remmailler**), *qui ne file pas* ⇒ **indémaillable.** ➛ *La maille :* tissu tricoté. *Maille extensible.* ⇒ **stretch.** ♦ *Mailles d'un filet.* ♦ Chemin fermé dans un circuit électrique. ♦ Structure dont la répétition à l'infini constitue le réseau cristallin*. **2** Trou formé par chaque maille. *Poisson qui passe à travers les mailles du filet.* ➛ Chacun des espaces vides entre les fils d'un grillage, d'un treillage. **3** Chacun des petits anneaux de fer, d'acier, qui formaient le tissu d'une armure. *Armure de mailles.* ⇒ **camail, haubert, jaseran.** *Cotte de mailles.* **II - 1** Tache qui apparaît sur le plumage de certains oiseaux lorsqu'ils deviennent adultes. ⇒ **maillure.** *Mailles de perdreau.* **2** Taie qui se forme sur la prunelle de l'œil. **3** Tache qui précède le bourgeon à fruit chez certaines plantes (concombre, melon, vigne). ✪ HOM. poss. Mail.

② **maille** n. f. – XIIe ; lat. *medius* « demi » ▪ Sous les Capétiens, La plus petite monnaie qui valait un demi-denier. ⇒ **obole.** ♦ loc. *Être sans sou ni maille,* sans argent. « *Vous allez vous trouver sur le pavé, sans sou ni maille* » (Huysm.). ➛ *AVOIR MAILLE À PARTIR* **avec qqn,** *avec qqch. :* avoir un différend avec qqn, une difficulté avec qqch.

> ❑ *Avoir maille à partir* signifie « avoir un demi-denier à partager », opération impossible et source de conflit car la maille était la plus petite monnaie.

maillechort [majʃɔʀ] n. m. – XIXe ; de *Maillot* et *Chorier,* nom des inventeurs ▪ Alliage inaltérable de cuivre, de zinc et de nickel qui imite l'argent. ⇒ **argentan, melchior.**

mailler v. [1] – XIIe **I** v. tr. **1** Faire avec des mailles. *Mailler un filet.* **2** *Mailler une chaîne,* la relier à (qqch.) par une manille. **3** (Suisse) Tordre. *Mailler une branche. Se mailler une cheville.* ➛ loc. *Se mailler de rire :* se tordre de rire. **II** v. intr. **1** *Un filet qui maille,* qui retient le poisson. **2** Se couvrir de mailles (II, 1). *Faucon qui maille,* (pronom.) *se maille.* **3** Se tacher avant de bourgeonner.

maillet n. m. – XIIIe ; dimin. de *mail* ▪ Outil ou instrument fait d'une masse dure emmanchée en son milieu et qui sert à frapper, à enfoncer. *Gros maillet.* ⇒ **mailloche,** ② **masse.** *Maillet de plombier* (⇒ **batte**). *Maillet de sculpteur. Le maillet du commissaire-priseur.* ⇒ **marteau.** ➛ *Maillet de croquet, de polo,* qui sert à frapper la boule. ⇒ **mail.**

mailloche n. f. – XVe ; augmentatif de *mail* **1** Gros maillet de bois. ➛ Marteau de carrier. **2** Baguette terminée par une boule garnie de peau, pour frapper les tambours, les gongs et les métallophones. ⇒ **baguette.**

maillon n. m. – XVIᵉ ; dimin. de ① *maille* 1 Anneau d'une chaîne. ⇒ **chaînon, ① maille.** ◆ *N'être qu'un maillon de la chaîne,* qu'un élément d'un ensemble complexe. 2 Portion de chaîne d'ancre d'une longueur de trente mètres.

maillot n. m. – XIIᵉ ; de *maille,* par anal. de forme avec des mailles entrelacées 1 Lange qui enfermait les jambes et le corps du nouveau-né jusqu'aux aisselles (⇒ **emmailloter**). ◆ loc. *Enfant au maillot,* en bas âge. 2 Vêtement souple porté à même la peau et qui moule le corps. *Maillot de gymnastique.* ⇒ **body, justaucorps.** 3 Vêtement collant qui couvre le haut du corps. ⇒ **débardeur, polo, tee-shirt.** *Maillot jaune,* que porte le coureur cycliste qui est en tête du classement du Tour de France. ◆ *Maillot de corps :* sous-vêtement d'homme, d'enfant. ⇒ **chemise** (américaine), **tricot.** *Un gaillard « en jeans, maillot de corps, biceps, chaussures de basket »* (R. Gary). 4 MAILLOT (DE BAIN) : vêtement de bain en mailles extensibles ou tout autre textile. ⇒ **costume** (de bain). *Maillot de bain une pièce* (⇒ **nageur**), *deux pièces* (⇒ **bikini, deux-pièces**). *Maillot de bain d'homme.* ⇒ ③ **boxer, culotte,** ② **slip** (de bain).

maillotin n. m. – XIVᵉ ; dimin. de *maillet* ■ Pressoir à olives.

maillure n. f. – XVIIᵉ ; de ① *maille* (II) 1 Moucheture, tache sur le plumage d'un oiseau. ⇒ ① **maille.** 2 Tache dans le bois.

main n. f. – Xᵉ ; lat. *manus* **I - 1** Partie du corps humain, organe du toucher et de la préhension, situé à l'extrémité du bras et muni de cinq doigts dont l'un (le pouce) est opposable aux autres. *Main droite, gauche. Squelette de la main* ⇒ **métacarpe, phalange.** *Lire dans les lignes de la main.* ⇒ **chiromancie.** *Être plus habile de la main droite* (⇒ **droitier**), *gauche* (⇒ **gaucher**) ; *être habile des deux mains* (⇒ **ambidextre**). ◆ *Se salir les mains ;* fig. se compromettre gravement. *« Comme tu as peur de te salir les mains* [...] *Moi j'ai les mains sales. Jusqu'aux coudes »* (Sartre). 2 *La main,* organe du tact. *Toucher avec la main. « Laisse ta main se promener sur moi »* (Anouilh). ◆ Faute commise par le footballeur touchant le ballon avec la main. *Il y a main.* 3 *La main,* organe de la préhension. *Vase qui tombe des mains.* ◆ loc. adv. À LA MAIN : dans la main. *Tenir qqch. à la main.* ◆ *La main,* qui prend, serre la main d'une autre personne. *Se serrer la main.* ◆ *Marcher la main dans la main ;* fig. agir en parfait accord. ◆ *Tendre la main à qqn :* fig. offrir son amitié, son pardon, son aide. *Politique de la main tendue,* de réconciliation. ◆ *Donner la main à qqn,* le tenir par la main. ◆ *Prendre qqn par la main.* loc. *Se prendre par la main :* s'obliger à faire qqch. 4 *La main,* exécutant des gestes expressifs, symboliques. *Saluer qqn de la main. Faire un signe de la main. Applaudir des deux mains ;* fig. approuver entièrement. *Se frotter les mains de contentement.* ◆ *Haut les mains ! Les mains en l'air !* sommations faites à une personne que l'on menace d'une arme à feu. 5 *La main,* servant à donner, à recevoir. *Glisser un billet dans la main de qqn.* ◆ *Tendre la main,* pour mendier. ◆ *De la main à la main :* sans intermédiaire. *Argent versé de la main à la main,* sans reçu régulier. ◆ DE PREMIÈRE MAIN : directement, de la source. *Une information de première, de seconde main. « Presque tout ce que nous savons d'autrui est de seconde main »* (Yourcenar). *Voiture d'occasion de première, de seconde main,* qui a eu un, deux propriétaires précédents. ◆ *Avoir la main ouverte :* être généreux. ◆ *Rentrer les mains vides,* sans avoir rien pu obtenir. 6 *La main,* servant au travail. *« Faire est le propre de la main »* (Valéry). *Travailler de ses mains.* ⇒ **manuellement.** ◆ *De la main de qqn,* par lui. *Une page de sa main.* ⇒ **autographe.** *« Pourquoi désavouer un billet de sa main ? »* (Mol.). ◆ *De main de maître :* avec habileté, maestria. ◆ *Travail fait à la main :* sans l'aide de mécanismes, de machines. *Article écrit à la main.* ⇒ **manuscrit.** ◆ *Cousu, fait main.* ◆ *Perdre la main. Se faire la main.* ⇒ s'**exercer.** ◆ PETITE MAIN : apprentie couturière ; ouvrière débutante. ⇒ **cousette, midinette.** 7 *La main,* servant à frapper. *Flanquer sa main sur la figure de qqn.* ⇒ **gifle, soufflet.** *Lever, porter la main sur qqn,* le battre. *En venir aux mains,* aux coups. ⇒ se **battre.** 8 À MAIN. *Sac à main,* qui se tient à la main. *Levier, frein à main,* qui fonctionne à la main. ◆ *Attaque à main armée,* par des personnes armées. *Vote à main levée,* en levant la main pour se prononcer. ◆ *À main droite, gauche :* à droite, à gauche. ◆ *Puiser à pleines mains,* largement. ◆ *Morceau à quatre mains :* morceau de piano joué (ou à jouer) par deux personnes ensemble sur le même clavier. 9 DE MAIN : fait avec, par la main. *Coup de main :* attaque rapide ; aide momentanée ; façon adroite de procéder. ◆ Qui agit, frappe. *Homme de main,* qui exécute des besognes basses ou criminelles pour le compte d'autrui. ⇒ **nervi, pistolero, sbire, tueur.** ◆ *Ne pas y aller de main morte :* frapper rudement ; attaquer avec violence. ◆ *Ils n'y vont pas de main morte,* ils exagèrent. ◆ *Ouvrage préparé de longue main,* depuis longtemps, par un long travail. 10 EN MAIN ; ENTRE LES MAINS, en sa possession. *Remettre une lettre en main(s) propre(s),* au destinataire en personne. ◆ *Prendre en main(s),* en charge, se charger de. *Prendre en main les intérêts d'un ami.* ⇒ **défendre.** *Mettre à qqn le marché en mains,* lui proposer un marché. *Être en (de) bonnes mains,* sous la surveillance d'une personne sérieuse, compétente. ◆ *Avoir, tenir en main une affaire,* la mener à sa guise. *Il n'a pas la situation en main.* 11 *La main,* symbolisant l'action, l'activité. *Mettre, prêter la main à :* travailler à. *Mettre la dernière main à un travail,* le finir, le terminer. *Avoir la main heureuse, malheureuse :* avoir agi à bon, à mauvais escient. 12 *La main,* symbolisant la liberté, le pouvoir d'agir. *Avoir les mains libres,* la liberté d'action. 13 *La main,* symbolisant la prise de possession, la propriété. *Mettre la main sur qqn, qqch. :* trouver. *Impossible de mettre la main sur mes lunettes.* Prendre, s'emparer de (⇒ **mainmise**). ◆ *Faire main basse sur :* prendre, voler. ◆ SOUS LA MAIN, à sa portée, à sa disposition. *« La première chose venue qui me tombe sous la main »* (Courtel.). 14 *La main,* symbolisant l'autorité, la puissance. *Tomber aux mains de ses ennemis,* en leur pouvoir, sous leur coupe. 15 *Demander la main d'une jeune fille,* la demander en mariage. 16 *La main,* symbolisant l'œuvre. *La main du destin, de Dieu.* 17 L'initiative du jeu, aux cartes. *Avoir la main. La main passe :* on change de premier joueur. ◆ *Passer la main :* renoncer. *« de ces vieux hommes d'affaires qui refusent de passer la main »* (Maurois). ◆ Ensemble des cartes que l'on a dans sa main. *Avoir une belle main.* **II** Partie correspondante du membre antérieur des vertébrés tétrapodes. ◆ Vrille des plantes sarmenteuses. **III - 1** *Main de justice :* sceptre terminé par une main. ◆ *Main de Fatma :* bijou arabe en forme de main humaine. 2 Poignée de tiroir. *Main fixe ; pendante.* ◆ Pièce du cadre de châssis à laquelle s'attache l'extrémité d'un ressort. *Main de ressort.* ◆ Pièce de fer coudée servant à soulever des fardeaux. 3 *Main commune :* clause des régimes matrimoniaux par laquelle les époux conviennent de l'administration conjointe de leurs biens. 4 Assemblage de vingt-cinq feuilles de papier. 5 Apprêt donné à une étoffe. 6 *Papier qui a de la main,* du corps, de la tenue. ✪ HOM. Maint.

mainate n. m. – XVIIIᵉ ; o. i., p.-ê. d'un mot malais ■ Oiseau frugivore noir *(passériformes)* originaire de Malaisie, au bec orangé, capable d'imiter la voix humaine.

main-d'œuvre n. f. – XVIIIe 1 Travail de l'ouvrier ou des ouvriers participant à la confection d'un ouvrage, à la fabrication d'un produit. ⇒ **façon.** *Détailler le prix de la main-d'œuvre et des pièces sur une facture.* 2 L'ensemble des salariés, des ouvriers. *Main-d'œuvre immigrée :* travailleurs étrangers. *Des mains-d'œuvre.*

main-forte n. f. sing. – XIVe ▪ Assistance (accordée à qqn) pour exécuter qqch., généralement dans des circonstances difficiles. ⇒ ① **aide.** *Prêter main-forte à qqn.* ♦ Concours accordé à la justice, à la force publique. « *Javert avait réclamé main-forte à la Préfecture* » (Hugo).

❑ *Main-forte* se rencontre rarement avec d'autres verbes que *prêter* et *donner.*

mainlevée n. f. – XIVe ▪ Acte qui met fin aux effets d'une saisie, d'une opposition, d'une hypothèque. « *les mainlevées des inscriptions qui pesaient sur les propriétés* » (Balz.).

mainmise n. f. – XIVe ▪ Action de prendre, de s'emparer. ⇒ **prise,** ① **rafle.** ➛ Influence de caractère tyrannique et exclusif. ⇒ **emprise.** *La mainmise d'un trust sur un secteur de l'économie.*

mainmortable adj. – XIVe 1 Assujetti au droit de mainmorte. 2 Dont les biens inaliénables (biens de mainmorte) ne donnent pas ouverture aux droits de succession. *Société mainmortable.*

mainmorte n. f. – XIIIe ; de *main* « possession, autorité » et *mort* 1 *Droit de mainmorte :* droit de succession du seigneur sur les biens de ses serfs. 2 *Personnes de mainmorte :* personnes juridiques ou morales qui ont une existence propre et qui subsistent indépendamment des mutations qui se produisent dans leurs membres (communautés religieuses, sociétés savantes, etc.). *Biens de mainmorte :* biens inaliénables des personnes de mainmorte.

maint, mainte adj. indéf. – XIIe ; p.-ê. gaul. *manté* ou germ. *manigithô* « grande quantité » ▪ littér. Plusieurs, un grand nombre de. *En maint endroit.* ⇒ **divers.** « *Son mal connut maintes rémissions* » (Colette). ➛ *À maintes reprises. Maintes fois :* souvent. *Maintes et maintes fois.* ✪ CONTR. Aucun. — HOM. Main.

❑ L'emploi au pluriel est plus courant.

① **maintenance** n. f. – XIIe ▪ Action de maintenir, de confirmer. ⇒ **maintien.** *Maintenance de la loi.*

② **maintenance** n. f. – 1953 ; mot angl. 1 Maintien à leur nombre ou à leur état normal des effectifs et du matériel d'une troupe au combat. 2 Ensemble des opérations d'entretien destiné à accroître la fiabilité ou pallier les défaillances (d'un matériel, d'un logiciel). *Contrat de maintenance. Maintenance d'une chaudière.*

maintenant adv. – XIIe ; de *maintenir* 1 Dans le temps actuel, au moment présent. ⇒ **actuellement, aujourd'hui, présentement.** *Autrefois et maintenant. C'est maintenant ou jamais.* ➛ *Cela fait maintenant deux ans qu'il est parti.* ➛ À partir de maintenant. « *Maintenant vous allez vous conformer ponctuellement à mes instructions* » (Romains). ♦ *Dès maintenant :* tout de suite. *À partir de maintenant.* ⇒ **désormais, dorénavant.** ♦ *MAINTENANT QUE :* à présent que, en ce moment où. « *Maintenant que j'ai gravi la côte, je retourne la tête* » (France). 2 (en tête de phrase, marque une pause où l'on considère une possibilité nouvelle) *Maintenant, ce que je vous en dis... c'est votre affaire.* ✪ CONTR. Autrefois.

mainteneur n. m. – XIIe 1 Personne qui maintient. *Anatole France « que j'ai toujours considéré comme un mainteneur du langage »* (Duham.). 2 Dignitaire des jeux Floraux de Toulouse.

maintenir v. tr. [22] – XIIe ; lat. °*manutenere* « tenir avec la main » 1 Conserver dans le même état ; faire ou laisser durer. ⇒ **entretenir, garder, tenir.** *Maintenir la paix. Maintenir sa candidature.* ➛ *Maintenir un malade en vie.* ➛ « *la matière que l'on maintient à l'état de fusion* » (J. Verne). 2 Affirmer avec constance, fermeté. ⇒ **certifier, soutenir.** *Je l'ai dit et je le maintiens.* ⇒ **confirmer, répéter.** 3 Tenir dans une même position ; empêcher de bouger, de tomber. ⇒ **attacher, fixer, retenir, soutenir.** *La clef de voûte maintient l'édifice.* ➛ *Maintenir qqn,* le tenir solidement. ⇒ **immobiliser.** 4 *SE MAINTENIR* v. pron. Rester dans le même état ; ne pas aller plus mal. *Malade qui se maintient. Le beau temps se maintient.* ➛ *Se maintenir au pouvoir.* ✪ CONTR. Changer ; annuler. Retirer. Cesser.

maintien [mɛ̃tjɛ̃] n. m. – XIIIe 1 Manière de se tenir ; attitude. ⇒ **allure, contenance,** ② **port, tenue.** *Maintien noble* (⇒ **prestance**) ; *étudié* (⇒ **pose**). 2 Action de maintenir, de faire durer. ⇒ **confirmation, conservation, continuité.** *Le maintien d'une décision.* ♦ *Le maintien de l'ordre :* ensemble des mesures destinées à maintenir l'ordre public. ➛ *Ils protestent contre « le maintien sous les drapeaux de la classe en octobre »* (Aragon). ➛ *Maintien dans les lieux :* droit reconnu aux locataires de bonne foi de rester dans les locaux loués, contre le gré du propriétaire. 3 Action de tenir dans une position, de soutenir. ⇒ **soutien.** *Soutien-gorge qui assure un bon maintien de la poitrine.* ✪ CONTR. Abandon, changement, cessation, suppression.

maïolique → **majolique**

maire n. m. – Xe ; lat. *major* → majeur 1 Celui qui dirigeait le corps municipal d'une commune jurée ou « ville de commune ». 2 En France, Premier officier municipal qui est à la fois une autorité locale et l'agent du pouvoir central. ⇒ **bourgmestre, maïeur.** *Monsieur, Madame le maire* (⇒ **mairesse**). ➛ *Le maire de Paris.* 3 Sous les Mérovingiens, Intendant du palais (⇒ **majordome**) qui détenait un important pouvoir politique. *Les maires du palais.* ✪ HOM. Mer, mère.

mairesse n. f. – XIIIe ▪ Femme exerçant les fonctions de maire.

❑ Parfois utilisé par les féministes, le mot est en général vieilli ou plaisant. On dit *le maire, Madame le maire.*

mairie n. f. – XIIIe 1 Office, charge de maire. *Être élu à la mairie d'une grande ville.* 2 Administration municipale. *Employé de mairie.* 3 Bâtiment où se trouvent les bureaux du maire et de l'administration municipale. ⇒ **hôtel** (de ville).

mais adv. et conj. – Xe ; lat. *magis* « plus » I adv. 1 *N'en pouvoir mais :* n'y pouvoir rien. 2 Vraiment. « *il m'est venu une sueur, mais une sueur !... Je ruisselais de tout le corps* » (Romains). –*Mais non ; mais si.* II conj. 1 Marquant une transition, en tête de phrase ⇒ **et.** « *Mais enfin, comment la chose s'est-elle passée ?* » (Daud.). 2 Introduit une idée contraire à celle qui a été exprimée. *Ce n'est pas ma faute, mais la tienne !* 3 Introduit une restriction, une précision. *Elle n'est pas belle, mais elle a du charme. Incroyable, mais vrai.* ⇒ **cependant, néanmoins, pourtant, toutefois.** « *J'embrasse mon rival, mais c'est pour l'étouffer* » (Rac.). *C'est mon avis, mais tu fais ce que tu veux.* ⇒ **maintenant.** *Mais encore, mais aussi, mais même.* 4 Introduit une objection. *Je ne dis pas, mais... Oui, mais...* ➛ Le mot *mais.* « *Achevez Seigneur ; ce mais, que veut-il dire ?* » (Corn.). *Il n'y a pas de mais qui tienne !* vos objections ne comptent pas. III *MAIS* exclamatif, joint à une interj.

(Surprise.) *Ah ! ça, mais, je ne me trompe pas, c'est bien lui.* — (Menace.) *Je vais lui fermer le bec, ah mais !* fam. (Indignation.) *Non, mais ! pour qui tu te prends !* ✪ HOM. Mai, maie, maye, mets.

maïs [mais] **n. m.** – XVIe ; mot d'Haïti ■ Céréale *(graminées)* dont les fruits sont des grains durs, serrés sur un gros épi ; grain de cette plante. *Épi de maïs.* — *Farine, semoule de maïs* (⇒ **polenta**). *Fécule de maïs.* ⇒ **maïzena.** *Maïs soufflé.* ⇒ **pop-corn ; corn-flakes.** *Volailles, porcs nourris au maïs.* ♦ *Papier maïs,* fait avec des feuilles de maïs et utilisé comme papier à cigarettes.

❑ Cette céréale, appelée autrefois *blé de Turquie,* de nos jours *blé d'Inde* au Québec, est originaire de l'Amérique aztèque et inca.

maïserie [maisʀi] **n. f.** – 1931 ■ Usine où l'on traite le maïs pour la fabrication de fécule, de glucose.

❑ On ne redouble pas le *s* en dépit de la prononciation.

maison **n. f.** – X^e ; lat. *manere* « rester » **I - 1** Bâtiment d'habitation. ⇒ **bâtiment, bâtisse, construction, hôtel, immeuble ; abri, logement, logis, pénates, résidence, toit.** *Maison individuelle,* où loge une seule famille ⇒ **pavillon, villa.** — « *La maison qu'il habitait se composait* [...] *d'un rez-de-chaussée et d'un seul étage* » (Hugo). — *Jardin d'une maison.* — *Maison de bois* (⇒ **chalet**). *Maison solaire. Maison préfabriquée* (⇒ **module**). *Maison rudimentaire.* ⇒ **cabane, chaumière, hutte.** *Maison pauvre, délabrée.* ⇒ **baraque, bicoque, masure, taudis.** *Maison bourgeoise :* maison de ville cossue. *Maison de famille.* — *Maison de campagne :* maison qu'un citadin achète à la campagne pour ses vacances. ⇒ **résidence** (secondaire). — *Habiter, squatter une maison. Louer, acheter une maison.* « *Naître, vivre et mourir dans la même maison* » (Sainte-Beuve). ♦ loc. fam. *Gros comme une maison :* énorme, évident. *Un mensonge gros comme une maison.* ♦ *LA MAISON-BLANCHE :* résidence du président des États-Unis d'Amérique, à Washington. Le gouvernement américain. *La politique de la Maison-Blanche.* **2** Habitation, logement. ⇒ **demeure, domicile, foyer, home, logis.** *Les clés de la maison. Quitter la maison.* — *À LA MAISON :* chez soi. *Rentrer à la maison.* ♦ L'intérieur d'un logement, son aménagement. ⇒ **intérieur.** *Maison en désordre, confortable.* — par ext. Vie à la maison. *Tenir la maison.* ⇒ **ménage.** *Dépenses de maison.* ⇒ **domestique.** « *Elle reçoit le mercredi ; c'est une maison fort honorable* » (Balz.). **3** *Les gens de maison :* les domestiques. **4** *La maison du Seigneur, de Dieu :* le temple de Jérusalem ; par ext. ⇒ **église, sanctuaire, temple.** **5** *Les douze maisons du ciel :* les douze fuseaux par lesquels les astrologues divisent le ciel, pour analyser son état à la naissance de qqn. **II - 1** Établissement de détention. *Maison d'arrêt :* prison qui reçoit les personnes en détention provisoire et les condamnés à une peine ne dépassant pas un an. *Maison centrale :* prison qui reçoit les condamnés à une peine supérieure à un an. **2** Établissement public ou privé où l'on reçoit des usagers. ⇒ **centre.** — *Maison de santé* (⇒ **clinique, hôpital**), *de repos.* — *Maison de retraite,* où l'on reçoit les retraités. *Maison des jeunes et de la culture (M.J.C.).* **3** Lieu de plaisir. *Maison de jeu.* ⇒ **tripot.** *Maison de rendez-vous. Maison close, de passe.* ⇒ **bordel.** **4** Entreprise commerciale, industrielle. *Maison de commerce.* ⇒ **établissement, firme.** *Maison de détail, de gros. La maison mère et les succursales.* « *je suis le représentant d'une grosse maison belge de papeterie* » (Romains). ⇒ **société.** — Établissement financier. *Maison de titres,* qui gère le portefeuille (de valeurs mobilières) de ses clients. ♦ L'établissement où l'on travaille. *L'esprit de la maison. Une personne de la maison* (opposé à *de l'extérieur*). **III - 1** Les personnes qui vivent ensemble. ⇒ **maisonnée ; famille.** *Quelqu'un de la maison,* de la famille, des intimes. « *La première visite une fois faite, on revient sans motif, et au bout de trois mois on est de la maison* » (Muss.). loc. *Faire la jeune fille de la maison :* faire le service au cours d'une réception. **2** Ensemble des personnes employées au service des grands personnages. **3** Descendance, lignée des familles nobles. *Maison d'Autriche, de Lorraine.* ⇒ **couronne.** **IV** en appos. et inv. **1** Qui a été fait à la maison, sur place. *Pâté, tarte maison.* « *Commandez deux terrines maison au Cochon vert* » (D. Boulanger). **2** fam. Particulièrement réussi, soigné. *Une engueulade maison.* ✪ HOM. Méson.

❑ Le latin *mansio* (du verbe *manere*) a remplacé en gallo-roman *casa,* qui subsiste dans des toponymes (La Chaise-Dieu), dans *case* et *chez ;* en espagnol, en italien et en portugais « maison » se dit *casa.*

maisonnée **n. f.** – XVIIe ■ Ensemble de ceux qui habitent la même maison. — Famille. *Toute la maisonnée était réunie.*

maisonnette **n. f.** – XIIe ■ Petite maison. ⇒ **pavillon ;** ② **fermette.** *La maisonnette du garde-barrière.*

maistrance **n. f.** – XIVe ; de *maître* ■ Ensemble des officiers mariniers de la marine de guerre française. — Officiers de carrière.

maître, maîtresse **n.** – XIe ; lat. *magister* **I** Personne qui exerce une domination. **1** **n. m.** Personne qui a pouvoir et autorité sur qqn. *Le maître et l'esclave. Le maître et le vassal.* ⇒ **seigneur.** ♦ **n.** Possesseur d'un animal domestique. « *Le chien s'étendait sur un pouf aux pieds de sa maîtresse* » (Green). **2** Personne qui a pouvoir d'imposer aux autres sa volonté. ⇒ **chef.** — *MAÎTRE, MAÎTRESSE DE MAISON :* personne qui dirige la maison. *Maître de maison qui reçoit.* ⇒ **amphitryon, hôte.** ♦ *Le maître d'un peuple, d'un pays,* personne qui y exerce effectivement le pouvoir. ⇒ **dirigeant, gouvernant, souverain.** *Les maîtres du monde :* tous ceux qui ont le pouvoir. ⇒ **dictateur, dominateur, tyran.** **3** *ÊTRE (LE) MAÎTRE* (quelque part) : avoir pleine autorité là où l'on est. « *maître chez moi, j'y pouvais vivre à ma mode sans que personne eût à m'y contrôler* » (Rouss.). — *Le capitaine d'un bateau est seul maître à bord, après Dieu.* loc. *Être seul maître à bord :* être seul à décider. — jeu *Être maître à telle couleur,* en avoir la carte à jouer la plus forte. — loc. *L'œil du maître :* la surveillance attentive du propriétaire. *Régner en maître.* — *Trouver son maître,* la personne à qui l'on doit se soumettre. **4** Ce qui gouverne qqn, commande sa conduite. *L'argent, maître du monde.* **5** *ÊTRE MAÎTRE, MAÎTRESSE DE SOI ; ÊTRE SON MAÎTRE :* être libre et indépendant, n'avoir d'autre maître que soi-même ; être indépendant professionnellement. « *Tout homme étant né libre et maître de lui-même* » (Rouss.). *Elle est son maître.* — *Être maître de ses actes :* n'avoir à en référer qu'à soi-même. ⇒ **disposer.** ♦ *ÊTRE MAÎTRE, MAÎTRESSE DE SOI :* avoir de l'empire sur soi-même, contrôler ses affects. ⇒ se **dominer,** se **maîtriser.** « *J'étais maître de moi, très calme, sans colère* » (Duham.). **6** *ÊTRE MAÎTRE DE FAIRE QQCH. :* avoir entière liberté de. ⇒ **libre.** *Vous êtes maître de refuser.* **7** Personne qui possède une chose, en dispose. ⇒ **possesseur, propriétaire.** *Maison de maître,* grande et cossue. ♦ *Se rendre maître de qqch.* (se l'approprier), *de qqn* (le capturer, le maîtriser), *d'un pays* (le conquérir, l'occuper). — *Être maître de la situation. Être maître de son sujet.* ⇒ **posséder.** **II** Personne qualifiée pour diriger. **1** Personne qui exerce une fonction de direction, de surveillance. ⇒ **chef.** — *Maître d'œuvre :* chef de chantier ; directeur de travaux intellectuels. — *Maître de ballet :* personne qui dirige un ballet dans un théâtre (fém. *maître* ou *maîtresse*). — Nom donné aux officiers mariniers. *Maître de manœuvre.* ⇒ **bosco.** *Maître d'équipage,* dirigeant l'équipage du pont. ➝ *Maître de conférences :* personne chargée d'un cours dans une grande école ou enseignant dans une université avant d'accéder au titre de professeur. *Maître assistant.* ➝ *Maître, maîtresse d'étude,* qui surveille une étude. ⇒ ① **pion, surveillant.** 2 Personne qui enseigne. *Maître, maîtresse :* personne qui enseigne aux enfants dans une école, ou dans le particulier. ⇒ **éducateur, enseignant, instituteur, pédagogue, précepteur, professeur, régent ; répétiteur.** « *veux-tu que je te donne un maître pour te montrer à jouer du clavecin ?* » (Mol.). *Maître, maîtresse d'école :* instituteur, institutrice. ➝ *Maître d'armes,* qui enseigne l'escrime. 3 n. m. Dans le système corporatif, Artisan qui dirige le travail et enseigne aux apprentis. ➝ Dans la franc-maçonnerie, *Grand Maître :* chef d'une obédience maçonnique. ➝ loc. *Être, passer maître dans le métier, dans l'art de.* ⇒ **adroit, compétent, expert, savant.** « *L'autre était passé maître en fait de tromperie* » (La Font.). *Trouver son maître,* qqn de supérieur à soi, de plus compétent. 4 n. m. Peintre, sculpteur qui dirigeait un atelier. *Le maître de* (suivi d'un nom de lieu, du titre de l'œuvre) : désignation d'un peintre ancien anonyme dont l'œuvre a la qualité de celle d'un maître d'atelier. *Le Maître de Moulins.* 5 n. m. Personne dont on est le disciple, que l'on prend pour modèle. ⇒ **initiateur, modèle.** *Un maître à penser. Maître spirituel.* ⇒ **gourou.** 6 n. m. Artiste, écrivain ou savant qui excelle dans son art, qui a fait école. *Les maîtres de la littérature. Un tableau de maître.* **III** Titre. 1 n. m. Titre qui remplace Monsieur, Madame en parlant des gens de loi ou en s'adressant à eux. *Maître X, avocate à la cour* (abrév. *M^e^*). 2 n. m. Titre que l'on donne en s'adressant à un professeur éminent, à un artiste ou un écrivain célèbre. *Monsieur (Madame) et cher Maître.* ➝ « *Vous êtes triste, pauvre amie et chère maître* » (Flaub.). **IV** *MAÎTRE, MAÎTRESSE* en appos. ou adj. 1 Qui est le maître, la maîtresse (au sens I, 1°). 2 Qui a les qualités d'un maître, d'une maîtresse. *Une maîtresse femme,* qui sait organiser et commander. ⇒ **énergique.** 3 Qui est le chef de ceux qui exercent la même profession dans un corps de métier. *Maître compagnon. Maître cuisinier, maître coq* (⇒ ② **coq**). 4 Qui est important, ou qui est le plus important. « *une bûche, une maîtresse bûche, une vraie bûche de Noël* » (France). *Maîtresse branche d'un arbre,* la plus grosse. ⇒ **principal.** *Maître-autel :* autel principal d'une église, placé dans l'axe de la nef. *Des maîtres-autels.* 5 Qui a de la force, de l'efficacité. *Maître mot* ou *maître-mot.* « *La retraite, c'était le grand mot, le maître-mot* » (Pagnol). ➝ *Garder ses cartes maîtresses,* celles qui peuvent faire une levée. *Atout maître.* ♦ Essentiel. *La pièce maîtresse d'une collection, d'un dossier.* ⇒ **majeur.** ✪ CONTR. Esclave, serviteur ; inférieur, subalterne ; disciple, élève ; apprenti. Accessoire, secondaire. — HOM. Mètre, mettre.

❑ Ne pas confondre *petit maître* « artiste talentueux mais mineur » et *petit-maître* « jeune élégant maniéré ».

maître chanteur n. m – XIXe ▪ Personne qui exerce un chantage. ⇒ aussi **racketteur.**

maître-chien n. m. – v. 1980 ▪ Personne responsable d'un chien dressé à rendre certains services (garde, sauvetage, recherche de drogue, etc.). Personne qui dresse ces chiens. *Des maîtres-chiens.*

❑ Ce mot est composé d'une manière anormale, car *maître* devrait concerner le chien (cf. Maître chanteur).

maîtresse n. f. – XIIe 1 *La maîtresse de qqn,* la jeune fille ou la femme qu'il aime et qui exerce son empire sur lui. ⇒ **amante, amie, bien-aimée, dulcinée.** 2 Femme qui a des relations amoureuses et sexuelles plus ou moins durables avec un homme sans être son épouse. *Avoir une maîtresse.* ⇒ **liaison.** *Son mari avait des maîtresses* (⇒ **adultère**). « *Je vis avec une maîtresse* [...], *sans être lié par les cérémonies du mariage* » (abbé Prévost).

maîtrisable adj. – XIXe ▪ Qui peut être maîtrisé (surtout en parlant des émotions, des réflexes). ⇒ **contrôlable.** ✪ CONTR. Insurmontable.

maîtrise n. f. – XIIe **I** - 1 *MAÎTRISE DE SOI :* qualité d'une personne qui est maîtresse d'elle-même, qui se domine. ⇒ **contrôle, empire ;** ① **calme, sang-froid.** 2 Contrôle militaire d'un lieu. *L'Angleterre avait la maîtrise des mers.* ⇒ **hégémonie, prépondérance, suprématie.** **II** - 1 Grade, fonction de maître dans certains corps de métiers. *Maîtrise de conférences.* ➝ École d'éducation musicale destinée au chœur d'une église, d'une cathédrale ; le chœur lui-même. ⇒ **manécanterie.** *La maîtrise de Saint-Eustache.* 2 Qualité de maître dans une corporation. ♦ loc. *Agents de maîtrise :* nom donné à certains techniciens d'une entreprise. 3 Grade universitaire sanctionnant le second cycle de l'enseignement supérieur. *Avoir une maîtrise d'anglais.* 4 Perfection digne d'un maître, dans la technique. ⇒ **habileté, maestria, métier, virtuosité.** ♦ Fait de maîtriser (un sujet). *Il a une bonne maîtrise de l'allemand.* ✪ CONTR. Servitude. Apprentissage.

maîtriser v. tr. [1] – XIVe 1 Soumettre à sa domination. « *Je connais la force de la coutume, et jusqu'où elle maîtrise les esprits* » (La Bruy.). ➝ *Musicien qui maîtrise son instrument. Il ne maîtrise pas encore assez son sujet.* 2 Se rendre maître de, par la contrainte physique. *Maîtriser un agresseur.* ⇒ **immobiliser.** ➝ *Maîtriser les forces de la nature.* ⇒ **discipliner.** *Maîtriser l'inflation.* ⇒ **juguler.** 3 Dominer (une émotion, un réflexe). ⇒ **contenir, dompter, réprimer, surmonter, vaincre.** « *Je maîtrisais complètement mes nerfs* » (Maurois). ➝ pronom. Se rendre maître de soi, se dominer. ⇒ se **contrôler.** *Avoir du mal à se maîtriser.* ✪ CONTR. Obéir, soumettre (se). Délivrer. Abandonner (s').

maïzena [maizena] n. f. – XIXe ; marque déposée ; angl. *maize* « maïs » ▪ Fécule de maïs préparée pour être utilisée en cuisine.

majesté n. f. – XIVe ; lat. 1 Caractère de grandeur qui fait révérer les puissances souveraines. ⇒ **gloire, grandeur.** *La majesté divine.* ➝ *Atteinte à la majesté du souverain.* ⇒ **lèse-majesté.** 2 Titre donné aux souverains héréditaires. ⇒ **altesse.** « *les ordres de Votre Majesté vont être exécutés à l'instant* » (J. Verne). *Sa Gracieuse Majesté la reine d'Angleterre. Leurs Majestés ont décidé...* 3 Caractère de grandeur, de noblesse dans l'allure, les attitudes. *Un air de majesté.* ⇒ **majestueux.** ➝ ⇒ **beauté, grandeur.** « *Cette admirable ruine avait toute la majesté des grandes choses détruites* » (Balz.). ✪ CONTR. Vulgarité.

majestueusement adv. – XVIIe ▪ Avec majesté ; d'une manière majestueuse. *S'avancer majestueusement.* « *Le Turc partit en traînant majestueusement ses babouches* » (Chateaub.).

majestueux, euse adj. – XVIe 1 Qui a de la majesté. ⇒ ① **auguste, imposant.** *Un vieillard majestueux. Démarche majestueuse.* ⇒ **fier, noble ; solennel.** 2 Qui est d'une beauté pleine de grandeur, de noblesse. ⇒ **grandiose.** *Fleuve majestueux.* ✪ CONTR. Grossier, vulgaire.

majeur, eure adj. et n. – XIIe ; lat. *major* **I** - 1 adj. compar. Plus grand, plus important (opposé à ① *mineur*). *La majeure partie :* le plus grand nombre. *En majeure partie :* pour la plupart. « *une association composée en majeure partie de femmes* » (Huysm.). ➝ *Intervalle majeur,* plus grand d'un demi-ton chromatique que l'intervalle mineur. *Symphonie en si bémol majeur.* – n. m. *Morceau en majeur.* – *Tierce, quarte, quinte majeure :* suite des trois, quatre, cinq cartes à jouer supérieures dans la même couleur. – n. m. *Le majeur :* le plus long doigt de la main. ⇒ **médius.** 2 Très important. ⇒ **primordial.** *Pour des raisons majeures.* **II** Qui a atteint l'âge de la majorité légale. *Héritier majeur.* fam. *Il est majeur, il sait ce qu'il fait.* ✪ CONTR. ① Mineur. Petit ; insignifiant.

majolique n. f. – XVIe ; it. « de l'île *Majorque* » ■ Faïence italienne, spécialt de la Renaissance. *Poterie en majolique.*

❑ On dit parfois *maïolique.*

major adj. et n. – XIIIe ; mot lat. **I** adj. Supérieur par le rang. ⇒ **état-major, tambour-major.** **II** n. m. 1 Ancienne appellation de l'officier supérieur chargé de l'administration, du service (appelé depuis 1975 *chef des services administratifs*). ♦ *Major général :* chef d'état-major du généralissime en temps de guerre. Contre-amiral commandant l'arsenal et dirigeant les services. 2 Chef de bataillon (⇒ **commandant**), dans certaines armées étrangères. 3 Candidat reçu premier au concours d'une grande école. ⇒ **cacique.** *Le major de la promotion.* **III** n. f. Entreprise parmi les plus grandes d'un secteur d'activité.

majorant n. m. – v. 1950 ■ Nombre supérieur ou égal à tous les éléments d'un ensemble (opposé à *minorant*). ⇒ **borne.**

majorat n. m. – XVIIe ; esp. *mayor* « plus grand » ■ Bien inaliénable attaché à la possession d'un titre de noblesse et transmis avec le titre au fils aîné.

majoration n. f. – XIXe 1 Action de chiffrer plus haut une évaluation. ⇒ **surestimation.** *Majoration de facture.* 2 Augmentation de prix. ⇒ **hausse, relèvement ; supplément.** – *Majoration d'impôt.* ⇒ **redressement, rehaussement.** ✪ CONTR. Sous-estimation. Baisse, diminution.

majordome n. m. – XVIe ; lat. *major domus* « chef de la maison » ■ Maître d'hôtel de grande maison. « *Choisir les meilleurs laquais était l'affaire de son majordome* » (Balz.).

❑ Le majordome anglais s'appelle un *butler.*

majorer v. tr. [1] – XIXe 1 Porter (une évaluation, un compte) à un chiffre plus élevé. *Majorer une facture.* 2 Augmenter (le prix d'un bien). ⇒ **augmenter, élever, gonfler, hausser.** *Majorer un impôt* (⇒ **majoration**). 3 Jouer le rôle de majorant par rapport à (un ensemble). ✪ CONTR. Baisser, diminuer, minorer.

majorette n. f. – v. 1955 ; angl. *drum-major* « tambour-major » ■ Jeune fille qui défile en uniforme militaire de fantaisie, et en maniant une canne de tambour-major. *Défilé de majorettes.*

majoritaire adj. – 1911 1 Se dit du système électoral dans lequel la majorité l'emporte. 2 Qui fait partie d'une majorité. – *Les majoritaires d'un parti.* 3 Qui détient dans une société la majorité des actions, des parts.

majoritairement adv. – mil. XXe ■ D'une manière majoritaire. *Loi votée majoritairement.* – En majorité. *Ils ont choisi majoritairement cette solution.*

majorité n. f. – XIIIe ; lat. *major* « plus grand » **I** Âge légal à partir duquel une personne est capable de tous les actes de la vie civile. ⇒ **majeur.** ♦ *Majorité civile :* âge de 18 ans (en France). **II** Bureaux du major général, dans un port militaire. – Personnel de l'état-major. **III - 1** Groupement de voix qui l'emporte par le nombre dans un vote, dans une réunion de votants. *Majorité absolue :* total des voix supérieur à la moitié des suffrages exprimés. *Majorité relative* (ou *simple*) : groupement de voix supérieur en nombre à chacun des autres groupements, mais inférieur à la majorité absolue. *Majorité qualifiée* ou *renforcée,* exigeant un nombre de voix supérieur à celui de la majorité absolue. 2 Parti politique, fraction qui réunit la majorité des suffrages. 3 *Réunir la majorité des actions d'une société :* la majorité relative, ou plus de la moitié. 4 Le plus grand nombre. « *C'était un grouillement cosmopolite inimaginable, dans lequel dominait en grande majorité l'élément grec* » (Loti). ⇒ **majoritairement.** « *la majorité des femmes sont mères* » (Montherl.). – *La majorité silencieuse :* les classes moyennes, dont l'opinion conservatrice inexprimée est invoquée. ✪ CONTR. Minorité.

majuscule adj. et n. f. – XVIe ; lat. ■ *Lettre majuscule :* lettre plus grande que la minuscule et de forme différente. *Un A, un H majuscule.* – *Une majuscule. Mot écrit en majuscules.* ⇒ **capitale.** ✪ CONTR. Minuscule.

❑ Pour le sens → capitale (rem.).

maki n. m. – XVIIIe ; mot malgache ■ Mammifère lémurien *(lémuridés)* à museau pointu, à pelage épais, à queue longue et touffue. *Des makis.* ⇒ **lémur.** ✪ HOM. Maquis.

makimono n. m. – XIXe ; mot jap. ■ Peinture japonaise sur soie ou papier, beaucoup plus large que haute.

❑ Ne pas confondre avec *kakémono* « peinture japonaise étroite et haute ».

① **mal** adj. – IXe ; lat. « mauvais » 1 Mauvais. *Bon gré, mal gré.* 2 Contraire à un principe moral, à une obligation. « *Mais laisse-là donc cette enfant ! elle est gentille, elle ne fait rien de mal* » (Zola). *C'est mal de dire, de faire cela.* ✪ HOM. Mâle, malle.

② **mal** adv. – XIe ; lat. **I** D'une manière contraire à l'intérêt ou aux vœux de qqn. *Ça commence mal ! Affaire qui va mal,* qui périclite. – fam. *Ça va mal pour lui. Tourner mal :* se gâter. *Ça tombe mal :* cela arrive à un moment inopportun. *Mal lui en prit,* les conséquences furent fâcheuses pour lui. ♦ Avec malaise, douleur, désagrément. *Se sentir, se trouver mal :* éprouver un malaise. ⇒ **défaillir,** s'**évanouir.** fam. *Être, se sentir mal fichu* (⇒ ② **fichu**). *Être mal en point.* ⇒ ① **point.** – *Il va mal. Elle est au plus mal,* à la dernière extrémité. – *Vous êtes mal sur ce banc, prenez un fauteuil.* **II** En termes défavorables ou d'une façon défavorable, avec malveillance. ⇒ **défavorablement.** *Traiter mal qqn. Mal parler de qqn,* le calomnier. – *Prendre mal une plaisanterie,* la croire désobligeante. *Être, se mettre mal avec qqn,* en mauvais termes. « *ils tiennent à ne pas se mettre mal avec la police* » (Romains). *Être mal vu de qqn.* ⇒ ① **vu.** **III** Autrement qu'il ne convient. 1 De façon contraire à un modèle idéal. *Travail mal fait. Vous vous y prenez mal.* ⇒ **maladroitement.** *Il parle assez mal le français.* ⇒ **incorrectement.** – En se méprenant ; de travers. *Mal interpréter un texte.* 2 D'une façon anormale, éloignée de la normale. *Grande femme mal bâtie.* ♦ D'une manière défectueuse, imparfaite. *Écrou mal serré. Vous êtes mal renseigné.* 3 D'une façon qui choque le goût, les convenances. *Enfant mal élevé.* 4 Insuffisamment (en qualité ou quantité). ⇒ **médiocrement.** *Mal dormir. Travailleur mal payé. Il est mal remis de sa maladie.* ⇒ **incomplètement.** – *Enfant mal aimé.* ⇒ **mal-aimé.** *Les mal-nourris, les mal-logés.* ♦ Peu, pas. *Être mal à l'aise.* 5 Difficilement ; avec peine, effort. ⇒ **malaisément, péniblement.** *Asthmatique qui respire mal.* **IV** Contrairement à une loi supérieure (morale ou religieuse). « *Mon frère tourna si mal, qu'il s'enfuit et disparut* » (Rouss.). **V - 1** PAS MAL. loc. adv. Assez bien, bien. *Cela ne te va pas mal du tout. Il ne s'en est pas mal tiré. Comment allez-vous ? – Pas mal.* – adj. (attribut) « *Électre est la plus belle fille d'Argos. – Enfin, elle n'est pas mal* »

(Giraud.). *Cela ne sera pas plus mal* : ce sera mieux. 2 *PAS MAL* (sans négation). loc. adv. Assez, beaucoup. *Il a pas mal voyagé. Elle s'en fiche pas mal !* 3 *PAS MAL DE* (sans négation) : un assez grand nombre de, beaucoup. « *comme dans toutes les villes du Midi, beaucoup de soleil, pas mal de poussière* » (Daudet). ✪ CONTR. ① Bien.

③ **mal,** plur. **maux** n. m. – xe ; lat. **I - 1** Ce qui cause de la douleur, de la peine, du malheur ; ce qui est mauvais, pénible (pour qqn). ⇒ **dommage, perte, préjudice, tort.** « *On fait toujours du mal à quelqu'un. Les uns me font du mal, je fais du mal à d'autres. C'est dans l'ordre* » (R. Rolland). *Mettre à mal qqn*, le maltraiter. *Vouloir du mal à un ennemi. Le mal est fait.* ♦ UN MAL, DES MAUX. ⇒ **affliction, désolation, épreuve, malheur, peine.** *Accuser qqn de tous les maux. Les maux qui frappent l'humanité.* ⇒ **calamité, fléau, plaie.** 2 Souffrance, malaise physique. ⇒ **douleur.** *Mal insupportable. Souffrir de maux de tête* (⇒ **céphalée, migraine**), *d'un mal de dents* (⇒ **rage**). *Se tirer sans mal d'un accident.* ⇒ **indemne.** *Il a eu plus de peur que de mal.* ➝ *AVOIR MAL* : souffrir. *Avoir mal partout. Avoir mal au cœur* : avoir des nausées. ➝ *FAIRE MAL* : faire souffrir. loc. *Cela me fait mal (au cœur, au ventre) d'entendre, de voir cela* : cela m'inspire de la pitié, du dégoût. *Cela me ferait mal !* je ne le supporterai pas, jamais de la vie. ➝ loc. fam. Être efficace. *Ce nouveau produit, ça va faire mal !* ➝ *SE FAIRE MAL. Il est tombé et il s'est fait mal.* ➝ *Mal de mer* (⇒ **naupathie ; antinaupathique**), *mal de l'air, mal des transports* : malaises dus au mouvement d'un véhicule. *Mal des montagnes* : malaises dus à une oxygénation insuffisante. 3 Maladie. *Prendre mal* : tomber malade, prendre froid. *Un mal sans gravité. Un mal incurable.* « *Un mal qui répand la terreur* » (La Font.). ➝ *Trouver la cause, le siège du mal.* ➝ *Mal blanc* : panaris superficiel. 4 Souffrance morale. *Des mots qui font du mal.* ⇒ **blesser.** ➝ loc. *Le mal du siècle* : mélancolie profonde, dégoût de vivre. ➝ loc. *Être en mal de* : souffrir de l'absence (de qqch.). *Écrivain en mal d'imagination.* 5 Difficulté, peine. *Avoir du mal à faire qqch. Se donner du mal, un mal fou* : se dépenser, se démener. *On n'a rien sans mal.* **II** Choses mauvaises, défauts, imperfections que l'on voit en qqn, à qqch. 1 *Tourner en mal qqch.* : voir le mauvais côté, ce qu'il y a de mauvais. 2 *Dire, penser du mal de qqn.* ⇒ **calomnier, médire.** « *On aime mieux dire du mal de soi-même que de n'en point parler* » (La Rochef.). **III** *LE MAL.* 1 Ce qui est contraire à la loi morale, au bien. *Faire le mal. Distinguer le bien du mal. Il voit le mal partout. Quel mal y a-t-il à cela ? Sans penser à mal* : sans avoir d'intentions mauvaises. 2 *LE MAL* : tout ce qui, opposé au Bien, est l'objet de désapprobation ou de blâme. *Le monde partagé entre le Bien et le Mal* (⇒ **dualisme, manichéisme**). *Le Démon, l'Esprit du Mal. Satan, incarnation du Mal.* ➝ Le péché, la concupiscence. « *Notre Père qui es aux cieux* [...], *délivre-nous du mal* » (prière du Notre Père). ✪ CONTR. ② Bien. — HOM. Malle ; mot.

> ❑ Dans le *haut mal* « l'épilepsie », *haut* est à prendre dans le sens de « le plus grand ».

malabar n. m. – 1911 ; p.-ê. de *Malabar* « Indien de la côte de Malabar » ■ arg. Homme très fort. ⇒ **costaud** (cf. Une armoire* à glace).

malabsorption n. f. – av. 1969 ■ Trouble du processus d'absorption des aliments à travers la muqueuse intestinale.

malachite [malaʃit ; malakit] n. f. – xiie ; gr. *molokhê* ou *malakhê* « mauve » ■ Carbonate de cuivre naturel, pierre d'un beau vert diapré utilisée dans la fabrication d'objets d'art. « *une magnifique écritoire en or et en malachite* » (Gaut.).

malacologie n. f. – xixe ; gr. *malakos* « mou » et *-logie* ■ Étude des mollusques.

malacostracés n. m. pl. – xixe ; gr. *malakos* « mou » et *ostrakon* « coquille » ■ Sous-classe de crustacés à abdomen distinct du tronc (ex. écrevisse). ➝ *Un malacostracé.*

malade adj. et n. – xe ; lat. *male habitus* « qui se trouve en mauvais état » **I** adj. 1 Dont la santé est altérée ; qui souffre de troubles organiques ou fonctionnels. *Être très malade.* ⇒ **atteint,** ③ **mal.** loc. *Malade comme une bête, un chien, à crever. Se sentir malade, un peu malade.* ⇒ **indisposé,** fam. **patraque, souffrant.** « *À force de se croire malade, on le devient* » (Proust). *Une personne très délicate, toujours malade.* ⇒ **maladif, valétudinaire.** *Tomber malade. Être malade en bateau* : avoir la nausée. *Se faire porter malade.* ⇒ arg. **pâle.** « *Le lendemain, elle se fit porter malade, se coucha et dîna dans sa chambre* » (Cocteau). ➝ fam. ⇒ **fou.** *Il est complètement malade, ce type !* ♦ *Être malade de jalousie.* ➝ fam. *J'en suis malade, cela me rend malade rien que d'y penser* : j'en suis contrarié. 2 *Arbre malade. La vigne est malade cette année.* 3 fam. Détérioré, très usé. *La reliure de ce bouquin est bien malade.* 4 Déréglé dans ses fonctions ou altéré dans sa constitution. *Cœur malade. Dent malade.* ⇒ **gâté.** 5 Dont l'activité, le fonctionnement sont gravement compromis. *La société est bien malade.* **II** n. Personne malade. *Malade qui garde la chambre. Le malade récupère. Un grand malade.* ⇒ aussi **infirme, invalide.** *Guérir, opérer un malade.* ⇒ **patient.** « *La guérison possible est un appât auquel le malade ne résiste jamais* » (Maurois). ➝ *Interner un malade mental.* ⇒ **aliéné, fou ; handicapé.** *C'est un malade.* ⇒ **désaxé, détraqué.** ➝ *MALADE IMAGINAIRE* : personne qui se croit malade, mais ne l'est pas. ⇒ **hypocondriaque.** ♦ fam. *Travailler comme un malade* : autant qu'il est possible (cf. Comme une bête, comme un fou) ✪ CONTR. Dispos, portant (bien portant). ① Sain.

maladie n. f. – xiie **I - 1** Altération organique ou fonctionnelle considérée dans son évolution, et comme une entité définissable. « *la maladie m'avait rendu nerveux et irritable* » (Daudet). ➝ *Maladie bénigne.* ⇒ **indisposition, malaise.** *Maladie grave, mortelle.* ⇒ **affection,** ③ **mal, syndrome.** *Il est mort des suites d'une longue maladie. Maladie chronique. Maladie générale* (⇒ **diathèse**), *locale. Maladies infantiles. Maladie de peau. Maladie sexuellement transmissible (M. S. T.). Maladies mentales. Maladie congénitale, héréditaire. Maladies génétiques. Maladie contagieuse. Maladie causée par un agent physique, chimique* (⇒ **traumatisme ; brûlure ; intoxication**). *Maladie professionnelle. Maladie infectieuse, inflammatoire. Symptômes, signes cliniques d'une maladie.* ⇒ **symptomatologie.** *Attraper, couver une maladie. Transmettre une maladie.* ⇒ **contagion, infection.** *Personnes exposées à une maladie* (cf. Population à risque*). *Relever de maladie. Retour d'une maladie.* ⇒ **rechute, récidive.** ➝ *Étude et science des maladies.* ⇒ **médecine, pathologie.** *Diagnostic d'une maladie. Cause d'une maladie.* ⇒ **étiologie.** *Traitement curatif, préventif des maladies.* ⇒ **thérapeutique.** *Vacciner* contre une maladie.* ➝ *Prise en charge des frais de maladie. Feuille* de maladie. Être en congé de maladie. Assurance-maladie.* ➝ *Longue maladie* : régime accordé au malade nécessitant un arrêt de travail de longue durée. ➝ loc. fam. *En faire une maladie* : être très contrarié de qqch. 2 *Maladies des plantes. Maladies de la pomme de terre, de la vigne* (⇒ **phylloxéra**). 3 Altération biochimique. *Maladie du vin.* 4 *LA MALADIE* : l'état des organismes malades ; l'ensemble des troubles pathologiques. *Être miné, rongé par la maladie.* **II** fig. 1 Ce qui apporte le trouble (dans les facultés morales, dans le comportement). « *C'est une maladie naturelle à l'homme de croire qu'il possède* *la vérité* » (Pasc.). 2 Habitude, comportement anormal, excessif. ⇒ **manie.** *Avoir la maladie de la propreté.* ✪ CONTR. Santé.

maladif, ive adj. – XIVe 1 Qui est de constitution fragile, souvent malade ou sujet à l'être. ⇒ **cacochyme,** fam. **patraque, souffreteux, valétudinaire.** 2 Qui dénote une constitution fragile ou présente le caractère de la maladie. *Pâleur maladive.* 3 Anormal, excessif. « *ils avaient une peur maladive de gêner leurs voisins* » (R. Rolland). ⇒ **morbide, pathologique.** ✪ CONTR. ① Fort, robuste.

maladivement adv. – XVIIIe ■ D'une manière maladive (pr. et fig.). *Il est maladivement jaloux.*

maladresse n. f. – XVIIIe 1 Manque d'adresse (dans les gestes, dans l'exécution d'un ouvrage, l'accomplissement d'une tâche). ⇒ **inhabileté.** *Maladresse d'un conducteur inexpérimenté.* 2 Manque d'habileté, de savoir-faire, de tact. *Blesser qqn par maladresse.* « *Tout s'excuse ici-bas, hormis la maladresse* » (Muss.). 3 Caractère de ce qui est maladroit. « *la maladresse enfantine de ses gestes* » (France). *Dessin exécuté avec maladresse.* 4 Action maladroite. ⇒ **bêtise, bévue,** ② **gaffe ; impair.** « *j'avais dû faire une maladresse énorme et difficilement réparable* » (Duham.). *Maladresses de style.* ✪ CONTR. ② Adresse, aisance.

maladroit, oite adj. et n. – XVIe ; de ② *mal* et *adroit* 1 Qui manque d'adresse, n'est pas adroit. ⇒ **gauche, inhabile, malhabile, pataud.** *Il est maladroit dans tout ce qu'il fait.* ➤ *Un maladroit, une maladroite.* 2 *Un amoureux maladroit.* « *Que je suis donc à plaindre d'être si maladroit et de dire si mal ce que je pense !* » (Sand). ➤ ⇒ **balourd, gaffeur, lourdaud.** *Quel maladroit !* 3 Qui dénote de la maladresse. *Dessin maladroit.* ➤ *Mensonge maladroit.* ⇒ **grossier** (cf. Cousu de fil* blanc). « *Sa mère lui avait fait un reproche maladroit* » (Loti). *Style maladroit.* ⇒ **lourd.** ✪ CONTR. Adroit, habile. Aisé.

maladroitement adv. – XVIe ■ D'une manière maladroite. ⇒ **gauchement,** ② **mal.** *Il s'y prend maladroitement.* ✪ CONTR. Adroitement.

malaga n. m. – XVIIIe ; de *Malaga,* ville d'Espagne 1 Vin liquoreux de la région de Malaga. *Un verre de malaga. Des malagas.* 2 Raisin sec de Malaga.

mal-aimé, ée ou **mal aimé, ée** adj. – 1909 ■ Qui n'est pas aimé, apprécié de ses proches. ⇒ **rejeté.** ➤ n. *Les mal-aimés.* ✪ CONTR. Bien-aimé ; préféré.

❑ S'écrit également en un seul mot : « *une fillette malaimée en raison de ses origines infamantes* » (Tournier).

malaire adj. – XVIIIe ; lat. *mala* « mâchoire, joue » ■ Qui a rapport à la joue. *Os malaire :* os de la pommette. ⇒ **jugal.**

malais, aise adj. et n. – XVIIIe ; du malais ■ D'un peuple asiatique habitant la presqu'île de Malaka et les îles voisines. ♦ *Les Malais.* ➤ *Le malais :* langue du groupe indonésien parlée dans la presqu'île de Malaka et dans l'archipel indonésien. ✪ HOM. Malaise.

malaise n. m. – XIIe ; de ② *mal* et *aise* 1 Sensation pénible (souvent vague) d'un trouble dans les fonctions physiologiques. ⇒ **gêne, indisposition.** *Malaise cardiaque.* « *Il éprouvait un tel malaise, une telle pesanteur de tête* » (Zola). ➤ *Être pris d'un malaise :* s'évanouir. 2 Sentiment pénible et irraisonné dont on ne peut se défendre. ⇒ **angoisse, mal-être,** ② **trouble.** « *Cette sorte de malaise devant la misère d'autrui* » (Mauriac). ♦ Mécontentement social inexprimé. *Le malaise paysan.* ✪ CONTR. ① Aise. — HOM. Malaise (malais).

❑ Ce mot a eu plusieurs dérivés aujourd'hui disparus : *malaisance* n. f., *malaiseux* adj., *malaiser* v. « mettre dans une mauvaise situation ».

malaisé, ée adj. – XIVe ■ littér. Qui ne se fait pas facilement. ⇒ **difficile.** *Tâche malaisée.* ⇒ **ardu, délicat.** « *il est malaisé de devenir brillant dans une conversation où l'interlocuteur réplique à peine* » (Romains). ✪ CONTR. Aisé, facile.

malaisément adv. – XVIe ■ littér. D'une manière malaisée. ⇒ **difficilement.** ✪ CONTR. Aisément.

malandrin n. m. – XIVe ; it. *malandrino* ■ vieilli ou littér. Voleur ou vagabond dangereux. ⇒ **brigand.** « *le malandrin décrépit se jeta sur moi, me pocha les deux yeux, me cassa quatre dents* » (Baudelaire).

malappris, ise n. – XIIIe ■ vieilli Personne sans éducation. ⇒ **malpoli, malotru.** *Espèce de malappris !*

malard n. m. – XIXe ; de *mâle* ■ région. Canard mâle. *Des rivières « où les malards volent bas »* (Le Clézio).

malaria n. f. – XIXe ; mot it. « mauvais *(mala)* air *(aria)* » ■ Paludisme.

malavisé, ée adj. – XIVe ■ littér. Qui n'est pas avisé. ⇒ **imprudent, inconsidéré.** « *Il n'était pas assez malavisé pour laisser sa raison dans son verre* » (R. Rolland).

malaxage n. m. – XIXe ■ Action de malaxer. *Malaxage du beurre.*

malaxer v. tr. [1] – XVe ; lat. « amollir » 1 Pétrir pour amollir, rendre plus homogène. ⇒ **triturer.** *Malaxer l'argile.* 2 Manier pour assouplir, masser. 3 Remuer ensemble de manière à mélanger. « *Du bout de son couteau, Mme Pradonet malaxait du beurre et du roquefort* » (Queneau).

malaxeur n. m. – XIXe ■ Appareil, machine servant à malaxer. *Malaxeur à béton.* ⇒ **bétonnière.**

malayalam [malajalam] n. m. – XIXe ■ Langue dravidienne parlée dans le Kerala, en Inde.

malayo-polynésien, ienne [malɛjopɔlinezjɛ̃, jɛn] adj. – XIXe ; de *malais* et *polynésien* ■ *Langues malayo-polynésiennes :* groupe de langues formé par l'indonésien et le polynésien.

malchance n. f. – XIIIe 1 Mauvaise chance. ⇒ **adversité, déveine ;** fam. ② **guigne, poisse,** arg. **scoumoune.** *Avoir de la malchance. La malchance le poursuit.* ⇒ **malédiction.** « *la malchance n'aime pas s'en tenir aux demi-mesures* » (Romains). loc. *Jouer de malchance :* accumuler les ennuis. 2 Manifestation de cette mauvaise chance. *Une série de malchances.* ⇒ fam. **tuile.** ✪ CONTR. Chance.

malchanceux, euse adj. – XIXe ■ Qui a de la malchance. ⇒ **malheureux.** *Une candidate malchanceuse.* ✪ CONTR. Chanceux.

malcommode adj. – 1920 ■ vieilli Qui n'est pas commode, qui est peu pratique. ⇒ **incommode.** ✪ CONTR. ① Commode.

maldonne n. f. – XIXe 1 Mauvaise donne, erreur dans la distribution des cartes. *Faire (une) maldonne.* 2 Erreur, malentendu. *Il y a maldonne !*

mâle n. et adj. – XIIe ; lat. *masculus* I n. m. 1 Individu appartenant au sexe doué du pouvoir de fécondation. *Le mâle et la femelle.* « *Chez les poissons, la femelle est féconde sans les approches du mâle* » (Volt.). 2 fam. ou péj. Homme caractérisé par la puissance sexuelle. *Un beau, un vrai mâle.* « *Un superbe mâle, aux épaules ondulantes, avec de fortes pommettes et des lèvres gonflées* » (Mart. du G.). 3 dr. Individu du sexe masculin. *Héritier par les mâles.* II adj. 1 Masculin. *Enfant mâle. Grenouille, souris mâle. À la fois mâle et femelle.* ⇒ **hermaphrodite.** *Fleur mâle. Gamète mâle animal* (⇒ **spermatozoïde**), *végétal* (⇒ **anthérozoïde**). 2 Se dit d'une pièce de mécanisme qui s'insère dans une autre dite *femelle.* ⇒ **tenon.** *Prise* (de courant) mâle. **3** Qui est caractéristique du sexe masculin (force, énergie). ⇒ **viril.** « *Je ne conçois pas un homme sans un peu de* mâle énergie » (Stendh.). ✪ CONTR. Femelle. Féminin. — HOM. Mal, malle.

malédiction n. f. – XIVe ; lat. « médisance » **1** littér. Paroles par lesquelles on souhaite du mal à qqn en appelant sur lui la colère de Dieu. ⇒ **anathème, imprécation.** *Proférer, prononcer une malédiction contre qqn.* ⇒ **maudire. 2** Condamnation au malheur prononcée par Dieu. *La malédiction divine.* ⇒ **réprobation.** « *une folie, une malédiction, une maladie envoyée par les dieux ?* » (Flaub.). **3** Malheur auquel on semble voué par la destinée, par le sort. ⇒ **fatalité, malchance.** *La malédiction pèse sur lui.* ✪ CONTR. Bénédiction. Chance.

maléfice n. m. – XIIIe ; lat. « méfait » ▪ Opération magique visant à nuire. ⇒ **ensorcellement, envoûtement, sortilège.** *Croire aux maléfices. Amulette, grigri pour écarter les maléfices.*

maléfique adj. – XVe ▪ Doué d'une action néfaste et occulte. « *son pouvoir maléfique sur les êtres* » (Mauriac). ⇒ **malfaisant.** ✪ CONTR. Bénéfique.

malencontreusement adv. – XVIIe ▪ D'une façon malencontreuse, mal à propos. *Arriver malencontreusement.*

malencontreux, euse adj. – XVe ; a. fr. *encontre* « rencontre » ▪ Qui survient à contretemps, se produit mal à propos. ⇒ **inopportun.** *Un retard malencontreux.* ⇒ **fâcheux.**

malentendant, ante n. – v. 1960 ▪ Personne dont l'acuité auditive est diminuée. *Les sourds et les malentendants.*

malentendu n. m. – XVIe **1** Divergence d'interprétation entre personnes qui croyaient se comprendre. ⇒ **maldonne, méprise, quiproquo.** « *Dans l'amour, l'entente cordiale est le résultat d'un malentendu* » (Baud.). *Dissiper un malentendu.* **2** Désaccord qu'implique cette divergence tant qu'elle échappe aux deux parties. *Ce n'est qu'un simple malentendu.* **3** Mésentente sentimentale entre deux êtres. *Graves, douloureux malentendus.* ✪ CONTR. Entente.

mal-être n. m. inv. – XVIe ▪ Sentiment de malaise d'une personne qui est mal dans la société, qui n'y trouve pas sa place. *Un mal-être existentiel.*

malfaçon n. f. – XIIIe ▪ Défectuosité dans un ouvrage mal exécuté. ⇒ **défaut, imperfection.**

malfaisance [malfəzɑ̃s] n. f. – XVIIIe ▪ Disposition à faire du mal à autrui. ♦ Action, influence mauvaise, nuisible. ⇒ **méfait.** ✪ CONTR. Bienfaisance ; bienfait.

malfaisant, ante [malfəzɑ̃, ɑ̃t] adj. – XIIe **1** Qui fait ou cherche à faire du mal à autrui. ⇒ **mauvais, méchant, nuisible.** *Un individu malfaisant.* « *La vérité est que les hommes sont des animaux malfaisants* » (France). **2** Dont les effets sont néfastes. *Une influence malfaisante.* ⇒ **maléfique.** ✪ CONTR. Bienfaisant.

❑ Attention, tous les mots de la famille de *faire* ont la prononciation [fə] devant *s* ; [fɛ] est négligé. → ① faire (rem.).

malfaiteur n. m. – XIIe ▪ Personne qui commet des méfaits, des actes criminels. ⇒ **assassin, bandit, brigand, criminel, gangster, malfrat, truand, voleur.** *Un dangereux malfaiteur. Il* « *était le chef d'une bande de malfaiteurs* » (Pagnol). ⇒ **gang, mafia.**

mal famé, ée ou **malfamé, ée** → **famé**

malformation n. f. – XIXe ▪ Vice de conformation congénital. ⇒ **difformité, dystrophie, infirmité.** *Malformation cardiaque.*

malfrat n. m. – XIXe ; mot dial. langued. « qui fait mal » ▪ fam. Malfaiteur. ⇒ **truand.** *Une bande de petits malfrats.*

malgache adj. et n. – XVIIIe ▪ De Madagascar. ♦ n. *Les Malgaches.* ➛ n. m. *Le malgache :* groupe de langues malayo-polynésiennes parlées à Madagascar.

malgré prép. – XIVe **I** - **1** Contre le gré de (qqn), en dépit de son opposition, de sa résistance. *Il a fait cela malgré son père.* MALGRÉ SOI : de mauvais gré (⇒ **contrecœur** [à]). *Je dus le suivre malgré moi.* **2** En dépit de (qqch.). ⇒ **nonobstant.** *Malgré cela.* ⇒ **cependant.** « *Un visage qui semble mou, malgré l'accentuation de certains traits* » (Romains). ♦ MALGRÉ TOUT : quoi qu'il arrive. *Nous réussirons malgré tout.* ➛ Quand même ; pourtant. *Très habile et malgré tout naïf.* **II** loc. conj. MALGRÉ QUE **1** littér. *Malgré que j'en aie, qu'il en ait :* malgré mes (ses) réticences, mes (ses) hésitations. **2** (avec le subj.) Bien que, encore que, quoique (emploi critiqué). « *Malgré que rien ne puisse servir à rien, nous faisons sauter les ponts* » (St-Exup.). ✪ CONTR. Grâce (à).

malhabile adj. – XVe ▪ Qui manque d'habileté, de savoir-faire. ⇒ **gauche, inhabile, maladroit.** *Des mains malhabiles.* « *Les yeux gris, si malhabiles à mentir* » (Colette). ✪ CONTR. Habile.

malhabilement adv. – XVIIe ▪ De manière malhabile. ✪ CONTR. Habilement.

malheur n. m. – XIIe ; de ① *mal* et *heur* **1** Événement qui affecte péniblement, cruellement (qqn). ⇒ **calamité, catastrophe, désastre, infortune, malchance.** *Quel malheur !* loc. *Un malheur est si vite arrivé !* (pour recommander la prudence). *Il lui est arrivé malheur. Il a eu bien des malheurs.* « *l'histoire n'est que le tableau des crimes et des malheurs* » (Volt.). ♦ Mort. *S'il lui arrivait malheur :* s'il mourait. *En cas de malheur.* **2** *Le malheur, les malheurs de qqn :* les événements malheureux qui lui arrivent. « *Les Malheurs de Sophie* », *récit de la comtesse de Ségur.* « *Ma naissance fut le premier de mes malheurs* » (Rouss.). ♦ Désagrément, ennui, inconvénient. « *Le malheur, c'est que la nuit fût si lente à couler* » (France). ♦ fam. *Faire un malheur,* un éclat qui peut avoir des conséquences fâcheuses. *Retenez-moi ou je fais un malheur !* ➛ Remporter un grand succès. *Il a fait un malheur à l'Olympia.* **3** Situation, condition pénible, triste. ⇒ **affliction,** ② **chagrin, détresse, infortune, misère, peine.** *Être dans le malheur. Avoir du malheur, bien du malheur.* « *tout le malheur des hommes vient d'une seule chose, qui est de ne savoir pas demeurer en repos dans une chambre* » (Pasc.). *Son entêtement a fait son malheur.* ♦ interj. *Malheur !* marque la surprise, le désappointement. **4** Mauvaise chance. ⇒ **malchance, malédiction.** *Le malheur a voulu qu'il tombe malade.* fam. *J'ai eu le malheur de lui dire ce que j'en pensais.* ➛ loc. *Jouer de malheur :* avoir une malchance persistante. *Porter malheur :* avoir une influence néfaste. *Par malheur :* malheureusement. *De malheur :* qui porte malheur. ⇒ **funeste.** *Oiseau de malheur,* de mauvais augure. **5** MALHEUR À. ⇒ **malédiction.** *Malheur aux vaincus !* ✪ CONTR. Bonheur.

malheureusement adv. – XIVe ▪ Par malheur. *Il est malheureusement parti. Malheureusement c'est trop tard.* ⇒ **seulement.** ✪ CONTR. Heureusement.

malheureux, euse adj. et n. – XIe **I** - **1** Qui est dans le malheur, accablé de malheurs. ⇒ **infortuné, misérable.** « *On prétend qu'on est moins malheureux quand on ne l'est pas seul* » (Volt.). *Rendre qqn malheureux.* ♦ Contrarié, mal à l'aise. *Il est très malheureux parce qu'il ne peut pas fumer.* **2** n. Personne qui est dans le malheur. *Aider, secourir les malheureux.* ⇒ **indigent, miséreux, pauvre.** ♦ Personne que l'on méprise et que l'on plaint. ⇒ **misérable.** *Mal-*

heureux ! qu'avez-vous fait ? 3 Qui exprime le malheur. *Un air malheureux.* ⇒ **triste ; piteux.** ➸ Qui est marqué par le malheur. *Une vie malheureuse. Une période malheureuse de sa vie.* ⇒ **difficile, dur, rude.** 4 Qui cause du malheur, qui a de fâcheuses conséquences. ⇒ **déplorable, désastreux, malencontreux, triste.** *Par un malheureux hasard. Cette affaire a eu des suites malheureuses. C'est malheureux, bien malheureux.* ⇒ **regrettable.** ➸ fam. (marquant l'indignation) *Si c'est pas malheureux de voir une chose pareille !* ⇒ **lamentable.** 5 Qui est mal venu, mal inspiré. *Avoir un mot malheureux.* ⇒ **maladroit.** II - 1 Qui a de la malchance ; qui ne réussit pas. ⇒ **malchanceux.** *Adversaire malheureux,* vaincu. *Candidat malheureux,* qui a échoué. ➸ fig. *Avoir la main malheureuse :* faire un mauvais choix. 2 Qui ne réussit pas. *Expérience malheureuse.* ➸ *Amour malheureux,* qui n'est pas partagé. « *Une passion vraie et malheureuse est un levain empoisonné qui reste au fond de l'âme* » (Chateaub.). III Qui mérite peu d'attention ; sans importance, sans valeur. ⇒ **insignifiant, misérable, pauvre.** *En voilà des histoires pour une malheureuse somme.* ✪ CONTR. Heureux ; riche. Agréable. Chanceux.

malhonnête adj. – XVe 1 vieilli Inconvenant, indécent. *Faire des propositions malhonnêtes à une femme.* 2 Qui n'est pas honnête. ⇒ **déloyal, voleur.** *Un commerçant, un homme d'affaires malhonnête.* ⇒ **escroc, faisan.** *Associé, employé malhonnête.* ⇒ **indélicat.** *Financier malhonnête.* ⇒ **véreux.** *Joueur malhonnête.* ⇒ **tricheur.** *Il serait malhonnête de lui faire croire ça.* ➸ *Recourir à des procédés malhonnêtes.* ✪ CONTR. Honnête.

malhonnêtement adv. – XVIIe ▪ D'une manière malhonnête (2°). ✪ CONTR. Honnêtement.

malhonnêteté n. f. – XVIIe 1 Caractère d'une personne malhonnête. ⇒ **déloyauté, improbité.** *La malhonnêteté d'un comptable qui fait de fausses factures.* ♦ *Malhonnêteté intellectuelle :* emploi de procédés déloyaux ; mauvaise foi. 2 Acte malhonnête. *Commettre des malhonnêtetés.* ⇒ **escroquerie,** ① **faux.** ✪ CONTR. Honnêteté.

malice n. f. – XIIe ; lat. *malitia* « méchanceté » 1 littér. Aptitude et inclination à faire le mal, à nuire par des voies détournées. ⇒ **malignité, méchanceté.** « *une longue expérience de la malice et de la perfidie humaine* » (Duham.). ➸ loc. *Il est sans malice,* naïf et simple. *J'ai dit ça sans malice,* sans songer à mal. *Ne pas entendre malice à qqch.,* n'y rien voir de mal. 2 Tournure d'esprit de qqn qui prend plaisir à s'amuser aux dépens d'autrui. « *une malice secrète qui fit un instant briller ses yeux* » (Bernanos). 3 loc. *Boîte à malice,* à attrape ; fig. ensemble de moyens secrets, de ruses dont qqn dispose. ➸ *Sac à malice :* sac des prestidigitateurs ; fig. ensemble des ressources, des tours dont qqn dispose.

malicieusement adv. – XIIe ▪ D'une manière malicieuse. *Sourire malicieusement.*

malicieux, ieuse adj. – XIIe ▪ Qui s'amuse, rit volontiers aux dépens d'autrui. ⇒ **coquin, espiègle, malin.** *Enfant malicieux.* ➸ *Esprit vif et malicieux. Regard, sourire malicieux.* ⇒ **narquois.** « *J'aimais ses yeux malicieux* » (Verlaine).

malignité n. f. – XIIe 1 Caractère de qqn qui cherche à nuire à autrui de façon dissimulée et souvent mesquine. ⇒ **malfaisance, malveillance, méchanceté, perfidie.** « *un esprit moqueur sans malignité, mais qui n'épargnait personne* » (Balz.). 2 Tendance qu'a une maladie (surtout un cancer) à s'aggraver. 3 rare Caractère malin. ⇒ **malice.** *Cet âne « était un animal farceur, plein de malignité »* (Zola). ✪ CONTR. Bénignité.

malin, maligne adj. et n. – XIIe ; lat. *malignus* « méchant » 1 *L'esprit malin* ou *le malin :* le démon, Satan. ♦ Mauvais, méchant. *Éprouver un malin plaisir à faire souffrir qqn.* 2 Se dit d'une maladie, d'une tumeur susceptible de s'aggraver et d'entraîner la mort. « *Une espèce de typhoïde maligne* » (Céline). *Tumeur maligne.* ⇒ **cancéreux.** 3 Qui a de la ruse et de la finesse, pour se divertir aux dépens d'autrui, se tirer d'embarras, réussir. ⇒ **astucieux, débrouillard, dégourdi, futé, habile, ingénieux, rusé ;** fam. **démerdard, mariolle.** « *malin comme un singe* » (Cendrars). *Jouer au plus malin.* ♦ Intelligent. *Bien malin (celui, celle) qui trouvera ! Elle n'est pas très maligne.* ♦ n. « *Oh ! c'était un malin, il savait s'arranger* » (Zola). *Faire le malin* (pour se faire remarquer). 4 fam. (impers.) *Ce n'est pas malin d'avoir fait cela !* ⇒ ② **fin, intelligent.** ➸ *C'est malin ! Tu peux être fier de toi !* c'est stupide. ♦ *Ce n'est pas malin, pas bien malin,* pas difficile. ⇒ **compliqué, sorcier.** ✪ CONTR. Bénin. Maladroit, nigaud.

> ❑ Dans la langue familière, on trouve *maline,* forme populaire du XVe s., comme féminin de *malin* « intelligent » : *elle n'est pas très maline.*

malingre adj. – XIIIe ; p.-ê. a. fr. *mingre* « chétif », *haingre* « faible, décharné », avec infl. de *mal, malade* ▪ Qui est d'une constitution faible et d'une santé fragile. ⇒ **chétif, délicat, fragile, frêle, maladif, souffreteux.** *Un enfant malingre.* ✪ CONTR. ① Fort, robuste.

malintentionné, ée adj. – XVIIe ▪ Qui a de mauvaises intentions. ⇒ **malveillant, méchant.** ✪ CONTR. Bienveillant.

malique adj. – XVIIIe ; lat. *malum* « pomme » ▪ *Acide malique :* acide organique qui se trouve dans de nombreux végétaux.

mal-jugé n. m. – XVIIe ▪ Fait pour un jugement de n'être pas conforme à l'équité, au droit naturel. *Le mal-jugé d'une sentence. Des mal-jugés.* ✪ CONTR. Bien-jugé.

malle n. f. – XIIe ; germ. I - 1 Grand coffre destiné à contenir les effets que l'on emporte en voyage. ⇒ **cantine, coffre, marmotte.** « *les quatre malles de ses voyages, quatre malles bombées, recouvertes de toile goudronnée* » (Perec). *Malle-cabine,* pour les voyages en bateau. *Faire sa malle, ses malles,* fig. partir, s'en aller. loc. fam. *Se faire la malle :* s'enfuir. 2 vieilli Coffre d'une automobile. *La malle arrière.* II MALLE-POSTE ou *malle* : ancienne voiture des services postaux. *Des malles-poste.* ✪ HOM. Mal, mâle.

malléabilisation n. f. – XIXe ▪ Opération par laquelle on rend un métal, un alliage plus malléable.

malléabilité n. f. – XVIIe ▪ Propriété de ce qui est malléable. *La grande malléabilité de l'or.* ♦ fig. *La malléabilité d'un caractère, d'un enfant.*

malléable adj. – XVIe ; lat. *malleus* « marteau » 1 Qui peut s'aplatir et s'étendre en lames ou en feuilles. ⇒ **ductile.** *L'argent est un métal malléable.* ♦ Qui se laisse modeler, travailler. ⇒ **plastique.** *L'argile est malléable.* 2 Qui se laisse manier, façonner, influencer. ⇒ **docile, maniable, souple.** « *âmes jeunes, malléables, susceptibles de recevoir et de conserver les empreintes* » (Duham.). ➸ *Caractère malléable.* ✪ CONTR. Cassant. Rétif, rigide.

malléolaire adj. – XIXe ▪ Qui concerne les malléoles.

malléole n. f. – XVIe ; lat. *malleus* « marteau » ▪ Saillie osseuse de la cheville. *Malléole externe, interne.*

mallette n. f. – XIIIe ▪ Petite valise pour transporter un nécessaire de voyage ou de travail. ⇒ **attaché-case.** « *Tout son bagage tenait dans une mallette en fibre* » (Aymé). *Mallette en cuir. Mallette de représentant.*

> ❑ *Mallette* s'emploie en Belgique au sens de « cartable d'écolier, serviette ».

malmener v. tr. 5 – XIIe 1 Traiter (qqn) sans ménagement ; mettre à mal. ⇒ **maltraiter ; brutaliser.** *Se faire malmener par la foule.* ⇒ **molester.** *La critique l'a malmené.* ⇒ **éreinter, esquinter.** 2 Mettre (l'adversaire) en mauvaise posture, par une action vive. *Notre équipe a malmené ses adversaires.*

malnutrition n. f. – 1956 ; mot angl. ■ Mauvais état nutritionnel dû à une alimentation mal équilibrée en quantité, en qualité, ou à une cause métabolique. ⇒ **dénutrition ; kwashiorkor.** *Sous-alimentation et malnutrition.*

malocclusion n. f. – 1963 ; mot angl. ■ Fermeture défectueuse des dentures (implantation dentaire anormale, anomalie de position des mâchoires).

malodorant, ante adj. – XIXe ■ Qui a une mauvaise odeur. ⇒ **puant.** *Haleine malodorante.* ⇒ **fétide.**

malotru, ue n. – XIIe ; lat. *male astrueus* « né sous une mauvaise étoile » ■ Personne sans éducation, de manières grossières. ⇒ **goujat, mufle, rustre.** « *ils eurent une vive altercation avec un malotru qui menaçait de les pourfendre* » (Duham.).

malpighie n. f. – XVIIIe ; de *Malpighi,* anatomiste et bot. it. ■ Arbre tropical *(malpighiacées)* à feuilles épineuses, à fruits comestibles appelés *cerises des Antilles.*

malpoli, ie adj. et n. – XVIIe ■ pop. Mal élevé, grossier. ⇒ **impoli.** ➛ n. « *Il est bien vrai que les malpolis le sont autant avec les femmes qu'avec les dieux* » (Giono).

malposition n. f. – 1951 ; mot angl. ■ Position anormale d'un organe. *Malpositions dentaires.*

malpropre adj. – XVe 1 vieilli Qui manque de propreté, de netteté. ⇒ **sale.** *Enfant malpropre. Vêtements malpropres.* 2 n. loc. *Se faire jeter, renvoyer comme un malpropre,* sans ménagement. ✪ CONTR. Propre.

malproprement adv. – XVIe ■ De façon malpropre. *Manger malproprement.* ✪ CONTR. Proprement.

malpropreté n. f. – XVIIe ■ Caractère, état d'une personne, d'une chose malpropre. ⇒ **saleté.** « *La malpropreté de leurs longues barbes rendait ces soldats encore plus hideux* » (Balz.). ✪ CONTR. Propreté.

malsain, aine adj. – XIVe 1 Dont la nature n'est pas saine ; qui paraît voué à la maladie. ⇒ **maladif.** « *il n'y a rien de si triste que d'avoir des enfants laids, chétifs et malsains* » (Sand). 2 Qui n'est pas normal, manifeste de la perversité. « *J'ai un esprit malsain dans un corps malsain. Je n'aime rien* » (Morand). *Curiosité malsaine.* ⇒ **morbide.** 3 Qui engendre la maladie, est contraire à la santé. *Humidité malsaine.* ➛ *Logement malsain.* ⇒ **insalubre.** *Climat malsain.* ➛ fig. *Filons d'ici, le coin est malsain,* dangereux. 4 Qui corrompt l'esprit. *Littérature malsaine.* ⇒ **immoral, pernicieux.** ✪ CONTR. ① Sain.

malséant, ante adj. – XIIe ■ littér. Contraire à la bienséance. *Il serait malséant de refuser.* ⇒ **déplacé.** « *Avec leurs longues hérédités musulmanes, révéler son visage leur paraissait une chose malséante* » (Loti). ⇒ **choquant, inconvenant, incorrect.** ✪ CONTR. Bienséant.

malsonnant, ante adj. – XVe ■ Contraire à la bienséance (bruit, paroles). ⇒ **inconvenant, malséant.** *Injures, épithètes malsonnantes.* ⇒ **grossier.**

malstrom → **maelström**

malt [malt] n. m. – XVIIIe ; mot angl. ■ Céréale (surtout l'orge), germée artificiellement et séchée, puis séparée de ses germes. *Utilisation du malt en brasserie comme moût. Whisky pur malt,* ellipt du, *un pur malt. Sucre de malt.* ⇒ **maltose.**

maltage n. m. – XIXe ■ Opération qui transforme une céréale, l'orge en malt ; son résultat. *Le maltage, première étape de la fabrication de la bière.*

maltais, aise adj. et n. – XVIIe 1 De Malte. ➛ n. *Les Maltais.* ➛ n. m. *Le maltais :* dialecte arabe de Malte, écrit en alphabet latin. 2 *Bichon maltais,* ou n. m. *un maltais :* petit chien de compagnie à poil blanc, long et soyeux. ♦ *Oranges maltaises,* ou n. f. *des maltaises :* oranges très juteuses.

maltase n. f. – 1902 ■ Enzyme qui hydrolyse le maltose en glucose.

malté, ée adj. – XIXe 1 Converti en malt. *Orge maltée.* 2 Mêlé de malt. *Farine maltée. Lait malté.*

malter v. tr. 1 – XIXe ■ Convertir (une céréale) en malt.

malterie n. f. – XIXe 1 Usine où l'on prépare le malt. *Touraille d'une malterie.* 2 Magasin à malt d'une brasserie. 3 Industrie du malt.

malteur n. m. – XIXe ■ Ouvrier qui prépare le malt.

malthusianisme n. m. – XIXe 1 Doctrine de Malthus, préconisant la limitation des naissances par la continence. ➛ par ext. Doctrine qui préconise les pratiques anticonceptionnelles. 2 *Malthusianisme économique :* restriction volontaire de la production.

malthusien, ienne adj. et n. – XIXe ■ Qui a rapport aux théories de Malthus, au malthusianisme (démographique). ⇒ **antinataliste.** ➛ n. Partisan du malthusianisme.

maltose n. m. – XIXe ■ Diholoside obtenu par action de l'amylase sur l'amidon *(sucre de malt).*

maltôte n. f. – XIIIe ; lat. *tollere* « enlever » ■ Autrefois, Impôt extraordinaire. ➛ Corps des collecteurs d'impôts.

maltraitance n. f. – 1987 ■ Fait de maltraiter qqn, dans la famille, la société (⇒ **sévices**).

maltraitant, ante adj. – 1987 ■ Qui maltraite (les enfants). *Parents maltraitants.* ⇒ **indigne.**

maltraiter v. tr. 1 – XVIe 1 Traiter avec brutalité. ⇒ **battre, brutaliser, malmener, molester, rudoyer.** « *À Athènes, on punissait sévèrement, quelquefois même de mort, celui qui avait maltraité l'esclave d'un autre* » (Montesq.). *Enfant maltraité,* qui subit des sévices (battu, violé, enfermé, etc.). ⇒ **martyr ; maltraitance.** ➛ *Maltraiter sa boîte de vitesses.* 2 Traiter sévèrement en paroles (une personne à qui l'on parle [⇒ **malmener, secouer**], ou dont on parle [⇒ **critiquer, éreinter**]). *Auteur très maltraité par la critique.* ✪ CONTR. Flatter.

malus [malys] n. m. – 1970 ; mot lat. « mauvais » ■ Majoration d'une prime d'assurance automobile calculée en fonction du nombre d'accidents survenus engageant la responsabilité du conducteur (opposé à *bonus*).

malveillance n. f. – XIIe 1 Mauvais vouloir (à l'égard de qqn) ; tendance à blâmer autrui, à lui vouloir du mal. *Regarder qqn avec malveillance.* ⇒ **hostilité.** *Malveillance ouverte, manifeste.* ⇒ **agressivité, animosité.** « *cette vieille fille que la maladie prédisposait à la malveillance* » (Green). 2 Intention de nuire, acte criminel. *Incendie, accident dû à la malveillance.* ⇒ **sabotage.** ➛ *Acte de malveillance,* perpétré en cachette pour nuire à qqn. ✪ CONTR. Bienveillance.

malveillant, ante adj. – XIIe ; de *vouloir* 1 Qui a de la malveillance. « *je deviens sec, hargneux et malveillant* » (Flaub.). 2 Qui exprime de la malveillance, s'en inspire. *Des ragots malveillants. Propos malveillants.* ⇒ **désobligeant, hostile.** ✪ CONTR. Bienveillant.

malvenu, ue adj. – XIIe ■ littér. 1 Qui n'est pas fondé à, qui n'a pas le droit de (faire telle chose). *Elle est malvenue de, à se plaindre.* « *je trouve la justice humaine malvenue à juger des crimes entre époux* » (Balz.). ♦ *Requête malvenue.* ⇒ **déplacé, inopportun.** 2 Qui n'est pas développé normalement, complètement (plante). *Arbre malvenu.* ✪ CONTR. Bienvenu. Normal, robuste.

malversation n. f. – XIVe ; lat. *male versari* « se comporter mal » ▪ Faute grave (détournement de fonds, gains occultes) commise dans l'exercice d'une charge. *Commettre des malversations. Fonctionnaire coupable de malversations.* ⇒ **corruption, exaction, prévarication.**

malvoisie n. m. – XIVe ; nom d'une ville gr. 1 Vin grec célèbre, doux et liquoreux. 2 Vin obtenu avec le cépage de Malvoisie.

malvoyant, ante n. – XIXe ▪ Personne dont l'acuité visuelle est diminuée. ⇒ **amblyope.** *Aveugles et malvoyants.*

maman n. f. – XIIIe ; formation enfantine par redoublt 1 Terme affectueux par lequel les enfants, même devenus adultes, désignent leur mère et dont se servent familièrement les personnes qui parlent d'elle. *Oui maman.* ➝ *Belle-maman* : belle-mère. 2 Mère. *Je suis la maman de Pierre.* ♦ *Future maman* : femme enceinte.

mambo [mɑ̃(m)bo] n. f. – v. 1950 ; mot sud-amér. ▪ Danse à deux temps, apparentée à la rumba.

mamelle n. f. – XIIe ; lat. *mamma* ▪ Organe glanduleux (glande mammaire) qui, chez les femelles des mammifères, sécrète le lait. *Mamelles de la vache* (⇒ ① **pis**), *de la truie* (⇒ **tétine**). « *Petit faon encore aux mamelles* » (Genevoix). *Bout de la mamelle.* ⇒ **tette, trayon.** ♦ fig. « *Labourage et pâturage sont les deux mamelles dont la France est alimentée* » (Sully).

mamelon n. m. – XIVe 1 Bout du sein, chez la femme. ⇒ **tétin.** *L'aréole du mamelon.* 2 Sommet arrondi d'une éminence. « *De là on découvrait au loin les vieux mamelons des collines* » (Bosco).

mamelonné, ée adj. – XVIIIe ▪ Couvert de proéminences en forme de mamelons. « *Tout ce pays est bossué, mamelonné, plein d'accidents de terrain* » (Gaut.).

mamelouk [mamluk] n. m. – XIIe ; ar. d'Égypte *mamlûk* « esclave » ▪ Cavalier des anciennes milices égyptiennes. ♦ Soldat d'un escadron de la garde impériale de Napoléon.

> ❑ On a écrit aussi *mameluk* : « *un grand pantalon à la mameluk* » (Gautier), et *mameluck* : « *le sabre du mameluck à la ceinture* » (Chateaubriand).

mamelu, ue adj. – XVIe ▪ péj. Qui a de gros seins. « *des pin-up hyper mameluces* » (Perec).

mamie ou **mammy** n. f. – 1952 ; angl. *mammy* « maman » ▪ fam. Grand-mère, dans le langage enfantin. *Son papi et sa mamie.* ♦ Vieille femme. *Une petite mamie.*

mamillaire [mamilɛʀ] adj. et n. f. – XVe ; lat. *mamma* « sein » I adj. SC. Qui a la forme d'un mamelon ; relatif au mamelon. *Corps mamillaires du cerveau.* II n. f. Cactée portant de petites éminences épineuses.

mammaire adj. – XVIIe ▪ Relatif à la mamelle, au sein. *Glandes mammaires.*

mammalien, ienne adj. – 1942 ▪ Relatif aux mammifères. *Faune mammalienne.*

mammalogie n. f. – XIXe ▪ Étude des mammifères.

mammectomie n. f. – 1935 ▪ Ablation chirurgicale du sein.

mammifère adj. et n. m. – XVIIIe ▪ adj. rare Qui porte des mamelles. *Femelle mammifère.* ♦ n. m. pl. *LES MAMMIFÈRES.* Classe de vertébrés à température constante, à respiration pulmonaire, dont les femelles allaitent leurs petits à la mamelle. *Mammifères placentaires, ovipares ; terrestres, aquatiques ; omnivores, carnivores. L'homme est un mammifère.*

mammite n. f. – XIXe ▪ Inflammation de la mamelle, du sein (⇒ **mastite**). *Mammite de la vache.*

mammographie n. f. – 1945 ▪ Radiographie du sein.

mammouth n. m. – XVIIe ; mot russe, d'une langue sibérienne ▪ Grand éléphant fossile du quaternaire à l'épaisse toison et aux longues défenses recourbées vers le haut. « *un homme qui vécut au temps du mammouth, pendant l'âge des glaces* » (France).

mammy → **mamie**

mamours n. m. pl. – XVIIe ; de *m'amour, ma amour* ▪ fam. Démonstrations de tendresse. ⇒ **cajolerie, câlinerie, caresse.** « *faites-vous des mamours, idolâtrez-vous* » (Hugo).

> ❑ Pour la formation → tante (rem.).

man n. m. – XIXe ; germ. °*mado* ▪ Larve du hanneton, ver blanc.

mana n. m. – XIXe ; mot mélanésien ▪ Puissance surnaturelle impersonnelle et principe d'action, dans certaines religions.

manade n. f. – XIXe ; lat. *manus* « main » ▪ En Camargue, troupeau de chevaux, de taureaux conduits par un gardian.

management [manaʒmɑ̃ ; manadʒmɛnt] n. m. – 1921 ; mot angl. 1 Ensemble des techniques d'organisation et de gestion d'une entreprise. ♦ Application de ces connaissances à une entreprise. ⇒ **conduite, direction.** 2 Équipe dirigeante d'une entreprise. ⇒ **direction.**

> ❑ Cet anglicisme a été adopté par l'Académie française, avec une prononciation francisée : [manaʒmɑ̃].

① **manager** [manadʒɛʀ ; manadʒœʀ] n. m. ou **manageur, euse** n. – XIXe 1 Personne qui organise des spectacles, des matchs, ou qui s'occupe de la carrière d'un artiste (⇒ **imprésario**), d'un sportif (⇒ **entraîneur**). « *son manager lui faisait la critique du combat* » (Morand). 2 Chef, dirigeant (d'une entreprise). ⇒ **cadre, décideur, responsable.**

② **manager** [mana(d)ʒe] v. tr. [3] – XIXe ; angl. *to manage* 1 Être le manager, diriger l'entraînement de (un sportif, une équipe). 2 Diriger (une affaire). ⇒ **administrer, conduire, gérer, organiser.**

manant n. m. – XIIe ; lat. *manere* « rester » 1 Au Moyen Âge, Habitant d'un bourg ou d'un village, roturier assujetti à la justice seigneuriale. ⇒ **vilain.** 2 péj. et vieilli ⇒ **paysan.** « *Holà ! dérange-toi, manant, pour que je passe* » (Muss.). ✪ CONTR. Gentilhomme.

mancenille n. f. – XVIe ; esp. *manzana* « pomme » ▪ Fruit du mancenillier, qui a l'aspect d'une petite pomme.

mancenillier n. m. – XVIIe ▪ Arbre d'Amérique (*euphorbiacées*) appelé aussi *arbre de poison, arbre de mort,* dont le latex est très vénéneux.

> ❑ Ne pas oublier le *i* du suffixe *-ier* → arbre (rem.).

① **manche** n. f. – XIIe ; lat. *manus* « main » I - 1 Partie du vêtement qui recouvre le bras jusqu'au poignet (*manches longues*) ou jusqu'au coude (*manches courtes*). « *il épousseta d'une chiquenaude un grain de poussière sur la manche de son habit* » (Hugo). *Ouverture où s'adapte la manche.* ⇒ **emmanchure, entournure.** *Manche raglan, kimono ; ballon, bouffante. Il jeta sa veste* « *sur les épaules sans passer les manches* » (Aragon). ♦ loc. *Relever, retrousser ses manches,* fig. se mettre au travail avec ardeur. ➝ *Tirer qqn par la manche,* fig. attirer son attention. « *Quiconque découvre une évidence tire chacun par la manche pour la lui montrer* » (St-Exup.). ➝ vieilli *Avoir qqn dans sa manche,* en disposer à son gré pour en obtenir qqch. ➝ fam. *C'est une autre paire de manches :* c'est tout à fait différent, plus difficile (que ce dont on vient de parler). 2 *MANCHE À VENT* : conduit installé sur le pont d'un navire pour aérer l'entrepont et la cale. *MANCHE À AIR* : conduit métallique destiné au même usage ; tube en toile en haut d'un mât pour indiquer la direction du vent. ⇒ **biroute.** ➛ *Les manches à air d'un aérodrome.* **II** Partie (d'un jeu) liée à une autre. *La première, la seconde manche* (⇒ **revanche**) *et la belle**. *Manches d'un match de tennis.* ⇒ **set.**

② **manche** n. m. – XIIe ; lat. *manus* « main » **1** Partie longue et étroite (d'un outil, d'un instrument) par laquelle on le tient. *Manche de pioche, de hache. Manche de fourchette.* « *Le manche de corne de son couteau lui brûlait la paume de la main* » (Mac Orlan). *Manche de parapluie.* ➛ *Manche (à balai)* : commande manuelle des gouvernails d'un avion. *Tirer sur le manche.* **2** loc. fam. *Être, se mettre du côté du manche,* du côté du plus fort ou de ses intérêts. **3** Partie par laquelle on tient un gigot, une épaule pour les découper ; os (de gigot, côtelette). ♦ *Manche à gigot* : pince munie d'un manche qui s'adapte à l'os et qui sert à maintenir le gigot pour le découper. **4** Partie d'un instrument de musique, le long de laquelle sont tendues les cordes. « *une petite guitare arabe, à trois cordes, au ventre en calebasse et au long manche d'ébène et d'ivoire* » (Gaut.).

③ **manche** n. f. – XVIe ; it. *mància* « pourboire » ▪ loc. fam. *FAIRE LA MANCHE* : faire la quête (après une prestation), mendier.

④ **manche** n. m. et adj. – 1901 ; de ② *manche* « membre viril » ou de *manchot* (I, 2°) ▪ fam. Maladroit, incapable. *S'y prendre comme un manche.* ⇒ **couillon, idiot.** ➛ adj. *Ce qu'elle est manche !*

① **mancheron** n. m. – XIIIe ▪ Petite manche couvrant le haut du bras. ➛ Haut de la manche.

② **mancheron** n. m. – XIIIe ▪ Chacune des deux tiges de direction à l'arrière d'une charrue, d'un motoculteur.

manchette n. f. – XVIe **I - 1** Poignet à revers d'une chemise, d'un chemisier. « *il a sur ses boutons de manchette une croix gammée* » (Morand). ♦ Partie qui prolonge le gant au-dessus du poignet. ⇒ **crispin, rebras. 2** Manche amovible qui protège la manche du vêtement. *Manchettes de lustrine.* **3** Coup porté avec l'avant-bras, au catch. ➛ Passe de réception de volley-ball, effectuée avec les avant-bras ou les poignets. **II** Titre en gros caractères, à la une d'un journal.

manchon n. m. – XVIe **1** Fourreau cylindrique ouvert aux deux extrémités où l'on met les mains pour les protéger du froid. *Manchon de fourrure.* « *Elle grelottait dans son manteau de loutre et ses mains au fond de son manchon étaient roidies* » (Green). **2** Pièce cylindrique servant à assembler, à protéger. « *Des lampes à manchon sont rangées sur une longue table* » (Gaut.). *Manchon isolateur de tuyau.* ➛ *Manchon d'écubier,* garniture qui entoure l'ouverture. ♦ Rouleau de feutre sur lequel se fabrique le papier. **3** Aile d'une volaille confite dans sa graisse. *Manchons de canard.*

manchot, ote adj. et n. – XVIe ; lat. *mancus* **I - 1** Qui est estropié ou privé d'une main ou des deux mains, d'un bras ou des deux bras. **2** fam. Maladroit. ⇒ ④ **manche.** *N'être pas manchot* : être habile, adroit ; ne pas rechigner à la besogne. ➛ n. *Je demande « mille ouvriers et pas des manchots »* (Duham.). **II** n. m. Palmipède marin *(sphéniciformes)* des régions antarctiques, au plumage noir et blanc, au corps massif. *Manchot empereur.*

❑ On confond souvent le manchot (l'oiseau) avec le pingouin qui, lui, vit dans l'Arctique.

-mancie Élément, du gr. *manteia* « divination ».

mandala n. m. – XIXe ; mot sanskr. « cercle » ▪ Représentation géométrique et symbolique de l'univers, dans le tantrisme.

mandale n. f. – XIXe ; p.-ê. arg. it. *mandolino* « coup de pied » ▪ arg. Gifle*.

mandant, ante n. – XVIIIe ▪ Personne qui confère un mandat à une autre (le mandataire). ⇒ **commettant.** *Les électeurs sont les mandants de leur élu.*

mandarin n. m. – XVIe ; malais *mantari* « conseiller » **1** Haut fonctionnaire de l'Empire chinois, coréen. **2** Lettré influent ; personne cultivée munie de titres. ⇒ **intellectuel.** « *Les Mandarins* », *de S. de Beauvoir.* ➛ péj. *Les mandarins de l'université de médecine.* ⇒ ① **patron, pontife, potentat ; mandarinat** (2°). **3** Langue chinoise moderne, la plus répandue. ⇒ **pékinois. 4** *(Canard) mandarin* : canard au plumage très coloré, originaire d'Extrême-Orient.

mandarinal, ale, aux adj. – XVIIIe **1** Relatif au mandarinat chinois. « *Ce dédain mandarinal pour le commerce* » (Volt.). **2** Qui relève de l'autorité d'une classe privilégiée. ⇒ **élitiste.**

mandarinat n. m. – XVIIIe **1** Charge, dignité de mandarin. **2** Corps des mandarins. ♦ péj. Corps social exerçant une autorité intellectuelle plus ou moins arbitraire ; cette autorité (⇒ **élitisme**). *Mandarinat universitaire, médical.* **3** Système d'épreuves pour accéder à la dignité de mandarin. ♦ fig. Système répartissant les postes suivant la hiérarchie des diplômes, des titres universitaires.

mandarine n. f. – XVIIIe ; esp. *(naranja) mandarina* « (orange) des mandarins » ▪ Fruit du mandarinier, agrume plus petit que l'orange, doux et parfumé, à peau épaisse. ♦ adj. inv. De couleur orange clair. *Des bas mandarine.*

❑ La *mandarine* est ainsi appelée soit parce que la couleur du fruit rappelle celle des tuniques des mandarins (généralement jaunes), soit parce qu'elle est digne du mandarin.

mandarinier n. m. – XIXe ▪ Arbre *(rutacées),* du genre citrus, dont le fruit est la mandarine.

mandat n. m. – XVe ; lat. *mandare* « charger qqn de » **1** Acte (contrat unilatéral) par lequel une personne *(mandant)* donne à une autre *(mandataire)* le pouvoir de faire qqch. pour elle et en son nom (⇒ ② **pouvoir, procuration**). *Donner mandat à qqn de faire qqch.* ⇒ **mandater.** ➛ *Mandat représentatif,* confié par le peuple à des représentants qu'il élit. *Mandat législatif, parlementaire.* ⇒ **députation.** *Mandat présidentiel* (⇒ **septennat ; mandature**). *Territoire sous mandat,* qui était assisté ou administré par une puissance étrangère (⇒ **tutelle**). **2** Titre constatant la remise d'une somme à l'administration des Postes par un expéditeur avec mandat de la verser à une personne désignée. *Des mandats-poste. Un mandat-carte, un mandat-lettre,* transmis sous la forme de carte postale, de lettre. *Des mandats-cartes, des mandats-lettres.* ♦ La somme versée. *Toucher un mandat.* **3** Ordre de la justice visant à faire comparaître l'inculpé ou effectuer des investigations. *Mandat de comparution, d'arrêt.* **4** Charge donnée par une personne à une autre pour qu'elle la remplisse en son nom. ⇒ **commission, délégation, mission.** *Remplir son mandat.*

mandataire n. – XVIe **1** Personne à qui est conféré un mandat. ⇒ **agent, commissionnaire, délégué, représentant.** ➛ *Mandataire aux Halles* : commissionnaire ayant reçu mandat de vendre certaines denrées sur un marché d'intérêt national. **2** Personne chargée d'agir pour le compte de qqn, pour défendre des intérêts. ⇒ **défenseur.** ➛ *Mandataire(-)liquidateur* : personne chargée de représenter les créanciers et, éventuellement, de procéder à la liquidation de l'entreprise. ⇒ **liquidateur, syndic.**

mandat-carte, mandat-lettre → **mandat** (2°)

mandatement n. m. – XIXe ■ Action de mandater, d'acquitter un mandat. ⇒ **ordonnancement.**

mandater v. tr. [1] – XIXe 1 Payer sous forme de mandat. *Mandater une somme.* ➛ Inscrire (une somme à payer) sur un mandat. ⇒ **libeller.** 2 Investir d'un mandat. *Mandater un élu.* ⇒ **députer.** « *liés avec un parti qui les a mandatés* » (Duham.). ➛ n. *Un mandaté.* ⇒ **mandataire.**

mandature n. f. – 1984 ■ Durée d'un mandat électif.

mandchou, e [mɑ̃tʃu] adj. et n. – XVIIIe ; mot toungouze ■ De Mandchourie. *La dynastie mandchoue.* ♦ n. *Les Mandchous.* ➛ n. m. *Le mandchou :* langue toungouze méridionale parlée en Mandchourie.

mandement n. m. – XIIe ■ Écrit par lequel un évêque donne à ses fidèles des instructions, des ordres relatifs à la religion.

mander v. tr. [1] – X^e ; lat. *mandare* ■ vx ou littér. Faire venir (qqn) par un ordre ou un avis. ⇒ **appeler, convoquer.** « *À son air pressé, ces messieurs le crurent mandé par l'évêque et le laissèrent passer* » (Stendh.).

mandibulaire adj. – XIXe ■ Qui a rapport aux mandibules (des animaux), à la mandibule (de l'homme).

mandibule n. f. – XIVe ; lat. *mandere* « manger » 1 Maxillaire inférieur. ➛ au plur. Mâchoires. loc. fam. *Jouer des mandibules :* manger. 2 Chacune des deux parties cornées qui constituent le bec de l'oiseau, des deux pièces buccales des crustacés et de certains insectes. « *Je vois très bien entre ses mandibules la petite baie qu'il vient de cueillir* » (Genevoix).

mandoline n. f. – XVIIIe ; it. *mandola* « mandore » ■ Instrument de musique, à caisse de résonance bombée et à cordes pincées par un médiator. « *Dans le soir, quelqu'un raclait une mandoline* » (Aragon).

❑ L'instrumentiste qui joue de la mandoline est un ou une *mandoliniste.*

mandore n. f. – XIIIe ; gr. *pandoura* ■ Ancien instrument de musique à cordes pincées, à manche court, analogue au luth.

❑ Ne pas confondre avec la *pandore,* luth à long manche (même étym.).

mandorle n. f. – 1930 ; it. « amande » ■ Gloire en forme d'amande dans laquelle apparaît le Christ de majesté.

mandragore n. f. – XIIe ; gr. 1 Plante *(solanacées)* dont la racine fourchue comparée à une forme humaine passait pour magique. « *la mandragore, plante chaude et aqueuse, qui se peut assimiler à l'être humain dont elle singe la ressemblance* » (Huysm.). 2 Cette racine. *La mandragore servait de talisman.*

mandrill [mɑ̃dʀil] n. m. – XVIIIe ; mot angl. ■ Singe cynocéphale des forêts d'Afrique tropicale. ⇒ ① **drill.**

mandrin n. m. – XVIIe ; got. °*manduls* 1 Outil ou pièce mécanique, de forme généralement cylindrique. *Agrandir un trou au mandrin.* 2 Partie d'une machine rotative assurant la fixation d'un outil. *Mandrin de perceuse,* dans lequel s'insère la mèche.

manducation n. f. – XVIe ; lat. *manducare* « manger » ■ Action de manger, ensemble des opérations mécaniques précédant la digestion.

① **-mane** Élément, du lat. *manus* « main ».

② **-mane, -manie** Éléments, du gr. *mania* « folie ».

❑ Ne pas confondre *-mane (mélomane)* et la finale *-man* des emprunts à l'anglais *(barman, policeman).*

manécanterie n. f. – XIXe ; lat. *mane* « le matin » et *cantare* « chanter » ■ École qui forme au chant les enfants de chœur d'une paroisse, les jeunes garçons. ⇒ **maîtrise, psallette.** « *C'était très amusant la manécanterie !... on nous apprenait à servir la messe du grand et du petit côté, à chanter les antiennes, à faire des génuflexions* » (Daudet).

manège n. m. – XVIe ; it. *maneggiare* « manier » **I** - 1 Exercice que l'on fait faire à un cheval pour le dresser, le dompter. ⇒ **équitation ; passade, volte.** 2 Lieu où l'on dresse les chevaux, où l'on enseigne l'équitation. 3 Appareil utilisant la force animale pour actionner une machine. *Le « cheval de manège qui tourne en place, les yeux bandés »* (Flaub.). 4 Attraction foraine où des animaux (des chevaux de bois à l'origine), des véhicules miniatures, où prennent place les enfants, sont fixés sur une plateforme circulaire entraînée dans un mouvement rotatif. *Faire un tour de manège.* **II** Comportement habile et trompeur pour arriver à ses fins d'une manière dissimulée. ⇒ **agissements, intrigue, machination,** ① **manœuvre.** « *Si je pensais que c'est une coquette, je haïrais son manège* » (Romains). ⇒ **jeu.**

mânes n. m. pl. – XVe ; lat. *manus* « bon » ■ Âmes des morts, dans la religion romaine. *Les mânes des ancêtres.*

❑ Certains écrivains dont Bossuet, Furetière, Lesage, ont considéré le mot comme féminin suivant l'usage du XVIe siècle.

maneton n. m. – XIXe ; de *manette* 1 Poignée de manivelle. 2 Partie d'un vilebrequin sur laquelle s'articule la bielle.

manette n. f. – XIIIe ; de *main* ■ Clé, levier, poignée que l'on manœuvre à la main pour commander un mécanisme. *Manette des gaz d'un avion.* loc. fam. *À fond les manettes :* très rapidement.

manganate n. m. – XIXe ■ Sel de l'acide manganique.

manganèse n. m. – XVIe ; it. ■ Élément atomique (Mn ; n° at. 25 ; m. at. 54,93), métal gris clair, dur et cassant, employé sous forme d'alliages (⇒ **manganin, spiegel).**

manganin n. m. – 1922 ■ Alliage de cuivre (83%), manganèse (13%) et nickel. *Fil de manganin.*

manganique adj. – XIXe ■ Se dit des composés trivalents du manganèse. *Anhydride manganique,* MnO_3.

manganite n. m. – XIXe ■ Sel dérivant de l'anhydride manganeux MnO_2.

mangeable adj. – XIIe 1 Qui peut se manger. ⇒ **comestible.** 2 Tout juste bon à manger, sans rien d'appétissant. ✪ CONTR. Immangeable.

mangeaille n. f. – XIIIe ■ Nourriture abondante et médiocre. ⇒ **boustifaille, tambouille.** « *un lourdaud d'Allemand, qui s'empiffrait de mangeaille* » (R. Rolland).

mange-disque n. m. – v. 1972 ■ Électrophone portatif automatique comportant une fente dans laquelle on glisse un disque (de vinyle) 45 tours.

mangeoire n. f. – XIIe ■ Auge destinée à contenir les aliments du bétail, de la volaille. *La mangeoire et l'abreuvoir.*

① **manger** v. tr. [3] – X^e ; lat. *manducare* « mâcher » 1 Avaler pour se nourrir (un aliment solide ou consistant) après avoir mâché. ⇒ **absorber, consommer, ingérer, ingurgiter ;** fam. **bouffer, boulotter, s'enfiler, s'envoyer,** se **farcir,** se **taper.** *Manger du pain, un bifteck. « Je ne mange pas de crosnes parce qu'ils ont une vague figure de ver de hanneton »* (Colette). *Bon à manger.* ⇒ **comestible, mangeable.** ◆ *Animaux qui mangent de l'herbe.* ⇒ **brouter, paître ; herbivore. 2** Dévorer (un être vivant, une proie). *Le chat mange la souris.* ♦ fig. *Manger qqn des yeux,* le regarder avidement. ⇒ **dévorer.** loc. *On en mangerait !* c'est appétissant, attrayant. *Entrez, il ne vous mangera pas,* il n'est pas si terrible que vous le croyez. ◆ pronom. *Le concombre se mange en salade.* **3** sans compl. Absorber des aliments, souvent au cours d'un repas. ⇒ s'**alimenter,** se **nourrir,** se **restaurer,** se **sustenter ;** fam. **becter, bouffer, boulotter, briffer, croûter,** ③ **grailler, tortorer.** *Manger beaucoup, goulûment.* ⇒ **dévorer, engloutir,** se **gaver ;** fam. **bâfrer,** se **goinfrer,** s'**empiffrer.** *Manger comme quatre, comme un ogre* (⇒ **vorace).** *Bien manger.* ⇒ **banqueter,** fam. **gueuletonner, ripailler ; gastronome, gourmand, gourmet.** *Manger peu, sans appétit, comme un oiseau, du bout des dents.* ⇒ **chipoter, grignoter, picorer, pignocher.** *Se priver de manger* (⇒ **abstinence,** ① **diète, jeûne,** ① **régime)** *Refus* (⇒ **anorexie),** *besoin* (⇒ **boulimie)** *pathologique de manger.* ◆ *Faire manger un enfant, un malade :* porter les aliments à sa bouche. ⇒ **alimenter, nourrir.** ◆ *Donner à manger au chat,* lui donner sa pâtée. ◆ loc. *Manger dans la main de* (ou *à*) *qqn,* lui être soumis, comme un animal apprivoisé. *« Il faut manger pour vivre et non pas vivre pour manger »* (Mol.). **4** Prendre un repas. ⇒ ① **déjeuner,** ① **dîner,** ② **souper.** *Salle à manger. Manger chez des amis. « je veux qu'on mange tranquille »* (Duras). **5** Ronger. *Étoffe mangée par les mites.* **6** Faire disparaître en recouvrant, en débordant. ⇒ ① **cacher, dissimuler.** *« la haute église mangée par le lierre »* (Giono). **7** *Manger ses mots,* les prononcer indistinctement. ⇒ **avaler. 8** Absorber, consommer. ⇒ **user.** *« Le foyer mangeait ses cinq mille kilogrammes de houille par jour »* (Zola). **9** Dépenser, dilapider. *Manger de l'argent :* faire une opération déficitaire. *« Le billet de première classe pour Monte-Carlo avait déjà mangé la plus grande partie de leurs économies »* (Le Clézio). ◆ loc. fam. *Ça ne mange pas de pain !* ça ne coûte pas un gros effort, ça n'engage à rien. ✪ CONTR. Jeûner.

② **manger** n. m. – Xe **1** Action de manger. *En perdre le boire* et le manger.* **2** pop. Nourriture, repas. *Ici on peut apporter son manger.*

mange-tout n. m. inv. – XVIe ▪ Variété de pois, de haricots dont on mange la cosse avec la graine. ◆ adj. inv. *Pois mange-tout.* ⇒ **goulu.**

mangeur, euse n. – XIIIe **1** (qualifié) Personne qui mange (beaucoup, peu). *Un gros mangeur.* ⇒ **glouton, goinfre, ogre.** *« il était bon vivant, joyeux, farceur, puissant mangeur et fort buveur »* (Maupass.). **2** Personne qui mange (telle chose). *« Les grands mangeurs de viande sont en général cruels »* (Rouss.). *Mangeurs de chair humaine.* ⇒ **anthropophage.** ◆ *Un tigre mangeur d'hommes.* **3** Personne qui dépense, dissipe. *« coureurs de filles et mangeurs d'argent »* (Barbey). ◆ vieilli ou plaisant *Une mangeuse d'hommes :* une grande séductrice.

manglier n. m. – XVIIIe ; esp. ▪ Arbre tropical *(rhizophoracées),* espèce de palétuvier abondante dans les mangroves.

mangoustan n. m. – XVIe ; malais **1** Arbre des régions tropicales *(guttiféracées)* donnant un fruit très estimé. **2** Fruit du mangoustan. ⇒ ① **mangouste.**

① **mangouste** n. f. – XVIIIe ▪ Fruit du mangoustan, de la taille d'une orange, au goût de framboise, appelé aussi *mangoustan. des « mangoustes, grosses comme des pommes moyennes, d'un brun foncé au-dehors, d'un rouge éclatant au-dedans »* (J. Verne).

② **mangouste** n. f. – XVIe ; de *mangus,* mot d'une langue de l'Inde ▪ Petit mammifère *(carnivores)* d'Afrique et d'Asie, utilisé pour la destruction des reptiles et des rats.

> ❑ La mangouste présente une immunité naturelle au venin des serpents.

mangrove n. f. – 1902 ; malais ▪ Formation végétale caractéristique des littoraux marins tropicaux, où dominent les palétuviers.

mangue n. f. – XVIe ; tamoul ▪ Fruit du manguier, de la taille d'une grosse pêche, à chair jaune très parfumée et savoureuse. *Sorbet à la mangue. Chutney de mangue.*

manguier n. m. – XVIIe ▪ Arbre tropical originaire de l'Inde *(anacardiacées),* dont le fruit est la mangue.

maniabilité n. f. – XIXe ▪ Qualité de ce qui est maniable. *Maniabilité d'une petite voiture.* ⇒ **manœuvrabilité.**

maniable adj. – XIIe **1** Que l'on manie et utilise facilement. ⇒ ① **commode,** ② **pratique.** *Outil maniable.* **2** Que l'on manœuvre facilement. ⇒ **manœuvrable.** *« Le radeau restait maniable sur les hautes eaux »* (Giono). ♦ *Temps, vent maniable,* permettant une navigation, des manœuvres faciles. **3** Qui se laisse aisément diriger ; docile, souple. *« Tant que la confiance règne, les gens sont très patients, très maniables »* (Romains). *Un caractère maniable.* ⇒ **facile, malléable.** ✪ CONTR. Incommode. Indocile.

maniacodépressif, ive adj. – 1901 ▪ Propre à la psychose maniaque* dépressive. *Psychose maniacodépressive.* ◆ *Malades maniacodépressifs.*

maniaque adj. – XIVe **1** sc. Atteint de manie. n. *Un maniaque.* ♦ Propre à la manie. *État maniaque. Psychose maniaque dépressive :* maladie mentale où des accès de surexcitation *(manie)* alternent avec des périodes de dépression *(mélancolie).* ⇒ **cyclothymie ; maniacodépressif. 2** Qui a une idée fixe. ◆ n. *Une maniaque de la propreté, de l'ordre. Maniaque sexuel.* ⇒ **obsédé. 3** Exagérément attaché à ses petites manies (4°), à des habitudes ridicules. ⇒ **pointilleux.** ♦ Propre à un maniaque. ⇒ **méticuleux.** *« le soin maniaque avec lequel j'ai préparé certains de mes romans »* (Mart. du G.).

maniaquerie n. f. – XIXe ▪ Caractère d'une personne maniaque (3°).

manichéen, enne [manikeɛ̃, ɛn] n. et adj. – XVIe ; gr. *Manikhaios,* nom gr. du Perse *Mani* ▪ Adepte du manichéisme. ◆ adj. *Vision manichéenne du monde.* ⇒ **dualiste.**

manichéisme [manikeism] n. m. – XVIIe **1** Religion syncrétique du Perse Mani (IIIe s.), dont les deux principes fondamentaux, égaux et antagonistes, sont le bien et le mal. *Le manichéisme a été condamné comme hérésie par l'Église chrétienne.* **2** Conception dualiste du bien et du mal. ⇒ **dualisme.**

manicle n. f. – XIIe ; lat. *manus* « main » **1** Manchon de protection de certains ouvriers (cordonniers, bourreliers). ⇒ **gantelet, manique. 2** Manche ou poignée de divers outils.

manicorde n. m. – XIIe ; gr. *monochordon* « instrument à une corde » ▪ Ancien instrument à cordes frappées, sorte de cithare à clavier.

> ❑ On dit aussi *manichordion.* ♦ Pour l'étymologie → monocorde (rem.).

manie n. f. – XIVe ; gr. **1** Syndrome mental caractérisé par une exaltation euphorique, l'expansivité, l'incohérence des idées et de l'activité motrice. *Manie délirante.* **2** Trouble de l'esprit possédé par une idée fixe. ⇒ **obsession.** *Manie de la persécution.* **3** Goût excessif, déraisonnable (pour qqch., une action). ⇒ **marotte, passion.** *Avoir la manie du rangement.* « *Cette manie de tricoter* » (Flaub.). *C'est sa nouvelle manie.* ⇒ fam. **dada.** 4 Habitude bizarre et tyrannique, souvent agaçante ou ridicule. *Les tics et les manies.* « *Il y a ainsi chez l'homme quelque chose de plus profondément à lui que son visage, de petites habitudes, des manies* » (Aragon).

maniement n. m. – XIIIe **I** – **1** Action ou façon de manier, d'utiliser avec les mains. ⇒ **manipulation, usage.** « *le maniement conventionnel de la fourchette* » (Maupass.). *MANIEMENT D'ARMES* : suite de mouvements exécutés au commandement par les soldats avec leurs armes. **2** Action, manière d'employer, de diriger, d'administrer. ⇒ **emploi.** *Le maniement de la langue. Le maniement des affaires.* ⇒ **administration, direction, gestion. II** Amas graisseux permettant d'apprécier avec la main l'engraissement d'un animal de boucherie vivant.

manier v. tr. [7] – XIIe ; de *main* **I** – **1** Façonner, modeler avec la main. « *manier la glaise et réaliser la maquette* » (Balz.). ♦ Pétrir (de la farine et du beurre). ➤ *Beurre manié.* **2** Avoir en main, entre les mains tout en déplaçant, en remuant. *Manier un objet avec précaution.* ⇒ **manipuler. 3** Utiliser en ayant en main. « *manier d'un bras vigoureux la hache et la scie* » (Rouss.). *Manier les armes. Manier le pinceau.* ♦ Utiliser (une machine, un véhicule) pour une manœuvre. ⇒ **manœuvrer ; maniable.** ➤ *Manier de l'argent, des fonds.* ⇒ ① **brasser, gérer. 4** Mener à son gré. ⇒ **diriger, gouverner.** *Manier les foules.* **5** Employer de façon plus ou moins habile. *Nul* « *n'a manié l'alexandrin dramatique d'une façon plus magistrale* » (Gaut.). *Savoir manier l'ironie.* **II** fam. *SE MANIER* (seult inf.) ou *SE MAGNER* [maɲe] : se remuer, se dépêcher. « *On t'attend à la caserne, je te conseille de te manier* » (Sartre). *Magnez-vous !*

manière n. f. – XIIe ; lat. *manus* « main » **I** – **1** Forme particulière que revêt l'accomplissement d'une action, le déroulement d'un fait, l'être ou l'existence. ⇒ **façon,** ② **mode.** *Manière d'agir, d'être, de vivre. C'est la meilleure manière de, pour réussir. La manière dont il s'y prend.* ➤ loc. *Avoir l'art et la manière* : savoir s'y prendre. **2** loc. adv. *De cette manière* : ainsi. *De toute manière ; d'une manière ou d'une autre* : en tout cas, quoi qu'il arrive. iron. *De la belle manière* : rudement, sans ménagement. *D'une manière générale* : dans la plupart des cas. *D'une certaine manière* : d'un certain point de vue. *En aucune manière* : aucunement. ➤ loc. prép. « *Il accomplissait sa tâche quotidienne à la manière du cheval de manège* » (Flaub.). ⇒ **comme.** ➤ « *Apprends un métier et tâche de l'exercer de manière à gagner ta vie* » (Duham.). ⇒ **afin** (de). ➤ *DE (TELLE) MANIÈRE QUE* : de (telle) sorte que, de façon que. *Il a agi de telle manière qu'il a échoué. De manière que tout aille bien. De manière à ce que* : pour que. **3** Forme de comportement personnelle et habituelle. « *sa manière de crier sur les toits ses moindres relations* » (Proust). *Il est heureux à sa manière.* **4** Mode d'expression caractéristique d'un artiste, d'une école. ⇒ **genre, style.** *Manière de peindre, d'écrire. Poème, tableau à la manière de X,* imitant la manière de X. subst. *Un* « *à la manière de* » : un pastiche. **5** littér. Espèce, sorte. « *L'amitié entre homme et femme, c'est encore une manière d'amour* » (Cocteau). *Je l'ai dit en manière de plaisanterie,* comme une plaisanterie. fam. *Il a dit cela, mais c'est manière de parler,* l'expression n'est peut-être pas adéquate. **6** *Compléments, adverbes de manière* (ex. Il avance *avec lenteur, lentement*). **II** au plur. Comportement d'une personne considéré surtout dans son effet sur autrui. « *Des manières bruyantes et des tons de voix assommants* » (Mol.). *Apprendre les bonnes, les belles manières.* ⇒ **usage.** *En voilà des manières !* ➤ *Recevoir des amis sans manières,* en toute simplicité. *Faire des manières* : être maniéré, se faire prier. ⇒ **chichi, embarras, simagrée.**

maniéré, ée adj. – XIVe **1** Qui montre de l'affectation, manque de naturel ou de simplicité. ⇒ **affecté, poseur ;** fam. **chichiteux, chochotte.** « *Petite bonne femme jolie, plutôt maniérée que vraiment distinguée* » (Aymé). **2** Qui manque de spontanéité, est trop recherché, en art. ⇒ **apprêté, précieux ; maniérisme.** ✪ CONTR. Naturel, simple.

❑ *Maniéré* a d'abord qualifié un cheval bien dressé (v. 1360) avant d'être repris au XVIIe s. avec le sens moderne d'« affecté ». → usagé (rem.).

maniérisme n. m. – XIXe **1** péj. Tendance au genre maniéré en art. **2** Art italien du XVIe s. caractérisé par l'affirmation et l'explicitation des procédés de l'art, une moindre référence à la nature. *Le maniérisme de Bronzino.* **3** Attitude apprêtée, affectée, dans certains troubles mentaux (hystérie, schizophrénie).

maniériste adj. et n. – XVIIe **1** péj. Qui tombe dans le maniérisme, manque de naturel. ⇒ **maniéré. 2** Relatif au maniérisme (2°). *Architecture maniériste.* ➤ n. *Les maniéristes de l'école de Fontainebleau.*

manieur, ieuse n. – XIVe ▪ *Manieur de* : personne qui manie (qqch.). « *les dieux manieurs du tonnerre* » (Aragon). ➤ fig. *Manieur d'argent* : homme d'affaires, financier. *Un manieur d'hommes.* ⇒ **meneur.**

manifestant, ante n. – XIXe ▪ Personne qui prend part à une manifestation (3°). « *des cosaques, sabre au clair, chargeaient les manifestants* » (Mart. du G.). *Les manifestants ont été dispersés par la police.*

manifestation n. f. – XIIe **1** Action ou manière de manifester, de se manifester. ⇒ **expression.** *La vertu* « *est un principe dont les manifestations diffèrent* » (Balz.). *Manifestation de joie, de mécontentement.* ⇒ **démonstration, marque, témoignage.** ➤ *Manifestations cliniques d'une maladie.* ⇒ **symptôme. 2** Événement culturel, commercial organisé dans le but d'attirer un large public. ⇒ **exposition, festival. 3** Démonstration collective, publique et organisée d'une opinion ou d'une volonté. *Manifestation pour la paix, contre le racisme.* ⇒ **défilé,** ② **marche.** *Banderoles, slogans, service d'ordre d'une manifestation.* ➤ abrév. fam. *MANIF* [manif]. *Des manifs.*

① **manifeste** adj. – XIIe ; lat. *manifestus* « pris sur le fait » ▪ Dont l'existence ou la nature est évidente. ⇒ **certain, évident, visible.** *Une erreur manifeste.* ⇒ **flagrant.** « *Il avait une terreur manifeste de tout désordre qui pût provoquer une intervention de la police* » (Mart. du G.). ➤ *Il est manifeste que...*

② **manifeste** n. m. – XIVe **1** Liste des marchandises constituant la cargaison d'un navire. ♦ Document de bord d'un avion (itinéraire, passagers, fret). **2** Écrit public et solennel, par lequel un gouvernement, un parti ou une personnalité expose son programme, justifie sa position. ⇒ **proclamation.** *Le* « *Manifeste du parti communiste* », de *Marx et Engels* (1848). **3** Exposé théorique lançant un mouvement littéraire. « *Le Manifeste du surréalisme* », *d'André Breton* (1924).

manifestement adv. – XIIe ▪ D'une manière manifeste, à l'évidence. « *manifestement, il était à bout de nerfs* » (Cendrars). ⇒ **visiblement.**

manifester v. [1] – XIIe ; lat. **I** v. tr. **1** Faire connaître de façon manifeste. ⇒ **déclarer, exprimer, montrer, révéler.** *Manifester ses intentions. Manifester sa joie.* ⇒ **extérioriser.** « *Une motorisation généralisée manifeste au dehors la maladie dont cette civilisation crèvera* » (Mauriac). **2** Faire ou laisser apparaître clairement. *Manifester son courage.* ⇒ **déployer.** ➜ *Son trouble manifeste sa timidité.* ⇒ **révéler, signaler, trahir.** **II** *SE MANIFESTER* **v. pron. 1** Donner de ses nouvelles, faire parler de soi. *Il ne s'est pas manifesté depuis longtemps.* ➜ Se faire connaître. *Plusieurs personnes se sont manifestées à la suite de l'appel à témoins lancé par la gendarmerie.* **2** Apparaître, se montrer. *La varicelle se manifeste par une éruption.* ⇒ se **déclarer.** « *La crise se manifeste par des troubles politiques, sociaux* » (Duham.). ⇒ se **traduire.** **III** **v. intr.** Participer à une manifestation (3°). *Manifester pour l'avortement, contre la peine de mort.* ✪ CONTR. ① Cacher.

manifold [manifɔld] **n. m.** – 1930 ; mot angl. **1** Carnet comportant plusieurs séries de feuilles et de papier carbone. **2** Ensemble de vannes et de conduits orientant un fluide vers un réservoir ou des canalisations.

manigance **n. f.** – XVIe ; p.-ê. lat. *manus* « main » ▪ Manœuvre secrète et suspecte, sans grande portée ni gravité. ⇒ fam. **magouille, micmac.** *Qu'est-ce que c'est que ces manigances ?*

> ❑ Ce mot est plutôt d'usage familier et surtout employé au pluriel.

manigancer **v. tr.** 3 – XVIIe ▪ Combiner par quelque manigance. ⇒ **comploter, tramer ;** fam. **magouiller, trafiquer.** « *de vieilles dames intrigantes intervenaient pour suggérer et manigancer des unions matrimoniales* » (Lecomte).

maniguette **n. f.** – XVIe ; p.-ê. lat. *milium* « millet » ▪ Graine de paradis*, au goût poivré.

① **manille** **n. f.** – XVIIe ; esp. *mala* « malicieuse » ▪ Jeu de cartes où les plus fortes sont le dix *(manille)*, puis l'as *(manillon)*. « *On fait une manille aux enchères à trois ?* » (Pagnol).

② **manille** **n. f.** – XVIe ; lat. *manicula* « manicle » **1** Anneau auquel on fixait la chaîne d'un galérien ou d'un forçat. « *la chaîne rivée à la manille de son pied* » (Hugo). **2** Étrier en forme de U ou de lyre, fermé par un manillon et servant à fixer des câbles, des cordages, etc.

manillon **n. m.** – XIXe ▪ As, seconde carte à la manille.

manioc **n. m.** – XVIe ; mot tupi ▪ Arbrisseau tropical *(euphorbiacées)*, dont la racine fournit le tapioca. ♦ Cette racine. *Farine de manioc.* ⇒ **cassave.**

manipulable **adj.** – 1907 ▪ Que l'on peut manipuler, influencer.

manipulateur, trice **n.** et **adj.** – XVIIIe **1** Personne qui procède à des manipulations. ⇒ **opérateur.** *Manipulateur radio,* assistant le radiologue. ♦ Prestidigitateur spécialisé dans la manipulation (3°). ♦ Personne qui en manipule (5°) d'autres. **2** **n. m.** Appareil en forme de levier servant à la transmission des signaux télégraphiques. ➜ Engin permettant de manipuler et transporter de lourdes charges. ⇒ **gerbeur.** **3** **adj.** Qui permet d'effectuer des manipulations. *Bras manipulateur d'un robot.*

manipulation **n. f.** – XVIIIe ; lat. *manipulus* « poignée » **1** Action, manière de manipuler (des substances, des appareils). *Produit d'une manipulation dangereuse.* ⇒ **maniement.** « *j'étais en train de faire une manipulation délicate, à l'atelier* » (Romains). ♦ Expérience de laboratoire. *Manipulations chimiques. Manipulations génétiques :* opérations de l'ingénierie génétique. ⇒ **micromanipulation.** **2** Mobilisation manuelle de certaines articulations par pression ou étirement modérés. *Manipulations vertébrales* (⇒ **chiropraxie, étiopathie**). **3** Branche de la prestidigitation reposant sur l'habileté des mains. **4** péj. Manœuvre malhonnête. *Manipulations électorales.* ⇒ **tripotage ;** fam. **magouille.** *Manipulation de l'information.* ➜ Emprise occulte exercée sur un groupe (ou un individu). *Manipulation des foules.*

① **manipule** **n. m.** – XIVe ; lat. ▪ Bande d'étoffe que porte à l'avant-bras gauche le prêtre célébrant. « *Manipule, étole, chasuble, antiques étoffes usées, de soie blanche, d'or éteint* » (Bosco).

② **manipule** **n. m.** – XVe ; lat. « poignée, gerbe » ▪ Enseigne, étendard d'une compagnie militaire romaine. ➜ La compagnie elle-même.

manipuler **v. tr.** 1 – XVIIIe **1** Manier avec soin en vue d'opérations scientifiques ou techniques. « *manipuler des tubes, des fioles et des seringues* » (Duham.). **2** Intervenir sur (des substances dangereuses ou microscopiques) avec un instrument. *Manipuler des chromosomes.* **3** Manier et transporter (⇒ **manutention**). *Manipuler des colis.* **4** Faire subir des modifications plus ou moins honnêtes à (qqch.). *Manipuler des statistiques.* ⇒ **trafiquer, tripatouiller.** **5** Influencer habilement pour diriger comme on le souhaite. ⇒ **manœuvrer.** *Manipuler l'opinion. Il s'est laissé manipuler.*

manique **n. f.** – XVIIe ; lat. ▪ Manchon de protection, souvent en cuir. ⇒ **gantelet, manicle.** ➜ Gant, carré de tissu épais et isolant pour saisir des plats chauds.

manitou **n. m.** – XVIIe ; algonquin « grand esprit » **1** Esprit du bien ou du mal chez certaines peuplades indiennes. **2** fam. Personnage important et puissant. « *Le père est un grand manitou dans les chemins de fer* » (Céline).

manivelle **n. f.** – XIIe ; lat. *manicula* « manicle » **1** Pièce mécanique constituée d'un bras dont une extrémité est perpendiculaire à un arbre, et muni d'une poignée ou d'un axe à l'autre extrémité afin d'entraîner la rotation de l'arbre. *Il « se mit à tourner une manivelle. Un rideau de fer descendit avec fracas »* (Sartre). *Manivelle d'un treuil, d'une automobile, des anciennes caméras.* loc. *Premier tour de manivelle :* début du tournage d'un film. **2** Organe d'un moteur transformant un mouvement rectiligne alternatif en mouvement circulaire. *Arbre-manivelle.* ⇒ **vilebrequin.** ♦ Partie du pédalier reliant le grand pignon à la pédale.

① **manne** **n. f.** – XIIe ; hébr. *man* **1** Nourriture miraculeuse envoyée selon la Bible aux Hébreux dans le désert. *La manne tombée du ciel.* **2** Nourriture providentielle, don ou avantage inespéré. **3** *Manne des poissons :* éphémères qui abondent sur les rivières et dont les poissons se nourrissent. **4** Exsudation végétale sucrée (frêne, mélèze, eucalyptus).

② **manne** **n. f.** – XIIIe ; néerl. ▪ Grand panier d'osier. ⇒ **banne, panière.** « *des mannes pleines de foin et d'œufs* » (Huysm.).

mannequin **n. m.** – XIIIe ; néerl., de *man* « homme » **1** Statue articulée qui sert de modèle pour les peintres, les sculpteurs. ♦ Moulage ou armature servant de modèle pour la confection des vêtements, leur présentation dans le commerce. « *le mannequin d'osier sur lequel Madame Bergeret taillait ses robes* » (France). *Taille mannequin,* conforme aux proportions du mannequin type. **2** Personne employée par un grand couturier, un créateur pour la présentation des collections au public. ⇒ **modèle.** *Elle est mannequin. Défilé de mannequins.* « *des mannequins des grands couturiers, belles filles, longues, portant bien la toilette* » (France).

mannitol **n. m.** – 1924 ; mot angl. ▪ Polyalcool cristallin blanc, présent chez de nombreux êtres vivants.

mannose **n. m.** – 1902 ; mot all. ▪ Sucre naturel contenu dans de nombreuses baies et graines.

manodétendeur **n. m.** – XIXe ▪ Dispositif permettant d'abaisser la pression d'un gaz comprimé.

manœuvrabilité n. f. – 1934 ▪ Aptitude d'un bateau, d'un véhicule à être manœuvré. ⇒ **maniabilité.**

manœuvrable adj. – XIXe ▪ Apte à être manœuvré (bateau, véhicule). ⇒ **maniable.**

① **manœuvre** n. f. – XIIIe **I - 1** Action sur les cordages, les voiles, le gouvernail, etc., destinée à régler le mouvement d'un navire. *Commander, exécuter une manœuvre.* ➝ Mouvement d'un véhicule, en dehors de son trajet. *Faire une manœuvre pour se garer.* ♦ *FAUSSE MANŒUVRE :* erreur dans la commande d'un véhicule, d'une machine. « *un accident qui avait eu lieu en gare. Une fausse manœuvre. Un cheminot écrasé.* » (Aragon). fig. Décision, démarche maladroite et sans résultat. **2** Exercice que font en temps de paix les soldats (maniement d'armes, mouvements) ; évolutions ordonnées en temps de guerre, à des fins tactiques ou stratégiques. *Champ de manœuvres. Grandes manœuvres,* mettant en mouvement de gros effectifs. **3** Procédé manuel par lequel le médecin imprime un mouvement, un changement de position, à une partie du corps, dans un but thérapeutique (⇒ **manipulation**) ou diagnostique. **4** Maniement permettant le fonctionnement d'un appareil ou d'une machine. *Il était le seul* « *à connaître la manœuvre d'un fusil et son usage* » (Mac Orlan). **II** Moyen, ensemble de moyens mis en œuvre pour atteindre un but. *Manœuvre perfide.* ⇒ **intrigue, machination, manigance.** « *des manœuvres dont j'étais la victime* » (Rouss.). *Les* « *plus basses manœuvres politiques* » (Zola). *Liberté de manœuvre.* **III** (surtout au plur.) Cordage, filin appartenant au gréement. *Manœuvres dormantes, courantes.*

② **manœuvre** n. m. – XIVe ▪ Ouvrier exécutant des travaux qui n'exigent pas d'apprentissage préalable et situé à la base de la hiérarchie des salaires.

manœuvrer v. [1] – XIe ; lat. *manu operare* « travailler avec la main » **I** v. intr. **1** Effectuer une manœuvre sur un bateau, un véhicule. *Manœuvrer pour garer sa voiture.* ⇒ **braquer, contrebraquer, reculer. 2** Faire l'exercice militaire, des évolutions. **3** Employer des moyens adroits pour arriver à ses fins. *Il a bien manœuvré.* **II** v. tr. **1** Manier de façon à faire agir, à faire fonctionner, à mouvoir où l'on veut. *Manœuvrer les cordages.* « *la filature où les grands métiers manœuvraient doucement leurs larges nappes de fils blancs* » (Maurois). *Manœuvrer une automobile.* **2** Faire agir (qqn) comme on le veut, par une tactique habile. *Tu t'es laissé manœuvrer.* ⇒ **manipuler, mener.**

manœuvrier, ière n. – XIIIe **1** Marin, militaire qui sait manœuvrer. ➝ adj. « *les qualités manœuvrières des troupes* » (Romains). **2** littér. Personne qui manœuvre habilement (dans la politique, les affaires). ⇒ fam. **magouilleur.**

manoir n. m. – XIIe ; lat. *manere* « demeurer » ▪ Petit château ancien à la campagne. ⇒ **gentilhommière.** « *Je découvre du vieux manoir Les tourelles en poivrières Et les hauts toits en éteignoir* » (Gaut.).

❑ Le sens général de « demeure, habitation » usuel en ancien français est sorti de l'usage courant pour prendre ce sens spécial.

manomètre n. m. – XVIIIe ; gr. *manos* « clairsemé, peu dense » ▪ Appareil servant à mesurer la pression d'un fluide contenu dans un espace fermé.

manométrie n. f. – XIXe ▪ Mesure des pressions des fluides.

manoque n. f. – XVIIe ; lat. *manus* « main » **1** Petite botte de feuilles de tabac. **2** Pelote de cordage, de fil de ligne.

manostat n. m. – 1949 ▪ Interrupteur électrique commandé par la pression d'un fluide.

manouche n. – XIXe ; tsigane *mnouch* « homme » ▪ fam. Gitan nomade.

manquant, ante adj. – XVIe ▪ Qui manque, est en moins. *Numéros manquants d'une série. Le chaînon manquant :* l'élément à découvrir pour rétablir une chaîne interrompue.

① **manque** adj. – XIVe lat. *mancus* ▪ loc. fam. *À LA MANQUE :* raté, défectueux, mauvais. « *Cette espèce d'ingénieur à la manque* » (Claudel).

② **manque** n. m. – XVIe **1** Fait de manquer, absence ou grave insuffisance (d'une chose nécessaire). ⇒ **défaut.** *Manque d'argent, de main-d'œuvre.* ⇒ **carence, pénurie, rareté.** « *Un manque de distinction qui pue au nez* » (Romains). *Quel manque d'imagination !* ➝ *État de manque :* état d'un toxicomane dépendant brutalement privé de drogue. *La faim* « *torturante du drogué en état de manque* » (Tournier). loc. *Être en manque, en état de manque :* être privé de ce dont on ne peut se passer. **2** littér. Chose qui manque. ⇒ **insuffisance, lacune.** « *Devant Claudel, je n'ai sentiment que de mes manques* » (Gide). ➝ À la roulette, à la boule, Première moitié de la série des numéros sur laquelle on peut miser en chance simple (opposé à ② *passe*). *Rouge, impair et manque.* **3** loc. *MANQUE À GAGNER :* occasion manquée de faire une affaire profitable ; somme qu'on aurait pu gagner. *Des manques à gagner* [mɑ̃kagaɲe]. ✪ CONTR. Abondance.

manqué, ée adj. et n. m. – XVIe **I** adj. **1** Qui n'est pas réussi. ⇒ **raté ;** fam. **loupé.** « *un vase manqué que le potier jette aux débris* » (Valéry). **2** Qui est tel par occasion et non par profession. *C'est un cuisinier manqué,* il cuisine admirablement quand il s'en mêle. **3** Qu'on a laissé échapper. *Une occasion manquée.* ➝ Où l'on a été absent. *Rendez-vous manqué.* **II** n. m. Biscuit recouvert de pralin ou de fondant. *Moule à manqué,* rond, à bord assez haut.

manquement n. m. – XIVe Le fait de manquer à quelque devoir. ⇒ **faute.** « *Redoutant toujours quelque manquement à la stricte discipline* » (Duham.). ✪ CONTR. Observation.

manquer v. [1] – XIVe ; lat. *mancus* « manchot, défectueux » **I** v. intr. **1** Ne pas être, lorsqu'il le faudrait ; être absent, faire défaut. « *Des denrées qui manquaient sur le marché* » (Camus). *Les forces lui ont manqué. Les occasions ne manquent pas.* fam. *Ce n'est pas l'envie qui lui en manque,* il, elle voudrait bien. ♦ Être absent. *Cet élève manque trop souvent* (⇒ **absentéisme).** ➝ impers. *Il ne manque pas de gens qui... :* il y a des gens qui... ♦ Faire cruellement défaut. « *New York leur manqua comme sa drogue à un intoxiqué* » (Maurois). **2** Être en moins (dans un ensemble par là même incomplet). « *Des boutons qui manquaient aux chemises* » (Aragon). ➝ impers. *Il manque deux pages à votre livre. Il ne manquait plus que cela !* c'est le comble, le bouquet. *Il ne lui manquait plus que ça !* cela l'achève. **3** Ne pas être comme il faudrait. ⇒ **défaillir, faillir.** « *La voix lui manqua* » (Volt.). **4** (choses) Échouer. « *Dix fois de suite l'expérience manqua* » (Baud.). ⇒ **rater. II** v. tr. **1** *MANQUER DE :* ne pas avoir lorsqu'il le faudrait, ne pas avoir en quantité suffisante. *Manquer de pain. Avoir peur de manquer,* d'être dans le besoin. *Il ne manque de rien :* il a tout ce qu'il lui faut. « *Nous avons des terres immenses en friche ; nous manquons de bras* » (Dider.). « *Quand on manque de preuves, on se tait* » (Muss.). ♦ Être dépourvu (d'une qualité). *Manquer d'humour, d'imagination. Manquer de sang-froid.* « *le regard et le teint manquaient d'éclat* » (Romains). fam. *Il ne manque pas d'air, de toupet.* **2** *MANQUER À* (qqn) : négliger les égards qui lui sont dus. ⇒ **offenser.** « *Il avait sans cesse peur qu'on ne lui manquât* » (Gide). 3 *Manquer à* (qqch.), ne pas se conformer à (qqch. qu'on doit observer). *Il a manqué à tous ses devoirs.* 4 *Manquer à, manquer de :* oublier, négliger de. « *j'ai manqué de faire maigre deux fois* » (Romains). ➝ *Je ne manquerai pas de vous informer :* je n'oublierai pas de vous informer. *Je n'y manquerai pas. Ça ne peut manquer d'arriver.* fam. *Ça n'a pas manqué :* c'est arrivé inévitablement. ♦ *Manquer à virer* (pour un voilier) : ne pas pouvoir achever la manœuvre de virement de bord. 5 Être sur le point de. ⇒ **faillir.** « *Dargelos avait manqué de l'écraser* » (Cocteau). ➝ (sans *de*) « *Le dossier qu'elle portait manqua s'ouvrir* » (Giraud.). **III** v. tr. 1 Ne pas réussir. ⇒ **rater ;** fam. **louper.** « *la sensation d'avoir tout manqué dans sa vie* » (Maupass.). 2 Ne pas atteindre, ne pas toucher. *Il a manqué la dernière marche et il est tombé. Manquer la cible. Manqué !* pronom. *Se manquer :* ne pas réussir son suicide. ➝ *La prochaine fois, je ne te manquerai pas,* je me vengerai de toi, je t'aurai. 3 Ne pas rencontrer (qqn qu'on voulait voir). *Je vous ai manqué de peu.* pronom. *Nous nous sommes manqués.* ➝ *Manquer son train,* arriver après son départ. 4 Laisser échapper, laisser perdre (qqch. de profitable). *Manquer une occasion. Tu as manqué une bonne occasion de te taire.* fam. *Il n'en manque pas une !* il ne manque pas une occasion de faire une maladresse. *Manquer le début du film. Vous n'avez rien manqué :* vous n'avez pas perdu grand-chose en n'étant pas là. 5 S'abstenir d'assister, d'être présent à. *Manquer un cours.* ⇒ fam. **sécher ;** région. **brosser, courber.** *Un spectacle à ne pas manquer. Il ne faut pas manquer ça !* il faut aller voir ça. ✪ CONTR. Abonder, exister. — ① Avoir ; respecter ; atteindre, réussir, saisir, ① toucher ; assister (à).

> ❑ *Manquer* « être sur le point de » est d'un emploi plus restreint que *faillir* et ne se dit que de choses désagréables qui ne se sont pas réalisées, le plus souvent d'accidents.

mansarde n. f. – XVIIe ; de *Mansart,* nom de l'architecte 1 Comble brisé à quatre pans. 2 Chambre aménagée dans un comble brisé, et dont un mur est en pente. « *c'était une petite chambre au cinquième, une de ces mansardes où la pluie tombe droite sur les vitres à tabatière* » (Daudet).

> ❑ On considère à tort Mansart comme l'inventeur de ce système de construction car Pierre Lescot l'utilisait déjà.

mansardé, ée adj. – XIXe ■ Dont une paroi est en pente du fait de l'inclinaison du toit.

manse n. f. ou m. – XIIe ; lat. *manere* « demeurer » ■ Petit domaine féodal constituant une unité d'exploitation agricole. ✪ HOM. Mense.

mansuétude n. f. – XIIe ; lat. ■ Disposition à pardonner généreusement. ⇒ **bonté, indulgence.** *Juger avec mansuétude.* ✪ CONTR. Rigueur, sévérité.

① **mante** n. f. – XVe ; lat. ■ Manteau de femme très simple, ample et sans manches. *Mante à capuchon.* ✪ HOM. Menthe.

② **mante** n. f. – XVIIIe ; gr. *mantis* « prophétesse » ■ *MANTE* ou *MANTE RELIGIEUSE :* insecte carnassier d'Europe de l'Ouest et d'Amérique *(dictyoptères). La mante femelle dévore le mâle après l'accouplement.* ➝ fig. *Une mante religieuse :* une femme cruelle avec les hommes, qui les « dévore » (cf. Mangeuse* d'hommes).

③ **mante** n. f. – d. i. ; lat. ■ Poisson cartilagineux *(hypotrèmes),* raie pélagique qui peut atteindre 6 mètres de long.

manteau n. m. – X^e ; lat. **I** - 1 Vêtement à manches longues, boutonné devant, qui se porte par-dessus les autres vêtements pour protéger le corps du froid et des intempéries. ⇒ **caban, capote, doudoune, loden, pardessus, trois-quarts.** *Relever le col de son manteau. Manteau d'homme, de femme. Manteau à capuche.* ⇒ **duffel-coat, parka.** « *La femme avait des bottes et un manteau de castor* » (Carco). ♦ *Manteaux sans manches.* ⇒ **burnous, cape, chape,** ① **mante, mantelet, pèlerine, poncho.** 2 « *Nous sommes accablés D'un manteau d'ignorance* » (Rimb.). loc. *SOUS LE MANTEAU :* clandestinement, secrètement. « *Un ouvrage satirique* [...] *qui est donné en feuilles sous le manteau* » (La Bruy.). **II** - 1 Dos d'un animal, quand il est d'une autre couleur que le reste du corps. ➝ Membrane charnue qui enveloppe la masse viscérale des mollusques et sécrète leur coquille. ⇒ **pallium.** 2 *Manteau de cheminée :* partie de la cheminée en saillie au-dessus du foyer. 3 Draperie doublée d'hermine enveloppant les armoiries. 4 *MANTEAU D'ARLEQUIN :* encadrement d'une scène de théâtre figurant des rideaux relevés. 5 Enveloppe de la Terre, située au-dessous de la croûte continentale ou océanique. ⇒ **asthénosphère, lithosphère.** ✪ HOM. Mentaux (mental).

> ❑ En Suisse, on dit un *manteau de pluie* pour un *imperméable.*

mantelé, ée adj. – XVIIe ■ Qui a le dos d'une couleur différente de celle du reste du corps. *Corneille mantelée.*

mantelet n. m. – XIIe 1 Manteau d'évêque, de cardinal, sans manches, fendu par-devant. ♦ Courte cape de femme qui couvre les épaules et les bras. « *elle jeta son mantelet de velours sur ses épaules* » (Sartre). 2 Volet d'un hublot, d'un sabord.

mantille n. f. – XVIIIe ■ Écharpe de dentelle dont les Espagnoles se couvrent la tête et les épaules. « *Ses grands yeux noirs brillaient sous la noire mantille* » (Hugo).

mantique n. f. – XVIe ; gr. *mantikê* « divination » ■ didact. Pratique divinatoire. ⇒ **divination.**

mantisse n. f. – XIXe ; lat. « surplus de poids » ■ Partie décimale d'un nombre, spécialt d'un logarithme.

mantra n. m. – XIXe ; mot sanskr. « moyen de pensée » ■ Formule sacrée du brahmanisme, émanation du principe divin.

manubrium [manybʀijɔm] n. m. – 1907 ; mot lat. « manche, poignée » 1 Tube central à l'extrémité duquel s'ouvre la bouche d'une méduse. 2 *Manubrium sternal :* segment supérieur du sternum auquel s'articulent les deux clavicules.

① **manucure** n. – XIXe ; lat. *manus* « main » et *curare* « soigner », d'apr. *pédicure* 1 Personne chargée des soins esthétiques des mains, des ongles. « *Au coiffeur avait succédé la manucure* » (Romains). 2 n. f. Ensemble des soins esthétiques des mains, des ongles ; technique, métier de manucure. *Apprendre la manucure.*

manucurer v. tr. [1] – 1946 ■ Faire les mains, les ongles de (qqn). *Se faire manucurer.*

① **manuel, elle** adj. – XIIIe ; lat. « main » 1 Qui se fait avec la main ; où l'activité physique joue le rôle essentiel. *Travail manuel. Habileté manuelle,* des mains. 2 Qui emploie surtout ses mains. *Travailleur manuel.* ➝ *Un manuel, une manuelle.* 3 Qui fait appel à l'intervention humaine (opposé à *automatique*). *Commande manuelle.* ✪ CONTR. Intellectuel. Automatique.

② **manuel** n. m. – XIIIe ; lat. ■ Ouvrage présentant les notions essentielles d'une science, d'une technique, et spécialt les connaissances exigées par les programmes scolaires. ⇒ **abrégé, cours.** *Manuel de physique. Le manuel du parfait bricoleur.* « *une sorte de manuel qui apprendrait aux femmes à vivre en paix avec l'homme qu'elles aiment, un code de la vie à deux* » (Colette).

manuélin, ine adj. – 1925 ; de *Manuel Ier*, roi du Portugal ■ Se dit d'un style architectural et décoratif développé au Portugal autour de 1500 (sculptures ornementales sur des structures gothiques, avec influences mauresques ou orientales).

manuellement adv. – XIVe ■ En se servant de la main, de ses mains ; par une opération simplement manuelle. ✪ CONTR. Automatiquement.

manufacture n. f. – XVIe ; lat. **1** vx Fabrication. ➛ mod. *École centrale des Arts et Manufactures.* **2** vx Grande fabrique utilisant surtout le travail à la main. ⇒ **atelier, fabrique, usine.** ➛ mod. Établissement industriel où la qualité de la main-d'œuvre est primordiale. *Manufacture de porcelaine de Sèvres. Manufacture d'armes,* produisant des armes de petit calibre.

manufacturer v. tr. [1] – XVIe ■ Faire subir (à une matière première) une transformation industrielle. « *Les colons sont possesseurs de certaines matières premières qu'ils n'ont pas le droit de manufacturer* » (Dider.). ➛ *Produits manufacturés,* issus de cette transformation. *Cotons bruts et cotons manufacturés.*

manufacturier, ière adj. – XVIIe ■ Relatif aux manufactures, à leur production.

manu militari loc. adv. – XIXe ; mots lat. « par la main (la force) militaire » ■ En employant la force armée, la force publique. *Ils ont expulsé les perturbateurs manu militari.*

manuscriptologie n. f. – v. 1977 ; lat. *manuscriptum* « écrit autographe » et *-logie* ■ Étude des manuscrits, et plus particulièrement des textes de travail (cf. Critique génétique*) et des documents littéraires d'un auteur.

manuscrit, ite adj. et n. m. – XVIe ; lat. *manu scriptus* « écrit à la main » **I** adj. Écrit à la main. *Pages manuscrites. Envoyer une lettre de candidature manuscrite.* « *des notes manuscrites marginales portées par Montaigne* » (M. Rat). **II** n. m. **1** Texte, ouvrage écrit ou copié à la main. ⇒ ① **écrit.** *Manuscrit sur parchemin* (⇒ **palimpseste**). *Manuscrit enluminé, à miniatures. Déchiffrement des manuscrits.* **2** Œuvre originale écrite de la main de l'auteur. « *J'avais conservé le manuscrit raturé avec un soin religieux* » (Chateaub.). *Étude des manuscrits.* ⇒ **manuscriptologie.** ♦ Texte original dactylographié. ⇒ **tapuscrit.** *Apporter un manuscrit à son éditeur.* ✪ CONTR. Dactylographié, imprimé.

❑ Pour désigner le texte dactylographié, *manuscrit* est le terme le plus courant, *tapuscrit* reste rare. → tapuscrit (rem.).

manutention n. f. – XVe ; lat. *manutenere* → maintenir **1** Déplacement manuel ou mécanique de marchandises, en vue de l'emmagasinage, de l'expédition et de la vente. ⇒ **gerbage.** *Employé préposé à la manutention de colis* (⇒ **manutentionnaire**), *des bagages* (⇒ **bagagiste**). « *toutes ces manœuvres de manutention qui de la rive dans les cales, de la cale sur la rive transposent la matière des échanges* » (Valéry). *Engins de manutention.* **2** Local réservé à ces opérations.

manutentionnaire n. – XVIIIe ■ Personne employée aux travaux de manutention.

manutentionner v. tr. [1] – XIXe ■ Soumettre (des marchandises) aux opérations de manutention.

manzanilla [mɑ̃dzanija] n. m. ou parfois f. – XIXe ; mot esp. ■ Vin liquoreux, variété de xérès.

maoïsme n. m. – 1961 ■ Théorie et philosophie de Mao Zedong. ♦ Mouvement politique se réclamant de cette idéologie.

maoïste adj. et n. – 1952 ■ Partisan de la politique de Mao Zedong ; propre au maoïsme. ➛ abrév. MAO [mao]. *Les maos.* ➛ *Col mao* : col droit, à la façon des cols des vestes chinoises.

maori, ie adj. et n. – XIXe ; mot indigène ■ Relatif aux populations polynésiennes de la Nouvelle-Zélande. *Les populations maori* ou *maories.* ➛ *Un Maori, une Maorie. Les Maoris.* ➛ *Le maori,* une des langues polynésiennes.

maous, ousse [maus] adj. – XIXe ; arg. d'o. i. ; p.-ê. bret. *mao* ou angevin *mahou* « gros lourdaud » ■ fam. Gros, de taille importante. *Il a pêché un poisson maous.*

❑ On écrit aussi *mahous, ousse.*

mappemonde n. f. – XIIe ; lat. *mappa* « plan, carte » et *mundus* « monde » **1** Carte plane représentant le globe terrestre divisé en deux hémisphères. ⇒ **planisphère.** *Mappemonde céleste* : carte plane de la voûte céleste. **2** abusivt Sphère représentant le globe terrestre.

maquée n. f. – XIXe ; d'un rad. roman *makk-*, expressif ■ En Belgique, Fromage blanc du genre caillebotte. ✪ HOM. Maquer.

maquer v. tr. [1] – XIXe ; de *mac* ■ pop. **1** v. pron. *Se maquer* : se marier ou se mettre en ménage (avec qqn). **2** v. tr. au pass. *Être maqué avec* : vivre en concubinage, être en ménage avec. *Ils sont maqués depuis deux ans. Elle est maquée.* ✪ HOM. Maquée.

① **maquereau** n. m. – XIIe ; probablt de ② *maquereau* (légende des maquereaux servant d'« entremetteurs » aux harengs) ■ Poisson fusiforme *(perciformes),* au dos gris-bleu rayé de noir, qui vit en bancs dans les mers tempérées. « *les maquereaux dorés, le dos strié de brunissures verdâtres* » (Zola). *Filets de maquereau au vin blanc, fumés.*

② **maquereau** n. m. – XIIIe ; néerl. *makeln* « trafiquer » ■ fam. Homme qui vit de la prostitution des femmes. ⇒ **entremetteur, proxénète, souteneur, mac.** « *un maquereau c'est un type qui cherche à mettre la main sur une petite poule comme toi, jolie et un peu gourde* » (Romains).

maquereauter v. [1] – XIXe ■ fam. **1** v. tr. Prostituer (une femme). **2** v. intr. Exercer le proxénétisme. ➛ Vivre aux dépens de qqn.

maquerelle n. f. – XIIIe ■ fam. Femme proxénète. *Ces dames « par l'entremise de la bonne maquerelle faisaient des passes »* (Flaub.). ➛ *Maquerelle, mère maquerelle* : tenancière de maison close.

maquette n. f. – XVIIIe ; lat. *macula* « tache » **1** Modèle en réduction d'une sculpture. **2** Original que doit reproduire une page illustrée, une affiche. **3** Modèle réduit (de décor de théâtre, d'un bâtiment, d'un ensemble architectural). *La maquette d'une ville.* ♦ Reproduction à échelle réduite ou grandeur nature, destinée aux études de prototypes. *Maquette d'avion.* ➛ Modèle réduit vendu en pièces détachées prêtes à monter. **4** Projet graphique comportant la disposition du texte et des illustrations, destiné à permettre le montage des pages. ⇒ **document, mise** (en pages).

maquetter v. tr. [1] – v. 1950 ■ Réaliser la maquette de (un livre, un journal).

maquettisme n. m. – av. 1973 ■ Construction de maquettes, de modèles réduits. ⇒ **modélisme.** *Faire du maquettisme.*

maquettiste n. – v. 1950 ■ Spécialiste chargé d'exécuter des maquettes. *Maquettiste publicitaire.*

maquignon n. m. – XIIe ; probablt même rad. que ② *maquereau* **1** Marchand de chevaux. ➛ Marchand de bestiaux peu scrupuleux et truqueur. **2** Négociateur ou entremetteur malhonnête. ⇒ **margoulin.**

maquignonnage n. m. – XVIe **1** Métier de maquignon. ➛ Moyens de maquignon pour vendre des bêtes dont on dissimule l'âge, les défauts. 2 Manœuvres frauduleuses. ⇒ **trafic** ; fam. **magouille.**

maquignonner v. tr. [1] - XVIe ▪ Vendre (une bête), négocier ou traiter (une affaire), en employant des procédés de maquignon.

maquillage n. m. - XVIIe 1 Action ou manière de maquiller, de se maquiller. « *cet art du maquillage* [...] *pour lequel des notions de peinture, d'éclairage* [...] *sont nécessaires* [au comédien] » (Jouvet). ⇒ **grimage.** *Produits de maquillage.* ➛ Résultat de cette action. *Refaire son maquillage. Maquillage léger.* 2 Ensemble des produits de beauté employés à l'embellissement du visage. 3 Opération ayant pour but de modifier frauduleusement l'aspect (d'une chose). *Le maquillage d'une voiture volée.* ✪ CONTR. Démaquillage.

maquiller v. tr. [1] - XVe ; p.-ê. néerl. *maken* « faire » 1 Modifier de façon trompeuse l'apparence de (une chose). ⇒ **falsifier, truquer.** *Maquiller un passeport.* 2 Modifier ou embellir (le visage) par des procédés et produits appropriés (⇒ **maquillage**). *Maquiller un acteur de théâtre* (⇒ **grimer**). ➛ *SE MAQUILLER* v. pron. Se grimer (théâtre) ; se farder. « *les femmes maquillées* [...] *la cigarette aux lèvres* » (Aragon). 3 fig. Modifier volontairement pour duper. *Un meurtre* « *que la complicité de tous les proches maquille en accident ou en suicide* » (Romains). ⇒ **camoufler.** « *maquiller la vérité* » (Gide). *Maquiller des statistiques.* ⇒ **truquer.** ✪ CONTR. Démaquiller ; rétablir.

maquilleur, euse n. - XVIe ▪ Spécialiste en maquillage. *Maquilleuse de théâtre, de studio.*

maquis n. m. - XVIIIe ; corse *macchia* « tache » 1 Formation végétale touffue et dense des régions méditerranéennes, composée d'arbustes, de buissons. « *l'impénétrable maquis, formé de chênes verts, de genévriers, d'arbousiers* » (Maupass.). ➛ *Prendre le maquis* : se cacher dans le maquis. 2 Complication inextricable. *Le maquis de la procédure.* 3 Sous l'occupation allemande, lieu peu accessible où se regroupaient les résistants. *Être dans le maquis.* ⇒ **maquisard.** loc. *Prendre le maquis* : rejoindre les résistants du maquis. ♦ par ext. Organisation de résistance armée. « *les maquis se multiplient* » (de Gaulle). 4 Petit restaurant, en Afrique. ✪ HOM. Maki.

maquisard n. m. - 1942 ▪ Résistant, combattant appartenant à un maquis. ⇒ **franc-tireur.**

marabout n. m. - XVIe ; ar. *morâbit* « moine-soldat » I - 1 Saint de l'islam, dont le tombeau est un lieu de pèlerinage. ♦ fr. d'Afrique Musulman sage et respecté. ➛ Envoûteur, sorcier (⇒ **marabouter**). 2 Tombeau d'un marabout. ⇒ **koubba.** « *la tour carrée d'un minaret, le dôme d'un marabout* » (Perec). II - 1 Bouilloire à ventre large et couvercle en dôme. ♦ *Tente marabout,* de forme conique. 2 Grand oiseau des marais d'Afrique *(ciconiiformes),* au plumage gris et blanc, à gros jabot. « *deux marabouts* [...] *allongeant gravement leur cou chauve* » (Loti). ♦ Plume de la queue de cet oiseau, utilisée comme parure.

> ❑ Le naturaliste hollandais Temminck a choisi *marabout* pour nommer un échassier, d'après la qualification de *mrabt* « sacré » appliquée à la cigogne dans les pays arabes.

marabouter v. tr. [1] - 1985 ▪ fr. d'Afrique Envoûter (qqn) en recourant aux pratiques d'un marabout. ⇒ **ensorceler.**

maracas [maʀakas] n. m. pl. - XIXe ; esp. d'Argentine ▪ Instrument de percussion, coques contenant des corps durs que l'on agite pour marquer le rythme. *Une paire de maracas.*

maracuja n. m. - v. 1975 ; mot indien du Brésil ▪ Fruit de la passion. ➛ Cocktail à base de ce fruit.

maraîchage n. m. - XIXe ▪ Culture des légumes.

maraîcher, ère n. et adj. - XVe ; de *marais* 1 Horticulteur qui cultive des légumes pour les vendre. « *Les charrettes des maraîchers* » (Nerval). 2 adj. Propre au maraîcher, relatif à son activité. *Culture maraîchère des légumes et primeurs.*

maraîchin, ine adj. et n. - XIXe ▪ Des marais poitevin et breton. *Pays, villages maraîchins.*

marais n. m. - XIe ; germ. « mer » 1 Nappe d'eau stagnante généralement peu profonde recouvrant un terrain partiellement envahi par la végétation. ⇒ **étang, marécage, tourbière.** *Végétation des marais.* ⇒ **palustre.** ♦ Région marécageuse. *Marais poitevin.* ♦ fig. « *Un marais intérieur d'ennui* » (Flaub.). 2 Terrain consacré à la culture maraîchère. ⇒ **hortillonnage, jardin.** 3 *MARAIS SALANT* : bassin creusé à proximité des côtes pour extraire le sel de l'eau de mer par évaporation. ⇒ **saline.** « *on fait venir le sel des marais salants de Bretagne* » (Proust). ♦ *Marais du littoral.* ⇒ **polder.**

maranta n. m. - XVIIe ; nom d'un botaniste italien ▪ Plante *(marantacées)* de l'Amérique tropicale, dont une espèce fournit une fécule blanche (⇒ **arrow-root**).

marasme n. m. - XVIe ; gr. 1 Forme très grave de dénutrition. ⇒ **athrepsie, cachexie.** « *les indigènes dans ces parages souffraient jusqu'au marasme de toutes les maladies* » (Céline). ♦ Accablement, apathie. 2 Situation stagnante et mauvaise. « *Quelle sale époque pour la peinture. C'est le marasme complet. On ne vend rien de rien* » (Aymé). 3 Petit champignon à pied coriace *(agaricacées),* dont une variété, le mousseron, est comestible.

marasque n. f. - XVIIIe ; it. *amaro* « amer » ▪ Variété de cerise acide des régions méditerranéennes.

marasquin n. m. - XVIIIe ▪ Liqueur parfumée à la marasque. « *Elle mangeait une glace au marasquin* » (Flaub.).

marathe ou **mahratte** adj. et n. - XVIIIe ; mot de l'Inde ▪ Qui a rapport aux Marathes, peuple du Dekkan. ➛ *Le marathe* : langue indo-européenne de l'Inde (indo-aryenne).

marathon n. m. - XIXe ; de *Marathon,* ville grecque 1 Course à pied de grand fond (42 km 195) sur route. 2 Épreuve ou séance prolongée qui exige une grande résistance. *Marathon de danse. Le marathon budgétaire.* ➛ *Discussion-marathon.*

> ❑ *Marathon* est le nom d'une localité où les Grecs remportèrent une victoire décisive sur les Perses et d'où partit un soldat qui mourut d'épuisement en arrivant à Athènes, au terme d'une course de 40 km pour annoncer la nouvelle.

marathonien, ienne n. - XIXe ▪ Coureur de marathon.

marâtre n. f. - XIIe ; lat. *mater* 1 Femme du père, par rapport aux enfants qu'il a eus d'un premier mariage. ⇒ **belle-mère.** 2 Mauvaise mère.

maraud, aude n. - XVe ; du rad. expressif *marm-* ▪ Misérable, vaurien.

> ❑ Ce mot est tombé en désuétude, ce qui n'est pas le cas du dérivé verbal *marauder* et de ses dérivés.

maraudage n. m. - XVIIIe 1 Maraude. 2 Vol de produits de la terre avant leur récolte.

maraude n. f. - XVIIe 1 Vol de fruits, légumes, volailles, dans les jardins et les fermes. ⇒ **chapardage, larcin,**

maraudage, rapine. 2 loc. *Taxi en maraude,* qui circule lentement, à la recherche de clients.

marauder v. intr. [1] – XVIe ▪ Pratiquer la maraude ou le maraudage. ⇒ **chaparder,** ② **voler.** *Un homme qui maraudait dans les jardins.*

maraudeur, euse n. – XVIIe ▪ Personne qui maraude. ⇒ **voleur.** *Une bande de maraudeurs.*

marbre n. m. – XIe ; lat. *marmor* 1 Roche métamorphique dérivée de calcaires ou de dolomies, souvent veinée de couleurs variées et pouvant prendre un beau poli. *Carrière de marbre.* ⇒ **marbrière.** *Colonnes, cheminée de marbre, en marbre.* « *une très vieille fontaine de marbre* [...], *toute sculptée d'exquises arabesques* » (Loti). *Statue de marbre.* 2 *UN MARBRE :* un bloc, un objet en marbre. spécialt Le plateau de marbre d'une table, d'une commode. ♦ Statue de marbre. « *Les grands jets d'eau sveltes parmi les marbres* » (Verlaine). 3 loc. *Être, rester de marbre,* impassible. 4 Surface, table (à l'origine en marbre) utilisée pour diverses opérations techniques (en mécanique, verrerie, poudrerie). ♦ Plateau de fonte polie sur lequel on faisait les impositions ou la correction des textes. ♦ *Passer une voiture au marbre :* contrôler et rectifier la planéité du châssis.

marbré, ée adj. – XIIIe 1 Qui présente des marbrures. ⇒ **jaspé, veiné.** « *une salamandre noire marbrée de taches orangées* » (Genevoix). 2 Qu'on a marbré. *Papier marbré.*

marbrer v. tr. [1] – XVIIe 1 Marquer (une surface) de veines, de taches pour donner l'apparence du marbre. ⇒ **jasper.** 2 Marquer (la peau) de marbrures. *Le froid lui marbrait le visage.*

marbrerie n. f. – XVIIIe 1 Métier du marbrier ; son atelier. 2 Industrie de transformation et de mise en œuvre des marbres et autres roches. *Marbrerie funéraire.*

marbreur, euse n. – XVIIe ▪ Ouvrier spécialiste en marbrure (1°).

① **marbrier** n. m. – XIVe 1 Ouvrier spécialisé dans le travail des blocs ou objets en marbre, ou pierre du même genre. 2 Fabricant, marchand d'ouvrages de marbrerie, de marbrerie funéraire.

② **marbrier, ière** adj. – XIXe ▪ Relatif au façonnage et à l'utilisation du marbre.

marbrière n. f. – XVIe ▪ Carrière de marbre.

marbrure n. f. – XVIIe 1 Imitation des veines et taches du marbre. ⇒ **jaspure.** « *la cage d'escalier avec ses peintures en trompe-l'œil imitant de vieilles marbrures* » (Perec). 2 Marques violacées sur la peau, comparables aux taches et veines du marbre. ⇒ **livedo.**

① **marc** [maR] n. m. – XIIe ; germ. 1 Ancien poids (244,5 g) servant à peser les métaux précieux ; monnaie de ce poids. 2 dr. loc. *Au marc le franc :* d'une manière proportionnelle (le *marc* valant un nombre déterminé de francs). ✪ HOM. Mare, marre.

② **marc** [maR] n. m. – XIVe ; de *marcher* « écraser » 1 Résidu des fruits que l'on a pressés pour la fabrication de boissons, d'huile, etc. ➤ Marc de raisin. 2 Eau-de-vie de marc de raisin distillé. ⇒ **grappa.** 3 Résidu d'une substance que l'on a fait infuser pour en extraire le suc. *Marc de café* (servant à des pratiques de divination). « *quelque esclave habile à lire dans le marc de café* » (Loti).

marcassin n. m. – XVe ; picard ▪ Jeune sanglier qui suit encore sa mère. ➤ Sa chair. *Civet de marcassin.*

> ❑ *Marcassin,* originellement *marquesin,* est probablement dérivé de *marque* par allusion aux raies qui strient le corps de l'animal.

marcassite n. f. – XVe ; ar. ▪ Sulfure de fer naturel (FeS_2), cristallin, qui se présente en masses à structure fibreuse (utilisé en bijouterie).

marcescent, ente adj. – XVIIIe ; lat. *marcescere* « se flétrir » ▪ Qui se flétrit sur la plante sans s'en détacher. *Feuillage marcescent des jeunes chênes.* ✪ CONTR. Labile.

marchand, ande n. et adj. – XIIe ; lat. *mercatus* « marché » **I** n. Commerçant chez qui l'on achète des marchandises qu'il fait profession de vendre. ⇒ **commerçant, négociant ;** et aussi **boutiquier, fournisseur, vendeur.** *Marchand en gros* (⇒ **grossiste**), *au détail* (⇒ **débitant, détaillant**). *Marchand ambulant* (⇒ **camelot, colporteur**). *Gros, riche marchand.* ➤ *Marchand de tableaux. Marchand de chaussures.* « *l'éventaire multicolore du marchand de journaux* » (Sartre). ➤ *Entrecôte marchand de vin,* préparée avec une sauce au vin rouge. ➤ *Marchand de couleurs :* droguiste. ➤ *Marchand de biens :* agent immobilier. ➤ loc. fig. *Marchand de soupe :* mauvais restaurateur ; directeur affairiste d'une institution d'enseignement privé. **II** adj. 1 Propre au commerce. *Denrées marchandes.* ➤ *Valeur marchande :* valeur commerciale. *Qualité marchande,* normale (par oppos. à *extrafine, supérieure,* etc.). ➤ Dont le prix résulte de la loi du marché. *Économie marchande :* ensemble des activités conduisant à une vente sur le marché. 2 *Quartier, rue marchande,* où il y a de nombreux commerces. 3 *Marine marchande,* qui effectue les transports commerciaux. ✪ CONTR. Client. — HOM. Marchant.

marchandage n. m. – XIXe 1 Contrat par lequel un sous-entrepreneur (⇒ **marchandeur**) fournit de la main-d'œuvre recrutée par ses soins. *Marchandage illégal.* 2 Action de marchander pour obtenir qqch. au meilleur prix. ♦ Tractation dans laquelle on discute sans s'embarrasser de scrupules pour obtenir quelque avantage.

marchander v. tr. [1] – XIIIe 1 Essayer d'acheter (une chose) à meilleur marché, en discutant avec le vendeur. *Marchander un bibelot ancien.* ➤ intrans. *Pays où c'est la coutume de marchander.* 2 Effectuer un contrat de marchandage. 3 Ne consentir à céder, à accorder ou à donner (qqch.) qu'après bien des hésitations ou des exigences en retour. *Marchander son appui.* ✪ CONTR. Prodiguer.

marchandeur, euse n. – XVIe 1 Personne qui a l'habitude d'acheter en marchandant. 2 Sous-entrepreneur qui s'engage à effectuer un travail à prix convenu et ne fournit que la main-d'œuvre (⇒ **marchandage**).

marchandisage n. m. – 1974 ▪ Ensemble des techniques s'appuyant sur l'analyse du comportement des consommateurs et visant à accroître la diffusion commerciale des produits. ⇒ **agencement, présentation ;** aussi **commercialisation, distribution, marchéage.**

> ❑ Le terme a été proposé pour traduire *marketing* dans une partie de ses emplois et pour franciser l'anglicisme *merchandising.*

marchandise n. f. – XIIe 1 Chose mobilière pouvant faire l'objet d'un commerce, d'un marché. ⇒ **article, denrée, produit.** *Vendre des marchandises. Valeur, prix d'une marchandise. Marchandises en gros, au détail. Train de marchandises* (opposé à *de voyageurs*). ➤ *Transport de marchandises.* ⇒ **cargaison, fret.** ➤ *Droits sur les marchandises.* ⇒ **douane.** 2 loc. *Tromper sur la marchandise :* vendre une marchandise falsifiée ; fig. donner autre chose que ce qu'on avait promis.

marchandiseur n. m. – 1975 ▪ Spécialiste chargé de mettre en œuvre, au point de vente, les techniques du marchandisage. ♦ Matériel de présentation utilisé au cours d'une action de marchandisage.

marchant, ante adj. – XIXe ▪ Qui marche. ➛ loc. *L'aile marchante d'un parti,* sa fraction la plus agissante. ✪ HOM. Marchand.

marchantia [marʃɑ̃tja] n. f. – XIXe ; de *Marchant,* botaniste fr. ▪ Plante cryptogame *(hépatiques)* qui croît dans les endroits humides et tempérés.

① **marche** n. f. – XIe ; germ. ▪ Province frontière d'un État. District militaire établi sur une frontière. *Les marches de Lorraine.*

② **marche** n. f. – XIVe **I** Endroit où se pose le pied. **1** Trace d'un animal. *Marches du cerf, de la loutre.* **2** Surface plane sur laquelle on pose le pied en franchissant l'espace qui sépare deux plans horizontaux de hauteur différente. *Marches d'un escalier.* ⇒ **degré.** ➛ *Marche d'un marchepied de train.* ➛ *Gravir les marches. Attention à la marche !* ⇒ ① **pas. 3** Pédale d'un métier à tisser, d'un tour, d'un orgue. **II** Action de marcher. **1** Mode de locomotion* naturel à l'homme et à certains animaux, constitué par une suite de pas. *La marche,* pratiquée pour le plaisir **(⇒ promenade)** ou par hygiène **(⇒ footing).** « *La marche a quelque chose qui anime et avive mes idées* » (Rouss.). « *La marche est encore le meilleur des exercices* » (Gide). ♦ Façon de marcher. ⇒ ① **pas.** *Régler sa marche sur celle d'un enfant.* ➛ loc. *MARCHE À SUIVRE :* série d'opérations, de démarches pour obtenir ce qu'on veut. ⇒ **méthode,** ② **moyen, procédure, voie. 2** Action de se déplacer en marchant. ⇒ **course, promenade, randonnée,** ③ **tour.** « *Elle en avait pour une demi-heure de marche* » (Green). ⇒ **trajet. 3** Mouvement d'un certain nombre de personnes (ou d'animaux) qui marchent dans un ordre déterminé **(⇒ défilé).** *Marche de protestation, silencieuse.* ⇒ **manifestation.** *Ordre de marche.* ➛ loc. *Ouvrir, fermer la marche :* marcher le premier, le dernier. « *Le capitaine* [...] *descendit d'une Ford qui fermait la marche du cortège* » (Mac Orlan). ♦ *Marche d'une armée en campagne. Marche forcée,* prolongée au-delà d'une étape normale. ➛ *En avant, marche !* commandement, signal de départ. « *À droite par quatre !... En avant !... marche ! Le régiment s'ébranla* » (Dorgelès). ➛ *Chanson de marche,* dont le rythme règle le pas d'une troupe, d'un groupe de marcheurs. ♦ *UNE MARCHE.* Cette musique. *Marche militaire. Marche funèbre.* **4** Déplacement continu dans une direction déterminée. *Sens de la marche d'un train. Être assis dans le sens de la marche. Auto qui fait marche arrière.* ♦ *Marche arrière :* celui des engrenages de la boîte de vitesses d'un véhicule qui commande le déplacement en arrière. **5** Mouvement d'un astre. *Marche de la Lune.* ➛ Fonctionnement d'un mécanisme. *Régler la marche d'une horloge.* **6** Cours. *La marche du temps ; du progrès.* ⇒ **évolution, progression. 7** Fonctionnement. *Assurer la bonne marche d'une entreprise.* ➛ *En état de marche :* capable de fonctionner. *Voiture en état de marche.* **8** loc. *EN MARCHE :* en train d'avancer. *Se mettre en marche.* ⇒ s'**ébranler.** fig. « *La vérité est en marche ; rien ne peut plus l'arrêter* » (Zola). ➛ *Train en marche. Ne montez pas en marche.* ♦ En fonctionnement. *Mettre un moteur en marche,* le faire partir. *Machine qui se met en marche.* ⇒ **démarrer.** ✪ CONTR. Arrêt, halte.

marché n. m. – XIe ; lat. *merx* « marchandise » **I - 1** Convention portant sur la fourniture de marchandises, de services et de valeurs. ⇒ **accord, affaire, contrat ; achat, échange, vente.** *Conclure, passer, faire un marché.* **2** *Marché au comptant,* où l'exécution du contrat est immédiate ou dans un délai bref. *Marché à terme,* portant sur une opération dont le dénouement intervient à une date ultérieure **(⇒ liquidation, terme).** ➛ *Marché à prime,* où chaque partie peut résilier le marché contre paiement d'une prime (opposé à *marché ferme**). ➛ *Marché de gré à gré :* transaction pour laquelle le prix est fixé librement par accord entre le vendeur et l'acheteur. **3** loc. *Mettre à qqn le marché en main,* le placer devant une alternative, sans plus admettre de discussion. ➛ *PAR-DESSUS LE MARCHÉ :* en plus de cela. « *Déjà vous avez perdu la guerre, vous allez pas nous faire tuer par-dessus le marché* » (Sartre). **4** loc. *BON MARCHÉ. Faire bon marché d'une chose,* n'en pas faire grand cas. ♦ *À BON MARCHÉ :* à bas prix. ➛ *Acheter, vendre bon marché.* ♦ adj. inv. Pas cher. *Des chaussures bon marché. C'est très bon marché.* ⇒ **avantageux.** « *Ici tout est bon marché, clinquant et camelote* » (Morand). **5** Tout arrangement fait avec qqn. ⇒ **pacte.** « *Agnès me regardait sans me parler, c'était notre marché* » (Sév.). **II - 1** Lieu public de vente de denrées alimentaires et de marchandises d'usage courant. *Marché à ciel ouvert, marché couvert.* ⇒ **halle.** *Place du marché. Marché oriental.* ⇒ **bazar,** ② **khan, souk.** *Le* « *marché aux poissons où l'animation ne commence que de cinq à six heures, moment de la vente à la criée* » (Nerval). *Marché d'intérêt national (M.I.N.)* ou *marché-gare,* destiné à la vente en gros. *Des marchés-gares.* ♦ Réunion publique périodique de commerçants. ⇒ ① **foire.** ➛ *Faire son marché,* faire ses courses au marché. **2** Endroit où se négocient (des marchandises, des valeurs). ⇒ ② **bourse. III - 1** Ensemble des offres et des demandes concernant une catégorie (ou un ensemble) de biens, de services ou de capitaux. *Marché du bois, du travail. Marché financier. Dominer un marché.* ⇒ **cartel, trust.** *Le prix du marché, le cours* (de matières premières, de titres) *sur le marché.* ➛ *Économie de marché,* dans laquelle les relations économiques et la détermination des prix obéissent à la loi de l'offre et de la demande. ⇒ **capitalisme, libéralisme.** ➛ (dans un système économique à prix dirigés) *Marché officiel et marché libre. Marché parallèle,* où les prix, différents des prix officiels, sont fixés librement avec l'accord des autorités. ➛ *MARCHÉ NOIR :* marché clandestin résultant de l'insuffisance de l'offre (en période de rationnement, taxation). *Faire du marché noir. Acheter au marché noir.* ♦ (par référence aux pays, zones de production et aux conditions d'échange) *Le marché argentin de la viande. Marché régional, national, mondial du blé.* ➛ *MARCHÉ COMMUN :* Communauté économique européenne (devenu Union européenne). **2** *Marché des capitaux : marché monétaire*, des changes* (où s'échangent les devises et se fixent leurs cours) ; *marché des valeurs mobilières* **(⇒ ② bourse, euromarché).** *Marché à terme international de France.* ⇒ MATIF. ♦ *Marché boursier, marché obligataire.* ➛ *Marché primaire,* où sont cotées les valeurs mobilières lors de leur émission. *Marché secondaire,* où s'échangent les titres déjà émis. ➛ *Marché en réaction,* lorsque après une forte hausse, les cours enregistrent un certain tassement. *Marché en reprise,* lorsque les cours sont en progression après une forte baisse. **3** *Le marché d'une entreprise, d'un produit* **(⇒ clientèle, consommateur).** *Mettre, lancer un produit sur un marché. Conquérir le marché japonais des parfums* **(⇒ commercialisation, distribution, marketing).** *Le marché potentiel, la part de marché réelle d'une entreprise. La concurrence sur un marché.* ♦ *Le marché de la micro-informatique en France.* ➛ *Étude de marché :* analyse des données (qualitatives et quantitatives) caractérisant la consommation et la commercialisation d'un produit, d'un service. ⇒ **marchéage, marketing, mercatique.** *L'étude du marché précède le lancement d'un nouveau produit.* ✪ HOM. Marcher.

❑ On écrit : *des produits bon marché* (invariable), *des articles meilleur marché* (invariable) *qu'ailleurs, c'est la robe la meilleur marché que tu puisses trouver.*

marchéage n. m. – 1974 ■ Organisation coordonnée d'un ensemble d'actions commerciales dans une entreprise en application de la mercatique.

marchepied n. m. – XIIIe ■ Degré ou série de degrés fixes ou pliants, qui servent à monter dans une voiture, un train ou à en descendre. « *Le cocher à grosse houppelande bleue brodée de rouge vint déplier le marchepied* » (Balz.). ♦ Petite échelle d'appartement, dont les échelons sont remplacés par des marches assez larges. ⇒ **escabeau.** ➝ loc. fig. *Servir de marchepied à qqn,* d'appui pour parvenir à ses fins.

marcher v. intr. [1] – XIIe ; germ. « marquer, imprimer le pas » **I - 1** Se déplacer* par mouvements et appuis successifs des jambes et des pieds sans quitter le sol (⇒ ② **marche,** ① **pas).** *Enfant qui commence à marcher.* « *Je ne puis méditer qu'en marchant* » (Rouss.). *Marcher bon train, vite.* ⇒ **presser** (le pas). « *Il n'y a point de chemin trop long à qui marche lentement et sans se presser* » (La Bruy.). « *Le docteur marchait de long en large à travers la pièce* » (Bernanos). *Marcher droit devant soi.* **2** Avancer (en parlant des êtres animés). *Marcher à quatre pattes.* ➝ *Animaux qui marchent sur les doigts* **(⇒ digitigrade),** *sur la plante des pieds* **(⇒ plantigrade). 3** Aller à pied. ⇒ **pédestre, piéton.** ➝ *Marcher à l'aventure.* ⇒ **errer, flâner.** ➝ fig. *Marcher avec qqn, la main dans la main, comme un seul homme :* être d'accord. **4** ⇒ ① **aller,** ① **tendre.** *Pays qui marche à la ruine. Marcher à sa perte.* « *Le monde avec lenteur marche vers la sagesse* » (Volt.). **5** Faire mouvement. *Marcher sur une ville, contre un adversaire.* **6** fam. Acquiescer, donner son adhésion (à qqch.). ⇒ **accepter, consentir.** *Marcher dans la combine.* « *Non, monsieur ! je ne marche pas !* » (Malraux). ➝ fam. Croire naïvement quelque histoire. *Pas moyen de plaisanter avec lui, il marche à fond tout de suite.* ♦ *Faire marcher qqn,* l'abuser en faisant prendre pour vrai ce qui ne l'est pas. ⇒ **berner, tromper. 7** Se mouvoir de manière continue. *Train qui marche à 250 km à l'heure.* ⇒ **rouler. 8** Fonctionner (en parlant d'un mécanisme). *Appareil qui marche à l'électricité. Faire marcher une machine, une radio. Montre, pendule qui ne marche plus.* ➝ fam. (personnes) *Marcher au whisky.* ➝ Assurer la bonne gestion de (ménage, entreprise). *Faire marcher une usine.* ⇒ **tourner.** *Avec « le peu que je gagne, elle fait très bien marcher la maison »* (Duham.). **9** Produire l'effet souhaité. *Les affaires ont l'air de marcher* **(⇒ prospérer).** *Ses études marchent bien. Un livre qui marche,* qui se vend bien. fam. *Ça marche.* **II - 1** Mettre le pied (sur qqch.) tout en avançant. *Défense de marcher sur les pelouses.* ➝ loc. fig. *Marcher sur le corps, sur le ventre d'un concurrent.* ⇒ **passer. 2** Poser le pied (sur qqch.), sans idée d'autre mouvement. *Marcher dans une flaque d'eau. Marcher sur les pieds de qqn.* ✪ CONTR. Arrêter (s'), ① stopper. — HOM. Marché.

marcheur, euse n. et adj. – XVIIe **I** Personne qui marche, et spécialt qui peut marcher longtemps, sans fatigue. *Un grand marcheur. Elle est bonne marcheuse.* « *j'étais un marcheur très lent* » (Beckett). ♦ Personne qui participe à une marche de protestation. *Les marcheurs de la paix.* **II** adj. *Oiseaux marcheurs,* qui volent difficilement et sont mieux adaptés à la marche. *L'autruche est un oiseau marcheur.*

marcottage n. m. – XIXe ■ Mode de multiplication d'un végétal par lequel une tige aérienne est enterrée et prend racine. *Marcottage naturel. Marcottage artificiel de la vigne.* ⇒ **provignage.**

marcotte n. f. – XIVe ; lat. *marcus* ■ Tige, branche tenant encore à la plante, qui a pris racine. *Sevrer une marcotte :* séparer du pied mère cette tige devenue plante autonome. *Marcotte de vigne.* ⇒ **provin.**

marcotter v. tr. [1] – XVIe ■ Multiplier par marcottes.

mardi n. m. – XIIe ; lat. *Martis dies* « jour de Mars » ■ Deuxième jour de la semaine, qui succède au lundi. *Il vient tous les mardis. Mardi gras :* dernier jour du carnaval, qui précède le carême. ⇒ **mi-carême.** *Se déguiser pour le mardi gras.*

mare n. f. – XIIe ; germ. **1** Petite nappe d'eau peu profonde qui stagne. ⇒ **flache, flaque, lagon.** *Mare dans un bois, une cour de ferme. Mare aux canards.* ⇒ **canardière.** « *Dehors, la pluie entretenait la mare, qui était la seule eau pour les bêtes* » (Zola). **2** Grande quantité de liquide répandu. *Une mare de sang.* ✪ HOM. Marc, marre.

marécage n. m. – XIIIe ; de *marais* ■ Lieu inculte et humide où s'étendent des marais. ⇒ **marais ; étang.** *Couper des joncs dans un marécage.*

marécageux, euse adj. – XIVe **1** Qui est de la nature du marécage. ⇒ **bourbeux.** *Terrain marécageux.* **2** Qui vit dans les marécages. ⇒ **aquatique.** « *l'épais fourré des plantes marécageuses* » (J. Verne).

maréchal, aux n. m. – XIe ; germ. « domestique chargé de soigner les chevaux » **1** *MARÉCHAL DES LOGIS :* sous-officier de cavalerie, d'artillerie, qui était à l'origine chargé du logement des troupes. **2** *Maréchal (de France) :* à l'origine, officier supérieur et fonctionnaire royal, second du connétable. ➝ mod. *MARÉCHAL :* officier général qui a la dignité la plus élevée dans la hiérarchie militaire. ➝ n. f. *MARÉCHALE :* épouse d'un maréchal.

maréchalat n. m. – XIXe ■ Dignité de maréchal de France.

maréchalerie n. f. – XVIe ■ Métier de maréchal-ferrant. ➝ Son atelier.

maréchal-ferrant n. m. – XVIIe ■ Artisan dont le métier est de ferrer les chevaux (et les animaux de trait). *Forgerons qui font le métier de maréchaux-ferrants.*

maréchaussée n. f. – XIIe ■ Sous l'Ancien Régime, Corps de cavaliers placé sous les ordres d'un prévôt des maréchaux, et chargé des fonctions de la gendarmerie actuelle. *Les archers de la maréchaussée.* ♦ plais. Gendarmerie.

marée n. f. – XIIIe **1** Mouvement journalier de la mer dont le niveau monte et descend alternativement en un même lieu, provoqué par l'attraction de la Lune et du Soleil. *Marée montante.* ⇒ **flux.** *Marée haute. Marée descendante.* ⇒ **jusant, perdant, reflux.** *Marée basse.* « *La marée était basse encore, et les barques gisaient échouées sur la vase* » (Gaut.). *Grandes marées,* à fortes amplitudes (vives eaux), par l'attraction conjuguée du Soleil et de la Lune **(⇒ syzygie).** *Marées d'équinoxe. Faibles marées,* à faibles amplitudes **(⇒ morte-eau),** lorsque les attractions s'opposent **(⇒ quadrature).** *Horaires des marées.* ➝ loc. fig. *Contre vents et marées :* malgré tous les obstacles. ♦ Marée haute. *Pêcheur qui attend la marée pour sortir.* ♦ *MARÉE NOIRE :* vaste nappe d'hydrocarbures répandue à la surface de la mer (à la suite du naufrage d'un pétrolier, d'un dégazage, etc.) qui pollue l'eau et les côtes. *Conséquences écologiques d'une marée noire.* **2** fig. ⇒ **flot,** ① **vague.** *Marée humaine.* « *la sinistre marée envahissante des meurt-de-faim* » (Loti). « *Une marée de bonheur montait en lui* » (Maurois). **3** Poissons, fruits de mer frais destinés à la consommation. *Marchand de marée.* ⇒ **mareyeur.** ✪ HOM. Marrer.

marégraphe n. m. – XIXe ■ Instrument enregistreur de la hauteur des marées.

marelle n. f. – XIIe ; p.-ê. préroman « pierre » ▪ Jeu d'enfants qui consiste à pousser à cloche-pied un palet dans des cases numérotées tracées sur le sol.

marémoteur, trice adj. – 1922 ▪ Qui utilise l'énergie des marées. *Usine marémotrice.* ➛ *Énergie marémotrice :* énergie hydraulique des marées (cf. Houille* bleue).

marengo [maʀɛ̃go] n. m. – XIXe ; de *Marengo,* village d'Italie **I** - **1** *Couleur marengo :* nuance très foncée de brun-rouge. **2** Drap de cette nuance. **II** *Poulet, veau (à la) marengo,* qu'on a fait revenir dans l'huile avec de l'ail, des tomates, des champignons et du vin blanc.

marennes n. f. – v. 1902 ; de *Marennes,* ville de Charente-Maritime ▪ Huître élevée à Marennes. ✪ HOM. Marraine.

mareyage n. m. – 1907 ▪ Travail du mareyeur.

mareyeur, euse n. – XVIIe ; de *marée* ▪ Marchand, grossiste qui achète sur place les produits de la pêche et les expédie aux marchands de poisson.

marfil → ① **morfil**

margarine n. f. – XIXe ; gr. *margaron* « perle » ▪ Émulsion de corps gras alimentaires (surtout de graisses végétales) et d'eau. *Un paquet de margarine.* « *des tartines de margarine* » (Sartre).

margauder → **margoter**

margay [maʀgɛ] n. m. – XVIe ; tupi *maracaja* ▪ Chat sauvage *(félidés)* de l'Amérique centrale et méridionale, à la robe tachetée.

marge n. f. – XIIIe ; lat. *margo* « bord, marge » **1** Espace blanc autour d'une page de texte écrit ou imprimé. ⇒ **bord, bordure.** *Rogner les marges à la reliure* (⇒ **émarger**). *Corriger dans la marge.* « *vous verrez notés en marge tous les endroits qu'il a pillés* » (Mol.). **2** Intervalle d'espace ou de temps, latitude dont on dispose entre certaines limites. *Marge de réflexion.* ⇒ **délai.** *Prévoir une marge d'erreur dans une évaluation.* ⇒ **écart ; différence.** *Marge de manœuvre.* ➛ *De la marge :* de la distance ; des possibilités d'action. « *Ça nous laisse de la marge pour manœuvrer* » (Romains). ⇒ **facilité, latitude. 3** EN MARGE DE : en dehors de, mais qui se rapporte à. *Information en marge de l'actualité. Vivre en marge,* sans se mêler à la société (⇒ **marginal**). *Ces originaux* « *qui vivent en marge de la vie collective* » (Sartre). **4** Différence entre le prix de vente et le coût (d'achat, de production). *Marge brute d'autofinancement (M.B.A.).* ⇒ **cash-flow. 5** *Marge continentale :* ensemble formé par la plateforme continentale et le talus qui la limite.

margelle n. f. – XIIe ; lat. *margo* « marge » ▪ Assise de pierre qui forme le rebord (d'un puits, du bassin d'une fontaine). ⇒ **bord.**

marger v. [3] – XIVe **1** v. tr. Placer (la feuille d'imprimerie ou le papier du rouleau) en position de tirage sur le cylindre de la machine ou sous le rouleau de la rotative. **2** v. intr. Placer le margeur d'une machine à écrire pour déterminer la largeur de la marge. *Marger à droite, à gauche.*

margeur, euse n. – XVIIIe **1** Ouvrier, ouvrière qui marge les feuilles. ➛ n. m. *Margeur automatique,* appareil remplissant cette fonction. **2** n. m. Dispositif servant à régler la marge, sur une machine à écrire.

marginal, ale, aux adj. et n. – XVe ; lat. *margo* « marge » **I** adj. **1** Qui est mis dans la marge. *Note marginale.* ♦ *Récifs marginaux,* en bordure d'une côte. *Fosse marginale* (cf. Marge* continentale). **2** Se dit de la dernière unité additionnelle ajoutée à un ensemble homogène. *Coût marginal,* correspondant à la fabrication d'une unité supplémentaire d'un produit. *Revenu marginal.* **3** fig. Qui n'est pas central, principal. *Occupations marginales, rôle marginal.* ⇒ **accessoire, secondaire. II** n. Personne vivant en marge de la société parce qu'elle en refuse les normes ou n'y est pas adaptée. ⇒ **anticonformiste, asocial.** « *Il avait toujours refusé de se marier, ce qui suffisait à faire de lui un marginal* » (Tournier). ➛ adj. *Des groupes marginaux.*

marginalement adv. – v. 1965 ▪ D'une façon marginale, annexe. ✪ CONTR. Principalement.

marginalisation n. f. – 1968 ▪ Action de marginaliser ; son résultat. Fait de se marginaliser. ⇒ **exclusion.**

marginaliser v. tr. [1] – v. 1970 ▪ Rendre (qqn, un groupe) marginal. ➛ pronom. *Se marginaliser par son style de vie.*

marginalisme n. m. – 1945 ▪ Théorie où la valeur d'échange est fonction de l'utilité de la dernière unité disponible d'un produit.

marginalité n. f. – v. 1965 ▪ Situation d'une personne marginale. « *basculer dans la haine et la marginalité* » (Guillo).

marginer v. tr. [1] – XVIIIe ▪ Annoter (un livre, un manuscrit) en écrivant dans les marges.

margoter ou **margotter** v. intr. [1] – XVIIe ; de *margot,* nom d'oiseaux ▪ Pousser son cri, en parlant de la caille. ⇒ **carcailler.**

❑ On dit aussi *margauder.*

margouillat n. m. – XIXe ; o. i., p.-ê. d'une langue africaine ▪ Lézard des savanes africaines *(agamidés).*

margouillis n. m. – XVIe ; germ. ▪ Mélange informe ou répugnant. ⇒ **gâchis.** « *l'abominable margouillis du temps présent* » (Huysm.).

margoulette n. f. – XVIIIe ; lat. *gula* « gueule » ▪ fam. Figure (d'une personne). ➛ loc. *Se casser la margoulette :* tomber.

margoulin, ine n. – XIXe ; dial. *goule* « gueule » ▪ Individu incompétent et peu scrupuleux en affaires. ⇒ **maquignon, mercanti.** « *un margoulin de la petite combine* » (Aymé).

margrave n. – XVe ; all. « comte (gouverneur) d'une marche » **1** n. m. Titre de certains princes souverains d'Allemagne. **2** n. f. Femme d'un margrave.

margraviat n. m. – XVIIIe ▪ Dignité de margrave.

marguerite n. f. – XIe ; lat. « perle » **1** Plante rustique des prés *(composacées),* à fleurs ligulées rayonnantes de couleur blanche, et à fleurs jaune d'or au centre. *Grande marguerite. Petite marguerite.* ⇒ **pâquerette.** « *ces marguerites que les enfants effeuillent brin à brin* » (Muss.). **2** Disque portant un ensemble de caractères que l'on place dans une machine à écrire électrique. **3** Cordage qui, fixé sur un autre, aide à manœuvrer ce dernier.

marguillier n. m. – XIIe ; lat. *matricularius* « teneur de registre » **1** Membre du conseil de fabrique d'une paroisse. **2** Laïc chargé de la garde et de l'entretien d'une église. ⇒ **bedeau, sacristain, suisse.** « *il est marguillier de la paroisse et s'est fait la providence des malheureux* » (Balz.).

mari n. m. – XIIe ; lat. *maritus* ▪ Homme uni à une femme par mariage. ⇒ **conjoint, époux.** « *Il est plus facile d'être amant que mari* » (Balz.). *Choisir, prendre un mari.* ⇒ se **marier.** *Le mari de sa fille* (⇒ **gendre**), *de sa sœur* (⇒ **beau-frère**). ➛ *C'est son ancien, son ex-mari.* ➛ *Vivre comme mari et femme.* ⇒ **concubinage,** ① **union** (libre) ; **maritalement.** ✪ HOM. Marri.

❑ *Mari* est l'équivalent usuel de *époux,* qui est administratif ou populaire.

mariable adj. – XIIe ▪ Qui est en état physique, psychologique de se marier. « *Elle est beaucoup plus belle* *que moi, [...] infiniment plus mariable* » (Duras). ✪ CONTR. Immariable.

mariage n. m. – XIIe I - 1 Union légitime de deux personnes. *Contracter un mariage.* ⇒ **alliance,** ① **union.** *Mariage civil,* contracté devant l'autorité civile, seul valable juridiquement en France. *Mariage religieux. Liens du mariage.* ⇒ **conjugal, matrimonial.** *Contrat de mariage,* qui règle le régime des biens des époux. *Enfants nés d'un premier, d'un second mariage.* ⇒ **lit.** *Dissolution du mariage par divorce ou par décès de l'un des conjoints. Mariage blanc.* « *Il y a de bons mariages, mais il n'y en a point de délicieux* » (La Rochef.). « *Le mariage doit incessamment combattre un monstre qui dévore tout : l'habitude* » (Balz.). ➛ *Formes historiques, culturelles du mariage.* ⇒ **polyandrie, polygamie ; lévirat.** *Mariage entre homosexuels, au Danemark.* 2 Action, fait de se marier. *Projet de mariage.* ⇒ **fiançailles.** ➛ *Faire un mariage d'argent, d'intérêt. Mariage de raison. Mariage d'amour.* 3 La cérémonie du mariage. ⇒ **noce.** *Aller, assister à un mariage.* ➛ *Messe de mariage.* ⇒ **bénédiction** (nuptiale). 4 État d'une personne mariée, d'un couple marié ; vie conjugale. *Préférer le mariage au célibat. Les premiers temps du mariage.* ⇒ **lune** (de miel). *Anniversaire de mariage.* ⇒ **noces** (d'or, d'argent). II - 1 Action d'associer, d'assortir des choses ; son résultat. ⇒ **association, assortiment, mélange, réunion,** ① **union.** *Mariage de deux couleurs.* 2 Jeu de cartes où l'on cherche à réunir, dans la même main, le roi et la reine d'une même couleur. 3 Fusion de deux groupes politiques ; association d'entreprises. ✪ CONTR. Célibat ; divorce, séparation.

marial, iale adj. – XVIe ▪ Relatif à la Vierge Marie. *Les cultes marials* (parfois *mariaux*).

marié, iée adj. et n. – XIIe 1 Qui sont unis par le mariage. *Homme marié, femme mariée.* ➛ *Lune de miel des jeunes mariés.* 2 n. Personne dont on célèbre le mariage. « *Deux mariées pompeusement habillées de blanc* » (Balz.). ✪ CONTR. Célibataire, divorcé, veuf.

marie-louise n. f. – 1963 ▪ Moulure fixée sur le bord intérieur d'un cadre. *Des maries-louises.*

marier v. tr. [7] – XIIe ; lat. *maritare* I - 1 Unir en célébrant le mariage. *Le maire les a mariés.* 2 Établir (qqn) dans l'état de mariage. *Fille à marier,* en âge d'être mariée (⇒ aussi **nubile**). ♦ *ÊTRE MARIÉ* : avoir contracté mariage. 3 (Nord, Belgique, Canada) Épouser. *Il l'a mariée contre l'avis de ses parents.* 4 *SE MARIER* v. pron. S'unir par le mariage (en parlant de deux personnes). ⇒ **convoler.** *Ils vivaient ensemble avant de se marier.* 5 Contracter mariage (en parlant d'une personne). *Il va se marier avec elle.* ⇒ **épouser.** II Unir. ⇒ **allier, associer, assortir, combiner.** *Marier des couleurs qui s'harmonisent.* ➛ pronom. « *une carpette où se mariaient, modernes, et le bleu et l'amarante* » (Aragon). ✪ CONTR. Divorcer. — HOM. *Mariez :* marriez (marrer).

marie-salope n. f. – XVIIIe ▪ Bateau, chaland à fond mobile destiné à transporter en haute mer les produits de dragage. *Des maries-salopes.*

marieur, ieuse n. – XIIe ▪ fam. Personne qui aime s'entremettre pour conclure des mariages.

marigot n. m. – XVIIe ; o. i., p.-ê. d'un mot caraïbe, d'apr. *mare* ▪ Dans les régions tropicales, Bras mort d'un fleuve. ⇒ **bayou.** ➛ Lieu bas et sujet aux inondations. *Les marigots d'Amazonie.* ⇒ **marais.**

marijuana [maRiRwana ; maRiʒɥana] n. f. – 1920 ; mot esp. d'Amérique ▪ Drogue faite des feuilles et des tiges du chanvre indien. ⇒ **haschisch, herbe,** ① **kif, shit.** *Fumer de la marijuana.* ⇒ ③ **joint, pétard.**

❑ *Marijuana* est quelquefois adapté plaisamment en *marie-jeanne* (n. f.).

marimba [maRimba] n. m. – XVIIIe ; d'une langue africaine, probablt bantoue ▪ Xylophone africain dont chaque lame est munie d'un résonateur en bambou, en bois, ou en calebasse. *Des marimbas.*

① **marin, ine** adj. – XIIe ; lat. *mare* « mer » 1 Qui appartient à la mer, vient de la mer, se produit ou vit dans la mer. *Air marin. Faune marine.* ⇒ **necton, plancton.** « *les œufs de tortue marine* » (Duham.). ➛ *Monstres, dieux marins de la mythologie.* ♦ Qui se trouve près de la mer. ⇒ **maritime.** *Ferme marine,* pratiquant l'élevage de poissons, crustacés. ⇒ **aquaculture ; écloserie.** ➛ « *Le Cimetière marin* », *poème de Valéry.* ➛ *Cure marine.* ⇒ **héliomarin ; thalassothérapie.** 2 Qui est spécialement destiné à la navigation sur la mer. « *les deux vieilles cartes marines où l'on voit jouer des dauphins* » (Bosco). ➛ loc. *Avoir le pied marin :* garder son équilibre sur un bateau, malgré le roulis, le tangage ; ne pas avoir le mal de mer. ✪ CONTR. Terrestre.

② **marin** n. m. – XVIIIe 1 Personne qui est habile dans l'art de la navigation sur mer. ⇒ **navigateur.** *Les Grecs, peuple de marins.* 2 Homme dont la profession est de naviguer sur la mer. *Vieux marin expérimenté.* ⇒ **loup** (de mer). ➛ loc. *Marin d'eau douce :* médiocre marin, marin amateur. ➛ Dans la marine militaire, Homme d'équipage. ⇒ **matelot.** *Grades, hiérarchie des marins.* ⇒ ② **mousse ; apprenti, novice, matelot ; quartier-maître,** ① **marine** (officier de marine). 3 Personne (homme ou femme) travaillant à bord d'un navire sous l'autorité du capitaine. 4 *Col marin :* grand col carré à l'arrière et ouvert en pointe sur le devant comme celui des marins. « *une blouse à grand col marin* [...]. *Le bleu du col est très clair, très lavé* » (Romains). *Costume marin :* costume bleu de garçonnet qui rappelle celui des marins. 5 Vent tiède, accompagné de pluies, soufflant du sud sur les côtes avoisinant le golfe du Lion.

marina n. f. – 1960 ; mot it. « plage » ▪ Ensemble touristique aménagé en bordure de mer (port de plaisance, logements...).

marinade n. f. – XVIIe ▪ Mélange de vin, de vinaigre salé, d'épices dans lequel on fait macérer du poisson, de la viande avant la cuisson. ⇒ **escabèche.** « *des viandes lardées par des marinades, peintes avec des sauces couleur d'égout* » (Huysm.). ➛ Aliment mariné. *Servir une marinade de marcassin.*

① **marine** n. f. – XIe 1 Peinture ayant la mer pour sujet. *Les marines de Boudin.* ♦ (apr. un nom de nombre) Format d'un châssis de tableau, dont la hauteur est nettement inférieure à la largeur. *Un 5 marine fait 35 × 22 cm.* 2 Ce qui concerne l'art de la navigation sur mer. *Relatif à la marine.* ⇒ **maritime, nautique, naval.** ♦ Ensemble des administrations et services qui régissent l'activité maritime. 3 Ensemble des navires appartenant à une même nation ou entrant dans une même catégorie. *Marine à voiles. Marine marchande. Marine militaire. Marine nationale (M. N.) :* marine de guerre de l'État français. 4 Marine de guerre. *Faire son service militaire dans la marine. Officiers de marine.* ⇒ ② **enseigne ; lieutenant ; capitaine ; contre-amiral, vice-amiral ; amiral ;** et aussi **commandant, commodore, major, midship, pilotin.** *Officier de marine qui sort de l'école navale.* 5 adj. *BLEU MARINE* ou *MARINE :* bleu foncé semblable au bleu des uniformes de la marine. « *Son pantalon de toile blanche et* [...] *sa vareuse bleu marine* » (Chardonne). *Des pulls bleu marine, marine* ou *marines.* « *des ceintures marines ou rouges tranchant sur la chemise blanche* » (Aragon). ➛ n. m. *Porter du marine.*

② **marine** n. m. – XIXe ; mot angl., du fr. ▪ Soldat de l'infanterie de marine américaine ou anglaise. *Les marines,* corps de débarquement.

mariné, ée adj. – XVIe ▪ Trempé dans une marinade. *Harengs marinés :* rollmops. « *quartier de sanglier mariné* » (Colette).

mariner v. [1] – XVIIe ; lat. *aqua marina* « saumure » **1** v. tr. Mettre dans une marinade, avant cuisson. *Mariner du gibier.* **2** v. intr. Être, tremper dans la marinade. *Cette viande doit mariner plusieurs heures.* ⇒ **macérer.** ♦ fam. Rester longtemps dans un lieu ou dans une situation désagréable.

maringouin n. m. – XVIe ; tupi-guarani *mbarigui* ▪ Tout diptère parasite de l'homme, moustique, cousin (pays tropicaux ; Canada). « *Le bûcher de voyage fut allumé pour faire cuire notre souper et chasser les maringouins* » (Chateaub.).

marinier, ière n. et adj. – XIIe **I** n. **1** n. m. Homme de mer, marin. ♦ *Officier marinier :* sous-officier de la marine de guerre. ⇒ **maistrance ;** ② **marin.** Dans la marine marchande, marin de rang intermédiaire entre le matelot et l'officier. **2** Personne dont la profession est de naviguer sur les cours d'eau. Batelier. **II** adj. Qui a rapport à la mer. ⇒ ① **marin.**

marinière n. f. – XVIe **1** *(À LA) MARINIÈRE :* à la manière des pêcheurs, des marins. *Moules marinière,* préparées dans leur jus, avec du vin blanc. *Vol-au-vent marinière,* aux fruits de mer. **2** Blouse ample, sans ouverture sur le devant et qui descend plus bas que la taille.

mariolle adj. et n. – XVIe ; it., de *Maria* « Marie », la Vierge ▪ fam. Malin. *C'est un mariolle. Faire le mariolle,* le malin, l'intéressant ; prendre des risques par vantardise.

marionnette n. f. – XVIe ; de *Marie,* par un dimin. signifiant « statuette de la Vierge » **1** Figurine représentant un être humain ou un animal, actionnée à la main par une personne cachée, qui lui fait jouer un rôle. *Marionnette à fils.* ⇒ **fantoche.** *Marionnette à gaine.* ⇒ **pupazzo ; guignol.** *Montreur de marionnettes.* « *les marionnettes ne sont vues qu'à mi-corps, elles* [...] *sont mises en mouvement par la main du marionnettiste, cachée sous leurs jupes* » (Gaut.). ♦ plur. Théâtre, spectacle de marionnettes. ⇒ **guignol. 2** Personne que l'on manœuvre à son gré. ⇒ **pantin.** « *ils tirent chacun par le fil de ses passions ou de ses intérêts, et* [...] *en font des marionnettes* » (Balz.). **3** Réunion de poulies tenues verticalement par deux traverses entre lesquelles elles peuvent pivoter.

marionnettiste n. – XIXe ▪ Montreur de marionnettes.

marisque n. f. – XIXe ; lat. « petite figue » ▪ Petite tumeur molle, ridée, à l'anus (transformation fibreuse d'une hémorroïde).

mariste n. – XIXe ▪ Membre de la congrégation religieuse de la Société de Marie.

marital, ale, aux adj. – XVe **1** Qui relève du mari. *Autorisation maritale.* **2** *Vie, union maritale,* d'un couple vivant maritalement.

maritalement adv. – XVIIe ▪ Comme mari et femme. ⇒ **conjugalement.** *Vivre maritalement.* ⇒ **concubinage,** ① **union** (libre). « *vous êtes la maîtresse de monsieur Étienne Lousteau,* [...] *vous vivez ensemble maritalement !* » (Balz.).

maritime adj. – XIVe **1** Qui est au bord de la mer, subit l'influence de la mer. *Pin maritime. Climat maritime.* ⇒ ① **marin.** ♦ au Canada, *les Provinces maritimes.* **2** Qui se fait sur mer, par mer. *Commerce maritime.* **3** Qui concerne la marine, la navigation, les navires. ⇒ **naval.** *Forces maritimes.* ♦ n. *Les maritimes :* les personnes qui s'occupent de la marine et en particulier de la marine marchande.

marivaudage n. m. – XVIIIe ; de *Marivaux,* écrivain fr. ▪ Propos, manège de galanterie délicate et recherchée. ⇒ **badinage.**

marivauder v. intr. [1] – XVIIIe ▪ Tenir, échanger des propos d'une galanterie délicate et recherchée. ⇒ **badiner.**

marjolaine n. f. – XIVe ; p.-ê. lat. *majorana* ▪ Plante aromatique *(labiacées),* utilisée comme aromate, comme assaisonnement et en infusion. ⇒ **origan.** *Le thym et la marjolaine.* « *des plats véhéments assaisonnés à la marjolaine et au macis* » (Huysm.).

mark [maʀk] n. m. – XIXe ; germ. ▪ Unité monétaire allemande. *Quinze marks.* ✪ HOM. Marque.

> ❑ Le *mark* est également l'unité monétaire de la Finlande.

marketing [maʀketiŋ] n. m. – 1944 ; angl. *market* « marché » ▪ Ensemble des actions de stratégie commerciale ayant pour objet l'étude du marché, permettant de satisfaire la demande, de la stimuler, de la susciter (recomm. offic. MERCATIQUE*). ⇒ **commercialisation, distribution, marchandisage, marchéage, vente.** *Faire du marketing. Le service marketing d'une entreprise.*

marli n. m. – XVIIe ; de *Marly* ou de *merles,* drap *merlé, meslé* ▪ Bord intérieur d'un plat, d'une assiette. « *un plat au marli noyé d'émail* » (Colette).

marlin n. m. – 1933 ; mot angl. ▪ Poisson téléostéen des mers chaudes, au rostre plus court et moins effilé que celui de l'espadon.

marlou n. m. – XIXe ; dial. du Nord « matou » ▪ pop. Souteneur. ⇒ ② **maquereau.**

marmaille n. f. – XVIe ; de *marmot* et *-aille* ▪ fam. Groupe nombreux de jeunes enfants bruyants. *Des rues où roule une marmaille loqueteuse* » (Aragon).

marmelade n. f. – XVIe ; gr. *meli* « miel » et *mêlon* « pomme » **1** Préparation de fruits écrasés et cuits avec du sucre. ⇒ **compote.** *Marmelade de coings* (⇒ **cotignac**), *de pommes. Marmelade d'oranges,* confiture ainsi faite où l'on ajoute des zestes très fins. « *il faudra que j'achète dans une maison anglaise un de ces pots de marmelade à l'orange si délicieusement sures* (sic) » (Huysm.). **2** loc. adj. *EN MARMELADE,* se dit d'un aliment trop cuit et réduit en bouillie. ➙ Écrasé. *Le boxeur avait le nez en marmelade.*

marmenteau adj. m. – XVIe ; lat. °*materiamentum* « bois de construction » ▪ Se dit d'un arbre de haute tige qu'un usufruitier n'a pas le droit d'abattre. ➙ n. m. *Des marmenteaux.*

marmite n. f. – XIVe ; rad. onomat. *marm-* et *mite* « chatte » **1** Récipient de métal, assez haut, muni d'un couvercle et généralement d'anses dans lequel on fait cuire des aliments. ⇒ ② **cocotte, faitout.** ➙ *Marmite autoclave,* à cuisson sous pression. ⇒ **autocuiseur. 2** Contenu de la marmite. « *Il a fait une marmite de bouillon* » (Renard). ♦ loc. fig. *Faire bouillir la marmite :* assurer la subsistance de toute la famille. **3** Aliment cuit et servi dans un bouillon, au restaurant. *La marmite du pêcheur.*

> ❑ *Marmite* est la substantivation inattendue de l'ancien adjectif *marmite* « hypocrite » à cause, peut-être, du contenu caché du récipient.

marmiton n. m. – XVIe ▪ Jeune aide-cuisinier. ⇒ **gâte-sauce, tournebroche.**

marmonnement n. m. – XVIe ▪ Action de marmonner ; murmure sourd, indistinct.

marmonner v. tr. [1] – XVIe ; onomat. ▪ Dire, murmurer entre ses dents, d'une façon confuse. ⇒ **marmotter.** *Il*

« *marmonnait des mots sans suite* » (Camus). *Marmonner des injures, des menaces.* ⇒ **grommeler.**

marmoréen, enne adj. – XIXe ; lat. *marmor* « marbre » **1** Qui a la nature, l'apparence du marbre. *Roches marmoréennes.* **2** Qui a la blancheur, la froideur du marbre. « *l'éclat marmoréen de sa chair souple et polie* » (Gaut.).

marmoriser v. tr. [1] – XVIe ■ Transformer en marbre, par une action naturelle. ➛ *Calcaire marmorisé.*

marmot n. m. – XVe ; p.-ê. de *marmotter* ■ fam. Petit garçon. ➛ au plur. Enfants, sans distinction de sexe. ⇒ **marmaille.** « *les marmots déguenillés* [...] *l'entouraient comme une nuée de moucherons* » (Hugo).

marmotte n. f. – XIIIe ; de *marmotter* **1** Rongeur au corps ramassé, au pelage fourni, qui hiberne une grande partie de l'année. loc. *Dormir comme une marmotte,* profondément. ♦ Fourrure de cet animal. ⇒ **murmel.** *Un manteau de marmotte.* **2** Malle formée de deux parties qui s'emboîtent. *Marmotte de commis voyageur :* boîte à échantillons. **3** Variété de bigarreau très foncé.

marmotter v. tr. [1] – XVe ; onomat. ■ Dire confusément, en parlant entre ses dents. ⇒ **bredouiller, marmonner, murmurer.** « *Le prêtre marmottait au galop un latin qu'il n'entendait pas* » (Flaub.).

① **marnage** n. m. – XVIIe ; de ① *marner* ■ Amendement d'une terre par un apport de marne.

② **marnage** n. m. – 1908 ; de ② *marner* ■ Amplitude maximale entre la haute et la basse mer.

marne n. f. – XIIIe ; mot gaul. ■ Mélange naturel d'argile et de calcaire. *Marnes argileuses, calcaires, limoneuses.*

① **marner** v. [1] – XIIIe **1** v. tr. Amender (une terre, un champ) avec de la marne. **2** v. intr. pop. Travailler dur. ⇒ ② **bosser.**

② **marner** v. intr. [1] – XVIIIe ; d'une var. de *marge* ■ *La marée, la mer marne,* monte au-dessus du niveau moyen.

marneux, euse adj. – XVIe ■ Qui contient de la marne. *Terrain, sol marneux. Calcaires marneux.*

marnière n. f. – XIIIe ■ Carrière de marne. « *Ces hommes qui descendent dans les marnières pour extraire cette sorte de pierre molle, blanche et fondante* » (Maupass.).

marocain, aine adj. et n. – XVIIe ■ Du Maroc. *Le royaume marocain.* ⇒ **chérifien.** ♦ n. *Les Marocains.* ✪ HOM. Maroquin.

maroilles [maʀwal] n. m. – XVIIIe ; de *Maroilles,* village de France ■ Fromage de lait de vache, à pâte molle, à croûte lavée rouge-brun, au goût fort, fabriqué en Artois et en Flandre.

maronite n. et adj. – XVe ; du patriarche *Maro(u)n* ■ Chrétien appartenant au rite oriental de Syrie et du Liban, qui a conservé la liturgie syriaque et fait partie de l'une des Églises uniates.

maronner v. intr. [1] – XVIIIe ; mot du Nord-Ouest « miauler » ■ fam. Exprimer son mécontentement en marmonnant. ⇒ **grogner,** fam. **rouspéter.** *Faire maronner qqn,* le faire enrager. ⇒ **bisquer.**

maroquin n. m. – XVe ; de *Maroc* **1** Peau de chèvre, de mouton, tannée et teinte, utilisée en reliure, en maroquinerie. « *la petite babouche de maroquin jaune* » (Loti). **2** Portefeuille ministériel, poste de ministre. ✪ HOM. Marocain.

maroquinerie n. f. – XVIIe **1** Fabrication, préparation du maroquin ; atelier où on le prépare. ⇒ **tannage, tannerie. 2** Ensemble des industries utilisant le cuir pour la fabrication de certains articles (portefeuilles, sacs à main, ceintures, etc.). **3** Articles de maroquinerie. ♦ Magasin où l'on vend ces articles (⇒ **maroquinier).**

maroquinier n. m. – XVIe **1** Ouvrier qui prépare les peaux de maroquin. **2** Personne qui fabrique des objets de maroquinerie. **3** Commerçant qui vend ces articles.

marotte n. f. – XVe ; de *Marie* **1** Sceptre surmonté d'une tête coiffée d'un capuchon bigarré et garni de grelots. *Marotte de bouffon.* **2** Tête de femme, en bois, carton, cire, dont se servent les modistes, les coiffeurs. **3** Idée fixe, manie. ⇒ **dada, folie, manie.** *C'est sa nouvelle marotte.* « *chacun ici-bas se trouve indisposé par la marotte du voisin* » (Céline).

marouette n. f. – XVIIIe ; provençal « marionnette » ■ Râle d'eau, petit échassier.

marouflage n. m. – XVIIIe ■ Action de maroufler ; toile de renfort sur laquelle une peinture, un panneau sont marouflés.

maroufler v. tr. [1] – XVIIIe ; de *maroufle* « colle forte », o. i. ■ Appliquer (une toile peinte) sur une surface (mur, plafond...) avec une colle forte. *Maroufler un panneau,* le consolider en collant à son envers une toile, de la filasse. ➛ « *des bahuts à penture de métal, plaqués de peaux ou de toiles marouflées* » (Huysm.).

maroute n. f. – XVIIe ; de l'a. fr. *amarouste* ■ Plante à odeur fétide *(composacées),* appelée aussi *camomille puante.* ➛ On dit aussi MAROUETTE.

marquage n. m. – XVIIe ■ Action de marquer une chose. ♦ Introduction d'un isotope lourd ou radioactif dans une molécule permettant d'étudier ses propriétés ou de suivre son métabolisme. *Marquage radioactif.* ♦ *Marquage génétique.*

marquant, ante adj. – XVIIIe ■ Qui laisse une trace, un souvenir. ⇒ **mémorable, remarquable.** *Les faits les plus marquants de l'année.* « *les traits les plus marquants d'un caractère se forment et s'accusent avant qu'on en ait pris conscience* » (Gide). *Personnage marquant,* que son talent, son activité mettent en relief. ✪ CONTR. Insignifiant.

marque n. f. – XVe ; de *marquer* **I - 1** Signe matériel, empreinte mis(e), fait(e) sur une chose pour la distinguer, la reconnaître ou pour servir de repère. ⇒ **empreinte, griffe, signe.** *Marque au couteau.* ⇒ ① **coche, encoche,** ① **trait.** *Coudre une marque à son linge. Marques sur des papiers, des dossiers. Faire une marque sur une liste, à un mot.* ⇒ **astérisque, croix,** ① **point, renvoi.** ➛ Signe, croix qu'un illettré appose en place de signature. ⇒ **griffe. 2** Trait, repère fait sur le sol (pour régler certains mouvements). ➛ loc. *À vos marques ! :* ordre qui amène les athlètes sur la ligne de départ. **3** Signe infamant que l'on imprimait sur la peau d'un condamné. ⇒ ② **flétrissure. 4** Signe attestant un contrôle. ⇒ **cachet, contrôle, estampille, poinçon, sceau.** *Marque nationale de qualité.* **5** Signe distinctif appliqué sur une chose par celui qui l'a faite, fabriquée. *Marque d'orfèvre* **(⇒ poinçon). 6** *Marque de fabrique, de commerce ou de service :* signe, nom servant à distinguer les produits d'un fabricant, les marchandises d'un commerçant ou d'une collectivité. ⇒ **cachet, chiffre, estampille, étiquette, label, poinçon, sceau, timbre, vignette.** *Marque descriptive* **(⇒ dénomination),** *figurative* **(⇒ emblème, vignette),** *nominale* **(⇒ logo).** *Marque déposée* (à l'Institut national de la propriété industrielle). *Produit commercialisé sans nom de marque* (cf. Produit libre*). « *Ni les armes, ni les instruments* [...] *ne portaient la marque du fabricant* » (J. Verne). ➛ *Produits de marque,* qui portent une marque connue, appréciée. **7** Entreprise qui fabrique des produits de marque ; ces produits. *Les grandes marques d'automobiles.* **8** Ce qui sert à faire une marque. ⇒ **cachet, poinçon. II - 1** Trace naturelle dont l'origine est reconnaissable. ⇒ **impression,**

trace. *Marques de pas, de roues de voiture dans un chemin* (⇒ **ornière**). *Marques de doigts sur une feuille de papier.* ⇒ **tache.** *Marques sur la peau ; marques de coups ; de blessures.* ⇒ **bleu, cicatrice, couture, ecchymose, marbrure, stigmate, vergeture, zébrure.** 2 Signe naturel, tache que l'on compare à une marque. *Avoir une marque sur le visage.* ⇒ **envie, nævus, tache. III - 1** Objet matériel servant à faire reconnaître une chose, à la retrouver. ⇒ **mémento.** *Mettre une marque dans un livre pour retrouver une page.* ⇒ **marque-page, signet.** ➤ loc. *Trouver, prendre ses marques* : se situer. ♦ Signe ou objet matériel indiquant une limite, une démarcation. ⇒ **borne, jalon, repère ; brisées.** ♦ Jeton, fiche servant à noter les points des joueurs. ➤ Jeton représentant de l'argent. 2 Décompte des points, au cours d'un match. *Mener à la marque* (cf. Aux points). ⇒ **score.** ➤ *Ouvrir la marque* : marquer le premier but. 3 *Marques distinctives d'une dignité, d'un grade.* ⇒ ② **insigne, signe, symbole ; chevron, galon.** ♦ *DE MARQUE. Hôtes de marque.* **IV - 1** Caractère, signe particulier qui permet de reconnaître, d'identifier qqch. ⇒ **attestation, caractère, critère, indice, preuve, signe, symptôme, témoignage, trace.** *Être la marque de qqch.* ⇒ **révéler.** *Marques d'affection, d'intérêt.* ⇒ **preuve.** « *la grande marque d'amour, c'est d'être soumis aux volontés de celle qu'on aime* » (Mol.). 2 Trait pertinent dont la présence ou l'absence dans une unité linguistique donnée fonde une opposition. *Le* s *est la marque du pluriel en français* (⇒ **marqué**). ✪ HOM. Mark.

marqué, ée adj. – XVIIe 1 Pourvu, empreint d'une marque, estampillé. « *un drap très fin, marqué d'un grand G brodé* » (Aragon). ➤ *Atomes marqués,* rendus radioactifs et, par là, décelables. *Molécules marquées* : molécules dont un atome est un isotope lourd ou radioactif. ♦ Être compromis, engagé ou désigné. *Homme politique marqué à droite, à gauche.* ➤ *Visage marqué,* aux traits accusés. « *Il vieillit, il est marqué* » (Balz.). 2 Accentué. *Mesure, mélodie marquée.* ➤ *Taille marquée,* soulignée par les vêtements. 3 ⇒ ② **net, prononcé.** *Il a une préférence marquée pour le vin blanc.* 4 Qui porte un caractère particulier (par rapport à un terme neutre, *non marqué*). *Forme marquée du substantif* (féminin, pluriel) *par rapport à la forme non marquée* (masculin, singulier).

marque-page n. m. – XXe ▪ Signe matériel que l'on insère dans un livre et qui permet de garder facilement une page. ⇒ **signet.** *Des marque-pages.*

marquer v. [1] – XIIe ; a. norm. °*merki* « marqué » **I v. tr. 1** Rendre reconnaissable (une personne, une chose parmi d'autres) au moyen d'un repère. ⇒ **indiquer, repérer, signaler.** *Marquer d'une coche* (⇒ ② **cocher**), *d'une croix, d'une empreinte* (⇒ **empreindre, estamper, étalonner**), *d'une estampille* (⇒ **estampiller**), *d'une étiquette* (⇒ **étiqueter**), *d'un matricule, d'un numéro* (⇒ **coter, immatriculer, numéroter**), *d'un timbre* (⇒ **timbrer**). *Marquer au poinçon* (⇒ **poinçonner**). *Marquer du linge.* ➤ *Animal qui marque son territoire.* ➤ loc. *Marquer un jour, un événement d'une pierre blanche,* se dit d'un jour remarquable qui vaut la peine qu'on s'en souvienne. ♦ fam. Écrire, noter. *Marquer un numéro de téléphone sur son carnet.* 2 Former, laisser une trace sur. « *le visage marqué de tous les stigmates de la stupidité la plus affreuse* » (Queneau). ➤ Introduire un indicateur dans (un corps, une substance) de façon à en permettre l'identification. ➤ Utiliser un isotope radioactif (⇒ **marqueur, traceur**) dans la préparation d'une molécule. ♦ *Marquer qqn de son influence.* 3 Indiquer, signaler par une marque, un jalon. *Marquer une limite, des limites.* ⇒ **baliser, borner, délimiter, jalonner.** *Marquer une page dans un livre* (⇒ **marque-page, signet**). ➤ « *cette découverte marque une étape considérable dans l'histoire de notre monde* » (Duham.). 4 Indiquer. *Chronomètre qui marque les secondes.* 5 *Marquer les points, au cours d'un jeu,* les enregistrer, à l'aide de jetons, de marques. ➤ loc. *MARQUER LE COUP* : souligner, par une manifestation quelconque, l'importance que l'on attache à qqch. Manifester, par une réaction volontaire ou non, que l'on a été atteint, touché, offensé par qqch. (cf. Accuser* le coup). ➤ *Marquer un point* : obtenir un avantage sur ses adversaires (dans une contestation, une discussion). ♦ *Marquer un but* (football), *un essai* (rugby), *un panier* (basket). *Il a réussi à marquer.* 6 Serrer de près (un joueur) pour l'empêcher d'agir librement. « *elle était crampon comme un arrière qui vous "marque" au foot* » (Montherl.). 7 Accentuer, souligner. ⇒ **ponctuer.** *Marquer la mesure* : indiquer la cadence par des mouvements de bras, des sons rythmés... ♦ loc. *MARQUER LE PAS* : piétiner sur place en cadence. Ralentir ou s'arrêter. *L'offensive marquait le pas.* ➤ *Marquer un temps d'arrêt, une pause* : interrompre qqch. en cours. 8 Faire connaître, extérioriser (un sentiment, une pensée). ⇒ **exprimer, manifester, montrer, témoigner.** *Marquer de l'intérêt à qqn.* « *la chaleur d'amitié qu'il me marqua durant tout mon séjour chez lui* » (Duham.). ➤ Faire connaître, montrer, révéler par un signe, un caractère. ⇒ **annoncer, attester, dénoncer.** « *son visage marquait trois ou quatre ans de plus que son corps* » (Gide). 9 Influencer profondément. *Une enfance marquée par la guerre.* **II v. intr. 1** Faire une impression assez forte pour laisser un souvenir durable. *Événements qui marquent.* ⇒ **marquant.** 2 Laisser une trace, une marque. *Ce tampon ne marque plus.*

marqueté, ée adj. – XIVe ; de *marquer* 1 Parsemé de taches de couleur. ⇒ **bigarré, tacheté, truité.** 2 Orné, décoré de marqueterie. *Commode marquetée.*

marqueterie [markɛtʀi ; markətʀi] n. f. – XVe 1 Assemblage décoratif de pièces de bois précieux (ou de nacre, de métal, etc.) par incrustation ou placage sur un fond de menuiserie. *Coffret en marqueterie.* 2 Branche de l'ébénisterie relative à ces ouvrages. 3 Ensemble formé de parties disparates. ⇒ ① **mosaïque, patchwork.** « *une unité faite de pièces et de morceaux, une vraie marqueterie* » (Ste-Beuve).

marqueteur n. m. – XVIe ▪ Ébéniste spécialisé dans les ouvrages de marqueterie.

marqueur, euse n. – XVIe **I - 1** Personne qui marque, appose des marques. *Un marqueur de bétail.* 2 Personne qui compte des points (jeux, sports, etc.). ➤ n. m. *Marqueur automatique* (de billard, etc.). 3 Joueur qui marque des buts. **II n. m. 1** Gros crayon feutre. ⇒ **stylo-feutre ; surligneur.** 2 Élément radioactif utilisé pour le marquage. ⇒ **traceur.** 3 Caractéristique qui dénote spécifiquement l'existence d'un gène ou d'une maladie. *Le marqueur de la maladie d'Alzheimer.*

marquis n. m. – XIe ; de ① *marche* 1 Gouverneur militaire d'une marche franque. 2 Titre seigneurial attaché à la possession d'un marquisat. ♦ Titre de noblesse qui prend rang après le duc et avant le comte. *Monsieur le Marquis. Le marquis de Bassompierre.*

marquisat n. m. – XVe 1 Terre qui conférait à son possesseur le titre de marquis. 2 Dignité de marquis.

marquise n. f. – XIIe **I** Femme d'un marquis. *Madame la Marquise. La marquise de Sévigné.* « *la vieille marquise douairière dans sa robe de brocart couleur de feu* » (Daudet). **II - 1** Auvent généralement vitré audessus d'une porte d'entrée, d'un perron pour servir d'abri contre la pluie. 2 Bague à chaton oblong portée à l'index. 3 Fauteuil à siège large, profond et à dossier bas. 4 Gâteau, voisin de la charlotte. *Marquise au chocolat.*

marquoir n. m. – XVIIIe ■ Instrument servant à marquer. Outil des tailleurs, des couturières.

marraine n. f. – XIe ; lat. *mater* « mère » 1 Femme qui tient (ou a tenu) un enfant sur les fonts du baptême. *Le parrain et la marraine.* 2 Femme qui préside au baptême d'une cloche, au lancement d'un navire. 3 *Marraine de guerre :* jeune fille ou femme qui prend soin d'un soldat, lui envoie des colis. ✪ HOM. Marennes.

❑ Le dérivé *marrainage* n. m., attesté en 1949, est inusité ; on a recours dans tous les cas à *parrainage.*

marrant, ante adj. – 1901 ■ fam. 1 Amusant. ⇒ **comique, drôle,** fam. **rigolo.** *Histoire marrante. Il n'est pas marrant, ce type.* 2 Bizarre, étonnant. *C'est marrant qu'il n'ait rien dit.* ♦ *T'es marrante, toi, si tu crois qu'on a le temps.* ✪ CONTR. Triste ; ordinaire.

marre adv. – XIXe ; esp. *marearse* « avoir la nausée », de *mar* « mer » ■ loc. fam. EN AVOIR MARRE : être excédé, dégoûté. ⇒ **assez.** *Il leur dirait « qu'il en avait marre de l'existence, qu'il voulait se fiche à l'eau certains jours »* (Perec). *(Il) y en a marre,* ça suffit, ce n'est plus tolérable. ➛ pop. *C'est marre :* ça suffit. « *Ne recommence pas* [...]. *C'est marre* » (Carco). ✪ HOM. Marc, mare.

marrer (se) v. pron. [1] – XIXe ; « s'ennuyer », de *marre* ■ fam. S'amuser, rire. ⇒ **rigoler.** « *quelle armée ! Et on parle de chasser les Boches ? Laissez-moi me marrer* » (Dorgelès). ➛ *Faire marrer qqn. Tu me fais marrer.* ✪ HOM. Marée ; *marriez :* mariez (marier).

marri, ie adj. – XIe ; germ. ■ littér. ou plais. *Être marri de qqch.,* en être désolé ou contrarié. *J'en suis bien marri.* ⇒ **contrit.** ✪ HOM. Mari.

① **marron** n. m. – XVIe ; rad. préroman *marr-* « caillou » **I** - 1 Fruit comestible du châtaignier cultivé. ⇒ **châtaigne.** *Dinde aux marrons. Crème de marrons.* ➛ *Marrons glacés :* châtaignes confites dans du sucre (confiserie). ♦ loc. *Tirer les marrons du feu :* se donner de la peine pour le seul profit d'autrui. 2 *Marron d'Inde :* graine non comestible du marronnier d'Inde. 3 adj. inv. De couleur brune ou rouge-brun. *Des yeux marron.* ⇒ **brun.** ➛ n. m. *Elle porte souvent du marron. Des marrons foncés.* **II** fam. Coup de poing (sur le *marron :* la tête). ⇒ **beigne, châtaigne.** « *L'abbé riposta par un gnon en plein tronche et un marron en pleine poire* » (Queneau).

❑ Le gros fruit luisant du marronnier d'Inde n'est pas comestible, il est seulement utilisé en thérapeutique → châtaigne (rem.).

② **marron, onne** adj. – XVIIe ; esp. *cimarron* « esclave fugitif » 1 *Esclave, nègre marron,* qui s'enfuyait pour vivre en liberté. 2 Qui se livre à l'exercice illégal d'une profession ou à des pratiques illicites. ⇒ **clandestin, véreux.** *Médecins, avocats marrons.*

③ **marron** adj. inv. – XIXe ; de ② *marron* ■ fam. Refait, privé de ce qu'on attendait. *On est encore marron !*

marronnier n. m. – XVIe 1 Châtaignier cultivé qui produit le marron. 2 *Marronnier d'Inde* ou *marronnier :* grand arbre d'ornement *(hippocastanacées),* aux feuilles digitées, à fleurs blanches ou roses. « *Les marronniers ronds vont fleurir en un jour à travers Paris comme des lustres qui s'allument* » (Maupass.).

marrube n. m. – XIVe ; lat. ■ Plante herbacée *(labiées),* vivace, à odeur musquée, des régions tempérées. *Marrube d'eau.* ⇒ **lycope.** *Marrube noir :* variété de ballote*.

mars [maʀs] n. m. – XIIIe ; lat. *martius,* de *Mars,* dieu de la guerre 1 Troisième mois de l'année. *Il viendra à Paris en mars.* « *Les giboulées de mars balayaient le ciel* » (Bosco). 2 Papillon diurne brun, tacheté de blanc, aux reflets bleus ou violets.

marsala n. m. – XIXe ; de *Marsala,* ville de Sicile ■ Vin doux produit en Sicile. *Des marsalas.*

marsault [maʀso] n. m. – XIVe ; lat. *marem salicem* « saule mâle » ■ Saule qui pousse au bord des marais.

marseillais, aise adj. et n. – XVIe 1 De Marseille (⇒ **massaliote, phocéen).** *Accent marseillais.* ➛ n. *Les Marseillais.* 2 n. f. « *La Marseillaise* », *hymne national français.*

marshal n. m. – XIIIe ; mot angl., du fr. *marescal ;* cf. maréchal ■ Aux États-Unis, Officier de police fédéral dans un comté ou un district fédéral. ⇒ aussi **shérif.** *Des marshals.*

❑ Ce mot n'est utilisé en français qu'à propos des États-Unis et se rencontre surtout dans les feuilletons télévisés et les versions françaises des westerns américains. ♦ Ne pas confondre avec *maréchal.*

marshmallow [maʀʃmalo] n. m. – mil. XXe ; mot angl. ■ Pâte de guimauve, présentée sous forme de cubes de couleurs pastel. *Des marshmallows.*

marsouin n. m. – XIe ; germ. « cochon de mer » 1 Mammifère cétacé *(delphinidés)* des mers froides et tempérées, plus petit que le dauphin, à museau bombé, à courte nageoire dorsale triangulaire. *Marsouin des mers polaires.* ⇒ **bélouga.** 2 Soldat ou gradé de l'ancienne infanterie de marine.

marsupial, iale, iaux adj. et n. m. – XVIIIe ; gr. 1 *Poche marsupiale, repli marsupial,* en forme de bourse, cavité incubatrice ventrale. 2 n. m. pl. LES MARSUPIAUX. Ordre de mammifères vivipares, dont le développement embryonnaire effectué dans l'utérus s'achève dans une poche ventrale qui renferme les mamelles. *Le kangourou, le koala sont des marsupiaux.* sing. *Un marsupial.*

martagon n. m. – XIVe ; mot esp. ■ Variété de lis rose tacheté de pourpre, des régions montagneuses. *Lis martagon.*

marte → **martre**

marteau n. m. – XIIe ; lat. *marculus* **I** - 1 Outil de percussion, composé d'une masse métallique fixée à un manche. ⇒ **maillet.** *Enfoncer un clou avec un marteau. Aplatir à coups de marteau.* ⇒ **marteler.** « *la danse boiteuse des marteaux sur l'enclume* » (R. Rolland). 2 Machine-outil agissant par percussion. ⇒ **marteau-pilon, martinet.** *Marteau pneumatique,* dans lequel un piston fonctionnant à l'air comprimé frappe avec force sur un outil. *Marteau-perforateur du mineur.* ⇒ **marteau-piqueur, perforatrice.** 3 *Marteau de commissaire-priseur :* petit maillet dont le commissaire-priseur frappe un coup sur la table quand un objet mis aux enchères est adjugé. « *Le marteau du commissaire-priseur m'a adjugé le livre pour soixante-six francs* » (Nerval). ➛ *Marteau à percussion, à réflexes,* utilisé pour provoquer les réflexes rotuliens, plantaires... ➛ Marteau dont la tête porte une empreinte en relief servant à marquer les arbres destinés à l'abattage ou à la réserve. ⇒ **martelage.** 4 Pièce de bois feutrée qui frappe une corde de piano et la met en vibration. 5 Pièce d'horlogerie qui frappe les heures sur un timbre. 6 Heurtoir fixé au vantail d'une porte. *Javert « soulevant le lourd marteau de fer* [...] *frappa un coup violent »* (Hugo). 7 *Requin marteau :* poisson sélacien *(squales)* des mers tropicales. ⇒ **zygène.** 8 Un des trois osselets de l'oreille moyenne des mammifères, dont la tête s'articule avec l'enclume*. 9 Sphère métallique, reliée par un fil d'acier à une poignée que les athlètes lancent en pivotant sur eux-mêmes. **II** adj. fam. *Être marteau,* fou, cinglé. ⇒ **dingue.**

marteau-pilon n. m. – XIXe ▪ Marteau mécanique de grosse forge, constitué par une masse pesante mue verticalement. *Des marteaux-pilons.*

marteau-piolet n. m. – 1941 ▪ Marteau d'escalade utilisé pour poser des pitons et entailler la glace. *Des marteaux-piolets.*

marteau-piqueur n. m. – mil. XXe ▪ Machine-outil animée d'un mouvement de va-et-vient utilisée pour la démolition dans les travaux de terrassement. *Des marteaux-piqueurs.*

martel n. m. – XIIe ; lat. *marculus* « marteau » ▪ loc. *SE METTRE MARTEL EN TÊTE :* se faire du souci. « *j'ai craint que vous* [...] *ne vous mettiez martel en tête en ne recevant pas de lettre* » (Proust).

martelage n. m. – XVIe **1** Façonnage au marteau des métaux malléables. **2** Opération par laquelle on marque les arbres à abattre ou à conserver.

martelé, ée adj. – XVe **1** Travaillé au marteau. « *des casseroles de cuivre ancien, martelées* » (Colette). **2** Émis avec force et en détachant les sons. *Paroles martelées.* « *L'Internationale,* [...] *déployait son chant puissamment martelé* » (Mart. du G.).

martèlement n. m. – XVIe **1** Bruit, choc du marteau battant le fer. « *on ne distinguait plus que ce martèlement obstiné, les coups pressés du marteau sur le fer* » (Zola). **2** Bruit cadencé qui rappelle celui des coups de marteau. « *un martèlement de pas cadencés* » (Loti).

marteler v. tr. [5] – XIIe **1** Battre, frapper, forger à coups de marteau. **2** Frapper à coups répétés sur (qqch.). **3** Obséder. *Une idée* « *qui lui martelait la cervelle* » (Balz.). **4** Prononcer en articulant avec force. ⇒ **accentuer.**

marteleur n. m. – XIIIe ▪ Ouvrier qui travaille au marteau. ➛ Ouvrier qui manœuvre un marteau de grosse forge.

martial, iale, iaux adj. – XVIe ; lat., de *Mars,* dieu de la guerre **I - 1** Relatif à la guerre, à l'armée ; qui encourage à la guerre. *Discours martial.* ⇒ **guerrier.** ➛ loc. *Arts martiaux :* arts de combat traditionnels d'origine japonaise. ⇒ **aïkido, jiu-jitsu, judo, karaté, kendo, kung-fu, taekwondo ; kata. 2** Qui rappelle les habitudes militaires. *Allure martiale.* **3** *Loi martiale,* autorisant le recours à la force armée pour la répression intérieure. ➛ *Cour martiale :* tribunal militaire exceptionnel. **II** Qui contient du fer. *Pyrite martiale.* ➛ *Traitement martial,* par des préparations contenant du fer.

❑ *Cour martiale* et *loi martiale* sont deux anglicismes du XVIIIe s. traduisant les expressions *martial court* et *martial law* (XVIe s.).

martien, ienne adj. et n. – XVIe **1** De la planète Mars. *L'observation martienne.* **2** n. Habitant supposé de la planète Mars.

martin-chasseur n. m. – XVIIIe ▪ Oiseau insectivore *(alcédinidés),* voisin du martin-pêcheur. *Des martins-chasseurs.*

martinet n. m. – XIVe ; de *Martin,* n. pr. **I** Lourd marteau à soulèvement, mu par la vapeur, par un moulin à eau, etc. *Martinet de forge.* ⇒ **marteau-pilon. II** Oiseau passereau, à longues ailes, au vol rapide, qui ressemble à l'hirondelle. « *les cris aigus des martinets* » (Le Clézio). **III** Fouet à plusieurs lanières de cuir.

martingale n. f. – XVe ; de *Martigues,* ville de France **I - 1** Courroie du harnais du cheval, qui passe sur le chanfrein, pour empêcher l'élévation excessive de la tête. **2** Patte placée à la taille, dans le dos d'un vêtement, pour en retenir l'ampleur. *Veste à martingale.* **II** Combinaison, plus ou moins scientifique (calcul des probabilités), au jeu. « *se piquant à ce jeu comme un joueur à sa martingale* » (Balz.).

martini n. m. – v. 1930 ; marque déposée **1** Vermouth produit par la firme Martini et Rossi. *Du martini blanc, rouge. Des martinis.* **2** Cocktail de gin et de martini blanc sec. ⇒ **dry** (2°).

martin-pêcheur n. m. – XVIe ▪ Petit oiseau *(alcédinidés)* au corps épais, à long bec, à plumage bleu et roux, qui se nourrit de poissons. « *plusieurs couples de martins-pêcheurs, perchés sur quelque pierre, graves, immobiles* » (J. Verne).

martre n. f. – XIe ; germ. **1** Mammifère carnivore *(mustélidés)* au corps allongé, au museau pointu. *Martre commune, à gorge rousse. Martre du Canada.* ⇒ **pékan.** *Martre blanche.* ⇒ **hermine.** *Martre fouine.* « *le blond fauve et presque jaune de la martre zibeline* » (Barbey). **2** Fourrure de martre. *Manteau de martre.*

❑ On dit aussi *marte : « La marte est un peu plus grosse que la fouine »* (Buffon).

martyr, yre n. et adj. – XIe ; gr. *martur* « témoin (de Dieu) » **1** Personne qui a souffert la mort pour avoir refusé d'abjurer la foi chrétienne, et par ext. une autre foi. « *J'admire les martyrs. J'admire tous ceux qui savent souffrir et mourir, et pour quelque religion que ce soit* » (Gide). ➛ loc. *Jouer les martyrs :* affecter une grande souffrance ; se donner pour persécuté. **2** Personne qui meurt, qui souffre pour une cause. *Les martyrs de la Résistance.* **3** Personne que les autres maltraitent, martyrisent. ⇒ **souffre-douleur.** ✪ CONTR. Bourreau. — HOM. Martyre.

martyre n. m. – XIe **1** La mort, les tourments qu'un martyr endure pour sa foi. ⇒ **baptême** (du sang), **supplice.** *Le martyre de saint Sébastien.* **2** La mort ou les souffrances que qqn endure pour une cause. **3** Peine cruelle, grande souffrance (physique ou morale). ⇒ **calvaire, supplice, torture.** « *en vérité c'est un martyre que cette séparation* » (Sév.). ⇒ **déchirement.** loc. *Souffrir le martyre,* intensément. ✪ HOM. Martyr.

martyriser v. tr. [1] – XIIe **1** Livrer au martyre. ⇒ **persécuter. 2** Faire beaucoup souffrir, physiquement ou moralement. ⇒ **supplicier, torturer.** « *ça me fait rager de penser qu'il y a des hommes qu'on martyrise* » (Sartre). ➛ *Ses rhumatismes le martyrisent.*

martyrologe n. m. – XIVe **1** Liste, catalogue des martyrs. **2** Liste de ceux qui ont souffert, sont morts pour une cause.

❑ Ne pas confondre les suffixes *-loge* et *-logue ; -loge* ne s'applique qu'à des listes écrites *(eucologe, nécrologe).*

marxisme n. m. – XIXe ▪ Doctrine philosophique, sociale et économique élaborée par Karl Marx, Friedrich Engels et leurs continuateurs. ⇒ **collectivisme, communisme, socialisme.** ✪ CONTR. Capitalisme, libéralisme.

marxisme-léninisme n. m. – 1933 ▪ Doctrine philosophique et politique issue des doctrines de Marx interprétées par Lénine.

marxiste adj. – XIXe ▪ Relatif au marxisme. ➛ n. *Un, une marxiste.*

❑ Pour ce qui est relatif à Karl Marx lui-même, on emploie l'adj. *marxien, ienne : « la sociologie d'inspiration marxienne »* (Piaget).

mas [mɑ(s)] n. m. – XIIe ; lat. *manere* « demeurer » ▪ Ferme ou maison de campagne de style traditionnel, en Provence. ⇒ **bastide.** « *un mas bâti près de la route au fond d'une grande cour plantée de micocouliers* » (Daudet). ✪ HOM. Mât ; ma (mon) ; masse.

mascara **n. m.** – 1903 ; it. « masque » ▪ Fard utilisé pour allonger, épaissir et colorer les cils. ⇒ **rimmel.** « *chaque cil couvert personnellement de mascara* » (É. Ajar).

mascarade **n. f.** – XVIe ; it. **1** Divertissement où les participants sont déguisés et masqués. ⇒ **déguisement,** ② **travesti.** « *Les mascarades* [de la mi-carême] *attiraient les paysans à la ville* » (Balz.). **2** Déguisement, accoutrement ridicule ou bizarre. **3** Actions, manifestations hypocrites ; mise en scène trompeuse. *Ce procès n'est qu'une mascarade.*

mascaret **n. m.** – XVIe ; mot gasc. ▪ Longue vague déferlante produite dans certains estuaires par la rencontre du flux et du reflux. *Le mascaret de la Gironde.* ⇒ **barre.**

mascaron **n. m.** – XVIIe ; it., augmentatif de *maschera* « masque » ▪ Figure, masque fantastique ou grotesque décorant les clefs d'arcs, les chapiteaux, etc. « *les mascarons qu'on voit aux fontaines* » (Gaut.).

mascotte **n. f.** – XIXe ; provenç. *masco* « sorcière » ▪ Animal, personne, objet considérés comme portant bonheur. ⇒ **fétiche, porte-bonheur.** « *le fidèle bélier, mascotte du régiment* » (Mac Orlan).

> ❑ Le mot a été répandu en français par l'opérette d'Audran *La Mascotte* (1880).

masculin, ine **adj.** – XIIIe ; lat. **1** Qui est propre à l'homme. ⇒ **mâle.** *Sexe masculin. Goûts masculins.* ⇒ **viril.** *Caractères masculins* (⇒ **masculinité**). **2** Qui a les caractères de l'homme. *Une femme assez masculine d'aspect.* ⇒ **hommasse ; virago. 3** Qui a rapport à l'homme. *Métier masculin.* **4** Qui est composé d'hommes. *Population masculine.* **5** Qui s'applique, en français, à des êtres et à des choses sans rapport avec l'un ou l'autre sexe. « Avion » *est un nom masculin.* **6** *Rime masculine,* qui ne se termine pas par un *e* muet. ✪ CONTR. Féminin.

> ❑ Dans le cas de plusieurs sujets masculins et féminins, l'accord se fait au masculin pluriel et le masculin devient neutre (ex. « *le vendeur et l'acheteur sont contents* ») → neutre (rem.).

masculiniser **v. tr.** 1 – XVIe **1** Donner des caractères masculins, des manières d'homme à. ⇒ **viriliser. 2** Provoquer l'apparition de caractères sexuels masculins chez. ✪ CONTR. Féminiser.

masculinité **n. f.** – XIIIe **1** Qualité d'homme, de mâle. ▸ Ensemble des caractéristiques masculines. ⇒ **virilité. 2** *Taux de masculinité :* pourcentage des naissances masculines. ✪ CONTR. Féminité.

maser [mazɛʀ] **n. m.** – 1954 ; mot angl., acronyme de ***M****icrowave* ***A****mplification by* ***S****timulated* ***E****mission of* ***R****adiation* ▪ Amplificateur de micro-ondes par l'émission stimulée des atomes (ou des molécules) excités par le rayonnement électromagnétique.

> ❑ Cet acronyme a été lancé par le physicien américain Charles Hard Towens qui réalisa en 1954 le premier maser à ammoniac.

maskinongé **n. m.** – XVIIIe ; mot algonquin ▪ Au Canada, poisson téléostéen *(ésocidés)* d'eau douce, ressemblant à un brochet géant.

masochisme **n. m.** – XIXe ; de *Sacher-Masoch,* romancier autrichien **1** Comportement sexuel déviant dans lequel la personne a besoin de ressentir de la douleur pour parvenir au plaisir. *Masochisme allié au sadisme.* ⇒ **sadomasochisme. 2** Comportement d'une personne qui semble rechercher la douleur et l'humiliation.

masochiste **adj.** et **n.** – XIXe **1** Qui s'adonne au masochisme. *Il est masochiste.* abrév. fam. MASO [mazo]. *Elles sont un peu masos.* ▸ **n.** « *Les masochistes éprouvent du plaisir à être humiliés, battus, vous comprenez ?* » (Simenon). **2** Relatif au masochisme. ⇒ **sadomasochiste.**

masquage **n. m.** – 1945 ▪ Action de masquer ; son résultat. ▸ Technique pour améliorer la sélection des couleurs (photogravure). Effet de masque (6°).

masque **n. m.** – XVIe ; lat. « sorcière ; masque » **I – 1** Objet couvrant le visage humain et représentant une face (humaine, animale, imaginaire...). *Masque tragique, comique.* ▸ *Masques de carnaval, du mardi gras, de la mi-carême.* ⇒ **déguisement, mascarade.** *Masques vénitiens.* ▸ *Masques africains, polynésiens.* **2** Objet dissimulant une partie du visage. *Masque de velours noir.* ⇒ **loup. 3** Dehors trompeur. ⇒ **apparence,** ② **extérieur.** *Sa douceur n'est qu'un masque.* « *ce masque de gaieté contrainte qu'on se colle au visage* » (Daudet). ▸ loc. *Lever le masque :* se montrer tel qu'on est, révéler ce qu'on cachait. « *Faire poser le masque à cette âme hypocrite* » (Mol.). ⇒ **démasquer.** « *Le génie de Goya veut arracher au monde son masque d'imposture* » (Malraux). **4** Aspect du visage. ⇒ **faciès, physionomie.** *Avoir un masque impénétrable.* ⇒ ② **air, expression.** ▸ Aspect anormal du visage, caractéristique d'un état physiologique ou pathologique. *Masque de grossesse.* ⇒ **chloasma. II – 1** Empreinte prise sur le visage d'une personne, d'un mort. *Masque mortuaire, funéraire.* **2** Appareil protecteur, masque de protection. *Masque d'escrime. Masque d'apiculteur ; d'ouvrier soudeur.* ▸ *Masque antiseptique des chirurgiens, des dentistes,* couvrant le nez et la bouche. **3** *Masque de plongée sous-marine.* ▸ *MASQUE À GAZ :* appareil protégeant des fumées et gaz asphyxiants. ▸ Dispositif placé sur le visage d'une personne pour lui faire respirer des vapeurs anesthésiques. **4** Couche de crème, de pâte, appliquée sur le visage pour resserrer, tonifier, adoucir l'épiderme. **5** Abri, masse de terre servant à cacher, protéger les militaires et les ouvrages. ▸ Tout obstacle naturel formant écran. **6** *Effet de masque :* phénomène acoustique d'occultation d'un son par addition d'un autre son plus intense. **7** *Masque étanche :* revêtement de faible épaisseur placé sur ou dans un ouvrage pour en assurer l'étanchéité. *Masque amont d'un barrage.* **III** Lèvre inférieure allongée qui couvre une partie de la tête des larves de libellules.

masqué, ée **adj.** – XVIe **1** Couvert d'un masque. *Visage masqué.* « *un infirmier entra, masqué de blanc* » (Camus). **2** *Bal masqué :* divertissement où l'on porte des masques. ⇒ ① **travesti. 3** Caché, dissimulé. « *une petite porte battante, masquée par une tapisserie* » (Muss.). ▸ *Tir masqué,* à pointage indirect.

masquer **v. tr.** 1 – XVIe **1** Couvrir d'un masque, cacher sous un masque. **2** Déguiser sous une fausse apparence. ⇒ **camoufler, dissimuler, recouvrir,** ① **voiler.** *Nos concitoyens qui* « *avaient continué de masquer leur inquiétude sous des plaisanteries* » (Camus). **3** Cacher à la vue. *Cette tour masque le paysage.* **4** Dissimuler (un goût, une odeur) par un goût, une odeur de nature différente. *Sauce trop relevée qui masque le goût délicat d'un mets.* ✪ CONTR. Montrer.

massacrant, ante **adj.** – XVIIIe ▪ *Humeur massacrante,* très mauvaise, détestable (cf. D'une humeur de chien*). *Il s'était éveillé* « *fort bourru et de massacrante humeur* » (Hugo).

massacre **n. m.** – XIe **I** Trophée de chasse formé du bois de cerf muni de l'os frontal qui le supporte. ▸

Figure de l'écu représentant un bois de cerf. **II - 1** Action de massacrer, exécution massive ; son résultat. ⇒ **assassinat, boucherie, carnage, hécatombe, tuerie.** *Massacre de la Saint-Barthélemy. Massacre d'un peuple, d'une minorité ethnique.* ⇒ **anéantissement, destruction, extermination ; génocide, holocauste.** *Échapper au massacre.* ♦ *Le massacre des baleines, des éléphants.* ♦ *JEU DE MASSACRE :* jeu forain qui consiste à abattre des poupées à bascule, en lançant des balles de son. **2** Combat dans lequel celui qui a le dessus met à mal sa victime. **3** Destruction totale ou massive. *Le massacre d'une forêt, d'un paysage.* **4** Fait d'endommager par maladresse ; travail très mal exécuté. *Arrêtez le massacre !* ♦ Exécution ou interprétation exécrable, qui défigure une œuvre.

massacrer v. tr. [1] – XIIe ; lat. *matteuca* « massue » **1** Tuer avec sauvagerie et en masse (des êtres qui ne peuvent pas se défendre). ⇒ **détruire, exterminer.** *Massacrer des civils, des prisonniers.* « *On ne massacre jamais que par peur, la haine n'est qu'un alibi* » (Bernanos). **2** fam. Mettre à mal (un adversaire en état d'infériorité). ⇒ **amocher, démolir. 3** *SE MASSACRER* v. pron. (récipr.). Se tuer les uns les autres ou l'un l'autre en un combat sanglant. ⇒ se **détruire.** « *ils vont se battre, tous ces imbéciles, se faire casser le profil, se massacrer* » (Hugo). **4** fam. Mettre (une chose) en très mauvais état. ⇒ **abîmer, saccager.** *Massacrer une forêt.* **5** Endommager involontairement par un travail maladroit, par une mauvaise exécution. « *monsieur de Bartas qui massacra le grand air de Figaro* » (Balz.). **6** Critiquer avec violence. ⇒ **démolir.** *Les critiques ont massacré son roman.*

massacreur, euse n. – XVIe **1** Personne qui massacre. ⇒ **assassin, tueur. 2** Personne qui, par maladresse, gâte qqch., exécute mal un travail. ⇒ **maladroit.**

massage n. m. – XIXe ■ Action de masser. *Massage avec les mains, avec des instruments. Séances de massage.* « *réchauffé par ce rude massage* » (J. Verne). *Massage abdominal, facial. Massage cardiaque.*

> ❑ D'abord empirique, le massage est pratiqué méthodiquement après 1850 dans les établissements d'hydrothérapie, les stations thermales et les hôpitaux parisiens où ses partisans l'ont introduit. ♦ Ce mot a été emprunté par les Anglais.

massaliote adj. – XIXe ; de *Massalia,* nom gr. de *Marseille* ■ De l'antique Marseille. ⇒ **phocéen.**

① **masse** n. f. – XIe ; gr. *maza* « pâte » **I - 1** Quantité relativement grande de substance solide ou pâteuse, sans forme définie. *Masse de pâte, de chair. Masse dure, solide.* ⇒ **bloc, morceau.** ➛ loc. *S'écrouler comme une masse,* pesamment, comme une chose inanimée. ♦ Quantité relativement grande d'une matière fluide formant une unité autonome. *Masse d'eau que roule un fleuve.* ⇒ **volume.** ➛ *Masse d'air.* ⇒ **front. 2** *LA MASSE DE QQCH. :* la masse que constitue cette chose. ♦ *Pris, taillé dans la masse,* dans un seul bloc de matière. *Statuette d'ivoire sculptée dans la masse.* **3** Réunion de nombreux éléments distincts formant un ensemble perçu comme une totalité. ⇒ **amas, conglomérat.** *Masse de pierres, de cailloux.* ⇒ **monceau, tas. 4** Ce qui est perçu comme une unité, un ensemble. ♦ Ensemble de l'œuvre, par rapport aux éléments dont elle se compose. *Colonnade qui allège la masse d'un édifice.* ➛ au plur. Principaux éléments d'une œuvre picturale, architecturale, considérés les uns par rapport aux autres. *Répartition des masses dans un tableau.* ♦ Ce que l'on voit globalement, sans distinguer les détails ou les parties. « *l'aube, incertaine encore, éclairait la masse blanche de Salonique* » (Loti). **5** Ensemble de nombreuses choses qui font corps. « *la masse des témoignages positifs accabla Michu* » (Balz.). ♦ L'ensemble d'une même chose (qui peut exister sous forme dispersée). ⇒ **totalité.** *La masse du sang de l'organisme.* **6** Somme formée par les retenues faites sur la paie de chaque soldat. Allocations réglementaires, en espèces, d'un corps de troupe. ⇒ **caisse.** ➛ Ensemble des retenues faites sur le salaire d'un prisonnier et qu'on lui remet à sa libération. ➛ Bourse commune d'un atelier d'élèves des Beaux-Arts. ♦ Ensemble de biens, de créances ou de dettes groupés pour arriver au calcul de certains droits. **7** *La masse, la grande masse de... :* la majorité. **8** fam. Grande quantité. « *Il va nous arriver une masse de marchandises d'Europe* » (Rimb.). loc. fam. *PAS DES MASSES. Il n'y en a pas des masses,* pas beaucoup. ➛ Assez peu, guère. *Ça t'a plu ? – Pas des masses.* **II - 1** Ensemble nombreux (de personnes ou d'animaux) assemblés d'une manière temporaire. ⇒ **rassemblement.** *Masse d'abeilles en essaim.* « *une masse humaine agglutinée et silencieuse se mouvait sur place au rythme de la musique* » (Chardonne). ♦ *Masse des créanciers :* groupement légal des créanciers d'un débiteur en faillite ou en liquidation judiciaire. *Masse des obligataires,* chargée de défendre les intérêts des obligataires d'une même société. **2** Multitude (de personnes) constituant un ensemble permanent. *Les masses laborieuses.* « *l'ascension constante des masses populaires vers les hauteurs sociales* » (Balz.). ♦ *LES MASSES :* les couches populaires. ⇒ **foule, peuple.** *Psychologie des masses.* ⇒ **populaire. 3** L'ensemble qui fait corps, la majorité. « *ne faut-il pas qu'un petit nombre périsse pour sauver la masse du peuple ?* » (Mirab.). *L'opposition a fait masse contre le projet.* ♦ *LA MASSE* (opposé à *l'individu, à l'élite*). *La pression de la masse.* ⇒ **base.** ➛ loc. *DE MASSE :* qui concerne la masse. *Communications de masse.* ⇒ **média. 4** fam. Grande quantité de personnes (sans idée d'ensemble). ⇒ **foule, quantité.** « *Des fidèles, il en avait des masses* » (Céline). **III** loc. adv. *EN MASSE.* **1** En formant une masse, tous ensemble en un groupe nombreux. *Levée en masse.* **2** fam. En grande quantité. « *j'ai encore des courses et des emplettes* [...] *en masse !* » (Jaloux). **IV - 1** Quantité de matière d'un corps ; rapport constant qui existe entre les forces qui sont appliquées à un corps et les accélérations correspondantes. *Le poids est proportionnel à la masse. Unité de masse :* kilogramme. ➛ *Masse marquée,* servant à la mesure des masses par pesée. ⇒ **poids.** ♦ *Masse du proton, du neutron, de l'électron. Nombre de masse :* nombre de nucléons dans un noyau d'atome. *Masse critique :* la plus petite masse nécessaire au maintien d'une réaction en chaîne dans une substance soumise à la fission. **2** *Masse électrique, magnétique :* grandeur sur laquelle un champ exerce son action pour produire une force. ♦ Conducteur commun auquel sont reliés les divers points d'un circuit qui doivent être affectés du même potentiel, en principe celui du sol. *Mettre à la masse :* relier électriquement à la masse. ➛ loc. fam. *Être à la masse :* être déboussolé, déphasé. ✪ CONTR. Bribe, brin, grain, parcelle. Individu. — HOM. Mas.

② **masse** n. f. – XIIe ; lat. *mattea* **1** Gros maillet de bois ou de métal (⇒ aussi **marteau**) utilisé pour enfoncer, frapper, casser. *Masse de carrier, de mineur.* ♦ *MASSE D'ARMES* ou *MASSE :* arme de choc formée d'un manche et d'une tête de métal, souvent garnie de pointes. ⇒ **casse-tête, massue.** ♦ loc. fam. *COUP DE MASSE :* choc émotif violent. *Il a reçu le coup de masse.* Prix excessif. *N'allez pas dans ce restaurant, c'est le coup de masse !* **2** Gros bout d'une queue de billard. *Jouer avec la masse.* ⇒ **massé.**

> ❑ Même famille étym. que *massacrer.*

③ **masse** n. f. – XIVe ; lat. *mataxa* ■ Quantité importante déterminée par l'usage (dans le commerce de gros). ♦ Cent quarante-quatre douzaines ou douze grosses*.

❑ De nos jours, ce mot est compris comme une spécialisation du mot ① *masse.*

massé n. m. - XIXe ; de ③ *masser* ■ Coup où l'on masse la bille. ✪ HOM. Masser.

masselotte n. f. - XIIIe ; de ① *masse* **1** Métal en excédent qui adhère à une pièce de fonderie. ⇒ **bavure. 2** Petite pièce agissant par inertie, dans un mécanisme. ➛ *Masselotte d'équilibrage :* petite pièce de plomb fixée sur la jante d'une roue d'automobile.

massepain n. m. - XVe ; ar. ■ Petit gâteau fait d'amandes pilées, de sucre et de blancs d'œufs. ⇒ **calisson.**

① **masser** v. tr. [1] - XIIIe ; de ① *masse* ■ Rassembler, réunir. « *ses cheveux châtains, massés sous un chapeau de feutre noir* » (Bourget). ➛ *Masser des troupes,* les disposer en ordre serré. pronom. Se grouper. ✪ CONTR. Disperser, éparpiller. — HOM. Massé ; *massèrent :* macère (macérer).

② **masser** v. tr. [1] - XVIIIe ; ar. *mass* « toucher, palper » ■ Frotter, pétrir différentes parties du corps de (qqn), avec les mains ou à l'aide d'appareils spéciaux, dans un but thérapeutique ou hygiénique. *Se faire masser par un kinésithérapeute. Masser qqn.* ⇒ **massage, masseur.** « *Son manager lui faisait la critique du combat, tout en lui massant le cœur* » (Morand).

③ **masser** v. tr. [1] - XIXe ; de ② *masse* ■ Au billard, frapper verticalement (la bille) de manière à lui imprimer un mouvement tournant.

masséter [masetɛʀ] n. m. - XVIe ; gr. « masticateur » ■ Muscle élévateur du maxillaire inférieur.

massette n. f. - XIIIe ; de ② *masse* **I** Gros marteau de tailleur de pierre, de cantonnier. **II** Plante aquatique *(aracées)* monocotylédone, à épi compact. ⇒ **typha.**

masseur, euse n. - XVIIIe **1** Personne qui pratique professionnellement le massage. *Masseur-kinésithérapeute.* « *le masseur lui massait les jambes (mollets duvetés et cuisses imberbes)... les mains artistes montaient en frémissant comme des flammes* » (Montherl.). **2** n. m. Instrument, appareil servant à masser. ⇒ **vibromasseur.**

① **massicot** n. m. - XVe ; ar. ■ Protoxyde de plomb (PbO) brusquement refroidi par trempe. ⇒ **cendrée.**

② **massicot** n. m. - XIXe ; de *Massiquot,* imprimeur ■ Machine à rogner, couper le papier.

massicoter v. tr. [1] - XIXe ■ Rogner, couper (le papier) au massicot.

massif, ive adj. et n. m. - XIIe ; de ① *masse* **I** adj. **1** Dont la masse occupe tout le volume apparent ; qui n'est pas creux (⇒ **plein).** *Les « bijoux d'or massif dont elle se chargeait le cou »* (Zola). **2** Qui constitue une masse, qui présente l'apparence d'une masse épaisse, compacte. ⇒ **épais, gros, lourd, pesant.** *Colonne massive.* ➛ *Un homme « au visage massif et creusé, barré d'épais sourcils »* (Camus). **3** Qui est fait, donné, se produit en masse. *Bombardement massif.* ⇒ **intense.** « *Un oui franc et massif* » (de Gaulle). **II** n. m. **1** Ouvrage de maçonnerie formant une masse pleine et servant de soubassement, de contrefort. « *il fonde le kiosque sur un massif en béton pour qu'il n'y ait pas d'humidité* » (Balz.). **2** Groupe compact (d'arbres, d'arbrisseaux, dans un parc). ⇒ **bosquet.** ♦ Ensemble de fleurs plantées d'une manière décorative. **3** Ensemble montagneux de forme massive (opposé à *chaîne*) généralement constitué par des terrains primaires. *Le Massif central.* ✪ CONTR. Élancé, léger, svelte ; épars. Creux.

massification n. f. - 1954 ■ Action de massifier ; son résultat. *Massification et dépersonnalisation des individus.*

massifier v. tr. [7] - XVIIIe ; de ① *masse* **1** Faire une masse anonyme de (un groupe d'individus). **2** Transformer (qqch.) en phénomène de masse. *Médias qui massifient un roman* (⇒ aussi **populariser, vulgariser).**

massique adj. - 1911 ; de ① *masse* ■ De la masse. *Volume massique d'une substance,* par unité de masse (1 kg).

massivement adv. - XVIe ■ En grande quantité, en grand nombre. *Médicament administré massivement. Ils ont répondu massivement à cet appel,* en masse.

mass media → **média**

massore n. f. - XVIIe ; hébr. *massorah* ■ Travail critique, exégèse sur le texte hébreu de la Bible, fait par des docteurs juifs.

massorète n. m. - XVIe ■ Docteur juif, auteur de massores.

massue n. f. - XIIe ; de ② *masse* ■ Bâton à grosse tête noueuse, servant d'arme contondante. ⇒ **casse-tête,** ② **masse.** *Massue hérissée de pointes de fer.* ♦ loc. *Coup de massue :* événement brutal qui bouleverse, accable ; se dit lorsque l'on a à payer un prix jugé excessif. ♦ *Des arguments massue,* qui laissent l'interlocuteur sans réplique.

mastaba n. m. - XIXe ; mot ar. « banc, banquette » ■ Tombeau de l'ancienne Égypte, en pyramide tronquée. « *la cellule obscure des mastabas* » (Malraux).

mastectomie n. f. - 1971 ; gr. *mastos* « sein » et *-ectomie* ■ Ablation d'un sein. ➛ ⇒ **mammectomie.**

mastère n. m. - 1986 ; angl. *master,* d'apr. *magistère* (II) ■ Diplôme délivré par les grandes écoles aux titulaires d'un diplôme d'ingénieur ou équivalent, sanctionnant une année de formation spécialisée.

mastic n. m. - XIIIe ; gr. *mastikhê* « graine du lentisque (que l'on peut mâcher) » **1** Résine jaunâtre qui découle d'incisions pratiquées au tronc ou aux branches du lentisque. **2** Mélange pâteux et adhésif durcissant à l'air. ⇒ **futée.** *Mastic de carrosserie.* ➛ *Mastic de vitrier :* mélange de craie pulvérisée (ou blanc d'Espagne) et d'huile de lin, utilisé pour fixer les vitres aux fenêtres et assurer des fermetures hermétiques. ♦ adj. inv. D'une couleur gris-beige clair. « *vêtu d'un complet mastic fort convenable* » (Duham.). **3** Erreur typographique due à un mélange des caractères. *Faire un mastic.*

masticage n. m. - XIXe ■ Action de joindre ou boucher avec du mastic.

❑ Ne pas confondre avec *mastication* « action de mâcher ».

masticateur, trice adj. - XIXe ■ Qui sert à mâcher. *Muscles masticateurs.*

mastication n. f. - XIIIe ■ Action de mâcher. *Mastication et déglutition.*

❑ Ne pas confondre avec *masticage* « action de boucher avec du mastic ».

masticatoire adj. - XVIe ■ Qui sert à la mastication ; relatif à la mastication. *Pièces masticatoires des crustacés.*

① **mastiquer** v. tr. [1] - XIVe ; lat. *masticare* → mâcher ■ Broyer, triturer avec les dents. ⇒ **mâcher ; mastication.** *Mastiquer du pain, un chewing-gum.* ➛ « *Les bouches s'ouvraient et se fermaient sans cesse, avalaient, mastiquaient, engloutissaient* » (Maupass.).

② **mastiquer** v. tr. [1] – XVIe ▪ Coller, joindre ou boucher avec du mastic (⇒ **masticage**). *Couteau à mastiquer.* ✪ CONTR. Démastiquer.

mastite n. f. – XIXe ; gr. *mastos* « sein » et *-ite* ▪ Inflammation de la glande mammaire. ⇒ **mammite.**

mastoc adj. inv. – XIXe ; p.-ê. all. *Mastochs* « bœuf à l'engrais », ou mot rouchi, du rad. de *masse* ▪ Qui a une forme, une silhouette massive. ⇒ **imposant, lourd.** « *C'était une façon de colosse, mastoc et apoplectique* » (Courtel.). *Une architecture mastoc.*

mastodonte n. m. – XIXe ; gr. *mastos* « sein » et *odous* « dent » 1 Très grand mammifère fossile du tertiaire et du quaternaire, voisin de l'éléphant. 2 Personne d'une énorme corpulence. ⇒ **colosse, géant.** 3 Machine, véhicule, de très grande dimension. « *Ici* (aux États-Unis) *les jeunes filles, peintes et poudrées, pilotent des mastodontes* » (Duham.).

mastoïde n. f. – XVIe ; gr. « en forme de sein » ▪ Partie postérieure et inférieure de l'os temporal, située en arrière du conduit auditif externe. ➛ adjt *Apophyse mastoïde* : partie inférieure en saillie de la mastoïde.

mastoïdien, ienne adj. – XVIIe ▪ Qui a rapport, qui appartient à l'apophyse mastoïde. *Muscle mastoïdien.*

mastoïdite n. f. – XIXe ▪ Inflammation de la muqueuse des cavités de l'apophyse mastoïde, souvent accompagnée d'une otite.

mastologie n. f. – 1973 ; gr. *mastos* « sein » et *-logie* ▪ Étude de la conformation, du fonctionnement et des affections du sein.

mastroquet n. m. – XIXe ; o. i., p.-ê. flam. *meister* « patron », ou forme mérid. « maître » ▪ fam., vieilli 1 Tenancier d'un débit de boissons. ⇒ **cafetier.** 2 Café, débit de boissons.

> ❑ *Mastroquet* sort de l'usage mais son dérivé par aphérèse, *troquet*, est resté vivant au sens de « café ».

masturbation n. f. – XVIe ; lat. *manus* « main » et *stupratio* « action de souiller » 1 Pratique qui consiste à provoquer le plaisir sexuel par l'excitation manuelle des parties génitales (d'un partenaire ou de soi-même). ⇒ **onanisme.** 2 fig. Discussion, réflexion intellectuelle jugée stérile.

masturber v. tr. [1] – XIXe ▪ Amener (qqn) au plaisir par la masturbation. ➛ pronom. réfl. *Se masturber.* ⇒ fam. se **branler.** ♦ fam. *Se masturber l'esprit, le cerveau* : se livrer à des discussions, des réflexions intellectuelles jugées stériles.

m'as-tu-vu n. inv. – XIXe ; allus. à la question que se posent entre eux les acteurs évoquant leurs succès ▪ Personne vaniteuse. ⇒ fam. **frimeur.** « *de jeunes* m'as-tu-vu, *tout verts, tout fiers* » (Michaux). ♦ adj. inv. Prétentieux. *Ce qu'elle est m'as-tu-vu !* advt *Ça fait m'as-tu-vu.*

masure n. f. – XIIe ; lat. ▪ Petite habitation misérable, délabrée. « *les masures bâties à la débandade le long de la route* » (Zola).

① **mat** [mat] adj. inv. et n. m. – XIIe ; ar. « mort » ▪ Se dit, aux échecs, du roi qui ne peut plus quitter sa place sans être pris. *Échec et mat !* ♦ *Être mat* : avoir un roi mat, avoir perdu. ✪ HOM. Maths, matte.

② **mat, mate** [mat] adj. – XIe ; p.-ê. lat. *madere* « être humide » 1 Qui n'a pas d'éclat, de poli, ou a été dépoli. ⇒ ① **terne.** *Or, argent mat.* 2 Qui n'est pas brillant. *Photo sur papier mat.* 3 Qui n'est pas transparent, pas lumineux. *Verre mat.* ⇒ **opaque.** « *Le jour mat produit par ce ciel immuablement gris* » (Rimb.). ♦ *Teint mat,* assez foncé et peu transparent. « *la modiste, au teint mat, aux yeux polissons* » (Huysm.). 4 Qui a peu de résonance. ⇒ **sourd.** *Bruit, son mat.* ✪ CONTR. ② Poli. ① Brillant, luisant. Éclatant. Transparent. Sonore.

mât n. m. – XIe ; germ. 1 Pièce de bois ou de métal à section circulaire dressée dans un voilier au-dessus du pont pour porter la voilure et, à bord des bâtiments modernes, les installations radioélectriques, etc. (⇒ **mâture**). « *le petit fanal en haut du mât a l'air d'une grosse étoile* » (Maupass.). *Les trois mâts d'une caravelle, d'une frégate* (⇒ **trois-mâts**). *Mâts de charge,* servant à l'embarquement et au débarquement des marchandises. 2 Poteau servant à porter, à supporter qqch. *Hisser un drapeau au sommet du mât.* ♦ Longue perche lisse où les gymnastes s'exercent à grimper. ✪ HOM. Mas ; poss. ma (mon).

matador n. m. – XVIIe ; mot esp., de *matar* « tuer » ▪ Torero chargé de la mise à mort. ⇒ **espada, torero.**

mataf n. m. – 1908 ; probablt it. *matafione* « garcette » ▪ arg. Matelot.

matage n. m. – XIXe ; de ② *mater* ▪ Action de mater, de matir. *Matage d'une dorure.* ♦ *Matage d'une chaudière,* opération qui consiste à en boucher les fuites.

matamore n. m. – XVIe ; esp. *Matamoros* « tueur de Maures » ▪ Faux brave, vantard. ⇒ **bravache, fanfaron, fier-à-bras.**

match n. m. – XIXe ; mot angl. ▪ Compétition sportive entre deux ou plusieurs concurrents, deux ou plusieurs équipes. *Des matchs* ou *des matches. Match amical.* ⇒ **derby,** ① **rencontre.** *Arbitrer un match. Disputer, gagner un match. Match nul,* où les deux adversaires terminent à égalité. ♦ Compétition, lutte, notamment économique ou politique.

> ❑ Le développement d'un *e* final inexistant devient fréquent devant consonne, ex. : *match nul* [matʃənyl]. → consonne (rem.).

maté n. m. – XVIIe ; mot quechua ▪ Variété de houx d'Amérique du Sud, dont les feuilles fournissent une infusion stimulante. ⇒ **thé** (du Brésil). ➛ Cette boisson. ✪ HOM. Mater, mâter.

matelas n. m. – XIIIe ; ar. *matrah* « chose jetée à terre » 1 Pièce de literie rembourrée de laine, de mousse ou à ressorts que l'on étend d'ordinaire sur le sommier d'un lit. « *un lit en fer muni d'un sommier à jour et d'un matelas de laine* » (J. Verne). *Protéger le matelas avec une alèse. Toile à matelas.* ⇒ **coutil.** ♦ *Matelas pneumatique* : enveloppe de toile caoutchoutée ou de matière plastique qu'on gonfle d'air. 2 fam. *Un matelas de billets de banque* : une grosse liasse. 3 *Matelas d'air* : couche d'air ménagée entre deux parois. ⇒ **coussin.**

matelassé, ée adj. et n. m. – XVIIe 1 Rembourré. ⇒ **capitonné.** « *la porte matelassée, à battants garnis de cuir* » (Maupass.). 2 Se dit d'un tissu ouaté maintenu par des piqûres. *Dessus-de-lit matelassé.* ➛ n. m. Tissu matelassé. *Un matelassé de soie.* 3 Garni d'une doublure matelassée. *Manteau matelassé.*

matelasser v. tr. [1] – XVIIe 1 Rembourrer à la manière d'un matelas. ⇒ **capitonner.** 2 Rendre matelassé (un tissu). 3 Doubler de tissu matelassé. 4 Garnir d'un revêtement épais. *Matelasser une cloison.*

matelassier, ière n. – XVIIe ▪ Personne dont le métier est de confectionner ou de réparer les matelas. ➛ *Ouvrier matelassier.*

matelassure n. f. – XIXe ▪ Ce qui sert à matelasser, à rembourrer. ⇒ **rembourrage.**

matelot n. m. – XIIIe ; germ. *mattenoot* « compagnon de couche » 1 Homme d'équipage participant à la manœuvre et à l'entretien d'un navire. ⇒ ② **marin.** *Apprenti matelot.* ⇒ ② **mousse.** *Jeune matelot.* ⇒ **novice.** ♦ Simple soldat de la marine de guerre. ⇒ **fusilier** (marin). 2 *Matelot d'avant, matelot d'arrière* : bâtiment qui précède ou qui suit un autre navire dans une ligne de file.

matelotage n. m. – XVIe ■ Connaissances relatives au travail de gabier. ♦ Technique des nœuds et ouvrages en cordage.

matelote n. f. – XVIIe ■ Mets composé de poissons coupés en morceaux et cuits dans du vin rouge avec des oignons. *On leur servit « une matelote d'anguille dans un compotier »* (Flaub.). *Matelote de poisson de rivière.* ⇒ **pochouse.** ➛ adjt *Sauce matelote,* au vin rouge, aux échalotes et aux oignons.

① **mater** v. tr. [1] – XIIe 1 Aux échecs, mettre (le roi) en position de mat. *Mater le roi avec le fou. Mater son partenaire.* ➛ Faire mat. 2 Rendre définitivement docile (un être, une collectivité) en affirmant son autorité. ⇒ **dompter, dresser.** « *il nous faut des maris qui sachent nous mater* » (Loti). ♦ Réprimer. *Mater une révolte.* ✪ HOM. Maté, mâter.

② **mater** v. tr. [1] – XVIIIe 1 Rendre mat. ⇒ **dépolir.** *Mater du verre.* 2 Comprimer, refouler (un métal) pour rendre un joint étanche, resserrer un assemblage. ⇒ **matir.**

③ **mater** v. tr. [1] – XIXe ; prélatin °*matta* « buisson » ■ arg. Regarder sans être vu. ⇒ fam. **lorgner, reluquer, zieuter.** « *Deux belles blondes leur passent devant le nez, et ils n'ont pas le droit de mater plus haut que le genou* » (Queneau).

❑ *Mater* a donner *maton* aujourd'hui usuel au sens de « gardien de prison ».

mâter v. tr. [1] – XIVe ■ Pourvoir (un navire) de mâts ; mettre les mâts en place. *Mâter et gréer un bâtiment.* ✪ CONTR. Démâter. — HOM. Maté, mater.

mater dolorosa [matɛʀdɔlɔʀoza] n. f. inv. – XIXe ; mots lat. « mère douloureuse » 1 Vierge au pied de la Croix ou soutenant son fils mort. ⇒ **pietà.** 2 Se dit d'une femme mélancolique.

mâtereau n. m. – XVIe ■ Mât de longueur réduite et de faible diamètre.

matérialisation n. f. – XIXe 1 Action de matérialiser, de se matérialiser ; son résultat. *Matérialisation d'un projet.* ⇒ **concrétisation, réalisation.** 2 Augmentation de la masse (d'un système physique), notamment avec la création d'une paire particule-antiparticule. 3 Phénomène par lequel les médiums rendraient visibles les esprits qu'ils évoquent (→ **ectoplasme).**

matérialiser v. tr. [1] – XVIIIe 1 littér. Considérer comme ayant une nature matérielle, comme produit par la matière. « *dans ce siècle où l'on s'efforce de matérialiser toutes les opérations de l'âme* » (Rouss.). 2 Représenter (une idée, une action abstraite) sous une forme matérielle. *Matérialiser un projet.* ⇒ **réaliser.** ♦ *Matérialiser au sol une piste cyclable.* ♦ pronom. SE MATÉRIALISER : devenir sensible, matériel. *Idée qui se matérialise.* ⇒ se **réaliser.** *Se matérialiser en, par qqch.* ✪ CONTR. Spiritualiser. Abstraire.

matérialisme n. m. – XVIIIe I - 1 Doctrine d'après laquelle il n'existe d'autre substance que la matière. ⇒ **atomisme, mécanisme.** 2 *Matérialisme historique, matérialisme dialectique.* ⇒ **marxisme.** II État d'esprit caractérisé par la recherche des jouissances et des biens matériels (⇒ **matérialiste** 2°). « *qu'est-ce que le matérialisme sinon l'état de l'homme qui s'est détourné de Dieu : [...] il n'a plus de souci que pour ses intérêts terrestres* » (Sartre). ✪ CONTR. Idéalisme, immatérialisme, spiritualisme.

matérialiste n. et adj. – XVIe 1 Personne qui adopte ou professe le matérialisme. 2 Personne qui recherche des jouissances et des biens matériels. ➛ adj. *Esprit matérialiste.* ✪ CONTR. Spiritualiste. Ascète, ascétique.

matérialité n. f. – XVe 1 Caractère de ce qui est matériel. 2 *Matérialité d'un fait, d'un acte,* ce qui peut être vérifié. ⇒ **réalité.** 3 Caractère matérialiste (de qqch.). ⇒ **matérialisme** (II). « *la matérialité brutale de notre civilisation s'oppose à l'essor de l'intelligence* » (Carrel). ✪ CONTR. Immatérialité, spiritualité.

matériau n. m. – XIXe ; sing. refait d'apr. *matériaux* 1 Matière servant à la fabrication. *Matériau destiné à l'électronique. Matériau résistant, souple.* 2 Élément servant à l'élaboration (de qqch.). *Enquête qui fournit un riche matériau à une étude.*

matériaux n. m. pl. – XVIe ; de *matériel* 1 Les diverses matières nécessaires à la construction (d'un bâtiment, d'un ouvrage, etc.). *Matériaux de construction. Matériaux bruts, travaillés.* 2 Éléments constitutifs d'un tout. *Les matériaux d'un procès. Rassembler, réunir des matériaux.* ⇒ **corpus ; document, donnée.** « *Et je compris que tous ces matériaux de l'œuvre littéraire, c'était ma vie passée* » (Proust).

matériel, ielle adj. et n. – XIVe ; lat. I adj. 1 (opposé à *formel*) *Vérité matérielle d'une idée,* consistant dans l'accord de la pensée et de l'expérience. 2 (opposé à *spirituel*) Qui est de la nature de la matière. *Être matériel.* ⇒ **corporel.** *Le monde, l'univers matériel.* ⇒ ① **physique.** « *Le monde matériel repose sur l'équilibre, le monde moral sur l'équité* » (Hugo). ♦ Qui s'exprime, se manifeste dans la matière ou par la matière. ⇒ **concret.** *Impossibilités matérielles.* ➛ *Je n'ai pas le temps matériel d'y aller.* 3 Qui concerne les aspects extérieurs, visibles, des êtres ou des choses. *Organisation matérielle d'un spectacle.* ⇒ ② **pratique.** *Avoir la preuve matérielle de qqch.* ⇒ **tangible.** ♦ *Fait matériel,* constitué par la matière même d'un fait, d'une chose, indépendamment de l'intention dont ils résultent (⇒ **matérialité).** 4 (opposé à *moral*) Qui est constitué par des biens tangibles ou lié à leur possession. *Avantages matériels.* ⇒ **concret.** *Aide matérielle. Dégâts matériels.* ♦ Qui concerne les moyens financiers d'existence. *Besoins matériels. Difficultés matérielles.* 5 Qui est attaché avec excès aux biens terrestres, aux plaisirs du corps. *Une personne trop matérielle.* ⇒ **prosaïque.** II n. m. 1 Ensemble des objets, instruments, machines utilisés dans un service, une exploitation (opposé à *personnel*). ⇒ **équipement, outillage.** *Matériel de bureau. Matériel agricole, informatique.* « *Trois mille pistons. Six mille soupapes. Tout ce matériel grince, racle, cogne* » (St-Exup.). ➛ *Matériel roulant :* locomotives, machines, wagons circulant sur voie ferrée. ➛ *Matériel de guerre.* ⇒ **arme.** ♦ Ensemble des éléments physiques (unité centrale, périphérique, etc.) constituant les machines informatiques (opposé à *logiciel*). 2 Ensemble des objets nécessaires à une activité. *Matériel de pêche.* ⇒ **équipement.** 3 Ensemble des éléments soumis à un traitement. ⇒ **donnée, document, matériaux.** ➛ Ensemble des éléments susceptibles d'être interprétés par l'analyse (psychanalyse). ➛ Support matériel de l'information génétique. *Matériel génétique.* ✪ CONTR. Abstrait, immatériel, intellectuel, spirituel ; délicat, éthéré.

❑ En informatique, *matériel,* recomm. offic. pour *hardware,* s'emploie moins que son opposé, *logiciel.*

matériellement adv. – XIVe 1 D'une manière matérielle, dans le domaine de la matière. *Se concrétiser matériellement.* ♦ Par rapport aux besoins matériels. ⇒ **financièrement.** *Matériellement, ils sont à l'aise.* 2 Sur le plan pratique, dans la réalité. ⇒ **pratiquement.** *Un projet matériellement irréalisable.* ✪ CONTR. Moralement, spirituellement. Théoriquement.

maternage n. m. – 1956 ; dér. du lat. *maternus,* de *mater* « mère », pour trad. l'angl. *mothering* 1 Technique de traitement des psychoses visant à recréer entre le patient et le thérapeute, la relation de la mère et du nourrisson.

2 Ensemble des soins apportés aux enfants en bas âge. 3 Action de protéger excessivement.

maternel, elle adj. et n. f. – XIVe ; lat. *maternus*, de *mater* « mère » 1 Qui est propre à la mère. *Allaitement maternel* (opposé à *artificiel*). *Instinct maternel.* « *l'amour maternel est le plus éminent des sentiments égoïstes* » (Alain). 2 Qui rappelle la tendresse d'une mère. ♦ Qui joue le rôle d'une mère. *Assistante maternelle :* nourrice de crèche familiale. ➙ Qui a le comportement d'une mère. *Être maternel avec qqn.* ⇒ **materner.** 3 *ÉCOLE MATERNELLE,* ou n. f. *LA MATERNELLE :* établissement d'enseignement pré-élémentaire, accueillant les enfants âgés de deux à six ans. *Entrer à la maternelle.* 4 Qui a rapport à la mère, quant à la filiation. *Un oncle du côté maternel. Ma grand-mère maternelle.* 5 *LANGUE MATERNELLE :* la première langue qu'a parlée un enfant, souvent celle de sa mère. 6 Qui concerne les mères, du point de vue social. *Centre de protection maternelle et infantile (P.M.I.).*

maternellement adv. – XIVe ■ D'une manière maternelle (2°).

materner v. tr. [1] – 1956 ■ Soigner par maternage. ♦ Traiter (qqn) de façon maternelle. *Se faire materner.* ⇒ **choyer, dorloter.**

maternisé, ée adj. – 1901 ■ *Lait maternisé :* lait animal auquel on a donné les propriétés du lait de femme.

maternité n. f. – XVe 1 État, qualité de mère. *Les joies et les peines de la maternité.* ♦ Lien juridique qui unit l'enfant à sa mère. *Recherche de maternité.* 2 Fonction génératrice de la femme. ⇒ **enfantement, procréation.** *La femme n'est pas définie seulement par la maternité.* 3 Fait de porter et mettre au monde un enfant. ⇒ **accouchement, grossesse ; obstétrique.** *Maternités trop rapprochées.* ➙ *Congé (de) maternité.* 4 Établissement ou service hospitalier qui assure la surveillance médicale de la grossesse et de l'accouchement. 5 Tableau représentant une mère avec son ou ses enfants.

mateur, euse n. – 1935 ■ arg. (rare au fém.) Personne qui mate, regarde sans être vu.

math → **maths**

mathématicien, ienne n. – XIVe ■ Spécialiste des mathématiques. ⇒ **algébriste, analyste, arithméticien, géomètre.** « *une persévérance de mathématicien* » (Maupass.).

mathématique adj. et n. f. – XIIIe ; gr. *mathêma* « science » **I** adj. 1 Relatif aux mathématiques (cf. ci-dessous, II) ; qui utilise les mathématiques. *Sciences mathématiques.* ⇒ **exact.** *Raisonnement, déduction, démonstration mathématique. Opérations, problèmes mathématiques.* 2 Qui présente les caractères de la pensée mathématique. ⇒ ① **précis, rigoureux.** *Une précision mathématique.* « *la rigueur mathématique de votre livre* » (Bourget). ➙ *Avoir l'esprit mathématique.* ⇒ **scientifique.** ♦ fam. *C'est mathématique,* absolument certain. ⇒ **automatique,** ② **logique.** « *Infailliblement, vous ferez la culbute, c'est mathématique* » (Zola). **II** n. f. 1 *LES MATHÉMATIQUES,* didact. *la mathématique :* ensemble des sciences qui ont pour objet la quantité et l'ordre, l'étude des êtres abstraits (nombre, figure, fonction, etc.), ainsi que les relations qui existent entre eux. ⇒ **algèbre, analyse,** ② **arithmétique,** ② **ensemble** (théorie des ensembles), **géométrie,** ① **logique, mécanique, probabilité.** *Mathématiques traditionnelles,* fondées sur la science des nombres, des figures et volumes ; *mathématiques modernes,* sur la théorie des ensembles, des classes. ♦ *Cours de mathématiques.* ⇒ fam. **maths.** 2 Classe spécialisée dans l'enseignement des mathématiques. *Mathématiques supérieures, spéciales :* classes de préparation aux grandes écoles scientifiques (fam. *math sup* [matsyp], *math spé* [matspe]). ⇒ fam. **hypotaupe,** ② **taupe.**

mathématiquement adv. – XVIe ■ Selon les méthodes des mathématiques. *Démontrer qqch. mathématiquement.* ♦ ⇒ **exactement, rigoureusement.** *C'est mathématiquement exact.* ♦ D'une manière certaine. *Cela devait mathématiquement arriver.* ⇒ **inévitablement, nécessairement.** ✪ CONTR. Approximativement.

mathématisation n. f. – XIXe ■ Traitement mathématique appliqué à un domaine de savoir.

mathématiser v. tr. [1] – XVIe ■ Donner une structure mathématique ou appliquer des procédés mathématiques à (un objet de savoir). « *l'impossibilité de mathématiser la nature* » (Foucault).

> ❑ *Mathématiser* s'employait intransitivement au XVIe s. pour « faire des calculs astrologiques ».

matheux, euse n. – 1929 ■ fam. Étudiant, étudiante en maths. ➙ Élève fort en maths.

maths ou **math** n. f. pl. – XIXe ■ fam. Mathématiques. *Un fort en maths.* ⇒ **matheux.** *La bosse des maths.* ♦ Classe de mathématiques. *Math sup.* ✪ HOM. Mat, matte.

mathusalem [matyzalɛm] n. m. – mil. XXe ; n. pr. ■ Grosse bouteille (de champagne) contenant l'équivalent de huit bouteilles normales, soit 6,4 l.

matière n. f. – XIIe ; lat. *materia, materies,* d'ab. « bois de construction » **I - 1** philos., sc. Substance qui constitue le monde sensible, les corps. *La structure de la matière.* ⇒ **atome, molécule.** *Les états de la matière,* solide, liquide, gazeux. ♦ La nature matérielle, les choses matérielles. *L'homme commande à la matière.* 2 dr. *Matière d'un délit, d'un crime,* ce qui le constitue (en dehors de l'intention qui l'a fait commettre ; opposé à *motif*). **II - 1** *Une, des matières :* substance ayant les caractéristiques de la matière (I) et connaissable par les sens, qu'elle prenne ou non une forme déterminée. *Matières organiques et inorganiques. Matière friable. Les colonnes « sont de marbres rares, de porphyre, de jaspe, de brèche verte et violette, et autres matières précieuses »* (Gaut.). ♦ *Matières (fécales).* ⇒ **excrément.** ♦ *MATIÈRE GRISE* (du cerveau). ⇒ **substance ;** fig. et fam. l'intelligence, la réflexion. « *Faire travailler sa matière grise* » (Aymé). 2 Produit destiné à être employé et transformé par l'activité technique. ⇒ **matériau.** ➙ *MATIÈRE PREMIÈRE :* produit de base, non élaboré, résultant d'opérations d'extraction, de distillation, de récolte, etc. (généralt au plur.). *Importer des matières premières.* 3 *MATIÈRES GRASSES :* substances alimentaires (beurre, crème, huile, margarine) contenant des corps gras. ⇒ **graisse, lipide.** 4 *LA MATIÈRE :* ce dont une œuvre d'art est faite ; ce à quoi l'activité de l'artiste donne forme. *Travailler la matière. Matière d'un peintre.* 5 En grammaire, *Complément de matière,* introduit par les prépositions *de* et *en* (ex. une table *de* chêne ; une coupe *en* cristal). **III - 1** Contenu, sujet d'un ouvrage. « *En ordonnant les notes qu'il accumule, il aurait la matière de plusieurs grands livres* » (Maurois). ♦ Ce qui est l'objet d'études scolaires, d'enseignement. ⇒ **discipline.** *Les matières scientifiques.* ♦ dr. Ce qui est l'objet de contrat, de procédure. *Matière d'un engagement.* 2 Ce sur quoi s'exerce ou peut s'exercer l'activité humaine. ⇒ ③ **sujet.** *En la matière :* dans ce domaine. *Expert en la matière.* ♦ *EN MATIÈRE* (suivi d'un adj.). *En matière poétique :* en ce qui concerne la poésie. ♦ *EN MATIÈRE DE :* dans le domaine de, en ce qui concerne (tel objet). « *la langue française est fort exigeante en matière d'euphonie* » (Duham.). 3 Ce qui fournit de quoi agir. ⇒ **motif, raison,** ③ **sujet.** ➙ *MATIÈRE À... Il y a matière à réfléchir, à réflexion. Donner, trouver matière à plaisanter.*

matif n. m. – 1986 ; acronyme ■ Marché* à terme international de France.

matin n. m. – Xe ; lat. *(Mater) Matuta* « l'Aurore » 1 Début du jour ; moments qui précèdent immédiatement et qui suivent le lever du soleil. ⇒ ① **aube, aurore,** ② **lever,** ① **point** (du jour). *La rosée du matin. Le petit matin :* moment où se lève le jour. *Être du matin :* aimer se lever tôt, être actif dès le matin. ⇒ **lève-tôt.** ♦ *AU MATIN :* au début du jour. ➝ *DE BON, DE GRAND MATIN :* très tôt. ♦ *Le matin et le soir. Deux comprimés matin et soir.* ➝ *Du matin au soir ;* fig. continuellement, sans arrêt. 2 La première partie de la journée, du lever du jour à midi (opposé à *après-midi*). ⇒ **matinée.** *Ce matin :* la matinée d'aujourd'hui. ➝ *Demain matin. Tous les dimanches matin(s).* 3 (dans le décompte des heures) L'espace de temps qui va de minuit à midi, divisé en douze heures. ⇒ **a. m.** *Une heure, six heures du matin* (opposé à *de l'après-midi, du soir*). « *J'arrivai à l'improviste à deux heures du matin* » (Loti). ✪ HOM. Mâtin.

❑ Pour le pluriel de *mardi matin, lundi soir* → soir (rem.).

mâtin n. m. – XIIe ; lat. *manere* « rester » 1 Grand et gros chien de garde ou de chasse. 2 fam. *MÂTIN, MÂTINE :* personne malicieuse, turbulente. ⇒ **coquin.** *Ah ! la mâtine !* ✪ HOM. Matin.

matinal, ale, aux adj. – XIIe 1 Du matin ; qui a lieu, se produit le matin. ⇒ **matutinal.** « *Le café fut donné aux peuples du Nord pour remplacer le soleil matinal* » (Duham.). *Gymnastique matinale.* 2 Qui s'éveille, se lève tôt. ⇒ **lève-tôt.** *Vous êtes bien matinal aujourd'hui !* ♦ *À une heure matinale :* très tôt le matin. ✪ CONTR. Vespéral. Lève-tard.

mâtiné, ée adj. – XVIIe 1 Qui n'est pas de race pure (chien). ⇒ **bâtard, corniaud.** 2 Mêlé (de). *Il parle un français mâtiné d'anglais.* ✪ CONTR. Pur. — HOM. Matinée.

matinée n. f. – XIIe 1 Partie de la journée qui va du lever du soleil à midi, considérée dans sa durée. *Matinée ensoleillée.* « *le ciel s'était ennuagé dans la matinée* » (Aymé). ♦ Cette durée même. *Travailler deux matinées par semaine.* 2 Réunion, spectacle qui a lieu l'après-midi. *Théâtre qui affiche deux matinées et une soirée le dimanche.* ✪ CONTR. Après-midi. Soirée. — HOM. Mâtiner.

mâtiner v. tr. [1] – XIIe ■ Couvrir (une chienne de race), en parlant d'un chien de race différente (généralement croisée ou commune). ✪ HOM. Matinée.

matines n. f. pl. – XIe ■ Office catholique nocturne, première des heures canoniales, entre minuit et le lever du jour. ⇒ ① **vigile.** « *Sonnez les matines !* » (chans.).

matir v. tr. [2] XIIe ■ Rendre mat (un métal précieux). ⇒ ② **mater.** ➝ *Argent mati.* ✪ CONTR. Brunir.

matité n. f. – XIXe ■ Caractère de ce qui est mat. « *La fausse matité d'un teint poudré* » (Colette).

matoir n. m. – XVIIe ■ Outil qui sert à matir un métal.

matois, oise adj. – XVIe ; de *mate,* arg. anc. « lieu de réunion des voleurs » ■ littér. Qui fait preuve de ruse sous des dehors de simplicité, de bonhomie. ⇒ **finaud, madré.** « *Il a bien l'air un peu matois et chicanier, comme il convient à un paysan de sa profession* » (Dider.).

maton, onne n. – 1926 ; de ③ *mater* ■ arg. Gardien, gardienne de prison.

matou n. m. – XIIIe ; p.-ê. onomat. ■ Chat domestique mâle et entier. « *Un beau matou siamois, amplement fourré de gris et le museau charbonné* » (Mart. du G.).

matraquage n. m. – 1947 1 Action de matraquer. *Le matraquage des manifestants.* 2 Répétition fréquente et systématique par les médias (d'un message qu'on veut imposer). ⇒ **intoxication.** *Matraquage publicitaire.* 3 fam. Baisse importante (des prix de certains articles). ⇒ **dumping.**

matraque n. f. – XIXe ; ar. « trique » ■ Arme contondante formée d'un bâton (généralement de caoutchouc durci) plus épais et plus lourd à une extrémité. ⇒ **casse-tête, gourdin.** *La matraque des C.R.S.* « *les gens fuyaient sous les coups de matraque* » (Aragon). fig. *C'est le coup de matraque !* le prix très élevé.

matraquer v. tr. [1] – 1927 1 Frapper à coups de matraque. ⇒ **assommer.** *Matraquer des manifestants.* 2 Présenter à (un client) une addition excessive. 3 Diffuser d'une manière répétée (un message). *Matraquer le tube de l'été.*

matraqueur, euse n. m. et adj. – 1936 1 Celui qui matraque (1°). 2 adj. Qui matraque (3°). *Publicité matraqueuse.*

① **matras** n. m. – XIIe ; gaul. ■ Gros trait d'arbalète terminé par une tête cylindrique ou quadrangulaire.

② **matras** n. m. – XVIe ; de ① *matras* ■ Vase au col étroit et long, utilisé en alchimie, puis en chimie et en pharmacie (notamment pour la distillation).

matr(i)- ■ Élément, du lat. *mater, matris* « mère ».

matriarcal, ale, aux adj. – XIXe ■ Relatif au matriarcat. *Société matriarcale.* ✪ CONTR. Patriarcal.

matriarcat n. m. – XIXe ; lat. *mater, matris* « mère » ■ Régime juridique ou social dans lequel la femme a un rôle prépondérant dans la transmission de la parenté, dans l'organisation de la famille, de la communauté. ✪ CONTR. Patriarcat.

matriçage n. m. – XIXe ■ Opération qui donne à une pièce sa forme définitive par pression contre la matrice.

matricaire n. f. – XVIe ; lat. *matrix, icis* « matrice » ■ Plante annuelle ou vivace *(composées),* aux fleurs en petites marguerites et au feuillage découpé. ⇒ **camomille.**

matrice n. f. – XIIIe ; lat. 1 vieilli Utérus. 2 Moule qui, après avoir reçu une empreinte particulière en creux et en relief, permet de la reproduire sur un objet soumis à son action (⇒ **forme**). 3 Ensemble ordonné de $n \times p$ nombres, généralement représenté sous la forme du tableau, à n lignes et p colonnes, de ses éléments ; ce tableau. ♦ Structure électronique en réseau interconnecté en lignes et colonnes. 4 *Matrice du rôle des contributions directes :* registre contenant la liste des contribuables et de leurs facultés contributives, pour permettre la confection des rôles des impôts directs. *Matrice cadastrale.* ⇒ **cadastre.**

matricer v. tr. [3] – 1927 ■ Forger (un objet) en soumettant le métal porté au rouge à la pression d'une matrice.

matricide n. – XVIe ; lat. I Personne qui a tué sa mère. ➝ adj. *Fils matricide.* II n. m. Crime de la personne qui a tué sa mère.

matriciel, ielle adj. – XIXe 1 Relatif aux matrices de l'administration. *Loyer matriciel,* qui sert à la fixation des cotes en matière de contributions directes. 2 sc. Relatif aux matrices ; qui utilise les matrices. *Calcul matriciel.* ♦ *Imprimante matricielle,* qui imprime point par point grâce à des aiguilles commandées par un électroaimant.

matriclan n. m. – 1969 ■ Clan dont le recrutement est assuré par voie matrilinéaire (opposé à *patriclan*).

matricule n. f. et m. – XVe ; lat. 1 n. f. Registre, liste où sont inscrits, avec un numéro d'ordre, les noms des personnes qui entrent dans une collectivité, un groupe. *Les matricules d'un hôpital.* ♦ Inscription sur la matricule. ⇒ **immatriculation.** *Droits de matricule.* ♦ adj. « *La capote militaire est boutonnée jusqu'au col, où se trouve inscrit le numéro matricule* » (Robbe-

Grillet). 2 n. m. Numéro d'inscription sur un registre matricule. ♦ loc. fam. *Ça va barder pour son matricule* : sa situation devient fâcheuse.

matrilinéaire adj. – 1936 ■ Qui ne reconnaît que l'ascendance maternelle (opposé à *patrilinéaire*). *Filiation matrilinéaire.*

matrilocal, ale, aux adj. – 1936 ■ *Résidence matrilocale,* déterminée par la résidence de la mère de l'épouse (opposé à *patrilocal*).

matrimonial, iale, iaux adj. – XIVe ; lat. *matrimonium* « mariage » ■ Qui a rapport au mariage, à la vie conjugale. ⇒ **conjugal.** ➛ *Agence matrimoniale,* qui, contre rétribution, met en rapport des personnes, cherche un conjoint, un partenaire. ♦ *Régime matrimonial* : régime juridique régissant les patrimoines respectifs des époux.

matrone n. f. – XIIe ; lat. 1 Épouse d'un citoyen romain. 2 Femme d'un certain âge, corpulente et vulgaire. « *deux ou trois respectables matrones, voisines fortes en bec* » (Sand).

❑ Le correspondant morphologique masculin de ce mot est *patron,* qui a un sens différent. ♦ En français d'Afrique, une *matrone* est une accoucheuse professionnelle, une sage-femme.

matronyme n. m. – 1946 ; *matr(i)-* et *-onyme* ■ Nom de famille transmis par la mère (opposé à *patronyme*).

matte n. f. – XVIIe ; p.-ê. de *mat* « compact » ■ Mélange de sulfures de fer et de cuivre, provenant de la première fusion d'un minerai sulfuré. ✪ HOM. Mat, maths.

matthiole n. f. – XVIIIe ; n. pr. ■ Giroflée rouge communément appelée *giroflée des jardins* ou *violier,* cultivée pour ses fleurs odorantes.

maturase n. f. – v. 1984 ; de *mature* (3°) ■ Enzyme responsable de l'élimination de certains introns.

maturation n. f. – XIVe 1 didact. Séquence de transformations morphologiques et physiologiques qui rendent un organe apte à assurer sa fonction. *Maturation de la graine.* ♦ Ensemble des modifications subies par les cellules sexuelles les rendant aptes à la fécondation. ➛ *Maturation du fœtus,* au cours des derniers mois de la grossesse, le rendant viable. 2 Fait pour un fruit de se développer pour atteindre un état le rendant propre à la consommation. ⇒ **mûrissement.** *Maturation du raisin.* ⇒ **véraison.** ➛ *Cave de maturation* (pour le fromage). 3 Évolution d'un abcès vers une suppuration bien circonscrite.

mature adj. – XIIIe ; lat. « mûr » 1 *Poisson mature,* prêt à frayer. 2 *Cellule mature,* parvenue au terme de son développement. 3 Qui est formé à partir de précurseurs inactifs (en parlant d'une protéine ou d'un acide ribonucléique messager). 4 Qui a une certaine maturité psychologique. *Sujet mature.* ✪ CONTR. Immature. — HOM. Mâture.

mâture n. f. – XVIIe ■ Ensemble des mâts d'un navire (⇒ **gréement**). « *une goëlette* [sic] *longue et basse, avec une mâture très inclinée sur l'arrière* » (Baudelaire). ✪ HOM. Mature.

maturité n. f. – XVe 1 État d'un fruit mûr. « *des fruits précoces, qui n'auront ni maturité, ni saveur* » (Rouss.). *Arriver à maturité.* ♦ *Maturité d'un abcès.* 2 État de ce qui a atteint son plein développement. *Talent en pleine maturité,* parvenu à un point de perfection. ⇒ **plénitude.** 3 État de développement complet (de l'organisme humain) ; âge mûr, celui qui suit la jeunesse et correspond à la plénitude des moyens physiques et intellectuels. ⇒ **épanouissement.** « *Les plaisirs de l'amour n'ont toute leur saveur que dans la maturité* » (Léautaud). 4 *Maturité (de l'esprit, d'esprit)* : sûreté de jugement, qui s'acquiert d'ordinaire avec l'âge, l'expérience. *Manquer de maturité* (⇒ **immature**). ✪ CONTR. Enfance ; infantilisme.

❑ En Suisse, la *maturité* est l'examen correspondant au baccalauréat ; on l'abrège familièrement en *matu* : *il a réussi sa matu.*

matutinal, ale, aux adj. – XIIe ; lat. *matutinum* « matin » ■ vx ou littér. Qui appartient au matin. ⇒ **matinal.**

maudire v. tr. [2] ; sauf inf. et p. p. *maudit, maudite* – XIe ; lat. *maledicere* 1 Vouer au malheur ; appeler sur (qqn) la malédiction, la colère divine. ⇒ **anathématiser.** ♦ Vouer à l'exécration (qqn, qqch. dont on a lieu de se plaindre, que l'on hait, méprise). ⇒ **abhorrer, abominer, exécrer, haïr, pester** (contre). *Maudire la guerre.* « *je maudis la fichue idée que j'ai eue de venir ici* » (Gide). 2 Vouer à la damnation éternelle. ⇒ **condamner, réprouver.** ✪ CONTR. Bénir.

maudit, ite adj. – XIe 1 Qui est rejeté par Dieu ou par la société. ⇒ **réprouvé.** « *Les Poètes maudits* », *de Verlaine.* ♦ (en manière d'imprécation) « *Maudite soit l'espérance !* » (Nerval). 2 (avant le nom) Dont on a sujet de se plaindre. ⇒ **détestable, exécrable ;** fam. **damné,** ② **fichu,** ① **sacré, satané.** *Cette maudite histoire le tracasse beaucoup.* ⇒ **malheureux.** « *Ce maudit rhume qui ne veut pas me quitter* » (Zola). ✪ CONTR. Bénit.

maugréer v. intr. [1] – XIIIe ; de ① *mal* et *gré* ■ littér. Manifester son mécontentement, sa mauvaise humeur, en protestant à mi-voix. ⇒ **grogner ; pester, ronchonner.** « *Je rognonne, je maugrée, je grogne même contre moi-même* » (Flaub.).

maul n. m. – mil. XXe ; angl. *to maul* « malmener » ■ Au rugby, Mêlée ouverte où le ballon reste entre les mains des joueurs. ✪ HOM. Môle.

maurandie n. f. – XIXe ; de *Maurandy,* botaniste esp. ■ Plante *(scrofulariacées)* d'origine mexicaine, cultivée pour ses fleurs à grande corolle.

maure n. et adj. – XVIIe ; lat. *Maurus* « Africain » 1 Habitant de l'ancienne Mauretania, au nord de l'Afrique. *Numides et Maures de l'époque romaine.* ⇒ **berbère.** ➛ Au Moyen Âge, Conquérant musulman de l'Espagne. *Les invasions des Maures.* ♦ adj. *L'art maure.* ⇒ **mauresque.** 2 De Mauritanie, région d'Afrique occidentale. ✪ HOM. Mors, mort.

❑ On a écrit *more.* ♦ En latin populaire, *maurus* signifiait également « brun foncé ». → mordoré (rem.).

maurelle n. f. – XVIIIe ■ Croton donnant un colorant brun, appelé *tournesol des teinturiers.* ✪ HOM. Morelle.

mauresque n. f. et adj. – XIVe ; esp. *morisco* 1 Femme maure. 2 adj. Qui a trait à l'art des Maures, notamment d'Espagne. ⇒ **hispano-mauresque.** *Une* « *maison mauresque à cour intérieure, sans fenêtre sur la rue* » (Maupass.).

❑ On a écrit *moresque.*

mauser [mozɛʀ] n. m. – XIXe ; n. pr. ■ Fusil en usage dans l'armée allemande de 1870 à 1945. ➛ Modèle de pistolet automatique.

mausolée n. m. – XVIe ; gr. « tombeau du roi *Mausole* » ■ Somptueux monument funéraire de très grandes dimensions. *Le mausolée de Lénine, à Moscou.*

❑ La finale en *-ée* de certains noms masculins est d'origine grecque *(gynécée, lycée, musée, pygmée, scarabée, trophée).*

maussade adj. – XIVe ; de ② *mal* et lat. *sapidus* « savoureux » 1 Qui est peu gracieux, peu avenant ; qui laisse voir de la mauvaise humeur. ⇒ **grognon, revêche.** ➛ *Humeur maussade. Un air maussade.* ⇒ **boudeur, mécontent,**

morose, rechigné, renfrogné. 2 Qui inspire de l'ennui. ⇒ **ennuyeux,** ① **terne, triste.** *Temps maussade. « une grande maison maussade et noire »* (Daud.). ✪ CONTR. ① Avenant ; plaisant.

maussaderie n. f. – XVIIIe ▪ Humeur maussade. *« cette maussaderie [...] qui semblait une hostilité »* (Barbey). ✪ CONTR. Amabilité.

mauvais, aise adj., adv. et n. – XIe ; lat. *malifatius* « qui a un mauvais sort *(fatum)* » **I** (opposé à ① *bon*) **1** Qui présente un défaut, une imperfection essentielle ; qui a une valeur faible ou nulle (dans le domaine utilitaire, esthétique ou logique). ⇒ **défectueux, imparfait.** *Assez mauvais* (⇒ **médiocre**), *très mauvais* (⇒ **abominable, épouvantable, exécrable, nul.**) *Plus mauvais.* ⇒ **pire.** *Mauvaise qualité. Les bons et les mauvais morceaux.* ♦ Qui rapporte peu. *Mauvaise affaire. La récolte a été mauvaise.* ➤ *Mauvaise période, mauvaise saison,* défavorable pour un commerce, une activité. *« La gloire d'un bon avocat consiste à gagner de mauvais procès »* (Balz.). ♦ Mal fait, mal conçu. ⇒ **défectueux, déplorable, désastreux.** *Un mauvais plan.* ➤ Sans valeur esthétique. *Mauvais film* (⇒ **navet**). ♦ Qui ne suit pas la logique ou les règles. ⇒ ① **faux, inexact.** *Mauvais raisonnement. Parler en mauvais français.* ⇒ **incorrect.** ♦ Qui ne fonctionne pas correctement. *Avoir de mauvais yeux.* ➤ *Être en mauvais état. Mauvaise mine.* ➤ *Mauvais goût.* **2** Qui est dépourvu de talent, de qualités. ⇒ **lamentable, pauvre.** *Mauvais élève. Mauvais conducteur. « On ne voit jamais de mauvais artistes faire de beaux ouvrages »* (Delacroix). *Être mauvais en maths.* ⇒ **faible.** **3** Qui est mal choisi, ne convient pas. *Prendre la mauvaise direction. Mauvaise adresse. Faire un mauvais numéro* (de téléphone). *Arriver au mauvais moment.* ➤ fig. *Mauvais prétexte. Mauvaises raisons.* ➤ impers. (négatif) *Il ne serait pas mauvais de s'en souvenir ; il n'est pas mauvais qu'il en fasse l'expérience,* c'est, ce serait indiqué. **II** (opposé à *bon, beau, heureux...*) Qui cause ou peut causer du mal. ⇒ **néfaste, nuisible.** **1** Qui annonce du malheur. ⇒ **défavorable, funeste,** ① **sinistre.** *C'est mauvais signe. « Il était sombre. Les mauvais présages s'accumulaient »* (Mart. du G.). **2** Qui est cause d'ennuis, de désagrément. ⇒ **dangereux, nuisible, pernicieux.** *L'affaire prend une mauvaise tournure.* ⇒ **catastrophique, désastreux.** *Être en mauvaise posture. Le tabac est mauvais pour la santé. La mer est mauvaise,* agitée, dangereuse pour la navigation. ➤ (sur le plan intellectuel ou moral) *Mauvais conseils. Donner le mauvais exemple.* **4** Désagréable (au goût, à l'odorat). *Cette viande a mauvais goût. Faire un mauvais repas :* manger mal. ➤ *Mauvaise haleine.* ♦ (en parlant des circonstances atmosphériques, opposé à *beau*) *Mauvais temps. La mauvaise saison :* la saison des intempéries. *Il fait trop mauvais pour sortir.* ♦ Pénible à vivre. *Traverser une mauvaise passe.* ⇒ **difficile.** *Faire un mauvais rêve.* ♦ Qui déplaît, fait de la peine. *Faire mauvais effet.* ➤ fam. *La trouver, l'avoir mauvaise* (sous-entendu la chose, l'affaire). ⇒ **saumâtre.** *« C'est quand on est marié qu'on doit l'avoir mauvaise »* (Sartre). ♦ Peu accommodant. *Mauvaise humeur.* ⇒ **détestable, massacrant.** *Mauvais caractère.* ⇒ **odieux ;** fam. ② **fichu, foutu.** *Mauvaise volonté.* ➤ *Mauvais joueur.* **III** (opposé à *bon, honnête*) **1** Qui est contraire à la loi morale. *C'est une mauvaise action.* ➤ loc. vieilli *Femme de mauvaise vie :* prostituée. **2** Qui fait ou aime à faire du mal à autrui. ⇒ **méchant.** *Il est mauvais comme une teigne, comme la gale. « L'hôtelier n'était point mauvais bougre »* (Carco). ♦ vieilli *MAUVAIS GARÇON :* homme prompt à en venir aux coups. ⇒ **loubard, loulou, malfrat, voyou.** **3** (peut s'employer après le nom) Qui dénote de la méchanceté, de la malveillance. *Il a eu un rire mauvais. Mauvais traitements.* **IV** adv. *Sentir mauvais.* ⇒ **puer.** fig. *Ça sent mauvais :* les choses prennent une mauvaise tournure. ♦ *Il fait mauvais :* il fait mauvais temps (cf. II, 3°). **V** n. m. Ce qui est mauvais. ⇒ ③ **mal.** *Le bon et le mauvais.* ✪ CONTR. ① Bon.

❑ En épithète, *mauvais* est le plus souvent avant le nom.

mauve n. et adj. – XIIIe ; lat. *malva* **I** n. f. Plante *(malvacées)* à fleurs roses ou violet pâle. ⇒ **guimauve.** *Mauve en arbre.* ⇒ **althæa.** **II** adj. D'une couleur violet pâle. ♦ n. m. Couleur mauve. *Un bleu tirant sur le mauve.* ⇒ **pervenche.** *« le mauve un peu gris des glycines pâlies au soleil »* (Colette).

❑ Pour l'adjectif → pourpre (rem.).

mauvéine n. f. – XIXe ▪ Colorant violet dérivé de l'aniline.

mauviette n. f. – XVIIe ; de *mauvis* ▪ Personne chétive, au tempérament délicat, maladif. ⇒ **gringalet.** *Quelle mauviette, ce type !* ♦ Poltron.

mauvis n. m. – XIIIe ; anglo-saxon « mouette » ▪ Grive, plus petite que la litorne.

maux → ③ **mal**

max, maxi → **maximum**

maxi- Élément, de *maximum,* signifiant « grand, très grand ». ⇒ **hyper-, méga-.** ✪ CONTR. Mini-.

maxillaire [maksilɛʀ] adj. et n. m. – XIVe ; lat. *maxilla* « mâchoire » ▪ Relatif aux mâchoires. ♦ n. m. Chacun des os formant les mâchoires. *Maxillaire supérieur, inférieur* ⇒ (**mandibule**). *« les maxillaires s'avançaient en mâchoires puissantes de carnassier »* (Zola).

maxille [maksil] n. f. – XIXe ; lat. ▪ Mâchoire des insectes, des crustacés.

maxima (a) → **a maxima**

maximal, ale, aux adj. – XIXe ▪ Qui constitue un maximum. ⇒ **maximum.** *Températures maximales.* ✪ CONTR. Minimal.

maximalisation n. f. – 1974 ▪ Action de maximaliser.

maximaliser v. tr. [1] – 1963 ▪ Donner la plus haute valeur à ; porter à son maximum. ⇒ **maximiser.** *Maximaliser un rendement.* ⇒ **optimiser.** ✪ CONTR. Minimiser.

maximalisme n. m. – 1910 ▪ Tendance aux revendications extrêmes.

maximaliste n. et adj. – 1910 **1** Bolchevik. **2** adj. et n. Partisan d'une position extrême, radicale. ✪ CONTR. Minimaliste.

maxime n. f. – XIVe ; lat. « (sentence) la plus grande, la plus générale » ▪ Formule lapidaire énonçant une règle morale ou une vérité générale. ⇒ **aphorisme, sentence.** *Maxime populaire, traditionnelle.* ⇒ ① **adage, dicton, dit, proverbe.** *« Les "Maximes" de M. de La Rochefoucauld sont les proverbes des gens d'esprit »* (Montesq.).

maximisation n. f. – 1930 ▪ Action de maximiser.

maximiser v. tr. [1] – XIXe **1** Porter à son maximum. ⇒ **maximaliser.** *Maximiser la production.* **2** Trouver les valeurs des paramètres qui rendent maximale (une expression mathématique). ✪ CONTR. Minimiser.

maximum [maksimɔm] n. m. – XVIIIe ; mot lat. « le plus grand » **1** Valeur d'une fonction supérieure à celles qui la précèdent ou la suivent immédiatement. *Second maximum d'une courbe.* ⇒ **pointe.** **2** Valeur la plus grande atteinte par une quantité variable ; limite supérieure. *Maximum de vitesse, de force. Les maximums* ou *les maxima.* ➤ *Le maximum de chances,* le plus grand nombre. *Atteindre un maximum.* ⇒ **apogée ; culminer.** ♦ *Au maximum :* tout au plus, au plus. *Mille francs au maximum, au grand maximum.* abrév. fam. *MAXI.* ➤ fam. *Un maximum,* ou très fam. *un max :* beaucoup, une grande quantité. *Ça va coûter un max.* ♦ *Il a été condamné au maximum* (de la peine). ➝ *Maximum barométrique :* anticyclone. **3 adj.** Qui constitue un maximum. ⇒ **maximal.** *Tarif maximum.* ➝ au fém. *Tension maximum* ou *maxima.* ➝ au plur. *Des prix maximums* ou *maxima. Des amplitudes maximums* ou *maxima.* ✪ CONTR. Minimum.

❑ Pour éviter la difficulté d'accord de *maximum*, l'usage contemporain préfère employer, au moins dans le langage technique (météo) et administratif, l'adjectif *maximal, ale, aux.* → minimum, optimum (rem.).

maxwell [makswɛl] **n. m.** – XIXe ; n. pr. ▪ Unité de mesure de flux magnétique (symb. M) du système C.G.S., valant 10^{-8} weber.

maya [maja] **adj. et n.** – XIXe ; mot indigène ▪ Relatif à une civilisation précolombienne d'Amérique centrale (Yucatan). ♦ **n.** *Les Mayas.* ➝ **n. m.** *Le maya :* famille de langues indiennes (24) parlées dans cette région. ✪ HOM. Maïa.

maye [mɛ] **n. f.** – XIe ; lat. *magis, magidem* « plat, pétrin » ▪ Auge de pierre destinée à recevoir l'huile d'olive dans un pressoir. ✪ HOM. Mai, maie, mais, mets.

❑ Pour la prononciation → paye (rem.).

mayonnaise [majɔnɛz] **adj. et n. f.** – XIXe ; p.-ê. de *Port-Mahon* ▪ *Sauce mayonnaise :* sauce froide composée d'huile émulsionnée dans le jaune d'œuf. ♦ **n. f.** *Des œufs (à la) mayonnaise. Mayonnaise à l'ail.* ⇒ **ailloli.** *Réussir, rater une mayonnaise.* « *sa mayonnaise est encore trop vinaigrée* » (Gide). *La mayonnaise prend ;* fig. les choses prennent une tournure favorable. loc. *Faire monter la mayonnaise :* exagérer, amplifier la situation, les choses.

❑ Pour la prononciation → hayon (rem.).

mazagran **n. m.** – XIXe ; anc. nom d'une ville d'Algérie ▪ Verre à pied de porcelaine épaisse, pour boire le café.

mazarinade **n. f.** – XVIIe ▪ Pamphlet, chanson publiés contre Mazarin, pendant la Fronde.

mazdéen, enne **adj.** – XIXe ▪ Relatif au mazdéisme.

mazdéisme **n. m.** – XIXe ; a. perse *mazda* « sage » ▪ Religion zoroastrienne de l'Iran antique, encore pratiquée par les Guèbres, les Parsis.

mazette **interj.** – XVIIe ; p.-ê. norm. *mesette* « mésange » ▪ vieilli ou région. Exclamation d'étonnement, d'admiration. *Un million ? Mazette !*

mazot **n. m.** – XVIIe ; lat. *manere* « rester » ▪ (Suisse) Petit bâtiment rural. ✪ HOM. Maso (masochiste).

mazout [mazut] **n. m.** – XIXe ; mot russe ▪ Résidu de la distillation du pétrole, liquide épais, visqueux, utilisé comme combustible. ⇒ **fioul.** *Chaudière à mazout. Plages polluées par le mazout.*

mazouter **v.** [1] – 1936 **1 v. intr.** Faire le plein de mazout (navire). **2 v. tr.** Souiller de mazout. *Plages mazoutées,* polluées par le mazout, par la marée noire. *Oiseaux mazoutés.*

mazurka **n. f.** – XIXe ; mot polonais **1** Danse à trois temps d'origine polonaise ; air sur lequel on la danse. **2** Courte composition musicale de même rythme.

❑ La *mazurka* est une danse de *Mazurie,* province du nord-est de la Pologne.

Me → **maître**

me **pron. pers.** – IXe ; lat. ▪ Pronom personnel de la première personne du singulier qui s'élide en *m'* devant une voyelle ou un *h* muet. ⇒ **je, moi. 1** compl. d'objet dir. représentant la personne qui parle, qui écrit *On me voit. Il m'a envoyé chercher. Il l'a envoyé me chercher. Tu me présenteras à lui.* ♦ (dans un v. pron.) *Je m'ennuie. Je me souviens.* ♦ (avec un terme servant à présenter) *Me voici.* **2** compl. d'objet ind. À moi. *Il me fait pitié. Il veut me parler. Donnez m'en.* ♦ compl. d'un adj., d'un attribut Pour moi. « *Ton amitié m'est le plus grand des biens* » (R. Rolland). ♦ Remplaçant un poss. *(mon, ma, mes) Je me lave les mains. Les bras m'en tombent.* ♦ pron. « d'intérêt personnel » fam. « *Vois-tu qu'il me refasse un accès !* » (Céline). **3** sujet d'un inf. régi par *faire, laisser* ou un v. de perception *Il me fera, il me laissera lire ce livre.*

❑ Dans le langage familier le *e* tombe parfois devant consonne (*je me demande* [ʒəmdəmɑ̃d]) et même devant *m* (*je me mets* [ʒəmmɛ]).

mé- Élément à valeur péjorative, du germ. °*missi* (*més-* devant voyelle, *mes-* devant *s*).

mea-culpa [meakylpa] **n. m. inv.** – XVIe ; mot lat. « par ma faute » ▪ loc. *Faire son mea-culpa :* reconnaître sa faute, s'en repentir. « *vous pouvez faire comme moi votre* mea culpa, *nous avons été trop dilettantes* » (Proust).

méandre **n. m.** – XVIe ; gr. *Maiandros,* fleuve sinueux de Phrygie **1** Sinuosité (d'un cours d'eau). ⇒ **contour, courbe, détour.** ➝ *Méandres d'une route.* ⇒ **coude, lacet, zigzag.** ♦ « *Perdu dans les méandres de sa propre pensée* » (Mart. du G.). **2** Ornement formé de baguettes, de lignes entrecroisées ou brisées. ⇒ ② **frette, grecque, zigzag.**

méandrine **n. f.** – XVIIIe ▪ Madrépore comprenant des polypiers vermiculés disposés en rangées sinueuses.

méat **n. m.** – XVIe ; lat. *meare* « circuler » **1** Orifice d'un canal anatomique. *Méat urinaire :* orifice externe de l'urètre. **2** Espace intercellulaire dans un tissu végétal.

méatoscopie **n. f.** – 1959 ▪ Examen d'un méat, en particulier de la partie distale de l'urètre mâle.

mec **n. m.** – XIXe ; o. i. ▪ fam. Homme, individu quelconque. ⇒ **gars, type.** *Pauvre mec ! Un petit mec.* ⇒ **mecton.** *Les mecs et les nanas.* ♦ Compagnon (d'une femme). ⇒ **homme, jules.**

mécanicien, ienne **n.** – XVIIe **1** Physicien spécialiste de la mécanique. ♦ Personne qui invente des machines, en dirige la construction. **2** Personne qui a pour métier de monter **(⇒ monteur),** d'entretenir ou de réparer **(⇒ dépanneur)** les machines. *Les mécaniciens d'un garage.* ⇒ fam. **mécano.** *Mécanicien de la marine. Officiers mécaniciens de l'air.* « *Ceux qui portaient les combinaisons de mécanicien à fermeture éclair* » (Malraux). **3 n. m.** Celui qui conduit une locomotive. ⇒ **conducteur.**

mécanique **adj. et n. f.** – XIIIe ; gr. *mêkhanê* « machine » **I adj. 1** Qui est exécuté par un mécanisme ; qui utilise des mécanismes, des machines (opposé à ① *manuel*). *Transformer, fabriquer par des procédés mécaniques.* ➝ Mû par un mécanisme. *Escalier mécanique.* ⇒ **roulant.** *Montre mécanique* (opposé à *à quartz*). **2** Qui évoque le fonctionnement d'une machine (opposé à *réfléchi, intelligent*). *Un geste mécanique.* ⇒ **automatique, machinal, réflexe.** « *Le scénario se déroule ensuite d'une façon mécanique, comme une machine bien huilée* » (Robbe-Grillet). **3** Qui concerne le mouvement et ses propriétés ; qui est l'objet de la mécanique. *Lois mécaniques.* ➝ fam. *Ennuis mécaniques,* de moteur. ⇒ ② **panne.** ♦ Qui consiste en mouvements, est produit par un mouvement. *Énergie mécanique et énergie thermique* (thermodynamique). **4** Qui utilise les notions dont fait usage la mécanique. *Théorie mécanique de l'univers.* ⇒ **mécanisme. II n. f. 1** Science du mouvement et de l'équilibre des corps. *Mécanique traditionnelle.* ⇒ **cinématique, dynamique, statique.** *Mécanique céleste.* ⇒ **astronomie.** *Méca-*

nique des fluides. ⇒ **hydraulique.** ➝ *Mécanique relativiste, quantique, ondulatoire.* 2 Science de la construction et du fonctionnement des machines. 3 Assemblage de pièces, destiné à produire, transmettre, transformer un mouvement. ⇒ **mécanisme.** *La mécanique d'une horloge.* 4 fam. (du corps humain) *Une belle mécanique.* loc. ROULER LES MÉCANIQUES, les épaules ; fig. faire l'important. ⇒ **crâner.**

mécaniquement adv. – XVe 1 D'une manière mécanique. ⇒ **automatiquement, machinalement.** « *le beau geste qui consiste à se faire tuer pour rien n'est plus de mise aujourd'hui que l'on tue mécaniquement* » (Vian). 2 Du point de vue de la mécanique.

mécanisation n. f. – XIXe ▪ Action de mécaniser ; son résultat. *La mécanisation de l'agriculture.*

mécaniser v. tr. [1] – XVIe ▪ Rendre mécanique. ➝ Introduire la machine dans (une activité). ⇒ **industrialiser, motoriser.**

mécanisme n. m. – XVIIIe I - 1 Combinaison, agencement de pièces, d'organes, montés en vue d'un fonctionnement d'ensemble. ⇒ **mécanique** (II, 3°). *Le mécanisme d'une montre.* 2 Mode de fonctionnement de ce qu'on assimile à une machine. *Mécanismes biologiques, organiques.* ⇒ **processus.** ➝ *Le mécanisme économique.* « *Démontez le mécanisme de l'angoisse, il n'y a plus d'angoisse* » (Ionesco). 3 La partie du talent qui n'a trait qu'à l'habileté, dans l'exécution musicale. II Théorie philosophique admettant qu'une classe ou que la totalité des phénomènes peut être ramenée à une combinaison de mouvements physiques. *Mécanisme matérialiste.* ⇒ **atomisme, matérialisme.** ✪ CONTR. Dynamisme, finalisme.

mécaniste adj. – XIXe ▪ Propre au mécanisme (II). *Théorie, explication mécaniste. Matérialisme mécaniste.*

mécano n. m. – 1907 ▪ fam. Mécanicien. « *un mécano en veste bleue, une burette ou une clef anglaise à la main* » (Cendrars). ✪ HOM. Meccano.

mécano- Élément, du gr. *mêkhanê* « machine ».

mécanographe n. – XIXe ▪ Spécialiste des travaux de mécanographie.

mécanographie n. f. – XIXe ; *mécano-* et *-graphie* ▪ Emploi de techniques mécanisant les opérations logiques (calculs, tris, classements) effectuées sur des documents. *Cartes perforées utilisées en mécanographie.*

mécanographique adj. – 1911 ▪ Qui a rapport à la mécanographie. *Fiches mécanographiques.*

mécanothérapie n. f. – 1901 ; *mécano-* et *-thérapie* ▪ Traitement des maladies par des appareils mécaniques exerçant le corps à certains mouvements. *Rééduquer un infirme, un poliomyélitique par la mécanothérapie.*

meccano n. m. – 1936 ; marque déposée ▪ Jeu de construction métallique. « *un joujou distrayant comme un meccano* » (Queneau). ✪ HOM. Mécano.

mécénat n. m. – XIXe ▪ Qualité, fonction de mécène. ♦ Soutien matériel apporté par un mécène. *Mécénat d'entreprise.* ⇒ **parrainage, patronage, sponsorisation.**

mécène n. m. – XVIe ; n. pr. ▪ Personne physique ou morale qui aide matériellement les écrivains, les artistes. ⇒ **bienfaiteur, protecteur.**

❏ *Mécène,* en latin *Mæcenas,* était un chevalier romain du Ier s. av. J.-C., conseiller d'Auguste et protecteur des belles-lettres, en particulier de Virgile et d'Horace.

méchage n. m. – XIXe 1 Action de mécher un tonneau. 2 Pose d'une mèche chirurgicale pour drainer une plaie, un abcès.

méchamment adv. – XIVe 1 Avec méchanceté. ⇒ **cruellement, durement.** 2 fam. Très. *On est méchamment en retard.* ✪ CONTR. Gentiment.

méchanceté n. f. – XIVe 1 Caractère, comportement d'une personne méchante. ⇒ **cruauté, dureté, malveillance.** *Agir avec, par, sans méchanceté.* « *Les épines, ça ne sert à rien, c'est de la pure méchanceté de la part des fleurs* » (St-Exup.). ➝ *La méchanceté de sa remarque.* 2 Parole ou action par laquelle s'exerce la méchanceté. ⇒ **rosserie,** fam. **vacherie.** *Dire des méchancetés. Faire une méchanceté à qqn.* ⇒ **crasse,** fam. **saloperie.** ✪ CONTR. Gentillesse.

méchant, ante adj. et n. – XIIe ; de l'a. fr. *mescheoir* « tomber mal » I (toujours avant le nom) 1 littér. Qui ne vaut rien (en son genre ou pour qqn). ⇒ **mauvais, médiocre.** « *un méchant tapis étroit qui montrait la corde* » (Balz.). 2 Dangereux ou désagréable. *Être de méchante humeur.* ⇒ **mauvais.** 3 fam. Remarquable, extraordinaire. ⇒ **formidable, terrible.** *Une méchante faim.* II - 1 Qui fait délibérément du mal ou cherche à en faire, le plus souvent de façon ouverte et agressive. ⇒ **cruel, dur, malfaisant, malveillant, sans-cœur ;** fam. **rosse, vache.** *Un homme méchant, un méchant homme. Plus bête que méchant :* plus nuisible par bêtise que par intention. *Bête et méchant.* « *on n'est jamais excusable d'être méchant, mais il y a quelque mérite à savoir qu'on l'est* » (Baudelaire). ➝ *Un regard méchant.* ⇒ **haineux.** *Une remarque méchante.* ⇒ **blessant.** 2 Qui se conduit mal, qui est turbulent, en parlant d'un enfant. ⇒ **insupportable, vilain.** 3 (animaux) Qui cherche à mordre, à attaquer. *Chien méchant.* ⇒ **féroce.** *Le grand méchant loup.* 4 fam. Qui fait du mal. *Une méchante grippe.* ⇒ **sale, vilain.** ➝ loc. *Ce n'est pas bien méchant,* ni grave ni important. III n. Personne méchante. *Les bons et les méchants.* ⇒ **criminel, scélérat.** ♦ loc. *Faire le méchant :* s'emporter, menacer ; fam. opposer de la résistance. « *Le lendemain de ces jours où elle avait fait la méchante, elle se montrait pleine d'égards pour moi* » (Larbaud). ✪ CONTR. ② Gentil. Sage.

① **mèche** n. f. – XIVe ; gr. *muxa* I - 1 Cordon, tresse de fils de coton, de chanvre, imprégné(e) de combustible et qu'on fait brûler pour obtenir une flamme de longue durée. 2 Cordon fait d'une matière qui prend feu aisément. *Mèche d'amadou.* 3 loc. *Éventer, découvrir la mèche :* découvrir les dessous d'une affaire. *Vendre la mèche :* trahir un secret. II - 1 Petite bande de gaze, de toile qu'on introduit dans une plaie, un trajet fistuleux, pour permettre l'écoulement de la sérosité, du pus, et pour éviter une cicatrisation prématurée. 2 Ficelle de fouet. 3 Fine touffe de cheveux distincts dans l'ensemble de la chevelure par leur position, leur forme ou leur couleur. « *Ses cheveux en désordre, où les mèches grises n'étaient point cachées* » (Proust). 4 Tige d'acier servant à percer par rotation. ⇒ **foret.** *Mèche de perceuse.* ♦ Axe de gouvernail, de cabestan. 5 Ruban de filasse qui alimente les métiers à filer.

② **mèche** n. inv. – XVIIIe ; it. *mezzo* « moitié » et « moyen » ▪ fam. 1 *Être de mèche avec qqn :* être d'accord en secret dans une affaire qui doit être tenue cachée. 2 *Il n'y a pas mèche :* il n'y a pas moyen, il est impossible. « *et puis son nom, pas mèche ! Enfin, je ne connais que ça* » (Aragon).

méché, ée adj. – 1995 ▪ Se dit de cheveux dont certaines mèches sont volontairement décolorées.

mécher v. tr. [6] – XVIIIe 1 Assainir (un tonneau) par la combustion d'une mèche soufrée. ⇒ **soufrer.** 2 Munir (une plaie) d'une mèche.

mécheux, euse adj. – XIXe ■ Qui se présente en mèches, en parlant de la laine brute.

méchoui n. m. – 1922 ; mot ar. « grillé au feu » ■ Mouton, agneau entier rôti à la broche sur des braises ; portion de ce mouton servie au repas. ➛ Le repas. *Être invité à un méchoui.*

mécompte [mekɔ̃t] n. m. – XIIIe ; de l'a. fr. *mécompter* « se tromper » ■ Erreur de conjecture, de prévision ; espoir fondé à tort. ⇒ **déception, désillusion.**

méconduire (se) v. pron. [38] – d. i. ■ région. (Belgique) Se conduire mal. *Il s'est méconduit avec sa femme.*

méconium [mekɔnjɔm] n. m. – XVIe ; gr. ■ Matière accumulée dans l'intestin du fœtus et qui constitue les premières selles du nouveau-né.

méconnaissable adj. – XIIIe ■ Impossible ou difficile à reconnaître. « *pour rendre le Messie connaissable aux bons et méconnaissable aux méchants* » (Pasc.). ♦ Qui a beaucoup changé. *Le quartier est méconnaissable.* ✪ CONTR. Reconnaissable.

❑ Ne pas confondre avec *inconnaissable* « qui ne peut être connu ».

méconnaissance n. f. – XIIe ■ Fait de méconnaître ; ignorance, incompréhension. *La méconnaissance de ses droits.*

méconnaître v. tr. [57] – XIIe **1** Ne pas reconnaître (une chose) pour ce qu'elle est. ⇒ **ignorer, négliger, oublier.** « *ma douleur qu'elle ne pouvait méconnaître* » (Constant). ♦ Refuser d'admettre, d'accepter, de tenir compte de (qqch.). *Méconnaître les lois.* **2** Ne pas apprécier à sa juste valeur. ⇒ **déprécier, méjuger, mésestimer.** *La critique méconnaît les auteurs de son temps.* ✪ CONTR. Reconnaître ; connaître. Apprécier.

méconnu, ue adj. – XVIe ■ Qui n'est pas reconnu, estimé à sa juste valeur. *Un génie méconnu.*

mécontent, ente adj. et n. – XVIe ■ Qui n'est pas content, pas satisfait. *Il est rentré, déçu et très mécontent.* ⇒ **contrarié, fâché.** *Être mécontent de son sort.* ⇒ **insatisfait.** *Il est mécontent que vous ne soyez pas venu. Il « n'a pas l'air mécontent de "couper" aux corvées »* (Carco). ➛ n. *Cette mesure fait des mécontents.*

mécontentement n. m. – XVIe ■ État d'esprit d'une personne mécontente ; sentiment pénible d'être frustré dans ses espérances, ses droits. ⇒ **déplaisir, insatisfaction.** *Sujet de mécontentement.* ⇒ **contrariété, ennui.** *Exprimer son mécontentement.* ➛ État d'esprit collectif de ceux qui ne sont pas satisfaits du gouvernement, de la politique. *Le mécontentement grandit. Mécontentement général, populaire.* ⇒ **grogne, malaise.** ✪ CONTR. Contentement.

mécontenter v. tr. [1] – XIVe ■ Rendre mécontent. ⇒ **contrarier, déplaire** (à), **ennuyer, fâcher.** ✪ CONTR. Contenter.

mécréant, ante adj. et n. – XIe ; de *mé-* et *croire* ■ vieilli ou fam. (plaisant) **1** Qui ne professe pas la foi considérée comme vraie. ⇒ **infidèle. 2** Qui n'a aucune religion. ⇒ **irréligieux.** ➛ n. *Je « jurai comme un mécréant »* (France). ⇒ **impie, incrédule, incroyant.** ✪ CONTR. Croyant.

mecton n. m. – XIXe ■ arg. fam. Petit mec ; péj. jeune homme.

médaille n. f. – XVe ; it. **1** Pièce de métal, frappée ou fondue en l'honneur d'un personnage illustre ou en souvenir d'un événement. *L'avers, l'exergue d'une médaille.* ➛ *Étude des médailles et des monnaies.* ⇒ **numismatique.** ➛ loc. *Profil, tête de médaille,* d'un dessin très pur, aux traits réguliers. **2** Pièce de métal précieux constituant le prix (dans un concours, une compétition, une exposition). « *les médailles obtenues par le fermier aux comices agricoles* » (Zola). *Médaille d'or, de bronze.* adj. *Elle est médaille d'argent de natation,* elle a remporté la deuxième place. ♦ Pièce de métal précieux, distinction honorifique. ⇒ **décoration.** *Médaille du travail. Médaille militaire,* décernée aux sous-officiers et soldats les plus méritants. **3** Petite pièce de métal, portée en amulette, en breloque, autour du cou. *Médaille de la Vierge.* **4** Plaque d'identité que l'on attache au collier d'un animal domestique.

❑ *Médaille* est un emprunt à l'italien *medaglia* et sa graphie transcrit la prononciation du *gl* en italien → imbroglio, tagliatelle (rem.). ♦ Même origine que le français ② *maille.*

médaillé, ée adj. et n. – XVIIe ■ Qui a reçu une médaille (2°), en parlant d'une personne. ➛ n. *Les médaillés olympiques.* ✪ HOM. Médailler, médaillier.

médailler v. tr. [1] – XIXe ■ Décorer, honorer d'une médaille. ✪ HOM. Médaillé, médaillier.

médaillier n. m. – XVIe ■ Meuble conçu pour ranger une collection de médailles. ♦ Collection de médailles. ✪ HOM. Médaillé, médailler.

médailliste n. – XVIIe **1** Amateur, collectionneur de médailles. ⇒ **numismate. 2** Fabricant, graveur de médailles.

médaillon n. m. – XVIe **1** Petit bas-relief circulaire représentant une effigie. **2** Bijou de forme ronde ou ovale renfermant un portrait, des cheveux, des reliques, etc. « *Parmi tout ce qui ballottait suspendu à la chaînette de son gilet, il prit un médaillon* » (Flaub.). **3** Tranche mince et ronde (de viande). *Médaillon de foie gras.*

mède adj. et n. – XVIIIe ■ De la Médie, contrée de l'Asie occidentale ancienne (l'Iran actuel). ⇒ **médique.** ➛ n. *Les Mèdes et les Perses.*

médecin n. m. – XIVe ■ Personne habilitée à exercer la médecine après l'obtention d'un diplôme (en France, le doctorat en médecine). ⇒ **docteur, thérapeute,** fam. **toubib.** *Consulter un médecin. Mauvais médecin.* ⇒ **charlatan.** « *Nous eûmes la chance que le diagnostic du médecin fût rapide et sûr* » (R. Gary). ➛ *Médecin traitant. Médecin de famille. Médecin généraliste*.* ⇒ **omnipraticien.** *Médecin spécialiste.* ➛ *Médecin vétérinaire.*

❑ Ce mot n'a pas de féminin. Pour une femme, on dit *une femme médecin.*

médecine n. f. – XIIe ; lat. *medicus* « médecin » **1** Science qui a pour objet la conservation et le rétablissement de la santé ; art de prévenir et de soigner les maladies de l'homme **(⇒ médical).** *Étudiant en médecine.* ⇒ **externe, interne ; carabin.** *Docteur en médecine.* ⇒ **médecin.** ➛ *Médecine générale,* qui s'occupe de l'ensemble de l'organisme, en dehors de toute spécialisation **(⇒ généraliste).** ➛ *Médecine du travail* : médecine préventive chargée d'éviter et de dépister les maladies, blessures, infirmités d'origine professionnelle. ➛ *Médecine sociale,* qui concerne la pratique des lois sociales (dispensaires d'hygiène, pouponnières, sécurité sociale et du travail). ➛ *Médecine légale,* qui a pour objet d'aider la justice pénale ou civile à découvrir la vérité **(⇒ médicolégal ; légiste).** ➛ *Médecine vétérinaire.* ♦ Technique médicale particulière. *Médecine homéopathique. Médecine clinique.* **2** Études préparant au diplôme de docteur en médecine. *Deuxième année de médecine.* **3** Profession du médecin. *Exercice illégal de la médecine.*

médecine-ball [med(ə)sinbol] **n. m.** – 1910 ; angl. ▪ Ballon lesté qui sert à l'entraînement, à la gymnastique. *Des médecine-balls.*

❑ Pour la prononciation → football (rem.).

média **n. m.** – 1965 ; angl. *mass media* « *moyens* de communication de *masse* » ▪ Moyen de diffusion, de distribution ou de transmission de signaux porteurs de messages écrits, sonores, visuels (presse, cinéma, radiodiffusion, télédiffusion, vidéographie, télédistribution, télématique, télécommunication, etc.). *Un nouveau média. Événement largement couvert par les médias* (⇒ **médiatique** ; ② **médiatiser**). ✪ HOM. Médiat.

médiacratie **n. f.** – 1995 ▪ Gouvernement par les médias, puissance incontrôlable des médias.

❑ Ne pas confondre avec *médiocratie* « gouvernement des médiocres ».

médiale **n. f.** – 1963 ; lat. *medius* « qui est au milieu, central » ▪ Valeur qui partage une distribution statistique en deux groupes égaux.

médian, iane **adj.** et **n. f.** – XIVᵉ ; lat. **I** **adj.** Qui est situé, placé au milieu. *Ligne médiane. Nervure médiane d'une feuille.* **II** **n. f.** MÉDIANE. **1** Segment de droite joignant le sommet d'un triangle au milieu du côté opposé, le sommet d'un tétraèdre au centre de gravité du côté opposé. **2** Valeur centrale d'un caractère, généralement différente de la moyenne, séparant une population statistique en deux parties égales.

médianoche **n. m.** – XVIIᵉ ; esp. « minuit » ▪ littér. Repas pris un peu après minuit. ⇒ **réveillon.** « *Le Médianoche amoureux* », *de M. Tournier.*

médiante **n. f.** – XVIᵉ ; lat. *mediare* « être au milieu » ▪ Troisième degré de la gamme tonale, entre la tonique et la dominante. *La médiante détermine le mode.*

médiastin **n. m.** – XIVᵉ ; lat. *mediastinum* « qui est au milieu » ▪ Région médiane de la cavité thoracique, entre les poumons.

médiat, iate **adj.** – XVᵉ ; de *immédiat* ▪ Qui agit, se fait indirectement. *Auscultation médiate.* ✪ CONTR. ① Direct. — HOM. Média.

médiateur, trice **n.** – XIIIᵉ ; lat. **1** Personne qui s'entremet pour faciliter un accord. ⇒ ① **arbitre, conciliateur, intermédiaire.** *Médiateur entre deux pays, dans un conflit.* « *L'arbitre choisi est un médiateur amiable et non un juge de rigueur* » (Fén.). ➛ Personnalité indépendante chargée de trouver des solutions aux désaccords entre les particuliers et l'Administration lorsque tous les recours gracieux ont échoué. **2** sc. Ce qui produit une médiation (2°), sert d'intermédiaire. *L'acétylcholine est un médiateur chimique.* ⇒ **neurotransmetteur. 3** **adj.** *Plan médiateur d'un segment* : le plan perpendiculaire au segment, en son milieu.

❑ *Médiateur* est apparu d'abord dans un emploi spécialisé en théologie chrétienne, Jésus étant dit *médiateur* entre Dieu et les hommes.

médiathèque **n. f.** – 1970 ▪ Collection de documents sur des supports correspondant aux différents médias (⇒ **discothèque, filmothèque, vidéothèque**). ➛ Lieu où cette collection est consultable.

médiation **n. f.** – XIIIᵉ ; lat. *mediare* « être au milieu » **1** Entremise destinée à mettre d'accord des personnes, des partis. ⇒ **arbitrage, conciliation, entremise.** *Offrir, proposer sa médiation. Médiation entre États.* ⇒ **office** (bons offices). ➛ Procédure de conciliation internationale organisée. *Médiation par l'O.N.U.* **2** Le fait de servir d'intermédiaire ; ce qui sert d'intermédiaire. ➛ Processus créateur par lequel on passe d'un terme initial à un terme final.

médiatique **adj.** – 1982 **1** Qui concerne les médias ; transmis par les médias. *Campagne médiatique.* **2** Qui produit un bon effet, est à son avantage dans les médias, particulièrement à la télévision. *Un politicien médiatique.*

❑ Le *t* de liaison est normal pour les dérivés des mots en *a* (*traumatique, somatique*). ♦ Ne pas confondre avec *médiumnique* « du médium ». ♦ L'anglais a le même adjectif que le nom (*media*).

médiatisation **n. f.** – 1983 ▪ Action de médiatiser (②). *La médiatisation du sport.*

① **médiatiser** **v. tr.** [1] – XIXᵉ **1** Placer sous la suzeraineté d'un vassal, de l'Empereur (sous le Saint Empire romain germanique). **2** Rendre médiat.

② **médiatiser** **v. tr.** [1] – v. 1985 ▪ Diffuser par les médias. ➛ *Événement médiatisé.*

médiator **n. m.** – 1902 ; lat. « médiateur » ▪ Lamelle ovoïde utilisée pour jouer de certains instruments à cordes pincées (mandoline, banjo). ⇒ **plectre.**

médiatrice **n. f.** – XVᵉ ▪ *Médiatrice d'un segment* : droite perpendiculaire au segment en son milieu. *Les trois médiatrices d'un triangle.*

médical, ale, aux **adj.** – XVIᵉ ; lat. *medicus* « médecin » ▪ Qui concerne la médecine. *La recherche médicale. Soins médicaux. Visite médicale.* « *tous les trois ou quatre mois, je passais devant une commission médicale* » (Guéhenno). ➛ *Le corps médical* : les médecins. ♦ *Délégué médical, visiteur médical,* représentant les laboratoires pharmaceutiques auprès des médecins.

médicalement **adv.** – XVIIᵉ ▪ Du point de vue de la médecine. *Procréation médicalement assistée.*

médicalisation **n. f.** – v. 1960 ▪ Action de médicaliser qqn, qqch.

médicaliser **v. tr.** [1] – v. 1970 **1** Faire relever du domaine médical. *Médicaliser la grossesse.* ♦ Faire recourir (qqn) à la médecine. **2** Pourvoir d'un équipement médical. *Résidences médicalisées pour le quatrième âge.* ✪ CONTR. Démédicaliser.

médicament **n. m.** – XIVᵉ ; lat. ▪ Substance active employée pour prévenir ou traiter une affection ou une manifestation morbide. ⇒ **médication, remède.** *Prescrire un médicament. Médicament délivré sur ordonnance. Médicament contre la toux, pour l'estomac.*

médicamenteux, euse **adj.** – XVIᵉ **1** Qui a des propriétés thérapeutiques. *Substances médicamenteuses.* **2** Dû aux médicaments. *Eczéma médicamenteux.*

médication **n. f.** – XIVᵉ ▪ Emploi de médicaments dans un but thérapeutique déterminé. ⇒ **traitement.**

médicinal, ale, aux **adj.** – XIIᵉ ▪ Qui a des propriétés curatives. *Herbe, plante médicinale.* ⇒ **simple.**

médicinier **n. m.** – XVIIIᵉ ▪ Arbrisseau à graines purgatives (*euphorbiacées*), dont le manioc est une variété.

médico- Élément, du lat. *medicus* « médecin ».

médicochirurgical, ale, aux **adj.** – XIXᵉ ▪ Qui concerne à la fois la médecine et la chirurgie. *Matériel médicochirurgical.*

médicolégal, ale, aux **adj.** – XVIIIᵉ ▪ Relatif à la médecine légale. *Institut médicolégal.* ⇒ ② **morgue.**

médicosocial, iale, iaux [medikosɔsjal, jo] **adj.** – v. 1960 ▪ Relatif à la médecine sociale.

médiéval, ale, aux **adj.** – XIXᵉ ; lat. *medium ævum* « moyen âge » ▪ Relatif au Moyen Âge. ⇒ **moyenâgeux.** *Art* *médiéval.* ⇒ **gothique,** ② **roman.** *Cité médiévale.* « *un château médiéval, perché en haut d'une colline de sapins noirs* » (Le Clézio).

> ❑ *Médiéval,* terme du langage historique, est neutre à la différence de *moyenâgeux* qui insiste sur l'aspect pittoresque ou rétrograde. ♦ Apparenté étymologiquement à *longévité.*

médiévisme n. m. – XIXe ▪ Étude, connaissance de la période médiévale.

médiéviste n. – XIXe ▪ Spécialiste du Moyen Âge.

médina n. f. – XVIIIe ; ar. « ville » ▪ Partie musulmane d'une ville (opposé à *ville européenne*) en Afrique du Nord (spécialement au Maroc). *Les souks des médinas.*

médio- Élément, du lat. *medius* « moyen ; au milieu ».

médiocratie n. f. – XIXe ; de *médiocre* et *-cratie* ▪ Gouvernement, domination des médiocres.

> ❑ Ne pas confondre avec *médiacratie* « gouvernement par les médias ».

médiocre adj. et n. – XVe ; lat. *medius* « au milieu » **1** Qui est au-dessous de la moyenne, insuffisant en quantité ou en qualité. ⇒ **petit.** *Ressources, revenus médiocres.* ⇒ ① **maigre, minime, modeste, modique.** ♦ Assez mauvais. ⇒ **pauvre, piètre, quelconque.** *Médiocre nourriture.* ➛ *Vie médiocre.* ⇒ **étriqué, mesquin, minable. 2** (personnes) Qui a peu de capacité, ne dépasse pas ou n'atteint pas la moyenne. *Élève médiocre en français.* ⇒ **faible.** « *Le plus médiocre jésuite est un aigle chez eux* » (Volt.). ⇒ **quelconque.** ♦ n. *Un médiocre :* une personne qui manque de talent, de largeur de vues. **3** n. m. *LE MÉDIOCRE :* la médiocrité. « *éloignant d'elle le médiocre et ne retenant que la qualité* » (Cocteau). ✪ CONTR. Grand ; excellent. Distingué, éminent ; fameux.

médiocrement adv. – XVIe **1** D'une manière médiocre, moyenne. ⇒ **modérément, moyennement. 2** Assez peu. « *Ces temps d'arrêt forcés ne plaisaient que médiocrement à Michel Strogoff* » (J. Verne). **3** Assez mal. « *cet homme plus que mal habillé, c'est-à-dire médiocrement habillé* » (Proust). ✪ CONTR. ① Bien ; beaucoup.

médiocrité n. f. – XIVe **1** Insuffisance de qualité, de valeur, de mérite. *La médiocrité des résultats.* « *l'énervante sottise,* [...] *l'irritante médiocrité des femmes* » (Baudelaire). *Vivre dans la médiocrité.* **2** Personne médiocre. « *les médiocrités dont le patronage leur est nécessaire* » (Chateaub.). ✪ CONTR. Excellence.

médiologie n. f. – 1991 ▪ Étude sociologique des médias et de leur influence.

médique adj. – XVIIIe ▪ Qui concerne la Médie, les Mèdes* (et par ext. les Perses). *Les guerres médiques,* que les Perses firent aux Grecs au Ve siècle av. J.-C.

médire v. tr. ind. [37] sauf *médisez* – XIIe ▪ Dire (de qqn) le mal qu'on sait ou croit savoir sur son compte. *Médire de qqn.* ⇒ **attaquer, critiquer, décrier, dénigrer, diffamer.** ➛ *Elle avait pu « calomnier mademoiselle Fischer en croyant simplement médire d'elle »* (Balz.). ✪ CONTR. ① Louer.

> ❑ La deuxième personne du pluriel du présent de l'indicatif ne suit pas le modèle de *dire : vous médisez.*

médisance n. f. – XVIe **1** Action de médire. ⇒ **dénigrement, diffamation.** *Victime de la médisance.* **2** Propos malveillant de qqn qui médit. ⇒ **commérage, potin, racontar.** « *si c'est vrai, il n'y a pas de calomnie, il n'y a que médisance* » (Dumas). ✪ CONTR. Éloge, louange.

> ❑ Ne pas confondre avec *calomnie* « accusation mensongère sans fondement ».

médisant, ante adj. et n. – XIIe **1** Chargé de médisance. *Propos, bavardages médisants.* ⇒ **diffamatoire. 2** n. Personne qui médit. ⇒ **détracteur, diffamateur.** ✪ CONTR. Louangeur.

méditatif, ive adj. et n. – XIVe ▪ Qui est porté à la méditation. ➛ « *elle reprit son air méditatif et son visage se referma* » (Sartre). ⇒ **absorbé, pensif, rêveur, songeur.**

méditation n. f. – XIIe **1** Action de méditer, de soumettre à une longue et profonde réflexion. ⇒ **approfondissement, étude. 2** Réflexion qui approfondit longuement un sujet. ⇒ **application, concentration.** « *Ce maître incomparable avait formé mon esprit à la méditation* » (France). **3** Pensée profonde portant sur un sujet particulier. *Sujet de méditation. Le fruit de ses méditations.* ⇒ fam. **cogitation.**

méditer v. [1] – XVe ; lat. *meditari* « s'exercer » **1** v. tr. Soumettre à une longue et profonde réflexion. ⇒ **approfondir, réfléchir** (à). *Méditez mon conseil !* ♦ Préparer par une longue réflexion (une œuvre, une entreprise). *Méditer un projet, un voyage.* ⇒ **combiner, échafauder, élaborer.** *Méditer un sale coup.* ⇒ **machiner, manigancer, tramer. 2** v. intr. Penser longuement, profondément. ⇒ **réfléchir, rêver, songer.** « *Je méditais donc sur le triste sort des mortels* » (Rouss.).

méditerranéen, enne adj. et n. – XVIe ; lat. *medius* « qui est au milieu » et *terra* « terre » ▪ Qui appartient, se rapporte à la Méditerranée, à ses rivages. *Bassin méditerranéen. Climat méditerranéen,* à l'été sec et chaud, à l'hiver doux. ♦ n. Personne originaire du bassin méditerranéen. *Les Méditerranéens.*

> ❑ Se rappeler, pour la graphie, que le radical est *terre ;* pour le *n* unique → rubané (rem.).

① **médium** [medjɔm] n. m. – XVIe ; lat. *medium* « milieu » **I - 1** Étendue de la voix, registre des sons entre le grave et l'aigu. *Chanteuse qui a un beau médium.* **2** Moyen terme, en logique. **3** Liquide servant à détremper les couleurs (huile, essence, etc.). **II** Personne réputée douée du pouvoir de communiquer avec les esprits. ⇒ **spirite.**

② **médium** [medjɔm] n. m. – 1988 ; angl. *medium density fibres* ▪ Matériau composé de fibres de bois collées et pressées, présenté sous forme de panneaux. *Meubles en médium.*

médiumnique [medjɔmnik] adj. – 1900 ▪ Propre au médium (①, II).

> ❑ Le *n* semble dû à l'anglais qui dit *mediumnistic* (1868). ♦ Ne pas confondre avec *médiatique* « des médias ».

médiumnité [medjɔmnite] n. f. – XIXe ▪ Faculté du médium de communiquer avec les esprits.

médius [medjys] n. m. – XVIe ; lat. *medius (digitus)* « (doigt) du milieu » ▪ Le troisième doigt de la main, situé au milieu. ⇒ **majeur.** « *en se tapant le menton avec l'index et le médius de la main droite* » (Queneau).

médullaire adj. – XVIe ; lat. *medulla* « moelle » **1** Qui a rapport à la moelle épinière ou à la moelle des os, des plantes. *Canal médullaire.* **2** Qui a une constitution semblable à celle de la substance blanche de la moelle épinière. *Lames médullaires du thalamus.* **3** Qui forme la partie centrale (d'un organe) (opposé à *cortical*). *Substance médullaire du rein.*

médulleux, euse adj. – XIXe ▪ Dont la moelle est abondante, en parlant d'une tige.

médullosurrénale n. f. – 1929 ■ Partie interne des capsules surrénales, sécrétant l'adrénaline.

méduse n. f. – XVIIIe ; nom de l'une des trois Gorgones ■ Animal marin nageur *(cœlentérés)* formé de tissus transparents d'apparence gélatineuse, ayant la forme d'une cloche contractile (⇒ **ombrelle**). « *une méduse bleuâtre et transparente, à peine visible, fleur d'azur pâle* » (Maupass.).

méduser v. tr. [1] – XVIIe ■ Frapper de stupeur. ⇒ **pétrifier, stupéfier.** ➛ *En rester médusé.* ⇒ **interloqué, sidéré, stupéfait.**

❑ *Méduse,* l'une des trois Gorgones, à la tête hérissée de serpents, était d'une laideur épouvantable et son regard avait le don de pétrifier quiconque osait la regarder.

meeting [mitiŋ] n. m. – XVIIIe ; mot angl., de *to meet* « rencontrer » 1 Réunion publique organisée pour discuter une question politique ou sociale. ⇒ **manifestation, rassemblement.** *Meeting électoral.* 2 Démonstration (sportive,...) devant un vaste public. *Meeting d'athlétisme. Meeting aérien.*

❑ Ce mot a été introduit en français, dans un sens religieux, par Voltaire. ♦ Ne pas confondre *meeting* et *manif.*

méfait n. m. – XIIe ; *mé-* et *faire* 1 Action mauvaise, nuisible à autrui. ⇒ **faute.** *Commettre les pires méfaits.* 2 Résultat pernicieux. ⇒ **malfaisance.** *Les méfaits du tabac.* « *les méfaits du grand air, fauteur de rides, des éphélides et des poils de moustache* » (Colette). ✪ CONTR. Bienfait.

méfiance n. f. – XVe ■ Disposition à se méfier ; état de qqn qui se méfie. ⇒ **défiance, doute, suspicion.** *Éveiller, dissiper la méfiance de qqn.* ✪ CONTR. Confiance.

méfiant, iante adj. – XVIIe ■ Qui est enclin à la méfiance. ⇒ **défiant.** « *Une femme rendue méfiante par les malheurs* » (Stendh.). ➛ *Regard méfiant.* ⇒ **soupçonneux.** ✪ CONTR. Confiant.

méfier (se) v. pron. [7] – XVe ■ *SE MÉFIER DE :* ne pas se fier à (qqn) ; se tenir en garde contre (les intentions de qqn). ⇒ se **défier,** se **garder.** « *Je me méfie de ceux qui refusent le rire* » (Cocteau). ➛ *Se méfier des promesses de qqn.* ⇒ **douter.** ♦ fam. Se défier de (qqch.). *Méfiez-vous de cet escalier.* ♦ Être sur ses gardes. *Méfie-toi, il n'est pas franc. Méfiez-vous, il y a une marche,* faites attention !

méforme n. f. – 1933 ■ Mauvaise forme (d'un sportif).

méga → **méga-octet**

méga-, mégal(o)-, -mégalie I Éléments, du gr. *megas* « grand ». II *MÉGA-* 1 Indique la multiplication de l'unité dont il précède le nom, en métrologie par un million, en informatique par 2^{20}, soit 1 048 576. symb. M. 2 (intensif) fam. *Une mégafête.*

mégacéros n. m. – XIXe ; *méga-* et gr. *keras* « corne » ■ Grand cervidé fossile *(ruminants)* du quaternaire, aux bois immenses.

mégacôlon n. m. – 1901 ■ Dilatation anormale du gros intestin, avec épaississement de la paroi.

mégahertz [megaɛʀts] n. m. – 1963 ■ Unité de fréquence (symb. MHz), valant un million de hertz, de cycles par seconde.

mégalithe n. m. – XIXe ; *méga-* et *-lithe* ■ Monument de pierre brute de grandes dimensions. ⇒ **cromlech, dolmen, menhir, peulven.** *Les mégalithes de l'île de Pâques.*

mégalithique adj. – XIXe ■ Qui est composé de mégalithes, caractérisé par des mégalithes.

mégalo-, -mégalie → **méga-**

mégalomane adj. et n. – XIXe 1 Atteint de mégalomanie. 2 Qui est d'un orgueil excessif, d'une ambition injustifiée. n. *Un, une mégalomane.* ➛ abrév. fam. *MÉGALO. Elles sont complètement mégalos.*

mégalomanie n. f. – XIXe ; *mégalo-* et *-manie* 1 Comportement pathologique caractérisé par le désir excessif de puissance (délire, folie des grandeurs). 2 Ambition, orgueil démesurés.

mégalopole ou **mégapole** n. f. – mil. XXe ; *méga(lo)-* et *-pole* ■ Agglomération urbaine très importante.

méga-octet n. m. – mil. XXe ■ Unité de capacité de mémoire informatique (symb. Mo), valant 2^{20} octets, soit environ un million d'octets. *10 méga-octets.* ➛ abrév. fam. *MÉGA. Un disque dur de 30 mégas.*

mégaphone n. m. – XIXe ; *méga-* et *-phone* ■ Appareil portatif servant à amplifier la voix. ⇒ **porte-voix.**

mégapole → **mégalopole**

mégaptère n. m. – XIXe ; *méga-* et *-ptère* ■ Mammifère cétacé, appelé aussi *baleine à bosse.* ⇒ **jubarte.**

mégarde (par) loc. adv. – XIIe ■ Sans prendre garde, sans faire exprès. ⇒ **involontairement.** *J'ai pris votre stylo par mégarde.* « *une souris qui, par mégarde, pose la patte sur un chat* » (Loti). ✪ CONTR. ② Exprès.

mégathérium [megateʀjɔm] n. m. – XVIIIe ; *méga-* et gr. *thêrion* « bête » ■ Grand mammifère fossile des ères tertiaire et quaternaire *(édentés),* dont la forme rappelle celle du paresseux.

mégatonne n. f. – v. 1950 ■ Unité d'évaluation de la puissance d'une arme nucléaire qui équivaut à un million de tonnes de T.N.T.

mégawatt [megawat] n. m. – 1963 ■ Unité de puissance (symb. MW) valant un million de watts. *Centrale hydroélectrique d'une puissance de dix mégawatts.*

mégère n. f. – XVIIe ; nom d'une des Furies ■ Femme acariâtre et méchante. ⇒ **chipie, furie, harpie.**

mégir v. tr. [2] – XVIIIe ; de *mégis* ■ Tanner (une peau, un cuir) avec une préparation à base d'alun.

❑ On trouve aussi le verbe *mégisser* [1].

mégis n. m. – XIIIe ; lat. *medicare* « soigner, traiter » ■ Bain d'eau, de cendre et d'alun qui était utilisé pour mégir les peaux.

mégisserie n. f. – XIIIe 1 Art de préparer les cuirs utilisés en ganterie et pelleterie. 2 Industrie, commerce des peaux mégies ; lieu où s'exerce cette industrie, ce commerce.

mégissier n. m. – XIIIe ■ Ouvrier qui mégit les peaux, les cuirs.

mégohm [megom] n. m. – XIXe ■ Unité de résistance électrique valant un million d'ohms (symb. MΩ).

mégohmmètre n. m. – 1963 ■ Appareil de mesure des très grandes résistances électriques.

mégot n. m. – XIXe ; p.-ê. gaul. *mesgue* « petit lait » ■ fam. Bout de cigare ou de cigarette qu'on a fini de fumer. ⇒ **clope.** *Son odeur « d'homme aux pieds sales, aux poches pleines de vieux mégots refroidis »* (Le Clézio).

mégotage n. m. – 1960 ■ fam. Fait de mégoter.

mégoter v. intr. [1] – 1902 ■ fam. Lésiner, rechercher des profits dérisoires.

méhari n. m. – XVIIe ; ar. *mehri* « de la tribu des Mahra » ■ Dromadaire de selle dressé pour les courses rapides. *Des méharis,* ou plur. ar. *des méhara.*

méhariste n. – XIXe ■ Personne qui monte un méhari. ♦ n. m. Soldat des anciennes compagnies sahariennes montées.

meilleur, e adj. – XIe ; lat. *melior,* compar. de *bonus* « bon » I compar. de supériorité de *bon.* 1 Qui l'emporte dans l'ordre de la bonté. « *Je ne suis ni meilleur, ni plus* *sage, ni plus intelligent que ce misérable* » (Duham.). 2 Qui l'emporte dans l'ordre de la qualité, de l'agrément. *Je ne connais rien de meilleur.* ⇒ ② **dessus** (au-dessus). « *voilà ce qu'il y a de meilleur au monde : le foyer* [...] *avec les siens autour* » (Maupass.). *C'est meilleur avec du beurre. Être de meilleure humeur. Article de meilleure qualité.* ⇒ **supérieur.** 3 adv. *Il fait meilleur aujourd'hui qu'hier,* le temps est meilleur. *Cette rose sent meilleur que celle-là.* II *LE MEILLEUR, LA MEILLEURE,* superl. de *bon.* 1 Que rien ni personne ne surpasse dans son genre. *Le meilleur des hommes.* ⇒ fam. **crème.** *Dans le meilleur des cas.* ⇒ **favorable, propice.** « *le meilleur des mondes possibles* » (Volt.). *Les meilleures conditions.* ⇒ **optimal, optimum.** *Je vous adresse mes vœux les meilleurs, mes meilleurs vœux.* 2 n. Personne supérieure aux autres. *Que le meilleur gagne !* ♦ *LA MEILLEURE :* l'histoire la plus étonnante. *Ça alors, c'est la meilleure !* ♦ (neutre) *LE MEILLEUR DE :* ce qu'il y a de plus valable en qqn, dans qqch. *Donner le meilleur de soi-même.* ➡ loc. *Être unis pour le meilleur et pour le pire,* pour toutes les circonstances de la vie. *Garder le meilleur pour la fin.* 3 *Prendre, avoir le meilleur sur (qqn) :* prendre le dessus, l'emporter sur. ✪ CONTR. Pire.

❑ *Meilleur* ne peut être précédé ni de *plus* ni de *moins,* mais peut l'être de *bien* et de *beaucoup.* → comparatif (rem.).

méiose n. f. – XIXe ; gr. « décroissance » ■ Division de la cellule en deux étapes aboutissant à la réduction de moitié du nombre des chromosomes au cours de la formation des gamètes. ⇒ aussi **mitose.**

méiotique adj. – 1913 ■ Relatif à la méiose. *Réduction méiotique.*

meistre → **mestre**

méjanage n. m. – 1963 ; provenç. *mejan* « moyen » ■ Classement des laines par qualité, longueur de fibre, etc.

méjuger v. tr. [3] – XIIIe 1 tr. ind. littér. *MÉJUGER DE :* estimer trop peu, se tromper sur (la valeur de). « *méjuger de cette race* » (Duham.). 2 Juger mal. ⇒ **déprécier, méconnaître, mésestimer.** « *l'amoureux qui se désole et méjuge l'amour* » (Gide). 3 *SE MÉJUGER* v. pron. Se sous-estimer par excès de modestie.

❑ Ne pas confondre avec *mésuser de* « abuser de ».

mélæna ou **méléna** [melena] n. m. – XIXe ; gr. *melas* « noir » et *nosos* « maladie » ■ Évacuation de selles de couleur très foncée, contenant du sang digéré.

mélamine n. f. – XIXe ; de *melam,* substance chimique, et *amine* ■ Composé cyclique (cyanamide) servant à la fabrication de résines synthétiques. ➡ Ces résines.

mélampyre n. m. – XVIIe ; gr. *melas* « noir » et *puros* « grain » ■ Plante *(scrofulariacées)* dont certaines espèces vivent en parasites des céréales.

mélancolie n. f. – XIIe ; gr. « humeur *(kholê)* noire *(melas)* » 1 État pathologique caractérisé par une profonde tristesse, un pessimisme généralisé. ⇒ **dépression, neurasthénie.** 2 État d'abattement, de tristesse vague, accompagné de rêverie. ⇒ **langueur, nostalgie, spleen.** « *une sorte de mélancolie qu'il n'avait jamais éprouvée, vague, indéfinissable, la nostalgie de ses montagnes* » (Loti). 3 Caractère de ce qui inspire un tel état. « *La mélancolie douce du crépuscule* » (Maupass.). ✪ CONTR. Gaieté, joie.

mélancolique adj. – XIVe 1 Relatif à la mélancolie (1°). ♦ n. « *les mélancoliques nous offrent une image grossie de tout homme affligé* » (Alain). ⇒ **bilieux, dépressif, neurasthénique.** 2 En qui domine la mélancolie (2°). 3 Qui dénote ou inspire la mélancolie. *Être d'humeur mélancolique.* ⇒ **cafardeux, morose, sombre, triste.** ➡ *Une musique mélancolique.* ⇒ **nostalgique.** ✪ CONTR. Allègre, gai.

mélanésien, ienne adj. et n. – XIXe ; gr. *melas* « noir » et *nêsos* « île » ■ De Mélanésie. *Race mélanésienne :* race noire des habitants de la Nouvelle-Guinée et des archipels occidentaux de l'Océanie, jusqu'aux îles Fidji. ♦ n. *Les Papous sont des Mélanésiens.* ➡ n. m. *Le mélanésien :* l'ensemble des langues mélanésiennes.

❑ Apparenté à *indonésien,* par le radical *-nés-* « île ».

mélange n. m. – XIVe 1 Action de mêler, de se mêler. *Faire le mélange de divers éléments.* ⇒ **alliage, assemblage, combinaison, fusion,** ① **union.** *Mélange de vins.* ⇒ **coupage.** ♦ *Mélange et fusion de races, d'éléments ethniques.* ⇒ ① **brassage, métissage ; melting-pot.** ♦ loc. *SANS MÉLANGE :* pur. *Substance à l'état isolé et sans mélange.* 2 Ensemble résultant de l'union de choses différentes, d'éléments divers. ⇒ **amalgame, amas, assemblage, réunion.** *Mélange complexe, intime, inextricable* (⇒ **emmêlement, enchevêtrement**), *disparate, hétéroclite* (⇒ **fatras, fouillis, méli-mélo, pêle-mêle, salmigondis**). *Ingrédients d'un mélange. Le vert est un mélange de bleu et de jaune. L'air est un mélange gazeux.* ♦ *Mélange deux temps :* carburant composé d'essence et d'huile pour moteur à deux temps. ♦ *Mélange de boissons.* ⇒ **cocktail, mixture.** *Mélange de bière et de limonade.* ⇒ **panaché.** ♦ ⇒ **assemblage, composé.** « *le gros chien Riquet, qui était un affreux mélange de saint-bernard et d'épagneul* » (Aragon). 3 au plur. Recueil sur des sujets variés. ⇒ **miscellanées, variétés.** « *Mélanges politiques* », *de Chateaubriand.* ➡ Ouvrage composé d'articles dédiés à un maître par ses amis, ses disciples. ✪ CONTR. Discrimination, séparation, tri.

mélangé, ée adj. – XVIe ■ Qui n'est pas pur. *Coton mélangé.* ♦ Qui constitue un mélange. ⇒ **hétéroclite, mixte.** *Sentiments mélangés,* complexes, contradictoires. ✪ CONTR. Pur.

mélanger v. tr. [3] – XVIe 1 Unir (des choses différentes) de manière à former un tout. ⇒ **incorporer, marier, mêler.** *Elle avait composé* « *un élixir incomparable en mélangeant cinq ou six espèces de simples* » (Daudet). *Mélanger une chose à une autre, avec une autre, et une autre.* ➡ pronom. « *Une fine natte de joncs tressés, où se mélangeaient diverses couleurs* » (Gaut.). 2 Mettre ensemble (des choses) sans chercher ou sans parvenir à (les) ordonner. ⇒ **brouiller, emmêler.** *Il a mélangé tous les dossiers. Mélanger les cartes.* ⇒ **battre.** *Mélanger des dates dans sa mémoire.* ⇒ **confondre.** *Il ne faut pas tout mélanger.* ✪ CONTR. Démêler, dissocier, séparer, trier.

mélangeur n. m. – XIXe 1 Appareil servant à mélanger des substances. *Mélangeur d'eau froide et d'eau chaude. Mélangeur et mitigeur. Il* « *leur avait montré comment on règle le mélangeur de la douche* » (Le Clézio). 2 Dispositif électronique effectuant une transposition de fréquence.

mélanine n. f. – XIXe ; de *mélan(o)-* ■ Pigment brun foncé qui donne la coloration normale (pigmentation) à la peau, aux cheveux, à l'iris.

❑ Une personne qui manque totalement de mélanine est un *albinos* (du latin *albus* « blanc »).

mélanique adj. – XIXe ■ Relatif à la mélanine, caractérisé par la présence de mélanine. *Tumeur mélanique.* ⇒ **mélanome.**

mélanisme n. m. – XIXe ■ Coloration anormalement foncée de la peau. ⇒ **mélanodermie.**

mélan(o)- Élément, du gr. *melas, melanos* « noir ».

mélanocyte n. m. – 1912 ; *mélano-* et *-cyte* ■ Cellule contenant de la mélanine.

mélanodermie n. f. – XIXe ; *mélano-* et *-dermie* ■ Pigmentation excessive de la peau. ⇒ **mélanisme.**

mélanome n. m. – XIXe ; *mélan(o)-* et *-ome* ■ Tumeur développée à partir des mélanocytes. *Mélanome bénin.* ⇒ **nævus.** *Mélanome malin.*

mélanose n. f. – XIXe ■ Accumulation anormale de mélanine dans les tissus.

mélanostimuline n. f. – 1971 ■ Hormone qui agit sur les mélanocytes pour stimuler la synthèse de la mélanine.

mélasse n. f. – XVIe ; lat. *mel* « miel » **1** Résidu sirupeux de la cristallisation du sucre. *Mélasse de canne, de betterave.* **2** fam. Situation pénible et inextricable. « *je vais être en plein dans la mélasse* » (Giono). ⇒ **panade.** ➛ Mélange confus.

melba adj. inv. – 1903 ; du nom de la cantatrice *Nellie Melba* ■ *Pêches, fraises Melba,* dressées dans une coupe sur une glace à la vanille et nappées de crème chantilly.

melchior [mɛlkjɔʀ] n. m. – XIXe ; altér. de *maillechort* ■ Maillechort. *Elle « essuya les plateaux des deux balances de melchior »* (Zola).

melchite [mɛlkit] n. – XVIIe ; syriaque *melech* « roi » ■ Chrétien de l'Église byzantine des patriarcats d'Alexandrie, Jérusalem et Antioche.

❑ On trouve aussi la graphie *melkite.*

mêlé, ée adj. – XIIe ■ Constitué d'éléments divers ou disparates. *Société très mêlée.* ⇒ **bigarré, composite.**

méléagrine n. f. – XIXe ; de *Méléagre,* nom myth. ■ Mollusque *(lamellibranches),* huître perlière. ⇒ **pintadine.**

mêlé-casse ou **mêlécasse** n. m. – XIXe ; de *mêler* et ① *cassis* ■ Mélange d'eau-de-vie et de cassis. ♦ fam. *Voix de mêlé-casse,* voix rauque.

mêlée n. f. – XIe **1** Confusion de combattants au corps à corps. « *La mêlée en hurlant grandit comme une flamme* » (Hugo). ♦ Lutte, conflit. ⇒ **bagarre, rixe.** *Se jeter dans la mêlée. Rester au-dessus de la mêlée.* **2** Phase du jeu de rugby, dans laquelle plusieurs joueurs de chaque équipe sont groupés autour du ballon à terre *(mêlée spontanée)* ou pour attendre que le ballon soit placé sur le sol, au milieu d'eux *(mêlée ordonnée). Mêlée ouverte.* ⇒ **maul.**

méléna → **melæna**

mêler v. tr. [1] – XIe ; lat. *misculare* **I** v. tr. **1** Unir, mettre ensemble (plusieurs choses différentes) de manière à former un tout. ⇒ **combiner, mélanger.** *Mêler plusieurs thèmes dans une œuvre.* **2** Manifester à la fois dans sa personne (des qualités différentes ou opposées). ⇒ **allier, joindre.** *Mêler la bonhomie à la force.* **3** Mettre en un désordre inextricable. ⇒ **embrouiller, mélanger.** *Il a mêlé tous mes papiers.* ⇒ **emmêler.** *Mêler les cartes.* ⇒ **battre, brouiller.** **4** Ajouter (une chose) à une autre, mettre (une chose) avec une autre, dans une autre sans qu'il y ait forcément mélange. *Les genêts « mêlent à l'odeur des sèves résineuses leur arôme d'amande amère »* (Genevoix). *Plaisir mêlé de chagrin.* **5** Faire participer (qqn) à qqch. *Mêler qqn à une affaire.* ⇒ **associer, impliquer.** *Je ne veux pas être mêlé à ça.* **II** SE MÊLER v. pron. **1** (choses) Se joindre, s'unir pour former un tout. « *Aux crépitements de l'incendie se mêlaient les hurlements des Tartares* » (J. Verne). ➛ *Il se mêle du dépit à sa colère.* ⇒ **entrer** (il entre... dans). **2** Se joindre à (un ensemble de gens), aller avec eux pour ne former qu'un seul groupe. *Se mêler à la foule.* **3** Participer, prendre part (à une activité). ⇒ **s'associer, participer.** *Se mêler à la conversation.* **4** SE MÊLER DE (suivi d'un subst. ou d'un inf.). ⇒ **s'occuper** (de). *Se mêler des affaires d'autrui.* ⇒ **s'entremettre, s'immiscer, s'ingérer, intervenir.** *Mêlez-vous de ce qui vous regarde ! De quoi je me mêle ?* ➛ loc. fam. *Mêle-toi de tes oignons !* **5** S'aviser de. *Lorsqu'il se mêle de travailler, il réussit mieux qu'un autre.* ✪ CONTR. Démêler, dissocier, isoler, séparer, trier.

mêle-tout n. m. inv. – d. i. ■ (Belgique) Personne qui se mêle de tout, est indiscrète.

mélèze n. m. – XVIe ; lat. *mel* « miel » ■ Grand conifère des montagnes d'Europe *(pinacées),* aux aiguilles fines, molles et caduques et aux cônes dressés. *L'ancien plafond « en bois de cèdre et de mélèze »* (Gaut.).

mélia n. m. – XIXe ; gr. *melia* « frêne » ■ Petit arbre d'Asie *(méliacées)* appelé aussi *lilas des Indes,* à fleurs odorantes pourpres, cultivé en Europe. *Des mélias.*

mélilot n. m. – XIVe ; gr. *meli* « miel » et *lôtos* « lotus » ■ Plante herbacée rudérale *(légumineuses),* aux fleurs jaunes en grappes dressées.

méli-mélo n. m. inv. – XVe ■ fam. Mélange très confus et désordonné. ⇒ **embrouillamini, fouillis ; pêle-mêle.** *Des méli-mélo.*

mélinite n. f. – XIXe ; gr. *mêlinos* « couleur de coing » ■ Explosif à base d'acide picrique fondu.

mélioratif, ive adj. – XIIe ; lat. *melior* « meilleur » ■ Qui présente sous un jour favorable. *Adjectif mélioratif.* ➛ *Les mélioratifs.* ✪ CONTR. Péjoratif.

❑ Même famille que *améliorer.*

① **mélique** n. f. – XVIIIe ; lat. *mel* « miel » ■ Plante herbacée des régions tempérées *(graminées),* qui fournit un fourrage.

② **mélique** adj. – XIXe ; gr. *melos* « chant » ■ Se dit de la poésie lyrique, et surtout chorale, grecque.

mélisse n. f. – XIIIe ; gr. *melissophullon* « feuille *(phullon)* à abeilles *(melissa)* » **1** Plante herbacée aromatique mellifère *(labiées).* ⇒ **citronnelle.** **2** EAU DE MÉLISSE : alcoolat d'essence de mélisse (antispasmodique, calmant).

melkite → **melchite**

mellifère adj. – XVIe ; lat. *mellifer* « qui produit *(ferre)* du miel *(mel)* » **1** Qui produit du miel. *Insectes mellifères.* **2** *Plante mellifère,* dont le nectar est utilisé par les abeilles pour élaborer le miel.

mellification n. f. – XVIIIe ; lat. *mellificare* « faire du miel » ■ Élaboration du miel par les abeilles.

melliflu, ue ou **melliflue** adj. – XVe ; lat. *mellifluus* « d'où coule *(fluere)* le miel *(mel)* » ■ littér. Qui a la suavité du miel. « *une bouche si fraîche, si rose et si melliflue* » (Gaut.).

mellite n. m. – XIXe ■ Médicament sirupeux à base de miel.

mélo → **mélodrame**

mélo- Élément, du gr. *melos* « chant », d'où « musique ».

mélodie n. f. – XIIe ; gr. *melôs* « chant » et *adein* « chanter » **1** Composition musicale, formée d'une suite ordonnée de sons. ⇒ ③ **air,** ② **aria.** « *Elle fredonna la mélodie d'une voix insaisissable* » (Colette). **2** Pièce vocale composée sur le texte d'un poème, avec accompagnement. ⇒ ① **chant ; chanson, lied.** *Mélodies de Fauré.* **3** Qualité d'une musique où la mélodie est particulièrement sensible (par rapport à l'harmonie, au rythme). *Musique qui manque de mélodie.*

mélodieux, ieuse adj. – XIIIe ■ Agréable à l'oreille (en parlant d'un son, d'une succession ou d'une combinaison de sons). ⇒ **harmonieux.** *Chant mélodieux. Il y a « des voix si mélodieuses qu'elles feraient tout passer »* (Ste-Beuve).

mélodique adj. – XVe **1** Qui a rapport à la mélodie. *Thème mélodique.* **2** Qui a les caractères de la mélodie. *La phrase « m'avait paru trop peu mélodique, trop mécaniquement rythmée »* (Proust).

mélodiste n. – XIXe ▪ Compositeur dont les œuvres sont marquées par l'importance ou la qualité de la mélodie.

mélodramatique adj. – XIXe **1** Qui a rapport au mélodrame. *Répertoire mélodramatique.* **2** Qui évoque le mélodrame par l'outrance des expressions et des sentiments. « *le mari les poings crispés et arpentant la chambre d'un air mélodramatique* » (Gaut.).

mélodrame n. m. – XVIIIe **1** Autrefois, Œuvre dramatique accompagnée de musique. **2** Drame populaire dont, à l'origine, un accompagnement musical soulignait certains passages et que caractérisent l'invraisemblance de l'intrigue et des situations, la multiplicité des épisodes violents, l'outrance des caractères et du ton. « *Vive le mélodrame où Margot a pleuré !* » (Muss.). **3** Situation réelle semblable à un mélodrame. *Faire du mélodrame.* ➛ abrév. fam. MÉLO. « *Cela frise le mélo maintenant. Je me sens grotesque* » (Anouilh).

méloé n. m. – XVIIe ; gr. *melos* « noir » ▪ Insecte vésicant *(coléoptères),* noir ou bleu, à élytres très courts.

mélomane n. – XVIIIe ; *mélo-* et ② *-mane* ▪ Personne qui est passionnée de musique classique.

melon n. m. – XIIIe ; lat. **1** Plante *(cucurbitacées)* rampante dont les fruits, sphériques ou ovoïdes, ont une chair comestible, juteuse et sucrée, orangée ou vert clair. ⇒ **cantaloup,** ② **cavaillon. 2** Le fruit lui-même. *Côtes d'un melon. Une tranche de melon.* ➛ *Melon d'eau.* ⇒ **pastèque. 3** *(Chapeau) melon :* chapeau d'homme en feutre rigide, de forme ronde et bombée. *Des chapeaux melon, des melons.* « *sa calvitie de lait condensé que couvre mal un melon cabossé* » (Fargue).

melonnière n. f. – XVIe ▪ Terrain réservé à la culture des melons.

mélopée n. f. – XVIe ; gr. *melo* « chant » et *poiein* « faire » **1** Dans l'Antiquité, Passage chanté. **2** Chant, mélodie monotone. « *des mélopées arides et monotones* » (Mac Orlan).

mélophage n. m. – XIXe ; gr. *mêlon* « mouton » et *-phage* ▪ Insecte *(diptères),* parasite du mouton.

❑ Attention, aucun rapport avec la musique *(mélo-).*

melting-pot [mɛltiŋpɔt] n. m. – 1927 ; mot angl., de *to melt* « fondre » et *pot* « pot » **1** Brassage et assimilation des divers éléments démographiques, lors du peuplement des États-Unis, notamment au XIXe siècle. **2** Lieu où se rencontrent des personnes différentes, des idées différentes. *Des melting-pots.*

❑ L'écrivain anglais Israel Zangwill a donné ce titre à un roman dont le thème est l'immigration ; il a été traduit par *Le Creuset.*

mélusine n. f. – 1922 ; nom d'une fée ▪ Feutre à poils longs et souples utilisé en chapellerie.

membranaire adj. – v. 1978 ▪ Qui se rapporte à la membrane.

membrane n. f. – XIVe ; lat. *membrum* « membre » **1** Mince couche de tissu qui enveloppe un organe, qui tapisse une cavité ou un conduit naturel **(⇒ muqueuse).** *Fausse membrane :* exsudat riche en fibrine, ayant l'aspect d'une membrane, formé à la surface d'une muqueuse dans certaines inflammations. **2** Couche cytoplasmique différenciée, généralement semi-perméable, constituant une limite. *Membrane nucléaire,* séparant le noyau du cytoplasme. **3** sc. Mince cloison. *Membrane semi-perméable.* ♦ *Membrane vibrante :* feuille mince (aluminium, matière plastique) destinée à communiquer à une masse d'air importante les vibrations mécaniques qui lui sont imposées par l'organe mobile d'un haut-parleur.

membraneux, euse adj. – XVIe **1** Qui est de la nature d'une membrane. **2** Caractérisé par la présence de fausses membranes. *Bronchite membraneuse.*

membre n. m. – XIe ; lat. **I - 1** Chacune des quatre parties appariées du corps humain qui s'attachent au tronc. *La tête, le tronc et les membres. Membres supérieurs et membres inférieurs.* ➛ loc. *Trembler de tous ses membres.* ♦ Chacune des quatre parties articulées qui s'attachent au corps des vertébrés tétrapodes et servent essentiellement à la locomotion. ⇒ **aile,** ① **patte. 2** vieilli *Membre viril,* ou *membre.* ⇒ **pénis.** *Le « superbe membre dont tu sais que je suis pourvu »* (Sade). **II - 1** Personne qui fait nommément partie d'un corps. *Les membres d'un parti, d'un club.* ⇒ **adhérent, associé, sociétaire ; clubiste.** *Membre d'un jury.* **2** Groupe, pays qui fait librement partie d'une union. *Les membres de l'O.N.U.* ➛ *Les pays membres.* **3** Chacune des personnes qui forment une communauté. *Les membres de l'équipage.* « *un repaire où vivent entassés, dans une promiscuité terrifiante, les membres de la famille* » (Giraud.). **III - 1** Fragment (d'énoncé). *Membre de phrase.* **2** Chacune des deux parties d'une équation ou d'une inégalité, situées respectivement à gauche et à droite du signe.

❑ C'est l'élément *-pode (tétrapode)* qui signifie « membre » et non l'élément *-pède (quadrupède).*

membré, ée adj. – XIIe **1** *Bien membré :* qui a des membres vigoureux. ⇒ **membru. 2** *Homme bien membré.* ⇒ **monté.**

membron n. m. – XVIe ▪ Baguette servant d'ourlet dans un faîtage.

membru, ue adj. – XIIe ▪ littér. Aux membres gros et forts. ⇒ **membré** (1°). « *Une femme rude, épaisse, membrue comme un homme* » (Suarès).

membrure n. f. – XVIe **1** Ensemble des membres d'une personne. **2** Chacune des poutres transversales d'un navire, attachées à la quille, qui soutiennent le bordé et sur lesquelles sont fixés les barrots des ponts. *Elle peut « sentir les membrures du navire trembler sous la poussée inversée de l'hélice »* (Cl. Simon). ♦ Pièce de bois servant de point d'appui à une charpente ou à un assemblage.

mémé n. f. – XIXe ; var. de *mémère* ▪ fam. **1** enfantin Grand-mère. ⇒ **mamie. 2** péj. Femme d'un certain âge, sans séduction. *Les « mémés sur les plages qui se graissent la peau avec des huiles solaires »* (Tournier). ➛ adj. *Sa robe fait mémé,* elle fait vieux.

❑ Parfois écrit *mémée.*

même adj., pron. et adv. – XIe ; lat. *egomet ipse* « moi-même en personne » **I** adj. indéf. **1** (devant le nom) Marque l'identité absolue. *Ils sont nés le même jour.* ♦ Marque la simultanéité. *En même temps.* ♦ Marque la similitude. ⇒ **semblable.** *Vous êtes tous du même avis.* ♦ Marque l'égalité. ⇒ **égal.** *Une même quantité de sucre et de farine.* **2** (après le nom ou le pron.) Marque qu'il s'agit exactement de l'être ou de la chose en question. « *Ces vers sont les paroles mêmes de François de Guise* » (Chateaub.). ⇒ **propre.** ➛ Marquant une qualité possédée au plus haut point. « *Manon était la douceur et la complaisance même* » (abbé Prévost). ♦ (joint au pron. pers.) *Elle-même, eux-mêmes, moi-même, nous-mêmes, soi-même, toi-même, vous-mêmes.* « *Henri Pollak soi-même, maréchal des logis* » (Perec). **II** pron. indéf. **1** (précédé de *le, la, les*) « *Ce sont toujours les mêmes qui se font tuer* » (attribué à

Bugeaud). loc. *On prend les mêmes et on recommence, rien ne change.* **2** *Cela revient au même* : c'est la même chose. loc. fam. *C'est du pareil au même* : c'est exactement pareil. **III** adv. **1** Marquant un renchérissement, une gradation. « *Même l'homme robuste faiblit* » (Gide). *Ça ne coûte même pas cent francs. Il est gros, et même obèse.* ⇒ **voire.** ➡ *Même quand, même lorsque, lors même que...* **2** Exactement, précisément. *Aujourd'hui même.* ➡ *À MÊME* : directement sur. « *Certains s'endormaient à même le sol* » (Perec). **3** loc. adv. *DE MÊME* : de la même façon. ⇒ **ainsi, pareillement.** *Bonne année ! Vous de même. Il en est de même pour...* : c'est aussi le cas de. ♦ *Tout de même* : néanmoins, pourtant. « *Donne-lui tout de même à boire, dit mon père* » (Hugo). **4** loc. conj. *DE MÊME QUE.* ⇒ **comme.** *Jean, de même que sa sœur,* ainsi que sa sœur. ♦ pop. *MÊME QUE* : bien plus, et même, et d'ailleurs. « *Même que le colonel vient d'être tué* » (Stendh.). *Même que c'est vrai.* **5** loc. prép. *À MÊME DE* : en état, en mesure de. « *pour être à même de lui rendre service* » (Sand). ⇒ **capable.** ✪ CONTR. Autre.

mémento [memɛ̃to] n. m. - XIVe ; lat. « souviens-toi » **1** Prière de souvenir appartenant au canon de la messe. *Mémento des vivants, des morts.* **2** vx Agenda. ⇒ **mémorandum. 3** vieilli (sauf comme titre) Résumé, aide-mémoire.

mémère n. f. - XIXe ; redoublt enfantin de *mère* **1** pop. Grand-mère (appellatif). ⇒ **mémé. 2** fam. Femme grosse et commune, d'un certain âge.

❑ Au Canada, ce mot est synonyme de *commère.*

① **mémoire** n. f. - XIe ; lat. **I - 1** Faculté de conserver et de rappeler des états de conscience passés et ce qui s'y trouve associé ; l'esprit, en tant qu'il garde le souvenir du passé. « *Ce qui touche le cœur se grave dans la mémoire* » (Volt.). *Avoir, garder en mémoire* : se rappeler. *Si j'ai bonne mémoire, si ma mémoire est exacte* : si je me souviens bien. loc. *Avoir la mémoire courte* : oublier vite. *Perdre la mémoire. Trous de mémoire.* ♦ Bonne mémoire. *Avoir de la mémoire. Il n'a pas de mémoire.* ♦ *DE MÉMOIRE* : sans avoir la chose sous les yeux. *Réciter, jouer de mémoire,* par cœur. ♦ *Mémoire auditive, visuelle.* ➡ *Je n'ai pas la mémoire des noms, des chiffres.* **2** Ensemble de fonctions psychiques grâce auxquelles nous pouvons nous représenter le passé comme passé (fixation, conservation, rappel et reconnaissance des souvenirs). *Mémoire affective* : reviviscence d'un état affectif ancien agissant sur nos représentations, sans que nous en ayons conscience. *Perte de la mémoire.* ⇒ **amnésie. 3** Faculté collective de se souvenir. *Rester dans la mémoire des hommes.* **4** Dispositif destiné à enregistrer des informations en vue d'une conservation ou d'un traitement informatique ultérieur ; le support physique de ces informations. *Mise en mémoire d'une information.* ⇒ **mémorisation ;** adresse. *Mémoire vive,* susceptible d'être écrite et lue. *Mémoire morte,* n'autorisant que la lecture. ⇒ **ROM ;** aussi **EPROM.** *Mémoire de masse* : mémoire de grande capacité utilisant généralement un support magnétique (bande, disque, feuillet magnétique). **II - 1** *La mémoire de* : le souvenir de (qqch., qqn). *Conserver, garder la mémoire d'un événement.* Souvenir qu'une personne laisse d'elle à la postérité. ⇒ **renommée.** *Honorer la mémoire d'un mort. Un roi de triste mémoire.* ➡ *À la mémoire de* : pour perpétuer, glorifier la mémoire de (⇒ **commémoratif**). « *un monument élevé à la mémoire du peu célèbre Louis de La Rochejaquelein* » (Gracq). **3** (en phrase négative) *De mémoire d'homme* : d'aussi loin qu'on s'en souvienne. « *De mémoire d'homme, on n'a point vu de temps si vilain* » (Sév.). **4** *POUR MÉMOIRE,* à titre de rappel, d'indication. *Signalons, pour mémoire...* ✪ CONTR. Oubli.

② **mémoire** n. m. - XIVe **1** Écrit destiné à exposer, à soutenir la prétention d'un plaideur. **2** vieilli État des sommes dues à un entrepreneur, un fournisseur, un officier ministériel. ⇒ ② **facture. 3** Exposé ou requête sommaire à l'adresse de qqn. **4** Dissertation adressée à une société savante, ou pour l'obtention d'un examen. *Mémoires de l'Académie des sciences.* **5** plur. Relation écrite qu'une personne fait des événements auxquels elle a participé ou dont elle a été témoin. ⇒ **annales,** ① **chronique, commentaire.** « *Mémoires* », *de Saint-Simon.* ➡ *Écrire ses mémoires.* ⇒ **autobiographie, journal,** ② **souvenir.**

mémorable adj. - XVe ; lat. *memoria* « mémoire » ▪ Digne d'être conservé dans la mémoire des hommes. ⇒ **fameux, historique, inoubliable, remarquable.** « *Pour cette journée mémorable, M. le sous-préfet a mis son bel habit brodé* » (Daudet).

mémorandum [memɔʀɑ̃dɔm] n. m. - XVIIIe ; lat. *memorandus* « qui doit être rappelé, mérite d'être rappelé » **1** Note écrite d'un diplomate pour exposer le point de vue de son gouvernement sur une question. **2** Note qu'on prend d'une chose qu'on ne veut pas oublier. abrév. fam. *MÉMO.* ➡ Carnet contenant ce genre de notes. ⇒ **agenda, mémento.**

mémorial, iaux n. m. - XIIIe ; lat. **1** Écrit où sont consignées les choses dont on veut se souvenir. *Le « Mémorial » de Pascal.* **2** Monument commémoratif.

mémorialiste n. - XVIIIe ; lat. *memorialis* « historiographe » ▪ Auteur de mémoires historiques. ⇒ **chroniqueur, historien.**

mémoriel, ielle adj. - 1921 ; lat. *memoria* « mémoire » **1** Relatif à la mémoire. **2** Relatif aux mémoires d'un ordinateur.

mémorisation n. f. - XIXe ; lat. *memor* « qui se souvient » **1** Acquisition mnémonique volontaire. *Procédés de mémorisation.* ⇒ **mnémotechnique. 2** Le fait de mettre (des données informatiques) en mémoire.

mémoriser v. tr. [1] - 1907 **1** Fixer dans la mémoire par les méthodes de mémorisation. **2** Mettre (des données informatiques) en mémoire.

menaçant, ante adj. - XIVe **1** Qui menace, exprime une menace. *Ton, air menaçant.* **2** Qui constitue une menace, un danger. ⇒ **dangereux, inquiétant.** « *un râtelier d'armes menaçantes* » (Cendrars). ➡ *Temps menaçant,* qui fait prévoir un orage, de la pluie. ✪ CONTR. Rassurant.

menace n. f. - IXe ; lat. **1** Manifestation par laquelle on marque à qqn sa colère, avec l'intention de lui faire craindre le mal qu'on lui prépare. ⇒ **avertissement, intimidation.** « *J'employais les soupirs, et même la menace* » (Rac.). *Menaces en l'air,* qu'on n'a pas les moyens de mettre à exécution. ⇒ **bluff, rodomontade.** *Sous la menace* : en cédant à la menace, à la contrainte. **2** Signe par lequel se manifeste ce qu'on doit craindre de qqch. ; indice d'un danger ; ce danger. *La menace nucléaire.*

menacé, ée adj. - XVIe ▪ En danger. *Ses jours sont menacés. Espèce menacée,* en voie de disparition.

menacer v. tr. [3] - XIVe **1** Chercher à intimider par des menaces. *Menacer qqn de mort,* lui faire des menaces de mort. « *elle a menacé de l'enfermer en maison de correction* » (Le Clézio). **2** Mettre en danger, constituer une menace pour (qqn). « *tout ce qui rôde et menace la sécurité du logis* » (Mart. du G.). **3** Présager, laisser craindre (quelque mal). *Le mur menace de s'écrouler.*

❑ *Menacer* et *mener* appartiennent à la même famille étymologique ; initialement *mener* signifiait « conduire les animaux en les menaçant du fouet ».

ménade n. f. – XVIe ; lat. d'o. gr. ■ Antiq. Bacchante.

ménage n. m. – XIIe ; lat. *mansio* « maison » **I - 1** vx Maison, intérieur. ➛ mod. *Tenir son ménage. Pain, jambon* DE MÉNAGE, fait à la maison. **2** Ensemble des choses domestiques, tout ce qui concerne l'entretien d'une famille. *Vaquer aux soins du ménage.* « *Faire aller son ménage* » (Mol.). ♦ Ensemble des travaux d'entretien et de propreté dans un intérieur. *Faire le ménage* : nettoyer* et ranger un local. fig. Réorganiser une entreprise. ➛ *Femme, homme de ménage.* ➛ *Faire des ménages* : faire le ménage chez d'autres moyennant rétribution. **3** vx Meubles et ustensiles nécessaires à la vie domestique. mod. *Monter son ménage.* **II - 1** Vie en commun d'un couple. *Se mettre en ménage* : se marier, commencer à vivre ensemble (⇒ **concubinage**). ➛ *Faire bon, mauvais ménage avec qqn,* s'entendre bien, mal avec son conjoint, et par ext. avec qqn de son entourage. **2** Couple constituant une communauté domestique. « *il n'y avait pas encore eu de querelle dans le ménage* » (Zola). *Jeune ménage.* « *Ne vous faites jamais un plaisir de troubler la paix des ménages* » (Balz.). **3** Unité de population définie par une consommation globale (famille ou personne vivant seule). *La consommation des ménages.*

ménagement n. m. – XVIe **1** Mesure, réserve dont on use envers qqn (par respect, par intérêt). *Traiter qqn sans ménagement,* brutalement. **2** (souvent au plur.) Procédé dont on use envers qqn que l'on veut ménager. ⇒ **égard, précaution.** *Avertir qqn avec de grands ménagements.* ✪ CONTR. Brusquerie, brutalité.

① **ménager** v. tr. 3 – XIVe ; de *ménage* **I - 1** Disposer, régler avec soin, adresse. ⇒ **arranger.** *Ménager une entrevue, un entretien. L'auteur a ménagé ses effets. Je vous ménage une surprise.* ⇒ **préparer, réserver. 2** Installer ou pratiquer après divers arrangements et transformations. *Ménager une lucarne dans un toit.* **II - 1** Employer avec mesure, avec économie, de manière à conserver, à utiliser au mieux. ⇒ **économiser, épargner.** *Ménager ses forces.* **2** Faire ou dire avec mesure. *Ménagez vos expressions !* ⇒ **mesurer, modérer. 3** Employer ou traiter (un être vivant) avec le souci d'épargner ses forces ou sa vie. ➛ par ext. « *elle avait toujours ménagé son cœur malade* » (Mauriac). **4** Traiter (qqn) avec prudence, égard, avec le souci de ne pas lui déplaire. « *Personnes puissantes qu'on a besoin de ménager* » (Fén.). **5** Traiter avec modération, avec indulgence, sans accabler de sa supériorité. *Ménager la susceptibilité de qqn.* **6** v. pron. (réfl.) *Se ménager* : avoir soin de sa santé, ne pas abuser de ses forces. *Un* « *poitrinaire qui doit se ménager* » (Balz.). ✪ CONTR. Dépenser, gaspiller ; accabler, malmener.

❑ De la même famille : *aménager, déménager, emménager.*

② **ménager, ère** n. f. et adj. – XIIIe **I** n. f. **1** Femme qui tient une maison, s'occupe du ménage. *Elle menait* « *une existence d'épouse attentive et de bonne ménagère* » (Aymé). **2** Service de couverts de table dans un coffret. **II** adj. **1** Qui a rapport aux soins du ménage, à la tenue de l'intérieur domestique. *Travaux ménagers. Appareils ménagers* (⇒ **électroménager**). **2** Qui provient du ménage. *Ordures ménagères.*

ménagerie n. f. – XVIe ; de *ménage* ■ Lieu où sont rassemblés des animaux rares, exotiques, soit pour l'étude, soit pour la présentation au public ; les animaux ainsi rassemblés. *La ménagerie du Jardin des Plantes, à Paris.* ⇒ **zoo.** ♦ Ensemble d'animaux nombreux. *C'est une véritable ménagerie chez lui.*

ménagiste n. – 1956 ■ Personne, entreprise qui fabrique ou vend des appareils ménagers.

menchevik [mɛnʃevik] n. et adj. – 1903 ; mot russe ■ Membre du parti social-démocrate russe hostile à Lénine (mis en minorité au IIe Congrès de 1903 par les bolcheviks).

mendélévium [mɛ̃delevjɔm] n. m. – 1955 ; de *Mendeleïev,* chimiste russe ■ Élément atomique (Md ; n° at. 101 ; m. at. 258) de la série des actinides, produit artificiellement à partir d'einsteinium.

mendélien, ienne [mɛ̃deljɛ̃, jɛn] adj. – 1903 ■ Relatif, conforme aux lois de Mendel (⇒ **mendélisme**).

mendélisme [mɛ̃delism] n. m. – 1923 ■ Théorie de la transmission des caractères héréditaires, reposant sur les lois de Mendel.

❑ Religieux et botaniste autrichien, Mendel découvrit les principales lois de la génétique en hybridant des petits pois dans le jardin de son monastère. Ses travaux n'eurent aucune portée de son vivant et les lois de l'hybridation ou lois de Mendel furent redécouvertes au début du XXe s.

mendiant, iante n. – XIIe **1** Personne qui mendie pour vivre. « *quelques mendiants* [...] *drapés de lambeaux de toile et de haillons* » (Gaut.). ♦ adj. *Ordres mendiants,* qui faisaient profession de ne vivre que d'aumônes (carmes, dominicains, franciscains). **2** n. m. *Les quatre mendiants,* ou *mendiant(s)* : dessert composé de quatre sortes de fruits secs (amandes, figues, noisettes, raisins).

mendicité n. f. – XIIIe ; lat. **1** Condition d'une personne qui mendie. *Être réduit à la mendicité.* **2** Action de mendier. *Il s'est fait arrêter pour mendicité.*

mendier v. 7 – XIe ; lat. **1** v. intr. Demander l'aumône, la charité. *Personne sans ressources réduite à mendier* (cf. Faire la manche*). **2** v. tr. Demander à titre d'aumône. *Mendier du pain.* ➛ Solliciter humblement, ou de façon servile. *Mendier un baiser. Mendier des compliments.*

mendigot, ote n. – XIXe ; de *mendiant* et suff. pop. de *Parigot* ■ fam. Mendiant.

mendole n. f. – XVIe ; lat. ■ Poisson des fonds rocheux des côtes méditerranéennes *(perciformes),* au dos gris argenté à raies brunes.

meneau n. m. – XIVe ; lat. *medianus* « qui est au milieu » ■ Chacun des montants ou traverses de pierre qui divisaient la baie des anciennes fenêtres. *Fenêtre à meneaux.*

menée n. f. – XIe **1** Voie que prend un cerf en fuite. **2** au plur. Agissements secrets et artificieux dans un dessein nuisible. ⇒ **intrigue, machination,** ① **manœuvre.** *Menées subversives.* **3** (Suisse) Congère.

mener v. tr. 5 – X^e ; lat. *minari* « menacer » **I A - 1** Conduire en accompagnant. ⇒ **emmener.** « *on nous mena dans nos chambres* » (Gaut.). **2** Faire avancer (un animal) en l'accompagnant. *Mener les bêtes aux champs. Mener paître les moutons.* ➛ fig. *Mener qqn à la baguette, par le bout du nez.* **3** Conduire en exerçant un commandement, une influence. « *Je sentais qu'ils me menaient vers une brouille définitive* » (Giraud.). ⇒ **entraîner. B - 1** Être en tête de (un groupe, un cortège, une file). *Mener le jeu.* ♦ *Mener deux à zéro* : avoir à la marque un avantage de 2 à 0. ➛ *Notre équipe est menée par deux buts à un,* est devancée. **2** « *L'homme s'agite mais Dieu le mène* » (Fén.). Diriger, commander. ➛ « *le profit n'est pas toujours ce qui mène l'homme* » (Gide). ⇒ **gouverner, guider. II -** Faire marcher, faire fonctionner. ⇒ **conduire, piloter.** « *Ceux qui menaient le navire* » (Loti). **2** Faire avancer, faire évoluer sous sa direction. *L'inspecteur mène l'enquête.* « *Le docteur dut* [...] *mener l'opération très vite* » (Duham.). ♦ *Mener sa vie comme on l'entend.* **III - 1** Transporter. « *une auto, qui nous mène à six kilomètres de la ville* » (Gide). **2** Guider vers tel lieu. *Ses empreintes nous ont menés jusqu'à lui.* **3** Permettre d'aller d'un lieu à un autre. *Ce chemin n* *mène nulle part. L'immodération « mène quelquefois à de grands vices »* (Vauven.). ➛ *Cela peut vous mener loin,* avoir pour vous des conséquences lointaines qui risquent d'être fâcheuses. *Cela ne nous mène à rien,* n'avance pas nos affaires. **IV** Tracer (en géométrie). *Mener une parallèle à une droite.*

❑ De la même famille que *menacer* → menacer (rem.).

ménestrel n. m. – XIe ; lat. ▪ Au Moyen Âge, Musicien et chanteur ambulant.

ménétrier n. m. – XIIIe ; var. de *ménestrel* ▪ Violoniste de village, qui escortait les noces, faisait danser les invités. ⇒ **sonneur, violoneux.**

meneur, euse n. – XIIe **1** *Meneur de jeu :* animateur d'un spectacle, d'une émission de variétés ou d'un jeu public. **2** Personne qui, par son ascendant, son autorité, prend la tête d'un mouvement populaire. ⇒ **chef, dirigeant, leader.** ♦ Dans le monde du travail, Agitateur à l'origine d'une grève, d'une manifestation. **3** *UN MENEUR D'HOMMES :* personne qui sait mener, manier les hommes.

menhir [meniʀ] n. m. – XIXe ; bret., de *men* « pierre » et *hir* « longue » ▪ Monument mégalithique, pierre allongée dressée verticalement (cf. Pierre* levée).

❑ On retrouve le breton *men* « pierre » dans *dolmen.*

ménin, ine [menɛ̃, in] n. – XVIIe ; esp. **1** Jeune homme, jeune fille de naissance noble, au service d'une maison princière espagnole. **2** n. m. En France, Jeune gentilhomme attaché à la personne du dauphin.

❑ On trouve aussi la graphie *menin, ine,* moins conforme à la prononciation. ♦ Célèbre tableau de Vélasquez : « *Les Ménines* » (1656).

méninge n. f. – XVe ; gr. **1** Chacune des membranes qui entourent le cerveau et la moelle épinière. ⇒ **arachnoïde, dure-mère, pie-mère. 2** fam., au plur. Le cerveau, l'esprit. *Se creuser les méninges.*

❑ Attention, ce mot est féminin, à la différence de *linge* et *singe* qui se terminent de la même façon

méningé, ée adj. – XVIIIe ▪ Relatif aux méninges. *Syndrome méningé.*

méningiome n. m. – 1929 ; *méninge* et *-ome* ▪ Tumeur méningée bénigne, développée à partir de l'arachnoïde et adhérente à la dure-mère.

méningite n. f. – XVIIIe ▪ Inflammation aiguë ou chronique des méninges, par infection microbienne, virale ou intoxication.

méningocoque n. m. – XIXe ; *méninge* et *-coque* ▪ Diplocoque immobile, Gram négatif, agent de la méningite cérébrospinale.

méniscal, ale, aux adj. – XIXe ▪ Qui a rapport à un ménisque articulaire.

ménisque n. m. – XVIIe ; gr. « croissant » **1** Lentille convexe d'un côté et concave de l'autre. *Ménisque convergent, divergent.* ➛ Incurvation de la surface d'un liquide au voisinage de la paroi, due à la capillarité. **2** *Ménisque (articulaire) :* formation fibro-cartilagineuse située entre deux surfaces articulaires mobiles. *Ménisque du genou.*

mennonite n. et adj. – XVIIe ; de *Menno Simons,* nom d'un prêtre frison ▪ Membre d'une secte d'anabaptistes (1re moitié du XVIe s.), nombreux encore aujourd'hui aux Pays-Bas et aux États-Unis.

méno- Élément, du gr. *mên, mênos* « mois », qui signifie « menstruation ».

ménopause n. f. – XIXe ; de *méno-* et gr. *pausis* « cessation » ▪ Cessation de l'activité ovarienne chez la femme, entraînant l'arrêt définitif de l'ovulation et des règles ; époque où elle se produit (cf. Retour* d'âge). *Andropause et ménopause.* ⇒ **climatère.**

❑ On retrouve le grec *mên* « mois, menstrues » dans *emménagogue, aménorrhée* et *dysménorrhée,* mots qui appartiennent aussi au contexte gynécologique. ♦ Ne pas confondre l'*aménorrhée* et la *ménopause.*

ménopausée adj. f. – 1952 ▪ Dont la ménopause est terminée. *Femme ménopausée.*

ménorragie n. f. – XVIIIe ; *méno-* et *-rragie* ▪ Exagération de l'écoulement menstruel (opposé à *aménorrhée*).

-ménorrhée Élément, du gr. *mên, mênos* « mois » et *rhein* « couler ».

menotte n. f. – XVe ; dimin. de *main* **1** Main d'enfant ; petite main. **2** au plur. Entraves, bracelets métalliques réunis par une chaîne et munis d'une serrure qui se fixent aux poignets d'un prisonnier. *Mettre, passer les menottes à qqn.*

menotter v. tr. [1] – XVIe ▪ Passer les menottes à (qqn).

mense n. f. – XVIIe ; lat. « table » **1** *Mense épiscopale :* revenus affectés à la table d'un évêque. **2** Revenu ecclésiastique. ✪ HOM. Manse.

mensonge n. m. – XIe ; lat. *mentire* « mentir » **1** Assertion sciemment contraire à la vérité, faite dans l'intention de tromper. ⇒ **contrevérité, fable, histoire, invention,** VX **menterie, tromperie.** *Mensonge éhonté. Un tissu de mensonges. Dire des mensonges.* **2** L'acte de mentir, la pratique de l'artifice, de la fausseté. « *je reste ahuri devant l'épaisseur de mensonge où peut se complaire un dévot* » (Gide). **3** Ce qui est trompeur, illusoire. ⇒ **duperie, illusion, mirage.** « *Les figures de cire, je ne connais pas de mensonge de la vie plus effrayant* » (Goncourt). « *tout est songe et mensonge Illusion du cœur qu'un vain espoir prolonge* » (Lamart.). ✪ CONTR. Vérité, véracité. Réalité.

mensonger, ère adj. – XIIe **1** Qui repose sur un mensonge, des mensonges. ⇒ **fallacieux,** ① **faux.** *Accusation mensongère.* **2** Qui abuse, trompe. ⇒ **trompeur.** *Publicité mensongère.* ✪ CONTR. Sincère, véridique, véritable.

❑ *Mensonger* s'est appliqué autrefois aux personnes : « *Il vaut mieux être véritable que mensonger* » (Montaigne) ; il a été supplanté par *menteur.*

menstruation n. f. – XVIIIe ; lat. *menstrua* « menstrues » ▪ Stade du cycle menstruel de la femme non fécondée, pendant lequel se produit tous les 25 à 31 jours, de la puberté à la ménopause, un écoulement passager de sang par le vagin, dû à la chute de l'endomètre. ➛ L'écoulement de sang lui-même, les règles. ⇒ **menstrues.**

menstruel, elle adj. – XIIIe ; lat. « mensuel » ▪ Qui a rapport aux menstrues, à la menstruation.

menstrues n. f. pl. – XIVe ; lat. *mensis* « mois » ▪ VX Écoulement de sang de la menstruation, des règles.

mensualisation n. f. – 1967 ▪ Fait de rendre mensuel ; son résultat.

mensualiser v. tr. [1] – av. 1970 ; lat. *mensualis* « mensuel » **1** Rendre mensuel (un paiement, notamment un salaire horaire). **2** Payer au mois.

mensualité n. f. – XIXe **1** Somme payée mensuellement. *Achat payable en dix mensualités.* **2** Somme perçue chaque mois, salaire mensuel.

mensuel, elle adj. et n. – XVIIIe ; lat. *mensis* « mois » **1** Qui a lieu, paraît tous les mois. *Revue mensuelle.* ➛ n. m. *Les* *mensuels et les hebdomadaires.* 2 Calculé pour un mois et payé chaque mois. *Salaire mensuel.*

mensuellement adv. – XIXe ▪ Tous les mois, une fois par mois.

mensuration n. f. – XVIe ; lat. *mensurare* « mesurer » ▪ Détermination et mesure, par divers moyens scientifiques ou usuels, des dimensions caractéristiques ou importantes du corps humain ; les mesures ainsi obtenues. *Prendre ses mensurations.*

mental, ale, aux adj. – XIVe ; lat. *mens, mentis* « esprit » 1 Qui se fait dans l'esprit seulement, sans expression orale ou écrite. *Calcul mental.* 2 Qui a rapport aux fonctions intellectuelles de l'esprit. *Maladie mentale.* ➛ *Âge mental :* âge qui correspond au degré de développement intellectuel (mesuré par les tests). ➛ n. m. État d'esprit. ✪ CONTR. ② Écrit, parlé. ① Physique.

❑ On retrouve le latin *mens* « esprit » dans *dément.*

mentalement adv. – XVe ▪ En esprit seulement, par la pensée, de tête. « *Il passa mentalement en revue son propre état-major* » (Romains).

mentalité n. f. – XIXe 1 Ensemble des croyances et habitudes d'esprit qui informent et commandent la pensée d'une collectivité, et qui sont communes à chaque membre de cette collectivité. ⇒ **idéologie.** *Faire évoluer les mentalités.* 2 souvent péj. État d'esprit, dispositions psychologiques ou morales. ⇒ **psychologie.** *Une mentalité de profiteur.* ➛ fam. et vieilli Esprit qui s'accommode des choses condamnables. *Quelle mentalité !*

❑ La *mentalité* d'une personne a un caractère permanent, tandis que l'*état d'esprit* est passager.

menterie n. f. – XIIIe ▪ vx ou région. Mensonge. « *Ce qu'on raconte aujourd'hui* [...] *est une impudente menterie* » (Chateaub.).

menteur, euse n. et adj. – XIIe 1 Personne qui ment, a l'habitude de mentir. ⇒ **imposteur, mythomane.** *Un fieffé menteur.* 2 adj. Qui ment. « *J'avais les défauts de mon âge ; j'étais babillard, gourmand, parfois menteur* » (Rouss.). ➛ « *langage menteur* » (Rac.). ✪ CONTR. ② Franc, sincère, vrai.

menthe n. f. – XIIIe ; lat. 1 Plante herbacée *(labiées)*, très aromatique, qui croît dans les lieux humides. *Thé à la menthe :* thé vert infusé avec des feuilles de menthe fraîche. *Infusion de tilleul menthe.* ➛ *Alcool de menthe.* 2 Sirop de menthe. *Une menthe à l'eau.* ♦ Essence, arôme de menthe. *Bonbons à la menthe.* ✪ HOM. Mante.

menthol n. m. – XIXe ▪ Alcool terpénique extrait de l'essence de menthe poivrée.

mentholé, ée adj. – XIXe ▪ Additionné de menthol.

mention n. f. – XIIe ; lat. 1 Action de nommer, de citer, de signaler. *Il n'en est pas fait mention dans cet ouvrage.* 2 Brève note donnant une précision, un renseignement. *Rayer les mentions inutiles* (sur un questionnaire à remplir). 3 Indication d'une appréciation favorable de la part d'un jury d'examen. *Mention très bien.*

mentionner v. tr. [1] – XVe ▪ Faire mention de. ⇒ **citer, nommer, signaler.** *Cette île n'est pas mentionnée sur la carte.* ➛ impers. *Il est bien mentionné de..., que.* ⇒ **préciser.**

mentir v. intr. [16] – XIe ; lat. 1 Faire un mensonge, affirmer ce qu'on sait être faux, nier ou taire ce qu'on devrait dire. *Mentir effrontément, avec aplomb.* « *Gouverner c'est mentir* » (Giono). ➛ *Il ment comme il respire,* tout naturellement et continuellement. « *Sans mentir, si votre ramage Se rapporte à votre plumage* » (La Font.), à dire vrai, en vérité (souvent iron.). 2 (choses) Exprimer une chose fausse, être mensonger. loc. *Faire mentir le proverbe,* lui apporter un démenti.

mentisme n. m. – XIXe ; lat. *mens, mentis* « esprit » ▪ méd. Trouble de la pensée caractérisé par la fuite des idées.

menton n. m. – X^e ; lat. ▪ Partie saillante, médiane, du maxillaire inférieur ; partie de la face qui y correspond. *Son visage « qui s'amincissait en triangle jusqu'au menton »* (Mart. du G.). ♦ Région du menton (menton proprement dit et haut de la gorge). « *le visage plein, avec un double menton* » (Ste-Beuve).

mentonnet n. m. – XVIIe ; dimin. de *menton* ▪ Pièce saillante ou tenon servant d'arrêt. *Mentonnet de serrure.*

mentonnier, ière adj. – XVIe ▪ Du menton.

mentonnière n. f. – XIVe 1 Partie inférieure du casque, qui protégeait le menton. 2 Bande passant sous le menton et retenant la coiffure. ⇒ **jugulaire.** ♦ Bandage du menton. 3 Plaquette de bois ou de plastique fixée à la base d'un violon, sur laquelle s'appuie le menton.

mentor [mɛ̃tɔʀ] n. m. – XVIIIe ; nom d'un personnage de l'*Odyssée* ▪ littér. Guide, conseiller sage et expérimenté. *Jouer les mentors.*

❑ Dans *L'Odyssée,* la déesse Athéna emprunte les traits de *Mentor,* ami d'Ulysse, pour accompagner et instruire le fils de ce dernier, Télémaque.

① **menu, ue** adj. et adv. – XIe ; lat. *minuere* « diminuer » 1 Qui a peu de volume. ⇒ ② **fin, mince, petit.** *Couper en menus morceaux.* ➛ (personnes) Petit et mince. « *une des filles de la petite bande, plus menue que les autres* » (Proust). 2 Formé d'éléments relativement petits. *Menu fretin**. 3 Auquel on accorde peu d'importance, peu de valeur. *Menue monnaie.* loc. adv. *PAR LE MENU :* en détail. *Raconter qqch. par le menu.* 4 adv. En menus morceaux. *Oignons hachés menu.* ✪ CONTR. Gros.

② **menu** n. m. – XVIIIe, emploi subst. de ① *menu,* proprt « menu détail » 1 Liste détaillée des mets dont se compose un repas ; le repas considéré dans sa composition, son ordonnance. « *Ce soir-là, il y avait au menu* [...] *des tranches de foie gras* » (Romains). ➛ Dans un restaurant, Liste déterminée de plats composant un repas à prix fixe ; repas ainsi composé. *Menu gastronomique.* 2 Carte sur laquelle le menu et les prix sont inscrits. 3 fam. Programme, ordre du jour. *Quel est le menu de la réunion ?* ♦ Choix d'opérations proposé sur l'écran d'un ordinateur à l'utilisateur.

menuet n. m. – XIIe ; dimin. de ① *menu* 1 Ancienne danse de bal et de théâtre à trois temps, adoptée sous Louis XIV, dont le mouvement rapide devint au XIXe s. très modéré ; air sur lequel on la dansait. 2 Forme instrumentale, dans la suite, la sonate, comprenant un premier air répété deux fois (*menuet* stricto sensu), encadrant un second menuet (⇒ **trio).**

❑ Cette danse doit son nom à ses pas « *prompts et menus* » (Furetière). ♦ Même famille étym. que *menuiserie.*

menuiser v. tr. [1] – XIIe ; lat. *minutus* « ① menu » ▪ Travailler en menuiserie. ➛ *Des boiseries ajourées « très finement menuisées »* (Loti).

❑ De la même famille étymologique : *amenuiser.*

menuiserie n. f. – XVe 1 Travail industriel ou artisanal (assemblages) du bois pour la fabrication des meubles et objets servant à l'agencement et la décoration des maisons (opposé à *charpente*). *Menuiserie d'art* (⇒ **ébénisterie).** 2 Ouvrages ainsi fabriqués. ♦ Atelier où sont réalisés ces ouvrages.

menuisier n. m. – XIIIe ▪ Artisan, ouvrier qui travaille le bois équarri en planches pour la fabrication de meubles et ouvrages divers de menuiserie. *Menuisier d'art.* ⇒ **ébéniste.** *Le menuisier et le charpentier.*

ménure n. m. – XIXe ; gr. *mênê* « lune, croissant » et *oura* « queue » ▪ Grand oiseau *(passériformes),* vivant en Australie, dont le mâle est remarquable par sa queue en éventail, à plumes disposées en forme de lyre. ⇒ **oiseau-lyre.**

ményanthe n. m. – XVIIe ; gr. *minuanthes (triphullon)* « (trèfle) qui fleurit peu de temps » ▪ Plante herbacée aquatique *(gentianacées),* à feuilles alternes trilobées, dite aussi *trèfle d'eau.*

méphistophélique adj. – XIXe ; de *Méphistophélès,* nom du démon dans la légende de Faust ▪ Qui évoque Méphistophélès, semble appartenir au démon. ⇒ **diabolique, satanique.** *Ruse méphistophélique.*

méphitique adj. – XVIe ; lat. *mephitis* « exhalaison sulfureuse d'origine volcanique » ▪ Dont l'exhalaison est toxique et puante.

méplat, ate adj. et n. m. – XVIIe ; *mé-* et ① *plat* **I** adj. Qui a plus de largeur que d'épaisseur. ♦ *Bas-relief méplat,* où l'on diminue l'épaisseur relative des premiers plans. **II** n. m. Partie relativement plane du corps. « *Le soleil faisait deux taches claires sur le méplat des pommettes* » (Mart. du G.). ✪ CONTR. Saillie.

méprendre (se) v. pron. [58] – Xe ▪ littér. Se tromper (en particulier en prenant une personne, une chose pour une autre). *Ils se ressemblent à s'y méprendre.*

> ❑ On dit *se méprendre sur,* ou, plus littéraire, *à.*

mépris n. m. – XIIIe **1** *Mépris de :* fait de considérer comme indigne d'attention ; sentiment qui pousse à ne faire aucun cas (d'une chose). ⇒ **dédain, indifférence.** « *un absolu mépris du succès* » (Flaub.). *AU MÉPRIS DE :* sans tenir compte de, en dépit de. *Au mépris du danger.* **2** *Mépris (pour) :* sentiment par lequel on considère qqn comme indigne d'estime, comme moralement condamnable. ⇒ **dédain, dégoût, mésestime.** *N'avoir que du mépris pour qqn. Traiter qqn avec mépris, par le mépris.* « *Il les accabla de sa colère et de son mépris* » (France). ✪ CONTR. Admiration, considération, estime, respect.

> ❑ *Mépris* et *méprise* sont proches par la forme mais sans rapport étymologique ; *mépris* vient de *mépriser* (→ prix) et *méprise,* de *se méprendre.*

méprisable adj. – XIVe ▪ Qui inspire le mépris. ⇒ **abject,** ① **bas, honteux, indigne, vil.** *Il n'y a rien de plus méprisable.* ✪ CONTR. Estimable, respectable.

méprisant, ante adj. – XIIIe ▪ Qui a ou témoigne du mépris. ⇒ **arrogant, dédaigneux, hautain.** *Il « se mit à ricaner d'une façon si méprisante »* (Daudet). ✪ CONTR. Admiratif, respectueux.

méprise n. f. – XIIe ▪ Erreur d'une personne qui se méprend. ⇒ **confusion ; malentendu, quiproquo.** *Il y a méprise.*

mépriser v. tr. [1] – XIIe ; de *mé-* et ① *priser* **1** Estimer indigne d'attention ou d'intérêt, ne faire aucun cas de. ⇒ **dédaigner, négliger** (cf. Faire fi de). « *Je ne méprise pas les plaisirs des sens* » (Dider.). **2** Estimer indigne d'intérêt (un bien ordinairement prisé et convoité). ⇒ se **désintéresser.** « *ils affectaient de mépriser la fortune* » (R. Rolland). **3** Considérer (qqn) comme indigne d'estime, comme moralement condamnable. « *on n'est pas plutôt monté en voiture que l'on méprise les gens à pied* » (Chateaub.) ✪ CONTR. Apprécier ; convoiter, désirer ; admirer, estimer, honorer.

mer [mɛʀ] n. f. – XIe ; lat. *mare* **1** Vaste étendue d'eau salée qui couvre une grande partie de la surface du globe. ⇒ **océan.** *Haute mer, pleine mer :* partie de la mer la plus éloignée des rivages. ⇒ **large.** *Eau de mer* (opposé à *eau douce*). *Bord de mer.* ⇒ **côte, littoral, rivage ;** ① **grève, plage.** *Mer calme, agitée. Mouvement de la mer* (⇒ **flot, houle, lame,** ① **vague ; déferlement, ressac**). *Mal de mer.* ⇒ **naupathie.** *La mer est basse,* a atteint son niveau le plus bas. *La mer monte, descend* (⇒ **marée ; flux, reflux**). « *les goélands magnifiques* [...] *et, plus près du rivage, les hirondelles de mer* » (Le Clézio). ➛ *Divinités de la mer.* ⇒ **sirène,** ① **triton.** ➛ *Gens de mer :* marins. *Port de mer.* ⇒ **maritime.** *Prendre la mer :* quitter le mouillage. *Au-delà des mers.* ⇒ **outre-mer.** *Combat sur mer.* ⇒ **naval.** *Armée de mer :* marine militaire. ➛ *Étude des mers.* ⇒ **océanographie.** ♦ Eau de mer. *Bains de mer.* loc. *Ce n'est pas la mer à boire :* ce n'est pas difficile, ce n'est pas très important. *Il boirait la mer et les poissons :* il a une soif inextinguible. ♦ Région côtière, station balnéaire. *Passer ses vacances à la mer.* **2** Bassin océanique, plus ou moins isolé, de dimensions limitées. *Mer du Nord, mer Rouge, mer Noire.* **3** Vaste étendue. *Mer de sable :* vaste désert de sable. *La mer de Glace :* grand glacier des Alpes françaises. ✪ HOM. Maire, mère.

mercanti n. m. – XIXe ; mot it. « marchands » ▪ Commerçant malhonnête ; profiteur.

> ❑ L'italien *mercanti* est le pluriel de *mercante.* Mais on écrit en français : *un mercanti, des mercantis.*

mercantile adj. – XVIe ; it., de *mercante* « marchand » ▪ Digne d'un commerçant cupide, d'un profiteur. « *Sans que jamais rien de vénal et de mercantile ose approcher d'une si pure source* » (Rouss.).

mercantilisme n. m. – XIXe **1** littér. et péj. Esprit mercantile. **2** Doctrine des économistes des XVIe et XVIIe s. fondant la richesse des États sur l'accumulation des réserves en or et en argent.

mercantiliste n. m. – XIXe ▪ Économiste partisan du mercantilisme. adj. *Théories mercantilistes.*

mercaptan n. m. – XIXe ; lat. *mercurium captans* « qui capte le mercure » ▪ Thioalcool.

mercaticien, ienne n. – 1974 ▪ Spécialiste de la mercatique.

mercatique n. f. – 1974 ; lat. *mercatus* « marché » ▪ Recomm. offic. pour *marketing**.

mercenaire adj. et n. – XIIIe ; lat. *merces* « salaire » **1** vieilli ou littér. Qui n'agit, ne travaille que pour un salaire. « *ces écrivains mercenaires et calomniateurs* » (Volt.). ♦ Inspiré par la seule considération du gain. *Les « amours mercenaires au milieu desquelles elle vivait »* (Dumas fils). **2** n. Soldat professionnel à la solde d'un gouvernement étranger. *Mercenaire en Italie.* ⇒ **condottiere.** *Les mercenaires d'Afrique.* ⇒ **affreux.**

mercerie n. f. – XIIe ; de *mercier* **1** Ensemble des marchandises destinées à la couture, aux travaux d'aiguille. **2** Commerce, boutique de mercier, de mercière.

merceriser v. tr. [1] – XIXe ; angl., du nom de *John Mercer* ▪ Traiter (le coton) en l'imprégnant d'une solution de soude caustique qui lui donne un aspect soyeux. *Coton mercerisé.*

> ❑ Le patronyme de *John Mercer,* inventeur du procédé, vient lui-même de *mercer* « marchand (de textiles, de tissus) », en rapport avec notre français *mercier.*

merchandising [mɛʀʃɑ̃dajziŋ ; mɛʀʃɑ̃diziŋ] n. m. – 1961 ; angl. ▪ ⇒ **marchandisage.**

merci n. f. et m. – IXe ; lat. *merces* « prix, salaire, récompense » **I** n. f. **1** vx ⇒ **grâce, pitié.** « *ils me réduiraient à crier merci* » (Rouss.), à demander grâce. ➛ mod. *Lutte sans merci.* ⇒ **acharné, impitoyable.** ♦ *DIEU MERCI :* grâce à Dieu, heureusement. *Dieu merci, il s'en est bien tiré.* 2 *À LA MERCI DE :* dans une situation où l'on dépend entièrement de (qqn, qqch.). « *On était à la merci d'un incident* » (Mart. du G.). « *Il avait toutes les chances* [...] *de tenir à sa merci une bonne partie du personnel politique* » (Simenon). II n. m. 1 Remerciement. *Mille mercis.* 2 Terme de politesse dont on use pour remercier. *Tu diras merci à ta mère.* fam. *Merci beaucoup, merci bien.* ➛ *Merci pour tout. Merci de bien vouloir répondre dans les plus brefs délais* (demande écrite). 3 Formule de politesse accompagnant un refus. *Non, merci. Merci, je ne fume pas.*

❑ *Taillable** *et corvéable à merci* est une expression elliptique pour *à la merci du seigneur* (selon son bon vouloir). ♦ La phrase des médias *merci d'avoir été notre invité* (pour *merci d'avoir accepté d'être notre invité*) est un non-sens.

mercier, ière n. – XIIe ; lat. *merx* « marchandise » ■ Personne qui vend des articles de mercerie.

mercredi n. m. – XIIe ; lat. *Mercurii dies* « jour de Mercure » ■ Troisième jour de la semaine, qui succède au mardi. *Il vient tous les mercredis.*

mercure n. m. – XVe ; du nom de la planète *Mercure*, lat. *Mercurius*, à laquelle l'analogie alchimique associait ce métal ■ Élément atomique de transition (symb. Hg ; n° at. 80 ; m. at. 200,59), métal blanc argenté très brillant, liquide à la température ordinaire, du même groupe que le zinc et le cadmium. ⇒ **vif-argent.** *Utilisation du mercure* (étamage des glaces, amalgamation*, construction d'appareils de physique, etc.). *Thermomètre, baromètre à mercure.*

❑ Le mercure était appelé autrefois *hydrargyre*, mot qui a servi pour composer le symbole chimique.

mercureux adj. m. – XIXe ■ Se dit des composés du mercure monovalent (opposé à *mercurique*).

① **mercuriale** n. f. – XIIIe ; lat. *mercurialis (herba)* « (herbe) de Mercure » ■ Plante herbacée *(euphorbiacées)* à fleurs verdâtres, mauvaise herbe des jardins.

② **mercuriale** n. f. – XVIe ; de *mercredi* 1 Assemblée semestrielle des cours de justice, qui se tenait un mercredi, où le président devait faire la critique de la justice et des juges ; le discours du président. 2 littér. Remontrance, réprimande.

③ **mercuriale** n. f. – XVIIIe ; lat. *mercurialis* « membre du collège des marchands », *Mercure* étant le dieu du commerce ■ Tableau portant les prix courants des denrées vendues sur un marché public ; le cours officiel de ces denrées.

mercuriel, ielle adj. – XVe ■ Qui contient du mercure.

mercurique adj. – XVIIIe ■ Se dit des composés du mercure bivalent (opposé à *mercureux*).

mercurochrome [mɛʀkyʀokʀom] n. m. – 1931 ; nom déposé, de *mercure* et *-chrome* ■ Dérivé d'une fluorescéine mercurielle utilisé comme antiseptique pour usage externe en solution aqueuse ou alcoolique de couleur rouge.

merde n. f. et interj. – XIIe ; lat. I n. f. vulg. 1 Matière fécale (de l'homme et de certains animaux). ⇒ **crotte, excrément ; caca.** 2 Être ou chose méprisable, sans valeur. « *rester tout seul dans son coin à bouffer de la merde* » (É. Ajar). « *à défaut d'autre chose, on peut faire une carrière de merde* » (Duras). *Un temps de merde.* ⇒ **dégueulasse, pourri.** 3 Situation fâcheuse, inextricable. *Être dans la merde jusqu'au cou. Il ne m'arrive que des merdes.* ⇒ **emmerdement.** ♦ Désordre, pagaille. *Foutre, semer la merde.* II interj. fam. 1 Exclamation de colère, d'impatience, de mépris, de refus. ⇒ **crotte, mince, zut ;** (cf. Les cinq lettres*, le mot* de Cambronne). « *Et merde pour le roi d'Angleterre Qui nous a déclaré la guerre* » (chans.). *On y va, oui ou merde ?* oui ou non. ♦ Le mot *merde.* « *Il voulait dire merde à son patron* » (Giono) (cf. Envoyer balader). 2 Exclamation d'étonnement, d'admiration. *Merde alors !*

merder v. intr. [1] – 1909 ■ fam. Ne pas réussir.

merdeux, euse adj. et n. – XIIe ■ vulg. 1 Sali d'excréments. ♦ *Se sentir merdeux*, coupable, honteux. 2 n. Gamin, blanc-bec. ⇒ **morveux.** *Un petit merdeux.*

merdier n. m. – XIIe ■ vulg. Grand désordre, confusion inextricable.

merdique adj. – v. 1970 ■ fam. Mauvais, sans valeur. *Un boulot merdique.*

merdoyer v. intr. [8] – XIXe ■ fam. S'embrouiller dans une explication, dans des démarches maladroites.

① **mère** n. f. – X^e ; lat. *mater* I - 1 Femme qui a mis au monde un ou plusieurs enfants. ⇒ **maman.** *Le père, la mère* (⇒ **parent**) *et les enfants.* ⇒ **famille.** *Mère de famille. La fête des Mères.* « *je coûtai la vie à ma mère, et ma naissance fut le premier de mes malheurs* » (Rouss.). « *Oh ! l'amour d'une mère ! amour que nul n'oublie !* » (Hugo). ⇒ **maternel.** *Mauvaise mère.* ⇒ **marâtre.** *Mère abusive, castratrice. Filiation par la mère* (⇒ **matrilinéaire**). ♦ *Mère célibataire :* femme non mariée qui a un ou plusieurs enfants (cf. vx Fille-mère). 2 Femelle qui a un ou plusieurs petits. *Veau qui tète sa mère.* 3 Femme qui a conçu et porte un enfant (⇒ ② **enceinte**). « *Elle devient mère. L'état de grossesse est pénible* » (Dider.). ♦ *Mère porteuse :* femme inséminée artificiellement qui porte un enfant pour un couple dont la femme est stérile. 4 Femme qui est comme une mère. *Mère adoptive. Tu es une vraie mère pour lui.* 5 Titre de vénération donné à une religieuse (supérieure d'un couvent, etc.). « *la mère Angélique dut* [...] *prier son père d'entrer dans le petit parloir* » (Ste-Beuve). 6 fam. Madame, en parlant d'une femme d'un certain âge, ou qu'on n'apprécie pas. « *C'est la mère Michel qui a perdu son chat* » (chans. pop.). 7 *Mère patrie :* patrie d'origine (d'émigrés, etc.). 8 Origine, source. « *la diction, mère de la Poésie* » (Valéry). ➛ (en appos.) *Les sociétés mères et leurs filiales.* II *Mère de vinaigre :* membrane gélatineuse formée à la surface d'un liquide alcoolique par les mycodermes de la fermentation acétique. ✪ HOM. Maire, mer.

② **mère** adj. f. – XIVe ; lat. *merus* « pur » ■ Pur, fin. *La mère goutte*.*

-mère Élément, du gr. *meros* « partie ».

mère-grand n. f. – XVe ■ vx Grand-mère. *Des mères-grand.*

merguez [mɛʀgɛz] n. f. – v. 1950 ; mot ar. ■ Petite saucisse pimentée à base de bœuf, de mouton.

mergule n. m. – XIXe ; lat. *mergus* « plongeon » ■ Petit oiseau marin *(sphéniciformes)* noir et blanc, voisin du pingouin et du guillemot.

méricarpe n. m. – XIXe ; gr. *meros* « partie » et *-carpe* ■ Chacun des éléments d'un fruit qui se dissocie à maturité.

méridien, ienne adj. et n. – XIIIe ; lat. *meridies* « midi » I adj. 1 vx ou littér. « *à cette heure méridienne* » (Loti). *Plan méridien* (ainsi appelé parce que le Soleil, dans sa course apparente, le coupe à midi et à minuit) : dans un lieu donné, plan défini par l'axe de rotation de la Terre et la verticale de ce lieu. 2 *Lunette méridienne :* lunette astronomique mobile dont l'axe optique se déplace dans le plan méridien d'un lieu. II n. m. 1 sc. *Méridien céleste d'un lieu :* grand cercle imaginaire de la sphère céleste perpendiculaire à l'équateur et passant par les pôles célestes, le zénith et le nadir de ce lieu. « *le soleil passera au méridien juste au midi des horloges* » (J. Verne). 2 Cercle imaginaire passant par les deux pôles terrestres. *La longueur du méridien* *terrestre est à peu près de 40 000 km.* ➝ Demi-cercle joignant les pôles. *Méridiens et parallèles sur les cartes. Méridien d'origine, méridien international,* passant par l'ancien observatoire de Greenwich, choisi conventionnellement pour la détermination des longitudes. 3 sc. *Méridien magnétique d'un lieu,* grand cercle passant par ce lieu et par les pôles magnétiques du globe. 4 En mathématiques, Section que fait, dans une surface de révolution, un plan passant par l'axe de cette surface. III n. f. sc. 1 Intersection du plan méridien et du plan horizontal en un lieu. 2 Chaîne de triangulation orientée suivant un méridien.

méridienne n. f. – XIIIe ; lat. *meridiana (hora)* « (heure) de midi » 1 vx ou littér. Sieste. 2 Canapé de repos à deux chevets de hauteur inégale, en vogue sous l'Empire et la Restauration.

méridional, ale, aux adj. – XIVe ; lat. *meridies* « sud » 1 Qui est au sud. *Dès que nous eûmes « passé sur le versant méridional »* (Bosco). 2 Qui est du midi, propre aux régions et aux gens du Midi (d'un pays, et spécialt de la France). *« sa faconde méridionale »* (Flaub.). ♦ n. Personne du midi de la France. *« Ce Méridional, privé de soleil, exécrait Paris »* (Balz.). ✪ CONTR. Septentrional.

meringue n. f. – XVIIe ; o. i., p.-ê. polonais ▪ Préparation sucrée très légère à base de blancs d'œufs battus en neige, que l'on fait cuire à four doux.

meringuer v. tr. [1] – XVIIIe ▪ Enrober, garnir de meringue (surtout au p. p.). *Tarte au citron meringuée.*

mérinos [merinos] n. m. – XVIIIe ; esp. 1 Mouton de race espagnole (originaire d'Afrique du Nord) à toison épaisse donnant une laine très fine. 2 Laine de ce mouton ; tissu fait de cette laine. *Un châle de mérinos.*

merise n. f. – XIIIe ; de *amer,* avec infl. de *cerise* ▪ Fruit du merisier, petite cerise sauvage, rose ou noire, peu charnue, au goût amer.

merisier n. m. – XIIIe 1 Cerisier sauvage *(rosacées).* ♦ Bois de cet arbre, rougeâtre, à grain très fin. *Meubles en merisier.* 2 (Canada) Bouleau à écorce foncée.

mérisme n. m. – v. 1960 ; gr. « délimitation » ▪ Trait distinctif minimal dont la combinatoire forme les phonèmes.

méristème n. m. – XIXe ; gr. *meristos* « partagé » ▪ Tissu végétal constitué de cellules embryonnaires à division très rapide, qui est à l'origine des tissus spécialisés des organes adultes.

méritant, ante adj. – XVIIIe ▪ souvent iron. Qui est digne d'estime, par son mérite. *« partager mes richesses avec un pauvre bien méritant »* (Camus).

❑ *Méritant* se dit des personnes, et *méritoire* des choses. ♦ Cet adjectif, autrefois positif, s'emploie surtout aujourd'hui dans les situations où l'on est contraint de supporter quelque chose.

mérite n. m. – XIIe ; lat. I - 1 Ce qui rend une personne digne d'estime, de récompense, quand on considère la valeur de sa conduite et les difficultés surmontées. ⇒ **vertu.** *Il a du mérite à rester calme. « il n'y a pas de mérite à être honnête, ni intelligent, de naissance »* (Camus). *Il a au moins le mérite de reconnaître ses torts.* 2 Ce qui rend une conduite digne d'éloges. *S'attribuer tout le mérite d'une action.* II - 1 *Le mérite :* ensemble de qualités intellectuelles et morales particulièrement estimables. ⇒ **valeur.** *« des hommes de mérite »* (Rouss.). *Avancement au mérite.* 2 *Un mérite :* qualité louable. *Vanter les mérites de qqn* (cf. Chanter les louanges). 3 Avantage, utilité propre (de qqch.). *Les mérites comparés de deux méthodes.* III Nom donné à des décorations et ordres attribués en récompense de services rendus. *Ordre national du Mérite.* ✪ CONTR. Démérite ; défaut, faiblesse.

mériter v. tr. [1] – XIVe 1 (personnes) Être, par sa conduite, en droit d'obtenir (un avantage) ou exposé à subir (un inconvénient). ⇒ **encourir** (cf. Être digne de, passible de). *« tu n'as pas joui de ton vivant de toute la réputation que tu méritais »* (Dider.). *Un repos bien mérité,* bien gagné. *Il n'a que ce qu'il mérite. Il mériterait qu'on lui en fasse autant !* 2 (choses) Donner lieu à, requérir. *Sa proposition mérite réflexion. « Ce subtil faux-fuyant mérite qu'on le loue »* (Mol.). *L'endroit mérite un détour.* ⇒ **valoir.** 3 Être digne d'avoir (qqn) à ses côtés, dans sa vie. *« Vous méritiez, ma fille, un père plus heureux »* (Rac.). 4 trans. ind. ; littér. Avoir droit à la reconnaissance. loc. *Il a bien mérité de la patrie :* il a rendu des services éminents (formule offic.). ✪ CONTR. Démériter.

méritocratie n. f. – 1972 ; de *mérite* et *-cratie* ▪ Hiérarchie sociale fondée sur le mérite individuel.

méritoire adj. – XIIIe ; lat. « qui mérite ou procure un salaire » ▪ Qui a du mérite ; qui est digne d'éloge ou de récompense. ⇒ ① **louable.** *Effort méritoire.* ✪ CONTR. Blâmable.

❑ *Méritoire* se dit des choses, et *méritant* des personnes.

merl → **maerl**

merlan n. m. – XIIIe ; de *merle* 1 Poisson osseux *(gadiformes)* des côtes d'Europe occidentale, à la chair légère et fine. *Filets de merlan.* ➝ loc. fam. *Faire des yeux de merlan frit :* lever les yeux au ciel de façon ridicule en ne montrant que le blanc des yeux. 2 fam. et vieilli Coiffeur.

❑ Pour l'étymologie → merle (rem.).

merle n. m. – XIIe ; lat. *merula* 1 Oiseau passereau *(passériformes),* au plumage généralement noir chez le mâle, brun chez la femelle. *« un chant de merle, étrange, [...] si pathétique et si pur »* (Gide). *Siffler comme un merle,* très bien. 2 loc. *Merle blanc :* personne ou chose introuvable ou extrêmement rare (cf. Mouton* à cinq pattes). ✪ HOM. Merl.

❑ L'étymon latin *merula* désignait à la fois l'oiseau et un poisson. → merlan.

merlette n. f. – XIVe ▪ Femelle du merle.

① **merlin** n. m. – XVIIe ; lat. *marculus* « marteau » 1 Hache à fendre le bois. 2 Masse pour assommer les bœufs.

② **merlin** n. m. – XVIIe ; néerl. ▪ Petit cordage composé de trois fils de caret. ⇒ **manoque.**

merlon n. m. – XVIIe ; it. ▪ Partie pleine d'un parapet entre deux créneaux, deux embrasures.

merlot n. m. – XIXe ; de *merle,* par allus. à la couleur de l'oiseau ▪ Cépage à raisins noirs du sud-ouest de la France.

merlu n. m. – XIIIe ; de *merlan* et a. fr. *luz* « brochet » ▪ Poisson de mer *(gadiformes),* voisin de la morue, n'ayant que deux nageoires dorsales et une anale, commercialisé sous le nom de *colin.*

merluche n. f. – XVIIe ; var. mérid. de *merlu* ▪ Morue, merlu ou poisson de la même famille, vendus séchés et non salés.

mérostomes n. m. pl. – XIXe ; du gr. *mêros* « cuisse » et *stoma* « bouche » ▪ Classe d'arthropodes dont la bouche s'ouvre entre la base des pattes. *Les limules sont des mérostomes.*

mérou n. m. – XIXe ; esp. *mero* ▪ Gros poisson carnassier *(perciformes)* à la chair très délicate.

mérovingien, ienne adj. et n. – XVe ; de *Merowig* « Mérovée », nom du chef d'une tribu de Francs Saliens ▪ Relatif à la dynastie qui régna sur la Gaule franque de Clovis à l'élection de Pépin le Bref ; relatif à cette époque. ♦ **n.** Membre de la dynastie de Mérovée ; habitant de la Gaule franque à cette époque. *Les Mérovingiens et les Carolingiens.*

merrain n. m. – XIIe ; lat. *materia* « bois de construction » **1** Bois de chêne débité en planches destinées surtout à la tonnellerie. **2** Tige centrale de la ramure du cerf.

merveille n. f. – XIe ; lat. *mirabilia* « choses étonnantes, admirables » **1** Chose qui cause une intense admiration. *Les Sept Merveilles du monde* (selon les Anciens : pyramides d'Égypte, phare d'Alexandrie, jardins de Babylone, temple de Diane à Éphèse, tombeau de Mausole, statue de Zeus de Phidias, colosse de Rhodes). ➛ Chose, personne excellente, remarquable dans son genre. « *le foyer de cuivre doré est une merveille de sculpture* » (Balz.). « *J'aurai toujours pour vous, ô suave merveille, Une dévotion à nulle autre pareille* » (Mol.) ♦ loc. *Faire merveille :* produire, obtenir des résultats remarquables. ♦ *À MERVEILLE :* parfaitement, remarquablement. ⇒ **admirablement** (cf. À la perfection). *Il se porte à merveille.* **2** Beignet léger de pâte frite découpée. ✪ CONTR. Horreur.

❑ Même famille étym. que *admirer, miracle.*

merveilleusement adv. – XIe ▪ Admirablement, parfaitement. *Il se porte merveilleusement bien,* à merveille.

merveilleux, euse adj. et n. – XIe **I** adj. Qui est admirable au plus haut point, exceptionnel en son genre. ⇒ **extraordinaire, fabuleux, fantastique.** *Un médecin* « *qui fait des cures merveilleuses* » (Mol.) **II** n. **1** n. m. *Le merveilleux :* ce qui est inexplicable de façon naturelle ; le monde du surnaturel. ⇒ **fantastique.** ♦ Élément d'une œuvre littéraire se référant à l'inexplicable, au surnaturel, au fantastique. « *Le* merveilleux *chrétien peut soutenir le parallèle avec le* merveilleux *de la fable* » (Chateaub.). **2** n. f. Femme élégante et excentrique, au XVIIIe et au début du XIXe s. *Les incroyables* et les merveilleuses du Directoire.*

merzlota [mɛʀzlɔta] n. f. – 1940 ; mot russe ▪ Couche du sol et du sous-sol qui ne dégèle jamais. *La merzlota de la toundra sibérienne.* ⇒ **pergélisol, permafrost.**

mes → **mon**

mesa n. f. – 1923 ; mot esp. « table » ▪ Plateau formé par les restes d'une coulée volcanique, quand l'érosion a abaissé les terrains environnants.

mésalliance n. f. – XVIIe ▪ Mariage avec une personne considérée comme inférieure par la naissance ou le milieu auquel elle appartient.

mésallier (se) v. pron. [7] – XVIe ; de *mé-* et *allier* ▪ Faire une mésalliance.

mésange n. f. – XIIe ; germ. °*meisinga* ▪ Petit oiseau *(passériformes),* qui se nourrit d'insectes, de graines et de fruits. ⇒ **nonnette, rémiz.**

mésangette n. f. – XVIIIe ▪ Piège, cage à trébuchet pour prendre les petits oiseaux.

mésaventure n. f. – XIIe ; de *mé-* et *avenir, advenir* ▪ Aventure fâcheuse, événement désagréable. « *la joie que l'on éprouve charitablement aux mésaventures d'un homme, quel qu'il soit* » (Chateaub.).

mescaline n. f. – 1934 ; mexicain *mexcalli* « peyotl » ▪ Alcaloïde extrait du peyotl et qui produit des troubles hallucinatoires.

mesclun [mɛsklœ̃] n. m. – v. 1970 ; mot provenç., de *mescla* « mélanger » ▪ Mélange de feuilles de salades diverses (laitue, trévise, mâche...).

mesdames → **madame**

mesdemoiselles → **mademoiselle**

mésencéphale n. m. – XIXe ; *mes(o)-* et *encéphale* ▪ Partie moyenne de l'encéphale située au-dessus de la protubérance annulaire (pédoncules cérébraux, tubercules quadrijumeaux et pédoncules cérébelleux).

❑ Ne pas confondre avec *métencéphale* « partie de l'encéphale embryonnaire ».

mésenchyme n. m. – XIXe ; *més(o)-* et *-enchyme,* d'apr. *parenchyme* ▪ Tissu conjonctif embryonnaire dérivé du mésoderme.

mésentente n. f. – XIXe ▪ Défaut d'entente ou mauvaise entente. ⇒ **brouille, désaccord, désunion, dissension, mésintelligence.** ✪ CONTR. Entente.

mésentère n. m. – XIVe ; gr. *mesos* « au milieu » et *enteron* « intestin » ▪ Repli du péritoine qui relie les intestins à la paroi abdominale postérieure.

mésestime n. f. – XVIIIe ▪ littér. Défaut d'estime, de considération. ⇒ **déconsidération, dédain, mépris.** « *un dégoût plus grand, une plus haute mésestime des êtres* » (Maupass.).

mésestimer v. tr. [1] – XVIe ▪ littér. Avoir mauvaise opinion de ; ne pas apprécier à sa juste valeur. ⇒ **déprécier, méjuger, sous-estimer.** « *Maltraité et mésestimé dans sa vie,* [Jésus-Christ] *commence à régner après qu'il est mort* » (Boss.). ✪ CONTR. Surestimer.

❑ *Mésestimer* implique qu'on juge au-dessous de sa valeur, alors que *mal estimer* est neutre *(la maison vaut plus, elle a été mal estimée).* ♦ Certains puristes préconisent de n'employer *mésestimer* qu'en parlant de personnes, et de préférer *sous-estimer* pour les choses concrètes ou abstraites.

mésintelligence n. f. – XVe ▪ littér. Défaut d'accord, d'entente, d'harmonie entre les personnes. ⇒ **désaccord, discorde, dissension, dissentiment, mésentente.** « *la mésintelligence entre le frère et la sœur croissait tous les jours* » (Mérimée). ✪ CONTR. Intelligence.

mesmérisme n. m. – XVIIIe ▪ Doctrine de Mesmer sur le magnétisme animal.

més(o)- Élément, du gr. *mesos* « au milieu, médian ».

mésoblaste n. m. – XIXe ; *méso-* et *-blaste* **1** Mésoderme. **2** Rameau de certains conifères.

mésocarpe n. m. – XIXe ; *méso-* et *-carpe* ▪ Couche moyenne du péricarpe d'un fruit qui, dans les drupes, forme la partie charnue.

mésoderme n. m. – XIXe ; *méso-* et *-derme* ▪ Feuillet moyen de l'embryon, formé à la fin du stade de la gastrula. ⇒ **mésoblaste.**

mésolithique n. m. et adj. – 1909 ; *méso-* et *-lithe* ▪ Période de la préhistoire (12 000-6 000 av. J.-C.) caractérisée par le début de l'économie productive. ➛ adj. *L'industrie mésolithique.*

mésomorphe adj. – 1931 ; *méso-* et *-morphe* ▪ Qui est intermédiaire entre l'état amorphe et l'état cristallin.

méson n. m. – v. 1935 ; gr. *mesos* « au milieu » ▪ Particule de masse intermédiaire entre celle de l'électron et celle du proton. ✪ HOM. Maison.

mésopotamien, ienne adj. et n. – XIXe ; gr. *mesos* « au milieu » et *potamos* « fleuve » ▪ De Mésopotamie.

❑ Pour la forme → hippopotame (rem.).

mésoscaphe n. m. – 1964 ; *méso-* et *-scaphe* ▪ Engin permettant l'exploration des mers à profondeur moyenne.

❑ De la même famille : *bathyscaphe* et *scaphandre.*

mésosphère n. f. – v. 1960 ▪ Couche de l'atmosphère intermédiaire entre la stratosphère et l'ionosphère.

mésothérapie n. f. – v. 1960 ; de *méso(derme)* et *thérapie* ■ Traitement local par introduction dans le derme de substances médicamenteuses au moyen de courtes aiguilles.

mésothorax [mezotɔʀaks] n. m. – XIXe ■ Segment moyen du thorax des insectes.

mésozoïque n. m. et adj. – XIXe ; *méso-* et *-zoïque* ■ Ère géologique comprenant le trias, le jurassique, le crétacé. ⇒ **secondaire.**

mesquin, ine adj. – XVIIe ; ar. « pauvre » **1** vieilli Qui est petit et médiocre, sans importance ni valeur. « *un logement mesquin* » (Aragon). **2** Qui manque de générosité. *Un esprit mesquin.* ⇒ ① **bas, étriqué, étroit, petit.** ♦ Qui est le fait d'une personne mesquine. *De petites histoires mesquines.* ⇒ **sordide. 3** Qui témoigne d'avarice, de parcimonie. *Cela fait mesquin.* ✪ CONTR. Généreux, large, noble.

mesquinement adv. – XVIIe ■ D'une façon mesquine. *Vivre mesquinement.* ⇒ **chichement, petitement.** ✪ CONTR. Généreusement.

mesquinerie n. f. – XVIIe **1** Caractère d'une personne mesquine. ⇒ **bassesse ; avarice.** *Manifester sa mesquinerie par de petites rancunes.* **2** Attitude, action mesquine. ⇒ **petitesse.** *Il est incapable d'une telle mesquinerie.* ✪ CONTR. Générosité.

mess [mɛs] n. m. – XIXe ; mot angl. ■ Lieu où se réunissent les officiers ou les sous-officiers d'une même unité, pour prendre leur repas en commun. ♦ Ensemble de ceux qui mangent au mess. « *sa peur du jugement qui sera porté sur lui par le mess* » (Tournier). ✪ HOM. Messe.

> ❑ L'anglais *mess* a été emprunté à l'ancien français *mes,* ancienne forme de *mets* → mets (rem.).

message n. m. – XIe ; lat. *missus* « envoyé » **1** Charge de dire, de transmettre qqch. ⇒ **commission.** *S'acquitter d'un message.* **2** L'information transmise. ⇒ **annonce, avis, communication.** *Message écrit.* ⇒ **dépêche, fax, lettre, missive,** ① **pli.** *Message qui s'affiche sur l'écran d'un ordinateur. Laisser un message sur un répondeur.* ➤ *Message publicitaire :* information transmise au public dans l'intention de diffuser et faire vendre un produit (recomm. offic. pour *spot*). **3** Communication du souverain, du chef de l'État. *Message télévisé du président de la République.* ⇒ **allocution, déclaration. 4** Contenu de ce qui est révélé, transmis à l'humanité. *L'Évangile, message de Jésus.* ➤ Leçon, exemple. « *chercher quel message* [les chefs-d'œuvre] *nous apportent encore à travers les siècles* » (Duham.) *Film à message,* à thèse. **5** Élément matériel par lequel un ensemble d'informations, organisées selon un code*, circule d'un émetteur à un récepteur. *Message génétique.*

messager, ère n. – XIe **1** Personne chargée de transmettre une nouvelle, un objet. ⇒ ② **coursier, envoyé, porteur.** « *je dis au messager qu'il la remporte* [la lettre] *au lieu d'où il vient* » (Vaugelas). **2** littér. Ce qui annonce qqch. ⇒ **avant-coureur, précurseur.** *L'hirondelle, messagère du printemps.* **3** *A.R.N. messager* (abrév. mARN) : produit de la transcription des gènes par l'A.R.N. polymérase, qui est traduit en protéine au niveau des ribosomes.

messagerie n. f. – XIIIe **1** Service de transport de lettres (⇒ ② **poste**), de colis et de voyageurs. ♦ *Messageries maritimes, aériennes ; compagnie de messageries.* **2** Transport de marchandises, à grande vitesse. *Train de messageries.* **3** *Messageries de presse :* entreprises chargées de distribuer les journaux dans les points de vente. ⇒ **routage. 4** Réseau (téléphone, minitel) permettant de transmettre un message. ➤ *Messagerie électronique :* technique du courrier* électronique. *Messagerie télématique.* ⇒ **alphapage, fax.**

messe n. f. – Xe ; lat. *missa,* de *mittere* « envoyer » **1** Dans la religion catholique, Sacrifice du corps et du sang de Jésus-Christ sous les espèces du pain et du vin. *Le prêtre célèbre la messe. Vin de messe.* ➤ *Livre de messe.* ⇒ **missel.** ➤ *Aller à la messe. Faire dire une messe pour qqn.* **2** *Messe noire :* parodie sacrilège du saint sacrifice. **3** Composition musicale sur les paroles des chants liturgiques de la messe. ✪ HOM. Mess.

messeoir v. intr. [26] ; inus., sauf *il messied, messéant* – XIIIe ; de *mé-* et ② *seoir* ■ littér. Ne pas convenir. « *un peu de charlatanerie est toujours permis au génie, et même ne lui messied pas* » (Baud.)

> ❑ Balzac a employé ce verbe à l'imparfait : « *ce tableau plein d'harmonie auquel les nuages de fumée ne messeyaient point* ».

messianique adj. – XIXe ■ Relatif à la venue d'un messie, au messianisme. *Espoirs messianiques.*

messianisme n. m. – XIXe ■ Croyance selon laquelle un messie personnel viendra affranchir les hommes du péché et établir le royaume de Dieu sur la Terre.

messidor n. m. – XVIIIe ; lat. *messis* « moisson » et gr. *dôron* « présent » ■ Dixième mois du calendrier révolutionnaire (du 19 ou 20 juin au 19 ou 20 juillet).

messie n. m. – XVe ; araméen *meschikhâ* « oint (du Seigneur) » ■ Libérateur envoyé par Dieu. ➤ *Le Messie :* Jésus-Christ. ➤ loc. *Attendre qqn comme le messie,* avec grand espoir.

> ❑ Aucun rapport étymologique avec *messe.*

messieurs → **monsieur**

messire n. m. – XIe ; de *mes* « mon » et *sire* ■ Ancienne dénomination honorifique réservée aux personnes de qualité.

mestre ou **meistre** n. m. – XVIe ; it. *maestro* **1** MESTRE DE CAMP : officier qui commandait un régiment d'infanterie, de cavalerie. **2** Grand mât des galères.

mesurable adj. – XIIe ■ Qui peut être mesuré. « *La quantité extensive est seule mesurable* » (Bergson).

mesurage n. m. – XIIIe ■ Action de mesurer. ⇒ **mesure.** *Le mesurage d'un champ.*

mesure n. f. – XIe ; lat. *mensus* « mesure » **I – 1** Action de déterminer la valeur de certaines grandeurs par comparaison avec une grandeur constante de même espèce, prise comme terme de référence. ⇒ **détermination, évaluation, mensuration, mesurage.** *Précision d'une mesure.* ➤ *Mesure d'une grandeur. Mesure de l'étendue, de l'espace.* ⇒ **dimension ; largeur, longueur.** *Mesure des masses, des pressions, des températures. Mesures des forces, du travail ; mesures électriques. Mesure du temps. Mesure des longueurs, des surfaces, des volumes.* ⇒ **métrologie. 2** Grandeur déterminée par la mesure. *Prendre les mesures d'une pièce,* en déterminer les dimensions. ♦ Dimensions caractéristiques du corps. ⇒ **mensuration.** *Vêtement aux mesures de qqn.* loc. SUR MESURE, se dit d'un vêtement exécuté pour une personne en particulier ; fig. spécialement adapté à une personne ou à un but. *Rôle sur mesure,* spécialement bien adapté à la personnalité d'un comédien. **3** Valeur, capacité appréciée ou estimée. *Donner la mesure de son talent :* montrer ce dont on est capable. **4** Proportion, rapport. À LA MESURE DE : qui correspond, est proportionné à. ⇒ **échelle.** *Un adversaire à sa mesure.* ➤ DANS LA MESURE DE..., OÙ... : dans la proportion de, où ; pour autant que. *Dans la mesure du possible.* « *On est accessible à la flatterie dans la mesure où soi-même* *on se flatte* » (Valéry). *Dans une certaine mesure :* jusqu'à un certain point. ♦ loc. conj. *À MESURE QUE... :* à proportion que, en même temps que. « *à mesure qu'il parlait, il se sentait le cœur plus libre* » (Daud.). **II - 1** Quantité représentable par un étalon* concret, prise pour terme de comparaison dans l'évaluation des grandeurs de même espèce. *Poids et mesures. Mesures de longueur, de superficie, de capacité.* ♦ loc. *Avoir deux poids, deux mesures :* juger différemment selon les objets, partialement. **2** Récipient de capacité connue, servant à l'évaluation des volumes. *Mesure à grains.* ♦ Quantité que contient ce récipient. *Donner deux mesures d'avoine à un cheval.* ⇒ **dose, ration.** ➛ loc. *Faire bonne mesure :* se montrer généreux. **3** *COMMUNE MESURE :* quantité prise pour unité. *Il n'y a pas de commune mesure entre la diagonale et l'un des côtés du carré.* ⇒ **incommensurable.** ➛ *Ces événements sont sans commune mesure,* incomparables. ⇒ **rapport. 4** fig. Grandeur prise comme terme de comparaison. « *Notre représentation de la matière est la mesure de notre action possible sur les corps* » (Bergson). **III - 1** Quantité, dimension considérée comme normale, souhaitable. *La juste, la bonne mesure.* ♦ ⇒ **borne, limite.** *Dépasser la mesure :* exagérer. ➛ loc. *Outre mesure.* ⇒ **exagérément, excessivement.** *Au-delà de toute mesure.* **2** Modération dans le comportement. ⇒ **circonspection, précaution, retenue.** *Il manque de mesure dans ses jugements.* ⇒ **pondération. 3** Manière d'agir proportionnée à un but à atteindre ; acte officiel visant à un effet. ⇒ **disposition,** ② **moyen.** *Mesures efficaces. Mesures d'urgence.* ➛ *Mesure conservatoire :* acte juridique ayant pour but de protéger ou de conserver un bien ou un droit. ➛ *Par mesure d'hygiène, d'économie.* **4** Division de la durée musicale en plusieurs parties égales, formant une base sensible pour le rythme. ⇒ **cadence, mouvement, rythme, tempo.** *Battre la mesure.* ➛ loc. adv. *EN MESURE :* en suivant la mesure ; en cadence, à intervalles répétés. ♦ Chacune des divisions formant la mesure. *Mesure binaire, à deux, quatre temps.* ♦ Structure métrique du vers (⇒ **mètre**) ; groupe rythmique constituant un tout et séparé d'un autre groupe par la coupe. **5** Distance convenable pour porter ou pour parer un coup à l'épée ou au fleuret. ♦ *ÊTRE EN MESURE DE :* avoir la possibilité de ; être en état, à même de. *Ils sont en mesure de répondre.* ✪ CONTR. Démesure, excès.

❑ De la même famille étymologique : *dimension, immense, incommensurable, mensuration.*

mesuré, ée adj. – XVIe **1** Déterminé, réglé par la mesure. *Pas mesurés.* ⇒ **régulier.** ➛ « *Un ton de voix grave et mesuré* » (Gaut.). ⇒ **compassé, lent. 2** Qui agit avec mesure. ⇒ **circonspect, modéré.** « *Il décida de rester raisonnable, mesuré* » (Radiguet). ✪ CONTR. Démesuré.

mesurer v. [1] – XIe ; lat. **I** v. tr. **1** Évaluer (une longueur, une surface, un volume) par une comparaison avec un étalon de même espèce. ⇒ **apprécier, estimer.** *Mesurer un terrain, une profondeur. Mesurer le volume d'un récipient. Mesurer qqn,* sa taille. ➛ *Hauteur mesurée.* **2** Déterminer la valeur de (une grandeur mesurable), lui attribuer un nombre qui fixe son intensité ou son état. *Mesurer à l'aide d'instruments. Mesurer le temps. Mesurer la force du vent. Mesurer un angle.* **3** Juger par comparaison. ⇒ **estimer, évaluer.** *Mesurer la portée d'un acte. Mesurer un travail aux résultats,* juger d'après les résultats. **II** v. intr. **1** Avoir pour mesure. ⇒ ① **faire ; contenir, jauger.** *Cette planche mesure deux mètres sur deux.* **2** Avoir telle taille. *Il mesure un mètre quatre-vingts.* **III** v. tr. **1** Donner, régler avec mesure. *Le temps nous a été mesuré.* ⇒ **compter. 2** Faire, employer avec modération. *Mesurer ses pas.* ⇒ ① **ménager.** *Mesurez vos expressions !* ⇒ **modérer.** ➛ loc. *Ne pas mesurer sa peine :* se donner beaucoup de mal. **IV** *SE MESURER* v. pron. **1** Être mesurable. *La longueur se mesure en mètres.* ♦ Être apprécié, estimé. « *une âme se mesure à la dimension de son désir* » (Flaub.) **2** *Se mesurer avec, à qqn,* se comparer à lui par une épreuve, et spécialt par une épreuve de force, un combat. ⇒ se **battre, lutter.** « *chaque semaine il rencontrait Pic et se mesurait avec lui aux dominos* » (Queneau). **3** *Se mesurer (des yeux) :* se considérer réciproquement, se toiser.

❑ Accord du participe passé : transitif, avec accord : *les pièces que j'ai mesurées ;* intransitif (II), sans accord : *les dix hectares que ce parc a mesuré autrefois* (question : *combien ce parc a-t-il mesuré ?*).

mesureur n. m. – XIIe **1** Personne chargée de mesurer. **2** Appareil de mesure. *Mesureur de pression.* ➛ *Verre mesureur,* servant à mesurer les substances alimentaires.

mésuser v. tr. ind. [1] – XIIIe ▪ littér. Faire un mauvais usage, abuser de. *Mésuser de sa fortune.*

❑ Ne pas confondre ce verbe très rare avec *méjuger* « estimer trop peu ; juger mal ».

méta n. m. – 1925 ; marque déposée ▪ Tablette de métaldéhyde, qui brûle sans laisser de résidu.

mét(a)- Élément, du gr. *meta,* exprimant la succession, le changement, la participation, et « ce qui dépasse, englobe ».

❑ Ne pas confondre avec le *métha-* des dérivés de *méthane, méthyle.*

métabole adj. et n. m. – XIXe ; gr. *metabolê* « changement » ▪ Se dit d'un insecte qui subit des métamorphoses.

métabolique adj. – XIXe ▪ Du métabolisme.

métaboliser v. tr. [1] – d. i. ▪ Transformer (une substance) dans un organisme vivant au cours du métabolisme.

métabolisme n. m. – XIXe ; gr. *metabolê* « changement » ▪ Ensemble des transformations chimiques et physicochimiques qui s'accomplissent dans tous les tissus de l'organisme vivant. *Phénomènes d'assimilation* (⇒ **anabolisme**)*, de dégradation* (⇒ **catabolisme**) *du métabolisme. Le métabolisme des glucides.* ➛ *Métabolisme basal* ou *de base :* quantité de chaleur que produit, par heure et par mètre carré de la surface du corps, un sujet à jeun et au repos.

❑ De la même famille et appartenant au même contexte : *anabolisme, catabolisme.*

métabolite n. m. – 1904 ▪ Toute substance organique qui participe aux processus du métabolisme, ou qui est formée dans l'organisme au cours des transformations métaboliques.

métacarpe n. m. – XVIe ; gr. ▪ Ensemble des cinq os qui constituent le squelette de la main, entre le carpe et les phalanges. « *en se faisant craquer* [...] *les jointures du métacarpe* » (Morand).

métacarpien, ienne adj. – XVIIIe ▪ Qui appartient ou a rapport au métacarpe. ➛ n. m. *Les métacarpiens :* les cinq os du métacarpe.

métacentre n. m. – XVIIIe ▪ Point d'application de la résultante des forces qui s'exercent sur un corps solide flottant.

métairie n. f. – XIIe **1** Domaine agricole exploité selon le système du métayage. ⇒ **borderie.** « *Les fiefs, les* *métairies* [...] *qui relevaient du château* » (Gaut.). **2** Les bâtiments de la métairie.

métal, aux n. m. – XIIe ; lat. **1** Corps simple, doué d'un éclat particulier, bon conducteur de la chaleur et de l'électricité et formant, par combinaison avec l'oxygène, des oxydes basiques. *Conductibilité, ductilité, dureté, fusibilité, malléabilité des métaux. Métaux précieux.* ⇒ **argent,** ① **or,** ② **platine.** *Métaux lourds,* de masse atomique élevée. *Métaux radioactifs. Alliage de métaux. Les métaux à l'état naturel.* ⇒ **minerai.** ♦ Se dit de couleurs du blason : or et argent. **2** Substance métallique (métal ou alliage). *Chandelier en métal. Le sol « luisait comme du métal fourbi »* (Gaut.). *Métal anglais :* alliage de zinc et d'antimoine. *Métal blanc :* alliage de divers métaux ressemblant à de l'argent. *Le métal jaune :* l'or. *Le métal bleu :* le cobalt. ➛ *Industrie des métaux.* ⇒ **métallurgie.** *Lame, plaque, feuille de métal.* **3** LE MÉTAL : étalon monétaire. ⇒ **monnaie ; monnayer ; bimétallisme, monométallisme.** **4** *L'âge des métaux,* le plus récent de la préhistoire. **5** littér. Substance dont est fait (une personne, son caractère). *Ils « reconnurent après un an que ce camarade était de métal pur »* (Maurois).

métalangage n. m. – 1957 **1** Langage formalisé supérieur qui décide de la vérité des propositions du langage-objet. **2** Langage qui sert à décrire la langue naturelle (⇒ **métalinguistique**).

> ❑ Le *métalangage* c'est le discours qu'on tient sur le langage et qui possède des règles particulières (ex. « *Journaux* est un pluriel », où le verbe *être* est au singulier).

métaldéhyde n. m. ou f. – XIXe ▪ Composé solide de l'aldéhyde, corps blanc inflammable. ⇒ **méta.**

métalinguistique [metalɛ̃gɥistik] adj. – 1963 ▪ Qui relève du métalangage, appartient au métalangage. *Les dictionnaires sont des ouvrages métalinguistiques.*

métallifère adj. – XIXe ▪ Qui contient un métal. *Gisement métallifère.*

métallique adj. – XVe **1** Qui est fait de métal, constitué par du métal. *Charpente métallique.* ♦ *Monnaie métallique.* ⇒ **pièce.** **2** Qui appartient au métal, a l'apparence du métal. *Éclat métallique. Bleu métallique.* **3** Qui semble venir d'un corps fait de métal. *Une voix métallique,* dure comme un bruit métallique.

métallisation n. f. – XVIIIe ▪ Opération par laquelle on métallise une surface. ⇒ **galvanisation.**

métalliser v. tr. [1] – XVIe **1** Donner un éclat métallique à. ➛ *Peinture métallisée. Voiture gris métallisé.* **2** Couvrir d'une légère couche de métal ou d'alliage. ⇒ **étamer, galvaniser.** *Métalliser un miroir.*

métallochromie [metalɔkʀɔmi] n. f. – XIXe ▪ Technique de coloration des surfaces métalliques.

métallographie n. f. – XVIe ▪ Étude de la structure et des propriétés des métaux.

métalloïde n. m. – XIXe ▪ Corps simple qui a des propriétés métalliques, mais aussi des propriétés opposées. *Les métalloïdes sont aussi appelés* non-métaux.

métallophone n. m. – 1935 ▪ Instrument de musique composé d'un jeu de lames ou de plaques de métal mises en vibration par percussion. ⇒ **vibraphone.**

> ❑ Le *xylophone* est analogue au *métallophone,* mais ses lames sont en bois.

métalloplastique adj. – mil. XXe ▪ Qui a certaines caractéristiques d'un métal et d'une matière plastique. *Joint métalloplastique.*

métalloprotéine n. f. – 1968 ▪ Hétéroprotéine combinée à un métal. *L'hémoglobine, la chlorophylle, sont des métalloprotéines.*

métallurgie n. f. – XVIIe ; gr. *metallourgein* « exploiter une mine » **1** Ensemble des industries et des techniques qui assurent la fabrication des métaux. *Métallurgie du fer* (⇒ **sidérurgie**), *des métaux non ferreux. Métallurgie lourde,* qui traite le minerai. *Métallurgie fine* (alliages, aciers spéciaux). **2** Travail des métaux. *Métallurgie de transformation.* **3** Ensemble des entreprises et des installations où l'on travaille les minerais métalliques, les métaux. *Crise de la métallurgie.*

métallurgique adj. – XVIIIe ▪ Relatif à la métallurgie. *Industries métallurgiques.*

métallurgiste adj. et n. m. – XVIIIe ▪ Qui s'occupe de métallurgie. *Ouvrier métallurgiste.* ♦ *Les grands métallurgistes de l'Est.* ⇒ ① **fondeur.** ➛ Ouvrier qui travaille dans la métallurgie. abrév. fam. MÉTALLO. « *un bourgeois, un paysan, deux métallos* » (Beauv.).

métalogique adj. et n. f. – 1910 ▪ Qui sert de base à la logique. ➛ Étude formalisée des logiques symboliques.

métamathématique n. f. – v. 1930 ▪ Étude formalisée des structures des mathématiques.

métamère adj. et n. m. – XIXe ; *méta-* et *-mère* **1** Se dit d'un composé organique ayant la même fonction que l'un de ses isomères. **2** Chacun des segments articulés ou anneaux successifs d'un arthropode, d'un ver. ♦ Segment résultant de la division primitive du mésoderme de l'embryon.

métamérie n. f. – XIXe **1** Type d'isomérie, caractère des corps métamères. **2** Disposition sous forme de métamères des éléments anatomiques de l'embryon. ♦ Caractéristique des espèces dont le corps est partagé en métamères (2°).

métamorphique adj. – XIXe ▪ *Roche métamorphique,* qui a été modifiée dans sa structure par l'action de la chaleur et de la pression.

métamorphiser v. tr. [1] – XIXe ▪ Transformer par métamorphisme. ➛ *Roches métamorphisées.*

métamorphisme n. m. – XIXe ; *méta-* et gr. *morphê* « forme » ▪ Ensemble des phénomènes qui donnent lieu à l'altération des roches sédimentaires, à leur transformation en roches cristallophylliennes.

métamorphosable adj. – XIXe ▪ Qui peut être métamorphosé. ⇒ **transformable.**

métamorphose n. f. – XIVe ; gr. **1** Changement de forme, de nature ou de structure. *Métamorphoses de Vishnou.* ⇒ **avatar.** **2** Changement total de forme et de structure que subissent certaines espèces animales au cours de leur développement. *Métamorphose d'un têtard en grenouille.* **3** Changement complet d'une personne ou d'une chose, dans son état, ses caractères. ⇒ **transformation.** « *photographie après photographie, elles pouvaient voir l'ancien gamin achever sa métamorphose* » (Cl. Simon).

> ❑ Du grec *morphê* « forme », comme *amorphe, morphème,* mots de la même famille. ♦ Ce mot est apparu pour la première fois dans le titre français des poèmes d'Ovide, *Les Métamorphoses.*

métamorphoser v. tr. [1] – XVIe **1** Faire passer (un être) de sa forme primitive à une autre forme. ⇒ **changer, transformer.** *Des charmes « Qui métamorphosaient en bêtes les humains »* (La Font.). ♦ pronom. *Jupiter se métamorphosa en taureau pour enlever Europe.* ➛ *Larves de coléoptères qui se métamorphosent.* **2** Modifier profondément l'aspect, la nature de. ⇒ **transfigurer.** « *elle métamorphosait la vie autour d'elle* » (Barbey). ➛ *Elle est revenue métamorphosée de ses vacances.*

métaphase n. f. – XIXe ▪ Deuxième phase de la mitose.

métaphore n. f. – XIIIe ; gr. « transposition » ▪ Procédé de langage qui consiste à employer un terme concret dans un contexte abstrait par substitution analogique, sans qu'il y ait d'élément introduisant formellement une comparaison. ⇒ **image.** « *Une source de chagrin* », « *un monument de bêtise* » *sont des métaphores.*

❑ Distinguer *métaphore* et *métonymie* : la métaphore utilise un terme concret dans un contexte abstrait (ex. *donner dans le panneau*), la métonymie procède par ellipse (*finir son assiette* « finir le contenu de son assiette »). Voir aussi synecdoque.

métaphorique adj. – XIVe 1 Qui tient de la métaphore. *Sens métaphorique.* 2 Qui abonde en métaphores. ⇒ **imagé.** *Style métaphorique.* ⇒ **allégorique.**

métaphoriquement adv. – XVe ▪ D'une manière métaphorique ; par métaphore.

métaphosphorique adj. – XIXe ▪ *Acide métaphosphorique,* l'un des acides dérivés du phosphore.

métaphyse n. f. – 1963 ; *méta-* et *-physe* ▪ Segment d'un os long compris entre l'épiphyse et la diaphyse.

métaphysicien, ienne n. – XIVe ▪ Personne qui s'occupe de problèmes métaphysiques. ⇒ **philosophe.** *Platon, Descartes, Kant, illustres métaphysiciens.*

métaphysique n. f. et adj. – XIIIe ; gr. *meta (ta) phusika* « ce qui suit les questions de physique » **I** - **1** Recherche rationnelle ayant pour objet la connaissance de l'être absolu, des causes de l'univers et des principes premiers de la connaissance. ⇒ **ontologie, philosophie.** **2** Abus de la réflexion abstraite qui rend obscure la pensée. *Tout cela n'est que de la métaphysique,* ne contient rien de positif. **II** - **1** Qui relève de la métaphysique. « *Méditations métaphysiques* », *de Descartes. Je ne connais* « *presque pas "l'angoisse métaphysique"* » (Valéry). **2** Qui est d'ordre rationnel, et non sensible. ⇒ **transcendant.** **3** Qui présente l'incertitude, l'obscurité attribuées à la métaphysique. *Divagations métaphysiques.* ⇒ **abstrait.**

métaplasie n. f. – XIXe ; *méta-* et *-plasie* ▪ Transformation d'un tissu différencié en un autre de caractère différent, qui aboutit à la constitution d'un tissu normal en soi mais anormal par sa localisation.

métapsychique adj. – 1905 ▪ Qui concerne les phénomènes psychiques inexpliqués.

métapsychologie [metapsikɔlɔʒi] n. f. – 1916 **1** Interprétation théorique et généralisée des processus psychiques dans leurs relations dynamiques, topiques, économiques. **2** Toute psychologie dont l'objet est au-delà du donné de l'expérience.

métastable adj. – 1903 ▪ Se dit d'un équilibre, d'un composé, d'un mélange, dont la vitesse de transformation ou de réaction est très faible et donne l'apparence de la stabilité.

métastase n. f. – XVIe ; gr. « changement de place » ▪ Amas de cellules cancéreuses consécutif à la dissémination à distance (par voie sanguine ou lymphatique) à partir du foyer primitif. ➛ Foyer infectieux ou parasitaire secondaire, formé en un point éloigné du foyer initial, par migration de l'agent responsable.

métatarse n. m. – XVIe ▪ Ensemble des cinq os qui constituent le squelette du pied, entre le tarse et les premières phalanges.

métathèse n. f. – XVIe ; gr. « transposition » ▪ Altération d'un mot ou d'un groupe de mots par déplacement, interversion d'un phonème, d'une syllabe.

métathorax [metatɔʀaks] n. m. – XIXe ▪ Troisième anneau du thorax d'un insecte.

métayage n. m. – XIXe ▪ Mode d'exploitation agricole, louage d'un domaine rural (⇒ **métairie**) à un preneur (⇒ **métayer**) qui s'engage à le cultiver sous condition d'en partager les fruits et récoltes avec le propriétaire.

métayer, ère n. – XIIe ; de *meitié,* forme anc. de *moitié* ▪ Personne qui prend à bail et fait valoir un domaine sous le régime du métayage.

métazoaire n. m. – XIXe ; *méta-* et *-zoaire* ▪ Organisme animal constitué de cellules nombreuses et différenciées (opposé à *protozoaire*).

méteil n. m. – XIIe ; lat. *mixtus* « mélangé » ▪ Seigle et froment mêlés qu'on sème et qu'on récolte ensemble.

métempsycose ou **métempsychose** [metɑ̃psikoz] n. f. – XVIe ; *méta-* et gr. *psukhê* « âme », « déplacement de l'âme » ▪ Doctrine selon laquelle une même âme peut animer successivement plusieurs corps humains ou animaux, et même des végétaux. ⇒ **réincarnation, transmigration.** « *À cette époque, paraît-il, tous les êtres vivants étaient soumis aux lois de la métempsychose* » (J. Verne).

❑ Selon l'Académie (1935), ce mot ne prend pas de *h.* On ne voit pas la raison, puisqu'il contient le radical *-psych-* et qu'il possédait ce *h* en bas latin et en grec.

métencéphale n. m. – 1924 ▪ Partie de l'encéphale embryonnaire dérivée de la vésicule cérébrale postérieure.

❑ Ne pas confondre avec *mésencéphale,* terme d'anatomie désignant la partie moyenne de l'encéphale.

météo → **météorologie ; météorologique**

météore n. m. – XIIIe ; gr. « élevé dans les airs » **1** vx Tout phénomène qui se produit dans l'atmosphère. « *Les Météores* », *de Michel Tournier. Le vent, la pluie, les arcs-en-ciel sont des météores.* **2** Phénomène lumineux qui accompagne l'entrée dans l'atmosphère terrestre d'un corps solide venant de l'espace. ⇒ **étoile** (filante). ➛ loc. *Passer comme un météore,* très vite. ♦ fig. Ce qui brille d'un éclat vif et passager.

météorique adj. – XVIe ▪ Des météores. ➛ *Cratère météorique,* formé par la chute de météorites.

① **météorisation** n. f. – XIXe ; gr. *meteôra* « phénomène céleste » ▪ Ameublissement des roches résistantes par fragmentation ou par altération due aux agents climatiques.

② **météorisation** n. f. – XIXe ▪ Apparition d'un météorisme.

météoriser v. tr. [1] – XVIe ; gr. *meteôrizein* « gonfler » ▪ Gonfler l'abdomen par l'accumulation d'un gaz contenu dans l'appareil digestif. *La luzerne humide météorise les vaches.*

météorisme n. m. – XVIe ; gr. ▪ Gonflement de l'abdomen par des gaz. ⇒ **ballonnement, enflure, flatulence.**

météorite n. m. ou f. – XIXe ; de *météore* ▪ Fragment de corps céleste qui tombe sur la Terre ou sur un astre quelconque. ⇒ **aérolithe, astéroïde, bolide.** « *une pierre couleur de fer, lisse et lourde. C'est une météorite* » (Le Clézio).

❑ Les scientifiques emploient plutôt le masculin, *un météorite,* et l'usage courant le féminin, la plupart des mots en *-ite* étant de ce genre.

météorologie n. f. – XVIe ; gr. *meteôros* « élevé dans les airs » et *-logie* **1** Étude scientifique des phénomènes atmosphériques. *Prévision du temps par la météorologie.* **2** Service qui s'occupe de météorologie. *La Météorologie nationale.* ➛ abrév. MÉTÉO. *Bulletin de la météo.*

météorologique adj. – XVIe ▪ Qui concerne la météorologie. *Carte météorologique. Station météorologique.* ➤ abrév. inv. MÉTÉO. *Les prévisions météo.*

météorologiste n. – XVIIIe ▪ Spécialiste de la météorologie.

❑ On a dit aussi *météorologue* : « *le capitaine sera un météorologue* » (Hugo). → -logie (rem.).

métèque n. m. – XVIIIe ; gr. *metoikos* « qui change de maison » **1** Dans l'ancienne Grèce, Étranger qui n'avait pas droit de cité. **2** (injure raciste). Étranger vivant en France, dont l'allure, le comportement sont jugés déplaisants.

méthacrylique adj. – XIXe ; de *méthyle* et *acrylique* ▪ *Acide méthacrylique,* obtenu par l'action de l'acide sulfurique sur un nitrile. ➤ *Résines méthacryliques,* employées comme verre de sécurité (plexiglas).

méthadone n. f. – 1971 ; angl. ♦ Dérivé synthétique de la morphine, utilisé comme produit de substitution à l'héroïne dans certaines cures de désintoxication.

méthane n. m. – XIXe ; de *méth(ylène)* ▪ Hydrocarbure saturé, gaz incolore, inodore et inflammable, se dégageant des végétaux en décomposition et formant un mélange explosif avec l'air. *Méthane des mines de houille.* ⇒ **grisou.**

méthanier n. m. – mil. XXe ▪ Navire transporteur de gaz liquéfié.

méthanogène n. m. et adj. – XXe ▪ Archéobactérie productrice de méthane.

méthémoglobine n. f. – 1902 ; de *mét(a)-* et *hémoglobine* ▪ Hémoglobine oxydée dans laquelle le fer a perdu son pouvoir de fixer l'oxygène.

méthionine n. f. – 1949 ; angl. ▪ Acide aminé essentiel soufré.

méthode n. f. – XVIe ; gr. *meta-* « vers » et *hodos* « voie » **1** Marche que suit l'esprit pour découvrir et démontrer la vérité. ⇒ ① **logique.** « *Discours de la méthode pour bien conduire la raison et chercher la vérité dans les sciences* », de Descartes. *Méthode expérimentale.* **2** Ordre réglant une activité, arrangement qui en résulte. *Agir avec méthode,* méthodiquement. *Travailler sans méthode.* « *Je lus la Bible avidement* [...] *mais avec méthode* » (Gide). **3** Ensemble de moyens raisonnés suivis pour arriver à un but. ⇒ **procédé, voie.** *Indiquer à qqn la méthode pour résoudre une difficulté.* ➤ fam. Moyen. *En voilà des méthodes !* ♦ Manière de se conduire, d'agir. *Changer de méthode.* **4** Procédé technique, scientifique. *Méthodes thérapeutiques. Les nouvelles méthodes de vente.* **5** Ensemble des règles, des principes normatifs sur lesquels reposent l'enseignement, la pratique d'un art, d'une technique. *Les méthodes de l'architecture.* ➤ « *elle avait fait deux mois de méthode Assimil* » (Duras). ♦ Manuel exposant ces règles, ces principes. *Méthode de comptabilité.* ✪ CONTR. Désordre, empirisme.

méthodique adj. – XVe **1** Qui est fait, calculé, ordonné avec méthode, résulte de l'application d'une méthode. *Classement méthodique.* « *il procédait à une investigation minutieuse, méthodique* » (Mart. du G.). **2** Qui agit, qui raisonne avec méthode. *Esprit méthodique.* ⇒ **cartésien, réfléchi.** ✪ CONTR. Empirique ; ① brouillon, désordonné.

méthodiquement adv. – XVIe ▪ Avec méthode.

méthodisme n. m. – XVIIIe ; angl. ▪ Mouvement religieux protestant créé en Angleterre par John Wesley en 1729.

méthodiste adj. et n. – XVIIIe ▪ Relatif au méthodisme, qui professe le méthodisme. *Pasteur méthodiste.*

méthodologie n. f. – XIXe ▪ Étude des méthodes scientifiques, techniques. ⇒ **épistémologie.** *Méthodologie des sciences expérimentales.* ♦ abusif Manière de procéder, méthode.

méthodologique adj. – XIXe ▪ Relatif à la méthodologie.

méthyle n. m. – XIXe ; de *méthylène* ▪ Radical monovalent. *Chlorure de méthyle,* employé comme fluide frigorifique et anesthésique.

méthylène n. m. – XIXe ; gr. *methu* « boisson fermentée » et *hulê* « bois » ▪ Radical bivalent dérivé du méthane. *Bleu de méthylène,* colorant aux propriétés antiseptiques.

méthylique adj. – XIXe ▪ Se dit des composés dérivés du méthyle. *Alcool méthylique.* ⇒ **esprit** (de bois).

méticuleusement adv. – XIXe ▪ D'une manière méticuleuse. ⇒ **minutieusement, soigneusement.**

méticuleux, euse adj. – XVIe ; lat. « craintif » ▪ Très attentif aux moindres détails. ⇒ **minutieux, scrupuleux ; maniaque, pointilleux.** *Il est extrêmement méticuleux dans son travail.* ⇒ ① **précis, soigneux.** ➤ *Propreté méticuleuse.* ✪ CONTR. ① Brouillon, désordonné, négligent.

méticulosité n. f. – XIXe ▪ littér. Caractère d'une personne, d'une action méticuleuse.

métier n. m. – Xe ; lat. *ministerium* « service » **I - 1** Occupation manuelle ou mécanique qui exige un apprentissage. ⇒ **art, industrie.** *Régime des métiers au Moyen Âge.* ⇒ **corporation.** *Les corps de métiers. Conservatoire des arts et métiers.* **2** Genre de travail déterminé, reconnu ou toléré par la société et dont on peut tirer ses moyens d'existence. ⇒ **profession ; fonction ; gagne-pain ;** fam. ② **boulot, job.** *Métier manuel, intellectuel. Petits métiers,* artisanaux. ➤ *Les risques du métier.* ➤ loc. *Le plus vieux métier du monde,* celui de prostituée. ➤ *Apprendre, choisir un métier.* ⇒ ② **carrière.** « *Il vous suffit d'avoir un métier que vous aimiez* » (Giono). *Exercer, pratiquer son métier, un métier* : travailler. « *J'ai fait mille métiers pour gagner ma vie* » (Camus). *Il est plombier de son métier.* ⇒ **état.** *Être du métier* : être spécialiste du travail dont il s'agit. *Un homme de métier* : un professionnel. loc. *C'est le métier qui rentre,* se dit à un novice qui commet une erreur, une maladresse. **3** Fonction qui ressemble à un métier. ⇒ **condition.** *Les intellectuels,* « *dont le métier est de chercher la vérité au milieu de l'erreur* » (R. Rolland). ⇒ **fonction, rôle.** **4** Habileté que confère l'expérience d'un métier. ⇒ **technique ; expérience, habileté, maîtrise,** ① **pratique.** *Avoir du métier.* « *Il ne s'agit ni de génie, ni d'intuition* [...] *Il s'agit de métier, tout simplement* » (Simenon). **II - 1** Machine servant à travailler les textiles. *Métier à tisser.* **2** Bâti qui supporte un ouvrage de dames. **3** loc. *Mettre qqch. sur le métier.* ⇒ **entreprendre.** « *Vingt fois sur le métier remettez votre ouvrage* » (Boil.).

❑ Doublet de *ministère* « charge, fonction ». ♦ Ce mot est d'usage courant. Dans le langage administratif, on emploie le mot *profession* pour *métier,* indistinctement. → profession (rem.).

métis, isse [metis] adj. – XIIe ; lat. *mixtus* « mélange » **1** *Tissu métis, toile métisse,* dont la chaîne est en coton et la trame en lin. ➤ *Draps de métis.* **2** Dont le père et la mère sont de races différentes. ⇒ **sang-mêlé.** *Enfant métis. Population métisse.* ➤ *Un métis, une métisse.* ⇒ aussi **eurasien, mulâtre ;** ② **quarteron.** ♦ Qui est issu du croisement de races, de variétés différentes de la même espèce. ⇒ **hybride.** *Chien métis.* ⇒ **bâtard.** ✪ CONTR. Pur.

métissage n. m. – XIXe **1** Croisement, mélange de races. *Le métissage de la population brésilienne.* ♦ *Le métissage culturel.* ⇒ **acculturation.** **2** Hybridation.

métisser v. tr. [1] – XIXe 1 Unir par métissage. *Les invasions ont métissé les populations.* 2 Croiser (des individus de races différentes). *Métisser des plantes.* ➝ *Chien métissé.*

métonymie n. f. – XVIe ; gr. « changement de nom » ▪ Procédé de langage par lequel on exprime un concept au moyen d'un terme désignant un autre concept qui lui est uni par une relation nécessaire (la cause pour l'effet, le contenant pour le contenu, le signe pour la chose signifiée). Ex. boire un verre (le contenu). ⇒ **hypallage, synecdoque.**

❑ Pour le sens → métaphore (rem.).

métonymique adj. – XIXe ▪ Qui a le caractère de la métonymie, contient des métonymies.

métope n. f. – XVIe ; gr. *meta* « entre » et *opê* « ouverture » ▪ Intervalle séparant deux triglyphes d'une frise dorique, et dans lequel se trouve généralement un panneau sculpté. *Les métopes du Parthénon.*

métrage n. m. – XIXe 1 Action de métrer. 2 Longueur de tissu vendu au mètre. *Il faut un petit métrage pour faire une jupe.* ➝ Coupon. 3 Longueur de la pellicule (d'un film), proportionnelle au temps de projection. ➝ *Long métrage, moyen métrage, court métrage,* film de longueur déterminée.

mètre n. m. – XIIIe ; gr. *metron* « mesure » **I** - 1 Élément de mesure des vers grecs et latins. 2 Structure du vers (⇒ **mesure**) ; type de vers déterminé par le nombre de syllabes et la coupe. **II** - 1 Unité principale de longueur, base du système métrique (symb. m), égale à la longueur du trajet parcouru dans le vide par la lumière en 1/299 792 458 de seconde. *Un homme d'un mètre quatre-vingts* (1 m 80). *Un mètre de profondeur. Tissu vendu au mètre.* ➝ *Mètre carré* (m^2), unité de superficie. *Mètre cube* (m^3), unité de volume (⇒ **stère**). ➝ *Mètre par seconde* (m/s), unité de vitesse. *Mètre par seconde carrée* (m/s^2), unité d'accélération. ♦ *Un cent mètres* : une course de cent mètres. *Elle était « championne du trois cents mètres »* (Montherl.). 2 Étalon du mètre. *Le mètre international en platine iridié, déposé au pavillon de Breteuil.* ➝ Règle ou ruban gradué de la longueur du mètre (ou un peu plus long). *Mètre pliant. Mètre à ruban,* fait d'un ruban métallique qui s'enroule dans une gaine. *Mètre de couturière.* ⇒ **centimètre.** ✪ HOM. Maître, mettre.

-mètre Élément, du gr. *metron* « mesure ».

métré n. m. – XIXe ▪ Mesure d'un terrain, d'un ouvrage de construction ; devis détaillé des travaux dans le bâtiment.

métrer v. tr. [6] – XIXe ▪ Mesurer à l'aide d'un mètre. *Métrer un terrain.*

métreur, euse n. – XIXe ▪ Personne qui mètre.

métricien, ienne n. – XIXe ▪ Personne qui fait des recherches, des études de métrique (I).

-métrie Élément signifiant « mesure, évaluation ». ⇒ **-mètre.**

métrique adj. et n. f. – XVe **I** Relatif à l'emploi du mètre (I). *Vers métrique,* fondé sur la quantité prosodique des syllabes. ♦ *LA MÉTRIQUE* : étude de la versification. ⇒ **prosodie.** ♦ Système de versification ; ensemble des règles qui y sont relatives. **II** - 1 Qui a rapport au mètre, unité de mesure. *Système métrique* : système décimal qui a le mètre pour base. ♦ *Onde métrique,* dont la longueur est comprise entre un et dix mètres. 2 Relatif aux distances. *Géométrie métrique.* ♦ **n. f.** Théorie de la mesure dans un espace, basée sur la formule de la distance entre deux points de cet espace.

métrite n. f. – XVIIIe ; gr. *mêtra* « matrice » ▪ Maladie inflammatoire de l'utérus.

① **métro** n. m. – XIXe ; abrév. de *métropolitain* ▪ Chemin de fer électrique, partiellement ou totalement souterrain, qui dessert une grande agglomération urbaine. *Le métro de New York. Stations, rames, lignes de métro. La foule « s'écoulant dans les bouches du métro »* (Queneau). *Ticket de métro. Prendre le métro. « Zazie dans le métro »,* de *R. Queneau. Métro régional.* ⇒ **R.E.R.** ➝ loc. *Métro, boulot, dodo,* slogan résumant la situation du travailleur parisien. ♦ Rame de métro. *Le dernier métro.* ♦ Station de métro. *Le métro Opéra.*

② **métro** adj. et n. – av. 1939 ▪ Métropolitain (dans les départements et territoires français d'outre-mer).

métro- Élément, du gr. *metron* « mesure ».

métrologie n. f. – XVIIIe ; *métro-* et *-logie* ▪ Science des mesures ; traité sur les poids et mesures.

métronome n. m. – XIXe ; *métro-* et *-nome* ▪ Petit instrument à pendule, de forme pyramidale, servant à marquer la mesure pour l'exécution d'un morceau de musique. ➝ *Métronome à quartz,* réglé par une horloge à quartz.

métropole n. f. – XIVe ; gr. *mêtêr* « mère » et *polis* « ville » 1 Ville pourvue d'un archevêché où réside un métropolitain. 2 Ville principale. ⇒ **capitale.** *Les grandes métropoles économiques.* ➝ *« cette métropole de la pensée universelle »* (Hugo). ➝ *Métropole d'équilibre* : capitale régionale. 3 État, territoire d'un État, considéré par rapport à ses colonies, aux territoires extérieurs. *Colon qui rentre en métropole.*

① **métropolitain, aine** adj. et n. – XIVe 1 Qui a rapport à une métropole. *Église métropolitaine.* ♦ **n. m.** Archevêque. 2 Qui appartient à la métropole (3°). *Territoire métropolitain et départements d'outre-mer.* ♦ Personne originaire de métropole. *Les métropolitains.* ⇒ ② **métro ; zoreille.**

② **métropolitain** n. m. – XIXe ▪ vx ou en t. d'administration ⇒ ① **métro.**

métropolite n. m. – XVIe ▪ Archevêque de l'Église orthodoxe.

métrorragie n. f. – XIXe ; gr. *mêtra* « matrice » et *-rragie* ▪ Hémorragie anormale d'origine utérine.

mets n. m. – XIIe ; lat. *missum* « ce qui est mis sur la table » ▪ Aliment cuisiné qui entre dans l'ordonnance d'un repas. ⇒ ② **plat.** *Mets épicé.* ✪ HOM. Mai, maie, mais, maye.

❑ D'abord sous la forme *mes* → mess (rem.) ; l'ajout d'un *t* étymologique (de *mettre*) a permis de distinguer ce mot de *mes,* pronom possessif. ♦ Ce mot est d'usage soutenu mais son composé *entremets* est courant.

mettable adj. – XIIe ▪ Se dit d'un vêtement qu'on peut mettre. ⇒ **portable.** *Une robe encore très mettable.* ✪ CONTR. Immettable.

metteur, euse n. – XIVe 1 *METTEUR EN ŒUVRE* : personne qui met en œuvre, réalise un projet, un plan. ➝ Ouvrier bijoutier qui monte les perles, les pierres précieuses. 2 *METTEUR EN PAGES* : typographe qui effectue la mise en pages. 3 *METTEUR EN SCÈNE* : personne qui assure la réalisation, la représentation sur scène d'une œuvre dramatique. ➝ Réalisateur de films. ⇒ **cinéaste, réalisateur.** *Elle est metteur en scène.* ♦ *METTEUR EN ONDES* : réalisateur d'émissions radiophoniques.

❑ Le féminin *metteuse en scène* semble inusité, mais S. de Beauvoir a employé *metteuse en ondes* : *« J'obtins une situation de "metteuse en ondes" à la radio nationale ».*

mettre v. tr. [56] – X^e ; lat. *mittere* « envoyer » et « mettre » **I** - 1 Faire passer dans un endroit. ⇒ ① **placer ;** fam. **coller,** ① **ficher,** ② **flanquer, fourrer,** ① **foutre.** *Mettez ça ici. Je ne sais plus où j'ai mis mon stylo.* ➝ *METTRE SUR.*

⇒ **poser.** *Mettre une casserole sur le feu. Je n'arrive pas à mettre la main sur mes lunettes,* à les retrouver. ➤ METTRE SOUS (→ ① cacher, glisser). *Mettre une lettre sous enveloppe.* ➤ loc. *Mettre qqch. sous clé.* ⇒ **enfermer.** ➤ METTRE DANS. ⇒ **enfoncer, insérer, introduire.** « *Elle mit des billets de banque dans une enveloppe* » (Green). *Mettre la clé dans la serrure.* ⇒ **engager.** *Mettre qqch. dans la tête, l'esprit de qqn. Mets-toi bien ça dans la tête !* ➤ *Mettre une balle dans la cible.* ➤ METTRE EN. *Mettre du vin en bouteilles. Mettre des données en mémoire.* ➤ METTRE À. ⇒ ① **placer.** *Mettre chaque chose à sa place.* ⇒ **caser, loger,** ① **ranger ; serrer.** *Mettre sa voiture au garage. Mettre à la poubelle :* jeter. *Mettre une lettre à la poste,* la poster. *Mettre qqch. au frais.* ♦ *Mettre devant, derrière qqch. Mettre devant, sous les yeux :* présenter. ➤ *Mettre près, auprès de.* ⇒ **approcher.** *Mettre avec.* ⇒ **attacher, joindre.** *Mettre entre.* ⇒ **intercaler, interposer.** *Mettre un mot entre guillemets. Mettre par terre.* ⇒ ① **déposer, poser.** ♦ *Mettre dessus, dessous.* ➤ *Mettre ensemble.* ⇒ **assembler.** 2 Placer dans une position. *Mettre ses coudes sur la table, les poings sur les hanches.* 3 Placer à tel endroit. *Mettre un enfant dans son lit,* le coucher. *Mettre son cheval à l'écurie.* ➤ fam. *Mettre dedans :* tromper. ➤ *Mettre un invité à la place d'honneur.* ⇒ **installer.** ➤ *Mettre qqn dans le train. Mettre sur la route, dans le bon chemin.* ⇒ **diriger.** 4 Faire passer dans un lieu en faisant changer de situation. *Mettre en prison, en pension.* ➤ *Mettre en lieu sûr.* ⇒ **garder, tenir.** *Mettre en place.* ⇒ **installer,** ① **ranger.** *Mettre de l'argent de côté.* ➤ *Mettre du linge à sécher.* ➤ loc. *Mettre au monde, au jour :* donner naissance à. ♦ Placer dans un emploi ; affecter à un travail. ⇒ **préposer.** *Mettre qqn à un poste clé.* ➤ *Mettre qqn dans le coup.* 5 Placer en esprit à un certain rang, dans un classement, une série. ⇒ **classer.** *Mettre sur le même plan.* 6 Placer (un vêtement, un ornement, etc.) sur qqn en le disposant comme il doit l'être. ⇒ **habiller, vêtir.** *Mettre ses vêtements à un enfant.* « *on lui mettrait des menottes, on le mènerait* [...] *à la prison* » (Green). ♦ *Mettre ses habits.* ⇒ s'**habiller,** se **vêtir.** *Elle n'a plus rien à se mettre. Mettre un collier, du rouge à lèvres.* 7 Ajouter en adaptant, en assujettissant. ➤ METTRE À : ajouter une chose à une autre. *Mettre un bouton à une veste. Mettre des rideaux à une fenêtre. Mettre un bouchon à une bouteille.* ➤ METTRE DANS : mêler. *Mettre du sucre dans son café.* ➤ « *tout ce qu'il mit de désespoir dans ce mot* » (Balz.). 8 Disposer. *Mettre le couvert, la table.* ⇒ **dresser.** ♦ Installer. *Il a fait mettre l'électricité dans le grenier.* 9 Ajouter à, mêler à. *Cette couleur met une note de gaieté.* 10 METTRE... À : ajouter, apporter (une qualité morale, un sentiment) à une action. ⇒ **user** (de). *Mettre de la mauvaise volonté à un travail.* « *Il y mit tout son talent, toute son âme* » (Gaut.). ➤ loc. *Il y met du sien :* il fait preuve de bonne volonté. 11 METTRE... DANS, EN, À : placer dans, faire consister en. *Mettre de grands espoirs en qqn.* ⇒ **fonder.** *Mettre sa confiance dans qqn.* 12 METTRE... À : dépenser, employer, utiliser. *Mettre un temps fou à faire qqch. Y mettre le prix.* 13 Engager. *Mettre son argent dans une affaire.* ⇒ **investir,** ① **placer.** *Mettre de l'argent sur un cheval.* ⇒ **miser.** 14 Porter, provoquer, faire naître. ⇒ fam. ② **flanquer,** ① **foutre.** *Il a mis le trouble partout.* ⇒ ① **causer, créer, semer.** *Mettre de l'ordre.* ➤ *Mettre le feu à qqch. :* faire brûler. ♦ Faire marcher, amorcer, déclencher. *Mettre le contact. Mettre les gaz.* 15 Écrire. ⇒ **inscrire.** *Mettre son nom sur un album. Mettre une somme au compte de qqn.* ⇒ **créditer,** ① **porter.** 16 fam. METTONS QUE : admettons, disons... *Mettons que je n'ai rien dit.* ⇒ **supposer.** 17 Faire figurer, inclure. *Mettre des citations dans un livre.* ♦ *Mettre un personnage en scène.* 18 fam. Donner. *Il lui a mis un P.V. Mettre des coups à qqn.* ⇒ **coller.** 19 fam. *Mettre les bouts, les voiles ; les mettre :* partir. **II - 1** Placer dans une position nouvelle. *Mettre qqn debout,* le lever. *Mettre à l'envers, sens dessus dessous.* ♦ *Mettre un malade sous antibiotiques, sous perfusion.* 2 Placer, disposer dans une position particulière. *Mettre le verrou. Mettre le frein à main,* le serrer. **III - 1** METTRE EN : disposer, transformer en. *Mettre du blé en gerbe. Mettre en flammes, en feu.* ➤ *Mettre en perspective. Mettre un poème en musique. Mettre en bon français.* ⇒ **corriger.** *Mettre en forme.* ♦ METTRE À. *Mettre un brouillon au propre. Mettre un verbe au futur.* 2 METTRE DANS, EN, À : changer, modifier en faisant passer dans, à un état nouveau. *Mettre en état :* préparer. *Mettre une pendule à l'heure. Mettre en contact, en présence, en relation. Mettre au point un appareil de photo.* ➤ Faire avancer, marcher, agir ou préparer pour l'action. *Mettre en mouvement, en train, en marche, en branle. Mettre en circulation, en service, en vente. Mettre en pratique.* 3 Mettre en marche ; faire fonctionner. *Mettre la radio. Mettez le chauffage.* 4 Soumettre à un examen qui entraîne un jugement, une conclusion. *Mettre en lumière. Mettre à l'épreuve.* 5 Placer dans telle ou telle situation. *Mettre en danger. Mettre hors de combat. Mettre un détenu en liberté.* ➤ *Mettre dans une situation gênante. Mettre à mort. Mettre à nu.* ➤ *Mettre en colère. Mettre en confiance. Mettre au désespoir.* **IV** SE METTRE. v. pron. 1 Venir occuper un lieu, une place. ⇒ se **placer.** *Se mettre à la fenêtre. Se mettre au lit :* se coucher. *Mettez-vous là-dessus.* ➤ *Se mettre à son bureau, au piano.* ➤ loc. *Ne plus savoir où se mettre :* être embarrassé, gêné. 2 *Se mettre à l'abri. Se mettre au service de qqn. Se mettre dans une situation délicate.* ➤ *Se mettre avec qqn,* prendre son parti ; fam. vivre maritalement avec lui. « *Elle s'est mise avec un gars qui fait épicier* » (Tournier). 3 Prendre une position. *Se mettre à genoux, debout. Mettez-vous à plat ventre.* 4 S'habiller de telle manière. *Se mettre en smoking, en blanc.* 5 Devenir. *Se mettre en colère. Mettez-vous à l'aise ! Se mettre en frais. Mettez-vous d'accord. Se mettre dans son tort. Se mettre en retard.* ➤ *Se mettre bien, mal avec qqn.* 6 *Se mettre en chemin, en route :* partir. *Se mettre en marche.* 7 SE METTRE À : commencer à faire. *Se mettre au travail. Se mettre au latin, aux mathématiques,* commencer à les étudier. *Il s'est mis à l'informatique,* il y a pris goût. ➤ *Se mettre au régime, à la diète.* « *Elle s'était mise à l'alcool* » (Céline). ➤ *Se mettre à faire qqch.* « *il se mit à rire tout seul* » (Perec). *Se mettre à pleurer. Il va falloir s'y mettre* (au travail, à travailler). *Tout le monde s'y est mis.* ➤ *Il se met à faire beau.* 8 Se placer, s'introduire. *Gravier qui se met dans un conduit.* 9 *Qu'est-ce qu'ils se mettent* (comme coups) ! ✪ CONTR. Enlever, ôter, soustraire. — HOM. Maître, mètre ; *mîmes :* mime (mimer) ; *mîtes :* mite (miter) ; *mirent :* mire (mirer).

❑ Attention de bien accorder le participe passé au féminin en parlant *(les chaussures qu'il a mises),* car la faute s'entend. → prendre (rem.).

meublant, ante adj. – XIIIe 1 Qui peut s'employer pour l'ameublement. 2 *Meubles meublants :* effets mobiliers destinés « à l'usage et à l'ornement des appartements » (CODE CIV.).

meuble adj. et n. m. – XIIe ; lat. *mobilis* « mobile » **I - 1** Qui peut être déplacé, ou qui est réputé tel par la loi. *Biens meubles et immeubles.* ♦ *Le meuble :* l'ensemble des biens meubles de qqn. ⇒ **mobilier.** ➤ *Un meuble :* un bien meuble. *Meubles corporels et incorporels.* 2 *Sol, terre meuble,* qui se laboure, se fragmente aisément. **II - 1** Tout objet mobile qui concourt à l'aménagement de l'habitation, des locaux. ⇒ **ameublement, mobilier.** *Meubles de rangement. Meubles de cuisine, de salle de bains, de bureau. Meubles de jardin en rotin.* ➤ *Meubles rustiques.* « *soigneuse de ses meubles* *anciens* » (Cendrars). *Meubles de style, d'époque. Meuble Louis XVI, Empire.* ➛ loc. *S'installer, être dans ses meubles,* dans un appartement, une maison qu'on meuble ou qu'on a meublés. ➛ *Faire partie des meubles :* être un habitué d'un lieu, appartenir depuis longtemps à un groupe. 2 Objet figuré sur l'écu. *Pièces et meubles de l'écu.* ✪ CONTR. Bien-fonds, immeuble.

meublé, ée adj. et n. m. – XIIIe ▪ Qui est loué avec des meubles. *Chambre meublée.* ➛ n. m. *Habiter un meublé.* ⇒ **garni.** *Vivre en meublé.*

meubler v. tr. [1] – XIIIe 1 Garnir de meubles. *Meubler sa maison.* 2 Constituer le mobilier de. « *l'unique chaise qui meublait sa cellule* » (Mac Orlan). ♦ Remplir. *Meubler sa solitude, ses loisirs avec quelques bons livres.* ⇒ **occuper, peupler.** « *on meublerait son ennui de quelque passion* » (Balz.). ✪ CONTR. Démeubler.

meuf n. f. – 1981 ; verlan, de *femme* ▪ arg. fam. Femme.

❑ Ce mot est peut-être une inversion de *femme* avec apocope de *a* (comme *keuf*), ou bien il peut s'agir d'une inversion de la forme écrite (f. e. m. → m. e. f.).

meuglement n. m. – XVIe ▪ Cri des bovins. ⇒ **beuglement, mugissement ; meuh.**

meugler v. intr. [1] – XVIe ; de *beugler* ▪ Pousser des meuglements. ⇒ **beugler, mugir.**

meuh interj. – 1911 ▪ Onomatopée imitant le meuglement de la vache.

meulage n. m. – XIXe ▪ Opération d'ajustage par friction d'une meule rotative.

① **meule** n. f. – XIIe ; lat. *molere* « moudre » 1 Cylindre plat et massif, servant à broyer, à moudre. ⇒ **broyeur, concasseur.** *Meules de moulin.* 2 Disque en matière abrasive servant à aiguiser, à polir. *Meule du rémouleur. Passer à la meule.* 3 Grand fromage en forme de disque très épais. *Meule de gruyère.* 4 fam. Cyclomoteur.

❑ Même famille étym. que *molaire* « dent qui broie la nourriture » et *molette.*

② **meule** n. f. – XIIe ; p.-ê. de ① *meule* 1 Gros tas de foin, de gerbes de céréales, dressé après la fenaison ou la moisson. *Meule de foin.* 2 Tas de bois recouvert d'herbe ou de feuillage, qu'on carbonise pour faire du charbon de bois. 3 Tas de fumier provenant des couches de champignons ; la champignonnière elle-même.

meuler v. tr. [1] – 1903 ▪ Passer à la meule. *Le dentiste meule une dent.*

meuleuse n. f. – 1984 ▪ Machine-outil servant à meuler.

meulière adj. f. et n. f. – XVIe ; de ① *meule* 1 *Pierre meulière, meulière :* pierre à surface rugueuse, variété de calcaire siliceux employée en maçonnerie. « *un tout petit cimetière* [...] *entouré d'un mur de pierres meulières* » (Cl. Simon). *Pavillon de banlieue en meulière.* 2 Carrière de pierre meulière.

meulon n. m. – XIIIe 1 Petite meule (②). 2 Tas de sel extrait d'un marais salant. ⇒ **javelle.**

meunerie n. f. – XVIIIe 1 Industrie de la fabrication des farines (⇒ **minoterie**) ; commerce du meunier. 2 Ensemble des meuniers.

meunier, ière n. et adj. – XIIIe ; lat. *molinum* « moulin » **I - 1** Personne qui possède, exploite un moulin à céréales, ou qui fabrique de la farine. ⇒ **minotier.** 2 *(À la) meunière,* passé dans la farine puis frit. *Sole meunière.* 3 Qui a rapport à la meunerie. *Industrie meunière.* **II - 1** n. m. Chevesne. ➛ Poisson d'eau douce du Canada. 2 n. f. Mésange bleue.

meurette n. f. – 1903 ; lat. *muria* « eau salée » ▪ Sauce au vin rouge. ⇒ **matelote.** *Œufs en meurette.*

meursault [mœʀso] n. m. – XVIIIe ; nom d'une commune de Côte-d'Or ▪ Vin blanc ou rouge de la région de Beaune.

meurtre n. m. – XIe ; de *meurtrir* ▪ Action de tuer volontairement un être humain. ⇒ **crime, homicide.** *Le mobile d'un meurtre. Commettre un meurtre. Meurtre avec préméditation.* ⇒ **assassinat.** *Être accusé de meurtre, du meurtre de sa femme. Je l'accuse* « *de violation de domicile et de tentative de meurtre* » (Romains).

meurtrier, ière n. et adj. – XIIe 1 Personne qui a commis un ou des meurtres. ⇒ **assassin, criminel ; tueur.** 2 Qui cause, entraîne la mort de nombreuses personnes. ⇒ **destructeur, funeste, sanglant.** *Combats meurtriers. Accident meurtrier.* ⇒ **mortel.** ♦ Qui sert à perpétrer un meurtre. ⇒ ① **homicide.** *Poison meurtrier.* ♦ Qui pousse à tuer. *Folie meurtrière.* ✪ CONTR. Victime.

meurtrière n. f. – XVIe ▪ Fente verticale pratiquée dans un mur de fortification pour jeter des projectiles ou tirer sur les assaillants. *Meurtrières d'un château fort.* ⇒ **archère, barbacane.**

meurtrir v. tr. [2] – XIIe ; germ. « assassiner » 1 Blesser par un choc ou une forte compression, au point de laisser une marque sur la peau. *Il lui serrait le poignet à le meurtrir.* 2 Endommager (un fruit, un végétal). ⇒ **taler.** « *on dégage la truffe sans la meurtrir* » (Colette). 3 Marquer de traces semblables à des meurtrissures. *Yeux meurtris par la fatigue.* 4 Blesser, déchirer. ➛ *Cœur meurtri.*

meurtrissure n. f. – XVIe 1 Action de meurtrir ; marque qui en résulte. ⇒ **blessure, bleu, contusion, coup.** *Corps couvert de meurtrissures.* 2 Tache sur des fruits, des végétaux endommagés. 3 Marque, trace laissée par la fatigue, la maladie, la vieillesse. « *la double meurtrissure des paupières* » (Mauriac).

meute n. f. – XIIe ; lat. *movere* « mouvoir » 1 Troupe de chiens courants dressés pour la chasse à courre. *Lâcher la meute sur un cerf.* ➛ Bande (de chiens ou d'animaux familiers). 2 Bande, troupe de gens acharnés à la poursuite, à la perte de qqn. *Meute de créanciers.*

❑ Du XIIe au XVIe s., ce mot a eu le sens de « soulèvement violent », d'où *émeute* et *mutin,* mots de la même famille étymologique.

mévente n. f. – XVIIe ▪ Forte chute des ventes qui compromet la prospérité d'un commerce.

mézail n. m. – XIVe ; o. i. ▪ Armure de tête, visière mobile d'un casque fermé. *Des mézails.*

mézigue pron. pers. – XIXe ; de *mes* et *zigue* ▪ arg. Moi.

mezzanine [mɛdzanin] n. f. – XVIIe ; it. « entresol » 1 Petit entresol entre deux étages. ➛ Petite fenêtre d'entresol. 2 Petit étage entre l'orchestre et le premier balcon, dans une salle de spectacle. ⇒ **corbeille.** 3 Plateforme aménagée à quelque distance du sol, dans une pièce haute de plafond.

❑ S'emploie parfois au masculin, genre de l'italien *mezzanino,* notamment au sens de « corbeille » : « *aux meilleures places* [...] *du côté du mezzanine* » (Queneau) ; « *mieux vaut le mezzanine, c'est là que sont les fous* » (Aragon).

mezza-voce [mɛdzavɔtʃe] loc. adv. – XVIIIe ; mot it. ▪ À mi-voix. *Chanter mezza-voce.*

mezzo-soprano [mɛdzosɔpʀano] n. – XIXe ; it. « soprano moyenne » 1 n. m. Voix de femme, intermédiaire entre le soprano et le contralto. *Des mezzo-sopranos.* 2 n. f. Cantatrice qui a cette voix.

mezzo-tinto [mɛdzotinto] **n. m. inv.** – XVIIe ; mot it. « demi-teinte » ■ Gravure « à la manière noire » exécutée pour obtenir, à partir d'un noir uniforme, des gris et des blancs.

mi **n. m. inv.** – XIIIe ; 1re syllabe du mot *mira* dans l'hymne à saint Jean-Baptiste ■ Note de musique, cinquième degré de l'échelle fondamentale, troisième son de la gamme naturelle de do. ✪ HOM. Mie, mis, mye.

mi- Élément, du lat. *medius* « qui est au milieu ».

miam-miam [mjammjam] **interj.** – 1914 ; onomat. ■ fam. Exclamation exprimant le plaisir de manger.

miaou **interj.** et **n. m.** – XVIIe ■ Onomatopée imitant le cri du chat. *Le chat fait miaou.* ➛ **n. m.** *On entend de petits miaous.* ⇒ **miaulement.**

miasme **n. m.** – XVIIe ; gr. « souillure » ■ Émanation dangereuse pour la santé, provenant de matières putrides. *Miasmes pestilentiels.*

miaulement **n. m.** – XVIe ■ Cri du chat. ⇒ **miaou.** ♦ Bruit qui lui ressemble. « *un miaulement naît, s'enfle* [...] *et l'obus crève à quelques pas* » (Duham.).

miauler **v. intr.** [1] – XIIIe ; onomat. ■ Se dit du chat (et de certains félins) quand il fait entendre son cri. ➛ Faire entendre un bruit semblable. « *les balles miaulent au-dessus de la tranchée* » (Dorgelès).

miauleur, euse **adj.** et **n.** – XVIe ■ Qui miaule.

mi-bas **n. m. inv.** – 1953 ■ Chaussette montante.

mica **n. m.** – XVIIIe ; mot lat. « parcelle » **1** Silicate à structure feuilletée, à clivage très facile, constituant des roches volcaniques et métamorphiques. *Roches à mica.* **2** Plaque de mica blanc transparent.

micacé, ée **adj.** – XVIIIe ■ Qui contient du mica. *Sable micacé.*

mi-carême **n. f.** – XIIIe ■ Jeudi de la troisième semaine de carême.

micaschiste **n. m.** – XIXe ■ Roche composée de mica et de quartz.

micelle **n. f.** – XIXe ; lat. *mica* « parcelle » ■ Particule formée d'un agrégat de molécules en solution colloïdale. ✪ HOM. Missel.

miche **n. f.** – XIIe ; lat. *mica* « parcelle » **1** Gros pain de campagne rond. **2** fam. *LES MICHES* : les fesses.

mi-chemin (à) **loc. adv.** – XVIe ■ Au milieu ou vers le milieu du chemin. *S'arrêter à mi-chemin,* sans avoir atteint son but.

micheton **n. m.** – XIXe ; de *Michel* ■ fam. Client d'une prostituée.

mi-clos, close **adj.** – XIXe ■ À moitié fermé. « *les paupières mi-closes, la bouche entr'ouverte, elle sourit* » (France).

micmac **n. m.** – XVIIe ; germ. *muytmaker* « mutin » ■ fam. **1** Intrigue mesquine, agissements suspects. ⇒ **manigance.** *Je veux rester en dehors de tous ces micmacs.* **2** Désordre, situation embrouillée. *Quel micmac !*

> ❑ Ce mot n'a aucun rapport avec le nom d'une tribu indienne du Canada, les *Micmacs.*

micocoulier **n. m.** – XVIe ; gr. mod. ■ Arbre du genre orme *(ulmacées)* des régions chaudes et tempérées.

mi-corps (à) [amikɔʀ] **loc. adv.** – XVIIe ■ Au milieu du corps, jusqu'au niveau de la taille. *Être dans l'eau jusqu'à mi-corps.*

mi-côte (à) **loc. adv.** – XVIIe ■ Au milieu, à la moitié de la pente d'une côte.

① **micro** **n. m.** – 1915 ■ Microphone. *Parler dans le micro.*

② **micro** → **micro-informatique ; micro-ordinateur**

micro- Élément, du gr. *mikros* « petit ». ➛ Préfixe (symb. µ) qui indique la division par 10^{6} (un million) de l'unité dont il précède le nom.

> ❑ On met un trait d'union après *micro-* si la rencontre des voyelles est de nature à changer la prononciation. ♦ Ne pas confondre les mots construits sur *micro-* et ceux qui sont construits sur le nom masculin (① *micro*), comme *micro-trottoir.* Même problème pour *auto-* et *photo-* → auto-, photo- (rem.).

microampère **n. m.** – 1923 ■ vieilli Un millionième d'ampère (symb. µA).

microanalyse **n. f.** – 1953 ■ Analyse chimique portant sur des masses extrêmement faibles.

microbalance **n. f.** – 1920 ■ Balance dont le seuil de sensibilité est de l'ordre du microgramme.

microbe **n. m.** – XIXe ; gr. *mikros* « petit » et *bios* « vie » **1** Micro-organisme unicellulaire pathogène. ⇒ **bacille, bactérie, germe, vibrion, virus.** « *On invente des vaccins ; les microbes s'endurcissent...* » (Maurois). **2** fam. Personne chétive, petite. ⇒ **avorton.**

microbien, ienne **adj.** – XIXe **1** Relatif aux microbes. *Culture microbienne.* **2** Causé, produit par les microbes. *Maladie microbienne.*

microbiologie [mikʀɔbjɔlɔʒi] **n. f.** – XIXe ■ Science qui traite des organismes microscopiques et ultramicroscopiques.

> ❑ Ce mot tend à être analysé incorrectement en *micro-* et *biologie* alors qu'il est composé de *microbe* et *-logie.* Il a supplanté *microbie* au début du XXe siècle. Le *i* est celui du grec *microbios,* mais °*microbologie* serait mieux formé.

microbiologiste [mikʀɔbjɔlɔʒist] **n.** – XIXe ■ Spécialiste de microbiologie.

microcalorimétrie **n. f.** – 1944 ■ Technique de la mesure des très faibles quantités de chaleur.

microcéphale **adj.** et **n.** – XVIIIe ; *micro-* et *-céphale* ■ Qui a une tête anormalement peu développée. ✪ CONTR. Macrocéphale.

microcéphalie **n. f.** – XIXe ■ Atrophie de la tête et du cerveau.

microchimie **n. f.** – XIXe ■ Ensemble des procédés permettant de déceler et de mesurer les quantités très petites de substances chimiques.

microchirurgie **n. f.** – 1931 ■ Chirurgie des structures microscopiques.

microcinématographie **n. f.** – 1908 ■ Prise de vues cinématographiques de sujets microscopiques.

microcircuit **n. m.** – 1961 ■ Circuit électrique imprimé et miniaturisé.

microclimat **n. m.** – 1943 ■ Climat d'une zone restreinte, différent du climat général de la région.

microcontact [mikʀokɔ̃takt] **n. m.** – 1986 ■ Interrupteur électrique à fonctionnement très rapide.

microcopie **n. f.** – 1966 ■ Reproduction obtenue en réduisant fortement les dimensions du document photographié.

microcosme **n. m.** – XIVe ; gr. **1** L'homme considéré comme un petit univers, une image réduite du monde. **2** Monde en réduction. ➛ Petite société. ✪ CONTR. Macrocosme.

micro-cravate **n. m.** – 1963 ; de ① *micro* et *cravate* ■ Microphone miniature qui s'accroche sur le vêtement. *Des micros-cravate* ou *des micros-cravates.*

> ❑ Le trait d'union est justifié par *micro* n. m., afin de ne pas confondre avec une *microcravate* (« très petite cravate »).

microcurie n. m. - 1941 ■ Unité équivalant à un millionième de curie.

microéconomie n. f. - 1956 ■ Étude de l'activité et des comportements économiques des individus. ✪ CONTR. Macroéconomie.

microédition n. f. - 1974 ■ Technique d'édition assistée par ordinateur.

microélectrode n. f. - 1969 ■ Électrode de diamètre très réduit.

microélectronique n. f. et adj. - 1966 ■ Ensemble des techniques conduisant à la réalisation des circuits intégrés. ➛ *Circuits microélectroniques.*

microévolution n. f. - 1932 ■ Changements mineurs dus à des mutations génétiques et dont résulte l'apparition de variétés légèrement différentes.

microfibre n. f. - v. 1980 ■ Fibre textile synthétique extrêmement fine.

microfiche n. f. - 1953 ■ Photographie en format très réduit d'un document.

microfilm [mikrofilm] n. m. - 1931 ■ Reproduction très réduite de documents sur film photographique. ⇒ **microcopie, microforme.**

microflore n. f. - 1972 ■ Ensemble des micro-organismes végétaux qui vivent sur les tissus ou dans les cavités naturelles de l'organisme.

microforme n. f. - av. 1974 ■ Document réalisé par micrographie. ⇒ **microfiche, microfilm.**

microgramme n. m. - 1931 ■ Unité de masse égale à un millionième de gramme (symb. μg).

micrographie n. f. - XVIIe ; *micro-* et *-graphie* **1** Étude des matériaux au microscope. **2** Technique de réalisation des documents sur microfilms. ⇒ **microforme.** ✪ CONTR. Macrographie.

micrographique adj. - XIXe ■ Relatif à la micrographie. *Constituants micrographiques des métaux.*

microgravité n. f. - 1975 ■ Manifestation pratiquement nulle de l'effet de la pesanteur. ⇒ **apesanteur.**

microgrenu, ue adj. - 1931 ■ *Roches microgrenues :* roches volcaniques formées de petits minéraux cristallins à peine visibles à l'œil nu, sans résidu vitreux (opposé à *microlithique*).

microhm [mikrom] n. m. - XIXe ■ Unité de résistance électrique égale à un millionième d'ohm (symb. μΩ).

micro-informatique n. f. - 1974 ■ Partie de l'informatique transposée ou développée sur des micro-ordinateurs. ➛ abrév. fam. *La micro.*

> ❑ Dans ce mot et dans *micro-instruction* le trait d'union évite le rapprochement des voyelles o et *i* pouvant provoquer une faute de lecture. → micro- (rem.).

micro-instruction n. f. - v. 1968 ■ Instruction élémentaire d'un microprogramme.

microlithe n. m. - XIXe ; *micro-* et *-lithe* **1** Petit élément cristallin des roches microlithiques. **2** Petit outil de silex taillé, caractéristique du paléolithique.

microlithique adj. - XIXe ■ *Roches microlithiques :* roches volcaniques semi-cristallines, dans lesquelles de petits cristaux sont noyés dans une masse vitreuse (opposé à *microgrenu*).

micromanipulation n. f. - 1932 ■ Opération effectuée sur un objet microscopique, à l'aide d'instruments très petits. ⇒ **microchirurgie.**

① **micromètre** n. m. - XVIe ■ Appareil utilisé pour mesurer les dimensions des objets très petits.

② **micromètre** n. m. - 1959 ■ Unité de longueur valant un millionième de mètre (symb. μm). ⇒ **micron.**

micrométrie n. f. - XIXe ■ Mesure d'objets microscopiques à l'aide du micromètre.

micrométrique adj. - XIXe ■ Relatif à la micrométrie. ♦ *Vis micrométrique,* dont le pas est très petit.

microminiaturisation n. f. - 1961 ■ Réduction maximum des dimensions et de la masse des systèmes électroniques.

micromoteur n. m. - 1977 ■ Moteur de très petites dimensions. *Micromoteurs utilisés en robotique.*

micron n. m. - XIXe ; gr. « petit » ■ Ancien nom du micromètre.

microniser v. tr. [1] - v. 1970 ■ Réduire en particules de l'ordre du micromètre.

micronucléus [mikronykleys] n. m. - XIXe ■ Le plus petit des deux types de noyaux des cellules des protozoaires ciliés.

micro-ondable adj. - 1994 ■ Se dit d'une préparation culinaire présentée dans un emballage qui permet de faire chauffer au micro-ondes.

> ❑ Comme tous les dérivés de mots composés à trait d'union, l'effet produit est bizarre, le suffixe étant lié au dernier élément (°*ondable* n'existe pas).

micro-onde n. f. - XIXe ■ Onde électromagnétique, de très petite longueur. ➛ *Four à micro-ondes :* four à cuisson très rapide, utilisant les micro-ondes. ⇒ **micro-ondes.**

micro-ondes n. m. inv. - 1985 ■ Four à micro-ondes.

micro-ordinateur n. m. - 1971 ■ Ordinateur de petite taille dont l'unité de traitement est un microprocesseur (⇒ **micro-informatique**). *Logiciel et matériel d'un micro-ordinateur. Des micro-ordinateurs.* ➛ abrév. fam. MICRO. *Un micro portable.*

> ❑ Dans ce mot et dans *micro-organisme* le trait d'union évite le rapprochement des voyelles *oo* pourtant peu gênant et usité dans *coordonner.*

micro-organisme n. m. - XIXe ■ Organisme vivant visible seulement au microscope ou à l'ultramicroscope. ⇒ **microbe.**

microphage n. m. - 1903 ; *micro-* et *-phage* ■ Animal qui se nourrit de très petites proies. *Le hareng, le sprat, la sardine sont des microphages.*

microphone n. m. - XVIIIe ; *micro-* et *-phone* ■ Capteur électroacoustique transformant une vibration sonore en signe électrique. ⇒ ① **micro.**

microphonique adj. - XIXe ■ Qui a rapport au microphone, qui fait partie d'un microphone.

microphotographie n. f. - XIXe **1** Photographie d'un objet visible au microscope. **2** Photographie de très petites dimensions. ⇒ **microfiche, microfilm.**

microphysique n. f. - 1910 ■ Partie de la physique qui étudie l'atome et les phénomènes à l'échelle atomique. *Les lois de la microphysique sont celles de la mécanique quantique.*

micropilule n. f. - 1982 ■ Pilule contraceptive ne contenant que des progestatifs.

microprocesseur n. m. - v. 1976 ; angl., de *micro-* et *to process* « procéder » ■ Circuit intégré qui effectue les fonctions arithmétiques et logiques dans un micro-ordinateur. ⇒ **puce.**

microprogrammation n. f. - 1968 ■ Technique de programmation de la séquence des différentes phases nécessaires à l'exécution d'une instruction par un processeur.

microprogramme n. m. - 1969 ■ Programme informatique régissant le fonctionnement d'un processeur dans la réalisation des phases de l'exécution d'une instruction.

micropyle n. m. – XIXe ; de *micro-* et gr. *pulê* « porte » ■ Orifice de l'ovule des plantes par lequel pénètre le tube pollinique lors de la fécondation.

microscope n. m. – XVIIe ; *micro-* et *-scope* ■ Instrument d'optique qui permet de voir des objets invisibles à l'œil nu grâce à un système de lentilles. *Microscope qui grossit mille fois.* « *cette rosace merveilleuse que fait une rondelle de l'aubier du sapin examinée au microscope* » (Hugo). ♦ *Microscope électronique,* dans lequel un faisceau d'électrons remplace le rayon lumineux.

❑ L'invention du microscope est attribuée à Van Leeuwenhoek (découvreur du spermatozoïde) ou à Zacharias Jansen.

microscopique adj. – XVIIIe 1 Visible seulement au microscope. « *des milliards d'insectes microscopiques, qui ne sont pas visibles à l'œil nu* » (J. Verne). 2 Qui se fait à l'aide du microscope. *Examen microscopique.* 3 Très petit. ⇒ **minuscule.** ✪ CONTR. Macroscopique. Grand, énorme.

microsillon [mikʀosijɔ̃] n. m. – v. 1950 1 Sillon très fin d'un disque (33 ou 45 tours/minute). 2 Le disque lui-même.

❑ Pour le *s* unique → ① s (rem.).

microsociologie [mikʀosɔsjɔlɔʒi] n. f. – 1939 ■ Étude des formes de la sociabilité au sein des petits groupes.

microsonde [mikʀosɔ̃d] n. f. – 1968 ■ Sonde permettant le dosage des éléments et l'analyse sur des quantités de matières très petites.

microsporange n. m. – XIXe ■ Organe de certaines algues et des cryptogames vasculaires, où se forment les microspores.

microspore n. f. – XIXe ■ Spore mâle, de petites dimensions, de végétaux qui produisent aussi des macrospores.

microstructure n. f. – XIXe ■ Structure faisant partie d'une structure plus vaste. ➝ *La microstructure d'un dictionnaire :* le texte structuré des articles.

microtome n. m. – XIXe ; *micro-* et *-tome* ■ Instrument qui sert à couper dans des tissus animaux ou végétaux des lames très minces afin de les observer au microscope.

microtracteur n. m. – 1969 ■ Petit tracteur de faible puissance utilisé pour le jardinage, le maraîchage ou l'agriculture de plaisance.

micro-trottoir n. m. – 1985 ; de ① *micro* ■ Enquête d'opinion effectuée dans la rue, sous forme d'interview, auprès des passants. *Des micros-trottoirs.*

❑ Pour la formation du mot → micro-cravate (rem.).

miction n. f. – XVIIe ; lat. *mingere* « uriner » ■ Action d'uriner ; écoulement de l'urine. *Miction douloureuse.*

❑ Ne pas confondre avec *mixtion,* mot de la même famille étym. que *mixture.*

midi n. m. – XIe ; de *mi-* et lat. *dies* « jour » I - 1 Milieu du jour. *Le repas de midi.* ⇒ ② **déjeuner.** « *des nuits glaciales et des midis de fournaise* » (Tournier). *Magasin qui reste ouvert à midi.* ➝ *Prendre un cachet matin, midi et soir.* ♦ Âge de la pleine maturité. 2 Heure du milieu du jour, douzième heure. *Il est midi.* Fam. *Vers les midi. Midi sonnait.* ➝ *Midi un quart* (12 h 15) ; *midi dix* (minutes). *Entre midi et deux (heures) :* à l'heure du déjeuner. ♦ loc. *Chercher midi à quatorze heures :* chercher des difficultés où il n'y en a pas. II - 1 L'un des quatre points cardinaux. ⇒ **sud.** *Du nord au midi.* 2 Exposition d'un lieu en face de ce point. *Versant exposé au midi.* 3 Région qui est au sud d'un pays. *Le midi de l'Angleterre.* 4 *Le Midi :* le sud du continent européen. *Les peuples du Nord et les peuples du Midi.* ♦ La région du sud de la France. « *la gare était celle d'une ville du Midi* » (Cl. Simon). *L'accent du Midi.* ⇒ **méridional.** ✪ CONTR. Minuit. — Nord.

midinette n. f. – XIXe ; de *midi* et *dînette* 1 vieilli Jeune ouvrière parisienne de la couture, de la mode. ⇒ **cousette, trottin.** 2 Jeune fille romanesque et frivole. *Goûts de midinette.*

midship [midʃip] n. m. – XVIIIe ; mot angl. 1 Aspirant dans la marine anglaise. 2 Enseigne de vaisseau de deuxième classe, dans la marine française.

❑ Abréviation française de l'anglais *midshipman.* L'anglais *midship* désigne soit le milieu d'un navire, soit un rameur placé au milieu d'un bateau.

① **mie** adv. et n. f. – XIIe ; lat. *mica* « parcelle » 1 adv. VX Particule de négation. ⇒ ② **pas.** « *de nouvelles peines auxquelles ils ne s'attendaient mie* » (Sand). 2 n. f. Partie molle à l'intérieur du pain. *Manger la mie et laisser la croûte. Pain de mie :* pain à la mie blanche et dense, presque sans croûte. ➝ loc. fam. *À la mie de pain :* sans valeur. « *des mecs à la mie de pain* » (Aragon). ✪ HOM. Mi, mis, mye.

② **mie** n. f. – XIIIe ; de *amie* ■ VX ou littér. Amie, femme aimée.

❑ *Mie* n'est en général employé qu'avec l'adjectif possessif *ma.* ♦ L'ancien usage pratiquait l'élision avec l'adjectif possessif ; *ma amie* s'élidait en *m'amie* qui a donné ensuite *ma mie.*

miel n. m. – X[e] ; lat. *mel* 1 Substance sirupeuse et sucrée que les abeilles élaborent dans leur jabot avec le nectar des fleurs ou d'autres matières végétales, et qu'elles dégorgent dans les alvéoles des rayons de leur ruche. *Miel d'acacia, de sapin. Production du miel.* ⇒ **apiculture.** 2 Chose douce, agréable. ⇒ **douceur.** « *le miel de la politesse* » (Suarès). ➝ loc. *Être tout miel ; tout sucre tout miel :* se faire très doux. ⇒ **doucereux, mielleux ; melliflu.** « *je m'approchais bien avenant, tout miel* » (Céline). *Faire son miel de qqch.,* s'en servir avec profit.

miellat n. m. – XVIIe ■ Excrétion sucrée d'insectes parasites vivant sur certaines plantes ; ce produit, recueilli par les abeilles.

miellé, ée adj. – XIIe ■ littér. Qui contient du miel, est sucré au miel. *Boisson miellée.*

miellée n. f. – XIIIe 1 Exsudation sucrée qui apparaît en été sur les bourgeons et les feuilles de certains arbres. 2 Nectar butiné que rapportent les abeilles pour le transformer en miel.

mielleux, euse adj. – XIIIe ■ Qui a une douceur affectée. ⇒ **douceâtre, doucereux, emmiellé.** *Air mielleux.* ⇒ **hypocrite, onctueux,** ① **patelin, sucré.** ✪ CONTR. Brutal, sec.

mien, mienne adj. poss. et pron. poss. de la première pers. du sing. – IXe ; lat. *meum* ■ Qui est à moi, m'appartient ; qui se rapporte à moi ; de moi. I adj. poss. VX ou littér. À moi. ⇒ **mon.** 1 *Un mien cousin :* un cousin à moi, un de mes cousins. 2 *Ce livre est mien,* m'appartient. « *toutes ces paroles qui n'étaient pas miennes* » (Duham.). II pron. poss. *LE MIEN, LA MIENNE, les miens, les miennes :* l'objet ou l'être lié à la première personne par un rapport de parenté, de possession, etc. *Votre fils et le mien. Leurs enfants et les miens.* ➝ *Ce livre n'est pas le mien, c'est celui d'un ami. Je ne discute pas, votre prix sera le mien.* III n. m. 1 *LE MIEN :* ce qui est à moi, mon bien. 2 *J'y ai mis du mien :* j'ai fait un effort. « *je pouvais encore vivre heureux* [...] *en y mettant du mien* » (Rouss.). *J'ai repris son idée, mais en y ajoutant du mien.* 3 *LES MIENS* : mes parents, mes amis, mes partisans...

miette n. f. – XIIe ; de ① *mie* 1 Petite parcelle de pain, de gâteau. *Ramasser les miettes sur la table, après le repas.* 2 *Les miettes de sa fortune.* ⇒ **bribe.** 3 Petit fragment. *Mettre, réduire un verre en miettes.* ⇒ **morceau, pièce.** ♦ *Donnez-m'en une miette pour y goûter.* ⇒ **peu** (un peu). 4 Un petit peu. *Ne pas perdre une miette d'un spectacle,* n'en rien perdre.

mieux adv. – X[e] ; lat. *melior* « meilleur » ❑ Compar. irrég. de BIEN (au lieu de *plus bien*) **I - 1** D'une manière plus accomplie, meilleure. *Cette lampe éclaire mieux.* ♦ *ALLER MIEUX* : être en meilleure santé ; être dans un état plus favorable. *Ça ira mieux demain.* ♦ *FAIRE MIEUX DE* : avoir intérêt, avantage à. *Il ferait mieux d'accepter.* ➝ *Faire mieux* : faire un effort. *(Élève qui) peut mieux faire.* ➝ *Aimer mieux* : préférer. ➝ loc. *Mieux vaut tard que jamais.* 2 *MIEUX QUE... Il travaille mieux que son frère.* « *Elle était mieux que jolie, elle était charmante* » (Sand). *Il n'écrit pas mieux qu'il ne parle* : il parle et écrit mal. ➝ *Qui dit mieux ?* qui propose davantage ? 3 *Un peu, beaucoup, bien mieux.* 4 Marque une augmentation directement ou inversement proportionnelle. *Moins je le vois, mieux je me porte.* ➝ loc. *On ne peut mieux* : parfaitement. ➝ adj. *C'est on ne peut mieux.* ⇒ **parfait.** ➝ *De mieux en mieux* : en progressant vers le mieux. *Il travaille de mieux en mieux.* ➝ *À qui mieux mieux* : à qui fera mieux (ou plus) que l'autre. ⇒ **envi** (à l'). **II** n. m. 1 De la meilleure façon. *Le plus tôt sera le mieux. Le mieux qu'il peut, du mieux qu'il peut. Le mieux du monde* : à la perfection. ➝ « *Le mieux qu'on puisse faire, c'est de détourner les yeux et de penser à autre chose* » (Sartre). 2 loc. *AU MIEUX* : de la meilleure façon. *Faites au mieux.* ➝ *Vendre au mieux,* au meilleur prix. ➝ *Au mieux, il réunira mille suffrages.* ➝ *Être au mieux avec une personne,* en excellents termes. ➝ *Au mieux de,* de la façon la plus appropriée. *Je réglerai l'affaire au mieux de vos intérêts.* ➝ *Être au mieux de sa forme.* ⇒ **sommet.** 3 *POUR LE MIEUX* : très bien, excellemment. *Faites pour le mieux,* le mieux possible. 4 *DES MIEUX.* Très bien. *Cet appartement est des mieux meublés.* **III** adj. 1 En meilleure santé. *Se sentir mieux.* ♦ Plus agréable, plus beau. *Il est mieux sans moustache.* ♦ Plus à l'aise. *Mettez-vous dans ce fauteuil, vous serez mieux.* 2 Dans un état meilleur, plus convenable, plus satisfaisant. *Nous ne nous voyons plus : c'est mieux ainsi.* ⇒ **préférable.** ♦ *DE MIEUX* : de meilleur, qui soit mieux. *Si vous n'avez rien de mieux à faire ce soir, je vous emmène au cinéma.* ➝ *Ce qu'il y a de mieux dans le genre* (⇒ **nec plus ultra**). 3 loc. *QUI MIEUX EST* : ce qui est encore mieux. **IV** (Nominal) 1 Qqch. de mieux, une chose meilleure. *En attendant mieux. Il y a mieux, mais c'est plus cher.* ➝ *Je m'attendais à mieux, je suis déçu.* ♦ Bien plus. *Il a beaucoup de talent ; mieux, du génie.* 2 n. m. Ce qui est plus accompli, meilleur, le plus haut degré d'excellence possible. « *le mieux n'existe pas pour les gens sans le sou ; seul le pire arrive* » (Huysm.). ♦ *Le mieux, du mieux, un mieux.* ⇒ **amélioration.** *Le médecin a constaté un léger mieux. Il fait des efforts, il y a du mieux.* ⇒ **progrès.** ♦ *De mon (ton, son) mieux,* aussi bien qu'il est en mon (ton, son) pouvoir. *Elle fait de son mieux pour réussir.* ✪ CONTR. Pire.

> ❑ L'article du superlatif *le mieux* peut varier devant un participe féminin ou pluriel : « *l'imagination la mieux réglée* » (Beaumarchais) ; « *les caractères les mieux assis* » (Duhamel) ; ou rester invariable si l'on veut insister sur le plus haut degré : « *les critiques le mieux disposés* » (R. Rolland). ♦ Mots commençant par *bien-* → ① bien (rem.).

mieux-disant, ante adj. – XVIIIe ▪ vx Qui parle mieux que les autres. ➝ mod. n. m. ⇒ **élite, gratin.** *Le mieux-disant culturel.*

> ❑ Ne peut être précédé de *plus.* → moins-disant (rem.).

mieux-être [mjøzɛtʀ] n. m. inv. – XVIIIe ▪ État plus heureux, amélioration du bien-être. « *découvrir les lois physiques pour s'en servir au mieux-être des hommes* » (Bazin).

mièvre adj. – XIIIe ; p.-ê. germ. *snoefr* « vif » ▪ D'une grâce quelque peu enfantine et fade. *Des « tableaux charmants, un peu mièvres, peut-être »* (Gaut.). ✪ CONTR. Vif, vigoureux.

mièvrerie n. f. – XVe ▪ Grâce puérile, fade et recherchée. « *la mièvrerie, la molle joliesse de certaines phrases* [de Barrès] » (Gide). ♦ Chose, propos mièvre. « *l'escalier du grand temple* [...] *contraste absolument avec les mièvreries d'alentour* » (Loti).

mi-fin adj. m. – XXe ▪ Intermédiaire entre gros et fin. *Petits pois mi-fins.* ⇒ **demi-fin.**

migmatite n. f. – 1931 ; gr. *migma* « mélange » ▪ Roche métamorphique composée de granit et de gneiss.

mignard, arde adj. – XVe ; de *mignon* 1 (personnes) péj. D'une grâce affectée et un peu mièvre. *Des « petits-maîtres mignards, des musiques de clavecin »* (R. Rolland). 2 fam. Qui a un aspect mignon, une grâce délicate. *La petite Indochinoise « était mignarde, avec des mains minuscules »* (Sartre). ✪ CONTR. Grossier.

mignardise n. f. – XVIe 1 Délicatesse, grâce affectée. ⇒ **afféterie, préciosité.** *Ces pages « où le génie tombe dans l'afféterie et la mignardise »* (Henriot). ➝ *Les mignardises d'une coquette.* ⇒ **chichi, manière, minauderie.** 2 *(Œillet) mignardise* : petit œillet vivace à fleurs très odorantes utilisé en bordures. *Des œillets mignardise.*

mignon, onne adj. et n. – XVe ; p.-ê. de *minet* **I** adj. 1 Qui a de la grâce et de l'agrément, dans la petitesse. ⇒ **charmant,** ② **gentil, gracieux, joli, mignard,** fam. **mimi.** *Fille jeune et mignonne. C'est mignon chez vous.* ⇒ **coquet.** « *les choses mignonnes qui font sourire seulement* » (Loti). 2 *Filet mignon,* coupé dans la pointe du filet. n. m. *Mignon de veau.* 3 fam. Aimable et gentil. *Soyez mignonne, aidez-moi à ranger.* **II - 1** n. Personne mignonne (enfants, jeunes gens). « *Mignonne, allons voir si la rose* » (Ronsard). ♦ n. f. fam. Jeune fille (⇒ **poupée**). 2 n. m. *Les mignons d'Henri III,* ses favoris, homosexuels très efféminés. ✪ CONTR. Laid.

mignonnet, ette adj. et n. f. – XVIe ▪ Assez mignon. ⇒ **gentillet.** *C'est mignonnet, sans plus.* ➝ (t. d'affection) *Ma mignonnette.*

mignonnette n. f. – XVIIe 1 Satinette de coton à rayures de couleur. 2 Poivre grossièrement concassé (pour les steaks, etc.). 3 Fin gravier. « *la mignonnette encrassée de la cour* » (Bazin). 4 Flacon miniature, échantillon d'alcool, d'apéritif.

mignoter v. tr. [1] – XVe ; de *mignot* « mignon » ▪ vieilli Traiter délicatement. ⇒ **cajoler, dorloter.** ♦ pronom. *Se mignoter.* ⇒ se **bichonner.**

migraine n. f. – XIIIe ; lat. *hemicrania* « (douleur) dans la moitié du crâne » ▪ Douleur intense qui affecte généralement un seul côté de la tête, qui survient par crise (⇒ **céphalée**), et s'accompagne de nausées. *Migraines ophtalmiques.* ♦ Mal de tête. *Avoir la migraine.*

migraineux, euse adj. – XIXe ▪ Relatif à la migraine. *Des accès migraineux.* ♦ Sujet à la migraine.

migrant, ante adj. et n. – v. 1960 ▪ Qui participe à une migration (1°). ♦ n. Personne s'expatriant pour trouver du travail, ou un travail mieux rémunéré. ⇒ **émigrant, immigrant.**

migrateur, trice adj. et n. m. - XIXe ▪ (animaux) Qui migre. *Oiseaux migrateurs.* ➝ n. m. « *les mers antarctiques servent de refuge à un très grand nombre de migrateurs* » (J. Verne).

migration n. f. - XVe ; lat. *migrare* « s'en aller d'un lieu, sortir » 1 Déplacement de populations d'un pays dans un autre pour s'y établir. ⇒ **émigration, immigration.** *Migration provoquée par une guerre.* ⇒ aussi **exode.** ♦ Déplacement de populations d'un endroit à un autre (⇒ **migrant**). *Migrations saisonnières* (vacances, travail saisonnier). 2 Déplacement collectif, d'ordinaire périodique, d'une espèce animale sur de grandes distances (⇒ **migrateur**). *Migration des hirondelles, des saumons* (⇒ **montaison**). *Migration des troupeaux.* ⇒ **transhumance.** 3 sc. Déplacement (d'un organisme) au cours de son développement ou de ses métamorphoses. ➝ Déplacement (de cellules) dans l'organisme. *Migration de l'ovule* (par la trompe). ➝ *Migration de cellules cancéreuses.* ⇒ **métastase.** *Migration d'un caillot sanguin.* ⇒ **embolie.**

migratoire adj. - XIXe ▪ Relatif aux migrations. *Flux migratoires.*

migrer v. intr. [1] - XVIe ▪ Effectuer une migration (en parlant des humains et des espèces animales).

> ❑ Voir les composés *émigrer* (et émigré), *immigrer* (rem.).

mihrab [miʀab] n. m. - XIXe ; mot ar. ▪ Niche pratiquée dans le mur d'une mosquée et orientée vers La Mecque.

mi-jambe (à) loc. adv. - XVIIe ▪ Au niveau du milieu de la jambe. *Avoir de l'eau jusqu'à mi-jambe.*

mijaurée n. f. - XVIIe ; de *migeoler*, var. dial de *mijoter* ▪ Femme, jeune fille aux manières affectées, prétentieuses et ridicules. ⇒ **bêcheuse, pimbêche.** *Elle fait sa mijaurée.*

mijoter v. [1] - XVIe ; de l'a. fr. *mijot* « lieu où l'on fait mûrir les fruits », du germ. **I** v. tr. 1 Faire cuire lentement, à petit feu. ➝ Préparer (un mets) avec soin. ⇒ **mitonner.** *Mijoter de bons petits plats.* 2 fam. Mûrir, préparer avec réflexion et discrétion (une affaire, un mauvais coup, une plaisanterie). ⇒ **fricoter, manigancer.** *Qu'est-ce qu'il mijote ?* « *une de ces vieilles haines mijotées* » (Simenon). **II** v. intr. 1 Cuire à petit feu. *Le potage mijote.* 2 fam. Attendre en réfléchissant. *Laissons-le mijoter.*

mikado n. m. - XIXe ; mot jap., spécialt « porte du palais impérial » 1 vx Empereur du Japon. 2 Jeu d'adresse ressemblant au jonchet.

> ❑ Au sens d'« empereur », les Japonais et les spécialistes emploient *tenno* « souverain ».

① **mil** → ① **mille**

② **mil** n. m. - XIe ; lat. *milium* Céréale à petits grains (sorgho, millet) cultivée surtout en Afrique. *Des paroles « fortes comme l'alcool de mil »* (Senghor). ✪ HOM. Mille.

milan n. m. - XVe ; lat. *miluus* ▪ Oiseau rapace diurne (*aquilidés*). *Milan royal :* aigle à queue fourchue. *Milan blanc :* busard, circaète.

milanais, aise adj. et n. - XIXe ▪ De Milan. ➝ loc. adv. et adj. *(À LA) MILANAISE :* pané (œufs, mie de pain, parmesan) à la manière lombarde. *Escalopes milanaises.* ♦ n. m. Variété de génoise à l'abricot.

mildiou n. m. - XIXe ; angl. *mildew* « moisissure » ▪ Maladie cryptogamique qui apparaît sur les végétaux (pomme de terre, betterave, et surtout vigne) sous forme de taches blanches duveteuses.

mile [majl] n. m. - XIXe ; lat. *milia* ▪ Mesure de longueur utilisée dans les pays anglo-saxons, valant 5280 pieds (1609 m). ⇒ ② **mille.**

miliaire adj. et n. f. - XVIe ▪ sc. Qui présente l'aspect d'un grain de mil. *Glandes miliaires.* ➝ *Fièvre miliaire,* ou n. f. *la miliaire,* caractérisée par une abondante transpiration et une éruption miliaire. *Tuberculose miliaire.* ⇒ **granulie.** ✪ HOM. Milliaire.

> ❑ Ne pas confondre avec l'homonyme *milliaire* « qui marque la distance d'un mille romain ».

milice n. f. - XIVe ; lat. *militia* « service militaire » 1 Troupe armée qui était formée dans les villes. *Les milices bourgeoises furent remplacées en 1789 par la garde nationale.* 2 Troupe de police supplétive qui remplace ou renforce une armée régulière. *Milices populaires.* ♦ *La Milice :* corps paramilitaire formé en 1943 par le gouvernement de Vichy, qui participa à la lutte contre la Résistance. ♦ Police, dans certains pays. ♦ Formation illégale chargée par une collectivité (parti politique, groupe de pression, entreprise, etc.) de la défendre ou de défendre ses intérêts, en recourant à la force. *Milices privées.* 3 Armée belge. ➝ Service militaire, en Belgique. *Certificat de milice.*

milicien, ienne n. - XVIIIe 1 n. m. Soldat qui faisait partie d'une milice (1°). 2 Membre d'une milice (2°). 3 n. m. (Belgique) Soldat qui fait son service militaire. ⇒ **appelé.**

milieu n. m. - XIIe ; de *mi-* et *lieu* **I** - 1 (dans l'espace) Partie située à égale distance des bords, des extrémités (d'une chose). *Scier une planche par le milieu,* dans le sens de la longueur. ⇒ **axe.** *Le milieu d'une pièce.* ⇒ **centre.** ➝ *Milieu d'un segment AB :* point unique, équidistant de A et de B. 2 loc. adj. *DU MILIEU :* qui, parmi plusieurs, occupe la position centrale. *Le doigt du milieu.* ⇒ **médius.** 3 Période également éloignée du début et de la fin. *Le milieu du jour* (⇒ **midi**), *de la nuit* (⇒ **minuit**). « *Que ce milieu du dix-huitième siècle est sot et petit* » (Volt.). 4 *AU MILIEU (DE) :* à mi-distance des extrémités. ➝ Loin des extrémités, du bord ; à l'intérieur. « *Échevelé, livide au milieu des tempêtes* » (Hugo). ➝ *Au milieu de sa famille.* ⇒ **sein** (au sein de) ; **giron** (dans le giron de). ➝ « *Sa voix se perdait au milieu du bruit* » (R. Rolland). ➝ (temps) *Au milieu du repas* (⇒ ③ **pendant**). 5 *Milieu de table :* pièce de vaisselle ou d'orfèvrerie décorative placée au milieu d'une table. ⇒ ② **surtout.** ➝ *Milieu de terrain :* au football, joueur, intermédiaire entre les défenseurs et les attaquants, qui organise le jeu. ⇒ **libéro.** **II** - 1 Ce qui est éloigné des extrêmes, des excès ; position, état intermédiaire. ⇒ **entre-deux, intermédiaire.** « *s'il n'a pas vécu comme un saint, il n'a pas été non plus un mauvais homme. Il tenait le milieu* » (Camus). 2 *LE JUSTE MILIEU.* ⇒ **mesure, moyenne.** « *garder en tout un juste milieu, voilà la règle du bonheur* » (Dider.). ➝ Doctrine politique modérée de la monarchie constitutionnelle de Louis-Philippe (écrit parfois *juste-milieu*). **III** Ce qui entoure, ce dans quoi une chose ou un être se trouve. 1 Espace matériel dans lequel un corps est placé. *Milieu aqueux ; acide.* 2 Ensemble des objets matériels, des êtres vivants, des conditions qui entourent et influencent un organisme vivant. *Le milieu naturel. Milieu intérieur :* liquides physiologiques de l'organisme. ➝ *Milieu de culture* (pour micro-organismes, cellules). ➝ *Adaptation au milieu* (⇒ **biotope**). *Étude des milieux et des êtres vivants, de leurs rapports.* ⇒ **biogéographie ; écologie.** 3 Ensemble des conditions extérieures dans lesquelles vit et se développe un être humain. *L'homme et le milieu.* ⇒ **société.** 4 Entourage matériel et moral d'une personne (⇒ **ambiance, atmosphère, cadre, climat, environnement**). *Le milieu ambiant.* ♦ Groupe social où évolue une personne. « *il respirait largement ; il se sentait dans son vrai milieu* » (Flaub.). *Le milieu familial, social, professionnel. Milieu modeste, huppé. Dans les milieux bien informés.* 5 *LE MILIEU :* groupe social formé en majorité d'individus vivant de la prostitution et du vol. ⇒ **pègre.** *L'argot du milieu.* ✪ CONTR. Bord, extrémité, ① fin. Début.

militaire adj. et n. m. – XIVe ; lat. *miles* « soldat » **1** Relatif à la force armée, à son organisation, à ses activités, en particulier lors d'un conflit. ⇒ **guerrier, martial.** *L'art militaire :* la stratégie, la tactique. « *il avait décidé de se présenter* [...] *à l'école militaire de Saint-Cyr* » (Cl. Simon). *Les autorités civiles et militaires. Opération militaire. Victoire militaire,* par les armes. *Tenue militaire.* ⇒ **uniforme.** *Convoi militaire.* ➛ *Salut militaire. Musique militaire.* ➛ *Collège militaire.* ⇒ **prytanée. 2** *L'esprit, la fibre militaire :* le goût des armes, de l'armée. ⇒ **militarisme. 3** Qui est considéré comme propre à l'armée, aux soldats. *Concision, exactitude militaire.* **4** Fondé sur l'armée, la force armée. *Régime militaire.* ⇒ **caporalisme.** *Junte militaire.* ➛ *Coup d'État militaire.* ⇒ **pronunciamiento, putsch. 5** n. m. Celui qui fait partie des forces armées. ⇒ **soldat ; homme** (de troupe), ② **officier.** « *Est-ce qu'un militaire n'est pas fait pour être tué ?* » (Dider.). « *des militaires de carrière qui considèrent la guerre comme un fléau* » (Vian). ➛ *Militaire borné, chauvin.* ⇒ **baderne.** ✪ CONTR. Civil.

❑ Même famille étym. que *milice, militer.*

militairement adv. – XVIe **1** D'une manière militaire. *Saluer militairement.* « *des redingotes militairement boutonnées* » (Huysm.). ➛ Avec une discipline, une exactitude militaire. *Mener militairement une affaire,* avec décision, tambour battant. **2** Par la force armée. ⇒ **manu militari.** *Zone occupée militairement.*

militant, ante adj. et n. – XVe **1** Qui lutte activement pour défendre une cause, une idée. ⇒ **actif.** *Un syndicaliste très militant.* ➛ Qui prône l'action. *Doctrine militante.* **2** n. Membre actif d'une association, d'un syndicat, d'un parti. « *ces militants qui sont l'avant-garde de la classe ouvrière* » (Aragon). *Une militante féministe.* ⇒ aussi **pasionaria.** *Les militants de base et les apparatchiks d'un parti.*

militantisme n. m. – 1963 ▪ Attitude des personnes qui militent activement dans une organisation (⇒ **militant**).

militarisation n. f. – XIXe ▪ Action de militariser ; son résultat. ✪ CONTR. Démilitarisation.

militariser v. tr. [1] – XIXe ▪ Organiser d'une façon militaire ; pourvoir d'une force armée. *Militariser une frontière.* ✪ CONTR. Démilitariser.

militarisme n. m. – XVIIIe ▪ péj. **1** Prépondérance de l'armée dans la vie d'une société ; goût des armes, de la guerre. ⇒ **bellicisme.** « *la haine du militarisme brutal* » (R. Rolland). **2** Système politique qui s'appuie sur l'armée. ⇒ **caporalisme.** ✪ CONTR. Antimilitarisme.

militariste adj. et n. – XIXe ▪ péj. Relatif au militarisme ; partisan du militarisme. ✪ CONTR. Antimilitariste.

militer v. intr. [1] – XIIIe ; lat. *miles* « soldat » **1** (choses) *Militer pour, contre :* constituer une raison, un argument pour ou contre. **2** Agir, lutter sans violence (pour ou contre une cause) en s'efforçant de rallier autrui à ses convictions. *Militer pour la paix, contre la violence.* « *Tout le monde milite aujourd'hui, c'est la règle* » (Sartre). ➛ Être un militant (de parti, de syndicat). « *un copain qui milite à la* Guerre sociale » (Romains).

milium → **millet**

milk-bar [milkbaʀ] n. m. – 1947 ; angl., de *milk* « lait » et *bar* ▪ vieilli Bar, café où l'on consomme des boissons à base de lait. *Des milk-bars.*

milk-shake [milkʃɛk] n. m. – 1946 ; mot angl., de *milk* « lait » et *to shake* « secouer » ▪ Boisson frappée, à base de lait aromatisé. *Des milk-shakes à la fraise.*

millage [milaʒ] n. m. – 1968 ▪ (Canada) Action de mesurer en milles ; nombre de milles parcourus. *Millage d'une voiture,* indiqué au compteur.

① **mille** [mil] adj. numér. inv. et n. m. inv. – XIe ; lat. **I** adj. numér. card. Nombre entier naturel équivalant à dix fois cent (1 000 ; M). ⇒ **kilo-. 1** avec ou sans déterm. *Mille ans.* ⇒ **millénaire, millésime.** *Mille mètres.* ⇒ **kilomètre.** *Mille kilos.* ⇒ **tonne.** *Mille fois moins.* ⇒ **milli-.** ♦ (En composition pour former un adj. card.) *Mille un, une* (sauf dans « *les Mille et Une Nuits* »). *Mille huit cents* (ou *dix-huit cents*). ➛ (dans une date) *Mille* ou *mil* [mil]. « *Mil huit cent onze* » (Hugo). ♦ Un grand nombre, une grande quantité de. *Je te l'ai dit mille fois.* ➛ loc. *Je vous le donne en mille :* vous n'avez pas une chance sur mille de deviner, de gagner votre pari. « *Tu te demandes qui c'est. Eh bien ! je te le donne en mille. C'était* [...] *mon père* » (Duham.). **2** pronom. *Ils étaient mille.* **II** adj. numér. ord. Millième. *Le numéro 1 000 d'une revue.* **III** n. m. inv. **1** sans déterm. *Mille plus deux mille cinq cents.* ➛ POUR MILLE (précédé d'un adj. card.) : proportion de cas par millier d'unités (abrév. ‰). **2** avec déterm. Le chiffre, le numéro 1 000. *Des mille en chiffres romains.* ➛ Partie centrale d'une cible, marquée du chiffre 1 000. *Mettre, taper dans le mille,* dans le but ; fig. deviner juste. ➛ Millier. *Des centaines de mille francs.* Loc. fam. *Gagner des mille et des cents,* beaucoup d'argent. « *Vous savez dans la mercerie, l'on ne gagne pas des mille et des cents* » (Huysm.). ➛ Chaque millier d'exemplaires d'une édition. *Le trois centième mille.* ✪ HOM. Mil.

❑ On dit *vingt et un mille personnes, trente et un mille tonnes,* mais on trouve parfois l'accord de *un* avec le nom féminin : « *Vingt et une mille livres de rente* » (Mme de Sévigné). → un (rem.).

② **mille** [mil] n. m. – XIIIe ; de ① *mille* **1** Ancienne mesure de longueur, de distance. *Mille romain :* mille pas (1 481,5 m). **2** *Mille anglais* (abrév. mi), utilisé en Grande Bretagne, aux États-Unis et au Canada. ⇒ **mile.** *Nombre d'habitants au mille carré.* ♦ *Mille marin* ou *nautique :* la 60e partie d'un degré de latitude, soit 1 852 m. *Dixième de mille.* ⇒ **encablure.**

① **millefeuille** [milfœj] n. f. – XVIe ▪ Achillée *(composacées)* à longues feuilles très découpées.

❑ Nom féminin : *la millefeuille se boit en infusion.* ♦ Il existe aussi une graphie *mille-feuille,* avec trait d'union où l'absence de *s* à *feuille* n'est pas normale (cf. *mille-raies, mille-pattes*).

② **millefeuille** [milfœj] n. m. – XIXe ▪ Gâteau rectangulaire, alternant de fines couches de pâte feuilletée et de crème pâtissière.

millénaire [milenɛʀ] adj. et n. m. – XVe **1** Qui a mille ans (ou plus). *Une tradition plusieurs fois millénaire.* **2** n. m. Période de mille ans. *Les dynasties égyptiennes du second millénaire avant Jésus-Christ.* ♦ Millième anniversaire. *Le deuxième millénaire de la fondation d'une ville.* ⇒ **bimillénaire.**

millénarisme [milenaʀism] n. m. – XIXe ▪ Doctrine du millénium.

millénariste [milenaʀist] adj. – XIXe ▪ Relatif au millénarisme. *Théorie millénariste des premiers siècles de l'Église.* ♦ Partisan du millénarisme.

millénium [milenjɔm] n. m. – XVIIIe ; lat. *mille* « mille » et *annus* « an » ▪ Règne de mille ans attendu par les millénaristes (avant le jour du Jugement dernier). ♦ L'âge d'or. « *On allait vers une sorte de millénium* » (Romains).

mille-pattes [milpat] n. m. inv. – XVIe ▪ Myriapode au corps divisé en vingt et un segments, portant chacun une paire de pattes.

millepertuis ou **mille-pertuis** [milpɛʀtɥi] n. m. – XVIe ▪ Plante *(hypéricacées)* dont les feuilles parsemées de glandes translucides semblent criblées de petits trous, appelée *herbe de Saint-Jean, herbe à mille trous.* ➝ *Huile de millepertuis,* vulnéraire.

millépore [mi(l)lepɔʀ] n. m. – XVIIIe ▪ Polypier calcaire *(hydrocoralliaires)* des mers chaudes.

mille-raies [milʀɛ] n. m. inv. – XIXe ▪ Tissu à rayures ou à côtes très fines. ➝ *Velours mille-raies.*

millerandage [milʀɑ̃daʒ] n. m. – 1903 ; lat. *millium* « millet » et *granum* « grain » ▪ Avortement partiel ou développement incomplet d'une partie des grains du raisin.

millerandé, ée [milʀɑ̃de] adj. – XIXe ▪ Affecté de millerandage. *Grappes millerandées.*

millésime [milezim] n. m. – XVIe ; lat. « millième » **1** didact. Chiffre exprimant le nombre mille, dans une date. « *Charte datée de 350, au lieu de 1350, par oubli du millésime* » (Hatzfeld). **2** Chiffres indiquant la date d'une monnaie, d'une médaille (d'un timbre-poste, de certains produits : vins de crus, etc.). *1947 est un grand millésime pour les bordeaux rouges.*

millésimé, ée [milezime] adj. – XIXe ▪ Qui porte un millésime. « *flacons jeunes, fioles millésimées* » (Colette).

millet n. m. – XIIIe ; de ② *mil* **1** Graminée cultivée pour les grains ou comme fourrage. ⇒ **panic.** *Farine de millet. Millet des oiseaux, d'Italie ; millet à grappes,* à panicules serrées et épillets courts. ♦ *Millet noir.* ⇒ ② **sarrasin.** *Gros millet, millet de Guinée.* ⇒ **sorgho. 2** Petit kyste blanc siégeant à la face (surtout aux paupières) ou sur la peau des organes génitaux externes.

> ❑ Au sens médical, on dit aussi *milium.*

milli- [mili] Préfixe du système international (symb. m), de *millième,* qui divise par mille (10^{-3}) l'unité dont il précède le nom.

> ❑ Dans un dérivé savant, le *i* est une véritable voyelle ; *milliampère* a quatre syllabes alors que *milliardaire* n'en a que trois.

milliaire [miljɛʀ] adj. – XIIIe ▪ Qui marque la distance d'un mille romain. *Borne milliaire.* ✪ HOM. Miliaire.

> ❑ Ne pas confondre avec l'homonyme *miliaire,* « semblable à un grain de mil ».

milliampère [miliɑ̃pɛʀ] n. m. – XIXe ▪ Millième d'ampère (symb. mA).

milliampèremètre [miliɑ̃pɛʀmɛtʀ] n. m. – 1923 ▪ Ampèremètre très sensible, gradué en milliampères.

milliard [miljaʀ] n. m. – XVIe ▪ Mille millions (10^9). *Un milliard de milliards.* ⇒ **trillion.** *Deux milliards de dollars.* ➝ *Il est riche à milliards.* ⇒ **milliardaire.** ➝ Un très grand nombre. « *des millions de soleils éclairent des milliards de mondes* » (Volt.).

milliardaire [miljaʀdɛʀ] adj. et n. – XIXe ▪ Qui possède un milliard (ou plus) d'une unité monétaire. ♦ n. Personne extrêmement riche. *Les milliardaires américains.*

milliardième [miljaʀdjɛm] adj. et n. m. – 1923 **1** adj. numér. ord. Qui occupe le rang indiqué dans une série par le nombre d'un milliard. **2** Se dit d'une des parties d'un tout divisé en un milliard de parties égales. ⇒ **nano-.** ➝ n. m. *Un milliardième.*

millibar [milibaʀ] n. m. – 1914 ▪ Unité de pression atmosphérique équivalant à un millième de bar (symb. mbar). ⇒ **hectopascal.**

millième [miljɛm] adj. et n. – XIIIe **1** adj. numér. ord. Qui occupe le rang indiqué dans une série par le nombre mille. **2** Se dit d'une des parties d'un tout divisé en mille parties égales. ➝ n. m. *Un millième de millimètre. Calcul des charges d'un immeuble par millièmes.*

millier [milje] n. m. – XIe ▪ Nombre, quantité de mille ou d'environ mille. *Plusieurs milliers de manifestants.* « *Paris déversait des milliers d'autos sur la campagne* » (Queneau). ➝ *Des milliers :* un grand nombre indéterminé. *Il y en a des milliers et des milliers.* ➝ loc. adv. *PAR MILLIERS :* en très grand nombre. *Les étoiles* « *clignotaient par milliers au-dessus de sa tête* » (Mac Orlan).

milligramme [miligʀam] n. m. – XVIIIe ▪ Millième partie du gramme (symb. mg).

millilitre [mililitʀ] n. m. – XVIIIe ▪ Millième partie du litre (symb. ml).

millimètre [milimɛtʀ] n. m. – XVIIIe ▪ Millième partie du mètre (symb. mm). *Millième de millimètre.* ⇒ ② **micromètre.** *Millimètre carré* (mm^2), *cube* (mm^3).

millimétré, ée [milimetʀe] adj. – déb. XXe ▪ Gradué, divisé en millimètres. *Papier millimétré.*

millimétrique [milimetʀik] adj. – XIXe ▪ De l'ordre du millimètre. *Ondes millimétriques.* ⇒ aussi **submillimétrique.** ➝ Gradué en millimètres. ⇒ **millimétré.**

million [miljɔ̃] n. m. – XIIIe ▪ Mille fois mille (10^6). ⇒ **méga-.** « *Ce vaste empire, qui compte douze millions de kilomètres carrés* » (J. Verne). *Mille millions* (⇒ **milliard**), *un million de millions* (⇒ **billion).** ♦ (sans compl.) Million de francs, d'unités monétaires. *Un appartement de deux millions.* ➝ Million de centimes. ⇒ fam. **bâton, brique.** « *quand je dis deux à trois millions, je ne parle pas en centimes* » (Tournier). *Être riche à millions,* très riche. ⇒ **millionnaire.** ➝ *Des millions :* un nombre énorme. « *des millions d'insectes nocturnes* » (Robbe-Grillet).

> ❑ Un certain nombre de personnes continuant à s'exprimer en francs anciens, *million* reste ambigu et peut nécessiter des précisions : *million de centimes* (10 000 F) ou *million de francs.* ♦ Attention à la prononciation fautive [mijɔ̃].

millionième [miljɔnjɛm] adj. et n. – XVIe **1** adj. numér. ord. Qui occupe le rang marqué par le nombre de un million. **2** Se dit de chaque partie d'un tout divisé en un million de parties égales. ⇒ **micro-.** ➝ n. m. *Un millionième de gramme.* ⇒ **microgramme.**

millionnaire [miljɔnɛʀ] adj. et n. – XVIIIe **1** Qui possède un ou plusieurs millions (d'unités monétaires, de francs). ➝ Qui est très riche. *Il est plusieurs fois millionnaire.* ⇒ **multimillionnaire.** ➝ n. *Un, une millionnaire.* **2** *Ville millionnaire,* d'au moins un million d'habitants.

millivolt [milivɔlt] n. m. – 1923 ▪ Millième de volt (symb. mV).

millivoltmètre [milivɔltmɛtʀ] n. m. – 1963 ▪ Appareil utilisé pour mesurer les différences de potentiel très faibles, gradué en millivolts.

milord [milɔʀ] n. m. – XIVe ; angl. *my lord* « mon seigneur » ▪ vx Titre donné en France aux lords et pairs d'Angleterre, à tout étranger riche, puissant.

milouin n. m. – XVIIIe ; p.-ê. lat. *miluus* « milan » ▪ Canard sauvage des régions arctiques, à plumage noir, à tête et cou de couleur rousse.

mi-lourd adj. m. et n. m. – 1931 ▪ Catégorie de poids, immédiatement inférieure à celle des poids lourds (ex. entre 72,574 et 79,377 kg pour le boxeur). ➝ n. m. *Champion du monde des mi-lourds.*

mime n. – XVIe ; gr. *mimos* **I** n. m. **1** Comédie antique, burlesque et satirique, comprenant texte, chant et expression corporelle. 2 Genre de spectacle fondé sur le geste et l'expression corporelle. ⇒ **mimique** (II, 1°), **pantomime. II - 1** n. m. Comédien des mimes antiques. 2 Personne qui joue dans les pantomimes, qui s'exprime par les attitudes et les gestes, sans paroles. « *mademoiselle Rachel fut plutôt une mime tragique* » (Gaut.). ♦ Personne qui a le talent d'imiter autrui. ⇒ **imitateur.**

> ❑ Même famille étym. que *mimique, mimétisme* et *mimosa.*

mimer v. tr. [1] - XIXe ▪ Exprimer ou reproduire (un sentiment, une action) par des gestes, des jeux de physionomie, sans paroles. « *Mimer le désir, la joie* » (Mauriac). ✪ HOM. *Mime :* mîmes (mettre).

mimétique adj. - 1912 ▪ Du mimétisme. *Réactions mimétiques.*

mimétisme n. m. - XIXe ; gr. *mimeisthai* « imiter » 1 Propriété de certaines espèces vivantes de se rendre semblables par l'apparence au milieu environnant, à un individu de ce milieu. *Le mimétisme du caméléon.* 2 Processus d'imitation ; ressemblance produite par imitation machinale.

mimi n. m. - XVIIe ; de *minet* 1 lang. enfantin Chat. ⇒ **minet.** 2 fam. Baiser, caresse. 3 fam. t. d'affection ⇒ **mignon.** « *cela te chagrine, mon pauvre mimi* » (Huysm.). ➛ adj. inv. « *J'étais mimi ainsi sapé* » (Céline).

mimique adj. et n. f. - XVIe **I** adj. didact. Qui a rapport au mime. *Langage mimique des sourds-muets.* ⇒ **mimologie. II** n. f. 1 Art de l'expression par le geste ; action de mimer. 2 Ensemble des gestes expressifs et des jeux de physionomie qui accompagnent ou remplacent la parole. ⇒ **gestuelle.** *Il « demanda à tous le secret d'une mimique évidente »* (Aragon).

mimodrame n. m. - XIXe ▪ Drame interprété par gestes, mimiques, danses, sans paroles mais avec accompagnement musical. ⇒ **pantomime.**

mimolette n. f. - 1962 ; de *mi-* et ① *mollet* ▪ Fromage à pâte pressée non cuite d'origine hollandaise, de couleur orangée.

mimologie n. f. - XVIIIe 1 Art de l'imitation par le geste, par la voix. 2 Langage mimique des sourds-muets.

mimosa n. m. - XVIIe ; lat. *mimus* « mime » 1 Arbre ou arbrisseau épineux *(mimosacées)*, cultivé dans les régions tempérées pour ses fleurs très odorantes en forme de petites boules jaunes. ⇒ **acacia, sensitive.** « *je passerais entre des haies [...] de mimosas* » (Le Clézio). 2 Les branches fleuries de mimosa. *Bouquet de mimosa.* 3 *Œuf mimosa :* œuf dur coupé en deux et dont le jaune est amalgamé à de la mayonnaise. *Des œufs mimosas.*

> ❑ D'abord *herbe mimosa* « herbe qui se contracte au toucher, qui remue comme un *mime* ».

mi-moyen adj. m. et n. m. - 1927 ▪ Catégorie de poids immédiatement inférieure à celle des poids moyens (ex. entre 61,235 et 66,677 kg pour le boxeur). ➛ n. m. *Championnat de judo des mi-moyens.*

minable adj. et n. - XVe 1 Qui semble miné, usé par la misère, la maladie, à en inspirer pitié. ⇒ **misérable, pitoyable.** « *un chaos de maisons minables* » (Duham.). 2 fam. Très médiocre. ⇒ **lamentable, piteux.** *Résultats minables. Il riait « de sa vie, de ses minables passions »* (Sartre). ➛ *C'est minable d'agir ainsi.* ⇒ **mesquin ; dérisoire.** ♦ *Vous avez entendu sa conférence ? Il a été minable.* ➛ n. *Une bande de minables.* ⇒ **minus, paumé, tocard.** ✪ CONTR. Enviable. Excellent.

minablement adv. - XIXe ▪ fam. D'une manière minable.

minage n. m. - 1922 ▪ rare Action de miner (1°, 3°). ✪ CONTR. Déminage.

minahouet n. m. - XIXe ; bret. *min* « pointe » ▪ Petite mailloche servant à fourrer les cordages minces.

minaret n. m. - XVIIe ; ar. *manâra* « phare » ▪ Tour d'une mosquée du haut de laquelle le muezzin invite à la prière.

minauder v. intr. [1] - XVIIe ▪ Faire des mines, des manières pour attirer l'attention, séduire.

minauderie n. f. - XVIe 1 Action de minauder ; caractère de qqn qui manque de naturel en voulant plaire. ⇒ ② **affectation.** « *les fausses grâces, la minauderie* » (Dider.). 2 Air, geste affectés de qqn qui minaude. ⇒ **chichi, façons, manières,** ① **mines.** « *La coquetterie des femmes ordinaires, qui se dépensent en œillades, en minauderies et en sourires* » (Muss.).

minaudier, ière adj. - XVIIe ▪ Qui minaude. « *Jolie femme et minaudière* » (Balz.).

minbar [minbaʀ] n. m. - 1931 ; mot ar. ▪ Chaire d'une mosquée.

mince adj. et interj. - XIVe ; lat. *minutus* « petit, menu » **I** adj. 1 (Opposé à *épais*) Qui a peu d'épaisseur. ⇒ ② **fin.** *Couper en tranches minces.* ⇒ **émincer.** *Mince comme du papier à cigarette, comme une pelure d'oignon.* « *mon pardessus beaucoup trop mince pour la saison* » (Céline). ⇒ **léger.** 2 (Opposé à *large*) ⇒ **étroit, filiforme, ténu.** *Mince filet d'eau.* 3 Qui a des formes étroites relativement à la longueur, et donne une impression de finesse. *Jeune femme mince* (⇒ **gracile, svelte**). « *Elle n'était pas maigre, elle était mince* » (Pagnol). *Lèvres minces.* 4 Qui a peu d'importance, peu de valeur. ⇒ **insignifiant, médiocre, négligeable.** *Un prétexte bien mince.* « *ce n'est pas une mince affaire* » (Daud.). ⇒ **petit. II** interj. fam. Exclamation de surprise, de dépit (souvent euphém. de *merde*). *Ah ! mince ! Mince alors !* ✪ CONTR. Épais, ① fort, gros, large.

> ❑ Vient de l'ancien verbe *mincier* « couper en menus morceaux », variante de *menuisier* qui signifiait « rendre mince le bois ».

minceur n. f. - XVIIIe 1 Caractère, qualité de ce qui est mince. *Minceur d'une feuille de papier.* 2 (personnes) *Elle est d'une minceur et d'une élégance remarquables.* ⇒ **gracilité.** 3 Manque de consistance, de valeur (de qqch.). *La minceur des preuves.* ✪ CONTR. Épaisseur, grosseur.

mincir v. intr. [2] - XIXe ▪ Devenir plus mince. *Elle a beaucoup minci.* ⇒ fam. **amincir, fondre.**

① **mine** n. f. - XVe ; p.-ê. bret. *min* « bec, museau » **I** Aspect extérieur, apparence (par opposition à la nature profonde, aux sentiments). ⇒ ② **extérieur.** *C'est un passionné, sous sa mine tranquille. Juger des gens sur (d'après) la mine.* ♦ loc. *Ne pas payer de mine :* avoir un aspect extérieur qui n'est pas à son avantage. *Un bistrot qui ne paie pas de mine, mais où l'on mange bien.* ➛ *Faire mine de :* paraître disposé à ; faire semblant de. ➛ fam. et iron. *Avoir bonne mine,* l'air emprunté, ridicule. ➛ fam. *Mine de rien :* sans en avoir l'air. *Tâche d'en savoir plus, mine de rien.* **II - 1** Aspect du visage selon l'état de santé. *Avoir bonne, mauvaise mine.* « *Regarde-moi un peu ta mine ! T'es transparent ! T'es verdâtre !* » (Céline). *Avoir une mine de papier mâché, de déterré,* très mauvaise mine. 2 Aspect du visage, expression du caractère ou de l'humeur. ⇒ **figure, physionomie.** *Mine boudeuse, renfrognée, réjouie.* « *Vous aviez votre mine des mauvais jours* » (Bernanos). ➛ loc. *Faire triste mine :* avoir l'air déçu, dépité. *Faire grise mine (à qqn),* l'accueillir avec froideur, déplaisir. **III** au plur. Jeux de physionomie, attitudes, gestes. *Petites mines gracieuses d'un bébé.* ♦ péj. *Mines affectées.* ⇒ **manières, minauderie, simagrée.** *Faire des mines.* ⇒ **minauder, poser.**

❑ Même famille étym. que *minauder, minois.*

② **mine** n. f. – XIVe ; p.-ê. o. gaul. **I - 1** *Mine de platine :* alliage naturel de métaux de la famille du platine. ➛ *Mine de plomb :* graphite, plombagine. **2** Petit bâton de graphite, ou d'autre matière, qui constitue la partie centrale d'un crayon et laisse une trace. **II - 1** Terrain d'où l'on peut extraire un métal, une matière minérale utile, qui s'y trouve sous forme de gisement ou d'alluvions. *Mine souterraine, à ciel ouvert.* ⇒ ① **carrière, minière.** *Filons, veines d'une mine.* ➛ *Mine de cuivre, de diamants, de sel gemme.* **2** Source inépuisable. ⇒ **filon, fonds, gisement.** *Ce livre est une mine de renseignements.* **3** Cavité pratiquée dans le sous-sol et ensemble d'ouvrages souterrains aménagés pour l'extraction d'un minerai. *Galerie, puits de mine. Travail des mines.* ⇒ **abattage, havage, herchage, roulage.** ♦ Installations de surface, bâtiments de la mine. *Mine désaffectée.* ♦ *LES MINES :* administration spécialisée dans l'étude géologique et l'exploitation du sous-sol, et la direction de tout travail en souterrain (tunnels). *École, ingénieur des Mines.* ♦ (sans compl.) Mine de charbon. ⇒ **charbonnage, houillère.** « *c'est joli, cinquante ans de mine, dont quarante-cinq au fond !* » (Zola). *Terril d'une mine.* **III - 1** Excavation pratiquée pour faire sauter un ouvrage au moyen d'une charge ; cet explosif. « *les Allemands creusent une mine* » (Dorgelès). **2** Engin explosif (terrestre ou immergé). « *ils mouraient dans les champs de mines* » (Le Clézio). *Mine antichars, antipersonnel. Mine flottante. Dragueur de mines.*

miner v. tr. [1] – XIIe ; de ② *mine* **1** Creuser, attaquer la base ou l'intérieur de qqch. ⇒ **ronger, saper.** *La mer mine les falaises.* ⇒ **éroder.** **2** Attaquer, affaiblir, ruiner par une action progressive et sournoise. *La maladie qui le mine.* « *elle n'a mis dans votre café que des doses faibles, tout juste capables de vous miner* » (Simenon). *Miner la santé, les forces de qqn.* ⇒ **abattre, diminuer, user.** *Les soucis le minent.* **3** Garnir de mines explosives. *Miner un pont. Terrain miné.* ✪ CONTR. Consolider. Déminer.

minerai n. m. – XIVe ▪ Minéral contenant une ou plusieurs substances chimiques déterminées, en proportions telles qu'on puisse les isoler industriellement. *La bauxite est le principal minerai d'aluminium. Teneur d'un minerai en métal* (⇒ **docimasie**). *Débarrasser le minerai de sa gangue. Extraire un métal d'un minerai.* ⇒ **métallurgie.**

minéral, ale, aux adj. et n. m. – XVe **I** adj. **1** Relatif aux corps inorganiques. *Le règne minéral et le règne végétal. Chimie minérale* (opposé à *chimie organique*). **2** Constitué de matière inorganique. *Huiles minérales. Sels minéraux.* **3** *Eau minérale,* provenant d'une nappe souterraine, contenant des sels minéraux dotés de propriétés. *Eau minérale gazeuse. Une bouteille d'eau minérale.* **II** n. m. Élément ou composé naturel inorganique, constituant de l'écorce terrestre. ⇒ **minerai, pierre, roche.** *Étude des minéraux.* ⇒ **géologie, minéralogie.** *Minéraux amorphes, cristallins.*

minéralier n. m. – XVIe ▪ Cargo conçu pour le transport des minerais.

minéralisateur, trice adj. et n. m. – XVIIIe ▪ Qui transforme un métal en minerai. *Le soufre est une substance minéralisatrice. Agent minéralisateur,* ou n. m. *un minéralisateur :* corps qui possède la propriété de rendre cristalline une matière amorphe.

minéralisation n. f. – XVIIIe **1** Transformation (d'un métal) en minerai ; état du métal ainsi transformé. **2** État d'une eau qui contient des substances minérales en dissolution. *Une minéralisation équilibrée.* **3** Transformation (d'une substance organique) en substance minérale.

minéraliser v. tr. [1] – XVIIIe **1** Faire passer (un métal) à l'état de minerai. *Minéraliser du cuivre.* **2** p. p. adj. Chargé d'éléments minéraux solubles. *Une eau faiblement minéralisée.*

minéralogie n. f. – XVIIIe ▪ Branche de la géologie qui traite des minéraux.

minéralogique adj. – XVIIIe **1** Relatif à la minéralogie. ⇒ **géologique.** *Collection minéralogique.* **2** Relatif au service des Mines. *Arrondissement minéralogique. Numéro, plaque minéralogique :* numéro, plaque d'immatriculation d'un véhicule à moteur.

❑ Le *numéro minéralogique* était à l'origine affecté à chaque véhicule par le service des Mines.

minéralogiste n. – XVIIIe ▪ Spécialiste de minéralogie.

minerval n. m. – XVIIIe ; de *Minerve* ▪ région. (Belgique) Frais de scolarité payés par les élèves de certaines écoles. *Des minervals.*

minerve n. f. – XVIIe ; nom de déesse **1** Appareil orthopédique destiné à maintenir la tête en bonne position. **2** nom déposé Petite machine à imprimer. « *une "Minerve" à pédale, suffisante pour imprimer une feuille entière* » (Duham.).

minestrone [minɛstʀɔn] n. m. – 1930 ; mot it. ▪ Soupe italienne au riz (ou aux pâtes) et aux légumes.

minet, ette n. – XVIe ; de *mine,* nom pop. onomat. du chat en gallo-roman **I** fam. Petit chat, petite chatte. ⇒ **mimi, minou.** « *deux élégantes minettes, toutes blanches* » (Chateaub.). **II - 1** t. d'affection *Mon minet, ma petite minette.* **2** Jeune homme de la bourgeoisie aisée, surtout préoccupé de mode vestimentaire. « *Il y avait beaucoup de jeunes* [...] *des hippies, des minets, des homosexuels* » (Beauv.). ➛ n. f. Jeune fille à la mode.

① **minette** n. f. – XIXe ; de ② *mine* ▪ région. Minerai de fer lorrain. ⇒ **limonite.**

② **minette** n. f. – XVIIIe ; mot norm. ▪ région. Luzerne lupuline.

① **mineur, eure** adj. et n. – XIVe ; lat. **1** Plus petit, inférieur (opposé à *majeur*). ▪ *L'Asie Mineure :* l'Anatolie. ➛ *Ordres (religieux) mineurs.* ♦ *Proposition mineure,* et n. f. *la mineure :* seconde prémisse d'un syllogisme. **2** *Intervalle mineur :* intervalle musical plus petit d'un demi-ton que l'intervalle majeur. ➛ *Mode mineur,* ou n. m. *mineur.* « *Tout en chantant sur le mode mineur* » (Verlaine). *Sonate en ut mineur.* **3** D'importance, d'intérêt secondaire. *Problème mineur. Arts mineurs.* ⇒ **décoratif.** *Peintre, poète mineur,* de second plan. **4** (personnes) Qui n'a pas atteint l'âge légal de la majorité. *Enfants mineurs.* ➛ n. *Mineure émancipée.* ✪ CONTR. Majeur. Important, supérieur.

② **mineur** n. m. – XIIIe **1** Ouvrier qui travaille dans une mine, spécialt de houille. ⇒ **galibot, porion.** *Mineur de fond. Maison, quartier de mineurs.* ⇒ **coron.** **2** Soldat qui pose des mines explosives. ⇒ **sapeur.**

mini adj. inv. – v. 1965 ▪ fam. *La mode mini,* des minijupes. ➛ adv. *S'habiller mini.*

mini- Élément, du lat. *minus* « moins ».

miniature n. f. – XVIe ; lat. *miniare* « peindre en rouge » **1** Lettre ornementale (rouge à l'origine) placée au début des chapitres des manuscrits médiévaux. **2** Peinture fine de petits sujets illustrant des manuscrits, des missels. ⇒ **enluminure.** *Miniatures persanes.* **3** Genre de peinture délicate de très petit format ; cette peinture. *Porter une miniature en médaillon.* 4 loc. adj. *EN MINIATURE :* en très petit, en réduction. « *une dizaine de richards,* [...] *une bourgeoisie en miniature* » (Balz.). ➛ *Golf miniature.*

❑ Aucun rapport étymologique avec *mini-* en dépit du sens. → minium (rem.).

miniaturé, ée adj. – XIXe ▪ Illustré de miniatures. « *marges historiées et miniaturées* » (Gaut.).

miniaturisation n. f. – v. 1960 ▪ Action de miniaturiser.

miniaturiser v. tr. [1] – v. 1960 ▪ Donner à (un objet, un mécanisme) les plus petites dimensions possibles.

miniaturiste n. – XVIIIe ▪ Peintre de miniatures (⇒ **enlumineur**).

minibar n. m. – v. 1970 ; marque déposée ▪ 1 Chariot circulant dans les trains pour vendre boissons et sandwichs. 2 Petit réfrigérateur rempli de boissons dans les chambres d'hôtel.

minibus [minibys] n. m. – v. 1965 ▪ Petit autobus.

minicassette n. f. – 1968 ▪ Cassette magnétique de petite dimension.

minichaîne n. f. – v. 1980 ▪ Chaîne haute-fidélité dont les différents éléments sont de petite taille (⇒ **compact**).

minier, ière adj. – XIXe ▪ Relatif aux mines. *Industrie minière.* ➛ Où il y a des mines. *Bassin minier.*

minière n. f. – XIIIe ▪ Mine peu profonde ou à ciel ouvert. *Les minières sont à la disposition des propriétaires du sol.*

minigolf n. m. – v. 1970 ▪ Golf miniature.

minijupe n. f. – 1966 ▪ Jupe très courte. ⇒ **jupette ; mini.**

minima → **minimum**

minima (a) → **a minima**

minimal, ale, aux adj. – XIXe 1 Qui constitue un minimum. *Températures minimales,* les plus basses. 2 *Élément minimal :* élément d'un ensemble ordonné tel qu'il n'existe aucun autre élément qui lui soit inférieur. 3 *Art minimal :* art réduisant au maximum ses moyens d'expression. ⇒ **minimalisme.** ✪ CONTR. Maximal.

minimalisme n. m. – 1967 1 École de peinture qui réduit au minimum les éléments d'un tableau et pour laquelle l'œuvre est un objet structuré. 2 Attitude, tactique qui consiste à demander (et à donner) le minimum.

minimaliste adj. – 1918 1 Qui vise le minimum, est réduit au minimum. *Un programme minimaliste.* 2 Adepte du minimalisme en art. *Un scénario minimaliste.* ➛ n. *Les minimalistes et les abstraits.* ✪ CONTR. Maximaliste.

minime adj. et n. – XIVe ; lat. « le plus petit » 1 Très petit, peu important (choses abstraites). ⇒ **infime, petit.** *Coût minime. Dégâts extrêmement minimes.* ⇒ **insignifiant.** 2 n. m. Religieux de l'ordre monastique fondé par saint François de Paule. 3 n. Jeune sportif de la catégorie d'âge comprise entre les benjamins et les cadets (ex. en athlétisme, de 14 à 15 ans). ✪ CONTR. Considérable.

minimiser v. tr. [1] – XIXe ▪ Présenter en donnant de moindres proportions ; réduire l'importance de. ⇒ **diminuer, minorer.** *Minimiser la gravité d'une situation.* « *minimiser des témoignages qui n'en demeurent pas moins écrasants* » (Camus). ✪ CONTR. Amplifier, grossir.

minimum [minimɔm] n. m. et adj. – XVIIIe ; mot lat. « le plus petit » I n. m. 1 sc. Valeur d'une fonction inférieure à celles qui la précèdent ou la suivent immédiatement (opposé à *maximum*). 2 Valeur la plus petite atteinte par une quantité variable ; limite inférieure. *Les minimums* ou *les minima atteints. Dans le minimum de temps. Prendre le minimum de risques.* ➛ *AU MINIMUM :* au plus bas degré ; au moins. « *vous pouvez compter sur moi pour que tout soit réduit au minimum* » (Aymé). *Disons au minimum...* ♦ Minimum de la peine. *Être condamné au minimum.* ♦ La plus petite quantité déterminée nécessaire. *La ration alimentaire doit contenir un minimum de matières grasses. Le strict minimum.* Fam. *En faire le minimum,* le moins possible. ♦ loc. *MINIMUM VITAL :* somme permettant de satisfaire le minimum des besoins qui correspondent au niveau de vie dans une société donnée ; ration alimentaire minimale pour maintenir l'organisme en vie. II adj. Qui constitue un minimum. *Âge minimum.* ⇒ **minimal.** *Pertes, gains minimums* (ou *minima*). *Intensité minimum* (ou *minima*). *Revenu minimum d'insertion (R.M.I.).* ✪ CONTR. Maximum. ① Comble.

❑ La forme latine *minima* peut s'employer au féminin singulier et pluriel et au masculin pluriel, mais l'usage tend à utiliser *minimum* au féminin et à franciser l'accord au pluriel : *des minimums ; salaires minimums,* ou, pour éviter ces problèmes d'accord, à utiliser l'adjectif *minimal* (notamment en météorologie). → maximum, optimum (rem.).

mini-ordinateur n. m. – v. 1975 ▪ Ordinateur de taille, de puissance et de performance intermédiaires entre l'ordinateur et le micro-ordinateur.

minipilule n. f. – v. 1970 ▪ Pilule anticonceptionnelle faiblement dosée en hormones, notamment en œstrogène.

ministère n. m. – XVe I - 1 Charge remplie par le prêtre, le pasteur. ⇒ **sacerdoce.** « *Le saint ministère auquel je me destine* » (Stendh.). 2 *MINISTÈRE PUBLIC :* magistrature chargée de défendre les intérêts de la société, de veiller à l'application des lois et à l'exécution des décisions judiciaires. ⇒ ① **parquet ;** ① **avocat** (général), **commissaire, procureur** (général). II - 1 Corps des ministres et secrétaires d'État. ⇒ **cabinet, conseil** (des ministres), **gouvernement.** *Former un ministère.* « *Un ministère qu'on soutient est un ministère qui tombe* » (Talleyrand). ➛ (Suivi du nom du Premier ministre) *Le ministère Poincaré.* ➛ Temps que dure un ministère. *Sous le ministère Rocard.* 2 Département ministériel ; partie des affaires de l'administration centrale dépendant d'un ministre. *Ministère des Finances.* ♦ Bâtiment, services d'un ministère. « *il ne m'appelait pas du ministère mais d'une cabine publique* » (Simenon). 3 Fonction de ministre. ⇒ **maroquin, portefeuille.**

ministériel, ielle adj. – XVIe 1 *Officier ministériel.* ⇒ **avoué, commissaire-priseur, huissier** (de justice), **notaire.** 2 Relatif au ministère, au gouvernement. *Remaniement ministériel.* 3 Relatif à un ministère ; qui émane d'un ministre. *Arrêté ministériel.* 4 (abusif) De, du ministre. *Voyage ministériel.*

ministrable adj. – XIXe ▪ Susceptible de devenir ministre. « *un parlementaire ministrable* » (Romains). ➛ n. *Parmi les ministrables, on cite...*

ministre n. m. – XIIe ; lat. « serviteur » I *Ministre du culte :* celui qui a la charge (du culte divin), agit au nom de Dieu. ⇒ **ecclésiastique, prêtre.** ♦ Pasteur protestant. II - 1 anciennt Chef d'un grand service public permanent. *Louvois, ce grand ministre.* « *le roi avait perdu son premier ministre* » (Volt.). 2 Agent supérieur du pouvoir exécutif ; homme d'État placé à la tête d'un département ministériel. *Nomination d'un ministre.* « *Député demain, après-demain je puis être* *ministre et alors je te prends à mon cabinet* » (Aragon). *Le Conseil des ministres.* ⇒ **cabinet, gouvernement, ministère.** *Ministre de l'Intérieur. Madame le ministre. Premier ministre :* chef du gouvernement (en régime parlementaire), nommé par le président de la République. *Ministre sans portefeuille :* membre du cabinet qui n'est pas à la tête d'un département ministériel. *Ministre d'État :* ministre sans portefeuille. *Ministres et secrétaires d'État.* ♦ *Bureau ministre,* de grande taille, à tiroirs latéraux. ♦ loc. fam. *Un courrier de ministre,* très abondant. **3** Agent diplomatique de rang immédiatement inférieur à celui d'ambassadeur et chargé de représenter son gouvernement à l'étranger. *Ministre plénipotentiaire.*

❑ Le féminin *ministresse* ne s'est pas imposé et la forme *ministre,* nom féminin *(la, une ministre),* est recommandée au Québec. En France, s'agissant d'une femme, on dit *le, un ministre, une femme ministre, Madame le Premier ministre.*

minitel n. m. – 1980 ; nom déposé, *min-* pour *terminal* et *-tel* pour *téléphone* ▪ Petit terminal de consultation de banques de données vidéotex diffusé par l'Administration des télécommunications. *Les messageries du minitel.*

minitéliste n. – 1985 ▪ Utilisateur, utilisatrice du minitel.

minium [minjɔm] n. m. – XVIe ; mot lat. « cinabre, vermillon » **1** Oxyde de plomb, poudre de couleur rouge. **2** Peinture antirouille au minium. *Un réservoir « de tôle [...] que trois peintres passaient au minium »* (Romains).

❑ Même famille étym. que *miniature,* du latin *miniare* « peindre en rouge, enduire de minium ».

minivague n. f. – 1967 ▪ Permanente très souple.

minnesinger [minesiŋgœʀ] n. m. – XVIIIe ; mot all. ▪ Poète chanteur allemand, au Moyen Âge.

minoen, enne [minɔɛ̃, ɛn] adj. – 1913 ; de *Minos* ▪ Relatif à la période archaïque de la civilisation crétoise et grecque. *L'art minoen.* ➛ n. m. *Le minoen ancien* (2600-2000 av. J.-C.).

minois n. m. – XVe ; de ① *mine* ▪ Jeune visage délicat, éveillé, plein de charme. *Minois d'enfant.* ⇒ **frimousse.** « *le minois le plus adorablement mutin* » (Gaut.).

minorant n. m. – v. 1960 ▪ Nombre inférieur ou égal à tous les éléments d'un ensemble. ⇒ **borne.** ✪ CONTR. Majorant.

minoratif, ive adj. – XIVe ; lat. ▪ Qui déprécie, diminue l'importance.

minorer v. tr. [1] – XIVe **1** Diminuer l'importance de (qqch.). ⇒ **minimiser.** ➛ Porter à un chiffre moins élevé. ♦ Servir de minorant à (un ensemble). ⇒ **borner.** *Zéro minore l'ensemble des entiers naturels.* **2** Évaluer au-dessous de sa valeur réelle. ⇒ **sous-estimer.** ✪ CONTR. Majorer.

minoritaire adj. et n. – XIXe ▪ Relatif à la minorité, qui appartient à la minorité. *Parti minoritaire.* ✪ CONTR. Majoritaire.

minorité n. f. – XVe ; lat. *minor* « moindre » **I** (Opposé à *majorité,* I) **1** État de qqn qui n'a pas atteint l'âge de la majorité. ⇒ ① **mineur.** *La minorité, cause d'incapacité. Minorité pénale,* qui soumet les mineurs délinquants à un régime juridique et pénal particulier. ♦ Temps pendant lequel un individu est mineur. **2** *Minorité d'un souverain,* temps pendant lequel il ne peut, étant trop jeune, régner par lui-même. *Régence pendant une minorité.* **II** (Opposé à *majorité,* III) **1** Groupement (de voix) inférieur en nombre dans un vote, une réunion de votants. ➛ *Être en minorité,* dans la situation d'un groupe minoritaire. ♦ Parti, groupe qui n'a pas la majorité des suffrages. *Être dans la minorité.* ➛ Groupe peu nombreux se distinguant par ses idées, ses intérêts. « *la révolution serait faite par des minorités* » (Romains). **2** *La, une minorité de :* le plus petit nombre, très petit nombre, dans une collectivité ou une collection d'objets. *Le gouvernement comprend une minorité de femmes.* **3** Groupe englobé dans une collectivité plus importante. « *les représentants des minorités ethniques, Basques, Bretons, Catalans* » (Le Clézio). *Droits des minorités.* ✪ CONTR. Majorité.

minot n. m. – XVIIe ; bret. *min* « bec, pointe » ▪ Arc-boutant qui fait saillie à chaque épaule d'un navire et sur lequel s'amure la misaine.

minoterie n. f. – XIXe **1** Grand établissement industriel transformant les grains en farine. ⇒ **moulin. 2** Industrie de la mouture des grains. ⇒ **meunerie.**

minotier [minɔtje] n. m. – XVIIIe ; lat. *hemina* « mesure de grains » ▪ Industriel qui exploite une minoterie. ⇒ **meunier.**

minou n. m. – XIVe ; de *minet* ▪ fam. Petit chat (lang. enfantin). ⇒ **minet.** En appellatif Chat.

minuit n. m. – XIIe **1** Milieu de la nuit. « *sur le minuit, une espèce de souper avec du vin de Champagne* » (Stendh.) (⇒ **médianoche**). « *enfant des noirs minuits* » (Baudelaire). **2** Heure du milieu de la nuit, la douzième après midi (24 heures ou 0 heure). *Les douze coups de minuit. Minuit et demi.* fam. *Avoir la permission de minuit,* de sortir jusqu'à minuit.

❑ D'abord au féminin, comme *nuit,* et parfois encore de nos jours dans la langue littéraire : « *et quand, vers la minuit* » (Duhamel) ; « *à minuit et demie* » (Gide).

minus [minys] n. – XIXe ; lat. *minus habens* « ayant moins » ▪ fam. Individu incapable ou peu intelligent. *Une, des minus.* ⇒ **crétin, minable.** « *ce pitoyable minus* » (Aymé).

minuscule adj. et n. f. – XVIIe ; lat. « un peu plus petit, assez petit » **1** *Lettre minuscule* (opposé à *majuscule*) : petite lettre courante, d'une forme particulière. *Un* a, *un* b *minuscule.* ➛ n. f. *Sous-titre en minuscules.* ♦ Écriture en lettres minuscules. *La minuscule cursive.* **2** Très petit. ⇒ **exigu, infime, microscopique.** *Un petit logement « qui comportait deux pièces, une entrée minuscule »* (Duham.). *Appareil minuscule.* ⇒ **miniaturisé.** ✪ CONTR. Capitale, majuscule. Immense.

minutage n. m. – 1930 ▪ Action de minuter. ➛ Horaire précis du déroulement d'une opération, d'une cérémonie, etc.

minutaire adj. – XIXe ▪ Qui a le caractère d'une minute (II), d'un original. *Acte minutaire.*

minute n. f. – XIIIe ; lat. *minutus* « menu, mince », de *minus* « moins » **I - 1** Division du temps, soixantième partie de l'heure (symb. min ou mn). *La minute se divise en soixante secondes. Deux heures cinq minutes, deux heures quarante-cinq minutes* (dans le lang. cour. *deux heures cinq, trois heures moins le quart*). ➛ « *il connut une minute d'atroce anxiété* » (Mart. du G.). **2** Court espace de temps. ⇒ ② **instant, moment.** *Je reviens dans une minute. Toutes les cinq minutes. Une minute d'inattention.* « *je n'ai pas d'ici là une minute à perdre* » (Flaub.). ♦ loc. *D'une minute à l'autre :* dans un futur très proche, imminent. *Je pars à la minute,* tout de suite. ♦ fam. (inv.) Très rapide, fait très rapidement. *Talon, clé minute.* ♦ interj. fam. *Minute !* attendez ; fig. doucement, je ne suis pas de cet avis. *Minute, papillon !* **3** Unité de mesure d'angle plan, sous-multiple du degré (symb. '). *Un degré vaut* *soixante minutes (1° vaut 60').* **II** Original d'un jugement ou d'un acte authentique dont le dépositaire ne peut se dessaisir. *Minute d'un jugement, des actes notariés.*

> ❏ Le latin *minutus (minuta)* s'appliquait à une division du temps et à une écriture menue, d'où le sens « acte notarié », ces textes étant autrefois écrits en petits caractères.

minuter **v. tr.** [1] – XIVe **I** Rédiger (un acte juridique) pour servir de minute. *Minuter un contrat.* **II** Organiser (une cérémonie, une opération) selon un horaire précis. « *ils ont minuté leurs mouvements, ils ont compté chaque seconde* » (Simenon). ➝ *Emploi du temps strictement minuté.*

minuterie **n. f.** – XVIIIe **1** Partie d'un mouvement d'horlogerie qui communique aux aiguilles le mouvement de la roue d'échappement. **2** Appareil électrique assurant un contact pendant un nombre déterminé de minutes. *Minuterie d'un escalier d'immeuble.* « *la minuterie s'arrête et il faut chercher* [...] *le bouton* » (Simenon).

minuteur **n. m.** – v. 1960 ▪ Dispositif permettant de programmer une durée à l'issue de laquelle se déclenche un signal, un contact. *Sonnerie d'un minuteur de cuisson.*

minutie **n. f.** – XVIIe ; lat. *minutus* « petit » ▪ Application attentive aux menus détails. ⇒ **méticulosité, soin.** « *un esprit de détail porté jusqu'à la minutie* » (Rouss.). *Décrire avec minutie.* ⇒ **exactitude, précision.** ✪ CONTR. Négligence.

> ❏ Le groupe *...tie* se prononce [si] également dans *acrobatie, argutie, calvitie, diplomatie, facétie, idiotie, inertie, péripétie, suprématie,* etc.

minutier [minytje] **n. m.** – XIXe **1** Registre contenant les minutes des actes d'un notaire. **2** Local affecté au dépôt des anciennes archives notariales.

minutieusement **adv.** – XIXe ▪ Avec minutie.

minutieux, ieuse **adj.** – XVIIIe **1** Qui s'attache, s'arrête avec minutie aux détails. ⇒ **méticuleux, pointilleux, scrupuleux.** **2** Qui marque ou suppose de la minutie. ⇒ **attentif, soigneux.** *Soin minutieux. Inspection minutieuse. Dessin minutieux.* ⇒ **soigné.** ✪ CONTR. Négligent. Grossier.

miocène **adj.** et **n. m.** – XIXe ; gr. *meion* « moins » et *kainos* « récent » ▪ Se dit d'un groupe intermédiaire de terrains tertiaires (entre l'oligocène et le pliocène). ➝ **n. m.** Troisième période de l'ère tertiaire qui y correspond. *Le dinothérium, mammifère du miocène.*

mioche **n.** – XVIe ; de ① *mie* ▪ fam. Enfant. « *un pullulement extraordinaire de mioches* » (Zola).

mir **n. m.** – XIXe ; mot russe ▪ Organisme de propriété collective rurale, avant la révolution russe de 1917. ✪ HOM. Mire, myrrhe.

mirabelle **n. f.** – XVIIe ; de *Mirabel,* n. pr. **1** Petite prune ronde et jaune, parfumée. **2** Eau-de-vie de mirabelle.

mirabellier **n. m.** – XIXe ▪ Prunier à mirabelles.

> ❏ Ne pas oublier le *i* du suffixe *-ier.* → arbre (rem.).

mirabilis [miʀabilis] **n. m.** – XIXe ; mot lat. ▪ Plante *(nyctaginacées)* à fleurs s'ouvrant la nuit, communément appelée *belle-de-nuit.*

miracle **n. m.** – XIe ; lat. *mirus* « étonnant, étrange, merveilleux » **1** Fait extraordinaire où l'on croit reconnaître une intervention divine bienveillante. ⇒ **mystère, prodige.** *Les miracles de Lourdes. Qui fait des miracles.* ⇒ **thaumaturge.** ➝ fam. *Croire aux miracles :* être crédule et optimiste. **2** Drame médiéval sacré, au sujet emprunté à la vie des saints. « *Le Miracle de Théophile* », *de Rutebeuf.* **3** Chose étonnante et admirable qui se produit contre toute attente. « *L'amour est le miracle de la civilisation* » (Stendh.). *Le miracle économique allemand, japonais.* ➝ *Des solutions miracle.* ♦ loc. *Faire, accomplir des miracles :* obtenir des résultats remarquables, extraordinaires. *Crier miracle, au miracle.* ⇒ s'**extasier.** ➝ loc. adv. *PAR MIRACLE :* d'une façon inattendue et heureuse. « *si par miracle tout se passe bien* » (Romains). **4** Chose admirable dont la réalité semble extraordinaire. ⇒ **merveille.** « *des miracles d'imagination et d'harmonie* » (Ste-Beuve).

> ❏ À l'origine, le mot est très proche de *merveille* qui exprime aussi l'étonnement *(les sept miracles du monde,* XVIe s.*).* Autres mots de même famille étym. : *admirer, mirage, mirer, mirifique.*

miraculé, ée **adj.** – XVIIIe ▪ Sur qui s'est opéré un miracle. *Malade miraculé,* guéri par un miracle. ➝ **n.** *Les miraculés de Lourdes.*

miraculeusement **adv.** – XIVe **1** D'une manière miraculeuse, par un miracle. **2** Comme par miracle, extraordinairement. *Il s'en est sorti miraculeusement.* **3** Extrêmement. *Elle est miraculeusement belle.* ⇒ **prodigieusement.**

miraculeux, euse **adj.** – XIVe **1** Qui est le résultat d'un miracle. ⇒ **surnaturel.** *Guérison miraculeuse.* **2** Qui produit des effets surprenants, des prodiges. ⇒ **étonnant, merveilleux, prodigieux.** *Un remède miraculeux.* **3** Extraordinaire. *Il n'y a rien de miraculeux dans sa réussite.* ✪ CONTR. Naturel. Ordinaire, quelconque.

mirador **n. m.** – XVIIIe ; esp. *mirar* « regarder » **1** Belvédère. **2** Poste d'observation et de guet (notamment dans un camp de prisonniers).

mirage **n. m.** – XVIIIe ; de *mirer* **I** - **1** Phénomène optique pouvant produire l'illusion d'une nappe d'eau s'étendant à l'horizon, où se refléteraient les objets éloignés. *Les mirages du désert.* **2** Illusion, apparence séduisante et trompeuse. *Les mirages de la gloire.* **3** Avion militaire français de bombardement. *Des Mirages.* **II** Action de mirer (les œufs).

miraud, aude → **miro**

mirbane **n. f.** – XIXe ; o. i. ▪ *Essence de mirbane :* nitrobenzène (en parfumerie).

mire **n. f.** – XVe **1** *Ligne de mire :* ligne droite imaginaire déterminée par l'œil du tireur. ➝ *POINT DE MIRE :* point de visée. Fig. *Être le point de mire,* le centre d'intérêt, d'attention. **2** Signal fixe servant à déterminer une direction par une visée. *Mire parlante* (graduée). **3** Image conventionnelle fixe servant à apprécier les performances, la qualité de transmission d'un téléviseur. ✪ HOM. Mir, myrrhe.

mire-œufs [miʀø] **n. m. inv.** – 1907 ▪ Appareil qui sert à mirer les œufs.

mirepoix **n. m.** ou **f.** – XIXe ; n. pr. ▪ Préparation culinaire à base de légumes et d'épices, pour corser une viande. ➝ *Sauce mirepoix.*

mirer **v. tr.** [1] – XIIe ; lat. *mirari* « s'étonner » **1** Examiner (un œuf) à contre-jour (notamment pour s'assurer de sa fraîcheur). **2** littér. Regarder (dans une surface polie) ; refléter. ♦ *SE MIRER* **v. pron.** littér. Se regarder, se contempler. *Se mirer dans un miroir.* ➝ Se refléter. « *le feu se mirait dans une haute psyché* » (Flaub.). ✪ HOM. *Mire :* mirent (mettre).

mirette **n. f.** – XIXe ▪ fam. Œil. *De belles mirettes.*

mireur, euse **n.** – XIXe ▪ Personne qui mire des œufs.

mirifique adj. – XVe ; lat. *mirus* « étonnant, merveilleux » ■ plaisant ou iron. Merveilleux. ⇒ **mirobolant, prodigieux.** *Des promesses mirifiques.*

> ❑ Le mot était synonyme de *admirable* au XVIe s. → miracle (rem.). ♦ Son sens est très voisin de celui de *mirobolant.*

mirliton n. m. – XVIIIe ; p.-ê. anc. refrain 1 Tube creux garni à ses deux extrémités d'une membrane, et percé d'une ouverture latérale près de chaque bout, sur laquelle on applique les lèvres pour nasiller un air. ⇒ **flûtiau ; bigophone.** ➛ loc. fam. *Vers de mirliton,* mauvaise poésie. 2 Accessoire de cotillon qui se déroule sous l'effet du souffle en émettant un son nasillard.

mirmillon n. m. – XVIIIe ; lat. ■ Gladiateur armé d'un bouclier, d'une épée et d'un casque, généralement opposé au rétiaire.

miro ou **miraud, aude** adj. et n. – 1928 ; de *mirer* ■ fam. Qui voit très mal, myope. ⇒ **bigleux.** *Elles sont miros.* « *Tu m'prends pas pour un miraud, non ? J't'ai vu. T'as triché* » (Genet).

mirobolant, ante adj. – XVIIIe ; de *myrobolan* ■ fam. Trop beau pour être vrai. ⇒ **extraordinaire, merveilleux, mirifique.** *Des gains mirobolants.* ✪ HOM. Myrobolan.

miroir n. m. – XIIe ; de *mirer* 1 Objet constitué d'une surface polie qui sert à réfléchir la lumière, à refléter les images. ⇒ **glace.** *Le tain d'un miroir. Se regarder dans un miroir.* ⇒ se **mirer.** « *Ô miroir ! Eau froide par l'ennui dans ton cadre gelée* » (Mallarmé). ➛ *Miroir de courtoisie,* fixé dans le pare-soleil du passager avant d'une automobile. ➛ *Miroir ardent :* miroir concave qui peut enflammer des objets par la concentration des rayons solaires. ➛ *Miroir aux alouettes :* planchette mobile munie de petits miroirs que l'on fait scintiller au soleil pour attirer les oiseaux ; fig. piège séduisant. 2 littér. Surface unie qui réfléchit la lumière ou les objets. « *le miroir azuré des lacs* » (Nerval). ♦ *MIROIR D'EAU :* pièce d'eau de forme géométrique dans un jardin, un parc. 3 Ce qui offre à l'esprit l'image, la représentation des personnes, des choses, du monde. ⇒ **reflet.** *Les yeux sont le miroir de l'âme.* « *Un roman, c'est un miroir* » (Sartre). 4 *Œufs (au) miroir,* sur le plat. 5 *EN MIROIR :* de manière à produire une image spéculaire, inversée. *Écriture en miroir.*

> ❑ On emploie plutôt *glace* que *miroir,* mot vieillissant, que l'objet soit de grande *(armoire à glace)* ou petite dimension : « *avez-vous un miroir ! [...] une glace de poche ?* » (Sartre). Cependant, il peut y avoir une confusion avec *glace* « vitre ».

miroitant, ante adj. – XIXe ■ Qui miroite. ⇒ ① **brillant, chatoyant.** *Ces belles jambes* « *gainées d'une miroitante soie artificielle* » (Duham.).

miroité, ée adj. – XVIe ■ *Cheval miroité :* cheval bai à la croupe marquée de taches d'une couleur plus brillante que le fond de la robe.

miroitement n. m. – XVIIe ■ Éclat, reflet de ce qui miroite. ⇒ **chatoiement, scintillement.** *Le miroitement des vitres au soleil.*

miroiter v. intr. [1] – XVIe ; de *miroir* 1 Réfléchir la lumière en jetant des reflets scintillants. ⇒ **briller, étinceler, scintiller.** « *l'eau agitée en tous sens [...] scintillait, miroitait* » (Gaut.). 2 *Faire miroiter qqch.* (de positif) *à qqn,* le lui présenter de façon séduisante afin de l'appâter.

miroiterie n. f. – XVIIIe ■ Commerce, industrie des miroirs et des glaces.

miroitier, ière n. – XVIe ■ Personne qui fabrique, taille, vend des miroirs ou des glaces.

miroton n. m. – XVIIe ; o. i. ■ Bœuf bouilli en tranches cuisiné avec des oignons, du vinaigre. Par appos. *Du bœuf miroton.*

> ❑ On trouve souvent la forme fautive *mironton,* sous l'influence du refrain de chansons populaires, notamment *Malbrough s'en-va-t-en guerre, Mironton, mironton, mirontaine.*

mis, mise adj. – XVIIe ; de *mettre* ■ littér. Habillé, vêtu. « *des gaillards très bien mis [...] avec lorgnon et chaîne de montre* » (Gaut.). ✪ HOM. Mi, mie, mye.

misaine n. f. – XVIe ; catalan *mitjana* « du milieu » ■ Voile basse du mât de l'avant du navire. ➛ *Mât de misaine :* premier mât vertical à l'avant du navire.

misandre adj. et n. – v. 1970 ; *mis(o)-* et *-andre* ■ Qui a de la haine ou du mépris pour les hommes (II). *Elle est misandre.*

misandrie n. f. – v. 1970 ■ Haine ou mépris du sexe masculin, des hommes (opposé à *misogynie*).

misanthrope n. et adj. – XVIe ; *mis(o)-* et *-anthrope* 1 Personne qui manifeste de l'aversion pour ses semblables. ♦ Personne qui a le caractère sombre, aime la solitude, évite la société. ⇒ **ours, sauvage, solitaire.** « *Le Misanthrope* », *pièce de Molière.* 2 adj. Qui évite la fréquentation de ses semblables. ⇒ **bourru,** ② **farouche.** ✪ CONTR. Philanthrope. Sociable.

misanthropie n. f. – XVIe ■ Haine du genre humain ; caractère du misanthrope. ✪ CONTR. Philanthropie.

miscellanées n. f. pl. – XVIe ; lat. *miscere* « mêler » ■ Mélanges scientifiques ou littéraires.

miscible adj. – XVIIIe ; lat. *miscere* « mêler » ■ sc. Qui peut se mêler avec une autre substance en formant un mélange homogène. *L'eau et l'alcool sont miscibles.*

mise n. f. – XIIIe I - 1 Action de mettre (quelque part). *Mise en place. Mise en bouteilles.* ♦ *Mise bas :* action de mettre bas. ⇒ **parturition.** ♦ *MISE EN SCÈNE :* organisation matérielle d'une représentation : choix des décors, places, mouvements et jeu des acteurs, etc. (théâtre, cinéma, télévision). ⇒ **scénographie, réalisation.** 2 Action de mettre (dans une position nouvelle). *Mise sur pied. Mise à pied.* ⇒ **renvoi.** 3 Action de mettre (dans un état nouveau, une situation nouvelle). *MISE EN. Mise en eau* (d'un barrage). ➛ *Mise en équation, en facteurs.* ➛ *Mise en état, en ordre.* ➛ *Mise en forme d'un sportif.* ➛ *Mise en circulation. Mise en service, en vente.* ➛ *Mise en liberté.* ➛ *MISE EN ACCUSATION :* le fait d'accuser, signifié par l'acte d'accusation. *Chambre des mises en accusation.* ➛ *MISE À. Mise au net. Mise à niveau.* ➛ *Mise à la retraite. Mise à l'épreuve.* ➛ *Mise sous tension* (d'une installation), sur alimentation en courant électrique. *Mise à la terre :* raccordement électrique d'un appareil à un conducteur relié au potentiel de la terre. 4 région. (Suisse) Vente aux enchères. *Avis de mise.* II - 1 Action de mettre de l'argent au jeu ou dans une affaire ; somme d'argent ainsi engagée. ♦ (au jeu) ⇒ ③ **cave, enjeu,** ② **poule.** *Doubler la mise. Sauver la mise :* retirer l'argent engagé, à défaut de gain. loc. fig. *Sauver la mise à qqn,* lui épargner un désagrément. ♦ *Une importante mise de fonds.* ⇒ **investissement, participation, placement.** 2 *DE MISE :* qui a cours, convenable (plutôt en propos. négative). *Ces manières ne sont plus de mise.* 3 Manière d'être habillé. ⇒ **habillement, tenue, toilette.** *Soigner sa mise.* « *une mise correcte, sans recherche* » (Zola).

miser v. tr. [1] – XVIIe 1 Déposer, mettre (une mise, un enjeu). ⇒ **blinder,** ② **caver, parier,** ② **ponter.** *Miser dix* *francs.* 2 *Miser aux courses. J'avais « misé sur le mauvais cheval, joué la mauvaise carte »* (Duham.). ♦ fam. *Miser sur :* compter, faire fond sur. *On ne peut pas miser là-dessus.* 3 région. (Suisse) Acheter ou vendre aux enchères. *Miser sur qqn,* enchérir sur lui.

misérabilisme n. m. – 1937 ■ Tendance artistique à la représentation des aspects les plus misérables de la vie sociale.

misérabiliste adj. et n. – 1945 1 Se dit d'un artiste (écrivain, peintre, cinéaste) adepte du misérabilisme. ➛ *Film misérabiliste.* 2 Qui donne une impression de pauvreté mesquine, sordide. *Décor misérabiliste.*

misérable adj. et n. – XIVe 1 Qui inspire la pitié ; qui est dans le malheur, la misère. ⇒ **lamentable, malheureux, pitoyable.** *L'homme, pour Pascal, est à la fois misérable et grand.* ➛ (choses) Triste, pénible. *Vivre dans des conditions misérables.* 2 Qui est dans une extrême pauvreté ; qui est au bas de l'échelle sociale. ⇒ **indigent, nécessiteux, pauvre.** *Populations misérables. « jamais il ne s'est inquiété de savoir si j'étais riche ou misérable »* (Sand). ➛ *Logement misérable.* ⇒ **taudis.** *Vêtements misérables.* ⇒ **guenille ; minable, miteux.** ♦ n. *« Les Misérables », roman de V. Hugo.* ⇒ **gueux, ① hère, miséreux, paria, traîne-misère, va-nu-pieds.** 3 Sans valeur, sans mérite. ⇒ **insignifiant, méprisable, piètre.** *« Lucrèce était un misérable physicien »* (Volt.). *« un misérable pagne couvrait à peine vos flancs »* (Hugo). ➛ *Tant d'histoires, pour un misérable billet de vingt francs !* ⇒ **malheureux, méchant, pauvre.** ✪ CONTR. Heureux. Riche. Admirable.

misérablement adv. – XIVe 1 De façon très malheureuse. ⇒ **pitoyablement, tristement.** *Finir misérablement.* 2 Dans la pauvreté. *Vivre misérablement.* ⇒ **pauvrement.** ✪ CONTR. Richement.

misère n. f. – XIIe ; lat. *miser* « malheureux » 1 littér. Sort digne de pitié ; malheur extrême. ⇒ **adversité, détresse, infortune.** *La misère des temps. Quelle misère !* ➛ interj. *Misère !* ⇒ **malheur.** 2 Événement malheureux, douloureux. ⇒ **calamité, ② chagrin, malheur, peine.** *« les misères quotidiennes de son existence »* (Maupass.). *Petites misères.* ⇒ **ennui.** ♦ *Faire des misères à qqn,* le tracasser, le taquiner. ⇒ **méchanceté, taquinerie.** 3 Extrême pauvreté, pouvant aller jusqu'à la privation du nécessaire. ⇒ **besoin, dénuement, indigence, pauvreté ;** fam. **débine, dèche, mouise, panade.** *Misère noire. Elle vit « en garni, sans femme de chambre, dans la misère »* (Flaub.). loc. *Crier, pleurer misère :* se plaindre de sa situation. ➛ *De misère :* misérable. *Un salaire de misère.* 4 *Misère physiologique :* état d'une personne gravement sous-alimentée. ⇒ **dénutrition.** ♦ État d'une personne souffrant d'un manque, d'une insuffisance. *La misère sexuelle.* 5 *Une misère :* chose de peu d'importance, de peu de valeur. ⇒ **babiole, bagatelle, vétille.** *« Son appartement ne lui coûtait que six cents francs par mois. – Une misère, dit-il »* (Balz.). 6 Tradescantia (plante). ✪ CONTR. Bonheur. Richesse.

miserere [mizeʀeʀe] n. m. inv. – XVIe ; mot lat. « aie pitié », déb. d'un psaume ■ Le psaume « Miserere mei, Deus ». *Des miserere.* ♦ Air sur lequel ce psaume se chante ; ce chant.

❑ On écrit aussi *un miséréré, des misérérés.*

miséreux, euse adj. et n. – XIVe ■ Qui donne l'impression de la misère, d'une extrême pauvreté. ⇒ **famélique, misérable, nécessiteux, pauvre.** *Un mendiant miséreux.* ➛ *Quartiers miséreux.* ♦ n. *« Ces miséreux qui sollicitaient une aumône »* (Mart. du G.). ⇒ **crève-la-faim, gueux, malheureux.** ✪ CONTR. Aisé, riche.

miséricorde n. f. – XIIe ; lat. *misericors* « qui a le cœur *(cor)* sensible au malheur *(miseria)* » I – 1 Pitié par laquelle on pardonne au coupable. ⇒ **clémence, indulgence, pardon.** *Demander, obtenir miséricorde.* ➛ *La miséricorde divine.* ⇒ **absolution.** 2 interj. Exclamation qui marque une grande surprise accompagnée de douleur, de regret. II Saillie fixée sous l'abattant d'une stalle d'église permettant de s'appuyer ou de s'asseoir pendant les offices tout en ayant l'air d'être debout. ✪ CONTR. Dureté.

miséricordieux, ieuse adj. – XIIe ■ Qui a de la miséricorde, de la compassion (⇒ ① **bon**) ; qui pardonne facilement (⇒ **clément**). *Dieu est miséricordieux.*

mis(o)- Élément, du gr. *misein* « haïr ».

misogyne adj. et n. – XVIe ; *miso-* et *-gyne* ■ Qui hait ou méprise les femmes (opposé à *misandre*). *Un comportement misogyne.*

misogynie n. f. – XIXe ■ Haine ou mépris des femmes. *La misogynie des phallocrates.*

mispickel [mispikɛl] n. m. – XVIIIe ; mot all. ■ Sulfure naturel de fer et d'arsenic.

miss [mis] n. f. – XVIIIe ; mot angl. 1 Mademoiselle, en parlant d'une Anglaise, d'une Américaine. *Miss Smith.* 2 Reine de beauté élue lors d'un concours. *« Elle, si jolie, si faite pour jouer les Miss France »* (Montherl.).

❑ *Miss* est la contraction de l'anglais *Mistress,* lui-même emprunté au français *maistresse,* ancienne forme de *maîtresse.*

missel n. m. – XIIe ; lat. *missalis liber* « livre de messe » ■ Livre liturgique qui contient les prières et les lectures nécessaires à la célébration de la messe. ⇒ **paroissien.** ✪ HOM. Micelle.

missi dominici [misidɔminisi] n. m. pl. – XVIIIe ; mots lat. « envoyés du maître » ■ Inspecteurs royaux qui visitaient les provinces, sous les Carolingiens, notamment sous Charlemagne.

missile n. m. – XVIe ; mot lat. « projectif » ■ Projectile autopropulsé et téléguidé, à charge classique ou nucléaire. ⇒ **engin, fusée.** *Missile tactique, stratégique. Missile sol-sol, mer-sol.*

missilier n. m. – 1970 ■ Militaire ou marin spécialiste des missiles.

mission n. f. – XIIe ; lat. *mittere* « envoyer » 1 Charge donnée à qqn d'aller accomplir qqch., de faire qqch. ⇒ **commission, délégation, mandat.** *Donner, confier une mission à qqn. Charger qqn d'une mission. Envoyer en mission* (⇒ **commettre, déléguer, dépêcher, ① détacher**). *Avoir mission de faire qqch. Mission accomplie.* ➛ *Mission diplomatique.* ⇒ **ambassade.** ➛ *Mission scientifique.* ⇒ **expédition.** 2 Charge de propager une religion ; prédications et œuvres accomplies à cet effet. ⇒ **apostolat.** *Pays de mission.* 3 Groupe de personnes ayant une mission. *Faire partie d'une mission.* ♦ Organisation de religieux chargés de la propagation de la foi (⇒ **missionnaire**). 4 Bâtiment où logent les missionnaires. 5 But, tâche que l'on se donne à soi-même avec le sentiment d'un devoir. *« Il est comme quelqu'un qui se serait fixé une tâche, une mission »* (Aragon). ♦ Action, but auquel qqn semble destiné. ⇒ **fonction, rôle, vocation.** *La mission de l'artiste.* ➛ (choses) ⇒ **but, destination, fonction.** *« La mission de l'art n'est pas de copier la nature »* (Balz.).

missionnaire n. et adj. – XVIIe 1 Prêtre, religieux, religieuse des missions. *Les missionnaires d'Afrique.* 2 adj. Qui a la mission de propager sa religion. *Sœur missionnaire.* ➛ *L'esprit missionnaire,* de qqn qui cherche à convertir à une religion, à un idéal.

missive adj. f. et n. f. – XVe ; lat. *mittere* « envoyer » 1 dr. *Lettre missive :* écrit acheminé par l'intermédiaire d'un particulier ou de la poste. **2** **n. f.** littér. ou plaisant Lettre. « *Elle déchira l'audacieuse missive* » (Laclos).

mistelle **n. f.** – 1902 ; esp. *misto* « mélangé » ■ Moût de raisin dont la fermentation a été arrêtée par addition d'alcool.

Mister [mistœʀ] **n. m.** – 1903 ■ Monsieur, devant le nom d'un Anglais, d'un Américain. ◆ abrév. *Mr.* (avec un point). « *Mr. Fogg, cet honnête et courageux gentleman* » (J. Verne).

> ❑ Ne pas confondre l'abréviation graphique *Mr.* « Mister » et *Mr* « Monsieur ». → monsieur (rem.).

mistigri **n. m.** – XIXe ; de *miste,* nom pop. du chat, et *gris* ■ fam. et vieilli Chat.

mistoufle **n. f.** – XIXe ; p.-ê. de *emmitoufler* **1** fam. Méchanceté. *Faire des mistoufles à qqn.* ⇒ **misère.** **2** pop. ⇒ **misère, pauvreté.** « *Vous auriez mieux fait de laisser votre gonzesse croupir dans la mistoufle* » (Cendrars).

mistral **n. m.** – XVIe ; a. provenç. « magistral ; vent maître » ■ Vent violent qui souffle du nord vers la mer, dans la vallée du Rhône et sur la Méditerranée. « *J'ai une colline, un rempart de cyprès qui m'abritent du mistral et de la tramontane* » (Colette). *Des mistrals violents.*

mitaine **n. f.** – XIIe ; p.-ê. de *mite* « chat » ■ Gant qui laisse à nu les deux dernières phalanges.

mitan **n. m.** – XIIe ; de *mi* et *tant* ■ région. ou pop. Milieu. « *le mitan de la matinée* » (Clavel). ✪ HOM. Mi-temps.

mitard **n. m.** – XIXe ; de l'arg. *mit(t)e* « cachot » ■ arg. Cachot d'une prison.

mite **n. f.** – XIIIe ; néerl. **1** Arthropode qui vit au détriment de matières végétales ou animales. *Mite de la farine, du fromage.* **2** Petit papillon dont les larves rongent les étoffes de laine et les fourrures. *Manteau mangé par les mites, troué aux mites.* ✪ HOM. Mythe.

mi-temps [mitɑ̃] **n. f.** et **m. inv.** – XIXe **1** **n. f.** Temps de repos au milieu d'un match (football, rugby, hockey, etc.). **2** **n. f.** Chacune des deux moitiés du temps réglementaire d'un match. **3** **loc. adv.** *À MI-TEMPS. Travailler à mi-temps,* pendant la moitié de la durée normale du travail (opposé à *à plein temps*). ◆ **n. m.** Travail à mi-temps. *Faire un mi-temps.* ✪ HOM. Mitan.

miter (se) **v. pron.** [1] – XVIIIe ■ Être attaqué, abîmé par les mites. *Mettre des vêtements dans des housses pour éviter qu'ils se mitent.* ◆ *Une fourrure mitée.* ✪ HOM. *Mite :* mîtes (mettre).

miteux, euse **adj.** et **n.** – XIXe ■ En piteux état ; d'apparence misérable. ⇒ **minable, pauvre, piètre.** *Vêtements miteux.* « *Ce bar-ci était plutôt d'aspect miteux* » (Simenon). ◆ **n.** fam. Personne pauvre, pitoyable dont on ne fait pas grand cas. « *ce grand ramassis de miteux dans mon genre* » (Céline). ⇒ **fauché.**

mithriacisme **n. m.** – XIXe ■ Culte de Mithra, dieu perse.

mithriaque **adj.** – XVIIIe ■ Relatif au culte de Mithra. *Religion, mystères mithriaques.*

mithridatisation **n. f.** – 1906 ■ Immunité à l'égard des poisons minéraux ou végétaux, acquise par accoutumance progressive.

mithridatiser **v. tr.** [1] – XIXe ; de *Mithridate,* roi du Pont ■ Immuniser en accoutumant à un poison.

> ❑ Le roi Mithridate, craignant que ses ennemis ne tentent de l'empoisonner, avait pris soin de se faire immuniser contre les poisons.

mitigation **n. f.** – XIVe ■ *Mitigation des peines :* substitution, par égard pour la faiblesse physique du condamné, d'une peine plus douce à la peine infligée. ✪ CONTR. Aggravation.

mitigé, ée **adj.** – XVIIe **1** Moins strict. ⇒ **relâché.** *Zèle mitigé.* **2** (critiqué) Mêlé, mélangé. *Des sentiments mitigés.*

mitiger **v. tr.** [3] – XIVe ; lat. *mitis* « doux » ■ vieilli Rendre plus doux, moins rigoureux. ⇒ **adoucir, tempérer.** « *une austérité de monastère que mitigerait la banalité d'un magasin à fourrages* » (Courtel.). ✪ CONTR. Aggraver.

mitigeur **n. m.** – 1968 ■ Robinet permettant le réglage instantané de la température de l'eau. ⇒ **mélangeur.**

mitochondrie [mitɔkɔ̃dʀi] **n. f.** – XIXe ; gr. *mitos* « filament » et *khondrion* « grain » ■ Organite cytoplasmique jouant un rôle fondamental dans la respiration cellulaire liée à la synthèse d'A.T.P. ⇒ **chondriome.**

mitogène **adj.** et **n. m.** – av. 1980 ; de *mito(se)* et *-gène* **1** Qui stimule la prolifération cellulaire. **2** **n. m.** Substance induisant la mitose.

mitonner **v.** [1] – XVIe ; de *mitonnée* « mie de pain », de *mie* **I** **v. intr.** Cuire longtemps à petit feu. ⇒ **bouillir, mijoter.** « *Mon pot-au-feu mitonne* » (Labiche). **II** **v. tr.** **1** Préparer en faisant cuire longtemps à feu doux. *Mitonner un plat.* ◆ Préparer soigneusement (un mets). *Elle nous a mitonné un bon petit dîner.* **2** Préparer tout doucement (une chose) pour un résultat. *Mitonner une affaire.* ◆ *Mitonner qqn,* être aux petits soins pour lui. ⇒ **dorloter.**

mitose **n. f.** – XIXe ; gr. *mitos* « filament » ■ Division de la cellule où chaque chromosome se dédouble (⇒ **caryocinèse**), de sorte que les deux cellules résultant de cette division possèdent, en nombre égal, les mêmes chromosomes que la cellule d'origine.

mitoyen, enne **adj.** – XIVe ; de *moitié* ■ Qui est entre deux choses, commun à l'une et à l'autre. « *Un jardinet dont le mur était mitoyen avec la sacristie* » (Balz.). ◆ *Maisons mitoyennes,* qui se touchent par un mur mitoyen.

mitoyenneté **n. f.** – XIXe ■ Caractère de ce qui est mitoyen. ◆ Qualité de ce qui est contigu. ⇒ **contiguïté, voisinage.** ♦ Copropriété d'une clôture, d'un mur, etc., séparant deux fonds.

mitraillade **n. f.** – XVIIIe ■ Tir, décharge de mitrailleuse. ⇒ **mitraille.**

mitraillage **n. m.** – 1937 ■ Action de mitrailler. *Mitraillage au sol* (par avion). ◆ « *le mitraillage incessant des photographes* » (Tournier).

mitraille **n. f.** – XIVe ; rad. germ. *mit-* « couper en morceaux » **1** Ferraille, puis balles de fonte dont on chargeait les canons. ◆ Décharge d'artillerie, d'obus et de balles. « *ceux que la mitraille et les bombes ont arrêtés dans l'exode* » (Duham.). **2** fam. Menue monnaie de métal. ⇒ **ferraille.**

mitrailler **v. tr.** [1] – XVIIIe **1** Prendre pour objectif d'un tir de mitrailleuse. *Mitrailler des soldats ennemis. Civils mitraillés par des avions.* **2** fam. Photographier ou filmer sans arrêt (un personnage). ◆ *Mitrailler qqn de questions,* le soumettre à des questions rapides et incessantes.

mitraillette **n. f.** – 1935 ■ Arme à tir automatique portative. ⇒ **pistolet-mitrailleur, kalachnikov.**

mitrailleur **n. m.** – XVIIIe ■ Servant d'une mitrailleuse. *Mitrailleur à bord d'un avion.*

mitrailleuse **n. f.** – XIXe ■ Arme automatique à tir rapide. *Automobile équipée d'une mitrailleuse.* ⇒ **automitrailleuse.** *Rafale de mitrailleuse.* ⇒ **mitrailleur.** « *le crépitement régulier d'une mitrailleuse* » (Dorgelès).

mitral, ale, aux adj. – XVIIe ▪ En forme de mitre. *Valvule mitrale* ou n. f. *la mitrale* : valvule à deux valves, située entre l'oreillette et le ventricule gauches du cœur. ➛ Qui a rapport à la mitrale. *Rétrécissement mitral.*

mitre n. f. – XIIe ; gr. *mitra* « bandeau » **I** Haute coiffure triangulaire de cérémonie portée par les prélats. *La mitre et la crosse épiscopales. Recevoir la mitre* : être nommé évêque. **II - 1** Chapeau triangulaire surmontant une cheminée sur un toit, et qui sert à la protéger de la pluie et du vent. ⇒ **abat-vent. 2** Mollusque gastéropode des mers tropicales *(monotocardes)* à coquille longue et pointue.

mitron n. m. – XVIIe ; de *mitre* **1** Garçon boulanger ou pâtissier. **2** Poterie de forme circulaire couronnant un conduit de cheminée.

> ❑ Autrefois, les bonnets des garçons boulangers avaient la forme d'une *mitre.*

mi-voix (à) loc. adv. – XIXe ▪ D'une voix faible. ⇒ **mezza-voce.** *Elle lui parlait « à mi-voix du même ton de confidence dont j'avais bénéficié »* (Mauriac).

mixage n. m. – 1934 ▪ Regroupement de plusieurs signaux sonores sur un même canal. ➛ Recomm. offic. MÉLANGE. ♦ *Table de mixage* : appareil destiné au regroupement de diverses sources sonores en vue de leur enregistrement.

mixer v. tr. [1] – 1934 ; angl. *to mix* « mélanger » **1** Procéder au mixage de. **2** Passer (un aliment) au mixeur.

mixeur n. m. – 1952 ; angl. *mixer* « mélangeur » ▪ Appareil électrique servant à mélanger, à battre des aliments. ⇒ **batteur, robot.**

> ❑ On écrit aussi *mixer,* à l'anglaise : « *on veut presser le bouton du mixer* » (Le Clézio).

mixité n. f. – XIXe ▪ Caractère de ce qui est mixte. *Mixité des établissements scolaires.*

mixte adj. – XIVe ; lat. *miscere* « mélanger » **1** Qui est formé de plusieurs, de deux éléments de nature différente. ⇒ **combiné, composé.** *Cuisinière mixte,* à gaz et électricité. *Peau mixte,* présentant des zones sèches et d'autres grasses. ➛ *Commission, tribunal mixte,* formés de membres, de juges appartenant à des corps, à des pays différents. ➛ *Mariage mixte,* entre personnes de religions, de races (⇒ **interracial**) ou de nationalités différentes. **2** Qui comprend des personnes des deux sexes. *École mixte.* ➛ *Équipe mixte.* **3** *Produit mixte de n vecteurs d'un espace vectoriel euclidien, de dimensions n,* le déterminant de ces *n* vecteurs, relativement à une base normée.

mixtion [mikstjɔ̃] n. f. – XIIIe ; lat. ▪ Action de mélanger des substances, des drogues pour la composition d'un médicament. ⇒ **mélange.** ♦ Produit de cette mixtion. ⇒ **mixture.**

> ❑ Bien prononcer le *t* pour éviter la confusion avec *miction* « action d'uriner ». → immixtion (rem.).

mixture n. f. – XIIe ; lat. **1** Mélange de substances chimiques, pharmaceutiques. ⇒ **mélange, mixtion. 2** Mélange comestible (boisson ou aliment) dont on reconnaît mal les composants. « *Il entrait dans la mixture du jus d'orange, d'autres aromes que je n'identifiais pas, et une bonne moitié de whisky* » (Romains).

M.K.S.A. [ɛmkaɛsa] adj. – mil. XXe ; sigle ▪ *Système M.K.S.A.* : système international d'unités physiques dans lequel les unités sont le mètre, le kilogramme, la seconde et l'ampère.

Mlle → **mademoiselle**

MM. (messieurs) → **monsieur**

Mme → **madame**

mnémo- Élément, du gr. *mnêmê* « mémoire ».

mnémonique adj. – XIXe ▪ Qui a rapport à la mémoire, qui sert à aider la mémoire. *Procédé mnémonique.* ⇒ **mnémotechnique.**

mnémotechnique [mnemotɛknik] adj. – XIXe ▪ Capable d'aider la mémoire par des procédés d'association mentale qui facilitent l'acquisition et la restitution des souvenirs. *Moyen mnémotechnique.*

-mnèse, -mnésie, -mnésique Éléments, du gr. *mimnêsko* « je me souviens ».

mnésique adj. – 1923 ▪ De la mémoire, propre à la mémoire. *Pertes mnésiques.*

mobile adj. et n. m. – XIVe ; lat. *movere* « mouvoir » **I** adj. **1** Qui peut être mû, dont on peut changer la place ou la position. *Cloison mobile. Pont mobile.* « *son petit agenda de l'homme moderne à feuillets mobiles* » (Perec). **2** Dont la date, la valeur peut être modifiée, est variable. *Fêtes mobiles.* **3** Qui peut se déplacer, aller en opérations (⇒ **mobiliser**). *Troupe mobile. Un garde mobile* (ou *gendarme mobile*). *Brigade mobile.* **4** Qui n'est pas fixe, se déplace sans cesse. *Population mobile.* ⇒ **nomade. 5** *Visage, regard mobile,* plein de vivacité. ⇒ **animé. II** n. m. **1** Tout corps qui se meut ou est mû, considéré dans son mouvement. *Mouvement, vitesse, masse d'un mobile.* **2** Ce qui fournit une impulsion. ⇒ **moteur.** « *L'argent, premier mobile des affaires de ce monde* » (Volt.). ♦ Ce qui porte, incite à agir. ⇒ **impulsion.** *Mobile d'une action.* ⇒ **cause, motivation.** ➛ Motif qui détermine la volonté de l'auteur d'un acte et le décide à agir. « *c'est lui qui avait tué, il niait seulement le mobile d'intérêt* » (Breton). **3** Œuvre d'art, ensemble d'éléments légers et articulés de telle sorte qu'ils prennent des dispositions variées sous l'influence du vent ou de tout autre moteur. ✪ CONTR. Immobile ; ① fixe. Sédentaire.

-mobile Élément, du lat. *mobilis* « qui se meut ».

mobile home [mɔbilom] n. m. – v. 1970 ; mot angl. « maison mobile » ▪ Grande caravane tractable surtout conçue pour rester sur place. « *le mobile home oscille un peu comme un bateau* » (Le Clézio). *Des mobile homes.* ➛ Recomm. offic. AUTO-CARAVANE.

> ❑ Ne pas confondre avec *motor-home,* qui est une voiture autonome.

mobilier, ière adj. et n. m. – XVIe ; de *mobile* **I** adj. **1** Qui consiste en meubles ; qui se rapporte aux biens meubles. *Propriété, fortune mobilière. Contribution, cote mobilière,* calculée d'après la valeur locative réelle du logement. **2** Qui est de la nature du meuble. *Effets mobiliers.* ♦ Qui concerne les biens meubles. *Vente mobilière.* **II** n. m. **1** Ensemble des meubles destinés à l'usage et à l'aménagement d'une habitation. ⇒ **ameublement.** *Le mobilier d'une maison. Mobilier de cuisine, de bureau.* **2** Ensemble des meubles qui dépendent d'un patrimoine. ➛ *Le mobilier national* : l'ensemble des meubles meublants appartenant à l'État. **3** *Mobilier urbain* : ensemble des objets ou installations placés sur la voie publique ou dans les lieux publics au bénéfice des usagers. ✪ CONTR. Foncier, immobilier.

mobilisable adj. – XIXe ▪ Qui peut être mobilisé. *Soldats mobilisables.* ♦ À quoi on peut faire appel. *Toutes les énergies mobilisables.*

mobilisateur, trice adj. – av. 1970 **1** Chargé de la mobilisation de l'armée. **2** Qui mobilise. ⇒ **motivant.** *Un slogan mobilisateur.* ✪ CONTR. Démobilisateur.

mobilisation n. f. – XVIIIe **1** Opération par laquelle le détenteur d'un bien, d'une créance, retrouve la disponibilité des ressources engagées. ⇒ **cession** (cf.

Mise en gage*) ; **escompte ; réescompte.** ♦ Fait de rendre meuble. *Mobilisation de titres de rente.* ♦ Action de mobiliser (un actif qui a un caractère d'immobilisation). 2 Opération qui a pour but de mettre une armée, une troupe sur le pied de guerre. *Mobilisation générale.* « *l'ordre de mobilisation qui venait d'envoyer le jeune homme sur le front russe* » (Tournier). ♦ État de celui qui est mobilisé. 3 Rassemblement et mise en action. *La mobilisation des syndicats.* 4 Action de faire bouger (un membre, une articulation) volontairement ou par intervention d'autrui (par ex., par un kinésithérapeute). ✪ CONTR. Immobilisation. Démobilisation.

mobiliser v. tr. [1] - XVIIIe 1 Déclarer meuble par convention (ce qui est immeuble par nature). ⇒ **ameublir.** 2 *Mobiliser une créance,* la céder pour reconstituer des liquidités. 3 Mettre sur le pied de guerre (une armée) ; affecter (des citoyens) à des postes militaires. ⇒ **appeler, rappeler ; enrégimenter, enrôler.** ➛ *Réserviste mobilisé.* 4 Faire appel à (un groupe) pour une œuvre collective. *Organisation syndicale qui mobilise ses adhérents.* ➛ « *La jeunesse est aujourd'hui à la fois plus libre et mieux mobilisée* » (Le Clézio). 5 Faire appel à (des facultés intellectuelles ou morales). *Mobiliser les énergies.* ⇒ **rassembler.** 6 *SE MOBILISER* v. pron. Se rassembler pour passer à l'action. *Les étudiants se sont mobilisés pour manifester.* ✪ CONTR. Démobiliser.

mobilisme n. m. - XIXe 1 Doctrine selon laquelle tout est mobile dans l'espace ou dans le temps. *Le mobilisme de Bergson.* 2 Doctrine de la dérive des continents.

mobilité n. f. - XIIe 1 Caractère de ce qui peut se mouvoir ou être mû, changer de place, de position (⇒ **mobile**). *Personnes à mobilité réduite* : handicapés physiques qui ne marchent pas. ➛ *La mobilité d'une espèce animale.* ⇒ **migration.** ➛ *Mobilité professionnelle.* 2 Caractère de ce qui change rapidement d'aspect ou d'expression. *La mobilité d'un visage. Des yeux « toujours humides et d'une mobilité surprenante »* (Mart. du G.). ✪ CONTR. Immobilité. Fixité.

mobylette n. f. - 1949 ; marque déposée, de *mobile* et *bicyclette* ▪ Cyclomoteur de la marque de ce nom. ⇒ fam. ① **meule.** ➛ abrév. fam. *MOB.*

mocassin n. m. - XVIIe ; algonquin 1 Chaussure des Indiens d'Amérique du Nord, en peau non tannée. 2 Chaussure basse (de marche, de sport), très souple. 3 Serpent des marais d'Amérique du Nord, très venimeux.

❑ Chateaubriand a utilisé, dans *Atala,* le nom féminin *moccassine : « des moccassines de peau de rat musqué ».*

mochard, arde adj. - XIXe ▪ fam. Assez moche. ⇒ **tocard.**

moche adj. - XIXe ; germ. *mokka* « masse informe » ▪ fam. 1 Laid. « *ses cravates étaient rudement moches* » (Romains). *C'est assez moche, chez eux. Ce qu'elle est moche, cette fille !* (⇒ **mocheté**). 2 De mauvaise qualité. ⇒ **médiocre.** 3 Moralement critiquable. « *Tous ces types qui comptent sur toi, ce serait moche de les décevoir, non ?* » (Beauv.). ✪ CONTR. ① Beau, chic. ① Bon. ① Bien, correct.

mocheté n. f. - 1936 ▪ fam. 1 Caractère de ce qui est laid. ⇒ **laideur.** 2 Personne ou chose laide.

moco ou **moko** n. m. - XIXe ; o. i. ▪ arg. Marin toulonnais. Provençal. « *Pépé le Moko* », *film de Julien Duvivier.* « *Les Normands ont beau traiter les Bretons de Mocos* » (Simenon).

modal, ale, aux adj. et n. f. - XVIe 1 Relatif aux modes des verbes. *Forme modale.* 2 En musique, Relatif au mode. *Notes modales,* qui caractérisent le mode (tierce et sixte). ♦ *Musique modale,* où l'organisation en modes est primordiale (opposé à *tonal*).

modalité n. f. - XVIe 1 Propriété que possède la substance d'avoir des modes. ⇒ ② **mode.** 2 Particularité qui accompagne un acte, un fait. ⇒ **circonstance, manière, particularité.** *Modalités de paiement.* ⇒ **formule.** *Les modalités d'application d'une loi.* 3 Disposition d'un acte juridique qui en limite les effets (ex. condition, terme). 4 Caractère d'un morceau de musique dépendant du mode auquel il appartient.

① **mode** n. f. - XVe ; lat. *modus* « manière, mesure » 1 *À la mode de* : à la manière de. *Tripes à la mode de Caen. Bœuf (à la) mode.* 2 Goûts collectifs, manières de vivre, de sentir qui paraissent de bon ton à un moment donné dans une société déterminée. *Les engouements de la mode. Lancer une mode.* ➛ loc. *À LA MODE* : conforme au goût du jour. ⇒ **vogue.** « *La fantaisie dont vient de vous parler votre amie est on ne saurait plus à la mode* » (Sade). *Ce n'est plus à la mode, c'est passé de mode.* ⇒ **démodé.** *Personne à la mode.* 3 *LA MODE* : les habitudes collectives et passagères en matière d'habillement. *Mode masculine, féminine, enfantine. Suivre la mode.* ➛ *C'est très mode !* ➛ « *un journal de mode, une de ces revues hebdomadaires où l'on entretient les dames de leur beauté* » (Duham.). *Défilé de mode* : présentation des collections sur des mannequins. 4 Commerce, industrie du vêtement. *Travailler dans la mode.* ⇒ **confection, couture, prêt-à-porter.** *Les métiers de la mode* (⇒ **couturier, créateur, styliste**).

② **mode** n. m. - XVIe 1 Manière d'être d'une substance. ➛ *Les modes de la logique modale* : contingence, possibilité, impossibilité, nécessité. 2 Chacune des dispositions particulières de la gamme caractérisée par la répartition des intervalles. *Les modes du plain-chant, de la musique occidentale* (majeur, mineur). 3 Caractère d'une forme verbale susceptible d'exprimer l'état ou l'action. *Les modes d'un verbe. Les temps de chaque mode.* 4 Classe d'une distribution statistique qui présente la fréquence la plus élevée. 5 *Mode de...* : forme particulière sous laquelle se présente un fait, s'accomplit une action. *Mode de vie.* ⇒ **genre.** *Mode de paiement.* ⇒ **modalité.** « *L'enfant avait choisi le mode d'évasion le plus sûr encore en ce monde. Il dormait* » (Giraud.). 6 Type particulier de fonctionnement ou d'exploitation d'un ordinateur ou d'un périphérique.

❑ Le conditionnel est considéré par certains grammairiens comme un des modes du verbe ; pour d'autres, il fait partie de l'indicatif.

modelage n. m. - XIXe 1 Action de modeler (une substance molle). *Le modelage d'une statue en cire, en plâtre.* 2 Ouvrage ainsi modelé.

modelé n. m. - XIXe 1 Relief des formes tel qu'il est rendu dans une sculpture, une peinture. « *le masque est d'une étonnante finesse de modelé* » (Gaut.). 2 Configuration du relief. *Le modelé d'une région.*

modèle n. m. - XVIe ; lat. *modulus* 1 Ce qui sert ou doit servir d'objet d'imitation pour faire ou reproduire qqch. ⇒ **archétype,** ② **canon,** ② **étalon, exemple.** *Modèle de conjugaison.* ⇒ **paradigme.** *Sa conduite doit être un modèle pour nous.* ⇒ **référence, règle.** *Prendre qqn comme, pour modèle.* ➛ *Sur le modèle de* : à l'image, à l'imitation de. ♦ adj. *Un élève modèle.* ⇒ **accompli, parfait.** ➛ *Usine modèle.* ⇒ **pilote.** 2 Personne ou objet dont l'artiste reproduit l'image. *Peindre d'après le modèle.* ♦ Personne dont la profession est de poser pour des peintres, des photographes (⇒ **cover-girl**). *Le « pauvre modèle d'atelier qu'on retrouve dans presque toutes les peintures modernes »* (Sand). ♦ Personne sur laquelle un couturier, un coiffeur, etc. essaie ses créations. ⇒ **mannequin.** **3** *Modèle de... :* personne, fait, objet possédant au plus haut point certaines caractéristiques qui en font le représentant d'une catégorie. *Harpagon, modèle de l'avare.* ⇒ **type.** « *le modèle de la force jointe à l'agilité* » (Buff.). ➝ *C'est un modèle du genre.* **4** Ce qui représente sous une forme concrète ou restreinte une classe, une catégorie. ⇒ **échantillon, spécimen.** ➝ *Visitez l'appartement modèle.* ♦ Catégorie, variété particulière, à laquelle peuvent se rapporter des faits ou objets réels. *Les différents modèles d'organisation industrielle.* ⇒ ② **mode, type.** **5** Objet, type déterminé qui peut être reproduit à de multiples exemplaires. ⇒ ① **standard.** *Modèle courant. Modèle de luxe. Dernier modèle.* ➝ *Modèle (de fabrique) :* objet servant de prototype à une fabrication industrielle. *Modèle déposé.* **6** Reproduction à petite échelle d'un objet. ⇒ **maquette.** *MODÈLE RÉDUIT. Modèle réduit au 1/100e.* ♦ Objet matériel dont on reproduit la forme, les contours pour obtenir des objets du même type. **7** Représentation simplifiée d'un processus, d'un système. *Modèle d'une structure.* ⇒ **matrice, pattern.** *Modèle mathématique :* modèle formé par des expressions mathématiques et destiné à simuler un tel processus. ♦ Construction théorique permettant d'expliquer des structures.

❑ Même famille étym. que *module* et ① *moule.*

modeler v. tr. [5] – XVIe **1** Façonner (un objet) en donnant une forme déterminée à une substance molle. *Modeler une poterie.* **2** Pétrir (de la glaise, de la cire, etc.) pour lui imposer une certaine forme. *Pâte à modeler.* **3** Conférer une certaine forme à. *L'érosion modèle le relief.* **4** *Modeler son goût sur celui de qqn.* ⇒ **régler.** ➝ pronom. *SE MODELER sur qqn, sur qqch. :* régler sa conduite sur (qqn, qqch.). ⇒ se **conformer,** se **mouler.**

modeleur, euse n. – XVIe **1** Sculpteur qui exécute des modèles (en terre, en cire). **2** Ouvrier qui confectionne des modèles (de machines, etc.). ➝ *Ouvrier modeleur.*

modélisation n. f. – 1975 ▪ Mise en équation d'un phénomène complexe permettant d'en prévoir les évolutions (⇒ **modéliser**). *Modélisation mathématique, informatique.*

modéliser v. tr. [1] – 1975 ▪ Établir le modèle (7°) de (qqch.) ; présenter sous forme de modèle (notamment de modèle formel, en informatique, en recherche opérationnelle).

modélisme n. m. – 1963 ▪ Conception et construction de modèles réduits. ⇒ **aéromodélisme, maquettisme.**

modéliste n. – XIXe **1** Personne qui fait ou dessine des modèles (en couture). ➝ *Ouvrier, ouvrière modéliste.* **2** Personne qui fabrique des modèles réduits.

modem [mɔdɛm] n. m. – 1968 ; de *mo(dulateur)* et *dém(odulateur)* ▪ En informatique, Appareil comprenant un modulateur et un démodulateur, utilisé pour la transmission de l'information.

modénature n. f. – XVIIe ; it. *modano* « modèle » ▪ Profil des moulures. *Modénature d'une corniche.*

modérateur, trice n. et adj. – XVe **1** Personne, chose qui tend à modérer ce qui est excessif, à concilier les partis opposés. ♦ adj. Qui modère. *L'élément modérateur d'un groupe.* **2** n. m. Mécanisme régulateur. *Modérateur d'une horloge.* **3** n. m. Corps (eau lourde, graphite, béryllium) qui, dans une pile atomique, permet de régler une réaction en chaîne. ⇒ **ralentisseur.** ✪ CONTR. Excitateur. Accélérateur.

modération n. f. – XIVe **1** Caractère, comportement d'une personne qui est éloignée de tout excès. *Faire preuve de modération.* ⇒ **mesure, pondération, réserve.** *Boire, manger avec modération.* ⇒ **frugalité, sobriété.** **2** Action de modérer, de diminuer (qqch.). *La modération des prix.* **3** Action de rendre moins rigoureuse une règle, une peine. ⇒ **adoucissement, réduction.** ✪ CONTR. Abus, excès, extrémisme, immodération, intempérance.

moderato [mɔdeʀato] adv. et n. m. – XIXe ; mot it. ▪ Terme indiquant le mouvement modéré d'un morceau, intermédiaire entre l'andante et l'allegro. ➝ n. m. Morceau écrit dans ce mouvement. *Des moderato* ou *des moderatos.*

modéré, ée adj. et n. – XIVe **1** Qui fait preuve de mesure, qui se tient éloigné de tout excès. ⇒ **mesuré, pondéré, sage.** « *Qui veut être modéré parmi des furieux s'expose à leur furie* » (Rouss.). **2** Qui professe des opinions politiques éloignées des extrêmes. ⇒ **centriste.** ➝ *Les modérés.* **3** Peu intense, assez faible. *Prix modéré.* ⇒ **modique, raisonnable.** *Habitation à loyer modéré (H. L. M.). Vent modéré.* **4** Moderato. ✪ CONTR. Abusif, exagéré, excessif, extrémiste, immodéré.

modérément adv. – XIVe ▪ Avec modération, d'une manière modérée. ✪ CONTR. Excessivement, immodérément.

modérer v. tr. [6] – XIVe ; lat. *modus* « mesure » **1** Réduire à une juste mesure (ce qui est excessif). ⇒ **adoucir, mitiger, pondérer, tempérer.** *Modérer sa colère.* « *Modère ton langage ou tu vas en apprendre long sur ta grand-mère* » (Queneau). ➝ *Modérer ses dépenses.* ⇒ **limiter, réduire.** *Modérer la vitesse.* **2** v. pron. *SE MODÉRER :* se tenir dans une juste mesure, éloigné de tout excès. ✪ CONTR. Augmenter, exagérer, outrer.

moderne adj. – XIVe ; lat. *modo* « récemment » **I - 1** Actuel, contemporain. « *les rumeurs et les fracas de la grande ville moderne* » (Duham.). *La société moderne.* **2** Qui bénéficie des progrès récents de la technique, de la science. ⇒ **nouveau, récent.** *Tout le confort moderne.* ➝ *Les progrès de la médecine moderne.* **3** Qui est conçu, fait selon les règles, les habitudes contemporaines ; qui correspond au goût, à la sensibilité actuels. *L'art moderne.* ➝ n. m. *Préférer le moderne à l'ancien.* **4** Qui tient compte de l'évolution récente ; qui est de son temps. *Une grand-mère moderne.* **II** (Opposé à *ancien, antique*) **1** Qui appartient à une époque postérieure à l'Antiquité. *Le grec moderne.* **2** *Époque moderne, histoire moderne,* de la fin du Moyen Âge à la Révolution française. **3** *Enseignement moderne,* qui intègre l'enseignement des sciences, des langues vivantes (opposé à *classique*). *Lettres modernes.* ✪ CONTR. Dépassé, obsolète, vieux. — Ancien, antique, classique.

modernisateur, trice n. et adj. – mil. XXe ▪ Personne qui modernise. ➝ adj. *Un projet modernisateur.*

modernisation n. f. – XIXe ▪ Action de moderniser ; son résultat. ⇒ **actualisation, aggiornamento.**

moderniser v. tr. [1] – XVIIIe **1** Rendre moderne. *Moderniser l'orthographe.* **2** Organiser d'une manière conforme aux besoins modernes. *Moderniser l'enseignement.* ⇒ **actualiser.** ➝ pronom. « *Il dit que l'Église se modernise* » (Aragon).

modernisme n. m. – XIXe **1** Goût de ce qui est moderne ; recherche du moderne (⇒ **postmoderne**). **2** Mouvement chrétien préconisant une nouvelle interprétation des croyances et des doctrines traditionnelles, en accord avec l'exégèse moderne. ✪ CONTR. Archaïsme, classicisme, traditionalisme.

moderniste adj. et n. – XVIIIe **1** Qui préfère ce qui est moderne. **2** Partisan du modernisme. ✪ CONTR. Archaïque, traditionaliste.

modernité n. f. – XIXe ▪ Caractère de ce qui est moderne, notamment en art. « *La modernité, c'est le* *transitoire, le fugitif, le contingent, la moitié de l'art, dont l'autre moitié est l'éternel et l'immuable* » (Baudelaire). ✪ CONTR. Antiquité, archaïsme.

❑ Ce mot est attesté pour la première fois chez Balzac en 1823 pour désigner ce qui est moderne en littérature et en art.

modern style [mɔdɛʀnstil] **n. m. inv.** – XIXe ; mots angl. « style moderne » ■ Style de décoration (flore stylisée) répandu entre 1900 et 1925. ➝ **adj.** « *un boudoir modern style* » (Romains).

❑ Dans les pays anglo-saxons, on emploie plus volontiers le synonyme *art nouveau.*

modeste **adj.** – XIVe ; lat. *modus* « mesure » **1** Qui est simple, sans faste ou sans éclat. *Revenus modestes.* ⇒ **faible, modique.** ➝ *Il est d'origine très modeste.* ⇒ **humble. 2** De peu d'importance. ⇒ **petit.** « *c'était un très modeste petit bateau du port d'Antibes* » (Loti). ➝ *Un modeste employé.* **3** Qui a une opinion réservée de son propre mérite, se comporte avec modestie. ⇒ **effacé, humble, réservé.** *Vous êtes trop modeste.* ➝ *Air, mine modeste.* ⇒ ① **discret, réservé.** ✪ CONTR. Prétentieux, vaniteux ; effronté.

❑ Attention, *immodeste* n'est pas le contraire de *modeste* aux sens actuels. *Modeste* signifiait au XVIIe s. « sage, honnête, pudique ».

modestement **adv.** – XIVe ■ Avec modestie. ⇒ **humblement.** *Parler, se comporter modestement.*

modestie **n. f.** – XIVe ■ Modération, retenue dans l'appréciation de soi-même, de ses qualités. ⇒ **humilité, réserve, simplicité.** « *Un sentiment délicat, de pudeur et de modestie, lui fit baisser les paupières* » (Aymé). ➝ *Fausse modestie* : modestie affectée. ✪ CONTR. Audace, prétention, vanité.

modicité **n. f.** – XVIe **1** Caractère de ce qui est modique. ⇒ **petitesse.** *La modicité de son revenu.* **2** Médiocrité, petitesse. « *Elle se raccrochait, la malheureuse, à la modicité de ses espoirs* » (Aragon).

modifiable **adj.** – XVIIe ■ Qui peut être modifié, changé. ⇒ **transformable.** ✪ CONTR. ① Fixe, immuable.

modificateur, trice **adj.** et **n.** – XVIIIe ■ Qui a la propriété de modifier. *Agent modificateur.* ⇒ **transformateur.** ➝ *Un modificateur.*

modificatif, ive **adj.** – XVe ■ Qui modifie. *Note modificative.*

modification **n. f.** – XIVe **1** Changement qui n'affecte pas l'essence de ce qui change. *Modification en mieux* (⇒ **amélioration**), *en pire* (⇒ **aggravation**). *Modification brusque, rapide* (⇒ **mutation**) ; *progressive.* ⇒ **évolution.** *Subir de profondes modifications.* **2** Changement apporté à qqch. *Faire des modifications à un texte.* ⇒ **correction, rectification.** *Modification apportée à un projet de loi.* ⇒ **amendement, dérogation.** ✪ CONTR. Maintien, permanence, stabilité.

modifier **v. tr.** [7] – XIVe ; lat. *modificare* « régler, ordonner » **1** Changer (une chose) sans en altérer la nature, l'essence. *Modifier un peu, beaucoup* (⇒ **transformer**). *Modifier ses objectifs. Modifier un texte.* ⇒ **corriger, remanier, retoucher.** *Adverbe qui modifie un verbe, un adjectif.* **2** SE MODIFIER **v. pron.** « *Tout ce qui vit se modifie sans cesse, mais insensiblement et presque à notre insu* » (France). ⇒ **changer, évoluer, varier.** ✪ CONTR. Fixer, maintenir.

modillon **n. m.** – XVIe ; lat. *mutilio* ■ Ornement saillant placé sous une corniche ou appliqué à un mur, pour supporter un vase, un buste.

modique **adj.** – XVe ; lat. *modus* « mesure » ■ Qui est peu considérable, en parlant d'une somme d'argent. ⇒ **faible, minime, modeste, petit.** « *la modique pension qu'il touchait* » (R. Rolland). ✪ CONTR. Considérable, important.

modiste **n.** – XVIIe ; de ① *mode* ■ Fabricant et marchand de coiffures féminines. « *Les boutiques de modistes étaient pleines de chapeaux inconcevables* » (Balz.). ♦ Ouvrière qui confectionne les chapeaux de femme pour un modiste, une maison de couture.

modulable **adj.** – 1978 ■ Qui peut être modulé. *Horaires modulables.* ⇒ **flexible.**

modulaire **adj.** – XIXe **1** Qui est fondé sur l'emploi du module. *Architecture modulaire.* **2** Du module. *Mesure modulaire d'un vecteur.* ⇒ **norme.**

modulateur, trice **n. m.** et **adj.** – XVIIIe ■ Dispositif réalisant la modulation d'une onde. *Modulateur démodulateur* (⇒ **modem**). ➝ **adj.** *Fonction modulatrice des diodes.*

modulation **n. f.** – XVe **1** Chacun des changements de ton, d'intensité, de hauteur dans l'émission d'un son (⇒ **inflexion**). « *Le régisseur connaissait toutes les modulations de la voix de courant* » (Balz.). **2** En musique, Passage d'une tonalité (mode) à une autre ; transition par laquelle s'opère ce passage, conformément aux règles de l'harmonie. *Modulation de mineur en majeur.* ♦ En peinture, Rapprochement de tons chauds et froids de valeur équivalente. **3** Opération par laquelle on fait varier l'amplitude, l'intensité, la fréquence, la phase d'une onde. *Émission en modulation de fréquence.* ⇒ **F.M.** ♦ *Modulation par impulsion,* effectuée en faisant varier la position ou la largeur d'impulsion. **4** Action d'adapter (qqch.) à différents cas particuliers. *Modulation des tarifs selon les revenus.*

module **n. m.** – XVIe ; lat. *modus* « mesure » **1** Unité de mesure adoptée pour déterminer les proportions des membres d'architecture. ➝ Unité de mesure, étalon. ⇒ **gabarit.** *Cigare de gros module.* ⇒ **calibre.** ♦ Unité de mesure de débit (de l'eau d'une pompe, d'une fontaine) équivalant à 10 m^3 par 24 h. **2** Coefficient caractérisant une propriété de résistance mécanique des matériaux. *Module de rigidité, de traction.* **3** *Module d'un vecteur.* ⇒ **norme. 4** Unité constitutive d'un ensemble. *Acheter un à un les modules pour composer sa bibliothèque.* ⇒ **élément.** ➝ *Module d'habitation.* ➝ Élément d'un véhicule spatial. *Module lunaire.* ➝ Unité d'enseignement universitaire ⇒ ② **U.V.** ♦ Groupe de travail intégré à un réseau.

moduler **v. tr.** [1] – XVe **1** Articuler, émettre (une mélodie, un son varié) par une suite de modulations. « *leurs cris aigus modulés sur tous les tons* » (Gaut.). **2** intrans. Effectuer une ou plusieurs modulations (2°). ➝ trans. *Moduler un passage.* **3** Faire varier les caractéristiques de (un courant électrique, une onde). ⇒ **modulation. 4** Adapter (qqch.) à différents cas particuliers. *Moduler des tarifs, des horaires de travail.*

modulo **prép.** – XIXe ; mot lat. ■ Suivant la relation d'équivalence (indiquée par le symbole chiffré ou littéral qui suit). ⇒ **congruence.**

modulor **n. m.** – 1942 ; de *module* et *(nombre d')or* ■ Système de mesure destiné à fixer les proportions des ouvrages d'architecture ; suite dont chaque terme est obtenu en multipliant le précédent par le nombre d'or $(1+\sqrt{5})/2$.

modus vivendi [mɔdysvivɛ̃di] **n. m. inv.** – XIXe ; mots lat. « manière de vivre » ■ Accommodement, transaction mettant d'accord deux parties en litige. « *Il faut trouver un modus vivendi, il faut tâcher de s'entendre avec* » (Ionesco).

moelle [mwal] **n. f.** – XIIe ; lat. *medulla* **1** Substance molle et grasse de l'intérieur des os, formée de cellules conjonctives. *Greffe de moelle osseuse.* ➝ *Moelle de bœuf* (utilisée en cuisine). *Entrecôtes à la moelle. Os à moelle.* 2 *La moelle (des os) :* l'intérieur du corps. ➝ littér. « *les anachorètes se sentaient percés jusqu'aux moelles des aiguillons du désir charnel* » (France). 3 MOELLE ÉPINIÈRE : cordon nerveux qui, parti de l'encéphale, est abrité dans le canal rachidien. *Le cerveau et la moelle épinière.* ⇒ **névraxe.** *Relatif à la moelle épinière.* ⇒ **médullaire, rachidien, spinal ; myél(o)-.** 4 Substance molle contenue au centre de la tige et de la racine. *La moelle du sureau* (⇒ **médulleux).**

❑ Le mot latin dont est issu *moelle* était surtout employé au pluriel collectif *medullæ* pour parler de la moelle osseuse (parce qu'il y a une moelle dans chaque os).

moelleusement [mwaløzmɑ̃] **adv.** – XVIIIe ▪ D'une manière moelleuse. *Moelleusement étendu sur des coussins.*

moelleux, euse [mwalø, øz] **adj.** – XVe ; de *moelle* 1 Qui a de la douceur et de la mollesse au toucher. ⇒ **douillet, doux,** ① **mou.** *Étoffe moelleuse.* « *Un très grand oreiller, un oreiller profond, moelleux* » (Bosco). 2 Agréable au palais, au goût. *Chocolat moelleux.* ⇒ **onctueux.** *Vin moelleux,* légèrement sucré. 3 Agréable à l'oreille ; qui a une sonorité pleine et douce. *Son moelleux.* ✪ CONTR. Dur, raide, sec.

❑ La prononciation fautive [mwelø] est devenue courante, le rapport avec *moelle* n'étant pas fait.

moellon [mwalɔ̃] **n. m.** – XIIe ; lat. *mutulus* 1 Pierre de construction maniable en raison de son poids et de sa forme. « *une simple bâtisse de moellons bruts* » (Gracq). 2 Pierre de grosseur intermédiaire entre le bloc et le caillou.

moellonnage [mwalɔnaʒ] **n. m.** – XIXe ▪ Construction en moellons.

moere [mwɛʀ] **n. f.** – XIIe ; mot holl. ▪ (Flandre) Lagune d'eau douce asséchée (⇒ **wateringue)** et mise en culture.

mœurs [mœʀ(s)] **n. f. pl.** – XIIe ; lat. *mores* 1 Habitudes (d'une société, d'un individu) relatives à la pratique du bien et du mal. ⇒ **conduite, morale.** *Mœurs austères, sévères.* ⇒ **rigorisme.** *Mœurs corrompues.* ⇒ **débauche.** *Femme de mœurs légères.* 2 *Bonnes mœurs :* ensemble des règles imposées par la morale sociale. *Outrage aux bonnes mœurs.* ➝ *Police des mœurs* ou *les Mœurs :* police chargée de la réglementation de la prostitution. ➝ *Attentat aux mœurs :* crimes et délits portant atteinte aux bonnes mœurs. 3 Habitudes de vie, coutumes d'un peuple, d'une société. ⇒ **coutume, usage.** *Les mœurs antiques, féodales. Les mœurs de son temps. Une habitude qui entre dans les mœurs.* « *Essai sur les mœurs et l'esprit des nations* », *de Voltaire.* 4 Habitudes de vie individuelles, comportement d'une personne. *Avoir des mœurs simples, des mœurs bohèmes.* ➝ fam. *Quelles mœurs ! Drôles de mœurs !* 5 Habitudes de vie d'une espèce animale. *Les mœurs des abeilles.* ⇒ **comportement.**

❑ La prononciation courante du *s* final est fautive dans la norme cultivée.

mofette **n. f.** – XVIIIe ; it. *muffa* « moisissure » 1 Gaz impropre à la respiration émanant d'une zone volcanique. ⇒ **fumerolle** (froide). 2 Mouffette (animal).

mohair **n. m.** – XIXe ; ar. *mukhayyar* « choix », par attract. de l'angl. *hair* « poil » ▪ Poil de chèvre angora, dont on fait des étoffes légères et des laines à tricoter. *Pull en mohair.* ♦ Étoffe de mohair. *Écharpe de mohair.* « *Le mohair, c'était un genre d'alpaga, en plus tombant, tu vois ?* » (Colette).

moi **pron. pers. et n. m. inv.** – XIe ; lat. *me* I Pronom personnel de la première personne du singulier et des deux genres, représentant la personne qui parle ou qui écrit. ⇒ **je, me.** 1 (compl. d'objet après un impér. positif) *Regarde-moi.* ➝ *Regardez-moi cet imbécile.* ➝ (apr. un autre pron. pers.) *Rends-le-moi.* (*Moi* s'élide en *m'* devant *en* et *y*) *Fais-m'y penser.* 2 (sujet d'un v. à l'inf.) Phrase exclamative *Moi partir ? jamais de la vie !* ➝ « *Et moi de me débattre, de frapper Alphonsine* » (France). ➝ (avec un participe, un adj.) *Moi vivante, il n'entrera pas ici.* 3 (sujet d'une propos. elliptique) « *Qui est là ? – Moi.* » 4 (sujet ou compl., coordonné à un nom, un pron.) *Mon avocat et moi sommes du même avis.* ➝ (compl. d'objet) *Il nous a invités, ma femme et moi.* 5 (sujet ou compl. dans une phrase compar.) *Ne faites pas comme moi.* 6 (Renforçant *je, me,* un poss.) *Moi, je n'y comprends rien.* ➝ *On ne m'a jamais manqué de respect, à moi. Moi, ce qui fait ma force...* 7 MOI QUI. « *Et moi qui vous avais prise pour un homme !* » (Morand). 8 (attribut) « *L'État, c'est moi* » (Louis XIV). ➝ loc. *C'EST MOI...* (et propos. rel.). « *Ce n'est pas moi qui y trouverai à redire* » (France). 9 (précédé d'une prép.) *Avec moi. Chez moi.* ♦ DE MOI. *L'idée n'est pas de moi.* ♦ POUR MOI : à mon égard, en ma faveur. « *Elle fut pour moi la plus tendre des mères* » (Rouss.). ♦ *À MOI !* Cri pour appeler à l'aide, ou interpellation (vx). « *À moi, comte, deux mots* » (Corn.). ➝ (apr. des v. de mouvement, d'intérêt, des pron.) *Il s'attache à moi ; il vint à moi.* ➝ *De vous à moi :* confidentiellement. 10 loc. *MOI-MÊME. J'irai moi-même. Je redevenais moi-même.* « *Je vivais trop en moi-même, par moi-même et pour moi-même* » (Sand). ➝ *Un autre moi-même.* ⇒ **alter ego.** II **n. m. inv.** 1 Ce qui constitue l'individualité, la personnalité d'un être humain. ⇒ **esprit ; individu.** ♦ La personne humaine considérée comme le sujet et l'objet de la pensée. *L'unité du moi.* 2 La personnalité dans sa tendance à ne considérer que soi. ⇒ **égocentrisme, égoïsme, égotisme, narcissisme.** 3 Forme que prend une personnalité à un moment particulier. « *Le moi que j'étais alors, et qui avait disparu* » (Proust). 4 Instance psychique qui arbitre les conflits entre le ça, le surmoi et les impératifs de la réalité. ⇒ **ego.** ✪ HOM. Mois.

❑ Attention, il faut dire *donne-le-moi* et non *donne-moi-le ; donne-m'en* et non *donne-moi-z-en,* très populaire.

moignon **n. m.** – XIIe ; lat. *mundus* « pur » 1 Extrémité d'un membre amputé ; portion comprise entre la cicatrice et l'articulation. 2 Ce qui reste d'une grosse branche cassée ou coupée. ⇒ **chicot.** 3 Membre rudimentaire. *Les moignons d'ailes des oiseaux marcheurs.*

moindre **adj. compar.** – XIIe ; lat. *minor* I compar. Plus petit (en quantité, en importance), plus faible. ⇒ **inférieur.** *C'est un moindre mal. Un vin de moindre qualité. À moindres frais. Bien moindre.* II superl. 1 *LE MOINDRE :* le plus petit, le moins important. *Le moindre effort.* ⇒ **minimum.** *Dans les moindres détails.* ➝ « *C'est là son moindre défaut* » (La Font.). ➝ loc. *C'est la moindre des choses :* c'est tout naturel. 2 (précédé d'une négation) ⇒ **aucun, nul.** *Il n'y a pas le moindre doute. Je n'en ai pas la moindre idée.* 3 (personnes) Inférieur (en mérite, en rang). *Certains savants et non des moindres.* ✪ CONTR. Meilleur, supérieur.

moine **n. m.** – XIe ; gr. *monos* « seul » I Religieux chrétien vivant seul (⇒ **anachorète, ermite)** ou le plus souvent en communauté, après s'être engagé par des vœux à suivre la règle d'un ordre. ⇒ **cénobite, frère, père, religieux ; convers.** *Communauté de moines.* ⇒ **couvent, monastère.** ➝ *Moine bouddhiste* (⇒ **bonze,** ② **lama).** II Variété de phoque *(pinnipèdes).* « *une douzaine de phoques au ventre blanc, au pelage noir, connus sous le nom de moines* » (J. Verne). ➝ Macareux commun.

moineau **n. m.** – XIIe ; p.-ê. de *moine* 1 Oiseau commun en Europe *(passériformes)* à livrée brune striée de noir. ⇒ **pierrot ;** fam. **piaf.** *Épouvantail à moineaux. Volée* *de moineaux.* **2** *Tête de moineau :* charbon à usage domestique. **3** fam. Individu désagréable ou méprisable. *C'est un drôle de moineau,* un drôle de type. ⇒ **oiseau.**

> ❑ Une comparaison entre la couleur brune de la robe du *moine* et celle des plumes de l'oiseau pourrait être à l'origine de *moineau.*

moinillon n. m. – XVIIe ▪ Jeune moine.

moins adv. – XIIe ; lat. *minus* **I** comparatif d'infériorité **1** *Il travaille moins. Il est moins riche. J'ai moins froid.* ♦ EN MOINS. *C'est le même en moins gros.* ♦ loc. DE MOINS EN MOINS : en diminuant par degrés. *J'y vois de moins en moins.* ➛ *Moins il travaille, mieux il se porte.* **2** MOINS QUE. *Il travaille moins que son frère, moins qu'avant. Moins que jamais.* **3** *Un peu plus ou un peu moins. D'autant moins que. Beaucoup, bien moins. Encore moins.* **4** (précédé d'une négation, et exprimant une égalité) *Non moins que.* ⇒ **ainsi** (que), **comme.** *Pas moins :* tout autant. ➛ *On ne peut moins :* très peu. « *j'étais alors on ne peut moins sceptique* » (Gide). ➛ (avec une idée d'oppos., de concession) *Ils n'en ont pas moins de mérite. Il n'en est pas moins vrai que :* il est vrai cependant que... **II** LE, LA, LES MOINS. *C'est la moins intelligente des trois. Le moins souvent possible.* ➛ *Pas le moins du monde :* pas du tout. *Sans s'inquiéter le moins du monde.* ➛ DES MOINS : parmi les moins. « *N'est-ce pas que cet homme est des moins ordinaires ?* » (Rostand). **III** nominal **1** Une quantité moindre ; une chose moindre. *On ne peut pas faire moins.* ➛ MOINS DE. *Je voudrais moins de café. Cela dure moins d'une heure. Article à moins de dix francs.* ➛ *Les moins de vingt ans :* ceux qui ont moins de vingt ans. ➛ loc. *En moins de rien. En moins de temps qu'il n'en faut pour le dire.* **2** À MOINS DE (suivi d'un subst. ou d'un inf.), QUE (suivi d'un subj.) : à une condition en dehors de laquelle une chose n'est pas possible, pas tolérable. *Nous viendrons à moins d'un imprévu.* ⇒ **sauf.** *Il n'acceptera pas à moins de mille francs.* ♦ À MOINS : pour une chose moindre, un prix moindre. *Il est furieux ; on le serait à moins ! Vous ne l'obtiendrez pas à moins.* **3** DE MOINS ; EN MOINS, exprimant l'idée de diminution. *Il y a une personne de moins, en moins. Être en moins.* ⇒ **manquer.** ➛ *Il a deux ans de moins qu'elle.* **IV** n. m. **1** LE MOINS : la plus petite quantité, la moindre chose. *Qui peut le plus peut le moins. Le moins que l'on (en) puisse dire, c'est que...* ⇒ **minimum.** « *Si c'est un tort de les aimer, c'est bien le moins qu'on les plaigne* » (Dumas fils). **2** AU MOINS. *Si, au moins, il était là.* ⇒ **seulement.** « *Puisque tu ne fiches rien, rentre au moins à la maison* » (Zola). ➛ *Il y a au moins une heure,* au minimum. ➛ (dans un sens voisin) TOUT AU MOINS ; POUR LE MOINS. « *J'ai pour le moins autant de colère que vous* » (Mol.). ♦ DU MOINS : néanmoins, en tout cas. *Il a été reçu premier, du moins il le prétend,* ou plutôt il le prétend. **V** adj. attribut *C'est moins qu'on ne dit.* ➛ pop. *C'est un (une) moins que rien.* **VI** prép. **1** En enlevant, en ôtant, en soustrayant. *Six moins quatre font deux. Dix heures moins dix* (minutes), *moins le quart.* ➛ (en sous-entendant l'heure) *Il est presque moins dix.* Loc. *Il était moins une, moins cinq :* il s'en est fallu de très peu. **2** (introd. un nombre négatif) *Il fait moins dix* (degrés). *Dix puissance moins sept* (10^{-7}). ➛ n. m. *Un moins :* le signe moins (noté –). *Mettre un moins.* ✪ CONTR. Autant ; davantage, plus.

> ❑ Il ne faut jamais employer *moins* (un pourcentage) après un terme qui indique une diminution *(une réduction, une économie de – 20 %)* car moins par moins donne plus et équivaut à une augmentation.

moins-disant, ante adj. – 1970 ▪ Qui fait l'offre la plus basse dans une adjudication.

> ❑ Formé sur le modèle de *mieux-disant ;* ne peut être précédé de *plus.*

moins-perçu n. m. – XIXe ▪ Ce qui, étant dû, n'a pas été perçu. *Les moins-perçus.* ✪ CONTR. Trop-perçu.

moins-value n. f. – XIXe ▪ Diminution de la valeur d'une chose ; perte de valeur. Différence entre le produit réel et le produit théorique (d'une taxe, d'un impôt). *Des moins-values.* ✪ CONTR. Plus-value ; boni.

moirage n. m. – XVIIIe ▪ Opération par laquelle on donne l'apprêt de la moire à une étoffe. ➛ *Moirage du papier. Moirage du fer-blanc.*

moire n. f. – XVIIe ; angl. *mohair* **1** Apprêt que reçoivent certains tissus par écrasement irrégulier de leur grain. *Moire à petites, à grandes ondes.* ♦ Tissu qui présente des parties mates et des parties brillantes par suite de cet apprêt. **2** Aspect ondé, chatoyant d'une surface. « *la moire de l'eau frappée du soleil* » (Lamart.).

moiré, ée adj. et n. m. – XVIe **1** Qui a reçu l'apprêt, qui présente l'aspect de la moire. ➛ *Papier moiré.* **2** Qui présente les reflets de la moire. **3** n. m. LE MOIRÉ : l'aspect d'une étoffe moirée. ⇒ **moirure.**

moirer v. tr. [1] – XVIIIe ▪ Traiter (une étoffe) par moirage. ➛ *Moirer du papier.*

moireur n. m. – XIXe ▪ Ouvrier qui effectue le moirage des étoffes, du papier, du fer-blanc, du zinc.

moirure n. f. – XIXe ▪ Reflet, chatoiement du moiré.

mois n. m. – XIe ; lat. *mensis* **1** Chacune des douze divisions de l'année **(⇒ mensuel).** *Mois de trente, de trente et un jours. Le mois de février compte vingt-huit ou vingt-neuf jours* (en année bissextile). *Mois solaire. Mois lunaire.* ⇒ **lunaison.** *Mois civil. Mois du calendrier républicain. Les douze mois de l'année. Période de trois* **(⇒ trimestre),** *de six mois* **(⇒ semestre).** *Tous les deux mois* **(⇒ bimestriel).** *Deux fois par mois* **(⇒ bimensuel).** *Être payé tous les mois, au mois* **(⇒ mensualisé).** **2** Espace de temps égal à trente jours environ. *Trois mois de congé. Femme enceinte de six mois.* ➛ *Un bébé d'un mois.* **3** Salaire, rétribution correspondant à un mois de travail. ⇒ **mensualité.** *Toucher son mois.* ➛ Somme due pour un mois de location, de services, de prestations. *Verser deux mois de caution.* ✪ HOM. Moi.

moise n. f. – XIVe ; lat. *mensa* « table » ▪ Assemblage formé de deux pièces jumelles fixées de chaque côté d'une ou de plusieurs autres pièces, qu'elles relient et maintiennent. *Les moises d'une charpente.*

moïse n. m. – XIXe ; de *Moïse,* n. pr. ▪ Petite corbeille capitonnée qui sert de berceau. ⇒ **couffin.**

> ❑ Ce mot est une allusion biblique à la corbeille dans laquelle Moïse fut exposé sur le Nil.

moisi, ie adj. et n. m. – XIIe **1** Attaqué, gâté par la moisissure. *Fruit moisi.* **2** n. m. *Le moisi :* la partie moisie de qqch. ⇒ **moisissure.** ➛ *Odeur de moisi.* « *La salle d'attente était une glacière et empestait le moisi* » (Mart. du G.).

moisir v. intr. [2] – XIIe ; gr. *muxa* « morve » **1** Se détériorer sous l'effet de l'humidité, de la température. *Livres qui moisissent au fond d'une cave.* ♦ Se couvrir de moisissure. *Ce pain moisit.* **2** Rester improductif. *Laisser l'argent moisir dans un coin.* **3** fam. Attendre, rester longtemps au même lieu, dans la même situation. ⇒ **croupir.** « *J'ai pas moisi dans la boutique... Je suis ressorti presque aussitôt* » (Céline).

moisissure n. f. – XIVe **1** Altération, corruption d'une substance organique, attaquée et couverte par des végétations cryptogamiques. *Moisissure précédant la* *décomposition, la pourriture.* 2 Végétation cryptogamique qui forme une mousse veloutée. *Moisissure du vin, du vinaigre* (⇒ **fleur**). *Champignons des moisissures. Moisissures des fromages.* ♦ Partie moisie d'une substance, d'un objet. ⇒ **moisi.** *Enlever la moisissure d'une confiture.*

moissine n. f. – XIIIe ; o. i. ▪ Bout de sarment auquel tient encore la grappe et par lequel on la suspend quand on veut la conserver fraîche.

moisson n. f. – XIIe ; lat. *messis* 1 Travail agricole qui consiste à récolter les céréales, lorsqu'elles sont parvenues à maturité. ⇒ **moissonner.** « *la moisson faite, on laisse la terre en jachère* » (Chateaub.). 2 L'époque, la saison à laquelle se fait la moisson. 3 Les céréales qui sont ou seront moissonnées. ⇒ **récolte.** « *Alors, Madame Thomas, la moisson est rentrée !* » (Cendrars). 4 Action d'amasser en grande quantité (des récompenses, des gains, des renseignements) ; ce qu'on recueille. *Tout mot « engendrait une moisson d'images et de conjectures »* (Maurois).

moissonnage n. m. – XIXe ▪ Coupe des céréales courantes.

moissonner v. tr. [1] – XIIIe 1 Couper et récolter (des céréales, des plantes à graines). ⇒ **faucher.** ➛ *Moissonner un champ.* 2 Recueillir, amasser (qqch.) en grande quantité. ⇒ **gagner, récolter.** *Moissonner les succès ; des renseignements.* ♦ Recueillir comme résultat de ses actes. « *Ils ont semé du vent, et ils moissonneront des tempêtes* » (BIBLE).

moissonneur, euse n. – XIIe 1 Personne qui fait la moisson. 2 n. f. Machine agricole qui sert à moissonner. ⇒ **faucheuse.**

moissonneuse-batteuse n. f. – 1906 ▪ Machine agricole servant à couper les céréales et à les battre pour séparer les grains de la paille. *Des moissonneuses-batteuses.*

moite adj. – XIIe ; p.-ê. lat. *mustum* « moût » ▪ Légèrement humide. « *sa chère main toute moite des sueurs de l'agonie* » (Daudet). *Chaleur moite.*

moiteur n. f. – XIIIe 1 Légère humidité. *Moiteur de l'air.* ➛ État de ce qui est moite. 2 Légère sueur. « *Une moiteur froide baignait la tempe et les joues pâle de Soliman* » (Nerval).

moitié n. f. – XIe ; lat. *medietas* « milieu, moitié » 1 L'une des deux parties égales (d'un tout). ⇒ **demi-, mi-, semi-.** *Le diamètre partage le cercle en deux moitiés. Cinq est la moitié de dix.* ♦ Partie à peu près égale à la moitié. *Une bonne, une grosse moitié. Elle est absente la moitié du temps* (cf. La plupart). *Réduire de moitié.* 2 L'une des deux parties égales ou à peu près égales (d'un tout). *La première moitié du XIIe siècle.* 3 Milieu. *Parvenu à la moitié de son existence. À la moitié d'une côte :* à mi-côte. 4 littér. puis fam. Épouse, femme. « *Ma chaste moitié* » (Corn.). 5 *À MOITIÉ :* à demi ; partiellement. *Ne rien faire à moitié.* ➛ *Verre à moitié plein, à moitié vide. Être à moitié mort.* ➛ loc. prép. *À moitié prix :* pour la moitié du prix. 6 *MOITIÉ... MOITIÉ...* « *cette voiture, moitié diligence, moitié coucou* » (Balz.). ♦ fam. advt *Faisons moitié-moitié.* ⇒ **fifty-fifty.** 7 loc. *Être, se mettre de moitié avec qqn,* en participation à égalité dans les bénéfices et les pertes. ✪ CONTR. Double.

> ❑ L'accord du verbe peut se faire avec *moitié* ou avec son complément : « *La moitié des effectifs est en déroute* » (Sartre), « *La moitié des feuilles manquent* » (Céline). ♦ On peut dire *à moitié vide* ou *à moitié plein :* la réalité désignée est la même, mais le sens très différent (accent mis sur *vide* ou *plein*).

moka n. m. – XVIIIe ; de *Moka,* port du Yémen 1 Café originaire de l'Arabie méridionale ; boisson faite avec sa graine. 2 Gâteau fourré d'une crème parfumée au café (ou au chocolat).

moko → **moco**

mol → ① **mou**

① **molaire** n. f. – XVe ; lat. *(dens) molaris* « (dent) en forme de meule » ▪ Grosse dent de la partie postérieure de la mâchoire, dont la fonction est de broyer. *Les douze molaires de l'homme adulte.*

② **molaire** adj. – 1907 ▪ Relatif à la mole. *Masse molaire. Fraction molaire.*

③ **molaire** adj. – 1921 ; lat. *moles* « masse » ▪ Considéré comme un tout. ⇒ **global, total, unitaire.**

molalité n. f. – 1972 ; angl. *molality* ▪ Nombre de moles de soluté par unité de masse de solvant (en général le kilogramme).

> ❑ Ne pas confondre avec la *molarité* qui s'exprime en moles par litre.

molarité n. f. – 1954 ▪ Quantité de matière du soluté par unité de volume de solution, exprimée en moles par litre.

> ❑ Ne pas confondre avec la *molalité* qui s'exprime en moles par kilo.

molasse ou **mollasse** n. f. – XVIIe ; de l'adj. *mollasse* ou forme péj. de *meulière* ▪ Grès tendre, mêlé d'argile, de quartz. ✪ HOM. ① Mollasse.

mole n. f. – 1900 ; all. *Molekül* « molécule » ▪ Unité de quantité de matière (symb. mol) équivalant à la quantité de matière d'un système contenant autant d'entités élémentaires qu'il y a d'atomes dans 0,012 kg de carbone 12 (⇒ **molalité**). ✪ HOM. Molle (mou).

① **môle** n. f. – XIVe ; lat. *mola* « meule » ▪ Croissance anormale du placenta. ✪ HOM. Maul.

② **môle** n. m. – XVIe ; it. ▪ Construction en maçonnerie, destinée à protéger l'entrée d'un port. ⇒ **brise-lames, digue, jetée.** ♦ Quai d'embarquement ou de débarquement des marchandises. ⇒ **embarcadère, quai.**

③ **môle** n. f. – XVIe ; lat. *mola* « meule » ▪ Poisson des mers chaudes *(tétraodontiformes),* dont le corps en forme de disque peut atteindre deux mètres de long. ⇒ **lune** (II).

moléculaire adj. – XVIIIe ▪ De la molécule, qui a rapport aux molécules. *Attraction moléculaire. Structure, constitution moléculaire.* ♦ *Génétique moléculaire,* qui traite du gène au niveau moléculaire. *Biologie moléculaire.*

molécularité n. f. – 1963 ▪ Nombre de molécules participant à chacune des étapes d'une réaction chimique.

molécule n. f. – XVIIe ; lat. *moles* « masse » ▪ La plus petite quantité d'un corps simple qui peut exister à l'état libre. *Molécule d'un corps simple monovalent.* ⇒ **atome.** *Molécule de masse moléculaire très élevée.* ⇒ **macromolécule.**

molène n. f. – XIIIe ; p.-ê. de *mol* « mou » ▪ Plante herbacée *(scrofulariacées),* à feuilles isolées et molles, à fleurs en épis. *Molène commune.* ⇒ **bouillon-blanc.**

moleskine n. f. – XIXe ; angl. « peau *(skin)* de taupe *(mole)* » ▪ Toile de coton revêtue d'un enduit mat ou verni imitant le cuir. « *un grand sous-main de moleskine* » (Romains).

> ❑ On trouve aussi la graphie *molesquine :* « *le coussin collant de molesquine* » (Robbe-Grillet).

molester v. tr. [1] – XIIe ; lat. *molestus* « fâcheux, pénible » ▪ Maltraiter physiquement. ⇒ **brutaliser, rudoyer.** *Il s'est fait molester par la foule.*

moleter v. tr. 4 - XIVe 1 Travailler à la molette. 2 Faire des stries ou un quadrillage à la molette sur (une tête de vis, un boulon, etc.), pour les tourner plus aisément. *Vis moletée.*

molette n. f. - XIVe ; lat. *mola* « meule » 1 Petite roue étoilée, à l'extrémité de l'éperon, avec laquelle on pique les flancs du cheval. ♦ Outil fait d'une roulette mobile au bout d'un manche. 2 Disque d'acier qui sert à travailler les corps durs. ⇒ ④ **fraise.** 3 Pièce cylindrique à surface striée ou quadrillée, qui sert à manœuvrer certains dispositifs mobiles. *Clé à molette.* ✪ HOM. Mollette (① mollet).

moliéresque adj. - XIXe ▪ Relatif à l'art de Molière. Qui est dans la manière de Molière. *Verve moliéresque.*

mollah n. m. - XVIIe ; mot ar. « maître, seigneur » ▪ Dans l'Islam, Savant docteur en droit coranique. Chef religieux. *Gouvernement dirigé par les mollahs.*

mollard n. m. - XIXe ; du rad. de *moelle* ▪ pop. et vulg. Crachat.

① **mollasse** adj. - XVIe 1 Qui est mou et flasque. *Des chairs mollasses.* 2 Qui est trop mou, qui manque d'énergie. ⇒ **apathique, indolent, nonchalant, paresseux.** *Une grande fille mollasse.* ➝ n. *Un, une mollasse.* ✪ CONTR. Dur. Actif. — HOM. Molasse.

② **mollasse** → **molasse**

mollasserie n. f. - XIXe Excessive mollesse d'une personne.

mollasson, onne n. et adj. - XIXe ▪ fam. Personne mollasse. *Dépêche-toi, gros mollasson !*

molle → ① **mou**

mollement adv. - XIIIe 1 Sans vigueur, sans énergie. *Travailler mollement,* sans empressement. « *Les pagayeurs rament mollement* » (Gide). *Réclamer qqch. mollement,* sans conviction. 2 Avec lenteur, avec abandon. ⇒ **indolemment, nonchalamment.** *Être étendu mollement sur un divan.* ✪ CONTR. Durement, rudement ; énergiquement, fermement.

mollesse n. f. - XIIe 1 Paresse physique, intellectuelle ; manque de volonté. ⇒ **apathie, indolence, nonchalance, paresse.** « *Salammbô était envahie par une mollesse où elle perdait toute conscience d'elle-même* » (Flaub.). 2 Manque de vigueur dans une œuvre, dans le style. 3 Caractère de ce qui est mou. *La mollesse d'un coussin.* ✪ CONTR. Allant, dynamisme, vivacité ; énergie, force.

① **mollet, ette** adj. - XIIe, dimin. de *mol, mou* ▪ Agréablement mou au toucher. *Pain mollet :* petit pain à mie légère. ➝ *Œuf mollet,* cuit dans sa coquille le temps nécessaire pour que le blanc soit bien pris et le jaune crémeux. ✪ HOM. Molette.

② **mollet** n. m. - XVIe ; de ① *mollet* ▪ Partie charnue à la face postérieure de la jambe, entre le jarret et la cheville. « *la légère courbe du mollet amincie jusqu'aux chevilles* » (Maupass.). Loc. *Des mollets de coq,* nerveux et peu charnus.

molletière n. f. - XIXe ▪ Jambière de cuir, d'étoffe qui s'arrête en haut du mollet. ⇒ **leggins.** *Molletières cirées des gardes mobiles.* ➝ adj. *Bande molletière,* qu'on enroule autour du mollet.

molleton n. m. - XVIIe ; de ① *mollet* ▪ Tissu de laine ou de coton gratté sur une ou deux faces. *Robe de chambre en molleton.*

molletonné, ée adj. - XIXe ▪ Doublé, garni de molleton. *Sweat-shirt molletonné.*

molletonneux, euse adj. - XIXe ▪ De la nature du molleton.

mollir v. 2 - XVe I v. tr. 1 Rendre mou. ⇒ **amollir.** 2 *Mollir un cordage,* le détendre (cf. Donner du mou*). II v. intr. 1 Devenir mou. ⇒ se **ramollir.** *Sentir* « *sous les pas, le sol mollir* » (Gide). ➝ *Sentir ses jambes mollir de fatigue.* ➝ *Le vent mollit,* perd de sa violence. ⇒ **faiblir.** 2 Commencer à céder ; abandonner peu à peu ses résolutions. ⇒ **faiblir, flancher.** « *Il voulut riposter, puis il mollit et céda* » (Colette). *Courage qui mollit.* ➝ fam. Hésiter. *Ce n'est pas le moment de mollir.* ⇒ se **dégonfler.** ✪ CONTR. Durcir. Résister, tenir.

mollo adv. - 1933 ; de *mollement* ▪ fam. Doucement. *Vas-y mollo !*

molluscum [mɔlyskɔm] n. m. - XIXe ; mot lat. « nœud de l'érable » ▪ Petite tumeur fibreuse de la peau.

mollusque n. m. - XVIIIe ; lat. *mollusca (nux)* « (noix) à écorce molle » ▪ Animal invertébré au corps mou. ➝ *Les mollusques :* embranchement d'animaux terrestres ou aquatiques, au corps mou, non segmenté, formé d'une tête, d'un pied musculaire et d'une masse viscérale. *Classes de mollusques.* ⇒ **amphineures, céphalopodes, gastéropodes, lamellibranches.** « *Cette espèce de mollusques perforateurs qui creusent des trous dans les pierres les plus dures* » (J. Verne).

❑ Même famille que *mou.*

moloch [mɔlɔk] n. m. - XIXe ; de *Moloch,* dieu cruel des Ammonites ▪ Reptile saurien *(crassilingues)* à corps massif semblable à celui du crapaud, hérissé d'épines écailleuses. *Des molochs.*

molosse n. m. - XVIe ; gr. *molossos* « chien du pays des Molosses », en Épire ▪ Gros chien de garde, chien de berger, dogue.

molybdène n. m. - XVIIIe ; gr. *molubdis* « plomb » ▪ Élément atomique de transition, métal blanc argenté du groupe du chrome et du tungstène.

molybdénite n. f. - XIXe ▪ Principal minerai du molybdène, sulfure naturel.

molysmologie n. f. - 1973 ; du gr. *molusma* « tache, souillure » et *-logie* ▪ Science des pollutions.

môme n. - XIXe ; o. i. 1 fam. Enfant. « *des bonnes femmes qui baladaient leurs mômes* » (Queneau). 2 n. f. pop. Jeune fille. *Une jolie môme.*

moment n. m. - XIIe ; lat. *movimentum* « mouvement » I - 1 Espace de temps limité (relativement à une durée totale) considéré le plus souvent par rapport aux faits qui le caractérisent. ⇒ ② **instant.** *Moments de la vie, de l'existence.* ⇒ **jour ; époque.** *Moment de l'année.* ⇒ **saison.** *Moment où un événement s'est produit.* ⇒ **date.** *Le moment présent.* 2 Court instant. *En un moment.* ⇒ **rapidement.** *Je n'en ai que pour un moment,* pour peu de temps. *Dans un moment :* dans peu de temps. *Un moment ! J'arrive.* ♦ Durée assez courte mais qui paraît longue. *Je suis là depuis un moment.* 3 Circonstance, temps caractérisé par son contenu. *Moment de bonheur. C'est un mauvais moment à passer.* « *Ce moment fut le plus beau de la vie de Fabrice* » (Stendh.). ➝ *N'avoir pas un moment à soi :* avoir un emploi du temps très chargé. ➝ *Les derniers moments de qqn,* qui précèdent sa mort. 4 Point de la durée (qui correspond ou doit correspondre à un événement). *Ce n'est pas le moment de plaisanter. Avec toi, ce n'est jamais le moment. C'est le moment ou jamais.* 5 loc. AU MOMENT. *Au moment de.* ⇒ **lors.** *Au moment de partir,* sur le point de. *Au moment où.* ⇒ **alors** (que), **comme, lorsque.** *Au moment même où il arrivait.* ➝ *À ce moment-là.* ⇒ **alors.** *À un moment donné. À ce moment du récit.* ⇒ **endroit.** 6 loc. adv. *À TOUT MOMENT ; À TOUS MOMENTS :* sans cesse. *On peut l'appeler à tout moment,* n'importe quand. *À aucun moment :* jamais. ➝ *EN CE MOMENT :* à l'heure qu'il est, à présent. ⇒ **actuellement, maintenant.** « *Personne ne se soucie de se faire repérer, en ce moment* » (Mart. du G.). ➝ *SUR LE MOMENT :* au moment précis où une chose a eu lieu. *POUR LE MOMENT. Cela suffira pour le moment, nous* *verrons plus tard.* ➛ *PAR MOMENTS* : par intervalles ; de temps à autre. ➛ *D'UN MOMENT À L'AUTRE* : d'une façon imminente, bientôt. *Il peut arriver d'un moment à l'autre.* 7 loc. conj. *DU MOMENT OÙ, QUE.* Puisque, dès lors que. *À partir du moment où tu es d'accord, il n'y a rien à dire.* **II** *Moment d'un bipoint* (A, B) *par rapport à un point* O : le produit vectoriel de $\overrightarrow{OA}$ et $\overrightarrow{AB}$. *Moment d'ordre d'une variable aléatoire.* ⇒ **espérance.** *Moment d'un couple* : produit de la distance des deux forces par leur intensité commune. *Moment magnétique* : moment du couple nécessaire pour maintenir un aimant perpendiculaire à un champ uniforme (⇒ **magnéton**). **III** *Moment psychologique* : idée ou sentiment susceptible de déterminer à l'action.

momentané, ée adj. – XIVe ▪ Qui ne dure qu'un moment, qui n'est pas destiné à continuer. ⇒ ① **bref, passager, provisoire, temporaire.** *Interruption momentanée d'une émission.* ✪ CONTR. Continuel, durable.

> ❑ On peut comparer *moment/momentané* et *instant/instantané* qui présentent une dérivation similaire.

momentanément adv. – XVIe ▪ D'une manière momentanée. ⇒ **provisoirement.** « *Leur faim fut donc momentanément apaisée* » (J. Verne). ✪ CONTR. Constamment, continuellement.

momerie n. f. – XVe ; de l'a. fr. *momer* « se déguiser » ▪ Cérémonie ou pratique considérée comme ridicule ou insincère. ⇒ **bigoterie.** *Un vieux prêtre « qui passe en marmottant ses momeries »* (Hugo).

mômerie n. f. – 1962 ▪ Enfantillage.

momie n. f. – XIIIe ; ar. *mûm* « cire » **1** Substance utilisée pour l'embaumement des cadavres. **2** Cadavre desséché et embaumé par les procédés des anciens Égyptiens. *Préparation des momies* (⇒ **embaumer, momifier ; natron**). *Momie entourée de bandelettes.* « *Le Roman de la momie* », *de Th. Gautier.*

momification n. f. – XVIIIe ▪ Transformation (d'un cadavre) en momie. État d'un cadavre momifié. *Momification naturelle par dessèchement.*

momifier v. tr. [7] – XVIIIe **1** Transformer en momie. ⇒ **dessécher ; embaumer.** ➛ fig. « *Une vieille ridée, tannée, momifiée en quelque sorte* » (Gaut.). **2** Rendre inerte. Pronom. *Esprit qui se momifie.* ⇒ se **fossiliser,** se **scléroser.**

momordique n. f. – XVIIIe ; lat. *momordi* « j'ai mordu » ▪ Plante rampante *(cucurbitacées)* appelée aussi *concombre d'âne,* aux fruits en capsules (appelés *pommes de merveille*).

mon, ma, plur. **mes** adj. poss. – Xe ; lat. **I - 1** Qui est à moi, qui m'appartient (⇒ **je, moi**). « *MA corbeille de MES bijoux de MON mariage* » (Colette). *Mes livres.* ➛ *Ma taille ; mon poids.* ➛ *À mon avis. Je cherche dans mes souvenirs. Ma naissance. De mon vivant.* ♦ Dont je suis l'auteur. *Mon œuvre. Tout est de ma faute. Mon métier.* ♦ Qui m'est habituel ou me convient. *Ce n'est pas mon genre.* ♦ Qui est le mien, auquel j'appartiens. *Ma famille. Ma génération. De mon temps.* « *J'ai déjà décrit quelque peu de mon Metz enfantin* » (Verlaine). **2** Exprime la parenté ou des relations variées. *Mon père, ma femme, mes enfants. Mes voisins. Mon auteur préféré.* **3** *Alors, mon type s'est mis à courir comme un fou.* ➛ *Je connais mes classiques.* **4** *Viens, mon enfant. Mon cher ami. Ma pauvre. Mes chers auditeurs. Mon amour.* « *elle l'accablait de petits noms : mon chien, mon loup, mon chat* » (Zola). ➛ *Mon Dieu. Mon Père. Ma sœur. Mes bien chers frères.* ♦ (sauf dans la marine) En parlant à un supérieur *Mon lieutenant, mon général.* ♦ *Ah ! bien, mon salaud, mon cochon.* **II** De moi, relatif à moi. *Mon persécuteur, mon juge* : celui qui me persécute, me juge. ♦ *Elle est restée dix ans à mon service. À ma vue* : en me voyant. *Il était venu à mon aide.* Loc. *À mon égard, à mon intention, en mon honneur, en ma faveur.* ✪ HOM. Mont ; poss. mas, mât.

> ❑ *Mon* conserve sa voyelle nasale dans la liaison : *mon ami* [mɔ̃nami] ; vieilli [mɔnami]. Pour l'ancienne élision avec un nom féminin → ② mie, tante (rem.).

monacal, ale, aux adj. – XVIe ; lat. *monachus* « moine » ▪ Relatif aux moines, à leur vie, à leur état. ⇒ **monastique.** *La vie monacale.* ➛ Digne d'un moine. *Mener une vie monacale.* ⇒ **ascétique, claustral.**

monachisme [mɔnaʃism ; mɔnakism] n. m. – XVIe ▪ État, vie de moine ; institution monastique.

monade n. f. – XVIe ; gr. *monas* « unité » ▪ Chez Leibniz, Substance simple, sans étendue, indivisible, active, qui constitue l'élément dernier des choses et qui est douée de désir, de volonté et de perception.

monadelphe adj. – XVIIIe ; *mon(o)-* et *-adelphe* ▪ Dont les étamines sont soudées en un seul faisceau. *L'androcée monadelphe de la mauve.*

monadologie n. f. – XVIIe ▪ Théorie de Leibniz sur les monades.

monandre adj. – XVIIIe ; *mon(o)-* et *-andre* ▪ Qui n'a qu'une étamine.

monarchie n. f. – XIIIe ; gr. *monarkhia* « gouvernement d'un seul » **1** Régime dans lequel l'autorité politique réside dans un seul individu (⇒ **monarque**), et est exercée par lui ou par ses délégués. **2** Régime politique dans lequel le chef de l'État est un roi héréditaire. ⇒ **royauté.** *Monarchie absolue ; constitutionnelle, parlementaire. Partisan de la monarchie.* ⇒ **monarchiste, royaliste.** *Interrègne dans une monarchie.* ⇒ **régence.** ➛ *La monarchie anglaise. Les monarchies européennes.* ⇒ **couronne, royaume.** ✪ CONTR. Démocratie, oligarchie ; république.

monarchique adj. – XVe ▪ Qui a rapport à la monarchie.

monarchisme n. m. – XVIe ▪ Doctrine politique des partisans de la monarchie. ⇒ **royalisme.**

monarchiste n. et adj. – XVIIIe ▪ Partisan de la monarchie, d'un roi. ⇒ **royaliste.** ➛ adj. *Journal monarchiste.* ✪ CONTR. Démocrate, républicain.

monarque n. m. – XIVe ; gr. *monos* « seul » et *arkhein* « commander » **1** Chef de l'État dans une monarchie. ⇒ **empereur, roi, souverain.** *Monarque absolu.* ⇒ **autocrate.** *Monarque héréditaire.* **2** Papillon diurne. ⇒ **danaïde.**

monastère n. m. – XIVe ; gr. *monastêrion,* de *monos* « seul » ▪ Établissement où vivent des religieux, des religieuses appartenant à un ordre quelconque. ⇒ **cloître ; abbaye, chartreuse, couvent, prieuré.** *Se retirer dans un monastère.* ➛ *Monastère de lamas.* ⇒ **lamaserie.** *Monastère indien.* ⇒ **ashram.**

monastique adj. – XVe ▪ Qui concerne les moines. ⇒ **monacal.** *Vie monastique. Vœux, règles monastiques.* ➛ *Austérité, simplicité monastique.* ⇒ **claustral.**

monaural, ale, aux adj. – 1951 ; de *mon(o)-* et lat. *auris* « oreille » **1** Monophonique. **2** Relatif à une seule oreille (en tant qu'organe de l'audition).

monazite n. f. – XIXe ; gr. *monazein* « être seul, rare » ▪ Phosphate naturel de cérium et d'autres terres rares (lanthane, thorium).

monceau n. m. – XIIe ; lat. *monticellus* « monticule » ▪ Élévation formée par une grande quantité d'objets entassés sans ordre. ⇒ **accumulation, amas, amoncellement, tas.** ➛ fig. « *L'œil du praticien ne voyait en moi qu'un monceau d'humeurs* » (Yourcenar).

❑ Le mot a perdu son sens originel de « petit mont » sauf dans les noms propres *(Montceau-les-Mines).*

mondain, aine adj. et n. – XIIe 1 Qui appartient au monde, au siècle (opposé à *religieux,* ① *sacré*). ⇒ **profane.** *Vie mondaine et vie monastique.* 2 Relatif à la société des gens en vue, aux divertissements, aux réunions de la haute société. « *se plier aux conventions mondaines et sociales* » (Maurois). *Conversation mondaine,* superficielle. 3 Qui aime les mondanités, sort beaucoup dans le monde. *Il est très mondain.* ➛ n. *Un mondain, une mondaine.* 4 Autrefois, *Police, brigade mondaine, la Mondaine :* brigade des stupéfiants et du proxénétisme.

mondanité n. f. – XIVe 1 Goût pour la vie mondaine, ses distractions. « *les arrivistes arrivaient par la littérature et par la mondanité* » (Péguy). 2 au plur. Les événements de la vie mondaine. *Fuir les mondanités.* ➛ Politesse conventionnelle. *Trêve de mondanités !* ♦ Chronique mondaine d'un journal.

monde n. m. – XIIe ; lat. **I - 1** L'ensemble formé par la Terre et les astres visibles, conçu comme un système organisé. ⇒ **cosmos, univers.** ♦ Le système planétaire auquel appartient la Terre, et par ext. Les systèmes comparables pouvant exister dans l'univers. ♦ Tout corps céleste comparé à la Terre. « *La Guerre des mondes* », *roman de H.G. Wells.* 2 L'ensemble de tout ce qui existe. ⇒ **macrocosme, univers.** « *Je ne dis pas que le monde soit* infini, *mais* indéfini *seulement* » (Desc.). ➛ L'univers, par opposition à l'homme. *Connaissance du monde. Création du monde.* ⇒ **genèse.** *Fin du monde.* ⇒ **apocalypse.** Loc. *Depuis que le monde est monde :* depuis toujours. 3 La totalité des choses, des concepts d'un même ordre (considéré comme un aspect de l'univers). *Le monde de la pensée et le monde physique.* 4 Ensemble de choses considéré comme formant un petit univers (⇒ **microcosme).** *Le monde de l'art.* ➛ *Le monde végétal.* ♦ loc. *Faire tout un monde de qqch.,* en exagérer l'importance, les difficultés. ➛ fam. *C'est un monde !* c'est énorme, exagéré. *Un monde les sépare.* ⇒ **abîme. II** La Terre, habitat de l'homme ; l'humanité. 1 La planète Terre. ⇒ **globe, terre.** ➛ La surface terrestre, où vivent les hommes. *Les cinq parties du monde.* ⇒ ② **continent.** *Carte du monde.* ⇒ **mappemonde.** *Qui concerne le monde entier.* ⇒ **mondial, universel.** *Tour du monde, voyage autour du monde.* Loc. *Ce n'est pas le bout du monde :* ce n'est pas difficile. ➛ *De par le monde :* à travers la terre entière. *Le plus grand barrage du monde.* ➛ *Champion du monde. Miss Monde.* ♦ *Le Nouveau Monde :* l'Amérique. *L'Ancien Monde :* le monde tel qu'il était connu des Anciens (Europe, Afrique et Asie). 2 *Ce bas monde* (cf. Ici-bas). *L'autre monde,* que les âmes sont censées habiter, après la mort (⇒ **au-delà).** *Envoyer qqn dans l'autre monde,* le tuer. *Il n'est plus de ce monde :* il est mort. 3 AU MONDE. *Mettre un enfant au monde.* ⇒ **accoucher, enfanter.** *Venir au monde.* ⇒ **naître.** *Être seul au monde,* dans la vie. 4 La société, la communauté humaine vivant sur la terre. ⇒ **humanité, société.** *Le monde entier s'en est ému.* ➛ loc. *À la face du monde :* ouvertement, en public. 5 La société, telle qu'elle se présente à une époque donnée ou dans un milieu géographique déterminé. *L'avènement d'un monde meilleur. Le monde moderne.* « *Je suis venu trop tard dans un monde trop vieux* » (Muss.). ➛ *Le monde capitaliste et le monde communiste.* ➛ loc. *Il faut de tout pour faire un monde,* se dit pour excuser les goûts des gens. 6 DU MONDE. *C'est le meilleur homme du monde.* ♦ AU MONDE. *Pour rien au monde :* à aucun prix. ⇒ **jamais.** *Personne au monde ne pourrait le remplacer.* **III** Aspect ou portion de la société ; vie en société opposée à d'autres aspects de la vie humaine. 1 La vie profane. ⇒ **mondain** (1°). ➛ La vie séculière, par opposition à la vie monastique. ⇒ **siècle.** 2 La vie en société, considérée surtout dans ses aspects de luxe et de divertissement ; ceux qui vivent cette vie (⇒ **mondain, mondanité).** « *Je ne refuse pas de voir le monde, de causer, de dîner avec des amis* » (Maupass.). *Le grand monde.* ⇒ **aristocratie, gentry.** ➛ *Homme, femme du monde,* de la haute société. 3 Milieu ou groupement social particulier. *Être du même monde.* ⇒ **milieu.** ➛ *Le monde des affaires, du spectacle.* **IV** Les hommes. 1 LE MONDE ; DU MONDE : les gens ; des gens. *Il y a trop de monde ; il n'y a pas grand monde,* presque personne. Loc. *Se moquer, se ficher, se foutre du monde.* ➛ Beaucoup de gens. *Spectacle où il y a du monde.* ⇒ **foule.** ➛ *Avoir du monde chez soi,* des invités. ♦ TOUT LE MONDE : chacun. *Il raconte son histoire à tout le monde. Tout le monde est servi ? Monsieur Tout-le-monde :* l'homme moyen. 2 Les gens à qui on a affaire, que l'on fréquente, que l'on emploie. *Elle a tout son monde près d'elle.*

monder v. tr. [1] – XIIe ; lat. *mundus* « pur » ■ Nettoyer en séparant des impuretés (corps étrangers, pellicules, pépins). ⇒ **décortiquer, émonder.** *Monder des amandes.* ➛ *Orge mondé,* débarrassé de sa pellicule.

❑ Même famille que *immonde.*

mondial, iale, iaux adj. – XVIe ■ Relatif à la terre entière ; qui intéresse toute la terre. *Population mondiale. À l'échelle mondiale.* ⇒ **planétaire.** *L'actualité mondiale.* ⇒ **international.** *La Première, la Deuxième Guerre mondiale.*

mondialement adv. – mil. XXe ■ D'une manière mondiale ; partout dans le monde. *Mondialement connu.* ⇒ **universellement.**

mondialisation n. f. – 1953 ■ Le fait de devenir mondial. *La mondialisation d'un conflit.*

mondialiser v. tr. [1] – v. 1928 ■ Rendre mondial.

mondialisme n. m. – v. 1950 ■ Universalisme visant à constituer l'unité politique de la communauté humaine.

monel n. m. – 1931 ; nom déposé, de *Monell,* n. pr. ■ Alliage de cuivre et de nickel résistant à la corrosion.

monème n. m. – 1941 ; de *mon(o)-,* d'apr. *morphème* ■ En linguistique, Unité de première articulation, unité significative minimale. ⇒ **morphème.**

monère n. f. – XIXe ; gr. *monêres* « simple » ■ *Les monères :* embranchement du règne végétal qui contient les bactéries et les cyanobactéries.

monergol n. m. – 1959 ; *mon(o)-* et *(prop)ergol* ■ Produit apte à la propulsion d'un moteur de fusée, ne contenant qu'un seul ergol.

monétaire adj. – XVIe ; lat. *moneta* → monnaie ■ Relatif à la monnaie. *Masse monétaire :* somme de l'ensemble des moyens de paiement et de la quasi-monnaie recensés dans un pays, à un moment donné. *Système monétaire international (S.M.I.) :* ensemble des institutions et conventions résultant d'un accord conclu entre des pays sur les règlements des échanges internationaux. *Système monétaire européen (S.M.E.) :* accord conclu entre les pays membres de la C.E.E. afin d'établir une zone de taux de change stables.

monétarisme n. m. – v. 1965 ■ Courant théorique donnant à la monnaie une place déterminante dans les explications des fluctuations économiques.

monétariste adj. et n. – v. 1965 1 Relatif aux problèmes monétaires ; au monétarisme. 2 n. Partisan du monétarisme.

monétique n. f. – 1983 ; de *moné(taire)* et *(informa)tique* ■ Ensemble des techniques électroniques, informatiques et télématiques permettant d'effectuer des transactions bancaires (carte bancaire, virement électronique...).

monétiser v. tr. [1] – XIXe ■ Transformer en monnaie. *Monétiser un métal.*

mongol, e adj. et n. – XVIe ■ De Mongolie. *Tribus mongoles.* ♦ n. *L'ancien empire des Mongols.* ⇒ **tatar.** « *je veux devenir hideux comme un Mongol* » (Rimb.). ➛ n. m. *Le mongol* : ensemble des langues ouralo-altaïques parlées en Mongolie.

mongolien, ienne adj. et n. – XVIIIe ■ Relatif au mongolisme. *Faciès mongolien.* ♦ Atteint de mongolisme. *Enfant mongolien.* ⇒ **trisomique.** ➛ n. *Un mongolien, une mongolienne.*

mongolisme n. m. – 1923 ; de *mongol,* à cause du faciès que présentent les malades ■ Maladie congénitale due à une aberration chromosomique, la trisomie 21, caractérisée par un faciès typique, diverses malformations et par une arriération mentale.

mongoloïde adj. – XIXe ■ Se dit de certains traits anormaux qui rappellent le mongolisme. *Brides mongoloïdes des yeux.*

monisme n. m. – XIXe ; gr. *monos* « seul » ■ Système qui considère l'ensemble des choses comme réductible à l'unité. ✪ CONTR. Dualisme, pluralisme.

moniteur, trice n. – XVe ; lat. *monere* « faire penser, avertir » **I** Personne qui enseigne certains sports, certaines disciplines. ⇒ **entraîneur, instructeur.** *Moniteur de ski. Monitrice d'éducation physique.* ➛ Personne qui s'occupe d'un groupe d'enfants dans une colonie de vacances. abrév. fam. MONO. *Les monos.* **II** n. m. **1** Programme du système d'exploitation d'un ordinateur assurant l'enchaînement des différents travaux. ♦ Dispositif permettant de mesurer et contrôler les performances d'un système informatique. **2** *Moniteur cardiaque* : appareil automatique de surveillance de l'activité cardiaque, visualisant et enregistrant de façon continue l'électrocardiogramme et déclenchant une alarme en cas de troubles (⇒ **monitorage**). **3** Écran de visualisation associé à un micro-ordinateur, utilisé à des fins de contrôle.

monition n. f. – XIIIe ; lat. *monere* « avertir » ■ Dans l'Église catholique, Avertissement que l'autorité ecclésiastique adresse avant d'infliger une censure. ➛ Publication d'un monitoire.

monitoire n. m. – XIVe ■ Lettre qu'un juge d'Église adressait aux fidèles pour les obliger à révéler ce qui pouvait éclairer la justice sur certains faits criminels.

monitorage n. m. – v. 1970 ; angl. *monitoring* ■ Technique de surveillance médicale électronique, au moyen de capteurs enregistrant différents paramètres et de systèmes d'alarme se déclenchant en cas de troubles (⇒ **moniteur**). ➛ Technique de surveillance de systèmes complexes, assistée par ordinateur.

❑ On a longtemps employé le mot anglais *monitoring.*

monitorat n. m. – v. 1950 ■ Formation pour la fonction de moniteur ; la fonction elle-même.

monnaie n. f. – XIIe ; lat. *moneta* « qui avertit », surnom de Junon, le temple de *Juno moneta* servant d'atelier pour la frappe des monnaies **1** Pièce de métal garantie par l'autorité souveraine et qui sert de moyen d'échange, d'épargne et d'unité de valeur. *Étude des médailles et des monnaies.* ⇒ **numismatique.** *Monnaies d'or et d'argent.* ♦ Ensemble des pièces de même type. *Frapper, fondre une monnaie. Retirer une monnaie de la circulation.* ⇒ **démonétiser.** ➛ L'ensemble des pièces utilisées comme monnaie (2°). *Pièce de monnaie.* « *Le prince seul a droit de battre monnaie* » (Rouss.). ➛ FAUSSE MONNAIE : contrefaçon frauduleuse des pièces de monnaie légales. *Fabricant de fausse monnaie.* ⇒ **faussaire, faux-monnayeur. 2** Tout instrument de mesure et de conservation de la valeur, moyen d'échange des biens (⇒ **monétaire**). *Monnaie métallique* : lingots, barres, puis pièces de métal. ⇒ **argent.** *Monnaie manuelle.* ⇒ **espèces, numéraire.** *Papier-monnaie* (⇒ **papier**). *Monnaie scripturale* ou *monnaie de banque.* ⇒ **carte** (bancaire, de crédit, de paiement), **chèque, transfert** (électronique), **virement.** *Monnaie électronique* : tous les moyens de paiement par support informatique. ⇒ **monétique.** *Monnaie de compte* : référence conventionnelle de mesure de valeurs monétaires particulièrement utilisée dans les relations internationales. ⇒ ② **étalon.** *Monnaie de réserve,* convertible en or. *Monnaie panier* : monnaie internationale de référence établie à partir de plusieurs monnaies nationales. ⇒ ② **écu.** ♦ Unité monétaire de référence dans un pays donné. *Monnaie étrangère.* ⇒ **devise.** *Cours d'une monnaie. Dévaluation, réévaluation de la monnaie nationale par rapport aux autres monnaies. Monnaie forte, faible. La monnaie française est le franc.* ♦ loc. *C'est monnaie courante* : c'est une chose très fréquente. « *L'insulte est monnaie courante* » (Anouilh). **3** Ensemble de pièces de faible valeur que l'on porte sur soi. *Petite, menue monnaie.* ⇒ **ferraille, mitraille.** ♦ Différence entre la valeur d'un billet, d'une pièce et le prix d'une marchandise. ⇒ **appoint.** *Rendre la monnaie sur cent francs. Gardez la monnaie.* Loc. *Rendre à qqn la monnaie de sa pièce,* user de représailles envers lui, lui rendre la pareille. ➛ *Faire de la monnaie* : échanger un billet, une pièce contre l'équivalent en petites pièces, en petits billets. *Pouvez-vous me faire de la monnaie de cent francs ? Changeur de monnaie.* ⇒ **monnayeur.**

monnaie-du-pape n. f. – XIXe ■ Lunaire* (②). *Une gerbe de monnaies-du-pape.*

monnayable adj. – XIXe ■ Qu'on peut monnayer (1°). *Métaux monnayables.* ♦ Dont on peut tirer de l'argent. ⇒ **négociable, vendable.** « *ils laissaient les âmes à peu près tranquilles, les âmes n'étant pas monnayables* » (R. Rolland).

monnayage n. m. – XIIIe ■ Fabrication de la monnaie à partir d'un métal ou d'un alliage monétaire.

monnayer v. tr. [8] – XIIe **1** Transformer en monnaie (un lingot, un objet de métal). ➛ *Or monnayé.* ♦ Frapper (la monnaie) d'une empreinte. **2** Convertir en argent liquide. *Monnayer un bien.* **3** Se faire payer (quelque avantage), en tirer de l'argent. *Monnayer son silence.*

monnayeur n. m. – XIVe **1** Ouvrier qui travaille à la fabrication de la monnaie de l'État. **2** Appareil permettant de faire automatiquement la monnaie. ⇒ **changeur.**

mono → **moniteur**

mon(o)- Élément, du gr. *monos* « seul, unique ».

monoacide adj. – 1904 ■ Qui ne possède qu'un seul atome d'hydrogène acide par molécule.

monoamine n. f. – XIXe **1** Amine qui ne possède qu'un radical – NH_2. **2** *Monoamine oxydase* : enzyme inactivant certains neurotransmetteurs.

monoatomique adj. – XIXe ■ Dont la molécule n'a qu'un atome.

monobasique adj. – XIXe ■ *Acide monobasique,* dont un seul atome d'hydrogène peut être remplacé par un atome de métal.

monobloc adj. inv. et n. m. – 1906 ■ D'une seule pièce, d'un seul bloc. *Des châssis monobloc.* ♦ n. m. Groupe des cylindres d'un moteur à explosion, fondus d'un seul bloc.

monocâble adj. – mil. XXe ■ Qui n'a qu'un seul câble. *Téléphérique monocâble.*

monocamérisme n. m. – 1931 ; de *mono-* et lat. *camera* « chambre » ■ Système parlementaire à une seule Chambre.

monocellulaire adj. – XIXe ■ Composé d'une seule cellule. ⇒ **unicellulaire.**

monochromatique [mɔnɔkʀɔmatik] adj. – XIXe ■ Qui ne contient qu'une fréquence ou une longueur d'onde bien déterminée. *Le laser émet une radiation monochromatique.*

monochrome [mɔnokʀom] adj. – XVIIIe ; *mono-* et *-chrome* ■ Qui est d'une seule couleur. ✪ CONTR. Polychrome.

monocinétique adj. – 1940 ■ Se dit de particules qui ont la même vitesse. *Faisceau d'électrons monocinétiques.*

monocle n. m. – XIIIe ; lat. *monoculus* « qui n'a qu'un *(mono-)* œil *(oculus)* » ■ Verre correcteur unique que l'on fait tenir dans l'arcade sourcilière. « *il ne voyait que d'un œil, à travers un monocle épais comme une lentille* » (Mart. du G.).

monoclinal, ale, aux adj. et n. m. – XIXe ; de *mono-*, d'apr. *synclinal* ■ Dont les couches géologiques, sur de vastes étendues, sont inclinées dans le même sens, sans plis couchés (⇒ **isoclinal**).

monoclinique adj. – XIXe ; de *mono-* et gr. *klinein* « incliner » ■ *Système cristallin monoclinique* : prisme oblique dont les quatre faces latérales sont des parallélogrammes et les deux bases des rectangles. ⇒ **clinorhombique.**

monoclonal, ale, aux adj. – v. 1960 ■ Qui appartient à un même clone cellulaire. ➛ *Anticorps monoclonaux* : anticorps produits par un clone unique de lymphocytes fusionnés avec des cellules de myélome.

monocoque n. m. et adj. – 1923 **1** Bateau à une seule coque (opposé à *multicoque*). adj. *Un bateau monocoque.* **2** adj. Sans châssis, dont la coque assure à elle seule la rigidité. *Voiture monocoque.* **3** Bactérie ronde se présentant isolée. ⇒ **staphylocoque, streptocoque.**

monocorde n. m. et adj. – XIIe **1** Instrument de musique à une corde, tendue sur une caisse de résonance. ➛ adj. *Instrument monocorde.* **2** adj. Qui est sur une seule note. ⇒ **monotone.** *Voix monocorde.* « *un ton bas et monocorde* » (Mart. du G.).

❑ *Monocorde* est aussi le nom d'un instrument à plusieurs cordes, toutes à l'unisson, nom qui a été altéré en *manicorde* sous l'influence du latin *manus* « main ». → manicorde.

monocotylédone adj. et n. f. – XVIIIe ■ Dont la graine n'a qu'un cotylédon. *L'iris est monocotylédone.* ♦ n. f. pl. *LES MONOCOTYLÉDONES* : classe d'angiospermes dont le pollen ne possède qu'un seul pore et la graine renferme un embryon à un seul cotylédon.

monocouche adj. inv. – 1977 ■ Se dit d'un produit dont il suffit d'appliquer une seule couche pour obtenir un résultat satisfaisant. *Peinture monocouche.* ✪ CONTR. Multicouche.

monocratie n. f. – 1963 ; *mono-* et *-cratie* ■ Forme de gouvernement où le pouvoir effectif réside dans la volonté du chef de l'État.

monocristal, aux n. m. – mil. XXe ■ Cristal élémentaire (d'une structure cristalline complexe). *Monocristal de silicium.* ➛ Cristallisation de glace.

monoculaire adj. – XVIIIe **1** Relatif à un seul œil. *Vision monoculaire.* **2** Qui est pourvu d'un seul oculaire. *Microscope monoculaire* (opposé à *binoculaire*).

monoculture n. f. – XIXe ■ Culture d'un seul produit. *Monoculture du riz.* ✪ CONTR. Polyculture.

monocycle n. m. – XIXe ; *mono-* et *-cycle* ■ Vélo à une seule roue utilisé par les acrobates.

monocyclique adj. – 1906 ■ Se dit d'espèces animales ne présentant qu'un cycle sexuel par an.

monocylindrique adj. – 1907 ■ À un seul cylindre. *Moteur monocylindrique.* ➛ Se dit d'une colonne au fût rond (par oppos. à *fasciculé*). ⇒ **monostyle.**

monocyte n. m. – 1931 ; *mono-* et *-cyte* ■ Gros leucocyte mononucléaire de 15 à 25 micromètres.

monodie n. f. – XVIe ; gr. *monos* « seul » et *ôdê* « chant » ■ Monologue, couplet lyrique dans la tragédie. ♦ Chant à une seule voix sans accompagnement.

monœcie [mɔnesi] n. f. – XVIIIe ; de *mono-* et gr. *oikia* « maison » ■ État d'une plante monoïque.

monogame adj. – XVe ; *mono-* et *-game* ■ Qui n'a qu'une seule épouse, qu'un seul mari à la fois (opposé à *bigame, polygame*) ; qui pratique la monogamie. *Peuples monogames.*

monogamie n. f. – XVIe ■ Régime juridique en vertu duquel un homme ou une femme ne peut avoir plusieurs conjoints en même temps. « *le divorce n'est pas de la monogamie. C'est de la polygamie successive* » (Bourget). ♦ État des animaux qui forment un couple exclusif, au moins pendant qu'ils élèvent leurs petits. ✪ CONTR. Polygamie ; bigamie, polyandrie.

monogamique adj. – XIXe ■ Qui a rapport à la monogamie, qui a pour base la monogamie.

monogénisme n. m. – XIXe ; *mono-* et *-génie* ■ Doctrine anthropologique selon laquelle toutes les races humaines dériveraient d'un type primitif commun. ✪ CONTR. Polygénisme.

monogramme n. m. – XVIe ; *mono-* et *-gramme* ■ Chiffre composé de la lettre initiale ou de la réunion de plusieurs lettres d'un nom, entrelacées en un seul caractère. *Monogramme brodé sur un mouchoir.* ♦ Marque ou signature abrégée. ⇒ **sigle.**

monographie n. f. – XVIIIe ; *mono-* et *-graphie* ■ Étude détaillée qui se propose d'épuiser un point précis d'histoire, de littérature, de science, etc. *Monographie d'une région, d'un personnage historique.*

monoï [mɔnɔj] n. m. inv. – d. i. ; mot polynésien ■ Huile de noix de coco, parfumée aux fleurs de tiaré. *Produit solaire au monoï.*

monoïque adj. – XVIIIe ; de *mono-* et gr. *oïkos* « demeure » ■ Se dit d'une plante bisexuée qui peut produire des gamètes de chacun des deux sexes (⇒ **monœcie**). *Le noisetier est monoïque.*

monolingue adj. et n. – 1963 ; de *mono-*, d'apr. *bilingue* ■ Qui ne parle qu'une langue. ➛ En une seule langue. *Un dictionnaire monolingue.* ⇒ **unilingue.** ✪ CONTR. Bilingue, multilingue, plurilingue, polyglotte.

monolinguisme [mɔnɔlɛ̃gɥism] n. m. – mil. XXe ■ Fait d'être monolingue (personne, région, pays). ✪ CONTR. Bilinguisme, plurilinguisme.

monolithe adj. et n. m. – XVIe ; *mono-* et *-lithe* **1** Qui est formé d'un seul bloc de pierre. ⇒ **monolithique.** *Colonne monolithe.* **2** n. m. Monument taillé dans le roc (⇒ **mégalithe**).

monolithique adj. – XIXe **1** D'un seul bloc de pierre. *Obélisque monolithique.* **2** Qui forme bloc ; dont les éléments forment un ensemble homogène, impénétrable. *Parti monolithique. Cette espèce « d'orgueil serein, monolithique et sans fissure »* (Cl. Simon). ✪ CONTR. Ouvert, souple.

monolithisme n. m. – XIXe **1** Système de construction avec une seule pierre ou un petit nombre de très grosses pierres. 2 Caractère monolithique. ✪ CONTR. Éclectisme, syncrétisme.

monologue n. m. – XVIe ; *mono-* et *-logue* 1 Dans une pièce de théâtre, Scène à un personnage qui parle seul. 2 Long discours d'une personne qui ne laisse pas parler ses interlocuteurs. « *des monologues sans fin, pleins de gaietés mélancoliques et de chatteries babillardes* » (Flaub.). 3 Discours d'une personne seule qui parle, pense tout haut. ⇒ **soliloque.** ✪ CONTR. Dialogue, entretien.

❑ *Monologue* a été composé sur le modèle de *dialogue* (qui est mal analysé). → dialogue (rem.). ♦ Il est plus précis d'employer *soliloque* quand le locuteur est seul → soliloque.

monologuer v. intr. [1] – XIXe ▪ Parler seul, ou en présence de qqn comme si l'on était seul. ⇒ **soliloquer.** « *il monologuait plutôt qu'il ne causait* » (Maupass.).

monôme n. m. – XVIIe ; de *mono-*, d'apr. *binôme* 1 Expression algébrique à un seul terme, polynôme dont un seul coefficient n'est pas nul. 2 Cortège formé d'étudiants se tenant par les épaules, qui défilent sur la voie publique. « *ils feront un monôme et défileront dans la cour en chantant* » (Larbaud).

monomère adj. et n. m. – XIXe ; de *mono-*, d'apr. *polymère* ▪ Constitué de molécules simples, et capable de se combiner à d'autres molécules semblables ou différentes pour former un polymère. ⇒ aussi **protomère.**

monométallisme n. m. – XIXe ▪ Système monétaire qui n'admet qu'un étalon monétaire (opposé à *bimétallisme*). *Monométallisme or, argent.*

monométalliste adj. – XIXe ▪ Dont le système monétaire est fondé sur le monométallisme.

monomoteur, trice adj. – 1931 ▪ Qui n'a qu'un seul moteur. *Avion monomoteur.* ➛ n. m. *Un monomoteur.*

mononucléaire adj. et n. m. – XIXe ▪ Qui n'a qu'un seul noyau, en parlant d'une cellule. ➛ n. m. *Les mononucléaires.*

mononucléose n. f. – 1901 ▪ Leucocytose caractérisée par l'augmentation du nombre de monocytes. *Mononucléose infectieuse.*

monoparental, ale, aux adj. – 1975 ▪ Où il y a un seul parent, le plus souvent la mère. *Famille monoparentale.*

monophasé, ée adj. – XIXe ▪ Se dit du courant alternatif simple ne présentant qu'une phase. ➛ *Du monophasé* (opposé à *polyphasé*).

monophonie n. f. – mil. XXe ▪ Reproduction monophonique des sons (opposé à *stéréophonie*). *Disque enregistré en monophonie.*

monophonique adj. – mil. XXe 1 Qui n'a qu'une partie, est à l'unisson (opposé à *polyphonique*). ⇒ **homophonie, monodie.** 2 Qui comporte un seul canal d'amplification et ne peut donner l'impression de relief sonore (opposé à *stéréophonique*). ⇒ **monaural.**

monophysite adj. – XVIIe ; de *mono-* et gr. *phusis* « nature » ▪ *Doctrine monophysite,* qui ne reconnaît qu'une nature (divine ; humaine) au Christ.

monoplace adj. – 1920 ▪ Qui n'a qu'une place, en parlant d'un véhicule. ➛ n. *Un, une monoplace.*

monoplan n. m. – 1908 ▪ Avion qui n'a qu'un seul plan de sustentation (opposé à *biplan, triplan*).

monoplégie n. f. – XIXe ; de *mono-*, d'apr. *hémiplégie* ▪ Paralysie d'un seul membre.

monopole n. m. – XIVe ; de *mono-* et gr. *pôlein* « vendre » 1 Situation d'un marché où la concurrence n'existe pas, une seule entreprise étant maître de l'offre. *Entreprise qui a le monopole d'un produit. Monopole d'État.* ⇒ **régie.** *Loi contre les monopoles* (⇒ **antitrust**). ♦ Entreprise qui contrôle l'offre sur un marché (⇒ **monopoleur**). *Les grands monopoles privés, publics.* 2 Privilège exclusif. ⇒ **exclusivité.** *Parti qui s'attribue le monopole du patriotisme.* « *l'incohérence n'est pas le monopole des fous* » (Maurois). ✪ CONTR. Concurrence.

❑ Le pléonasme *monopole exclusif* est à éviter.

monopoleur, euse n. – XVIe ▪ Bénéficiaire d'un monopole, vendeur sans concurrent.

monopolisateur, trice n. – XIXe ▪ Personne qui monopolise (2°).

monopolisation n. f. – XIXe ▪ Action de monopoliser. ⇒ **accaparement.**

monopoliser v. tr. [1] – XVe 1 Exploiter, vendre par monopole. *L'État a monopolisé la vente des tabacs.* 2 Accaparer (qqn ou qqch.), s'attribuer (un objet ou un privilège exclusif). *Monopoliser les honneurs.* ➛ *Monopoliser qqn, son attention.*

monopolistique adj. – 1949 ▪ De monopole. *Pratiques monopolistiques des multinationales.*

monoptère adj. et n. m. – XVIe ; *mono-* et *-ptère* ▪ *Temple monoptère* ou n. m. *un monoptère :* temple circulaire à coupole entourée d'une seule rangée de colonnes.

monorail adj. inv. et n. m. – XIXe ▪ Qui n'a qu'un seul rail, en parlant d'un moyen de transport, ou d'une voie de roulement. ➛ n. m. Voiture ou dispositif se déplaçant sur un seul rail.

monorime adj. – XVIIe ▪ Dont tous les vers ont la même rime.

monosaccharide n. m. – mil. XXe ▪ Sucre qui ne peut être hydrolysé (opposé à *polysaccharide*). ⇒ **ose.**

monosépale adj. – XVIIIe ▪ ⇒ **gamosépale.**

monoski n. m. – v. 1960 ▪ Ski unique sur lequel reposent les deux pieds. ➛ Sport ainsi pratiqué. *Faire du monoski.*

monosperme adj. – XVIIIe ; *mono-* et *-sperme* ▪ Qui ne contient qu'une seule graine. *Fruit monosperme.*

monostable adj. – 1964 ▪ Se dit d'un circuit électronique pouvant basculer dans un état instable de durée fixe (⇒ **période**) à l'issue d'un déclenchement. ➛ n. m. *Un monostable.*

monostyle adj. – XIXe ; *mono-* et *-style* ▪ Se dit d'une colonne qui n'a qu'un fût.

monosyllabe adj. et n. m. – XVIe ▪ Qui n'a qu'une syllabe. ⇒ **monosyllabique.** ♦ n. m. *Un monosyllabe :* un mot d'une syllabe. *Répondre par monosyllabes,* sans former de phrase. « *elle ne peut me répondre par un simple monosyllabe ; il faudra bien qu'elle se décide à montrer la vraie couleur de sa voix* » (Artaud). ✪ CONTR. Polysyllabe.

monosyllabique adj. – XVIIIe 1 Qui n'a qu'une syllabe. ⇒ **monosyllabe.** 2 Qui est formé de monosyllabes. *Vers monosyllabique.*

monothéique adj. – XIXe ▪ Qui appartient au monothéisme.

monothéisme n. m. – XIXe ▪ Croyance en un dieu unique. ✪ CONTR. Polythéisme.

monothéiste n. et adj. – XIXe ▪ Personne croyant en un dieu unique. ➛ adj. *Peuple monothéiste.*

monotone adj. – XVIIIe ; gr. 1 Qui est toujours sur le même ton ou dont le ton est peu varié. ⇒ **monocorde.** ♦ Qui est régulier et sur le même ton. « *Le monotone débit des acteurs égalise le texte* » (Gide). 2 Qui lasse par la répétition, par l'absence de variété. ⇒ **uniforme.** *Tâche monotone.* ⇒ **répétitif.** *Une vie monotone.* 3 En mathématiques, Qui varie dans le même sens. *Fonction, suite monotone,* soit croissante, soit décroissante. ✪ CONTR. Nuancé, varié. Divertissant.

monotonie n. f. – XVIIe **1** rare Caractère de ce qui est monotone (1°). **2** Uniformité lassante. *Monotonie d'un paysage.* « *l'éternelle monotonie de la passion, qui a toujours les mêmes formes et le même langage* » (Flaub.). ⇒ **ennui.** ✪ CONTR. Diversité, variété.

monotrace adj. – 1948 ▪ Se dit d'un train d'atterrissage à deux roues dans l'axe de symétrie de l'avion.

monotrème adj. et n. m. – XIXe ; de *mono-* et gr. *trêma* « orifice » ▪ Qui n'a qu'un seul orifice pour le rectum, les conduits urinaires et les conduits génitaux (⇒ **cloaque).** ♦ n. m. pl. *LES MONOTRÈMES :* ordre de mammifères ovipares, terrestres ou aquatiques, à la tête prolongée par un bec corné aplati ou tubulaire. *L'ornithorynque est un monotrème.*

monotype n. m. et f. – XIXe ; *mono-* et *-type* **1** n. m. Procédé de peinture permettant d'obtenir par impression un exemplaire unique. **2** n. m. Petit voilier de série. **3** n. f. Machine à composer qui fondait les caractères d'imprimerie isolément.

monovalent, ente adj. – XIXe ; *mono-* et *-valent* **1** Dont la valence est égale à un. **2** *Sérum, vaccin monovalent,* contre un seul type de microbe. **3** À valeur unique ; à fonction, effet, forme unique.

monoxyle adj. – XVIIIe ; de *mono-* et gr. *xulon* « bois » ▪ Fait d'une seule pièce de bois. *Pirogue monoxyle.*

monozygote adj. – 1945 ▪ Issu du même œuf. ⇒ **univitellin.** *Jumeaux monozygotes.* ✪ CONTR. Dizygote.

❑ Les *jumeaux monozygotes* sont appelés couramment *vrais jumeaux.* Toujours de même sexe, ils possèdent le même patrimoine génétique.

monseigneur, plur. **messeigneurs** n. m. – XIIe **1** Titre honorifique donné à certains personnages éminents (aux prélats, aux princes des familles souveraines). abrév. *Mgr,* plur. *Mgrs.* « *ces mendiants qui appellent les passants monseigneur* » (Volt.). **2** *PINCE-MONSEIGNEUR* n. f. Levier pour forcer les serrures. *Les cambrioleurs se sont servis de pinces-monseigneur.*

monsieur, plur. **messieurs** [məsjø, mesjø] n. m. – XIVe ; de *mon* et *sieur* **1** Titre donné autrefois aux hommes de condition assez élevée. ♦ Titre donné aux princes de la famille royale. ➤ *Monsieur :* l'aîné des frères du roi (depuis le XVIe). **2** Titre donné aux hommes de toute condition. *Mesdames et messieurs.* ➤ *Monsieur le Ministre. Messieurs les jurés.* ♦ Titre qui précède le nom ou la fonction d'un homme dont on parle. *Monsieur, Messieurs Untel ; M., MM. Untel.* ➤ (courtois) *Mes amitiés à monsieur votre père.* ➤ (en situation d'anonymat) *Voyez avec monsieur.* **3** Titre respectueux donné à un homme par ceux qui lui parlent à la 3e personne. « *Les domestiques m'appelaient monsieur, et me regardaient officiellement comme leur maître* » (Dumas fils). **4** Homme quelconque qualifié (⇒ **homme, type).** *Un vieux monsieur. Le monsieur que nous avons rencontré hier.* ♦ loc. *Un joli monsieur :* un individu méprisable. ♦ lang. enfantin *Un monsieur :* un homme, quel qu'il soit. *Dis bonjour au monsieur.* ♦ *C'est un grand monsieur,* un personnage remarquable.

❑ L'abréviation graphique de *Monsieur* est *M. : M. Leblanc.* En cas d'ambiguïté (confusion avec l'initiale du prénom — Michel, Mathieu, etc.), l'abréviation *Mr* (sans point) peut être tolérée : *Mr M. Leblanc.* L'abréviation *Mr.* est à proscrire car elle est fautive : elle remplace *Mister.*

monsignor [mɔ̃siɲɔʀ] ou **monsignore** [mɔ̃siɲɔʀe] n. m. – XVIIe ; it. ▪ Prélat, haut dignitaire de la cour papale. *Des monsignors. Un monsignore, des monsignori.*

monstration n. f. – 1979 ▪ Didact. Action de montrer. *Monstration d'un objet avec l'index. Muséologie de la monstration,* qui montre sans expliquer.

monstre n. m. et adj. – XIIe ; lat. *monere* « attirer l'attention sur » **I** n. m. **1** Être, animal fantastique (des légendes, mythologies). ⇒ **chimère, dragon,** etc. ♦ Animal réel gigantesque ou effrayant. *Monstres marins :* grands cétacés. **2** Être vivant ou organisme de conformation anormale. *On exhibait des monstres dans les foires.* ➤ *Étude des monstres.* ⇒ **tératologie. 3** Personne d'une laideur effrayante. **4** Personne effrayante par son caractère, son comportement (spécialement sa méchanceté). *Passer pour un monstre.* ♦ fam. *Petit monstre !* se dit à un enfant. fém. « *Petite monstresse !* » (Colette). **5** loc. *LES MONSTRES SACRÉS :* les grands comédiens. **II** adj. fam. Très important, immense. ⇒ **colossal, énorme, phénoménal, prodigieux.** *Un travail monstre. Un succès monstre.* « *un pot-au-feu monstre qui servira de base massive à son dîner* » (Colette).

monstrueusement adv. – XIVe ▪ D'une manière monstrueuse. ⇒ **excessivement, prodigieusement.** « *la face monstrueusement inepte du légionnaire* » (Courtel.). ➤ *Il est monstrueusement égoïste.* ⇒ **extrêmement.**

monstrueux, euse adj. – XIVe **1** Qui a la conformation d'un monstre. *Corps monstrueux.* ⇒ **difforme.** ➤ Qui est propre à un monstre, qui rappelle un monstre. *Laideur monstrueuse. Bête monstrueuse.* **2** Qui est d'une taille, d'une intensité insolite. ⇒ **colossal, énorme.** *Des prix monstrueux.* **3** Qui choque extrêmement la raison, la morale. ⇒ **abominable, effroyable, épouvantable, horrible.** *Idée monstrueuse.* ➤ Qui excède en perversion et en cruauté tout ce qu'on peut imaginer. *Crime monstrueux.* ✪ CONTR. ① Beau, normal.

monstruosité n. f. – XVe **1** Anomalie congénitale très grave et apparente, le plus souvent incompatible avec la vie. ⇒ aussi **difformité, malformation. 2** Caractère de ce qui est monstrueux. *La monstruosité de son crime.* ⇒ **atrocité, horreur. 3** Chose monstrueuse. *Commettre des monstruosités.*

mont n. m. – X^e^ ; lat. **1** Importante élévation de terrain ⇒ **montagne.** ➤ *Les monts :* les Alpes. *Au delà des monts.* ⇒ **ultramontain.** ➤ (dans des expr. géogr.) *Le mont Blanc.* ♦ loc. *Par monts et par vaux :* à travers tout le pays. ➤ *Il est sans cesse par monts et par vaux,* en voyage. ➤ *Promettre monts et merveilles,* des avantages considérables. « *La mer promet monts et merveilles ; Fiez-vous-y* » (La Font.). **2** *Mont de Vénus.* ⇒ **pénil.** ✪ CONTR. Plaine, val. — HOM. Mon.

montage n. m. – XVIIe ; de *monter* **1** Opération par laquelle on assemble les pièces (d'un mécanisme, d'un objet complexe) pour le mettre en état de servir, de fonctionner. ⇒ **assemblage.** *Montage d'une charpente.* « *Son atelier de montage est à peu près installé* » (Romains). *Chaîne de montage. Montage d'une bibliothèque.* ➤ Mode d'association de différents organes et circuits électroniques. *Montage en série.* ➤ Ce qui est monté, résultat d'un montage. ➤ Réunion des textes, des clichés (pour former une page, etc.). **2** Assemblage d'éléments pour obtenir un effet particulier. *Montage photographique.* ⇒ **photomontage. 3** Choix et assemblage des plans d'un film dans certaines conditions d'ordre et de temps. Résultat de cette opération. ➤ Organisation dans le temps d'éléments sonores enregistrés. **4** *Montage financier* (d'une affaire), l'organisation de son financement. ✪ CONTR. Démontage, dislocation.

montagnard, arde adj. et n. – XVIe ▪ Qui habite les montagnes, vit dans les montagnes. ➛ Relatif à la montagne. *Vie montagnarde.* ♦ n. Habitant des montagnes. « *son épaisse carrure de montagnard cévenol* » (Péguy).

montagne n. f. – XIe ; lat. *mons* « mont » 1 Importante élévation de terrain. ⇒ **éminence, hauteur, mont.** *Sommet aigu* (⇒ **aiguille, cime, dent,** ③ **pic, piton, pointe),** *arrondi* (⇒ ② **ballon, croupe, mamelon)** *d'une montagne. Flancs, versant d'une montagne* (⇒ **escarpement).** ➛ *Chaîne, massif de montagnes* (⇒ **contrefort).** *Montagne figurée sur un blason.* ⇒ **terrasse.** ♦ loc. *C'est la montagne qui accouche d'une souris,* se dit par raillerie des résultats dérisoires d'un ambitieux projet. ➛ *(Se) faire une montagne de qqch.,* s'en exagérer les difficultés, l'importance. ➛ *Soulever des montagnes :* se jouer de grandes difficultés. 2 *LES MONTAGNES, LA MONTAGNE :* ensemble de montagnes (chaîne, massif) ; zone, région de forte altitude (opposé à *plaine*). *Pays de montagne.* ⇒ **montagneux.** *Flore, faune des montagnes.* ⇒ **monticole.** ➛ *Habiter la montagne.* ⇒ **montagnard.** *Chalet de montagne. Sports de montagne.* ⇒ **alpinisme, ski** (cf. Sports d'hiver*). ♦ *Montagnes jeunes. Montagnes anciennes.* (⇒ **relief ; orogénie, orographie)** 3 *MONTAGNE DE... :* amas, amoncellement. ⇒ **monceau, tas.** « *des montagnes de fruits, des débordements de fleurs, des avalanches de légumes* » (Flaub.). 4 *MONTAGNES RUSSES :* attraction foraine constituée d'une suite de montées et de descentes parcourues à grande vitesse par un véhicule sur rail. ➛ « *Le bateau s'enfonça, c'étaient les montagnes russes* » (Sartre).

montagnette n. f. – XIVe ▪ fam. Petite montagne.

montagneux, euse adj. – XIIIe ▪ Où il y a des montagnes ; formé de montagnes. *Région montagneuse.* ✪ CONTR. ① Plat.

montaison n. f. – XVIe ▪ Migration des saumons qui montent en eau douce pour aller frayer ; saison de cette migration. ⇒ ① **frai.**

montanisme n. m. – XIXe ▪ Doctrine hérétique de Montanus, croyance dans l'intervention perpétuelle du Saint-Esprit.

montant, ante adj. et n. m. – XIIe **I** adj. Qui monte. 1 Qui se meut de bas en haut. *Mouvement montant.* ➛ *Génération montante,* celle qui parvient à l'âge adulte. 2 Qui s'étend vers le haut. ➛ *Chaussures montantes.* **II** n. m. 1 Pièce verticale dans un dispositif, une construction. ⇒ **jambage, piédroit, portant.** *Cette échelle dont les* « *montants avaient la solidité d'un gros câble* » (J. Verne). 2 Chiffre auquel monte, s'élève un compte. ⇒ ① **somme, total.** *Le montant des frais.* « *le montant des escroqueries et des vols de la journée* » (Carco). ➛ *Montants compensatoires monétaires (M.C.M.) :* taxe ou subvention destinée à compenser les disparités de prix dans la C.E.E., consécutives à une dévaluation (ou à une réévaluation). ✪ CONTR. Descendant.

mont-blanc n. m. – XIXe ▪ Crème de marrons garnie de crème fouettée. *Des monts-blancs.*

mont-de-piété n. m. – XVIe ; it. ▪ Établissement de prêt sur gage. ⇒ **crédit** (municipal). *Engager sa montre au mont-de-piété* (cf. Mettre au clou*). *Des monts-de-piété.*

> ❑ *Mont-de-piété* est une traduction fausse et incompréhensible de l'italien *monte di pietà* « crédit de pitié ».

monte n. f. – XIIe 1 Accouplement chez les équidés et les bovidés. *Période de monte.* ➛ *Mener une jument à la monte.* 2 Action ou manière de monter à cheval.

monte-charge n. m. – XIXe ▪ Appareil servant à monter des fardeaux d'un étage à l'autre. ⇒ **élévateur, monte-sac.** *Il y avait* « *dans la maison, un ascenseur et un monte-charge* » (Romains). *Des monte-charges.*

montée n. f. – XIIe 1 Action de monter, de grimper, de se hisser quelque part. ⇒ **escalade, grimpée.** *La montée d'une côte.* « *La marche, la montée des cinq étages l'avaient étourdie* » (Goncourt). ♦ Fait de s'élever. ⇒ **ascension.** « *L'ascenseur à la descente comme à la montée est toujours plein* » (Michaux). ♦ *Montée des eaux.* ⇒ **crue.** ➛ *Montée de la sève.* 2 Augmentation en quantité, valeur, intensité. *Montée des prix.* ⇒ **hausse.** ♦ Amplification d'un phénomène. ⇒ **progression.** *La montée du racisme.* ➛ loc. *Montée en puissance :* progression spectaculaire. 3 Fait de monter qqch. « *Il surveilla la montée de ses belles valises* [...] *dans sa chambre* » (Romains). 4 Pente plus ou moins raide que l'on gravit. ⇒ **côte, grimpée, raidillon.** ✪ CONTR. Descente ; baisse, diminution.

monte-plat n. m. – XIXe ▪ Petit monte-charge qui sert à faire monter ou descendre les plats de la cuisine à la salle à manger. *Des monte-plats.*

monter v. [1] – X^e ; lat. *mons* « mont » **I** v. intr. (auxil. *être* ou *avoir*) 1 (êtres animés) Se déplacer dans un mouvement de bas en haut ; se transporter vers un lieu plus haut que celui où l'on était, s'y placer. *Monter sur une hauteur.* ⇒ **grimper.** ➛ *Monter au grenier.* ➛ « *Il monta tout de suite se déshabiller* » (Montherl.). absolt *Prostituée qui monte avec un client.* ➛ *Monter sur un arbre.* ⇒ **grimper.** *Monter par un escalier.* ➛ *Monter à cheval.* absolt *Il monte bien. Police montée,* à cheval. ➛ *Monter dans une voiture. Monter sur un bateau, monter à bord.* ⇒ s'**embarquer.** *Monter dans un avion.* 2 fam. Se déplacer du sud vers le nord. « *Je lui avais proposé de "monter" à Paris tenter sa chance* » (Carco). 3 Progresser dans l'échelle sociale, dans l'ordre intellectuel. *Monter en grade :* obtenir de l'avancement. fam. *Un écrivain qui monte.* 4 Surenchérir, au jeu ; augmenter la mise. ➛ Mettre une carte à jouer supérieure. 5 (choses) S'élever dans l'air, dans l'espace. *Le soleil monte à l'horizon.* 6 Se dit des sons, des odeurs, qui émanent des choses. ⇒ s'**élever.** *Bruits montant de la rue.* ♦ En parlant des effets d'émotions apparaissant en un point élevé du corps, du visage. *Le rouge m'est monté au front.* « *un cri lui montait à la gorge* » (Bosco). ➛ *Le vin lui est monté à la tête.* « *Les fumées de l'ambition me montaient à la tête* » (Rouss.). ⇒ **exalter, griser, troubler.** 7 S'élever en pente. *Là où la route monte* (⇒ **montée).** ➛ S'étendre jusqu'à une certaine hauteur. *Bas qui montent à mi-cuisse.* 8 Gagner en hauteur. *Le tas monte. Les blés montent.* ⇒ **pousser.** 9 (fluides) Progresser vers le haut. *La sève monte. Le mercure monte dans le thermomètre. Le baromètre monte.* ♦ Se dit de la mer, des rivières, dont le niveau gagne en hauteur. 10 Aller du grave à l'aigu. *La voix monte par ton et par demi-ton.* ➛ loc. *Le ton monte :* la discussion tourne à la dispute. 11 Aller en augmentant. ⇒ **grimper.** *Les prix ne cessent de monter. La température a monté.* ➛ « *L'auto marchait bien. Le compteur monta à cent* » (Duras). *Sa popularité monte.* 12 Atteindre un total. *À combien montera la dépense ?* (⇒ **montant). II** v. tr. (auxil. *avoir*) 1 Parcourir en s'élevant, en se dirigeant vers le haut. ⇒ **gravir.** *Monter un escalier. Monter une côte.* ⇒ **grimper.** ➛ *Monter la gamme :* chanter ou jouer une gamme du son le plus bas au plus aigu. 2 Être sur (un animal dit *monture*). 3 Couvrir (la femelle), en parlant du cheval et d'autres quadrupèdes. ⇒ **monte ; saillir.** 4 Porter, mettre en haut (qqch.). *Monter une malle au grenier.* 5 Porter, mettre plus haut, à un niveau plus élevé. ⇒ **élever, hausser,** ① **lever, remonter.** *Monter un store.* ➛ *Monter les blancs en neige.* ➛ *Monter un instrument, un vio-*

lon, le mettre à un ton plus élevé. ♦ loc. *MONTER LA TÊTE à qqn,* l'exciter contre qqn. *Se monter la tête :* s'exalter, se faire des illusions. **6** Mettre en état de servir, en assemblant les différentes parties. ⇒ **assembler ; montage.** *Monter un meuble en kit. Monter la tente.* ⇒ **dresser.** *Il « montait l'hameçon selon l'appât et les victimes élues »* (Genevoix). ➛ *Monter un film* (⇒ **montage**). **7** *Monter une pièce de théâtre,* en préparer la représentation. ➛ *Monter une affaire, une société.* ⇒ **organiser.** *Monter un complot.* ⇒ **combiner, ourdir.** ➛ fam. *Monter un bateau à qqn,* lui en faire accroire. **8** Fournir, pourvoir de tout ce qui est nécessaire. *Monter son ménage.* **9** Fixer définitivement. *Monter un diamant sur une bague.* ⇒ **enchâsser, sertir. 10** vulg. *Être bien monté :* posséder un membre viril remarquable. ⇒ **membré.** « *un Sidi monté comme un âne* » (Céline). **III** *SE MONTER* **v. pron. 1** Être monté. *Escalier qui se monte facilement.* **2** Se pourvoir. ⇒ se **fournir.** *Il s'est bien monté en matériel.* **3** fam. *Se monter* (contre qqn) : se mettre en colère. ⇒ s'**irriter. 4** S'élever (à un total). ⇒ **atteindre.** *Les frais se montent à mille francs.* ✪ CONTR. Abaisser, baisser, démonter, descendre, diminuer. — HOM. *Monterai :* montrai (montrer).

> ❑ Le pléonasme *monter en haut* est à éviter, mais on peut dire *il est monté tout en haut.*

monte-sac n. m. – XIXe ▪ Appareil de levage employé dans les docks, pour monter les sacs. *Des monte-sacs.*

monteur, euse n. – XIIe **1** Personne qui monte certains ouvrages, appareils ; ouvrier, technicien qui effectue des opérations de montage. « *Le mari était monteur des téléphones* » (Simenon). *Monteur-ajusteur. Monteur électricien.* **2** Spécialiste chargé du montage des films. « *Metteurs en scène, acteurs, script-girls, monteuses* » (Beauv.).

montgolfière [mɔ̃gɔlfjɛʀ] n. f. – XVIIIe ; de *Montgolfier,* nom des inventeurs ▪ Aérostat formé d'un ballon rempli d'air chauffé par un foyer placé dessous. ⇒ ① **ballon.**

monticole adj. – XIXe ; lat. ▪ Qui vit dans les montagnes (en parlant de la faune, de la flore).

monticule n. m. – XVe ; lat. ▪ Petit mont. ⇒ **butte, éminence, hauteur.** ♦ Petite bosse de terrain (⇒ **tertre**) ; tas de matériaux. *Monticule de pierres.* ⇒ **tas.**

montmorency n. f. – XIXe ; nom de lieu ▪ Variété de cerise acide. ⇒ **griotte.** *Des montmorencys.*

montoir n. m. – XIIe **1** Grosse pierre, banc pour monter sur un cheval. **2** Outil servant à monter des pièces métalliques.

montrable adj. – XIIIe ▪ Qui peut être montré, se montrer. ⇒ **présentable.**

① **montre** n. f. – XIIe ▪ loc. *FAIRE MONTRE DE :* montrer avec affectation, faire parade. ⇒ ① **étaler, exhiber.** *Faire montre de son talent,* en faire étalage. Montrer au grand jour, révéler. « *faire montre d'un étonnement douloureux* » (Sartre).

② **montre** n. f. – XVIe ; de ① *montre* **1** Petite boîte à cadran contenant un mouvement d'horlogerie, qu'on porte sur soi pour savoir l'heure. ⇒ fam. **tocante.** *Chaîne de montre. Montre portée au poignet.* ⇒ **montre-bracelet.** *Montre à quartz, à cristaux liquides. Montre étanche.* « *Elle n'osait pas regarder sa montre, de peur d'y voir l'accablante immobilité du temps* » (France). *Montre qui retarde, avance.* **2** loc. *Montre en main :* en mesurant le temps avec précision. *J'ai mis un quart d'heure montre en main pour aller à la gare.* ♦ *Course contre la montre,* où chaque coureur part seul, le classement s'effectuant d'après le temps mis par les concurrents. ➛ *Un contre-la-montre.* ➛ fig. « *Il faut faire vite, Giuseppe, nous jouons contre la montre* » (San-Antonio).

> ❑ Une *montre* est un objet qui *montre* l'heure.

montre-bracelet n. f. – 1922 ▪ Montre montée sur un bracelet (appelée souvent simplement *montre*). ⇒ **bracelet-montre.** « *une grosse montre-bracelet qui brille sur son poignet brun* » (Le Clézio). *Des montres-bracelets.*

montrer v. tr. [1] – X^e^ ; lat. **I - 1** Faire voir, mettre devant les yeux. *Montrer un objet à qqn. Montrez sa chambre à Monsieur. Montrer ses papiers. Tu devrais montrer ton fils à un spécialiste.* « *Elle lui montrait la calèche attelée* » (Proust). ♦ *La télévision montre des scènes de violence.* **2** Faire voir de loin, par un signe, un geste. *Montrer le chemin.* ♦ *Panneau, flèche qui montre le chemin, la sortie.* ⇒ **indiquer. 3** Laisser voir. *Montrer ses jambes en s'asseyant.* ♦ *Robe qui montre les bras.* ⇒ **découvrir.** *Tapis qui montre la corde.* **4** Faire voir (un texte). *Une lettre « qu'il n'a jamais montrée à personne »* (Rouss.). **II - 1** Faire voir à l'esprit. ⇒ **représenter.** *L'auteur montre dans son livre un pays magnifique.* ⇒ **décrire.** « *il suffit de montrer les choses telles qu'elles sont. Elles sont assez ridicules par elles-mêmes* » (Renard). **2** Faire constater, mettre en évidence. ⇒ **démontrer, prouver, souligner.** *Montrer à qqn qu'il a tort.* ♦ *L'expérience nous montre que.* ⇒ **enseigner, instruire** (de). *Signes qui montrent la présence, l'imminence de qqch.* ⇒ **annoncer.** *Ces détails montrent une habileté consommée.* ⇒ **attester, témoigner** (de). **3** Apprendre par l'explication. *Montrer le maniement d'un appareil, montrer ce qu'il faut faire.* **4** Faire connaître volontairement par sa conduite. *Montrer ce qu'on est réellement. Je vais lui montrer qui je suis. Montrez-nous de quoi vous êtes capable. Montrer l'exemple. Montrer à qqn son affection.* ⇒ **marquer, témoigner. 5** Laisser paraître ; révéler par le comportement. ⇒ **exprimer, extérioriser, manifester.** *Montrer son étonnement.* « *Être brave est montrer sa force* » (Pasc.). ♦ *Montrer du courage. Montrer des signes de faiblesse. Il « montra de l'humeur et fut insupportable »* (Duham.). **III** *SE MONTRER* **v. pron. 1** Se faire voir intentionnellement ; être vu. *Se montrer quelque part. Se montrer avec qqn. Il n'ose plus se montrer.* ➛ Faire voir l'un à l'autre. *Élèves qui se montrent leurs cahiers.* **2** Se faire connaître (sous un aspect particulier, réel ou simulé). *Se montrer tel qu'on est.* **3** Être effectivement, pour un observateur. ⇒ s'**avérer,** ① **être,** se **révéler.** *Se montrer habile. La médecine s'est montrée impuissante.* « *la Madelon se montra très dure* » (Sand). ✪ CONTR. ① Cacher, dissimuler ; manquer (de). — HOM. *Montrai :* monterai (monter).

montreur, euse n. – XIVe ▪ Personne qui fait métier de montrer en public certaines curiosités. *Montreur d'ours, d'animaux.* ⇒ **meneur.** *Montreur de marionnettes.*

monture n. f. – XIVe **1** Bête sur laquelle on monte pour se faire transporter. *Un cavalier et sa monture.* ⇒ **cheval.** *Enfourcher sa monture.* **2** Partie d'un objet qui sert à assembler, fixer, supporter l'élément principal. *Monture de lunettes.* ➛ *Monture d'un bijou, d'un diamant.* ⇒ ① **chaton, griffe.**

monument n. m. – X^e^ ; lat. *monere* « faire souvenir de » **1** Ouvrage d'architecture, de sculpture, destiné à perpétuer le souvenir de qqn, qqch. *Monument commémoratif.* ⇒ **mémorial.** ➛ *Monument funéraire,* élevé sur une sépulture. ⇒ **mausolée, sépulcre, stèle, stûpa, tombeau, tumulus.** ➛ *Monument aux morts,* élevé à la mémoire des victimes d'une même catastrophe. « *les monuments aux morts qu'on a élevés dans tous les villages, après la guerre de 1914* » (Giono). **2** Édifice, ouvrage qui a une valeur religieuse, symbolique. ⇒ **archéologie.** *Monuments préhistoriques.* **3** Édifice remarquable par son intérêt archéologique, historique ou esthétique. *Visite des monuments d'une ville.* 4 Œuvre imposante, digne de durer. « *L'Encyclopédie est un monument qui honore la France* » (Volt.). 5 fam. *Un monument de... :* une personne, une chose remarquable par l'intensité de... *C'est un monument de bêtise.*

monumental, ale, aux adj. – XIXe 1 Qui a un caractère de grandeur majestueuse. ⇒ **grand, imposant.** ➛ *L'œuvre monumentale de Hugo.* 2 Relatif aux monuments. ♦ Qui constitue un monument, fait partie d'un monument. *Sculpture monumentale.* 3 fam. Énorme. ⇒ **colossal, gigantesque.** ➛ *Une thèse monumentale.* péj. *Il est d'une bêtise monumentale.* ⇒ **prodigieux.** *Erreur monumentale.*

① **moque** n. f. – XVIIe ; néerl. ▪ Bloc de bois percé d'un trou par lequel passe un cordage, et muni sur son pourtour d'une cannelure pour recevoir une estrope.

② **moque** n. f. – XVIIIe ; néerl. *mokke* « aiguière » ▪ Récipient servant de mesure. *Une moque de bière, de tabac.*

moquer v. tr. 1 – XIIe ; o. i. I littér. Tourner en ridicule. ⇒ **railler, ridiculiser.** « *je fus moqué, hué, sifflé de tous les savants* » (Rouss.). II *SE MOQUER* v. pron. 1 *Se moquer de qqn, de qqch.* Tourner en ridicule. ⇒ se **gausser, railler, ridiculiser,** ① **rire** (de) [cf. fam. et pop. Se fiche(r), se foutre, se payer la tête de]. *Il se moque de son professeur en l'imitant.* ⇒ **parodier.** *Se moquer de soi-même* (⇒ **autodérision).** 2 Ne pas faire cas de (qqn, qqch.). ⇒ **dédaigner,** se **désintéresser.** *Je m'en moque* (cf. Ça m'est égal ; fam. je m'en balance, je m'en fiche, je m'en fous, je m'en tape). *Se moquer du qu'en-dira-t-on.* « *Il se moquait de l'orthographe comme d'une chose méprisable* » (France). 3 Tromper (qqn) avec désinvolture. *Il s'est bien moqué de vous.* ⇒ ① **avoir, berner, duper, rouler.** *Vous vous moquez du monde !* 4 vieilli Ne pas parler sérieusement. *Vous vous moquez, je pense.* ✪ CONTR. Admirer, respecter. Intéresser (s').

moquerie n. f. – XIIIe 1 Action, habitude de se moquer. ⇒ **ironie, raillerie.** 2 Action, parole par laquelle on se moque. ⇒ **lazzi, quolibet, raillerie, sarcasme.** « *le flot des moqueries la courba* » (Gide). ✪ CONTR. Respect.

moquette n. f. – XVIIe ; o. i. 1 Étoffe dont la trame et la chaîne sont de fil et qui est veloutée en laine. 2 Tapis vendu au mètre, couvrant généralement toute la surface d'une pièce. *Poser de la moquette.*

moquetter v. tr. 1 – 1972 ▪ Recouvrir de moquette.

❑ L'origine de ce mot est publicitaire.

moqueur, euse adj. et n. – XIIe 1 Qui a l'habitude de se moquer, qui est enclin à la moquerie. ⇒ ① **caustique, goguenard, persifleur, pince-sans-rire.** ➛ n. « *Ce moqueur de génie* » (Mauriac). 2 Qui est inspiré par la moquerie. ⇒ **ironique, railleur.** *Regard moqueur. Critique moqueuse.* ⇒ **satire.** 3 n. m. Oiseau américain du groupe des merles, qui imite le chant des autres oiseaux. ➛ Oiseau d'Afrique, voisin de la huppe. ✪ CONTR. Admiratif.

moraille n. f. – XIIIe ; provenç. *moralha* « pièce de fer », de *morre* « museau, groin » 1 Pièce de fer à charnière fixant la visière au casque d'une armure. 2 Tenaille utilisée par le maréchal-ferrant, le vétérinaire pour pincer les naseaux d'un animal à maîtriser. 3 plur. Tenailles de verrier.

moraillon n. m. – XIVe ▪ Plaque mobile à charnière, percée d'une fente dans laquelle passe un demi-anneau fixe (qu'on assujettit au moyen d'un cadenas).

❑ Le *moraillon* s'applique sur une porte de la même façon que la *moraille* sur le museau d'un animal.

moraine n. f. – XVIIIe ; rad. prélatin *murr-* « tertre », ou lat. *mora* « obstacle » ▪ Accumulation de débris entraînés, puis abandonnés par les glaciers.

morainique adj. – XIXe ▪ Relatif à une moraine.

moral, ale, aux adj. et n. m. – XIIIe ; lat. *mores* « mœurs » I adj. 1 Qui concerne les mœurs et surtout les règles de conduite en usage dans une société. *Sens moral :* discernement du bien et du mal. *Jugement moral. Principes moraux. Obligation morale.* 2 Qui concerne l'étude philosophique de la morale. ⇒ **éthique.** 3 Qui est conforme aux mœurs, à la morale ; qui est admis comme tel. ⇒ **honnête, juste.** « *Il se peut que jouer de l'argent ne soit pas très moral* » (Romains). ♦ Qui a une conduite conforme à la morale. 4 Qui concerne l'action et le sentiment (opposé à ② *logique, intellectuel*). « *la preuve dite morale qui conclut à l'existence de Dieu* » (Sartre). 5 Relatif à l'esprit, à la pensée. ⇒ **mental, spirituel.** *Portrait moral.* ⇒ **psychique, psychologique.** *Souffrances physiques et morales. Force morale.* II n. m. *LE MORAL.* 1 *Au moral :* sur le plan moral, spirituel. 2 État psychologique (de qqn), en tant qu'aptitude à supporter ou à affronter plus ou moins bien les difficultés. *Avoir bon, mauvais moral.* « *Je me remonte le moral, comme on dit* » (Flaub.). ➛ loc. *Avoir le moral à zéro,* très bas. ♦ *Avoir le moral :* être optimiste. *Ne pas avoir le moral :* être abattu, déprimé. ✪ CONTR. Amoral, immoral. Corporel, matériel, ① physique. — HOM. Moreau.

❑ Ce mot est vivement concurrencé par *mental* n. m., pour évoquer l'état d'esprit des sportifs.

morale n. f. – XVIe 1 Science du bien et du mal ; théorie de l'action humaine en tant qu'elle est soumise au devoir et a pour but le bien. ⇒ **éthique.** *Traité de morale.* ♦ Doctrine morale. *Morale du devoir, de l'obligation* (⇒ **déontologie).** 2 Ensemble des règles de conduite considérées comme bonnes de façon absolue. ⇒ **éthique ;** ② **bien, valeur.** *Principes, leçons de morale.* « *La morale est la faiblesse de la cervelle* » (Rimb.). 3 Ensemble de règles de conduite découlant d'une conception de la morale. *Morale sévère, rigoureuse.* ⇒ **rigorisme.** *Morale d'ascète.* ⇒ **ascétisme.** 4 Injonction, leçon de morale portant sur un point particulier. *Faire la morale à qqn.* ⇒ **sermonner.** 5 Conclusion en forme de leçon de morale. ⇒ **apologue, maxime, moralité.** *La morale d'une fable.* ♦ Précepte, enseignement moral qu'on peut tirer d'une histoire, d'un événement. ⇒ **moralité.** ✪ CONTR. Immoralité, ③ mal.

moralement adv. – XIVe 1 Conformément à la morale. ♦ Du point de vue éthique. *Action moralement condamnable.* 2 Conformément à son opinion. ⇒ **intimement.** *Être moralement sûr.* 3 Sur le plan spirituel, intellectuel. ⇒ **mentalement.** *Moralement parlant. Soutenir moralement qqn.* ⇒ **psychologiquement.** « *J'étais le plus fort moralement, mais physiquement aussi* » (Genet). ✪ CONTR. Matériellement, physiquement.

moralisant, ante adj. – XVIIIe ▪ Qui moralise. ⇒ **moralisateur.**

moralisateur, trice adj. – XIXe ▪ Qui fait la morale. ⇒ **édifiant, moralisant.** « *je voulais éviter le ton moralisateur* » (Gide). ➛ n. « *une littérature de moralisateurs* » (Duham.). ⇒ **moraliste.**

moralisation n. f. – XIXe ▪ Action de rendre moral, de moraliser (3°). ⇒ **édification.** ✪ CONTR. Corruption.

moraliser v. 1 – XIVe 1 v. intr. Faire des réflexions morales dans une intention édifiante. ⇒ **prêcher.** 2 v. tr. Instruire ou reprendre (qqn) en lui faisant la morale. ⇒ **admonester, morigéner, sermonner.** 3 Rendre conforme à la morale. ✪ CONTR. Corrompre ; pervertir.

moralisme n. m. – XVIIIe 1 Attitude qui consiste à sacrifier toutes les valeurs à la valeur morale. 2 Attachement strict et formaliste à une morale. ✪ CONTR. Immoralisme.

moraliste n. – XVIIe 1 Auteur qui traite de la morale. *Les grands moralistes grecs.* 2 Auteur de réflexions sur les mœurs, sur la nature et la condition humaines. *Montaigne, Pascal, célèbres moralistes français.* 3 Personne qui, par ses œuvres, son exemple, donne des leçons, des préceptes de morale. ⇒ **moralisateur.** ➛ adj. *Elle a toujours été moraliste.* ♦ Empreint de moralisme. *Attitude moraliste.* ✪ CONTR. Immoraliste.

moralité n. f. – XIIe 1 Caractère moral, valeur au point de vue moral, éthique. ⇒ **mérite.** *Moralité d'une action, d'une attitude.* ♦ Valeur morale positive. 2 Attitude, conduite ou valeur morale. *Personne de haute moralité, d'une moralité douteuse. Un de ces hommes « d'une moralité sûre, qui plaisent aux parents »* (Balz.). ♦ Sens moral ; vie conforme aux préceptes de la morale. 3 Enseignement moral que l'on peut tirer d'un récit, d'un événement. ⇒ **conclusion, enseignement.** *Moralité : ne faites pas comme moi !* ♦ Au Moyen Âge, Courte pièce de théâtre, à l'intention édifiante. ✪ CONTR. Immoralité.

morasse n. f. – XIXe ; it. *moro* « noir » ▪ Dernière épreuve, faite généralement à la brosse, lorsque la mise en pages du journal est terminée.

moratoire adj. et n. m. – XVIIIe ; lat. *mora* « retard, délai » 1 Qui accorde un délai. ➛ *Intérêts moratoires,* dus pour retard au paiement de la créance. 2 n. m. Disposition légale suspendant l'exigibilité des créances, le cours des actions en justice. ⇒ **délai, suspension.** *Obtenir un moratoire.*

morbide adj. – XVe ; lat. « malade, malsain » 1 Relatif à la maladie. *État morbide.* ⇒ **pathologique.** 2 Anormal, causé par un dérèglement psychique. *« une curiosité passionnée, presque morbide, pour tous les personnages célèbres condamnés à mort et suppliciés »* (Tournier). ⇒ **malsain.** *Goûts morbides.* ⇒ **pervers.** 3 Qui flatte les goûts dépravés. *Spectacle morbide.* ➛ n. m. *L'horreur « du bizarre, du morbide, de l'anormal »* (Gide). ✪ CONTR. ① Sain.

morbidité n. f. – XIXe 1 Caractère morbide, maladif. *Morbidité d'un état.* ♦ Ensemble des causes qui peuvent produire une maladie (⇒ **pathogène**). 2 Nombre des malades dans un groupe donné et pendant un temps déterminé. 3 Caractère morbide, malsain. *Morbidité d'un film.*

morbier n. m. – 1938 ; nom d'une commune du Jura français ▪ Fromage de lait de vache, présentant en son milieu une raie grise.

morbilleux, euse adj. – XIXe ; lat. *morbus* « maladie » ▪ Relatif à la rougeole. *Virus morbilleux.*

❑ Même famille étymologique que *morbide.*

morbleu interj. – XVIe ; euphém. pour *mort de Dieu* ▪ Juron en usage surtout au XVIIe s.

❑ Pour la formation du mot → sacrebleu (rem.).

morceau n. m. – XIIe ; a. fr. *mors* « morceau, morsure » 1 Partie qui a été séparée d'un aliment, d'un mets solide (soit pour être mangée en une bouchée, soit pour constituer une part). *Morceau de pain* (⇒ **quignon**), *de poisson* (⇒ **darne,** ② **filet**). *« une cuillerée du thé où j'avais laissé s'amollir un morceau de madeleine »* (Proust). *Morceau de sucre ; sucre en morceaux.* ♦ Mets entier détaché ou pouvant être détaché d'un tout (bête de boucherie). *Morceau de bœuf, de porc.* ➛ loc. *Manger un morceau :* faire un petit repas (cf. Casser la croûte*). fam. *Cracher, lâcher, manger le morceau :* avouer (cf. Se mettre à table*). 2 Partie d'un corps ou d'une substance solide. ⇒ **bout, fragment, parcelle,** ① **part, portion, quartier.** *Mettre en morceaux.* ⇒ **morceler ; briser, pulvériser.** *En mille morceaux.* fam. *Recoller les morceaux :* se réconcilier, en parlant d'un couple désuni. ♦ Partie distincte, mais non séparée d'un tout. *Morceau de terre.* ⇒ **coin, lopin.** 3 Fragment, partie d'une œuvre littéraire. ⇒ **extrait, passage.** ➛ *Morceaux choisis :* recueil contenant des passages d'auteurs ou d'ouvrages divers. ⇒ **anthologie, compilation, florilège.** 4 Fragment complet d'une œuvre instrumentale en plusieurs parties (⇒ aussi **mouvement**). ♦ Partie quelconque d'une œuvre musicale. ➛ Œuvre musicale généralement assez courte considérée comme un tout. ⇒ **pièce.** ✪ CONTR. Bloc, tout.

morcelable adj. – 1910 ▪ Qu'on peut morceler. *Propriété morcelable.*

morceler v. tr. [4] – XVIe 1 Diviser (une substance, un corps solide) en plusieurs morceaux. ⇒ **casser, fractionner, fragmenter.** 2 Partager (une étendue de terrain) en plusieurs parties. ⇒ **démembrer.** *Morceler en lots.* ⇒ **lotir.** ➛ pronom. *Propriété qui peut se morceler.* ⇒ **morcelable.** ➛ *Pays morcelé en plusieurs États.* ✪ CONTR. Bloquer ; regrouper, remembrer.

morcellement n. m. – XVIIIe ▪ Action de morceler ; état de ce qui est morcelé. ⇒ **division, fractionnement, segmentation.** ➛ *Le morcellement de la terre.* ⇒ **démembrement, division, partage.** *Morcellement d'un pays.* ⇒ **balkanisation.** ♦ *Morcellement des forces.* ⇒ **dispersion.** ✪ CONTR. Regroupement, remembrement.

mordache n. f. – XVIe ; lat. *mordere* « mordre » 1 Pièce de bois, de métal tendre, qu'on applique sur les mâchoires d'un étau pour serrer un objet sans l'endommager. 2 Extrémité de certaines pinces ou tenailles.

mordancer v. tr. [3] – XIXe ▪ Imprégner (une étoffe) d'un mordant en vue de l'impression ou de la teinture.

mordant, ante adj. et n. m. – XIIe I adj. 1 Qui donne une impression de morsure. *Froid mordant.* ➛ *« Le mordant parfum des plantes aromatiques »* (Maupass.). 2 Qui attaque, raille avec une violence qui blesse. *Réplique mordante.* ⇒ **acerbe, acéré,** ① **caustique, corrosif, incisif.** *« Mordante à l'excès, elle avait peu d'amies »* (Balz.). *Ironie mordante.* II n. m. 1 Caractère de ce qui entame. *Le mordant d'une scie.* 2 Énergie, vivacité dans l'attaque. ⇒ **allant,** ① **fougue,** fam. ② **punch.** *Œuvre littéraire qui a du mordant,* un ton vif et incisif qui saisit le lecteur. 3 Substance utilisée pour exercer une action corrosive sur un métal. *Emploi de mordants en gravure.* ➛ Substance utilisée en teinture pour fixer le colorant sur la fibre (⇒ **mordancer**). ✪ CONTR. Doux.

mordicus [mɔʀdikys] adv. – XVIIe ; mot lat. « en mordant » ▪ fam. Obstinément, opiniâtrement, sans démordre. *Soutenir qqch. mordicus.*

mordillement n. m. – XIXe ▪ Action de mordiller.

mordiller v. tr. [1] – XVIe ▪ Mordre légèrement et à plusieurs reprises. *Mordiller son crayon.* ⇒ **mâchonner.** ➛ intrans. *Chiot qui mordille pour jouer.*

mordoré, ée adj. et n. m. – XVIIe ; de *more, maure* et *doré* ▪ Qui est d'un brun chaud avec des reflets dorés. ⇒ **cuivré.** ➛ n. m. *Du mordoré.*

❑ *Maure* (ou sa variante *more*) a donné d'autres termes exprimant la notion de « couleur brune » : *maurelle, moreau, morelle, moricaud, morille, morillon.*

mordorure n. f. – XIXe ▪ Couleur mordorée. *Les mordorures de l'automne.*

mordre v. [41] – XIe ; lat. **I v. tr. 1** Saisir et serrer avec les dents de manière à blesser, à entamer, à retenir. ⇒ **croquer, déchiqueter, mâchonner, mordiller ; morsure.** *Mordre qqn jusqu'au sang. Mordre une pomme.* ➛ pronom. *Bêtes qui cherchent à se mordre.* ➛ loc. *Mordre la poussière :* tomber de tout son long (dans un combat) ; essuyer une dure défaite. **2** Avoir l'habitude d'attaquer, de blesser avec les dents. *Empêcher un chien de mordre.* ➛ plaisant *Vous pouvez approcher, je ne mords pas.* **3** Blesser au moyen d'un bec, d'un crochet, d'un suçoir. *Insecte qui mord. Se faire mordre par un serpent.* ⇒ **piquer. 4** User. ⇒ **entamer ; attaquer, détruire, ronger.** *La lime mord le métal.* ♦ S'accrocher, trouver prise. « *Les clous de leurs fers mordent la surface glissante* » (Gaut.). **5** Provoquer une sensation douloureuse sur (qqn, qqch.). ⇒ **pincer.** *Le froid* « *pique les yeux et mord la peau de sa morsure glacée* » (Maupass.). ➛ *L'inquiétude lui mordait le cœur.* **II - 1 v. tr. ind.** MORDRE À : saisir avec les dents une partie d'une chose. ♦ *Poisson qui mord à l'appât,* et absolt *qui mord,* qui se laisse prendre. ➛ Prendre goût à (qqch.). « *la pauvre petite Aimée ne mordait guère à l'anglais* » (Céline). **2 v. intr.** MORDRE DANS : enfoncer les dents dans. ⇒ **croquer.** ♦ S'enfoncer, pénétrer. *Vis qui mord dans le bois.* **3 v. intr.** MORDRE SUR (une chose, une personne), agir, avoir prise sur elle, l'attaquer. *Faire mordre un acide sur le cuivre.* ♦ Empiéter sur (qqch.). *Automobiliste qui mord sur la ligne continue.* « *Un professeur est autorisé à traiter beaucoup plus librement les sujets qui l'intéressent, à mordre sur l'actualité* » (Beauv.).

mordu, ue adj. et n. – XVIe **1** Qui a subi une morsure. ➛ « *mordue par le désir de savoir ce qui se passait dans son cœur* » (Maupass.). **2** Amoureux. *Il est mordu.* ♦ **n.** fam. Personne qui a un goût extrême pour qqch. ⇒ **fou.** *Un mordu de jazz.* ⇒ fam. **fanatique.**

more → **maure**

moreau, elle adj. – XIIIe ; lat. *maurellus* « brun comme un Maure » ▪ Se dit d'un cheval qui est d'un noir luisant. *Chevaux moreaux, jument morelle.* ✪ HOM. Moraux (moral).

morelle n. f. – XIIIe ; de *moreau* ▪ Plante dicotylédone *(solanacées),* dont de nombreuses variétés sont comestibles (⇒ **aubergine, pomme de terre, tomate**). ➛ *Morelle toxique.* ⇒ **douce-amère.** ✪ HOM. Maurelle ; morelle (moreau).

moresque → **mauresque**

morfal, ale n. et adj. – 1935 ; germ. *murfen* « ronger » ▪ fam. Personne qui dévore, qui a un appétit insatiable. ⇒ **glouton, goinfre.** *Quels morfals !*

① **morfil** n. m. – XVIe ; ar. ▪ Ivoire brut ; défenses d'éléphant non travaillées.

> ❑ On a dit aussi *marfil. Marfil* désigne l'ivoire en espagnol.

② **morfil** n. m. – XVIIe ; de *mort* et *fil* ▪ Petites parties d'acier, barbes métalliques qui restent sur le tranchant d'une lame fraîchement affûtée.

morfondre (se) v. pron. [41] – XIVe ; a. provenç. *mor* « museau », et *fondre* ▪ S'ennuyer. *Elle est là toute seule à se morfondre.* ➛ Être plongé dans l'inquiétude et la tristesse. ✪ CONTR. Amuser (s').

morganatique adj. – XVIIe ; germ. *morgan* « matin » et *geba* « don » ▪ Se dit de l'union contractée par un prince et une femme de rang inférieur qui ne bénéficie pas de tous les droits accordés à l'épouse. *Mariage morganatique.* ➛ *Épouse morganatique.*

morgeline n. f. – XVe ; lat. *mordere* « mordre » et *gallina* « poule » ▪ Stellaire *(caryophyllacées),* plante appelée aussi *mouron* des oiseaux.*

① **morgue** n. f. – XVe ; lat. *murricare* « faire la moue » ▪ Contenance hautaine et méprisante. ⇒ **arrogance, hauteur, orgueil.** « *la morgue d'une certaine bourgeoisie rogneuse et romanesque* » (Aymé).

② **morgue** n. f. – XVIIe ; de ① *morgue* ▪ Lieu où sont déposés les cadavres qu'il faut identifier. ⇒ **médicolégal** (institut). ♦ Salle d'un hôpital, d'une clinique où l'on dépose les malades décédés.

moribond, onde adj. et n. – XVe ; lat. ▪ Qui est près de mourir. ⇒ **agonisant, mourant.** ➛ n. « *un moribond couvert de plaies et de poux* » (Jouhand.).

> ❑ Le suffixe *-bond* marque l'action en train de s'accomplir. On le retrouve dans *furibond, nauséabond, pudibond, vagabond.*

moricaud, aude adj. et n. – XVe ; de *more, maure* ▪ fam. Qui a le teint très brun. ⇒ **noiraud.** ♦ n. Personne au teint très brun. ➛ (t. raciste) Homme, femme de couleur.

morigéner v. tr. [6] – XIVe ; lat. *morigeratus* « complaisant, docile » ▪ Réprimander. ⇒ **gourmander, sermonner ; chapitrer.**

morille n. f. – XIVe ; lat. *maurus* « maure » ▪ Champignon comestible *(ascomycètes),* à chapeau ovoïde ou sphérique alvéolé.

> ❑ Pour l'étymologie → mordoré (rem.).

morillon n. m. – XIIIe ; de *more, maure* **1** Variété de raisin noir. **2** Canard sauvage à plumage noir. ⇒ **fuligule. 3** Petite émeraude brute.

morio n. m. – XVIIIe ; p.-ê. de *more, maure* « brun » ▪ Papillon *(lépidoptères)* commun en France, aux ailes brunes bordées de jaune.

morion n. m. – XVIe ; esp. *morra* « sommet de la tête » ▪ Ancien casque à bords relevés en pointe par-devant et par-derrière, porté par les fantassins espagnols.

mormon, one n. – XIXe ; de *Mormon,* prophète allégué par J. Smith, fondateur du mouvement ▪ Adepte d'un mouvement religieux d'origine américaine dont la doctrine admet les principes essentiels du christianisme et présente des analogies avec l'islam. ➛ adj. *La doctrine mormone.*

① **morne** adj. – XIIe ; germ. *mornôn* « être triste » **1** Qui est d'une tristesse morose, allant jusqu'à l'abattement. ⇒ **abattu, sombre, triste. 2** Triste et maussade. « *Waterloo ! morne plaine* » (Hugo). ➛ « *accablé par la morne journée et la perspective d'un triste lendemain* » (Proust). ⇒ **monotone,** ① **terne.** ➛ Sans animation, terne. « *La conversation resta morne* » (Gide). ✪ CONTR. Ardent, gai.

② **morne** n. f. – XVe ; de *morné* ▪ Anneau qui servait à rendre la lance inoffensive. ⇒ ① **frette.**

③ **morne** n. m. – XVIIe ; mot créole des Antilles ; altér. esp. *morro* « monticule » ▪ Dans les îles (Réunion, Antilles), Petite colline isolée. ⇒ **inselberg, pédiment.**

morné, ée adj. – XVe ; p.-ê. du germ. *mornôn* (→ ① morne) ou du lat. *mora* « garde d'épée » **1** Émoussé, garni d'une morne (②). « *une épée de théâtre, émoussée et mornée* » (Gaut.). **2** En héraldique, Se dit d'un animal représenté sans dents, sans griffes, sans bec. ➛ *Casque morné,* représenté la visière fermée. ✪ HOM. Mort-né.

mornifle n. f. – XVIe ; rad. *murr-* « museau » et a. fr. *nifler* → renifler ▪ fam. ⇒ **gifle,** ① **taloche.** *Il* « *lui flanque une mornifle qui vous a mis Jacques au lit pour six mois* » (Balz.).

morose adj. – XVIIe ; lat. ▪ Qui est d'une humeur chagrine, que rien ne peut égayer. ⇒ ① **morne, sombre, triste.** ➛ Qui est marqué par la morosité, ou qui l'inspire. *Journée morose à la Bourse de Paris.* ✪ CONTR. Gai, joyeux.

morosité n. f. – XVe ▪ Caractère, humeur morose. ⇒ ② **chagrin, tristesse.** ◆ Manque d'entrain créatif caractérisant un groupe, une société. ⇒ **marasme, stagnation.** ✪ CONTR. Gaieté, joie.

morphème n. m. – 1905 ; de *morph(o)-* et *phonème* ▪ La plus petite unité significative. ⇒ **monème.** *Morphème libre.* ⇒ **mot.** *Mot formé de plusieurs morphèmes* (⇒ **morphologie**). *Morphème lexical, grammatical.* ◆ Chez A. Martinet, Monème grammatical.

-morphie → **morph(o)-**

morphine n. f. – XIXe ; de *Morphée,* dieu du sommeil ▪ Principal alcaloïde de l'opium, doué de propriétés soporifiques et calmantes. ◆ Sel de morphine. ➛ La morphine utilisée comme stupéfiant (⇒ **morphinomane**). ◆ *Morphine endogène.* ⇒ **endorphine.** *Morphine du cerveau.* ⇒ **enképhaline.**

morphinisme n. m. – XIXe ▪ Intoxication chronique par la morphine. ⇒ **morphinomanie.**

morphinomane adj. et n. – XIXe ▪ Qui se drogue à la morphine. ➛ n. *Un, une morphinomane.*

morphinomanie n. f. – XIXe ▪ Toxicomanie à la morphine. ⇒ **morphinisme.**

morphisme n. m. – mil. XXe ; gr. *morphê* « forme » ▪ Homomorphisme.

morph(o)-, -morphe, -morphie, -morphique, -morphisme Éléments, du gr. *morphê* « forme ».

morphogène adj. – XIXe ; *morpho-* et *-gène* ▪ Qui détermine la forme, la structure d'un organisme vivant.

morphogenèse n. f. – XIXe ; *morpho-* et *-genèse* ▪ Développement des formes, des structures caractéristiques d'une espèce vivante.

morphologie n. f. – XIXe ; *morpho-* et *-logie* **1** Étude de la configuration et de la structure externe (d'un organe ou d'un être vivant). *Morphologie animale, végétale.* **2** Forme, apparence extérieure (d'un organisme vivant). *La morphologie d'un athlète.* **3** Étude des variations de forme des mots dans la phrase. ⇒ **grammaire, morphosyntaxe.** ◆ *Morphologie lexicale :* étude de la formation ou de la composition des mots complexes. ⇒ **lexicologie.**

morphologique adj. – XIXe ▪ Relatif à la morphologie, aux formes (en biologie, en linguistique).

morphopsychologie n. f. – 1937 ▪ Étude de la personnalité humaine par l'analyse du visage. ⇒ **physiognomonie.**

morphosyntaxe [mɔʀfosɛ̃taks] n. f. – v. 1960 ▪ Étude des formes et des règles de combinaison régissant la formation des énoncés.

morpion n. m. – XVIe ; de *mordre* et *pion* « fantassin » **1** fam. Pou du pubis (⇒ **phtiriase**). **2** fam., péj. Petit garçon. **3** Jeu consistant à former une file de cinq signes.

mors n. m. – XIIe ; de *mordre* **1** Pièce du harnais qui passe dans la bouche du cheval et qui, en appuyant sur les barres, sert à le diriger. ⇒ **frein.** ◆ loc. *Prendre le mors aux dents,* se dit du cheval qui prend les branches du frein avec les incisives, rendant ainsi inefficace l'action du mors ; s'emballer. fig. S'emporter ; se mettre soudainement et avec énergie à un travail, à une entreprise. « *C'étaient des peureux qui s'emportaient et qui prenaient le mors aux dents* » (Sainte-Beuve). **2** Chacune des mâchoires d'un étau, de tenailles, de pinces. **3** Rainure pratiquée près du dos d'un livre pour y loger le carton de la couverture ; bord du carton qui s'y loge. ✪ HOM. Maure, mort.

① **morse** n. m. – XVIe ; lapon *morssa* ▪ Grand mammifère marin des régions arctiques *(pinnipèdes),* amphibie, carnivore, au corps épais et allongé. « *Les morses ressemblent aux phoques par la forme de leur corps et par la disposition de leurs membres* » (J. Verne).

② **morse** n. m. – XIXe ; du nom de l'inventeur ▪ Système de télégraphie électromagnétique et de code de signaux utilisant un alphabet conventionnel fait de traits et de points (⇒ **S. O. S.**). ➛ adjt *Alphabet morse.*

morsure n. f. – XIIIe **1** Action de mordre. *La morsure d'un chien. Morsure de serpent.* ➛ *Morsure d'insecte.* ⇒ **piqûre.** ◆ « *La morsure des outils entamant la houille* » (Zola). *La morsure du froid.* ◆ En gravure, Opération qui consiste à attaquer du métal par l'acide. **2** Blessure, marque faite en mordant. *Une morsure profonde.*

① **mort** n. f. – Xe ; lat. *mors* **I** - **1** Cessation de la vie, considérée comme un phénomène inhérent à la condition humaine ou animale. ⇒ **trépas.** « *on fera toujours peur aux hommes en leur parlant de la mort* » (Stendh.). *Étude de la mort.* ⇒ **thanatologie.** *La vie après la mort.* ⇒ **au-delà.** ◆ (personnifiée) ⇒ **camarde, faucheuse.** *Voir la mort de près. Frôler la mort.* **2** Fin d'une vie humaine (ou animale), circonstances de cette fin. *Mort héroïque, tragique. Mort naturelle, accidentelle. Mourir de sa belle mort,* de vieillesse et sans souffrance. *Être à la mort, à l'article de la mort,* tout près de mourir. ⇒ **agonie ; moribond, mourant.** *Être en danger de mort. C'est une question de vie ou de mort.* ➛ *Un silence de mort,* absolu. ➛ loc. *Ce n'est pas la mort (du petit cheval) :* ce n'est pas grave ; ce n'est pas difficile. ◆ loc. adv. *À MORT :* d'une façon qui entraîne la mort. ⇒ **mortellement.** ➛ *En vouloir à mort à qqn,* jusqu'à en souhaiter sa mort. ➛ fam. Complètement, à l'extrême limite du possible. *Freiner à mort.* **3** Cette fin provoquée (⇒ **assassinat, crime, euthanasie, homicide, meurtre, suicide**). *Donner la mort :* tuer. *Se donner la mort :* se suicider. « *Machines de guerre qui sèment la ruine et la mort* » (Duham.). *Menaces de mort. Pulsions de mort.* ⇒ **thanatos.** *Camp de la mort :* camp d'extermination*. *Peine de mort. La mise à mort du taureau.* ⇒ **estocade.** ◆ *DE LA MORT,* se dit d'exercices, d'engins..., qui mettent en danger de mort leurs auteurs, leurs occupants. *L'acrobate va exécuter le saut de la mort.* ◆ interj. *À mort ! À mort le tyran !* **4** Terme de la vie humaine considéré dans le temps. ⇒ **décès, disparition.** *Avant, depuis sa mort. Ouvrage publié après la mort de l'auteur* (⇒ **posthume**). ➛ loc. *À la vie (et) à la mort :* pour toujours (formule de serment). **5** Arrêt complet et irréversible des fonctions vitales (d'un organisme, d'une cellule) entraînant sa destruction progressive. *Reculer le moment de la mort par l'acharnement* thérapeutique.* **II** - **1** *Mort civile :* autrefois, privation définitive des droits civils. ➛ *La mort éternelle, de l'âme :* la condamnation du pécheur aux peines de l'enfer. **2** Destruction (d'une chose). *C'est la mort du petit commerce.* ⇒ ① **fin, ruine.** « *la mort de la liberté* » (Camus). **3** Douleur mortelle. ⇒ **agonie.** *Souffrir mille morts.* ➛ loc. *Avoir la mort dans l'âme :* être désespéré. *Faire qqch. la mort dans l'âme,* contre son gré et avec souffrance. ⇒ **contrecœur** (à). ✪ CONTR. Vie, naissance. — HOM. Maure, mors.

② **mort, morte** adj. – Xe **1** Qui a cessé de vivre. ⇒ **décédé, défunt,** ② **feu, trépassé.** *Personne morte.* ⇒ **cadavre.** *Enfant mort à la naissance.* ⇒ **mort-né.** *On le croyait mort.* « *Mon père est mort, Dieu en ait l'âme !* » (Villon). *Être comme mort, à moitié mort,* inanimé. *Tomber mort, raide mort. Mort ou vif.* ➛ (animaux) ⇒ **crevé ; charogne.** « *Le sanglier mort est pendu la hure en bas* » (Duham.). ➛ (végétaux) *Arbre mort. Feuilles mortes.* ➛ (Organes, tissus) *Peau morte.* **2** Qui semble avoir perdu la vie. *Ivre mort. Mort de fatigue,* épuisé. *Je suis morte !* ⇒ fam. **claqué, crevé.** ➛ *Mort de peur :* paralysé par la peur. *Plus mort que vif :* effrayé au point de ressembler à un mort plus qu'à un vivant. ➛ *Dent morte,* dévitalisée. ◆ Hors d'usage. ⇒ **cassé, usé ;** fam. ② **fichu, foutu.** *Les piles sont* *mortes.* 3 Sans activité, sans vie. « *Dans l'hôtel tout était muet, tout semblait mort* » (Maupass.). *Eau morte.* ⇒ **stagnant.** *Le feu est mort.* ⇒ **éteint.** ◆ loc. *Angle mort :* zone dans laquelle le tir, l'observation sont rendus impossibles (par un écran, etc.). 4 Qui appartient à un passé révolu. « *Comme les villes mortes sortent des sables* » (Maurois). ✪ CONTR. ② Vivant. Animé, vif.

③ **mort, morte** n. – XIe 1 Dépouille mortelle d'un être humain. ⇒ **cadavre, corps,** fam. **macchabée.** *Veiller un mort. Autopsier un mort. Enterrer, incinérer les morts* (⇒ **obsèques**). *Restes, cendres d'un mort.* ♦ loc. *Faire le mort :* fig. ne pas intervenir. ◆ *Mort en sursis, mort vivant :* personne qui n'a plus beaucoup de temps à vivre. 2 Être humain qui ne vit plus (mais considéré comme existant dans la mémoire des hommes ou dans l'au-delà). ⇒ **défunt, disparu, trépassé.** *Messe* (⇒ **requiem**), *prières des morts. Le jour des Morts* (le 2 novembre). 3 Esprit, âme d'une personne morte. ⇒ **mânes, fantôme, revenant, spectre, zombie.** ◆ *Le royaume, le séjour des morts.* ⇒ ① **ombre ; enfer.** 4 Personne que la mort a frappée, qui a été tuée. *L'accident a fait un mort et trois blessés. Les morts de la guerre.* ⇒ **victime.** *Liste des morts.* ⇒ **nécrologie.** 5 n. m. Joueur de bridge, de whist, qui étale ses cartes et ne participe plus au jeu après les annonces ; les cartes de ce joueur. ✪ CONTR. ② Vivant.

mortadelle n. f. – XVe ; lat. *murtatum* « farce au myrte » ■ Gros saucisson moelleux, d'origine italienne, fait d'un mélange de viandes et de gras.

mortaisage n. m. – XIXe ■ Opération consistant à faire une mortaise.

mortaise n. f. – XIIIe ; p.-ê. ar. *murtazza* « fixé » ■ Entaille faite dans une pièce de bois ou de métal pour recevoir le tenon d'une autre pièce. *Assemblage à tenons et à mortaises.* ♦ Ouverture dans une gâche pour recevoir le pêne de la serrure.

mortaiser v. tr. [1] – XIVe ■ Entailler en faisant une mortaise.

mortaiseuse n. f. – XIXe ■ Machine-outil destinée au mortaisage.

mortalité n. f. – XIIe 1 Condition d'un être mortel (opposé à *immortalité*). 2 Mort d'un certain nombre d'hommes ou d'animaux, succombant pour une même raison (épidémie, fléau). « *La mortalité a dépassé les prévisions les plus pessimistes* » (Gide). 3 *Taux de mortalité,* ou *mortalité :* rapport entre le nombre des décès et l'effectif de la population dans un lieu et dans une période donnés.

mort-aux-rats [mɔʀ(t)oʀa] n. f. inv. – XVIe ■ Préparation empoisonnée destinée à la destruction des rongeurs.

morte-eau n. f. – XVIIe ■ Faible marée ; époque de cette marée. ⇒ **quadrature.** *La période des mortes-eaux.* « *À la morte-eau, c'est-à-dire à l'époque où les marées sont de faible amplitude* » (Simenon).

mortel, elle adj. et n. – XIe ; lat. *mortalis* 1 Sujet à la mort. *Tous les hommes sont mortels.* ◆ Sujet à disparaître. ⇒ **périssable, temporel.** « *Tout est mortel, tout vieillit en ce monde* » (Ronsard). 2 n. Être humain. ⇒ **homme,** ① **personne.** *Les dieux et les mortels.* 3 Qui cause la mort, entraîne la mort. ⇒ **fatal.** *Maladie, blessure mortelle. Dose mortelle.* ⇒ **létal ; overdose.** *Coup mortel.* ♦ Qui souhaite, cherche la mort de qqn. *Son ennemi mortel.* 4 D'une intensité dangereuse. *Un froid mortel.* 5 Extrêmement pénible. *Un ennui mortel.* ♦ fam. Extrêmement ennuyeux. ⇒ **lugubre,** ① **sinistre.** *C'est mortel, ces réunions.* ✪ CONTR. Éternel, immortel.

mortellement adv. – XIIe 1 Par un coup mortel. « *Mortellement atteint d'une flèche empennée* » (La Font.). 2 D'une façon intense, extrême. *Mortellement pâle.* ◆ *Une journée mortellement ennuyeuse.* ◆ *En vouloir mortellement à qqn,* jusqu'à souhaiter sa mort.

morte-saison n. f. – XIVe ■ Époque de l'année où l'activité est réduite dans un secteur de l'économie. *C'est la morte-saison du tourisme. Des mortes-saisons.*

mortier n. m. – XIIe ; lat. *mortarium* I – 1 Récipient en matière dure où l'on broie, avec un pilon, certaines substances. « *Elle pilait du henné dans un petit mortier de cuivre* » (Mac Orlan). *Mortier de cuisine.* 2 Pièce à tir courbe. ⇒ **crapouillot, obusier.** *Tir au mortier.* 3 Bonnet porté par certains magistrats. II Mélange de chaux éteinte (ou de ciment) et de sable délayé dans l'eau et utilisé en construction comme liant ou comme enduit. ⇒ **gâchis, rusticage.**

mortifère adj. – XVe ■ Qui cause, provoque la mort. ⇒ **mortel.**

mortifiant, iante adj. – XVIe 1 Qui mortifie la chair, les sens. 2 Qui humilie l'amour-propre. ⇒ **blessant, humiliant.**

mortification n. f. – XIIe 1 Privation, souffrance qu'on s'impose dans l'intention de racheter ses péchés, de se préserver de la tentation. ⇒ **macération, pénitence.** 2 Souffrance d'amour-propre. ⇒ **humiliation, offense.** 3 Nécrose. ♦ Faisandage.

mortifier v. tr. [7] – XIIe 1 Soumettre (son corps, ses sens) à la mortification (1°). ⇒ **châtier, macérer,** ① **mater.** ◆ pronom. *Il suffirait* « *pour me mortifier, d'adopter les sous-vêtements de laine* » (Duham.). 2 Faire cruellement souffrir (qqn) dans son amour-propre. ⇒ **blesser, humilier.** 3 Faire mourir (un tissu) en le décomposant. ⇒ **nécroser.** ♦ Faisander. ◆ Attendrir (la viande). ✪ CONTR. Enorgueillir, flatter.

mortinatalité n. f. – XIXe ■ Nombre d'enfants mort-nés pendant une période déterminée. *Taux de mortinatalité,* ou *mortinatalité :* nombre d'enfants mort-nés pour mille naissances.

mort-né, mort-née adj. et n. – XIIIe 1 Mort en venant au monde. *Accoucher d'un enfant mort-né.* 2 Qui échoue dès le début (⇒ **avorter**). *Projets mort-nés.* ✪ HOM. Morné.

mortuaire adj. – XIIIe ; lat. *mortuarius* « funèbre » ■ Relatif aux morts, aux cérémonies en l'honneur d'une personne décédée. ⇒ **funèbre, funéraire.** *Chambre mortuaire.* « *un long cercueil sous un drap mortuaire* » (Dider.). *Masque, couronne mortuaire.* ♦ (Canada) *Salon mortuaire.* ⇒ **funéraire.** ♦ n. f. (Belgique) Maison du défunt. *Réunion à la mortuaire.*

morue n. f. – XIIIe ; o. i. 1 Grand poisson *(gadidés),* qui vit dans les mers froides. *Banc de morues. Pêche à la morue* (⇒ **morutier ; islandais, terre-neuvas**). ◆ *Morue fraîche.* ⇒ **cabillaud.** *Morue séchée.* ⇒ **merluche, stockfisch.** *Huile de foie de morue. Brandade de morue. Beignets de morue.* ⇒ **acra.** ◆ *Morue noire.* ⇒ **églefin.** 2 vulg. Prostituée. ◆ Terme d'injure pour une femme.

morula n. f. – XIXe ; lat. *morum* « mûre » ■ Premier stade du développement de l'embryon.

> ❑ À ce stade, l'œuf fécondé divisé en 12 à 16 cellules a la forme d'une *mûre,* la baie du mûrier.

morutier, ière n. m. et adj. – XVIIe 1 Pêcheur de morue. ◆ Bateau-usine qui pêche et traite les morues. 2 adj. Relatif à la morue, à sa pêche. *Industrie morutière.*

morve n. f. – XIVe ; p.-ê. var. de *gourme* 1 Grave maladie contagieuse des équidés, due à une bactérie spécifique, transmissible à l'homme. 2 Sécrétion visqueuse qui s'écoule du nez de l'homme (⇒ **morveux**).

morveux, euse adj. et n. – XIIIe 1 Atteint de la morve. 2 Qui a de la morve au nez. ◆ loc. *Se sentir morveux :*

n'être pas très fier de soi. 3 n. fam. péj. Jeune enfant. ⇒ **gamin.** ➛ Garçon, fille très jeune qui se donne des airs d'importance. « *une quantité de morveux, de jean-fesse et de propre-à-rien* » (France).

mos [mos] n. m. – v. 1980 ; acronyme de l'angl. ***M****etal* ***O****xyde* ***S****emiconductor* ▪ Transistor à effet de champ, à grille isolée par une couche d'oxyde de silicium. ➛ adjt *Les technologies MOS.*

① **mosaïque** n. f. – XVIe ; lat. *musivum* 1 Assemblage décoratif de petits fragments multicolores (marbre, pâte de verre, etc.) liés par un ciment et dont la combinaison figure un dessin ; art d'exécuter ces assemblages. *Mosaïque murale, de pavement. Les appartements « étaient incrustés en mosaïque »* (Rouss.). ➛ Décor multicolore de reliure, fait d'incrustations de pièces de cuir. 2 Ensemble d'éléments juxtaposés. *L'Italie était une « véritable mosaïque de principautés »* (Madelin). 3 Maladie virale de certaines plantes cultivées. *Mosaïque du tabac.*

② **mosaïque** adj. – XVIe ; de *Moïse* ▪ Qui a rapport à Moïse et au mosaïsme.

mosaïqué, ée adj. – XIXe ▪ Qui ressemble à une mosaïque ; qui est orné d'une mosaïque. « *les parquets de chêne mosaïqués* » (Tournier).

mosaïsme n. m. – XIXe ▪ Ensemble des doctrines et institutions religieuses que les Juifs reçurent de Moïse.

mosaïste n. – XIXe ▪ Artiste qui exécute des mosaïques ; carreleur.

mosan, ane adj. – 1907 ; de *Mosa,* nom lat. de la Meuse ▪ *Art mosan :* art qui s'est développé entre le Rhin et la Meuse du XIe au XIIIe s.

mosette n. f. – XVIIe ; it. *almozetta* « petite aumusse » ▪ Courte pèlerine que portent certains dignitaires ecclésiastiques. ⇒ **camail.**

❑ On trouve aussi la graphie *mozette.*

mosquée n. f. – XIVe ; ar. *masdjid* « endroit où l'on adore » ▪ Lieu, édifice consacré au culte musulman. « *J'entre dans la mosquée après m'être déchaussé* » (Maupass.).

mot n. m. – X^e ; lat. *muttum,* de *muttire* « souffler mot, parler », proprt « dire *mu* » 1 Chacun des sons ou groupe de sons correspondant à un sens, entre lesquels se distribue le langage. *Les mots écrits sont séparés par des blancs. Chercher ses mots. Dire un mot pour un autre* (⇒ **lapsus**). ➛ loc. *Avoir un mot sur le bout de la langue,* ne pas le trouver tout en étant sûr de le connaître. ➛ *Sans mot dire.* ⇒ **motus.** *Ne pas pouvoir placer un mot. Mot à double sens. Mot tabou. Mot obscène. Ne pas mâcher ses mots :* dire crûment son opinion. *Jamais un mot plus haut que l'autre :* d'un ton égal, sans colère. « *Venise parle à mi-voix, doucement, jamais un mot plus haut que l'autre* » (Cartro). *Comprendre à demi-mot.* loc. *Se donner le mot* (de passe) : se mettre d'accord, être d'intelligence. « *comme si tous les grillons se fussent donné le mot pour chanter plus bas* » (Loti). *Rapporter un propos mot pour mot,* sans y changer un mot. *Mot à mot* [motamo] : un mot après l'autre. *Traduction mot à mot,* littérale. ♦ *MOTS CROISÉS :* jeu dans lequel chacune des lettres d'un mot placé horizontalement entre dans la composition d'un mot placé verticalement, chaque mot devant être trouvé à partir d'une définition. *Faire des mots croisés. Être amateur de mots croisés.* ⇒ **cruciverbiste.** 2 Suite finie d'unités d'information traitée ou stockée d'un seul tenant. *Un mot de huit bits.* ⇒ **octet.** 3 Forme libre douée de sens qui entre directement dans la production de la phrase. *Mot oral, mot écrit. Graphie d'un mot. Catégories des mots.* ⇒ **adjectif, adverbe, article, conjonction, interjection, nom (et substantif), préposition, pronom, verbe.** *Mot qui évoque un bruit.* ⇒ **onomatopée.** *Mot à plusieurs sens.* ⇒ **polysémique.** *Ensemble des mots d'une langue* (⇒ **lexique**), *étude des mots* (⇒ **lexicologie**). *Mot vieux* (⇒ **archaïsme**), *nouveau* (⇒ **emprunt, néologisme**). *Mots courants, usuels. Mots familiers, populaires ; mots savants. Mots régionaux. Chercher un mot dans le dictionnaire. Forme des mots.* ⇒ **morphologie.** *Étude du sens des mots.* ⇒ **sémantique.** ♦ *Mot-clé :* mot représentant une des notions fondamentales de l'information contenue dans un texte. 4 Phrase, parole. *Dire des mots d'amour.* ♦ loc. *Je lui en toucherai un mot :* je lui en parlerai brièvement. *En un mot :* pour résumer. *Dire deux mots à qqn,* le réprimander. *Avoir son mot à dire :* être en droit d'exprimer son avis. *Avoir le dernier mot :* l'emporter, dans une discussion. *Il n'a pas dit son dernier mot :* il est encore capable de modifier à son profit la situation. *Prendre qqn au mot :* se saisir aussitôt d'une proposition qu'il a faite sans penser qu'elle serait retenue. 5 Courte lettre. *Écrire un mot à qqn.* 6 Parole exprimant une pensée de façon concise et frappante. *Mots célèbres, historiques. Mot d'enfant. Mot d'auteur,* où l'on reconnaît l'esprit de l'auteur. *Le fin mot* (de l'histoire, de l'affaire), son sens caché. *Bon mot, mot d'esprit :* parole drôle et spirituelle. ⇒ ① **trait.** ➛ loc. fam. *Avoir des mots avec qqn,* se disputer avec lui. ✪ HOM. Maux (③ mal).

❑ Certains problèmes de grammaire peuvent se présenter au milieu d'un mot. C'est le cas pour le pluriel de mots composés non liés (ex. *chou-fleur, choux-fleurs*) ou liés (ex. *madame, mesdames*) ainsi que pour le comparatif d'adjectifs formés avec *bien* (ex. *bien-disant, mieux-disant ; bien-pensant, mieux-pensant*).

motard, arde n. – 1937 ▪ fam. 1 n. m. Motocycliste de l'armée ou de la gendarmerie. 2 Motocycliste.

motel n. m. – 1946 ; mot angl., du rad. de *motor (car)* « automobile » et *hotel* ▪ Hôtel situé au bord des routes à grande circulation, aménagé pour recevoir les automobilistes.

motet n. m. – XIIIe ; de *mot* ▪ Chant d'église à plusieurs voix. ♦ *Motet a cappella :* pièce de musique destinée à l'église et composée sur des paroles latines qui ne font pas partie de l'office. *Motets de Lulli, de Bach.*

moteur, trice n. m. et adj. – XIVe ; lat. *movere* « mouvoir » **I** - 1 Cause d'une action. ⇒ **mobile.** *Le moteur de la guerre.* ⇒ **nerf.** ♦ (personnes) Agent, instigateur. 2 adj. Qui engendre le mouvement. *Muscle moteur.* ⇒ **locomoteur, vasomoteur.** ➛ *Troubles moteurs.* ⇒ **contracture, paralysie, spasme.** ♦ *Voiture à deux, quatre roues motrices* (⇒ **quatre-quatre**). *Arbre moteur :* vilebrequin. **II** n. m. 1 Appareil servant à transformer une énergie quelconque en énergie mécanique. *Moteurs à vent.* ⇒ **aéromoteur.** *Moteurs thermiques. Moteurs à vapeur.* ⇒ **machine.** *Moteurs à combustion interne* (dits *à explosion**). *Moteurs à injection, diesel. Moteurs à gaz, à réaction**. ⇒ **turbopropulseur, turboréacteur.** *Moteurs électriques.* ⇒ **électromoteur.** *Véhicules à moteur. Munir de moteurs.* ⇒ **motoriser.** *Moteur d'avion* (⇒ **bi-, tri-, quadrimoteur**). 2 Moteur à explosion et à carburation ou injection. *Moteur à 4, 6 cylindres. Moteur à deux, à quatre temps. Moteur de 750 cm³* (de cylindrée). ➛ *Bloc moteur :* ensemble du moteur proprement dit et des organes annexes. ➛ *Régime d'un moteur. Moteur qui tourne rond, cale, chauffe.* « *déjà les moteurs s'étaient mis à ronfler* » (Sartre). *Roder un moteur. Gonfler un moteur.*

moteur-fusée n. m. – XXe ▪ Propulseur à réaction emportant le combustible et le comburant (⇒ **ergol**) nécessaires à son fonctionnement. *Des moteurs-fusées.*

motif n. m. – XIVe ; lat. *motivus* « mobile » 1 Mobile d'ordre psychologique, raison d'agir, de ressentir. *Quel est le* *motif de votre visite ? Je cherche les motifs de sa conduite.* ⇒ **cause, explication.** *Avoir des motifs de se plaindre.* ⇒ **occasion, raison,** ③ **sujet.** *Motif valable.* ⇒ **raison.** *Faux motif.* ⇒ ② **prétexte.** « *Elle avait un motif, une raison et comme un auxiliaire à son attachement* » (Flaub.). ➝ *Sans motif :* sans raison. ⇒ **immotivé.** ♦ Exposé des raisons qui déterminent les magistrats à rendre un jugement. ⇒ **attendu, considérant.** 2 Sujet d'une peinture. ♦ Ornement servant de thème décoratif. ⇒ **dessin.** ♦ Phrase ou passage musical remarquable par son dessin (mélodique, rythmique). ✪ CONTR. Conséquence, effet.

motilité n. f. – XIXe ; lat. *movere* « mouvoir » ▪ Faculté de se mouvoir. ⇒ **mobilité, motricité, mouvement.** ➝ Ensemble des mouvements propres à un organe, à un système. *Motilité intestinale.* ⇒ **péristaltisme.**

> ❑ Ce mot ne s'applique qu'en sciences à ce qui est doué de vie.

motion n. f. – XIIIe ; lat. *movere* « mouvoir » ▪ Proposition faite dans une assemblée délibérante par un de ses membres. *Faire, rédiger une motion.* ➝ *Motion de censure :* proposition par laquelle l'Assemblée nationale met en cause la responsabilité du gouvernement (cf. Question* de confiance). *Voter, déposer une motion de censure.*

motivant, ante adj. – mil. XXe ▪ Qui motive. ⇒ **motivation.** *Salaire motivant.*

motivation n. f. – XIXe 1 Relation d'un acte aux motifs qui l'expliquent ou le justifient. *La motivation d'un acte.* 2 Ensemble des facteurs déterminant le comportement du consommateur. *Les études de motivation permettent l'orientation de la publicité.* 3 Action des forces (conscientes ou inconscientes) qui déterminent le comportement. 4 Relation naturelle de ressemblance entre le signe et la chose désignée. *Motivation des onomatopées.* ➝ Caractère d'un signe complexe dont le sens se déduit de ses composants. *Mot qui perd sa motivation.* ⇒ **démotivé.**

motiver v. tr. [1] – XVIIIe 1 Justifier par des motifs. *Motiver un choix. Un retard non motivé.* 2 Être, fournir le motif de. ⇒ ① **causer, expliquer.** *Voilà ce qui a motivé notre décision.* 3 Créer chez (qqn) les raisons qui le poussent à agir. *Motiver qqn à (pour) faire qqch.* ⇒ **inciter, stimuler.** ♦ *Être très motivé dans, par son travail,* avoir une motivation (3°). ➝ *Mot motivé,* qui a une motivation (4°). ⇒ **iconique.** ✪ CONTR. Démotiver.

moto n. f. – XIXe ; abrév. de *motocyclette* ▪ Véhicule à deux roues, à moteur à essence de plus de 125 cm³. ⇒ fam. ① **meule.** *Course de motos.* ⇒ **enduro, motocross, rodéo, trial.** *Pilote d'une moto.* ⇒ **motard.** *Moto de grosse cylindrée* (cf. fam. Gros cube*). ♦ Pratique, sport de la moto. ⇒ **motocyclisme.** *Faire de la moto.* ➝ *Permis moto.*

> ❑ Pour l'hésitation *aller à moto/aller en moto* → ski (rem.).

moto- Élément, de *moteur* (n. m.).

motocross ou **moto-cross** [motokʀɔs] n. m. inv. – 1939 ; de *moto(cyclette)* et *cross(-country)* ▪ Course de motos sur parcours accidenté.

motoculteur n. m. – 1913 ▪ Engin automoteur de jardinage à deux roues, que le conducteur guide devant lui.

motoculture n. f. – 1909 ▪ Utilisation du moteur mécanique dans l'agriculture.

motocycle n. m. – XIXe ▪ Véhicule automobile à deux roues (cyclomoteur, motocyclette, scooter, vélomoteur). ⇒ **deux-roues.** *Cycles et motocycles.*

motocyclette n. f. – XIXe ; de *moto(cycle),* d'apr. *bicyclette* ▪ Motocycle.

> ❑ Ce mot est désuet à côté de son abréviation *moto,* devenue très courante.

motocyclisme n. m. – XIXe ▪ Pratique de la motocyclette. ⇒ **moto.** ➝ Sport de la motocyclette et du side-car.

motocycliste n. – XIXe ▪ Personne qui conduit une motocyclette. ⇒ **motard.**

motofaucheuse n. f. – 1952 ▪ Faucheuse automotrice conduite devant soi, pour les bords de route, les friches.

motonautisme n. m. – 1948 ▪ Navigation sur petits bateaux à moteur.

motoneige n. f. – v. 1960 ▪ Petit véhicule à une ou deux places avec des skis à l'avant, sur chenilles. *Des motoneiges.*

> ❑ Ce mot canadien permet d'éviter l'emploi de *skidoo* qui est une marque déposée.

motoneurone n. m. – 1909 ; angl. ▪ Neurone de grande taille qui innerve une fibre musculaire.

motopaver [motopavœʀ] n. m. – v. 1960 ; mot angl., de *moto(r)* « moteur » et *paver* « paveur » ▪ Engin de travaux publics réalisant un mélange de sable, de gravier et de bitume qu'il dépose en place.

motopompe n. f. – 1923 ▪ Pompe entraînée par un moteur. « *les montagnes de boue que crachait la motopompe* » (Le Clézio).

motopropulseur adj. m. – 1925 ▪ Se dit des organes d'un véhicule qui produisent et transmettent le mouvement.

motor-home [mɔtɔʀom] n. m. – v. 1970 ; mot angl. « maison à moteur » ▪ Véhicule automobile aménagé pour y vivre. ⇒ **camping-car.** *Des motor-homes.* Recomm. offic. AUTO-CARAVANE.

> ❑ Ne pas confondre avec *mobile home* et *caravane* (sans moteur).

motorisation n. f. – 1931 ▪ Action de motoriser ; son résultat.

motoriser v. tr. [1] – 1922 1 rare Munir d'un moteur. 2 Munir de véhicules à moteur, de machines automotrices. *Motoriser l'agriculture.* ⇒ **mécaniser.** 3 *Troupes motorisées,* transportées par camions automobiles, motocyclettes. ➝ fam. *Être motorisé :* se déplacer avec un véhicule à moteur.

motoriste n. m. – 1917 1 Constructeur de moteurs d'avions ou d'automobiles. 2 Mécanicien spécialiste de la réparation et de l'entretien des automobiles et des moteurs.

motorship n. m. – 1926 ; mot angl. « bateau à moteur » ▪ Navire de commerce à moteur diesel.

mototracteur n. m. – 1931 ▪ Tracteur automobile.

motrice n. f. – XIXe ; de *locomotrice* ▪ Voiture à moteur qui en entraîne d'autres. ✪ HOM. Motrice (moteur).

motricité n. f. – XIXe ; de *moteur* ▪ Ensemble des fonctions qui assurent les mouvements. *Motricité volontaire, involontaire* (ou *réflexe*).

mots-croisiste n. – 1931 ▪ Amateur de mots croisés. ⇒ **cruciverbiste.**

motte n. f. – XIIe ; p.-ê. lat. 1 Morceau de terre compacte. *Écraser les mottes d'un champ au rouleau.* « *Les araignées, de motte en motte, avaient déjà tendu de fins cheveux de lumière* » (Duham.). 2 *Motte de beurre :* masse de beurre de lait cru.

motter (se) v. pron. [1] – XVIe ▪ Se cacher derrière les mottes. *Perdrix qui se mottent.*

motteux n. m. – XVIe ; de *motte* ▪ Oiseau passereau, variété de traquet.

> ❑ Buffon écrit : *Cet oiseau « se tient habituellement sur les mottes [...], c'est de là qu'il est appelé* motteux ».

motu proprio loc. adv. et n. m. inv. – XVIe ; loc. lat. « de son propre mouvement » 1 Spontanément, de plein gré. 2 Lettre apostolique expédiée par le pape, de sa propre initiative.

motus [mɔtys] interj. – XVIe ; de *mot* ▪ Invitation faite à qqn de ne pas répéter, ébruiter qqch. *Motus et bouche cousue ! « il se mettait un doigt sur les lèvres et répondait gravement :* "Motus ! *je travaille pour l'exportation"* » (Daudet).

> ❑ *Motus* est un faux mot latin, inventé au XVIe siècle pour faire rire les lettrés.

mot-valise n. m. – 1952 ▪ Mot composé de morceaux non signifiants de deux ou plusieurs mots (ex. motel, progiciel). *Des mots-valises.*

> ❑ Ce procédé, qui permet de faire des mots assez courts, a été emprunté à la langue anglaise qui en produit en grande quantité.

① **mou (ou mol), molle** adj., adv. et n. – XIIe ; lat. *mollis* **I** adj. 1 Qui cède facilement à la pression ; qui se laisse entamer sans effort. *Fromage à pâte molle.* ⇒ ② **tendre.** *Beurre mou.* 2 Qui s'enfonce au contact. ⇒ **moelleux,** ① **mollet.** *Oreiller trop mou.* ♦ *Rayons X mous,* peu pénétrants. 3 *Ventre mou. Chairs molles.* ⇒ **avachi,** ① **flasque.** 4 Qui plie, se déforme facilement. ⇒ **souple ; flexible.** « *la molle liane Qui se balance* » (Valéry). *Chapeau mou.* ➛ *Avoir les jambes molles,* faibles. 5 *De molles ondulations de terrain,* arrondies, douces. 6 Qui manque de tenue, de vigueur. *Un tissu mou.* 7 Qui manque d'énergie, de vitalité. ⇒ **amorphe, apathique, indolent, inerte, lymphatique,** ① **mollasse, nonchalant.** *Un jeune Lydien « mou, efféminé, noyé dans les plaisirs »* (Fén.). *Une poignée de main molle.* ♦ Qui manque de vigueur morale, de caractère. ⇒ **faible, lâche, veule.** « *Vous êtes mou comme une chiffe* » (Balz.). ➛ *N'opposer qu'une molle résistance.* 8 Qui manque de fermeté, de vigueur. *Pianiste dont le jeu est mou.* **II** adv. fam. *Y aller mou,* doucement, sans violence. ⇒ **mollo. III** n. m. 1 fam. Homme faible de caractère, qui recule devant les risques, les responsabilités. *C'est un mou.* 2 *Avoir du mou :* n'être pas assez tendu. *Donner du mou :* relâcher la tension, détendre. ✪ CONTR. Dur, rigide. ① Ferme, ① fort, vigoureux. Agissant, ② alerte, dynamique, énergique, preste, vif. — HOM. Moue, moût ; mole.

② **mou** n. m. – XIVe 1 Poumon des animaux de boucherie. 2 loc. fam. *Bourrer le mou à qqn,* lui en faire accroire. ➛ *Rentrer dans le mou à qqn,* l'attaquer.

mouchage n. m. – XIXe ▪ Action de moucher, de se moucher.

moucharabieh [muʃaʀabje] n. m. – XIXe ; ar. ▪ Balcon fermé par un grillage qui forme avant-corps devant une fenêtre.

> ❑ On trouve aussi les graphies *moucharaby* et *moucharabié* : « *le moucharaby arabe* » (Gautier) ; *des maisons « munies ou non de leurs moucharabiés »* (Carco).

mouchard, arde n. – XVIe ; de *mouche* 1 Délateur, dénonciateur. ⇒ **cafard, rapporteur ;** fam. ② **balance ; mouton.** « *honteux comme un mouchard qu'un voleur aurait pris* » (Hugo). 2 n. m. Appareil de contrôle enregistreur. ⇒ **contrôleur.** ➛ Avion militaire d'observation.

mouchardage n. m. – XVIIIe ▪ fam. Action de moucharder.

moucharder v. tr. [1] – XVIe ▪ fam. Dénoncer. ⇒ **cafarder.** ♦ Faire le mouchard. ⇒ **rapporter.**

mouche n. f. – XIIe ; lat. *musca* **I - 1** Petit insecte volant. *Mouche d'Espagne :* cantharide. *Mouche à miel :* abeille. 2 Insecte *(diptères)* aux nombreuses espèces, dont la plus commune est la *mouche domestique* ou *mouche. Larve de la mouche.* ⇒ **asticot.** *Mouche bleue, de la viande. Mouche dorée* ou *mouche verte* (lucilie). *Mouche tsé-tsé* (glossine). *Mouche charbonneuse* (stomoxe). *Mouche du vinaigre* (drosophile). ♦ *PATTES DE MOUCHES :* écriture très petite, irrégulière et difficile à lire. ➛ loc. *On aurait entendu une mouche voler :* le plus profond silence régnait. ➛ fam. *Il ne ferait pas de mal à une mouche :* il n'est absolument pas méchant. ➛ *Enculage de mouches :* minutie excessive. ➛ *Tomber comme des mouches,* en masse, en grand nombre. ➛ *Faire la mouche du coche :* s'agiter beaucoup sans rendre de réels services. ➛ *Prendre la mouche :* s'emporter, se mettre en colère. ➛ *Quelle mouche le pique ?* pourquoi se met-il brusquement en colère ? **II - 1** Petit morceau de taffetas noir que les femmes mettaient sur la peau pour en faire ressortir la blancheur. 2 *Pêche à la mouche,* au lancer avec un appât fait de plumes de couleurs fixées à un hameçon. 3 Bouton que l'on fixe à la pointe d'un fleuret, pour le rendre inoffensif (⇒ **moucheter).** 4 Point noir au centre d'une cible. loc. *Faire mouche :* toucher ce point ; toucher juste. 5 Tache qui apparaît dans le champ de l'œil. 6 Touffe de poils au-dessous de la lèvre inférieure. **III - 1** *Fine mouche :* personne habile, rusée. 2 Petit navire de reconnaissance. *Mouche d'escadre.*

moucher v. tr. [1] – XIIIe ; lat. *muccus* « morve » 1 Débarrasser (le nez) de ses mucosités en pressant les narines et en expirant fortement. ➛ *Moucher un enfant.* ♦ fam. Remettre (qqn) vertement à sa place, lui dire son fait. ⇒ **rembarrer.** *Il s'est fait moucher.* 2 Rendre par le nez. *Moucher du sang.* 3 *SE MOUCHER* v. pron. Moucher son nez. « *On se mouche comme à l'église avant que le sermon commence* » (Vallès). ➛ iron. *Ne pas se moucher du coude, du pied :* se prendre pour qqn d'important. 4 *Moucher une chandelle, une lampe :* raccourcir la mèche.

moucheron n. m. – XIVe ▪ Petit insecte volant *(diptères)* ; petite mouche. ♦ fam. Très petit garçon.

> ❑ On trouve parfois le féminin *moucheronne* au sens de « fillette » : « *Sale moucheronne", pensa Daniel* » (Sartre).

moucheronner v. intr. [1] – v. 1903 ▪ Se dit de certains poissons (saumon, truite) quand ils sautent hors de l'eau pour attraper des mouches, des moucherons.

moucheté, ée adj. – XIVe 1 Chargé de marques de couleur différente du fond. ⇒ **tacheté, tigré.** *Cheval moucheté.* 2 Garni d'une mouche (II, 3o). *Fleuret moucheté.* ➛ loc. *Discussion, attaque à fleurets mouchetés,* ne cherchant pas à blesser trop profondément.

moucheter v. tr. [4] – XVe 1 Parsemer de petites marques, de petites taches rondes d'une couleur autre que celle du fond ; salir de petites taches. *La fille « soufflait sur les cendres qui mouchetaient la couverture »* (Simenon). ➛ *Laine mouchetée.* 2 Mettre une mouche à (une arme) pour l'émousser et la rendre inoffensive.

mouchetis n. m. – déb. XXe ▪ Crépi présentant de petites saillies.

mouchette n. f. – XIVe 1 au plur. Ciseaux qui servaient à moucher les chandelles. 2 Rebord saillant du larmier d'une corniche. 3 Motif en ellipse des fenêtrages du gothique flamboyant.

moucheture n. f. – XVIe 1 Petite marque, tache d'une autre couleur que le fond. 2 Tache arrondie naturelle sur le corps, le pelage, le plumage. ⇒ ① **maille, ocelle.** 3 au plur. Petites incisions superficielles de la peau **(⇒ scarification)** répétées à des endroits très proches.

mouchoir n. m. – XIIIe 1 Petite pièce de linge, qui sert à se moucher, à s'essuyer le visage. ⇒ **pochette ;** pop. **tire-jus.** *Mouchoir à carreaux.* ➛ *Grand comme un mouchoir de poche,* très petit. ➛ *Mouchoir en papier.* ⇒ **kleenex.** ➛ *Agiter son mouchoir* (en signe d'adieu). *Faire un nœud à son mouchoir* (pour se rappeler qqch.). ➛ *Arriver dans un mouchoir,* en peloton serré. 2 *Mouchoir (de cou, de tête) :* pièce d'étoffe dont les femmes se couvrent la tête, les épaules. ⇒ **foulard.**

mouclade n. f. – d. i. ; de *moucle* « moule » dans l'Ouest, lat. *musculus* ▪ Plat de moules à la crème (spécialité des Charentes).

moudjahidin [mudʒaidin] n. m. pl. – 1903 ; mot ar. « combattants de la guerre sainte » ▪ Combattants d'une armée de libération islamique. ➛ au sing. *Un moudjahid.*

❑ On trouve aussi la graphie *moujahid,* avec pluriel simplifié : « *les braves moujahids* » (Perec).

moudre v. tr. [47] ; rare, sauf *moudre, moudrai(s),* et *moulu, ue* – XIIe ; lat. *molere* « tourner la meule » ▪ Broyer avec une meule. ⇒ **écraser, pulvériser ; mouture.** « *les gens des mas nous apportaient leur blé à moudre* » (Daudet). *Moudre du café.* ⇒ **moulu.** ✪ HOM. *Moulais :* moulais (mouler).

❑ Même famille étymologique que *meule, molaire, moulin, vermoulu.*

moue n. f. – XVIIIe ; germ. p.-ê. onomat. ▪ Grimace que l'on fait en avançant, en resserrant les lèvres. *Une moue boudeuse. Faire la moue.* ⇒ **lippe.** ✪ HOM. Mou, moût.

mouette n. f. – XIVe ; de l'a. fr. *maoue, mauve,* anglo-saxon *maew* 1 Oiseau de mer, palmipède *(lariformes),* voisin du goéland mais plus petit. ⇒ **hirondelle** (de mer). *Mouette blanche.* 2 Canot pneumatique de sauvetage.

moufeter → **moufter**

mouffette n. f. – XVIIIe ; it. *muffa* « moisissure » ▪ Petit mammifère carnivore *(mustélidés)* qui projette en cas de danger un liquide malodorant sécrété par ses glandes anales. ⇒ **sconse.**

moufle n. f. et m. – XIIIe ; germ. *muffel* « museau rebondi » **I** n. f. Pièce de l'habillement qui couvre entièrement la main, sans séparation pour les doigts, sauf pour le pouce. ⇒ **gant.** « *ses épaisses moufles en peau de mouton* » (J. Verne). **II** n. m. ou f. Assemblage de poulies dans une même chape, pour soulever de lourds fardeaux. *Deux moufles constituent un palan.* **III** n. m. Vase de terre permettant de soumettre un corps à l'action du feu sans que la flamme le touche. ♦ n. m. ou f. Dans un four, Enceinte réfractaire destinée à recevoir les pièces à cuire et à traiter.

mouflet, ette n. – XIXe ; a. fr. « rebondi, dodu » ▪ fam. Petit enfant. ⇒ **môme.**

mouflon n. m. – XVIe ; lat. *mufro* ▪ Mammifère ruminant ongulé, très proche du bouquetin. *Les mouflons mâles portent de grosses cornes recourbées en volute.*

moufter ou **moufeter** v. intr. [1] – XIXe ; o. i. ▪ fam. Broncher, protester. *Il a accepté sans moufter.* Paul « *renaudait, mouftait* » (Tournier).

❑ S'emploie surtout à la forme négative, à l'infinitif et aux temps composés. La première forme est plus commode à conjuguer. → becter (rem.).

mouillage n. m. – XVIIe **I - 1** Action de mettre à l'eau. *Mouillage des ancres.* ♦ Action de mouiller l'ancre. *Mouillage d'un navire.* ⇒ **ancrage, embossage.** 2 Emplacement favorable pour mouiller un navire. ⇒ **abri.** *Bateau au mouillage.* **II - 1** Action de mouiller. *Mouillage du linge avant de le repasser.* 2 Addition d'eau dans un liquide. ⇒ **coupage.** *Le mouillage frauduleux du vin mis en vente.*

mouillant, ante n. m. et adj. – mil. XXe ▪ Produit destiné à abaisser la tension superficielle d'un liquide afin qu'il imprègne ou s'étale plus aisément. ⇒ **tensioactif.** *Détersif à base de mouillant.* ➛ *Pouvoir mouillant d'une huile.*

mouille n. f. – XIXe ▪ Avarie d'une cargaison par inondation ou humidité.

mouillé, ée adj. – XIIIe 1 Qui a été mis en contact avec un liquide. ⇒ **humide.** *Cheveux mouillés.* ⇒ **trempé.** ➛ *Bébé mouillé,* qui a uriné dans sa couche. ♦ *Regard mouillé,* plein de larmes. *Voix mouillée,* pleine d'émotion. 2 *Consonne mouillée,* qui s'articule avec la langue rapprochée du palais, produisant pendant l'émission un son analogue à [j]. ⇒ **palatalisé.** N *mouillé* [ɲ] *comme dans* agneau [aɲo]. ✪ CONTR. Sec.

mouiller v. tr. [1] – XIe ; lat. *mollis* « mou » **I - 1** Imbiber, mettre en contact avec de l'eau, avec un liquide très fluide. ⇒ **arroser, asperger, éclabousser, humecter, imbiber, inonder, tremper.** *Mouiller une éponge. Se faire mouiller par la pluie.* ⇒ fam. **doucher, rincer, saucer.** ➛ loc. *Mouiller sa chemise :* ne pas ménager sa peine. *Mouiller sa culotte, mouiller :* avoir peur. ♦ Ajouter un liquide pendant la cuisson (d'un plat) pour faire une sauce. *Mouiller un ragoût avec du vin blanc.* ♦ *Pluie qui mouille, transperce.* 2 Étendre d'eau (un liquide). ⇒ **couper, diluer.** *Mouiller son vin.* 3 Mettre à l'eau. « *le capitaine ordonne de mouiller l'ancre* » (Le Clézio). ➛ Jeter l'ancre, s'arrêter. ⇒ **ancrer.** « *mon navire étant venu* [...] *mouiller dans une baie des environs* » (Loti). ⇒ **embosser.** 4 *Mouiller une consonne,* l'articuler en rapprochant la langue du palais comme pour émettre un [j]. ⇒ **palataliser.** 5 fam. Compromettre (qqn). « *Encore heureux qu'il ne t'ait pas mouillée ?* » (Bazin). **II** *SE MOUILLER* v. pron. 1 S'imbiber d'eau (ou d'un liquide très fluide), entrer en contact avec l'eau, dans l'eau. *Se mouiller en sortant sous la pluie.* 2 fam. Se compromettre, prendre des risques. *Ils ont peur de se mouiller.* ✪ CONTR. Assécher, dessécher, éponger, essuyer, sécher.

mouillette n. f. – XVIIe ▪ Petit morceau de pain long et mince qu'on trempe dans les œufs à la coque, dans un liquide.

mouilleur n. m. – XIXe 1 Appareil qui tient l'ancre. 2 Appareil employé pour humecter (les étiquettes, les timbres). 3 *Mouilleur de mines :* navire aménagé pour le mouillage des mines.

mouillure n. f. – XIIIe 1 Action de mouiller. ⇒ **mouillage.** ➛ État de ce qui est mouillé. 2 Caractère d'une consonne mouillée. ⇒ **palatalisation.**

mouise n. f. – XIXe ; all. *Mues* « bouillie » ▪ fam. Misère, pauvreté. ⇒ **panade, purée.** *Être dans la mouise.* « *je vous sors de la dèche, de la mouise* » (Queneau).

moujahid → **moudjahidin**

moujik n. m. – XVIIIe ; mot russe « paysan » ▪ Paysan russe d'avant la Révolution.

moujingue n. – 1915 ; p.-ê. esp. *muchacho* « enfant » ▪ pop. Enfant. ⇒ **mouflet, moutard.**

moukère ou **mouquère** n. f. – XIXe ; mot algér., de l'esp. *mujer* ▪ pop. et vieilli Femme.

① **moulage** n. m. – XIVe ▪ rare Action de moudre. ⇒ **mouture.**

② **moulage** n. m. – XVe 1 Action de mouler, de fabriquer avec un moule. *Moulage d'une cloche.* ⇒ ① **fonte.** *Moulage au plâtre.* 2 Objet obtenu au moyen d'un moule. ⇒ **empreinte.** ♦ Reproduction d'une œuvre obtenue par moulage.

moulant, ante adj. – XIXe ▪ Qui épouse les formes du corps ; ajusté, serré. *Pantalon moulant.* ⇒ **collant.** ✪ CONTR. Ample, large, ③ vague.

① **moule** n. m. – XIIe ; lat. *modulus* « petite mesure » 1 Corps solide creusé et façonné, dans lequel on verse une substance liquide ou pâteuse qui, solidifiée, conserve la forme prise dans la cavité. « *les briques sont tassées dans des moules* » (J. Verne). Objet plein sur lequel on applique une substance plastique pour qu'elle en prenne la forme. ⇒ **forme, matrice, modèle.** *Moule à cire perdue :* modèle en cire sur lequel on applique de l'argile, qui forme un moule en creux dans lequel on verse le métal en fusion, la cire fondant au contact du métal en fusion. ➛ *Moule à tarte, à charlotte, à gaufre.* ♦ Pièce creuse servant à faire des pâtés de sable. 2 Forme d'un bouton destiné à être recouvert de tissu. 3 Modèle, type. *Être fait sur le même moule.*

② **moule** n. f. – XIIIe ; lat. *musculus* « petite souris » → muscle 1 Mollusque bivalve *(lamellibranches)* comestible, aux valves oblongues et renflées, d'un bleu ardoisé, sans charnière, qui vit fixé sur les rochers, sur les corps immergés. *Élevage des moules.* ⇒ **mytiliculture.** *Parc à moules.* ⇒ **moulière.** ➛ *Moules marinière, à la crème* (⇒ **mouclade**). « *Je tiens à manger des moules et des frites* » (Simenon). ➛ *Moule d'eau douce.* ⇒ **anodonte, mulette.** 2 fam. Personne molle ou sotte. *Quelle moule !* ⇒ **nouille.**

moulé, ée adj. – XIe 1 Reproduit au moyen d'un moulage. *Ornements moulés en plâtre.* ➛ *Pain moulé,* cuit dans un moule et non directement sur la plaque du four. 2 *Lettre moulée :* lettre qui imite la lettre imprimée. 3 Orné de moulures. *Colonne moulée.*

mouler v. tr. [1] – XIe 1 Obtenir (un objet) en versant dans un moule creux une substance qui en conserve la forme après solidification. *Fromage moulé à la louche.* 2 Prendre copie au moyen d'un moule. *Mouler un bas-relief.* ➛ *Mouler le visage d'une personne célèbre.* 3 *Mouler dans :* faire entrer dans une forme fixe. ➛ *Mouler sur :* faire, former sur un modèle ; ajuster à. ⇒ **calquer.** 4 Épouser étroitement les contours de. ⇒ s'**ajuster,** s'**appliquer, épouser.** « *Sa robe de soie collante moule exactement sa taille longue* » (Baud.). ⇒ **serrer.** ✪ HOM. *Moulais :* moulais (moudre).

mouleur n. m. – XIIIe ▪ Ouvrier qui moule des ouvrages de sculpture, des pièces de fonderie, des matières plastiques.

moulière n. f. – XVIIe ▪ Lieu situé au bord de la mer dans lequel on pêche ou on élève des moules. ⇒ **parc** (à moules) ; **bouchot.**

moulin n. m. – XIIe ; lat. *mola* « meule » 1 Appareil servant à broyer, à moudre le grain des céréales ; établissement qui utilise ces appareils. « *on avait le grain, mais non la farine, et l'installation d'un moulin fut nécessaire* » (J. Verne). *Moulin à vent, à eau.* ➛ loc. *On ne peut être à la fois au four et au moulin,* partout à la fois. ➛ *Se battre contre des moulins à vent,* contre des ennemis imaginaires (allus. litt. à *Don Quichotte*). ➛ *Apporter de l'eau au moulin de qqn,* lui donner involontairement des arguments dans un débat. 2 Le bâtiment où les machines sont installées. ⇒ **meunerie, minoterie.** ♦ L'entreprise qui les met en œuvre. *Les Grands Moulins de Paris.* ➛ loc. *On entre dans cette maison comme dans un moulin,* comme on veut. 3 MOULIN À... : installation, appareil servant à battre, à piler, à pulvériser, à extraire le suc par pression, broyage (⇒ **pressoir**). *Moulin à huile, à sucre.* ♦ Appareil ménager pour écraser, moudre. *Moulin à café, à poivre, à légumes.* 4 MOULIN À PAROLES : personne qui parle sans arrêt. ⇒ **bavard.** 5 MOULIN À PRIÈRES : dans la religion bouddhiste, cylindre renfermant des bandes de papier recouvertes d'une formule sacrée et qu'on fait tourner pour acquérir les mérites attachés à la répétition de cette formule. 6 Moteur d'automobile, d'avion.

moulinage n. m. – XVIIe ▪ Opération qui consiste à mouliner.

mouliner v. tr. [1] – XVIIe 1 Tordre et filer mécaniquement (des fils textiles). 2 fam. Écraser, passer au moulin à légumes. *Mouliner des pommes de terre.* 3 fam. Traiter informatiquement (des données).

moulinet n. m. – XIVe 1 Objet ou appareil qui fonctionne selon un mouvement de rotation ou qui a une disposition en ailes. *Le moulinet d'une crécelle.* ♦ Tourniquet qui sert à enlever ou à traîner des fardeaux. *Le moulinet d'un treuil.* ➛ Petit tambour d'une canne à pêche commandé par une manivelle. ⇒ **dévidoir.** « *soutenant la canne, Bailleul tourne le moulinet* » (Genevoix). 2 Mouvement de rotation rapide (qu'on fait avec un bâton, une épée, un sabre, les bras) pour écarter l'adversaire et parer ses coups. 3 Figure dans laquelle deux ou quatre danseurs tournent autour d'un pivot formé par leurs mains droites réunies.

moulinette n. f. – mil. XXe ; nom déposé ▪ fam. Petit moulin à légumes.

moult [mult] adv. – Xe ; lat. *multum* « beaucoup » ▪ vx ou iron. Beaucoup, très. *Après moult hésitations...*

moulu, ue adj. – XIIe ; de *moudre* 1 Réduit en poudre. *Du café moulu.* 2 Accablé de coups, brisé de fatigue. ⇒ **fourbu, rompu.** « *Altérés, affamés, moulus de fatigue* » (Gaut.).

moulure n. f. – XVe 1 Ornement allongé à profil constant, en relief ou en creux. *Moulures d'un plafond.* 2 *Moulures électriques :* lattes creusées de rainures parallèles qui reçoivent les fils conducteurs et qui sont recouvertes par une bande. ⇒ **baguette.**

moulurer v. tr. [1] – XIXe ▪ Orner de moulures. *Machine à moulurer.* ♦ *Panneau mouluré.*

moumoute n. f. – XIXe ; de *moutonne* « perruque » ▪ fam. Cheveux postiches, perruque.

mouquère → **moukère**

mourant, ante adj. et n. – XIVe 1 Qui se meurt ; qui va mourir. ⇒ **agonisant, expirant.** ➛ UN MOURANT, UNE MOURANTE. ⇒ **moribond.** *Les dernières volontés d'un mourant.* ♦ *Yeux mourants.* ⇒ **languissant ; langoureux.** 2 Qui s'arrête, finit. ⇒ **affaibli, éteint.** « *Elle parlait peu et d'une voix si mourante, qu'on se penchait vers elle* » (Sand). ✪ CONTR. Naissant.

mourir v. intr. [19] – Xe ; lat. *mori* 1 Cesser de vivre, d'exister, d'être. ⇒ ① **mort ; décéder, disparaître,** s'**éteindre, expirer,** ① **partir, passer, périr, succomber, trépasser ;** fam. **calancher,** ② **caner, clamser, claquer, crever.** « *je veux vivre et mourir tranquille* » (Volt.). *Homme sur le point de mourir.* ⇒ **moribond, mourant.** ➛ *Faire mourir :* exécuter, tuer. *La maladie qui l'a fait mourir,* qui l'a emporté. ♦ *On n'en meurt pas :* ce n'est pas grave. *Mourir de vieillesse, de sa belle mort. Mourir assassiné.* ➛ *Mourir subitement, de mort violente. Mourir dans son lit, à l'hôpital. Mourir jeune.* ♦ *Mourir au champ d'honneur.* ⇒ ① **tomber.** *Mourir en héros.* « *Que vouliez-vous qu'il fît contre trois ? – Qu'il mourût* » (Corn.). *Mourir pour une cause.* ♦ Cesser de vivre (plantes annuelles) ; perdre sa partie aérienne sans cesser de vivre (plantes vivaces). 2 Dépérir. *Mourir d'amour.* ➛ « *Mon père voudra m'y forcer ; plutôt mourir* » (Stendh.). 3 Éprouver une grande affliction. ⇒ **souffrir.** « *Je meurs si je vous perds, mais je meurs si j'attends* » (Rac.). ➛ À MOURIR : au point d'éprouver une souffrance, une grande fatigue. *S'ennuyer à mourir.* ➝ MOURIR DE : souffrir de. *Mourir de peur, de honte.* ➝ *Mourir de faim, de soif :* avoir très faim, soif. 4 Cesser d'exister, d'être progressivement. *Civilisation qui meurt.* ⇒ s'**anéantir, disparaître.** *Vague qui vient mourir sur la plage.* ➝ « *dès que le soir tombait et que mouraient les bruits de la grand-route* » (Gracq). 5 SE MOURIR **v. pron.** littér. Être sur le point de mourir. « *Madame se meurt, Madame est morte* » (Boss.). ✪ CONTR. ① Vivre ; naître.

❑ *Se mourir* « ne se dit guère qu'au présent et à l'imparfait de l'indicatif » (Académie).

mouroir **n. m.** – XIXe ▪ péj. Hospice, hôpital où l'on ne dispense qu'un minimum de soins, en attendant la mort des sujets.

mouron **n. m.** – XIIe ; du moy. néerl. *muer* 1 Plante herbacée *(caryophyllacées)* des régions tempérées d'Europe, à fleurs rouges ou bleues. *Mouron d'eau.* ⇒ **samole.** ➝ *Mouron blanc* ou *mouron des oiseaux.* ⇒ **morgeline, stellaire.** 2 *Se faire du mouron,* du souci.

mouscaille **n. f.** – XVIe ; de *mousse* « excrément » ▪ fam. *Être dans la mouscaille :* avoir de graves ennuis ; être dans la misère, la pauvreté (⇒ **mouise).**

❑ Le composé *emmouscailler,* plus fréquent, est un euphémisme pour *emmerder.*

mousmé **n. f.** – XIXe ; jap. *musume* « jeune femme » ▪ pop. et vieilli Femme.

❑ Mot importé par Loti *(Mme Chrysanthème).* ♦ Ce mot est souvent employé péjorativement et rapproché à tort de *moukère,* d'origine arabe.

mousquet **n. m.** – XVIe ; it. *mosca* « mouche » ▪ Ancienne arme à feu portative, qu'on posait au sol sur une petite fourche et qu'on allumait avec une mèche.

❑ Le mousquet a succédé à l'arquebuse et a précédé le fusil. ♦ Même famille étym. que *moustique.*

mousquetaire **n. m.** – XVIe 1 Cavalier armé d'un mousquet faisant partie des troupes de la maison du roi. « *Les Trois Mousquetaires* », *roman de Dumas.* 2 *Poignet mousquetaire :* poignet de chemise d'homme qui forme revers et s'attache avec des boutons de manchette. *Botte à la mousquetaire,* à revers.

mousqueterie **n. f.** – XVIe ▪ vieilli Décharge de mousquets, de fusils. ⇒ **salve.**

mousqueton **n. m.** – XVIe 1 Mousquet gros et court. 2 Fusil à canon court. 3 Attache métallique à ressort se refermant seule, utilisée pour suspendre, accrocher. *Mousqueton de parachute, d'alpiniste.*

moussaillon **n. m.** – XIXe ▪ fam. Petit mousse.

moussaka **n. f.** – 1934 ; mot turc ▪ Plat composé d'aubergines et d'un hachis de viande cuits au four.

moussant, ante **adj.** – XVIIIe ▪ Qui mousse. *Savon moussant,* qui produit une mousse abondante. *Bain moussant.*

① **mousse** **n. f.** – XIIe ; germ. °*mosa* **I** Plante généralement verte, rase et douce, formant touffe ou tapis sur la terre, les pierres, les écorces. *Tronc couvert de mousse.* ⇒ **moussu.** *Le* « *parfum de la mousse humide dans les bois* » (Queneau). ➝ *Vert mousse,* très clair. ♦ LES MOUSSES : classe de plantes cryptogames cellulaires (*muscinées* ou *bryophytes*) pourvues de chlorophylle, à tiges feuillées sans racines ni vaisseaux, fixées au sol par des poils absorbants *(rhizoïdes),* à reproduction sexuée et parfois végétative. **II** - 1 Amas serré de bulles, qui se forme à la surface des eaux agitées. ⇒ **écume.** 2 Bulles de gaz accumulées à la surface d'un liquide sous pression. *Mousse de champagne.* ➝ fam. *Une mousse :* une bière. ♦ Matière formée de cellules gazeuses séparées par les lames minces d'une solution. *Mousse de savon.* 3 Entremets ou dessert à base de crème ou de blancs d'œufs fouettés. *Mousse au chocolat.* ➝ Pâté léger et mousseux. *Mousse de canard.* 4 *Mousse carbonique :* produit ignifuge, formant une écume très abondante. ➝ Produit moussant. *Mousse à raser.* 5 *Mousse de platine :* platine spongieux obtenu par calcination de certains de ses sels. 6 *Caoutchouc mousse :* caoutchouc spongieux dans lequel a été dissous du gaz neutre. *Matelas en mousse.* ♦ *Point mousse :* point de base du tricot, obtenu en tricotant toutes les mailles à l'endroit.

② **mousse** **n. m.** – XVe ; esp. *mozo* « garçon » ▪ Jeune apprenti marin. ⇒ **moussaillon.** « *La loi interdisait l'engagement d'un mousse de moins de quinze ans* » (Tournier).

③ **mousse** **adj.** – XIVe ; lat. *mutilus* « tronqué » ▪ vx Qui n'est pas aigu ou qui n'est pas tranchant. *Pointe mousse,* émoussée. ✪ CONTR. Coupant, pointu.

mousseline **n. f.** – XIIIe ; ar. *mausilī* « de *Mossoul* » 1 Tissu fin et léger, de coton, de soie ou de laine. *Robe de mousseline.* « *ennuagée de mousseline et de tulle* » (Duham.). 2 *Verre mousseline :* verre très fin. ♦ *Pommes mousseline :* purée de pommes de terre fouettée très légère. *Sauce mousseline,* sauce hollandaise additionnée de crème fouettée.

mousser **v. intr.** [1] – XVIIe 1 Produire de la mousse. *Shampoing qui mousse beaucoup.* 2 Avoir l'aspect de la mousse. *Ses cheveux* « *moussaient sur sa nuque* » (Mauriac). 3 fam. *Faire mousser :* vanter, mettre exagérément en valeur. ⇒ **valoir.** *Se faire mousser.*

mousseron **n. m.** – XIIIe ; lat. *mussirio* ▪ Champignon basidiomycète, nom courant de plusieurs espèces d'agarics comestibles. *Omelette aux mousserons.*

mousseux, euse **adj.** et **n. m.** – XVIe 1 Qui mousse, produit de la mousse. « *La vieille rapportait un bol de lait mousseux* » (Sartre). ♦ *Vins mousseux,* rendus mousseux par fermentation naturelle. ⇒ ② **champagne ; asti,** ① **blanquette, clairette.** ➝ *Du mousseux :* tout vin mousseux, à l'exclusion du champagne. 2 Qui a un aspect léger, vaporeux.

mousson **n. f.** – XVIIe ; ar. *mausim* « saison » 1 Vent tropical qui souffle alternativement pendant six mois de la mer vers la terre *(mousson d'été)* et de la terre vers la mer *(mousson d'hiver).* 2 LA MOUSSON : époque du renversement de la mousson. *Les orages, les cyclones de la mousson.*

moussu, ue **adj.** – XIIe ▪ Couvert de mousse. *Souche moussue.* « *un bout de pavé moussu* » (Zola).

moustache **n. f.** – XVIe ; gr. *mustax* « lèvre supérieure » 1 Groupe de poils qui garnissent la lèvre supérieure de l'homme. ⇒ fam. ② **bacchante.** ➝ *Femme qui a de la moustache,* dont le duvet de la lèvre supérieure est abondant. « *la moustache qu'elle voulait pas se faire épiler* » (Céline). 2 au plur. Longs poils tactiles poussant à la lèvre supérieure de carnivores et rongeurs (⇒ **vibrisse).** *Moustaches du chat.*

❑ *Moustache* s'emploie indifféremment au singulier ou au pluriel, si l'on considère la moustache comme étant composée de deux parties semblables : « *Deux petites moustaches rousses* [...] *se tortillaient sous ce nez* » (Gautier).

moustachu, ue **adj.** – XIXe ▪ Qui a de la moustache.

moustérien, ienne **adj.** – XIXe ; de *Le Moustier,* village de la Dordogne ▪ *Période moustérienne :* période préhistorique du paléolithique moyen (homme de Neandertal). ➝ **n. m.** *Le moustérien.*

moustier → **moutier**

moustiquaire n. f. – XVIIIe 1 Rideau léger dont on entoure les lits pour se préserver des moustiques. *La brise « agitait leurs moustiquaires de mousseline »* (Loti). 2 Châssis en toile métallique que l'on place aux fenêtres et aux portes pour empêcher les moustiques, les mouches d'entrer.

moustique n. m. – XVIIe ; esp. *mosca* « mouche » 1 Insecte diptère *(culicidés)* dont la femelle pique l'homme et les animaux pour se nourrir de leur sang. ⇒ **aédès, anophèle,** ② **cousin, maringouin, stégomyie.** « *avant de se coucher, c'est la chasse aux* [...] *moustiques* » (Gaut.). 2 fam. Enfant, personne minuscule. ⇒ **moucheron.**

> ❑ Apparu d'abord sous la forme *mousquitte,* ce mot est de la même famille étymologique que *mousquet.*

moût n. m. – XIIIe ; lat. *mustum* 1 Jus de raisin qui n'a pas encore subi la fermentation alcoolique. 2 Jus extrait des pommes, des poires pour la fabrication du cidre, du poiré. 3 Suc d'origine végétale, préparé pour être soumis à la fermentation alcoolique. ✪ HOM. Mou, moue.

moutard n. m. – XIXe ; o. i. ▪ fam. Petit garçon. ♦ au plur. Enfants, sans distinction de sexe. ⇒ **môme.**

moutarde n. f. – XIIIe ; de *moût* 1 Plante herbacée *(crucifères)* d'Europe et d'Asie, à fleurs jaunes. *Moutarde sauvage.* ⇒ **sénevé.** *Moutarde blanche, noire. Cataplasmes à la farine de moutarde.* ⇒ **sinapisme.** 2 Condiment préparé avec des graines de moutarde. *Moutarde de Dijon. Moutarde forte. Verre à moutarde :* verre ordinaire. ➛ *Sauce moutarde,* préparée avec de la moutarde et du beurre fondu. ♦ loc. fam. *La moutarde lui monte au nez :* la colère le gagne. 3 Couleur de moutarde. *Jaune moutarde.* 4 *Gaz moutarde.* ⇒ **ypérite.**

> ❑ Ce condiment était à l'origine fabriqué avec du moût de raisin, comme aujourd'hui encore la *moutarde violette* de Brive.

moutardier n. m. – XIVe 1 Fabricant de moutarde. 2 Petit pot dans lequel on met la moutarde pour la servir à table.

moutier n. m. – XIIIe ; lat. *monasterium* ▪ vx ⇒ **monastère.** *Moutier-d'Ahun.*

> ❑ L'ancien français *moustier* subsiste dans des noms de lieux (*Moustiers-Sainte-Marie,* fondée par une colonie de moines).

mouton n. m. – XIIe ; irland. *molt* « mâle châtré » I – 1 Mammifère ruminant *(ovidés),* à toison laineuse et frisée, domestiqué pour fournir de la laine, de la viande et du lait. *Mouton mâle* (⇒ **bélier**), *femelle* (⇒ **brebis**). *Jeune mouton.* ⇒ **agneau.** *Le mouton bêle. Troupeau de moutons.* ➛ Ce mammifère mâle et adulte, châtré, élevé pour la boucherie. ♦ loc. *Revenons à nos moutons,* à notre sujet. ➛ *Compter les moutons* (pour s'endormir). ➛ *Frisé comme un mouton :* très frisé. *Doux comme un mouton :* très doux. 2 Fourrure de mouton. *Canadienne doublée de mouton.* « *il avait décidé d'acheter à sa femme un manteau de fourrure en mouton rasé* » (Simenon). ♦ Cuir de mouton. ⇒ **basane.** *Reliure en mouton.* 3 Chair, viande de mouton. « *Elle faisait, ce soir-là, un ragoût de mouton* » (Zola). ⇒ **haricot, navarin.** *Mouton à la broche.* ⇒ **méchoui.** II – 1 Personne crédule et passive. ➛ *Mouton à cinq pattes :* personne, chose extrêmement rare. ➛ *Mouton noir :* personne gênante ou indésirable dans un groupe. ➛ *Mouton enragé :* personne habituellement paisible qui cède à une violente colère. ♦ Personne dont la conduite, les opinions se modèlent sur celles de son entourage. ⇒ **moutonnier.** 2 Compagnon de cellule que la police donne à un détenu, avec mission de provoquer ses confidences et de les rapporter à la justice. ⇒ **mouchard.** 3 Petite vague crêtée d'écume. ♦ Petit nuage blanc et floconneux. ♦ Flocon de poussière ⇒ ② **chaton.** 4 Lourde masse employée pour le battage des pieux, des pilotis, sur les chantiers de construction. ⇒ **bélier.** ➛ Appareil d'essai de choc pour étudier la résistance des matériaux. ➛ Pièce de bois dans laquelle on engage les anses d'une cloche pour la suspendre.

> ❑ Désignant un mâle adulte châtré, *mouton* est opposé à *bélier* comme *bœuf* l'est à *taureau* et *porc* à *verrat.*

moutonné, ée adj. – XVIIe 1 *Ciel moutonné.* ⇒ **pommelé.** 2 *Roches moutonnées,* dont la surface présente une série de creux et de bosses, produite par le passage d'un glacier.

moutonnement n. m. – XIXe ▪ Le fait de moutonner ; forme de ce qui moutonne. *Moutonnement de la mer.*

moutonner v. intr. [1] – XIVe 1 Devenir semblable à une toison de mouton. « *Le flot* [...] *moutonnait* » (Barbey). ⇒ **écumer.** 2 Évoquer par son aspect la toison du mouton.

moutonnerie n. f. – XVIIIe ▪ Caractère moutonnier, naïveté ; esprit d'imitation et passivité. *La moutonnerie des militants.*

moutonneux, euse adj. – XIXe ▪ Qui moutonne. *Mer moutonneuse.*

moutonnier, ière adj. – XVIe 1 Du mouton. *Élevage moutonnier.* 2 Qui suit aveuglément les autres. ⇒ **grégaire, imitateur.**

mouture n. f. – XIIIe ; lat. *molere* « moudre » 1 Opération de meunerie qui consiste à réduire en farine des grains de céréales, de café. 2 Produit résultant de cette opération. *Bluter la mouture.* 3 Reprise, sous une forme plus ou moins différente, d'un sujet déjà traité. *C'est au moins la troisième mouture du même ouvrage.* ♦ *Voici la dernière mouture de mon article.* ⇒ **version.**

mouvance n. f. – XVIe ; de *mouvoir* 1 Dépendance d'un fief par rapport à un autre. ⇒ **tenure.** 2 Sphère d'influence. *État qui est dans la mouvance d'une grande puissance.* ⇒ **orbite.** ➛ *La mouvance électorale.*

mouvant, ante adj. – XIIe 1 Qui change sans cesse de place, de forme, d'aspect. *La nappe mouvante des blés.* ⇒ **ondoyant.** 2 Qui n'est pas stable, qui s'écroule, s'enfonce. ➛ *Avancer sur un terrain mouvant,* dans un domaine où rien n'est sûr.

mouvement n. m. – XIIe ; de *mouvoir* I Changement de position dans l'espace. 1 *Mouvement d'un corps* ⇒ **course, déplacement, trajectoire, trajet.** *Qui peut effectuer un mouvement.* ⇒ **mobile.** *Communiquer, imprimer, transmettre un mouvement. Gêner, arrêter, interrompre un mouvement. Mouvements alternatifs, de balancier, de bascule. Mouvements périodiques ; oscillatoires. Mouvement en avant, en arrière, ascendant, descendant.* ➛ *Force, intensité d'un mouvement.* ⇒ **vitesse.** ➛ *Étude du mouvement.* ⇒ **cinématique, dynamique, mécanique.** *Quantité de mouvement :* produit de la masse du mobile par sa vitesse. ♦ *Mouvement réel, propre* (des astres). *Mouvement d'une molécule.* ➛ *Mouvements de l'écorce terrestre.* ➛ ⇒ **agitation, remuement.** *Mouvements de l'air, de l'eau.* ♦ *Production, transmission du mouvement. Utilisation du mouvement d'une machine* (⇒ ① **travail**). ♦ *Mouvements de caméra.* 2 Ensemble des déplacements de véhicules. ⇒ **circulation, trafic.** *Mouvement des avions sur un aérodrome.* ♦ Marche des trains. *Le chef du mouvement.* 3 Déplacement. *Mouvement de capitaux. Mouvement de caisse. Mouvement de fonds.* ⇒ **transfert.** ➛ Achat ou vente. *Mouvements d'un stock.* 4 Changement de position ou de place effectué par un organisme ou une de ses parties. *Mouvements du corps, d'une partie du corps.* ⇒ ① **geste.** « *aucun mouvement ne lui était possible* » (J. Verne). *Les muscles, organes du mouvement.* « *ce perpétuel mouvement de l'index pour faire tomber la cendre* » (Mauriac). *Mouvements vifs, lents, maladroits. Faire un faux mouvement,* mal adapté au but recherché. ♦ *Mouvements de gymnastique.* ➛ *Mouvements coordonnés. Mouvements inconscients. Un mouvement de recul.* 5 *LE MOUVEMENT :* la capacité (⇒ **motilité**) ou le fait (⇒ ① **action, activité**) de se mouvoir. *Aimer le mouvement, être sans cesse en mouvement :* être actif, remuant, ne pas tenir en place. ⇒ **exercice.** 6 Déplacement (d'une masse d'hommes agissant, se mouvant en même temps). *Mouvement d'une foule.* ⇒ **agitation, flot, remous.** *Mouvement de populations.* ⇒ **migration.** ♦ *Mouvements de troupes, d'une armée.* ⇒ **évolution,** ① **manœuvre.** *Guerre de mouvement.* 7 Déplacement de poste, de fonction. *Mouvements de personnel.* 8 *EN MOUVEMENT :* qui se déplace, bouge. *Corps en mouvement. Mettre un mécanisme en mouvement :* faire marcher. ➛ « *L'esprit mis en mouvement et livré à soi seul ne se refuse rien* » (Valéry). II Ce qui donne l'impression du mouvement. 1 *Le mouvement de la phrase.* ⇒ **rapidité, rythme, vie, vivacité.** 2 En musique, Degré de rapidité que l'on donne à la mesure. ⇒ **rythme ; tempo, temps.** *Indication de mouvement.* ➛ loc. *Presser le mouvement :* se dépêcher. *Suivre le mouvement :* s'adapter au rythme des autres. ♦ Partie d'une œuvre musicale devant être exécutée dans tel ou tel mouvement. *Les mouvements d'une symphonie.* 3 Ligne, courbe que l'on considère comme l'effet d'un mouvement. *Mouvement de terrain.* ⇒ **accident, courbe, vallonnement.** III Mécanisme qui produit, entretient un mouvement régulier. *Mouvement d'horlogerie. Mouvement à quartz.* IV Changement, modification. 1 littér. *Mouvements de l'âme, du cœur :* les différents états de la vie psychique. ➛ loc. cour. *Un bon mouvement,* incitant à une action généreuse, désintéressée, ou simplement amicale. « *je vous remercie, vous avez eu un bon mouvement* » (Duham.). ➛ « *Il s'était excusé de son mouvement d'humeur* » (Camus). *Mouvement d'humeur, de joie.* ➛ loc. *Le premier mouvement :* la première réaction. ⇒ ① **élan, impulsion.** *Mon premier mouvement a été de lui téléphoner.* ♦ au plur. Expression collective d'une opinion, d'une émotion, par le geste ou la parole. *Son discours a suscité des mouvements dans l'auditoire.* 2 Changement dans l'ordre social. ⇒ **évolution.** *Le mouvement des réformes.* ➛ *Parti du mouvement* (opposé à *conservateur*). ⇒ **progrès.** ♦ *UN MOUVEMENT :* action collective tendant à produire un changement d'idées, d'opinions ou d'organisation sociale. *Mouvement insurrectionnel. Mouvement de grève.* ➛ Organisation, parti qui dirige ou organise un mouvement social. « *Le mouvement syndicaliste est la plus grande force d'aujourd'hui* » (Romains). *Mouvement de libération des femmes (M.L.F.).* ➛ Tendance évolutive ; personnes qui la représentent. *Le mouvement romantique.* 3 Changement quantitatif. ⇒ **fluctuation, variation.** *Mouvements de la population* (⇒ **démographie**). 4 Évolution, devenir. *Une philosophie du mouvement.* ✪ CONTR. Arrêt, immobilité, inaction, repos.

mouvementé, ée adj. – XIXe ▪ Qui a du mouvement, de l'action. *Récit mouvementé.* ⇒ ② **vivant.** ➛ Qui présente des péripéties. *Avoir une vie mouvementée.* ⇒ **agité, tumultueux.** ✪ CONTR. Égal, ① plat ; ② calme, paisible.

mouvoir v. tr. 27 ; rare sauf inf., prés. indic. et participes – XIIe ; lat. *movere* 1 Mettre en mouvement. ⇒ **actionner, animer, ébranler, remuer.** *Mouvoir ses membres.* ➛ *Machine mue par l'électricité.* 2 Mettre en activité, en action. ⇒ **émouvoir, exciter, pousser.** « *toujours mû par un perpétuel sentiment de bonté, par une intention délicate* » (Balz.). 3 *SE MOUVOIR* v. pron. Être en mouvement. ⇒ **bouger,** se **déplacer, remuer.** *Ma faiblesse* « *devint telle que j'avais peine à me mouvoir* » (Rouss.). ✪ CONTR. Arrêter, immobiliser, paralyser ; freiner. — HOM. *Mus :* mue (muer) ; *murent :* mure (murer).

> ❑ Le participe passé de *mouvoir* prend un accent circonflexe au masculin singulier, *mû,* comme *crû* et *dû* (de *croître* et *devoir*).

moviola n. f. – 1931 ; nom déposé, mot angl., de *movie* « cinéma » ▪ Appareil de projection sonore utilisé pour le montage des films.

moxa n. m. – XVIIe ; jap. *mogusa,* nom d'une variété d'armoise ▪ Bâtonnet d'armoise, employé en médecine traditionnelle chinoise, qui est brûlé au contact de la peau dans des régions bien déterminées et dont les effets sont comparables à ceux de l'acupuncture.

① **moyen, enne** adj. – XIIe ; lat. *medianus* « qui est au milieu » 1 Qui se trouve entre deux choses. ♦ ⇒ **médian.** *Oreille moyenne.* ♦ *Le Moyen Âge. Crédit à moyen terme,* d'une durée comprise entre deux et sept ans. *Le moyen français :* la langue française entre l'ancien français et le français moderne (approximativement les XIVe et XVe s.). ➛ *Cours moyen,* situé entre le cours élémentaire et la sixième. ♦ *Termes moyens,* et *les moyens :* les deux éléments centraux d'un ensemble de quatre éléments. ♦ *MOYEN TERME* (dans un syllogisme) : celui des trois termes par l'intermédiaire duquel le majeur et le mineur sont mis en rapport. Parti intermédiaire entre deux solutions extrêmes, deux prétentions opposées. ⇒ **milieu.** 2 Qui tient le milieu entre deux extrêmes. ⇒ **intermédiaire.** « *D'une taille moyenne, un peu grasse* » (Balz.). *Prix moyen.* ⇒ **modéré.** *Cadre moyen. Classes moyennes :* petite et moyenne bourgeoisies. 3 Qui est du type le plus courant. ⇒ **ordinaire.** *Le Français moyen :* personne représentative du commun des Français. *Le spectateur moyen.* ⇒ **lambda.** 4 Qui n'est ni bon ni mauvais. *Qualité moyenne.* ⇒ **correct.** *Élève moyen en mathématiques. Résultats moyens.* ⇒ **honnête, honorable, médiocre, passable.** ➛ adv. « — *Il te plaît... l'enfant, dubitative :* — *Moyen...* » (Duras). 5 Que l'on établit, calcule en faisant une moyenne. *Température moyenne annuelle d'un lieu.* ✪ CONTR. Extrême. Excessif, limite. Énorme, immense, minuscule. Exceptionnel, génial.

> ❑ Devant un nom commençant par une voyelle ou un *h* muet, *moyen* se prononce [mwajɛn] : *Moyen Empire, Moyen Âge, moyen-oriental.*

② **moyen** n. m. – XIVe 1 Ce qui sert pour arriver à une fin. ⇒ **procédé, voie.** ➛ *Complément de moyen,* introduit par *avec, de, par.* ➛ *Par quel moyen ?* ⇒ **comment.** *Se donner les moyens de réussir. Trouver un moyen.* ⇒ **formule, méthode,** ③ **plan, recette ;** fam. **combine.** *Il a trouvé le moyen d'entrer. Trouver moyen de :* parvenir à. ➛ *S'il en avait les moyens,* s'il le pouvait. *Il y a plusieurs moyens de.* ⇒ **façon, manière.** *Il a utilisé tous les moyens. Tous les moyens (lui) sont bons :* il est peu scrupuleux sur le choix des moyens. *Par tous les moyens :* à tout prix. *Il n'y a pas d'autre moyen.* ➛ *Moyen efficace. Le meilleur moyen. Moyen insuffisant.* ⇒ **demi-mesure,** ② **expédient.** *Moyen de fortune. Employer les grands moyens,* ceux dont l'effet doit être décisif par l'importance des éléments mis en jeu. *Moyen détourné.* ⇒ **artifice, astuce,** ① **manœuvre, ruse, subterfuge.** ♦ *IL Y A MOYEN,* il est possible. *Il n'y a pas moyen de le faire céder, qu'il soit *à l'heure. Pas moyen !* rien à faire ! ♦ *Moyen d'action.* ⇒ **levier,** ① **ressort.** *Moyens de défense. Moyen de contrôle. Moyens de production. « Nous avons des moyens d'investigation très nouveaux »* (Romains). *Moyen de paiement. Moyens d'expression.* ➛ *Moyens de transport, de communication.* ♦ Raison invoquée devant une juridiction à l'appui d'une prétention ou pour faire rejeter la prétention de la partie adverse. ♦ *PAR LE MOYEN DE :* par l'intermédiaire de, grâce à. ⇒ **canal, entremise, instrument, truchement.** ➛ *AU MOYEN DE :* à l'aide de. ⇒ **avec, moyennant,** ① **par.** *Appliquez au moyen d'une brosse.* 2 *LES MOYENS :* pouvoirs naturels et permanents d'une personne. ⇒ **capacité, faculté.** *Avoir de grands moyens, peu de moyens.* ⇒ ① **don, facilité.** *« il n'avait pas les moyens de faire le fier »* (Aragon). *Être en possession de tous ses moyens :* être en bonne forme. loc. *Perdre (tous) ses moyens :* être troublé, décontenancé. ➛ *Par ses propres moyens :* sans aide, en agissant seul. 3 plur. Ressources pécuniaires. *Vivre au-dessus de ses moyens.* ✪ CONTR. ① Fin, impossibilité, impuissance.

Moyen Âge ou **Moyen-Âge** [mwajɛnɑʒ] **n. m.** – XVIIe ▪ Période comprise entre l'Antiquité et les Temps modernes, de la chute de l'Empire romain d'Occident (476) à la prise de Constantinople (1453). *La littérature du Moyen Âge. Le haut Moyen Âge :* la partie la plus ancienne.

> ❑ S'écrit avec des majuscules comme *la Renaissance, l'Empire,* qui désignent des périodes de l'histoire.

moyenâgeux, euse [mwajɛnɑʒø, øz] **adj.** – XIXe 1 vieilli Qui concerne le Moyen Âge. ⇒ **médiéval.** 2 Qui évoque le Moyen Âge. *Rues moyenâgeuses.* ♦ Suranné. *Des procédés moyenâgeux.*

> ❑ Cet adjectif ne s'emploie plus pour *médiéval.* → médiéval (rem.).

moyen-courrier **n. m.** et **adj. m.** – mil. XXe ▪ Avion de transport utilisé sur des distances moyennes (1 600-2 000 km). *Des moyen-courriers.*

> ❑ *Moyen* reste invariable, sur le modèle de *long-courrier,* dérivé de (voyage au) *long cours.*

moyennant **prép.** – XIVe ▪ Au moyen de, par le moyen de, à la condition de. ⇒ **avec, grâce** (à). *Acquérir une chose moyennant un prix convenu.* ⇒ **pour.** loc. *Moyennant finances :* en payant. ➛ *MOYENNANT QUOI :* en échange de quoi, grâce à quoi.

moyenne **n. f.** – XIVe 1 Valeur unique résultant de plusieurs valeurs et située entre elles. *Moyenne arithmétique de plusieurs nombres,* quotient de leur somme par leur nombre. *Calculer la moyenne des températures à Paris au mois d'août. Rouler à une moyenne de 70 km/h.* fam. *Faire du 70 de moyenne.* ➛ Note correspondant à la moitié des points qu'on peut obtenir. *Avoir la moyenne à un examen.* ➛ *Moyenne électorale :* dans le scrutin de liste, nombre calculé en divisant le nombre de voix par le nombre de sièges obtenus. ♦ fam. *Cela fait une moyenne :* cela compense. ♦ *EN MOYENNE :* en faisant une moyenne. *Il travaille en moyenne 8 heures par jour.* 2 Type également éloigné des extrêmes, généralement le plus courant. *« je suis d'une taille un peu au-dessous de la moyenne »* (Montaigne). *Être dans la bonne moyenne.*

moyennement **adv.** – XIIe ▪ D'une manière moyenne, ni peu ni beaucoup. *Aller moyennement vite.* ⇒ **modérément.** ✪ CONTR. Excessivement.

moyenner **v. tr.** [1] – XIIe ▪ fam. *Il n'y a pas moyen de moyenner :* il est impossible d'y parvenir, d'y réussir.

moyeu **n. m.** – XIIe ; lat. *modiolus* « petit vase » 1 Partie centrale de la roue que traverse l'axe ou l'essieu autour duquel elle tourne. ➛ Pièce centrale d'une roue d'automobile. 2 Pièce centrale sur laquelle sont assemblées des pièces devant tourner autour d'un axe. *Moyeu d'hélice.*

mozabite **adj.** et **n.** – XVIIIe ▪ Du Mzab. ♦ Musulman appartenant à une secte schismatique et puritaine dont la terre d'élection est le Mzab. ➛ **n. m.** Parler berbère en usage au Mzab.

mozarabe **n.** et **adj.** – XVIIe ; ar. *musta'rib* « arabisé » ▪ Espagnol chrétien qui, devant allégeance à un chef maure, avait en échange le droit de pratiquer sa religion. ➛ *Art mozarabe :* art chrétien d'Espagne pendant l'occupation arabe (XIe-XIIe s.). ⇒ aussi **mudéjar.**

mozette → **mosette**

mozzarella [mɔdzaʀela] **n. f.** – v. 1960 ; mot it. ▪ Fromage frais italien, fait de lait de bufflonne ou de vache, à pâte molle.

Mr → **monsieur** (rem.)

Mr. → **Mister**

Mrs [misis] **n. f.** – abrév. angl. *mistress* ▪ Madame, devant le nom d'une Anglaise ou d'une Américaine mariée. *Mrs Thatcher.*

M.S.T. [ɛmɛste] **n. f.** – v. 1980 ; sigle ▪ Maladie sexuellement transmissible, autrefois appelée « vénérienne ».

mu **n. m.** ▪ Lettre de l'alphabet grec (μ), correspondant au *m* français. ✪ HOM. Mue.

mucilage **n. m.** – XIVe ; lat. *mucus* « morve » ▪ Substance végétale qui gonfle dans l'eau, employée en pharmacie comme excipient et comme laxatif.

mucilagineux, euse **adj.** – XIVe ▪ Qui est formé de mucilage, a la consistance du mucilage. ⇒ **visqueux.**

mucor **n. m.** – XVIIIe ; mot lat. « moisissure » ▪ Champignon siphomycète.

mucosité **n. f.** – XVIe ▪ Amas de substance épaisse et filante qui tapisse certaines muqueuses. ⇒ **glaire, morve, pituite.**

mucoviscidose **n. f.** – v. 1960 ; angl., de *muco-* « mucus » et *viscid* « visqueux » ▪ Maladie congénitale caractérisée par une viscosité excessive des sécrétions glandulaires qui provoque des troubles digestifs et respiratoires.

mucron **n. m.** – XIXe ; lat. ▪ Petite pointe raide qui termine certains organes végétaux.

mucus [mykys] **n. m.** – XVIIIe ; mot lat. « morve » ▪ Liquide transparent, d'aspect filant, produit par les glandes muqueuses et servant d'enduit protecteur à la surface des muqueuses. ⇒ **mucosité.**

mudéjar [mudexaʀ ; mydeʒaʀ] **n.** et **adj.** – XVIIIe ; ar. *mudayyan* « [illegible] » ▪ Musulman d'Espagne devenu sujet des chrétiens après la reconquête. ♦ *Art mudéjar :* art chrétien influencé par l'art musulman dans l'Espagne reconquise (XIIe-XVIe s.). ⇒ aussi **mozarabe.**

mue **n. f.** – XIIe **I** - 1 Changement qui affecte la carapace, les cornes, la peau, le plumage, le poil, etc., de certains animaux, en certaines saisons ou à des époques déterminées de leur existence. *Mue des reptiles.* ♦ Saison à laquelle ce changement a lieu. 2 Dépouille d'un animal qui a mué. ⇒ **exuvie.** *Une mue de serpent.* 3 Changement dans le timbre de la voix humaine au moment de la puberté, surtout sensible chez les garçons. **II** Cage sans fond, pour les poules, les lapins. ✪ HOM. Mu.

muer **v.** [1] – XIe ; lat. *mutare* « changer » → ② muter 1 **v. tr.** *MUER EN :* transformer en. ➛ pronom. *« Ces joies refoulées se sont muées en rêves »* (R. Rolland). 2 **v. intr.** Changer de peau, de plumage, de poil (animal). ⇒ **mue.** ♦ (voix humaine) Changer de timbre au moment de la puberté. ⇒ **mue.** *Sa voix mue.* ✪ HOM. *Mue :* mus (mouvoir) ; *muerai :* murai (murer).

muesli ou **musli** [mysli] n. m. – XIXe ; suisse-all. ▪ Mélange de céréales et de fruits frais ou séchés, sur lequel on verse du lait.

❑ Apparenté à *mouise.*

muet, muette adj. et n. – XIIe ; lat. *mutus* **1** Qui est privé de l'usage de la parole (⇒ **mutisme, mutité**). *Sourd et muet.* ⇒ **sourd-muet.** ♦ n. *Un muet, une muette.* **2** Qui, sous l'effet d'une émotion violente, est momentanément incapable de parler. ⇒ **coi.** *Muet d'admiration, de stupeur.* « *Près d'elle, il devenait muet, incapable de rien dire et même de penser* » (Maupass.). **3** Qui s'abstient volontairement de parler, de répondre. ⇒ **silencieux.** *À cette question, elle resta muette. Être muet comme la tombe.* ⇒ ① **discret.** ♦ *Rôle muet* (au théâtre). **4** (Sentiments) Qui s'exprime, ou exprime qqch. sans utiliser la parole. *De muets reproches. Joie muette.* **5** Qui ne donne pas les indications souhaitées. *La loi est muette sur ce point.* ⇒ **vide** (juridique). **6** Qui, par nature, ne produit aucun son. ⇒ **silencieux.** *Clavier muet :* servant aux exercices de doigté. ➛ *Cinéma, film muet* et n. m. *le muet.* « *Les films parlants n'ont pas tenu les promesses du muet* » (Sartre). ➛ fig. « *Tout se tait. Le désert est muet, vaste et nu* » (Hugo). **7** Qui ne se fait pas entendre dans la prononciation. *E, H muet.* ♦ Qui ne contient ou n'utilise aucun signe écrit. *Carte muette.* ✪ CONTR. Bavard, parlant.

muette n. f. – XIVe ; de *meute* ▪ Pavillon qui servait de rendez-vous de chasse.

❑ Ce mot se retrouve dans le nom du château de la *Muette* au bois de Boulogne, d'où *quartier de la Muette* à Paris.

muezzin [myɛdzin] n. m. – XVIe ; mot turc ▪ Musulman dont la fonction consiste à appeler du minaret les fidèles à la prière. « *le muezzin est monté chanter l'appel à la prière* » (Gide).

muffin [mœfin] n. m. – XVIIIe ; o. i. ▪ Petit pain rond cuit dans un moule, qui se mange en général grillé et beurré. ➛ Au Canada, Petit cake rond très léger.

mufle n. m. – XVIe ; germ. **1** Extrémité du museau de certains mammifères caractérisée par l'absence de poil. ⇒ **truffe. 2** Individu grossier et indélicat. ⇒ **butor, rustre.** *Quel mufle !* « *Il n'écoute que ses passions, ses désirs.* [...] *C'est le règne du mufle* » (Duham.).

muflerie n. f. – XIXe ▪ Caractère, action, parole d'un mufle. ⇒ **goujaterie.**

muflier n. m. – XVIIIe ▪ Plante d'ornement herbacée *(labiées),* aux fleurs élégantes, de coloris divers, rappelant la forme d'un mufle. *Muflier à grandes fleurs.* ⇒ **gueule-de-loup.**

mufti n. m. – XVIe ; ar. *moufti* ▪ Interprète du droit canonique musulman, qui remplit des fonctions religieuses, judiciaires et civiles.

❑ Graphie ancienne *muphti :* « *le muphti de son pays* » (Voltaire).

mugir v. intr. [2] – XIIIe ; lat. ▪ (des bovidés) Pousser le cri sourd et prolongé propre à leur espèce. ⇒ **beugler, meugler.** ➛ fig. *Sirène qui mugit.* « *Les vents déchaînés mugissaient avec fureur dans les voiles* » (Fén.).

mugissant, ante adj. – XVe ▪ Qui mugit. « *la cohue mugissante qui se presse autour des auges* » (Tournier).

mugissement n. m. – XVe ▪ Cri d'un animal qui mugit. ⇒ **beuglement, meuglement.** ➛ fig. « *le mugissement du vent dans le gréement* » (Baudelaire).

muguet n. m. – XIIe ; p.-ê. de *muscade* **1** Plante herbacée des régions tempérées *(liliacées),* aux fleurs petites et blanches en clochettes, groupées en grappes très odorantes. *Offrir un brin de muguet.* **2** Parfum, essence de muguet (⇒ **terpinol**). *Savonnette au muguet.* **3** Inflammation des muqueuses sous forme d'érosions recouvertes d'un enduit blanchâtre, due à une levure (*candida* ou *oïdium*).

mulassier, ière adj. – XIXe ; de *mulasse* « jeune *mule* » ▪ Qui produit des mulets. *Jument mulassière,* et subst. *une mulassière.*

mulâtre, mulâtresse n. et adj. – XVIIe ; esp. *mulato* ▪ Homme, femme de couleur, né(e) de l'union d'un Blanc avec une Noire ou d'un Noir avec une Blanche. ⇒ **métis.** ➛ adj. *Garçon, fillette mulâtre.*

❑ La forme *mulâtre* est parfois employée pour *mulâtresse,* vieilli et péjoratif. ♦ Le mot est de nos jours synonyme de *métis,* plus courant. Attention de ne pas confondre avec *créole* « personne de race blanche, née dans les colonies intertropicales ».

① **mule** n. f. – XIe ; lat. ▪ Hybride femelle de l'âne et de la jument (ou du cheval et de l'ânesse), généralement stérile. ➛ loc. *Têtu comme une mule,* très entêté, obstiné. *Tête de mule :* personne très entêtée.

② **mule** n. f. – XIVe ; lat. *mulleus (calceus)* ▪ Chaussure ou pantoufle légère, laissant l'arrière du pied découvert. *Mules de cuir, de velours.* « *des mules à hauts talons qui claquaient à terre, sous des pieds nus* » (Aragon).

① **mulet** n. m. – XIe ; lat. *mulus* **1** Hybride mâle de l'âne et de la jument ou du cheval et de l'ânesse, toujours inféconde. *Marchandises transportées à dos de mulet.* « *un sentier de mulets, qui monte en serpentant* » (Le Clézio). ➛ loc. *Chargé comme un mulet. Têtu comme un mulet.* ⇒ ① **mule. 2** Véhicule d'entraînement ou de reconnaissance, dans un rallye automobile.

② **mulet** n. m. – XIIe ; lat. *mullus* « rouget » ▪ Poisson des mers tempérées *(mugilidés),* se nourrissant de matières en décomposition dans la vase, à chair blanche assez estimée.

muleta [muleta ; myleta] n. f. – XIXe ; esp. ▪ Pièce de flanelle rouge tendue sur un court bâton, avec laquelle le matador provoque et dirige les charges du taureau. « *Sous la muleta sauvage, pleine de sable, de bave, de sang, de déchirures, la bête s'écroule* » (Montherl.).

muletier, ière n. m. et adj. – XIVe **1** Conducteur de mulets, de mules. **2** adj. *Chemin, sentier muletier,* étroit et escarpé, que seuls peuvent emprunter les mulets.

mulette n. f. – XIXe ; de *moule* ▪ Mollusque d'eau douce *(lamellibranches)* appelé aussi *moule d'eau douce.*

mulot n. m. – XIIe ; lat. *mulus* « taupe » ▪ Petit mammifère rongeur *(muridés)* appelé aussi *rat des champs,* qui se nourrit de bourgeons et de graines. « *aux champs prospéraient le mulot, la musaraigne et le robuste rat agreste* » (Colette).

❑ Le mulot est souvent confondu avec le campagnol également nommé « rat des champs », mais diffère de lui par sa queue, longue et nue.

multi- Élément, du lat. *multus* « beaucoup, nombreux ». ⇒ **pluri-, poly-.** ✪ CONTR. Mon(o)-, uni-.

multibrin adj. – v. 1970 ▪ Composé de plusieurs brins. *Fil électrique multibrin,* et n. m. *un multibrin.*

multibroche adj. – 1932 ▪ *Tour multibroche,* muni de plusieurs broches parallèles.

multicâble adj. et n. m. – v. 1960 ▪ Qui comporte plusieurs câbles. *Benne multicâble.* ➛ n. m. Installation d'extraction des mines où les cages sont suspendues à plusieurs câbles.

multicarte adj. – 1973 ■ Se dit d'un voyageur de commerce qui représente plusieurs maisons, a plusieurs cartes.

multicaule adj. – XIXe ■ Qui a des tiges nombreuses. *Mûrier multicaule.*

multicellulaire adj. – XIXe ■ Composé de nombreuses cellules. ⇒ **pluricellulaire.** ✪ CONTR. Monocellulaire, unicellulaire.

multicolore adj. – XVIe ■ Qui présente des couleurs variées. *Oiseaux multicolores. Étoffes multicolores.* ⇒ **bariolé.** « *l'éventaire multicolore du marchand de journaux* » (Sartre). ✪ CONTR. Monochrome, uni, unicolore.

multiconducteur, trice adj. – v. 1970 ■ Constitué de plusieurs conducteurs électriques.

multiconfessionnel, elle adj. – v. 1970 ■ Où coexistent des religions différentes. *Pays multiconfessionnel.*

multicoque n. m. – v. 1970 ■ Voilier comportant plusieurs flotteurs ou coques. *Les trimarans sont des multicoques.*

multicouche adj. – v. 1960 ■ Formé de plusieurs couches. ➛ *Revêtement multicouche :* revêtement d'étanchéité constitué de plusieurs feuilles étanches collées entre elles. ➛ *Circuit imprimé multicouche,* constitué de plusieurs couches de conducteurs. ✪ CONTR. Monocouche.

multiculturel, elle adj. – 1977 ■ Qui relève de plusieurs cultures différentes. *Une société multiculturelle.*

multidimensionnel, elle adj. – 1937 ■ SC. *Espace multidimensionnel,* qui a plus de trois dimensions. ➛ fig. Qui concerne plusieurs niveaux, plusieurs dimensions de l'expérience, du savoir.

multidisciplinaire adj. – v. 1960 ■ Qui concerne plusieurs disciplines ou spécialités. ⇒ **pluridisciplinaire.** *Un enseignement multidisciplinaire.*

multiflore adj. – XVIIIe ■ Qui porte de nombreuses fleurs. *Narcisse multiflore.* ✪ CONTR. Uniflore.

multifonctionnel, elle adj. – 1967 ■ Qui remplit plusieurs fonctions.

multiforme adj. – XVe ■ Qui se présente sous des formes variées, sous des aspects, des états différents et nombreux. ⇒ **protéiforme.** « *la mer immense et verte ; l'eau informe et multiforme* » (Baudelaire). *Menace multiforme.*

multigrade adj. – 1963 ■ *Huile multigrade :* huile pour moteur utilisable par toutes températures.

multilatéral, ale, aux adj. – 1940 ■ Qui concerne des rapports entre États ; à quoi adhèrent, participent plusieurs États. ⇒ **plurilatéral.** *Un accord multilatéral.* ✪ CONTR. Unilatéral.

multilinéaire adj. – av. 1966 ■ *Application multilinéaire :* application linéaire par rapport à chacune des variables affectées, correspondant à un produit d'espaces vectoriels (on dit aussi *application n-linéaire*).

multilingue adj. – v. 1960 ■ Qui est en plusieurs langues. ⇒ **plurilingue.** ➛ Qui parle, possède plusieurs langues. ⇒ **polyglotte.** *Pays multilingue.* ✪ CONTR. Monolingue, unilingue.

multilobé, ée adj. – XIXe ■ Qui est divisé en de nombreux lobes.

multiloculaire adj. – XIXe ■ Se dit d'un ovaire qui est divisé en un grand nombre de loges (plantes).

multimédia adj. – 1980 ■ Qui concerne plusieurs médias ; qui est diffusé par plusieurs médias. *Campagne publicitaire multimédia.*

multimètre n. m. – 1963 ■ Appareil de mesure électrique permettant de déterminer l'intensité du courant, la différence de potentiel, la résistance, etc.

multimilliardaire [myltimiljardɛr] adj. et n. – 1944 ■ Plusieurs fois milliardaire ; richissime.

multimillionnaire [myltimiljɔnɛr] adj. et n. – 1906 ■ Plusieurs fois millionnaire ; très riche. ➛ n. *Un, une multimillionnaire.* « *la manière de vivre du jeune multimillionnaire ne diffère pas de celle de la plupart des oisifs de son monde* » (Larbaud).

multinational, ale, aux adj. – 1928 **1** Qui concerne, englobe plusieurs pays. *Une politique de défense multinationale.* **2** Qui a des activités, est implanté dans plusieurs pays. ➛ n. f. *UNE MULTINATIONALE.* ⇒ **groupe.** *Une multinationale pétrolière. Les grandes multinationales.*

multinomial, iale, iaux adj. – mil. XXe ; de *(bi)nomial* ■ *Loi multinomiale :* généralisation de la loi binomiale, en statistique lorsqu'une expérience a plus de deux résultats incompatibles.

multipare adj. et n. f. – XIXe **1** Se dit d'une femelle qui met bas plusieurs petits en une seule portée (opposé à *unipare*). **2** Se dit d'une femme qui a déjà enfanté plusieurs fois. ➛ n. f. *Une multipare.*

multipartisme n. m. – 1952 ■ Système politique dans lequel il existe plus d'un parti. ⇒ **pluripartisme.**

multiple adj. et n. m. – XIVe ; lat. *multiplex* **1** Qui n'est pas simple. ➛ Qui est composé de plusieurs éléments de nature différente, ou qui se manifeste sous des formes différentes. ⇒ **divers.** « *Ma douleur n'est pas une, elle est multiple* » (Balz.). **2** Qui est constitué de plusieurs éléments, identiques ou comparables. *Prise multiple.* ➛ Qui présente plusieurs propriétés semblables. *Racine multiple d'un polynôme.* **3** *MULTIPLE DE... :* qui contient plusieurs fois exactement un nombre donné. ➛ n. m. *Plus petit commun multiple* (de plusieurs nombres) *(p.p.c.m.).* **4** (avec un nom au plur.) ⇒ **nombreux.** « *d'étonnants costumes de sport à martingales et à poches multiples* » (Cendrars). *Charrue à socs multiples.* ➛ *Activités, aspects, causes multiples.* ⇒ **divers, varié.** ✪ CONTR. Simple, un, unique.

multiplet n. m. – 1932 ■ Ensemble de raies voisines dans un spectre d'absorption ou d'émission. ➛ Ensemble de plusieurs lentilles formant un système centré. ➛ Ensemble de niveaux d'énergie atomique ou moléculaire. ➛ Ensemble de plusieurs bits (⇒ **octet**).

multiplex [myltiplɛks] adj. et n. m. – XIXe ; mot lat. ■ Qui utilise ou réalise un multiplexage. *Un matériel, une installation, une exploitation multiplex.* ➛ n. m. *Un multiplex.* ♦ Qui fait intervenir simultanément des participants situés dans des lieux éloignés d'un studio central. *Émission de radio en multiplex.*

multiplexage n. m. – v. 1965 ■ Regroupement sur une même voie de signaux, d'informations issus de plusieurs voies.

multiplicande n. m. – XVIe ; lat. ■ Dans une multiplication, Celui des facteurs qui est énoncé le premier.

❑ *Multiplicande* vient du latin *multiplicandus* « qui doit être multiplié (par le multiplicateur) ».

multiplicateur, trice adj. et n. m. – XVIe **1** Qui multiplie, sert à multiplier. **2** n. m. Dispositif réalisant une multiplication. *Multiplicateur d'électrons.* ⇒ **photomultiplicateur.** *Multiplicateur de focale.* ♦ Dans une multiplication, Celui des deux facteurs qui est énoncé le second. *Le multiplicateur et le multiplicande.* ✪ CONTR. Diviseur.

multiplicatif, ive adj. – XVIIe ▪ Qui multiplie. *Signe multiplicatif* (×). *Préfixe multiplicatif* (bi-, tri-, quadri-).

multiplication n. f. – XIIIe ; lat. 1 Augmentation importante en nombre. ⇒ **accroissement, augmentation, prolifération, pullulement.** *Multiplication des partis politiques.* 2 Reproduction (surtout reproduction asexuée). ⇒ **bourgeonnement, clonage, gemmation, scissiparité, sporulation ; prolifération.** *Multiplication des bactéries. Multiplication cellulaire.* ⇒ **mitose.** *Multiplication végétative* : reproduction des végétaux par des organes végétatifs (stolons, rhizomes, tubercules, caïeux, bulbilles, turions). 3 Opération arithmétique qui a pour but d'obtenir à partir de deux nombres *a* et *b* (multiplicande et multiplicateur), un troisième nombre (produit), égal à la somme de *b* termes égaux à *a* (ex. 12 × 8 = 96). ⇒ ② **facteur.** *Table de multiplication* : tableau des produits des premiers nombres entre eux. « *La table de multiplication et la liste des départements* [...], *ces deux bêtes noires des petits écoliers* » (Verlaine). 4 Rapport qui existe entre les vitesses angulaires de deux arbres d'un système de transmission. *Multiplication d'une bicyclette* : rapport du nombre de dents du pédalier au nombre de dents du pignon de la roue motrice (⇒ **développement**). ✪ CONTR. Diminution. Division.

multiplicité n. f. – XIIe ▪ Caractère de ce qui est multiple ; grand nombre. ⇒ **abondance, pluralité, quantité.** « *il ne paraît pas que la multiplicité des inventions aient beaucoup amélioré les mœurs* » (France). ✪ CONTR. Simplicité, unicité, unité.

multiplier v. [7] – XIIe ; lat. *multiplicare* **I** v. intr. VX Augmenter en nombre par la reproduction. ⇒ **proliférer.** « *Croissez et multipliez* » (BIBLE). **II** v. tr. 1 Augmenter (le nombre, la quantité d'êtres ou de choses de la même espèce). ⇒ **augmenter.** *Ça ne fera que multiplier les difficultés.* ➛ Faire en grand nombre, par crainte d'un échec. *Multiplier les essais, les tentatives, les démarches.* ⇒ **répéter.** 2 Faire la multiplication de. *Multiplier un nombre par lui-même.* ⇒ **puissance.** *Sept multiplié par neuf* (7 × 9) : sept fois* neuf. **III** SE MULTIPLIER. 1 Augmenter en nombre, en quantité ; se produire en grand nombre. ⇒ **s'accroître, croître,** se **développer, proliférer.** « *les formes pulmonaires de l'infection se multipliaient* » (Camus). 2 Se reproduire. *Bactérie qui se multiplie.* ✪ CONTR. Diminuer, diviser.

multipolaire adj. – XIXe ▪ Qui comporte plus de deux pôles. *Dynamo multipolaire.* ➛ *Cellule multipolaire* : neurone qui émet de nombreuses dendrites.

multiprocesseur n. m. – v. 1965 ; angl. ▪ Système informatique possédant plusieurs unités de traitement qui fonctionnent en se partageant un même ensemble de mémoires et d'unités périphériques.

multiprogrammation n. f. – v. 1965 ▪ Technique d'exploitation permettant l'exécution, simultanée ou en alternance, de plusieurs programmes sur un ordinateur.

multipropriété n. f. – v. 1965 ▪ Propriété collective où les propriétaires jouissent à tour de rôle du même bien. *Appartement à la montagne acheté en multipropriété.*

multiracial, iale, iaux adj. – 1965 ▪ Dans lequel plusieurs groupes raciaux humains coexistent. *Sociétés multiraciales.*

multirisque adj. – 1974 ▪ Se dit d'une assurance couvrant plusieurs risques pour un même contrat.

multitraitement n. m. – 1968 ▪ Mode d'exploitation d'un ordinateur dans lequel plusieurs tâches sont exécutées simultanément par plusieurs processeurs.

> ❑ Équivalent proposé pour remplacer l'anglicisme *multiprocessing.*

multitube adj. – 1948 ▪ Se dit d'un canon lance-fusées à plusieurs tubes.

multitubulaire adj. – XIXe ▪ Se dit d'une chaudière de machine à vapeur dont l'eau circule dans de nombreux tubes.

multitude n. f. – XIIe ; lat. 1 Grande quantité considérée ou non comme constituant un ensemble. *Une multitude d'écoliers, de visiteurs entra* (ou *entrèrent*). « *une multitude d'oiseaux se mirent à chanter* » (Sartre). ⇒ **armée, flot** ; fam. **flopée, tas.** 2 Grande quantité. ⇒ **abondance, quantité.** « *La multitude des lois fournit souvent des excuses aux vices* » (Desc.). 3 (sans compl.) Rassemblement d'un grand nombre de personnes. ⇒ **foule, troupe.** « *ce fourmillement perpétuel qui caractérise la multitude* » (Gaut.). ♦ littér. *LA MULTITUDE* : le commun des hommes. ⇒ ① **masse, peuple.** « *la vile multitude qui a perdu toutes les Républiques* » (Thiers).

muni, ie → **munir**

municipal, ale, aux adj. – XVe ; lat. 1 Dans l'Antiquité romaine, Relatif à un municipe. 2 Relatif à l'administration d'une commune. ⇒ **communal.** *Conseil, conseiller municipal. Élections municipales,* ou ellipt *les municipales.* ➛ Appartenant à la commune, administré par elle. *Stade municipal ; piscine, bibliothèque municipale.* « *chaque vendredi, notre théâtre municipal retentissait des plaintes mélodieuses d'Orphée* » (Camus).

municipaliser v. tr. [1] – 1966 ▪ Soumettre au contrôle de la municipalité.

municipalité n. f. – XVIIIe 1 L'ensemble des personnes qui administrent une commune (maire, adjoints, conseillers). 2 La circonscription administrée par une municipalité. ⇒ **commune, ville.** *Une municipalité de banlieue.*

municipe n. m. – XVIe ; lat. *municipium* ▪ Cité antique annexée par Rome et dont les habitants, sans avoir de droits politiques autres que locaux, jouissaient des droits civils de la citoyenneté romaine.

munificence n. f. – XIVe ; lat. *munus* « présents » ▪ littér. Grandeur dans la générosité, la libéralité. ⇒ **magnificence, prodigalité.** « *grâce à la munificence de nos rois, Paris s'embellit tous les jours à la grande admiration des étrangers* » (Gaut.).

munificent, ente adj. – XIXe ▪ littér. Qui a de la munificence. ⇒ **généreux, magnifique.**

> ❑ Même famille étymologique que *rémunérer.*

munir v. tr. [2] – XVe ; lat. *munire* ▪ Garnir (qqch.), pourvoir (qqn) de ce qui est nécessaire, utile pour une fin déterminée. ⇒ **doter, équiper, pourvoir.** *Munir un enfant d'un peu d'argent.* ⇒ **procurer** (à). « *munis de leurs papiers militaires et de vivres pour deux jours* » (Sartre). *Porte munie d'un verrou.* ♦ v. pron. ⇒ **prendre.** *Munissez-vous d'une arme.* ✪ CONTR. Démunir.

munitionnaire n. m. – XVIe ▪ Fournisseur de munitions de guerre.

munitions n. f. plur. – XIVe ; lat. ▪ Explosifs et projectiles nécessaires au chargement des armes à feu (⇒ ① **balle,** ② **cartouche, fusée, obus, plomb**) ou lâchés par un vecteur (⇒ ① **bombe, grenade**). *Entrepôt d'armes et de munitions.* ⇒ **arsenal.**

❑ Quand les explosifs et les projectiles étaient présentés séparément, on réservait parfois le nom de *munitions* aux projectiles : « *les Anglais vendent de la poudre et des munitions à tout le monde* » (Balzac).

munster n. m. – XIXe ; nom d'une vallée d'Alsace ■ Fromage fermenté à pâte molle, d'odeur forte. *Munster au cumin.*

muntjac [mœtʒak] n. m. – XIXe ; angl., du javanais *minchek* ■ Cervidé *(artiodactyles)* de petite taille qui vit dans les forêts de l'Asie du Sud-Est.

muon n. m. – 1958 ; de *mu* et *(électr)on* ■ Particule élémentaire à interactions faibles, de même charge que l'électron.

muphti → **mufti**

muqueuse n. f. – XIXe ■ Membrane qui tapisse les cavités de l'organisme, qui se raccorde avec la peau au niveau des orifices naturels et qui est lubrifiée par la sécrétion de mucus. ⇒ **épithélium.** *Muqueuse buccale, nasale. Muqueuse de l'estomac.*

muqueux, euse adj. – XVIe ■ Qui a le caractère du mucus, des mucosités. *Exsudat muqueux.* ➛ Qui sécrète, produit du mucus.

mur n. m. – X^e ; lat. *murus* **1** Ouvrage de maçonnerie qui s'élève verticalement ou obliquement *(mur de soutènement)* sur une certaine longueur et qui sert à enclore, à séparer des espaces ou à supporter une poussée. *Mur maçonné et mur de pierres sèches. Fermer de murs.* ⇒ **emmurer, murer.** *Pan de mur. Mur à hauteur d'appui* (⇒ **garde-fou, parapet ; muret).** « *le mur du jardin et de la chènevière était crépi à chaux et à sable* » (Sand). *Terrain clos de murs. Mur mitoyen.* ♦ *Les murs d'une forteresse, d'une place forte, d'une ville.* ⇒ **courtine, fortification, muraille, rempart.** ➛ *Le mur de Berlin* (construit en 1961, détruit en 1989). ♦ *LES MURS :* la ville, la partie de la ville circonscrite par les murs. *Dans les murs* (⇒ **intra-muros).** *Hors des (les) murs* (⇒ **extra-muros).** « *Dans les murs, hors des murs, tout parle de sa gloire* » (Corn.). loc. *Il est arrivé dans nos murs,* dans notre ville. ♦ *Murs d'un bâtiment. Mur porteur :* structure servant de support à une maison. *Murs intérieurs, de refend*.* ⇒ **cloison.** ➛ Face intérieure des murs, des cloisons d'une habitation. « *Tu ne connais pas un marchand de gravures ? Je voudrais mettre des images au mur* » (Sartre). ➛ loc. *Entre quatre murs :* en restant enfermé dans une maison. « *il avait décidé de ne pas passer la journée entière entre quatre murs* » (Simenon). *Raser les murs,* pour se cacher, se protéger. *Sauter,* (plus cour.) *faire le mur :* sortir sans permission d'un lieu où l'on est enfermé. ➛ *Se cogner, se taper la tête contre les murs.* [...] se désespérer. ➛ *Mettre au pied du mur :* acculer à, enlever toute échappatoire. **2** Barrière, enceinte (qui n'est pas en maçonnerie). *Petit mur de terre. Mur de rondins.* **3** *Mur d'escalade :* paroi verticale, généralement en béton, aménagée pour pratiquer la varappe. **4** abstrait *Un mur d'incompréhension. Se heurter à un mur.* **5** *Le mur du son :* l'ensemble des obstacles, des difficultés qui s'opposent au dépassement de la vitesse du son par un avion, un engin spatial. *Franchir le mur du son* (⇒ **supersonique ; mach).** ➛ *Mur de la chaleur :* difficultés dues à l'échauffement des parois d'avions, d'engins spatiaux, aux vitesses supersoniques. ✪ HOM. Mûr, mûre.

mûr, mûre adj. – XIIe ; lat. *maturus* **1** Qui a atteint son plein développement, en parlant d'un fruit, d'une graine (⇒ **maturité).** *Un fruit bien mûr, trop mûr* (⇒ **avancé, blet).** *Des* « *champs de seigle mûrs, presque blancs* » (Tournier). **2** *Abcès, furoncle mûr,* près de percer. **3** abstrait Qui a atteint le développement nécessaire à sa réalisation, à sa manifestation. *Un projet mûr. La révolution est mûre.* ♦ (personnes) *Être mûr pour,* arrivé au point de son évolution où l'on est apte, préparé à. ⇒ ① **prêt.** *Il n'est pas mûr pour le mariage.* **4** *L'âge mûr,* où l'homme a atteint son plein développement. ⇒ **adulte.** par ext. *L'homme mûr.* ⇒ ① **fait.** « *tu composes dans ta jeunesse l'homme mûr* [...] *que tu seras* » (Mauriac). ➛ péj. Qui n'est plus jeune. **5** *Esprit mûr,* qui a atteint tout son développement, montre de la réflexion, de la sagesse. ⇒ **maturité** (d'esprit). par ext. *Adolescent très mûr pour son âge.* ⇒ **posé, raisonnable, réfléchi.** ➛ *Après mûre réflexion :* après avoir longuement réfléchi. ✪ CONTR. Vert. Immature, gamin, puéril. — HOM. Mur, mûre.

❑ Un accent circonflexe à *mûr* comme à *mûrir, mûrissant, mûrissement, mûrisserie.*

murage n. m. – XIIIe ■ Action de murer. *Murage d'une porte.*

muraille n. f. – XIIe **1** Étendue de murs épais et assez élevés. ➛ loc. *Couleur (de) muraille,* grise, se confondant avec celle des murs. ♦ (souvent au plur.) Mur de fortification. ⇒ **fortification, rempart.** *La Grande Muraille de Chine.* **2** Ce qui s'élève comme un mur ; surface verticale abrupte. ⇒ **paroi.** « *La muraille blanche et sans fin de la falaise* » (Maupass.). **3** Coque d'un navire, depuis la flottaison jusqu'aux plats-bords.

mural, ale, aux adj. – XIVe ■ Qui est appliqué sur un mur, comme ornement. *Peintures, décorations murales* (⇒ aussi **fresque).** ➛ Qui est fixé au mur (et ne repose pas par terre). *Pendule, étagère murale. Elle* « *se regarda dans le grand miroir mural* » (Aymé).

mûre n. f. – XIIe ; lat. *mora* **1** Fruit du mûrier. **2** Fruit noir comestible de la ronce des haies, qui ressemble au fruit du mûrier. *Gelée de mûres.* ✪ HOM. Mur, mûr.

mûrement adv. – XIIIe ■ Avec beaucoup de concentration et de temps. *J'y ai mûrement réfléchi.* ⇒ **longuement.**

murène n. f. – XIIIe ; gr. ■ Poisson physostome *(murénidés)* long et mince, ondulant dans l'eau, très vorace, à la morsure dangereuse, qui vit dans les mers chaudes. « *je fais jeter par jour un esclave aux murènes* » (Hugo).

murénidés n. m. pl. – XIXe ■ Famille de poissons téléostéens *(physostomes apodes)* à corps allongé et cylindrique sans nageoires abdominales (ex. anguille, congre, murène).

murer v. tr. [1] XIIe **1** Fermer, clore par un mur, une maçonnerie. *Murer une porte, une issue, une galerie de mine.* ⇒ **aveugler,** ① **boucher, condamner.** « *Les fenêtres avaient été murées avec des briques* » (Stendh.). **2** Enfermer dans un endroit dont on bouche les issues par une maçonnerie. ⇒ **emmurer.** ♦ *Mineurs murés au fond,* enfermés par un éboulement. **3** *SE MURER :* s'enfermer (en un lieu), s'isoler. ⇒ se **cacher,** se **cloîtrer.** « *Il se mura chez lui. Ses volets restaient clos, tout le jour* » (R. Rolland). ♦ fig. *Se murer dans son silence.* ⇒ se **renfermer.** ✪ HOM. *Mure :* murent (mouvoir) ; *murai :* muerai (muer).

muret n. m., **murette** n. f. – XIIIe ■ Mur bas de pierres sèches servant de séparation.

murex [myʀɛks] n. m. – XVIe ; mot lat. ■ Mollusque gastéropode à coquille épaisse, hérissée d'épines, dont les anciens tiraient la pourpre.

muridés n. m. pl. – XIXe ; lat. *mus, muris* « souris » ■ Famille de petits rongeurs à longue queue couverte de poils ras, et qui vivent cachés (ex. campagnol, gerbille, hamster, lemming, mulot, ondatra, rat, souris).

mûrier n. m. – XIIe ; de *mûre* (1°) ■ Arbre à fleurs monoïques *(urticacées)* originaire d'Orient et acclimaté dans le bassin méditerranéen. *Mûrier noir. Mûrier blanc,* dont se nourrit la chenille du ver à soie. « *Quelques mûriers récemment apportés indiquaient l'intention de cultiver la soie* » (Balz.).

❑ La culture du mûrier commença à se développer en France sous le règne d'Henri IV.

mûrir v. [2] – XIIIe **I** v. tr. **1** Rendre mûr. ➜ fig. Mener (une chose) à point en y appliquant sa réflexion. ⇒ **approfondir.** *Mûrir une pensée.* ⇒ **méditer, réfléchir** (sur). *Mûrir un projet.* ⇒ **mijoter, préparer.** **2** Donner de la maturité d'esprit à. « *Car je suis un homme fait : les dégoûts m'ont mûri* » (Senancour). **II** v. intr. **1** Devenir mûr. *Les fraises commencent à mûrir.* « *les moissons pour mûrir ont besoin de rosée* » (Muss.). **2** fig. *Abcès qui mûrit.* **3** Se développer, atteindre son plein développement. *Ce projet a mûri dans son esprit. Laisser mûrir une idée.* **4** Acquérir de la maturité d'esprit, de la sagesse. « *L'homme sage mûrit et ne vieillit pas* » (Hugo). ✪ CONTR. Avorter.

mûrissant, ante adj. – XVIIe ▪ *Personne mûrissante,* qui n'est plus jeune.

mûrissement n. m. – XVIe ▪ Action de mûrir, de faire mûrir. ⇒ **maturation.** ➜ fig. *Mûrissement d'un projet, d'une œuvre.*

mûrisserie n. f. – mil. XXe ; de *mûrir* ▪ Lieu où les importateurs laissent mûrir certains fruits qui ne supportent le transport que verts (bananes, poires, pêches).

murmel n. m. – 1912 ; mot all. « marmotte » ▪ Fourrure de marmotte, généralement teinte, dont l'aspect rappelle le vison.

murmurant, ante adj. – XVIe ▪ Qui murmure (choses). « *le son argentin d'un ruisseau murmurant* » (du Bellay).

murmure n. m. – XIIe ; lat. *murmur* « grondement » **I** - **1** Bruit sourd, léger et continu de voix humaines. ⇒ **chuchotement.** *Pas un murmure dans la salle.* **2** Commentaire fait à mi-voix par plusieurs personnes dans une circonstance particulière. *Murmure d'approbation, de protestation.* **3** absolt, au plur. Plaintes sourdes ou commentaires désobligeants de plusieurs personnes. ⇒ **grognement, plainte, protestation.** « *On est surpris des murmures qu'excita l'exécution de Montmorency* » (Bainville). **II** Bruit continu, léger, doux et harmonieux. « *mon âme s'assoupit au murmure des eaux* » (Lamart.) *Murmure des feuilles dans le vent.* ⇒ **bruissement.** ✪ CONTR. Hurlement, vacarme.

murmurer v. [1] – XIIe **I** v. intr. **1** Faire entendre un murmure. **2** Faire entendre une plainte, une protestation sourde. ⇒ **grogner, grommeler, protester, râler.** *Accepter, obéir sans murmurer.* ⇒ **broncher.** « *Ces Lombards murmuraient déjà contre les impôts* » (Madelin). **3** littér. Faire entendre un murmure (II). ⇒ **bruire. II** v. tr. Dire, prononcer à mi-voix ou à voix basse. ⇒ **chuchoter ; susurrer.** « *Nous murmurions des vers que nous inspirait le spectacle de la nature* » (Chateaub.). *Murmurer des excuses.* ✪ CONTR. Crier, hurler.

musagète adj. m. – XVIe ; gr. ▪ *Apollon musagète,* conducteur des Muses.

❑ Apparenté à *exégète.*

musaraigne n. f. – XVe ; lat. *mus* « rat » et *aranea* « araignée » ▪ Petit mammifère insectivore *(soricidés),* de la taille d'une souris.

❑ Le rongeur doit son nom au fait que sa morsure est réputée venimeuse comme celle de l'araignée.

musarder v. intr. [1] – XIXe ; de *muser* ▪ Perdre son temps à des riens. ⇒ **flâner, muser.** « *Allons, Pierre, dépêche-toi, sacrebleu ! Ce n'est pas le jour de musarder* » (Maupass.).

musc n. m. – XIIIe ; persan ▪ Substance brune très odorante, à consistance de miel, sécrétée par un cervidé mâle voisin du chevrotin. « *le musc des fards mêlé à la rudesse fauve des chevelures* » (Zola). ➜ Parfum qu'on en tire.

muscade adj. et n. f. – XIIe ; de *musc* **1** *Noix muscade,* et n. f. *la muscade* : graine du fruit du muscadier, ovoïde, brune, ridée, d'odeur aromatique, employée comme épice. *Râper une muscade.* « *du rôti avec de la sauce à la noix de muscade* » (Queneau). **2** n. f. Petite boule de liège utilisée par les escamoteurs dans leurs tours de passe-passe. ➜ loc. fig. *Passez muscade,* se dit d'une chose que l'on fait disparaître avec adresse.

muscadet n. m. – v. 1930 ; de *muscade* ▪ Cépage blanc des vignobles nantais. ➜ Vin blanc sec obtenu avec ce cépage. *Muscadet sur lie.*

muscadier n. m. – XVIe ▪ Arbre des régions tropicales *(myristicacées),* à feuilles persistantes, qui produit un fruit dont la graine est la muscade. « *des muscadiers au feuillage verni saturaient l'air d'un parfum pénétrant* » (J. Verne).

muscadin n. m. – XVIIIe ; it. *moscardino,* de *moscado* « musc » ▪ Élégant aux manières affectées sous la Révolution, puis le Directoire (⇒ **incroyable).**

muscadine n. f. – mil. XXe ▪ Chocolat fin fourré qui imite l'aspect de la noix muscade.

muscardin n. m. – XVIIIe ; it. *moscado* « musc » ▪ Petit mammifère rongeur de la taille d'une souris, variété de loir roux à gorge et poitrine blanches.

❑ Le nom de cet animal fait allusion à l'odeur musquée qui lui est attribuée.

muscari n. m. – XVIIIe ; lat. *muscus* « musc » ▪ Plante *(liliacées)* à fleurs bleues ou blanches en grappes, et très parfumées.

muscarine n. f. – XIXe ; lat. *musca* « mouche » ▪ Alcaloïde toxique de certains champignons vénéneux (comme l'amanite tue-mouche) qui affecte les muscles volontaires et provoque la mort par asphyxie.

muscat adj. et n. m. – XIVe **1** *Raisin muscat,* à odeur musquée. ➜ n. m. *Une grappe de muscat.* **2** Vin de liqueur, produit avec des raisins muscats. *Un verre de muscat.* ⇒ **frontignan, malaga, picardan.**

muscidés n. m. pl. – XIXe ; lat. *musca* « mouche » ▪ Famille d'insectes diptères à antennes courtes *(brachycères),* communément appelés *mouches.*

muscinées n. f. pl. – XIXe ; du lat. *muscus* ▪ Embranchement du règne végétal (⇒ **bryophytes),** qui comprend les hépatiques et les mousses.

muscle n. m. – XIVe ; lat. *musculus* « petite souris » **1** Structure organique contractile qui assure les mouvements. ⇒ **motricité ; my(o)-, sarco-.** *Muscles striés, volontaires. Muscles lisses, viscéraux. Atrophie des muscles.* ⇒ **myopathie. 2** Muscle apparent sous la peau. ⇒ **musculature.** *Développer ses muscles* (⇒ **bodybuilding, culturisme, musculation).** « *Elle avait des muscles d'acier, dans sa souplesse de chatte* » (Zola). ➜ absolt *Avoir des muscles,* et fam. *du muscle* : être fort, robuste. ⇒ **musclé.** *Être tout en muscles,* sans graisse.

musclé, ée adj. – XVIIIe **1** Qui est pourvu de muscles (striés) marqués et puissants. « *ses jambes magnifiquement déliées et musclées* » (Céline). **2** Énergique, fort, robuste. *Une garde du corps musclée.* ➜ fig. Qui utilise la force, l'autorité, la contrainte. ⇒ **autoritaire, brutal.** *Un régime musclé.*

muscler v. tr. [1] – XVIIIe ▪ Pourvoir de muscles développés, puissants. *Exercices pour muscler le ventre.*

musculaire adj. – XVIIIe ▪ Relatif aux muscles, à leur structure, à leur activité. *Force musculaire.*

musculation n. f. – XIXe ▪ Développement (d'un muscle, d'une partie du corps) grâce à des exercices appropriés. *Exercices de musculation en vue d'une compétition.* ➛ Ces exercices. *Faire de la musculation.* ⇒ **bodybuilding, culturisme,** fam. **gonflette.**

musculature n. f. – XVIIIe ▪ Ensemble et disposition des muscles d'un organisme ou d'un organe. « *une musculature souple et forte* » (Gaut.).

musculeux, euse adj. et n. f. – XIVe **1** De la nature des muscles. **2** Qui a des muscles développés, forts. ⇒ **musclé.** « *ses cuisses musculeuses saillaient sous l'étoffe rase du pantalon* » (Loti).

muse n. f. – XIIIe ; gr. *moûsa* **1** Chacune des neuf déesses qui, dans la mythologie antique, présidaient aux arts libéraux. *Muse qui inspire le poète.* « *J'allais sous le ciel, Muse ! et j'étais ton féal* » (Rimb.). **2** Inspiratrice d'un poète, d'un écrivain.

museau n. m. – XIIe ; lat. *musum*, o. i. **1** Partie antérieure de la face de certains animaux (mammifères, poissons...) lorsqu'elle fait saillie en avant. *Partie antérieure du museau des ruminants* **(⇒ mufle),** *du porc* **(⇒ groin),** *du chien* **(⇒ truffe).** ♦ *Museau de bœuf, de porc* **(⇒ hure) :** préparation de charcuterie. *Museau à la vinaigrette.* **2** fam. Visage. ⇒ **gueule.** *Vilain museau.* « *Ces jolis museaux si fins, si éveillés, si espiègles* » (Gaut.). ⇒ **frimousse, minois.**

> ❑ On ne dit pas *museau* en parlant du cheval.

musée n. m. – XIIIe ; gr. *mouseîon* **1** Établissement dans lequel sont rassemblées et classées des collections d'objets présentant un intérêt historique, technique, scientifique, artistique, en vue de leur conservation et de leur présentation au public. ⇒ **cabinet, collection ; muséographie, muséologie.** *Visiter un musée. Musée de peinture* **(⇒ pinacothèque).** *Musée du Louvre, du Prado, de l'Ermitage. Musée d'Histoire naturelle* **(⇒ muséum).** *Conservateur, gardien de musée.* **2** *Objet, pièce de musée,* digne d'être présenté dans un musée. loc. *C'est le musée des horreurs,* une réunion de choses très laides.

> ❑ Pour le *e* final de ce mot masculin → mausolée (rem.).

museler v. tr. [4] – XIVe **1** Empêcher (un animal) d'ouvrir la gueule, de mordre en lui emprisonnant le museau **(⇒ muselière).** *Museler un chien.* « *un grand taureau noir muselé* » (Flaub.). **2** Empêcher de s'exprimer ; réduire au silence. ⇒ **bâillonner, garrotter.** *Museler la presse par la censure.* ➛ « *des passions qui se laissent si quotidiennement museler* » (Mart. du G.).

muselet n. m. – 1903 ; de *museau* ▪ Armature de fils métalliques qui maintient le bouchon des bouteilles de boissons alcooliques gazeuses.

muselière n. f. – XIIIe ▪ Appareil servant à museler certains animaux en leur entourant le museau. « *Avec des morceaux de ficelle* [...] *il confectionna fort vite une solide muselière* » (Pergaud).

musellement n. m. – XIXe ▪ Action de museler. *Musellement d'un chien.* ♦ fig. *Le musellement de l'opposition.*

muséographie n. f. – XIXe **1** Description, histoire des musées. **2** Techniques de l'organisation des musées, de la présentation de leurs collections.

muséographique adj. – XIXe ▪ Qui concerne la muséographie.

muséologie n. f. – 1931 ▪ Ensemble des connaissances scientifiques, techniques et pratiques concernant la conservation, le classement et la présentation des collections de musées.

muser v. intr. [1] – XIIe ; → amuser ▪ littér. Perdre son temps à des bagatelles, à des riens. ⇒ **flâner, musarder, traîner.** « *J'aime à muser* [...] *toute la journée sans ordre et sans suite* » (Rouss.).

musette n. f. et m. – XIIIe ; de *muser* **I - 1** n. f. Cornemuse ancienne, alimentée par un soufflet. ⇒ **loure.** « *Jouez, hautbois, résonnez, musettes* » (cantique de Noël). **2** n. m. *BAL-MUSETTE :* bal populaire où l'on danse, généralement au son de l'accordéon, certaines danses (java, valse, fox-trot) dans un style particulier. *Valse musette.* ♦ n. m. *Le musette :* le genre de musique de ces bals. **II** n. f. Sac de toile, qui se porte souvent en bandoulière. « *Quand vous cherchez dans vos musettes Votre gamelle ou votre quart* » (Aragon). ➛ Sac en toile que l'on suspend à la tête du cheval pour lui servir de mangeoire portative.

muséum [myzeɔm] n. m. – XVIIIe ; lat. ▪ Musée consacré aux sciences naturelles. *Des muséums.*

musical, ale, aux adj. – XIVe **1** Qui est propre à la musique. *Son musical. Notation musicale.* « *Swann tenait les motifs musicaux pour de véritables idées* » (Proust). ♦ Où il y a de la musique ; qui concerne la musique. *Soirée musicale.* ⇒ **concert, récital.** ➛ *Comédie musicale,* en partie chantée. *Son dernier film est une comédie musicale.* **2** Qui a les caractères de la musique. *Langue très musicale.* ⇒ **harmonieux, mélodieux.** « *sa voix doucement musicale faisait penser à la plainte poétique d'une fée* » (Proust).

musicalement adv. – XIVe **1** En ce qui concerne la musique. *Être musicalement doué.* **2** D'une manière harmonieuse.

musicalité n. f. – XIXe **1** vieilli Qualité de ce qui est musical. *Musicalité d'un récepteur radiophonique.* ⇒ **fidélité.** **2** Caractère musical (dans un domaine autre que la musique). *Musicalité d'un vers.*

music-hall [myzikol] n. m. – XIXe ; angl. ▪ Établissement qui présente un spectacle de variétés. plur. *Les music-halls. Spectacle de music-hall* (⇒ aussi **show).** ♦ Ce spectacle. *Aimer le music-hall.*

> ❑ En France le *music-hall* succède au *café chantant* ou *café-concert.* En 1893, on donne à l'Olympia le nom de « *music-hall* ».

musicien, ienne n. et adj. – XIVe **1** Personne qui connaît l'art de la musique ; est capable d'apprécier la musique. ➛ adj. « *Elle était assez musicienne, mais n'aimait pas la musique* » (R. Rolland). **2** Personne dont la profession est d'exécuter, de diriger ou de composer de la musique. ⇒ **compositeur, exécutant, interprète ; chanteur, chef** (d'orchestre, de chœurs), **instrumentiste.** ♦ spécialt Compositeur. *Bach et Mozart, grands musiciens du XVIIIe s.* « *Aucun musicien n'excelle, comme Wagner,* à peindre *l'espace et la profondeur matériels et spirituels* » (Baudelaire). ➛ Instrumentiste. ⇒ **joueur** (de). *Musicien qui joue seul* **(⇒ soliste),** *qui accompagne* **(⇒ accompagnateur),** *joue dans un orchestre* **(⇒ concertiste, exécutant).** ➛ fig. « *Racine, parfait musicien du vers* » (Henriot).

musico- Élément, du lat. *musica* « musique ».

musicographe n. – XIXe ▪ Personne qui écrit sur la musique, l'histoire de la musique et des musiciens.

musicographie n. f. – 1907 ▪ Écriture, discours critique sur la musique ; description des œuvres musicales.

musicologie n. f. – déb. XXe ▪ Science de la théorie, de l'esthétique et de l'histoire de la musique. *Institut de musicologie.*

musicologue n. – déb. XXe ▪ Spécialiste de la musicologie.

musique n. f. – XIIe ; gr. *mousikê* « art des *Muses* » **1** Art de combiner des sons d'après des règles (variables selon les lieux et les époques), d'organiser une durée avec des éléments sonores ; productions de cet art (sons ou œuvres). « *Si la musique nous est si chère, c'est qu'elle est la parole la plus profonde de l'âme* » (R. Rolland). ➤ *Être amateur de musique.* ⇒ **mélomane.** *Musique vocale* (⇒ ① **chant, voix**). *Musique instrumentale.* ⇒ **instrument.** *Musique électronique, électroacoustique.* ⇒ **synthétiseur.** ➤ spécialt La partie musicale (d'une chanson). *Paroles et musique d'une chanson. Musique tonale, atonale, polytonale.* ⇒ ② **ton.** *Musique modale.* ⇒ ② **mode.** *Musique sérielle, dodécaphonique.* ⇒ **série.** ➤ *Musique concrète,* à base de sons naturels, musicaux ou non (bruits). *Musique pour piano.* ➤ *Musique de chambre* : musique pour un petit nombre de musiciens (⇒ **trio, quatuor, quintette, sextuor, septuor, octuor ; sonate**). « *J'ai pour la musique de chambre une dilection toute particulière* [...] *elle est plus familière, plus près du cœur* » (Duham.). *Musique d'orchestre. Musique de danse.* ➤ *Écouter de la musique.* ⇒ **concert, récital.** *Lieux où l'on écoute de la musique.* ⇒ **auditorium, opéra, salle** (de concert), **théâtre** (lyrique) ; **café-concert, music-hall...** *Musique enregistrée.* ⇒ ① **bande, cassette, disque ; baladeur.** *Dîner, travailler en musique,* en écoutant de la musique. **2** Œuvre musicale écrite. ⇒ ② **partition.** *Papier à musique,* sur lequel sont imprimées des portées. ➤ loc. fig. *Être réglé comme du papier à musique* : avoir des habitudes très régulières. **3** Réunion de musiciens qui ont coutume de jouer ensemble. *La musique d'un régiment.* ⇒ **clique, fanfare, nouba, orphéon.** *Soldats qui marchent musique en tête.* loc. fam. *En avant la musique !* allons-y ! **4** fig. et fam. *Change de musique !* parle d'autre chose ! (cf. Change de disque*). *Connaître la musique* : savoir de quoi il retourne, savoir comment s'y prendre. **5** Suite de sons rappelant la musique. ⇒ **mélodie.** *La musique des cigales.* ⇒ ① **chant.** ♦ Harmonie. *Musique d'une langue, d'un poème.* « *De la musique avant toute chose* » (Verlaine).

> ❑ En Suisse, au Canada et à la Réunion, *musique à bouche* désigne un harmonica : « *elles se sont remises à chanter. Alors Fabien sort sa musique à bouche et il fait de l'accompagnement* » (Ramuz).

musiquette n. f. – XVIIIe ▪ Musique facile, sans valeur artistique.

musli → **muesli**

musoir n. m. – XVIIIe ; de *museau* ▪ Pointe extrême d'une digue, d'une jetée ou d'un môle. « *Quand l'eau profonde monte aux marches du musoir* » (Hugo). ➤ Tête d'une écluse.

musqué, ée adj. – XIVe **1** Parfumé au musc. *Odeur musquée.* **2** Dont l'odeur rappelle celle du musc. ⇒ **muscat.** *Rat musqué.* ⇒ **ondatra.** *Bœuf musqué.* ⇒ **ovibos.**

mussitation n. f. – XIXe ; lat. *mussitare* « parler à voix basse » ▪ Mouvement incontrôlé des lèvres sans émission d'aucun son, symptôme de troubles cérébraux.

must [mœst] n. m. – av. 1973 (marque déposée) ; mot angl. ▪ Ce qu'il faut savoir ou faire pour être à la mode (⇒ **impératif**) ; ce qu'il y a de mieux. *Cette boîte, c'est le must.*

mustang [mystɑ̃g] n. m. – XIXe ; esp. *mestengo* « sans maître » ▪ Cheval d'Amérique du Nord vivant à l'état sauvage, capturé pour le rodéo. « *Il chevauche en tête monté sur son mustang* Wild Bill » (Cendrars).

mustélidés n. m. pl. – XIXe ; lat. *mustela* « belette » ▪ Famille de petits mammifères, bas sur pattes, au corps étroit et allongé, à belle fourrure, généralement sanguinaires et nocturnes.

musulman, ane adj. et n. – XVIe ; ar. *moslem* « croyant » **I** adj. **1** Qui professe la religion de Mahomet. *Arabes, Indiens, Africains musulmans. Le monde musulman.* ⇒ **islam. 2** Qui est propre à l'islam, appartient à la communauté islamique. ⇒ **chiite, sunnite.** *Calendrier musulman.* ⇒ **hégire.** ➤ *Le croissant musulman.* **II** n. Adepte de l'islam. *Un musulman intégriste. La polygamie est admise chez les musulmans.*

> ❑ Ne pas confondre *islamique, musulman,* qui se rapportent à la religion, et *arabe.*

mutabilité n. f. – XIIe ; lat. ▪ littér. Caractère de ce qui est sujet au changement. « *nous sommes tous faibles, inconséquents, sujets à la mutabilité* » (Volt.). ♦ sc. État d'une forme vivante qui subit une mutation.

mutage n. m. – XIXe ▪ Action de muter (un moût).

mutagène adj. – 1955 ; de *mutation* et *-gène* ▪ Capable de provoquer des mutations. *Radiations mutagènes.* ➤ *Un mutagène.*

mutagenèse n. f. – v. 1965 ; de *mutation* et *-genèse* ▪ Production de mutation due à l'action d'agents physiques ou chimiques.

mutant, ante adj. et n. – 1909 ; all. ▪ Qui a subi une mutation. *Gène, caractère, type mutant.* ➤ n. Organisme dont un ou plusieurs caractères héréditaires diffèrent de ceux des parents. spécialt Dans la littérature d'anticipation, Être humain qui a muté, atypique.

mutation n. f. – XIIe ; lat. **1** didact. Changement. ⇒ **transformation.** *La mutation des métaux en or.* ⇒ **conversion, transmutation.** ♦ Transformation profonde et durable. *Société en pleine mutation.* « *il n'y a pas de développement économique sans mutations industrielles, sans donc des activités en récession et d'autres en expansion* » (M. Pochard). **2** Affectation d'un fonctionnaire, d'un militaire, d'un salarié à un autre poste ou à un autre emploi, d'un sportif à un autre club, etc. « *La Direction des Dons et Legs est de personnel limité et les mutations y sont rares* » (Courtel.). *Mutation dans une autre ville.* **3** dr. Changement opéré dans le droit de propriété d'un bien ou dans la possession d'un droit. **4** Modification brusque et permanente de caractères héréditaires, par changement « dans le nombre ou dans la qualité des gènes » (J. Rostand). *Évolution par mutations.*

mutationnisme n. m. – 1931 ▪ Théorie évolutionniste d'après laquelle l'évolution est un phénomène discontinu provoqué par des mutations.

① **muter** v. tr. [1] – XVIIIe ; de *muet* ▪ *Muter un moût de raisin,* en arrêter la fermentation alcoolique par addition d'alcool ou d'anhydride sulfureux (⇒ **soufrer**). *Vin muté.* ✪ HOM. *Mute* : mûtes (mouvoir).

② **muter** v. [1] – XIXe ; lat. *mutare* **1** v. tr. Affecter à un autre poste, à un autre emploi. *Muter un fonctionnaire.* ⇒ **mutation.** *Être muté en province.* **2** v. intr. Subir une mutation (4°). *Gène qui mute.*

mutilant, ante adj. – XIXe ▪ Qui mutile, qui peut produire une mutilation. *Opération mutilante.* « *des cicatrices mutilantes* » (Duham.).

mutilateur, trice n. – XVIe ▪ littér. Personne qui mutile. adj. *Couteau mutilateur.*

mutilation n. f. – XIIIe **1** Perte accidentelle ou ablation d'un membre, d'une partie externe du corps, qui cause une atteinte irréversible à l'intégrité physique. *Mutilation sexuelle* (⇒ **castration, excision, infibulation**), *rituelle. Il a fallu « amputer le membre. C'est une mutilation très pénible »* (Duham.). 2 Dégradation. « *La mutilation périodique de ces beaux arbres* » (Stendh.). 3 Coupure, perte d'un fragment de texte.

mutilé, ée n. – XIXe ■ Personne qui a subi une mutilation, généralement par fait de guerre ou par accident. ⇒ **amputé.** *Mutilé de guerre.* ⇒ **infirme, invalide.** *Mutilé du travail.*

mutiler v. tr. [1] – XIVe ; lat. 1 Priver (un être humain, un animal) de son intégrité physique par une mutilation, une grave blessure. ⇒ **blesser, couper, écharper, estropier.** *Il a été mutilé du bras droit, des deux jambes à la dernière guerre.* 2 Abîmer, endommager. ⇒ ① **dégrader.** *Mutiler un arbre.* ➝ « *cet ancien Versailles mutilé et approprié à d'autres usages* » (Taine). 3 Altérer (un texte, un ouvrage littéraire) en retranchant une partie essentielle. ⇒ **amputer.** « *on avait tronqué des phrases et mutilé des vers* » (Gaut.).

mutin, ine adj. et n. – XIVe ; de *meute* « émeute » 1 n. Personne qui refuse d'obéir, se révolte avec violence. ⇒ **factieux, insurgé, mutiné, rebelle, révolté.** 2 adj. Qui est d'humeur taquine. ⇒ ① **badin, gai.** *Fillette mutine.* ➝ *Un petit air mutin.* ⇒ **espiègle, éveillé.** « *la mutine cruauté de ses compagnes* » (Sand).

mutiné, ée adj. et n. – XVIe ■ Révolté par une mutinerie. ⇒ **mutin.** ➝ n. *Les mutinés du cuirassé Potemkine.*

mutiner (se) v. pron. [1] – XIVe ; de *mutin* ■ Se dresser contre une autorité établie, avec violence. ⇒ se **rebeller,** se **révolter.** *Prisonniers qui se mutinent contre leurs gardiens* (⇒ **mutin, mutiné**).

mutinerie n. f. – XVIe ■ Action de se mutiner ; son résultat. ⇒ **insurrection, rébellion, révolte, sédition.** *Mutinerie des soldats, des marins. Mutinerie à bord.* « *peu s'en fallut qu'il n'y eût mutinerie et soulèvement du populaire* » (Gaut.).

mutique adj. – v. 1970 ■ Qui refuse de parler (⇒ **mutisme**).

❑ Cet adjectif est utilisé surtout dans la langue savante.

mutisme n. m. – XVIIIe ; lat. *mutus* « muet » 1 Refus de parler déterminé par des facteurs affectifs, des troubles mentaux. *Mutisme des hystériques, des simulateurs.* 2 Attitude d'une personne qui refuse de parler, de répondre. *S'enfermer dans un mutisme obstiné.* « *un mutisme opiniâtre qui était son système de défense* » (Duham.). ✪ CONTR. Bavardage, loquacité.

mutité n. f. – XIXe ; lat. *mutus* « muet » ■ Impossibilité physiologique de parler, état du muet.

mutualiser v. tr. [1] – XVIIIe ■ Répartir (un risque, des frais) à égalité parmi les membres d'un groupe. par ext. *Il se réserve les succès et mutualise les échecs.*

mutualisme n. m. – XIXe ; de *mutuel* 1 Doctrine économique basée sur la mutualité. 2 Association de deux animaux d'espèces différentes qui retirent des bénéfices mutuels de cette union. ⇒ **symbiose.**

mutualiste adj. et n. – XIXe ■ Relatif au mutualisme (1°). *Sociétés mutualistes.* ⇒ **mutuelle.** ♦ n. Adhérent d'une mutuelle.

mutualité n. f. – XVIe ; de *mutuel* ■ Forme de prévoyance volontaire par laquelle les membres d'un groupe, moyennant cotisation, s'assurent réciproquement une protection sociale. ⇒ **association, mutuelle.**

mutuel, elle adj. et n. f. – XIVe ; lat. *mutuus* « réciproque » 1 Qui implique un rapport double et simultané, un échange d'actes, de sentiments. ⇒ **réciproque.** *Responsabilité mutuelle. Concessions mutuelles.* ⇒ **compromis.** *Divorce par consentement mutuel. Société d'assurance mutuelle.* 2 n. f. Société de mutualité. *Mutuelle complémentaire de la Sécurité sociale. Mutuelle d'étudiants, de fonctionnaires.*

mutuellement adv. – XVe ■ D'une manière mutuelle. ⇒ **réciproquement.** *Les époux se doivent mutuellement fidélité et assistance.* « *ils se déposaient mutuellement sur les deux joues des bécots sonores* » (Queneau).

myalgie n. f. – XIXe ; *my(o)-* et *-algie* ■ Douleur musculaire. *Myalgie du cou dans le torticolis.*

myasthénie n. f. – XIXe ; de *my(o)-* et *asthénie* ■ Affection caractérisée par une fatigabilité musculaire excessive et évoluant par poussées.

mycélium [miseljɔm] n. m. – XIXe ; gr. *mukês* → -myces ■ Appareil végétatif filamenteux, élaboré par de nombreux champignons. *Mycélium cloisonné, continu.*

mycénien, ienne adj. – XIXe ■ Relatif à la civilisation, à la culture préhellénique dont Mycènes était le centre.

myc(o)-, -myces, -mycète Éléments, du gr. *mukês* « champignon ».

mycobactérie n. f. – mil. XXe ■ Bactérie filamenteuse au mycélium rudimentaire ne formant pas de spores.

mycoderme n. m. – XIXe ■ Champignon unicellulaire proche des levures, mais qui ne produit pas d'asques.

mycologie n. f. – XIXe ■ Partie de la botanique qui étudie les champignons.

mycologue n. – XIXe ■ Botaniste spécialisé dans l'étude des champignons.

mycoplasme n. m. – v. 1970 ; *myco-* et *-plasme* ■ Bactérie dépourvue de paroi dont il existe plusieurs espèces, responsables chez l'homme et les animaux de multiples infections.

mycorhize n. m. – XIXe ; gr. *rhiza* « racine » ■ Association symbiotique entre un champignon et les parties souterraines d'un végétal supérieur chlorophyllien. *La truffe forme un mycorhize avec le chêne.*

mycose n. f. – XIXe ■ Affection parasitaire provoquée par des champignons microscopiques (chez l'homme et l'animal). *Traitement des mycoses.* ⇒ **antifongique, antimycosique, fongicide, fongistatique.**

mydriase n. f. – XVIe ; gr. *mudriasis* ■ Dilatation prolongée et excessive de la pupille due à l'accommodation de l'œil à l'obscurité et à la distance ou à l'action de certaines drogues. ✪ CONTR. Myosis.

mydriatique adj. – XIXe ■ Relatif à la mydriase ; qui provoque une dilatation de la pupille. *Effet mydriatique de l'atropine.* ➝ n. m. *Un mydriatique.*

mye [mi] n. f. – XVIIIe ; gr. *muax* « moule » ■ Mollusque bivalve (*lamellibranches*) qui vit enfoui dans le sable ou la vase et dont certaines espèces sont comestibles. ✪ HOM. Mie.

myéline n. f. – XIXe ; *myél(o)-* et *-ine* ■ Substance lipidique et protidique complexe qui forme un manchon autour de l'axone de certaines fibres nerveuses.

myélite n. f. – XIXe ; *myél(o)-* et *-ite* ■ Inflammation de la moelle épinière. *Myélite de la substance grise.* ⇒ **poliomyélite.**

myél(o)- Élément, du gr. *muelos* « moelle ».

myéloblaste n. m. – 1931 ; *myélo-* et *-blaste* ■ Cellule de la moelle osseuse dont dérivent les leucocytes polynucléaires.

myélocyte n. m. – XIXe ; *myélo-* et *-cyte* ■ Cellule mère des leucocytes polynucléaires.

myélographie n. f. – 1938 ■ Radiographie de la moelle épinière après injection d'un produit de contraste dans le canal rachidien.

myélome n. m. – XIXe ; *myélo-* et *-ome* ■ Tumeur, le plus souvent cancéreuse, de la moelle osseuse.

mygale n. f. – XIXe ; gr. *mugalê* « musaraigne » ■ Grande araignée des régions chaudes, à la morsure douloureuse, qui creuse dans le sol un abri qu'elle ferme avec un opercule amovible.

❑ La mygale doit probablement son nom, outre le fait que cette grande araignée velue peut évoquer un mammifère, à ce qu'elle habite souvent dans un terrier comme les petits rongeurs.

myiase n. f. – 1923 ; gr. *muia* « mouche » ■ Lésion de la peau ou des cavités naturelles de l'homme ou des animaux, provoquée par des larves de mouches vivant en parasites.

my(o)- Élément, du gr. *mus* « muscle ».

myocarde n. m. – XIXe ■ Muscle strié réticulaire épais, qui constitue la partie contractile du cœur. « *Monsieur votre frère, dit le Dr Lenoir, souffre de ce que nous appelons un infarctus du myocarde* » (Duham.).

myocardite n. f. – XIXe ■ Inflammation du myocarde.

myographe n. m. – XIXe ■ Appareil destiné à enregistrer, en les amplifiant, les contractions musculaires.

myologie n. f. – XVIIe ■ Partie de l'anatomie qui étudie les muscles.

myome n. m. – XIXe ; *my(o)-* et *-ome* ■ Tumeur bénigne constituée par des fibres musculaires. *Myome de l'utérus.*

myopathe adj. et n. – XXe ■ Atteint de myopathie. *Enfant myopathe.*

myopathie n. f. – XIXe ; *myo-* et *-pathie* ■ Maladie des muscles. ➛ spécialt *Myopathie primitive progressive* : maladie dégénérative héréditaire, caractérisée par l'atrophie de divers groupes musculaires, d'évolution très grave. ⇒ **dystrophie** (musculaire).

myope n. et adj. – XVIe ; gr. *muôps* « qui cligne des yeux » 1 Personne qui a la vue courte ; qui ne voit distinctement que les objets rapprochés. ⇒ **amétrope.** « *Ses yeux de myope, vagues et absorbés* » (R. Rolland). 2 adj. Atteint de myopie. ⇒ fam. **miro.** *Il, elle est myope,* fam. *myope comme une taupe*.* « *myope tant qu'il pouvait, avec ça porteur d'énormes lunettes fumées* » (Céline).

myopie n. f. – XVIIe ■ Difficulté à voir de loin ; anomalie de la vision, dans laquelle l'image d'un objet éloigné se forme en avant de la rétine. ⇒ **amétropie.** « *sa myopie lui est une excellente excuse pour mettre son nez partout* » (Duham.). ♦ fig. *Myopie intellectuelle.*

myopotame n. m. – XIXe ; gr. *mus* « rat » et *potamos* « fleuve » ■ Mammifère rongeur vivant dans les marécages, appelé aussi *castor du Chili.* ⇒ **ragondin.**

❑ Certains auteurs l'appellent aussi *castor du Canada* et *myocastor.* ♦ Même famille étym. que *hippopotame* → hippopotame (rem.).

myosine n. f. – XIXe ■ Protéine qui contribue à la contraction musculaire.

myosis [mjɔzis] n. m. – XIXe ; gr. *muein* « cligner de l'œil » ■ Contraction exagérée de la pupille. ✪ CONTR. Mydriase.

myosite n. f. – XIXe ; *myo-* et *-ite* ■ Inflammation du tissu musculaire.

myosotis [mjɔzɔtis] n. m. – XVIe ; gr. *muosôtis* « oreille de souris » ■ Plante herbacée *(borraginacées)* à petites fleurs bleues (parfois blanches, roses) qui croît dans les lieux humides. *Le myosotis est aussi appelé* oreille de souris ou ne m'oubliez pas. ➛ Fleur de cette plante. « *de bons yeux bleus très pâles, comme des myosotis un peu fanés* » (R. Rolland).

myria- ou **myrio-** Éléments, du gr. *murias* « dizaine de mille ».

myriade n. f. – XVIe 1 Nombre de dix mille, dans l'Antiquité. 2 Très grand nombre. « *Des myriades d'étoiles d'un or vert ponctuent l'immensité* » (Gaut.).

myriapodes n. m. pl. – XIXe ; *myria-* et *-pode* ■ Classe d'arthropodes terrestres au corps formé d'anneaux portant chacun une ou deux paires de pattes. ⇒ **mille-pattes.**

myrio- → **myria-**

myriophylle n. m. – XIXe ; *myrio-* et *-phylle* ■ Herbe aquatique *(halogaracées),* appelée aussi *volant d'eau,* utilisée pour la décoration des aquariums.

myrmécophile adj. et n. – XIXe ; gr. *murmêkos* « fourmi » et *-phile* ■ Qui vit avec les fourmis, en association avec elles. *Plantes, pucerons myrmécophiles.*

myrobolan n. m. – XIIIe ; gr., de *muron* « parfum » et *balanos* « gland » ■ Prunier sauvage *(rosacées)* utilisé comme porte-greffe. *Le prunus est une variété décorative de myrobolan.* ✪ HOM. Mirobolant.

myrosine n. f. – XIXe ; gr. *muron* « parfum » ■ Enzyme qui se trouve dans les graines de moutarde noire.

myroxyle n. m. – XIXe ; gr. *muron* « parfum » et *-xyle* ■ Arbre d'Amérique du Sud *(légumineuses papilionacées)* dont le tronc fournit une résine (baume de Tolu ; baume du Pérou).

myrrhe n. f. – XIe ; gr. *murra* ■ Gomme résine aromatique fournie par le balsamier. *L'or, l'encens et la myrrhe offerts à Jésus par les Rois mages.* « *un parfum âcre qui brûlait l'odorat ainsi qu'un piment brûle la bouche, le parfum de la myrrhe flottait dans l'air* » (Huysm.). ✪ HOM. Mir, mire.

myrte n. m. – XIIIe ; gr. *murtos* ■ Arbre ou arbrisseau *(myrtacées)* à feuilles coriaces, persistantes, à fleurs blanches. *Myrte commun,* des régions méditerranéennes. *Les « noirs buissons de myrte »* (Sand). ➛ *Les lauriers et les myrtes, emblèmes de gloire.*

myrtiforme adj. – XVIIIe ■ Qui a la forme lancéolée des feuilles de myrte. *Muscle myrtiforme,* abaisseur des ailes du nez.

myrtille n. f. – XIIIe ; de *myrte* 1 Variété d'airelle qui croît dans les forêts de montagne *(éricacées). Des buissons de myrtilles.* 2 Baie bleu-noir comestible de la myrtille. *Peigne à myrtilles* : instrument pour récolter ces baies (en peignant les buissons).

❑ Le *bleuet* canadien est une variété de myrtille.

mystagogie n. f. – XVIIe ■ Initiation aux mystères de la religion, de la magie, de l'occultisme.

mystagogue n. m. – XVIe ; gr. *mustagôgos,* de *mustês* « initié » ■ Prêtre qui initiait aux mystères sacrés dans l'Antiquité.

mystère n. m. – XIIe ; gr. *mustêrion,* de *mustês* « initié » I Rite, culte, savoir réservé à des initiés. 1 Dans l'Antiquité, Culte religieux secret, auquel n'étaient admis que des initiés. ⇒ **ésotérisme, initiation, mystagogie.** 2 Dogme chrétien révélé, inaccessible à la raison. *Le mystère de la Trinité, de l'Incarnation, de la Rédemption.* II Chose cachée, secrète. 1 Ce qui est (ou est cru) inaccessible à la raison humaine. « *l'affolant mystère de la vie* » (Maupass.). « *des lieux enveloppés, baignés de mystères* » (Barrès). 2 Ce qui est inconnu, caché (mais qui peut être connu d'une ou de plusieurs personnes). ⇒ ② **secret.** *Il y a un mystère là-*

dessous. ➝ loc. *Ce n'est un mystère pour personne :* c'est de notoriété publique. *Comment est-il au courant, c'est un mystère.* **3** Ce qui a un caractère incompréhensible, très obscur. ⇒ **obscurité,** ② **secret.** *Aimer le mystère. Cette affaire n'a pas de mystère pour lui.* **4** Obscurité volontaire dont on entoure qqch. *Il prit « un air de grand mystère, agita l'index, et demanda à tous le secret »* (Aragon). ➝ loc. *Faire (un) mystère, faire grand mystère de qqch.,* refuser d'en parler, l'évoquer avec précautions. ⇒ ① **cacher. 5** Question difficile ; problème ardu. ⇒ **énigme.** *Le mystère s'épaissit. Éclaircir un mystère. La clé du mystère.* **6** (nom déposé) Dessert glacé à base de meringue et de glace, enrobé d'amandes pilées. *Mystère à la vanille.* **III** Au Moyen Âge, Genre théâtral qui mettait en scène des sujets religieux. ⇒ **miracle ; diablerie.** ✪ CONTR. Clarté, évidence ; connaissance.

❑ Le dessert glacé doit probablement son nom à la meringue cachée au centre. ♦ Une confusion en latin médiéval entre le latin *mysterium* et *ministerium* est à l'origine de l'emploi de *mystère* pour désigner le genre dramatique.

mystérieusement adv. – XVe ■ D'une manière mystérieuse (2°). *L'argent a mystérieusement disparu.*

mystérieux, ieuse adj. – XVe **1** littér. ⇒ **ésotérique, occulte.** *Forces, influences mystérieuses.* **2** Qui est inconnaissable, incompréhensible ou inconnu. ⇒ **énigmatique, impénétrable, inexplicable, inexpliqué, obscur,** ① **secret.** *« Il n'est rien de beau, de doux, de grand dans la vie, que les choses mystérieuses »* (Chateaub.). **3** Qui est difficile à comprendre, à expliquer. *Cette histoire est bien mystérieuse. Propos mystérieux.* ⇒ **sibyllin.** *Mystérieuse disparition.* **4** Dont l'identité, la qualité, les fonctions sont tenues secrètes. *Un mystérieux correspondant.* **5** Qui cache, tient secret qqch. ⇒ ① **secret.** *Un homme mystérieux.* subst. *« Tu fais le mystérieux »* (From.). *Le sourire mystérieux de la Joconde.* ✪ CONTR. Clair, évident ; connu, public, révélé.

mysticètes n. m. pl. – 1903 ; gr. *mustikêtos* ■ Groupe de cétacés à fanons et à double évent (opposé à *odontocètes*).

mysticisme n. m. – XIXe ; de *mystique* ■ Ensemble des croyances et des pratiques se donnant pour objet une union intime de l'homme et du principe de l'être (divinité). ⇒ **contemplation, extase.** ♦ Foi à caractère mystique, intuitif. *Le mysticisme de Thérèse d'Ávila. Le mysticisme de Fénelon.*

mystifiant, iante adj. – XIXe ■ Qui mystifie (2°). *Propagande, idéologie mystifiante.*

mystificateur, trice n. – XVIIIe ■ Personne qui aime à mystifier, à s'amuser des gens en les trompant. ⇒ **farceur, fumiste.** *« Il y avait toujours eu du mystificateur chez ce roué »* (Madelin). *Mystificateur littéraire.* ⇒ **faussaire.** ➝ adj. *Intentions mystificatrices.*

mystification n. f. – XVIIIe **1** Actes ou propos destinés à mystifier qqn, à abuser de sa crédulité. ⇒ **canular,** ② **farce, fumisterie.** *Être le jouet d'une mystification.* **2** Tromperie collective, d'ordre intellectuel, moral. ⇒ **duperie, mythe.** *Considérer la religion comme une mystification.*

mystifier v. tr. [7] – XVIIIe ; gr. *mustês* « initié » **1** Tromper (qqn) en abusant de sa crédulité et pour s'amuser à ses dépens. *« J'avais été mystifié comme un collégien »* (Louÿs). **2** Tromper par une mystification (2°). *Mystifier les électeurs.*

mystique adj. et n. – XIVe ; gr. *mustikos* « relatif aux mystères » **I** adj. **1** didact. Relatif au mystère religieux. *Le corps mystique du Christ :* l'Église. *L'Agneau* mystique.* **2** Qui concerne les pratiques, les croyances ou les dispositions psychologiques propres au mysticisme. *Extase mystique.* **3** Qui est prédisposé au mysticisme. **4** Qui a le caractère exalté, absolu, intuitif du mysticisme. *« cette communauté mystique des troupes au feu »* (Mart. du G.). **II** n. **1** Personne qui s'adonne aux pratiques du mysticisme, et par ext. qui a une foi religieuse intense et intuitive. ⇒ **illuminé, inspiré.** *Les grands mystiques chrétiens.* **2** n. f. LA MYSTIQUE : ensemble des pratiques du mysticisme, intuitions, connaissances ainsi obtenues. *L'amour « avait commencé par plagier la mystique [...] lui avait emprunté ses ferveurs, ses élans, ses extases »* (Bergson). ♦ Système d'affirmations absolues à propos de ce à quoi on attribue une vertu suprême. *La mystique de la force, de la paix.* ✪ CONTR. Rationnel.

mythe n. m. – XIXe ; gr. *muthos* « récit, fable » **1** Récit fabuleux, transmis par la tradition, qui met en scène des êtres incarnant sous une forme symbolique des forces de la nature, des aspects de la condition humaine. ⇒ **fable, légende, mythologie.** *Mythes grecs d'Orphée, de Prométhée.* **2** Représentation de faits ou de personnages souvent réels déformés ou amplifiés par l'imagination collective, une longue tradition littéraire. ⇒ **légende.** *Le mythe de Faust, de Don Juan. Le mythe napoléonien.* **3** Affabulation. ⇒ **invention.** *Son oncle à héritage ? C'est un mythe !* il n'existe pas. **4** Expression d'une idée, exposition d'une doctrine ou d'une théorie philosophique sous une forme imagée. ⇒ **allégorie.** *Le mythe de la caverne chez Platon.* **5** Représentation idéalisée de l'état de l'humanité dans un passé ou un avenir fictif. *Mythe de l'Âge d'or, du Paradis perdu.* ⇒ **utopie. 6** Image simplifiée, souvent illusoire, que des groupes humains élaborent ou acceptent et qui joue un rôle déterminant dans leur comportement. *Le mythe du bon sauvage, du héros. Le mythe de la galanterie française. « le mythe est une parole choisie par l'histoire : il ne saurait surgir de la "nature" des choses »* (Barthes). ✪ HOM. Mite.

mythifier v. [7] – 1929 ■ Instaurer en tant que mythe. *Détruire les mythes* ⇒ **démystifier, démythifier.** ➝ p. p. adj. *Une institution mythifiée.*

❑ Bien que l'usage courant, journalistique notamment, confonde les deux verbes, il convient de distinguer *mythifier* « instaurer en tant que mythe », de *mystifier* « tromper par une mystification ».

mythique adj. – XIVe **1** Qui a rapport ou appartient au mythe. *Héros mythique.* ⇒ **fabuleux, imaginaire, légendaire. 2** Qui est le produit de l'imagination. *Des revenus mythiques.* ⇒ **chimérique, imaginaire, irréel.** ✪ CONTR. Historique, réel.

mytho- Élément, du gr. *muthos* « fable ».

mythologie n. f. – XIVe **1** Ensemble des mythes (1°), des légendes propres à un peuple, à une civilisation, à une religion. *Mythologie hindoue, grecque.* ➝ spécialt Mythologie de l'Antiquité gréco-romaine. **2** Science, étude des mythes (1°). **3** Ensemble de mythes (6°) se rapportant à un même objet, un même thème, une même doctrine. *Mythologie de la vedette.*

mythologique adj. – XVe ■ Qui a rapport ou appartient à la mythologie **(⇒ fabuleux),** et spécialt à la mythologie gréco-romaine.

mythologue n. – XVIe **1** Spécialiste de l'étude des mythes. **2** Historien qui considère comme un mythe un point contesté (en histoire).

mythomane adj. et n. – 1905 ; de ② *-mane* ■ Qui est atteint de mythomanie. ➝ n. ⇒ **fabulateur, menteur.**

mythomanie n. f. – 1905 ■ Tendance à la fabulation, au mensonge, à la simulation. *« Sa mythomanie est un moyen de nier la vie, [...] de nier, et non pas d'oublier »* (Malraux).

mytili-, mytilo- Éléments, du lat. *mytilus,* gr. *mutilos* « coquillage, moule ».

mytiliculteur, trice n. – v. 1903 ■ Personne qui fait l'élevage des moules.

mytiliculture n. f. – XIXe ■ Élevage des moules, pratiqué dans des moulières.

mytilotoxine n. f. – XIXe ■ Toxine qui peut se trouver dans les moules, et causer une intoxication alimentaire.

myxœdémateux, euse adj. et n. – XIXe ■ Qui a rapport au myxœdème, qui a pour cause le myxœdème. *Goitre myxœdémateux.*

myxœdème [miksedɛm] n. m. – XIXe ; gr. *muxa* « morve » ■ Mauvaise fonction thyroïdienne caractérisée par un œdème et une coloration jaunâtre de la peau, des troubles intellectuels et sexuels **(⇒ crétinisme, goitre, hypothyroïdie).**

myxomatose n. f. – 1943 ; gr. *muxa* « morve » ■ Grave maladie virale infectieuse et contagieuse du lapin, caractérisée par des tuméfactions d'apparence gélatineuse entre la peau et les muqueuses, et une très vive inflammation des paupières.

myxomycètes n. m. pl. – XIXe ; gr. *muxa* « morve » et *-mycète* ■ Classe de champignons inférieurs à l'aspect amiboïde.

N ① **n** [ɛn] n. m. inv. ▪ Quatorzième lettre et onzième consonne de l'alphabet : *n majuscule* (N), *n minuscule* (n). ➛ prononc. Lettre qui note à l'initiale, entre voyelles ou suivie de *e* caduc l'occlusive nasale dentale [n] *(nez, année, innover, ennemi, finir, âne)* ; devant consonne (sauf *p, b* → ① m) ou en finale *n* nasalise la voyelle précédente. ➛ *Digrammes, trigrammes comportant n : in, ain, ein, yn,* qui notent la voyelle nasale [ɛ̃] *(fin, main, plein, syndicat)* ; *ien,* qui note souvent [jɛ̃] de même que *-yen (chien, il vient, moyen)* et parfois [jɑ̃] *(patient)* ; *-éen,* qui note [eɛ̃] *(européen)* ; *oin,* qui note [wɛ̃] *(coin)* ; *en, an, aen, aon,* qui notent généralement [ɑ̃] *(enfant, Caen, paon)* ; *on,* qui note [ɔ̃] *(bon, mignon)* ; *un, eun,* qui notent [œ̃] *(brun, à jeun)* ; *gn, ng* (→ ① g).
✪ HOM. Aine, haine. ❑ *-ent* est muet dans les désinences verbales *(ils chantent, ils prient).* ♦ En liaison, les adjectifs *bon* et *divin* ainsi que les adjectifs finissant en *-ein, -ain, -yen* se dénasalisent (*un certain âge* [œsɛʀtɛnɑʒ], *plein air* [plɛnɛʀ], *Moyen-Orient* [mwajɛnɔʀjɑ̃]), contrairement aux mots *en, bien, aucun, un, on, mon, ton, son* pour lesquels la liaison se fait sans dénasalisation.

② **n** abrév. et symboles **1** N [nɔʀ]. Nord. **2** N° ou n° [nymeʀo]. Numéro. *Chambre n° 2.* **3** N [ɛn]. Azote (nitrogène). **4** N [njutɔn]. Newton. **5** n [ɛn]. Désigne, en mathématiques, un nombre indéterminé. ⇒ **nième.** **6** n [nano]. Nano-.

n' → **ne**

na interj. – XIXe ; onomat. ▪ Exclamation enfantine de défi. *C'est bien fait, na !*

nabab [nabab] n. m. – XVIIe ; mot arabe « lieutenant » ▪ Européen qui avait fait fortune aux Indes. ➛ Personnage fastueux et très riche, avec de très nombreux serviteurs. *Mener une vie de nabab.* « *ses manières fastueuses et* [...] *ses dépenses de nabab* » (Henriot).

nabi n. m. – XIXe ; hébr. **1** Prophète hébreu, homme inspiré par Dieu. **2** Nom adopté par de jeunes peintres indépendants de la fin du XIXe s. *Sérusier, peintre du mouvement des nabis.*

nable n. m. – XIXe ; du néerl. *nagel* « cheville » ▪ Trou de vidange d'une embarcation.

nabot, ote n. et adj. – XVIe ; de *nain-bot,* de *nain* et *bot* ▪ péj. Personne de très petite taille. ⇒ **avorton, nain.**

nabuchodonosor [nabykɔdɔnɔzɔʀ] n. m. – XIXe ; nom d'un personnage bibl. ▪ Grosse bouteille de champagne d'une contenance de vingt bouteilles.

nacarat n. m. – XVIIe ; esp. *nacarado* « nacré » ▪ littér. Couleur d'un rouge clair dont les reflets évoquent ceux de la nacre. ➛ adj. inv. « *une soierie nacarat* » (Proust).

nacelle n. f. – XIe ; lat. *navicella* « petit bateau » **1** vx ou poét. ⇒ **canot.** ➛ mod. Partie d'un landau ou d'une poussette, où l'on met l'enfant. **2** Panier (ou coque) fixé sous un aérostat (pour les aéronautes, le moteur, les agrès). *Nacelle d'une montgolfière.* « *je jetai hors de la nacelle trois morceaux de lest de cinq livres chacun* » (Baudelaire). **3** Petit récipient allongé, en verre, utilisé en chimie.

❑ Ne pas confondre *nacelle* et *habitacle* « partie d'un avion, d'un véhicule spatial ».

nacre n. f. – XIVe ; ar. *naqqāra* ▪ Substance à reflets irisés qui tapisse intérieurement la coquille de certains mollusques (burgau, mulette, huître), utilisée en bimbeloterie, bijouterie, marqueterie. *Boutons de nacre.* « *son épée de gala à poignée de nacre* » (Daudet). ♦ littér. Couleurs, reflets nacrés. « *la nacre de ses épaules* » (Barbey).

nacré, ée adj. – XVIIe ▪ Qui a l'aspect, l'éclat irisé de la nacre. « *Des libellules aux ailes nacrées* » (Maupass.). *Vernis à ongles nacré.*

nacrer v. tr. [1] – XIXe **1** Traiter (les fausses perles) de façon à leur donner l'aspect de la nacre. **2** littér. Iriser. ⇒ **nacré.** « *La lune descendue allait s'enfoncer dans la mer qu'elle nacrait sur toute sa surface* » (Maupass.).

nadir n. m. – XIVe ; ar. ▪ Point de la sphère céleste diamétralement opposé au zénith, sur la verticale de l'observateur.

nævus, plur. **nævi** [nevys, nevi] n. m. – XVIIe ; mot lat. ▪ Malformation congénitale de la peau, se présentant sous la forme de tache ou de tumeur. ⇒ **envie, grain** (de beauté).

❑ Le pluriel français, *des nævus,* est accepté.

nafé n. m. – XIXe ; ar. ▪ Fruit de la ketmie, utilisé en pharmacologie.

nagari → **devanagari**

nage n. f. – XIIe **1** Action, manière de ramer. *Bancs de nage des rameurs.* « *Allons, en place pour la nage !* » (Maupass.). **2** Action, manière de nager (2°). ⇒ **natation ; brasse, crawl, indienne.** *Champion du quatre cents mètres nage libre.* ➛ *Nage sous-marine.* ♦ loc. *À la nage :* en nageant. *Gagner la côte à la nage.* ➛ fig. Cuit dans un court-bouillon (crustacés, coquillages). *Homard à la nage.* **3** loc. *En nage :* inondé de sueur. ⇒ **transpiration.** « *Higgins, en nage, la chemise collée au dos* » (Simenon).

nageoire n. f. – XVIe ; de *nager* ▪ Organe formé d'une membrane soutenue par des rayons osseux, qui sert d'appareil propulseur et stabilisateur aux poissons et à certains animaux marins. *Nageoire caudale, dorsale. Nageoires des phoques.*

nager v. intr. [3] – XIe ; lat. *navigare* **1** Ramer, aller à l'aviron. « *nager à la vénitienne* » (Gaut.). **2** Se soutenir et avancer à la surface de l'eau, se mouvoir sur ou dans l'eau par des mouvements appropriés. « *un petit lac paisible où nageaient des truites* » (Maupass.). *Nager dans une piscine.* « *il aurait voulu qu'elle sache bien nager pour se baigner avec lui dans la mer* » (Duras). ➛ loc. *Nager en eau trouble :* savoir profiter d'une situation peu claire. ♦ trans. *Nager la brasse, le crawl. Il a nagé le 400 mètres.* 3 NAGER DANS, baigner dans un liquide (trop) abondant. « *un pilon de poulet nage dans une sauce brune* » (Sartre). ♦ fig. *Nager dans la joie. Son père « ne nageait pas dans l'opulence »* (Rouss.). ♦ fam. Être au large (dans ses vêtements). *Elle nage dans son pantalon.* ⇒ ① **flotter.** 4 fam. Ne rien comprendre. *Je nage complètement.* ⇒ **patauger.**

nageur, euse n. – XIIe 1 Rameur. *Nageur de l'arrière.* 2 Personne, animal qui nage, qui sait nager. *Une bonne nageuse.* « *ces phoques, excellents nageurs* » (J. Verne). ➛ appos. *Maillot nageur,* ou n. m. *un nageur :* maillot de bain une pièce comme portent les nageuses professionnelles. ♦ *Maître nageur :* personne qui enseigne la natation, qui surveille un lieu où l'on se baigne (piscine, plage). ⇒ **baigneur.**

naguère adv. – XIIe ; pour *n'a guère(s)* « il n'y a guère » ▪ littér. Il y a peu de temps. ⇒ **récemment.** « *Jadis et Naguère* », *de Verlaine.* « *naguère encore* (il) *suçait son pouce* » (Duham.). ♦ (abusif) Autrefois.

> ❑ *Naguère* qui signifie « il n'y a guère de temps, récemment » est souvent employé abusivement dans le sens de *jadis* « il y a longtemps, autrefois ».

naïade n. f. – XVe ; gr. 1 Divinité des rivières et des sources. ⇒ **nymphe.** 2 littér. Jolie baigneuse. 3 Plante aquatique *(naïadacées)* des eaux douces dont la pollinisation se fait par l'eau.

naïf, naïve adj. – XIIe ; lat. *nativus* 1 littér. Originaire, natif. « *saisir notre esprit dans son état naïf et comme à ses débuts* » (Paulhan). 2 Naturel, sans artifice, spontané. « *Elle offre l'image d'une gaieté naïve et franche* » (Laclos). ♦ *Art naïf :* art populaire, folklorique, contemporain de l'art évolué. *Le douanier Rousseau, peintre naïf.* subst. *Les naïfs.* 3 Plein de confiance et de simplicité par ignorance, par inexpérience. ⇒ **candide, confiant, ingénu.** *C'est un grand naïf. Un air naïf.* ➛ Qui exprime par ignorance des choses simples que tout le monde sait. ⇒ **niais, puéril.** *Remarque naïve. Question, réponse naïve.* ⇒ **simpliste.** 4 Qui est d'une crédulité ridicule et dangereuse. ⇒ **gobeur,** fam. ② **gogo.** *Je ne suis pas assez naïf pour y croire.* ♦ subst. *Vous me prenez pour un naïf !* ⇒ **dupe, idiot, jobard.** ✪ CONTR. Astucieux, méfiant, rusé.

> ❑ *Naïf* est un doublet de *natif* (autochtone qui n'aurait rien vu, ignorerait tout ce qui n'existe pas chez lui).

nain, naine n. et adj. – XIIe ; lat. *nanus* 1 Personne d'une taille anormalement petite. ⇒ **avorton, nabot.** ♦ (Dans les légendes) Personnage imaginaire de taille minuscule. « *Blanche-Neige et les sept nains* », *conte de Grimm.* adj. Anormalement petit. « *Elle avait beau être petite, très petite, presque naine* » (Jouhand.). 2 Individu atteint de nanisme. « *Ce petit nain, si disgracié dans son corps par la nature* » (Rouss.). ♦ adj. « *était-ce un adulte nain, bloqué dans son développement à la taille d'un enfant* » (Tournier). 3 (qualifiant des espèces, des variétés de plantes de petite taille) *Arbre nain* (⇒ aussi **bonsaï**). « *Les cèdres nains, pas plus hauts que des choux* » (Loti). *Poule naine.* ♦ *Étoile naine* ou subst. *naine,* étoile d'une luminosité intrinsèque plus faible que le Soleil. ✪ CONTR. Géant.

naissain n. m. – XIXe ; de *naître* ▪ *Le naissain, du naissain :* embryons ou larves des huîtres et des moules d'élevage.

naissance n. f. – XIIe I - 1 Commencement de la vie indépendante (caractérisé par l'établissement de la respiration pulmonaire) ; moment où le fœtus est expulsé hors de l'organisme maternel (⇒ **accouchement, nativité**). *Vie avant la naissance* (⇒ **anténatal, prénatal, utérin**). *Donner naissance à.* ⇒ **enfanter, engendrer.** *Date et lieu de naissance.* ➛ *De naissance :* qui se manifeste dès la naissance, qui n'est pas acquis. ⇒ **congénital.** « *Aveugle et sourd de naissance* » (Dider.). ➛ *Acte, extrait de naissance.* loc. fam. *Avaler son acte de naissance :* mourir. ♦ UNE, DES NAISSANCES. *Nombre de naissances.* ⇒ **natalité.** *Contrôle* des naissances.* ⇒ **contraception.** 2 Origine sociale. *De haute, de bonne naissance.* ⇒ **extraction, famille.** ♦ vx Noblesse. *Un homme sans naissance.* « *la naissance n'est rien où la vertu n'est pas* » (Mol.). II fig. 1 Commencement, apparition. ⇒ **début, origine.** *Naissance d'une œuvre.* ⇒ **création, éclosion, genèse.** *C'est là que l'émeute a pris naissance,* a commencé. *Donner naissance à qqch.* ⇒ **créer, produire, provoquer.** 2 Endroit où commence qqch. *Naissance d'un arc* (commencement de la courbure). *Naissance d'un fleuve.* ⇒ **source.** ➛ « *le blouson, dont le col est entrouvert jusqu'à la naissance des seins* » (Robbe-Grillet). ✪ CONTR. ① Mort. — ① Fin.

> ❑ Ne pas confondre *de naissance* « congénital » et *héréditaire.*

naissant, ante adj. – XVIe ; de *naître* 1 blas. ⇒ **issant.** 2 littér. Qui commence à apparaître, à se développer. « *sa joue bleue de barbe naissante* » (Colette). *Un amour naissant.* 3 sc. *État naissant :* état des atomes doués d'une réactivité chimique inhabituelle parce qu'ils ne sont pas encore associés en molécules. *Hydrogène naissant.*

naître v. intr. [59] – XIe ; lat. *nasci* I - 1 Venir au monde, sortir de l'organisme maternel, de l'œuf. *Un enfant qui vient de naître :* un nouveau-né. *Il est né à terme, avant terme* (prématuré). « *Je suis né à Genève, en 1712, d'Isaac Rousseau, citoyen, et de Suzanne Bernard* » (Rouss.). « *Tous les êtres humains naissent libres et égaux en dignité et en droits* » (DÉCLAR. DR. HOM.). ➛ impers. *Il naît plus de filles que de garçons.* ♦ *Je ne suis pas né d'hier*, de la dernière pluie, de la dernière couvée,* j'ai de l'expérience. ♦ *Être né pour :* être naturellement fait pour, destiné à. « *l'homme est né pour le bonheur* » (Gide). 2 littér. NAÎTRE À : s'éveiller à. *Naître à l'amour.* II - 1 Commencer à exister. « *L'amour naît brusquement, sans autre réflexion* » (La Bruy.). ➛ *Naître de :* être le produit de. *Ce film est né de leur rencontre.* 2 Commencer à se manifester. « *Le jour naissait, calme et glacial* » (Maupass.). ✪ CONTR. Mourir.

> ❑ Les formes conjuguées prennent un *î* devant le *t.*

naïvement adv. – XIIe ▪ D'une manière naïve ; avec une simplicité et une confiance excessives. ⇒ **ingénument.** « *je dis toujours naïvement ce que je pense* » (Volt.).

naïveté n. f. – XIIIe 1 Simplicité, grâce naturelle empreinte de confiance et de sincérité. ⇒ **candeur, fraîcheur, ingénuité.** « *Toute la personne de Cosette était naïveté, ingénuité, transparence* » (Hugo). 2 Excès de confiance, de crédulité, résultant souvent de l'ignorance, de l'inexpérience ou de l'irréflexion ; ⇒ **crédulité.** *Abuser de la naïveté de qqn.* « *mille choses qu'elle avait eu l'impardonnable naïveté de lui confier* » (Green). ♦ Assertion, remarque naïve. *Dire des naïvetés.* ✪ CONTR. Méfiance, ruse.

naja n. m. – XVIIe ; sanskr. *nāga-* « serpent » ▪ ⇒ **cobra.** « *le naja vermeil Dans sa spirale d'or se déroule au soleil* » (Lec. de Lisle).

nana n. f. – 1949 ; de *Anna* ▪ fam. Maîtresse, petite amie. *Il est venu avec sa nouvelle nana.* ➛ Jeune fille, jeune femme. *Amener des nanas. Une sacrée nana ! Les mecs et les nanas.*

nanan n. m. – XVIIe ; onomat. ▪ vx Friandise. « *les nanans dont nous sommes friands* » (Balz.). ♦ loc. fig. *C'est du nanan :* c'est très agréable, très facile.

nandou n. m. – XIXe ; mot guarani (Brésil) ▪ Grand oiseau coureur *(rhéidés)* de l'Amérique du Sud, voisin de l'autruche. *Des nandous.*

nanifier v. tr. 7 – 1939 ; lat. *nanus* « nain » ▪ Empêcher de grandir (une plante). *Le bonsaï est un arbre nanifié.*

nanisme n. m. – XIXe ; lat. *nanus* « nain » ▪ Anomalie caractérisée par la petitesse de la taille très inférieure à la moyenne, due à diverses causes physiologiques. ⇒ **achondroplasie.** *Le nanisme entraîne le plus souvent une disproportion des parties du corps.* ✪ CONTR. Gigantisme.

nano- Élément du gr. *nannos* « nain », qui divise par 10^9 l'unité dont il précède le nom.

nanomètre n. m. – v. 1961 ▪ Millième partie du micromètre.

nanoréseau n. m. – 1985 ; nom déposé ▪ Réseau local destiné à l'interconnexion de quelques micro-ordinateurs.

nansouk [nɑ̃suk] n. m. – XVIIIe ; mot hindi ▪ Toile de coton légère d'aspect soyeux.

nanti, ie adj. et n. – XVIe ▪ Qui est bien pourvu ; riche. « *rassurant les révolutionnaires nantis* » (Bainville). ➛ n. péj. *Les nantis.* ✪ CONTR. Démuni, pauvre.

nantir v. tr. 2 – XIIIe ; a. fr. *nant* « gage », du scand. 1 vx Mettre (un créancier) en possession d'un gage pour sûreté de la dette. 2 Mettre (qqn) en possession de qqch. ⇒ **munir, pourvoir.** ➛ (souvent péj.) *On l'a nanti d'un titre.* ⇒ **doter.** « *Il file à l'anglaise, nanti de quelques gâteaux dans ses poches* » (Butor). ✪ CONTR. Démunir, priver.

nantissement n. m. – XIIIe ; de *nantir* ▪ Contrat par lequel un débiteur remet un bien à son créancier pour sûreté de sa dette. ⇒ **hypothèque** (mobilière), **warrant.** *Prêt sur nantissement.*

naos [naos ; naɔs] n. m. – XVIe ; mot gr. ▪ Partie intérieure et centrale d'un temple grec.

napalm [napalm] n. m. – av. 1943 ; mot angl., de *na(phtenate)* et *palm(itate)* ▪ Essence solidifiée servant à la fabrication de bombes incendiaires. *Bombes au napalm.* « *forêts brûlées soudain sous la pluie de napalm* » (Le Clézio).

napée n. f. – XVe ; gr. *napê* « bois » ▪ Nymphe des bois et des prés.

naphtalène n. m. – XIXe ▪ Hydrocarbure cyclique extrait du goudron de houille, solide blanc, à odeur pénétrante.

naphtaline n. f. – XIXe ; de *naphte* ▪ Produit antimite fait de naphtalène impur. *Boules de naphtaline.* « *les sachets de naphtaline dont la senteur poivrée lui brûlait les narines* » (Mart. du G.).

naphte n. m. – XIIIe ; gr. 1 Bitume liquide, mélange de carbures naturels (pétrole brut). 2 Produit distillé des pétroles, utilisé comme combustible, dissolvant ou dégraissant.

naphtol n. m. – XIXe ▪ Phénol dérivé du naphtalène.

napoléon n. m. et f. – XIXe ; n. pr. 1 n. m. Pièce d'or de vingt francs frappée à l'effigie de Napoléon III. ⇒ **louis.** *Le napoléon est coté en Bourse.* 2 n. f. Bigarreau, d'une variété à gros fruit rose à chair jaune pâle et rose, ferme. *Des napoléons.*

napoléonien, ienne adj. – XIXe ▪ Relatif à Napoléon Ier, et aussi à Napoléon III, aux Napoléon. *Période napoléonienne.* ⇒ **empire.**

napolitain, aine adj. et n. – XVIe ; lat. *Neapolis* « Naples » ▪ De Naples, relatif à Naples. *Chansons napolitaines.* ♦ n. *Les Napolitains.* ➛ n. m. *Le napolitain* (dialecte). ♦ *Tranche napolitaine :* glace disposée en trois couches diversement parfumées, servie en tranches.

nappage n. m. – XIXe ▪ Couche nappée (2°). *Un nappage au chocolat.*

nappe n. f. – XIIe ; lat. *mappa* « serviette » 1 Linge qui sert à couvrir la table du repas. « *La nappe était de satin blanc brodé d'or* » (Loti). ➛ *Nappe en papier.* 2 Vaste couche ou étendue plane (de fluide). *Nappe de brouillard. Nappe de gaz, de feu.* 3 Eau occupant une dépression fermée ; toute eau stagnante (lac, étang). *Écoulement en nappe,* de type laminaire. ➛ *Nappe d'eau souterraine* (⇒ **phréatique**). *Nappe de pétrole.* ⇒ **gisement.** 4 Large bande de textile cardé d'épaisseur constante à la sortie de la machine. ➛ Ensemble des fils de chaîne sur le métier. 5 Portion fermée de surface. ➛ Portion illimitée et d'un seul tenant d'une surface courbe.

napper v. tr. 1 – XIXe 1 Couvrir comme d'une nappe. « *salle à manger aux tables nappées de blanc* » (Tournier). 2 Recouvrir (une viande, un gâteau) d'une couche de sauce, de gelée, etc. *Napper un gâteau d'un coulis de framboise.*

napperon n. m. – XIXe ▪ Petit linge de table servant à protéger ou décorer la table ou la nappe. ⇒ **set** (de table). ♦ Petit linge décoratif qui sert à isoler un objet (vase, lampe) du meuble qui le supporte. ⇒ ② **dessous,** ② **dessus.**

narcisse n. m. – XIVe ; gr. *narkissos* I Plante bulbeuse ornementale *(amaryllidacées)* à fleurs campanulées, parfois très odorantes. *Narcisse à fleurs blanches. Narcisse jonquille.* II littér. Homme qui se contemple, s'admire. « *Les hommes ces Narcisses, se mirent toujours un peu eux-mêmes dans les admirateurs qu'ils ont* » (Barbey).

❑ Narcisse est un personnage mythologique qui s'éprit de lui-même en se contemplant dans l'eau d'une fontaine et qui, puni par les dieux, fut changé en fleur. ♦ Ce nom de fleur est masculin.

narcissique adj. et n. – 1922 ▪ Inspiré par le narcissisme ; qui relève du narcissisme.

narcissisme n. m. – XIXe ; de *Narcisse* ▪ Admiration de soi-même, attention exclusive portée à soi. ⇒ **égotisme.**

narco- Élément, du gr. *narkê* « engourdissement », et par ext. « drogue ».

narcoanalyse n. f. – 1948 ▪ Investigation de l'inconscient d'un sujet préalablement mis dans un état de narcose incomplète (⇒ **subnarcose**).

narcodollars n. m. pl. – 1991 ▪ Profits réalisés généralement en dollars, tirés du trafic de la drogue.

narcolepsie n. f. – XIXe ; gr. *lêpsis* « attaque » ▪ Tendance irrésistible au sommeil survenant par accès. « *cette crise de narcolepsie, qui dure cinq heures environ, laisse au réveil le sujet amnésique et étonné* » (Cendrars).

narcopolitique n. – 1989 ▪ Fonctionnaire des services anti-drogue.

narcose n. f. – XIXe ▪ Sommeil provoqué artificiellement par un narcotique.

narcothérapie n. f. – 1959 ▪ Traitement de certaines affections mentales ou psychiques par un sommeil artificiel continu (cf. Cure de sommeil*).

narcotique adj. et n. m. – XIVe 1 Qui assoupit, engourdit la sensibilité. ⇒ **anesthésique, calmant, somnifère, soporifique.** 2 n. m. Médicament qui provoque la narcose. ⇒ **barbiturique, hypnotique.** « *les narcotiques,* *enfin, engourdirent les spasmes mortels de la toux* » (Maupass.). *Narcotiques et stupéfiants.*

narcotrafic n. m. - 1990 ▪ Trafic de la drogue.

narcotrafiquant n. m. - 1983 ▪ Gros trafiquant de drogue.

nard n. m. - XIIIe ; o. orientale 1 *Nard (indien)* : plante herbacée, exotique *(valérianacées)*, aromate très apprécié des Anciens. ♦ Parfum extrait de cette plante. 2 *Nard raide* : graminée à feuilles piquantes, commune dans les prés.

narguer v. tr. [1] - XVe ; lat. *naris* « narine » ▪ Braver avec insolence, avec un mépris moqueur. ⇒ **défier, provoquer.**

narguilé [naʀgile] n. m. - XVIIIe ; mot persan ▪ Pipe orientale, à long tuyau communiquant avec un flacon d'eau aromatisée que la fumée traverse avant d'arriver à la bouche. « *Fumant notre narguilé sous les platanes d'un café turc* » (Loti).

❑ On a écrit aussi *narguileh.*

narine n. f. - XIIe ; lat. *naris* ▪ Chacun des deux orifices extérieurs des cavités nasales. « *il ouvrait les narines pour aspirer les bonnes odeurs de la campagne* » (Flaub.).

narquois, oise adj. - XVIe ; o. i. ▪ Qui est à la fois moqueur et malicieux. ⇒ **ironique.** *Un sourire narquois.* « *Une lueur narquoise s'alluma entre ses cils* » (Mart. du G.).

narrateur, trice n. - XVe 1 Personne (et spécialt écrivain) qui raconte (certains événements). ⇒ **conteur.** « *Le narrateur de cette histoire* » (Camus). 2 Dans un texte, La première personne du récit, celle qui dit *je*, spécialt quand ce n'est pas l'auteur.

narratif, ive adj. - XVe ▪ Composé de récits ; propre à la narration.

narration n. f. - XIIe ▪ Exposé écrit et détaillé d'une suite de faits, dans une forme littéraire. ⇒ **récit ; relation.** « *Soyez vif et pressé dans vos narrations* » (Boil.). ♦ *Présent de narration* (ex. Il se marie en 1970 et divorce en 1985).

narrer v. tr. [1] - XIVe ; lat. ▪ littér. Raconter. « *Pour narrer les histoires de mon jeune temps* » (Duham.).

narthex [naʀtɛks] n. m. - XVIIIe ; gr. ▪ Vestibule de l'église, distinct du porche en ce qu'il est compris sous la même couverture que la nef, souvent surmonté d'une tribune. *Narthex d'une basilique romane.*

narval n. m. - XVIIe ; danois *narhval.* ▪ Grand cétacé *(odontocètes)* des mers arctiques, caractérisé, chez le mâle, par une défense horizontale spiralée. *Des narvals.*

nas- Élément du lat. *nasus* « nez ».

nasal, ale, aux adj. - XIVe 1 Qui a rapport ou appartient au nez. *Fosses nasales* : les deux cavités séparées par la lame perpendiculaire du nez et par lesquelles l'air pénètre par les narines. 2 Dont la prononciation comporte une résonance de la cavité nasale mise en communication avec l'arrière-bouche. « *une sorte de rhume permanent qui pouvait expliquer l'accent nasal dont il débitait paresseusement ses phrases* » (Proust). *Voyelles nasales* (an, en [ɑ̃], in [ɛ̃], on [ɔ̃], un [œ̃]). ➝ *Une nasale.*

nasalisation n. f. - XIXe ▪ Fait de nasaliser (un son).

nasaliser v. tr. [1] - XVIIIe ▪ Rendre nasal (un son, une prononciation). ➝ pronom. *La première syllabe de* dandy *se nasalise en français.*

nasalité n. f. - XVIIIe ▪ Caractère nasal (d'un phonème).

nasarde n. f. - XVIe ▪ vx ou littér. Chiquenaude sur le nez.

① **nase** ou **naze** n. m. - XIXe ▪ fam. Nez.

② **nase** ou **naze** adj. - XIXe ; p.-ê. de *nase* « morve (des équidés) » ▪ fam. En mauvais état. ⇒ ② **fichu,** ② **mort.** *Ma voiture est nase.* ➝ (personnes) Très fatigué. ⇒ **crevé.**

naseau n. m. - XVIe ▪ Chacune des narines de certains grands mammifères, et spécialt du cheval. « *les chevaux expiraient par les naseaux une vapeur blanche* » (France). ♦ fam. *Les naseaux* : le nez.

nasillard, arde adj. - XVIIe ▪ Qui nasille, vient du nez. *Voix nasillarde.* ➝ par ext. *Le son nasillard d'un vieux disque.*

nasillement n. m. - XVIIIe ▪ Action de nasiller. « *le nasillement grêle et harcelant d'un timbre électrique* » (Mart. du G.). ♦ Cri du canard.

nasiller v. intr. [1] - XVIe 1 Parler du nez. 2 Pousser son cri, en parlant du canard. 3 Faire entendre des sons nasillards. « *Elle écarta l'écouteur, elle entendit l'appareil nasiller* » (Mart. du G.).

nasique n. f. et m. - XVIIIe 1 n. f. ou m. Grande couleuvre arboricole de l'Inde, dont les plaques nasales se prolongent en avant du museau. 2 n. m. Grand singe des forêts tropicales d'Asie *(cercopithécoïdes)*, au nez pointu très proéminent.

nasse n. f. - XIIe ; lat. 1 Engin de pêche, panier oblong en osier, en filet ou en treillage métallique. ⇒ **casier.** ♦ Filet pour la capture des petits oiseaux. 2 Mollusque gastéropode carnassier.

natal, ale adj. - XVe ; lat. 1 Où l'on est né. *Maison natale. Pays natal.* 2 Relatif à la naissance. *Troubles natals.*

❑ *Natal* et ses composés *(anténatal, néonatal, prénatal, périnatal, postnatal)* font leur pluriel en *-als.* Pour les dérivés, on entend parfois des formes fautives en *-aux.*

nataliste adj. - 1929 ▪ Qui cherche à favoriser, à augmenter la natalité. *Politique nataliste.*

natalité n. f. - XIXe ▪ Rapport entre le nombre des naissances et le chiffre de la population dans un lieu et dans un espace de temps (généralement un an) déterminés. *Pays à forte, à faible natalité. Diminution de la natalité* (⇒ **dénatalité).**

natation n. f. - XVIe ; lat. ▪ Action de nager, considérée comme un exercice, un sport. *Faire de la natation. Champion de natation.*

natatoire adj. - XIIe 1 rare Relatif à la natation. 2 *Vessie* natatoire.*

natif, ive adj. et n. - XIVe ; lat. *nativus* 1 NATIF DE : né d'une famille établie à (tel endroit). ⇒ **originaire.** « *Je m'appelle Loyal, natif de Normandie* » (Mol.). ➝ n. *Les natifs d'Auvergne.* ⇒ **indigène, naturel.** 2 Qu'on a de naissance. ⇒ **inné, naturel.** *Elle* « *avait une noblesse native* » (Balz.). 3 *Métal natif,* qui se trouve naturellement à l'état de pureté, non combiné. ⇒ **brut.** ♦ Tel qu'on le trouve dans la nature. *Protéine à l'état natif.*

❑ *Natif* est apparenté étymologiquement à *nation.* ♦ L'expression populaire *né natif (de)* est pléonastique.

nation n. f. - XIIe ; lat. 1 Groupe humain, généralement assez vaste, qui se caractérise par la conscience de son unité (historique, sociale, culturelle) et la volonté de vivre en commun. ⇒ **peuple.** *La sagesse* des nations.* 2 Groupe humain constituant une communauté politique, établie sur un territoire défini ou un ensemble de territoires définis, et personnifiée par une autorité souveraine. ⇒ **état,** ① **pays.** *Les grandes nations.* ⇒ **puissance.** ➝ *Organisation des Nations Unies (O. N. U.),* créée en 1945. 3 Ensemble des individus qui composent ce groupe. ⇒ **population.** *Vote qui exprime les vœux de la nation.* ♦ dr. Personne juridique constituée par l'ensemble des individus composant l'État, mais distincte de ceux-ci et titulaire du droit subjectif de souveraineté. « *L'Europe des Nations* » (de Gaulle). *Consulter la nation par référendum.* ➛ cour. *La nation*, la collectivité.

❑ Pour l'emploi → peuple (rem.).

national, ale, aux adj. et n. – XVIe 1 Qui appartient à une nation, qui a pour objet une nation, particulièrement celle à laquelle on appartient (opposé à *étranger*, à *international*). *Territoire national. Fête nationale.* « *alors, votre plat national, qu'est-ce que c'est ?* » (Tournier). ➛ *Langue nationale* : langue d'un groupe ethnique dont l'usage est légalement reconnu dans l'État auquel appartient ce groupe (à distinguer de *langue officielle*). *Armée nationale*, composée de citoyens (et non de mercenaires ou de volontaires étrangers). ♦ Qui incarne ou prétend incarner et servir avant tout sa nation (en se défiant de toute tendance internationaliste). *Les partis nationaux.* 2 (Opposé à *local, régional, privé*). Qui intéresse la nation entière, qui appartient à l'État, est entretenu, géré, organisé par l'État. *Biens nationaux* : biens des émigrés, de l'Église, confisqués sous la Révolution. *Défense, Éducation nationale. Assemblée nationale. Bibliothèque nationale. Musées, parcs nationaux. Équipe nationale de football.* ➛ *Route nationale*, construite et entretenue par l'État. abrév. *R.N.* [ɛʀɛn]. subst. « *On filait à toute pompe à travers le crépuscule sur la nationale 308 B* » (Queneau). 3 Qui est issu de la nation (1°), qui la représente ou l'exprime. « *nous sommes ici par la volonté nationale* » (Mirab.). *Victor Hugo, notre grand poète national.* 4 Personne qui possède telle nationalité déterminée. *Les nationaux et ressortissants français.* ✪ CONTR. Étranger.

nationalisable adj. – mil. XXe ▪ Qui peut être nationalisé.

nationalisation n. f. – XIXe ▪ Transfert à la collectivité nationale du contrôle et de la propriété des moyens de production appartenant à une entreprise privée ou de l'exercice de certaines activités. ⇒ **collectivisation, étatisation.** *Nationalisation du secteur bancaire.* ✪ CONTR. Privatisation.

nationaliser v. tr. [1] – XVIIIe ▪ Opérer la nationalisation de (une entreprise privée). ➛ *Le secteur nationalisé* (⇒ **public**). ✪ CONTR. Dénationaliser, privatiser.

❑ Ne pas confondre *nationaliser* (→ étatisation) et *naturaliser* (→ nationalité).

nationalisme n. m. – XVIIIe 1 Mouvement politique qui revendique pour une nationalité le droit de former une nation. ⇒ **séparatisme.** 2 Attachement passionné à la nation à laquelle on appartient, accompagné parfois de xénophobie et d'une volonté d'isolement. ⇒ **chauvinisme, patriotisme.** « *toutes les fureurs, toutes les imbécillités, toutes les barbaries de l'antisémitisme et du nationalisme* » (Péguy). ♦ Doctrine fondée sur ce sentiment.

❑ Ce mot n'est jamais neutre, son contexte est le combat (indépendance ou impérialisme). → patriotisme (rem.).

nationaliste adj. et n. – XIXe ▪ Qui concerne le nationalisme ou qui l'inspire. *Une politique nationaliste.* ♦ Partisan du nationalisme politique. ➛ n. « *cette manie qu'ont les nationalistes de s'attribuer le monopole du patriotisme* » (Mart. du G.). *Nationalistes qui réclament l'indépendance.* ⇒ **autonomiste, indépendantiste, séparatiste.**

nationalité n. f. – XVIIIe 1 Existence ou volonté d'existence en tant que nation d'un groupe d'hommes unis par une communauté de territoire, de langue, de traditions, d'aspirations ; ce groupe. « *en Irlande, le catholicisme est cher aux hommes comme symbole de la nationalité* » (Michelet). 2 État d'une personne qui est membre d'une nation déterminée. *Nationalité française. Elle est de nationalité italienne. Double nationalité.* ⇒ **binational.**

❑ Ne pas confondre avec *origine* : *un Français d'origine polonaise.* ♦ La carte d'identité mentionne toujours la nationalité.

national-socialisme n. m. – 1921 ▪ Doctrine du « parti ouvrier allemand » et surtout de Hitler qui en devint le chef. ⇒ **nazisme.**

national-socialiste adj. – 1923 ; all. ▪ Relatif au national-socialisme ; partisan de ce mouvement. ⇒ **hitlérien, nazi.** ➛ n. *Les nationaux-socialistes.*

❑ Au féminin il arrive qu'on fasse l'accord : *la doctrine nationale-socialiste.*

nativité n. f. – XIIe ▪ Naissance (de Jésus, de la Vierge). ➛ *Une nativité* : tableau, sculpture représentant Jésus dans la crèche, avec Joseph et Marie.

natron ou **natrum** [natʀɔm] n. m. – XVIIe, XVIIIe ; ar. *natrūn* ▪ Carbonate naturel hydraté de sodium cristallisé.

❑ Chez les Égyptiens, le natron servait à la conservation des momies.

nattage n. m. – XIXe ▪ Action de natter ; son résultat.

natte n. f. – XIe ; lat. 1 Pièce d'un tissu fait de brins végétaux entrelacés à plat, servant de tapis, de couchette. *Natte de jonc.* « *je m'accroupirais sur ces nattes à la manière orientale* » (Gide). 2 Tresse plate. 3 Tresse de cheveux. « *en soulevant les nattes de ses cheveux qu'elle portait sur les épaules* » (Proust). *Petite natte.* ⇒ **cadenette.** *Natte africaine*, dont les mèches se suivent en ligne sur le crâne.

natté n. m. – XIXe ; de *natter* 1 Tissu en laine ou coton, dont l'armure présente de petits damiers. 2 Pain fait de rubans de pâte tressés.

natter v. tr. [1] – XIVe ▪ Entrelacer, mettre en natte. ⇒ **tresser.** « *Ses cheveux nattés en petites tresses comme ceux d'une odalisque* » (Chateaub.).

nattier, ière n. – XIVe ▪ Artisan qui fabrique et vend des nattes (1°).

naturalisation n. f. – XVIe ; de *naturel* 1 Concession de la nationalité d'un pays donné à une personne qui ne possède pas cette nationalité. *Naturalisation d'un travailleur immigré.* 2 Acclimatation durable d'une espèce végétale ou animale importée dans un lieu. 3 Opération par laquelle on conserve un animal mort, une plante coupée en lui donnant l'apparence de la nature vivante. ⇒ **empaillage, taxidermie.**

naturaliser v. tr. [1] – XVe 1 Assimiler (qqn) aux nationaux d'un État par naturalisation. *Se faire naturaliser Français.* p. p. adj. *Un Français naturalisé.* subst. *Les naturalisés et les nationaux.* 2 Acclimater de façon durable (une espèce végétale ou animale). 3 Conserver (un animal, une plante) par naturalisation. ⇒ **empailler.**

❑ Ne pas confondre *naturaliser* (qqn) et *nationaliser* (qqch.).

naturalisme n. m. – XVIe 1 Doctrine selon laquelle rien n'existe en dehors de la nature, qui exclut le surnaturel. 2 Représentation réaliste de la nature en art, de la société en littérature. ⇒ **réalisme.** *Le naturalisme de Zola.*

naturaliste n. et adj. – XVIe I n. 1 Spécialiste de l'étude des sciences naturelles. ⇒ **botaniste, géologue, minéralogiste, zoologiste.** « *il passait pour un grand naturaliste, pour le successeur de Buffon* » (Balz.). 2 Artisan qui procède à la naturalisation des animaux et des plantes destinés aux collections. ⇒ **empailleur, taxidermiste.** **II** adj. 1 Qui est adepte du naturalisme. 2 Qui reproduit fidèlement la nature, la société sans l'idéaliser. *Roman naturaliste.* ✪ CONTR. Idéaliste.

nature n. f. – XIIe ; lat. **I - 1** (qualifié) *La nature de...* Ensemble des caractères, des propriétés qui définissent un être, une chose concrète ou abstraite, généralement considérés comme constituant un genre. ⇒ **essence.** *La nature d'une substance, d'un bien, d'un sentiment.* ➛ spécialt *La nature humaine.* « *Il est dans la nature humaine de penser sagement et d'agir d'une façon absurde* » (France). ♦ loc. *DE ... NATURE. De cette nature :* de ce genre, de cette espèce. *De toute nature :* de toute sorte. *Des difficultés de toute nature.* ⇒ **espèce, genre.** ♦ *DE NATURE À* (et inf.) ⇒ **propre** (à), **susceptible** (de). « *Ces recherches sont de nature à bouleverser la science* » (Duham.). 2 Ce qui est inné, spontané (par opposition à ce qui est acquis par la coutume, la vie en société, la civilisation). *L'homme dans l'état de nature.* ➛ *Seconde nature :* les caractères qui ont pris la force, l'importance de caractères innés. loc. *L'habitude est une seconde nature.* 3 *La nature de qqn, une nature :* ensemble des éléments innés d'un individu. ⇒ **caractère, idiosyncrasie, naturel, tempérament.** « *Il cachait une nature aimante sous de froids dehors* » (Goncourt). « *Par nature, elle était aimable, secourable, affable* » (Sand). ➛ loc. *Ce n'est pas dans sa nature :* il, elle n'a pas l'habitude de. 4 Personne, du point de vue de sa nature. *Une nature violente, insouciante :* une personne d'un naturel violent, insouciant. « *c'était une nature de paysan* » (Barrès). ➛ loc. *C'est une heureuse nature,* il, elle est toujours satisfait(e). *Une riche nature,* qui a de nombreux talents, ressources. *Petite nature :* personne faible, physiquement ou moralement. *C'est une nature :* il, elle a une forte personnalité. **II - 1** Principe actif, souvent personnifié, qui anime, organise l'ensemble des choses existantes selon un certain ordre. *Les lois de la nature.* « *La nature ne procède que par bonds et désordres soudains* » (Duham.). *Laisser agir, laisser faire la nature. Contrarier la nature.* 2 Principe fondamental de tout jugement moral, ensemble de règles idéales dont les lois humaines ne sont qu'une imitation imparfaite. *Chose contre nature.* ➛ vieilli *Vices contre nature :* perversions sexuelles. 3 L'ensemble des choses qui présentent un ordre ou se produisent suivant des lois ; l'ensemble de tout ce qui existe. ⇒ **monde, univers.** « *rien ne se perd ni rien ne se crée dans la nature* » (Cl. Bernard). *Les secrets de la nature.* 4 Ce qui, dans l'univers, se produit spontanément, sans intervention de l'homme. « *l'art est constamment au-dessous de la nature* » (Muss.). *Des formes géométriques qui n'existent pas dans la nature.* 5 L'ensemble des choses perçues, visibles, en tant que milieu où vit l'homme. *Sciences abstraites et sciences de la nature. Les forces de la nature.* fig. *Cet homme est une force de la nature.* ♦ spécialt Le monde physique où vit l'homme. *Protection de la nature.* ⇒ **environnement ; écologie.** *Aimer la nature.* « *un vif amour pour tout ce qui touche aux choses de la nature* » (Duham.). *Partir quelques jours en pleine nature.* ➛ fig. *Être lâché dans la nature,* dans un lieu inconnu. 6 Modèle que l'art se propose de suivre ou de reproduire. *Dessiner d'après nature. C'est plus beau, plus vrai que nature. Grandeur* nature.* 7 *EN NATURE :* en objets réels (dans un échange, une transaction), sans intermédiaire monétaire. « *chacun fournit sa part en argent ou en nature* » (Taine). *Payer en nature ;* fig. et fam. en s'offrant physiquement. **III** adj. inv. 1 Consommé sans adjonction d'autre comestible. *Thé nature. Fraises nature et fraises à la crème.* 2 fam. Naturel, vrai. « *Nana était si* [...] *nature dans ce personnage* » (Zola). *Il est nature,* spontané, franc.

❑ Employé comme adjectif, *nature* est toujours invariable : *des yaourts nature.*

naturel, elle adj. et n. – XIIe **I** Relatif à la nature (II). *Phénomènes naturels.* « *Les faits naturels et les miracles* » (Gaut.). *Cause naturelle et artefact. Sciences* naturelles.* 1 Propre au monde physique, à l'exception de l'homme et de ses œuvres (opposé à *humain, artificiel*). *Frontières naturelles. Soie naturelle.* 2 Qui n'a pas été modifié, traité par l'homme. ⇒ **brut.** *Eau minérale naturelle. Gaz naturel. À l'état naturel.* 3 Qui n'est pas altéré. ⇒ **pur.** « *des eaux-de-vie* [...] *naturelles, saines, honnêtes* » (Chardonne). *Ré naturel,* sans altération (dièse ou bémol). 4 Qui se trouve dans la nature, n'est pas le fruit de la pensée (opposé à ① *idéal*). « *La géométrie ne s'occupe pas de solides naturels* » (Poincaré). *Nombre entier naturel* ou n. m. *un naturel :* nombre entier positif de la suite 1, 2, 3, 4... 5 Fondé sur la nature, imposé par la nature (II, 2°) en tant que principe. *Inégalité naturelle et inégalité sociale.* 6 Qui est considéré comme un reflet de l'ordre de la nature. ⇒ **normal.** *Elle a de la peine, c'est naturel.* 7 dr. (opposé à *légitime*) *Enfant naturel,* né hors mariage. **II - 1** Relatif à la nature humaine, commun à tous les hommes. *Langage naturel et langage formalisé. Besoins naturels et besoins culturels. Procréation naturelle* (opposé à *artificiel, assisté*). 2 Qui est inné en l'homme (opposé à ② *acquis, appris*). ⇒ **natif.** « *Le style est une qualité naturelle comme le son de la voix* » (Claudel). *Ce comportement lui est naturel,* habituel, conforme à sa nature. 3 Qui appartient réellement à qqn, n'a pas été modifié. *Cheveux naturels. C'est sa couleur naturelle.* ➛ *Mort naturelle* (opposé à *accidentel, provoqué*). 4 Qui témoigne de la nature d'un individu et par suite exclut toute affectation, toute contrainte. ⇒ ② **franc, sincère, spontané.** *Gaieté naturelle.* ➛ impers. *Prenez cette pose, ça fait plus naturel.* ♦ (personnes) Qui se comporte, s'exprime avec spontanéité, conformément à sa nature profonde. *Restez naturel devant les caméras.* **III** n. m. 1 Ensemble des caractères qu'un individu possède en naissant. ⇒ **caractère, nature, tempérament.** « *Son naturel était bon et sincère* » (Fén.). 2 Aisance avec laquelle on se comporte, spontanéité sans affectation. ⇒ **abandon, facilité.** *Avec naturel.* ♦ Simplicité pleine de vérité (en art). « *Le naturel est ennuyeux* » (Valéry). 3 vieilli Personne originaire d'un lieu. ⇒ **autochtone, indigène, natif.** « *un naturel du village de Gruissan* » (Hugo). 4 *AU NATUREL.* Sans assaisonnement, non préparé. *Thon au naturel.* ➛ (Opposé à une représentation) *Belle photo ! est-il aussi bien au naturel ?* ✪ CONTR. Artificiel, culturel, surnaturel ; factice, falsifié ; ① idéal, anormal, arbitraire. — ② Acquis ; affecté, forcé, maniéré, recherché ; académique.

naturellement adv. – XIIe 1 De par la nature d'une chose, d'un être. « *de grands cheveux noirs, naturellement bouclés* » (Rouss.). 2 Inévitablement, nécessairement. ⇒ **infailliblement.** « *On a été naturellement porté à penser que* [...] » (Montesq.). ➛ adv. de phrase fam. ⇒ **évidemment.** *Naturellement, c'est moi qui ai tort !* 3 Par une impulsion naturelle. « *Je ne crois pas que les hommes soient bons naturellement* » (France). 4 D'une manière spontanée, aisée. *Elle le tutoyait* « *si naturellement que Léon n'en était pas surpris* » (Mart. du G.). ⇒ **aisément.** ✪ CONTR. Artificiellement, faussement.

nature morte n. f. – XVIIIe 1 Objets ou êtres inanimés (végétaux coupés, animaux morts) faisant le sujet essentiel d'un tableau ; genre de peinture qui s'attache à les représenter. *Peintre de natures mortes.* 2 Tableau dans ce genre de peinture. *Nature morte au pichet, aux oranges.*

naturisme n. m. – XVIIIe ▪ Doctrine prônant le retour à la nature dans la manière de vivre (vie en plein air, aliments naturels, nudisme).

naturiste n. et adj. – XIXe ▪ Partisan du naturisme. *Camp de naturistes.* ⇒ **nudiste.** ▸ adj. *Revue naturiste.*

nau- Élément du gr. *naus* qui signifie « navire ».

naucore n. f. – XVIIIe ; de *nau-* et gr. *koris* « punaise » ▪ Insecte carnivore des eaux stagnantes, communément appelé *punaise* d'eau.*

naufrage n. m. – XVe ; lat. *navis* « bateau » et *frangere* « briser » **1** Perte totale ou partielle d'un navire par un accident de navigation. *Faire naufrage.* ⇒ **couler, sombrer.** *Le naufrage du Titanic.* **2** fig. Destruction totale, ruine. « *Le grand homme qui nous sauvera du naufrage* » (Balz.). ⇒ **désastre.** *Naufrage des espoirs, d'une idéologie.* ⇒ **effondrement.** « *tout un désordre triste qui disait le naufrage d'une profession* » (Tournier). *Naufrage d'une entreprise.* ⇒ **faillite.**

naufragé, ée adj. et n. – XIIIe ▪ Qui a fait naufrage. « *des barques naufragées dans la vase du fleuve* » (Mauriac). *Marin naufragé.* n. « *Il se cramponnait à cette idée comme un naufragé à une bouée* » (Mac Orlan).

naufrageur n. m. et adj. – XIXe **1** Pillard qui, par de faux signaux, provoquait un naufrage pour voler la cargaison, les épaves. **2** adj. Qui provoque un naufrage, par abordage, collision. *Bateau naufrageur.* ♦ n. fig. *Les naufrageurs de l'État.* ⇒ **fossoyeur.**

naumachie n. f. – XVIe ; *nau-* et *-machie* ▪ Combat naval dans un cirque où l'arène était remplacée par un bassin, dans l'Antiquité.

naupathie n. f. – XIXe ; *nau-* et *-pathie* ▪ Mal de mer.

nauséabond, onde adj. – XVIIIe ▪ Qui cause des nausées. *Odeur nauséabonde.* ⇒ **fétide, méphitique, puant.** ▸ Qui dégage de mauvaises odeurs. « *une vapeur épaisse et nauséabonde planait* » (Camus).

> ❑ Même suffixe que dans *furibond, pudibond.*

nausée n. f. – XVe ; gr. *nautia* « mal de mer » **1** Envie de vomir. ⇒ **haut-le-cœur.** *Avoir la nausée, des nausées :* avoir mal au cœur. **2** Sensation de dégoût insurmontable. ⇒ **écœurement.** *Rien que d'y penser, j'en ai la nausée.* « *la vue des gens heureux donne la nausée du bonheur* » (Yourcenar).

nauséeux, euse adj. – XVIIIe ▪ Qui provoque des nausées. « *le mélange nauséeux de la sueur, du cuir et du coaltar* » (Romains).

-naute, -nautique Éléments, du gr. *nautês* « navigateur », *nautikos* « relatif à la navigation ».

nautile n. m. – XVIe ; gr. ▪ Mollusque céphalopode d'un type très ancien, à long siphon.

nautique adj. – XVe **1** Relatif à la technique de la navigation. ⇒ **naval.** *Carte nautique. Mille nautique :* mille marin. **2** Relatif à la navigation de plaisance et aux sports de l'eau. *Joutes nautiques. Sports nautiques* (hors-bord, régates, yachting). *Ski* nautique.*

> ❑ Distinguer *nautique* et *naval* → naval (rem.).

nautisme n. m. – 1966 ▪ Sports nautiques, et particulièrement la navigation de plaisance.

> ❑ Le synonyme *yachting* s'emploie de moins en moins au profit de ce mot.

nautonier, ière n. – XIIe ; lat. *nauta* ▪ vx Personne qui conduit un bateau. ♦ *Le nautonier des enfers,* surnom de Charon. ⇒ **nocher.**

naval, ale adj. – XIIIe ; lat. **1** Qui concerne les navires, la navigation. ⇒ **maritime, nautique.** *Constructions navales. Le navire « avait été fait sans doute dans les chantiers navals de Port-Louis »* (Le Clézio). **2** Relatif à la marine militaire, à la guerre sur mer. *Forces navales.* ⇒ ① **flotte,** ① **marine.** *Combat naval. La bataille* navale.*

> ❑ Ne pas confondre *naval* « des bateaux » et *nautique* « de la navigation » ; ces deux mots viennent d'une même racine du sanskrit.

navarin n. m. – XIXe ; de *navet* ▪ Mouton en ragoût, accompagné de petits oignons, pommes de terre, carottes, navets.

> ❑ Ne pas confondre avec *savarin* (gâteau).

navel n. f. – 1912 ; mot angl. « nombril » ▪ Orange d'une variété caractérisée par la formation d'un fruit secondaire interne.

navet n. m. – XIIe ; lat. *napus* **1** Plante d'origine asiatique *(crucifères)* cultivée pour ses racines comestibles. *Navets potagers, fourragers.* ⇒ **rave, turnep.** ♦ Racine blanche et mauve du navet potager. *Canard aux navets.* **2** fam. Œuvre d'art sans valeur. *Ce buste « n'est pas un simple navet »* (Malraux). ♦ Très mauvais film.

① **navette** n. f. – XIIIe ; de *nef* **1** Dans le métier à tisser, Instrument formé d'une pièce de bois, pointue aux extrémités, qui se déplace en un mouvement alternatif. ♦ Aiguille pour confectionner les filets de pêche. **2** Petit pain au lait ovale pour buffet. *Navettes au jambon.* **3** loc. *Faire la navette :* faire régulièrement l'aller-retour entre deux lieux déterminés. **4** Service de transport ou véhicule assurant régulièrement et fréquemment la correspondance entre deux lignes, la liaison entre deux centres de communication. *Navette entre aéroports.* **5** *NAVETTE SPATIALE :* véhicule récupérable pouvant effectuer plusieurs voyages entre la Terre et un objectif en orbite terrestre.

> ❑ Famille étymologique de *navire.* ♦ On recommande d'utiliser *navette* pour traduire l'anglais *shuttle,* nom du train empruntant le tunnel sous la Manche.

② **navette** n. f. – XVe ; de *navet* ▪ Plante *(crucifères)* voisine du colza, cultivée comme fourrage et comme oléagineux. *Huile de navette.* « *les tourteaux de navette et de colza* » (Zola).

navicert n. m. – 1940 ; mot angl., abrév. de ***navi**gation **cert**ificate* ▪ Permis de naviguer sur mer, délivré en temps de guerre par les belligérants aux navires de commerce.

naviculaire adj. – XVe ; lat. *navis* ▪ Qui a la forme allongée d'une nacelle. *Os naviculaire* : scaphoïde tarsien.

navicule n. f. – XVe ; lat. ▪ Algue microscopique, diatomée aux valves en forme de carène, dont une espèce *(navicule bleue)* provoque le verdissement des huîtres.

navigabilité n. f. – XIXe **1** État d'un cours d'eau navigable. **2** État d'un navire en mesure de tenir la mer, d'un avion en mesure de voler.

navigable adj. – XVe ▪ Où l'on peut naviguer, où un navire peut flotter. *Cours d'eau navigable. Voies navigables :* cours d'eau et canaux.

navigant, ante adj. et n. – XVe ▪ *Personnel navigant,* qui travaille à bord d'un avion (par oppos. à *personnel au sol, personnel rampant*).

> ❑ Attention à l'orthographe de l'adjectif *(...gant).* Seul le participe présent du verbe prend un *u : en naviguant sur la Méditerranée.* Sont dans le même cas *fatigant, intrigant, zigzagant.* ⇒ verbal (rem.).

navigateur, trice n. – XVIe **1** Personne qui navigue, fait de longs voyages sur mer. ⇒ ② **marin.** « *les navigateurs au long cours nourris de biscuit et de coups de fouets* » (Genet). *Un navigateur solitaire.* **2** Membre de l'équipage d'un navire ou d'un avion, chargé de l'itinéraire. *Le navigateur et le radio.* ♦ Assistant du pilote en rallye automobile. **3 n. m.** Appareil déterminant le point d'un avion ou d'un navire.

navigation **n. f.** – XIIIe **1** Le fait de naviguer, de se déplacer en mer à bord d'un navire. « *les roches du Calvados rendent la navigation dangereuse jusqu'à Cherbourg* » (Maupass.). *Navigation de plaisance.* ⇒ **nautisme.** ♦ Le fait de naviguer sur les cours d'eau. ⇒ **batellerie. 2** Science et technique du déplacement des navires. ⇒ ① **manœuvre, pilotage.** *Navigation radioélectrique.* **3** Ensemble des déplacements de navires dans un lieu, sur un itinéraire déterminé ; trafic par eau. *Lignes, compagnies de navigation.* **4** Circulation aérienne (en avion, en aérostat). ⇒ ① **vol.** *Couloir de navigation.* ➛ *Navigation spatiale, interplanétaire.*

naviguer **v. intr.** [1] – XIVe ; lat. **1** Se déplacer sur l'eau, en parlant des navires et de leurs passagers. ⇒ **voguer.** *Cargo qui navigue sous pavillon panaméen.* « *Les anciens n'ayant pas de boussole ne pouvaient naviguer que sur les côtes* » (Montesq.). **2** Voyager sur un navire, en tant que marin. **3** Pratiquer l'art de la navigation ; conduire, diriger la marche d'un navire, d'un avion. « *Je navigue à sept cent cinquante mètres d'altitude* » (St-Exup.).

naviplane **n. m.** – 1965 ; d'apr. *aquaplane* ▪ Hydroglisseur.

navire **n. m.** – XIe ; lat. *navigium* ▪ Bateau de fort tonnage. ⇒ **cargo, paquebot.** *Navire de guerre.* ⇒ **vaisseau.** *Navire porte-avions. Navire de commerce, navire marchand. Navire transbordeur.* ⇒ **ferry-boat,** région. **traversier.** *Navire-usine,* qui traite les produits de la pêche. *Affréter un navire.*

> ❑ Pour le sens → bateau (rem.).

navisphère **n. f.** – XIXe ▪ Instrument marin en forme de sphère représentant la voûte céleste, qui sert au navigateur pour s'orienter.

navrant, ante **adj.** – XVIIIe **1** Qui navre, provoque la tristesse, le découragement. ⇒ **affligeant, consternant.** « *Mais, vrai, j'ai trop pleuré ! Les aubes sont navrantes* » (Rimb.). **2** Fâcheux, regrettable. *Il n'a fait aucun progrès, c'est navrant.* ⇒ **déplorable.** ✪ CONTR. Consolant, réconfortant.

navrer **v. tr.** [1] – XIIe ; a. nord. « percer » ▪ Contrarier vivement. « *leur ville me navrait. Une espèce de foire ratée... écœurante...* » (Céline). ÊTRE NAVRÉ DE. ⇒ **désolé.** *Je suis navré de vous avoir dérangé.* ➛ ellipt *Navré, mais vous faites erreur,* excusez-moi, désolé.

naze → ① et ② **nase**

nazi, ie **n. et adj.** – 1931 ; abrév. all. de *national-sozialist,* d'apr. *sozi* « socialiste » ▪ Membre du parti national-socialiste allemand. ⇒ **hitlérien.** ♦ **adj.** Qui se rapporte à l'organisation, aux actes de ce parti. *Camps d'extermination nazis.*

nazisme **n. m.** – 1930 ▪ Mouvement, régime nazi. *La montée du nazisme.*

N.B. → **nota bene**

N.B.C. [ɛnbese] **adj. inv.** – 1990 ; sigle de *nucleaire-biologique-chimique* ▪ Relatif aux armes nucléaires, biologiques ou chimiques. *Des combinaisons de protection N.B.C.*

ne **adv. de négation** – X[e] ; lat. *non* ❑ Le *e* s'élide devant voyelle ou *h* muet : *je n'en veux pas.* **1** NE, marquant seul la négation. *N'ayez crainte ! N'importe, qu'à cela ne tienne. Je ne sais où. Que ne le disiez-vous !* « *Pas un homme en place, qui ne fût un crétin* » (Flaub.). « *vous ne savez quoi inventer* » (Balz.). *Si je ne me trompe. Voilà bien longtemps que je ne l'ai vu.* **2** NE, avec un indéf. à sens négatif. *Elle ne perdait aucune occasion.* « *La destinée n'est à personne* » (Volt.). « *c'était leur faute, si rien ne marchait* » (Zola). **3** NE ... PAS, NE ... POINT, NE ... PLUS, NE ... JAMAIS, NE ... QUE. *Il ne viendra pas. Je n'ai pas entendu. Nous ne le lui rendrons pas. Il n'a plus rien. Elle n'a qu'à le demander.* **4** NE, sans négation (explétif). « *J'ai peur que mon héros ne vous paraisse étrange* » (Muss.).

> ❑ *Ne... pas* gêne l'emploi de *est-ce que,* il faut faire l'inversion : *N'a-t-on pas frappé ? N'est-elle pas à l'école ? Ne voyage-t-il pas seul ?*

né, née **adj.** – XIIIe ; p. p. de *naître* **1** littér. Qui est né (le premier, le dernier). *Premier, dernier-né.* ♦ vx *Bien né, mal né,* de noble, de basse extraction. **2** *Mme X, née Y,* dont le nom de jeune fille est Y. ♦ *Né pour,* doté d'aptitudes pour. **3** De naissance (avec ou sans trait d'union). « *Contrairement aux peintres nés* » (Gaut.). « *Sophie-Victoire était une artiste-née* » (Maurois).

néanmoins **adv. et conj.** – XVIIe ; de *néant* et *moins* ▪ Malgré ce qui vient d'être dit ; en dépit de cela. ⇒ **cependant, pourtant.** « *Ce banquier subalterne et néanmoins millionnaire* » (Balz.). *Néanmoins, je m'en accommode.*

néant **nominal et n. m.** – XIe ; lat., de *ne* et *gens, gentis* « race » **1** Rien. vx « *des gens de néant* » (Montesq.), sans naissance, obscurs. ♦ mod. *Réduire qqch. à néant.* ⇒ **anéantir, annihiler.** *Signes particuliers : néant.* **2** littér. Valeur, importance nulle. ⇒ **faiblesse, misère.** *Avoir le sentiment de son néant.* ⇒ **inanité. 3** Ce qui n'est pas encore, ou n'existe plus. « *l'homme est matière ; il sort du néant, il rentre dans le néant* » (Hugo). ♦ Non-être. *Après la mort, c'est le néant.* « *L'Être et le Néant* », *ouvrage de Sartre.* ✪ CONTR. ② Être, existence.

néantiser **v. tr.** [1] – 1936 ▪ Concevoir comme non-être. ♦ littér. Éliminer, réduire à rien.

> ❑ *Néantiser* est un terme recherché et abstrait proche de *nier,* alors que *anéantir* a le sens de « détruire complètement ».

nebka **n. f.** – 1931 ; mot ar. ▪ Accumulation de sable autour d'un obstacle, dans un désert.

nébuleuse **n. f.** – XVIIe **1** Amas de matières raréfiées de forme irrégulière *(nébuleuses diffuses),* ou atmosphère stellaire de dimension exceptionnelle et de forme régulière *(nébuleuses planétaires).* **2** *Nébuleuse extragalactique :* amas d'étoiles et de matière interstellaire, de dimension comparable à celle de la Voie lactée. ⇒ **galaxie.**

nébuleux, euse **adj.** – XIIIe ; lat. *nebula* « brouillard » **1** Obscurci par les nuages ou le brouillard. ⇒ **brumeux, nuageux.** *Ciel nébuleux.* **2** fig. Qui manque de clarté, de netteté. ⇒ **flou, obscur,** ③ **vague.** *Projets nébuleux.* ✪ CONTR. Clair.

> ❑ Le synonyme *nuageux* s'emploie peu au sens figuré.

nébulisation **n. f.** – 1965 ▪ Dispersion d'un liquide en fines gouttelettes.

nébuliseur **n. m.** – 1960 ; lat. *nebula* « brouillard » ▪ Vaporisateur projetant une substance en très fines gouttelettes. *Médicament en nébuliseur.* ⇒ **aérosol.**

> ❑ L'*atomiseur,* lui, est plutôt réservé aux parfums.

nébulosité **n. f.** – XVe **1** Nuage, vapeur. **2** État, caractère de ce qui est nébuleux. *Nébulosité du ciel.* **3** Manque de clarté, de précision. *Nébulosité d'une explication.* ⇒ **confusion, flou, obscurité.** ✪ CONTR. Clarté, limpidité.

nécessaire **adj. et n. m.** – XIIe ; lat. **I adj. 1** Dont la présence ou l'action rend seule possible une fin ou un effet. « *Rabe ne possédait plus les deux sous nécessaires afin de payer sa place* » (Mac Orlan). impers. *Il n'est pas* *nécessaire d'espérer pour entreprendre.* « *Il nous est aussi nécessaire de cacher notre pensée que de porter des vêtements* » (France). 2 Dont l'existence, la présence est requise pour répondre au besoin (de qqn), au fonctionnement (de qqch.). ⇒ **indispensable, utile.** *Les vitamines sont nécessaires à l'organisme.* ♦ Dont on ne peut se passer. ⇒ **essentiel, primordial.** *Votre présence lui est nécessaire. Est-ce bien nécessaire ? C'est un mal nécessaire,* que l'on tolère vu les avantages qu'il comporte par ailleurs. *Elle n'a pas jugé nécessaire de nous prévenir.* 3 Qui est de la nature ou qui est l'effet d'un lien logique, causal. ⇒ ② **logique.** ➛ *Effet nécessaire,* qui doit se produire immanquablement. ⇒ **inéluctable, inévitable.** 4 Qui existe sans qu'il y ait de cause ni de condition à son existence. ⇒ **absolu, premier.** II **n. m.** 1 Biens dont on ne peut se passer (opposé à *luxe, superflu*). *Le strict nécessaire.* 2 Ce qu'il faut faire ou dire, et qui suffit. *Nous ferons le nécessaire.* 3 philos. *Le nécessaire* (opposé à *contingent*). ⇒ **nécessité.** 4 Boîte, étui renfermant les ustensiles indispensables (à un usage précis) ; l'ensemble de ces ustensiles. ⇒ **trousse.** *Nécessaire à ongles. Nécessaire de couture.* « *un nécessaire à fumeur en émail cloisonné* » (Cl. Simon). ✪ CONTR. Inutile, superflu ; contingent, éventuel.

nécessairement **adv.** – XVe 1 Par un besoin pressant, une obligation imposée. ⇒ **obligatoirement.** *Il faudra nécessairement l'opérer. Doit-on le mentionner ? Pas nécessairement.* 2 Par une implication logique. *La cause et l'effet sont liés nécessairement.* ➛ Par voie de conséquence, à coup sûr. ⇒ **fatalement, forcément, inévitablement, obligatoirement.** ✪ CONTR. Accidentellement, fortuitement.

nécessité **n. f.** – XIIe ; lat. 1 Caractère nécessaire. ⇒ **obligation.** *Il* « *ne voyait guère la nécessité de baptiser la petite* » (Zola). 2 Chose, événement inéluctable qui exerce une contrainte sur l'homme. *C'est une nécessité absolue. La nécessité de mourir.* ➛ *Par nécessité :* en étant forcé. ⇒ **nécessairement.** *J'ai accepté par nécessité plus que par choix.* 3 Enchaînement nécessaire des causes et des effets, des principes et des conséquences. « *Le Hasard et la Nécessité* », œuvre de *J. Monod.* 4 Besoin impérieux. *Objets de première nécessité,* qui correspondent à des besoins essentiels. ⇒ **indispensable.** ♦ vx *Faire ses nécessités,* ses besoins naturels. 5 État d'une personne qui se trouve obligée de faire qqch. *Être dans la nécessité d'accepter.* 6 État où l'on est contraint de faire telle ou telle chose. ➛ loc. prov. *Nécessité fait loi :* certains actes se justifient par leur caractère inévitable. ✪ CONTR. Éventualité, possibilité.

nécessiter **v. tr.** 1 – XIVe ; lat. « contraindre » 1 Entraîner par une relation nécessaire, inéluctable. ⇒ **déterminer, impliquer.** 2 Rendre indispensable. ⇒ **exiger ; demander, réclamer, requérir.** *Ce projet nécessite de gros investissements.*

nécessiteux, euse **adj. et n.** – XIVe ▪ vieilli Qui est dans le dénuement, manque du nécessaire. ⇒ **indigent, pauvre.** *Familles nécessiteuses.* ✪ CONTR. Aisé, riche.

nec plus ultra [nɛkplysyltʀa] **n. m. inv.** – XVIIe ; loc. lat. « pas au-delà » ▪ Ce qu'il y a de mieux. ⇒ **summum.** « *un appartement qui avait dû jadis sembler le* nec plus ultra *du luxe* » (Gaut.).

> ❑ Cette expression aurait été apposée sur les Colonnes d'Hercule, caps qui marquent l'entrée du détroit de Gibraltar, considérées comme les bornes du monde antique.

nécr(o)- Élément, du gr. *nekros* « mort ».

nécrobie **n. f.** – XVIIIe ; *nécro-* et *-bie* ▪ Petit insecte *(coléoptères)* vivant sur les matières organiques en décomposition.

nécrologe **n. m.** – XVIIe ▪ Registre où sont inscrits les noms des morts d'une paroisse, d'une communauté religieuse.

> ❑ Pour le suffixe → martyrologe (rem.).

nécrologie **n. f.** – XVIIIe ; *nécro-* et *-logie* 1 Notice biographique consacrée à une personne morte récemment. ➛ abrév. fam. NÉCRO. 2 Liste ou avis des décès récents, publiés par un journal, une revue.

nécrologique **adj.** – XVIIIe ▪ Qui a rapport ou appartient à la nécrologie. *Rubrique nécrologique.*

nécrologue **n. m.** – XIXe ▪ Auteur de nécrologies.

nécromancie **n. f.** – XIIe ; *nécro-* et *-mancie* ▪ Science occulte qui prétend évoquer les morts pour obtenir d'eux des révélations. ⇒ **spiritisme.**

> ❑ Mot construit comme *cartomancie, chiromancie.*

nécromancien, ienne **n.** – XIIIe ▪ Personne qui pratique la nécromancie. ⇒ **spirite.**

nécrophage **adj.** – XIXe ; *nécro-* et *-phage* ▪ Qui vit de cadavres, qui mange de la matière putréfiée. *Insecte nécrophage.*

> ❑ Pour les animaux supérieurs on dit *charognard.*

nécrophilie **n. f.** – XIXe ; *nécro-* et *-philie* ▪ Perversion sexuelle dans laquelle le plaisir est recherché avec des cadavres. ➛ Goût morbide pour les morts.

nécrophore **n. m.** – XIXe ; *nécro-* et *-phore* ▪ Insecte *(coléoptères)* qui enfouit des cadavres de rongeurs sur lesquels il pond ses œufs.

nécropole **n. f.** – XIXe ; *nécro-* et *-pole* ▪ Vaste cimetière antique. *Nécropoles égyptiennes.* « *les nécropoles embaumées où les hyènes glapissent nichées sous les momies des rois* » (Flaub.). ♦ Vaste cimetière urbain.

nécrose **n. f.** – XVIIe ; gr. ▪ Altération d'un tissu consécutive à la mort de ses cellules. ⇒ **mortification ; gangrène.**

nécroser **v. tr.** 1 – XVIIIe ▪ Frapper de nécrose. ➛ pronom. *Tissu qui se nécrose.* ➛ *Peau nécrosée.*

nectar **n. m.** – XVe ; gr. 1 Breuvage des dieux qui leur conférait l'immortalité. *Le nectar et l'ambroisie.* ➛ littér. Boisson de saveur exquise. 2 Boisson à base de jus ou de purée de fruits, d'eau et de sucre. *Nectar d'abricot.* 3 Liquide sucré que sécrètent les **nectaires.** *Abeilles qui butinent le nectar.*

nectarine **n. f.** – XIXe ▪ Pêche à peau lisse, dont le noyau n'adhère pas à la chair. ⇒ **brugnon.**

necton **n. m.** – XIXe ; gr. *nêktos* « qui nage » ▪ Partie de la faune marine qui nage. *Le necton et le plancton.*

néerlandais, aise **adj. et n.** – XIXe ; de *Nederland* « pays *(land)* bas *(neder)* » ▪ Des Pays-Bas. ⇒ **hollandais.** ♦ **n. m.** Langue germanique parlée aux Pays-Bas, en Belgique (⇒ **flamand**) et en Afrique du Sud (⇒ **afrikaans**).

> ❑ *Hollandais* doit être réservé à ce qui concerne la Hollande, région des Pays-Bas, pays dont les habitants sont les *Néerlandais.*

néerlandophone **adj. et n.** – 1978 ▪ Qui parle néerlandais, qui a pour langue maternelle ou principale le néerlandais. ➛ **n.** *Les néerlandophones.*

nef **n. f.** – XIe ; lat. *navis* 1 Grand navire à voiles du Moyen Âge. 2 Partie d'une église comprise entre le portail et le chœur. ⇒ **vaisseau.** *Nef à six travées.* « *cette nef voûtée de pesants berceaux* » (Huysm.).

néfaste **adj.** – XIVe ; lat. « interdit par la loi divine » 1 *Jours néfastes :* jours, dans l'Antiquité, où il était interdit de vaquer aux affaires publiques. 2 Qui a ou peut avoir des conséquences malheureuses. ⇒ **désastreux, funeste, mauvais.** *Influence néfaste.* ⇒ **nocif, nuisible.** ♦ *Personnage néfaste,* qui porte préjudice à son entourage. ✪ CONTR. ② Faste ; bénéfique.

nèfle n. f. – XIIIe ; lat. *mespila* ▪ Fruit du néflier, qui se consomme blet. *Nèfle rousse.* ♦ loc. fam. *Des nèfles :* rien du tout. *Travailler pour des nèfles.*

néflier n. m. – XIIIe ▪ Arbre des régions tempérées *(rosacées),* au tronc tordu, qui produit les nèfles.

négateur, trice n. et adj. – XVIIIe ▪ littér. Qui nie, a l'habitude de nier. *Esprit négateur.*

> ❑ Ne pas confondre avec *négatif* qui qualifie un état, non une action.

négatif, ive adj. et n. – XIIIe **I** - **1** Qui exprime un refus. *Réponse négative.* ♦ Qui exprime la négation. *Phrase négative.* **2** n. f. LA NÉGATIVE. *Répondre par la négative :* refuser. « *J'ai bien pensé à votre proposition et je me décide pour la négative* » (Ste-Beuve). **II** - **1** Qui est dépourvu d'éléments constructifs, qui ne se définit que par le refus de ce qui lui est proposé. *Critiques négatives.* ♦ Qui ne fait que des critiques, n'approuve aucunement sans rien proposer d'autre. *Il s'est montré plutôt négatif.* **2** Qui est dépourvu d'éléments réels, qui ne se définit que par l'absence de son contraire. « *le résultat négatif des recherches* » (Balz.). ⇒ **nul.** ➛ *Réaction négative* (à un antigène), qui ne se produit pas. *Cuti négative.* **3** Qui n'est pas bon. ⇒ **mauvais, nuisible.** *Effets négatifs d'une politique.* **4** *Grandeur négative,* qui, dans une représentation géométrique sur une droite orientée, correspond à un déplacement dans la direction inverse de celle de l'axe. ➛ *Nombre négatif :* nombre réel inférieur à zéro. *Le nombre – 2 est négatif.* **5** Se dit de ce qui peut être considéré comme opposé, inverse. *Électrode négative.* ⇒ **cathode.** ♦ *Image négative,* sur laquelle les parties lumineuses des objets représentés sont figurées par des taches sombres. ⇒ **cliché, contretype.** ➛ n. m. La plaque ou la pellicule qui porte cette image. *Il* « *saisit un négatif de radio sur sa table et l'éleva vers le jour* » (Montherl.). ✪ CONTR. Affirmatif. ① Positif ; constructif.

> ❑ Attention, il y a une différence entre *pas beau* et *laid.* → litote ; contraire (rem.).

négation n. f. – XIIe ; lat. *negare* « nier » **1** Acte de l'esprit qui consiste à nier, à rejeter une proposition, une existence ; expression de cet acte. *Négation du progrès.* « *jusqu'à douter des vérités acquises et à tomber dans la négation de tout* » (Zola). ♦ Action, attitude qui va à l'encontre d'une chose. *Cette méthode est la négation de la science.* **2** Mot ou groupe de mots qui sert à nier. *Adverbes de négation.* ✪ CONTR. Affirmation.

> ❑ Deux négations valent une affirmation qu'elles atténuent *(vous n'êtes pas sans savoir = vous savez)* → sans (rem.).

négationniste adj. et n. – 1990 ▪ Qui nie l'existence des chambres à gaz utilisées par les Nazis. ⇒ **révisionniste.**

négativement adv. – XIVe **1** D'une manière négative. *Répondre négativement.* **2** Avec de l'électricité négative. *Électron chargé négativement.* ✪ CONTR. Affirmativement. Positivement.

négativisme n. m. – XIXe ▪ Comportement pathologique qui consiste à résister à toute sollicitation. ♦ Attitude de refus. *Le négativisme des adolescents.*

négativité n. f. – XIXe **1** État d'un corps chargé d'électricité négative. **2** Caractère de ce qui est négatif (II, 1°).

négaton n. m. – 1934 ▪ Électron de charge négative (opposé à *positon*).

négatoscope n. m. – 1957 ▪ Écran lumineux pour l'examen des radiographies.

négligé n. m. – XVIIe **1** État d'une personne mise sans recherche. ⇒ **débraillé, laisser-aller.** « *Le bataillon entretenait le négligé de la véritable élégance* » (Cocteau). **2** Tenue légère que les femmes portent dans l'intimité. ⇒ **déshabillé.** ✪ CONTR. Apprêt.

> ❑ Les Anglais nous ont emprunté ce mot au sens de « tenue légère » qui est peut-être plus courant qu'en français.

négligeable adj. – XIXe ▪ Qui ne vaut pas la peine qu'on en tienne compte. ⇒ **dérisoire, insignifiant.** *Détails négligeables. Un avantage non négligeable.* ♦ *Quantité négligeable,* dont l'omission n'entraîne pas d'erreur appréciable dans le résultat final. ➛ loc. *Traiter qqn comme (une) quantité négligeable,* ne tenir aucun compte de lui. ✪ CONTR. Appréciable, important, notable, remarquable.

négligemment [negliʒamɑ̃] adv. – XIIIe **1** D'une manière négligente, sans soin. **2** Avec une négligence feinte. *Un* « *madras négligemment noué sur sa tête à la manière des créoles* » (Balz.). **3** Sur un ton, avec un air d'indifférence.

négligence n. f. – XIIe **1** Attitude, état d'une personne dont l'esprit ne s'applique pas à ce qu'elle fait ou devrait faire. ⇒ **nonchalance, paresse.** *Je n'ai pas répondu par pure négligence.* ♦ Manque de précautions, de prudence, de vigilance. ⇒ **insouciance, laisser-aller.** **2** Faute non intentionnelle, consistant à ne pas accomplir un acte qu'on aurait dû accomplir. ⇒ **omission, oubli.** *Accident dû à une négligence.* ♦ Faute due au manque de rigueur, de soin. *Négligences de style.* ✪ CONTR. Application, soin, zèle.

négligent, ente adj. – XIIe ▪ Qui fait preuve de négligence. « *J'attends sa lettre d'abord, je peux attendre longtemps, elle est si négligente* » (Proust). ✪ CONTR. Appliqué, consciencieux, soigneux.

négliger v. tr. 3 – XIVe ; lat. **1** Laisser (qqch.) manquer du soin, de l'application, de l'attention qu'on lui devrait ; ne pas accorder d'importance à. *Négliger sa santé.* ⇒ se **désintéresser** (de). « *Je négligeais ces sages avertissements et j'eus lieu de m'en repentir* » (France). ➛ pronom. *Se négliger :* ne pas prendre soin de sa personne, de sa toilette. ➛ *Tenue négligée.* ♦ NÉGLIGER DE : ne pas prendre soin de (faire qqch.). *Il a négligé de nous prévenir.* ⇒ **omettre, oublier.** **2** Porter à (qqn) moins d'attention, d'affection qu'on ne le devrait. *Négliger ses amis.* ⇒ **abandonner, délaisser.** **3** Ne pas tenir compte, ne faire aucun cas de. ⇒ **dédaigner, méconnaître.** *Ce n'est pas à négliger.* ⇒ ① **écarter.** ♦ *Négliger une occasion,* la laisser passer. ✪ CONTR. Occuper (s').

négoce n. m. – XIIe ; lat. *negotium* ▪ Commerce, activité commerciale. ⇒ **commerce.** *Liberté du négoce.* ♦ Activité d'achat et de revente de marchandises sur les marchés internationaux. ⇒ **import-export.**

négociabilité n. f. – XVIIIe ▪ Qualité attachée à certaines formes que peuvent revêtir les titres représentatifs d'un droit ou d'une créance transmissibles par les procédés du droit commercial. ⇒ **cessibilité.**

négociable adj. – XVIIe ▪ Qui peut être négocié (II, 2°). ⇒ **cessible, transférable, transmissible.** *Titre négociable.* ♦ Qui peut faire l'objet d'une négociation.

négociant, iante n. – XVIe ▪ Personne qui se livre au négoce, au commerce en grand. ⇒ **commerçant, concessionnaire, distributeur, exportateur, grossiste, importateur, marchand, trader.** *Négociant en vins.*

négociateur, trice n. – XIVe 1 Personne qui a la charge de négocier une affaire. ⇒ **intermédiaire.** 2 Agent diplomatique chargé de négocier un accord, un traité.

négociation n. f. – XIVe 1 Opération d'achat et de vente portant sur une valeur mobilière, un effet de commerce. *Négociation de titres.* 2 Série d'entretiens, de démarches qu'on entreprend pour parvenir à un accord, conclure une affaire. ⇒ **tractation.** *Être en négociation avec qqn.* ♦ Échange de vues entre deux ou plusieurs puissances, en vue d'aboutir à la conclusion d'un accord. ⇒ **pourparler.** *Négociations sur le désarmement.* ➛ Recherche d'un accord, comme moyen d'action politique (opposé à *force, guerre*). ⇒ **dialogue.** « *obtenir des frontières préservatrices par force ou par négociation* » (Chateaub.).

négocier v. [7] – XIVe ; lat. *negotiari* « faire du commerce » **I** v. intr. Mener une négociation. ⇒ **discuter.** *Gouvernement qui négocie avec une puissance étrangère.* ⇒ **traiter.** ➛ Régler un conflit par voie de négociation. **II** v. tr. 1 Établir, régler (un accord) entre deux parties. *Négocier une convention. Négocier son salaire.* ⇒ **débattre, discuter.** 2 Céder, réaliser (un effet de commerce, une valeur mobilière). pronom. *Ce titre se négocie au plus haut cours. Valeurs négociées à terme.* 3 *Négocier un virage :* manœuvrer de manière à bien prendre un virage à grande vitesse.

> ❑ *Négocier un virage* est un calque de l'anglais *to negociate a curve.*

négondo n. m. – XVIIe ; mot malais ▪ Érable d'Amérique du Nord *(acéracées)*, à feuilles panachées de blanc.

nègre, négresse n. et adj. – XVIe ; esp. ou port. *negro* « noir » 1 vieilli ou péj. Personne de race noire. ♦ Autrefois, esclave noir. *Traite des nègres.* ➛ loc. *Travailler comme un nègre,* très durement. 2 n. m. Personne qui ébauche ou écrit les ouvrages signés par une autre (plus connue). 3 *Nègre en chemise :* entremets au chocolat garni de crème. 4 *PETIT-NÈGRE :* français à la syntaxe simplifiée, parlé par les indigènes des anciennes colonies françaises. *Parler petit-nègre.* ➛ Mauvais français. 5 adj. Qui appartient, est relatif à la race noire. vieilli ou péj. *Tribus nègres.* ♦ *Art nègre. Musique nègre.* ⇒ **black.** ♦ loc. adj. inv. *Nègre-blanc :* dont l'ambiguïté ménage les parties. *Des solutions nègre-blanc.*

négrier, ière adj. et n. m. – XVIIe 1 Relatif à la traite des Noirs ; qui s'occupait de la traite des Noirs. *Capitaine négrier.* 2 n. m. Marchand d'esclaves. ➛ Personne qui traite ses employés comme des esclaves. ♦ Navire qui servait à la traite des Noirs.

négrillon, onne n. – XVIIIe ▪ vieilli ou péj. Enfant de race noire.

negritude n. f. – 1933 ▪ Ensemble des caractères propres à la race noire ; appartenance à la race noire.

> ❑ Ce mot a été répandu par L. S. Senghor. ♦ Le suffixe *-itude* sert à désigner un état, une qualité (*béatitude, solitude, servitude* et *féminitude* formé plus récemment).

négro n. m. – XIXe ▪ péj. (injure raciste) Personne de race noire. « *elle s'adresse à un de ces noirs : "Bonjour, négro !"* » (Proust).

négro-africain, aine adj. – 1924 ▪ Relatif aux Noirs d'Afrique.

négro-américain, aine adj. – 1945 ▪ Relatif aux Noirs d'Amérique. ⇒ **afro-américain.**

négroïde adj. – XIXe ▪ Qui présente certaines caractéristiques propres à la race noire. *Type négroïde.*

negro-spiritual, als [negʀospiʀitɥɔl, ɔls] n. m. – 1926 ; mot angl., de *negro* « nègre » et *spiritual* « (chant) spirituel » ▪ Chant religieux chrétien des Noirs des États-Unis. ⇒ **gospel.**

néguentropie n. f. – 1964 ; angl. *neg(ative) entropy* ▪ Entropie* négative.

négus [negys] n. m. – XVIe ; amharique *negûs* « roi » ▪ Titre porté par les souverains éthiopiens.

> ❑ Rare avant le XVIIIe s., ce nom s'est répandu au XXe s. pour désigner l'empereur Hailé Sélassié.

neige n. f. – XIVe ; de *neiger* 1 Eau congelée dans l'atmosphère, qui tombe en flocons blancs et légers. *Chute, tempête de neige. Boule, bonhomme de neige. Accumulation de neige.* ⇒ **congère, névé ; avalanche.** ➛ « *quand viendra l'hiver aux neiges monotones* » (Baud.). *Fonte des neiges.* loc. *L'abominable homme des neiges.* ⇒ **yéti.** ➛ *Pneus neige,* antidérapants. ➛ *Blanc comme neige ;* fig. innocent. ♦ *La neige :* lieu où la neige abonde. *Aller à la neige,* aux sports d'hiver. *Vacances de neige.* 2 *Neige artificielle :* substance chimique utilisée pour simuler la neige (au cinéma). *Neige carbonique.* ⇒ **carboglace.** ♦ arg. Cocaïne en poudre. ♦ *Battre des blancs* (d'œufs) *en neige,* de manière à obtenir un appareil blanc et ferme. *Œufs à la neige :* entremets composé de blancs d'œufs battus et pochés, servis avec une crème. ⇒ **île** (flottante).

neiger v. impers. [3] – XIIe ; lat. *nix, nivis* « neige » ▪ Tomber, en parlant de la neige. « *Il neigeait. L'âpre hiver fondait en avalanche* » (Hugo).

neigeux, euse adj. – XVe 1 Couvert de neige. *Cimes neigeuses.* ⇒ **enneigé.** 2 Qui évoque la neige par sa douceur, sa blancheur. « *ses ruches de tulle neigeuses* » (Balz.).

nélombo n. m. – XVIIIe ; mot cinghalais ▪ Plante aquatique *(nymphéacées)* à fleurs roses, parfois blanches.

nem [nɛm] n. m. – v. 1980 ; mot vietnamien ▪ Petit pâté* impérial.

némale n. m. – XIXe ; gr. *nêma* « fil » ▪ Algue rouge gélatineuse *(rhodophycées)* qui croît dans les eaux à cours rapide.

némathelminthes n. m. pl. – XIXe ; de *némat(o)-* et *helminthe* ▪ Embranchement de la classification des êtres vivants qui comprend les vers cylindriques non segmentés.

némat(o)- Élément, du gr. *nêma, nêmatos* « fil ».

nématocyste n. m. – XIXe ; *némato-* et *-cyste* ▪ Vésicule urticante des cœlentérés.

nématodes n. m. pl. – XIXe ; gr. « semblable à du fil » ▪ Classe de l'embranchement des némathelminthes, généralement parasites des animaux et des végétaux.

néné n. m. – XIXe ; probabl. de la rac. onomat. *nann* ▪ fam. Sein de femme.

① **nénette** n. f. – 1944 ; p.-ê. de *comprenette* ▪ fam. vieilli Tête. *Se casser la nénette :* se fatiguer (intellectuellement).

② **nénette** n. f. – 1917 ; p.-ê. de la rac. onomat. *nann-* ▪ fam. 1 Jeune fille, jeune femme. ⇒ **nana.** 2 nom déposé Brosse douce munie d'un manche servant à lustrer la carrosserie d'une automobile.

nenni adv. – XIIe ; de *nen,* forme de *non,* et *il* ▪ Adverbe de négation. région., vx ou plais. ⇒ **non.**

nénuphar n. m. – XIIIe ; ar. *nînûfar* ▪ Plante aquatique vivace *(nymphéacées)* dont les grandes feuilles rondes s'étalent sur l'eau. ⇒ **lotus, nélombo.**

> ❑ La graphie *nénufar* est constante jusqu'au début du XXe s., en accord avec l'étymologie. La graphie avec *ph,* qui viendrait d'un rapprochement inexact avec *nymphéa,* apparaît en 1935 (Académie). ♦ Pour la finale en *...ar* → caviar (rem.).

néo- Élément, du gr. *neos* « nouveau ».

❑ Les mots composés correspondant à un nom de lieu débutant par *Nouveau-* ou *Nouvelle-* prennent toujours un trait d'union : *le territoire néo-calédonien, les Néo-Zélandais.* Les autres mots sont soudés *(néolibéralisme)* sauf lorsqu'il y a une possibilité de mauvaise lecture *(néo-impressionnisme).*

néoblaste n. m. – 1907 ; *néo-* et *-blaste* ■ Chacune des cellules indifférenciées qui, chez certains animaux, assurent la reconstitution des parties amputées.

néocapitalisme n. m. – 1931 ■ Capitalisme qui admet l'intervention de l'État dans certains domaines.

néoceltique adj. – XIXe ■ Se dit des langues modernes dérivées des langues celtiques.

néoclassicisme n. m. – 1905 ■ Mouvement littéraire préconisant le retour au classicisme, sous une forme renouvelée. ♦ Formes d'art imitées de l'Antiquité classique.

néoclassique adj. – 1902 ■ Qui appartient, est relatif au néoclassicisme.

néocolonialisme n. m. – v. 1960 ■ Forme de colonialisme qui impose la domination économique à une ancienne colonie.

néocomien, ienne n. et adj. – XIXe ; de *Neocomum,* nom lat. de Neuchâtel ■ Division du crétacé inférieur.

néocortex [neokɔʀtɛks] n. m. – av. 1950 ■ Couche de substance grise, qui constitue la paroi des hémisphères cérébraux.

néocriticisme n. m. – XIXe ■ Doctrine philosophique renouvelée du kantisme.

néodarwinisme [neodaʀwinism] n. m. – v. 1902 ■ Transformisme par sélection naturelle, sans hérédité des caractères acquis.

néodyme n. m. – XIXe ; all. ■ Élément atomique (Nd ; n° at. 60 ; m. at. 144,24), métal blanc de la série des lanthanides.

néoformation n. f. – XIXe ■ sc. Formation de tissus nouveaux. ➝ Tumeur. ⇒ **néoplasme.**

néogène n. m. – XIXe ; *néo-* et *-gène* ■ Période du tertiaire, comprenant le miocène et le pliocène.

néoglucogenèse n. f. – 1963 ■ Production de glucose ou de polyosides, à partir de substances non glucidiques.

néogothique adj. et n. m. – 1929 ■ Qui imite le gothique. *Chapelle néogothique.*

néogrec, néogrecque adj. – XIXe 1 Qui a rapport à la Grèce moderne. *Langue néogrecque.* 2 Qui imite l'art de la Grèce ancienne.

néo-impressionnisme n. m. – XIXe ■ Mouvement pictural fondé par Seurat. ⇒ **pointillisme.**

❑ Le trait d'union est obligatoire (la suite *oim* se prononcerait différemment). → néo- (rem.).

néolibéralisme n. m. – XIXe ■ Forme de libéralisme qui admet une intervention limitée de l'État.

néolithique adj. et n. m. – XIXe ■ Relatif à l'âge de la pierre polie. « *les gravures rupestres néolithiques* » (Tournier). ➝ n. m. *Vestiges du néolithique.*

néologie n. f. – XVIIIe ; *néo-* et *-logie* 1 Création de mots nouveaux. *Commission de néologie.* 2 Processus par lesquels le lexique d'une langue s'enrichit.

néologique adj. – XVIIIe ■ Relatif à la néologie, au néologisme. *Emploi néologique.*

néologisme n. m. – XVIIIe ■ Mot nouveau ; sens nouveau d'un mot. *Un néologisme mal formé.* « *Ce sont des mots que j'ai inventés* [...] *– Vous pratiqueriez donc le néologisme ?* » (Queneau).

❑ Le néologisme est souvent présenté entre guillemets pour prendre ses distances → guillemet (rem.). ♦ Certains distinguent le néologisme (formé en français) et l'emprunt récent.

néomycine n. f. – 1949 ; *néo-* et *-myces* ■ Antibiotique à large spectre d'action.

néon n. m. – XIXe ; gr. *neos* « nouveau » 1 Élément atomique (Ne ; n° at. 10 ; m. at. 20,18), gaz incolore de la série des gaz rares. *Enseigne lumineuse au néon.* ♦ abusivt *Tube au néon :* tout tube fluorescent. 2 Éclairage par tube fluorescent ; ce tube. « *une vitrine de bijoux pleine de néons brutaux* » (Le Clézio).

néonatal, ale adj. – 1954 ■ Qui concerne le nouveau-né. *Mortalité néonatale. Soins néonatals.*

néonatologie n. f. – v. 1970 ; angl. *neonate* « nouveau-né » ■ Branche de la médecine qui s'occupe du nouveau-né.

❑ On trouve aussi *néonatalogie,* mot mal formé car il ne provient pas de *néonatal.*

néonazi, ie adj. et n. – 1952 ■ Du néonazisme ; favorable au néonazisme. ➝ n. *Les néonazis.*

néonazisme n. m. – 1951 ■ Mouvement politique d'extrême droite qui s'inspire du nazisme.

néophyte n. et adj. – XVe ; gr. *neophutos* « nouvellement planté » 1 Dans l'Église primitive, Personne nouvellement convertie au christianisme et baptisée. 2 Adepte récent d'une doctrine, d'un système, ou nouveau membre d'un parti, d'une association. ⇒ **novice, prosélyte.** « *une ferveur de néophyte* » (Genev.). ➝ adj. *Un joueur néophyte.* ⇒ **débutant.**

néoplasique adj. – XIXe ■ Qui concerne un néoplasme.

néoplasme n. m. – XIXe ; *néo-* et *-plasme* ■ Prolifération pathologique de cellules, de tissus. ➝ Tumeur cancéreuse. ⇒ **cancer.**

néoplatonicien, ienne n. et adj. – XIXe ■ Partisan du néoplatonisme. ➝ *Doctrine néoplatonicienne.*

néoplatonisme n. m. – XIXe 1 Doctrine inspirée de la philosophie de Platon, qui prit naissance à Alexandrie vers le IIIe s. 2 Mouvement inspiré du platonisme.

néopositivisme n. m. – 1908 ■ Théories positivistes du XXe siècle.

néoprène n. m. – 1959 ; nom déposé ; angl., de *neo-* et *pr(opyl)ene* ■ Caoutchouc synthétique thermoplastique. *Colle au néoprène.*

néoréalisme n. m. – v. 1935 ■ Théorie renouvelée du réalisme. ♦ École cinématographique italienne.

néoréaliste adj. – XIXe ■ Relatif au néoréalisme, qui en suit les principes. *Film néoréaliste.*

néoténie n. f. – XIXe ; gr. *neos* « jeune » et *teinein* « étendre, prolonger » ■ Persistance des formes larvaires au cours du développement d'un organisme.

néothomisme n. m. – v. 1902 ■ Thomisme moderne, répandu depuis l'encyclique de Léon XIII *Æterni patris* (1879).

néottie n. f. – XIXe ; gr. *neotteia* « nid d'oiseau » ■ Orchidée sans chlorophylle *(orchidacées).*

nèpe n. f. – XVIIIe ; lat. *nepa* « scorpion » ■ Insecte rhynchote des eaux stagnantes *(hémiptères).* ⇒ **punaise** (d'eau), **scorpion** (d'eau).

népenthès [nepɛ̃tɛs] **n. m.** – XVIe ; mot gr. « qui dissipe la douleur » 1 Chez les Grecs, Breuvage magique qui dissipait la tristesse, la colère. 2 Plante carnivore *(sarracéniacées)* de Malaisie et de Madagascar.

népérien, ienne **adj.** – XIXe ; de *Neper*, mathématicien ▪ *Logarithme népérien*, de base e.

népète **n. f.** – XVIIe ; lat. ▪ Plante à odeur forte *(labiées)* qui comprend de nombreuses espèces, dont la cataire.

néphélion **n. m.** – XVIIIe ; gr. « petit nuage » ▪ Tache transparente de la cornée. ⇒ **albugo, leucome, taie.**

néphélométrie **n. f.** – déb. XXe ; gr. *nephelê* « nuage » et *-métrie* ▪ Mesure de la concentration d'une émulsion d'après sa transparence.

néphrectomie **n. f.** – XIXe ; *néphr(o)-* et *-ectomie* ▪ Ablation d'un rein.

néphrétique **adj.** – XIVe ; gr. « qui souffre des reins » ▪ Relatif au rein malade. *Colique néphrétique :* douleur aiguë provoquée par un spasme des uretères, souvent dû au passage d'un calcul.

❑ Dans l'usage courant, on parle de *coliques néphrétiques* (au pluriel).

néphridie **n. f.** – XIXe ; gr. *nephridios* « qui concerne le rein » ▪ Organe excréteur de certains invertébrés.

néphrite **n. f.** – XVIe ▪ Maladie inflammatoire du rein.

néphr(o)- Élément, du gr. *nephros* « rein ».

néphrographie **n. f.** – XIXe ▪ Radiographie du rein.

néphrologie **n. f.** – XIXe ▪ Étude du rein.

néphrologue **n.** – XIXe ▪ Spécialiste de néphrologie.

néphron **n. m.** – 1954 ▪ Unité anatomique et fonctionnelle du rein. *Un rein humain comprend environ 1 million de néphrons.*

néphropathie **n. f.** – XIXe ; *néphro-* et *-pathie* ▪ Affection du rein.

néphrose **n. f.** – 1931 ▪ Affection des tubes urinifères rénaux.

népotisme **n. m.** – XVIIe ; it., de *nepote* « neveu », lat. *nepos* 1 Faveur et autorité excessives accordées autrefois par certains papes à leurs neveux, leurs parents. 2 littér. Abus qu'une personne en place fait de son influence pour procurer des avantages, des emplois à sa famille, à ses amis.

neptunium [nɛptynjɔm] **n. m.** 1940 ; de *Neptune* Élément transuranien radioactif (Np ; n° at. 93 ; m. at. 237,04), métal argenté de la série des actinides.

néréide **n. f.** – XVe ; gr. *nereis* 1 Dans la mythologie grecque, Nymphe de la mer. 2 Ver marin, annélide fouisseur *(polychètes)*, qui vit sur les fonds vaseux.

nerf [nɛʀ] **n. m.** – XIe ; lat. *nervus* « ligament, tendon » **I** - 1 Ligament, tendon des muscles. *Le lion « est tout nerf et muscle »* (Buff.). *Se froisser un nerf. Une viande pleine de nerfs.* ◆ *NERF DE BŒUF :* ligament cervical du bœuf étiré et durci, dont on se servait comme d'une matraque. 2 Ce qui fait la vigueur d'une personne, d'un animal. ⇒ **vigueur.** *Avoir du nerf. « le café, ça donnait du nerf »* (Zola). ◆ fam. *Allons, du nerf !* ♦ Ce qui donne l'efficacité. *Le nerf de la guerre :* l'argent. 3 Cordelette au dos d'un livre relié, à laquelle est cousu un cahier, et qui forme une nervure apparente. **II** - 1 Cordon blanchâtre qui relie un centre nerveux à un organe ou à une structure organique. *Le nerf sciatique. Excitabilité des nerfs. Inflammation d'un nerf.* ⇒ **névrite.** 2 au plur. *LES NERFS*, considérés comme le centre de l'équilibre mental. *Avoir les nerfs solides, des nerfs d'acier,* du sang-froid. *Avoir les nerfs fragiles.* ◆ loc. *C'est un paquet de nerfs,* une personne très nerveuse. *Porter sur les nerfs. « L'orage vous a donné sur les nerfs, ma pauvre »* (Bernanos). ⇒ **énerver.** *Avoir les nerfs tendus, à vif, à fleur de peau :* être très énervé. *Être sur les nerfs,* être très fatigué, n'agir que par des efforts de volonté. *Être à bout de nerfs,* dans un état de surexcitation qu'on ne peut plus maîtriser. ◆ *Crise de nerfs :* cris, pleurs, gestes désordonnés. *Passer ses nerfs sur qqn, qqch. :* décharger son agressivité sur qqn, qqch. qui n'en est pas la cause.

❑ Ne pas confondre *avoir du nerf* « de l'énergie, du ressort » et *avoir ses nerfs* « céder à l'énervement ».

néritique **adj.** – XIXe ; p.-ê. gr. *nêritês* « coquillage » ▪ Se dit des sédiments marins déposés entre la zone littorale et la plate-forme continentale.

néroli **n. m.** – XVIIe ; nom d'une princesse it. ▪ Fleur d'oranger destinée à la distillation.

nerprun **n. m.** – XVIe ; lat. *niger prunus* « prunier noir » ▪ Arbre vivace à fruits noirs *(rhamnacées).* ⇒ **alaterne, bourdaine.**

nervation **n. f.** – XVIIIe ▪ Disposition des nervures d'une feuille, d'une aile d'insecte.

nerveusement **adv.** – XVIe 1 Avec nerf, vigueur. 2 Par l'action du système nerveux. *Être ébranlé nerveusement.* 3 D'une manière nerveuse, excitée.

nerveux, euse **adj.** et **n.** – XIIIe **I** - 1 Qui a des tendons vigoureux, apparents. *Viande nerveuse,* trop ferme. ⇒ **coriace, filandreux, tendineux.** 2 Qui a du nerf. ⇒ **vigoureux.** *Un cheval nerveux.* ♦ *Voiture nerveuse,* qui a de bonnes reprises. ♦ *Style nerveux,* qui a de la force, de la concision. **II** - 1 Relatif au nerf, aux nerfs (II). *Cellule nerveuse.* ⇒ **neurone.** *Système nerveux :* ensemble des organes, des éléments qui commandent les fonctions de sensibilité, motilité, nutrition et, chez les vertébrés supérieurs, les facultés intellectuelles et affectives. *Centres nerveux.* 2 Qui concerne les nerfs, comme support de l'émotivité. *« Il était parvenu à une telle tension nerveuse qu'il claquait des dents »* (Mart. du G.). *Rire nerveux ; toux nerveuse* ⇒ **convulsif.** ◆ *Maladies nerveuses,* qui affectent le psychisme sans lésion organique connue. ⇒ **névrose.** *Troubles d'origine nerveuse.* ⇒ **psychosomatique.** 3 Émotif et agité, qui ne peut garder son calme. *Une attente qui rend nerveux.* ⇒ **agité, énervé, excité, fébrile.** ◆ **n.** *C'est un grand nerveux.* ✪ CONTR. ① Mou ; languissant. ② Calme, flegmatique.

nervi **n. m.** – XIXe ; it. *nervo* « vigueur » ▪ Homme de main. ⇒ **sbire.**

❑ Ce mot est un pluriel italien francisé comme singulier ; on écrit donc, au pluriel, *des nervis.*

nervosité **n. f.** – XVIe ▪ État d'excitation nerveuse passagère. ⇒ **énervement.** *« Le gonflement spasmodique* [...] *de ses muscles maxillaires trahissait seul sa nervosité »* (Colette). ✪ CONTR. ① Calme.

nervure **n. f.** – XIVe ▪ Ligne saillante sur une surface, rappelant un nerf (I, 1°), un tendon. 1 Filet saillant traversant le limbe d'une feuille. 2 Filet corné, ramifié, qui soutient la membrane de l'aile chez certains insectes. 3 Arête saillante des voûtes d'ogives. *« les nervures de la voûte, réunies en rosace »* (Bernanos). 4 Filet saillant qui renforce la résistance d'une pièce. *Nervures d'une bielle.* ◆ Partie de l'armure d'une aile d'avion. 5 Petit pli décoratif en relief sur un vêtement, piqué près du bord.

nervuré, ée **adj.** – XIXe ▪ Qui présente des nervures. *Feuille, aile nervurée.*

nescafé **n. m.** – 1942 ; marque déposée, de *Nes(tlé)* et *café* ▪ Café soluble.

nestorien, ienne n. et adj. – XIIIe ▪ Disciple de Nestorius, hérésiarque qui affirmait que les deux natures du Christ possédaient leur individualité propre. *Les nestoriens furent condamnés par le concile d'Éphèse* (431). ➝ adj. *Hérésie nestorienne.*

① **net** [nɛt] n. m. – XIXe ; mot angl. « filet » ▪ *Il y a net :* la balle a effleuré le haut du filet (tennis, ping-pong, volley-ball).

② **net, nette** [nɛt] adj. et adv. – XIIe ; lat. *nitidus* « brillant » **I** adj. **1** Que rien ne ternit ou ne salit. ⇒ **propre.** loc. *Avoir les mains nettes,* propres, bien lavées ; n'avoir rien à se reprocher. ♦ Propre et soigné. *Intérieur net.* **2** Qui est débarrassé, nettoyé (de ce qui salit, encombre). ➝ loc. *Faire place nette :* vider les lieux ; renvoyer ceux dont on veut se débarrasser. ♦ *En avoir le cœur net,* en être assuré. **3** Qui est sans mélange ; qu'aucun élément étranger n'altère. ⇒ **pur.** *Avoir la conscience nette :* se sentir irréprochable. **4** Dont on a déduit tout élément étranger (opposé à *brut*). *Prix net. Poids net.* ♦ NET DE : exempté de, non susceptible de. *Net d'impôt.* **5** Clair. *Se faire une idée nette de qqch. Explication claire et nette.* ⇒ **lumineux.** ➝ *Nette amélioration,* très sensible. ♦ Qui ne laisse pas de place au doute, à l'hésitation. *Réponse nette,* sans équivoque. ➝ *Il a été très net :* il a parlé sans ambiguïté. ♦ fam. Clair dans son comportement. *Il n'est pas très net, ton copain.* **6** Qui frappe par des contours fortement marqués ; qui ne donne lieu à aucune ambiguïté. ⇒ **distinct,** ① **précis.** *Image nette. Coupure nette.* ➝ n. *Mettre au net,* au propre, recopier de façon claire et lisible. « *Il les mit au net* [ses vers] *sur une belle feuille de parchemin* » (Muss.). **II** adv. **1** D'une manière précise, brutale ; tout d'un coup. *S'arrêter net. Il « lui avait coupé les vivres, tout net »* (Flaub.). **2** vieilli D'une manière claire, franche ; carrément. *Je lui ai dit tout net ce que j'en pensais.* ✪ CONTR. Sale. Confus, équivoque, évasif, flou, imprécis, ③ vague.

> ❑ Au sens de « propre », ne se dit pas des personnes, mais peut se dire d'une partie du corps. ♦ Au sens figuré (moralement), *net* ne s'emploie qu'au négatif (pour évoquer le double jeu, l'hypocrisie, le calcul).

nettement adv. – XIIe ▪ D'une manière nette. **1** Avec clarté. « *marquer nettement les différences* » (Sainte-Beuve). ⇒ ① **bien.** ♦ D'une manière incontestable. *L'emporter nettement sur un adversaire.* ⇒ **franchement.** ♦ fam. Beaucoup. *Il va nettement mieux.* **2** D'une manière très visible. *Les feuillages se découpent nettement sur le ciel.* ⇒ **distinctement.**

netteté n. f. – XIIe **1** Qualité de ce qui est net. ⇒ **clarté, précision.** *La netteté d'un souvenir.* **2** Caractère de ce qui est clairement visible, bien marqué. *Netteté d'une photo.* ✪ CONTR. Flou.

nettoiement n. m. – XIIe **1** Ensemble des opérations ayant pour but de nettoyer. ⇒ **assainissement, nettoyage.** *Service du nettoiement.* **2** *Nettoiement des terres :* destruction des herbes ou plantes nuisibles. ⇒ **débroussaillage.**

> ❑ *Nettoiement* est d'un emploi plus technique et plus administratif que *nettoyage.*

nettoyage n. m. – XIVe **1** Action de nettoyer ; son résultat. *Nettoyage des vêtements.* ⇒ **blanchissage, lavage.** *Nettoyage à sec.* ➝ *Nettoyage par le vide,* en débarrassant (un lieu) de ce qui l'encombre. **2** Action de débarrasser un lieu d'ennemis.

> ❑ Pour le sens →nettoiement (rem.). ♦ On parle aujourd'hui de *nettoyage ethnique* dans l'ex-Yougoslavie.

nettoyant, ante adj. et n. m. – 1926 ▪ Qui nettoie, détache. ⇒ **détersif.** ➝ n. m. *Un nettoyant ménager.*

nettoyer v. tr. [8] – XIIe ; de *net* **1** Rendre propre, en débarrassant de tout ce qui ternit ou salit. ⇒ **laver.** *Nettoyer la baignoire.* ➝ *Nettoyer à l'eau, à sec.* ➝ *Nettoyer une plaie.* ➝ *Nettoyer un bassin.* ⇒ **curer, draguer.** ➝ *Nettoyer un jardin,* ôter les mauvaises herbes, les feuilles mortes, etc. **2** Rendre net en débarrassant de ce qui remplit, encombre. « *Des pluies de déluge* [...] *nettoyèrent le ciel et le laissèrent pur de nuages* » (Camus). ➝ fam. Vider de son argent. *Se faire nettoyer au jeu.* ⇒ **lessiver.** **3** Débarrasser de gens dangereux, d'ennemis. « *en un quart d'heure* [ils] *nettoient la maison d'ennemis* » (Volt.). ♦ fam. Éliminer, tuer. ⇒ **liquider.** ✪ CONTR. Salir.

nettoyeur, euse n. – XVe **1** Personne qui nettoie. ⇒ **laveur.** **2** n. m. Appareil servant à nettoyer.

① **neuf** adj. numér. inv. et n. inv. – XIIe ; lat. *novem* **I** adj. numér. card. Nombre entier naturel équivalant à huit plus un (9 ; IX). **1** *Les neuf dixièmes de la population. Figure à neuf angles.* ⇒ **ennéagone.** *Enfant de neuf ans* [nœvɑ̃]. *Neuf cent trois.* **2** pronom. *Elles étaient neuf.* **II** adj. numér. ord. **1** Neuvième. *Louis IX. Article 9.* ➝ *Il est 9 h 5.* **2** n. m. Ce qui porte le numéro 9. *Habiter (au) 9, rue de...* **III** n. m. inv. **1** *Trois fois neuf, vingt-sept.* **2** Le chiffre, le numéro 9. *Un 9 mal fait.*

② **neuf, neuve** adj. et n. m. – XIe ; lat. *novus* **I** - **1** Qui vient d'être fait et n'a pas encore servi. *Étrenner une robe neuve.* ➝ *À l'état neuf ; tout neuf,* qui semble n'avoir jamais été utilisé. **2** Plus récent. *La vieille ville et la ville neuve.* ⇒ **moderne.** **3** ⇒ **nouveau,** ② **original.** « *Quant au* XIXe *siècle, à ses idées neuves* » (Renan). **4** Qui n'a pas encore l'expérience, l'habitude. ⇒ **inexpérimenté, novice.** « *J'étais neuf dans le métier* » (Alain). ♦ *Un cœur neuf,* sans expérience. **5** fam. QQCH. DE NEUF. ⇒ **nouveau.** *Rien de neuf dans l'affaire X. Quoi de neuf ?* **II** n. m. **1** Ce qui est neuf. *Vendre du neuf et de l'occasion.* **2** DE NEUF : avec qqch. de neuf. *Être vêtu de neuf.* ➝ À NEUF : de manière à rendre l'état ou l'apparence du neuf. *Appartement refait à neuf,* rénové. ✪ CONTR. Ancien, usé, vieux.

> ❑ À la différence de *nouveau, neuf* insiste sur l'idée de « qui n'a pas encore servi » : *il a une nouvelle voiture,* une voiture qui remplace la précédente mais qui n'est pas forcément *neuve.*

neume n. m. et f. – XIVe ; gr. *pneuma* « souffle, émission de voix » **1** n. m. Signe servant autrefois à la notation du plain-chant. **2** n. f. Groupe de notes émises d'un seul souffle.

neural, ale, aux adj. – XIXe ; gr. *neuron* « nerf » ▪ Relatif au système nerveux.

neurasthénie n. f. – XIXe ; de *neur(o)-* et *asthénie* **1** Névrose caractérisée par une grande fatigabilité, des troubles psychiques, cardiovasculaires, digestifs, sexuels, endocriniens, et des douleurs diverses. **2** État durable d'abattement. ⇒ **dépression.**

neurasthénique adj. et n. – XIXe ▪ Relatif à la neurasthénie. ♦ Atteint de neurasthénie. ⇒ **dépressif, déprimé.** ➝ n. « *Vous êtes un joli neurasthénique* » (Proust).

neur(o)- Élément, du gr. *neuron* « nerf ».

neurobiologie n. f. – 1913 ▪ Étude du fonctionnement des cellules et des tissus nerveux.

neuroblaste n. m. – XIXe ; *neuro-* et *-blaste* ▪ Cellule nerveuse embryonnaire.

neurochimie n. f. – av. 1971 ▪ Science qui étudie les constituants chimiques du système nerveux et les substances qui interviennent dans son fonctionnement physiologique.

neurochirurgie n. f. – 1932 ▪ Chirurgie des nerfs, des centres nerveux.

neurochirurgien, ienne n. - 1951 ▪ Chirurgien qui pratique la neurochirurgie.

neurodépresseur n. m. - v. 1970 ▪ Médicament qui fait baisser la tension et ralentit diverses activités cérébrales.

neuroendocrinien, ienne adj. - 1952 ▪ Relatif aux phénomènes engendrés dans l'organisme par le système nerveux et les glandes endocrines.

neuroendocrinologie n. f. - 1946 ▪ Science qui étudie les phénomènes neuroendocriniens.

neuroleptique adj. et n. m. - 1955 ; *neuro-* et *-leptique* ▪ Se dit des médicaments qui exercent une action calmante globale sur le système nerveux. ⇒ **psychotrope.** ➛ n. m. *Un neuroleptique.*

neurologie n. f. - XVIIe ; *neuro-* et *-logie* ▪ Branche de la médecine qui étudie le système nerveux.

neurologue n. - 1907 ▪ Médecin spécialisé en neurologie.

neuromédiateur n. m. - 1975 ▪ Neurotransmetteur.

neuromusculaire adj. - XIXe ▪ Qui concerne les muscles, l'activité musculaire et ses commandes nerveuses.

neuronal, ale, aux adj. - 1955 ▪ Du neurone (1° et 2°).

neurone n. m. - XIXe ; gr. *neuron* « nerf » **1** Cellule nerveuse qui comprend un corps cellulaire, un prolongement axial, cylindrique (⇒ **axone**) et des prolongements secondaires (⇒ **dendrite**). **2** *Neurone formel :* modèle informatique du fonctionnement simplifié d'un neurone biologique.

neuropathie n. f. - 1906 ; *neuro-* et *-pathie* ▪ Maladie du système nerveux.

neuropathologie n. f. - XIXe ▪ Partie de la pathologie qui traite des maladies du système nerveux.

neuropeptide n. m. - v. 1973 ▪ Membre d'une classe de peptides synthétisés par les neurones.

neurophysiologie n. f. - XIXe ▪ Physiologie du système nerveux.

neuroplégique adj. et n. m. - mil. XXe ; de *neuro-* et gr. *plêssein* « frapper » ▪ Se dit d'une substance capable de paralyser la transmission de l'influx nerveux.

> ❑ Même famille que *hémiplégique, paraplégique, tétraplégique.*

neuropsychiatre [nøʀopsikjatʀ] n. - 1913 ▪ Spécialiste de neuropsychiatrie.

neuropsychiatrie [nøʀopsikjatʀi] n. f. - 1910 ▪ Discipline médicale qui englobe la psychiatrie, la neurologie et leurs relations.

neuropsychologie [nøʀopsikɔlɔʒi] n. f. - 1951 ▪ Étude des phénomènes psychiques en liaison avec la physiologie et la pathologie du système nerveux.

neurosciences [nøʀosjɑ̃s] n. f. pl. - av. 1982 ▪ Ensemble des connaissances et des recherches concernant le système nerveux.

neurotoxine n. f. - 1909 ▪ Toxine qui agit sur le tissu nerveux.

neurotoxique adj. - 1983 ▪ *Gaz neurotoxique :* gaz de combat, qui atteint le système nerveux et le contrôle des muscles.

neurotransmetteur n. m. - v. 1960 ▪ Substance libérée par les terminaisons neuronales et qui assure la transmission de l'influx nerveux. ⇒ **neuromédiateur.**

neurotrope adj. - 1922 ▪ Doué de neurotropisme.

neurotropisme n. m. - 1907 ; *neuro-* et *-tropisme* ▪ Propriété d'une substance chimique, d'un microbe ou d'un virus de se fixer sélectivement sur les tissus ou les centres nerveux.

neurovégétatif, ive adj. - 1925 ▪ *Système neurovégétatif :* ensemble des structures nerveuses qui contrôlent la vie végétative. ⇒ **orthosympathique, parasympathique.** ➛ *Troubles neurovégétatifs.*

neurula n. f. - 1942 ; de *neur(o)-*, d'apr. *morula* ▪ Stade du développement embryonnaire des vertébrés, où se forme l'ébauche du système nerveux.

neutralisant, ante adj. - XVIIIe ▪ Qui neutralise. *Shampoing neutralisant* (après une teinture).

neutralisation n. f. - XVIIIe **1** Action de neutraliser, de se neutraliser, d'équilibrer. *Neutralisation d'un agent nocif par un anticorps.* **2** Action de retirer la qualité de belligérant, de soustraire au droit de la guerre. *Neutralisation du personnel sanitaire.*

neutraliser v. tr. [1] - XVIe **1** Assurer à (un État, un territoire, une ville) la qualité de neutre. **2** SC. Rendre neutre. *Neutraliser un acide par une base.* ➛ Annuler, amortir l'effet de. *Par le mélange, le marron neutralise le bleu, en donnant du gris.* **3** Empêcher d'agir, par une action contraire qui tend à annuler les efforts ou les effets ; rendre inoffensif. ⇒ **annihiler.** *Neutraliser l'adversaire. Neutraliser la circulation,* l'arrêter provisoirement sur un tronçon de route. ♦ v. pron. *Se neutraliser :* se compenser, se faire équilibre réciproquement.

neutralisme n. m. - 1915 ▪ Doctrine politique qui tend à ne pas lier une nation à un groupe de puissances. ✪ CONTR. Interventionnisme.

neutraliste adj. et n. - 1916 ▪ Favorable à une neutralité garantie à l'égard de puissances en conflit (ou de régimes antagonistes). ✪ CONTR. Interventionniste.

neutralité n. f. - XIVe **1** État d'une personne qui reste neutre (2°). « *Quelque effort qu'il fît ensuite pour obtenir de la vieille dame une bienveillante neutralité, il n'y parvint pas* » (Camus). ♦ Attitude du psychanalyste, qui ne doit pas intervenir au cours de la cure. **2** État d'une nation qui ne participe pas à une guerre ⇒ aussi **non-engagement.** **3** État d'un corps neutre. ✪ CONTR. Intervention.

neutre adj. et n. - XIVe ; lat. *neuter* « ni l'un ni l'autre » **1** Qui est dans l'état de neutralité, n'appartient à aucune des parties adverses ; qu'on décide de maintenir en dehors des hostilités. *Pays neutre.* ➛ n. m. pl. LES NEUTRES : les nations neutres. **2** Qui s'abstient de prendre parti, de s'engager. ⇒ **impartial,** ① **objectif.** *Rester neutre dans un débat.* **3** Qui appartient à une catégorie grammaticale où ne se manifeste pas le contenu mâle/femelle, la forme masculin/féminin. **4** Qui n'est ni acide, ni basique. *Solution neutre.* ➛ Se dit d'un corps qui n'est chargé ni par l'électricité positive, ni par l'électricité négative. *Fil neutre dans le triphasé.* ➛ *Particule neutre.* ⇒ **neutron.** ➛ *Élément neutre :* en mathématiques, élément qui combiné avec un autre élément donne pour résultat ce dernier élément. **5** Se dit des insectes dont les organes sexuels sont atrophiés et qui protègent ou approvisionnent la communauté. **6** *Couleur, teinte neutre,* indécise, sans éclat. **7** Qui est dépourvu de passion, d'originalité ; qui reste froid, détaché. *Style neutre.* « *La voix est redevenue neutre,* [...] *privée d'intonation* » (Robbe-Grillet). ✪ CONTR. Belligérant. Vif.

> ❑ On qualifie parfois de *neutre* le pronom *le* qui remplace *cela, quelque chose, rien, quelqu'un, personne,* pronoms indifférents au genre. En français le neutre prend le statut masculin en dépit de ce qui est dénommé (ex. *cela* peut désigner *une chanson*).

neutrino n. m. – 1935 ; mot it., de *neutro* « neutre » ▪ Particule (lepton) électriquement neutre, de masse infime, capable de traverser toute matière.

neutrographie n. f. – v. 1950 ; de *neutron* et *-graphie* ▪ Radiographie effectuée à l'aide d'un faisceau de neutrons.

neutron n. m. – 1912 ; mot angl., de *neutral* « neutre » ▪ Particule élémentaire, électriquement neutre, qui fait partie de tous les noyaux atomiques, sauf du noyau d'hydrogène normal.

neutronique adj. – 1934 ▪ Du neutron.

neutrophile adj. – 1903 ; de *neutre* et *-phile* ▪ Qui a une affinité pour le mélange de colorants acides et basiques (opposé à *acidophile* et à *basophile*). *Leucocytes neutrophiles.*

neuvain n. m. – XVIe ▪ Strophe, poème de neuf vers.

neuvaine n. f. – XIVe ▪ Série de prières, qu'on fait pendant neuf jours consécutifs.

neuvième adj. et n. – XIIIe **I** adj. **1** adj. numér. ord. Qui suit le huitième. *Le IXe siècle.* « *La Neuvième Symphonie* », *de Beethoven. Il a fini neuvième.* ♦ *Trente-neuvième.* **2** Se dit d'une partie d'un tout également divisé ou divisible en neuf. *La neuvième partie de son volume.* ➛ n. m. *Quatre neuvièmes* (4/9). **II** n. **1** *Elle est la neuvième sur la liste.* **2** n. f. anciennt Cours élémentaire de deuxième année. ➛ En musique, Intervalle de neuf degrés.

neuvièmement adv. – XVe ▪ En neuvième lieu.

névé n. m. – XIXe ; lat. *nix, nivis* « neige » ▪ Masse de neige durcie qui alimente parfois un glacier.

neveu n. m. – XIe ; lat. *nepos* « petit-fils » ▪ Fils du frère, de la sœur ; du beau-frère ou de la belle-sœur (opposé à *oncle, tante*). *Son neveu et sa nièce. Neveu à la mode de Bretagne* : fils d'un cousin germain ou d'une cousine germaine.

❑ Même origine étym. que *népotisme*.

névralgie n. f. – XIXe ; *névr(o)-* et *-algie* **1** Douleur ressentie dans le territoire d'un nerf sensitif. **2** Mal de tête. ⇒ **céphalée.** « *une névralgie furieuse lui vrillait les tempes* » (Huysm.).

névralgique adj. – XIXe **1** Relatif à la névralgie. *Douleur, point névralgique.* **2** *Le point névralgique d'une situation.* ⇒ **sensible.**

névraxe n. m. – XIXe ; de *névr(o)-* et *axe* ▪ Ensemble du cerveau et de la moelle épinière (axe cérébrospinal).

névrite n. f. – XIXe ; *névr(o)-* et *-ite* ▪ Lésion inflammatoire des nerfs. ➛ abusivt Toute atteinte des nerfs.

névr(o)- Élément, du gr. *neuron* « nerf ».

névroglie [nevʀɔgli] n. f. – XIXe ; de *névro-* et gr. *glia* « glu » ▪ Tissu conjonctif de soutien du système nerveux.

névropathe adj. et n. – XIXe ; *névro-* et *-pathe* ▪ vieilli Qui souffre de troubles psychiques, de névrose. ⇒ **névrosé.**

névroptère n. m. – XVIIIe ; *névro-* et *-ptère* ▪ Insecte aux ailes transparentes sillonnées de nombreuses nervures.

névrose n. f. – XVIIIe ; *névr(o)-* et ② *-ose* ▪ Affection caractérisée par des troubles affectifs et émotionnels, dont le sujet est conscient mais ne peut se débarrasser, et qui n'altèrent pas l'intégrité de ses fonctions mentales. ⇒ **hystérie, neurasthénie.** « *j'aime ma névrose. Je ne veux pas guérir* » (Ionesco). *Névroses et psychoses. Névrose obsessionnelle.*

névrosé, ée adj. et n. – XIXe ▪ Qui souffre d'une névrose. ⇒ **déséquilibré, névropathe.**

névrotique adj. – XVIIIe ▪ Relatif à une névrose. *Comportement névrotique.*

newton [njutɔn] n. m. – v. 1950 ; n. pr. ▪ Unité de mesure de force (symb. N), correspondant à une accélération de 1 m/s² communiquée à une masse de 1 kg. ➛ *Newton-mètre* : unité de mesure de moment* d'une force (symb. Nm).

newtonien, ienne [njutɔnjɛ̃, jɛn] adj. et n. – XVIIIe ▪ Relatif à Newton, à son système. ➛ n. Partisan des théories, du système de Newton.

❑ Dérivé du nom du physicien, mathématicien et astronome anglais Isaac *Newton* (1642-1727).

nez n. m. – XIe ; lat. *nasus* **I** - **1** Partie saillante du visage, entre le front et la lèvre supérieure, qui abrite l'organe de l'odorat (partie antérieure des fosses nasales). *Base, racine, ailes, arête, bout du nez.* fam. *Les trous de nez* : les narines. *Nez droit, busqué, crochu.* « *Le nez en bec d'aigle, et bien coupant* » (Alain). *Nez pointu. Nez camus, épaté. Nez retroussé, en trompette.* ➛ « *Le nez de Cléopâtre : s'il eût été plus court, toute la face de la terre aurait changé* » (Pasc.). ➛ *Le nez de Cyrano.* ➛ *Mettre ses doigts dans le nez. Se boucher le nez,* pour ne pas sentir une odeur désagréable. *Aspirer, souffler, respirer par le nez. Parler du nez.* ⇒ **nasiller.** *Saigner du nez.* **2** loc. *Sentir à plein nez,* très fort. ➛ fam. *Gagner les doigts dans le nez,* sans aucune difficulté. *Mener qqn par le bout du nez,* le mener à sa guise. ➛ *Ne pas voir plus loin que le bout de son nez* : manquer de prévoyance. ➛ *À vue de nez* : approximativement. ➛ *Cela lui pend au nez* : cela va lui arriver. ➛ fam. *Se bouffer le nez* : se disputer violemment. ➛ *Se piquer le nez* : s'enivrer. *Avoir un verre, un coup dans le nez* : être un peu ivre. ➛ *Cela se voit comme le nez au milieu de la figure* : c'est très apparent ; évident. ➛ fam. *Avoir qqn dans le nez,* le détester. ➛ *Ton nez bouge, remue* : tu mens. ♦ (Belgique) *Faire de son nez* : prendre un air prétentieux. ♦ *PIED DE NEZ* : geste de dérision qui consiste à étendre la main, en appuyant le pouce sur son nez. **3** Face, figure, visage. *Montrer le bout de son nez* : se montrer à peine. ♦ loc. fam. *Mettre le nez dehors* : sortir. ➛ *Le nez en l'air, au vent* : la tête levée, en musant. *Baisser le nez* : baisser la tête en signe de honte, de dépit. *Piquer du nez* : laisser tomber sa tête en avant en s'endormant. ➛ *Fourrer son nez partout* : être curieux, indiscret. *Ne pas lever le nez de son travail,* y rester plongé. ➛ *Avoir le nez sur qqch.* : être tout près. « *Et vous, la mère ? toujours le nez sur la marmite ?* » (France). ➛ *Claquer la porte au nez de qqn,* le congédier, le rebuter avec brusquerie. ➛ *Se trouver nez à nez avec qqn,* le rencontrer brusquement, à l'improviste. « *attablés nez à nez* » (Zola). ⇒ **face** (à face). ➛ *Au nez de qqn,* devant lui, sans se cacher. « *Ils me rient au nez, me disent que je fais l'enfant* » (Mariv.). ➛ *Passer sous le nez* : échapper à qqn après avoir semblé être à sa portée. *Élève qui triche sous le nez du professeur,* sous ses yeux. **4** Flair, perspicacité. loc. *Avoir du nez, avoir le nez creux.* ➛ didact. Critère de dégustation d'un vin. ♦ fam. Créateur de parfums. ➛ Goûteur de vins. **5** Mufle, museau, groin, hure, etc. *Taureau qui porte un anneau dans le nez.* **II** - **1** Partie saillante située à l'avant. ⇒ ② **avant.** *Bateau qui tombe sur le nez.* ⇒ **proue.** ♦ Partie effilée à l'avant du fuselage (d'un avion). *Avion qui pique du nez.* **2** *Nez de gouttière* : morceau de zinc conique soudé à un tuyau de descente. **3** Cap. *Le nez de Jobourg.* ✪ HOM. Né.

❑ Même famille étym. que *nasal, naseau, nasiller, nasique...* ♦ L'élément savant correspondant est *rhin(o)-*, tiré du grec.

ni conj. – IXe ; lat. *nec* ▪ Conjonction négative, servant à unir en les distinguant des parties du discours, des membres de phrase ou des propositions. **I** *Ni* accompagné d'une autre négation. 1 à l'intérieur d'une proposition négative. « *Elle n'a rien de fin ni de distingué* » (Balz.). « *Il ne sait pas parler ni raconter ce qu'il vient de voir* » (La Bruy.). *Ne dire ni oui ni non. Ni toi ni moi ne partirons.* ♦ n. m. fam. *Un ni-ni,* une réponse négative à une alternative. 2 joignant plusieurs propositions négatives. « *Il n'avance ni ne recule* » (Maupass.). « *Ni l'ignorance n'est défaut d'esprit ni le savoir n'est preuve de génie* » (Vauven.). « *Il ne croit pas que l'histoire soit ni ne devienne jamais une science* » (France). II *Ni* sans autre négation. « *Tel que je suis, ni meilleur, ni pire* » (Rouss.). « *Rien de si plat ni de si uniforme* » *que ce pays* (Mauriac). *Ces honnêtes femmes qui « savent, sans rien permettre ni rien promettre, faire espérer plus qu'elles ne veulent tenir »* (Rouss.). « *Patience et longueur de temps Font plus que force ni que rage* » (La Font.). ✪ HOM. Nid.

> ❑ Si *ni* est la négation de *et,* le verbe se met le plus souvent au pluriel : « *Ni l'or ni la grandeur ne nous rendent heureux* » (La Fontaine) ; si *ni* est la négation de *ou* (exprimant l'exclusion), le verbe est au singulier : *ni l'un ni l'autre ne cédera.*

niable adj. – XVIIe ▪ rare (sauf au négatif) Qui peut être nié. *Cela n'est pas niable.* ✪ CONTR. Indéniable.

niais, niaise adj. – XIIe ; lat. *nidus* « nid » 1 En fauconnerie, Qui n'est pas encore sorti du nid. 2 Dont la simplicité, l'inexpérience va jusqu'à la bêtise. ⇒ **naïf, nigaud.** ➝ n. *Pauvre niais !* ⇒ **andouille.** 3 Qui exprime la niaiserie. *Sourire niais.* ⇒ **béat.** « *refrains niais, rythmes naïfs* » (Rimb.). ✪ CONTR. ② Fin, malicieux, malin, rusé.

niaisement adv. – XVIe ▪ D'une façon niaise.

niaiserie n. f. – XVIe 1 Caractère d'une personne ou d'une chose niaise. ⇒ **bêtise, crédulité ; sottise.** *Niaiserie d'un scénario.* 2 Action, parole de niais ; sujet futile. ⇒ **bêtise.** « *il ne me vient à l'esprit que des niaiseries* » (Gide). ✪ CONTR. Finesse.

niaiseux, euse adj. et n. – d. i. ▪ (Canada) Niais, sot. *Un film niaiseux.*

niaouli n. m. – XIXe ; mot de Nouvelle-Calédonie ▪ Arbrisseau exotique *(myrtacées)* qui fournit l'essence qui entre dans la composition du goménol.

nib [nib] adv. – XIXe ; abrév. de *nibergue, niberque,* de *bernique* ▪ arg. vieilli Rien. *J'y comprends que nib.*

① **niche** n. f. – XIIIe ; p.-ê. de l'a. v. *niger, nicher* « agir en niais » ▪ vieilli Tour malicieux destiné à taquiner, attraper qqn. ⇒ **blague,** ② **farce.** *Faire des niches à qqn.*

② **niche** n. f. – XIVe ; de *nicher* 1 Enfoncement pratiqué dans l'épaisseur d'une paroi pour abriter un objet décoratif. « *la madone, dans sa niche, accrochée au mur* » (Maupass.). 2 Enfoncement formant réduit. *Lit dans une niche.* ⇒ **alcôve.** 3 Abri en forme de petite maison où couche un chien. *À la niche !* 4 *Niche écologique.* ⇒ **biotope.**

nichée n. f. – XVIe ▪ Jeunes oiseaux d'une même couvée. ⇒ **couvée.** ➝ par ext. *Nichée de souris, de chiens.*

nicher v. [1] – XIIe ; lat. *nidus* « nid » I v. intr. 1 Faire son nid. ⇒ **nidifier.** « *les choucas qui nichaient dans les pierres du vieux château* » (France). ➝ Se tenir dans son nid ; y couver. 2 fam. Demeurer, s'établir dans un logement. ⇒ **crécher, percher.** II *SE NICHER* v. pron. 1 Faire son nid. 2 Se blottir, se cacher. *Un village qui se niche dans la verdure.* ➝ Se mettre, se fourrer. « *Où le système métrique va-t-il se nicher ?* » (Apoll.).

> ❑ De la même famille : *dénicher, nichon.*

nichet n. m. – XVIIIe ▪ Œuf factice qu'on met dans les nichoirs, les pondoirs pour que les poules y aillent pondre.

nichoir n. m. – XVIe 1 Cage pour faire couver les oiseaux. 2 Endroit où nichent les oiseaux.

nichon n. m. – XIXe ; de *se nicher* ▪ fam. et pop. Sein de femme.

nichrome [nikʀom] n. m. – 1920 ; nom déposé, de *nickel* et *chrome* ▪ Alliage de nickel et de chrome, avec un peu de fer.

nickel n. m. – XVIIIe ; abrév. de *Nikolaus,* sobriquet donné par les mineurs all. au lutin des mines 1 Corps simple (Ni ; n^o at. 28 ; m. at. 58,71), métal blanc argenté, malléable et ductile, très résistant et inaltérable à la température ordinaire. 2 adj. inv. fam. Qui est d'une propreté impeccable. *C'est drôlement nickel chez eux.*

nickelage n. m. – XIXe ▪ Dépôt d'une couche de nickel. ⇒ **galvanisation, galvanoplastie.**

nickelé, ée adj. – XIXe ; p.-ê. d'un dial. *aniclé* « noué, arrêté dans sa croissance » ▪ loc. fam. *Avoir les pieds nickelés :* refuser d'agir, se montrer paresseux.

> ❑ Le mot s'est répandu à travers « *Les Aventures des Pieds Nickelés* », créées en 1908 par le dessinateur et conteur Louis Forton.

nickeler v. tr. [4] – XIXe ▪ Couvrir d'une mince couche de nickel, par procédé électrolytique. ⇒ **galvaniser.** ➝ *Métal nickelé.*

nicodème n. m. – XVIIe ; nom d'un pharisien qui posa au Christ des questions naïves ▪ fam., vieilli ⇒ **niais, nigaud.**

nicol n. m. – XIXe ; de *Nicol,* physicien angl. ▪ Instrument d'optique, utilisé pour l'étude des phénomènes de polarisation de la lumière. ⇒ **prisme.**

nicotine n. f. – XIXe ; herbe à *Nicot* « tabac » ▪ Alcaloïde du tabac, liquide huileux, violent excitant du système neurovégétatif.

> ❑ Jean Nicot a introduit le tabac en France sous le nom de *nicotiane* au XVIIe s.

nicotinique adj. – XIXe ▪ De la nicotine. *Amide nicotinique :* vitamine PP.

nicotinisme n. m. – XIXe ▪ ⇒ **tabagisme.**

nictation ou **nictitation** n. f. – XIXe ; lat. *nictare* « clignoter » ▪ Clignements dus à la contraction spasmodique des muscles orbiculaires des paupières.

nictitant, ante adj. – XIXe ; du rad. de *nictation* ▪ *Paupière nictitante :* troisième paupière qui préserve l'œil des oiseaux nocturnes d'une lumière trop vive, par un clignotement constant ; troisième paupière du chat.

nid n. m. – XIIe ; lat. *nidus* 1 Abri que les oiseaux se construisent pour y pondre, couver leurs œufs et élever leurs petits. « *Sous une tombe de marbre* [...] *une chouette avait fait son nid* » (Le Clézio). *Nid d'alouette. Nid d'aigle* (⇒ **aire**) ; par métaph. construction en un lieu élevé, escarpé. ♦ *NID-DE-POULE :* petite dépression dans une chaussée. *Des nids-de-poule.* ➝ *NID-DE-PIE :* poste d'observation en haut du mât. *Des nids-de-pie.* ♦ loc. *Prendre, trouver l'oiseau (la pie) au nid :* surprendre qqn chez lui. 2 Abri de certains animaux. *Nid d'écureuil, de souris. Nid de fourmis.* ➝ fam. *Nid à rats :* logement exigu et mal tenu. 3 *NID-D'ABEILLES :* broderie en forme d'alvéoles de ruche. *Des nids-d'abeilles.* ➝ Tissu d'armure spéciale dessinant des alvéoles carrés. *Serviettes de toilette nid-d'abeilles.* ➝ Structure alvéolaire rappelant celle d'un rayon de miel. 4 Logis considéré sous son aspect d'intimité, de confort. « *C'est le cottage, le vrai nid d'une lune de miel romantique* » (Goncourt). 5 *nidange* marque déposée *Nid d'ange :* manteau de bébé en forme de sac muni d'une capuche. 6 *NID DE... :* endroit où se trouvent rassemblées des personnes qu'on a lieu de redouter. ⇒ **repaire.** *Nid de brigands.* ✪ HOM. Ni.

nidation n. f. – XIXe ■ Implantation de l'œuf fécondé des mammifères dans la muqueuse utérine.

nidification n. f. – XVIIIe ■ Art, action ou manière de nidifier ; construction d'un nid. « *le bel et surprenant instinct de la nidification* » (Duham.).

nidifier v. intr. [7] – XIIe ■ Construire un nid. ⇒ **nicher.**

nièce n. f. – XIIe ; lat. *neptis* ■ Fille du frère ou de la sœur, du beau-frère ou de la belle-sœur. *Ses neveux et nièces.*

niellage n. m. – XIXe ■ Opération par laquelle on nielle un ouvrage d'orfèvrerie. ⇒ ② **niellure.**

① **nielle** n. f. – XIIe ; lat. *nigella* « nigelle » I rare ou région. 1 Nigelle*. 2 *Nielle des blés.* ⇒ **lychnis.** II Maladie de l'épi des céréales (notamment du blé), produite par une anguillule. *La nielle du blé.*

❑ Doublet de *nigelle,* qui désigne la même plante.

② **nielle** n. m. – XIe ; lat. *niger* « noir » ■ Incrustation décorative d'émail noir sur métal ; émail noir (sulfure d'argent) servant pour cette incrustation. *Travail d'orfèvrerie en nielles.* ⇒ ② **niellure.**

① **nieller** v. tr. [1] – XVIe ■ Attaquer, gâter par la nielle. ➛ *Blé niellé.*

② **nieller** v. tr. [1] – XIe ■ Orner, incruster de nielles. ➛ *Une petite horloge* « *indiquait l'heure sur son cadran d'argent niellé* » (Gaut.).

nielleur n. m. – XIXe ■ Graveur de nielles.

① **niellure** n. f. – XVIe ■ Effets de la nielle sur les céréales.

② **niellure** n. f. – XIIe ■ Technique de gravure en nielles (⇒ **niellage**) ; travail en nielles.

nième ou **énième** [ɛnjɛm] adj. et n. – XIXe ; de *n* désignant un nombre, en math. 1 sc. D'ordre *n. Puissance $n^{ième}$.* 2 D'ordre indéterminé. *Je vous le répète pour la nième fois.* « *recommençant pour la énième fois ses interminables additions* » (Perec).

❑ La transcription graphique *énième,* commençant par une voyelle, présente l'avantage d'être directement lisible (même cas pour *ixième*), à la différence de la transcription *nième.* Le problème s'est posé de façon analogue pour *érémiste,* de *R.M.I., ixette,* de *l'X* → érémiste, ixette (rem.).

nier v. tr. [7] – Xe ; lat. *negare* 1 Rejeter (un rapport, une proposition) ; penser, se représenter (qqch.) comme inexistant ; déclarer irréel. ⇒ **contester, démentir, disconvenir.** *Nier l'évidence. Nier un fait, un événement. L'accusé nie tout. L'accusé persiste à nier* (ce dont on l'accuse). *Nier ce que qqn vient d'affirmer.* ⇒ **contredire.** ➛ *Nier l'existence de Dieu.* ♦ *NIER* (et l'inf. passé). *Ils* « *nieront avoir rien vu* » (Gide). ♦ *NIER QUE* (et l'indic.). *Il nie qu'il est venu à quatre heures* (il est pourtant venu) ; — (et subj.) *Il nie qu'il soit venu* (on ne sait s'il est venu ou non). 2 (sans compl.) Refuser, rejeter les croyances, les valeurs proposées. « *Nier, croire, et douter bien, sont à l'homme ce que le courir est au cheval* » (Pasc.). 3 dr. *Nier un dépôt, une dette,* soutenir qu'on n'en est point débiteur. *Nier sa signature.* ⇒ **désavouer.** 4 Refuser l'idée de. « *Sa mythomanie est un moyen de nier la vie* » (Malraux). ✪ CONTR. Affirmer, avouer, reconnaître.

nifé n. m. – déb. XXe ; de *Ni* et *Fe,* symb. du nickel et du fer ■ Noyau de la Terre, qui serait constitué de nickel et de fer.

nigaud, aude adj. et n. – XVe ; abrév. de la prononc. pop. de *Nicodème* 1 Qui se conduit d'une manière niaise. ⇒ **gauche, sot.** ➛ n. ⇒ **benêt, dadais, niais.** « *me prends-tu pour un nigaud ?* » (Balz.). ➛ (avec une nuance affectueuse, à un enfant) ⇒ ② **bêta.** *Allons, gros nigaud, ne pleure pas !* 2 n. m. Petit cormoran, d'aspect lourd et maladroit. ✪ CONTR. Malin.

nigelle n. f. – XVIe ; lat. ■ Plante à feuillage très fin *(renonculacées),* dont les graines étaient utilisées comme condiment (toute-épice). ⇒ ① **nielle.** *Nigelle des champs.*

❑ Forme savante de ① *nielle.*

night-club [najtklœb] n. m. – 1930 ; mot angl. ■ vieilli Boîte de nuit. ⇒ **boîte.** *Des night-clubs.*

nigri-, nigro- Éléments, du lat. *niger* « noir ».

nihilisme n. m. – XVIIIe ; lat. *nihil* « rien » 1 Doctrine qui nie toute vérité morale et spirituelle. « *La négation de l'infini mène droit au nihilisme* » (Hugo). 2 Idéologie qui refuse toute contrainte sociale et prône la liberté totale. 3 Disposition d'esprit caractérisée par le pessimisme et le désenchantement moral. *Le nihilisme punk.*

nihiliste adj. et n. – XVIIIe 1 Relatif au nihilisme. ➛ n. Adepte du nihilisme. 2 Pessimiste, et moralement désenchanté. *Un graffiti nihiliste.*

nilgaut n. m. – XVIIe ; persan « bœuf *(gao)* bleu *(nil)* » ■ Mammifère ongulé *(bovidés)* voisin de l'antilope.

nille n. f. – XIVe ; lat. *anaticula* « petit canard » ■ Manchon mobile autour du manche d'une manivelle.

nimbe n. m. – XVIIe ; lat. *nimbus* « nuage » 1 Cercle figuré autour de la tête de certains empereurs, sur les médailles antiques. 2 Zone lumineuse qui entoure la tête des représentations de Dieu, des anges, des saints. ⇒ **auréole.** *Nimbe crucifère,* réservé au Christ. ➛ fig. « *le nimbe doré des cheveux* » (Loti).

❑ Même origine étym. que *nimbus,* qui désigne un nuage.

nimber v. tr. [1] – XIXe 1 Pourvoir d'un nimbe. ⇒ **auréoler.** 2 Entourer, auréoler. ➛ *Jenny* « *nimbée de lumière* » (Mart. du G.).

nimbostratus [nɛ̃bostʀatys] n. m. – 1932 ; de *nimbus* et *stratus* ■ Couche nuageuse basse et sombre.

nimbus [nɛ̃bys] n. m. – XIXe ; mot lat. « nuage » ■ Gros nuage bas et gris, porteur de pluie ou de neige.

❑ Le mot latin *nimbus* a aussi donné *nimbe.*

n'importe (qui, quel, quoi) → ② **importer**

niobium [njɔbjɔm] n. m. – XIXe ; de *Niobé,* fille de Tantale ■ Corps simple (Nb ; no at. 41 ; m. at. 92,91), métal blanc brillant, associé au tantale dans ses minerais.

niôle → **gnôle**

nippe n. f. – XVIIe ; d'une forme dial. de *guenille* 1 péj. (souvent au plur.) Vêtement vieux et usagé. ⇒ **hardes.** 2 fam., vieilli (au plur.) Les vêtements.

nipper v. tr. [1] – XVIIIe ■ fam. et vieilli ⇒ **habiller.** ➛ pronom. « *jamais la pension* [...] *ne lui a suffi pour se nipper* » (Rouss.).

nippon, one ou **onne** adj. et n. – XVIIIe ; mot jap. « soleil levant » ■ Du Japon (État, nation). ⇒ **japonais** (plus cour.). *L'empire nippon.* n. *Les Nippons.*

nique n. f. – XIVe ; o. onomat. ■ loc. verb. *Faire la nique à qqn,* lui faire un signe de mépris, de bravade. fig. *Ils* « *devaient s'en être échappés, faisant la nique à la fameuse police consulaire* » (Madelin).

niquer v. tr. [1] – XIXe ; ar. ■ arg. Posséder sexuellement. ⇒ ① **baiser.** *Nique ta mère !* insulte, chez les beurs. ➛ fig. *On a été niqué,* possédé.

nirvana n. m. – XIXe ; mot sanskr. « extinction » ■ Dans le bouddhisme, Extinction du karma, entraînant la fin du cycle des réincarnations. *Le nirvana peut être considéré comme un état de sérénité suprême.*

❑ On écrit aussi *nirvâna*, l'accent circonflexe transcrivant le *a* long du sanskrit.

nitouche → **sainte nitouche**

nitratation n. f. – XIXe ▪ Action de nitrater ; état de ce qui est nitraté.

nitrate n. m. – XVIIIe ▪ Sel de l'acide nitrique. *Nitrates naturels de potasse* (⇒ **nitre, salpêtre**). *Nitrate de sodium, de potassium, de calcium* (engrais). *Pollution par les nitrates.* ➛ *Nitrate d'argent,* utilisé en médecine comme caustique, cicatrisant.

nitrater v. tr. [1] – XVIIIe **1** Ajouter du nitrate à. *Engrais nitratés.* **2** Convertir en nitrate. **3** Traiter au nitrate d'argent. *Nitrater des peaux pour les colorer.*

nitration n. f. – XIXe ▪ Introduction du radical NO_2 dans des composés organiques.

nitre n. m. – XIIIe ; gr. *nitron* ▪ VX Salpêtre.

nitré, ée adj. – XVIIe ▪ *Dérivé nitré :* composé organique contenant le radical NO_2 (substitué à l'hydrogène).

nitrer v. tr. [1] – XVIIIe ▪ Traiter par l'acide nitrique.

nitreux, euse adj. – XIIIe ▪ Qui contient de l'azote (et spécialement de l'azote trivalent).

nitrification n. f. – XVIIIe ▪ Transformation en nitrates de l'ammoniac et des sels ammoniacaux par l'action des nitrobactéries (⇒ **nitrosation ; nitration**).

nitrifier v. tr. [7] – XVIIIe ▪ Transformer en nitrates.

nitrile n. m. – XIXe ▪ Composé acyclique renfermant le radical CN. *Nitrile formique :* acide cyanhydrique.

nitrique adj. – XVIIIe ▪ *Acide nitrique* (HNO_3) : acide corrosif, incolore. ⇒ **azotique ; eau-forte.** ♦ *Bactérie nitrique.* ⇒ **nitrobactérie.**

nitrite n. m. – XVIIIe ▪ Sel de l'acide nitreux.

nitro- Élément, de *nitre,* indiquant la présence du radical NO_2 dans un composé chimique.

nitrobactérie n. f. – XIXe ▪ Bactérie du sol qui oxyde l'ammoniac en nitrites et les nitrites en nitrates.

nitrobenzène [nitʀobɛ̃zɛn] n. m. – XIXe ▪ Dérivé nitré du benzène, liquide toxique, huileux, utilisé en parfumerie (essence de mirbane), dans la fabrication d'explosifs et de colorants (aniline).

❑ On a dit aussi *nitrobenzine.*

nitrocellulose n. f. – XIXe ▪ Nitrate de cellulose (⇒ **coton-poudre, fulmicoton**).

nitrogénase n. f. – 1981 ; de *nitrogène* « azote », de *nitro-* et *-gène* ▪ Enzyme qui intervient dans la fixation de l'azote atmosphérique.

nitroglycérine n. f. – XIXe ▪ Ester nitrique de la glycérine qui détone violemment sous le choc, constituant essentiel de la dynamite. « *Ordinairement, la nitroglycérine s'enflamme au moyen d'amorces de fulminate* » (J. Verne).

nitrophile adj. – mil. XXe ; *nitro-* et *-phile* ▪ *Plantes nitrophiles,* qui se développent sur les terrains riches en nitrates.

nitrosation n. f. – XIXe ▪ Introduction du groupement NO dans une molécule. *La nitrosation, premier temps de la nitrification :* transformation de l'ammoniac en nitrites par les nitrobactéries.

nitrotoluène n. m. – XIXe ▪ Dérivé nitré du toluène. *L'un des nitrotoluènes* (*trinitrotoluène* ou *T.N.T.*) *est un explosif puissant.*

nitruration n. f. – 1932 ▪ Durcissement superficiel de l'acier (cémentation) par formation de nitrures.

nitrure n. m. – XIXe ▪ Composé défini d'azote et d'un métal, ou solution d'azote dans un métal. *Nitrure de fer.*

nitrurer v. tr. [1] – 1932 ▪ Traiter (un métal) par l'ammoniac pour le durcir. ➛ *Acier nitruré.*

nival, ale, aux adj. – XVIe ; lat. *nix, nivis* « neige » ▪ De la neige, dû à la neige. *Régime nival,* des cours d'eau alimentés par les neiges. ✪ HOM. Niveau.

nivéal, ale, aux adj. – XIXe ▪ Qui fleurit dans la neige. *L'edelweiss, fleur nivéale.*

niveau n. m. – XIVe ; lat. *libella* **I** Instrument qui sert à vérifier l'horizontalité d'une surface. *Niveau d'eau :* instrument à deux vases communicants qui, remplis d'eau, donnent une ligne de visée horizontale. *Niveau à bulle* (d'air). ⇒ **nivelle. II - 1** Degré d'élévation, par rapport à un plan horizontal, d'une ligne ou d'un plan qui lui est parallèle. ⇒ **hauteur.** *La jauge indique le niveau d'essence dans le réservoir. De même niveau.* ⇒ ① **plain,** ① **plan.** loc. *DE NIVEAU :* sur le même plan. *Mettre de niveau* (⇒ **niveler, raser** [II], ① **régaler**). *Courbes de niveau* (sur une carte), représentant les points de même altitude. ⇒ **isohypse.** *Surface de niveau :* surface horizontale, dont tous les points sont au même niveau, et forment une surface normale aux lignes de champ (dans un champ de vecteurs). ➛ *Niveau de la mer :* niveau zéro à partir duquel on évalue les altitudes. « *L'endroit était élevé de cinquante à soixante pieds au-dessus du niveau de la mer* » (J. Verne). ♦ *AU NIVEAU DE :* à la même hauteur que. ➛ À côté et sur la même ligne (perpendiculaire à un chemin, à une direction), à la hauteur de. *Arrivé au niveau du pont, vous tournez à droite.* ♦ Étage ou plan horizontal (d'un bâtiment). ⇒ **étage. 2** Élévation comparative, degré comparatif. *Mettre au même niveau,* sur le même plan. ➛ *Niveau social :* degré de l'échelle sociale. « *Je reconnais le bourgeois non point à son costume et à son niveau social, mais au niveau de ses pensées* » (Gide). ♦ Degré hiérarchique ; échelon d'une organisation. *Les consignes devront être observées à tous les niveaux.* ♦ Valeur atteinte par une grandeur, par rapport à une base de référence relative à cette grandeur. *Niveau de pollution ; niveau sonore. Niveau minimal* (→ ① **plancher**), *maximal* (⇒ **plafond**) (des prix, des salaires). ⇒ **seuil.** ♦ *Niveau intellectuel, culturel :* degré des connaissances, de la culture. *Des élèves de même niveau.* ⇒ **force.** *Niveau bac+4.* ♦ Valeur intellectuelle ou artistique. *Chacun sent que « le niveau de la conversation s'élève »* (Proust). ♦ *Niveaux de langue :* caractère d'une langue (littéraire, didactique, courant, familier, vulgaire), en rapport avec le niveau social, culturel des locuteurs. ♦ *AU NIVEAU DE. Se mettre au niveau de qqn,* à sa portée. *Il n'est pas au niveau de sa tâche.* ⇒ **hauteur.** ➛ *Au niveau de la commune, de l'électeur, de l'acheteur.* → **échelon.** ➛ (emploi critiqué) En ce qui concerne (ce qui est). *Au niveau national. Problèmes au niveau des finances.* **3** *NIVEAU DE VIE :* quantité de biens et de services que le revenu d'un individu (d'un groupe social ou d'une nation) lui permet d'acquérir. ✪ HOM. Nivaux (nival).

❑ L'emploi critiqué *au niveau de* pour *en ce qui concerne* s'est répandu avec toutes sortes de valeurs dans la langue populaire qui connaît mal les prépositions et les locutions prépositives.

nivelage n. m. – XVIIe ▪ Action de niveler ; son résultat. ⇒ **nivellement.**

niveler v. tr. [4] – XIVe **1** Mettre de niveau, rendre horizontal, uni. ⇒ **aplanir, égaliser,** ① **régaler.** *L'érosion tend à niveler les reliefs.* **2** Mesurer avec un niveau. **3** Mettre au même niveau, rendre égal. ⇒ **égaliser.** « *Les rangs, les esprits, les fortunes ont été nivelés* »

(Balz.). *Niveler par le bas, par le haut,* en égalant ce qu'il y a de plus bas, de plus élevé.

nivelette n. f. - XIXe ▪ Petit niveau à voyant monté sur pied, pour régler la pente d'une chaussée.

niveleur, euse n. - XVIe 1 Personne qui met le sol de niveau. « *les bulldozers infatigables des niveleurs* » (Perec). ♦ Personne qui mesure au niveau (I). 2 péj. Personne qui veut niveler les rangs et les fortunes dans la société. ⇒ **égalitaire.** 3 n. m. Petite herse (1°).

niveleuse n. f. - 1914 ▪ Engin de terrassement servant à niveler la surface du sol.

nivelle n. f. - 1907 ▪ Niveau à bulle.

nivellement n. m. - XVIe 1 Action de niveler, de mesurer les différences de niveau par rapport à un plan horizontal donné (de la surface terrestre) ou par rapport au niveau de la mer. *Instruments de nivellement.* ⇒ **cathétomètre, mire, niveau, tachéomètre ; théodolite.** 2 Action d'égaliser (une surface). *Nivellement d'un terrain par des travaux de terrassement.* ⇒ **régalage.** 3 Action de rendre égal. *Nivellement social.* « *le nivellement commencé par 1789 et repris en 1830* » (Balz.).

nivéole n. f. - XVIIIe ; lat. *niveus* « neigeux » ▪ Plante bulbeuse *(amaryllidacées)* proche du perce-neige. *Nivéole d'été.*

nivo- Élément, du lat. *niveus* « de neige ».

nivoglaciaire adj. - 1963 ▪ *Régime nivoglaciaire,* des cours d'eau alimentés par les glaciers et les neiges.

nivopluvial, iale, iaux adj. - 1927 ▪ *Régime nivopluvial,* des cours d'eau alimentés par les pluies et les neiges.

nivôse n. m. - XVIIIe ; lat. *nivosus* « neigeux » ▪ Quatrième mois du calendrier républicain (21 ou 22 décembre au 20 ou 21 janvier).

> ❑ Ce mot a été créé comme tous les noms de mois du calendrier républicain par Fabre d'Églantine qui, originaire de Carcassonne, a mis un accent circonflexe sur le ô pour éviter la prononciation méridionale du *o* ouvert (également dans *pluviôse* et *ventôse*).

nixe n. f. - XIXe ; all. ▪ Génie ou nymphe des eaux, dans les légendes germaniques. « *cette ondine fatale comme toutes les* nixes *du nord* » (Nerval).

nô n. m. - XIXe ; mot jap. ▪ Drame lyrique de caractère religieux et traditionnel, au Japon. *Des nôs.* ✪ HOM. Nos (notre).

nobélisable adj. - 1973 ▪ Susceptible d'obtenir un prix Nobel.

nobélisé, ée adj. et n. - 1984 ▪ Qui a obtenu un prix Nobel.

nobélium [nɔbeljɔm] n. m. - 1957 ; de *Nobel,* chimiste suéd. ▪ Élément chimique transuranien (No ; n° at. 102).

nobiliaire n. m. et adj. - XVIIe 1 Registre des familles nobles d'un pays, d'une province. ⇒ **armorial.** 2 adj. Qui appartient ou qui est propre à la noblesse. *Particule nobiliaire.* « *L'orgueil nobiliaire du prince* » (Gaut.).

noblaillon, onne n. - XIXe ▪ péj. Noble de petite noblesse. ⇒ **nobliau.**

noble adj. et n. - XIe ; lat. *nobilis* I - 1 littér. Qui l'emporte sur les autres êtres ou objets de son espèce. ⇒ **courageux, généreux, magnanime.** ➤ Qui est hautement apprécié, sur le plan moral. « *la noble tâche d'encourager les jeunes talents* » (Hugo). ⇒ **élevé, généreux, sublime.** *Le cheval,* « *la plus noble conquête que l'Homme ait jamais faite* » (Buff.). ♦ *Le* NOBLE ART : la boxe. 2 Qui commande le respect, l'admiration, par sa distinction, son autorité naturelle. ⇒ **distingué, imposant, majestueux, olympien.** « *Elle prenait des manières à la fois hypocrites et nobles* » (Green). 3 *Genre, style noble,* qui rejette les mots et expressions jugés vulgaires par le goût du temps. ⇒ **élevé, soutenu.** 4 Se dit de ce qui est considéré comme supérieur (dans certaines expr.). ➤ *Parties nobles :* organes indispensables à la vie (cerveau, cœur). ➤ *Métaux nobles,* précieux, inaltérables à l'air ou à l'eau (argent, or, platine). ➤ *Matières nobles* (bois, pierre, laine, etc.). II - 1 Qui appartient, par sa naissance ou par décision du souverain, à une classe privilégiée (sociétés hiérarchisées, féodales, etc.) ou qui descend d'un membre de cette classe et peut en justifier (par des *titres de noblesse*). 2 n. *Les nobles.* ⇒ **aristocrate, seigneur ; noblesse.** *Nobles d'Espagne* (⇒ **hidalgo, ménin),** *de Russie* (⇒ **boyard),** *de la Rome antique* (⇒ **patricien),** *d'Angleterre* (⇒ **lord).** « *Les nobles d'aujourd'hui sont des bourgeois honteux* » (Bernanos). 3 Propre aux nobles, caractéristique de leur état. *Elle* « *avait un des noms les plus nobles de l'Allemagne orientale* » (Stendh.). ✪ CONTR. ① Bas. Familier. — Roturier.

noblement adv. - XIe ▪ D'une manière noble (I), avec noblesse.

noblesse n. f. - XIIe I - 1 Grandeur des qualités morales, de la valeur humaine. ⇒ **dignité, élévation, magnanimité.** « *C'est une grande preuve de noblesse que l'admiration survive à l'amitié* » (Renard). *Noblesse d'âme, de caractère.* ⇒ **grandeur.** 2 Caractère noble du comportement, de l'expression ou de l'aspect physique. ⇒ **distinction, majesté.** *La noblesse de son maintien.* II - 1 Condition du noble. *Titres de noblesse.* ⇒ **chevalier, ① baron, vicomte, comte, marquis, duc, prince.** *Les armoiries, le blason, la couronne, signes de noblesse. Noblesse d'épée, de robe.* ➤ *LETTRES DE NOBLESSE :* lettres patentes du roi par lesquelles il conférait la noblesse pour services rendus, ou moyennant finance. 2 Classe des nobles. ⇒ **aristocratie.** *Privilèges de la noblesse sous l'Ancien Régime.* ➤ Une partie de cette classe. *Noblesse d'Empire,* qui tient ses titres de Napoléon Ier. *La petite noblesse.* ✪ CONTR. Bassesse. Familiarité. — Roture.

nobliau n. m. - XIXe ▪ péj. Noble de petite noblesse, ou de noblesse douteuse. ⇒ **noblaillon.**

noce n. f. - XIe ; lat. *nuptiæ* 1 LES NOCES : le mariage. *Épouser qqn en secondes noces :* contracter un second mariage. ➤ *Nuit de noces :* première nuit des nouveaux époux. *Voyage de noces,* qui suit traditionnellement le mariage. 2 Ensemble des réjouissances qui accompagnent un mariage. *Aller, être invité à la noce, aux noces de qqn. Salle pour noces et banquets.* ➤ loc. *N'être pas à la noce :* être dans une mauvaise situation. « *il n'est pas à la noce, il ne trouvera pas un liard de crédit dans le quartier* » (Balz.). 3 Fête qu'un couple célèbre à l'occasion d'un anniversaire de mariage. *Noces d'argent* (vingt-cinquième anniversaire), *d'or* (cinquantième), etc. 4 Ensemble des personnes qui assistent à un mariage, qui forment le cortège. « *des noces de cinquante couverts* » (Simenon). 5 fam. Partie de plaisir, généralement accompagnée d'excès de table et de boisson. *Faire la noce* (⇒ **noceur).**

noceur, euse n. et adj. - XIXe ▪ fam. Personne qui aime faire la noce (5°). ⇒ **fêtard, viveur.** ➤ adj. « *le plus noceur de tous mon oncle Charlus* » (Proust).

nocher n. m. - XIIIe ; gr. *nauklêros* « patron de bateau » ▪ Celui qui conduit, dirige une embarcation. ⇒ **pilote.** *Charon, nocher des Enfers.* ⇒ **nautonier.** « *Sorte de mer ayant les oiseaux pour nochers* » (Hugo).

nocif, ive adj. - XVe ; lat. *nocere* « nuire » ▪ Qui peut nuire. ⇒ **dangereux, nuisible.** *Gaz nocif.* ⇒ **délétère, toxique.**

Nocif pour la santé, pour l'environnement. ➡ *Théories nocives.* ⇒ **pernicieux.** ✪ CONTR. Inoffensif.

nocivité n. f. – XIXe ▪ Caractère nocif. ⇒ **toxicité.** *Nocivité d'une substance ; d'une doctrine.* ✪ CONTR. Innocuité.

❑ Ce mot est concurrencé par un dérivé de *nuisible, nuisibilité,* employé par les biologistes.

noctambule n. et adj. – XVIIIe ; lat. *nox* « nuit » et *ambulare* « marcher » ▪ Personne qui se promène ou se divertit la nuit. ⇒ **couche-tard, fêtard.**

❑ Même famille que *déambuler, funambule, somnambule* et *ambulatoire.*

noctiluque adj. et n. f. – XVIIIe ; lat. ▪ Qui a la propriété d'émettre une lueur dans l'obscurité. *Lampyre noctiluque* (ver luisant). ➡ n. f. Petit protozoaire marin luminescent.

❑ Ne pas confondre avec *nyctalope* « qui voit dans l'obscurité ».

noctuelle n. f. – XVIIIe ; lat. *noctua* « chouette » ▪ Papillon nocturne, de taille moyenne et de coloration terne (grise, brune). ⇒ **agrotis, leucanie, xanthie.**

noctule n. f. – XVIIIe ; lat. *noctua* « chouette » ▪ Chauve-souris d'Eurasie, d'assez grande envergure.

nocturne adj. et n. – XIVe ; lat. **I - 1** Propre à la nuit. ♦ Qui a lieu la nuit. « *j'étais bien las de ma rôderie nocturne* » (Vallès). **2** Qui veille, agit la nuit. *Oiseaux, papillons nocturnes,* de nuit*. ♦ n. m. *Les grands nocturnes* (chouette, duc, hibou). **II** n. m. **1** Chacune des parties de l'office de la nuit (⇒ **matines**), qui contient un certain nombre de psaumes et de leçons. **2** Morceau de piano de forme libre, à caractère mélancolique. *Les nocturnes de Chopin.* **III** n. f. **1** Compétition sportive en soirée. **2** Ouverture en soirée de certains magasins, expositions. ✪ CONTR. Diurne.

nocuité n. f. – XIXe ; lat. *nocuus* « nuisible » ▪ Caractère de ce qui est nuisible pour la santé. ⇒ **nocivité.** ✪ CONTR. Innocuité.

❑ Le contraire, *innocuité,* est beaucoup plus courant.

nodal, ale, aux adj. – XVIe ; lat. *nodus* « nœud » **1** Relatif aux nœuds d'une corde ou d'une surface vibrante. *Points nodaux.* **2** Relatif au tissu du myocarde dont dépend l'excitabilité du cœur. ⇒ **nœud** (II, 2°). *Arythmie nodale.* **3** Qui constitue le nœud, le point central (d'une question, etc.).

nodosité n. f. – XVIe **1** Formation pathologique arrondie et dure. ⇒ **nodule, nouure.** *Nodosités rhumatismales.* **2** État d'un végétal noueux. *Nodosité d'une tige, d'un tronc.* ♦ Nœud (II, 1°).

nodulaire adj. – XIXe ▪ sc. Relatif aux nodules (1°). *Lésion nodulaire.*

nodule n. m. – XVe ; lat. *nodus* « nœud » **1** Petite nodosité (1°). *Nodule cancéreux, tuberculeux.* « *la membrane interne est hérissée de nodules irréguliers et durs* » (Cendrars). **2** Concrétion pierreuse dans une roche tendre, généralement calcaire. ➡ Concrétions métalliques se formant autour d'un corps dur, dans les grands fonds océaniques.

noduleux, euse adj. – XIXe **1** Qui comporte beaucoup de petits nœuds. *Tige noduleuse.* **2** Qui contient des nodules (2°). *Calcaire noduleux.*

noël [nɔɛl] n. m. – XIIe ; lat. *natalis* « (jour) de naissance » **1** Fête que les chrétiens célèbrent le 25 décembre, en commémoration de la naissance du Christ. ⇒ **nativité.** *Sapin de Noël. Cadeaux de Noël. Joyeux Noël !* ➡ PÈRE NOËL : personnage imaginaire censé descendre par la cheminée la nuit de Noël pour déposer des cadeaux. ➡ *La fête de Noël,* et n. f. (fam.) *la Noël.* « *Mes amis, voici la Noël qui arrive* » (Bosco). **2** Époque où l'on célèbre la fête de Noël. *Pour Noël, à Noël, elle est partie faire du ski.* **3** Chanson populaire dont le thème est Noël. **4** fam. Cadeau offert à Noël. *Les enfants attendent leurs petits noëls.*

noème n. m. – XIXe ; gr. *noêma* « pensée » ▪ Ce qui est pensé, en phénoménologie.

noèse n. f. – 1943 ; gr. *noêsis* « conception, intelligence » ▪ Acte de pensée, en phénoménologie.

noétique n. f. et adj. – 1923 ▪ Théorie de la pensée, de la connaissance. ⇒ **gnoséologie.** ➡ adj. Relatif à la pensée, la noèse.

nœud n. m. – XIIe ; lat. *nodus* **I - 1** Enlacement d'une chose flexible ou entrelacement de deux objets flexibles, exécuté de façon qu'il soit d'autant plus serré que l'on tire plus fortement sur les extrémités. *Faire un nœud.* ⇒ **nouer.** *Nœud simple, double.* ⇒ **boucle.** *Nœud coulant.* ⇒ **collet, lacet, lacs, lasso.** ➡ *Nœud de cravate,* qui assujettit la cravate autour du cou. ♦ *Nœud gordien* : nœud extrêmement compliqué qui attachait le joug au timon du char de Gordias conservé dans le temple de Zeus à Gordion, qu'Alexandre trancha d'un coup d'épée. ➡ Difficulté, problème quasi insoluble. *Couper, trancher le nœud gordien.* **2** *Nœuds de loch,* disposés à une distance de 15,43 m sur la ligne de loch. ♦ Unité de vitesse des navires et des avions correspondant à 1 mille marin à l'heure. *Navire qui file vingt nœuds.* **3** Ruban noué servant de parure. ⇒ **rosette.** *Porter des nœuds dans les cheveux.* **4** Enroulement d'un reptile. ⇒ **anneau.** ➡ *Nœud de vipères* : emmêlement de vipères dans le nid. **5** littér. Lien très étroit entre des personnes. ⇒ **chaîne.** **6** Point essentiel d'une affaire complexe, d'une difficulté. ⇒ **fond.** « *Voilà le nœud secret de toute l'aventure ?* » (Mol.). **7** Péripétie qui amène l'action dramatique à son point culminant. ⇒ **intrigue, péripétie.** « *l'histoire demande le même art que la tragédie, une exposition, un nœud, un dénouement* » (Volt.). **8** Point d'intersection de l'orbite d'une planète avec l'écliptique. *Ligne des nœuds* : intersection du plan de l'orbite d'un astre avec celui de l'écliptique. ♦ Point où l'amplitude d'un système d'ondes stationnaires est nulle (⇒ **nodal**). *Nœuds et ventres d'une corde vibrante.* ♦ *Nœud vital* : centre des mouvements respiratoires, situé dans le bulbe. **9** Endroit où se croisent plusieurs grandes lignes, d'où partent plusieurs embranchements. *Nœud ferroviaire.* « *les camions sur les nœuds des autoroutes* » (Le Clézio). ➡ Point d'un circuit électrique où aboutissent plus de deux conducteurs. *Loi des nœuds.* **II - 1** Protubérance d'un arbre, constituée par un faisceau de fibres et de vaisseaux ligneux. *Nœuds d'un tronc, d'un bâton* (⇒ **noueux**). ➡ Partie très dense et dure, à l'intérieur de l'arbre. *Lambris sans nœud.* **2** Amas de cellules à fonction bien définie. *Nœud fibreux du périnée.* **3** vulg. Gland (de la verge). ➡ loc. (injure) *Tête de nœud.*

noir, noire adj. et n. – XIe ; lat. *niger* **I** adj. **1** Se dit de l'aspect d'un corps dont la surface ne réfléchit aucune radiation visible, dont la couleur est aussi sombre que possible. *Noir comme de l'encre, du charbon, de l'ébène. Yeux noirs. Cheval noir* (⇒ **moreau**), *chat noir.* ➡ *Cartes noires* : trèfle, pique. *Le huit noir est sorti* (boule, roulette). ♦ sc. *Corps noir* : système qui absorbe tout le rayonnement qu'il reçoit. **2** Qui est d'une couleur (gris, brun, bleu) très foncée. *Cheveux noirs,* très bruns. « *vos cheveux et vos yeux noirs sont toujours ce qu'il y a de plus nouveau et de mieux pour le moment dans nos salons* » (Dumas). *Être tout noir après un séjour à la mer.* ⇒ **bronzé, hâlé.** *Chocolat noir. Café noir ;* n. m. *un petit noir.* **3** Qui appartient à la race « mélano-africaine », à peau très pigmentée. *Race noire, peuples noirs* (⇒ **négritude**). ➤ Propre aux personnes de cette race. *Le problème noir aux États-Unis. Musique noire.* **4** Qui est plus sombre (dans son genre). *Du pain noir. Raisin noir. Lieu noir. Savon noir.* **5** Qui, pouvant être propre, se trouve sali. ⇒ **sale.** *Avoir les mains noires, les ongles noirs.* fam. *Les gueules noires.* ⇒ ② **mineur.** ➤ *NOIR DE...* « *le vaste hangar fermé, noir de charbon* » (Zola). **6** Qui est privé de lumière, plongé dans l'ombre. ⇒ **obscur, sombre, ténébreux.** *Il fait noir comme dans un four. Nuit noire* (sans lune, sans étoiles). **7** Qui, pouvant être clair, se trouve obscurci, assombri. *Ciel noir.* ⇒ ② **couvert, sombre.** littér. « *Le soleil noir de la mélancolie* » (Nerval). **8** fam. Ivre. « *Un samedi, j'étais noir, je les ai engueulés tous* » (Dorgelès). **9** Assombri par la mélancolie. ⇒ **triste.** *Avoir des idées noires. Faire un tableau bien noir de la situation.* ♦ Malheureux, funeste. *Le jeudi noir* (24 octobre 1929). ➤ poét. « *La lutte était ardente et noire* » (Hugo), terrible. ♦ loc. *Regarder qqn d'un œil noir,* avec irritation, colère, méchanceté. **10** Marqué par le mal. ⇒ **mauvais, méchant.** *Magie noire.* ♦ littér. « *le noir dessein de suborner ma femme* » (Mol.). **11** Dont le profit est illégal. *Marché noir,* clandestin. ➤ *Travail au noir,* non déclaré. **II** n. m. **1** Couleur noire. *Des* « *boîtes de cirage de teintes diverses, du noir pur au blanc incolore* » (Tournier). *Noir d'encre. Porter du noir, être en noir* (spécialt en signe de deuil). ➤ loc. *C'est écrit noir sur blanc,* de façon incontestable. ➤ La couleur noire aux jeux (opposé à *rouge*). *Le noir est sorti.* ➤ Centre d'une cible de tir. *Mettre dans le noir.* ➤ *Film en noir et blanc* (opposé à *en couleur*). **2** Ténèbres, nuit. ⇒ **obscurité.** *Enfant qui a peur dans le noir.* fam. *Il a peur du noir.* ➤ loc. *Être dans le noir (le plus complet) :* ne rien comprendre à qqch. **3** Matière colorante noire. ➤ *NOIR ANIMAL,* obtenu par calcination en vase clos de diverses matières animales, notamment des os. ⇒ **charbon.** ➤ *NOIR DE FUMÉE,* obtenu par combustion incomplète de corps riches en carbone, tels que les résidus de l'industrie des résines. ⇒ **suie.** ♦ Trace de salissure. *Avoir du noir sur la joue,* être sali de noir. ➤ *Se mettre du noir aux yeux* (maquillage). ⇒ **khôl, mascara.** **4** *LE NOIR,* symbole de la mélancolie, du pessimisme. *EN NOIR ; AU NOIR.* « *il voyait tout en noir, peut-être à cause de sa jaunisse* » (Flaub.). *Pousser les choses au noir :* être exagérément pessimiste, alarmiste. **5** Partie noire (de qqch.). *Les noirs et les clairs d'un tableau.* ♦ Maladie des plantes dont certains organes deviennent noirs. *Noir des grains* (⇒ **charbon**), *de l'olivier* (⇒ **fumagine**). **III** n. Homme, femme de race noire. ⇒ fam. **black.** *Les Noirs d'Afrique* (⇒ **négro-africain**), *des États-Unis* (⇒ **afro-américain, négro-américain**). *Une Noire.* ✪ CONTR. ① Blanc, blond, clair. Gai, optimiste. Pur.

> ❑ *Noir* a remplacé *nègre,* considéré comme péjoratif, néanmoins récemment repris dans les textes didactiques ; le terme familier est *black.*

noirâtre adj. – XIVe ▪ Qui tire sur le noir. ⇒ **sombre.**

noiraud, aude adj. et n. – XVIe ▪ Qui est très foncé de peau, de poil (dans la race blanche). ⇒ **moricaud.** ➤ n. *Un petit noiraud.*

noirceur n. f. – XIIe **1** littér. Couleur, caractère de ce qui est noir. *Noirceur de l'encre.* **2** littér. Méchanceté extrême, odieuse. ⇒ **perfidie.** « *la noirceur de mon forfait* » (Rouss.). ✪ CONTR. Blancheur, clarté ; bonté.

noircir v. [2] – XIIe **I** v. intr. Devenir noir. *Ce tableau a noirci.* **II** v. tr. **1** littér. Diffamer (qqn). ⇒ **calomnier, dénigrer.** « *son talent à noircir ceux qu'elle s'est juré de perdre* » (Artaud). **2** Colorer ou enduire de noir. *La fumée a noirci les murs.* ⇒ **salir.** ♦ loc. *Noircir du papier :* écrire beaucoup à la main, notamment une œuvre littéraire. **3** Dépeindre d'une manière pessimiste, alarmiste. « *relever l'idéal champêtre sans le farder ou le noircir* » (Sand). **III** *SE NOIRCIR* v. pron. **1** rare Devenir noir. **2** vieilli S'enivrer. « *On va se noircir* » (Bernanos). ✪ CONTR. Blanchir.

noircissement n. m. – XVIe ▪ Action de noircir (concret). *Noircissement du papier sensible à la lumière.*

noircisseur n. m. – XVIIe ▪ fam. *Noircisseur de papier :* mauvais écrivain.

noircissure n. f. – XVIe ▪ Tache de noir. ♦ Altération du vin qui prend une teinte noire.

noire n. f. – XVIIe **I** Note de musique à corps noir et à queue simple dont la valeur est de deux croches, d'une demi-blanche. **II** Femme de race noire. ⇒ **noir** (III).

noise n. f. – XIe ; lat. *nausea* « mal de mer » ▪ loc. *Chercher (des) noise(s) à qqn,* lui chercher querelle. « *C'est une noise que vous nous cherchez ?* » (Jouhand.).

noiseraie n. f. – XIXe ▪ rare Terrain planté de noyers ou de noisetiers. ⇒ **coudraie.**

noisetier n. m. – XVIe ▪ Arbrisseau des bois et des haies *(bétulacées),* qui produit la noisette. ⇒ **avelinier, coudrier.**

noisette n. f. – XIIIe ; de *noix* **1** Fruit du noisetier, akène lisse contenant une amande comestible. ⇒ **aveline.** *Casser des noisettes* (⇒ **casse-noisette**). **2** Morceau de la grosseur d'une noisette. *Une noisette de beurre.* ⇒ **noix.** **3** *Couleur (de) noisette :* brun roussâtre rappelant la couleur de la noisette. ➤ adj. inv. « *Les grands yeux noisette de Mary Shelley* » (Maurois). *Beurre noisette :* beurre blond (cuit) qui prend une teinte roussâtre.

noix n. f. – XIIe ; lat. *nux* **1** Fruit du noyer, drupe constituée d'une écale verte (⇒ **brou**), d'une coque ligneuse et d'une amande comestible. ♦ La graine, formée de la coque contenant l'amande. *Noix fraîche, sèche.* ➤ L'amande formée de quatre quartiers séparés par un zeste. ⇒ **cerneau.** *Huile de noix.* ♦ *Une noix de beurre :* un morceau de la grosseur d'une noix. **2** Fruit qui ressemble à la noix. *Noix d'acajou* (⇒ **cajou**), *de coco, de cola. Noix muscade.* **3** Renflement, partie saillante. *Noix de veau :* partie arrière du cuisseau. *Un rôti dans la noix.* ➤ *Noix de bœuf :* pelote graisseuse dans les muscles lombaires. *Gîte à la noix.* ➤ *Noix de côtelette,* la partie centrale. **4** fam. Imbécile. *Quelle noix !* ➤ adj. « *Je ne suis pas plus noix qu'un autre* » (Queneau). **5** loc. *À la noix (de coco) :* de mauvaise qualité, sans valeur. « *du matériel dégueulasse et des mitraillettes à la noix* » (Malraux).

noli me tangere [nɔlimetɑ̃ʒeʀe] n. m. inv. – XVe ; expr. lat. « ne me touche pas » ▪ Balsamine des bois. ⇒ **impatiens.**

> ❑ *Noli me tangere* est la phrase prononcée par le Christ lors de son apparition à Marie-Madeleine, après sa résurrection. ♦ Les capsules mûres de la balsamine, fruits déhiscents, éclatent dès qu'on les touche.

nolisement n. m. – XIVe ▪ Affrètement.

noliser v. tr. [1] – XVIe ; gr. *naulon* « fret » ▪ Affréter, fréter (un navire). ♦ *Noliser un avion.* ⇒ **chartériser.** ➤ *Avion nolisé.* ⇒ **charter.**

nom n. m. – Xe ; lat. *nomen* **I** (Nom propre) Mot ou groupe de mots servant à désigner un individu et à le distinguer des êtres de la même espèce. *Étude des noms.* ⇒ **onomastique.** **1** Vocable servant à nommer une personne, un groupe. *Avoir, porter tel nom.* ⇒ se **nommer ;** s'**appeler ;** arg. **blase.** *Deux personnes qui portent le même nom.* ⇒ **homonyme.** loc. *Ne pas pouvoir mettre un nom sur un visage. Connaître qqn de nom,* de réputation. *Ce nom me dit qqch. Mettre son* *nom au bas d'une lettre.* ⇒ **signature ; signer.** ♦ Le nom sous lequel qqn fait qqch. (qui engage sa responsabilité). *Prêter son nom à qqn* (⇒ **prête-nom**). *Agir au nom de qqn, en son nom.* ♦ (éléments du nom) *Nom individuel. Nom de baptême* ou *petit nom* : nom individuel conféré au baptême, dans les civilisations chrétiennes. ⇒ **prénom.** *Nom de famille, nom patronymique.* ⇒ **patronyme.** ➛ *Nom d'emprunt.* ⇒ **sobriquet, surnom.** *Faux nom.* ⇒ **pseudonyme.** 2 Prénom. *Noms de garçons, de filles. Chercher un nom pour un bébé.* 3 Nom de famille. *Nom, prénom et domicile. Nom de jeune fille d'une femme mariée.* 4 *Nom commercial* : appellation sous laquelle une entreprise, un commerçant exerce son activité. *Société en nom collectif.* 5 (dans quelques expr.) ⇒ **célébrité, gloire, renommée.** *Se faire un nom.* « *sitôt que j'eus un nom, je n'eus plus d'amis* » (Rouss.). 6 *Le nom de Dieu,* employé pour désigner Dieu, et qu'il est généralement interdit de profaner. ➛ *Au nom du Père, du Fils et du Saint-Esprit,* formule du signe de croix. ➛ (dans les jurons) *Nom de Dieu ! Nom d'une pipe ! Nom d'un chien !* 7 Désignation individuelle d'un animal, d'un lieu, d'un objet. *Noms de lieux* (⇒ **toponymie**). *Quel est le nom de ce fleuve ? Noms de rues. Nom de livre.* ⇒ **titre.** *Nom d'un bateau,* écrit sur la marque de poupe. ➛ (appliqué à des objets produits en série) *Noms de marque. Nom déposé,* qui désigne un produit déposé. **II** (Nom commun) 1 Mot servant à désigner les êtres, les choses qui appartiennent à une même catégorie logique, et spécialt à une même espèce. ⇒ **appellation, dénomination, désignation.** *Donner un nom à un nouveau corps chimique.* « *Je nommai le cochon par son nom* » (Hugo). *Une peur sans nom,* si intense qu'on ne peut la qualifier. ⇒ **innommable.** *Un libéralisme qui n'ose pas dire son nom,* honteux. *Comme son nom l'indique...* ➛ littér. ⇒ **qualification, titre.** « *Ce grand nom d'homme* » (Vigny). ➛ loc. *Traiter qqn de tous les noms, donner des noms d'oiseaux à qqn,* l'injurier. ♦ *Nom d'espèce, de genre, spécifique, générique* (dans une nomenclature scientifique). 2 Le *Nom,* opposé à la chose nommée. ⇒ **mot, signe.** *Le nom et la chose. Le nom ne fait rien à la chose.* « *elle se défend du nom, mais non pas de la chose* » (Mol.). *Directeur, il ne l'est que de nom.* 3 AU NOM DE... : en considération de, en invoquant. *Au nom de la loi* : en vertu de la loi, des pouvoirs qu'elle confère. *Au nom de notre amitié, viens-moi en aide.* **III** Une des parties du discours, mot lexical qui désigne un individu, une classe. ⇒ **substantif.** *Noms propres, noms communs. Genre et nombre des noms. Nom composé. Mot remplaçant le nom.* ⇒ **pronom.** *Transformer en nom.* ⇒ **nominaliser, substantiver.** ✪ HOM. Non.

> ❑ Le français a un seul mot pour désigner le *nom,* alors que l'anglais dispose de *noun* (grammaire) et de *name* (dénomination). ♦ Une mauvaise habitude commerciale s'est prise d'opposer les *dictionnaires de noms propres* aux *dictionnaires de noms communs* ; cela n'a aucun sens puisqu'il existe des verbes, des adjectifs, etc. Il faut dire *mots du lexique.*

nomade adj. et n. – XVIᵉ ; gr. *nomas* « pasteur » 1 Qui n'a pas d'établissement, d'habitation fixe, en parlant d'un groupe humain. ⇒ ② **errant, instable, mobile.** *Tribu nomade.* ♦ *Animal nomade,* qui change de région avec les saisons. ⇒ **migrateur.** 2 *Vie nomade,* d'une personne en déplacements continuels. ⇒ ① **errant, itinérant, vagabond.** 3 n. « *Le désert, les nomades, les terres inexplorées et puis les nègres* » (Maupass.). ♦ dr. Individu sans domicile* fixe, qui se déplace en France, et n'entre pas dans la catégorie des forains. ✪ CONTR. ① Fixe, sédentaire.

nomadiser v. intr. [1] – XIXᵉ ▪ Vivre en nomade.

nomadisme n. m. – XIXᵉ ▪ Genre de vie des nomades. *Le nomadisme au Sahara.*

no man's land [nomanslɑ̃d] n. m. inv. – v. 1915 ; expr. angl. « terre d'aucun homme » 1 Zone comprise entre les premières lignes de deux armées ennemies. ♦ Zone comprise entre deux postes de douane de nationalité différente. 2 Terrain neutre. ➛ Zone d'incertitude, du domaine de l'inconnu.

nombrable adj. – XIIᵉ ▪ Qui peut être nombré, compté. ⇒ **dénombrable.** ✪ CONTR. Innombrable.

nombre n. m. – XIIᵉ ; lat. *numerus* **I - 1** Concept de base des mathématiques, une des notions fondamentales de l'entendement que l'on peut rapporter à d'autres idées (de pluralité, d'ensemble, de correspondance), mais non définir. *Les chiffres servent à représenter les nombres. Le nombre 1, le nombre 527. Nombre pair, impair. Nombre cardinal, ordinal* (⇒ **numéro, quantième**). ➛ *Nombre entier, décimal, rationnel, réel, complexe. Puissance, carré, racine d'un nombre. Nombres premiers.* ➛ *Étude des nombres.* ⇒ ② **arithmétique.** ➛ *Loi des grands nombres,* selon laquelle à mesure que le nombre des épreuves augmente, le nombre moyen des réussites d'un événement se rapproche de la valeur la plus probable fixée par le calcul. ⇒ **probabilité.** ♦ *Nombre d'Avogadro* : nombre d'entités élémentaires (molécules, atomes, ions) contenues dans une mole (de molécules, d'atomes, d'ions). *Le nombre d'Avogadro est égal à 6,022.10²³.* ♦ NOMBRE D'OR : dans le partage asymétrique d'une composition picturale, rapport entre la plus grande des deux parties et la plus petite, égal au rapport entre le tout et la plus grande. (On dit aussi *section dorée.*) 2 Nombre concret servant à caractériser une pluralité de choses, de personnes. *Nombre d'habitants d'un pays* (⇒ **population**), *des hommes d'une armée* (⇒ ② **effectif**). *Un certain nombre de...* ⇒ **plusieurs, quelques.** *Un petit nombre.* ⇒ **peu ; minorité.** *Un nombre suffisant.* ⇒ **assez ; quorum.** *Un assez grand nombre, (un) bon nombre de... Un grand nombre.* ⇒ **beaucoup ; collection, foule,** ① **masse, multitude, quantité.** *Le grand nombre, le plus grand nombre des...* ⇒ **généralité, majorité, plupart** (la). *Ennemi supérieur en nombre. Un nombre infini de.* ⇒ **infinité.** ♦ loc. prép. AU NOMBRE DE... : en tel nombre, en tout. *Les Rois mages étaient au nombre de trois.* ➛ AU NOMBRE DE... ; DU NOMBRE DE... ⇒ **parmi ; entre.** « *vous voulez bien me compter au nombre des trois librettistes* » (Nerval). ➛ SANS NOMBRE (sans possibilité d'être dénombré). ⇒ **innombrable, nombreux.** *Des occasions sans nombre.* 3 Pluralité, grand nombre. ⇒ **quantité.** « *La valeur n'attend pas le nombre des années* » (Corn.). ➛ Masse, grande quantité de personnes. « *enfin le nombre l'emporta ; les Suédois furent rompus* » (Volt.). *Succomber sous le nombre. Dans le nombre* : dans la quantité. *Dans le nombre, nous en trouverons bien un qui nous conviendra.* ♦ EN NOMBRE : en grande quantité, en masse. *Ils sont venus en nombre.* ➛ NOMBRE DE... ⇒ **beaucoup, maint.** *Depuis nombre d'années. Nombre d'entre eux est mécontent,* (plus cour.) *sont mécontents.* **II - 1** Catégorie grammaticale fondée sur la considération du compte, suivant que le mot est employé pour désigner un objet ou concept unique ou une pluralité (⇒ ② **duel, pluriel, singulier**). *Accord en genre et en nombre.* 2 Répartition rythmique et harmonique des éléments d'un vers, d'une phrase. ⇒ **cadence, harmonie, rythme.** « *le son consiste dans la qualité des mots ; et le nombre dans leur arrangement* » (d'Alemb.).

> ❑ L'estimation du nombre de... s'exprime dans des mots à ne pas confondre : *nombre déterminé, indéterminé, illimité, infini.* ♦ La généralité ne se mesure pas avec des nombres. → généralité (rem.).

nombrer v. tr. [1] – XIIᵉ ▪ littér. Affecter d'un nombre, évaluer en nombre. ⇒ **compter, dénombrer.** « *jamais* on ne pourrait nombrer toutes les espèces de gibier qui fourmillent en Corse » (Mérimée).

nombreux, euse adj. – XIVe 1 Formé d'un grand nombre d'éléments. ⇒ **abondant, considérable.** *Foule nombreuse.* ⇒ **dense.** *Famille nombreuse,* où il y a beaucoup d'enfants. ⇒ **grand.** 2 En grand nombre. *Ils vinrent nombreux à notre appel. Ils sont très nombreux.* ◆ *Nombreux sont ceux qui... Dans de nombreux cas.* ⇒ **beaucoup.** *De nombreuses fois.* 3 Qui a du nombre (II, 2°). ⇒ **cadencé, harmonieux.** « *une phrase, un style est* nombreux *ou ne l'est pas* » (Gide). ✪ CONTR. Petit. Rare.

nombril [nɔ̃bʀi(l)] n. m. – XIIe ; lat. *umbilicus* 1 Cicatrice arrondie sur la ligne médiane du ventre des mammifères, à l'endroit où le cordon ombilical a été sectionné. ⇒ **ombilic.** loc. fam. *Se regarder le nombril :* être égocentriste (⇒ **nombrilisme**). ♦ *Le nombril de la terre.* ⇒ **centre.** loc. fam. *Se prendre pour le nombril du monde :* se donner une importance exagérée. 2 *Nombril-de-Vénus :* plante des vieux murs *(crassulacées),* aux feuilles en forme d'ombilic.

❑ Pour la prononciation de la finale → chenil (rem.). ♦ *Un umblil* (forme du XIIe s.) ; puis le *n* de l'article indéfini a fait partie du nom. → lierre (rem.).

nombrilisme n. m. – v. 1950 ▪ fam. Attitude égocentrique.

nome n. m. – XVIIIe ; gr. *nomos* « portion de territoire » ▪ Division administrative de l'Égypte ancienne et de la Grèce moderne.

-nome, -nomie, -nomique Groupes suffixaux, du gr. *nemein* « distribuer, administrer ».

nomenclature n. f. – XVIe ; lat. « action d'appeler *(calare)* par le nom *(nomen)* » 1 Ensemble des termes employés dans une science, une technique, un art..., méthodiquement classés ; méthode de classement de ces termes. ⇒ **terminologie ; taxinomie.** « *l'anatomie n'est encore qu'une nomenclature* » (Buff.). ♦ Liste méthodique d'objets, des personnes d'une profession. ⇒ **catalogue, inventaire, recueil, répertoire.** *La nomenclature des douanes.* 2 Ensemble des entrées d'un dictionnaire. ⇒ **macrostructure.** *Mot qui est, n'est pas à la nomenclature. Nomenclature de 30 000 mots.*

nomenklatura [nɔmɛnklatuʀa] n. f. – v. 1980 ; mot russe ▪ En ex-U.R.S.S., dans les pays de l'Est, Liste de personnes bénéficiant de prérogatives exceptionnelles ; ces personnes.

nominal, ale, aux adj. et n. m. – XVe I - 1 Qui se rapporte au nom (III), a valeur de nom. *Emploi nominal d'un adjectif.* ◆ *Formes nominales du verbe* (infinitifs, participes). *Syntagme nominal.* 2 n. m. Pronom. *Nominaux démonstratifs* (ça), *personnels* (moi, toi), *possessifs* (le mien, le tien), *indéfinis* (aucun, même, tout). II Relatif au nom de personnes ou d'objets individuels. *Liste nominale.* ⇒ ② **nominatif.** III - 1 Relatif aux mots, aux noms (II) et non aux choses elles-mêmes. *Définition nominale.* 2 Qui existe seulement de nom. *Autorité nominale que confère un titre honorifique.* 3 *Valeur nominale :* valeur officielle ou apparente d'une grandeur économique qui ne correspond pas nécessairement à sa valeur réelle ou marchande. *Valeur nominale d'une monnaie, d'une devise ; d'une action.* 4 Se dit d'une performance annoncée par le constructeur d'un appareil. *Une puissance nominale de dix watts.* ✪ CONTR. Collectif. ① Effectif, réel. Verbal.

nominalement adv. – XIXe 1 De nom. « *On avait fini par trouver plus simple que Haverkamp, après avoir acquis l'immeuble, en restât* [...] *nominalement propriétaire* » (Romains). 2 Par son nom. *Être nominalement désigné.* ⇒ **nommément.** 3 *Forme verbale employée nominalement,* comme nom.

nominaliser v. tr. [1] – 1929 ▪ Transformer (une phrase verbale) en syntagme nominal. ◆ Employer comme nom. ⇒ **substantiver.**

nominalisme n. m. – XVIIIe 1 Doctrine philosophique selon laquelle les idées générales ne sont que des noms, des mots. 2 *Nominalisme monétaire,* en vertu duquel la somme due par un débiteur est celle qui avait été prévue lors de la contraction de la dette, sans considération des fluctuations monétaires.

nominaliste adj. – XVIe ▪ Relatif au nominalisme (1°).

① **nominatif** n. m. – XIIe ▪ Cas affecté à un nom (substantif, adjectif, pronom), et qui énonce un concept, soit seul, soit comme sujet (ou attribut) dans la phrase. *Nominatif et accusatif du latin.*

② **nominatif, ive** adj. – XVIIIe ▪ Qui nomme ; qui énonce expressément le nom, les noms (I). *Liste nominative. Carte nominative :* carte strictement personnelle portant le nom de l'utilisateur ou du bénéficiaire. *Titre nominatif,* dont le propriétaire est nommément désigné (par oppos. à *au porteur*).

nomination n. f. – XIVe I - 1 Action de nommer (qqn) à un emploi, à une fonction, à une dignité. ⇒ **désignation.** *Nomination à un poste supérieur* (⇒ **élévation, promotion**). *Nomination d'un héritier.* ⇒ **institution.** ♦ L'acte portant nomination. « *Remettez les nominations, vous pourrez les signer après-demain* » (Balz.). ♦ Le fait d'être nommé à un poste. *Attendre sa nomination.* ⇒ ① **affectation.** 2 Droit de nommer à un emploi, à une dignité, à un bénéfice. 3 Le fait d'être nommé (dans un palmarès). ⇒ **mention.** II Action de nommer (I). ⇒ **dénomination.** « *la nomination est un acte métaphysique d'une valeur absolue* » (Sartre). ✪ CONTR. Destitution.

nominativement adv. – XVIe ▪ En nommant les personnes dont on parle. « *Il désignait nominativement six favoris du roi* » (Michelet).

nominé, ée adj. – 1978 ; angl. *nominee* « personne désignée » ▪ Dont on a cité le nom, le titre, pour un prix (en parlant d'une personne, d'une œuvre). *Film nominé aux Oscars.* ◆ n. *Les nominés sont...* Recomm. offic. *SÉLECTIONNÉ.*

❑ *Nominé* est un américanisme condamné par l'Académie (1985). Néanmoins il entre bien dans la famille de *nominal, nominatif,* plus proche, pour le sens, de *nomination* que de *nommé.*

nommé, ée adj. – XIe 1 Qui a pour nom. *Un homme nommé Dubois.* ◆ n. (dr. ou péj.) *Le, un nommé X.* 2 Désigné par son nom. *Les personnes nommées plus haut.* ⇒ **susdit, susnommé.** 3 loc. *À POINT NOMMÉ :* au moment voulu, à propos. *Arriver à point nommé.* ⇒ **opportunément.** 4 Désigné par nomination. *Magistrats nommés et magistrats élus.*

nommément adv. – XIIe ▪ En nommant, en désignant (qqn) par son nom. *Accuser nommément qqn.* « *il m'adresse à moi nommément et tout haut une réprimande* » (Rouss.).

nommer v. tr. [1] – Xe ; lat. *nominare* I - 1 Distinguer (qqn) par un nom ; donner un nom à (qqn). ⇒ **appeler, dénommer.** *Ses parents l'ont nommé Paul.* ⇒ **prénommer.** « *la fille à Cognet,* [...] *la Cognette comme on la nommait* » (Zola). 2 Distinguer (une chose, un concept) par un vocable particulier. ⇒ **appeler, dénommer.** *Nommer un nouveau corps chimique.* 3 Désigner, qualifier (qqn) par un vocable. « *elle nommait enfant ce que dans la solitude elle appelait* le chiard » (Genet). ◆ Appliquer un nom à (une chose, une idée). « *Ce que les hommes ont nommé amitié* » (La Rochef.). 4 Indiquer (qqn, qqch.) en disant ou en écrivant son nom. ⇒ **citer, désigner, mentionner.** *Nommer plusieurs personnes.* ⇒ **énumérer.** *Un riche* *banquier, Rockefeller, pour ne pas le nommer.* ➝ *Nommez vos complices.* ⇒ **dénoncer.** 5 pronom. SE NOMMER : avoir pour nom. ⇒ **s'appeler.** « *sa fille aînée se nomma Éponine* » (Hugo). II Désigner, choisir (qqn) de sa propre autorité, pour remplir une fonction, une charge, être élevé à une dignité (opposé à *élire*). ⇒ **appeler ; nomination.** *Nommer qqn à un emploi. On l'a nommé, il a été nommé directeur. Nommer brusquement à un poste.* ⇒ **bombarder, parachuter.** ♦ *Nommer qqn son héritier,* le désigner, le reconnaître pour tel. ⇒ **déclarer, instituer.** ♦ Donner, conférer à qqn le titre de. *Nommer d'office un expert.* ⇒ **commettre.** ✪ CONTR. (du II) ① Déposer, destituer.

nomo- Élément, du gr. *nomos* « loi ».

nomogramme n. m. – 1905 ; *nomo-* et *-gramme* ■ Système de courbes permettant d'effectuer certains calculs numériques par simple lecture.

nomographe n. m. – XVIIIe ■ Auteur d'un recueil de lois, d'une étude sur les lois.

nomographie n. f. – XIXe ; *nomo-* et *-graphie* 1 Traité sur les lois et leur interprétation. 2 Procédé graphique de résolution de certains problèmes de calcul, par l'emploi d'un nomogramme. *La nomographie est la généralisation de l'ancien système des abaques.*

nomologie n. f. – XIXe ; *nomo-* et *-logie* ■ Étude des lois.

non adv. de négation – XIe ; mot lat. « ne » en position accentuée I adv. 1 (réponse négative, refus) « *Vous n'avez jamais vu fusiller un homme ? – Non, bien sûr* » (Camus). *Non, rien à faire, n'insistez pas. Non, non et non ! Non merci.* ➝ littér. « *Ai-je tout dit ? Non pas !* » (Duham.). *Pourquoi non ?* ⇒ ② **pas.** ♦ fam. (interrog.) N'est-ce pas ? *C'est triste d'y penser, non ?* 2 (compl. dir. d'un v. déclaratif) *Il dit toujours non.* fam. *Je ne dis pas non* : je veux bien. ➝ *Ne dire ni oui ni non* : ne pas prendre parti. ♦ (en subordonnée complétive) Il n'en est rien. *J'espère bien que non.* 3 (pour annoncer ou souligner la négation) *Non, je ne le regrette pas.* 4 fam. ou pop. Exclamatif, marquant l'indignation, la protestation. *Non, par exemple !* « *Non mais, regardez-moi comme c'est fringué !* » (Aragon). 5 Interrogatif, marquant l'étonnement. *Il nous quitte. Non, pas possible ?* II (en phrase coordonnée ou juxtaposée) ➝ ET NON ; MAIS NON... « *je ne serais jamais sûr de l'avoir fait par conviction, et non par frousse* » (Mart. du G.). ➝ OU NON, marquant une alternative. *Que vous le vouliez ou non. Volontairement ou non.* « *deviner si un homme a fait la guerre ou non* » (Alain). ➝ (en fin de phrase) ⇒ ① **pas.** « *Les fascistes, peut-être. Nous, non* » (Malraux). ♦ NON PLUS, remplace *aussi* dans une propos. négative. « *elle ne parlait pas, Charles non plus* » (Flaub.). ➝ NON, NON PAS, NON POINT, NON SEULEMENT... MAIS... *Non seulement il a tort, mais encore il s'obstine.* ♦ NON SANS (affirmation atténuée) *Non sans mal. Non sans avoir tout vérifié.* ♦ loc. conj. NON QUE (et subj.), pour écarter une explication possible. « *Non que de sa conquête il paraisse flatté* » (Rac.). III en emploi adv. Qui n'est pas, est le contraire de. *Un avantage non négligeable.* IV n. m. inv. *Le référendum a obtenu une majorité de non. Un non catégorique.* ⇒ **refus.** ✪ CONTR. Oui, ② si. — HOM. Nom.

> ❑ *Non* s'emploie assez librement pour former des noms et des adjectifs. *Non* peut être joint au deuxième élément par un trait d'union, lorsque le mot devient fréquent.

non-activité [nɔnaktivite] n. f. – XIXe ■ Situation d'un fonctionnaire, et spécialt d'un officier provisoirement sans emploi. ⇒ **disponibilité.** ✪ CONTR. Activité.

nonagénaire [nɔnaʒenɛʀ] adj. et n. – XIVe ; lat. ■ Dont l'âge est compris entre quatre-vingt-dix et quatre-vingt-dix-neuf ans.

nonagésime [nɔnaʒezim] adj. et n. m. – XVIe ; lat. ■ *Le nonagésime degré de l'écliptique,* et n. m. *le nonagésime* : point de l'écliptique éloigné de 90° des points d'intersection de l'écliptique et de l'horizon.

non-agression [nɔnagʀesjɔ̃] n. f. – 1932 ■ Le fait de ne pas recourir à l'agression, de ne pas attaquer (un autre pays). « *Ils ont conclu un pacte de non-agression, et encore tout provisoire* » (Sartre).

non-aligné, ée [nɔnaliɲe] adj. – 1963 ■ Qui pratique le non-alignement. *Les pays non-alignés.* ➝ n. *Les non-alignés.* ✪ CONTR. Aligné.

non-alignement [nɔnaliɲmɑ̃] n. m. – 1963 ■ Fait de ne pas se conformer à une politique commune. ⇒ **non-engagement ; désalignement.** ✪ CONTR. Alignement.

nonante adj. numér. inv. – XIIe ; lat. *nonaginta* ■ vx ou région. (Belgique, Suisse) Quatre-vingt-dix. *Nonante et un.*

> ❑ Hormis l'avantage de sa formation régulière (mais savante, *non-* pour *neuf*), ce mot permet d'éviter les ambiguïtés du type 90, 80-10 et 4-20-10. Le cas est semblable pour *octante* et *septante.*

nonantième adj. numér. ord. – XIIIe ■ vx ou région. (Belgique, Suisse) Quatre-vingt-dixième.

non-appartenance [nɔnapaʀtənɑ̃s] n. f. – 1945 ■ Fait de ne pas appartenir à un groupe. ✪ CONTR. Appartenance.

non-assistance [nɔnasistɑ̃s] n. f. – mil. XXe ■ Délit qui consiste à ne pas secourir volontairement. *Non-assistance à personne en danger.* ✪ CONTR. Assistance.

non-belligérance n. f. – 1939 ■ État d'une nation qui, sans observer une stricte neutralité, s'abstient de prendre part à un conflit armé. ✪ CONTR. Belligérance.

non-belligérant, ante adj. et n. – v. 1939 ■ Qui s'abstient de prendre part à un conflit. ✪ CONTR. Belligérant.

nonce n. m. – XVIe ; lat. *nuntius* « envoyé » ■ Agent diplomatique du Saint-Siège, ambassadeur permanent du Vatican auprès d'un gouvernement étranger. ⇒ **légat.** *Nonce apostolique.*

> ❑ Même famille étymologique que *annoncer.*

nonchalamment adv. – XVe ■ D'une manière nonchalante. « *nonchalamment couché dans son hamac* » (Buff.). ⇒ **mollement, paresseusement.**

nonchalance n. f. – XIIe 1 Caractère, manière d'agir d'une personne nonchalante ; manque d'ardeur, de soin. ⇒ **apathie, indolence, langueur, mollesse, paresse.** *Il était « d'une nonchalance extrême pour ce qui regarde les choses ordinaires de la vie »* (Muss.). 2 Absence de hâte, de vivacité. ♦ Grâce alanguie. *Nonchalance d'une pose.* ⇒ **abandon.**

nonchalant, ante adj. – XIIIe ; de *non* et *chaloir* ■ Qui manque d'activité, d'ardeur par insouciance, indifférence. ⇒ **indolent, insouciant,** ① **mou.** *Élève nonchalant.* ⇒ **fainéant, paresseux.** ♦ « *son air mou, sa démarche nonchalante* » (Rouss.). ⇒ **lent.** ✪ CONTR. Actif, vif, zélé.

nonciature n. f. – XVIIe ■ Charge, fonction de nonce ; exercice de cette fonction. ♦ Résidence du nonce.

non-combattant, ante adj. – XIXe ■ Qui ne prend pas une part effective aux combats, en parlant de certains membres du personnel militaire. ➝ n. *Les non-combattants d'une armée.* ✪ CONTR. Combattant.

non-comparant, ante adj. – XIXe ■ Qui ne comparaît pas en justice, qui fait défaut. ➝ n. *Les non-comparants.* ✪ CONTR. Comparant.

non-comparution n. f. – XVIe ■ Fait de ne pas comparaître en justice. ✪ CONTR. Comparution.

non-conciliation n. f. – XIXe ■ Défaut de conciliation.

non-conformisme n. m. – XVIIIe 1 Doctrine des non-conformistes. 2 Attitude morale d'une personne non-conformiste. ⇒ **anticonformisme.** « *ce non-conformisme de parade* » (Camus). ✪ CONTR. Conformisme.

non-conformiste n. et adj. – XVIIe ; angl. 1 Protestant qui n'est pas conformiste. ➛ adj. *Doctrine non-conformiste.* 2 Personne qui ne se conforme pas aux usages établis, aux opinions reçues, qui fait preuve d'originalité. ⇒ **anticonformiste, marginal, ② original.** ♦ adj. *Peintre non-conformiste.*

non-conformité n. f. – XVIIe ▪ Défaut de conformité.

non-contradiction n. f. – 1904 ▪ *Principe de non-contradiction,* par lequel une chose n'est pas autre qu'elle-même (⇒ **cohérence).** ✪ CONTR. Contradiction.

non-croyant, ante n. et adj. – XXe ▪ Personne qui n'appartient pas à une confession religieuse et n'a pas la foi. ⇒ **agnostique, athée, incroyant.** ✪ CONTR. Croyant.

non-cumul n. m. – 1953 ▪ Règle en vertu de laquelle la plus grave des peines encourues doit seule être prononcée en cas de concours de plusieurs crimes ou délits. ✪ CONTR. Cumul.

non-directif, ive adj. – v. 1960 ▪ Qui n'est pas directif (I, 2°). ➛ *Entretien non-directif,* qui évite de suggérer une orientation dans les réponses, ne fait pas pression sur l'interlocuteur. ✪ CONTR. Directif.

non-discrimination n. f. – 1955 ▪ Refus d'appliquer des traitements différents selon les appartenances ethniques, politiques, raciales ou sociales. ✪ CONTR. Discrimination.

non-dit n. m. – v. 1980 ▪ Ce qui n'est pas dit, reste caché dans le discours de qqn. *Des non-dits.*

none n. f. – XIIe ; lat. *nonus* « neuvième » 1 Dans l'Antiquité romaine, Neuvième heure du jour. ➛ Quatrième partie du jour qui commençait à la fin de la 9e heure. 2 Petite heure canoniale qui se récite après sexte, à la neuvième heure du jour. ✪ HOM. Nonne.

> ❑ *None* correspond à 3 heures de l'après-midi (15 heures), car il s'agit de la *neuvième* heure après le lever du soleil.

non-engagé, ée [nɔnɑ̃gaʒe] adj. et n. – mil. XXe ▪ Qui n'est pas engagé dans un conflit international. n. *Les non-engagés.*

non-engagement [nɔnɑ̃gaʒmɑ̃] n. m. – 1949 ▪ Politique de neutralité à l'égard des grandes puissances. ⇒ **non-alignement.** ✪ CONTR. Engagement.

non-être [nɔnɛtʀ] n. m. inv. – XIVe ▪ Fait de ne pas être ; état de ce qui n'est pas. ⇒ **néant.** « *L'innommable horreur du non-être* » (Green). ✪ CONTR. ② Être.

non-euclidien, ienne [nɔnøklidjɛ̃, jɛn] adj. – XIXe ▪ Qui n'obéit pas au postulat d'Euclide (sur les parallèles). ✪ CONTR. Euclidien.

non-exécution [nɔnɛgzekysjɔ̃] n. f. – XIXe ▪ dr. Défaut d'exécution.

non-existence [nɔnɛgzistɑ̃s] n. f. – XVIIIe ▪ Le fait de ne pas être, de ne pas exister. ✪ CONTR. Existence.

non-figuratif, ive adj. – 1936 ▪ Qui ne représente pas le monde extérieur dans les arts plastiques, graphiques. ⇒ **abstrait.** ✪ CONTR. Figuratif.

non-fumeur, euse n. – d. i. ▪ Personne qui ne fume pas. en appos. *Voiture non-fumeurs* (d'un train). ✪ CONTR. Fumeur.

non-gage n. m. – XXe ▪ *Certificat de non-gage,* certifiant qu'une voiture n'est pas gagée (et peut être revendue).

non-ingérence [nɔnɛ̃ʒeʀɑ̃s] n. f. – v. 1950 ▪ Attitude qui consiste à ne pas s'ingérer dans la politique d'un État étranger. ⇒ **non-intervention.** ✪ CONTR. Ingérence.

non-initié, iée [nɔninisje] n. – XVIIe ▪ Personne qui n'est pas initiée. ⇒ **profane.** *À l'usage des non-initiés.* « *Il réagissait comme les non-initiés au passage d'une chasse à courre* » (Simenon).

non-inscrit, ite [nɔnɛ̃skʀi, it] n. et adj. – 1957 ▪ Parlementaire qui n'est pas inscrit à un groupe politique ou parlementaire. ➛ adj. *Les députés non-inscrits.*

non-intervention [nɔnɛ̃tɛʀvɑ̃sjɔ̃] n. f. – XIXe ▪ Attitude d'un gouvernement qui s'abstient d'intervenir dans les affaires d'un pays étranger. ⇒ **non-ingérence.** ✪ CONTR. Intervention.

non-interventionniste [nɔnɛ̃tɛʀvɑ̃sjɔnist] adj. et n. – XIXe ▪ Favorable à la non-intervention. ➛ n. *Les non-interventionnistes.* ✪ CONTR. Interventionniste.

non-jouissance n. f. – XVIIe ▪ dr. Privation de jouissance.

non-lieu n. m. – XIXe ▪ Décision par laquelle une juridiction d'instruction, se fondant sur une justification de droit ou sur une insuffisance de preuves, dit qu'il n'y a pas lieu de suivre la procédure tendant à faire comparaître l'inculpé devant une juridiction de jugement. *Arrêt, ordonnance de non-lieu.* « *l'enquête a tourné court : j'ai bénéficié d'un non-lieu* » (Mauriac). *Des non-lieux.* ✪ CONTR. Inculpation.

non-moi n. m. inv. – XIXe ▪ L'objet ou le monde extérieur en tant que distinct du sujet.

nonne n. f. – XIIe ; lat. ▪ vx ou plaisant Religieuse. *Des* « *nonnes qui se liguent pour discuter les volontés de leur mère* » (Huysm.). ✪ HOM. None.

nonnette n. f. – XIIIe ; de *nonne* 1 Variété de mésange. 2 Petit gâteau en pain d'épice, de forme ronde, primitivement fabriqué dans les couvents de religieuses.

nonobstant prép. et adv. – XIIIe ; de *non* et lat. *obstare* « faire obstacle » ▪ vieilli ou t. administratif 1 prép. Sans être empêché par qqch., sans s'y arrêter. ⇒ **dépit** (en dépit de), **malgré.** « *nonobstant la profonde admiration réciproque qu'ils se professent* » (Aragon). 2 adv. « *Mais, nonobstant, mais, néanmoins, mais, en dépit de tout, et quelques considérations qui puissent m'arrêter* » (Verlaine). ⇒ **cependant, néanmoins.**

non-paiement n. m. – XVIIIe ▪ Défaut de paiement.

nonpareil, eille adj. – XIVe ▪ vx Qui n'a pas son pareil, qui est sans égal en son genre. ⇒ ① **beau, inégalable** (cf. Sans pareil).

non-prolifération n. f. – 1966 ▪ Limitation de la quantité (d'armes nucléaires dans le monde).

non-recevoir n. m. inv. – XVIIe ▪ *Fin de non-recevoir.* ⇒ ① **fin** (II, 3°).

non-résident, ente n. – mil. XXe ▪ Personne, physique ou morale, qui n'est pas considérée comme résident.

non-respect n. m. – 1990 ▪ Le fait de ne pas respecter, d'enfreindre (une règle, une loi, une convention, etc.). *Le non-respect de l'interdiction de dépasser, en voiture.*

non-retour n. m. – v. 1965 ▪ POINT DE NON-RETOUR : moment où il n'est plus possible de revenir en arrière (dans une série ordonnée d'actes, de décisions).

non-rétroactivité n. f. – XIXe ▪ dr. Caractère de ce qui n'est pas rétroactif. ✪ CONTR. Rétroactivité.

non-sens [nɔ̃sɑ̃s] n. m. et adj. – XIIe 1 Défi au bon sens, à la raison. ⇒ **absurdité.** « *ma vie est un non-sens, une absurdité* » (Jouhand.). 2 Ce qui est dépourvu de sens (phrase, proposition, raisonnement). *Élève qui fait des non-sens dans une version latine.*

> ❑ On a recours à l'emprunt direct *nonsense* pour désigner une forme de logique de l'absurde typiquement anglaise.

non-stop [nɔnstɔp] **adj. inv.** – 1932 ; angl. **1** Se dit d'un vol sans escale. ⇒ ① **direct.** *Un vol non-stop entre Paris et New York.* **2** Ininterrompu. *Descente non-stop,* ou ellipt *une non-stop :* descente à ski d'une seule traite.

non-tissé **n. m.** – v. 1970 ▪ Matériau obtenu en assemblant entre elles des fibres par des procédés chimiques ou physiques autres que le tissage ou le tricotage. *Nappe en non-tissé.*

non-usage [nɔnyzaʒ] **n. m.** – XVIIe ▪ Fait de ne pas ou de ne plus utiliser qqch. ✪ CONTR. Usage.

non-valeur **n. f.** – XVIe **1** État d'une propriété qui ne produit aucun revenu. ➛ Créance irrécouvrable. **2** Chose ou personne sans valeur. ✪ CONTR. Valeur.

non-viable **adj.** – XIXe ▪ Se dit d'un fœtus qui n'est pas encore viable du fait de son développement intra-utérin insuffisant.

non-violence **n. f.** – 1921 ▪ Doctrine qui recommande d'éviter la violence dans l'action politique, en toutes circonstances. ⇒ **résistance** (passive). ✪ CONTR. Terrorisme, violence.

non-violent, ente **adj.** et **n.** – 1924 **1** Qui procède par la non-violence. **2** **n.** Partisan de la non-violence. « *la douceur irrésistible des non-violents* » (Tournier).

non-voyant, ante **n.** – v. 1970 ▪ Personne qui ne voit pas. ⇒ **aveugle.**

> ❑ Les euphémismes sont à la mode : on emploie volontiers *malvoyant* et *non-voyant* pour *aveugle, malentendant* pour *sourd,* etc.

noologique **adj.** – XIXe ; gr. *noos* « esprit » ▪ *Sciences noologiques,* qui ont pour objet le monde de l'esprit (opposé à *sciences cosmologiques*).

nopal **n. m.** – XVIe ; aztèque ▪ Cactus à rameaux aplatis (raquettes), et à fruits comestibles (figues de Barbarie). « *les nopals épineux n'ouvrent plus leurs tristes fleurs jaunes* » (Loti).

nord **n. m.** et **adj. inv.** – XIIe ; angl. *north* **I** **n. m.** **1** Celui des quatre points cardinaux correspondant à la direction du pôle qui est situé dans le même hémisphère que l'Europe et la majeure partie de l'Asie. ⇒ poét. **septentrion.** *Actuellement, le nord géographique correspond assez exactement à la direction de l'étoile polaire.* « *sa vie était froide comme un grenier dont la lucarne est au nord* » (Flaub.). ➛ loc. *Perdre le nord :* s'affoler. **2** (avec la majuscule) Ensemble des pays, partie d'un ensemble géographique qui est la plus proche du nord. *Peuples du Nord.* ⇒ **nordique.** *Le Nord canadien.* loc. *Afrique, Amérique du Nord.* ➛ *Le Grand Nord :* la partie du globe terrestre située près du pôle Nord. ♦ L'ensemble des départements qui se trouvent le plus au nord de la France (Nord, Pas-de-Calais, Somme, Aisne). *Habiter dans le Nord.* ♦ Les pays industrialisés (par opposition aux pays du Sud en voie de développement). *Dialogue Nord-Sud.* **II** **adj. inv.** (majuscule dans les noms propres) Qui se trouve au nord. ⇒ **septentrional.** *Hémisphère Nord.* ⇒ **boréal.** *Pôle Nord.* ⇒ **arctique.** *La banlieue nord de Paris.* ✪ CONTR. Midi, sud.

nord-africain, aine [nɔʀafʀikɛ̃, ɛn] **adj.** et **n.** – XIXe ▪ D'Afrique du Nord. ➛ **n.** *Les Nord-Africains.* ⇒ **maghrébin.**

> ❑ *Nord-africain* est formé sur le modèle de *nord-américain,* calque de l'anglais *North American,* et de *est-allemand,* calque de l'anglais *East German,* alors que la syntaxe française réclamerait *africain du Nord.*

nord-américain, aine [nɔʀameʀikɛ̃, ɛn] **adj.** et **n.** – XIXe ▪ D'Amérique du Nord. ➛ **n.** *Les Nord-Américains.* ⇒ **américain ; étasunien, yankee ; canadien.**

nord-est [nɔʀɛst] **n. m.** et **adj.** – XIIIe **1** Point de l'horizon situé à égale distance entre le nord et l'est. « *la partie de la montagne exposée au nord-est* » (J. Verne). **2** Partie d'un pays située dans cette direction. *Le nord-est de la France.* ➛ **adj.** *La région nord-est de l'Angleterre.*

nordet **n. m.** – d. i. ▪ Vent qui vient du nord-est.

nordique **adj.** et **n.** – XIXe ▪ Qui est relatif, qui appartient aux pays du nord de l'Europe (spécialement à la Scandinavie) ; qui en est originaire. *Type nordique.* ➛ **n.** *Un, une Nordique.* ➛ *Langues nordiques actuelles :* danois, islandais, norvégien, suédois. ⇒ **scandinave.**

nordir **v. intr.** [2] – XIXe ▪ Tourner au nord (en parlant du vent).

nordiste **n.** et **adj.** – XIXe ▪ Partisan des États du Nord, aux États-Unis, pendant la guerre de Sécession. *Les Nordistes ou Fédéraux*.* ➛ **adj.** *Armée nordiste.* ✪ CONTR. Confédéré, sudiste.

nord-ouest [nɔʀwɛst] **n. m.** et **adj.** – XIIe **1** Point de l'horizon situé à égale distance entre le nord et l'ouest. « *L'aigre vent du nord-ouest soufflait* » (Hugo). **2** Partie d'un pays située dans cette direction. *Le nord-ouest de la France.* ➛ **adj.** *La côte nord-ouest de la Corse.*

noria **n. f.** – XVIIIe ; mot esp., de l'ar. **1** Machine hydraulique à godets qui sert à élever l'eau et qui fonctionne suivant le principe du chapelet hydraulique. **2** Suite ininterrompue de véhicules qui vont et viennent.

normal, ale, aux **adj.** et **n. f.** – XVIIIe ; lat. *norma* « équerre » **1** *Droite normale,* ou **n. f.** *la normale à une courbe, à une surface en un point :* droite perpendiculaire à la tangente, au plan tangent en ce point. **2** *École normale :* établissement où l'on forme les instituteurs. *L'École normale supérieure,* ou *Normale :* établissement où l'on forme les professeurs de l'enseignement secondaire et supérieur et des chercheurs (⇒ **normalien**). **3** *Solution normale :* solution aqueuse d'un électrolyte qui, par dissociation complète, libère une mole par litre. **4** Qui n'est affecté d'aucune modification pathologique. *L'aspect normal du visage. N'être pas dans son état normal :* ne pas se sentir bien. **5** Qui est dépourvu de tout caractère exceptionnel ; qui est conforme au type le plus fréquent (⇒ **norme**) ; qui se produit selon l'habitude. *Mener une vie normale. En temps normal :* quand les circonstances sont normales. ⇒ **ordinaire.** *Puisqu'il* « *a vécu dans la terreur, il trouve normal que les autres la connaissent à leur tour* » (Camus). *C'est bien normal,* excusable. *Il est, il paraît normal de...* ⇒ **compréhensible, légitime.** **6** **n. f.** *LA NORMALE :* la moyenne. ⇒ **norme.** *Intelligence au-dessus de la normale.* ➛ Moyenne d'un paramètre météorologique établie sur une période d'au moins trente ans. *Les normales saisonnières.* ✪ CONTR. Anormal ; anomal. Bizarre, étonnant, exceptionnel, extraordinaire. Particulier, spécial.

normalement **adv.** – XIXe ▪ D'une manière normale. *Normalement, nous devons arriver à cinq heures,* si tout va bien. ➛ En temps normal. ⇒ **habituellement.**

normalien, ienne **n.** – XIXe ▪ Élève de l'École normale supérieure. « *Elle doit se représenter le normalien comme sarcastique, satanique et subversif* » (Romains). ♦ Élève d'une école normale d'instituteurs.

normalisation **n. f.** – XIXe **1** Action de normaliser. ⇒ **standardisation.** ♦ Définition de spécifications techniques, de normes, de performances, de méthodes d'essais requises pour un produit. *Association française de normalisation (AFNOR).* **2** Rétablissement des structures politiques et sociales telles qu'elles étaient avant d'être déstabilisées. *Processus de normalisation.*

normaliser v. tr. [1] – 1923 1 Appliquer à (un produit, un document) des règles de fabrication, de présentation communes afin d'abaisser les coûts de production et d'utilisation. ⇒ **rationaliser, standardiser.** ➛ *Taille normalisée* (d'un vêtement). 2 Faire devenir ou redevenir normal. *Normaliser des relations diplomatiques.*

normalité n. f. – XIXe ▪ Caractère de ce qui est normal. ➛ Rapport entre la concentration d'une solution et la concentration d'une solution normale qui contient le même corps dissous.

normand, ande n. et adj. – XIe ; germ. « homme du Nord » 1 *Les Normands :* envahisseurs scandinaves (Norvégiens et Danois) qui effectuèrent de nombreux raids en France et en Europe au IXe s. et s'y installèrent au Xe s. ⇒ **viking.** 2 De la province française de Normandie. *La côte normande.* « *le calvados, la terrible eau-de-vie normande* » (Zola).

normatif, ive adj. – XIXe ▪ Qui constitue une norme, est relatif à la norme. *Sciences normatives,* dont l'objet est constitué par des jugements de valeur, et qui donne des règles, des préceptes.

norme n. f. – XIIe ; lat. « équerre, règle » 1 littér. Type concret ou formule abstraite de ce qui doit être. ⇒ ② **canon,** ② **idéal,** ① **loi, modèle, principe, règle.** 2 État habituel, conforme à la majorité des cas (cf. La moyenne, la normale). *Être dans la norme.* 3 Formule qui définit un type d'objet, un produit, un procédé technique en vue de simplifier, de rendre plus efficace et plus rationnelle la production. *Appareil conforme aux normes françaises NF* (⇒ **normalisation).** ♦ *Norme de productivité :* productivité moyenne d'une gamme déterminée de produits. 4 Application définie d'un espace vectoriel sur l'ensemble des nombres réels positifs et vérifiant certaines conditions. ⇒ **distance.** *Norme d'un vecteur,* nombre réel positif, noté $\|\vec{u}\|$, mesurant sa longueur.

normé, ée adj. – mil. XXe ▪ *Espace vectoriel normé,* muni d'une norme. *Vecteur normé,* dont la norme est égale à un.

normographe n. m. – mil. XXe ; lat. *norma* « règle » et *-graphe* ▪ Plaquette dans laquelle des contours de lettres, de figures, de symboles ont été évidés pour permettre d'en suivre le tracé.

noroît n. m. – XIXe ; de *nord-ouest* ▪ Vent du nord-ouest. ✪ HOM. Norrois.

norrois, oise n. et adj. – XIIe ; angl. *north* « nord » ▪ Ancienne langue des peuples scandinaves, appelée *nordique* ou *germanique septentrional.* ✪ HOM. Noroît.

> ❑ On trouve aussi la graphie *norois.*

norvégien, ienne adj. et n. – XVe ▪ De la Norvège. ♦ n. *Les Norvégiens.* ➛ n. m. *Le norvégien :* langue scandinave parlée en Norvège.

> ❑ *Norvège* signifiait en vieux norrois « la route du Nord », les Vikings nommant les régions terrestres d'après les routes maritimes dont elles dépendaient (cf. anglais *Norway*).

nos → **notre**

noso- Élément, du gr. *nosos* « maladie ».

nosocomial, iale, iaux adj. – XIXe ; gr. *nosokomeion* « hôpital » ▪ *Infections nosocomiales,* qui se répandent dans les hôpitaux.

nosographie n. f. – XVIIIe ; *noso-* et *-graphie* ▪ Description et classification méthodique des maladies.

nosologie n. f. – XVIIIe ; *noso-* et *-logie* ▪ Discipline médicale qui étudie les maladies en vue de leur classification méthodique.

nostalgie n. f. – XVIIIe ; gr. *nostos* « retour » et *-algie* 1 État de dépérissement et de langueur causé par le regret obsédant du pays natal, du lieu où l'on a longtemps vécu. « *Le passé, cette nostalgie du temps, comme le mal du pays est la nostalgie de l'espace* » (Barbey). 2 Regret mélancolique (d'une chose révolue ou de ce qu'on n'a pas connu) ; désir insatisfait. ⇒ **mélancolie.** *Avoir la nostalgie de sa jeunesse.*

nostalgique adj. – XVIIIe 1 Qui est relatif à la nostalgie, empreint de nostalgie. *Pensées nostalgiques.* 2 Mélancolique, triste. « *des chants rythmés, aux intonations basses, plus nostalgiques que joyeuses* » (Robbe-Grillet).

nostoc n. m. – XVIIe ; o. i., mot créé par Paracelse ▪ Algue bleue microscopique *(cyanobactéries)* qui forme des masses gélatineuses dans les sols humides.

nota bene [nɔtabene] loc. et n. m. inv. – XVIIIe ; mots lat. « notez bien » ▪ Formule destinée à attirer l'attention du lecteur sur une remarque importante (abrév. *N.B.*). ➛ n. m. Remarque qui commence par cette formule. *Des nota bene.*

notabilité n. f. – XIIIe ▪ Personne notable, qui occupe un rang supérieur dans une hiérarchie. ⇒ **notable, personnalité.**

notable adj. et n. m. – XIIIe ; lat. *notare* « désigner » 1 Qui est digne d'être noté, remarqué. ⇒ **remarquable.** *De notables progrès.* ⇒ **appréciable, important, sensible.** *Un événement* « *c'est un fait notable* » (France). 2 Qui occupe une situation sociale importante. ⇒ **important.** « *quelqu'un de notable dans une grande usine d'automobiles* » (Duham.). 3 n. m. Personne à laquelle sa situation sociale confère une certaine autorité dans les affaires publiques. *Les notables d'une ville.* ⇒ **notabilité, personnalité.** *Les Assemblées de notables,* convoquées par le roi, sous l'Ancien Régime.

notablement adv. – XIIIe ▪ D'une manière notable. ⇒ **sensiblement.**

notaire n. m. – XIIe ; lat. *notarius* « sténographe, secrétaire » ▪ Officier public établi pour recevoir tous les actes et contrats auxquels les parties doivent ou veulent faire donner le caractère d'authenticité attaché aux actes de l'autorité publique. ⇒ vx **tabellion.** *Clercs de notaire. Minutes d'un acte de notaire. Contrat passé devant notaire* (⇒ **notarié).**

> ❑ Les femmes qui exercent ce métier (13% des notaires, en France, sont des femmes) sont désignées par le mot *notaire* qui garde son genre masculin. On devrait dire *une notaire* comme *une élève.*

notamment adv. – XVe ▪ Particulièrement, spécialement. « *l'espèce de compétition qui, en France notamment, oppose le rail à la route* » (Duham.).

notarial, iale, iaux adj. – XVIe ▪ Relatif à la charge de notaire. *Actes notariaux.*

notariat n. m. – XVe ▪ Charge, fonction de notaire. ♦ Corps des notaires.

> ❑ Pour le suffixe → -at (rem.).

notarié, iée adj. – XVe ▪ Fait par un notaire, devant notaire. « *vous passez un simple acte sous seing privé et non un acte notarié* » (Morand).

notation n. f. – XVIe 1 Action, manière de noter, de représenter par des symboles ; système de symboles. *Notation littérale, algébrique, créée par Viète au* XVIe *siècle. Notation musicale.* 2 Action de noter, de représenter par le dessin, la peinture. 3 Ce qui est noté (par écrit) ; courte remarque. ⇒ **note.** 4 Action de donner une note. *Notation de 0 à 20.*

note n. f. – XIIe ; lat. *noscere* « apprendre à connaître » **I** - 1 Signe qui sert à caractériser un son par sa forme (durée du son) et par sa place sur la portée (hauteur du son). *Notes de musique. Figures de notes :* les différentes formes des notes exprimant leur durée relative. ⇒ **ronde ; blanche ; noire ; croche.** *Savoir lire les notes.* ⇒ **déchiffrer.** 2 Son figuré par une note. *Les notes de la gamme* (do, ré, mi, fa, sol, la, si). ➝ *Note juste.* fig. Détail vrai, approprié. *Fausse note :* note qui, jouée ou chantée à la place de la note requise, fait dissonance. ⇒ **canard, couac.** fig. Impair, faute de goût qui détruit l'harmonie d'un ensemble. ➝ loc. *Donner la note :* indiquer la première note d'un morceau ou l'accord correspondant. fig. Donner l'exemple à suivre (cf. Donner le la*, le ton*). *Être dans la note,* dans le style, en accord avec. *Forcer la note :* en faire trop. ♦ Détail, élément. *Des rideaux de couleur mettaient une note gaie dans la pièce.* ⇒ **touche.** « *Il y avait une pointe de cannelle, une note plus grave de café moulu* » (Simenon). 3 Son musical. *Note cristalline.* **II** - 1 Mot, phrase se rapportant à un texte et qui figure à côté du texte, généralement à l'endroit concerné. ⇒ **annotation ; addition, apostille.** *Note manuscrite.* « *Mon Rabelais est tout bourré de notes et commentaires* » (Flaub.). ♦ Bref éclaircissement nécessaire à l'intelligence d'un texte, et qui figure au bas de la page ou à la fin du texte. ⇒ **explication, glose, référence, scolie.** *Notes et variantes. Note de l'auteur.* « *mon Virgile de classe où ne manquent point, selon l'usage, les notes qui manifestent toute l'érudition d'un professeur* » (Valéry). 2 Brève communication écrite. ⇒ **avis, communication, communiqué, notice.** *Note de service. Note diplomatique :* communication écrite soit entre agents diplomatiques, soit entre un ambassadeur et le gouvernement auprès duquel il est accrédité. ⇒ **mémorandum.** 3 Brève indication recueillie par écrit (en écoutant, en étudiant, en observant). *J'en prends note.* ⇒ **noter.** « *Les cours magistraux sont temps perdu. Les notes prises ne servent jamais* » (Alain). ♦ Papier, feuille où sont écrites des notes. *Étudiants qui se prêtent leurs notes.* 4 Détail d'un compte ; papier sur lequel est le détail d'un compte. ⇒ **compte,** ② **facture,** ② **mémoire.** *Note de gaz, d'électricité. Note d'hôtel, de restaurant.* ⇒ **addition,** fam. **douloureuse.** ♦ Le total du compte, la somme due. *Payer, régler une note.* ➝ *Note de frais :* compte des dépenses faites par une personne au titre d'un organisme, d'une entreprise et qui lui sont remboursées. 5 Brève appréciation donnée par un supérieur sur le travail, la conduite de qqn. ⇒ **cote, observation,** ① **point.** ➝ *C'est une mauvaise note pour lui,* un mauvais point, un blâme. ♦ Appréciation chiffrée donnée selon un barème préalablement choisi. *Note sur 10, sur 20. Avoir de bonnes, de mauvaises notes.*

noter v. tr. [1] – XIIe **I** - 1 Marquer (ce dont on veut garder l'indication, ce qu'on juge digne de mention). *J'ai noté d'une croix ce qui pouvait vous concerner.* 2 Écrire pour mémoire. ⇒ **consigner, enregistrer, inscrire, marquer.** *Noter un numéro de téléphone.* ➝ *Notez que nous serons absents jusqu'à la fin du mois.* 3 Prêter attention à (qqch.). ⇒ **apercevoir, constater, remarquer.** *Noter un changement. Notez bien que je n'y suis pour rien.* 4 Apprécier par une observation, une note chiffrée. *Noter un élève. Noter un devoir sur 10, 20.* **II** Écrire, copier (de la musique) avec les caractères destinés à cet usage. *Noter un air.*

notice n. f. – XIIIe ; lat. *notitia* « connaissance » ▪ Bref exposé écrit, ensemble d'indications sommaires. ⇒ **abrégé, note.** *Notice biographique. Notice explicative. Notice de mode d'emploi.*

notificatif, ive adj. – XIXe ▪ Qui sert à notifier.

notification n. f. – XIVe ▪ Action de notifier ; acte par lequel on notifie. ⇒ **annonce, avis, exploit, signification.**

notifier v. tr. [7] – XIVe ▪ Faire connaître expressément ou dans les formes légales. ⇒ **annoncer, communiquer, informer ; intimer, signifier.**

notion n. f. – XVIe ; lat. *noscere* « apprendre à connaître » 1 Connaissance élémentaire. ⇒ **élément, rudiment.** *Avoir des notions d'informatique.* 2 Connaissance intuitive, synthétique et assez imprécise (que l'on a d'une chose). *Avoir perdu la notion du temps.* « *depuis longtemps la notion d'heure a perdu toute signification* » (Cl. Simon). 3 Objet abstrait de connaissance. ⇒ **concept, représentation.**

notionnel, elle adj. – XVIIIe ▪ Relatif à une notion, à un concept. *Champ notionnel.* ⇒ **conceptuel.**

noto- Élément, du gr. *nôtos* « dos ».

notocorde n. f. – XIXe ▪ Spécialisation précoce du mésoderme définissant l'axe central du corps des vertébrés.

notoire adj. – XIIIe ; lat. *notorius* « qui fait connaître » 1 Qui est connu d'une manière sûre, certaine et par un grand nombre de personnes. ⇒ **connu, évident,** ① **manifeste, reconnu.** *Il est notoire que* (et indic.). ⇒ **clair.** *Il est d'une bêtise notoire.* ➝ *Vivre en concubinage notoire.* 2 Avéré, reconnu comme tel. « *Siger de Brabant, hérétique notoire et condamné par l'Église* » (Claudel).

notoirement adv. – XIIIe ▪ De façon notoire ; au su d'un grand nombre de personnes. ⇒ **manifestement.**

notonecte n. m. ou f. – XIXe ; *noto-* et gr. *nêktos* « nageur » ▪ Punaise d'eau *(hémiptères)*, qui nage sur le dos.

notoriété n. f. – XVe 1 Caractère de ce qui est notoire ; le fait d'être connu d'une manière certaine et générale. ➝ *Il est de notoriété publique que...* ♦ *Acte de notoriété :* acte par lequel un magistrat ou un officier public relate des témoignages constatant la notoriété d'un fait. 2 Fait d'être connu avantageusement. ⇒ **célébrité, renom, renommée, réputation.** *Acquérir une certaine notoriété.* « *La célébrité ne vint pas, tout au plus, une quinzaine d'années plus tard, une discrète notoriété* » (Perec).

notre, plur. **nos** adj. poss. – IXe ; lat. *noster* **I** Qui est à nous, qui nous appartient. *Notre enfant, nos parents. Nous devrions donner chacun notre avis. Notre bonne ville. Nous avons tous nos problèmes. À notre époque.* **II** emplois stylistiques 1 Marquant la sympathie personnelle. *Comment va notre malade ?* 2 Marquant « un intérêt supposé commun au sujet parlant et à l'interlocuteur » (Sandfeld). *Notre homme partit en voyage.* 3 Représentant une seule personne (correspond à *nous**, de majesté ou de modestie). ⇒ **mon.** *Tel est notre bon plaisir.* « *Il nous reste à entretenir le lecteur de notre ouvrage* » (Hugo). ✪ HOM. Nô.

nôtre adj. poss., pron. poss. et n. – XIe ; lat. *nostrum* ▪ Qui est à nous, nous appartient, se rapporte à nous. **I** adj. poss. littér. (attribut) À nous, de nous. « *le changement survenu dans notre caractère est bien nôtre* » (Bergson). *À présent, elles sont nôtres.* **II** pron. poss. *LE NÔTRE, la nôtre, les nôtres. Votre maison et la nôtre. Ils ont leurs soucis, et nous les nôtres.* **III** n. *Nous y mettons chacun du nôtre.* ➝ *Les nôtres :* nos parents, amis, compagnons. *Soyez des nôtres :* venez avec nous.

❑ Dans la langue orale et familière, le *r* tombe parfois devant un mot commençant par une consonne (transcrit *not' fille*).

Notre-Dame n. f. inv. – XIIe ▪ Désignation traditionnelle de la Vierge Marie, parmi les catholiques. *Prier*

Notre-Dame. ♦ Nom d'églises, de sanctuaires dédiés à la Vierge. *Notre-Dame de Paris.*

notule n. f. - XVe ▪ Petite annotation à un texte.

nouage n. m. - XVIIe ▪ Opération de tissage, action de nouer les fils d'une chaîne terminée à ceux qui doivent leur succéder.

nouaison n. f. - 1948 ▪ Formation du fruit qui succède à la fleur. ⇒ **nouure.**

nouba n. f. - XIXe ; mot ar. « tour de rôle », désignant la musique que l'on jouait à tour de rôle devant les maisons des dignitaires 1 Musique militaire des régiments de tirailleurs d'Afrique du Nord. 2 fam. *Faire la nouba.* ⇒ **fête, java, noce.**

❑ Le mot est passé en français par l'armée coloniale d'Algérie.

① **noue** n. f. - XIIIe ; gaul. ▪ région. Terre grasse et humide cultivée en pâturage, en prairie. ✪ HOM. Nous.

② **noue** n. f. - XIIIe ; lat. *navis* « navire » 1 Tuile creuse, bande de plomb servant à l'écoulement des eaux de pluie. 2 Angle rentrant formé par l'intersection de deux combles ; pièce de charpente qui supporte leur jonction.

noué, nouée adj. - XVe 1 Contracté, serré comme par un nœud. *Avoir la gorge nouée.* 2 Qui forme une nodosité. *Articulation nouée* (par la goutte, le rachitisme).

nouer v. [1] - XIIe ; lat. *nodare* I v. tr. 1 Arrêter (une corde, un fil, un lien) ou unir les deux bouts de (une corde, un lien) en faisant un nœud. ⇒ **attacher, lier.** *Nouer ses lacets.* 2 Serrer, envelopper (qqch.), réunir (un ensemble de choses) en faisant un ou plusieurs nœuds. *Nouer une gerbe avec un lien.* II v. tr. 1 Établir, former (un lien moral). « *en nouant avec lui une relation ordinaire* » (Stendh.). 2 vieilli Organiser, former (une affaire compliquée, emmêlée). *Nouer un complot.* ➛ pronom. *L'intrigue se noue au IIe acte.* III v. intr. Passer à l'état de fruit, en parlant des fleurs fécondées (⇒ **nouaison, nouure**). ✪ CONTR. (de I, II) Dénouer.

noueux, noueuse adj. - XIIIe ; lat. *nodus* « nœud » 1 *Bois, arbre noueux,* qui a beaucoup de nœuds. 2 Qui présente des nœuds, des nodosités. « *ses vieilles mains grises, déformées, noueuses* » (Jouhand.).

nougat n. m. - XVIe ; lat. *nux* « noix » ▪ Confiserie fabriquée avec des amandes (ou des noix, des noisettes) et du sucre caramélisé, du miel. *Nougat de Montélimar. Nougat espagnol.* ⇒ **touron.** *Nougat glacé au coulis de framboise* (glace).

nougatine n. f. - 1938 ▪ Nougat brun, dur, utilisé en confiserie et en pâtisserie.

nouille n. f. - XVIIe ; all. *Nudel* 1 au plur. Pâtes alimentaires, de longueur moyenne, de forme plate ou ronde. *Nouilles alsaciennes.* 2 fam. Personne molle et niaise. « *je trouvais que mon père était une nouille* » (É. Ajar).

❑ L'emploi de *nouilles* pour désigner plusieurs sortes de pâtes est générique et populaire.

noumène n. m. - XIXe ; gr. *nooumena* « choses pensées » ▪ Objet de la raison, réalité intelligible (opposé à *phénomène, réalité sensible*). ➛ Chose en soi.

nounou n. f. - XIXe ▪ lang. enfantin Nourrice. *Les nounous.*

nounours [nunuʀs] n. m. - 1935 ; de *(un) ours* ▪ lang. enfantin Ours en peluche.

nourrain n. m. - XIVe ; lat. °*nutrimen* « action de nourrir » ▪ Fretin qu'on met dans un étang pour le repeupler. ⇒ **alevin.** ♦ Cochon de lait qu'on engraisse.

nourri, ie adj. - XIIe 1 Alimenté. *Logé et nourri.* 2 Entretenu, continué ou renforcé. *Tir nourri.*

nourrice n. f. - XIIe ; lat. *nutricius* « nourricier » I - 1 Femme qui allaite au sein un enfant en bas âge (⇒ **nourrisson**), le sien ou celui d'une autre. « *Je fus la nourrice de mon fils* » (Sand). ♦ Nourrice à gages, autre que la mère. *Enfants qui ont la même nourrice* (cf. Frères, sœurs de lait*). *Mettre un enfant en nourrice.* 2 *Nourrice* (ou vieilli *nourrice sèche*) : femme qui élève un nourrisson, lui donne ses soins. ➛ Femme qui par profession garde, élève chez elle des enfants en bas âge. *Confier son bébé à une nourrice. Nourrice agréée.* ⇒ **assistante** (maternelle). II - 1 Réservoir intermédiaire, placé à l'intersection des conduites d'eau ou de gaz afin de régulariser le débit. ➛ Réservoir intermédiaire ou de réserve, dans une automobile. 2 Bidon. ⇒ **jerrycan.**

nourricier, ière adj. - XIIe I *Père nourricier :* mari de la nourrice ; père adoptif. II - 1 Qui fournit, procure la nourriture. *La terre nourricière.* 2 Qui contribue à la nutrition. ⇒ **nutritif.** *Suc nourricier.*

nourrir v. tr. [2] - X^e ; lat. *nutrire* « allaiter, alimenter » I - 1 Élever, alimenter (un enfant nouveau-né) en l'allaitant. ⇒ **allaiter.** *Mère qui nourrit ses enfants.* 2 Entretenir, faire vivre (une personne, un animal) en lui donnant à manger ou en lui procurant les aliments nécessaires à sa subsistance. ⇒ **alimenter.** *Nourrir un enfant à la cuillère. Poulet nourri au grain.* 3 Pourvoir (qqn) de moyens de subsistance. ⇒ **entretenir.** *C'est elle qui nourrit toute la famille,* qui la fait vivre. ♦ Fournir, donner de quoi vivre à. ➛ loc. *Ce métier, ce travail ne nourrit pas son homme.* « *Toute profession qui ne nourrit pas son homme est un élément de révolte* » (Mac Orlan). 4 Constituer une subsistance pour l'organisme. *Le pain nourrit* (⇒ **nourrissant**). 5 Pourvoir (l'esprit) d'une nourriture spirituelle. *La lecture nourrit l'esprit.* ⇒ **former.** 6 vieilli Entretenir (une chose) en augmentant l'importance, ou en faisant durer plus longtemps. *Nourrir le feu.* ⇒ **alimenter.** 7 Entretenir en soi (un sentiment, une pensée). *Nourrir de vieilles haines pour (contre) qqn. Il nourrit l'espoir d'y parvenir.* ⇒ **caresser.** II SE NOURRIR v. pron. 1 Absorber tel ou tel aliment. *Se nourrir de viande,* en consommer, en manger (⇒ **-phage, -vore**). ➛ *Il faut vous nourrir.* ⇒ **s'alimenter,** se **sustenter.** *Conseils pour bien se nourrir.* ⇒ **diététique.** *Refus de se nourrir.* ⇒ **anorexie.** 2 ⇒ **s'abreuver,** se **repaître.** *Se nourrir d'illusions.* « *se nourrir de toutes les turpitudes quotidiennes qui sont la pâture des imbéciles* » (Flaub.). ✪ CONTR. Affamer. — Jeûner.

nourrissage n. m. - XVe ▪ Action ou manière de nourrir un animal.

nourrissant, ante adj. - XIVe 1 Qui nourrit (plus ou moins) ; qui a une valeur nutritive, calorique, plus ou moins grande. ⇒ **nutritif.** Un « *mets des plus nourrissants et des plus fortifiants* » (Baudelaire). 2 Qui nourrit beaucoup. ⇒ **riche, substantiel.** *Plat nourrissant.*

nourrisseur n. m. - XIIe 1 Personne qui engraisse du bétail pour la boucherie. ⇒ **engraisseur.** 2 Récipient (pour la nourriture des bestiaux ; des abeilles).

nourrisson n. m. - XIIe ▪ Enfant âgé de plus d'un mois et de moins de deux ans. ⇒ **bébé.** ➛ Enfant en bas âge, pas encore sevré.

❑ L'enfant de moins d'un mois est un *nouveau-né.*

nourriture n. f. - XIe ; lat. *nutritura,* avec infl. de *nourrir* 1 Ce qui entretient la vie d'un organisme en lui procurant des substances à assimiler (⇒ **alimentation, nutrition, subsistance**). ➛ Ces substances. ⇒ **aliment.** *Absorber, prendre de la nourriture :* manger, se nourrir. *Refuser toute nourriture. Une nourriture saine, équilibrée.* ♦ Ce qu'on mange habituellement aux repas. ⇒ **chère, mangeaille,** ② **manger, pitance ;** fam. ② **bouffe.** *Comment est la nourriture dans cette cantine ?* 2 littér.

Nourriture de l'esprit. « *Les Nourritures terrestres* », *œuvre de Gide.*

nous pron. pers. – IXe ; lat. *nos* ■ Pronom personnel de la première personne du pluriel. **I - 1** employé seul « *Mes deux frères et moi, nous étions tout enfants* » (Hugo). « *Et c'est nous trop souvent qui faisons nos malheurs* » (M.-J. Chénier). *Tu nous ennuies. Il nous a écrit* (= à nous). *Sauvons-nous.* **2** *NOUS,* renforcé. *Nous, nous restons là.* « *Nous sommes incompréhensibles à nous-mêmes* » (Pasc.). « *Car nous croyons, nous autres, nous autres Français* » (Bernanos). *À nous trois, nous y arriverons.* **II** emplois stylistiques **1** employé pour *je* (plur. de modestie ou de majesté) *Le roi dit : nous voulons.* **2** (en signe d'intérêt, d'affection) ⇒ **toi, vous.** « *Eh bien, madame la baronne, comment allons-nous ?* » (Maupass.). **3** ⇒ **il, elle.** S'emploie lorsque la personne qui parle (avocat, notaire) le fait en tant que représentant des intérêts d'une personne. ✪ HOM. Noue.

> ❑ Le pluriel de majesté ou de modestie (*nous* pour *je*) prend la marque du genre : *nous en avons été avertie.* ♦ *Nous* alterne souvent avec *on* dans la langue parlée : *Nous, on n'y est pour rien !* « *On s'est dépêchés... Dans les Galeries du Palais nous n'avons rencontré personne* » (Céline).

nouure n. f. – XVIIe ; de *nouer* ■ Commencement de la formation du fruit. ⇒ **nouaison.**

> ❑ Un des rares mots français, avec *enclouure,* où deux *u* se succèdent.

nouveau, nouvel (devant subst. commençant par voyelle ou *h* muet), **nouvelle** adj. et n. – XIe ; lat. *novus* « neuf » **I - 1** (apr. le subst.) Qui apparaît pour la première fois ; qui vient d'apparaître. ⇒ **récent ; néo-, novo-.** *Pommes de terre nouvelles. Le beaujolais nouveau est arrivé. Nouveau film, nouveau livre.* ➝ loc. *Tout nouveau, tout beau :* ce qui est nouveau est apprécié (et puis délaissé ensuite). ➝ *Quoi de nouveau ?* (⇒ ② **neuf**). « *il n'y a rien de nouveau à trouver en musique* » (J. Verne). loc. *Rien de nouveau sous le soleil.* ➝ n. *Il y a du nouveau dans l'affaire X.* ♦ *Un homme nouveau,* connu ou arrivé depuis peu de temps. **2** (devant le subst.) Qui est depuis peu de temps ce qu'il est. *Les nouveaux riches. Des nouveaux venus.* ♦ n. *LE NOUVEAU, LA NOUVELLE :* personne qui vient d'arriver dans un collège, un bureau, une collectivité dont les membres se connaissent tous. « *l'intérêt que devait nous offrir l'arrivée d'un nouveau, véritable passager survenu dans un navire* » (Balz.). **3** (apr. le subst., et souvent qualifié) Qui tire de son caractère récent une valeur de création, d'invention. ⇒ **autre, hardi, inédit, insolite,** ② **neuf,** ② **original.** *Un langage nouveau, tout à fait nouveau.* « *À temps nouveaux, façons nouvelles !* » (Céline). ♦ n. ⇒ **nouveauté.** « *Demandons au poète du nouveau, — idées et formes* » (Rimb.). **4** *NOUVEAU POUR* (qqn) : qui était jusqu'ici inconnu de (qqn) ; dont on n'a pas l'habitude. ⇒ **inconnu, inhabituel.** *C'était un sentiment nouveau pour lui.* ♦ *Voir les choses sous un jour nouveau.* **5** (personnes ; en attribut ou apr. le subst.) vx Qui n'a pas, qui n'a guère l'expérience ou l'habitude de qqch. ⇒ **inexpérimenté,** ② **neuf, novice.** *Être nouveau dans le métier.* **II** (av. le subst., et seult épithète) **1** Qui apparaît après un autre qu'il remplace, au moins provisoirement, ou tend à remplacer dans notre vision, dans nos préoccupations (opposé à *ancien, vieux*). ➝ *Le nouvel an. Un nouveau type de société.* ♦ (personnes) Qui, dans une catégorie, a des caractéristiques nouvelles, inédites par rapport à la tradition. *Les nouveaux pères.* **2** Qui a succédé, s'est substitué à un autre. ⇒ **autre, second.** *Acheter une nouvelle voiture. Nouvelle et dernière tentative. Une nouvelle édition mise à jour.* ♦ *La Nouvelle-Zélande. La Nouvelle-Orléans.* **III** loc. adv. **1** *DE NOUVEAU.* Pour la seconde fois, une fois de plus. ⇒ **derechef, encore.** *Elle a de nouveau protesté. Être de nouveau malade.* **2** *À NOUVEAU.* D'une manière différente, sur de nouvelles bases. *Examiner à nouveau une question.* ➝ De nouveau. *Il est à nouveau sans travail.* ✪ CONTR. Ancien, antique, vieux ; banal, expérimenté.

> ❑ Pour le sens → ② neuf (rem.). ♦ *À nouveau* s'emploie pour la reprise de ce qui a été interrompu (*après cette opération il parle à nouveau*) ; *de nouveau* ne signifie que « une nouvelle et autre fois » (*il parle de nouveau d'un divorce*).

nouveau-né, nouveau-née adj. et n. – XIIe **1** Qui vient de naître. *Des faons nouveau-nés.* **2** n. m. Enfant ou animal qui vient de naître, qui est né depuis quelques jours ; bébé qui a moins de 28 jours. ⇒ **nourrisson.** *Cris, vagissements des nouveau-nés.*

> ❑ Certains auteurs modernes ont écrit : *des nouveaux-nés, une nouvelle-née.* Mais le plus fréquemment *nouveau* est invariable. → dernier-né (rem.).

nouveauté n. f. – XIIe **1** Caractère de ce qui est nouveau. *Mode qui plaît par sa nouveauté.* **2** Ce qui est nouveau. *Le charme, l'attrait de la nouveauté.* **3** *Une, des nouveautés :* chose nouvelle. « *c'est toujours une nouveauté de voir la personne aimée* » (Pasc.). *Ce n'est pas une nouveauté !* on le savait déjà. ♦ Ouvrage nouveau qui vient de sortir, d'être représenté. *Nouveautés annoncées sous la rubrique :* « *Vient de paraître* ». ♦ vieilli Production nouvelle de l'industrie de la mode. *Magasin de nouveautés,* d'articles de mode. ✪ CONTR. Ancienneté ; banalité ; vieillerie.

nouvelle n. f. – XIe **1** Premier avis qu'on donne ou qu'on reçoit (d'un événement récent) ; cet événement porté pour la première fois à la connaissance de la personne intéressée, ou du public. *Le Roi* « *reçut nouvelle que Gand était investi* » (Rac.). *Annoncer, apporter, répandre une nouvelle. Connaissez-vous la nouvelle ? Fausse nouvelle.* ➝ *Une bonne, une mauvaise nouvelle :* annonce d'un événement heureux, malheureux. *Nouvelles alarmantes.* ➝ *La bonne nouvelle :* l'Évangile. ➝ loc. *Ce n'est pas une nouvelle :* c'est une chose que je savais déjà. *Première nouvelle !* en parlant d'une chose dont on n'avait pas connaissance et qui surprend. ♦ *Les nouvelles,* tout ce que l'on apprend par la presse, les médias. → **information.** *Écouter les nouvelles à la radio, à la télévision.* **2** plur. Renseignements concernant l'état ou la situation d'une personne qu'on n'a pas vue ou dont on n'a pas entendu parler depuis quelque temps. *Je n'ai aucune nouvelle de lui. Aux dernières nouvelles, il allait mieux.* « *il s'enquérait de mes nouvelles auprès des autres lurons* » (Céline). *Ne plus donner de ses nouvelles.* ⇒ **signe** (de vie). ♦ loc. *Pas de nouvelles, bonnes nouvelles :* quand on ne reçoit pas de nouvelles de qqn, on peut supposer qu'elles sont bonnes. ➝ (menace) *Vous aurez de mes nouvelles !* ➝ *Vous m'en direz des nouvelles :* vous m'en direz sûrement du bien, vous m'en ferez compliment. **3** Récit généralement bref, de construction dramatique, et présentant des personnages peu nombreux. ⇒ **conte.** *Romans et nouvelles. Auteur de nouvelles* (⇒ **nouvelliste**). *Les nouvelles de Mérimée, de Maupassant.*

> ❑ Le sens d'« œuvre littéraire » est emprunté à l'italien *novella* « récit imaginaire » appliqué au *Décaméron* de Boccace. L'anglais *novel,* de même origine, a évolué vers le sens plus général de « roman », le sens de « nouvelle » étant réalisé par *short story* « histoire courte ».

nouvellement adv. – XIIe ■ Depuis peu de temps. ⇒ **récemment.** « *les allées nouvellement tracées* » (Morand). ✪ CONTR. Anciennement.

nouvelliste n. – XVIIe ▪ Auteur de nouvelles (3°).

nova [nɔva], plur. **novæ** [nɔve] n. f. – XIXe ; lat. *novus* « nouveau » ▪ Étoile dont l'éclat peut s'accroître brusquement, avant de s'éteindre lentement et définitivement ou de subir une nouvelle éruption.

novateur, trice n. – XVIe ; lat. *novare* « changer, innover » ▪ Personne qui innove ou tente d'innover. ⇒ **innovateur ; créateur, initiateur.** *Les grands novateurs.* ♦ adj. « *Un talent hardi et novateur* » (Romains). ✪ CONTR. Conservateur, réactionnaire.

novation n. f. – XIVe 1 Substitution d'une obligation ancienne, soit par changement de créancier, de débiteur, soit par changement d'objet ou de cause. 2 Chose nouvelle. ⇒ **innovation, nouveauté.**

novatoire adj. – XIXe ▪ Qui est de la nature de la novation ou a rapport à elle.

novélisation n. f. – v. 1980 ; angl. ▪ Transformation d'un scénario de film en roman. ✪ CONTR. Adaptation.

novembre n. m. – XIIe ; lat. *novem* « neuf » ▪ Onzième mois de l'année (correspondait à *brumaire**, *frimaire**). « *la tristesse des novembres gris* » (Huysm.).

❑ Le calendrier romain commençant au printemps (en mars), *novembre* était le *neuvième* mois de l'année.

nover v. tr. [1] – XIXe ; lat. ▪ dr. Renouveler (une obligation).

novice n. et adj. – XIIe ; lat. « récent, nouveau » 1 Personne qui a pris récemment l'habit religieux et passe un temps d'épreuve (⇒ **noviciat**) dans un couvent, avant de prononcer des vœux définitifs. « *C'était un jeune novice qui était maintenant sur le point de prononcer ses vœux* » (Artaud). 2 Personne qui aborde une chose dont elle n'a aucune habitude, qui n'a pas d'expérience. « *les novices, à leur première initiation, se plaignent de la lenteur des effets* » (Baudelaire). ⇒ **apprenti, commençant, débutant.** 3 adj. Qui manque d'expérience (dans la vie ou dans l'exercice d'une activité). ⇒ **ignorant, inexpérimenté.** *Il est encore bien novice dans ce métier.* ✪ CONTR. Expérimenté, habile.

noviciat n. m. – XVIe 1 Temps d'épreuve que la règle d'une congrégation religieuse impose aux novices avant leur profession ; situation des novices pendant ce temps. 2 Partie d'un couvent réservée aux novices.

novillada n. f. – 1946 ; mot esp. ▪ Course de taureaux avec des novillos, réservée aux toreros non confirmés.

novillero n. m. – 1935 ; mot esp. ▪ Torero qui n'est pas encore confirmé.

novillo n. m. – XIXe ; mot esp., de *novo* « nouveau, jeune » ▪ Jeune taureau de combat.

novo- Élément, du lat. *novus* « nouveau ».

novocaïne n. f. – XIXe ; *novo-* et *(co)caïne* ▪ Composé de synthèse dérivé de la cocaïne, anesthésique local administré par injections. ⇒ **procaïne.** « *une injection de novocaïne pour procéder à l'extraction assez pénible d'une racine de molaire* » (Gide).

noyade n. f. – XVIIIe ▪ Le fait de se noyer ; mort accidentelle par immersion dans l'eau. *Sauver qqn de la noyade.*

noyau n. m. – XIIIe ; lat. *nodus* « nœud » I Partie centrale et dure de certains fruits à péricarpe charnu (⇒ **drupe**), renfermant l'amande (⇒ **graine**) ou les amandes. *Fruits à noyau et fruits à pépins. Noyaux d'abricots, de cerises, d'olives, de prunes. Retirer les noyaux.* ⇒ **dénoyauter.** ➛ loc. fam. *Rembourré avec des noyaux de pêche,* se dit d'un fauteuil, d'un matelas très dur et inconfortable. II - 1 Partie solide et centrale d'une comète. Partie centrale d'une galaxie. ➛ Partie centrale du globe terrestre. ♦ Partie différenciée de la cellule, corpuscule séparé du cytoplasme cellulaire par une membrane, et qui contient les chromosomes. *Le noyau joue un rôle essentiel dans la reproduction de la cellule. Division du noyau.* ⇒ **méiose, mitose.** *Constituants du noyau.* ⇒ **chromatine, nucléoprotéine ; A. D. N., A. R. N.** ♦ Amas de substance grise des centres nerveux. *Noyaux du bulbe.* ♦ Partie centrale de l'atome, constituée de protons et de neutrons (⇒ **nucléon**). *Les électrons gravitent autour du noyau. La physique du noyau.* ⇒ **nucléaire.** 2 Pièce, partie maîtresse, autour de laquelle s'organisent les autres éléments d'un ensemble. ➛ *Noyau d'un escalier,* pile sur colonne centrale. ♦ Partie pleine à l'intérieur d'un moule et qui produira, à la fonte, le vide correspondant. ♦ *Noyau d'une bobine d'induction, d'un inducteur,* pièce de fer doux placée au centre. 3 Ce vers quoi tout converge ou d'où tout émane. ⇒ **centre.** « *Chez Wagner, la musique est le noyau du drame* » (R. Rolland). III - 1 Petit groupe qui est à l'origine d'une importante réunion d'hommes. *Le noyau ethnique d'un peuple.* 2 Très petit groupe considéré par rapport à sa cohésion, à l'action qu'il mène (au sein d'un milieu hostile). *Noyaux de résistance.* 3 *Noyau dur* : partie la plus intransigeante d'un groupe. ♦ Petit groupe d'actionnaires qui détiennent le pouvoir dans une société.

noyautage n. m. – 1920 ▪ Système qui consiste à introduire dans un milieu neutre (syndicat, administration) ou hostile (parti politique adverse) des propagandistes isolés chargés de le diviser, de le désorganiser et d'en prendre la direction.

noyauter v. tr. [1] – 1920 ▪ Soumettre au noyautage.

noyé, ée adj. et n. – XIIIe 1 Mort par noyade. *Marins noyés en mer.* ⇒ **disparu.** ➛ *Être noyé* : être dépassé par la difficulté ou l'ampleur d'un travail, ne pas savoir s'en tirer. ⇒ **perdu.** ♦ *Quelques bons passages noyés dans un fatras de digressions inutiles.* 2 n. Personne morte noyée. ➛ Personne qui est en train de se noyer, a perdu connaissance. *Ranimer un noyé par la respiration artificielle.*

① **noyer** v. tr. [8] – XIe ; lat. *necare* « tuer » I v. tr. 1 Faire mourir, tuer par asphyxie en immergeant dans un liquide. ♦ NOYER LE POISSON : promener le poisson une fois ferré en lui élevant par moments la tête hors de l'eau pour l'épuiser. fig. Obscurcir volontairement une affaire, de manière à embrouiller l'interlocuteur. 2 Recouvrir d'eau. ⇒ **engloutir, inonder, submerger.** ➛ *Balzac « nous noyait dans un tel déluge de paroles qu'il fallait bien se taire »* (Gaut.). ♦ *Noyer une révolte dans le sang* : la réprimer de façon sanglante. ♦ *Noyer le carburateur* (par excès d'essence). ♦ *Noyer son chagrin (dans l'alcool)* : boire pour oublier. 3 Envelopper complètement dans la maçonnerie. *Pilier noyé dans la masse.* 4 Faire absorber et disparaître dans un ensemble vaste ou confus. *Noyer les contours, les couleurs.* II SE NOYER v. pron. 1 Mourir asphyxié par l'effet de l'immersion dans un liquide. ♦ loc. *Se noyer dans un verre d'eau* : se laisser arrêter par la moindre difficulté. 2 Se perdre, sombrer. « *L'orateur, qui se noyait dans ses phrases et périphrases* » (Balz.).

② **noyer** n. m. – XIIe ; lat. *nux* « noix » ▪ Arbre de grande taille *(juglandacées)*, à feuilles composées, à fleurs disposées en chatons pendants, et dont le fruit est la noix. ♦ Bois de cet arbre. *Meubles de noyer.*

① **nu, nue** adj. et n. m. – XIe ; lat. *nudus* I adj. 1 Qui n'est couvert d'aucun vêtement. « *Un homme se présenta, nu jusqu'à la ceinture, comme les masseurs de bains* » (Flaub.). *Être tout nu. Être nu comme un ver, nu comme la main. Pied, torse nu. Être nu-pieds,* sans chaussures. *Être nu-tête,* sans chapeau. loc. *À main nue,* sans protection. 2 littér. Mal vêtu, misérable. *Vêtir* *ceux qui sont nus.* **3** Dépourvu de son accompagnement, de son complément habituel. *Épée nue,* hors du fourreau. ➛ loc. *À l'œil nu :* sans instrument d'optique. **4** Dépourvu d'ornement, de parure. *Un arbre nu,* sans feuilles. *Mur nu,* sans ornement. **5** Qui n'est pas recouvert de poils, de plumes ou d'écailles. **6** Sans apprêt, sans déguisement, sans fard. *La vérité toute nue.* ⇒ ② **cru, pur. 7** dr. ⇒ **nue-propriété. II** loc. adv. *À NU :* à découvert. *Mettre à nu.* ⇒ **dénuder, dévoiler.** *Mettre à nu un fil électrique.* ➛ « *le droit de sonder les plaies de la société et de les mettre à nu sous nos yeux* » (Sand). **III** n. m. Genre qui consiste à dessiner, à peindre, à sculpter le corps humain nu ; œuvre de ce genre. ⇒ **académie, nudité.** *Un nu de Rodin.* ✪ CONTR. Habillé, vêtu. — HOM. Nue.

② **nu** n. m. inv. – gr. ▪ Treizième lettre de l'alphabet grec (N, ν), correspondant au *n* français.

nuage n. m. – XVIe ; de *nue* **1** Amas de vapeur d'eau condensée en fines gouttelettes maintenues en suspension dans l'atmosphère par les courants ascendants. ⇒ littér. **nue, nuée ; cirrus, cumulus, nimbus, stratus.** *Nuages en flocons.* ⇒ **mouton.** *Ciel chargé de nuages* (⇒ **nébuleux, nuageux**). « *d'immenses nuages à forme d'hommes monstrueux, ou de bêtes, ou de chevaux* » (Giono). ♦ loc. *Être dans les nuages :* être distrait, rêveur (cf. Dans la lune). *Être sur son petit nuage :* être très satisfait et détaché des choses qui vous entourent. ➛ *Bonheur sans nuage,* qui n'est pas troublé. **2** Amas vaporeux, ou mouvant. « *Puis on voit un nuage de poussière, un nuage jaune où se mêle la fumée bleue du moteur* » (Le Clézio). ➛ *Nuage de lait :* très petite quantité qui prend, avant de se mélanger avec le thé, le café, l'aspect d'un nuage.

nuageux, euse adj. – XVIe **1** Couvert de nuages. *Ciel nuageux.* ➛ Qui concerne les nuages, est constitué par les nuages. *Traîne d'un système nuageux.* **2** fig. ⇒ **nébuleux.** *Esprit nuageux.* ✪ CONTR. Clair, serein.

> ❑ Ce mot s'emploie peu au figuré. On lui préfère son synonyme *nébuleux.*

nuance n. f. – XIVe ; de *nue* **1** Chacun des degrés par lesquels peut passer une même couleur. ⇒ **tonalité.** *Toutes les nuances de bleu.* **2** État intermédiaire par lequel peut passer une chose, un sentiment, une personne. *Nuances imperceptibles.* ♦ Différence peu sensible, délicate, entre des choses de même nature. ⇒ **subtilité.** *Saisir des nuances. Caractère tout en nuances.* ⇒ **finesse.** *Il y a une nuance,* une différence. ➛ *Nuance !* ne confondons pas ! **3** Degré divers de douceur ou de force à donner aux sons. **4** Particularité délicate de l'expression (en musique, littérature). *Récit tout en nuances.*

nuancé, ée adj. – XVIIe **1** Qui tient compte de différences ; qui n'est pas net, tranché. *Une opinion nuancée.* ♦ *Il est très nuancé dans ses jugements.* **2** *Nuancé de :* qui est légèrement modifié par. « *une insouciance nuancée d'une certaine tristesse* » (Baud.).

nuancer v. tr. [3] – XVIe **1** Colorer en parcourant progressivement la gamme des nuances dans une couleur. *Bleu nuancé de vert.* **2** Exprimer en tenant compte des différences les plus délicates. *Nuancer sa pensée.* ✪ CONTR. Contraster, opposer, trancher.

nuancier n. m. – 1953 ▪ Présentoir de coloris factices (poudres, rouges à lèvres, à ongles, peintures, etc.) proposés en échantillonnages à la clientèle.

nubile adj. – XVIe ; lat. *nubere* « se marier » **1** Qui est en âge d'être marié. **2** Qui est formé, apte à la reproduction. ⇒ **pubère.** ✪ CONTR. Impubère.

> ❑ Cet adjectif s'emploie surtout pour qualifier des filles très jeunes qui pourraient ne pas avoir achevé leur maturation sexuelle (variable selon les ethnies et les personnes). → pubère (rem.).

nubilité n. f. – XVIIIe **1** Âge nubile. **2** État d'une jeune fille nubile (2°).

nubuck n. m. – 1951 ; probablt angl. *new* « nouveau » et *buck* « daim » ▪ Cuir bovin pleine fleur légèrement poncé, d'aspect velouté. *Chaussures en nubuck.*

nucal, ale, aux adj. – XIXe ▪ De la nuque.

nucléaire adj. – XIXe ; lat. *nucleus* « noyau » **1** Relatif au noyau de la cellule. *Membrane nucléaire.* **2** Relatif au noyau de l'atome. *Physique nucléaire. Réaction nucléaire,* au cours de laquelle le noyau est modifié. ⇒ **fission, fusion, radioactivité, transmutation ; spallation, stripage.** *Centrale nucléaire.* ➛ subst. *Le nucléaire :* l'énergie nucléaire. « *jusqu'à ce que des mesures soient prises sur la pollution, le nucléaire, l'immigration* » (Le Clézio). **3** Qui utilise l'énergie nucléaire à des fins militaires. ⇒ **atomique, thermonucléaire.** *Guerre nucléaire. Projets de non-prolifération des armes nucléaires* (⇒ **dénucléariser**). **4** *Famille nucléaire :* unité familiale élémentaire, composée des parents et des enfants.

nucléariser v. tr. [1] – 1977 ▪ Pourvoir (un pays) de l'énergie nucléaire ; d'un armement nucléaire. ➛ *Les pays nucléarisés.*

nucléase n. f. – 1907 ; de *nuclé(o)-* et *-ase* ▪ Enzyme qui catalyse l'hydrolyse des acides nucléiques.

nucléé, ée adj. – XIXe ▪ Qui possède un ou plusieurs noyaux. *Cellule nucléée.*

nucléide n. m. – 1968 ; de *nuclé(o)-* ▪ Noyau atomique caractérisé par le nombre de protons et le nombre de neutrons qu'il renferme.

> ❑ On dit aussi *nuclide,* plus rare.

nucléique adj. – XIXe ▪ *Acides nucléiques :* constituants fondamentaux de la cellule vivante (noyau et cytoplasme cellulaire) porteurs de l'information génétique, à propriétés acides (combinaison de plusieurs nucléotides). ⇒ **A. D. N., A. R. N.**

nuclé(o)- Élément, du lat. *nucleus* « noyau ».

nucléocapside n. f. – 1959 ▪ Ensemble formé de la capside et de l'acide nucléique viral.

nucléole n. m. – XIXe ▪ Petit corps sphérique qui se trouve dans les noyaux cellulaires.

nucléon n. m. – 1948 ; de *nuclé(o)-,* d'apr. *proton* ▪ Particule constitutive du noyau atomique. ⇒ **neutron, proton.**

nucléonique adj. – 1950 ▪ Relatif au nucléon.

nucléophile n. m. et adj. – 1964 ; *nucléo-* et *-phile* ▪ Particule chimique ayant de l'affinité pour un noyau auquel elle donne ou avec lequel elle partage un ou plusieurs électrons. ➛ adj. *Réaction nucléophile.*

nucléoprotéine n. f. – 1922 ▪ Combinaison formée par l'association d'un acide nucléique avec une protéine basique.

nucléoside n. m. – 1907 ▪ Produit de décomposition partielle d'un nucléide, constitué par du ribose ou du désoxyribose et une base purique ou pyrimidique.

nucléosome n. m. – 1975 ; *nucléo-* et *-some* ▪ Structure élémentaire de la chromatine, consistant en environ deux cents paires de bases d'A.D.N. et de deux copies de quatre histones différentes.

nucléotide n. m. – 1963 ▪ Constituant élémentaire des acides nucléiques formé par un nucléoside associé à un phosphate.

nucléus [nykleys] n. m. – XIXe ; lat. *nucleus* « noyau » ▪ Noyau de silex ou autre roche dure dont on a extrait des éclats ou des lames pour la fabrication d'outils primitifs.

nuclide → **nucléide**

nudisme n. m. – 1932 ▪ Doctrine prônant la vie au grand air dans un état de complète nudité. ⇒ **naturisme.** ♦ Pratique de cette doctrine. *Faire du nudisme.*

nudiste adj. et n. – 1924 ; lat. *nudus* « nu » ▪ Relatif au nudisme. ➝ n. *Camp de nudistes.*

nudité n. f. – XIVe ; lat. *nudus* « nu » 1 État d'une personne nue. « *Car la nudité intégrale n'appelle pas la frénésie. À sa vue, les visages ne s'avilissent pas* » (Colette). 2 Corps humain dévêtu ; partie du corps dénudée, chair nue (en parlant de ce qui est habituellement couvert). 3 Représentation du corps humain nu. ⇒ ① **nu.** 4 État de ce qui n'est pas recouvert, de ce qui n'est pas orné. *Nudité d'un mur.* ♦ *Vices, laideurs qui s'étalent dans toute leur nudité,* avec impudence, sans se cacher.

nue n. f. – XIIe ; lat. *nubes* « nuage » 1 vx ou littér. Nuages. ⇒ **nuée.** « *La nue se déchire, et l'éclair trace un rapide losange de feu* » (Chateaub.). 2 loc. *Porter aux nues :* admirer, louer avec enthousiasme. ➝ *Tomber des nues :* être extrêmement surpris. ✪ HOM. Nu.

nuée n. f. – XIIe 1 littér. Gros nuage. ⇒ **nue.** 2 *Nuée ardente :* amas de gaz, de vapeur d'eau, de cendres, expulsé lors d'une éruption volcanique de type péléen. 3 Multitude formant un groupe compact (comparé à un nuage). « *Il s'abattait sur son bureau à la façon d'une nuée de sauterelles* » (Courtel.).

nuement → **nûment**

nue-propriété n. f. – XVIIIe ▪ Droit restant au propriétaire dépouillé de la jouissance de son bien, pendant la durée de l'usufruit conféré à une autre personne. *Des nues-propriétés.*

nuire v. tr. ind. [38] – XIIe ; lat. *nocere* ▪ *NUIRE À.* 1 Faire du tort, du mal (à qqn). ⇒ **léser.** *La liberté consiste à pouvoir faire tout ce qui ne nuit pas à autrui.* ➝ *Hors d'état de nuire :* maîtrisé, en lieu sûr. 2 Constituer un danger ; causer du tort. *Cela risque de nuire à nos projets,* d'y faire obstacle. ⇒ **contrarier, gêner.** ✪ CONTR. Aider, assister, servir.

nuisance n. f. – XIIe ▪ Ensemble de facteurs d'origine technique (bruits, dégradations, pollutions, etc.) ou sociale (encombrements, promiscuité) qui nuisent à la qualité de la vie.

❑ Ce mot, passé en anglais au XVe s., est réapparu en France dans les années 1960, surtout au pluriel, dans le vocabulaire de l'urbanisme, de l'environnement et de l'écologie.

nuisette n. f. – 1964 ; de *nuit* et *(chemi)sette* ▪ Chemise de nuit très courte et légère.

nuisible adj. – XIIe ▪ Qui nuit (à qqn, à qqch.). ⇒ **dangereux, défavorable, dommageable, funeste, malfaisant, néfaste, nocif, toxique.** *Climat nuisible à la santé. Émanations, gaz nuisibles.* ➝ *Animaux nuisibles* ou n. m. *les nuisibles :* animaux parasites vulnérants ou destructeurs (d'animaux ou de végétaux utiles). ✪ CONTR. Avantageux, bienfaisant, favorable, inoffensif ; utile.

nuit n. f. – Xe ; lat. *nox* I - 1 Obscurité résultant de la rotation de la Terre, lorsqu'elle dérobe un point de sa surface à la lumière solaire. ⇒ **obscurité,** ① **ombre, ténèbres ; nocturne.** *Le jour et la nuit. Il fait nuit. À la nuit tombante.* ⇒ **crépuscule, soir.** ➝ *Bleu nuit :* bleu très foncé. 2 Obscurité, absence de lumière. ➝ *La nuit des temps,* se dit d'une époque très reculée, dont on ne sait rien. 3 Le fait de ne pas voir, de ne pas comprendre, de ne pas sentir. ⇒ **noir.** « *Tout à coup, il faisait noir en moi. Dans cette nuit, mes sentiments se bousculaient* » (Radiguet). « *Voyage au bout de la nuit* », *roman de L.-F. Céline.* II - 1 Espace de temps qui s'écoule depuis le coucher jusqu'au lever du soleil. *Dans la nuit de dimanche à lundi. Jour et nuit, nuit et jour* [nɥitezuʀ] : continuellement, sans répit. *Milieu de la nuit.* ⇒ **minuit.** *En pleine nuit.* ➝ « *La nuit, c'est la levée en masse des interdits et des sanctions* » (Tournier). ♦ *Nuit blanche,* au cours de laquelle on n'a pas dormi, on n'est pas parvenu à dormir. ➝ *Nuit d'hôtel,* passée à l'hôtel. ⇒ **nuitée.** ➝ *Je vous souhaite une bonne nuit. Bonne nuit.* ⇒ **bonsoir.** 2 *DE NUIT :* qui a lieu, se passe la nuit. ⇒ **nocturne.** *Service de nuit. Vol de nuit. Voyager de nuit.* ➝ Qui travaille, exerce ses fonctions pendant la nuit. *Gardien de nuit. Équipe de nuit.* ♦ Qui sert pendant la nuit. *Chemise de nuit.* ➝ Qui est ouvert la nuit ; qui fonctionne la nuit. ♦ Qui vit, reste éveillé la nuit. *Oiseaux de nuit.* ⇒ **nocturne.** ✪ CONTR. Jour, lumière.

nuitamment adv. – XIVe ; altér. de l'a. adv. *nuitantre* ▪ littér. Pendant la nuit, à la faveur de la nuit. *Ils « incendiaient nuitamment les meules et les granges »* (Cendrars).

❑ Ce mot est le seul adverbe qui ne correspond pas à un adjectif en *-ant* (sur le modèle de *galant* qui donne *galamment*).

nuitée n. f. – XIIIe ▪ Nuit passée dans un établissement d'hébergement payant (hôtel, camping, etc.).

nul, nulle adj. et pron. – IXe ; lat. *nullus* I - 1 adj. indéf. littér. (accompagné d'une négation, et placé devant le nom) Pas un. ⇒ **aucun.** 2 (employé avec *ne*) *Nul homme n'en sera exempté.* ⇒ ② **personne.** *Nulle chose ne manque.* ⇒ **rien.** « *Nulle malédiction ne pèse sur tes épaules* » (Perec). 3 (sans négation exprimée) *Nul doute qu'il accepte.* ➝ *Nulle part.* ⇒ ① **part** (III). 4 (avec *sans*) *Agir sans nulle crainte.* 5 pron. indéf. sing. (employé comme sujet) littér. ou t. administratif Pas une personne. ⇒ **aucun,** ② **personne.** *Nul n'est censé ignorer la loi.* ➝ loc. *À l'impossible nul n'est tenu.* II adj. qualificatif (toujours apr. le nom) 1 Qui est sans existence, se réduit à rien. *Les risques sont nuls :* inexistants. *Résultats nuls.* ♦ Qui reste sans résultat, sans décision. *Match nul,* où il n'y a ni gagnant ni perdant. ♦ Qui n'a pas d'effet légal, en parlant d'un acte frappé de nullité. *Bulletin blanc et bulletin nul. Rendre nul.* ⇒ **annuler, infirmer.** ➝ *Application nulle,* qui à tout élément de l'ensemble de départ associe l'élément zéro. *Vecteur nul,* dont toutes les composantes sont nulles. 2 Qui ne vaut rien, pour la qualité, en parlant d'ouvrages de l'esprit, de travaux intellectuels. *Son dernier film est nul.* ♦ Sans mérite intellectuel, sans valeur. « *cet homme, nul par lui-même, ne pense et n'agit que par l'impulsion d'autrui* » (Rouss.). ➝ Très mauvais (dans un domaine particulier). *Élève nul en maths.* ♦ fam. Sans valeur par manque de bon sens. ⇒ **bête, crétin, idiot.** *C'est nul de lui avoir fait croire ça.* ➝ n. *Bande de nuls !* ✪ CONTR. Beaucoup, chacun, tout ; tous. Important, réel, valable ; éminent, ① fort.

❑ Le latin *nullus* est formé de la négation *ne* et de *ullus* « un quelconque, quelqu'un ».

nullard, arde adj. – 1953 ▪ fam. Tout à fait nul, qui n'y connaît rien. n. *C'est un vrai nullard.* ⇒ **nullité.**

nullement adv. – XIIe ▪ Pas du tout, en aucune façon. ⇒ **aucunement,** ② **point.** *Cela ne me gêne nullement. Cela vous déplaît-il ? Nullement.* ✪ CONTR. Certainement.

nullipare adj. et n. f. – XIXe ; lat. *nullus* « nul » et *-pare*, d'apr. *primipare* ■ Qui n'a encore jamais accouché. ➛ n. f. *Une nullipare.*

❑ *Nullipare* appartient à la même famille que *primipare, ovipare, unipare* et *vivipare.*

nullité n. f. – XIVe 1 Inefficacité d'un acte juridique résultant de l'absence de l'une des conditions de fond ou de forme requises pour sa validité. 2 Défaut de talent, de connaissances, de compétence (d'une personne). *La nullité d'un élève ; sa nullité en maths.* 3 Personne nulle. « *Lulu, cette plate nullité qu'il avait un jour stupéfait de sa grandiloquence* » (Mauriac). ✪ CONTR. Validité. As, ① crack, génie.

nûment ou **nuement** adv. – XIIIe ■ littér. Sans déguisement, sans fard. « *l'on ne souhaite pas nûment une beauté* » (Pasc.).

numéraire adj. et n. m. – XVIe ; lat. *numerus* « nombre » ■ *Espèces numéraires :* espèces monnayées (opposé à *monnaie scripturale*). ♦ n. m. Toute monnaie ayant cours légal. ⇒ **espèces.** *Paiement en numéraire. Dans notre société « l'absence totale de numéraire constitue une situation impossible »* (Sand).

numéral, ale, aux adj. – XVe ■ Qui désigne, représente un nombre, des nombres arithmétiques. *Symboles numéraux* (signes, lettres, chiffres). ♦ *Adjectifs numéraux :* adjectifs indiquant le nombre (⇒ ② **cardinal**) ou le rang (⇒ ① **ordinal**). ➛ n. *Les numéraux.*

❑ On trouve chez Rabelais l'expression *science numérale* pour « arithmétique ».

numérateur n. m. – XVe ■ Nombre supérieur d'une fraction. *Numérateur et dénominateur d'une fraction.*

numération n. f. – XIVe 1 Manière de rendre sensible la notion abstraite de nombre et d'en conserver la mémoire ; système permettant d'écrire et de nommer les divers nombres. ⇒ **chiffre.** *Système de numération :* ensemble de conventions et de méthodes permettant de nommer, d'écrire les nombres entiers naturels (et par ext. tous les autres nombres) et d'effectuer des calculs sur les nombres. *Base de numération :* nombre de chiffres, y compris le zéro, qui servent de base pour former les autres nombres. *Numération à base 10* (⇒ **décimal**). 2 Action de dénombrer, de compter ; résultat de cette action. ⇒ **compte.** ➛ *Numération globulaire :* dénombrement des cellules (hématies, leucocytes, plaquettes) du sang.

❑ Ne pas confondre avec *numérotation* « action de donner des numéros à des objets ».

numérique adj. – XVIIe ; lat. *numerus* « nombre » 1 Qui est représenté par un nombre, se fait avec des nombres. *Valeur numérique.* 2 Qui concerne les nombres arithmétiques. *Fonction numérique,* dont l'ensemble d'arrivée est l'ensemble des nombres réels. *Analyse,* ou *calcul numérique :* ensemble des méthodes (généralement programmables sur ordinateur) permettant la résolution chiffrée de divers problèmes (système d'équations, calcul d'intégrales, etc.). 3 Évalué en nombre. *Données numériques.* « *assurés d'une supériorité numérique écrasante* » (Gide). 4 Se dit de la représentation d'information ou de grandeurs physiques au moyen de caractères — des chiffres généralement (⇒ ② **digital**) — et aussi des systèmes, dispositifs ou procédés employant ce mode de représentation discrète (opposé à *analogique*). *Affichage numérique.* ♦ *Traitement et enregistrement numérique du son.* ⇒ **numérisation ; D.A.T. ; audionumérique.** ✪ CONTR. Littéral.

numériquement adv. – XVIIe ■ Relativement au nombre, en nombre. *L'ennemi était numériquement inférieur.*

numérisation n. f. – v. 1970 ■ Action de numériser ; son résultat.

numériser v. tr. [1] – v. 1970 ; de *numérique* ■ Transformer (un signal analogique) en une suite de valeurs numériques. ➛ *Images numérisées.*

❑ *Numériser* est la francisation de l'anglicisme *digitaliser,* incompréhensible en français (« compter sur les doigts »).

numéro n. m. – XVIe ; it. *numero* « nombre » 1 Marque en chiffres, nombre attribué à une chose pour la caractériser parmi des choses semblables, ou la classer dans une série (abrév. N°, n°, devant un nombre). *Numéro d'attente dans une file. Numéro d'immatriculation d'une automobile. Numéro de Sécurité sociale.* ♦ *Numéro (de téléphone). Le numéro que vous avez demandé n'est plus en service.* 2 Ce qui porte un numéro. *Habiter au numéro 12* (maison). ➛ Nombre utilisé dans le tirage au sort, les jeux de hasard, les loteries. *Tirer le bon, le mauvais numéro.* loc. *Avoir tiré le bon numéro :* avoir de la chance. *Numéros gagnants.* 3 loc. adj. NUMÉRO UN : principal. *L'ennemi public numéro un.* ♦ subst. Le premier (dans une hiérarchie). *Elle est le numéro un du parti.* ➛ *Le numéro deux de la politique étrangère américaine.* 4 fam. Personne bizarre, originale. ⇒ **phénomène.** « *De Paga, on aurait dit, naguère : c'est un type. Maintenant, on dit : c'est un numéro* » (Duham.). 5 Partie d'un ouvrage périodique qui paraît en une seule fois et porte un numéro ; chacun des exemplaires. ⇒ **livraison.** *Numéro spécial,* traitant d'un sujet particulier. ➛ loc. *La suite au prochain numéro :* la suite de l'article paraîtra dans le numéro suivant. fam. La suite à demain, à plus tard. 6 Petit spectacle faisant partie d'un programme de variétés, du répertoire d'un artiste de cirque, de music-hall. *Numéro de cirque.* ➛ fam. Spectacle donné par une personne qui se fait remarquer. *Il nous a fait son numéro habituel.* ⇒ **cinéma.**

numérologie n. f. – 1952 ; lat. *numerus* « nombre » ■ Étude divinatoire basée sur l'analyse numérique de caractéristiques individuelles.

numérotage n. m. – XVIIIe ■ Action de numéroter. *Numérotage de billets.* ⇒ **numérotation.**

numérotation n. f. – XIXe 1 Action de numéroter. ⇒ **numérotage.** 2 Ordre des numéros. *La numérotation des pages d'un livre.* ⇒ **pagination.**

❑ Ne pas confondre avec *numération* « action de compter, de dénombrer ».

numéroter v. tr. [1] – XVIIe ■ Marquer, affecter d'un numéro. ⇒ **chiffrer, immatriculer.** ➛ *Place numérotée.*

numéroteur n. m. – XIXe ■ Dispositif servant à numéroter.

numerus clausus [nymeRysklozys] n. m. – 1931 ; mots lat. « nombre fermé » ■ Autrefois, Limitation discriminatoire du nombre des étudiants juifs. « *l'Anschluss avait été proclamé, entraînant dans toutes les universités autrichiennes l'application du numerus clausus* » (Perec). ♦ Limitation d'une catégorie de personnes à l'accessibilité à une fonction, un grade ou une profession, en vertu d'une loi ou d'une disposition réglementaire.

numide adj. et n. – XVIe ■ De Numidie, ancien nom d'une région du nord de l'Afrique. ➛ n. *Les Numides.*

numismate n. – XIXe ■ Spécialiste, connaisseur des médailles et monnaies.

❑ Ce mot a été formé sur le modèle de *diplomate,* lui-même n'ayant retenu que la terminaison du radical *-crate* → diplomate (rem.).

numismatique adj. et n. f. – XVIIIe ; gr. *nomisma* « monnaie » **1** Relatif aux monnaies, aux médailles ; à leur connaissance. **2** n. f. Connaissance, science des médailles et des monnaies.

nummulaire n. f. et adj. – XVIe ; lat. *nummulus* « petite monnaie » **1** Plante dont les feuilles rondes évoquent une monnaie. **2** adj. En forme de pièce de monnaie. *Lésion nummulaire de la peau.*

nummulite n. f. – XIXe ; lat. *nummulus* ▪ Foraminifère fossile du début du tertiaire, à coquille ronde divisée en loges spiralées.

nummulitique adj. et n. m. – XIXe ▪ Qui renferme des nummulites, est formé de nummulites. ➛ n. m. *Le nummulitique :* ensemble des terrains du début du tertiaire.

nunchaku [nunʃaku] n. m. – 1972 ; mot jap. ▪ Fléau d'armes d'origine japonaise.

nuncupatif [nɔ̃kypatif] adj. m. – XIVe ; lat. *nuncupare* « dénommer » ▪ dr. rom. *Testament nuncupatif,* fait par simple déclaration devant témoins et suivant les formes légales.

nunuche adj. – 1955 ; redoublt de *nu,* var. de *nul* ▪ fam. Niais. ⇒ **simplet** ; fam. **cucul.**

nuoc-mâm [nɥɔkmam] n. m. – XIXe ; mot vietnamien « eau de poisson » ▪ Condiment vietnamien, sauce de poisson macéré dans une saumure.

nu-pied n. m. – 1951 ▪ Sandale laissant nu le dessus du pied. *Des nu-pieds.*

nu-propriétaire, nue-propriétaire n. – XIXe ▪ Personne à qui appartient la nue-propriété d'un bien. *Des nus-propriétaires.*

nuptial, iale, iaux adj. – XIIIe ; lat. *nuptiæ* « noces » ▪ Relatif aux noces, à la célébration du mariage. *Bénédiction nuptiale. Anneau nuptial.* ⇒ **alliance.** ♦ Relatif à l'accouplement. *Les mœurs nuptiales des espèces animales.*

nuptialité n. f. – XIXe ▪ Étude statistique des mariages (et des divorces) dans une population ; nombre relatif des mariages *(taux de nuptialité).*

nuque n. f. – XIVe ; ar. *nuhh* « moelle » ▪ Partie postérieure du cou, au-dessous de l'occiput. « *les petits frisons de sa nuque se collaient à sa peau ambrée, moite de sueur* » (Flaub.).

nursage [nœʀsaʒ] n. m. – 1985 ▪ Ensemble des soins destinés à assurer le confort et la propreté des malades et des personnes ayant perdu leur autonomie. ➛ Recomm. offic. pour NURSING n. m.

nurse [nœʀs] n. f. – XIXe ; mot angl. « infirmière » ▪ Domestique (anglaise à l'origine) qui s'occupe exclusivement des soins à donner aux enfants, dans les familles riches. ⇒ **bonne** (d'enfants), **gouvernante.** *Cette petit hurleuse* « *qu'aucune nurse ne* [...] *supportait plus* » (Mauriac).

❑ *Nurse* est employé avec le sens d'« infirmière, garde-malade » dans un contexte anglo-saxon en français du Canada.

nursery [nœʀsəʀi] n. f. – XIXe ; angl. ▪ Pièce réservée aux enfants. *Des nurserys* ou *des nurseries.*

❑ Pour le pluriel → ① y (rem.).

nutation n. f. – XVIIIe ; lat. **1** Oscillation périodique de l'axe de rotation de la Terre (axe du monde) autour de sa position moyenne. **2** Changement de direction d'un organe végétal en cours de croissance. **3** Balancement continuel de la tête. « *La nutation de tête d'un cheval qui chemine attristé* » (Dider.).

nutriment n. m. – XIVe ; lat. *nutrire* « nourrir » ▪ Substance alimentaire pouvant être entièrement et directement assimilée.

nutritif, ive adj. – XIVe ; lat. *nutrire* « nourrir » **1** Qui contribue à la nutrition ; qui a la propriété de nourrir. *Sucs nutritifs.* ⇒ **nourricier.** « *une matière gélatineuse assez riche en éléments nutritifs* » (J. Verne). ♦ Qui contient en abondance des principes nutritifs. *Aliments nutritifs.* ⇒ **calorique, fortifiant, nourrissant, riche, substantiel. 2** Relatif à la nutrition. ⇒ **nutritionnel.** *Valeur nutritive d'un aliment.*

nutrition n. f. – XIVe **1** Ensemble de processus d'assimilation et de désassimilation qui ont lieu dans un organisme vivant, lui permettant de se maintenir en bon état et lui fournissant l'énergie vitale nécessaire. **2** Transformation et utilisation des aliments dans l'organisme. *Troubles de la nutrition.*

nutritionnel, elle adj. – 1958 ▪ Qui concerne la nutrition.

nutritionniste n. – 1958 ▪ Spécialiste des problèmes de la nutrition. ⇒ **diététicien.**

nyctalope n. – XIVe ; gr. *nux* « nuit » et *ôps* « vue » ▪ Personne susceptible de distinguer les objets sous une faible lumière ou pendant la nuit. ➛ adj. *Oiseaux nyctalopes.*

❑ Ne pas confondre avec *noctiluque* « qui émet une lueur dans le noir ».

nyctalopie n. f. – XVIIe ▪ Faculté de bien voir pendant la nuit ou dans l'obscurité, observée chez certains animaux (hibou, chouette, chat), et chez certains individus atteints de troubles visuels.

nycthémère n. m. – XIXe ; gr. *nux* « nuit » et *hêmera* « jour » ▪ Espace de temps (24 h) comprenant un jour et une nuit et correspondant à un cycle biologique (⇒ **circadien**).

nycturie n. f. – 1903 ; gr. *nux* « nuit » et *-urie* ▪ Élimination d'urine plus abondante ou mictions plus fréquentes la nuit que le jour.

nylon n. m. – 1942 ; nom déposé, mot angl., p.-ê. de *(vi)nyl* et *(cott)on, (ray)on* « rayonne » ▪ Fibre synthétique (polyamide), obtenue au moyen de réactions sur des sous-produits du goudron. *Fil de nylon pour les lignes de pêche.* ♦ *Étoffe de nylon. Du nylon.* ➛ *Des bas nylon.*

nymphe n. f. – XIIIe ; gr. **1** Déesse représentée sous la forme d'une jeune femme nue ou demi-nue, qui hantait les bois, les montagnes, les fleuves, la mer, les rivières. ⇒ **dryade, hamadryade, naïade, napée, néréide, océanide, oréade.** « *un satyre qui soulevait les voiles d'une nymphe endormie* » (France). ♦ plaisant Jeune fille ou jeune femme, au corps gracieux. **2** au plur. Petites lèvres de la vulve. **3** Deuxième stade (dit *nymphal*) de la métamorphose des insectes, intermédiaire entre la larve et l'imago. ⇒ **nymphose.** *Nymphe de lépidoptère.* ⇒ **chrysalide.**

nymphéa n. m. – XVIe ; gr. ▪ Nénuphar blanc, appelé aussi *lune d'eau.* « *Les Nymphéas* », *série de tableaux de Monet.*

❑ Ce mot a influencé la graphie *nénuphar* (plutôt que *nénufar*). → nénuphar (rem.).

nymphéacées n. f. pl. – XIXe ▪ Famille de plantes angiospermes *(dicotylédones),* à larges feuilles nageant sur les eaux douces (nélombo, nénuphar, nymphéa, victoria).

nymphette n. f. – XVIIe ▪ Très jeune fille au physique attrayant, aux manières aguicheuses, à l'air faussement candide. ⇒ **lolita.**

❑ *Nymphette* avait au XVIIe s. le sens de « petite nymphe ». L'emploi actuel est un emprunt à l'anglais *nymphet* employé par Nabokov dans son roman *Lolita*, traduit en français en 1959.

nymphomane n. f. et adj. f. – XIXe ▪ Femme ou femelle atteinte de nymphomanie. ◆ adj. *Une jument nymphomane.*

nymphomanie n. f. – XVIIIe ; de *nymphe* et *-manie* ▪ Exagération pathologique des désirs sexuels chez la femme ou chez certaines femelles.

nymphose n. f. – XIXe ▪ Ensemble des phénomènes biologiques qui transforment la larve d'insecte en nymphe.

nystagmus [nistagmys] n. m. – XIXe ; gr. *nustazein* « baisser la tête » ▪ Secousses rythmiques involontaires des globes oculaires, survenant lors de circonstances physiologiques particulières (fatigue des yeux, troubles de la vision, lésions nerveuses, fixation d'un objet qui se déplace).

O ① **O** [o] n. m. inv. ▪ Quinzième lettre et quatrième voyelle de l'alphabet : *o majuscule* (O), *o minuscule* (o), *o accent circonflexe* (ô), *e dans l'o* (œ). ➝ prononc. Lettre qui correspond à la voyelle arrondie postérieure *o ouvert* [ɔ] *(robe, joli)* ou *o fermé* [o] *(rose, pot)* ; ô note généralement [o] *(côte)*. ➝ *Digrammes, trigrammes comportant* o : *oi* (→ ① i) ; *oin* (→ ① n) ; *on, om* (→ ① n) ; *œu, œ* (→ ① e) ; *ou*, qui note la voyelle postérieure arrondie fermée [u] *(cou)* ou la semi-consonne [w] devant une voyelle prononcée *(oui, souhait, pingouin)* ; *oy* (→ ① y). ✪ HOM. Au, aulx (ail), aux, eau, haut, ho, ô, oh, os.

② **O** abrév. et symboles **1 o** [zeʀo] n. m. inv. Zéro. **2 o** [wɛst] n. m. inv. Ouest. **3 o** [o] adj. ➝ *o* pour *zéro*, indiquant une absence Se dit du groupe sanguin du système ABO, dont les hématies sont dépourvues d'agglutinogène. *Groupe O+, O–.*

Ô [o] interj. – Xe ; onomat. lat. **1** Interjection servant à invoquer, à interpeller. *Ô ciel !* **2** Interjection traduisant un vif sentiment. « *Ô rage, ô désespoir, ô vieillesse ennemie* » (Corn.). ✪ HOM. Au, aulx (ail), aux, eau, haut, ho, ① o, oh, os.

oaristys [ɔaʀistis] n. f. – XVIIIe ; gr. *oar* « compagne, épouse » ▪ littér. Idylle, ébats amoureux.

oasien, ienne adj. et n. – XIXe ▪ Relatif aux oasis. ➝ Habitant d'une oasis. « *ne croyez pas que l'oasien manque* [...] *de civilité* » (Tournier).

oasis [ɔazis] n. f. – XVIe ; mot gr. empr. égypt. **1** Endroit d'un désert qui présente de la végétation due à la présence d'un point d'eau. **2** Lieu ou moment reposant, chose agréable qui fait figure d'exception dans un milieu hostile, une situation pénible. ⇒ **îlot.**

❑ Le mot est féminin *(des oasis sahariennes)*, mais son emploi au masculin n'est pas rare dans la littérature (Maupassant, Aragon, Martin du Gard).

ob- Élément, du lat. *ob* « en face, à l'encontre »

obédience [ɔbedjɑ̃s] n. f. – XIIe ; lat. *obœdire* « obéir » **1** Obéissance à un supérieur ecclésiastique. ♦ Maison religieuse dépendant d'une maison principale. **2** Lien entre une puissance spirituelle, politique et ceux qui lui sont soumis, fidèles. *De stricte obédience.* ✪ CONTR. Indépendance.

obéir v. tr. ind. [2] – XIIe ; lat. *obœdire* **1** OBÉIR À QQN : se soumettre à qqn en se conformant à ce qu'il ordonne ou défend. *Enfant qui obéit à ses parents.* ⇒ **écouter.** *Il sait se faire obéir.* ➝ « *je refuse d'obéir* » (Giono). **2** OBÉIR À QQCH : se conformer, se plier à ce qui est imposé. *Obéir à un ordre,* l'exécuter. ⇒ **obtempérer.** *Obéir aux lois.* ⇒ **observer, suivre.** *Obéir à une impulsion.* ⇒ **céder. 3** Être soumis à. *Les freins n'obéissent plus.* ⇒ **répondre.** *Les corps obéissent à la loi de la gravitation.* ✪ CONTR. Commander ; désobéir, résister.

❑ Autrefois verbe transitif direct, *obéir quelqu'un*, emploi dont il reste une trace dans le passif *être obéi ; obéir* et *pardonner (pardonner à quelqu'un ; vous êtes pardonné)* sont les seuls verbes transitifs indirects que l'on peut mettre au passif.

obéissance n. f. – XIIIe ▪ Le fait d'obéir ; action, état d'une personne qui obéit. ⇒ **soumission, subordination.** *Obéissance des soldats à leurs chefs. Jurer obéissance à qqn.* ➝ *Obéissance aux règles.* ⇒ **discipline, observation.** ✪ CONTR. Commandement, désobéissance, indiscipline, résistance.

obéissant, ante adj. – XIIe ▪ Qui obéit volontiers. ⇒ **docile, soumis.** *Enfant obéissant.* ⇒ **discipliné, sage.** *Chien obéissant.* ✪ CONTR. Désobéissant.

obel ou **obèle** n. m. – XVIIe ; gr. *obelos* « broche » ▪ Trait noir servant à signaler un passage interpolé sur les manuscrits anciens.

obélisque n. m. – XVIe ; gr. *obeliskos* « broche à rôtir » ▪ Colonne en forme d'aiguille quadrangulaire surmontée d'un pyramidion. *Obélisque égyptien.*

❑ Ce mot est masculin : *l'obélisque érigé place de la Concorde, à Paris.* Il est souvent employé de manière fautive au féminin et parfois même altéré en [ɔbeliks] d'après *Obélix*, personnage de la bande dessinée *Astérix le Gaulois.*

obérer v. tr. [6] – XVIe ; lat. *obæratus* « endetté » ▪ Accabler de dettes. ⇒ **endetter.** *Guerre qui obère les finances d'un pays.* ⇒ **grever.**

obèse adj. et n. – XIXe ; lat. *edere* « manger » ▪ Qui est anormalement gros. ⇒ **énorme, gras.**

obésité n. f. – XVIe ▪ Excès du tissu adipeux de l'organisme, accompagné d'un excédent de poids. ⇒ **adiposité, grosseur.**

obi n. f. – XVIe ; mot jap. ▪ Longue et large ceinture de soie du costume japonais traditionnel. ✪ HOM. Hobby.

obier n. m. – XVIe ; de *aubier* ▪ Espèce de viorne, arbrisseau à fleurs blanches en boules compactes. ⇒ **boule-de-neige.**

obit [ɔbit] n. m. – XIIe ; lat. *obire* « mourir » ▪ Service religieux célébré au bénéfice de l'âme d'un défunt.

obituaire adj. et n. m. – XVIIe ▪ Relatif au décès. ⇒ **mortuaire.** *Registre obituaire* ou *obituaire,* n. m. : registre donnant la liste des morts pour lesquels a été célébré un service funèbre.

objectal, ale, aux adj. – 1926 ; lat. *objectum* « ce qui est placé devant » ▪ Qui se rapporte à des objets indépendants du moi du sujet. *Processus mentaux objectaux.*

objecter v. tr. [1] – XIIIe ; lat. « placer devant, opposer » **1** OBJECTER QQCH. : opposer une objection à une opinion, une affirmation, pour réfuter. *Objecter de bonnes raisons à, contre un argument,* contredire cet argument. « *Pécuchet objecta que les châtiments corporels sont quelquefois indispensables* » (Flaub.). **2** Opposer (un fait, un argument) à un projet, une demande, pour les repousser. *Objecter la fatigue pour ne pas sortir.* ⇒ **invoquer, prétexter.** 3 OBJECTER À QQN : alléguer (qqch.) comme un obstacle ou un défaut, pour rejeter la demande de qqn. *On lui objecta son jeune âge.* ✪ CONTR. Approuver.

objecteur n. m. – XVIIIe ▪ *OBJECTEUR DE CONSCIENCE :* celui qui refuse d'accomplir ses obligations militaires, ses convictions lui enjoignant le respect absolu de la vie humaine.

❑ Distinct de l'*insoumis* et du *déserteur* qui encourent la prison, l'*objecteur de conscience* accomplit un service civil d'une durée fixée à 20 mois.

① **objectif, ive** adj. – XVIIe ; lat. *objectum* « ce qui est placé devant » 1 Qui existe hors de l'esprit, comme un objet indépendant de l'esprit. *L'espace et le temps n'ont pour Kant aucune réalité objective.* ➝ Qui repose sur l'expérience. *Méthode objective.* ⇒ **scientifique.** ➝ *Symptômes objectifs,* que le médecin peut constater. 2 Se dit d'une description de la réalité indépendante des intérêts, des goûts, des préjugés de la personne qui la fait. ⇒ **impartial.** *Faire un rapport objectif des faits.* 3 Dont les jugements ne sont altérés par aucune préférence d'ordre personnel. ⇒ **impartial.** *Historien objectif.* ⇒ **neutre.** ✪ CONTR. Subjectif ; affectif, arbitraire, partial, tendancieux.

❑ Pour le sens → impartial (rem.).

② **objectif** n. m. – XVIIe I - 1 Système optique d'une lunette (ou d'un microscope) qui se trouve tournée vers l'objet à examiner. ⇒ **oculaire.** 2 Système optique formé de lentilles qui donne des objets photographiés une image réelle enregistrée sur une plaque sensible ou un film. *Objectif à grand angle, à grande distance focale* (⇒ **téléobjectif**), *à focale variable* (⇒ **zoom**). *Obturateur, diaphragme d'un objectif.* ♦ L'appareil photographique ou cinématographique. II - 1 Point contre lequel est dirigée une opération stratégique ou tactique. ⇒ **cible.** *Objectifs militaires.* 2 But précis. ⇒ ① **fin.** « *le premier objectif, c'était de lutter en France contre le fascisme* » (Beauv.). *Quels sont vos objectifs ?* ⇒ **dessein, visée.** *Atteindre un objectif.*

objection n. f. – XIIe 1 Argument que l'on oppose à une affirmation pour la réfuter. ⇒ ② **critique, réfutation, réplique.** *Formuler une objection à un raisonnement.* « *L'objection me parut sans réplique* » (Rouss.). 2 Ce que l'on oppose à une proposition pour la repousser. ⇒ **contestation, opposition, protestation.** *Si vous n'y voyez pas d'objection.* ⇒ **inconvénient, obstacle.** *Objection !* pour introduire un argument ou un avis contraire. ✪ CONTR. Approbation.

objectivation n. f. – XIXe ▪ Action d'objectiver, de rendre objectif. ➝ Mécanisme mental par lequel un malade atteint de délire interprète ses hallucinations comme des réalités.

objectivement adv. – XVe 1 En tant qu'objet, indépendamment de l'esprit du sujet. 2 En considérant (une chose, le sens d'un mot) au sens objectif. 3 En fait, en réalité. *Il a objectivement raison.* 4 D'une façon objective, impartiale. ✪ CONTR. Arbitrairement, subjectivement.

objectiver v. tr. [1] – XIXe 1 Transformer en réalité objective. *Objectiver sa conscience.* 2 Rapporter à un objet, référer à une réalité extérieure. *Objectiver ses sensations.* 3 Extérioriser. ⇒ **exprimer, manifester.** *Le langage objective la pensée.*

objectivisme n. m. – XIXe ▪ Attitude pratique qui consiste à s'en tenir aux données contrôlables par les sens, à écarter les données subjectives. ♦ Doctrine de l'objectivité de certaines choses.

objectivité n. f. – XIXe 1 Qualité de ce qui existe indépendamment de l'esprit. 2 Qualité de ce qui donne une représentation fidèle d'un objet. *Objectivité de la science.* 3 Qualité de ce qui est exempt de préjugés. *Objectivité d'un compte rendu. Récit qui manque d'objectivité.* ♦ Attitude d'esprit d'une personne objective. *Objectivité d'un juge.* ⇒ **impartialité, neutralité.** ✪ CONTR. Partialité, subjectivité.

objet n. m. – XIVe ; lat. *objicere* « jeter (*jacere*) devant » I - 1 Toute chose (y compris les êtres animés) qui affecte les sens. *La perception des objets.* 2 Chose solide ayant unité et indépendance et répondant à une certaine destination. ⇒ **chose** ; fam. **bidule, machin,** ① **truc.** *Objets fabriqués.* ➝ *Objet volant non identifié.* ⇒ **ovni.** ➝ *Bureau des objets trouvés. Objets à usage professionnel.* ⇒ **instrument, outil.** *Objets de toilette.* ⇒ **affaire, article.** ➝ *Objets de luxe.* loc. OBJET D'ART, ayant une valeur artistique (à l'exception de ce qu'on appelle *œuvre d'art*). « *les plus grands objets d'art qui font notre admiration* » (Giono). II - 1 Tout ce qui se présente à la pensée, qui est occasion ou matière pour l'activité de l'esprit. *L'objet de la pensée.* 2 Ce qui est donné par l'expérience, existe indépendamment de l'esprit, par opposition au sujet qui pense. *Traiter quelqu'un en objet.* 3 OBJET DE... : être ou chose à quoi s'adresse (un sentiment). *Être un objet d'horreur, de mépris.* « *Rome, l'unique objet de mon ressentiment* » (Corn.). 4 Ce vers quoi tendent les désirs, la volonté, l'effort et l'action. ⇒ **but,** ① **fin.** *L'objet de nos vœux. Mon objet est de... :* mon intention, mon dessein est de... *Cette démarche est sans objet,* n'a pas de raison d'être. *Remplir son objet :* atteindre son but. ♦ Cause globale susceptible de constituer pour le moi le terme d'une relation, d'un rapport investi d'un point de vue affectif. *Objet transitionnel.* 5 *L'objet d'un discours.* ⇒ ③ **sujet, thème.** *Cette circulaire a pour objet la salubrité publique.* ♦ FAIRE, ÊTRE L'OBJET DE : subir. *Ce malade est l'objet d'une surveillance constante.* 6 Matière sur laquelle portent un droit, une obligation, un contrat, une convention, une demande en justice. *L'objet d'un litige.* 7 *Complément d'objet d'un verbe,* désignant la chose, la personne, l'idée sur lesquelles porte l'action marquée par le verbe. *Complément d'objet direct,* directement rattaché au verbe. *Complément d'objet indirect,* rattaché au verbe par l'intermédiaire d'une préposition.

objurgation n. f. – XIIIe ; lat. *objurgare* « blâmer » 1 littér. Parole vive par laquelle on essaie de détourner qqn d'agir comme il se propose de le faire. ⇒ **admonestation.** *Céder aux objurgations de qqn.* 2 (abusif) Prière instante. ⇒ **adjuration.** « *Conseils, objurgations, rien n'y fit* » (Gide). ✪ CONTR. Apologie, approbation, encouragement.

oblat, ate n. – XVIe ; lat. *offerre* « offrir » 1 Personne qui s'est agrégée à une communauté religieuse sans prononcer les vœux. 2 Religieux de certains ordres. 3 n. m. pl. Tout ce qui est offert à l'occasion d'une messe.

oblatif, ive adj. – 1926 ▪ Qui s'offre à satisfaire les besoins d'autrui au détriment des siens propres. *Amour oblatif.* ✪ CONTR. Captatif.

oblation n. f. – XIIe ▪ Acte par lequel le prêtre offre à Dieu le pain et le vin qu'il doit consacrer.

obligataire n. et adj. – XIXe ▪ Souscripteur d'un emprunt en obligations. ➝ *Marché obligataire,* où se négocient les obligations.

obligation n. f. – XIIIe 1 Lien de droit en vertu duquel une personne peut être contrainte de donner, de faire ou de ne pas faire qqch. *Obligation alimentaire.* ➝ Dette créée par un lien juridique. *Contracter une obligation.* ♦ Acte authentique par lequel on se reconnaît débiteur. ➝ *Obligation cautionnée :* titre souscrit avalisé par la caution d'un organisme financier. ➝ Titre représentatif d'un emprunt à long terme donnant droit à son détenteur de percevoir un intérêt annuel et au remboursement de la somme à une échéance déterminée. ⇒ **emprunt, rente, valeur** (mobilière) ; ② **action, certificat** (d'investissement) ; **euro-obligation.** *Émission d'obligations par l'État.* 2 Lien moral qui assujettit l'individu à une loi religieuse, morale ou sociale ; prescription constituant la matière d'une loi de cette nature. *Remplir les obligations de sa charge.* ⇒ **engagement, promesse, serment.** « *la mairie devait faire face* [...] *à des obligations écrasantes* » (Camus). *Obligations professionnelles.* ⇒ **responsabilité.** *Obligations militaires.* ➝ *Obligation morale :* caractère impératif que revêt la loi morale. ⇒ ② **devoir, impératif.** 3 *Obligation de :* le fait d'être obligé, contraint de. ⇒ **nécessité.** « *Je suis dans l'obligation d'attendre* » (Duham.). ➝ *Jeu sans obligation d'achat.* ✪ CONTR. Dispense, grâce, liberté.

obligatoire **adj.** – XIVe 1 Qui a la force d'obliger, qui a un caractère d'obligation. ⇒ **déontique.** *Instruction gratuite et obligatoire. Il est obligatoire de passer une visite médicale.* 2 fam. Inévitable, nécessaire. ⇒ **forcé, obligé.** *Il a raté son examen, c'était obligatoire !* ✪ CONTR. Facultatif.

obligatoirement **adv.** – XIXe ▪ D'une manière obligatoire. ⇒ **nécessairement.** *Vous devez obligatoirement présenter votre passeport à la frontière.* ♦ fam. Forcément. ⇒ **fatalement, inévitablement.**

obligé, ée **adj.** – XIIIe 1 Tenu, lié par une obligation, assujetti par une nécessité. *Une personne obligée envers un créancier.* ➝ *Se sentir obligé à qqch. Vous n'êtes pas obligé de me croire.* 2 Attaché, lié (par un service reçu). ⇒ **reconnaissant, redevable.** « *Je vous suis obligé de l'attention que vous avez eue* » (Boss.). ⇒ **gré** (savoir gré). 3 Qui résulte de quelque obligation ou nécessité ; qui est commandé par l'usage, par les faits. ⇒ **indispensable, nécessaire, obligatoire.** *Un passage obligé. En Islande « le véhicule obligé est la Land-Rover »* (Tournier). ♦ fam. *C'était obligé,* c'était fatal, ça devait arriver. ⇒ **obligatoire ; immanquable, inévitable.** ✪ CONTR. Dispensé, exempt. Facultatif.

obligeamment **adv.** – XVIIe ▪ D'une manière obligeante. *Comme vous me l'avez obligeamment proposé.* ⇒ **aimablement.**

obligeance **n. f.** – XVIIIe ▪ littér. ou style soutenu Disposition à se montrer obligeant. ⇒ **amabilité, bienveillance, complaisance, gentillesse.** ➝ « *Voulez-vous avoir l'obligeance de remplir ces formulaires ?* » (Sartre). ✪ CONTR. Malveillance.

obligeant, ante **adj.** – XVIIe ▪ littér. ou style soutenu Qui aime à faire plaisir. ⇒ **affable, aimable, complaisant,** ② **gentil, prévenant, serviable.** *Il s'est montré très obligeant.* « *On m'avait dit que les Français étaient si obligeants* [...] *si serviables* » (Queneau). ✪ CONTR. Désobligeant.

obliger **v. tr.** [3] – XIIIe ; lat. *obligare,* de *ligare* « lier » 1 Assujettir par une obligation d'ordre juridique. « *La loi oblige l'homme à quantité d'actes* » (Valéry). ➝ *Être obligé par contrat de faire telle ou telle chose.* ➝ pronom. Se lier par une obligation. ⇒ **s'engager, promettre.** 2 Assujettir par une obligation d'ordre moral. *L'honneur m'y oblige.* 3 Mettre dans la nécessité (de faire qqch.). ⇒ **astreindre, contraindre, forcer.** *Ses parents l'ont obligé à travailler. Rien ne vous y oblige.* fam. *Tu vas m'obliger à me fâcher !* ➝ pronom. S'imposer de. « *Michèle s'obligea à réciter le* De Profundis » (Mauriac). 4 Attacher (qqn) en rendant service, en faisant plaisir. ⇒ **aider, secourir.** « *vous m'obligeriez beaucoup en me comptant mes honoraires* » (Balz.). ✪ CONTR. Affranchir, dispenser ; exempter ; désobliger.

❑ Après *obliger,* l'infinitif peut être introduit par les prépositions *à* (à la forme active, *obliger quelqu'un à faire quelque chose*) ou *de* (surtout au passif, *être obligé de faire quelque chose*).

oblique **adj.** – XIIIe ; lat. *obliquus* 1 Qui s'écarte de la verticale, de la perpendiculaire ; non horizontal. ♦ *Droite oblique,* ou **n. f.** *une oblique :* droite qui n'est ni horizontale ni verticale. *Projection oblique :* toute projection non orthogonale. ♦ Se dit de certains muscles dont les fibres ont une direction oblique par rapport au plan qui divise le corps en deux moitiés symétriques. *Muscle grand oblique* (ou *le grand oblique*), *muscle petit oblique* (ou le petit oblique) *de l'abdomen, de l'œil.* 2 Qui n'est pas direct. ⇒ **indirect.** *Discours oblique :* discours indirect. *Cas obliques,* qui n'expriment pas de rapports directs. 3 loc. adv. *EN OBLIQUE :* dans une direction oblique. ⇒ **obliquement.** *Rue qui part en oblique.* ✪ CONTR. ① droit.

obliquement **adv.** – XIVe ▪ Dans une direction ou une position oblique.

obliquer **v. intr.** [1] – XIIIe ▪ Prendre une direction oblique. ⇒ **dévier.** *La moto a soudain obliqué vers la droite.*

obliquité [ɔblik(ɥ)ite] **n. f.** – XIVe ▪ Caractère ou position de ce qui est oblique. ⇒ **inclinaison.** ♦ Relation de position entre deux droites ou deux plans qui ne sont ni perpendiculaires ni parallèles. ➝ *Obliquité de l'écliptique :* angle du plan de l'écliptique et du plan de l'équateur céleste. ✪ CONTR. Verticalité ; horizontalité.

❑ La prononciation du *u* est plus élégante, comme dans *ubiquité,* les deux seuls mots qui ont cette terminaison → ubiquité ; équité (rem.).

oblitérateur, trice **adj. et n. m.** – XIXe ▪ Qui sert à oblitérer. ♦ Instrument employé pour oblitérer.

oblitération **n. f.** – XVIIIe 1 Fermeture d'un conduit, d'une cavité, par accolement de ses parois, ou par la présence d'un corps étranger. 2 Action d'oblitérer (un timbre) ; son résultat. *Cachet d'oblitération.*

❑ La plupart des mots en *-littér-,* dérivés savants de *lettre,* prennent deux *t* sauf *allitération, oblitération* et *trilitère.*

oblitérer **v. tr.** [6] – XVIe ; lat. *oblitterare* « faire oublier » 1 vieilli Effacer par une usure progressive. 2 Produire l'oblitération de (un conduit, une cavité). 3 *Oblitérer un timbre,* l'annuler par l'apposition d'un cachet qui le rend impropre à servir une seconde fois. ➝ *Timbre oblitéré.*

oblong, ongue [ɔblɔ̃, ɔblɔ̃g] **adj.** – XIVe ; lat. *longus* « long » 1 Qui est plus long que large. ⇒ **allongé.** *Un visage oblong.* 2 Qui est moins haut que large. *Format oblong.*

obnubilation **n. f.** – XVe ▪ Ralentissement des fonctions psychiques, accompagné d'engourdissement, d'une baisse de la vigilance, d'un manque de lucidité.

obnubiler **v. tr.** [1] – XIIIe ; lat. *nubes* « nuage » ▪ Envelopper (les facultés mentales, les sentiments) comme d'un brouillard. ⇒ **obscurcir.** ♦ Obséder. *Ce rêve l'obnubile.* ➝ *Il est obnubilé par cette idée.*

obole **n. f.** – XIIIe ; gr. 1 Ancienne monnaie grecque, valant le sixième d'une drachme. 2 Modeste offrande, petite contribution en argent. *Apporter son obole à une souscription.*

obscène **adj.** – XVIe ; lat. « de mauvais augure » ▪ Qui blesse la délicatesse par des représentations ou des manifestations grossières de la sexualité. ⇒ **licencieux, pornographique.** *Tenir des propos obscènes.* « *Les livres obscènes ne sont* [...] *immoraux que parce qu'ils manquent de vérité* » (Flaub.). *Graffiti obscène.* ⇒ **impudique, indécent.** ✪ CONTR. Décent, pudique.

❑ À propos d'un film, d'une photo, d'un livre, on emploie plutôt *pornographique*.

obscénité n. f. – XVIe 1 Caractère de ce qui est obscène. ⇒ **indécence.** 2 Parole, phrase, image obscène. « *Il disait des grossièretés, des obscénités et des ordures* » (Hugo).

obscur, ure adj. – XIIe ; lat. I - 1 Qui est privé de lumière. ⇒ **sombre.** « *une de ces cours obscures où le soleil ne pénètre jamais* » (Balz.). ➡ loc. *Les salles obscures :* les salles de cinéma. 2 Qui est foncé, peu lumineux. « *Les écueils se dessinent en grisailles obscures* » (Loti). II - 1 Qui est difficile à comprendre, à expliquer. ⇒ **abscons, abstrus, incompréhensible.** « *le monsieur commença un exposé très long, assez obscur* » (Romains). ⇒ **brumeux, confus.** *Poème obscur.* ⇒ **ésotérique, hermétique.** 2 Mal connu, difficile à expliquer. ⇒ **inexplicable, mystérieux.** « *Pour des raisons qui me sont demeurées obscures* » (Duham.). 3 Qui n'est pas net, pas défini ; que l'on sent, perçoit ou conçoit sans pouvoir l'analyser. ⇒ ③ **vague.** *Un obscur pressentiment.* 4 Qui n'a aucun renom, qui n'est pas connu. ⇒ **ignoré, inconnu.** ➡ n. « *Et nous les petits, les obscurs, les sans-grade* » (Rostand). ♦ Humble, simple. *Vie obscure.* ✪ CONTR. Clair, lumineux. — Intelligible, ① précis. Célèbre, fameux, illustre.

obscurantisme n. m. – XIXe ▪ Opinion de ceux qui s'opposent à la diffusion, à la vulgarisation de l'instruction et de la culture.

obscurantiste adj. et n. – XIXe ▪ Inspiré par l'obscurantisme ; partisan de l'obscurantisme.

obscurcir v. tr. [2] – XIIe I - 1 Priver de lumière, de clarté. ⇒ **assombrir.** *Ce vis-à-vis obscurcit la pièce.* ➡ pronom. *Le ciel s'est obscurci.* ⇒ s'**assombrir.** 2 Troubler, affaiblir (la vue). « *Les yeux obscurcis de larmes* » (Zola). ⇒ ① **voilé.** II - 1 Rendre peu intelligible. *Mots difficiles qui obscurcissent le sens d'un texte.* 2 Rendre incapable de discernement. ⇒ **obnubiler.** « *Un concours de causes peut obscurcir de nouveau la réflexion* » (Renan). ✪ CONTR. Éclaircir, éclairer.

obscurcissement n. m. – XIIIe 1 Perte de lumière. *Obscurcissement du ciel.* 2 Le fait de rendre peu intelligible ou peu clairvoyant. ✪ CONTR. Éclaircissement.

obscurément adv. – XIIe 1 D'une manière peu intelligible. 2 D'une manière vague, insensible. *Il sentait obscurément l'approche du danger.* 3 En restant ignoré, inconnu. *Finir ses jours obscurément,* dans l'anonymat. ✪ CONTR. Clairement, nettement. Glorieusement.

obscurité n. f. – XIIe I Absence de lumière ; état de ce qui est obscur. ⇒ **noir, nuit, ténèbres.** *La maison fut soudain plongée dans l'obscurité.* « *les feux de position du véhicule* [...] *dissipaient à peine l'obscurité* » (J. Verne). II - 1 Défaut de clarté, d'intelligibilité. « *L'obscurité qui enveloppe les lois* » (France). « *L'obscurité qu'on trouve à Mallarmé* » (Valéry). ⇒ **hermétisme.** ♦ État de ce qui est mal connu. *L'obscurité des origines de l'homme.* 2 Événement incompréhensible. « *Il convenait de se taire jusqu'à ce que certaines obscurités fussent éclaircies* » (Hugo). 3 Situation sans éclat, où l'on reste obscur, inconnu. ⇒ **anonymat ; médiocrité.** ✪ CONTR. Clarté, lumière. — Évidence, netteté. Célébrité, renom.

obsédant, ante adj. ▪ Qui obsède, s'impose sans répit à la conscience. « *cette vision obsédante, toujours la même* » (Loti). *Le rythme obsédant d'une musique.* ⇒ **lancinant.**

obsédé, ée n. ▪ Personne qui est en proie à une idée fixe, à une obsession. *Un obsédé sexuel.* ⇒ **maniaque.** *Une obsédée de la propreté.*

obséder v. tr. [6] – XVIe ; lat. *obsidere* « s'asseoir devant, assiéger » 1 vieilli Importuner par des assiduités, des démarches d'une insistance déplacée. 2 Tourmenter (qqn) de manière incessante. ⇒ **hanter, obnubiler, poursuivre.** « *Quand le remords ou l'ennui les obsède* » (Baud.). ➡ *Obsédé par la peur d'échouer.*

❑ Selon Furetière (1690), le verbe aurait d'abord été employé dans un contexte théologique, le sujet désignant les démons entrés dans le corps humain.

obsèques n. f. pl. – XIIe ; lat. *ob-* et *sequi* « suivre » ▪ Cérémonie et convoi funèbres. ⇒ **enterrement, funérailles.** *Obsèques religieuses.*

obséquieux, ieuse adj. – XVIe ; lat. *obsequium* « complaisance, obéissance » → obsèques ▪ Qui exagère les marques de politesse, d'empressement, par servilité ou hypocrisie. ⇒ **flatteur, servile.**

obséquiosité n. f. – XVIe ▪ Attitude d'une personne obséquieuse. ⇒ **platitude, servilité.** « *Poli jusqu'à l'obséquiosité* » (Flaub.).

observable adj. – XVe ▪ Qui peut être observé. *Éclipse observable dans telle région.* ✪ CONTR. Inobservable.

observance n. f. – XIIIe 1 Action d'observer, de pratiquer une règle en matière religieuse. ⇒ **observation,** ① **pratique.** 2 Règle, loi religieuse prescrivant l'accomplissement de pratiques. *Manquer aux observances.* 3 Manière dont la règle est observée dans une communauté religieuse. ➡ « *un Juif de stricte observance* » (Tournier). 4 Ordre religieux. *L'observance de Saint-François :* les Franciscains. ✪ CONTR. Inobservance, manquement.

observateur, trice n. – XVe 1 Personne qui observe, s'attache à observer la nature, l'homme, la société. « *Il exerçait sur chaque nouveau venu ses facultés aiguës d'observateur* » (Proust). 2 Personne qui observe un événement auquel elle assiste. ⇒ **témoin.** *Assister à un événement en simple observateur.* ➡ Personne par rapport à qui se fait une observation. *Pour un observateur placé en A.* 3 Agent chargé par un gouvernement d'assister à des négociations et d'en rendre compte. ➡ Officier chargé d'une mission d'observation militaire. 4 adj. Qui aime à observer, est doué pour l'observation. *Elle est très observatrice.*

observation n. f. – XIIIe I Action d'observer ce que prescrit une loi, une règle. ⇒ **obéissance, observance.** *L'observation du règlement.* II - 1 Action de considérer avec une attention suivie la nature, l'homme, la société. ⇒ **examen.** *Esprit d'observation :* aptitude à observer. 2 Remarque, écrit exprimant le résultat de cette considération attentive. ⇒ **annotation, commentaire, note, réflexion.** « *Ils commencèrent par échanger leurs observations sur les gens qu'ils connaissaient* » (Maupass.). 3 Parole, déclaration par laquelle on fait remarquer qqch. à qqn. *Pas d'observation ?* ⇒ **objection.** ♦ Remarque par laquelle on reproche à qqn son attitude, ses actes. ⇒ **avertissement, remontrance, réprimande, reproche.** *À la première observation, je vous renvoie.* 4 Procédé scientifique d'investigation, constatation attentive des phénomènes tels qu'ils se produisent. *Instruments d'observation. L'observation et l'expérience.* ♦ Fait d'observer un phénomène ; compte rendu du phénomène constaté, décrit, mesuré. *Observations météorologiques.* ➡ Cas observé. *L'analyse a porté sur dix observations.* 5 Surveillance attentive. *Il est à l'hôpital, en observation.* 6 Surveillance systématique des activités d'un suspect, d'un ennemi. « *De notre poste d'observation, nous pouvons surveiller les abords de la gare* » (Cendrars). *Aviation d'observation.*

observatoire n. m. – XVIIe 1 Établissement scientifique destiné aux observations astronomiques et météorologiques. *L'Observatoire de Paris.* ➛ *Observatoire économique et régional,* qui collecte et diffuse l'information économique et sociale concernant une région. 2 Lieu élevé, favorable à l'observation. *Observatoire d'artillerie.*

observer v. tr. 1 – Xe ; lat. *servare* « être attentif à » I Se conformer de façon régulière à (une prescription). ⇒ **obéir** (à), **respecter.** *Observer un mot d'ordre. Observer un régime.* ⇒ **suivre.** ♦ Prendre, adopter de façon constante. *Observer la même attitude.* II - 1 Considérer avec une attention soutenue. ⇒ **contempler, étudier, examiner, regarder.** « *Le philosophe consume sa vie à observer les hommes* » (La Bruy.). ➛ Examiner, regarder (qqn) avec attention. ⇒ **dévisager, fixer.** *Se sentir observé.* ♦ Soumettre à l'observation scientifique. *Observer un phénomène.* 2 Examiner en surveillant. *Observer ce que fait quelqu'un.* 3 Épier. *Méfiez-vous, on nous observe...* ⇒ **espionner.** ➛ *Observer les mouvements de l'ennemi.* 4 Constater, remarquer par l'observation. ⇒ **noter.** « *On observe que les travaux les plus pénibles demeurent attribués aux femmes* » (France). 5 v. pron. Se surveiller, se contrôler. « *On s'observe moins dans l'intimité de la vie domestique* » (Stendh.). ♦ « *Deux peuples, s'observant et s'étudiant plus à l'aise* » (Baud.). ♦ *Cette réaction s'observe parfois.* ✪ CONTR. Désobéir, enfreindre, mépriser, transgresser, violer.

obsessif, ive adj. – 1900 ▪ Caractérisé par l'obsession. ⇒ **obsessionnel.**

obsession n. f. – XVe ▪ Idée, image, mot qui obsède, s'impose à l'esprit de façon répétée et incoercible. ⇒ **hantise, idée** (fixe). « *l'obsession, l'obsession impudique, acharnée, fourmillante d'images* » (Goncourt). ➛ Représentation, accompagnée d'états émotifs pénibles, qui tend à accaparer tout le champ de la conscience. ⇒ **manie, phobie.**

obsessionnel, elle adj. – 1933 1 Propre à l'obsession. *Névrose obsessionnelle.* 2 Qui est en proie à une, à des obsessions. *Il est obsessionnel et compulsif.*

obsidienne n. f. – XVIe ; lat. *obsianus (lapis)* « (pierre) d'*Obsius* » ▪ Roche magmatique vitreuse et noire, à cassure conchoïdale, lisse et brillante.

> ❑ Selon Pline, *Obsius* découvrit ce minéral.

obsidional, ale, aux adj. – XVe ; lat. *obsidio* « siège » ▪ Relatif, propre aux villes assiégées. ➛ *Fièvre obsidionale :* psychose collective qui atteint une population assiégée. ➛ *Délire obsidional :* délire d'un sujet qui se croit environné de persécuteurs.

obsolescence n. f. – 1955 ▪ Fait de devenir périmé. ➛ Fait d'être déprécié pour des raisons liées au progrès technique, à l'évolution des comportements, à la mode, etc.

obsolète adj. – XVIe ; lat. *obsolescere* « passer d'usage ou de mode » 1 Qui n'est plus en usage. *Mot obsolète.* ⇒ **ancien, désuet.** 2 Dont l'usage se raréfie au profit d'une nouveauté. *Une machine obsolète.* ⇒ **périmé, vieux.** ➛ *Coutume obsolète.* ⇒ **démodé, dépassé, désuet.**

obstacle n. m. – XIIIe ; lat. *obstare* « se tenir *(stare)* devant » 1 Ce qui s'oppose au passage, gêne le mouvement. « *la neige offrait maintenant un dur obstacle* » (Bosco). *Franchir un obstacle.* ➛ Chacune des difficultés semées sur le parcours des chevaux. *Course d'obstacles.* 2 Ce qui s'oppose à l'obtention d'un résultat. ⇒ **barrage, barrière, difficulté.** *Il a rencontré beaucoup d'obstacles avant de réussir.* ⇒ **écueil.** « *L'homme se découvre quand il se mesure avec l'obstacle* » (St-Exup.). *Faire obstacle à la montée des prix,* l'empêcher, la gêner. ✪ CONTR. ① Aide.

obstétricien, ienne n. – av. 1934 ▪ Spécialiste d'obstétrique. ⇒ **accoucheur.** *Gynécologue-obstétricien.*

obstétrique n. f. – XIXe ; lat. *obstetrix* « sage-femme » ▪ Partie de la médecine qui traite de la grossesse et des accouchements.

> ❑ Même famille étym. que *obstacle,* du latin *ob* « devant » et *stare* « être debout », la sage-femme se tenant devant la parturiente pour recevoir l'enfant.

obstination n. f. – XIIe ▪ Caractère, comportement d'une personne obstinée. ⇒ **acharnement, entêtement, opiniâtreté, ténacité.** *Défendre ses idées avec obstination.* ✪ CONTR. Docilité, inconstance.

obstiné, ée adj. – XIIIe 1 Qui s'attache avec énergie et de manière durable à une manière d'agir, à une idée. ⇒ **entêté, opiniâtre, persévérant, tenace, têtu, volontaire.** « *L'homme, obstiné, inflexible, refusa et la chassa* » (Maupass.). 2 Qui marque de l'obstination. ⇒ **acharné, assidu.** ✪ CONTR. Docile, inconstant.

> ❑ Très proche de *opiniâtre* pour le sens, *obstiné* est péjoratif et insiste sur l'entêtement.

obstinément adv. – XIVe ▪ Avec obstination. ⇒ **opiniâtrement.**

obstiner (s') v. pron. 1 – XVIe ; lat. *obstinare* ▪ Se comporter avec obstination. ⇒ se **buter,** s'**entêter, persister.** *Il s'obstine dans son idée.* ➛ *Je lui ai dit non, mais il s'obstine.* ⇒ **insister.** ✪ CONTR. Céder.

obstructif, ive adj. – XVIe ▪ Qui cause une obstruction. ⇒ **occlusif.**

obstruction n. f. – XVIe 1 Gêne ou obstacle à la circulation (dans un conduit de l'organisme). ⇒ **engorgement, iléus, oblitération, occlusion.** *Obstruction des voies respiratoires.* 2 Tactique qui consiste à entraver, à paralyser les débats. *Faire de l'obstruction pour empêcher le vote d'une loi.* 3 Au football, au rugby, Manœuvre illicite qui vise à barrer le passage à un adversaire en cours d'action.

obstructionnisme n. m. – XIXe ▪ Tactique parlementaire qui consiste à faire de l'obstruction systématique.

obstruer v. tr. 1 – XVIe ; lat. *ob* « devant » et *struere* « construire » 1 Engorger, boucher. ⇒ **oblitérer.** *Vaisseau obstrué par un caillot.* ➛ pronom. *Artères qui s'obstruent.* – p. p. adj. « *Les embouchures du Rhône, obstruées et marécageuses* » (Michelet). 2 Embarrasser, faire obstacle à. ⇒ ① **boucher, encombrer, engorger.** « *Les voitures se croisaient, obstruant le passage* » (R. Rolland). ✪ CONTR. ① Déboucher, désobstruer.

obtempérer v. tr. ind. 6 – XIVe ; lat. *obtemperare,* de *tempus* « temps » ▪ *Obtempérer à :* obéir, se soumettre à. « *Je lui intimai [...] l'ordre de circuler, auquel il refusa d'obtempérer* » (France). ➛ *Il a fini par obtempérer.*

obtenir v. tr. 22 – XIIIe ; lat. *obtinere* « tenir fortement » 1 Parvenir à se faire accorder (ce qu'on veut avoir). ⇒ **acquérir, arracher, extorquer, remporter, soutirer.** *Obtenir un visa. Obtenir la libération d'un otage. Obtenir qqch. de qqn. Je lui ai fait obtenir de l'avancement.* « *il demanda sans l'obtenir un plat de viande* » (Balz.). *Il a obtenu de son fils qu'il continuerait ses études.* ♦ pronom. *Cette autorisation ne s'obtient pas facilement.* 2 Réussir à atteindre. ⇒ **parvenir** (à). « *On peut exagérer sans obtenir un véritable effet de caricature* » (Bergson). ♦ pronom. *Le prix net s'obtient en ajoutant les taxes au prix brut.*

obtention n. f. – XIVe ▪ Fait d'obtenir. *L'obtention d'un diplôme.*

obturateur, trice adj. et n. m. – XVIe 1 Qui sert à obturer. *Membrane obturatrice,* servant à obturer le trou sous-pubien. 2 **n. m.** Dispositif servant à obturer une ouverture du corps. *Obturateurs de tympan.* ♦ Organe d'arrêt ou de réglage d'un débit. ⇒ **clapet, robinet, soupape, valve.** ➛ *Les portes « se fermaient hermétiquement au moyen d'obturateurs en caoutchouc »* (J. Verne). ♦ Dans un appareil photographique, Dispositif qui obture l'objectif et dont le déplacement permet à la lumière d'impressionner la surface sensible pendant une durée déterminée.

obturation **n. f.** – XVIe ▪ Action d'obturer ; état de ce qui est obturé. *Obturation dentaire.* ⇒ **inlay, plombage.**

obturer **v. tr.** [1] – XVIe ; lat. ▪ Boucher. *Obturer une fuite avec du mastic.*

> ❑ À la différence de *obstruer, obturer* n'a pas de forme pronominale.

obtus, use **adj.** – XIVe ; lat. *obtusus* « émoussé » 1 *Angle obtus,* plus grand qu'un angle droit. 2 Qui manque de finesse, de pénétration. ⇒ **borné, bouché, épais, lourd.** *Un esprit obtus.* ✪ CONTR. Aigu. Pénétrant.

obus **n. m.** – XVIe ; tchèque *haufnice* « catapulte » ▪ Projectile d'artillerie, le plus souvent creux et rempli d'explosif. *Obus de mortier. Obus à charge nucléaire.* ⇒ **ogive.** *Éclat d'obus. « il tombait bien parfois quelques obus* [...] *tirés au hasard »* (Cl. Simon).

obusier **n. m.** – XVIIIe ▪ Canon court pouvant exécuter un tir courbe. ⇒ **mortier.**

obvenir **v. intr.** [22] – XIVe ; lat. ▪ Échoir. *Biens obvenus par succession.*

obvie **adj.** – XIXe ; lat. *obvius* « qui vient au-devant » ▪ *Sens obvie,* qui se présente tout naturellement à l'esprit. ⇒ **évident.**

> ❑ Ce mot très rare est apparenté au mot anglais courant *obvious* « évident ».

obvier **v. tr. ind.** [7] – XIIe ; lat. *via* « voie » ▪ littér. OBVIER À : mettre obstacle, parer à. *Obvier à un accident possible.*

oc **adv. d'affirmation** – XIIe ; lat. *hoc* ▪ *Langue d'oc :* ensemble des dialectes romans du midi de la France, où *oui* se disait *oc* (opposé à *langue d'oïl*). ⇒ **occitan.**

> ❑ *Oc* (« oui » en ancien provençal) correspond à l'ancien français *oïl,* d'où vient le français *oui.* ♦ À l'ancien provençal *lenga d'Oc* correspond le nom de région *Languedoc* qui a un dérivé : *languedocien.* ♦ → kesako.

ocarina **n. m.** – XIXe ; mot it., de *oca* « oie » ▪ Petit instrument de musique, à vent, de forme ovoïde, percé de trous et muni d'un bec.

occase **n. f.** – XIXe ▪ fam. Occasion.

occasion **n. f.** – XIIe ; lat. *occasio,* de *cadere* « tomber » 1 Circonstance qui vient à propos, qui convient. *Une occasion inespérée, à saisir.* ⇒ **aubaine, chance,** fam. **occase, opportunité.** *« Son père ayant voulu profiter d'une occasion pour le faire entrer au ministère »* (Balz.). loc. fam. *Sauter sur l'occasion,* en tirer parti sans délai. *C'est l'occasion ou jamais !* elle ne se représentera pas. *Je n'en ai pas eu l'occasion. Elle « ne perdait pas une occasion de me taquiner »* (France). ♦ loc. adv. *À L'OCCASION :* quand l'occasion se présente. ⇒ **éventuellement.** ➛ *À la première occasion :* dès que l'occasion se présente. 2 Marché avantageux pour l'acheteur ; objet de ce marché. *« des occasions uniques ! J'aurais payé le double au Havre »* (Zola). ➛ *D'OCCASION.* Qui n'est pas neuf, a déjà servi. *Livres, voitures d'occasion.* 3 *Occasion de :* circonstance qui détermine (une action), provoque (un événement). ⇒ **cause, motif, raison,** ③ **sujet.** *Éviter les occasions de dispute. « Ce fut pour la municipalité l'occasion de demander une loi de sévérité »* (Michelet). ➛ *Toutes les occasions sont bonnes pour...* ⇒ ② **prétexte.** ♦ loc. prép. *À L'OCCASION DE :* l'occasion en étant fournie par. *« Bouvard, à l'occasion d'un rhume, se figura qu'il commençait une fluxion de poitrine »* (Flaub.). 4 Circonstance. ⇒ ① **cas.** *Il y a des occasions où il faut agir vite. Je l'ai rencontré en maintes occasions.* ♦ *Les grandes occasions :* les circonstances importantes de la vie sociale ou familiale.

> ❑ Souvent remplacé par l'anglicisme *opportunité* → opportunité (rem.).

occasionnel, elle **adj.** – XVIIe 1 *Cause occasionnelle :* circonstance qui, sans être une véritable cause, contribue au fait considéré qui, sans elle, ne se produirait pas. 2 Qui résulte d'une occasion, se produit, se rencontre par hasard. ⇒ **accidentel, exceptionnel, fortuit.** *Une dépense occasionnelle.* ✪ CONTR. Efficient. Habituel.

occasionnellement **adv.** – XIVe ▪ D'une manière occasionnelle. ⇒ **accidentellement.**

occasionner **v. tr.** [1] – XVe ▪ Être l'occasion (3°) de (qqch. de fâcheux). ⇒ ① **causer, créer, entraîner, provoquer, susciter.** *Orage qui occasionne des dégâts.*

occident **n. m.** – XIIe ; lat. *occidens* « (soleil) tombant » 1 littér. Un des quatre points cardinaux ; côté de l'horizon, où le soleil se couche (opposé à *levant, orient*). ⇒ **couchant, ouest.** 2 Région située vers l'ouest, par rapport à un lieu donné. ➛ Partie de l'ancien monde située à l'ouest. *L'Empire romain d'Occident.* 3 Les pays de l'Europe de l'Ouest et d'Amérique du Nord. ✪ CONTR. Orient. Est, levant. — HOM. Oxydant.

> ❑ Désignant les membres de l'O.T.A.N., *Occident* était autrefois opposé à *Est, pays de l'Est.*

occidental, ale, aux **adj.** et **n.** – XIVe 1 Qui est à l'ouest. *L'Afrique occidentale,* de l'ouest. 2 Qui se rapporte à l'Occident. *La culture occidentale. « du coca-cola et des voitures... C'est toujours à ça que ça revient, la démocratie occidentale »* (Vian). ➛ *Les Occidentaux.* ✪ CONTR. Oriental.

occidentaliser **v. tr.** [1] – XIXe ▪ Modifier conformément aux habitudes de l'Occident. *Occidentaliser les mœurs.* ➛ pronom. *Les Japonais se sont largement occidentalisés.*

occipital, ale, aux **adj.** – XVe ▪ Qui appartient à l'occiput. *Os occipital,* et **n. m.** *l'occipital :* os qui forme la partie inférieure et postérieure du crâne.

> ❑ Ne pas confondre avec *sincipital* « de la partie moyenne du crâne ».

occiput [ɔksipyt] **n. m.** – XIVe ; mot lat. ▪ Partie postérieure et inférieure médiane de la tête. *« trois mèches blondes qui, prises à l'occiput, contournaient son crâne chauve »* (Flaub.).

occire **v. tr. ;** inus. sauf inf. et p. p. (temps comp.) *occis, ise* – X^e ; lat. « couper, mettre en morceaux » ▪ vx ou plais. Tuer.

occitan, ane **n. m.** et **adj.** – XIXe ; lat. *(lingua) occitana,* latinisation de *(langue) d'oc* 1 Langue d'oc. 2 Relatif aux dialectes occitans, à l'Occitanie. *Poète occitan.* ⇒ **félibre.**

> ❑ L'occitan a fourni des mots au français, par exemple *abeille, auberge, badaud, ballade, cadenas...*

occlure **v. tr.** [35] ; sauf p. p. *occlus* – XVe ; lat. *occludere* « fermer » ▪ Pratiquer l'occlusion de. *Paupières occluses.* ✪ CONTR. Ouvrir.

> ❑ *Occlure* et *inclure* se conjuguent comme *conclure* mais leur participe passé s'écrit avec un *s : occlus, occluse ; inclus, incluse.*

occlusif, ive adj. – XIXe 1 Qui produit une occlusion. 2 *Consonne occlusive,* et n. f. *une occlusive :* consonne dont l'articulation comporte une occlusion du canal buccal, suivie d'une ouverture brusque (ex. [p, t, k, b, d, g]).

occlusion n. f. – XIXe 1 Rapprochement des bords d'une ouverture naturelle. 2 Oblitération d'un conduit ou d'un orifice. ⇒ **obstruction.** *Occlusion intestinale.* ⇒ **iléus.** 3 Fermeture complète. *Occlusion des paupières.* ♦ Contact des dentures inférieure et supérieure par le jeu des muscles de la mâchoire. 4 Propriété que possèdent certains solides d'absorber les gaz.

occultation n. f. – XVe 1 Disparition passagère (d'un astre) par l'interposition d'un astre apparemment plus grand. ⇒ **éclipse.** 2 Fait de rendre obscur, de faire oublier, de cacher. *Occultation des vrais problèmes par des informations tendancieuses.*

occulte adj. – XIIe ; lat. « caché » 1 Qui est caché et inconnu par nature. ⇒ **inconnu, mystérieux,** ① **secret.** *Puissances occultes.* 2 Qui se cache, garde le secret ou l'incognito. ⇒ **clandestin.** *Comptabilité occulte.* 3 *Sciences occultes :* pratiques secrètes faisant intervenir des forces qui ne sont reconnues ni par la science ni par la religion, et requérant une initiation. ⇒ **occultisme.**

occulter v. tr. [1] – XIVe ; lat. « cacher » 1 Cacher à la vue (une étoile). 2 Rendre peu visible (une source lumineuse). *Occulter un phare.* 3 Cacher, dissimuler, rendre obscur. *Occulter un souvenir.*

occultisme n. m. – XIXe ▪ Croyance à l'existence de réalités suprasensibles qui seraient perceptibles par les méthodes des sciences occultes.

occupant, ante adj. et n. – XVe 1 Qui occupe un lieu. ♦ Personne qui habite un lieu, qui y demeure. ⇒ **habitant.** *L'occupant d'une chambre d'hôtel.* ➛ *Le premier occupant :* personne qui a pris le premier possession d'un lieu. ➛ Personne à bord d'un véhicule. 2 Qui occupe militairement un territoire. ➛ « *Ils haïssaient l'occupant, j'en suis sûr* » (Sartre).

occupation n. f. – XIIe 1 Ce à quoi on consacre son activité, son temps. ⇒ **affaire, besogne, ouvrage, passe-temps.** *Vaquer à ses occupations. Chacun « avait poursuivi ses occupations »* (Camus). 2 Mode d'acquisition de la propriété résultant de la prise de possession d'un bien vacant. 3 Action de s'emparer par les armes d'une ville, d'un territoire, de s'y installer. ⇒ **assujettissement, envahissement.** *Armée d'occupation.* ♦ *L'Occupation :* la période pendant laquelle la France fut occupée par les Allemands (1940-1944). 4 Fait d'occuper un lieu, d'y être illégalement installé. *Grève avec occupation des locaux.* ✪ CONTR. Inaction, oisiveté. Abandon.

occupé, ée adj. – XIIe 1 Qui se consacre (à un travail, à une activité). *Il est occupé à rédiger ses mémoires.* ➛ Qui est très pris, qui a beaucoup à faire. « *Un évêque est un homme fort occupé* » (Hugo). 2 Dont on a pris possession. *Les territoires occupés. Ce taxi est occupé.* ➛ (au téléphone) *Je t'ai appelé mais cela sonnait occupé.* ✪ CONTR. Inoccupé ; désœuvré. Libre, vide.

occuper v. tr. [1] – XIVe ; lat. « prendre avant les autres » I v. tr. 1 Prendre possession de (un lieu), tenir en sa possession. *Occuper le terrain :* manifester sa présence avant l'intervention des autres. *Les grévistes ont occupé l'usine.* 2 Remplir, couvrir (une certaine étendue d'espace ou de temps ainsi délimitée). *Cette activité occupe tout mon temps.* ⇒ **prendre.** 3 Habiter. « *Ils occupaient là un petit appartement* » (Zola). ➛ Mobiliser pour soi (un lieu). *Il occupe la salle de bains pendant des heures.* ♦ Tenir (une place, un rang) dans un ensemble ordonné. *Place qu'occupe un mot dans une phrase.* ➛ *Occuper un emploi.* 4 Intéresser, employer (qqn) à. *Occuper qqn à qqch.* ➛ Faire travailler. « *Moi qui occupe douze cents ouvriers* » (Zola). ➛ *Ce travail l'occupe énormément,* lui prend beaucoup de temps. 5 Employer, meubler (du temps). *Occuper ses loisirs.* II v. pron. S'OCCUPER À : s'attacher, s'appliquer à. ⇒ s'**atteler,** s'**employer, travailler.** *S'occuper à des travaux de jardinage.* ♦ S'OCCUPER DE. *S'occuper d'une affaire,* y employer son temps, ses soins. « *C'était elle surtout qui s'occupait du ménage* » (Huysm.). *S'occuper de politique.* ⇒ se **mêler.** *Laissez ça, je m'occupe de tout.* ⇒ se **charger.** *Ne vous occupez pas de ça :* ne vous en souciez pas, n'en tenez pas compte. ➛ fam. *Occupe-toi de tes affaires, de ce qui te regarde. T'occupe !* cela ne te regarde pas. ➛ *S'occuper de qqn,* prendre soin de lui. *On s'est bien occupé de lui, à l'hôpital.* ⇒ **entourer, soigner.** *Il ne s'occupe pas de savoir si cela vous dérange,* il ne s'en préoccupe pas. ♦ Passer son temps à une activité précise. *Cet enfant ne sait pas comment s'occuper.* ⇒ se **distraire.**

❑ On emploie parfois *investir* pour « occuper militairement un lieu », ce qui est un contresens → investir (rem.).

occurrence n. f. – XVe ; lat. *occurrere* « courir à la rencontre de » 1 EN L'OCCURRENCE : dans le cas présent. *La personne responsable, en l'occurrence, M. Untel.* 2 Rencontre de deux fêtes qui tombent le même jour. 3 Apparition (d'une unité de langue) dans le discours. ➛ Cette unité. Chevaux *est une occurrence de* cheval.

❑ Attention à la graphie : deux *c* comme dans *occasion* et deux *r* comme dans *concurrence.*

occurrent, ente adj. – XVe ▪ *Fêtes occurrentes,* qui tombent le même jour.

océan n. m. – XIIe ; gr. *Ôkeanos* 1 Vaste étendue d'eau salée qui couvre une grande partie de la surface du globe terrestre. ⇒ **mer.** ♦ Vaste partie déterminée de cette étendue. *L'océan Atlantique, Pacifique.* ➛ *L'Océan :* l'océan Atlantique. *Les plages de l'Océan.* 2 Immensité. « *Cet océan de musique qui remplit les siècles* » (R. Rolland).

océanaute n. – 1964 ▪ Spécialiste de l'exploration sous-marine. ⇒ **aquanaute.**

océanide n. f. – XVIIIe ▪ Nymphe de la mer.

océanien, ienne adj. et n. – XVIIIe ▪ De l'Océanie. *L'art océanien.* ➛ *Les Océaniens.*

océanique adj. – XVIe 1 Qui appartient, est relatif à l'océan. *Explorations océaniques.* 2 Qui est au bord de la mer, qui subit l'influence de l'océan. *Climat océanique.*

océanographe n. – XIXe ▪ Spécialiste de l'océanographie.

océanographie n. f. – XVIe ▪ Science qui a pour objet l'étude des mers et océans, du milieu marin et des organismes qui y vivent.

océanographique adj. – XIXe ▪ Qui appartient à l'océanographie. *Institut océanographique.*

océanologie n. f. – 1966 ▪ « Ensemble des méthodes et des opérations scientifiques, techniques [...] mises en œuvre en vue de la prospection, de l'exploitation économique ou de la protection des océans » (H. Lacombe).

ocelle n. m. – XIXe ; lat. *oculus* « œil » 1 Tache arrondie dont le centre et le tour sont de deux couleurs différentes (ailes de papillons, plumes d'oiseaux). 2 Œil « simple » des insectes et des arthropodes.

ocellé, ée adj. – XIXe ▪ Parsemé d'ocelles. *Paon ocellé.*

ocelot n. m. – XVIe ; mot aztèque ▪ Mammifère carnivore *(félidés),* grand chat sauvage d'Amérique à pelage roux tacheté de brun. ⇒ **chat-tigre.** ♦ Fourrure de cet animal. *Manteau d'ocelot.*

ocre n. f. et m. – XIVe ; gr. *ôkhros* « jaune » **1** n. f. Colorant naturel, jaune brun ou rouge, constitué par de l'argile et des oxydes de fer ou de manganèse. « *Ce sable d'ocre rose* » (Larbaud). ♦ Couleur fabriquée avec de l'ocre. *Crayon d'ocre.* **2** n. m. Couleur d'un brun jaune ou orangé. *Un bel ocre.* ➛ adj. inv. *Des fards ocre.*

ocré, ée adj. – XVIe ▪ Teint en ocre. ➛ De la couleur de l'ocre. *Pierre gris ocré.*

oct-, octa-, octi-, octo- Éléments, du lat. *octo* « huit ».

octaèdre n. m. – XVIe ; *octa-* et *-èdre* ▪ Polyèdre à huit faces.

octal, ale, aux adj. – v. 1960 ▪ Qui a pour base le nombre huit.

octane n. m. – XIXe ; *oct-* et *-ane* ▪ Hydrocarbure saturé de la série des paraffines. ➛ *Indice d'octane,* caractérisant le pouvoir antidétonant d'un carburant.

octant n. m. – XVIIe ▪ Arc de 45° (huitième de cercle).

octante adj. numér. card. inv. – XIIIe ; lat. *octoginta* ▪ vx ou région. Quatre-vingt(s). ⇒ **huitante.**

❑ *Octante* n'est plus employé en Belgique et en Suisse où l'on dit *huitante* (en revanche, *nonante* et *septante,* savants comme *octante,* sont très usités). ♦ *Octante* présente l'avantage d'éviter les ambiguïtés du type 80 et 4-20, 87 et 4-20-7. Le cas est semblable pour *nonante* et *septante.*

octave n. f. – XIIe ; lat. *octo* « huit » **1** Huitième jour après certaines fêtes. ➛ Durée de huit jours pendant laquelle on commémore une grande fête. **2** Intervalle parfait de huit degrés dans l'échelle diatonique ; intervalle de deux fréquences dont l'une est le double de l'autre. ♦ Huitième degré de l'échelle diatonique. **3** En escrime, Huitième parade.

octavier v. intr. [7] – XVIIIe ▪ Jouer l'octave supérieure au lieu de la note.

octet n. m. – v. 1960 ▪ En informatique, Base composée de huit caractères binaires (⇒ **bit).**

octidi n. m. – XVIIIe ▪ Huitième jour de la décade, dans le calendrier républicain.

octo- → **oct-**

octobre n. m. – XIIe ; lat. *october* « huitième mois (de l'année romaine) » ▪ Dixième mois de l'année. *Le mois d'octobre a 31 jours.*

octocoralliaire n. m. – 1903 ▪ Anthozoaire à huit tentacules.

octogénaire adj. et n. – XVIe ; lat. ▪ Dont l'âge est compris entre quatre-vingts et quatre-vingt-neuf ans. ➛ « *ce corps sec et plat d'octogénaire* » (Zola).

octogonal, ale, aux adj. – XVIe ▪ Qui a huit angles. ♦ Dont la base est un octogone. *Pyramide octogonale. Son* « *clocher octogonal à quatre étages* » (Gracq).

octogone n. m. – XVIe ; *octo-* et *-gone* ▪ Polygone à huit côtés.

❑ Autrefois adjectif pour « octogonal » : « *une petite tribune octogone portait l'orchestre* » (Goncourt).

octopode adj. et n. m. – XIXe ; *octo-* et *-pode* ▪ Qui a huit pieds ou huit tentacules. ♦ n. m. pl. Sous-ordre de mollusques céphalopodes à deux branchies, munis de huit bras.

octostyle adj. – XVIe ; de *octo-* et gr. *stulos* « colonne » ▪ Qui a huit colonnes.

octosyllabe [ɔktosi(l)lab] adj. et n. m. – XVIIe ▪ Qui a huit syllabes.

octroi n. m. – XIIe **1** Action d'octroyer. ⇒ **attribution, concession. 2** Contribution que certaines municipalités étaient autorisées à percevoir à l'entrée des marchandises de consommation locale. ♦ Administration chargée de cette contribution. ➛ Lieu où était perçue cette taxe.

❑ L'*octroi,* contribution impopulaire, fut supprimé en 1948.

octroyer v. tr. [8] – XIe ; lat. *auctorare* « garantir, louer » ▪ Accorder à titre de faveur. ⇒ **concéder.** *Octroyer un délai.* ⇒ **impartir.** *Octroyer une somme d'argent à chacun.* ⇒ **attribuer.** *Elle s'est octroyé deux heures de répit.*

octuor n. m. – XIXe ; lat. *octo* « huit » et finale de *quatuor* ▪ Œuvre musicale pour huit instruments. ♦ Formation de huit instrumentistes (ou chanteurs).

octuple adj. et n. m. – XIVe ▪ Qui vaut huit fois (une quantité donnée).

oculaire adj. et n. m. – XVe **I** adj. **1** Qui a vu de ses propres yeux. *Témoin oculaire.* **2** De l'œil, relatif à l'œil. *Globe oculaire.* **II** n. m. Dans un instrument d'optique, Lentille ou système de lentilles près duquel on applique l'œil. « *les oculaires sont enveloppants : question de confort* » (Tournier).

ocularíste n. – XIXe ▪ Personne qui fabrique des pièces de prothèse oculaire.

oculiste n. – XVIe ▪ Médecin spécialiste des troubles de la vision. ⇒ **ophtalmologue.**

❑ Attention, un seul *c* (comparer à *occuper, occulter, occurrence*). ♦ Ne pas confondre avec *opticien* « personne qui fabrique, vend des instruments d'optique ».

oculomoteur, trice adj. – 1903 ▪ Relatif au mouvement des yeux. *Paralysie oculomotrice.*

oculus [ɔkylys] n. m. – XIXe ; mot lat. « œil » ▪ Fenêtre ronde, œil-de-bœuf. *Des oculus* ou *des oculi.*

ocytocine n. f. – 1942 ; gr. « qui procure un accouchement *(tokos)* rapide *(ôkus)* » ▪ Hormone élaborée par le lobe postérieur de l'hypophyse, qui provoque la contraction de l'utérus au cours de l'accouchement.

odalisque n. f. – XVIIe ; turc *odalik* ▪ Femme de chambre esclave qui était au service des femmes d'un harem. ➛ abusivt Femme d'un harem. « *L'Odalisque couchée* », *tableau d'Ingres.*

❑ Dans le langage des arts, le mot s'applique à un type de nu oriental voluptueux, illustré par Boucher, Ingres, Delacroix, Matisse... ♦ Claude Simon a employé le mot adjectivement : « *prendre la pose odalisque sur le tapis tunisien* ».

ode n. f. – XVe ; gr. *ôdê* « chant » **1** Dans l'Antiquité grecque, Poème lyrique destiné à être chanté ou dit avec accompagnement de musique. *Les odes de Pindare.* **2** Poème lyrique d'inspiration généralement élevée, le plus souvent constitué de strophes symétriques. *Odes de Ronsard.*

❑ Mots de la même famille : *épode, mélodie, palinodie, parodie, prosodie, psalmodie, rhapsodie.*

odelette n. f. – XVIe ▪ Petite ode d'un genre gracieux.

odéon n. m. – XVIe ; gr. ▪ Dans la Grèce antique, Édifice consacré aux chants et à la musique. ♦ *L'Odéon,* nom d'un théâtre parisien.

odeur n. f. – XIIe ; lat. *odor* ▪ Émanation volatile, susceptible de provoquer des sensations dues à l'excitation d'organes spécialisés. ⇒ **effluve, émanation, exhalaison.** « *Une odeur fine et suave d'héliotrope* » (Chateaub.). « *la mystérieuse odeur qui émanait d'elle* » (Huysm.). *Odeur de brûlé, de renfermé. Avoir une odeur.* ⇒ **sentir.** ♦ loc. ODEUR DE SAINTETÉ : état de perfection spirituelle. ◆ fam. *Ne pas être en odeur de sainteté,* être mal vu. « *la famille n'était guère en odeur de sainteté* » (Zola).

-odie Élément, du gr. *odê* « chant ».

odieusement **adv.** – XVIe ▪ D'une manière odieuse.

odieux, ieuse **adj.** – XIVe ; lat. *odiosus* « haïssable » ▪ 1 Qui excite la haine, le dégoût, l'indignation. ⇒ **détestable, exécrable, haïssable, ignoble, infâme.** *Il s'est rendu odieux à tout le monde.* ◆ *Un crime odieux.* 2 Très désagréable, insupportable. *Elle a été odieuse avec nous.* ◆ « *La vie lui fut odieuse* » (Balz.). ✪ CONTR. Adorable, agréable, aimable, charmant.

odomètre **n. m.** – XVIIe ; gr. *hodos* « route » et *-mètre* ▪ Appareil servant à évaluer une distance parcourue et la vitesse à laquelle elle est parcourue.

odonates **n. m. pl.** – XIXe ▪ Ordre d'insectes caractérisés par des pièces buccales du type broyeur.

odontalgie **n. f.** – XVIIe ▪ Douleur d'origine dentaire.

odont(o)-, -odontie Éléments, du gr. *odous* « dent ».

> ❑ Tous les mots en *-odontie (orthodontie, parodontie, pédodontie)* se prononcent avec le son [s].

odontocètes **n. m. pl.** – mil. XXe ; de *odonto-* et gr. *kêtos* « gros animal marin » ▪ Sous-ordre de mammifères constitué par les cétacés munis de dents (opposé à *mysticètes*).

odontoïde **adj.** – XVIe ; *odont(o)-* et *-oïde* ▪ En forme de dent.

odontologie **n. f.** – XVIIIe ; *odonto-* et *-logie* ▪ Étude et traitement des dents. ⇒ **orthodontie, stomatologie.**

odontomètre **n. m.** – XIXe ; *odonto-* et *-mètre* ▪ Échelle graduée pour mesurer le nombre et l'écartement des dentelures des timbres-poste.

odontostomatologie **n. f.** – 1955 ▪ Étude de la chirurgie dentaire et de la stomatologie.

odorant, ante **adj.** – XIIIe ; lat. *odorare* « parfumer ; flairer » ▪ Qui exhale une odeur. « *l'étable chaude, odorante* » (Bernanos). ✪ CONTR. Inodore.

> ❑ À propos d'une odeur très désagréable on emploie *malodorant* et, dans le cas d'une odeur très agréable, *odorant* est concurrencé par *odoriférant.*

odorat **n. m.** – XVIe ▪ Sens grâce auquel on perçoit les odeurs. ⇒ **olfaction.** *L'odorat développé du chien.* ⇒ **flair.**

odoriférant, ante **adj.** – XIVe ▪ Qui possède une odeur agréable. ⇒ **odorant, parfumé.** *Plantes odoriférantes.* ⇒ **aromatique.** ✪ CONTR. Puant.

odyssée **n. f.** – XIXe ; titre du poème d'Homère ▪ Voyage particulièrement mouvementé. *Une odyssée mémorable.*

œcuménique [ekymenik ; økymenik] **adj.** – XVIe ; gr. *oikoumenê (gê)* « (terre) habitée, univers » ▪ Universel. → **catholique.** ◆ *Concile œcuménique,* présidé par le pape ou ses légats et auquel sont convoqués tous les évêques catholiques.

> ❑ Pour la prononciation → œsophage (rem.).

œcuménisme [ekymenism ; økymenism] **n. m.** – 1927 ▪ Mouvement favorable à la réunion de toutes les Églises chrétiennes en une seule.

œdémateux, euse [edematø, øz ; ødematø, øz] **adj.** – XVIe ▪ De la nature de l'œdème. *Infiltration œdémateuse.* ♦ Atteint d'œdème. *Membre œdémateux.*

œdème [edɛm ; ødɛm] **n. m.** – XVe ; gr. *oidein* « enfler » ▪ Infiltration séreuse de divers tissus se traduisant par un gonflement diffus. *Œdème aigu du poumon :* engorgement séreux brutal des alvéoles pulmonaires.

> ❑ Pour la prononciation → œsophage (rem.).

œdicnème [ediknɛm] **n. m.** – XIXe ; gr. *oidein* « enfler » et *knêmê* « jambe » ▪ Oiseau échassier *(charadriidés),* appelé aussi *courlis de terre.*

œdipe [edip ; ødip] **n. m.** – 1929 ; n. pr. ▪ Complexe* d'Œdipe. *Un œdipe mal résolu.*

> ❑ *Œdipe* est le nom du héros mythologique meurtrier involontaire de son père et amant de sa mère. Son nom grec, *Oidipos,* signifie « pieds enflés » (son père, averti du danger, lui avait lié les pieds). ♦ Pour la prononciation → œsophage (rem.).

œil [œj], plur. **yeux** [jø] **n. m.** – X^e^ ; lat. *oculus* **I** - 1 Organe de la vue (globe oculaire et ses annexes). ⇒ **vision ; voir, vue.** *Le globe de l'œil est logé dans la cavité orbitaire. Médecine des yeux.* ⇒ **ophtalmologie.** ♦ *Avoir de bons, de mauvais yeux,* une bonne, une mauvaise vue. *Des yeux chassieux, larmoyants, qui louchent.* fam. *Avoir bon pied, bon œil :* avoir une allure vive et alerte. ◆ *De grands, de petits yeux.* ⇒ fam. **mirette.** *Yeux globuleux, bridés, en amande.* « *ses grands yeux noirs* » (Sand). *Ses yeux brillent. Des yeux injectés de sang. Des yeux durs, froids.* « *Vos beaux yeux me font mourir d'amour* » (Mol.). Loc. *Pour les beaux yeux de qqn,* uniquement pour lui faire plaisir. ◆ *Lever, baisser les yeux. Faire les gros yeux à qqn,* le regarder d'un air sévère. ♦ *Ouvrir, fermer, écarquiller les yeux. Avoir, tenir les yeux grand ouverts.* ◆ loc. *Ouvrir l'œil, et le bon :* être très attentif, vigilant. *Ouvrir les yeux à qqn (sur qqch.),* lui montrer ce qu'il se refusait à voir, lui révéler quelque chose. « *sa mère lui a ouvert les yeux et maintenant elle a appris à se méfier* » (Artaud). ◆ *Ne dormir que d'un œil,* en conservant son attention éveillée. *Ne pas fermer l'œil de la nuit :* ne pas dormir. ◆ *Fermer les yeux sur qqch. :* faire comme si on n'avait rien vu. *J'irais là-bas les yeux fermés,* sans avoir besoin de la vue (tant le chemin m'est familier). *Accepter qqch. les yeux fermés,* en toute confiance. ◆ *Cligner de l'œil.* ♦ *Objet visible à l'œil nu,* sans l'aide d'aucun instrument d'optique. *Ils se regardaient les yeux dans les yeux. Surveiller du coin de l'œil,* d'un regard en coin. 2 Regard. *Chercher, suivre qqn des yeux. Ne pas quitter une chose des yeux. Couver qqn des yeux.* « *Elle me jeta un œil méfiant* » (Duras). *Détourner les yeux. Avoir une chose devant, sous les yeux,* sous son regard. *Aux yeux de tous,* devant tout le monde. ♦ MAUVAIS ŒIL : regard auquel on attribue la propriété de porter malheur ; faculté de porter malheur par ce regard. *Jeter le mauvais œil.* 3 COUP D'ŒIL : regard rapide. *Remarquer une chose au premier coup d'œil. Jeter un coup d'œil sur le journal,* le parcourir rapidement. ◆ loc. *Avoir le coup d'œil,* l'art d'observer rapidement et exactement. ◆ Vue qu'on a d'un point sur un paysage. ⇒ **point de vue.** 4 Attention portée par le regard. « *Ce qui frappe et tire l'œil* » (Valéry). ◆ loc. *Être tout yeux, tout oreilles :* regarder, écouter très attentivement. *N'avoir pas les yeux dans sa poche :* ne pas manquer d'observer. ◆ *N'avoir d'yeux que pour qqn :* ne s'intéresser qu'à lui. *Avoir l'œil (sur qqn, sur qqch.) :* surveiller avec attention. ◆ fam. *Avoir, tenir qqn à l'œil,* sous une surveillance qui ne se relâche pas. ◆ *Avoir l'œil à tout :* veiller à tout. *L'œil de Dieu, de la conscience.* « *L'œil était dans la tombe et regardait Caïn* » (Hugo). 5 Disposition, état d'esprit, jugement. *Voir qqch. d'un bon œil, d'un mauvais œil,* d'une manière favorable ou défavorable. *Considérer une chose d'un œil critique.* ◆ *Aux yeux de qqn,* selon sa manière de voir. ⇒ **pour, selon.** 6 *Faire de l'œil :* faire des clins d'œil. ◆ *Tourner de l'œil :* s'évanouir. « *elle a voulu m'aider à faire un pansement... J'ai eu peur qu'elle ne tournât de l'œil* »

(Goncourt). ➛ fam. *Il, ça me sort par les yeux,* je ne peux plus le supporter. ♦ loc. adv. *À L'ŒIL :* gratuitement. ➛ fam. *MON ŒIL !* se dit pour marquer l'incrédulité, le refus. **II - 1** *Œil de verre :* œil artificiel qu'on met à la place d'un œil énucléé. **2** Petit dispositif de visée, judas optique, placé dans une porte. **III - 1** Se dit d'ouvertures, trous, bagues, ornements ronds (plur. *ŒILS*). ➛ Trou ménagé dans un outil pour introduire le manche. ➛ Trou dans le rideau d'un théâtre pour observer. ➛ (plur. *YEUX*) *Yeux du gruyère :* trous qui se forment dans la pâte. **2** Bourgeon naissant. ⇒ **œilleton. 3** (plur. *ŒILS*) Partie du caractère comprenant le dessin de la lettre formant relief, et qui s'imprime sur le papier. **4** Centre d'une dépression météorologique.

❑ D'abord sous les formes *ialz, ieux,* le pluriel a été noté ensuite avec *y* initial (*yeus,* XIIe s.) pour éviter la confusion de lecture *jeux* (le *i* et le *j* étant graphiquement confondus).

œil-de-bœuf n. m. – XVIe ■ Lucarne ronde ou ovale, pratiquée dans un mur, un comble. ⇒ **oculus.** « *entre les œils-de-bœuf des mansardes* » (Zola).

œil-de-chat n. m. – XVe ■ Quartz chatoyant, chargé de fibres d'amphibole. ♦ Variété de chrysobéryl. *Des œils-de-chat.*

œil-de-perdrix n. m. – XIXe ■ Cor entre les orteils. *Des œils-de-perdrix.*

œil-de-pie n. m. – XVIIe ■ Œillet dans une voile, par où passe le filin. *Des œils-de-pie.*

œillade [œjad] n. f. – XVe ■ Regard, plus ou moins furtif, de connivence. ➛ Clin d'œil constituant un appel, une invite amoureuse ou coquette. *Lancer une œillade.*

œillère [œjɛʀ] n. f. – XIIe **1** Plaque de cuir attachée au montant de la bride et empêchant le cheval de voir sur le côté. ♦ loc. fig. *Avoir des œillères :* être borné. **2** Petit récipient ovale pour les bains d'œil.

œillet [œjɛ] n. m. – XIIe **I - 1** Petit trou pratiqué dans une étoffe, du cuir, etc., souvent cerclé, servant à passer un lacet, un bouton. *Œillets d'une chaussure.* ♦ Bordure rigide qui entoure cette ouverture. ➛ Anneau de papier ou de toile gommée servant à renforcer les perforations des feuilles mobiles d'un classeur. ➛ Petit anneau de métal servant à fixer des feuillets entre eux. « *Le portrait était fixé par deux œillets sur son passeport* » (Tournier). **2** Compartiment situé dans la partie centrale d'une saline et où se dépose le sel. **II - 1** Plante herbacée *(caryophyllacées)* à fleurs rouges, roses ou blanches, très odorantes. ⇒ **grenadin.** « *On respirait l'odeur poivrée des œillets* » (Hugo). ♦ Fleur de cette plante. **2** *Œillet d'Inde,* tagète.

œilleton [œjtɔ̃] n. m. – XVIe **1** Bourgeon produit par certaines plantes, utilisé pour leur multiplication. **2** Pièce adaptée à l'oculaire d'une lunette, d'un télescope, etc., percée d'un petit trou qui détermine la position de l'œil de l'observateur. **3** Œil d'une porte.

œilletonnage n. m. – XIXe ■ Action d'œilletonner.

œilletonner v. tr. [1] – XVIIe **1** Débarrasser (un arbre) de ses bourgeons. **2** Multiplier (une plante) en en séparant les œilletons.

œillette [œjɛt] n. f. – XIIIe ; de *olie,* a. forme de *huile* ■ Pavot cultivé pour ses graines dont on extrait une huile comestible. ➛ Cette huile.

œkoumène ou **écoumène** n. m. – XIXe ; gr. *oikoumenê (gê)* « (terre) habitée, univers » ■ Espace habitable de la surface terrestre.

œnanthe n. f. – XVIe ; *œn(o)-* et *-anthe* ■ Plante dicotylédone herbacée *(ombellifères),* aux racines vénéneuses.

œnanthique adj. – XIXe ; lat. *œnanthium* « essence de raisins sauvages » ■ Relatif à l'arôme des vins.

œn(o)- Élément, du gr. *oinos* « vin ».

œnolique adj. – XIXe ■ *Acides œnoliques :* matières colorantes acides que l'on trouve dans les vins rouges.

œnolisme n. m. – XIXe ■ Alcoolisme dû à l'abus de vin.

œnologie [enɔlɔʒi] n. f. – XVIIe ; *œno-* et *-logie* ■ Étude des techniques de fabrication et de conservation des vins.

œnologue n. – XIXe ■ Spécialiste de l'œnologie.

œnométrie n. f. – XIXe ; *œno-* et *-métrie* ■ Mesure de la richesse des vins en alcool.

œnothère n. m. – XVIIIe ; gr. ■ Onagre* (②).

œrsted [œʀstɛd] n. m. – 1923 ; nom d'un physicien danois ■ Unité C.G.S. d'intensité de champ magnétique.

œrstite [œʀstit] n. f. – 1953 ; de *Œrsted* ■ Acier au titane et au cobalt, à forte aimantation rémanente.

œsophage [ezɔfaʒ] n. m. – XIVe ; gr. *oisophagos* « qui porte *(oisô)* ce qu'on mange *(phagein)* » ■ Partie de l'appareil digestif, du pharynx à l'estomac.

❑ La ligature œ étymologique a été conservée dans des mots savants tels *œcuménique, œdème, œnologie, œsophage, fœtus* et se prononce [e] (voir *économe,* anciennement *œconome*). Les hésitations constatées entre [e] et [ø] pour *œdème, œdipe* par exemple sont probablement dues à l'attraction de *œil, œuf.* ♦ Pour la ligature æ➛ ægagropile (rem.).

œsophagien, ienne adj. – XVIIIe ■ Relatif à l'œsophage.

œsophagite n. f. – XIXe ■ Inflammation de l'œsophage.

œsophagoscope n. m. – 1932 ■ Endoscope pour l'examen direct de l'œsophage.

œstradiol n. m. – 1953 ; de *œstrus* ■ Œstrogène naturel le plus puissant, sécrété par les follicules ovariens.

œstral, ale, aux adj. – 1945 ■ Relatif à l'œstrus. *Cycle œstral.* ⇒ **menstruation.**

œstre n. m. – XVIe ; lat. *œstrus* « taon » ■ Insecte diptère *(œstridés),* grosse mouche dont les larves vivent en parasites sous la peau ou dans les fosses nasales de certains mammifères.

œstrogène [ɛstʀɔʒɛn] adj. et n. m. – 1951 ■ Qui provoque l'œstrus chez les femelles des mammifères. *Hormones œstrogènes.*

œstrus [ɛstʀys] n. m. – 1931 ; gr. *oistros* « fureur » ■ Phase du cycle œstral où se produit l'ovulation.

œuf, plur. **œufs** [œf, ø] n. m. – XIIe ; lat. *ovum* **I - 1** Corps dur et arrondi que produisent les femelles des oiseaux et qui contient le germe de l'embryon et les substances destinées à le nourrir pendant l'incubation. *Coquille, blanc, jaune de l'œuf. Œuf de poule, de cane, de caille, de pigeon, d'autruche... Pondre un œuf.* « *la plupart des oiseaux sortent de l'œuf au bout de vingt et un jours* » (Buff.). ♦ Œuf de poule, spécialement destiné à l'alimentation. *Œufs frais. Œuf pourri. Gober un œuf. Œuf dur,* cuit dans sa coquille jusqu'à ce que le blanc et le jaune soient durs. *Œuf mollet. Œufs brouillés, frits, pochés, en gelée.* ➛ *Œufs au lait :* crème faite d'œufs et de lait pris au four. **2** Produit des femelles ovipares. *Œuf de reptile, de batracien. Œufs de poisson.* ⇒ ① **frai.** *Œufs d'esturgeon* **(⇒ caviar),** *de saumon, de lump.* ➛ *Œufs d'insectes.* ⇒ **couvain. 3** loc. *En forme d'œuf.* ⇒ **ovale, ové, ovoïde.** *Chauve comme un œuf.* ➛ *Plein comme un œuf :* rempli. ➛ *Marcher sur des œufs,* d'un air mal assuré ; fig. agir avec une grande prudence. ➛ *C'est comme l'œuf de (Christophe) Colomb, il fallait y penser !* se dit d'une réalisation qui paraît simple mais qui suppose une idée ingénieuse. *C'est l'œuf et la poule, on ne sait* *par où ça a commencé.* ◆ loc. *Mettre tous ses œufs dans le même panier :* faire dépendre son sort d'une seule chose. ♦ DANS L'ŒUF : avant la naissance de qqch. *Il faut étouffer cette affaire dans l'œuf.* « *J'écraserais dans l'œuf ton aigle impériale !* » (Hugo). 4 Objet en forme d'œuf. ♦ *Œuf de Pâques :* confiserie qu'on offre à Pâques. ♦ *Œuf à repriser.* ♦ *Position en œuf :* position de recherche de vitesse, skis écartés, genoux fléchis, buste incliné en avant. ♦ Télécabine en forme d'œuf. II Première cellule d'un être vivant à reproduction sexuée, née de la fusion des deux cellules reproductrices. ⇒ **zygote.** ◆ abusivt *Œuf* ou *œuf vierge :* le gamète femelle avant sa fécondation. ✪ HOM. Eux.

❑ Le radical du latin *ovum* a été plus productif que le mot *œuf :* il a donné *ovaire, ovale, ovipare, ovoïde, ovule...* Voir aussi le radical *oo-*, du grec *ôon.*

œufrier n. m. - XIXe ■ Ustensile de cuisine pour cuire plusieurs œufs à la coque.

œuvé, ée adj. - XIVe ■ Se dit d'un poisson femelle contenant des œufs. ⇒ **rogué.** *Ils* « *en mangèrent goulûment* [des brochets], *soit œuvés, soit laités* » (Volt.).

œuvre n. f. et m. - XIIe ; lat. *opera* I n. f. 1 Activité, travail. ◆ À L'ŒUVRE. *Être à l'œuvre :* être au travail. ◆ D'ŒUVRE. *Maître d'œuvre :* responsable de l'exécution des travaux ; personne qui dirige un travail intellectuel. ♦ METTRE EN ŒUVRE : employer en vue d'une application pratique (des matériaux). ◆ Combiner, employer de façon ordonnée. *Mettre en œuvre certains moyens.* ⇒ **recourir** (à), **user** (de). ◆ Exploiter, mettre en pratique. ◆ *Mise en œuvre :* emploi d'éléments, mise en pratique. 2 Action humaine, jugée au regard de la loi religieuse ou morale. ⇒ ① **acte,** ① **action.** *Chacun sera jugé selon ses œuvres.* ♦ *Bonnes œuvres :* les actions charitables que l'on fait. ◆ *Œuvre de bienfaisance,* ou *œuvre :* organisation ayant pour but de faire du bien à titre non lucratif. 3 Ensemble d'actions et d'opérations effectuées par un agent, réservées à un agent. *Faire son œuvre :* agir, opérer. *La satisfaction de l'œuvre accomplie.* ◆ *Faire œuvre utile.* 4 Résultat sensible d'une action ou d'une série d'actions orientées vers une fin. *L'œuvre d'un savant, d'un homme d'État,* ce qu'ils ont accompli et qui leur survit. « *Faire œuvre durable c'est là mon ambition* » (Gide). ◆ *Être l'œuvre de... :* être fait par..., être dû à l'action de... *C'est mon œuvre.* « *C'est l'œuvre du temps* » (Hugo). 5 Ensemble organisé de signes et de matériaux propres à un art, mis en forme par l'esprit créateur. ⇒ **ouvrage.** *Composer une œuvre littéraire, musicale, picturale. L'auteur d'une œuvre. C'est son œuvre capitale, maîtresse.* ⇒ **chef-d'œuvre.** *Une œuvre de jeunesse.* « *L'œuvre qu'on portait en soi paraît toujours plus belle que celle qu'on a faite* » (Daudet). ♦ Œuvre littéraire. *Les œuvres complètes d'un auteur. Une œuvre imposante.* ⇒ **monument.** *Hugo, sa vie, son œuvre.* ♦ ŒUVRE D'ART : œuvre qui manifeste la volonté esthétique d'un artiste, qui donne le sentiment de la valeur artistique. 6 ŒUVRES VIVES *d'un navire :* la partie de la coque qui est au-dessous de la ligne de flottaison. ⇒ **carène.** *Œuvres mortes :* la partie émergée. ⇒ **accastillage.** ◆ *Nation frappée dans ses œuvres vives,* dans une partie vitale, dans ses ressources essentielles. II n. m. 1 LE GROS ŒUVRE : les fondations, les murs et la toiture d'un bâtiment. *Le second œuvre :* ouvrages d'achèvement d'une construction. ◆ loc. *Être à pied d'œuvre,* prêt à agir. 2 littér. Ensemble des œuvres d'un artiste. *L'œuvre gravé de Rembrandt.* 3 LE GRAND ŒUVRE : la transmutation des métaux en or, la recherche de la pierre philosophale. *L'œuvre au noir :* le premier stade du grand œuvre.

❑ Pour le sens → ouvrage (rem.).

œuvrer v. intr. [1] - XVIe ; lat. *operare* ■ littér. Travailler, agir.

❑ Ce mot, longtemps inusité, a été remis en honneur au XXe s., et apparaît notamment, à titre de « mot noble », dans les discours des hommes politiques : « *nous avons œuvré pour le bien du pays* ». ♦ Doublet de *opérer* et *ouvrer.*

off adj. inv. - 1944 ; de l'angl. *off screen* « hors de l'écran » 1 Qui n'est pas sur l'écran ; hors champ (opposé à *in*). *Une voix off commente la scène.* 2 Se dit d'un spectacle qui se donne en marge d'un programme officiel. *Le festival off, à Avignon.*

offensant, ante adj. - XVIIe ■ Qui offense. ⇒ **blessant, injurieux, insultant.** « *des paroles si offensantes et si navrantes* » (Sand). *Cela n'a rien d'offensant.* ✪ CONTR. Flatteur.

offense n. f. - XIIe 1 Parole ou action qui offense, qui blesse qqn dans son honneur, dans sa dignité. ⇒ **affront, injure, insulte, outrage.** *Faire une offense à quelqu'un. Réparation d'une offense.* « *il n'y a pas d'offense à être insulté par plus bas que soi* » (Colette). 2 Péché. 3 Outrage. *Offense envers le président de la République.* ✪ CONTR. Compliment, flatterie.

offensé, ée adj. et n. - XVe ■ Qui a subi, qui ressent une offense. « *D'un air de dignité offensée* » (Loti). ◆ *L'offenseur et l'offensé.*

offenser v. tr. [1] - XIIe ; lat. *offendere* 1 Blesser (qqn) dans sa dignité ou dans son honneur, par la parole ou par l'action. ⇒ **froisser, humilier, injurier, outrager, vexer.** *Sans vouloir vous offenser.* 2 Manquer, déplaire à (Dieu) par le péché. 3 Manquer gravement à (une règle, une vertu). ⇒ **braver.** *Offenser le bon goût.* « *Veux-tu toute ta vie offenser la grammaire ?* » (Mol.). 4 S'OFFENSER v. pron. Réagir par un sentiment d'amour-propre, d'honneur blessé à ce que l'on considère comme une offense. ⇒ se **fâcher,** se **formaliser,** s'**offusquer.** « *Ne s'offensant de rien, bon flatteur de tous* » (Stendh.). ✪ CONTR. Flatter, plaire.

offenseur n. m. - XVe ■ Personne qui fait une offense. ⇒ **agresseur.** « *Plus l'offenseur est cher et plus grande est l'offense* » (Corn.).

offensif, ive adj. - XVIe 1 Qui sert à attaquer. *Armes offensives. Guerre offensive,* où les opérations militaires ont pour objet d'attaquer l'ennemi. ◆ *Alliance offensive,* aux termes de laquelle les parties contractantes doivent attaquer ensemble. 2 Qui attaque, qui agresse. ⇒ **agressif, combatif.** *Il est offensif dans sa manière de poser les questions.* ✪ CONTR. Défensif.

offensive n. f. - XVIe 1 Action d'attaquer l'ennemi. ⇒ **attaque.** *Passer à l'offensive. Offensive aérienne.* 2 Attaque, campagne d'une certaine ampleur. *Offensive diplomatique, publicitaire.* fam. *Une offensive de charme.* ◆ littér. *La première offensive de l'hiver.* ✪ CONTR. ① Défense, défensive.

offertoire n. m. - XIVe ■ Partie de la messe au cours de laquelle a lieu l'oblation.

office n. m. - XIIe ; lat. I - 1 Fonction que l'on doit remplir, charge dont on doit s'acquitter. ⇒ **emploi.** ◆ loc. *Remplir son office :* jouer pleinement son rôle. FAIRE OFFICE DE : tenir lieu de. ⇒ **servir** (de). « *Mes amis faisaient office de prospecteurs* » (Gide). 2 Autrefois, Fonction permanente et stable dont le titulaire possédait des devoirs déterminés par les coutumes et les ordonnances et avait la propriété de sa charge. *Office de clerc, d'homme de loi.* 3 Fonction publique conférée à vie par une décision de l'autorité. *Office public, ministériel. Office d'agent de change.* 4 loc. D'OFFICE : par le devoir général de sa charge ; sans l'avoir demandé soi-même. *Avocat commis d'office.* ◆ Par l'effet d'une mesure générale. *Être mis à la retraite d'office.* 5 Ensemble de livres que l'éditeur laisse en dépôt chez le libraire. 6 Établissement qui se consacre à une activité particulière. ⇒ **agence, bureau, étude.** *Office de tourisme.* ♦ Service doté de la personnalité morale, de l'autonomie financière et confié à un organisme spécial. *Office régional. Office de la langue française.* 7 Pièce attenante à la cuisine où se prépare le service de la table. « *M*[me] *de Rênal alla à l'office chercher du pain* » (Stendh.). II - 1 Ensemble des prières de l'Église. ⇒ **heure.** 2 Toute cérémonie du culte. « *Les fidèles peu matineux manquaient souvent l'office* » (Nerval). III *Bons offices :* démarches d'un État, pour amener des États en litige à négocier. ⇒ **conciliation, médiation.** *La France a proposé ses bons offices.*

officialisation n. f. - 1933 ▪ Action d'officialiser. *Officialisation d'une candidature.*

officialiser v. tr. [1] - XIXe ▪ Rendre officiel. *Officialiser une situation.*

officiant n. m. - XVIIe ▪ Clerc qui préside une cérémonie. ⇒ **célébrant.** *L'officiant et les enfants de chœur.*

officiante n. f. - XVIIIe ▪ Religieuse qui est de semaine au chœur, dans un monastère.

officiel, ielle adj. et n. - XVIIIe 1 Qui émane d'une autorité reconnue, constituée. *Actes officiels. Textes officiels.* ➛ *Langue officielle :* langue dont l'emploi est statutairement reconnu dans un État, un organisme, pour la rédaction des textes officiels émanant de lui. ♦ Certifié par une autorité compétente. *Candidature officielle.* ➛ fam. Notoire, public. *Leur liaison est officielle.* ♦ Donné pour vrai par ou pour les autorités. *La version officielle de l'incident.* ➛ *La raison officielle de son départ,* celle qui est donnée à tout le monde. 2 Organisé par les autorités (opposé à *privé, informel*). *La visite officielle d'un chef d'État.* 3 Qui a une fonction officielle. *Porte-parole officiel du gouvernement.* ⇒ **autorisé.** ➛ Réservé aux personnages officiels. *Voitures officielles.* ♦ n. Personnage officiel, autorité. *La tribune des officiels.* ➛ Personne qui a une fonction dans l'organisation, la surveillance d'une épreuve sportive (organisateur, juge, arbitre). ✪ CONTR. Officieux.

officiellement adv. - XVIIIe ▪ À titre officiel, de source officielle. « *En supposant qu'on daignât nous aviser officiellement de la cérémonie funèbre* » (Bloy). ✪ CONTR. Officieusement.

① **officier** v. intr. [7] - XVIe 1 Célébrer l'office divin, présider une cérémonie sacrée. 2 Agir, procéder comme si l'on accomplissait une cérémonie.

② **officier** n. m. - XIVe ; lat. *officiarius* « chargé d'une fonction » 1 Titulaire d'un office. *Grands officiers de la Couronne :* auxiliaires du roi qui s'occupaient d'un service domestique en même temps que de l'administration d'un service public. ♦ mod. *Officiers publics, ministériels :* personnes investies d'un office ministériel ou public. ➛ *Officier de police judiciaire :* personne qui a pour mission de rechercher et de constater les infractions, d'en livrer les auteurs à la justice. 2 Militaire ou marin titulaire d'un grade égal ou supérieur à celui de sous-lieutenant ou d'enseigne de seconde classe, et susceptible d'exercer un commandement. *Officiers et soldats.* « *la voix du jeune officier commanda furieusement : "Portez... armes !..."* » (Daudet). *Officier de gendarmerie. Officier d'active. Officier sorti du rang.* ➛ *Officiers et matelots. Officiers de marine.* 3 *Officier de la Légion d'honneur :* titulaire du grade supérieur à celui de chevalier. ➛ *Grand officier :* titulaire du grade supérieur à celui de commandeur. 4 *Col officier :* col droit et étroit bordant une encolure ronde.

officieusement adv. - XIVe ▪ D'une manière officieuse. ✪ CONTR. Officiellement.

officieux, ieuse adj. - XVIe ; lat. *officiosus* ▪ Communiqué à titre de complaisance par une source autorisée mais sans garantie officielle. *Nouvelle officieuse.* ✪ CONTR. Officiel.

officinal, ale, aux adj. - XVIe 1 Se dit d'une préparation faite dans l'officine d'une pharmacie, selon les prescriptions du Codex, prête à être délivrée (opposé à *magistral*). 2 Qui est utilisé en pharmacie. *Plantes officinales.*

officine n. f. - XIIe ; lat. 1 Endroit où se prépare, où s'élabore qqch. *Une officine de fausses nouvelles.* 2 Lieu où un pharmacien vend, entrepose et prépare les médicaments. ⇒ **pharmacie.**

offrande n. f. - XIe ; lat. *offeranda* « choses à offrir » 1 Don que l'on offre à la divinité ou à ses représentants. « *Les offrandes votives étaient suspendues en dehors de l'édifice* » (Chateaub.). 2 Don. ⇒ ② **présent.** *Offrande à une œuvre de bienfaisance.* ⇒ **obole.**

offrant n. m. - XIVe ▪ *Le plus offrant :* l'acheteur qui offre le plus haut prix. *Vendre au plus offrant.*

offre n. f. - XIIe 1 Action d'offrir ; ce que l'on offre. *Faire, recevoir, accepter une offre, des offres. Offres d'emploi.* ➛ *Offres de paix, de négociations.* ⇒ **proposition.** ➛ Prix que l'on propose pour qqch. *Une offre avantageuse.* 2 Quantité de produits ou de services offerts sur le marché. *La loi de l'offre et de la demande.* 3 Fait de proposer à une autre personne la conclusion d'un contrat. ➛ *Offre publique d'achat.* ⇒ **O.P.A.** *Offre publique d'échange.* ⇒ **O.P.E.** *Offre publique de vente.* ⇒ **O.P.V.** ✪ CONTR. Demande.

offreur, euse n. - XIVe ▪ Personne qui offre, propose (qqch., un bien, un service). *Les offreurs de service et les demandeurs d'emploi.*

offrir v. tr. [18] - XIe ; lat. *offerre* 1 Donner en cadeau. *Je lui ai offert des fleurs pour sa fête.* 2 Proposer, présenter (une chose) à qqn en la mettant à sa disposition. *Offrir des rafraîchissements.* « *J'ai offert une cigarette au concierge et nous avons fumé* » (Camus). *Offrir son aide. Offrir l'hospitalité à qqn.* ➛ Proposer à qqn de lui payer (qqch.). « *Il serrait des mains, offrait à boire* » (Chardonne). ➛ pronom. Se proposer. *Il s'offrit comme guide.* ♦ OFFRIR À QQN DE (et inf.), proposer. *Offrir à qqn de l'héberger.* ➛ pronom. *Il s'est offert pour nous aider.* 3 Mettre à la portée de qqn. *Offrir à un homme l'occasion de se racheter.* ➛ *Cette situation offre bien des avantages.* ⇒ **comporter, présenter, procurer.** ♦ pronom. *Saisir la première occasion qui s'offre.* ⇒ se **présenter,** se **rencontrer.** 4 Faire l'offrande de (qqch.). *Offrir des victimes aux dieux.* ⇒ **immoler, sacrifier.** *Offrir sa vie pour un idéal.* 5 Proposer (une somme d'argent) à qqn (en contrepartie de qqch.). *On m'en a offert cent francs. Offrir une forte récompense.* 6 OFFRIR QQCH. : mettre en vente. *Magasin qui offre un grand choix de marchandises.* 7 Exposer à la vue. ⇒ **montrer.** « *sa figure offrait les apparences de la jovialité* » (Balz.). pronom. « *Une belle fille qui s'offre aux regards* » (Taine). ➛ *La première idée qui s'offre à l'esprit.* ⇒ **venir.**

offset [ɔfsɛt] n. m. - 1932 ; mot angl. « report » ▪ Procédé d'impression à plat utilisant le report sur caoutchouc. *Affiche imprimée en offset.* ➛ *Papier offset,* utilisé pour l'impression en offset.

offshore [ɔfʃɔʀ] n. m. - 1952 ; angl. *off* « loin de, hors de » et *shore* « rivage » 1 Installation de forage pétrolier sous-marin, sur plateforme. ➛ adj. inv. *Installation offshore.* Recomm. offic. EN MER. 2 Sport nautique utilisant des bateaux très rapides et de grande puissance ; bateau servant à pratiquer ce sport. *Des offshore* ou *des offshores.*

offusquer v. tr. [1] - XIVe ; lat. « obscurcir » ▪ Indisposer (qqn) par des actes ou des propos qui lui déplaisent. ⇒ **choquer, froisser, heurter.** ♦ pronom. Être choqué, se formaliser. ⇒ s'**offenser.** *Elle s'est offusquée de ce que vous lui avez dit.*

oflag [ɔflag] **n. m.** – 1940 ; all. *Offizierlager* « camp pour officiers » ▪ Camp allemand où étaient internés des officiers des armées alliées, pendant la Seconde Guerre mondiale. *Les oflags et les stalags**.

oghamique **adj.** – XIXe ; de *Ogham* inventeur mythique de cette écriture ▪ Se dit de l'écriture des inscriptions celtiques d'Irlande et du Pays de Galles des Ve-VIIe s.

ogival, ale, aux **adj.** – XIXe ▪ Caractérisé par l'emploi de l'ogive. *Voûte ogivale.* ➜ *Arcs ogivaux,* en ogive.

ogive **n. f.** – XIIIe ; p.-ê. lat. *obviare* « s'opposer » 1 Arc diagonal bandé sous une voûte et en marquant l'arête. *Croisée d'ogives :* partie de la voûte où se croisent les deux ogives (au sommet), caractéristique du style gothique. 2 abusivt Arc brisé. *Arc en ogive* (opposé à *arc en plein cintre*). ⇒ **ogival.** « *la porte verte en ogive* » (Daudet). 3 Partie antérieure des projectiles oblongs. ➜ *Ogive nucléaire :* ogive à charge nucléaire d'engins ou projectiles de l'artillerie atomique. ⇒ **tête** (nucléaire).

ognette → **onglette**

ogre, ogresse **n.** – XIVe ; prob. lat. *Orcus,* divinité infernale ▪ Géant des contes de fées, se nourrissant de chair humaine. *L'ogre et le Petit Poucet.* ➜ loc. fam. *Manger comme un ogre, avoir un appétit d'ogre :* manger beaucoup ou goulûment. « *Tous deux mangèrent comme des ogres, avec un appétit de vingt ans* » (Zola).

***oh** **interj.** – XVIIe ; lat. 1 Marquant la surprise ou l'admiration. « *Oh ! oh ! je n'y prenais pas garde* » (Mol.). 2 Renforçant l'expression d'un sentiment. *Oh ! quelle chance !* 3 **n. m. inv.** *Pousser des oh ! et des ah !* ✪ HOM. Au, aulx (ail), aux, eau, haut, ho, ① o, ô, os.

ohé **interj.** – XIIIe ; lat. ▪ Servant à appeler. *Ohé ! là-bas !*

ohm [om] **n. m.** – XIXe ; n. pr. ▪ Unité de mesure de résistance électrique (symb. Ω). ✪ HOM. Heaume, home.

ohmmètre [ommɛtʀ] **n. m.** – XIXe ▪ Instrument servant à mesurer la résistance électrique.

-oïde, -oïdal, ale, aux Groupes suffixaux, du gr. *-eidês,* de *eidos* « aspect », servant à former des adj. comp. sur un rad. avec o final, avec le sens de « semblable à ».

oïdium [ɔidjɔm] **n. m.** – XIXe ; gr. « ovoïde » ▪ Champignon microscopique unicellulaire parasite de certaines plantes qu'il couvre d'une poussière grisâtre ; maladie due à ce champignon. *Oïdium de la vigne, du rosier.* ⇒ ② **blanc.** ➜ Levure pathogène *(candida)* responsable d'affections de la peau et des muqueuses. ⇒ **muguet ; candidose.**

oie **n. f.** – XIIe ; lat. *auca* 1 Oiseau palmipède *(ansériformes),* au plumage blanc ou gris, au long cou, dont une espèce est depuis très longtemps domestiquée ; la femelle de cette espèce. *Le jars, l'oie et les oisons. Troupeau d'oies.* « *on entend cacarder les oies* » (Renard). ➜ *Confit d'oie.* ➜ *Plume d'oie,* autrefois utilisée pour écrire. « *Le grincement de ma plume d'oie sur le papier : un délice* » (Léautaud). ➜ *Oie sauvage.* ⇒ **bernache.** ♦ *Couleur caca d'oie :* jaune verdâtre. « *une souquenille couleur caca d'oie aux arabesques noires* » (Goncourt). 2 Personne très sotte. ➜ *Une oie blanche :* une jeune fille très candide, niaise. 3 *JEU DE L'OIE :* jeu où chaque joueur fait avancer un pion, selon le coup de dés, sur un tableau où des oies sont figurées toutes les neuf cases. ✪ HOM. Ouah.

oignon [ɔɲɔ̃] **n. m.** – XIIIe ; lat. *unio* 1 Plante potagère voisine de l'ail *(liliacées),* bisannuelle, à bulbe comestible. *Botte d'oignons.* ➜ loc. *En rang d'oignons,* sur une seule ligne (personnes, choses). ♦ Bulbe de cette plante, utilisé en cuisine. *Soupe à l'oignon.* ⇒ **gratinée.** ➜ *Pelure d'oignon :* pellicule interposée entre les diverses couches du bulbe. *Couleur pelure d'oignon,* rose orangé. ➜ loc. fig. fam. *Aux petits oignons :* préparé avec grand soin. *Occupe-toi de tes oignons,* mêle-toi de ce qui te regarde. « *Après tout, c'étaient ses oignons* » (Aragon). 2 Partie renflée de la racine de certaines plantes ; cette racine. ⇒ ② **bulbe.** 3 Grosseur qui se développe à une articulation des orteils. ⇒ ② **cor, durillon.** 4 Grosse montre de poche d'autrefois. *Il « tira un oignon d'argent de sa poche »* (Simenon).

> ❑ En français, le mot est d'abord écrit *unniun, hunion, oignum, ognon* (1275), et enfin *oignon.* ♦ On prononce [ɔɲɔ̃] : l'ancienne graphie *ign,* disparue dans *campagne (campaigne), montagne (montaigne),* notait le *n* mouillé, « *on ne prononce point l'i* » (Académie XVIIIe s.). → encoignure, pogne (rem.).

oignonière [ɔɲɔnjɛʀ] **n. f.** – XVIe ▪ Terrain où sont cultivés des oignons.

oïl [ɔjl] **adv. d'affirmation** – XIe ; lat. *hoc* et *il* ▪ *Langue d'oïl :* ensemble des dialectes des régions situées au nord de la Loire, où *oui* se disait *oïl* au Moyen Âge (opposé à *langue d'oc**).

oindre **v. tr.** [49] – XIIe ; lat. *ungere* 1 Frotter d'huile ou d'une matière grasse. ⇒ **enduire.** 2 Faire une onction sur (le front, les mains) avec les saintes huiles pour bénir ou sacrer (⇒ **chrême, extrême-onction).** « *Le prêtre oignit des huiles saintes les pieds, les mains et le front de la mourante* » (Dumas).

oint, ointe **adj.** et **n. m.** – XVe ; de *oindre* ▪ Frotté d'huile. ➜ Consacré par une onction. ♦ **n. m.** *L'oint du Seigneur :* Jésus-Christ.

oiseau **n. m.** – XIIe ; lat. *avis* « oiseau » **I** - 1 Animal appartenant à la classe des vertébrés tétrapodes à sang chaud, au corps recouvert de plumes, dont les membres antérieurs sont des ailes, les membres postérieurs des pattes, dont la tête est munie d'un bec, et qui est en général adapté au vol. ⇒ **aviaire.** *Les oiseaux sont ovipares. Petits des oiseaux.* ⇒ **couvée, nichée ; oiselet, oisillon.** *Étude des oiseaux.* ⇒ **ornithologie.** *Oiseaux terrestres, marins. Oiseaux granivores, insectivores, carnivores. Oiseaux domestiques* (⇒ ② **volatile),** *de basse-cour* (⇒ **volaille).** *Oiseau diurne, nocturne. Oiseaux de proie.* ⇒ **rapace.** ➜ *Vol des oiseaux. Les oiseaux d'une région.* ⇒ **avifaune.** *Bande, nuée, d'oiseaux.* ➜ *Épouvantail à oiseaux.* ➜ *Oiseau en cage. Cage à oiseaux.* ⇒ **volière.** *Éleveur d'oiseaux.* ⇒ **aviculteur.** *Marchand d'oiseaux.* ⇒ **oiselier.** ➜ *Chasser les oiseaux.* ⇒ **gibier** (à plumes). ➜ *Oiseaux dressés pour la chasse.* ⇒ **fauconnerie, volerie.** ➜ blas. *Oiseau éployé, essoré**. ➜ *Un appétit d'oiseau :* un petit appétit. ➜ *Une cervelle d'oiseau :* un esprit faible et instable. ➜ loc. *Donner à qqn des noms d'oiseaux,* l'insulter (cf. Traiter qqn de tous les noms*). ♦ loc. adv. *À VOL D'OISEAU,* se dit d'une distance en ligne droite d'un point à un autre, qui est la distance la plus courte. *Il y a dix kilomètres à vol d'oiseau mais quinze par la route.* ➜ En regardant de très haut, comme le ferait un oiseau. *Perspective à vol d'oiseau* ou *à vue d'oiseau.* 2 fam. et péj. Individu. « *Vous le connaissez maintenant, cet oiseau !* » (Zola). *C'est un drôle d'oiseau ! Un oiseau rare,* une personne irremplaçable, étonnante (surtout iron.). **II** - 1 Hotte, civière dans laquelle les maçons portent le mortier. 2 Chevalet que les couvreurs accrochent à la charpente du toit pour former échafaudage.

> ❑ Même famille étym. que *auspices, autruche, avion.*

oiseau-lyre **n. m.** – v. 1903 ▪ Ménure. ⇒ **lyre.** *Des oiseaux-lyres.*

oiseau-mouche n. m. – XVIIe ▪ Colibri. *Des libellules « grandes comme des oiseaux-mouches »* (Maupass.).

❑ Cet oiseau est appelé ainsi à cause de sa petite taille et du battement très rapide de ses ailes.

oiseler v. [4] – XIIe 1 v. tr. Dresser (un oiseau) pour le vol, la chasse. *Oiseler un épervier.* 2 v. intr. Tendre des pièges (filets, gluaux) aux oiseaux.

oiselet n. m. – XIIe ▪ Petit oiseau. ⇒ **oisillon.**

oiseleur n. m. – XIIe ▪ Personne qui fait métier de prendre les oiseaux.

oiselier, ière n. – XVIe ▪ Personne dont le métier est d'élever et de vendre des oiseaux.

oiselle n. f. – XVIe 1 Oiseau femelle. 2 fam. Jeune fille niaise (cf. Oie* blanche).

oisellerie n. f. – XIVe 1 Lieu où l'on élève les oiseaux. ⇒ **cage, volière.** 2 Métier d'oiselier.

oiseux, euse adj. – XIIe ; lat. *otiosus* ▪ Qui ne mène à rien. ⇒ **inutile.** « *ces discussions oiseuses, cet ergotage aigre et puéril* » (R. Rolland). ✪ CONTR. Utile.

oisif, ive adj. et n. – XIVe ; de *oiseux* 1 Qui, de manière momentanée ou permanente, est dépourvu d'occupation. ⇒ **désœuvré, inactif, inoccupé.** « *Un enfant oisif est sujet à l'ennui* » (Rouss.). ➛ par ext. *Mener une vie oisive.* 2 n. Personne qui dispose de beaucoup de loisirs. *De riches oisifs.* ✪ CONTR. Actif, laborieux, occupé, travailleur.

oisillon n. m. – XIIIe ▪ Petit oiseau ; jeune oiseau. « *Trois oisillons déjà emplumés* » (Colette).

oisiveté n. f. – XIVe ▪ État d'une personne oisive. ⇒ **désœuvrement, inaction.** *Vivre dans l'oisiveté.* « *Il est ridicule et injuste que l'oisiveté de nos femmes soit entretenue de notre sueur et travail* » (Montaigne). ✪ CONTR. Occupation, ① travail.

oison n. m. – XIIIe ▪ Petit de l'oie.

O.K. [ɔke ; ɔkɛ] adv. et adj. inv. – XIXe ; mot angl., abrév. de *oll korrect,* altér. de *all correct* ▪ fam. 1 adv. D'accord. ⇒ **oui.** *À demain ? – O.K.* 2 adj. attribut ⇒ ① **bien.** *C'est O.K.* : ça va. *Tout est O.K., on peut partir.* ✪ HOM. Hockey, hoquet.

okapi n. m. – 1901 ; bantou ▪ Mammifère ruminant des forêts humides d'Afrique, de la taille d'une grande antilope et dont la tête ressemble à celle de la girafe.

okoumé n. m. – 1914 ; d'une langue du Gabon ▪ Arbre d'Afrique équatoriale originaire du Gabon et du Congo. ➛ Bois de cet arbre, utilisé notamment dans la fabrication du contreplaqué.

-ol Élément, de *alcool,* indiquant, dans la terminologie chimique, la présence d'une fonction alcool.

olé ou **ollé** interj. – 1919 ; esp. 1 Exclamation espagnole qui sert à encourager (en particulier dans les corridas). 2 adj. inv. fam. OLÉ OLÉ [ɔleɔle]. Qui est un peu libre dans ses manières, son langage ; égrillard, osé (paroles, textes, etc.). *Elles sont un peu olé olé.*

oléacées n. f. pl. – XIXe ; lat. *olea* « olivier » ▪ Famille de plantes gamopétales (ex. jasmin, lilas, olivier). ➛ au sing. *Une oléacée.*

oléagineux, euse adj. et n. m. – XIVe ; lat. « relatif à l'olivier » ▪ Qui est de la nature de l'huile. ⇒ **huileux.** « *La mer a la tranquillité lourde et épaisse d'une nappe oléagineuse* » (Leroux). ➛ Qui contient de l'huile. *Graines oléagineuses.* ⇒ **oléifère.** ♦ n. m. Plante dont on tire des matières grasses. *L'arachide, le colza sont des oléagineux.*

oléate n. m. – XIXe ; lat. *oleum* « huile » ▪ Sel ou ester de l'acide oléique.

olécrane n. m. – XVIe ; gr. *ôlenê* « bras, coude » et *kranion* « tête » ▪ Apophyse du cubitus, formant la saillie du coude.

oléfiant, iante adj. – XIXe ; lat. *oleum* « huile » ▪ Qui produit de l'huile.

oléfine n. f. – XIXe ; angl. ▪ Carbure éthylénique. ⇒ **alcène.**

oléi-, oléo- Éléments, du lat. *olea* « olivier », *oleum* « huile ».

oléiculteur, trice n. – 1904 ▪ Personne qui pratique l'oléiculture.

oléiculture n. f. – 1907 ▪ Culture de l'olivier, d'oléagineux.

oléifère adj. – XIXe ▪ Qui contient de l'huile, des graines oléagineuses.

oléine n. f. – XIXe ; lat. *oleum* et *-ine,* d'apr. *glycérine* ▪ Ester de l'acide oléique et du glycérol qui entre dans la composition de corps gras (beurre, huile d'olive, de soja, etc.).

oléique adj. m. – XIXe ; lat. *oleum* et *-ique* ▪ *Acide oléique :* acide organique non saturé, qui se trouve sous forme de glycérides, dans les corps gras.

oléo- → **oléi-**

oléoduc n. m. – XIXe ; de *oléo-* (d'apr. l'angl. *oil* « pétrole »), sur le modèle de *aqueduc* ▪ Conduite pour le transport du pétrole brut. ⇒ **pipeline.**

oléomètre n. m. – XIXe ; *oléo-* et *-mètre* ▪ Aréomètre qui sert à mesurer la densité des huiles.

oléopneumatique adj. – av. 1970 ▪ Qui fonctionne à l'aide d'huile et d'un gaz comprimé. ⇒ aussi **hydropneumatique.**

oléum [ɔleɔm] n. m. – 1919 ; lat. « huile » ▪ Acide sulfurique qui se présente sous la forme d'un liquide huileux.

olfactif, ive adj. – XVIe ; lat. *olfactus* « odorat » ▪ Relatif à l'odorat, à la perception des odeurs. *Sens olfactif.* ⇒ **odorat, olfaction.** « *l'odeur de ces admirables broches qui tournaient incessamment vint chatouiller son appareil olfactif* » (Hugo).

olfaction n. f. – XVIe ▪ Fonction par laquelle l'homme et les animaux perçoivent les odeurs. ⇒ **odorat.**

olibrius [ɔlibʀijys] n. m. – XVIe ; nom d'un empereur rom., incapable et fanfaron ▪ Homme importun qui se fait remarquer par sa conduite, ses propos. *Une espèce d'olibrius nous a insultés.*

olifant n. m. – XIe ; altér. de *éléphant* ▪ Cor des chevaliers du Moyen Âge, taillé dans une défense d'éléphant.

❑ On relève ce mot pour la première fois dans *La Chanson de Roland* au sens d'« ivoire » et de « petit cor d'ivoire ». ♦ La graphie *oliphant,* employée par Flaubert, d'après *éléphant,* ne s'est pas imposée.

oligarchie n. f. – XIVe ; gr. « commandement de quelques-uns » ▪ Régime politique où la souveraineté appartient à un petit groupe privilégié. ♦ Ce groupe. ➛ Élite puissante. *Une oligarchie financière.* ✪ CONTR. Démocratie, monarchie.

oligarchique adj. – XIVe ▪ Relatif à l'oligarchie.

oligiste adj. et n. m. – XIXe ; gr. *oligos* « peu » ▪ *Fer oligiste* ou n. m. *l'oligiste :* oxyde naturel de fer qui constitue un excellent minerai. ⇒ **hématite** (rouge).

oligo- Élément, du gr. *oligos* « petit, peu nombreux ».

oligocène n. m. – XIXe ; *oligo-* et *-cène* ▪ Deuxième période de l'ère tertiaire qui succède à l'éocène (environ douze millions d'années). ➛ adj. *Époque, faune oligocène.*

oligochètes [ɔligɔkɛt] n. m. pl. – v. 1903 ; de *oligo-* et gr. *khaitê* « chevelure » ▪ Classe d'annélides terrestres ou aquatiques. ➛ au sing. *Le lombric est un oligochète.*

oligoélément n. m. – 1937 ▪ Élément chimique, métal ou métalloïde, présent en très faible quantité chez les êtres vivants, et généralement indispensable au métabolisme.

oligomère n. m. – av. 1970 ; *oligo-* et *-mère* ▪ Polymère dont la molécule est formée d'un nombre de molécules composantes relativement peu élevé (2 à 12).

oligophrénie n. f. – 1947 ; de *oligo-* et gr. *phrên* « esprit » ▪ Arriération mentale.

oligopole n. m. – XVIe ; de *oligo-* et *(mono)pole* ▪ Forme de marché où un très petit nombre de grandes entreprises ont le monopole de l'offre. ⇒ **duopole, monopole.**

oligopolistique adj. – 1946 ▪ Propre à l'oligopole.

oligurie n. f. – XIXe ; *oligo-* et *-urie* ▪ Diminution de la quantité d'urine émise pendant 24 heures.

olivaie n. f. – XVIIe ▪ Plantation d'oliviers. ⇒ **oliveraie.**

olivaison n. f. – XVIIe ▪ Récolte des olives ; saison où se fait cette récolte.

olivâtre adj. – XVIe ▪ Qui tire sur la couleur de l'olive. *Grive à dos gris olivâtre.* ♦ Se dit d'un teint bistre, généralement mat et foncé. « *femme au teint olivâtre les cheveux très noirs tombant sur ses épaules* » (Cl. Simon).

olive n. f. – XIe ; lat. 1 Fruit à noyau de l'olivier, oblong, de couleur verdâtre puis noirâtre à maturité, dont on extrait de l'huile. *Olives vertes, noires.* « *cette sauce est harmonieusement mêlée d'huile d'olive* » (Duham.). 2 Ornement d'architecture ; perle allongée. ♦ Objet ayant la forme d'une olive. ➛ Petit interrupteur en forme d'olive, placé sur un fil électrique. ♦ Éminence de la face latérale du bulbe rachidien *(olives bulbaires)*, des hémisphères cérébelleux *(olives cérébelleuses)*. ♦ Mollusque gastéropode prosobranche *(monotocardes)*. 3 *Vert olive* et adj. inv. *olive* : d'une couleur verte tirant sur le brun. *Des rideaux olive.*

oliveraie n. f. – XIVe ▪ Verger, plantation d'oliviers. ⇒ **olivaie, olivette.**

olivette n. f. – XVIIe 1 Champ, terrain planté d'oliviers. ⇒ **olivaie, oliveraie.** 2 Variété de vigne à raisins oblongs ; ces raisins. ➛ Petite tomate oblongue et ferme.

olivier n. m. – X[e] 1 Arbre ou arbrisseau *(oléacées)* à tronc noueux, à feuilles lancéolées, dont le fruit **(⇒ olive)** est comestible et oléagineux. « *Où l'olivier renonce, finit la Méditerranée* » (Duham.). *Culture de l'olivier.* ⇒ **oliveraie ; oléiculture.** *La branche d'olivier, symbole de la paix.* ➛ *Le jardin des Oliviers, le mont des Oliviers,* où Jésus pria, avant d'être arrêté. 2 Bois de cet arbre. *Plateau en olivier.*

olivine n. f. – XVIIIe ; de *olive* ▪ Péridot d'une variété verdâtre. *Olivine altérée.* ⇒ **serpentine.**

ollaire adj. – XVIIIe ; lat. *olla* « pot » ▪ *Pierre ollaire* : serpentine employée pour faire des vases, des pots.

ollé → **olé**

olo- → **holo-**

olographe adj. – XVIIe ; gr. *holos* « entier » ▪ *Testament olographe,* écrit en entier de la main du testateur.

❑ On écrit aussi *holographe.*

olympiade n. f. – XIVe ; gr., de *Olumpia* « Olympie », ville d'Élide 1 Période de quatre ans entre deux jeux olympiques. 2 Jeux olympiques. *Athlète qui se prépare pour les prochaines olympiades.*

olympien, ienne [ɔlɛ̃pjɛ̃, jɛn] adj. et n. – XVIe 1 Relatif à l'Olympe, à ses dieux. *Les dieux olympiens,* et n. *les Olympiens.* ➛ Se disait de Jupiter et de Junon. *Temple de Jupiter olympien.* 2 Majestueux avec hauteur (comme l'on représente Jupiter). « *je suis dans un état olympien, j'aspire l'antique à plein cerveau* » (Flaub.). *Un calme olympien,* imperturbable.

olympique adj. – XVIe ▪ *Jeux olympiques,* qui étaient célébrés tous les quatre ans près d'Olympie. ➛ Compétition sportive internationale réservée aux meilleurs athlètes amateurs, et ayant lieu tous les quatre ans. ⇒ **olympiade.** *Les Jeux olympiques d'hiver, d'été.* ♦ *Champion olympique. Médaille olympique. Flamme olympique.* ➛ Conforme aux règlements des Jeux olympiques. *Piscine olympique.*

olympisme n. m. – XIXe ▪ Institution, organisation des Jeux olympiques.

ombelle n. f. – XVIe ; lat. « parasol » ▪ Inflorescence dans laquelle les pédicelles partent d'un même point pour s'élever au même niveau, comme les rayons d'un parasol. *Ombelle simple, composée.* ♦ Fleur en ombelle. *Bouquet d'ombelles.*

ombellé, ée adj. – XVIIIe ▪ Disposé en ombelle.

ombellifère adj. et n. f. – XVIIe ▪ Qui porte des ombelles. *Plante ombellifère.* ♦ n. f. pl. *LES OMBELLIFÈRES* : famille de plantes phanérogames angiospermes, à fleurs en ombelle (anis, carotte, céleri, ciguë, persil, etc.). ➛ au sing. *Une ombellifère.*

ombelliforme adj. – XVIIIe ▪ Qui a la forme d'une ombelle.

ombilic n. m. – XVe ; lat. *umbilicus* → nombril **I - 1** Nombril. ➛ Endroit d'où part le cordon reliant le fœtus au placenta. 2 Partie centrale d'un plat ou d'une assiette quand elle est en saillie arrondie. 3 Dépression peu étendue et creuse, au fond d'une vallée glaciaire. **II** Plante à racine tubéreuse *(crassulacées),* dont une variété à fleurs pendantes est appelée *nombril de Vénus.*

ombilical, ale, aux adj. – XVe 1 Relatif à l'ombilic, au nombril. *Cordon* ombilical.* 2 En forme d'ombilic.

ombiliqué, ée adj. – XVIIIe ▪ Pourvu d'un ombilic. ♦ Qui présente une dépression ou une saillie rappelant un ombilic.

omble n. m. – XVIe, lat. *amulus* ▪ Poisson d'eau douce à chair très estimée, vivant dans les profondeurs des lacs et des rivières.

❑ On l'appelle aussi *ombre,* improprement, car l'ombre est un autre salmonidé. → ② ombre

ombrage n. m. – XIIe 1 Ensemble de branches et de feuilles qui donnent de l'ombre. ⇒ **feuillage.** « *Sous un ombrage épais, assis près d'un ruisseau* » (La Font.). ♦ L'ombre que donnent les feuillages. 2 Jalousie, crainte d'être éclipsé, plongé dans l'ombre par qqn. *PORTER OMBRAGE* (à qqn), lui causer l'inquiétude d'être éclipsé. *Sa sœur lui a porté ombrage.* « *Un Vizir aux sultans fait toujours quelque ombrage* » (Rac.). *PRENDRE OMBRAGE* (de qqch) : éprouver de la jalousie, de l'inquiétude de qqch. **(⇒ ombrageux).** *N'en prenez pas ombrage.* ⇒ **s'offenser, s'offusquer.** ✪ CONTR. Confiance, tranquillité.

ombragé, ée adj. – XIVe ▪ Abrité par un ombrage. « *crique ombragée, où une grande pirogue est amarrée* » (Gide). *Avenue ombragée.* ⇒ **ombreux.**

ombrager v. tr. [3] – XVIe 1 Faire, donner de l'ombre à (en parlant des feuillages). « *Un sentier de chèvre* [...], *ombragé de figuiers sauvages et d'azeroliers* » (Lamart.). 2 Couvrir, cacher comme fait un ombrage. « *ces cheveux argentés qui ombragent votre noble front* » (Muss.).

ombrageux, euse adj. – XIIIe 1 (D'un animal de trait ou de somme) Qui s'inquiète, s'effraie d'une ombre ou de tout ce qui le surprend. *Cheval ombrageux.* 2 Qui se froisse, s'offusque aisément, s'estime facilement offensé. ⇒ ① **farouche, jaloux, susceptible.** « *sa sensibilité ombrageuse* » (Mart. du G.). ✪ CONTR. Paisible, tranquille.

> ❑ Ne pas confondre avec *ombragé* « abrité par un ombrage » ni avec *ombreux* « qui donne de l'ombre ».

① **ombre** n. f. – x^e ; lat. *umbra* **I - 1** Zone sombre créée par un corps opaque qui intercepte les rayons d'une source lumineuse ; obscurité, absence de lumière (surtout celle du soleil) dans une telle zone. *Ombre partielle.* ⇒ **demi-jour, pénombre.** *L'ombre des feuillages.* ⇒ ① **couvert, ombrage.** *Il n'y a pas un coin d'ombre sur cette place.* Loc. fig. *Faire de l'ombre à qqn,* l'éclipser. ➤ Zone (du système solaire) non éclairée par le Soleil. *Hémisphère plongé dans l'ombre.* ♦ À L'OMBRE. *Il fait 40 degrés à l'ombre.* ➤ loc. fig. et fam. *Mettre qqn à l'ombre,* l'emprisonner. ➤ *À l'ombre de :* sous la protection de, à l'abri de. ➤ *DANS L'OMBRE. Dans l'ombre d'une forêt.* Fig. *Vivre dans l'ombre de qqn,* constamment près de lui, dans l'effacement de soi. *Il « vivait dans l'ombre de cet homme extraordinaire, imitant ses façons de parler »* (Duham.). **2** Représentation d'une zone sombre, en peinture. ⇒ **ombrer.** *Les ombres et les clairs.* ⇒ **clair-obscur, contraste ; demi-teinte.** ➤ loc. fig. *Il y a une ombre au tableau :* la situation comporte un inconvénient. ♦ *Ombre à paupières :* fard qu'on étale sur les paupières. **3** Obscurité. « *Dans l'ombre doublement obscure de la nuit et des rues profondes* » (Michelet). **4** fig. ⇒ **obscurité,** ② **secret.** *Rester dans l'ombre,* dans une situation obscure, ignorée. *Sortir de l'ombre.* ➤ loc. *Laisser qqch. dans l'ombre,* dans l'incertitude. ⇒ **mystère.** *Ce qui se trame dans l'ombre.* ⇒ **secrètement. II - 1** Zone sombre reproduisant le contour plus ou moins déformé (d'un corps qui intercepte la lumière). ⇒ **contour, image, silhouette.** ➤ *Longueur des ombres,* selon la position du soleil. *Ombre méridienne,* la plus courte, celle de midi. ♦ loc. fig. *Avoir peur de son ombre :* être très craintif. ➤ *Suivre qqn comme une (son) ombre.* **2** plur. Ombres projetées sur un écran pour constituer un spectacle. *Théâtre d'ombres. Ombres chinoises :* projection sur un écran de silhouettes découpées. **3** Forme imprécise (spécialt humaine) dont on ne discerne que les contours. *Entrevoir deux ombres qui s'enfuient.* **4** par métaph. « *La peine et le plaisir passent comme une ombre* » (Rouss.), sont éphémères. ➤ loc. *Lâcher la proie pour l'ombre,* un avantage certain pour une espérance. ♦ *UNE OMBRE DE :* la moindre apparence, la plus petite quantité de (souvent en tournure négative). ⇒ **soupçon, trace.** *Il n'y a pas l'ombre d'un doute.* **5** Dans certaines croyances, Apparence d'une personne qui survit après sa mort. ⇒ **âme, double, fantôme, mânes.** « *Je vais chercher son ombre* [d'Ulysse] *jusque dans les enfers* » (Fén.). **6** Reflet affaibli (de ce qui a été). loc. *Être (n'être plus que) l'ombre de soi-même,* très amaigri, ou diminué intellectuellement. ✪ CONTR. Clarté, éclairage, lumière. Réalité ; ② vivant.

② **ombre** n. m. – xive ; lat. « poisson de teinte sombre » ▪ Poisson de rivière voisin du saumon et de l'omble, caractérisé par une bouche plus petite.

③ **ombre** n. f. – xixe ▪ Terre brune, qui sert à ombrer (syn. *terre d'ombre, terre de Sienne*).

ombrelle n. f. – xiiie **1** Petit parasol portatif. *S'abriter du soleil sous une ombrelle.* « *Son ombrelle rouge, tamisant la lumière, projette sur son visage sombre le fard sanglant de ses reflets* » (Baudelaire). **2** Partie convexe de la masse généralement transparente d'une méduse, d'où partent les tentacules.

ombrer v. tr. [1] – xve **1** Marquer de traits ou de couleurs figurant les ombres, en dessinant ou en peignant. « *en ombrant des étoiles à six branches sur un bout de papier* » (Romains). ➤ par ext. *Maquillage qui ombre les paupières.* **2** Mettre dans l'ombre. « *Un grand feutre à longue plume Ombrait son œil qui s'allume* » (Verlaine).

ombrette n. f. – xviiie ▪ Oiseau échassier de l'Afrique tropicale *(ciconiiformes),* huppé, au plumage sombre.

ombreux, euse adj. – xiiie **1** Qui donne de l'ombre. *Les hêtres ombreux.* **2** Où il y a beaucoup d'ombre. ⇒ **ombragé.** « *une grande forêt ombreuse* » (Gaut.). « *Les salles d'attente étaient ombreuses et fraîches* » (Camus). ✪ CONTR. Ensoleillé.

> ❑ Ne pas confondre avec *ombragé* et *ombrageux ;* ce qui est *ombreux* donne de l'ombre et ne la reçoit pas.

ombrien, ienne adj. et n. – xixe ▪ D'Ombrie, région d'Italie. ➤ n. m. *L'ombrien :* langue du groupe italique.

ombrine n. f. – xviie ▪ Poisson marin *(perciformes)* à corps rayé de bandes brunes, à chair comestible.

ombudsman [ɔmbydsman] n. m. – v. 1960 ; mot suéd., de *ombud* « délégué » et *man* « homme » ▪ Dans les pays scandinaves, Personne chargée de défendre les droits du citoyen face aux pouvoirs publics. *Des ombudsmans* ou *des ombudsmen* [ɔmbydsmɛn].

-ome Élément, désignant une tumeur, une maladie se manifestant par une tumeur.

oméga n. m. – xiie ; mot gr. « o grand » **1** Vingt-quatrième et dernière lettre de l'alphabet grec (Ω, ω), servant à noter le *o* long ouvert en grec ancien. **2** fig. Dernier élément d'une série. *L'alpha* et l'oméga.*

omelette n. f. – xvie ; lat. *lamella* « lame » **1** Mets fait avec des œufs battus et cuits à la poêle. *Omelette aux champignons, au fromage.* « *L'inimitable omelette d'Alsace, craquante et dorée comme un gâteau* » (Daud.). **2** *Omelette norvégienne :* dessert composé de glace, de meringue et de génoise, chaud à l'extérieur et glacé dedans.

omerta n. f. – 1952 ; it. *umiltà* « humilité » ▪ Loi du silence, dans les milieux proches de la Mafia.

omettre v. tr. [56] – xive ; lat. *omittere,* d'apr. *mettre* ▪ Oublier ou négliger de considérer, de mentionner ou de faire (ce qu'on pourrait, qu'on devrait considérer, mentionner, faire). ⇒ **négliger, oublier.** « *J'ai voulu trop en mettre, n'omettre aucun détail* » (Léautaud). *Omettre qqn dans une liste.* ➤ *Omettre de faire qqch. Elle a omis de les prévenir.* ✪ CONTR. Penser (à).

omis, ise adj. – xviie ▪ Que l'on a oublié ou que l'on a négligé de considérer, de mentionner, de faire. *Ajouter une référence omise.*

omission n. f. – xive ▪ Le fait, l'action d'omettre (qqch.), de ne pas dire, de ne pas faire (qqch.). ➤ *Pécher par omission.* ♦ Chose omise. « *Parmi les nombreuses omissions que j'ai commises, il y en a de volontaires* » (Baudelaire). *Omission involontaire.* ⇒ **négligence, oubli.** *Sauf erreur ou omission.*

ommatidie n. f. – 1932 ; gr. *ommation* « petit œil » ▪ Unité optique individuelle de l'œil composé des arthropodes, formant en soi un photorécepteur complet. ⇒ **facette.**

omni- Élément, du lat. *omnis* « tout ».

omnibus [ɔmnibys] n. m. et adj. – xixe ; mot lat. « pour tous » → ① bus **1** Voiture publique d'abord hippomobile, puis automobile, qui transportait des voyageurs dans une ville. *Impériale d'un omnibus.* « *L'omnibus, ouragan de ferraille et de boues* » (Verlaine). **2** *Train omnibus,* ou n. m. *un omnibus :* train qui dessert toutes les stations sur son trajet (opposé à ① *express*). **3** *Barre omni-*

bus : conducteur de grande section relié, d'une part au générateur, d'autre part aux circuits d'utilisation.

❑ À la différence de *diligence, omnibus* se disait surtout des voitures qui effectuaient un trajet urbain : *l'omnibus Madeleine-Bastille.*

omnidirectionnel, elle adj. – 1948 ▪ Dont les caractéristiques d'émission ou de réception sont les mêmes dans toutes les directions. *Antenne omnidirectionnelle.* ✪ CONTR. Unidirectionnel.

omnipotence n. f. – XIVe ; lat. ▪ Puissance absolue. ⇒ **toute-puissance.** ➛ Pouvoir absolu. ⇒ **absolutisme.** *L'omnipotence militaire.* ✪ CONTR. Impuissance.

omnipotent, ente adj. – XIIe ▪ Qui dispose d'une puissance absolue. « *un de ces financiers omnipotents, plus forts que des rois* » (Maupass.).

omnipraticien, ienne n. – 1964 ▪ Médecin généraliste. ✪ CONTR. Spécialiste.

omniprésence n. f. – XIXe ▪ Faculté de pouvoir être présent partout ; présence en tout lieu. ⇒ **ubiquité.**

omniprésent, ente adj. – XVIIIe ▪ Qui est présent partout, en tout lieu. ⇒ **ubiquiste, ubiquitaire.** ➛ Qui accompagne partout. « *Le bruit omniprésent du vent* » (Cl. Simon).

omniscience n. f. – XVIIIe ▪ Science de toute chose.

omniscient, iente [ɔmnisjɑ̃, jɑ̃t] adj. – XVIIIe ▪ Qui sait tout. ⇒ **universel.** « *La science n'est ni omnisciente, ni infaillible* » (Maurois).

omnisports adj. – 1934 ▪ Où l'on pratique un grand nombre de sports. *Club omnisports.*

omnium [ɔmnjɔm] n. m. – XIXe ; mot lat. « tout » **1** Société financière ou commerciale qui s'occupe de toutes les branches d'un secteur économique. *L'omnium des pétroles. Des omniums.* **2** Handicap ouvert aux chevaux courant en plat. ♦ Compétition cycliste sur piste, combinant plusieurs courses.

omnivore adj. – XVIIIe ; *omni-* et *-vore* ▪ Qui se nourrit indifféremment d'aliments d'origine animale ou végétale.

omoplate n. f. – XIVe ; gr. *ômos* « épaule » et *platê* « surface plate » ▪ Chacun des deux os plats triangulaires situés en haut du dos (⇒ ② **scapulaire).** ⇒ **épaule.** « *Il lui avait plaqué une main entre les omoplates* » (Sartre).

on pron. indéf. – IXe ; lat. *homo* → homme ▪ Pronom personnel indéfini de la 3e personne, invariable, faisant toujours fonction de sujet. **I** ON, marquant l'indétermination. **1** Les hommes en général, l'homme. *On ne saurait penser à tout.* **2** Les gens. *On ne me fera jamais croire cela. On dit que* : le bruit court. ➛ subst. *Un on-dit* (→ **on dit**) ; *le qu'en dira t on* (→ **qu'en dira t on**). **3** Une personne quelconque. ⇒ **quelqu'un.** « *On me l'a dit : il faut que je me venge* » (La Font.). **II** ON, représentant une ou plusieurs personnes déterminées. **1** Tu, toi, vous. Fam. « *Alors ? On s'en va comme ça ? On ne dit même pas merci ?* » (Sartre). **2** Je, moi ou nous. *Oui, oui ! on y va. Il y a longtemps qu'on ne vous a pas vu.* ➛ (dans un écrit) *On montrera dans ce livre que...* **3** Fam. Nous. *Quand est-ce qu'on se voit ?* « *Nous autres artistes* [...] *on ne fait pas toujours ce qu'on veut* » (Colette). « *Ce qu'on était serrés !* » (Perec). **III** Emplois particuliers **1** Avec le pron. pers. *soi* ou un nom accompagné d'un poss. *(son)* pour compl. ON... SOI, SOI-MÊME (réfl.). « *On a souvent besoin d'un plus petit que soi* » (La Font.). *On n'est jamais si bien servi que par soi-même.* **2** Suivi d'un p. p. ou d'un attribut ➛ (au masc. sing.) « *On n'est jamais si heureux ni si malheureux qu'on s'imagine* » (La Rochef.). ➛ (avec accord) « *On est toujours servis les derniers* » (Sartre). **3** loc. (avec *pouvoir* et *savoir*) *On ne peut plus, on ne peut mieux. On ne sait qui, on ne sait quoi.* **IV** n. m. Le mot *on.* Loc. fam. On *est un con.*

❑ *L'on* s'emploie pour éviter un hiatus, une cacophonie : *et l'on pense ; ce que l'on conçoit bien.* Il ne faut pas le mettre partout, ce qui est une tendance actuelle (*mais l'on attend* au lieu de la liaison [mɛzɔ̃natɑ̃]).

① **onagre** n. m. – XIIe ; gr. « âne sauvage » **1** Âne sauvage, de grande taille *(équidés).* **2** Catapulte, utilisée au cours des sièges.

② **onagre** n. f. – XVIIIe ▪ Plante appelée aussi *herbe aux ânes,* cultivée pour ses fleurs. ⇒ **œnothère.**

onanisme n. m. – XVIIIe ; de *Onan,* personnage de la Bible ▪ Masturbation.

onc, oncques ou **onques** adv. – IXe ; lat. *unquam* « quelquefois » ▪ VX Jamais. *Il « est bien le plus mauvais coucheur qui fut oncques »* (Chateaub.).

❑ Les formes *onc* et *on(c)ques* comme variantes poétiques → encore, jusque (rem.). ♦ Ne s'emploie plus de nos jours que par affectation d'archaïsme (notamment médiéval) et par plaisanterie.

① **once** n. f. – XIIe ; lat. *uncia* « douzième partie » **1** Ancien poids qui valait la douzième partie de la livre romaine et la seizième partie de la livre de Paris. ♦ Mesure de poids anglo-saxonne, utilisée aussi au Canada, qui vaut la seizième partie de la livre ou 28,349 g (abrév. oz). **2** UNE ONCE DE... : une très petite quantité de. « *Il faut presser cent quintaux de mensonges pour en extraire une once de vérité* » (Volt.). *Il n'a pas une once de bon sens.* ⇒ **grain.**

② **once** n. f. – XIIIe ; a. fr. *lonce,* du lat. *°lyncea,* de *lynx* ▪ Grand félin sauvage *(carnivores)* de l'Himalaya, à l'épaisse fourrure gris-brun, appelé aussi *léopard des neiges, panthère des neiges.*

onchocercose [ɔ̃kosɛʀkoz] n. f. – 1932 ; de *onchocerque* « ver parasite », du gr. *ogkos* « crochet » et *kerkos* « guerre », et ② *-ose* ▪ Parasitose due à une filaire transmise par la simulie, atteignant les yeux et responsable de nombreuses cécités dans les pays tropicaux.

oncial, iale, iaux adj. et n. f. – XVIe ; lat. *uncialis* « d'un douzième (de pied) » ▪ Se dit d'une écriture romaine en capitales arrondies de grande dimension. ➛ n. f. *Manuscrit en onciale.*

oncle n. m. – XIe ; lat. *avunculus* « oncle maternel » ▪ Le frère du père ou de la mère, et par ext. Le mari de la tante. → aussi **grand-oncle ;** fam. **tonton.** *Relatif à un oncle.* ⇒ **avunculaire.** *L'oncle et ses neveux, ses nièces.* « *Mon oncle Henri était la crème des hommes* » (Gide). *Oncle à la mode de Bretagne* : cousin germain du père ou de la mère. ➛ *Oncle Sam* : personnification familière des États-Unis.

oncogène adj. – 1951 ▪ Qui favorise le développement des tumeurs malignes (⇒ **cancérigène).** *Virus oncogène.* ➛ *Gène oncogène* ou n. m. *un oncogène* : gène responsable du développement tumoral.

oncologie n. f. – 1934 ; gr. *onkos* « grosseur, tumeur » et *-logie* ▪ Étude des tumeurs cancéreuses. ⇒ **cancérologie, carcinologie.**

oncologue n. – v. 1970 ▪ Médecin spécialiste en oncologie. ⇒ **cancérologue.**

oncques → **onc**

onction n. f. – XIIe ; lat. *unguere* « oindre » **1** Rite qui consiste à oindre une personne ou une chose (avec de l'huile sainte), en vue de lui conférer un caractère sacré, d'attirer sur elle la grâce. **2** Friction de la peau avec un corps gras. **3** Douceur dans les gestes, les paroles, qui dénote de la piété, de la dévotion. « *il baissait aussitôt ses paupières sur ses yeux presque clos avec* *l'onction d'un ecclésiastique en train de dire son chapelet* » (Proust). ✪ CONTR. Dureté, rudesse, sécheresse.

onctueux, euse adj. – XIVe 1 Qui est propre à oindre ; qui est de la nature d'un corps gras ; qui, au toucher, donne l'impression douce et moelleuse de la graisse, de l'huile. ⇒ **gras, huileux.** « *le barbier étalait à nouveau sur le visage déjà rasé une mousse onctueuse* » (Gide). ♦ Qui a une consistance crémeuse. *Potage onctueux.* ⇒ **velouté.** 2 fig. (souvent iron.) Qui a de l'onction. ⇒ **dévot.** *Manières onctueuses.* ⇒ **mielleux,** ① **patelin.** « *il fut charmant de fausseté onctueuse* » (Courtel.). ✪ CONTR. Sec.

onctuosité n. f. – XIVe ▪ Caractère de ce qui est onctueux.

ondatra n. m. – XVIIe ; mot huron ▪ Mammifère rongeur *(muridés),* qui vit à la manière des castors. ⇒ **loutre** (d'Hudson), **rat** (musqué). « *L'ondatra est de la grosseur d'un petit lapin et de la forme d'un rat* » (Buff.). ◆ Sa fourrure. *Manteau d'ondatra.*

onde n. f. – XIIe ; lat. *unda* « eau courante » **I - 1** Masse d'eau qui se soulève et s'abaisse. ⇒ **flot,** ① **vague.** « *L'onde approche, se brise* » (Rac.). 2 L'eau de la mer, les eaux courantes ou stagnantes. ⇒ **eau.** « *L'onde était transparente ainsi qu'aux plus beaux jours* » (La Font.). 3 Forme sinueuse, rappelant l'aspect de l'onde. *Ondes de cheveux.* ⇒ **ondulation.** ◆ Ornement fait de lignes sinueuses et parallèles. **II - 1** Déformation ou vibration qui se propage dans le temps et l'espace. *Ondes longitudinales,* dans lesquelles le déplacement, la vibration se produit dans la direction de la propagation (ex. *ondes sonores*). *Ondes transversales,* dans lesquelles le déplacement, la vibration se produit dans un plan perpendiculaire à la direction de propagation (ex. *ondes électromagnétiques*). ⇒ **vibration.** *Longueur d'onde :* espace parcouru par la vibration pendant une période. *Vitesse de propagation d'une onde :* vitesse qu'aurait un point qui se trouverait constamment sur la crête de l'onde. *Ondes entretenues :* émission continue d'ondes d'amplitude constante. *Ondes amorties,* dont l'amplitude décroît. *Ondes directes. Ondes indirectes* ou *ondes d'espace :* ondes réfléchies sur l'ionosphère. *Ondes liquides :* ondes concentriques qui se propagent dans l'eau quand on y jette une pierre. ⇒ **cercle, ride, rond.** *Ondes sismiques.* ◆ *Onde de choc :* sillage généralement conique d'un objet se déplaçant dans l'air à une vitesse supersonique ; fig. ensemble de répercussions, souvent fâcheuses, d'un événement (cf. Choc* en retour). ◆ *Ondes sonores.* ⇒ ② **son** (infrason, ultrason, son audible), **résonance.** ◆ *ONDES ÉLECTROMAGNÉTIQUES :* famille d'ondes qui ne nécessitent aucun milieu matériel connu pour leur propagation. ◆ *ONDES HERTZIENNES* ou *radioélectriques.* ⇒ **radar,** ② **radio, télévision ; T.S.F.** *Ondes courtes, ondes moyennes, petites ondes, grandes ondes. Écouter une émission sur ondes courtes.* ◆ loc. fig. et fam. *Être sur la même longueur d'onde :* se comprendre, parler le même langage. 2 *LES ONDES :* la radiodiffusion. ⇒ ② **radio.** *Sur les ondes ou dans la presse. Metteur en ondes. Passer sur les ondes tel jour à telle heure.* 3 *Ondes musicales* ou *ondes Martenot :* instrument de musique électronique à clavier, dont le son est produit par les vibrations de lampes du type radioélectrique. 4 *Onde musculaire, péristaltique* (propagation de proche en proche d'une contraction). ⇒ **péristaltisme. III** Sensation, sentiment qui se manifeste par accès, et se propage comme une onde. *Ondes de sympathie.*

> ❑ Même famille étymologique : *inonder, abonder.*

ondé, ée adj. – XIVe ▪ En forme d'onde, qui présente des ondes. *Tissu ondé.* ⇒ **moiré.** ◆ blas. *Croix ondée, chevron ondé.*

ondée n. f. – XIIe ▪ Pluie soudaine et de peu de durée. *Être surpris par une ondée.* ⇒ **averse.** « *une chaleur orageuse suivait ces brusques ondées* » (Camus).

ondemètre n. m. – 1904 ▪ Appareil servant à mesurer la longueur d'onde d'une émission radioélectrique.

ondin, ine n. – XVIe ▪ Génie, déesse des eaux dans la mythologie nordique.

> ❑ Le féminin *ondine* est beaucoup plus courant que le masculin.

ondinisme n. m. – 1951 ▪ Érotisation des fonctions urinaires. ⇒ **urolagnie.**

on-dit n. m. inv. – XIIe ▪ Rumeur, bruit qui court. ⇒ **bruit, racontar, rumeur.** « *des propos en l'air, des on-dit, des ouï-dire* » (Hugo).

ondoiement n. m. – XIIe 1 Mouvement de ce qui ondoie. *L'ondoiement des herbes dans le vent.* 2 Baptême réduit à l'ablution baptismale. *Ondoiement donné à un enfant en danger de mort.*

ondoyant, ante adj. – XIIe 1 Qui ondoie, a le mouvement de l'onde. *Les blés ondoyants.* ♦ Qui présente des courbes gracieuses. *Formes ondoyantes du modern style.* ⇒ **sinueux.** 2 Qui est mobile, change aisément. *Personne ondoyante.* ⇒ **capricieux, changeant, inconstant.** ✪ CONTR. Constant, stable.

> ❑ Pour le sens → onduleux (rem.).

ondoyer v. [8] – XIIe ; de *onde* 1 v. intr. Remuer, se mouvoir en s'élevant et s'abaissant alternativement. *Drapeau qui ondoie dans le vent.* ⇒ ① **flotter, onduler.** 2 v. tr. Baptiser par ondoiement.

ondulant, ante adj. – XVIIIe ▪ Qui ondule. « *Un superbe mâle aux épaules ondulantes* » (Mart. du G.). ♦ *Fièvre ondulante,* qui s'élève puis décroît par ondulations.

> ❑ Pour le sens → onduleux (rem.).

ondulation n. f. – XVIIe ; lat. *undula* « petite onde » 1 Onde concentrique dans l'eau ; onde en général. 2 Mouvement alternatif d'un fluide qui s'élève et s'abaisse ; mouvement sinueux, latéral. *Ondulation des vagues, de la houle* (⇒ **ondoiement),** *des blés. Elle* « *avait dans la taille des ondulations de panthère* » (Flaub.). 3 Ligne, forme sinueuse, faite de courbes alternativement concaves et convexes. *Les ondulations de la rivière.* ⇒ **sinuosité.** ◆ Mouvement naturel ou artificiel des cheveux qui présentent une succession de vagues. ♦ *Ondulation du sol, du terrain :* suite de dépressions et de saillies dues à un plissement. ⇒ ① **pli.**

ondulatoire adj. – XVIIIe 1 Qui a les caractères d'une onde. *Mouvement ondulatoire de la houle, du son.* ♦ Qui appartient à l'onde. *Aspect ondulatoire.* 2 Qui se rapporte aux ondes. *Mécanique ondulatoire :* théorie selon laquelle toute particule est considérée comme associée à une onde périodique.

ondulé, ée adj. – XVIIIe ▪ Qui ondule. *Cheveux ondulés.*

onduler v. [1] – XVIIIe **I** v. intr. 1 Avoir un mouvement d'ondulation. ⇒ **ondoyer.** « *ses moustaches blondes ondulaient au vent avec la légèreté d'une écharpe* » (Mart. du G.). ⇒ ① **flotter.** 2 Présenter des ondulations. *Ses cheveux ondulent naturellement.* **II** v. tr. Rendre ondulé. *Onduler ses cheveux au fer* (⇒ **friser).**

onduleur n. m. – XIXe ▪ Dispositif électronique destiné à transférer, sous forme alternative, à une charge, une énergie électrique continue.

onduleux, euse adj. – XVIIIe 1 Qui présente de larges ondulations. ⇒ **courbe, ondulé, sinueux.** *Une ligne onduleuse.* « *L'horizon onduleux* [...] *les pentes gazonnées du parc* » (Chardonne). 2 Qui ondule.

⇒ **ondoyant, ondulant.** « *la houle onduleuse et fuyante* » (Maupass.). ✪ CONTR. ① Droit, ① plat, raide.

❑ Les différences sont délicates entre *ondulant, onduleux* et *ondoyant ; ondulant* précise la nature d'un mouvement et *onduleux* souligne l'abondance ou la fréquence des ondulations ; *ondoyant* insiste sur l'aspect changeant qu'offre à la vue ce qui ondule.

one man show [wanmanʃo] **loc. subst. m.** – 1955 ; mot angl. « spectacle *(show)* d'un seul homme *(one man)* » ▪ Spectacle de variétés centré sur un seul artiste. *Des one man shows.* ➛ Recomm. offic. *SPECTACLE SOLO.*

onéreux, euse **adj.** – XIVe ; lat. *onus* « poids, charge » ▪ Qui impose des frais, des dépenses ; qui est cher. ⇒ **cher, coûteux.** « *les logements meublés, c'était quand même trop onéreux* » (Duham.). ✪ CONTR. Avantageux, économique.

O.N.G. [oɛnʒe] **n. f. inv.** – 1968 ; sigle de ***O****rganisation* ***N****on* ***G****ouvernementale* ▪ Organisme non gouvernemental d'intérêt public ou humanitaire (Croix-Rouge, Médecins du monde, Terre des hommes, etc.).

ongle **n. m.** – XIIe ; lat. *ungula* **1** Lame cornée, implantée sur l'extrémité dorsale des doigts et des orteils chez l'homme, les simiens. ➛ *Avoir les ongles sales, noirs* (la partie libre des ongles). ➛ *Manger, ronger ses ongles* (⇒ **onychophagie).** *Faire les ongles à qqn* (⇒ **manucure).** *Se faire les ongles. Pierrette regardait « ses ongles qu'elle n'osait encore vernir et qu'elle ne rongeait déjà plus »* (Queneau). ➛ *Gratter, griffer avec les ongles.* ♦ loc. fig. *Jusqu'au bout des ongles* : complètement, extrêmement. *Connaître, savoir qqch. sur le bout des ongles,* à fond (cf. Sur le bout des doigts*). **2** Extrémité cornée des membres de certains vertébrés. ⇒ **ongulés. 3** Griffe des carnassiers. ➛ Serre des rapaces. ➛ loc. *Se défendre bec et ongles,* de toutes ses forces.

onglée **n. f.** – XVe ▪ Engourdissement douloureux de l'extrémité des doigts, provoqué par le froid. *Avoir l'onglée.*

onglet **n. m.** – XIVe ; de *ongle* **1** Extrémité d'une planche, d'une moulure formant un angle de quarante-cinq degrés. *Assemblage à onglet, en onglet.* ➛ *Boîte à onglets,* formée de deux barres de bois à encoches pour guider la scie, entre lesquelles on place ce que l'on veut scier selon un angle déterminé. **2** Petite bande de papier (repliée sur le côté ou rapportée) permettant d'insérer une feuille dans un livre. **3** Morceau de bœuf pour biftecks. *Onglet à l'échalote.* ♦ Partie inférieure du pétale, par laquelle il s'insère au réceptacle. ➛ Partie d'un rameau laissée au-dessus de l'œil, après la taille. ♦ Poinçon ou burin taillé en triangle. ⇒ **onglette.** ♦ Portion d'un volume (cylindre, sphère, cône) comprise entre deux plans passant par l'axe. **4** Entaille où l'on peut introduire l'ongle. *L'onglet d'une lame de canif.* ➛ Échancrure sur le plat d'une règle. ♦ Échancrure dans les feuillets d'un livre ou d'un cahier pour signaler un chapitre ou une section. *Les onglets d'un répertoire.*

onglette **n. f.** – XVIe ▪ Petit outil de graveur en médailles (⇒ **burin).**

❑ On l'appelle aussi *onglet* ou *ognette.*

onglier **n. m.** – XIXe ▪ Ensemble des instruments nécessaires à la toilette des ongles, des mains ; étui, nécessaire qui les contient. ⇒ **nécessaire** (à ongles).

onglon **n. m.** – XIVe ▪ Sabot des ruminants, des porcins et des éléphants.

onguent **n. m.** – XIIIe ; lat. *unguens* ▪ Sorte de pommade à base de résine, de corps gras. ⇒ **crème, liniment, pommade, topique.** *Appliquer un onguent sur une brûlure.* « *il le frotta par tout le corps d'un certain onguent qu'il sait faire* » (Mol.).

onguiculé, ée [ɔ̃g(ɥ)ikyle] **adj.** – XVIIIe ▪ Qui a un ongle à chaque doigt. *Animaux onguiculés.* ➛ *Pétale onguiculé,* pourvu d'onglets très apparents.

onguiforme [ɔ̃g(ɥ)ifɔʀm] **adj.** – XIXe ▪ Qui a la forme d'un ongle.

ongulé, ée **adj.** et **n. m.** – XVIIIe ▪ Se dit des animaux dont les pieds sont terminés par des productions cornées (⇒ **ongle, onglon, sabot).** ♦ **n. m. pl.** *LES ONGULÉS* : ordre de mammifères placentaires comportant les artiodactyles, les périssodactyles et les proboscidiens.

onguligrade **adj.** – XIXe ▪ Qui marche sur des sabots, en parlant d'animaux. ⇒ **ongulé.**

onirique **adj.** – XIXe ; gr. *oneiros* « rêve » **1** Relatif aux rêves. *Il « ne trouvait jamais la moindre consolation aux délires oniriques »* (Duham.). **2** Qui évoque un rêve. *Décor onirique de certaines œuvres surréalistes.*

onirisme **n. m.** – 1907 ▪ Activité mentale pathologique faite de visions et de scènes animées, telles qu'en réalise le rêve. « *le malade est pris d'un délire confusionnel avec onirisme* » (Cendrars).

oniro- Élément, du gr. *oneiros* « rêve ».

onirologie **n. f.** – XIXe ; *oniro-* et *-logie* ▪ Étude des rêves.

onirologue **n. m.** – 1933 ▪ Spécialiste en onirologie.

oniromancie **n. f.** – XVIIe ; *oniro-* et *-mancie* ▪ Divination par les songes.

oniromancien, ienne **n.** – XIXe ▪ Personne qui pratique l'oniromancie.

onlay [ɔnlɛ] **n. m.** – 1951 ; mot angl., de *on* « sur » et *to lay* « déposer » ▪ Dépôt d'or coulé à l'extérieur de la dent (opposé à *inlay*). *Des onlays.*

❑ On conseille de dire *prothèse extrinsèque.*

onomasiologie **n. f.** – 1904 ; gr. *onoma* « mot » et *-logie* ▪ Étude de la désignation par un mot (opposé à *sémasiologie*).

onomastique **n. f.** – XVIe ; gr. « relatif au nom » ▪ Étude, science des noms propres, et spécialement des noms de personnes (⇒ **anthroponymie)** et de lieux (⇒ **toponymie).**

onomatopée **n. f.** – XVIe ; gr. *onomatopoiia* « création de mots *(onoma)* » ▪ Création de mot suggérant ou prétendant suggérer par imitation phonétique la chose dénommée ; le mot imitatif lui-même. *Onomatopées désignant des sons naturels* (ex. atchoum, toc-toc) *ou artificiels* (pin-pon). « *ce langage tout en onomatopées qui fait sourire les enfants* » (Balz.).

❑ La plupart des onomatopées sont des interjections et des verbes imitant des bruits, des cris ; l'onomatopée n'est pas une catégorie grammaticale. ♦ Pour analyser correctement des mots comme *homonyme, antonyme, pseudonyme* avec l'élément *-onyme* (et non pas *-nyme*), mémoriser le rapport avec le mot *onomatopée.*

onomatopéique **adj.** – XIXe ▪ Relatif à l'onomatopée ; qui en a les caractères.

onques → **onc**

onto- Élément, du gr. *ôn, ontos* « l'être, ce qui est ».

ontogenèse **n. f.** – XIXe ; *onto-* et *-genèse* ▪ Développement de l'individu, depuis la fécondation de l'œuf jusqu'à l'état adulte (par oppos. à *phylogenèse*).

ontogénétique adj. – XIXe 1 Relatif à l'ontogenèse. 2 Qui engendre l'être, en parlant de la pensée, du raisonnement, d'un concept.

ontologie n. f. – XVIIe ; lat. ▪ Partie de la métaphysique qui s'applique à l'être en tant qu'être, indépendamment de ses déterminations particulières.

ontologique adj. – XVIIIe ▪ Relatif à l'ontologie, à l'être en tant que tel (opposé à *axiologique*). *Preuve ontologique de l'existence de Dieu,* qui vise à prouver l'existence de Dieu par la seule analyse de sa définition (Dieu est parfait, donc il existe).

onusien, ienne adj. – 1949 ; de *O. N. U.* ▪ De l'Organisation des Nations Unies. ➛ n. *Les onusiens :* les fonctionnaires de l'O.N.U.

onychophagie [ɔnikɔfaʒi] n. f. – XIXe ; du gr. *onux* « ongle » et *-phagie* ▪ Habitude de se ronger les ongles.

-onyme, -onymie Éléments, du gr. *-ônumos,* de *onoma* « nom ».

> ❑ Dans l'analyse des mots savants (*pseudonyme, homonyme, antonyme,* etc.), bien se rappeler qu'il s'agit de *-onyme* et non de °*-nyme* comme on le croit souvent à cause de *nomin-*.

onyx [ɔniks] n. m. – XIIe ; gr. *onux* « ongle », cette pierre étant translucide comme un ongle ▪ Variété d'agate présentant des zones concentriques régulières de diverses couleurs. « *Pierres précieuses enchâssées dans l'or, sardoine, onyx et béryl* » (Volt.). ♦ Variété de marbre.

onyxis [ɔniksis] n. m. – XIXe ▪ Inflammation du lit de l'ongle, accompagnée d'ulcérations, de fongosités.

onzain n. m. – XVe ▪ Strophe de onze vers.

***onze** adj. numér. inv. et n. inv. – XIe ; lat. *unus* « un » et *decem* « dix » **I** adj. numér. card. Nombre entier naturel équivalant à dix plus un (11 ; XI). ⇒ **hendéca-.** 1 Désigne un groupe déterminé de onze unités. 2 *Un enfant de onze ans. Polygone à onze côtés.* ⇒ **hendécagone.** ➛ (en composition pour former un nombre) *Quatre-vingt-onze. Onze cents* (ou *mille cent*). 3 pron. *Ils étaient onze.* **II** adj. numér. ord. Onzième. 1 *Louis XI. Chapitre XI* [ʃapitʀəɔ̃z]. ➛ *Le train de 11 h.* 2 n. m. Le onzième jour du mois. *Chèque daté du 11.* ♦ Ce qui porte le numéro 11. *C'est le 11 qui a gagné.* **III** n. m. inv. 1 sans déterminant *Onze multiplié par deux.* ➛ *Onze pour cent* (ou *11 %*). 2 avec déterminant Le chiffre, le numéro 11. ➛ Note correspondant à onze points. *Avoir (un) 11 à un examen.* ♦ Équipe de onze joueurs, au football. *Le onze de France.*

> ❑ L'article ou la préposition ne s'élident généralement pas devant *onze (une famille de onze personnes)* sauf dans *bouillon d'onze heures, belle* ou *dame-d'onze-heures.*

***onzième** adj. et n. – XIIe **I** adj. 1 adj. numér. ord. Qui suit le dixième. *Le XIe siècle.* « *des édifices construits au onzième siècle* » (Stendh.). *Le XIe arrondissement* ou subst. *habiter dans le onzième.* ➛ *Elle a fini onzième de sa promotion.* ♦ (en composition) *Mille onzième* (1011[e]). 2 adj. fractionnaire Se dit d'une partie d'un tout également divisé ou divisible en onze. ➛ subst. *Un onzième de l'héritage.* **II** n. 1 *Il est le onzième sur la liste.* 2 n. f. Classe de cours préparatoire*, première année de l'enseignement primaire français.

> ❑ Il est d'usage de ne pas élider l'article ou la préposition qui précède *onzième.*

***onzièmement** adv. – XVIe ▪ En onzième lieu (11°).

oo- Élément, du gr. *ôon* « œuf ». ⇒ **ovi-.**

oocyte → **ovocyte**

oogenèse → **ovogenèse**

oolithe n. f. ou m. – XVIIIe ; *oo-* et *-lithe* ▪ Calcaire formé de grains sphériques (comparés à des œufs de poissons). ➛ Formation analogue de grains d'oxyde de fer.

oolithique adj. – XIXe ▪ Formé d'oolithes ; relatif à l'oolithe. ➛ *L'oolithique.* ⇒ **jurassique.**

oosphère n. f. – XIXe ▪ Gamète femelle des plantes (correspondant à l'ovocyte chez les animaux). *L'oosphère est fécondée par l'anthérozoïde.*

oospore n. f. – XIXe ▪ Œuf (fécondé) des algues et des champignons.

oothèque n. f. – XIXe ; *oo-* et *-thèque* ▪ Groupe d'œufs enfermés dans une même coque, chez de nombreux insectes orthoptères (ex. blattes) ; cette coque.

O.P.A. [opea] n. f. inv. – v. 1965 ; sigle de ***O**ffre **P**ublique d'**A**chat* ▪ Procédure d'acquisition de parts d'une société où l'acquéreur (⇒ **attaquant, raider**) fait connaître publiquement ses intentions d'achat. *Lancer une O.P.A.* ⇒ **raid ; opéable.**

> ❑ On trouve la graphie *O.p.a.* ♦ Ce mot ne se prononce jamais [opa].

opacifiant, iante adj. – 1946 ▪ Qui rend opaque, augmente l'opacité de. ➛ n. m. *La baryte est un opacifiant.*

opacification n. f. – XIXe 1 Diminution de la transparence de la cornée (⇒ **albugo, leucome, néphélion, taie**), ou du cristallin (⇒ ② **cataracte**). 2 Injection d'une substance opaque aux rayons X en vue d'un examen radiologique.

opacifier v. tr. [7] – XIXe ▪ Rendre opaque.

opacimétrie n. f. – 1945 ▪ Mesure de l'opacité de certaines substances.

opacité n. f. – XVe ; lat. 1 Ombre épaisse. « *Tout le reste était brouillard [...] opacité, noirceur* » (Hugo). 2 Propriété d'un corps qui ne se laisse pas traverser par la lumière. « *Telle était même l'opacité des nuages, qu'ils n'auraient pu dire s'il faisait jour ou nuit* » (J. Verne). 3 Caractère obscur. *Opacité d'un texte.* ✪ CONTR. Translucidité, transparence.

opale n. f. – XIIe ; lat. ▪ Pierre semi-précieuse opaque ou translucide à reflets irisés. « *une vilaine bague dont le chaton sertissait une opale* » (Apoll.).

opalescence n. f. – XIXe ▪ Aspect, reflet opalin.

opalescent, ente adj. – XVIIIe ▪ Qui prend la couleur, les reflets de l'opale. ⇒ **opalin.**

opalin, ine adj. – XVIIIe ▪ Qui a l'aspect, la couleur laiteuse, les reflets irisés de l'opale. ⇒ **laiteux, opalescent.**

opaline n. f. – XIXe ▪ Substance vitreuse dont on fait des vases, des ornements. *Vase d'opaline, en opaline bleue.* ♦ Objet fait de cette matière.

opaliser v. tr. [1] – XIXe ▪ Donner un aspect opalin à (une matière). ➛ Rendre opale. *Opaliser un verre.*

opaque adj. – XIVe ; lat. « ombragé, touffu » 1 Qui s'oppose au passage de la lumière. *Verre opaque.* « *une nuée violette, opaque, derrière laquelle le soleil s'enfonce* » (Maupass.). ♦ OPAQUE À... : qui s'oppose au passage de (certaines radiations). 2 Très sombre, sans lumière. ⇒ **impénétrable, obscur, ténébreux.** *Nuit opaque.* 3 Qui ne se laisse pas comprendre. ⇒ **obscur.** *Mot opaque.* ⇒ **démotivé.** ✪ CONTR. Clair, diaphane, hyalin, translucide, transparent.

ope n. f. ou m. – XVIe ; gr. « ouverture » ▪ Trou ménagé dans un mur et destiné à recevoir une poutre, un boulin ✪ HOM. Hop.

O.P.E. [opeø] **n. f. inv.** – v. 1985 ; sigle de ***O**ffre **P**ublique d'**É**change* ▪ Procédure d'acquisition de parts d'une société où l'acquéreur (⇒ **attaquant, raider**) propose d'autres titres (actions, obligations) en échange ou en paiement de ceux qui sont détenus par les actionnaires de la société convoitée. ⇒ **raid.**

-ope, -opie Groupes suffixaux, du gr. *ôps, opis* « vue ».

opéable **adj.** – v. 1970 ; de *O.P.A.* ▪ Susceptible d'être l'objet d'une O.P.A.

> ❑ Il y a contraction du *A* de *O.P.A.* et du *a* du suffixe *-able.*

open [ɔpɛn] **adj. inv.** – 1929 ; mot angl. « ouvert » 1 Se dit d'une compétition ouverte aux professionnels et aux amateurs. *Tournoi open.* ➛ **n. m.** *Un open de tennis.* 2 *Billet open :* billet d'avion utilisable à la date choisie par l'acheteur. ➛ Recomm. offic. OUVERT.

opéra **n. m.** – XVIIe ; it. 1 Poème, ouvrage dramatique mis en musique, composé de récitatifs, d'airs (⇒ ① **chant, bel canto**), de chœurs et parfois de danses (⇒ **ballet**) avec accompagnement d'orchestre. *Grand opéra,* dont le sujet est tragique. *Opéra bouffe,* dont les personnages et le sujet sont empruntés à la comédie. ⇒ **opéra-comique, opérette.** *Livret d'un opéra. Chanteur d'opéra. Chanteuse d'opéra.* ⇒ **cantatrice, diva, prima donna.** ♦ *Aimer l'opéra.* 2 Édifice, théâtre où l'on joue ces sortes d'ouvrages. ➛ (À Paris) *L'Opéra* (Académie nationale de musique).

opérable **adj.** – XVe ▪ Qui peut être opéré. *Malade opérable.* ➛ *Cancer opérable.* ✪ CONTR. Inopérable.

opéra-comique **n. m.** – XVIIIe 1 Drame lyrique, composé d'airs chantés avec accompagnement orchestral, alternant parfois avec des dialogues parlés. *Des opéras-comiques.* 2 *L'Opéra-Comique :* théâtre lyrique parisien où l'on donne des opéras-comiques.

opérande **n. m.** – 1963 ; de *opérer,* d'apr. *multiplicande* 1 Quantité entrant dans une opération (multiplication, etc.). 2 Élément entrant dans la constitution d'une instruction de programme informatique.

opérant, ante **adj.** XVIe ▪ Qui produit un effet. ⇒ **agissant, efficace.** ✪ CONTR. Inopérant.

opérateur, trice **n.** – XIVe ; lat. 1 Personne qui exécute des opérations techniques déterminées, fait fonctionner un appareil. ⇒ **manipulateur.** *Opérateur radio.* ♦ *Opérateur de prise de vues, opérateur.* ⇒ **cadreur, caméraman.** « *un échafaud de praticables où jucher l'appareil, l'opérateur et ses aides* » (Cocteau). *Chef opérateur.* 2 *Opérateurs boursiers, financiers.* ⇒ **agent** (de change), **broker, courtier, trader.** 3 Actionnaire principal qui possède la direction des opérations industrielles, commerciales, financières. 4 **n. m.** (opposé à ① *récepteur*). Organe d'une machine-outil qui exécute le travail utile que la machine doit accomplir. 5 **n. m.** Symbole mathématique indiquant une opération à réaliser. *+ est l'opérateur de l'addition.* 6 Segment d'A.D.N. situé en amont des gènes de structure et susceptible de se lier à une protéine codée par un gène effecteur (répresseur ou activateur). ⇒ **opéron.**

opération **n. f.** – XIIIe ; lat. 1 Action d'un pouvoir, d'une fonction, d'un organe qui produit un effet selon sa nature. « *Laissez longtemps agir la nature* [...] *de peur de contrarier ses opérations* » (Rouss.). *Les opérations de la digestion.* ➛ *Opération du Saint-Esprit :* action mystique du Saint-Esprit par laquelle la Vierge Marie fut rendue mère. Loc. fig. *Par l'opération du Saint-Esprit :* par un moyen mystérieux. 2 Acte ou série d'actes supposant réflexion et combinaison de moyens en vue d'obtenir un résultat déterminé. ⇒ **accomplissement, entreprise, exécution,** ① **travail.** *Opérations techniques.* ⇒ **manipulation, traitement.** *Machine qui se charge de la plupart des opérations.* 3 En mathématiques, Processus de nature déterminée qui, à partir d'éléments connus, permet d'en engendrer un nouveau. ⇒ ① **calcul,** ① **loi** (de composition). *Opérations fondamentales :* addition, soustraction, multiplication, division, élévation à une puissance, extraction d'une racine. 4 Intervention chirurgicale. ⇒ **intervention.** *Subir une opération. Opération à cœur ouvert. Salle d'opération* (cf. Bloc opératoire*). 5 *Opération (militaire) :* ensemble de manœuvres, qui permet d'atteindre un objectif (⇒ **bataille, campagne**). *Le théâtre des opérations. Avoir, prendre l'initiative des opérations.* ➛ *Opération de police.* ➛ (suivi d'un nom de code) *Opération Torch* (débarquement allié en Afrique du Nord, 1942). ♦ fam. Série de mesures coordonnées en vue d'atteindre un résultat. *L'ancienne monarchie « tente une* opération survie » (Gracq). 6 ⇒ **affaire, spéculation.** *Opérations de bourse,* portant sur l'acquisition ou la vente de valeurs mobilières, de matières premières. ➛ « *Une belle opération* [...], *la vente de son hôtel à des Américains !* » (Colette). ⇒ **affaire.**

opérationnel, elle **adj.** – mil. XXe 1 Relatif aux opérations militaires. *Base opérationnelle.* ♦ Qui est en exploitation, fonctionne correctement. *Avion opérationnel.* 2 *Recherche opérationnelle :* technique d'analyse scientifique (mathématique) des phénomènes d'organisation afin d'obtenir des résultats optimisés. 3 Qui peut être mis en service. *Le nouvel hôpital sera opérationnel dans un mois.* ➛ Capable d'agir. *Nouvel employé qui devient vite opérationnel.*

> ❑ Adaptation de l'anglais *operational,* dérivé de *operation* « efficacité » lui-même emprunté au français au XIVe siècle.

opératoire **adj.** – XVIIIe 1 Relatif aux opérations chirurgicales. ➛ *Bloc opératoire :* ensemble des salles et installations servant aux interventions chirurgicales. ➛ *Choc opératoire :* phénomène morbide observé à la suite d'opérations. ⇒ **postopératoire.** 2 Qui concerne une opération méthodiquement ordonnée, spécialt une opération logique ou mathématique.

operculaire **adj.** – XIXe ▪ Qui fait office d'opercule, qui ferme une ouverture à la manière d'un couvercle. *Valve operculaire.*

opercule **n. m.** – XVIIIe ; lat. « couvercle » 1 Pièce cornée par laquelle les gastéropodes prosobranches peuvent clore leur coquille. 2 Ensemble des pièces osseuses qui protègent les fentes des branchies chez certains poissons. 3 Couvercle qui ferme l'urne des mousses. ⇒ **coiffe.** 4 Couvercle qui obture les cellules des abeilles.

operculé, ée **adj.** – XVIIIe ▪ Qui est muni d'un opercule.

opéré, ée **adj.** et **n.** – XVIIIe 1 (personnes) Qui vient de subir une opération chirurgicale. ➛ **n.** *Les grands opérés :* ceux qui ont subi une grave opération. 2 **n. m.** *Avis d'opéré,* par lequel un agent de change confirme à son client l'exécution d'un ordre.

opérer **v. tr.** [6] – XVe ; lat. *operari,* de *opus* « œuvre, ouvrage » 1 absolt Faire effet. ⇒ **agir.** *Ce médicament n'a pas opéré. Le charme a opéré.* 2 Accomplir (une action), effectuer (une transformation) par une suite ordonnée d'actes (opération). ⇒ **exécuter,** ① **faire, pratiquer, réaliser.** « *Les divers éléments de cette colonne devaient opérer leur jonction dans la vallée* » (Mac Orlan). ♦ absolt Faire l'acte, l'action qu'on a à faire. *Il faut opérer de cette manière.* ⇒ **procéder.** « *Louis a vu sa mère opérer dans la cuisine* » (Romains). 3 Soumettre (qqn) à une opération chirurgicale. *Se faire opérer* (cf. Passer sur le billard*). ➛ *Se résoudre à opérer.* ⇒ **intervenir.** ♦ par euphém. *Faire opérer* (un animal domestique), le faire stériliser de manière chirurgicale. *Une chatte opérée.* 4 *S'OPÉRER* **v. pron.** ⇒ se **faire,** se **produire.** ➤ impers. « *il s'opère un changement dans la substance de ces corps* » (Dider.).

❑ *Opérer* est un doublet de *œuvrer* et *ouvrer.*

opérette **n. f.** – XIXe ■ Opéra-comique dont le sujet et le style, légers et faciles, sont empruntés à la comédie (cf. Opéra* bouffe). *Chanteuse d'opérette. Les opérettes d'Offenbach.* ➤ loc. adj. *D'opérette :* qu'on ne peut prendre au sérieux. *Un héros d'opérette.*

opéron **n. m.** – 1961 ; de *opérer* ■ Ensemble de gènes contigus sur le chromosome, dont les fonctions sont reliées et qui est une unité coordonnée de transcription régulée par un effecteur protéique.

ophicléide **n. m.** – XIXe ; de *ophi(o)-* et gr. *kleis* « clé » ■ Gros instrument à vent de la famille des cuivres, à embouchure, muni de clés. *On n'entend* « *qu'un beuglement* [...] *d'ophicléide* » (Gide).

ophidien, ienne **adj.** et **n. m.** – XIXe ; gr. *ophis* « serpent » ■ Relatif au serpent ; de la nature du serpent. ➤ **n. m. pl.** *LES OPHIDIENS :* sous-ordre de reptiles. ⇒ **serpent.**

ophi(o)- Élément, du gr. *ophis* « serpent ».

ophioglosse **n. m.** – XVIIIe ; *ophio-* et *-glosse* ■ Fougère à feuille ovale *(ophioglossées)* qui croît dans les lieux humides, appelée aussi *langue de serpent.*

ophiolâtrie **n. f.** – XVIIIe ; *ophio-* et *-lâtrie* ■ Culte du serpent (⇒ ② **ophite).**

① **ophite** **n. m.** – XVe ; gr. *ophis* « serpent », les rayures de la pierre évoquant une peau de serpent ■ Marbre de couleur sombre (souvent verdâtre), rayé de filets de cristaux blancs de feldspath.

② **ophite** **n. m.** – XVIIIe ; cf. ① *ophite* ■ Membre d'une secte gnostique égyptienne (IIe s. apr. J.-C.) vouant un culte au serpent qui avait tenté Ève.

ophiure **n. f.** – XIXe ; de *ophi-* et gr. *oura* « queue » ■ Échinoderme proche de l'étoile de mer dont les bras, plus grêles, ressemblent à de petits serpents.

ophrys [ɔfʀis] **n. m.** ou **f.** – XVIe ; gr. ■ Orchidée dont les fleurs offrent l'aspect d'insectes.

ophtalmie **n. f.** – XIVe ; gr. ■ Maladie inflammatoire de l'œil (forme de conjonctivite* ou atteinte globale de l'œil). « *une sorte de compère-loriot qui dégénéra bientôt en ophtalmie* » (Goncourt).

ophtalmique **adj.** – XVe ■ Relatif à l'œil, aux yeux. ⇒ **oculaire.**

ophtalm(o)-, -ophtalmie Éléments, du gr. *ophthalmos* « œil ».

❑ Littré, dans son *Dictionnaire* (1863-1872), écrit *ophthalmo-* avec un *h* étymologique après le *t.* Par simplification, ce *h* est tombé.

ophtalmologie **n. f.** – XVIIIe ; *ophtalmo-* et *-logie* ■ Branche de la médecine qui traite de la fonction visuelle, des maladies oculaires et des opérations pratiquées sur l'œil.

ophtalmologue **n.** – XIXe ■ Médecin spécialiste en ophtalmologie. ⇒ **oculiste.** ➤ abrév. fam. *OPHTALMO. Elles sont ophtalmos.*

❑ On dit aussi *ophtalmologiste.* → -logue, -logiste (rem.).

ophtalmomètre **n. m.** – XVIIIe ; *ophtalmo-* et *-mètre* ■ Instrument servant à mesurer les degrés de courbure et le pouvoir de réfraction de la cornée, à évaluer un astigmatisme*.

ophtalmoscope **n. m.** – XIXe ; *ophtalmo-* et *-scope* ■ Instrument servant à examiner le fond de l'œil.

ophtalmoscopie **n. f.** – XVIIe ; *ophtalmo-* et *-scopie* ■ Examen du fond de l'œil.

opiacé, ée **adj.** – XIXe ■ Qui contient de l'opium. *Médicament opiacé, cigarettes opiacées.* ➤ *Odeur opiacée,* d'opium.

opimes **adj. f. pl.** – XVIe ; lat. *opimus* « copieux, riche » ■ *Dépouilles opimes :* les dépouilles d'un général ennemi tué par un général romain et que ce dernier remportait.

❑ On relève quelques emplois littéraires de *opime,* adjectif des deux genres, au sens de « riche, opulent, admirable ».

opinel **n. m.** – v. 1950 ; n. déposé, n. du fabricant ■ Couteau pliant à virole, à manche de bois.

opiner **v.** [1] – XIVe ; lat. *opinari* **1 v. tr. ind.** vieilli *Opiner à :* donner son assentiment. ⇒ **adhérer, consentir.** ➤ (En incise) « *Il faut être gourde pour croire de pareils bobards, opina Théo* » (Queneau). **2 v. intr.** loc. *Opiner du bonnet :* approuver sans mot dire.

opiniâtre **adj.** – XVe ; lat. *opinio* → opinion **1** Tenace dans ses idées, ses résolutions. ⇒ **déterminé, obstiné, persévérant, résolu, tenace.** *Esprit, caractère opiniâtre.* **2** Qui ne cède pas, que rien n'arrête. *Haine opiniâtre.* ⇒ **irréductible.** « *la lutte opiniâtre qu'il avait menée si longtemps* » (Tournier). ⇒ **acharné.** *Toux opiniâtre.* ⇒ **persistant.** ✪ CONTR. Faible, versatile.

❑ Pour le sens → obstiné (rem.).

opiniâtrement **adv.** – XVe ■ Avec opiniâtreté. ⇒ **obstinément.** ✪ CONTR. Faiblement, mollement.

opiniâtreté **n. f.** – XVIe ■ Persévérance tenace. ⇒ **constance, détermination, fermeté, obstination, résolution, ténacité, volonté.** *Travailler avec opiniâtreté.* ⇒ **acharnement.** « *Une dure opiniâtreté me tiendra lieu de courage* » (Rouss.). ✪ CONTR. Faiblesse, mollesse, versatilité.

opinion **n. f.** – XIIe ; lat. *opinari* → opiner **I - 1** Manière de penser, de juger ; attitude de l'esprit qui tient pour vraie une assertion ; assertion que l'esprit accepte ou rejette. ⇒ **appréciation, avis ; conviction, croyance, idée, jugement,** ① **pensée, point de vue.** *Avoir telle opinion.* ⇒ **considérer, croire, estimer,** ① **juger, penser, tenir.** *Avoir une opinion sur tel sujet. Se faire une opinion. Mon opinion est faite. Ne pas avoir d'opinion. Changer d'opinion. Brusque changement d'opinion.* ⇒ **revirement, volte-face.** *Avoir la même opinion que qqn. Différences, divergences d'opinions.* ⇒ **dissension, dissentiment.** *Accepter* (⇒ **tolérance),** *ne pas accepter* (⇒ **intolérance)** *les opinions différentes de la sienne.* « *chacun méprisant l'opinion de l'autre* » (Flaub.). ➤ *Donner son opinion.* par plais. allus. littér. « *C'est mon opinion et je la partage* » (H. Monnier). *Défendre une opinion. Combattre une opinion. Avoir le courage de ses opinions,* les soutenir avec franchise. ➤ *Opinion toute personnelle, purement subjective.* ⇒ **impression, sentiment.** *Opinions toutes faites.* ⇒ ① **parti** (parti pris), **préjugé, prévention.** ♦ *C'est une affaire d'opinion,* une affaire où intervient le jugement subjectif de chacun. **2** Position intellectuelle, idée ou ensemble des idées que l'on a dans un domaine déterminé. ⇒ **conviction, croyance, doctrine, théorie, thèse.** *Opinions religieuses* (⇒ **credo, foi),** *politiques* (⇒ ① **parti).** « *Tout individu a droit à la liberté d'opinion* [...], *ce qui implique le droit de ne pas être inquiété pour ses opinions* » (DÉCLAR. DR. HOM.). ➤ *Journal d'opinion,* qui prend parti, défend une idéologie (opposé à *journal d'information*). **3** *Partage d'opinions :* situation résultant de l'absence d'une majorité, au cours d'un délibéré. **4** *Bonne, mauvaise opinion de... :* jugement de valeur porté sur une personne, un acte, une qualité. ⇒ **estimer, mésestimer.** « *j'avoue franchement que je n'ai pas si mauvaise opinion de moi* » (Guez de Balz.). « *la bonne opinion qu'il se faisait de sa beauté* » (Aragon). **II - 1** Jugement collectif, ensemble d'opinions, de jugements de valeur sur qqch. ou qqn. *L'opinion publique.* ⇒ **vox populi.** ♦ *L'opinion :* les idées partagées, les jugements portés par la majorité d'un groupe social. *Braver l'opinion.* « *il était idolâtre de l'opinion et de la popularité* » (Ste-Beuve). **2** Ensemble des attitudes d'esprit dominantes dans une société (à l'égard de problèmes généraux, collectifs et actuels). ♦ Ensemble de ceux qui partagent ces attitudes. *Influencer l'opinion.* ⇒ **propagande.** *Sondages d'opinion. Mouvements d'opinion.* ➜ *Alerter l'opinion.*

opioïde adj. – 1979 ; de *opium* et *-oïde* ▪ Qualifie un groupe de peptides exerçant un effet physiologique semblable à celui de la morphine.

opiomane n. – XIXe ; de *opium* et ② *-mane* ▪ Toxicomane qui fume ou mange de l'opium.

opiomanie n. f. – 1909 ▪ Toxicomanie par usage habituel de l'opium.

opistho- Élément, du gr. *opisthen* « derrière, en arrière ».

opisthobranches n. m. pl. – XIXe ; de *opistho-* et *branches* « branchies » ▪ Ordre de mollusques gastéropodes dont les branchies se trouvent en arrière du corps (opposé à *prosobranches*). ➜ Au sing. *Un opisthobranche.*

opisthodome n. m. – XVIIIe ; gr. *domos* « maison » ▪ Partie postérieure d'un temple grec, pièce abritant le trésor et où seuls les prêtres, les prêtresses avaient accès.

opisthographe adj. – XVIe ; gr. ▪ Se dit d'un manuscrit couvert d'écriture au verso comme au recto.

opium [ɔpjɔm] n. m. – XIIIe ; gr. *opos* « suc » **1** Suc des capsules d'un pavot *(Papaver somniferum)*, latex riche en alcaloïdes, dont le plus actif est la morphine. *L'opium est un stupéfiant, une drogue. Alcaloïdes de l'opium.* ⇒ **codéine, morphine, papavérine, thébaïne.** *Manger, fumer de l'opium* (⇒ **opiomane**). « *J'étais devenu un esclave de l'opium* » (Baud.). **2** Ce qui cause un agréable assoupissement moral en éloignant des problèmes réels. « *La religion est l'opium du peuple* » (trad. de K. Marx). « *tous ces légers opiums pour peuples que sont le billard,* [...] *le loto et la manille* » (Giraud.).

opo- Élément, du gr. *opos* « suc ».

oponce n. m. – XIXe, gr. *opuntios* « d'Oponte », ville grecque ▪ Plante grasse *(cactées)* à tiges aplaties en raquettes portant des tubercules épineux d'où sortent de grandes fleurs. ⇒ **cactus, figuier** (de Barbarie), **nopal.**

❑ *Opuntia* [ɔpɔ̃sja], n. m., forme savante, s'emploie également.

opopanax [ɔpɔpanaks] n. m. – XIIIe ; gr. *opos* « suc » et *panax* « plante médicinale » ▪ Plante vivace *(ombellifères)* à forte tige et grandes inflorescences de la région méditerranéenne, dont une variété fournit une gomme-résine utilisée comme parfum ; cette gomme-résine.

❑ On trouve ce mot sous une forme altérée *opoponax.*

opossum [ɔpɔsɔm] n. m. – XVIIe ; algonquin *oposon* **1** Espèce de sarigue *(marsupiaux)* à beau pelage noir, blanc et gris. **2** Fourrure de cet animal. *Manteau d'opossum.* ➜ *Opossum d'Australie :* fourrure du renard phalanger *(marsupiaux).*

opothérapie n. f. – XIXe ; *opo-* et *-thérapie* ▪ Emploi thérapeutique d'organes d'origine animale. *Opothérapie thyroïdienne.* ⇒ **hormonothérapie.**

oppidum [ɔpidɔm] n. m. – XVIIIe ; mot lat. ▪ Ville fortifiée, fortification romaine. ⇒ **citadelle.** *Des oppidums.*

opportun, une adj. – XIVe ; lat. *portus* « qui conduit au port » ▪ Qui convient dans un cas déterminé, qui vient à propos. ⇒ **convenable.** *Au moment opportun.* ⇒ ① **bon, favorable, propice.** *En temps opportun. Il lui parut opportun de céder.* ✪ CONTR. Déplacé, inopportun, intempestif.

opportunément adv. – XVe ▪ D'une manière opportune, à propos. *Arriver opportunément.* ✪ CONTR. Contretemps (à contretemps), inopportunément.

opportunisme n. m. – XIXe ▪ Attitude d'une personne qui tire parti des circonstances, les utilise au mieux de ses intérêts, en transigeant, au besoin, avec les principes (⇒ **opportuniste**). *Ne me demandez pas « d'introduire dans mes écrits des trémolos par opportunisme »* (Gide).

opportuniste n. et adj. – XIXe **1** Personne qui se conduit avec opportunisme. ➜ adj. Qui pratique l'opportunisme. *Politicien opportuniste.* ⇒ **attentiste.** **2** adj. Se dit d'un germe qui ne manifeste sa virulence que sur un organisme dont les défenses immunitaires sont affaiblies. *Infection opportuniste.*

opportunité n. f. – XIIIe **1** Caractère de ce qui est opportun. ⇒ **à-propos.** *L'opportunité d'une décision.* **2** Circonstance opportune. ⇒ **occasion.** *Profiter de l'opportunité.* ✪ CONTR. Inopportunité. Contretemps.

❑ *Opportunité* au sens d'« occasion (favorable) » est repris à l'anglais *opportunity, occasion* étant marqué par le commerce. Ce sens, critiqué par les puristes, figure chez Baudelaire dans une de ses traductions d'Edgar Poe.

opposabilité n. f. – XIXe **1** Caractère de ce qui est opposable. *L'opposabilité du pouce.* **2** Caractère d'un droit, d'un moyen de défense que son titulaire peut faire valoir contre un tiers. *Opposabilité d'un contrat.*

opposable adj. – XIXe **1** Qui peut être mis en face, vis-à-vis. *Le pouce est opposable aux autres doigts de la main.* **2** Qui peut être utilisé contre. *Argument opposable à un projet.* ➜ dr. Que l'on peut faire valoir contre un tiers. *Cette fin de non-recevoir n'est pas opposable.* ✪ CONTR. Inopposable.

opposant, ante adj. et n. – XIVe **1** Qui s'oppose à. ♦ n. Personne opposante. ⇒ **adversaire, contradicteur.** « *l'article plein de verve qu'il a lancé à vos opposants* » (Ste-Beuve). ➜ Membre de l'opposition. *Les opposants et les gouvernants.* ⇒ **opposition.** **2** Qui met en opposition, vis-à-vis. *Muscle opposant,* et n. m. *l'opposant du pouce.* ✪ CONTR. Approbateur, consentant. Défenseur, soutien.

opposé, ée adj. et n. m. – XVIe **1** Se dit (au plur.) de choses situées de part et d'autre d'un axe réel ou imaginaire ; se dit (au sing.) d'une de ces choses par rapport à l'autre. *Les pôles sont diamétralement opposés. Du côté opposé.* ➜ *Sens opposé.* ⇒ **contraire, inverse.** *Dans la direction opposée.* ➜ *Angles opposés par le sommet,* dont les côtés sont en prolongement l'un de l'autre et qui ont même mesure. ♦ *Nombres opposés,* de même valeur absolue et de signe contraire. **2** Qui fait contraste. *Couleurs opposées.* **3** Qui est aussi éloigné, aussi différent que possible dans le même genre, le même ordre d'idées. ⇒ **antinomique, antithétique, contraire.** *Des caractères opposés.* ⇒ **antagoniste.** *Ils ont des goûts opposés.* ⇒ **discordant, divergent.** « *les intérêts particuliers sont toujours opposés entre eux* » (Rouss.). *Mots de sens opposé.* ⇒ **antonyme, contraire.** **4** Qui s'oppose (à), se dresse contre. ⇒ **adversaire, contraire, contre, hostile.** *Être opposé à tous les excès. Une personne violemment opposée à tout changement.* ⇒ **réactionnaire.** *Personne opposée au pouvoir.* ⇒ **dissident, opposant, rebelle.** **5** n. m. Côté opposé, sens opposé. *L'opposé du nord est le sud.* ♦ Ce qui est opposé. ⇒ **contraire.** « *nous prendrions pour certain l'opposé de ce que* *dirait le menteur* » (Montaigne). *Les opposés.* ⇒ **extrême.** ➛ fam. *Cet enfant est tout l'opposé de son frère.* 6 loc. adv. *À L'OPPOSÉ :* du côté opposé. ⇒ **opposite.** *La gare est à l'opposé, vous lui tournez le dos.* ➛ D'une manière opposée, au contraire. ♦ loc. prép. *À L'OPPOSÉ DE... :* du côté opposé à... ➛ D'une nature, d'une manière opposée à. ⇒ **contrairement** (à), **contre.** *Il se montre « désireux d'acquérir certaines qualités qui sont à l'opposé de sa nature »* (Gide). ✪ CONTR. Contigu ; adéquat, analogue, conforme, identique, semblable.

opposer v. tr. 1 – XIIe ; lat. *opponere,* d'apr. *poser* **I -** 1 Alléguer (une raison qui fait obstacle à ce qu'une personne a dit, pensé). ⇒ **objecter.** « *vous sentirez la force de la vérité que je vous oppose* » (Pasc.). *Il n'y a rien à opposer à cela.* 2 Mettre en face, face à face pour le combat. *Opposer une armée puissante à l'ennemi.* ♦ *Opposer une personne à une autre,* la faire entrer en lutte avec une autre. ⇒ **armer, dresser, exciter** (contre). *Conflit qui oppose deux pays.* ➛ *Match qui oppose deux équipes.* 3 Placer (qqch.) en face pour faire obstacle. ➛ Présenter (un obstacle). *La résistance qu'oppose le mur.* ♦ « *à toutes les folies d'Édouard, Salavin opposait des sourires effarouchés* » (Duham.). 4 Juxtaposer (des éléments opposés) ; mettre en opposition, en contraste. *Opposer deux couleurs.* 5 Montrer ensemble, comparer (deux choses totalement différentes). *Opposer le courage et la lâcheté, à la lâcheté.* **II** *S'OPPOSER* v. pron. 1 Faire obstacle ou mettre obstacle. ⇒ **contrarier, contrecarrer, contredire, empêcher, interdire.** *Je m'y oppose formellement.* ♦ Agir contre, résister à (qqn) ; agir à l'inverse de (qqn). ⇒ **braver, contrer, résister.** « *En toutes choses, d'instinct, je m'opposais à lui* » (France). 2 Être en face pour faire obstacle. ♦ Faire obstacle. ⇒ **empêcher,** ① **entraver.** *Les préjugés s'opposent aux progrès de la science.* 3 Faire contraste. *Couleurs qui s'opposent.* ➛ Être totalement différent **(⇒ opposé),** être le contraire. ⇒ ① **différer.** « *Haut* » *s'oppose à* « *bas* » **(⇒ opposition).** ✪ CONTR. Accorder, acquiescer. Coopérer, correspondre, ressembler. Concilier, rapprocher.

opposite n. m. – XIIIe ■ loc. adv. *À L'OPPOSITE ;* loc. prép. *À L'OPPOSITE DE. Leurs maisons sont situées à l'opposite l'une de l'autre,* en face. ⇒ **vis-à-vis.** ➛ *Leurs points de vue sont à l'opposite (l'un de l'autre).* ⇒ **contraire, opposé.**

opposition n. f. – XIIe 1 Rapport de choses opposées qui ne peuvent coexister sans se nuire ; de personnes que leurs opinions, leurs intérêts dressent l'une contre l'autre. ⇒ **antagonisme, combat, désaccord.** ➛ *EN OPPOSITION. Entrer, être en opposition avec qqn.* ⇒ **conflit.** 2 Position de deux choses, deux parties du corps opposées, d'une chose, d'une partie du corps opposée (à une autre). *Opposition d'objets situés face à face.* ⇒ **symétrie.** *Opposition du pouce aux autres doigts.* ➛ Distance angulaire de 180° entre deux astres. *Lune en opposition avec le Soleil.* 3 Effet produit par des objets, des éléments très différents juxtaposés. ⇒ **contraste.** *Opposition de couleurs.* ➛ *Opposition de natures, de caractères.* 4 Rapport de deux choses opposées, qu'on oppose ou qui s'opposent. ⇒ **contraste, différence.** *Opposition entre « froid » et « chaud », « bien » et « mal ».* ⇒ **antonymie.** ➛ *Opposition de deux vérités, de deux principes.* ⇒ **antinomie, antithèse.** ➛ *EN OPPOSITION. Sa conduite est en opposition avec ses idées.* ➛ loc. prép. *PAR OPPOSITION À :* par contraste avec, d'une manière opposée à. « *Le parlé, ce qui se dit, par opposition à ce qui s'écrit* » (Valéry). 5 Action, fait de s'opposer en mettant obstacle, en résistant. *Opposition de qqn* **(⇒ résistance)** *à un projet, à une politique.* ⇒ ① **ant(i)-.** *Faire opposition à qqch.* ⇒ **barrage, obstacle, veto.** *Il fait de l'opposition systématique.* ⇒ **obstruction.** ♦ Manifestation de volonté destinée à empêcher légalement l'accomplissement d'un acte juridique. *Opposition à mariage. Opposition au paiement :* instruction de ne pas payer. *Faire opposition à un chèque perdu.* 6 Les personnes qui sont opposées au gouvernement, au régime politique en vigueur. ⇒ **opposant.** *Le gouvernement et l'opposition. Opposition de droite, de gauche.* « *rallier les forces d'opposition* » (Mart. du G.). « *l'ancien candidat de l'opposition* » (Zola). *Être dans l'opposition.* ✪ CONTR. Conjonction, harmonie. Analogie, conformité. Accord. Adhésion, approbation.

oppressant, ante adj. – XVe ■ Qui oppresse. ⇒ **étouffant, suffocant.** ♦ Accablant. *Une peur oppressante.* ⇒ **angoissant.**

oppressé, ée adj. – XIIe ■ Gêné dans ses fonctions respiratoires. *Se sentir oppressé.*

oppresser v. tr. 1 – XIIIe ; lat. *opprimere* → opprimer ■ Gêner (qqn) dans ses fonctions respiratoires, comme en lui pressant fortement la poitrine. « *mon armure qui commençait à m'oppresser* » (Aymé). ♦ Accabler, étreindre. « *L'aller fut silencieux, [...] la pensée de la morte oppressant les âmes* » (Maupass.). ✪ CONTR. Soulager.

oppresseur n. m. et adj. m. – XIVe ■ Personne qui opprime. ⇒ **tyran.** ➛ adj. m. *Le « capitalisme exploiteur [...] et oppresseur »* (Mauriac). ⇒ **oppressif ; despotique, tyrannique.** ✪ CONTR. Opprimé ; libérateur.

oppressif, ive adj. – XIVe ■ Qui tend ou sert à opprimer. *Des mesures oppressives et répressives.* ✪ CONTR. Libéral.

oppression n. f. – XIIe 1 Action, fait d'opprimer. *Oppression du faible par le fort.* ⇒ **domination.** *Oppression des minorités.* ➛ Action de faire violence par abus d'autorité. ⇒ **asservissement, tyrannie.** *La résistance à l'oppression est un des droits du citoyen.* 2 Gêne respiratoire, sensation d'un poids qui oppresse la poitrine. ⇒ **suffocation.** *Le vieux Schulz « respirait sans oppression, et il avait des jambes de vingt ans »* (R. Rolland). ♦ Malaise psychique, accompagné d'une sensation de pesanteur ou de crispation dans la poitrine. ⇒ **angoisse.** ✪ CONTR. Liberté.

> ❑ Attention, *oppression* sert de substantif à *oppresser* et à *opprimer,* ce qui peut amener une confusion de sens entre ces deux verbes distincts.

opprimé, ée adj. et n. – XVIe ■ Qui subit une oppression. *Populations opprimées.* ♦ n. *Défendre les opprimés.* ✪ CONTR. Libre, oppresseur.

opprimer v. tr. 1 – XIVe ; lat. *opprimere* 1 Soumettre à une autorité excessive et injuste, persécuter par des mesures de violence. ⇒ **asservir, assujettir, écraser, tyranniser.** *Les hommes « se battront jusqu'à ce que la plus forte partie opprime la plus faible »* (Pasc.). 2 Empêcher de s'exprimer, de se manifester. ⇒ **étouffer.** *Opprimer la liberté, l'opinion.* ✪ CONTR. Délivrer, libérer.

opprobre n. m. – XIIe ; lat. *probrum* « action honteuse » 1 littér. Ce qui humilie, mortifie à l'extrême d'une manière éclatante et publique. ⇒ **déshonneur, honte.** *Jeter l'opprobre sur qqn.* ♦ Sujet de honte, cause de déshonneur. *Elle est l'opprobre de sa famille.* 2 État de déchéance extrême. ⇒ **avilissement.** « *J'ai vécu dans l'opprobre et l'asservissement* » (Lec. de Lisle). ✪ CONTR. Considération, honneur.

-opsie Groupe suffixal, du gr. *opsis* « vision, vue ».

opsonine n. f. – 1904 ; gr. *opson* « aliment » ■ Protéine soluble et thermostable du sang, qui se fixe sur les bactéries et en facilite la phagocytose*.

optatif, ive adj. – XIVe ; lat. *optare* « souhaiter » ■ Se dit d'une forme, d'un mode qui exprime le souhait (ex. le subjonctif, en français).

opter v. intr. [1] – XVe ; lat. *optare* « choisir » ■ Faire un choix entre plusieurs possibilités. ⇒ **adopter, choisir,** se **décider ; option.** *Opter pour la nationalité française.*

❑ Dans la même famille : *adopter, coopter, option.*

opticien, ienne n. – XVIIe ■ Personne qui fabrique, vend des instruments d'optique, des verres, des lentilles de contact. *L'opticien se conforme à l'ordonnance de l'oculiste.*

❑ Ne pas confondre avec *oculiste* « médecin spécialiste de la vision ».

optima → **optimum**

optimal, ale, aux adj. – 1906 ; de *optimum,* d'apr. *maximal* ■ Qui est le meilleur possible. ⇒ ① **idéal, parfait.** *Expérience faite dans des conditions optimales.*

optimisation n. f. – v. 1960 ■ Fait d'optimiser (un processus, un objet) ; son résultat. ⇒ **rationalisation.**

optimiser v. tr. [1] – v. 1960 ; de *optimal,* d'apr. l'angl. ■ Donner à (une machine, une entreprise, une production) les meilleures conditions de fonctionnement, de rendement. ⇒ **maximaliser, maximiser.**

optimisme n. m. – XVIIIe ; lat. *optimus,* superl. de *bonus* « bon » 1 Doctrine philosophique selon laquelle le monde est le meilleur et le plus heureux possible. 2 Tournure d'esprit qui dispose à prendre les choses du bon côté, en négligeant leurs aspects fâcheux. *Un optimisme béat.* 3 Impression, sentiment de confiance heureuse, dans l'issue d'une situation particulière. *Il « allait à son rendez-vous dans un état d'excitation et d'optimisme »* (Romains). *Envisager la situation avec optimisme* (⇒ **positiver**). ✪ CONTR. Pessimisme.

optimiste adj. et n. – XVIIIe 1 Qui est naturellement disposé à voir tout en beau. ⇒ **satisfait.** n. *« Les vrais optimistes ne connaissent pas l'angoisse : ils n'ont pas d'imagination »* (Duham.). 2 Qui a l'impression, dans une circonstance particulière, que les choses vont tourner favorablement. 3 (choses) *Des ivrognes « emplissaient les rues et s'y répandaient en propos optimistes »* (Camus). ✪ CONTR. Pessimiste.

optimum [ɔptimɔm] n. m. et adj. – XVIIIe ; mot lat. « le meilleur » 1 État considéré comme le plus favorable pour atteindre un but déterminé. *Des optimums* ou *des optima.* 2 adj. ⇒ **optimal.** *Température optimum* ou *optima. « la nation semble faire effort pour atteindre [...] sa composition optima »* (Valéry). *Conditions optimums ou optima.*

❑ Afin d'éviter les hésitations sur la forme de l'adjectif au pluriel et au féminin, on peut recourir au synonyme *optimal, ale, aux.* → maximum, minimum (rem.).

option n. f. – XIIe ; lat. 1 Faculté, action d'opter. ⇒ **choix.** *« Forcé à une option pénible entre deux mandats »* (Lamart.). ➝ *Matières à option dans le programme d'un examen,* entre lesquelles le candidat peut choisir. ⇒ **facultatif, optionnel.** 2 Équipement ne faisant pas partie du modèle de série, fourni moyennant un supplément de prix. *Modèle de voiture comprenant plusieurs options.* ⇒ **optionnel.** 3 Promesse unilatérale de vente à un prix déterminé sans engagement de la part du futur acheteur. *Prendre une option sur un appartement.* ➝ Somme versée au vendeur en contrepartie de cette promesse. ⇒ **arrhes.**

optionnel, elle adj. – v. 1967 ■ Qui donne lieu à un choix. ⇒ **facultatif.** ♦ Qu'on peut acquérir facultativement.

optique adj. et n. f. – XIVe ; gr. « relatif à la vue » **I** - **1** Relatif à la vision. *Nerf optique,* formé par la réunion des prolongements des cellules de la rétine. *Angle optique* (ou *visuel*), dont le sommet se forme dans l'œil de l'observateur et dont les côtés passent par les extrémités de l'objet regardé. 2 Relatif à l'optique (II). *Verres optiques.* ♦ n. f. L'OPTIQUE : partie optique (lentilles, etc.) d'un appareil d'optique. *L'optique d'une caméra.* 3 Dont la technologie fait appel à l'optique et à l'électronique. *Crayon optique.* ⇒ **photostyle.** *Découpage optique,* par rayon laser. **II** n. f. 1 Science qui a pour objet l'étude de la lumière, de ses lois et de leurs relations avec la vision. ⇒ **catoptrique, dioptrique, optométrie, spectroscopie.** *Fabricant, marchand d'appareils d'optique.* ⇒ **opticien.** ➝ *Optique électronique.* ♦ Commerce, fabrication, industrie des appareils d'optique. *Optique astronomique, photographique.* 2 Aspect particulier que prend un objet vu à distance d'un point déterminé. ⇒ **perspective.** *L'optique du théâtre, de la scène.* ♦ Manière de voir. ⇒ **point de vue.** *Vu sous cette optique. Changer d'optique.*

opto- Élément, du gr. *optos* « visible ».

optoélectronique n. f. et adj. – av. 1968 ■ Ensemble des techniques mettant en œuvre des dispositifs électroniques d'émission, de détection et de modulation de lumière. *Guides de lumière utilisés en optoélectronique.* ⇒ **fibre** (optique). ➝ adj. *Dispositifs optoélectroniques* (⇒ **diode, laser, photomultiplicateur**).

optomètre n. m. – XIXe ; *opto-* et *-mètre* ■ Appareil de mesure de l'acuité visuelle de l'œil et servant à détecter ses défauts et leurs causes.

optométrie n. f. – XIXe 1 Étude de la vision des yeux et de la netteté des images qu'ils reçoivent (⇒ **amétropie, emmétropie**). 2 Partie de l'optique et de la physique qui a la vision pour objet.

optométriste n. – 1955 ■ Opticien qui pratique l'optométrie et peut ainsi déterminer la formule des verres correcteurs de ses clients.

optronique n. f. et adj. – 1976 ; abrév. de *optoélectronique* ■ Utilisation de l'optoélectronique à des fins militaires.

opulence n. f. – XVe ; lat. 1 Grande abondance de biens. ⇒ **abondance, aisance, fortune, richesse.** *« son père, qui ne nageait pas dans l'opulence »* (Rouss.). 2 fig. *Opulence des formes.* ⇒ **ampleur.** ✪ CONTR. Misère, pauvreté.

opulent, ente adj. – XIVe ; lat. 1 Qui est très riche, qui est dans l'opulence. ➝ *Vie opulente.* 2 Qui a de l'ampleur dans les formes. ⇒ **plantureux.** *« une belle jeune femme [...] opulente et laiteuse »* (Giono). *Poitrine opulente.* ⇒ ① **fort, gros.** ✪ CONTR. Misérable.

opuntia → **oponce**

opus [ɔpys] n. m. – XIXe ; mot lat. « ouvrage » ■ Indication suivie d'un numéro, pour désigner un morceau de musique dans l'œuvre complète d'un compositeur (abrév. op.).

opuscule n. m. – XIVe ; lat., dimin. de *opus* « ouvrage » ■ Petit ouvrage, petit livre. ⇒ **brochure.** *« Une foule de publications éphémères, [...] d'opuscules »* (Valéry).

❑ Attention, ce mot est du masculin, comme *fascicule.* Les mots en *-cule* ne sont pas tous du même genre ; un étymon latin neutre (ex. *opusculum*) ou masculin (ex. *fasciculus*) donne en français un nom masculin ; un étymon latin féminin (ex. *fæcula*) donne un féminin *(fécule).*

O.P.V. [opeve] n. f. – 1978 ; sigle de *Offre Publique de Vente* ■ Procédure permettant à un actionnaire de société de proposer publiquement de vendre un certain nombre des titres qu'il détient, à un prix déterminé.

① **or** n. m. – X^e ; lat. *aurum* 1 Élément atomique (symb. Au ; n° at. 79 ; m. at. 196,96), métal jaune, brillant, inaltérable et inoxydable. *Minerais d'or.* ⇒ **paillette, pépite.** *Mine* d'or. Chercheur d'or.* ⇒ **orpailleur.** *La ruée vers l'or.* ➝ *Or colloïdal* : solution colloïdale d'or, employée pour combattre l'infection. ♦ Ce métal précieux allié ou non à d'autres substances, dans des proportions variables. *Or vierge, or pur, or fin. Titre de l'or.* ⇒ **aloi, carat, titre.** *Or contrôlé, poinçonné.* ⇒ **poinçon.** *Or jaune, or blanc, or rouge, or gris.* ➝ *Lingot, barre d'or. Bijoux, joyaux d'or, en or massif.* ⇒ **orfèvrerie.** *Stylo à plume en or. Dent en or.* ➝ *Filigrane d'or. Nom écrit en lettres d'or. Incruster un filet d'or dans un métal* : damasquiner. *Couvrir d'une feuille d'or.* ⇒ **doré, dorer.** *Bijou en plaqué or.* ⇒ **plaqué.** *Argent plaqué d'or.* ⇒ **vermeil.** ➝ *Étoffe brodée d'or* : brocart. ➝ *Pièces d'or.* ⇒ **jaunet, louis.** *Payer une somme en or,* en pièces d'or. « *Tu répugnes peut-être à te séparer de ton or, hein* » (Balz.). ♦ par ext. Monnaie métallique virtuelle (étalon, valeur de référence) ou réelle *(or monnayé).* ⇒ **monnaie.** *Cours de l'or.* ➝ *Étalon or. Valeur or d'une unité monétaire.* 2 Symbole de richesse, de fortune. ⇒ **argent, richesse.** « *l'or donne aux plus laids certain charme pour plaire* » (Mol.). ♦ loc. *Acheter, vendre, payer à prix d'or,* très cher. ➝ *Affaire, marché en or.* ⇒ **avantageux.** ➝ *Rouler sur l'or* : être dans l'opulence, la richesse. *Pour tout l'or du monde* : à aucun prix. ⇒ **jamais.** « *Pour tout l'or du monde,* [il] *n'aurait pas voulu s'entendre traiter de mercanti* » (Romains). 3 Substance ayant l'apparence de l'or véritable. ⇒ **chrysocale, oripeau.** *Peinture or. L'or d'un cadre, d'une décoration.* 4 fig. et métaph. *Jaune d'or. Cheveux d'or,* d'un blond doré. 5 blas. Un des deux métaux héraldiques, représenté conventionnellement par des pointillés. 6 Chose précieuse, rare, excellente. ♦ loc. *Parler d'or* : dire des choses excellentes, très sages. *Le silence est d'or.* ➝ *Cœur d'or.* ⇒ ① **bon, excellent, généreux.** ➝ fam. EN OR : excellent, parfait. *Un ami en or.* ♦ ÂGE D'OR : temps heureux d'une civilisation. « *un monde heureux, resté presque à l'âge d'or* » (Loti). Par ext. *L'âge d'or du cinéma.* 7 (Désignant une source de richesse) *L'or noir* : le pétrole. ➝ *L'or blanc* : la neige des sports d'hiver. ➝ *L'or vert* : les ressources procurées par l'agriculture ou la sylviculture. ➝ *L'or rouge* : l'énergie solaire. ✪ HOM. Hors.

❑ Dans la même famille étymologique : *auréole, aurifère... ; dorer, loriot, orfèvre.*

② **or** adv. et conj. – Xe ; lat. *hora* pour *hac hora* « à cette heure » 1 adv. vx Maintenant, présentement. « *Or, adieu, j'en suis hors* » (La Font.). ♦ D'ORES ET DÉJÀ [dɔʀzedeʒa] : dès maintenant. « *L'ennemi est d'ores et déjà coupé de Vienne* » (Madelin). 2 conj. Marque un moment particulier (dans un récit). « *or, hier soir, plus vieux de quatre ou cinq années, je me suis apparu à moi-même* » (Mauriac). ➝ Introduit un argument ou une objection à ce qui précède. *Il se dit innocent, or toutes les preuves sont contre lui.* ⇒ **cependant, pourtant.**

❑ Les deux formes *or* et *ores,* utilisées comme variantes poétiques → encore, jusque (rem.). ♦ *D'ores et déjà* inclut le moment présent, à la différence de *désormais, dorénavant.*

oracle n. m. – XIIe ; lat. *oraculum* 1 vx Volonté de Dieu annoncée par les prophètes et les apôtres. ⇒ **prophétie.** 2 Réponse qu'une divinité donnait à ceux qui la consultaient. ⇒ **divination.** ➝ La divinité qui rendait ces oracles (⇒ ① **augure**) ; le sanctuaire où elle les rendait. 3 Décision, opinion exprimée avec autorité et qui jouit d'un grand crédit. 4 Personne qui parle avec autorité ou compétence.

orage n. m. – XIIe ; lat. *aura* 1 Perturbation atmosphérique caractérisée par des phénomènes électriques (éclairs, tonnerre), souvent accompagnée de pluie, de vent. *Le temps est à l'orage. L'orage menace, gronde.* ➝ *Orage magnétique* : perturbation du champ magnétique terrestre qui coïncide avec les éruptions solaires et les aurores polaires. 2 Trouble qui éclate ou menace d'éclater ; agitation tumultueuse. « *Ma jeunesse ne fut qu'un ténébreux orage* » (Baud.). ➝ fam. *Il y a de l'orage dans l'air* : l'atmosphère est à la dispute. ✪ CONTR. ① Calme.

❑ *Orage* a été l'un des mots-clés du romantisme, du fait de ses connotations de violence, de tourmente et de malheur : « *Levez-vous vite, orages désirés* » (Chateaubriand).

orageux, euse adj. – XIIe 1 Qui annonce l'orage ; qui a les caractères de l'orage. *Le temps est orageux. Ciel orageux.* ♦ *Saison orageuse. Mer orageuse.* 2 Tumultueux. *Discussion orageuse.* ⇒ **agité, mouvementé.** ✪ CONTR. ② Calme.

oraison n. f. – XIe ; lat. *oratio* 1 Prière. ⇒ **orémus.** *Oraison dominicale. Oraison jaculatoire. Dire une oraison.* 2 vx Discours. ⇒ **harangue.** ➝ *Oraison funèbre* : discours religieux prononcé à l'occasion des obsèques d'un personnage illustre (⇒ **panégyrique**).

oral, ale, aux adj. – XVIIe ; lat. *os, oris* « bouche » 1 (Opposé à ② *écrit*) Qui se fait, se transmet par la parole. *Langue orale et langue écrite. Déposition orale.* ⇒ **verbal.** *Tradition orale* (⇒ **aède, conteur, griot**). *Une parabole « arrangée à ma manière, comme il est loisible de le faire dans la tradition orale »* (Tournier). ♦ n. m. L'expression, la langue orale. ➝ L'ensemble des épreuves orales d'un examen ou d'un concours. 2 Relatif à la bouche. ⇒ **buccal ; oralité.** *Médicament qui s'administre par voie orale.* ➝ *Stade oral* : premier stade de la libido où la bouche et les lèvres sont les principales zones érogènes, selon Freud. ➝ *Voyelle orale* (opposé à *nasale*). ✪ CONTR. ② Écrit, graphique.

oralement adv. – XIXe ▪ D'une manière orale, de vive voix. *Récits transmis oralement.*

oraliser v. tr. [1] – v. 1970 ▪ Dire à voix haute. ♦ *Sourd oralisé,* qui est capable de parler sans entendre.

oralité n. f. – XIXe 1 Caractère oral (de la parole, du langage, du discours). 2 Caractère propre au stade oral du développement de la libido.

-orama Élément, du gr. *orama* « vue », souvent simplifié en *-rama.*

orange n. f. – XIIIe ; ar. *narandj* 1 Fruit comestible de l'oranger (agrume), d'un jaune tirant sur le rouge. ⇒ **maltaise, navel.** *Quartier d'orange. Pelure d'orange.* ⇒ **zeste.** *Jus d'orange. Boisson à l'orange.* ⇒ **orangeade.** *Canard à l'orange.* 2 adj. inv. D'une couleur semblable à celle de l'orange. ⇒ **orangé.** « *les reflets orange et noirs des incendies* » (Cl. Simon). ➝ n. m. *Un orange clair.* La couleur orange d'un feu de signalisation. *Passer à l'orange.*

orangé, ée adj. et n. m. – XVIe 1 D'une couleur nuancée d'orange. « *une salamandre noire marbrée de taches orangées* » (Genev.). 2 n. m. Couleur du spectre solaire entre le rouge et le jaune. ✪ HOM. Oranger.

orangeade n. f. – XVIIe ▪ Boisson à base de jus d'orange.

oranger n. m. – XIVe ▪ Arbre fruitier *(rutacées),* au feuillage luisant, persistant et parfumé, originaire de Chine, qui produit les oranges. *L'oranger croît en pleine terre sous les climats méditerranéens, en serre sous des climats plus froids* (⇒ **orangerie**). *Plantation d'orangers.* ⇒ **orangeraie.** *Eau de fleur d'oranger* : liqueur obtenue par la distillation des fleurs de l'oranger (⇒ **néroli**). ✪ HOM. Orangé.

❑ Pour le suffixe → ① pêcher, arbre (rem.).

orangeraie n. f. – 1932 ▪ Plantation d'orangers cultivés en pleine terre.

❑ Ce mot, à ne pas confondre avec *orangerie*, est formé avec l'élément *-aie* (variante *-eraie* pour les mots en *-ier*) « lieu planté de » ; cf. Chênaie, châtaigneraie...

orangerie n. f. – XVIIe ▪ Lieu fermé où l'on met à l'abri pendant l'hiver les orangers cultivés dans des caisses. ⇒ ① **serre.** ♦ Partie d'un jardin où les orangers sont placés pendant la belle saison.

orangette n. f. – XIXe ▪ Petite orange amère utilisée en confiserie.

orang-outan [ɔʀɑ̃utɑ̃] n. m. – XVIIe ; malais *orang hutan* « homme des bois » ▪ Grand singe de Bornéo et Sumatra *(hominoïdes)*, à longs poils, aux membres antérieurs très longs. *Des orangs-outans.*

❑ Il existe une variante *orang-outang*, moins conforme à l'étymologie.

orant, ante n. – XIXe ; lat. *orare* « prier » ▪ Personnage représenté dans l'attitude de la prière (opposé à *gisant*).

orateur, trice n. – XIVe ; lat. *orare* « parler » 1 Personne qui compose et prononce des discours. ⇒ **conférencier ; prédicateur ; tribun.** « *dans tout orateur, il y a* [...] *un penseur et un comédien* » (Hugo). ♦ *Les orateurs d'un débat.* ⇒ **débatteur, intervenant.** 2 Personne éloquente, qui sait parler en public. ⇒ **rhéteur.** *Ses talents d'orateur.*

① **oratoire** n. m. – XIIe ; lat. *orare* « prier » 1 Lieu destiné à la prière, petite chapelle. « *nous entendîmes quelques morceaux de Bach* [...] *dans l'oratoire du château* » (Gracq). 2 Nom de diverses congrégations religieuses. *L'Oratoire de Jésus. Les Pères de l'Oratoire.* ⇒ **oratorien.** ➝ Église, maison de la congrégation de l'Oratoire.

② **oratoire** adj. – XVIe ▪ Qui appartient ou convient à l'orateur, à l'art de parler en public ; qui a le caractère des ouvrages d'éloquence. *Joute oratoire. Il appelait* « *ses partenaires, sans précautions oratoires, par leur patronyme, tout sec* » (Duham.).

oratorien n. m. – XVIIIe ▪ Membre de la congrégation religieuse de l'Oratoire.

oratorio n. m. – XVIIe ; mot it. « oratoire » ▪ Drame lyrique sur un sujet religieux, parfois profane, qui contient les mêmes éléments que la cantate, avec un rôle important dévolu à l'orchestre. *Les oratorios de Haendel.*

orbiculaire adj. – XIVe ; lat. 1 En forme de cercle. ⇒ **rond.** *Muscles orbiculaires,* entourant les lèvres, les paupières. 2 Qui décrit un cercle. *Mouvement orbiculaire.*

orbitaire adj. – XVe ▪ Qui a rapport à l'orbite de l'œil.

orbital, ale, aux adj. et n. f. – XIXe 1 Qui a rapport à l'orbite d'une planète, d'un satellite ; qui décrit une orbite. *Mouvement orbital d'une planète autour du Soleil. Station orbitale.* ⇒ **orbiteur.** 2 n. f. Fonction d'onde des coordonnées d'un électron lié dans un atome ou une molécule.

orbite n. f. – XIVe ; lat. I Cavité osseuse dans laquelle se trouvent placés l'œil et ses annexes. « *ses deux yeux insanes, enfoncés dans les orbites* » (Le Clézio). *Yeux qui paraissent sortir des orbites.* ⇒ **exorbité ; exophtalmie.** II - 1 Trajectoire courbe d'un corps céleste ayant pour foyer un autre corps céleste. ⇒ **apoastre, apside, écliptique, périastre, périhélie.** ➝ *Placer un satellite artificiel sur orbite ; le mettre en orbite,* lui faire décrire l'orbite prévue (⇒ ① **lancer ; satellisation**). ➝ loc. fig. *Mettre sur orbite :* lancer. *Mettre sur orbite un homme politique.* ♦ Trajectoire fermée décrite par un corps animé d'un mouvement périodique. *Les orbites des électrons.* 2 Milieu où s'exerce l'influence de qqn. *Graviter dans l'orbite d'un homme politique.*

orbitèle n. f. – XIXe ; lat. *orbis* « cercle » et *tela* « toile » ▪ Araignée qui tisse une toile polygonale à symétrie centrale.

orbiteur n. m. – v. 1965 ▪ Engin spatial qui suit une trajectoire orbitale. ⇒ **satellite.** ➝ Partie satellisable d'une navette spatiale.

orcanète ou **orcanette** n. f. – XIVe ; ar. « henné » ▪ Plante des régions méditerranéennes *(borraginacées)* dont la racine fournit une matière colorante rouge foncé. ♦ Racine contenant un principe colorant rouge.

orchestral, ale, aux [ɔʀkɛstʀal, o] adj. – XIXe ▪ Propre à l'orchestre symphonique.

orchestrateur, trice [ɔʀkɛstʀatœʀ, tʀis] n. – mil. XXe ▪ Musicien, musicienne qui fait une orchestration.

orchestration [ɔʀkɛstʀasjɔ̃] n. f. – XIXe 1 Action, manière d'orchestrer. ⇒ **instrumentation.** *Traité d'orchestration.* 2 Organisation de grande ampleur. *Orchestration d'une campagne de presse.*

orchestre [ɔʀkɛstʀ] n. m. – XVe ; gr. *orkhêstra* 1 Dans les théâtres antiques, Espace compris entre le public et la scène. 2 Partie contiguë à la scène et un peu en contrebas, où peuvent prendre place des musiciens. 3 Dans une salle de spectacle, Ensemble des places du rez-de-chaussée les plus proches de la scène ou de l'écran. ♦ Le public qui occupe ces places. « *l'orchestre : rien que des bourgeois avec leurs femmes et leurs enfants* » (Maupass.). 4 Groupe d'instrumentistes constitué en vue d'exécuter de la musique polyphonique. *Grands et petits orchestres.* ⇒ **concert,** ② **ensemble, formation, octuor, quatuor, quintette, septuor, trio.** *Concerto pour violon et orchestre.* ➝ *Orchestre (de musique) de chambre. Orchestre de jazz.*

orchestrer [ɔʀkɛstʀe] v. tr. [1] – XIXe 1 Composer (une partition) en combinant les parties instrumentales. *Œuvre puissamment orchestrée.* ♦ Adapter pour l'orchestre. ⇒ **arranger, harmoniser.** 2 Organiser en cherchant à donner le maximum d'ampleur et de retentissement. *Orchestrer une campagne de presse.*

orchidée [ɔʀkide] n. f. – XVIIIe ; du gr. *orkhidion* « petit testicule » ▪ Plante des climats chauds *(orchidacées)*, dont les très belles fleurs sont composées de trois sépales colorés et de trois pétales. ♦ La fleur.

❑ La plante doit son nom à l'aspect de ses tubercules.

orchis [ɔʀkis] n. m. – XVIe ; gr. *orkhis* « testicule » ▪ Plante d'Europe et d'Asie Mineure *(orchidacées)*, communément appelée *orchidée*.

orchite [ɔʀkit] n. f. – XIXe ; gr. *orkhis* « testicule » et *-ite* ▪ Inflammation du testicule.

ordalie n. f. – XVIIe ; lat. ▪ ancienn Épreuve judiciaire par les éléments naturels, jugement de Dieu par l'eau, le feu.

ordinaire adj. et n. m. – XIIIe ; lat. I adj. 1 Conforme à l'ordre normal, habituel des choses ; sans condition particulière. ⇒ ① **courant, habituel, normal, usuel.** *Le cours ordinaire des choses.* ➝ « *Il est ordinaire de voir les bonnes intentions* [...] *pousser les hommes à des effets très vicieux* » (Montaigne). ♦ Habituel, coutumier à qqn. *Avec sa maladresse ordinaire.* 2 Qui remplit habituellement une fonction. *Le médecin ordinaire du roi,* qui remplissait sa fonction toute l'année. *Évêques ordinaires,* qui gouvernent un diocèse. 3 Dont la qualité ne dépasse pas le niveau moyen le plus courant, qui n'a aucun caractère spécial. ⇒ **banal, commun.** *Du vin ordinaire. De l'essence ordinaire* (ou n. m. *de l'ordinaire*). ➝ *Les génies et les hommes ordinaires.* ♦ péj. *Des gens très ordinaires,* de condition sociale très modeste, ou peu distingués. **II** n. m. **1** Ce qui n'a rien d'exceptionnel. *Sortir de l'ordinaire :* changer ; être exceptionnel. **2** Ce que l'on mange, ce que l'on sert habituellement aux repas. ⇒ **alimentation.** *Améliorer l'ordinaire des troupes.* **3** *Ordinaire de la messe :* ensemble des prières de teneur invariable. **III** loc. adv. *D'ORDINAIRE ; À L'ORDINAIRE :* de façon habituelle, à l'accoutumée, et par ext. le plus souvent. ⇒ **habituellement, ordinairement, souvent** (le plus souvent) (cf. De coutume, d'habitude). « *On peut discuter sans hurler. D'ordinaire on ne crie que quand on a tort* » (Gide). « *Ai plus causé qu'à l'ordinaire* » (Barbey). ✪ CONTR. Extraordinaire, ② original, rare, remarquable.

ordinairement adv. - XIVe ▪ D'une manière ordinaire, habituelle. ⇒ **généralement, habituellement.** « *ma selle, qui me servait ordinairement d'oreiller* » (Chateaub.).

① **ordinal, ale, aux** adj. et n. m. - XVIe ; lat. ▪ Qui marque l'ordre, le rang. *Nombre ordinal,* qui désigne le rang d'un nombre cardinal*. ♦ Se dit d'un adjectif numéral qui exprime le rang d'un élément dans un ensemble. Premier *et* deuxième *sont des adjectifs numéraux ordinaux.* Subst. *Les ordinaux servent à classer un objet dans une série.* ➝ *Adverbes ordinaux,* dérivés des adjectifs ordinaux *(premièrement, deuxièmement).*

② **ordinal, aux** n. m. - XVe ; lat. *ordo* « ordre » ▪ *L'ordinal :* livre de prières et de formules d'ordination de l'Église anglicane.

ordinand n. m. - XVIIe ; lat. *ordinandus* ▪ Celui qui est ordonné prêtre. ✪ HOM. Ordinant.

ordinant n. m. - XVIIe ; lat. *ordinans* ▪ Ministre du sacrement de l'ordination. ✪ HOM. Ordinand.

ordinateur n. m. - 1951 ; lat. *ordo* « ordre » ▪ Machine électronique de traitement numérique de l'information, exécutant à grande vitesse les instructions d'un programme enregistré **(⇒ logiciel).** *Ordinateur spécialisé* **(⇒ ② calculateur, supercalculateur),** *individuel, de bureau* **(⇒ micro-ordinateur ;** aussi **mini-ordinateur).** *Travailler sur ordinateur. Conception, enseignement assisté* par ordinateur.* ⇒ **informatique.**

> ❑ Attention, un seul *n* ; tous les mots en *-ordin-* (comme *insubordination* par exemple) sont dans ce cas, alors que ceux en *-ordonn-* ont deux *n (désordonné).* ♦ Ce mot a été formé pour remplacer l'anglicisme *computer* qui n'a pas survécu en français. → computationnel (rem.).

ordination n. f. - XIIe ; lat. ▪ Acte par lequel est administré le sacrement de l'ordre, spécialt la prêtrise. *Conférer* **(⇒ ordinant),** *recevoir* **(⇒ ordinand)** *l'ordination. Ordination d'un prêtre.*

ordo n. m. inv. - XVIIIe ; mot lat. « ordre » ▪ Calendrier liturgique qui comprend les diverses parties de l'année liturgique de l'Église universelle et d'une Église ou d'un ordre particulier.

ordonnance n. f. - XIIe **I** Mise en ordre ; disposition selon un ordre. ⇒ **agencement, arrangement, disposition, ordonnancement, organisation.** *Ordonnance des mots dans la phrase. L'ordonnance d'un repas :* la suite des plats. **II - 1** Texte législatif émanant de l'exécutif (roi, gouvernement). ⇒ **constitution, ① loi.** ♦ Arrêté du préfet de police de Paris. ⇒ **règlement.** *Ordonnance de police.* ♦ Décision émanant d'un juge unique. « *le juge d'instruction* [...] *avait rendu une ordonnance de non-lieu* » (Zola). ♦ Ordre de paiement décerné par un ministre *(ordonnance de paiement).* **2** Prescriptions d'un médecin ; écrit qui les contient. *Médicament délivré sur ordonnance.* **3** Domestique militaire, soldat qui était attaché à un officier. « *en dehors de son ordonnance et du sous-officier* [...], *il était seul* » (Cl. Simon). **4** *D'ORDONNANCE :* conforme au règlement. *Revolver d'ordonnance.* ♦ *Officier d'ordonnance :* officier qui remplit les fonctions d'aide de camp.

> ❑ Au sens de « soldat », on trouve aussi le masculin, senti comme plus approprié : « *l'ordonnance* [...] *se tenait pétrifié dans un impeccable garde-à-vous* » (Carco). → vigie (rem.).

ordonnancement n. m. - XVe **1** Acte administratif donnant ordre à un comptable public de régler une dépense publique préalablement engagée et liquidée. ⇒ **engagement, liquidation.** **2** Ensemble des processus de mise en œuvre et de contrôle d'une commande (de la fabrication à l'expédition). ➝ Organisation méthodique (de la fabrication, d'un processus). ⇒ **méthode.** **3** Façon dont une chose est arrangée, ordonnée. ⇒ **agencement, ordonnance.**

ordonnancer v. tr. [3] - XVIe ▪ Donner l'ordre de payer (le montant d'une dépense publique).

ordonnancier n. m. - 1951 **1** Registre sur lequel le pharmacien doit consigner les produits prescrits sur ordonnance et les préparations magistrales. **2** Bloc de papier à en-tête utilisé par un praticien pour rédiger ses ordonnances.

ordonnateur, trice n. - XVIe **1** Personne qui dispose, met en ordre. *Ordonnateur d'une fête.* « *Entre les deux fenêtres, l'ordonnateur du logis a placé un poêle* » (Balz.). ➝ *Ordonnateur des pompes funèbres,* qui accompagne et dirige les convois mortuaires. **2** Agent de l'État ou des collectivités territoriales ayant qualité pour prescrire l'exécution des dépenses et des recettes publiques.

ordonné, ée adj. - XIIIe **1** En bon ordre. *Maison bien ordonnée. Discours ordonné.* ♦ (en mathématiques) *Ensemble ordonné,* muni d'une relation d'ordre. ♦ *Milieu ordonné,* dans lequel la disposition des atomes ou des molécules est régulière. **2** Qui a de l'ordre et de la méthode. ⇒ **méthodique.** *Secrétaire très ordonnée.* ➝ Qui range ses affaires. *Un enfant ordonné.* ✪ CONTR. Confus, désordonné. ① Brouillon.

ordonnée n. f. - XVIIe ▪ Deuxième coordonnée d'un point dans un repère cartésien. *L'axe des ordonnées.*

ordonner v. tr. [1] - XIIe ; lat. *ordinare* **1** Disposer, mettre dans un certain ordre. ⇒ **agencer, arranger, organiser, ① ranger.** *Ordonner ses souvenirs.* ➝ pronom. *Le savant* « *recompose un monde* [...] *où tout s'ordonne normalement* » (Gide). ♦ En mathématiques, Conférer un ordre aux éléments de (un ensemble). Disposer, écrire (un polynôme) en rangeant ses termes suivant les puissances croissantes ou décroissantes d'un terme. **2** Élever (qqn) à l'un des ordres de l'Église. ⇒ **consacrer ; ordination, ordre.** **3** Prescrire par un ordre. ⇒ **commander, dicter, enjoindre.** *Ordonner qqch. à qqn. Je vous ordonne de vous taire.* ⇒ **① sommer.** ➝ *Médecin qui ordonne un traitement* **(⇒ ordonnance).** ♦ Prescrire par une ordonnance (II, 1°). ⇒ **décider, statuer.** *Ordonner le huis clos.* ✪ CONTR. Déranger, dérégler.

> ❑ Se construit de préférence avec un complément abstrait ; on a recours, si le complément désigne une chose matérielle, au verbe *ranger* ou aux expressions *mettre de l'ordre dans, mettre en ordre.*

ordre n. m. - XIe ; lat. *ordo* **I** Relation intelligible entre une pluralité de termes. ⇒ **organisation, structure ; économie.** **1** Disposition d'éléments les uns par rapport aux autres, succession régulière. ⇒ **disposition, distribution.** *L'ordre des mots dans la phrase.* ⇒ **syntaxe.**

Mettre dans un certain ordre (⇒ **agencer, classer, disposer, ordonner, ① ranger).** *Ordre chronologique, logique. Ordre croissant, décroissant. Procédons par ordre. Ordre d'importance. Ordre alphabétique, numérique. Par ordre d'arrivée.* ♦ *Relation d'ordre sur un ensemble E* : relation binaire sur E, réflexive, transitive et antisymétrique. ➛ *Matrice d'ordre* n, comportant *n* lignes et *n* colonnes. *Ordre d'un groupe,* cardinal de l'ensemble de ses éléments. ♦ Disposition d'une troupe sur le terrain. *Ordre de marche, de bataille.* ♦ Procédure réglant la répartition du prix de vente d'un immeuble entre créanciers. *Ordre amiable, judiciaire.* ♦ *ORDRE DU JOUR* : matières, sujets dont une assemblée délibérante doit s'occuper tour à tour, dans un certain ordre. *Voter l'ordre du jour.* ➛ loc. *À l'ordre du jour* : d'actualité, dont on s'occupe particulièrement à un moment donné. *Madame de Sévigné « est un de ces sujets qui sont perpétuellement à l'ordre du jour en France »* (Ste-Beuve). 2 Disposition qui satisfait l'esprit, semble la meilleure possible ; aspect régulier, organisé. *« toute chose excessive et hors de l'ordre accoutumé »* (France). *Mettre sa chambre, ses dossiers, ses idées en ordre. J'avais besoin « de m'assurer que tout était en ordre »* (Duham.). ♦ *Mettre bon ordre à* (une situation) : remettre en bon fonctionnement, faire cesser le désordre. 3 Qualité d'une personne qui a une bonne organisation, de la méthode. *Travailler avec ordre et méthode.* ➛ Qualité d'une personne qui range les objets à leur place et sait les retrouver. *Elle a beaucoup d'ordre* (⇒ **ordonné**), *n'a aucun ordre* (⇒ **désordonné**). 4 loc. *C'est dans l'ordre (des choses)* : c'est normal, inévitable. *« Que vous n'aimiez pas mon oncle, c'est encore dans l'ordre »* (Balz.). 5 Organisation sociale. ⇒ **civilisation, société.** *L'ordre social, économique et politique.* ➛ *L'ORDRE PUBLIC* : la sécurité publique. *Troubler l'ordre public.* ♦ Stabilité sociale, respect de la société établie. *Les partisans de l'ordre. Maintenir, faire régner l'ordre. Rétablir l'ordre.* ➛ *Le service d'ordre,* qui maintient l'ordre dans un rassemblement. *Les forces de l'ordre,* chargées de réprimer une émeute, une insurrection. ⇒ **armée, ① police.** 6 Conformité à une règle. *Tout est rentré dans l'ordre,* redevenu normal. *Tout est en ordre,* en règle. *Rappeler qqn à l'ordre,* à ce qu'il convient de faire. ➛ *Machine en ordre de marche,* en état de fonctionner. II Catégorie, classe d'êtres ou de choses, considérée d'après sa structure, son organisation ou d'après sa place dans une série, une classification. ⇒ **catégorie, classe, groupe.** 1 Espèce (choses abstraites). ⇒ **genre, nature, sorte.** *Choses de même ordre, d'ordres différents.* ➛ *Dans le même ordre, dans un autre ordre d'idées.* ➛ *Un nombre de l'ordre de deux millions,* d'environ deux millions. 2 *De premier ordre* : de grande qualité, supérieur en son genre. *De second ordre. « Ceci s'adresse à vous, esprits du dernier ordre »* (La Font.). 3 Système architectural antique ayant une unité de style. *Ordres grecs,* dorique, ionique, corinthien ; *ordres romains,* toscan, composite. 4 Division intermédiaire entre la classe* et la famille* (plantes, animaux). ⇒ aussi **superordre.** 5 Division de la société. ⇒ **classe.** *Les trois ordres de la société française sous l'Ancien Régime* : noblesse, clergé, tiers état. ♦ Classement de personnes ou d'institutions suivant certaines règles juridiques. 6 Association, groupe de personnes soumises à certaines règles professionnelles, morales. ⇒ **corporation, corps.** *L'ordre des médecins, des architectes, des avocats. Le conseil de l'ordre.* ♦ Association honorifique constituée par un ancien ordre de chevalerie ou créée en vue de récompenser le mérite. *L'ordre de la Légion d'honneur.* 7 Association de personnes vivant dans l'état religieux après avoir prononcé des vœux solennels. *Les congrégations et les ordres religieux.* 8 L'un des degrés de la hiérarchie cléricale catholique. *La tonsure, signe de l'ordre.* loc. *Entrer dans les ordres* : se faire moine, prêtre ou religieuse. ⇒ **ordonner ; ordination.** III - 1 Acte par lequel un chef, une autorité manifeste sa volonté ; ensemble de dispositions impératives. ⇒ **commandement, consigne, directive, injonction.** *Ordre et contrordre. Donner l'ordre d'accomplir une mission. Vos désirs sont des ordres.* ➛ *Donner un ordre.* ⇒ **commander, ordonner.** *Recevoir un ordre. Je n'ai d'ordre à recevoir de personne. Obéir aux ordres.* ⇒ **obéissance ; obtempérer.** *Enfreindre un ordre. Agir sur (l')ordre d'un supérieur.* ➛ *Être aux ordres de qqn,* être à sa disposition. ➛ *Être sous les ordres de qqn,* être son inférieur, dans la hiérarchie. ➛ *ORDRE DE MISSION,* assignant à un militaire une mission à exécuter. ➛ (sans article) *Vente par ordre de justice. « J'ai donné ordre [...] de vous chercher où que vous soyez »* (Rouss.). ➛ *JUSQU'À NOUVEL ORDRE* : jusqu'à ce qu'un ordre vienne modifier la situation ; jusqu'à ce qu'une décision, un fait nouveau modifie la situation. 2 Décision, à l'origine d'une opération financière, commerciale. *Ordre d'achat* (⇒ **commande, 1°**), *de vente.* ➛ *Ordre de bourse* : mandat d'acheter ou de vendre des valeurs mobilières donné à un intermédiaire. *Ordre de virement* : instruction donnée par un client à son banquier. *Faire un chèque à l'ordre de X.* 3 *MOT D'ORDRE* : consigne commune aux membres d'un groupe. *« il règne un mot d'ordre : diminuer le rendement. On le [...] répète dans tous les meetings »* (Romains). ♦ *Citer un soldat à l'ordre du jour, à l'ordre du bataillon, de l'armée, de la nation,* le signaler pour sa belle conduite. ⇒ **citation.** ✪ CONTR. Désordre ; anarchie, chaos, confusion. ① Défense, interdiction.

ordure n. f. – XIIe ; lat. *horridus* 1 Toute matière qui souille et répugne. ⇒ **immondice, saleté.** ➛ Excrément. *Chien qui fait ses ordures sur le trottoir.* 2 plur. Choses de rebut dont on se débarrasse. ⇒ **déchet, détritus.** *Ordures ménagères. Boîte à ordures.* ⇒ **poubelle, vide-ordures.** *Lieu où sont déposées les ordures.* ⇒ **décharge, dépotoir.** *Recyclage des ordures.* ⇒ **déchetterie.** 3 Souillure morale. *« Il faut que chacun se dépêtre, tout seul, dans son trou, dans son ordure »* (Duham.). 4 Propos, écrit, action vile, sale. ⇒ **cochonnerie, grossièreté, obscénité, saleté, saloperie.** *Ma vie « n'est qu'un amas de crimes et d'ordures »* (Mol.). 5 vulg. Servant d'injure à l'adresse d'une personne. ⇒ **fumier.** *« Allez, fous-moi le camp, ordure ! Sinon j'te fais un malheur ! »* (Sartre).

ordurier, ière adj. – XVIIe ▪ Qui dit ou écrit des choses sales, obscènes. *« des gens très orduriers »* (Proust). ⇒ **grossier.** ♦ Qui contient des obscénités. *Propos orduriers ; chansons ordurières.*

oréade n. f. – XVe ; gr. *oreas,* de *oros* « montagne » ; cf. *oro* ▪ Dans la mythologie grecque, Nymphe des montagnes et des bois.

orée n. f. – XIVe ; lat. *ora* ▪ *L'orée du bois, de la forêt.* ⇒ **lisière.** ✪ CONTR. Cœur, fond.

oreillard, arde n. m. – XVIIe ▪ Animal à longues ou grandes oreilles (lapins, lièvres, ânes). ➛ Très petite chauve-souris *(chiroptères)* aux longues oreilles.

oreille n. f. – XIe ; lat. *auricula* I - 1 L'un des deux organes constituant l'appareil auditif. *L'oreille droite, gauche. Qui concerne l'oreille.* ⇒ **auriculaire.** ➛ *L'oreille externe* (⇒ **pavillon, conque**), *l'oreille moyenne* (⇒ **tympan, osselet, trompe** [d'Eustache]) *et l'oreille interne* (⇒ **labyrinthe, ① rocher**). ➛ *Médecin spécialiste des oreilles* (⇒ **oto-rhino-laryngologiste**). Par plais. *Tes oreilles ont dû siffler,* se dit à qqn dont on a beaucoup parlé en son absence. ➛ loc. *Écouter de toutes ses oreilles. Être tout oreilles,* très attentif. *« Grands et petits, nous sommes tout oreilles »* (J. Verne). *Faire la sourde oreille* : feindre de ne pas entendre, et par ext. d'ignorer une demande. ➛ *Parler, dire qqch. à qqn à l'oreille, dans le creux de l'oreille,* de sorte qu'il soit seul à entendre. *Si cela venait à ses oreilles,* à sa connaissance. ⇒ **apprendre.** *Ce n'est pas tombé dans l'oreille d'un sourd :* ces paroles ont été mises à profit. ♦ Personne qui entend, écoute. « *On aime avoir quelqu'un à qui on parle de ses projets. Une oreille amie* » (Péguy). *Choquer les oreilles pudiques.* ♦ vieilli *Avoir l'oreille de qqn,* en être écouté. « *il avait l'oreille du public* » (Cendrars). ♦ Ouïe. *Avoir l'oreille fine.* « *L'oreille est le sens préféré de l'attention* » (Valéry). *Il n'a pas d'oreille, aucune oreille.* 2 Partie visible de l'organe de l'ouïe. *Oreilles pointues, décollées, en chou-fleur. Oreilles finement ourlées. Lobe de l'oreille. Boucles d'oreilles. Chapeau sur l'oreille. Ils* « *crurent qu'il serait impoli de ne pas sourire jusqu'aux oreilles à une personne qui leur souriait* » (Proust). *Frotter, tirer l'oreille, les oreilles à qqn,* pour le punir. ➛ loc. *Se faire tirer l'oreille :* se faire prier, ne pas céder aisément. *Il commence à nous échauffer (chauffer) les oreilles,* à nous fâcher, nous énerver. *Dormir sur ses deux oreilles :* ne pas s'inquiéter. ♦ *Oreilles d'animaux. Oreilles d'âne. Lapin qui remue les oreilles. Les oreilles pendantes du cocker.* **II - 1** Partie saillante ressemblant au pavillon de l'oreille. ➛ Chacun des deux appendices symétriques d'un écrou servant à le tourner. ⇒ **ailette.** *Écrou à oreilles.* ⇒ **papillon.** ♦ Chacun des deux appendices symétriques de récipients et ustensiles, par lesquels on les prend. ⇒ **anse.** *Oreilles d'une cocotte, d'une marmite, d'un bol.* ⇒ **orillon.** 2 Chacune des deux parties latérales du dossier de certains fauteuils, sur laquelle on peut appuyer sa tête. ♦ Oreillette. *Bonnet à oreilles.* 3 (dans des noms d'animaux, de plantes) *Oreille de mer.* ⇒ ② **ormeau.** *Oreille de souris.* ⇒ **myosotis.**

> ❑ Les dérivés savants sont faits soit sur le latin *auri- (auriculaire),* soit sur le grec *oto- (otite).*

oreiller n. m. – XIIe ■ Pièce de literie, coussin qui sert à soutenir la tête. ⇒ région. **coussin.** *Taie d'oreiller.* ♦ *Sur l'oreiller :* dans la plus grande intimité. *Confidences sur l'oreiller. Il se disait* « *que les affaires se traitaient merveilleusement bien sur l'oreiller* » (Zola). ➛ loc. fam. *Panne d'oreiller :* retard de qqn qui a dormi trop longtemps.

oreillette n. f. – XIIe 1 Partie d'un chapeau qui protège les oreilles du froid. *Chapka à oreillettes.* 2 Chacune des deux cavités supérieures du cœur. *Oreillettes et ventricules.* 3 Petit récepteur qui s'adapte à l'oreille.

oreillon n. m. – XIIe 1 Partie mobile de l'armure de tête, qui protégeait l'oreille et la joue. 2 au plur. Maladie contagieuse d'origine virale caractérisée par une inflammation des glandes parotides et des douleurs dans l'oreille. ⇒ **ourlien.** 3 Moitié d'abricot dénoyauté. *Oreillons au sirop.*

orémus [ɔʀemys] n. m. – XVIe ; lat. *orare* « prier » ■ Mot prononcé à la messe par le prêtre pour inviter les fidèles à prier avec lui. ♦ fam. et vx Prière. *Le prêtre* « *commença à murmurer des orémus* » (Maupass.).

ores → ② **or**

orfèvre n. m. – XIIe ; de *or* et a. fr. *fèvre* « artisan travaillant le métal, forgeron » ■ Fabricant d'objets en métaux précieux, en alliage ; marchand de pièces d'orfèvrerie. « *les doigts souples de l'orfèvre font rouler les pierres aux reflets précieux* » (Maupass.). *Le poinçon de l'orfèvre.* ♦ loc. *Être orfèvre en la matière :* s'y connaître parfaitement.

> ❑ Du latin *faber,* l'ancien français *fèvre* se manifeste sous diverses formes dans les noms propres *Favre, Faure, Fabre, Fabri, Lefèvre...*

orfévré, ée adj. – XVIIIe ■ Façonné par un orfèvre. *Des trésors* « *de peaux brutes et de flambeaux orfévrés* » (Tournier).

orfèvrerie n. f. – XIIe 1 Art, commerce de l'orfèvre. 2 Ouvrages de l'orfèvre. *Orfèvrerie d'argent* (⇒ **argenterie**), *d'étain.* « *De hauts dressoirs en chêne sculpté, où luisaient vaguement des blocs d'orfèvrerie* » (Gaut.).

orfraie n. f. – XIe ; lat. *ossifraga,* proprt « qui brise les os » ■ Rapace diurne. ⇒ **pygargue.** ♦ loc. *Pousser des cris d'orfraie* (pour *d'effraie*), des cris perçants. « *Elle se mit à pousser des cris d'orfraie plumée vive* » (Gaut.).

> ❑ L'*orfraie* est souvent confondue avec l'*effraie,* oiseau nocturne voisin de la chouette (Antonin Artaud a peut-être fait cette méprise : « *il entendit le cri lugubre de l'orfraie* »). L'usage a cependant fixé la locution *pousser des cris d'orfraie.*

organdi n. m. – XVIIIe ; p.-ê. var. de *organsin* ■ Mousseline de coton (ou de soie), très légère et empesée.

organe n. m. – XIIe ; gr. *organon* **I - 1** Voix (surtout d'un chanteur, d'un orateur). « *Un bel organe, un imperturbable aplomb* [...] *achevaient de rehausser cette admirable nature de charlatan* » (Flaub.). 2 Voix autorisée d'un porte-parole, d'un interprète. *Le ministère public est l'organe de l'accusation.* ♦ Publication périodique considérée comme le porte-parole (d'un parti, des intérêts d'un groupement). « *Le Globe, organe de la doctrine saint-simonienne* » (Balz.). **II - 1** Partie d'un organisme remplissant une fonction déterminée. *Greffe d'organe.* ➛ *Organe de la digestion, de la respiration. Organes génitaux,* (pop.) *les organes.* ⇒ **parties, sexe.** ➛ *Organes des sens. L'œil, organe de la vue.* 2 Instrument (II ; fig.). « *La volonté est l'organe de la puissance* » (Suarès). 3 Institution chargée de faire fonctionner une catégorie déterminée de services. ⇒ **organisme.** *Les organes directeurs de l'État :* le gouvernement. 4 Élément d'une machine ayant une fonction particulière. ⇒ **mécanisme.** *Organes de transmission.*

organeau n. m. – XIVe ■ Anneau d'une ancre pour y étalinguer un câble. ⇒ **cigale.**

organelle n. m. – déb. XXe ■ Élément figuré cellulaire (mitochondrie, chloroplaste, cil, etc.). ⇒ **organite.**

organicien, ienne adj. et n. – v. 1931 ■ Spécialiste de chimie organique.

organicisme n. m. – XIXe 1 Doctrine philosophique d'après laquelle la vie est le résultat de l'organisation. 2 Doctrine médicale selon laquelle une maladie a pour cause la lésion d'un ou plusieurs organes.

organigramme n. m. – 1947 ■ Représentation synthétique des parties d'un ensemble organisé et de leurs relations. *L'organigramme d'une entreprise.* ♦ Schéma dynamique des phases de la résolution informatique d'un problème.

organique adj. – XIVe 1 Relatif, propre aux organes. *Vie organique.* ⇒ **végétatif.** *Trouble organique* (opposé à *fonctionnel*). 2 Propre aux êtres organisés. *Phénomènes organiques.* 3 Qui provient de tissus vivants ou de transformations de leurs produits. *L'albumine, substance organique. Engrais organiques* (opposé à *chimique*). ➛ *Chimie organique* (opposé à *minérale*), des composés du carbone. 4 Qui a rapport à l'essentiel de l'organisation d'un État. *Loi organique.* ✪ CONTR. Anorganique, inorganique.

organiquement adv. – XVIe ■ D'une manière organique, du point de vue de l'organisation profonde et cohérente d'un ensemble.

organisable adj. – XIXe ■ Qui peut être organisé. ✪ CONTR. Inorganisable.

organisateur, trice n. – XVIIIe 1 Personne qui organise, sait organiser. *Les organisateurs d'une manifestation. Organisateur de voyages.* ⇒ **voyagiste.** 2 n. m. Partie de l'embryon qui provoque la différenciation des territoires embryonnaires.

organisation n. f. – XIVe 1 Action d'organiser (qqch.) ; son résultat. ⇒ **agencement, aménagement, arrangement.** « *l'impresario qui s'était chargé de l'organisation matérielle du concert* » (R. Rolland). ⇒ **préparation.** *L'organisation du travail :* coordination des activités et des tâches en vue d'accroître la productivité. ⇒ **rationalisation ; taylorisme.** ➛ *Bonne organisation.* « *la mauvaise organisation dont on se plaint ici sans cesse* » (Gide). *Manque d'organisation. Avoir l'esprit d'organisation.* 2 Façon dont un ensemble est constitué en vue de son fonctionnement. ⇒ **ordre,** ① **régime, structure.** *L'organisation d'une entreprise. Organisation rationnelle.* ⇒ **logistique.** 3 Association qui se propose des buts déterminés. ⇒ **assemblée, groupement, organisme, société.** *Organisation politique* (⇒ ① **parti**), *syndicale* (⇒ **syndicat**). *Organisation non gouvernementale.* ⇒ **O. N. G.** ➛ *Organisation mondiale de la santé (O. M. S.).* ✪ CONTR. Désorganisation.

organisationnel, elle adj. – 1935 ■ Qui concerne l'organisation, spécialt politique.

organisé, ée adj. – XVIIe 1 Pourvu d'organes. « *un être non seulement organisé, mais intelligent* » (Rouss.). 2 Qui est disposé ou se déroule suivant un ordre, des méthodes ou des principes déterminés. *Voyage organisé.* ♦ *Esprit organisé,* méthodique. ➛ *Une personne bien organisée,* qui organise bien sa vie, son temps. 3 Qui appartient à une organisation, qui a reçu une organisation. *Des bandes organisées. Société organisée.* ⇒ **structuré.**

organiser v. tr. [1] – XIVe 1 Doter d'une structure déterminée, d'un mode de fonctionnement. ⇒ **agencer, disposer, ordonner, structurer.** *Il fallait « organiser, armer la Révolution, lui donner la forme et la force »* (Michelet). *Organiser le travail, une équipe.* ⇒ **coordonner, orchestrer.** ➛ pronom. *La résistance s'organise.* 2 Soumettre à une façon déterminée de vivre ou de penser. *Organiser son temps, sa vie.* ➛ S'ORGANISER v. pron. (personnes) Organiser ses activités. *Il perd beaucoup de temps, il ne sait pas s'organiser.* 3 Préparer (une action), pour qu'elle se déroule dans les meilleures conditions. *Organiser un voyage, une fête.* ⇒ **préparer, programmer.** *Organiser une rencontre.* ⇒ **arranger,** ① **ménager.** ➛ pronom. *Ça commence à s'organiser.* 4 Constituer en organes différenciés (⇒ **organisateur,** 2°). ✪ CONTR. Désorganiser.

organisme n. m. – XVIIIe I - 1 Ensemble des organes qui constituent un être vivant. ♦ Le corps humain. *Les besoins, les fonctions de l'organisme. Un organisme usé, affaibli.* 2 Être vivant. *Organisme unicellulaire, microscopique.* ⇒ **micro-organisme.** II - 1 Ensemble organisé. « *Les grandes villes sont des organismes monstrueux* » (R. Rolland). 2 Ensemble des services, des bureaux affectés à une tâche. ⇒ **organisation.** *Organisme public. Organisme de crédit.*

organiste n. – XIIIe ■ Instrumentiste qui joue de l'orgue.

organite n. m. – XIXe ; de *organe* ■ Élément cellulaire différencié assurant une fonction déterminée (ex. noyau, centrosome, mitochondrie, nucléole, etc.). ⇒ **organelle.**

organo- Élément signifiant « organe » ou « organique ».

organochloré, ée [ɔʀganoklɔʀe] adj. et n. m. – mil. XXe ■ Se dit d'un composé organique de synthèse contenant du chlore lié à un ou plusieurs atomes de carbone par liaison covalente. ➛ n. m. *Les organochlorés sont utilisés comme insecticides.*

organogenèse n. f. – XIXe ; *organo-* et *-genèse* ■ Formation et développement des organes d'un être vivant.

organoleptique adj. – XIXe ; *organo-* et *-leptique* ■ Qui affecte les organes des sens. *Qualités organoleptiques d'un aliment* (goût, odeur, couleur, consistance, etc.).

organomagnésien n. m. – 1932 ■ Composé organométallique contenant du magnésium.

organométallique adj. – XIXe ■ Se dit d'un composé chimique dans lequel un métal est lié à un ou plusieurs atomes de carbone.

organophosphoré, ée adj. et n. m. – 1955 ■ Se dit d'un produit organique de synthèse contenant du carbone et du phosphore.

organsin n. m. – XIVe ; altér. de *Ourgentch,* ville d'Ouzbékistan ■ Fil de soie torse formant la chaîne des étoffes.

organsiner v. tr. [1] – XVIIIe ■ Tordre (la soie) pour obtenir de l'organsin.

orgasme n. m. – XVIe ; gr. *orgân* « bouillonner d'ardeur » ■ Point culminant du plaisir sexuel. *Avoir un orgasme.*

orgasmique adj. – XIXe ■ Relatif à l'orgasme.

> ❑ On dit aussi *orgastique : « son orgastique et tiède océan de félicité »* (Cl. Simon). Même construction que *pléonasme / pléonastique.*

orge n. f. et m. – XIIe ; lat. *hordeum* 1 n. f. Plante herbacée *(graminées)* à épi simple, cultivée comme céréale. ⇒ **escourgeon,** ② **paumelle.** 2 Grain de cette céréale, utilisé en brasserie (⇒ **malt**) et pour l'alimentation animale. *Boissons à base d'orge.* ⇒ ① **bière, kwas, orgeat.** ♦ n. m. *Orge perlé :* graines sans pellicules réduites en petits grains.

orgeat n. m. – XIVe ; de *orge* ■ Sirop préparé avec une émulsion d'amandes. ➛ Boisson rafraîchissante obtenue avec ce sirop.

orgelet n. m. – XVIIe ; lat. *hordeolus* « grain d'orge » ■ Petit furoncle sur le bord de la paupière. ⇒ **chalazion ; compère-loriot.**

orgiaque adj. – XVIIIe 1 Des orgies (1°). *Culte orgiaque.* 2 littér. Qui tient de l'orgie, évoque l'orgie. « *la partie voluptueuse et orgiaque de l'ouverture de* Tannhäuser » (Baud.).

orgie n. f. – XVe ; lat. 1 plur. Fêtes solennelles en l'honneur de Dionysos à Athènes, de Bacchus à Rome. ⇒ **bacchanale.** ➛ Chants et danses de Bacchantes. 2 Partie de débauche, où les excès de table s'accompagnent de plaisirs grossièrement licencieux. ♦ Repas long et bruyant, copieux et arrosé à l'excès. ⇒ **beuverie, ripaille,** fam. **soûlographie.** 3 ORGIE DE : usage excessif de (ce qui plaît). ⇒ **excès.** « *C'est une débauche de poésie dramatique, une orgie de beautés sublimes !* » (Duham.).

orgue n. m. – XIIe ; lat. *organum* I - 1 Instrument à vent, composé de tuyaux que l'on fait résonner par l'intermédiaire de claviers, en y introduisant de l'air au moyen d'une soufflerie. « *L'orgue* [...] *est un orchestre entier, auquel une main habile peut tout demander* » (Balz.). *Jeux d'orgue* (à anches, de flûte, de bourdon). ➛ *Facteur d'orgues.* ➛ *Les grandes orgues* (d'une église). « *maintenant, elle tient l'orgue de la chapelle chaque Dimanche* » (Gide) (⇒ **organiste**). ♦ *Orgue de Barbarie :* instrument mobile dans lequel une manivelle actionne le soufflet et fait tourner un cylindre noté. « *un orgue de Barbarie, jouant une valse, passait sous sa fenêtre* » (Muss.). ♦ *Orgue électrique* (sans tuyau). *Orgue électronique.* 2 POINT D'ORGUE : prolongation à volonté de la durée d'une note ou d'un silence ; signe (noté 𝄐), qui marque cette durée. ➛ fig. Apothéose. *Cette visite « s'achevait en point d'orgue dans la chambre du colonel »* (Duham.). **II - 1** *Orgues de Staline :* lance-fusées multitube soviétique de la Deuxième Guerre mondiale. 2 *Orgues basaltiques :* coulées de basalte en forme de tuyaux d'orgue serrés les uns contre les autres. ⇒ **colonnade.** 3 *Orgue de mer.* ⇒ **tubipore.**

❑ *Orgue* est masculin au singulier et au pluriel lorsqu'il désigne plusieurs instruments. Le féminin pluriel, surtout usuel dans *grandes orgues,* n'indique pas la pluralité mais exprime l'idée de grandeur. → amour, délice (rem.).

orgueil [ɔʀgœj] **n. m.** - XIe ; germ. « fierté » 1 Opinion très avantageuse, le plus souvent exagérée, de sa propre valeur aux dépens de la considération due à autrui. *Être bouffi, gonflé d'orgueil. Attitude pleine d'orgueil.* ⇒ **présomption, prétention, suffisance, vanité.** « *cet orgueil inique et aveugle qui caractérise les grands hommes* » (Sartre). ♦ (en bonne part) Sentiment élevé de dignité. ⇒ **amour-propre, fierté.** « *Les femmes fières dissimulent leur jalousie par orgueil* » (Stendh.). 2 *L'ORGUEIL DE :* la satisfaction d'amour-propre que donne (qqn, qqch.). ⇒ **fierté.** *Avoir l'orgueil de ses enfants, de ses titres,* en être fier. ⇒ s'**enorgueillir.** *Il ne cache pas son orgueil d'avoir réussi.* ♦ Sujet de fierté. « *Les chats puissants et doux, orgueil de la maison* » (Baud.). ✪ CONTR. Modestie. Honte.

❑ Pour la graphie → ① e (rem.).

orgueilleusement **adv.** - XIe ▪ Avec orgueil. ✪ CONTR. Modestement.

orgueilleux, euse [ɔʀgøjø, øz] **adj.** - XIe 1 Qui a de l'orgueil. ⇒ **fier, infatué.** « *Leurs caractères orgueilleux s'entrechoquaient comme des nuées d'orage* » (R. Rolland). ➛ Qui manifeste, montre de l'orgueil. ⇒ **arrogant, hautain, présomptueux, prétentieux, vaniteux.** *Cet être « si rempli de présomption, si orgueilleux, était tombé dans un excès de modestie ridicule »* (Stendh.). Loc. *Orgueilleux comme un paon, comme un pou.* ➛ **n.** *Quel orgueilleux !* 2 Qui a l'orgueil de, qui tire orgueil de. ⇒ **fier.** *Il n'y a jamais eu « de sultane si orgueilleuse de sa beauté »* (Montesq.). ✪ CONTR. Modeste. Honteux.

orichalque [ɔʀikalk] **n. m.** - XVIe ; gr. « airain de montagne » ▪ Métal fabuleux des Anciens.

oriel **n. m.** - XIXe ; a. fr. *oriol* « porche » ▪ Fenêtre en encorbellement sur une façade.

❑ Remplace de plus en plus l'anglicisme *bow-window.*

orient [ɔʀjɑ̃] **n. m.** - XIe ; lat. *oriri* « surgir, se lever » **I - 1** littér. Côté de l'horizon où le soleil se lève. ⇒ **levant ; est.** *L'orient et l'occident.* 2 Région située vers l'est par rapport à un lieu donné. ➛ (En prenant l'Europe comme référence) *L'Orient :* l'Asie et parfois certains pays du bassin méditerranéen ou de l'Europe centrale. *Tapis d'Orient.* « *une vraie nuit d'Orient où le ciel bleu disparaissait sous la profusion des astres* » (Flaub.). ➛ *Extrême-Orient, Moyen-Orient* (⇒ **levant**), *Proche-Orient.* ➛ *L'empire d'Orient :* l'empire byzantin. **II** *Grand Orient :* loge centrale de la franc-maçonnerie composée des représentants des loges de province. *Le Grand Orient de France.* **III** Irisation des perles. *Des perles « à l'orient si lumineux qu'on dirait une tache phosphorescente »* (Tournier). ✪ CONTR. Occident.

orientable [ɔʀjɑ̃tabl] **adj.** - 1918 1 Que l'on peut orienter dans la direction voulue. *Spot orientable.* 2 *Surface orientable,* qui peut être orientée et distinguée de sa symétrique par rapport à un plan de référence. *La sphère est orientable.* ✪ CONTR. ① Fixe.

oriental, ale, aux [ɔʀjɑ̃tal, o] **adj.** et **n.** - XIIe 1 Situé à l'est d'un lieu. *La rive orientale du Rhin. Pyrénées orientales.* 2 Originaire de l'Orient. ➛ *Langues orientales* (hébreu, chaldéen, arabe, chinois, etc.). ➛ **n.** *Les Orientaux et les Occidentaux.* 3 Propre à l'Orient méditerranéen, au Moyen-Orient. *Musique orientale. Contes orientaux.* « *un grand plateau de cuivre martelé chargé de pâtisseries orientales* » (Perec). ✪ CONTR. Occidental.

orientalisme **n. m.** - XIXe 1 Étude des civilisations de l'Orient. 2 Goût pour l'Orient ; caractère oriental. *L'orientalisme de Delacroix.* « *la musique éraillée évoquait une orientalisme de bazar* » (Tournier).

orientaliste [ɔʀjɑ̃talist] **n.** et **adj.** - XVIIIe ▪ Spécialiste des langues et civilisations orientales. ♦ Artiste s'inspirant de l'Orient.

orientation [ɔʀjɑ̃tasjɔ̃] **n. f.** - XIXe 1 Détermination des points cardinaux d'un lieu. *Avoir le sens de l'orientation,* l'aptitude à se situer dans l'espace. 2 Action de donner une direction déterminée. *Conseiller d'orientation.* ⇒ **orienteur.** *Orientation scolaire, professionnelle. Changer d'orientation.* ➛ *Loi d'orientation,* qui fixe la politique à réaliser dans un domaine. 3 Fait d'être orienté d'une certaine façon. ⇒ **position, situation.** *Orientation d'une maison.* ⇒ **exposition.** ➛ fig. *Les résultats « ne changeaient rien à l'orientation de l'enquête »* (Romains). ⇒ **direction.** *L'orientation d'un mouvement politique.* ⇒ **tendance.** ♦ Position angulaire d'un engin spatial par rapport à un trièdre de référence. ➛ Action d'orienter (4°). *Orientation d'un espace vectoriel.*

orienté, ée **adj.** - XVe 1 Disposé d'une certaine manière par rapport aux points cardinaux. *Maison bien orientée.* 2 *Droite orientée,* pour laquelle on a choisi un sens positif. ➛ *Espace vectoriel orienté,* dans lequel tous les axes de référence sont orientés. 3 Qui manifeste une tendance idéologique. *Un ouvrage orienté.* ⇒ **engagé.**

orientement **n. m.** - XIXe ▪ rare Orientation.

orienter [ɔʀjɑ̃te] **v. tr.** [1] - XVIIe **I - 1** Disposer par rapport aux points cardinaux, à une direction, un objet déterminé. *Orienter une maison au sud.* ⇒ **exposer.** 2 Porter les repères des points cardinaux sur (une carte, un plan). 3 *Orienter une droite,* lui donner un sens positif (figuré par une flèche). 4 Indiquer à (qqn) la direction à prendre. ⇒ **conduire, diriger, guider.** ➛ fig. *Orienter l'opinion.* ⇒ **influencer.** *Orienter la conversation sur un sujet.* ⇒ **aiguiller, brancher.** **II** *S'ORIENTER* **v. pron.** 1 Se tourner vers une direction déterminée. *Des musulmans « s'orientent à présent vers la Mecque et se prosternent pour la prière »* (Loti). ♦ Diriger son activité (vers). *S'orienter vers la recherche.* 2 Déterminer la position que l'on occupe par rapport aux points cardinaux, à des repères. *S'orienter avec une boussole.* « *rien ne permet de s'orienter, aucune lueur* » (Robbe-Grillet). ⇒ se **repérer.**

orienteur, euse **n.** - XIXe 1 **n. m.** Appareil pour déterminer l'orientation d'un lieu. 2 *Officier orienteur,* qui dirige les mouvements d'une troupe. 3 *Orienteur (professionnel),* qui s'occupe d'orientation scolaire ou professionnelle.

orifice **n. m.** - XIVe ; lat. *os, oris* « bouche » 1 Ouverture faisant communiquer un conduit, un organe avec une structure voisine ou avec l'extérieur. ⇒ **méat, pore.** 2 Ouverture qui fait communiquer une cavité avec l'extérieur. *Orifice d'un puits, d'une grotte. Boucher un orifice.*

oriflamme **n. f.** - XIe ; a. fr. *orie* « doré » et *flamme* ▪ Petit étendard, ancienne bannière des rois de France.

⇒ **gonfalon.** ♦ Bannière d'apparat ou utilisée comme ornement. *Oriflammes d'une église.*

> ❑ Ce mot, que l'on trouve parfois au masculin, est du genre féminin : « *des oriflammes tendues, sans un pli* » (Gide).

origami n. m. – 1972 ; mot jap., de *ori* « plier » et *kami* « papier » ▪ Au Japon, Art traditionnel du papier plié.

origan n. m. – XIIIe ; lat. ▪ Plante aromatique *(labiées)* aux inflorescences roses. ⇒ **dictame, marjolaine.** ♦ Aromate tiré de cette plante.

originaire adj. – XIVe 1 Qui tire son origine (d'un pays, d'un lieu). ⇒ **natif.** *Ils sont originaires de Bordeaux. La fondue est originaire de Suisse.* 2 didact. Qui est à l'origine, à la source même de qqch. ⇒ **premier.**

originairement adv. – XVIe ▪ Primitivement, à l'origine. ⇒ **initialement, originellement.** *Le slogan* « *était originairement un cri de guerre* » (Gide).

① **original, aux** n. m. – XIIIe 1 Ouvrage de la main de l'homme, dont il est fait des reproductions. ♦ Texte tel qu'il a été rédigé par l'auteur. ⇒ **manuscrit, minute.** *Ce n'est pas l'original, c'est une photocopie. Copie conforme à l'original.* « *Il n'existe dans l'original ni virgules, ni repos indiqué* » (Balz.). *Traduction fidèle à l'original.* ♦ Œuvre d'art de la main de l'auteur. *L'original est au Louvre.* 2 Être, objet réels représentés ou décrits par l'art. ⇒ **modèle.** *Ressemblance du portrait avec l'original.* ✪ CONTR. Reproduction.

② **original, ale, aux** adj. – XIIIe 1 littér. Primitif. ⇒ **originaire, originel.** 2 Qui émane de l'auteur, est la source première des reproductions. *Pièces originales, documents originaux.* ⇒ **source.** *Maquette originale.* ⇒ **prototype.** « *j'eus de ce livre une impression originale* » (Proust). *Édition originale* : première édition en librairie d'un texte inédit. ⇒ **princeps.** *L'originale des « Liaisons dangereuses ».* 3 Qui paraît ne dériver de rien d'antérieur, ne ressemble à rien d'autre, est hors du commun. ⇒ **inédit,** ② **neuf, nouveau, personnel.** *Avoir des vues, des idées originales.* ⇒ **non-conformiste.** « *Il s'était tant de fois entendu dire ces choses, qu'elles n'avaient pour lui rien d'original* » (Flaub.). ♦ « *Pour tout dire, être original, c'est être soi* » (Léautaud). 4 Marqué de caractères nouveaux et singuliers au point de paraître bizarre, peu normal. ⇒ **bizarre, curieux, étrange, excentrique, singulier, spécial.** ➛ n. « *ma mère m'avait annoncée là* [...] *comme une originale* » (Sand). ✪ CONTR. Imité. Banal, commun ; conformiste.

originalement adv. – XIVe ▪ D'une manière originale.

originalité n. f. – XIVe 1 Caractère de ce qui est original, d'une personne originale (3°). ⇒ **hardiesse, nouveauté.** *Originalité et élégance d'une toilette.* ⇒ **chic.** *Un artiste sans originalité.* ⇒ **caractère, personnalité.** ♦ Étrangeté, excentricité, singularité. *Se faire remarquer par l'originalité de sa tenue.* 2 Élément original. *C'est une des originalités de ce nouveau modèle.* ⇒ **particularité.** ♦ Action étrange, comportement singulier d'un original. ⇒ **excentricité.** « *Ces originalités* [...] *devinrent le sujet de plus d'une causerie* » (Balz.). ✪ CONTR. Banalité.

origine n. f. – XIVe ; lat. *origo, inis* « source » **I - 1** Ancêtres ou milieu humain primitif auquel remonte la généalogie d'un individu, d'un groupe. ⇒ **ascendance, extraction, souche.** *Rechercher ses origines.* ⇒ **racine.** *Il est d'origine irlandaise.* ➛ Milieu social d'où est issu qqn. ⇒ **naissance.** *Être d'origine modeste.* « *on sentait son origine paysanne, assez basse, à ses vêtements* » (Aragon). ➛ Pedigree (d'un animal). 2 Époque, milieu d'où vient (qqch.). *Une coutume d'origine gauloise.* « *Cette cérémonie doit être d'une origine bien ancienne* » (Stendh.). ♦ *Origine d'un mot.* ⇒ **étymologie ;** ① **dérivation.** 3 Provenance. *L'origine d'un appel téléphonique. Origine d'un produit.* 4 Point à partir duquel on mesure les coordonnées. *Origine d'une demi-droite. Origine d'un système de coordonnées* : point d'intersection de tous les axes du système. **II - 1** Commencement, première apparition ou manifestation. ⇒ **création, naissance.** *À l'origine du monde, des temps.* ➛ loc. adv. À L'ORIGINE : au début. « *une ville américaine était, à l'origine, un campement dans le désert* » (Sartre). ➛ loc. adj. D'ORIGINE : qui provient du lieu indiqué ; primitif, originel. *Pièces d'origine. Ces aménagements ne sont pas d'origine.* 2 au plur. Commencements d'une réalité qui évolue. ⇒ **genèse.** *Les origines de la vie, du langage.* 3 Ce qui explique l'apparition ou la formation (de qqch.). ⇒ **cause.** « *Le diplôme fut l'origine de sa définitive réussite* » (Céline). *Il est à l'origine de cette décision. Affection d'origine virale.* ✪ CONTR. Destination. ① Fin.

> ❑ *Origine* s'oppose à *genèse* dans la mesure où toute genèse suppose une réalité préexistante et un point de départ qui en est l'*origine*. *Origine* et *genèse* sont quasi synonymes chez Darwin « *Origin of Species* » (« *De l'origine des espèces* »).

originel, elle adj. – XIIIe ▪ Qui date, vient de l'origine. ⇒ **initial, originaire,** ② **original, premier, primitif.** *Sens originel d'un mot.* « *ce n'est point là l'état originel de l'homme* » (Rouss.). ♦ Du premier homme créé par Dieu. *L'innocence originelle.* ✪ CONTR. Secondaire.

originellement adv. – XIVe ▪ Dès l'origine, à l'origine. ⇒ **primitivement.**

orignal, aux n. m. – XVIIe ; basque *oregnac* « cerfs » ▪ Élan du Canada et de l'Alaska. « *L'orignal a le mufle du chameau, le bois plat du daim, les jambes du cerf* » (Chateaub.).

> ❑ Ce mot désignant un animal autochtone du Nouveau Monde a été importé par des immigrants basques. Les mots français d'origine basque sont rares *(bagarre, bizarre, isard).*

orillon n. m. – XVIe ; de *oreille* ▪ Saillie de maçonnerie à l'angle d'épaule (d'un bastion).

orin n. m. – XVe ; p.-ê. néerl. *oorring* « boucle d'oreille », puis « anneau d'ancre » ▪ Cordage entre l'ancre et la bouée signalant son emplacement. ♦ Câble maintenant une mine immergée.

oripeau n. m. – XIIe ; a. fr. *orie* « doré » et *peau* 1 Mince lame de cuivre ou de laiton ayant l'apparence de l'or. 2 plur. Vêtements usés, démodés, qui gardent un reste de splendeur.

O. R. L. [oɛʀɛl] n. et adj. – abrév. 1 n. f. Oto-rhino-laryngologie. 2 n. Oto-rhino-laryngologiste. « *la minutieuse introspection d'un O. R. L., la lampe sur le front* » (Mallet-Joris). 3 adj. Relatif à l'oto-rhino-laryngologie. *La sphère O. R. L.*

orle n. m. – XIIe ; lat. *ora* « bord » 1 Bordure ou filet soulignant l'ove d'un chapiteau. 2 Bordure étroite ne touchant pas le bord de l'écu.

orléaniste n. et adj. – XVIIIe ; de *Orléans,* branche cadette des Bourbons ▪ En France, au XIXe s., Partisan des droits de la famille d'Orléans au trône. *Légitimistes contre orléanistes.*

orlon n. m. – 1950 ; nom déposé ; suff. de *nylon* ▪ Fibre textile synthétique.

ormaie n. f. – XIVe ▪ Lieu planté d'ormes.

orme n. m. – XIIe ; lat. *ulmus* 1 Grand arbre *(ulmacées)*, à feuilles dentelées. *Orme champêtre* ou *orme rouge. Orme de montagne* ou *orme blanc.* 2 Bois dur et lourd de cet arbre. « *Nous ferons peut-être la coque en orme. L'orme est bon pour les parties noyées* » (Hugo).

① **ormeau** n. m. – XIIe ▪ Petit orme, jeune orme.

② **ormeau** n. m. – XVIe ; lat. *auris maris* « oreille de mer » ▪ Mollusque marin comestible *(gastéropodes)*, appelé aussi *oreille de mer*.

① **orne** n. m. – XIIIe ; lat. *ordo, ordinis* « ordre » ▪ *Faire orne* : abattre les arbres droit devant soi. ♦ Sillon entre les rangées de ceps de vigne.

② **orne** n. m. – XVIe ; lat. ▪ Frêne d'une variété à fleurs blanches.

ornemaniste n. – XVIIIe ; de *ornement* ▪ Spécialiste du dessin ou de l'exécution de motifs décoratifs, en plâtre ou en stuc.

ornement n. m. – XIe ; lat. *ornamentum* 1 Action d'orner ; son résultat. ⇒ **décoration.** *Les chandeliers ne sont là que pour l'ornement. Plantes d'ornement.* ⇒ **ornemental, décoratif.** 2 Ce qui orne, s'ajoute à un ensemble pour l'embellir ou lui donner un certain caractère. « *la beauté n'a besoin d'aucun ornement et se suffit à elle-même* » (Louÿs). ⇒ **parure.** *Une toilette sans ornement.* ⇒ **falbala, fanfreluche ; dépouillé, sobre.** ➛ *Ornements sacerdotaux de l'officiant.* 3 Motif accessoire qui agrémente une composition artistique. *Les ornements d'un édifice.* ⇒ **ornementation.** « *Pour tout ornement* [du Parthénon] *vous avez deux frontons et deux frises sculptées* » (Chateaub.). ➛ *Ornements d'un texte.* ⇒ **cul-de-lampe, fleuron, miniature, vignette.** ♦ Pièce extérieure à l'écu. 4 Note, trait instrumental ou vocal, qui s'ajoute à une mélodie sans en modifier la ligne (gruppetto, mordant, etc.). ⇒ **agrément, fioriture.**

ornemental, ale, aux adj. – XIXe ▪ Qui a rapport à l'ornement, qui utilise des ornements. *Style ornemental.* ♦ Qui sert à orner. ⇒ **décoratif.** *Plantes vertes ornementales. Une maison « surchargée de motifs ornementaux »* (Mauriac).

ornementation n. f. – XIXe 1 Action d'ornementer. ⇒ **décoration.** 2 Ensemble d'éléments qui ornent. *Il a peint « toute une ornementation de feuillage, de fruits »* (Gaut.).

ornementer v. tr. 1 – XVIe ▪ Garnir d'ornements ; embellir par des ornements (surtout au p. p.). ⇒ **décorer, orner.** *Un « plafond curieusement ornementé d'armoiries et de rocailles »* (Gaut.).

orner v. tr. 1 – XIIIe ; lat. « apprêter, équiper » 1 Mettre en valeur, embellir (qqch.). ⇒ **agrémenter, décorer, enjoliver, ornementer.** « *une barbe blanche pointue ornait son visage* » (Queneau). *Orner une façade de drapeaux.* ⇒ **pavoiser.** *Orner un livre d'enluminures.* ⇒ **enluminer, illustrer.** ➛ « *le grand peigne orné de boules d'or* » (Green). ⇒ **garnir.** ♦ Servir d'ornement à. *Un crucifix et deux images « ornaient seuls cet appartement propre et désolant »* (Maupass.). 2 Rendre plus attrayant. ⇒ **rehausser.** « *Je ne veux pas orner la vérité* » (Maeterl.). ⇒ **habiller.** ➛ *Style trop orné.* ⇒ **tarabiscoté.**

ornière n. f. – XIIIe ; lat. *orbita* « traces des roues » 1 Trace creusée par les roues des voitures dans les chemins. « *le sable du chemin sillonné de profondes ornières que l'eau remplissait* » (Vigny). 2 Chemin tout tracé. « *Vous êtes le criminel classique. Vous suivez l'ornière* » (Romains). ➛ loc. *Sortir de l'ornière,* d'une situation pénible, difficile.

ornitho- Élément, du gr. *ornis, ornithos* « oiseau ».

ornithogale n. m. – XVIe ; gr. « lait *(gala)* d'oiseau » ▪ Plante bulbeuse *(liliacées)* à fleurs blanches ou jaunes. ⇒ **dame-d'onze-heures.**

ornithologie n. f. – XVIIe ; *ornitho-* et *-logie* ▪ Partie de la zoologie qui traite des oiseaux.

ornithologique adj. – XVIIIe ▪ Relatif à l'ornithologie. *Réserve ornithologique.*

ornithologue n. – XVIIIe ▪ Spécialiste de l'ornithologie.

ornithomancie n. f. – XVIIIe ; *ornitho-* et *-mancie* ▪ Divination par le chant ou le vol des oiseaux (⇒ ① **augure).**

ornithorynque n. m. – XIXe ; gr. *runkhos* « bec » ▪ Mammifère ovipare semi-aquatique d'Australie et de Tasmanie *(monotrèmes)*, à bec corné, à longue queue plate, aux pattes palmées.

> ❑ Ne prend pas de *h* après le *r* à la différence de *otiorhynque,* mot de la même famille.

ornithose n. f. – mil. XXe ; *ornitho-* et ② *-ose* ▪ Maladie infectieuse des oiseaux, transmissible à l'homme. *Ornithose des perroquets.* ⇒ **psittacose.**

oro- Élément, du gr. *oros* « montagne ».

orobanche n. f. – XVIe ; gr. *orobos* « vesce » et *agkhein* « étouffer » ▪ Plante *(orobanchacées)* sans chlorophylle, vivant en parasite sur les racines. *Cette « orobanche que j'admirais dans les dunes »* (Gide).

orogenèse n. f. – 1910 ; *oro-* et *-genèse* ▪ Processus de formation des reliefs de l'écorce terrestre. ⇒ **orogénie.**

orogénie n. f. – XIXe ; *oro-* et *-génie* 1 Orogenèse. 2 Étude des mouvements de l'écorce terrestre, en particulier ceux qui ont donné naissance aux montagnes.

orogénique adj. – XIXe ▪ Relatif à l'orogénie.

orographie n. f. – XIXe ; *oro-* et *-graphie* ▪ Étude, description des montagnes. ➛ Agencement des reliefs montagneux.

orographique adj. – XVIIIe ▪ Relatif à l'orographie.

oronge n. f. – XVIIIe ; provenç. « orange » ▪ Amanite. *Oronge vraie* : amanite des Césars. *Fausse oronge* : amanite tue-mouche.

oropharynx n. m. – 1931 ; lat. *os, oris* « bouche » ▪ Partie moyenne du pharynx qui communique avec la bouche.

orpailleur n. m. – XVIIIe ; a. fr. *harpailler* « saisir », avec infl. de *or* ▪ Ouvrier qui extrait les paillettes d'or des cours d'eau, des alluvions. ♦ Chercheur d'or.

orphelin, ine n. – XIe ; gr. *orphanos* ▪ Enfant qui a perdu son père et sa mère, ou l'un des deux. *Un orphelin de père et de mère. Tuteur d'une orpheline.* loc. fam. *Défenseur de la veuve et de l'orphelin* : avocat ; protecteur des opprimés. ♦ adj. *Un enfant orphelin.* « *Il faisait très orphelin dans son complet de flanelle* » (Beauv.).

orphelinat n. m. – XIXe ▪ Établissement qui recueille et élève des orphelins.

orphéon n. m. – XVIIIe ; de *Orphée,* personnage mythologique ▪ Fanfare.

orphéoniste n. – XIXe ▪ Membre d'un orphéon.

orphie n. f. – XVIe ; gr. ▪ Long poisson marin *(cyprinodontiformes)* à bec pointu, appelé aussi *aiguille* ou *bécassine de mer.*

orphique adj. – XVIe ▪ Qui a rapport à la religion initiatique dont Orphée passait pour être le fondateur. *Poésie orphique.*

orphisme n. m. – XIXe ▪ Doctrine ou secte religieuse de l'Antiquité qui s'inspire de la pensée d'Orphée.

orpiment n. m. – XIIe ; lat. *auripigmentum,* proprt « couleur d'or » ▪ Sulfure naturel d'arsenic de couleur jaune orangé, utilisé en peinture et dans certaines industries.

orpin n. m. – XIIe ; p.-ê. de *orpiment* ▪ Plante charnue *(crassulacées)* qui croît sur les toits et les murs. ⇒ **sedum.** *Orpin brûlant.*

orque n. f. – XVIe ; lat. *orca* ▪ Grand cétacé carnivore. ⇒ **épaulard.**

❑ *Orque* a désigné un monstre marin mythologique, notamment chez les poètes de la Pléiade (Ronsard, du Bellay). ♦ Nom féminin (latin *orca*), *orque* est souvent employé à tort au masculin.

orseille n. f. – XVe ; ar. ▪ Lichen des côtes rocheuses de la Méditerranée. ⇒ **rocelle.** ♦ Pâte tinctoriale tirée de ce lichen et utilisée comme colorant (pourpre).

orteil n. m. – XIIe ; lat. *artus* « articulation » ▪ Chacune des cinq extrémités du pied. ⇒ **doigt** (de pied). *Le gros orteil* ou *l'orteil* : le pouce du pied. « *Le pied est enflé et l'orteil est tout noir* » (Cendrars). *Le petit orteil,* le plus extérieur.

orth(o)- Élément, du gr. *orthos* « droit », « correct ».

orthocentre n. m. – 1903 ▪ Point d'intersection des trois hauteurs d'un triangle ou des quatre hauteurs d'un tétraèdre à arêtes opposées orthogonales.

orthodontie [ɔʀtodɔ̃si] n. f. – 1948 ; *orth(o)-* et *-odontie* ▪ Branche de l'odontologie qui traite les malpositions des dents.

❑ Pour la prononciation → odont(o)- (rem.).

orthodontiste n. – 1951 ▪ Spécialiste de l'orthodontie.

orthodoxe adj. et n. – XVe ; gr. *doxa* « opinion » 1 Conforme au dogme, à la doctrine d'une religion. ♦ n. *Les orthodoxes et les hérétiques.* 2 Conforme à une doctrine, aux opinions et usages établis. ⇒ **conformiste, traditionnel.** *Économiste, historien orthodoxe.* ➛ n. *Orthodoxes et déviationnistes d'un parti politique.* ➛ *Sa méthode n'est pas très orthodoxe, est peu orthodoxe.* 3 Se dit des Églises chrétiennes d'Orient séparées de Rome au XIe siècle. *L'Église orthodoxe russe, grecque.* ➛ Qui appartient à ces Églises. *Clergé orthodoxe.* ⇒ **exarque, métropolite, patriarche, pope.** ♦ n. *Les orthodoxes grecs.* ✪ CONTR. Hétérodoxe.

orthodoxie n. f. – XVIe 1 Ensemble des doctrines, des opinions considérées comme vraies par la fraction dominante d'une Église, et enseignées officiellement. ⇒ **dogme.** *L'orthodoxie catholique.* 2 Ensemble des principes, des usages admis (en matière d'art, de science, de morale). « *un système d'épuration progressive, de minutieuse orthodoxie, qui vise à faire d'un parti une secte, une petite église* » (Michelet). 3 Caractère orthodoxe (d'une proposition, d'une personne). *L'orthodoxie d'une exégèse.* ♦ *Orthodoxie marxiste. Orthodoxie d'un jugement littéraire, moral...* ⇒ **conformisme.** ✪ CONTR. Hétérodoxie.

orthodromie n. f. – XVIIe ; gr. *orthodromein* « courir en ligne droite » ▪ Route d'un navire, d'un avion qui suit la voie la plus directe. ➛ Le chemin le plus court entre deux points d'une surface.

orthodromique adj. – XVIIIe ▪ Relatif à l'orthodromie. *Navigation orthodromique.*

orthogenèse n. f. – XIXe ; *ortho-* et *-genèse* ▪ Théorie selon laquelle l'évolution des espèces est prédéterminée, sans adaptation. ♦ Évolution d'une lignée selon une direction constante. *L'orthogenèse des équidés.*

orthogénie n. f. – 1965 ; *ortho-* et *-génie* ▪ Régulation des naissances. *Centre d'orthogénie.*

orthogénisme n. m. – 1969 ▪ Science qui traite de l'orthogénie.

orthogonal, ale, aux adj. – XVIe ; gr. ▪ Qui forme un angle droit, se fait à angle droit. ⇒ **perpendiculaire.** *Deux droites orthogonales.* ➛ *Projection orthogonale* : projection d'une figure obtenue au moyen de perpendiculaires abaissées sur une surface quelconque.

orthogonalement adv. – XVIe ▪ D'une manière orthogonale, à angle droit. ⇒ **perpendiculairement.**

orthographe n. f. – XIIIe ; gr. 1 Manière d'écrire un mot considérée comme la seule correcte. *Chercher l'orthographe d'un mot dans le dictionnaire. Faute d'orthographe.* « *L'absurdité de notre orthographe, qui est, en vérité, une des fabrications les plus cocasses* » (Valéry). ♦ Capacité d'écrire sans faute. *Être bon en orthographe.* « *Son orthographe est très mauvaise* » (Romains). 2 Manière dont un mot est écrit. ⇒ **graphie.** *Mots qui ont la même orthographe.* ⇒ **homographe.** *Ce mot a deux orthographes* (⇒ **variante**). « *la mer Méditterrannée (je ne suis pas très sûr de cette orthographe)* » (Perec). ♦ Système de notation des sons, propre à une langue, à une époque, à un écrivain. ⇒ **écriture.** *L'orthographe du XVIe siècle, de Ronsard. Orthographe phonétique.*

❑ L'idée de norme, liée à *orthographe,* est absente de *graphie* « manière dont un mot est écrit ». Ainsi, lorsque la norme n'est pas respectée, il vaut mieux employer *graphie* : *graphie ancienne, fautive,* etc.

orthographier v. tr. 7 – XVe ▪ Écrire conformément à l'orthographe. *Orthographier un mot étranger.* ➛ pronom. *Son nom s'orthographie avec deux* r. ⇒ s'**écrire.**

orthographique adj. – XVIIe 1 Relatif à l'orthographe. « *une difficulté orthographique que nous ne parvenions pas à résoudre* » (Larbaud). 2 Relatif à l'orthographie. *Projection orthographique.* ⇒ **orthogonal.**

orthopédie n. f. – XVIIIe ; gr. *pais, paidos* « enfant » 1 Branche de la médecine qui étudie et traite les affections du squelette, des muscles et des tendons. *Orthopédie dento-faciale,* qui traite des malformations des dents et des mâchoires. ⇒ **orthodontie ; prothèse.** 2 Orthopédie des membres inférieurs.

❑ Attention au sens, pas de « pied » dans ce mot.

orthopédique adj. – XVIIIe ▪ Relatif à l'orthopédie. « *sa jambe gauche serrée dans une bottine orthopédique* » (Sartre).

orthopédiste n. – XVIIIe ▪ Médecin qui pratique l'orthopédie. ♦ Personne qui fabrique ou vend des appareils orthopédiques.

orthophonie n. f. – XIXe ; *ortho-* et *-phonie* ▪ Discipline thérapeutique visant au diagnostic et au traitement des troubles de la voix, du langage oral et écrit.

orthophonique adj. – 1972 ▪ Relatif à l'orthophonie. *Rééducation orthophonique.*

orthophoniste n. – 1966 ▪ Spécialiste de l'orthophonie. « *Elle est orthophoniste et rééduque des petits enfants bègues* » (Perec).

orthopnée n. f. – XVIIe ; gr. *pnein* « respirer » ▪ Difficulté à respirer en position couchée.

orthoptère n. m. et adj. – XVIIIe ; *ortho-* et *-ptère* ▪ n. m. pl. Ordre d'insectes à élytres mous, et à ailes postérieures pliées dans le sens de la longueur. « *Les mantes religieuses font, en effet, partie de l'ordre des orthoptères, ainsi que les blattes, les sauterelles, les grillons* » (Queneau). ➛ adj. *Insecte orthoptère.*

orthoptique adj. et n. f. – 1923 ; *orth(o)-* et *optique* 1 Relatif à la vision normale des deux yeux. 2 n. f. Discipline médicale qui a pour objet de corriger les troubles visuels liés à la mauvaise coordination des mouvements oculaires, en particulier le strabisme.

orthoptiste n. – 1971 ▪ Spécialiste de l'orthoptique.

orthorhombique adj. – XIXe ; de *rhombe* ▪ Se dit d'un cristal qui possède trois axes de symétrie binaires, perpendiculaires entre eux.

orthoscopique adj. – XIXe ; *ortho-* et *-scopique* ▪ Se dit d'un objectif photographique construit de manière à éviter toute distorsion.

orthose n. m. – XIXe ; gr. *orthos* « droit » ▪ Feldspath potassique abondant dans le granit.

orthostatique adj. – 1901 ; gr. *statos* « qui est debout » ▪ En rapport avec la station debout. *Albuminurie orthostatique.*

orthosympathique [ɔʀtosɛ̃patik] adj. – 1930 ▪ Se dit de la partie du système nerveux végétatif dont les centres se trouvent dans les cornes latérales de la moelle thoracique et lombaire et dont l'action est antagoniste de celle du parasympathique.

ortie [ɔʀti] n. f. – XIIe ; lat. *urtica* ▪ Plante herbacée *(urticacées)* aux feuilles couvertes de poils fins renfermant un liquide irritant (acide formique). « *une touffe d'orties en fleurs* » (Duras). *Piqûre d'ortie.* ➝ loc. fam. *Faut pas pousser grand-mère dans les orties :* il ne faut pas exagérer. ♦ *Ortie blanche.* ⇒ **lamier.**

❑ Même famille étym. que *urticant* et *urticaire.*

ortolan n. m. – XVIe ; lat. *hortulanus* « de jardin » ▪ Bruant d'Europe à gorge jaune et ventre orangé, à la chair très estimée. ♦ loc. *Manger des ortolans,* des mets coûteux et raffinés. « *Et nous donc ? crois-tu que nous mangions des ortolans ?* » (Balz.).

orvale n. f. – XIIIe ; p.-ê. lat. *auris galli* « oreille de coq » ▪ Sauge aux grandes feuilles velues et aux fleurs roses, appelée aussi *toute-bonne.*

orvet n. m. – XIVe ; a. fr. *orb* « aveugle » ▪ Reptile saurien, ovovivipare, dépourvu de membres, ressemblant à un serpent.

orviétan n. m. – XVIIe ; de *Orvieto,* ville d'Italie ▪ Drogue inventée par un charlatan d'Orvieto, en vogue au XVIIe siècle. ➝ fig. et littér. *Marchand, vendeur d'orviétan.* ⇒ **charlatan, imposteur.**

oryctérope n. m. – XVIIIe ; gr. *oruktêr* « fouisseur » et *ôps* « vue » ▪ Mammifère africain *(tubulidentés),* pourvu d'un long museau et d'une langue gluante lui permettant d'attraper fourmis et termites.

❑ Mot apparenté à *myope, hypermétrope.*

oryx [ɔʀiks] n. m. – XVIe ; gr. ▪ Antilope des déserts *(artiodactyles),* aux longues cornes pointues. ⇒ **algazelle.**

os [ɔs], plur. [o] n. m. – XIe ; lat. 1 Chacune des pièces rigides, du squelette de l'homme et des animaux vertébrés. ⇒ **ossature.** *La moelle, le périoste de l'os. Diaphyse, épiphyse, apophyse d'un os. Os brisé* **(⇒ esquille ; fracture),** *démis, déboîté.* ♦ loc. *Avoir les os saillants :* être maigre. ➝ *N'avoir que la peau sur les os :* être très maigre. « *Un loup n'avait que les os et la peau* » (La Font.). ➝ *Un sac d'os, un paquet d'os,* une personne très maigre. ➝ *En chair et en os :* en personne, physiquement réel. *Cette tendresse fraternelle* « *chaque fois qu'il retrouvait Antoine, en chair et en os* » (Mart. du G.). ➝ *Se rompre les os :* se blesser grièvement dans une chute. ➝ *Il ne fera pas de vieux os :* il ne vivra pas longtemps. ➝ *Jusqu'aux os, jusqu'à l'os :* complètement. *Être trempé jusqu'aux os. Ce monde* « *hiérarchisé, rationnel jusqu'à l'os* » (Sartre). ➝ vulg. *L'avoir dans l'os :* être possédé, refait. 2 *Blanquette sans os* **(⇒ désossé).** *Os de gigot. Des os à moelle.* « *Comme un chien affamé ronge un os* » (Gide). ➝ loc. *Donner un os à ronger à qqn,* lui abandonner quelque petit profit pour le calmer. ♦ fam. Difficulté, problème. *Tomber sur un os ; il y a un os !* 3 plur. Restes d'un être vivant, après sa mort. ⇒ **carcasse, ossements.** « *Tes os dans le cercueil vont tomber en poussière* » (Muss.). 4 Tissu osseux utilisé pour fabriquer certains objets. *Jetons, boutons en os.* 5 *Os de seiche :* lame calcaire qui soutient le dos de la seiche, et qu'on donne aux oiseaux pour s'y aiguiser le bec. ✪ HOM. Au, aulx, aux, eau, haut, ho, ① o, ô, oh.

❑ Dans quelques expressions familières *(sac d'os, paquet d'os)* le pluriel se prononce [ɔs]. ♦ *Os* ne se dit pas des poissons osseux. On emploie *arête.*

O.S. [oɛs] n. – 1950 ; sigle ▪ Ouvrier spécialisé.

oscabrion n. m. – XVIIIe ; o. i. ▪ Mollusque marin *(amphineures)* couvert de plaques calcaires sur sa face dorsale.

oscar n. m. – v. 1930 ; n. pr. ▪ Récompense cinématographique américaine, décernée chaque année. *Film, acteur qui a obtenu plusieurs oscars.* ♦ Récompense décernée par un jury dans d'autres domaines. *Oscar de la publicité, de l'emballage.*

osciètre n. m. – XXe ; russe ▪ Caviar à gros grains dorés.

oscillant, ante [ɔsilɑ̃, ɑ̃t] adj. – XVIIIe ▪ Qui oscille. ♦ sc. Qui change de sens périodiquement. *Circuit oscillant,* dont l'impédance présente un extremum pour la fréquence d'accord. ➝ *Fièvre oscillante,* qui présente de grandes variations au cours de la journée.

oscillateur [ɔsilatœʀ] n. m. – XIXe ▪ Dispositif générateur d'oscillations électriques, lumineuses, sonores, mécaniques. ➝ Dispositif électronique générateur de signaux périodiques. *Oscillateur à quartz.*

oscillation [ɔsilasjɔ̃] n. f. – XVIIe 1 Mouvement d'un corps qui oscille. ⇒ **balancement, branle.** *Oscillation d'un pendule.* ♦ Variation alternative d'une grandeur, en fonction du temps, autour d'une valeur fixe. ⇒ **sinusoïde.** *Oscillations électriques.* ⇒ **vibration.** 2 Mouvement de va-et-vient (à limites variables). *Oscillations d'un navire.* ⇒ **roulis, tangage.** ♦ Variation alternative et irrégulière d'une grandeur. *Oscillations de la tension artérielle.* ➝ Fluctuation. *Oscillations de l'opinion.* « *cette oscillation perpétuelle du fascisme au communisme, du communisme au fascisme* » (Sartre).

oscillatoire [ɔsilatwaʀ] adj. – XVIIIe ▪ sc. De la nature de l'oscillation. *Phénomène, mouvement oscillatoire.*

osciller [ɔsile] v. intr. [1] – XVIIIe ; lat. *oscillari* « se balancer » 1 Aller de part et d'autre d'une position moyenne par un mouvement alternatif plus ou moins régulier ; se mouvoir par va-et-vient. *Le pendule oscille. Il* « *se mit à osciller* [...] *et tomba sur le trottoir* » (Camus). ⇒ **chanceler, vaciller.** « *la porte refermée fit osciller la lampe : les visages disparurent, reparurent* » (Malraux). 2 Varier en passant par des alternatives. *Osciller entre deux partis.* ⇒ **hésiter.** « *les tentations contraires entre lesquelles il arrive à la littérature d'osciller* » (Caillois).

❑ Attention à la prononciation en [il] et non en [ij] du groupe *...ill...* de ce verbe et de ses dérivés. Cette prononciation se retrouve dans *distiller* (rem.), mais de nos jours beaucoup prononcent [ij] : cf. Papille, scintiller. Il y a des hésitations pour *pupille, vaciller.* →① pupille (rem.).

oscillogramme [ɔsilɔgʀam] n. m. – 1903 ; de *osciller* et *-gramme* ▪ Courbe tracée qui apparaît sur l'écran d'un oscillographe.

oscillographe [ɔsilɔgʀaf] n. m. – XIXe ; de *osciller* et *-graphe* 1 Instrument servant à étudier l'action de la houle et du roulis sur un navire. 2 Galvanomètre à oscillations très rapides, qui enregistre des courants électriques variables à basse fréquence. ⇒ **oscillomètre.**

oscillomètre [ɔsilɔmɛtʀ] n. m. – XIXe ; de *osciller* et *-mètre* 1 Oscillographe (2°). 2 Instrument servant à mesurer les oscillations artérielles.

oscilloscope [ɔsilɔskɔp] n. m. – 1900 ; de *osciller* et *-scope* ▪ Appareil de mesure permettant de visualiser sur un écran cathodique les variations d'une tension. *Oscilloscope numérique.*

osculateur, trice adj. – XVIIIe ; lat. *osculari* « embrasser » ▪ Se dit d'une courbe, d'une surface, qui, en un point donné, a le contact de l'ordre le plus élevé avec une autre courbe, surface. *Plan osculateur.*

osculation n. f. – XVe ▪ Mode de contact propre aux courbes et aux surfaces osculatrices.

oscule n. m. – XIXe ; lat. « petite bouche » ▪ Orifice de sortie de l'eau des spongiaires.

ose n. m. – 1927 ; de ① *-ose* ▪ Glucide ne se décomposant pas par hydrolyse, de formule $C_nH_{2n}O_n$. ⇒ **monosaccharide.** *Les oses et les osides.*

① **-ose** Élément, de *glucose,* servant à former les noms des glucides.

② **-ose** Élément, du gr. *-ôsis,* servant à former des noms de maladies non inflammatoires.

osé, ée adj. – XIIe ▪ Qui est fait ou tenté avec audace, témérité. ⇒ **hardi, risqué.** *C'est bien osé de votre part.* ⇒ **audacieux, téméraire.** ♦ Qui risque de choquer les bienséances. *Une scène osée. Tenue osée.* ⇒ **provocant.** ✪ CONTR. Timide ; convenable.

oseille n. f. – XIIIe ; lat. *acidus* « acide » 1 Plante *(polygonacées)* à feuilles comestibles au goût acide (acide oxalique). ⇒ **surelle.** *Saumon à l'oseille.* ➛ *Oseille sauvage.* ⇒ **oxalide.** 2 fam. Argent. « *Si j'avais un peu d'oseille, je pourrais peut-être passer en Espagne* » (Genet).

oser v. tr. [1] – XIIe ; lat. *audere* 1 littér. Entreprendre, tenter avec assurance, audace (une chose difficile, insolite ou périlleuse). ⇒ **risquer.** « *Il fallait tout oser, pour empêcher la guerre, tout !* » (Dorgelès). 2 Avoir l'audace, le courage. *Je n'ose plus rien dire.* ➛ *Il n'osait faire un mouvement.* ♦ Avoir l'impudence de. *Il a osé me faire des reproches.* ⇒ se **permettre.** « *Qui donc ose parler lorsque j'ai dit : silence !* » (Hugo). ➛ (menace, défi) *Ose répéter ce que tu viens de dire.* ♦ ⇒ se **permettre.** *Si j'ose dire, m'exprimer ainsi.* ➛ (souhait) *J'ose l'espérer.* 3 (sans compl.) Se montrer audacieux, téméraire, prendre des risques. *Si j'osais, j'irais la chercher.* « *Agir c'est oser. Penser c'est oser* » (Alain). ✪ CONTR. Craindre. Hésiter.

oseraie n. f. – XIIe ▪ Lieu planté d'osiers.

oside n. m. – 1927 ; de ① *-ose* ▪ Glucide décomposable par hydrolyse (opposé à *ose*). ⇒ **hétéroside, holoside.**

osier n. m. – XIIIe ; germ. *alisaria* « aulne » 1 Saule de petite taille aux rameaux flexibles. *Branche, scion d'osier. Osier blanc, brun.* 2 Rameau d'osier, employé pour la confection de liens et d'ouvrages de vannerie. « *De petits paniers d'osier remplis de myrtilles noires* » (Daud.).

osiériculture n. f. – 1907 ▪ Culture de l'osier ; exploitation d'oseraies.

osmique adj. – XIXe ; de *osmium* ▪ *Acide osmique* (OsO_4) : solide cristallisé, incolore, utilisé en solution pour colorer les préparations histologiques.

osmium [ɔsmjɔm] n. m. – XIXe ; gr. *osmê* « odeur » ▪ Élément atomique (Os ; n° at. 76 ; m. at. 190,2), métal extrait des minerais de platine.

osmomètre n. m. – XIXe ▪ Appareil servant à mesurer la pression osmotique.

osmonde n. f. – XIIe ; mot du Nord, o. i. ▪ Fougère des lieux humides. *L'osmonde royale.*

osmose n. f. – XIXe ; gr. « poussée, impulsion » 1 Phénomène de diffusion qui se produit lorsque deux liquides ou deux solutions de concentrations différentes sont séparés par une membrane semi-perméable laissant passer le solvant mais non la substance dissoute. ⇒ **endosmose.** 2 littér. Influence réciproque et insensible. ⇒ **interpénétration.** *Vivre en osmose.* « *Il se fait comme ça, entre les rêves et la conscience éveillée, des échanges mal définis : une sorte d'osmose* » (Aragon).

osmotique adj. – XIXe ▪ Relatif à l'osmose, de la nature de l'osmose. *Pression osmotique.*

osque adj. et n. – XVIIIe ; lat. ▪ D'un peuple primitif de l'Italie, établi en Campanie. ➛ n. *Les Osques.* ♦ n. m. Langue italique de ce peuple. *L'osque et l'ombrien.*

ossature n. f. – XIXe 1 Ensemble des os, tels qu'ils sont disposés dans le corps. ⇒ **squelette.** 2 Ensemble de parties essentielles et résistantes qui soutient un tout. ⇒ **charpente.** *Ossature en béton armé.* ♦ fig. *L'ossature sociale.* ⇒ **armature, structure.** *L'ossature d'un discours, d'un drame.* ⇒ **canevas, trame.**

osséine n. f. – XIXe ▪ Substance protéique produite par les ostéoblastes, constituant fondamental du tissu osseux.

osselet n. m. – XIIe 1 *Les osselets de l'oreille :* les petits os de la caisse du tympan. ⇒ **enclume, étrier, marteau.** 2 *LES OSSELETS :* jeu d'adresse consistant à lancer et à rattraper de petits os (parfois en plastique, en métal, etc.). « *Moktar accroupi* [...] *en train de jouer aux osselets* » (Duham.).

ossements n. m. pl. – XIIe ▪ Os décharnés et desséchés de cadavres d'hommes ou d'animaux. ⇒ **carcasse.** *Dépôt d'ossements.* ⇒ **ossuaire.** *Ossements préhistoriques.* ✪ HOM. poss. Haussement.

osseux, euse adj. – XIIIe 1 Propre aux os, de la nature de l'os. *Moelle osseuse. Tissu osseux,* constitué d'osséine et de cellules osseuses. ➛ Qui concerne les os. *Tuberculose osseuse. Greffe osseuse.* 2 Qui possède des os. *Poissons osseux* (opposé à *cartilagineux*). 3 Constitué d'os. *Carapace osseuse.* 4 Dont les os sont saillants, très apparents. *Un visage « osseux, comme taillé dans le silex »* (Mauriac). ✪ CONTR. Charnu.

ossianique adj. – XVIIe ; de *Ossian,* barde écossais légendaire du IIIe s. ▪ Qui appartient ou ressemble aux poèmes attribués à Ossian (poèmes de Macpherson publiés en 1760).

ossification n. f. – XVIIe 1 Formation du tissu osseux par transformation d'un tissu fibreux ou cartilagineux. ⇒ **ostéogenèse.** *Point d'ossification. Ossification des fontanelles.* 2 Production anormale de tissu osseux au sein d'un autre tissu. ⇒ **ostéophyte.**

ossifier v. tr. [7] – XVIIe 1 rare Convertir en tissu osseux. ♦ fig. « *En Allemagne le culte de l'argent n'ossifie pas tout à fait le cœur* » (Stendh.). 2 v. pron. Se transformer en tissu osseux. *Cartilage qui s'ossifie.* ➛ *Squelette incomplètement ossifié.*

osso buco [ɔsobuko] n. m. inv. – 1954 ; mot it. « os (à) trou » ▪ Jarret de veau servi avec l'os à moelle, cuisiné avec des tomates et du vin blanc (plat italien).

ossu, ue adj. – XIIe ▪ rare Qui a de gros os. « *un grand escogriffe, long, sec, jaune, bilieux, ossu* » (Gaut.).

ossuaire n. m. – XVIIIe 1 Amas d'ossements. 2 Lieu où sont conservés des ossements humains. *L'ossuaire de Douaumont.*

ost [ɔst] n. m. – XIe ; lat. *hostis* « ennemi » ▪ Armée féodale. ♦ Service militaire dû par les vassaux à leur suzerain.

ostéalgie n. f. – XIXe ; *ostéo(o)-* et *-algie* ▪ Douleur osseuse profonde.

ostéichtyens n. m. pl. – v. 1954 ; gr. *ikhthus* « poisson » ■ Classe des poissons osseux. *Les ostéichtyens et les chondrichtyens.*

ostéite n. f. – XIXe ; *osté(o)-* et *-ite* ■ Inflammation des os.

ostensible adj. – XVIIIe ; lat. *ostendere* « montrer » ■ littér. Qui est fait sans se cacher ou avec l'intention d'être remarqué. ⇒ **apparent, ouvert, patent, visible.** *Préférence ostensible.* « *les faits publics et ostensibles* » (Ste-Beuve). ✪ CONTR. Caché, ① discret.

ostensiblement adv. – XIVe ■ D'une manière ostensible. ⇒ **ouvertement.** « *Je laisse, ostensiblement, la clef sur la serrure* » (Duham.). ✪ CONTR. Discrètement.

ostensoir n. m. – XVIe ; lat. *ostensus* « montré » ■ Pièce d'orfèvrerie destinée à contenir l'hostie consacrée et à l'exposer à l'adoration des fidèles. « *M. le curé ouvrit le tabernacle et lui montra l'ostensoir* » (Giono).

❑ Même famille étymologique que *ostensible.*

ostentation n. f. – XIVe ■ Mise en valeur excessive et indiscrète d'un avantage. ⇒ **étalage, parade.** *Montrer avec ostentation.* « *Swann, avec son ostentation, avec sa manière de crier sur les toits ses moindres relations* » (Proust). ✪ CONTR. Discrétion.

ostentatoire adj. – XVIe ■ littér. Qui témoigne de l'ostentation, qui est fait, montré avec ostentation. *Luxe ostentatoire.* ✪ CONTR. ① Discret.

❑ Ce mot est trop lié à l'intention de la personne qui exhibe pour avoir un sens juridique clair *(port ostentatoire du voile musulman).*

osté(o)- Élément, du gr. *ostêon* « os ».

ostéoblaste n. m. – XIXe ; *ostéo-* et *-blaste* ■ Cellule osseuse qui produit l'osséine (opposé à *ostéocyte*).

ostéoclasie n. f. – XIXe ; *ostéo-* et *-clasie* ■ Opération qui consiste à fracturer certains os pour redresser les déformations osseuses ou articulaires.

ostéocyte n. m. – 1964 ; *ostéo-* et *-cyte* ■ Cellule osseuse arrivée à maturité (opposé à *ostéoblaste*).

ostéogenèse n. f. – XIXe ; *ostéo-* et *-genèse* ■ Formation et développement des os et du tissu osseux.

ostéologie n. f. – XVIe ; *ostéo-* et *-logie* ■ Partie de l'anatomie qui traite des os.

ostéomalacie n. f. – XIXe ; de *ostéo-* et gr. *malakia* « mollesse » ■ Ramollissement des os.

ostéomyélite n. f. – XIXe ■ Inflammation d'un os et de la moelle osseuse.

ostéopathe n. – 1944 ■ Personne qui soigne par des manipulations des os.

ostéopathie n. f. – XIXe ; *ostéo-* et *-pathie* 1 Affection osseuse. 2 Pratique thérapeutique faisant appel à des manipulations sur les os.

ostéophyte n. m. – XIXe ; *ostéo-* et *-phyte* ■ Production osseuse pathologique au voisinage des articulations. ⇒ **exostose.**

ostéoplastie n. f. – XIXe ; *ostéo-* et *-plastie* ■ Opération réparatrice du squelette, faite par transplantation de fragments d'os ou de périoste.

ostéoporose n. f. – XIXe ; de *ostéo-* et gr. *poros* « passage » ■ Raréfaction pathologique du tissu osseux.

❑ Elle affecte la plupart des femmes ménopausées qui ne prennent pas d'hormones.

ostéosarcome [ɔsteosaʀkom] n. m. – XIXe ■ Tumeur maligne d'un os, ou sarcome renfermant des éléments osseux.

ostéosynthèse [ɔsteosɛ̃tɛz] n. f. – 1909 ■ Réunion des fragments d'un os fracturé, au moyen de pièces métalliques.

ostéotomie n. f. – XVIIIe ; *ostéo-* et *-tomie* ■ Opération consistant à sectionner un os long pour remédier à une difformité.

ostiak n. m. – XVIIIe ; nom d'un peuple ■ Langue finno-ougrienne de l'Ob (Sibérie).

ostiole n. m. – XIXe ; lat. *ostium* « porte » ■ Orifice par lequel se font les échanges gazeux de la feuille.

❑ Pour le genre → pétiole (rem.).

ostracisme n. m. – XVIe ; gr. *ostrakon* « coquille » 1 Dans l'Antiquité, Bannissement de dix ans, à Athènes et dans d'autres cités grecques. ⇒ **proscription.** 2 Décision d'écarter du pouvoir une personne ou un groupement politique. ⇒ **exclusion.** *Être frappé d'ostracisme.*

❑ Du grec *ostrakon* « coquille » d'où « morceau de terre cuite », spécialement le tesson sur lequel les Grecs inscrivaient le nom de celui dont ils votaient le bannissement.

ostréi- Élément, du gr. *ostreon* « huître ».

ostréicole adj. – XIXe ■ Qui a rapport à l'ostréiculture. *Parc ostréicole.*

ostréiculteur, trice n. – XIXe ■ Personne qui pratique l'ostréiculture.

ostréiculture n. f. – XIXe ■ Élevage des huîtres.

ostréidés n. m. pl. – XIXe ■ Groupe de lamellibranches littoraux comprenant l'huître.

ostrogoth, gothe [ɔstʀɔgo ; ostʀogo, gɔt] n. et adj. – XVIIe ; germ. *ost* « est » et *goth* 1 Habitant de la partie orientale des territoires occupés par les Goths. *Les Ostrogoths et les Wisigoths.* 2 vieilli Homme malappris ou extravagant. ⇒ **sauvage.** « *un ostrogoth en uniforme de je ne sais quoi* » (Cendrars).

otage n. m. – XIe ; de *oste* « hôte » 1 Personne livrée ou reçue comme garantie de l'exécution d'une promesse, d'un traité. ⇒ **gage, garant, répondant.** *Prisonniers retenus comme otages.* 2 Personne dont on se saisit et que l'on détient comme gage pour obtenir ce que l'on exige. « *Un avion* [...] *vole vers le Koweit avec ses malheureux otages* » (Green). *Preneur d'otages.*

❑ De l'ancien français *hostage* « logement, demeure » vient l'expression *prendre en ostage* (1080) « abriter, loger ». Le mot a ensuite désigné la personne elle-même.

otalgie n. f. – XVIIIe ; *ot(o)-* et *-algie* ■ Douleur d'oreille.

otarie n. f. – XIXe ; gr. *ôtarion* « petite oreille » ■ Mammifère *(pinnipèdes)* du Pacifique et des mers du Sud, au cou plus allongé que le phoque. « *l'otarie moustachue, aux oreilles enroulées* » (Hugo). ♦ Sa peau (dite abusivement *loutre de mer*).

❑ Les *otaries,* à la différence des phoques, sont pourvues de petits pavillons auditifs (d'où leur nom).

-oter ■ Suffixe de verbe qui indique la répétition de l'action et a une valeur diminutive.

❑ Le suffixe fréquentatif *-oter* est ajouté à des verbes, ex. *crachoter, dansoter, picoter, pleuvoter, siffloter, toussoter, travailloter, vivoter,* etc. ; *bouillotter* et *frisotter* avec deux *t* constituent des exceptions graphiques. ♦ Ne pas confondre ce suffixe avec la finale des verbes formés sur des noms en *-ot, -ote (sangloter, bécoter, mendigoter)* dont une grande partie prend deux *t (grelotter, ballotter, marcotter, déculotter).*

ôter v. tr. 1 – XIIe ; lat. *obstare* « faire obstacle » 1 Enlever (un objet) de la place qu'il occupait. ⇒ **déplacer, retirer.**

Ôtez-lui ce couteau des mains. ♦ *Ôter un poids de la poitrine.* ⇒ **soulager.** *On ne m'ôtera pas de l'idée que...,* j'en suis convaincu. ➛ « *ôte-moi d'un doute. Connais-tu bien Don Diègue ?* » (Corn.). 2 Enlever (ce qui vêt, couvre, protège). ⇒ **quitter, retirer.** « *Tous ces vêtements peuvent être ôtés en un tour de main* » (Taine). 3 Faire disparaître. *Ôter les mauvaises herbes.* 4 Enlever en coupant, en arrachant, en séparant. *Ôter les arêtes. Ôter un nom d'une liste.* ⇒ **supprimer.** *Ôter un passage d'un ouvrage.* ⇒ **retrancher.** ♦ *Ôter un nombre d'un total.* ⇒ **déduire, retrancher, soustraire.** ➛ inv. *6 ôté de 10 égale 4 :* 10 moins 6 égale 4. 5 Mettre hors de la portée, du pouvoir ou de la possession de qqn. « *On m'a ôté papier, plumes et encre* » (Laclos). ♦ *Ôter à qqn ses forces. Cela n'ôte rien à son mérite.* **6 v. pron.** *Ôtez-vous de là.* ⇒ **s'écarter.** ➛ loc. fam. *Ôte-toi de là que je m'y mette.* ⇒ **pousser.** ✪ CONTR. Mettre. Ajouter. Donner.

❏ *Ôter* est souvent senti comme le synonyme désuet de *enlever.*

otiorhynque [ɔtjɔʀɛ̃k] **n. m.** – XIXe ; gr. *otios* « petite oreille » et *rhyncho-* ■ Charançon de couleur brune qui vit dans la terre le jour et sort la nuit pour dévorer les feuilles (légumes, vigne, olivier, laurier, etc.).

❏ Cet insecte a une trompe en forme d'oreille. ♦ Attention au *h* après le *r* qui n'existe pas dans le mot apparenté *ornithorynque.*

otique **adj.** – XIXe ■ Relatif à l'oreille. ⇒ **auriculaire.**

otite **n. f.** – XIXe ; gr. *ous, ôtos* « oreille » ■ Inflammation de l'oreille. *Otite externe, interne.*

ot(o)- Élément, du gr. *ous* « oreille ».

otocyon **n. m.** – XIXe ; de *oto-* et gr. *kuôn* « chien » ■ Mammifère *(canidés)* carnassier d'Afrique aux grandes oreilles.

otocyste **n. m.** – XIXe ; *oto-* et *-cyste* ■ Organe sensoriel des invertébrés renseignant l'animal sur sa position dans l'espace.

otolithe **n. m.** – XIXe ; *oto-* et *-lithe* ■ Concrétion calcaire de l'oreille interne chez les vertébrés, assurant l'équilibre.

otologie **n. f.** – XVIIIe ; *oto-* et *-logie* ■ Partie de la médecine qui étudie l'oreille.

oto-rhino-laryngologie **n. f.** – 1923 ■ Partie de la médecine qui s'occupe des maladies de l'oreille, du nez et de la gorge. ⇒ **O. R. L.**

oto-rhino-laryngologiste **n.** – 1923 ■ Médecin spécialisé en oto-rhino-laryngologie. *Des oto-rhino-laryngologistes.* ⇒ **O. R. L.** ➛ abrév. OTO-RHINO. *Des oto-rhinos.*

otorragie **n. f.** – XIXe ; *oto-* et *-ragie* ■ Écoulement de sang par l'oreille.

otorrhée **n. f.** – XIXe ; *oto-* et *-rrhée* ■ Écoulement de sérosité, de mucus ou de pus par l'oreille.

otoscope **n. m.** – XIXe ; *oto-* et *-scope* ■ Petit tube destiné à examiner l'intérieur de l'oreille.

ottoman, ane **adj.** et **n.** – XVIIe **I adj.** Qui a rapport à la dynastie d'Othman. ♦ *L'Empire ottoman :* l'empire turc (de 1299 à 1918). **II n.** 1 Membre de la dynastie fondée par Othman. ♦ Turc. 2 **n. m.** Étoffe de soie à trame de coton formant de grosses côtes. 3 **n. f.** Canapé à dossier arrondi en corbeille.

ou **conj.** – X^e ; lat. *aut* ■ Sert à unir, en séparant les idées exprimées. 1 (Équivalence de dénominations différentes d'une même chose.) *La bête à bon Dieu ou coccinelle,* autrement appelée. 2 (Indifférence entre deux ou plusieurs éventualités.) « *Il lui était parfaitement égal d'être ici ou là, parti ou revenu* » (Gaut.). *Sa mère ou son père l'accompagnera, l'accompagneront.* 3 (Évaluation approximative par deux numéraux proches.) *Un groupe de quatre ou cinq personnes.* ⇒ **à.** 4 (alternative) ⇒ **soit.** *C'est tout ou rien.* « *Il faut qu'une porte soit ouverte ou fermée* », comédie de Musset. *Oui ou non. Mort ou vif. Tôt ou tard. Quitte ou double. À tort ou à raison. De près ou de loin. Plus ou moins.* ♦ Introduit la conséquence si l'ordre n'est pas observé. ⇒ **sans** (ça), **sinon.** *Qu'il se calme, ou je me fâche.* ♦ *OU... OU...,* souligne l'exclusion d'un des deux termes. *Ou c'est lui ou c'est moi.* 5 (renforcé par un adv.) *Ou alors. Ou encore. Ou même. Ou plutôt. Ou mieux.* **6 n. m.** Opérateur logique qui donne la valeur « vrai ». ✪ HOM. Août, hou, houe, houx, où.

❏ Lorsque *ou* joint des noms, l'accord se fait au singulier si l'idée de disjonction domine *(le père ou la mère en aura la garde),* ou au pluriel s'il s'agit de coordination « *Mme Swann, ou son mari, ou Gilberte allaient entrer* » (Proust).

où **pron., adv. rel.** et **interrog.** – X^e ; lat. *ubi* **I pron., adv. rel.** 1 (sens locatif) Dans le lieu indiqué par l'antécédent. ⇒ **dans** (lequel), ① **sur** (lequel). *Le pays où il est né. De là où je suis.* ➛ *La maison d'où il sort.* ⇒ **dont.** « *Je sais tous les chemins par où je dois passer* » (Rac.). ➛ *Je cherche une villa où passer mes vacances.* 2 (État) *Dans l'obligation où je me trouve.* ♦ *Au prix où est le beurre.* 3 (sens temporel) ⇒ ③ **que.** *L'hiver où il a fait si froid. Au cas où il viendrait.* **II adv.** 1 (sens locatif) Là où, à l'endroit où. *J'irai où vous voudrez.* « *D'où il était, il aurait pu s'apercevoir de ma présence* » (P. Benoit). ♦ *Où que vous alliez :* en quelque lieu que vous alliez. 2 (sens temporel) « *Mais où ma souffrance devint insupportable, ce fut quand il me dit...* » (Proust). 3 *D'OÙ,* marque la conséquence. *D'où il résulte que...* ➛ *Il ne m'avait pas prévenu : d'où mon étonnement.* **III adv. interrog.** 1 interrog. dir. En quel lieu ? en quel endroit ? « *Mais où sont les neiges d'antan ?* » (Villon). *Où trouver cet argent ?* « *Où est-ce que Mme Swann a pu aller pêcher ce monde-là ?* » (Proust). « *Que vais-je dire ? Par où commencerai-je ?* » (Flaub.). 2 interrog. ind. *Je ne sais où aller.* « *Qui peut dire où la mémoire commence Qui peut dire où le temps présent finit* » (Aragon). *Je vois où il veut en venir.* ♦ *N'importe où :* dans n'importe quel endroit.

❏ Sur l'emploi de *où* après *c'est là* → là (rem.).

ouabaïne **n. f.** – XIXe ; somali *ouabaïo* ■ Glucoside aux propriétés cardiotoniques extrait des graines de strophante.

① ***ouah** **interj.** – XVIIIe ■ Onomatopée imitant le cri du chien. ✪ HOM. Oie.

② ***ouah** **interj.** – v. 1970 ; angl. *wow !* ■ fam. Interjection exprimant la joie, l'admiration.

ouaille **n. f.** – XIIe ; lat. *ovis* « brebis » ■ au plur. Les chrétiens, par rapport à l'un de leurs pasteurs. ⇒ **fidèle, paroissien.**

***ouais** **interj.** – XVe ; onomat. ■ fam. Oui.

ouananiche **n. f.** – XIXe ; mot indien « le petit égaré » ■ Au Canada, Saumon d'eau douce.

ouaouaron **n. m.** – XVIIe ; mot iroquois ■ Au Canada, Grenouille pouvant atteindre 20 cm de long, dont le coassement ressemble à un meuglement.

(*)ouate **n. f.** – XIVe ; p.-ê. ar. *bata'in,* par l'it. 1 Matière textile préparée pour garnir les doublures de vêtements, des objets de literie, pour rembourrer des sièges. ⇒ ① **bourre.** 2 Coton préparé pour servir aux soins d'hygiène. *Ouate hydrophile. Tampon d'ouate. Mouchoirs jetables en ouate de cellulose.* ➛ *Vivre dans de la ouate,* dans un milieu très protégé. ✪ HOM. Watt.

❏ Devant *ouate,* l'élision est facultative, *de l'ouate, de la ouate ; couverture doublée d'ouate, de ouate.*

***ouaté, ée** adj. – XVIIe ▪ Peu sonore, amorti. *Un pas ouaté,* étouffé. ⇒ **feutré.** ➜ *Ambiance très ouatée.*

(*)ouater v. tr. [1] – XVIIIe ▪ Garnir d'ouate.

(*)ouatine n. f. – 1903 ▪ Étoffe molletonnée.

(*)ouatiner v. tr. [1] – 1903 ▪ Doubler d'ouatine.

oubli n. m. – XIe **1** Défaillance de la mémoire. *Moment d'oubli.* ⇒ **absence, trou** (de mémoire). *Oubli d'un nom, d'un événement. Oubli pathologique.* ⇒ **amnésie.** ♦ État caractérisé par l'absence ou la disparition de souvenirs. *Le temps apporte avec lui l'oubli.* « *L'oubli qu'on cherche en des breuvages exécrés* » (Verlaine). ♦ *Tomber dans l'oubli. Sauver, tirer de l'oubli.* **2** Fait de ne pas effectuer (ce qu'on devait faire), de ne pas tenir compte (d'une règle). *L'oubli de ses promesses.* ⇒ **abandon, manquement.** ♦ *C'est un oubli.* ⇒ **distraction, étourderie, négligence, omission.** *Commettre, réparer un oubli.* **3** Fait de ne pas prendre en considération. ⇒ **détachement.** *Oubli de soi-même,* par altruisme, désintéressement. ⇒ **abnégation.** « *un oubli de moi-même et une attention exclusive au bien de mon ami* » (Proust). ♦ Pardon. *Pratiquer l'oubli des injures.* ✪ CONTR. ① Mémoire, ② souvenir. Actualité, célébrité. Ressentiment. Reconnaissance. — HOM. Oublie.

oubliable adj. – XIVe ▪ rare Qui peut être oublié. ✪ CONTR. Inoubliable.

oublie n. f. – XIIIe ; lat. *oblata* « offrande » ▪ vx Petite gaufre en forme de cylindre ou de cornet. *Marchand d'oublies.* ✪ HOM. Oubli.

oublier v. tr. [7] – X^e ; lat. *oblivisci* « perdre de vue » **I - 1** Ne pas avoir, ne pas retrouver (le souvenir de). *J'ai oublié son nom.* « *Si je n'avais pas mes ouvrages sur un rayon, j'oublierais jusqu'à leur titre* » (Sand). **2** Ne plus pouvoir pratiquer. *J'ai tout oublié en mathématiques.* ➜ *Il apprend vite et oublie de même.* **3** Ne plus connaître, ne plus conserver dans la mémoire collective. *Être oublié :* ne plus être connu. ➜ *Mourir oublié de tous.* ➜ *Fais-toi oublier quelque temps :* fais en sorte qu'on ne parle plus de toi. **4** Cesser de penser à. « *La gentillesse de quelques-uns faisait oublier leur laideur* » (Rouss.). ⇒ **éclipser, effacer.** ➜ *Boire pour oublier.* **5** Ne pas avoir à l'esprit. ⇒ **négliger, omettre.** *Il oublie tout. Oublier ses responsabilités.* ➜ loc. *Oublier l'heure :* se mettre en retard. ➜ *Il a oublié de nous prévenir.* ➜ *N'oublie pas qu'il doit venir demain.* **6** Négliger de mettre. ⇒ **omettre.** *Oublier le sel dans la vinaigrette.* ♦ Négliger de prendre. ⇒ **laisser ; perdre.** *Oublier son parapluie au cinéma.* **7** Négliger (qqn) en faisant preuve d'indifférence à son égard. *Oublier ses amis.* ⇒ **délaisser,** se **désintéresser,** se **détacher.** ♦ Ne pas donner qqch. à (qqn). *N'oubliez pas le guide, s'il vous plaît !* pensez à lui donner un pourboire. **8** Refuser sciemment de faire cas d'une personne, de tenir compte d'une chose. *Vous oubliez qui je suis :* vous manquez aux égards qui me sont dus. ♦ Pardonner. *N'en parlons plus, c'est oublié.* ➜ loc. fam. *On oublie tout et on recommence.* **II** S'OUBLIER v. pron. **1** Être oublié. *Un tel affront ne s'oublie pas.* **2** Ne pas penser à soi, à ses propres intérêts. « *Les nigauds de moralistes disent qu'aimer c'est s'oublier ; vue trop simple* » (Alain). **3** littér. Manquer aux égards dus à (autrui ou soi-même). « *Messieurs, vous vous oubliez, vous manquez de dignité* » (Maupass.). ♦ Faire ses besoins là où il ne le faut pas. ✪ CONTR. Rappeler (se), retenir, ① souvenir (se). Penser (à), songer (à).

oubliette n. f. – XIVe ▪ généralt au plur. Cachot où l'on enfermait autrefois les personnes condamnées à la prison perpétuelle. ♦ Fosse couverte d'une trappe basculante où l'on faisait tomber ceux dont on voulait se débarrasser. *Les oubliettes d'un château.* ➜ loc. fig. *Jeter aux oubliettes :* laisser de côté, refuser de s'occuper de.

oublieux, ieuse adj. – XIIe ▪ Qui oublie, néglige de se souvenir. *Oublieuse de ses devoirs* (⇒ **négligent**), *des services rendus* (⇒ **ingrat**). « *oublieux et insoucieux de sa douleur physique* » (Gide). ✪ CONTR. Soucieux (de).

ouche n. f. – XIIIe ; lat. *olca* ▪ Terrain cultivé en potager ou planté d'arbres fruitiers.

oued [wɛd] n. m. – XIXe ; mot ar. « vallée, rivière » ▪ Rivière d'Afrique du Nord ; cours d'eau temporaire dans les régions arides.

ouest [wɛst] n. m. et adj. – XIIe ; angl. *west* **I** n. m. **1** Celui des quatre points cardinaux qui est situé à l'opposé de l'est. ⇒ **couchant, occident.** *Vent d'ouest.* ➜ *Rouen est à l'ouest de Paris.* **2** Partie d'un ensemble géographique qui est la plus proche de l'ouest. *L'ouest de la France.* ➜ L'OUEST : l'Europe occidentale et l'Amérique du Nord. ⇒ **occident. II** adj. inv. Qui se trouve à l'ouest, en direction de l'ouest. *La côte ouest.* ⇒ **occidental.**

> ❑ À l'oral, ce mot développe souvent un *e* inexistant devant une consonne (*l'ouest du pays* ([wɛstə]). → consonne (rem.).

ouest-allemand, ande [wɛstalmɑ̃, ɑ̃d] adj. et n. – v. 1950 ▪ De l'ancienne République fédérale d'Allemagne.

***ouf** interj. – XVIe ; onomat. **1** *Il n'a pas eu le temps de dire ouf,* de réagir, de faire face à la situation. **2** Exprimant le soulagement. *Ouf ! bon débarras.* « *On n'avait pas besoin de moi. Ouf. Ça faisait un souci en moins* » (É. Ajar). ➜ n. m. inv. *Pousser des ouf de soulagement.*

ougrien, ienne adj. – XIXe ; turc *ogur* « flèche, magyar » ▪ *Langues ougriennes :* les langues sibériennes et le hongrois.

***oui** adv. d'affirmation – XIe ; de *oïl,* lat. *hoc* « cela » et pron. pers. *il* **I** adv. **1** *Vous venez avec moi ? – Oui, Monsieur. Oui merci.* ➜ *Acceptez-vous ? – Oui, oui.* ⇒ **absolument, assurément, certainement, certes, évidemment ;** fam. **O. K., ouais.** *M'entendez-vous ? – Oui.* ⇒ **affirmatif.** *Êtes-vous satisfait ? Oui et non :* à demi. *Mais oui. Ma foi, oui.* ➜ *Que oui !* **2** *Ah oui !* vraiment ? fam. *Tu viens, oui ou non ?* **3** *Il dit toujours oui.* « *un homme qui a toujours dit oui à tout* » (Tournier). ➜ *Ne dire ni oui, ni non :* ne pas prendre parti. *Répondez par oui ou par non.* ➜ *Faire oui de la tête :* hocher la tête de bas en haut. ♦ OUI À... : nous voulons, nous réclamons. *Oui à la formation, non à la sélection !* ♦ *Il semblerait que oui.* ♦ *Sont-ils venus ? Lui, non, mais elle, oui.* **4** « *Vivre, oui, sentir fortement, profondément qu'on existe* » (Muss.). **II** n. m. inv. *Les millions de oui du référendum.* loc. *Pour un oui (ou) pour un non :* à tout propos, sans raison. ➜ *Un oui mais :* acquiescement entaché d'une certaine réserve. ✪ CONTR. Non. — HOM. Ouïe.

> ❑ *Oui* est issu de l'ancien français *oïl* (*La Chanson de Roland,* 1080) qui correspond à l'ancien provençal *oc.* → oc (rem.). ♦ La liaison ne se fait pas : on dit *mais oui* [mɛwi].

***ouï-dire** n. m. inv. – XIIIe ▪ Information connue par la parole entendue, par des rumeurs. ⇒ **bruit, on-dit.** *Ce ne sont que des ouï-dire* [dewidiʀ]. ➜ loc. *Par ouï-dire :* par la rumeur publique, par ce qu'on a entendu dire.

ouïe [wi] n. f. – XIe **I** Le sens qui permet la perception des sons. ⇒ **audition ; oreille.** *Avoir l'ouïe fine.* ➜ loc. plais. *Je suis tout ouïe* [tutwi] : j'écoute attentivement. « *les compagnies rassemblées furent tout ouïes pour le fatidique appel* » (Perec). **II** au plur. **1** Orifices externes de l'appareil branchial des poissons, sur les côtés de la tête. ⇒ **branchie. 2** Ouverture latérale en forme de S, pratiquée sur la table supérieure des instruments de la famille du violon. ⇒ ① **esse. 3** Abat-vent à lamelles obliques. ✪ HOM. Oui.

ouïgour ou **ouïghour** [uiguʀ ; ujguʀ] **n. m.** – XIXe ; mot turc ▪ Langue turque de l'Asie centrale. ➛ **adj.** *Textes ouïgours.*

***ouille** **interj.** – 1914 ; onomat. ▪ Interjection exprimant la douleur, la surprise et le mécontentement. ⇒ **aïe.** ✪ HOM. Houille.

ouiller **v. tr.** [1] – XIIIe ; de *aouiller* « remplir jusqu'à l'œil » ▪ Remplir (un tonneau de vin) à mesure que le niveau baisse. ✪ HOM. Houiller.

ouillère, ouillière ou **oullière** **n. f.** – XIXe ; lat. *ouliare* « creuser, extraire » ▪ *Vigne en ouillère,* dans laquelle les ceps sont disposés en lignes parallèles espacées, avec des cultures intercalaires. ✪ HOM. Houillère.

ouïr **v. tr.** [*j'ois, nous oyons ; j'oyais ; j'ouïs ; j'ouïrai* (vx *j'orrai, j'oirai*) ; *que j'oie, que nous oyions ; que j'ouïsse ; oyant, ouï ;* surtout inf. et p. p.] – Xe ; lat. *audire* ▪ vx ou plaisant ⇒ **entendre, écouter ; ouïdire.** *Oyez bonnes gens !*

> ❑ Sur le participe passé *ouï,* on a formé l'antonyme *inouï* « qui n'a jamais été entendu » d'où « sans exemple, extraordinaire », seul sens vivant en français moderne.

***ouistiti** **n. m.** – XVIIIe ; onomat. ▪ Petit primate des forêts tropicales d'Amérique du Sud *(haplorhiniens),* à longue queue. ♦ fam. *Un drôle de ouistiti,* de personnage. ⇒ **numéro.**

> ❑ *Ouistiti* est l'adaptation par Buffon d'un mot probablement africain.

oukase **n. m.** – XVIIIe ; russe *oukazat* « publier » 1 Édit promulgué par le tsar. 2 Décision arbitraire, ordre impératif. ⇒ **diktat.**

> ❑ On trouve aussi la graphie *ukase : les « décisions autocratiques des ukases »* (J. Verne) ; *« l'ukase des mobilisations »* (Martin du Gard).

ouléma → **uléma**

oullière → **ouillère**

ouolof → **wolof**

ouragan **n. m.** – XVIe ; esp. *huracán* « tornade » 1 Forte tempête caractérisée par un vent très violent dont la vitesse dépasse 120 km à l'heure. ⇒ **cyclone, tornade, typhon ; bourrasque, tourmente.** *Arbres arrachés par l'ouragan.* 2 Mouvement violent, impétueux. *Son discours a déchaîné un ouragan,* un grand tumulte.

ouralien, ienne **adj.** – XIXe ▪ Relatif à l'Oural et à la région qui l'entoure. ➛ *Langues ouraliennes :* langues finno-ougriennes et samoyèdes.

ourdir **v. tr.** [2] – XIIe ; lat. *ordiri* 1 Préparer (la chaîne) en réunissant les fils en nappe et en les tendant, avant le tissage. ♦ poét. Tisser. *L'araignée ourdit sa toile.* 2 littér. Disposer les premiers éléments de (une intrigue). ⇒ **combiner, machiner, monter, nouer.** *Ourdir un complot.* ⇒ **tramer.**

ourdissage **n. m.** – XVIIIe ▪ Préparation de la chaîne pour le tissage.

ourdissoir **n. m.** – XVe ▪ Appareil servant à étaler en nappe et à tendre les fils de la chaîne.

ourdou **n. m.** – XIXe ; turc *urdu* « camp » ▪ Une des deux langues nationales du Pakistan. ➛ **adj.** *La langue ourdoue.*

-oure Élément, du gr. *oura* « queue ».

ourler **v. tr.** [1] – XIIe ; lat. *ora* « bord » ▪ Garnir, border d'un ourlet. *« À tout moment elle présentait à la baronne des mouchoirs qu'elle avait ourlés elle-même »* (Maupass.). ➛ *Couture ourlée,* rabattue et terminée par un ourlet.

ourlet **n. m.** – XIIIe 1 Repli d'étoffe terminant un bord. *Faire un ourlet à la main.* ➛ *Faux ourlet :* bande de tissu rapporté repliée sur la couture. 2 Bord replié. ⇒ **rebord, repli.** *Ourlet d'une gouttière.* ♦ *« l'ourlet de ses lèvres, l'ourlet de ses oreilles, toute une série de divins ourlets »* (Giraud.).

ourlien, ienne **adj.** – XIXe ; de l'a. fr. *ourles* « oreillons » ▪ Relatif aux oreillons. *Orchite ourlienne.*

ours [uʀs] **n. m.** – XIe ; lat. *ursus* 1 Mammifère carnivore plantigrade *(ursidés),* au pelage épais, aux membres armés de griffes non rétractiles, au museau allongé. *Femelle* (⇒ **ourse**), *petit* (⇒ **ourson**) *de l'ours.* ➛ *Ours brun. Ours gris des montagnes Rocheuses* (⇒ **grizzli**). *Ours polaire* ou *ours blanc,* à cou mince et à tête aplatie. ➛ *Montreur d'ours. La fosse aux ours d'un jardin zoologique.* ➛ *Peau d'ours.* 2 loc. *Le pavé de l'ours :* maladresse commise dans l'intention de rendre service, mais qui produit un effet contraire. 3 Jouet d'enfant ayant l'apparence d'un ourson. *Ours en peluche.* ⇒ **nounours.** 4 Homme insociable, qui recherche la solitude. *« je suis un misanthrope, un animal farouche, un ours »* (Rouss.). 5 Liste des collaborateurs d'un journal, d'une revue.

> ❑ À l'oral, ce mot développe un *e* inexistant devant une consonne : *ours blanc* [uʀsəblɑ̃]. → consonne (rem.). ♦ Se prononçait autrefois sans le *s* → mœurs (rem.).

ourse **n. f.** – XIIe 1 Femelle de l'ours. 2 Nom de deux constellations situées près du pôle arctique. *La Grande Ourse* ou *Grand Chariot. L'étoile polaire appartient à la Petite Ourse.*

oursin **n. m.** – XVIe ; de *ours* ▪ Animal échinoderme des fonds marins *(échinoïdes)* au test à plaques calcaires couvert de longs piquants. ➛ Cet animal comestible.

ourson **n. m.** – XVIe ▪ Petit de l'ours.

***ouste** ou **oust** [ust] **interj.** – XIXe ; onomat. ▪ fam. Interjection pour chasser ou presser qqn. *Allez, ouste ! hors d'ici ! « Allez, oust* [...] *au boulot »* (Aragon).

***out** [aut] **adv. et adj. inv.** – XIXe ; mot angl. « hors de » I **adv.** Au tennis, Hors des limites du court. ➛ **adj.** *La balle est out.* II **adj. inv.** Se dit de qqn qui se trouve dépassé, rejeté hors d'une évolution ou incapable de la suivre (opposé à *in*).

outarde **n. f.** – XIVe ; lat. *avis tarda* « oiseau lent » 1 Oiseau échassier *(gruiformes)* au corps massif, à pattes fortes et à long cou. *La chair de l'outarde est appréciée. Petite outarde.* ⇒ **canepetière.** 2 Bernache du Canada.

outil [uti] **n. m.** – XIIe ; lat. *utensilia* 1 Objet fabriqué qui sert à agir sur la matière, à faire un travail. ⇒ **appareil, engin, instrument, machine.** *Outils de cordonnier, de maçon. Outils de jardinage. Caisse, trousse, boîte à outils.* ♦ *« Refusez d'être un outil entre les mains de quelqu'un : soyez seulement l'outil de votre propre vie »* (Giono). 2 Ce qui permet de faire (un travail). *Sa voiture est son outil de travail.*

> ❑ Pour la prononciation → chenil (rem.). ♦ Même famille étym. que *ustensile.* ♦ D'une manière générale, *outil* désigne un objet simple, mû directement par la main. ♦ Différence entre *outil* et *instrument* → instrument (rem.).

outillage **n. m.** – XIXe ▪ Ensemble d'outils nécessaires à l'exercice d'un métier, d'une activité manuelle, à la marche d'une entreprise, d'une exploitation. ⇒ **équipement, matériel.** *Outillage agricole, industriel.*

outiller **v. tr.** [1] – XVIe 1 Munir des outils nécessaires. ⇒ **équiper.** *Outiller des ouvriers, une usine.* ➛ pronom. *Dans certains corps de métier, les ouvriers s'outillent à leurs frais.* ➛ *Nous ne sommes pas outillés pour effectuer cette réparation.* 2 Donner, fournir à (qqn) les moyens matériels de faire qqch. ; équiper (un local, un objet) en vue d'une destination particulière.

outilleur n. m. – XIXe ▪ Professionnel qui confectionne et met au point calibres, moules, outillages et montages de fabrication.

outlaw [autlo] n. m. – XVIIIe ; mot angl. « hors la loi » ▪ Dans les pays anglo-saxons, Brigand qui vivait hors la loi. ⇒ **hors-la-loi.**

output [autput] n. m. – v. 1965 ; mot angl., de *out* « hors de » et *to put* « mettre » 1 Sortie de données dans un système informatique, de signal dans un dispositif électronique (recomm. offic. *produit de sortie*). 2 Bien ou service issu de l'activité de production. ⇒ **produit.** ✪ CONTR. Input.

outrage n. m. – XIe ; de ② *outre* 1 Offense ou injure extrêmement grave. ⇒ **affront, insulte.** « *Christophe, hors de lui, lui cracha au visage. Ce fut une affaire épouvantable. L'outrage était inouï* » (R. Rolland). *Venger, laver un outrage.* ➛ *Je ne lui ferai pas l'outrage de le soupçonner.* ♦ loc. vieilli *Les derniers outrages :* le viol. ♦ littér. ⇒ **atteinte, dommage,** ① **flétrissure, tort.** « *Pour réparer des ans l'irréparable outrage* » (Rac.). 2 Délit par lequel on met en cause l'honneur d'un personnage officiel dans l'exercice de ses fonctions. *Outrage à magistrat.* 3 Acte gravement contraire (à une règle, à un principe). ⇒ **violation.** ♦ *Outrage aux bonnes mœurs :* discours, écrit ou publication obscène ou contraire aux bonnes mœurs. *Outrage public à la pudeur :* fait matériel de nature à choquer la pudeur de la personne qui en est le témoin. ⇒ **attentat.**

outrageant, ante adj. – XVIIe ▪ Qui outrage. ⇒ **injurieux, insultant.** *Propos outrageants pour, envers qqn.* « *sa maîtresse lui dit dans la colère un mot outrageant, qu'il ne put digérer* » (Rouss.).

outrager v. tr. [3] – XVe ▪ Offenser gravement par un outrage. ⇒ **bafouer, injurier, insulter, offenser.** ➛ *Prendre un air outragé.*

outrageusement adv. – XIIIe ▪ Excessivement. *Femme outrageusement maquillée.*

outrance n. f. – XIIIe 1 Chose ou action outrée. ⇒ **excès.** *Les outrances du mélodrame.* ♦ Caractère de ce qui est outré. ⇒ **démesure, exagération.** *Complimenter qqn avec outrance.* 2 loc. adv. *À OUTRANCE :* avec exagération, avec excès. *Guerre à outrance.*

outrancier, ière adj. – XIXe ▪ Qui pousse les choses à l'excès. ⇒ **excessif, outré.** *Propos outranciers.* ✪ CONTR. Mesuré, pondéré.

① **outre** n. f. – XIVe ; lat. *uter* « ventre » ▪ Peau de bouc cousue en forme de sac et servant de récipient pour la conservation et le transport des liquides. *Outre de vin.* loc. *Être gonflé, plein comme une outre :* avoir trop bu, trop mangé.

❑ Mots de la même famille : *utricule, utriculaire.*

② **outre** prép. et adv. – XIe ; lat. *ultra* 1 Au-delà de. *Outre-Atlantique :* en Amérique (du Nord). *Outre-Manche :* en Grande-Bretagne. *Outre-Rhin. Outre-tombe :* au-delà de la mort. 2 *PASSER OUTRE À* (qqch.) : ne pas tenir compte de (une opposition, une objection). ⇒ **braver, mépriser.** *Passer outre à une interdiction.* 3 En plus de. *Cette salle « était immense ; elle pouvait contenir outre les douze cents députés, quatre milliers d'auditeurs* » (Michelet). ♦ loc. conj. *Outre (le fait) que...* « *Outre qu'il parle tout seul, il est sujet à de certaines grimaces* » (La Bruy.) 4 loc. adv. *OUTRE MESURE :* excessivement, au-delà de la normale. ⇒ **trop.** *Ce long voyage « ne l'avait pas fatigué outre mesure* » (Mart. du G.). 5 loc. adv. *EN OUTRE :* en plus de cela. *Il est tombé malade... (et) en outre, il a perdu sa place.* loc. prép. *En outre de cela.*

❑ *Outre-tombe* est employé pour la première fois par Chateaubriand dans une lettre du 3 mars 1832, à propos des *Mémoires d'outre-tombe,* œuvre destinée à paraître après sa mort.

outré, ée adj. – XIIIe 1 Poussé au-delà de la mesure. ⇒ **exagéré, excessif, extrême, outrancier.** *Éloges outrés.* « *des laideurs et des infirmités de la vie, grossies, outrées par l'humour de terribles caricaturistes* » (E. de Goncourt). 2 ⇒ **indigné, révolté, scandalisé.** « *Outré d'un tel aveuglement et d'une telle injustice,* [...] *je fondis en larmes* » (France).

outrecuidance n. f. – XIIe ▪ littér. 1 Confiance excessive en soi-même, estime exagérée de soi. ⇒ **fatuité, orgueil, présomption, prétention, vanité.** *Je n'aurai pas l'outrecuidance de critiquer ce travail.* 2 Désinvolture impertinente envers autrui. ⇒ **arrogance, effronterie, impertinence.** ✪ CONTR. Modestie, réserve.

outrecuidant, ante adj. – XIIe ; de ② *outre* et a. fr. *cuider* « croire » ▪ littér. Qui montre de l'outrecuidance. ⇒ **fat, présomptueux ; arrogant, impertinent.**

outre-mer [utʀəmɛʀ] adv. – XIe ▪ Au-delà des mers, par rapport à une métropole. *Les départements et territoires français d'outre-mer (D. O. M.-T. O. M.).* ✪ HOM. Outremer.

outremer [utʀəmɛʀ] n. m. – XIIe 1 Lapis-lazuli. 2 Bleu intense. *Bleu outremer.* ➛ adj. invar. *Un ciel outremer.* ✪ HOM. Outre-mer.

outrepassé, ée adj. – XIXe ▪ *Arc outrepassé,* qui dessine un arc de cercle plus grand que le demi-cercle.

outrepasser v. tr. [1] – XIIe ▪ Aller plus loin qu'il n'est permis. *Outrepasser ses droits.* ⇒ **abuser, empiéter, excéder.**

outrer v. tr. [1] – XIIe 1 Exagérer, pousser (l'expression) au-delà des limites raisonnables. ⇒ **forcer.** *Outrer un effet.* ⇒ **amplifier, charger, développer.** 2 Indigner, mettre hors de soi. *Votre façon de lui parler m'a outré.* ⇒ **outré.**

outrigger [autʀigœʀ] n. m. – XIXe ; mot angl., de *out* « en dehors » et *to rig* « armer » ▪ Embarcation légère à rames.

outsider [autsajdœʀ] n. m. – XIXe ; mot angl. « qui est à l'écart » ▪ Cheval de course qui ne figure pas parmi les favoris mais qui a des chances de gagner. ➛ Concurrent dont la victoire ou la performance est inattendue.

ouvert, erte adj. – XIe I - 1 Disposé de manière à laisser le passage. *Porte ouverte. Grand ouvert :* ouvert le plus possible. *À peine ouvert.* ⇒ **entrouvert.** 2 Où l'on peut entrer. *Magasin ouvert de 9 h à 20 h.* « *Pas d'erreur, c'est un bistrot encore ouvert* » (Queneau). ♦ Qui n'est pas fermé. *Tiroir ouvert.* 3 Disposé de manière à laisser communiquer avec l'extérieur. *Bouche ouverte.* ➛ *Sons ouverts,* prononcés avec la bouche assez ouverte. ♦ *Robinet ouvert,* qui laisse passer l'eau. ♦ *Ensemble ouvert,* défini en compréhension, dont le nombre d'éléments peut augmenter. 4 Dont les parties sont écartées, séparées. *Main ouverte* (opposé à *poing fermé*). *Fleur ouverte,* épanouie. *Lire le latin à livre ouvert,* couramment. ♦ *Col ouvert, chemise ouverte.* 5 Qui présente une interruption. *Courbe ouverte.* 6 Percé, troué, incisé. *Fracture ouverte. Opération à cœur ouvert :* intervention à l'intérieur du muscle cardiaque. 7 Accessible, que l'on peut utiliser. ⇒ **libre.** *Canal ouvert à la navigation.* ➛ *Le concours est ouvert aux candidats de moins de 35 ans. Compétition ouverte,* accessible à des athlètes de niveau et de statut différents (recomm. offic. pour *open*). ♦ Qui n'est pas protégé. ⇒ ① **découvert.** *Ville ouverte,* qui n'est pas défendue militairement. 8 Commencé. *La chasse est ouverte,* permise. *Les paris sont ouverts,* possibles. 9 En mathématiques, *Intervalle ouvert,* qui ne contient pas les éléments constituant la limite ou la frontière. 10 *Phase ouverte de lecture :* séquence d'A.R.N. messager non interrompue par des codons non-sens*. 11 *Système ouvert :* système en équilibre dynamique avec son environnement et où les échanges de matière, d'énergie et d'information sont constants. II - 1 Communicatif et franc. ⇒ **confiant, cordial, démonstratif, expansif.** *Visage ouvert.* ➝ loc. *À cœur ouvert :* en toute franchise. 2 Qui se manifeste publiquement. ⇒ **déclaré, patent, public.** *Faire une guerre ouverte à qqn. « Le Toubou, lui, paraissait en lutte ouverte [...] avec tous ses semblables »* (Tournier). 3 Qui s'ouvre facilement aux idées nouvelles, qui comprend ou admet sans peine, sans préjugé. *Un esprit ouvert.* ⇒ **éveillé, pénétrant, vif.** ➝ *« lui si franc, si ouvert »* (Gide). ✪ CONTR. Fermé. - Renfermé ; intime, ① secret ; étroit.

ouvertement adv. - XIIe ▪ D'une manière ouverte, sans dissimulation. ⇒ **franchement.** *Agir ouvertement.* ✪ CONTR. Cachette (en cachette), secrètement.

ouverture n. f. - XIIe I - 1 Action d'ouvrir ; état de ce qui est ouvert. *Ouverture d'une boîte ; d'un coffre-fort. Ouverture des portes d'un lieu public. Ouverture des magasins. Heures, jours d'ouverture.* ➝ *Ouverture d'un testament.* ♦ Première phase d'une opération chirurgicale dans laquelle on coupe les tissus. ♦ Caractère de ce qui est plus ou moins ouvert. *Ouverture d'un objectif.* ♦ *Ouverture d'un angle :* écartement des côtés. 2 Le fait de rendre praticable, utilisable. *Ouverture d'une autoroute.* 3 *Ouverture d'esprit :* qualité de l'esprit ouvert. 4 Le fait d'être mis en train. *Ouverture d'une séance, d'une enquête.* ⇒ **commencement, début.** *Ouverture d'une exposition.* ⇒ **inauguration.** *Cours d'ouverture, à la Bourse.* ➝ *Ouverture de la pêche :* le premier jour où il est permis de pêcher. ♦ *Ouverture de succession.* ♦ *Ouverture d'un compte bancaire.* ➝ *Ouverture de crédit :* autorisation de dépenser donnée aux ordonnateurs par les lois. ♦ Action ou possibilité d'ouvrir (un jeu de cartes). ➝ Série de coups par laquelle s'ouvre une partie d'échecs. ♦ *Demi d'ouverture,* joueur chargé d'ouvrir le jeu, au rugby. 5 plur. Premier essai en vue d'entrer en pourparlers. ⇒ **avance, offre, proposition.** *Faire des ouvertures de paix.* 6 Morceau par lequel débute le plus souvent un ouvrage lyrique. *« À en juger par le programme, on joue à présent l'ouverture de Guillaume Tell »* (Sartre). II - 1 Solution de continuité par laquelle s'établit la communication entre l'extérieur et l'intérieur. ⇒ **accès, entrée, issue, passage, trou.** *Les ouvertures d'un bâtiment. Boucher, condamner une ouverture.* 2 Voie d'accès ; moyen de comprendre. *Ouverture sur le monde.* 3 *Politique d'ouverture,* visant à des rapprochements avec d'autres partis. ✪ CONTR. Clôture, fermeture. ① Fin. ② Finale.

ouvrable adj. m. - XIIe ; de *ouvrer* ▪ Se dit des jours de la semaine qui ne sont pas des jours fériés. ✪ CONTR. Férié ; chômé.

> ❑ *Ouvrable* vient de *ouvrer* « travailler » et non de *ouvrir.* « Qui peut s'ouvrir » se dit *ouvrant.*

ouvrage n. m. - XIIe ; de *œuvre* 1 Ensemble d'actions coordonnées par lesquelles on effectue un travail. ⇒ **œuvre ; besogne, occupation, tâche.** *Ouvrages manuels. Ouvrage de longue haleine. Ouvrages de dames :* travaux de couture, broderie, tricot, tapisserie. ➝ *« il allait falloir se remettre à l'ouvrage »* (Aymé). loc. *Avoir du cœur à l'ouvrage :* être enthousiaste pour un travail. ♦ pop. au fém. *C'est de la belle ouvrage,* un travail soigné, bien fait. 2 Objet produit par le travail d'un ouvrier, d'un artisan, d'un artiste. *Ouvrage de marqueterie.* ♦ Construction. *Le gros de l'ouvrage :* le gros œuvre. *Ouvrages de maçonnerie, gros ouvrage.* ➝ OUVRAGES D'ART : constructions nécessaires à l'établissement d'une voie. ♦ Partie cylindrique basse d'un haut fourneau. ♦ *Ouvrage militaire.* ⇒ **blockhaus, fortification.** ♦ Objet de couture, de broderie, de tricot, de tapisserie. ➝ loc. *Boîte, corbeille à ouvrage.* 3 Texte scientifique, technique ou littéraire. ⇒ ① **écrit, œuvre.** *Le sujet d'un ouvrage. Consulter tous les ouvrages publiés sur une question.* ⇒ **bibliographie, littérature.** *Publication d'un ouvrage. Ouvrage de référence.* ♦ Livre. *Ouvrage en deux tomes.* 4 vieilli ou littér. Ensemble d'opérations tendant à une fin ; ce qui est fait, accompli par qqn. ⇒ **œuvre,** ① **travail.** *L'ouvrage du temps.*

> ❑ De même famille étymologique que *œuvre,* le mot *ouvrage* s'applique aux créations littéraires mais aussi aux productions scientifiques, techniques, tandis que *œuvre* s'étend aux arts plastiques et insiste davantage sur la qualité artistique.

ouvragé, ée adj. - XIVe ▪ Ouvré, travaillé. *Pièce d'orfèvrerie finement ouvragée.* ➝ *Sa poésie* [de Poe] *est « ouvragée, pure, correcte et brillante »* (Baudelaire). ✪ CONTR. Brut, grossier.

ouvraison n. f. - XIXe ▪ Action d'ouvrer, de mettre en œuvre (les soies grèges).

ouvrant, ante n. m. et adj. - XVIe 1 n. m. Partie mobile d'un ouvrage de menuiserie à châssis (opposé à *dormant*). ⇒ ① **battant.** 2 adj. Qui ouvre (II). *Toit ouvrant* (d'une voiture).

ouvré, ée adj. - XIVe 1 Travaillé, façonné. ⇒ **manufacturé, ouvragé.** *Produits ouvrés et semi-ouvrés.* ♦ Orné. *Linge ouvré,* orné de broderies, de dentelles. 2 *Jour ouvré,* où l'on travaille. ✪ CONTR. Brut ; uni.

ouvreau n. m. - XVIIe ▪ Ouverture pratiquée dans les parois des fours de verriers.

ouvre-boîte n. m. - 1926 ▪ Instrument coupant, servant à ouvrir les boîtes de conserve. *Des ouvre-boîtes.*

ouvre-bouteille n. m. - 1935 ▪ Instrument servant à ouvrir les bouteilles capsulées. ⇒ **décapsuleur.** *Des ouvre-bouteilles.*

ouvrer v. [1] - X^e ; lat. *operari* 1 v. intr. vx ou région. Travailler. ⇒ **œuvrer ; ouvrable.** 2 v. tr. Mettre en œuvre (des matériaux). ⇒ **élaborer, façonner.** *Ouvrer du bois.* ✪ HOM. *Ouvre :* ouvre (ouvrir).

> ❑ Doublet de *œuvrer* et *opérer.*

ouvreur, euse n. - XVIIe ; de *ouvrir* 1 Personne qui engage la première une mise, au poker. 2 Personne chargée de placer les spectateurs dans une salle de spectacle. *« Une ouvreuse [...] vous offre un programme »* (Huysm.). 3 Skieur qui ouvre la piste. ♦ Pilote chargé de vérifier l'état de la route avant le départ d'une course automobile.

ouvrier, ière n. et adj. - XIIe ; lat. *operarius* « relatif au travail » I n. 1 Personne qui exerce un métier manuel ou mécanique moyennant un salaire. ⇒ **prolétaire ;** ② **aide, apprenti, façonnier, journalier,** ② **manœuvre, O. S.** *Ouvrier agricole, ouvrier d'usine. Ouvrier qualifié, hautement qualifié (O. Q., O. H. Q.). Ouvriers immigrés.* ➝ *Chef d'une équipe d'ouvriers.* ⇒ **contremaître.** *Salopette d'ouvrier.* ⇒ **bleu.** *Les ouvriers d'un chantier ; ouvriers du bâtiment. Organisations professionnelles d'ouvriers.* ⇒ **compagnonnage, syndicat.** *Ouvriers syndiqués.* 2 vx ou littér. Personne dont le métier consiste dans l'exécution de tel ou tel travail. *Les ouvriers du livre. C'est un excellent ouvrier.* ⇒ **artisan, artiste.** 3 vx ⇒ **artisan, auteur.** *« vous êtes directement les ouvriers de votre vie »* (Giono). II adj.

Qui a rapport aux ouvriers, qui est constitué par des ouvriers ou est destiné aux ouvriers. *La classe ouvrière. « quelque chose changeait dans la condition ouvrière »* (Beauv.). *Le mouvement ouvrier. Les revendications ouvrières. Syndicat ouvrier.* ♦ *Cité ouvrière.* III adj. et n. f. *Abeille ouvrière* (rare), et n. f. *OUVRIÈRE* : dans une ruche, individu neutre qui butine, assure la construction ou la défense. *La reine et les ouvrières.* ➛ Fourmi, guêpe neutre. ✪ CONTR. Employeur, maître, ① patron ; bourgeois. Patronal.

ouvriérisme n. m. – XIXe ■ Système selon lequel le mouvement syndical, la gestion socialiste de l'économie, doivent être dirigés par les mouvements ouvriers.

ouvrir v. [18] – Xe ; lat. *aperire* « faire creuser » et « dévoiler » **I** v. tr. 1 Disposer (une ouverture) en déplaçant ses éléments mobiles, de manière à mettre en communication l'extérieur et l'intérieur. *Ouvrir une porte, la fenêtre. Ouvrir la porte avec une clé.* ➛ *Clé qui ouvre une porte,* qui permet de l'ouvrir. ♦ *« Qui est là ? demanda-t-il. – Ouvrez, répondit une voix »* (Balz.). *N'ouvre à personne.* ♦ *Ouvrir la vitre d'une voiture.* ⇒ **abaisser.** ➛ *Musée qui ouvre ses portes.* 2 Mettre en communication avec l'extérieur par le déplacement ou le dégagement de l'élément mobile. *Ouvrir une armoire, une boîte. Ouvrir une bouteille.* ⇒ ① **déboucher, décapsuler.** *Ouvrir un paquet.* ⇒ **déballer, défaire.** *Pour ouvrir, percez le couvercle.* ♦ Rendre accessible. *Ouvrir un magasin de 9 heures à 19 heures.* ♦ *Nous ouvrirons dimanche.* fam. *Vous êtes ouvert le lundi ?* 3 Mettre dans une disposition qui assure la communication ou le contact avec l'extérieur. *Il n'a pas ouvert la bouche de la soirée,* il s'est tu. ➛ *Ouvrir un œil :* s'éveiller. ♦ *Ouvrir un sac, son porte-monnaie. Ouvrir une enveloppe.* ➛ *Ouvrir une lettre, son courrier.* ⇒ **décacheter.** ♦ *Ouvrir un robinet.* ➛ fam. *Ouvrir la lumière, la télévision, le chauffage,* faire fonctionner. ⇒ **allumer, brancher, mettre.** ♦ loc. *Ouvrir l'appétit :* donner faim. 4 Écarter, séparer. *Ouvrir les rideaux. « Elle ouvre à demi les bras : Jacques s'y glisse »* (Mart. du G.). *Ouvrir ses ailes.* ⇒ **déployer, étendre.** *Ouvrir un parapluie. Ouvrir un livre.* 5 Faire (une ouverture) en creusant, en trouant. *Ouvrir une fenêtre dans un mur.* ⇒ **percer, pratiquer.** 6 Atteindre l'intérieur de, en écartant, coupant, brisant. *Ouvrir des huîtres, une noix de coco. Ouvrir un homard en deux.* ♦ *Chirurgien qui ouvre un abcès.* ⇒ **inciser.** ➛ *S'ouvrir les veines. S'ouvrir le genou en tombant.* ➛ *Le diagnostic externe est insuffisant, il va falloir ouvrir.* ⇒ **opérer.** 7 Créer ou permettre d'utiliser. *Ouvrir, s'ouvrir un chemin.* ⇒ **frayer.** *Ouvrir la route,* s'y engager le premier. *Skieur qui ouvre la piste* (⇒ **ouvreur**). *Motard qui ouvre la route à un convoi officiel. Ouvrir un canal à la navigation.* ♦ Rendre accessible à qqn. *Ouvrir sa maison à qqn,* lui offrir son accueil. 8 Découvrir, présenter. *Il nous a ouvert le fond de son cœur. Cela ouvre des perspectives nouvelles. « Vous m'avez ouvert un monde d'idées que je ne soupçonnais pas »* (Proust). 9 *Ouvrir l'esprit,* rendre l'esprit ouvert, large. *Lecture qui ouvre l'esprit.* ⇒ **éveiller.** 10 Commencer, mettre en train. *Ouvrir les hostilités. Ouvrir le feu.* ⇒ **attaquer, tirer.** *Ouvrir le dialogue, un débat.* ⇒ ① **lancer.** *Ouvrir une information, un procès. Ouvrir un compte, un crédit à qqn,* l'accorder. ➛ *Ouvrir la session parlementaire. Ouvrir une exposition, la chasse.* ♦ Être le premier à faire, à exercer. *Ouvrir la marche, le bal.* ➛ *Son nom ouvre la liste.* ➛ *Ouvrir le jeu :* être le premier à miser, à déclarer, à jouer. *Ouvrir d'un trèfle.* ➛ Au rugby, *Le demi d'ouverture ouvre sur tel joueur,* en lui lançant le ballon. 11 Créer, fonder. *Ouvrir un magasin, des écoles.* 12 Lancer l'exécution de (un programme informatique). ➛ Permettre l'accès à. *Ouvrir un fichier en écriture, en lecture.* **II** v. intr. 1 Être ouvert. *Magasin qui ouvre à 9 heures.* ♦ *Ouvrir sur :* donner accès, donner vue sur. *Fenêtre qui ouvre sur la mer.* 2 Commencer, débuter. *Les cours ouvriront la semaine prochaine.* **III** *S'OUVRIR* v. pron. 1 Devenir ouvert. *La porte s'ouvre automatiquement. Comment est-ce que ça s'ouvre ?* ➛ *La fleur s'ouvre.* ⇒ se **déplier, éclore,** s'**épanouir.** *La foule s'ouvrait sur mon passage.* 2 *S'OUVRIR SUR :* être percé, pratiqué de manière à donner sur. *« la porte d'entrée s'ouvrait directement sur le large couloir »* (Zola). 3 Se présenter comme une voie d'accès. *La route qui s'ouvre devant nous.* ♦ Apparaître comme accessible. *Une vie nouvelle s'ouvrait devant lui.* 4 *S'OUVRIR À :* devenir accessible à, se laisser pénétrer par. *Esprit qui s'ouvre à une idée.* ➛ *Son esprit commence à s'ouvrir.* ♦ vieilli *S'OUVRIR À :* ouvrir son cœur, sa pensée. ⇒ se **confier.** *À qui « s'ouvrir de tout cela ? »* (Aragon). 5 Commencer, être mis en train. *L'exposition qui allait s'ouvrir. « Au moment où s'ouvre le présent récit »* (Duham.). ✪ CONTR. Fermer, ① boucher, boucler, clore, plier ; barrer, intercepter, interdire ; finir, terminer. — HOM. *Ouvre :* ouvre (ouvrer).

❑ Mots de même famille étymologique : *apéritif, aperture, opercule.*

ouvroir n. m. – XIIe ; de *ouvrer* ■ vieilli 1 Atelier de charité où des personnes bénévoles faisaient des « ouvrages de dames » pour les indigents ou des ornements d'église. *« l'ouvroir où les personnes [...] confectionnaient des layettes pour les pauvres »* (Cl. Simon). 2 par plais. *« L'ouvroir de littérature potentielle »* (Oulipo), *de R. Queneau.*

ouzbek adj. et n. – XVIIIe ; mot de cette langue ■ D'Ouzbékistan. ➛ n. m. Langue du groupe turc.

ouzo n. m. – 1937 ; mot gr. ■ Boisson grecque, alcool parfumé à l'anis. *« assis dans un petit bistrot nous causions en buvant de l'ouzo »* (Beauv.). ✪ HOM. Houseau.

ovaire n. m. – XVIIe ; lat. *ovum* « œuf » 1 Glande génitale femelle qui produit les ovules et les hormones sexuelles. *Kyste de l'ovaire.* 2 Partie inférieure du pistil ou du carpelle, qui contient les ovules destinés à devenir des graines après la fécondation.

ovalbumine n. f. – XIXe ■ Glycoprotéine qui forme la plus grande partie du blanc de l'œuf.

ovale adj. et n. m. – XIVe ; lat. *ovum* « œuf » 1 Qui a la forme d'une courbe fermée et allongée. ⇒ ② **elliptique, ovoïde.** *Une table ovale.* ➛ loc. *Le ballon ovale :* le ballon de rugby. 2 n. m. Courbe plane dont la forme rappelle le contour d'un œuf. ⇒ ② **ellipse.** ➛ L'ovale du visage. *Un ovale parfait.* ♦ *EN OVALE :* en forme d'ovale.

ovalisation n. f. – 1923 ■ Défaut d'une pièce mécanique dû à l'usure inégale des parois d'un cylindre.

ovalisé, ée adj. – XIXe ■ Qui a pris une forme ovale. *Cylindres de moteur ovalisés.*

ovariectomie n. f. – 1901 ■ Ablation d'un ovaire ou des ovaires.

ovarien, ienne adj. – XIXe ■ Relatif à l'ovaire. *Hormones ovariennes.* ⇒ **folliculine, œstrogène, progestérone.** *Cycle ovarien :* ensemble des modifications périodiques de l'ovaire. ⇒ **œstral.**

ovate n. m. – XIXe ; lat. *vates* « celui qui prédit l'avenir » ■ Prêtre gaulois, entre les druides et les bardes dans la hiérarchie druidique.

ovation n. f. – XVIe ; lat. *ovis* « brebis » 1 Dans l'Antiquité romaine, Cérémonie en l'honneur d'un général victorieux, accompagnée du sacrifice d'une brebis. 2 Acclamations publiques, rendant honneur à un personnage. ⇒ **acclamation, cri.** *Faire une ovation à qqn.* ⇒ **ovationner.** *« Une immense ovation roule en tonnerre, s'élève, retombe »* (Mart. du G.). ✪ CONTR. Huée, tollé.

ovationner v. tr. [1] – XIXe ▪ Acclamer, accueillir par des ovations. ✪ CONTR. Conspuer, huer, siffler.

ove n. m. – XVIIe ; lat. *ovum* « œuf » ▪ Ornement en relief, en forme d'œuf. *Ove qui orne une moulure.*

ové, ée adj. – XIIIe ▪ Se dit d'un objet en relief qui a la forme d'un œuf. ⇒ **ovale, ovoïde.**

overdose [ɔvœʀdoz ; ɔvɛʀdoz] n. f. – 1968 ; mot angl., de *over* « excessif » et *dose* 1 Dose excessive d'une drogue dure. ⇒ **surdose.** *Mort par overdose.* ➛ Recomm. offic. *surdose.* 2 fig. Excès.

overdrive [ɔvœʀdʀajv] n. m. – 1960 ; mot angl., de *over* « supérieur » et *drive* « propulsion » ▪ Dispositif de surmultiplication des rapports d'une boîte de vitesses.

ovi-, ov(o)- Éléments, du lat. *ovum* « œuf ». ⇒ **oo-.**

ovibos [ɔvibɔs] n. m. – XIXe ; lat. *ovis* « brebis » et *bos* « bœuf » ▪ Mammifère ruminant des régions arctiques, qui rappelle le mouton par sa toison et par sa queue. ⇒ **bœuf** (musqué).

oviducte n. m. – XVIIIe ; *ovi-* et *-ducte* ▪ Conduit par lequel, chez les animaux, l'ovule ou ovocyte quitte l'ovaire.

ovin, ine adj. et n. m. – XIIIe ; lat. *ovis* « brebis » ▪ Qui appartient, qui est relatif au mouton, au bélier, à la brebis. *Race ovine.* ➛ *Les ovins* (ou *ovinés*) : sous-famille de la famille des bovidés comprenant tous les membres de l'espèce ovine.

ovinés n. m. pl. – 1923 ▪ *Les ovinés.* ⇒ **ovin.**

ovipare adj. et n. m. – XVIe ; *ovi-* et *-pare* ▪ Se dit des animaux qui se reproduisent par des œufs qui éclosent après la ponte. *Les oiseaux sont ovipares.* ➛ *Reproduction ovipare.*

> ❑ Ce mot est de la même famille que *primipare, unipare, nullipare* et *vivipare.*

oviparité n. f. – XIXe ▪ Mode de reproduction des ovipares.

ovipositeur n. m. – XIXe ; de *ovi-* et lat. *positor* « qui place » ▪ Organe de ponte des insectes femelles permettant de percer des trous pour enfouir les œufs.

ovni n. m. – 1972 ; acronyme ▪ Objet volant non identifié. *Des ovnis.* ⇒ aussi **ufologie.**

ov(o)- → **ovi-**

ovocyte n. m. – XIXe ; *ovo-* et *-cyte* ▪ Gamète femelle qui n'est pas encore arrivé à maturité. ⇒ **ovule.**

> ❑ On a dit aussi *oocyte,* du grec. → oosphère.

ovogenèse n. f. – XIXe ; *ovo-* et *-genèse* ▪ Formation des ovules à partir des ovocytes.

> ❑ On a dit aussi *oogenèse,* du grec.

ovoïde adj. – XVIIIe ; *ov(o)-* et *-oïde* ▪ Qui a la forme d'un œuf. ⇒ **ovale, ové.** *Amphore ovoïde. Un « bouton de porte, ovoïde, en porcelaine blanche »* (Robbe-Grillet).

ovotestis [ovotɛstis] n. m. – mil. XXe ; de *ovo-* et lat. *testis* « testicule » ▪ Organe reproducteur unique qui produit du sperme et des ovules chez de nombreux mollusques.

ovovivipare adj. et n. m. – XIXe ▪ Se dit des animaux qui sont en fait des ovipares, mais dont les œufs éclosent à l'intérieur du corps maternel.

ovoviviparité n. f. – 1910 ▪ Mode de reproduction des ovovivipares.

ovulaire adj. – XIXe ▪ Relatif à l'ovule. *Ponte ovulaire.* ⇒ **ovulation.**

ovulation n. f. – XIXe ▪ Chez les mammifères, Libération de l'ovule après rupture du follicule ovarien. *L'ovulation, stade du cycle ovarien.*

ovule n. m. – XVIIIe ; lat. *ovum* « œuf » 1 Chez les angiospermes, Gamète femelle végétal (⇒ **oosphère**) qui, après la fécondation, se transforme en graine. 2 Gamète femelle animal élaboré par l'ovaire, dernier stade de maturation de l'ovocyte. *Les ovules et les spermatozoïdes.* 3 Petit solide de forme ovoïde, formé d'une matière fusible et de substances actives, destiné à être introduit dans le vagin. *Ovules spermicides.*

ovuler v. intr. [1] – 1969 ▪ Avoir une ovulation.

oxacide n. m. – XIXe ▪ Acide contenant de l'oxygène (opposé à *hydracide*).

oxalate n. m. – XVIIIe ▪ Sel de l'acide oxalique.

oxalide n. f. ou **oxalis** n. m. – XVIe ; gr. *oxalis* « oseille » ▪ Plante herbacée dont les feuilles contiennent de l'oxalate de potassium, appelée aussi *oseille sauvage.* ⇒ **alléluia.**

oxalique adj. – XVIIIe ; gr. *oxalis* « oseille » ▪ *Acide oxalique :* acide dont les sels se trouvent dans certaines plantes acides.

oxer [ɔksɛʀ] n. m. – 1924 ; mot angl., de *ox-fence* « barrière de pâture » ▪ En équitation, Obstacle formé de trois barres superposées, la barre supérieure étant accompagnée d'une autre barre au même niveau.

oxford [ɔksfɔʀ(d)] n. m. – XIXe ; ville angl. ▪ Tissu de coton, dont les fils de trame et de chaîne sont de couleur différente.

oxhydrique adj. – XIXe ; *ox(y)-* et *hydr(o)-* « hydrogène » ▪ *Mélange oxhydrique :* mélange d'oxygène et d'hydrogène.

ox(y)- Élément, du gr. *oxus* « pointu, acide », qui représente *oxygène.*

oxyacétylénique adj. – 1903 ▪ *Chalumeau oxyacétylénique,* qui fonctionne avec un mélange d'oxygène et d'acétylène.

oxycarboné, ée adj. – XIXe ▪ *Hémoglobine oxycarbonée,* qui a fixé de manière stable de l'oxyde de carbone.

oxychlorure [ɔksiklɔʀyʀ] n. m. – XIXe ▪ Combinaison de chlore et d'un oxyde.

oxycoupage n. m. – 1941 ; de *oxy-* et *(dé)coupage* ▪ Découpage des métaux au chalumeau.

oxycrat n. m. – XVe ; gr. *oxus* « acide » et *kratos* « force » ▪ Boisson faite d'un mélange de vinaigre et d'eau, utilisée dans l'Antiquité grecque.

oxydable adj. – XVIIIe ▪ Susceptible d'être oxydé. *Métal oxydable.* ✪ CONTR. Inoxydable.

oxydant, ante adj. et n. m. – XIXe ▪ Qui oxyde. ➛ Accepteur d'électrons périphériques. *Le chlore est un oxydant.* ✪ CONTR. Réducteur. — HOM. Occident.

oxydase n. f. – XIXe ▪ Enzyme catalysant une oxydation par transfert de deux ions d'hydrogène sur un atome d'oxygène.

oxydation n. f. – XVIIIe 1 Union d'une substance avec l'oxygène. ⇒ **combustion, rouille.** ➛ *Oxydation anodique :* procédé électrolytique de revêtement des métaux destiné à les protéger de la corrosion. 2 Tout phénomène dans lequel un élément est oxydé. *Degré d'oxydation.*

oxyde n. m. – XVIIIe ; de *ox(y)-* et *-ide,* d'après *acide* ▪ Composé résultant de la combinaison d'un corps avec l'oxygène. *Oxyde de carbone.*

> ❑ On emploie abusivement *oxyde de fer* pour désigner la rouille (qui est un hydroxyde), et *oxyde de cuivre* pour le vert-de-gris (hydrocarbonate de cuivre).

oxyder v. tr. [1] – XVIIIe 1 Accroître la teneur en oxygène de. ⇒ **peroxyder.** ◆ *L'air oxyde la plupart des métaux.* pronom. *Le fer s'oxyde rapidement.* ⇒ **rouiller.** ◆ *La grille « tournait rarement sur ses gonds oxydés »* (Hugo). 2 Augmenter la valence positive de (un composé ou un radical). ✪ CONTR. Réduire.

oxydoréduction n. f. – déb. XXe ▪ Transfert chimique d'électrons d'un composé oxydé, vers un autre réduit. *Potentiel d'oxydoréduction.*

oxygénase n. f. – 1964 ; de *oxygène* et *-ase* ▪ Enzyme catalysant l'addition à un substrat d'un atome ou d'une molécule d'oxygène.

oxygénation n. f. – XVIIIe 1 Action d'oxygéner, de s'oxygéner ; son résultat. *Oxygénation du sang.* 2 Action d'appliquer de l'eau oxygénée. *Cheveux décolorés par oxygénation.*

oxygène n. m. – XVIIIe ; gr. *oxus* « acide » et *-gène* 1 Élément métalloïde (O ; n° at. 8 ; m. at. 16), gaz invisible, inodore, qui constitue approximativement 1/5 de l'air atmosphérique. *Absorption de l'oxygène par l'organisme* (⇒ **respiration**). *Masque à oxygène.* « *Elle n'a pas encore repris connaissance* [...] *Ils l'ont mise sous une tente à oxygène* » (Simenon). ◆ *Bouteille d'oxygène comprimé.* 2 Air pur, non pollué. *Aller prendre un bol d'oxygène à la campagne.* ◆ *Bouffée d'oxygène,* ce qui aère, vivifie, ranime.

❑ Ce mot a d'abord été un adjectif signifiant « qui produit *(-gène)* des acides *(oxy-)* ». → hydrogène (rem.). ♦ Aujourd'hui *oxy-* a lui-même pris le sens d'*oxygène* (ex. *oxyde*).

oxygéner v. tr. [6] – XVIIIe 1 Ajouter de l'oxygène à (une substance), par dissolution. *Oxygéner de l'eau.* ◆ pronom. *Elle va s'oxygéner à la campagne.* 2 EAU OXYGÉNÉE : solution aqueuse de peroxyde d'hydrogène (H_2O_2). *Eau oxygénée à 10, à 20 volumes.* « *Trop marqués, ces poils bruns. Il faudrait les décolorer à l'eau oxygénée* » (Romains). ♦ *Cheveux blonds oxygénés.*

oxygénothérapie n. f. – 1917 ▪ Emploi thérapeutique de l'oxygène en inhalations.

oxyhémoglobine n. f. – XIXe ▪ Combinaison de l'hémoglobine avec l'oxygène.

oxymel n. m. – XIIIe ; gr. *oxus* « acide » et *meli* « miel » ▪ Préparation faite d'eau, de vinaigre et de miel.

oxymoron n. m. – XVIIIe ; gr. *oxus* « aigu » et *môros* « sot, fou » ▪ Figure qui consiste à allier deux mots de sens contradictoires pour leur donner plus de force expressive (ex. Une douce violence).

oxysulfure [ɔksisylfyʀ] n. m. – XIXe ▪ Combinaison de soufre, d'oxygène et d'un élément.

oxyton n. m. – XVIe ; gr. *oxutonos* « ton » ▪ Se dit d'un mot qui a l'accent tonique sur la dernière syllabe.

oxyure n. m. – XIXe ; gr. *oxus* « pointu » et *oura* « queue » ▪ Ver nématode, parasite des intestins des mammifères.

oyat [ɔja] n. m. – XVe ; mot picard ▪ Graminée employée à fixer les sables des dunes.

oz → ① **once**

ozalid [ozalid] n. m. – 1963 ; nom déposé, du nom de la firme britannique *Ozalid,* anagramme de *diazol* ▪ Papier sensible utilisé pour la reprographie.

ozène n. m. – XVe ; gr. *ozein* « exhaler une odeur » ▪ Atrophie de la muqueuse nasale accompagnée de formation de croûtes et de sécrétions fétides.

ozone n. m. – XIXe ; gr. *ozein* « exhaler une odeur » ▪ Molécule d'oxygène triatomique (O_3 ; m. at. 48), gaz bleu, odorant, dangereux à respirer. ◆ *Trou dans la couche d'ozone* : point de l'atmosphère terrestre où l'on observe un amincissement de la couche d'ozone dû aux pollutions industrielles.

ozonisation n. f. – XIXe ▪ Action d'ozoniser ; état de ce qui est ozonisé.

ozoniser v. tr. [1] – XIXe ▪ Traiter à l'ozone pour purifier.

ozoniseur n. m. – XIXe ▪ Appareil servant à préparer l'ozone.

ozonosphère n. f. – mil. XXe ▪ Zone de l'atmosphère, comprise entre 15 et 40 km.

P ① **p** [pe] n. m. inv. ▪ Seizième lettre et douzième consonne de l'alphabet : *p majuscule* (P), *p minuscule* (p). ➛ prononc. Lettre qui note l'occlusive bilabiale sourde [p] *(papa, apparaître, rapt)*. À la fin ou à l'intérieur de certains mots, *p* est muet *(coup, drap, compter)*. ➛ *Digramme comportant p : ph,* note la fricative labiodentale sourde [f] *(pharmacie, éléphant). On écrit* phantasme *ou* fantasme (→ ① f). ❑ Le groupe *ph* se prononce toujours comme *f* même devant consonne *(apophtegme, phlébite, phrygien).* ♦ Certains mots français commençant par *p* correspondent à un mot anglais commençant par *f : père / father, pied / foot, poisson / fish,* etc.

② **p** abrév. et symboles **I P 1 P** [pe] adj. inv. *Région de type P :* région d'un semi-conducteur à prédominance d'impuretés comportant un défaut d'électrons. **2 P** [pɛʀ] n. m. inv. Père. *Le P. de Foucauld.* **3 P** [paʀkiŋ]. Parc de stationnement. **II p 1 p** [piko]. Pico-. **2 p.** [paʒ] n. f. Page. ➛ **pp. :** pages. **3 p. p.** [paʀtisippase] n. m. inv. Participe passé. **4 p.** [pjano] n. m. inv. Piano. ➛ **pp. :** pianissimo. **5 p.** [puʀ] prép. Pour, dans l'indication d'un pourcentage. *4 p. 100.*

pacage n. m. – XIVe ; lat. *pascuum* « pâturage » **1** Action de faire paître le bétail. *Droit de pacage.* **2** Terrain où l'on fait paître les bestiaux. ⇒ **pâturage.** « *quelques charmants paysages d'eau, de pacages et de rochers* » (Duham.). ✪ HOM. Pacquage.

pacager v. [3] – XVIe **1** v. tr. Faire paître (les troupeaux). **2** v. intr. Brouter dans une pâture.

pacane n. f. – XIXe ; mot algonquin ▪ VX Noix comestible, fruit du pacanier. ⇒ **pécan.**

pacanier n. m. – XVIIIe ▪ Grand arbre ornemental d'Amérique *(juglandacées)*, qui produit un bois apprécié (→ **hickory**) et des noix comestibles. ⇒ **pacane, pécan.**

pacemaker [pɛsmɛkœʀ] n. m. – v. 1962 ; angl. « celui qui règle la marche, le pas *(pace)* » ▪ Stimulateur cardiaque.

packfung [pakfɔ̃] n. m. – XIXe ; chin. ▪ Alliage naturel de cuivre et de nickel qui a l'aspect de l'argent.

pacha n. m. – XVe ; turc **1** Gouverneur d'une province de l'ancien Empire ottoman. ➛ Titre honorifique que portaient en Turquie, avant 1923, certains hauts personnages. ⇒ **bey, vizir. 2** loc. fam. *Mener une vie de pacha :* mener une vie fastueuse, nonchalante. *Faire le pacha :* se faire servir. **3** arg. mar. Le commandant d'un navire (de guerre ou de commerce).

pachyderme [paʃidɛʀm ; pakidɛʀm] n. – XVIe ; gr. « qui a la peau épaisse » ▪ n. m. pl. *Les pachydermes.* ⇒ **proboscidiens.** ➛ au sing. cour. Éléphant. *Une démarche 'de pachyderme,* lourde.

pachydermie [paʃidɛʀmi ; pakidɛʀmi] n. f. – XIXe ▪ Épaississement pathologique de la peau, généralement limité à une région du corps.

pacificateur, trice n. et adj. – XVIe ▪ Personne qui pacifie, ramène la paix. ♦ adj. *Influences, actions pacificatrices.* « *il a existé à d'autres époques de grands soldats pacificateurs* » (Mauriac).

pacification n. f. – XVe ▪ Action de pacifier. *Mesures de pacification.* ♦ Fait de ramener le calme, la paix. *Pacification des esprits.* ⇒ **apaisement, conciliation.**

pacifier v. tr. [7] – XIIIe ; lat. **1** Ramener à l'état de paix (un pays, un peuple). **2** Rendre calme. *Pacifier les esprits.* ⇒ **apaiser, calmer.** « *Il est bon de pacifier et d'adoucir toujours les choses* » (Mol.). ✪ CONTR. Agiter, attiser.

pacifique adj. – XVe ; lat. **1** Qui aime la paix, qui aspire à la paix. « *Il leur tomba du ciel un roi tout pacifique* » (La Font.). **2** Qui a la paix pour objet. *Des intentions pacifiques.* **3** Qui se passe dans le calme, la paix. ⇒ **paisible.** *Coexistence pacifique entre États.* ✪ CONTR. Belliqueux.

pacifiquement adv. – XIVe ▪ D'une manière pacifique, sans violence.

pacifisme n. m. – XIXe ▪ Doctrine des pacifistes. ✪ CONTR. Bellicisme.

pacifiste n. et adj. – 1907 ▪ Partisan de la paix. ⇒ **colombe.** *Pacifistes et non-violents.* ➛ adj. *Mouvement pacifiste.* ✪ CONTR. Belliciste.

pack n. m. – XIXe ; angl. *pack-ice* « paquet de glace » **1** Banquise ou agglomération de glace de mer en dérive. **2** Au rugby, L'ensemble des avants. ➛ Recomm. offic. : *paquet.* **3** Emballage réunissant un lot d'une même marchandise. *Des packs de bière(s).*

package [paka(d)ʒ ; pakɛdʒ] n. m. – 1968 ; angl. *to pack* « emballer » **1** Ensemble cohérent de programmes et de documentations commercialisables (⇒ **progiciel**). **2** Ensemble des prestations, faisant partie d'un programme complet, et assuré pour un prix forfaitaire.

packaging [paka(d)ʒiŋ] n. m. – v. 1900 ; mot angl. ▪ Technique d'emballage qui soigne la présentation dans une perspective publicitaire. ➛ Recomm. offic. : *conditionnement.*

pacotille n. f. – XVIIIe ; esp. ▪ Marchandises de mauvaise qualité, de peu de valeur. ⇒ **camelote.** *C'est de la pacotille !* ♦ DE PACOTILLE : de très mauvaise qualité, sans valeur. *Bijoux de pacotille.* ⇒ ② **toc.**

pacquage n. m. – XVIe ▪ Opération qui consiste à pacquer le poisson. ✪ HOM. Pacage.

pacquer v. tr. [1] – XIVe ; de l'a. fr. *pacque* « paquet » ▪ Emballer, entasser (le poisson salé) dans un baril.

pacson n. m. – XIXe ; de *paq(uet)* ▪ arg. Paquet. « *Tiens où donc j'ai mis mon pacson* » (Queneau).

❑ On écrit parfois *paqson, paxon.* ♦ Même substitution du suffixe par un suffixe populaire que *ticket / tickson.*

pacte n. m. – XIVe ; lat. ▪ Convention de caractère solennel entre deux ou plusieurs parties (personnes ou

États). ⇒ **accord, marché, traité.** *Conclure, sceller, signer un pacte. Entre eux « existait un pacte tacite, aux clauses multiples et délicates »* (Genevoix).

pactiser v. intr. [1] – XVe ▪ Conclure un pacte, un accord (avec qqn). *Pactiser avec l'ennemi.* ♦ Agir de connivence (avec qqn) ; composer (avec qqch.). ⇒ **transiger.** « *Si je croyais au diable je dirais que je pactise aussitôt avec lui* » (Gide).

pactole n. m. – XIXe ; du nom d'une rivière de Lydie qui roulait des paillettes d'or ▪ Source de richesse, de profit.

paddock n. m. – XIXe ; mot angl. « enclos, parc » 1 Enclos aménagé dans une prairie pour les juments poulinières et leurs poulains. 2 Enceinte réservée dans laquelle les chevaux sont promenés en main. 3 pop. Lit.

❑ Pour le double *d* → reddition (rem.).

paddy n. m. inv. – XVIIIe ; mot angl., du malais ▪ Riz non décortiqué.

padine n. f. – XIXe ; o. i. ▪ Algue brune, dont les frondes irrégulières s'étalent en éventail.

padischah n. m. – XVIIe ; persan ▪ Titre que portait l'empereur des Turcs (⇒ **sultan**).

paella [paela ; pae(l)ja] n. f. – 1926 ; mot esp. « poêle » ▪ Plat espagnol composé de riz épicé cuit dans un poêlon avec des moules, des crustacés, des viandes, du chorizo, etc.

❑ On écrit aussi *paëlla*, sans raison valable, *e* devant deux *l* se prononçant normalement [e].

paf adj. – XIXe ; de *se paffer* « se gaver » ▪ pop. Ivre. « *si pafs, qu'ils se jetaient leur petit verre sous le menton, et imbibaient leur chemise* » (Zola).

pagaie [pagɛ] n. f. – XVIIe ; malais *pengajoeh* ▪ Aviron court en forme de pelle, pour les pirogues, canoës, périssoires. ⇒ ① **rame ; pagayer.** « *à chaque enfoncement dans le flot la tige de la pagaie prend appui sur la cuisse nue* » (Gide).

pagaille ou **pagaïe** [pagaj] n. f. – XVIIIe ; de *pagaie*, par allus. aux mouvements désordonnés que l'on fait avec cette sorte de rame ▪ fam. 1 Grand désordre. *Quelle pagaille ici ! Semer, foutre la pagaille.* 2 *EN PAGAILLE :* en grande quantité (cf. À la pelle*, à la douzaine*). ✪ CONTR. Ordre.

paganisme n. m. – XIIe ; lat. *paganus* « paysan » ▪ Nom donné par les chrétiens de la fin de l'Empire romain aux cultes polythéistes. ⇒ **polythéisme.**

pagayer v. intr. [8] – XVIIe ▪ Ramer à l'aide d'une pagaie.

pagayeur, euse n. – XVIIe ▪ Personne qui se sert de la pagaie.

① **page** n. f. – XIIe ; lat. *pagina* 1 Chacun des deux côtés d'une feuille de papier, de parchemin, etc., susceptible de recevoir un texte ou un dessin. *Première, deuxième page d'une feuille.* ⇒ **recto, verso.** *Numérotation des pages.* ⇒ **pagination.** *Page blanche,* vierge. ♦ loc. *Être à la page :* être au courant de l'actualité, de la dernière mode (cf. Être dans le coup*, dans le vent*, in*). « *ce besoin immédiat, évident, d'être à la page, de passer pour connaisseurs* » (Perec). 2 Le texte inscrit sur une page. *Lire une page. Page d'écriture* (devoir scolaire). *Pages de publicité d'une revue.* ➛ *PAGE-ÉCRAN :* ensemble des informations apparaissant sur toute la surface de l'écran d'un terminal. 3 Surface d'une page, considérée dans son aspect matériel. *Bas, haut, fin de la page.* « *Soigneusement, il apposa sa signature au bas de la page* » (Duham.). *Notes en bas de page. MISE EN PAGES :* opération par laquelle le *metteur en pages* d'un journal, d'une revue, dispose les paquets de composition en y intercalant tout ce qui doit rentrer dans le texte (blancs, titres, clichés, etc.). ⇒ **maquette.** 4 Feuille, feuillet. *Tourner les pages d'un livre. Arracher une page. Il manque une page.* ➛ loc. *Tourner la page :* oublier le passé, ne pas se perdre en regrets inutiles. *Il faut « avoir le courage de renoncer, d'accepter l'échec, de tourner la page et de recommencer »* (Maurois). 5 Passage d'une œuvre littéraire ou musicale. 6 Partie de la vie ou de l'histoire d'un individu, d'un groupe, d'une nation. ⇒ **événement,** ② **fait.** *Une page glorieuse de l'histoire de France. « Me voici arrivé aux pages les plus sombres de mon histoire, aux jours de misère et de honte »* (Daudet).

② **page** n. m. – XIIIe ; gr. *paidion* « petit garçon » ▪ Jeune noble qui était placé auprès d'un roi, d'un seigneur, d'une grande dame pour apprendre le métier des armes, faire le service d'honneur.

① **pageot** n. m. – XVIe ; lat. *pagellus,* d'o. gr. ▪ Poisson téléostéen *(sparidés)* des mers chaudes et tempérées, à chair estimée.

② **pageot** n. m. – XIXe ; o. i. ▪ pop. Lit. ⇒ **paddock.**

❑ On écrit aussi *pajot : « À deux heures de l'après-midi, tu es encore au pajot ! »* (Sartre).

pagi → **pagus**

pagination n. f. – XIXe ▪ Action de mettre un numéro sur chacune des pages d'un livre ; résultat de cette action.

paginer v. tr. [1] – XIXe ▪ Numéroter les pages de. ⇒ **folioter.**

pagne n. m. – XVIIe ; esp. *paño* ▪ Morceau d'étoffe ou de matière végétale tressée que l'on drape autour des hanches et qui couvre le corps de la taille aux genoux ou aux pieds. *Pagne des Africaines, des Tahitiennes* (⇒ **paréo**). « *ils sont presque nus, un pagne de toile autour de la taille* » (Loti).

pagode n. f. – XVIe ; port., du tamoul *pagavadam* « divinité » ▪ Temple des pays d'Extrême-Orient (Birmanie, Chine, Inde, Japon). *Toit en pagode,* qui s'évase et se retrousse vers le bas. ➛ *Manche pagode,* qui va en s'évasant jusqu'au poignet.

pagre n. m. – XVIe ; gr. *phagros* ▪ Poisson de mer, voisin de la dorade.

pagure n. m. – XVIe ; gr. *pagouros* « qui a la queue en forme de corne » ▪ Crustacé *(décapodes)* couramment appelé *bernard-l'ermite.*

pagus [pagys], plur. **pagi** [pagi] n. m. – XVIIIe ; mot lat. « pays » ▪ Circonscription rurale, en Gaule romaine.

pahlavi → **pehlvi**

paidologie → ① **pédologie**

paie → **paye**

paiement ou **payement** n. m. – XIIe 1 Action de payer, exécution d'une obligation. *Effectuer, faire un paiement. L'usine « semblait condamnée à suspendre ses paiements à la fin du mois »* (Maurois). *Paiement par chèque, par carte de crédit. Paiement en espèces, en liquide, en numéraire, en nature. Paiement comptant. Facilités de paiement.* ⇒ **crédit.** 2 Ce qu'on donne pour exécuter une obligation, et qui éteint cette obligation. *Recevoir un paiement, son paiement.* ✪ CONTR. Non-paiement.

❑ L'orthographe *payement,* plus fréquente jusqu'au XIXe s., s'est généralement maintenue dans la langue du droit.

païen, païenne adj. et n. – IXe ; lat. *paganus* « paysan » 1 Relatif à une religion autre que le christianisme, le judaïsme et l'islamisme (surtout religion polythéiste). *La Rome païenne.* ♦ n. Qui a foi en une religion païenne (⇒ **paganisme**). 2 Dont l'attitude philosophique ou artistique s'inspire du paganisme antique. 3 par plais. Sans morale religieuse. ⇒ **impie.** → **n.** « *ces païens qui se soucient, comme d'une guigne, de la vie éternelle* » (R. Rolland). ✪ CONTR. Chrétien, pieux, religieux.

paierie **n. f.** – 1932 ▪ Services, bureau d'un trésorier-payeur. ✪ HOM. Pairie, péri.

paillage **n. m.** – XIXe ▪ Action de pailler (le sol, un semis, des arbres).

paillard, arde **adj.** et **n.** – XIIe ; de *paille* 1 vieilli ou plaisant Qui mène une vie dissolue et joyeuse, dépourvue de tout raffinement. ⇒ **débauché, salace.** *Un moine paillard.* ♦ **n.** *Un paillard, une paillarde.* 2 Qui a un caractère de paillardise, de grivoiserie vulgaire. *Chansons paillardes.* ⇒ **cochon, grivois.** ✪ CONTR. Bégueule ; chaste.

paillardise **n. f.** – XVIe 1 Débauche, grivoiserie. 2 vieilli Action ou parole paillarde.

① **paillasse** **n. f.** – XIIIe ; de *paille* 1 Enveloppe garnie de paille, de feuilles sèches, qui sert de matelas. *Coucher sur une paillasse.* « *Dans ce pays, c'est avec de la paille de maïs que l'on remplit les paillasses des lits* » (Stendh.). ♦ loc. fam. *Crever la paillasse à qqn,* le tuer en l'éventrant. 2 Partie d'un évier à côté de la cuve. *Paillasse d'un laboratoire,* où l'on fait les manipulations. *Paillasse d'une cuisine,* où l'on pose la vaisselle. « *Le couteau de cuisine traînait sur la paillasse* » (Bazin).

② **paillasse** **n. m.** – XVIIIe ; it. *Pagliaccio,* personnage du théâtre it. dont l'habit était fait de toile à paillasse ▪ anciennt Bateleur d'un théâtre forain. → Clown.

paillasson **n. m.** – XIVe ; de ① *paillasse* 1 Natte ou claie de paille, destinée à protéger certaines cultures (espaliers, châssis, serres) des intempéries. ⇒ **abrivent.** 2 Natte épaisse et rugueuse servant à s'essuyer les pieds. ⇒ **tapis** (tapis-brosse). « *Pour éviter d'avoir affaire à la concierge, inscrivez-moi ça sur un bout de papier que vous glisserez sous mon paillasson* » (Romains). 3 Personnage plat et rampant. ⇒ **carpette, lèche-botte.** 4 Tresse de paille pour faire les chapeaux.

paillassonner **v. tr.** [1] – XIXe ▪ Garnir, couvrir de paillassons (1°).

paille **n. f.** – XIIe ; lat. *palea* « balle de blé » **I** - **1** Tiges des céréales quand le grain en a été séparé. ⇒ **chaume.** *Paille de blé, d'avoine, de riz. Botte de paille.* ⇒ **gerbée.** *Brin, fétu de paille.* → *Vin de paille :* vin fait de raisins mûris sur la paille. → loc. *Être sur la paille,* dans la misère. *Mettre qqn sur la paille,* le ruiner (cf. Sur le sable*). 2 Paille filée et tressée, utilisée en vannerie. *Chapeau de paille :* canotier, panama, chapeau de soleil. « *Son chapeau de paille nacrée avait une garniture de dentelle noire* » (Flaub.). 3 *Une paille :* brin de paille (⇒ **fétu**). loc. *Tirer à la courte paille :* tirer au sort au moyen de brins de paille de longueur inégale dont une extrémité reste cachée. ♦ Tuyau de paille, de papier, de matière plastique. ⇒ **chalumeau.** *Boire en aspirant avec une paille.* « *tout en suçant la paille d'un drink* » (Bourget). ♦ fam. *Une paille :* peu de chose. ⇒ **rien, vétille.** 4 loc. HOMME DE PAILLE : personne qui sert de prête-nom dans une affaire plus ou moins honnête. 5 **adj. inv.** Couleur jaune pâle de la paille de blé. *Des gants paille.* → *Jaune paille.* 6 PAILLE DE FER : filaments, copeaux de métal réunis en paquet. *Nettoyer un parquet à la paille de fer.* **II** - **1** Défaut (impureté, fissure, loupe) dans une pièce de métal, de verre. → Tache fine et allongée dans un diamant, une pierre précieuse. ⇒ **crapaud.** 2 *Paille-en-queue :* phaéton (oiseau).

❑ Ne pas confondre le *vin de paille,* vin dont la couleur tire sur le jaune paille, avec le *vin paillet* (ou le *paillet*) qui est peu coloré (rosé, gris).

① **paillé** **n. m.** – XIXe ▪ Fumier dont la paille n'est pas encore décomposée (⇒ **pailleux**).

② **paillé, ée** **adj.** – XIVe 1 Couleur jaune paille. 2 Qui a des pailles (II, 1°), des défauts. *Acier paillé.* ⇒ **pailleux.** 3 Garni de paille. *Chaise paillée.*

① **pailler** **n. m.** – XIIIe ; lat. *palearium* « grenier à paille » 1 Meule de paille. 2 Hangar ou cour de ferme où l'on entrepose de la paille.

② **pailler** **v. tr.** [1] – XIVe 1 Garnir de paille tressée. *Pailler des chaises* (⇒ **rempailler**). 2 Couvrir ou envelopper de paille, de paillassons.

paillet **n. m.** – XIIe ▪ Natte de fils de caret, de torons de cordages pour protéger des frottements.

pailletage **n. m.** – XIXe ▪ Action de pailleter. → Disposition des paillettes.

pailleté, ée **adj.** – XIVe ▪ Orné de paillettes. *Robe pailletée.*

pailleter **v. tr.** [4] – XVIIe ▪ Orner, parsemer de paillettes. « *le soleil du matin, Pailletant chaque fleur d'une humide étincelle* » (Verlaine).

pailleteur **n. m.** – XVIIe ▪ Orpailleur.

paillette **n. f.** – XIVe 1 Lamelle de métal brillant (de nacre, de plastique) que l'on peut coudre à un tissu. « *un voile d'un bleu pâle semé de paillettes argentées* » (Vigny). 2 Parcelle d'or qui se trouve dans des sables aurifères. 3 Lamelle cristalline de mica. → *Lessive, savon en paillettes.* 4 Défaut d'un diamant, d'une pierre. ⇒ **paille.**

pailleux, euse **adj.** – XIIe 1 *Fumier pailleux,* qui contient encore de la paille non décomposée. ⇒ ① **paillé.** 2 *Acier pailleux,* qui a une ou plusieurs pailles.

paillis **n. m.** – XIIIe ▪ Couche de paille destinée à préserver l'humidité du sol, à protéger certains fruits (fraises, etc.) du contact de la terre.

paillon **n. m.** – XVIe 1 Petite lamelle de métal. ♦ Feuille mince de cuivre que l'on place sous une pierre pour en rehausser l'éclat. → Plaque métallique servant de fond à un émail translucide. 2 Enveloppe de paille pour les bouteilles.

paillote **n. f.** – XVIIe ▪ Cabane, hutte de paille ou d'une matière analogue. ⇒ **case.**

pain **n. m.** – Xe ; lat. *panis* 1 Aliment fait de farine, d'eau, de sel et de levain, pétri, fermenté et cuit au four *(le pain, du pain),* masse déterminée de cet aliment ayant une forme donnée *(un pain). Croûte, mie de pain. Miettes de pain. Pain blanc, bis, noir. Pain de seigle. Pain complet* ou *pain de son,* où entrent de la farine brute, du petit son. *Pain de campagne* (vendu au poids) *et pain de fantaisie* (vendu à la pièce). *Pains longs* (baguette, flûte, parisien, bâtard, ficelle, saucisson) ; *pains ronds* (boule, miche, couronne). *Sandwich au pain de mie. Pain viennois :* pain de gruau additionné de sucre et de matière grasse. *Petits pains au lait* (⇒ ① **navette, pistolet**). *Morceau, tranche, croûton de pain. Il* « *coupa une tranche de pain, qu'il enduisit soigneusement de rillettes appétissantes* » (Mac Orlan). *Quignon de pain. Pain grillé* (⇒ **toast**), *braisé* (⇒ **biscotte, gressin, longuet**). *Pain sec,* sans aucun accompagnement. ♦ loc. fig. *Manger son pain blanc (le premier) :* avoir des débuts heureux. *Je ne mange pas de ce pain-là :* je n'accepte pas ces procédés. *Être bon comme du bon pain :* très bon (en parlant d'une personne). « *Oh ! qu'il est gentil ! Il est bon comme le bon pain !* » (Anouilh). *Objets qui se vendent comme des petits pains,* très facilement. 2 (dans des loc.) Symbole de la nourriture, de la subsistance *(le pain). Ôter, retirer à qqn le pain de la bouche,* le priver de sa subsistance. *Ôter à qqn le goût du pain,* le maltraiter, le tuer. *Le pain quotidien :*

la nourriture de chaque jour ; fig. ce qui est habituel. « *le patient labeur est le pain de tous les jours* » (R. Rolland). *Long comme un jour sans pain* : interminable. **3** *PAIN AUX RAISINS, AU CHOCOLAT* : petite pâtisserie, simple, sucrée (aux raisins secs, au chocolat). ➛ *PAIN DE GÊNES* : gâteau à pâte légère. ➛ *PAIN D'ÉPICE(S)* : gâteau fait avec de la farine de seigle, du miel, du sucre et des épices (anis). ♦ *Pain de viande, de légumes, de poisson* : préparation moulée en forme de pain. ➛ *PAIN PERDU* : tranches de pain rassis trempées dans le lait et l'œuf, frites à la poêle et sucrées. **4** Masse (d'une substance) comparée à un pain. *Pain de glace.* ➛ *PAIN DE SUCRE* : casson ; (en géographie) piton de granit. **5** *Arbre à pain,* nom courant de l'artocarpe. **6** pop. Coup, gifle. ✪ HOM. Peint, pin.

❑ De la même famille étymologique : *compagnon, panade, panier, panure.*

① **pair** n. m. – Xe ; lat. *par* **1** *Hors de pair, hors pair* : sans égal. ⇒ **supérieur.** *C'est un cuisinier hors pair. Aller de pair,* ensemble, sur le même rang. *Le courage peut aller de pair avec la prudence.* **2** Personne semblable, quant à la fonction, la situation sociale. « *Un artiste ne peut attendre aucune aide de ses pairs* » (Cocteau). **3** Se disait de vassaux ayant même rang par rapport au suzerain. *Les douze pairs de France.* ♦ Dans les Constitutions de 1814 et 1830, Membre de la Haute Assemblée législative ou *Chambre des pairs. Pair de France.* ♦ En Grande-Bretagne, Membre de la *Chambre des pairs* ou Chambre des lords. **4** Rapport d'une valeur (monnaie, titre) à un étalon de référence ou à une autre valeur. *Le pair du change, le pair d'une monnaie.* ⇒ **cours, parité, taux. 5** *AU PAIR* : en échangeant un travail contre le logement et la nourriture (sans salaire). « *Elle était pour l'instant en Angleterre, au pair* » (Aragon). ✪ HOM. Paire, père, pers.

② **pair, paire** adj. – XIIIe ; lat. *par* « semblable » **1** Se dit d'un nombre divisible exactement par deux. ➛ *Numéro pair,* représenté par un nombre pair. ♦ Se dit d'une fonction dont la valeur reste inchangée lorsque les variables changent de signe. **2** *Organes pairs,* au nombre de deux. ✪ CONTR. Impair.

paire n. f. – XIIe ; lat. *par* **1** Se dit de deux choses identiques ou symétriques destinées à être utilisées ensemble. *Une paire de souliers, de chaussettes, de gants.* ➛ *Une paire de gifles*.* ♦ Objet unique composé de deux parties semblables et symétriques. *Une paire de lunettes, de ciseaux.* **2** Ensemble de deux animaux de même espèce capturés ensemble ou travaillant ensemble. **3** Ensemble de deux choses semblables et naturellement assemblées. *Une paire de fesses.* ♦ *Paire d'ions,* produite par une radiation ionisante. **4** plaisant (en parlant de deux personnes) *Une paire d'amis.* loc. *Les deux font la paire,* ils ont les mêmes défauts. « *Les deux hypocrites faisaient la paire* » (Barbey). ✪ HOM. Pair, père, pers.

pairesse n. f. – XVIIe ▪ Femme d'un pair de France. ♦ En Grande-Bretagne, Celle qui possède une pairie.

pairie n. f. – XIIIe ▪ Titre et dignité de pair. ✪ HOM. Pairie, péri.

pairle n. m. – XVIIe ; o. i. ▪ Pièce en forme d'Y dont les branches atteignent les angles supérieurs de l'écu. ✪ HOM. Perle.

paisible adj. – XIIe **1** Qui demeure en paix, ne trouble pas la paix. ⇒ ② **calme, pacifique, placide, quiet, tranquille.** *Un homme simple et paisible.* ♦ dr. Qui a la paix, n'est pas inquiété dans la possession (d'un bien). **2** Dont rien ne vient troubler la paix, le calme. *Sommeil, vie paisible.* « *par ce beau soir paisible* » (Maurois). ✪ CONTR. Agressif, emporté ; inquiet, tourmenté. Agité, bruyant, troublé.

paisiblement adv. – XIIe ▪ D'une manière paisible. « *La Suisse trait sa vache et vit paisiblement* » (Hugo).

paissance n. f. – XIIe ▪ Action de faire paître des animaux domestiques en forêt.

paître v. [57] ; défectif ; pas de p. simple ni de subj. imp. ; pas de p. p. – XIe ; lat. *pascere* **1** v. tr. Manger sur pied, sur place (l'herbe, les fruits tombés). ⇒ **brouter, pâturer.** « *Le cheval paît l'herbe d'automne* » (Verhaeren). **2** v. intr. Manger l'herbe sur pied, les fruits tombés. ⇒ **pacager.** « *Quand ses propres moutons paissaient sur le rivage* » (La Font.). ➛ fam. *Envoyer* paître qqn.* ✪ HOM. *Paie* : paie (payer).

paix n. f. – Xe ; lat. *pax, pacis* **I - 1** Rapports entre personnes qui ne sont pas en conflit, en querelle. ⇒ **accord, concorde, entente.** *Faire la paix* : se réconcilier. ⇒ **conciliation, réconciliation.** ♦ *EN PAIX. Être en paix avec sa conscience.* **2** Rapports calmes entre citoyens ; absence de troubles, de violences. *Climat de paix sociale.* ➛ *Paix romaine* (« pax romana »), que faisait régner la civilisation romaine. **II** (Opposé à *guerre*) **1** Situation d'une nation, d'un État qui n'est pas en guerre ; rapports entre États qui jouissent de cette situation. *En temps de paix.* ➛ *Le rameau d'olivier, symbole de la paix. La colombe de la paix. Ramener la paix* (⇒ **pacifier).** *Paix armée ou course aux armements* (cf. Guerre* froide). **2** *Traité de paix,* et ellipt *paix* : traité entre belligérants qui fait cesser l'état de guerre. *Conclure, ratifier, signer la paix. Paix d'Utrecht, de Westphalie.* ➛ *La paix des braves* : paix honorable pour les vaincus qui se sont battus courageusement. **III - 1** État d'une personne que rien ne vient troubler. ⇒ **repos, tranquillité.** « *comme ça du moins on me laissera tranquille, on me fichera la paix* » (Gide). ♦ *EN PAIX. Laisser qqn* (et par ext. *qqch.*) *en paix.* ♦ interj. *La paix !* (sous-entendu *Fichez-nous la paix*). **2** État de l'âme qui n'est troublée par aucun conflit, aucune inquiétude. ⇒ ① **calme, quiétude, tranquillité** (d'esprit). « *La paix de l'âme consiste dans le mépris de tout ce qui peut la troubler* » (Rouss.). *Ne pouvoir trouver la paix. Avoir la conscience en paix,* tranquille. ♦ *La paix éternelle,* qu'on trouve après la mort. ➛ (en parlant d'un défunt) *Paix à ses cendres !* **3** État, caractère d'un lieu, d'un moment où il n'y a ni agitation ni bruit. ⇒ ① **calme, tranquillité.** *La paix des champs.* « *Restons silencieux parmi la paix nocturne* » (Verlaine). ✪ CONTR. Conflit, dispute, querelle ; ② trouble, violence. Guerre. Agitation, inquiétude. — HOM. Paie, pet.

pajot → ② **pageot**

① **pal** n. m. – XIe ; lat. *palus* **1** Longue pièce de bois ou de métal aiguisée par un bout. ⇒ ① **pieu.** *Arbre soutenu par des pals.* ➛ *Le supplice du pal,* consistant à enfoncer un pieu par le fondement dans le corps du condamné (⇒ **empaler). 2** Plantoir de vigneron. ➛ *Pal injecteur,* servant à injecter dans le sol des liquides insecticides. **3** Pièce honorable de l'écu, bande large qui le traverse du haut du chef jusqu'à la pointe. ✪ HOM. Pale.

② **pal** n. m. – 1965 ; acronyme angl. de ***P**hase **A**lternating **L**ine* « changement de phase à chaque ligne » ▪ Standard de télévision, utilisé dans les pays anglo-saxons et pour certains dispositifs vidéo comme les caméscopes, les magnétoscopes. *Pal et secam.*

palabre n. f. ou m. – XVIIe ; esp. « parole » **1** En Afrique, Échange de propos, Assemblée coutumière où se discutent des sujets concernant la communauté.

Arbre à palabres.* **2** **n. f. pl.** Discussion interminable et oiseuse. « *deux heures se passèrent en palabres administratives* » (Duham.).

palabrer **v. intr.** [1] – XIXe ▪ Discourir, discuter interminablement. « *elle s'agitait et palabrait au centre d'un groupe de militantes* » (Mart. du G.).

palace **n. m.** – 1903 ; mot angl., du fr. *palais* ▪ Grand hôtel de luxe.

paladin **n. m.** – XVIe ; lat. *palatinus* « officier du palais » ▪ Chevalier errant du Moyen Âge. ➛ Seigneur de la suite de Charlemagne.

❑ Ne pas confondre avec *baladin* « comédien ambulant ».

palafitte **n. m.** – XIXe ; lat. *palus* « pieu » et *fingere* « façonner » ▪ Construction lacustre du néolithique récent.

① **palais** **n. m.** – XIe ; lat. *palatium* « le (mont) *Palatin* » sur lequel Auguste avait fait édifier sa demeure **1** Vaste et somptueuse résidence d'un chef d'État, d'un personnage de marque, d'un riche particulier. ⇒ **château.** *Palais ducal, épiscopal* (évêché). *Le palais de l'Élysée à Paris.* ➛ Ancienne résidence des rois francs. *Les maires du palais.* **2** Ancienne demeure d'un grand devenue lieu public. ⇒ **monument.** *Galeries et jardins du Palais-Royal. Le palais des Papes, à Avignon.* ♦ Vaste édifice public construit à des fins semblables. *Palais des sports. Palais des congrès.* **3** *Le Palais de Justice,* ou *le Palais,* édifice où siègent les cours et tribunaux. ✪ HOM. Palet.

② **palais** **n. m.** – XIIe ; lat. *palatum* **1** Cloison qui forme la partie supérieure de la cavité buccale et la sépare des fosses nasales ; partie supérieure interne de la bouche. *Voûte du palais* (⇒ ② **palatin**) ou *palais dur ; voile du palais* ou *palais mou,* qui prolonge en arrière le palais dur. **2** (considéré comme l'organe du goût) *Mets qui flatte le palais.* « *L'âme d'un gourmand est toute dans son palais* » (Rouss.).

palan **n. m.** – XVIe ; gr. *phalanga* ▪ Appareil de levage à mécanisme démultiplicateur (poulies, moufles), utilisé pour soulever et déplacer des fardeaux ou à bord des navires pour exécuter certaines manœuvres. « *un palan qui servait à hisser les barils et les caisses* » (J. Verne).

palanche **n. f.** – XVIIIe ; de *palan* ▪ Tige de bois légèrement incurvée pour porter deux fardeaux, deux seaux, accrochés à chacune des extrémités.

palançon **n. m.** – XVIIIe ; de *palan* ▪ Chacune des pièces de bois qui retiennent un torchis.

palangre **n. f.** – XVIIIe ; mot provenç. ▪ Grosse ligne de fond à laquelle pendent, sur toute sa longueur, des cordelettes munies d'hameçons.

❑ La petite palangre c'est la *palangrotte.*

palanquée **n. f.** – 1948 ; de *palan* ▪ Ensemble des fardeaux réunis par une élingue.

palanquer **v.** [1] – XVIIe **1** **v. intr.** Se servir d'un palan. **2** **v. tr.** Munir de murs de retranchement faits de troncs d'arbres, de gros pieux jointifs plantés verticalement.

palanquin **n. m.** – XVIe ; port. *palanquim,* du sanskr. ▪ Sorte de chaise ou de litière portée à bras d'hommes (parfois à dos de chameau ou d'éléphant) dans les pays orientaux. « *les palanquins dans lesquels elle se faisait véhiculer, mollement balancée au pas de porteurs noirs* » (Cl. Simon).

palastre **n. m.** – XVe ; lat. *pala* « pelle » ▪ Boîtier métallique contenant le mécanisme d'une serrure.

❑ On dit aussi *palâtre.*

palatal, ale, aux **adj.** – XVIIe ; lat. *palatum* « ② palais » ▪ Se dit des phonèmes dont l'articulation se fait dans la région antérieure du palais (palais dur). *Voyelles palatales* [i, e, ɛ, y, ø, œ, a]. ➛ **n. f.** *Une palatale.*

palatalisation **n. f.** – XIXe ▪ Modification subie par un phonème dont l'articulation est reportée dans la région antérieure du palais. ⇒ **mouillure.**

palataliser **v. tr.** [1] – XIXe ▪ Transformer par palatalisation. ⇒ **mouiller.**

① **palatin, ine** **adj.** et **n.** – XIIe ; lat. → ① palais **1** Revêtu d'un office, d'une charge, dans le palais d'un souverain. *Seigneur palatin.* ➛ *Comtes palatins* (et subst. *les palatins*) *d'Allemagne,* institués par les empereurs. ♦ spécialt *L'électeur palatin :* le souverain du Palatinat. ➛ *La dynastie palatine.* ♦ **n. m.** En Hongrie, Vice-roi. **2** Dépendant d'un palais. *Chapelle palatine.*

② **palatin, ine** **adj.** – XVIIe ; du lat. → ② palais ▪ Relatif au palais. *Voûte, artère palatine.*

palatinat **n. m.** – XVe ▪ Dignité de comte palatin. ♦ Pays sous la domination d'un palatin. *Le palatinat de Souabe, de Cracovie.*

palâtre → **palastre**

① **pale** **n. f.** – XIVe ; lat. *pala* « pelle » **1** Extrémité plate d'une rame qui agit sur l'eau. ➛ Aube de la roue d'un bateau à vapeur. ♦ Partie d'une hélice qui est entraînée par le moyeu et agit sur l'air. **2** Vanne d'une écluse, d'un bief. ✪ HOM. Pal.

② **pale** **n. f.** – XVIIe ; lat. *palla* « manteau » ▪ Linge sacré, carré et rigide, dont le prêtre recouvre la patène et le calice pendant la messe.

palé, ée **adj.** – XIIIe ; de ① *pal* ▪ blas. Qui est divisé verticalement de parties égales et en nombre pair d'émaux alternés.

pâle **adj.** – XIe ; lat. *pallidus* **1** D'une blancheur terne, mate, en parlant du teint, de la peau (surtout du visage). *Un peu pâle.* ⇒ **pâlichon, pâlot.** *Très pâle.* ⇒ **blafard, blême, hâve, livide.** ➛ Qui a le teint pâle. *Être pâle comme un linge* (⇒ ① **blanc**), *pâle comme la mort. Pâle de peur, de colère, de rage, de dégoût.* « *pâle, hagard, bouleversé par tous ces excès d'émotion* » (Hugo). ➛ fam. *Se faire porter pâle,* malade. ♦ loc. *Les Visages pâles,* nom donné aux Blancs par les Indiens d'Amérique. **2** Qui a peu d'éclat. *Une pâle lueur.* « *Pâle étoile du soir, messagère lointaine* » (Muss.). ♦ Peu vif ou mêlé de blanc (en parlant d'un coloris). ⇒ **clair.** *Bleu pâle* (opposé à *vif, foncé*). « *ses cheveux, blond pâle, coiffés en casque* » (Mac Orlan). **3** Sans éclat, sans couleur. ⇒ **fade,** ① **terne.** *Pâle imitation.* ✪ CONTR. Coloré. ① Brillant, éclatant, vif.

pale-ale [pɛlɛl] **n. f.** – XIXe ; mot angl. ▪ Bière anglaise blonde, ale claire. *Des pale-ales.*

❑ Dans ce mot anglais, *pale* « pâle » est emprunté au français.

palée **n. f.** – XIIIe ; de ① *pal* ▪ Rang de pieux fichés en terre pour soutenir un ouvrage en terre, en maçonnerie, former une digue, etc.

palefrenier, ière **n.** – XIVe ; a. provenç. ▪ Personne chargée du soin des chevaux. ⇒ **lad.** « *La main au bridon, le palefrenier menait la bête* » (Giono).

palefroi **n. m.** – XIe ; lat. *paraveredus,* de *veredus* « cheval » ▪ Au Moyen Âge, Cheval de marche, de parade, de cérémonie (opposé à *destrier*).

paléo- Élément, du gr. *palaios* « ancien ».

paléobotanique **n. f.** – 1900 ▪ Partie de la paléontologie qui étudie les éléments végétaux fossiles.

paléochrétien, ienne [paleokʀetjɛ̃, jɛn] **adj.** – 1953 ▪ Des premiers chrétiens. *Art paléochrétien.*

paléoclimat **n. m.** – 1963 ▪ Climat d'une ancienne époque géologique.

paléoécologie n. f. – 1953 ▪ Étude des modes de vie des animaux fossiles.

paléogène n. m. – 1902 ; *paléo-* et *-gène* ▪ Première partie de l'ère tertiaire (⇒ **nummulitique**).

paléogéographie n. f. – XIXe ▪ Partie de la géographie concernant la description du globe aux temps géologiques.

paléographe n. – XVIIIe ▪ Personne qui s'occupe de paléographie.

paléographie n. f. – XVIIIe ; *paléo-* et *-graphie* ▪ Science du déchiffrage, de l'interprétation des écritures anciennes (⇒ **épigraphie, papyrologie**).

paléohistologie n. f. – mil. XXe ▪ Étude des tissus animaux des fossiles, pour la connaissance de l'évolution.

paléolithique adj. et n. m. – XIXe ; de *paléo-* et gr. *lithos* « pierre » ▪ Relatif à l'âge de la pierre taillée. ➛ n. m. *Le paléolithique :* première période de l'ère quaternaire (pléistocène), où apparurent les premières civilisations humaines avec des outils de pierre taillée.

paléomagnétisme n. m. – mil. XXe ▪ Étude des effets du champ magnétique terrestre et de ses variations depuis les temps géologiques.

paléontologie n. f. – XIXe ; de *paléo-* et *ontologie* ▪ Science des êtres vivants ayant existé au cours des temps géologiques, et qui est fondée sur l'étude des fossiles.

paléontologique adj. – XIXe ▪ Relatif à la paléontologie.

paléontologue n. – XIXe ▪ Spécialiste de la paléontologie.

paléosol [paleosɔl] n. m. – v. 1960-70 ▪ Sol résultant d'une évolution ancienne, formé dans des conditions disparues, et pouvant affleurer à la surface ou être recouvert de dépôts plus récents.

paléothérium [paleɔteʀjɔm] n. m. – XIXe ; de *paléo-* et gr. *thêrion* « bête sauvage » ▪ Mammifère fossile de l'éocène.

paléozoïque adj. et n. m. – XIXe ; *paléo-* et *-zoïque* ▪ Relatif aux fossiles animaux les plus anciens. ➛ n. m. *Le paléozoïque :* ensemble des terrains primaires. ⇒ **primaire.**

paléozoologie n. f. – XIXe ▪ Partie de la paléontologie qui étudie les animaux fossiles et leur mode de vie.

paleron n. m. – XIVe ; de ① *pale* ▪ Partie plate et charnue située près de l'omoplate de certains animaux.

palestre n. f. – XIIe ; gr. *palaiein* « lutter » ▪ Lieu public où l'on s'exerçait à la lutte, à la gymnastique, dans l'Antiquité. ⇒ **gymnase.**

palet n. m. – XIVe ; de ① *pale* 1 Objet plat et rond en pierre, en métal, en caoutchouc avec lequel on vise un but (dans un jeu). *Palet de hockey sur glace.* 2 Gâteau sec, rond et plat. *Palets aux amandes.* ✪ HOM. Palais.

paletot n. m. – XIVe ; angl. *paltok* « sorte de jaquette » ▪ Vêtement de dessus, généralement assez court, boutonné devant. ⇒ **manteau, pardessus.** « *Le voyageur frissonne, noue son foulard et boutonne son paletot* » (Duham.). ➛ fam. Gilet de laine. ♦ loc. fam. *Ils me sont tombés sur le paletot,* ils m'ont agressé, malmené (cf. Tomber sur le râble*).

❑ *Paletot* a produit *paltoquet,* nom donné à un homme grossier ou insolent (le *paletot* étant alors porté par les gens du peuple : laquais, paysan).

palette n. f. – XIIIe ; de ① *pale* 1 Instrument en bois, de forme plate et allongée. ♦ Plateau de chargement permettant une manutention automatique par chariots à fourche. 2 Morceau de viande de mouton, de porc comprenant l'omoplate et la chair qui l'entoure. *Palette aux lentilles.* 3 Plaque mince percée d'un trou pour y passer le pouce et sur laquelle l'artiste peintre étend et mélange ses couleurs. « *que sa palette soit de bois ou de faïence, il* [Ziem] *sait toujours y étaler la lumière* » (Gaut.). ♦ L'ensemble des couleurs dont se sert habituellement un peintre. *La palette de Rubens.* 4 Ensemble de fards assortis présentés dans un même conditionnement. *Une palette de trois fards à paupières.*

palettiser v. tr. [1] – 1969 1 Mettre sur palettes (une marchandise). 2 Organiser par l'emploi de palettes. *Palettiser le magasinage.*

palétuvier n. m. – XVIIe ; tupi *apara-hiwa* « arbre courbé » ▪ Grand arbre tropical aux feuilles persistantes, aux racines aériennes et verticales qui croît dans la vase des mangroves. « *des filaos et des palétuviers entre les racines desquels grouillent les hideux crabes à crête rouge* » (Cendrars).

pâleur n. f. – XIIe ▪ Couleur, aspect d'une personne qui a le teint pâle. « *quelle étrange pâleur De son teint tout à coup efface la couleur* » (Rac.).

pali, ie n. m. et adj. – XIXe ; mot hindi ▪ Ancienne langue religieuse de l'Inde méridionale et de Ceylan (⇒ **sanskrit**). ➛ adj. *Langue palie.* ✪ HOM. Palis.

pâlichon, onne adj. – fin XIXe ▪ fam. Un peu pâle. ⇒ **pâlot.**

palier n. m. – XIIIe ; a. fr. *paele* « poêle », par anal. de forme 1 Pièce fixe supportant l'arbre de transmission d'une machine. 2 Plateforme entre deux volées d'un escalier ou en haut d'un perron. « *sur le palier du troisième étage* » (Aymé). *Des voisins de palier.* ♦ Partie horizontale, comprise entre deux déclivités. *Vitesse en palier.* ➛ *Voler en palier.* 3 Phase intermédiaire de stabilité, dans une évolution. « *à ses yeux leur amour avait atteint* [...] *une sorte de palier* » (Romains). ♦ *PAR PALIERS :* progressivement. *Maladie qui évolue par paliers* (cf. Par degrés*). ✪ HOM. Pallier.

palière adj. f. – XVIIIe ▪ *Marche palière,* de plain-pied avec le palier. *Porte palière,* qui s'ouvre sur le palier.

palilalie n. f. – 1932 ; *pali(n)-* et *-lalie* ▪ Répétition involontaire d'un ou de plusieurs mots.

palimpseste [palɛ̃psɛst] n. m. – XIXe ; gr. ▪ Parchemin manuscrit dont on a effacé la première écriture pour pouvoir écrire un nouveau texte.

pali(n)- Élément, du grec *palin* « de nouveau ».

palindrome n. m. – XVIIIe ; gr. « qui court en sens inverse » ▪ Mot, groupe de mots qui peut être lu indifféremment de gauche à droite ou de droite à gauche en conservant le même sens (ex. ressasser, élu par cette crapule) (cf. Phrase rétrograde*).

palingénésie n. f. – XVIe ; *palin-* et *-génésie* ▪ Chez les stoïciens, Retour périodique éternel des mêmes événements. ♦ Renaissance des êtres ou des sociétés conçue comme source d'évolution et de perfectionnement. ⇒ **régénération, résurrection.** ➛ Retour à la vie. « *ma convalescence merveilleuse fut une palingénésie* » (Gide).

palinodie n. f. – XVIe ; *palin-* et *-odie* 1 Dans l'Antiquité, Poème dans lequel l'auteur rétractait ce qu'il avait dit dans un poème antérieur. 2 mod., au plur. Changement d'opinion. *Les palinodies d'un homme politique.* ⇒ **désaveu, rétractation, revirement, volte-face.**

pâlir v. intr. [2] – XIIe 1 Devenir pâle, notamment sous l'effet d'une émotion. *Pâlir de colère, d'envie, de rage.* ⇒ **blêmir.** « *Je le vis, je rougis, je pâlis à sa vue* » (Rac.). ♦ *Faire pâlir qqn,* lui inspirer de la jalousie, du dépit. 2 Perdre son éclat. « *les astres du ciel pâlirent, effacés par le jour qui montait* » (Daudet). *Les couleurs ont pâli.* ⇒ **passer.** ✪ CONTR. Brunir, rougir. Briller, luire. — HOM. *Pâlis :* pallie (pallier) ; *pâlissent :* palisse (palisser).

palis [pali] **n. m.** – XIIe ; de ① *pal* ▪ Petit pieu pointu qu'on enfonce en alignement avec d'autres pour former une clôture. ♦ La clôture ainsi formée. ⇒ **palissade.** ✪ HOM. Pali.

palissade **n. f.** – XVe ; de *palis* ▪ Barrière, clôture faite d'une rangée de pieux, de perches ou de planches plus ou moins jointifs. « *mettre son œil aux fentes des palissades* » (Romains). ♦ Mur de verdure formé d'une rangée d'arbres ou d'arbustes taillés à la verticale.

palissader **v. tr.** [1] – XVIe ▪ Entourer, fermer, protéger au moyen d'une palissade. « *le chariot s'arrêta à six cents pas à peu près de l'enceinte palissadée* » (J. Verne). ♦ Masquer par une palissade d'arbres.

palissage **n. m.** – XVIIe ▪ Opération qui consiste à palisser un arbre ou un arbuste.

palissandre **n. m.** – XVIIIe ; d'un dial. de la Guyane ▪ Bois exotique dur, odorant, d'une couleur violacée, veiné de noir et de jaune, provenant de plusieurs espèces d'arbres d'Amérique centrale, dont le jacaranda. « *Deux larges sofas très bas en bois de palissandre et en soie cramoisie brochée d'or* » (Baudelaire).

pâlissant, ante **adj.** – XVIe ▪ Qui pâlit. ✪ CONTR. Rougissant.

palisser **v. tr.** [1] – XVe ; de *palis* ▪ Étendre et lier les branches de (un arbre, un arbuste) contre un support pour leur imposer une direction. ✪ HOM. *Palisse :* pâlissent (pâlir).

paliure **n. m.** – XVIe ; gr. ▪ Arbrisseau épineux *(rhamnacées)* appelé aussi *épine du Christ,* qui croît en Europe méridionale, en Asie occidentale et dont on fait des haies.

palladien, ienne **adj.** – XIXe ▪ Relatif à l'architecte Palladio, à son style élégant inspiré de l'Antiquité. *Villas palladiennes.*

① **palladium** [paladjɔm] **n. m.** – XIIe ; gr. ▪ Dans l'Antiquité, Statue de Pallas considérée par les Troyens comme le gage du salut de leur ville. ♦ Bouclier, garantie, sauvegarde.

② **palladium** [paladjɔm] **n. m.** – XIXe ; mot angl. du nom de la planète *Pallas* ▪ Élément atomique (Pd ; n° at. 46 ; m. at. 106,42), métal précieux du groupe du platine, que l'on trouve à l'état naturel allié à l'or ou au platine, ou comme sel de sélénium dans les mines de nickel.

palliatif, ive **adj. et n. m.** – XIVe ; lat. 1 Qui atténue les symptômes d'une maladie sans agir sur sa cause. « *C'était un remède palliatif, et le mal restait toujours* » (Montesq.). *Centre de soins palliatifs.* ♦ **n. m.** « *Le sommeil est un palliatif, la mort est le remède* » (Chamf.). 2 **n. m.** Expédient, mesure qui n'a qu'un effet passager. *Ce n'est qu'un palliatif.*

pallidectomie **n. f.** – mil. XXe ▪ Destruction du pallidum, en vue de supprimer les symptômes de la maladie de Parkinson.

pallidum [palidɔm] **n. m.** – 1946 ; lat. *pallidus* « pâle » ▪ Formation grise interne du noyau lenticulaire du cerveau, appelée parfois *globus pallidus.*

pallier **v. tr.** [7] – XIVe ; lat. « couvrir d'un manteau *(pallium)* » ▪ Atténuer faute de remède véritable ; résoudre d'une manière provisoire. « *un moyen fort simple de pallier cette menace* » (R. Gary). ✪ HOM. Palier ; *pallie :* pâlis (pâlir).

> ❑ La construction *pallier à* est incorrecte et critiquée ; elle est due à une confusion avec *remédier à, parer à,* de même sens.

pallium [paljɔm] **n. m.** – XIIe ; mot lat. « manteau » 1 Ornement sacerdotal en laine blanche brodée de croix noires, que le pape, les primats et les archevêques portent autour du cou. 2 Manteau romain d'origine grecque. 3 Manteau d'un mollusque, qui recouvre la masse viscérale et sécrète coquille, plaques ou tubes.

palmaire **adj.** – XVIe ; lat. *palma* « paume » ▪ Relatif à la paume de la main. ✪ HOM. Palmer.

palmarès [palmaʀɛs] **n. m.** – XIXe ; lat. *palmaris* « qui mérite la palme » ▪ Liste des lauréats d'une distribution de prix, liste de récompenses. *Son nom figure au palmarès.*

> ❑ Pour la graphie → faciès (rem.).

palmature **n. f.** – XIXe ; lat. *palmus* « palmé » ▪ Forme de syndactylie où les doigts sont réunis par une membrane.

① **palme** **n. f.** – XIIe ; lat. *palma* « palmier » 1 Feuille de palmier. « *Les palmes* [...] *groupées en plumets au bout des tiges trop hautes* » (Loti). 2 *Vin de palme :* boisson faite de la sève fermentée de divers palmiers. *Huile de palme :* huile rouge tirée de la pulpe fermentée des fruits du palmiste. 3 *La palme,* symbole de victoire **(⇒ palmarès).** *Remporter la palme. La Palme d'or du festival de Cannes.* 4 Ornement en forme de feuille palmée stylisée. ⇒ **palmette.** *Frise de palmes.* ♦ Insigne d'une décoration en forme de palme stylisée. « *Quel est donc cet homme distingué qui a les palmes académiques ?* » (Courtel.). 5 Nageoire de caoutchouc qui se fixe au pied pour la nage sous-marine et qui augmente la vitesse du nageur.

> ❑ *Palme* est le doublet de *paume.*

② **palme** **n. m.** – XVIe ; lat. *palmus* ▪ Mesure utilisée dans l'Antiquité, correspondant à la largeur de la paume de la main.

palmé, ée **adj.** – XVIIIe ; lat. 1 Qui ressemble à une main ouverte. *Feuille palmée,* dont le limbe est divisé en segments réunis au sommet du pétiole comme les doigts de la main. 2 Dont les doigts sont réunis par une membrane. *Pattes palmées de certains oiseaux* **(⇒ palmipède).**

palmer [palmɛʀ] **n. m.** – XIXe ; du nom de l'inventeur ▪ Instrument de précision composé d'une pointe fixe et d'une pointe mobile, pour mesurer les épaisseurs. ✪ HOM. Palmaire.

palmeraie **n. f.** – XVIIe ▪ Plantation de palmiers.

> ❑ Formation régulière sur un nom d'arbre en *-ier (peuplier / peupleraie).*

palmette **n. f.** – XVIIe ; de ① *palme* 1 Ornement architectural en forme de feuille de palmier. 2 Forme de taille des arbres fruitiers en espalier.

palmi- Élément, du latin *palma* « palme ».

palmier **n. m.** – XIIe ; de ① *palme* 1 Arbre des régions chaudes *(arécacées)* à tige simple **(⇒ stipe),** surmontée d'un bouquet de grandes feuilles palmées ou pennées, à fleurs en grappes et dont les fruits sont des baies ou des drupes. « *le palmier qui balance ses éventails de verdure* » (Chateaub.). *Palmiers dattiers. Produits fournis par les palmiers.* ⇒ ① **coco, copra, corozo, datte,** ① **palme** (huile, vin de palme), **raphia, sagou.** *Cœur de palmier* ou *chou palmiste**. 2 Gâteau plat, fait de pâte feuilletée coupée dans le sens vertical.

palmilobé, ée **adj.** – XIXe ▪ Se dit d'une feuille palmée aux divisions arrondies.

palmipède **adj. et n. m.** – XVIIIe ; lat. ▪ Dont les pieds sont palmés. **n. m.** *Les canards, les plongeons, les pingouins sont des palmipèdes.* « *des pattes jaunes, étoilées comme celles de palmipèdes* » (Balz.).

palmiste **n. m.** – XVIIe ; port. *palmito* « petit palmier » 1 Palmier du genre *arec* dont le bourgeon terminal (*chou palmiste* ou cœur de palmier), formé des feuilles tendres de la pousse nouvelle, est comestible. ♦ Palmier à huile. 2 *Rat palmiste.* ⇒ **xérus.**

palmite n. m. – XVIe ; port. ▪ Moelle comestible du palmier.

palmitine n. f. – XIXe ▪ Ester du glycérol et de l'acide palmitique, substance solide, grasse, constituant de l'huile de palme.

palmitique adj. m. – XIXe ▪ *Acide palmitique :* acide gras saturé à seize atomes de carbone, très abondant dans les graisses animales et les huiles végétales.

palmure n. f. – XIXe ▪ Membrane tendue entre les doigts de la plupart des palmipèdes, de quelques mammifères aquatiques et de certains animaux terrestres.

palombe n. f. – XVIe ; lat. ▪ Pigeon ramier, dans le sud et le sud-ouest de la France. « *l'aile sifflante des palombes* » (Mauriac).

palonnier n. m. – XIVe ; a. fr. °*palon*, du lat. *palus* « pieu » 1 Barre transversale aux extrémités de laquelle on fixe les traits des chevaux. ♦ Dispositif suspendu à un appareil de levage, permettant l'accrochage d'une charge qui nécessite des prises multiples. 2 Dispositif de commande du gouvernail de direction d'un avion, constitué par une barre articulée sur un pivot et orientée à l'aide des pieds.

palot n. m. – XVe ; de ① *pale* ▪ Bêche étroite servant à retirer les vers, coquillages, etc., du sable, de la vase.

pâlot, otte adj. – XVIIIe ▪ Un peu pâle (surtout en parlant des enfants). ⇒ **pâlichon.** « *Et ton cher petit tout pâlot* [...] *je lui rendrai les belles couleurs de son berceau* » (Baudelaire).

palourde n. f. – XIIIe ; lat. *peloris*, du gr. ▪ Mollusque bivalve comestible *(lamellibranches).* ⇒ région. **clam, clovisse.**

palpable adj. – XIVe ; lat. 1 Dont on peut s'assurer par le toucher. ⇒ **concret, tangible.** 2 Que l'on peut vérifier avec certitude. ⇒ **clair, évident.** *Preuves solides et palpables.* ✪ CONTR. Impalpable. Aléatoire, douteux.

palpation n. f. – XIXe ▪ Examen qui consiste à palper les parties extérieures du corps pour apprécier les caractères physiques des tissus, la sensibilité des organes.

❑ On emploie aussi *palper* n. m.

palpe n. m. – XIXe ; de *palper* ▪ Organe sensoriel des arthropodes qui sert à la préhension et à la gustation.

palpébral, ale, aux adj. – XVIIIe ; lat. *palpebra* « paupière » ▪ Relatif aux paupières. *La fente palpébrale.*

palper v. tr. [1] – XVe ; lat. 1 Examiner en touchant, en tâtant avec la main, les doigts. *Le médecin « commença de l'examiner, le palpa, l'ausculta, le pesa »* (Romains). 2 fam. Toucher, recevoir (de l'argent).

palpeur n. m. – XIXe ▪ Appareil de mesure de très faibles déplacements ou variations de planéité. *Palpeur à ultrasons.* ➛ Dispositif placé au centre d'une plaque de cuisson électrique qui mesure la température du récipient chauffé et règle le thermostat.

palpitant, ante adj. – XVIe 1 Qui palpite. *Poitrine palpitante.* n. m. fam. *LE PALPITANT :* le cœur. 2 Qui excite l'émotion, un vif intérêt. ⇒ **émouvant, prenant, saisissant.** « *On s'accorde à estimer méritoire qu'un roman soit sensationnel ou, comme on dit, palpitant* » (Caillois).

palpitation n. f. – XVIe ; lat. 1 Battement de cœur plus sensible et plus rapide que dans l'état naturel, et quelquefois inégal. ⇒ **tachycardie.** *Avoir des palpitations.* 2 Contraction, frémissement convulsif. *Palpitations des ailes du nez.*

palpiter v. intr. [1] – XVe ; lat. *palpitare*, de *palpare* « palper » 1 Être agité de contractions, de frémissements. *Blessure, animal qui palpite. « les narines de son nez mince palpitaient largement »* (Flaub.). 2 Battre très fort, en parlant du cœur ; avoir des palpitations. « *Mon cœur palpite au seul aspect d'une femme* » (Beaum.).

palplanche n. f. – XVIIIe ; de ① *pal* 1 Planche grossièrement équarrie servant au boisage des galeries de mines. 2 Poutrelle qui s'emboîte bord à bord avec d'autres pour former une cloison étanche utilisée en terrain aquifère ou immergé.

palsambleu interj. – XVIIe ; euphém. pour *par le sang (de) Dieu* ▪ vx Juron en usage au XVIIe s. ⇒ **morbleu.**

❑ Pour la formation du mot → sacrebleu (rem.).

paltoquet n. m. – XVIe ; angl. *paltok* « paletot » ▪ fam. et vieilli Rustre. mod. Homme insignifiant et prétentieux, insolent.

❑ Pour l'étymologie → paletot (rem.).

palu → **paludisme**

paluche n. f. – 1940 ; de ① *pale* ▪ pop. Main.

palud [paly] n. m. – XIIe ; lat. *palus, paludis* ▪ vx Marais. ⇒ **palus.** ✪ HOM. Palu (paludisme), palus.

❑ On dit aussi *palude : « Paludes »*, récit d'André Gide.

paludéen, enne adj. – XIXe ; lat. *palus, paludis* « marais » 1 vx Propre aux marais. ⇒ **palustre.** 2 Relatif au paludisme. *Accès paludéen.* ♦ Atteint de paludisme. ⇒ **paludique.** « *tous assez profondément malades, paludéens, alcooliques, syphilitiques* » (Céline).

paludier, ière n. – XVIIIe ; de *palud* ▪ Personne qui travaille aux marais salants.

paludine n. f. – XIXe ; de *palud* ▪ Mollusque *(gastéropodes)* qui vit dans les étangs, les marais, les cours d'eau.

paludique adj. et n. – XIXe ▪ Relatif au paludisme. ♦ Atteint de paludisme. ⇒ **impaludé, paludéen.**

paludisme n. m. – XIXe ; lat. *palus, paludis* « marais » ▪ Maladie parasitaire, endémique dans certaines régions chaudes et humides, due à des protozoaires inoculés dans le sang par la piqûre de moustiques (anophèles), et se manifestant par des accès de fièvre intermittents. ⇒ **malaria.** *Crise de paludisme.* ➛ abrév. fam. *PALU.*

palus [paly] n. m. – XIXe ; de *palud* ▪ vx Marais. ⇒ **palud.** ➛ mod. région. Dans le Bordelais, Terre d'alluvions ou ancien marais littoral desséché, planté de vignobles. ✪ HOM. Palu (paludisme), palud.

palustre adj. – XVIe ; lat. « marécageux » ▪ Qui se rapporte aux marais.

palynologie n. f. – mil. XXe ; gr. *palunein* « répandre (de la farine) » ▪ Étude des pollens actuels et fossiles.

pâmer (se) v. pron. [1] – XIe ; lat. *spasmare* 1 vieilli Perdre connaissance. ⇒ **défaillir,** s'**évanouir ; pâmoison.** 2 Être comme paralysé par une émotion ou une sensation très agréable. *Se pâmer devant un tableau.* ⇒ s'**extasier.** *Pâmé d'admiration.*

pâmoison n. f. – XIe ▪ vieilli ou plaisant Fait de se pâmer ; état d'une personne qui se pâme. *Tomber en pâmoison. Elle « avait été prise de pâmoisons et de vapeurs »* (Loti).

pampa n. f. – XVIIIe ; mot d'une langue indigène ▪ Vaste plaine d'Amérique du Sud. « *le grand espace vide des steppes et des pampas* » (Sartre).

pamphlet n. m. – XVIIe ; angl. ; de *Pamphilet*, nom d'une comédie en vers latins du XIIe s. ▪ Court écrit satirique, qui attaque avec violence le gouvernement, les institutions, la religion, un personnage connu. ⇒ **diatribe, factum, libelle, satire.**

pamphlétaire n. - XVIIIe ▪ Auteur de pamphlets. ⇒ **polémiste.**

pampille n. f. - XIXe ; a. fr. *pampe* « pampre » ▪ Chacune des petites pendeloques groupées en franges, servant d'ornement. *Galon à pampilles.*

pamplemousse n. m. - XVIIe ; néerl. *pompelmoes* « gros citron » ▪ Fruit du pamplemoussier, gros agrume sphérique à peau jaune, juteux et légèrement amer. *Jus de pamplemousse.*

> ❑ L'Académie donne le mot au féminin, contrairement à l'usage.

pamplemoussier n. m. - XIXe ▪ Arbre des climats chauds *(rutacées)*, dont le fruit est le pamplemousse. *Hybride de pamplemoussier.* ⇒ **pomélo.**

pampre n. m. - XVIe ; a. fr. *pampe*, lat. *pampinus* 1 Branche de vigne avec ses feuilles et ses grappes. *Les pampres et les sarments.* « *les cordons de vignes dont les pampres vrillés et les grappillons entraient par les fenêtres* » (Balz.). 2 Ornement représentant un rameau de vigne avec ses feuilles et ses fruits.

① **pan** n. m. - XIe ; lat. *pannus* « morceau d'étoffe » 1 Grand morceau d'étoffe ; partie flottante ou tombante d'un vêtement. *Pan d'une chemise, d'un manteau* (⇒ ① **basque**). « *Elle ramena sur ses épaules les pans de la grande écharpe de velours* » (Aragon). 2 *Pan de mur :* partie plus ou moins grande d'un mur. allus. littér. « *la précieuse matière du tout petit pan de mur jaune* » (Proust). ➛ Ossature d'un mur. ➛ *Pan coupé :* surface élevée à l'angle de deux murs, oblique par rapport à eux, et remplaçant leur réunion à angle droit ou aigu. ♦ fig. « *De grands pans de passé sortent ainsi du champ de ma conscience* » (Gide). 3 Face d'une construction polyédrique. ⇒ **côté.** *Pans d'un prisme, d'une tour.* ✪ HOM. Paon.

② **pan** interj. - XVIIIe ; onomat. ▪ Mot qui exprime un bruit sec, un coup, un éclatement, etc.

pan-, pant(o)- Éléments, du gr. *pan, pantos* « tout ».

panacée n. f. - XVIe ; gr., de *pan-* et *akos* « remède » ▪ Remède universel, agissant sur toutes les maladies. ➛ pléonasme « *Les savants prétendaient qu'il avait trouvé la panacée universelle* » (Balz.). ♦ Ce qu'on croit capable de guérir tous les maux, de tout résoudre.

panachage n. m. - XIXe ▪ Action de panacher ; son résultat. ♦ Possibilité dont dispose l'électeur de composer lui-même sa liste en prenant des candidats sur les différentes listes en présence. *Panachage électoral.*

panache n. m. - XVe ; it. *pennacchio* 1 Faisceau de plumes serrées à la base et flottantes en haut, qui sert à orner une coiffure, un dais. ⇒ **aigrette, plumet.** *Le panache blanc d'Henri IV.* ♦ *Avoir du panache :* avoir fière allure. *Perdre avec panache.* 2 *Queue en panache de l'écureuil.* 3 Surface triangulaire du pendentif d'une voûte sphérique.

panaché, ée adj. - XIVe 1 Qui présente des couleurs variées. *Œillet panaché.* 2 Composé d'éléments différents. ⇒ **mélangé.** *Glace panachée. Liste panachée* (⇒ **panachage**). ♦ *Un demi panaché,* ou *un panaché :* mélange de bière et de limonade.

panacher v. tr. [1] - XVIIe ▪ Orner de couleurs variées. ⇒ **barioler.** ➛ Composer d'éléments divers. ⇒ **mélanger.** ➛ *Panacher une liste électorale* (⇒ **panachage**).

panachure n. f. - XVIIIe ▪ Tache, semis de taches de couleur sur un fond de couleur différente. « *les panachures vives des marguerites* » (Zola).

panade n. f. - XVIe ; provenç., de *pan* « pain » 1 Soupe faite de pain, d'eau et de beurre, liée souvent avec un jaune d'œuf. 2 loc. fam. *Être dans la panade,* dans la misère. ⇒ **mouise, purée.**

panafricain, aine adj. - mil. XXe ▪ Relatif à l'unité des peuples d'Afrique.

panafricanisme n. m. - mil. XXe ▪ Doctrine qui tend à développer l'unité et la solidarité africaines.

panais n. m. - XIe ; lat. *pastinaca* ▪ Plante herbacée *(ombellifères)* dont la racine blanche, odorante et charnue, est comestible.

panama n. m. - XIXe ; nom de pays ▪ Chapeau d'été, large et souple, tressé avec la feuille d'un latanier d'Amérique. ➛ Chapeau de paille de même forme. « *Enfin parut le notaire, un panama sur la tête, un lorgnon dans l'œil* » (Flaub.). *Des panamas.*

panaméricain, aine adj. - XIXe ▪ Qui concerne les nations du continent américain tout entier. *Congrès panaméricain.*

panaméricanisme n. m. - 1903 ▪ Système qui vise à placer toutes les nations américaines sous l'influence des États-Unis et à empêcher toute ingérence dans les affaires américaines.

panarabisme n. m. - 1923 ▪ Système qui tend à unir tous les peuples de langue ou de civilisation arabe (⇒ **panislamisme**).

① **panard, arde** adj. - XVIIIe ; provenç. « boiteux » ▪ Se dit d'un cheval dont les pieds de devant sont tournés en dehors. ✪ CONTR. Cagneux.

② **panard** n. m. - v. 1910 ; p.-ê. de ① *panard* ▪ pop. Pied.

panaris n. m. - XIVe ; gr. *parônukhia* « (abcès) près de l'ongle » ▪ Inflammation aiguë d'un doigt. ⇒ **tourniole.**

panathénées n. f. pl. - XVIIIe ; gr. ▪ Fêtes données à Athènes en l'honneur de la déesse Athéna.

panax [panaks] n. m. - XVIe ; mot lat. ▪ Arbre *(araliacées)* originaire d'Asie, dont une espèce fournit le ginseng.

> ❑ Le latin *panax* qui désignait une plante médicinale se retrouve dans *opopanax.*

pan-bagnat n. m. - d. i. ; mot provenç. ▪ Sandwich composé d'un pain rond garni de salade niçoise. *Des pans-bagnats.*

pancarte n. f. - XVe ; lat. ▪ Écriteau qu'on applique contre un mur, un panneau, etc., pour donner un avis au public. ⇒ **affiche, écriteau, placard.** *Pancarte à la vitrine d'un magasin.* ➛ Écriteau portant des slogans, que l'on brandit.

panchromatique [pɑ̃kʀɔmatik] adj. - XIXe ▪ Sensible à toutes les couleurs du spectre. *Pellicule panchromatique.*

panclastite n. f. - XIXe ; de *pan-* et gr. *klastos* « brisé » ▪ Explosif liquide constitué de peroxyde d'azote et d'une substance combustible.

pancosmisme n. m. - 1951 ; de *pan-* et gr. *kosmos* « monde » ▪ Doctrine selon laquelle toute réalité est contenue dans le monde sous une forme matérielle.

pancrace n. m. - XVIe ; de *pan-* et gr. *kratos* « force » ▪ Exercice gymnique de la Grèce antique qui combine la lutte et le pugilat.

pancréas [pɑ̃kʀeas] n. m. - XVIe ; de *pan-* et gr. *kreas* « chair » ▪ Glande annexe du tube digestif, de forme allongée, située derrière l'estomac, entre la deuxième portion du duodénum et la rate. *Sécrétion externe du pancréas :* le suc pancréatique. *Sécrétion interne (hormonale) du pancréas* (insuline et glucagon).

pancréatine n. f. - XIXe ▪ Produit obtenu par dessiccation du pancréas, servant pour la purification des divers enzymes pancréatiques (⇒ **amylase, chymotrypsine, lipase, trypsine**) et, en pharmacie, à la fabrication de pilules digestives.

pancréatique adj. – XVIIe ▪ Relatif au pancréas.

pancréatite n. f. – XIXe ▪ Inflammation du pancréas.

panda n. m. – XIXe ; probablt du nom indigène de l'animal au Népal ▪ Mammifère des forêts tempérées d'Asie, assez semblable à un petit ours, se nourrissant de pousses de bambou. *Le grand panda*, à fourrure noire et blanche.

pandanus [pɑ̃danys] n. m. – XIXe ; malais ▪ Arbre ou arbuste des régions chaudes *(pandanacées)*, à port de palmier, dont une espèce fournit des fibres textiles.

pandémie n. f. – XVIIIe ; de *pan-* et gr. *demos* « peuple » ▪ Épidémie qui atteint un grand nombre de personnes, dans une zone géographique très étendue.

pandémonium [pɑ̃demɔnjɔm] n. m. – XVIIIe ; de *pan-* et gr. *daimôn* « démon » ▪ Lieu où règnent la corruption et le désordre. Lieu bruyant.

❑ Le mot *pandaemonium* a été créé par Milton dans *le Paradis perdu* pour désigner la capitale imaginaire de l'Enfer.

pandiculation n. f. – XVIe ; lat. *pandiculari* « s'étendre, s'allonger » ▪ Mouvement qui consiste à étendre les bras en haut en renversant la tête et le tronc en arrière tout en allongeant les jambes et en bâillant.

pandit [pɑ̃di(t)] n. m. – XVIIe ; sanskr. *pandita* « savant » ▪ Titre honorifique donné dans l'Inde à un fondateur de secte, à un sage. *Le pandit Nehru.*

pandore n. f. – XVIe ; gr. *pandoura* ▪ Instrument de musique à cordes pincées, à long manche, de la famille du luth, en usage aux XVIe et XVIIe siècles.

❑ Ne pas confondre avec la *mandore*, luth à manche court (même étymologie).

panégyrique n. m. – XVIe ; gr. *panêguris* « assemblée de tout (le peuple) » **1** Discours à la louange d'une personne illustre, d'une nation, d'une cité. **2** Parole, écrit à la louange de qqn. ⇒ **apologie, éloge.** *Faire le panégyrique de qqn.* ⇒ **vanter.** ➛ péj. Éloge outré, emphatique. ⇒ **dithyrambe.** ✪ CONTR. Blâme, calomnie.

panégyriste n. – fin XVIe ▪ Auteur d'un panégyrique. ♦ Personne qui loue, qui vante qqn ou qqch. (souvent iron.). « *ne sois ni fade panégyriste, ni censeur amer ; dis la chose comme elle est* » (Dider.).

panel n. m. – 1953 ; mot angl. « panneau » **1** Échantillon permanent de personnes que l'on interroge régulièrement sur différents sujets. *Panel de consommateurs.* **2** Groupe de discussion, animant une table ronde.

paner v. tr. [1] – XVIe ; de *pain* ▪ Couvrir de panure, de chapelure avant de faire cuire, griller. ➛ *Escalope panée.* « *les côtelettes panées, le soir, c'est trop lourd* » (Zola).

panerée n. f. – XIVe ; de *panier* ▪ vieilli Contenu d'un panier.

paneterie [pan(ə)tʀi ; panɛtʀi] n. f. – XIVe ▪ Lieu où l'on conserve et distribue le pain, dans les communautés, les grands établissements. ♦ Office de panetier.

panetier n. m. – XIIe ▪ Officier de bouche qui était chargé du pain. *Le panetier et l'échanson.* « *tout un monde d'esclaves et d'officiers de bouche, panetiers, sommeliers, écuyers tranchants* » (Gaut.).

panetière n. f. – XIIe **1** vx Gibecière, sac où l'on met du pain, des aliments. *Panetière de pèlerin.* **2** Coffre à pain.

paneton n. m. – XIXe ▪ Petit panier garni de toile où l'on met les pâtons, pour donner sa forme au pain. ✪ HOM. Panneton.

paneuropéen, enne adj. – 1901 ▪ Relatif à l'unité européenne.

pangermanisme n. m. – XIXe ▪ Système visant à grouper dans un État unique tous les peuples supposés d'origine germanique.

pangermaniste adj. et n. – 1905 ▪ Relatif au pangermanisme. Partisan du pangermanisme.

pangolin n. m. – XVIIIe ; malais *pengguling* ▪ Mammifère d'Asie et d'Afrique, répandu sous les tropiques *(pholidotes)*, couvert d'écailles emboîtées, qui se roule en boule en cas de danger. « *Le pangolin se nourrit de fourmis ; il a le museau allongé, la gueule étroite et sans aucune dent apparente, la langue longue et ronde* » (Buff.).

panhellénique adj. – XIXe ▪ Qui se rapportait, appartenait à l'ensemble des Grecs.

panic n. m. – XIIIe ; lat. *panus* « fil de tisserand » ▪ Plante herbacée *(graminées)*, annuelle ou vivace, cultivée comme céréale ou plante fourragère. ⇒ **millet.** ✪ HOM. Panique.

panicaut n. m. – XIVe ; provenç., du lat. *panis* « pain » et *cardus* « chardon » ▪ Plante herbacée *(ombellifères)* aux feuilles de chardon, aux ombelles serrées en capitules, appelée communément *chardon Roland* (pour « chardon roulant »).

panicule n. f. – XVIe ; lat. *panus* « épi » ▪ Grande inflorescence en grappes, ramifiée et lâche. *Les panicules des graminées.* ✪ HOM. Pannicule.

❑ *Panicule* est féminin. Ne pas confondre avec *le pannicule (adipeux)* « tissu sous-cutané ».

panier n. m. – XIIe ; lat. *panarium* « corbeille à pain » **1** Réceptacle fait, à l'origine, de vannerie, et servant à contenir, à transporter des marchandises, des provisions, des animaux. *Panier à provisions. Panier à ouvrage.* ⇒ **corbeille.** ➛ METTRE AU PANIER : jeter aux ordures. ♦ loc. *Mettre dans le même panier* : juger de façon identique et généralement négative (cf. Mettre dans le même sac*). « *Aussi fou qu'elle probablement. À mettre dans le même panier* » (Mallet-Joris). ♦ PANIER PERCÉ : personne très dépensière. **2** Contenu d'un panier. ⇒ **panerée.** « *Elle portait un panier de bûches* » (Mart. du G.). *Panier-repas* : repas froid distribué à des voyageurs. ♦ *Le dessus du panier.* ⇒ **élite, fleur, gratin.** *Le fond du panier.* ⇒ **rebut.** ♦ loc. *Le panier de la ménagère* : dépenses de consommation courante représentant le coût de la vie. **3** Objet creux en vannerie, en métal, en plastique, servant à divers usages. *Panier à bouteilles.* ➛ PANIER À SALADE : réceptacle métallique, à ouverture étroite, dans lequel on met la salade pour la secouer afin de l'égoutter. fam. Voiture cellulaire. ♦ Dispositif contenant des diapositives et facilitant la projection successive des vues. ➛ Nasse pour la pêche aux crustacés. *Panier de crabes**. **4** Corps de jupe baleiné servant à faire bouffer les jupes, les robes. *Robe à paniers.* ⇒ **crinoline.** **5** Au basket, Filet ouvert en bas, fixé à un panneau de bois par une armature. ➛ Point marqué en faisant passer le ballon dans le panier du camp adverse. **6** Motif décoratif composé d'une corbeille remplie de fleurs, de fruits. *Lambris Louis XVI décoré de paniers.* **7** vulg. Derrière. *Il lui a mis la main au panier.*

panière n. f. – XIIIe ▪ Grand panier à anses ; son contenu.

panifiable adj. – XIXe ▪ Qui peut servir de matière première dans la fabrication du pain. *Céréales panifiables.*

panification n. f. – XVIIIe ▪ Ensemble des opérations qui permettent la fabrication du pain.

panifier v. tr. [7] – XVIIe ; lat. *panis* « pain » ▪ Transformer en pain.

paniquant, ante adj. – mil. xxe ▪ Qui fait paniquer, entraîne la panique.

paniquard, arde n. – 1925 ▪ Personne qui se laisse lâchement gagner par la panique.

panique adj. et n. f. – XVIe ; lat. *panicus*, de *Pan*, dieu qui passait pour troubler, effrayer les esprits **1** Qui trouble subitement et violemment l'esprit (en parlant d'un sentiment de peur). *Peur panique.* « *Foin de ces terreurs paniques qui n'ont pas le sens commun !* » (Rouss.). **2** n. f. Terreur extrême et soudaine, souvent collective, devant un danger réel ou seulement possible. ⇒ **effroi, épouvante ; affolement.** « *Une sorte de panique les prenait à la pensée qu'ils pouvaient, si près du but, mourir peut-être* » (Camus). *Être pris de panique. Pas de panique !* ✪ HOM. Panic.

paniquer v. [1] – 1937 **1** v. tr. fam. Affoler. *Il paniquerait tout le monde si on l'écoutait !* ➛ *Il est complètement paniqué,* affolé, angoissé. **2** v. intr. Être pris de peur ; s'affoler. *Il panique facilement.*

panislamisme n. m. – 1905 ▪ Système politique tendant à l'union de tous les peuples musulmans (⇒ **panarabisme**).

panmixie [pɑ̃miksi] n. f. – 1903 ; de *pan-* et gr. *mixis* « mélange » ▪ Reproduction sans sélection naturelle.

① **panne** n. f. – XIIe ; lat. *penna* « plume, aile » **I** Étoffe (de laine, coton, soie) semblable au velours, mais à poils longs et peu serrés. *Panne de velours.* **II** Graisse qui se trouve sous la peau du cochon. ✪ HOM. Paonne (paon).

② **panne** n. f. – XVIe ; lat. *penna* « plume, aile » **1** *Mettre* (un bateau) *en panne*, l'arrêter en orientant les vergues, en réduisant la voilure. « *On avait mis en panne, et c'était grande fête* » (Vigny). **2** Arrêt de fonctionnement dans un mécanisme, un moteur ; impossibilité accidentelle de fonctionner. *Machine en panne. L'avion a eu une panne de moteur. Panne d'automobile. Tomber en panne. Panne d'essence, panne sèche.* ➛ *Panne d'électricité, de courant :* arrêt accidentel de courant. ♦ fig. et fam. *Être en panne,* dans l'impossibilité momentanée de continuer. *Être en panne de qqch.*, en être dépourvu, en manquer. ✪ CONTR. Fonctionnement, ② marche.

③ **panne** n. f. – XIIe ; gr. *phatnê* « crèche » ▪ Pièce de bois horizontale qui sert à soutenir les chevrons d'un comble, dans une charpente.

④ **panne** n. f. – XVIIe ; de *pene* « aile, partie latérale » ▪ Partie du marteau opposée à la tête. ♦ Partie plate d'un piolet.

panneau n. m. – XIIe ; lat. *pannellus* « petit pan » **1** Filet utilisé pour prendre le gibier. ♦ loc. *Donner, tomber dans le panneau,* dans le piège. « *Seigneur ours, comme un sot, donna dans le panneau* » (La Font.). **2** Partie d'une construction, constituant une surface délimitée (par une bordure ou par d'autres panneaux). *Panneau mobile, coulissant.* ➛ Élément préfabriqué utilisé dans la construction. *Panneau de particules (de bois). Panneaux agglomérés au ciment.* ➛ *Panneau de cale, d'écoutille.* **3** Surface plane (de bois, de métal, de toile tendue) destinée à servir de support à des inscriptions. *Panneaux publicitaires. Panneaux de signalisation routière.* **4** Support de bois d'un tableau. **5** Pièce d'étoffe, élément d'un vêtement cousu, assemblé. *Panneaux d'une jupe.* ⇒ **lé.**

panneauter v. intr. [1] – XVIIIe **1** Chasser avec des panneaux. **2** Réaliser un ensemble de panneaux (2°).

panneton n. m. – XVIe ; de *pennon* ▪ Partie de la clé qui pénètre dans la serrure et agit sur le pêne. ➛ Partie de l'espagnolette qui s'assujettit au crochet. ✪ HOM. Paneton.

pannicule n. m. – XIVe ; lat. *pannus* « pan » ▪ *Pannicule adipeux :* tissu sous-cutané constitué de petits lobules de graisse. ✪ HOM. Panicule.

❑ *Pannicule* est masculin. Ne pas confondre avec *une panicule* « inflorescence ».

panonceau n. m. – XIIe ; de *pennon* « écusson d'armoiries » **1** Écu d'armoiries servant de signe de juridiction. ⇒ **blason,** ① **écu.** **2** Écusson, plaque métallique placée à la porte d'un officier ministériel (huissier, commissaire-priseur, notaire). **3** Enseigne, panneau. *Panonceau à l'entrée d'un hôtel, indiquant sa catégorie.*

panophtalmie n. f. – 1932 ▪ Inflammation purulente de la totalité du globe oculaire, due à une infection.

panoplie n. f. – XVIe ; gr. « armure de l'hoplite » **1** Ensemble d'armes présenté sur un panneau et servant de trophée, d'ornement. ♦ Ensemble d'accessoires, série de moyens. ⇒ **arsenal.** *Une panoplie d'arguments.* **2** Jouet d'enfant, comprenant un déguisement (vêtements et instruments) présenté sur un carton. *Panoplie de pompier.*

panoptique adj. – XIXe ▪ *Prison panoptique,* aménagée de telle sorte que le surveillant puisse voir chaque détenu dans sa cellule sans être vu lui-même.

panorama n. m. – XVIIIe ; mot angl. ; *pan-* et *-orama* **1** Spectacle constitué par un vaste tableau circulaire peint en trompe-l'œil et destiné à être regardé du centre. *Le panorama du musée de Waterloo.* **2** Vaste paysage que l'on peut contempler de tous côtés ; vue circulaire. ⇒ **vue.** *Admirer le panorama.* « *une vue immense, un panorama vraiment magique* » (Gaut.). **3** Étude successive et complète d'une catégorie de questions. *Panorama de la littérature contemporaine.*

❑ Ce mot, au sens de « tableau », a été créé par le peintre anglais R. Barker pour désigner ce type de tableau qu'il mit au point vers 1787.

panoramique adj. et n. m. – XIXe **1** Qui offre les caractères d'un panorama, permet d'embrasser l'ensemble d'un paysage. *Vue panoramique.* ♦ Qui permet une grande visibilité. *Restaurant panoramique,* d'où l'on a une vue très étendue. ➛ *Écran panoramique :* grand écran de cinéma, de télévision. **2** n. m. Mouvement de caméra, à laquelle l'opérateur fait effectuer une rotation autour d'un axe. *Panoramique horizontal, vertical.*

panorpe n. f. – XVIIIe ; de *pan-* et gr. *orpêx* « aiguillon » ▪ Insecte au corps grêle *(névroptères),* tacheté de jaune et de noir et à longues pattes.

panosse n. f. – XVe ; lat. *panucia* « guenille » ▪ (Savoie, Suisse) Serpillière.

panpsychisme n. m. – 1904 ▪ Doctrine d'après laquelle toute matière est vivante et possède une nature psychique, une âme.

pansage n. m. – XVIIIe ▪ Action de panser (un cheval, une bête de somme).

panse n. f. – XIIe ; lat. *pantex* « intestins, ventre » **1** fam. Gros ventre, bedaine. ⇒ **ventre.** loc. *Se remplir la panse ; s'en mettre plein la panse :* manger beaucoup (cf. S'en mettre plein la lampe*). **2** Premier compartiment de l'estomac des ruminants. ⇒ **rumen.** **3** Partie renflée. *Panse d'une cruche, d'une cloche.* « *nous écoutions frémir l'eau dans la panse du samovar* » (Colette). ♦ Partie ronde d'une lettre. *La panse d'un* a.

pansement n. m. – XVIe **1** Action de panser (une plaie ; un blessé). **2** *Pansement gastrique :* médicament destiné à protéger la muqueuse de l'estomac contre les effets de l'acidité gastrique. **3** Linges, adhésifs servant à assujettir les produits curatifs, antiseptiques. ⇒ ① **bande, charpie, compresse, coton, gaze, ouate.** *Mettre, changer un pansement.*

panser v. tr. [1] – XIIe ; lat. *pensare* « prendre soin » **1** Soigner (un animal domestique, et spécialt un cheval) en lui donnant les soins de propreté. ⇒ **bouchonner, brosser, étriller ; pansage.** 2 Soigner (qqn, une partie du corps) en appliquant un pansement. « *On a dû s'occuper de lui, panser ses blessures* » (Mart. du G.). ♦ fig. *La femme est faite « pour panser les plaies, non pour les aviver »* (L. Daud.). ✪ HOM. Pensée, penser.

panseur, euse n. – 1932 ▪ Infirmier, infirmière qui fait les pansements. ✪ HOM. Penseur.

panspermie n. f. – XIXe ; de *pan-* et gr. *sperma* « germe » ▪ Théorie selon laquelle la vie sur la terre provient de germes venus d'ailleurs.

pansu, ue adj. – XIVe 1 Qui a un gros ventre. ⇒ **gros, ventru.** « *C'était un homme pansu, avec un nez rouge* » (Gaut.). 2 *Vase pansu.* ⇒ **renflé.**

pantagruélique adj. – XVIe ▪ Digne du géant Pantagruel, qui évoque le personnage de Pantagruel. *Repas pantagruélique.*

pantalon n. m. – XVIIe ; du nom d'un personnage de la comédie italienne ▪ Culotte longue descendant jusqu'aux pieds. ⇒ **culotte ;** vx **braies ;** fam. **falzar, fendard, froc, futal.** *Mettre, enfiler son pantalon. Pantalon bouffant des anciens zouaves.* ⇒ **sarouel.** *Pantalon de toile (bleue).* ⇒ **bleu ; blue-jean, jean.** *Pantalon collant* (⇒ **caleçon**). *Pantalon de golf.* ⇒ **knickers.** *Porter un pantalon,* (vieilli) *des pantalons. Elle est en pantalon.* « *le pantalon de toile à carreaux moulait ses jambes sèches de coq* » (Mauriac). ➛ loc. *Baisser son pantalon :* se soumettre, être lâche ; avouer (cf. Baisser son froc*, baisser culotte*).

❑ Au XVIIe s., Furetière définit le *pantalon* comme « un haut-de-chausses étroit qui tient avec les bas ». C'est à la Révolution que le mot est employé avec son sens moderne et s'oppose à *culotte.* → sans-culotte (rem.).

pantalonnade n. f. – XVIe ; de *Pantalon,* personnage de la comédie italienne 1 Farce burlesque assez grossière. 2 Manifestation hypocrite (de dévouement, de loyauté, de regret).

pantelant, ante adj. – XVIe 1 Qui respire avec peine. ⇒ **haletant.** 2 En parlant d'un animal, d'un homme qui vient d'être tué et qui palpite encore. ⇒ **palpitant.** *La chienne, « un lapin pantelant dans la gueule »* (Genevoix).

panteler v. intr. [4] – XVIe ; lat. *pantasiare* « avoir des visions » 1 vx Haleter, suffoquer. 2 littér. Palpiter encore (en parlant d'un être en train d'agoniser).

pantenne n. f. – XVIe ; a. provenç. 1 Pantière. 2 *En pantenne :* dans une position quelconque, en désordre.

panthéisme n. m. – XVIIIe ; de *pan-* et gr. *theos* « dieu » ▪ Doctrine métaphysique selon laquelle Dieu est l'unité du monde, tout est en Dieu. ♦ Attitude d'esprit qui tend à diviniser la nature.

panthéiste adj. et n. – XVIIIe ▪ Relatif au panthéisme. ♦ Partisan du panthéisme. n. *Un, une panthéiste.*

panthéon n. m. – XVe ; gr., de *pan-* et *theos* « dieu » 1 Temple consacré à tous les dieux. ♦ Ensemble des divinités d'une mythologie, d'une religion polythéiste. 2 Monument consacré à la mémoire des grands hommes d'une nation.

panthéoniser v. tr. [1] – 1983 ▪ Plais. Mettre (qqn) au panthéon, le sacrer grand homme.

panthère n. f. – XIIe ; gr. ▪ Grand mammifère carnassier *(félidés)* d'Afrique et d'Asie, au pelage ras, le plus souvent jaune moucheté de taches noires, marbrées ou ocellées. *Panthère d'Afrique.* ⇒ **léopard.** *Panthère des neiges.* ⇒ ② **once.** *Panthère noire de Java. Panthère d'Amérique.* ⇒ **jaguar.** ♦ Fourrure de cet animal. *Manteau de panthère.*

pantière n. f. – XIIIe ; gr. « large filet » ▪ Filet que les chasseurs tendent verticalement pour prendre les oiseaux qui volent par bandes. ⇒ **pantenne.**

pantin n. m. – XVIIIe ; a. fr. *pantine* « écheveau de soie » 1 Jouet d'enfant, figurine burlesque dont on agite les membres au moyen d'un fil. « *un pantin de laine avec de gros yeux à fleur de tête et un ventre proéminent soigneusement cousu* » (Mac Orlan). *Gesticuler comme un pantin.* 2 Personne versatile, inconsistante. « *La Femme et le Pantin* », *de Pierre Louÿs.*

pant(o)- → **pan-**

pantographe n. m. – XVIIIe ; *panto-* et *-graphe* 1 Instrument composé de tiges articulées, qui sert à reproduire, réduire ou agrandir mécaniquement un dessin ou une figure. 2 Appareil installé sur le toit d'une motrice électrique et qui transmet le courant de la caténaire aux organes moteurs.

pantoire n. f. – XVe ; de *pente* ▪ Fort bout de cordage capelé à un mât, tombant le long de ce mât et terminé par un œillet à boucle.

pantois, oise adj. – XVIe ; lat. *pantasiare* « avoir des visions » 1 vx Haletant. ⇒ **pantelant.** 2 Dont le souffle est coupé par l'émotion, la surprise. ⇒ **ahuri, déconcerté, stupéfait.** « *assez estomaqué et pantois de ma déconvenue* » (Gaut.). *Cette réponse l'a laissée pantoise.*

pantomètre n. m. – XVIIe ▪ Instrument d'arpenteur servant à la mesure des angles.

pantomime n. m. et f. – XVIe ; lat. 1 Jeu du mime ; art de s'exprimer par la danse, le geste, la mimique, sans recourir au langage. « *La pantomime est l'épuration de la comédie ; c'en est la quintessence ; c'est l'élément comique pur, dégagé et concentré* » (Baudelaire). 2 Pièce mimée. ⇒ **mimodrame.** *Clowns qui jouent une pantomime.* 3 Attitude affectée, outrée, manège ridicule. *Que signifie cette pantomime ?* ⇒ **comédie.**

pantothénique adj. – v. 1935 ; gr. *pantothen* « de toutes parts » ▪ *Acide pantothénique :* vitamine B5, essentielle à la croissance cellulaire intervenant lors de la cicatrisation et précurseur de la coenzyme A.

pantouflard, arde adj. – XIXe ▪ fam. Qui aime rester chez soi, qui tient à ses habitudes, à ses aises. ⇒ **casanier.** ➛ n. *Un(e) pantouflard(e).*

pantoufle n. f. – XVe ; o. i. 1 Chausson bas, sans tige ni talon. ⇒ **charentaise, chausson, savate.** *Pantoufle sans quartier.* ⇒ **babouche,** ② **mule.** « *de petites pantoufles rouges à bouts retroussés comme des trompettes* » (Loti). 2 Situation que trouve un fonctionnaire dans le secteur privé lorsqu'il quitte le service de l'État.

pantoufler v. intr. [1] – XVIIe ▪ Quitter le service de l'État pour entrer dans une entreprise privée.

pantoum [pɑ̃tum] n. m. – XIXe ; malais ▪ Poème à forme fixe empruntée à la poésie malaise, composé de quatrains à rimes croisées, dans lesquels le deuxième et le quatrième vers sont repris par le premier et le troisième vers de la strophe suivante. « *Harmonie du soir* », *de Baudelaire, est un pantoum.*

panure n. f. – XIXe ; lat. *panis* « pain » ▪ Mie de pain rassis ou croûte râpée servant à paner. ⇒ **chapelure.**

panzer [pɑ̃(d)zɛʀ] n. m. – v. 1940 ; mot all. « blindé » ▪ Char de l'armée allemande.

paon [pɑ̃] n. m. – XIIe ; lat. *pavo, pavonis* 1 Oiseau originaire d'Asie *(gallinacés, phasianidés)* de la taille d'un faisan, dont le mâle porte une chatoyante livrée bleue mêlée de vert, une aigrette en couronne, et une longue queue aux plumes ocellées que l'animal peut redresser et déployer en éventail (⇒ **roue**). « *la nature a réuni sur le plumage du paon toutes les couleurs du ciel et de la terre* » (Buff.). *Paon qui fait la roue. Paon qui braille, criaille.* ♦ loc. *Pousser des cris de paon,* très aigus ; fig. protester bruyamment. *Être vaniteux comme un paon. Se parer des plumes du paon :* se prévaloir de mérites qui appartiennent à autrui. 2 Papillon dont les ailes ocellées rappellent la queue du paon. ✪ HOM. Pan ; panne.

❑ Ce mot a la même prononciation que *faon, taon,* la ville de *Laon.* ♦ Le féminin *paonne* [pan] est rare.

papa n. m. – XIIIe ; lat. *pappus* « aïeul » 1 Terme affectueux par lequel les enfants, même devenus adultes, désignent leur père. ➛ *Grand-papa :* grand-père. ⇒ **bon-papa.** 2 loc. fam. *À LA PAPA :* sans hâte, sans peine, sans risques. *Conduire à la papa.* ⇒ **tranquillement.** ♦ *DE PAPA :* désuet, périmé. *Le cinéma de papa.*

papable adj. – XVIe ; it. *papabile* ▪ fam. Susceptible d'être élu pape.

papaïne n. f. – XIXe ; de *papaye* ▪ Enzyme protéolytique extrait du latex du papayer.

papal, ale, aux adj. – XIVe ▪ Qui appartient au pape. ⇒ **pontifical.** *Bulle papale,* qui émane du pape.

papamobile n. f. – 1979 ; mot it. ▪ Voiture blindée du pape.

paparazzi [papaRadzi] n. m. pl. – v. 1960 ; mot it. « reporters photographes » ▪ Photographes faisant métier de prendre des photos indiscrètes de personnes connues, célèbres, sans respecter leur vie privée.

❑ Le singulier *paparazzo* est rare en français. Ce mot évolue plutôt vers la francisation : *un paparazzi, des paparazzis.*

papas [papas] n. m. – XIIIe ; mot grec « père, patriarche » ▪ Prêtre, évêque ou patriarche de l'Église grecque. ⇒ **pope.**

papauté n. f. – XVIe ; de *pape,* d'apr. *royauté* 1 Dignité, fonction de pape. ♦ Temps pendant lequel un pape occupe le Saint-Siège. *Pendant la papauté de Jean XXIII.* 2 Gouvernement ecclésiastique dans lequel l'autorité suprême est exercée par le pape. *Histoire de la papauté.* « *De toutes les monarchies, la Papauté est, sans doute, la seule qui soit à la fois absolue et élective* » (H. Marc-Bonnet).

papaver [papavɛR] n. m. – XIIIe ; mot lat. ▪ Pavot.

papavéracées n. f. pl. – XVIIIe ▪ Famille de plantes dicotylédones dialypétales, comprenant des plantes herbacées à suc aqueux ou lactescent (chélidoine, coquelicot, pavot, sanguinaire).

papavérine n. f. – XIXe ▪ Un des alcaloïdes de l'opium utilisé comme antispasmodique et comme anesthésique local.

papaye [papaj] n. f. – XVIe ; mot caraïbe des Antilles ▪ Fruit comestible du papayer, baie jaune orangé à maturité, de forme oblongue. « *ces papayes doucereuses au goût de poires urineuses* » (Céline).

❑ Pour la prononciation → paye (rem.).

papayer [papaje] n. m. – XVIIe ▪ Arbre exotique qui produit les papayes.

pape n. m. – XIe ; lat. *papa* ▪ Chef suprême de l'Église catholique romaine. ⇒ **saint-père** (cf. Souverain pontife*). *Sa Sainteté le pape. Dignité de pape.* ⇒ **pontificat.** *Gouvernement du pape.* ⇒ **papauté.** *Ambassadeur du pape.* ⇒ **légat, nonce.** *Lettres du pape.* ⇒ ② **bref,** ① **bulle, encyclique, rescrit.** ♦ Chef dont l'autorité est indiscutée. *Le pape d'un parti.*

papegai n. m. – XIIe ; a. provenç. ▪ région. Oiseau de carton ou de bois placé au bout d'une perche pour servir de but aux tireurs à l'arc, à l'arbalète (dans le nord de la France).

① **papelard, arde** n. et adj. – XIIIe ; a. fr. *papeler* « marmonner des prières » 1 vx Faux dévot. 2 adj. littér. ⇒ ① **faux, doucereux, mielleux.** « *prenant un air humble et papelard* » (Gaut.).

② **papelard** n. m. – XIXe ▪ fam. Morceau de papier ; écrit.

papelardise n. f. – XIIIe ▪ vx ou littér. Fausse dévotion ; hypocrisie.

paperasse n. f. – XVIe ▪ Papier écrit, considéré comme inutile ou encombrant. *Chercher dans ses paperasses.* ♦ au sing., collect. *Se noyer dans la paperasse.*

paperasserie n. f. – XIXe ▪ Accumulation de paperasses ; multiplication abusive des écritures administratives.

paperassier, ière n. et adj. – XVIIIe ▪ Personne qui aime conserver, écrire des paperasses. ➛ adj. *Administration paperassière,* qui multiplie les formalités écrites.

papesse n. f. – XVe ▪ Femme pape, selon la légende. *La papesse Jeanne.*

papeterie [papɛtRi ; pap(ə)tRi] n. f. – XVe 1 Fabrication du papier. *Usine de papeterie.* ♦ Lieu où l'on fabrique le papier. 2 Magasin où l'on vend du papier, des articles et des fournitures de bureau, d'école. *Librairie-papeterie.*

❑ La prononciation [paptRi] est plus conforme à la graphie mais moins commode et peu fréquente.

papetier, ière n. – XVe ▪ Personne qui fabrique, vend du papier ; qui a un commerce de papeterie. « *la porte vitrée du papetier-épicier-droguiste qui sonnait en s'ouvrant* » (Proust).

papi ou **papy** n. m. – mil. XXe ; d'apr. *mamie* ▪ fam. Grand-père, dans le langage enfantin. ⇒ **bon-papa.**

papier n. m. – XIIIe ; gr. *papuros* « roseau d'Égypte » → papyrus **I - 1** Matière fabriquée avec des fibres végétales réduites en pâte, étendue et séchée pour former une feuille mince. *Du papier, une feuille de papier.* ➛ *Pâte à papier :* pâte servant à fabriquer le papier. ➛ *Papier à dessin. Papier à musique. Papier à cigarettes. Papier de soie :* papier très fin. *Papier cristal,* translucide et assez raide. *Papier d'emballage.* ➛ *Papier hygiénique, papier-toilette,* très fam. *papier cul.* ♦ *Corbeille à papier. Serviette, nappe en papier* ⇒ aussi **non-tissé.** *Mouchoir en papier* (⇒ **kleenex**). *Cocotte en papier.* ♦ (le papier servant de support à un produit quelconque) *Papier sensible,* au gélatinobromure d'argent, en photographie. ➛ *Papier d'Arménie,* qui brûle lentement en dégageant un parfum caractéristique. ➛ *PAPIER PEINT, PAPIER,* que l'on colle sur les murs à l'intérieur d'une maison. *Chambre tapissée de papier à fleurs.* ♦ *PAPIER MÂCHÉ :* pâte à papier encollée, malléable. *Avoir une mine* de papier mâché.* ♦ *Papier écolier, papier de brouillon. Papier à lettres,* pour la correspondance. *Papier à en-tête.* ➛ *Papier recyclé*.* ➛ *Papier journal,* de qualité inférieure et peu encollé. 2 Feuille très mince de métal, servant à envelopper. *Papier d'étain, papier d'argent, papier doré. Papier d'aluminium,* fam. *papier alu.* 3 *Le papier,* support de ce qu'on écrit. *Jeter une phrase, une idée sur le papier.* ⇒ **écrire.** *Gratter du papier :* écrire. « *je n'aurais été qu'un barbouilleur de papier* » (Rouss.). **II** *UN, DES PAPIERS.* 1 Feuille, morceau de papier (⇒ fam. ② **papelard**). *Notez plutôt cela dans votre carnet que sur un papier.* ♦ Article destiné à un journal. *Envoyer un papier à son journal.* « *Des journalistes téléphonaient leur papier du café du coin* » (Simenon). 2 Papier écrit de quelque importance. ⇒ **document, note.** *Classer, ranger des papiers. Réunir les papiers* *nécessaires à un mariage.* ⇒ **pièce.** ♦ loc. fam. *Être dans les petits papiers de qqn,* jouir de sa faveur, de sa considération. ➛ *Rayez cela de vos papiers !* n'y comptez pas. ♦ *Papiers d'identité,* ou *les papiers :* ensemble des papiers d'identité. *Vos papiers ! Avoir ses papiers en règle. Se faire faire de faux papiers.* ♦ ⇒ **effet** (de commerce), **titre, valeur.** *Papiers de commerce.*

papilionacée n. f. – XVIIIe ; lat. *papilio* « papillon » ■ n. f. pl. PAPILIONACÉES : sous-famille de légumineuses dont les corolles ont cinq pétales inégaux et dont les fruits sont des gousses bivalves.

❑ Attention à l'orthographe et à la prononciation, différentes de celles de *papillon.*

papillaire [papilɛʀ] adj. – XVIIe ■ Formé de papilles ; de la nature d'une papille.

papille [papij] n. f. – XVIe ; lat. ■ Petite éminence à la surface d'une muqueuse. *Papilles gustatives.*

papillifère [papilifɛʀ] adj. – XIXe ■ Qui porte des papilles.

papillome [papilom ; papijɔm] n. m. – XIXe ; de *papille* ■ Tumeur bénigne de la peau ou d'une muqueuse, d'aspect mamelonné, d'origine virale. *La verrue, le condylome sont des papillomes.*

papillon n. m. – XIIIe ; lat. 1 Insecte lépidoptère sous la forme adulte, ailée. « *Le papillon, fleur sans tige, Qui voltige* » (Nerval). *Antennes, trompe, ailes des papillons.* « *Des papillons de nuit voletaient autour des lampions* » (Mart. du G.). *Métamorphoses qui changent la larve* (⇒ **chenille**) *en nymphe* (⇒ **chrysalide, cocon**), *puis en papillon.* « *Elle passait ses journées* [...] *à faire la chasse aux papillons* » (Stendh.). ➛ loc. fam. *Minute papillon !* une minute, attendez ! 2 *Nœud papillon :* nœud plat servant de cravate, en forme de papillon. abrév. fam. *Nœud pap* [nøpap]. ♦ *Brasse papillon,* ou *le papillon :* brasse sportive où les bras sont lancés simultanément hors de l'eau, effectuant des moulinets, les jambes effectuant un battement ondulatoire. 3 Feuille de papier jointe à un livre, un texte. ♦ Contravention. ⇒ **p.v.** 4 Écrou à ailettes. *Papillons d'une roue de bicyclette.* ♦ Dispositif de réglage du débit d'un fluide dans une tuyauterie.

papillonnage n. m. – XVIIIe ■ Fait de papillonner (2°).

papillonnant, ante adj. – XIXe ■ Qui papillonne, aime à papillonner.

papillonner v. intr. [1] – XIVe 1 S'agiter comme des ailes de papillon. 2 Aller d'une personne, d'une chose à une autre sans nécessité. ⇒ **folâtrer, virevolter, voltiger.** *Elle* « *furetait, elle allait et revenait, elle papillonnait en chantant* » (Balz.).

papillotage n. m. – XVIIe 1 Effet produit sur les yeux par un grand nombre de points lumineux éparpillés qui les obligent à se mouvoir sans cesse. ⇒ **éblouissement.** 2 Battements précipités des paupières, quand les yeux sont éblouis. ⇒ **papillotement.**

papillotant, ante adj. – XVIIIe 1 Qui éblouit par un grand nombre de lumières. ⇒ **scintillant.** « *cette nuit papillotante de lumières* » (Mart. du G.). 2 Qui papillote (en parlant de l'œil, du regard). ⇒ **clignotant.**

papillote n. f. – XVe 1 anciennt Bigoudi de papier. loc. fam. *Tu peux en faire des papillotes,* se dit d'un papier, d'un écrit sans valeur, bon à jeter. ⇒ **confetti.** 2 Papier servant d'enveloppe à un bonbon. ➛ Papier d'aluminium ou papier sulfurisé enveloppant certains poissons, légumes ou viandes à cuire au four ou à la vapeur. *Saumon en papillote.*

papillotement n. m. – XVIIe ■ Éparpillement de points lumineux qui papillotent ; effet produit par cet éparpillement. ⇒ **papillotage.**

papilloter v. intr. [1] – XVe ; a. fr. *papillot,* dimin. de *papillon* 1 Se dit des yeux, entraînés dans un mouvement qui les empêche de se fixer sur un objet. ➛ Cligner des paupières. 2 Scintiller comme des paillettes. *Des flaques d'eau* « *papillotaient aux yeux comme les miroirs des pièges d'alouettes* » (Gaut.).

papion n. m. – XVIIIe ; lat. *papio,* altér. de *babouin* ■ Nom générique de singes *(cynocéphales),* dont le babouin est une espèce.

papisme n. m. – XVIe ; de *pape* ■ péj. et vieilli Catholicisme romain.

papiste n. – XVIe ■ Catholique romain (spécialt dans le langage des polémistes protestants, du XVIe au XIXe s.).

papotage n. m. – XIXe ■ Action de papoter ; propos légers, insignifiants. ⇒ **bavardage.**

papoter v. intr. [1] – XIIIe ; lat. *pappare* ■ Parler beaucoup, en disant des choses insignifiantes. ⇒ **bavarder.** « *ça papote dans les coins, en grignotant des petits fours, avec d'élégants froufrous* » (Goncourt).

papouille n. f. – 1923 ; p.-ê. de *palper* ■ fam. Chatouillement, caresse indiscrète. « *Ils se font plein de papouilles... Ils s'envoient des beignes... Ils s'adorent* » (Céline).

paprika n. m. – 1922 ; mot hongr. ■ Piment doux réduit en poudre, utilisé notamment dans la cuisine hongroise.

papule n. f. – XVe ; lat. ■ Lésion élémentaire de la peau, caractérisée par une petite saillie ferme, de couleur rouge, rose ou brune, ne laissant pas de cicatrice.

papuleux, euse adj. – XIXe ■ Qui porte des papules ; qui est formé de papules.

papy → **papi**

papyboom n. m. – 1985 ; de *papy,* d'apr. *babyboom* ■ Fam. Augmentation spectaculaire du nombre des personnes âgées.

papyrologie n. f. – 1907 ■ Branche de la paléographie qui étudie les papyrus.

papyrologue n. – 1907 ■ Spécialiste de la papyrologie.

papyrus [papiʀys] n. m. – XVIe ; gr. *papuros* 1 Plante des bords du Nil *(cypéracées),* à grosse tige nue (renfermant une moelle comparable à celle du sureau) qui servait à fabriquer des objets de vannerie et surtout des feuilles pour écrire (on découpait la tige en bandes que l'on collait ensemble). ⇒ ① **souchet.** 2 Manuscrit, livre écrit sur papyrus.

paqson → **pacson**

pâque n. f., **pâques** n. f. pl. et n. m. – X[e] ; gr. *paskha,* hébr. *pesah* « passage » I n. f. LA PÂQUE. Fête judaïque annuelle qui commémore l'exode d'Égypte. ⇒ **azyme** (fête des azymes). ➛ *Manger la pâque,* l'agneau pascal. II PÂQUES. 1 n. f. pl. Fête chrétienne célébrée le premier dimanche suivant la pleine lune de l'équinoxe de printemps, pour commémorer la résurrection du Christ. *Joyeuses Pâques !* ♦ *Faire ses pâques* (ou *Pâques*) : recevoir la communion prescrite aux fidèles par l'Église, à Pâques. 2 n. m. (ellipse de *jour de Pâques*) *Le lundi de Pâques. Vacances de Pâques.* ➛ loc. *À Pâques ou à la Trinité :* très tard ; jamais.

paquebot n. m. – XVIIe ; angl. *packet-boat* ■ Grand navire de commerce principalement affecté au transport des passagers. « *Le paquebot était là fumant, prêt à partir* » (J. Verne).

❑ À l'origine, le *packet-boat* était une embarcation transportant le courrier de l'État puis tout courrier maritime (*packet :* « paquet de courrier »). L'habitude de prendre des passagers à bord de ces bateaux, notamment sur les lignes régulières comme Calais-Douvres, fit que l'appellation est restée attachée aux navires de transport des passagers.

pâquerette n. f. – XVIe ; de *Pâques* (époque de la floraison) ■ Petite plante dicotylédone *(composées)*, annuelle ou vivace et dont certaines variétés sont appelées *marguerites ;* la fleur de cette plante, blanche ou rosée, à cœur jaune. « *le pré semblait s'être fleuri soudain de nappes neigeuses de pâquerettes* » (Zola).

paquet n. m. – XIVe ; a. fr. *pacque*, du néerl. 1 Assemblage de plusieurs choses attachées ou enveloppées ensemble ; objet enveloppé, attaché pour être transporté plus commodément ou pour être protégé. ⇒ arg. **pacson.** *Un paquet de vêtements.* ⇒ **ballot.** fig. *Faire son paquet, ses paquets :* partir. ⇒ **balluchon.** *Faire un paquet.* ⇒ **empaqueter.** *Ouvrir, défaire un paquet.* ⇒ **dépaqueter.** ♦ Emballage, objet manufacturé (papier, carton) ; emballage et contenu. *Paquet de café, de bonbons* (⇒ **sachet**). *Paquet de cigarettes.* 2 *PAQUET (DE) :* grande quantité (de). *Un paquet d'actions. Toucher le paquet,* une grosse somme. loc. *Mettre le paquet :* employer les grands moyens ; donner son maximum. ♦ *Paquet de mer :* masse d'eau de mer qui s'abat sur le pont d'un bateau, une jetée. 3 loc. fam. *Lâcher son paquet à qqn,* lui faire une critique sévère et méritée. 4 Lignes de composition liées ensemble pour être remises au metteur en pages. 5 Ensemble de bits constituant un message ou une partie d'un message et comprenant des informations de service.

paquetage n. m. – XIXe ■ Effets d'un soldat pliés et placés de manière réglementaire. *Faire son paquetage.* ⇒ **bagage, barda.**

paqueteur, euse n. – XVIe ■ Personne qui fait des paquets. ⇒ **emballeur, empaqueteur.**

① **par** prép. – IXe ; lat. *per* « à travers, au moyen de » I (exprimant une relation de lieu ou de temps) 1 (spatial) À travers. *Regarder par la fenêtre. Voyager par mer. Pour aller en Italie, il est passé par la Suisse.* ⇒ **via.** ➝ *Idée qui vous passe par la tête. Passer par de rudes épreuves.* ♦ (en parcourant un lieu) ⇒ **dans.** *De par le monde**. *Par monts** *et par vaux.* ➝ *Envoyer un navire par le fond.* ♦ (sans mouvement) *Être assis par terre** (⇒ **à**). ➝ (En mer) À la hauteur de. *Se trouver par 30° de latitude Nord.* ♦ (avec ou sans mouvement) *Par en bas, par le bas ; par-devant ; par-derrière ; par-dessus. Par ici, par là.* ➝ loc. *PAR-CI, PAR LÀ.* ⇒ ① **ci.** 2 (temporel) Durant, pendant. *Par une belle matinée de printemps.* ♦ (emploi distributif) Dans, pendant (un temps). *Plusieurs fois par jour. C'est tant par personne. Aller par petits groupes.* ➝ *Suivre les événements heure par heure.* II - 1 (introd. le compl. d'agent) Grâce à l'action de. *Il a été renversé par une voiture.* « *Nous te ferons condamner par les Riches !* » (Flaub.). *J'ai appris la nouvelle par mes voisins. L'exploitation de l'homme par l'homme.* 2 Au moyen de. ⇒ **avec.** *Obtenir qqch. par la force. Répondre par oui ou par non. Appeler qqn par son nom.* ➝ *Diviser une quantité par une autre.* ➝ *Qu'entendez-vous par là ? Envoyer une lettre par la poste. À force d'en parler, ça va finir par arriver !* ➝ *Se tenir par la main.* ➝ *Par l'intermédiaire, par la faute, par l'entremise de...* 3 (après un adj.) *Fidèle par devoir.* ♦ (après un nom) *Nettoyage par le vide. Un oncle par alliance.* ♦ loc. *Par exemple. Par conséquent. Par ailleurs. Par bonheur. Par pitié !* ♦ *DE PAR :* à cause de, du fait de. *De par ses convictions.* ✪ HOM. Part.

② **par** n. m. – 1929 ; mot angl. « égalité » ■ Nombre de coups nécessaires pour réussir un trou, au golf.

① **para-** Élément, du gr. *para* « à côté de ».

② **para-** Élément, tiré de mots empruntés *(parasol, paravent)* qui exprime l'idée de « protection contre ».

parabase n. f. – XIXe ; gr. *parabasis* « action de s'avancer » ■ Dans la comédie grecque, Discours du coryphée par lequel l'auteur faisait connaître ses opinions personnelles.

parabellum [paʀabelɔm] n. m. – 1928 ; all., d'apr. le lat. *si vis pacem, para bellum* « si tu veux la paix, prépare la guerre » ■ Pistolet automatique de fort calibre. « *j'avais un magnifique parabellum, mon arme de prédilection* » (Cendrars).

parabiose n. f. – XIXe ; de ① *para-* et gr. *bios* « vie » ■ Greffe dite « siamoise », par laquelle on soude deux organismes.

① **parabole** n. f. – XIIIe ; gr. « comparaison » ■ Récit allégorique des livres saints, sous lequel se cache un enseignement. *Les paraboles de l'Évangile.* ♦ Récit allégorique, à valeur morale. ➝ *Parler par paraboles,* d'une manière détournée, obscure.

② **parabole** n. f. – XVIe ; gr. ■ Ligne courbe dont chacun des points est situé à égale distance d'un point fixe *(foyer)* et d'une droite fixe *(directrice). La parabole est une conique.* ♦ Antenne en forme de miroir parabolique.

① **parabolique** adj. – XVe ; lat. ■ rare Relatif à la parabole (①). ⇒ **allégorique.**

② **parabolique** adj. – XVIIe 1 Relatif à la parabole (②). ♦ En forme de parabole. « *un saut en hauteur qui devenait parabolique* » (Goncourt). *Miroir parabolique.* « *un petit poêle parabolique qu'il possède lui cause des ennuis* » (Romains). 2 *Radiateur parabolique,* ou n. m. *un parabolique :* radiateur à miroir parabolique. 3 *Antenne parabolique :* antenne de télévision qui capte les programmes étrangers retransmis par satellite.

paraboloïde n. m. – XVIIe ■ Quadrique n'ayant pas de centre. *Paraboloïde elliptique, hyperbolique,* dont certaines sections planes sont des ellipses, des hyperboles. *Paraboloïde de révolution :* surface engendrée par une parabole tournant autour de son axe de symétrie.

paracentèse [paʀasɛ̃tɛz] n. f. – XVIe ; gr. « ponction » ■ Ponction, au moyen d'une aiguille ou d'un bistouri, de la paroi d'une cavité, afin d'en évacuer le liquide accumulé.

> ❑ Attention à l'orthographe, sans rapport avec *synthèse ;* même élément dans *amniocentèse* et *thoracentèse.*

paracétamol n. m. – 1972 ; angl., acronyme de ***para-acetylamino**phen**ol*** ■ Médicament antalgique et antipyrétique.

parachèvement n. m. – XIVe ■ littér. Action de parachever (⇒ **achèvement**) ; son résultat. ⇒ **perfection.**

parachever v. tr. 5 – XIIIe ; du lat. *per-* « jusqu'au bout » et *achever* ■ Conduire au dernier point de perfection. ⇒ **achever, parfaire.** « *la frange d'écume qui parachève avec un fracas de tonnerre ou un murmure délicieux, le déferlement d'une belle lame* » (Heredia).

parachronisme [paʀakʀɔnism] n. m. – XVIIe ; de ① *para-* et *anachronisme* ■ Erreur de chronologie qui consiste à placer un événement plus tard qu'il ne faudrait. ⇒ **anachronisme** (plus courant).

parachutage n. m. – 1939 1 Action de parachuter d'un avion (des personnes ou des objets). ⇒ **droppage, largage.** *Parachutage d'armes, de troupes.* 2 Action de parachuter (2°) qqn dans un emploi ; nomination inattendue.

parachute n. m. – XVIIIe ; de ② *para-* et *chute* 1 Appareil permettant de ralentir dans l'atmosphère la chute d'une personne qui saute ou d'un objet qu'on lance d'un aérostat ou d'un avion, de diminuer la vitesse d'un avion, etc. *Toile de parachute. Parachute dorsal, ventral. Saut en parachute.* 2 Dispositif de sécurité qui bloque la cabine d'un ascenseur en cas de rupture de câble.

parachuter v. tr. 1 – 1939 1 Lâcher d'un avion avec un parachute. *Parachuter des soldats, du ravitaillement.*

⇒ **larguer.** 2 fam. Nommer à un poste ou désigner (qqn) à l'improviste, de manière inattendue.

parachutisme n. m. – 1920 ▪ Technique, pratique du saut en parachute.

parachutiste n. et adj. – 1903 ▪ Personne qui pratique le parachutisme. ♦ Soldat qui fait partie d'unités spéciales dont les éléments sont destinés à combattre après avoir été parachutés. *Commando de parachutistes.* ➞ abrév. fam. PARA. *Les paras* (cf. Les bérets* rouges).

Paraclet n. m. – XIIIe ; gr. *paraklêtos* « avocat » ▪ *Le Paraclet :* le Saint-Esprit.

parade n. f. – XVIe ; de *parer* **I** - 1 Étalage que l'on fait d'une chose, afin de se faire valoir. ⇒ **exhibition, ostentation ;** fam. **bluff, épate, esbroufe.** ♦ loc. *FAIRE PARADE DE* qqch. ⇒ **déployer,** ① **étaler, exhiber** (cf. Faire étalage, faire montre de). « *lire pour faire parade de ses lectures* » (Rouss.). ♦ *DE PARADE :* destiné à être utilisé comme ornement. *Habit de parade.* ➞ *Amabilité de parade,* purement extérieure. « *ce non-conformisme de parade* » (Camus). 2 Cérémonie militaire où les troupes en grande tenue défilent. ⇒ **défilé, revue.** *Parade militaire.* 3 Exhibition que font les bateleurs, avant la représentation, pour attirer les spectateurs. 4 Comportement ritualisé de certains animaux (insectes, mammifères, oiseaux) formant prélude à la copulation. *Parade nuptiale.* **II** Arrêt d'un cheval qu'on manie. **III** - 1 Action, manière de parer (②) un coup, à l'escrime. ⇒ **contre.** 2 Défense, riposte. *Trouver la parade à une attaque.*

parader v. intr. [1] – XVIe 1 Se montrer en se donnant un air avantageux. ⇒ se **pavaner, plastronner ;** fam. **frimer.** *Les occasions* « *de parader au milieu de gens fort titrés et de jolies femmes lui procuraient les plus vives jouissances* » (Romains). 2 rare Manœuvrer au cours d'une parade. *Le régiment paradait sur l'esplanade.*

paradigmatique adj. – v. 1960 ▪ Du paradigme (2°). *Axe paradigmatique* (opposé à *syntagmatique*) : axe de substitution des mots.

paradigme n. m. – XVIe ; gr. *paradeigma* « exemple » 1 Mot-type qui est donné comme modèle pour une déclinaison, une conjugaison. ⇒ **exemple, modèle.** 2 Ensemble des termes substituables situés en un même point de la chaîne parlée.

paradis n. m. – X[e] ; avestique (iranien ancien) *paridaiza* « enclos » → aussi parvis 1 Lieu où les âmes des justes jouissent de la béatitude éternelle. *Le paradis et l'enfer. Aller au paradis. Les clés du paradis.* 2 État ou lieu de bonheur parfait, séjour enchanteur. ⇒ **éden.** *C'est le paradis sur (la) terre.* « *le vert paradis des amours enfantines* » (Baud.). « *les vrais paradis sont les paradis qu'on a perdus* » (Proust). loc. *Être, se croire au paradis :* être au comble du bonheur. ➞ « *Les Paradis artificiels* » *(ouvrage de Baudelaire) :* les plaisirs de la drogue. ♦ *Paradis fiscal :* pays où la réglementation monétaire, la fiscalité plus souple, plus favorable que dans le reste du monde attire les capitaux étrangers. 3 *LE PARADIS TERRESTRE :* jardin, lieu de délices où, dans la Genèse, Dieu plaça Adam et Ève. ⇒ **éden.** 4 Galerie supérieure d'un théâtre. ⇒ **poulailler.** « *Les Enfants du Paradis* », *film de M. Carné.* 5 *Pommier de paradis* ou *paradis :* variété de pommier utilisée comme porte-greffe. ➞ *Graine de paradis.* ⇒ **maniguette.** 6 *Oiseau de paradis.* ⇒ **paradisier.** « *un large éventail de plumes d'oiseaux de paradis* » (Hugo). ✪ CONTR. Enfer, géhenne.

paradisiaque adj. – XIXe ▪ Qui appartient au paradis. ➞ Très agréable, délicieux. ⇒ **enchanteur.** « *Nous passâmes dans cet éden deux jours paradisiaques, dont le souvenir n'a rien que de souriant et de pur* » (Gide).

paradisier n. m. – XIXe ▪ Oiseau *(passereaux)* de la Nouvelle-Guinée, appelé aussi *oiseau de paradis. Le paradisier mâle porte sur le flanc des panaches de plumes aux riches couleurs.*

parados [paʀado] n. m. – XIXe ; de ② *para-* et *dos* ▪ Terrassement destiné à parer les coups qui pourraient prendre à revers les servants d'une batterie, les occupants d'une tranchée.

paradoxal, ale, aux adj. – XVIe 1 Qui tient du paradoxe. *Des raisonnements paradoxaux.* 2 Qui aime, qui recherche le paradoxe. « *doué d'une intelligence paradoxale* » (Mart. du G.).

paradoxalement adv. – XIXe ▪ D'une manière paradoxale, contrairement à ce qu'on attendrait.

paradoxe n. m. – XVe ; gr. « contraire à l'opinion commune » 1 Opinion qui va à l'encontre de l'opinion communément admise. « *Les paradoxes d'aujourd'hui sont les préjugés de demain* » (Proust). 2 Se dit d'une proposition qui est à la fois vraie et fausse. ⇒ **antinomie, contradiction, sophisme.** *Le paradoxe du menteur* (s'il dit *je mens,* il ne ment pas).

paraffinage n. m. – XIXe ▪ Opération qui consiste à enduire de paraffine ; son résultat.

paraffine n. f. – XIXe ; lat. *parvum affinis* « qui a peu d'affinité » 1 vieilli Alcane. 2 Substance solide blanche, constituée d'hydrocarbures de la *série des paraffines,* qui fond entre 50 et 60 °C **(**⇒ **graisse** [minérale]**),** utilisée dans la fabrication de bougies, et pour imperméabiliser le papier.

> ❑ Ce corps se combine difficilement avec les autres corps, caractéristique indiquée dans l'étymologie.

paraffiner v. tr. [1] – XIXe ▪ Enduire de paraffine. ➞ *Papier paraffiné.*

parafiscal, ale, aux adj. – mil. XXe ▪ Qui a rapport à la parafiscalité.

parafiscalité n. f. – 1949 ; de ① *para-* et *fiscalité* ▪ Ensemble des taxes, cotisations, versements obligatoires, distincts des impôts perçus sous l'autorité légale, quoique non comptabilisés au budget de l'État.

parafoudre n. m. – XIXe ; de ② *para-* et *foudre* ▪ Paratonnerre.

parage n. m. – XVIIe 1 Action de parer les morceaux de viande bruts. 2 Labour (des vignes) avant l'hiver. ✪ HOM. Parages.

parages n. m. pl. – XVIe ; esp. *paraje* « lieu de station » 1 Endroit, espace déterminé de la mer ; étendue de côtes accessibles à la navigation. ⇒ **approches, atterrage.** *Les parages du cap Horn.* 2 Environs d'un lieu. ⇒ **voisinage.** *Il habite dans les parages,* à proximité, aux alentours. ✪ HOM. Parage.

paragraphe n. m. – XIIIe ; gr. « écrit à côté » 1 Division d'un écrit en prose, offrant une certaine unité de pensée ou de composition. *Paragraphes d'un chapitre.* 2 Signe typographique (§) présentant le numéro d'un paragraphe.

paragrêle n. m. et adj. – XIXe ; de ② *para-* et *grêle* ▪ Appareil destiné à protéger les cultures contre la grêle. ➞ adj. *Canon paragrêle.*

paraître v. intr. [57] – X[e] ; lat. *parere* **I** - 1 Se présenter à la vue. ⇒ **apparaître.** « *lorsque au matin le jour vient à paraître* » (Muss.). ⇒ **poindre.** ♦ Venir au jour. *Les premières roches qui ont paru sur la croûte terrestre.* ♦ ⇒ se **montrer.** « *Lorsque l'enfant paraît* » (Hugo). 2 Être mis en vente, livré au public (publications). *Faire paraître un ouvrage.* ⇒ **éditer, imprimer, publier.** *Son nouveau roman est paru, vient de paraître.* **II** - 1 (avec un adv. ou à la forme négative) Se voir. « *Dans quelques jours il n'y paraîtra plus* » (Maupass.). ➞ *FAIRE, LAISSER PARAÎTRE :* rendre visible, laisser voir. ⇒ **manifester,**

montrer. *Laisser paraître ses sentiments.* 2 Se montrer dans des circonstances où l'on doit remplir quelque obligation. *Paraître en public, sur scène, à l'écran.* ⇒ se **produire.** 3 Se donner en spectacle, se faire remarquer. ⇒ **briller.** « *Elle aimait un peu trop paraître* » (France). **III - 1** (avec un attribut du sujet) Sembler, avoir l'air. *Il paraît satisfait.* « *La blessure qui n'avait pas paru grave, mit longtemps à guérir* » (Romains). ♦ Donner (à qqn) l'impression d'être. *Je vais vous paraître vieux jeu.* « *Tu me parais un tant soit peu misanthrope et enclin à la mélancolie* » (Muss.). *Cela me paraît louche.* 2 (semi-auxil., devant un inf.) *Il paraît douter de lui-même.* ♦ ⇒ ① **faire.** « *Assurément, tu ne parais pas ton âge* » (Duham.). 3 spécialt (opposé à *être effectivement*) Se faire passer pour. « *Il s'agit d'être grand, et non de le paraître* » (R. Rolland). ♦ Se donner une apparence flatteuse (cf. Se faire valoir*). *Être et paraître.* 4 impers. ⇒ **sembler.** *Il paraît nécessaire d'agir ainsi. Il (me) paraît préférable que vous sortiez. Il ne me paraît pas certain qu'il vienne.* ♦ *IL PARAÎT, IL PARAÎTRAIT QUE* (et indic.) : le bruit court que. « *Il paraît qu'à Verdun il meurt plus de cinq mille hommes par jour* » (Romains). ➡ (en incise) *PARAÎT-IL. Le charmant roi mage « avec lequel on lui avait trouvé autrefois — paraît-il — une grande ressemblance* » (Proust). ➡ *À ce qu'il paraît :* selon ce qu'on dit, selon les apparences. « *Vous vous révoltez, à ce qu'il paraît* » (Zola). ✪ CONTR. ① Cacher (se), disparaître. — HOM. *Parais :* parais (parer) ; *paraisse :* paresse (paresser).

❑ Le *i* de *paraître* prend un accent circonflexe devant *t*.

paralangage n. m. – v. 1965 ■ Moyen de communication naturel non langagier, employé seul ou plus généralement simultanément avec la parole (mimique, gestuelle, sifflements, etc.).

paralittéraire adj. – 1935 1 Qui concerne des activités ou des travaux annexes de la littérature. 2 Qui concerne la paralittérature.

paralittérature n. f. – 1953 ■ Ensemble des productions textuelles sans finalité utilitaire et que la société ne considère pas comme de la « littérature » (romans-photos, bandes dessinées, etc.).

parallactique adj. – XVIIe ; gr. ■ Relatif à la parallaxe.

parallaxe n. f. – XVIe ; gr. « changement » ■ Déplacement de la position apparente d'un corps, dû à un changement de position de l'observateur ; angle formé par deux droites menées du corps observé à deux points d'observation. *Parallaxe équatoriale :* angle sous lequel le rayon équatorial terrestre serait vu d'une planète ou d'un astre. ♦ Angle formé par les axes optiques de deux instruments (ex. une lunette et son viseur) visant le même objet. ♦ *Erreur de parallaxe,* commise sur la lecture d'un appareil de mesure à aiguille, et résultant de l'écart entre l'axe visuel et la norme à la graduation.

parallèle adj. et n. – XVIe ; gr. **I - 1** Se dit de lignes, de surfaces qui, en géométrie euclidienne, ne se rencontrent pas. *Droites parallèles,* dont deux points correspondants sont toujours équidistants. *Droite parallèle à un plan.* ♦ Qui permet des traitements simultanément sur de multiples données, en informatique. *Ordinateur parallèle.* ⇒ **multiprocesseur.** ♦ n. f. Droite parallèle à une droite de référence. *Le postulat des parallèles, fondement de la géométrie d'Euclide.* ➡ *Montage en parallèle,* de conducteurs, de générateurs dont tous les pôles positifs d'une part, tous les pôles négatifs d'autre part sont reliés entre eux (opposé à *en série*). ⇒ ① **dérivation.** 2 n. m. Petit cercle imaginaire de la sphère terrestre, parallèle au plan de l'équateur, servant à mesurer la latitude. « *C'était par le vingtième parallèle de latitude, dans la région des alizés* » (Loti). *Méridiens et parallèles.* 3 ancienn Tranchée parallèle au côté d'une place qu'on assiège ou à la ligne du front. **II - 1** Qui suit la même direction, se développe dans la même direction. *Évolution parallèle.* ➡ *Filiation parallèle :* règle de filiation, assignant les hommes à des groupes patrilinéaires et les femmes à des groupes matrilinéaires, chaque ligne étant reconnue pour un sexe seulement. ♦ Qui a lieu en même temps, porte sur le même objet. *Circuits parallèles de distribution.* ➡ *Police parallèle.* ⇒ **milice.** 2 n. m. *UN PARALLÈLE :* comparaison suivie entre deux ou plusieurs sujets. *Établir, faire un parallèle entre deux questions, entre deux personnages. Il « développe un parallèle qui lui tient à cœur entre l'imagination poétique et la cinétique des gaz* » (Romains). ♦ loc. *Mettre deux choses en parallèle.* ⇒ **comparer.** ✪ CONTR. Convergent, divergent ; confluent.

❑ Ne pas confondre *parallèle* n. m. et n. f. On dit *ne pas avoir son parallèle* (et non *sa parallèle*).

parallèlement adv. – XVIe 1 D'une manière parallèle. « *La ville indigène double la ville française parallèlement au fleuve* » (Gide). 2 En même temps. *Elle travaille et parallèlement fait des études.*

parallélépipède n. m. – XVIIe ; gr. *epipedon* « surface » ■ Hexaèdre dont les faces sont des parallélogrammes, les faces opposées étant parallèles et égales ; prisme dont les bases sont des parallélogrammes. *Parallélépipède rectangle.*

parallélisme n. m. – XVIIe 1 État de lignes, de plans parallèles. *Parallélisme des roues d'une automobile.* 2 Progression semblable ; ressemblance suivie entre choses comparables. ⇒ **accord.** *Parallélisme de deux destins.* ✪ CONTR. Convergence, divergence, ① rencontre.

parallélogramme n. m. – XVIe ; gr. ■ Quadrilatère dont les côtés opposés sont deux à deux parallèles et égaux.

paralogisme n. m. – XIVe ; gr. ■ Faux raisonnement fait de bonne foi (opposé à *sophisme*). ⇒ **erreur, non-sens.**

paralympique adj. – 1960 ; de *paraplégique* et *olympique* ■ *Jeux paralympiques :* compétitions sportives pour les paraplégiques.

❑ Ce mot-valise est un exemple de néologie « politiquement correcte ». → correct (rem.).

paralysant, ante adj. – XIXe ■ De nature à paralyser. « *en proie à une émotion paralysante à force d'être douce* » (Bourget).

paralysé, ée adj. et n. – XVIe ■ Atteint de paralysie. *Malade paralysé.* ⇒ **paralytique.** ➡ *Bras, jambes paralysés.* ♦ n. *Les paralysés.* ⇒ **hémiplégique, paraplégique, tétraplégique.**

❑ Se dit des personnes mais aussi de l'organe atteint.

paralyser v. tr. [1] – XVIIIe 1 Frapper de paralysie. *L'attaque qui l'a paralysé.* ➡ Immobiliser. *Le froid paralyse les membres.* ⇒ **engourdir.** 2 Frapper d'inertie ; rendre incapable d'agir ou de s'exprimer. ⇒ **figer, glacer** (fig.). « *cette crainte, qui me paralyse souvent encore, d'importuner, de gêner ceux vers qui je me sens le plus naturellement entraîné* » (Gide). ♦ *Grève qui paralyse la capitale.* ✪ CONTR. Aider, animer, éveiller.

paralysie n. f. – XIVe ; gr., de *lusis* « relâchement » 1 Déficience ou perte de la fonction motrice d'une partie du corps, due le plus souvent à des lésions nerveuses centrales ou périphériques. *Paralysie d'une moitié du corps.* ⇒ **hémiplégie.** *Paralysie des membres inférieurs* (⇒ **paraplégie**), *des quatre membres* (⇒ **tétraplégie**). *Paralysie spinale.* ⇒ **poliomyélite.** « *Brusque-*

ment la paralysie [...] *la prit à la gorge et lui lia le corps* » (Zola). 2 *Paralysie générale (progressive)* : inflammation diffuse du cerveau, d'origine syphilitique. ⇒ **tabès.** 3 Impossibilité d'agir, de s'extérioriser, de fonctionner. ◆ *Paralysie de l'activité économique.* ✪ CONTR. Animation, mouvement.

paralytique adj. et n. – XIIIe 1 Atteint de paralysie. *Un vieillard paralytique.* ⇒ **impotent, paralysé.** ◆ n. *La fable de l'aveugle et du paralytique.* 2 Relatif à la paralysie. *Strabisme paralytique.*

❑ *Paralytique,* à la différence de *paralysé,* ne s'emploie qu'en parlant des personnes.

paramagnétique adj. – XIXe ▪ *Substance paramagnétique,* qui s'aimante comme le fer, mais beaucoup plus faiblement.

paramagnétisme n. m. – XIXe ▪ Propriété des substances paramagnétiques, douées d'une faible susceptibilité magnétique positive.

paramécie n. f. – XIXe ; gr. *paramêkês* « oblong » ▪ Protozoaire de grande taille porteur de cils vibratiles.

paramédical, ale, aux adj. – mil. XXe ▪ Qui se consacre aux soins, au traitement des malades, sans appartenir au corps médical. *Les professions paramédicales* (kinésithérapeute, orthophoniste, etc.).

paramètre n. m. – XVIIIe ; de ① *para-* et gr. *metron* « mesure » 1 Quantité à fixer librement, maintenue constante, dont dépend une fonction de variables indépendantes, une équation ou une expression mathématique. *Paramètre d'une parabole,* distance de son foyer à sa directrice. 2 Élément important dont la connaissance explicite les caractéristiques essentielles de l'ensemble d'une question. *Paramètres d'une série statistique.* 3 Élément nécessaire pour juger, évaluer, comprendre (qqch.). ⇒ **donnée,** ② **facteur.** *Paramètre dont il faut tenir compte.*

paramétrer v. tr. [6] – v. 1970 ▪ Programmer (un appareil complexe), en définissant les paramètres assurant son fonctionnement optimal.

paramétrique adj. – XIXe ▪ Relatif à un paramètre ; qui contient un paramètre. *Équation paramétrique.*

paramilitaire adj. – v. 1920 ▪ Qui est organisé selon la discipline et la structure d'une armée. *Formations paramilitaires.* ⇒ **milice,** ① **police** (parallèle).

paramnésie n. f. – XIXe ; de ① *para-* et gr. *mnêsis* « souvenir » ▪ Perte de la mémoire des mots et de leurs signes. ◆ Illusion du déjà-vu. *Paramnésie de localisation* : souvenir faussement localisé (dans l'espace ou dans le temps). « *Ces éclairs de paramnésie* [...] *qui nous donnent un instant la certitude absolue d'avoir vécu déjà dans ses moindres détails le bref épisode présent de notre vie* » (Tournier).

parangon n. m. – XIIIe ; mot esp., gr. *parakonê* « pierre à aiguiser » ▪ VX ou LITTÉR. Modèle. « *gens de cour, accoutumés à se regarder comme le parangon et le centre de toutes les perfections* » (Gaut.).

parangonner v. tr. [1] – XVIe ▪ Aligner correctement (des caractères d'imprimerie de différents corps).

paranoïa n. f. – XIXe ; gr. « folie » ▪ Troubles caractériels (orgueil démesuré, méfiance, susceptibilité excessive, fausseté du jugement avec tendance aux interprétations) engendrant un délire et des réactions d'agressivité. ◆ abrév. fam. PARANO.

paranoïaque adj. et n. – XIXe 1 Relatif à la paranoïa. ◆ n. *Un, une paranoïaque,* une personne atteinte de psychose paranoïaque. 2 Se dit d'une inquiétude, d'une méfiance exagérées, ou des comportements qu'elles engendrent. ◆ abrév. fam. PARANO.

paranormal, ale, aux adj. – 1920 ▪ Qui n'est pas explicable par les données et les lois normales, dans le domaine considéré. *Phénomènes paranormaux.* ⇒ **métapsychique, parapsychique ; parapsychologique.**

parapente n. m. – 1983 ; de *para(chute)* et *pente* ▪ Parachute rectangulaire, fixé sur un harnais conçu pour s'élancer d'un terrain pentu. ⇒ aussi **deltaplane.** ◆ Sport pratiqué avec cet appareil.

❑ La personne qui pratique ce sport est *un, une parapentiste.*

parapet n. m. – XVIe ; it. *parapetto* « qui protège la poitrine » 1 Levée de terre, massif de maçonnerie destiné à protéger les combattants. 2 Mur à hauteur d'appui destiné à servir de garde-fou. ⇒ **garde-corps.** *Parapet d'un pont.* « *Les bouquinistes déposent leurs boîtes sur le parapet* » (France).

parapharmacie n. f. – 1952 ▪ Ensemble des produits sans usage thérapeutique vendus en pharmacie (produits de beauté, dentifrices, shampoings, etc.).

paraphasie n. f. – XIXe ; de ① *para-* et *aphasie* ▪ Trouble du langage dans lequel le malade altère les mots (par substitution de phonèmes ou de syllabes) ou substitue des paronymes.

paraphe n. m. – XIVe ; lat., altér. de *paragraphus* « paragraphe » 1 Traits qu'on ajoute au nom pour distinguer la signature. 2 Signature abrégée (souvent réduite aux initiales). « *les trois contractants avaient bien mis leurs initiales et leurs paraphes au bas des rectos* » (Balz.).

parapher v. tr. [1] – XVe ▪ Marquer, signer d'un paraphe.

paraphernal, ale, aux adj. – XVIe ; gr. *parapherna* « à côté de la dot » ▪ Se disait des biens d'une femme mariée, qui ne faisaient pas partie de la dot. ✪ CONTR. Dotal.

parapheur n. m. – 1963 ▪ Chemise cartonnée comportant plusieurs volets (souvent des buvards) entre lesquels sont glissées les lettres pour être présentées à la signature. « *Dans le parapheur, les lettres sont classées par ordre, chaque enveloppe jointe à la lettre correspondante* » (M. Perrein).

paraphimosis [paʀafimozis] n. m. – XVIIIe ; de ① *para-* et gr. *phimos* « lien » ▪ Étranglement du gland par le prépuce, pouvant constituer une complication du phimosis.

paraphrase n. f. – XVIe ; gr. « phrase à côté » 1 Développement explicatif d'un texte. ⇒ **commentaire, explication, interprétation ; glose, scolie.** 2 Développement verbeux et diffus. ♦ Phrase synonyme d'une autre (ex. Jean aime Louise → Louise est aimée de Jean).

❑ Ne pas confondre la *paraphrase* (qui redit une phrase, un texte avec d'autres mots), et la *périphrase* (qui remplace un mot).

paraphraser v. tr. [1] – XVIe ▪ Commenter, amplifier par une paraphrase. ✪ CONTR. Abréger.

paraphraseur, euse n. – XVIIIe ▪ Personne qui fait des paraphrases, des développements verbeux.

paraphrastique adj. – XVIe ▪ Qui constitue une paraphrase (1°).

paraphrénie n. f. – 1900 ; de ① *para-* et gr. *phrên* « intelligence » ▪ Délire chronique reposant sur des mécanismes de fabulation (thèmes délirants riches, variés et changeants).

paraphyse n. f. – XIXe ; de ① *para-* et gr. *phusa* « vessie » ▪ Cellule allongée et stérile de l'hyménium des champignons ascomycètes et basidiomycètes.

paraplégie n. f. – XVIe ; de ① *para-* et gr. *plêgê* « coup, choc » ▪ Paralysie des deux membres inférieurs.

paraplégique adj. – XIXe ▪ Atteint de paraplégie. ◆ n. *La rééducation des paraplégiques.*

parapluie n. m. – XVIIe 1 Objet portatif constitué par une étoffe tendue sur une armature pliante et par un manche, et qui sert d'abri contre la pluie. ⇒ fam. **pébroque,** ② **pépin.** « *à sa main gantée de fil, elle tenait un parapluie dont elle agaçait la virole* » (Green). 2 Couverture, protection. ➛ loc. *Ouvrir le parapluie :* dégager sa responsabilité ou la faire endosser par un autre, par d'autres, en cas de difficultés, d'ennuis imprévus. ♦ *Parapluie atomique, nucléaire :* protection accordée par une grande puissance nucléaire à ses alliés.

> ❑ Au XVIIe s. on employait plutôt *parasol* pour désigner l'objet qui abrite de la pluie : « PARAPLUIE... *Quelques Dames commencent à dire ce mot, mais il n'est pas établi et tout au plus on ne peut le dire qu'en riant, et ce qu'on appelle un* parasol » (Dictionnaire de Richelet, 1680).

parapsychique adj. – XIXe ▪ Se dit des phénomènes psychiques inexpliqués (clairvoyance, précognition, psychokinésie, télépathie, etc.). ⇒ **métapsychique, paranormal.**

parapsychologie [paʀapsikɔlɔʒi] n. f. – 1908 ▪ Étude des phénomènes parapsychiques.

parapsychologique [paʀapsikɔlɔʒik] adj. – 1948 ▪ De la parapsychologie.

parascève n. f. – XIVe ; gr. *paraskeuê* « préparation » ▪ Veille du sabbat.

parascolaire adj. – 1966 ▪ Qui est en relation avec l'enseignement donné à l'école mais n'est pas au programme d'une classe précise. *Ouvrages parascolaires.*

parasexualité [paʀasɛksɥalite] n. f. – 1968 ▪ Ensemble des phénomènes de la sexualité primitive (en l'absence de fécondation). *Parasexualité des bactéries.*

> ❑ Pour le *s* unique → ① s (rem.).

parasismique [paʀasismik] adj. – 1985 ▪ Qui peut résister aux secousses sismiques. ⇒ **antisismique.**

parasitaire adj. – XIXe 1 Relatif aux parasites (II). Causé par les parasites. *Maladie parasitaire.* 2 littér. Qui vit en parasite ; du parasite (I). *Une existence parasitaire.*

parasite n. m. et adj. – XVIe ; gr. *sitos* « nourriture » **I** n. m. Personne qui vit dans l'oisiveté, aux dépens de la société, alors qu'elle pourrait subvenir à ses besoins. « *Malheur à qui veut être parasite ! il sera vermine* » (Hugo). **II** n. m. et adj. Organisme animal ou végétal qui vit aux dépens d'un autre (appelé *hôte*), lui portant préjudice, mais sans le détruire (à la différence du prédateur). *Parasites animaux d'espèces animales : vers parasites* (ténia, ascaride, ② douve, filaire, oxyure, etc.). **III** - 1 adj. Superflu et gênant. ⇒ **encombrant, importun.** « *Humilité : vertu parasite, qui rapetisse* » (Mart. du G.). 2 n. m. pl. Perturbations dans la réception des signaux radioélectriques. ⇒ fam. **friture.** *Parasites qui empêchent d'écouter une émission à la radio* (⇒ **brouillage).**

parasiter v. tr. [1] – XVIe 1 Habiter (un être vivant) en parasite ; vivre aux dépens de. *Vers qui parasitent un chat.* 2 Perturber (une émission de radio, de télévision) par des parasites.

parasiticide adj. et n. m. – XVIIe ▪ Qui tue les parasites.

parasitisme n. m. – XVIIIe 1 Condition d'un être vivant qui vit sur un autre en parasite (II). 2 Présence de parasites dans un organisme, dans un organe. *Parasitisme intestinal.* 3 Mode de vie du parasite (I).

> ❑ Pour la différence avec *commensalisme* et *symbiose* → commensalisme (rem.).

parasitologie n. f. – XIXe ▪ Science qui étudie les parasites.

parasitose n. f. – 1933 ▪ Affection provoquée par la présence de parasites.

parasol [paʀasɔl] n. m. – XVIe ; it., de ② *para-* et *sole* « soleil » 1 Objet pliant semblable à un vaste parapluie et fixé à un support, que l'on installe en un endroit pour se protéger du soleil. « *Il était nu-tête, sous un parasol de byssus, que portait un nègre derrière lui* » (Flaub.). *Parasol de plage.* 2 *Pin parasol,* dont les branches s'étalent en forme de parasol (cf. Pin pignon*). « *un pin parasol, qui abaissait ses branches comme un marchepied* » (Giraud.). *Des pins parasols.*

parastatal, ale, aux adj. – XXe ; de ① *para-* et lat. *status* « État » ▪ (Belgique) Semi-public.

parasympathique [paʀasɛ̃patik] adj. et n. m. – 1903 ▪ Se dit de la partie du système nerveux végétatif (ou neurovégétatif), qui comprend deux centres nerveux, aux deux extrémités de l'axe cérébrospinal. ➛ n. m. *Le parasympathique est antagoniste du sympathique et agit par l'intermédiaire de l'acétylcholine.*

parasynthétique [paʀasɛ̃tetik] adj. et n. m. – XIXe ; gr. *parasunthetos* ▪ Se dit d'un mot composé par l'addition combinée de plusieurs affixes à une base (ex. incollable, embarquer).

parataxe n. f. – XIXe ; de ① *para-*, d'apr. *syntaxe* ▪ Construction par juxtaposition, sans qu'un mot de liaison indique la nature du rapport entre les propositions (ex. Ici, il est interdit de fumer, je pense).

parathormone n. f. – 1941 ; de *parath(yroïde)* et *hormone* ▪ Hormone sécrétée par la parathyroïde.

parathyroïde n. f. – XIXe ▪ Chacune des quatre petites glandes endocrines situées dans le voisinage de la thyroïde, qui sécrètent une hormone.

paratonnerre n. m. – XVIIIe ▪ Appareil inventé par Franklin, destiné à préserver les bâtiments des effets de la foudre, fait d'une ou plusieurs tiges métalliques fixées aux toits et reliées au sol. ⇒ **parafoudre.**

> ❑ Benjamin Franklin a également créé le mot pour désigner cet appareil.

parâtre n. m. – XIe ; lat. *patraster* « second mari de la mère », de *pater* « père » 1 vx Beau-père (mari de la mère). 2 vx ou plaisant Père méchant.

> ❑ Ce mot a eu la même évolution sémantique que *marâtre.*

paratyphique adj. et n. – XIXe ; de *paratyphoïde,* d'apr. *typhique* 1 Relatif à la fièvre paratyphoïde et aux bacilles qui en sont la cause. 2 Qui est atteint de fièvre paratyphoïde. ➛ n. *Un, une paratyphique.*

paratyphoïde adj. et n. f. – 1907 ▪ *Fièvre paratyphoïde* ou n. f. *la paratyphoïde :* fièvre rappelant la typhoïde provoquée par des bacilles paratyphiques.

paravalanche → **pare-avalanches**

paravent n. m. – XVIe ; it. « contre le vent » ▪ Meuble d'appartement fait de panneaux verticaux mobiles qu'on dispose en ligne brisée, destiné à protéger contre les courants d'air, à isoler. *Paravent chinois.* « *j'ai horreur des courants d'air. Vous n'auriez pas un paravent ?* » (St-Exup.).

parbleu interj. – XVIe ; euphém. pour *pardieu* ▪ Jurement atténué pour exprimer l'assentiment, l'évidence. ⇒ **pardi.**

> ❑ Pour la formation du mot → sacrebleu (rem.).

parc n. m. – XIIe ; lat. *parricus* « enclos » **I** - 1 Clôture légère et transportable dans laquelle on enferme les animaux (moutons) pendant la nuit. ♦ Petite clôture basse et pliante formant une enceinte dans laquelle les enfants en bas âge peuvent jouer sans danger. « *un parc rectangulaire aux bords garnis d'un bourrelet protecteur* » (Perec). 2 Enclos où est enfermé le bétail. ⇒ **pâtis.** ➔ Bassin où sont engraissés des coquillages. *Parc à huîtres.* ♦ Enclos servant d'entrepôt. 3 Place réservée dans une ville pour le stationnement des automobiles (recomm. offic. pour *parking*). *Parc de stationnement.* 4 Ensemble des véhicules dont dispose un pays, une collectivité, une entreprise, etc. *Le parc automobile français.* ➔ Ensemble des machines, des wagons d'un réseau de chemin de fer. ♦ Ensemble d'appareils, d'installations d'une catégorie donnée, dont dispose une collectivité. *Parc immobilier.* **II** - 1 Grande étendue boisée et clôturée où l'on garde le gibier pour la chasse. ⇒ **enclos.** ➔ Vaste réserve où l'on protège la faune et la flore. *Parc national. Parc naturel régional,* comportant un plan de développement touristique et d'aménagement des sites. 2 Étendue de terrain boisé entièrement clos, dépendant généralement d'un château, d'une grande habitation. *Parc à l'anglaise, à la française.* « *l'ennuyeux parc de Versailles* » (Muss.). 3 Espace aménagé en plein air pour le public. *Parc de loisirs.*

> ❑ Pour la prononciation → consonne (rem.).

parcage n. m. - XIVe 1 *Parcage des moutons* : fertilisation du sol par les déjections des moutons parqués pendant la nuit. 2 *Parcage d'une voiture.* ⇒ **garage, stationnement.**

> ❑ *Parcage* est dérivé de *parquer,* comme *garage* l'est de *garer.*

parcellaire adj. - XVIIIe ▪ Fait par parcelles. ➔ Qui concerne les parcelles de terre.

parcelle n. f. - XIIe ; lat. *pars* « part, partie » 1 Très petit morceau. ⇒ **fraction, fragment, morceau.** *Parcelles d'or.* 2 Portion de terrain de même culture, constituant l'unité cadastrale. 3 Minuscule partie, considérée abstraitement. ⇒ **atome, brin, grain, miette,** ① **once.** *Il n'y a pas la moindre parcelle de vérité dans cette histoire.*

parcellisation n. f. - 1958 1 Fragmentation, division en parcelles (d'un terrain, etc.). 2 *Parcellisation du travail* : division du travail en opérations simples. ✪ CONTR. Remembrement.

parcelliser v. tr. [1] - 1964 ▪ Diviser en parcelles, en petites unités. ⇒ **fractionner, morceler ; atomiser.** ➔ *Travail parcellisé.*

parce que loc. conj. - XIIe ; de *par, ce* et *que* ▪ Exprime la cause. ⇒ **attendu** (que), ① **car, comme, pour** (ce que), **puisque,** ② **vu** (que). « *une pierre tombe parce qu'elle est pesante* » (Stendh.). « *c'était sinistre, peut-être parce que vide et silencieux* » (Simenon). ♦ fam. Renforce une coordination (cf. C'est que). « *Vous en avez pour longtemps avec lui ? – Non. – Parce que j'aurais pu vous attendre* » (Romains).

parchemin n. m. - XIe ; gr. *pergamênê* « (peau) de *Pergame* » 1 Peau d'animal (mouton, agneau, chèvre, chevreau) préparée spécialement pour l'écriture, la reliure. 2 Texte (généralement manuscrit) conservé sur parchemin ou sur papier. *Consulter de vieux parchemins.* ➔ Titres de noblesse. ➔ fam. Diplôme universitaire. « *je travaillais afin d'obtenir mes parchemins* » (Mac Orlan).

parcheminé adj. - XIXe ▪ Qui a la consistance ou l'aspect du parchemin. *Cuir parcheminé. Visage parcheminé.*

parcimonie n. f. - XVe ; lat. ▪ Épargne minutieuse, s'attachant aux petites choses. ⇒ **économie.** *Distribuer de l'argent avec parcimonie. Elle* « *devint d'une parcimonie digne d'un avare* » (Balz.). ✪ CONTR. Gaspillage, générosité, prodigalité, profusion.

parcimonieusement adv. - XIXe ▪ Avec parcimonie. ⇒ **chichement.** ✪ CONTR. Généreusement.

parcimonieux, ieuse adj. - XVIIIe ▪ vieilli Qui fait preuve de parcimonie. ⇒ **économe.** ➔ Qui dénote de la parcimonie. ⇒ **mesquin.** ✪ CONTR. Dépensier, prodigue ; généreux.

par-ci, par-là → ① **ci**

parcmètre [paʀkmɛtʀ] n. m. - v. 1960 ; de *parc* (à voitures) et *-mètre* ▪ Compteur de stationnement payant sur la voie publique, pour les automobiles. *Horodateur d'un parcmètre.*

> ❑ On a dit et on dit encore parfois *parcomètre,* plus aisé à prononcer.

parcourir v. tr. [11] - XVe ; lat. *percurrere* 1 Aller dans toutes les parties de (un lieu, un espace). ⇒ **traverser ; arpenter, visiter.** « *cet enfant qui parcourait Paris avec des valises* » (Genet). ♦ « *Des frissons de fièvre lui parcourent les reins* » (Mart. du G.). 2 Accomplir (un trajet déterminé). *Distance à parcourir entre deux arrêts.* 3 Examiner, lire rapidement. *Parcourir un journal.*

parcours n. m. - XIIIe ; lat. *percursus,* francisé d'apr. *cours* 1 Chemin pour aller d'un point à un autre. ⇒ **circuit, course, itinéraire, trajet.** *Effectuer un parcours.* ➔ *Le parcours d'un autobus.* ♦ Distance déterminée qu'un coureur, qu'un cheval doit couvrir dans une épreuve. *Un parcours difficile* (de golf, de steeple-chase, etc.). *Réussir un parcours sans faute.* ♦ loc. *Accident, incident de parcours* : événement fâcheux qui survient dans le cours d'une entreprise, sans toutefois la compromettre. ♦ *Parcours du combattant* : parcours semé d'obstacles (murs, barbelés, échelles de corde, poutres, etc.) que doit accomplir un soldat en armes dans un temps donné ; ensemble de ces obstacles. ➔ Série d'épreuves rencontrées. 2 Suite des activités et des décisions qui caractérisent la vie d'une personne. *Ils n'ont pas suivi, pas eu le même parcours.*

par-derrière, par-dessous, par-dessus → ① **derrière,** ① **dessous,** ① **dessus**

pardessus [paʀdəsy] n. m. - XIXe ▪ Vêtement masculin de laine qu'on porte par-dessus les autres vêtements pour se garantir des intempéries. ⇒ **manteau.** « *un long pardessus de drap noir à col de loutre* » (Romains).

par-devant, par-devers → ① **devant, devers**

pardi interj. - XVIe ; altér. de *pardieu* ▪ fam. Exclamation par laquelle on renforce une déclaration. ⇒ ② **dame.** *Il a trouvé porte close. Pardi, il s'était trompé d'adresse !*

pardieu interj. - XIIe ; de ① *par* et *Dieu* ▪ vx Exclamation qui renforce. ⇒ **pardi.**

pardon n. m. - XIe 1 Action de pardonner. ⇒ **absolution, amnistie, grâce, indulgence, miséricorde, rémission.** *Demander pardon.* « *Je demandais pardon à propos de n'importe quoi, j'ai demandé pardon pour tout* » (Céline). 2 Fête religieuse bretonne. ➔ *Grand pardon* ou *jour du Pardon* : fête juive de l'expiation (Yom Kippour). 3 *Je vous demande pardon,* ou *Pardon* : formule de politesse par laquelle on s'excuse (de déranger qqn, d'avoir à lui demander un service, de lui faire répéter une phrase qu'on a mal comprise [⇒ **comment**], de le contredire ou qui sert à introduire une rectification) (cf. Excusez-moi). « *Filer doux.* [...] *Dire toujours "Pardon" et "Merci"* » (Sartre). 4 fam. Exclamation emphatique. *Le père était déjà costaud, mais alors le fils, pardon !* ✪ CONTR. Rancune, ressentiment. Condamnation, représailles.

pardonnable adj. - XIIe ▪ Que l'on peut pardonner. *Une méprise bien pardonnable.* ➔ Qui mérite le pardon. ⇒ **excusable.** *Cet enfant est pardonnable.* ✪ CONTR. Impardonnable, inexcusable, punissable.

pardonner v. tr. 1 – Xe ; de ① *par* et *donner* 1 Tenir (une offense) pour non avenue, ne pas en garder de ressentiment, renoncer à en tirer vengeance. ⇒ **oublier.** *Pardonner les péchés.* ⇒ **remettre.** ♦ *PARDONNER QQCH. À QQN :* supporter qqch. de qqn. ⇒ **passer.** « *Je te pardonne tout, et veux tout oublier* » (Lec. de Lisle). *Je ne me le pardonnerai jamais.* ♦ *PARDONNER À QQN,* oublier ses fautes, ses torts. ⇒ **absoudre.** *Il cherche à se faire pardonner. Vous êtes pardonné.* 2 Juger avec indulgence, en trouvant des excuses, en minimisant la faute. ⇒ **admettre, excuser.** *Pardonnez ma franchise.* ♦ Accepter sans dépit, sans jalousie. « *Régnier a eu certainement beaucoup de peine à se faire pardonner* [...] *son talent* » (Romains). 3 au négatif Épargner. *C'est une maladie qui ne pardonne pas,* mortelle. ➛ fam. *Une erreur qui ne pardonne pas,* irréparable. 4 dans une formule de politesse *Pardonnez-moi de vous déranger, si je vous dérange.* ➛ (pour s'excuser de contredire un interlocuteur) *Pardonnez-moi, mais je crois que...* ⇒ **pardon** (cf. Sauf votre respect). ✪ CONTR. Accuser, condamner, frapper, punir.

❑ Pour l'emploi au passif du verbe transitif indirect → obéir (rem.).

pare- Élément, de ② *parer* « éviter, protéger contre » (⇒ ② **para-**).

-pare Élément, du latin *parere* « engendrer ».

① **paré, ée** adj. – XIIe 1 Qui porte des ornements, une parure. « *Toutes ces femmes parées voulaient plaire, séduire* » (Maupass.). 2 Préparé pour être cuit (viande). 3 Prêt. *Paré à virer.*

② **paré, ée** adj. – XVIIIe ▪ Muni du nécessaire pour faire face à, se protéger. *Nous sommes parés contre le froid.*

paréage → **pariage**

pare-avalanches n. m. – XIXe ▪ Construction très robuste contre les avalanches.

❑ On écrit aussi *paravalanche.*

pare-balles n. m. inv. – XIXe ▪ Plaque de protection contre les balles. ➛ *Gilet pare-balles.*

pare-boue n. m. inv. – XIXe ▪ Bande de caoutchouc fixée derrière les roues arrière d'un véhicule, qui empêche les projections de boue.

pare-brise n. m. inv. – 1907 ▪ Vitre avant d'une automobile. *Des pare-brise.*

❑ On écrit aussi *un parebrise, des parebrises.*

pare-chocs n. m. inv. – XIXe ▪ Garniture placée à l'avant et à l'arrière d'un véhicule et destinée à amortir les chocs. *Pare-chocs chromés.*

❑ Le mot est apparu en 1863 dans le domaine des chemins de fer. ♦ On écrit aussi *un parechoc, des parechocs.*

pare-douche n. m. – XXe ▪ Panneau repliable que l'on fixe à la baignoire ou autour du bac à douche, et qui évite les projections d'eau lorsqu'on se douche. *Des pare-douche* ou *des pare-douches.*

pare-éclats n. m. inv. – 1907 ▪ Abri, rempart de terre (sur un parapet, une tranchée) destiné à protéger des éclats d'obus, de bombes.

pare-étincelles n. m. inv. – XIXe ▪ Écran que l'on place devant une cheminée pour empêcher les étincelles de s'échapper. ⇒ **pare-feu.**

pare-feu n. m. – XIXe 1 Dispositif de protection contre la propagation du feu. ⇒ **coupe-feu.** *Des pare-feux* ou *des pare-feu.* 2 Pare-étincelles. « *un brandon passa par-dessus le grand pare-feu rectangulaire en métal peint placé devant la cheminée* » (Perec).

pare-fumée n. m. – XVIIe ▪ Dispositif canalisant ou absorbant la fumée. *Des pare-fumée* ou *des pare-fumées.*

parégorique adj. et n. m. – XVIe ; gr. « qui calme » ▪ *Élixir parégorique :* médicament à base d'opium utilisé comme analgésique contre les coliques.

pareil, eille adj. et n. – XIIe ; lat. *par* « égal » I adj. 1 Semblable par l'aspect, la grandeur, la nature. ⇒ **identique, même, similaire.** « *toutes ces chaumières étaient pareilles, basses, enterrées, sombres* » (Loti). *Ce n'est pas pareil,* ce n'est pas comparable, c'est différent. ♦ *PAREIL À.* « *cet œil gauche, pareil à une bille d'aventurine* » (Colette). littér. *À nul autre pareil :* sans égal. 2 De cette nature, de cette sorte. ⇒ **tel.** *En pareil cas. À une heure pareille !* si tard ; si tôt. *Ne laissez pas passer une occasion pareille.* 3 adv. fam. De la même façon. « *Je vous aime pareil mes trois enfants* » (Duras). *Essaye de faire pareil.* II n. 1 vieilli Personne ou chose semblable ou équivalente (à celle dont il est question). *Une femme entretenue* « *qui a fini sordidement, comme toutes ses pareilles* » (Anouilh). ⇒ **congénère,** ① **pair, semblable.** ➛ *Ne pas avoir son pareil, sa pareille :* être extraordinaire, sans équivalent. ♦ *SANS PAREIL(LE) :* qui n'a pas son égal. ⇒ **excellent, exceptionnel, incomparable, inégalable.** 2 n. f. *RENDRE LA PAREILLE* (à qqn) : faire subir à qqn un traitement analogue à celui qu'on a reçu. ⇒ **payer** (de retour), région. **réciproquer** (cf. Œil* pour œil, dent pour dent). « *Trompeurs, c'est pour vous que j'écris : Attendez-vous à la pareille* » (La Font.). 3 n. m. fam. loc. *C'est du pareil au même :* c'est la même chose. ⇒ **kif-kif** (cf. Bonnet* blanc et blanc bonnet). ✪ CONTR. Autre, contraire, différent, dissemblable, inégal.

❑ Dans le tour très négligé où il est employé comme adverbe, *pareil* reste invariable : *Elles sont habillées pareil. Des mots qui s'écrivent pareil.*

pareillement adv. – XIIIe ▪ De la même manière. « *leurs bras sont pliés pareillement* » (Robbe-Grillet). ⇒ **également.** ➛ *La santé est bonne et l'appétit pareillement* ⇒ **aussi.** ✪ CONTR. Autrement, contraire (au).

parélie → **parhélie**

parement n. m. – IXe 1 *Parement d'autel :* ornement d'étoffe qu'on change selon la couleur liturgique du jour. 2 Face extérieure, visible, d'un ouvrage de maçonnerie. 3 Revers sur le collet, les manches d'un vêtement. *Manteau à parements de cuir.*

parementer v. tr. 1 – XVIe ▪ Revêtir (un mur) d'un parement.

parementure n. f. – XIXe ▪ Partie d'une veste ou d'un manteau formant revers et se prolongeant jusqu'en bas du vêtement. ➛ Toile utilisée pour doubler les parements.

parémiologie n. f. – XIXe ; gr. *paroimia* « proverbe » et *-logie* ▪ Étude des proverbes.

parenchymateux, euse adj. – XVIIIe ▪ Relatif au parenchyme ; constitué par un parenchyme.

parenchyme n. m. – XVIe ; gr. 1 Tissu d'un organe, d'une glande, qui assure son fonctionnement (par opposition au tissu conjonctif de soutien). *Parenchyme hépatique.* 2 Tissu cellulaire spongieux et mou des feuilles, des jeunes tiges, des fruits, de l'écorce, des racines.

parent, ente n. et adj. – Xe ; lat. *parens* I plur. *LES PARENTS.* 1 Le père et la mère. ⇒ **procréateur ;** plaisant **géniteur.** *Un enfant qui obéit à ses parents.* ♦ *Parents adoptifs.* ➛ *Parents spirituels :* le parrain et la marraine. ♦ au sing. *Parent unique :* père, mère qui élève seul(e) son enfant (⇒ **monoparental).** 2 littér. Les ascendants. ⇒ **ancêtre, aïeul.** II - 1 Personne avec laquelle on a un lien de parenté. ⇒ **famille, proche.** *C'est un parent éloigné.* « *Un de mes parents. Un cousin issu de germains* » (Duham.). ➛ loc. *Traiter qqn en parent pauvre,* moins bien que les autres, le négliger. 2 Être vivant par rapport à l'être qu'il a engendré. *Les parents biologiques.* III adj. 1 Avec qui on a un lien de parenté. *Ils sont plus ou moins parents.* 2 Analogue, semblable. *Des intelligences parentes.* ⇒ **apparenté.**

parental, ale, aux adj. – XVIe ▪ Des parents. *Autorité parentale. Congé parental :* congé de l'un des deux parents à l'occasion de la naissance de leur enfant. ✪ HOM. Parentales.

parentales n. f. pl. – XVIIIe ▪ Fêtes annuelles en l'honneur des morts, dans l'Antiquité romaine. ✪ HOM. Parental.

❑ On dit aussi *parentalies.*

parenté n. f. – XIe I - 1 Rapport entre personnes descendant les unes des autres (⇒ **ascendance, descendance, filiation, origine),** ou d'un ancêtre commun (⇒ **cousinage, fraternité).** *Liens de parenté.* ⇒ **famille, sang.** ➛ dr. *La parenté entre deux personnes se définit au moyen des notions de ligne* (directe ou collatérale) *et de degré.* 2 Rapport (entre deux ou plusieurs choses) provenant d'une origine commune. *Parenté entre deux langues.* ➛ Rapport d'affinité, d'analogie. « *l'étroite parenté de la beauté et de la mort* » (Sartre). II L'ensemble des parents et des alliés de qqn. ⇒ **parentèle.**

parentèle n. f. – XIVe ; lat. ▪ littér. Ensemble des parents. « *Toute sa parentèle était dispersée* » (Duham.).

parentéral, ale, aux adj. – 1909 ; ① *para-* et gr. *enteron* « intestin » ▪ Qui est introduit dans l'organisme par une voie autre que le tube digestif.

parenthèse n. f. – XVe ; de *para-* et gr. *enthesis* « action de mettre » 1 Insertion, dans le corps d'une phrase, d'un élément qui, à la différence de l'incise, interrompt la construction syntaxique ; cet élément. *Introduire une parenthèse explicative.* ♦ Phrase ou épisode accessoire dans un discours. ⇒ **digression.** *Je fais une brève parenthèse pour vous dire...* ♦ « *cette parenthèse de calme et de beauté ouverte dans un programme* » (Tournier). 2 Chacun des deux signes typographiques entre lesquels on place l'élément qui constitue une parenthèse : ( ). *Mettre entre parenthèses.* ➛ Ensemble de ces deux signes et leur contenu. *Ouvrir, fermer la parenthèse.* ♦ Signe qui isole une expression algébrique et indique qu'une même opération s'applique à l'expression tout entière. ♦ loc. adv. *ENTRE PARENTHÈSES ; PAR PARENTHÈSE :* d'une manière incidente. ⇒ **incidemment.** ➛ *Mettre entre parenthèses :* mettre de côté, exclure.

❑ Le tour classique *par parenthèse* est souvent critiqué de nos jours.

paréo n. m. – XVIIIe ; mot tahitien 1 Pagne tahitien. 2 Vêtement de plage fait d'un morceau de tissu que l'on drape autour du corps.

① **parer** v. tr. [1] – Xe ; lat. *parare* « apprêter, préparer » I - 1 littér. Arranger ou orner dans l'intention de donner belle apparence. ⇒ **décorer, embellir, orner.** *L'église* « *qui ce jour-là était parée de tous ses rideaux cramoisis* » (Stendh.). 2 Vêtir (qqn) avec recherche. ⇒ **apprêter.** *Parer qqn pour une fête.* 3 Attribuer une qualité à. *Parer qqn de toutes les qualités, de toutes les vertus.* ⇒ **auréoler, orner.** 4 Arranger de manière à rendre plus propre à tel usage. ⇒ **préparer.** *Parer de la viande :* ôter les parties non comestibles, arranger pour la cuisson (barder, larder, ficeler, etc.). ➛ *Parer les cuirs, les peaux,* leur faire subir certains apprêts. 5 Rendre, tenir prêt à servir ; mettre en ordre (après une manœuvre). *Parer les amures pour virer de bord.* II v. pron. *SE PARER.* 1 vx ou littér. Être orné, agrémenté. « *Aux feux inanimés dont se parent les cieux* » (Rac.). 2 Se vêtir avec recherche. ⇒ s'**endimancher,** se **pomponner.** « *Les autres femmes mettent des gants pour se parer* » (Gaut.). ✪ CONTR. Déparer, enlaidir. — HOM. *Pare :* pars (① partir) ; *parais :* parais (paraître) ; *pariez :* pariez (parier).

② **parer** v. tr. [1] – XVe ; it. *parare* « se garer d'un coup » 1 *Parer un coup,* l'éviter ou le détourner. *Parer une attaque,* l'esquiver. 2 v. tr. ind. *PARER À :* se protéger de, faire face à. *Parer à toute éventualité :* prendre toutes les dispositions nécessaires. ⇒ se **prémunir.** ➛ loc. *Parer au plus pressé :* s'occuper des problèmes les plus urgents. ✪ CONTR. Attaquer.

parère n. m. – XVIIe ; lat. *parere* « paraître, assister » ▪ dr. Certificat établissant l'existence d'un usage déterminé.

parésie n. f. – XVIIe ; gr. *paresis* « relâchement » ▪ Paralysie partielle ou légère.

pare-soleil n. m. inv. – 1914 ▪ Écran protégeant des rayons du soleil, spécialement à l'intérieur d'une automobile.

paresse n. f. – XIIe ; lat. *piger* « paresseux » 1 Goût pour l'oisiveté ; comportement d'une personne qui évite et refuse l'effort. ⇒ **fainéantise, indolence, mollesse ;** fam. ② **cosse, flemme.** « *il était d'une paresse incurable* » (R. Rolland). *Il n'a encore rien fait, par paresse.* 2 *Paresse intellectuelle, d'esprit :* absence ou refus de l'effort, goût de la facilité. 3 Lenteur anormale à fonctionner, à réagir. *Paresse intestinale.* ⇒ **atonie.** ✪ CONTR. Activité, énergie, ① travail.

paresser v. intr. [1] – XIIe ▪ Se laisser aller à la paresse, à l'oisiveté ; ne rien faire. ⇒ **fainéanter ;** fam. **buller, flemmarder, glander,** ② **lézarder, traînasser.** « *Leur condition ne permet pas qu'ils paressent le matin au lit* » (Romains). ✪ CONTR. Agir, travailler. — HOM. *Paresse :* paraissent (paraître).

paresseusement adv. – XIIe 1 Avec paresse ; sans énergie. *Corps paresseusement étendus sur la plage.* 2 Avec lenteur. *Fleuve qui coule paresseusement.* ⇒ **mollement.**

paresseux, euse adj. et n. – XIIe I - 1 Qui montre habituellement de la paresse ; qui évite et refuse l'effort. ⇒ **fainéant, feignant, nonchalant ;** fam. **cossard, flemmard** (cf. Avoir un poil* dans la main, avoir les côtes* en long). « *sans être paresseuse, elle vivait dans une oisiveté inconcevable* » (Muss.). 2 Qui fonctionne, réagit avec une lenteur anormale. *Esprit paresseux.* ⇒ **endormi, inactif, inerte, lent.** *Estomac paresseux.* ⇒ **atone.** 3 n. Personne paresseuse. « *Je commençais à passer pour un vaurien, un révolté, un paresseux, un âne enfin* » (Chateaub.). ⇒ **tire-au-flanc.** II n. m. Mammifère arboricole *(édentés),* à mouvements très lents, qui vit dans les forêts tropicales d'Amérique du Sud. ⇒ **aï, bradype ; unau.** ✪ CONTR. Actif, ② alerte, travailleur, vif.

paresthésie n. f. – XIXe ; de ② *para-* et gr. *aisthêsis* « sensibilité » ▪ Trouble de la sensibilité se traduisant par la perception de sensations anormales (fourmillements, picotements, brûlures).

parfaire v. tr. [60] ; inf. et temps comp. seult – XIIe ; lat. *perficere,* d'apr. *faire* ▪ Achever, de manière à conduire à la perfection. *Parfaire son ouvrage.* ⇒ **ciseler, fignoler, parachever,** fam. **peaufiner, perfectionner, polir.** *Parfaire ses connaissances en espagnol.* ✪ CONTR. Ébaucher, esquisser.

parfait, aite adj. et n. – Xe I - 1 Tel qu'on ne puisse rien concevoir de meilleur. ⇒ **accompli, achevé, admirable, excellent,** ① **exemplaire, incomparable.** *Être en parfaite santé.* ➛ Aussi bien fait, aussi réussi que possible. ⇒ **impeccable ; sans-faute.** *Parfait en son* *genre.* ➤ Sans défaut, sans reproche. « *Les gens sans fortune doivent être parfaits !* » (Balz.). ➤ subst. *Les parfaits,* nom que se donnaient les cathares. 2 Dont on n'a qu'à se louer, sans reproche. ⇒ **irréprochable.** *C'est un mari parfait. Personne (nul) n'est parfait.* ➤ *Remède parfait contre le mal de tête. Parfait !* très bien ! 3 Qui réunit toutes les qualités concevables. *Dieu est parfait.* II - 1 Qui répond exactement, strictement à un concept. ⇒ **absolu,** ① **complet, total.** *Type, exemple parfait. En parfait accord. Une parfaite connaissance de l'allemand. Être dans la plus parfaite ignorance de ce qui se passe.* 2 Qui correspond exactement à tel ou tel type, à tel ou tel emploi. ⇒ **accompli, achevé,** ① **complet ; modèle.** *Un parfait gentleman.* 3 *Nombre parfait :* nombre entier égal à la somme de ses diviseurs (ex. 6 = 3 + 2 + 1). ➤ *Gaz parfait :* état théorique vers lequel tend tout gaz considéré à des températures très supérieures à son point critique et à des pressions peu élevées. III n. m. 1 Ensemble de formes verbales indiquant un état présent résultant d'une action antérieure. *Parfait latin, grec.* ♦ Le passé (simple ou composé) opposé à *l'imparfait.* 2 Glace qui ne contient que de la crème fraîche et un parfum. *Un parfait au café.* ✪ CONTR. Imparfait, laid, mauvais ; médiocre, ① moyen. Approximatif, partiel, relatif.

parfaitement adv. – XIe 1 D'une manière parfaite. ⇒ **admirablement, excellemment, merveilleusement, supérieurement.** *Savoir parfaitement sa leçon.* ♦ Très bien. *J'admets parfaitement que vous ne soyez pas d'accord.* 2 Absolument, complètement, entièrement. *C'est parfaitement clair.* ⇒ **très.** « *il lui était parfaitement égal d'être ici ou là, parti ou revenu* » (Gaut.). ⇒ **totalement** (cf. Tout à fait). 3 Oui, certainement, bien sûr. « *Parfaitement, elle ne vous a pas dénoncé* » (É. Ajar). ✪ CONTR. Imparfaitement, ② mal.

parfois adv. – XIIIe ; de *par fois* « par moments » ■ À certains moments. ⇒ **quelquefois** (cf. De temps* à autre, de temps* en temps). *Il vient parfois nous voir.* Dans certains cas. « *La confidence n'est parfois qu'un succédané laïque de la confession* » (Romains). ✪ CONTR. Jamais, toujours.

> ❑ *Parfois* appartient au langage soutenu, à côté de *quelquefois,* forme neutre du langage courant et *des fois* qui appartient au langage populaire. ♦ Ne pas confondre l'emploi temporel *(elle vient parfois me voir)* et l'emploi distributif avec un sujet pluriel (*les gens sont parfois petits* qui signifie « certaines personnes sont petites »). Le cas est identique pour *souvent.*

parfum n. m. – XVIe 1 Odeur agréable et pénétrante. ⇒ **arôme, fragrance, senteur.** *Le doux parfum de la rose.* ⇒ **effluve, exhalaison.** *Parfum capiteux, enivrant.* « *le parfum entêtant des acacias* » (Mauriac). ♦ Goût de ce qui est aromatisé. *Glaces à tous les parfums.* 2 Substance aromatique, solide ou liquide. ⇒ **essence.** *Vaporisateur, atomiseur à parfum. Se mettre du parfum.* 3 loc. fam. *Être au parfum,* informé, au courant.

parfumé, ée adj. – XVIe ■ Qui répand une bonne odeur, qui a un parfum. ⇒ **odoriférant.** *Des fraises très parfumées.* ♦ Qui se parfume. *Femme parfumée.* ♦ Aromatisé. *Glace parfumée au café.*

parfumer v. tr. 1 – XIVe ; lat. *per* « à travers » et *fumare* « fumer » 1 Remplir, imprégner d'une odeur agréable. ⇒ **embaumer.** « *les petites collines grises que parfume le romarin* » (Daudet). 2 Imprégner de parfum (2°). *Parfumer son papier à lettres.* ♦ v. pron. *Femme qui se parfume.* 3 Aromatiser. *Parfumer une crème à l'essence de café.* ✪ CONTR. Empuantir.

parfumerie n. f. – XIXe 1 Industrie de la fabrication des parfums et des produits de toilette, de beauté. ♦ Les produits de cette industrie. 2 Boutique d'un parfumeur. *Acheter du rouge à lèvres dans une parfumerie.*

parfumeur, euse n. – XVIe 1 Fabricant de parfums. 2 Personne qui a pour métier de vendre des articles de parfumerie.

parhélie ou **parélie** n. m. – XVIe ; gr. *hêlios* « soleil » ■ Image du soleil (dite aussi *faux soleil*) due au phénomène de réfraction qui produit également le halo.

pari n. m. – XVIe 1 Convention par laquelle deux ou plusieurs parties s'engagent à verser une certaine somme (⇒ **enjeu**) au profit de celle qui aura raison. *Faire un pari. Gagner, perdre un pari.* « *je crois bien que vous avez perdu votre pari* » (Beauv.). 2 Forme de jeu où le gain dépend de l'issue d'une compétition (épreuve hippique, etc.). ➤ PARI MUTUEL, dans lequel le montant des enjeux est soumis à un prélèvement fixé par la loi avant d'être réparti entre les gagnants, proportionnellement à leurs mises. *Pari mutuel urbain.* ⇒ **P.M.U.** ♦ *Les paris sont ouverts,* se dit d'une affaire dont le dénouement est incertain. 3 *Le pari de Pascal, l'argument du pari,* par lequel il essaie de convaincre les incroyants qu'en pariant pour l'existence de Dieu ils n'ont rien à perdre, mais tout à gagner. 4 Affirmation de grande possibilité d'un événement, sans enjeu précis. *Je te fais le pari qu'il sera là demain.*

paria n. m. – XVIe ; mot port., tamoul *parayan* « joueur de tambour » ■ En Inde, Individu hors caste, au plus bas degré de l'échelle sociale, et dont le contact est considéré comme une souillure. ⇒ **intouchable.** ♦ Personne mise au ban d'une société, d'un groupe. ⇒ **exclu.**

pariade n. f. – XVIIe ; de *parier* « accoupler » ■ Saison où les oiseaux se réunissent par paires avant de s'accoupler ; cet accouplement. ♦ Couple d'oiseaux.

pariage ou **paréage** n. m. – XIIIe ; lat. *pariare* « aller de pair » ■ Seigneurie partagée entre deux ou plusieurs personnes ayant des droits égaux.

parian n. m. – XIXe ; mot angl. « de *Paros* » ■ Porcelaine à grain fin, de teinte jaunâtre, dont l'aspect rappelle le marbre (de Paros).

paridés n. m. pl. – XIXe ; lat. *parra* « mésange » ■ Famille d'oiseaux *(passereaux)* communément appelés mésanges.

paridigitidé, ée adj. et n. – v. 1960 ; lat. *par* « égal, pareil » et *digitus* « doigt » ■ Se dit des mammifères ongulés ayant un nombre pair de doigts à chaque patte. ➤ n. *Le bœuf, le porc sont des paridigitidés.* ⇒ **artiodactyles.**

parier v. tr. 7 – XIIIe ; lat. *par* « égal » 1 Engager (un enjeu) dans un pari. ⇒ **gager.** *Je parie une bouteille de champagne avec toi qu'il acceptera.* ➤ « *Il avait parié qu'il coucherait dans les draps d'un cholérique* » (Alain). 2 Engager (une certaine somme), avec l'espoir que le joueur, le concurrent qu'on désigne remportera la victoire. *Il avait parié cent francs sur le favori.* ⇒ **jouer.** 3 Affirmer avec vigueur ; être sûr. *Je te parie tout ce que tu veux qu'il ne viendra pas. Il y a gros à parier que :* il est à peu près certain que. *Je l'aurais parié :* je m'en doutais. ✪ HOM. *Pariez :* pariez (parer).

pariétaire n. f. – XIIIe ; lat. *paries* « paroi, mur » ■ Plante *(urticacées)* qui pousse sur les murs, d'où ses noms courants de *casse-pierre, épinard des murailles, perce-muraille.*

pariétal, ale, aux adj. et n. – XVIe ; lat. *paries* « paroi » 1 Qui a rapport à la paroi d'une cavité. *Os pariétal* ou, n. m. *pariétal :* chacun des deux os plats constituant la partie moyenne et supérieure de la voûte du crâne. « *La tempête qui grondait entre ses pariétaux* » (Vian). 2 *Plante pariétale,* dont les ovules sont disposés contre la paroi de l'ovaire. 3 *Peintures pariétales,* exécutées sur des parois rocheuses, dans des grottes. ⇒ **rupestre.**

parieur, ieuse n. – XVIIe ▪ Personne qui parie, qui aime à faire des paris.

parigot, ote adj. et n. – XIXe ; de *Paris* ▪ fam. Parisien. *Accent parigot.* ➛ n. *Les Parigots.*

paripenné, ée adj. – XIXe ; lat. *par* « pareil » et *penné* ▪ *Feuille paripennée :* feuille composée pennée, sans foliole terminale.

paris-brest [paribʀɛst] n. m. – 1938 ; de *Paris* et *Brest* ▪ Pâtisserie en pâte à chou, fourrée de crème pralinée et saupoudrée d'amandes. *Des paris-brests.*

parisette n. f. – XVIIIe ; de *Paris* ▪ Plante *(liliacées)* à baies bleuâtres, commune dans les bois et les prairies humides, appelée parfois *raisin de renard.*

parisianisme n. m. – XVIe ▪ Particularité de langage ou de mœurs propre aux Parisiens. « *la dose de parisianisme que Beauchamp était à même de supporter* » (Huysm.).

parisien, ienne n. et adj. – XIVe 1 Natif ou habitant de Paris. ⇒ fam. **parigot.** 2 adj. De Paris ; relatif à Paris, aux Parisiens. *Banlieue parisienne.*

parisis adj. – XIIe ▪ Se disait de la monnaie frappée à Paris, valant un quart de plus que celle frappée à Tours. *Denier parisis et denier tournois.*

parisyllabique [parisi(l)labik] adj. – XVIIIe ; de *par* « pareil » et *syllabe* ▪ Se dit d'un mot latin dont le nombre de syllabes est le même au génitif qu'au nominatif singulier (ex. pubes, pubis). ✪ CONTR. Imparisyllabique.

paritaire adj. – 1920 ▪ Qui est formé d'un nombre égal de représentants des parties en présence. *Commission paritaire.*

parité n. f. – XIVe ; lat. *par* « égal, pareil » 1 littér. Le fait d'être pareil (en parlant de deux choses). ⇒ **égalité, ressemblance, similitude.** *Parité de deux situations, entre deux cas.* ♦ Égalité de la valeur d'échange des monnaies de deux pays dans chacun de ces pays. *Parité de change.* 2 Caractère pair (d'un nombre). 3 Propriété d'une grandeur physique décrivant son comportement par rapport à une inversion dans l'espace. ✪ CONTR. Contraste, différence, disparité. Imparité.

parjure n. – XIIe I n. m. Faux serment, violation de serment. *Être coupable de parjure.* II Personne qui commet un parjure. ⇒ **traître.** ➛ adj. « *une prêtresse parjure a enfreint ses vœux* » (Gaut.). ⇒ **déloyal.** ✪ CONTR. Fidélité. Fidèle.

parjurer (se) v. pron. [1] – XIe ; lat. *per* exprimant l'idée de « déviation » et *jus* « droit » ▪ littér. Faire un parjure, violer son serment, sa promesse.

parka n. f. ou m. – XVIIIe ; mot angl., de l'inuit *purka* « peau » ▪ Veste longue de sport, en tissu imperméable, munie d'une capuche.

❑ Ce mot s'emploie généralement au féminin en France et au masculin au Québec.

parkérisation n. f. – 1927 ; nom déposé, angl. *Parkerizing* ▪ Protection superficielle de pièces métalliques au moyen de phosphates complexes.

parking n. m. – 1926 ; angl. *to park* « parquer, garer (une voiture) » 1 Action de parquer (une voiture). ⇒ **stationnement.** *Parking payant.* 2 Parc de stationnement pour les automobiles. ⇒ **parc, stationnement.** « *un parking souterrain de quatre étages pouvant engloutir jusqu'à 900 voitures* » (Tournier).

❑ *Parking,* faux anglicisme, a suscité de nombreuses protestations des puristes qui ont proposé — mais en vain — *parc de stationnement.* → stationnement (rem.).

parkinson [parkinsɔn] n. m. – 1974 ; du nom d'un médecin angl. ▪ Maladie dégénérative de certains noyaux gris centraux du cerveau, caractérisée par des tremblements lents (surtout des mains) et une raideur musculaire.

parkinsonien, ienne [parkinsɔnjɛ̃, jɛn] adj. et n. – XIXe ▪ De la maladie de Parkinson, relatif à un parkinson. ♦ Atteint de cette maladie. ➛ n. *Une parkinsonienne.*

parlant, ante adj. – XIIIe 1 Qui reproduit, après enregistrement, la parole humaine. *Horloge parlante.* ➛ *Cinéma parlant* (opposé à *cinéma muet*). « *Les films parlants n'ont pas tenu les promesses du muet* » (Sartre). 2 Très expressif. ⇒ ② **vivant.** *Regards, gestes parlants.* ➛ Qui se passe de commentaires. ⇒ **éloquent.** *Les chiffres sont parlants.* ♦ En héraldique, *Armes parlantes,* où le nom est représenté par l'objet correspondant.

parlé, ée adj. – XVIIIe ▪ Qui se réalise par la parole. ⇒ **oral.** *Langue parlée et langue écrite.*

parlement n. m. – XIe ; de *parler* 1 Autrefois, Cour souveraine de justice formée par un groupe de spécialistes détachés de la cour du roi (des Capétiens jusqu'à la Révolution). *Les parlements de Paris, Grenoble, Bordeaux.* 2 En Angleterre, depuis le XIIIe s., Nom donné collectivement aux deux assemblées (Chambre des lords, Chambre des communes) qui exercent le pouvoir législatif. *Projet d'acte du Parlement.* ⇒ **bill.** 3 Nom donné à l'Assemblée ou aux Chambres qui détiennent le pouvoir législatif dans les pays à gouvernement représentatif. ⇒ (En France) **Assemblée** (nationale), **Chambre** (des députés), **sénat.** *Membre du Parlement.* ⇒ ① **parlementaire.** ➛ *Le Parlement européen.*

❑ Le *Parlement* est une assemblée où l'on *parle,* où l'on prend la *parole.*

① **parlementaire** adj. et n. – XVIIe 1 Relatif au Parlement d'Angleterre. 2 Relatif aux assemblées législatives modernes. *Régime parlementaire et régime présidentiel.* ➛ *Immunité parlementaire. Débats parlementaires.* 3 n. Membre du Parlement. ⇒ **député, sénateur.**

② **parlementaire** n. – XVIIIe ▪ Personne chargée de parlementer avec l'ennemi. ⇒ **délégué, député, envoyé.**

parlementarisme n. m. – XIXe ▪ Régime, gouvernement parlementaire.

parlementer v. intr. [1] – XIVe ; de *parlement* « discours » ▪ Entrer en pourparlers (avec l'ennemi) en vue d'une convention. ⇒ **discuter, négocier, traiter.** ♦ Discuter avec un adversaire en vue d'un accommodement. « *Il fallait parlementer, plaider, demander pardon pour des fautes imaginaires* » (Duham.).

① **parler** v. [1] – X^e ; lat. *parabolare* I v. intr. 1 Articuler les sons d'une langue naturelle ⇒ **parole.** *Enfant qui apprend à parler. Refus, impossibilité de parler.* ⇒ **aphasie, mutisme.** *Parler bas, à voix basse, à mi-voix.* ⇒ **chuchoter, murmurer.** ➛ Imiter la voix humaine. *Poupée qui parle.* 2 S'exprimer en usant de ces sons (⇒ **langue ; langage**). *Parler en français. Parler peu, beaucoup, tout seul. Parler pour ne rien dire.* ➛ loc. *Savoir ce que parler veut dire. Voilà ce qui s'appelle parler, voilà qui est parler,* marque l'approbation de ce qui vient d'être dit. *C'est une façon de parler :* il ne faut pas prendre à la lettre ce qui vient d'être dit. *Il parle d'or,* très bien, sagement. ➛ *Parler sans mâcher ses mots. Ne parlez pas tous à la fois* (pour demander aux interlocuteurs de s'exprimer l'un après l'autre, ou iron. de prendre la parole alors qu'ils restent silencieux). *Parlons peu, (mais) parlons bien :* réglons la question rapidement. ♦ *Je parlerai* *pour vous*, en votre faveur (⇒ **intercéder, plaider**). ♦ Prendre la parole en public. *Parler à la radio. Le conférencier a parlé une heure.* ♦ Avoir une conversation avec qqn. ⇒ **converser, deviser, dialoguer,** s'**entretenir,** ② **causer.** *Nous avons longuement parlé.* ⇒ **discuter.** 3 Révéler ce qu'on tenait caché, passer aux aveux. *Parler sous la menace, sous la torture.* 4 Annoncer, déclarer son jeu, aux cartes. *C'est à toi de parler.* 5 PARLANT, précédé d'un adv. : en s'exprimant de telle manière. *Humainement parlant.* 6 S'exprimer. *Parler avec les mains.* 7 Être éloquent, s'exprimer. *Les faits parlent d'eux-mêmes.* **II** v. tr. ind. (avec *de, à*) 1 PARLER DE QQCH. *Toute la ville en parle.* loc. *Sans parler de* (⇒ ② **outre**). *Cela ne vaut pas la peine d'en parler* : c'est une chose insignifiante. ⇒ **mentionner, signaler.** *On en parlera* : cela fera du bruit. iron. *Parlons-en ! « Le choix ? Parlons-en du choix ! »* (Tournier). 2 PARLER DE QQN. *« il y a toujours quelque ridicule à parler de soi »* (Claudel). *Il fait beaucoup parler de lui. Je ne veux plus entendre parler d'elle. Parler de qqn à qqn,* intervenir en sa faveur. ➛ *On parle de lui comme futur ministre.* 3 PARLER DE (et inf.) : manifester l'intention de. *Il parlait d'émigrer aux Antilles.* 4 PARLER À QQN, lui adresser la parole (⇒ **interlocuteur**). *Tu pourrais répondre quand on te parle. « je l'ai écouté parler au capitaine Bradmer »* (Le Clézio). *Parler à un mur,* à qqn qui ne veut rien entendre. *Il lui parle comme à un chien,* sans égards. *Trouver à qui parler* : avoir affaire à forte partie. ♦ *Nous ne nous parlons plus* : nous sommes brouillés. 5 PARLER DE... À QQN. *On m'a beaucoup parlé de vous.* ➛ *Je vous en ai parlé dans ma dernière lettre.* ♦ fam. (à la 2e pers. de l'indic. seulement, avec une nuance de moquerie ou de colère, parfois d'admiration). *Tu parles ! Tu parles, Charles ! Tu parles d'un idiot !* quel idiot ! **III** v. tr. dir. 1 Pouvoir s'exprimer au moyen de (telle ou telle langue). *Parler français, italien, russe. Interprète qui parle couramment plusieurs langues.* ➛ pronom. *Langue qui se parle dans le monde entier.* 2 Aborder (tel sujet). *Parler affaires, politique, chiffons.* ✪ CONTR. Taire (se).

② **parler** n. m. – XIIe 1 Manière de parler. *« Marius était attentif au parler de cet homme »* (Hugo). 2 Ensemble des moyens d'expression employés par un groupe à l'intérieur d'un domaine linguistique. ⇒ **dialecte, idiome, langue, patois.** *Les parlers régionaux.*

parleur, euse n. – XIIe ▪ BEAU PARLEUR : personne qui aime faire de belles phrases, qui a plus de brillant que de qualités profondes. *C'était un « beau parleur, qui soulignait ses sourires et guillemetait ses gestes »* (Hugo).

> ❑ *Parleur* n'est plus guère employé au sens de « personne qui parle » ; le terme didactique est *locuteur*.

parloir n. m. – XIIe ▪ Local où sont admis les visiteurs qui veulent s'entretenir avec un pensionnaire d'un établissement religieux, scolaire, hospitalier, pénitentiaire, etc.

parlote ou **parlotte** n. f. – XIXe ▪ Conversation oiseuse, échange de paroles insignifiantes. *Faire la parlote avec une voisine* (⇒ **papoter**).

parme adj. inv. et n. m. – XIXe ; de *Parme,* ville d'Italie **I** Mauve comme la violette de Parme. *Velours parme.* ➛ n. m. Cette couleur. **II** n. m. Jambon de Parme.

parmélie n. f. – XIXe ; lat. *parma* « petit bouclier rond » ▪ Lichen des régions froides.

parmesan n. m. – XVe ; it. *parmigiano* « de *Parme* » ▪ Fromage cuit à pâte très dure, préparé avec du lait de vache écrémé, et fabriqué dans les environs de Parme.

> ❑ *Le Parmesan* est aussi le surnom donné au peintre Mazzola, originaire de Parme (1503-1540).

parmi prép. – XIe ; de ① *par* et *mi* « milieu » 1 (suivi d'un nom ou nominal plur. ou collect., sauf s'il ne s'agit que de deux choses) Au milieu de. ⇒ **entre.** *Maisons disséminées parmi les arbres. Nous souhaitons vous avoir bientôt parmi nous.* ⇒ **avec, près** (de). 2 (Marque l'appartenance à un ensemble) *Compter, ranger qqn parmi ses amis.* ⇒ **nombre** (au nombre de). *Plusieurs parmi lesquels celui-ci.* ⇒ **dont.** *C'est une solution parmi (tant) d'autres.* 3 (Appartenance d'une chose abstraite à un ensemble d'êtres vivants) ⇒ **chez.** *« Elle s'élève contre le* libertinage *à la mode parmi les jeunes gens »* (Ste-Beuve).

parnasse n. m. – XVIIe ; gr. *Parnasos,* montagne de Phocide, consacrée à Apollon et aux Muses ▪ littér. La poésie. ♦ Mouvement littéraire issu de « l'Art pour l'Art », tendant à la synthèse de l'esprit positiviste et de l'esprit « artiste ». *Poètes du Parnasse.* ⇒ **parnassien.**

parnassien, ienne n. m. et adj. – XVIe **I** *Les Parnassiens* : poètes du Parnasse. *« celui qui se sentait romantique ne différait du parnassien que par un demi-sourire en plus »* (Giraud.). ➛ adj. *L'école parnassienne.* **II** Papillon commun dans les montagnes. ⇒ **apollon.**

parodie n. f. – XVIIe ; de ① *para-* et gr. *odê* « chant » ▪ Imitation burlesque (d'une œuvre sérieuse). *« Tout peut être parodié, même la parodie »* (Hugo). ♦ Contrefaçon ridicule. ⇒ **caricature, travestissement.** *Une parodie de réconciliation.*

> ❑ Le *pastiche* n'a pas le côté plaisant de la *parodie.* → pastiche (rem.).

parodier v. tr. [7] – XVIe ▪ Imiter (une œuvre) en faisant une parodie. ➛ *Parodier un auteur* (⇒ **pasticher**). ♦ Imiter (qqn) d'une façon ridicule. ⇒ **caricaturer, contrefaire.** *Parodier un homme politique.*

parodique adj. – XIXe ▪ littér. Qui appartient à la parodie.

parodiste n. – XVIIIe ▪ littér. Auteur d'une parodie.

parodonte n. m. – 1963 ; de ① *par(a)-* et gr. *odous* « dent » ▪ Ensemble des tissus de soutien qui relient la dent au maxillaire.

parodontie [paʀɔdɔ̃si] n. f. – v. 1970 ▪ Soins et chirurgie du parodonte.

> ❑ Pour la prononciation → odont(o)-, -odontie (rem.). ♦ On emploie aussi le terme *parodontologie.*

paroi n. f. – XIe ; lat. *paries* 1 Séparation intérieure d'une maison (⇒ **cloison**) ou face intérieure d'un mur. *Appuyer son lit contre la paroi.* 2 Face latérale (d'une excavation naturelle ou creusée par l'homme). *Parois d'une caverne.* 3 Roc, terrain à pic, comparable à une muraille. *Paroi rocheuse.* 4 Partie solide (d'un récipient) qui isole l'extérieur de l'intérieur ; surface interne (d'une cavité) destinée à contenir qqch. *« Les poussières accrochées aux parois de verre du cendrier »* (Le Clézio). 5 Partie qui limite une cavité du corps ; tissu d'un organe creux (⇒ **pariétal**). *La paroi abdominale.*

paroisse n. f. – XIe ; gr. *paroikia* « groupe d'habitations voisines » ▪ Circonscription ecclésiastique où s'exerce le ministère d'un curé, d'un pasteur. *Pour les pauvres de la paroisse.*

paroissial, iale, iaux adj. – XIIe ▪ De la paroisse, propre à la paroisse. *Église, messe paroissiale.*

paroissien, ienne n. – XIIIe 1 Personne qui dépend d'une paroisse catholique ou protestante. *Le curé et ses paroissiens.* ♦ fam. vieilli Type. *Un drôle de paroissien.* 2 n. m. Livre de messe. ⇒ **missel.** *Des « enfants munis de paroissiens reliés en cuir noir »* (Mac Orlan).

parole n. f. – XIe ; lat. *parabola* « comparaison » **I - 1** Élément simple du langage articulé. ⇒ **mot ; expression.** *Il n'a* *pas dit une parole de la soirée. Voilà une bonne parole !* ⇒ **discours, propos.** *Paroles aimables. Déluge, flot de paroles.* ➛ *Les dernières paroles d'un mourant.* **2** LES PAROLES (opposé à *actes*). ⇒ **mot.** loc. *En paroles :* d'une manière purement verbale. ♦ Mots d'une formule. *Prononcer les paroles magiques.* **3** plur. Promesses. *De belles paroles.* **4** plur. Texte (d'un morceau de musique vocale) (⇒ **parolier**). *L'air et les paroles d'une chanson.* **5** Pensée exprimée à haute voix, en quelques mots. ⇒ **devise, mot, sentence.** *Parole historique.* **6** sing. Engagement, promesse sur l'honneur. ⇒ **assurance, engagement, foi, serment.** *Donner sa parole, sa parole d'honneur.* ⇒ **jurer, promettre.** *Tenir parole, sa parole.* « *Tu me connais, tu sais si j'ai tenu parole* » (Muss.). ➛ *N'avoir qu'une parole :* ne rien changer à ce qu'on a promis. ➛ loc. *Un homme de parole,* loyal, sûr. ➛ *SUR PAROLE :* sans autre garantie que la parole donnée. *Croire qqn sur parole.* ♦ interj. *(Ma) parole d'honneur ! Parole !* je le jure. ➛ *Ma parole !* (exprimant l'étonnement). **II - 1** Faculté de communiquer la pensée par un système de sons articulés (⇒ **langage**) émis par les organes de la phonation. *Perdre la parole.* ➛ loc. *Il ne lui manque que la parole,* se dit d'un animal intelligent, d'un portrait ressemblant. ➛ *Reconnaissance de la parole :* ensemble des techniques mises en œuvre pour permettre à un ordinateur de reconnaître les mots énoncés par un utilisateur. **2** Exercice de cette faculté. ⇒ **langage** (parlé), **verbe.** *Encourager qqn de la parole et du geste.* ⇒ **voix.** ➛ *Avoir la parole facile :* être disert, éloquent. ⇒ **verve.** ♦ L'usage que fait un individu du langage (opposé à *langue*). ⇒ **discours. 3** Le fait de parler. *Adresser la parole à qqn,* lui parler. *Couper la parole à qqn.* ⇒ **interrompre.** ♦ Droit de parler dans une assemblée délibérante. *Demander, obtenir la parole. La parole est à la défense.* « *un conseiller municipal se lève pour prendre la parole* » (Romains). ⇒ **intervenir.** ♦ (À certains jeux de cartes) *Parole !* je passe. **4** ⇒ **logos, verbe ;** et aussi **écriture.** *La parole de Dieu, la bonne parole.* plaisant *Prêcher la bonne parole.* ✪ CONTR. ① Action. ① Écrit. Silence.

parolier, ière n. - XVIe ▪ Auteur des paroles d'une chanson, d'un livret d'opéra (⇒ **librettiste**).

paronomase n. f. - XVIe ; gr. *onoma* « nom » ▪ Figure qui consiste à rapprocher des paronymes dans une phrase (ex. Qui s'excuse s'accuse).

paronyme adj. et n. m. - XVIIe ; gr. de ① *para-* et *onoma* « nom » ▪ Se dit de mots presque homonymes qui peuvent être confondus (ex. conjecture, conjoncture ; éminent, imminent).

> ❑ Les paronymes ont toujours quelque chose en commun pour le sens, puisqu'ils apparaissent dans les mêmes contextes (par ex. *effraction* et *infraction* dans le domaine juridique). ♦ La production pathologique de paronymes est la *paraphasie.*

paronymie n. f. - XIXe ▪ Caractère des mots paronymes.

paronyque n. f. - XVIe ; gr. *onux* « ongle » ▪ Plante *(caryophyllacées)* annuelle ou vivace suivant les variétés, qui passait pour guérir les panaris.

paros [paʀos ; paʀɔs] n. m. - XIXe ▪ Marbre blanc de l'île de Paros (Cyclades).

parotide n. f. - XVe ; gr. *parôtis* « près de l'oreille » ▪ Glande salivaire paire, située au-dessous du conduit auditif externe. « *il dessinait la parotide mise à nu* [...] *pour montrer les rapports de la glande et de sa loge* » (Aragon).

> ❑ Ne pas confondre avec *carotide* « artère qui conduit le sang vers la tête ».

parotidite n. f. - XIXe ▪ Inflammation de la parotide.

parousie n. f. - 1903 ; gr. « présence » ▪ Second avènement attendu du Christ glorieux.

paroxysme n. m. - XIVe ; gr. *oxunein* « aiguiser, exciter » **1** Période d'une maladie où les symptômes sont les plus aigus. ⇒ **accès, crise. 2** Le plus haut degré (d'une sensation, d'un sentiment). ⇒ **exacerbation.** *La douleur atteint son paroxysme. Pousser, porter à son paroxysme.* « *son orgueil exalté jusqu'au paroxysme* » (Bernanos).

paroxysmique adj. - XVIIe ▪ Relatif au paroxysme, à un paroxysme. *Phase paroxysmique d'une éruption.*

paroxystique adj. - XIXe ▪ Qui se présente sous forme de paroxysmes. *Tachycardie paroxystique.*

paroxyton adj. m. - XVIe ▪ Se dit d'un mot qui a l'accent tonique sur l'avant-dernière syllabe ou pénultième (⇒ aussi **oxyton**). ➛ subst. *Un paroxyton.*

parpaillot, ote n. - XVIe ; occitan *parpalhol* « papillon » ▪ vx ou plaisant Calviniste, protestant. ⇒ **huguenot.**

parpaing [paʀpɛ̃] n. m. - XIIIe ; lat. *perpes* « ininterrompu, continuel » **1** Pierre de taille (ou moellon) tenant toute l'épaisseur d'un mur. **2** Bloc (de plâtre, de ciment, de béton) qui remplace souvent la pierre, dans les constructions récentes.

parquer v. [1] - XIVe **I** v. tr. **1** Mettre (des bestiaux, des animaux) dans un parc. *Parquer des moutons.* **2** péj. Placer, enfermer (des personnes) dans un espace étroit et délimité. *Parquer des réfugiés dans un camp.* **3** Arrêter et ranger (une voiture) dans un parc de stationnement. ⇒ **garer.** *Il « est allé parquer la voiture de l'autre côté de la cour »* (Simenon). **II** v. intr. Être dans un parc. *Troupeaux qui parquent dans un enclos.*

① **parquet** n. m. - XIVe ; de *parc* **I** Ministère public, groupe des magistrats (procureur de la République et substituts) chargés de l'ouverture et de l'accompagnement d'une instruction judiciaire. *Le parquet a fait appel.* **II** *Parquet d'élevage :* enclos destiné à l'élevage de volailles.

② **parquet** n. m. - XIVe ; de ① *parquet* **1** Revêtement de sol formé d'éléments de bois (lames, lattes) (⇒ ① **plancher**). *Parquet de chêne. Parquet ciré, vitrifié. Rainure de parquet.* « *tout tournait autour d'eux, les lampes, les meubles, les lambris, et le parquet* » (Flaub.). **2** Assemblage de plaques formant une plateforme pour la circulation, dans la salle de machines d'un navire.

parquetage n. m. - XVIe ▪ Action de parqueter ; son résultat.

parqueter v. tr. [4] - XIVe ▪ Garnir d'un parquet. « *Les salles inférieures sont parquetées de planchers de cèdre* » (Nerval). ♦ *Parqueter un tableau,* en réparer la boiserie ou consolider la toile avec des planches.

parqueteur n. m. - XVIIe ▪ Ouvrier, menuisier qui pose ou répare les parquets.

parqueur, euse n. - XIIIe **1** Personne qui s'occupe des huîtres, des moules, etc. d'un parc. **2** Personne qui garde, soigne les bestiaux dans un parc.

parrain n. m. - XIIe ; lat. *pater* « père » **1** Celui qui tient (ou a tenu) un enfant (⇒ **filleul**) sur les fonts du baptême. « *je n'entends point que vous ayez d'autres noms que ceux qui vous ont été donnés par vos parrains et marraines* » (Mol.). ♦ Celui qui préside au lancement d'un navire, au baptême d'une cloche. ➛ Celui qui donne un nom à une personne, à une chose, à un ouvrage. **2** Celui qui présente qqn dans un cercle, un club, pour l'y faire inscrire. **3** Chef d'un important groupe illégal. *Un parrain de la Mafia.*

parrainage n. m. - XIIIe **1** Fonction, qualité de parrain (1°) ou de marraine. ♦ Soutien d'une personne qui demande à être admise dans un ordre, dans une société. 2 Soutien matériel apporté à une manifestation, à un produit ou à une organisation en vue d'en retirer un bénéfice direct, un effet publicitaire. ⇒ **sponsorisation.**

parrainer v. tr. [1] – v. 1935 **1** Soutenir (une entreprise, une œuvre) en accordant son parrainage. ⇒ **sponsoriser.** 2 Présenter (qqn) en tant que parrain.

① **parricide** n. – XIIe ; lat. ▪ Personne qui a commis un parricide (②). ♦ adj. *Fils parricide.*

> ❑ On retrouve le même élément *-cide*, qui signifie « qui tue », dans *génocide, homicide, insecticide, matricide, suicide*, etc.

② **parricide** n. m. – XIVe ; lat. **1** Meurtre du père ou de la mère, ou de tout autre ascendant légitime. ⇒ **matricide.** 2 vx Meurtre commis contre la vie du souverain. ⇒ ② **régicide.**

parsec n. m. – 1923 ; de *par(allaxe)* et *seconde* ▪ Unité de mesure de longueur (symb. pc) utilisée en astronomie, valant 3,26 années-lumière.

parsemer v. tr. [5] – XVe ; de ① *par* et *semer* **1** Répartir avec des espaces. ⇒ **disperser, répandre.** *Ciel parsemé d'étoiles.* ⇒ **constellé.** 2 Être répandu çà et là sur (qqch.). ⇒ **joncher.** ◆ *Route parsemée d'embûches.* ✪ CONTR. Grouper, rassembler.

parsi, e n. et adj. – XVIIe ; mot persan ▪ Personne qui, dans l'Inde, suit la religion de Zoroastre. ♦ n. m. *Le parsi :* langue indo-européenne du groupe iranien.

parsisme n. m. – XIXe ▪ Religion des parsis. ⇒ **mazdéisme, zoroastrisme.**

① **part** n. f. – IXe ; lat. *pars* **I - 1** Ce qu'une personne possède ou acquiert en propre. *Avoir la meilleure part.* loc. *La part du pauvre :* part d'un aliment réservée à la venue éventuelle d'un pauvre ; fig. la plus petite part. ◆ *AVOIR PART À :* participer. Être pour qqch. dans. *Un acte où la volonté a si peu de part.* ◆ *PRENDRE PART À :* jouer volontairement un rôle dans (une affaire). ⇒ **intervenir, participer.** *Il a pris une part très active à l'élaboration de ce projet.* ♦ *FAIRE PART DE QQCH. À QQN :* faire connaître. ⇒ **communiquer, informer.** *Faire part de ses projets à ses amis.* ♦ *POUR MA PART :* en ce qui me concerne, quant à moi. ⇒ **personnellement.** 2 Partie attribuée à qqn ou consacrée à tel ou tel emploi. ⇒ **lot, portion.** *Diviser en parts :* partager. *Une part de gâteau.* ⇒ **morceau.** ♦ dr. Portion d'un patrimoine attribuée à un copartageant. ⇒ **partage.** ◆ *Part virile :* portion d'une masse indivise, obtenue en divisant cette masse par le nombre des ayants droit. ♦ *Part sociale* ou *part d'intérêt :* titre représentatif d'une partie du capital social d'une société et attribué personnellement à un associé en contrepartie de son apport. ⇒ ② **action.** *Il possède les trois quarts des parts de la société.* ♦ *À PART ENTIÈRE. Français à part entière,* qui jouit de tous les avantages et de tous les droits attachés à la qualité de Français. ♦ Ce que chacun doit donner. *Il faut que chacun paye sa part.* ⇒ **contribution,** ① **écot, quote-part.** ◆ Unité de base servant à déterminer le montant de l'impôt à payer. 3 *FAIRE LA PART :* assigner, attribuer en partage. *Faire la part belle à qqn,* lui accorder un gros avantage. ◆ *Faire la part des choses :* tenir compte des contingences, ne pas être trop absolu dans ses jugements. **II** Partie (d'un tout, d'un ensemble, d'un groupe). ⇒ **fraction.** *Pour une part, une large part, une bonne part :* en partie, dans une large mesure. ⇒ **proportion. III - 1** *DE LA PART DE :* indique la personne de qui émane un ordre, une démarche. ⇒ **nom** (au nom de). « *Demain quelqu'un ira te voir de ma part* » (Carco). *Ce n'est pas très aimable de leur part.* ◆ *DE TOUTES PARTS* ou *DE TOUTE PART :* de tous les côtés. *Les messages arrivent de toutes parts.* ◆ *D'UNE PART... D'AUTRE PART,* pour mettre en parallèle, pour opposer deux idées ou deux faits, deux aspects d'un objet. ◆ (en début de phrase) *D'AUTRE PART* (cf. D'ailleurs, en outre). ◆ *DE PART ET D'AUTRE* [dəpaʀtedotʀ] : d'un côté et de l'autre, des deux côtés. « *quand il n'y a, de part ou d'autre, ni dégoût physique ni haine* » (Loti). ◆ *DE PART EN PART :* d'un côté à l'autre. ◆ *PRENDRE EN BONNE, EN MAUVAISE PART :* interpréter en bien, en mal. « *Le terme* aberration *est assez souvent pris en mauvaise part* » (Valéry). 2 *NULLE PART :* en aucun lieu (opposé à *partout*). « *Comme il veut qu'elle l'accompagne partout, il n'ose plus aller nulle part* » (Gide). ◆ *AUTRE PART :* dans un autre lieu. ⇒ **ailleurs.** ◆ *QUELQUE PART :* en un lieu indéterminé, qu'on ne veut pas ou ne peut pas préciser. *J'ai déjà vu cela quelque part.* ◆ fam. (par euphém.) *Aller quelque part,* aux toilettes. *Un coup de pied quelque part,* au derrière (cf. Où je pense). 3 loc. adv. *À PART :* à l'écart. *Mettre à part :* écarter, excepter, séparer, ségréguer. *Servir la sauce à part. Prendre qqn à part pour lui parler* (cf. En particulier, en aparté). *Toute plaisanterie à part :* sans plaisanter. fam. *Blague à part :* sérieusement. ♦ loc. prép. ⇒ ① **excepté.** « *à part les yeux, elle semblait plutôt laide que jolie* » (Hugo). ◆ fam. *Et à part ça, qu'est-ce que vous devenez ?* ◆ *À PART :* qui est séparé d'un ensemble. *Occuper une place à part* (cf. À l'écart). ◆ Très différent des autres. *Un cas à part.* ✪ CONTR. Conjointement, ① ensemble ; avec. — HOM. Par.

② **part** n. m. – XIIe ; lat. *partus* « enfanté » ▪ dr. (dans quelques expr.) Enfant nouveau-né. *Substitution de part. Confusion de part :* confusion de paternité ; incertitude sur la paternité d'un enfant.

partage n. m. – XIIIe ; de ② *partir* « partager » **I - 1** Division d'un tout en plusieurs parts pour une distribution. ⇒ **répartition.** *Procéder à un partage. Le partage d'un butin.* ♦ Opération par laquelle un bien est partagé entre les copropriétaires. ⇒ **liquidation, succession.** 2 Fait de partager qqch. (avec qqn). *Le partage du pouvoir, des responsabilités. Le partage du travail.* ◆ vieilli *SANS PARTAGE :* sans réserve, sans restriction. *Un dévouement sans partage.* 3 Division d'une grandeur en parties plus petites. ◆ *Faire le partage entre deux choses.* ⇒ **départager.** 4 Le fait de se partager. *Ligne de partage des eaux :* crête qui forme la limite entre deux bassins fluviaux. « *Une borne marque la ligne de partage des eaux. Tout ce qui tombe à gauche s'achemine vers l'Océan* » (Simenon). **II** *LE PARTAGE DE QQN :* le lot, le sort de qqn. ⇒ ① **part.** ◆ *EN PARTAGE :* comme part. *Donner* (⇒ **impartir**), *recevoir en partage.* ✪ CONTR. Indivision.

partageable adj. – XVIe ▪ Qui peut être l'objet d'un partage. ✪ CONTR. Impartageable.

partageant, ante n. – XVIIe ▪ dr. Personne qui participe à un partage. ⇒ **copartageant.**

partager v. tr. [3] – XIVe **I - 1** Diviser (un ensemble) en éléments qu'on peut distribuer, employer à des usages différents. *Partager un domaine. Partager une pomme en deux.* ◆ fig. « *Le bon sens est la chose du monde la mieux partagée* » (Desc.). 2 *Partager qqch. avec qqn,* lui en donner une partie. *Partager les bénéfices avec un associé.* 3 Avoir part à (qqch.) en même temps que d'autres. *Partager son appartement avec un ami. Partager l'existence de qqn.* ♦ Prendre part à. « *vous qui partagez ma perte, venez partager mes douleurs* » (Rouss.). *Je ne partage pas votre point de vue.* ◆ *Un amour partagé,* mutuel, réciproque. *Torts partagés.* 4 (sujet chose) Diviser (un ensemble) de manière à former plusieurs parties distinctes, effectivement séparées ou non. ⇒ **couper, fractionner, fragmenter.** *Une cloison partage la pièce en deux.* ⇒ **séparer.** 5 *ÊTRE PARTAGÉ :* être divisé entre plusieurs sentiments contradictoires. « *Je suis partagé entre des tendances qui se contredisent* » (Mart. du G.). ♦ loc.

Les avis sont partagés, très divers. **II** *SE PARTAGER* **v. pron. 1** Être partagé. *Ce gâteau peut se partager facilement.* **2** Être divisé. « *une voie romaine se partageait en trois branches à cet endroit* » (Gaut.). **3** *Se partager en deux groupes.* ⇒ se **scinder. 4** Partager (qqch.) entre soi. « *les solides monarchies absolues qui s'étaient partagé l'Europe* » (Zola). ✪ CONTR. Accaparer. Réunir.

partageur, euse **n. et adj.** – XVIe ▪ Personne qui partage volontiers ce qu'elle possède.

partance **n. f.** – XIVe ▪ *EN PARTANCE :* qui va partir (bateaux, grands véhicules). « *plus de billets pour aucun des trains en partance* » (Duras). par ext. *Voyageurs en partance. Avion en partance pour Genève* (opposé à *en provenance de*).

① **partant, ante** **n. et adj.** – XVIIe **1** Personne qui part. *Les arrivants et les partants.* ♦ Coureur, cheval qui se présente effectivement au départ d'une course. *Cheval déclaré non partant à la dernière minute.* **2 adj.** fam. *Être partant (pour) :* être disposé (à), d'accord, volontaire (pour). *C'est trop risqué, je ne suis pas partant.*

② **partant** **conj.** – XIIe ; de *par* et *tant ;* cf. pourtant ▪ vx ou littér. Conjonction marquant la conséquence. ⇒ **ainsi, donc** (cf. Par conséquent). « *Le chemin étant long, et partant ennuyeux* » (La Font.).

partenaire **n.** – XVIIIe ; angl. **1** Personne avec laquelle qqn est allié contre d'autres joueurs. *Sa partenaire au bridge.* « *son partenaire et lui* [...] *ayant fait les treize levées* » (J. Verne). **2** Personne associée à une autre pour la danse **(⇒ cavalier)**, dans un exercice sportif, professionnel. *Le, la partenaire d'un patineur.* **3** Personne qui a des relations sexuelles avec une autre. « *tomber sur un partenaire frigide* » (Maurois). **4** Collectivité avec laquelle une autre collectivité a des relations, des échanges. *Nos partenaires européens.* ➝ *Les partenaires sociaux :* les représentants des syndicats et du patronat dans une négociation. ✪ CONTR. Adversaire, compétiteur, rival.

> ❑ Emprunté sous la forme anglaise *partner ;* Beaumarchais emploie pour la première fois la forme francisée *partenaire,* qui s'est parfaitement intégrée et n'est plus sentie comme un anglicisme.

partenariat **n. m.** – 1984 ▪ Association d'entreprises, d'institutions en vue de mener une action commune.

parterre **n. m.** – XVIe ; de *par* « sur » et *terre* « sol » **1** Partie d'un parc, d'un jardin d'agrément où l'on a aménagé des compartiments de fleurs, de gazon. *Parterre de bégonias.* **2** Partie du rez-de-chaussée d'une salle de théâtre, derrière les fauteuils d'orchestre. *Places de parterre. Être au parterre.* ➝ Public du parterre, généralement populaire.

parthénogenèse **n. f.** – XIXe ; gr. *parthenos* « vierge » ▪ Reproduction sans fécondation (sans mâle) dans une espèce sexuée. *Parthénogenèse et androgenèse**.

parthénogénétique **adj.** – XIXe ▪ Relatif à la parthénogenèse. ➝ Issu de la parthénogenèse. *Œuf parthénogénétique.*

① **parti** **n. m.** – XIIIe ; de ② *partir* **I - 1** *TIRER PARTI DE :* exploiter, utiliser. ⇒ **profit.** « *nous ne savons pas tirer parti de nos ressources* » (Gide). *Il en a tiré le meilleur parti.* **2** Situation qui échoit. *Faire un mauvais parti à qqn.* ⇒ **malmener, maltraiter. 3** Personne à marier, considérée du point de vue de sa situation sociale. *Un beau parti.* **II - 1** littér. Solution proposée ou choisie pour résoudre une situation. *Hésiter entre deux partis.* **2** loc. *PRENDRE LE PARTI DE.* ⇒ **décision, résolution.** *Prendre le parti d'en rire.* ➝ *PRENDRE PARTI.* ⇒ **choisir, décider, opter** (cf. Prendre position*). *Prendre parti pour, contre qqn,* lui donner raison ou tort. *Il ne veut pas prendre parti.* ⇒ s'**engager.** ➝ *PRENDRE SON PARTI :* se déterminer. *Prendre son parti de qqch., en prendre son parti :* accepter raisonnablement ce qu'on ne peut éviter ni changer (cf. Se faire une raison*). ⇒ s'**accommoder,** se **résigner.** ♦ *PARTI PRIS.* Opinion préconçue, choix arbitraire. ⇒ **a priori, préjugé, prévention.** *Être de parti pris,* partial. *Je vous le dis sans parti pris, sans aucun parti pris,* honnêtement, avec objectivité. **III - 1** Groupe de personnes défendant la même opinion. ⇒ **camp, clan.** *Se mettre, se ranger du parti de qqn :* défendre la même opinion **(⇒ partisan).** *Prendre le parti de qqn,* le soutenir, le défendre (cf. Prendre fait et cause* pour, être de son côté*). **2** Organisation dont les membres mènent une action commune à des fins politiques. ⇒ **formation, mouvement, rassemblement,** ① **union.** *Les partis politiques. Coexistence des partis.* ⇒ **multipartisme, pluripartisme.** *Parti fasciste, conservateur, travailliste, radical, socialiste, communiste. Partis de droite, de gauche. Les partis de l'opposition. Adhérer à un parti.* « *Quelle est son étiquette ? à quel parti est-il affilié ?* » (Maurois). ➝ *Le parti* (le parti communiste). *Il est inscrit au parti.* ✪ HOM. Partie.

> ❑ L'expression *parti pris* se rattache par le sens à *partial* et *partialité.* ♦ Attention de ne pas confondre *prendre le parti de qqn* et *prendre qqn à partie.* → partie (rem.).

② **parti, ie** **adj.** – XIIIe ; de *partir* **I - 1** ⇒ ① **partir. 2** fam. Un peu ivre ; éméché. ⇒ **gai, gris.** *Il* « *regarde le plafond avec exaltation ; il a l'air parti* » (Queneau). **II** blas. Partagé en deux.

partiaire **adj.** – XIIe ; lat. *pars* « ① part » ▪ dr. *Colon partiaire :* fermier qui partage les récoltes avec le propriétaire.

partial, iale, iaux **adj.** – XIVe ; lat. *pars* « ① part » ▪ Qui prend parti pour ou contre qqn ou qqch., sans souci de justice ni de vérité, qui a du parti pris. « *Je serai, non pas méchant, mais partial. Je dirai mon goût à moi* » (Renard). ✪ CONTR. Impartial, ① objectif, neutre.

partialement **adv.** – XVIIe ▪ littér. D'une manière partiale. ✪ CONTR. Impartialement.

partialité **n. f.** – XIVe ; lat. *pars* « ① part » ▪ Attitude partiale ; état d'esprit d'une personne partiale. *Partialité pour qqn, en faveur de qqn* (favoritisme), *contre qqn* (parti pris). *Agir, juger avec partialité* (cf. Avoir deux poids, deux mesures*). ✪ CONTR. Impartialité, objectivité, neutralité.

participant, ante **adj. et n.** – XIVe ▪ Qui participe à qqch. ♦ **n.** *Liste des participantes à une compétition.*

participatif, ive **adj.** – XIXe ▪ *Prêt participatif :* prêt à faible taux accordé à une entreprise. *Titre participatif :* valeur tenant de l'action et de l'obligation, dont une partie de la rémunération est indexée sur le bénéfice de la société nationalisée émettrice.

participation **n. f.** – XIIe ; lat. **1** Action de participer à qqch. ; son résultat. *La participation de femmes à un nouveau gouvernement. Acteur qui promet sa participation à un gala.* ⇒ **collaboration, concours.** *Un* « *réfugié forcé de se cacher à cause de sa participation à la révolution* » (Balz.). ➝ Le fait de se prononcer aux élections, de voter. *Taux de participation et taux d'abstention.* ➝ Droit de regard, de libre discussion et d'intervention des membres d'une communauté. *Tous les professeurs* « *déplorent l'inertie de leur classe, son absence de participation* » (Beauv.). **2** Action de participer à (un profit, la gestion) ; son résultat. *Participation aux bénéfices.* **3** Action de participer à (une dépense). *Participation aux frais.* ⇒ **contribution,** ① **écot, quote-part.**

participe **n. m.** – XIIIe ; lat. ▪ Forme modale impersonnelle qui « participe » de l'adjectif (peut s'accorder en genre et en nombre) et du verbe (peut exprimer temps et voix et régir un complément). *Participe présent. Participe passé.*

❑ Certains participes présents se distinguent graphiquement des adjectifs qualificatifs correspondants (par ex. *équivalant/équivalent, précédant/précédent ; fatiguant/fatigant, suffoquant/suffocant*). Le participe présent est toujours invariable à la différence de l'adjectif verbal ; ex. *la salle, riant aux éclats* mais *une campagne plutôt riante*.

participer v. tr. ind. [1] – XIVe ; lat. *particeps* « qui prend part » **I** PARTICIPER À. **1** Prendre part à (qqch.). *Participer à un jeu, à la conversation.* ⇒ s'**associer,** se **joindre,** se **mêler,** ① **part** (prendre part). ♦ Prendre part à la vie d'un groupe, notamment d'une classe. *Cet élève ne participe pas assez.* **2** Payer sa part, une part de. ⇒ **contribuer.** *Chaque convive a participé aux frais du banquet.* **3** Avoir part à qqch. Être intéressé. *Associés qui participent aux bénéfices.* **II** littér. PARTICIPER DE... : tenir de la nature de. ⇒ **procéder.** « *Le génie de Buffon participe du poète autant que du philosophe* » (Ste-Beuve). ✪ CONTR. Abstenir (s').

participial, iale, iaux adj. – XIVe ▪ Qui a rapport au participe. ➝ *Proposition participiale* et n. f. *une participiale* : proposition ayant son sujet propre et son verbe au participe présent ou passé (ex. Dieu aidant, nous réussirons).

particularisation n. f. – XVIe ▪ Action de particulariser ; son résultat. ✪ CONTR. Généralisation.

particulariser v. tr. [1] – XVe ; lat. *particularis* « particulier » ▪ Distinguer, différencier par des traits particuliers. ⇒ **individualiser.** ✪ CONTR. Confondre, généraliser, induire.

particularisme n. m. – XVIIe ▪ Attitude d'une population, d'une communauté qui veut conserver, à l'intérieur d'un État ou d'une fédération, ses libertés régionales, son autonomie. ♦ Caractère, trait particulier. *Le particularisme linguistique d'une région.*

particulariste n. – XVIIIe ▪ Autonomiste. ➝ adj. *Esprit particulariste* (cf. Esprit de clocher*).

particularité n. f. – XIIIe ; lat. ▪ Caractère particulier à qqn, qqch. *Une particularité physique. Avoir, présenter telle particularité. Le requin offre la particularité d'être vivipare.* « *nul ne savait mieux que lui reproduire* [...] *les particularités des physionomies* » (Queneau). ✪ CONTR. Généralité.

particule n. f. – XVe ; lat. « petite part » **1** Très petite partie, infime quantité d'un corps. « *eau chargée de* [...] *particules calcaires* » (Buff.). ♦ sc. Élément constitutif de la matière ou de l'énergie. ⇒ aussi **antiparticule.** *L'électron, le neutron sont des particules élémentaires. Charge, masse, spin d'une particule.* **2** Petit mot invariable, élément de composition (⇒ ① **affixe, préfixe, suffixe**) ou de liaison (⇒ **conjonction, préposition**). **3** *Particule nobiliaire* ou *particule* : préposition de précédant un nom patronymique. *Avoir un nom à particule* (fam. à rallonge, à tiroir).

❑ L'emploi de *particule* en grammaire est vague et peu recommandé. ♦ La *particule* ne constitue pas par elle-même une marque de noblesse authentique.

particulier, ière adj. et n. – XIIIe ; lat. *pars* « partie » **I** adj. **1** Qui appartient en propre (à qqn, qqch., ou à une catégorie d'êtres, de choses). ⇒ **personnel, propre.** *Cela lui est particulier.* **2** Qui ne concerne qu'un individu (ou un petit groupe) et lui appartient (opposé à *collectif, commun*). ⇒ **individuel.** *Chacun « songea surtout à défendre ses intérêts particuliers »* (Bainville). *Voiture particulière. Leçons particulières.* ➝ (Opposé à *public*). *Recevoir qqn en audience particulière.* ♦ loc. adv. EN PARTICULIER : à part (cf. En privé). *Je voudrais vous parler en particulier,* seul à seul. **3** Qui donne (à une chose, à un être) son caractère original, distinctif. ⇒ **caractéristique, distinctif, spécial, spécifique.** *Signes particuliers : néant. Le goût particulier du gingembre.* « *le charme particulier et douloureux qui émanait de la vie de Gilberte* » (Proust). **4** Qui présente des caractères hors du commun. ⇒ **singulier.** « *d'un petit air particulier et très drôle* » (Loti). *Flatté « par la considération particulière que lui marquait l'Empereur »* (Gide). ➝ péj. *C'est un peu particulier.* ⇒ **spécial.** ♦ loc. adv. EN PARTICULIER : d'une manière particulière. ⇒ **particulièrement, spécialement,** ① **surtout.** *Des « singes de toutes sortes ; en particulier quantité de gorilles énormes »* (Gide). **5** (Opposé à ① *général*) Qui ne se réfère pas à un ensemble ; limité au détail. *Sur ce point particulier.* ⇒ ① **précis.** ➝ n. m. *Aller du général au particulier.* **II** n. Personne privée, simple citoyen. *Répondre à l'annonce d'un particulier.* ✪ CONTR. Collectif, commun, ① général, public, universel. ① Courant, normal, ordinaire.

❑ Ne pas employer *spécifique* ou *typique* à la place de ce mot. → spécifique (rem.).

particulièrement adv. – XIVe **1** D'une manière particulière par rapport à un ensemble. ⇒ **notamment, principalement, singulièrement, spécialement,** ① **surtout** (cf. En particulier). *Il aime tous les arts, particulièrement la peinture.* **2** D'une façon peu commune, qui mérite attention. ⇒ **spécialement.** *J'attire tout particulièrement votre attention sur ce point.* ✪ CONTR. Généralement ; ① général (en).

partie [parti] n. f. – XIIe ; de ② *partir* **I** Élément d'un tout organisé. **1** (Envisagé dans ses rapports avec la totalité qui le comprend.) « *je tiens impossible de connaître les parties sans connaître le tout, non plus que de connaître le tout sans connaître particulièrement les parties* » (Pasc.). ⇒ **élément, fraction, morceau, parcelle,** ① **part, portion.** *Qui ne constitue qu'une partie.* ⇒ **partiel.** ➝ (d'un lieu, d'un espace) *Nous n'habitons pas la même partie de la ville* (⇒ **coin, endroit, quartier**). *Les parties communes d'un immeuble* (ex. escalier, toiture). ♦ *Décomposer un ensemble en parties* (⇒ **analyser**). **2** loc. *Une petite, une grande partie de* : un peu, beaucoup. *La majeure partie* (cf. La plupart). *Une partie des spectateurs s'est levée* ou *se sont levés.* ➝ EN PARTIE. ⇒ **partiellement.** *C'est en partie vrai.* ♦ FAIRE PARTIE DE : être du nombre de, compter parmi. ⇒ **appartenir.** « *persuadé qu'il faisait partie d'une société secrète* » (Zola). « *la chaise électrique comme la statue de la Liberté font partie du mobilier national* » (Prévert). fig. *Faire partie du décor*.* **3** Un des éléments successifs d'une œuvre. *Les trois parties d'une dissertation, d'une symphonie* (⇒ **mouvement**). **4** Élément constitutif d'un être vivant. *Les parties du corps.* ➝ *Parties génitales,* vieilli *parties honteuses,* pop. ou plais. *les parties* : les organes génitaux externes de l'homme. **5** Domaine particulier (d'une science, d'une activité). ⇒ **branche.** ➝ *Connaître sa partie.* ⇒ **métier, profession, spécialité.** *Dans sa partie, il est imbattable.* **6** Rôle d'une voix, d'un instrument dans une polyphonie. *Jouer, tenir sa partie dans un orchestre.* **II - 1** Personne physique ou morale qui participe, comme étant personnellement intéressée, à un acte juridique ou une convention (⇒ **plaideur**). *Les parties en présence. La partie adverse.* ➝ dr. pén. Personne engagée dans un procès. *Partie civile*.* **2** loc. PRENDRE QQN À PARTIE, lui imputer le mal qui est arrivé, l'attaquer (cf. S'en prendre à). ➝ *Être juge et partie* : avoir le pouvoir de décision dans une affaire où l'on est personnellement impliqué. **3** Adversaire. *Avoir affaire à forte* partie.* **III - 1** Durée (d'un jeu), à l'issue de laquelle sont désignés gagnants et perdants. *Faire une partie de cartes, de tennis. Engager, gagner, perdre la partie.* ♦ Lutte, combat. *J'abandonne la partie.* **2** Divertissement concerté à plusieurs. *Partie de chasse.* « *une belle partie de pêche aux écrevisses* » (Sand). loc. *Ce n'est pas une partie de plaisir :* ça n'a rien d'agréable, de facile. ➛ *Partie carrée :* relation sexuelle entre deux couples avec échange des partenaires. ♦ loc. *Se mettre, être de la partie.* ⇒ **participer** (cf. Entrer dans le jeu). ✪ CONTR. ② Ensemble, totalité, tout. — HOM. Parti.

❑ Attention, on écrit *prendre quelqu'un à partie, être pris à partie* (et non *à parti*) car il s'agit de *partie* « adversaire dans un procès » ; cf. *la partie adverse, avoir affaire à forte partie.* Ne pas confondre avec *prendre le parti de qqn.*

partiel, ielle adj. – XIVe ; doublet de *partial* **1** Qui ne constitue qu'une partie d'un tout (⇒ **fragmentaire**). *Examen partiel,* dont la note constitue une partie de la note finale. n. m. *Un partiel de chimie.* ➛ *Travail à temps partiel* (opposé à *temps plein, complet*). ⇒ **mi-temps.** **2** Qui n'existe qu'en partie (⇒ **incomplet**), ne concerne qu'une partie. *Information partielle et partiale.* ➛ *Élection partielle,* qui a lieu en dehors des élections générales et ne porte que sur un ou quelques sièges. n. f. *Remporter la partielle.* ➛ *Dérivée partielle :* dérivée d'une fonction à plusieurs variables mathématiques par rapport à une seule de ces variables, les autres étant supposées constantes. ✪ CONTR. ① Complet, entier, ① général, global, intégral.

partiellement adv. – XIVe ▪ D'une manière partielle ; en partie. *C'est partiellement exact.* ✪ CONTR. Entièrement.

① **partir** v. intr. [16] – XIIe ; lat. *partiri* « partager » **I - 1** Se mettre en mouvement pour quitter un lieu ; s'éloigner. ⇒ ① **aller** (s'en aller), se **retirer.** *Partir d'un endroit. Il est parti. Partir en hâte. Partir en douce.* « *ils partaient tous, comme une flotte, laissant le pays presque vide d'époux, d'amants et de fils* » (Loti). ➛ loc. prov. « *Partir, c'est mourir un peu* » (Haraucourt). ➛ « *partant pour l'ambassade de Rome* » (Vigny). *Partir à* (critiqué par les puristes). *Partir à Londres.* « *Gontran était parti au casino* » (Maupass.). *Partir en voyage. Partir dans le Midi. Il est parti faire un tour.* ♦ *Faire partir une lettre, un paquet,* l'expédier. **2** Passer de l'immobilité à un mouvement rapide (par rapport à un point initial). *Partir comme une flèche. Partir au galop.* ♦ Prendre le départ (d'une course) (⇒ ① **partant**). *À vos marques ! Prêts ? partez !* ➛ *La voiture ne veut pas partir.* ⇒ **démarrer.** *Le navire va partir,* lever l'ancre. ⇒ ① **appareiller.** ➛ *Faire partir un moteur,* le mettre en marche. ♦ Se mettre à progresser, à marcher. *L'affaire est bien, mal partie.* ⇒ **commencer, démarrer, engager.** *C'est parti pour durer.* loc. plais. *C'est parti, mon kiki !* **3** Mourir. *Son mari est parti le premier.* **4** Être lancé, commencer sa trajectoire. « *Un coup de feu partit* » (Bosco). fig. « *Elle abondait en saillies charmantes* [...] *qui partaient quelquefois malgré elle* » (Rouss.). ➛ *Faire partir un pétard,* le faire exploser. **5** Commencer (à faire qqch.). *Partir dans de grandes explications.* ⇒ se **lancer.** **II** *PARTIR DE...* **1** Venir, provenir (d'une origine). *Le deuxième en partant de la gauche. Il est parti de rien, de zéro et il a réussi.* ♦ Avoir son origine, son principe dans. *Son geste part d'un bon sentiment.* **2** Commencer un raisonnement, une opération. *Partir du principe, du fait que.* **3** *À PARTIR DE :* en prenant pour point de départ (dans l'espace ou le temps). ⇒ ① **de, depuis, dès** (cf. À compter* de ; à dater* de). *À partir d'aujourd'hui, de maintenant :* désormais, dorénavant. ➛ (emploi critiqué) *Produits chimiques obtenus à partir de la houille,* tirés de la houille. **III** Disparaître, ne plus se manifester. *La tache ne part pas.* ⇒ s'**effacer,** s'**enlever.** ➛ *Ce livre part en lambeaux.* ✪ CONTR. Arriver ; engager, envahir. Attendre, demeurer, établir (s'), installer (s'), rester. — HOM. *Pars :* pare (parer).

❑ Le passage du sens étymologique au sens actuel s'est fait par une forme *se partir de* « s'éloigner de, quitter ».

② **partir** v. tr. ; seult inf. – X^e ; lat. *partiri* « partager », de *pars* « part » ▪ vx Partager, séparer en parties. ➛ *Avoir maille* à partir avec qqn.*

❑ Dans la même famille : *départir, impartir, partage, parti, partie,* ① *partir, partitif, partition, répartir.*

partisan, ane n. et adj. – XVe ; it. *parte* « part, partie » **I** n. (rare au fém.) **1** Personne qui est attachée, dévouée à qqn, à un parti. ⇒ **adepte, allié, ami, disciple, fidèle ; aficionado,** ② **supporter.** « *les partisans du pape et ceux de Luther* » (Gaut.). **2** Personne qui prend parti pour une doctrine. ⇒ **adepte, défenseur ; pro-.** *Partisans et détracteurs du féminisme.* ➛ adj. *Être partisan de* (et inf.), d'avis de. *Ils sont partisans d'accepter.* **II** n. m. Soldat de troupes irrégulières faisant une guerre d'avant-postes. ⇒ **franc-tireur, guérillero.** *Guerre de partisans.* ⇒ **guérilla.** « *Le Chant des partisans* », de *Druon et Kessel.* **III** adj. Qui témoigne d'un parti pris, d'une opinion préconçue. *Haines partisanes.* « *une conversation généralement partisane* » (Duras). ✪ CONTR. Adversaire, antagoniste, contradicteur, détracteur.

❑ On entend parfois une forme féminine fautive : *elle est partisante de...* → vétéran (rem.).

partita n. f. – XIXe ; mot it. « partie » ▪ Pièce musicale pour un instrument solo ou accompagné, généralement formée d'une suite de danses ou de variations. *Une partita de Bach. Des partitas.*

partiteur n. m. – XVe ; lat. *partiri* « partager » ▪ Appareil destiné à répartir l'eau d'un canal d'irrigation.

partitif, ive adj. – XIVe ; lat. *partitus* « partagé » ▪ Qui considère une partie par rapport à un tout que l'on ne peut compter. *Article partitif.*

① **partition** n. f. – XIIe ; lat. « partage » **I** Division de l'écu par des lignes droites. **II - 1** Partage (d'un pays, d'un territoire). *La partition de Chypre.* **2** En mathématiques, Partage d'un ensemble en parties non vides, disjointes deux à deux et dont la réunion reconstitue cet ensemble. ♦ Séparation d'un nucléide en deux ou plusieurs nucléides. ⇒ **fission.**

② **partition** n. f. – XVIIe ; lat. « partage » ▪ Notation d'une composition musicale, superposant les parties vocales et instrumentales, permettant une lecture d'ensemble. *Déchiffrer, lire une partition.*

parton n. m. – 1973 ; angl. ; de *particule* ▪ Sous-élément hypothétique de certaines particules élémentaires (notamment les nucléons).

partout adv. – XIIe ; de ① *par* et *tout* ▪ En tous lieux ; en de nombreux endroits. *On ne peut être partout à la fois* (⇒ **ubiquité**). *Mettre, fourrer son nez partout :* être indiscret. *Partout ailleurs ce sera pareil.* ♦ Pour chaque adversaire. *Quarante* (points) *partout,* égalité (au tennis). ✪ CONTR. ① Part (nulle part).

partouze n. f. – 1919 ; de *partie* (III, 2°) ▪ fam. Partie de débauche à laquelle participent plusieurs personnes.

❑ Le suffixe populaire *-ouze* a aussi la graphie *-ouse.* → flouze (rem.).

partouzer v. intr. [1] – 1966 ▪ fam. Participer à une partouze.

parturiente [paʀtyʀjɑ̃t] adj. f. et n. f. – XVIe ; lat. *parturire* « accoucher » ▪ Femme qui accouche.

❑ Même famille que ② *part* n. m. (*confusion de part* « incertitude sur la paternité d'un enfant »).

parturition n. f. – XVIIIe ; lat. ▪ Accouchement naturel. ⇒ **enfantement, gésine.** ➛ Mise bas des animaux.

parulie n. f. – XVIIe ; gr. *para* « à côté » et *oulon* « gencive » ▪ Abcès qui se forme dans le tissu des gencives.

parure n. f. – XIIe ; de ① *parer* I A Ce qui sert à parer. 1 Ensemble de bijoux assortis (bracelets, broche, collier, pendants). *Une parure de diamants.* 2 Ensemble assorti de pièces de linge (de maison ou sous-vêtements féminins). *Une parure de lit.* B Action de parer ou de se parer ; le fait d'être paré. « *son instinct naturel de parure était* [...] *exempt de tout orgueil et de toute coquetterie* » (Lamart.). II Ce qu'on retranche en parant (I, 4°) avec un outil. ⇒ **rognure.** *Parures de graisse,* que le boucher retranche de la viande.

parurerie n. f. – 1963 ▪ Fabrication, commerce d'articles de fantaisie, de mode, servant à orner le vêtement féminin.

parurier, ière n. – 1955 ▪ Personne qui fabrique, vend des articles de fantaisie, de mode, pour orner le vêtement féminin.

parution n. f. – 1907 ▪ Fait (pour un livre, un article) d'être publié, de paraître en librairie ; date, moment de la publication. ⇒ **publication, sortie.** *Dès sa parution, ce roman a eu beaucoup de succès.* ◆ Ce qui est paru. *Nos dernières parutions.*

parvenir v. tr. ind. [22] – Xe ; lat. 1 Arriver (en un point déterminé), dans un déplacement. ⇒ **arriver, atteindre.** 2 Arriver à destination. *Ma lettre vous est-elle parvenue ?* ◆ Se propager à travers l'espace jusqu'à un lieu donné. *Les « bruits de la rue* [...] *me parvenaient amortis* » (Proust). 3 Arriver (à tel résultat qu'on se proposait). *Parvenir à ses fins.* ⇒ **réussir.** ◆ PARVENIR À (et l'inf.). ⇒ **arriver** (à), **réussir** (à). *Un passé « dont il ne parvenait pas à se défaire* » (R. Rolland). 4 En venir, par un processus naturel (à un certain stade de développement). ⇒ **atteindre.** *Parvenir à un âge avancé, au terme de sa vie.*

parvenu, ue adj. et n. – XVIIe ▪ Qui a atteint rapidement une importante situation sociale, sans en acquérir les manières, le ton, le savoir-vivre. « *Le paysan parvenu* », *roman de Marivaux.* ◆ n. *Une société de parvenus* (cf. Nouveau riche*).

parvis n. m. – XIIe ; lat. *paradisus* « enclos » ▪ Place située devant la façade d'une église, d'une cathédrale. *Le parvis de Notre-Dame.*

① **pas** n. m. – Xe ; lat. *passus* I UN, DES PAS. 1 Action de faire passer l'appui du corps d'un pied à l'autre, dans la marche. *Faire un pas en avant, sur le côté. Avancer, reculer d'un pas.* « *Nos pas nous sont si faciles et si familiers qu'ils n'ont jamais l'honneur d'être considérés en eux-mêmes* » (Valéry). *À pas comptés. Marcher à grands pas.* loc. *À pas de loup :* de manière souple et silencieuse. *Approcher à pas de loup.* ◆ *Ne pas faire un pas sans...* : ne rien faire sans. ◆ loc. *Pas à pas* [pazapa] : lentement, avec précaution. ◆ *Faire les cent pas :* attendre en marchant de long en large, aller et venir. ◆ *Salle des pas perdus* (dans un édifice public), où vont et viennent des personnes qui attendent. ◆ *FAUX PAS :* pas où l'appui du pied manque ; fait de trébucher. fig. Écart de conduite (⇒ **faiblesse, faute).** ◆ Bruit de pas. *J'entends des pas.* 2 Chaque élément, chaque temps d'une progression, d'une marche. ⇒ **étape.** *Nous aurions « fait un grand pas vers la sagesse cartésienne* » (Maurois). ⇒ **progrès.** *Faire les premiers pas :* prendre l'initiative. ⇒ **avances.** « *Elle attendit une phrase de sa mère, qui ne vint pas* [...] *Anne se résigna à faire les premiers pas* » (P. Benoit). 3 Trace laissée par un pied humain. *Des pas sur la neige.* ◆ Endroit où l'on est passé. *Retourner sur ses pas,* en arrière (cf. Rebrousser* chemin). « *ce voyageur égaré qui* [...] *revient sur ses pas* » (Ste-Beuve). ◆ *Marcher sur les pas de qqn, emboîter le pas à qqn,* le suivre ; fig. l'imiter, suivre son exemple (cf. Suivre les traces* de qqn). 4 Distance parcourue au cours d'un pas. ⇒ **enjambée.** *C'est à deux pas d'ici,* tout près, à côté. *Ne pas quitter qqn d'un pas,* rester constamment près de lui (cf. Ne pas quitter d'une semelle*). *Il n'y a qu'un pas entre la médisance et la calomnie.* II - 1 *LE PAS.* Façon de marcher. ⇒ **allure, démarche.** *Marcher d'un bon pas. Allonger, presser, ralentir le pas.* ◆ loc. *J'y vais de ce pas,* sans plus attendre. ◆ *AU PAS. Aller, avancer au pas* (opposé à *en courant*), à l'allure du pas normal. ◆ *Au pas (de) gymnastique, au pas de course :* rapidement. ◆ Façon réglementaire de marcher dans l'armée. *Marcher au pas, au pas cadencé. Pas de charge. Pas de l'oie :* pas de parade où les jambes sont levées en extension. ◆ loc. *Mettre qqn au pas,* le rappeler à l'ordre, le forcer à obéir. 2 Mouvement exécuté par le danseur avec ses pieds dans l'exécution d'une danse. *Pas de deux :* partie dansée par deux danseurs. 3 Allure, marche (d'un animal). « *Quatre bœufs attelés, d'un pas tranquille et lent* » (Ste-Beuve). ◆ La plus lente des allures naturelles du cheval (opposé à *amble, trot, galop*). *Cheval qui va au pas.* ◆ *Voiture qui roule au pas,* lentement. III Passage. 1 en loc. Action de passer devant. *Prendre le pas sur qqn,* le précéder ; fig. le dominer. *Céder le pas à qqn,* le laisser passer devant ; fig. reconnaître sa supériorité. 2 Difficulté, obstacle. loc. *Franchir, sauter le pas :* se décider à faire qqch. après des hésitations (cf. Faire le saut*). *Se tirer, sortir d'un mauvais pas,* d'une situation périlleuse, fâcheuse. 3 *LE PAS DE LA PORTE :* seuil, ou espace qui se trouve devant une porte. *Pas de porte,* ou *pas-de-porte :* somme payée au bailleur ou au détenteur d'un bail pour avoir accès à un fonds de commerce ou à la location d'un appartement. ◆ *PAS DE TIR :* lieu à partir duquel est effectué le lancement d'un engin spatial. 4 Tours d'une rainure en spirale. *Pas de vis.* ◆ Distance entre deux points de même projection horizontale. *Le pas d'une hélice.*

② **pas** adv. de négation – XIe ; de ① *pas* I Élément de la négation, en corrélation avec NE. ⇒ **ne,** et aussi ② **point.** *Je ne sais pas. Je ne veux pas lui parler. Il n'a pas plus de quarante ans.* « *j'étais décidé à ne pas épouser Albertine* » (Proust). ◆ loc. *Ce n'est pas que,* et le subj., pour introduire une restriction. « *Ce n'est pas que quelques personnes ne m'aient reproché cette même simplicité* » (Rac.). II PAS, employé sans NE. 1 ellipt *Pourquoi pas ? Pas que je sache. Certainement pas. Pas encore. Pas tellement. Pas vraiment. Pas de chance ! – J'ai beaucoup aimé ce film. – Pas moi.* 2 devant un pronom, un syntagme nominal *Pas un* (⇒ **aucun, nul).** *Pas un geste ou je tire ! Pas grand-chose.* ⇒ **grand-chose.** « *Pas un seul petit morceau De mouche ou de vermisseau* » (La Font.). 3 devant un adj. ou un participe *Pas vrai ? Pas vu pas pris ! Pas possible !* 4 fam. (cour. dans la langue orale) Emploi analogue au sens I, sans NE. *Faut pas t'en faire ! Voilà-t-il pas que*

❑ Cet adverbe est une spécialisation du substantif *pas* employé avec des verbes de mouvement, dans des phrases comme *il n'avance pas* « même pas d'un pas » d'où « il n'avance aucunement ». Le même phénomène s'est produit avec *point.* → ② point (rem.).

P.A.S. [peaɛs] n. m. – v. 1950 ; sigle de *acide* ***p****ara-****a****mino-****s****alicylique* ▪ Antibiotique actif contre le bacille tuberculeux.

① **pascal, ale, als** ou **aux** adj. – XIIe ; lat. *paschalis* 1 Relatif à la fête chrétienne de Pâques. *Cierge pascal.* 2 Relatif à la Pâque juive. *Agneau pascal.*

② **pascal** n. m. – 1935 ; de *B. Pascal* ▪ Unité de mesure de contrainte (symb. Pa) équivalant à la contrainte qu'exerce sur une surface plane de 1 m² une force totale de 1 newton. ◆ Unité de pression équivalant à la pression exercée par une force de 1 newton sur une surface plane de 1 m² (symb. Pa). ◆ *Pascal-seconde* (symb. Pa.s) : unité de mesure de viscosité dynamique.

③ **pascal** n. m. – 1969 ; de *B. Pascal* ■ Langage informatique évolué utilisant les principes de la programmation structurée.

④ **pascal** n. m. – 1988 ; de *B. Pascal*, représenté sur ce billet ■ Fam. Billet de cinq cents francs. *Des liasses de pascals.*

pas-d'âne n. m. inv. – XVe 1 Tussilage. 2 Instrument servant à maintenir ouverte la bouche d'un cheval quand on l'examine. 3 vx Garde d'une épée qui protège la main.

pasionaria [pasjɔnaʀja] n. f. – 1936 ; mot esp. « la passionnée » ■ Militante qui défend de façon parfois violente et spectaculaire une cause politique.

❑ *La Pasionaria* fut le surnom donné à la célèbre révolutionnaire Dolores Ibarruri (1895-1989) par les Républicains espagnols. ♦ On peut l'écrire à la française *passionaria.*

paso doble [pasodɔbl] n. m. inv. – v. 1919 ; mots esp. « pas redoublé » ■ Danse sur une musique à deux temps de caractère espagnol à mouvement rapide, à la mode entre les deux guerres.

pasquin n. m. – XVIe ; it. *Pasquino*, nom d'une statue antique sur laquelle on affichait des écrits satiriques à Rome ■ VX 1 Écrit satirique. 2 Bouffon, pitre.

passable adj. – XIIIe ■ Qui peut passer, est d'une qualité suffisante sans être très bon, beau, dont on peut se contenter. ⇒ **acceptable, admissible, correct, honnête,** fam. **potable.** *Elle est passable dans ce rôle.* « *il servit un café passable* » (Duham.). ➛ *Avoir la mention « passable » à un examen.* ✪ CONTR. Excellent.

passablement adv. – XVe 1 D'une manière passable, pas trop mal. *Il joue passablement cette sonate.* 2 Plus qu'un peu, assez. « *Elle avait dû boire déjà passablement* » (Le Clézio).

passacaille n. f. – XVIIe ; esp. *pasacalle* ■ Danse de théâtre à trois temps au rythme modéré, en faveur en France aux XVIIe et XVIIIe s. ♦ Pièce voisine de la chaconne, dans une suite.

passade n. f. – XVe ; it. *passata* 1 Course d'un cheval qu'on fait passer et repasser sur un même parcours. 2 Liaison amoureuse de courte durée. ⇒ **aventure.** *Notre liaison « n'aurait été qu'une passade »* (Stendh.). ♦ Attachement, goût passager. ⇒ **caprice, tocade.**

passage n. m. – XIe I Action, fait de passer. 1 (En traversant un lieu, en passant par un endroit). *Passage interdit. Passage protégé,* lorsque la voie principale est prioritaire au croisement d'une route secondaire. ➛ *Le passage des Alpes, de la Manche.* ⇒ **franchissement, traversée.** *Passage à gué.* ➛ *Heures de passage des trains.* absolt et fam. *Il y a du passage,* beaucoup de passants, de trafic (cf. Allées* et venues). ➛ AU PASSAGE (de qqn, de qqch.) : au moment où qqn ou qqch. passe à un endroit. *Prends du pain au passage.* ♦ Moment où un astre passe devant un autre ou traverse un méridien. ➛ DE PASSAGE : qui ne fait que passer, ne reste pas longtemps. « *souvent, j'ai suivi des yeux les oiseaux de passage* » (Chateaub.). ♦ Bref séjour. *Lors de mon passage à Paris.* ➛ *Le passage d'un chanteur à l'Olympia.* 2 Traversée sur un navire. ⇒ **voyage.** *Payer le passage.* 3 Le fait de passer d'un degré à un autre. *Examen de passage,* que subit un élève pour tenter de passer dans la classe supérieure. *Passage en sixième.* ➛ *Rites de passage,* marquant les étapes de la vie culturelle et sociale d'une société. 4 Le fait de passer, l'action de faire passer d'un état à un autre (⇒ **changement**). *Le passage de l'enfance à l'adolescence.* 5 loc. *Passage à vide* : perte momentanée du dynamisme, de l'efficacité au cours d'une action. « *des moments de parfaite clairvoyance suivis de terribles passages à vide* » (Tournier). II - 1 Endroit par où l'on peut passer. ⇒ **allée, boyau, cañon, col, corridor, couloir, détroit, galerie, ouverture, trouée, voie.** *Nous pûmes enfin « nous frayer un passage à travers les glaçons »* (Baud.). *Livrer passage à.* ♦ SUR LE PASSAGE DE : sur le chemin, à l'endroit où passe, doit passer qqn, qqch. 2 Petite rue interdite aux voitures, généralement couverte (quelquefois traversant un immeuble), qui unit deux artères. *Le passage des Panoramas, à Paris.* 3 Voie aménagée pour permettre de passer. PASSAGE À NIVEAU : croisement d'une voie ferrée et d'une route. ➛ PASSAGE SOUTERRAIN : tunnel sous une voie de communication. *Passage pour piétons.* ➛ PASSAGE CLOUTÉ*. III Fragment d'une œuvre. ⇒ **extrait, morceau.** *Citer un court passage.*

passager, ère n. et adj. – XIVe I n. Personne transportée à bord d'un navire, et par ext. d'un avion, d'une voiture, et qui ne fait pas partie de l'équipage, qui ne conduit pas. *Passager clandestin. Le conducteur et les passagers d'une auto.* II adj. 1 Qui ne fait que passer en un lieu. *Oiseau passager,* migrateur. 2 Dont la durée est brève. ⇒ ① **court, éphémère, momentané, provisoire, temporaire, transitoire.** « *un souffle passager de brise* » (Maupass.). *Une brouille passagère.* 3 fam. Très fréquenté. ⇒ **passant.** *Une rue très passagère.* ✪ CONTR. Définitif, durable, éternel, permanent.

passagèrement adv. – XVIIe ■ Pour peu de temps seulement. ⇒ **momentanément, provisoirement, temporairement.** ✪ CONTR. Définitivement.

passant, ante adj. et n. – XIIe I adj. 1 Où il passe beaucoup de gens, de véhicules. ⇒ **animé, fréquenté, passager.** *Une rue très passante.* 2 Se dit d'un animal représenté sur l'écu dans l'attitude de la marche (opposé à *rampant*). II n. Personne qui passe à pied dans un lieu, dans une rue. ⇒ **promeneur.** *Interpeller un passant.* « *demander l'aumône aux passants* » (Rouss.). III n. m. Anneau aplati autour d'une courroie, pour recevoir et maintenir celle des extrémités de la courroie qui est passée dans la boucle. *Le passant d'une ceinture.* ⇒ ② **coulant.** ➛ Petit morceau de tissu cousu verticalement au niveau de la taille d'un pantalon, dans lequel on passe la ceinture.

passation n. f. – XVe 1 dr. Action de passer (III, 10°), de dresser (un acte, un contrat, une écriture comptable). *Passation d'un contrat.* 2 *Passation des pouvoirs* : transmission des pouvoirs à un autre, à d'autres.

passavant n. m. – XIIIe ; de *passer* et *avant* 1 Document autorisant la circulation en franchise d'une marchandise soumise à certaines taxes (contributions indirectes, droits de douane), sur un parcours et pour un temps déterminés. ⇒ **laissez-passer.** 2 anciennt Partie du pont supérieur qui servait de passage entre l'avant et l'arrière du navire. ♦ mod. Passerelle légère, souvent amovible, reliant un rouf à un autre.

① **passe** n. m. – XIXe ; abrév. de *passe-partout* ■ fam. Passe-partout (1°).

② **passe** n. f. – XIVe I Action de passer. 1 En escrime, Action d'avancer sur l'adversaire en passant le pied gauche devant le droit. ➛ PASSE D'ARMES : échange d'arguments, de répliques vives (cf. Joute* oratoire). 2 MOT DE PASSE : formule convenue qui permet de passer librement. 3 Rapport sexuel d'une prostituée, d'un prostitué avec son client. ➛ *Maison de passe,* de prostitution. ⇒ **bordel.** *Hôtel de passe,* où les prostituées amènent leurs clients. 4 *Passes (magnétiques)* : mouvements de la main du magnétiseur qui agit sur qqn. 5 Chaque passage d'un outil dans une opération cyclique, d'une pièce au laminoir. 6 Action de passer le ballon à un partenaire. *Une belle passe.* 7 Mouvement par lequel le matador fait passer près de lui le taureau qui suit le leurre. *Passe de cape, passe de muleta.* 8 Mouvement de main (du prestidigitateur) fait pour exécuter un tour. II Endroit où l'on passe

(⇒ **passage**). 1 chasse, pêche Endroit où passent les animaux. 2 Passage étroit ouvert à la navigation. ⇒ **canal, chenal.** « *Il fallut attendre le soir* [...] *pour que l'eau reflue de la lagune vers la mer par les trois passes* » (Tournier). 3 *Être en passe de* (et l'inf.) : en position, sur le point de. ♦ *Être dans une bonne passe, une mauvaise passe,* dans une période faste, dans une période d'ennuis. **III** Ce qui dépasse. **1** *Passe de caisse :* somme destinée à couvrir les erreurs de caisse, en comptabilité. 2 Série de numéros au-delà du milieu de la série, à la roulette (de 19 à 36), à la boule. *Passe et manque.* 3 *Main de passe, passe :* papier fourni en sus pour la mise en train, en imprimerie. 4 Bord d'un chapeau de femme.

① **passé** n. m. – XVIe **I - 1** Ce qui a été, relativement à un moment présent donné. *Avoir le culte du passé :* être conservateur, traditionaliste. « *Le passé, c'est la seule réalité humaine. Tout ce qui est passé* » (France). ➛ *Oublions le passé et faisons la paix.* fam. *Tout ça, c'est du passé* (cf. C'est de l'histoire* ancienne). 2 *Le passé de qqn,* sa vie passée. *Il sentit « intensément la coupure entre son passé et l'avenir »* (Mart. du G.). ➛ *Le passé d'une ville.* ⇒ **histoire.** ♦ Vie passée, considérée comme un ensemble de souvenirs. *Se pencher sur son passé.* « *Ce tas de cendre éteint qu'on nomme le passé* » (Hugo). **II - 1** Partie du temps, cadre où chaque chose passée aurait sa place. *Le passé, le présent et l'avenir.* « *toute cette Turquie s'efface* [...] *dans le lointain, – bientôt dans le passé* » (Loti). *Qui appartient au passé.* ⇒ **ancien, antique** (cf. D'antan). ➛ PAR LE PASSÉ : autrefois (cf. fam. Dans le temps). 2 Temps qui n'est plus et dans lequel se situent l'action ou l'état exprimés par le verbe. ♦ *Passé composé* (ex. il a aimé). *Passé simple* (il aima), qui énonce un acte, un état achevé. *Passé antérieur.* ✪ CONTR. Avenir, futur ; actualité, aujourd'hui, ① présent.

② **passé** prép. – XIIe ▪ Après, au-delà, dans l'espace ou le temps. « *Passé minuit, quand enfin tout se tait* » (Loti). ✪ CONTR. ① Avant.

> ❑ En tant que préposition, *passé* est invariable : *passé la rue X, passé la belle saison.* Ne pas confondre avec l'adjectif *passé, ée.*

③ **passé, ée** adj. – XIVe **I** Qui n'est plus, est écoulé. *Le temps passé :* le passé. ➛ *Il est midi passé,* plus de midi. **II - 1** Qui a perdu son éclat. ⇒ **éteint, fané.** *Couleur passée.* ⇒ **défraîchi.** 2 *Passé de mode :* démodé.

> ❑ Pour le sens → prochain (rem.).

passe-bande adj. inv. – 1943 ▪ Se dit d'un dispositif électrique (filtre) qui ne laisse passer qu'une bande de fréquences.

passe-bas adj. inv. – 1948 ▪ *Filtre passe-bas,* qui ne laisse passer que les basses fréquences. ✪ CONTR. Passe-haut.

passe-boule n. m. – 1903 ▪ Jeu d'adresse fait d'un panneau représentant une tête grotesque à la bouche percée d'un trou destiné à recevoir les boules des joueurs. *Des passe-boules.*

passe-crassane n. f. – XIXe ▪ Poire d'hiver juteuse, à la peau grumeleuse d'un brun jaune terne. *Des passe-crassanes.*

> ❑ La *passe-crassane* est une variété estimée supérieure à la *crassane ;* d'où son nom.

passe-droit n. m. – XVIe ▪ Faveur accordée contre le règlement (généralement, au détriment d'autrui). ⇒ **privilège.** « *Ils parlent de favoritisme, de passe-droit* » (Anouilh). *Des passe-droits.*

passée n. f. – XIIIe **1** Trace laissée en passant (par certains animaux). 2 Passage des bécasses qui sortent du bois vers la campagne.

passe-haut [pasəo] adj. inv. – 1948 ▪ *Filtre passe-haut,* qui ne laisse passer que les hautes fréquences. ✪ CONTR. Passe-bas.

passéisme n. m. – 1930 ▪ Goût excessif du passé.

passéiste adj. et n. – 1913 ▪ Qui a un goût excessif pour tout ce qui appartient au passé. ➛ n. *Un, une passéiste.*

passe-lacet n. m. – XIXe ▪ Grosse aiguille à long chas et pointe obtuse servant à introduire un lacet dans un œillet, une coulisse. *Des passe-lacets.* ♦ loc. fam. *Être raide comme un passe-lacet,* sans argent. ⇒ **raide.**

passement n. m. – XIIIe ; de *passer* ▪ Tissu de fils mêlés (d'or, d'argent, de soie) servant de garniture. ♦ Galon, ganse qui borde et orne.

> ❑ *Passement* est l'ancien nom d'action de *passer* (supplanté par *passage*) ; son emploi en couture vient du fait que ce tissu *passe* sur les vêtements et les tissus d'ameublement.

passementer v. tr. [1] – XVIe ▪ Garnir, orner de passements. ⇒ **ganser.** ➛ « *un corsage noir tout passementé* » (Giono).

passementerie n. f. – XVIe **1** Ensemble des ouvrages de fil (passements, franges, galons) destinés à l'ornement des vêtements, des meubles, etc. *Ouvrages de passementerie.* ⇒ **cordon, dentelle, épaulette, frange, galon, passepoil, ruban, torsade, tresse.** « *Il est en grand uniforme, pantalon rouge collant, veste blanche à passementerie d'or* » (Hugo). 2 Commerce, industrie des articles de passementerie.

> ❑ La *passementerie,* aussi ancienne que les tissus, est née de la nécessité d'arrêter les fils à la fin du tissage par un nœud, devenu ornemental dès la plus haute antiquité.

passementier, ière n. et adj. – XVIe **1** Personne qui fabrique ou vend de la passementerie. **2** adj. De la passementerie.

passe-montagne n. m. – XIXe ▪ Coiffure de tricot qui enveloppe complètement la tête et le cou, ne laissant que le visage découvert. ⇒ **cagoule.** *Des passe-montagnes.*

passe-partout n. m. inv. – XVe **1** Clé servant à ouvrir plusieurs serrures. ⇒ fam. ① **passe.** 2 Grosse scie à lame large, sans monture, munie d'une poignée à chaque extrémité, utilisée pour scier le bois et les pierres tendres. 3 Carton de couleur dans lequel une fenêtre découpée laisse apparaître le sujet à encadrer. 4 Ce qui convient partout. ♦ adj. inv. *Une tenue passe-partout.*

passe-passe n. m. inv. – XVe ▪ *Tour de passe-passe :* tour d'adresse des jongleurs (vx), des prestidigitateurs. ⇒ **escamotage.** ♦ fig. Tromperie, fourberie habile.

passe-pied n. m. – XVIe ▪ Ancienne danse folklorique française à trois temps, vive et gaie, semblable au menuet. *Des passe-pieds.*

passe-plat n. m. – 1936 ▪ Guichet pour passer les plats, les assiettes (entre une cuisine et une salle à manger, une salle de restaurant, etc.). *Des passe-plats.*

passepoil n. m. – XVIIe ▪ Liseré, bordure de tissu formant un dépassant entre deux pièces cousues ; spécialt sur les coutures d'un uniforme.

> ❑ *Passepoil* a d'abord désigné la fente du vêtement par où *passait* le *poil* de la doublure.

passepoiler v. tr. [1] – 1907 ▪ Garnir d'un passepoil.

passeport n. m. – xve ; de *passer* et *port* « issue, passage » ■ Pièce certifiant l'identité, délivrée par la préfecture à un ressortissant pour lui permettre de se rendre à l'étranger. *Passeport valide, périmé.* ♦ *Ambassadeur qui demande ses passeports,* qui sollicite son départ du pays où il est accrédité.

passer v. [1] – xie ; lat. *passus* « ① pas » **I** v. intr. (auxil. *avoir* ou *être ; être* est devenu plus cour.) **A** Se déplacer d'un mouvement continu (par rapport à un lieu fixe, à un observateur). **1** Être momentanément (à tel endroit), en mouvement, notamment en marchant, en avançant (véhicules). *Passer quelque part, à un endroit, dans un lieu* (cf. infra 4° pour les autres prép.). *Regarder passer la foule.* ➝ impers. *Il passe beaucoup de monde, ici.* ➝ *Passer sans s'arrêter, à toute vitesse.* ➝ *Ne faire que passer :* rester très peu de temps quelque part. ♦ EN PASSANT : sans s'arrêter ou en s'arrêtant très peu de temps. ➝ loc. *Dire, remarquer qqch. en passant,* au cours d'un récit, sans s'y arrêter (⇒ **incidemment).** *Soit dit en passant.* ♦ *L'autobus vient de passer. La Seine passe à Paris.* ➝ Se manifester un instant. « *La douceur de cette voix* [...] *lui fit passer dans la chair un frémissement rapide* » (Maupass.). **2** trans. PASSER SON CHEMIN : aller, continuer sans s'arrêter. **3** Être projeté sur un écran, en parlant d'un film (dont la pellicule se déroule et *passe* dans le projecteur). *Ce film passe dans les salles d'exclusivité.* ♦ Être programmé (personne, émission). *Il passe à la radio. Émission qui passe à la télévision,* transmise, retransmise. **4** (construit avec certaines prép.) PASSER SOUS, DESSOUS. *Passer sous un pont, sous une échelle.* ➝ fam. *Passer sous une voiture :* être écrasé. ➝ *Faire passer qqch. sous les yeux de qqn,* faire voir. ♦ PASSER SUR, DESSUS. *Passer sur un pont.* ➝ *Passer sur, dessus,* en foulant, en écrasant. fig. *Passer sur le corps, sur le ventre de qqn,* lui nuire sans aucun scrupule pour parvenir à ses fins. ➝ Ne pas s'attarder, ne pas s'appesantir sur (un sujet). ⇒ **glisser** (sur), **négliger.** *Passons là-dessus ! Passons !* passons sur ce détail, n'insistons pas. ➝ Oublier volontairement (les torts d'autrui). *Passer sur les fautes de qqn.* ⇒ **oublier, pardonner,** ① **supporter** (cf. Passer l'éponge*). ♦ PASSER OUTRE. ⇒ ② **outre.** ♦ PASSER À (ou AU) TRAVERS : traverser. *Passer à travers bois.* ➝ Se dispenser, être dispensé, exempté. ⇒ **éviter.** *Passer au travers d'une corvée.* ♦ PASSER PRÈS, À CÔTÉ, LE LONG DE. *Passer à côté de qqn, près de qqn. Elles passaient le long de la grande cour.* ⇒ **longer.** ♦ PASSER ENTRE deux personnes, deux choses. ♦ PASSER DEVANT, DERRIÈRE (qqn, qqch.). *Les images qui me passaient devant les yeux.* ➝ *Passer devant qqn pour lui montrer le chemin.* ♦ PASSER AVANT, APRÈS : précéder, suivre (dans le temps). *Passer avant qqn,* passer d'abord ; *après qqn,* passer ensuite. *Passez donc ! Après vous !* ➝ *Passer avant :* être plus important. *Sa mère passe avant sa femme. Sa tranquillité passe avant son devoir.* **5** (sans compl. ; avec l'idée d'une difficulté, d'obstacles à franchir) Franchir un endroit étroit, difficile, dangereux, interdit (cf. ci-dessous, II). *Défense de passer.* ➝ *Ils ne passeront pas,* formule lancée par Pétain à Verdun. ♦ LAISSER PASSER : faire en sorte qu'une personne, une chose passe. *Écartez-vous, laissez passer !* ⇒ **dégager** (cf. Faire place). ♦ Traverser un filtre, un tamis, en parlant d'un liquide (⇒ **filtrer).** *Le café passait lentement.* ♦ Être digéré, en parlant des aliments. « *mon estomac repoussait les aliments, mon gosier se serrait, rien ne passait* » (Sand). ♦ fam. *Le, la sentir passer :* subir qqch. de pénible. **6** fig. (sans compl. ; choses abstraites) Être accepté, admis. *Elle passe en sixième à la rentrée. La loi a passé.* ➝ PASSE ; PASSE ENCORE : cela peut passer, peut encore passer. « *si c'était encore pour soutenir* [...] *des traits originaux ! Passe encore. Mais non ! Ce sont toujours des* banalités *que tu défends* » (Flaub.). **7** PASSER PAR : traverser. ♦ Traverser (un lieu) à un moment de son trajet. *Passer par Calais pour se rendre en Angleterre.* « *En passant par la Lorraine, avec mes sabots* » (marche lorraine). ➝ *La route qui passe par le village.* ⇒ **traverser.** ➝ *Idée, pensée, impression qui passe par la tête,* qui traverse l'esprit. ♦ Faire un stage, une étape (fig.). « *Un roman passe* [...] *par une série de genèses* » (Baud.). ➝ Utiliser (une personne, un bureau, un organisme) comme intermédiaire. *Il faut passer par son secrétaire.* ♦ Subir (qqch.). *Il faut en passer par là,* accepter, céder. *Je suis passé par là :* j'ai eu les mêmes difficultés. ♦ Y PASSER : passer par là, subir nécessairement (une peine, une violence, un sort commun). *Il n'épargne personne dans ses critiques, tout le monde y passe.* ➝ fam. Mourir. « *J'ai failli y passer ; mais maintenant, ça va mieux, et je crois que j'en réchapperai* » (Zola). **8** *Passer inaperçu :* rester, être inaperçu. **B** Aller. **1** PASSER DE... À, DANS, EN... : quitter (un lieu) pour aller dans (un autre). ⇒ se **rendre.** *Passer d'une pièce dans une autre, à une autre.* ➝ (pour exprimer un changement d'état) *Passer de vie à trépas :* mourir, trépasser. *Passer du rire aux larmes. Passer d'un excès, d'un extrême* à l'autre.* **2** (sans *de*) PASSER À, DANS, EN, CHEZ... PASSER QUELQUE PART (⇒ ① **aller).** *Passons à table, au salon. Veuillez passer dans mon cabinet* (⇒ **entrer).** *Je passerai chez vous entre six et sept.* ➝ Se présenter pour subir. *Passer à la visite médicale. Passer devant un jury, une commission. Il n'est passé que trois candidats en une heure.* ♦ PASSER (et inf.). Aller (faire qqch.). *Passer à la banque retirer de l'argent.* ♦ (le passage étant considéré comme définitif) Se rendre en un lieu pour y rester, se joindre à un groupe. *Passer dans l'opposition. Passer à l'ennemi.* ➝ *Ce mot est passé dans l'usage.* ⇒ **entrer.** ♦ (choses) Y PASSER : être destiné, consacré à. *Je devins* « *un habitué de cet endroit. Toute ma paye y passait* » (Céline). ♦ PASSER À : en venir à, aborder (un sujet), entamer (une action). *Passer à l'action, aux aveux :* se décider à agir, à avouer. *Passons à autre chose.* ⇒ s'**occuper** (de). ♦ PASSER EN (un nouvel état). *Passer en seconde* (vitesse). **3** (suivi d'un attribut exprimant une situation, un grade) ⇒ ① **devenir.** *Il est passé capitaine,* il a été nommé. **4** Être dans un lieu nouveau ou inconnu. *Où sont passées mes lunettes ? Où étais-tu passé ? On te cherchait partout.* **C** (au sens temporel) **1** S'écouler (en parlant du temps). *Beaucoup de temps est passé depuis. La mode en passera.* « *J'aimerais rester toute ma vie au même endroit, à regarder passer les jours* » (Le Clézio). *Déjà huit heures ! Comme le temps passe !* **2** Cesser d'être. *La douleur va passer. Faire passer à qqn le goût, l'envie de qqch.,* lui enlever, lui ôter le goût, l'envie (souvent par la rigueur). ➝ *Le plus dur est passé.* « *le froid ne passait pas* » (Pergaud). **3** Avoir une durée limitée, une fin ; n'être pas éternel. « *Que nous passons rapidement sur cette terre !* » (Rouss.). *Nos affections passent et changent.* ⇒ **disparaître. 4** (des couleurs) Perdre son intensité, son éclat. ⇒ **pâlir, ternir.** *Couleur qui passe au soleil.* ⇒ ③ **passé. D** (v. d'état, auxil. *avoir*) PASSER POUR... : être considéré, regardé comme, avoir la réputation de (cf. Avoir l'air*, faire figure* de). « *Je commençais à passer pour un vaurien, un révolté* » (Chateaub.). ➝ (choses) Être pris pour. *Cela peut passer pour vrai.* ➝ FAIRE PASSER POUR... *Elle le fait passer pour un idiot. Se faire passer pour... :* tromper les autres sur soi (⇒ **tromper).** *Se faire passer pour fou.* **II** v. tr. **A** Traverser. **1** Traverser (un lieu, un obstacle). ⇒ **franchir, traverser.** « *je lui tendis la main droite pour l'aider à se relever, comme pour lui faire passer un gué* » (Giraud). *Le père* « *défendit que jamais On lui laissât passer le seuil de son palais* » (La Font.). *Passer la frontière.* **2** *Passer un examen,* en subir les épreuves (bien ou mal). *Passer le baccalauréat. Il a passé l'écrit et attend les résultats.* **3** Employer (un temps), se trouver dans telle situation pendant (une durée). *Passer la soirée chez qqn*

Passer ses vacances à la montagne. Ce n'est qu'un mauvais moment à passer. ➝ loc. fam. *Passer un mauvais quart d'heure* : traverser un moment pénible ; subir la colère de qqn. ➝ *C'est pour passer le temps,* pour s'occuper, ne pas s'ennuyer. ♦ *Passer le temps, son temps à* (et l'inf.). ⇒ **employer, occuper.** « *Passer tranquillement* [...] *La nuit à bien dormir, et le jour à rien faire* » (Boil.). 4 Satisfaire (un besoin). *Passer sa colère sur qqn,* l'assouvir en s'en prenant à qqn. 5 Abandonner (un élément d'une suite). ⇒ **omettre, oublier, sauter.** *Passer une ligne en copiant un texte. Passer son tour.* ➝ *Je passe* (mon tour, au jeu). ➝ *J'en passe* (des choses qu'on pourrait dire). loc. *J'en passe et des meilleures,* se dit d'une énumération incomplète mais probante. 6 *PASSER (QQCH.) À QQN.* ⇒ **concéder, permettre.** *Passer à qqn tous ses caprices. Passez-moi le mot, l'expression,* se dit pour s'excuser d'un mot qui pourrait déplaire, choquer. ➝ *Se passer la fantaisie de...,* se l'accorder. *Se passer toutes ses envies.* **B** Dépasser (ce qu'on a traversé restant derrière soi), aller au-delà de. **1** (dans l'espace) *Passer le cap* (fig. franchir un âge critique, une difficulté). ♦ fig. *Passer les bornes, la mesure* : aller trop loin. ⇒ **outrepasser.** 2 (dans le temps) *Il a passé la limite d'âge pour ce concours.* ➝ *Il ne passera pas la nuit, la semaine,* loc. *il ne passera pas l'hiver,* il ne vivra pas au-delà (en parlant d'un mourant). **III** v. tr. Faire passer (au sens I). **1** Faire traverser. *Passer des marchandises en contrebande.* ♦ Faire mouvoir, faire aller. *Se passer la main sur le front.* « *Je passai mes mains derrière son cou* » (Proust). *Passer l'aspirateur.* ➝ *Passer un anneau au doigt.* **2** *Passer une couche de peinture sur une porte.* ⇒ **étendre.** ➝ fig. et fam. *Passer un savon, une engueulade* (à qqn) : admonester, réprimander. *Qu'est-ce qu'il lui a passé !* **3** *Passer* (qqn, qqch.) *par, à...* : soumettre à l'action de. *Passer qqn par les armes,* le fusiller. ➝ *Passer qqch. au crible. Se passer les mains à l'eau.* **4** Faire traverser un filtre, un tamis à (⇒ **cribler, filtrer, tamiser).** *Passer un bouillon, une sauce. Passer le café* (cf. supra *Le café passe*). 5 Projeter (un film). « *Il paraît qu'à sept heures on va passer de vieux films muets* » (Beauv.). ♦ Retransmettre (une émission de radio, de télévision). **6** Mettre rapidement ou de façon peu durable. ⇒ **enfiler, mettre.** *Passer une robe pour l'essayer.* **7** Enclencher (les commandes de vitesse d'un véhicule). *Passer la seconde* (cf. I, *Passer en seconde*). **8** Faire figurer (une opération sur un livre de commerce). ⇒ **inscrire.** *Passer une somme par pertes et profits.* **9** Remettre (qqch.). ⇒ **donner.** *Passez-moi le sel. Le disque qu'elle m'a passé.* ⇒ **prêter.** ➝ *Passer les consignes à qqn* (⇒ **communiquer, transmettre).** *Ils se sont passé le mot.* ➝ *Passer la parole à qqn,* la lui donner après qu'on a parlé. fam. *Passer un coup de fil à qqn,* lui téléphoner. *Passez-moi la communication dans mon bureau.* ♦ Mettre en communication téléphonique avec (qqn). *Je vous passe M. Dupont.* ♦ *Passer une maladie à qqn,* la lui donner par contact, par contagion. **10** Dresser (un acte). ⇒ **libeller.** *Passer une commande.* ➝ *Passer un ordre d'achat en Bourse.* ➝ *Passer un accord.* ⇒ **conclure. IV** *SE PASSER* v. pron. **A** - **1** Écouler sa durée. *L'action se passe en un seul jour.* ⇒ se **dérouler.** « *bien que sa nuit se fût passée sans sommeil* » (Muss.). ➝ *Il ne se passe pas d'année que...* ♦ par ext. Prendre fin (⇒ **cesser, finir).** *Cela va se passer.* **2** Être (en parlant d'une action, d'un phénomène, d'un événement, qui a une certaine durée). ⇒ **advenir, arriver,** se **produire.** *Il* « *regardait encore la place où cette scène s'était passée* » (Vigny). ➝ *Comment la chose s'est-elle passée ? Cela s'est bien, mal passé.* fam. *Ça ne se passera pas comme ça* : je ne le tolérerai pas, j'y mettrai bon ordre. ➝ *Tout se passe comme si...,* expression employée pour décrire un phénomène en l'assimilant à un autre, fictif ou hypothétique. ➝ *Que se passe-t-il ? Il se passe des choses étranges. Comment ça se passe pour toi ?* (cf. Comment ça va ?). **B** *SE PASSER DE...* **1** Vivre sans... (en s'accommodant de cette absence, qu'elle soit voulue ou subie). *Apprendre à se passer de qqch. S'il n'y en a plus, on s'en passera.* « *je t'aime à ne pouvoir me passer de toi* » (Flaub.). par euphém. *Nous nous voyons dans l'obligation de nous passer de vos services,* de vous renvoyer. ♦ iron. *Je me passerais bien volontiers de cette corvée.* ⇒ se **dispenser.** **2** Être sans, ne pas avoir besoin. « *L'attachement peut se passer de retour, jamais l'amitié* » (Rouss.). *Voilà qui se passe de commentaires !* qui est évident, en parlant plus spécialement de ce qu'on réprouve. ✪ CONTR. Arrêter (s'), rester ; durer.

> ❑ Si dans l'ensemble la tendance est à employer l'auxiliaire *être* lorsque *passer* est intransitif, il reste des tournures où l'usage est flottant, par ex. *passer outre : il est passé outre (à), ou il a passé outre (à).*

passerage n. f. – XVIe ; de *passer* et *rage* ■ Plante *(crucifères)* considérée autrefois comme un remède contre la rage. ⇒ **cresson.**

passereau n. m. – XIIIe ; lat. *passer* « moineau » ■ *Les PASSEREAUX.* Ordre d'oiseaux comprenant des percheurs et des chanteurs, généralement de petite taille. ⇒ **passériformes.** *Principaux passereaux* : alouette, becfigue, bouvreuil, bruant, corbeau, farlouse, fauvette, grive, hirondelle, merle, moineau, passerine, pie, pinson, pipit, rossignol, rouge-gorge.

passerelle n. f. – XIXe **1** Pont étroit, réservé aux piétons. *Passerelle qui traverse une route, une voie ferrée, un canal.* **2** Plan incliné mobile par lequel on peut accéder à un navire, un avion. ➝ Système d'accès à un avion (escalier, couloir mobile). *Passerelle télescopique.* **3** Superstructure la plus élevée d'un navire.

passériformes n. m. pl. – 1930 ; lat. *passer* « moineau » ■ Ordre des passereaux*.

passerine n. f. – XVIIe ; lat. *passer* « moineau » ■ Oiseau passereau d'Amérique, aux couleurs magnifiques, appelé aussi *pape.*

passerose n. f. – XIIIe ; de *passer* « surpasser » et *rose* ■ région. Rose trémière*.

passe-temps [pastɑ̃] n. m. inv. – XVe ■ Ce qui fait passer agréablement le temps. ⇒ **amusement, distraction, divertissement, jeu.** « *Son seul passe-temps était de lire les journaux et de jouer au whist* » (J. Verne). *C'est son passe-temps favori.* ⇒ **hobby** (cf. Violon* d'Ingres).

passe-thé n. m. inv. – v. 1900 ■ Petite passoire à thé. ⇒ **passette.**

passe-tout-grain n. m. inv. – XIXe ■ Vin rouge de Bourgogne, mélange de plants fins et de gamay.

passette n. f. – XVIIe ■ Petite passoire.

passeur, euse n. – XIIIe **1** Personne qui conduit un bac, un bateau, une barque pour traverser un cours d'eau. ⇒ **batelier.** **2** Personne qui fait passer une frontière, traverser une zone interdite, etc. **3** Personne qui passe le ballon, qui fait une passe.

passe-vue n. m. – v. 1932 ■ Dispositif permettant d'amener successivement des vues (diapositives, etc.) devant la fenêtre d'un projecteur. *Des passe-vues.*

passible adj. – XIIe ; lat. *pati* « souffrir » → pâtir ■ *Passible de* : qui doit subir (une peine). *Être passible d'une amende, d'un emprisonnement.* ⇒ **encourir.**

① **passif, ive** adj. et n. m. – XIIIe ; lat. *pati* « souffrir, subir » → pâtir **1** Caractérisé par le fait de subir, d'éprouver. « *L'observation est active et volontaire. La contemplation involontaire et passive* » (Duham.). **2** Se dit des formes verbales présentant l'action comme subie par le sujet. *Forme passive.* ♦ n. m. *Le passif se forme avec l'auxiliaire* être *et le participe passé. Au passif, le sujet de la phrase active correspondante devient complément d'agent.* 3 Qui se contente de subir, ne fait preuve d'aucune activité, d'aucune initiative. ⇒ **indifférent, inerte.** *C'est ainsi « qu'il avait toujours travaillé : passif et comme pétrifié* [...] *le cerveau seul en éveil »* (Mart. du G.). *Être, rester passif devant une situation.* ➝ *Citoyens passifs,* qui étaient non électeurs. ♦ *Résistance*, défense* passive.* ⇒ **non-violence.** 4 sc. Qui ne requiert pas l'usage d'une source d'énergie extérieure. *La résistance, la condensation, l'inductance sont des pôles passifs.* ✪ CONTR. Actif.

② **passif** n. m. – XVIIIe ▪ Ensemble de dettes et engagements (d'une entreprise, d'une personne). ➝ Partie droite d'un bilan, contrepartie de l'actif*. *Les postes du passif :* les capitaux propres, provisions pour risques et charges, dettes, comptes de régularisation. ✪ CONTR. Actif.

passiflore n. f. – XIXe ; lat. « fleur de la Passion » ▪ Plante à larges fleurs étoilées, présentant des filaments en leur centre (comparés à la couronne d'épines), un pistil muni de trois styles (comparés aux clous de la Passion), et à feuilles aiguës (comparées à la lance).

❑ La plante est appelée couramment *fleur de la passion* et son fruit *fruit de la passion*.*

passim [pasim] adv. – XIXe ; mot lat. « çà et là » ▪ Çà et là (dans tel ouvrage), en différents endroits (d'un livre).

passing-shot [pasiŋʃɔt] n. m. – 1928 ; angl. « coup *(shot)* passant » ▪ Au tennis, balle rapide en diagonale ou près d'un couloir, évitant un joueur placé pour faire une volée. *Des passing-shots.*

❑ On trouve souvent la forme abrégée *passing.* ♦ Le *Dictionnaire des termes officiels* préconise *tir passant* pour remplacer cet anglicisme.

passion n. f. – Xe ; lat. « souffrance » 1 Les souffrances et le supplice du Christ (cf. Chemin de la croix*). ➝ *Fruit de la passion :* fruit exotique, produit par la passiflore*, au parfum acidulé. ⇒ **grenadille, maracuja.** ➝ Oratorio ayant pour sujet la Passion. *« La Passion selon saint Jean, saint Matthieu », de Bach.* 2 surtout plur. État affectif et intellectuel assez puissant pour dominer la vie de l'esprit, par l'intensité de ses effets, ou par la permanence de leur action. *Maîtriser, dompter, vaincre ses passions. « ce n'est point la pensée qui nous délivre des passions, mais c'est plutôt l'action qui nous délivre »* (Alain). 3 L'amour, quand il apparaît comme un sentiment puissant et obsédant. *Déclarer, avouer, témoigner sa passion.* ⇒ **flamme.** *L'amour-passion. Les transports, les égarements de la passion. « Je me pris ainsi d'une fausse passion pour une charmante ahurie »* (Camus). 4 Vive inclination vers un objet que l'on poursuit, auquel on s'attache de toutes ses forces. *Avoir la passion du jeu. Sa passion pour l'opéra.* ♦ Objet d'une telle inclination. *C'est sa passion.* ⇒ **faible.** 5 Affectivité violente qui nuit au jugement. *Déchaîner les passions.* ♦ Opinion irraisonnée, affective et violente. *Céder aux passions politiques, religieuses, nationales.* ⇒ **fanatisme.** 6 *La passion :* ce qui, de la sensibilité, de l'enthousiasme de l'artiste, passe dans l'œuvre. ⇒ **chaleur, émotion,** ① **feu, flamme, lyrisme, pathétique, sensibilité, vie.** *Œuvre pleine de passion.* 7 Expression d'un état affectif d'une grande puissance. *Parler avec passion.* ⇒ **ardeur, emportement, enthousiasme,** ① **fougue, véhémence.** ✪ CONTR. ① Calme, détachement ; lucidité. Raison.

❑ *Passion* et *compassion* sont les deux seuls mots dont la finale [asjɔ̃] s'écrit avec deux *s*. Tous les autres s'écrivent *...ation.*

passionaria → **pasionaria**

passionnant, ante adj. – XIXe ▪ Qui passionne, qui est capable de passionner. ⇒ **captivant, émouvant, intéressant, prenant.** *« les nouvelles du journal ne sont pas passionnantes »* (Romains). *Un conférencier passionnant.*

passionné, ée adj. – XIIIe 1 Animé, rempli de passion. *Le plus passionné de tous les amants.* ➝ *Un tempérament passionné.* ➝ n. *C'est un passionné.* ♦ *Passionné de, pour, par... :* qui a une vive inclination pour qqch. ⇒ **avide, fanatique, féru, fervent ;** fam. **fana, mordu.** *Elle est passionnée de musique. Il est passionné par ce qu'il fait.* ➝ n. *Une passionnée de photo.* 2 Qui manifeste de la passion. *Le récit passionné d'une aventure. Un débat passionné.* ⇒ **houleux, tumultueux, véhément.** ✪ CONTR. ② Calme, ① froid, lucide, raisonnable.

passionnel, elle adj. – XIIIe ; lat. ▪ Relatif aux passions, qui dénote de la passion. *Charcot « note les attitudes illogiques et passionnelles »* (Huysm.). ♦ Inspiré par la passion amoureuse. *Crime, drame passionnel.*

passionnellement adv. – XIXe ▪ littér. D'une manière passionnelle.

passionnément adv. – XVIe 1 D'une manière passionnée, avec passion. *Aimer passionnément qqn, qqch.* ⇒ **beaucoup, follement** (cf. À la folie). 2 Avec une grande énergie, un intérêt profond et durable. *S'intéresser passionnément à qqch.*

passionner v. tr. [1] – XIIe 1 Éveiller un très vif intérêt chez (qqn). *Ce roman m'a passionné.* ⇒ **captiver.** 2 Empreindre de passion. *« Il s'appliquait à ne pas passionner le débat »* (Mart. du G.). 3 v. pron. *Se passionner pour :* prendre un intérêt très vif. ⇒ **aimer,** s'**emballer,** s'**engouer,** s'**enticher,** s'**éprendre.** *Se passionner pour une recherche, une affaire.* ✪ CONTR. Ennuyer ; dépassionner ; désintéresser (se).

passionniste n. m. – 1903 ▪ Membre d'une congrégation fondée par saint Paul de la Croix pour conserver le souvenir de la passion du Christ.

passivation n. f. – 1930 ; angl., de *to passivate* « rendre passif » (chim.) 1 Préparation de la surface d'un métal (traitement au phosphate), avant la peinture. 2 Transformation par mise au passif du verbe.

passivement adv. – XIVe ▪ D'une manière passive. ✪ CONTR. Activement.

passivité n. f. – XVIIe 1 État de l'âme demeurant passive pour se soumettre complètement à l'action de Dieu. ⇒ **quiétisme.** 2 État ou caractère de celui ou de ce qui est passif. ⇒ **inertie.** *« il se sentait captif, condamné à la passivité »* (Mart. du G.). *Attendre, subir son sort avec passivité.* ⇒ **apathie.** 3 Propriété qu'acquièrent certains métaux soumis à des acides de résister à l'oxydation. ✪ CONTR. Activité, dynamisme, initiative, opposition.

passoire n. f. – XVIIe ▪ Récipient percé de trous et utilisé pour égoutter des aliments, pour filtrer sommairement des liquides. ➝ fig. *Sa mémoire est une passoire* ne retient rien.

① **pastel** n. m. – XIVe ; provenç., du lat. *pasta* « pâte » ▪ Plante *(crucifères)* dont les feuilles et les tiges contiennent un principe colorant bleu (⇒ **guède, isatis**) et qui est cultivée comme plante fourragère. ♦ (avec infl. de ② *pastel*) *Bleu pastel,* ou *pastel :* couleur, teinture bleu clair de pastel. *Des robes pastel,* bleu pastel.

② **pastel** n. m. – XVIIe ; it. *pastello* **1** Pâte faite de pigments colorés pulvérisés, agglomérés et façonnés en bâtonnets **(⇒ crayon). 2** *Teintes, tons de pastel,* doux et clairs comme ceux du pastel. appos., inv. *Tons pastel.* **3** Œuvre faite au pastel. *Les pastels de Degas.*

pastelliste n. – XIXe ■ Peintre en pastel.

pastenague n. f. – XVIe ; provenç., du lat. *pastinaca* « carotte » ■ région. Poisson sélacien, raie à longue queue *(dasyatidés).* ⇒ **② raie.**

pastèque n. f. – XVIe ; port. *pateca,* ar. *bâttihah* ■ Plante *(cucurbitacées)* dont le gros fruit lisse, à chair rose, verdâtre ou blanche, est comestible ; ce fruit. ⇒ **melon** (d'eau). *Tranche de pastèque.*

pasteur n. m. – XIe ; lat. *pastor, oris* **1** vx ou poét. Celui qui garde, fait paître le bétail. ⇒ **berger, pâtre. 2** ⇒ **chef, conducteur.** ♦ LE BON PASTEUR, qui, dans l'Évangile, retrouve et sauve la brebis égarée ; le Christ ; chef spirituel. **3** Ministre d'un culte protestant. « *Nous autres protestants* [...] *nous sommes tous plus ou moins fils, frères ou neveux de pasteurs* » (Duham.).

❑ *Pasteur* est le doublet de *pâtre.*

pasteurisation n. f. – XIXe ■ Opération qui consiste à chauffer un liquide fermentescible, puis à le refroidir brusquement, de manière à y détruire un grand nombre de germes pathogènes. *Pasteurisation du lait.*

pasteuriser v. tr. [1] – XIXe ; de *Pasteur* ■ Stériliser par pasteurisation ; détruire les germes de fermentation de. ➡ *Lait pasteurisé à ultra haute température.* ⇒ **U.H.T.**

pastiche n. m. – XVIIIe ; it. *pasticcio* « imbroglio » **1** Œuvre littéraire ou artistique dans laquelle l'auteur a imité la manière, le style d'un maître, par exercice de style ou dans une intention parodique **(⇒ imitation ; copie).** « *Pastiches et Mélanges* », *de Proust.* « *tout artiste commence par le pastiche. Ce pastiche à travers quoi le génie se glisse, clandestin* » (Malraux). **2** Opéra formé d'un assemblage d'airs empruntés à d'autres œuvres **(⇒ pot-pourri).**

❑ Ne pas confondre *pastiche* « œuvre à la manière de » avec *parodie* « imitation burlesque », ni avec *plagiat* « imitation dans une intention frauduleuse ».

pasticher v. tr. [1] – XIXe ■ Imiter la manière, le style de.

pasticheur, euse n. XVIIIe ■ Auteur de pastiches ; imitateur, imitatrice.

pastilla [pastija] n. f. – 1932 ; mot esp. « bonbon, pastille » ■ Plat marocain fait de pâte feuilletée chaude fourrée de morceaux de pigeon, de raisins et d'amandes.

pastillage n. m. – XIXe **1** Fabrication des pastilles, à la main ou à la machine. **2** Procédé de décoration par des ornements modelés à part et collés sur la surface à décorer.

pastille n. f. – XVIe ; esp., du lat. *pastillum* « petit pain » **1** Petit morceau d'une pâte pharmaceutique ou d'une préparation de confiserie, généralement en forme de disque. *Pastille de menthe.* **2** Dessin en forme de petit disque. ⇒ **pois.** *Tissu, robe à pastilles.* ♦ *Pastille autocollante.* ⇒ **gommette.**

pastilleur n. m. – XIXe ■ Emporte-pièce pour la fabrication des pastilles.

pastis [pastis] n. m. – 1915 ; a. provenç. « pâté » ■ Boisson alcoolisée à l'anis, qui se consomme avec de l'eau (souvent désignée par des noms de marque).

pastoral, ale, aux adj. et n. f. – XIIIe ; lat. *pastor* « pasteur, pâtre » **1** littér. Relatif aux pasteurs, aux bergers. *La vie pastorale.* **2** Qui dépeint ou évoque les mœurs champêtres, la vie des bergers. ⇒ **bucolique.** « *cette campagne et ces vieux bois qui ont leur charme à eux, un grand charme* pastoral » (Loti). ➡ *La* « *Symphonie pastorale* », ou *la* « *Pastorale* » *:* la sixième symphonie de Beethoven. ♦ n. f. PASTORALE. Ouvrage littéraire dont les personnages sont des bergers. **3** Relatif aux civilisations dont l'élevage est l'activité principale. *Économie pastorale.* **4** Relatif aux pasteurs spirituels. *Anneau pastoral,* porté par les évêques. ♦ Relatif à un pasteur protestant.

pastoralisme n. m. – mil. XXe ■ Économie pastorale ; mode d'exploitation agricole fondé sur l'élevage extensif.

pastorat n. m. – XVIIe ; lat. *pastor* « pasteur » ■ Dignité, fonction de pasteur spirituel, et spécialt de pasteur protestant.

pastoureau, elle n. – XIIe ; dimin. de l'a. fr. *pastur* « pasteur » ■ vieilli et littér. Petit berger, petite bergère.

pastourelle n. f. – XIIe ; fém. de *pastoureau* ■ Quatrième figure du quadrille ; air sur lequel elle se dansait. ♦ Chanson à personnages, consistant en un dialogue entre un chevalier et une bergère.

pat [pat] adj. inv. et n. m. – XVIIe ; it. *patta* « quitte » (jeu) ; lat. *pactum* « accord » ■ Aux échecs, Se dit du roi qui, sans être mis en échec, ne peut pourtant plus bouger sans être pris. ➡ n. m. Coup qui amène le roi dans cette position. ✪ HOM. Patte.

patache n. f. – XVIe ; esp., de l'ar. *batâs* « bateau à deux mâts » **1** Petit navire de surveillance. **2** Diligence peu confortable où l'on voyageait pour un prix très modique.

patachon n. m. – XIXe ; de *patache* ■ loc. fam. *Mener une vie de patachon,* agitée, dissipée (cf. Une vie de bâton* de chaise). « *la vie de patachon, les nuits trop brèves* » (Perec).

❑ *Patachon* a d'abord désigné le conducteur d'une *patache.* La locution fait allusion à la vie instable et dissolue qu'on prêtait à ce cocher.

pataphysique n. f. et adj. – XIXe ; composé plaisant de *épi-* et *(mé)taphysique,* pour *épi-métaphysique ;* Jarry écrit *'pataphysique* ■ didact. et plaisant « La science des solutions imaginaires » (Jarry). ➡ adj. Qui relève de la pataphysique.

patapouf interj. et n. m. – XVIIIe ; onomat. **1** interj. Exclamation imitant le bruit d'une chute. ⇒ **patatras. 2** n. m. fam. Personne, enfant gros et gras.

pataquès [patakɛs] n. m. – XVIIIe ; d'apr. *ce n'est pas-t-à moi, je ne sais pas t à qui est ce* **1** Mauvaise liaison entre deux mots. ⇒ **cuir.** *Faire un pataquès,* en substituant, par exemple, un *s* à un *t* final, ou réciproquement. ♦ Faute grossière de langage. **2** Situation embrouillée. ➡ Gaffe grossière, impair.

❑ Pour la graphie de la finale → faciès (rem.).

pataras n. m. – XVIIIe ; mot dial. ■ Étai arrière supplémentaire (hauban d'étambot).

patate n. f. – XVIe ; arawak (langue indienne d'Haïti) **1** Liane tropicale *(convolvulacées),* cultivée pour ses gros tubercules comestibles à chair rosée et sucrée ; le tubercule (appelé souvent *patate douce,* pour distinguer du 2°). **2** fam. Pomme de terre. *Corvée de patates.* ➡ (Québec) *Patates frites.* ⇒ **frite. 3** Schéma de forme courbe quelconque et fermée, symbolisant un ensemble*. **4** fam. Personne niaise, stupide. *Va donc, eh patate !*

❑ La *patate douce* est sans rapport botanique avec la pomme de terre (qui est une solanacée). Le mot *patate* a pris la valeur familière de « pomme de terre » lors de l'introduction de ce légume au Canada, sous l'influence de l'anglais *potato,* de même origine. Au Québec, *patate* est le mot usuel pour désigner ce tubercule.

patati, patata interj. – XIXe ▪ fam. Onomatopée qui évoque un long bavardage. « *Et patati ! et patata ! Comme cela pendant des heures* » (Daud.).

patatras interj. – XVIIe ; onomat. ▪ Bruit d'un corps qui tombe avec fracas. *Patatras ! Voilà le vase cassé !*

pataud, aude n. et adj. – XVe ; de *patte* **1** n. m. Jeune chien à grosses pattes. ♦ Enfant, individu à la démarche pesante et aux manières embarrassées. *Un gros pataud.* **2** adj. Qui est lent et lourd dans ses mouvements. ⇒ **gauche, empoté, maladroit.** « *des garçonnets patauds, aux mollets nus couleur de cigare* » (Colette).

pataugeoire n. f. – 1962 ▪ Piscine peu profonde pour les jeunes enfants.

patauger v. intr. [3] – XVIIe ; de *patte* **1** Marcher sur un sol détrempé, dans une eau boueuse. ➛ ⇒ **barboter.** *Un vieux chien* « *qui pataugeait dans les flaques de cambouis* » (Mart. du G.). **2** fig. « *je m'embrouille, je patauge, je m'égare en un tissu d'inepties* » (Renan). ⇒ s'**empêtrer.** ♦ Ne pas suivre, ne pas comprendre. ⇒ **nager.**

patch n. m. – 1970 ; mot angl. « pièce » ▪ Timbre autocollant qui dispense un médicament par voie percutanée.

patchouli n. m. – XIXe ; tamoul ▪ Plante *(labiacées)* des régions tropicales qui fournit une essence très parfumée. ♦ Parfum (souvent ordinaire) extrait de cette plante. « *Adrienne, vous sentez le patchouli !* » (Colette).

patchwork [patʃwœʀk] n. m. – 1962 ; mot angl., de *patch* « morceau » et *work* « ouvrage » ▪ Tissu fait de morceaux disparates cousus les uns aux autres. *Des couvertures en patchwork.* ➛ péj. Mélange d'éléments hétérogènes. *Un patchwork ethnique.*

pâte n. f. – XIIIe ; lat. *pasta* **I - 1** Préparation plus ou moins consistante, à base de farine délayée (additionnée ou non de levain, d'œufs, de lait, d'aromates, de beurre) que l'on consomme après cuisson. *Pâte à pain, à tarte.* ♦ loc. *Mettre la main à la pâte :* travailler soi-même à qqch., aider. *Une bonne pâte,* une personne accommodante et bonasse. **2** *PÂTES, PÂTES ALIMENTAIRES :* petits morceaux de pâte préparés avec de la semoule de blé dur et vendus prêts pour la cuisine. ⇒ **cannelloni, coquillette, lasagne, macaroni, nouille, raviole, ravioli, spaghetti, tagliatelle, tortellini, vermicelle. II - 1** Préparation, mélange plus ou moins mou (⇒ **crème**). *Fromage à pâte molle. Pâte d'amandes. Pâte de fruits :* friandise molle, très sucrée, faite de fruits. ♦ Préparation peu grasse. *Pâte dentifrice.* ➛ *Pâtes pectorales*.* ♦ *Colle de pâte. Pâte à papier. Carton*-pâte.* *PÂTE À MODELER :* pâte malléable avec laquelle les enfants façonnent des objets. **2** Matière en relief formée par les couleurs travaillées, sur un tableau. « *Une manière de peindre unie, sage, lisse,* [...] *sans pâte, sans touche* » (Goncourt).

pâté n. m. – XIIe ; de *pâte* **1** Hachis de viandes épicées (aussi de poissons, de légumes) cuit dans une terrine et consommé froid. ⇒ **terrine.** *Pâté de foie** (⇒ ① **mousse**). *Pâté de campagne. Pâté en croûte.* ♦ *Pâté impérial :* crêpe de farine de riz, fourrée de viande et de soja, qui se mange frite (cuisine orientale). **2** Grosse tache d'encre. *Faire des pâtés en écrivant.* **3** *Pâté de maisons :* ensemble de maisons formant bloc. *Faire le tour du pâté de maisons.* **4** *Pâté (de sable),* sable moulé à l'aide d'un seau, d'un moule (jeu d'enfant). ✪ HOM. Pâtée.

pâtée n. f. – XIVe ▪ Mélange de farine, de son, d'herbes, de tubercules ou de fruits cuits, délayés avec de l'eau ou du petit-lait, dont on engraisse la volaille, les porcs. ♦ Soupe très épaisse dont on nourrit les chiens, les chats. ✪ HOM. Pâté.

① **patelin, ine** adj. – XVIe ; de *Pathelin,* personnage d'une farce célèbre du XVe ▪ ⇒ **doucereux, hypocrite, mielleux.** « *pompeux, patelin, il avait les manières moelleuses et débonnaires d'un chanoine de comédie* » (Maurois). ➛ *Air, ton patelin.*

② **patelin** n. m. – XVIIe ; de *pâtis* ▪ fam. Village, localité, pays. *Un beau petit patelin. Un patelin perdu.* ⇒ **bled, trou.** ➛ péj. *Où est-ce, ton patelin ?*

patellaire adj. – 1923 ; lat. *patella* « rotule » ▪ *Réflexe patellaire :* réflexe rotulien*.

patelle n. f. – XVIe ; lat. *patella* « petit plat » **1** Mollusque prosobranche *(gastéropodes),* à coquille conique, sans opercule, qui vit fixé aux rochers. ⇒ **bernicle. 2** Petit vase sacré qui était utilisé pour les libations, dans l'Antiquité.

❑ Le latin *patella* a donné par évolution phonétique *poêle* (nom féminin), doublet de *patelle.*

patène n. f. – XIVe ; lat. « bassin » ▪ Petite assiette servant à l'oblation de l'hostie.

patenôtre n. f. – XIIe ; lat. *pater noster* → Pater ▪ iron. Prière. « *de vieilles femmes à genoux, qui y marmottaient leurs patenôtres* » (Barbey).

patent, ente adj. – XIIIe ; lat. *patere* « être ouvert » **1** *Lettres patentes :* décision royale, sous forme de lettre ouverte, qui accordait une faveur à une personne déterminée. ⇒ **patente** (1°). **2** Évident, manifeste. ⇒ **flagrant.** « *Ses intentions furent alors si patentes* » (Balz.). *Une injustice patente.* ⇒ **criant.** impers. *Il est patent que son service fonctionne mal.*

patentage n. m. – 1949 ; angl. *patent* ▪ Trempe spéciale des fils d'acier.

patente n. f. – XVIe ; de *patent* 1° **1** Écrit émanant du roi, d'un corps qui établissait un droit ou un privilège. **2** Ancien impôt direct local, auquel étaient assujettis, les commerçants, artisans jusqu'en 1976.

patenté, ée adj. – XVIIIe **1** Qui payait patente. **2** fig. et fam. Attitré, confirmé. *Un exploiteur patenté.* ⇒ **fieffé,** ① **sacré.**

Pater [patɛʀ] n. m. inv. – XVIe ▪ Prière qui commence (en latin) par les mots *Pater noster* (Notre Père). *Dire des Pater et des Ave.* ✪ HOM. Patère.

patère n. f. – XVIIe ; lat. « coupe » **1** Patelle (2°). **2** Pièce saillante de bois ou de métal, qui sert à suspendre les vêtements. *Les patères d'un porte-manteau, d'un salon d'essayage.* ✪ HOM. Pater.

pater familias [patɛʀfamiljas] n. m. inv. – XIXe ; mots lat. ▪ Chef de la famille romaine. ♦ Père de famille très autoritaire.

paternalisme n. m. – XIXe ▪ Conception patriarcale ou paternelle du rôle de chef d'entreprise.

paternaliste adj. – déb. XXe ▪ Relatif au paternalisme. *Patron, entreprise, discours paternaliste.*

paterne adj. – XVIIIe ; lat. ▪ vieilli *Un air paterne,* de bonhomie paternelle. ✪ HOM. Pattern.

paternel, elle adj. et n. m. – XIIe **1** Qui est propre au père. *Autorité paternelle. Image paternelle.* ➛ Qui semble venir d'un père. *Il tentait* « *de se confiner dans un rôle de vieil ami, très aîné, un peu paternel* » (Loti). **2** Du père, dans la famille. *Grand-mère paternelle* (opposé à *maternel*). **3** n. m. pop. Père. ⇒ **vieux.**

paternellement adv. – XVe ▪ D'une manière paternelle.

paternité n. f. – XIIe **1** État, qualité de père. *Hugo* « *voulait être "premier en mariage" et en paternité comme en poésie* » (Maurois). ♦ Lien juridique qui unit le père à son enfant. *Paternité légitime. Paternité naturelle. Paternité civile,* qui résulte de l'adoption. *Action en recherche de paternité,* pour découvrir le père véritable d'un enfant naturel. 2 Fait d'être l'auteur (de qqch.). *Revendiquer, désavouer la paternité d'un ouvrage.*

pâteux, euse adj. – XIIIe ▪ Qui est semblable à de la pâte (intermédiaire entre solide et liquide). *Consistance pâteuse.* ➝ loc. *Avoir la langue pâteuse :* prononcer, articuler avec difficulté (comme si la bouche était empâtée). ♦ fig. *Style pâteux,* lourd et embarrassé.

pathétique adj. et n. m. – XVIe ; gr. *pathos* « passion » **I** adj. 1 Qui excite une émotion intense et pénible. ⇒ **bouleversant, poignant.** *Il « fut témoin d'une scène pathétique »* (Daud.). *Un ton, un air pathétique.* ⇒ **tragique.** ➝ (personnes) *Orateur, actrice pathétique.* 2 *Nerf pathétique :* nerf moteur du muscle grand oblique de l'œil. **II** n. m. littér. Caractère pathétique. *Un pathétique facile, mélodramatique.* ⇒ **pathos.** « *Le moment de la séparation* [...] *fut du dernier pathétique* » (Stendh.).

-pathie, -pathe Éléments, du gr. *pathos* « ce qu'on éprouve ».

patho- Élément, du gr. *pathos* « affection, maladie ».

pathogène adj. – XIXe ; *patho-* et *-gène* ▪ Qui peut causer une maladie. *Virus pathogène.*

pathogénie n. f. – XIXe ▪ Processus par lequel une cause pathogène agit sur l'organisme et détermine une maladie.

pathologie n. f. – XVIe ; *patho-* et *-logie* ▪ Science qui a pour objet l'étude des maladies.

pathologique adj. – XVIe 1 Relatif à la pathologie. 2 Relatif à l'état de maladie ; qui dénote un mauvais état de santé. ⇒ **morbide.** « *aucun antécédent pathologique du côté respiratoire* » (Mart. du G.). ♦ loc. *Un cas pathologique :* une personne qu'on juge anormale et peu susceptible de s'améliorer (mentalement). ✪ CONTR. Normal.

pathologiquement adv. – XVIIe ▪ D'une manière anormale, pathologique.

pathomimie n. f. – 1908 ; de *mime* ▪ Simulation consciente ou inconsciente d'une maladie.

pathos [patos ; patɔs] n. m. – XVIIe ; mot gr. « souffrance, passion » ▪ littér. Pathétique déplacé dans un discours, un écrit, dans le ton, les gestes. *Faire du pathos.* « *débarrasser la langue et l'esprit français du pathos et de l'emphase* » (Ste-Beuve).

patibulaire adj. – XIVe ; lat. *patibulum* « gibet » 1 vx Relatif au gibet. *Les fourches* patibulaires.* 2 fig. *Mine, visage patibulaire.* ⇒ **inquiétant,** ① **sinistre.** *Sur le chaland « il y a des hommes à figure patibulaire »* (Cendrars).

❑ Étymologiquement, une *mine patibulaire* est celle d'un individu qui semble digne de la potence.

patiemment [pasjamɑ̃] adv. – XIIe ▪ Avec patience. *Attendre patiemment son tour.*

① **patience** [pasjɑ̃s] n. f. – XIIe ; lat. *pati* « souffrir » 1 Vertu qui consiste à supporter les désagréments, les malheurs. ⇒ **résignation, sang-froid, longanimité.** « *Chaque blessure, chaque nouvelle atteinte a redoublé chez elle la patience* » (Balz.). *Prendre son mal en patience. La patience a des limites. Perdre patience.* 2 Persévérance dans une activité, un travail de longue haleine, sans se décourager. « *il faut des années de patience pour obtenir le plus infime résultat* » (Sartre). ⇒ **effort.** ➝ loc. prov. *Le génie est une longue patience* (d'apr. un mot de Buffon). ♦ *JEU DE PATIENCE.* ⇒ **cassetête, puzzle.** ➝ fig. Travail extrêmement minutieux. 3 Qualité, disposition d'esprit d'une personne qui sait attendre, en gardant son calme. *Un peu de patience !* « *à bout de patience, écœuré de vaines attentes* » (Courtel.). 4 Combinaison de cartes à jouer. ⇒ **réussite.** « *Tu fais donc toujours des patiences ?* » (Sand).

② **patience** [pasjɑ̃s] n. f. – XVIe ; lat. *lapathium* ▪ *Patience sauvage :* plante proche de l'oseille *(polygonacées),* dont les feuilles, toniques et dépuratives, se préparent comme celles de l'épinard.

patient, iente [pasjɑ̃, jɑ̃t] adj. et n. – XIIe **I** adj. 1 Qui fait preuve de patience. *Professeur patient avec ses élèves.* 2 Qui ne se lasse pas (dans un travail, etc.). ⇒ **inlassable, persévérant.** ♦ Qui manifeste ou exige de la patience. « *les urgents problèmes* [...] *dont la solution exigerait de patientes études* » (Mart. du G.). 3 Qui sait attendre. *Encore cinq minutes, soyez patient.* **II** n. 1 Personne qui subit ou va subir une opération chirurgicale ; malade qui est l'objet d'un traitement, d'un examen médical. *Le médecin et ses patients.* ⇒ **client, malade.** 2 Personne qui subit ou va subir un supplice.

patienter [pasjɑ̃te] v. intr. [1] – XVIe ▪ Attendre avec patience ; attendre (formule polie). *Faites-le patienter quelques instants. Veuillez patienter, nous recherchons votre correspondant.*

patin n. m. – XIIIe ; de *patte* 1 Semelle supplémentaire antidérapante d'une chaussure. ➝ Pièce de tissu sur laquelle on pose le pied pour avancer en glissant sans salir le parquet. *La salle commune « où nul ne se déplaçait que sur des patins de feutre »* (Perec). 2 *PATIN (À GLACE) :* dispositif formé d'une lame fixée à la chaussure, et destiné à glisser sur la glace. ➝ *Le patin :* le patinage. *Faire du patin artistique.* ♦ par ext. *Les patins d'un traîneau, d'une luge. Voiture à cheval à roues et à patins* (en montagne). ♦ *PATIN À ROULETTES :* dispositif monté sur trois ou quatre roulettes et qui s'adapte à la chaussure. ⇒ **roller.** ➝ *Faire du patin à roulettes.* 3 Partie inférieure d'un rail, reposant sur les traverses. ⇒ **semelle.** ♦ *Patin de frein :* organe mobile dont le serrage, contre la jante d'une roue, permet de freiner. 4 de *patte* « chiffon » fam. Baiser langue en bouche. *Elle lui a roulé un patin.*

① **patinage** n. m. – XIXe ; de ② *patiner* 1 Pratique, technique du patin à glace. *Patinage artistique. Patinage de vitesse. Championnat de patinage.* 2 Action de patiner (2°).

② **patinage** n. m. – 1930 ▪ Opération qui consiste à donner une patine artificielle.

patine n. f. – XVIIIe ; o. i. 1 Couche d'hydrocarbonate de cuivre qui se forme à la longue sur les objets de cuivre, de bronze exposés à l'air humide. ⇒ **vert-de-gris.** 2 Dépôt qui se forme sur certains objets anciens ; couleur qu'ils prennent avec le temps. *La patine du marbre, des pierres, d'une statue.* ♦ Produit qui donne l'illusion de la patine naturelle.

① **patiner** v. intr. [1] – XVIIIe ; de *patin* 1 Glisser sur la glace avec des patins. ➝ Faire du patin à roulettes. 2 Glisser sans tourner ; tourner sans avancer (d'une roue, d'un véhicule). ⇒ **chasser, déraper, riper.** *La voiture patine et s'enlise dans le sable.* ➝ (d'un embrayage) Tourner sans entraîner les roues. 3 Ne pas progresser. ⇒ **piétiner.** *Les négociations patinent.*

② **patiner** v. tr. [1] – XIXe ; de *patine* ▪ Couvrir de patine. ➝ pronom. *Sculptures qui commencent à se patiner.* ➝ *Cuir patiné.*

patinette n. f. – 1917 ▪ Jouet d'enfant formé d'une plateforme montée sur deux roues et surmontée d'un guidon. ⇒ **trottinette.** *Patinette à pédale.*

patineur, euse n. – XVIIIe ▪ Personne qui patine (sur la glace). *Patineur de vitesse ; patineur artistique.* ➝ *Patineur à roulettes.*

patinoire n. f. – XIXe ▪ Étendue d'eau maintenue à l'état de glace, réservée au patinage. *Patinoire couverte.* ♦ Piste en ciment pour le patin à roulettes.

patio [pasjo ; patjo] n. m. – XIXe ; mot esp. ▪ Cour intérieure à ciel ouvert d'une maison espagnole ou de style espagnol. « *une cour intérieure plantée d'un unique jasmin — le fameux patio —* » (Tournier).

pâtir v. intr. [2] – XVIe ; lat. *pati* ▪ *PÂTIR DE :* souffrir à cause de ; subir les conséquences fâcheuses, pénibles de. « *Quantité de gens restent assez fortunés pour n'avoir pas beaucoup à pâtir des restrictions* » (Gide). *Sa santé pourrait en pâtir.* ✪ CONTR. Bénéficier, profiter. — HOM. *Pâtissent :* pâtisse (pâtisser).

> ❑ De la même famille étymologique : *compatir, passible, passif, passion, patience, patient.*

pâtis n. m. – XIIe ; lat. *pascere* « paître » ▪ région. Terre inculte (friche, lande) sur laquelle on fait paître le bétail.

pâtisser v. intr. [1] – XIIIe ▪ Faire de la pâtisserie. ✪ HOM. *Pâtisse :* pâtissent (pâtir).

pâtisserie n. f. – XIVe 1 Préparation de la pâte travaillée pour la confection des gâteaux. *Moule, rouleau* à pâtisserie.* 2 *UNE PÂTISSERIE.* Préparation sucrée de pâte travaillée, le plus souvent destinée à être consommée fraîche (entremets ou dessert). ⇒ **gâteau.** *Aimer les pâtisseries.* ➛ collect. *De la pâtisserie.* « *toute une vitrine* [de la boulangerie] *était réservée à la pâtisserie* » (Zola). 3 Commerce, industrie de la pâtisserie ; fabrication et vente des gâteaux. *Pâtisserie industrielle.* ➛ Magasin où l'on vend des gâteaux frais. *Boulangerie pâtisserie.*

pâtissier, ière n. et adj. – XIIIe 1 Personne qui fait, qui vend de la pâtisserie, des gâteaux. *Boulanger pâtissier.* 2 adj. *Crème pâtissière,* faite de lait parfumé, de jaunes d'œufs, de farine et de sucre, et utilisée pour garnir certaines pâtisseries.

pâtisson n. m. – XVIIIe ; provenç. ▪ Petite courge blanche et ronde, appelée aussi *artichaut d'Espagne, bonnet de prêtre.*

patoche n. f. – XIXe ▪ fam. Main, patte. ⇒ **paluche.**

patois n. m. – XIIIe ; origine discutée ▪ Parler local, dialecte employé par une population généralement peu nombreuse, souvent rurale. ⇒ ② **parler ; dialecte, idiome.** *Parler patois. Le* « *patois basque, aussi inintelligible pour des Français que du haut allemand, de l'hébreu ou du chinois* » (Gaut.). ➛ adj. *Mot patois. Forme patoise.*

> ❑ Pour le sens → dialecte (rem.).

patoisant, ante adj. – XIXe ▪ Qui emploie, parle le patois. ➛ n. *Les patoisants.*

pâton n. m. – XVe ▪ région. ou t. technique Morceau de pâte (spécialement destiné à former un pain). ♦ Pâtée pour la volaille.

patouiller v. [1] – XIIIe ; de *patte* 1 fam. v. intr. Patauger. « *Vous ne patouillerez pas longtemps dans les marécages* » (Balz.). 2 v. tr. Manier, tripoter brutalement ou indiscrètement. ⇒ **tripatouiller, tripoter.**

patraque n. f. et adj. – XVIIIe ; provenç. *patraco* « monnaie usée » ▪ fam. 1 vx Montre détraquée. « *la vieille patraque retardait* » (Flaub.). 2 adj. Un peu malade, en mauvaise forme. ⇒ **souffrant.** « *je me sens trop patraque pour risquer un long voyage* » (Mérimée).

pâtre n. m. – XIIe ; lat. *pastor* ▪ littér. Celui qui garde, fait paître le bétail. ⇒ **berger, pasteur.**

> ❑ *Pâtre* est le doublet de *pasteur.*

patriarcal, ale, aux adj. – XIVe 1 Relatif aux patriarches de la Bible. 2 Qui rappelle la simplicité, les mœurs paisibles des anciennes tribus juives. « *Je finis par mener une vie patriarcale* » (Volt.). 3 Qui est organisé selon les principes du patriarcat. *Société patriarcale.* ✪ CONTR. Matriarcal.

patriarcat n. m. – XIIIe 1 Dignité, circonscription d'un patriarche. 2 Forme de famille fondée sur la parenté par les mâles et sur la puissance paternelle. ✪ CONTR. Matriarcat.

patriarche n. m. – XIe ; lat. *pater, patris* « père » 1 Chef d'une Église qui n'observe pas le rite latin. 2 L'un des chefs de famille dépeints par l'Ancien Testament comme ayant été d'une longévité et d'une fécondité extraordinaires. 3 Vieillard qui mène une vie simple et paisible, entouré d'une nombreuse famille. *Le patriarche de Ferney :* Voltaire âgé.

patriciat n. m. – XVIe ▪ Dignité de patricien. ➛ Ordre des patriciens. *La puissance du patriciat.*

patricien, ienne n. et adj. – XIVe ; lat. *pater* « chef de famille noble » 1 Personne qui appartenait, de naissance, à la classe supérieure des citoyens romains. 2 littér. Aristocrate. « *"Père n'était qu'un bourgeois", songeait-il. "Elle, c'est une patricienne"* » (Mart. du G.). ♦ adj. Aristocratique. ✪ CONTR. Plébéien, prolétaire.

patriclan n. m. – 1968 ; lat. *patris* « père » ▪ sc. Clan dont le recrutement est assuré par la voie patrilinéaire* (opposé à *matriclan*).

patrie n. f. – XVIe ; lat. « pays du père » 1 Nation, communauté politique à laquelle on appartient ou à laquelle on a le sentiment d'appartenir ; pays habité par cette communauté. ⇒ **nation,** ① **pays.** *Il considère la France comme sa patrie. La mère patrie. Fuir, quitter sa patrie :* s'expatrier. *Avoir la même patrie.* ⇒ **compatriote.** « *Les grands artistes n'ont pas de patrie* » (Muss.). *Sans patrie.* ⇒ **apatride.** *C'est ma seconde patrie,* le pays qui m'est le plus cher, après le mien. ➛ « *Allons, enfants de la patrie* » (La Marseillaise). ♦ Région, ville natale. *Clermont-Ferrand est la patrie de Pascal.* 2 *La patrie de la poésie, de l'art :* le pays où fleurissent l'art, la poésie.

patrilinéaire adj. – 1936 ; lat. *patris* « père » ▪ Se dit d'un type de filiation et d'organisation sociale fondé sur l'ascendance paternelle (opposé à *matrilinéaire*).

patrilocal, ale, aux adj. – mil. XXe ▪ sc. Se dit d'un type de résidence du couple déterminé par la résidence du père du mari (opposé à *matrilocal*).

patrimoine n. m. – XIIe ; lat. *patrimonium* « héritage du père » 1 Biens de famille, biens que l'on a hérités de ses ascendants. ⇒ **fortune, héritage, propriété.** *Accroître le patrimoine familial.* 2 Ensemble des biens corporels et incorporels et des créances nettes d'une personne (physique ou morale) à une date donnée. *Patrimoine immobilier, foncier, financier. Gestion de patrimoine. Impôt sur le patrimoine.* 3 Ce qui est considéré comme une propriété transmise par les ancêtres. *Patrimoine architectural.* « *ces pensées qui deviennent le patrimoine de l'univers* » (Chateaub.). 4 *Le patrimoine génétique de l'individu :* l'ensemble des caractères hérités. ⇒ **génotype.**

patrimonial, iale, iaux adj. – XIVe ▪ Qui constitue un patrimoine, fait partie d'un patrimoine. *Biens patrimoniaux.*

patriotard, arde n. et adj. – 1904 ▪ Qui manifeste un patriotisme exagéré, exclusif, chauvin. ⇒ **cocardier.**

patriote n. et adj. – XVe ▪ Personne qui aime sa patrie et la sert avec dévouement. *Un ardent patriote. Patriote cocardier.* ⇒ **chauvin, patriotard.** ➛ adj. « *ceux qui sont foncièrement patriotes et jusqu'au-boutistes* » (R. Rolland).

patriotique adj. – XVIIIe ▪ Qui exprime l'amour de la patrie ou est inspiré par lui. « *il avait perdu la foi* *patriotique, comme il avait perdu la foi tout court* » (Aragon). *Chant patriotique.*

patriotisme n. m. – XVIIIe ■ Amour de la patrie ; désir de se sacrifier pour la défendre.

❑ Le *patriotisme* diffère du *civisme* en ce qu'il concerne moins le respect du bien public et plus la défense de la patrie contre un agresseur extérieur ; du *nationalisme* en ce qu'il ne suppose pas un culte exclusif de la nation.

patristique n. f. et adj. – XIXe ; gr. *patros* « père (de l'Église) » ■ Étude des Pères de l'Église. ⇒ **patrologie.** ♦ adj. *Ouvrages patristiques.*

patrologie n. f. – XVIIIe ; gr. *patros* « père » 1 Collection complète des ouvrages des Pères de l'Église. 2 Patristique*.

① **patron, onne** n. – XIIe ; lat. *patronus* « protecteur », de *pater* « père » I Saint ou sainte dont on a reçu le nom au baptême ; qu'un pays, une confrérie, une corporation reconnaît pour protecteur. « *La vieille servante* [...] *jura par sa sainte patronne* » (J. Verne). *Saint Éloi, patron des orfèvres.* II Personne qui commande à des employés, des serviteurs. 1 *Patron de pêche.* ⇒ **capitaine.** *Patron d'un remorqueur.* 2 Maître, maîtresse de maison, par rapport à ses domestiques. *La femme de ménage a la confiance de ses patrons.* 3 Artisan, petit entrepreneur qui emploie quelques ouvriers, forme des apprentis. *Patron boulanger et ses mitrons. Salut, patron !* ➛ Personne qui dirige une maison de commerce, dont elle est généralement propriétaire. *Patron, patronne d'un café, d'un hôtel, d'un restaurant.* ⇒ **tenancier.** absolt *La tournée du patron.* 4 Chef d'entreprise. ⇒ **directeur, P. D. G.** ♦ Tout employeur, par rapport à ses subordonnés. *Les ouvriers, les employés et les patrons.* 5 Professeur de médecine, chef d'un service hospitalier (au regard de ses élèves et assistants). *Les grands patrons.* ♦ Personne qui dirige des travaux intellectuels, artistiques. *Patron de thèse :* directeur de thèse. III Patricien protecteur de « clients » (1°).

② **patron** n. m. – XIIe ; lat. *patronus* 1 Modèle sur lequel travaillent les artisans pour fabriquer certains objets. ⇒ **forme.** ♦ Modèle de papier ou de toile préparé sur un mannequin ou aux mesures d'une personne, qui sert à découper le tissu. « *Le grand habit de gala* [...] *est taillé sur ce patron* » (Gaut.). *Taille patron* (hommes), moyenne. 2 ⇒ **pochoir.** *Colorier au patron.*

patronage n. m. – XIIIe 1 Appui moral donné par un personnage puissant ou un organisme. ⇒ **protection.** *Les natures supérieures* « *contraintes de s'humilier sous les médiocrités dont le patronage leur est nécessaire* » (Chateaub.). ➛ *Gala placé sous le patronage du président de la République.* ⇒ **parrainage.** *Comité de patronage d'une revue scientifique.* 2 Société de bienfaisance qui propose aux enfants des conseils moraux et des distractions, des activités les jours de congé. ⇒ **foyer.** *L'abbé s'occupe du patronage.* ➛ Siège d'un patronage. *Ses enfants vont au patronage le mercredi.* ♦ iron. *Roman, film de patronage,* d'un caractère édifiant et de peu de valeur, naïf et enfantin.

patronal, ale, aux adj. – XVIIe ■ Qui a rapport ou qui appartient aux chefs d'entreprise. *Syndicat patronal. Cotisation patronale aux caisses de Sécurité sociale.*

patronat n. m. – XVIe ■ Ensemble des chefs d'entreprise. *Rencontre patronat-syndicats.* « *Il y a entre les patrons et les ouvriers, entre le patronat et le prolétariat* [...] *une antinomie, un antagonisme* » (Péguy).

patronner v. tr. [1] – XVIIIe ■ Couvrir de son crédit, de sa protection. *Être patronné par un personnage influent.* ⇒ **aider, protéger, recommander.** ➛ par ext. *Patronner une candidature.* ⇒ **appuyer.**

patronnesse adj. f. et n. f. – XVIe ■ *Dame patronnesse,* qui se consacre à des œuvres de bienfaisance (souvent iron.).

patronyme n. m. – XIXe ; gr. *patros* « père » et *-onyme* ■ littér. Nom de famille.

patronymique adj. m. – XIIIe ■ *Nom patronymique :* nom de famille. ⇒ **patronyme.**

patrouille n. f. – XVIe ■ Ronde de surveillance faite par un détachement de police militaire ou civile ; ce détachement. ♦ Déplacement d'un groupe composé de quelques soldats sous le commandement d'un gradé et chargé de remplir une mission ; ce groupe. *Patrouille de reconnaissance.* « *s'armer pour partir en patrouille* » (Cendrars). ➛ *Patrouille* (d'avions) *de chasse, de bateaux.*

patrouiller v. intr. [1] – XVe ; var. de *patouiller* ■ Aller en patrouille, faire une patrouille. *Les garde-côtes patrouillent dans les eaux territoriales.*

patrouilleur n. m. – 1914 ■ Soldat, avion, bateau, qui fait partie d'une patrouille, qui patrouille.

① **patte** n. f. – XIIe ; gaul. *patt-* 1 Chez l'animal, Membre ou appendice qui supporte le corps, sert à la marche (⇒ **jambe**), à la préhension, etc. ⇒ **-pode.** *Les insectes ont trois paires de pattes. Animal qui a quatre pattes.* ⇒ **quadrupède, tétrapode.** *Chien qui donne la patte. Lever* la patte. Avoir de grosses pattes* (⇒ **pataud, pattu**). *Pattes griffues, palmées. Pattes de homard.* 2 fam. Jambe. *À pattes,* à pied. *Être bas, court sur pattes. Marcher à quatre pattes,* en posant les mains et les genoux par terre. *Maugin* « *tirait la patte, et n'en arrivait pas moins le premier* » (Simenon). « *Avec ma patte en bois, je ne suis plus bon à rien ?* » (Mart. du G.). 3 fam. Main. ⇒ **paluche, patoche.** *Retire tes pattes de là ! Bas les pattes !* n'y touchez pas, ne me touchez pas. ♦ loc. COUP DE PATTE : coup de main habile. *Retomber sur ses pattes :* se tirer sans dommage d'une affaire fâcheuse. *En avoir plein les pattes :* être fatigué après une longue marche. ➛ *Montrer patte blanche :* montrer un signe de reconnaissance convenu, dire le mot de passe nécessaire pour entrer quelque part. fam. *Se fourrer dans les pattes de qqn.* 4 (par anal. de forme) PATTE DE (et un nom d'animal). *Pattes de mouche*.* ➛ *Pantalon à pattes d'éléphant*.* ➛ *Pattes (de lapin) :* favoris courts. ⇒ **favori, rouflaquette.** 5 Objet long ou partie allongée (servant à fixer, etc.). *Pattes d'une ancre :* chacune des parties triangulaires terminant les bras. ➛ Crochet (pour suspendre un objet lourd). ⇒ **croc.** ♦ Fil conducteur formant les bornes d'un composant électronique. *Les trois pattes d'un transistor. Un circuit intégré à 64 pattes.* ♦ Languette d'étoffe, de cuir, etc. *Patte d'une poche. Galons fixés sur les pattes d'épaule.* ⇒ **épaulette.** ✪ HOM. Pat.

❑ À propos d'une écriture fine et peu lisible on disait autrefois *pieds de mouche* (Dictionnaire de Furetière, 1690) et non *pattes de mouche.* ♦ On dit familièrement en s'adressant à un animal de compagnie : *donne ta papatte.*

② **patte** n. f. – XVIe ; germ. « vêtement » ■ (Suisse) Chiffon, torchon.

patté, ée adj. – XIIIe ; de ① *patte* ■ blas. *Croix pattée,* dont les branches s'élargissent en s'incurvant à leurs extrémités.

patte-d'oie n. f. – XVIe 1 Carrefour d'où partent plusieurs routes. 2 Les petites rides divergentes à l'angle externe de l'œil. *Avoir des pattes-d'oie.* 3 Cordage en patte-d'oie, avec plusieurs cordes attachées en différents endroits d'un objet. 4 *Patte-d'oie rouge :* variété de chénopode*. ⇒ **ansérine.**

pattemouille n. f. – 1914 ; de ② *patte* ■ Linge humecté dont on se sert pour repasser les vêtements, faute de fer à vapeur.

pattern [patɛʀn] n. m. – 1914 ; mot angl. « modèle schématique » ■ Modèle simplifié d'une structure, en sciences humaines. ⇒ **modèle, type.** ✪ HOM. Paterne.

pattu, ue adj. – XVe ■ Qui a de grosses pattes. ⇒ **pataud.** *Chien pattu.* ♦ Se dit d'oiseaux dont la patte porte une touffe de plumes. *Pigeons pattus.*

pâturable adj. – XVIe ■ Qui peut être employé comme pâture. *Parcelle pâturable.*

pâturage n. m. – XIIe 1 Action de faire pâturer. ➛ « *Labourage et pâturage sont les deux mamelles de la France* » (d'apr. Sully). 2 Lieu couvert d'une herbe qui doit être consommée sur place par le bétail. ⇒ **pâtis, pâture, prairie, pré ; herbage.** « *de gras pâturages tachetés de bestiaux* » (Gaut.).

pâture n. f. – XIIe ; lat. *pascere* « paître » 1 Lieu où croît l'herbe et où l'on fait paître le bétail. ⇒ **pâturage.** 2 Tout ce qui sert à la nourriture des animaux. *L'oiseau apporte leur pâture à ses petits.* ⇒ **becquée.** 3 fig. Ce qui sert d'aliment à une faculté, à un besoin, à une passion ; ce sur quoi une activité s'exerce. « *Les linges sales de la vie privée, qui sont la pâture* [...] *de certains petits journaux* » (Baud.). *Elle ne s'était pas* « *offerte avec complaisance en pâture au malheur* » (Mart. du G.).

pâturer v. tr. et intr. [1] – XIIe ■ Paître. « *Les bêtes pâturaient dans un rayon d'une vingtaine de kilomètres* » (Tournier).

pâturin n. m. – XVIIIe ■ région. Plante *(graminées)* qui constitue une grande partie de la végétation des bonnes prairies.

paturon n. m. – XVIe ; lat. *pastoria* « corde de pâtre » ■ Partie de la jambe du cheval comprise entre le boulet et la couronne, et qui correspond à la première phalange.

pauchouse → **pochouse**

pauciflore adj. – XVIIIe ; lat. *pauci* « peu » et *flos, floris* « fleur » ■ sc. Qui ne porte que peu de fleurs. ✪ CONTR. Florifère.

paulette n. f. – XVIIe ; de *Paulet,* qui percevait cet impôt ■ Impôt annuel que devaient payer les titulaires de charges de judicature pour en devenir propriétaires.

paulinien, ienne adj. – XIXe ■ Relatif à saint Paul. *Doctrine, philosophie paulinienne.*

paulinisme n. m. – XIXe ■ Doctrine de saint Paul, l'apôtre.

paulownia [polɔnja] n. m. – XIXe ; de *Anna Paulowna,* fille du tsar Paul Ier ■ Arbre d'ornement, de grande taille *(scrofulariacées),* originaire du Japon, dont les fleurs campanulées bleues ou mauves, se présentent en panicules dressées.

paume n. f. – XIIe ; lat. *palma* 1 L'intérieur de la main. ⇒ **palmaire.** *Il* « *serra les poings jusqu'à s'enfoncer les ongles dans la paume* » (France). 2 Jeu, sport qui consistait à se renvoyer une balle de part et d'autre d'un filet, au moyen de la main à l'origine, puis d'un instrument (⇒ **batte, raquette**) et selon certaines règles. *La paume, ancêtre du tennis.* « *Le jeu de paume de Vincennes* » (Dumas). ➛ *Le serment du Jeu de paume* (1789).

> ❑ *Paume* est le doublet de *palme.*

paumé, ée n. et adj. – XIXe ; de *paumer* ■ fam. 1 n. *Un paumé, une paumée :* celui, celle qui est perdu(e) pour la société, la réussite. *Une bande de paumés.* 2 adj. Qui est perdu (au propre et au figuré). *On est paumés. Elle est complètement paumée !* ➛ *Un bled paumé,* loin de tout.

① **paumelle** n. f. – XIIIe ; de *paume* 1 Petite penture articulée sur un gond et fixée au battant d'une porte, d'un volet. 2 Bande de cuir renforcée au creux de la main par une plaque métallique piquetée, servant à protéger la paume de certains ouvriers. ✪ HOM. Pommelle.

② **paumelle** n. f. – XVIe ; lat. *palmula* « petite palme » ■ Variété d'orge commune à deux rangs.

paumer v. tr. [1] – XIIIe ; de *paume* ■ fam. 1 *Se faire paumer :* se faire prendre. 2 Perdre. *J'ai paumé mon billet.* ➛ pronom. Se perdre. *Il s'est paumé en route.*

paumier, ière n. m. et adj. – XVIIIe ■ Daim de cinq ans, dont les andouillers supérieurs ont des paumures.

paumoyer v. tr. [8] – XIe ; de *paume* ■ Haler à la main. ♦ *Paumoyer la toile :* ramasser les plis d'une voile.

paumure n. f. – XIVe ; de *paume* ■ Partie aplatie au sommet des bois du cerf, des andouillers du daim (⇒ **paumier**).

paupérisation n. f. – XIXe ■ Abaissement continu du niveau de vie, diminution du pouvoir d'achat. *La paupérisation du tiers-monde.*

paupériser v. tr. [1] – XIXe ; lat. *pauper* « pauvre » ■ Frapper de paupérisation. ⇒ **appauvrir.** ➛ *Un prolétariat paupérisé.*

paupérisme n. m. – XIXe ; lat. *pauper* « pauvre » ■ État permanent de pauvreté.

paupière n. f. – XIVe ; lat. *palpebra* ■ Chacune des parties mobiles qui recouvrent et protègent la partie extérieure de l'œil. *Paupière supérieure, inférieure. Les cils bordent les paupières.* « *des Turcomans, avec ces yeux bridés auxquels semble manquer la paupière* » (J. Verne). *Fard*, ombre* à paupières. Inflammation des paupières* (⇒ **chalazion, compère-loriot, orgelet**). ♦ *Paupière nictitante* des oiseaux de nuit, des chats.*

> ❑ L'adjectif correspondant à *paupière* est *palpébral,* terme scientifique.

paupiette n. f. – XVIIe ; it. *polpetta* « boulette de viande » ■ Tranche de viande farcie et roulée. *Paupiettes de veau.*

pause n. f. – XIVe ; lat. 1 Interruption momentanée d'une activité, d'un travail. ⇒ **arrêt, interruption, suspension.** *La pause de midi.* fam. *La pause(-)café* (pour prendre le café). ♦ spécialt Temps de repos interrompant un exercice, une marche (⇒ **halte**). *Faire une pause, la pause. Cinq minutes de pause.* ➛ Mi-temps, en sport. ♦ fam. Temps d'arrêt, station prolongée. « *J'aurai fait ici une petite pause de dix jours* » (Sév.). ⇒ **séjour.** 2 Temps d'arrêt dans les paroles, le discours. ⇒ **silence.** « *Elle fit une pause, avant d'ajouter, d'une voix sourde* [...] » (Mart. du G.). 3 En musique, Silence correspondant à la durée d'une ronde ; figure, signe qui sert à le noter. ✪ HOM. Pose.

> ❑ Ne pas confondre avec *pose* « action de poser » : *le modèle* (d'un peintre, etc.) *prend la pose* et lorsqu'il s'interrompt *fait une pause ;* une photographie nécessite tel *temps de pose.*

pauvre adj. et n. – XIe ; lat. *pauper* **I** adj. 1 (après le nom) vieilli Qui manque du nécessaire ou n'a que le strict nécessaire ; qui n'a pas suffisamment d'argent, de moyens, pour subvenir à ses besoins. ⇒ **indigent, nécessiteux ;** fam. **fauché.** *Très pauvre, pauvre comme Job.* ⇒ **misérable, miséreux.** *Les pays pauvres.* ⇒ **sous-développé.** 2 Qui annonce la pauvreté. *Un air pauvre et souffreteux. Ça fait pauvre.* 3 littér. PAUVRE DE : qui n'a guère de. ⇒ **dénué, dépourvu, privé.** « *pauvres de talent et de ressources* » (Dider.). fam. *Pauvre d'esprit :* très bête. ♦ PAUVRE EN. *Aliment pauvre en calories* (⇒ **hypocalorique**). *Région pauvre en distractions, en équipement* (⇒ **sous-équipé**). 4 Qui est insuffisant, offre ou produit trop peu. *Terre pauvre.* ⇒ ① **maigre, stérile.** « *Il ne disposait que d'un vocabulaire très pauvre* » (Mauriac). 5 (avant le nom) Qui inspire de la pitié, que l'on plaint. ⇒ **malheureux, pitoyable.** *Un pauvre malheureux. Pauvre bougre ! « Et le pauvre baudet si chargé qu'il succombe »* (La Font.). *Un pauvre sourire,* triste, forcé. *Pauvre France ! Votre pauvre mère* (qui n'est plus). ➛ (en s'adressant à qqn) fam. *Mon pauvre vieux, ma pauvre chérie, ma pauvre petite !* ♦ région. *« Pauvre de moi ! disait-il. Maintenant, je n'ai plus qu'à mourir »* (Daud.). ➛ subst. *Le pauvre, il n'a vraiment pas de chance !* **6** Pitoyable, lamentable. *C'est un pauvre type. Pauvre minable.* **II** n. vieilli ou didact. *UN PAUVRE, UNE PAUVRESSE :* personne qui vit de la charité publique. ⇒ **indigent, mendiant, nécessiteux.** *« Une pauvresse [...] vieille et ridée, en haillons »* (Balz.). *Secourir les pauvres* (⇒ **assistance, aumône, charité, solidarité).** ➛ *Les asperges du pauvre :* les poireaux (qui sont moins chers). ♦ *LES PAUVRES :* ⇒ **défavorisé.** *« On dîne, et après le repas, on fait une collecte pour les pauvres »* (Volt.). *Les nouveaux pauvres :* les victimes des récentes crises économiques (chômeurs, etc.). ➛ *« Bienheureux les pauvres en esprit »* (Évangile), ceux qui se veulent pauvres. ✪ CONTR. Aisé, riche.

❑ L'adjectif est *pauvre* pour les deux genres, mais le nom féminin est *pauvresse.*

pauvrement adv. – XIIe ▪ D'une manière pauvre. *Vivre pauvrement.* ⇒ **misérablement.** ➛ *Être pauvrement vêtu,* d'une manière qui trahit la pauvreté. ✪ CONTR. Richement.

pauvresse → **pauvre** (II)

pauvret, ette n. et adj. – XIIIe ▪ Pauvre petit, pauvre petite (dimin. de commisération et d'affection).

pauvreté n. f. – XIe **1** État d'une personne qui vit avec très peu d'argent*. ⇒ **besoin, dénuement, gêne, indigence, misère, nécessité, paupérisme, privation.** *Vivre dans la pauvreté.* ♦ Aspect pauvre, misérable. *La pauvreté d'une cabane, du mobilier.* **2** Insuffisance matérielle ou morale. *Pauvreté du sol.* ⇒ **stérilité.** *« une sorte de pauvreté intellectuelle »* (Péguy). ✪ CONTR. Aisance, bien-être, fortune, richesse. Abondance, fertilité.

pavage n. m. – XIVe **1** Travail qui consiste à paver. *Le pavage est terminé.* **2** Revêtement d'un sol, formé de pavés, de cailloux ou de pierres, de mosaïque, etc., pour le rendre dur et uni. ⇒ **cailloutage, carrelage, dallage, pavement.** *Pavage d'une rue piétonne.*

pavane n. f. – XVIe ; it. *padana* « de Padoue » ▪ Ancienne danse, de caractère lent et solennel, en vogue aux XVIe et XVIIe s. ; musique de cette danse. *« Pavane pour une infante défunte », de Ravel.*

pavaner (se) v. pron. [1] – XVIe, de *pavane* ▪ Marcher avec orgueil, avoir un maintien fier et superbe (comme un paon qui fait la roue). ⇒ **parader, poser.**

❑ *Se pavaner* doit son sens à la fausse étymologie qui faisait dériver *pavane* de *pavo, pavonis,* nom latin du *paon.*

① **pavé** n. m. – XIVe ; de *paver* **1** Ensemble des blocs (de pierre, de bois, etc.) ajustés pour former le revêtement du sol. ⇒ **pavage, pavement.** *Le pavé de marbre d'une église.* **2** Partie d'une voie publique ainsi revêtue. *Pavé glissant.* ➛ (de l'époque où le ruisseau occupait le milieu de la rue) *Tenir le haut du pavé :* occuper le premier rang. ♦ La rue, la voie publique. *Être sur le pavé,* sans domicile, sans emploi. *« Rudi qui était officier de carrière s'est retrouvé sur le pavé »* (Tournier). **3** Chacun des blocs de pierre ou de bois spécialement taillés et préparés pour revêtir un sol. ⇒ aussi **carreau,** ① **dalle.** *Poser des pavés. Arracher des pavés pour faire une barricade.* **4** Bloc. *« Un carré de filet de bœuf, un véritable pavé de viande »* (Romains). ➛ spécialt Épaisse grillade de bœuf. *Le pavé de Charolais à la moelle.* **5** Article de journal imprimé d'une manière massive. *Un pavé publicitaire.* ➛ Texte trop long et lourdement rédigé. *Quel pavé, cette thèse !* **6** Partie séparée (généralement carrée) d'un clavier d'ordinateur comprenant les chiffres et les symboles opératoires. ✪ HOM. Pavée.

② **pavé, ée** adj. – XIIe ▪ Couvert d'un pavage. *« une maison qui avait une cour pavée »* (Aragon). *Les rues pavées ont été recouvertes d'asphalte.*

pavée n. f. – XIXe ; lat. *papyrus* ▪ région. Digitale pourprée. ✪ HOM. Pavé.

pavement n. m. – XIIe **1** Sol pavé. ⇒ **pavage,** ① **pavé ; dallage.** *Pavement en grès d'un chemin. Un pavement de mosaïque.* **2** vieilli ⇒ **pavage** (1°).

❑ On emploie *pavement* plutôt que *pavage* quand il s'agit d'un pavage intérieur et décoratif.

paver v. tr. [1] – XIIIe ; lat. *pavire* « niveler le sol » ▪ Couvrir (un sol) d'un revêtement formé d'éléments, de blocs assemblés (pavés, dalles, briques, cailloux, pierres, mosaïque). ⇒ **carreler, daller ; pavage, pavement.** ➛ *Les larges dalles qui pavaient cette cour.* ✪ HOM. Pavée.

paveur n. m. – XIIIe ▪ Ouvrier qui fait les travaux de pavage. ⇒ **carreleur.** *Outils de paveur.* ⇒ ① **dame** (III), **demoiselle, hie.**

pavie n. f. – XVIe ; de *Pavie,* localité du Gers ▪ Variété de pêche jaune dont la chair est ferme et adhérente au noyau. appos. *Pêche pavie.*

pavillon n. m. – XIe ; lat. *papilio* « papillon ; tente » **I – 1** vx Tente militaire. *« Va sur les bords du Rhin planter tes pavillons »* (Corn.). **2** Étoffe qui recouvre le ciboire, le tabernacle. ⇒ **custode.** ➛ Ornement extérieur à l'écu, en forme de tente, qui enveloppe les armoiries d'un souverain. **3** Construction élevée dans un jardin, un parc, etc., et destinée surtout à servir d'abri. ⇒ **belvédère, kiosque, rotonde.** ♦ Petit bâtiment isolé ; petite maison dans un jardin, un parc. *« Près de la grille, à l'entrée, dans son petit pavillon, demeurait la concierge »* (Céline). *Pavillon de chasse.* ➛ Maison particulière plus ou moins petite. *Pavillon de banlieue.* ♦ Corps de bâtiment qui se distingue du reste de l'édifice. *Pavillon central, pavillon d'angle.* **4** Extrémité évasée (de certains instruments à vent). *Pavillon d'un cor, d'une trompette.* ➛ Dispositif en forme de tube évasé, servant à diriger des ondes acoustiques. *« un gramophone de bistro à grand pavillon »* (Cendrars). *Pavillon d'un haut parleur.* ♦ Partie visible de l'oreille externe de l'homme et des mammifères (⇒ **oreille**). **II** Pièce d'étoffe que l'on hisse sur un navire pour indiquer sa nationalité, pour faire des signaux, etc. ⇒ **drapeau ; pavois.** *Pavillon national. Pavillon de guerre. Pavillon de détresse. Pavillon de quarantaine,* qui signale une maladie contagieuse à bord. loc. *Baisser pavillon devant qqn :* s'avouer battu. ➛ *Naviguer sous pavillon français.* ➛ *Le pavillon noir, le pavillon à tête de mort :* l'emblème des pirates. ♦ Drapeau. *Un jour « il fit arborer le pavillon tricolore au haut de sa maison »* (Las Cases).

❑ Doublet de *papillon.* ♦ L'étymon latin a pris le sens de « tente » à cause de la ressemblance entre les rideaux fermant une tente et les ailes du papillon.

pavillonnaire adj. – 1912 ▪ Formé de pavillons d'habitation. *Quartier, zone pavillonnaire.*

pavillonnerie n. f. – XIXe ▪ Atelier où l'on confectionne les pavillons pour les navires.

pavimenteux, euse adj. – XIXe ; lat. *pavimentum* « pavement » **1** Employé pour le pavage. *Roche pavimenteuse.* **2** *Épi-*

thélium pavimenteux, à plusieurs couches cellulaires et dont les cellules superficielles sont aplaties.

pavois n. m. – XIVe ; it. *pavese* « de *Pavie* », ville d'Italie **1** Grand bouclier long, en usage surtout aux XIVe et XVe s. ♦ loc. *Élever, hisser qqn sur le pavois,* le mettre au premier rang, l'exalter (cf. Mettre sur un piédestal*). **2** Boucliers dont on garnissait le haut des bordages d'un navire. ♦ mod. Partie des bordages située au-dessus du pont. ➛ *GRAND PAVOIS :* ensemble des pavillons hissés sur un navire comme signal de réjouissance. *Hisser le grand pavois.* ⇒ **pavoiser.** ➛ *Petit pavois :* pavillons arborés par un navire pour se faire reconnaître.

❑ La locution *élever, hisser sur le pavois* vient de l'usage des Francs qui faisaient monter le nouveau roi sur un bouclier.

pavoiser v. tr. [1] – XIVe **1** anciennt Garnir (le plat-bord d'un navire) d'un pavois (rangée de boucliers). ➛ mod. Hisser le grand pavois en signe de réjouissance. **2** Orner de drapeaux (un édifice public, une maison, une ville, etc.), à l'occasion d'une fête, d'une cérémonie. *Pavoiser une rue.* ➛ fig. « *des champs de blé pavoisés de coquelicots* » (Maurois). **3** fig. et fam. Manifester une grande joie. *(Il n') y a pas de quoi pavoiser !* il n'y a pas de quoi se réjouir, de quoi être fier.

pavot n. m. – XIIe ; lat. *papaver* ▪ Plante herbacée *(papavéracées)* cultivée pour ses fleurs ornementales, ou ses capsules contenant des graines oléagineuses riches en lécithine et fournissant l'huile d'œillette. *Pavot somnifère.* ⇒ **opium.** *Pavot des champs.* ⇒ **coquelicot.**

paxon → **pacson**

payable adj. – XIIIe ▪ Qui doit être payé (dans certaines conditions de temps, de lieu, etc.).

payant, ante adj. – XIIIe **1** Qui paie. *Hôtes payants* (opposé à *invités*). **2** Qu'il faut payer. *Entrée payante.* **3** fig. Profitable, rentable. *L'attente a été payante.* ✪ CONTR. Gratuit.

paye [pɛj] ou **paie** [pɛ] n. f. – XIIe **1** Action de payer (des salariés ou employés). ♦ fam. Temps écoulé entre deux payes. loc. *Il y a une paye, cela fait une paye qu'on ne l'a pas vu :* il y a longtemps. **2** Ce qu'on paie aux militaires (⇒ ① **solde**), aux salariés ou employés (⇒ **salaire**). « *il noce comme un matelot qui a touché sa paye* » (Vallès). *Bulletin de paye.* ✪ HOM. Peille ; paix, pet.

❑ À une même graphie finale *...aye*, correspondent des prononciations différentes : [ei] dans *abbaye ;* [aj] dans *aye-aye, cipaye, cobaye, papaye* et *rimaye ;* [ɛj] dans *paye ;* [ɛ] dans *laye* et *maye.*

payement → **paiement**

payer v. tr. [8] – X^e ; lat. *pacare* « pacifier, apaiser » **I - 1** Mettre (qqn) en possession de ce qui lui est dû. *Payer un créancier.* ⇒ **rembourser, satisfaire.** *Payer un employé.* ⇒ **rémunérer ; appointements, honoraires ; rétribution, salaire.** *Être bien, mal payé. Payer insuffisamment.* ⇒ **sous-payer.** *Payer trop cher.* ⇒ **surpayer.** *Payer qqn pour un travail.* loc. fig. *Je suis payé pour savoir que :* j'ai appris à mes dépens que. ➛ *Payer qqn de retour,* reconnaître ses procédés, ses sentiments par des procédés et des sentiments semblables. ♦ *Payer qqn de ses services, de sa peine.* ⇒ **dédommager, récompenser.** **2** S'acquitter, par un versement de (ce qu'on doit). *Payer ses dettes.* ⇒ **régler, rembourser.** *Payer sa part. Payer un loyer, une facture, la note, ses impôts.* ➛ fig. « *Un arriéré de trois mois de tendresse maternelle qu'elle lui payait tout en une fois* » (Daud.). **3** Verser de l'argent en contrepartie de (qqch. : objet, travail). *Un meuble qu'elle a payé très cher.* ➛ *Travail bien, mal payé.* ➛ fam. ⇒ **offrir.** *Viens, je te paie un verre. Payer la tournée.* ♦ fig. (de ce qui entraîne, en contrepartie, des sacrifices, une punition) ⇒ **acheter, expier.** *Une victoire qu'on paie très cher. C'est cher payé. Il m'a joué un vilain tour, mais il me le paiera.* ➛ (de ce qui mérite salaire) ⇒ **récompenser.** « *cette veuve inhumaine N'a payé jusqu'ici son amour que de haine* » (Rac.). **4** absolt Verser de l'argent. *Payer comptant, cash. Il peut, il ne peut pas payer.* ⇒ **solvable ; insolvable.** « *Il lui fallait payer, payer toujours,* [...] *pour ses contrats, ses troupeaux, son commerce* » (Zola). fig. Subir les conséquences fâcheuses, expier. *Il a payé pour tout le monde.* ♦ *PAYER DE :* payer avec. *Payer de sa poche,* avec son propre argent. ➛ *Payer de sa personne :* se dépenser, s'exposer ou subir qqch. « *je crois que je saurais encore payer de ma personne* » (Camus). loc. *Il faut payer d'audace,* montrer de l'audace faute d'autre chose. **5** (sujet chose) Rapporter, être profitable. *Un métier qui paie bien,* rémunérateur. *Une tactique qui paie.* ⇒ **payant. II** *SE PAYER.* **1** *Voilà mille francs, payez-vous et rendez-moi la monnaie.* **2** fam. ⇒ s'**offrir.** « *Il se paya un déjeuner succulent* » (Maupass.). ♦ fam. *Se payer la tête de qqn,* se moquer de lui. **3** très fam. Mettre à mal. *Celui-là, je vais me le payer,* le corriger. ⇒ ① **faire.** *On a failli se payer un arbre,* rentrer dedans. **4** *Les commandes se paient à la livraison.* ⇒ **payable.** ➛ *Tout se paie ;* fig. tout s'expie. ✪ CONTR. ① Devoir. Encaisser, recevoir. Donner, vendre. — HOM. *Paie :* pais (paître).

payeur, euse n. – XIIIe **1** Personne qui paie ce qu'elle doit. *Mauvais payeur.* **2** Personne chargée de payer, pour une administration ; comptable public. *Trésorier-payeur général.*

① **pays** [pei] n. m. – X^e ; lat. *page(n)sis* « habitant d'un *pagus,* d'un bourg, d'un canton », et par ext. le *pagus* lui-même **1** Territoire habité par une collectivité et constituant une réalité géographique dénommée ; nation. *Les divers pays du monde, de l'Europe.* ⇒ **état, nation.** *Grands et petits pays. Pays riches et pays pauvres. Nouveaux pays industrialisés (N.P.I.). Pays développés. Pays sous-développé, en voie de développement. Les habitants d'un pays. Frontières d'un pays. Ceci concerne plusieurs pays.* ⇒ **international, multinational.** ♦ Province, circonscription quelconque. *Le pays de Caux, d'Auge.* ♦ *Le pays :* le pays, la partie de pays dont il est question. ⇒ **coin, endroit, région.** *Les gens du pays.* ⇒ **autochtone, indigène, natif.** *Produit du pays.* ⇒ ① **cru, terroir.** **2** Les gens, les habitants du pays (nation ou région). ⇒ **peuple.** « *Les journaux* [...] *n'ont cherché qu'à chloroformer le pays* » (Gide). *Tout le pays en parle.* **3** Patrie à laquelle on appartient par la naissance. « *Le ban qui a mis l'exilé hors de son pays, semble l'avoir mis hors du monde* » (Chateaub.). ➛ Lieu où l'on est né. *La Gascogne, pays de Montesquieu et de Montaigne.* loc. *Avoir le mal du pays :* être triste loin de son pays. ⇒ **nostalgie.** ♦ *LE PAYS DE QQCH. :* terre d'élection, milieu particulièrement favorable à, riche en. *L'Allemagne, pays de la musique.* ⇒ **patrie.** ➛ fig. « *Alice au pays des merveilles* », œuvre de *Lewis Caroll.* **4** Région géographique, considérée surtout dans son aspect physique. ⇒ **contrée, endroit,** ① **lieu, région.** *Les pays chauds, froids, tempérés. Voir du pays :* voyager. **5** Petite ville ; village. *Il habite un petit pays, un pays perdu au fin fond de l'Auvergne.* ⇒ fam. **bled,** ② **patelin.**

② **pays, payse** [pei, peiz] n. – XVIe ▪ fam. ou région. Personne du même pays (au sens de région, village). ⇒ **compatriote.** « *J'aurai un ami, de ma promotion, un pays, un vieux conscrit* » (Beckett).

paysage [peizaʒ] n. m. – XVIe **1** Partie d'un pays que la nature présente à un observateur. ⇒ **site, vue.** *Contempler le paysage. Un beau paysage.* « *On colle son front à la vitre* [du wagon] *et le paysage s'écoule* » (St-Exup.). ♦ par ext. *Paysage urbain.* **2** *Un paysage :*

tableau représentant la nature. *Peintre de paysages.* ⇒ **paysagiste.** ♦ fig. et fam. *Cela fait bien dans le paysage*, produit un bon effet. « *Un trémolo à l'orchestre eût fait merveille dans le paysage* » (Courtel.). **3** fig. Aspect général. ⇒ **situation.** *Le paysage audiovisuel français (PAF).*

paysagé, ée [peizaʒe] **adj.** – v. 1970 ▪ Arrangé de manière à créer un effet de paysage naturel. *Bureaux paysagés.*

paysager, ère [peizaʒe, ɛʀ] **adj.** – XIXe **1** Relatif au paysage. **2** Destiné à produire, par une disposition artificielle, un effet de paysage naturel. *Jardin, parc paysager.* ⇒ **paysagé.**

paysagiste [peizaʒist] **n.** – XVIIe **1** Peintre de paysage. **2** Personne qui élabore des plans de jardins et notamment qui aménage les espaces verts dans les villes. ➛ *Jardinier, architecte paysagiste.*

paysan, anne [peizɑ̃, an] **n.** et **adj.** – XIIe ; de ① *pays* **1** Homme, femme vivant à la campagne et s'occupant des travaux des champs. ⇒ **agriculteur, cultivateur, fermier.** *Les campagnes se dépeuplèrent* « *de leurs hommes crédules et songeurs. Le paysan devint "agriculteur"* » (Valéry). *Révolte de paysans.* ⇒ **jacquerie.** ♦ péj. Rustre. *Quel paysan !* **2 adj.** Propre aux paysans, relatif aux paysans. ⇒ **rural, rustique.** *Le monde paysan.* ⇒ **paysannat, paysannerie.** ✪ CONTR. Bourgeois, citadin.

❑ *Paysan* a gardé le même sens depuis ses premières attestations. Sa valeur péjorative est elle aussi très ancienne (XIIIe s.). Aujourd'hui ce terme est en concurrence avec *agriculteur, cultivateur, rural (les ruraux)* qui n'ont pas de connotations dépréciatives.

paysannat [peizana] **n. m.** – v. 1935 ▪ L'ensemble des paysans, la classe paysanne. ⇒ **paysannerie.**

paysannerie [peizanʀi] **n. f.** – XVIe ▪ Ensemble des paysans. ⇒ **paysannat.**

P.C. ou **PC** [pese] **n. m.** – v. 1940 ; sigle ▪ Poste de commandement. *Le P.C. de la circulation routière.*

P.C.V. [peseve] **n. m.** – mil. XXe ; abrév. de *à **per**ce**v**oir* ▪ Communication téléphonique payée par le destinataire après l'accord de celui-ci. *Téléphoner, appeler en P.C.V.*

❑ Ce n'est pas un sigle ; *P.C.V.* est formé de trois lettres prises dans un même mot.

P.D.G. ou **P.-D.G.** [pedeʒe] **n. m.** – v. 1960 ; sigle de ***P**résident-**D**irecteur **G**énéral* ▪ fam. Président-directeur général. *Le P.D.G. d'une multinationale.*

péage **n. m.** – XIIe ; lat. *pedaticum* « droit de mettre le pied, de passer » **1** Droit que l'on paye pour emprunter une voie de communication (d'abord droit féodal). *Autoroute, pont à péage.* ➛ par ext. *Chaîne de télévision à péage*, où certains programmes ne sont accessibles qu'aux abonnés (cf. Chaîne cryptée*). **2** L'endroit où se perçoit le péage. *S'arrêter au péage de l'autoroute.*

❑ Ce mot très ancien est de la famille étymologique de *pied.*

péagiste **n.** – 1969 ▪ Personne percevant le péage d'une autoroute.

peau **n. f.** – XIe ; lat. *pellis* « peau d'animal » **1** Enveloppe extérieure du corps des animaux vertébrés, constituée par une partie profonde (⇒ **derme**) et par une couche superficielle (⇒ **épiderme**). *Relatif à la peau.* ⇒ **cutané, épidermique.** ♦ L'épiderme humain. « *Elle avait une peau lisse d'un brun doré, très chaud* » (Carco). ➛ *Soins de beauté de la peau* (⇒ **cosmétique**). *Étude, soins des maladies de la peau* (⇒ **dermatologie**). *Marques laissées sur la peau.* ⇒ **bleu, cicatrice.** *Médicament absorbé par la peau* (⇒ **percutané**). ➛ fam. *Attraper qqn par la peau du cou, des fesses*, le retenir au dernier moment. *Coûter la peau des fesses*, très cher (cf. Les yeux* de la tête). *Avoir qqn dans la peau*, être lié à lui (elle) pour des raisons sexuelles. ♦ *Une peau* : petit morceau de peau. *Se couper les peaux autour des ongles.* ⇒ **envie.** **2** fig. Apparence extérieure, personnalité de qqn. *Je ne voudrais pas être dans sa peau*, à sa place. « *Quand je m'installai dans le rapide de Berlin, il me sembla entrer dans la peau d'une grande voyageuse internationale* » (Beauv.). *Être bien (ou mal) dans sa peau* : se sentir à l'aise (mal à l'aise). *Faire peau neuve* : changer complètement de manière d'être. par ext. (choses) Se renouveler, se moderniser. *La vieille institution fait peau neuve.* ♦ fam. dans des loc. La vie, l'existence. *Tenir à sa peau. Risquer, sauver sa peau.* « *sous ces gouvernements-là* [...] *on joue sa peau* » (Péguy). *Avoir la peau de qqn*, se venger. *On lui fera la peau* : on le tuera. **3** fam. et péj. *Vieille peau* : vieille femme. **4** La dépouille de certains animaux destinée à fournir la fourrure, le cuir. « *Lorsque avec ses enfants vêtus de peaux de bêtes* » (Hugo). *Traitement, travail des peaux.* ⇒ **cuir ; pelleterie ; tannage.** *Étui en peau de serpent. Peau de raie, de squale traitée.* ⇒ **galuchat.** ➛ *Reliure pleine peau* : entièrement découpée dans une peau. ➛ Cuir fin et simple. *Gants de peau.* ♦ fam. *Peau d'âne* : diplôme, parchemin. ➛ *Peau de chagrin* (allus. au roman de Balzac) : bien matériel ou moral qui s'amenuise. **5** Enveloppe extérieure des fruits. ⇒ **épicarpe.** *Enlever, ôter la peau d'un fruit.* ⇒ **peler.** par anal. *Peau d'orange*, aspect granuleux de l'épiderme, dans la cellulite. ♦ *Peau du saucisson*, son enveloppe fine extérieure. ♦ *Peau du lait* : pellicule qui se forme sur le lait au repos. **6** pop. *Peau de balle* : rien du tout. absolt *La peau !* exclamation de refus, de mépris. « *Pour ce qui est des bougies* [...] *la peau !* [...] *elles sont sous clé* » (Mirbeau). ✪ HOM. Pot.

❑ Dans la même famille étymologique : *dépiauter, oripeau, peler, pelisse, pellicule, pieu* (« lit »).

peaucier **adj. m.** et **n. m.** – XVIe ; de *peau* ▪ *Muscle peaucier*, et **n. m.** *le peaucier* : muscle superficiel qui s'attache à la face profonde du derme. *Le peaucier du cou.* ✪ HOM. Peaussier.

peaufiner **v. tr.** [1] – XIXe ; de *peau* et *fin* **1** Nettoyer avec une peau de chamois. **2** fig. et fam. Préparer, orner minutieusement ; fignoler (un travail). « *les chercheurs peaufinent leur invention* » (J. Testart). ➛ *Un travail peaufiné.*

Peau-Rouge **n.** – XIXe ▪ Indien d'Amérique. « *Des Peaux-Rouges criards les avaient pris pour cibles* » (Rimb.).

peausserie **n. f.** – XVIIIe **1** Commerce, métier, travail des peaux, des cuirs. **2** Peau travaillée. ⇒ **cuir, peau.**

peaussier **n. m.** – XIIIe ▪ Artisan, ouvrier qui prépare les peaux pour les transformer en cuirs. ✪ HOM. Peaucier.

pébroque ou **pébroc** **n. m.** – 1907 ; de ② *pépin* et suff. arg. ▪ fam. Parapluie. ⇒ ② **pépin.** « *J'ai oublié mon pébroque au bistrot* » (Queneau).

pécaïre **interj.** – XIIIe ; provenç. *pecaire* « pécheur » ▪ région. (Provence) Exclamation exprimant une commisération affectueuse ou ironique. ⇒ **peuchère.**

pécan ou **pecan** [pekɑ̃] **n. m.** – 1930 ; algonquin *pakan* « noix » ▪ Fruit du pacanier, dont la noix comestible est très semblable à celle du noyer mais plus aplatie et d'un goût très fin. *Noix de pécan.* ✪ HOM. Pékan.

pécari **n. m.** – XVIIe ; mot caraïbe ▪ Sorte de sanglier *(suidés)*, cochon sauvage d'Amérique. « *les pécaris en troupeaux qui annoncent l'aube prochaine* » (Cendrars). ♦ Cuir de cet animal. *Des gants de pécari.*

peccadille n. f. – XVIIe ; esp. « petit péché » ■ Faute sans gravité. « *de quoi s'agit-il ? de quelque peccadille dont votre délicatesse vous exagère la valeur ?* » (Dider.). *Emprisonné pour une peccadille.*

❑ Même famille étymologique que *impeccable.*

pechblende [pɛʃblɛ̃d] n. f. – XVIIIe ; all. *Pech* « poix » et *Blende* → blende ■ Minerai renfermant une forte proportion d'uranium. ⇒ **uraninite.**

péché n. m. – X^e ; lat. *peccatum* « faute, crime » ■ Dans la religion chrétienne, Acte conscient par lequel on contrevient aux lois religieuses. ⇒ **faute, offense** (à Dieu). *Commettre un péché.* ⇒ **pécher.** *Avouer ses péchés. Expier ses péchés :* faire pénitence. *Absolution des péchés.* « *Ne pas aimer quand on a reçu du ciel une âme faite pour l'amour* [...] *C'est comme un oranger qui ne fleurirait pas de peur de fait un péché* » (Stendh.). ➛ *Péché mignon :* défaut sans gravité et agréable. ➛ *Péché mortel,* qui entraîne la damnation du pécheur. *Les sept péchés capitaux.* ⇒ **avarice, colère, envie, gourmandise, luxure, orgueil, paresse.** ➛ *Péché originel,* commis par Adam et Ève et dont tout être humain est coupable en naissant. ♦ *LE PÉCHÉ :* l'état où se trouve la personne qui a commis un péché mortel (opposé à *état de grâce*). ⇒ **pécheur.** *Vivre dans le péché.* ✪ HOM. Pécher, pêcher.

① **pêche** n. f. – XIIe ; lat. *persicum (pomum)* « fruit de Perse » 1 Fruit du pêcher, à noyau très dur et à chair fine. *Pêche blanche, jaune* (⇒ **pavie**). *Pêche à peau lisse.* ⇒ **brugnon, nectarine.** *Pêche-abricot.* ♦ fig. *Peau, teint de pêche,* rose et velouté. ♦ D'un rose qui rappelle la peau d'une pêche. *Couleur pêche.* 2 fam. Coup, gifle. *Il lui a flanqué une pêche.* 3 fam. Visage. loc. *Se fendre la pêche :* rire (cf. Se fendre la pipe*). 4 fam. *Avoir la pêche :* avoir le moral, être en forme. ⇒ **frite.**

② **pêche** n. f. – XIIe ; de ② *pêcher* 1 Action ou manière de prendre les poissons. ⇒ **halieutique.** *Ouverture, fermeture de la pêche,* de la période où la pêche est autorisée. *Pêche à la ligne* (et absolt *pêche*). *Canne à pêche. Pêche au chalut* (⇒ **chalutage**). *Pêche sous-marine. Pêche en mer, en rivière. Aller à la pêche.* ➛ *La pêche miraculeuse,* que le Christ fit faire à ses disciples. ➛ fig. et fam. *Aller à la pêche aux nouvelles, aux emplois,* à la recherche de nouvelles, d'emplois. 2 Endroit où l'on pêche, où l'on peut pêcher. *Pêche réservée.* 3 Poissons, produits pêchés. *Rapporter une belle pêche.*

pécher v. intr. [6] – XIe ; lat. *peccare* 1 Commettre un péché, des péchés. ⇒ **faillir.** « *Je pèche souvent par orgueil* » (Colette). ♦ *Pécher contre les bonnes mœurs.* 2 Commettre une erreur. « *les artistes de notre temps pèchent le plus souvent par grand défaut de patience* » (Gide). ♦ Présenter un défaut. *Ce devoir pèche par manque de clarté.* ✪ HOM. Péché, pêcher.

① **pêcher** n. m. – XIIe ; de ① *pêche* ■ Arbre *(rosacées)* d'origine exotique, acclimaté et cultivé pour ses fruits, les pêches. ✪ HOM. Péché, pécher.

❑ Il semble que ce soit, avec *oranger,* le seul nom courant d'arbre fruitier à finale *-er,* la norme étant *-ier.* → arbre (rem.).

② **pêcher** v. tr. [1] – XIIe ; lat. *piscari* 1 Prendre ou chercher à prendre dans l'eau (du poisson). ➛ pronom. (pass.) *L'anguille se pêche au ver de terre.* ⇒ se **prendre.** ➛ absolt *Pêcher à la ligne, au filet. Pêcher en mer, dans une rivière.* loc. fig. *Pêcher en eau trouble :* profiter, d'une manière peu honorable, d'un état de confusion. ♦ *Pêcher des crevettes, des perles.* « *ces coquillages blancs qu'on pêche dans certaines mers australes* » (Proust). 2 fig. et fam. Chercher, trouver (une chose inattendue) d'une manière incompréhensible. « *Où diable a-t-on pêché de la bougie* » (Balz.). ⇒ **dégoter.** *Je me demande où il va pêcher ces histoires.*

pécheresse → **pécheur**

pêcherie n. f. – XIIe ; de ② *pêcher* ■ Lieu aménagé pour une entreprise de pêche.

pécheur, pécheresse n. – X^e ■ Personne qui est dans l'état de péché, commet habituellement de graves péchés. *Pécheur endurci, repenti.* ✪ HOM. Pêcheur.

❑ Pour le féminin → enchanteur (rem.).

pêcheur, euse n. – XIIe ■ Personne qui s'adonne à la pêche, par métier ou par plaisir. *Village de pêcheurs. Pêcheur à la ligne.* ➛ *Pêcheurs de corail, de perles.* ♦ adjt « *cinq voiles de bateaux pêcheurs palpitaient au vent* » (Gaut.). *Marins pêcheurs.* ✪ HOM. Pécheur.

pécoptéris [pekɔpteʀis] n. m. – XIXe ; gr. *pekos* « toison » et *pteris* « fougère » ■ Fougère arborescente fossile des terrains carbonifères.

pécore n. f. – XVIe ; lat. *pecus* « bête, tête de bétail » 1 vx Animal, bête. « *La chétive pécore* » (La Font.). 2 Femme sottement prétentieuse. ⇒ **péronnelle, pimbêche.** « *La stupide pécore, impertinente par surcroît* » (R. Rolland).

pecorino n. m. – d. i. ; mot it. ■ Fromage italien, voisin du parmesan, servant à assaisonner les pâtes.

❑ Ce fromage râpé et mêlé de basilic sert à faire le *pesto,* sauce italienne.

pecten [pɛktɛn] n. m. – XVIIIe ; mot lat. ■ Mollusque *(lamellibranches)* appelé couramment *peigne. La coquille Saint-Jacques est un pecten.*

pectine n. f. – XIXe ; gr. *pêktos* « coagulé, figé » ■ Substance mucilagineuse contenue dans de nombreux végétaux. *Gélifiant pour confitures à base de pectine.*

pectiné, ée n. m. et adj. – XIVe ; lat. *pectinatus* « disposé en forme de peigne » 1 *Le pectiné,* ou adj. *le muscle pectiné :* muscle adducteur, fléchisseur et rotateur externe de la cuisse. 2 En forme de peigne. ➛ *Sapin pectiné.*

pectique adj. – XIXe ■ *Acides pectiques :* acides organiques présents dans les fruits mûrs, issus de la transformation de la pectine par un ferment.

pectoral, ale, aux adj. et n. m. – XIVe ; lat. *pectus* « poitrine » I - 1 Qui décore la poitrine. ➛ *Croix* pectorale d'un évêque.* 2 Ornement porté sur la poitrine par les pharaons. ♦ Partie de l'armure romaine qui protégeait la poitrine. II - 1 Qui appartient à la poitrine. *Muscles pectoraux* et n. m. pl. *les pectoraux.* « *un développement des pectoraux par une gymnastique mal raisonnée* » (Aragon). ♦ De la face ventrale. *Nageoires pectorales* et *nageoires dorsales.* 2 Qui combat les affections des poumons. *Sirop pectoral.*

péculat n. m. – XVIe ; lat. ■ Détournement des deniers publics. ⇒ **concussion.**

pécule n. m. – XIIIe ; lat. 1 Dans l'antiquité romaine, Économies qu'un esclave amassait pour acheter sa liberté. 2 Somme d'argent économisée peu à peu. ♦ Argent qu'on acquiert par son travail, mais dont on ne peut disposer que dans certaines conditions. *Pécule d'un détenu, d'un militaire.*

pécuniaire adj. – XIIIe ; lat. *pecunia* « argent » 1 Qui a rapport à l'argent. ⇒ **financier.** « *Ce fut le commencement des embarras pécuniaires* » (Chateaub.). 2 Qui consiste en argent. *Aide pécuniaire.*

❑ La création populaire d'un masculin *pécunier* sur le modèle de *financier, financière* est un barbarisme.

pédagogie n. f. – XVe 1 Science de l'éducation des enfants, et par ext. de la formation intellectuelle des adultes. ♦ Méthode d'enseignement. *Pédagogie des langues vivantes.* ⇒ **didactique.** 2 Qualité du bon pédagogue ; sens pédagogique. *Il manque de pédagogie.*

pédagogique adj. – XVIe ■ Qui a rapport à la pédagogie. ⇒ **éducatif.** *Certificat d'aptitude pédagogique (C.A.P.)* : diplôme permettant d'enseigner dans les classes primaires. ➜ *Conseiller pédagogique.* ♦ Conforme aux règles de la pédagogie, qui est d'un bon pédagogue. *Instituteur qui manque de sens pédagogique.*

pédagogue n. et adj. – XIVe ; gr. *paidagôgos* « qui conduit les enfants » ■ Personne qui s'occupe de pédagogie. ♦ Personne qui a le sens de l'enseignement. ➜ adj. *Professeur peu pédagogue.* ✪ CONTR. Disciple.

pédale n. f. – XVIe ; lat. *pes* « pied » 1 Touche d'un instrument de musique actionnée au pied. *Clavier à pédales de l'orgue.* ⇒ **pédalier.** ➜ *Pédales de piano. Pédale douce.* ⇒ **sourdine.** ➜ loc. fam. *Mettre la pédale douce* : agir en douceur. 2 Organe commandé au pied. *Pédale d'une machine à coudre. Petite voiture à pédales.* ➜ *Les deux pédales d'une bicyclette.* ⇒ **pédalier.** *Appuyer sur les pédales* (⇒ **pédaler**). « *La côte était ardue. Chaque pédale, tour à tour, semblait aussi résistante qu'une marche d'escalier* » (Romains). ➜ loc. fam. *Perdre les pédales* : ne plus savoir ce que l'on dit ou ce que l'on fait. ♦ Pièce de commande d'un mécanisme. *Poubelle à pédale.* ➜ *Pédale d'accélérateur.* 3 péj. et fam. Pédéraste. « *Une pédale ? une lope ? un pédé ? un hormosessuel* [sic] *? Y a des nuances ?* » (Queneau). ➜ loc. *Être de la pédale* : être homosexuel (cf. Être de la jaquette*).

pédaler v. intr. [1] – XIXe 1 Actionner une pédale. ➜ Actionner les pédales d'une bicyclette ; rouler à bicyclette. « *ils durent pédaler sérieusement dans la côte* » (Zola). 2 fig. et fam. Marcher très vite. « *pour signifier qu'il avait marché vite, il disait : "Vous pensez si on a pédalé"* » (Proust). ➜ Se dépêcher. *Il a fallu pédaler pour terminer ce travail.* 3 loc. fam. *Pédaler dans la choucroute* (ou *dans la semoule, le yaourt*) : faire des efforts inefficaces.

pédaleur, euse n. – 1901 1 Cycliste considéré dans sa manière de pédaler. *Un pédaleur infatigable.* ⇒ **rouleur.** 2 n. m. Appareil fixe composé d'un vélo sans roues, qui permet de s'exercer à domicile.

> ❑ Cet appareil s'appelle aussi *bicyclette d'appartement*, dénomination peu claire. ♦ Ne pas confondre avec *pédalo* (véhicule flottant).

pédalier n. m. – XIXe 1 Clavier inférieur de l'orgue, qui comprend deux octaves et quatre notes, et est actionné par le pied. ➜ Pédales du piano. 2 Ensemble constitué par les pédales, les manivelles, l'axe et le plateau (d'une bicyclette).

pédalo n. m. – 1936 ; marque déposée ■ Petite embarcation à flotteurs mue par une roue à pales qu'on actionne au moyen de pédales. *Faire du pédalo.*

> ❑ Ne pas confondre avec *pédaleur* « vélo sans roues ».

pédant, ante n. et adj. – XVIe ; gr. *paideuin* « éduquer, enseigner » 1 Personne qui fait étalage de son érudition. ⇒ **cuistre.** *Quelle pédante !* ⇒ **bas-bleu.** 2 adj. Qui manifeste prétentieusement une affectation de savoir. ➜ *Professeur qui parle sur un ton pédant.* ⇒ **docte, magistral, solennel.** *Un air pédant.* ⇒ **prétentieux, suffisant.** « *l'air gourmé, rogue et pédant dont s'arment les magistrats une fois sur leur siège* » (Balz.).

pédanterie n. f. – XVIe ■ Manière d'agir du pédant ; affectation prétentieuse de savoir. ⇒ **cuistrerie, pédantisme.**

pédantesque adj. – XVIe ■ littér. Propre au pédant. ⇒ **doctoral, emphatique.** « *un langage froid et pédantesque* » (Vigny).

pédantisme n. m. – XVIe ■ Affectation propre au pédant. ⇒ **pédanterie.** Caractère de ce qui est pédant. « *Un livre plein d'un pédantisme dégoûtant* » (Volt.).

-pède Élément, du lat. *pes, pedis* « pied ».

> ❑ Ne pas confondre avec *-pode* qui s'emploie pour tout organe de locomotion. → membre (rem.).

pédé n. m. – XIXe ; abrév. de *pédéraste* ■ fam. Homosexuel. ⇒ **pédéraste.**

> ❑ Ce mot est péjoratif, à la différence de *homo*, et sert de terme injurieux sans contenu précis.

pédéraste n. m. – XVIe 1 Homme qui a des relations sexuelles avec de jeunes garçons. ⇒ **pédophile.** 2 Homme qui a des relations sexuelles avec d'autres hommes. ⇒ **homosexuel,** fam. **pédé.**

> ❑ Ce mot a vieilli, on lui préfère *pédophile* ou *homosexuel* selon les comportements.

pédérastie n. f. – XVIe ; gr. *erân* « aimer » et *paidos* « enfant » 1 Commerce charnel de l'homme avec le jeune garçon. ⇒ **pédophilie.** 2 Toute pratique homosexuelle masculine. ⇒ **homosexualité, sodomie.**

pédestre adj. – XVe ; lat. 1 rare *Statue pédestre,* qui représente un homme à pied (opposé à *équestre*). 2 Qui se fait à pied. *Randonnée pédestre.*

pédi- Élément, du lat. *pes, pedis* « pied ».

pédiatre n. – XIXe ■ Spécialiste des maladies infantiles.

pédiatrie n. f. – XIXe ; de ① *péd(o)-* et *-iatrie* ■ Branche de la médecine qui traite des maladies des enfants.

pédiatrique adj. – XXe ■ De la pédiatrie. *Service pédiatrique d'un hôpital.*

pedibus [pedibys] loc. adv. – v. 1904, mot lat. ■ loc. fam. À pied. *On ira pedibus.*

pédicellaire n. m. – XIXe ■ Pince minuscule des échinodermes (astéries et oursins).

pédicelle n. m. – XVIIIe ; lat. *pes* « pied » 1 Ramification du pédoncule se terminant par une fleur. 2 Deuxième article de l'antenne de certains insectes.

pédicellé, ée adj. – XIXe ■ Qui est porté par un pédicelle ; muni d'un pédicelle. *Fleur pédicellée.*

pédiculaire n. f. et adj. – XVe ; lat. *pediculus* « pou » 1 Plante *(scrofulariacées)* dont une variété, la *pédiculaire des marais* (ou *herbe aux poux*), passait pour donner des poux aux bestiaux. 2 adj. Relatif aux poux, aux lésions cutanées qu'ils provoquent. ⇒ **phtiriase.**

pédicule n. m. – XVIe ; lat. « petit pied » 1 Support allongé et grêle. ⇒ **queue, tige.** *Pédicule d'un champignon.* ⇒ **pied, stipe.** ➜ Mince attache entre deux organes. ⇒ **pédoncule.** ♦ Ensemble formé par des vaisseaux et des nerfs qui relient un organe à d'autres structures de l'organisme. ⇒ **pédoncule.** 2 Petit pilier court supportant des fonts baptismaux, un bénitier.

pédiculé, ée adj. – XVIIIe ■ Pourvu d'un pédicule.

pédiculose n. f. – 1909 ; lat. *pediculus* « pou » ■ Lésion de la peau due aux poux. ⇒ **mélanodermie, phtiriase, plique.**

pédicure n. – XVIIIe ; de *pédi-* et lat. *curare* « soigner » ■ Personne qui soigne les affections épidermiques et unguéales du pied.

pédicurie n. f. – mil. XXe ■ Technique, soins du pédicure.

pédieux, ieuse adj. – XVIe ■ Qui a rapport ou appartient au pied. *Artère pédieuse.*

pedigree [pedigʀe] n. m. – XIXe ; mot angl., de l'a. fr. *pié de grue* « marque formée de trois traits » ■ Extrait du livre généalogique d'un animal de race pure. *Établir le pedigree d'un chien.*

❑ Même francisation en [e] de la finale anglaise [i] que dans *jamboree.* ♦ Pas d'accent aigu sur le premier *e.*

pédiment n. m. – 1937 ; angl. « fronton » ▪ Glacis d'érosion développé sur une roche dure, typique des régions désertiques.

pédipalpe n. m. – XIXe ▪ Appendice de préhension des arachnides, situé en arrière des chélicères, développé en pince chez les scorpions.

① **péd(o)-** Élément, du gr. *pais, paidos* « enfant, jeune garçon » ou de *paideuein* « élever, instruire ».

② **péd(o)-** Élément, du gr. *pedon* « sol ».

pédodontie [pedɔdɔ̃si] n. f. – 1972 ; de ① *péd(o)-* et gr. *odous* « dent » ▪ Soins dentaires aux enfants.

❑ Pour la prononciation → odont(o)-, -odontie (rem.).

pédogenèse n. f. – 1963 ; ② *pédo-* et *-genèse* ▪ Étude des processus de formation et d'évolution des sols.

① **pédologie** n. f. – v. 1900 ; ① *pédo-* et *-logie* ▪ Étude physiologique et psychologique de l'enfant.

❑ On trouve parfois la graphie *paidologie* [pɛdɔlɔʒi], pour distinguer le mot de ② *pédologie.*

② **pédologie** n. f. – XIXe ; ② *pédo-* et *-logie* ▪ Étude des sols, de leurs caractères chimiques, physiques et biologiques, de leur évolution (⇒ **pédogenèse**).

pédologue n. – 1955 ▪ Spécialiste de l'étude des sols.

pédonculaire adj. – XIXe ▪ Qui concerne un pédoncule.

pédoncule n. m. – XVIIIe ; lat. *pes* « pied » 1 Structure allongée et étroite reliant deux organes. ⇒ **pédicule.** *Pédoncules cérébraux.* 2 Queue d'une fleur ; axe supportant les pédicelles. ⇒ **queue, tige.** ♦ Queue d'un fruit. 3 ⇒ **pédicule.**

pédonculé, ée adj. – XVIIIe ▪ Qui est pourvu d'un pédoncule ou porté par un pédoncule. ✪ CONTR. Sessile.

pédophile adj. et n. – XIXe ; ① *pédo-* et *-phile* 1 Qui ressent une attirance sexuelle pour les enfants. 2 Pédéraste.

❑ Dans ce mot, *-phile* « qui aime » est un euphémisme. De ce fait, on ne peut plus employer *pédophile, zoophile* sans implication sexuelle. → pédéraste (rem.).

pédophilie n. f. – 1969 1 Attraction sexuelle pour les enfants. 2 ⇒ **pédérastie.**

pédopsychiatre [pedopsikjatʀ] n. – 1973 ▪ Spécialiste de pédopsychiatrie.

pédopsychiatrie [pedopsikjatʀi] n. f. – v. 1920 ▪ Psychiatrie de l'enfant et de l'adolescent.

pédum [pedɔm] n. m. – XIXe ; lat. 1 Bâton en forme de crosse, attribut de plusieurs divinités champêtres. 2 Variété de mollusques lamellibranches des mers chaudes.

pedzouille [pɛdzuj] n. – XIXe ; o. i. ▪ fam. et péj. Paysan. ⇒ **péquenaud, plouc.** ➛ Personne naïve et ignorante des usages de la ville.

peeling [piliŋ] n. m. – v. 1935 ; mot angl., de *to peel* « peler » ▪ Opération esthétique qui consiste à faire desquamer l'épiderme du visage pour en atténuer les défauts.

❑ Comme *lifting,* cet anglicisme serait aisément remplaçable par une traduction française (*desquamation, levage,* etc.). On a proposé *exfoliation.*

peep-show [pipʃo] n. m. – v. 1980 ; mot angl. « spectacle osé, risqué » ▪ Établissement qui loue des cabines individuelles où l'on peut voir, à travers une vitre, un spectacle pornographique. *Des peep-shows.*

pégase n. m. – XVIIIe ; n. pr., cheval ailé de la myth. gr. ▪ Petit poisson de l'océan Indien *(pégasiformes)* à deux nageoires pectorales en forme d'ailes.

❑ En matière de poisson, *pégase* a retenu les ailes et *hippocampe* la tête de cheval.

pegmatite n. f. – XIXe ; gr. *pêgma* « conglomération » ▪ Roche magmatique dont les cristaux granitoïdes de grande taille peuvent contenir des éléments rares (lithium, uranium).

pègre n. f. – XVIIIe ; p.-ê. arg. marseillais *pego* « voleur des quais » ▪ Milieu des voleurs, des escrocs. ⇒ **canaille.**

pehlvi n. m. – XVIIIe ; de *pahlavik* « des Parthes », mot de cette langue ▪ Langue parlée en Perse sous les Sassanides.

❑ On dit aussi *pahlavi* [palavi].

peignage n. m. – XVIIIe ▪ Action de peigner (des fibres textiles). Opération par laquelle les fibres textiles sont épurées et triées avant la filature. ♦ Atelier où se fait le peignage.

peigne n. m. – XIIe ; lat. *pecten* 1 Instrument à dents fines et serrées qui sert à démêler et à lisser la chevelure. *Peigne fin, gros peigne.* ⇒ **démêloir.** « *elle peignait avec un vieux peigne cassé ses beaux cheveux* » (Hugo). *Se donner un coup de peigne :* remettre rapidement de l'ordre dans sa coiffure. ♦ loc. *Passer au peigne fin :* examiner qqch. sans en omettre un détail. 2 Instrument analogue servant à retenir les cheveux. « *le grand peigne orné de boules d'or qu'elle avait planté dans son chignon* » (Green). 3 Instrument pour peigner les fibres textiles dans le filage à la main. ♦ Râteau horizontal où passent les fils de chaîne d'un métier. 4 Rangée de poils sur la face externe des pattes des insectes. ➛ Ensemble des appendices abdominaux des scorpions. ♦ Mollusque. ⇒ **pecten.** 5 *Peigne de Vénus :* plante *(ombellifères)* au fruit en forme de bec très allongé.

peigné, ée adj. – XVIIe I Dont les fibres allongées et parallèles donnent au fil un aspect lisse (laine). II fig. Soigné. « *un tableau achevé auquel il trouvait l'air trop peigné* » (Balz.).

peigne-cul [pɛɲky] n. m. – XVIIIe ▪ très fam. Individu méprisable, grossier. *Des peigne-culs.*

peignée n. f. – XVIIIe 1 fam. Coups. ⇒ **raclée, volée.** *Flanquer, recevoir une peignée.* « *J'étais calme, plutôt trop doux, et je détestais les peignées* » (Gide). 2 Quantité de fibres textiles que l'on passe au peigne dans le filage à la main.

peigner v. tr. [1] – XIIe I - 1 Démêler, lisser (les cheveux) avec un peigne. ⇒ aussi **coiffer.** « *elle lui peigna ses cheveux blonds tout en désordre* » (Gaut.). ➛ *Peigner la crinière d'un cheval.* 2 Démêler (des fibres textiles). *Peigner la laine, le chanvre.* ⇒ **peigné.** II SE PEIGNER v. pron. (réfl.) « *La pucelle doucement se peigne au soleil* » (Valéry). ✪ CONTR. Déranger, ébouriffer. — HOM. Peignier ; *peignons :* peignons (peindre).

peigneur, euse n. – XIIIe 1 Personne qui peigne des fibres textiles. 2 Peigneuse : machine employée au peignage.

peignier n. m. – XIIIe ▪ Ouvrier, artisan qui façonne à la main des peignes de corne ou d'écaille. ✪ HOM. Peigner.

peignoir n. m. – XVe 1 Ample vêtement de protection, en usage chez les coiffeurs et dans les instituts de beauté. 2 Vêtement en tissu éponge que l'on met en sortant du bain. ⇒ **sortie** (de bain). *Peignoir de bain.* ➛

Vêtement semblable porté par certains sportifs. 3 Vêtement léger d'intérieur. ⇒ **déshabillé.** « *Elle porte un peignoir très fleuri, et très échancré* » (Romains).

❑ Ce mot a d'abord désigné un nécessaire à coiffer puis la pièce de linge que l'on met sur les épaules lorsqu'on se coiffe (XVe s.).

peille n. f. – XIIe ; lat. *pilleus* « feutre » ■ (surtout plur.) Chiffon utilisé dans la fabrication du papier. ✪ HOM. Paye.

peinard, arde adj. – XVIe ; de *peine* ■ fam. Paisible, qui se tient à l'écart des risques, des ennuis. ⇒ **tranquille.** « *Pour parler, dans son recoin, on était assez peinard* » (Céline). ➛ *Un boulot peinard.* ⇒ **pépère.**

peinardement adv. – 1918 ■ fam. Tranquillement.

peindre v. tr. [52] – XIe ; lat. *pingere* **I** - 1 Couvrir, colorer avec de la peinture. *Peindre de plusieurs couleurs.* ⇒ **barioler, peinturlurer.** « *il essaya de peindre le grenier avec un reste de couleur que les peintres avaient laissé* » (Flaub.). ♦ Décorer par une peinture. *Le plafond de l'Opéra a été peint par Chagall.* 2 vieilli ou péj. Farder, maquiller. *Se peindre les paupières.* ➛ *Peindre ses ongles.* ⇒ **vernir. II** - 1 Figurer au moyen de peinture, de couleurs. *Peindre un numéro sur une plaque.* ➛ *Peindre sur soie, sur bois.* 2 Reproduire par l'art de la peinture. *Peindre des paysages.* ♦ Faire de la peinture. *Peindre à l'huile, à l'eau. Peindre d'après nature.* « *L'art de peindre n'est que l'art d'exprimer l'invisible par le visible* » (From.). ♦ Exécuter au moyen de la peinture. *Peindre des décors.* ➛ Faire (une peinture). *Peindre un tableau, une toile.* **III** fig. 1 Représenter par le discours, en s'adressant plus spécialement à l'imagination. ⇒ **décrire, dépeindre.** *Peindre la société.* « *Corneille peint les hommes comme ils devraient être* » (La Bruy.). « *Ces malheurs que les romans se gardent bien de peindre* » (Stendh.). 2 pronom. Revêtir une forme sensible ; se manifester à la vue. ⇒ **apparaître, se refléter.** « *La consternation se peint sur les figures* » (Loti). ✪ HOM. *Peignons* : peignons (peigner).

peine n. f. – X^e ; lat. *pœna* **I** - 1 Sanction appliquée à titre de punition ou de réparation pour une action jugée répréhensible. ⇒ **châtiment, condamnation.** *Peine sévère, juste.* « *où est la balance humaine qui pèserait comme il faut les récompenses et les peines ?* » (Bergson). ♦ *Peines éternelles, peines de l'enfer.* ⇒ **damnation.** 2 Sanction appliquée à qqn pour une infraction à la loi (⇒ **pénal.**) *Peines pécuniaires.* ⇒ **amende, confiscation.** *Peine capitale, peine de mort* (⇒ **exécution).** « *La peine de mort est abolie dans plusieurs nations de l'Europe sans qu'il s'y commette plus de crimes que dans les pays où subsiste cette ignoble pratique* » (France). *Prononcer, infliger une peine.* ⇒ **condamner, pénaliser.** *Bénéficier d'une remise de peine.* « *la peine n'est pas toujours proportionnée au délit* » (P.-L. Courier). 3 loc. *SOUS PEINE DE :* en encourant la peine de. *Défense d'afficher sous peine d'amende. Sous peine de mort.* **II** - 1 Souffrance morale. ⇒ ② **chagrin, douleur,** ③ **mal, malheur,** ① **souci, souffrance, tourment, tracas.** ➛ loc. *Peine de cœur :* chagrin d'amour. 2 *LA PEINE :* état psychologique fait d'un sentiment de tristesse et de dépression dont la cause est connue. ⇒ **détresse, douleur, misère, tristesse.** *Avoir de la peine.* ➛ *FAIRE DE LA PEINE à qqn.* ⇒ **affliger, attrister, blesser, peiner.** *Je ne voulais pas vous faire de peine.* ➛ *Cela faisait peine à voir,* faisait pitié. 3 loc. adj. ou adv. *Être comme une âme en peine,* très triste. **III** - 1 Activité qui coûte, qui fatigue. ⇒ **effort.** *Être récompensé de sa peine.* ➛ *Se donner beaucoup de peine.* ⇒ ③ **mal ; peiner.** *Pour peu qu'on s'en donne la peine. Il a pris la peine de venir lui-même.* ➛ *Donnez-vous, veuillez vous donner la peine d'entrer.* ➛ loc. *N'être pas au bout de ses peines :* avoir encore des difficultés à surmonter. ➛ *Pour votre peine, pour la peine :* en compensation, en dédommagement. ➛ *Homme de peine,* qui effectue des travaux de force. ➛ *Ce n'est pas la peine de crier, je ne suis pas sourd. C'était bien la peine de se donner tout ce mal :* le résultat ne valait pas tant de travail. ➛ *C'est peine perdue.* ⇒ **inutile, vain.** 2 Difficulté qui gêne pour faire qqch. ⇒ **embarras,** ③ **mal.** *Avoir de la peine à marcher. J'ai (de la) peine à le croire.* « *j'avais le cœur serré et toutes les peines du monde à retenir mes larmes* » (Daud.). 3 loc. adv. *Avec peine ; à grand-peine.* ⇒ **difficilement, péniblement.** « *Tout me lasse ; je remorque avec peine mon ennui avec mes jours* » (Chateaub.). ➛ *Sans peine.* ⇒ **aisément, facilement.** *Je le crois sans peine. Il est arrivé non sans peine.* ➛ *EN PEINE :* gêné, embarrassé. *J'étais bien en peine de lui répondre.* 4 loc. adv. *À PEINE :* presque pas, très peu. *Sentier à peine tracé.* « *Quand il miaule, on l'entend à peine* » (Baudelaire). *Il y avait à peine de quoi manger* (cf. Tout juste). *Pouvoir à peine marcher.* ➛ Tout au plus. *Ça fait à peine dix francs. Il y a à peine huit jours* (cf. Même pas). ♦ Depuis très peu de temps. ⇒ **juste.** *J'ai à peine commencé, je commence à peine.* « *Elle était à peine remise de la frayeur que Swann lui avait causée quand un obstacle fit faire un écart au cheval* » (Proust). ➛ « *À peine dans la voiture, notre héros s'endormit profondément* » (Stendh.). ✪ CONTR. Compensation, consolation, récompense. Amusement, bonheur, félicité, joie, plaisir. — HOM. Pêne, penne.

peiner v. [1] – X^e **I** v. intr. Se donner de la peine, du mal. ⇒ s'**appliquer,** s'**efforcer,** s'**évertuer,** se **fatiguer.** « *Nous suons, nous peinons, comme bêtes de somme* » (La Font.). *J'étais là* « *peinant sur une composition latine* » (Loti). ➛ *La voiture peine dans les montées.* ⇒ **fatiguer. II** v. tr. Faire de la peine à (qqn). ⇒ **affliger, attrister,** ① **chagriner, navrer.** *Cette nouvelle m'a beaucoup peiné.* ✪ CONTR. Consoler. ① Reposer (se). — HOM. Penné.

peint, peinte adj. – XIe 1 Couvert, orné de peinture. « *Presque toutes les statues de l'Orient étaient peintes* » (Malraux). *Soie peinte.* ⇒ **batik.** *Meubles peints.* 2 vieilli ou péj. Très fardé. « *Il avait attendu une très jeune femme, très peinte* » (Aragon). ➛ *Ongles peints.* ✪ HOM. Pain, pin ; pinte.

peintre n. m. – XIIIe 1 Ouvrier ou artisan qui applique de la peinture sur une surface, un objet. *Peintre en bâtiment(s),* qui fait les peintures d'une maison, colle les papiers. 2 Personne, artiste qui fait de la peinture. *Les tableaux, les toiles d'un peintre. La palette, les couleurs d'un peintre* (⇒ **coloriste).** *Le peintre et son modèle.* ⇒ **animalier, paysagiste, portraitiste.** *Peintre amateur.* ➛ *Peintres primitifs, modernes, cubistes.* 3 littér. Écrivain, orateur qui peint par le discours. « *j'essaye encore d'être peintre du cœur humain ; mais ma palette est desséchée par l'âge et les contradictions* » (Beaum.).

❑ Le mot, comme d'autres noms de métier, n'a pas de féminin (*peintresse* étant tardif et généralement ironique). Cependant on a utilisé *peintre* n. f. pour la femme d'un peintre, au XVIIe s., puis pour la femme s'adonnant à la peinture, au XVIIIe s.

peinture n. f. – XIIe **I** - 1 Opération qui consiste à couvrir de couleur une surface. *Peinture en bâtiment. Peinture sur bois, sur métal, sur porcelaine.* 2 *EN PEINTURE :* en portrait peint. « *il n'a rien pour lui. Je ne le voudrais pas dans ma chambre en peinture* » (Zola). ➛ loc. fam. *Je ne peux pas le voir en peinture :* je ne peux pas le supporter. ⇒ **détester** (cf. Ne pas pouvoir encadrer* qqn). 3 fig. Description qui parle à l'imagination. ⇒ **portrait.** *La peinture de la société.* **II** - 1 *LA PEINTURE :* représentation, suggestion du monde visible ou imaginaire sur une surface plane au moyen de couleurs. Ensemble des œuvres qui en résultent. *La peinture, art de la surface et de la couleur.* « *La peinture, disait Léonard de Vinci, est chose mentale* » (Bergson). *Propre à la peinture.* ⇒ **pictural.** *Faire de la peinture. Peinture à l'huile, à l'essence, à l'eau* (⇒ **aquarelle,** ① **détrempe, fresque, gouache, lavis**). ➛ *Peinture figurative ; peinture non-figurative, abstraite. Peinture anecdotique, de genre, de paysage, de portraits,* etc. ⇒ **iconographie.** *Écoles de peinture, styles de peinture.* ➛ *La peinture flamande, italienne. Exposition, galerie de peinture* (⇒ **salon, vernissage ; cimaise**). *Musée de peinture* (⇒ **pinacothèque**). ➛ *Vivre de sa peinture.* 2 UNE PEINTURE. Surface peinte. *Refaire les peintures d'un appartement.* 3 Ouvrage de peinture. ⇒ **tableau, toile.** *Peintures rupestres. Peintures murales.* ⇒ **fresque ;** aussi **plafond.** *Peinture d'autel.* ⇒ **retable.** *Peinture composée de plusieurs volets.* ⇒ **diptyque, triptyque.** *Mauvaise peinture.* ⇒ **croûte.** *Encadrer une peinture. Les peintures d'une collection.* **III - 1** Couche de couleur dont une chose est peinte. *Peinture d'une carrosserie d'automobile. Faire un raccord de peinture.* 2 Couleur préparée pour pouvoir être étendue. *Acheter un pot de peinture. Peinture mate, satinée, brillante. Peinture laquée.* ⇒ **laque.** *Peinture à l'huile, à l'eau. Peinture contre la rouille.* ⇒ **minium.** *Appliquer plusieurs couches de peinture.* ⇒ **peindre.** ➛ *Tube de peinture.*

peinturlurer v. tr. [1] – XVIIe ▪ fam. Peindre avec des couleurs criardes, peu harmonieuses. ⇒ **barbouiller.** « *cette large rue aux maisons basses et peinturlurées* » (Zola).

péjoratif, ive adj. – XVIIIe ; lat. *pejorare* « rendre pire » ▪ Qui comporte un sens défavorable, déprécie la chose ou la personne désignée. ⇒ **défavorable.** *Les suffixes* -aille *et* -ailler *sont péjoratifs.* « *Les mots d'idéologue et d'idéologie ont pris, de nos jours, un sens nettement péjoratif* » (Duham.). ➛ subst. « *Pleurnichard* », « *bellâtre* » *sont des péjoratifs.* ⇒ **dépréciatif.** ✪ CONTR. Mélioratif.

péjoration n. f. – XIXe ▪ Action d'ajouter une valeur péjorative à un mot ; fait de prendre une connotation défavorable.

péjorativement adv. – 1902 ▪ D'une manière péjorative, dans un sens péjoratif.

pékan n. m. – XVIIIe ; mot algonquin ▪ Martre du Canada (*Mustela pennanti*), dont la fourrure est très recherchée ; cette fourrure. ✪ HOM. Pécan.

pékin n. m. – XVIIIe ; d'un rad. *pekk-* « petit » 1 arg. milit. (péj.) Le civil. *Deux militaires et un pékin.* 2 vx Homme quelconque. ⇒ **mec, type.** ✪ CONTR. Militaire.

❑ On a écrit aussi *péquin.*

pékiné, ée adj. et n. m. – 1907 ▪ *Tissu pékiné,* ellipt *du pékiné :* tissu présentant des rayures alternativement brillantes et mates.

pékinois, oise adj. et n. – XIXe 1 De Pékin. n. m. Dialecte mandarin parlé dans le nord de la Chine et choisi pour devenir la langue nationale du pays. 2 n. m. Petit chien de compagnie à tête ronde, face camuse, poil long.

pékinologue n. – 1972 ▪ Spécialiste de la politique chinoise.

pelade n. f. – XVIe ; de *peler* ▪ Maladie qui fait tomber les cheveux et les poils par plaques arrondies. ⇒ **alopécie, teigne.** « *Un gars que la pelade avait rendu chauve comme César* » (Apoll.).

① **pelage** n. m. – XVe ; de *pel* → poil ▪ Ensemble des poils d'un mammifère, considéré du point de vue de son aspect extérieur. ⇒ **fourrure, livrée, manteau, poil, robe, toison.** « *Sur son pelage blanc* [du cheval], *truité de roux* » (Gaut.).

② **pelage** n. m. – XVIIIe ; de *peler* 1 Opération qui consiste à ôter les poils (des peaux). 2 Opération qui consiste à éliminer la peau (des fruits, des légumes).

pélagien, ienne adj. et n. – XVIIe ; de *Pélage,* moine bret. du Ve s. ▪ Relatif à la doctrine de Pélage, à la grâce et au péché originel. *L'hérésie pélagienne.* n. *Les pélagiens.*

pélagique adj. – XIXe ; gr. *pelagos* « haute mer » ▪ Relatif à la haute mer ; qui vit en haute mer. *Faune, vie pélagique.* ⇒ **pelagos.** ➛ *Sédiments pélagiques :* dépôts des fonds marins.

pelagos [pelagɔs ; pelagos] n. m. – v. 1965 ; mot gr. « haute mer » ▪ Ensemble des organismes marins (faune pélagique) vivant en pleine eau loin du fond (contrairement au benthos). ⇒ **plancton.**

pélamide n. f. – XVIe ; gr. *pêlamus* 1 Poisson marin voisin du thon, couramment appelé *bonite.* 2 Serpent venimeux des mers tropicales (*hydrophiidés*).

pélargonium [pelaʀgɔnjɔm] n. m. – XIXe ; gr. *pelargos* « cigogne », à cause de la forme du fruit, allongé en bec de cigogne ▪ Plante (*géraniacées*) d'origine exotique, acclimatée et cultivée en Europe pour la beauté de ses fleurs, et dont une espèce est appelée *géranium.*

pelé, ée adj. et n. – XIe **I - 1** Qui a perdu ses poils, ses cheveux. ➛ n. « *Ce pelé, ce galeux, d'où venait tout le mal* » (La Font.). loc. fam. *Il y avait quatre pelés et un tondu,* très peu de monde. ➛ *Un vêtement pelé.* ⇒ ② **râpé.** 2 Dépourvu de végétation. « *Rien n'est si triste que l'aspect d'une campagne nue et pelée* » (Rouss.). **II** n. m. région. (Belgique) Partie du gîte à la noix.

péléen, enne adj. – 1906 ▪ Se dit d'un volcan du même type que la montagne Pelée, dont la lave se solidifie en constituant une aiguille rocheuse.

pêle-mêle adv. et n. m. inv. – XIIe 1 Dans une grande confusion, dans un désordre complet. *Jeter des objets pêle-mêle.* ⇒ **çà** (et là). « *il laisse ses idées tomber pêle-mêle sur le papier* » (Hugo). 2 n. m. inv. Objets en désordre. ⇒ **capharnaüm, fatras, fouillis.** ♦ Cadre où l'on peut disposer plusieurs photographies.

peler v. [5] – XIe ; lat. *pilare,* avec infl. de l'a. fr. *pel* « peau » 1 v. tr. Dépouiller (une peau) de son poil, (un arbre, une branche) de son écorce. Dépouiller (un fruit) de sa peau. ⇒ **éplucher.** pronom. *La pêche se pèle facilement.* 2 v. intr. Perdre son épiderme par parcelles. ⇒ **desquamer.** *Cet enfant a pris un coup de soleil, il pèle.* ♦ fig. et fam. *Peler de froid,* ou absolt *peler :* avoir très froid. ⇒ **cailler.**

pèlerin, ine n. – XIe ; lat. *pelegrinus* « étranger, voyageur » 1 Personne qui fait un pèlerinage. ➛ loc. *Prendre son bâton de pèlerin :* partir en pèlerinage ; fig. faire une tournée pour défendre une idée, un projet. 2 Faucon commun (*Falco peregrinus*). *Faucon pèlerin.* ♦ Grand requin des eaux froides, inoffensif pour l'homme. *Des requins pèlerins.* ♦ Criquet migrateur. *Criquet pèlerin.*

❑ Le féminin *pèlerine* est inusité à cause de l'homonyme.

pèlerinage n. m. – XIIe 1 Voyage qu'un fidèle fait à un lieu saint dans un esprit de dévotion. 2 Le lieu qui est le but de ce voyage. 3 Voyage fait pour rendre hommage à un lieu, à un grand homme qu'on vénère. *Faire un pèlerinage sur les lieux de son enfance.*

pèlerine n. f. – XVIIIe 1 Vêtement de femme en forme de grand collet couvrant les épaules et la poitrine. 2 Manteau sans manches, ample. ⇒ **cape.** « *sa grande pèlerine de drap noir* » (Genet).

péliade n. f. – XIXe ; gr. *pelios* « noirâtre » ▪ Vipère à museau arrondi, commune dans certaines régions de France.

pélican n. m. – XIIIe ; gr. ▪ Oiseau palmipède *(pélécanidés)*, au bec très long, muni d'une poche extensible, où il emmagasine la nourriture de ses petits.

pelisse n. f. – XIIe ; lat. *pellis* « peau » ▪ Manteau garni, doublé de fourrure. « *une pelisse, ou plus exactement un long pardessus de drap noir à col de loutre, car il ne semblait pas que tout le dedans en fût doublé de fourrure* » (Romains).

pellagre n. f. – XIXe ; du lat. *pellis* « peau » et gr. *agra* « prise », d'apr. *podagre* ▪ Maladie due à une carence en vitamine PP, caractérisée par des lésions cutanées, des troubles digestifs et nerveux. *La pellagre atteint surtout les populations qui ne se nourrissent que de maïs.*

pellagreux, euse adj. et n. – XIXe ▪ Relatif à la pellagre. ♦ Atteint de la pellagre. ➛ n. *Un pellagreux, une pellagreuse.*

pelle n. f. – XIe ; lat. *pala* 1 Outil composé d'une plaque mince de métal ajustée à un manche. *Creuser un trou avec une pelle. Contenu d'une pelle.* ⇒ **pelletée.** *Pelle de jardinier* (⇒ aussi **bêche).** *Pelle de boulanger pour enfourner les pains. Pelle à poussière.* ➛ *Pelle à tarte.* ➛ À LA PELLE : en grande quantité. « *Les feuilles mortes se ramassent à la pelle* » (Prévert). ♦ *Pelle mécanique* : machine qui sert à exécuter les gros travaux de terrassement. ⇒ **excavateur, pelleteuse.** 2 Extrémité large et plate d'un aviron. ⇒ ① **pale.** 3 loc. fam. *Ramasser, se prendre une pelle* : tomber (⇒ ② **bûche, gadin, gamelle).** « *il a ramassé une fameuse pelle dans l'escalier roulant* » (Queneau). fig. Échouer. 4 fam. Baiser langue en bouche. ⇒ **patin.** *Rouler une pelle à qqn.*

pelle-pioche n. f. – 1932 ▪ Outil muni d'un fer en forme de pioche d'un côté et de houe de l'autre. *Des pelles-pioches.*

pellet [pelɛ] n. m. – 1952 ; mot angl. « pilule » 1 Comprimé médicamenteux destiné à être introduit sous la peau et dont la résorption lente assure un effet prolongé. ⇒ **implant.** 2 Petite boule de minerai de fer destinée à améliorer la teneur en fer d'un minerai et à faciliter sa réduction en haut fourneau.

pelletage n. m. – XIXe ▪ Opération qui consiste à déplacer, à remuer avec la pelle.

pelletée n. f. – XVe ▪ Quantité (de matière) qu'on peut prendre d'un seul coup de pelle. *Une pelletée de sable.* ♦ fam. *Recevoir des pelletées d'injures* : être copieusement injurié. ✪ HOM. Pelleter, pelté.

pelleter v. tr. [4] – XVIIIe ▪ Déplacer, remuer avec la pelle. « *il piocha la terre, la pelleta* » (Mac Orlan). *Pelleter le blé pour l'aérer* (⇒ **pelletage).** ✪ HOM. Pelletée, pelté.

pelleterie [pɛltʀi ; pelɛtʀi] n. f. – XIIe 1 Peau destinée à être transformée en fourrure. ➛ Fourrure préparée par le pelletier (⇒ **fourrure).** 2 Travail et commerce des fourrures (⇒ **fourreur, pelletier).**

pelleteur n. m. – XIXe 1 Ouvrier qui travaille avec la pelle. 2 Machine qui effectue le travail d'une pelle. *Pelleteur mécanique.*

pelleteuse n. f. – 1936 ▪ Pelle mécanique pour charger, déplacer des matériaux.

pelletier, ière n. – XIIe ▪ Personne qui achète des peaux (⇒ **pelleterie)** et qui les prépare, qui fait le commerce des fourrures. ⇒ **fourreur.**

pelliculage n. m. – 1903 ▪ Opération par laquelle on sépare de son support la couche sensible d'une pellicule photographique. ♦ Application d'une pellicule transparente autour d'un produit.

pelliculaire adj. – XIXe ▪ Qui forme une pellicule, une fine membrane ou lamelle.

pellicule n. f. – XVIe ; lat. *pellis* « peau » 1 Petite peau ; fine membrane organique. ➛ Enveloppe du grain de raisin (⇒ **peau).** 2 Petite lamelle qui se détache du cuir chevelu. *Shampoing traitant contre les pellicules* (⇒ **antipelliculaire).** 3 Couche fine déposée ou solidifiée à la surface de qqch. ⇒ **film.** « *la mince pellicule de poussière qui les recouvrait* » (Cl. Simon). 4 Feuille mince et souple recouverte d'une couche sensible (en photo et cinéma). ⇒ **film ;** ① **bande.** *Pellicule vierge,* non impressionnée. *Pellicule couleur, noir et blanc.*

❑ Le mot *pellicule* est entré dans le langage de la photographie et du cinéma au XIXe s. et a été très vite concurrencé par l'anglicisme *film* issu de la même racine indoeuropéenne °*pel* « envelopper ».

pelliculé, ée adj. – XIXe ▪ Revêtu d'une mince pellicule de protection transparente.

pellucide adj. – XVIe ; lat. ▪ rare Translucide. ➛ *Membrane* (ou *zone*) *pellucide,* qui entoure l'ovule.

pélobate n. m. – XIXe ; gr. *pêlos* « boue, glaise » et *-bate* ▪ Batracien anoure, du groupe des crapauds, qui peut s'enfoncer dans les sols meubles.

pélodyte n. m. – XIXe ; gr. *pêlos* « boue, glaise » et *dutes* « plongeur » ▪ Batracien anoure, du groupe des crapauds, qui creuse des galeries dans le sol.

pelotage n. m. – XVIIIe 1 rare Action de mettre en pelote. *Le pelotage d'un écheveau.* 2 fam. Caresses indiscrètes et sensuelles. « *il lui avait fait une cour éperdue, soutenue par un pelotage insistant* » (Queneau).

pelotari n. m. – XIXe ; mot basque, du rad. de *peloter* ▪ Joueur de pelote basque.

pelote n. f. – XIIe ; lat. *pila* « balle » 1 Boule formée de fils, ficelles, cordes roulés sur eux-mêmes. *Une pelote de laine. Petite pelote.* ⇒ **peloton.** ➛ loc. fig. *Avoir les nerfs en pelote* : être très énervé (cf. Avoir les nerfs en boule*). 2 Coussinet sur lequel on peut planter des épingles, des aiguilles. fig. *C'est une vraie pelote d'épingles,* une personne désagréable. ⇒ **hérisson.** 3 Balle de jeu de paume. Balle du jeu de pelote basque. ➛ PELOTE ou PELOTE BASQUE : sport basque où les joueurs (⇒ **pelotari)** envoient la balle contre un mur, à main nue ou à l'aide de la chistera. ⇒ **fronton,** ② **trinquet.**

peloter [p(ə)lɔte] v. [1] – XIIIe 1 v. intr. vx Jouer à la paume, et spécialt Se renvoyer la balle sans engager une partie. « *La Maison du Chat-qui-pelote* », *de Balzac.* 2 v. tr. fam. Caresser, palper, toucher de manière sensuelle (le corps de qqn). ⇒ **tripoter.** « *il n'arrêtait pas de lui peloter les cuisses sous la table* » (Aymé). ➛ pronom. (récipr.) *Des amoureux qui se pelotent.*

peloteur, euse n. – XIXe 1 vx Joueur de pelote. 2 fam. Personne qui aime caresser, peloter. ⇒ aussi **frôleur.**

peloton [p(ə)lɔtɔ̃] n. m. – XVe I - 1 Petite pelote de fils roulés. *Dévider un peloton de laine, de ficelle.* 2 Amas plus ou moins sphérique. *Peloton de chenilles.* II - 1 Groupe de personnes. *Pelotons de sapeurs-pompiers. Peloton d'instruction* : groupe de militaires qui reçoivent une formation pour devenir gradés. ➛ *Peloton d'exécution* : groupe de soldats chargé de fusiller un condamné. ♦ Subdivision de la compagnie, dans la gendarmerie ; de l'escadron, dans la cavalerie, les blindés. 2 Groupe compact de concurrents dans une course, une compétition. *Peloton de tête. Coureur qui prend la tête du peloton.*

pelotonnement n. m. – XIXe ▪ Action de pelotonner, de se pelotonner ; son résultat.

pelotonner v. tr. [1] – XVIIe I v. tr. Mettre en peloton. *Pelotonner du fil.* II SE PELOTONNER v. pron. (réfl.) Se ramasser en boule, en tas. ⇒ se **blottir,** se **ramasser.** « *peloton-*

née comme une stèle égyptienne, le menton sur les genoux » (Gide). ✪ CONTR. Étirer (s') ; étendre (s').

pelouse n. f. – XIIIe ; lat. *pilosus* « couvert de poils » ▪ Terrain couvert d'une herbe courte et serrée. ⇒ **gazon.** *Les pelouses d'un jardin, d'un parc. Tondre une pelouse.* « *la sueur fraîche des pelouses arrosées* » (Maupass.). ♦ Partie d'un champ de courses, généralement gazonnée, ouverte au public. *La pelouse et le pesage.*

pelta ou **pelte** n. f. – XVIIIe ; gr. *peltê* ▪ Petit bouclier en forme de croissant, dans l'Antiquité grecque.

❑ Le soldat armé de la *pelta* est appelé *peltaste.*

pelté, ée adj. – XIXe ; de *pelta* ▪ Se dit d'une feuille dont le pétiole est fixé au milieu du limbe. ✪ HOM. Pelletée, pelleter.

peluche n. f. – XVIe ; lat. *pilare* « peler » 1 Tissu à poils moins serrés et plus longs que ceux du velours. « *un rideau de peluche rouge* » (Maurois). ♦ *Ours en peluche.* ➤ *Une peluche :* un animal en peluche. 2 Poil détaché d'une étoffe. *Pull qui fait des peluches.* ⇒ **boulocher, pelucher.**

❑ Famille étymologique de *poil* et non de *peau.* → éplucher (rem.). ♦ Ne pas confondre avec *pluche ;* l'adjectif de *peluche* est cependant *pelucheux* ou *plucheux.*

peluché, ée ou **pluché, ée** adj. – XVIIe ▪ Qui a de longs poils, ressemble à de la peluche. *Étoffe peluchée.*

pelucher ou **plucher** v. intr. [1] – XVIIIe ▪ Devenir poilu comme la peluche (en parlant d'une étoffe dont l'usure relève les poils). ⇒ **boulocher.**

pelucheux, euse ou **plucheux, euse** adj. – XIXe ▪ Qui donne au toucher la sensation de la peluche ; qui peluche.

pelure n. f. – XIIe 1 Peau d'un fruit, d'un légume qu'on a pelé. ⇒ **épluchure.** 2 fam. Vêtement. *Dites-moi « quelle pelure dois-je mettre ? »* (Queneau). ➤ Manteau. 3 *Papier pelure,* très fin et légèrement translucide. *Une pelure :* un feuillet de papier pelure.

pelvien, ienne adj. – XIXe ▪ Relatif au pelvis, au bassin. *Ceinture pelvienne,* formée par les deux os iliaques et le sacrum. ♦ *Nageoires pelviennes :* nageoires paires, ventrales, des poissons.

pelvigraphie n. f. – 1959 ; de *pelvis* et *-graphie* ▪ Radiographie du petit bassin après injection d'une substance de contraste.

pelvimétrie n. f. – XIXe ; de *pelvis* et *-métrie* ▪ Mesure des diamètres du bassin de la femme enceinte.

pelvis [pɛlvis] n. m. – XVIIe ; mot lat. ▪ Bassin.

pemmican n. m. – XIXe ; algonquin, de *pimü* « graisse » et *-kân* « préparer » ▪ Préparation de viande concentrée et séchée (utilisée notamment par les explorateurs, les chasseurs, etc.).

pénal, ale, aux adj. – XIIe ; lat. *pœna* « peine » ▪ Relatif aux peines, aux infractions qui entraînent des peines. *Le code pénal :* ensemble des textes qui prévoient les infractions et déterminent les sanctions applicables. ♦ n. m. *Le pénal :* la juridiction pénale.

pénalement adv. – XVIe ▪ En matière pénale, en droit pénal.

pénalisant, ante adj. – 1969 ▪ (Sujet choses) Qui pénalise (qqn), le désavantage. *Mesures pénalisantes pour les P.M.E.* ✪ CONTR. Avantageux.

pénalisation n. f. – XIXe ▪ Dans un match, Désavantage infligé à un concurrent qui a contrevenu à une règle. ➤ Désavantage infligé à un individu, à une collectivité.

pénaliser v. tr. [1] – XIXe 1 Infliger une pénalisation à (un sportif). 2 Infliger une peine, une punition à. ➤ Frapper d'une pénalité (fiscale). 3 Mettre (qqn) dans une situation désavantageuse. ✪ CONTR. Avantager, favoriser, privilégier.

pénaliste n. – v. 1975 ▪ Spécialiste du droit pénal. ⇒ **criminaliste.**

pénalité n. f. – XIVe 1 Caractère de ce qui est pénal ; application d'une peine. 2 Sanction pécuniaire appliquée par l'administration. ♦ *Pénalités appliquées par l'arbitre.* ⇒ **pénalisation.** *Coup de pied de pénalité* (au rugby).

penalty [penalti] n. m. – XIXe ; mot angl. ▪ Sanction d'une faute commise par un footballeur dans la surface de réparation de son camp. *L'arbitre a sifflé le penalty.* ♦ Coup de pied tiré directement au but, en face du seul gardien (cf. Coup de pied de réparation*). *Des penaltys* ou *des penalties.*

❑ On écrirait mieux *pénalty.* ♦ Pour le pluriel → ① y (rem.).

pénates n. m. pl. – XVe ; lat. *penus* « intérieur de la maison » 1 Dieux protecteurs du foyer, chez les anciens Romains. ➤ Statuettes de ces dieux. 2 plais. Demeure. ⇒ **domicile, foyer, habitation, maison.** *Regagner ses pénates.*

penaud, aude adj. – XVIe ; de *peine* ▪ Honteux à la suite d'une maladresse, d'une mésaventure. *Il « s'en alla tout penaud s'asseoir dans un coin »* (Loti). ⇒ **confus, embarrassé, honteux.** ✪ CONTR. Fier.

pence → **penny**

penchant n. m. – XVIe 1 littér. Versant, pente. « *Sur le penchant de quelque agréable colline bien ombragée* » (Rouss.). 2 Inclination naturelle vers un objet ou un certain but. ⇒ **goût, inclination, propension, tendance.** « *Son penchant pour les délicatesses de la table* » (France). 3 Mouvement qui porte à aimer une personne, à prendre parti pour elle. ⇒ **sympathie.** *Avoir un penchant pour qqn.* ✪ CONTR. Antipathie, aversion, répugnance.

penché, ée adj. – XVIIe ▪ Qui se penche ou a été penché. ⇒ **pencher.** « *ce petit garçon chétif que j'étais, penché sur ses dictionnaires* » (Mauriac). ➤ loc. (souvent iron.) *Prendre un air penché, des airs penchés,* un air pensif. ♦ *Une écriture penchée,* inclinée vers la droite.

pencher v. [1] – XIIIe ; lat. *pendere* « pendre » **I** v. intr. 1 Être ou devenir oblique, cesser d'être vertical en prenant un équilibre instable ou une position anormale. *Mur qui penche dangereusement.* 2 Être, devenir oblique par rapport à l'horizontale, aller en s'abaissant. *Pencher vers le sol.* ➤ loc. fig. *Faire pencher la balance :* emporter la décision. 3 *PENCHER VERS, POUR :* être porté à choisir, à préférer qqch., qqn (⇒ **inclination, penchant).** « *Il pencha pour la deuxième hypothèse* » (Romains). ⇒ **préférer.** 4 v. tr. Rendre oblique (par rapport à la verticale ou à l'horizontale) ; faire aller vers le bas. ⇒ **incliner, renverser.** *Pencher une carafe pour verser de l'eau.* ➤ *Pencher la tête.* ⇒ **courber.** **II** *SE PENCHER* v. pron. 1 S'incliner. *Défense de se pencher par la portière.* « *les voisins se penchaient aux fenêtres* » (Zola). *Se pencher vers qqn. Se pencher en arrière.* 2 fig. *SE PENCHER SUR... :* s'occuper de qqn avec sollicitude ; s'intéresser à (qqn ou à qqch.) avec curiosité. *Se pencher sur un problème, sur une question.* ⇒ **étudier, examiner.**

pendable adj. – XIIIe ▪ vx Dont l'auteur est passible de la pendaison. *Un cas pendable.* ➤ loc. mod. *Jouer un tour pendable à qqn,* un méchant tour.

pendaison n. f. – XIVe 1 Action de pendre qqn. *Le supplice de la pendaison.* ➤ Ce supplice. *Risquer la pendaison.* ⇒ **corde, gibet, potence.** ♦ Action de se pendre (suicide). 2 Action de pendre (qqch.). loc. *Pendaison de crémaillère.*

① **pendant, ante** adj. – XIIe 1 Qui pend. *Les jambes pendantes, les bras pendants.* ⇒ **ballant.** « *les deux chiens, allongés en dehors, haletaient, la langue pendante* » (Zola). ➤ *Clef pendante :* clef* de voûte ornée. 2 En instance, qui n'est pas encore jugé. *Procès pendant.* ➤ Qui n'a pas reçu de solution. « *aucun de nous n'osait rappeler à l'empereur que la question de succession restait pendante* » (Yourcenar).

② **pendant** n. m. – XIIe 1 Pièce du baudrier, du ceinturon qui pend au côté et sert à soutenir l'épée. 2 *Pendants d'oreilles :* paire de bijoux suspendus à l'oreille par une boucle. ⇒ **girandole, pendeloque.** 3 *LE PENDANT DE..., DES PENDANTS :* chacun des deux objets d'art formant la paire et destinés à être disposés symétriquement. *Cette estampe est le pendant de l'autre.* ♦ Personne, chose qui est comparable, égale à une autre. ⇒ **contrepartie ; semblable.** « *On a souvent comparé Eugène Delacroix à Victor Hugo. Cette nécessité de trouver à tout prix des pendants et des analogues dans les différents arts amène souvent d'étranges bévues* » (Baud.). ♦ *FAIRE PENDANT À ; SE FAIRE PENDANT :* être symétrique.

③ **pendant** prép. – XIVe ; lat. *pendens* 1 Exprime la simultanéité. *Médicament à prendre pendant les repas. Pendant l'hiver.* ⇒ **durant,** ① **en.** *Pendant ce temps.* ⇒ **cependant** (1°). *Pendant plusieurs jours.* ♦ *Pendant le voyage.* « *Pendant sa convalescence, elle s'occupa beaucoup à chercher un nom pour sa fille* » (Flaub.). ➤ ellipt (valeur adv.) *Avant, pendant et après.* 2 loc. conj. *PENDANT QUE :* dans le même temps que ; dans tout le temps que. ➤ « *Pendant qu'il sommeillait, Ruth, une Moabite, S'était couchée aux pieds de Booz* » (Hugo). ➤ *Pendant que j'y pense.* iron. « *te faut-il ma veste, veux-tu ma casquette ? Ne te gêne pas pendant que tu y es* » (Dumas).

pendard, arde n. – XIVe ; de *pendre* ▪ vx Coquin, fripon. « *Parle bas, pendarde* » (Mol.).

pendeloque n. f. – XIIIe 1 Bijou suspendu à une boucle d'oreille. ⇒ **girandole,** ② **pendant.** « *De lourdes pendeloques gazouillent secrètement à ses mignonnes oreilles* » (Baudelaire). 2 Ornement suspendu à un lustre.

pendentif n. m. – XVIe 1 Triangle sphérique entre les grands arcs qui supportent une coupole. 2 Bijou qu'on porte au cou par une chaînette, un collier. ⇒ **sautoir.** « *un pendentif fait de deux saphirs* » (Aragon).

penderie n. f. – XVIe ▪ Placard ou partie d'une armoire où l'on suspend des vêtements. ⇒ **garde-robe ; dressing-room.**

pendiller v. intr. [1] – XIIIe ▪ Être suspendu en se balançant, en s'agitant en l'air. ⇒ **pendouiller.**

❑ N'a pas la connotation péjorative de *pendouiller.*

pendillon n. m. – XVIIe ▪ Tige qui transmet le mouvement au pendule d'une horloge. ⇒ **fourchette.** ➤ Pièce de tissu que l'on met de chaque côté d'une scène de théâtre pour la réduire.

pendoir n. m. – XIIIe ▪ Corde ou crochet pour suspendre la viande dans une boucherie.

pendouiller v. intr. [1] – XIIIe ▪ fam. Pendre d'une manière ridicule, mollement. « *Il y a les rides, le flétri et le flasque, ça pendouille* » (É. Ajar).

❑ *Pendouiller* est plus péjoratif que *pendiller.*

pendre v. [41] – Xe ; lat. *pendere* **I** v. intr. 1 Être fixé, suspendu par le haut, la partie inférieure restant libre. *Morceau de viande qui pend à un crochet.* « *Des toiles d'araignées pendaient aux poutres* » (Zola). ➤ *Laisser pendre ses bras, ses jambes.* 2 Descendre plus bas qu'il ne faudrait (⇒ fam. **pendouiller**). *Jupe qui pend par-derrière.* ➤ Être flasque, mou, et retomber mollement. *Avoir les joues qui pendent.* 3 fam. *Ça lui pend au nez,* se dit d'un désagrément, d'un malheur dont qqn est menacé. 4 v. tr. Fixer (qqch.) par le haut de manière que la partie inférieure reste libre. ⇒ **suspendre.** *Pendre sa veste au portemanteau.* ⇒ **accrocher.** « *un gros chaudron pendu à la crémaillère* » (Giono). 5 Mettre à mort (qqn) par strangulation, en suspendant par le cou (⇒ **pendaison**). *Pendre qqn haut et court,* avec une corde courte, difficile à détacher. ➤ *Dire pis que pendre de qqn,* plus qu'il n'en faudrait pour le faire pendre. ⇒ **médire.** fam. *Qu'il aille se faire pendre ailleurs,* se dit de qqn dont on a à se plaindre et qu'on ne veut plus voir. **II** *SE PENDRE* v. pron. 1 Se tenir en laissant pendre (I) ses jambes. *Se pendre par les mains à une barre fixe.* ⇒ se **suspendre.** ♦ *ÊTRE PENDU À :* ne pas quitter, ne pas laisser. « *pendu au bras droit de son grand frère* » (Dider.). *Il est tout le temps pendu au téléphone.* 2 Se suicider par pendaison. « *Alors il donna un grand coup de pied dans la chaise et se pendit* » (Mac Orlan).

pendu, ue adj. et n. – XIIIe 1 Accroché, suspendu. « *un très gros chaudron pendu à la crémaillère de la salle commune* » (Giono). 2 Mort par pendaison. ♦ n. « *La Ballade des pendus* », *de Villon.* ➤ n. m. Jeu de devinettes où chaque erreur contribue au dessin d'une potence. *Jouer au pendu.*

pendulaire adj. – XIXe ▪ Relatif au pendule. *Mouvement pendulaire :* mouvement d'un point qui oscille sur une droite de part et d'autre d'un point d'équilibre.

① **pendule** n. m. – XVIIe ; lat. *pendere* « pendre » 1 Système oscillant de fréquence constante. *Pendule simple* ou *pendule :* masse suspendue à un point fixe par un fil tendu, et soumise à l'action de la pesanteur. *Pendule composé :* solide mobile autour d'un axe horizontal. ➤ *Oscillations, fréquence, période d'un pendule. Pendule de Foucault,* démontrant la rotation de la Terre. ♦ *Pendule d'une horloge.* ⇒ **balancier.** ♦ Mouvement pendulaire d'un alpiniste (⇒ **penduler**). 2 *Pendule de sourcier,* destiné à localiser les points d'eau. *Pendule du radiesthésiste,* utilisé pour déceler des radiations.

② **pendule** n. f. – XVIIe ▪ Petite horloge, souvent munie d'une sonnerie (⇒ ② **réveil**). *Remonter, régler une pendule. Pendule qui avance, retarde.* « *une belle commode à dessus de marbre portait sa pendule sous globe de verre* » (Giono). loc. *Remettre les pendules à l'heure :* remettre les choses au point. ➤ *Pendule électrique, à quartz.* ♦ *Pendule astronomique :* instrument qui sert à établir les étalons de temps, à effectuer des mesures astronomiques.

penduler v. intr. [1] – 1926 ▪ Basculer ou osciller comme un pendule. ➤ En alpinisme, Effectuer un pendule. « *son corps pendule et vient se plaquer sur un rocher* » (Frison-Roche).

pendulette n. f. – XIXe ▪ Petite pendule portative.

pêne n. m. – XIIe ; lat. *pessulus* « verrou », d'o. gr. ▪ Pièce mobile d'une serrure, qui s'engage dans la gâche et tient fermé l'élément (porte, fenêtre) auquel la serrure est adaptée. *Il* « *referma sa porte si doucement, qu'on n'entendit pas le pêne glisser dans la gâche* » (Zola). ✪ HOM. Peine, penne.

pénéplaine n. f. – 1903 ; lat. *pæne* « presque » et *plaine* ▪ Surface faiblement onduleuse portant des sols résiduels.

pénétrabilité n. f. – XVIe ▪ littér. Caractère de ce qui est pénétrable. ✪ CONTR. Impénétrabilité.

pénétrable adj. – XIVe 1 Où il est possible de pénétrer. 2 Qu'on peut comprendre. *Mystère difficilement* *pénétrable.* ⇒ **compréhensible.** ✪ CONTR. Impénétrable. Insondable.

pénétrant, ante adj. – XIVe 1 Qui pénètre. *Rayonnement pénétrant* (dans la matière). ➛ Qui transperce les vêtements. « *l'air vif, pénétrant, glacé* » (Gaut.). *Froid pénétrant.* ⇒ **mordant.** 2 fig. Qui procure une sensation, une impression puissante. ⇒ ① **fort.** « *Je fais souvent ce rêve étrange et pénétrant* » (Verlaine). « *ce front, cette mèche sombre, ce regard pénétrant* » (Mart. du G.). 3 Qui pénètre dans la compréhension des choses. ⇒ **perspicace, profond.** *Esprit pénétrant.* ⇒ **sagace.** ✪ CONTR. Borné, obtus.

pénétrante n. f. – 1953 ▪ Grande voie de circulation (autoroute) allant de la périphérie au cœur d'une ville.

pénétration n. f. – XIVe 1 Mouvement par lequel un corps matériel pénètre dans un autre. ⇒ **introduction, intromission.** ➛ *Force de pénétration d'un projectile.* ♦ *Pénétration du pénis dans le vagin,* et absolt *la pénétration. Pénétration anale. Pénétration contre la volonté de qqn.* ⇒ **viol.** 2 Action de s'introduire dans un lieu. ➛ Action de franchir un système de défenses militaires. ➛ *Pénétration (d'un produit) dans (un pays,* etc.). 3 Qualité de l'esprit, facilité à comprendre, à connaître. ⇒ **finesse, intelligence, perspicacité, sagacité.** « *"Marcel Proust, c'est le Diable" avait dit un jour Alphonse Daudet, à cause de sa pénétration inquiétante et surhumaine des mobiles des autres* » (Maurois).

pénétré, ée adj. – XVIIe 1 Imprégné. 2 (abstrait) Rempli, imprégné profondément (d'un sentiment, d'une conviction). ⇒ **plein.** « *Je suis d'avance pénétré de confusion* » (Mart. du G.). 3 péj. ⇒ **imbu.** « *lisez dans ses yeux* [...] *combien il est content et pénétré de soi-même* » (La Bruy.). ⇒ **orgueilleux, vaniteux.**

pénétrer v. 6 – XIVe ; lat. **I** v. intr. 1 (choses) Entrer profondément en passant à travers ce qui fait obstacle. ⇒ s'**enfoncer, entrer,** s'**insinuer.** *Liquide qui pénètre à travers une membrane.* ⇒ **filtrer,** s'**infiltrer.** « *une vague chaleur pénétra par les fenêtres* » (Giraud.). 2 (êtres vivants) Entrer. *Pénétrer dans une maison.* ⇒ **entrer,** s'**introduire.** « *je l'attendrai, et elle pourra pénétrer ici sans être vue de personne* » (Muss.). *Ennemis qui pénètrent dans un pays.* ⇒ **envahir.** ➛ *Pénétrer dans (un milieu),* s'y introduire, s'y faire admettre. 3 *Habitude qui pénètre dans les mœurs.* 4 *Pénétrer dans :* entrer dans la connaissance, la compréhension (de qqch.). *Pénétrer plus avant dans la connaissance d'une science.* ⇒ **approfondir. II** v. tr. 1 Passer à travers, entrer profondément dans. ⇒ **transpercer, traverser.** « *L'eau verte pénétra ma coque de sapin* » (Rimb.). ♦ *Pénétrer un espace aérien, les défenses ennemies.* ♦ *Pénétrer un marché.* ♦ *Pénétrer (une personne).* ⇒ **prendre ; pénétration.** 2 Procurer une sensation intense (froid, humidité, etc.) à. ⇒ **transpercer.** *Froid qui pénètre jusqu'aux os.* ♦ « *Quelle est cette langueur qui pénètre mon cœur ?* » (Verlaine). ⇒ **envahir.** 3 Parvenir à connaître, à comprendre d'une manière poussée. ⇒ **percevoir, saisir.** *Pénétrer un mystère. Pénétrer les intentions de qqn.* ⇒ **sonder.** « *ce don de tout comprendre, de tout pénétrer, de tout sentir, d'entrer dans les natures les plus opposées* » (Gaut.). **III** v. pron. *Se pénétrer de :* s'imprégner (d'une idée), se convaincre (de qqch.). ⇒ **pénétré** (2°). *Pénétrez-vous de ce conseil.* ✪ CONTR. Affleurer, effleurer. ① Partir ; retirer (se), ① sortir.

pénibilité n. f. – 1952 ▪ Caractère de ce qui est (plus ou moins) pénible ; quantité d'effort pénible à fournir. *La pénibilité d'un travail.*

pénible adj. – XIIe 1 Qui se fait avec peine, fatigue. ⇒ **ardu, difficile, éreintant, fatigant, harassant, tuant.** *Voyage pénible.* ➛ *Route pénible.* 2 Qui cause de la peine, de la douleur ; qui est moralement difficile. ⇒ **désagréable, douloureux ; affligeant, angoissant, dur, triste.** *Sensation pénible.* « *le silence est pénible lorsque le cœur déborde* » (Gide). *Souvenir pénible. Traverser des moments pénibles.* « *votre père vous a été enlevé dans des circonstances particulièrement pénibles* » (Green). *Spectacle pénible à voir.* ⇒ **affligeant, éprouvant.** ♦ fam. Difficile à supporter. *Ce gosse est vraiment pénible !* ⇒ **difficile, insupportable.** ✪ CONTR. Agréable, aisé, doux, facile, joyeux.

péniblement adv. – XVIe 1 Avec peine, fatigue ou difficulté. *Ils « gravirent péniblement le raidillon »* (Mac Orlan). ⇒ **difficilement.** ♦ Avec douleur, souffrance. *Il en a été péniblement affecté.* ⇒ **cruellement.** 2 À peine, tout juste. « *Un pauvre journal d'opinion, qui tire péniblement à trente, trente-cinq mille* » (Romains). ✪ CONTR. Aisément, facilement.

pénichard, arde n. – 1984 ▪ Personne qui habite sur une péniche aménagée, amarrée à quai.

péniche n. f. – XIXe ; angl. *pinnace* ▪ Bateau fluvial, à fond plat. ⇒ ① **chaland.** *Habiter une péniche.* ⇒ **pénichard.** ♦ Bâtiment militaire à fond plat. *Péniches de débarquement.*

❑ *Péniche* est de même origine que *pinasse* qui désigne également un bateau.

pénicillé, ée [penisile] adj. – XVIIIe ; lat. *penicillum* « pinceau » ▪ sc. Qui est en forme de pinceau.

pénicilline [penisilin] n. f. – 1943 ; angl. ▪ Antibiotique produit par une moisissure du genre penicillium *(Penicillium notatum)* et doué d'une grande activité antibactérienne. *Germe résistant à la pénicilline.* ⇒ **pénicillorésistant.**

❑ La pénicilline a été découverte et ainsi dénommée par le médecin et bactériologiste anglais A. Fleming, en 1929.

penicillium [penisiljɔm] n. m. – XIXe ; lat. « pinceau » ▪ Champignon *(périsporiacées)* qui forme une moisissure verdâtre sur certaines matières exposées à l'humidité. *Les moisissures du roquefort sont des penicilliums.*

pénicillorésistant, ante [penisiloʀezistɑ̃, ɑ̃t] adj. – 1945 ▪ Se dit d'un germe qui a acquis une résistance à la pénicilline.

❑ On écrit aussi *pénicillo-résistant.*

pénien, ienne adj. – XIXe ▪ Du pénis. *Artère pénienne.* ♦ *Étui pénien :* gaine (protection, parure) entourant le pénis chez certains peuples d'Afrique et d'Amérique du Sud.

pénil [penil] n. m. – XIIIe ; lat. *pecten* « peigne » ▪ Chez la femme, Saillie du pubis qui se couvre de poils à l'époque de la puberté (cf. Mont de Vénus).

❑ Ce mot est sans rapport étymologique avec *pénis.*

péninsulaire adj. – XVIe ▪ Relatif à une péninsule, à ses habitants.

péninsule n. f. – XVIe ; lat. *pæne* « presque » et *insula* « île » ▪ Grande presqu'île. *La péninsule Ibérique,* absolt *la Péninsule :* l'Espagne et le Portugal.

pénis [penis] n. m. – XVIIe ; lat. ▪ Organe de la copulation et de la miction, chez l'homme. ⇒ **membre** (viril), **verge.** *Pénis en érection.* ⇒ **phallus.**

pénitence n. f. – XIe ; lat. *pænitere* « se repentir » 1 Profond remords d'avoir offensé Dieu, accompagné de l'intention de réparer ses fautes et de ne plus y retomber. ⇒ **contrition, repentir.** *Faire pénitence :* se repentir. ♦ Rite sacramentel, par lequel le prêtre donne l'absolution. ⇒ **confession.** « *ces âmes tour-*

mentées, scrupuleuses, qui ont, de la pénitence, un besoin maladif » (Duham.). 2 *Une pénitence :* peine que le confesseur impose au pénitent. ♦ Pratique pénible que l'on s'impose pour expier ses péchés. ⇒ **mortification.** 3 Châtiment, punition. *Pénitence infligée à un coupable.* ♦ *Pour ta pénitence, tu copieras cent lignes. Mettre un enfant en pénitence.* ✪ CONTR. Endurcissement, impénitence.

pénitencerie **n. f.** – XVe ▪ Tribunal ecclésiastique qui siège à Rome pour donner l'absolution en cas de péchés que le pape seul a le pouvoir d'absoudre. ♦ Dignité, charge de pénitencier.

① **pénitencier** **n. m.** – XIIIe ▪ Prêtre qui tient d'un évêque le pouvoir d'absoudre certains cas réservés. ➛ *Grand pénitencier :* cardinal qui préside la Pénitencerie apostolique.

② **pénitencier** **n. m.** – XVe 1 Établissement où se subit une peine de réclusion (anciennt de travaux forcés). ⇒ **bagne, centrale, prison** (cf. Maison d'arrêt*). *Pénitencier militaire.* 2 anciennt Maison de correction, colonie pénitentiaire.

pénitent, ente **n.** – XIVe 1 Personne momentanément exclue de la société des fidèles à cause de ses péchés. 2 Membre d'une confrérie s'imposant des pratiques de pénitence et de charité. ⇒ **ascète.** *Les pénitents blancs.* 3 Personne qui confesse ses péchés. ➛ **adj.** *Pécheur pénitent.* ⇒ **repentant.** ✪ CONTR. Impénitent.

pénitentiaire **adj.** – XIXe ▪ Qui concerne les prisons. *Régime, système pénitentiaire* (⇒ **carcéral**). *Colonie, établissement pénitentiaire.* ⇒ ② **pénitencier, prison.**

> ❑ Attention à la finale *...tiaire,* avec *t* étymologique, prononcée [sjɛʀ], comme dans *plénipotentiaire* et *tertiaire.* L'alternance des graphies avec *c (pénitencier)* et avec *t (pénitentiaire)* se retrouve dans *différence, différentiel ; présidence, présidentiel.* ♦ *Pénitentiaire* n'a pas les mêmes emplois que *carcéral,* plus psychologique et plus abstrait.

pénitentiel, ielle **adj. et n. m.** – XVIe 1 Relatif à la pénitence. *Célébration pénitentielle.* 2 **n. m.** Rituel de la pénitence, à l'usage des confesseurs.

pennage **n. m.** – XVIe ▪ Plumage des oiseaux de proie, qui se renouvelle par des mues régulières.

penne **n. f.** – XIe ; lat. *penna* → ① panne 1 Chacune des grandes plumes des ailes (⇒ **rémige**) et de la queue des oiseaux. 2 Empennage, aileron d'une flèche. ✪ HOM. Peine, pêne.

penné, ée **adj.** – XVIIIe ▪ *Feuille pennée,* dont les folioles sont disposées de part et d'autre d'un axe central, comme les barbes d'une plume. ⇒ **bipenné, imparipenné, paripenné.** ✪ HOM. Peiner.

penniforme **adj.** – XVIIIe ▪ *Feuille penniforme,* au limbe en forme de plume.

pennon **n. m.** – XIIe ; de *penne* ▪ Drapeau triangulaire que les chevaliers du Moyen Âge portaient au bout de leur lance. ♦ En héraldique, Écu dont les différents quartiers indiquent les alliances ou les degrés généalogiques.

penny [peni] **n. m.** – XVe ; mot angl. ▪ *Un penny, des pence* [pɛns]. Monnaie anglaise, autrefois le douzième du shilling, qui vaut aujourd'hui le centième de la livre. « *n'ayant plus un penny pour payer une chambre d'hôtel* » (Maurois). ♦ *Un penny, des pennies.* Pièce de bronze de cette valeur.

pénombre **n. f.** – XVIIe ; lat. *pæne* « presque » et *umbra* « ombre » 1 Lumière faible, tamisée. ⇒ **demi-jour ; clair-obscur.** *L'homme « la ramena dans la pénombre de l'arrière-salle* » (Duras). 2 Zone d'ombre partielle créée par un corps opaque qui intercepte une partie des rayons d'une source lumineuse étendue.

> ❑ L'élément *pén-* est le même que celui de *pénéplaine* et *péninsule.*

penon **n. m.** – XVIIIe ; de *penne* ▪ Petite girouette ou banderole en étamine indiquant la direction du vent.

pensable **adj.** – XVIIe ▪ Qu'on peut admettre, imaginer (surtout en emploi négatif). ⇒ **concevable, envisageable, imaginable.** *Ce n'est pas pensable.* ⇒ **croyable.** ✪ CONTR. Impensable.

pensant, ante **adj.** – XIIIe 1 Qui a la faculté de penser. ⇒ **intelligent.** 2 Qui exerce, en fait, sa faculté de penser. *Le « petit nombre d'êtres pensants répandus dans le monde* » (Volt.). ➛ *Tête pensante :* personne qui occupe une place centrale dans une organisation, un projet. *Il « était la tête pensante de la révolte* » (Druon). 3 Qui pense (bien ou mal). *Des gens bien pensants.* ⇒ **bien-pensant.**

pense-bête **n. m.** – 1900 ▪ Chose, marque destinée à rappeler ce que l'on a projeté de faire. *Des pense-bêtes.*

① **pensée** **n. f.** – XIIe I Tout ce qui affecte la conscience. 1 *La pensée de qqn,* ce qu'il pense, sent, veut. *Transmission de pensée* (⇒ **télépathie**). ♦ L'esprit. « *je ne puis détacher ma pensée de Julien* » (Stendh.). *En pensée, par la pensée :* en esprit (et non réellement). 2 Activité psychique, faculté ayant pour objet la connaissance. « *Toute la dignité de l'homme est en la pensée* » (Pasc.). ⇒ **esprit, intelligence, raison.** *Objet de la pensée abstraite :* concept, notion (⇒ aussi **noème**). *Expression de la pensée :* langage, parole. 3 LA PENSÉE DE QQN, sa réflexion, sa façon de penser ; sa capacité intellectuelle. ♦ Façon de penser, de juger. ⇒ **opinion, point de vue.** « *Voilà, je vous ai dit à peu près ma pensée* » (Hugo). *Les mots ont dépassé sa pensée. Aller jusqu'au bout de sa pensée :* ne pas craindre de penser, de dire tout ce qu'implique une idée, un jugement. ➛ Position intellectuelle d'un penseur. ⇒ **philosophie.** *La pensée de Gandhi, de Sartre.* 4 Manière de penser. *Pensée claire, obscure, originale.* 5 Ensemble d'idées, de doctrines communes à plusieurs. *La pensée marxiste. La pensée politique.* II - 1 Tout ensemble de représentations, d'images, dans la conscience. ⇒ **idée, image, sentiment.** *Souvenir qui hante les pensées de qqn.* ➛ *Avoir une pensée émue pour qqn.* 2 Phénomène psychique à caractère représentatif et objectif. ⇒ **idée.** *Cette pensée ne m'a jamais effleuré. Perdre le fil de ses pensées. Être perdu dans ses pensées.* ⇒ **méditation, réflexion, rêverie.** « *J'ai d'affreuses, de mauvaises pensées, des haines, des jalousies, de la misanthropie* » (Ste-Beuve). 3 Expression brève d'une idée. ⇒ **aphorisme, maxime, sentence.** *Les « Pensées », de Pascal.* III LA PENSÉE DE (qqn, qqch.) : action de penser à (qqn, qqch.). ⇒ **penser** (II). « *la pensée constante d'Odette donnait aux moments où il était loin d'elle le même charme particulier qu'à ceux où elle était là* » (Proust). *Loin de moi la pensée de le critiquer.* ✪ HOM. Panser, penser.

② **pensée** **n. f.** – XVe ▪ Plante *(violacées)* cultivée dans les jardins pour ses fleurs très colorées.

> ❑ La fleur de cette plante est considérée comme l'emblème du souvenir ; elle orne souvent les cimetières.

penser **v.** [1] – Xe ; lat. *pensare* « peser ; réfléchir » I **v. intr.** 1 Appliquer l'activité de son esprit aux éléments fournis par la connaissance ; former, combiner des idées et des jugements. ⇒ ① **juger, raisonner, réfléchir.** *La faculté de penser.* « *Avant donc que d'écrire apprenez à penser* » (Boil.). ♦ Exercer effectivement son intelligence. « *Penser, c'est réapprendre à voir, diriger sa conscience* » (Camus). ➝ *Une chose qui donne, qui laisse à penser,* qui fait réfléchir. ⇒ **méditer.** ♦ *Penser juste.* « *L'homme est visiblement fait pour penser ; c'est toute sa dignité* » (Pasc.). *Façon de penser :* opinion personnelle. *Je leur dirai ma façon de penser !* ⇒ **voir.** « *Ils appelaient traîtres, ceux qui ne pensaient pas comme eux* » (R. Rolland). **2** Exercer son esprit, son activité consciente. « *Je pense, donc je suis* » *(Cogito, ergo sum)* (Desc.). *Dire tout haut ce que les autres pensent tout bas.* **II** v. intr. ind. PENSER À. **1** Appliquer sa réflexion, son attention à. ⇒ **réfléchir.** *À quoi pensez-vous ? N'y pensons plus :* oublions cela. « *Je ne suis bien portante et raisonnable que quand je ne pense à rien* » (Sand). **2** Évoquer par la mémoire ou l'imagination. ⇒ **imaginer,** se **rappeler,** se **souvenir.** « *Je penserai souvent à vous, qui m'avez paru bon et noble* » (Balz.). ➝ FAIRE PENSER À. ⇒ **évoquer, suggérer.** *Elle me fait penser à qqn.* **3** S'intéresser à. ⇒ s'**occuper** (de). « *une occupation violente et impétueuse qui les détourne de penser à soi* » (Pasc.). **4** Avoir dans l'esprit, en tête. « *Maman, je pensais à une chose* [...] *Papa est mort, n'est-ce pas ?* » (France). ➝ *Sans penser à mal :* innocemment. ➝ Garder en mémoire. *J'essaierai d'y penser.* ♦ Considérer (qqch.) en prévision d'une action. « *On ne saurait penser à tout* » (Muss.). ⇒ **prévoir.** *C'est simple, mais il fallait y penser.* « *Pendant que j'y pense, je veux vous faire compliment de votre ami Dechartre* » (France). ➝ *Faites-moi penser à poster ma lettre.* ⇒ **rappeler. III** v. tr. **1** Avoir pour opinion, pour conviction. ⇒ **estimer.** « *Penser une chose, en écrire une autre* » (Gaut.). ♦ *Penser du bien, du mal de qqn, de qqch. Qu'en pensez-vous ?* (cf. Qu'en dites-vous ?). *Il ne sait (plus) que penser. Il ne dit rien mais il n'en pense pas moins :* il se tait, mais il a son opinion ; il tait ce qu'il sait. « *Tout homme est stupéfait par ce que les autres pensent de lui* » (Maurois). **2** Avoir l'idée de. ⇒ **admettre, croire, imaginer, présumer, soupçonner, supposer.** *Contrairement à ce que j'avais pensé. Qu'est-ce qui vous fait penser cela ?* ♦ exclam. (fam.) *Tu penses !* (cf. Tu parles* !). *Penses-tu ! pensez-vous !* mais non, pas du tout. *Vous n'y pensez pas !* c'est inconcevable. ➝ *Il aurait, pensait-il, l'appui de sa famille.* **3** PENSER QUE : croire, avoir l'idée, la conviction que. *Vous pensez bien que je n'aurais jamais accepté ! De là à penser qu'il va vous trahir !* « *J'ai toujours pensé que l'histoire demande le même art que la tragédie* » (Volt.). ♦ fam. PENSER SI, COMME, COMBIEN. *Tu penses si on a dû se dépêcher pour arriver à temps !* ➝ ⇒ **faillir, manquer.** *J'ai pensé mourir.* **4** Avoir dans l'esprit (comme idée, pensée, image, sentiment, volonté, etc.). *Dire ce que l'on pense,* ce qui passe par la tête. ➝ *Il a marché dans ce que je pense,* dans la crotte. *Il lui a flanqué un coup de pied où je pense,* au derrière. ➝ « *Vous dites "vérité" et vous pensez "authenticité"* » (Mart. du G.). ♦ « *J'aurais horreur de redevenir civil, pensa-t-il* » (Sartre). ♦ PENSER QUE : imaginer. ⇒ se **représenter.** *Pensez qu'elle n'a que vingt ans !* (cf. Rendez-vous compte). **5** PENSER (et l'inf.) : avoir l'intention, avoir en vue de. ⇒ **compter, projeter.** *Que pensez-vous faire à présent ?* ➝ Avoir la conviction, croire. *Il pense avoir réussi son examen.* **6** littér. Considérer clairement, embrasser par la pensée. ⇒ **concevoir.** « *penser un mystère presque aussi troublant que celui de la mort* » (Proust). ♦ Concevoir la réalisation matérielle (d'objets concrets). « *les murs ayant été pensés par un maître maçon, comme la charpente par un maître charpentier* » (Aymé). ➝ *Un roman bien pensé.* ✪ CONTR. Oublier. Désintéresser (se). — HOM. Panser, pensée.

penseur, euse n. – XIIe **1** Personne qui s'occupe, s'applique à penser. « *Le Penseur* », *statue de Rodin.* **2** Personne qui a des pensées neuves et personnelles sur les problèmes généraux. ⇒ **philosophe.** « *les penseurs passent aisément pour des obstinés et des négateurs* » (Alain). ✪ HOM. Panseur.

pensif, ive adj. – XIe ▪ Qui est absorbé dans ses pensées. ⇒ **songeur.** ➝ *Air pensif.* ⇒ **méditatif, rêveur.**

pension n. f. – XIIIe ; lat. *pendere* « peser, payer » **1** Allocation périodique versée régulièrement à une personne. ⇒ **dotation.** *Pension de retraite.* ⇒ ① **retraite.** *Bénéficiaire d'une pension.* ⇒ **pensionné.** *Pension d'invalidité. Pension de veuve de guerre. Pension accordée à un étudiant.* ⇒ ① **bourse. 2** Fait d'être nourri et logé, ou nourri seulement, d'une manière régulière chez qqn. ⇒ **pensionnaire.** *Mes parents* « *prennent en pension des enfants fragiles* » (Tournier). ♦ *Pension (complète) :* forfait hôtelier comprenant l'hébergement, le petit déjeuner et les deux repas. ⇒ aussi **demi-pension. 3** Somme versée pour être logé et nourri. **4** Établissement où l'on est logé et nourri pour une durée et une somme convenues. ➝ *Pension de famille,* où les conditions de vie ont un aspect familial. **5** Établissement scolaire assurant l'hébergement et la nourriture des élèves. ⇒ **internat, pensionnat.** ➝ Ensemble des élèves d'une pension. *Toute la pension était en promenade.*

pensionnaire n. – XIVe **1** Comédien, comédienne qui reçoit un traitement fixe. *Les pensionnaires et les sociétaires de la Comédie-Française.* ♦ Étudiant ou jeune artiste qui bénéficie d'un séjour dans une fondation, une école. *Les pensionnaires de la Villa Médicis.* **2** Personne qui prend pension chez un particulier, dans un hôtel. ➝ *Les pensionnaires d'une maison de retraite.* **3** Élève logé et nourri dans l'établissement scolaire qu'il fréquente. ⇒ **interne.** *Les pensionnaires, les demi-pensionnaires et les externes.*

pensionnat n. m. – XVIIIe ▪ École, maison d'éducation privée où les élèves sont logés et nourris. ⇒ **internat, pension.** ♦ Les élèves de cet établissement.

pensionné, ée n. et adj. – XVIIIe ▪ Qui bénéficie d'une pension ; retraité.

pensionner v. tr. [1] – XIVe ▪ Pourvoir (qqn) d'une pension. ⇒ aussi **subventionner.**

pensivement adv. – XIVe ▪ D'une manière pensive, d'un air pensif.

pensum [pɛ̃sɔm] n. m. – XVIIIe ; mot lat. « tâche, travail » ▪ vieilli Travail supplémentaire imposé à un élève par punition. « *pour la moindre incartade, je foudroyais toute l'étude de pensums et de retenues* » (Daudet). ♦ Travail ennuyeux. *Quel pensum !* ⇒ **corvée.**

❑ Le latin *pensum,* proprement « poids », désignait le poids de laine que l'esclave devait filer chaque jour.

pent(a)- Élément, du gr. *pente* « cinq ».

pentacle [pɛ̃takl] n. m. – XVIe ▪ Étoile à cinq branches.

pentacrine [pɛ̃takʀin] n. m. – XVIIIe ; de *penta-* et gr. *krinon* « lis » ▪ Échinoderme des profondeurs abyssales *(crinoïdes).*

pentadactyle [pɛ̃tadaktil] adj. – XVIIIe ; *penta-* et *-dactyle* ▪ Qui a cinq doigts.

pentaèdre [pɛ̃taɛdʀ] n. m. et adj. – XIXe ; *penta-* et *-èdre* ▪ Polyèdre à cinq faces.

pentagonal, ale, aux [pɛ̃tagɔnal, o] adj. – XVIe ▪ En forme de pentagone.

pentagone [pɛ̃tagɔn ; pɛ̃tagon] n. m. – XIIIe ; *penta-* et *-gone* **1** Polygone qui a cinq angles et cinq côtés. **2** *Le Pentagone :* l'état-major des armées des États-Unis, dont le siège à Washington est un bâtiment pentagonal.

pentamère [pɛ̃tamɛʀ] adj. et n. m. – XIXe ; *penta-* et *-mère* ▪ Insecte qui a cinq articles à tous les tarses.

pentamètre [pɛ̃tamɛtʀ] adj. et n. m. – XVe ; *penta-* et *-mètre* ▪ *Vers pentamètre :* en métrique grecque et latine, Vers de cinq pieds.

pentane [pɛ̃tan] **n. m.** – XIXe ; de *penta-* ▪ Hydrocarbure saturé.

pentanol [pɛ̃tanɔl] **n. m.** – 1932 ▪ Alcool saturé à cinq atomes de carbone.

pentarchie [pɛ̃taʀʃi] **n. f.** – XIVe ; *pent(a)-* et *-archie* ▪ Gouvernement de cinq chefs.

pentathlon [pɛ̃tatlɔ̃] **n. m.** – XVIe ; de *pent(a)-* et gr. *athlon* « combat » ▪ Sport pratiqué par les athlètes grecs et romains et qui comprenait cinq exercices. ♦ *Pentathlon moderne* (tir, natation, escrime, équitation, cross).

❑ Même famille que *athlète,* comme *triathlon.*

pentatome [pɛ̃tatɔm ; pɛ̃tatom] **n. m.** ou **f.** – XVIIIe ; *penta-* et *-tome* ▪ Insecte à odeur forte et désagréable, appelé *punaise des bois.*

pentatonique [pɛ̃tatɔnik] **adj.** – XVIIIe ; de *penta-* et gr. *tonos* « ton » ▪ Qui est formé de cinq tons. *Gamme pentatonique.*

pente **n. f.** – XIVe ; lat. *pendere* « pendre » **1** Inclinaison par rapport au plan de l'horizon. ⇒ **déclivité.** *Pente douce, raide, abrupte.* ♦ *Pente d'une droite,* angle qu'elle fait avec sa projection orthogonale. *Pente de quatre pour mille, de dix pour cent.* **2** Direction de l'inclinaison selon laquelle une chose est entraînée. *Suivre la pente du terrain.* **3** ⇒ **penchant, propension.** « *Peut-être y a-t-il en Don Alvaro une certaine pente à contredire* » (Montherl.). **4** EN PENTE : qui n'est pas horizontal. *Terrain en pente.* ⇒ **talus.** *Chemin en pente raide.* « *deux étendues plantées de petits oliviers qui descendent chez moi en pente douce* » (Bosco). **5** Surface inclinée, plan oblique par rapport à l'horizontale. *Descendre, monter une pente.* ⇒ **côte, descente, montée, raidillon.** *En haut, au bas de la pente.* ➛ *Les pentes d'une colline.* ⇒ **côté, penchant, versant.** ➛ Route qui descend (opposé à *côte*). ⇒ **descente.** *Dévaler une pente.* **6** Ce qui incline la vie vers le bas, dans le sens de la facilité, du mal. loc. *Être sur une, la mauvaise pente ;* fam. *sur une pente savonneuse :* commencer une évolution fâcheuse. *Remonter la pente :* rétablir, au prix d'un effort, une situation compromise. ✪ HOM. Pante.

pentecôte **n. f.** – Xe ; gr. *pentêkostê* « cinquantième (jour après Pâques) » **1** Fête chrétienne célébrée le septième dimanche après Pâques pour commémorer la descente du Saint-Esprit sur les apôtres. « *nous étions à la veille du dimanche de la Pentecôte* » (Tournier). **2** Fête juive célébrée sept semaines après le second jour de la Pâque.

pentecôtisme **n. m.** – 1963 ▪ Mouvement protestant qui accorde une large place au Saint-Esprit et aux charismes. ⇒ aussi **charismatique.**

penthiobarbital [pɛ̃tjobaʀbital] **n. m.** – milieu XXe ; de *pent(a)-*, *thio-* et *barbital* ▪ Barbiturique qui a la propriété de plonger le sujet dans un état de narcose liminaire, utilisé en narcoanalyse. ⇒ **penthotal.** *Des penthiobarbitals.*

penthotal [pɛ̃tɔtal] **n. m.** – 1948 ; nom déposé ▪ Penthiobarbital, appelé *sérum* de vérité. Des penthotals.*

penthouse [pɛntaus] **n. m.** – 1947 ; mot angl. ▪ En Amérique du Nord, Appartement luxueux édifié sur le toit d'un immeuble.

penthrite [pɛ̃tʀit] **n. f.** – 1947 ; de *pent(a)-* et gr. *eruthros* « rouge » ▪ Explosif constitué par un ester nitrique.

pentode [pɛ̃tɔd] **n. f.** – 1949 ; de *pent(a)-* et *(électr)ode* ▪ Tube électronique comprenant cinq électrodes.

❑ On écrit aussi *penthode,* sans raison étymologique valable.

pentose [pɛ̃toz] **n. m.** – XIXe ; *pent(a)-* et ① *-ose* ▪ Ose à cinq atomes de carbone.

pentu, ue **adj.** – 1941 ▪ En pente, incliné.

penture **n. f.** – XIIIe ▪ Bande de fer fixée à plat sur le battant d'une porte ou d'un volet de manière à le soutenir sur le gond. ⇒ **ferrure,** ① **paumelle.**

pénultième [penyltjɛm] **adj.** et **n. f.** – XIIIe ; lat. *pæne* « presque » et *ultimus* « dernier » ▪ Avant-dernier. ♦ **n. f.** Avant-dernière syllabe.

pénurie **n. f.** – XVe ; lat. « disette » ▪ Manque de ce qui est nécessaire. *Pénurie de blé, de pétrole.* ⇒ **carence, défaut,** ② **manque.** ✪ CONTR. Abondance, surabondance.

péon **n. m.** – XIXe ; esp. *peón,* du lat. *pedo* « qui a de grands pieds » **1** Manœuvre agricole en Amérique du Sud. **2** L'un des aides du matador.

péotte **n. f.** – XVIIe ; vénitien *peota* ▪ Grande gondole de l'Adriatique.

pep [pɛp] **n. m.** – 1926 ; mot angl., de *pepper* « poivre » ▪ Dynamisme, allant. ⇒ ② **punch, tonus.**

❑ La variante *peps* est fréquente.

pépé **n. m.** – XIXe ; de *père* ▪ pop. (enfantin) Grand-père. ⇒ **papi, pépère.** ♦ fam. Homme âgé. ✪ HOM. Pépée.

pépée **n. f.** – XIXe ; de *poupée* ▪ fam. Femme, jeune fille. ⇒ **nana.** ✪ HOM. Pépé.

pépère **n. m.** et **adj.** – XIXe **1** pop. (enfantin) Grand-père. ⇒ **pépé.** **2** fam. Gros homme, gros enfant paisible, tranquille. **3** **adj.** fam. Agréable, tranquille. *Un petit coin pépère.* ➛ Exempt de difficultés. *Vie pépère.* ⇒ **peinard.** « *un secteur pépère où il ne se passait jamais rien* » (Cendrars).

pépètes **n. f. pl.** – XIXe ; p.-ê. mot région. « galet plat » ▪ fam. et vieilli Argent. ⇒ **fric.**

❑ On a cru longtemps que ce mot était une altération de *pépite.*

pépie **n. f.** – XIIIe ; lat. *pituita* **1** Induration de la muqueuse de la langue chez certains oiseaux. **2** *Avoir la pépie :* avoir très soif.

pépiement **n. m.** – XVIIe ▪ Action de pépier ; petit cri des jeunes oiseaux. ⇒ **cui-cui.** ➛ Cri du moineau, du poussin.

pépier **v. intr.** [7] – XIVe ; lat. *pippare* « glousser » ▪ Pousser de petits cris brefs et aigus (en parlant des jeunes oiseaux). ⇒ **crier.** *Le traîne-buisson* « *filait alors devant nous, rasant les feuilles comme un merle et pépiant à petite voix* » (Genevoix).

① **pépin** **n. m.** – XIIe ; d'un rad. *pep-* « petit » **1** Graine de certaines baies. *Les grains de café, de poivre sont des pépins.* ♦ Toute petite graine relativement molle. *Pépins de citron, de pomme. Huile de pépins de raisin. Fruits à pépins et fruits à noyaux.* **2** fam. Ennui imprévu, complication, difficulté. ⇒ **tuile.** *Il nous arrive un pépin.*

② **pépin** **n. m.** – XIXe ; personnage de vaudeville ▪ fam. Parapluie. ⇒ **pébroque.**

pépinière **n. f.** – XIVe ; de ① *pépin* **1** Terrain où l'on fait pousser de jeunes végétaux destinés à être repiqués ou à servir de porte-greffes ; ensemble des plantes qui poussent sur un tel terrain. **2** Établissement, lieu qui fournit un grand nombre de personnes propres à une profession, un état. ⇒ **vivier.**

pépiniériste **n.** – XVIIe ▪ Jardinier qui cultive une pépinière.

pépite **n. f.** – XVIe ; esp. *pepita* « pépin » ▪ Morceau d'or natif sans gangue. *Pépites et paillettes.* ♦ *Pépites de cuivre.* ➛ *Pépites de chocolat.*

péplum [peplɔm] **n. m.** – XVIe ; gr. *peplon* « tunique » **1** Dans l'Antiquité, Vêtement de femme, sans manches, qui s'agrafait sur l'épaule. « *L'héroïne, drapée de son peignoir comme d'un péplum grec* » (R. Rolland). 2 fam. Film à grand spectacle ayant pour sujet un épisode réel ou fictif de l'Antiquité.

péponide n. f. – XIXe ; lat. *pepo* « courge » ▪ Baie à écorce épaisse, à loge unique. *Les fruits des cucurbitacées sont des péponides.*

peppermint [pepɛʀmɛ̃t ; pepœʀmint] n. m. – XIXe ; mot angl., de *pepper* « poivre » et *mint* « menthe » ▪ Liqueur de menthe poivrée.

peps → **pep**

pepsine n. f. – XIXe ; gr. *pepsis* « digestion » ▪ Enzyme du suc gastrique qui décompose les protéines alimentaires en peptides.

peptide n. m. – 1907 ; de *pep(sine)* et *(pro)tide* ▪ Enchaînement formé par un nombre restreint d'acides aminés.

peptique adj. – XVIIe ▪ Relatif à la pepsine. *Digestion peptique.* ➸ Qui a trait à la digestion. *Troubles peptiques.*

peptone n. f. – XIXe ; gr. *peptein* « digérer » ▪ Mélange obtenu par la dégradation des viandes sous l'effet d'enzymes.

péquenaud, aude n. ; **péquenot** n. m. – 1905 ; d'un rad. *pekk* « petit, chétif » ▪ fam. et péj. Paysan, rustre. ⇒ **bouseux, plouc.** « *On ne s'en ressent pas pour défiler devant les péquenots* » (Dorgelès).

péquin → **pékin**

péquiste n. et adj. – 1968 ▪ Se dit des membres et de la politique du Parti québécois (P. Q.).

per- Préfixe exprimant un excès de la quantité normale d'un élément dans un composé chimique.

péramèle n. m. – XIXe ; gr. *pêra* « sac » et lat. *meles* « martre » ▪ Mammifère d'Australie *(marsupiaux)* à museau allongé, de la taille d'un lapin.

perborate n. m. – XIXe ▪ Sel contenant plus d'oxygène que le borate.

perçage n. m. – XIXe ▪ Opération par laquelle on perce. *Perçage des métaux.*

percale n. f. – XVIIe ; persan *pargâla* « toile, lambeau de toile » ▪ Tissu de coton, fin et serré. « *jolies sous leur bonnet de percale* » (Gaut.).

percaline n. f. – XIXe ▪ Toile de coton lustrée.

perçant, ante adj. – XIVe 1 Qui voit au loin. *Regard perçant.* ⇒ **pénétrant.** ➸ « *Elle avait les yeux profondément forés et perçants* » (Proust). 2 Aigu et fort. *Des cris perçants.* ⇒ **déchirant, strident.** ✪ CONTR. Doux. — HOM. Persan.

perce n. f. – XVe 1 loc. *Mettre en perce :* faire une ouverture à (un tonneau) pour en tirer le vin. « *son cellier, où il y a toujours une barrique en perce* » (Simenon). 2 Outil pour percer. 3 Canal d'un instrument à vent. ✪ HOM. Perse.

percée n. f. – XVIIIe 1 Ouverture qui ménage un passage ou donne un point de vue. *Ouvrir une percée dans une forêt.* ⇒ **chemin, trouée.** 2 Action de rompre les défenses de l'ennemi. *Tenter une percée.* ➸ Action de percer à travers la défense de l'équipe adverse. 3 Développement, réussite malgré un obstacle. *Percée technologique, politique.* ✪ CONTR. Clôture, fermeture. Recul.

percement n. m. – XVIe ▪ Action de percer, de pratiquer (une ouverture, un passage). *Le percement du tunnel sous la Manche.*

perce-muraille n. f. – XVIIIe ▪ Pariétaire. *Des perce-murailles.*

perce-neige n. m. ou f. – XVIIe ▪ Plante *(amaryllidées)* à fleurs blanches qui s'épanouissent en hiver. *Des perce-neige* ou *des perce-neiges.*

perce-oreille n. m. – XVIe ▪ Forficule. *Des perce-oreilles.*

perce-pierre n. f. – XVIe ▪ Plante vivant sur les rochers ou les murs, telle que la saxifrage et la criste-marine. *Des perce-pierres.*

percept [pɛʀsɛpt] n. m. – XIXe ; lat. *perceptum* ▪ Objet de la perception, sans référence à une chose en soi (opposé à *concept*).

percepteur, trice n. – XVe ; lat. *percipere* « recueillir » ▪ Comptable public chargé de la perception et du recouvrement des impôts directs, amendes et condamnations pécuniaires et du paiement de nombreuses dépenses publiques.

❑ Ne pas confondre avec *précepteur* « éducateur ».

perceptibilité n. f. – XVIIIe ▪ Caractère de ce qui peut être perçu. ✪ CONTR. Imperceptibilité.

perceptible adj. – XIVe 1 Qui peut être perçu par les organes des sens. ⇒ **appréciable, discernable, saisissable, sensible.** *Perceptible à l'œil* (⇒ **visible**), *à l'oreille* (⇒ **audible**). « *le chuintement de ses pas est à peine perceptible* » (Robbe-Grillet). *Différences peu perceptibles.* 2 Qui peut être compris, saisi par l'esprit. ✪ CONTR. Imperceptible, insensible.

❑ Pour le sens → sensible (rem.).

perceptif, ive adj. – XVe ▪ Relatif à la perception. *Interprétation perceptive de la sensation.*

perception n. f. – XIVe I - 1 Opération par laquelle l'Administration recouvre les impôts directs. ⇒ ① **recouvrement.** 2 Emploi, bureau du percepteur. ⇒ **recette.** II - 1 vieilli Acte, opération de l'intelligence, représentation intellectuelle. ⇒ **idée, image.** « *Une perception claire et distincte* » (Desc.). ♦ Le fait de subir une action, d'y réagir. ⇒ **affection.** *Perceptions et aperceptions chez Leibniz.* 2 Fonction par laquelle l'esprit se représente les objets ; acte par lequel s'exerce cette fonction ; son résultat. *Perception et sensation.* ⇒ ① **sens.** *Le daltonisme est un trouble de la perception des couleurs.* ➸ *Verbes de perception* (ex. regarder, écouter, voir, entendre, sentir). 3 littér. *Perception de qqch. :* prise de connaissance, sensation, intuition. ⇒ **impression.** « *la perception du bien et du mal s'obscurcit à mesure que l'intelligence s'éclaire* » (Chateaub.).

perceptionnisme n. m. – XIXe ▪ Doctrine d'après laquelle l'esprit, dans la perception, a une conscience immédiate de la réalité extérieure.

percer v. [3] – XIe ; lat. *pertundere* « trouer » I v. tr. 1 Faire un trou dans. ⇒ **perforer, trouer.** *Percer une planche, un mur à l'aide d'un outil.* ⇒ **forer, poinçonner.** *Percer un tonneau. Percer de part en part.* ⇒ **transpercer.** ➸ *Poche percée.* « *une flûte de roseau percée de six trous* » (Tournier). ♦ Traverser, trouer (une partie du corps). *Percer un abcès.* ⇒ **crever, inciser, ouvrir.** ➸ *Avoir les oreilles percées.* ♦ loc. *Percer le cœur :* affliger, faire souffrir. 2 Pratiquer une ouverture pouvant servir de passage. *Percer un rocher pour pratiquer un tunnel. Percer un coffre-fort.* 3 Traverser. *Le soleil perce les nuages.* ♦ *Hurlements qui percent le tympan* ⇒ **déchirer.** ♦ Se frayer un passage dans. *Percer la foule.* 4 littér. Parvenir à découvrir. ⇒ **déceler.** *Percer un complot.* « *sa ruse fut vite percée par la servante mise en défiance* » (Maupass.). ➸ loc. *Percer à jour :* parvenir à connaître. *Percer qqn à jour.* 5 Pratiquer, faire (un trou, une ouverture). *Percer un tunnel. Per-*

cer une avenue. ➙ *La « porte d'entrée, percée dans le mur du jardin »* (Mart. du G.). **II** v. intr. **1** Se frayer un passage en faisant une ouverture, un trou. ♦ *« quatre grosses dents qui percent à la fois »* (Balz.). ⇒ **pousser.** *Abcès qui perce.* ⇒ **crever.** *Le soleil commence à percer.* ♦ *Les ennemis n'ont pas pu percer.* **2** Se déceler, se manifester, se montrer. *Rien n'a percé de leur entretien.* ⇒ **transpirer.** *« Déjà Napoléon perçait sous Bonaparte »* (Hugo). **3** Acquérir la notoriété. ⇒ **réussir.** *Artiste qui n'arrive pas à percer.* ✪ CONTR. ① Boucher, clore, fermer, obstruer.

percerette n. f. – XVIIe ■ Petit foret, petite vrille.

perceur, euse n. – XVe **1** Personne qui perce à l'aide d'un outil. *Perceur de coffres-forts.* **2** n. f. Machine-outil utilisée pour le perçage de trous, l'usinage de pièces métalliques, la finition de pièces. ⇒ **foreuse ; chignole.** *Mandrin, foret d'une perceuse.*

percevable adj. – XVe ■ Qui peut être perçu (argent). ⇒ **recouvrable.** *Taxe percevable.*

percevoir v. tr. [28] – XIIe ; lat. *percipere* « saisir par les sens » **I - 1** Comprendre, parvenir à connaître. ⇒ **discerner, distinguer, saisir, sentir.** *Percevoir une différence, une nuance.* ♦ Avoir conscience de (une sensation). ⇒ **éprouver.** *Percevoir une lueur indécise.* ⇒ **apercevoir.** *Les chiens perçoivent les ultrasons.* ⇒ **entendre.** **2** Constituer et reconnaître comme objet par l'acte de la perception. *Percevoir l'étendue.* **II** Recevoir (une somme d'argent, un produit, un revenu). ⇒ **encaisser.** *Percevoir un loyer.* ⇒ ① **toucher.** ♦ Recueillir le montant de. ⇒ ① **lever, recouvrer.** *Percevoir des droits de douane.* ➙ *Droits perçus.* ✪ CONTR. (de II) Payer, verser.

① **perche** n. f. – XIIe ; gr. *perkôs* « taché de noir » ■ Poisson carnassier *(percidés)* d'eau douce, dont certaines espèces sont estimées pour leur chair. *« des perches épineuses aux flancs tigrés de noir »* (Genevoix). ♦ *Perche de mer.* ⇒ **serran.**

② **perche** n. f. – XIIe ; lat. *pertica* **1** Pièce longue et mince, de section circulaire. ⇒ **gaule.** *« Sur des perches partant du haut des greniers, des écheveaux de coton séchaient à l'air »* (Flaub.). ➙ *Perche à son,* qui supporte le micro. ♦ *Saut à la perche :* saut en hauteur en prenant appui sur une longue tige souple et résistante. ♦ Tige métallique adaptée au toit d'un véhicule destinée à capter le courant. ⇒ **trolley, caténaire.** **2** loc. *Tendre la perche à qqn,* lui fournir une occasion de se tirer d'embarras. *Saisir la perche que l'on vous tend.* **3** fam. Personne grande et maigre. ⇒ **échalas.** **4** Tige principale du bois à laquelle les andouillers sont attachés. ⇒ **merrain.** **5** Ancienne mesure agraire qui valait la centième partie de l'arpent.

perché, ée adj. – XVIe **1** Placé sur un endroit élevé. *Bloc perché :* bloc surélevé par rapport au niveau du sol après avoir protégé de l'érosion la partie du sol ou il repose. **2** *Une voix haut perchée,* aiguë.

perchée n. f. – XIXe ■ Petite tranchée entre deux billons où l'on plante les ceps de vigne. ✪ HOM. Perché, percher.

percher v. [1] – XIVe **I** v. intr. **1** Se mettre, se tenir sur une branche, un perchoir (en parlant d'un oiseau). **2** fam. Loger (à un étage élevé). *Il perche au sixième.* ➙ ⇒ **demeurer, habiter ;** fam. **crécher, nicher.** *« Clémentine dit au comte : Où perche donc le capitaine ? »* (Balz.). **II** v. tr. fam. Placer à un endroit élevé. **III** *SE PERCHER* v. pron. Se mettre, se tenir sur un endroit élevé. ⇒ se **jucher.** *Voir un corbeau « se percher sur quelque buste de philosophe »* (Cocteau). ➙ fam. *« Tarrou s'était levé pour se percher sur le parapet de la terrasse »* (Camus). ⇒ **grimper, monter.** ✪ HOM. Perchée.

percheron, onne adj. et n. – XIXe ; de *Perche,* région de France ■ *Cheval percheron :* grand et fort cheval de trait, de labour. *Une jument percheronne.*

percheur, euse adj. – XIXe ■ Qui a l'habitude de se percher. *Un oiseau percheur.*

perchis n. m. – XVIIIe ■ Futaie dont les arbres de dix à vingt ans fournissent un bois de taille convenable pour faire des perches.

perchiste n. – XIXe **1** Athlète spécialiste du saut à la perche (sauteur à la perche). **2** Personne qui tient la perche à son lors d'un enregistrement. **3** Personne qui tend les perches d'un remonte-pente aux skieurs.

> ❑ *Perchiste* a remplacé le pseudo-anglicisme *perchman* pour désigner le technicien de l'audiovisuel.

perchlorate [pɛʀklɔʀat] n. m. – XIXe ■ Sel de l'acide perchlorique.

perchlorique [pɛʀklɔʀik] adj. – XIXe ■ *Acide perchlorique :* acide du chlore, dans lequel le chlore a son degré d'oxydation le plus élevé.

perchoir n. m. – XVe **1** Endroit où viennent se percher les oiseaux domestiques ; bâton qui leur sert d'appui. ⇒ **juchoir.** *« une douzaine d'aras et de kakatoès qui piaillaient sur leurs perchoirs »* (Gaut.). **2** fam. Endroit élevé où l'on est perché. ➙ Tribune élevée réservée au président de l'Assemblée nationale ; la fonction de président.

perclus, use adj. – XIIIe ; de *per-* et lat. *claudere* « fermer » ■ Privé de la faculté de se mouvoir ; qui a de la peine à se mouvoir. ⇒ **impotent.** *« une sorte de colonel Chabert, perclus, presque aphone »* (Gide). *Être perclus de rhumatismes.*

> ❑ On trouve parfois les formes fautives *perclu, perclue,* sans doute sur le modèle de *exclu, exclue* et *conclu, conclue.*

percnoptère [pɛʀknɔptɛʀ] n. m. – XVIIIe ; gr. *perknos* « noirâtre » et *pteron* « aile » ■ Rapace diurne *(falconidés),* de taille moyenne, qui vit dans les régions méditerranéennes.

perçoir n. m. – XIIIe ■ Outil pour percer.

percolateur n. m. – 1903 ; lat. *percolare* « filtrer » ■ Appareil qui sert à faire du café par percolation. *Le garçon de café « allumait le percolateur et en remplissait la partie supérieure de café moulu »* (Simenon).

percolation n. f. – 1903 ■ Circulation d'un fluide à travers une substance, sous l'effet de la pression.

perçu, ue adj. et n. m. – XIIIe **1** Saisi, appréhendé par la perception. *Mouvement à peine perçu.* ♦ n. m. Le réel en tant qu'il est perçu par un sujet. **2** *Être bien, mal perçu,* jugé favorablement ou non.

percussion n. f. – XIVe ; lat. *percutere* « frapper » **1** Action de frapper ; choc d'un corps contre un autre. ⇒ **coup.** *Perceuse à percussion,* dont le foret subit des chocs répétés pour faciliter sa pénétration. ➙ *Arme à percussion :* arme à feu dans laquelle la mise à feu s'effectue par le choc d'une pièce métallique contre une capsule détonante. *« j'ai mon fusil à percussion centrale, et des cartouches à pleine charge »* (Genevoix). **2** *Instrument à percussion,* dont on joue en le frappant et dont le rôle est surtout rythmique. ➙ *La percussion :* l'ensemble des instruments à percussion d'un orchestre. ⇒ **batterie.** *« Concerto pour deux pianos et percussion », de Bartok.* **3** Mode d'exploration clinique qui consiste à frapper une région du corps afin de connaître l'état des parties sous-jacentes d'après le bruit produit.

> ❑ *Percussion,* du latin *percussio* dérivé de *percutere,* s'écrit avec deux *s* comme *discussion* et non avec un *t.*

percussionniste n. – 1966 ■ Musicien qui joue d'un ou plusieurs instruments à percussion.

percutané, ée adj. – 1953 ; lat. *per* « à travers » et *cutané* ■ Qui se fait par absorption à travers la peau.

percutant, ante adj. – XIXe 1 Qui donne un choc. ➛ *Un projectile percutant,* qui éclate lors de l'impact. 2 Qui frappe par sa netteté brutale, qui produit un choc psychologique. ⇒ **frappant, saisissant.** *Une formule percutante.*

percuter v. [1] – Xe ; lat. « frapper violemment » **I** v. tr. 1 Frapper, heurter. ➛ *Pièce du fusil qui percute l'amorce.* ➛ Heurter violemment. *Sa voiture a percuté un camion.* ⇒ **emboutir, tamponner, télescoper.** 2 Explorer (une partie du corps) par le procédé de la percussion (3°). *Percuter le dos.* **II** v. intr. Heurter en explosant. *Obus qui vient percuter contre le sol.* ♦ Heurter violemment un obstacle, un véhicule. *La voiture est allée percuter contre un arbre.* « *notre avion vint percuter dans une des bestioles* » (R. Gary).

percuteur n. m. – XIXe 1 Pièce métallique qui, dans une arme à feu, est destinée à frapper l'amorce et à la faire détoner. 2 Outil préhistorique servant à frapper un bloc de matière dure pour en tirer des éclats.

perdant, ante n. et adj. – XIIIe 1 Personne qui perd au jeu, dans une affaire, une compétition. ⇒ **battu, vaincu.** *Être bon, mauvais perdant :* accepter sa défaite avec bonne ou mauvaise grâce. *C'est un perdant, il échoue souvent.* ⇒ **loser.** 2 adj. Qui perd. *Les numéros perdants.* ➛ « *Une seule chose importante : apprendre à être perdant* » (Cioran). *Il ne faut pas partir perdant !* sans espoir de gagner. ✪ CONTR. Gagnant.

perdition n. f. – XIe 1 Ruine de l'âme par le péché. ➛ loc. *Lieu de perdition :* lieu de plaisir, de débauche. 2 *Navire en perdition,* en danger de faire naufrage. ⇒ **danger, détresse.** ➛ *Une entreprise en perdition,* qui court à sa perte. ✪ CONTR. Salut.

perdre v. tr. [41] – Xe ; lat. *perdere* **I** Être privé de la possession ou de la disposition de. 1 Ne plus avoir. *Perdre sa maison dans un incendie. Perdre de l'argent.* ➛ *Perdre au jeu.* ♦ *Perdre un avantage.* « *on perdait sa situation, on perdait de l'argent à la Bourse, on perdait le goût du travail* » (Aymé). ➛ *Perdre la confiance de qqn. Perdre ses illusions.* ♦ loc. *N'avoir rien à perdre mais tout à gagner. Tu ne perds rien pour attendre :* tu n'échapperas pas à ma revanche. 2 Être séparé de (qqn) par la mort. « *Je n'avais pas douze ans quand je perdis mon père* » (Gide). ♦ Ne plus avoir (un compagnon, un ami, etc.). « *Il faut venger un père et perdre une maîtresse* » (Corn.). 3 Cesser d'avoir. *Perdre un bras, ses cheveux. Le chat perd ses poils. Les arbres perdent leurs feuilles.* ➛ *Perdre du poids :* maigrir. *Perdre le souffle :* être essoufflé. *Perdre l'appétit, le sommeil. Perdre la vie :* mourir. ♦ *Perdre l'esprit, la tête :* devenir fou. *Perdre la mémoire. Perdre connaissance :* s'évanouir. *Perdre espoir :* désespérer. *Perdre patience :* s'impatienter. *Perdre la foi.* ♦ *Mot qui perd son sens. Perdre de la vitesse :* ralentir. *Perdre une partie de sa valeur.* 4 Ne plus avoir en sa possession. ⇒ **égarer,** fam. **paumer.** *Perdre ses lunettes, ses clés.* ➛ « *Parmi tant de gens dont j'avais perdu les noms, les coutumes, les adresses* » (Céline). ⇒ **oublier.** 5 Laisser s'échapper. *Le blessé perd son sang.* ⇒ se **vider.** 6 Cesser de percevoir. *Elle* « *ne perdait pas un mot de l'entretien* » (Romains). *Il ne veut pas en perdre une bouchée.* ➛ loc. *Perdre de vue :* ne plus voir ; ne plus fréquenter, ne plus s'intéresser à. *Il ne faut pas perdre de vue que la situation a changé.* Pronom. *Nous nous sommes perdus de vue depuis le service militaire.* 7 Ne plus pouvoir suivre, contrôler. *Perdre son chemin. Perdre l'équilibre.* 8 Ne pas profiter de, faire mauvais usage. ⇒ **dissiper, gâcher, gaspiller.** *Perdre son temps.* ➛ *Perdre du temps :* laisser passer un temps qu'on devrait pleinement utiliser. *Il n'y a pas un instant à perdre.* Iron. *Avoir de l'argent à perdre,* le gaspiller pour rien. 9 Ne pas obtenir ou ne pas garder. *Perdre l'avantage.* ♦ Ne pas remporter. *Perdre la partie. L'opposition* « *peut perdre autant de batailles qu'elle en livre* » (Balz.). *Perdre son pari.* ➛ Être le perdant. *Il n'aime pas perdre.* ♦ *Perdre du terrain :* aller moins vite que son adversaire. **II** Priver de la possession ou de la disposition de biens, d'avantages. 1 Ruiner totalement. « *Vous veniez accuser cet homme, vous l'avez justifié [...] vous vouliez le perdre, vous n'avez réussi qu'à le glorifier* » (Hugo). ⇒ **déconsidérer, déshonorer.** 2 Priver de sa réputation, de son crédit ; priver de sa situation. *Son orgueil le perdra.* « *je lui ai dit que son indiscrétion la perdrait* » (Mariv.). ➛ Faire condamner. *Son témoignage l'a perdu.* 3 Corrompre ; rendre mauvais. « *Perdus par une éducation impie et par l'exemple maternel* » (Chateaub.). 4 Mettre hors du bon chemin pour se débarrasser de. ⇒ **égarer.** *Le Petit Poucet fut perdu dans la forêt par ses parents.* **III** SE PERDRE v. pron. 1 Être réduit à rien ; cesser d'être. *Rien ne se perd, rien ne se crée.* ♦ Cesser de se manifester. *Les traditions se perdent peu à peu.* ⇒ **disparaître.** 2 Être mal utilisé, ne servir à rien. « *Ainsi se perdait en niaiseries le plus précieux temps de mon enfance* » (Rouss.). loc. fam. *Il y a des coups de pied au cul qui se perdent,* se dit lorsque qqn aurait mérité une correction. 3 Se gâter, s'avarier. *Mange ces pêches, elles vont se perdre.* ⇒ s'**abîmer.** 4 Cesser d'être perceptible. ⇒ **disparaître.** « *C'étaient de petites silhouettes noires, de simples traits de plus en plus minces, qui se perdaient à des lieues* » (Zola). ➛ *Les origines de la vie se perdent dans la nuit des temps. Rivière qui se perd sous terre.* ⇒ s'**enfoncer,** s'**engloutir,** s'**engouffrer.** 5 S'égarer, ne plus retrouver son chemin. ⇒ se **fourvoyer,** fam. se **paumer.** *Se perdre en forêt.* « *il y a tellement d'allées que tu peux te perdre* » (Le Clézio). ♦ *Se perdre dans les détails.* ⇒ s'**embrouiller,** se **noyer.** ♦ Être incapable de comprendre, ne voir plus clair dans. « *Plus je sonde l'abîme, hélas ! plus je m'y perds* » (Lamart.). 6 Appliquer entièrement son esprit à (un objet) au point de n'avoir conscience de rien d'autre. ⇒ s'**absorber,** se **plonger.** *Se perdre dans ses pensées.* ⇒ s'**abîmer.** ✪ CONTR. Acquérir, ① avoir, conquérir, conserver, détenir, emparer (s'), gagner, garder, obtenir, posséder, récupérer, regagner, retrouver, sauver, trouver.

perdreau n. m. – XIVe 1 Jeune perdrix de l'année. « *les perdreaux vont par bandes et nichent ensemble au creux des sillons* » (Daudet). 2 arg. fam. Policier. ⇒ **poulet.**

perdrix n. f. – XIIe ; lat. *perdix* ■ Oiseau *(galliformes)* de taille moyenne, au plumage roux cendré, ou gris cendré, très apprécié comme gibier. *La perdrix cacabe.*

perdu, ue adj. – XIVe **I** - 1 Dont on n'a plus la possession, la disposition, la jouissance. *Argent perdu au jeu.* ➛ *Tout est perdu :* il n'y a plus d'espoir, plus de remède. *Il n'y a rien de perdu :* la situation peut encore être rétablie. ➛ littér. « *le Temps Perdu* » (Proust) : le temps passé. 2 Égaré. *Objets perdus. Chien perdu.* ⇒ ② **errant.** ♦ Qui est loin des grandes agglomérations, des points de référence habituels de la personne qui parle, qui est peu habité. ⇒ ② **écarté ; éloigné, isolé.** *Un coin perdu.* 3 Mal contrôlé, abandonné au hasard. *Balle perdue,* qui a manqué son but et peut en atteindre un autre par hasard. 4 Qui a été mal utilisé ou ne peut plus être utilisé. *Mouler à cire perdue,* en jetant la cire dans un moule. *Emballage, verre perdu* (opposé à *consigné*), qui ne sert qu'une fois. *Occasion perdue.* ⇒ **manqué.** *Ce n'est pas perdu pour tout le monde :* il y a des gens qui en ont profité. ♦ *Temps perdu,* inutilement employé. *Ces réunions, quel temps perdu !* « *Une soirée perdue* », poème de

Musset. ➝ *Moments perdus* : moments de loisir d'une personne ordinairement très occupée. 5 Où on a eu le dessous. *Il est l'homme des causes perdues.* **II - 1** Atteint dans sa santé. *Le malade est perdu,* il ne se rétablira pas, sa mort est certaine. ⇒ **condamné, désespéré, incurable** ; fam. ② **fichu.** ➝ Atteint dans sa fortune, sa situation, son avenir. *C'est un homme perdu.* ⇒ **fini** ; fam. **cuit, flambé.** ♦ vieilli Sans moralité. ⇒ **corrompu, débauché.** *Fille perdue.* 2 Abîmé, endommagé. *Ces fruits sont perdus,* gâtés. **III - 1** Qui est devenu invisible, qui disparaît. « *un rustique palais, perdu dans une haie d'aubépine et de ronce* » (Balz.). 2 Qui s'est égaré. ⇒ fam. **paumé.** *J'étais perdu.* ♦ *Se sentir perdu.* ⇒ **désemparé.** ➝ subst. Personne qui a perdu la tête. ⇒ **fou.** loc. *Crier, courir comme un perdu.* 3 Absorbé. *Perdu dans ses pensées, ses rêveries, dans sa douleur,* plongé.

perdurer v. intr. [1] - XIIe ; lat. ■ vx ou littér. Durer toujours. ➝ Se perpétuer ; continuer. *Si la situation perdurait.*

> ❑ Ce verbe est toujours vivant en Belgique, au sens de « continuer ».

père n. m. - X^e ; lat. *pater* 1 Homme qui a engendré, qui a donné naissance à un ou plusieurs enfants. *Être (le) père de deux enfants.* ⇒ plaisant **géniteur** ; arg. ou pop. **dab, paternel, vieux.** *Le père et la mère* (les parents) *et leurs enfants.* ⇒ **famille.** « *J'aimais sortir avec mon père* » (Gide). *Nouveau père* : père qui s'occupe beaucoup de ses enfants et prend part aux soins du ménage. loc. *Tuer père et mère* : commettre les pires méfaits. *Tel père, tel fils.* ➝ *Magistrats de père en fils. Entreprise Dupont père et fils.* ➝ *Je vous présente mon père. Monsieur votre père.* ➝ appellatif ⇒ **papa.** ♦ Ascendant mâle au premier degré. « *L'enfant conçu pendant le mariage a pour père le mari* » (CODE CIV.). 2 *PÈRE DE FAMILLE,* qui a un ou plusieurs enfants qu'il élève. ⇒ **chef** (de famille), **pater familias.** *Les responsabilités du père de famille.* ➝ *En bon père de famille* : sagement. ➝ *Placements, valeurs de père de famille,* qui garantissent un profit régulier. 3 Le parent mâle. *Le père de ce poulain était un pur-sang.* 4 plur. littér. ⇒ **aïeul, ancêtre,** ② **ascendant.** « *Brûler ce qu'adoraient ses pères* » (Lamart.). 5 La première personne de la sainte Trinité. *Au nom du Père, du Fils et du Saint-Esprit.* 6 *Le père de qqch.* ⇒ **créateur, fondateur, inventeur.** *Louis Lumière, père du cinéma.* ⇒ **ancêtre.** 7 Celui qui se comporte comme un père, est considéré comme un père. *Père adoptif. Être un père pour quelqu'un.* 8 *Père noble* : personnage âgé et solennel, au théâtre. *Jouer les pères nobles.* 9 *Père abbé* : religieux assurant la direction d'une communauté. *Les Pères Blancs.* ➝ *Le saint-père.* ⇒ **pape.** *Les Pères de l'Église* : les docteurs de l'Église (du Ier au VIe siècle). ♦ *Mon père,* se dit en s'adressant à certains religieux. 10 Désignant un homme mûr et de condition modeste. « *Le Père Goriot* », *roman de Balzac. Le père Ubu, personnage de Jarry.* « *la vaste clameur parisienne dont a si bien parlé le Père Hugo* » (Fargue). loc. *Le coup du père François* : un coup mortel sur la nuque. ➝ « *il avait fait ce métier comme un autre, en père tranquille que le démon de l'ambition n'a jamais troublé* » (Tournier). ✪ HOM. Pair, paire, pers.

pérégrination n. f. - XIIe ; lat. *peregrinus* « de l'étranger » ■ plur. Déplacements incessants en de nombreux endroits. *Ils s'étaient ruinés* « *en pérégrinations d'une "station" thermale à une autre* » (Proust).

péremption [peʀɑ̃psjɔ̃] n. f. - XVIe ; lat. *perimere* « anéantir » 1 Anéantissement des actes de procédure antérieurement accomplis lorsqu'un certain délai s'est écoulé sans qu'aucun acte ait été fait. 2 *Date de péremption* : date figurant sur un produit en vente, au-delà de laquelle il n'est plus consommable.

> ❑ Ne pas confondre avec *préemption* « action d'acheter avant un autre ».

péremptoire [peʀɑ̃ptwaʀ] adj. - XIIIe 1 Relatif à la péremption (1°). *Exception péremptoire.* 2 Qui détruit d'avance toute objection ; contre quoi on ne peut rien répliquer. ⇒ **décisif, tranchant.** *Ton péremptoire.* ⇒ **catégorique.** ✪ CONTR. Hésitant, ① incertain ; discutable.

pérennant, ante adj. - 1913 ■ Qui subsiste plusieurs années, en résistant aux chocs climatiques. *Organes pérennants d'une plante.*

pérenne adj. - XVIe ; lat. *perennis* « qui dure toute l'année » ■ *Rivière, source pérenne,* qui dure toute l'année. ⇒ **permanent.**

> ❑ *Pérenne* est le seul adjectif avec une finale en *...enne* du genre masculin.

pérenniser v. tr. [1] - XVIe ■ Rendre durable, éternel. *Pérenniser une institution.*

pérennité n. f. - XIIe ■ État, caractère de ce qui dure toujours (⇒ **continuité, éternité, immortalité, perpétuité**) ou très longtemps (⇒ **durable, durée**). *La pérennité de l'espèce.* ✪ CONTR. Brièveté.

péréquation [peʀekwasjɔ̃] n. f. - XVe ; lat. *peræquare* « égaliser » ■ Rajustement des traitements, pensions, impôts, destiné à les adapter au coût de la vie ou à établir entre eux certaines proportions déterminées. ⇒ **répartition.** ♦ Opération visant à compenser des soldes, des différences. *Péréquation des prix, des charges, destinée à diminuer les inégalités entre les entreprises.*

perestroïka [peʀestʀɔjka] n. f. - 1986 ; mot russe « reconstruction » ■ En Union soviétique, Réorganisation du système socioéconomique et modification des mentalités. *La perestroïka fut préconisée par M. Gorbatchev.*

perfectibilité n. f. - XVIIIe ■ littér. Caractère de ce qui est perfectible. « *la perfectibilité indéfinie de l'espèce humaine* » (Lamart.).

perfectible adj. - XVIIIe ; lat. *perfectus* « parfait » ■ Qui est susceptible d'être amélioré. « *Dieu, faisant l'homme perfectible et capable de comprendre le beau et le bien* » (Sand). ✪ CONTR. Imperfectible.

perfectif, ive adj. - XVe ■ *Aspect perfectif* : « Aspect d'une action envisagée comme aboutissant à un terme » (Marouzeau). *Verbes perfectifs.* ✪ CONTR. Imperfectif.

perfection n. f. - XIIe ; lat. « complet achèvement » 1 État, qualité de ce qui est parfait. « *ne cherchons point la chimère de la perfection* » (Rouss.). *Désir de la perfection.* ⇒ **perfectionnisme.** 2 Réunion de toutes les qualités portées à leur degré le plus haut. ⇒ **absolu,** ② **idéal.** « *là où il n'y a point de bornes, c'est-à-dire en Dieu, la perfection est absolument infinie* » (Leibniz). 3 Excellence, grande qualité. *Le sommet de la perfection.* ♦ loc. adv. *À LA PERFECTION* : d'une manière parfaite, excellente. *Elle chante à la perfection.* 4 Qualité remarquable. « *Un homme passionné voit toutes les perfections dans ce qu'il aime* » (Stendh.). ♦ Personne, chose parfaite. ⇒ **perle.** *Cette machine est une petite perfection.* ⇒ **merveille.** ✪ CONTR. Imperfection. Défaut, faute ; défectuosité.

perfectionnement n. m. - XVIIIe 1 Action de perfectionner, de rendre meilleur. ⇒ **avancement, progrès.** ♦ Action de se perfectionner. *Classes de perfectionne-*

ment. 2 Procédé par lequel on perfectionne qqch. ; amélioration qui en résulte. ✪ CONTR. Corruption, détérioration.

perfectionner v. tr. [1] – XVIIe 1 Rendre meilleur, plus proche de la perfection. ⇒ **améliorer, parfaire.** « *les hommes ont reçu le don de perfectionner tout ce que la nature leur accorde* » (Volt.). ⇒ **affiner.** *Perfectionner son style.* ⇒ **châtier, épurer, polir.** 2 Améliorer, sur le plan technique. ⇒ **optimiser.** *Perfectionner un procédé.* ➛ *Machine très perfectionnée.* 3 SE PERFECTIONNER v. pron. Acquérir plus de qualités, de valeur. « *une seule chose compte en ce monde : c'est de se perfectionner, c'est le perfectionnement* » (Mauriac). ➛ S'améliorer sur le plan technique. *Les machines se perfectionnent.* ♦ Faire des progrès. *Se perfectionner en anglais.* ✪ CONTR. Abîmer, avilir, corrompre, détériorer.

perfectionnisme n. m. – 1955 ▪ Tendance excessive à rechercher la perfection.

perfectionniste n. et adj. – XIXe ▪ Personne qui recherche la perfection dans ce qu'elle fait, qui fignole (à l'excès) son travail. ➛ adj. *Il est trop perfectionniste.*

perfide adj. et n. – X^e ; lat. « qui viole sa foi *(fides)* » 1 littér. Qui manque à sa parole, trahit celui qui lui faisait confiance. ⇒ **déloyal.** ➛ loc. péj. ou plais. *La perfide Albion :* l'Angleterre. 2 littér. Dangereux, nuisible sans qu'il y paraisse. *Perfide comme l'onde.* ➛ *Propos perfide.* ⇒ **empoisonné, fielleux, méchant, sournois, venimeux.** ✪ CONTR. Loyal.

❑ Même famille étymologique que *fidèle.*

perfidement adv. – XVIIe ▪ littér. D'une manière perfide, avec perfidie. ⇒ **déloyalement.**

perfidie n. f. – XVIe ▪ littér. 1 Action, parole perfide. ⇒ **méchanceté, trahison.** *On le sentait capable de toutes les perfidies.* 2 Caractère perfide, défaut des êtres perfides. ⇒ **déloyauté, fourberie, machiavélisme, malignité.** *Dire, insinuer qqch. avec perfidie.* ➛ *Perfidie d'un compliment.* ✪ CONTR. Fidélité, loyauté.

perfolié, iée adj. – XVIIIe ; lat. *per* « à travers » et *folium* « feuille » ▪ *Feuille perfoliée,* qui semble traversée par le rameau qui la porte, tant elle l'enveloppe.

perforage n. m. – XIXe ▪ Action de perforer.

perforant, ante adj. – XVIIIe 1 *Artères perforantes,* qui traversent des espaces interosseux, des muscles. 2 *Balle, obus perforant,* destinés à percer les blindages.

perforateur, trice adj. et n. – XVIe 1 Qui perfore. *Marteau perforateur.* 2 n. m. Instrument servant à perforer un os. 3 n. f. Machine-outil destinée à percer profondément les roches, le sol. *Perforatrice à air comprimé.* ♦ Machine destinée à établir des cartes, des bandes perforées. *(Pince) perforatrice,* pour perforer les titres de transport. ⇒ **composteur, poinçonneuse.** ➛ n. Personne faisant fonctionner une perforatrice.

perforation n. f. – XIVe 1 Action de perforer, d'ouvrir un organe. 2 État de ce qui est perforé. ➛ Ouverture accidentelle ou pathologique dans un organe. *Perforation du tympan.* 3 Chacun des petits trous d'une carte, d'une bande perforée.

perforé, ée adj. – XIIe 1 Percé. *Intestin perforé.* 2 Qui présente des petits trous réguliers, en vue d'un usage mécanique. *Bords perforés d'une pellicule photo. Carte, bande perforée,* comportant des perforations codant des caractères alphanumériques.

perforer v. tr. [1] – XIIe ; lat. *per* « à travers » et *forare* « percer » 1 Traverser en faisant un ou plusieurs petits trous. ⇒ **percer, trouer.** *La balle lui a perforé le poumon.* 2 Traverser de petits trous réguliers. *Perforer des cartons, des cartes, des bandes* (⇒ **perforé**). *Machine à perforer :* perforatrice.

performance n. f. – XVIe ; de *parformer* « accomplir, exécuter » 1 Résultat chiffré obtenu dans une compétition. *Les performances d'un champion.* « *sa performance, accomplie sans témoins officiels, ne serait pas homologuée* » (Montherl.). ➛ *Les performances d'un vendeur. Les performances d'un produit.* ♦ *Test de performance :* test non verbal d'appréciation des facultés intellectuelles. ➛ Réalisation d'un acte de parole par une personne. *Compétence et performance.* 2 Résultat optimal qu'une machine peut obtenir. *Les performances d'un ordinateur, d'un avion.* ♦ Exploit, succès. ⇒ **prouesse.** *C'est une belle performance !*

❑ L'antonyme *contre-performance* s'applique, en sports, à un résultat particulièrement mauvais (et non à une prouesse contrée).

performant, ante adj. – 1968 ▪ Capable de hautes performances. *Un ordinateur performant. Une entreprise performante.* ⇒ **compétitif.** *Un cadre performant.*

performatif n. m. – 1962 ; angl. ▪ Énoncé qui constitue simultanément l'acte auquel il se réfère (ex. *Je vous autorise à partir,* qui est une autorisation).

perfuser v. tr. [1] – 1960 ▪ Pratiquer une perfusion sur. *Perfuser un malade.*

perfusion n. f. – XIVe ; lat. *per* et *fundere* « verser » ▪ Injection lente et continue de sérum. *Être sous perfusion.* abrév. fam. PERF. ➛ *Perfusion sanguine.* ⇒ **goutte-à-goutte.**

pergélisol [pɛʀʒelisɔl] n. m. – 1956 ; de *per(manent), géli-* et *sol* ▪ Sol gelé en permanence et imperméable des régions arctiques. ⇒ **merzlota, permafrost.**

pergola n. f. – XIXe ; mot it., du lat. *pergula* « tonnelle » ▪ Petite construction de jardin, faite de poutres horizontales en forme de toiture, soutenues par des colonnes, qui sert de support à des plantes grimpantes.

① **péri** n. f. – XVIIe ; persan *perî* « ailé » ▪ Génie ou fée, dans la mythologie arabo-persane. « *Il regardait cette belle fille, avec ses attributs de péri, ses iris d'elfe* » (Giraud.). ✪ HOM. Paierie, pairie.

② **péri, ie** adj. – XVIe ; de *périr* ▪ Se dit d'un meuble de petites dimensions placé au centre de l'écu.

péri- Élément, du gr. *peri* « autour (de) ». ⇒ **circum-.**

périanthe n. m. – XVIIIe ; *péri-* et *-anthe* ▪ Ensemble des enveloppes protégeant les organes reproducteurs de la fleur.

périarthrite n. f. – XIXe ▪ Altération des tissus qui entourent une articulation accompagnée de douleurs et d'une limitation des mouvements.

périastre n. m. – av. 1962 ▪ Point de l'orbite d'un corps céleste le plus proche de l'astre autour duquel il gravite. ✪ CONTR. Apoastre.

péribole n. m. – XVIIe ; gr. ▪ Espace clos autour des temples grecs.

péricarde n. m. – XIVe ; *péri-* et *-carde* ▪ Membrane formée d'un feuillet fibreux et d'un feuillet séreux, qui enveloppe le cœur et l'origine des gros vaisseaux.

péricardite n. f. – XIXe ▪ Inflammation du péricarde.

péricarpe n. m. – XVIe ; *péri-* et *-carpe* ▪ Partie du fruit qui enveloppe la graine (ou les graines). ⇒ **endocarpe, épicarpe, mésocarpe.** *Le zeste, péricarpe des agrumes.*

périchondre [peʀikɔ̃dʀ] n. m. – XVIIIe ; de *péri-* et gr. *khondros* « cartilage » ▪ Membrane de tissu conjonctif qui enveloppe un cartilage non articulaire.

péricliter v. intr. [1] – XIVe ; lat. *periculum* « péril » ▪ Aller à sa ruine, à sa fin. *Un commerce qui périclite.* ⇒ **décliner, dépérir.** ✪ CONTR. Prospérer, réussir.

péricycle n. m. – XIXe ; *péri-* et *-cycle* ▪ Assise de cellules de la tige et des racines située entre l'endoderme, d'une part, le bois et le liber d'autre part.

péridot n. m. – XIIIe ; o. i. ▪ Pierre semi-précieuse de couleur vert clair, silicate de magnésium et de fer. « *Le cercle de son heaume est fait de péridots* » (Rostand).

péridural, ale, aux adj. et n. f. – 1960 ▪ *Anesthésie péridurale* : anesthésie régionale du bassin par une injection, entre la septième vertèbre cervicale et la cinquième lombaire sur la ligne des apophyses épineuses. ➛ *Accoucher sous péridurale.*

périgée n. m. – XVIe ; *péri-* et *-gée* ▪ Apside inférieure d'une planète par rapport à la Terre ; point de l'orbite d'un astre (ou d'un satellite artificiel) le plus proche de la Terre. *La Lune est dans, à son périgée.* ✪ CONTR. Apogée.

❑ Pour le genre masculin et le radical *géo-* → apogée (rem.).

périglaciaire adj. – 1953 ▪ *Zone périglaciaire,* proche des régions de glaciers et caractérisée par l'importance du gel dans l'évolution du relief.

périhélie n. m. – XVIIe ; *péri-* et *-hélie* ▪ Point de l'orbite d'une planète, d'une comète, où la distance au Soleil est la plus courte. *Avance du périhélie de Mercure.* ✪ CONTR. Aphélie.

péri-informatique n. f. et adj. – v. 1970 ▪ Ensemble des activités et des matériels liés aux périphériques d'ordinateurs. ➛ *Équipements péri-informatiques.*

péril [peʀil] n. m. – Xe ; lat. *periculum* « épreuve, danger » ▪ littér. Situation où l'on court de grands risques ; ce qui menace la sûreté, l'existence. ⇒ **danger.** « *À vaincre sans péril, on triomphe sans gloire* » (Corn.). ➛ *Courir un péril, des périls. Affronter, braver les périls. Mettre en péril qqn ou qqch. Chefs-d'œuvre en péril.* loc. *Au péril de sa vie* : en risquant sa vie. *Faire qqch. à ses risques et périls,* en acceptant d'en subir toutes les conséquences. ♦ vx loc. *Le péril jaune* : le danger de domination des Asiatiques. *Il y avait encore des gens « qui attendaient le retour de Hitler, ou qui craignaient le péril jaune »* (Le Clézio). ✪ CONTR. Sûreté.

❑ Pour la prononciation → chenil (rem.).

périlleusement adv. – XIIe ▪ littér. D'une manière périlleuse, avec danger. ⇒ **dangereusement.**

périlleux, euse adj. – XIIe 1 Où il y a des risques, du danger. ⇒ **dangereux, difficile, hasardeux.** « *la descente était extrêmement périlleuse* » (J. Verne). *Un sujet périlleux.* ⇒ **brûlant, délicat.** *Il serait périlleux de poursuivre.* ⇒ **risqué.** 2 *Saut périlleux,* où le corps fait un tour complet sur lui-même, dans un plan vertical. ✪ CONTR. Sûr.

périmé, ée adj. – XIXe 1 Qui n'a plus cours. ⇒ **ancien, caduc, démodé, dépassé, désuet, obsolète.** « *ce qui était bon hier est périmé et caduc aujourd'hui* » (Chateaub.). 2 Dont le délai de validité est expiré. *Passeport périmé.* 3 Dont la date limite de consommation est dépassée (⇒ **péremption**). *Yaourts périmés.* ✪ CONTR. Actuel, valide.

périmer (se) v. pron. [1] – XVe ; lat. « détruire » ▪ Se dit d'une instance qui s'annule, faute d'avoir été poursuivie avant l'expiration du délai fixé.

périmètre n. m. – XVIe ; *péri-* et *-mètre* 1 Ligne qui délimite le contour d'une figure plane. *La circonférence, périmètre du cercle.* ♦ Longueur de cette ligne. 2 Zone, surface quelconque. *Périmètre de sécurité. Dans un périmètre de 5 km,* dans la surface délimitée par ce périmètre. 3 Appareil permettant de mesurer le champ visuel.

périnatal, ale, als adj. – 1952 ▪ Qui précède et suit immédiatement la naissance.

périnatalogie n. f. – 1969 ▪ Partie de la médecine qui traite des maladies de l'enfant pendant la période périnatale.

périnéal, ale, aux adj. – XIXe ▪ Relatif au périnée. *Hernie périnéale.*

périnée n. m. – XVIe ; gr. *perineos* ▪ Partie inférieure, plancher du petit bassin, qui s'étend entre l'anus et les parties génitales.

❑ Nom masculin malgré la finale en *ée,* comme d'autres mots d'origine grecque : *gynécée, lycée, mausolée, musée, pygmée, scarabée, trophée...*

période n. f. – XIVe ; gr. *periodos* « circuit » 1 Espace de temps plus ou moins long. ⇒ **durée.** *Une période d'un an. Être dans une bonne, une mauvaise période. Une période de crise. La période des fêtes. En période scolaire.* ➛ Division du temps marquée par des événements importants. ⇒ **époque, ère.** *La période mérovingienne, de l'entre-deux-guerres.* ➛ Époque de la vie (d'un individu). « *De cette période je parle avec émotion* » (Genet). ➛ Caractérisation de la manière d'un peintre à un certain moment. *La période bleue de Picasso.* 2 Espace de temps caractérisé par un certain phénomène. ⇒ **fenêtre, phase, stade ; périodisation.** ➛ *La période de l'ovulation. Période d'incubation d'une maladie.* ➛ Division d'une ère, correspondant à un système. *Période houillère de l'ère primaire.* 3 Durée pendant laquelle on peut ou on doit accomplir des actes juridiques. *Période électorale,* qui précède le jour du scrutin. ♦ *Période d'instruction,* pendant laquelle les réservistes sont remis à la disposition de l'autorité militaire pour compléter leur instruction militaire. 4 *Période d'un élément radioactif* : intervalle de temps au bout duquel la moitié des atomes de l'élément s'est désintégrée (⇒ **demi-vie**). 5 Grandeur inverse de la fréquence, temps écoulé entre deux passages successifs d'un système oscillant dans la même position et dans le même sens. *Période d'un pendule. Période d'un courant alternatif.* 6 Temps de révolution d'une planète, d'un satellite. ⇒ ① **cycle.** *Période de Neptune autour du Soleil.* 7 Quantité fixe la plus petite possible qui peut s'ajouter à la variable sans changer la valeur de la fonction. 8 Phrase dont l'assemblage des éléments est harmonieux. *Période oratoire.*

❑ Le genre du mot est resté longtemps flottant avant que le féminin ne s'impose (fin XVIIIe s.). Le masculin subsiste pour désigner le degré maximum d'une évolution : « *un couple, au plus haut période de son bonheur* » (Valéry), « *c'était la misère à son dernier période* » (Balzac) ; cet emploi est littéraire.

périodicité n. f. – XVIIe ▪ Caractère de ce qui est périodique, retour d'un fait à des intervalles plus ou moins réguliers. *Périodicité des marées. Périodicité d'une publication.* ⇒ **fréquence.**

❑ Certains adjectifs expriment à la fois la *périodicité* (banquet annuel) et la *durée* (fleurs annuelles) → durée.

périodique adj. – XIVe 1 Qui se reproduit à des époques déterminées, à des intervalles réguliers. *Phases périodiques de prospérité et de marasme.* ⇒ **alternatif, cyclique.** « *le besoin périodique de foutre par terre ce que nous avons péniblement édifié* » (Mart. du G.). ➛ *Garnitures, serviettes, tampons périodiques,* dont les femmes se servent pendant leurs règles. ⇒ **hygiénique.** ♦ *Un journal, une publication périodique. Presse périodique.* ➝ n. m. ⇒ **journal, magazine, publication, revue.** « *Ils faisaient de la lecture* [...] *et manipulaient des périodiques* » (Queneau). 2 *Fonction périodique,* qui reprend la même valeur lorsqu'on ajoute à la variable une quantité fixe. ♦ *Phénomène périodique,* représentable par une fonction périodique. ⇒ **oscillatoire.** *Mouvement périodique d'un pendule.* ⇒ **ondulatoire, pendulaire.** 3 *Classification périodique des éléments.*

périodiquement adv. – XVIIe ▪ D'une manière périodique. *Phénomène qui se reproduit périodiquement.*

périodisation n. f. – 1964 ▪ Division d'une longue durée en périodes qui se distinguent par certaines caractéristiques. *Périodisation de l'âge du bronze.*

périoste n. m. – XVIe ; gr. *periosteon* ▪ Membrane conjonctive et fibreuse qui constitue l'enveloppe des os.

périostite n. f. – XIXe ▪ Inflammation du périoste.

péripatéticien, ienne n. et adj. – XVe ; gr. *peripatein* « se promener » 1 Partisan de la doctrine d'Aristote. ⇒ **aristotélicien.** 2 n. f. Prostituée, femme qui racole dans la rue.

> ❑ Tout comme Aristote avait coutume d'enseigner en se promenant, la péripatéticienne « se promène » sur le trottoir.

péripétie n. f. – XVIIe ; gr. *peripeteia* « événement imprévu » 1 Changement subit de situation dans une action dramatique, un récit. 2 Événement imprévu. ⇒ **épisode,** ① **incident.** *Les péripéties d'un voyage. Après bien des péripéties.*

périphérie n. f. – XIVe ; gr. « circonférence » 1 Ligne qui délimite une figure curviligne, une surface. ⇒ **bord, contour, pourtour.** *Périphérie d'un cercle.* ♦ Surface extérieure d'un volume. 2 Les quartiers éloignés du centre d'une ville. ⇒ aussi **banlieue, faubourg.** ✪ CONTR. Centre.

périphérique adj. et n. m. – XIXe 1 Qui est situé à la périphérie. *Quartiers périphériques. Le boulevard périphérique, à Paris.* n. m. *Le périphérique intérieur, extérieur.* abrév. fam. PÉRIF ou PÉRIPH. ♦ *Poste, station périphérique,* dont les émetteurs sont situés dans des pays limitrophes. ♦ Qui est situé dans les régions externes du corps ou d'un organe. *Système nerveux périphérique.* 2 n. m. Élément de matériel distinct de l'unité de traitement d'un ordinateur. ⇒ **péri-informatique.** ✪ CONTR. Axial, central.

périphrase n. f. – XVIe ; gr. *periphrazein* « parler par circonlocutions » ▪ Figure qui consiste à exprimer une notion, qu'un seul mot pourrait désigner, par un groupe de plusieurs mots. ⇒ **circonlocution, détour.** *L'orateur « se noyait dans ses phrases et périphrases »* (Balz.). *User de périphrases.* ⇒ **euphémisme.** ♦ Groupe de mots synonyme d'un seul mot. ⇒ **paraphrase.**

> ❑ Ce terme est plus didactique que *circonlocution* et s'emploie pour la synonymie d'un mot avec plusieurs mots (ex. *la définition est une périphrase*). → circonlocution (rem.). ♦ Ne pas confondre *périphrase* et *paraphrase* « énoncé synonyme d'un autre ».

périphrastique adj. – XVIe ▪ Qui abonde en périphrases. *Style périphrastique.* ♦ Qui constitue une périphrase. *Expression périphrastique.*

périple n. m. – XVIIe ; de *péri-* et gr. *pleên* « naviguer » 1 Voyage d'exploration maritime autour d'une mer, d'un continent. *Le périple de Magellan autour du monde.* 2 Voyage, randonnée par voie de terre, circulaire ou non. ⇒ ③ **tour, tournée, voyage.** *Effectuer un périple.*

> ❑ Certains puristes jugent abusif l'emploi de *périple* au sens de « voyage » et recommandent *circuit, tour.*

périptère adj. et n. m. – XVIe ; *péri-* et *-ptère* ▪ Se dit d'un temple grec, d'un édifice entouré d'un rang de colonnes isolées du mur. *Un édifice périptère.*

périr v. intr. [2] – XIe ; lat. *perire* « aller à travers » ▪ littér. 1 Mourir. *Périr sur l'échafaud. Périr à la guerre.* ⇒ ① **tomber.** « *il est assez indifférent de les faire périr par l'épée ou par le feu* » (Volt.). *Faire périr :* tuer. *Périr noyé.* ➝ *Péri en mer.* ♦ *Périr d'ennui.* 2 Disparaître. ⇒ s'**anéantir, crouler,** s'**écrouler, finir.** *Navire qui périt corps et biens,* qui fait naufrage.

périscolaire adj. – 1957 ▪ Complémentaire de l'enseignement scolaire. *Activités périscolaires.*

périscope n. m. – XIXe ; gr. *periskopein* « regarder autour » ▪ Instrument d'optique formé de lentilles et de prismes permettant à un observateur de voir par-dessus un obstacle. *Périscopes des sous-marins.*

périscopique adj. – XIXe ▪ *Verres périscopiques :* verres d'optique à grand champ visuel. ➝ Relatif au périscope. *Tube périscopique d'un sous-marin.*

périsperme n. m. – XVIIIe ; *péri-* et *-sperme* ▪ Tégument extérieur qui constitue un tissu de réserve dans certaines graines (nénuphar, poivre).

périsplénite n. f. – XIXe ; gr. *splên* « rate » ▪ Péritonite localisée à la rate.

périssable adj. – XIVe 1 littér. Qui est sujet à périr, qui n'est pas durable. ⇒ **éphémère, fugace.** *Un monde « Où tout est fugitif, périssable, incertain »* (Lamart.). 2 *Denrées périssables,* qui se conservent difficilement à l'état naturel. ✪ CONTR. Durable, impérissable.

> ❑ L'antonyme *impérissable* est abstrait et s'emploie surtout à propos d'une œuvre, d'une réputation, d'un souvenir.

périssodactyles n. m. pl. – XIXe ; gr. *perissos* « surnuméraire, impair » et *daktulos* « doigt » ▪ Ordre d'ongulés imparidigités dont le doigt médian est le plus développé (rhinocéros, tapir, etc.).

périssoire n. f. – XIXe ; de *périr* ▪ Embarcation longue et étroite qui se manœuvre à la pagaie ou à l'aviron. ⇒ **canot.**

périssologie n. f. – XVIIIe ; gr. *perissos* « superflu » ▪ Pléonasme fautif (ex. descendre en bas). ♦ Procédé d'insistance par répétition.

péristaltique adj. – XVIIe ; gr. *peristellein* « envelopper, comprimer » ▪ Relatif au péristaltisme. *Onde péristaltique.* ✪ CONTR. Antipéristaltique.

péristaltisme n. m. – XIXe ▪ Ondes de contractions musculaires d'un organe tubulaire, en particulier de l'intestin, faisant avancer le contenu de l'organe.

péristome n. m. – XIXe ; gr. *stoma* « bouche » ▪ Couronne dentelée selon laquelle l'opercule se détache de l'urne (chez les mousses). ♦ Sillon dans lequel s'ouvre l'orifice buccal des protozoaires.

péristyle n. m. – XVIe ; gr. *peristulon* ▪ Colonnade entourant la cour intérieure d'un édifice ou disposée autour d'un édifice. *Péristyle du Parthénon.* ♦ Colonnade qui décore la façade d'un édifice.

péritel adj. inv. – 1983 ; de *péri-* et *tél(évision)* ▪ *Prise péritel,* qui permet de brancher sur un appareil (micro-ordinateur, magnétoscope) sur un téléviseur.

péritéléphonie n. f. – 1982 ▪ Ensemble des techniques associées à un poste téléphonique. *La radiotéléphonie, la télécopie, applications de la péritéléphonie.*

périthèce n. m. – XIXe ; gr. *thêkê* « boîte, étui » ▪ Ensemble des organes de fructification, producteurs des asques, chez les champignons ascomycètes.

péritoine n. m. – XIVe ; gr. *peritonaion* « ce qui est tendu autour » ▪ Membrane qui tapisse les parois intérieures de l'abdomen *(péritoine pariétal)* et qui recouvre les organes abdominaux *(péritoine viscéral)*, à l'exception de l'ovaire. *Inflammation du péritoine.* ⇒ **péritonite.**

péritonéal, ale, aux adj. – XIXe ▪ Relatif au péritoine. *Ligaments péritonéaux.*

péritonite n. f. – XIXe ▪ Inflammation du péritoine. ⇒ **périsplénite.**

périurbain, aine adj. – 1966 ▪ Situé aux abords immédiats d'une ville. ⇒ **périphérique.** *Zones urbaines et périurbaines.*

perlant adj. m. et n. m. – 1963 ; de *perler* ▪ Se dit d'un vin qui forme de petites bulles lorsqu'on le verse.

perle n. f. – XIIe ; lat. *perna* « jambe ; coquillage » **1** Concrétion dure et brillante, le plus souvent sphérique, formée de couches concentriques de nacre sécrétées par certains mollusques (huître, etc.) autour d'un corps étranger. « *Un petit écrin contenant trois perles, trois perles du plus bel orient — un parangon et deux princesses* » (Cendrars). *Pêcheurs de perles,* d'huîtres perlières. *Collier de perles. Perles fines. Perles de culture,* obtenues par l'introduction d'un grain de nacre dans une huître d'élevage. ➛ loc. *Jeter des perles aux pourceaux, aux cochons :* accorder à qqn une chose dont il est incapable d'apprécier la valeur. **2** Petite boule percée d'un trou. *Les perles d'un chapelet.* ⇒ **grain. 3** *Les perles de rosée.* ⇒ ① **goutte.** « *Le sang apparut en petites perles* » (Mac Orlan). ⇒ **perler.** ◆ Ornement en forme de grain, taillé dans les moulures dites baguettes. **4** Personne de grand mérite. « *Ma grand-mère avait trouvé ces gens parfaits, elle déclarait que la petite était une perle* » (Proust). *Une perle rare :* une personne très compétente, parfaite en son genre et difficile à trouver. ◆ Chose de grande valeur. « *Cette île, perle de la Méditerranée* » (Maupass.). **5** Erreur grossière et ridicule. *Perles relevées dans des copies d'élèves.* ✪ HOM. Pairle.

perlé, ée adj. – XIVe **1** Orné de perles. *Robe perlée.* **2** En forme de perle. *Gouttelettes perlées.* ➛ *Sucre perlé,* qui atteint le degré de cuisson où se forment à sa surface de petites perles rondes. **3** Qui a des reflets nacrés comme ceux des perles. *Coton perlé.* « *aveuglés par l'écran perlé de leurs postes de télévision* » (Le Clézio). **4** Fait à la perfection. « *Vous travaillez dans la perfection* [...] *Voilà un bonnet qui est perlé* » (Zola). **5** *Grève perlée,* qui ralentit l'activité d'une entreprise par une succession d'arrêts de travail.

perlèche n. f. – XIXe ; de *pourlécher* ▪ Infection de la commissure des lèvres par des streptocoques.

perler v. [1] – XVIe **I** v. tr. littér. Exécuter avec un soin minutieux. « *En faisant cela avec subtilité, en perlant le détail* » (Ste-Beuve). **II** v. intr. Former de petites gouttes arrondies (liquide). ⇒ **suinter.** « *Quelques gouttes de sueur perlaient sur son front* » (Camus).

perlier, ière adj. – XVIIe ▪ Relatif aux perles. *Industrie perlière.* ➛ *Huître perlière,* d'une espèce (méléagrine, pintadine) qui peut sécréter des perles.

perlimpinpin n. m. – XVIIe ; onomat. ▪ *Poudre de perlimpinpin,* que les charlatans vendaient comme une panacée.

perlingual, ale, aux [pɛʀlɛ̃gwal, o] adj. – 1972 ▪ Qui se résorbe par la langue. ➛ *Médicament administré par voie perlinguale,* en le plaçant sous la langue.

❑ Même élément *per-* que dans *percutané.*

perlite n. f. – XIXe ; de *perle* **1** Silicate naturel, de la famille des feldspaths. **2** Constituant microscopique des alliages ferreux. *Fonte à perlite.*

perlon n. m. – XVIe ; de *perle* ▪ Requin de la Méditerranée. ⇒ **grondin.**

perlot n. m. – XIXe ▪ Petite huître des côtes de la Manche.

perlouse ou **perlouze** n. f. – 1920 ▪ arg. Perle. *Je vois* « *un petit éclair nacré à son oreille gauche. Qu'est-ce que ça signifie cette perlouze à esgourde ?* » (Tournier).

❑ Pour les deux graphies → flouze (rem.).

permafrost [pɛʀmafʀɔst] n. m. – 1956 ; mot angl., de *perma(nent)* et *frost* « gel » ▪ Sol perpétuellement gelé des régions arctiques. ⇒ **merzlota, pergélisol.**

permalloy [pɛʀmalɔj ; pɛʀmalwa] n. m. – 1925 ; mot angl., de *perm(eable)* et *alloy* « alliage » ▪ Alliage de fer et de nickel (78 %) d'une très grande perméabilité magnétique.

permanence n. f. – XIVe **1** Caractère de ce qui est durable ; longue durée (de qqch.) (⇒ **continuité, pérennité, stabilité**). « *le sentiment écrasant de la permanence de la nature* » (Balz.). **2** Service chargé d'assurer le fonctionnement ininterrompu d'un organisme. *Être de permanence.* ➛ « *c'était au tour de Stéfany d'assurer la permanence* » (Mart. du G.). ➛ Local où fonctionne ce service. *Permanence d'un commissariat.* ◆ Salle d'études où est assurée la surveillance d'élèves qui ne sont pas en cours. abrév. fam. PERM [pɛʀm]. **3** loc. adv. EN PERMANENCE : sans interruption. ⇒ **constamment, continûment, toujours.** *Assemblée qui siège en permanence.* ✪ CONTR. Fugacité. Intermittence.

permanencier, ière n. – v. 1960 ▪ Personne qui assure une permanence.

permanent, ente adj. et n. – XIIe ; lat. *permanere* « demeurer jusqu'au bout » **1** Qui dure, demeure sans discontinuer ni changer. ⇒ **constant, stable.** « *Le bonheur est un état permanent* » (Rouss.). ➛ *Cinéma permanent de 14 h à 24 h,* où le même film est projeté plusieurs fois de suite. **2** (Opposé à *provisoire*) Qui ne cesse pas, qui ne se relâche pas. ⇒ **continu.** « *il faut distinguer les erreurs transitoires et passagères des erreurs permanentes* » (d'Alemb.). **3** *Ondulation permanente,* et n. f. UNE PERMANENTE : traitement pour friser les cheveux de manière plus ou moins durable. ⇒ **indéfrisable, minivague.** « *Mes cheveux trop raides ou trop frisés par de mauvaises permanentes* » (Anouilh). **4** Qui exerce une activité permanente. *Comité permanent.* ➛ (Opposé à *spécial, extraordinaire*) *Le représentant permanent de la France à l'O.N.U.* ➛ n. *Les permanents d'un syndicat, d'un parti :* membres rémunérés se consacrant à l'administration de cette organisation. *Les permanents et les bénévoles.* ✪ CONTR. Éphémère, fugace, passager. Intermittent.

permanenter v. tr. [1] – v. 1970 ▪ Soumettre (les cheveux) à une permanente (3°). ➛ *Cheveux permanentés.*

permanganate n. m. – XIXe ▪ Sel de l'acide permanganique, inconnu à l'état libre. ◆ Permanganate de potassium, utilisé pour désinfecter l'eau à laquelle il donne une couleur violacée.

permanganique adj. – XIXe ▪ *Acide permanganique :* acide non isolé ($HMnO_4$) qui correspond à l'*anhydride permanganique* (Mn_2O_7).

perméabilité n. f. – XVIIe ▪ Propriété des corps perméables. *La perméabilité du sol. Perméabilité à l'eau, à l'air.* ➛ *Perméabilité sélective,* grâce à laquelle se font les échanges (4°) cellulaires. ◆ *Perméabilité magnétique :* propriété d'un corps de se laisser traverser par un flux magnétique. ✪ CONTR. Imperméabilité.

perméable adj. – XVIe ; lat. *permeare* « passer à travers » **1** Qui se laisse traverser ou pénétrer par un fluide, notamment par l'eau. ⇒ **pénétrable ; poreux.** *Roches, ter-*

rains perméables. ♦ *Corps perméable à la lumière* (⇒ **translucide ; transparent).** « *les mimosas d'alentour sont perméables à ses rayons pâles* » (Loti). 2 Qui se laisse atteindre, toucher par (qqch.). ⇒ **ouvert.** *Un homme perméable à toutes les influences.* ⇒ **influençable.** ✪ CONTR. Étanche, imperméable. Réfractaire.

permettre v. tr. [56] – Xe ; lat. *permittere* **I – 1** Laisser faire (qqch.), ne pas empêcher. ⇒ **autoriser, tolérer.** « *La liberté est le droit de faire tout ce que les lois permettent* » (Montesq.). ➛ PERMETTRE QUE (et subj.). ⇒ **admettre, consentir.** « *Vous permettez que je continue ma promenade ?* » (Queneau). ➛ PERMETTRE QQCH. À QQN. ⇒ **accorder, autoriser.** *Vous permettez tout à cet enfant.* ⇒ **passer.** ➛ *Ne te gare pas ici, ce n'est pas permis. Il se croit tout permis.* ➛ PERMETTRE DE (et inf.) : donner le droit, le pouvoir de. ⇒ **laisser.** « *Elle me permit plusieurs fois de lui donner un baiser* » (Rouss.). ➛ *Il vous est permis de refuser.* ⇒ **loisible.** 2 Rendre (qqch.) possible, faire que (qqch.) soit possible. *Si les circonstances le permettent. Il se hâtait* « *aussi vite que sa jambe torse le lui permettait* » (Hugo). ➛ PERMETTRE DE (et inf.) : donner le moyen, l'occasion, la possibilité de. *Ces explications vous permettront de comprendre.* ➛ *Autant qu'il est permis d'en juger.* ⇒ **possible.** 3 *Permettez ! Vous permettez ? Tu permets ?* formules pour contredire qqn, protester ou imposer sa volonté avec une apparence de courtoisie. ➛ *Permettez-moi de vous présenter M. X,* acceptez que je vous le présente. **II** SE PERMETTRE v. pron. 1 S'accorder (qqch.). *Se permettre quelques petites douceurs.* ♦ Faire, dire (qqch. qui dépasse les limites de la bienséance, de la morale, de la discrétion...). *Il s'est permis des remarques désobligeantes.* 2 SE PERMETTRE DE : prendre la liberté de. ⇒ s'**aviser, oser.** « *Ce jour-là il s'était permis de répliquer* » (Romains). ♦ (par politesse) *Puis-je me permettre de vous offrir une cigarette ?* ✪ CONTR. Défendre, interdire.

> ❑ À la forme pronominale, le participe passé *permis* est invariable s'il n'est pas précédé d'un complément d'objet direct : *elle s'est permis des impertinences ;* mais : « *elle en fut choquée comme d'une privauté qu'il se fût permise* » (Martin du Gard).

permien, ienne adj. et n. m. – XIXe ; de *Perm,* ville russe ▪ De la dernière période de l'ère primaire, faisant suite au carbonifère. ➛ n. m. *Le permien.*

permis n. m. – XVIIIe ▪ Autorisation officielle écrite. *Permis de construire. Permis de circuler d'un journaliste.* ⇒ **laissez-passer, sauf-conduit.** *Permis de chasse, de pêche.* ⇒ **licence.** ♦ PERMIS DE CONDUIRE : certificat de capacité, nécessaire pour la conduite des automobiles, des camions, des motos. « *Il pourrait faire enlever son permis de conduire au chauffeur maladroit* » (Queneau). *Permis à points :* système dans lequel le permis de conduire comporte des points qui peuvent être retirés en nombre variable selon la gravité de l'infraction commise, la perte de la totalité des points entraînant l'annulation du permis. ➛ Examen du permis de conduire. *Passer son permis ; être reçu au permis.*

permissif, ive adj. – 1970 ; angl. *permissive* « qui permet » ▪ Caractérisé par l'absence d'interdiction, de sanctions. *Attitude permissive. Parents trop permissifs.*

permission n. f. – XIIe 1 Action de permettre ; son résultat. ⇒ **autorisation.** *Demander, obtenir, donner la permission de faire qqch.* ⇒ **acquiescement, consentement.** *Agir sans la permission de qqn.* ⇒ **approbation.** *Avec votre permission* (formule de politesse). 2 Congé accordé à un militaire (abrév. fam. *perm(e)* [pɛʀm]). *Soldat en permission.* ⇒ **permissionnaire.** « *depuis huit jours qu'il était en perme à Paris* » (Cendrars) ➛ *Détenu en permission.* ♦ Temps de ce congé. ♦ Titre de permission. ✪ CONTR. ① Défense, interdiction.

permissionnaire n. – XVIIe **1** n. m. Militaire en permission. *Train de permissionnaires.* 2 Personne bénéficiaire d'un permis (de construire, de chasse, etc.).

permissivité n. f. – 1967 ▪ Fait d'être permissif.

permittivité n. f. – 1955 ; angl. *to permit* « permettre » ▪ Propriété d'un diélectrique d'affaiblir les forces électrostatiques, par référence à ces mêmes forces s'exerçant dans le vide ; constante mesurant cet affaiblissement. *La permittivité de l'eau est de 80.*

permutabilité n. f. – XIXe ▪ Caractère de ce qui est permutable.

permutable adj. – XVIe ▪ Qui peut être déplacé par une permutation. *Éléments, groupes permutables.*

permutant, ante n. – XVIe ▪ Personne qui change d'emploi avec une autre. « *Qu'est-ce que c'est, un permutant ? – Quelqu'un qui change sa place pour la mienne* » (Pagnol).

permutation n. f. – XIIe 1 Échange d'un emploi, d'un poste contre un autre (⇒ **permutant).** ♦ Changement réciproque de deux choses (ou de plusieurs choses deux à deux). *La contrepèterie consiste en permutations de lettres ou de syllabes. Permutation d'atomes dans une réaction chimique* (⇒ **substitution).** 2 Chacun des arrangements que peut prendre un nombre défini d'objets différents. *Le nombre des permutations de* n *objets est égal à* n! (factorielle *n*). ⇒ **combinatoire.** ➛ L'opération permettant de passer d'une permutation à une autre.

> ❑ Ne pas confondre avec *commutation* « substitution, remplacement » *(commutation d'un mot dans une phrase).*

permuter v. [1] – XIVe ; lat. *mutare* « muer » **1** v. tr. Mettre une chose à la place d'une autre (et réciproquement). *Permuter deux mots dans la phrase.* ⇒ **intervertir. 2** v. pron. (pass.) SC. Effectuer les différentes permutations d'une série. *12 objets se permutent de 479 001 600 manières.* **3** v. intr. Changer de place, de poste réciproquement.

pernicieux, ieuse adj. – XIVe ; lat. *nex* « mort violente » 1 Se dit d'une affection dont l'évolution est très grave. *Accès pernicieux de paludisme.* 2 littér. Nuisible moralement. ⇒ **mauvais, nocif.** *Influence, théorie pernicieuse.* « *découvrant dans ses fables* [de la Fontaine] *les plus pernicieux conseils* » (Gide). ✪ CONTR. Bienfaisant.

péroné n. m. – XVIe ; gr. « cheville, agrafe » ▪ Os long et grêle, qui forme avec le tibia l'ossature de la jambe.

péronier, ière n. m. et adj. – XVIIe ▪ *Péronier antérieur :* muscle qui fléchit le pied et le porte en abduction et en rotation en dehors. ♦ adj. Relatif au péroné. *Artère péronière.*

péronnelle n. f. – XVIIe ; dimin. fém. de *Pierre,* ou forme pop. de *Pétronille* ▪ fam. vieilli Jeune femme, jeune fille sotte et bavarde.

péronosporacées n. f. pl. – XIXe ; gr. *peronê* « agrafe » et *spora* « semence » ▪ Famille de champignons parasites de plantes phanérogames (betterave, luzerne, pomme de terre, vigne), principaux agents des mildious.

péroraison n. f. – XVIe 1 Conclusion d'un développement oratoire. *La péroraison d'un plaidoyer.* 2 Dernière partie. « *la péroraison de l'hymne éclata. Et il y eut soudain un silence* » (Romains). 3 Discours vain et creux. ✪ CONTR. Exorde.

pérorer v. intr. [1] – XIVe ; lat. *orare* « parler » ▪ Discourir, parler d'une manière prétentieuse, avec emphase. ⇒ **pontifier.** « *Il pérore l'imbécile* [...] *Il se gargarise de lieux communs !* » (Mart. du G.).

> ❑ Toujours péjoratif, à la différence de *péroraison.*

péroreur, euse n. et adj. – XVIIIe ■ rare Personne qui pérore. « *un des plus inutiles péroreurs* » (Gide).

pérot n. m. – XVIe ; de *père* ■ Arbre, baliveau qui a deux fois l'âge de la coupe.

peroxydase n. f. – XIXe ■ Enzyme qui catalyse les réactions d'oxydation.

peroxyde [pɛʀɔksid] n. m. – XIXe ■ Combinaison chimique renfermant le plus grand nombre d'atomes d'oxygène. ⇒ **oxyde.** *Peroxyde d'azote,* entrant dans la composition de certains explosifs. *Peroxyde d'hydrogène :* eau oxygénée.

peroxyder v. tr. [1] – XIXe ■ Oxyder au plus haut degré possible.

perpendiculaire adj. et n. f. – XIVe ; lat. *perpendiculum* « fil à plomb » **1** littér. Vertical. « *De lourdes pluies perpendiculaires* » (Beckett). *Écriture perpendiculaire,* à caractères verticaux. ♦ Qui se trouve à la verticale, au zénith. « *Le soleil était déjà presque perpendiculaire* » (From.). **2** *Perpendiculaire à :* qui fait un angle droit avec (une droite ou un plan). ⇒ **orthogonal.** *Droite perpendiculaire à un plan. Rues perpendiculaires* (entre elles). ➛ n. f. *Perpendiculaire menée du milieu du côté d'un triangle.* ⇒ **médiatrice. 3** *Style perpendiculaire :* style gothique anglais (XIVe s.) caractérisé par l'abondance des lignes verticales et horizontales.

perpendiculairement adv. – XVIe ■ À angle droit. ⇒ **orthogonalement.** « *perpendiculairement à la route, on traçait des rues* » (Sartre).

perpète (à) ou **perpette (à)** loc. adv. – XIXe ■ fam. **1** À perpétuité, pour toujours. *Être condamné à perpète. Je ne vais pas l'attendre jusqu'à perpète,* très longtemps. **2** vieilli Très loin. *Il habite à perpète.*

perpétration n. f. – XVIe ■ dr. ou littér. Accomplissement (d'un crime, d'un forfait). « *on apprit l'arrestation des délinquants presque en même temps que la perpétration du délit* » (Balz.).

perpétrer v. tr. [6] – XIIIe ; lat. *patrare* « achever, conclure » ■ dr. ou littér. Commettre, exécuter (un acte criminel). *Les* « *massacres perpétrés pour cause de religion* » (Volt.).

❑ Ne pas employer ce mot pour *perpétuer* « faire durer ».

perpétuation n. f. – XVe ■ littér. Action de perpétuer ; son résultat. ⇒ **continuité, durée.** *La perpétuation de l'espèce.*

perpétuel, elle adj. – XIIe ; lat. *perpetuus* « continu » **1** Qui dure toujours, indéfiniment. ⇒ **continu, continuel, éternel, incessant, infini.** *La guerre* « *est en état de perpétuel devenir* » (Proust). ➛ *La révolte* « *est un confrontement perpétuel de l'homme et de sa propre obscurité* » (Camus). ♦ *Mouvement perpétuel,* qui, une fois déclenché, continuerait éternellement sans apport d'énergie. **2** Qui dure, doit durer toute la vie. *Une perpétuelle jeunesse.* ⇒ **éternel.** ♦ *Dignité, fonction perpétuelle,* conférée à vie. ➛ *Le secrétaire perpétuel de l'Académie.* **3** Qui ne s'arrête, ne s'interrompt pas. ⇒ **continuel, incessant.** « *Cette pensée ne le quittait pas. C'était une obsession, une angoisse perpétuelle* » (Daud.). ➛ *C'est un perpétuel insatisfait.* **4** (au plur.) Qui se renouvellent souvent. ⇒ **continuel, sempiternel.** *Des plaintes perpétuelles.* ✪ CONTR. Éphémère, passager. Sporadique.

perpétuellement adv. – XIIe **1** Toujours, éternellement. « *une création perpétuellement recommencée* » (Proust). **2** Sans cesse. *Il est perpétuellement fatigué.* **3** Fréquemment, souvent. *Il arrive perpétuellement en retard.* ✪ CONTR. Momentanément.

perpétuer v. tr. [1] – XIVe **I** Faire durer constamment, toujours ou très longtemps. ⇒ **continuer, éterniser.** *Monument qui perpétue le souvenir de qqn.* ⇒ **immortaliser.** *Perpétuer une tradition.* ⇒ **maintenir.** *Un fils* « *qui porte mon nom et qui peut le perpétuer* » (Balz.). ⇒ **transmettre. II** SE PERPÉTUER v. pron. Se continuer. ⇒ **durer.** *Les espèces se perpétuent.* ⇒ se **reproduire.** « *Le malheur qui se perpétue produit sur l'âme l'effet de la vieillesse sur le corps* » (Chateaub.). ⇒ **perdurer.**

❑ Ne pas confondre *perpétuer* « faire durer » *(perpétuer un abus)* et *perpétrer* « commettre (un acte criminel) » *(perpétrer des massacres).*

perpétuité n. f. – XIIIe **1** littér. Durée perpétuelle ou très longue. ⇒ **pérennité.** *Contribuer à la perpétuité de la race humaine.* ⇒ **perpétuation. 2** loc. adv. À PERPÉTUITÉ : pour toujours. *Concession à perpétuité,* accordée pour une durée illimitée. ➛ *Il* « *a été condamné à la réclusion criminelle à perpétuité* » (Le Clézio). *Être condamné à perpétuité.* ⇒ fam. **perpète** (à).

perplexe adj. – XIVe ; lat. *plectere* « tisser » ■ Qui hésite, ne sait que penser, que faire dans une situation embarrassante. ⇒ **embarrassé, hésitant, indécis.** *Cette demande me rend perplexe, m'a laissé perplexe.* « *Mon interlocuteur devenait de plus en plus perplexe* » (Malraux). ➛ *Un air perplexe.* ✪ CONTR. Assuré, convaincu, décidé, résolu.

perplexité n. f. – XIVe ■ État d'une personne perplexe. ⇒ **incertitude, indécision, irrésolution.** « *la perplexité de l'homme devant l'Univers* » (Mart. du G.). *Sa déclaration me plonge dans la perplexité, dans un abîme de perplexité.*

perquisition n. f. – XVe ; lat. *quærere* « chercher » ■ Recherche matérielle opérée par la police généralement au domicile d'un inculpé, dans le cadre d'une enquête. *Procès-verbal de perquisition.* « *Au matin, ils sont venus à quatre. Ils ont fait ouvrir la porte, au nom de la loi. D'ailleurs, ils m'avaient pris les clés. Ce qu'on appelle une perquisition* » (Duham.). ♦ Fouille de caractère policier au domicile de qqn.

perquisitionner v. intr. [1] – XIXe ■ Faire une perquisition. *La police a perquisitionné chez lui, à son domicile.* ⇒ **fouiller.** « *Ils ont fouiné partout, perquisitionné comme ils disent* » (Genev.). ♦ trans. *Perquisitionner un local.*

❑ L'emploi transitif *(sa maison a été perquisitionnée)* est considéré comme abusif par les puristes.

perré n. m. – XIIe ; de *pierre* ■ Mur de soutènement, revêtement en pierres sèches sur un talus pour maintenir la terre.

perrière n. f. – XIIe ; de *pierre* ■ Machine de guerre à bascule et à contrepoids lançant des projectiles, au Moyen Âge.

perron n. m. – XIe ; de *pierre* ■ Petit escalier extérieur se terminant par une plateforme de plain-pied avec l'entrée principale d'une construction. « *Vous vous teniez [...] sur le perron, prête à nous accueillir* » (Duras). *Le perron de l'Élysée.*

perroquet n. m. – XIVe ; de *Perrot,* diminutif du prénom *Pierre* **I - 1** Oiseau grimpeur *(psittaciformes)* au plumage vivement coloré, à gros bec très recourbé, capable d'imiter la parole humaine. *Perroquet d'Afrique* **(⇒ jacquot),** *d'Amérique* **(⇒ ara, papegai),** *d'Australie* **(⇒ lori).** « *un beau perroquet royal du Brésil, un "loro" rouge feu, à qui elles apprennent à parler* » (Larbaud). ➛ *Bâton de perroquet :* perchoir traversé d'échelons, fixé à un plateau de bois. ♦ *Répéter, réciter comme un perroquet,* sans comprendre **(⇒ psittacisme).** ➛ « *pendant le quart de ma vie [...] je n'ai été qu'un perroquet sifflé par d'autres perroquets* » (Volt.). **2** *Perroquet de mer.* ⇒ **macareux.** ➛ *Poisson-perroquet.* ⇒ **scare.** ♦ *Bec de perroquet :* ostéophyte vertébral. **3** Mélange de pastis et de sirop de menthe. **II**

Mât gréé sur une hune. Voile carrée supérieure au hunier. *Grand, petit perroquet.* ➛ L'ensemble de la voile, du mât et du gréement.

perruche n. f. – XVIIIe ; du prénom esp. *Pero* « Pierre » → perroquet **1** Oiseau grimpeur *(psittaciformes)*, de petite taille, au plumage vivement coloré, à longue queue. « *des perruches, vertes comme des émeraudes* » (Bern. de St-Pierre). **2** Femme qui fatigue par son bavardage sans intérêt. **3** Voile placée sur le mât d'artimon au-dessus du perroquet de fougue.

❑ Ce mot a désigné la femelle du perroquet.

perruque n. f. – XVe ; p.-ê. it. *parruca* **1** Coiffure de faux cheveux, chevelure postiche. *Perruque en cheveux naturels, en fibres synthétiques.* « *affublé de la perruque de Louis XIV* » (Chateaub.). *Perruque poudrée.* « *Elle cachait ses cheveux gris sous une perruque frisée* » (Hugo). « *Dépêche-toi de coiffer ta perruque, nous t'emmenons* » (Anouilh). ⇒ fam. **moumoute.** **2** Enchevêtrement de la ligne d'une canne à pêche. ♦ Masse de fil de fer sur laquelle le bijoutier soude les métaux. **3** fam. Travail effectué par un ouvrier, un technicien, pendant ses heures de travail et pour son usage personnel, avec les matériaux et l'outillage de l'entreprise. ➛ Détournement de matériaux ou d'outils appartenant à l'employeur.

perruquier n. m. – XVIe ▪ Fabricant de perruques et de postiches.

pers adj. m. – XIe ; lat. *persus* « bleu foncé » ▪ littér. D'une couleur où le bleu domine (surtout en parlant des yeux). *Athéna, la déesse aux yeux pers.* ✪ HOM. Pair, paire, père.

persan, ane adj. et n. – XVIe **1** (personnes) De Perse (depuis la conquête arabe jusqu'au XXe s.). ⇒ **iranien,** ① **perse.** allus. littér. « *Ah ! ah ! Monsieur est Persan ! C'est une chose bien extraordinaire ! Comment peut-on être Persan ?* » (Montesq.). **2** n. m. Langue iranienne principale, notée en caractères arabes. ⇒ **parsi.** **3** Venant de Perse ou concernant la Perse. ⇒ **iranien.** *Chat persan,* à longs poils soyeux et à face camuse. *Tapis persan. Miniatures persanes.* ➛ « *Les Lettres persanes* », *de Montesquieu.* ✪ HOM. Perçant.

① **perse** adj. et n. – XIe ; lat. *persus* ▪ De Perse (avant la conquête arabe, VIIe s.). n. *Les Mèdes et les Perses.* ➛ *Chapiteau perse,* à deux têtes de taureaux opposées. ➛ *Langues perses.* ⇒ **iranien, parsi, persan.** ✪ HOM. Perce.

② **perse** n. f. – XVIIIe ; de ① *perse* ▪ Tissu d'ameublement à décor floral.

persécuté, ée adj. et n. – XVIIe **1** En butte à une persécution. *Peuple persécuté.* **2** n. Victime d'une persécution. *Jouer les persécutés.* ♦ Personne atteinte d'un délire de persécution.

persécuter v. tr. [1] – Xe ; lat. *persequi* « poursuivre » **1** Tourmenter sans relâche par des traitements injustes et cruels. ⇒ **martyriser, opprimer.** *Cet* « *édit qui ordonnait de persécuter les chrétiens plus violemment que jamais* » (Boss.). **2** Poursuivre en importunant. ⇒ s'**acharner** (contre), **harceler, tyranniser.** *Journalistes qui persécutent une vedette.* ✪ CONTR. Favoriser, protéger.

persécuteur, trice n. et adj. – XIIe ▪ Personne qui persécute. *Un persécuteur cruel. Se venger de ses persécuteurs.* ⇒ **bourreau.** ♦ adj. « *dieu persécuteur, effroi du genre humain* » (Volt.).

persécution n. f. – XIIe **1** Traitement injuste et cruel infligé avec acharnement. *Les persécutions des premiers chrétiens* (⇒ **martyr**). « *guérir les hommes de cette rage de persécution* » (Sand). ♦ Mauvais traitement dont on est la victime. ⇒ **maltraitance.** *Être en butte aux persécutions de qqn.* **2** *Délire de persécution :* délire systématisé d'une personne qui se croit persécutée (⇒ **paranoïa**). « *Rousseau se crut visé, prit feu et flamme, alluma là son délire de la persécution* » (Thibaudet). ✪ CONTR. Protection.

perséides n. f. pl. – XIXe ▪ Étoiles filantes qui semblent venir de la constellation de Persée.

persel n. m. – 1922 ▪ Sel dérivant d'un peroxyde qui, au contact de l'eau, donne du peroxyde d'hydrogène. *Le perborate de sodium est un persel.*

persévérance n. f. – XIIe ; lat. ▪ Action de persévérer, qualité, conduite de qnn qui persévère. ⇒ **obstination, opiniâtreté, ténacité, volonté.** *Travailler avec persévérance. Persévérance dans la lutte, dans la recherche.* ⇒ **acharnement.** « *un monsieur qui a su, par sa persévérance* [...], *atteindre le but qu'il a laborieusement visé* » (Courtel.) ✪ CONTR. Inconstance, versatilité.

persévérant, ante adj. – XIIe ▪ Qui persévère ; qui a de la persévérance. *Un chercheur persévérant.* ⇒ **entêté, obstiné, opiniâtre.** ✪ CONTR. Inconstant, versatile.

persévération n. f. – 1903 ▪ Persistance d'un trouble alors qu'il n'est plus motivé par une cause physiologique ou mécanique.

persévérer v. intr. [6] – XIIe ; lat. *severus* « sérieux » → sévère ▪ Continuer de faire, d'être ce qu'on a résolu, par un acte de volonté renouvelé. ⇒ **insister,** s'**obstiner, persister, poursuivre.** *Persévérer dans l'erreur.* « *Il avait glissé, roulé, grimpé, cherché, marché, persévéré, voilà tout. Secret de tous les triomphes* » (Hugo). littér. *Je persévère à penser qu'il s'est trompé.* ✪ CONTR. Abandonner, renoncer.

persicaire n. f. – XIIIe ; lat. *persicus* « pêcher » ▪ Renouée *(polygonacées)* dont certaines variétés sont cultivées comme plantes d'ornement.

persienne n. f. – XVIIIe ; de *Perse,* nom de pays ▪ Contrevent à claire-voie, qui sert à protéger une fenêtre du soleil et de la pluie tout en permettant à l'air de passer. ⇒ **jalousie.** « *sans ouvrir les persiennes j'ai regardé par les fentes* » (Céline).

❑ *Persienne* est le féminin substantivé de l'ancien adjectif *persien,* remplacé par *persan.*

persiflage n. m. – XVIIIe ▪ Action de persifler ; propos de qqn qui persifle. ⇒ **ironie, moquerie, raillerie.** « *C'était un âpre persiflage, tourner chaque mot que je disais en dérision* » (Montherl.).

persifler v. tr. [1] – XVIIIe ; de *siffler* ▪ littér. Tourner (qqn) en ridicule en employant un ton de plaisanterie ironique. ⇒ se **moquer, railler.** *L'usage* « *de persifler les gens sans qu'ils le sentent* » (Rouss.).

❑ Par tradition, *persifler* (et ses dérivés) ne prend qu'un *f,* contrairement à *siffler.*

persifleur, euse n. et adj. – XVIIIe ▪ vieilli Personne qui a l'habitude de persifler. ➛ adj. *Il est très persifleur.* ⇒ **moqueur.** ➛ « *ce ton moitié persifleur dont ils s'étaient servis pour masquer l'embarras* » (Loti).

persil [pɛʀsi] n. m. – XIIe ; gr., proprt « persil de pierre » **1** Plante potagère *(ombellifères)* très aromatique, utilisée comme condiment. *Persil plat, frisé. Bouquet de persil.* « *maman mettait du persil sur les lentilles* » (Duham.). *Hacher de l'ail et du persil* (⇒ **persillade**). **2** *Persil arabe.* ⇒ **coriandre.**

❑ On entend parfois [pɛʀsil] mais la prononciation [pɛʀsi] est plus élégante. → chenil (rem.).

persillade n. f. – XVIIe ▪ Assaisonnement à base de persil et d'ail hachés. ♦ Bœuf froid servi avec cet assaisonnement.

persillé, ée adj. – XVIIe 1 *Fromage à pâte persillée,* à moisissures internes. ⇒ **bleu.** ♦ *Viande persillée,* parsemée de minces filets de graisse (indice de qualité). « *voilà une entrecôte persillée, tu te mettras ça sous la dent et tu m'en diras deux mots* » (Mac Orlan). 2 Accompagné de persil haché. « *persillées, salées, poivrées* [...] *les plus délicieuses carottes râpées* » (Sarraute).

persistance n. f. – XVe 1 Action de persister. ⇒ **constance, fermeté.** *Affirmer qqch. avec persistance.* ⇒ **entêtement, obstination, opiniâtreté.** *Persistance dans l'erreur, dans une attitude.* 2 Caractère de ce qui est durable, de ce qui persiste ; fait de persister. ⇒ **continuité, durée.** « *elle se plaignait de la persistance de l'hiver* » (Huysm.). ♦ *La persistance des images rétiniennes.* ⇒ **rémanence.** ✪ CONTR. Abandon, cessation, changement.

persistant, ante adj. – XIVe ▪ Qui persiste, se maintient sans faiblir. ⇒ **constant, continu, durable.** *Une toux persistante.* ⇒ **permanent, rebelle.** *Une odeur persistante.* ⇒ **tenace.** ➛ *Neige persistante.* ⇒ **éternel.** ♦ *Feuilles persistantes,* qui ne tombent pas en hiver (opposé à *caduc*). « *des arbres à feuillages persistants, cèdres, pins, thuyas, buis* » (Gaut.). ⇒ **sempervirent.**

persister v. intr. [1] – XIVe ; lat. « demeurer ferme dans sa position » 1 Demeurer inébranlable (dans ses résolutions, ses sentiments, ses opinions). ⇒ **s'obstiner, persévérer.** *Persister dans son refus. Je persiste à croire que c'est possible.* ➛ loc. *Le témoin persiste et signe.* fig. *Je persiste et (je) signe :* je maintiens fermement ce qui a été dit, écrit ou fait. 2 (choses) Durer, rester malgré tout. ⇒ **continuer, subsister.** *Si la douleur persiste, consultez votre médecin.* ➛ *Il persiste un doute.* ⇒ **rester.** ✪ CONTR. Renoncer. Cesser.

persona grata n. f. inv. – XIXe ; mots lat. « personne bienvenue » ▪ Représentant d'un État lorsqu'il est agréé par un autre État (inversement le représentant jugé indésirable est qualifié de *persona non grata* [pɛʀsɔnanɔn gʀata]). ♦ Personne qui a ses entrées dans un milieu officiel ou très fermé.

personnage n. m. – XIIIe 1 Personne qui joue un rôle social important et en vue. ⇒ **notable, personnalité ;** fam. **huile, manitou,** ② **ponte.** *Personnage haut placé, influent. Personnage riche et puissant.* ⇒ **potentat.** *Personnage éminent.* ⇒ **pontife, sommité.** *Personnage connu.* ⇒ **célébrité, vedette.** *Personnage historique.* 2 Chacune des personnes d'une œuvre de fiction, qui doit être incarnée par un acteur, une actrice. ⇒ **rôle.** *Personnage principal, central.* ⇒ **héros, protagoniste.** *Personnage de comédie.* ➛ loc. *Se mettre, entrer dans la peau de son personnage,* l'incarner avec conviction, vérité. *Le personnage de Hamlet.* 3 Personne, considérée quant à son comportement, son aspect. « *j'aperçus un personnage au cou fort long qui portait un feutre mou* » (Queneau). *Un drôle de personnage.* ⇒ **individu, type.** 4 Rôle que l'on joue dans la vie. « *ces gens qui semblent moins vivre leur vie que jouer leur propre personnage* » (Duham.). 5 Être humain représenté (dans une œuvre d'art). *Personnage allégorique. Tapisserie à personnages.*

personnalisation n. f. – XIXe ▪ Action de personnaliser (1°). ✪ CONTR. Dépersonnalisation.

personnaliser v. tr. [1] – XVIIIe 1 Rendre personnel. *Personnaliser l'impôt. Personnaliser un contrat, des primes d'assurance,* les adapter à chaque client (⇒ **individualiser**). *Crédit personnalisé.* ♦ Donner une note personnelle à (un objet de série). *Personnaliser une voiture, un appartement.* 2 dr. Donner la qualité de personne morale à. ➛ *Une association personnalisée.* ✪ CONTR. Dépersonnaliser.

personnalisme n. m. – XVIIIe ▪ Système philosophique pour lequel la personne est la valeur suprême (opposé à *individualisme*). *Le personnalisme de Renouvier.*

personnaliste adj. et n. – XIXe ▪ Relatif au personnalisme. ➛ n. *Les personnalistes chrétiens.*

personnalité n. f. – XVe **I - 1** Ce qui fait l'individualité d'une personne morale. *Maladies, troubles de la personnalité.* ♦ *Personnalité de base :* configuration psychologique propre aux membres d'une société donnée et qui se manifeste par un certain style de vie. 2 Apparence d'une personne (⇒ **personnage**) ; aspect sous lequel une personne se considère. « *notre personnalité sociale est une création de la pensée des autres* » (Proust). ➛ Ce qui différencie une personne de toutes les autres. *Affirmer sa personnalité. Avoir une forte personnalité.* ➛ *Avoir de la personnalité.* ⇒ **caractère, originalité.** « *des personnes sans personnalité, des êtres sans originalité, nés pour la fonction* » (Baud.). 3 *Personnalité morale, juridique :* aptitude à être sujet de droit. ⇒ ① **personne.** 4 Caractère de ce qui s'applique aux personnes, de ce qui est personnel. *Personnalité de l'impôt, des peines.* **II - 1** Personne en vue, remarquable par sa situation sociale, son activité. ⇒ **notabilité, personnage, V. I. P.** *La foule se presse sur le passage des personnalités. Une personnalité politique.* ⇒ **cacique, hiérarque.** 2 *Culte de la personnalité :* attitude politique privilégiant l'image du chef. ✪ CONTR. Impersonnalité.

① **personne** n. f. – XIIe ; lat. *persona,* mot d'o. étrusque « masque de théâtre » 1 Individu de l'espèce humaine. ⇒ ② **être, homme, individu, mortel.** *Les personnes et les choses. Une personne.* ⇒ **quelqu'un ; on.** *Des personnes.* ⇒ ① **gens.** *Quelques, plusieurs personnes. Chaque, toute personne qui...* ⇒ **chacun, quiconque.** *Groupe de personnes.* ⇒ **association, classe, corps, société.** *Prix par personne.* ⇒ **tête.** ➛ Être humain, en particulier lorsqu'on ne peut ou ne veut préciser l'âge, le sexe, l'apparence, etc. *Une personne de connaissance.* ⇒ **visage.** *Les personnes âgées.* « *C'était une personne — nous n'osons dire une femme — calme, austère* » (Hugo). ♦ GRANDE PERSONNE : adulte, dans le langage des enfants. « *Toutes les grandes personnes ont d'abord été des enfants* » (St-Exup.). 2 Être humain considéré dans son individualité, sa spécificité. *La personne de qqn,* la personnalité, le moi. *Faire grand cas de sa (petite) personne. Répondre de la personne de qqn,* se porter garant de lui. ➛ *La personne et l'œuvre* (d'un écrivain, d'un artiste). ♦ Le corps, l'apparence extérieure. *Il est bien (fait) de sa personne.* « *Toute sa petite personne* [...] *n'était que rondeurs* » (Green). ➛ *Je m'adresse à la personne* (distincte de sa fonction). ♦ EN PERSONNE : soi-même, lui-même. *Le ministre en personne.* « *il venait, en personne, chercher sa correspondance* » (Mart. du G.). ➛ *C'est la grâce en personne.* ⇒ **incarné, personnifié.** 3 Individu qui a une conscience claire de lui-même et agit en conséquence. ⇒ **moi,** ③ **sujet.** *Le respect dû à la personne humaine.* ♦ *Les trois personnes de la Trinité.* ⇒ **hypostase.** 4 Individu ou groupe auquel est reconnue la capacité d'être sujet de droit. *L'esclave* « *n'est pas une personne dans l'État ; aucun bien, aucun droit ne peut s'attacher à lui* » (Boss.). ➛ *Identité, signalement d'une personne. Erreur sur la personne. La personne, sujet de droits civiques, politiques.* ⇒ **citoyen.** ♦ PERSONNE MORALE : groupement de personnes ou établissement possédant la personnalité morale mais sans existence corporelle. *Personne morale et physique* (individu). *Personnes morales de droit public* (ex. État, régions) *ou privé* (ex. syndicat, association). 5 Indication du rôle que tient la personne en cause dans l'énoncé, suivant qu'elle parle en son nom (*première personne* ⇒ **je, nous**), qu'on s'adresse à elle (*deuxième personne* ⇒ **tu, vous**) ou qu'on parle d'elle (*troisième personne* ⇒ **il(s), elle(s)**).

« *Vivre et mourir à la troisième personne..., m'exiler en moi* » (Cioran).

> ❑ Ne pas confondre *personne,* nom féminin, et *personne,* pronom indéfini qui entraîne l'accord au masculin : *je n'ai jamais vu de personne aussi belle* (nom) ; *je n'ai jamais vu personne d'aussi beau qu'elle* (pronom).

② **personne** pron. (nominal) indéf. – XIIIe 1 (style soutenu) Quelqu'un (dans une subordonnée dépendant d'une principale négative). « *Ne vous figurez pas que vous choquerez personne* » (Romains). ➝ *Il sortit sans que personne s'en aperçût.* ➝ (en phrase compar.) *Vous le savez mieux que personne.* ⇒ **quiconque.** 2 (avec *ne*) Aucun être humain (négation de *quelqu'un*). ⇒ **aucun, nul.** *Personne n'est parfait.* « *personne n'a rien su* » (Sand). *Que personne ne bouge ! Je n'accuse personne. Je n'en veux à personne.* ➝ (sans *ne*) « *Qui vient ? qui m'appelle ? – Personne* » (Muss.). ♦ *Personne de* (suivi d'un adj. ou d'un part. au masc.). « *Personne d'autre que Frantz n'avait vu la jeune fille* » (Alain-Fourn.). « *Vous n'avez personne de sérieux à me recommander ?* » (Romains). *Je ne connais personne d'aussi intelligent qu'elle.* ✪ CONTR. Quelqu'un ; monde (tout le monde).

personnel, elle adj. et n. m. – XIIe **I** adj. 1 Qui concerne une personne, lui appartient en propre. ⇒ **individuel, particulier.** « *faire passer son intérêt personnel avant l'intérêt général* » (Mart. du G.). *Objets personnels. Souvenirs personnels.* ⇒ **intime.** *Il a un style tout à fait personnel, bien à lui.* ⇒ ② **original.** « *l'art* [...] *est d'autant plus grand qu'il est plus personnel* » (Zola). ♦ Qui s'adresse personnellement à qqn. *Conversation personnelle.* ⇒ **confidentiel, privé.** *C'est personnel. Attaque personnelle.* 2 *Joueur trop personnel,* qui manque d'esprit d'équipe. ⇒ **égocentrique.** « *Aimable et bon, mais profondément personnel* » (Sand). 3 Qui concerne les personnes, la personne en général. *Morale personnelle et universelle.* ➝ *Libertés personnelles* (ou *individuelles*). dr. *Droit personnel* (opposé à *réel*). *Impôt personnel,* qui tient compte de la situation du contribuable (opposé à *réel*). 4 Se dit des formes du verbe, lorsqu'elles caractérisent une personne réelle. « *Il chante* » *est personnel et* « *il neige* » *impersonnel.* ♦ Qui prend l'indication de la personne grammaticale. *Modes personnels* (indicatif, subjonctif) *et impersonnels* (infinitif). ♦ Qui désigne un être en marquant la personne grammaticale. *Pronom personnel,* et n. m. *un personnel.* **II** n. m. Ensemble des personnes employées dans une maison, une entreprise... *Personnel d'un hôtel.* ⇒ **domesticité.** *Personnel d'une usine.* ⇒ **main-d'œuvre.** *Personnel d'une entreprise.* ⇒ ② **effectif.** *Chef du personnel.* ♦ Ensemble des personnes qui exercent la même activité. *Le personnel navigant* (⇒ **équipage**) *et le personnel au sol d'une compagnie aérienne.* ✪ CONTR. Impersonnel. Collectif, commun, ① général. — Matériel.

> ❑ La mention qu'on porte sur une lettre, une enveloppe prend la marque du féminin ; mais on trouve souvent la forme au masculin neutre : (c'est) *personnel.*

personnellement adv. – XIIIe 1 En personne, soi-même. *Je m'en occupe personnellement.* 2 D'une manière personnelle, en tant que personne. *Se sentir personnellement visé.* 3 Pour sa part, quant à soi. « *personnellement, je préférerais rester seul* » (Sartre).

personnification n. f. – XVIIIe 1 Action de personnifier. *La personnification des péchés capitaux dans la sculpture romane.* 2 Personnage qui représente, évoque une chose abstraite ou inanimée. ⇒ **allégorie, incarnation.** *Les figures, les personnifications de la mort.* 3 (personne réelle) ⇒ **incarnation, type.** *La maharani* « *en son costume national, semble une attachante personnification de l'Inde* » (Loti).

personnifié, iée adj. – XVIIIe 1 Représenté sous la forme d'un être humain. *Les vices et les vertus personnifiés.* 2 *C'est l'honnêteté personnifiée :* c'est l'honnêteté même.

personnifier v. tr. [7] – XVIIe 1 Évoquer, représenter (une chose abstraite ou inanimée) sous les traits d'une personne. *Les dessins animés personnifient des objets* (⇒ **anthropomorphisme).** ➝ *Harpagon personnifie l'avarice.* ⇒ **symboliser.** 2 Réaliser dans sa personne (un caractère), d'une manière exemplaire. *Il personnifie le Français moyen.* ➝ « *dernier survivant de la grande Renaissance, il* [Michel-Ange] *la personnifiait, il était à lui seul un siècle de gloire* » (R. Rolland). ⇒ **incarner.**

perspectif, ive adj. – XVe ▪ Qui représente un objet ou un groupe d'objets en perspective. *Dessin perspectif.*

perspective n. f. – XIVe ; lat. *perspicere* « regarder à travers » **I - 1** Art de représenter les objets en deux dimensions sur une surface plane, compte tenu de leur position dans l'espace par rapport à l'œil de l'observateur. *Dessiner une maison en perspective* (opposé à *en plan*). ➝ *Perspective cavalière,* permettant de montrer l'agencement des diverses parties de l'objet (l'œil de l'observateur étant supposé situé à l'infini). ➝ *Perspective aérienne,* qui indique l'éloignement au moyen de dégradés de couleurs. ➝ loc. fig. *Mettre qqch. en perspective,* en exposer toutes les dimensions et présenter l'arrière-plan, le contexte. 2 Aspect que présente un ensemble architectural, un paysage vu à distance. ⇒ **panorama, vue.** « *Par son brusque abaissement le sol* [...] *offrait* [...] *la perspective de la mer et de ses grèves* » (Barbey). ⇒ **vue. II - 1** Événement ou succession d'événements probable ou possible. ⇒ **expectative ; éventualité.** *Dans la perspective où...* « *la perspective d'y passer une nuit me serre le cœur* » (Loti). ⇒ **idée.** ♦ Domaine qui s'ouvre à la pensée, à l'activité de qqn. ⇒ **horizon.** « *vous avez ouvert dans ma vie des perspectives toutes nouvelles. Je vous dois de connaître l'amour* » (Gaut.). ♦ *EN PERSPECTIVE :* dans l'avenir ; en vue. *Il a un bel avenir en perspective.* 2 Aspect sous lequel une chose se présente ; manière de considérer qqch. ⇒ **angle, côté, éclairage, optique, point de vue.** *Perspective sociale, historique.*

perspectivisme n. m. – 1913 ; all. ▪ Le fait que toute connaissance est relative aux besoins vitaux de l'être qui connaît, est « perspective ».

perspicace adj. – XVe ; lat. *perspicere* « regarder attentivement » ▪ Doué d'un esprit pénétrant, subtil ; capable d'apercevoir ce qui échappe à la plupart des gens. ⇒ **clairvoyant, pénétrant, sagace.** *Un observateur lucide et perspicace.*

> ❑ Même famille étymologique que *perspective.*

perspicacité n. f. – XVe ▪ Qualité d'une personne perspicace. ⇒ **clairvoyance, finesse, sagacité.** « *sa perspicacité profonde et son habitude de juger les hommes* » (Balz.). *Manquer de perspicacité.*

perspiration n. f. – XVIe ; lat. ▪ Ensemble des échanges respiratoires qui se font par la peau. *Perspiration sensible :* sudation ; *insensible :* élimination de vapeur d'eau par l'expiration ou par évaporation cutanée.

persuader v. tr. [1] – XIVe ; lat. *per-* et *suadere* « conseiller » **I** Amener (qqn) à croire, à penser, à vouloir, à faire (qqch.), par une adhésion complète. ⇒ **convaincre.** *Il m'a persuadé de la sincérité de ses intentions. Persuadez-le de venir.* ⇒ **décider, déterminer.** *Il a fini par persuader beaucoup de gens qu'il était compétent.* ➝ « *la marquise, après cette explication, se dit convaincue, mais non pas persuadée* » (Ste-Beuve) (⇒ **cer-**

tain). II *SE PERSUADER* v. pron. 1 Se rendre certain. *Se persuader d'une chose.* ➛ Se mettre dans la tête. *Elle s'est persuadé(e) qu'elle était malade.* 2 *Ils se sont persuadés l'un l'autre.* ✪ CONTR. Dissuader.

❑ Dans la forme pronominale *se persuader que, se* s'analyse soit en complément direct, soit en complément indirect, laissant ainsi l'accord du participe passé facultatif : *ils se sont persuadé(s) qu'ils ne risquaient rien.*

persuasif, ive adj. – XIVe ▪ Qui a le pouvoir de persuader. *Ton persuasif.* ⇒ **éloquent.** ➛ *Un vendeur persuasif.* ⇒ **convaincant.** ✪ CONTR. Dissuasif.

persuasion n. f. – XIVe 1 Action de persuader. *Pouvoir de persuasion.* 2 Fait d'être persuadé. ⇒ **assurance, conviction, croyance.** « *rien n'éloigne plus sûrement l'amour que la persuasion de ne le pouvoir inspirer* » (Mauriac). ✪ CONTR. Dissuasion.

persulfate n. m. – XIXe ▪ Persel* obtenu par électrolyse d'un sulfate.

persulfure n. m. – XIXe ▪ Sulfure renfermant plus de soufre que les sulfures normaux.

persulfuré, ée adj. – XIXe ▪ À l'état de persulfure.

perte n. f. – XIe ; lat. *perdere* « perdre » I A Fait de perdre, de cesser d'avoir. 1 Fait de perdre une personne, d'en être séparé par l'éloignement ou par la mort ; privation, vide qui en résulte. *Le romancier* « *dont la perte soudaine a excité l'intérêt universel* » (Ste-Beuve). ⇒ ① **mort.** *Quelle perte pour l'humanité !* ➛ plur. Personnes tuées au cours d'une opération ou d'une guerre. *Pertes civiles et militaires.* 2 Fait d'être privé de ce dont on avait la propriété ou la jouissance ; fait de subir un dommage. ⇒ **privation.** *Faire subir une perte à qqn.* ⇒ **préjudice.** *Perte d'un droit.* ⇒ **déchéance.** ♦ Fait de perdre de l'argent ; la somme perdue. *Pertes considérables au jeu.* ➛ Excédent des dépenses sur les recettes. ⇒ **déficit.** ➛ *Compte de pertes et profits* : compte de résultat*. loc. *Passer une chose par profits et pertes* (ou *par pertes et profits*), la considérer comme perdue, en faire son deuil. ➛ *Perte sèche,* qui n'est compensée par aucun bénéfice. ➛ *À perte* : en perdant de l'argent. *Vendre à perte.* ⇒ **dumping.** 3 Fait d'être privé d'une faculté plus ou moins longuement. *Perte de connaissance.* ⇒ **évanouissement, syncope.** *Perte de mémoire.* ⇒ **amnésie.** 4 Fait d'égarer, de perdre qqch. *La perte de son stylo le contrarie. Déclaration de perte ou de vol.* 5 loc. adv. *À PERTE DE VUE* : si loin que la vue ne peut plus distinguer les objets. *Notre maison* « *qu'entouraient à perte de vue des champs de blé* » (Maurois). ➛ *Discourir à perte de vue,* interminablement. 6 Fait de laisser échapper ce qu'on pourrait saisir ; ce qui est ainsi perdu, gaspillé. ⇒ **gaspillage.** *Perte de temps et d'argent.* ➛ loc. adv. *EN PURE PERTE* : inutilement, sans aucun profit. 7 Quantité (d'énergie, de chaleur) qui se dissipe inutilement. *Perte de chaleur.* ⇒ **déperdition.** *Perte de charge* : diminution de la pression d'un fluide qui s'écoule. 8 plur. *Pertes de sang.* ⇒ **métrorragie.** ➛ *Pertes (blanches)* : leucorrhée. ➛ *Pertes séminales* : émission involontaire de sperme. ⇒ **pollution.** B Fait de perdre (I, 9°), d'être vaincu. « *une trahison causant la perte d'une bataille navale* » (Genet) (⇒ **défaite**). *La perte d'un procès.* II Fait de périr, de se perdre. ➛ Dommage grave, ruine. *Courir à sa perte. Jurer la perte de qqn.* « *Jamais nous ne fûmes aussi près de notre perte* » (Cendrars). III *Perte d'un cours d'eau* : lieu où il disparaît pour réapparaître plus loin. *La perte du Rhône, près de Bellegarde.* ✪ CONTR. Gain.

pertinemment [pɛʀtinamɑ̃] adv. – XIVe 1 littér. D'une manière pertinente ; avec compétence. ⇒ **justement.** « *elle disserte pertinemment de ces choses* » (Balz.). 2 *Savoir pertinemment qqch.*, en être informé exactement. *Je sais pertinemment qu'il a menti.*

pertinence n. f. – XIVe 1 dr. Caractère de ce qui est pertinent (1°). ♦ littér. Qualité de ce qui convient à l'objet dont il s'agit, et par ext. de ce qui est conforme à la raison, au bon sens. ⇒ **à-propos, bien-fondé, convenance.** *La pertinence d'un argument. Parler avec pertinence.* 2 didact. Caractère d'un élément pertinent (3°).

pertinent, ente adj. – XIVe ; lat. *pertinere* « concerner » 1 dr. Qui a rapport à la question, au fond même de la cause. *Moyens pertinents et admissibles, faits et articles pertinents.* 2 Qui convient exactement à l'objet dont il s'agit. *Une remarque pertinente.* ➛ *Une analyse pertinente.* ⇒ **judicieux.** 3 Se dit d'un fait linguistique doué d'une fonction dans l'élaboration d'un message, qui fait l'objet d'un choix. *Oppositions pertinentes* (permettant de dégager des éléments fonctionnels). ➛ *Trait* (II, 3°) *pertinent.* ⇒ **distinctif.**

pertuis n. m. – XIIe ; de l'a. v. *pertuiser,* autre forme de *percer* ▪ Ouverture qui permet de retenir l'eau d'une écluse ou de la laisser passer. ♦ Étranglement naturel d'un fleuve. *Les pertuis de la Seine.* ➛ Détroit entre deux îles, entre une île et la terre (littoral atlantique). *Le pertuis d'Antioche, entre les îles de Ré et d'Oléron.*

❑ De la même famille : *millepertuis.*

pertuisane n. f. – XVe ; it. *partigiana,* d'apr. *pertuis* ▪ Ancienne arme d'hast munie d'un long fer triangulaire, souvent garni à sa base de deux orillons symétriques. ⇒ **hallebarde.**

pertuisanier n. m. – XVIIe ▪ Soldat armé de la pertuisane.

perturbant, ante adj. – XIXe ▪ Qui perturbe, trouble (qqn). *Une situation très perturbante pour les enfants.*

perturbateur, trice n. et adj. – XIIIe ▪ Personne qui perturbe, met du désordre. ➛ *Expulser les perturbateurs d'une réunion publique.* ⇒ **agitateur, trublion.** ♦ adj. *Éléments perturbateurs.* ➛ *L'action perturbatrice de la concurrence.*

perturbation n. f. – XIIIe 1 Irrégularité dans le fonctionnement d'un système. ⇒ **dérangement, dérèglement, déséquilibre,** ② **trouble.** *Perturbations dans le trafic aérien.* ♦ *Perturbations d'une planète,* déviations par rapport à l'orbite qu'elle suivrait si elle était soumise à la seule action du Soleil. ➛ *Perturbation atmosphérique* : mouvement violent de l'atmosphère. ♦ Bruit* affectant aléatoirement la régularité d'un signal. ⇒ **parasite.** 2 Bouleversement (dans la vie sociale, individuelle). *Perturbations politiques.* ⇒ **agitation, crise.** *Semer la perturbation. Un astre* « *qui aurait dû produire certaines perturbations sur le cœur de ce gentleman* » (J. Verne). ✪ CONTR. ① Calme.

perturber v. tr. [1] – XIIe ; lat. ▪ Empêcher de fonctionner normalement. ⇒ **déranger, gêner.** *Planète qui perturbe le mouvement d'une autre planète. Perturber une assemblée par des huées et des sifflets.* ⇒ **troubler.** *Trafic perturbé.* ⇒ **désorganiser.** ♦ Troubler profondément. ⇒ **bouleverser, déstabiliser.** *Les* « *événements qui perturbaient le monde* » (Mart. du G.). *Les changements perturbent cet enfant.* ➛ fam. *Il avait l'air tout perturbé.*

❑ Même famille étymologique que *turbulent* et *troubler.*

pervenche n. f. – XIIIe ; lat. *pervinca* 1 Plante vivace *(apocynacées)* à fleurs bleu-mauve, qui croît dans les lieux ombragés, les sous-bois. 2 adj. inv. D'un bleu clair tirant sur le mauve. ♦ n. m. *Yeux d'un bleu pervenche.* 3 fam. Contractuelle de la police parisienne qui portait un uniforme bleu.

pervers, erse adj. et n. – XIIe ; lat. 1 littér. Qui se plaît à faire le mal ou à l'encourager. ⇒ **corrompu, dépravé,**

méchant, vicieux. *Âme perverse.* « *Les hommes sont pervers ; ils seraient pires encore s'ils avaient eu le malheur de naître savants* » (Rouss.). ♦ Dit ou fait par perversité. *Conseils pervers.* 2 EFFET PERVERS, détourné de sa fin, non conforme au résultat escompté. 3 Qui témoigne de perversité ou de perversion. *Goûts pervers. Il est un peu pervers.* 4 n. Personne qui présente une déviation des instincts élémentaires, qui accomplit spontanément des actes immoraux, antisociaux. *Pervers sexuel. Pervers polymorphe.* ✪ CONTR. ① Bon, vertueux.

perversion n. f. – XVe 1 littér. Action de pervertir ; changement en mal. ⇒ **dépravation.** *Perversion des mœurs.* ⇒ **corruption, dérèglement.** 2 Déviation des tendances, des instincts, due à des troubles psychiques. ♦ *Perversion sexuelle :* tout comportement qui tend à rechercher habituellement la satisfaction sexuelle autrement que par l'acte sexuel « normal », défini comme accouplement hétérosexuel. ⇒ **déviance.** ✪ CONTR. Amélioration.

perversité n. f. – XIIe 1 Goût pour le mal, recherche du mal. ⇒ **malignité, méchanceté.** « *Les péchés les plus révoltants y furent consommés avec* [...] *une recherche attentive et savante dans la perversité* » (Aymé). ➛ Caractère de qqn qui cherche à nuire. « *Perversité de femme ! pensa Julien. Quel plaisir, quel instinct les porte à nous tromper* » (Stendh.). ⇒ **perfidie.** 2 Tendance pathologique à accomplir des actes immoraux, agressifs ; malveillance systématique. *La perversité d'un enfant cruel envers les animaux.* ♦ abusivt Perversion (2°). ✪ CONTR. Bonté, vertu. Bienveillance.

❑ *Perversité* désigne le goût, le caractère, la tendance perverse d'une personne. *Perversion* désigne une déviation due à la perversité.

pervertir v. tr. 2 – XIIe ; lat. *vertere* « tourner » 1 Faire changer en mal, rendre mauvais. ⇒ **corrompre.** « *la guerre civile et l'effroyable anarchie* [...] *pervertirent complètement ces soldats* » (Mérimée). ⇒ **débaucher, dépraver, dévoyer.** 2 Modifier en dérangeant ou en détournant de sa fin, de son sens. ⇒ **altérer, dénaturer.** *L'argent pervertit le sport.* « *Si nous voulons pervertir cet ordre* [de la nature] » (Rouss.). ⇒ **fausser.** ✪ CONTR. Améliorer, amender, convertir, corriger, édifier, élever, épurer.

pervertissement n. m. – XVe ■ littér. Fait d'être perverti. *Le pervertissement des esprits.*

pervertisseur, euse adj. et n. – XVIe ■ rare Qui pervertit (1°). « *les livres médiocres ou pervertisseurs* » (Gide).

pervibrer v. tr. 1 – 1970 ■ Vibrer (le béton) en pleine masse. ⇒ **vibrer** (3°).

pesade n. f. – XVIe ; it. *posata* « action de se poser » ■ Parade du cheval qui se dresse sur les pieds de derrière.

❑ Aucun rapport avec *peser.*

pesage n. m. – XIIIe 1 Mesure des poids. ⇒ **pesée.** 2 Action de peser les jockeys avant une course. ♦ Endroit où s'effectue le pesage. *Les jockeys sont au pesage.*

pesamment adv. – XIIIe 1 Avec un grand poids. ⇒ **lourdement.** 2 D'une manière lourde, lente, pénible. *Danser pesamment,* sans grâce. ✪ CONTR. Légèrement. Agilement, vivement.

pesant, ante adj. – XIe 1 Qui pèse lourd. *Un fardeau pesant.* ♦ Qui est soumis à la pesanteur. *Les corps pesants.* ♦ n. m. Poids. *Valoir* son pesant d'or.* 2 Pénible à supporter. ⇒ **lourd.** « *Son labeur journalier était* [...] *un joug trop pesant pour elle* » (Balz.). *Une présence pesante,* importune. ♦ Qui procure une gêne par une impression de poids. *Un sommeil pesant.* 3 Qui donne une impression de lourdeur. *Architecture pesante.* ✪ CONTR. Léger. Agréable, gracieux. Agile.

pesanteur n. f. – XIIe 1 Caractère de ce qui pèse lourd. ♦ Application de la force d'attraction de la Terre à un corps. *Pesanteur de l'air.* ➛ LA PESANTEUR : force qui entraîne les corps vers le centre de la Terre. ⇒ **attraction, gravitation, gravité.** *Les lois de la pesanteur.* 2 Caractère de ce qui paraît lourd, pesant. « *prenant de leur clientèle paysanne la pesanteur réfléchie* » (Zola). ♦ Manque de vivacité. « *J'admire cette espèce de maladresse, de pesanteur d'exécution* » (Gide). 3 Sensation pénible de poids. *Des pesanteurs d'estomac.* ⇒ **lourdeur.** ♦ Inertie, forces qui freinent un processus. *Les pesanteurs de la bureaucratie.* ✪ CONTR. Légèreté. Vivacité.

pèse-acide n. m. – XIXe ■ Aréomètre pour mesurer la densité d'une solution acide. ⇒ **acidimètre.** *Des pèse-acides.*

pèse-alcool [pɛzalkɔl] n. m. – XIXe ■ Alcoomètre. *Des pèse-alcools.*

pèse-bébé n. m. – XIXe ■ Balance comportant un plateau hémicylindrique où l'on place le nourrisson. *Des pèse-bébés.*

pesée n. f. – XIVe 1 Quantité pesée en une fois. 2 Opération par laquelle on détermine le poids de qqch. *Effectuer une pesée à l'aide d'une bascule.* 3 Pression exercée sur un objet pour le déplacer.

pèse-lait n. m. – XIXe ■ Aréomètre pour déterminer la densité du lait. *Des pèse-laits.*

pèse-lettre n. m. – XIXe ■ Balance servant à déterminer le poids d'une lettre et le montant de l'affranchissement. *Des pèse-lettres.*

pèse-moût n. m. – XIXe ■ Glucomètre. *Des pèse-moûts.*

pèse-personne n. m. – 1937 ■ Balance plate à cadran gradué. *Des pèse-personnes.*

peser v. 5 – XIe ; lat. *pendere* « peser » **I** v. tr. 1 Déterminer le poids, la masse de. *Peser un objet avec une balance, sur une bascule.* pronom. *Se peser régulièrement.* 2 Apprécier, examiner avec attention. ⇒ **considérer, estimer,** ① **juger.** *Peser ses chances de réussite.* ⇒ **évaluer.** *Peser ses mots :* faire attention à ce qu'on dit. ➛ loc. *Tout bien pesé :* après mûre réflexion. « *Je crains, tout bien pesé, de n'être qu'un homme de second plan* » (Anouilh). **II** v. intr. 1 Avoir tel poids. ⇒ ① **faire.** *Il pèse cent kilos.* ♦ fam. Représenter telle valeur. *Groupe qui pèse 30 milliards de chiffre d'affaires.* ⇒ **valoir.** 2 PESER SUR, CONTRE : exercer une poussée, une pression. ⇒ **appuyer, pousser, presser.** *Peser sur, contre une porte pour l'ouvrir.* ➛ *Aliment indigeste qui pèse sur l'estomac.* 3 PESER À : être pénible, difficile à supporter. ⇒ **coûter, ennuyer, fatiguer, importuner.** *La solitude lui pèse.* « *Cette claustration ne me pesait point, au contraire* » (Bosco). 4 PESER SUR : constituer une charge pénible. ⇒ **accabler, opprimer.** *Remords qui pèse sur la conscience.* ➛ *Une responsabilité écrasante pèse sur vous.* ⇒ **incomber, retomber.** 5 Exercer une pression morale. ⇒ **influer.** *Des* « *couches de la population* [...] *qui pèsent sur la politique communiste* » (Malraux). ➛ loc. *Ne pas peser lourd :* avoir peu de poids, d'importance.

❑ Si le verbe décrit une action sur un objet, il est transitif, le participe passé s'accorde : *le boucher pèse 80 kilos de viande* d'où *les 80 kilos de viande que le boucher a pesés ;* s'il décrit un état du sujet, il est intransitif, le participe passé ne s'accorde pas : *le boucher pesait 80 kilos* (complément circonstanciel : combien ?), d'où *les 80 kilos que le boucher a pesé.*

pèse-sel n. m. – XIXe ■ Aréomètre pour déterminer la densité et la concentration des solutions salines. *Des pèse-sels.*

pèse-sirop n. m. – XIXe ▪ Aréomètre pour mesurer la densité et la concentration des solutions de sucre. *Des pèse-sirops.*

peseta [pezeta ; peseta] n. f. – XVIIIe ; mot esp., de *peso* ▪ Unité monétaire espagnole.

❑ On dit aussi *pesete* [pezɛt].

pesette n. f. – XVIe ▪ Petite balance de précision pour les monnaies.

pèse-vin n. m. – XIXe ▪ Appareil utilisé pour mesurer le degré d'alcool du vin. *Des pèse-vins.*

peso [pezo ; peso] n. m. – XVIIIe ; mot esp. « poids » ▪ Unité monétaire de plusieurs pays d'Amérique latine.

peson n. m. – XIIIe ▪ Balance à levier coudé, dont les indications sont données par un index se déplaçant devant un cadran ou une fiche graduée. ♦ Appareil indiquant le poids au crochet d'un appareil de forage.

pessaire n. m. – XIIIe ; gr. *pessos* « tampon de charpie » 1 Dispositif introduit dans le vagin, destiné à remédier aux déviations de l'utérus. 2 Préservatif mécanique pour la femme. ⇒ **diaphragme.**

pesse n. f. – XVIe ; lat. *pix* « poix » ▪ Herbe aquatique *(halogacées)* à tige grêle et à feuilles verticillées.

pessimisme n. m. – XVIIIe ; lat. *pessimus,* superl. de *malus* « mauvais » 1 Disposition d'esprit qui porte à prendre les choses du mauvais côté, à être persuadé qu'elles tourneront mal. « *Pourquoi affiche-t-elle, sur les hommes et sur la vie, un pessimisme pénétrant, mais destructeur ?* » (Maurois). 2 Doctrine philosophique d'après laquelle le mal l'emporte sur le bien. ✪ CONTR. Optimisme.

pessimiste adj. et n. – XVIIIe ▪ Qui est porté à être mécontent du présent et inquiet pour l'avenir. ⇒ **bilieux, maussade, mélancolique.** *Ses malheurs l'ont rendue pessimiste.* ➝ Qui pense que les choses vont mal tourner. ⇒ **alarmiste, défaitiste.** *Le médecin est très pessimiste sur l'évolution de la maladie.* ➝ n. « *Considérer les pessimistes comme des ennemis personnels* » (Gide). ➝ Qui traduit le pessimisme. → **sombre.** *Une vue pessimiste du monde.* ✪ CONTR. Optimiste.

peste n. f. – XVe ; lat. *pestis* « épidémie, fléau » 1 Très grave maladie infectieuse, contagieuse et épidémique, due au bacille de Yersin. *Peste bubonique.* « *La Peste* », *roman de Camus.* ♦ loc. fam. *Se méfier de qqch., de qqn comme de la peste,* extrêmement, au plus haut point. 2 *Peste bovine, porcine, aviaire,* maladies infectieuses et contagieuses des ruminants, des porcs, des poules. 3 (imprécation) vx « *la peste soit de l'avarice et des avaricieux !* » (Mol.). ⇒ **pester.** ➝ interj. vieilli « *Peste ! où prend mon esprit toutes ces gentillesses ?* » (Mol.). 4 Personne ou chose nuisible, funeste, pernicieuse. ➝ Femme, fillette insupportable, méchante. ⇒ **poison.** *Quelle petite peste !*

pester v. intr. 1 – XVIIe ▪ Manifester son mécontentement, sa colère, par des paroles. ⇒ **fulminer, grogner, jurer, maugréer.** *Pester contre le mauvais temps.* ➝ « *Je pestais, je grommelais, je jurais* » (Rouss.). ⇒ fam. **râler, rouspéter.**

❑ *Pester* a d'abord signifié « traiter (qqn) de *peste* ».

pesteux, euse adj. – XVIe 1 Caractéristique de la peste. *Bubon pesteux.* 2 Qui est atteint de la peste. *Rat pesteux.*

pesticide n. m. et adj. – v. 1960 ; mot angl., de *pest* « insecte, plante nuisible » et *-cide* ▪ Produit chimique employé contre les parasites des cultures.

❑ En français, ce mot est mal formé puisque *peste* ne signifie pas « parasite ». ♦ Les nouveaux pesticides ne sont pas chimiques. → biopesticide.

pestiféré, ée adj. et n. – XIVe ▪ Atteint, infecté de la peste. *Navire pestiféré en quarantaine.* ➝ n. Loc. *Fuir qqn comme un pestiféré,* l'éviter à tout prix.

pestilence n. f. – XIIe ; lat. *pestis* « épidémie » ▪ Odeur infecte. ⇒ **infection.** *Pestilence qui se dégage d'un tas d'ordures.*

pestilentiel, ielle adj. – XIVe ▪ Qui répand une odeur infecte. ⇒ **fétide, puant ; méphitique.** *Ces eaux* « *remplissent l'atmosphère de miasmes pestilentiels* » (Gaut.).

pet n. m. – XIIIe ; lat. *peditum* I fam. Gaz intestinal qui s'échappe de l'anus. ⇒ **flatuosité, vent ; prout.** *Lâcher, faire un pet.* ⇒ **péter.** ♦ loc. fam. *Avoir (toujours) un pet de travers :* être mal disposé, de mauvaise humeur ; souffrir d'un malaise physique peu grave. ➝ *Ça ne vaut pas un pet de lapin :* cela n'a aucune valeur. ➝ *Comme un pet (sur une toile cirée),* rapidement. II arg. 1 Éclat, tapage fait autour d'une affaire. *Il va y avoir du pet.* 2 *Faire le pet :* faire le guet. ➝ *Pet !* attention ! ✪ HOM. Paie, paix.

peta- Préfixe (symb. P), qui indique la multiplication par 10^{15} de l'unité dont il précède le nom.

pétale n. m. – XVIIIe ; gr. *petalon* « feuille » ▪ Chacun des organes foliacés qui composent la corolle d'une fleur. « *je viens d'entendre choir sur la table voisine les pétales d'une rose* » (Colette).

pétaloïde adj. – XVIIIe ▪ Qui ressemble à un pétale.

pétanque n. f. – 1932 ; provenç. *pé* « pied » et *tanco* « pieu pour fixer qqch. » ▪ Jeu de boules. *Boules de pétanque.*

❑ On a d'abord dit *jouer à pétanque,* littéralement « lancer sa boule en ayant le pied fixé au sol ».

pétant, ante adj. – 1942 ▪ fam. Exact. *À neuf heures pétantes.* ⇒ **sonnant, tapant.**

pétaradant, ante adj. – XIXe ▪ Qui pétarade. *Moto pétaradante.*

pétarade n. f. – XVe 1 Série de pets que laissent échapper certains animaux en ruant. 2 Suite de détonations. *Pétarades d'un feu d'artifice.*

pétarader v. intr. 1 – XVIe ▪ Faire entendre une pétarade.

pétard n. m. – XVe 1 Charge d'explosif placée dans une enveloppe, qu'on utilise pour détruire des obstacles, comme dispositif de signalisation acoustique ou en pyrotechnie. *Allumer, tirer, faire claquer un pétard.* « *Le Quatorze Juillet arriva. Bienheureux jour [...] où les pétards partent en pleine rue* » (Ch.-L. Philippe). ♦ fam. Nouvelle sensationnelle dont on espère un grand retentissement. ⇒ ① **bombe.** *Un pétard mouillé :* révélation qui ne produit pas l'effet spectaculaire escompté. 2 fam. Bruit, tapage. *Qu'est-ce qu'ils font comme pétard !* ♦ *Être en pétard,* en colère. 3 arg. Revolver. 4 fam. Derrière. ⇒ **cul.** 5 fam. Cigarette de haschisch. ⇒ ③ **joint.**

pétase n. m. – XVIe ; gr. *petasos* ▪ Dans l'Antiquité grecque, Chapeau à larges bords pour s'abriter de la pluie et du soleil.

pétasse n. f. – XIXe ; de *péter* ▪ Terme injurieux à l'adresse d'une femme. ⇒ **grognasse.** *Quelle pétasse !*

pétaudière n. f. – XVIIe ; de *Pétaud* ▪ Assemblée où règnent la confusion et le désordre.

❑ *Pétaudière* vient probablement de la locution proverbiale *c'est la cour du roi Pétaud, où chacun est maître* (fin XVIe s.). Ce héros légendaire apparaît chez Rabelais.

pétauriste n. m. – XVIIe ; gr. *petauristein* « danser sur la corde » **1** Dans l'Antiquité grecque, Danseur, sauteur de corde. **2** Écureuil volant d'Australie.

pet-de-nonne n. m. – XIVe ▪ Beignet soufflé. *Des pets-de-nonne.*

pété, ée adj. – mil. XXe ▪ fam. **1** Fou. **2** Ivre ; abruti par la drogue. *Il était complètement pété.*

pétéchie n. f. – XVIe ; it. *petecchia,* d'o. i. ▪ Petite tache apparaissant sur la peau à la suite d'une hémorragie cutanée. ⇒ **purpura.**

péter v. [6] – XIVe **I** v. intr. fam. **1** Faire un pet, lâcher des vents. ♦ loc. *(Vouloir) péter plus haut que son cul :* avoir des prétentions qui dépassent ses moyens. ➤ *Péter dans la soie :* vivre dans le luxe. **2** Éclater avec bruit. ⇒ **exploser.** *Des obus pétaient dans tous les coins.* ♦ Se rompre brusquement, se casser. ⇒ **sauter.** « *ce tonneau malade dont les cercles pétaient les uns après les autres* » (Zola). ➤ loc. *Il faut que ça pète ou que ça dise pourquoi :* il faut que cela finisse, coûte que coûte. ➤ *Péter de santé :* déborder de santé. **II** v. tr. fam. **1** *Péter le feu :* déborder d'entrain, de vitalité. *Ça va péter des flammes :* ça va barder. **2** Briser, casser (qqch.). ➤ *Péter la gueule à qqn,* lui donner des coups. ⇒ **casser.** *Se péter la gueule :* tomber ; s'enivrer.

pète-sec n. inv. et adj. inv. – XIXe ▪ fam. Personne autoritaire au ton hargneux et cassant. *Quels pète-sec !*

péteur, euse n. – XIVe ▪ rare Personne qui a l'habitude de laisser échapper des vents. ✪ HOM. Péteuse (péteux).

péteux, euse n. et adj. – XVIIIe ; var. de *péteur* ▪ fam. **1** Peureux, froussard. ⇒ **trouillard.** ➤ adj. Honteux, qui se sent fautif. *Air péteux.* **2** Personne insignifiante et prétentieuse. ⇒ **morveux.** ✪ HOM. Péteuse (péteur).

pétillant, ante adj. – XVe **1** Qui pétille. *Eau pétillante* (opposé à *eau plate*). ⇒ **gazeux. 2** Qui brille d'un vif éclat. « *ces yeux vifs, pétillants* » (Léautaud).

pétillement n. m. – XVe **1** Fait de pétiller ; bruit de ce qui pétille. « *le pétillement des branches sèches qui se tordaient dans le brasier* » (Gaut.). **2** Effet de ce qui jette de vifs éclats. ⇒ **scintillement.**

pétiller v. intr. [1] – XVe ; de *pet* **1** Éclater avec de petits bruits secs et répétés. ⇒ **crépiter. 2** Produire de nombreuses bulles en bruissant. « *La tête penchée sur son bock il regardait la mousse pétiller* » (Maupass.). **3** littér. Briller d'un éclat très vif. ⇒ **chatoyer, scintiller.** ♦ *La joie pétille dans ses yeux.* ⇒ **éclater. 4** *Pétiller d'esprit,* manifester un esprit plein de vivacité et d'agrément.

pétiole [pesjɔl] n. m. – XVIIIe ; lat. ▪ Base étroite de certaines feuilles, unissant le limbe à la tige. ⇒ **queue.**

> ❑ Tous les autres mots en *...iole* sont féminins, sauf *centriole* (en biologie « petite structure dense au milieu du centrosome ») et *ostiole.*

pétiolé, ée adj. – XVIIIe ▪ Qui est pourvu d'un pétiole. ✪ CONTR. Sessile.

petiot, iote [pətjo, jɔt] adj. et n. – XIVe ▪ fam. Petit, tout petit. ♦ n. Petit enfant.

petit, ite adj., n. et adv. – Xe ; lat., d'un rad. expressif °*pitt-* **I** adj. **1** Dont la hauteur, la taille est inférieure à la moyenne. *Un homme petit. Une petite brune. Un petit vieux. Il est plus petit que son frère.* ➤ *Se faire tout petit :* éviter de se faire remarquer. ➤ *Ce cheval est petit pour sa race, pour son âge. Petites fleurs.* **2** Qui n'a pas encore atteint toute sa taille. ⇒ **jeune.** *Tu es encore trop petit pour sortir seul. Petit frère, petite sœur :* frère, sœur plus jeune. *Un petit chat.* ♦ *Une petite jeune fille. Un petit bonhomme de 5 ans.* **3** fam. *Un petit coup de rouge. Une petite robe noire.* ♦ (Avec une nuance de condescendance ou de mépris) *Qu'est-ce qu'elle veut la petite dame ? Quelle petite garce ! Petit con !* ♦ (affectueux) *Mon petit chéri.* « *Ma petite Lisbeth* [...] *– Je ne suis ni Lisbeth, ni votre petite, je vous prie d'être convenable* » (Cocteau). **4** Dont les dimensions sont inférieures à la moyenne. *Marcher à petits pas. Petite promenade. Un appartement trop petit.* ⇒ **exigu.** ♦ loc. *Le monde est petit* (quand on rencontre qqn inopinément). ♦ Se dit d'une lettre minuscule. *Petit a, petit b* (a, b). **5** Dont le volume, l'ensemble des dimensions est inférieur à la moyenne. *Une petite maison. Un petit village.* ➤ n. m. *L'infiniment petit.* ➤ *Il lui a offert un bouquet bien petit.* ⇒ **riquiqui.** *Couper en petits morceaux.* ⇒ ① **menu. 6** *Petite quantité.* ⇒ **faible, infime, infinitésimal.** ➤ *La plus petite quantité.* ⇒ **minimum.** *Je vous demande une petite minute. Un petit moment.* ⇒ ① **bref,** ① **court. 7** Dont l'abondance, l'importance, l'intensité est faible. ⇒ ① **maigre.** *Un très petit bénéfice.* ⇒ **dérisoire, modique.** *Les petites et moyennes entreprises.* ➤ *Petite lumière.* ⇒ **faible.** *Petits cris. Au petit trot. Un petit verre.* **II** n. **1** Enfant ou être humain jeune. *Les tout-petits.* ⇒ **bébé.** ➤ Le plus jeune de plusieurs. « *la petite, ce soir, remettait tout en question* [...] *La petite qui n'était plus la petite* » (Mauriac). **2** Élève jeune. *La cour des petits.* **3** Jeune animal. *La chatte a fait ses petits.* ♦ *Son argent a fait des petits,* a produit, a rapporté. **4** Enfant. *Les petites Durand :* les filles Durand. **5** (appellatif) *Comment vas-tu, mon petit ?* **III** adj. **1** De peu d'importance. ⇒ **mince, minime.** *Ce n'est pas une petite affaire. Petits inconvénients. Petites misères. Encore un petit effort ! Un petit boulot.* ♦ En miniature. *Faire son petit Robespierre.* **2** Qui a une condition, une situation peu importante. *Petit fonctionnaire. Petit rentier. Petit commerçant. Les petites gens.* ♦ n. m. *C'est toujours le petit qui trinque.* ⇒ **lampiste. 3** Qui a peu de valeur. « *de faibles génies et de petits esprits* » (La Bruy.). ➤ *Petit poète, peintre.* ⇒ ① **mineur.** ♦ « *il est petit de passer sa vie à dire comment les autres ont été grands* » (Stendh.). ⇒ **mesquin, vil. 4** Qui a un caractère de minutie, de recherche attentive du détail. *De petites attentions.* **IV** adv. **1** PETIT À PETIT [p(ə)titap(ə)ti] : peu à peu. ⇒ **graduellement, progressivement.** *La passion « s'était petit à petit transformée en haine »* (Simenon). **2** EN PETIT : sur une petite échelle. *Je voudrais le même modèle mais en (plus) petit.* ⇒ ① **réduit.** ✪ CONTR. Grand. Colossal, géant, gigantesque, immense ; âgé, adulte ; ample, étendu, large, long ; gros ; abondant, copieux, nombreux ; considérable, important ; digne, généreux ; grandiose, magnifique.

petit-beurre n. m. – 1909 ▪ Gâteau sec rectangulaire fait au beurre. *Des petits-beurre.*

petit-bois n. m. – XVIIIe ▪ Montant et traverse d'une fenêtre maintenant les vitres. *Des petits-bois.*

petit-bourgeois, petite-bourgeoise n. et adj. – XVIIIe **1** Personne qui appartient à la partie la moins aisée de la bourgeoisie et qui en possède les défauts traditionnels. **2** adj. péj. Propre à un petit-bourgeois. *Esprit petit-bourgeois,* mesquin, terre à terre.

① **petit-déjeuner** n. m. – 1922 ▪ Repas du matin, le premier de la journée. *Petit-déjeuner continental, anglo-saxon* (⇒ **breakfast**). *Des petits-déjeuners.*

② **petit-déjeuner** v. intr. [1] – 1952 ▪ fam. Prendre le petit-déjeuner. ⇒ ① **déjeuner.**

> ❑ Il semble que ce soit R. Queneau qui ait créé ce verbe. Nous ne disposions d'aucun mot pour cette action.

petite-fille n. f. – XIIIe ▪ Fille d'un fils ou d'une fille. *Il a trois petites-filles et un petit-fils.*

petitement adv. – XIIIe **1** *Être logé petitement,* à l'étroit. **2** *Vivre petitement.* ⇒ **chichement, mesquinement.** *Se venger petitement,* avec bassesse. ✪ CONTR. Grandement. Généreusement.

petite-nièce n. f. - XVIe ▪ Fille d'un neveu ou d'une nièce. *Elle a deux petites-nièces.*

petitesse n. f. - XIIe 1 Caractère de ce qui est de petite dimension. ⇒ **exiguïté.** « *la petitesse des fenêtres percées en meurtrières* » (Gaut.). *La petitesse d'un don.* ⇒ **modicité.** 2 Caractère mesquin, sans grandeur. *Petitesse d'un homme.* ⇒ **bassesse, faiblesse.** *Petitesse d'esprit.* ⇒ **étroitesse, mesquinerie.** 3 Trait, action dénotant un esprit petit, étroit ou sans noblesse. ⇒ **faiblesse.** ✪ CONTR. Grandeur, hauteur. Ampleur, immensité. Générosité.

petit-fils [p(ə)tifis] n. m. - XIIe ▪ Fils d'un fils ou d'une fille. *Elle a trois petits-fils et deux petites-filles.*

petit-four ou **petit four** n. m. - XVe ▪ Petit gâteau de la taille d'une bouchée. *Petits-fours secs, frais. Assiette de petits-fours.*

petit-gris n. m. - XVIIe 1 Écureuil de Russie, de Sibérie ; fourrure que fournit cet animal, au poil très doux et d'un gris ardoisé. ⇒ **vair.** *Manteau en petit-gris.* 2 Escargot à coquille brunâtre. *Des petits-gris.*

pétition n. f. - XIIe ; lat. *petere* « chercher à atteindre » 1 Requête, réclamation faite en justice. 2 *PÉTITION DE PRINCIPE :* faute logique par laquelle on tient pour admise la proposition même qu'il s'agit de démontrer. 3 Écrit adressé aux pouvoirs publics, par lequel toute personne exprime son opinion. *Recueillir des signatures pour une pétition.* ➝ Plainte collective. *Pétition de locataires à leur propriétaire.*

pétitionnaire n. - XVIIe ▪ Personne qui fait, signe une pétition.

petit-lait n. m. - XIIe ▪ Liquide séreux qui reste après la coagulation du lait, contenant du lactose et des sels minéraux. ⇒ **babeurre, lactosérum.** *Des petits-laits.* ♦ loc. *Boire du petit-lait :* éprouver une vive satisfaction d'amour-propre.

petit-maître, petite-maîtresse n. - XVIIe ▪ vx Jeune élégant ou élégante à l'allure maniérée et prétentieuse. ⇒ **dandy, muscadin.** *Des petits-maîtres.*

> ❑ On trouve chez Balzac cette énumération chronologique : « *à l'incroyable, au merveilleux, à l'élégant, ces trois héritiers des* petits-maîtres, *[...] ont succédé le* dandy, *puis le* lion » ♦ Ne pas confondre avec *petit maître* « artiste talentueux mais mineur ».

petit-nègre → **nègre**

petit-neveu n. m. - XVIe ▪ Fils d'un neveu ou d'une nièce. *Des petits-neveux.*

pétitoire n. m. - XIVe ; lat. *petere* « demander » ▪ « Action qui a pour objet la reconnaissance, la protection et le libre exercice d'un droit réel immobilier » (Capitant).

petit-pois ou **petit pois** ⇒ **pois**

petits-enfants [p(ə)tizɑ̃fɑ̃] n. m. pl. - XVIe ▪ Enfants d'un fils ou d'une fille. ⇒ **petite-fille, petit-fils.**

> ❑ Ne pas confondre avec *petits enfants* « jeunes enfants » : *La nourrice garde les petits enfants.*

petit-suisse n. m. - XIXe ▪ Fromage frais non salé, à pâte lissée, en forme de petit cylindre. *Des petits-suisses.*

pétochard, arde n. - 1947 ▪ fam. Personne qui a peur. ⇒ **froussard, trouillard.**

pétoche n. f. - 1918 ; de *péter* ▪ fam. Peur. « *Nous n'avons pas la pétoche* » (Cendrars).

> ❑ Allusion (comme pour *péteux* « peureux ») au flux intestinal que peut déclencher la peur.

pétoire n. f. - XVIIIe ▪ Mauvais fusil.

peton n. m. - XVIe ▪ fam. Petit pied.

pétoncle n. m. - XVIe ; lat. *pecten* « peigne » ▪ Mollusque lamellibranche *(anisomyaires),* coquillage comestible à coquille presque circulaire, brune et striée.

pétrarquiser v. intr. [1] - XVIe ▪ Imiter Pétrarque ; chanter les perfections de la femme aimée par des comparaisons outrées ou précieuses. « *J'ai oublié l'art de Pétrarquiser, Je veux d'Amour franchement deviser* » (du Bellay).

pétrel n. m. - XVIIe ; angl. *pitteral* ▪ Oiseau marin migrateur palmipède *(procellariiformes).*

pétreux, euse adj. - XIVe ; lat. *petra* « pierre » ▪ Qui a rapport au rocher de l'os temporal.

pétrifiant, iante adj. - XVIe 1 littér. Qui pétrifie, change en pierre. *Le regard pétrifiant de Méduse. Eaux pétrifiantes.* 2 Qui frappe de stupeur. *Panique pétrifiante.*

pétrification n. f. - XVIe 1 Transformation de structures organiques par imprégnation de composés minéraux. 2 Formation d'une couche pierreuse sur des corps séjournant dans l'eau calcaire. ♦ Corps entouré d'une couche pierreuse. 3 fig. Durcissement et immobilisation. « *la pétrification de l'esprit, propre au mandarin* » (Hugo).

pétrifier v. tr. [7] - XVIe ; lat. *petra* « pierre » 1 Changer en pierre. ♦ Rendre minérale (une structure organique). ⇒ **lapidifier.** *La silice pétrifie le bois.* ➝ *Fossile pétrifié.* 2 Recouvrir d'une couche minérale. *Les eaux calcaires pétrifient les corps.* ⇒ **incruster ; entartrer.** 3 Immobiliser par une émotion violente. ⇒ **glacer, méduser, paralyser, transir.** ➝ « *pétrifié, n'osant ni respirer, ni parler, ni rester, ni fuir* » (Hugo). 4 v. pron. Devenir minéral. ♦ fig. S'immobiliser. « *devant les confiseries* [...] *je me pétrifiais, fascinée* » (Beauv.).

pétrin n. m. - XIIe ; lat. *pistrinum* « moulin à blé, boulangerie » 1 Coffre dans lequel on pétrit le pain. ⇒ **huche, maie.** *Pétrin mécanique.* 2 fam. Situation embarrassante d'où il semble impossible de sortir. « *il les tire du sale pétrin où ils venaient de se fourrer* » (Céline).

pétrir v. tr. [2] - XIIe ; lat. *pistor* « boulanger » 1 Presser, remuer fortement et en tous sens (une pâte consistante). ⇒ **travailler.** ➝ *Pétrir le pain.* ♦ *Pétrir la pâte à papier.* ⇒ ① **brasser, malaxer.** ▪ *Pétrir de l'argile, de la cire* ⇒ **façonner, manier, manipuler, modeler.** 2 Palper fortement et en tous sens. « *Ses doigts chauds lui pétrissaient le poignet* » (Green). 3 fig. Donner une forme à, façonner. « *Elle était habituée à pétrir à sa guise les pensées* [...] *des jeunes gens* » (R. Rolland). ♦ *Être pétri d'orgueil,* très orgueilleux. ⇒ **plein.**

pétrissage n. m. - XVe 1 Action de pétrir. *Pétrissage d'une pâte.* 2 Massage qui consiste à comprimer profondément les tissus.

pétrisseur, euse n. - XIIIe 1 Ouvrier boulanger qui pétrit la pâte. 2 n. m. Pétrin mécanique. ♦ Appareil de massage. 3 n. f. Machine à pétrir.

pétro- Élément, du gr. *petros* « pierre ».

pétrochimie n. f. - 1959 ▪ Chimie industrielle des dérivés du pétrole.

> ❑ Composé de la contraction de *pétro(le)* et de *chimie* d'après l'anglais *petrochemistry,* ce mot prête à confusion car *pétro-* signifie « pierre » comme dans *pétrologie.* La recommandation officielle *pétrolochimie* est restée lettre morte.

pétrochimique adj. - 1959 ▪ Relatif à la pétrochimie. *Complexe pétrochimique.*

pétrodollars n. m. pl. - 1966 ▪ Devises en dollars provenant de la vente du pétrole par les pays producteurs.

pétrogale n. m. - XIXe ; de *pétro-* et gr. *galê* « belette » ▪ Petit mammifère *(marsupiaux macropodidés)* d'Australie.

pétrographie n. f. – XIXe ; *pétro-* et *-graphie* ■ Science qui décrit et étudie les roches. ⇒ **minéralogie.**

pétrographique adj. – XVIIIe ■ Relatif à la pétrographie.

pétrole n. m. – XIIIe ; lat. *petra* « pierre » et *oleum* « huile » 1 Huile minérale naturelle accumulée en gisements et utilisée comme source d'énergie. *Réserves, gisements de pétrole. L'Organisation des pays exportateurs de pétrole (O.P.E.P.). Exploitation du pétrole offshore. Puits de pétrole. Raffinage, distillation du pétrole. Les magnats du pétrole.* ♦ *Le pétrole vert :* les ressources agroalimentaires. 2 Une des fractions de la distillation du pétrole. *Lampe à pétrole.* 3 *Bleu, vert pétrole :* nuance où entrent du bleu, du gris et du vert.

pétrolette n. f. – XIXe ■ fam. 1 vx Petite automobile. 2 Petite moto, vélomoteur.

pétroleuse n. f. – XIXe 1 Femme qui, pendant la Commune, allumait des incendies avec du pétrole. 2 Femme qui agit, manifeste plus ou moins violemment ses opinions. ♦ Femme au caractère impétueux.

pétrolier, ière n. m. et adj. – XIXe 1 Navire citerne conçu pour le transport en vrac du pétrole. ⇒ **tanker.** 2 Relatif au pétrole. *Gisements pétroliers. Compagnie pétrolière. Produits pétroliers. Choc pétrolier :* augmentation subite, concertée et générale des prix du pétrole, de la part des pays exportateurs. 3 Financier, industriel qui a de gros capitaux dans les sociétés pétrolières. « *elle-même, fille de pétroliers, avait une fortune personnelle* » (Romains).

pétrolifère adj. – XIXe ■ Qui contient du pétrole. *Champ pétrolifère.*

pétrologie n. f. – v. 1960 ; *pétro-* et *-logie* ■ Partie de la géologie qui étudie la formation des roches.

pétulance n. f. – XVIe ■ Ardeur exubérante, brusque et désordonnée. ⇒ ① **fougue, turbulence, vitalité, vivacité.** « *la pétulance de cette enfant les charmait* » (Balz.). ✪ CONTR. Mollesse, réserve.

pétulant, ante adj. – XIVe ; lat. *petere* « se jeter sur » ■ Qui manifeste une ardeur exubérante. ⇒ **fougueux, impétueux, turbulent, vif.** « *un de ces petits garçons pétulants* [...] *qui nous étourdissent de leur babillage, de leur toupet* » (Romains). ➛ *Joie pétulante.* ✪ CONTR. ① Mou, réservé.

pétuner v. intr. [1] – XVIIe ; de *pétun* vx « tabac », du port. ■ vx ou plaisant Fumer, priser du tabac.

pétunia n. m. – XIXe ; de *pétun* « tabac » ■ Plante dicotylédone *(solanacées)* herbacée, ornementale à fleurs violettes, roses, blanches ou panachées.

peu adv. – XIe ; lat. *pauci* « en petit nombre » I Faible quantité considérée soit comme « petite », soit comme « insuffisante ». 1 « *le peu que j'ai appris jusques ici n'est presque rien* » (Desc.). « *devant le peu de succès de sa plaisanterie* » (Green). « *Quelle foule d'idées j'éveille dans son cerveau par ce jeu de mots* » (Rouss.). ➛ *Son peu de fortune.* 2 UN PEU DE. ⇒ **brin,** fam. **chouïa, grain, miette.** *Un peu de sel. Un peu de patience.* ➛ fam. *Un petit peu, un tout petit peu, rien qu'un peu de lait.* ⇒ ① **goutte, larme, nuage, soupçon.** ♦ POUR UN PEU : il aurait suffi de peu de chose pour que. « *pour un peu il serait dangereux d'allumer un cigare* » (Valéry). 3 loc. *Ce n'est pas peu dire :* c'est dire beaucoup. ➛ *Se contenter de peu. Il est de peu mon aîné. Il s'en est fallu de peu.* ➛ loc. fam. *Très peu pour moi,* formule de refus. *C'est peu :* ce n'est pas grand-chose. « *C'est trop peu d'être blanc, le lys était candide* » (Hugo), ce n'est pas assez. ♦ PEU À PEU : petit à petit, en progressant par petites quantités, par petites étapes. ⇒ **doucement, graduellement, insensiblement, progressivement.** 4 *En peu de temps. Cela a peu d'importance. Homme de peu de foi.* ➛ PEU DE CHOSE : qqch. d'insignifiant. « *Le talent sans génie est peu de chose* » (Valéry). « *sa vanité était blessée pour peu de chose* » (Volt.). *À peu de chose près :* presque exactement. ♦ *En peu de mots.* ⇒ **brièvement, succinctement.** « *Très peu de jours après* » (From.). 5 *Dans peu, sous peu, avant peu :* dans un temps court, dans un proche avenir. ⇒ **bientôt.** *Depuis peu. Il y a peu. D'ici peu.* ♦ Un petit nombre (de choses ou de gens). « *Assez de gens méprisent le bien, mais peu savent le donner* » (La Rochef.). *Je ne vais pas me décourager pour si peu !* II - 1 En petite quantité, dans une faible mesure. ⇒ **modérément.** *Lampe qui éclaire peu.* ⇒ **faiblement,** ② **mal.** *Peu importe. Nous sortons peu le soir.* ⇒ **rarement.** ➛ *Parlons peu, mais parlons bien.* « *Crains-tu si peu le blâme* » (Corn.). ♦ Pas très. ⇒ **guère.** *Fort peu recommandable. Peu nombreux. Il n'était pas peu fier :* il était très fier. ♦ *Peu souvent.* ♦ *Si peu que ce soit :* en quelque petite quantité que ce soit, en si faible mesure que ce soit. ➛ *Une personne tant soit peu consciencieuse y aurait pensé.* ♦ loc. conj. POUR PEU QUE : si peu que ce soit, pourvu que. « *pour peu que tu sois un lettré* » (Rostand). 2 UN PEU : dans une mesure faible mais non négligeable. *Elle zézayait un peu. Il ne s'amuse pas qu'un peu :* il s'amuse beaucoup. *Il est un peu artiste.* ➛ *Un peu partout. Un peu plus ou un peu moins. Il va un peu mieux.* ➛ *Elle est un petit peu intimidée.* ⇒ **légèrement.** ➛ QUELQUE PEU : assez. « *Quelque peu pris au dépourvu, le bon Croquebol balança* » (Courtel.). ♦ « *aie un peu l'œil à tout cela* » (Mol.). *Je vous demande un peu !* ♦ Bien trop. *N'êtes-vous pas un peu injuste ? C'est un peu court ! C'est un peu fort !* iron. *Un peu beaucoup :* vraiment beaucoup ; trop. ♦ Pour accentuer une affirmation. « *Tu ferais ça ? – Un peu !* » pop. *Un peu, mon neveu !* « *– C'est bien toi qui es Lapointe ? – Un peu que c'est moi qui est* [sic] *Lapointe* » (Duham.). ✪ CONTR. Beaucoup, ② fort ; amplement, ① bien, grandement, très. — HOM. Peuh.

> ❑ Accord du verbe ou du participe passé après *le peu de* suivi d'un nom : si l'on souhaite mettre l'accent sur l'insuffisance, c'est *peu* qui règle l'accord *(le peu de lettres qu'il a reçu l'attriste)* ; si l'on désire mettre en relief la quantité non nulle, même si elle est faible, c'est le substantif complément de *peu* qui règle l'accord *(le peu de lettres qu'il reçoit le rendent heureux)* ; mais cette distinction n'est pas observée par tous les écrivains.

peucédan n. m. – XIIIe ; gr. *peukê* « pin » ■ Plante dicotylédone, herbacée, vivace *(ombellifères).*

peuchère interj. – XIXe ; de *pécaïre* ■ Dans le Midi, exclamation exprimant une commisération affectueuse ou ironique.

peuh interj. – XIXe ; onomat. ■ Exclamation exprimant le mépris, le dédain ou l'indifférence. ⇒ **bof.** ✪ HOM. Peu.

peul, peule ou **peuhl, peuhle** adj. et n. – XIXe ; mot africain *Pullo* ■ Relatif aux Peuls. ➛ n. m. Langue du groupe atlantique occidental parlée en Afrique de l'Ouest.

peulven [pølvɛn] n. m. – XIXe ; mot bret. ■ rare Mégalithe dressé. ⇒ **menhir.**

peuplade n. f. – XVIe ■ Groupement humain de faible ou de moyenne importance, dans une société primitive. ⇒ **horde, tribu.** *Peuplade nomade, sédentaire.*

peuple n. m. – XIe ; lat. *populus* 1 Ensemble d'êtres humains vivant en société, habitant un territoire défini et ayant en commun un certain nombre de coutumes, d'institutions. ⇒ **ethnie, nation,** ① **pays, population.** *Le droit des peuples à disposer d'eux-mêmes.* ➛ *Peuple primitif, civilisé. Peuple commerçant, guerrier. Peuple nomade, sédentaire. Le peuple français, américain.* ➛ *Un peuple libre, opprimé.* ♦ Communauté. *Le peuple élu :* le peuple juif. 2 Corps de la nation, ensemble des personnes soumises aux mêmes lois. ♦ *Souveraineté du peuple.* « *Allez dire à* *votre maître que nous sommes ici par la puissance du peuple et qu'on ne nous en arrachera que par la puissance des baïonnettes* » (Mirab.). *Les élus du peuple.* ♦ Ensemble des citoyens qui constituent une communauté. *La voix du peuple.* « *La religion est l'opium du peuple* » (trad. de K. Marx). **3** *LE PEUPLE* : le plus grand nombre (opposé aux classes dirigeantes ou aux éléments les plus cultivés). ⇒ **foule,** ① **masse, multitude ;** péj. et vx **canaille, plèbe, populace, populo.** *Le peuple de Paris.* « *Les boursiers, aujourd'hui, renient promptement le peuple d'où ils sortent* » (Alain). ➝ *Gens du peuple,* de modeste condition. ♦ loc. *Le petit peuple* : les couches les plus modestes de la société. ➝ loc. fam. *Ce qu'un vain peuple pense* : l'opinion courante et fausse. **4** adj. inv. Populaire. *Elle* « *se faisait à l'idée de ce cadre tout à fait* peuple, *qui allait être [...] celui de sa vie déchue* » (Loti). **5** fam. *Il y a du peuple,* du monde. ♦ fam. *Se moquer, se ficher, se foutre du peuple,* du monde, des gens.

❑ *Peuple* peut désigner la totalité de la nation, en tant que sujet de droit, ou la partie de la nation qui est gouvernée. *Peuple* est d'un emploi moins abstrait, moins théorique et plus affectif que *nation* ou *pays.* ♦ Pour les noms de peuples, d'habitants, de régions, de villes, voir la liste en annexe.

peuplé, ée adj. – XIIe ▪ Où il y a des habitants. ⇒ **habité.** *Une ville très peuplée.* ⇒ **populeux.** *Un pays trop peuplé.* ⇒ **surpeuplé.** ✪ CONTR. Dépeuplé, ① désert.

peuplement n. m. – XVIe **1** Processus démographique par lequel un territoire reçoit sa population. *Le peuplement des terres vierges.* **2** Action de peupler d'animaux. *Peuplement d'une basse-cour.* ➝ par ext. *Peuplement d'une forêt.* ⇒ **plantation. 3** État d'un territoire peuplé. ⇒ **sous-peuplement, surpeuplement. 4** Ensemble des arbres se développant dans un même lieu. *Peuplement artificiel.* ✪ CONTR. Dépeuplement.

peupler v. tr. [1] – XIIe **1** Pourvoir d'une population. *Peupler une région en y envoyant des colons.* ➝ *Peupler un étang.* ♦ *Peupler un bois, une vigne,* y mettre du nouveau plant. ⇒ **planter. 2** Habiter, occuper. *Les hommes qui peuplent la terre. Une région peuplée d'immigrants.* ➝ *Alevins destinés à peupler un étang.* ♦ abstrait « *la foule des êtres de ma création, dont mon imagination est peuplée* » (Chateaub.). **3** v. pron. Se remplir d'habitants. ✪ CONTR. Dépeupler, vider. — Déserter.

peupleraie n. f. – XVIIe ▪ Plantation de peupliers.

peuplier n. m. – XIIIe ; lat. *populus* ▪ Arbre élancé, de haute taille, des endroits frais et humides des régions tempérées *(salicacées),* à petites feuilles. *Peuplier tremble.* ➝ *Le peuplier blanc à feuilles argentées. Route, rivière bordée de peupliers. Un rideau, une allée de peupliers.* ♦ Bois de peuplier (bois blanc).

peur n. f. – X[e] ; lat. *pavor* **1** Phénomène psychologique qui accompagne la prise de conscience d'un danger réel ou imaginé, d'une menace. ⇒ **affolement, alarme,** ① **alerte, angoisse, appréhension, crainte, effroi, épouvante, frayeur, inquiétude, panique, terreur.** *Lire la peur dans les yeux de qqn. Inspirer de la peur à qqn. Il* « *échappait à la peur par manque d'imagination* » (Malraux). ➝ *Être blanc, pâle, vert de peur. Trembler de peur. Être mort de peur.* ➝ loc. *Bayard, le chevalier sans peur et sans reproche. Avoir la peur au ventre.* ♦ *La peur de qqn, sa peur. Vaincre sa peur.* ➝ « *les vieilles angoisses de l'enfance, la peur du froid et de la faim, de l'inconnu, de la détresse physique* » (Le Clézio). ⇒ **hantise.** *La peur du changement.* ➝ *Peur morbide de certains objets, de certains animaux.* ⇒ **aversion, phobie, répulsion.** ➝ « *Toujours cette horrible peur [...] de mourir avant l'âge* » (R. Rolland). **2** Émotion de peur qui saisit qqn dans une occasion précise. *Avoir, éprouver une peur bleue, irraisonnée, panique.* ➝ *La grande peur,* qui précéda la nuit du 4 août 1789. **3** Appréhension ; souci, désir d'éviter une chose considérée comme désagréable. *La peur du ridicule.* « *une peur lui venait de se conduire comme un enfant* » (Zola). ♦ « *À me voir si sage (ou si léger) la peur la prenait que je ne l'aimasse moins* » (Radiguet). **4** loc. *Prendre peur.* ⇒ s'**épouvanter, paniquer.** ♦ *AVOIR PEUR.* ⇒ s'**alarmer,** s'**effrayer,** s'**inquiéter.** *N'ayez pas peur,* formule pour rassurer. « *si je ne bois pas, ça ne va pas. C'est comme si j'avais peur, alors je bois pour ne plus avoir peur* » (Ionesco). ➝ *Avoir peur pour qqn* : craindre, trembler pour qqn. ➝ « *Je n'avais plus peur des femmes* » (Giraud.). ⇒ **redouter.** *N'avoir peur de rien. N'avoir pas peur des mots* : parler avec franchise, précision. ➝ « *J'avais grand'peur d'être grondé* » (Daud.). abusivt *Avoir très peur.* ➝ loc. *Il y a plus de peur que de mal.* ➝ *N'ayez pas peur d'insister sur ce point.* ♦ *FAIRE PEUR* : donner de la peur. ➝ *Être (laid) à faire peur,* horrible. ➝ *Faire peur à qqn.* ⇒ **effrayer, épouvanter, intimider, menacer, terroriser.** « *il avait je ne sais quoi dans ses yeux perçants qui me faisait peur* » (Fén.). ➝ *Le travail ne lui fait pas peur,* il est courageux. ♦ *PAR PEUR de ; DE PEUR de.* « *n'osant pas crier de peur du scandale* » (Maupass.). « *ne jurez point, de peur d'être parjure* » (Mol.). *Il la retenait de peur qu'elle ne s'en aille.* ✪ CONTR. Audace, bravoure, courage, intrépidité.

peureusement adv. – XIIe ▪ D'une manière qui dénote de la peur. ⇒ **craintivement.** *Se blottir peureusement.* ✪ CONTR. Bravement, courageusement.

peureux, euse adj. – XIIe ▪ Enclin à la peur. ⇒ **couard, craintif, lâche, poltron, pusillanime, timoré.** *Un enfant peureux.* ➝ subst. *C'est un peureux.* ♦ Qui est sous l'empire de la peur. ⇒ **apeuré.** *Il alla se cacher dans un coin, tout peureux.* ➝ *Il est d'un naturel peureux.* ✪ CONTR. Audacieux, brave, courageux, déterminé.

peut-être [pøtɛtʀ] adv. – XIIe ; de ① *pouvoir* **1** Adverbe de modalité marquant le doute, indiquant que l'idée exprimée par la proposition ou une partie de la proposition est une simple possibilité. « *Il changera peut-être d'avis* » (Loti). *Elle veut être médecin, chirurgien peut-être.* ➝ *Peut-être bien,* marquant une probabilité, une vraisemblance. « *Il venait le diable sait d'où ; peut-être bien de Hongrie* » (Duham.). ♦ « *Exercice de style ? Oui, peut-être. Drôle d'exercice ! drôle de style !* » (Mauriac). ➝ « *La joie est peut-être aussi vive ; mais elle entre en moi moins avant* » (Gide). ♦ « *Peut-être avec le temps j'oserai davantage* » (Rac.). « *Peut-être était-elle blessée !* » (Dumas). ♦ Exprimant le défi, l'ironie. « *Ni vous ni moi ne sortons de la cuisse de Jupiter, peut-être ?* » (Bernanos). **2** *Le bonheur* « *c'est surtout une aptitude, je crois. Peut-être que je ne l'ai pas* » (Mart. du G.). *Peut-être bien que oui, peut-être bien que non.* ➝ rural ou plaisant *P'têt' ben qu'oui, p'têt' ben qu'non* [ptɛtbɛ̃kwi, ptɛtbɛ̃kɔ̃]. ✪ CONTR. Assurément, forcément.

peyotl [pɛjɔtl] n. m. – XIXe ; mot indien du Mexique (nahuatl), par l'esp. ▪ Plante du Mexique *(cactacées),* dont on extrait la mescaline.

pèze n. m. – XIXe ; lat. *pisum* « pois » ▪ arg. Argent. « *J'emmène tout le pèze dans ma poche* » (Céline).

pézize n. f. – XIXe ; gr. *pezis* ▪ Champignon ascomycète, comestible, sans pied, en forme de coupe.

pfennig [pfenig] n. m. – XIXe ; mot all. ▪ Monnaie divisionnaire allemande, centième partie du mark.

pff(t), pfut... interj. – XIXe ; onomat. ▪ Interjection exprimant l'indifférence, le mépris.

P. G. C. D. [peʒesede] – 1962 ; sigle ▪ Plus grand commun diviseur*.

pH [peaʃ] n. m. inv. – 1909 ; abrév. de ***p****otentiel d'****H****ydrogène* ▪ Indice exprimant l'activité (ou la concentration) de l'ion hydrogène dans une solution. *Le pH sanguin, urinaire. Une solution dont le pH est inférieur à 7 est acide.*

phacochère n. m. – XIXe ; gr. *phakos* « lentille » et *khoiros* « petit cochon » ■ Mammifère ongulé *(suidés)* d'Afrique, voisin du sanglier.

❑ L'animal doit son nom aux deux paires de verrues (en forme de lentille) que porte la tête des mâles.

phacomètre n. m. – XIXe ; gr. *phakos* « lentille » et *-mètre* ■ Instrument permettant de connaître l'indice de réfraction et le nombre de dioptries d'un verre optique.

phaéton n. m. – XVIIe ; nom du fils du Soleil **1** vx et plaisant Charretier. 2 Petite voiture à quatre places, légère et découverte, très haute sur roues. 3 Grand oiseau marin *(phaétonidés)*, à bec pointu, à longue queue prolongée par deux plumes médianes minces, appelé aussi *paille-en-queue.*

phage n. m. – 1955 ■ Bactériophage*.

-phage, -phagie, -phagique Éléments, du gr. *phagein* « manger ».

❑ L'élément *-vore,* qui vient du latin, a le même sens que *-phage ;* comparer *entomophage* et *insectivore* (même sens).

phagocytaire adj. – XIXe ■ Relatif aux phagocytes, à la phagocytose.

phagocyte n. m. – XIXe ; gr. *phagein* « manger » et *-cyte* ■ Cellule possédant la propriété d'englober et de détruire diverses particules étrangères. ⇒ **macrophage.**

phagocyter v. tr. [1] – XIXe ■ Détruire par phagocytose. *Les leucocytes phagocytent des microbes.* ♦ fig. Absorber et détruire. ⇒ **cannibaliser.** *Parti politique qui en phagocyte un autre.*

phagocytose n. f. – XIXe ■ Mécanisme par lequel certaines cellules animales vivantes, ou certains organismes unicellulaires englobent et digèrent des particules étrangères. *La phagocytose, moyen de défense de l'organisme.* ♦ fig. Processus de destruction.

phalange n. f. – XIIIe ; gr. « pièce de bois cylindrique ; ordre de bataille » **I - 1** Formation de combat dans l'armée grecque antique. ♦ littér. Armée, corps de troupes. « *les glorieux restes de la phalange napoléonienne* » (Balz.). ♦ Organisation politique espagnole inspirée du fascisme italien. ⇒ **phalangiste.** ➛ *Les phalanges libanaises.* 2 littér. Groupe dont les membres sont étroitement unis. *Une phalange d'artistes.* ➛ Communauté de travailleurs, imaginée par Fourier (⇒ **phalanstère**). **II** Chacun des os qui forment le squelette d'un doigt ou d'un orteil. « *Il se promena en faisant craquer ses phalanges* » (Colette). ♦ Chacun des segments articulés qui forment un doigt ou un orteil.

phalanger n. m. – XVIIIe ■ Mammifère océanien *(marsupiaux)* végétarien et arboricole. ⇒ ② **couscous.**

phalangette n. f. – XIXe ■ Dernière phalange des doigts et des orteils. *Les phalangettes portent les ongles.*

phalangien, ienne adj. – XIXe ■ Propre aux phalanges.

phalangine n. f. – XIXe ■ Seconde phalange des doigts autres que le pouce et le gros orteil.

phalangiste n. et adj. – XVIIIe ■ Membre d'une phalange. *Les phalangistes et les républicains.*

phalanstère n. m. – XIXe ; de *phalan(ge)* et *(mona)stère* ■ Dans le système de Fourier, Communauté, association de travailleurs ; domaine où vit et travaille cette communauté.

phalanstérien, ienne n. et adj. – XIXe ■ Adepte du système de Fourier. ♦ Qui a rapport ou appartient au fouriérisme. ⇒ **fouriériste.**

phalène n. m. ou f. – XVIe ; gr. *phalaina* ■ Grand papillon nocturne ou crépusculaire *(géométridés)*, aux ailes délicates, à l'abdomen mince.

❑ Il y a hésitation sur le genre mais les meilleurs auteurs le font masculin : « *L'aile d'un phalène grésille sur la flamme de la lampe* » (Colette).

phallique adj. – XVIIIe **1** Qui a rapport au phallus, au culte du phallus. ⇒ aussi **ithyphallique.** *Symboles, danses phalliques.* 2 Qui se rapporte au phallus en tant que symbole. *Stade phallique du développement de la sexualité infantile,* qui succède au stade oral.

phallocentrique adj. – v. 1965 ■ Qui considère la symbolique du phallus comme caractéristique de toute l'espèce humaine.

phallocentrisme n. m. – 1957 ■ Tendance à tout ramener à la symbolique du phallus. ⇒ **machisme.**

phallocrate n. et adj. – 1972 ■ Partisan de la phallocratie. ⇒ **machiste.** ➛ adj. *Justice phallocrate.*

phallocratie n. f. – mil. XXe ; de *phallus* et *-cratie* ■ Domination des hommes sur les femmes. ⇒ **machisme, phallocentrisme, sexisme.**

phalloïde adj. – XIXe ■ Qui a la forme d'un phallus. *Amanite phalloïde.*

phallus [falys] n. m. – XVIe ; mot lat. **1** Membre viril en érection, emblème mythologique de la fécondité. ♦ Pénis en érection (⇒ **ithyphallique, phallique**). *Phallus artificiel.* ⇒ **godemiché.** 2 Champignon qui a la forme d'un pénis en érection *(basidiomycètes)*. *Phallus impudique.*

-phane, -phanie Éléments, du gr. *phainein* « paraître ».

phanère n. m. – XIXe ; gr. « apparent » ■ Production épidermique apparente (poils, plumes, écailles, griffes, ongles, dents).

phanérogame adj. et n. f. – XVIIIe ; gr. *phaneros* « apparent » et *-game* ■ Se dit des plantes qui ont les organes de fructification apparents dans la fleur. ♦ n. f. pl. Embranchement qui comprend les plantes qui portent des fleurs à un moment donné de leur développement, et se reproduisent par graine. *Les phanérogames et les cryptogames.*

phanie n. f. – 1943 ; gr. *phanos* « lumineux » ■ Intensité lumineuse perçue, étudiée par rapport à l'intensité objective.

phantasme → **fantasme**

pharamineux → **faramineux**

pharaon [faʀaɔ̃] n. m. – XIIe ; gr. *pharaô,* de l'égyptien **I** Ancien souverain égyptien. *Momies des pharaons.* « *le Pharaon* […] *sous ce costume dont les dorures et les émaux scintillaient* […] *ressemblait à Osiris* » (Gaut.). **II** vx Jeu de cartes de hasard et d'argent.

❑ Il existe une forme féminine rare *pharaonne,* à laquelle on préfère *reine d'Égypte* ou *femme d'un pharaon* selon le cas.

pharaonique [faʀaɔnik] adj. – XVIe ■ Relatif aux pharaons. *L'architecture pharaonique.*

phare n. m. – XVIe ; gr. *Pharos,* île voisine d'Alexandrie **1** Haute tour élevée sur une côte ou un îlot, munie à son sommet d'un fanal qui guide la marche des navires. *Gardien de phare.* « *le nouveau système de lentilles dont le phare était muni* […] *d'une puissance optique* […] *capable de percer les brumes les plus épaisses* » (Robbe-Grillet). ➛ *Phare d'un aéroport.* ♦ fig. Ce qui peut guider. ➛ *Secteur phare de l'industrie. Produit phare d'une marque.* 2 Projecteur placé à l'avant d'un véhicule. *Automobiliste qui allume, règle ses* *phares. Appels de phares,* pour signaler sa présence. *Phares à iode, antibrouillards.* ♦ Position où le phare éclaire le plus (opposé à *code*). *Être en phares.* ➙ *Phare de recul,* qui s'allume lorsque l'on passe la marche arrière. 3 *Phare de l'avant :* le mât de misaine. ➙ *Phare de l'arrière,* le grand mât. ✪ HOM. Far, fard.

❑ *Le phare d'Alexandrie,* que le roi Ptolémée Philadelphe fit édifier dans l'île de *Pharos* en 280 av. J.-C., était l'une des Sept Merveilles du monde ; c'était une tour de marbre blanc d'environ 100 mètres de haut qui fut détruite en 1302 par un tremblement de terre.

pharillon n. m. – XVIIIe ■ Petit réchaud suspendu à l'avant d'un bateau de pêche et dans lequel les pêcheurs allument un feu vif pour attirer le poisson. ⇒ **lamparo.**

pharisaïsme n. m. – XVIe ■ Mœurs, caractère des pharisiens. ♦ Ostentation de la dévotion, de la piété, de la vertu. ⇒ **hypocrisie.**

pharisien, ienne n. – XIIe ; hébr. *paruchim* « les séparés, ceux qui sont à part » 1 *Les pharisiens :* juifs qui vivaient dans la stricte observance de la Loi écrite et de la tradition orale, et que les Évangiles accusent de formalisme et d'hypocrisie. *Pharisiens et publicains.* 2 vieilli Faux dévot. 3 mod. Personne qui croit incarner la perfection et la vérité, du moment qu'elle observe un dogme, des rites, et qui juge sévèrement autrui, condamne sa conduite sous couleur de lui rendre service. *« La Pharisienne », roman de Mauriac.*

pharmaceutique adj. – XVIe ■ Relatif à la pharmacie. *Préparation pharmaceutique. Laboratoire pharmaceutique.*

pharmacie n. f. – XIVe ; gr. *pharmakon* « poison, remède » 1 Science des remèdes et des médicaments, art de les préparer et de les contrôler. *Étudiant en pharmacie. Préparateur en pharmacie. Docteur en pharmacie.* 2 Local où l'on vend les médicaments, des substances à usage thérapeutique, des produits, objets et instruments destinés aux soins du corps, éventuellement de l'herboristerie et de la parfumerie. ⇒ **officine.** *Médicament vendu en pharmacie. Pharmacie de garde.* ♦ Local où sont préparés, rangés les médicaments dans un hôpital, un hospice. ♦ Au Canada, Établissement comprenant une pharmacie, un débit de tabac, et parfois un comptoir où l'on sert des rafraîchissements, des repas légers. ⇒ **drugstore.** 3 Assortiment de produits pharmaceutiques usuels que l'on garde chez soi, qu'on emporte avec soi. *« Bien souvent, l'argent manquait à la fois pour la pharmacie, le pain et le proprio »* (Aymé). *Armoire à pharmacie.* ➙ L'armoire elle-même.

pharmacien, ienne n. – XVIIe ■ Titulaire d'un diplôme en pharmacie, qui lui donne le droit d'exercer dans une pharmacie. ⇒ vx **apothicaire,** fam. **potard.** *Ordre des pharmaciens. Pharmacienne qui exécute une ordonnance. « Elle va trouver son pharmacien qui lui donne une purge et lui dit que ça passera »* (Renard). *Pharmacien d'un hôpital.*

❑ C'est en 1777, à la suite d'un décret de Louis XVI, que les apothicaires prennent officiellement le nom de *pharmaciens* et obtiennent l'exclusivité de la préparation des remèdes, après maintes querelles avec les chirurgiens, les médecins et les épiciers.

pharmaco- Élément, du gr. *pharmakon* « remède ».

pharmacocinétique n. f. et adj. – 1979 ■ Étude du devenir des médicaments dans l'organisme. ➙ adj. *Paramètres pharmacocinétiques d'un médicament.*

pharmacodépendance n. f. – v. 1950 ■ Dépendance à une substance médicamenteuse, forme de toxicomanie.

pharmacogénétique n. f. – 1972 ■ Étude du rôle des facteurs génétiques dans la réaction de l'organisme aux médicaments.

pharmacognosie [farmakognozi] n. f. – 1903 ; *pharmaco-* et *-gnosie* ■ Études des médicaments d'origine animale et végétale.

pharmacologie n. f. – XVIIIe ; *pharmaco-* et *-logie* ■ Étude des médicaments, de leur action et de leur emploi.

pharmacologue n. – XVIIIe ■ Spécialiste de pharmacologie.

pharmacomanie n. f. – mil. XXe ; *pharmaco-* et *-manie* ■ Toxicomanie qui s'applique aux médicaments.

pharmacopée n. f. – XVIe ; gr. *pharmakopoiia* « confection de remèdes » 1 Recueil officiel des médicaments, donnant leur constitution, leur activité et leur mode de préparation. ⇒ **codex.** 2 Ensemble de médicaments. *La pharmacopée traditionnelle africaine.*

pharyngal, ale, aux adj. et n. f. – 1930 ■ *Consonne pharyngale,* ou *une pharyngale :* consonne articulée avec la racine de la langue fortement repoussée vers l'arrière et se rapprochant de la paroi postérieure du pharynx.

pharyngé, ée adj. – XVIIIe ■ Relatif au pharynx. ⇒ **pharyngien.** *Toux pharyngée.*

pharyngien, ienne adj. – XVIIIe ■ Qui appartient au pharynx. ⇒ **pharyngé.** *Amygdale pharyngienne.*

pharyngite n. f. – XIXe ■ Inflammation du pharynx. ⇒ **rhinopharyngite.**

pharyngolaryngite n. f. – XIXe ■ Inflammation du pharynx et du larynx.

pharynx [farɛ̃ks] n. m. – XVe ; gr. *pharugx* « gorge » ■ Conduit musculo-membraneux qui constitue un carrefour des voies digestives et respiratoires, entre la bouche et l'œsophage d'une part, les fosses nasales et le larynx d'autre part.

phascolome n. m. – XIXe ; gr. *phaskôlos* « poche » et *mus* « rat » ■ Petit mammifère australien *(marsupiaux),* à membres courts, aux pattes fouisseuses. ⇒ **wombat.**

phase n. f. – XVIe ; gr. *phasis* « lever d'une étoile » 1 Chacun des aspects que présentent la Lune et les planètes selon leur éclairement par le Soleil. ⇒ **apparence.** *Les phases de Vénus.* 2 Constante angulaire caractéristique d'un mouvement périodique. *Courant électrique constitué de plusieurs composantes sinusoïdales présentant des différences de phase.* ⇒ **polyphasé ; biphasé, triphasé.** ➙ loc. *Être en phase :* être en accord, en harmonie. *Être en phase avec qqn,* partager les mêmes idées. ♦ Enroulement, dans un dispositif polyphasé, reliant une borne au point neutre. *La phase, le neutre et la terre.* 3 Dans un système chimique, chacune des différentes parties homogènes qui ont leur situation propre dans l'espace et sont limitées par des surfaces de séparation. *La glace, l'eau liquide et la vapeur d'eau sont trois phases d'un même composé chimique, l'eau.* 4 Chacun des états successifs d'une chose en évolution. ⇒ **période.** *Les phases d'une maladie.* ⇒ **épisode, stade.** *Phase critique.* ⇒ **crise.** *Malade en phase terminale.*

phasemètre n. m. – 1907 ■ Dispositif permettant de mesurer la différence de phase entre deux grandeurs sinusoïdales de même fréquence.

phasianidés n. m. pl. – XIXe ; lat. *phasianus* « faisan » ■ Famille d'oiseaux *(galliformes),* essentiellement terrestres.

phasme n. m. – XIXe ; gr. « fantôme » ▪ Insecte *(phasmidés)* au corps allongé et frêle imitant la forme des tiges sur lesquelles il séjourne.

phasmidés n. m. pl. – XIXe ▪ Famille d'insectes orthoptères marcheurs, des régions tropicales, présentant des cas de mimétisme.

phatique adj. – mil. XXe ; gr. *phatis* « parole » ▪ *Fonction phatique :* fonction du langage, lorsqu'il est utilisé uniquement pour établir une communication. « *Euh* », « *allo* » *ont une fonction phatique.*

phelloderme n. m. – XIXe ; gr. *phellos* « liège » et *-derme* ▪ Écorce secondaire qui se forme sur la face interne d'une tige, d'une racine, à partir de l'assise phellogène.

phellogène adj. – XIXe ▪ Qui produit le liège.

phénakistiscope n. m. – XIXe ; gr. *phenakizein* « tromper » et *-scope* ▪ Appareil formé de deux disques, qui donne l'illusion du mouvement par la persistance des images rétiniennes.

❑ On dit aussi à tort *phénakisticope* (mot mal formé).

phénanthrène n. m. – XIXe ; de *phénol* et gr. *anthrax* « charbon » ▪ Carbure cyclique isomère de l'anthracène, produit de la distillation du goudron de houille.

phénicien, ienne adj. et n. – XVIe ▪ De Phénicie. *Colonies phéniciennes d'Afrique.* ⇒ **punique.** ➛ n. « *Les Phéniciens sont en commerce avec tous les peuples* » (Fén.). ♦ n. m. Langue sémitique ancienne qui appartient au groupe cananéen et dont l'alphabet a été transformé par les Grecs.

phénicoptères n. m. pl. – XVIe ; gr. *phoinix* « pourpre » et *-ptère* ▪ Ordre d'échassiers.

phéniqué, ée adj. – XIXe ▪ Qui contient du phénol.

phénix [feniks] n. m. – XIIe ; gr. *phoinix* **1** Animal fabuleux, oiseau unique de son espèce, qui vivait plusieurs siècles et qui, s'étant brûlé lui-même, renaissait de ses cendres. « *Le phénix ce bûcher qui soi-même s'engendre* » (Apoll.). **2** Personne unique en son genre, supérieure par ses dons. « *Vous êtes le phénix des hôtes de ces bois* » (La Font.). **3** *Coq phénix :* coq domestique du Japon. ✪ HOM. Phœnix.

phén(o)- Élément, du gr. *phainein* « briller, éclairer ».

phénobarbital n. m. – mil. XXe ; de *phén(o)-*, *barbit(urique)* et *-al* ▪ Médicament barbiturique. ⇒ **gardénal.** *Des phénobarbitals.*

phénocopie n. f. – v. 1960 ; de *phéno(type)* et *copie* ▪ Modification du phénotype non héréditaire, qui simule un phénotype semblable à celui dû à une mutation génétique.

phénol n. m. – XIXe ; *phén(o)-* et *-ol* ▪ Corps composé, solide cristallisé blanc, soluble dans l'eau, corrosif et toxique, qu'on obtient par distillation du goudron de houille ou par synthèse à partir du benzène. *Le phénol est un antiseptique employé en pharmacie. Le phénol est utilisé dans la fabrication de matières plastiques et de colorants.* ♦ *Les phénols :* série de composés organiques analogues au phénol et dérivant des hydrocarbures benzéniques.

phénologie n. f. – 1907 ; gr. *pheno(menon)* et *-logie* ▪ Étude des variations, en fonction du climat, des phénomènes périodiques de la vie végétale et animale. ⇒ **bioclimatologie.**

phénoménal, ale, aux adj. – XIXe **1** De la nature du phénomène, du fait sensible. **2** Qui sort de l'ordinaire. ⇒ **étonnant, extraordinaire, monstrueux, surprenant.** *Une mémoire phénoménale.* « *ce talent phénoménal* » (Barbey).

phénoménalement adv. – XIXe ▪ Prodigieusement, étonnamment.

phénoménalisme n. m. – XIXe ▪ Doctrine selon laquelle l'homme ne peut connaître que les phénomènes et non les choses en soi. *Le positivisme de Comte est un phénoménalisme.*

phénomène n. m. – XVIe ; gr. *phainesthai* « apparaître » **1** Tout ce qui se manifeste à la conscience, que ce soit par l'intermédiaire des sens ou non. ⇒ ② **fait.** *Phénomène naturel.* ➛ *Phénomène normal, inquiétant, inexpliqué.* « *les phénomènes bizarres de l'inconscient* » (Valéry). ➛ *Phénomènes électriques, magnétiques, physiologiques, psychiques.* ⇒ aussi **expérience, observation.** *Phénomènes nerveux.* ⇒ **manifestation.** *Phénomènes économiques, sociaux.* ➛ Chez Kant, Tout ce qui est objet d'expérience possible, qui apparaît dans l'espace et dans le temps (opposé à *noumène*). **2** Fait anormal ou surprenant ; chose ou personne rare, extraordinaire. « *Vous êtes le contraire d'un phénomène. Vous êtes une jeune fille exactement pareille aux autres* » (Montherl.). ♦ Individu anormal. ⇒ **monstre.** ➛ fam. Personne bizarre. ⇒ **excentrique,** ② **original.** *Quel phénomène !*

❑ Le mot a été introduit en français par les astronomes de la Renaissance.

phénoménologie n. f. – XIXe ▪ Chez Husserl, Méthode philosophique qui se propose, par la description des choses elles-mêmes, en dehors de toute construction conceptuelle, de découvrir les structures transcendantes de la conscience et les essences.

phénoménologique adj. – XIXe ▪ Relatif à la phénoménologie. « *L'Être et le Néant* », *essai d'ontologie phénoménologique de Sartre.*

phénoménologue n. – XIXe ▪ Philosophe qui emploie la méthode phénoménologique.

phénoplaste n. m. – 1953 ▪ Matière plastique à base de phénol. *La bakélite est un phénoplaste.*

phénotype n. m. – 1937 ; *phéno-* et *-type* ▪ Ensemble des caractères individuels correspondant à une réalisation du génotype, déterminée par l'action de facteurs du milieu au cours du développement de l'organisme. ⇒ **hérédité ; phénocopie.** *Phénotype biochimique, psychologique.*

phénylalanine n. f. – XIXe ▪ Composé aromatique, l'un des vingt acides aminés constituants des protéines.

phénylcétonurie n. f. – 1969 ; de *phényle, cétone* et *-urie* ▪ Trouble héréditaire qui se manifeste par l'élimination dans les urines d'acide phénylpyruvique toxique dont la majeure partie s'accumule dans le cerveau, ce qui entraîne une arriération mentale **(⇒ oligophrénie).**

phényle n. m. – XIXe ; de *phén(ol)* et *-yle* ▪ Radical dérivé du phénol ou du benzène.

phéophycées n. f. pl. – v. 1900 ; gr. *phaios* « brun » et *phukos* « algue » ▪ Ordre d'algues, chez lesquelles la chlorophylle est recouverte d'un pigment jaune.

phéromone n. f. – 1968 ; gr. *pherein* « porter » et *(hor)mone* ▪ Sécrétion externe produite par un organisme, qui stimule une réponse physiologique ou comportementale chez un autre membre de la même espèce.

phi n. m. – XIXe ; mot gr. ▪ Vingt et unième lettre de l'alphabet grec (Φ, φ), correspondant à un *p* aspiré en grec ancien, à un *f* en grec moderne. ✪ HOM. Fi.

❑ Cette lettre s'emploie comme symbole de la *philosophie.*

philanthe n. m. – XIXe ; *phil(o)-* et *-anthe* ▪ Insecte hyménoptère à abdomen noir et jaune. ✪ HOM. Filante (filant).

philanthrope n. – XIVe ; *phil(o)-* et *-anthrope* **1** vx Personne qui est portée à aimer tous les hommes. **2** vieilli Personne qui s'emploie à améliorer le sort matériel et moral des hommes. ♦ mod. Personne qui a une conduite désintéressée, ne cherche aucun profit. ✪ CONTR. Misanthrope. Égoïste.

philanthropie n. f. – XVIe **1** Amour de l'humanité ; caractère, vertu du philanthrope. ⇒ **charité.** **2** Désintéressement. *Il a agi par pure philanthropie.* ✪ CONTR. Misanthropie. Égoïsme.

> ❑ *Philanthropie* et *misanthropie* s'emploient de moins en moins aujourd'hui.

philanthropique adj. – XVIIIe ▪ vieilli Relatif à la philanthropie ; inspiré par la philanthropie. ⇒ **humanitaire.**

philatélie n. f. – XIXe ; de *phil(o)-* et gr. *ateleia* « exemption d'impôts », pour « affranchissement », de *telos* « charge, impôt » ▪ Connaissance des timbres-poste ; art de les collectionner.

> ❑ *Philatélie* est une création du collectionneur Herpin qui proposa ce mot en 1864 à tous les amateurs de timbres ; son étymologie bizarre étant oubliée, le mot a eu une fortune étonnante qui ne s'est pas démentie au XXe s.

philatélique adj. – XIXe ▪ Relatif à la philatélie. *Journal philatélique.*

philatéliste n. – XIXe ▪ Collectionneur de timbres-poste.

-phile, -philie Éléments, du gr. *philos* « ami ». ⇒ **phil (o)-.**

> ❑ Ne pas confondre *-phile* et *-phylle* « feuille ».

philharmonie n. f. – XIXe ▪ Société philharmonique locale.

philharmonique adj. – XVIIIe ; de *phil(o)-* et *harmonia,* d'apr. l'it. ▪ Se dit d'une société d'amateurs de musique, de certaines formations musicales locales et de certains grands orchestres de musique classique. *Orchestre philharmonique.* ⇒ **symphonique.**

philhellène n. et adj. – XIXe ; de *phil(o)-* et gr. *hellên* « grec » ▪ Partisan de l'indépendance grecque. ➝ *Mouvements philhellènes.* ♦ Ami de la Grèce.

philippine n. f. – XIXe ; all. *Vielliebchen* « bien-aimé » ▪ Jeu où deux personnes, après s'être partagé deux amandes jumelles, conviennent que la première qui dira à l'autre *Bonjour Philippine,* après un délai convenu, sera la gagnante.

philistin n. m. et adj. m. – XIXe ; all. *Philister* « celui qui n'a pas fréquenté les universités » ▪ Personne de goût vulgaire, fermée aux arts et aux lettres, aux nouveautés. ⇒ **béotien.** ➝ adj. *Il est un peu philistin.*

philo n. f. – XIXe ▪ fam. Philosophie. *Dissertation de philo.* « *je vais passer ma licence de philo* » (Morand).

phil(o)- Élément, du gr. *philos* « ami », ou *philein* « aimer ». ⇒ aussi **-phile.**

philodendron [filɔdɛ̃dʀɔ̃] n. m. – XIXe ; *philo-* et *-dendron* ▪ Arbuste des pays tropicaux d'Amérique *(aracées),* à rhizome rampant, à feuilles coriaces.

philologie n. f. – XIVe ; *philo-* et *-logie* **1** Connaissance des belles-lettres ; étude historique des textes. **2** Étude d'une langue par l'analyse critique des textes. *Philologie germanique.* ♦ Étude formelle des textes dans les différents manuscrits.

philologique adj. – XVIIe ▪ Relatif à la philologie. *Étude philologique et littéraire d'un texte.*

philologue n. – XVIe **1** Spécialiste de l'étude grammaticale, linguistique des textes. ⇒ **grammairien, linguiste.** **2** Spécialiste de l'étude des textes et de leur transmission.

> ❑ *Philologue* reste distinct de *linguiste* par l'accent mis sur le contenu historique et socioculturel de l'étude des textes.

philosophale adj. f. – XIVe ▪ *Pierre philosophale :* substance longtemps recherchée par les alchimistes, et qui devait posséder des propriétés merveilleuses, notamment celle de transmuer les métaux en or.

philosophe n. et adj. – XIIe ; gr. *philosophos* « ami de la sagesse » **1** Personne qui s'adonnait à l'étude rationnelle de la nature et de la morale. « *Le philosophe est l'amateur de la sagesse et de la vérité* » (Volt.). **2** Personne qui s'appuie sur la raison, et récuse la révélation, la foi. « *Tout philosophe est cousin d'un athée* » (Muss.). ♦ Personne qui cherchait à répandre le libre examen et les lumières. ⇒ aussi **encyclopédiste.** « *La grâce détermine le chrétien à agir ; la raison détermine le philosophe* » (Dider.). **3** Personne qui élabore une doctrine ou des éléments de doctrine philosophique. ⇒ **penseur.** *Philosophe idéaliste, matérialiste. Les nouveaux philosophes.* « *Le philosophe, c'est l'esprit saintement curieux de toute chose* » (Renan). **4** Personne qui pratique la sagesse, conforme sa vie à ses principes. ⇒ **sage.** *Je* « *ne trouvais rien de si doux que de vivre à Paris, en* philosophe, [...] *au moyen des cent cinquante francs par mois que mon père me donnait* » (Stendh.). **5** adj. Qui montre de la sagesse, de la fermeté d'âme, du détachement. « *le pauvre est bien plus philosophe que le riche en ce qu'il montre une résignation plus prompte et plus gaie à ce qu'il considère comme un mal irrémédiable ou une perte irréparable* » (Baudelaire).

philosopher v. intr. [1] – XIVe **1** Penser, raisonner sur des questions, des problèmes philosophiques. « *Cicéron dit que philosopher ce n'est autre chose que s'apprêter à la mort* » (Montaigne). « *c'est proprement avoir les yeux fermés, sans tâcher jamais de les ouvrir, que de vivre sans philosopher* » (Desc.). **2** Raisonner, discuter sur quelque sujet que ce soit (en particulier d'une manière savante, compliquée, pédante, oiseuse). « *Et tandis qu'on philosophait sur le rien de cette existence* » (Daudet).

philosophie n. f. – XIIe **1** Toute connaissance par la raison. ⇒ **science.** *Philosophie et foi, au XVIe siècle* (⇒ **humanisme**). « *La philosophie n'est autre chose que l'application de la raison aux différents objets sur lesquels elle peut s'exercer* » (d'Alemb.). *Philosophie expérimentale.* **2** Attitude rationnelle et libérale des philosophes (2°). **3** Ensemble des études visant à saisir les causes premières, la réalité absolue ainsi que les fondements des valeurs humaines, et envisageant les problèmes à leur plus haut degré de généralité. *Philosophie et psychologie.* « *Il n'y aurait pas place pour deux manières de connaître, philosophie et science, si l'expérience ne se présentait à nous sous deux aspects différents* » (Bergson). **4** Ensemble de considérations tendant à ramener une branche de connaissances ou d'activité humaine à un petit nombre de principes généraux. *Philosophie de l'histoire, du droit, des sciences.* Principe général sur lequel se fondent la réalisation, le fonctionnement d'un système, d'un mécanisme. **5** Enseignement dispensé dans les classes terminales des lycées et dans les facultés. ⇒ fam. **philo.** *Licence, agrégation, doctorat de philosophie.* **6** Ensemble de conceptions (ou d'attitudes) philosophiques. ⇒ **doctrine, système, théorie.** « *À mon avis,* toute Philosophie est une affaire de forme. *Elle est la forme la plus compréhensive qu'un certain individu puisse donner à l'ensemble de ses expériences* *internes ou autres* » (Valéry). ➝ Ensemble des conceptions philosophiques communes à un groupe social. *La philosophie grecque, allemande. Philosophie occidentale et philosophie orientale.* ⇒ ① **pensée.** « *En fait il y a* des *philosophies ou plutôt* [...] *en certaines circonstances bien définies* une *philosophie se constitue pour donner son expression au mouvement général de la société* » (Sartre). 7 Conception générale, vision plus ou moins méthodique du monde et des problèmes de la vie. ➝ *La philosophie de Vigny, de Hugo,* leurs idées. 8 Élévation d'esprit, fermeté d'âme. ⇒ ① **calme, équanimité, raison, sagesse.** *Prendre les choses avec philosophie.* ⇒ **détachement, résignation.**

philosophique adj. – XIVe 1 Relatif à la philosophie. *Spéculation philosophique.* ➝ *École, mouvement philosophique.* ♦ Qui touche à des problèmes de philosophie. ⇒ **didactique, intellectuel.** « *L'art philosophique n'est pas aussi étranger à la nature française qu'on le croirait* » (Baud.). 2 Qui dénote de la sagesse, de la résignation. *Un mépris philosophique de l'argent.*

philosophiquement adv. – XIVe 1 D'une manière philosophique, en philosophe. 2 Avec sagesse, résignation, calme. *Accepter philosophiquement son sort.*

philtre n. m. – XIVe ; gr. *philtron* ▪ Breuvage magique destiné à inspirer l'amour. « *ensorcelée par des philtres* » (Volt.). *Le philtre de Tristan et Iseult.* ⇒ ② **charme.** ✪ HOM. Filtre.

phimosis [fimozis] n. m. – XVIe ; gr. « resserrement » ▪ Étroitesse anormale du prépuce, empêchant de découvrir le gland.

phlébite n. f. – XIXe ; *phléb(o)-* et *-ite* ▪ Inflammation d'une veine.

phléb(o)- Élément, du gr. *phleps* « veine ».

phlébographie n. f. – XIXe ; *phlébo-* et *-graphie* ▪ Radiographie des veines.

phlébologie n. f. – XVIIIe ; *phlébo-* et *-logie* ▪ Étude des veines et de leurs maladies. ⇒ **angiologie.**

phlébologue n. – 1964 ▪ Médecin spécialiste en phlébologie.

phléborragie n. f. – XIXe ; *phlébo-* et *-rragie* ▪ Hémorragie veineuse.

phlébotome n. m. – XVIe 1 Lancette utilisée pour les phlébotomies. 2 Genre d'insectes diptères dont quelques-uns peuvent transmettre des maladies infectieuses.

phlébotomie n. f. – XIVe ; *phlébo-* et *-tomie* ▪ Incision d'une veine pour provoquer la saignée.

phlegmon [flɛgmɔ̃] n. m. – XIVe ; gr. *phlegein* « brûler » ▪ Inflammation purulente du tissu sous-cutané ou du tissu conjonctif de soutien d'un organe. ⇒ **abcès, anthrax, furoncle.** *Phlegmon des doigts.* ⇒ **panaris, tourniole.** « *le bistouri en main* [...] *pour inciser un petit phlegmon* » (Duham.).

phléole → **fléole**

phloème n. m. – XXe ; gr. *phloios* « écorce, enveloppe » ▪ Tissu vasculaire servant à la distribution des éléments nutritifs chez les plantes. ⇒ **liber.**

phlogistique n. m. – XVIIIe ; gr. *phlogistos* « inflammable » ▪ Feu, considéré comme un des matériaux ou principes de la composition des corps (doctrine ruinée par Lavoisier).

phlox [flɔks] n. m. – XVIIIe ; mot gr. « flamme » ▪ Plante herbacée *(polémoniacées)*, cultivée pour ses fleurs de couleurs vives.

phlyctène n. f. – XVIe ; gr. *phluzein* « couler en abondance » ▪ Bulle cutanée remplie de sérosité transparente. ⇒ **ampoule, cloque.** « *des phlyctènes* [...] *par où suintait un liquide noir* » (Flaub.).

pH-mètre [peaʃmɛtʀ] n. m. – 1963 ▪ Appareil servant à mesurer le pH.

-phobe, -phobie Éléments, du gr. *phobos* « crainte ».

phobie n. f. – XIXe ; de *-phobie* 1 Crainte excessive, maladive et irraisonnée de certains objets, actes, situations ou idées. *Obsessions et phobies. Les phobies, manifestations des névroses.* 2 Peur ou aversion instinctive. ⇒ **dégoût, haine, horreur.**

phobique adj. et n. – 1903 ▪ Relatif à la phobie. *Névrose phobique.* ♦ Atteint de phobie.

phocéen, enne adj. et n. – XVIe 1 Originaire de Phocée ou de la Phocide. *Marseille fut fondée par une colonie phocéenne.* 2 De Marseille. ⇒ **marseillais, massaliote.** *La cité phocéenne* : Marseille.

❑ La ville de Phocée, dans le golfe de Smyrne, acquit une grande influence commerciale et fonda des colonies sur les côtes d'Asie mineure et en Méditerranée, dont *Massalia* (Marseille).

phocomèle adj. et n. – XIXe ; gr. *phôkê* « phoque » et *mélos* « membre » ▪ Dont les membres sont réduits à leur seule extrémité (pieds et mains reliés au tronc). *Monstre phocomèle.*

phœnix ou **phénix** [feniks] n. m. – XVIIe ; gr. *phoiniks* « palmier » ▪ Variété de palmier comprenant plusieurs espèces. *Le palmier-dattier est un phœnix.* ✪ HOM. Phénix.

pholade n. f. – XVIe ; gr. *phôlas* « qui vit dans des trous » ▪ Mollusque marin comestible *(lamellibranches)*.

pholiote n. f. – v. 1905 ; gr. *pholis* « écaille de reptile » ▪ Champignon *(agaricacées)* croissant par touffes à la base des arbres.

phonateur, trice adj. – XIXe ▪ Qui concourt à la phonation. ⇒ **phonatoire.**

phonation n. f. – XIXe ; gr. *phônê* « voix, son » ▪ Ensemble des phénomènes qui concourent à la production de la voix et du langage articulé.

phonatoire adj. – XXe ▪ Relatif à la phonation. ⇒ **phonateur.** *Appareil phonatoire* : ensemble d'organes qui permettent la production du langage chez l'homme.

phone n. m. – 1949 ; gr. *phônê* « voix, son » ▪ Unité de mesure de puissance sonore, correspondant à l'intensité en décibels d'un son d'une fréquence de 1 000 Hz.

-phone → **phon(o)-**

phonématique adj. – 1931 ▪ Relatif au phonème. ⇒ **phonologique.**

phonème n. m. – XIXe ; gr. *phônêma* « son de voix » ▪ La plus petite unité de langage parlé, dont la fonction est de constituer les signifiants et de les distinguer entre eux. *Le français comprend 36 phonèmes (16 voyelles et 20 consonnes).*

phonéticien, ienne n. – XIXe ▪ Linguiste spécialisé dans la phonétique.

phonétique adj. et n. f. – XIXe ; gr. *phonêtos* « qu'on peut dire » 1 Qui a rapport aux sons du langage. *Alphabet* de l'Association phonétique internationale (A.P.I.). Transcription, phonétique.* ♦ *Écriture, orthographe phonétique.* 2 Branche de la linguistique qui étudie les sons des langues naturelles. *Phonétique descriptive* : étude des particularités phonétiques d'une langue. *Phonétique normative,* qui prescrit les règles de la bonne prononciation d'une langue.

❑ Le principe de la *notation phonétique* est de faire correspondre un seul signe à un son et un seul son à un signe, sans aucune ambiguïté.

phonétiquement adv. – XIXe ▪ Au point de vue phonétique, d'une manière phonétique. *Texte transcrit phonétiquement.*

phoniatrie n. f. – v. 1945 ; *phon(o)-* et *-iatrie* ▪ Branche de la médecine qui s'occupe de tous les phénomènes pathologiques de la phonation, des troubles de la parole.

① **phonie** n. f. – 1949 ; de *(télé)phonie* ▪ Transmission de messages parlés dans la téléphonie sans fil.

② **phonie** n. f. – 1972 ▪ Phonation. *Correspondance graphie-phonie dans les écritures phonétiques.*

-phonie → **phon(o)-**

phonique adj. – XVIIIe ▪ Qui a rapport aux sons ou à la voix.

phono n. m. – v. 1900 ▪ fam. Phonographe.

phon(o)-, -phone, -phonie Éléments, du gr. *phônê* « voix, son ». ⇒ **-lingue.**

phonogénie n. f. – 1929 ; *phono-* et *-génie* ▪ Aptitude d'une voix ou d'un instrument à être l'objet d'un enregistrement et d'une reproduction de qualité.

phonogramme n. m. – XIXe ; *phono-* et *-gramme* **1** Tracé enregistrant les vibrations produites par la voix, dans la parole (⇒ **formant, sonagramme**). **2** Signe graphique représentant un son (opposé à *idéogramme*).

phonographe n. m. – XIXe ; *phono-* et *-graphe* **1** Ancien appareil constitué d'un récepteur, d'un enregistreur et d'un reproducteur des sons ou de la voix. *Phonographes à cylindre, à pavillon.* **2** Appareil acoustique reproduisant les sons d'un disque. ⇒ **électrophone, gramophone,** fam. **phono.** « *il prit alors son phonographe, le remonta, choisit un disque, le mit sur le plateau de l'appareil* » (Mac Orlan).

phonographique adj. – XIXe ▪ Propre au phonographe, destiné ou enregistré au phonographe (et sur disque). *Œuvres phonographiques.* « *les rengaines phonographiques* » (Montherl.).

phonolithe ou **phonolite** n. m. ou f. – XIXe ; *phono-* et *-lithe* ▪ Trachyte feldspathique qui se présente sous forme de laves compactes, sonores sous le choc.

phonologie n. f. – XIXe ; *phono-* et *-logie* ▪ Science qui étudie la fonction des sons dans les langues naturelles et dégage les phonèmes.

phonologique adj. – XIXe ▪ Propre, relatif à la phonologie. *Système phonologique d'une langue.*

phonologue n. – 1916 ▪ Spécialiste de phonologie.

phonométrie n. f. – XIXe ; *phono-* et *-métrie* ▪ Mesure de l'intensité des sons.

phonon n. m. – v. 1965 ; de *phon(o)-* ▪ Quantum d'oscillation d'une particule dans un réseau cristallin

phonothèque n. f. – 1929 ; *phono-* et *-thèque* ▪ Établissement destiné à réunir et conserver les documents sonores enregistrés constituant les « archives de la parole ». ⇒ **sonothèque.**

> ❑ Distinguer ce mot de *sonothèque* « collection d'enregistrements de bruits, d'effets sonores ».

phoque n. m. – XVIe ; gr. *phôkê* **1** Mammifère marin amphibie *(pinnipèdes)*, au corps fusiforme pourvu de membres antérieurs petits et palmés, au cou très court, aux oreilles dépourvues de pavillon, et au pelage ras. « *on pouvait voir aussi ramper sur le sable de gros amphibies, des phoques* » (J. Verne). *Phoques et éléphants* de mer. Huile de phoque.* ➛ *Bébé phoque* : jeune phoque, dont la fourrure est très recherchée. ♦ loc. *Souffler comme un phoque* : respirer avec bruit. **2** Fourrure de phoque ou d'otarie. *Bottes en phoque.* ✪ HOM. Foc.

> ❑ La locution familière *pédé comme un phoque* est un calembour sur *foc* (avec l'idée de « vent arrière »).

-phore Élément, du gr. *pherein* « porter ».

phormion n. m. – XIXe ; lat. *phormium* « natte » ▪ Plante *(liliacées)* vivace, à rhizome épais, appelée aussi *chanvre* ou *lin de la Nouvelle-Zélande.* ⇒ **crin** (végétal).

> ❑ On dit aussi *phormium* [fɔʀmjɔm] : « *une épaisse natte de phormium qui assourdissait le bruit des pas* » (J. Verne).

phosgène n. m. – XIXe ; gr. *phôs* « lumière » et *-gène* ▪ Gaz incolore, très toxique, obtenu par la combinaison du chlore et de l'oxyde de carbone.

phosphatage n. m. – XIXe ▪ Opération qui consiste à répandre des phosphates de calcium sur une terre pour la fertiliser.

phosphatase n. f. – av. 1949 ▪ Enzyme qui catalyse la libération d'acide phosphorique à partir de ses esters organiques.

phosphatation n. f. – 1963 ▪ Traitement de surface des pièces métalliques, par formation de phosphates ferriques. ⇒ **bondérisation, parkérisation.**

phosphate n. m. – XVIIIe ; de *phosphore* ▪ Sel résultant de l'action d'un des acides phosphoriques avec une base. *Lessive sans phosphates.* ➛ *Phosphates naturels* : apatite, phosphorite, monazite.

phosphaté, ée adj. – XIXe ▪ Qui contient du phosphate de calcium ; qui est à l'état de phosphate. *Engrais phosphaté.* ➛ *Aliments phosphatés.* « *un simple médecin de quartier, qui lui conseilla le repos, les distractions tranquilles, et les aliments phosphatés* » (Aymé).

phosphater v. tr. [1] – 1905 **1** Fertiliser en répandant du phosphate de calcium comme engrais. *Phosphater un champ.* **2** Réaliser la phosphatation de (une surface métallique).

phosphaturie n. f. – XIXe ▪ Élimination d'un excès de phosphates par les urines.

> ❑ Même radical final que *albuminurie* et *hématurie.*

phosphène n. m. – XIXe ; gr. *phôs* « lumière » et *phainein* « briller » ▪ Sensation lumineuse qui résulte de l'excitation des récepteurs rétiniens par un agent autre que la lumière.

phosphine n. f. – XIXe ; de *phosphore* **1** *Les phosphines* : classe de composés organiques qui dérivent de l'hydrogène phosphoré gazeux par substitution de radicaux alcooliques à un ou plusieurs atomes d'hydrogène. **2** Hydrogène phosphoré liquide (phosphure* d'hydrogène).

phospholipide n. m. – 1928 ; de *phospho(re)* et *lipide* ▪ Lipide combiné à l'acide phosphorique sous forme estérifiée. *La lécithine est un phospholipide.*

phosphoprotéine n. f. – 1949 ; de *phospho(re)* et *protéine* ▪ Protéine renfermant de l'acide phosphorique.

phosphore n. m. – XVIIe ; gr. *phôs* « lumière » et *-phore* ▪ Élément atomique (P ; n° at. 15 ; m. at. 30,97) doué allotropie. *Phosphore blanc* : solide fusible à 44 °C, très facilement inflammable, luminescent dans l'obscurité (⇒ **phosphorescence**) et très toxique (⇒ **phosphorisme**). *Phosphore rouge,* ne s'enflammant qu'au-dessus de 250 °C et non toxique.

> ❑ L'alchimiste allemand Henning Brand découvrit le phosphore en 1669, alors qu'il cherchait à extraire la pierre philosophale de l'urine humaine.

phosphoré, ée adj. – XVIIIe ▪ Qui contient du phosphore, qui est enduit de phosphore. *Hydrogène phosphoré* : phosphure* d'hydrogène.

phosphorer v. intr. [1] - XIXe ■ fam. Travailler intellectuellement.

phosphorescence n. f. - XVIIIe 1 Luminescence du phosphore (⇒ **chimioluminescence**). 2 Propriété qu'ont certains corps d'émettre des radiations de plus grande longueur d'onde, même après suppression de l'excitation. ♦ Particularité de certains organismes animaux ou végétaux d'émettre de la lumière dans l'obscurité. *La phosphorescence des vers luisants.*

phosphorescent, ente adj. - XVIIIe 1 Doué de phosphorescence. ⇒ **fluorescent, luminescent.** *Animal phosphorescent* (⇒ **luisant**). « *sur le grand miroir phosphorescent de la mer* » (Loti). 2 Qui a rapport ou ressemble à la lumière émise par un corps doué de phosphorescence. *Lueur phosphorescente.*

phosphoreux, euse adj. - XVIIIe ■ Qui contient du phosphore. *Alliage phosphoreux.* ➝ *Acides phosphoreux.* ➝ *Anhydride phosphoreux.*

phosphorique adj. - XVIIIe ■ Qui brille à la manière du phosphore. « *l'éclat phosphorique de la mer* » (Baudelaire). ➝ Qui contient du phosphore. *Allumettes phosphoriques.* « *un briquet phosphorique* » (Stendh.). ♦ *Acides phosphoriques.* ➝ *Anhydride phosphorique,* formé par combustion vive du phosphore.

phosphorisme n. m. - XVIIIe ■ Intoxication par le phosphore blanc.

phosphorite n. f. - XIXe ■ Phosphate naturel de calcium (⇒ **apatite**).

phosphorylase n. f. - 1949 ■ Enzyme responsable de la dégradation du glycogène dans le muscle et dans le foie.

phosphorylation n. f. - 1938 ■ Réaction au cours de laquelle un radical phosphoryle se fixe sur un composé organique.

phosphoryle n. m. - 1949 ■ Radical PO_3, existant à l'état d'esters phosphoriques.

phosphure n. m. - XVIIIe ■ Combinaison du phosphore et de certains corps simples. *Phosphures d'hydrogène* (ou *hydrogènes phosphorés*). ⇒ **phosphine.**

phot n. m. - 1903 ; gr. *phôs* « lumière » ■ Ancienne unité de mesure d'éclairement lumineux du système C.G.S. (symb. ph), valant 10^4 lux.

-phote Élément, du gr. *phôs* « lumière ». ⇒ **photo-.**

photo n. f. et adj. inv. - XIXe ; de *photographie* et de *photographique* **I** n. f. 1 Photographie (1°). *Appareil de photo. Matériel de photo.* ➝ La technique, l'art de prendre des images photographiques. *Faire de la photo.* 2 Image obtenue par le procédé de la photographie. ⇒ **cliché, diapositive, épreuve.** *Prendre, faire des photos. Photo surexposée, sous-exposée. Photo ratée, floue. Tirage d'une photo sur papier. Agrandir une photo. Photo d'art. Photos de vacances. Photo de mariage. Album de photos. Photo en couleurs, noir et blanc.* ➝ Portrait photographique. *Photo d'identité.* ♦ *Prendre en photo* : photographier. ♦ Image, reproduction photographique. ⇒ **gravure, illustration.** *Il a sa photo en première page.* ➝ *Magazine photo,* contenant de nombreuses photos. **II** adj. inv. Photographique. *Appareil photo. Des pellicules photo de 200 ASA.*

> ❑ Au sens d'« art de prendre des images » *photo* est en concurrence avec *photographie,* sauf dans *appareil (de) photo.* Pour l'image, seul *photo* est usuel.

photo- Élément, du gr. *phôs* « lumière » (⇒ **-phote**).

> ❑ Ne pas confondre *photo-* « lumière » *(photophobie)* avec *photo* nom féminin dans les noms composés *(photomontage, photothèque)* → auto-, micro- (rem.).

photobiologie n. f. - v. 1960 ■ Partie de la biologie qui étudie l'action de la lumière sur les êtres vivants.

photocathode n. f. - 1948 ■ Cathode d'une cellule photoélectrique.

photochimie n. f. - XIXe ■ Étude des réactions chimiques en relation avec l'énergie rayonnante.

photochimique adj. - XIXe ■ De la photochimie. *Réaction photochimique.*

photochromique [fɔtɔkʀɔmik ; fotokʀomik] adj. - XXe ■ Dont la transmission optique varie avec l'intensité du rayonnement lumineux.

photocomposeuse n. f. - av. 1966 ■ Machine pour la photocomposition. *Photocomposeuse électronique.*

photocompositeur n. m. - v. 1970 ■ Spécialiste de la photocomposition.

photocomposition n. f. - 1963 ■ Composition photographique ; ensemble des méthodes de composition par photographie, donnant des textes sur film.

photoconducteur, trice adj. - 1953 ■ Caractérisé par la photoconductivité. *Cellule photoconductrice.*

photoconductivité n. f. - 1963 ■ Augmentation de la conductivité électrique d'un matériau semi-conducteur sous l'action d'un rayonnement électromagnétique.

photocopie n. f. - XIXe ■ Reproduction photographique d'un document. ⇒ **copie.** *Faire une photocopie.*

photocopier v. tr. [7] - 1907 ■ Reproduire par la photographie. *Photocopier un contrat. Machine à photocopier.* ⇒ **photocopieur.**

photocopieur n. m. et **photocopieuse** n. f. - 1964 ■ Machine à photocopier.

photocopillage n. m. - 1993 ; de *photo(copie)* et *pillage* ■ Action de photocopier des documents, des livres, pour un usage collectif afin d'en économiser l'achat. *Photocopillage des livres scolaires.*

> ❑ *Photocopillage* et *reprographie* sont deux mots-valises → mot-valise (rem.).

photodiode n. f. - mil. XXe ■ Diode semi-conductrice dont la conductivité varie avec l'intensité du rayonnement lumineux incident.

photodissociation n. f. - v. 1960 ■ Dissociation d'une molécule sous l'effet d'un rayonnement de photons.

photoélasticimétrie n. f. - 1949 ■ Étude optique des contraintes dans la masse d'une pièce métallique.

photoélectricité n. f. - XIXe ■ Ensemble des phénomènes caractérisés par la libération de charges électriques sous l'action d'un rayonnement électromagnétique.

photoélectrique adj. - XIXe ■ *Effet photoélectrique* : phénomène d'émission d'électrons sous l'influence d'un rayonnement électromagnétique. ➝ *Cellule photoélectrique* : instrument utilisant l'effet photoélectrique pour mesurer l'intensité lumineuse qu'il reçoit. *Cellule photoélectrique commandant la porte d'un parking.* ⇒ **œil** (électrique), **photopile.**

photoémetteur, trice adj. - mil. XXe ■ Qui émet des électrons par effet photoélectrique.

photo-finish [fɔtofiniʃ] n. f. - mil. XXe ; *photo(graphie)* et angl. *finish* « arrivée » ■ Enregistrement photographique de l'arrivée d'une course ; appareil qui l'effectue. *Des photos-finish.*

photogénie n. f. - XIXe ; *photo-* et *-génie* ■ Qualité de ce qui est photogénique.

photogénique adj. - XIXe 1 Qui donne une image nette, bien contrastée, en photographie. « *La clarté* *photogénique qu'a seule la peau anglaise* » (Goncourt). 2 Qui produit, au cinéma, en photographie, un effet supérieur à l'effet produit au naturel. *Elle est très photogénique.* « *l'homme photogénique surprend ceux qui* [...] *voient ses photos pour la première fois : elles sont plus belles que lui* » (Tournier).

photogramme n. m. – XIXe ; *photo-* et *-gramme* ▪ Chaque image photographique d'un film.

photogrammétrie n. f. – XIXe ▪ Détermination de la dimension des objets, au moyen de mesures faites sur des perspectives photographiques de ces objets.

photographe n. – XIXe 1 Personne qui prend des photographies. ⇒ **opérateur.** « *le photographe prit des photos de tout le déroulement de la cérémonie* » (Cendrars). *Reporter photographe d'un journal.* ⇒ aussi **paparazzi.** *Photographe de mode.* ➛ *Atelier de photographe.* ⇒ **studio.** 2 Professionnel qui se charge du développement, du tirage des clichés et de la vente d'appareils.

photographie n. f. – XIXe ; *photo-* et *-graphie* 1 Procédé, technique permettant d'obtenir l'image durable des objets, par l'action de la lumière sur une surface sensible. *Débuts de la photographie.* ⇒ **daguerréotype.** *Photographie en couleurs.* ♦ Obtention d'image par l'action de toutes radiations. *Photographie photochimique,* utilisant une surface sensible (⇒ **émulsion).** *Photographie électrostatique,* utilisant une surface photoconductrice (⇒ **xérographie).** ♦ La technique, l'art de prendre des images photographiques. ⇒ **photo.** 2 vieilli *Une photographie.* ⇒ **photo.** « *une photographie bistrée représentant un homme en redingote noire* » (Perec). 3 Reproduction exacte, fidèle.

❑ Pour l'emploi → photo (rem.).

photographier v. tr. [7] – XIXe 1 Obtenir l'image de (qqn, qqch.) par les procédés de la photographie. « *On ne regarde pas le monument, on le photographie* » (E. Morin). 2 Imprimer dans sa mémoire l'image de. *Photographier mentalement qqch.* « *mes cinq sens te photographient en couleurs* » (Apoll.).

photographique adj. – XIXe 1 Relatif à la photographie ; qui sert à faire de la photographie ; obtenu par la photographie. *Technique photographique. Papier, pellicule photographique.* ⇒ **photo** (II). *Épreuve photographique.* « *l'industrie photographique était le refuge de tous les peintres manqués* » (Baudelaire). 2 Qui est aussi fidèle, aussi exact que la photographie. « *Le réalisme de Ver Meer est si poussé qu'on pourrait croire d'abord qu'il est photographique* » (Sartre).

photographiquement adv. – XIXe ▪ À l'aide de la technique photographique. Avec une exactitude photographique.

photograveur n. m. – 1901 ▪ Professionnel spécialiste de la photogravure.

photogravure n. f. – XIXe 1 Procédés de gravure photochimique en relief, utilisant des clichés métalliques, parfois sur support neutre. *Photogravure au trait, sur zinc,* où la morsure est précédée d'un encrage. 2 La planche gravée, le cliché métallique. ➛ La gravure, après tirage.

photo-interprétation n. f. – av. 1966 ▪ Analyse des photographies aériennes servant à établir les éléments de base d'une carte.

❑ La soudure de ce mot est impossible à cause de la mauvaise lecture qu'elle entraînerait *(oin).*

photolecture n. f. – mil. XXe ▪ Technique de lecture automatique par des moyens optiques.

photolithographie n. f. – XIXe ▪ Procédé de gravure photochimique à plat dans lequel l'épreuve photographique était reportée sur une pierre lithographique.

photoluminescence n. f. – 1906 ▪ Ensemble des phénomènes d'émission de radiations visibles ou invisibles dont la longueur d'onde est plus grande que celle des radiations excitatrices. ⇒ **fluorescence ; phosphorescence.**

photolyse n. f. – mil. XXe ; *photo-* et *-lyse* ▪ Décomposition chimique par la lumière.

photomagnétique adj. – XIXe ▪ Qui concerne l'action de la lumière sur la susceptibilité magnétique, la conductibilité.

photomaton n. m. – v. 1930 ; marque déposée, de *photo* et *(au) tomat(ique)* ▪ Appareil qui prend, développe et tire automatiquement des photographies ; lieu où fonctionne un tel appareil. *Faire des photos d'identité dans un photomaton.*

photomécanique adj. – XIXe ▪ Se dit de tous les procédés de reproduction utilisant des clichés photographiques.

photomètre n. m. – XVIIIe ; *photo-* et *-mètre* ▪ Appareil servant à mesurer les intensités lumineuses.

photométrie n. f. – XVIIIe ; *photo-* et *-métrie* ▪ Mesure des grandeurs relatives aux radiations électromagnétiques.

photomontage n. m. – 1935 ▪ Montage de photographies.

photomultiplicateur n. m. – 1957 ▪ Dispositif détecteur de photons utilisant l'émission secondaire d'électrodes auxiliaires pour accroître le gain en courant.

photon n. m. – v. 1923 ; gr. *phôs* « lumière » ▪ Particule fondamentale, quantum du champ électromagnétique.

photonique adj. – 1942 ▪ Relatif au photon.

photopériode n. f. – mil. XXe ▪ Répartition, dans la journée, entre la durée de la phase diurne et celle de la phase obscure.

photopériodique adj. – 1951 ▪ Relatif à la succession de lumière et d'obscurité dans la vie des plantes.

photophobie n. f. – XIXe ; *photo-* et *-phobie* ▪ Crainte morbide de la lumière. Sensibilité excessive des yeux dans certaines maladies oculaires.

photophore n. m. – XIXe ; *photo-* et *-phore* 1 Lampe munie d'un réflecteur. « *Dans la brousse* [...] *où les photophores grésillent sous les varangues* » (Cendrars). 2 Coupe décorative en verre, destinée à recevoir une bougie ou une veilleuse. 3 Organe lumineux des animaux luminescents.

photopile n. f. – mil. XXe ▪ Appareil transformant la lumière en courant électrique.

photorécepteur n. m. – v. 1965 ▪ Cellule réceptive visuelle de la rétine.

photosensibilisation [fɔtosɑ̃sibilizasjɔ̃] n. f. – 1953 ▪ État anormalement sensible de la peau qui réagit à la lumière solaire par des manifestations allergiques.

photosensible [fɔtosɑ̃sibl] adj. – v. 1930 ▪ Sensible à la lumière. *Surface photosensible.*

❑ En parlant de la matière vivante, on emploie aussi l'adjectif *photorécepteur, trice.*

photosphère n. f. – XIXe ▪ Ensemble des couches du Soleil qui émettent un rayonnement reçu par la Terre.

photostyle n. m. – 1972 ; de *photo-* et lat. *stilus* « poinçon servant à écrire » ▪ Dispositif en forme de crayon, muni d'un détecteur photoélectrique sensible au balayage de l'écran d'une console, et permettant de transmettre des informations à un ordinateur directement en pointant une zone de l'écran. ⇒ **crayon** (optique).

photosynthèse [fɔtosɛ̃tɛz] n. f. – 1902 ▪ Production de glucides par les plantes et certaines bactéries à partir de l'eau et du gaz carbonique de l'air qu'elles peuvent fixer grâce à la chlorophylle, en employant comme source d'énergie la lumière solaire.

photosystème [fɔtosistɛm] n. m. – 1978 ▪ Complexe moléculaire responsable de la conversion de l'énergie lumineuse en énergie chimique au cours de la photosynthèse.

phototaxie n. f. – 1907 ; *photo-* et *-taxie* ▪ Mouvement d'un organisme, déclenché par la lumière ⇒ **tropisme.**

photothèque n. f. – 1939 ; de *photo* et *-thèque* ▪ Collection d'archives photographiques.

photothérapie n. f. – XIXe ; *photo-* et *-thérapie* ▪ Traitement par la lumière ou par une radiation du spectre solaire.

phototransistor [fɔtotʀɑ̃zistɔʀ] n. m. – 1963 ; de *photo-* et *transistor* ▪ Transistor pour lequel la grandeur de commande est un flux lumineux.

phototrophe adj. – 1963 ; de *photo-* et gr. *trophê* « nourriture » ▪ Qui peut utiliser la lumière comme source d'énergie, en parlant d'un organisme.

phototropisme n. m. – XIXe ▪ Tropisme déterminé par l'action de la lumière. ⇒ **héliotropisme.**

phototype n. m. – XIXe ; *photo-* et *-type* 1 Image photographique directe. ⇒ **négatif.** 2 Type de peau très sensible au soleil.

phototypie n. f. – XIXe ; *photo-* et *-typie* ▪ Procédé de reproduction, de gravure photochimique à plat dans lequel les négatifs sont reportés sur verre.

photovoltaïque adj. – 1937 ; de *photo-* et *voltaïque* ▪ Qui effectue directement la conversion d'une énergie lumineuse en énergie électrique.

phragmite n. m. – XIXe ; gr. *phragma* « clôture » 1 Plante herbacée *(graminées)* qui croît dans les marais, les fossés, et dont le type le plus connu est le roseau. 2 Fauvette des marais.

phrase n. f. – XVIe ; gr. *phrasis* « discours, langage » 1 vx Tour, expression. 2 Énoncé complet entre deux pauses, deux points. *Dire, prononcer une phrase. Échanger quelques phrases.* ⇒ **propos.** *Faire des phrases :* parler de manière recherchée ou prétentieuse (⇒ **phraseur**). « *je ne sais pas faire de phrases, moi, je dis ce que je pense* » (Arland). ➤ *Phrase toute faite :* formule conventionnelle. ⇒ **cliché.** « *Il y a sur chaque sujet tant de phrases toutes faites en France, qu'un sot, avec leur secours, parle quelque temps assez bien* » (Mme de Staël). ➤ *Sans phrases :* sans commentaire, sans détour. ➤ *Petite phrase,* extraite des propos d'un homme public et abondamment commentée par les médias. ➤ *La phrase de Saint-Simon, de Proust.* ⇒ **style.** ♦ Suite de mots comprenant au moins un syntagme nominal et un syntagme verbal (ex : « Il vient »), parfois réduite à l'un des deux (ex : « Attention ! » « Viens ! »). *Syntaxe de la phrase. Accent de phrase. Propositions* d'une phrase complexe.* 3 Succession ordonnée de périodes aboutissant à une cadence (musique classique) ou constituant un tout complet. « *Le pianiste jouait, pour eux deux, la petite phrase de Vinteuil qui était comme l'air national de leur amour* » (Proust).

phrasé n. m. – XVIIIe ▪ Manière, art d'articuler le discours musical. *Le phrasé d'un chanteur, d'un pianiste. Un beau phrasé.*

phraséologie n. f. – XVIIIe 1 Ensemble des expressions propres à un milieu, un écrivain. *La phraséologie administrative.* ⇒ ① **jargon, style.** 2 littér. Emploi de phrases, de grands mots vides de sens. ⇒ **bavardage, verbiage.** 3 Ensemble des expressions, locutions, collocations et phrases codées dans la langue générale. *La phraséologie d'un dictionnaire.*

phraséologique adj. – XIXe ▪ Qui concerne la phraséologie (3°). *Dictionnaire phraséologique.*

phraser v. tr. [1] – XVIIIe ▪ Délimiter par le mode d'exécution (instruments) ou ponctuer par des respirations (voix) les périodes successives de (un morceau de musique).

phraseur, euse n. – XVIIIe ▪ Faiseur de phrases, de vains discours. ♦ adj. *Il est un peu phraseur.*

phrastique adj. – 1933 ▪ De la phrase, relatif à la phrase. *Structure phrastique.*

> ❑ On a créé sur ce mot *transphrastique* « qui dépasse la phrase » (plusieurs phrases qui se suivent).

phratrie n. f. – XIXe ; gr. ▪ Groupe de clans, dans une tribu ou un groupe de tribus. *Les phratries sont généralement exogames.* « *Lorsqu'une tribu ou un groupe de tribus comprend plusieurs clans, ceux-ci se groupent presque toujours en phratries* » (G. Bouthoul). ✪ HOM. Fratrie.

phréatique adj. – XIXe ; gr. *phreatos* « puits » ▪ *Nappe phréatique :* nappe d'eau souterraine qui alimente des sources, des puits.

phrénique adj. – XVIIe ; gr. *phrên* « diaphragme » ▪ Relatif au diaphragme. *Nerf phrénique.*

phrénologie n. f. – XIXe ; gr. *phrên* « intelligence » et *-logie* ▪ Étude des facultés dominantes d'un individu qui se pratiquait d'après la forme de son crâne.

> ❑ La phrénologie, théorie du médecin allemand J.F. Gall, fut très en vogue dans la première moitié du XIXe s. ; Balzac lui-même en faisait grand cas.

phrygane n. f. – XVIe ; gr. *phruganion* « petit bois sec » ▪ Insecte névroptère, dont les larves aquatiques au corps mou sont enfermées dans des fourreaux (⇒ **indusie**).

phrygien, ienne adj. et n. – XVIe ; de *Phrygie,* région d'Asie Mineure ▪ *Mode phrygien,* intermédiaire entre le mode dorien et le mode lydien, en musique. *Bonnet phrygien :* bonnet rouge porté par les révolutionnaires de 1789. *Marianne, femme coiffée du bonnet phrygien, emblème de la République française.*

phtaléine n. f. – XIXe ▪ Composé obtenu par l'union de l'anhydride phtalique et d'un phénol.

phtalique adj. – XIXe ▪ Se dit de certains dérivés du naphtalène. *Acide phtalique.*

phtiriase n. f. – XVIe ; gr. *phteir* « pou » ▪ Pédiculose due aux poux du pubis.

phtisie n. f. – XVIe ; gr. *phthisis* « consomption » ▪ vx Tuberculose pulmonaire. « *cette petite toux* [...] *réveillait dans la mémoire de Gianni le souvenir que leur mère était morte d'une phtisie* » (E. de Goncourt).

phtisiologie n. f. – XVIIIe ▪ Partie de la médecine qui étudie la tuberculose pulmonaire.

phtisiologue n. – 1924 ▪ Médecin spécialiste en phtisiologie.

phtisique adj. et n. – XIVe ▪ vieilli ⇒ **poitrinaire, tuberculeux.** « *amaigrie et phtisique* » (Baudelaire).

phyco- Élément, du gr. *phukos* « algue ».

phycologie n. f. – XIXe ; *phyco-* et *-logie* ▪ Science qui a pour objet l'étude des algues. ⇒ **algologie.**

phycomycètes n. m. pl. – XIXe ; *phyco-* et *-mycète* ▪ Siphomycètes (champignons).

phylactère n. m. – XVIe ; gr. *phulattein* « protéger » 1 Petite boîte carrée, renfermant des bandes de parchemin ou de vélin sur lesquelles sont inscrits des versets de la Bible. 2 Banderole à extrémités enroulées portant le texte des paroles prononcées par les personnages d'une œuvre d'art du Moyen Âge et de la Renaissance. « *La Cène avec des enroulements de longs phylactères noirs* » (Claudel). ♦ Bulle des bandes dessinées.

phylarque n. m. – XVIIIe ; gr. *phularchos* ▪ Dans l'Antiquité, président d'une tribu, à Athènes ; commandant d'un corps de cavalerie fourni par une tribu.

phylétique adj. – XIXe ; gr. *phulon* « race » ▪ Relatif au mode de formation des espèces.

phyllade n. m. – XIXe ; gr. *phullon* « feuille » ▪ Schiste dur et luisant, d'aspect soyeux.

-phylle Élément, du gr. *phullon* « feuille ».

> ❑ Ne pas confondre avec *-phile* « qui aime ».

phyllie n. f. – XIXe ; gr. *phullon* « feuille » ▪ Insecte orthoptère marcheur, au corps aplati, aux larges élytres semblables à des feuilles.

phyllopodes n. m. pl. – XIXe ; gr. *phullon* « feuille » et *-pode* ▪ Ordre de crustacés branchiopodes.

phylloxéra n. m. – XIXe ; gr. *phullon* « feuille » et *xeros* « sec » ▪ Insecte hémiptère, puceron parasite qui provoque des galles sur les feuilles et des nodosités sur les racines de la vigne. ♦ Maladie de la vigne due à cet insecte.

> ❑ Le phylloxéra de la vigne fut importé accidentellement avec des ceps américains, en France, vers 1865. La catastrophe viticole qui s'ensuivit a donné au mot une grande importance à la fin du XIXe s. et au début du XXe siècle.

phylloxéré, ée adj. – XIXe ▪ Atteint par le phylloxéra.

phylogenèse n. f. – XIXe ; gr. *phulon* « race » ▪ Histoire évolutive des espèces, des lignées et des groupes d'organismes.

phylogénétique adj. et n. f. – XIXe ▪ Relatif à la phylogenèse.

phylum [filɔm] n. m. – XIXe ; gr. *phulon* « race » ▪ Souche primitive d'où est issue une série généalogique ; suite des formes revêtues par les ascendants d'une espèce (⇒ **phylétique**). *Des phylums.*

physalie n. f. – XIXe ; gr. *phusaleos* « gonflé » ▪ Animal de la classe des méduses (*cœlentérés*) formé d'un flotteur en dessus et continué par un stolon allongé portant des polypes. « *des troupes de physalies, laissant leurs tentacules d'outremer flotter à la traîne* » (J. Verne).

physalis [fizalis] n. m. – XIXe ; gr. *phusan* « gonfler » ▪ Plante vivace (*solanacées*), appelée aussi *amour en cage*, dont le calice renflé contenant le fruit à maturité est très décoratif. ⇒ **alkékenge, coqueret.**

-physe Élément, du gr. *phusis* « croissance, production ».

physicalisme n. m. – 1934 ▪ Doctrine épistémologique empiriste, selon laquelle les sciences humaines doivent s'exprimer dans le vocabulaire des sciences physiques et s'inspirer de leur méthodologie.

physicien, ienne n. – XIIe ▪ Spécialiste de physique (astrophysicien, électricien, électronicien, hydraulicien, mécanicien, opticien, thermodynamicien, etc.). *Les physiciens et les chimistes.*

physico- Élément, de ② *physique.*

physicochimie n. f. – XIXe ▪ Domaine de la science à la limite de la physique et de la chimie.

physicochimique adj. – XVIIIe ▪ Qui participe à la fois de la physique et de la chimie.

physicomathématique adj. – XVIIIe ▪ Qui concerne à la fois la physique et les mathématiques. *Sciences physicomathématiques.*

physio- Élément, du gr. *phusis* « nature ».

physiocrate n. m. – XVIIIe ; *physio-* et *-crate* ▪ Économiste, philosophe adepte de la physiocratie.

physiocratie n. f. – XVIIIe ▪ Doctrine de certains économistes du XVIIIe s. (physiocrates) fondée sur la connaissance et le respect des lois naturelles et donnant la prépondérance à l'agriculture.

physiognomonie [fizjɔgnɔmɔni] n. f. – XVIe ; gr. *gnôstos* « connu » ▪ Science qui se proposait de connaître le caractère d'une personne d'après sa physionomie.

> ❑ La physiognomonie fut élevée au rang de science avec les théories de l'Allemand J.C. Lavater (1781, traduction de ses *Essais sur la physiognomonie*).

physiologie n. f. – XVIe ; *physio-* et *-logie* 1 Science qui étudie les fonctions et les propriétés des organes et des tissus des êtres vivants. *La physiologie fait partie des études de médecine.* ♦ *Physiologie d'un organe, du cœur.* ⇒ **fonctionnement.** 2 Ouvrage décrivant une réalité humaine d'une manière objective (à la mode au début du XIXe s.). « *La Physiologie du mariage* », *œuvre de Balzac.*

physiologique adj. – XVIIIe 1 Relatif à la physiologie ; qui concerne le fonctionnement d'un organisme vivant, d'un organe, d'une cellule. 2 Qui concerne la vie, les activités de l'organisme humain (par oppos. à *psychique*). ⇒ ① **physique, somatique.** 3 Qui convient, est adapté au bon fonctionnement de l'organisme. *Sérum* physiologique.*

physiologiquement adv. – XVIIIe ▪ D'une manière, d'un point de vue physiologique.

physiologiste n. – XVIIe ▪ Spécialiste en physiologie. « *le physicien et le physiologiste se distinguent en ce que l'un s'occupe des phénomènes qui se passent dans la matière brute, et l'autre des phénomènes qui s'accomplissent dans la matière vivante* » (Cl. Bernard). – adj. *Un chimiste physiologiste.*

physionomie n. f. – XIIIe ; lat. *physiognomonia* 1 Ensemble des traits, aspect du visage (surtout d'après leur expression). ⇒ **faciès,** ① **physique ;** ② **air, expression,** ① **mine.** *Une physionomie expressive.* « *sa physionomie ouverte et animée prévenait d'abord en sa faveur* » (Muss.). *Jeux de physionomie.* ⇒ **mimique.** 2 Aspect particulier propre à une chose, un lieu, un objet. ⇒ **apparence, aspect.** « *on procéda à de nombreux échanges de territoires. La physionomie de l'Europe en fut transformée* » (Bainville).

physionomiste adj. – XVIe ▪ Qui est capable de reconnaître au premier coup d'œil une personne déjà rencontrée. *Être physionomiste.*

physiopathologie n. f. – XIXe ▪ Physiologie pathologique, étude des troubles qui surviennent dans le fonctionnement des organes au cours d'une maladie.

physiothérapie n. f. – 1903 ; *physio-* et *-thérapie* ▪ Thérapeutique qui utilise les agents naturels : air, eau, lumière, électricité, massages, etc.

① **physique** adj. et n. m. – XVe ; gr. *phusikos* I adj. 1 Qui se rapporte à la nature, au monde concret. ⇒ **matériel.** *Le monde physique. Géographie physique. Mesure des grandeurs physiques.* 2 Qui concerne le corps humain (opposé à *moral, mental, psychologique, psychique*). ⇒ **corporel, matériel.** *Force physique. Effort physique. Éducation, culture physique* : gymnastique, sport. *État physique.* ⇒ **santé.** *Troubles physiques.* ⇒ **organique, physiologique, somatique.** « *J'appellerai un sage un homme qui ne serait affecté dans la vie que par la souffrance physique* » (Goncourt). ♦ *Dégoût, horreur physique,* qui est de l'ordre du réflexe. « *je n'éprouvais nulle honte, mais une répulsion physique* » (Blondin). ♦ dr. *Personne* physique* (opposé à *personne morale*). 3 Qui concerne le corps (en parlant des relations amoureuses). ⇒ **charnel, sexuel.** *Attirance physique. Notre amour « était surtout physique et sauvage »* (Barbey). 4 Qui se rapporte à la nature, à l'exclusion des êtres vivants. *Sciences physiques* : la physique et la chimie. 5 Qui concerne la physique. *Propriétés physiques et chimiques d'un corps.* **II** n. m. 1 L'aspect extérieur d'un individu. AU PHYSIQUE : en ce qui concerne le physique, le corps. ⇒ **physiquement.** 2 Aspect général (de qqn). ⇒ **physionomie.** *Un physique agréable, avantageux.* « *son physique de casseur de cœurs* » (Aragon). *Avoir le physique de l'emploi*.* ✪ CONTR. Mental, moral.

② **physique** n. f. – XIIe ; gr. *phusikê* ▪ Science qui étudie les propriétés générales de la matière et établit des lois qui rendent compte des phénomènes matériels. *Physique expérimentale. Physique stellaire.* ⇒ **astrophysique.** *Physique nucléaire* : science qui étudie la constitution intime de la matière, l'atome, le noyau. ♦ Livre de physique.

❑ La *physique* a d'abord eu le sens large de « connaissance des choses de la nature » (XIIe), sens encore donné par Furetière en 1690. C'est avec Fontenelle (1708) que se forme le concept moderne, en relation avec la *chimie*.

physiquement adv. – XVe 1 En ce qui concerne le corps humain, son état général. ⇒ **corporellement.** *Il est très diminué physiquement.* 2 Au physique, en ce qui concerne l'apparence extérieure d'une personne. *Ils se ressemblent physiquement.* ♦ Sexuellement. « *Il n'avait plus envie d'elle physiquement* » (Montherl.). ✪ CONTR. Moralement.

physostigma n. m. – XIXe ; gr. *phusa* « vésicule » et *stigma* « stigmate » ▪ Plante *(légumineuses papilionacées)* exotique, herbacée, communément appelée *fève de Calabar,* dont les graines renferment un alcaloïde vénéneux, la *physostigmine* (⇒ **ésérine**).

physostome n. m. – XIXe ; gr. *phusa* « vessie » et *stoma* « bouche » ▪ Poisson dont la vessie natatoire communique avec le tube digestif.

phytéléphas [fitelefas] n. m. – XIXe ; *phyt(o)-* et gr. *elephas* « ivoire » ▪ Palmier dont le fruit est une agglomération de drupes, et dont la graine fournit le corozo.

❑ Même famille étym. que *éléphant,* par la métaphore de l'ivoire, le corozo étant appelé *ivoire végétal.*

phyt(o)-, -phyte Éléments, du gr. *phuton* « plante ».

phytobiologie n. f. – XIXe ▪ Biologie végétale.

phytoécologie n. f. – 1932 ▪ Étude du milieu (climat, sol, faune) dans ses rapports avec la végétation.

phytogéographie n. f. – XIXe ▪ Partie de la botanique qui étudie la distribution des plantes sur le globe terrestre.

❑ On dit aussi *géographie botanique.*

phytohormone n. f. – 1949 ▪ Hormone végétale.

phytopathologie n. f. – XIXe ▪ Partie de la botanique qui étudie les maladies des plantes.

❑ On dit aussi *pathologie végétale.*

phytophage adj. et n. – XIXe ; *phyto-* et *-phage* ▪ Qui se nourrit de matières végétales (plus général que *herbivore*).

phytopharmacie n. f. – 1949 ▪ Étude et fabrication des produits qui luttent contre les ennemis des plantes.

phytophthora n. m. – déb. XXe ; de *phyto-* et gr. *phthorios* « destructeur » ▪ Champignon parasite des végétaux, une des espèces responsables du mildiou.

phytoplancton n. m. – 1905 ▪ Plancton végétal.

phytosanitaire [fitosanitɛʀ] adj. – mil. XXe ▪ Relatif aux soins à donner aux végétaux. *Produits phytosanitaires.*

phytosociologie [fitosɔsjɔlɔʒi] n. f. – 1936 ▪ Étude des associations végétales.

phytothérapie n. f. – 1944 ▪ Traitement des maladies par les plantes.

phytotron n. m. – 1950 ; d'apr. *cyclotron* ▪ Laboratoire botanique dans lequel le contrôle de l'environnement permet l'étude de la croissance des végétaux.

❑ Voir les autres mots ainsi formés → -tron (rem.).

phytozoaire n. m. – XIXe ; de *phyto-* et gr. *zôon* « animal » ▪ Animal métazoaire à symétrie rayonnée, lui donnant une apparence de plante (méduse, polype, échinoderme). ⇒ **zoophyte.**

pi n. m. inv. – XIXe ; mot gr. ▪ Seizième lettre de l'alphabet grec (π), correspondant au *p* français. ♦ Nombre qui représente le rapport de la circonférence d'un cercle à son diamètre. *Pi* (noté π), *nombre transcendant** (3,1415926...). ✪ HOM. Pie, pis.

piaf n. m. – XIXe ; o. i. ▪ fam. Moineau.

piaffant, ante adj. – XVIIe ▪ Qui piaffe. *Une jument piaffante.*

piaffement n. m. – XIXe ▪ Mouvement du cheval qui piaffe ; bruit qu'il fait en piaffant.

① **piaffer** v. intr. [1] – XVIe ; o. i. ▪ Se dit d'un cheval qui, sans avancer, frappe le sol en levant et en abaissant alternativement chacun des antérieurs. « *le cheval noir ne cessait de piaffer et de s'agiter en hennissant* » (Vigny). ♦ (personnes) Taper du pied. *Piaffer d'impatience.* ⇒ **trépigner.**

② **piaffer** n. m. ▪ Figure de haute école du cheval qui piaffe. « *une démarche magnifique, un piaffer royal* » (E. Charles-Roux).

piaffeur, euse adj. – XVIe ▪ Qui a l'habitude de piaffer (cheval).

piaillard, arde adj. – XVIIIe ▪ Qui piaille, crie. ⇒ **piailleur.** « *le peuple piaillard des oiseaux d'eau* » (Maupass.).

piaillement n. m. – XVIIIe ▪ Action de piailler. ⇒ **piaillerie, piaulement.** *Le piaillement des oiseaux.* ♦ Cri aigu (personne). Protestation d'une voix aiguë.

piailler v. intr. [1] – XVIIe ; onomat. ▪ fam. 1 Pousser de petits cris aigus (oiseau). ⇒ **pépier.** « *une douzaine d'aras et de kakatoès qui piaillaient sur leurs perchoirs* » (Gaut.). 2 (personnes) *Enfant, marmot qui piaille.* ⇒ **crier.** ♦ Criailler, protester.

piaillerie n. f. – XVIIe ▪ Criaillerie.

piailleur, euse adj. et n. – XVIIe ▪ Qui piaille, crie. ⇒ **piaillard.** « *trois mioches piailleurs, sales, dans un logement mesquin* » (Aragon).

pian n. m. – XVIe ; mot tupi ▪ Maladie tropicale infectieuse due à un tréponème et provoquant des lésions cutanées.

piane-piane [pjanpjan] adv. – XVIe ; it. *piano* « doucement » ▪ fam. Tout doucement. ⇒ ② **piano.**

pianissimo adv. – XVIIIe ; superl. it. de *piano* 1 Tout doucement (musique). *Jouer pianissimo.* ➡ n. m. « *les pianis-*

simos et les points d'orgue de cette musique » (Tournier). 2 fam. Très doucement, très lentement. ⇒ **piane-piane.** ✪ CONTR. Fortissimo.

pianiste n. – XIXe ; de ① *piano* ■ Musicien, musicienne, qui joue du piano. *Pianiste de concert, de jazz.* « *le pianiste qui se penche en creusant le dos* » (Romains). ➛ *Ne tirez pas sur le pianiste* (pancarte dans les saloons des westerns).

pianistique adj. – XIXe ■ Relatif au piano. *Études pianistiques.* ♦ Fait pour le piano, qui met cet instrument en valeur.

① **piano** n. m. – XVIIIe ; abrév. de *piano-forte* 1 Instrument de musique à clavier, dont les cordes sont frappées par des marteaux (et non pas pincées comme celles du clavecin). *Des pianos. Clavier, touches, pédales d'un piano.* ➛ *Piano droit,* à table d'harmonie verticale. *Piano à queue,* à table d'harmonie horizontale (plus grand). *Accorder un piano* (⇒ **accordeur**). *Mauvais piano.* ⇒ **casserole, chaudron.** *Jouer du piano.* « *Il ouvrit le piano, frappa quelques accords, puis se lança dans une étude de Stephen Heller* » (Gide). ♦ *Piano mécanique.* ⇒ **pianola.** ♦ pop. *Piano à bretelles :* accordéon. 2 Technique, art du piano. *Étudier le piano. Professeur de piano.* 3 Grand fourneau professionnel dans les cuisines d'un restaurant. *Le chef est au piano.*

② **piano** adv. – XVIIIe ; mot it. « doucement » 1 Doucement (en musique). ➛ n. m. *Un piano suivi d'un forte.* 2 fam. Doucement. *Allez-y piano !* ⇒ **mollo, piane-piane.** ✪ CONTR. Forte.

piano-bar n. m. – 1983 ; de ① *piano* et ① *bar* ■ Bar dans lequel l'ambiance musicale est assurée par un pianiste. *Des rengaines de piano-bar.*

piano-forte [pjanofɔʀte] n. m. – XVIIIe ; it. *piano* « doucement » et *forte* « fort » ■ Piano de la fin du XVIIIe s. et du début du XIXe s. ⇒ **forte-piano.** *Des pianos-forte.* « *un piano-forte, qui est un instrument de chaudronnier, à côté du clavecin* » (Volt.).

> ❑ *Piano-forte,* à peu près sorti d'usage vers 1810-1820 sous la concurrence de *piano,* est resté vivant en histoire de la musique, le mot s'employant de nouveau après 1960 avec la reprise des instruments anciens liée à la diffusion de la musique baroque.

pianola n. m. – 1906 ; marque déposée ■ Piano mécanique qui joue grâce à des bandes perforées, sans pianiste. « *les hoquets du pianola* » (Aragon).

pianotage n. m. – XIXe ■ Action de pianoter. « *elle prit sa machine* [...] *et commença son pianotage* » (Mart. du G.).

pianoter v. intr. [1] – XIXe 1 Jouer du piano comme un débutant ou distraitement. 2 Tapoter sur qqch. avec le bout des doigts en imitant le geste du pianiste sur le clavier. *Il* « *pianota de la main droite sur sa table* » (Romains). ➛ *Pianoter sur son minitel.*

piassava n. m. – XIXe ; mot du Brésil ■ Palmier de l'Amérique du Sud dont on extrait une fibre textile. ♦ Cette fibre. *Brosse en piassava.*

piastre n. f. – XVIe ; it. *piastra* ■ Monnaie (actuelle ou ancienne) de divers pays. *La piastre indochinoise, égyptienne.* ♦ (Canada) fam. Dollar.

piaule n. f. – XVIIe ; o. i. ■ fam. Chambre, logement. *Louer une piaule.*

piaulement n. m. – XVIe ■ Cri aigu et plaintif des petits poulets et de certains oiseaux. ⇒ **piaillement.**

piauler v. intr. [1] – XVIe ; onomat. 1 Crier (en parlant des petits poulets et de certains oiseaux). « *L'épervier affamé piaule* » (Gaut.). 2 fam. Crier en pleurnichant. ⇒ **piailler.**

P. I. B. [peibe] n. m. – 1974 ; sigle ■ Produit intérieur brut (valeur de la production de biens et de services sur le territoire national pendant une année).

pibale n. f. – XVIe ; poitevin ■ région. (côte atlantique) Jeune anguille. ⇒ **civelle.**

pible (à) loc. adj. – XIXe ; a. fr. *pible* « peuplier », du lat. *populus* ■ *Mât à pible :* d'une seule pièce.

① **pic** n. m. – XIVe ; lat. *picus* ■ Oiseau grimpeur *(piciformes),* nichant dans des trous d'arbres et se nourrissant de larves qu'il fait sortir des écorces en y frappant à coups répétés de son bec conique. *Pic-vert.* ⇒ **pivert.** *Pic épeiche, pic rouge.* « *Un pic tapait du bec, tout près, dans les écorces* » (Genevoix). ✪ HOM. Pique.

② **pic** n. m. – XIIe ; de ① *pic,* avec infl. de *piquer* ■ Outil composé d'un fer pointu et d'un manche, servant à creuser, casser, détacher une matière dure (roc, ardoise, houille, glace, etc.). *Pic de mineur à deux têtes* (⇒ **rivelaine**). *Pic de démolisseur* (⇒ **pioche**), *d'alpiniste* (⇒ **piolet**). *Pic à glace.*

③ **pic** n. m. – XIVe ; esp. *pico* 1 Montagne dont le sommet dessine une pointe aiguë. *Le pic du Midi.* 2 Cime pointue. ⇒ **aiguille, dent.** *Les pics enneigés des Alpes.* 3 Partie aiguë d'une courbe enregistrée, correspondant à un maximum. ⇒ ① **clocher.** *Les pics d'une courbe de température.*

④ **pic (à)** loc. adv. et adj. – XVIIe ; de ③ *pic* 1 Verticalement. « *un rocher lisse et vert s'élevait à pic au-dessus des flots* » (Chateaub.). *Falaise qui tombe à pic. Il a coulé à pic.* 2 adj. *Montagne à pic.* ⇒ **escarpé.** « *Autour des bords à pic d'un gouffre circulaire* » (Fargue). ➛ n. m. ⇒ **à-pic.** 3 fam. À point nommé, à propos. ⇒ ③ **pile.** « *Il faut, dit-il, reconnaître que ça tombe à pic* » (Duham.).

pica n. m. – XVIe ; mot lat. « pie », par allus. à la voracité de cet oiseau ■ Goût morbide pour des substances non comestibles.

picador n. m. – XVIIIe ; mot esp., de *picar* « piquer » ■ Cavalier qui, dans les corridas, fatigue le taureau avec une pique. *Des picadors.*

picage n. m. – XIXe ; du lat. *pica* « pie » ■ Maladie propre aux oiseaux domestiques, qui les porte à s'arracher les plumes entre eux. ✪ HOM. Piquage.

picaillons n. m. pl. – XVIIIe ; de l'a. fr. *piquar* « sonner, tinter » ■ fam. Argent. « *le besoin de picaillons se fait beaucoup sentir !* » (Nerval).

picard, arde adj. et n. – XIIIe ■ De Picardie. « *certaines grosses fermes picardes dont toutes les façades s'ouvraient à l'intérieur de la cour* » (Tournier). ♦ n. *Les Picards.* ➛ n. m. Dialecte de langue d'oïl de la Picardie. *Le normand et le picard.*

picardan n. m. – XVIe ; de *piquer* (au goût) et *ardant* « ardent » ■ Cépage blanc du Bas-Languedoc fournissant une variété de vin muscat ; ce vin.

> ❑ On écrit aussi *picardant.*

picarel n. m. – XVIe ; de *piquer* ■ Poisson de la Méditerranée, à chair médiocre, voisin de la mendole.

picaresque adj. – XIXe ; esp. *picaro* « aventurier » ■ Relatif ou propre aux *picaros,* aventuriers espagnols (type littéraire du XVIe au XVIIIe s.). « *des aventures à défrayer un roman picaresque* » (Goncourt).

piccalilli [pikalili] n. m. – XIXe ; mot angl., p.-ê. de *pickle* « saumure » et *chili* « piment » ■ Pickles sucrés et épicés.

piccolo n. m. – XIXe ; mot it. « petit » 1 Petite flûte en ré qui donne l'octave aiguë de la grande flûte. *Des piccolos.* 2 fam. Vin. ⇒ **pinard.**

❑ On écrit aussi *picolo* : « *les grossiers litrons de picolo* » (Huysmans).

pichenette n. f. – XIXe ; provenç. *pichouneto* « petite » ■ Chiquenaude. « *Il s'époussetait négligemment d'une pichenette* » (Romains).

pichet n. m. – XIIIe ; gr. *bikos* « amphore » ■ Petit broc à grosse panse, rétréci au collet, servant de récipient pour la boisson. *Pichet en grès, en verre.* (au restaurant) *Du vin en pichet,* en petite carafe.

picholine [pikɔlin] n. f. – XVIIIe ; provenç. *pitchoun* « petit » ■ Petite olive verte, à bout pointu, qui se consomme marinée, confite.

pickles [pikœls] n. m. pl. – XIXe ; angl. *pickle* « saumure » ■ Condiment composé de légumes, fruits et graines aromatiques macérés et conservés dans du vinaigre. ⇒ **achards.**

pickpocket [pikpɔkɛt] n. m. – XVIIIe ; mot angl., de *to pick* « prendre » et *pocket* « poche » ■ Voleur à la tire. *Des pickpockets.*

pick-up [pikœp] n. m. inv. – 1928 ; mot angl., de *to pick up* « ramasser, recueillir » 1 vieilli Électrophone. ⇒ **tourne-disque.** 2 Petite camionnette à plateau découvert. 3 Dispositif de ramassage automatique du fourrage.

pico- Préfixe (symb. p) qui indique la division par un million de millions (10^{-12}) de l'unité dont il précède le nom.

picoler v. intr. [1] – 1901 ; de *piccolo* (2°) ■ fam. Boire du vin, de l'alcool. *Papa « s'était mis à picoler. Qu'est-ce qu'il descendait comme litrons »* (Queneau).

picoleur, euse n. – 1953 ■ fam. Personne qui picole. ⇒ **alcoolique, ivrogne.**

picolo → **piccolo**

picorer v. [1] – XVIe ;de *piquer* « voler » 1 v. intr. Chercher sa nourriture (oiseaux). *Poules qui picorent sur le fumier.* ♦ (personnes) Manger peu. ⇒ **grignoter.** 2 v. tr. Piquer, prendre de-ci de-là avec le bec. « *les moineaux s'ébattaient en troupes pour picorer le crottin* » (France).

picot n. m. – XIVe ; de *piquer* 1 Bord d'une dentelle, d'un passement, formé de petites dents aiguës. ⇒ ③ **croquet.** 2 Marteau pointu du carrier. ➛ Pic pour dégrader les joints de maçonnerie. 3 Filet normand pour la capture des poissons plats. 4 Paille fine pour la confection des chapeaux.

picotement n. m. – XVIe ■ Sensation de légères piqûres répétées (sur la peau, les muqueuses). *Picotements dans la gorge, dans les jambes* (⇒ **fourmi, fourmillement).**

picoter v. tr. [1] – XVe 1 Piquer légèrement et à petits coups répétés. ➛ (oiseaux) ⇒ **becqueter, picorer.** 2 Irriter comme par de légères piqûres répétées. *Une « fumée qui vous picotait les yeux »* (Cendrars).

picotin n. m. – XIIIe ; o. i. ■ Ration d'avoine. « *La soupe à mes chiens, un picotin d'avoine à mon cheval* » (Gaut.).

picpoul n. m. – XIXe ; o. i. ■ Cépage du Languedoc et de Provence. Vin obtenu avec ce raisin.

❑ On écrit aussi *piquepoul.*

picrate n. m. – XIXe ; de *picr(o)-* et suff. chimique *-ate* 1 Sel de l'acide picrique. 2 fam. Vin rouge de mauvaise qualité. *Il avait « bu deux litres de picrate »* (Sartre).

picrique adj. – XIXe ; de *picr(o)-* ■ *Acide picrique :* dérivé nitré du phénol, toxique et détonant quand il est chauffé brusquement (⇒ **mélinite).**

picr(o)- Élément, du gr. *pikros* « amer ».

pictogramme n. m. – 1924 ; lat. *pictus* « peint » et *-gramme* ■ Dessin figuratif stylisé qui fonctionne comme un signe d'une langue écrite et qui ne transcrit pas la langue orale. ➛ *Le panneau routier « chaussée glissante » est un pictogramme.*

pictographie n. f. – XIXe ; lat. *pictus* « peint » et *-graphie* ■ Système primitif de communication graphique utilisant des pictogrammes.

pictographique adj. – XIXe ■ Qui utilise la pictographie. *Écriture pictographique.*

pictural, ale, aux adj. – XIXe ; lat. *pictura* « peinture » ■ Qui a rapport ou appartient à la peinture. *Œuvre picturale.*

pic-vert → **pivert**

pidgin [pidʒin] n. m. – XIXe ; mot angl. ■ Langue seconde composite et très pauvre née du contact commercial entre peuples parlant des langues différentes.

❑ *Pidgin* est à l'origine l'altération du mot anglais *business* « affaire, commerce » utilisé comme mot passe-partout par les Chinois pour désigner toute sorte d'occupation ou d'affaires. ♦ Ne pas confondre avec *créole* et *sabir.*

① **pie** n. f. et adj. inv. – XIIe ; lat. *picus* « pic » I n. f. 1 Oiseau *(corvidés)* à plumage noir et blanc, ou bleu sombre et blanc, à longue queue. ⇒ **agace, pie-grièche.** *La pie jacasse. La pie vole les objets brillants qu'elle emporte dans son nid.* « *Une des pies descendait dans l'allée, sautait devant nous à pattes jointes. Ce n'était pas une pie blanche et noire, mais un bel oiseau mauve et bleu* » (Genevoix). ♦ loc. fam. *Être bavard comme une pie.* 2 *Fromage à la pie :* fromage blanc mélangé de fines herbes, rappelant les couleurs de la pie. II adj. inv. *Cheval, jument pie,* à robe noire et blanche, ou fauve et blanche. *Troupeau de vaches pie.* ✪ HOM. Pi, pis.

② **pie** adj. f. – XIIe ; lat. *pius* « pieux » ■ loc. *Œuvre pie.* ⇒ **pieux.** « *un pauvre prêtre viendra vous demander quarante mille francs pour une œuvre pie* » (Balz.). ✪ CONTR. Impie.

pièce n. f. – XIe ; o. gaul. I Partie séparée (brisée, déchirée) d'un tout. ⇒ **fragment, morceau.** *Mettre en pièces qqch.,* le briser, le casser, le déchirer. *Mettre en pièces qqn,* le tuer, le massacrer. II (sens génér.) 1 Chaque unité d'un ensemble. *Vendre des salades à la pièce,* à l'unité (par opp. à *au poids*). *Vingt francs pièce,* l'unité. ⇒ **chacun.** *Travail à la pièce.* ⇒ **tâche.** loc. fam. *On n'est pas aux pièces !* le travail n'est pas pressé ; rien ne presse. 2 Chaque élément d'un tout. *Les pièces d'un jeu d'échecs, d'un puzzle. Une pièce de collection. Une pièce rare, unique.* « *le magnifique vase* [...] *que je signalais comme la pièce de faïence la plus importante de l'exposition* » (Proust). *Les pièces et les meubles de l'écu* (blason). *Un costume trois-pièces* (veston, pantalon, gilet). *Maillot de bain* (de femme) *une pièce, deux pièces.* ⇒ **deux-pièces.** ➛ *Service de table de cinquante-six pièces.* 3 Quantité déterminée d'une substance, formant un tout. *Une pièce de viande. Une pièce de drap.* 4 (devant un sing. collect. désignant des animaux) Individu (de telle espèce). *Une pièce de bétail.* ⇒ **tête.** *Pièces de gibier.* « *Vous avez plusieurs belles pièces de poisson méditerranéen* » (Colette). III (emplois spéciaux) 1 *PIÈCE DE TERRE :* espace de terre cultivable. ⇒ **champ, parcelle.** ♦ *PIÈCE D'EAU :* grand bassin ou petit étang dans un jardin, un parc. ♦ *PIÈCE DE VIN.* ⇒ **barrique, tonneau.** ♦ *PIÈCE MONTÉE :* grand ouvrage de pâtisserie et de confiserie, aux formes architecturales et très décoratif. « *la pièce montée géante, chef-d'œuvre d'architecture pâtissière* » (Tournier). 2 *PIÈCE DE MONNAIE,* et absolt *PIÈCE :* morceau de métal, plat et généralement circulaire, revêtu d'une empreinte distinctive et servant de valeur d'échange. *Pièces d'or. Pièce de un franc, de dix centimes.* « *des pièces de cent sous tintaient dans* ses grandes poches » (Zola). *Pièces et billets.* ⇒ **espèces.** ➝ loc. *Donner la pièce à qqn,* lui donner un pourboire. « *ils ont donné la pièce aux mariniers* » (Tournier). 3 *PIÈCE (D'ARTILLERIE).* ⇒ ① **canon.** ➝ Unité élémentaire d'une batterie d'artillerie (ou subdivision de la section d'infanterie, *pièce de F.M.*). *Chef de pièce.* 4 Tout écrit servant à établir un droit, à faire la preuve d'un fait. ⇒ ① **acte, certificat, diplôme, document, titre.** *Juger sur pièces. Pièces d'identité.* ⇒ **papier.** 5 Ouvrage littéraire ou musical. *Une pièce de vers,* un petit poème. *Pièce instrumentale.* ♦ *PIÈCE DE THÉÂTRE,* et absolt *PIÈCE :* ouvrage dramatique. ⇒ **comédie, drame, tragédie.** *Pièce en trois actes. Les pièces de Molière.* « *la catastrophe de ma pièce est peut-être un peu trop sanglante* » (Rac.). ➝ loc. *FAIRE PIÈCE À :* s'opposer, faire échec à. « *Cette éducation était dirigée comme pour faire pièce à la logique* » (Stendh.). 6 Dans un appartement, une maison, Chaque partie isolée, entourée de cloisons (à l'exclusion des entrées, couloirs, cuisines, toilettes et salles de bain). ⇒ **chambre, salle** (à manger), **salon, séjour.** *Appartement, logement d'une seule pièce.* ⇒ **studio.** « *la mine soucieuse,* [il] *allait et venait à travers l'étroite pièce* » (Mart. du G.). *Appartement de deux, trois pièces...,* F2, F3... ellipt *Un deux-pièces.* **IV** - 1 Chacun des éléments dont l'agencement, l'assemblage forme un tout organisé. *Pièces d'un mécanisme, d'une machine.* « *une pièce du loquet était rouillée et coincée* » (Romains). *Pièces de rechange, pièces détachées* (d'une machine, d'un moteur). *Pièces à assembler* ⇒ **kit.** ➝ *Pièce rapportée :* découpe, empiècement ; fig. péj. personne alliée à une famille. 2 Élément destiné à réparer une déchirure, une coupure. ⇒ **rapiécer.** 3 loc. *Être fait d'une seule pièce, tout d'une pièce :* être d'un seul tenant, d'un seul bloc ; fig. franc, entier et direct, ou sans finesse, sans souplesse. *Il est tout d'une pièce et dit ce qu'il pense.* ➝ *Fait de pièces et de morceaux,* d'éléments hétéroclites. ⇒ aussi **patchwork.** ➝ *C'est une histoire inventée de toutes pièces,* sans rien de réel. ✪ CONTR. ② Ensemble, tout.

piécette n. f. – XIIe ▪ Petite pièce de monnaie. ♦ *PIÉCETTES* n. f. pl. Ornement architectural formé d'un chapelet de petits disques.

pied n. m. – X^e ; lat. *pes, pedis* **I** (chez l'être humain) **1** Partie inférieure articulée à l'extrémité de la jambe, pouvant reposer à plat sur le sol et permettant la station verticale et la marche. ⇒ **pédi-.** *Parties du pied.* ⇒ **cou-de-pied,** ① **plante, talon.** *Doigts de pied.* ⇒ **orteil.** *Pied de bébé.* ⇒ **peton.** ➝ *Étude du pied.* ⇒ **podologie.** *Pied bot, pied plat. Cor* au pied. Avoir mal aux pieds. Se tordre le pied.* ⇒ **entorse.** *Passer une rivière à pied sec,* sans se mouiller les pieds. *Être pieds nus, nu-pieds. Marcher sur la pointe des pieds.* fig. *Partir du bon pied,* comme il faut. ➝ *Mettre pied à terre :* descendre d'une monture, d'un véhicule. *Lever le pied :* cesser d'accélérer, en voiture ; fig. ralentir ; s'interrompre, s'arrêter (cf. aussi ci-dessous). ♦ *COUP DE PIED :* coup donné avec le pied. fam. *Des coups de pied au cul.* ➝ Coup frappé dans le ballon avec le pied. ⇒ **shoot.** ♦ loc. *De la tête aux pieds :* complètement. *Être trempé des pieds à la tête. J'ai joué comme un pied,* très mal. ➝ *Marcher sur les pieds de qqn,* chercher à l'évincer. *Faire les pieds à qqn,* lui donner une bonne leçon, lui apprendre à vivre. ⇒ **dresser.** « *Il eut envie de le faire souffrir un peu, pour lui faire les pieds* » (Sartre). ➝ *Avoir un pied dans la tombe :* être très vieux ou moribond. *Mettre les pieds dans le plat :* commettre une gaffe. ➝ *Faire du pied à qqn,* poser le pied contre le sien (pour l'avertir, signifier une attirance, etc.). *Appel du pied :* invite. ➝ *Je n'y ai jamais mis les pieds,* je n'y suis jamais allé. *Je ne remettrai jamais les pieds chez lui.* ➝ *Pieds et poings liés :* sans pouvoir agir d'aucune façon. *Ne pouvoir remuer ni pied ni patte :* être complètement immobilisé. *Partir les pieds devant :* mourir. ➝ *Faire des pieds et des mains :* se démener, employer tous les moyens. *Au pied levé :* sans préparation. *Remplacer la vedette au pied levé.* ♦ loc. (avec *sur, à, en*) *SUR LES PIEDS, SUR UN PIED.* ⇒ **debout.** *Retomber sur ses pieds :* se recevoir adroitement ; fig. se tirer à son avantage d'une situation difficile, par adresse ou par chance. ➝ *SUR PIED. Dès cinq heures il est sur pied,* debout, levé. *Le malade sera sur pied dans quelques jours.* ⇒ **guéri, rétabli.** ➝ *Mettre sur pied une affaire, une entreprise,* la monter. ⇒ **constituer, organiser.** ➝ *À PIED :* en marchant. ⇒ fam. **pedibus.** « *quand on veut voyager, il faut aller à pied* » (Rouss.). *Faire de la marche à pied. Une auberge où on logeait à pied et à cheval,* les voyageurs à pied et à cheval. ➝ *Course à pied.* ➝ *Il a été mis à pied,* suspendu dans ses fonctions. ➝ *À PIEDS JOINTS :* en gardant les pieds rapprochés (pour sauter). loc. *Sauter à pieds joints sur une occasion,* sans hésiter. ➝ *EN PIED :* représenté debout, des pieds à la tête. « *Un portrait en pied, grandeur nature* » (Mart. du G.). ➝ *AUX PIEDS DE QQN :* devant lui (en étant baissé, prosterné). *Se jeter, tomber aux pieds de qqn,* pour le supplier. ➝ *Au pied !* ordre donné à un chien de venir près de son maître. **2** (apr. un v., et sans art.) (Désignant le contact avec le sol, l'assise.) *Avoir pied :* pouvoir, en touchant du pied le fond, avoir la tête hors de l'eau. *Perdre pied :* ne plus avoir pied (dans l'eau) ; fig. être perdu, ne plus avoir de repère, de ligne de conduite. **3** (Désignant la manière de se tenir, de marcher.) *Achille au pied léger. Avoir le pied marin*.* **4** *Pieds d'une statue. Colosse aux pieds d'argile*. PIED DE FER, de fonte :* enclume en forme de pied où le cordonnier pose les chaussures qu'il répare. ♦ *Marcher à pieds de bas,* sans chaussures. **5** Chacune des deux chaussures qui composent une paire. *Je vous passe le pied gauche, dit la vendeuse.* **6** Emplacement des pieds. *Le pied et la tête d'un lit.* **II** (chez l'animal) **1** Extrémité inférieure de la jambe (des équidés), de la patte (de quelques mammifères et oiseaux) ou organe permettant à certains mollusques de se déplacer. ⇒ ① **patte ; -pède, -pode.** *Pieds de devant, de derrière. Pieds palmés des canards.* ➝ *Pieds de veau, de mouton, de porc* (vendus en boucherie). *Pieds panés. Pieds (et) paquets.* ⇒ **tripous.** **2** Trace de pas (d'une bête chassée). **III** - **1** Partie par laquelle un objet repose sur le sol, touche le sol. ⇒ ① **bas, base.** *Le pied d'un escalier, d'un mur.* « *Au pied d'une haute falaise* » (Bosco). loc. *Amener les matériaux à pied d'œuvre,* au pied de la construction. fig. *Être à pied d'œuvre,* prêt à agir. ➝ *Pied d'une perpendiculaire,* point d'intersection de celle-ci avec la surface ou la ligne sur laquelle elle est abaissée. ⇒ **podaire.** ➝ *Pied de col* (d'une chemise). ♦ (végétaux) « *Je me laissai tomber dans la neige au pied d'un châtaignier* » (Daudet). *Le pied et le chapeau d'un champignon. Fruits vendus sur pied,* avant la récolte. ➝ « *Laisser les arbres sécher sur pied* » (Buff.). ➝ fig. *Sécher* sur pied.* ♦ Chaque plant (de certains végétaux cultivés). *Pied de vigne.* ⇒ **cep.** *Pied de salade.* **2** Partie d'un objet servant de support. *Un verre à pied.* « *levant pour des toasts inouïs un verre vide au pied cassé* » (Goncourt). *Les pieds d'un meuble.* **IV** - **1** Ancienne unité de mesure de longueur valant 0,3248 mètre. ⇒ **pouce, toise.** loc. *Souhaiter être (à) cent pieds sous terre :* avoir envie de se cacher (par honte). ♦ Unité de mesure anglosaxonne (symb. ft ou ') valant 0,3048 mètre ; unité internationale d'altitude utilisée en aéronautique. *Un pied vaut douze pouces*. Mesurer cinq pieds, sept pouces,* 1,70 m. « *C'était un homme de grande taille — plus de six pieds anglais, — vigoureusement bâti* » (J. Verne). **2** Base de mesure. *AU PETIT PIED :* en petit, en raccourci. *Être sur un pied d'égalité avec qqn :* être son égal. *Mettre sur le même pied,* sur le même plan. ➝ *Vivre sur un grand pied,* en dépensant beaucoup. ➛ *Sur le pied de guerre :* équipé et prêt à combattre, à agir, à partir. 3 arg. anc. Part de butin. *Prendre son pied,* sa part ; fam. et mod. son plaisir (sexuel ou autre). ⇒ **jouir ;** s'**éclater.** *Un voyage en moto, c'est le pied ! C'est pas le pied :* ce n'est pas agréable. 4 *PIED À COULISSE :* instrument de précision pour mesurer les épaisseurs et les diamètres. V Syllabe rythmique d'une valeur déterminée (quantité, accentuation) de la poésie grecque et latine. ➛ abusivt Syllabe (dans un vers français). ✪ CONTR. Chevet, sommet, tête.

❑ Les expressions *prendre son pied, c'est le pied !* (IV, 3°) sont souvent comprises à tort comme venant de *pied* (du corps humain), avec une valeur érotique (d'où la variante familière *c'est le panard).*

pied-à-terre [pjetatɛʀ] n. m. inv. – XVIIe ▪ Logement qu'on occupe en passant, occasionnellement. « *ce qu'il me faudrait c'est un coin tranquille* [...] *Un rien, une garçonnière, un pied-à-terre* » (Colette).

pied-d'alouette n. m. – XVIe ▪ Delphinium annuel. *Un bouquet de pieds-d'alouette.*

pied-de-biche n. m. – XVIIIe 1 Pied de meuble galbé (style Louis XV). ♦ Poignée de heurtoir, de sonnette figurant un pied de biche. 2 Levier à tête fendue servant notamment à arracher des clous. ♦ Dans une machine à coudre, Pièce qui maintient l'étoffe et entre les branches de laquelle passe l'aiguille.

pied-de-coq n. m. et adj. – mil. XXe ▪ Tissu d'armure croisée dont le dessin est plus grand que celui du pied-de-poule. *Des pieds-de-coq.*

pied-de-loup n. m. – XVIIe ▪ Lycopode. *Des pieds-de-loup.*

pied-de-mouton n. m. – XIXe ▪ Hydne sinué comestible (champignon). *Ramasser des pieds-de-mouton.*

pied-de-poule n. m. et adj. – 1909 ▪ Tissu d'armure croisée formant une sorte de petit damier empiétant. ⇒ **pied-de-coq.** *Des pieds-de-poule.* ➛ adj. *Un petit manteau « en lainage pied-de-poule moutarde »* (Troyat).

pied-de-veau n. m. – XVe ▪ Arum tacheté. ⇒ **gouet.** *Des pieds-de-veau.*

pied-d'oiseau n. m. – XVIIe ▪ Plante fourragère *(papilionacées). Des pieds-d'oiseau.*

pied-droit → **piédroit**

piédestal, aux n. m. – XVIe ; it. *piede* « pied » et *stallo* « support » 1 Support assez élevé sur lequel se dresse une colonne, une statue. ⇒ **piédouche, socle.** « *bustes blancs aux yeux vides alignés sur des piédestaux autour de la salle* » (Daudet). 2 Ce qui élève, présente à l'admiration de tous. loc. *Mettre, placer qqn sur un piédestal,* lui vouer une grande admiration, l'idéaliser (cf. Porter qqn au pinacle*). *Tomber de son piédestal :* perdre tout son prestige.

pied-fort → **piéfort**

pied-noir n. – 1901 ▪ fam. Français d'Algérie. *Les pieds-noirs rapatriés. Elle est pied-noir.* ➛ adj. *Des familles pieds-noirs.*

❑ *Pied-noir* a d'abord désigné un Algérien qui travaillait dans la soute à charbon d'un bateau ; le mot a servi de surnom péjoratif pour un Algérien en général, avant de prendre son sens actuel en 1955.

piédouche n. m. – XVIIe ; it., dimin. de *piede* « pied » ▪ Petit piédestal, à base circulaire ou carrée. « *sur des piédouches, des vases de bronze contenaient des touffes de fleurs* » (Flaub.).

piédroit ou **pied-droit** n. m. – XVe ▪ Jambage d'une baie, d'une cheminée. ♦ Montant vertical sur lequel retombent les voussures d'une arcade, d'une voûte. *L'arc et les piédroits* (ou *pieds-droits*).

piéfort ou **pied-fort** n. m. – XVIIe ▪ Pièce de monnaie épaisse frappée pour servir de modèle.

piège n. m. – XIIe ; lat. *pedica* « lien aux pieds » 1 Dispositif, engin destiné à prendre morts ou vifs les animaux terrestres ou les oiseaux, ou à les attirer à proximité du chasseur. ⇒ **appeau, chausse-trape, collet,** ③ **filet, gluau, lacet, lacs, miroir** (à alouettes), **mésangette, nasse, panneau, ratière, souricière, tapette,** ① **trappe, traquenard, trébuchet.** *Dresser, tendre un piège. Prendre au piège.* ⇒ **piéger.** *Animal pris au piège.* « *il a attrapé le renard* [...] *la mâchoire du piège a claqué sur son cou* » (Giono). ♦ Dispositif destiné à capter des éléments dans un flux. *Piège à bulles, à ions.* 2 Artifice qu'on emploie pour mettre qqn dans une situation périlleuse ou désavantageuse ; danger caché où l'on risque de tomber par ignorance ou par imprudence. ⇒ **chausse-trape, embûche, guêpier, guet-apens, traquenard.** *Donner, tomber dans un piège.* ⇒ **panneau.** « *la plus subtile de toutes les finesses est de savoir bien feindre de tomber dans les pièges que l'on nous tend* » (La Rochef.). *Il a été pris à son propre piège.* ⇒ s'**enferrer.** *Piège grossier.* ⇒ **attrape-nigaud.** fam. *C'est un piège à cons.* ♦ Difficulté cachée, insidieuse. *Une dictée pleine de pièges.* appos. *Une question(-)piège.*

piégeage n. m. – XIXe ▪ Chasse au moyen de pièges. « *engins de pêche ou de piégeage* » (Tournier). ♦ Action de piéger une mine, un engin.

piéger v. tr. [3] et [6] – XIIIe 1 Chasser, prendre au moyen de pièges. ➛ fig. Prendre (qqn) au piège, le mettre dans une situation sans issue. *Il s'est laissé piéger.* 2 Munir (une mine, un engin) d'un dispositif spécial qui déclenche l'explosion au premier contact. ➛ p. p. adj. *Colis piégé. Attentat à la voiture piégée.*

❑ Au sens figuré *piéger* s'emploie surtout au passif : *être piégé(e)* ou dans des tours factitifs pronominaux : *se faire, se laisser piéger.*

piégeur, euse n. – 1908 ▪ Personne qui chasse les animaux (surtout nuisibles), au moyen de pièges.

pie-grièche n. f. – XVIe ; de ① *pie* et a. fr. *griesche* « grecque » 1 Petit passereau *(passériformes)* des bois et des haies se nourrissant d'insectes et de petits rongeurs. 2 vieilli Femme acariâtre et querelleuse. *Ce sont des pies-grièches, des harpies.*

pie-mère n. f. – XIIIe ; de ② *pie* ▪ La plus profonde des méninges, mince et transparente, qui enveloppe directement le cerveau et la moelle épinière. *Les pies-mères crânienne, rachidienne.*

piémontais, aise adj. et n. – XVIe ▪ Du Piémont, région de l'Italie du Nord. ♦ n. *Les Piémontais.* ➛ n. m. Dialecte italien parlé au Piémont. *Le piémontais et le lombard.*

piéride n. f. – XIXe ; gr. *Pieris* « Muse » ▪ Papillon blanc ou jaunâtre dont les chenilles dévorent les feuilles des crucifères. *La piéride du chou.*

pierraille n. f. – XIVe ▪ Petites pierres ; éclats de pierre. ⇒ **caillasse.** « *des ânes de montagne qui flairent d'un museau extrêmement sensible la pierraille du chemin* » (Bosco).

pierre n. f. – XIe ; lat. *petra* 1 *LA PIERRE :* matière minérale solide, dure, qui se rencontre à l'intérieur ou à la surface de l'écorce terrestre en masses compactes. ⇒ **roche ; litho-, -lithe.** *Bloc de pierre. Dur comme la pierre.* ➛ Cette matière servant à construire (cf. infra 4°). « *un banc de pierre qui s'adossait à la maison* » (Duham.). *Cheminée en pierre.* ➛ loc. *Un cœur de pierre,* dur, froid et impitoyable. ♦ *Âge de la pierre* *taillée, de la pierre polie* (périodes de la préhistoire). 2 Variété particulière de cette matière. ⇒ **minéral, roche.** *Étude des pierres.* ⇒ **minéralogie, pétrographie.** 3 UNE PIERRE : bloc rocheux. ⇒ **boulder, roc,** ① **rocher.** « *assis sur une pierre plate et large* » (Queneau). ♦ Fragment de cette matière qu'on peut déplacer ou jeter. ⇒ **caillou, galet.** *Pierres servant au revêtement des routes.* ⇒ **empierrement.** loc. *Être malheureux comme les pierres,* très malheureux et seul. *Guerre des pierres.* ⇒ **intifada.** loc. *Faire d'une pierre deux coups :* obtenir deux résultats par la même action. ➛ *Tuer qqn à coups de pierres.* ⇒ **lapider.** allus. bibl. « *Que celui d'entre vous qui est sans péché, lui jette la première pierre* » (ÉVANGILE). *Jeter la pierre à qqn,* l'accuser, le blâmer. 4 Fragment d'une variété de cette matière servant à un usage particulier. *Une pierre à aiguiser. Une pierre à feu, à fusil :* un silex donnant des étincelles. « *des pierres lithographiques d'un grain aussi doux* » (Gaut.). ➛ fig. PIERRE DE TOUCHE : ce qui sert à reconnaître la valeur d'une personne ou d'une chose. ⇒ **critère, épreuve,** ② **test.** ♦ Bloc de roche employé pour la construction, la maçonnerie. ⇒ **moellon.** PIERRE DE TAILLE, qui a été taillée. ⇒ **boutisse, claveau, parpaing, voussoir.** *Maison en pierres de taille. Muret de pierres sèches,* en pierres de forme irrégulière, qui tiennent ensemble sans mortier. *Toit en pierres plates.* ⇒ **lause.** ➛ *Les vieilles pierres :* l'architecture ancienne. *Un amateur de vieilles pierres. La première pierre d'un édifice,* qui porte des inscriptions commémoratives et qui est posée solennellement. fig. *Poser la première pierre de qqch. :* être le fondateur, l'initiateur d'une œuvre. ➛ *La pierre :* l'immobilier. *Investir, placer son argent dans la pierre.* ♦ Bloc constituant un monument. ⇒ **mégalithe, monolithe, stèle.** *Pierres druidiques.* ⇒ **cromlech, dolmen, menhir.** *C'est* « *à une religion qu'il faut attribuer toutes ces pierres levées* » (Stendh.). « *Les pierres tombales, en Turquie, sont des espèces de bornes, coiffées de turbans ou de fleurs* » (Loti). 5 PIERRE PRÉCIEUSE, ou ellipt PIERRE : minéral auquel sa rareté, son éclat, sa dureté confèrent une grande valeur ; fragment de ce minéral (brut ou travaillé). ⇒ **gemme, pierreries ; gemmologie ; lapidaire.** ➛ *Pierres précieuses :* diamant, émeraude, rubis, saphir. « *comme une pierre précieuse à mille facettes* » (Muss.). ➛ *Pierres fines, semi-précieuses :* toutes les autres gemmes naturelles, ainsi que certaines pierres dont on fait des objets d'art. ➛ *Pierre gravée.* ⇒ **camée, intaille.** 6 vx Concrétion qui se forme dans les reins, la vessie ou la vésicule biliaire. ⇒ ② **calcul, gravelle, lithiase.**

pierrée n. f. – XVIIe ▪ Conduit de pierres sèches qui sert à l'écoulement des eaux.

pierreries n. f. pl. – XIVe ▪ Pierres précieuses travaillées, employées comme ornement. ⇒ **joyau.** « *une dague enrichie de pierreries* » (Baudelaire).

pierreux, euse adj. et n. f. – XIIe 1 Couvert de pierres. ⇒ **caillouteux, rocailleux.** *Chemin pierreux.* ♦ Graveleux. *Une poire pierreuse.* 2 Qui est de la nature de la pierre, ressemble à de la pierre. *Concrétion pierreuse.*

pierrier n. m. – XIIIe ; de *pierre* ▪ Machine de guerre, bouche à feu qui lançait des pierres, des boulets.

pierrot n. m. – XVIIe ; de *Pierre,* prénom 1 Moineau. ⇒ fam. **piaf.** « *pinsons, mésanges, martins et pierrots s'échappent des jeunes arbres* » (Renard). 2 Personnage de la pantomime, rêveur et poète, vêtu de blanc et le visage enfariné. « *un grand pierrot blafard, aux manches trop longues* [...] *coiffé d'un bonnet noir* » (Alain-Fourn.).

pietà [pjeta] n. f. inv. – XVIIe ; mot it. « pitié » ▪ Statue ou tableau représentant la Vierge tenant sur ses genoux le corps du Christ détaché de la croix. ⇒ **mater dolorosa.** *Les pietà de Michel-Ange.*

piétaille n. f. – XIIe ; lat. *pedes, peditis* « fantassin » ▪ vx L'infanterie (⇒ **piéton**). ♦ fig. Les petits, les subalternes. *C'est assez bon pour la piétaille.*

piété n. f. – X^e ; lat. *pietas* 1 Fervent attachement aux devoirs et aux pratiques de la religion. ⇒ **dévotion, ferveur.** *Articles de piété.* ⇒ **bondieuserie.** 2 Attachement fait de tendresse et de respect. « *sa piété filiale s'élève jusqu'à la vertu* » (Chateaub.).

piètement n. m. – XIXe ; de *pied* ▪ Ensemble des pieds et traverses d'un meuble. *Le piètement d'une table.*

piéter v. intr. 6 – XIIIe ; lat. *peditare* « aller à pied » ▪ Avancer en courant au lieu de voler (gibier à plumes). « *des compagnies de* [perdrix] *rouges qui piétaient* » (Genev.).

piétinant, ante adj. – XIXe ▪ Qui piétine. *Foule piétinante.*

piétinement n. m. – XVIIIe 1 Action de piétiner. « *le piétinement auquel nous oblige une foule* » (Balz.). 2 Absence de progrès notable, stagnation. *Le piétinement des recherches.*

piétiner v. 1 – XVIIe ; de *piéter* **I** v. intr. 1 Marcher sans avancer ou en avançant péniblement. *Piétiner dans une file d'attente.* « *piétiner derrière un corbillard* » (Courtel.). 2 Avancer bien peu, ne pas progresser. *L'enquête, la négociation piétine.* ⇒ ② **patiner, stagner.** **II** v. tr. 1 Frapper avec les pieds de façon répétée, fouler aux pieds. « *ils piétinèrent les plates-bandes et cassèrent par divertissement les basses branches des arbres fleuris* » (Farrère). *Il a été piétiné par la foule.* ⇒ **écraser.** 2 Ne pas respecter, malmener. *Piétiner qqn, la mémoire de qqn.* ⇒ **fouler** (aux pieds). ✪ CONTR. Avancer, progresser.

piétisme n. m. – XVIIIe ▪ Doctrine, mouvement piétiste.

piétiste n. – XVIIe ; lat. *pietas* « piété » ▪ Membre d'une secte luthérienne qui insistait sur la nécessité de la piété personnelle plus que sur l'orthodoxie doctrinale. ➛ adj. « *La ville piétiste, cette Bâle rigoriste* » (J.-R. Bloch).

piéton, onne n. et adj. – XIVe ; de *pied* 1 (rare au fém.) Personne qui circule à pied. *Passage pour piétons.* 2 adj. À l'usage exclusif des piétons. *Entrée piétonne. Rue piétonne.* ⇒ **piétonnier.** *Quartier piéton.*

❑ On peut préférer l'adjectif *piéton, piétonne,* plus ancien (1869) et plus bref, au néologisme *piétonnier.*

piétonnier, ière adj. – 1960 ▪ Réservé aux piétons ⇒ **piéton.** *Des rues piétonnières.* « *C'est piétonnier et sans aucune voiture, le Forum des Halles* » (R. Forlani).

piètre adj. – XIIe ; lat. *pedester* « qui va à pied », péj. ▪ littér. (toujours devant le nom) Très médiocre. ⇒ **dérisoire, minable.** « *un restaurant de piètre apparence* » (Mart. du G.). *Dans un piètre état.* ⇒ **piteux.** *Faire piètre figure :* ne pas se montrer à son avantage. « *Piètres amants, les muets, les graves, les figés, les cérémonieux* » (Léautaud).

❑ En épithète, *piètre* se place normalement avant le nom.

piètrement adv. – XIIIe ▪ rare Médiocrement.

① **pieu** n. m. – XIIe ; a. fr. *pel* « pal » ▪ Pièce de bois droite et rigide, dont l'un des bouts est pointu et destiné à être fiché en terre. ⇒ **échalas, épieu,** ① **pal, palis,** ① **pilot,** ① **piquet, poteau,** ② **rame.** « *Huit rangs de petits fossés dont le fond était hérissé de pieux* » (Michelet). « *chaque brebis du troupeau, attachée à un pieu* » (Renan). ♦ *Pieu de fondation :* longue pièce de métal ou de béton armé, que l'on enfonce ou moule dans le sol où l'on veut bâtir. ✪ HOM. Pieux.

② **pieu** n. m. – XVIIIe ; forme picarde de *peau* ▪ fam. Lit. *Aller, se mettre au pieu.*

pieusement adv. – X^e ; de *pieux* 1 Avec piété. ⇒ **dévotement, religieusement.** *Mourir pieusement,* avec les sacrements de l'Église. « *Ceux qui pieusement sont morts pour la patrie* » (Hugo). 2 Avec un pieux respect. « *Elle serra pieusement dans la commode sa belle toilette* » (Flaub.).

pieuter (se) v. pron. [1] – XIXe ; de ② *pieu* ▪ pop. Se mettre au lit. *On va se pieuter.*

pieuvre n. f. – XIXe ; lat. *polypus* ▪ Mollusque marin *(céphalopodes)* à la tête très développée entourée de bras (⇒ **tentacule**) munis de ventouses. ⇒ **poulpe.** *Jet d'encre émis par une pieuvre.* « *ces liquides épais dont se servent les pieuvres pour obscurcir l'eau et endormir leurs proies* » (Maupass.).

pieux, pieuse adj. – XIVe ; lat. *pius* 1 Qui est animé ou inspiré par des sentiments de piété. ⇒ **dévot, religieux.** *Une âme pieuse.* « *Lucile aimait à faire seule, vers le soir, quelque lecture pieuse* » (Chateaub.). 2 littér. Plein d'une respectueuse affection. *Pieux souvenir.* ✪ CONTR. Impie. — HOM. Pieu.

pièze n. f. – 1920 ; gr. *piezein* « presser » ▪ Ancienne unité de mesure de pression (symb. Pz), valant 10^3 pascals*.

piézo- Élément, du gr. *piezein* « presser ».

piézoélectricité n. f. – XIXe ▪ Production d'une polarisation électrique sur certains cristaux soumis à des tensions mécaniques. *La piézoélectricité du quartz* (⇒ **piézoélectrique**).

piézoélectrique adj. – XIXe ▪ Propre à la piézoélectricité, doué de piézoélectricité. *Quartz piézoélectrique.*

piézographe n. m. – 1948 ; *piézo-* et *-graphe* ▪ Appareil destiné à mesurer de très faibles pressions à l'aide du quartz piézoélectrique.

piézomètre n. m. – XIXe ; *piézo-* et *-mètre* ▪ Instrument servant à mesurer la compressibilité des liquides.

① **pif** interj. – XVIIIe ; onomat. ▪ Onomatopée, souvent redoublée ou suivie de *paf,* exprimant un bruit sec (détonation, explosion, etc.).

② **pif** n. m. – XIXe ; rad. pop. *piff-* ; cf. empiffrer ▪ fam. Gros nez, et par ext. Toute sorte de nez. *Il a un drôle de pif.* « *le pif enluminé du matelot* » (Maupass.). ♦ loc. *Faire qqch. au pif,* approximativement, à vue de nez. ⇒ **pifomètre.**

pifer ou **piffer** v. tr. [1] ; surtout à l'inf. – XIXe ; de ② *pif* ▪ pop. (négatif) Sentir, supporter. ⇒ **blairer.** *Je ne peux pas le pifer, ce type-là !*

pifomètre n. m. – 1928 ; de ② *pif* et *-mètre* ▪ fam. *Au pifomètre :* avec son intuition, sans calcul, au pif. *Choisir au pifomètre.*

pifométrique adj. – 1993 ▪ Fam. Qui se fait au pifomètre, à l'estime. *Une évaluation pifométrique.*

① **pige** n. f. – XIXe ; de ① *piger* 1 Longueur arbitraire (objet) prise comme étalon. 2 Mode de rémunération d'un journaliste, d'un rédacteur rétribué à la ligne, à l'article. *Travailler à la pige.* ⇒ **pigiste.** ➛ Travail ainsi rémunéré. *Faire des piges dans un journal.*

② **pige** n. f. – XIXe ; de ② *piger* ▪ loc. fam. *Faire la pige à qqn,* faire mieux que lui, le dépasser, le surpasser. « *Pour le haillon et la crasse, il leur faisait la pige à tous* » (Bourget).

③ **pige** n. f. – XIXe ; de ① *piger* ▪ arg. fam. (apr. un nom de nombre) Année. « *Sa voisine qui celait avec grâce une cinquantaine de piges sous une brillante cosmétique* » (Queneau).

pigeon n. m. – XIIIe ; lat. *pipionis* 1 Oiseau au bec grêle, aux ailes courtes *(columbiformes),* de couleur très variée selon les espèces (⇒ **biset, colombe,** ① **colombin, palombe, ramier, tourterelle**) ; spécialt le mâle adulte. *Le pigeon, la pigeonne et les pigeonneaux.* « *Des pigeons roucoulaient sur le mur* » (Lamart.). *Élimination des pigeons des villes.* ⇒ **dépigeonnage.** *Pigeon voyageur,* dressé pour porter des messages entre deux lieux éloignés (⇒ **colombophile**). ♦ Chair comestible de cet oiseau. *Pigeons rôtis.* 2 *Pigeon d'argile :* disque d'argile servant de cible au ball-trap. *Tir au pigeon.* ♦ *Mon pigeon, mon petit pigeon,* terme d'affection. ⇒ **colombe.** 3 fam. Homme qu'on attire dans quelque affaire pour le dépouiller, le rouler. ⇒ **dupe,** ② **gogo ; pigeonner.** *Il a été le pigeon dans l'affaire.* ⇒ **dindon.**

pigeonnant, ante adj. – v. 1950 ▪ fam. Se dit d'une poitrine haute et ronde, et du soutien-gorge qui donne aux seins cet aspect (⇒ **balconnet**).

pigeonne n. f. – XVIe ▪ rare Femelle du pigeon.

pigeonneau n. m. – XVIe ▪ Jeune pigeon. *Pigeonneaux rôtis.*

pigeonner v. tr. [1] – XVIe ; de *pigeon* (3°) ▪ fam. Duper, rouler. *Se faire pigeonner.* ⇒ **posséder.**

pigeonnier n. m. – XVe ▪ Petit bâtiment où l'on élève des pigeons domestiques. ⇒ ① **colombier.**

① **piger** v. tr. [3] – XVIe ; lat. *pinsare* ▪ Mesurer avec une pige (①).

② **piger** v. tr. [3] – XIXe ; lat. *°pedicus* « qui prend au piège » ▪ Saisir, comprendre. ⇒ ② **entraver.** « *Ils ont tout tenté pour comprendre... et ils n'y ont rien pigé* » (Carco). *Tu piges ?*

pigiste n. – 1952 ; de ① *pige* ▪ Compositeur, rédacteur, journaliste payé à la pige. « *à une petite table latérale le pigiste du canard local gribouille déjà* » (Sarrazin).

pigment n. m. – XIIe ; lat. 1 Matière colorée, de structure variée, présente dans divers tissus et organes végétaux ou animaux auxquels elle donne une coloration particulière. *Pigments végétaux, animaux.* ➛ cour. La substance qui donne à la peau sa coloration particulière (⇒ **mélanine**). *Absence de pigment.* ⇒ **albinisme.** 2 Substance colorée (d'origine minérale, organique ou métallique), généralement insoluble, qui colore la surface sans pénétrer dans les fibres (au contraire des teintures).

❑ Un sens particulier de *pigment* « suc des plantes, drogues » est passé en français dans le mot *piment.*

pigmentaire adj. – XIXe ▪ Relatif aux pigments. *Troubles pigmentaires.* ⇒ **mélanisme, mélanose, vitiligo.**

pigmentation n. f. – XIXe 1 Formation et accumulation, normale ou pathologique (⇒ **nævus**), de pigments en certains points de l'organisme. *La pigmentation de l'iris.* ➛ Coloration de la peau par la mélanine (peau plus ou moins claire, foncée). 2 Coloration par des pigments.

pigmenter v. tr. [1] – XIXe ▪ Colorer avec un pigment.

pigne n. f. – XVe ; lat. *pinea* 1 région. Pomme de pin. « *un grand feu de pignes brûlait* » (P. Benoit). 2 Amande comestible de la graine du pin pignon, employée en pâtisserie et en cuisine. ⇒ ③ **pignon.**

pignocher v. intr. [1] – XVIIe ; de *e(s)pinoche* « bagatelle » ▪ Manger sans appétit, du bout des dents, en ne prenant que de petits morceaux. ⇒ **chipoter, picorer.**

① **pignon** n. m. – XIIe ; lat. *pinna* « créneau » ▪ Couronnement triangulaire d'un mur dont le sommet porte le bout du faîtage d'un comble. ⇒ **fronton, gable.** « *un mur du quinzième siècle surmonté d'un pignon aigu à briques contrariées* » (Hugo). ♦ loc. *Avoir pignon sur rue :* avoir un magasin, un domicile connu et être solvable.

② **pignon** n. m. – XIVe ; de *peigne* ▪ Roue dentée, la plus petite des deux roues d'un engrenage (⇒ **tympan**). *Pignons d'un changement de vitesse. Pignon d'une bicyclette. Changer de pignon* (⇒ **dérailleur**).

③ **pignon** n. m. – XIVe ; a. provenç. *pinha* ▪ région. 1 Graine de la pomme de pin. ⇒ **pigne.** 2 *Pin pignon,* ou *pignon :* pin dont les cônes contiennent des pignons. ⇒ **parasol** (pin parasol). « *il mangea avec appétit des amandes de pignon et des racines de rhizomes* » (J. Verne).

pignoratif, ive [piɲɔʀatif, iv] adj. – XVIe ; lat. *pignus* « gage » ▪ Qui a trait au contrat de gage.

pignouf, e n. – XIIIe ; dial. *pigner* « crier, geindre » ▪ fam. Personne mal élevée, sans aucune délicatesse. ⇒ **butor, goujat, rustre.** « *pour qu'un pignouf vienne démolir mon rêve* » (Flaub.). *Quelle pignoufe !*

❑ Flaubert emploie *pignouferie* « grossièreté du pignouf ».

pilaf n. m. – XVIIe ; persan *pilaou* ▪ Riz au gras, servi fortement épicé, avec de la viande, du poisson, etc. *Riz pilaf.*

pilage n. m. – XVIIIe ▪ Action de piler. *Le pilage du mil.*

pilaire adj. – XIXe ; lat. *pilus* « poil » ▪ Relatif aux cheveux ou aux poils. ⇒ **pileux.**

pilastre n. m. – XIIIe ; lat. *pila* « colonne » → ① pile 1 Colonne plate engagée dans un mur ou un support et formant une légère saillie. ⇒ **ante.** « *une petite galerie aux pilastres plaqués de morceaux de glace, feuillagés d'acanthe* » (Goncourt). 2 Montant à jour, placé de distance en distance dans les travées d'une grille. ♦ Premier barreau d'une rampe d'escalier monumental. 3 Montant d'un lambris.

pilchard n. m. – XIXe ; mot angl. d'o. i. ▪ Sardine de la Manche. « *On pêche encore, dans de certains creux, des plies et des pilchards* » (Hugo).

① **pile** n. f. – XIIIe ; lat. « colonne » **I** – **1** Pilier de maçonnerie soutenant les arches (d'un pont). « *La Meuse en crue qui bat les piles du pont* » (Simenon). 2 Tas plus haut que large d'objets de même espèce entassés les uns sur les autres. *Une pile d'assiettes, de linge.* ⇒ **entassement, tas.** *Mettre en pile.* ⇒ **empiler.** **II** Appareil transformant en énergie électrique l'énergie dégagée par une réaction chimique. ⇒ **générateur.** *Pile solaire.* ⇒ **photopile.** *Pile rechargeable.* ⇒ **accumulateur.** ➛ cour. *Pile sèche :* petite pile à électrolyte pâteux. ➛ Pile sèche. *Radio qui fonctionne à piles et sur secteur.* « *La pendule électrique est arrêtée : sans doute la pile qui est usée* » (Le Clézio). *Les piles sont mortes.* ♦ Générateur n'utilisant pas d'électrolyse. *Piles thermoélectriques*, photoélectriques.* ➛ *Pile atomique :* réacteur nucléaire.

② **pile** n. f. – XIVe ; de ① *piler* ▪ fam. Volée de coups. ⇒ **raclée, rossée.** « *Je vous autorise à leur flanquer une pile* » (Hugo). ♦ Défaite écrasante. « *quand leur invincible armée reçoit une pile, ils se persuadent que tout est foutu* » (Sartre).

③ **pile** n. f. et adv. – XIIe ; o. i. 1 Côté d'une médaille, d'une monnaie qui porte l'écusson et le chiffre (opposé à *face*). ⇒ **revers.** loc. PILE OU FACE : jeu de hasard consistant à jeter une pièce en l'air après avoir parié sur quel côté elle tombera. « *il décida de jouer son départ à pile ou face* [...] *il prit la pièce de quarante sous, pile je pars* » (Sartre). 2 adv. *S'arrêter pile,* net, brusquement. *Ça tombe pile,* à point nommé (cf. À pic*). *Rendez-vous à trois heures pile,* à trois heures précises. ⇒ **juste, tapant.** 3 Pièce honorable de l'écu, en forme de coin dont la pointe est tournée vers le bas. ✪ CONTR. Face.

④ **pile** n. f. – XIIIe ; lat. « mortier » ▪ Bac où est traitée la pâte à papier pendant le raffinage.

① **piler** v. tr. [1] – XIIe ; lat. 1 Réduire en menus fragments, en poudre, en pâte, par des coups répétés. ⇒ **broyer, écraser.** « *le pharmacien qui pilait des poudres au fond d'un mortier de marbre* » (Maupass.). *Piler le mil.* 2 fam. Flanquer une pile à (qqn). ⇒ **battre.** *Notre équipe s'est fait piler,* écraser. « *elle aurait mieux aimé "se faire piler" que de céder* » (Goncourt).

② **piler** v. intr. [1] – mil. XXe ; de ③ *pile* ▪ fam. Freiner brutalement, s'arrêter net.

pilet n. m. – XVIIIe ; a. fr. « javelot » ▪ Canard sauvage au long cou et à queue pointue.

pileux, euse adj. – XVe ; lat. ▪ Qui a rapport aux poils (⇒ **pilaire**), qui contient des poils, qui en est couvert. *Le système pileux :* l'ensemble des poils couvrant le corps.

pilier n. m. – XIe ; lat. *pila* → ① pile 1 Massif de maçonnerie, formant un support vertical isolé dans une construction. ⇒ **colonne, piédroit.** « *La salle, massive, obscure, soutenue par de lourds piliers romans* » (Huysm.). ♦ Poteau, pylône servant de support. *Le métro aérien de Chicago* « *soutenu par de gros piliers de fer* » (Sartre). 2 Dans une mine, Masse de pierre ou de minerai laissée de place en place pour soutenir le toit. 3 fig. Ce qui assure la solidité, la stabilité. ⇒ ② **étai, soutien, support.** ♦ Défenseur, soutien. « *le sénateur Perchot, un des piliers du radicalisme* » (Aragon). ➛ fam. Personne qui fréquente assidûment un lieu. ⇒ **habitué.** *Un pilier de bar.* ♦ Au rugby, chacun des deux avants de première ligne qui encadrent et soutiennent le talonneur.

pilifère adj. – XIXe ; lat. *pilus* « poil » et *-fère* ▪ Qui porte des poils. *Assise pilifère des racines de plantes.*

piliforme adj. – XVIIe ; lat. *pilus* « poil » et *-forme* ▪ En forme de poil ou de cheveu.

pili-pili n. m. inv. – 1957 ; mot d'une langue africaine ▪ Piment rouge très fort. ➛ Sauce préparée avec ce piment.

pillage n. m. – XIVe 1 Action de piller ; vols et dégâts commis par ceux qui pillent. ⇒ **dévastation, razzia,** ② **sac.** « *Jaffa fut livré au pillage et à toutes les horreurs de la guerre* » (Chateaub.). *Pillage de magasins.* 2 Détournement, concussion. *Les finances publiques étaient mises au pillage.* 3 fig. Plagiat. *Pillage d'un auteur.*

pillard, arde n. et adj. – XIVe 1 Personne qui pille. ⇒ **brigand, pirate, voleur.** « *cette bande de pillards qui couraient la France, gens sans travail, affamés, mendiants devenus voleurs* » (Michelet). 2 adj. « *des bandes de moineaux criards et pillards* » (Zola).

piller v. tr. [1] – XIIIe ; lat. *pilleum* « bonnet » 1 Dépouiller (un lieu) des biens qu'on trouve, d'une façon violente et destructrice. ⇒ **dévaster, écumer, ravager, razzier** (cf. Mettre à sac). « *Empêcher ces soldats de piller la ville* » (Balz.). ➛ *Des magasins pillés au cours d'une émeute.* ♦ Dévaliser. *Sa boutique a été pillée,* vidée à la suite d'achats massifs. 2 Voler (un bien) dans un pillage. *Piller les objets de culte dans une église.* 3 Dépouiller par des vols, des détournements. « *Serviteurs qui pillez la maison* » (Hugo). 4 fig. Plagier (une œuvre, un auteur). « *vous verrez notés en marge tous les endroits qu'il a pillés* » (Mol.).

pilleur, euse n. – XIVe ▪ Personne qui pille. « *ce pilleur d'épaves* » (Mauriac).

pilocarpe n. m. – XIXe ; gr. *pilos* « feutre » et *karpos* « fruit » ▪ Jaborandi.

pilocarpine n. f. – XIXe ▪ Alcaloïde extrait des feuilles de jaborandi, utilisé notamment en collyre.

pilon n. m. – XIIe ; de ① *piler* 1 Instrument cylindrique servant à piler. « *le bruit régulier et lent d'un pilon dans un mortier* » (Zola). ♦ Instrument utilisé pour écraser ou tasser. ⇒ **bourroir, broyeur, ① dame.** ◆ loc. *Mettre un livre au pilon,* le détruire (en mettant les exemplaires dans la cuve où le pilon broie la pâte à papier). 2 anciennt Jambe de bois. ♦ Partie inférieure d'une cuisse de poulet.

pilonnage n. m. – XIXe 1 Action d'écraser avec un pilon ; son résultat. 2 Bombardement intensif. « *C'était un pilonnage régulier, inexorable, où les obus se suivaient sans répit* » (Dorgelès).

pilonner v. tr. [1] – XVIIIe 1 Écraser avec un pilon. 2 Écraser sous les obus, les bombes. « *une batterie lourde anglaise se mit à pilonner la ligne allemande* » (Maurois).

pilori n. m. – XIIe ; probablt *pila* « pilier » ■ Poteau ou pilier à plateforme portant une roue sur laquelle on attachait le condamné à l'exposition publique. ⇒ **carcan.** *Mettre au pilori.* ♦ La peine infamante ainsi infligée. *Être condamné au pilori.* ♦ loc. fig. *Mettre, clouer qqn au pilori,* le signaler à l'indignation, au mépris publics.

pilosébacé, ée [pilosebase] adj. – XIXe ; lat. *pilum* « poil » et *sébacé* ■ Relatif au poil et à sa glande sébacée.

piloselle n. f. – XIVe ; lat. *pilosus* « poilu » ■ Épervière.

pilosisme n. m. – XIXe ■ Développement exagéré et localisé des poils. ⇒ **hirsutisme.**

pilosité n. f. – XVe ; lat. *pilosus* « poilu » ■ Ensemble des poils, leur distribution sur la peau.

① **pilot** n. m. – XIVe ; de ① *pile* ■ Gros pieu pointu, ferré, employé à faire un pilotis.

② **pilot** n. m. – XIIIe ; a. fr. *p(e)ille* (→ piller) ou de *piloter* « broyer » ■ Chiffons utilisés dans la fabrication du papier.

pilotage n. m. – XVe 1 Manœuvre, art du pilote (dans un port, un canal). ⇒ **lamanage.** 2 Action de diriger un avion, un aéronef ; technique de conduite des appareils volants. *Poste de pilotage.*

pilote n. m. – XIVe ; gr. *pêdon* « gouvernail » I – 1 Marin autorisé à assister les capitaines dans la conduite des navires, à l'intérieur des ports ou dans les parages difficiles. *Les pilotes du canal de Suez.* ◆ *Bateau-pilote,* qui ouvre la voie à un navire. 2 Personne qui conduit un avion, un aéronef. *Pilote de ligne,* sur les lignes commerciales. *Pilote d'essai :* spécialiste de l'essai en vol des nouveaux appareils. ◆ *Pilote automatique :* dispositif assurant le pilotage sans intervention de l'équipage. ◆ *Le pilote d'une voiture de course.* ◆ Organe de commande, dans un système automatique. 3 fig. Personne qui en guide une autre. ⇒ **cicérone, guide ; piloter** (2°). 4 *Pilote* ou *poisson-pilote :* poisson osseux des mers chaudes et tempérées, qui accompagne les navires et les requins qu'il semble guider. *Des poissons-pilotes.* II Qui peut servir d'exemple, qui constitue un champ d'expérimentation. *Industrie-pilote. Ferme-pilote.* ⇒ **expérimental, modèle.** ◆ adjt *Jouer un rôle pilote.*

piloter v. tr. [1] – XVe 1 Conduire en qualité de pilote (un navire, un avion). ♦ Conduire (une voiture de compétition, et par ext. toute automobile). 2 fig. Servir de guide à (qqn). ⇒ **guider.** « *il avait été chargé de piloter en France son collègue M. Pyke, de Scotland Yard* » (Simenon).

pilotin n. m. – XVIIIe ■ Élève officier non diplômé, dans la marine marchande.

pilotis n. m. – XIVe ; de ① *pilot* ■ Ensemble de pieux (⇒ ① **pilot**) enfoncés en terre pour soutenir une construction sur l'eau ou en terrain meuble ; chacun de ces pilots. « *Le peu d'étendue de l'île avait forcé quelques-unes de ces constructions à se jucher sur des pilotis* » (J. Verne).

pilou n. m. – XIXe ; lat. *pilosus* « couvert de poil » ■ Tissu de coton pelucheux. *Un « jupon de pilou gris »* (Green).

pilulaire adj. et n. m. – XIXe 1 Propre aux pilules. 2 n. m. Instrument servant à administrer des pilules aux animaux.

pilule n. f. – XIVe ; lat. *pila* « boule » 1 Médicament façonné en petite boule et destiné à être avalé. ⇒ **grain, granule.** *Un tube de pilules homéopathiques.* 2 *Pilule contraceptive* (ou *anticonceptionnelle*) et cour. *la pilule :* ensemble des comprimés à base d'hormones, dont le rôle est généralement d'inhiber l'ovulation ; chacun de ces comprimés. ⇒ **micropilule, minipilule.** ◆ « *Fameuse invention, la pilule qu'on avale le matin en se lavant les dents* » (Beauv.).

pilulier n. m. – XVIIe 1 Instrument servant à faire les pilules. 2 Petite boîte où l'on met les pilules.

pilum [pilɔm] n. m. – XVIe ; mot lat. ■ Lourd javelot des légionnaires romains.

pimbêche n. f. – XVIe ; o. i. ■ Femme, jeune fille prétentieuse et hautaine. ⇒ **chipie, mijaurée, pécore.** *Quelle pimbêche !* ◆ adj. *Elle est un peu pimbêche.* ⇒ **bêcheur.**

> ❑ Le mot est resté vivant peut-être grâce aux *Plaideurs* de Racine, où la comtesse de *Pimbesche* est une plaideuse acharnée.

piment n. m. – X^e ; lat. *pigmentum* « aromates, épices » 1 Plante potagère herbacée *(solanacées),* originaire des régions chaudes, cultivée pour ses fruits ; fruit de cette plante. *Piment doux.* ⇒ **poivron.** ◆ *Piment rouge* ou *piment,* à saveur très forte, qui brûle la bouche. *Piment en poudre.* ⇒ **paprika, poivre** (de Cayenne). ◆ *Sauce au piment.* ⇒ **chili, harissa, pili-pili.** 2 fig. Ce qui relève, donne du piquant. ⇒ **saveur, sel.** « *On raconte qu'elle a du piment, qu'elle a du chien* » (Colette). ⇒ ① **piquant.**

pimenter v. tr. [1] – XIXe 1 Assaisonner de piment, épicer fortement. *Pimenter un plat. Une cuisine très pimentée.* ⇒ ① **relevé.** 2 fig. Relever, rendre piquant. *Détail qui pimente un récit.* ✪ CONTR. Affadir.

pimpant, ante adj. – XIIIe ; a. provenç. *pimpar* « parer » ■ Qui a un air de fraîcheur et d'élégance. ⇒ ① **frais, fringant.** ♦ Coquet, élégant. « *une petite niche bien pimpante pour le chien* » (Céline).

pimprenelle n. f. – XIIe ; p.-ê. lat. *piper* « poivre » ■ Plante herbacée *(rosacées),* à fleurs rouges. ⇒ **sanguisorbe.**

pin n. m. – XIe ; lat. ■ Arbre résineux *(conifères)* à feuilles persistantes (aiguilles), dont les fruits sont des cônes*. *Pin maritime* ou *pin des Landes* **(⇒ pinastre),** *pin pignon* ou *pin parasol. Pin montagnard.* ⇒ région. **arolle.** « *le pin d'Italie à écorce rouge avec son majestueux parasol* » (Balz.). *Forêt de pins.* ⇒ **pinède.** « *les gouttes de pluie transparentes à la pointe de chaque aiguille de pin* » (Claudel). ♦ Bois de cet arbre. *Meubles en pin.* ⇒ aussi **pitchpin.** ✪ HOM. Pain, peint.

pinacle n. m. – XIIIe ; lat. *pinna* → ① pignon 1 Faîte d'un édifice. ♦ Dans l'architecture gothique, Petite pyramide ajourée ornée de fleurons servant de couronnement à un contrefort. ⇒ **amortissement.** 2 fig. et littér. Haut degré d'honneurs, de faveurs. « *il se croit sur le pinacle* » (Balz.). cour. *Porter qqn au pinacle,* le couvrir de louanges (cf. Porter aux nues*).

pinacothèque n. f. – XVIe ; gr. ■ Musée ou galerie de peinture (en Italie, en Allemagne).

> ❑ L'emploi le plus fréquent concerne la *Alte Pinakothek* de Munich.

pinaillage n. m. – 1934 ■ fam. Fait d'ergoter sur des détails infimes.

pinailler v. intr. [1] – 1934 ; o. i., probablt obscène → pine ■ fam. Ergoter sur des vétilles, se perdre dans les détails.

pinailleur, euse n. – 1934 ■ fam. Personne qui a l'habitude de pinailler. ◆ adj. *Il est trop pinailleur.*

pinard n. m. – XVIIe ; de *pineau* ■ fam. Vin. *Un bon petit pinard.*

pinardier n. m. – 1951 ■ fam. 1 Navire-citerne à vin. 2 Marchand de vin en gros.

pinasse n. f. – XVe ; esp. *pinaza* « bateau en bois de *pin* » ■ région. Bateau de pêche à fond plat, utilisé notamment sur le littoral de la Gironde. ⇒ **barcasse, barque.**

pinastre n. m. – XVIe ■ région. Pin maritime.

pinçage n. m. – XIXe 1 Pincement (des rameaux, bourgeons). 2 Blocage d'un dispositif mécanique à l'aide d'un dispositif à pinces. 3 Action de pincer.

pince n. f. – XIVe 1 Outil, instrument généralement composé de deux leviers articulés, servant à saisir et à serrer. ⇒ **pincette, tenaille.** *Pince coupante, plate.* « *Pour sectionner le fil téléphonique* [...] *il fallait une pince* » (Genet). ➤ *Pince à épiler. Pince à cheveux. Pince à sucre.* ➤ *Pince à linge.* ⇒ **épingle.** *Pince à ongles.* ⇒ **coupe-ongle.** ♦ Levier permettant de soulever, de déplacer. 2 Partie antérieure du sabot du cheval. ♦ Incisive des herbivores (spécialt du cheval). ♦ Partie antérieure des grosses pattes de certains arthropodes, crustacés et arachnides. « *Une écrevisse, qui lui avait pris le petit doigt entre ses pinces* » (Zola). ♦ fam. *Serrer la pince à qqn,* la main. ⇒ **cuillère,** ② **louche.** ♦ loc. *Aller à pinces,* à pied. 3 Pli terminé en pointe, cousu sur l'envers de l'étoffe et destiné à diminuer l'ampleur. *Pantalon à pinces.*

pincé, ée adj. – XVIIe 1 Qui a qqch. de contraint, de prétentieux ou de mécontent. « *Pincé dans la conversation, ricaneur* » (Volt.). « *Des sourires pincés* » (Larbaud). 2 (concret) Mince, serré. « *une bouche pincée* [...] *était encadrée par deux petites moustaches grises* » (Vigny).

pinceau n. m. – XIIe ; lat. *penis* « queue » 1 Objet composé d'un faisceau de poils ou de fibres, fixé à l'extrémité d'un manche, utilisé pour peindre, coller, etc. ⇒ **blaireau, brosse.** *Pinceau de peintre en bâtiment. Pinceaux et brosses d'un artiste peintre.* « *son fin pinceau trempé dans l'encre de Chine* » (Loti). ♦ *Le pinceau :* la peinture. ➤ *Le pinceau d'un artiste,* sa technique. « *D'une mollesse de pinceau qui fait pitié* » (Dider.). loc. *Avoir un bon coup de pinceau :* bien peindre. 2 Faisceau lumineux de rayons émis par une source ponctuelle et passant par une ouverture étroite. *Un pinceau de lumière.* 3 pop. Pied. « *Les soldats disent quelquefois, lors des marches forcées : "J'ai les pinceaux en fleurs"* » (Genet). *S'emmêler* les pinceaux.*

pincée n. f. – XVIIe ■ Quantité (d'une substance en poudre, en grains) que l'on peut prendre entre le pouce et l'index. *Une pincée de sel.*

pince-fesses n. m. inv. – 1901 ■ fam. Réception où les invités se tiennent mal. ➤ iron. et péj. Toute réception.

pince-jupe n. m. – mil. XXe ■ Sorte de cintre à pinces qui permet de suspendre une jupe ou un pantalon. ⇒ **porte-jupe.** *Des pince-jupes.*

pincelier n. m. – XVIIe ; de *pincel, pinceau* ■ Petit récipient à deux godets dont l'un contient l'huile pour les couleurs, et l'autre l'essence pour nettoyer les pinceaux.

pincement n. m. – XVIe 1 *Pincement au cœur :* sensation brève de douleur et d'angoisse. 2 Action de pincer ; son résultat. ⇒ **pinçage.** ♦ Action de pincer (les cordes d'un instrument de musique). ♦ Opération qui consiste à couper l'extrémité d'un jeune rameau, afin de faire refluer la sève dans les parties que l'on veut développer. ⇒ **pinçage.** 3 *Pincement des roues avant :* angle formé par le plan des roues avant et l'axe longitudinal (d'un véhicule).

pince-monseigneur → **monseigneur**

pince-nez n. m. inv. – XIXe ■ Lorgnon qu'un ressort pince sur le nez. « *Fort myope, il semblait malgré son pince-nez, ne jamais voir personne* » (Maupass.).

pince-oreille n. m. – XIXe ■ Forficule. ⇒ **perce-oreille.** *Des pince-oreilles.*

pincer v. tr. 3 – XIIe ; d'un rad. expressif *pints-* 1 Serrer (surtout une partie de la peau, du corps), entre les extrémités des doigts, entre les branches d'une pince ou d'un objet analogue. *Il l'a pincé jusqu'au sang* (⇒ **pinçon**). *Il s'est pincé le doigt dans la porte.* loc. fam. *Pince-moi, je rêve !* ce n'est pas croyable. ➤ *Pincer les fesses à qqn.* ➤ pronom. *Il s'est pincé en fermant la porte.* ➤ *Pincer les cordes d'un instrument,* les faire vibrer en les saisissant avec les doigts, un objet dur. *Pincer les cordes du violon* (⇒ **pizzicato**). ♦ Produire une sorte de pincement. ⇒ **mordre, piquer.** *Le froid nous pinçait au visage.* fam. *Ça pince ce matin !* 2 Serrer de manière à rapprocher, à rendre plus mince. *Il* « *pinça les lèvres avec circonspection* » (Mart. du G.). *Se pincer le nez,* pour ne rien sentir. ♦ *Il faudra pincer un peu cette veste,* y faire des pinces. 3 Pratiquer le pincement de (un végétal). *Pincer la vigne.* 4 fam. *EN PINCER POUR QQN :* être amoureux. 5 fam. Arrêter, prendre (un malfaiteur). ♦ Prendre en faute, sur le fait. ⇒ **surprendre.** « *L'illustre poète se fera pincer en flagrant délit* [d'adultère] » (Henriot).

pince-sans-rire n. inv. – XVIIIe ■ Personne qui pratique l'humour, l'ironie à froid. *Il a l'air impassible, mais c'est un pince-sans-rire.* ➤ adj. inv. *Un ton pince-sans-rire.*

pincette n. f. – XIVe 1 Petite pince. *Pincette d'horloger.* ⇒ **brucelles.** 2 plur. *PINCETTES :* longue pince à deux branches pour attiser le feu, déplacer les bûches, les braises. *Il* « *remit une bûche dans le feu, puis la souleva avec des pincettes pour attiser la flamme* » (Maurois). ♦ loc. *Il n'est pas à prendre avec des pincettes :* il est de très mauvaise humeur. *Un être* « *désagréable, insociable* [...] *à ne pas prendre avec des pincettes* » (Labiche).

pinchard, arde adj. – XIXe ; norm. ■ région. *Cheval pinchard,* à la robe gris fer. ⇒ **aubère.**

pinçon n. m. – XVe ■ Marque qui reste sur la peau qui a été pincée. ✪ HOM. Pinson.

pine n. f. – XIIIe ; o. i., p.-ê. lat. *pinea* « pomme de pin » ou dial. *pine* « flûtiau » ■ vulg. Membre viril. ✪ HOM. Pinne.

pinéal, ale, aux adj. – XVIe ; lat. *pinea* « pomme de pin » ■ Relatif à l'épiphyse. ♦ *Glande pinéale :* l'épiphyse chez les reptiles.

pineau n. m. – XVe ; de *pinot* ■ Vin de liqueur charentais, préparé avec du cognac et du moût de raisin frais. *Pineau des Charentes.* ✪ HOM. Pinot.

pinède n. f. – XIXe ; lat. *pinetum* ■ Bois, plantation de pins. « *Dans la chaude paix de la pinède, les genêts* [...] *mêlent à l'odeur des sèves résineuses leur arôme* » (Genev.).

> ❑ Cette forme provençale est plus courante que les formes *pineraie, pinière, pignade.*

pingouin n. m. – XVIe ; mot néerl. d'o. i. 1 Oiseau marin palmipède *(charadriiformes),* à plumage blanc et noir, piscivore, habitant les régions arctiques. *Le pingouin peut voler.* « *Les pingouins portent la tête très haut, avec leurs ailes pendantes, comme deux bras* » (Baudelaire). 2 arg. fam. Personnage quelconque. ⇒ **type, zèbre.**

ping-pong [piŋpɔ̃g] n. m. inv. – 1901 ; onomat. ■ Tennis de table. *Joueur de ping-pong.* ⇒ **pongiste.** ➤ Table, matériel utilisé à ce jeu. *Acheter un ping-pong.*

pingre n. et adj. – XVe ; o. i., p.-ê. var. de *épingle* ■ Avare particulièrement mesquin. ➝ adj. *Il, elle est un peu pingre.*

pingrerie n. f. – XIXe ■ Avarice mesquine. ⇒ **radinerie.** « *d'une pingrerie révoltante envers les femmes* » (Mac Orlan).

pinne n. f. – XVIIe ; gr. ■ *Pinne marine* : grand mollusque *(lamellibranches)* à coquille triangulaire, appelé communément *jambonneau.* « *des perles roses, arrachées aux pinnes marines de la mer Rouge* » (J. Verne). ✪ HOM. Pine.

pinnipèdes n. m. pl. – XIXe ; lat. *pinna* « nageoire » et *-pède* ■ Ordre de mammifères adaptés à la vie aquatique, à corps fusiforme. ⇒ ① **morse, otarie, phoque.** ➝ *Un pinnipède.*

pinnothère n. m. – XVIIe ; gr. proprt « qui garde la *pinne marine* » ■ Petit crabe vivant dans les moules, les coques, etc.

pinnule n. f. – XVIe ; lat. « petite aile » ■ Chacune des plaques dressées perpendiculairement aux extrémités d'une alidade et percées de trous servant aux visées topographiques.

pinocytose n. f. – 1931 ; gr. *pinein* « boire » et *-cytose,* d'apr. *phagocytose* ■ Absorption d'un fluide extérieur à la cellule par une vésicule cellulaire.

pinot n. m. – XIVe ; de *pin,* par anal. de forme entre la grappe et la pomme de pin ■ Cépage renommé, cultivé notamment en Bourgogne, en Champagne. ➝ *Pinot gris* : cépage d'Alsace (⇒ **tokay**). ♦ *Pinot noir* : vin alsacien rosé fait avec du pinot gris. ✪ HOM. Pineau.

pin-pon interj. – 1967 ■ Onomatopée qui exprime le bruit des avertisseurs à deux tons des voitures de pompiers. ➝ n. m. inv. *Des pin-pon.*

pin's [pins] n. m. – 1989 ; angl. *pin* « épingle » ■ Petit insigne décoratif qui se pique (sur le vêtement, la coiffure). *Un pin's.* ➝ Recomm. offic. ÉPINGLETTE.

pinson n. m. – XIIe ; lat. *pincio* probablt d'o. onomat. ■ Petit oiseau passereau *(passériformes),* à plumage bleu verdâtre coupé de noir et de roux, bon chanteur. ➝ loc. *Gai comme un pinson* : très gai. ✪ HOM. Pinçon.

pintade n. f. – XVIIe ; port. *pintada* « tachetée », de *pintar* « peindre » ■ Oiseau *(galliformes),* originaire d'Afrique, de la taille de la poule, au plumage sombre semé de taches claires. ➝ « *une galantine de pintade à la gelée* » (Zola).

pintadeau n. m. – XVIIIe ■ Petit de la pintade ; jeune pintade.

pintadine n. f. – XVIIIe ; → pintade ■ Huître perlière. ⇒ **méléagrine.**

pinte n. f. – XIIIe ; lat. *pingere* « peindre » **1** Ancienne mesure de capacité pour les liquides (0,93 l). ⇒ **quarte, setier.** **2** Récipient contenant une pinte ; son contenu. « *on irait boire une pinte de vin au prochain cabaret* » (Sand). ➝ loc. *Se payer une pinte de bon sang* : bien s'amuser. **3** Mesure de capacité anglo-saxonne (en Grande-Bretagne, 0,57 l, au Canada français, 1,136 l).

> ❑ En Suisse, *une pinte,* c'est un bistrot, un café : « *Deux pintes, l'Auberge communale et le Café de l'Ours mariaient leur toiture aux constructions environnantes* » (A.-L. Chappuis).

pinter v. [1] – XIIIe ; de *pinte* ■ pop. **1** v. intr. Boire beaucoup. ⇒ **picoler.** *Il* « *avait bâfré et pinté comme quatre* » (Huysm.). **2** v. pron. *SE PINTER* : s'enivrer.

pin up [pinœp] n. f. inv. – 1944 ; angl. *to pin up* « épingler au mur » ■ Photo de jolie fille peu vêtue. « *Ne confondons pas les pin up avec les nus de la Grèce* » (Malraux). ➝ Jolie fille séduisante.

pinyin [pinjin] n. m. et adj. – v. 1970 ; mot chin. « épellation » ■ Système de transcription alphabétique et phonétique des idéogrammes chinois, adopté en Chine. ➝ adj. *Transcription pinyin.*

piochage n. m. – XVIIIe ■ Travail à la pioche.

pioche n. f. – XIVe ; de ② *pic* **1** Outil de terrassier ou de cultivateur, composé d'un fer à pointe et à houe, assemblé à un manche. ⇒ **houe,** ② **pic.** ➝ loc. fam. *Une tête de pioche* : une personne entêtée. **2** Tas de cartes, de dominos où l'on pioche (3°). ⇒ **talon.**

piocher v. tr. [1] – XVe **1** Creuser, remuer avec une pioche. **2** fig. et fam. Étudier avec ardeur. ⇒ ② **bûcher.** ➝ « *Je me mettais à piocher ma géométrie* » (Mart. du G.). **3** intrans. Prendre un domino (ou une carte) dans le tas de ceux qui restent sur la table (jusqu'à ce qu'on trouve celui qui convient). ♦ Fouiller (dans un tas) pour saisir qqch. ➝ *Piocher dans ses réserves, dans ses économies.* ⇒ **puiser.**

piocheur, euse n. – XVIe **1** Terrassier. **2** n. f. *PIOCHEUSE.* Scarificateur.

piolet n. m. – XIXe ; piémont. « petite hache » ■ Canne d'alpiniste, ferrée à un bout et garnie à l'autre d'un petit fer de pioche.

① **pion, pionne** n. – XIe ; lat. *pedo* « qui a de grands pieds » **1** n. m. vx Fantassin. ⇒ **pionnier** (1°). **2** fam. Surveillant, maître d'internat.

② **pion** n. m. – XIIe ; de ① *pion* ■ Chacun des huit plus petits éléments du jeu d'échecs. ♦ Chacune des pièces au jeu de dames, et à divers autres jeux. ➝ loc. *N'être qu'un pion sur l'échiquier* : être manœuvré.

③ **pion** [pjɔ̃] n. m. – 1957 ; de *pi* et *ion* ■ Méson* π (pi) ionisé.

pioncer v. intr. [3] – XIXe ; p.-ê. nasalisation de *piausser,* d'un dial. *piau* → ② pieu ■ fam. Dormir. « *En argot, on ne dort pas, on pionce* » (Balz.).

pionnier, ière n. – XIIe ; de ① *pion* **1** n. m. Soldat employé aux travaux de terrassement. ⇒ **sapeur.** ➝ Soldat du génie. **2** Colon qui s'installe sur des terres incultes pour les défricher. ⇒ **défricheur.** *Les pionniers américains.* ♦ fig. Personne qui est la première à se lancer dans une entreprise, qui fraye le chemin. *Les pionniers de l'aviation.*

pioupiou n. m. – XIXe ; d'une onomat. enfantine désignant les poussins ■ fam. vx Jeune fantassin ; soldat. *Des pioupious.*

pipa n. m. – XVIIIe ; mot indigène de la Guyane holl. ■ Gros crapaud d'Amérique tropicale.

pipe n. f. – XIIIe ; de *piper* **1** Chalumeau, tuyau. **2** région. Grande futaille. **3** vx Gosier. ➝ loc. *Casser sa pipe* : mourir. ➝ *Se fendre la pipe* : rire. **4** Tuyau terminé par un petit fourneau qu'on bourre de tabac (ou d'une autre substance fumable). ⇒ **bouffarde, brûle-gueule, calumet, chibouque, houka, narguilé.** « *une belle pipe en écume de mer, avec un tuyau en bois noir, un couvercle d'argent et un bout d'ambre* » (Flaub.). *Fumer la pipe.* ➝ fam. *Par tête de pipe* : par personne. « *Ça fait onze par tête de pipe* » (Sartre). ➝ *Nom d'une pipe !* juron familier. ♦ Contenu d'une pipe. **5** fam. Cigarette. ⇒ **clope.** **6** *Pipe d'alimentation, d'aération* : tube ou tuyau d'adduction d'un combustible, de l'air. ⇒ **pipeline.** **7** vulg. Fellation. *Faire, tailler une pipe (à un homme).* ⇒ **sucer.**

> ❑ Le juron *(sacré) nom d'une pipe* emploie *pipe* par euphémisme du nom de Dieu.

pipeau n. m. – XVIe **1** Flûte champêtre. ⇒ **chalumeau.** **2** Appeau (1°). *Attirer les oiseaux avec un pipeau.* ⇒ **pipée.** ➝ loc. fam. *C'est du pipeau* : ce n'est pas sérieux (cf. C'est de la blague, du flan). ♦ au plur. Gluaux. ✪ HOM. Pipo.

pipée n. f. – XIIIe ; de *piper* ■ Chasse dans laquelle on prend les oiseaux aux pipeaux après les avoir attirés en imitant leur cri (⇒ **piper,** 1°). « *le plus fameux chasseur à la pipée que j'aie connu* » (Mistral).

pipelet, ette n. – XIXe ; de *Pipelet*, personnage des *Mystères de Paris*, d'Eugène Sue ■ fam. 1 vieilli Concierge. *Il est bavard comme une pipelette.* 2 n. f. Personne bavarde. *C'est une vraie pipelette* (d'une femme ou d'un homme).

pipeline [piplin ; pajplajn] n. m. – XIXe ; mot angl., de *pipe* « tuyau » et *line* « ligne » ■ Canalisation servant au transport à grande distance de certains fluides ainsi que de certaines substances pulvérisées. ⇒ **feeder, sea-line.** *Transport du gaz, du pétrole par des pipelines.* ⇒ **gazoduc, oléoduc.**

❑ L'emploi de mots comme *gazoduc, lactoduc, oléoduc, propanoduc* apporte plus de précision et évite l'anglicisme. → -duc.

piper v. 1 – XIIe ; lat. « glousser » I v. intr. 1 Chasser à la pipée. 2 *Ne pas piper (mot)* : ne pas souffler mot. « *Je ne pipais pas pendant qu'il me parlait* » (Céline). II v. tr. 1 Attirer, prendre à la pipée (les oiseaux). 2 *Piper des dés*, les truquer. ◆ fig. *Les dés sont pipés* : la partie est faussée, il y a tricherie.

pipérade [pipeRad] n. f. – 1926 ; lat. *piper* « poivre » ■ Plat basque composé d'œufs battus assaisonnés de tomates et de poivrons.

pipérine n. f., **pipérin** n. m. – XIXe ; lat. *piper* « poivre » ■ Alcaloïde contenu dans le poivre noir.

pipéronal n. m. – XIXe ; all., contract. de *aldéhyde pipéronylique*, du rad. de *pipérine* ■ Héliotropine. *Des pipéronals.*

pipette n. f. – XIIIe 1 rare Petite pipe. « *il fumait une pipette de genièvre* » (Gide). 2 Petit tube dont on se sert pour prélever une petite quantité de liquide. « *Pasteur se penchait, pour aspirer, dans sa pipette, quelques gouttes de la bave virulente* » (Mondor).

pipi n. m. – XVIIe ; réduplication enfantine de la première syllabe de *pisser* ■ fam. 1 FAIRE PIPI : uriner. *Faire pipi au lit, dans sa culotte* (⇒ **énurésie, incontinence**). loc. *C'est à faire pipi (dans sa culotte)* : c'est d'une drôlerie irrésistible. « *On riait* [...] *c'en était à faire pipi* » (Aragon). 2 Urine. ♦ fig. *Du pipi de chat* : une boisson fade. 3 Parties génitales. ⇒ ② **zizi.** *Jouer à touche-pipi.* 4 *Dame pipi*, chargée de la surveillance et de la propreté des toilettes dans un lieu public.

pipier, ière n. et adj. – XVIIIe ■ Ouvrier, ouvrière procédant au façonnage des pipes. ♦ adj. *L'industrie pipière.*

pipi-room [pipiRum] n. m. – mil. XXe ; de *pipi* et angl. *room*, d'apr. *living-room* ■ plaisant Toilettes (notamment d'un lieu public). *Où sont les pipi-rooms ?*

pipistrelle n. f. – XVIIIe ; lat. *vespertilio* ■ Petite chauve-souris à oreilles pointues.

pipit [pipit] n. m. – XVIIIe ; onomat. ■ Petit passereau (*passériformes*) à plumage brun. ⇒ **farlouse.**

pipo n. m. – XIXe ; o. i., p.-ê. de *Polyt(echnique)* ; cf. *Pipo* pour *Hippolyte*, en Suisse ■ arg. scol. Polytechnicien. ✪ HOM. Pipeau.

piquage n. m. – XIXe ■ Opération consistant à piquer, à percer. ♦ *Le piquage d'une couette, d'un couvre-pied maintient le garnissage.* ✪ HOM. Picage.

① **piquant, ante** adj. – XIVe 1 Qui présente une ou plusieurs pointes acérées capables de piquer, de percer. ⇒ **pointu.** *Les feuilles piquantes du houx.* 2 Qui donne une sensation de piqûre. « *Un froid sec, piquant, tonique* » (Duham.). ◆ *Chorizo piquant. Moutarde piquante*, extraforte. 3 Qui blesse, pique au vif. *Des mots, des traits piquants.* ⇒ ① **caustique, mordant.** *Le comte avait été « plus piquant, plus acerbe* [...] *qu'à l'ordinaire* » (Balz.). 4 littér. Qui stimule l'intérêt, l'attention. *Un détail piquant.* ⇒ **croustillant.** « *Une petite brune vive et piquante* » (Rouss.). ◆ n. m. ⇒ **piment, sel.** *Le piquant de la situation. Cela ne manque pas de piquant.* ✪ CONTR. Fade. Doux.

② **piquant** n. m. – XVe ■ Chacune des excroissances dures et acérées que présentent certains végétaux et animaux. ⇒ **aiguillon, épine.** *Les piquants des chardons, des oursins.*

① **pique** n. f. et m. – XIVe 1 n. f. Arme (d'hast) formée d'une hampe garnie d'un fer pointu. ⇒ **hallebarde, lance.** « *Des bandes armées de piques poussent des cris de mort* » (France). ◆ *Taureau qui reçoit la pique du picador.* 2 n. m. Aux cartes, Une des couleurs représentée par un fer de pique noir stylisé. ♦ Carte de cette couleur. ✪ HOM. Pic.

② **pique** n. f. – XVIe ■ Parole ou allusion blessante. *Lancer des piques à qqn.* ⇒ **méchanceté, pointe.**

① **piqué, ée** adj. – XVIe 1 Cousu par un point de piqûre. ◆ Traversé et maintenu par des piqûres. *Ces grands « couvre-pieds en indienne ouatée et piquée »* (Sand). 2 Marqué de petites taches sombres, de moisissures. *Glace ancienne piquée.* ♦ Rendu acide par la présence d'un mycoderme. *Vin piqué.* 3 *Note piquée*, qui se joue en frappant la touche et en la lâchant aussitôt (opposé à *note tenue*). ⇒ **détaché.** ◆ *Un passage joué piqué.* ⇒ **staccato.** 4 fam. Un peu fou. ⇒ **timbré, toqué.** « *Je me demande si cette enfant n'est pas un peu piquée !* » (Colette). ◆ n. « *ta tante qui est une vieille piquée* » (Anouilh).

② **piqué** n. m. – XIXe 1 Tissu façonné dont le tissage forme des côtes ou des dessins géométriques. *Une robe en piqué de coton.* 2 Suite de pas caractérisée par des alternances d'équilibre sur demi-pointe ou pointe et la station d'un pied à plat. 3 Mouvement par lequel un avion se laisse tomber presque à la verticale et se redresse brusquement. *Faire un piqué.* ◆ *Descendre en piqué.* « *Une nuée de petits avions conçus pour les attaques en piqué* » (Tournier).

pique-assiette n. – XIXe ■ Personne qui se fait partout inviter à dîner. « *D'invité perpétuel, Pons passa à l'état de pique-assiette* » (Balz.). ⇒ **parasite.** *Des pique-assiettes.*

pique-bœuf, plur. **pique-bœufs** [pikbœf, pikbø] n. m. – XVIe ■ Oiseau qui se perche sur les bœufs pour y chercher les parasites. « *Ce très bel échassier blanc, qu'on appelle "pique-bœuf"* » (Gide).

pique-feu n. m. – XIXe ■ Tisonnier. *Des pique-feux* ou *des pique-feu.*

pique-fleurs n. m. inv. – 1957 ■ Accessoire placé au fond d'un vase pour maintenir les fleurs dans une position choisie.

pique-nique n. m. – XVIIe ; de *piquer* et *nique* « petite chose sans valeur » ■ Repas en plein air à la campagne, en forêt. *Des pique-niques sur l'herbe.*

❑ Jusqu'au XIXe s., un *pique-nique* était un repas où chacun apportait quelque chose. L'acception moderne est probablement empruntée à l'anglais *picnic*, lui-même repris au français.

pique-niquer v. intr. 1 – XIXe ■ Faire un pique-nique.

pique-niqueur, euse n. – XIXe ■ Personne qui prend part à un pique-nique. *Des pique-niqueurs.*

pique-notes n. m. – XIXe ■ Objet de bureau, petit crochet où l'on enfile des notes, des feuilles volantes. *Des pique-notes.*

piquepoul → **picpoul**

piquer v. 1 – XIIe ; lat. °*pikkare* « piquer, frapper » I v. tr. 1 Entamer légèrement ou percer avec une pointe. « *il piqua son cheval et s'élança* » (Maupass.). ⇒ **éperonner.** ♦ Faire une piqûre à (qqn). fam. *On l'a piqué contre la variole*, on l'a vacciné. *Il a dû faire piquer son chien*, lui faire faire une piqûre entraînant la mort. ♦ Percer en enfonçant un dard, un stylet, un crochet à venin. *Être piqué par un moustique.* 2 Percer de trous pour garnir, pour larder, ailler. *Un rôti piqué d'ail.* ♦ Fixer en traversant avec une pointe, une aiguille. *Piquer des papillons.* ♦ Coudre à la machine. ♦ Percer de petits trous selon un dessin. *Piquer des cartes pour métiers à tisser.* 3 Parsemer de petits trous. ⇒ **trouer.** ➤ *Meuble ancien piqué des vers.* ⇒ **vermoulu.** ➤ loc. fam. *N'être pas piqué des hannetons* (ou *des vers*) : être extrême, remarquable en son genre. « *un petit casse-noisette de mon invention qui n'est pas piqué des vers* » (Balz.). ♦ Semer de points, de petites taches. ⇒ **moucheter, piqueter, tacheter.** « *Les mains toutes piquées de taches de rousseur* » (Hugo). 4 Frapper vivement. ➤ Au billard, *Piquer la bille,* la frapper en tenant la queue presque verticalement. ➤ *Piquer une note,* la marquer en la détachant. 5 Donner la sensation d'entamer avec une pointe. ⇒ **brûler, picoter.** « *Une ortie qui lui piquait les jambes* » (Hugo). « *La fumée piqua les yeux encore pendant longtemps* » (Céline). *Une barbe qui pique,* dure au contact. fam. (enfants) *De l'eau qui pique :* de l'eau gazeuse. 6 vieilli Blesser, irriter vivement. ⇒ **froisser, vexer.** ➤ *PIQUER AU VIF :* irriter l'amour-propre de. ♦ Faire une vive impression sur. ⇒ **éveiller, exciter.** « *Rastignac voulait piquer ma curiosité* » (Balz.). 7 fam. Prendre, voler. ⇒ **chiper, faucher.** « *Tu tâcheras moyen de ne pas bouger si tu me vois piquer un truc* » (Genet). ♦ Arrêter, pincer (qqn). *La police l'a piqué à la sortie.* 8 fam. Prendre, faire, avoir brusquement. *Piquer un cent mètres. Il* « *manifeste l'intention de piquer un roupillon* » (Barbusse). *Piquer une colère. Piquer sa crise :* se mettre en colère. *Piquer un fard :* rougir brusquement. 9 Enfoncer (qqch.) par la pointe. « *Mme Vonlauth piqua son aiguille dans son ouvrage* » (Mart. du G.). ♦ *Piquer une tête :* se jeter la tête la première ; plonger. « *piquer une bonne tête dans la rivière* » (Sand). **II** v. intr. 1 S'élancer rapidement, directement. « *nos deux ivrognes piquèrent tête baissée dans la porte, l'enfoncèrent* » (Baud.). 2 Tomber, descendre brusquement. *Un avion qui pique,* qui descend en piqué. ➤ loc. *Piquer du nez :* tomber le nez en avant. « *Idriss prit son souffle et piqua du nez dans la bassine* » (Tournier). **III** v. pron. 1 Être légèrement blessé, entamé par une pointe, un piquant. *Elle s'est piquée avec une aiguille.* ♦ Se faire une piqûre, et spécialt S'injecter un stupéfiant. ⇒ se **shooter.** 2 Se couvrir de petites taches, de moisissures. *Les livres exposés à l'humidité se piquent. Vin qui se pique,* s'aigrit. 3 littér. Se froisser, se vexer. ⇒ se **formaliser.** ♦ Prétendre avoir et mettre son point d'honneur à posséder (une qualité, un avantage). ⇒ se **prévaloir.** *Ceux qui* « *se piquent d'être au courant, "dans le train", comme on dit aujourd'hui* » (Bourget).

① **piquet** n. m. – XIVe 1 Petit pieu destiné à être fiché en terre. *Piquets de tente.* ⇒ fam. **sardine.** ➤ loc. *(Être) planté comme un piquet :* droit et raide, immobile (d'une personne). *Raide comme un piquet.* 2 *Piquet d'incendie :* soldats formés pour la lutte contre le feu. ➤ *Piquet de grève :* grévistes veillant sur place à l'exécution des ordres de grève. 3 Punition infligée à un élève, consistant à le mettre au coin. « *tu me recopieras trois fois la leçon sur les assolements et tu feras une heure de piquet* » (Bosco).

② **piquet** n. m. – XVIIe ; o. i. ; probablt du rad. de *piquer* ■ Jeu de cartes où le joueur doit réunir le plus de cartes de même couleur, ainsi que certaines figures ou séquences.

piquetage n. m. – XIXe ■ Disposition de points de repère pour marquer un alignement.

piqueter v. tr. [4] – XVIIe 1 Tracer à l'aide de piquets, de bâtons d'alignement. *Piqueter une allée.* ⇒ **jalonner.** 2 Parsemer de points, de petites taches. ⇒ **moucheter.**

① **piquette** n. f. – XVIe ■ Boisson obtenue par la fermentation de marc de raisin frais (ou autres fruits) avec de l'eau sans addition de sucre. « *Paisiello me semble de la piquette assez agréable et que l'on peut* [...] *boire avec plaisir dans les moments où l'on trouve le vin trop fort* » (Stendh.). ♦ Vin acide, médiocre.

② **piquette** n. f. – XIXe ; probablt du dial. *pique* « correction » ■ fam. Raclée, défaite écrasante. ⇒ ② **pile.**

① **piqueur, euse** n. – XVIe 1 Employé chargé de la surveillance des écuries dans un élevage. ♦ Valet de chiens qui poursuit la bête à cheval. « *les piqueurs et les gentilshommes chasseurs, en cercle autour de la curée* » (Maupass.). 2 Ouvrier, ouvrière qui pique à la machine (les tissus, les cuirs), qui perce les cartes pour métiers, ou qui agrafe les cartonnages, etc. 3 Agent technique assistant le conducteur de travaux publics ; agent des chemins de fer surveillant les travaux sur la voie. 4 *Marteau-piqueur* (voir ce mot). ➤ adj. *Insectes piqueurs,* qui piquent.

② **piqueur** n. m. – XIIIe ■ Mineur travaillant au pic. ➤ Ouvrier utilisant un marteau pneumatique.

piquoir n. m. – XVIIIe ■ Aiguille emmanchée servant à piquer un dessin.

piqûre [pikyʀ] n. f. – XIVe 1 Petite blessure faite par ce qui pique. *Elle* « *n'a jamais voulu apprendre à coudre, parce qu'il lui suffisait d'une piqûre pour faire une hémorragie* » (Aragon). *Piqûre d'insecte.* ♦ Sensation produite par qqch. d'urticant. *Piqûre d'ortie.* ♦ fig. *Cette sensibilité* « *à la piqûre la plus légère de la satire* » (Dider.). 2 *Piqûre* ou *point de piqûre :* point avant combiné avec un point arrière, servant de couture ou d'ornement. ⇒ **surpiqûre.** 3 Petit trou. *Piqûre de ver, de taret.* ⇒ **vermoulure.** ♦ Petite tache. *Une piqûre de rouille.* ➤ Tache roussâtre sur le papier, le linge, due à l'humidité. 4 Introduction d'une aiguille creuse dans une partie du corps pour pratiquer une ponction ou une injection. « *La douleur devient si forte que nous nous décidons à faire une piqûre* » (Gide). *Piqûre d'héroïne.* ⇒ arg. ② **fixe, shoot.**

> ❑ Il existe une variante familière, *piquouse,* pour désigner l'injection.

piranha [piʀana] n. m. – XVIIIe ; mot tupi ■ Petit poisson carnassier des fleuves de l'Amérique du Sud *(cypriniformes),* d'une extrême voracité.

> ❑ Ces petits poissons attaquent en groupes si nombreux que l'homme risque d'être dévoré.

piratage n. m. – v. 1979 ■ Fait de pirater. *Le piratage des disques, des logiciels.*

pirate n. m. – XIIIe ; gr. *peiratês* 1 Aventurier qui courait les mers pour piller les navires de commerce. ⇒ **boucanier, corsaire, écumeur, flibustier, forban.** « *La tête de mort est l'emblème bien connu des pirates* » (Baud.). ➤ *Des pirates ont attaqué les boat people.* 2 *Pirate de l'air :* individu armé qui détourne un avion en vol et prend en otage l'équipage et les passagers. 3 Individu cupide et sans scrupules. ⇒ **escroc.** ♦ *Pirate informatique,* qui pirate les logiciels ou s'introduit dans un système informatique pour en tirer profit. ⇒ **hacker.** 4 adj. Clandestin. *Radio pirate,* qui émet sans autorisation. *Des enregistrements pirates.*

> ❑ Le *pirate* était un bandit alors que le *corsaire* capturait les bateaux ennemis en temps de guerre.

pirater v. [1] – XVIe 1 v. intr. Se livrer à la piraterie. 2 v. tr. Reproduire, copier frauduleusement (une œuvre). *Pirater un logiciel.*

piraterie n. f. – XVIe 1 Acte de pirate, attentat contre un autre navire. ♦ Activité des pirates. ⇒ **flibuste.** ♦ *Piraterie aérienne :* détournement d'avions par des pirates de l'air. 2 Escroquerie. « *de quelle piraterie provenait une fortune estimée à plusieurs millions* »

(Balz.). ♦ Copie frauduleuse de disques, de films, etc. ⇒ **piratage.**

pire adj. – XIIe ; lat. *pejor*, compar. de *malus* « mauvais » **I** (comparatif) Plus mauvais, plus nuisible, plus pénible. « *l'habitude du désespoir est pire que le désespoir lui-même* » (Camus). *La situation est bien pire que je ne croyais.* ➛ *Je ne connais pas de pire désagrément.* ♦ Pis. « *il vous arrivera quelque chose de pire* » (La Font.). *C'est pire que tout. C'est de pire en pire.* **II** (superlatif) LE PIRE, LA PIRE, LES PIRES. **1** Le plus mauvais. *Un voyou de la pire espèce.* « *Les pires historiens pour un jeune homme sont ceux qui jugent* » (Rouss.). *C'est la pire chose qui puisse lui arriver.* ➛ ellipt *C'est le pire, la pire* (parmi d'autres). **2** n. m. Ce qu'il y a de plus mauvais (en qqch.). ⇒ ② **pis.** « *le pire de tout cela, c'est qu'on s'y habitue* » (Flaub.). ➛ Les choses les plus mauvaises, les plus dangereuses. *Craindre le pire.* « *le mieux n'existe pas pour les gens sans le sou ; seul, le pire arrive* » (Huysm.). *La politique du pire*, qui consiste à rechercher le pire pour en tirer parti. ✪ CONTR. Meilleur, mieux.

❑ En dépit de la règle, *pire* est souvent employé ironiquement avec *moins, aussi, plus.* « *Une administration presque "aussi pire"* » (Verlaine). *C'est moins pire que je ne craignais.* → comparatif (rem.).

piriforme adj. – XVIIe ; lat. *pirum* « poire » et *-forme* ▪ En forme de poire.

pirogue n. f. – XVIIe ; caraïbe ▪ Longue barque étroite et plate, mue à la pagaie ou à la voile, utilisée notamment en Afrique, en Océanie. « *de longues pirogues à éperon* [...] *montées par des hommes noirs qui rament debout* » (Loti).

piroguier n. m. – XIXe ▪ Conducteur d'une pirogue.

pirojki [piʀɔʃki] n. m. – XIXe ; mot russe ▪ Petit pâté chaud farci de viande, de poisson, de légumes, etc. *Des pirojkis.*

pirole n. f. – XVIe ; lat. *pirus* « poirier » ▪ Petite plante herbacée (*monotropacées*), à feuilles vertes ressemblant à celles du poirier, et qui pousse dans les lieux humides. ✪ HOM. Pyrrol.

pirouette n. f. – XIVe ; gr. *p(e)irô* « je transperce » et *rouelle* « petite roue », d'apr. *girouette* **1** Tour ou demi tour qu'on fait sur soi-même, en se tenant sur la pointe ou le talon d'un seul pied. « *Il fit une pirouette et disparut* » (Balz.). ➛ loc. fam. *Répondre par une pirouette* : éluder une question sérieuse par des plaisanteries. ⇒ **dérobade.** ♦ Un ou plusieurs tours que les danseurs exécutent sur une seule jambe. **2** Brusque revirement. ⇒ **volte-face.** *Ses pirouettes n'étonnent plus personne.*

pirouetter v. intr. [1] – XVIe **1** Faire une, plusieurs pirouettes. ⇒ **pivoter. 2** Tourner rapidement. « *Le vaste lit des eaux* [...] *bouillonnant, pirouettant en gigantesques tourbillons* » (Baud.).

① **pis** n. m. – Xe ; lat. *pectus* « poitrine, cœur » ▪ Mamelle d'une bête laitière. *Les pis d'une vache, d'une chèvre, d'une brebis.* « *Les vaches, pour s'être couchées dans l'herbe humide, avaient les pis gercés* » (Larbaud). ✪ HOM. Pi, pic.

② **pis** adv. – Xe ; lat. *pejus*, neutre de *pejor* → pire ▪ littér. **I** - **1** adv. Plus mal. *Cela ne va ni mieux ni pis qu'avant.* ➛ *Les choses vont de mal en pis*, elles empirent. **2** adj. Plus mauvais, plus fâcheux. ⇒ **pire.** « *Elle n'était pas entièrement nue ; mais c'était bien pis !* » (Barbey). ➛ *Qui pis est* [kipizɛ] : ce qui est plus grave. « *nous doutons qu'elle plaise, ou, qui pis est, qu'elle soit très utile* » (Balz.). **3** Une chose pire. *Il y a bien pis, pis encore.* loc. *Dire pis que pendre de qqn*, répandre sur lui les pires médisances ou calomnies. **II** LE PIS : la pire chose, ce qu'il y a de plus mauvais, le pire. « *Mais ce n'est pas là le pis* » (Dider.). ♦ loc. adv. AU PIS : dans l'hypothèse la plus défavorable. *Mettre les choses au pis.* ♦ loc. adv. AU PIS ALLER [opizale] : en supposant que les choses aillent le plus mal possible. ⇒ **pis-aller.** ✪ CONTR. Meilleur, mieux.

pis-aller [pizale] n. m. inv. – XVIIe ▪ Personne, solution, moyen à quoi on a recours faute de mieux. « *Sans doute il considérait la maison close comme un pis-aller* » (Romains).

pisci- Élément, du lat. *piscis* « poisson ».

piscicole adj. – XIXe ▪ Qui appartient à la pisciculture. *Production piscicole.*

pisciculteur, trice n. – XIXe ▪ Personne qui s'occupe de pisciculture, élève des poissons. ⇒ **aquaculteur.**

pisciculture n. f. – XIXe ▪ Ensemble des techniques de production et d'élevage des poissons. ⇒ **alevinage, aquaculture.**

pisciforme adj. – XVIIIe ; *pisci-* et *-forme* ▪ Qui a la forme d'un poisson. ⇒ **ichtyoïde.** *Les cétacés sont des mammifères pisciformes.*

❑ Pour la formation du mot → ichtyoïde (rem.).

piscine n. f. – XIIe ; lat. *piscis* « poisson » **1** Bassin pour les rites purificatoires. *La piscine probatique de Jérusalem.* **2** Grand bassin de natation. *Piscine en plein air, couverte. Piscine à vagues.* ⇒ aussi **jacuzzi.** *Piscine olympique.* **3** Bassin rempli d'eau, dans les centrales nucléaires. *La piscine d'un réacteur.*

❑ Ce mot est devenu courant avec la pratique de la natation, développée au milieu du XIXe s., et de l'hydrothérapie.

piscivore adj. – XVIIIe ; *pisci-* et *-vore* ▪ Qui se nourrit ordinairement de poissons. ⇒ **ichtyophage.** ➛ n. *Un piscivore* (animal).

❑ Pour la formation du mot → ichtyophage (rem.).

pisé n. m. – XVIe ; du lyonnais *piser* « broyer » ▪ Maçonnerie faite de terre argileuse, délayée avec des cailloux, de la paille, et comprimée. ⇒ **torchis.** *Un mur de pisé.*

pisiforme adj. m. – XVIIIe ; lat. *pisum* « pois » et *-forme* ▪ *Os pisiforme*, ou n. m. *le pisiforme* : os de la rangée supérieure du carpe, du côté cubital du poignet.

pissaladière n. f. – 1938 ; lat. *piscis* « poisson » et *sal* « sel » ▪ Mets niçois, fait de pâte à pain garnie d'oignons cuits, d'anchois et d'olives noires (⇒ aussi **pizza**).

❑ Ce mot n'a aucun rapport étymologique avec *pizza*, en dépit du sens.

pissat n. m. – XIIIe ▪ Urine (de certains animaux). *Du pissat d'âne, de vache.*

pisse n. f. – XIIIe ▪ vulg. Urine. ⇒ fam. **pipi**

pisse-froid n. m. inv. – XVIIe ▪ fam. Personne froide et ennuyeuse. ⇒ **pisse-vinaigre.** *Quel pisse-froid !* ➛ adj. *Elle est plutôt pisse-froid.*

pissement n. m. – XVIe ▪ rare Action de pisser. ➛ *Pissement de sang* : hématurie.

pissenlit n. m. – XVIe ; de *pisser, en* et *lit* ▪ Plante herbacée, vivace (*composées*), à feuilles longues et dentées, à fleurs jaunes, à akènes pourvus d'une aigrette. ⇒ **dent-de-lion.** *Salade de pissenlit.* ♦ loc. fam. *Manger les pissenlits par la racine* : être mort.

❑ Cette plante doit son nom à ses vertus diurétiques.

pisser v. [1] – XIIe ; lat. *pissiare* ▪ fam. **1** v. intr. Uriner (cf. Faire pipi*). ♦ loc. *Il pleut comme vache qui pisse*, à verse. *C'est comme si on pissait dans un violon* : c'est complètement inutile (d'une action). *Laisser pisser (le mérinos)* : attendre, laisser aller les choses. *Ne plus* *se sentir pisser :* être trop fier de soi. *Ça ne pisse pas loin :* ça ne vaut pas grand-chose. 2 **v. tr.** Évacuer avec l'urine. *Pisser du sang.* ♦ Laisser s'écouler (un liquide). *Son nez pisse le sang.* ➛ *Pisser de la copie :* rédiger abondamment et médiocrement. « *des cuistres, ivres de l'antique,* [...] *qui pissent du Plutarque jour et nuit* » (Bernanos).

pissette n. f. – XIXe ▪ Appareil de laboratoire produisant un jet de liquide.

pisseur, euse n. – XVe ▪ fam. Personne qui urine souvent. ➛ *Une pisseuse :* une petite fille, une femme (injure sexiste). ♦ *Pisseur de copie,* auteur, journaliste qui écrit beaucoup et mal.

pisseux, euse adj. – XVIe 1 fam. Qui est imprégné d'urine, qui sent l'urine. *Des maisons où « sèche un linge pisseux et pauvre »* (Aragon). 2 D'une couleur passée, jaunie. « *de longues moustaches d'un noir pisseux* » (Romains).

pisse-vinaigre n. m. inv. – XVIIe ▪ fam. Personne d'humeur morose. ⇒ **pisse-froid.**

pissoir n. m. – XVe ▪ région. (Nord) Édifice public où les hommes vont uriner. ⇒ **pissotière.**

pissotière n. f. – XVIe ▪ fam. Édifice public où les hommes vont uriner. ⇒ **vespasienne ; sanisette.**

pistache n. f. – XVIe ; gr. ▪ Graine du pistachier, amande verdâtre qu'on utilise en cuisine et en confiserie. ♦ **adj. inv.** *Couleur pistache, vert pistache,* vert clair. « *De tendres plafonds pistache relevés de stuc blanc* » (Morand).

pistachier n. m. – XVIIe ▪ Arbre résineux des régions chaudes *(anacardiacées),* au feuillage luisant, à petites fleurs en grappes et dont le fruit contient la pistache. ⇒ **lentisque, térébinthe.**

pistage n. m. – 1900 ▪ Action de pister.

pistard, arde n. – 1907 ▪ Cycliste spécialiste des épreuves sur piste.

piste n. f. – XVIe ; lat. *pinsere* « broyer » 1 Trace que laisse un animal sur le sol où il a marché. ⇒ **foulée, voie.** *Piste de troupeaux.* ⇒ ② **draille.** ♦ Chemin qui conduit à qqn ou à qqch. *Brouiller les pistes :* rendre les recherches difficiles. *Suivre une fausse piste.* « *Ils menaient la police sur des pistes sérieuses et toutes fraîches* » (Cendrars). *Jeu de piste,* consistant à suivre l'organisateur du jeu qui a laissé des indices plus ou moins clairs (⇒ **rallye**). 2 Terrain tracé et aménagé pour les épreuves d'athlétisme, les courses de chevaux, de voitures, etc. *Piste cendrée.* ⇒ aussi ② **tartan.** *La piste d'un vélodrome, d'un stade. Épreuves sur piste* (opposé à *sur route* en cyclisme). 3 Emplacement souvent circulaire, servant de scène pour certains spectacles. *La piste d'un cirque. Entrer en piste. Tous en piste ! Piste de danse, de patinage.* ➛ Plateau à rebord servant à lancer les dés. 4 Chemin rudimentaire. *Piste de brousse. Pistes sahariennes.* ♦ *Piste pour cavaliers,* en forêt (cf. Allée cavalière*). ♦ *Piste de ski :* parcours aménagé pour les descentes à ski. *Pistes balisées. Ski hors-piste.* ➛ *Piste de ski de fond.* ♦ Partie d'un terrain d'aviation aménagée pour le décollage et l'atterrissage des avions. *Piste d'atterrissage.* ➛ *Piste cyclable :* chaussée réservée aux cycles. 5 Ligne fictive d'un support magnétique sur laquelle sont enregistrées des informations. *Une cartouche huit pistes.* ➛ *Piste sonore :* zone d'un film réservée à l'enregistrement du son. ➛ Dépôt métallique, sur l'isolant d'un circuit imprimé, constituant un conducteur.

pister v. tr. [1] – XIXe ▪ Suivre la piste de. *Pister un animal.*

pisteur n. m. – 1969 ▪ Personne chargée d'entretenir et de surveiller les pistes de ski.

pistil n. m. – XVIIe ; lat. *pistillus* « pilon » ▪ Organe femelle des plantes à fleurs. ⇒ **gynécée.** *Parties du pistil.* ⇒ **carpelle, ovaire, stigmate, style.**

❑ Pour la prononciation → chenil (rem.).

pistole n. f. – XVIe ; tchèque *pichtal* « arme à feu » → pistolet ▪ Ancienne monnaie d'or battue en Espagne, en Italie. ➛ Monnaie de compte qui valait dix livres.

pistolero [pistɔleʀo] n. m. – 1973 ; mot esp. ▪ Homme de main ; combattant, franc-tireur (dans une lutte politique). *Des pistoleros.*

pistolet n. m. – XVIe ; de *pistole* 1 Arme à feu courte et portative. « *ils déchargeaient leurs pistolets dans les portes* » (Sand). *Pistolets automatiques à chargeur.* ⇒ aussi **revolver ; browning, parabellum ;** fam. et arg. **calibre,** ① **feu, pétard.** *Un coup de pistolet. Armer, décharger un pistolet.* ♦ Instrument ou jouet analogue. *Pistolet à bouchon, à eau. Pistolet d'alarme.* ♦ Pulvérisateur de peinture, de vernis. ⇒ **aérographe.** *Vernissage, peinture au pistolet.* 2 En Belgique, Petit pain rond. ♦ Mince planchette servant à tracer des courbes. ♦ Urinal. 3 Individu bizarre. *Un drôle de pistolet.*

❑ Pour le sens → revolver (rem.).

pistolet-mitrailleur n. m. – 1938 ▪ Arme automatique individuelle pour le combat rapproché des fantassins et parachutistes. ⇒ **mitraillette ;** aussi **kalachnikov.** abrév. P.-M. [peɛm]. *Des pistolets-mitrailleurs.*

piston n. m. – XVIe ; lat. *pinsere* « broyer » 1 Pièce cylindrique qui se meut dans un tube, où elle reçoit et transmet une pression exercée par un fluide. *Le piston d'une seringue. Fusil à piston. Piston de moteur à explosion.* 2 Pièce mobile réglant le passage de l'air (et par conséquent la hauteur du son), dans certains instruments à vent. *Cornet, trombone à pistons.* ➛ *Jouer du piston.* 3 Appui, recommandation qui permet d'obtenir par faveur une nomination, un avancement (⇒ **pistonner ; clientélisme, népotisme**). « *Gisèle ne pourrait s'en tirer qu'avec un bon coup de piston* » (Proust). 4 arg. scol. Élève préparant l'École centrale, élève de l'École centrale ; cette école.

pistonner v. tr. [1] – XIXe ▪ Appuyer, protéger (un candidat à une place). *Se faire pistonner par qqn de haut placé.*

pistou n. m. – 1938 ; mot provençal, lat. *pestare* « broyer » ▪ région. Basilic broyé utilisé dans certaines préparations culinaires d'origine provençale. *Soupe au pistou :* soupe de légumes au basilic. ➛ *Un pistou :* plat de légumes bouillis, à la provençale, au basilic.

❑ Même origine que l'italien *pesto* qui désigne une sauce au basilic et au pecorino.

pitance n. f. – XIIe ; var. de *pitié* ▪ péj. et vieilli Nourriture. « *Il gagnait souvent sa pitance à l'appareil à sous* » (Aragon).

pit-bull [pitbyl, -bul] n. m. – 1987 ; angl. *pit* « arène » et *bull* « taureau » ▪ Variété de chien de combat issu d'un croisement entre le bouledogue et le fox-terrier. *Combat de pit-bulls.*

❑ C'est le même *bull* qui se manifeste dans *bouledogue* et *bulldozer ;* en anglais le mot est récent (1945).

pitchpin n. m. – XIXe ; angl. « pin à résine » ▪ Bois de plusieurs espèces de pins d'Amérique du Nord, de couleur rouge-brun, utilisé en menuiserie.

piteusement adv. – XIIe ▪ D'une manière piteuse ; d'un air piteux. *Échouer piteusement.* ⇒ **lamentablement.**

piteux, euse adj. – XIIe ; lat. *pietas* « pitié » 1 Digne de pitié, malheureux. 2 Qui excite une pitié mêlée de mépris par son caractère déplorable. ⇒ **pitoyable ; minable.** *Les résultats sont piteux.* ➛ *En piteux état :* en mauvais état. ⇒ **piètre, triste.** ♦ Triste, confus. « *L'homme gardait une mine piteuse et contrite* » (Romains). ✪ CONTR. Heureux. Triomphant.

pithécanthrope n. m. – XIXe ; gr. *pithêkos* « singe » et *anthrôpos* « homme » ■ Mammifère primate fossile *(Homo erectus)*, un des plus anciens représentants du genre *homo.*

❑ Ne pas confondre avec *anthropopithèque* (formé avec les mêmes éléments) désignant un primate intermédiaire entre le singe et l'homme, moins évolué.

pithiatique adj. – 1901 ■ Se dit d'un trouble non organique qui peut être guéri ou reproduit par la suggestion.

pithiatisme n. m. – 1901 ; gr. *peithein* « persuader » et *iatos* « guérissable » ■ Ensemble des désordres à caractère pithiatique, considérés comme partie intégrante de l'hystérie.

pithiviers [pitivje] n. m. – XIXe ; nom d'une ville du Loiret 1 Petit pâté d'alouette. 2 Gâteau feuilleté à la frangipane.

pitié [pitje] n. f. – XIe ; lat. *pietas* → piété 1 Sympathie qui naît de la connaissance des souffrances d'autrui et fait souhaiter qu'elles soient soulagées. ⇒ **commisération, compassion.** « *Le Chagrin et la Pitié* », *film de Marcel Ophuls.* ➛ *Inspirer, exciter la pitié.* ➛ *Faire pitié à qqn,* lui inspirer la pitié. « *Les mains malheureuses et serviles qui ont "exécuté", elles nous font horreur, mais aussi pitié* » (Duham.). ➛ *Avoir pitié de qqn,* ressentir de la pitié envers lui. ⇒ **compatir, plaindre.** *Éprouver de la pitié.* « *la pitié qu'on peut avoir envers soi-même et demander aux autres* » (Sand). ➛ *Par pitié :* je vous en prie, de grâce. « *Par pitié, laissez-moi tranquille* » (Gide). *Pitié !* grâce ! ➛ *Être sans pitié.* ⇒ **impitoyable.** « *C'est un mal sans pitié, que vous plaignez vous-même* » (Muss.). 2 Sentiment de commisération accompagné d'appréciation défavorable ou de mépris. *Un sourire de pitié,* condescendant. *Ça fait pitié.* ⇒ **piteux, pitoyable.** ♦ *Quelle pitié !* quelle chose pitoyable, dérisoire ! ✪ CONTR. Cruauté. Inhumanité.

piton n. m. – XIVe ; d'un rad. roman *pitt-* « pointe » 1 Clou, vis dont la tête forme un anneau ou un crochet. ➛ Morceau de métal que les alpinistes enfoncent dans les fissures des rochers, pour servir de point d'appui. 2 Pointe isolée d'une montagne. ⇒ ③ **pic.** « *de hauts pitons calcaires au pied desquels on distingue quelques huttes* » (Cl. Simon). ✪ HOM. Python.

pitonnage n. m. – 1936 1 Action d'enfoncer des pitons dans le rocher. 2 région. (Canada) Action de pitonner (2°) (⇒ **zapping**).

pitonner v. intr. 1 – 1936 1 Enfoncer des pitons dans le rocher. 2 région. (Canada) Tapoter sur des touches. ⇒ **pianoter.** ➛ Actionner les touches d'une télécommande de télévision. ⇒ **zapper.**

pitoyable adj. – XIIIe 1 Digne de pitié, qui inspire la pitié. ⇒ **malheureux, misérable.** « *La plupart de nos blessés étaient en pitoyable état* » (Duham.). 2 Qui inspire, mérite une pitié méprisante. ⇒ **piteux ; lamentable, minable.** *Son attitude a été pitoyable.* ✪ CONTR. Enviable. Excellent.

pitoyablement adv. – XIIIe ■ D'une manière pitoyable.

pitre n. m. – XVIIe ; mot franc-comtois, var. de *piètre* ■ Personne qui fait rire par ses facéties. *Faire le pitre.* ⇒ **clown, guignol, zouave.** « *ce n'est pas beau, pour un pitre, de vieillir* » (Anouilh).

pitrerie n. f. – XIXe ■ Plaisanterie, facétie de pitre. ⇒ **clownerie.** *Faire des pitreries.*

pittoresque adj. et n. m. – XVIIe ; it. *pittore* « peintre » 1 Qui est digne d'être peint, charme ou amuse par un aspect original. *Une rue, un village pittoresque.* « *un dessinateur, en quête de quelque site pittoresque* » (J. Verne). 2 Qui dépeint bien, exprime les choses d'une manière colorée, imagée, piquante. « *des exemples pittoresques, qui amusaient les enfants* » (Stendh.). *Des détails pittoresques et savoureux.* 3 n. m. Caractère pittoresque. « *il s'y mêlait beaucoup d'imagination, de poésie et de pittoresque* » (Gaut.). ✪ CONTR. Banal, incolore, ① plat.

pittosporum [pitɔspɔʀɔm] n. m. – XIXe ; gr. *pitta* « poix » et *spora* « semence » ■ Arbuste ornemental originaire des régions tropicales, à feuilles persistantes et à corymbes de fleurs très odorantes.

pituitaire adj. – XVIe ■ Relatif à la pituite. ➛ *La membrane, la muqueuse pituitaire* ou n. f. *la pituitaire :* membrane qui tapisse les fosses nasales et les sinus de la face. ⇒ **hypophysaire.** ➛ *Glande pituitaire.* ⇒ **hypophyse.**

pituite n. f. – XVIe ; lat. ■ Liquide glaireux que certains malades (atteints de gastrite) rejettent le matin à jeun.

pityriasis [pitiʀjazis] n. m. – XIXe ; gr. *pituron* « son (de blé) » ■ Dermatose caractérisée par une fine desquamation. ⇒ **dartre.**

pive n. f. – XVIIe ; lat. *pipa* « flûte » ■ (Suisse) Fruit des conifères.

pivert n. m. – XVe ; de ① *pic* et *vert* ■ Grand pic à plumage jaune et vert. ⇒ ① **pic.**

❑ On écrit aussi *pic-vert,* avec la même prononciation.

pivoine n. f. – XIIe ; gr. *paiônia* ■ Plante vivace *(renonculacées),* cultivée pour ses larges fleurs roses, blanches ou rouges ; fleur de cette plante.

pivot n. m. – XIIe ; o. i., p.-ê. italique *°pūga* « pointe » 1 Pièce à l'extrémité amincie, servant de support à une autre pièce qui tourne sur elle-même. ⇒ **axe, crapaudine, palier, tourillon.** *Fauteuil monté sur pivot.* ♦ Ce sur quoi repose un ensemble d'éléments. ⇒ **base, centre.** *Être le pivot d'une société.* 2 Racine principale qui apparaît la première et s'enfonce verticalement dans le sol. 3 Support d'une dent artificielle, enfoncé dans la racine. ⇒ **tenon.** 4 Basketteur placé à proximité du panier et pivotant sur un pied pour passer ou tirer.

pivotant, ante adj. – XVIe 1 Qui pivote. *Fauteuil pivotant.* 2 *Racine pivotante,* dont le pivot est gros et long (opposé à *racine fasciculée*). *La racine pivotante de la carotte.*

pivoter v. intr. 1 – XVIIe 1 Tourner sur un pivot, comme autour d'un pivot. *Il* « *fit pivoter sa main, paume dessus, paume dessous* » (Duham.). 2 S'enfoncer verticalement en terre (racine). 3 Tourner autour de, avoir pour point central. « *Les divers monopoles sur lesquels pivote l'économie publique* » (Proudh.).

pixel n. m. – 1978 ; mot angl., de *pix,* pour *pictures* « images », et *el(ement)* « élément » ■ La plus petite surface homogène constitutive d'une image enregistrée. *Une image télévisée comporte des milliers de pixels.*

❑ Cet emprunt a reçu l'approbation du *Journal officiel* en 1980.

pizza [pidza] n. f. – XIXe ; mot it. ■ Tarte faite de pâte à pain, garnie de tomates, anchois, olives, mozzarella, etc., originaire de Naples (⇒ aussi **pissaladière**).

pizzeria [pidzeʀja] n. f. – 1954 ; mot it. ■ Restaurant qui prépare et sert des pizzas. *Des pizzerias.*

pizzicato [pidzikato] n. m. – XVIIIe ; mot it. « pincé » ■ Manière de jouer en pinçant les cordes, sans les faire vibrer. *Des pizzicatos* ou plur. it. *des pizzicati.*

P.J. [peʒi] n. f. – 1934 ; sigle ■ fam. Police judiciaire.

placage n. m. – XIVe 1 Application sur une matière d'une plaque de matière plus précieuse ; cette plaque. ⇒ **revêtement.** *Un meuble « au placage d'acajou en assez mauvais état »* (Robbe-Grillet). 2 Morceau d'une œuvre qui semble ajouté après coup, qui ne fait pas corps avec le reste de l'ouvrage. ✪ HOM. Plaquage.

❑ La variante graphique *plaquage** avec *qu* est un terme de sport. Pour l'alternance *...quage/...cage* → trucage (rem.).

placard n. m. – XVe ; de *plaquer* I - 1 Écrit qu'on affiche pour donner un avis au public. ⇒ **affiche, écriteau, pancarte.** ♦ *Placard de publicité* : annonce publicitaire d'une certaine étendue, dans un journal, un périodique. 2 En imprimerie, Épreuve tirée en colonnes, pour les corrections. 3 fam. Plaque, couche épaisse. II - 1 Revêtement qui orne le panneau d'une porte. *Porte à placard double.* 2 Enfoncement de mur, de cloison, fermé par une porte et constituant une armoire fixe. ➛ Assemblage de menuiserie fixé à un mur et destiné au même usage. *Placard de cuisine.* ➛ loc. *Mettre* (qqn, qqch.) *au placard* : mettre à l'écart, abandonner. 3 arg. Prison. *Vingt ans de placard.*

placarder v. tr. [1] – XVIe ■ Afficher. *Placarder un avis, une affiche.*

place n. f. – XIe ; lat. *platea* I - 1 Lieu public, découvert, généralement entouré de constructions. ⇒ **esplanade, rond-point.** *« un tramway qui démarrait justement sur la place du Marché-Vieux »* (Cendrars). *La place de l'église, de la mairie.* ➛ loc. *Sur la place publique* : en public, aux yeux de tous. 2 PLACE (FORTE). ⇒ **forteresse.** *Camp retranché entouré de places fortes.* ➛ loc. *Avoir des intelligences, des complicités dans la place*, dans un groupe plus ou moins adverse. *Être maître de la place* : agir en maître, faire ce qu'on veut. ♦ PLACE D'ARMES : tranchée, ouvrage où l'on rassemblait les troupes avant une attaque. 3 Ensemble des banquiers, des commerçants, des négociants qui exercent leur activité dans une ville. *Avoir du crédit sur la place*, dans la ville où l'on exerce son activité. *Les grandes places financières internationales.* ➛ loc. *Sur la place de* (telle ville) : dans (telle ville). *« afin d'avoir un représentant habile sur la place de Paris »* (Balz.). 4 région. (Nord, Belgique) Pièce. *Logement de quatre places.* ➛ (Québec) Endroit, localité. *C'est une jolie place.* II - 1 Partie d'un espace ou d'un lieu. ⇒ **emplacement, endroit,** ① **lieu.** *À la même place.* ➛ *De place en place* : ici et là. ♦ Endroit où l'on se trouve. *Rester à la même place.* ➛ EN PLACE. *Rester en place. Ne pas tenir en place* : bouger sans cesse. ➛ SUR PLACE. *Rester sur place*, immobile. *Être cloué sur place.* substant. *Faire du surplace* ou *du sur-place* : ne pas avancer. *Voiture qui fait du surplace dans un embouteillage.* ➛ *Sur place* : à l'endroit où un événement a eu lieu, sur les lieux. *Faire une enquête sur place.* 2 Portion d'espace qu'une personne occupe. *Prendre trop de place sur un banc.* ♦ Dans un lieu collectif ou un groupe, Emplacement attribué, assigné. *Aller s'asseoir à sa place. Faire garder sa place. Prendre la place de qqn.* ♦ loc. *Prendre place* : se placer. *Faire place à qqn* : se ranger pour permettre à qqn de passer. 3 Siège ou partie d'un siège qu'occupe ou que peut occuper une personne (dans une salle de spectacle, un véhicule, etc.). *Réserver sa place. « Et vous vous levez aussi dans le métro pour donner votre place aux vieilles dames ? »* (Vian). *Place de cinéma, de théâtre, de concert. Voiture à deux* (⇒ **biplace**), *à quatre places.* ellipt *Une quatre places. Places avant, arrière.* fam. *La place du mort* (réputée dangereuse), à côté du conducteur, dans une voiture. *Avion à une seule place* (⇒ **monoplace**). ➛ Espace d'un lieu public que peut occuper une personne. *Places assises et places debout dans le métro.* ♦ Prix qu'on paye pour pouvoir occuper une place (dans une salle de spectacle, un véhicule, etc.). *Payer demi-place, place entière.* ➛ loc. fig. *Les places sont chères* : la concurrence est âpre. 4 Espace libre où l'on peut mettre qqch. ;portion d'espace qu'une chose occupe. *Faire de la place en se débarrassant des objets inutiles. Objet qui occupe beaucoup de place. Ne mange pas trop, garde une place pour le dessert.* ➛ *Il y a la place de mettre une table.* ➛ *Trouver une place pour garer sa voiture.* 5 Endroit, position qu'une chose occupe ou doit occuper dans un lieu. ⇒ **emplacement.** *Changer la place des meubles.* ➛ *La place des mots dans la phrase.* ⇒ **ordre.** ➛ EN PLACE : à sa place. *Remettre en place.* ➛ MISE EN PLACE : arrangement, installation. III - 1 Fait d'être admis dans un groupe, un ensemble, d'être classé dans une catégorie ; condition, situation dans laquelle on se trouve. *Cet homme d'État aura sa place dans l'histoire. Avoir sa place au soleil* : profiter des mêmes avantages que les autres. *Avoir une place dans la vie, dans l'estime de qqn.* ➛ *Place aux jeunes !* ➛ *Tenir sa place* : bien tenir son rang. *Il ne donnerait pas sa place pour un empire, pour tout l'or du monde.* ➛ À LA PLACE DE *qqn*, *à sa place*, dans sa situation. *Se mettre à la place de qqn*, supposer qu'on est soi-même dans la situation où il est. *« Mais, à votre place, voici comment j'agirais »* (Gide). *Enfin, mettez-vous à ma place !* 2 Position, rang dans une hiérarchie. ♦ Rang qu'obtient un élève à un contrôle, un candidat à un concours. ⇒ **classement.** ♦ Rang (d'un sportif, d'une équipe) dans une course, une compétition. ➛ Classement du cheval qui arrive parmi les placés. ♦ *Être en place* : jouir d'un emploi, d'une charge qui confère à son titulaire de l'autorité, de la considération. *« un noble, l'ami d'un prince de sang, et un homme en place »* (Goncourt). ➛ Emploi. *Perdre sa place, chercher une place.* 3 *Faire place à* : être remplacé par. *« Ici, le paysan a fait place au mineur »* (J. Verne). ➛ loc. À LA PLACE DE : au lieu de. *Employer un mot à la place d'un autre.* ⇒ **pour.** *Un cadran « avec de petites striures à la place des chiffres »* (Le Clézio). 4 *Être à sa place* : être fait pour la fonction qu'on occupe ; être adapté à son milieu, aux circonstances. *Rester à sa place* : se conduire comme l'exige sa condition, avec modestie. *Tenir sa place* : remplir les obligations de ses fonctions. ➛ loc. *Remettre qqn à sa place*, le rappeler à l'ordre, aux convenances. ⇒ **reprendre, réprimander.**

❑ *Place assise, place debout.* → assis, debout (rem.).

placé, ée adj. – XVIIe 1 Mis à une place. *Bien, mal placé.* 2 Qui est dans une certaine situation. *Personnage haut placé.* ♦ *Être bien placé pour*, en bonne position pour. *Je suis bien placé pour le savoir.* ➛ *C'est de la fierté mal placée*, hors de propos. 3 *Cheval placé*, qui se classe à la deuxième ou à la troisième place, dans une course. *« misez placé, pas gagnant »* (Anouilh).

placeau → **placette**

placebo [plasebo] n. m. – 1954 ; mot lat. « je plairai » ■ Substance inactive substituée à un médicament pour étudier les effets psychologiques accompagnant la médication. *Effet placebo. Des placebos.*

placement n. m. – XVIIe 1 région. (Belgique) Action de placer. *Le placement des convives autour d'une table.* 2 Action, fait de placer de l'argent. ⇒ **investissement.** *Faire un bon placement. Placement à long, à court terme.* ♦ L'argent ainsi placé, le capital investi. 3 Action de procurer un emploi, une place à qqn. vieilli *Bureau de placement.* ➛ *Placement d'un malade* *mental dans un service psychiatrique.* ⇒ **internement.** *Placement libre, volontaire, d'office.*

placenta [plasɛ̃ta] **n. m.** – XVIᵉ ; mot lat. « gâteau plat » ▪ **1** Masse charnue et spongieuse richement vascularisée, qui adhère à l'utérus et communique avec le fœtus par le cordon ombilical. *Expulsion du placenta.* ⇒ **délivrance.** **2** Partie d'un carpelle où sont insérés les ovules.

placentaire [plasɛ̃tɛʀ] **adj.** et **n. m.** – XIXᵉ **1** Du placenta. **2** **n. m. pl.** Mammifères pourvus d'un placenta (tous les mammifères, sauf les marsupiaux et les monotrèmes). ⇒ **euthériens.** ➡ au sing. *Un placentaire.*

placentation [plasɛ̃tasjɔ̃] **n. f.** – XIXᵉ **1** Formation du placenta. **2** Disposition des graines sur le carpelle.

① **placer** **v. tr.** [3] – XVIᵉ **I - 1** Mettre (qqn) à une certaine place, en un lieu déterminé ; conduire à sa place. ⇒ **installer.** « *on plaçait chaque jour un soldat en faction dans le corridor* » (Maupass.). ⇒ ① **poster.** **2** Mettre (qqch.) à une certaine place, en un certain lieu ; disposer d'une certaine façon. *Placer une pendule sur une cheminée.* ⇒ **mettre, poser.** *Placer un vaisseau spatial en orbite, sur orbite.* ➡ *Placer sa voix,* la poser dans son registre le plus naturel. ➡ *Placer la balle,* la lancer de manière qu'elle touche un point déterminé. *Placer un direct, son gauche :* lancer un coup de poing qui atteint son but. **3** Mettre (qqn) dans une situation déterminée. ➡ « *toute l'équipe placée sous ses ordres* » (Mac Orlan). ♦ *Placer qqn,* lui procurer une place, un emploi. ➡ *Placer un enfant,* le mettre dans une institution ou une famille d'accueil. *Il était parti* « *de chez les Herbaut, la famille où il était placé* » (Le Clézio). **4** Mettre (qqch.) dans une situation, à une place ; faire consister en. *Placer ses espérances en qqn.* ⇒ **fonder.** **5** Introduire dans un récit, une conversation. *Placer une anecdote, une histoire. Il n'a pas pu placer un mot,* (fam.) *il n'a pas pu en placer une :* il n'a rien pu dire, on l'a empêché de parler. **6** S'occuper de vendre. *Démarcheur qui place des valeurs financières.* **7** Employer (un capital) afin d'en tirer un profit, une plus-value ou d'en conserver la valeur. ⇒ **investir.** *Placer son argent à la caisse d'épargne.* « *tout son avoir avait été placé par Hirsch dans une huilerie* » (Mart. du G.). **II** *SE PLACER* **v. pron.** **1** Se mettre à une place. ⇒ s'**installer.** « *une danseuse vint se placer près de lui* » (J. Verne). ➡ Être placé. *Le fauteuil se place devant la cheminée.* **2** *Se placer sous la protection de qqn. Cela dépend du point de vue où l'on se place.* ➡ loc. *Chercher à se placer :* se mettre en frais, se faire valoir auprès de qqn. **3** Prendre une place, un emploi (apprenti, domestique). ✪ CONTR. Déplacer, déranger.

② **placer** [plasɛʀ] **n. m.** – XIXᵉ ; mot esp. « banc de sable » ▪ Gisement d'or. « *un riche propriétaire de placers californiens* » (J. Verne).

placet **n. m.** – XIVᵉ ; mot lat. « il plaît, il est jugé bon » **1** Écrit que l'on adressait à un souverain, à un ministre pour demander justice, se faire accorder une faveur. ⇒ **requête.** **2** Copie de l'assignation contenant les prétentions du demandeur remise au tribunal pour sa mise au rôle. *Référé sur placet* (syn. *réquisition d'audience*).

placette **n. f.** – XIVᵉ **1** Petite place. **2** Petite parcelle de forêt réservée aux expérimentations.

> ❑ Au sens de « parcelle de forêt », on dit aussi *placeau.*

placeur, euse **n.** – XVIIIᵉ **1** Ouvrier qui met en place, qui pose (une pièce, un objet déterminé). *Placeur de portes, de poulies* (dans une mine). **2** Personne qui place les spectateurs dans une salle de spectacle, ou qui, dans une cérémonie, une réception, indique à chacun la place qu'il doit occuper. « *leurs fonctions étaient devenues une sinécure aussi complète que les fonctions de placeur à l'Odéon* » (J. Verne). **3** Personne qui tient un bureau de placement. **4** **n. m.** Établissement professionnel qui intervient dans le placement des valeurs mobilières.

> ❑ Dans les salles de spectacle, pour une femme, on emploie plutôt *ouvreuse.*

placide **adj.** – XVᵉ ; lat. *placere* « plaire » ▪ Qui est doux et calme. ⇒ **paisible.** ➡ *Un sourire placide.* ✪ CONTR. Emporté, nerveux.

placidité **n. f.** – XVIᵉ ▪ Caractère placide. ⇒ ① **calme, douceur, sérénité, tranquillité.** « *une placidité de caractère non pas virile, mais pour ainsi dire, angélique* » (Sand). ✪ CONTR. Émoi, énervement.

placier, ière **n.** – XVIIᵉ **1** Personne qui prend à ferme les places d'un marché public pour les sous-louer aux marchands. **2** Agent qui fait la place (I, 3°), vend qqch. pour une maison de commerce. ⇒ **courtier, représentant, V. R. P.**

placoplâtre **n. m.** – 1968 ; nom déposé, gr. *plakos* « plaque » et *plâtre* ▪ Matériau de construction se présentant sous forme de plaques de plâtre coulé entre deux feuilles de carton.

plafond **n. m.** – XVIᵉ ; de *plat* et *fond* **1** Surface horizontale qui limite intérieurement une salle dans sa partie supérieure. *Hauteur de plafond, sous plafond. Faux plafond :* cloison au-dessous du vrai plafond servant à diminuer la hauteur de la pièce. *Plafond à solives, à poutres apparentes.* ♦ loc. fam. *Avoir une araignée au plafond :* être fou. **2** Paroi supérieure horizontale. *Le plafond d'une automobile.* ➡ *Le plafond d'une carrière* **(⇒ ciel),** *d'une caverne.* ♦ Couche de nuages la plus basse, au-dessus du sol. « *Je navigue à sept cent cinquante mètres d'altitude sous le plafond de lourds nuages* » (St-Exup.). **3** Limite supérieure d'altitude à laquelle peut voler un avion. ⇒ **niveau.** **4** Maximum qu'on ne peut dépasser. *Prix plafond* (opposé à *prix plancher*). ➡ *Plafond de la Sécurité sociale :* revenu au-delà duquel certaines cotisations sociales ne sont plus proportionnelles au salaire. ➡ Limite d'émission des billets d'une banque. loc. *Crever le plafond :* dépasser la limite maximum. ➡ *Âge plafond.*

plafonnage **n. m.** – XIXᵉ ▪ Action de plafonner (I) ; son résultat.

> ❑ Ne pas confondre avec *plafonnement,* abstrait.

plafonnement **n. m.** – XIXᵉ ▪ Action de plafonner (II, 2°). *Le plafonnement de l'endettement.*

plafonner **v.** [1] – XVIIᵉ **I** **v. tr.** Garnir (une pièce) d'un plafond en plâtre. **II** **v. intr.** **1** Atteindre son altitude maximum, en parlant d'un avion **(⇒ culminer).** **2** Atteindre un plafond, un maximum. *Salaires qui plafonnent.* ♦ *Salaire plafonné :* fraction maximum d'un salaire soumise aux cotisations de la Sécurité sociale.

plafonneur **n. m.** – XVIIIᵉ ▪ Plâtrier qui exécute les plafonds.

plafonnier **n. m.** – 1906 ▪ Appareil d'éclairage fixé au plafond sans être suspendu. ♦ Lampe d'éclairage intérieur fixé au plafond d'une automobile.

plagal, ale, aux **adj.** – XVIᵉ ; gr. *plagios* « oblique » ▪ *Mode plagal :* mode du plain-chant où la quinte est à l'aigu et la quarte au grave (opposé à *mode authentique*). ➡ *Cadence plagale.*

plage **n. f.** – XIIIᵉ ; gr. *plagios* « oblique » **1** Endroit plat et bas d'un rivage où les vagues déferlent, et qui est constitué de débris minéraux. ⇒ ① **grève.** *Plage de sable, de galets. Aller à la plage. Plage polluée. Plage publique. Plage d'un hôtel.* « *Vous ne trouvez pas qu'on se bêtifie à rester tout le temps sur la plage ?* » (Proust). ➡

Lieu, ville où une plage est fréquentée par les baigneurs. *Les casinos des plages à la mode.* ♦ Rive sableuse d'un lac, d'une rivière, où l'on peut se baigner. *Les plages de la Loire.* ♦ Désigne une ville, un quartier où se trouve une plage. *Berck-Plage.* **2** Pont uni horizontal à l'avant ou à l'arrière de certains navires de guerre. ➛ Plateforme, derrière la tourelle d'un char d'assaut. ♦ *Plage arrière d'une automobile :* endroit plat sous la vitre arrière. **3** sc. *Plage d'équilibre :* surface représentant les positions d'équilibre dans les cas de frottement. ➛ *Plage lumineuse :* surface éclairée de brillance égale. **4** Chacun des espaces gravés d'un disque phonographique séparés par un intervalle. **5** Laps de temps. *Des plages musicales d'une heure, à la radio. Plage horaire.* ⇒ **tranche.** ♦ Écart entre deux mesures ou possibilités. *Plage des prix.*

plagiaire n. – XVIe ; gr. *plagios* « oblique ; fourbe » ▪ Personne qui pille ou démarque les ouvrages des auteurs. ⇒ **contrefacteur, imitateur.**

plagiat n. m. – XVIIe ▪ Action du plagiaire, vol littéraire. ⇒ **copie, emprunt, imitation.** *Être condamné pour plagiat.* ✪ CONTR. Création.

> ❑ Le *plagiat* est commis dans une intention frauduleuse, à la différence du *pastiche.* → pastiche (rem.).

plagier v. tr. [7] – XIXe ▪ Copier (un auteur) en s'attribuant des passages de son œuvre. ⇒ **imiter, piller.** ➛ *Plagier une œuvre.*

plagioclase n. m. – XIXe ; gr. *plagios* « oblique » et *clasis* « cassure » ▪ Feldspath contenant du calcium et du sodium.

plagiste n. – 1964 ▪ Personne qui exploite une plage payante.

① **plaid** [plɛ] n. m. – IXe ; lat. *placere* « plaire » ▪ Tribunal féodal ; audience que tenait le tribunal. Son jugement, sa décision. ✪ HOM. Plaie.

> ❑ Le rétablissement de la locution *Ne rêver que plaids* (« procès ») *et bosses* est une fantaisie. Il s'agit bien entendu de *plaies* et de *bosses.* → plaie.

② **plaid** [plɛd] n. m. – XVIIe ; mot gaélique « couverture » **1** Vêtement que portaient les montagnards écossais, couverture de laine à carreaux drapée pour servir de manteau (⇒ aussi ① **tartan**). **2** Couverture de voyage en lainage écossais.

plaidable adj. – XIIIe ▪ Qui peut être plaidé. *Sa cause n'est pas plaidable.*

plaidant, ante adj. – XIIIe ▪ Qui plaide. *Les parties plaidantes.*

plaider v. [1] – XIe ; de ① *plaid* **I** v. intr. **1** Soutenir ou contester qqch. en justice. *Plaider contre qqn,* lui intenter un procès. **2** Défendre une cause devant les juges. *Avocat qui plaide pour son client, contre la partie adverse.* ♦ *PLAIDER POUR, EN FAVEUR DE :* défendre par des arguments justificatifs ou par des excuses. « *la presse qui plaide pour le bon sens n'a pas d'écho* » (Balz.). ➛ *Ses mérites passés, sa sincérité plaident pour lui, plaident en sa faveur,* jouent en sa faveur. **II** v. tr. **1** Défendre (une cause) en justice. *Avocat qui plaide la cause d'un accusé.* ➛ *Plaider la cause de qqn,* parler pour lui, en sa faveur. **2** Soutenir, faire valoir dans une plaidoirie. *L'avocat a plaidé la légitime défense.* ➛ *Plaider coupable.* ♦ loc. *Plaider le faux pour savoir le vrai :* déguiser sa pensée pour amener qqn à dire la vérité.

> ❑ L'usage hésite sur l'accord de *coupable* dans l'expression *plaider coupable.* Il semble logique d'accorder *coupable : Ils plaident* (sous-entendu *qu'ils sont*) *coupables.*

plaideur, euse n. – XIIIe ▪ Personne qui plaide en justice. ⇒ **contestant, plaidant ; partie.** *Plaideurs d'un procès.* ⇒ **défenseur, demandeur.** ♦ vx Personne qui est toujours en procès. ⇒ **chicaneur.** « *Les Plaideurs* », *comédie de Racine.*

plaidoirie n. f. – XIVe ▪ Action de plaider, exposition orale des faits d'un procès et des prétentions du plaideur. ⇒ ① **défense, plaidoyer.** *Plaidoiries des avocats.* ✪ CONTR. Accusation, réquisitoire.

plaidoyer n. m. – XIIIe **1** Discours prononcé à l'audience pour défendre le droit d'une partie. ⇒ **plaidoirie.** « *le plaidoyer que j'avais préparé en faveur de l'accusé* » (Vigny). **2** Défense passionnée, dans une grave affaire publique. *Les plaidoyers des Girondins à l'Assemblée.* ✪ CONTR. Accusation, réquisitoire.

plaie n. f. – XIe ; lat. *plaga* **1** Ouverture dans les chairs, due à une cause externe et présentant une solution de continuité des téguments, parfois une perte de substance. ⇒ **blessure, lésion.** *Plaie profonde, superficielle. Nettoyer, désinfecter une plaie. Suturer les lèvres d'une plaie. Plaie qui se cicatrise.* ➛ loc. *Ne rêver que plaies et bosses :* chercher toutes les occasions de se battre, de prendre des risques. **2** fig. Blessure, déchirement. ⇒ **douleur, meurtrissure, peine.** « *en lui la jalousie était une torture physique, une plaie avivée, élargie par toutes les tenailles de l'imagination* » (France). ♦ loc. *Rouvrir une plaie :* raviver une ancienne douleur. ➛ *Retourner, remuer le couteau (le fer) dans la plaie :* faire souffrir en attisant une cause de douleur morale. ➛ *Mettre le doigt sur la plaie :* trouver la cause du mal. **3** vx Fléau. loc. *Les dix plaies d'Égypte.* ♦ mod. Chose très pénible. « *Le chômage des jeunes est notre plaie nationale* » (Tournier). ➛ fam. Chose, personne insupportable. *Quelle plaie !* ✪ HOM. ① Plaid.

plaignant, ante adj. et n. – XIIIe ▪ Qui dépose une plainte en justice. *La partie plaignante.*

① **plain, plaine** adj. – XIIe ; lat. *planus* « plan » **1** (Belgique) *Tapis plain :* moquette. **2** n. m. Niveau le plus haut de la marée. **3** loc. *DE PLAIN-PIED :* au même niveau. *Pièces ouvertes de plain-pied sur une terrasse. Pavillon de plain-pied,* qui n'a qu'un seul niveau. ♦ *Être de plain-pied avec qqn,* être sur le même plan, en relations aisées et naturelles avec lui. ✪ CONTR. Accidenté, inégal. — HOM. Plein.

> ❑ Attention, l'usage a remplacé *plain* par *plein* dans *terre-plein* et *de plein fouet.* → plein (III).

② **plain** n. m. – XVIe ; de *peler* ▪ Cuve contenant un lait de chaux, dans lequel on fait tremper les peaux à dépiler.

plain-chant n. m. – XIIe ▪ Musique vocale rituelle, à une seule voix, de la liturgie catholique romaine. *Des plains-chants.*

plaindre v. tr. [52] – XIe ; lat. *plangere* **I - 1** Considérer (qqn) avec un sentiment de pitié, de compassion ; témoigner de la compassion à (qqn). ⇒ s'**apitoyer, compatir.** « *je plains fort les mourants* » (Montaigne). « *Il crut pouvoir le plaindre d'être une haute intelligence mal dirigée* » (Nerval). ➛ *Se faire plaindre.* ➛ *Il est plus à plaindre qu'à blâmer,* il mérite d'être plaint. *Il n'est vraiment pas à plaindre :* il est dans une situation avantageuse. **2** Employer, donner, dépenser à regret, avec parcimonie. *Plaindre l'argent qu'on dépense.* ♦ loc. *Il ne plaint pas sa peine :* il travaille avec zèle, sans se ménager. **II** *SE PLAINDRE* v. pron. **1** Exprimer sa peine ou sa souffrance. ⇒ **crier,** ① **geindre, gémir,** se **lamenter, pleurer.** « *malade ou non, on ne se plaignait jamais* » (R. Rolland). ➛ *Se plaindre de maux de tête.* **2** *SE PLAINDRE DE.* Exprimer son mécontentement au sujet de. ⇒ **grommeler, maugréer, protester.** *Se plaindre de qqn,* lui reprocher son attitude. *Se plaindre de son sort, de sa situation.* ➛ *Il se plaint sans cesse.* ⇒ fam. **râler, rouspéter.** *Il n'a pas à se* *plaindre, ses affaires marchent bien.* ➙ *Se plaindre à qqn,* protester, récriminer auprès de lui. *J'irai me plaindre de cet employé au chef de service, auprès de lui.* ♦ « *les officiers supérieurs prisonniers se plaignaient d'être laissés sans abri* » (Dorgelès). *Il se plaint qu'on l'ait calomnié ; il s'en est plaint à moi.* « *Élodie se plaignit que la gorge lui grattait* » (France). « *la femme de ménage se plaint doucement de ce qu'elle ait à nettoyer cette ordure* » (Gide). ✪ CONTR. Envier. — Contenter (se), féliciter (se), satisfaire (se).

plaine n. f. – XIe ; lat. *planus* « plan » **1** Étendue de pays plat ou faiblement ondulé, généralement assez vaste, et moins élevée que les pays environnants. *Pays de plaines.* « *Waterloo ! Waterloo ! Waterloo ! morne plaine !* » (Hugo). ➙ *La plaine et la montagne.* **2** Le centre de l'Assemblée conventionnelle, où siégeaient les modérés (Girondins). ⇒ **marais.**

plainte n. f. – XIIe ; de *plaindre* **1** Expression vocale de la douleur. ⇒ **geignement, gémissement, hurlement, lamentation, pleur, soupir.** *Pousser des plaintes déchirantes. Souffrir sans une plainte.* ♦ Chant, cri ou son qui évoque une plainte. *La plainte du vent.* **2** Expression du mécontentement que l'on éprouve. ⇒ **blâme, doléance, grief, murmure, protestation, réclamation, reproche.** « *le grand rabbin de Jérusalem, à qui on avait adressé une plainte collective* » (Loti). *Plaintes continuelles. Sujet, motif de plainte.* **3** Dénonciation en justice d'une infraction par la personne qui affirme en être la victime. *Déposer une plainte, porter plainte contre X.* ⇒ **accuser, dénoncer ; plaignant.** *Retirer sa plainte.* ✪ HOM. Plinthe.

> ❑ *Plainte* est le participe passé féminin substantivé de *plaindre*. Comparer avec *crainte, contrainte, feinte, étreinte*.

plaintif, ive adj. – XIIe ▪ Qui a l'accent, la sonorité d'une plainte. ⇒ **dolent, gémissant.** *Cris plaintifs. Ton plaintif.* ⇒ péj. **geignard, pleurard, pleurnichard.**

plaintivement adv. – XVIe ▪ D'une manière plaintive.

plaire v. tr. [54] – XIe ; lat. *placere* **I** v. tr. ind. **1** *PLAIRE À (QQN)* : être d'une fréquentation agréable à (qqn), lui procurer une satisfaction psychologique. ⇒ **agréer, charmer,** ② **fasciner, séduire.** *Chercher à plaire à un supérieur.* ⇒ **cultiver, flatter.** *Ce garçon ne me plaît pas du tout.* ⇒ **revenir.** « *Un homme à qui personne ne plaît est bien plus malheureux que celui qui ne plaît à personne* » (La Rochef.). **2** Éveiller l'amour, le désir de qqn. « *l'ingrat m'avait su plaire* » (Rac.). **3** *Il plaît :* il est aimable, charmant, gentil. « *Le plaisir de plaire est légitime* » (Joubert). ♦ Être aimé. « *Les plus déshérités plaisent quelquefois* » (Maurois). **4** Être agréable à. ⇒ **convenir.** *Cette situation lui plaît, il s'en trouve bien. Ce spectacle m'a beaucoup plu.* ⇒ **enchanter, ravir, réjouir.** *Ce projet me plaît.* ⇒ ① **sourire.** ➙ *Ça me plairait de le connaître. Ça ne me plaît guère.* ⇒ **tenter.** *Il ne travaille que quand ça lui plaît* (⇒ **chanter,** ① **dire**). ♦ « *Je voudrais bien savoir si la grande règle de toutes les règles n'est pas de plaire* » (Mol.). *Ce modèle plaît beaucoup.* **II** (impers.) **1** « *Il lui plaisait d'imaginer l'ensemble* » (Aymé). ♦ *Prenez-en tant qu'il vous plaira,* tant que vous voudrez. « *Comme il vous plaira* », *titre français d'une comédie de Shakespeare.* **2** loc. *S'IL VOUS PLAÎT :* formule de politesse, dans une demande, un conseil, un ordre. abrév. *S. V. P.* [ɛsvepe]. *Comment dites-vous cela, s'il vous plaît ? S'IL TE PLAÎT* [siltəplɛ] fam. [stəplɛ]. *S'il te plaît, passe-moi le sucre.* ➙ (Belgique) *S'il vous plaît :* voici. ♦ « *un brevet d'héroïsme, signé par l'un de nos grands généraux, s'il vous plaît* » (Céline). **3** vieilli *PLAÎT-IL ?* formule employée pour faire répéter ce qu'on a mal entendu ou compris. ⇒ **comment, pardon.** **4** littér. *Plaise, plût à Dieu, aux dieux, au ciel que...,* pour marquer qu'on souhaite qqch. « *Plût à Dieu que ma petite Gisèle trouvât celui qui la sauverait* » (Mauriac). ➙ *À Dieu ne plaise que...,* se dit pour marquer qu'on repousse une supposition ou une éventualité qu'on ne veut pas envisager. « *À Dieu ne plaise que je veuille attaquer ou détruire ici le serment* » (Sade). **III** *SE PLAIRE* v. pron. **1** Être content de soi. *Je me plais mieux avec les cheveux longs.* **2** S'apprécier mutuellement. « *Les hommes, nés pour vivre ensemble, sont nés aussi pour se plaire* » (Montesq.). *Ils se sont plu, ils se sont mariés.* **3** *SE PLAIRE À :* prendre plaisir à. ⇒ **aimer, s'intéresser.** *Se plaire à faire, à dire, à penser.* **4** Trouver du plaisir, de l'agrément à être dans (un lieu, une compagnie, un milieu). *Le penchant* « *qu'ont la plupart des hommes à ne se plaire qu'où ils ne sont pas* » (Rouss.). « *Elle s'était tant plu dans la solitude* » (Barrès). ⇒ **apprécier,** se **complaire,** se **délecter.** *Se plaire avec qqn.* ♦ Prospérer. *Le lierre se plaît au nord.* ✪ CONTR. Déplaire. Blaser, dégoûter, désobliger, ennuyer, fâcher, mécontenter, offusquer. — HOM. *Plu :* plu (pleuvoir).

> ❑ Le participe passé *plu* reste toujours invariable, de même que *complu* et *déplu* (*complaire* et *déplaire*).

plaisamment adv. – XIIIe **1** littér. D'une manière agréable. **2** vieilli Ridiculement. *Être plaisamment accoutré.* ✪ CONTR. Sérieusement ; gravement.

plaisance n. f. – XIIIe ▪ loc. adj. *DE PLAISANCE :* qui ne sert qu'à l'agrément. *Bateau de plaisance.* « *la rade se peuple de navires de plaisance* » (Hugo). *Navigation de plaisance,* pratiquée pour l'agrément ou le sport. ♦ *La plaisance.* ⇒ ② **voile, yachting.**

plaisancier, ière n. – mil. XXe ▪ Personne qui pratique la navigation de plaisance.

plaisant, ante adj. et n. m. – XIIe **I** adj. **1** Qui plaît, procure du plaisir. ⇒ **agréable, attrayant.** *Une maison très plaisante.* ⇒ **aimable, gai.** « *si l'après-dînée est plaisante et sereine* » (Ronsard). *Ce n'est guère plaisant.* ⇒ **engageant, excitant.** ➙ Agréable, charmant. *Des hommes* « *que toute femme plaisante, aisément désarme* » (Suarès). **2** Qui plaît en amusant, en faisant rire. ⇒ **amusant, divertissant, drôle.** *Une anecdote assez plaisante.* **3** iron. et vieilli Qui fait rire à ses dépens. ⇒ **bizarre, comique, ridicule, risible.** « *Vraiment, vous m'avez donné là une plaisante éducation* » (Volt.). ➙ mod. *C'est assez plaisant !* **II** n. m. **1** littér. *Le plaisant :* ce qui plaît, ce qui amuse. ⇒ **agréable.** *Le plaisant de la chose,* le côté plaisant. ⇒ ① **piquant.** **2** *MAUVAIS PLAISANT :* personne qui fait des plaisanteries de mauvais goût. ⇒ **impertinent, plaisantin.** ✪ CONTR. Antipathique, déplaisant, désagréable, fastidieux ; grave, sévère.

plaisanter v. [1] – XVIe **I** v. intr. **1** Faire ou dire des choses plaisantes pour faire rire ou amuser. ⇒ **s'amuser, badiner,** se **gausser,** ① **rire ;** fam. **blaguer, rigoler.** *N'être pas d'humeur à plaisanter. Plaisanter sur, à propos de qqn, de qqch.* « *Il y a des choses dont il ne faut pourtant point plaisanter* » (Sand). **2** Dire ou faire qqch. par jeu, sans penser être pris au sérieux. ⇒ région. **galéjer.** *Vous plaisantez, j'espère ?* ➙ *On ne plaisante pas avec (sur) ces choses-là :* ce sont des choses qu'il ne faut pas prendre à la légère. ⇒ **jouer.** **II** v. tr. Railler légèrement, sans méchanceté. ⇒ **taquiner ;** fam. **blaguer, charrier,** ② **chiner.** « *ce n'est jamais sans trembler que je plaisante un peu la Faculté* » (Beaum.).

plaisanterie n. f. – XIIIe **1** Propos destinés à faire rire, à s'amuser. ⇒ **blague, boutade, calembredaine, facétie, galéjade.** *Plaisanterie fine, légère.* ⇒ **badinage.** *Plaisanterie lourde, de mauvais goût.* ⇒ **gaudriole, gauloiserie.** « *Et les lourdes plaisanteries commencèrent* » (Maupass.). *Des plaisanteries éculées.* **2** Propos ou actes visant à railler, à se moquer. *Plaisanteries à l'adresse de qqn.* ⇒ **lazzi, moquerie, quolibet, raillerie,**

satire, taquinerie. *Être en butte aux plaisanteries. Pousser trop loin la plaisanterie.* ➜ *Être victime d'une plaisanterie.* ⇒ **blague, canular,** ② **farce, mystification.** *C'est une mauvaise plaisanterie. Plaisanterie qui tourne mal.* loc. *Les plaisanteries les plus courtes sont (toujours) les meilleures.* ♦ *La plaisanterie :* la raillerie. *Il ne comprend pas la plaisanterie. Il pousse trop loin la plaisanterie.* 3 Chose dite ou faite en plaisantant. *Dire une chose par plaisanterie, par manière de plaisanterie,* sans parler sérieusement. *Ça a l'air d'une plaisanterie.* 4 Chose si peu sérieuse qu'elle en est dérisoire. ⇒ **bêtise ; bobard.** « *Alors, c'est ça l'enfer. Je n'aurais jamais cru... Vous vous rappelez : le soufre, le bûcher, le gril... Ah ! quelle plaisanterie* » (Sartre). ⇒ **blague.** 5 Chose très facile. ⇒ **bagatelle.** *Ce sera pour lui une plaisanterie de battre ce record.*

plaisantin n. m. et adj. m. – XVIe 1 Personne qui fait des plaisanteries d'un goût douteux. ⇒ **blagueur, farceur.** *C'est un plaisantin, mais il n'est pas méchant.* ♦ *Un ton plaisantin.* ⇒ ① **badin, facétieux.** 2 Personne qui ne fait rien sérieusement. ⇒ **fantaisiste, fumiste.**

plaisir n. m. – XIe ; lat. *placere* « plaire » **I** VX Ce qu'il plaît à qqn de faire, d'ordonner ; ce qu'il juge bon, ce qu'il veut. *Car tel est notre (bon) plaisir,* formule qui marquait la volonté du roi. ♦ *À PLAISIR :* en obéissant à un caprice, sans justification raisonnable. « *Vous confondez à plaisir cause et effet* » (Gide). **II** Sensation ou émotion agréable, liée à la satisfaction d'une tendance, d'un besoin, à l'exercice harmonieux des activités vitales. 1 *Le plaisir et la douleur. Le plaisir physique, des sens ; le plaisir des yeux ; le plaisir esthétique, intellectuel, moral.* « *Le plaisir est l'objet, le devoir et le but De tous les êtres raisonnables* » (Volt.). ➜ *Éprouver, avoir du plaisir.* ⇒ fam. s'**éclater,** ② **planer.** *Faire durer le plaisir :* prolonger qqch. *Causer, donner du plaisir :* charmer, plaire, ravir, réjouir. *Rougir de plaisir. Cela me fait un grand plaisir, fait plaisir à voir.* ♦ *FAIRE PLAISIR (À QQN) :* être agréable (à qqn), en rendant service, etc. *Il ne cherche qu'à faire plaisir.* ⇒ **obliger.** *Vous me ferez plaisir de :* vous m'obligerez en... ♦ *Le plaisir de qqn,* le plaisir qu'il éprouve. *Cela nous a gâché notre plaisir.* loc. fam. *C'est le plaisir des dieux,* un plaisir raffiné. 2 Le plaisir des sens, de la chair (dans l'acte sexuel). ⇒ **jouissance, volupté.** *Paroxysme du plaisir.* ⇒ **orgasme.** *Avoir du plaisir.* ⇒ **jouir.** 3 Émotion, sentiment agréable (état de conscience défini, correspondant à des circonstances particulières). *Éprouver, goûter un plaisir, des plaisirs. Plaisirs innocents, défendus. Les plaisirs de l'alpinisme.* « *mon plus grand plaisir est de sortir avec vous* » (Proust). 4 *Le plaisir de :* le plaisir causé par qqch. « *Plaisir d'amour ne dure qu'un moment* » (Florian). ➜ *Elle* « *céda au plaisir de s'abandonner, de se confier* » (Mauriac). 5 loc. *Avoir, éprouver, trouver du plaisir, beaucoup de plaisir à :* être charmé, ravi de. *Prendre (du, beaucoup de) plaisir à une chose, à faire qqch.* ➜ *J'espère que nous aurons bientôt le plaisir de vous voir.* ⇒ **avantage.** *M. et Mme X ont le plaisir de vous faire part de...* ♦ *Ce sera un plaisir de les voir, que de les voir. Prendre un malin plaisir à...* ♦ *POUR LE PLAISIR ; POUR SON PLAISIR ; PAR PLAISIR :* sans autre raison que le plaisir qu'on y trouve. *Il ment pour le plaisir, par plaisir.* « *ne faisant plus la médecine que pour son plaisir personnel, qui, d'ailleurs, était grand* » (Barbey). ♦ *Il complique les choses à plaisir,* extrêmement. ♦ *Accepter, donner avec plaisir,* de bon cœur, bien volontiers. *Pouvez-vous nous accompagner ? – Avec grand plaisir.* **III** (surtout au plur.) 1 Ce qui peut donner à qqn une émotion ou une sensation agréable ; objet ou action qui en est la source ou l'occasion. ⇒ **agrément, amusement, délice, distraction, divertissement, réjouissance.** « *Chaque âge a ses plaisirs, son esprit et ses mœurs* » (Boil.). *Les plaisirs de la table.* ➜ *Les Menus Plaisirs :* les divertissements royaux. ➜ *Réserver une part de son budget pour ses menus plaisirs,* pour les amusements, les distractions . ➜ *Un plaisir coûteux.* 2 Les plaisirs sensuels, les distractions et les amusements qui en procurent. *Une vie de plaisirs.* ✪ CONTR. Affliction, ② chagrin, déplaisir, douleur, peine, tristesse ; désagrément, ennui.

❑ *Plaisir* est la substantivation de l'ancien verbe *plaisir,* évincé par *plaire.*

① **plan, plane** adj. – XVIe ; lat. *planus* 1 Sans aspérité ni inégalité, qui ne présente de courbure en aucun de ses points. ⇒ ① **plat, uni.** *On définit* « *la surface plane, celle à laquelle une ligne droite se peut appliquer en tout sens* » (d'Alemb.). *Courbe plane,* tracée dans un plan. ➜ fig. « *des journées planes, et si vides* » (Montherl.). 2 *Géométrie plane,* qui étudie les figures planes (opposé à *dans l'espace*). ✪ CONTR. Courbe, gauche. — HOM. Plant.

② **plan** n. m. – XVIe ; de ① *plan* 1 Surface plane. *Toit en plan incliné.* ➜ *Plan d'eau :* surface d'eau susceptible d'être utilisée pour la navigation. ➜ *Plan de travail :* surface plane utilisable pour diverses opérations. ➜ *Plan de cuisson :* plaque de cuisson encastrée dans un élément de cuisine. ➜ *Plan de sustentation d'un avion :* aile(s), voilure. 2 Surface contenant entièrement toute droite joignant deux de ses points. *Plans parallèles ; perpendiculaires. Plan de symétrie.* ♦ *Plan de l'équateur et plan de l'écliptique,* qui passe par l'équateur, l'écliptique. ➜ *Plan de tir :* plan vertical passant par la ligne de tir. 3 Chacune des surfaces planes, perpendiculaires à la direction du regard, représentant les profondeurs, les éloignements dans une scène réelle ou figurée en perspective. *Au premier plan :* à peu de distance. *Seconds plans, plans éloignés* (⇒ **arrière-plan, fond, lointain).** ♦ Chacune des divisions d'une scène de théâtre en profondeur. ➜ *Mettre qqch. au premier plan,* lui accorder une importance essentielle. *Mettre, reléguer au second plan. Mettre sur le même plan,* au même niveau. ➜ *De premier, de second plan.* ⇒ **importance, ordre.** *Je* « *ne trouve à jouer que des rôles de second plan* » (Duham.). ➜ *Sur le plan de l'efficacité :* au point de vue de l'efficacité. *Sur le plan logique, moral :* dans le domaine logique, moral. 4 Image, succession d'images définie par l'éloignement de l'objectif et de la scène à photographier, et par le contenu de cette image. « *Télévision : Albert Camus en gros plan* » (Mauriac). *Photo en gros plan. Faire un gros plan.* ➜ *Plan rapproché, plan serré* (personnages cadrés à la hauteur des épaules). *Plan américain* (personnages coupés à mi-corps) ; *plan moyen* (personnages en pied) ; *plan général, d'ensemble. Tourner une scène en plan fixe,* sans déplacer l'objectif. ♦ Prise de vue effectuée sans interruption ; les images qui en résultent. *Plan-séquence :* plan très long, constituant à lui seul une séquence.

❑ De la même famille étymologique : *aplanir, esplanade, planer. Plan* entre en composition dans *arrière-plan* et dans *biplan, monoplan, triplan.*

③ **plan** n. m. – XIVe ; de *plant* **I - 1** Représentation (d'une construction ou d'un ensemble de constructions, d'un terrain, d'un jardin, etc.) en projection horizontale. *Le plan d'un bâtiment. Acheter un appartement sur plan. Lever, dresser, tracer un plan.* ➜ *Plan de masse :* document graphique donnant la position de bâtiments et de volumes construits. ➜ Agencement particulier. *Plan carré, en croix latine.* ➜ *Plan directeur :* carte très détaillée utilisée notamment par l'artillerie. ➜ Carte à grande échelle d'une ville, d'un réseau de communications. *Un plan de Paris, du métro.* « *un plan de la ville avec ses pâtés de maisons*

[...] *ses rues tracées en quadrillage régulier* » (Cl. Simon). 2 Reproduction à une certaine échelle, généralement en projection orthogonale (d'une machine). ⇒ **diagramme, épure, schéma.** *Plans et maquettes d'un prototype d'avion.* **II** - 1 Projet élaboré, comportant une suite ordonnée d'opérations, de moyens, destiné à atteindre un but. ⇒ **combinaison, dessein, projet.** *Plan d'action. Avoir, exécuter un plan. Déranger les plans de qqn.* « *On leur attribuait une préméditation, un plan, un calcul, qui leur étaient étrangers* » (Michelet). ➛ (Belgique) *Tirer son plan* : se débrouiller. ♦ *Plan de bataille. Plan de vol* : document établi par le pilote avant le vol et où figurent divers renseignements sur celui-ci. 2 *Plan d'une œuvre* : organisation de ses parties. ⇒ **canevas, charpente.** *Le plan d'une dissertation.* 3 Ensemble des dispositions arrêtées en vue de l'exécution d'un projet. ⇒ **planification, programme.** *Plan économique, financier ; plan quinquennal. Plan à long terme. Plans de redressement, d'austérité. Plan d'urbanisme. Plan de travail, dans une entreprise* : organisation du travail. ⇒ **planning.** ♦ *Plan médias* : programme de publicité selon les supports. ♦ (En France) *Plan ORSEC* (abrév. de *organisation des secours*), déclenché par le préfet en cas de catastrophe. ♦ *Plan d'épargne* : système d'épargne dans lequel le souscripteur s'engage à verser régulièrement certaines sommes. 4 fam. Projet de distraction. *Un plan d'enfer.* ➛ Idée. 5 fam. *EN PLAN* : sur place, sans s'en occuper. *Laisser qqn en plan.* ⇒ **abandonner, planter** (là). « *Pour venir, j'ai laissé en plan des examens que je faisais passer* » (Romains).

❑ Déverbal de *planter* d'abord écrit *plant* (chez Villon, *être en plant* « être en prison » dans les *Ballades en jargon*). Littré recommandait encore cette graphie.

planage n. m. – XIXe ▪ Opération qui consiste à planer (①), à aplanir.

planaire n. f. – XIXe ▪ Ver plat d'eau douce *(turbellariés)* carnivore.

planant, ante adj. – v. 1970 ▪ fam. Qui fait planer. *Musique planante.*

planche n. f. – XIIe ; p.-ê. lat. *plancus* « aux pieds plats » 1 Pièce de bois plane, plus longue que large et généralement peu épaisse. *Raboter une planche. Caisse en planches. Maisonnette en planches.* ⇒ **baraque, cabane, chalet.** *La planche d'un plongeoir.* « *Des planches, en guise de table, ont été posées sur des tréteaux* » (Alain-Fourn.). *Les planches d'une armoire, d'un placard* (⇒ ② **rayon**) ; *servant d'étagère* (⇒ **tablette**). ♦ Pièce de bois servant à monter à bord d'un navire, au chargement et au déchargement des marchandises. *Jours de planche*, de chargement et de déchargement (⇒ **starie**). ♦ *Planche à dessin* : panneau de bois plan sur lequel on fixe une feuille de papier à dessin. ➛ *Planche à découper.* ➛ *Planche à pain*, sur laquelle on coupe le pain. loc. *Avoir du pain sur la planche* : avoir beaucoup de travail. *Elle est plate comme une planche (à pain)*, très maigre. ♦ loc. *Être (cloué) entre quatre planches*, mort et enfermé dans un cercueil. ➛ *Planche de salut* : ultime ressource, dernier moyen. ➛ *Faire la planche* : flotter sur le dos. « *elle fit la planche* [...] *les yeux ouverts dans le bleu du ciel* » (Maupass.). 2 *LES PLANCHES* : le plancher de la scène, au théâtre. loc. *Monter sur les planches* : faire du théâtre. *Brûler les planches* : jouer avec une fougue communicative. 3 Pièce de bois plate et mince ; plaque, feuille de métal poli, destinée à la gravure et à la reproduction par une impression. ♦ *Planche à billets*, servant au tirage des billets de banque. 4 Estampe tirée sur une planche gravée. ⇒ **gravure.** *Planches en hors-texte.* ♦ Feuille ornée d'une gravure. *Les planches en couleurs d'un livre.* ♦ *Planche-contact* n. f. : tirage sur une seule feuille sensible de l'ensemble des vues d'un film photographique. 5 Lingot de laiton. 6 *Planche de bord* : panneau où se trouvent les instruments de bord d'un avion. ⇒ **tableau.** 7 *Planche (à voile)* : planche munie d'une dérive, d'un mât central et d'une voile que l'on fait avancer sur l'eau ; sport ainsi pratiqué. ⇒ aussi **funboard.** ➛ *Planche (à roulettes)* : petite planche montée sur roulettes ; sport consistant à se déplacer sur cette planche. ⇒ **skate-board.** 8 arg. scol. Tableau noir, interrogation au tableau. ⇒ ② **plancher.** 9 Espace de terre cultivée, plus long que large, dans un jardin. *Les planches d'un carré de légumes.*

planchéiage n. m. – XIXe ▪ Pose d'un plancher.

planchéier v. tr. [7] – XIVe ▪ Garnir d'un assemblage de planches.

❑ La forme ancienne était *planchoyer*, ce qui explique la finale bizarre.

① **plancher** n. m. – XIIe ; de *planche* 1 Ouvrage qui, dans une construction, constitue une plateforme horizontale au rez-de-chaussée, ou une séparation entre deux étages. *Plancher en béton armé. La maison* « *n'avait encore ni auvent, ni plancher, ni toiture* » (Loti). 2 Sol de la pièce constitué d'un assemblage de bois assez rudimentaire. *Lattes, lames de plancher.* ⇒ ② **parquet.** *Plancher de chêne, de sapin.* ♦ *Plancher d'un ascenseur, d'une voiture.* ➛ loc. fam. *Avoir le pied au plancher* : appuyer à fond sur la pédale d'accélérateur. ♦ loc. fam. *Débarrasser le plancher* : sortir, être chassé. ➛ fam. *Le plancher des vaches* : la terre ferme. 3 *Plancher buccal* : les parties molles de la bouche situées entre le maxillaire inférieur et l'os hyoïde. 4 Niveau minimal, seuil inférieur. *Le plancher des cotisations.* ➛ *Prix plancher*, minimal (opposé à *plafond*).

② **plancher** v. intr. [1] – 1905 ; de *planche* « tableau » ▪ arg. scol. Subir une interrogation, faire un travail, une démonstration au tableau ou par écrit. *Plancher sur un sujet.*

planchette n. f. – XIIIe 1 Petite planche. ⇒ **tablette.** 2 Petite plateforme montée sur un pied servant à lever des plans.

planchiste n. – 1980 ▪ Personne qui pratique la planche à voile. ⇒ **véliplanchiste.**

plançon n. m. – XIIe ; lat. *planta* « plant » ▪ Branche utilisée comme bouture.

plan-concave adj. – XVIIIe ▪ Qui présente une face plane et une face concave. *Lentilles plan-concaves.*

plan-convexe adj. – XVIIe ▪ Qui présente une face plane et une face convexe. *Lentilles plan-convexes.*

plancton [plɑ̃ktɔ̃] n. m. – XIXe ; gr. *plagktos* « errant » ▪ Ensemble des organismes qui vivent en suspension dans l'eau de mer. ⇒ **pelagos.** *La vague* « *était d'un bleu trouble, toute laiteuse de plancton* » (Duham.).

❑ Le plancton végétal *(phytoplancton)* ou animal *(zooplancton)* constitue une des ressources nutritives essentielles de la faune marine.

plane n. f. – XIVe ▪ Outil formé d'une lame tranchante et de deux poignées, qui sert à aplanir une surface de bois.

plané adj. m. – XIIe ▪ loc. *VOL PLANÉ*, d'un oiseau qui plane ; d'un avion dont les moteurs sont arrêtés. ♦ fam. *Faire un vol plané*, une chute.

planéité n. f. – XVIIIe ▪ Caractère plan.

① **planer** v. tr. [1] – XIIe ▪ Rendre plan en enlevant les aspérités. ⇒ **aplanir, dresser, polir.** *Machine à planer les tôles.*

② **planer** v. intr. [1] – XIIIe ; lat. *planus* « plain, plan » 1 Se soutenir en l'air sans remuer (ou sans paraître remuer) les ailes (en parlant des oiseaux). ⇒ ① **voler.** ◆ Voler, le moteur coupé ou à puissance réduite, comme un planeur (en parlant d'un avion). 2 Dominer par la pensée. ⇒ **survoler.** « *il avait l'impression de se détacher de soi, de planer comme un juge abstrait au-dessus d'un grouillement impur* » (Sartre). ◆ Rêver, être perdu dans l'abstraction. *Il a toujours l'air de planer.* 3 Flotter en l'air. *Une vapeur épaisse planait.* 4 Constituer une présence menaçante. *Laisser planer un mystère, un doute.* « *ce découragement sans remède, qui ne cessait de planer sur lui* » (Mart. du G.). 5 fam. Être dans un état de bien-être et d'indifférence au réel, après absorption de drogue (opposé à ② *flipper*). ◆ Éprouver un vif plaisir.

planétaire adj. – XVIe 1 Relatif aux planètes. *Système planétaire.* 2 *Électrons planétaires,* qui entourent le noyau de l'atome. ♦ n. m. Engrenage conique solidaire de l'arbre des roues, dans un différentiel d'automobile. 3 Relatif à toute la planète Terre. ⇒ **mondial.** *Expansion planétaire d'un conflit.*

planétarium [planetaʀjɔm] n. m. – XVIIIe ▪ Représentation de la voûte céleste, des astres... sur une voûte.

planète n. f. – XIIe ; gr. *planêtês* « errant » 1 vx Astre errant, étoile errante (opposé à *étoile fixe*). ♦ *Les planètes, considérées comme ayant une influence sur la destinée humaine.* ⇒ **astrologie, horoscope, maison, zodiaque.** 2 Corps céleste sans lumière propre, décrivant autour du Soleil une orbite elliptique dans un plan voisin de l'écliptique. *Orbite, trajectoire d'une planète. Temps de révolution d'une planète.* ◆ *Principales planètes : planètes inférieures* (Mercure, Vénus) ; *Terre ; planètes supérieures* (Mars, Jupiter, Saturne, Uranus, Neptune et Pluton). *Petite planète.* ⇒ **astéroïde.** « *la cinquième planète était très curieuse. C'était la plus petite de toutes* » (St-Exup.). ◆ *La planète Terre. Notre planète.* « *il pourra, sans danger de dépaysement, voyager par toute la planète* » (Maurois).

planétoïde n. m. – XIXe ▪ Petite planète. ⇒ **astéroïde.**

planétologie n. f. – 1974 ▪ Étude scientifique des planètes (⇒ **astronomie**). *La planétologie martienne.*

① **planeur, euse** n. m. et f. – XVIIe 1 n. m. Ouvrier qui plane les métaux. 2 n. f. Machine à planer.

② **planeur** n. m. – XIXe ▪ Appareil semblable à l'avion mais ne comportant pas de moteur, et destiné à planer. *Pilotage des planeurs :* vol à voile.

plani- Élément, du lat. *planus* « plan ».

planificateur, trice n. – v. 1943 ▪ Spécialiste de la planification. ⇒ **planiste.** ♦ adj. *Mesures planificatrices.*

planification n. f. – 1935 ▪ Organisation selon un plan (⇒ **planisme**). *Planification en régime capitaliste, en régime socialiste.* ◆ *Planification du travail.* ◆ *Planification des naissances.* ⇒ **planning** (familial).

planifier v. tr. [7] – 1938 ▪ Organiser suivant un plan. *Planifier la recherche scientifique.* ◆ *Économie planifiée.*

planimètre n. m. – XIXe ▪ Instrument servant à mesurer les aires planes.

planimétrie n. f. – XVIe ; *plani-* et *-métrie* ▪ Partie de la géométrie appliquée qui concerne la mesure des aires planes. ◆ Détermination des projections orthogonales des points matériels sur une surface de référence ; mesure des distances de ces projections. ⇒ **géodésie, topographie.**

planisme n. m. – 1935 ▪ Théorie des partisans de la planification.

planisphère n. m. – XVIe ▪ Carte où l'ensemble du globe terrestre est représenté en projection plane. ⇒ **mappemonde.** *Planisphère en projection de Mercator.* ◆ *Planisphère céleste.*

> ❑ Bien que dérivés de *sphère, planisphère* et *hémisphère* sont de genre masculin. → sphère (rem.).

planiste n. – 1941 ▪ Partisan ou spécialiste de la planification, du planisme.

planning n. m. – 1940 ; mot angl., de *to plan* « prévoir » 1 Programme organisé d'opérations à réaliser dans un temps déterminé ou pour une tâche précise. ⇒ **calendrier, programme.** *Le planning d'une tournée. Planning de production.* ⇒ **ordonnancement.** *Respecter le planning.* ♦ Représentation graphique de l'organisation d'opérations dans une entreprise. 2 *Planning familial :* planification des naissances. ⇒ **orthogénie ; contraception.**

> ❑ Il est recommandé officiellement de remplacer cet anglicisme par *programme* et d'utiliser *régulation des naissances* pour *planning familial ; planisme familial* ne s'est pas imposé.

planoir n. m. – XVIIIe ; de ① *planer* ▪ Ciseau à bout aplati.

planorbe n. f. – XVIIIe ; lat. *planus* « uni, égal » et *orbis* « boule » ▪ Mollusque gastéropode pulmoné, à coquille en spirale, qui vit dans les étangs, les marais.

plan-plan adv. – XVIe ; lat. *planus* « plain, plan » ▪ fam. Tout doucement, tranquillement, sans se presser. ⇒ **piane-piane.**

planque n. f. – XIXe ▪ fam. 1 Lieu où l'on cache qqch. ou qqn. ⇒ **cachette.** ♦ arg. policier *Être en planque :* se cacher pour surveiller. 2 Place abritée, peu exposée ; place où le travail est facile. ⇒ **combine, filon.** *Quelle planque !*

planqué, ée n. – 1922 ▪ fam. Personne qui est dans une bonne planque. « *Il avait honteusement tremblé à songer qu'il pouvait mourir à l'arrière, au milieu des planqués qu'il méprise* » (Montherl.).

planquer v. [1] – XVIIIe ; de *planter* 1 v. tr. fam. Cacher, mettre à l'abri. « *elle planquait un soldat allemand* » (Genet). ◆ *Un magot bien planqué.* ♦ v. pron. Se cacher pour échapper à un danger ; à une situation fâcheuse. « *Fais gaffe... Planque-toi bien : ils ont des jumelles* » (Sartre). 2 v. intr. arg. policier Se cacher pour surveiller. *Ils planquaient depuis deux jours.*

plant n. m. – XIVe 1 Ensemble de végétaux de même espèce plantés dans un même terrain ; le terrain ainsi planté. ⇒ **pépinière, planche, plantation.** *Un plant de rosiers.* 2 Végétal au début de sa croissance, destiné à être repiqué ou qui vient de l'être. *Plant de vigne* (⇒ **cépage**), *de pétunia* (⇒ **pied**). ✪ HOM. Plan.

① **plantain** n. m. – XIIIe ; lat. *plantago* ▪ Plante herbacée *(plantaginacées)* dont la semence sert à nourrir les oiseaux en cage.

② **plantain** n. m. – XVIIe ; esp. *platano* ▪ Bananier des forêts tropicales.

plantaire adj. – XVIe ▪ Qui appartient à la plante du pied. *Verrue plantaire.*

plantation n. f. – XIIe 1 Action de planter. *Plantation à la bêche. Faire des plantations dans un jardin. La plantation d'un arbre.* 2 Action d'enfoncer, de mettre en position verticale. *La plantation d'un poteau.* ♦ *Plantation de décors :* installation des décors sur une scène. 3 *La plantation des cheveux :* manière dont les cheveux sont plantés. ⇒ **implantation.** 4 Ensemble de végétaux plantés. *L'orage a saccagé les plantations.* ⇒ ① **culture.** 5 Terrain, champ planté. ⇒ **exploitation.** *Plantation de légumes* (⇒ **potager**), *d'arbres fruitiers* (⇒ **verger**), *de jeunes végétaux* (⇒ **pépinière**). « *cette plantation merveilleuse où tous les arbres du monde* *se trouvaient réunis* » (Daud.). 6 Exploitation agricole dans les pays tropicaux. *Travailler dans une plantation de coton.*

① **plante** n. f. – XIIe ; lat. *planta* « dessous du pied » ■ *La plante du pied* : la face inférieure du pied. *La plante des pieds.*

② **plante** n. f. – XVIe ; lat. *planta* « plant » 1 Végétal multicellulaire. ⇒ **cryptogame, phanérogame, spermaphytes.** *Les plantes* : le règne végétal. « *la confraternité de l'homme, des animaux et des plantes* » (Duham.). *Étude des plantes.* ⇒ **botanique.** *Les plantes d'un lieu, d'un pays.* ⇒ **flore, végétation.** *Plantes chlorophylliennes, plantes sans chlorophylle. Plantes vasculaires, cellulaires. Plantes ligneuses, herbacées. Réaction d'orientation des plantes.* ⇒ **tropisme.** *Reproduction des plantes. Plante arborescente, grimpante, naine, rampante. Plantes grasses.* ⇒ **cactées.** *Plante annuelle, bisannuelle, vivace. Plantes aquatiques. Plantes carnivores. Plante sauvage, cultivée.* ⇒ ① **culture.** *Jardin des plantes. Collection de plantes.* ⇒ **herbier.** *Plante qui germe, sort de terre, pousse. Plante qui dépérit, se fane. Plantes ornementales. Plantes d'appartement, plantes vertes* : plantes décoratives, à feuilles persistantes. *Offrir une plante en pot.* ➙ *Plantes potagères, aromatiques, fourragères.* « *des boissons délicieuses avec toutes sortes de plantes* » (Duham.). *Plantes sucrières, oléagineuses. Plantes officinales, médicinales.* ⇒ **simple ; phytothérapie.** *Plantes textiles, tinctoriales.* ◆ Végétal complexe de petite taille (opposé à *arbre ; mousse...*). 2 Chose vivante, être qui se développe. ◆ fam. *C'est une belle plante,* une belle fille.

planté, ée adj. – XVIe 1 *Bien planté* : droit et ferme sur ses jambes, bien bâti, vigoureux. *Un garçon bien planté sur ses jambes.* ⇒ **campé.** 2 Debout et immobile. *Ne restez pas planté là à me regarder.*

planter v. tr. [1] – XIIe ; lat. « enfoncer avec la *plante* (du pied) » **I - 1** Mettre, fixer en terre. *Planter des arbres en quinconce. Planter des salades.* ⇒ **repiquer.** ➙ *Outil, machine à planter.* ⇒ **plantoir ; planteuse.** ➙ pronom. *Les arbres se plantent en hiver.* ◆ Mettre en terre. ⇒ **semer.** *Planter des tulipes.* 2 Garnir de végétaux qu'on plante par plants ou semences. *Planter un lieu d'arbres.* ⇒ **boiser, peupler, reboiser.** *Planter un pays en vignes.* ⇒ **ensemencer.** ➙ *Avenue plantée d'arbres.* 3 Enfoncer l'extrémité de (un objet pointu) en terre ; en tout autre endroit. ⇒ ① **ficher.** *Planter un piquet. Planter des clous. Chien qui plante ses crocs dans la chair.* ➙ pronom. *Flèche qui vient se planter dans une cible.* ◆ *Une barbe bien plantée. Des cheveux plantés dru.* « *Une bouche épaisse toujours ouverte sur des dents mal plantées* » (Mauriac). 4 Mettre, placer debout, droit. ⇒ **dresser.** *Planter un drapeau sur un bâtiment.* ⇒ **arborer.** « *Nous plantions au hasard nos tentes* » (Chateaub.). *Planter les décors,* les disposer sur scène. ◆ *Planter un personnage.* ⇒ **camper.** *Romancier qui sait planter ses personnages.* 5 Appliquer directement et brusquement. « *Il plante son regard dans le regard troublé de l'enfant* » (Mart. du G.). 6 *PLANTER LÀ QQN, QQCH.*, le quitter, l'abandonner brusquement. ⇒ fam. **plaquer.** *Il l'a planté là et s'est enfui en courant.* **II** *SE PLANTER* v. pron. 1 Se tenir debout et immobile. ⇒ s'**arrêter,** se **poster.** « *il vint se planter carrément devant le lieutenant Hobson. "À nous deux !" s'écria-t-il* » (J. Verne). 2 fam. Sortir de la route. *Voiture qui se plante à la sortie d'un virage. Se planter en moto.* ◆ Échouer. *Elle s'est plantée à son examen.* ➙ Se tromper, faire une erreur. ⇒ se **gourer.** *Se planter dans ses prévisions.* ➙ *Ordinateur qui se plante,* cesse de fonctionner à cause d'une panne logicielle. ✪ CONTR. Arracher, déraciner.

❑ Ne pas confondre *semer, repiquer* et *planter.*

planteur, euse n. – XIIIe 1 Agriculteur, arboriculteur qui possède et exploite une plantation dans les pays tropicaux. *Riche planteur.* 2 n. m. Cocktail à base de rhum blanc, de jus de fruit et de sirop de canne (⇒ ① **punch**).

planteuse n. f. – 1907 ■ Machine agricole servant à planter les pommes de terre.

plantigrade adj. et n. m. – XVIIIe ; de ① *plante* et lat. *gradi* « marcher » ■ Qui marche sur la plante des pieds (opposé à *digitigrade*). *L'ours est un animal plantigrade.*

plantoir n. m. – XVIe ■ Outil agricole, piquet à pointe métallique servant à pratiquer des trous dans la terre. *Plantoir à bulbes.*

planton n. m. – XVIe ; de *planter* 1 Soldat de service se tenant à la disposition d'un officier supérieur pour porter ses ordres. *Le planton du colonel.* ◆ Sentinelle. *Planton qui monte la garde.* 2 Service du planton. *Être de planton.* « *ils me collaient toujours de planton* » (Dorgelès). ◆ fam. *Faire le planton* : attendre debout. ⇒ **poireauter.**

plantule n. f. – XVIIIe ■ Jeune plante phanérogame, du début de la germination jusqu'au moment où elle peut vivre par ses propres moyens.

plantureux, euse adj. – XIIe ; lat. *plenitas* « abondance » 1 Très abondant. *Repas plantureux et bien arrosé.* ⇒ **abondant, copieux.** 2 *Femme plantureuse,* grande et bien en chair. « *la princesse, d'une beauté plantureuse* » (Gide). *Une poitrine plantureuse.* ⇒ **généreux.** 3 Qui produit des fruits abondants. ⇒ **fécond, fertile, riche.** ✪ CONTR. Frugal. ① Maigre.

plaquage n. m. – XIXe ■ Action de plaquer un adversaire, au rugby. ✪ HOM. Placage.

❑ La variante graphique *placage* est réservée aux acceptions techniques du mot. Pour l'hésitation entre la finale ...*cage* et ...*quage* ➙ trucage (rem.).

plaque n. f. – XVe ; de *plaquer* 1 Matériau, élément de matière rigide, plat et peu épais. ⇒ **feuille.** *Petite plaque.* ⇒ **plaquette.** *Plaque d'ardoise, de verre* (⇒ **carreau**). *Plaques de plâtre.* ⇒ **panneau ; placoplâtre.** ➙ *Une plaque de verglas.* ◆ Préparation alimentaire, moulée, de forme aplatie. *Une plaque de chocolat* (⇒ **tablette**), *de beurre.* 2 Objet rigide, plat, peu épais. *Plaque de propreté,* placée sur une porte au niveau des poignées. ➙ *Plaque d'égout. Plaque de cheminée.* ⇒ ② **contrecœur.** ◆ *Les plaques électriques, chauffantes d'une cuisinière.* ➙ Table de cuisson. ⇒ ② **plan** (de cuisson). *Une plaque en vitrocéramique.* ◆ Grand jeton rectangulaire. *Edmond jouait,* « *les poches pleines de jetons et de plaques* » (Aragon). ◆ *Plaque sensible (photographique)* : support rigide couvert d'une émulsion sensible. ◆ Électrode d'un accumulateur. ◆ loc. fam. *Mettre à côté de la plaque* : manquer le but. *Être à côté de la plaque* : se tromper, être à côté de la question. ◆ *PLAQUE TOURNANTE* : plateforme tournante, servant au changement de direction des trains ; centre, lieu d'échanges. ⇒ **carrefour.** *La Colombie, plaque tournante de la drogue.* 3 Plaque portant une inscription. *Plaque commémorative.* « *Surget s'arrête devant la porte ; une plaque émaillée signale le nom* » (Queneau). ➙ *Plaque d'immatriculation,* portant le numéro du véhicule. *Inspecteur de police qui montre sa plaque,* son insigne d'identification. ◆ Insigne de certains dignitaires (⇒ **décoration**). *Plaque de grand officier de la Légion d'honneur.* 4 *Plaque neuromusculaire* : lieu de jonction entre les fibres musculaires et les terminaisons nerveuses. ◆ Lésion à surface bien délimitée. *Des plaques d'eczéma.* ➙ *Plaque dentaire.* ⇒ **tartre.** 5 Fraction de l'écorce terrestre qui se déplace sur l'asthénosphère. *Plaque eurasienne.*

plaqué n. m. - XVIIIe 1 Métal recouvert d'un autre plus précieux. ⇒ **doublé.** *Du plaqué or, argent* (opposé à *or, argent massif*). ➛ *Un collier en plaqué.* 2 Bois ordinaire recouvert d'une feuille de métal ou de bois d'ébénisterie (⇒ **placage).**

plaquemine n. f. - XVIIIe ; algonquin *piakimin* ▪ Fruit du plaqueminier. ⇒ ① **kaki.**

plaqueminier n. m. - XVIIIe ▪ Arbre *(ébénacées)* à bois très dur. *Plaqueminier de l'Inde.* ⇒ **ébénier.** *Plaqueminier du Japon.* ⇒ ① **kaki.**

plaquer v. tr. [1] - XIIIe ; germ. *placken* « rapiécer » I - 1 Appliquer (une plaque) sur qqch. *Plaquer une feuille de métal sur du bois* (⇒ **coller**), *de l'or sur un bijou.* ➛ Faire un placage* de bois précieux sur (du bois ordinaire). 2 Mettre à plat. *Se plaquer les cheveux sur les tempes.* ⇒ s'**aplatir.** ➛ *Cheveux plaqués.* 3 *Plaquer un accord,* en maintenir les notes ensemble avec force. *Apprendre « à plaquer quelques accords sur le manche d'une guitare »* (Cl. Simon). ➛ *Accord plaqué* (opposé à *arpégé*). 4 *Plaquer qqn, qqch. contre, sur qqch.,* l'y appuyer avec force. *Plaquer sa main sur la bouche de qqn.* pronom. *Se plaquer au sol.* ♦ Faire tomber (le rugbyman porteur du ballon) en le saisissant par les jambes. 5 fam. Abandonner. ⇒ **quitter ;** fam. **larguer, planter.** *Il a tout plaqué pour elle.* ⇒ ① **lâcher.** « *C'était une femme déçue qui avait été plaquée* » (Cendrars). II Couvrir d'une couche plate. *Plaquer des bijoux d'argent. Plaquer un panneau de chêne* (⇒ **placage).**

plaquette n. f. - XVe 1 Petite plaque. *Plaquette de marbre.* ♦ Petite plaque recouverte d'une coque en plastique formant des alvéoles dans lesquelles sont isolées des pilules ou des gélules. ♦ *Plaquette de frein :* élément de frein à disque constitué d'une plaque métallique recouverte d'un matériau à fort coefficient de frottement. 2 Petit livre très mince. *Plaquette publicitaire.* 3 Cellule sanguine sans noyau qui joue un rôle dans la coagulation. ⇒ **thrombocyte.**

plaqueur, euse n. - XIIIe ▪ *Plaqueur sur métaux :* ouvrier qui lamine à chaud les feuilles de métal pour obtenir le plaqué (bijouterie). ➛ *Plaqueur en ébénisterie.*

-plasie Élément, du gr. *plassein* « modeler ».

plasma n. m. - XVIIIe ; mot gr. « chose façonnée » 1 *Plasma sanguin,* ou *plasma :* partie liquide du sang. ⇒ **sérum.** 2 État de la matière portée à très haute température, où les atomes sont en majorité ionisés. *La matière des étoiles est à l'état de plasma.*

> ❑ La dérivation est riche en composés : *cataplasme, cytoplasme, ectoplasme, néoplasme, protoplasme.*

plasmaphérèse n. f. - 1965 ; de *plasm(a)* et gr. *aphairesis* « action d'enlever » ▪ Séparation du sang en ses différents constituants.

plasmatique adj. - XIXe ▪ Relatif au plasma sanguin.

plasmide n. m. - 1959 ▪ A.D.N. circulaire, hébergé par un hôte bactérien.

plasmifier v. tr. [7] - 1968 ▪ Transformer (un gaz) en plasma (2°).

plasmine n. f. - XIXe ▪ Enzyme protéolytique qui dégrade la fibrine des caillots sanguins.

plasmo-, -plasme Éléments, du gr. *plasma* « chose façonnée » ou de *plasma* (1°).

plasmode n. m. - XIXe ; de *plasm(o)-* et gr. *eidos* « aspect » ▪ Cellule à plusieurs noyaux.

plasmodium [plasmɔdjɔm] n. m. - 1922 ; lat. ▪ Sporozoaire responsable du paludisme.

plasmolyse n. f. - XIXe ; *plasmo-* et *-lyse* ▪ Réaction par laquelle une cellule se contracte et perd son eau par osmose, lorsqu'elle est plongée dans un milieu dont la concentration moléculaire est plus élevée.

plaste n. m. - 1912 ▪ Inclusion cytoplasmique présente dans toutes les cellules des végétaux eucaryotes.

-plaste, -plastie Éléments, du gr. *plassein* « modeler ».

plastic n. m. - 1943 ; mot angl. ▪ Explosif ayant la consistance du mastic. *Attentat au plastic.* ✪ HOM. Plastique.

plasticage ou **plastiquage** n. m. - v. 1960 ▪ Attentat au plastic. *Le plasticage d'un véhicule.*

> ❑ Pour l'hésitation entre les finales ...*cage* et ...*quage* → trucage (rem.).

plasticien, ienne n. - XIXe 1 Artiste spécialisé dans les recherches en arts plastiques. 2 Technicien spécialiste des matières plastiques. 3 Spécialiste de la chirurgie plastique.

plasticité n. f. - XVIIIe 1 Qualité de ce qui est plastique (II). ⇒ **flexibilité, malléabilité.** *La plasticité de la cire.* 2 fig. Souplesse. *La plasticité du caractère de l'enfant.* ⇒ **élasticité.** 3 Propriété des tissus de se reformer après avoir été lésés.

plastie n. f. - 1958 ▪ Réfection d'un organe par chirurgie réparatrice ou esthétique.

plastifiant, iante n. m. et adj. - 1929 ▪ Polyester capable de rendre souple une matière plastique. ➛ *Substance plastifiante.*

plastifier v. tr. [7] - v. 1930 1 Traiter avec un plastifiant. 2 Recouvrir de matière plastique (souvent transparente). ➛ *Carte plastifiée.* « *Au mur un papier à fleurs plastifié* » (Perec).

plastiquage → **plasticage**

plastique adj. et n. - XVIe ; gr. *plastikos* « relatif au modelage » I - 1 Qui a le pouvoir de donner la forme. ➛ *Chirurgie plastique :* chirurgie qui modifie les formes extérieures. 2 Relatif à l'art de donner une forme esthétique à des substances solides. *Le génie plastique des Grecs.* 3 Relatif aux arts dont le but est l'élaboration de formes. *Arts plastiques :* sculpture, architecture, dessin, peinture ; et aussi arts décoratifs, chorégraphie. *Beauté plastique d'une œuvre.* 4 Beau, quant à la forme. ♦ n. f. Beauté des formes du corps. *Avoir une belle plastique.* « *elle nage, soucieuse uniquement de sa plastique et de son maillot de soie* » *(Colette).* II - 1 Qui est susceptible de se déformer sous l'action d'une force extérieure et de conserver sa nouvelle forme lorsque la force a cessé d'agir. ⇒ **flexible, malléable,** ① **mou.** 2 MATIÈRE PLASTIQUE, et n. m. LE PLASTIQUE : matière synthétique, constituée de macromolécules et qui peut être moulée ou modelée. « *les tissus de nylon se tordaient sur eux-mêmes, les cellophanes fondaient, les matières plastiques bouillonnaient. Tout était en train de brûler* » (Le Clézio). *Plastique biodégradable. C'est du plastique. Bouteille en plastique.* ➛ *Des sacs plastique,* en matière plastique. ♦ Feuille, film de plastique. *Viande sous plastique.* ✪ CONTR. (du II, 1°) Rigide. — HOM. Plastic.

plastiquement adv. - XIXe ▪ Quant à la plastique, aux formes, à leur beauté. « *Plastiquement, elle était merveilleuse* » (Gide).

plastiquer v. tr. [1] - 1961 ▪ Faire exploser au plastic. *Terroristes qui plastiquent une maison.*

> ❑ Les termes *plastiquer, plasticage* sont apparus en France pendant la guerre d'Algérie (1954-1962).

plastisol [plastisɔl] n. m. - 1961 ; de *plasti(que)* et ③ *sol* ▪ Émulsion de résine dans un plastifiant liquide.

plastron n. m. - XVe ; it. *piastrone* « haubert » 1 Pièce d'armure protégeant la poitrine. ➛ Pièce de cuir rembourrée que les escrimeurs portent sur la poitrine. ♦ Partie ventrale du bouclier tégumentaire des tortues. 2 Partie de certains vêtements, qui recouvre la poitrine. *Il portait « son plastron verni par-dessus son gilet »* (Céline). 3 Petit groupe d'hommes qui représentent symboliquement l'ennemi, dans une manœuvre.

plastronner v. intr. [1] - XVIIe ■ Bomber le torse. ➛ *« devant vos amis, j'étais bien obligé de plastronner. Mais la vérité est que ça va mal »* (Mart. du G.). ⇒ **crâner.** *Plastronner pour la galerie.* ⇒ **parader, poser.**

plasturgie n. f. - v. 1980 ; de *plast(ique)* et *-urgie* ■ Science et technique ayant trait à la transformation des matières plastiques et à leur utilisation.

① **plat, plate** adj. et n. m. - XIe ; gr. *platus* « large, étendu » **I adj.** 1 Qui présente une surface plane, ou à peu près plane et horizontale. *Les Anciens croyaient que la Terre était plate. Télévision à écran plat. « Le plat pays qui est le mien »* (Brel). ➛ *Angle plat,* de 180°. ➛ *Mer plate,* sans vague. 2 Dont le fond est plat ou peu profond. *Assiette plate.* 3 Qui ne forme pas ou qui forme peu de saillie. *Avoir le ventre plat. Pied plat,* dont la voûte plantaire est très peu marquée. ➛ *Poitrine plate.* ➛ *Cheveux plats,* lisses et plaqués. ➛ *Talons plats,* peu élevés (opposé à *haut*). 4 De peu d'épaisseur. ⇒ **aplati, mince.** *Gâteau plat.* ⇒ **galette.** *Montre plate, extraplate.* ⇒ **ultraplat.** *Poissons plats.* 5 loc. adv. *À PLAT VENTRE :* étendu, couché sur le ventre, la face contre terre. *Se coucher, se mettre à plat ventre.* ➛ Se montrer servile. *« Ils se mirent à plat ventre, rampèrent devant l'Assemblée »* (Michelet). ➛ *À plat dos :* sur le dos. 6 loc. adv. *À PLAT :* horizontalement, sur la surface plate. *Poser qqch. à plat.* ⇒ **plaquer.** ♦ *Pneu à plat.* ⇒ **crevé, dégonflé.** ➛ *Batterie d'accumulateurs à plat,* déchargée. ➛ fam. *Être à plat,* déprimé, épuisé. *Sa maladie l'a mis à plat.* ➛ *Remettre à plat* (une question, un problème), en réexaminer dans le détail tous les éléments. ➛ loc. *Tomber à plat :* être un échec complet. *Plaisanterie qui tombe à plat.* 7 *Teinte plate,* étalée de manière uniforme. 8 *Rimes plates,* où deux vers à rime masculine alternent avec deux vers à rime féminine. 9 péj. Sans caractère saillant ni qualité frappante. ⇒ **banal, médiocre.** *Un style plat.* ⇒ **académique, fade.** *« tout est raisonné, compassé, académique et plat »* (Dider.). 10 ⇒ **obséquieux.** *Il est toujours très plat devant ses supérieurs.* ➛ *De plates excuses,* exprimées avec une humilité servile. 11 Dépourvu de force. ⇒ **fade.** *Vin plat.* 12 Non gazeux. *De l'eau plate.* **II n. m.** 1 La partie plate de qqch. *Le plat de la main :* la paume et les doigts non repliés (opposé à *dos*). *Le plat de l'épée,* la partie plate de sa lame (opposé à *tranchant*). ♦ *Plongeur qui fait un plat,* qui entre dans l'eau le corps trop horizontal. ♦ Terrain plat. *Course de plat.* 2 loc. fam. *Faire du plat à qqn :* flatter platement, chercher à séduire. ⇒ **courtiser.** *« Vous avez fini de lui faire du plat à mon tonton ? »* (Queneau). 3 Chacun des deux côtés de la reliure d'un livre. 4 Produit sidérurgique de faible épaisseur. ✪ CONTR. Accidenté, montagneux ; bombé, gonflé, saillant. Creux, profond. Remarquable.

② **plat** n. m. - XIVe ■ Récipient à fond plat. 1 *PLAT À BARBE :* bassin ovale, échancré. 2 Pièce de vaisselle plus grande que l'assiette, dans laquelle on sert les mets. *Plat à légumes* (⇒ **légumier**), *à poisson, à tarte. Plat à gratin. Plat allant au four, plat de cuisson. Plat creux. Plat de porcelaine, en grès, en pyrex.* ♦ *Œufs au plat, sur le plat,* qu'on fait cuire dans la poêle sans les brouiller. ♦ loc. *Mettre les petits plats dans les grands :* se mettre en frais pour qqn. 3 Le plat et son contenu. ⇒ ① **platée.** *Apporter les plats à table.* 4 Mets. *Plat de viande, de légumes, de poisson. Plats régionaux.* ⇒ **spécialité.** *Plat chaud. Plat cuisiné, surgelé.* ➛ *Plat garni,* composé de viande ou de poisson et de légumes. *Plat du jour :* au restaurant, plat principal qui varie selon les jours. *Plat de résistance :* plat principal. *Ils mangeaient « comme plat de résistance, des pâtes ou du riz »* (Perec). *Faire de bons petits plats.* ♦ loc. fam. *Faire tout un plat de qqch. :* accorder trop d'importance à un événement insignifiant.

platane n. m. - XVIe ; gr. *platanos* 1 Arbre élevé au feuillage épais *(platanacées),* à écorce lisse se détachant par plaques irrégulières. *« de loin en loin, s'étiraient les lignes de platanes bordant les routes »* (Cl. Simon). 2 *FAUX PLATANE :* érable sycomore.

plat-bord n. m. - XVIe ■ Ceinture en bois entourant les ponts et limitant les bordages en bois. *Des plats-bords.*

plate n. f. - XIIe 1 Plaque de métal appliquée sur le haubert ; chacune des plaques qui constituent une armure rigide. 2 Embarcation à fond plat.

plateau n. m. - XIIe 1 Support plat servant à poser et à transporter des objets. *Plateau de bois, d'argent. Plateau de garçon de café. Servir le café sur un plateau.* ➛ loc. *Apporter qqch. à qqn sur un plateau,* lui donner immédiatement ce qu'il désire, sans qu'il ait d'effort à faire. ♦ *Un plateau de fromages :* un assortiment de fromages présenté sur un plateau. ➛ *Un plateau de fruits de mer.* ➛ *PLATEAU-REPAS :* repas complet servi sur un plateau. *Un steward « a déposé d'autorité un plateau-repas sur ma tablette »* (Tournier). ➛ *Plateaux de chirurgien, de dentiste* (pour poser les instruments). ➛ *Les deux plateaux d'une balance.* ♦ Plateforme servant de support. *Plateau de chargement :* plancher mobile utilisé pour rassembler des marchandises. ➛ *Plateau d'embrayage,* servant d'appui au disque d'embrayage. ➛ *Plateau de pédalier :* roue dentée qui entraîne la chaîne d'une bicyclette. ♦ *Le plateau d'un tourne-disque :* plateau tournant où l'on pose les disques (noirs). ⇒ ① **platine.** ➛ *Plateau tournant d'un micro-ondes.* ♦ Partie supérieure plate et épaisse. *Un plateau de table en bois massif.* ♦ Disque de matière dure sur lequel est étirée et fixée la lèvre inférieure des femmes (dans certaines ethnies d'Afrique). 2 Étendue de pays assez plate et dominant les environs. *Plateau calcaire.* ⇒ **causse.** *Région de hauts plateaux.* ➛ *Plateau sous-marin.* ⇒ **haut-fond.** *Plateau continental :* partie relativement plate et surélevée des fonds marins. ⇒ **plateforme.** ♦ *Plateau d'un graphique,* sa partie horizontale la plus élevée. ➛ *Fièvre en plateau,* élevée pendant toute la maladie. 3 Plateforme où est présenté un spectacle, etc. *Plateau d'un théâtre :* la scène. ➛ *Le plateau d'un studio de cinéma, de télévision,* où sont plantés les décors. ♦ *Plateau technique :* ensemble des équipements techniques dont dispose un service hospitalier. 4 Bordure de cellules épithéliales.

platebande ou **plate-bande** n. f. - XIIIe 1 Moulure plate, unie et peu saillante. ⇒ **bandeau.** 2 Bande de terre cultivée, dans un jardin. *« Des fleurs de toute sorte [...] garnissaient les plates-bandes »* (Gaut.). ➛ loc. fam. *Marcher sur les platebandes de qqn,* empiéter sur son domaine.

❑ Pour la graphie → plateforme (rem.).

① **platée** n. f. - XVIIIe ■ Contenu d'un plat. *Une platée de purée.*

② **platée** n. f. - XVIIe ; gr. *plateia* ■ Massif de fondation d'un édifice.

plateforme ou **plate-forme** n. f. - XVe 1 Terre-plein, surface plane, horizontale, plus ou moins surélevée. *Toit en plateforme.* ⇒ **terrasse.** *Des plateformes, des plates-formes. Plateforme de quai.* 2 Ouvrage plat supportant du matériel ou des hommes. *Plateforme de tir.* ⇒ **banquette.** 3 Partie ouverte d'un véhicule public. *La plateforme d'un autobus.* 4 Partie de la voie préparée pour recevoir le ballast et les rails. 5 Étendue plane située à la base d'une montagne ou d'un continent. *Plateforme continentale.* ⇒ **plateau.** 6 *Plateforme de forage,* servant à exploiter les gisements pétrolifères sous-marins. 7 Ensemble d'idées sur lesquelles on s'appuie pour présenter une politique commune. ⇒ **base.** *La plateforme électorale d'un parti.*

❑ Noter la graphie moderne *plateforme,* où la soudure des éléments (sur le modèle de *clairsemé, gentilhomme, plafond* par exemple) simplifie la marque du pluriel. Voir aussi les graphies soudées *platebande, platelonge.*

platelonge ou **plate-longe** n. f. – XVIIe ▪ Longe servant à maintenir les chevaux que l'on ferre. *Des platelonges, des plates-longes.*

❑ Pour la graphie → plateforme (rem.).

platement adv. – XVe 1 D'une manière plate, banalement. 2 D'une manière servile. *S'excuser platement.* ✪ CONTR. Spirituellement.

plateresque adj. – XIXe ; esp. *plata* « argent » ▪ Se dit d'un style d'architecture et de décoration de la Renaissance espagnole caractérisé par des ornements baroques.

plathelminthes n. m. pl. – XIXe ; gr. *platus* « large » et *helmins* « ver » ▪ Embranchement de la classification qui contient les vers plats, non segmentés, hermaphrodites.

platier [platje] n. m. – XVe ; de ① *plat* ▪ Haut-fond ou estran rocheux qui possède une plage.

platinage n. m. – XIXe ▪ Opération par laquelle on recouvre (une surface) d'une couche de platine ; cette couche.

① **platine** n. f. – XIIIe 1 Pièce plate, support plat. ♦ Pièce soutenant les éléments d'un mouvement d'horlogerie. *La platine d'une montre.* ♦ Pièce des anciennes armes à feu portatives sur laquelle l'amorce était mise à feu. ♦ Plaque métallique qui protège le mécanisme d'une serrure. ♦ Pièce de la machine à coudre qui laisse passer l'aiguille. ♦ Mince lame ou feuille utilisée comme support dans divers appareils scientifiques. 2 Plateau d'un électrophone muni d'un dispositif d'entraînement et d'un bras mobile. ♦ Élément d'une chaîne servant à la lecture des disques, des cassettes, ou à la réception des ondes de modulation de fréquence. ⇒ **lecteur.** *Platine laser.*

② **platine** n. m. – XVIIIe ; esp. *plata* « argent » 1 Élément (Pt ; n° at. 78 ; m. at. 195,08), métal précieux, blanc grisâtre. *Mine de platine :* alliage naturel de platine et de métaux voisins. *Alliance en platine.* 2 adjt De la couleur du platine. *Des cheveux platine.* ⇒ **platiné.**

platiné, ée adj. – 1900 1 *VIS PLATINÉES :* pièces de contact du rupteur d'allumage d'un moteur à explosion. 2 Teint en couleur platine. *Cheveux platinés. Une blonde platinée.* « *une femme encore jeune, platinée, pompeusement fardée* » (Queneau).

platiner v. tr. [1] – XIXe ▪ Recouvrir (un métal, du verre) d'une mince couche de platine.

platinifère adj. – XIXe ▪ Qui contient du platine.

platinite n. f. – 1920 ▪ Alliage de fer et de nickel.

platitude n. f. – XVIIe 1 Caractère de ce qui est plat, sans originalité. ⇒ **médiocrité.** ♦ *Débiter des platitudes.* ⇒ **banalité, fadaise.** « *Emma retrouvait dans l'adultère toutes les platitudes du mariage* » (Flaub.). 2 vieilli Caractère d'une personne sans élévation morale, qui s'abaisse avec servilité. ⇒ **avilissement, bassesse, obséquiosité.** ➛ Acte qui témoigne de servilité. « *il ne reculait quand il le fallait devant aucune platitude* » (Proust). ✪ CONTR. Esprit, saveur. Dignité, fierté, noblesse.

platonicien, ienne adj. et n. – XVe ▪ Qui s'inspire de la philosophie de Platon.

platonique adj. – XIVe ; de *Platon* 1 Qui a un caractère purement idéal, sans rien de matériel, de charnel. *Amour platonique,* chaste. ⇒ **éthéré, pur.** « *La tendresse de ces parfaits amants* [...] *est toute platonique* » (Gaut.). 2 Qui a un caractère théorique, sans effet concret. « *leur lutte contre le militarisme restait assez platonique* » (Mart. du G.). ✪ CONTR. Charnel, matériel.

platoniquement adv. – XVIIIe ▪ D'une manière platonique.

platonisme n. m. – XVIIe 1 Philosophie de Platon et de ses disciples. 2 rare Caractère de l'amour platonique.

plâtrage n. m. – XVIIIe 1 Action de plâtrer. *Le plâtrage d'un mur.* 2 Traitement de l'acidité gastrique par une substance basique.

plâtras n. m. – XIVe ▪ Débris de plâtrage. ⇒ **débris, gravats.** *Les plâtras d'un chantier de démolition.*

plâtre n. m. – XIIIe ; de *emplâtre* 1 Gypse. *Carrière de plâtre.* 2 Poudre blanche, tirée du gypse, que l'on gâche pour obtenir une pâte qui durcit en séchant. *Sac de plâtre.* « *J'aime le plâtre. C'est une matière friable, poreuse, sensible à la moindre humidité* » (Tournier). ➛ loc. *Battre comme plâtre,* avec violence. ➛ « *ivres tous deux, ils se battirent comme plâtre* » (Zola). ♦ Pâte obtenue en gâchant cette poudre. « *J'étendais le plâtre sur les murs blancs* » (Giono). ➛ *Carreau, plaque de plâtre :* matériau de plâtre moulé. ⇒ **placoplâtre.** ➛ *Buste en plâtre.* 3 *Les plâtres :* les revêtements, les ouvrages de plâtre. *Refaire les plâtres.* 4 Objet moulé en plâtre. *Salle décorée de plâtres,* de statues, de moulages. ♦ Appareil de contention, formé de pièces de tarlatane imprégnées de plâtre, utilisé pour le traitement des fractures. *Avoir la jambe dans le plâtre.*

plâtrer v. tr. [1] – XIIe 1 Couvrir de plâtre ; sceller avec du plâtre. 2 Amender (une prairie) en y répandant du plâtre. ➛ Acidifier (un vin, un moût) à l'aide de plâtre. 3 Mettre (une partie du corps) dans un plâtre. ➛ *Jambe plâtrée.* ➛ « *Plâtré du genou à la hanche* » (Bosco). 4 « *des joues plâtrées de fard* » (Huysm.), exagérément fardées de blanc.

plâtrerie n. f. – XIVe 1 Entreprise, usine où l'on fabrique le plâtre. ⇒ **plâtrière.** 2 Travail du plâtrier. ⇒ **bâtiment, maçonnerie.** *Frais de plâtrerie.*

plâtreux, euse adj. – XVIe 1 Couvert de plâtre. *Un mur plâtreux.* 2 *Fromage plâtreux,* insuffisamment fait, qui a la consistance du plâtre.

plâtrier n. m. – XIIIe 1 Ouvrier qui prépare le plâtre. ⇒ **gâcheur.** ♦ Celui qui fait le commerce des plâtres. 2 Ouvrier qui utilise le plâtre gâché.

plâtrière n. f. – XIIIe 1 Carrière de gypse. 2 Four à plâtre. ➛ Plâtrerie (1°).

platyrhiniens n. m. pl. – XIXe ; gr. *platus* « large » et *rhis* « nez » ▪ Sous-ordre de primates *(simiiformes)* d'Amérique, à narines écartées, ouvertes sur le côté, à 36 dents et à queue préhensile.

plausibilité n. f. – XVIIe ▪ Caractère de ce qui est plausible. ⇒ **vraisemblance.** ♦ En informatique, Caractère de ce qui peut être admis comme étant sans erreur.

plausible adj. – XVIe ; lat. « digne d'être applaudi » ▪ Qui semble devoir être admis. ⇒ **admissible, vraisemblable.** *Cause très plausible.* ⇒ **probable.** « *trouvez quelque prétexte plausible* » (Balz.). *Ce n'est pas très plausible.* ✪ CONTR. Invraisemblable.

play-back [plɛbak] n. m. inv. – 1930 ; mot angl. « jeu en retour » ■ Interprétation ou diffusion mimée d'un enregistrement sonore antérieur. *Chanter en play-back.* ➙ Recomm. offic. *présonorisation.*

play-boy [plɛbɔj] n. m. – 1936 ; mot angl. ■ Jeune homme élégant et riche, séducteur, menant une vie oisive et facile. *Des play-boys.*

❑ Pas de substitut français pour cet anglicisme soutenu par le titre d'une revue et très répandu dans l'usage ; *séducteur* n'est pas assez physique (beau, élégant).

plèbe n. f. – XIIIe ; lat. *plebs* 1 Second ordre du peuple romain, dépourvu des privilèges du patriarcat. 2 péj. et vx Le peuple. ⇒ **populace, racaille.**

plébéien, ienne n. et adj. – XIVe 1 Romain, Romaine de la plèbe. ♦ *Famille plébéienne.* 2 vieilli Homme, femme du peuple. « *Un homme bien né, qui tient son rang comme moi, est haï de tous les plébéiens* » (Stendh.). ♦ Du peuple. *Des goûts plébéiens.* ⇒ **populaire.** ✪ CONTR. Patricien. Aristocrate, aristocratique.

plébiscitaire adj. – XIXe ■ Qui a rapport au plébiscite.

plébiscite n. m. – XIVe ; lat. « décision du peuple *(plebis)* » 1 Décision, loi votée par l'assemblée de la plèbe. 2 vieilli Vote direct du corps électoral par oui ou par non, sur une question qu'on lui soumet. ⇒ **référendum.** ♦ mod. Vote direct du corps électoral par oui ou par non sur la confiance qu'il accorde à la personne qui a pris le pouvoir. *Il ne faut pas « assimiler le référendum du Général de Gaulle au plébiscite de Bonaparte »* (de Gaulle). 3 « Vote d'une population sur la question de son statut international » (Capitant).

plébisciter v. tr. [1] – XIXe 1 Voter (qqch.), désigner (qqn) par plébiscite. 2 Élire (qqn) ou approuver (qqch.) à une majorité écrasante.

plectre n. m. – XIVe ; gr. *plêssein* « frapper » ■ Médiator. *Le plectre d'une mandoline.*

-plégie Groupe suffixal, du gr. *plêssein* « frapper ».

pléiade n. f. – XIIIe ; gr. *pleias* « constellation de sept étoiles » 1 Chacune des six étoiles visibles à l'œil nu (les Anciens en comptaient sept) qui forment un groupe dans la constellation du Taureau. « *les brillantes Pléiades, serrées comme un essaim d'abeilles* » (Alain). ♦ *La Pléiade* : le groupe des Pléiades. 2 Nom donné à sept poètes anciens d'Alexandrie du IIIe s. av. J.-C. ♦ Groupe de sept grands poètes français de la Renaissance. *Ronsard, du Bellay, grands poètes de la Pléiade.* 3 Groupe de personnes jugées remarquables. « *Une pléiade de compositeurs, sûrs d'être appréciés* » (Gaut.). ➙ Groupe important. *Ils sont toute une pléiade.*

plein, pleine adj. et n. m. – XIe ; lat. *plenus* I - 1 Qui contient toute la quantité possible. ⇒ **rempli.** *Une boîte pleine, presque pleine. Verre plein à ras bord. Valise trop pleine, pleine à craquer ; à moitié pleine. Des tourteaux bien pleins.* ➙ loc. fam. *N'en jetez plus, la cour est pleine !* en voilà assez sur ce sujet. ➙ *Parler la bouche pleine.* ♦ PLEIN DE : rempli de. *Caisse pleine de livres.* 2 fam. loc. *Être plein comme une barrique,* complètement ivre. ➙ *Il est plein,* ivre. ⇒ **soûl** ; fam. **bourré.** 3 Se dit d'une femelle animale en gestation. ⇒ **gros.** *Juments pleines.* 4 *Un plein panier de légumes,* le contenu d'un panier rempli. ♦ *À pleine main* : avec la main pleine. *Respirer à pleins poumons. Chose qui pue à plein nez.* ➙ « *Très pressant désir de crier, à pleine gorge* » (Duham.). « *Il arrachait la pomme de l'arrosoir et versait à plein goulot* » (Flaub.). 5 Qui contient autant de personnes qu'il est possible. *La salle est pleine.* ⇒ **bondé,** ② **comble.** 6 *Une journée pleine,* bien occupée. 7 Qui est rempli (de connaissances, d'idées). « *J'avais la tête pleine d'art, Éverard avait la tête pleine de politique* » (Sand). ♦ *Être plein de son sujet.* ⇒ **pénétré** (de). ➙ *Être plein de qqn,* en être exclusivement occupé. « *J'ouvre comme un trésor mon cœur tout plein de vous* » (Muss.). ➙ PLEIN DE SOI : occupé et content de soi-même. ⇒ **imbu, infatué.** 8 Dont la matière occupe tout le volume. *Une sphère pleine.* ⇒ **massif.** *Une porte pleine,* dépourvue de vitre. 9 Rond. ⇒ **dodu, potelé, rebondi.** *Des joues pleines.* 10 *Un son plein,* riche en harmoniques. 11 Qui est entier, à son maximum. *La pleine lune. Reliure pleine peau,* entièrement en peau. ♦ *Un jour plein,* de 24 heures. *Travailler à plein temps, à temps plein,* en faisant une journée légale de travail. ➙ subst. *Faire un temps plein, un plein temps,* travailler à plein temps. ➙ *Moteur qui tourne à plein régime.* 12 Qui a sa plus grande force. ⇒ **total.** *Plein succès. Donner pleine satisfaction.* ⇒ **entier, tout.** *Pleins pouvoirs.* 13 loc. adv. À PLEIN ; EN PLEIN. ⇒ **pleinement, totalement.** *Argument qui porte à plein.* 14 EN PLEIN, EN PLEINE, suivi d'un subst. : au milieu de (espace). *Vivre en plein air* [plɛnɛʀ]. ⇒ **dehors.** ➙ *En plein vent.* ➙ *En pleine mer* : au large. ➙ *En pleine rue. En pleine nature. En plein soleil, en plein jour.* ➙ Exactement. *Visez en plein milieu.* ➙ *Se réveiller en pleine nuit.* ➙ *En pleine croissance. Être en plein travail. Arriver en plein drame.* ♦ loc. adv. EN PLEIN SUR ; EN PLEIN DANS (fam.) : juste, exactement. *Ils « dégorgeaient toute leur camelote en plein sur les vastes pelouses »* (Céline). *En plein dedans, en plein dessus.* 15 *La pleine mer* : le large. *Le plein air* : l'extérieur. *Jeux de plein air.* II - 1 PLEIN DE : qui contient, a beaucoup de. *Les yeux pleins de larmes. Pantalon plein de taches. Les mains pleines de cambouis,* couvertes de cambouis. « *La Californie est un pays plein d'or, de perles et de diamants* » (Cendrars). *Rues pleines de monde. Texte plein de fautes.* ♦ *Être plein de santé, de vie.* ⇒ **débordant.** *Il est plein de bonne volonté. Être plein de reconnaissance.* ⇒ **pénétré, pétri.** 2 *Il y en a plein, tout plein,* beaucoup. III vx ou loc. Plat. ⇒ ① **plain.** *Écu plein,* dont l'émail est uni. ➙ *Se heurter de plein fouet* : se jeter en ligne droite l'un contre l'autre. IV inv. 1 (en prép.) En grande quantité dans. *Avoir de l'argent plein les poches,* en avoir beaucoup. ➙ *En avoir plein le dos, les bottes,* (fam.) *le cul* : en avoir assez. ♦ fam. Partout sur. « *Il avait du poil plein les joues* » (Aragon). 2 adv. *Sonner plein,* avec un son plein (opposé à *sonner creux*). ♦ fam. TOUT PLEIN. ⇒ **très.** « *C'est mignon tout plein chez vous, mes enfants* » (Sarraute). ♦ loc. prép. fam. PLEIN DE. ⇒ **beaucoup.** *Il y avait plein de monde. J'ai reçu plein de lettres, tout plein de lettres.* V n. m. 1 État de ce qui est plein. *Le plein de la Lune,* la phase où elle apparaît éclairée tout entière. « *La lune a son plein, sur une de ces collines crayeuses* » (Giraud.). ➙ *Le plein de l'eau, de la mer,* la marée haute. 2 BATTRE SON PLEIN, se dit de la mer étale à marée haute, qui bat le rivage. ♦ Être à son point culminant. *La fête bat son plein.* 3 La plénitude, le maximum. *Donner son plein* : donner toute sa mesure. « *C'était le plein de la bousculade et du vacarme* » (Zola). 4 FAIRE LE PLEIN DE : emplir totalement un réservoir de. *Vladimir « demandait où il pourrait faire le plein d'eau potable »* (Simenon). ➙ *Faire le plein* (de carburant). ➙ *Le plein* : le contenu total du réservoir. ♦ Atteindre le maximum. *Le candidat a fait le plein de ses voix.* 5 « Somme maxima que la société d'assurances peut, aux termes de ses statuts, assurer sur un seul risque, sans réassurance » (Capitant). 6 Endroit plein (d'une chose). *Les pleins et les vides.* 7 Trait épais, dans l'écriture calligraphiée. *Pleins et déliés d'une lettre.* ✪ CONTR. Vide, ① désert, inoccupé, libre. Ajouré, creux. Incomplet. — Exempt, sans. — Vide. — HOM. Plain ; plaine.

❑ Attention à l'homonymie entre *plein* et ① *plain* : on écrit *de plein fouet, plein-cintre, terre-plein...* mais *plain-chant* (musique vocale) et *de plain-pied* (au même niveau). → ① plain (rem.).

pleinement adv. – XIe ▪ D'une manière pleine, totale. ⇒ **entièrement, totalement.** *Être pleinement responsable.* ⇒ **parfaitement.** ✪ CONTR. Insuffisamment, partiellement.

plein-emploi ou **plein emploi** [plɛnɑ̃plwa] n. m. – 1949 ▪ Emploi de la totalité des travailleurs. *Politique de plein-emploi.* ✪ CONTR. Chômage, sous-emploi.

pléiotropie n. f. – 1963 ; gr. *pleiôn* « plus nombreux » et *-tropie* ▪ Propriété que possède un gène d'agir sur plusieurs caractères.

pléistocène adj. et n. m. – XIXe ; gr. *pleistos* « beaucoup » et *kainos* « nouveau » ▪ Se dit du début de l'ère quaternaire, correspondant au paléolithique.

plénier, ière adj. – XIe ; lat. *plenus* « plein » 1 *Assemblée, séance plénière,* où siègent tous les membres d'un corps, d'une juridiction. ⇒ **plénum.** 2 *Indulgence plénière :* rémission pleine et entière de toutes les peines dues aux péchés.

plénipotentiaire n. m. – XVIIe ; lat. *plenus* « plein » et *potentia* « puissance, pouvoir » ▪ Agent diplomatique qui a pleins pouvoirs pour l'accomplissement d'une mission. ⇒ **ambassadeur, envoyé.** ♦ adj. *Ministre plénipotentiaire :* titre immédiatement inférieur à celui d'ambassadeur.

plénitude n. f. – XIVe ▪ littér. 1 Ampleur, épanouissement. *La plénitude des formes.* ♦ « *la plénitude presque chaude de ses intonations* » (Barbey). 2 État de ce qui est complet, dans toute sa force. « *un être jeune, dans toute la plénitude de sa beauté et de son intelligence* » (Flaub.). ➛ *La plénitude d'un droit.* ⇒ **intégrité, totalité.** ✪ CONTR. Vide.

plénum ou **plenum** [plenɔm] n. m. – XIXe ; lat. repris de l'angl. « assemblée plénière » ▪ Réunion plénière d'une assemblée, d'un organisme. *Des plénums, des plenums.*

pléonasme n. m. – XVIe ; gr. « surabondance » ▪ Terme ou expression qui ne fait qu'ajouter une répétition à ce qui vient d'être énoncé. ⇒ **redondance, tautologie.** *Pléonasme fautif* (ex. « prévoir à l'avance »).

❑ On distingue le pléonasme involontaire, ou fautif *(descendre en bas, collaborer ensemble)* du pléonasme stylistique (« *Je l'ai vu, dis-je, de mes propres yeux, vu* » [Molière]). Certaines expressions pléonastiques anciennes *(au fur et à mesure)* ne sont plus fautives. → fur (rem.).

pléonastique adj. – XIXe ▪ Qui est relatif au pléonasme, forme un pléonasme. *Tour pléonastique.*

plésiomorphe adj. – 1963 ; gr. *plêsios* « voisin » et *-morphe* ▪ SC. Ancestral. *État plésiomorphe d'un caractère.*

plésiosaure n. m. – XIXe ; gr. *plêsios* « voisin » et *-saure* ▪ Grand reptile marin, saurien fossile de l'ère secondaire à long cou et à membres aplatis en palettes natatoires.

pléthore n. f. – XIVe ; gr. *plêthôrê* « plénitude » 1 Surabondance, excès de sang (surtout de globules rouges). 2 Abondance, excès. *Il y a pléthore de candidats.* ✪ CONTR. Anémie. Pénurie.

❑ Même famille étymologique que *pléonasme.*

pléthorique adj. – XIVe 1 Relatif à un excès de sang, de globules rouges du sang. ♦ Obèse. 2 Abondant, surchargé. *Des classes pléthoriques,* où il y a trop d'élèves. *Une documentation pléthorique.* ⇒ **excessif, surabondant.**

pleur n. m. – XIIe 1 surtout au plur., vieilli ou littér. Fait de pleurer (⇒ **larme**) ; cris, plaintes dus à une vive douleur (⇒ **gémissement, lamentation**). « *Ses yeux étaient noyés de pleurs* » (Muss.). *Pleurs convulsifs.* ⇒ **sanglot.** *Elle était tout en pleurs.* ⇒ **éploré.** ♦ loc. *Verser un pleur sur qqn, qqch.* (iron.). « *la mère Sturel a versé un pleur en pensant à son cher fils* » (Sartre). 2 Écoulement de sève qui apparaît au printemps sur certaines plantes. « *un bourgeon pointu, enflé d'un pleur de sève* » (Colette).

pleurage n. m. – 1962 ; de *pleurer* ▪ Déformation du son qui est produit par un appareil électroacoustique.

pleural, ale, aux adj. – XIXe ; gr. *pleura* « côté » ▪ Qui concerne la plèvre. *Épanchement pleural.*

pleurant n. m. – XVIe ▪ Statue représentant un personnage en costume de deuil en train de pleurer, et qui fait partie d'un tombeau monumental.

pleurard, arde adj. et n. – XVIe 1 fam. et péj. Qui pleure à tout propos. *Un gamin pleurard.* ⇒ **chialeur, pleurnicheur.** ➛ « *je hais les pleurards* » (Muss.). 2 *Air, ton pleurard.* ⇒ **geignard, plaintif, pleurnichard.** ➛ « *l'orgue de Barbarie [...] égrenait dans l'air ses notes pleurardes* » (Maupass.).

pleurer v. 1 – X^e ; lat. *plorare* « crier, se lamenter, pleurer » **I** v. intr. 1 Répandre des larmes, sous l'effet d'une émotion. ⇒ **sangloter ;** fam. **chialer, pleurnicher.** *Avoir envie de pleurer. Se retenir de pleurer. Pleurer à chaudes larmes. Pleurer comme un veau* (fam.). *Il pleure facilement, pour un rien. Il n'y a pas de quoi pleurer.* « *— Pourquoi tu pleures ? — Ça peut arriver comme ça, pour rien* » (Duras). ➛ *Pleurer de joie, de rire, de honte, de rage.* ♦ Crier. ⇒ fam. **brailler.** *Bébé qui pleure parce qu'il a faim.* 2 loc. *C'est Jean qui pleure et Jean qui rit,* se dit de qqn qui passe facilement de la tristesse à la gaieté. *N'avoir plus que les yeux pour pleurer :* avoir tout perdu. 3 loc. adv. *À (FAIRE) PLEURER :* au point de pleurer, de faire pleurer. « *Las à pleurer du matin au soir* » (Maupass.). ➛ *C'est bête à pleurer,* extrêmement bête. *C'est à pleurer.* ⇒ **lamentable.** 4 littér. Produire un son plaintif. « *Les sombres adagios pleurent au milieu des symphonies* » (Verlaine). 5 Répandre des larmes pour une cause physiologique (sans douleur). *La fumée, l'oignon font pleurer. Avoir les yeux qui pleurent.* 6 Laisser couler de la sève. *La vigne pleure au printemps.* 7 Être dans un état d'affliction. *Consoler ceux qui pleurent,* les affligés. ♦ *PLEURER SUR :* s'affliger à propos de. *Pleurer sur son sort.* ⇒ **gémir,** se **lamenter.** « *abandonnez cette habitude de pleurer sur vous-même* » (Duras). ⇒ s'**apitoyer.** ♦ « *Je me presse de rire de tout, de peur d'être obligé d'en pleurer* » (Beaum.). loc. *Il vaut mieux en rire qu'en pleurer.* 8 Présenter une demande d'une manière plaintive et pressante. *Aller pleurer auprès de qqn pour obtenir qqch.* ⇒ **implorer.** ➛ loc. fam. *Aller pleurer dans le gilet de qqn.* **II** v. tr. 1 Regretter en pleurant, se lamenter sur. « *Il faut pleurer les hommes à leur naissance et non à leur mort* » (Montesq.). « *Je pleure la mort de mon père* » (Mol.). *Pleurer sa jeunesse enfuie.* 2 fam. et région. Accorder, dépenser à regret (⇒ fam. **plaindre**). *Il ne pleure pas sa peine. Pleurer le pain qu'on mange :* être avare. 3 Laisser couler. « *Elle pleura des larmes de sang* » (Balz.). ⇒ **répandre, verser.** loc. *Pleurer toutes les larmes de son corps.* ✪ CONTR. ① Rire ; réjouir (se).

❑ Même famille étymologique que *déplorer, implorer.*

pleurésie n. f. – XIIIe ; gr. *pleura* « plèvre » ▪ Inflammation de la plèvre.

pleurétique adj. et n. – XIIIe 1 Relatif à la pleurésie. *Souffle pleurétique,* qui révèle un épanchement pleural. 2 Qui souffre de pleurésie.

pleureur, euse n. et adj. – XIe 1 vieilli Personne qui pleure facilement. « *Je suis une pleureuse* » (Sév.). ➛ *Air, ton pleureur.* ⇒ **pleurard, pleurnicheur.** 2 Dont les branches s'inclinent vers le sol. *Saule* pleureur.*

pleureuse n. f. – XIIIe ▪ Femme payée pour pleurer aux funérailles.

pleurite n. f. et m. – XIXe 1 n. f. Pleurésie localisée et sans épanchement. 2 n. m. Partie latérale membraneuse d'un insecte.

pleurnichard, arde adj. – XIXe ▪ Qui pleurniche. ⇒ **pleurnicheur.** ▸ *Air, ton pleurnichard.* ⇒ **geignard, larmoyant, pleurard.**

pleurnicher v. intr. [1] – XVIIIe ; de *pleurer* et région. *nich-* « morve » ▪ Pleurer, se plaindre sur un ton geignard. ⇒ ① **geindre.** « *Mélanie jugeait de bon goût de pleurnicher* » (Huysm.).

pleurnicherie n. f. – XVIIIe ▪ Fait de pleurnicher.

pleurnicheur, euse n. et adj. – XVIIIe ▪ Personne qui pleurniche, geint à tout propos. ▸ *Un enfant maussade et pleurnicheur.* ⇒ **criard, grognon.** ▸ *Air, ton pleurnicheur.* ⇒ **pleurnichard.**

pleur(o)- Élément, du gr. *pleuron* « côté ».

> ❑ Attention de ne pas confondre les mots où il s'agit de « pleurer » *(pleurard)* et ceux où il s'agit de « plèvre » *(pleural)*.

pleurobranche n. m. – XIXe ; de *pleuro-* et *branches* « branchies » ▪ Mollusque gastéropode *(opisthobranches)* qui possède une branchie sur le côté droit.

pleurodynie n. f. – XIXe ; de *pleuro-* et gr. *odunê* « douleur » ▪ Point de côté lié à une inflammation des muscles intercostaux.

pleuronectes n. m. pl. – XVIIIe ; de *pleuro-* et gr. *nêktos* « nageant » ▪ Famille de poissons téléostéens au corps aplati, appelés couramment « poissons plats ».

pleuropneumonie n. f. – XVe ▪ Inflammation simultanée de la plèvre et des poumons.

pleurote n. m. – XIXe ; de *pleuro-* et gr. *ous* « oreille » ▪ Champignon *(agaricacées)*, à pied inséré sur le côté, qui pousse ordinairement sur le bois. *Omelette aux pleurotes.*

pleurotomie n. f. – XIXe ; *pleuro-* et *-tomie* ▪ Ouverture chirurgicale de la plèvre.

pleutre n. m. et adj. – XVIIIe ; p.-ê. flam. *pleute* « chiffon » ▪ littér. Homme sans courage. ⇒ **lâche, poltron.** « *L'œuvre qui représente un héros vaut mieux que celle qui représente un pleutre* » (Taine). ▸ *Il est très pleutre.* ✪ CONTR. Courageux

pleutrerie n. f. – XIXe ▪ littér. Lâcheté. ✪ CONTR. Courage.

pleuvasser v. impers. [1] – XXe ▪ Pleuvoir légèrement, par petites averses ; bruiner. ⇒ **pleuviner, pleuvoter.**

pleuviner v. impers. [1] – XIIe ▪ Bruiner, faire du crachin. ⇒ **pleuvasser.** « *Une nuit qu'il pleuvinait* » (Chateaub.).

pleuvioter → **pleuvoter**

pleuvoir v. impers. et intr. [23] – XIIe ; lat. *pluere* **I** v. impers. 1 Tomber, en parlant de l'eau de pluie. ⇒ fam. ② **flotter.** *Pleuvoir légèrement.* ⇒ **bruiner, pleuvasser, pleuviner, pleuvoter.** « *Il pleut, il pleut, bergère* » (Fabre d'Églantine). *Il pleuvait à verse, à flots, à seaux, à torrents. Il sort par tous les temps, qu'il pleuve, qu'il vente.* ▸ « *Il pleure dans mon cœur Comme il pleut sur la ville* » (Verlaine). 2 Tomber. *Il pleut des cordes, des hallebardes.* « *Je ne sais pas ce qu'il va pleuvoir* » (Zola). ♦ loc. fam. *Comme s'il en pleuvait :* en grande quantité. ⇒ **beaucoup. II** v. intr. 1 S'abattre, en parlant de ce que l'on compare à l'eau de pluie. « *des pétales de clématites pleuvaient sur elle* » (Colette). ⇒ ① **tomber.** ♦ *Faire pleuvoir les coups (sur qqn).* 2 Affluer, arriver en abondance. *Les cartes de visite « pleuvent dans la boîte des hôtels »* (J. Verne). ✪ HOM. *Plu :* plu (plaire).

pleuvoter ou **pleuvioter** v. impers. [1] – 1916 ▪ Pleuvoir légèrement. ⇒ **pleuvasser.** « *Le soir tombait. Il pleuvotait* » (Cendrars).

plèvre n. f. – XVIe ; gr. *pleura* « côté » ▪ Membrane séreuse constituée d'un feuillet pariétal qui tapisse les parois internes de la cavité thoracique, et d'un feuillet viscéral appliqué sur la surface des poumons (⇒ **pleural**). *Inflammation de la plèvre.* ⇒ **empyème, pleurésie, pleuropneumonie.**

plexiglas [plɛksiglas] n. m. – 1935 ; nom déposé ▪ Verre de sécurité, matière plastique transparente.

> ❑ Ce mot a été formé en allemand et cette matière doit son nom (« verre *[Glas]* malléable » [lat. *plectere* « tordre »]) au fait qu'elle se travaille facilement.

plexus [plɛksys] n. m. – XVIe ; mot lat., de *plectere* « tresser » ▪ Réseau de nerfs ou de vaisseaux, constitué par de nombreuses anastomoses. *Plexus cervical. Plexus solaire,* au creux de l'estomac.

① **pli** n. m. – XIIe 1 Partie d'une matière souple rabattue sur elle-même et formant une double épaisseur. *Les plis d'une feuille de papier. Jupe à plis,* plissée. *Marquer des plis en repassant.* ⇒ **plisser.** ▸ *Plis d'une carte routière,* chaque volet. *Plis d'un éventail.* 2 Ondulation (d'un tissu flottant). *Les plis d'un drapé.* ♦ Mouvement de terrain qui forme une ondulation. « *le hameau enfoncé dans un pli du vallon* » (Maupass.). ▸ Chaque élément d'un plissement, formé de deux flancs et d'une charnière. *Pli convexe* (⇒ **anticlinal**), *concave* (⇒ **synclinal**). 3 Marque qui reste à ce qui a été plié. ⇒ **pliure.** *Faire le pli d'un pantalon,* le repasser. 4 FAUX PLI, ou PLI : endroit froissé ou mal ajusté ; pliure qui ne devrait pas exister. *Faux pli d'un col de chemise. Nappe qui fait des plis.* loc. fam. *Cela ne fait (ne fera) pas un pli :* cela ne fait pas de difficulté ou de doute. « *Ton cochon, ça ferait pas un pli, on dirait tout de suite : c'est de la fauche* » (Aymé). 5 MISE EN PLIS : opération qui consiste à donner aux cheveux mouillés la forme qu'ils garderont une fois secs. *Se faire une mise en plis.* 6 LE PLI : la forme que prend naturellement une chose souple. *Le pli d'un vêtement,* la manière dont il tombe, forme des plis. « *ses cheveux gardaient le pli qu'on leur donnait et* [...] *restaient dressés sur la tête* » (Simenon). ♦ loc. *Prendre un pli :* acquérir une habitude. *Prendre le pli de faire qqch.* 7 SOUS PLI : dans un papier replié formant enveloppe. *Message envoyé sous pli cacheté.* ▸ Lettre. « *Gros papier, pli grossier* [...], *de certaines missives déplaisent* » (Hugo). 8 Endroit de la peau qui forme une sorte de repli ou qui porte une marque semblable ; cette marque. « *les plis de son cou retombaient jusqu'à sa poitrine comme des fanons de bœuf* » (Flaub.). *Plis et rides du visage.* 9 Levée aux cartes. *Faire tous les plis.* 10 (Belgique) Raie formée par les cheveux. ✪ HOM. Plie.

② **pli** n. m. – 1950 ; angl. *ply* « couche » ▪ Couche très mince de bois dont l'assemblage et le collage avec plusieurs autres forme le contreplaqué.

pliable adj. – XVIe ▪ Qui peut être plié aisément. ⇒ **flexible, souple.** *Un carton pliable.*

pliage n. m. – XVIe 1 Action de plier ; manière dont une chose est pliée. *Le pliage d'un parachute.* 2 Feuille de papier pliée de manière à obtenir différentes formes (⇒ **origami**). ✪ CONTR. Dépliage.

pliant, pliante adj. et n. m. – XIIIe 1 Articulé de manière à pouvoir se plier. *Mètre pliant. Table, chaise pliante.* 2 n. m. Siège de toile sans dossier ni bras, à pieds articulés en X. *Elle « apportait un pliant, s'asseyait et faisait son tricot »* (Genet).

plie n. f. – XIIe ; lat. *platessa* ▪ Poisson plat comestible *(pleuronectidés)* dont les yeux sont placés à droite (sur sa face supérieure). *Plie franche.* ⇒ **carrelet.** ✪ HOM. Pli.

plié n. m. – XIXe ▪ Mouvement de danse qui consiste à plier les genoux. *Grands pliés.*

plier v. [7] – IXe ; lat. *plicare* **I** v. tr. 1 Rabattre (une chose souple) sur elle-même, mettre en double une ou plusieurs fois (⇒ **replier**). *Plier sa serviette. Plier un journal.* ➝ *Chose pliée en deux.* ➝ *Plier la tente* (après l'avoir démontée). fam. *Plier ses affaires,* les ranger. 2 Courber (une chose flexible). ⇒ **ployer, recourber.** ♦ *Être plié en deux par l'âge, la maladie.* fam. *Être plié (en deux),* par le rire. *Être plié de rire.* 3 Rabattre l'une sur l'autre (les parties d'un ensemble articulé) ; fermer (cet ensemble). ⇒ **replier.** *Plier une chaise longue.* pronom. *Siège qui se plie.* ➝ *Plier le bras, la jambe.* 4 Forcer à s'adapter. *Plier qqn à une discipline, à une habitude* (⇒ **accoutumer, exercer**). *« Un vil séducteur peut plier ses projets aux circonstances »* (Laclos). ⇒ **assujettir.** 5 *SE PLIER* v. pron. Suivre, s'adapter par force. ⇒ **céder,** se **soumettre.** *Se plier aux volontés de qqn.* ⇒ **obéir.** *Se plier aux circonstances.* **II** v. intr. 1 Se courber, fléchir. ⇒ **céder.** *« Son corps plia comme un roseau »* (Muss.). ➝ *L'arbre plie sous le poids des fruits.* ⇒ s'**affaisser.** 2 Céder, faiblir. *Rien ne le fera plier.* ⇒ **mollir.** ✪ CONTR. Déplier, déployer, ① étaler, étendre, ouvrir. Résister.

❑ *Plier* est un doublet de *ployer.*

plieur, plieuse n. – XVIe 1 Ouvrier, ouvrière qui plie une matière souple. *Plieuse de parachutes.* 2 n. f. Machine à plier (le papier, les tôles...).

plinthe n. f. – XVIe ; gr. *plinthos* « brique » 1 Moulure plate sous une colonne, une statue, ou au-dessus d'un chapiteau. 2 Bande, saillie plate (⇒ **platebande**) au bas d'un mur. ♦ Bande plate de menuiserie au bas d'une cloison, d'un lambris. ⇒ **antibois.** ✪ HOM. Plainte.

pliocène adj. et n. m. – XIXe ; gr. *pleion* « plus » et *kainos* « récent » ▪ Se dit de l'étage supérieur (partie la plus récente) du tertiaire. *Terrain pliocène.* ➝ n. m. *Les grands mammifères se répandirent au pliocène.*

plioir n. m. – XVIIe 1 Petite lame servant à plier une feuille de papier et à la couper. ⇒ **coupe-papier.** 2 Petite planchette sur laquelle on enroule une ligne de pêche.

plique n. f. – XVIIe ; lat. *plicare* « plier, enchevêtrer » ▪ Enchevêtrement des cheveux, formant un casque, dû à la crasse, aux poux et aux croûtes de sécrétions sébacées agglutinées. ⇒ **trichoma.**

plissage n. m. – XIXe ▪ Action de plisser.

plissé n. m. – XVIIe ▪ Ensemble, aspect des plis de ce qu'on a plissé. *Le plissé d'une jupe. Plissé soleil,* dont les plis vont s'élargissant.

plissement n. m. – XVIIe 1 Action de plisser (la peau de). ⇒ **froncement.** *« un froncement de la lèvre, un léger plissement des sourcils »* (Romains). 2 Déformation des couches géologiques par pression latérale produisant un ensemble de plis ; cet ensemble. *Le plissement hercynien, alpin.*

plisser v. [1] – XVIe **I** v. tr. 1 Modifier (une surface souple) en y faisant un arrangement de plis. ➝ *Jupe plissée.* ♦ Déformer par des faux plis. ⇒ **froisser ; chiffonner.** ➝ pronom. *« Les pantalons trop courts se plissaient aux jarrets »* (Mac Orlan). 2 Former des ondulations sur. *Les forces qui plissent l'écorce terrestre.* ➝ *Relief plissé.* ⇒ **plissement.** *Peau toute plissée,* ridée. 3 Contracter les muscles de... en formant un pli. ⇒ **froncer.** *Plisser les yeux,* les fermer à demi, de sorte que la peau se plisse autour d'eux. ➝ pronom. *« Les arcades frontales d'Ursus se plissèrent »* (Hugo). ➝ *Le front plissé d'inquiétude.* **II** v. intr. Faire des plis. *Avoir des bas qui plissent.*

plisseur, euse n. – XVIIe 1 Personne qui effectue le plissage d'étoffes. 2 n. f. Machine à plisser les étoffes.

pliure n. f. – XIVe 1 Action de plier les feuilles de papier. ⇒ **pliage.** 2 Endroit où se forme un pli, où une partie se replie sur elle-même. *À la pliure du bras* (⇒ **creux**). ➝ Marque formée par un pli. *La pliure d'un ourlet.*

ploc interj. ▪ Onomatopée employée pour évoquer un bruit de chute, de heurt dans l'eau. ⇒ **floc, plouf.**

ploiement n. m. – XVe 1 Action de ployer, de plier qqch. ; fait de se ployer, d'être ployé. *Le mari « saluait avec un ploiement des genoux »* (Maupass.). 2 Évolution d'une troupe qui passe de l'ordre de bataille à l'ordre de route. ✪ CONTR. Déploiement.

plomb [plɔ̃] n. m. – XIIe ; lat. *plumbum* **I** - 1 Métal très dense d'un gris bleuâtre (Pb ; n° at. 82 ; m. at. 207,2), mou, facilement fusible, se laissant bien travailler et laminer. *Gisement de plomb. La galène est un des minerais de plomb.* ➝ Additif antidétonant incorporé aux carburants pour améliorer l'indice d'octane (mais polluant). *Essence sans plomb.* ➝ *Coliques de plomb* ⇒ **saturnisme.** ➝ *Verre au plomb* (protection contre divers rayonnements). *Gouttière, tuyau de plomb* (⇒ **plomberie**). ➝ *SOLDATS DE PLOMB :* figurines en plomb représentant des soldats. ➝ loc. *N'avoir pas de plomb dans la cervelle, dans la tête :* être léger, étourdi. *Cela lui mettra du plomb dans la tête :* cela le fera réfléchir. 2 *DE PLOMB ; EN PLOMB,* exprimant l'idée de poids. *Avoir, se sentir des jambes de plomb, en plomb,* très lourdes. *Sommeil de plomb,* très profond. *Ciel de plomb,* gris sombre (⇒ **plombé**). *Un soleil de plomb,* très chaud. *Les années de plomb :* les années 1970-1980 marquées par le terrorisme en Europe occidentale. 3 *DU PLOMB :* des plombs de chasse. *Du gros plomb* (⇒ **chevrotine**), *du petit plomb* (⇒ **cendrée, dragée, grenaille**). 4 vieilli Ensemble des caractères d'imprimerie. **II** - 1 *Plomb (de sonde) :* masse de plomb attachée à l'extrémité d'une corde de manière à constituer une sonde. ♦ loc. adv. *À PLOMB.* ⇒ aussi **aplomb** (d'aplomb). *Mettre à plomb un mur,* le disposer verticalement. *« le soleil dardait à plomb ses rayons poudreux »* (Nerval). 2 Chacun des grains sphériques qui garnissent une cartouche de chasse. 3 Chacun des grains de plomb qui lestent un bas de ligne, un filet. ♦ Chacune des petites rondelles de plomb qu'on fixait au bas d'un vêtement, d'un rideau pour le faire tomber droit. 4 Petit disque de plomb qui sert à sceller un colis, à garantir la fermeture d'une porte, etc. ⇒ **sceau.** *Le plomb d'un compteur d'électricité.* 5 Baguette de plomb qui maintient les verres d'un vitrail. 6 *Les plombs :* cuvette qui servait à l'évacuation des eaux sales. 7 Fusible. ➝ *Les plombs :* ensemble du dispositif qui contient les fusibles. ⇒ **coupe-circuit.** *Les plombs ont sauté.*

plombage n. m. – XVe 1 Opération qui consiste à garnir de plomb. 2 Action de sceller avec un sceau de plomb. *Le plombage d'un colis.* 3 Action de plomber (une dent). ⇒ **obturation.** ➝ fam. Amalgame qui bouche le trou d'une dent.

plombagine n. f. – XVIe ▪ Graphite. ⇒ ② **mine** (de plomb).

plombe n. f. – XIXe ; arg. *plomber* « sonner » ▪ arg. Heure.

plombé, ée adj. – XIIIe 1 Garni de plomb. *Canne plombée.* ♦ Obturé. *Dent plombée.* 2 Scellé avec des plombs. *Wagon plombé.* ♦ *Logiciel plombé,* protégé contre les copies frauduleuses. 3 D'une teinte grisâtre, bleuâtre. ⇒ **livide.** *« le teint plombé, c'est-à-dire* *mêlé de jaune et de noir et comme de sang meurtri* » (Desc.).

plombée n. f. – XVe 1 Arme du Moyen Âge, masse garnie de plomb. ⇒ **plommée.** 2 Ensemble des plombs qui lestent un bas de ligne, un filet. « *Pas de plombée : il pêchait en surface* » (Genevoix).

plombémie n. f. – 1938 ▪ Présence de plomb dans le sang ; taux qui la mesure.

plomber v. tr. [1] – XIIe 1 Garnir de plomb. *Plomber une ligne.* 2 Donner à (qqch.) une teinte livide. « *C'est la ville que le jour plombe* » (Verhaeren). ➙ pronom. « *Il se plombait, avec des tons verts de macchabée pourrissant dans une mare* » (Zola). 3 Vernir avec de la mine de plomb. *Plomber une poterie.* 4 Sceller avec un sceau de plomb. 5 Vérifier avec un fil à plomb la verticalité de. *Plomber un mur.* 6 Tasser la couche superficielle d'un terrain pour le rendre plus ferme. 7 Obturer (une dent) avec un alliage ou un amalgame. 8 arg. Contaminer (qqn) par une maladie vénérienne.

❑ Le sens argotique s'explique par les plaques cutanées semblables à des traces d'oxyde de plomb, provoquées par la syphilis.

plomberie n. f. – XIVe 1 Industrie de la fabrication des objets de plomb. ♦ Atelier où l'on travaille le plomb. 2 Travail du plombier, pose des couvertures en plomb, en zinc, des conduites et des appareils de distribution d'eau, de gaz. *Entrepreneur de plomberie.* 3 Installations, canalisations. *La plomberie est en mauvais état.*

plombeur n. m. – XVe 1 Celui qui appose un sceau de plomb sur des marchandises. 2 Rouleau lourd qui sert à plomber la terre.

plombier n. m. – XIIIe ▪ Personne (ouvrier, entrepreneur) qui exécute des travaux de plomberie. *Plombier-zingueur.*

plombières n. f. – XIXe ; n. pr. ▪ Glace à la vanille garnie de fruits confits. ⇒ **cassate.**

❑ *Plombières* est le nom d'une station thermale des Vosges où cette glace aurait été inventée.

plombifère adj. – XIXe ▪ Qui renferme du plomb, ou des composés du plomb. *Vapeurs plombifères.*

plombure n. f. – XVe ▪ Armature de plomb d'un vitrail.

plommée n. f. – XIIe ; de *plomber* ▪ Arme employée au Moyen Âge, maillet de plomb, généralement garni de pointes de fer. ⇒ **plombée.**

plonge n. f. – XIIIe ▪ fam. Travail des plongeurs, lavage de la vaisselle. *Faire la plonge.*

plongeant, ante adj. – XVIIIe ▪ Qui est dirigé vers le bas. *Vue plongeante,* dominante. *Tir plongeant,* faisant un angle assez ouvert avec le plan de l'objectif. ➙ *Décolleté plongeant,* très profond.

plongée n. f. – XVe 1 Action de plonger et de séjourner sous l'eau. *Faire de la plongée sous-marine.* ♦ Manœuvre par laquelle un submersible s'enfonce sous l'eau ; navigation sous-marine. *Sous-marin en plongée.* 2 Vue plongeante. Prise de vue effectuée de haut en bas. *Plongée et contre-plongée.* 3 Talus supérieur d'un parapet.

plongement n. m. – XIVe ▪ Action de plonger une chose dans un liquide.

plongeoir n. m. – XIXe ▪ Tremplin ou ensemble de tremplins au-dessus de l'eau, permettant de plonger.

① **plongeon** n. m. – XIIe ; lat. *plumbum* ▪ Oiseau palmipède *(gaviiformes),* de la taille du canard, nichant près de la mer. ⇒ **huard.**

❑ Cet oiseau, caractérisé par ses qualités de nageur et de *plongeur,* disparaît sous l'eau comme une masse de *plomb.*

② **plongeon** n. m. – XVIe 1 Action de plonger (II, 2°). *Faire un plongeon. Plongeon (en) avant, (en) arrière.* ♦ Action de se jeter ou de tomber dans l'eau. ➙ « *un plongeon dans un oubli momentané* » (Gide). loc. fam. *Faire le plongeon :* perdre beaucoup d'argent et être en difficulté. 2 fam. Salut plongeant, révérence. 3 Au football, Détente, saut du gardien de but pour saisir ou détourner le ballon.

plonger v. [3] – XIIe ; lat. *plumbum* « plomb » **I** v. tr. 1 Faire entrer dans un liquide. « *deux belles filles plongent leurs bras roses dans l'eau tiède* » (Gaut.). *Plonger un poisson dans la friture.* ♦ pronom. *Se plonger dans la mer,* y entrer tout entier. 2 littér. Enfoncer. « *Quittez-moi, et je me plonge ce poignard dans le cœur !* » (Artaud). ♦ Enfoncer dans un milieu creux ou mou. *Plante qui plonge ses racines dans le sol.* 3 Mettre, enfoncer (une partie du corps) dans une chose creuse ou molle. ⇒ **enfouir.** *Plonger la main dans une boîte. Elle* « *plongea sa main dans ses cheveux* » (Hugo). ➙ *Nous avons été brusquement plongés dans l'obscurité.* 4 *Plonger ses yeux, son regard dans qqch. :* regarder au fond de. « *il plongeait ses yeux au fond des prunelles rousses* » (Genevoix). 5 Mettre (qqn) d'une manière brusque et complète (dans une situation). ⇒ **précipiter.** *Vous me plongez dans l'embarras !* ♦ pronom. *Se plonger dans une lecture.* ⇒ s'**abîmer,** s'**absorber.** ➙ *Se plonger dans un livre.* fam. *Elle est plongée dans Proust.* ♦ *Plongé dans ses pensées. Il* « *restait plongé parfois des heures entières dans de confuses méditations* » (Balz.). **II** v. intr. 1 S'enfoncer tout entier dans l'eau, descendre au fond de l'eau. *Plonger en apnée.* « *j'ai plongé dans leurs eaux troublées* » (Chateaub.). ➙ *Oiseaux, poissons qui plongent.* ♦ S'immerger pour naviguer en plongée. 2 Se jeter dans l'eau la tête et les bras en avant ; faire un plongeon. *Plonger du bord de la piscine.* 3 S'enfoncer ou se jeter (dans, sur). ⇒ **fondre** (sur). « *Comme un vautour qui plonge sur sa proie* » (Lamart.). ⇒ **piquer.** ♦ Sauter en avant ou de côté, pour saisir le ballon, au football. ♦ arg. Être condamné à une peine de prison. ➙ Échouer, faire faillite. 4 *Plonger dans ses pensées.* « *tandis que je plongeais dans le sommeil* » (Gide). 5 S'enfoncer au loin, vers le bas (en parlant du regard). *Point de vue d'où le regard plonge.* ➙ fam. Voir aisément d'un lieu plus élevé. *De cette fenêtre, on plonge chez les voisins.* 6 S'enfoncer ; pendre. « *On ne voyait pas son menton qui plongeait dans sa cravate* » (Hugo).

plongeur, euse n. – XIVe 1 Personne qui plonge sous l'eau. ➙ Scaphandrier. ⇒ **homme-grenouille.** *Plongeur sauveteur.* ♦ Personne qui se jette dans l'eau la tête la première. 2 n. m. Oiseau aquatique qui plonge bien. 3 Ouvrier, ouvrière qui plonge les pièces cuites dans la bouillie d'émail. ➙ Ouvrier papetier qui plonge les formes dans la cuve. ♦ Personne chargée de laver la vaisselle (dans un restaurant, un café). ⇒ **plonge.**

❑ Ce mot tend à remplacer *homme-grenouille* pour désigner les personnes munies de bouteilles ; il a l'avantage de posséder un féminin.

plot n. m. – XIIIe ; crois. lat. *plautus* « plat » avec germ. *blok* 1 Pièce métallique permettant d'établir un contact, une connexion électrique. *Les plots d'un billard électrique.* ♦ Information numérique sur un écran radar permettant d'identifier la cible. 2 *Plot de départ :* petite élévation carrée, sur le bord d'une piscine, d'où plonge le nageur au départ d'une épreuve.

plouc n. et adj. – XIXe ; des noms de communes bretonnes en *plouc* et *ploug* ▪ fam. et péj. Paysan. ⇒ **pedzouille, péquenaud.** ➙ adj. *Elles sont vraiment ploucs !*

plouf interj. – XIXe ▪ Onomatopée évoquant le bruit d'une chute dans l'eau. ⇒ **ploc.** ➛ subst. *On entendit un plouf.*

plouto- Élément, du gr. *ploutos* « richesse ».

ploutocratie n. f. – XIXe ; *plouto-* et *-cratie* ▪ Gouvernement par les plus fortunés. « *J'appelle ploutocratie un état de société où la richesse est le nerf principal des choses* » (Renan). ♦ Pays, régime ploutocratique.

ploutocratique adj. – XIXe ▪ Relatif à la ploutocratie.

ployer v. [8] – X^e ; lat. *plicare* 1 v. tr. littér. Plier, tordre en abaissant. ⇒ **courber.** « *Le vent ploie comme un jonc ce mât de quatre cents pieds de haut* » (Hugo). 2 v. intr. Se courber, se déformer sous une force. ⇒ **céder, fléchir.** *Ployer sous la charge.* « *Ses jambes ployèrent sous lui* » (Gaut.).

❑ *Ployer* est un doublet de *plier.*

plucher ; plucheux → **pelucher ; pelucheux**

pluches n. f. pl. – 1908 ; de *éplucher* ▪ aux armées ou fam. Épluchage des légumes. *Corvée de pluches. Aux pluches !* ✪ HOM. Peluche.

pluie n. f. – XIe ; lat. *pluvia* 1 Eau qui tombe en gouttes des nuages sur la terre. ⇒ fam. ③ **flotte.** *La pluie tombe.* ⇒ **pleuvoir.** *Pluie fine.* ⇒ **bruine, crachin.** *Pluie battante*, torrentielle, diluvienne.* ♦ Action de pleuvoir. *Le temps est à la pluie* : il va pleuvoir. *Jour de pluie.* ⇒ **pluvieux.** *L'eau de pluie.* ♦ loc. *Ennuyeux comme la pluie* : très ennuyeux. *Faire la pluie et le beau temps* : être très influent. *Parler de la pluie et du beau temps* : dire des banalités. ➛ *Ne pas être né, tombé de la dernière pluie* : être averti. 2 UNE PLUIE : chute d'eau sous forme de pluie. ⇒ **averse, grain, ondée.** « *Les lourdes pluies d'orage* » (Loti). « *À la saison des pluies, pendant des semaines, on ne voyait pas le ciel* » (Duras). *Régime des pluies.* ⇒ **pluvial.** ♦ *Pluies acides* : pluies chargées d'ions acides d'origine industrielle, nuisibles à la végétation. 3 EN PLUIE : en gouttes dispersées. *Arroseur qui répand l'eau en pluie.* 4 Ce qui tombe d'en haut, comme une pluie. *Une pluie de cendres, de lapilli, de pierres, de projectiles. Pluie d'étoiles* (filantes). ➛ « *sous la pluie des pensums* » (Flaub.).

plumage n. m. – XIIIe 1 Ensemble des plumes recouvrant le corps d'un oiseau, souvent considéré quant à sa couleur, son apparence. ⇒ **livrée, manteau.** *Le plumage noir du corbeau. Plumage éclatant.* 2 Action de plumer (un oiseau). ⇒ **plumaison.**

plumaison n. f. – XIXe ; de *plumer* ▪ rare Action de plumer (un oiseau). ⇒ **plumage.**

plumard n. m. – XVe ; de *plume* ▪ fam. Lit. ⇒ **paddock,** ② **pageot,** ② **pieu.**

❑ On trouve aussi l'abréviation *plume* (n. m.). « *Allons oust ! au plume à présent !* » (Céline).

plumasserie n. f. – XVIe ▪ Métier, commerce du plumassier.

plumassier, ière n. et adj. – XVe 1 Personne qui fabrique, prépare, vend les garnitures de plumes. 2 adj. *Industrie plumassière.*

plume n. f. – XIIe ; lat. *pluma* « duvet » 1 Chacun des appendices qui recouvrent la peau des oiseaux, formé d'un axe (tuyau) et de barbes latérales, accrochées entre elles par des barbules. *Gibier à plumes et gibier à poil.* ➛ loc. fam. *Voler dans les plumes* (à qqn), se jeter sur lui, l'attaquer. *(Y) laisser des plumes* : essuyer une perte. *Léger comme une plume.* 2 Plume façonnée, préparée pour servir à divers usages. *Ornements de plumes.* ⇒ **aigrette, panache, plumet.** « *la plume brisée qui ornait son chapeau* » (Sand). ➛ *Lit de plumes.* ⇒ ① **couette.** *Oreiller, édredon de plumes* et collectivt *de plume.* 3 Grande plume de certains oiseaux, dont le tuyau taillé en pointe servait à écrire. « *Le grincement de ma plume d'oie sur le papier : un délice* » (Léautaud). ♦ Petite lame de métal, terminée en pointe, adaptée à un porte-plume, un stylo, et qui, enduite d'encre, sert à écrire. *Stylo à plume et stylo à bille. Dessin à la plume.* ♦ Pointe qui réalise le tracé dans un appareil pour enregistrement graphique. 4 Instrument dont se sert la personne qui s'exprime par écrit, l'écrivain. *Supprimer qqch. d'un trait de plume.* « *Je vous écris au courant de la plume* » (Rac.). *Vivre de sa plume* : faire métier d'écrire. 5 Mince flotteur d'une ligne de pêche.

plumeau n. m. – XVIIe 1 Ustensile de ménage formé d'un manche court auquel sont fixées des plumes ou une matière souple analogue, et qui sert à épousseter. 2 Touffe de plumes, de poils. ⇒ **plumet.**

plumer v. tr. [1] – XIIe 1 Dépouiller (un oiseau) de ses plumes en les arrachant. « *couper le cou à un poulet, le plumer et le mettre à la broche* » (Gaut.). 2 Dépouiller, voler (généralt en trompant). *Il s'est fait plumer par des escrocs.*

plumet n. m. – XVIIe ▪ Touffe de plumes garnissant un chapeau, une coiffure militaire. ⇒ **aigrette, casoar, panache.** *Plumet au cimier d'un casque.*

plumeté, ée adj. – XIVe ▪ Se dit d'un écu (ou d'une figure) parsemé de mouchetures rappelant des barbes de plumes.

plumetis n. m. – XVe ; de *plumet* 1 Point de broderie en relief qui se fait sur un bourrage. *Broderie au plumetis. Plumetis de coton, de soie.* 2 Étoffe de coton brodée au plumetis.

plumette n. f. – XIVe ▪ Petite plume à tige souple des oiseaux. *Couette de duvet et plumettes.*

plumeuse n. f. – XVIIe ▪ Machine à plumer les volailles.

plumeux, euse adj. – XIIe ▪ Qui ressemble aux plumes. *Antennes plumeuses.*

plumier n. m. – XIXe ▪ Boîte oblongue dans laquelle on mettait les porte-plumes et les crayons.

plumitif n. m. – XVIe ▪ Employé aux écritures. ⇒ **gratte-papier.** ♦ Mauvais écrivain.

plum-pudding [plumpudiŋ] n. m. – XVIIIe ; mot angl., de *plum* « raisin sec » et *pudding* ▪ Pudding*.

plumule n. f. – XVIIIe 1 Partie de l'embryon végétal qui constitue le rudiment des parties aériennes de la plante. ⇒ **gemmule.** 2 Petite plume du duvet.

plupart (la) n. f. – XVe ; de *plus* et ① *part* 1 LA PLUPART DE (et sing.) : la plus grande partie de. « *Je passais la plupart de mon temps chez les* [étudiants] *Russes* » (Duham.). ➛ LA PLUPART DU TEMPS : le plus souvent. ➛ LA PLUPART DE (et plur.) : le plus grand nombre de. ⇒ **généralité, majorité.** « *La plupart de ceux qui affectent ce langage* » (Mol.). *La plupart d'entre nous.* ➛ *Dans la plupart des cas* : presque toujours. ♦ loc. adv. *Pour la plupart* : dans leur majorité. *Les convives étaient, pour la plupart, des médecins.* 2 pron. indéf. LA PLUPART : beaucoup, le plus grand nombre. *La plupart viendront. Le nécessaire manquait à la plupart.*

❑ *La plupart* s'est autrefois écrit *la pluspart,* conformément à l'étymologie.

pluralisme n. m. – XIXe ; lat. *pluralis* « composé de plusieurs » ▪ Système admettant l'existence d'opinions politiques et religieuses, de comportements culturels et sociaux différents, au sein d'un groupe organisé ; la coexistence de ces divers courants. *Pluralisme culturel, linguistique.*

pluraliste adj. – XIXe ▪ Relatif au pluralisme.

pluralité n. f. – XIVe ▪ Le fait d'exister en grand nombre, de n'être pas unique. ⇒ **multiplicité ; diversité.** « *une pluralité de thèmes critiques et constructeurs* » (Sartre). ➤ *La pluralité est marquée dans la langue par le pluriel.* ♦ Majorité. « *la pluralité des suffrages* » (Rouss.). ✪ CONTR. Singularité, unicité.

pluri- Élément, du lat. *plures* « plusieurs ». ⇒ aussi **multi-, poly-.** ✪ CONTR. Uni-.

pluriannuel, elle adj. – 1932 1 Qui ne fleurit qu'après plusieurs années de vie (plantes). 2 Qui dure plusieurs années. *Contrat, plan pluriannuel.*

pluricellulaire adj. – XIXe ▪ Qui comporte plusieurs cellules. *Plante pluricellulaire.* ✪ CONTR. Unicellulaire.

pluridisciplinaire adj. – 1966 ▪ Qui concerne plusieurs disciplines ou domaines de recherche. ⇒ aussi **interdisciplinaire.** *Enseignement pluridisciplinaire.*

pluridisciplinarité n. f. – 1969 ▪ Caractère pluridisciplinaire (d'un enseignement, de recherches).

pluriel, ielle n. m. et adj. – XVe ; lat. *pluralis* 1 *Le pluriel* : catégorie grammaticale (⇒ **nombre**) comprenant les mots (noms, pronoms) qui désignent plusieurs objets, lorsqu'ils peuvent être envisagés un à un, et les mots qui s'accordent avec eux. ➤ Catégorie comprenant tous les mots affectés de la marque morphologique du pluriel (déterminants, adjectifs, verbes). *Le s du pluriel.* « *J'ai vu des sanatoriums — j'emploie toujours le pluriel français* » (Duham.). *Pluriel de majesté* : emploi de *nous* en place de *je.* 2 adj. littér. Dont le contenu est formé d'éléments multiples non perçus immédiatement. *Lecture plurielle.* ✪ CONTR. Singulier.

❑ En français le masculin pluriel domine le féminin et le masculin *(un retraité et une retraitée = des retraités).* Cette règle s'applique même à des mots différents si la différence n'est pas pertinente *(un cheval et une jument = deux chevaux).* → masculin, neutre (rem.). ♦ La marque du pluriel ne joue qu'à partir de deux unités *(1,7 million).*

pluriethnique adj. – 1968 ▪ Multiethnique.

❑ Pour exprimer la notion de « plusieurs », on a formé des mots avec *poly-*, puis avec *multi-*, et plus récemment avec *pluri-*.

plurilatéral, ale, aux adj. – 1932 ▪ dr. Qui engage plusieurs parties ⇒ **multilatéral.** *Accords, traités plurilatéraux.* ✪ CONTR. Unilatéral.

plurilingue adj. et n. – 1956 ; *pluri-* et lat. *lingua* « langue » ▪ Qui utilise plusieurs langues. ⇒ **multilingue.** n. *Les unilingues et les plurilingues.* ➤ (d'une communauté) Où plusieurs langues sont utilisées. ✪ CONTR. Monolingue, unilingue.

plurilinguisme [plyʀilɛ̃gɥism] n. m. – 1956 ▪ Situation d'une personne, d'une communauté plurilingue. *Le plurilinguisme européen.*

pluripartisme n. m. – 1962 ▪ Coexistence de plusieurs partis dans un système politique.

plurivalent, ente adj. – 1907 ▪ philos. Qui peut prendre plusieurs formes, produire plusieurs effets. ✪ CONTR. Monovalent.

plurivoque adj. – 1917 ; de *pluri-* et *(uni)voque* ▪ Qui a plusieurs valeurs, plusieurs sens. *Mot à contenu plurivoque.* ⇒ **polysémique.**

plus [plys] adv. – Xe ; mot lat. ▪ Mot servant de comparatif et superlatif à *beaucoup.* **I** (compar.) **A** (adverbial) **1** PLUS ([ply] devant consonne, [plyz] devant voyelle, [plys] à la finale) « *Tu me haïssais plus, je ne t'aimais pas moins* » (Rac.). ⇒ **davantage.** *Plus grand, plus tôt. De plus près.* ♦ EN PLUS (suivi d'un adj.). « *Cette pièce ressemble, en plus luxueux et en plus triste à ma chambre* » (Sartre). **2** PLUS... QUE. *Aimer qqch. plus que tout.* ⇒ **principalement,** ① **surtout.** ♦ (avec une proposition comparative) « *Il excitait son imagination plus qu'il n'était entraîné par son amour* » (Stendh.). ➤ (dans un sens voisin de *plutôt*) *Elle est plus mère qu'épouse.* ➤ *Plus que,* modifiant un adj. *Résultat plus qu'honorable.* ♦ PLUS, précédé d'un adv. ou d'un numéral *Beaucoup plus, bien plus. Encore plus. Deux, trois fois plus grand.* ➤ (modifié par un numéral) *Une heure, deux ans plus tôt, plus tard.* **3** (avec *plus* ou *moins*) « *Et plus mon esprit y repasse, Moins j'en puis débrouiller le funeste chaos* » (Mol.). « *la cliente, plus c'est huppée mieux c'est voleuse* » (Céline). **4** PLUS OU MOINS [plyzumwɛ̃] : à des degrés différents et dans une mesure variable selon les cas. *Réussir plus ou moins bien,* avec des résultats incertains. ➤ NI PLUS NI MOINS [niplynimwɛ̃] : exactement tel. *C'est du vol, ni plus ni moins.* ➤ DE PLUS EN PLUS [dəplyzɑ̃ply] : toujours plus, toujours davantage. *Il penche de plus en plus.* ⇒ **graduellement, progressivement.** *Aller de plus en plus vite.* ➤ ON NE PEUT PLUS : au plus haut point. ⇒ **extrêmement.** « *un costume de voyage on ne peut plus simple* » (Stendh.). **B** (nominal) ([ply] devant consonne, [plyz] devant voyelle, [plys] à la finale) Une chose plus grande ou plus importante, une quantité supérieure. ⇒ **davantage. 1** *Faire plus. Ne dépensez pas plus. Gagner plus que qqn. Il était plus de minuit.* ⇒ ② **passé.** ➤ *Cent mille francs et plus.* ⇒ **delà** (au-delà). *Plus d'une fois.* ⇒ **plusieurs.** *Pour plus d'une raison.* ⇒ **beaucoup,** ① **bien. 2** PLUS DE, avec un compl. partitif. « *Aucun être n'était sorti de la vie avec plus de discrétion que Sarah* » (Giraud.). **3** ...DE PLUS, marquant un excédent par rapport à l'autre terme de comparaison. *Une fois de plus.* ⇒ **encore.** *Rien de plus.* ⇒ **autre.** ➤ DE PLUS ; QUI PLUS EST : en outre. **4** EN PLUS. ⇒ **aussi, avec, également.** « *Avec l'odeur de la machine en plus* » (Céline). ➤ loc. prép. *En plus de.* ⇒ ② **outre, sus** (en sus de). *En plus de son travail, il fait des recherches personnelles.* ♦ SANS PLUS : sans rien de plus. « *Il la trouvait gentille, mais sans plus* » (Queneau). **C** n. LE PLUS. *Qui peut le plus peut le moins.* **D** conj. (se prononce toujours [plys]) En ajoutant. ⇒ **et.** *Deux plus trois font cinq.* ➤ À quoi s'ajoute. *Mille francs, plus les frais.* **E** (signe algébrique [plys]) Symbole (noté +) de l'addition ; du caractère positif d'une quantité. **II** (superl.) LE, LA, LES PLUS (prononciation, cf. supra I, B). **1** adverbial *Ce qui m'intéresse le plus. Le plus grand nombre.* ⇒ **majorité.** *C'est le plus important.* ⇒ **principal.** *Venez au plus tôt.* « *il a les plus belles dents du monde* » (Sade). ➤ (avec un possessif) *C'est son plus grand mérite.* ➤ CE QUE... DE PLUS. « *Un tiroir où je renferme ce que j'ai de plus précieux au monde* » (Daud.). ➤ fam. *C'est tout ce qu'il y a de plus comique !* ♦ DES PLUS : parmi les plus. « *un mets des plus nourrissants et des plus fortifiants* » (Baudelaire). **2** (nominal) LE PLUS DE : la plus grande quantité. ⇒ **maximum.** ➤ AU PLUS ; TOUT AU PLUS : au maximum. **3** n. m. *Un plus* [œ̃plys] : un élément positif supplémentaire (lang. public.). ⇒ **avantage, supplément. III** PAS, NON, NE... PLUS (sens négatif). (compar.) **1** (précédé d'une négation) toujours [ply] PAS PLUS QUE. *Pas plus haut qu'une botte.* ♦ NON PLUS (remplace *aussi,* en proposition négative). *Tu n'attends pas ? Moi non plus.* **2** NE... PLUS (sens négatif) : désormais... ne pas. « *Il n'aime plus cette personne qu'il aimait il y a dix ans* » (Pasc.). *Il n'y a plus de saisons. Depuis qu'elle n'est plus.* ⇒ **disparaître, mourir.** *Médecin qui n'exerce plus guère, plus du tout. Il n'y a plus personne. Il n'y a plus que lui :* il est désormais le seul. *Je ne le ferai jamais plus, plus jamais.* ♦ SANS PLUS. *Sans plus se soucier de rien.* ♦ PLUS DE..., PLUS UN... : il n'y a (avait) plus de. « *Plus d'amour, partant plus de joie* » (La Font.). ➤ (optatif, impératif) Qu'il n'y ait plus de. « *Plus de guerres, plus de sang !* » (Baud.). *Plus d'hésitation ! Plus un mot !* ✪ CONTR. Moins.

❑ *Plus* est normalement prononcé [ply] avec liaison du *s* prononcé [z]. Cependant on dit [plys] en mathématiques et on a tendance à généraliser cette prononciation pour éviter la confusion avec le *plus* négatif toujours prononcé [ply] et couramment construit sans *ne* dans le discours relâché. Ainsi, selon la prononciation de *plus, j'en veux plus* signifie soit [ʒɑ̃vøplys] « j'en veux encore » soit [ʒɑ̃vøply] « c'est assez ».

plusieurs adj. et nominal indéf. pl. – XIe ; lat. *plures* « plus nombreux » 1 adj. Plus d'un. ⇒ **quelques.** *Une ou plusieurs personnes. Plusieurs fois.* ⇒ **maint.** *Pendant plusieurs jours.* 2 nominal *Plusieurs d'entre eux. Nous en avons plusieurs.* ♦ (indéterminé) Plusieurs personnes. ⇒ **certains, quelques-uns.** *L'ouvrage de plusieurs. Ils s'y sont mis à plusieurs.* ✪ CONTR. Un.

❑ *Plusieurs* s'emploie souvent pour exprimer un nombre supérieur à deux : « *un rapport entre deux ou plusieurs choses* » (d'Alembert). ♦ Le français dispose de plusieurs éléments pour exprimer la notion de « plusieurs » : *poly-, multi-, pluri-.*

plus-que-parfait [plyskəpaʀfɛ] n. m. – XVIe ▪ *Plus-que-parfait de l'indicatif* : temps corrélatif de l'imparfait (auxiliaire à l'imparfait et participe passé) (ex. quand il *avait dîné,* il nous quittait ; si j'*avais pu,* je vous aurais aidé). ♦ *Plus-que-parfait du subjonctif* : temps employé surtout dans la langue littéraire (auxiliaire à l'imparfait du subj. et participe passé) (ex. Il fallait, il faudrait qu'il *eût accepté,* que nous *eussions accepté*).

plus-value [plyvaly] n. f. – XVe 1 Augmentation de la valeur d'un bien qui n'a subi aucune transformation. *Plus-value foncière, boursière.* ♦ Dans le marxisme, Profit que s'approprie le capitaliste en rémunérant le travail à son coût de reproduction. 2 Augmentation de valeur, valeur supplémentaire. *Plus-value en capital. Plus-value immobilière.* ⇒ aussi **bénéfice, profit.** *Réaliser des plus-values.* ✪ CONTR. Moins-value.

plutonigène adj. – v. 1960 ▪ Qui produit du plutonium. *Réacteur plutonigène.*

plutonique adj. – XVIe ; de *Pluton,* dieu des Enfers ▪ Se dit des roches formées par cristallisation lente du magma, à de grandes profondeurs.

❑ Ne pas confondre avec *platonique* « chaste ».

plutonium [plytɔnjɔm] n. m. – 1948 ; de *Pluton* ▪ Élément atomique transuranien (Pu ; n° at. 94 ; m. at. 244). *Bombes* (atomiques) *au plutonium.*

plutôt adv. – XVIIe ; de *plus* et *tôt* ▪ De préférence. 1 (appliqué à une action) *Les grandes misères frappent plutôt les faibles.* loc. fam. *Plutôt deux fois qu'une* : très volontiers. ♦ littér. « *J'aime mieux tous les malheurs, plutôt que vous souffriez par ma faute* » (R. Rolland). *Je préfère qu'il accepte plutôt que s'il refusait.* « *plutôt que de me mépriser, ils feraient mieux de se regarder en face* » (Duham.). *Plutôt mourir !* 2 ⇒ **plus.** *Ça a plutôt l'air d'une caserne que d'un hôtel.* ♦ OU PLUTÔT : pour être plus précis. « *C'est un soldat encore, ou plutôt la moitié d'un soldat* » (Robbe-Grillet). 3 Passablement, assez. *La vie est plutôt monotone.* « *cette petite maigrichonne, plutôt mal foutue* » (Sartre). ♦ fam. Très. *Il est plutôt barbant, celui-là !* « *Ça la fout mal, hein ? – Oui, plutôt* » (Mart. du G.). ✪ HOM. Plus tôt.

❑ Ne pas confondre avec *plus tôt* → tôt (rem.).

pluvial, iale, iaux adj. – XVIe ; lat. *pluvia* « pluie » ▪ Qui a rapport à la pluie. *Eau pluviale* : eau de pluie. *Ruissellement pluvial.* ♦ *Riz pluvial,* qui pousse en rizière sèche.

pluvian n. m. – XVIIIe ; d'apr. *pluvier* ▪ Oiseau *(charadriiformes)* d'Afrique tropicale appelé *ami du crocodile* parce qu'il va chercher sa nourriture jusque dans sa gueule.

pluvier n. m. – XVIe ; lat. *plovere* « pleuvoir » ▪ Oiseau échassier migrateur, qui arrive en Europe au moment des pluies. *Pluvier doré. Pluvier des Alpes. Pluvier gris.*

pluvieux, ieuse adj. – XIIe ; lat. *pluvia* « pluie » ▪ Où il pleut. « *L'automne était pluvieux et triste* » (Maupass.). *Pays pluvieux.* ✪ CONTR. Sec.

pluvio- Élément, du lat. *pluvia* « pluie ».

pluviomètre n. m. – XVIIIe ▪ Instrument qui sert à mesurer la quantité de pluie tombée dans un lieu, en un temps donné.

pluviométrie n. f. – XIXe ▪ Mesure de la quantité de pluie tombée, de la répartition des pluies.

pluviôse n. m. – XVIIIe ▪ Cinquième mois du calendrier républicain institué en 1793 (du 20 ou 21 janvier au 18 ou 19 février).

❑ Pour la graphie → nivôse (rem.).

pluviosité n. f. – 1909 ▪ Caractère pluvieux.

p. m. [peɛm] loc. adv. – 1930 ; sigle angl. de la loc. *post meridiem* ▪ Après-midi (opposé à *a. m.*) (employé dans les pays où les heures sont comptées jusqu'à douze). « *Parti à 3 heures p. m. de Marseille* » (Gide).

❑ Dire *vingt heures* est plus simple que *huit heures du soir* ou *huit heures p. m.*

P. M. A. [peɛma] n. m. pl. – 1964 ; sigle ▪ Pays les moins avancés. ⇒ **quart-monde.**

P. M. E. [peɛmø] n. f. inv. – mil. XXe ; sigle de ***P****etites et* ***M****oyennes* ***E****ntreprises* ▪ En France, Entreprise de petite ou de moyenne importance comptant moins de 50 employés.

P. M. U. [peɛmy] n. m. – XIXe ; sigle de ***P****ari* ***M****utuel* ***U****rbain* ▪ En France, Forme de pari sur les courses de chevaux. ⇒ **couplé, quarté, quinté, tiercé, trio.** ♦ Lieu où l'on enregistre ces paris. « *des gens qui n'ont jamais mis les pieds dans un bistrot, ni dans un P. M. U.* » (Simenon).

pneu n. m. – XIXe ; abrév. de *pneumatique* 1 Bandage en creux d'une roue, formé d'une carcasse de fils de coton, d'acier, enduite de caoutchouc, contenant de l'air (dans une chambre à air ou non). *Les pneus d'une voiture ; d'un vélo de course* (⇒ **boyau**). *Gonfler un pneu. Pneu à clous.* 2 Autrefois, Pneumatique (2°). *Écrire un pneu.* « *lui envoyer un pneu pour l'empêcher de venir* » (Mauriac).

❑ Ce mot ne prend pas de *x* au pluriel à la différence de la plupart des mots en *-eu.* → ① x (rem.).

pneumatique adj. et n. m. – XVIe ; gr. *pneuma* « souffle » 1 adj. Relatif à l'air, et aux autres gaz. *Machine pneumatique* : machine qui sert à faire le vide dans une cloche. ♦ Qui fonctionne à l'air comprimé. *Marteau pneumatique.* « *le marteau pneumatique, devenu presque le symbole du travailleur maghrébin* » (Tournier). *Tube pneumatique* : autrefois, tube contenant une missive, expédiée par canalisation souterraine de bureau à bureau, au moyen d'air comprimé. ♦ Qui se gonfle à l'air comprimé. ⇒ **gonflable.** *Canot pneumatique. Bandage pneumatique,* et n. m. *un pneumatique.* ⇒ **pneu** (1°). 2 n. m. Autrefois, Missive roulée dans un tube et propulsée par air comprimé. ⇒ **pneu** (2°). « *Vous aurez ma réponse dès lundi matin, au besoin par pneumatique* » (Romains).

pneumat(o)- Élément, du gr. *pneuma* « souffle ».

pneumatophore n. m. – XIXe ; *pneumato-* et *-phore* 1 Excroissance des racines de quelques arbres qui croissent dans l'eau (palétuvier, etc.) par lesquelles elles respirent. 2 Appareil flotteur des siphonophores.

pneumo- Élément, du gr. *pneumôn* « poumon ».

❑ Certains mots, comme *pneumothorax* sont formés avec *pneumo-* pris abusivement au sens de *pneumato-*.

pneumoconiose n. f. – XIXe ; *pneumo-* et gr. *konis* « poussière » ■ Maladie pulmonaire professionnelle, causée par l'inhalation prolongée de poussières (minérales, métalliques ou végétales).

pneumocoque n. m. – XIXe ; *pneumo-* et *-coque* ■ Bactérie responsable d'infections pulmonaires (pneumonie).

pneumocystose n. f. – 1957 ■ Infection pulmonaire grave, complication possible du sida.

pneumogastrique adj. – XIXe ■ Se dit des deux nerfs crâniens sensitivo-moteurs qui appartiennent essentiellement au système parasympathique et innervent des organes du cou, du thorax et de la partie supérieure de l'abdomen aussi appelés *nerfs vagues.*

pneumologie n. f. – XIXe ; *pneumo-* et *-logie* ■ Étude du poumon et de ses maladies (⇒ aussi **phtisiologie**).

pneumologue n. – av. 1959 ■ Médecin spécialiste des poumons (⇒ aussi **phtisiologue**).

pneumonectomie n. f. – 1932 ; *pneumo-* et *-ectomie* ■ Excision d'un poumon (surtout en cas de cancer).

pneumonie n. f. – XVIIIe ; gr. ■ Inflammation aiguë du poumon, maladie infectieuse due au pneumocoque. *Pneumonie compliquée* (⇒ **bronchopneumonie**). *Pneumonie des légionnaires**. « *Une grippe, voilà qui tourne facilement à la pneumonie* » (Duham.).

pneumopéritoine n. m. – 1927 ; de *pneumo-*, pour *pneumato-*, et *péritoine* ■ Épanchement gazeux dans la cavité péritonéale. ➛ Introduction de gaz (oxygène, air) dans cette cavité pour l'examen radiologique des viscères.

pneumothorax [pnømotɔʀaks] n. m. – XIXe ; de *pneumo-*, pour *pneumato-*, et *thorax* 1 Épanchement de gaz dans la cavité pleurale par perforation de la plèvre. 2 Autrefois, Insufflation d'air, d'azote dans la cavité pleurale d'un tuberculeux, destinée à provoquer mécaniquement l'affaissement du poumon. ➛ abrév. PNEUMO

pochade n. f. – XIXe ; de *pocher* ■ Croquis en couleurs exécuté en quelques coups de pinceau. « *une pochade lumineuse* » (Colette). ♦ Œuvre littéraire écrite rapidement (souvent sur un ton burlesque).

pochard, arde n. – XVIIIe ; de ① *poche* ■ fam. Ivrogne misérable, sans tenue. ⇒ **poivrot.**

❑ *Pochard* reprend la même métaphore que *sac à vin.*

① **poche** n. f. – XIIe ; germ. °*pokka* 1 vx Sac. ➛ *Acheter chat* en poche.* ♦ mod. Grand sac de toile pour le blé, l'avoine. ⇒ **emballage.** ➛ Petit sac en papier, en matière plastique. 2 Partie, compartiment (d'une besace, d'un cartable, d'un portefeuille). *Poche à fermeture éclair.* 3 Filet de chasse utilisé pour capturer les lapins. ♦ Partie d'un filet traînant où les poissons viennent s'accumuler. 4 Petite cavité de l'organisme, naturelle ou pathologique, en forme de sac. 5 Partie d'un vêtement formant contenant et où on peut mettre les objets qu'on porte sur soi. ⇒ pop. **fouille, profonde.** « *d'étonnants costumes de sport à martingales et à poches multiples* » (Cendrars). *Poche de veste, de pantalon. Poche-revolver d'un pantalon,* placée derrière, sous la ceinture. « *un bon gros portefeuille émergeant d'une poche-révolver* » (Tournier). *Argent de poche,* destiné aux menues dépenses personnelles. loc. fam. *Faire les poches à qqn,* lui prendre ce qui s'y trouve, ou en faire l'inventaire. ➛ « *Rien dans les mains, rien dans les poches* », formule indiquant qu'on ne dissimule rien (comme le prestidigitateur). ♦ DE POCHE : de dimensions restreintes, qui peut tenir dans une poche. *Couteau, lampe de poche. Calculatrice de poche.* ➛ *Livre de poche,* et fam. n. m. (parfois inv.) *un poche. Roman paru en poche.* ♦ loc. *Se remplir les poches* : s'enrichir malhonnêtement. fam. *En être de sa poche* : essuyer une perte. fam. *N'avoir pas sa langue dans sa poche* : parler avec facilité. *Ne pas avoir les yeux dans sa poche* : regarder avec curiosité. *Mettre qqn dans sa poche,* le dominer pour le neutraliser, l'utiliser, en disposer. fam. *C'est dans la poche* : c'est une affaire faite, c'est facile. « *l'armistice c'est dans la poche et la paix elle est signée* » (Perec). 6 Déformation de ce qui est détendu. *Poches sous les yeux,* formées par la peau distendue (vieillesse, fatigue). ⇒ fam. **valise.** 7 Repli abdominal (des femelles des marsupiaux) où les petits achèvent leur développement embryonnaire. 8 Amas (d'une substance) logé dans une cavité ; cette cavité. *Poche de gaz naturel, de pétrole.* 9 Secteur, domaine limité où se manifeste un phénomène politique ou économique. *Poches de chômage.*

② **poche** n. f. – XIe ; lat. *popia* « cuillère en bois » ■ (Suisse) Cuillère à pot, louche.

poché, ée adj. – XIIIe 1 *Œil poché* : ecchymose et enflure des chairs autour de l'œil, après un coup. 2 Qu'on a cuit en pochant. *Des œufs pochés.*

pocher v. [1] – XIIe ; de ① *poche* I v. tr. 1 *Pocher un œil à qqn,* lui meurtrir l'œil par un coup violent. 2 *Pocher un aliment,* le faire cuire en le plongeant dans un liquide bouillant. 3 Exécuter rapidement (un croquis, un tableau). II v. intr. Se dit d'un tissu, d'un vêtement qui se déforme, fait des poches (6°). *Pantalon qui poche aux genoux.*

pochetée n. f. – XIXe ; de ① *poche* ■ fam. Imbécile, maladroit. « *Pochetée ! [...] tu es aussi poire que moi* » (Sartre).

pochette n. f. – XIIe 1 Petite enveloppe, d'étoffe, de papier, ou en matière plastique. *Pochette d'allumettes. Pochette de disque.* ➛ *Pochette-surprise,* qu'on achète ou qu'on gagne sans en connaître le contenu. 2 Trousse d'écolier, plate. 3 Petit mouchoir fin qu'on peut disposer dans la poche de poitrine pour l'orner. *Pochette et cravate assorties.* 4 Petit sac à main sans poignée ni bandoulière.

pochoir n. m. – XIXe ; de *pocher* ■ Plaque de carton, de métal découpée sur laquelle on passe une brosse, un pinceau enduits de couleur pour peindre des dessins, des inscriptions. *Dessin au pochoir.*

① **pochon** n. m. – XVIe ; de ① *poche* ■ région. Sac, sachet. ⇒ ① **poche.**

② **pochon** n. m. – XIXe ; de ② *poche* ■ Grande louche. ⇒ ② **poche.**

pochothèque n. f. – 1964 ; de ① *poche* et *-thèque* ■ Librairie, rayon de librairie qui vend des livres de poche.

pochouse n. f. – d. i. ; mot dial. ; lat. *popia* « louche, cuillère » ■ Matelote de poissons de rivière au vin blanc.

❑ On trouve aussi la graphie *pauchouse.*

podagre adj. et n. – XIIIe ; gr. ■ Qui a la goutte aux membres. ⇒ **impotent.** « *âgé de plus de soixante ans, podagre, impotent* » (Rouss.). ➛ n. « *ces podagres tourbillonnants, raidis par l'arthrose* » (San-Antonio).

podaire n. f. – XIXe ; gr. *podos* « pied » ■ Lieu des pieds des perpendiculaires menées d'un point fixe sur les tangentes à une courbe donnée.

-pode Élément, du gr. *pous, podos* « pied », employé au sens général d'organe de locomotion (pied, patte, membre, etc.). ⇒ **-pède.**

❑ À distinguer de *-pède* « pied ». → membre (rem.).

podestat n. m. – XIIIe ; it. *podestà,* du lat. *potestas* « pouvoir » ■ Titre donné au Moyen Âge au premier magistrat de certaines villes d'Italie et du midi de la France.

podium [pɔdjɔm] n. m. – XVIIIe ; mot lat., du gr. *podion* « petit pied » 1 Gros mur qui entourait l'arène d'un cirque antique et dont le sommet, formant plateforme, supportait les places d'honneur. 2 Estrade à trois places (celle du centre étant plus élevée) sur laquelle on fait monter les vainqueurs après une épreuve sportive. *Monter sur le podium :* être le vainqueur, devenir champion. ♦ Plancher surélevé servant de scène. ⇒ **estrade.**

podologie n. f. – XIXe ; gr. *podos* « pied » et *-logie* ■ Étude du pied et de ses affections.

podologue n. – 1979 ■ Spécialiste en podologie.

podomètre n. m. – XVIIe ; gr. *podos* « pied » et *-mètre* ■ Appareil qui compte le nombre de pas effectués par un marcheur et permet ainsi d'évaluer la distance parcourue.

podzol n. m. – 1902 ; mot russe « sol stérile » ■ Sol cendreux, très délavé, des climats humides et froids.

pœcile [pesil] n. m. – XVIIIe ; gr. *poikilê* ■ Portique grec orné de peintures. *Le pœcile de l'Agora, à Athènes.*

pœcilotherme → **poïkilotherme**

① **poêle** [pwal] n. m. – XIIe ; lat. *pallium* ■ vx Drap recouvrant le cercueil, pendant les funérailles. ✪ HOM. Poil.

② **poêle** [pwal] n. m. – XIVe ; lat. *pe(n)silis* « suspendu » ■ Appareil de chauffage clos, où brûle un combustible. ⇒ **fourneau, insert, salamandre.** *Poêle à bois, à mazout.* « *la chaleur fade du poêle* » (Rimb.).

③ **poêle** [pwal] n. f. – XIIe ; lat. *patella* ■ Ustensile de cuisine en métal, plat, rond, à bords bas, et longue queue (⇒ aussi **poêlon**). *Poêle à frire.* ➛ *Poêle à marrons,* à fond percé de trous. ➛ loc. *Tenir la queue de la poêle :* avoir la direction d'une affaire. ♦ fam. *Poêle à frire :* appareil de détection d'objets métalliques, de mines.

poêlée [pwale] n. f. – XIIIe ■ Contenu d'une poêle. *Poêlée de champignons.* ✪ HOM. Poiler.

poêler [pwale] v. tr. [1] – XIXe ■ rare Cuire, passer à la poêle. ➛ *Jambon poêlé.* ✪ HOM. Poêlée, poiler.

poêlon [pwalɔ̃] n. m. – XIVe ■ Casserole de métal ou de terre à manche creux, dans laquelle on fait revenir et mijoter. ⇒ **sauteuse.**

poème n. m. – XIIIe ; gr. *poiêma* 1 Ouvrage de poésie en vers. ⇒ **poésie.** *Faire, composer un poème. Recueil de poèmes.* 2 *Poème en prose,* ne revêtant pas la forme versifiée. ➛ « *Que ta vie soit un poème aussi beau que ceux qu'a rêvés ton intelligence* » (Sand). loc. fam. *C'est tout un poème,* se dit de qqn, d'une réalité humaine qui semble extraordinaire ou bizarre.

❑ Autrefois on écrivait aussi *poëme* → troène (rem.).

poésie n. f. – XIVe ; gr. *poiêsis* « création » 1 Art du langage, visant à exprimer ou à suggérer par le rythme (surtout le vers), l'harmonie et l'image. « *J'estimais fort l'éloquence, et j'étais amoureux de la poésie* » (Desc.). *Le vers* (⇒ **mètre, pied**), *la rime* (⇒ **prosodie, versification**), *le rythme en poésie* (⇒ **enjambement,** ② **rejet**). 2 Poème (généralement assez court). *Les poésies de Musset.* Un « *auteur à qui l'on cite quelques vers de ses poésies et quelques lignes de sa prose* » (Gaut.). *Choix de poésies.* ⇒ **anthologie.** 3 Propriétés poétiques qui peuvent se manifester dans toute œuvre d'art. *Tableau plein de poésie.* ♦ Qualité d'émotion esthétique (que peut éveiller une réalité). *La poésie des ruines. Un moment plein de poésie* (⇒ **romantique**). *Il manque de poésie :* il est terre à terre. *Ça manque de poésie !* c'est banal, plat, vulgaire. ✪ CONTR. Prose ; prosaïsme.

poète n. m. – XIIe ; gr. *poiêtês* 1 Écrivain qui compose de la poésie. *Le poète inspiré par les Muses.* « *Le poète, ce philosophe du concret et ce peintre de l'abstrait* » (Hugo). *Poètes chanteurs du Moyen Âge.* ⇒ **troubadour, trouvère.** *Inspiration, mission, métier du poète. Un poète de l'amour.* ⇒ **chantre.** ➛ (d'une femme) « *Mme de Noailles était donc un grand poète* » (Colette). ⇒ **poétesse.** ➛ (en attribut) « *L'art ne fait que des vers, le cœur seul est poète* » (A. Chénier). 2 Auteur dont l'œuvre est pénétrée de poésie. « *M. Michelet est un poète, un poète de la grande espèce* » (Taine). ✪ CONTR. Prosateur.

poétesse n. f. – XVIe ■ Femme poète.

❑ Ce mot tend à être péjoratif. On dit plutôt *cette femme est un grand poète.*

① **poétique** adj. – XIVe 1 Relatif, propre à la poésie. *Expression, image poétique. Licence poétique.* 2 Empreint de poésie. ⇒ **lyrique.** « *Tout est poétique à qui sait voir et sentir* » (Lamart.). 3 Qui émeut par la beauté, le charme, la délicatesse. *Scène, moment poétique.* ⇒ **romantique.** ✪ CONTR. Prosaïque.

② **poétique** n. f. – XVIIe 1 Recueil de règles, conventions et préceptes relatifs à la composition des poèmes et à la construction des vers. *La poétique de Boileau.* 2 Théorie de la création littéraire, de la littérarité.

poétiquement adv. – XVe ■ Au point de vue de la poésie. ♦ D'une manière poétique. *Décrire poétiquement un paysage.*

poétisation n. f. – XIXe ■ Action de poétiser (qqch.) ; son résultat. *La poétisation de la réalité.*

poétiser v. tr. [1] – XIVe ■ Rendre poétique, embellir, idéaliser. « *il faut poétiser les beaux sentiments dans son âme* » (Sand). ➛ *Des souvenirs poétisés.* ✪ CONTR. Dépoétiser.

pogne n. f. – XIXe ; de *poigne* ■ fam., vieilli Main. *Serrer la pogne à qqn.* ⇒ **paluche.**

❑ La graphie transcrit la prononciation ancienne de *poigne.* → oignon (rem.).

pognon n. m. – XIXe ; de *poigner* « empoigner » ■ fam. Argent. ⇒ **fric.** « *Je gagne suffisamment de pognon pour m'embarquer* » (Carco).

pogonophores n. m. pl. – 1964 ; gr. *pôgôn* « barbe » et *-phore* ■ Embranchement comprenant de petits invertébrés marins qui absorbent directement leur nourriture par la peau et les tentacules.

pogrom ou **pogrome** [pɔgʀɔm ; pogʀom] n. m. – 1903 ; mot russe, de *po-* « entièrement » et *gromit'* « détruire » ■ Agression d'un groupe de personnes contre les Juifs d'un ghetto, tolérée ou soutenue par le pouvoir.

poids n. m. – XIIe ; lat. *pensum* « ce qui est pesé » I Force due à l'application de la pesanteur sur les corps matériels ; mesure de cette force. 1 Masse. ♦ sc. Force exercée par un corps matériel, proportionnelle à sa masse et à l'intensité de la pesanteur au point où se trouve le corps. *Le poids d'un même objet diminue légèrement du pôle à l'équateur.* ➛ *Déterminer le poids.* ⇒ **peser ;** ① **balance ; barymétrie.** *Unités de poids :* gramme (et composés), dyne ; sthène, tonne ; newton. 2 Caractère, effet de ce qui est lourd. ⇒ **lourdeur, pesanteur.** *Le poids d'un fardeau. Plier sous le poids d'un sac.* 3 Mesure du poids (de la masse). *Denrée qui se vend au* *poids ou à la pièce. Poids utile,* que peut transporter un véhicule. ➛ *POIDS MORT :* poids d'une machine, etc., qui diminue son rendement théorique ; chose, personne inutile, inactive et qui gêne. « *Vissarion est un poids mort dans notre association* » (Troyat). ♦ (d'une personne) *Surveiller son poids.* ⇒ **ligne.** *Prendre, perdre du poids :* grossir, maigrir. 4 Catégorie d'athlètes (haltérophiles...), de boxeurs professionnels d'après leurs poids. *Poids mouche, poids coq, poids plume, poids légers, mi-moyens, poids moyens, mi-lourds, lourds.* ♦ *Un poids plume :* un boxeur de cette catégorie. ♦ *Faire le poids,* le poids imposé pour concourir dans sa catégorie. loc. *Ne pas faire le poids :* ne pas avoir les capacités requises pour faire face à qqch., à qqn. II - 1 Corps matériel pesant. ⇒ ① **masse ; charge, faix, fardeau.** *Je la faisais endêver* « *en mettant des poids très lourds dans son panier* » (France). ➛ *Horloge à poids.* 2 Objet de masse déterminée servant à peser (1°). ♦ *POIDS ET MESURES :* administration chargée du contrôle et de la vérification des poids ; bureau de cette administration. 3 Masse de métal d'un poids déterminé, utilisée dans certains sports. ➛ *Lancement du poids.* 4 *POIDS LOURD :* camion de fort tonnage, autobus, autocar. « *il y a un poids lourd qui peine le long de la côte* » (Le Clézio). 5 Sensation d'un corps pesant. loc. *Avoir un poids sur l'estomac.* III - 1 Charge pénible. *Le poids de l'impôt.* ♦ Souci, remords. *Cela m'ôte un poids de la conscience.* 2 Force, influence qu'une chose exerce. ⇒ **importance.** *Donner du poids à une démarche. Un* « *geste qui donne du poids à ses paroles* » (Larbaud). *Un homme de poids,* influent. ✪ CONTR. Légèreté. — HOM. Pois, poix, pouah.

> ❑ D'abord écrit *pois,* ce mot s'est vu adjoindre un *d* au XVe s. par suite d'un faux rapprochement étymologique avec le latin *pondus* « poids ».

poignant, ante adj. – XIIe ; de *poindre* « piquer », avec infl. de *poigne* ■ Qui cause une impression très vive et pénible ; qui serre, déchire le cœur. ⇒ **déchirant.** *Une scène poignante.* ⇒ **bouleversant, pathétique.**

poignard n. m. – XVIe, lat. *pugnus* « poing » ■ Arme blanche à lame courte et assez large, pointue du bout. ⇒ **couteau.** *Coup de poignard dans le dos.*

poignarder v. tr. [1] – XVIe ■ Frapper, blesser ou tuer avec un poignard, un couteau. ➛ *César, Henri IV, sont morts poignardés.* ♦ loc. *Poignarder qqn dans le dos,* lui nuire traîtreusement.

poigne n. f. – XIVe ; de *poing* 1 La force du poing, de la main, pour empoigner, tenir. *Avoir de la poigne.* 2 Énergie, fermeté (pour commander, punir). *Un homme, un gouvernement à poigne.* ⇒ **autoritaire, énergique.**

poignée n. f. – XIIe 1 Quantité (d'une chose) que peut contenir une main fermée. *Une poignée de sel.* « *Pour une poignée de dollars, ils achetèrent un arpent de désert* » (Tournier). ♦ *À poignées, par poignées :* à pleines mains ; en abondance. 2 Petit nombre (de personnes). « *la lutte d'une poignée d'intellectuels contre la tyrannie* » (Camus). 3 Partie (d'un objet) spécialement disposée pour être tenue avec la main serrée. *Poignée d'épée. Poignée de couvercle, de tiroir, de valise. Poignée de porte* (⇒ **bec-de-cane, béquille**), *de fenêtre* (⇒ **crémone, espagnolette**). ➛ *Poignée de frein, de guidon. La poignée des gaz d'une moto, d'un tracteur.* 4 *POIGNÉE DE MAIN :* geste par lequel on serre la main de qqn, pour saluer amicalement. *Donner une poignée de main à qqn.*

poignet n. m. – XIIIe ; de *poing* 1 Articulation qui réunit l'avant-bras à la main. *Poignets et chevilles.* ⇒ **attache.** ♦ fam. *À la force du poignet :* en se hissant à la force des bras ; fig. par ses seuls moyens, et en faisant de grands efforts. « *un non-lieu arraché à la force du poignet* » (Le Clézio). 2 Partie d'un vêtement qui recouvre le poignet ; extrémité de la manche. *Elle choisit* « *une blouse plissée, empesée au col et aux poignets* » (Green).

poïkilotherme ou **pœcilotherme** [pesilɔtɛʀm] adj. – 1905 ; gr. *poikilos* « variable » et *-therme* ■ Se dit des animaux dont le sang a une température variable (reptiles, poissons, etc.).

> ❑ On parle couramment des *animaux à sang froid.*

poil n. m. – XIe ; lat. *pilus* 1 Chacune des productions filiformes qui naissent du tégument de certains animaux (surtout les mammifères). *Tige, racine du poil* (⇒ ② **bulbe**). *Poils des ovidés* (⇒ **laine**), *du porc* (⇒ ① **soie**), *de la tête et de la queue du cheval* (⇒ **crin**). *Touffe de poils.* « *L'épagneul a une maladie de peau [...] qui lui fait perdre presque tous ses poils* » (Camus). (⇒ **pelé**) ♦ Ces productions utilisées dans la confection d'objets. *Les poils d'un pinceau.* 2 *LE POIL :* l'ensemble des poils. ⇒ ① **pelage ; fourrure.** *Gibier à poil* (opposé à *gibier à plumes*). *Poil ras. Poil frisé. Dans le sens du poil,* celui dans lequel il est couché (opposé à *à contre*-poil, à rebrousse*-poil*). ♦ Peau d'animal garnie de ses poils (et ne méritant pas le nom de fourrure). « *leurs tentes, qui sont faites de poil de chèvre* » (Buff.). 3 Cette production chez l'être humain, lorsqu'elle n'est ni un cheveu, ni un cil, ni un sourcil. *Les poils du visage* (⇒ ① **barbe, moustache**), *des aisselles, du pubis.* ➛ fam. *N'avoir plus un poil de sec :* être trempé de sueur (sous l'effet de la peur). ♦ *LE POIL, DU POIL :* l'ensemble des poils. ⇒ **pilosité.** *Avoir du poil sur tout le corps* (⇒ ① **poilu, velu**), *du poil au menton* (⇒ **barbu**). 4 loc. *Avoir un poil dans la main :* être très paresseux. ➛ *Tomber sur le poil* (à qqn) : se jeter brutalement sur lui pour l'attaquer ; l'aborder d'une manière importune. ➛ *Reprendre du poil de la bête :* se ressaisir. ➛ *De tout poil, de tous poils :* de toute espèce, en parlant des gens. « *les ratés de tout poil qu'il avait pu connaître* » (Romains). ♦ fam. *À POIL :* tout nu. ♦ *À un poil près :* à très peu de chose près. ⇒ **cheveu.** *Il s'en est fallu d'un poil,* de très peu. ➛ *Pas un poil :* pas du tout. ♦ fam. *AU POIL :* exactement. ➛ *Ça marche au poil,* très bien. ➛ *Être au poil,* très bien, très satisfaisant. « *Pas question de changer de politique étrangère. Celle qu'on a choisie est au poil* » (Aymé). *Au poil !* parfait ! ♦ fam. *Être de bon, de mauvais poil,* de bonne, de mauvaise humeur. 5 Chacun des filaments très fins qui apparaissent sur les organes de certaines plantes (⇒ **pubescent ; cilié, hispide, velu**). *Poils du fond d'artichaut.* ⇒ ① **foin.** *Poils de graines utilisés comme fibres végétales.* ⇒ **coton, kapok.** *Poils absorbants :* poils fins de la racine par lesquels la plante se nourrit. ➛ *POIL À GRATTER :* bourre piquante des fruits du rosier. « *un mauvais farceur avait couvert mes draps de poil à gratter* » (Gide). 6 Partie velue d'un tissu. *Les poils d'un tapis.* 7 Se dit de différentes qualités d'ardoises. *Poil noir, roux.* ✪ HOM. Poêle.

poilant, ante adj. – XIXe ■ fam. Très drôle.

poiler (se) v. pron. [1] – XIXe ; de *éboeler* (région.) « éventrer », d'apr. *poil* ■ fam. Rire aux éclats. ✪ HOM. Poêler.

> ❑ Cette forme refaite d'après *poil* n'a rien à voir avec le verbe initial *éboeler* qui appartient à la famille étymologique de *boyau,* comme *ébouler* (cf. Éclater de rire, s'éclater).

① **poilu, ue** adj. – XIIe 1 Qui a des poils. 2 Qui a des poils très apparents. ⇒ **hirsute, velu.** *Jambes poilues. Poilu comme un singe,* très poilu. ✪ CONTR. Glabre.

② **poilu** n. m. – XIXe ■ Soldat combattant de la guerre de 1914-1918, dans le langage des civils.

❑ Les *poils* étant signe de virilité, *poilu* a désigné d'abord tout homme courageux.

poinçon n. m. – XIIIe ; lat. *punctio* « piqûre » **I - 1** Instrument métallique terminé en pointe, pour percer, entamer les matières dures. ⇒ ① **pointeau.** *Poinçon de cordonnier, de sellier.* ⇒ **alène.** *Poinçon de sculpteur.* ➝ *Poinçon pour écrire.* ⇒ **style. 2** Tige d'acier trempé terminée par une face gravée, servant à marquer certains objets soumis à un contrôle. **3** La marque gravée par cet outil. ⇒ **estampille.** *Poinçon de titre et de garantie. Poinçon d'un bijou contrôlé.* **4** Original (d'une médaille, d'une monnaie), qui sert à fabriquer le moule. ⇒ **coin, matrice. II** Pièce verticale de la ferme reliant l'entrait au faîtage et contre laquelle s'appuient les arbalétriers.

poinçonnage n. m. – XVe **1** Action de poinçonner (1°). *Poinçonnage d'une marchandise ; de l'argent.* **2** Découpage de tôles à la poinçonneuse. **3** Action de poinçonner un billet.

poinçonner v. tr. [1] – XIVe **1** Marquer d'un poinçon une marchandise (⇒ **estampiller**), un poids, une pièce d'orfèvrerie. **2** Découper (une tôle) à la poinçonneuse. **3** Perforer avec une pince (un titre de transport). « *Il avait poinçonné des tickets de métro quarante ans de sa vie* » (É. Ajar).

poinçonneur, euse n. – 1919 **1** Ouvrier qui travaille sur une poinçonneuse. **2** Employé qui poinçonnait les billets à l'accès des quais.

poinçonneuse n. f. – XIXe ▪ Machine-outil pour perforer ou découper, munie d'un poinçon.

poindre v. [49] ; surtout à l'inf., aux troisièmes pers. du prés. et de l'imp. et au p. prés. – XIe ; lat. *pungere* « piquer » **I** v. tr. littér. Blesser (fig.), faire souffrir. *Les « inquiétudes qui les poignaient la veille »* (Balz.). **II** v. intr. **1** Apparaître. ⇒ ② **pointer** (II, 2°). *Vous verrez poindre les jacinthes.* ⇒ ① **sortir. 2** Commencer à paraître (d'une chose petite ou éloignée). ⇒ **apparaître, naître.** « *Laissons l'aurore poindre et luire* » (Hugo). ✪ CONTR. Disparaître.

poing [pwɛ̃] n. m. – XIe ; lat. *pugnus* ▪ Main fermée. *Serrer le poing. Revolver au poing,* dans la main serrée. ➝ loc. *Dormir à poings fermés,* très profondément. ♦ *Donner, assener des coups de poing. Tu veux mon poing dans la figure ?* ➝ loc. *Faire le coup de poing :* se battre dans une rixe. « *on la nommait comme une maîtresse femme, capable, à l'occasion, de faire le coup de poing* » (Zola). *Taper du poing (sur la table) ;* fig. faire preuve d'autorité. ♦ *Montrer le poing,* en signe de menace. *Salut à poing levé,* signe de fraternité dans une lutte. « *il lève le poing pour le salut du Front populaire* » (Malraux). ✪ HOM. Point.

poinsettia [pwɛ̃setja] n. m. – XIXe ; de *Poinsett,* botaniste amér. ▪ Plante ornementale *(euphorbiacées)* à bractées colorées en bouquets.

① **point** n. m. – XIIe ; lat. *punctum* « piqûre » ; de *pungere* → poindre **I - 1** Endroit, lieu. *Viser un point précis. Aller d'un point à un autre. Point de rencontre.* ➝ *Points de vente d'une chaîne commerciale.* ➝ POINT D'EAU : endroit où l'on trouve de l'eau (source, puits). ➝ POINT CULMINANT : crête, sommet. ➝ *C'est son point faible,* sa faiblesse. *Point névralgique.* ➝ POINT DE CÔTÉ : douleur vive dans une partie du thorax. ⇒ **pleurodynie.** ♦ POINT CHAUD : zone de combat dangereuse ; lieu où se déroule un conflit (social, politique), où se produisent des événements. *Points chauds de l'actualité.* **2** Portion de l'espace dont toutes les dimensions linéaires sont nulles. ➝ Concept théorique fondamental de la géométrie, désignant la plus petite portion concevable d'espace. *Le point A, le point M'. Point qui décrit une ligne. Point d'intersection.* **3** *Le point :* la position d'un navire en mer. *Faire le point. Porter le point sur la carte.* ➝ *L'avion a reçu le point par radio.* ➝ FAIRE LE POINT : préciser la situation où l'on se trouve, l'état d'une question, en analysant ses éléments. **4** POINT MORT : position des éléments d'une machine où les forces se font équilibre. ♦ Position du levier de changement de vitesse, de l'embrayage, où l'effort du moteur n'est plus transmis aux organes de propulsion. *Être au point mort* (opposé à *en prise*). ➝ *L'affaire est au point mort,* n'évolue plus. ♦ *Point fixe :* régime maximum des moteurs avant le décollage d'un avion. **5** METTRE AU POINT : régler (un système optique) de façon que l'image se forme au bon endroit ; régler (un mécanisme). « *Après avoir appris à tenir la jumelle et à mettre au point* » (Tournier). *Mettre un moteur au point.* ➝ « *Son frère mettait au point un grand article* » (Queneau). ➝ *Mettre qqch. au point pour qqn, avec qqn,* lui donner tous les éclaircissements nécessaires. *Nous avons eu une mise au point,* une explication. ♦ *Être au point,* en état de fonctionner. *Ce prototype n'est pas encore au point.* **6** (temps) Partie précise et définie d'une durée. ⇒ ② **instant, moment.** ♦ loc. À POINT (NOMMÉ) : au moment opportun. *Vous arrivez à point.* « *Rien ne sert de courir, il faut partir à point* » (La Font.). ♦ SUR LE POINT DE : au moment de, prêt à. *Nous sommes sur le point de partir.* **II** Degré, état d'une chose qui change. **1** À POINT ; AU POINT : dans tel état, telle situation. *Au point où nous en sommes.* ➝ loc. adv. À POINT : dans l'état convenable. *Une « soupe à l'oignon, gratinée à point »* (Colette). ➝ *Un steak à point,* cuit moyennement (entre *saignant* et *bien cuit*). ♦ loc. adj. *Mal en point :* en mauvais état, malade. **2** Degré particulier d'une échelle (qualitativement). *Le plus haut point, le point culminant.* ⇒ **apogée,** ① **comble, sommet, summum.** ➝ *Au plus haut point.* ⇒ **éminemment, extrêmement.** « *à ce point de haine, quelle paix sera possible ici ?* » (Malraux). ➝ *À ce point :* aussi, tellement. *Je n'ai jamais été malade à ce point.* ➝ « *je sens mieux à quel point j'ai été frustré du côté des maîtres* » (Mauriac). ⇒ **combien.** ➝ *À tel point :* tellement, autant. ➝ *À un certain point, jusqu'à un certain point :* dans une certaine mesure. ⇒ **relativement.** ➝ *À un point :* à un degré qu'on a du mal à imaginer. *Elle est pingre, mais à un point !* ♦ *Ce n'est pas grave au point de se lamenter.* ♦ *À ce point, au point, à tel point que :* si bien que, tellement que. *Le blé « est une plante que l'homme a changée au point qu'elle n'existe nulle part dans l'état de nature »* (Buff.). **3** Degré d'intensité d'une variable définissant les conditions auxquelles un phénomène se produit. *Point d'ébullition, de fusion. Point triple :* condition où les trois états d'un corps pur coexistent en équilibre. **III** Action de poindre ; état de ce qui point, pique. **1** LE POINT DU JOUR : le moment où le jour point. ⇒ ① **aube.** « *Elle était la première levée le matin, déjà prête au point du jour* » (Cl. Simon). **2** Longueur de fil entre deux piqûres de l'aiguille. *Bâtir à grands points. Points d'une tapisserie, d'un tricot* (⇒ ① **maille**). ♦ Manière d'exécuter une suite de points. *Point de devant, point arrière, point de feston* (couture). *Point mousse, point de jersey* (tricot). *Point à l'envers, à l'endroit. Point d'Alençon* (dentelle). **IV** Marque, signe, objet visible extrêmement petit. **1** Objet visible aux contours imperceptibles. *Apercevoir un point dans le lointain. Point brillant, lumineux.* **2** L'un des signes d'un dé à jouer. ♦ Chaque unité attribuée à un joueur (aux jeux, en sport). *Une partie de ping-pong en 21 points.* « *Deux parties de billard étaient en train. Les garçons criaient les points* » (Stendh.). ➝ loc. *Marquer un point, des points :* prendre un avantage. ➝ *Rendre des points à son adversaire,* lui concéder un avantage avant la partie. ➝ *Battre son adversaire aux points, vainqueur aux points, victoire aux points,* après décompte des points dans un combat de boxe (opposé à *par K.-O., par abandon*). **3** Chaque unité d'une note attribuée à un élève. *Enlever un point par faute.* ➛ *Bon, mauvais point* : marque (favorable ou défavorable) donnée à un écolier. *C'est un bon point pour lui*, une qualité, un avantage en sa faveur. 4 Chaque unité d'une échelle de grandeurs ou d'un indice. *Gagner deux points dans un sondage.* ♦ Unité de dimension des caractères d'imprimerie. 5 Signe de ponctuation (.) servant à marquer la séparation des phrases. ⇒ **ponctuation.** *Les points et les virgules. Point final, point à la ligne* ; fig. en voilà assez sur ce sujet, parlons d'autre chose. *Un point c'est tout* : voilà tout. ➛ *Points de suspension* (...). *Les deux-points* (:). *Point-virgule* (;). *Des points-virgules.* ♦ *Les trois points*, symbole de la franc-maçonnerie (∴). *Les frères trois-points* : les francs-maçons. ♦ Signe comportant un point. *Point d'exclamation* (!). ➛ *Point d'interrogation* (?). ♦ Petit signe qui surmonte les lettres i et j minuscules. ♦ Signe placé après une note de musique ou un silence, pour en augmenter la valeur temporelle de la moitié (⇒ **pointé**). V Un des éléments d'un ensemble, mis en valeur. 1 Chaque partie (d'un discours, d'un texte). *Les différents points d'une dissertation, d'un exposé* (⇒ **chef**), *d'une loi* (⇒ **article, disposition**). 2 Question. *Point capital, litigieux. Point de désaccord. C'est un point acquis. Un point de détail* : une chose sans importance. ➛ *C'est un point commun entre eux*, un caractère commun. ♦ « *Sur ce point, son jugement* [...] *faisait défaut* » (Gaut.). ➛ *Nous sommes d'accord sur tous les points.* ♦ *Point de droit* : partie des motifs d'un jugement énonçant les moyens invoqués par chacune des parties. *Point de fait*, énonçant les noms et domiciles des parties et les faits de la cause. ✪ HOM. Poing.

② **point** adv. – XIe ; de ① *point* « petite parcelle de » ■ littér. 1 Deuxième élément de la négation, employé normalement avec *ne*. ⇒ ② **pas.** « *il n'avait point agi* » (France). « *Point n'est besoin de se donner beaucoup de mal* » (Caillois). 2 (employé seul) « *Point d'auberges, point de cabarets, point de routes* » (Maupass.). « *Point méchante ! Certes non ! La bonté même !* » (Céline).

> ❑ Le nom *point* était employé dans des tournures négatives et il a été senti comme auxiliaire de la négation ; l'évolution de *pas* est comparable. → ② pas (rem.).

pointage n. m. – XVIIe 1 Action de pointer, de marquer d'un point. 2 Opération qui consiste à faire une marque sur une liste, en vue d'un contrôle. « *Si on ne procède pas au pointage des voix, il y aura demain des protestations* » (Simenon). ➛ *Pointage du personnel à l'entrée d'une usine.* 3 Fait de pointer, de diriger (une arme à feu). *Pointage par télécommande.* ⇒ **télépointage.** ♦ *Pointage d'un télescope.*

pointal, aux n. m. – XVIIe ; de *pointe* ■ Pièce de charpente verticale servant d'étai. ✪ HOM. Pointeau.

point de vue n. m. – XVIIe 1 Endroit où l'on doit se placer pour voir un objet le mieux possible. *Dessinateur qui choisit un point de vue.* ➛ Endroit d'où l'on jouit d'une vue étendue. *Un beau point de vue.* ⇒ **panorama, vue.** 2 Manière particulière dont une question peut être considérée. ⇒ **aspect, optique, perspective.** *Multiplier les points de vue.* ➛ *DU POINT DE VUE. De ce point de vue, c'est clair. D'un autre point de vue...* « *Du point de vue de la politique* » (Mauriac). ➛ *Un pays* « *très peu fréquenté du point de vue thermal* » (Romains). ♦ *AU POINT DE VUE.* « *Au point de vue de la théorie* » (Lamen.). ➛ « *Une explication satisfaisante* [...] *au point de vue scientifique* » (Aragon). 3 Opinion particulière. *Je partage votre point de vue.*

> ❑ Les tours elliptiques *au point de vue (confort, santé...)* et *point de vue (confort...)* (sur le modèle de *question : question confort*) sont condamnés par les puristes.

pointe n. f. – XIIe ; lat. *pungere* « poindre » **I - 1** Extrémité allongée (d'un objet qui se termine par un angle très aigu) servant à piquer, tracer finement. *Pointe d'une aiguille, d'un clou. Aiguiser la pointe d'un outil.* → ② **appointer,** ② **pointer.** ➛ *Cet État,* « *ils n'ont plus maintenant qu'à le défendre à la pointe de leurs baïonnettes* » (Mart. du G.), par la force. 2 Extrémité aiguë ou plus fine (⇒ aussi **aiguille, bec,** ① **flèche**). *Les pointes d'un col. De* « *fortes cornes courbées* [...] *et aplaties vers la pointe* » (J. Verne). *Pointe d'un paratonnerre.* ➛ *Pouvoir des pointes* : propriété qu'ont les pointes des objets métalliques de présenter une densité électrique élevée. ➛ *EN POINTE. Aiguiser, tailler en pointe.* « *Avec ma barbe en pointe et mes cheveux en brosse* » (Verlaine). *Décolleté en pointe*, en V. ♦ Extrémité, sommet d'un arbre (⇒ **cime**), d'une herbe. *Pointe d'asperge.* 3 Partie extrême qui s'avance. Bande de terre qui s'avance dans la mer. ⇒ **cap.** *La pointe du Raz.* ➛ *La pointe d'une armée*, son extrémité. ♦ fig. *Être à la pointe du progrès.* ⇒ **avant-garde.** ➛ *DE POINTE.* ⇒ **avancé.** *Industrie, recherche de pointe.* 4 Partie inférieure de l'écu. 5 *LA POINTE DES PIEDS* : leur extrémité. *Se dresser, se hausser sur la pointe des pieds.* « *un jeune enfant qui s'élève sur la pointe des pieds pour voir ce qui se passe* » (Dider.). *Marcher sur la pointe des pieds*, pour éviter de faire du bruit. loc. *Sur la pointe des pieds* : très discrètement ; en prenant des précautions. ♦ *Danseuse qui fait des pointes*, se tient sur la pointe du pied, les orteils bien tendus verticalement. *Chaussons à pointes*, ou *des pointes* : chaussons de danse à bout dur, pour faire des pointes. **II - 1** Objet en forme d'aiguille, de lame. *Pointes de fer d'une grille ; d'un mur.* ⇒ **chardon.** *Pointe d'une boucle.* ⇒ **ardillon.** « *avec son casque à pointe* » (Maupass.). ➛ *Pointes du hérisson, de l'oursin.* ⇒ ② **piquant.** *Cactus* « *aux écailles soulevées et hérissées de pointes* » (Maupass.). ⇒ **épine.** ♦ Clou de diamètre uniforme. ♦ Crampon métallique d'une chaussure de sport. 2 Outil servant à gratter, percer, tracer, etc. ⇒ **poinçon,** ① **pointeau.** *Pointe à sertir* (bijouterie), *de sculpteur.* ♦ *Pointe de graveur.* ⇒ ② **échoppe.** ➛ *POINTE (SÈCHE)*, qui sert à graver les traits fins sur le cuivre nu (⇒ **burin, ciseau**) ; estampe, gravure ainsi obtenue. 3 *POINTES DE FEU* : petites brûlures faites avec un cautère ; traitement médical qui utilise ces cautérisations. 4 Pièce d'étoffe en forme de triangle. 5 Chacune des trente-deux divisions du compas de marine (indiquée par une pointe aiguë dessinée sur le cadran). **III - 1** Opération qui consiste à avancer en territoire ennemi, loin de sa base ou du gros de l'armée. *Détachement qui pousse une pointe en direction d'une ville.* 2 littér. *La pointe du jour.* ⇒ ① **point** (III, 1°). 3 Allusion, parole blessante. ⇒ **moquerie, raillerie.** *Lancer, décocher des pointes à qqn.* ⇒ ① **flèche,** ② **pique.** **IV** Petite quantité d'une chose piquante ou forte. « *C'est la pointe d'ail qui relève la saveur* » (Romains). « *Il ne se laissa pas tenter par la moindre pointe de champagne* » (Sand). ♦ fig. *Une pointe de jalousie, de malice.* « *Bénin ajouta, avec une pointe d'accent brésilien* » (Romains). **V** Moment où une activité, un phénomène atteint un maximum d'intensité. *Coureur qui pousse une pointe de vitesse.* ⇒ **sprint.** ➛ *DE POINTE* : maximum. *Vitesse de pointe d'une automobile.* ♦ Période de consommation maximale de gaz, d'électricité, etc. ; période où le nombre des voyageurs utilisant un moyen de transport est le plus élevé. *Heures de pointe* (opposé à *heures creuses*).

pointé, ée adj. – XVe 1 Marqué d'un point. 2 *Note pointée* : note de musique dont la durée est augmentée de moitié. *Une noire pointée.* 3 *Zéro pointé*, éliminatoire à un examen.

① **pointeau** n. m. – XVIIIe ; de *pointe* 1 Outil servant à tracer, à percer. ⇒ **poinçon.** 2 Tige à extrémité conique, servant à régler le débit d'un fluide.

② **pointeau** n. m. – XIXe ; de ① *pointer* ▪ Employé chargé d'enregistrer les temps de travail du personnel dans une usine. ⇒ **pointeur.**

① **pointer** v. tr. [1] – XIIIe ; de ① *point* I - 1 Marquer d'un point (qqch.) pour faire un contrôle. ➤ « *Chaque personne qui entrait disait son nom pour que le policier pointe sur sa liste* » (Le Clézio). ♦ Contrôler les entrées et les sorties (des employés d'une entreprise). *Machine à pointer.* ⇒ **pointeuse.** ➤ Enregistrer son heure d'arrivée ou de départ sur une pointeuse. *Elle pointe tous les matins à huit heures.* 2 SE POINTER. v. pron. réfl. fam. Arriver. ⇒ s'**amener.** 3 *Pointer la carte* : matérialiser la position du navire par un point sur la carte. 4 Marquer l'emplacement de (un trou) au moyen d'un pointeau. II - 1 Diriger. *Il pointait son index vers moi.* 2 Diriger (une arme à feu) pour que le projectile atteigne un objectif donné. ⇒ **braquer.** ➤ Aux boules, à la pétanque, Lancer la boule le plus près du cochonnet (opposé à *tirer*).

② **pointer** v. [1] – XIVe ; de *pointe* I v. tr. Dresser en pointe. *Cheval qui pointe les oreilles.* II v. intr. 1 Commencer d'apparaître. « *L'aube pointait* » (Genet). 2 S'élever en formant une pointe. *Des cyprès qui pointent vers le ciel.* ➤ Faire saillie. *Ses seins pointent sous son pull.*

③ **pointer** [pwɛ̃tœʀ] n. m. – XIXe ; mot angl. ▪ Race de chien d'arrêt d'origine anglaise. ✪ HOM. Pointeur.

❑ L'Académie (1878) signale la forme francisée *pointeur,* maintenue de nos jours dans certains dictionnaires.

pointeur, euse n. – XVe ; de ① *pointer* 1 Personne qui fait une opération de pointage. ♦ Personne qui enregistre les résultats obtenus au cours d'une épreuve sportive. ♦ n. f. *Pointeuse* : machine à pointer les employés d'une entreprise. 2 Personne qui procède au pointage d'une bouche à feu. ⇒ **artilleur.** 3 Joueur chargé de pointer, aux boules, à la pétanque (opposé à *tireur*). ✪ HOM. ③ Pointer.

pointillage n. m. – XVIIe ▪ Opération qui consiste à pointiller ; son résultat.

pointillé n. m. – XVIIIe 1 Trait discontinu formé d'une succession de points. ➤ fig. *En pointillé* : de façon discrète, peu explicite. 2 Trait formé de petites perforations qui permet de détacher une feuille de papier. « *Tout en déchirant le pointillé de sa feuille de timbres* » (Romains). *Détachez suivant le pointillé.*

pointiller v. [1] – XVe 1 v. tr. Parsemer de points d'une couleur différente de celle du fond. ⇒ **piquer, piqueter, tacheter.** 2 v. intr. Dessiner, graver, peindre en utilisant des points. ⇒ **pointillage ; pointillisme.**

pointilleux, euse adj. – XVIe ; it. *puntiglio* « point de détail » ▪ Qui est d'une minutie excessive, dans ses exigences. ⇒ **minutieux, pinailleur, tatillon.** *Il est très pointilleux sur le protocole.*

pointillisme n. m. – XIXe ▪ Façon de peindre par petites touches, par points de ton pur juxtaposés. ⇒ **tachisme.**

pointilliste n. et adj. – XIXe ▪ Adepte du pointillisme. ➤ adj. *Peintre pointilliste.*

pointu, ue adj. – XIVe 1 Qui se termine en une ou plusieurs pointes. ⇒ **aigu.** *Clocher pointu.* ➤ « *Elle avait le nez pincé, le menton pointu* » (Balz.). ♦ Qui présente des pointes. *Écriture pointue.* 2 Très pointilleux, susceptible. *Prendre un air pointu,* désagréable et sec. 3 *Accent pointu,* se dit dans le Midi de l'accent parisien. adv. *Parler pointu.* 4 D'une grande précision, d'une grande technicité. *Question pointue.* ✪ CONTR. Arrondi.

pointure n. f. – XIIe ; lat. *punctura* « piqûre » 1 Nombre qui indique la dimension des chaussures, des coiffures, des gants. ⇒ aussi **taille.** *Quelle pointure chaussez-vous ? La pointure 42, du 42.* 2 fam. *Une grosse pointure* : un personnage important, compétent et reconnu dans sa profession.

❑ Le mot a désigné une brûlure, une piqûre d'animal et s'est dit d'une douleur comparable à une piqûre : « *les pointures de la douleur* » (Montaigne). → poindre.

poire n. f. – XIIe ; lat. *pirum* 1 Fruit du poirier, charnu, à pépins, de forme oblongue. *Poire fondante. Poire mûre, blette. Poire Williams. En forme de poire.* ⇒ **piriforme.** *Tarte aux poires. Poire Belle-Hélène* : coupe glacée composée d'une poire au sirop, de glace à la vanille, nappées de chocolat chaud. ♦ loc. *Couper la poire en deux* : transiger, partager les profits et les risques ; faire des concessions égales. ♦ Alcool de poire. *Un verre de poire.* 2 Objet de forme analogue. EN POIRE. *Perle en poire.* ➤ POIRE D'ANGOISSE : bâillon perfectionné, instrument de torture. ♦ *Poire en caoutchouc, à injections, à lavement.* ♦ *Poire électrique* : commutateur piriforme muni d'un bouton. 3 fam. Face, figure. « *Il a pris un obus en pleine poire* » (Céline). 4 fam. Personne qui se laisse tromper facilement, se laisse faire. ➤ adj. « *Tiens, tu me ressembles, tu es aussi poire que moi* » (Sartre).

poiré n. m. – XVIe ▪ Boisson fermentée faite avec du jus de poire. ✪ HOM. Poirée.

poireau n. m. – XIIIe ; altér. de l'a. *porreau,* d'apr. *poire* ; lat. *porrum* 1 Plante *(liliacées),* variété d'ail bisannuelle, à bulbe peu développé, cultivée pour son pied ; ce pied que l'on consomme comme légume. *Blanc* (le pied) *de poireau. Tourte aux poireaux.* ⇒ **flamiche.** « *les poireaux sont les asperges du pauvre* » (France). 2 loc. fam. *Rester planté comme un poireau, faire le poireau* : attendre. ⇒ **poireauter.**

❑ Les formes *poireau* et *porreau* ont cohabité dans le dictionnaire de l'Académie jusqu'en 1878. La prononciation parisienne a imposé [pwaʀo], mais [pɔʀo] subsiste dans certaines régions.

poireauter v. intr. [1] – XIXe ▪ fam. Attendre. « *Ah ! ce qu'il a pu me faire poireauter jusqu'à des quatre heures du matin* » (Anouilh).

poirée n. f. – XIIe ; de *poireau* ▪ Plante potagère dont on consomme les cardes blanches. ⇒ **bette.** ✪ HOM. Poiré.

poirier n. m. – XIIIe 1 Arbre de taille moyenne *(rosacées),* cultivé pour ses fruits, les poires. 2 Bois de cet arbre, rose clair, utilisé en ébénisterie. 3 *Faire le poirier* (ou *l'arbre fourchu*) : se tenir en équilibre la tête au sol.

pois n. m. – XIIe ; lat. *pisum* 1 Plante *(légumineuses papilionacées)* dont certaines variétés potagères sont cultivées pour leurs graines. *Pois grimpants, nains.* ♦ POIS DE SENTEUR : plante légumineuse grimpante cultivée pour ses belles fleurs très odorantes. ⇒ **gesse** (odorante). 2 Le fruit (gousse, cosse) de ces plantes ; chacune des graines rondes, farineuses, enfermées dans cette gousse. *Écosser des pois.* ♦ PETIT-POIS ou PETIT POIS [pətipwa] : graine verte du pois potager. *Petits-pois frais, en conserve.* ➤ *Pois cassés* : pois verts secs divisés en deux. 3 POIS CHICHE : plante *(légumineuses)* à fleurs blanches, à gousses, cultivée surtout pour ses graines ; grosse graine jaunâtre, comestible, de cette plante. 4 Petit cercle, pastille (sur une étoffe). *Robe à pois.* « *Une dentelle noire, dont les pois semblent faire danser sur la figure des femmes des grains de beauté* » (Goncourt). ✪ HOM. Poids, poix, pouah.

poise n. f. – 1931 ; de *Poiseuille,* n. pr. ▪ Unité de viscosité dynamique du système C.G.S. (symb. Po), valant 0,1 pascal-seconde.

poison n. m. – XIIe ; lat. *potio* « breuvage » 1 Substance capable de troubler gravement ou d'interrompre les fonctions vitales d'un organisme. *Poison mortel, violent. Tuer qqn, par le poison.* ⇒ **empoisonner.** « *je n'imagine pas Arlette versant du poison dans la bouteille de médicament* » (Simenon). *L'affaire des Poisons.* ➤ Substance dangereuse pour l'organisme ou une de ses parties. *Effets des poisons.* ⇒ **empoisonnement, intoxication.** *Immunité à l'égard des poisons* (⇒ **mithridatisation**). *Neutralisation des poisons.* ⇒ **antidote, contrepoison.** ➤ *Ne mange pas ça, c'est du poison.* 2 littér. Ce qui est pernicieux, dangereux. « *Quand on sait se préserver du poison mortel de l'ennui* » (Volt.). 3 fam. *Un, une poison :* personne acariâtre ou insupportable.

> ❑ Au Moyen Âge, le mot avait le sens de « remède, breuvage médicinal », sens repris par son doublet *potion.*

poissard, arde n. et adj. – XVIe ; de *poix* 1 n. f. POISSARDE. vieilli et péj. Femme de la halle ; femme du bas peuple, au langage grossier. 2 adj. Qui emploie ou imite le langage du bas peuple (spécialt au XVIIIe s.). *Genre, style poissard.*

poisse n. f. – XIXe ; de *poisser* ■ Malchance. ⇒ **ennui,** ② **guigne.** *Quelle poisse ! Porter la poisse :* porter malheur.

poisser v. tr. [1] – XVIe 1 Enduire, de poix ou d'une matière analogue. *Poisser du fil.* 2 Salir avec une matière gluante, collante. *Se poisser les mains.* 3 fam. Arrêter, attraper, prendre.

poisseux, euse adj. – XVIe ■ Gluant, collant (comme de la poix).

poisson n. m. – Xe ; lat. *piscis* 1 Animal vertébré inférieur, vivant dans l'eau et muni de nageoires. ⇒ **ichty(o)-, pisci-.** *Poissons cartilagineux* (⇒ **chondrichtyens, sélaciens**) *et poissons osseux* (⇒ **ostéichtyens, téléostéens**). *Reproduction des poissons* (⇒ ① **frai, laitance**). *Œufs de poisson.* ♦ POISSON-CHAT *:* poisson à longs barbillons. ⇒ **silure.** ➤ *Poisson lune.* ⇒ ③ **môle.** ➤ POISSON VOLANT, capable de bondir hors de l'eau et de planer un instant. ⇒ **exocet.** ➤ POISSON ROUGE *:* le carassin ou cyprin doré, présent dans les aquariums, les bassins. ➤ POISSONS PLATS. ⇒ **pleuronectes.** ♦ *Poissons d'eau douce, de rivière ; de mer. Jeunes poissons.* ⇒ **alevin.** *Élevage des poissons.* ⇒ **aquariophilie, pisciculture.** *Rivière riche en poissons.* ⇒ **poissonneux.** ♦ DU, LE POISSON. *Pêcher, prendre du poisson. Arrivée du poisson aux halles.* ⇒ **marée.** *L'odeur du poisson.* ⇒ **fraîchin.** *Marchand de poisson.* ⇒ **mareyeur, poissonnier ; poissonnerie.** *Poisson salé, séché, fumé.* « *il y avait une friture de poissons qu'il avait pêchés le matin même* » (Camus). 2 loc. *Être (heureux) comme un poisson dans l'eau :* être à l'aise, dans son élément. *Nager comme un poisson,* à la perfection. ➤ *Un gros poisson :* un personnage éminent. ♦ QUEUE DE POISSON. *Finir en queue de poisson,* se dit d'une chose qui tourne court, se termine sans conclusion satisfaisante. ➤ *Automobiliste qui fait une queue de poisson à un autre conducteur,* qui se rabat brusquement devant lui après l'avoir dépassé. 3 (Ce qui représente, imite un poisson). *Poissons en chocolat.* ♦ *Les Poissons :* constellation zodiacale de l'hémisphère boréal. Douzième signe du zodiaque (19 février-20 mars). *Elle est Poissons,* née sous le signe des Poissons. 4 *Poisson d'argent.* ⇒ **lépisme.**

> ❑ Le mot a d'abord désigné tout animal aquatique (y compris la grenouille, par exemple). De nos jours encore, certains mammifères marins, cétacés et pinnipèdes (dauphin, morse), sont appelés abusivement *poissons.*

poissonnerie n. f. – XIIIe 1 Marché, halle au poisson (d'une ville, d'un port). 2 Boutique du poissonnier. *Acheter des moules à la poissonnerie.*

poissonneux, euse adj. – XVIe ■ Qui contient de nombreux poissons. *Rivière poissonneuse.*

poissonnier, ière n. – XIIe 1 Personne qui fait le commerce de détail des poissons, des fruits de mer. 2 n. f. Ustensile de cuisine, de forme oblongue, servant à faire cuire le poisson. ⇒ **turbotière.**

poitevin, ine n. et adj. – XIIe ■ Du Poitou, de Poitiers. ♦ n. *Les Poitevins.* ➤ n. m. *Le poitevin :* dialecte de langue d'oïl parlé en Poitou.

poitrail n. m. – XIIe 1 Partie du harnais, couvrant la poitrine du cheval. 2 Devant du corps du cheval et de quelques animaux domestiques, entre l'encolure et les membres antérieurs. *Des poitrails.* ♦ par plais. Poitrine humaine. 3 Grosse poutre de bois, de métal, servant de linteau à une grande baie.

poitrinaire adj. et n. – XVIIIe ■ vieilli Atteint de tuberculose pulmonaire. ⇒ **phtisique, tuberculeux.** ➤ n. « *il avait cette séduction de certains poitrinaires : des traits fins, une peau transparente* » (Simenon).

poitrine n. f. – XIe ; lat. *pectus, pectoris* 1 Partie du corps humain qui s'étend des épaules à l'abdomen et qui contient le cœur et les poumons. ⇒ **thorax ; buste, torse ;** fam. **coffre.** *Tour de poitrine :* mesure de la poitrine à l'endroit le plus large. *Un cri jaillit de sa poitrine.* ♦ vx Poumons (malades). *Partir, s'en aller de la poitrine.* ⇒ fam. **caisse.** vieilli *Fluxion de poitrine.* ⇒ **pneumonie.** 2 Partie antérieure du thorax. *Poitrine velue. Bomber la poitrine. Tenir, serrer, presser, qqn contre sa poitrine.* ⇒ **cœur.** *Mélanie* « *croisait sur sa poitrine son petit châle noir* » (France). ♦ Région antérieure du corps de certains animaux, entre le cou et le ventre. *Poitrine de cheval.* ⇒ **poitrail.** ♦ Partie inférieure des parois thoraciques du bœuf, du veau, du mouton, du porc, correspondant à peu près au devant des sept premières côtes. *Poitrine fumée.* ⇒ **lard.** 3 Seins de femme. ⇒ **gorge.** *Belle poitrine.* ♦ *Elle a de la poitrine, beaucoup de poitrine,* des seins développés.

> ❑ L'emploi de *poitrine* au sens de « seins » est assez rare avant la seconde moitié du XIXe s. De nos jours le mot est plus courant que *seins* et a évincé *gorge.*

poitrinière n. f. – XVe ■ Pièce de harnais, courroie qui passe sur le poitrail du cheval.

poivrade n. f. – XVIe 1 *À la poivrade,* avec du sel et du poivre. *Des artichauts (à la) poivrade* (artichauts nouveaux mangés crus). 2 Sauce vinaigrette au poivre.

poivre n. m. – XIIe ; lat. *piper* 1 Épice à saveur très forte, piquante, faite des fruits du poivrier séchés. *Grain de poivre. Poivre en grains. Poivre gris, noir,* dont les grains ont encore leur enveloppe. *Poivre blanc,* à grains décortiqués, moins piquant. *Poivre vert,* cueilli avant maturité. *Steak au poivre,* couvert de poivre concassé. 2 loc. adj. POIVRE ET SEL, se dit de cheveux bruns mêlés de blancs. *Des « favoris poivre et sel »* (France). 3 Plante utilisée comme épice. *Poivre de Cayenne.* ⇒ **piment.** *Poivre rose.*

> ❑ Autres mots de même famille étymologique : *pipérade, poivron* (antérieurement *poivre long*), *poivrot.*

poivré, ée adj. – XVIe 1 Assaisonné de poivre. ➤ Qui évoque l'odeur, le goût du poivre. *Menthe poivrée.* 2 Grossier ou licencieux. ⇒ **épicé,** ① **salé.** « *leur goût pour la plaisanterie truculente et poivrée* » (Duham.). ✪ CONTR. Fade.

poivrer v. tr. [1] – XIIIe 1 Assaisonner de poivre. *Saler et poivrer une sauce.* 2 v. pron. fam. SE POIVRER *:* s'enivrer (⇒ **poivrot**).

poivrier n. m. – XVIe 1 Arbuste grimpant *(pipéracées),* à petites baies rouges à maturité, qui pousse dans les régions tropicales. ➤ *Faux poivrier.* ⇒ **agnus-castus.** 2

Petit ustensile de table, muni d'un bouchon perforé, dans lequel on met le poivre moulu. *Le poivrier et la salière.* ⇒ **poivrière.**

poivrière n. f. – XVIIIe 1 Poivrier (2°). 2 Guérite de maçonnerie à toit conique placée en encorbellement à l'angle d'un bastion. ⇒ **échauguette.** 3 Plantation de poivriers.

poivron n. m. – XVIIIe 1 Fruit du piment doux de grande taille. *Poivron vert, rouge.* 2 Plant qui produit les poivrons.

poivrot, ote n. – XIXe ; de *poivre* « eau-de-vie » ▪ fam. Ivrogne. ⇒ **pochard.** « *Une vieille poivrote s'est jetée sous un autobus* » (Simenon).

poix n. f. – XIe ; lat. *pix* ▪ Matière visqueuse à base de résine ou de goudron de bois. ✪ HOM. Poids, pois, pouah.

poker [pɔkɛʀ] n. m. – XIXe ; mot angl. I - 1 Jeu de cartes dans lequel chaque joueur, disposant de cinq cartes, peut gagner l'argent misé s'il possède la combinaison de cartes la plus forte ou s'il parvient à le faire croire à ses adversaires. *Jouer au poker.* ➛ Partie de poker. *Faire un poker.* 2 À ce jeu, Carré, ou quatre cartes de même valeur. *Poker d'as.* ⇒ **full.** 3 *Partie de poker :* affrontement serré entre adversaires qui bluffent. ➛ *Coup de poker :* tentative audacieuse et hasardeuse, basée sur le bluff. II POKER D'AS [pɔkɛʀdɑs] (angl. *poker dice,* « dés à jouer ») Jeu de dés rappelant le jeu de poker.

polacre n. f. – XVIIe ; it. *polacca* ou esp. *polacra* ▪ Ancien navire de commerce, voilier de la Méditerranée à voiles carrées.

polaire adj. et n. f. – XVIe 1 Relatif aux pôles célestes, terrestres ; situé près d'un pôle. *Régions polaires. Cercle polaire :* petit cercle de la sphère terrestre (parallèle) à distance angulaire des pôles égale à l'obliquité de l'écliptique (23°27′). ♦ Propre aux régions polaires, froides et désertes. *Ours polaire.* ➛ *Expédition polaire,* au pôle. ➛ *Un froid polaire,* intense. 2 Relatif à un pôle, à une représentation par rayons vecteurs et par angles. ♦ *Droite, plan polaire* ou n. f. *polaire d'un point par rapport à une conique* (ou *une quadrique*), droite (ou plan), lieu des points conjugués du point par rapport à cette conique (ou quadrique). 3 Relatif aux pôles magnétiques, électriques. ➛ *Molécule polaire,* qui possède un moment électrique dipolaire.

polaque n. – XVIe ; polonais « polonais » 1 n. m. Cavalier polonais, mercenaire des armées françaises. 2 n. fam. et péj. Polonais.

polar n. m. – v. 1968 ; de *(roman) policier* ▪ arg. fam. Roman, film policier.

polari- Élément, du gr. *polein* « tourner ».

polarimétrie n. f. – XIXe ; *polari-* et *-métrie* ▪ Mesure du pouvoir rotatoire d'une substance en solution (à l'aide d'un *polarimètre*), en vue de déterminer sa concentration.

polarisant, ante adj. – XIXe ▪ Qui polarise la lumière. *Microscope polarisant.* ✪ CONTR. Dépolarisant.

polarisation n. f. – XIXe 1 Phénomène qui se traduit par l'introduction d'une dissymétrie par rapport à la direction de propagation des radiations. 2 Séparation des charges électriques positive et négative, dans un corps, sous l'influence d'un champ électrique ; différence de potentiel qui en résulte. ➛ Dans l'électrolyse, Formation, dans le voisinage des électrodes, de produits qui modifient l'intensité du courant. 3 Mécanisme par lequel sont créés deux pôles fonctionnellement différents dans une structure vivante. *Polarisation d'une cellule nerveuse.* 4 fig. Action de concentrer en un point (des forces, des influences). ⇒ **attraction.** ✪ CONTR. Dépolarisation.

polariser v. tr. [1] – XIXe ; gr. *polein* « tourner » 1 Soumettre au phénomène de la polarisation. ➛ *Lumière polarisée.* ♦ *Polariser une pile.* ➛ *Condensateur polarisé.* 2 fig. Attirer, concentrer en un point. *Polariser l'attention.* « *indépendance, intégration polarisent les passions* » (Mauriac). ➛ pronom. fam. Se fixer, se concentrer sur un sujet unique. *Ne vous polarisez pas sur cette idée.* ✪ CONTR. Dépolariser.

polariseur adj. et n. m. – XIXe ▪ Qui polarise la lumière. ♦ n. m. Miroir, cristal biréfringent capable de polariser la lumière.

polarité n. f. – XVIIIe ▪ Qualité d'un système, d'une structure vivante, qui présente deux pôles. *Polarité d'un aimant. Polarité des neurones.*

polaroïd [pɔlaʀɔid] n. m. – 1951 ; nom déposé, angl. *to polarize* « polariser » 1 Feuille transparente de résine synthétique capable de polariser la lumière. 2 Appareil photographique utilisant le procédé et permettant d'obtenir instantanément une épreuve positive, dans l'appareil même. ♦ Photo obtenue à l'aide de cet appareil.

polatouche n. m. – XVIIIe ; russe *polatouka* ▪ Mammifère rongeur auquel une membrane tendue entre les pattes permet de planer. ⇒ **écureuil** (volant).

polder [pɔldɛʀ] n. m. – XVIIe ; mot néerl. ▪ Marais littoral endigué, asséché et mis en valeur (d'abord en parlant des Pays-Bas). *La propriété* « *était un vaste polder* » (Simenon).

pôle n. m. – XIIIe ; gr. *polein* « tourner » 1 Chacun des deux points de la sphère céleste formant les extrémités de l'axe autour duquel elle semble tourner. 2 Chacun des deux points de la surface terrestre formant les extrémités de l'axe de rotation de la Terre. *Pôle Nord, pôle Sud.* ♦ Région géographique située près d'un pôle, entre le cercle polaire et le pôle. ⇒ **antarctique, arctique.** 3 Se dit de deux points principaux et opposés. « Pelléas et Mélisande *est à l'un des pôles de notre art,* Carmen, *à l'autre pôle* » (R. Rolland). 4 Extrémités de l'axe d'un solide de révolution. ➛ *Pôle d'une droite* (ou *d'un plan*) *par rapport à une conique* (ou *une quadrique*), point ayant pour polaire cette droite (ou ce plan). ➛ Point fixe jouant un rôle particulier dans une transformation. *Pôle d'inversion.* ♦ Singularité d'une fonction analytique, zéro de la fonction inverse. 5 *Pôles d'un aimant :* chacune des extrémités de l'aimant où la force d'attraction est à son maximum. ♦ *Pôles magnétiques :* régions du globe où l'inclinaison magnétique est maximum (90°). 6 Chacune des deux extrémités d'un circuit électrique (⇒ **électrode**), chargée l'une d'électricité positive (*pôle positif, pôle +* ⇒ **anode**), l'autre d'électricité négative (*pôle négatif, pôle –* ⇒ **cathode**). *Pôles d'une pile.* ⇒ **borne.** 7 Partie la plus saillante, aux deux côtés opposés d'une structure anatomique. *Pôles antérieur et postérieur du cristallin.* 8 fig. Ce qui attire, entraîne ; centre d'activité, d'intérêt. *Pôle d'attraction.*

❑ Les dérivés de *pôle* s'écrivent sans accent circonflexe. Cette alternance est courante : cf. *diplôme, fantôme, symptôme* et *diplomatique, fantomatique, symptomatique,* également *grâce, gracieux.*

polémarque n. m. – XVIIIe ; gr. *polemos* « guerre » et *arkhein* « commander » ▪ Dans la Grèce antique, Officier, magistrat chargé de l'administration de la guerre. ➛ adj. *L'archonte polémarque.*

polémique adj. et n. f. – XVIe ; gr. « relatif à la guerre *(polemos)* » 1 Qui suppose une attitude critique ; qui vise à une discussion vive ou agressive. *Écrits polémiques.* 2 n. f. Débat, le plus souvent par écrit, vif ou agressif. ⇒ **controverse, débat, discussion.** *Engager une polé-*

mique avec qqn. Polémique à propos, au sujet de l'euthanasie. « *Il y a eu des polémiques* [...] *Vous ne voulez pas que je vous lise les rapports ?* » (Simenon).

polémiquer v. intr. [1] - XIXe ▪ Faire de la polémique.

polémiste n. - XIXe ▪ Personne qui pratique, aime la polémique. ⇒ **pamphlétaire.** « *Nous aurions besoin non de polémistes, mais de têtes froides* » (Mauriac).

polémologie n. f. - 1946 ; gr. *polemos* « guerre » ▪ Étude scientifique, sociologique de la guerre.

polenta [pɔlɛnta] n. f. - XVIe ; mot it., du lat. *polenta* « farine d'orge » ▪ Préparation culinaire épaisse à base de farine de maïs en Italie, de farine de châtaignes en Corse.

pole position n. f. - 1983 ; mots angl. « position en flèche » ▪ Première position sur la grille de départ qu'occupe le pilote de formule 1 qui a réussi le meilleur temps aux essais. ➔ Meilleure place. *Des pole positions.*

① **poli, ie** adj. - fin XIIe ; de *polir* ▪ Dont le comportement, le langage sont conformes aux règles de la politesse. ⇒ **civil, courtois.** *Enfant poli,* bien élevé. « *Poli jusqu'à l'obséquiosité* » (Flaub.). ♦ *Refus poli,* qui s'accompagne des formes de la politesse. *Il serait plus poli de lui écrire.* ✪ CONTR. Grossier, impertinent, impoli, incivil, incorrect, insolent, malappris, malotru, malpoli.

> ❑ Le composé *malpoli* est d'usage populaire : le mot convenable est *impoli.*

② **poli, ie** adj. - XIIe ▪ Lisse et brillant. *Caillou poli.* ✪ CONTR. ② Mat, rugueux.

③ **poli** n. m. - XVIIe ▪ Aspect d'une chose lisse et brillante. *Le poli d'un galet.* ✪ CONTR. Matité.

poli-, -pole, -polite Éléments, du gr. *polis* « ville ».

> ❑ Ne pas confondre avec *poly-*, élément qui indique la multiplicité.

① **police** n. f. - XIIIe ; gr. *polis* « cité » **1** Ensemble des règles imposées aux citoyens afin de faire régner l'ordre et la sécurité. *Police administrative et police judiciaire.* **2** Ensemble d'organes et d'institutions assurant le maintien et le rétablissement de l'ordre public *(police administrative)* et permettant de réprimer les infractions *(police judiciaire* ⇒ **P.J.**). ⇒ **sûreté.** « *Il se nommait Javert et il était de la police* » (Hugo). *Les forces de police :* la police et la gendarmerie. ➔ *Police secrète* (cf. fam. La secrète) : policiers en civil dépendant de la Sûreté nationale (brigade des mœurs, des jeux, brigade financière, renseignements généraux, etc.). *Polices parallèles :* services secrets plus ou moins occultes. ⇒ **barbouze ; milice.** ➔ *Fonctionnaires de police.* ⇒ **policier.** *Commissaires, inspecteurs de police.* ➔ Les policiers eux-mêmes. « *À quoi songeait la police !* » (Huysm.). ➔ *Police secours :* organisation de police chargée de porter secours dans les cas d'urgence. ➔ *Commissariat de police. Poste de police. Car, voiture de police* (cf. Panier* à salade). ➔ *Contrôle de police :* contrôle d'identité (papiers, passeports) effectué par la police. *Avertir la police.* ➔ *La police des polices :* les membres de l'I. G. S. (Inspection générale des services). **3** Organisation de l'ordre. *Professeur obligé de faire la police.*

② **police** n. f. - XVe ; gr. *apodeixis* « quittance, reçu » **1** Écrit rédigé pour prouver la conclusion et les conditions d'un contrat d'assurance. *Souscrire à une police d'assurance,* à une assurance. « *un journalier se cassa la jambe* [...] *et on s'aperçut qu'il n'était pas sur les polices d'assurance* » (Simenon). **2** *Police de caractères :* assortiment complet des caractères d'imprimerie de même famille (même forme). ⇒ ① **fonte.**

policé, ée adj. - XVIIe ▪ Dont les mœurs sont adoucies par la civilisation. ⇒ **civilisé, raffiné.** « *ces originaux inassimilables par une société policée* » (Sartre). ✪ CONTR. Primitif, sauvage.

policeman [pɔlisman] n. m. - XIXe ; mot angl., de *police* et *man* « homme » ▪ Agent de police, en Grande-Bretagne et dans les pays britanniques. *Des policemans* ou *des policemen* [pɔlismɛn].

policer v. tr. [3] - XVe ; de ① *police* ▪ vieilli ou littér. Civiliser, adoucir les mœurs de, par des institutions, par la culture. ✪ HOM. *Police :* polissent (polir).

polichinelle n. m. - XVIIe ; napolitain *Pulecenella,* personnage des farces napolitaines **1** Personnage bossu de la commedia dell'arte et du théâtre de marionnettes. *Le long nez, le menton en galoche du polichinelle.* ➔ loc. *C'est un secret de Polichinelle,* un faux secret bien vite connu de tous. ♦ Jouet, pantin représentant ce personnage. ♦ loc. fam. et vulg. *Avoir un polichinelle dans le tiroir :* être enceinte. **2** loc. *Faire le polichinelle :* s'agiter d'une manière ridicule. **3** Personne inconstante, qui se dédit. ⇒ **girouette.** « *Est-ce qu'on me prend pour un polichinelle, à dire blanc et à dire noir !* » (Zola).

policier, ière adj. et n. m. - XVIIe **1** Relatif à la police ; concernant la police ou appartenant à la police. *Enquête policière. Chien policier. État, régime policier,* où la police (politique) a une grande importance. **2** Se dit des formes de littérature, de spectacle qui concernent des activités criminelles plus ou moins mystérieuses qui font l'objet d'une enquête. *Film policier. Roman policier,* ou n. m. *un policier.* ⇒ **polar,** ① **roman** (noir). *Le* « *suspense qui nous plaisait dans les romans policiers* » (Beauv.). **3** n. m. Personne qui appartient à un service de police (agent de police, inspecteur, détective privé, etc.). ⇒ **gardien** (de la paix) ; fam. **flic, poulet.** *Policier en civil, en tenue. Policier de quartier.* ⇒ **îlotier.**

> ❑ Pas de féminin pour désigner une femme appartenant à un service de police. On dit *elle est policier, c'est un policier.*

policlinique n. f. - XIXe ; gr. *polis* « ville » et *clinique* ▪ Établissement, parfois annexé à un hôpital, où l'on donne des soins à des malades qui ne sont pas hospitalisés, et où se tiennent également des cours d'enseignement médical ayant trait aux malades qui viennent en consultation. ✪ HOM. Polyclinique.

> ❑ Ne pas confondre *policlinique* « clinique recevant des patients non hospitalisés » et *polyclinique* « clinique comprenant plusieurs *(poly-)* services spécialisés ».

poliment adv. - XIVe ▪ D'une manière polie, avec courtoisie. ⇒ **civilement, courtoisement.** ✪ CONTR. Impoliment.

polio n. - 1902, abrév. ▪ fam. **1** n. f. Poliomyélite. *Il a eu la polio.* **2** Poliomyélitique. *Les polios.*

poliomyélite n. f. - XIXe ; gr. *polio* « gris » et *muelos* « moelle » ▪ Maladie infectieuse et contagieuse d'origine virale qui atteint les cornes antérieures de la moelle épinière et se manifeste essentiellement par des paralysies progressives pouvant atteindre les centres respiratoires du bulbe. ⇒ fam. **polio.**

poliomyélitique adj. et n. - 1925 ▪ Relatif à la poliomyélite. ♦ Atteint de poliomyélite. ➔ n. *Un, une poliomyélitique.* ⇒ fam. **polio.**

poliorcétique adj. et n. f. - XIXe ; gr. ▪ Relatif à l'art d'assiéger les villes. ♦ n. f. *La poliorcétique :* la technique du siège des villes.

polir v. tr. [2] - XIIe ; lat. « aplanir, égaliser (un objet) » **1** Rendre lisse, uni et luisant (une substance dure) par frottement. ⇒ **brunir, doucir, égriser, gréser, limer, poncer.** *Polir le marbre. Se polir les ongles.* **2** Parachever (un ouvrage) avec soin. ⇒ **parfaire, peaufiner ;** fam. **figno-**

ler. « *Il avait médité sa phrase, il l'avait arrondie, polie, rythmée* » (Flaub.). ✪ CONTR. Dépolir, ternir. — HOM. *Polissent* : police (policer).

polissable adj. – XVe-XVIe ▪ Susceptible d'être poli.

polissage n. m. – XVIIIe ▪ Opération qui consiste à polir une surface. *Polissage du bois, du marbre.* ⇒ **ponçage.**

polisseur, euse n. – XIVe 1 Ouvrier, ouvrière qui polit une substance, un objet. 2 n. f. Machine à tête rotative mobile, qui sert à polir le marbre, la pierre.

polissoir n. m. – XVIe ▪ Outil ou machine qui sert à polir. ➤ Instrument dont le dessous recouvert de peau sert à polir les ongles par un mouvement de va-et-vient. ♦ Fragment de roche qui, à l'âge de pierre, servait à polir les instruments de silex.

polissoire n. f. – XVe 1 Meule de bois qui sert à polir les couteaux. ⇒ **polissoir.** 2 Atelier où s'effectue le polissage des épingles.

polisson, onne n. et adj. – XVIIe ; de *polir* 1 Enfant espiègle, désobéissant. ⇒ **coquin.** *Je t'y prends, petit polisson !* 2 adj. Un peu grivois, licencieux. ⇒ **canaille, égrillard, leste, osé.** *Conte polisson.* « *je devins polisson, mais non libertin* » (Rouss.). ➤ *Des yeux, des regards polissons.* ⇒ **fripon.**

> ❑ *Polisson* vient du verbe *polir* avec sa valeur ancienne « nettoyer, laver », en argot « écouler après avoir volé ». Cette métaphore se retrouve dans *nettoyer, laver* (de l'argent).

polissonner v. intr. [1] – XVIIIe ▪ vieilli Se comporter en polisson.

polissonnerie n. f. – XVIIe 1 Action d'un enfant espiègle, turbulent. ⇒ **espièglerie.** 2 vieilli Acte ou propos plus ou moins licencieux.

poliste n. f. ou m. – XIXe ; gr. « bâtisseur de ville *(polis)* » ▪ Guêpe qui vit dans un nid de plein air formé d'un seul rayon de cellules.

politesse n. f. – XVIe ; it. *politezza* 1 Ensemble des usages, des règles qui régissent le comportement, le langage considérés comme les meilleurs dans une société (⇒ **bienséance**) ; le fait et la manière d'observer ces usages (⇒ **courtoisie, éducation, savoir-vivre, usage**). « *La politesse, cher enfant, consiste à paraître s'oublier pour les autres* » (Balz.). *Faire une visite de politesse à qqn. Il aurait pu avoir la politesse de nous remercier.* ➤ *Formules de politesse,* employées dans la conversation, dans une lettre (ex. S'il vous plaît. Veuillez agréer mes salutations distinguées, etc.). ➤ « *elle aurait pu accepter* [...] *par politesse* » (Romains). ♦ loc. *Brûler la politesse à qqn* : partir brusquement, sans prendre congé. 2 *Une, des politesses.* Action, parole exigée par les usages. *Échanger des politesses.* loc. *Rendre la politesse à qqn,* lui rendre la pareille. ✪ CONTR. Grossièreté, impertinence, impolitesse, incorrection.

politicard, arde n. et adj. – XIXe ; de *politic(ien)* et *-ard* ▪ Politicien arriviste, sans scrupule. *Politicards intrigants.* ➤ adj. *Calculs politicards.*

politicien, ienne n. et adj. – XVIIIe 1 Personne qui exerce une action politique dans le gouvernement ou dans l'opposition. ⇒ ① **politique,** II (cf. Homme d'État*). *Politicien de droite, de gauche.* ♦ (souvent péj.) ⇒ **politicard.** *Politicien véreux.* 2 adj. péj. Digne d'un politicien. *Une manœuvre politicienne. Politique politicienne.*

politico- Élément, du gr. *politikos* « politique ».

① **politique** adj. et n. m. – XIVe ; gr. *politikos* « de la cité » **I** adj. 1 Relatif à l'organisation et à l'exercice du pouvoir dans une société organisée, au gouvernement d'un État. *Pouvoir politique* : pouvoir de gouverner. *Rapports entre la structure économique, sociale et le régime politique* (capitalisme, socialisme, libéralisme). ⇒ **aristocratie, démocratie, dictature, monarchie, république.** *Consultation politique.* ⇒ **élection, plébiscite, référendum, vote.** *Les milieux politiques.* « *Un homme politique, c'est un homme qui est persuadé qu'il va réussir où d'autres ont échoué* » (Colette). ⇒ **politicien ; député, ministre,** ① **parlementaire, sénateur** (cf. Homme d'État*). ➤ *Faire une carrière politique.* 2 Relatif à la théorie du gouvernement, du pouvoir. *Histoire des idées politiques.* ♦ Relatif à la connaissance scientifique des faits politiques. *Institut d'études politiques* (anciennt *École des sciences politiques,* abrév. fam. *Sciences-po*). 3 Relatif aux rapports du gouvernement et de son opposition ; au pouvoir et à la lutte autour du pouvoir. *Participer à la vie politique française. L'actualité politique.* ➤ *Situation politique d'un pays. Crise politique.* ➤ *Prisonnier politique* (opposé à *prisonnier de droit* commun*), ou n. m. *un politique.* « *Des trains de déportés partaient* [...] *remplis de politiques et de Juifs* » (Beauv.). ➤ *Facteurs politiques et économiques.* ♦ *Opinions politiques.* « *nos mœurs politiques* » (Sand). *Adversaires politiques.* 4 Relatif à un État, aux États et à leurs rapports. *Unité politique. Frontières politiques et frontières naturelles. Géographie politique* : partie de la géographie humaine. ⇒ **géopolitique.** *Carte politique du monde.* 5 littér. Habile. *Ce n'est pas très politique.* ⇒ **diplomatique. II** n. m. 1 littér. Personne qui gouverne, qui exerce des responsabilités politiques. « *vous mépriser, vous et tous vos politiques* » (Giono). *Un fin politique.* ➤ Personne qui fait prévaloir les considérations politiques. *C'est un politique, pas un militaire.* 2 Ce qui est politique (aux sens I, 2°, 4°). *Le politique et le social.*

② **politique** n. f. – XIIIe ; même étym. que ① *politique* 1 Art et pratique du gouvernement des sociétés humaines (État, nation). « *La politique, art de tromper les hommes* » (d'Alemb.). « *La politique consiste dans la volonté de conquête et de conservation du pouvoir* » (Valéry). 2 Manière de gouverner un État *(politique intérieure)* ou de mener les relations avec les autres États (*politique extérieure* ou *politique étrangère*). *Politique conservatrice, libérale, de droite, de gauche.* ➤ *La politique européenne de la France.* ➤ *Politique d'austérité.* ♦ Dispositions prises dans certains domaines par le gouvernement. *Politique culturelle, sociale, agricole. Politique de l'emploi. Politique économique.* 3 Ensemble des affaires publiques. « *La tolérance est aussi nécessaire en politique qu'en religion* » (Volt.). *Faire de la politique.* ♦ La carrière politique. *Se destiner à la politique.* 4 Manière concertée de conduire une affaire. *Une bonne, une mauvaise politique.* ⇒ **stratégie, tactique.** ➤ *C'est une politique,* une façon d'envisager les choses.

> ❑ Sur le modèle d'*entrer en religion,* on dit *entrer en politique.*

politiquement adv. – XVe 1 En ce qui concerne le pouvoir politique. *Pays unifié politiquement.* ♦ D'un point de vue politique. *Politiquement, il est à droite.* 2 littér. Avec habileté. *Agir politiquement.*

politisation n. f. – 1929 ▪ Action de politiser ; son résultat. ✪ CONTR. Dépolitisation.

politiser v. tr. [1] – 1934 ▪ Donner un caractère, un rôle politique à. *Politiser des élections syndicales.* ➤ *Littérature engagée et politisée.* « *des amis fortement politisés* » (Beauv.). ➤ pronom. *Ce conflit social se politise.* ✪ CONTR. Dépolitiser.

politologie n. f. – 1954 ▪ Science politique.

politologue n. – 1959 ▪ Spécialiste de politologie.

poljé [pɔlje] **n. m.** – XIXe ; mot slave « plaine » ▪ Grande dépression entourée de rebords rocheux, à fond plat et alluvial. *Des poljés.*

polka **n. f.** – XIXe ; tchèque *půlka* « demi-pas » 1 Ancienne danse à deux temps, à l'allure vive et très rythmée. ➛ Air sur lequel on la danse. *Jouer des polkas.* 2 ancienn *Pain polka* : pain dont la croûte est quadrillée de bandes formant des carrés ou des losanges.

pollakiurie **n. f.** – XIXe ; gr. *pollakis* « souvent » et *-urie* ▪ Fréquence anormalement élevée de mictions peu abondantes.

pollen [pɔlɛn] **n. m.** – XVIIIe ; mot lat. « farine, poussière fine » ▪ Poussière très fine constituée de grains microscopiques produits et libérés par les anthères des plantes. *Les jasmins « m'inondaient de parfum, de pollen, d'étamines »* (Giraud.). *Le grain de pollen, agent mâle de la fécondation chez les phanérogames* (⇒ **pollinisation**). *Étude des pollens* (⇒ **palynologie**).

pollicitation **n. f.** – XVe ; lat. *polliceri* « offrir, promettre » ▪ Offre exprimée, mais non encore acceptée.

pollinie **n. f.** – XIXe ▪ Masse formée par les grains de pollen agglomérés, chez certaines plantes (asclépiadacées, orchidées).

pollinique **adj.** – XIXe ▪ Relatif au pollen.

pollinisateur, trice **adj.** – 1937 ▪ Qui assure la pollinisation.

pollinisation **n. f.** – XIXe ▪ Processus par lequel le pollen est transporté des anthères jusqu'aux stigmates du pistil de la même fleur ou d'une autre fleur de la même espèce.

polluant, ante **adj.** et **n. m.** – v. 1970 ▪ Qui pollue, rend l'environnement malsain. *Produits polluants.* ♦ **n. m.** Agent (physique, chimique ou biologique) provoquant une dégradation dans un milieu donné. *Polluants atmosphériques.* ✪ CONTR. Propre.

polluer **v. tr.** [1] – XIIIe ; lat. *polluere* « souiller » ▪ Salir en rendant malsain, dangereux. *Gaz qui polluent l'atmosphère des villes.* ⇒ **infecter, infester.** *Air pollué*, vicié (opposé à *pur*). ➛ *Pétroliers qui polluent les plages.* ♦ Dégrader l'environnement, de quelque manière que ce soit. ✪ CONTR. Décontaminer, dépolluer, épurer.

pollueur, euse **adj.** et **n.** – 1969 ▪ Qui pollue, est responsable d'une pollution. *Agents pollueurs.*

pollution **n. f.** – XIIe 1 *Pollutions nocturnes* : éjaculations involontaires, pendant le sommeil. 2 Dégradation d'un milieu par l'introduction d'un polluant. *Pollution des eaux d'une rivière. Pollution atmosphérique.* ➛ Dégradation des conditions de vie, nuisance quelconque (bruit, etc.). *Pollution sonore.* ✪ CONTR. Dépollution, épuration.

polo **n. m.** – XIXe ; mot angl., du tibétain 1 Sport collectif dans lequel des cavaliers, divisés en deux équipes, essaient de pousser une boule de bois dans le but adverse avec un maillet à long manche. *Match de polo.* 2 Chemise de sport en maille, à col ouvert.

polochon **n. m.** – XIXe ; p.-ê. de l'a. fr. *pouloucel* « petit oiseau » 1 fam. Traversin. 2 *Sac polochon* : sac de voyage cylindrique et souple.

polonais, aise **adj.** et **n.** – XVe ▪ De Pologne. ♦ **n.** *Les Polonais.* ⇒ fam. **polaque.** ➛ **n. m.** Langue du groupe slave occidental.

> ❑ *Pologne* vient de *pole* « champ, plaine », ce pays contrastant avec les massifs de Bohême et des Carpates.

polonaise **n. f.** – XVIIIe 1 Danse nationale des Polonais. ➛ Musique sur laquelle on exécute cette danse. *Les polonaises de Chopin.* 2 Gâteau meringué, dont l'intérieur, fait de pâte briochée imbibée de kirsch, contient des fruits confits.

polonium [pɔlɔnjɔm] **n. m.** – XIXe ; de *Pologne*, pays d'origine de Marie Curie ▪ Élément atomique (Po ; n° at. 84 ; m. at. [27 isotopes] 192 à 218) dont tous les isotopes sont radioactifs.

poltron, onne **adj.** et **n.** – XVIe ; it. *poltro* « poulain non dompté » ▪ Qui manque de courage physique. ⇒ **couard, lâche, pusillanime** ; fam. **dégonflé, froussard, trouillard.** ➛ **n.** *« à propos, dis-je, d'un ton léger, avec cette crânerie particulière aux poltrons »* (France). ⇒ **pleutre.** ✪ CONTR. Brave, courageux.

poltronnerie **n. f.** – XVIe ▪ Caractère du poltron. ⇒ **couardise, lâcheté.** ✪ CONTR. Bravoure, courage.

poly- [pɔli] Élément, du gr. *polus* « nombreux ; abondant » (⇒ **multi-, pluri-**). ✪ CONTR. Mon(o)-, uni-.

> ❑ Ne pas confondre avec *poli-* « ville ».

polyacide **n. m.** – XIXe ▪ Corps possédant plusieurs fonctions acide.

polyacrylique **adj.** – 1945 ; de *poly(mère)* et *acrylique* ▪ Qui est obtenu par polymérisation de molécules de la série acrylique.

polyakène **n. m.** – XIXe ▪ Fruit indéhiscent possédant plus de quatre méricarpes.

polyalcool [pɔlialkɔl] **n. m.** – 1903 ▪ Molécule organique possédant plusieurs fonctions alcool. ⇒ **polyol.**

polyamide **n. m.** – 1913 ▪ Corps résultant de la réaction d'un polyacide sur une polyamine.

polyamine **n. f.** – 1935 ▪ Substance aliphatique linéaire possédant plusieurs fonctions amine.

polyandre **adj.** – XIXe ; *poly-* et *-andre* ▪ Qui a plusieurs maris simultanément. ✪ CONTR. Monogame.

polyandrie **n. f.** – XVIIIe ; *poly-* et *-andrie* ▪ Le fait pour une femme d'avoir simultanément plusieurs maris. ⇒ **bigamie, polygamie.** *« Les sociétés commencent par la polygamie et finissent par la polyandrie »* (Goncourt). ✪ CONTR. Monogamie.

polyarthrite **n. f.** – XIXe ▪ Inflammation simultanée de plusieurs articulations.

polycentrique **adj.** – XIXe 1 Se dit du plan d'un bâtiment qui a plusieurs centres. 2 Qui a plusieurs centres de direction. *Parti polycentrique.*

polycentrisme **n. m.** – v. 1960 ▪ Système d'organisation permettant la multiplication des centres de décision ou de direction.

polycéphale **adj.** – XIXe ; gr. ▪ Qui a plusieurs têtes. *Monstre polycéphale.* ♦ *Gouvernement polycéphale.*

polychètes [pɔlikɛt] **n. m. pl.** – XIXe ; de *poly-* et gr. *khaitê* « soie » ▪ Classe de vers marins segmentés aux nombreuses soies (néréide, etc.).

polychrome [pɔlikʀom] **adj.** – XVIIIe ; gr. ▪ Qui est de plusieurs couleurs ; décoré de plusieurs couleurs. *Statue polychrome.* ✪ CONTR. Monochrome.

polychromie [pɔlikʀɔmi] **n. f.** – XIXe ▪ État de ce qui a diverses couleurs.

polyclinique **n. f.** – XIXe ▪ Établissement hospitalier comprenant plusieurs services spécialisés. ✪ HOM. Policlinique.

> ❑ À ne pas confondre avec son homonyme → policlinique (rem.).

polycondensat **n. m.** – mil. XXe ▪ Résultat d'une polycondensation.

polycondensation **n. f.** – 1948 ▪ Réaction entre molécules identiques ou différentes avec élimination des résidus de la réaction.

polycopie **n. f.** – XIXe ; de *poly-* et *copie* ▪ Procédé de reproduction graphique par report (décalque) sur une pâte, un mastic à la gélatine (formant cliché) ou sur un stencil, encrage et tirage **(⇒ ronéo).** ➛ Reproduction ainsi obtenue.

polycopié, iée adj. et n. m. – 1920 ▪ Reproduit en polycopie. *L'enveloppe « contenait une espèce de circulaire polycopiée »* (Romains). ➛ n. m. *Un polycopié :* texte, cours universitaire polycopié.

polycopier v. tr. [7] – 1920 ▪ Reproduire en polycopie.

polycoton n. m. – 1985 ▪ Textile composé d'un mélange de polyester et de coton.

❑ Ce mot-valise n'est pas clair ; on le croirait formé de *poly-* et *coton* (comme *polysyllabe* : « mot de plusieurs syllabes »).

polyculture n. f. – 1908 ▪ Culture simultanée de différents produits sur un même domaine, dans une même région. ✪ CONTR. Monoculture.

polycyclique adj. – 1906 ▪ Qui comporte plusieurs noyaux cycliques dans sa molécule.

polydactylie n. f. – XIXe ; de *poly-* et gr. *daktulos* « doigt » ▪ Malformation caractérisée par la présence de doigts ou d'orteils surnuméraires.

polyèdre n. m. et adj. – XVIIe ; *poly-* et *-èdre* ▪ Solide limité par un nombre fini de polygones plans ou faces. *Polyèdre régulier.* ⇒ **cube, parallélépipède, pyramide.** ➛ adj. *Angle polyèdre,* formé par les faces d'un polyèdre.

polyédrique adj. – XIXe ▪ Relatif à un polyèdre, qui constitue un polyèdre ou en fait partie.

polyembryonie n. f. – XIXe ▪ Formation de plusieurs individus par division d'un œuf unique **(⇒ monozygote).**

polyester [pɔliɛstɛʀ] n. m. – 1957 ▪ Ester à poids moléculaire élevé, résultant de l'enchaînement de nombreuses molécules d'esters. *Fibres synthétiques de polyester.* ⇒ **dacron, tergal.** *Tissu de polyester et de coton.* ⇒ **polycoton.**

polyéther [pɔlietɛʀ] n. m. – 1949 ▪ Tout polymère contenant plusieurs fonctions éther.

polyéthylène n. m. – 1946 ▪ Matière plastique obtenue par polymérisation de l'éthylène, solide translucide, thermoplastique.

polygala n. m. – XVIe ; de *poly-* et gr. *gala* « lait », cette plante étant autrefois réputée pour favoriser la production du lait chez les vaches ▪ Plante herbacée, vivace *(polygalacées)* aux grappes de petites fleurs bleu-violet.

polygame n. et adj. – XVIe ; gr. *gamos* « union » ▪ Homme uni à plusieurs femmes, femme unie à plusieurs hommes **(⇒ polyandre)** à la fois, en vertu de liens légitimes. *Un, une polygame.* ➛ adj. *Musulman polygame. Passepartout « ne connaissait guère du mormonisme que ses usages polygames »* (J. Verne). ✪ CONTR. Monogame.

polygamie n. f. – XVIe ; gr. ▪ Situation d'une personne polygame (⇒ aussi **bigamie, polyandrie) ;** organisation sociale reconnaissant les unions légitimes multiples et simultanées. *En France, la polygamie est punie par le Code pénal.* ✪ CONTR. Monogamie.

polygénisme n. m. – XIXe ; *poly-* et *-génie* ▪ Doctrine suivant laquelle l'espèce humaine proviendrait de plusieurs souches différentes.

polyglobulie n. f. – 1904 ▪ Excès pathologique de globules rouges.

polyglotte adj. et n. – XVIIe ; gr. *glôtta* « langue » ▪ Qui parle plusieurs langues. ⇒ **multilingue, plurilingue.** *Interprète polyglotte.* ➛ n. *Un, une polyglotte.*

polygonal, ale, aux adj. – XVIe ▪ Qui a plusieurs angles et plusieurs côtés. ♦ Dont la base est un polygone. *Pyramide polygonale.*

polygonation n. f. – mil. XXe ▪ Méthode topographique par une suite de mesures angulaires. ⇒ **cheminement.**

polygone n. m. – XVIe ; gr. 1 Figure plane formée par une ligne polygonale fermée. ⇒ **quadrilatère, triangle ;** ① **-gone.** *Polygone convexe, concave,* situé ou non tout entier du même côté de la droite dont fait partie un quelconque de ses côtés. 2 *Polygone de tir :* champ de tir pour l'artillerie.

polygraphe n. – XVIe ; gr. ▪ vieilli Auteur non spécialiste qui écrit sur des domaines variés.

polymérase n. f. – 1960 ▪ Enzyme catalysant la synthèse de l'A.D.N. ou de l'A.R.N.

polymère n. m. – XIXe ; *poly-* et *-mère* ▪ Molécule formée de l'association de plusieurs molécules de plus petite masse, identiques ou non.

polymérie n. f. – XIXe ▪ Cas particulier d'isomérie où l'un des composés *(polymère)* a une masse moléculaire multiple de l'autre.

polymérique adj. – XIXe ▪ Se dit d'une molécule formée de polymères identiques ou différents.

polymérisation n. f. – XIXe ▪ Union de plusieurs molécules d'un composé pour former une grosse molécule **(⇒ macromolécule).**

polymériser v. tr. [1] – XIXe ▪ Transformer en polymère.

polymorphe adj. – XIXe ; *poly-* et *-morphe* ▪ Qui peut se présenter sous des formes différentes. ♦ Se dit d'un corps qui peut se présenter sous plusieurs formes cristallines (ex. le carbone : diamant ou graphite).

polymorphisme n. m. – XIXe ▪ Caractère de ce qui est polymorphe. *Polymorphisme des fourmis et des abeilles (reine, soldat, bourdon, etc.).* ♦ Existence au sein d'une population de variations individuelles d'un caractère génétique sans conséquences pathologiques.

polynésien, ienne adj. et n. – XIXe ▪ Relatif à la Polynésie. ➛ n. *Les Polynésiens.* ♦ n. m. *Le polynésien :* ensemble des langues du groupe malayo-polynésien parlées dans les archipels du Pacifique.

polynévrite n. f. – XIXe ▪ Névrite périphérique infectieuse ou toxique, qui atteint plusieurs nerfs.

polynôme n. m. – XVIIe ; *poly-* et gr. *nomos* « division » ▪ Expression algébrique constituée par une somme algébrique de monômes (séparés par les signes + et –). ⇒ **binôme, trinôme.**

polynucléaire adj. – XIXe ▪ Se dit d'une cellule possédant plusieurs noyaux. *Leucocyte polynucléaire,* ou n. m. *un polynucléaire :* granulocyte.

polyol n. m. – XXe ; de *poly-* et *(alco)ol* ▪ Polyalcool.

polyoside n. m. – 1963 ▪ ⇒ **polysaccharide.**

polype n. m. – XIIIe ; gr. *pous* « pied » 1 Stade sessile de certains cœlentérés, caractérisé par un corps allongé et creux et par une bouche entourée de tentacules. ➛ L'animal lui-même (hydres, méduses). 2 Tumeur, excroissance fibreuse ou muqueuse, implantée par un pédicule.

❑ Même famille étymologique que *pieuvre, poulpe.*

polypeptide n. m. – 1903 ▪ Substance constituée par la combinaison de plusieurs acides aminés, en nombre supérieur à quatre.

polypeux, euse adj. – XVIe ▪ Qui constitue un polype (2°), qui est caractérisé par la présence de polypes. *Intestin polypeux.*

polyphasé, ée adj. – XIXe ▪ Qui a plusieurs phases. *Courants polyphasés :* courants alternatifs à plusieurs phases. ⇒ **biphasé, triphasé.** ♦ Alimenté en courants polyphasés. *Alternateur polyphasé.*

polyphonie n. f. – XIXe ; *poly-* et gr. *phonê* « son, voix » ■ Combinaison de plusieurs voix, de plusieurs parties dans une composition. ⇒ **contrepoint.** ➛ Chant à plusieurs voix. *Les polyphonies du XVIe siècle.* ✪ CONTR. Homophonie.

polyphonique adj. – XIXe ■ Qui constitue une polyphonie ; qui est à plusieurs voix. *Pièce polyphonique vocale.* ♦ Qui exécute des polyphonies.

polypier n. m. – XVIIIe ■ Squelette calcaire des cœlentérés *(coralliaires)* vivant en colonies de polypes ; groupe d'animaux présentant cette formation calcaire. ⇒ ① **corail, gorgone** (2°), **madrépore, millépore.** « *ce polypier humain que l'on appelle une ville* » (Gaut.).

polyploïde adj. – 1931 ; de *poly-*, d'apr. *diploïde* ■ Dont le nombre de chromosomes des cellules somatiques égale trois fois (ou plus) celui des cellules haploïdes.

polyploïdie n. f. – 1931 ■ État d'un noyau (d'une cellule), d'un organisme polyploïde.

polypode n. m. – XIIIe ; gr. *polupodion* ■ Fougère *(polypodiacées)* à rhizome rampant, à feuilles lobées, croissant en milieu humide, dont il existe de nombreuses espèces.

polypore n. m. – XIXe ■ Champignon basidiomycète *(polyporées)* charnu, se développant sur les arbres (frêne, chêne, etc.). « *sur leur bois pourrissant, les polypores allongeaient leurs langues noires* » (Genevoix).

polyptère n. m. – XIXe ; gr. ■ Poisson des rivières tropicales *(ostéichtyens)* à nageoire dorsale segmentée.

polyptyque n. m. – XVIIIe ; *poly-* et gr. *ptux* « pli » ■ Tableau d'autel, peinture à plusieurs volets. ⇒ **diptyque, triptyque.**

polyribosome n. m. – 1972 ■ Association fonctionnelle de plusieurs ribosomes liés à une molécule d'A. R. N. messager et réalisant la synthèse protéique. ⇒ **polysome.**

polysaccharide [pɔlisakaʀid] n. m. – XIXe ■ Glucide naturel, végétal ou animal, formé par la condensation de plusieurs sucres simples (oses). ⇒ **polyoside.** *L'amidon, la cellulose sont des polysaccharides.*

polysémie [pɔlisemi] n. f. – XIXe ; de *poly-* et gr. *semaînen* « signifier » ■ Caractère d'un signe qui possède plusieurs contenus, plusieurs sens.

> ❑ La *polysémie* d'un mot c'est le fait qu'il est codé avec plusieurs sens dans la langue. On distingue la polysémie de l'homonymie parce que dans ce dernier cas l'étymologie est différente (par ex. *louer* « vanter », latin *laudare,* et *louer* « mettre en location », latin *locare*).

polysémique [pɔlisemik] adj. – 1932 ■ Qui présente plusieurs sens, en parlant d'un signe ; relatif à la polysémie.

polysoc [pɔlisɔk] n. m. – XIXe ■ *Charrue polysoc,* ou *un polysoc :* charrue formée de plusieurs corps (soc, coutre).

polysome n. m. – 1965 ; abrév. de *polyribosome* ■ ⇒ **polyribosome.**

polystyle adj. – XIXe ; gr. ■ Qui a de nombreuses colonnes. *Temple, salle polystyle.*

polystyrène n. m. – 1936 ■ Matière plastique obtenue par polymérisation du styrène. *Panneau isolant en polystyrène expansé.*

polysulfure [pɔlisylfyʀ] n. m. – XIXe ■ Molécule formée de quatre atomes de soufre liés par des liaisons éthyléniques.

polysyllabe [pɔlisi(l)lab] adj. – XVIe ; gr. ■ Qui est composé de plusieurs syllabes. ➛ n. m. *Un polysyllabe :* mot polysyllabe. ✪ CONTR. Monosyllabe.

> ❑ Pour l'adjectif, on dit aussi *polysyllabique.*

polysynthétique [pɔlisɛ̃tetik] adj. – XIXe ■ Se dit des langues agglutinantes où les éléments d'une phrase sont assemblés de sorte qu'on ne distingue plus le mot de la phrase. ⇒ **holophrastique.**

polytechnicien, ienne [pɔlitɛknisjɛ̃, jɛn] n. – XIXe ■ Élève, ancien, ancienne élève de Polytechnique. ⇒ fam. **pipo,** ② **X.** *Une brillante polytechnicienne.* ⇒ fam. **ixette.**

polytechnique [pɔlitɛknik] adj. et n. f. – XVIIIe ■ *École polytechnique,* ou n. f. *Polytechnique :* école qui forme les ingénieurs des divers services de l'État et les officiers de certaines armes. *Il* « *avait emporté de l'École polytechnique* [...] *l'illogisme du raisonnement particulier à tous les forts en x sortis de cette école* » (Goncourt). ⇒ ② **X.**

polythéisme n. m. – XVIe ; gr. *theos* « dieu » ■ Doctrine qui admet l'existence de plusieurs dieux. *Le polythéisme grec.* ✪ CONTR. Monothéisme.

polythéiste adj. et n. – XVIIIe ■ Qui croit en plusieurs dieux ; relatif au polythéisme. ➛ n. « *Les Grecs et les Romains étaient* [...] *des polythéistes, et n'étaient point des idolâtres* » (Volt.). ✪ CONTR. Monothéiste.

polythène n. m. – 1953 ; nom déposé ■ Produit de polymérisation de l'éthylène. ⇒ **polyéthylène.**

polytonal, ale adj. – 1908 ■ En musique, Qui admet ou comporte l'existence simultanée de plusieurs tons. ⇒ **tonal.** *Des accords polytonals.*

polytransfusé, ée adj. et n. – 1983 ■ Qui a subi plusieurs transfusions sanguines. *Hémophiles polytransfusés.* ➛ n. *Les polytransfusés.*

polytraumatisé, ée adj. et n. – v. 1950 ■ Qui présente plusieurs lésions graves, survenues au cours d'un même accident. ➛ n. *Les polytraumatisés de la route.*

polytric n. m. – XVIIe ; gr. *trix, trikhos* « cheveu » ■ Plante cryptogame cellulaire, mousse à tige dressée.

polyuréthanne ou **polyuréthane** n. m. – 1960 ■ Polymère renfermant de nombreuses fonctions uréthanne. *Mousse de polyuréthanne.*

polyurie n. f. – XIXe ; de *poly-* et gr. *ouron* « urine » ■ Sécrétion excessive d'urine. ✪ CONTR. Anurie.

polyvalence n. f. – 1912 **1** sc. Caractère d'un corps polyvalent. **2** Caractère de ce qui offre plusieurs possibilités. **3** Qualité d'une personne qui a des capacités, des fonctions diverses.

polyvalent, ente adj. – 1902 ; de *poly-* et lat. *valere* « avoir de la valeur » **1** Se dit d'un sérum ou d'un vaccin qui protège contre plusieurs micro-organismes pathogènes. **2** Dont la valence est supérieure à 1. **3** Qui peut avoir différents usages. *Salle polyvalente.* **4** Capable d'exécuter différentes tâches, d'occuper différentes fonctions. *Professeur polyvalent.* ➛ n. Agent des contributions chargé de vérifier les comptes des entreprises.

polyvinyle n. m. – 1944 ■ Polymère des composés vinyliques. *Chlorure de polyvinyle.* ⇒ **P. V. C.**

polyvinylique adj. – 1944 ■ Se dit des polymères comportant des radicaux vinyle (polyéthylène, chlorure de polyvinyle, polystyrène).

pomélo n. m. – 1912 ; lat. *pomum melo* « pomme melon » **1** Arbre exotique *(rutacées),* hybride de pamplemoussier et d'oranger, aux fruits jaune rosé, de la taille d'un petit melon. ➛ Fruit de cet arbre. *Des pomélos.* **2** abusivt Pamplemousse.

pomérium → **pomœrium**

pomerol n. m. – XIXe ; nom d'une localité de Gironde ■ Vin rouge du Bordelais caractérisé par une onctuosité veloutée.

pomi- → **pomo-**

pomiculture n. f. – 1915 ■ Culture des pommiers.

pommade n. f. – XVIe ; it. *pomata* « onguent aux pommes ou aux fruits », de *pomo* « fruit » **1** VX Composition molle, grasse et parfumée. ⇒ **crème, onguent.** « *La pommade dont il avait enduit ses cheveux répandait une écœurante odeur* » (Green). ➛ loc. mod. *Passer de la pommade à qqn,* le flatter grossièrement. **2** Médicament à usage externe, formé de corps gras et d'une ou de plusieurs substances actives. *Tube de pommade.*

pommader v. tr. [1] – XVIe ■ Enduire de pommade (1°). ➛ *Cheveux pommadés.*

pommard n. m. – XVIIIe ; nom d'une commune au sud de Beaune ■ Bourgogne rouge, très estimé.

① **pomme** n. f. – XIe ; lat. *pomum* « fruit » **I – 1** Fruit du pommier, rond, à pulpe ferme et juteuse, à cinq loges cartilagineuses contenant les pépins. *Variétés de pommes.* ⇒ **boskoop, canada, golden, granny smith, reinette, starking.** *Trognon de pomme.* ➛ *Jus de pommes naturel ; fermenté.* ⇒ **cidre.** *Eau-de-vie de pommes.* ⇒ **calvados.** ➛ *Pommes cuites. Pommes au four. Boudin aux pommes* (dites aussi *pommes en l'air, pommes fruits,* pour les distinguer de *pommes de terre*). *Compote de pommes. Chausson aux pommes. Pomme d'amour,* enrobée de sucre rouge (⇒ aussi ci-dessous, 3°). ♦ *La pomme :* le fruit défendu du paradis terrestre. *Adam croqua la pomme.* ♦ loc. *Être ridé comme une vieille pomme,* très ridé. ➛ adjt VERT POMME, vif et assez clair. ➛ *Tomber* DANS LES POMMES : s'évanouir. **2** POMME D'ADAM : saillie plus ou moins apparente à la partie antérieure du cou des hommes, formée par le cartilage thyroïde* du larynx. « *la pomme d'Adam tressautant spasmodiquement* » (Perec). **3** Se dit de fruits plus ou moins ronds. *Pomme cannelle.* ⇒ **anone.** POMME D'AMOUR : tomate ; fruit de la morelle faux piment. ♦ POMME DE PIN : cône du pin, formé d'écailles ligneuses qui protègent les graines. *Graines de la pomme de pin.* ⇒ **pigne,** ③ **pignon.** ♦ POMME DE TERRE (voir ce mot). **II – 1** fam. Tête, figure. ➛ *Ma, sa pomme :* moi, lui. ♦ Personne crédule, naïve. ⇒ **poire.** *Il, elle est bonne pomme.* **2** Cœur de chou, de laitue (⇒ **pommé**). **3** POMME D'ARROSOIR : partie arrondie percée de petits trous qui s'ajuste au bec et permet de verser l'eau en pluie. ⇒ **aspersoir.** ➛ *Pomme de douche.* ⇒ **pommeau. 4** Boule (de bois, de métal...). « *il cogna avec la pomme de son parapluie ; la porte bâilla* » (Huysm.). ⇒ **pommeau.**

② **pomme** n. f. – XIXe ; de *pomme de terre* ■ Pomme de terre (t. de restaurant et de gastronomie). *Un steak pommes frites* (⇒ **frite**). *Pommes vapeur. Pommes mousseline* (purée).

pommé, ée adj. – XIVe ; de *pommer* ■ Qui a un cœur rond et compact, en parlant d'un légume. *Chou pommé.* ⇒ **cabus.**

pommeau n. m. – XIIe ; de *pomme* **1** Tête arrondie de la poignée (d'un sabre, d'une épée). ➛ Boule à l'extrémité d'une canne, d'un parapluie. *Canne à pommeau d'ivoire.* **2** Partie antérieure de l'arçon (d'une selle). **3** Extrémité percée (d'un système de douche) par laquelle l'eau s'écoule en pluie. ⇒ ① **pomme** (II, 3°).

pomme de terre n. f. – XVIIIe **1** Tubercule comestible d'une solanacée. ⇒ ② **pomme ;** fam. **patate ; bintje,** ② **ratte.** *La pomme de terre fut répandue en France au* XVIIIe *siècle par Parmentier. Pommes de terre nouvelles.* ➛ *Pommes de terre en robe des champs. Pommes de terre frites.* ⇒ **frite. 2** Plante, morelle tubéreuse, cultivée pour ses tubercules, les *pommes de terre. Champ de pommes de terre.*

❑ La *pomme de terre* s'est appelée *cartoufle, topinambour, truffe blanche, truffe rouge ; patate, parmentière* (du nom de *Parmentier,* son introducteur sous nos climats). → patate (rem.).

pommelé, ée adj. – XIIe **1** Couvert ou formé de petits nuages ronds. ⇒ **moutonné.** *Ciel pommelé.* **2** Couvert de taches rondes grises ou blanches, en parlant d'un cheval.

❑ C'est la présence de cirrocumulus qui donne au ciel son aspect *pommelé.*

pommeler (se) v. pron. [4] – XVIIe ; de ① *pomme* « fruit rond » **1** Se couvrir de petits nuages ronds. ⇒ **moutonner. 2** Prendre une forme ronde (fruits, choux, etc.). ⇒ **pommer.**

pommelle n. f. – XVIe ■ Plaque métallique percée de trous, qu'on met à l'ouverture d'un tuyau pour empêcher que les détritus ne l'obstruent.

pommer v. intr. [1] – XVIe ■ Se dit de certains légumes dont les feuilles poussent serrées en forme de boule. *Les choux commencent à pommer.*

pommeraie n. f. – XIIIe ■ rare Champ de pommiers.

pommeté, ée adj. – XVe ■ blas. Orné de pommettes.

pommette n. f. – XIIe **1** Ornement de l'écu en petite pomme. ⇒ **pommeté. 2** Partie arrondie de la crosse (d'un pistolet). **3** Partie arrondie plus ou moins saillante (de la joue), au-dessous de l'angle extérieur de l'œil. « *les joues rentrées et les pommettes saillantes* » (Gide).

pommier n. m. – XIe **1** Arbre de taille moyenne *(rosacées)* dont le fruit est la pomme. *Les pommiers en fleurs. Des « pommiers* [...] *en pleine floraison, d'un luxe inouï, les pieds dans la boue et en toilette de bal* » (Proust). ➛ *Pommier du Japon, de Chine :* arbre d'ornement cultivé pour ses fleurs roses. **2** *Pommier de Cythère :* spondias. ➛ *Pommier d'amour :* morelle faux piment.

pomo-, pomi- Éléments, du lat. *pomum* « fruit ».

pomoculture n. f. – 1949 ■ Culture des arbres donnant des fruits à pépins (⇒ **pomiculture**).

pomœrium [pɔmeʀjɔm] n. m. – XVIIIe ; lat., de *post* « après » et *murus* « mur » ■ Espace libre réservé au culte, ménagé autour des villes latines, sur lequel il était interdit de bâtir.

❑ On écrit aussi *pomérium.*

pomologie n. f. – XIXe ; *pomo-* et *-logie* ■ Partie de l'arboriculture concernant les fruits comestibles.

pomologue n. – XIXe ; *pomo-* et *-logue* ■ Personne qui s'occupe de pomologie.

pompage n. m. – 1920 ■ Action de pomper ; aspiration d'un liquide ou d'un gaz. *Stations de pompage d'un oléoduc.* ♦ *Pompage optique :* technique pour obtenir l'émission stimulée de lumière (effet laser*).

① **pompe** n. f. – XIIIe ; gr. *pompê* **1** VX ou littér. Déploiement de faste dans un cérémonial. ⇒ **appareil, cérémonie ; apparat, luxe, magnificence, splendeur.** « *il fallait déployer toute la pompe possible* » (Stendh.). ➛ mod. LES POMPES FUNÈBRES*. ♦ mod. (souvent iron.) EN GRANDE POMPE : avec une solennité exagérée. **2** Les vanités du monde. *Renoncer* à Satan, à ses pompes et à ses œuvres.*

② **pompe** n. f. – XVe ; p.-ê. rad. lat. *pupp-* (« sucer, téter ») **I – 1** Appareil destiné à déplacer, et le plus souvent à élever un fluide en l'aspirant ou en le refoulant, au moyen d'un mécanisme. *Pompe aspirante, foulante. Pompe à eau* (cf. infra 2°). ➛ *Pompe de bicyclette,* *pompe à vélo,* refoulant l'air pour gonfler les pneus. *Pompe à incendie,* qui envoie un jet d'eau continu (⇒ ① **pompier**). ➛ *Pompe à chaleur :* dispositif prélevant de l'énergie thermique dans un milieu extérieur pour la transporter au moyen d'un fluide (air, eau) vers l'enceinte à chauffer. ⇒ **thermopompe.** ♦ Pièce comportant une pompe (dans une machine, un moteur). *Pompe à injection d'un moteur diesel.* 2 Pompe amenant l'eau d'une nappe souterraine. *Aller chercher de l'eau à la pompe.* ➛ plaisant *Château-la-Pompe :* eau du robinet. 3 *POMPE (À ESSENCE),* pour amener l'essence d'une cuve aux véhicules ; distributeur d'essence. *Les pompes d'une station-service.* ⇒ ③ **poste ; pompiste.** 4 *Serrure à pompe,* dans laquelle la clé doit pousser sur un ressort avant d'agir sur le pêne. *Clé à pompe.* 5 fam. *Les pompes :* exercice de musculation qui consiste à abaisser et à relever alternativement le corps (étendu, face contre terre) en tendant et raidissant les bras. ⇒ **traction.** *Faire des pompes.* II fam. 1 Chaussure. ⇒ **godasse.** ➛ loc. *Être, marcher à côté de ses pompes :* être dans un état anormal (de rêve, d'inattention totale). 2 *Avoir le, un coup de pompe :* se sentir brusquement épuisé. ⇒ **barre.** 3 *À TOUTE POMPE :* à toute vitesse.

> ❑ C'est par l'intermédiaire de *pompe aspirante,* métaphore argotique pour une chaussure percée, que le mot a pris le sens familier de « chaussure ».

pomper v. tr. [1] – XVIe ; de ② *pompe* 1 Déplacer (un fluide) à l'aide d'une pompe. *Pomper l'air pour faire le vide.* ♦ Manœuvrer une pompe. *Pomper pour tirer de l'eau.* 2 Aspirer (un liquide). *Moustiques qui pompent le sang.* 3 Absorber (un liquide) en grande quantité. « *ils se mettaient à pomper la sauce à pleine mie* » (Giono). ♦ fam. Boire. *Il a trop pompé* (⇒ **pompette**). ➛ *Une voiture qui pompe quinze litres aux cent.* ⇒ **consommer.** 4 fig. Attirer à soi, soutirer (qqch.) de qqn. *Les impôts pompent les faibles revenus.* ➛ loc. fam. *Pomper l'air à qqn,* le fatiguer, l'ennuyer. ♦ fam. Épuiser. ⇒ **claquer, crever.** *Je suis pompée* (cf. Avoir le coup de pompe*). 5 arg. scol. Copier. *Pomper sur son voisin.*

pompette adj. – XIXe ; de *pompette* « pompon, ornement », avec infl. de *pomper* « boire » ▪ fam. Un peu ivre. ⇒ **éméché.**

pompeusement adv. – XIVe ▪ D'une manière pompeuse. « *Comme au jour de sa mort pompeusement parée* » (Rac.). ➛ (du langage) « *ce que les économistes modernes appelleraient pompeusement mon standard de vie* » (Duham.). ✪ CONTR. Simplement.

pompeux, euse adj. – XIVe ; lat. *pompa* « ① pompe » 1 vx Magnifique, somptueux. 2 Qui affecte une solennité plus ou moins ridicule. *Un enfant « qu'ils haranguent en termes pompeux »* (Rouss.). ⇒ **déclamatoire, sentencieux.** ✪ CONTR. Simple.

① **pompier** n. m. – XVIIIe ; de ② *pompe* 1 Homme appartenant au corps des sapeurs-pompiers, chargé de combattre incendies et sinistres, d'effectuer des opérations de sauvetage présentant un certain danger. *Casque, uniforme de pompier. Échelle de pompiers. Avertisseur des voitures de pompiers.* ⇒ **pin-pon.** 2 Ouvrier qui assure le fonctionnement des pompes d'évacuation, des pompes à vide.

② **pompier, ière** adj. – XIXe ; de ① *pompe* ▪ Emphatique et prétentieux. « *J'ai l'impression que ça doit faire terriblement pompier* » (Maurois). ⇒ ② **ringard.** ➛ Se dit des peintres ayant traité de manière conventionnelle des sujets artificiels et emphatiques (notamment au XIXe s.). n. *Degas « étant un jour au café avec des pompiers »* (Valéry).

pompiérisme n. m. – XIXe ; de ② *pompier* ▪ Manière des écrivains, des artistes pompiers.

pompile n. m. – XVIe ; lat. ▪ Insecte *(hyménoptères)* porteur d'aiguillon, et qui fait son nid dans le bois pourri, le sol.

pompiste n. – 1933 ; de ② *pompe* 1 Personne préposée à la distribution de l'essence. 2 Ouvrier qui assure l'entretien, le fonctionnement des pompes, dans l'industrie pétrolière.

pompon n. m. – XVe ; d'un rad. expressif *pomp-,* ou du rad. lat. *puppa* « sein » 1 Petite boule composée de fils de laine, de soie, servant d'ornement. ⇒ **houppe.** « *les mules harnachées bizarrement, couvertes de pompons* » (Gaut.). ♦ en appos. inv. Se dit de fleurs en boules. *Roses pompon.* 2 loc. fam. *Avoir le pompon :* être le premier, l'emporter (souvent iron.). ➛ *C'est le pompon !* c'est le comble (cf. C'est le bouquet).

pomponner v. tr. [1] – XVIIIe ▪ Parer avec soin et coquetterie. ⇒ **bichonner.** ➛ « *les gâteaux sont prêts, les enfants pomponnés* » (Henriot). ➛ pronom. *Se pomponner avant de sortir.*

> ❑ Au sens propre « orner de *pompons* ».

ponant n. m. – XIIIe ; lat. *(sol) ponens* « (soleil) couchant » ▪ région. ou littér. Couchant (n. m.) (opposé à *levant*). ⇒ **occident, ouest.** « *Du ponant jusques à l'orient* » (Hugo).

ponçage n. m. – XIXe ▪ Opération qui consiste à poncer une surface ; son résultat ; la manière de l'exécuter. ⇒ **polissage.** *Ponçage au papier de verre.*

ponce n. f. – XIIIe ; lat. *pumex* ▪ Roche magmatique très poreuse, de faible densité. *Pierre ponce :* fragment de cette roche servant au polissage, au nettoyage.

① **ponceau** n. m. et adj. – XIIe ; de *paon* 1 Pavot sauvage. ⇒ **coquelicot.** 2 adj. inv. De la couleur (rouge vif) du coquelicot. « *un dais de velours ponceau* » (Flaub.) ♦ n. m. Colorant qui sert à teindre en rouge vif.

② **ponceau** n. m. – XIIe ; lat. *ponticellus* ▪ Petit pont d'une seule travée. « *Tous les ponceaux [...] sont au-dessous du niveau des eaux dès qu'arrivent les pluies* » (Maupass.)

poncer v. tr. [3] – XIIIe ; de *ponce* ▪ Décaper, polir (qqch., une surface) au moyen d'une substance abrasive (pierre ponce, toile émeri, etc.). ⇒ **décaper, frotter, polir.**

ponceur n. m. – XIXe ▪ Ouvrier chargé d'un ponçage. *Ponceur de parquets.*

ponceuse n. f. – 1903 ▪ Machine servant à poncer, à polir.

ponceux, euse adj. – XIXe ▪ Qui est de la nature, qui a la structure de la pierre ponce. *Roche ponceuse.*

poncho [pɔ̃(t)ʃo] n. m. – XVIIIe ; mot esp. d'Amérique du Sud ▪ Manteau fait d'un grand rectangle de laine tissée, présentant une ouverture en son milieu pour le passage de la tête, porté en Amérique du Sud. *Les ponchos des gauchos.*

poncif n. m. – XVIe ; de *poncer* ▪ Thème, expression littéraire ou artistique dénué d'originalité. ⇒ **cliché,** ① **lieu** (commun), **stéréotype.** « *Ce n'est pas que je donne dans le poncif de tenir pour sacré le mot mère* » (Montherl.). *Les poncifs académiques, romantiques.*

> ❑ A d'abord désigné un « papier dans lequel un dessin est piqué de façon à pouvoir être reproduit à volonté (au moyen d'une poudre dite *ponce*) », puis par extension un « dessin conventionnel », d'où au figuré le sens courant de « lieu commun ».

ponction n. f. – XVe ; lat. 1 Opération chirurgicale qui consiste à introduire un instrument pointu (habituellement une aiguille) dans une cavité normale ou pathologique, pour en retirer du liquide ou y introduire un médicament. ⇒ **-centèse ; amniocentèse, paracentèse.** « *La ponction lombaire montre un* *liquide clair, un peu hypertendu* » (Cendrars). 2 Prélèvement (d'argent, etc.). *C'est une importante ponction dans son budget.*

ponctionner v. tr. [1] - XIXe 1 Traiter, vider par une ponction. 2 fam. Prélever de l'argent à, sur le compte de (qqn). *Ponctionner le revenu des salariés.*

ponctualité n. f. - XVIIe ▪ Qualité d'une personne qui est toujours à l'heure. ⇒ **exactitude.** « *Dirai-je quelques mots de* [...] *sa ponctualité d'horloge* » (Baud.). ✪ CONTR. Inexactitude.

ponctuation n. f. - XVIe 1 Système de signes non alphabétiques servant à indiquer les divisions d'un texte, à noter certains rapports syntaxiques ou certaines nuances affectives. *Signes de ponctuation :* crochet, point d'exclamation, guillemet, point d'interrogation, parenthèse, point, deux-points, point-virgule, points de suspension, tiret, virgule. ♦ Fait, manière d'utiliser ces signes. *Mettre, oublier la ponctuation.* 2 Fait, manière de ponctuer un morceau de musique.

ponctuel, elle adj. - XIVe ; lat. *punctum* « point » 1 Qui est toujours à l'heure, qui fait en temps voulu ce qu'il a à faire. *Être ponctuel à un rendez-vous.* ⇒ **exact.** 2 sc. Qui peut être assimilé à un point. *Source lumineuse ponctuelle.* 3 Qui ne concerne qu'un point, qu'un élément d'un ensemble. *Action, intervention ponctuelle.* ✪ CONTR. Inexact. ① Général, global.

ponctuellement adv. - XVIe 1 À l'heure prévue, avec exactitude. « *On le voyait arriver ponctuellement aux dates solennelles* » (R. Rolland). 2 En se limitant à certains points. *Intervenir ponctuellement.* ⇒ **localement.**

ponctuer v. tr. [1] - XVe ; lat. *punctum* « point » 1 Diviser (un texte) au moyen de la ponctuation (1°). ➛ « *la phrase ponctuée au mépris de la grammaire* » (Maurois). 2 Indiquer les repos, les divisions en périodes, en phrases dans (un morceau de musique). 3 *PONCTUER... DE :* marquer (ses phrases) d'une exclamation, d'un geste, etc. « *Il ponctuait ses phrases de soupirs* » (Gaut.).

-poncture → **-puncture**

pondaison n. f. - XIXe ▪ Saison de la ponte des oiseaux.

pondérable adj. - XVe ; lat. ▪ sc. Qui peut être pesé ; qui a un poids mesurable. ✪ CONTR. Impondérable.

pondéral, ale, aux adj. - XIXe ; lat. ▪ Relatif aux poids. ➛ *Surcharge pondérale :* excès de poids.

pondérateur, trice adj. - XVIe ; lat. ▪ Qui a un effet modérateur, qui maintient l'équilibre. *Influence pondératrice.*

pondération n. f. - XVe ; lat. 1 Équilibre entre les masses, les groupes (dans une œuvre plastique, en architecture). ⇒ **balancement, symétrie.** 2 Équilibre des forces sociales et politiques. *Pondération des pouvoirs.* ⇒ ① **balance** (II, 2°). 3 Calme, équilibre et mesure dans les jugements. *Faire preuve de pondération.* ⇒ **modération.** 4 En économie, Valeur relative attribuée à une variable par référence à d'autres variables ou valeurs. *Coefficient de pondération des postes composant l'indice des prix à la consommation.*

pondéré, ée adj. - XVIIIe 1 Calme, équilibré. *Un esprit pondéré.* ⇒ **modéré, raisonnable, réfléchi.** 2 Affecté d'un coefficient de pondération (4°). *Indice pondéré.* ✪ CONTR. Excessif, excité, impulsif.

pondérer v. tr. [6] - XIVe ; lat. 1 Équilibrer, balancer. *Pondérer des forces politiques par des dispositions législatives.* 2 *Pondérer un indice.* ⇒ **pondération** (4°) ; **pondéré** (2°).

❑ Même famille étymologique que *peser.*

pondéreux, euse adj. et n. m. - XIVe ; lat. ▪ Dont la densité est très élevée. ➛ n. m. pl. *Les pondéreux :* marchandises pesant plus d'une tonne au mètre cube, transportées en vrac.

pondeuse n. f. - XVIe 1 Femelle d'oiseau qui pond beaucoup. *Cette poule est une bonne pondeuse.* adj. *Poule pondeuse.* 2 fam. Femme très féconde.

pondoir n. m. - XIXe ▪ Panier, appareil disposé pour la ponte des poules.

pondre v. tr. [41] - XIe ; lat. *ponere* « poser, déposer » 1 Déposer, faire (ses œufs), en parlant d'une femelle d'ovipare. *Les oiseaux, les reptiles, les batraciens, les poissons, les insectes pondent des œufs. Époque où les oiseaux pondent.* ⇒ **pondaison,** ① **ponte.** ➛ *Un œuf frais pondu.* 2 fam. Accoucher de, avoir (un enfant). « *la femme qui vous a pondu n'a pas perdu son temps* » (Balz.). 3 fam. (souvent péj.) Écrire, produire (une œuvre, un texte, etc.). « *Pondrez-vous régulièrement des sonnets ?* » (Balz.).

poney n. m. - XIXe ; a. fr. *poulenet* « petit poulain » ▪ Cheval de petite taille à l'âge adulte.

pongé n. m. - XIXe ; angl. *pongee,* p.-ê. du chin. ▪ Taffetas léger de soie ou de schappe (déchets de soie). *Robe, rideaux de pongé.*

pongidés n. m. pl. - 1963 ; de *pongo,* nom d'un grand singe ▪ Famille de singes arboricoles de grande taille, sans queue, à pelage très fourni, à laquelle appartiennent l'orang-outan, le chimpanzé et le gorille.

pongiste n. - 1935 ▪ Joueur, joueuse de ping-pong.

pont n. m. - XIe ; lat. *pons* **I - 1** Construction, ouvrage reliant deux points séparés par une dépression ou par un obstacle. *Pont franchissant une voie d'eau, une route, une voie ferrée.* « *la rivière qu'enjambe un pont de pierre en dos d'âne* » (Maupass.). *Le pont du Gard* (aqueduc romain). « *Sous le pont Mirabeau coule la Seine* » (Apoll.). *Le pont des Soupirs, à Venise.* ♦ *Parties d'un pont :* butée, culée ; pile, radier ; poutre ; tablier. *Parapet d'un pont. Franchir, passer, traverser un pont.* ➛ loc. *Il est solide comme le Pont-Neuf,* très vigoureux. *Il coulera de l'eau sous les ponts :* il se passera un long temps. *Couper, brûler les ponts :* cesser, suspendre les relations ; s'interdire tout retour en arrière. *Il a coupé les ponts avec ses plus vieux amis. Faire un PONT D'OR à qqn,* lui offrir une forte somme, pour le décider à occuper un poste. ♦ *Pont de graissage :* machine sur laquelle on soulève les automobiles pour les graisser. ♦ *TÊTE DE PONT :* point où une armée prend possession du territoire ennemi. 2 *PONTS ET CHAUSSÉES* [pɔ̃zeʃose] : service public chargé principalement de la construction et de l'entretien des voies publiques. 3 loc. *PONT AUX ÂNES* [pɔ̃tozɑn] : démonstration du théorème de Pythagore. ➛ Banalité connue de tous. 4 Ce qui sert de lien (entre deux choses). ⇒ **intermédiaire.** « *avoir l'esprit fourmillant d'idées, et ne plus pouvoir franchir le pont qui sépare les campagnes imaginaires de la rêverie des moissons positives de l'action !* » (Baud.). 5 Dans une automobile, Ensemble des organes qui transmettent le mouvement moteur aux roues. *Pont arrière, avant.* 6 Pièce d'étoffe qui se rabat. *Pantalon à pont des marins.* 7 *Pont roulant,* appareil de manutention, chemin métallique qui se déplace sur des rails. 8 *FAIRE LE PONT :* chômer entre deux jours fériés. ➛ *Le pont,* les jours ainsi chômés. *Le pont de l'Ascension.* 9 Circuit électrique formé par quatre composants disposés selon les arêtes d'un quadrilatère et dans lequel l'entrée et la sortie se font aux extrémités des diagonales. **II** Ensemble des bordages recouvrant entièrement une rangée de barrots, sur un navire. *Le pont supérieur,* ou *le pont.* ➛ *Pont d'envol,* sur un porte-avions.

❑ Dans *Pont-Euxin,* nom donné dans l'Antiquité à l'actuelle mer Noire, *pont* vient du grec *pontos* et signifie « mer ».

pontage n. m. – XIIIe 1 Construction d'un pont de navire ; manière dont un navire est ponté. 2 Union de deux veines (ou artères) distantes l'une de l'autre, par greffage sur un troisième segment, en aval de la lésion, ou par greffage d'un tube en plastique. *Pontage coronarien.*

① **ponte** n. f. – XVIe ; de *pondre* 1 Action (pour une femelle ovipare) de déposer ses œufs. *Saison de la ponte.* ⇒ **pondaison.** ♦ Les œufs pondus en une fois. 2 *Ponte ovulaire :* ovulation.

❑ Ce mot est la substantivation au féminin de *pont, ponte,* ancien participe passé de *pondre.*

② **ponte** n. m. – XVIIIe ; probablt de ② *ponter* 1 Au baccara, à la roulette, à divers jeux de hasard, Chacun des joueurs qui jouent contre le banquier. 2 avec infl. de *pontife* fam. *Un grand ponte, un ponte :* un personnage important, qui fait autorité.

ponté, ée adj. – XVIIIe 1 Qui a un ou plusieurs ponts (II). *Barque pontée.* 2 Qui a subi un pontage coronarien. *Patient ponté.*

pontée n. f. – XIXe ▪ Ensemble des marchandises arrimées sur le pont.

① **ponter** v. tr. [1] – XVIe ▪ Munir d'un pont (un navire en construction).

② **ponter** v. [1] – XVIIIe ; lat. *ponere* « mettre en jeu » 1 v. intr. Jouer contre la personne qui tient la banque ; être ponte, au baccara, à la roulette. 2 v. tr. Miser. « *Pair n'avait pas passé depuis cinq coups, ils y pontèrent la somme* » (Balz.).

pontet n. m. – XIXe ; de *pont* ▪ Partie de la sous-garde des armes à feu portatives, qui entoure la détente.

pontier n. m. – XIXe 1 Personne qui est chargée de la manœuvre d'un pont mobile. 2 Personne qui conduit un pont roulant (manutention).

pontife n. m. – XVIe ; lat. *pontifex* « grand prêtre des juifs » 1 Ministre du culte, dans l'Antiquité romaine. 2 Se dit des hauts dignitaires catholiques, évêques ou prélats. *Le souverain pontife :* le pape. 3 fam. (souvent iron.) Personnage qui fait autorité et qui est gonflé de son importance. ⇒ ② **ponte.** « *L'incompréhension des grands pontifes de la Critique* » (Carco).

pontifiant, iante adj. et n. – XIXe ▪ Qui pontifie. ➝ *Air, ton pontifiant.* ⇒ **doctoral.**

pontifical, ale, aux adj. – XIIIe 1 Relatif aux pontifes romains. 2 Relatif au souverain pontife, au pape. ⇒ **papal.** *Messe pontificale.* anciennt *États pontificaux :* États de l'Église. ♦ subst. *Le pontifical :* rituel de l'ordination et du ministère des évêques.

pontificat n. m. – XIVe 1 Dignité de grand pontife, dans la Rome antique. 2 Dignité de souverain pontife, dans l'Église catholique. ♦ Durée de l'exercice de cette dignité. *Sous le pontificat d'Urbain VIII.*

pontifier v. intr. [7] – XVe 1 Officier en pontife (2°). 2 Faire le pontife (3°), dispenser sa science, ses conseils avec prétention et emphase (⇒ **pontifiant).**

pontil n. m. – XVIIIe ; de *pont* ▪ Masse de verre à l'état de demi-fusion utilisée pour fixer deux éléments en verre.

pont-l'évêque n. m. inv. – XVIIe ; nom de ville ▪ Fromage fermenté à pâte molle, au lait de vache, fabriqué dans la région de Pont-l'Évêque (Calvados).

pont-levis n. m. – XIIIe ; de *pont* et *levis* « qui se *lève* » ▪ Pont mobile qui se lève ou s'abaisse à volonté au-dessus du fossé d'un bâtiment fortifié. *Des ponts-levis.*

❑ *Levis* est construit comme *semis, hachis, frottis, devis.* Il n'existe plus que dans le mot *pont-levis.*

ponton n. m. – XIIIe ; lat. 1 Construction flottante formant plateforme. *Ponton d'accostage.* ♦ Chaland ponté servant aux gros travaux des ports. *Des pontons-grues.* ➝ Vieux navire désarmé et à l'ancre, servant de dépôt de matériel, de caserne, de prison. *Ce « premier convoi partait pour les pontons et l'exil* » (Zola). 2 Instrument métallique en forme de trapèze articulé, servant à cuber les tas de pierres.

pontonnier n. m. – XIIIe ; de *ponton* 1 Soldat du génie chargé de la pose, du démontage, de l'entretien, etc., des ponts militaires. 2 Pontier. *Pontonnier de laminoir.*

pool [pul] n. m. – XIXe ; mot angl. 1 Groupement (de personnes physiques ou morales) assurant la gestion commune d'une opération, de ressources, de moyens. ⇒ **coopération ; cartel, entente, groupe.** « *On parle de* trusts, *de* pools [...] *de* holdings, *mots nouveaux* » (Morand). *Pool bancaire :* regroupement d'institutions financières en vue de réaliser une opération de crédit et d'en supporter conjointement les risques et les profits. ⇒ **consortium, groupe.** 2 Ensemble de personnes effectuant le même travail dans une entreprise. *Pool de dactylos.* ✪ HOM. Poule.

❑ Dans deux cas cet anglicisme a déjà été remplacé. Ainsi le *pool européen du charbon et de l'acier* est devenu la *Communauté européenne du charbon et de l'acier,* et le *pool vert* le *Marché commun agricole.* Au sens d'« équipe », les propositions qui ont été faites *(groupe, atelier, équipe...)* ne se sont pas imposées.

pop [pɔp] adj. inv. – v. 1955 ; mot angl., de *popular* « populaire » 1 Se dit d'une forme de musique populaire issue de divers genres en honneur dans les pays anglo-saxons (formes de jazz, folk, rock and roll). *Festival de musique pop* (on emploie aussi l'anglic. *pop music*). ➝ *Chanteur pop.* 2 Qui concerne le pop art. *Les artistes pop.* ✪ HOM. Pope.

pop art [pɔpaʀt] n. m. – v. 1955 ; mot angl., de *popular art* « art populaire » ▪ Courant artistique qui s'est développé entre 1950 et 1970, d'abord aux États-Unis puis en Europe, caractérisé par la représentation plastique ou graphique d'objets industriels ou quotidiens à travers leur image dans la publicité, le cinéma et la télévision.

pop-corn [pɔpkɔʀn] n. m. inv. – XIXe ; mot angl., de *popped* « éclaté » et *corn* « maïs » ▪ Grains de maïs soufflés, sucrés ou salés.

pope n. m. – XVIIe ; gr. *pappas* « grand-père » ▪ Prêtre de l'Église orthodoxe slave (⇒ **papas).** « *Quant au pope, c'était un simple prêtre de village, un de ces six cent mille pasteurs populaires que compte l'empire russe* » (J. Verne). ✪ HOM. pop.

popeline n. f. – XVIIe ; angl. *poplin* ▪ Tissu à chaîne de soie, armure taffetas, dont la trame est en laine. ➝ Tissu de coton à armure taffetas. *Chemise d'homme en popeline.*

poplité, ée adj. – XVIe ; lat. *poples* « jarret » ▪ Qui a rapport, appartient à la partie postérieure du genou. *Muscle poplité,* ou n. m. *le poplité.*

popote n. f. – XIXe ; p.-ê. redoublt de *pot* 1 Table commune d'officiers. ⇒ **mess ; cantine, gamelle.** ➝ loc. fam. *Faire la tournée des popotes :* pour une personnalité civile ou militaire, faire une visite de propagande ou d'information auprès des officiers de diverses unités. 2 fam. Soupe, cuisine. *Faire la popote.* ⇒ **tambouille.** 3 adj. inv. fam. Qui est trop exclusivement occupé par les travaux, les devoirs du foyer. ⇒ **pot-au-feu.**

popotin n. m. – 1917 ; de *pot* ▪ fam. Fesses, derrière. ⇒ **cul.** loc. fam. *Se manier* (ou *se magner*) *le popotin* : se dépêcher.

populace n. f. – XVIe ; it. ▪ péj. Bas peuple. ⇒ ① **masse, plèbe,** fam. **populo.** « *dans les querelles des rues, la populace s'assemble, l'homme prudent s'éloigne* » (Rouss.). ✪ CONTR. Élite, gratin.

populacier, ière adj. – XVIe ▪ péj. Propre à la populace. ⇒ **commun, vulgaire.**

populage n. m. – XVIIIe ; lat. *populus* « peuplier » ▪ Plante dicotylédone à fleurs jaunes *(renonculacées)*, qui croît dans les endroits marécageux, communément appelée *souci d'eau.*

> ❑ La plante se trouve souvent près de l'eau, parmi les *peupliers.*

populaire adj. – XIIe ; lat. **1** Qui appartient au peuple, émane du peuple. *République populaire de Chine. Front populaire* : union des forces de gauche (communistes, socialistes, etc.). *Les masses populaires.* **2** Propre au peuple. « *Perrault a dû puiser dans un fonds de tradition populaire* » (Ste-Beuve). *Le bon sens populaire.* ➛ Qui est créé, employé par le peuple et n'est guère en usage dans la bourgeoisie et parmi les gens cultivés. *Mot, expression populaire.* ♦ À l'usage du peuple (et qui en émane ou non). « *La chanson réaliste est un genre qui demande beaucoup de malheurs, parce que c'est un genre populaire* » (É. Ajar). **3** Qui se recrute dans le peuple, que fréquente le peuple. *Milieux, classes populaires. Origines populaires.* ⇒ **plébéien.** *Quartier populaire.* **4** Qui plaît au peuple, au plus grand nombre. *Henri IV était un roi populaire. Mesure populaire.* ✪ CONTR. Savant. Impopulaire.

> ❑ L'emploi de *populaire* pour « célèbre, qui a du succès », est abusif ; c'est un calque de l'américain *popular.*

populairement adv. – XVIe ▪ D'une manière populaire, dans le langage populaire.

populariser v. tr. 1 – XVIIe **1** Faire connaître parmi le peuple, le grand nombre. *Les mots* enliser, pieuvre *ont été popularisés par Victor Hugo.* **2** rare Faire acquérir à (qqn) la popularité. *La guerre que* « *se faisaient la Mairie et le Presbytère, popularisa le magistrat, méprisé jusqu'alors* » (Balz.). ➛ *Personnage popularisé par un feuilleton télévisé.*

popularité n. f. – XVIIIe ; lat. ▪ Le fait d'être connu et aimé du peuple, du plus grand nombre. *La popularité d'un chef d'État.* ⇒ **célébrité, gloire, renommée.** ♦ *Soigner sa popularité* : veiller à conserver la faveur générale. ✪ CONTR. Impopularité.

population n. f. – XIVe ; lat. *populus* « peuple » **1** Ensemble des personnes qui habitent un espace, une terre. *La population d'une ville.* ➛ *Recensement de la population. Région à population dense, faible.* ➛ *Déplacement de population.* ♦ par ext. Ensemble des personnes d'une catégorie particulière. *Population agricole, ouvrière.* **2** (en parlant d'animaux, de végétaux...) *La population d'une ruche.* **3** Ensemble limité d'individus, d'unités de même espèce observés ensemble, sur lequel on fait des statistiques.

populationniste adj. et n. – 1959 ▪ Favorable à un accroissement important de la population.

populéum [pɔpyleɔm] n. m. – XIIIe ; lat. *populeum (unguentum)* « (onguent) de peuplier » ▪ Onguent, pommade calmante à base de bourgeons de peupliers et de plantes narcotiques.

populeux, euse adj. – XVe ; lat. ▪ Très peuplé. *Cité populeuse.* « *il recherchait les parties populeuses de la ville, évitant les places désertes* » (Green). ✪ CONTR. ① Désert.

populisme n. m. – 1912 ; lat. *populus* « peuple » ▪ École littéraire qui cherche, dans les romans, à dépeindre avec réalisme la vie des gens du peuple.

populiste n. et adj. – 1907 ▪ Partisan du populisme ; inspiré par le populisme. *Roman populiste.*

populo n. m. – XIXe ; de *populaire* ▪ fam. Peuple, populace. *C'est encore le populo qui trinque.* ♦ Grand nombre de gens. ⇒ **foule.** *Quel populo !*

poquer v. intr. 1 – XVIe ; flam. *pokken* ▪ vieilli Au jeu de boules, Jeter sa boule en l'air de manière qu'une fois retombée elle reste immobile.

poquet n. m. – XIXe ; de *poquer* ▪ Petit trou dans lequel on sème plusieurs graines.

porc [pɔʀ] n. m. – XIe ; lat. *porcus* **1** Mammifère ongulé omnivore *(artiodactyles)*, au corps épais, dont la tête est terminée par un groin, qui est domestiqué et élevé pour sa chair. Le mâle adulte. ⇒ **cochon ; verrat.** *Femelle du porc.* ⇒ **truie.** *Jeune porc.* ⇒ **cochonnet, goret, porcelet.** *Élevage des porcs.* ⇒ **porcin.** *Étable à porcs.* ⇒ **porcherie, soue.** ➛ *Les poils du porc.* ⇒ ① **soie.** ♦ *Porc sauvage.* ⇒ **sanglier. 2** par compar. ⇒ **cochon** (fig. et fam.). *Manger comme un porc,* très salement. ♦ Homme débauché, grossier. *Quel porc !* **3** Viande de cet animal. *Le judaïsme et l'islam interdisent la consommation du porc. Rôti de porc. Graisse de porc.* ⇒ **lard, saindoux. 4** Peau tannée de cet animal. *Sac en porc.* ✪ HOM. Pore, port.

porcelaine n. f. – XIIIe ; it. *porcellana* **1** Mollusque gastéropode *(cypréidés)*, coquillage univalve luisant et poli, aux couleurs vives, qui présente une ouverture en forme de fente étroite. **2** *La porcelaine.* Matière translucide, imperméable, qu'on utilise en céramique fine. *Porcelaine dure* ou *à pâte dure,* à base de kaolin, de feldspath et de quartz. *Porcelaine de Chine, de Limoges, de Saxe, de Sèvres* (du Chine, du Limoges, etc.). *Vaisselle, pipe en porcelaine, de porcelaine.* **3** *Une, des porcelaines.* Objet en porcelaine. « *des vieux cadres, des vieux cuivres, des porcelaines écornées* » (Balz.).

porcelainier, ière n. et adj. – XIXe **1** Marchand de porcelaine ; industriel, ouvrier qui fabrique de la porcelaine. **2** adj. Qui est relatif à la porcelaine.

porcelet n. m. – XIIIe ; de *porcel,* anc. forme de *pourceau* ▪ Jeune porc. ⇒ **cochonnet, goret.**

porc-épic [pɔʀkepik] n. m. – XVIe ; it. *porcospino* « porc épineux » ▪ Mammifère rongeur *(hystricidés)*, au corps recouvert de longs piquants, qui vit dans les contrées chaudes. *Des porcs-épics* [pɔʀkepik]. ♦ *Ce type est un véritable porc-épic,* une personne irritable, peu sociable.

porchaison n. f. – XIVe ; de *porc* ▪ Saison pendant laquelle le sanglier est le plus gras.

porche n. m. – XIe ; lat. *porticus* **1** Construction en saillie qui abrite la porte d'entrée d'un édifice. ➛ *Porche d'une église. Le porche et le narthex.* **2** Vestibule, hall ; embrasure d'une porte cochère. *Il* « *enfila le porche de la maison, une voûte profonde, béante sur une cour* » (Zola).

porcher, ère n. – XIIe ; lat. *porcarius* ▪ Gardien, gardienne de porcs ; ouvrier agricole qui s'occupe des porcs.

porcherie n. f. – XIIe ; de *porcher* **1** Bâtiment où l'on élève, où l'on engraisse les porcs. **2** Local très sale.

porcin, ine adj. et n. m. – XIIIe **1** Qui est relatif au porc. *Race porcine.* ➛ n. m. *Les porcins.* ⇒ **suidés. 2** Dont l'aspect rappelle celui du porc. *Yeux porcins.*

pore n. m. – XIIIe ; gr. *poros* « passage » **1** Orifice cutané d'une glande sudoripare ou de la glande sébacée d'un poil. *Pores dilatés.* ➛ loc. *Par tous les pores* : de toute sa personne. « *un homme qui sue la virilité par tous les pores* » (Bernanos). **2** ⇒ **stomate. 3** Interstice d'une matière poreuse. ✪ HOM. Porc, port.

❑ Attention, ce mot est du masculin. C'est peut-être sa terminaison en *e* et le besoin de le différencier de ses homonymes *porc* et *port* qui le font fréquemment employer au féminin.

poreux, euse adj. – XIVe ■ Qui présente une multitude de petits trous (roche, matière minérale, terre cuite, etc.). *Pierre poreuse.*

porion n. m. – XVIIIe ; mot picard, probablt de *caporion* « chef d'escouade » en fr. de Belgique ■ Agent de maîtrise, contremaître dans les mines de charbon. ⇒ ② **mineur.** ♦ Contremaître dans les puits de pétrole.

pornographe n. m. – XVIIIe ; gr. *pornê* « prostituée » ■ Auteur spécialiste d'écrits obscènes.

pornographie n. f. – XIXe ■ Représentation (par écrits, dessins, peintures, photos) de choses obscènes destinées au public. *Érotisme et pornographie.*

pornographique adj. – XIXe ■ Relatif à la pornographie. *Revues pornographiques.* ⇒ **cochon.** *Film à caractère pornographique.* ⇒ **hard,** ② **X.** ➝ abrév. fam. PORNO. *Films pornos.*

porosité n. f. – XIVe ■ État de ce qui est poreux. *Porosité de la pierre ponce.*

porphyre n. m. – XIIe ; gr. *porphuritês (lithos)* « (pierre) pourpre » ■ Variété d'andésite, roche volcanique généralement rouge foncé, compacte, mêlée de cristaux blancs. *Les colonnes « sont de marbres rares, de porphyre, de jaspe »* (Gaut.).

porphyrie n. f. – mil. XXe ■ Anomalie du métabolisme caractérisée par la formation massive de porphyrines* dans l'organisme, leur élimination dans les urines et les selles et une sensibilisation cutanée anormale à la lumière.

porphyrine n. f. – 1933 ; gr. *porphureos* « de couleur pourpre » ■ Groupe de dérivés du pyrrol, précurseurs de l'hème, de la chlorophylle.

porphyrique adj. – XIXe ■ Relatif au porphyre ; qui en contient. *Roche porphyrique.*

porphyrogénète adj. – XVIIe ; gr. « né dans la pourpre » ■ Se disait des enfants des empereurs d'Orient nés pendant le règne de leur père. *Constantin VII porphyrogénète.*

porque n. f. – XIVe ; lat. *porcus* « porc » ■ Forte pièce courbe de construction, pour renforcer les parties de la carène.

porridge n. m. – XIXe ; mot angl., du fr. *potage* ■ Bouillie ou soupe épaisse de flocons d'avoine.

① **port** n. m. – XIe ; lat. *portus* **I** - **1** Abri naturel ou artificiel aménagé pour recevoir les navires, pour l'embarquement et le débarquement de leur chargement. *« l'eau captive dans le bassin du port ne faisait entendre qu'un clapotis confus »* (Mart. du G.). *Port maritime, fluvial. Port de pêche ; port militaire, de guerre. Port de plaisance. « des ports immenses avec des jetées de plusieurs kilomètres, des docks et des quais, des centaines de grues et de ponts roulants »* (Perec). ➝ *Navire qui arrive au port, entre dans le port. Stationner, relâcher, faire escale dans un port. Paquebot qui sort du port.* ⇒ ① **appareiller.** ➝ *Port franc,* bénéficiant d'un statut administratif et fiscal spécial. ➝ *Port autonome :* établissement ayant pour mission d'organiser et gérer les activités portuaires. ➝ *Les dockers d'un port.* ♦ loc. *Arriver à bon port :* arriver sain et sauf, en bon état à son lieu de destination. **2** littér. Lieu de repos ; abri. ⇒ **havre, refuge.** *« L'homme n'a point de port »* (Lamart.). **3** Ville qui possède un port. *Marseille, port de la Méditerranée.* **4** *Port artificiel :* ensemble d'éléments préfabriqués amenés par mer sur une côte pour permettre le débarquement des troupes et le déchargement du matériel. **II** Col dans les Pyrénées. ✪ HOM. Porc, pore.

② **port** n. m. – XIIIe ; de *porter* **I** - **1** Fait de porter sur soi. *Le port de l'uniforme.* ♦ *Port d'armes :* fait de porter sur soi une arme, des armes. ♦ dr. Fait de porter un nom, un titre. **2** Action de porter (une charge). *Port en lourd :* charge totale que peut prendre un navire. **3** *PORT D'ARMES :* fait pour un soldat de présenter son arme ; la position ainsi prise. **4** *PORT DE VOIX :* passage effectué insensiblement d'un son à un autre. **II** Prix du transport d'une lettre, d'un colis. *Franco de port et d'emballage. Envoyer un colis en port dû.* **III** - **1** Allure, maintien. *Un port de reine.* ➝ *« avec un port de tête qui éloignait les hommages familiers »* (Aymé). **2** Forme générale naturelle à une plante. *Le port d'un arbre, du peuplier. Port dressé, fastigié.*

portabilité n. f. – XIXe **1** Caractère de ce qui est portable (2°). **2** Caractère de ce qui est portable (4°).

portable adj. – XIIIe **1** Portatif. *Machine à écrire, téléviseur portable. Un ordinateur portable,* ou n. m. *un portable. Téléphone portable,* ou n. m. *un portable.* **2** *Dette portable,* qui doit être payée à un lieu fixé par la convention ou au domicile du créancier (opposé à *quérable*). **3** Qu'on peut porter (vêtement). ⇒ **mettable.** **4** *Logiciel, programme portable,* pouvant fonctionner sur plusieurs types d'ordinateurs.

❑ C'est sous l'influence de l'anglais *portable,* lui-même emprunté au français (XVe s.), que ce mot a été réintroduit (1939) comme synonyme de *portatif.*

portage n. m. – XIIIe **1** Transport à dos d'homme. ➝ spécialt (cour. au Canada) Action de porter une embarcation d'un cours d'eau à l'autre. **2** Système de distribution des journaux à domicile. **3** Opération par laquelle une grande entreprise met à la disposition d'une autre entreprise son réseau international d'exportation. ♦ Prise en charge de titres en vue de leur placement. ⇒ **placeur.**

portail n. m. – XIIIe **1** Grande porte, parfois de caractère monumental. *Portail du parc d'un château. « une cour d'honneur fermée d'un portail à trois portes, une fort large et deux basses »* (Hugo). ♦ *Portail d'une église,* comprenant la porte, son ébrasement, son appareil architectural. **2** Porte commandant l'entrée principale d'une habitation particulière ou d'un immeuble. *Le portail d'un jardin.*

portance n. f. – XIVe **1** Force perpendiculaire à la direction de la vitesse qu'a un corps dans un fluide (⇒ **sustentation).** *Portance des ailes d'un avion.* **2** Capacité d'un sol à supporter une charge.

portant, ante adj. et n. – XIIe **I** adj. **1** *Vent portant* qui porte le navire dans la bonne direction (opposé à *vent debout**). **2** Dont la fonction est de porter, de soutenir. *Murs portants.* **3** *ÊTRE BIEN, MAL PORTANT,* en bonne, en mauvaise santé. ⇒ se **porter.** *« C'étaient des hommes bien portants, à petit cerveau, à gros muscles »* (Duham.). **II** n. m. **1** Montant qui soutient un élément de décor, un appareil d'éclairage, au théâtre. **2** Montant (d'une ouverture : fenêtre, porte...). **3** Monture métallique qui déborde à l'extérieur d'une embarcation et qui sert d'appui aux avirons. **4** Présentoir où sont accrochés les vêtements, dans un magasin.

portatif, ive adj. – XIVe ■ Qui peut être utilisé n'importe où, transporté facilement. ⇒ **portable, transportable.**

① **porte** n. f. – Xe ; lat. *porta* **I** - **1** Autrefois, Ouverture spécialement aménagée dans l'enceinte d'une ville pour permettre le passage. *« Thèbes aux cent portes »* (Gaut.). ♦ *L'ennemi est à nos portes,* à nos frontières, tout près. **2** Lieu où se trouvait autrefois une porte de l'enceinte d'une ville. *La porte Maillot, la porte Dauphine, à Paris.* **II** - **1** Ouverture spécialement aménagée dans un mur, une clôture, etc., pour permettre le passage ; l'encadrement de cette ouverture. *Porte d'une maison* (⇒ vx **huis**), *d'un jardin* (⇒ **portail**). *Porte d'entrée. Porte de service.* « *c'est commode, cette porte qui communique avec votre pièce à vous* » (Romains). *Chambranle, embrasure, encadrement, encoignure, linteau, montant, seuil d'une porte.* ➤ *Entrer, passer, sortir par la porte. Franchir, passer la porte.* « *pour lui couper la route, je me mis en travers de la porte* » (Loti). *Accompagner qqn jusqu'à la porte. Sonner à la porte. Prendre le frais sur le pas de sa porte.* ♦ *De chez moi à mon bureau, je mets une heure porte à porte.* ➤ subst. *Faire du* PORTE-À-PORTE [pɔʀtapɔʀt], se dit d'un agent commercial, d'un quêteur, etc., qui passe de logement en logement. ⇒ **démarchage.** ➤ *Cela s'est passé à ma porte,* tout près de chez moi. fam. *La porte à côté* : tout près. *Ce n'est pas la porte à côté,* c'est loin. ➤ *Parler à qqn, recevoir qqn entre deux portes,* lui parler rapidement sans le faire entrer. ➤ *Mettre,* (fam.) *fiche, flanquer, foutre qqn à la porte.* ⇒ **chasser, congédier, renvoyer** ; fam. **éjecter, lourder, virer.** ➤ *Être à la porte* : ne pas pouvoir entrer chez soi, faute de clé. *Gagner, prendre la porte.* ⇒ ① **partir,** ① **sortir.** « *il va avoir un avertissement sérieux, j'espère que cela lui suffira, sans cela il n'aura qu'à prendre la porte* » (Proust). ➤ loc. *Entrer, passer par la grande porte* : accéder directement à un haut poste. *Entrer par la petite porte* : commencer sa carrière par un petit emploi et suivre la filière. ➤ *Se ménager, se réserver une porte de sortie.* ⇒ **échappatoire, issue.** 2 Pièce, panneau mobile permettant d'obturer la baie d'une porte. ⇒ fam. **lourde.** *Porte blindée, vitrée. Porte à deux battants. Gonds d'une porte. Bouton, poignée de porte.* ➤ *Porte à tambour. Porte coulissante.* ➤ *Porte fermée, ouverte, grande ouverte, entrebâillée. Fermez la porte !* ou *La porte ! Claquer la porte. Fermer une porte à clé, à double tour. Trouver porte close. Enfoncer, forcer une porte.* ➤ *Frapper à la porte. Écouter aux portes,* derrière les portes. ♦ loc. *Frapper à la bonne, à la mauvaise porte* : s'adresser au bon, au mauvais endroit, à la bonne, à la mauvaise personne. *Ouvrir, fermer sa porte à qqn,* accepter, refuser de l'admettre chez soi. ➤ *Toutes les portes lui sont ouvertes* : il a de la considération partout. ➤ *C'est la porte ouverte à tous les abus.* ➤ *Journée, opération portes ouvertes,* pendant laquelle le public peut visiter librement une entreprise, une institution, un organisme. 3 *Portes d'un wagon, d'une automobile* (⇒ ① **portière**), *d'un avion,* etc. *Voiture à deux portes.* ⇒ **coach,** ① **coupé.** subst. *Une quatre portes.* ⇒ **berline, limousine.** ➤ *Porte d'une armoire, d'un placard.* ➤ *Porte de four, de congélateur.* 4 vx ou en t. d'histoire *La Porte, la Sublime Porte, la Porte ottomane* : la cour, le gouvernement des anciens sultans turcs (⇒ **divan**) ; la Turquie elle-même. III - 1 Passage étroit dans une région montagneuse. ⇒ **défilé, gorge.** *Les Portes de Fer, sur le Danube.* 2 Espace compris entre deux piquets où le skieur doit passer, dans un slalom. 3 Circuit électronique qui réalise une fonction logique élémentaire (ET, OU).

② **porte** adj. f. - XIVe ; de ① *porte,* « veine qui joue le rôle de porte, d'orifice » ▪ *Veine porte,* qui ramène au foie le sang des organes digestifs abdominaux.

porte-aéronefs n. m. inv. - v. 1960 ▪ Bâtiment de guerre aménagé pour recevoir des aéronefs, avions (⇒ **porte-avions**), hélicoptères (⇒ **porte-hélicoptères**).

> ❑ L'élément *porte-*, tiré du verbe *porter*, est très productif ; il ne prend jamais la marque du pluriel. Ne pas confondre avec le nom féminin *porte* qui entre dans la composition de *porte-fenêtre* et prend la marque du pluriel.

porte-à-faux n. m. inv. - XIXe 1 Construction, objet hors d'aplomb. ➤ fig. Équilibre instable. « *Il y a dans les crises un instant de porte-à-faux* » (Hugo). 2 loc. EN PORTE-À-FAUX : disposé hors d'aplomb (en parlant d'une construction, d'un assemblage). *Mur en porte-à-faux.* ➤ fig. Dans une situation instable, ambiguë. ✪ CONTR. Aplomb, équilibre, stabilité.

porte-aiguille [pɔʀtegɥij] n. m. inv. - XVIIIe ▪ Pince permettant de tenir une aiguille à suture.

porte-aiguilles [pɔʀtegɥij] n. m. inv. - XIXe ▪ Étui, feuillets de tissu où l'on range les aiguilles à coudre.

porte-amarre n. m. - XIXe ▪ Appareil servant à lancer une amarre. *Des porte-amarres.*

porte-à-porte → ① **porte**

porte-avions n. m. inv. - 1921 ▪ Bâtiment de guerre dont le pont supérieur constitue une plateforme d'envol et d'atterrissage pour les avions.

porte-bagages n. m. inv. - XIXe ▪ Dispositif accessoire d'un véhicule, destiné à recevoir des bagages. *Le porte-bagages d'une bicyclette.* ♦ Filet, galerie métallique où l'on place lés bagages dans un train, un car.

porte-balai n. m. inv. - 1945 ▪ Support pour accrocher un ou des balais, notamment un balai de W.-C.

porte-balais n. m. inv. - 1904 ▪ Gaine maintenant en position les balais d'une machine électrique.

porte-bébé n. m. - 1894 1 Ce qui sert à transporter un bébé. 2 Sac muni d'un harnais, dans lequel l'enfant est assis, et qu'on porte attaché sur le dos ou sur la poitrine en marchant. *Des porte-bébés.*

porte-billets n. m. inv. - XIXe ▪ Petit portefeuille où l'on range uniquement les billets de banque.

porte-bonheur n. m. inv. - XVIIIe ▪ Objet que l'on considère comme porteur de chance. ⇒ **amulette, fétiche.** ➤ appos. « *c'est le nombre 7 qui est pour lui* [...] *le nombre* porte-bonheur » (Goncourt). ✪ CONTR. Porte-malheur.

porte-bouquet n. m. - XVIIe ▪ Très petit vase qu'on accroche. « *le luxe de l'auto consistait en un tas de petits porte-bouquets où ils mirent des roses* » (Aragon).

porte-bouteilles n. m. inv. - XVIIIe 1 Casier à rayons superposés dans lequel les bouteilles sont conservées couchées. 2 Égouttoir à bouteilles. ⇒ **hérisson.** 3 Panier à compartiments servant à transporter verticalement des bouteilles.

porte-cartes n. m. inv. - XIXe 1 Petit portefeuille à loges transparentes où l'on range papiers d'identité, cartes de transport, de crédit, photographies, etc. 2 Étui, support pour les cartes géographiques.

porte-chéquier n. m. - 1972 ▪ Étui destiné à protéger un chéquier. *Des porte-chéquiers en cuir.*

porte-cigares n. m. inv. - XIXe ▪ Étui à cigares.

porte-cigarettes n. m. inv. - XIXe ▪ Étui à cigarettes.

porte-clés n. m. inv. - XIXe ▪ Anneau ou étui pour porter des clés.

porte-conteneurs n. m. inv. - 1972 ▪ Navire destiné à transporter des conteneurs. ⇒ **transconteneur.**

porte-coton n. m. - 1903 ▪ Tige garnie de coton destinée à être introduite dans les plaies ou les cavités naturelles. *Des porte-cotons.*

porte-couteau n. m. - XIXe ▪ Ustensile de table sur lequel on pose l'extrémité du couteau. « *les porte-couteaux en verre prismatique* » (Proust).

porte-crayon n. m. - XVIIe ▪ Petit tube de métal dans lequel on enchâsse un crayon, un fusain. *Des porte-crayons.*

porte-croix n. m. inv. - XVIe ▪ Personne qui porte la croix (devant le pape, un archevêque, dans une procession).

porte-documents n. m. inv. – 1954 ■ Serviette très plate, sans soufflet. ⇒ aussi **attaché-case.**

porte-drapeau n. m. – XVIe 1 Celui qui porte le drapeau d'un régiment. ⇒ ② **enseigne, porte-étendard.** *Des porte-drapeaux.* 2 Chef reconnu et actif « *Elle était comme le porte-drapeau de l'insurrection féminine* » (Loti).

portée n. f. – XIIe I - 1 Ensemble des petits qu'une femelle de mammifère porte et met bas en une fois. *La portée d'une chienne. Une portée de chatons.* « *Toute femelle, dans ses portées, rejette les sujets malingres* » (Léautaud). 2 Poids maximal que peut peser une balance. *Portée d'un pèse-personne.* 3 Charge que supporte un membre d'architecture (poussée). *Portée d'une poutre, dans une charpente.* ♦ En mécanique, Partie d'une pièce servant d'appui à une autre. *La portée d'un roulement.* 4 Distance entre les points d'appui (d'un arc, d'une voûte...) qui n'est soutenue que par quelques-unes de ses parties (et supporte une charge, une poussée). *La portée de l'arche d'un pont.* 5 Ensemble des cinq lignes horizontales, parallèles et équidistantes qui portent la notation musicale. « *Elle m'indiquait avec une aiguille à tricoter les rondes inscrites sur une portée* » (Beauv.). II - 1 Distance à laquelle peut être lancé un projectile ; amplitude du jet. *Portée d'un fusil. Canon à longue portée. La portée d'un radar,* la distance maximale à laquelle il peut détecter une cible. ➝ *La portée d'une voix, du regard.* ♦ loc. *À (LA) PORTÉE (DE)* : à la distance convenable pour que ce dont il est question puisse porter. « *La guerre, dès qu'on la fait à portée de fusil* » (Alain). *À portée de sa vue,* visible pour lui. ➝ *À portée de (la) main* : qu'on peut atteindre sans se déplacer. « *L'argent était là, sous son regard, à portée de sa main* » (Mart. du G.). ➝ *HORS DE (LA) PORTÉE. Produit toxique à tenir hors de portée des enfants.* ⇒ **atteinte.** 2 fig. *À (LA) PORTÉE, HORS DE (LA) PORTÉE DE,* se dit de ce qui est ou n'est pas accessible. *Spectacle à la portée de toutes les bourses,* bon marché. « *il y a longtemps que ce bonheur a été mis hors de ma portée* » (Rouss.). 3 Aptitude (d'un esprit) à atteindre et comprendre des objets plus ou moins nombreux, complexes ; capacités intellectuelles. *Ce qui passe la portée d'un esprit.* ⇒ **étendue, force.** ➝ *À LA PORTÉE. Explication à la portée des enfants, à la portée du premier venu.* ⇒ **niveau.** « *on s'imagine que l'histoire est à leur portée* [des enfants] » (Rouss.). ⇒ **hauteur.** 4 Aptitude à avoir des effets en atteignant. *Portée d'un argument, d'une critique. Portée d'un livre, d'un article.* ⇒ **impact.** ➝ *La portée d'un mot.* ⇒ **force.** ➝ *Événement de portée internationale* ⇒ **importance.** *Mesure d'une portée limitée, sans portée pratique* ⇒ **effet.** « *des réformes d'une portée considérable* » (Aymé).

porte-enseigne n. m. inv. – XVIe ■ vx Porte-drapeau.

porte-étendard n. m. – XVIIe ■ Celui qui portait l'étendard. *Des porte-étendards.*

porte-étrivière n. m. – XVIIIe ■ Chacun des deux anneaux de fer placés aux côtés de la selle. *Des porte-étrivières.*

portefaix n. m. – XIIIe ; de *porter* et *faix* ■ Celui qui faisait métier de porter des fardeaux. ⇒ **porteur.**

porte-fanion n. m. – 1900 ■ Gradé qui porte le fanion d'un officier général. *Des porte-fanions.*

porte-fenêtre n. f. – XVIIe ■ Fenêtre qui descend jusqu'au niveau du sol, et qui s'ouvre de plain-pied sur un balcon, une terrasse, un jardin, faisant ainsi office de porte. « *Les hautes portes-fenêtres à dix carreaux* » (Le Clézio).

❑ Dans *porte-fenêtre,* le premier élément est le nom féminin qui prend donc la marque du pluriel. Ne pas confondre avec les mots formés du verbe *porter.*

portefeuille n. m. – XVIe 1 vx Carton double pliant et servant à renfermer des papiers. 2 Titre, fonctions de ministre. ⇒ **ministère ; maroquin.** « *lors de la formation du dernier cabinet* [il] *avait reçu le portefeuille des Travaux Publics* » (Simenon). 3 Ensemble des effets de commerce, des valeurs mobilières détenus par une personne physique ou morale. *Valeur, titre en portefeuille.* « *c'est maintenant une valeur de leur portefeuille* » (Romains). 4 Étui qu'on porte sur soi, qui se plie et qui est muni de poches où l'on range billets de banque, papiers d'identité, etc. ⇒ aussi **porte-billets, porte-cartes.** *Portefeuille de cuir.* 5 *Faire un lit en portefeuille,* avec un seul drap plié de telle façon qu'on ne puisse pas entrer dans le lit. ♦ *Jupe portefeuille,* se fermant sur le devant par la superposition des deux extrémités.

porte-fort n. m. inv. – XIXe ; de *se porter fort* ■ Engagement par lequel une personne promet qu'un tiers accomplira tel acte juridique. *Promesse de porte-fort.*

porte-glaive n. m. – XVIIIe 1 Celui qui porte un glaive. *Des porte-glaives.* ➝ *Chevaliers porte-glaive :* ordre militaire de chevaliers. 2 Xiphophore, poisson d'ornement.

porte-greffe n. m. – XIXe ■ Végétal sur lequel on fixe le greffon. *Des porte-greffes.*

porte-haubans [pɔʀtəobɑ̃] n. m. inv. – XVIIe ■ Pièce en saillie sur la muraille d'un navire, destinée à donner aux haubans l'écartement suffisant.

porte-hélicoptères n. m. inv. – 1956 ■ Navire de guerre à pont d'envol pour hélicoptères.

porte-jarretelles n. m. inv. – 1935 ■ Sous-vêtement féminin qui s'ajuste autour des hanches et qui est muni de quatre jarretelles pour attacher les bas. « *un porte-jarretelles* [...] *En nylon noir, froncé, large, tranchant sec sur la peau blanche des cuisses* » (Tournier).

porte-jupe n. m. – 1957 ■ Pince pour suspendre les jupes. ⇒ **pince-jupe.** *Des porte-jupes.*

porte-lame n. m. – XVIIIe ■ Support de la lame d'une faucheuse, d'une moissonneuse. *Des porte-lames.*

porte-malheur n. m. inv. – XVIIe ■ rare Chose ou personne que l'on considère comme portant malheur. ➝ appos. *Oiseau porte-malheur.* ✪ CONTR. Porte-bonheur.

portemanteau n. m. – XVIe 1 vx Officier qui portait le manteau d'un grand personnage. 2 vx Malle penderie. 3 mod. Patère ; ensemble de patères pour suspendre les manteaux, les vêtements. *Accrocher son pardessus et son chapeau au portemanteau.* ♦ Cintre. ➝ loc. fam. *Épaules en portemanteau,* très carrées. 4 Arc-boutant servant à hisser les embarcations le long des bordages d'un navire.

portement n. m. – XIIIe ■ *Portement de croix :* scène de la Passion où le Christ est représenté portant sa croix.

porte-menu n. m. – XIXe ■ Cadre muni d'un manche ou d'un support dans lequel on met un menu. *Des porte-menus.*

portemine n. m. – XIXe ■ Instrument servant à écrire, à dessiner, dans lequel on place des mines de crayon très fines. ⇒ **stylomine.** *Portemine en métal.*

porte-monnaie n. m. inv. – XIXe ■ Petit sac en matière souple muni d'une fermeture, où l'on met les pièces de monnaie (⇒ aussi ① **bourse).** *Il subtilisa* « *le porte-monnaie de mon camarade, contenant une trentaine de francs* » (Gaut.). ➝ *Faire appel au porte-monnaie de qqn,* à sa générosité.

porte-musique n. m. inv. – 1912 ▪ Serviette à soufflets échancrés qui peut se replier, pour transporter des partitions musicales.

porte-objet n. m. – XVIIIe ▪ Lame sur laquelle on place un objet à examiner au microscope. ➛ Platine sur laquelle on pose cette lame. *Des porte-objets.*

porte-outil [pɔʀtuti] n. m. – XVIIIe ▪ Pièce ou dispositif d'une machine-outil qui permet de fixer l'outil. *Des porte-outils.*

porte-parapluies n. m. inv. – XIXe ▪ Ustensile disposé pour recevoir les parapluies, les cannes.

porte-parole n. m. inv. – XVIe 1 Personne qui prend la parole au nom de qqn, d'une assemblée, d'un groupe. ⇒ **interprète, représentant.** *Les porte-parole du personnel auprès de la direction.* ➛ *Porte-parole du gouvernement :* personne chargée de présenter à la presse, à l'opinion publique, les décisions du gouvernement, du chef de l'État, etc. *Le porte-parole de l'Élysée.* 2 Journal qui se fait l'interprète des idées (de qqn, d'un groupe). ⇒ **organe.**

porte-plume n. m. – XVIIIe ▪ Instrument constitué d'une tige au bout de laquelle on fixait une plume à écrire. *Encrier et porte-plume. Des porte-plumes.* ➛ (Suisse) *Porte-plume réservoir.* ⇒ **stylo.**

porte-queue n. m. – XVIe ▪ Papillon dont les ailes comportent de longs prolongements. ⇒ **machaon.** *Des porte-queues.*

① **porter** v. tr. [1] – Xe ; lat. *portare* **I** v. tr. dir. 1 Soutenir, tenir (ce qui pèse). *Porter son enfant dans ses bras. Porter une valise à la main. Il ne peut rien porter de lourd. Porter le vainqueur en triomphe.* ➛ *Portez... arme !* commandement d'avoir à soulever son arme dans le mouvement réglementaire. 2 Supporter. *Porter la responsabilité de ses fautes.* ➛ *Porter son âge :* avoir l'apparence de son âge. ⇒ ① **faire, paraître.** 3 Soutenir. « *Mes jambes ne me portaient plus* » (Radiguet). 4 Produire en soi. *Porter un enfant.* ⇒ **attendre.** *La chatte porte soixante jours* (⇒ **portée**). ➛ « *les projets qu'il portait en lui et n'a pu malheureusement réaliser* » (Carco). ♦ *L'arbre qui porte les plus beaux fruits.* ➛ loc. *Le plus grand scélérat que la terre ait porté.* ⇒ **engendrer.** 5 Avoir en soi, dans l'esprit, le cœur. « *cet immense besoin d'aimer que porte en elle toute âme tendre* » (Ste-Beuve). loc. *Je ne le porte pas dans mon cœur :* je ne l'aime pas. ♦ « *Cette révolution-là, elle porterait dans l'œuf son germe de décomposition* » (Mart. du G.). ⇒ **contenir, receler.** 6 Avoir sur soi. *Porter la barbe.* ➛ *Porter un costume bleu.* ➛ *Porter une bague, un insigne.* ➛ *Porter des lunettes.* ♦ Avoir dans ses armes, ses armoiries. *Il porte d'azur au lion de sable.* ♦ *Porter les armes, la robe, la soutane,* être soldat, magistrat, prêtre. ➛ *Le nom que l'on porte.* « *qu'avez-vous fait dans le monde pour être gentilhomme ? Croyez-vous qu'il suffise d'en porter le nom et les armes* » (Mol.). 7 Être revêtu de. *La lettre porte la date du 20 mai. Arrêt portant renvoi à la cour d'assises.* ➛ *Porter la marque d'un coup.* 8 Prendre pour emporter, déposer. *Porter ses bagages à la consigne. Ils la portèrent sur le lit.* ⇒ **mettre, transporter.** *Va lui porter ce paquet.* ⇒ **apporter.** ➛ *Porter une chose à la connaissance de qqn.* ♦ littér. Conduire, transporter. « *il fit signe au passeur, dont le bac nous porta dans l'île* » (France). ➛ *Le vent porte,* pousse le bateau dans la bonne direction (⇒ **portant**). 9 Orienter, diriger. *Porter le corps en avant.* ➛ vieilli *Ne savoir où porter ses pas,* où aller. ➛ *Porter la main à son chapeau.* ➛ *Porter la main sur qqn,* le frapper. ⇒ ① **lever.** ➛ *Porter les yeux sur qqch. Porter son attention, son effort sur...* 10 *Porter un coup à qqn.* ⇒ **assener, donner.** ➛ « *un scandale qui pourrait porter atteinte au renom de notre maison* » (Duham.). ⇒ **attenter** (à). *Les* « *accusations énormes portées contre lui* » (St-Sim.). ⇒ **imputer.** *Porter plainte contre qqn.* 11 Mettre par écrit. ⇒ **inscrire.** *Porter une somme sur un registre.* ➛ *Se faire porter malade. Porter qqn sur son testament.* ⇒ ① **coucher.** 12 PORTER À : amener, faire arriver à. *Porter un homme au pouvoir. Porter qqn au pinacle. Le* « *seul vrai genre comique, porté à sa perfection par l'inimitable Molière* » (Volt.). ➛ Faire passer. *Porter un récit à l'écran.* ⇒ **adapter.** 13 Donner, apporter. *Porter intérêt à qqn. Porter secours à qqn. Porter chance, bonheur, malheur.* ♦ *Porter un jugement sur,* le formuler, l'émettre. 14 PORTER À : pousser, inciter à. « *le manque de foi la portait à se moquer des croyances dont la superstition lui faisait peur* » (Chateaub.). ➛ ÊTRE PORTÉ À : être naturellement poussé à. ⇒ **enclin.** « *Peu porté lui-même au paradoxe* » (Romains). ➛ ÊTRE PORTÉ SUR : avoir un goût marqué, un faible pour. ⇒ **aimer.** *Il* « *n'était nullement porté sur la nourriture* » (Céline). fam. *Être porté sur la chose :* aimer les plaisirs de l'amour physique. **II** v. tr. ind. 1 PORTER SUR : peser, appuyer sur. *Tout l'édifice porte sur ces colonnes.* ⇒ ① **reposer.** ➛ *L'accent porte sur la dernière syllabe.* loc. fam. *Cela me porte sur les nerfs,* m'agace. ⇒ ② **taper.** ♦ Frapper, heurter. « *Il tomba, sa tête porta sur un tabouret* » (Balz.). ♦ Avoir pour objet, concerner. *La discussion a porté sur ce sujet.* 2 Avoir une portée. *Un canon qui porte loin.* ♦ Toucher le but. *Une voix qui porte,* qui s'entend loin. ♦ Avoir de l'effet. *Vos observations ont porté,* on en a tenu compte. **III** SE PORTER v. pron. 1 *Se porter (bien, mal) :* être en bonne, en mauvaise santé. ⇒ ① **aller.** *Je me porte à merveille.* ➛ loc. *Se porter comme le Pont-Neuf,* très bien. 2 Être porté par qqn. « *un insigne tricolore qui se portait à la boutonnière* » (Aragon). ➛ *Cela ne se porte plus :* ce n'est plus à la mode. ➛ *Il n'est pas bien porté de :* il n'est pas de bon ton de. 3 littér. Se diriger (vers). *Se porter à la rencontre de qqn.* ⇒ ① **aller, courir,** s'**élancer.** ➛ « *mon attention ne s'est portée que sur nos vieux chants liturgiques* » (France). *Les soupçons se portent sur lui.* 4 SE PORTER À : se laisser aller à. *Empêchez-le de se porter à cette extrémité.* ⇒ se **livrer.** 5 Se présenter (à, comme). « *il a fini par se porter à la députation comme candidat bonapartiste* » (Duham.). ✪ CONTR. ① Déposer, poser. Enlever, remporter, retirer.

> ❑ Dans la même famille : *apporter, colporter, comporter, déporter, emporter, exporter, importer, rapporter, supporter, transporter.*

② **porter** [pɔʀtɛʀ] n. m. – XVIIIe ; mot angl., de *porter's ale* « bière de portefaix » ▪ Bière brune anglaise, assez amère.

porte-revues n. m. inv. – 1955 ▪ Accessoire de mobilier où l'on peut ranger des revues, journaux.

porterie n. f. – XVe ▪ Loge du portier, dans une communauté religieuse.

porte-savon n. m. – XIXe ▪ Support ou emplacement destiné à recevoir le savon, sur une baignoire, un évier, un lavabo. *Des porte-savons.*

porte-serviette n. m. inv. – 1962 ▪ Pochette pour ranger une serviette de table. *Des porte-serviette.*

porte-serviettes n. m. inv. – XIXe ▪ Support pour les serviettes de toilette.

porteur, euse n. et adj. – XIIe 1 Personne chargée de remettre des lettres, des messages, des colis à leurs destinataires. ⇒ **commissionnaire,** ① **facteur, messager.** *Envoyer un pli par porteur.* ⇒ ② **coursier.** *Envoi par porteur spécial,* en exprès. *Porteur de dépêches, de télégrammes.* ⇒ **télégraphiste.** *Porteur de journaux.* ⇒ **livreur.** ♦ *Elle est porteuse de bonnes nouvelles.* 2 Personne dont le métier est de transporter (des fardeaux). ➛ *Porteur d'eau,* qui transportait de l'eau potable. *La porteuse de pain.* ♦ n. m. Homme d'équipe chargé de porter les bagages des voyageurs, dans une gare, etc. ➛ Homme qui porte les bagages, les équipements dans une expédition. ⇒ aussi **sherpa.** 3 Personne qui porte effectivement (un objet). *Le porteur du ballon.* 4 Personne qui détient (certains papiers, titres). ⇒ **détenteur.** *Les officiers « porteurs d'un ordre ou fascicule de mobilisation »* (Sartre). ♦ Personne au profit de laquelle un effet de commerce, un chèque a été libellé ou endossé. *Porteur d'une action, d'une obligation. Les petits porteurs* : les petits actionnaires. ➛ *AU PORTEUR* : mention figurant sur des titres non nominatifs. *Billet au porteur.* Le détenteur de ce titre. *Payable au porteur.* 5 *Porteur (de charges)* : électron ou trou* qui, dans un semi-conducteur, véhicule une charge électrique. 6 Personne ou chose qui transmet. *Porteur sain* : sujet cliniquement sain dont l'organisme contient des germes pathogènes. 7 adj. Qui porte. *Le char « porteur de mitrailleuses et de canons »* (Maurois). *Fusée porteuse* (d'un appareil). *Avion gros porteur.* ♦ *Courant porteur, onde porteuse* : courant (alternatif), onde électromagnétique que l'on module pour servir de support à une information. ♦ Qui entraîne des effets importants. *Thème porteur,* promis à un grand succès. *Marché porteur.*

porte-vent n. m. – XVIe ▪ Tuyau qui amène l'air soufflé jusqu'au sommier d'un orgue, jusqu'à un foyer. *Des porte-vent* ou *des porte-vents.*

porte-voix n. m. inv. – XVIIe ▪ Tube ou cornet à pavillon évasé, destiné à amplifier la voix. ⇒ **mégaphone.** *Des guides « qui hurlent dans un porte-voix pour dominer le bruit des mécaniques »* (Duham.). ➛ *Mettre ses mains en porte-voix,* en cornet autour de sa bouche.

portier, ière n. – XIIe 1 littér. Personne qui garde une porte. ⇒ **huissier.** *Saint Pierre, portier du paradis.* 2 vx Concierge (d'une maison particulière). ⇒ **gardien.** *La loge du portier.* ♦ mod. *Portier électronique* : système d'ouverture à distance d'une porte. 3 n. m. Concierge qui surveille les entrées et les sorties à la porte principale (d'un établissement public). *Portier d'hôtel.* 4 Dans une communauté religieuse, Personne qui a la garde de la porte.

① **portière** n. f. – XVIe 1 Tenture qui ferme l'ouverture d'une porte, ou en couvre le panneau. *« Les brocards des rideaux et des portières, accidentés de plis superbes »* (J. Verne). 2 Porte (d'une voiture, d'un train). *Portières avant, arrière d'une voiture. « Des portières claquèrent brutalement. Le train démarra »* (Mac Orlan).

② **portière** adj. f. et n. f. – XIVe 1 Se dit d'une femelle qui porte ou est en âge de porter des petits. *Brebis portière.* 2 n. f. Assemblage de plusieurs bateaux formant une des travées d'un pont de bateaux.

portillon n. m. – XVIe ▪ Porte à battant plus ou moins bas. *« elle apercevait le portillon d'accès au quai »* (Mart. du G.). ➛ loc. fam. *Ça se bouscule au portillon* : il y a foule ; il, elle parle trop vite et s'embrouille, ne peut s'exprimer.

portion n. f. – XIIe ; lat. 1 Part qui revient à qqn. ♦ Partie d'un mets destinée à une personne. ⇒ **ration.** *Portion de gâteau.* ⇒ ① **part, tranche.** ♦ Part d'argent, de biens, attribuée à qqn. *Portion d'héritage.* 2 Partie (d'un tout homogène qui n'est pas nombrable). *« Les mouflons étaient nombreux dans cette portion de l'île »* (J. Verne). ➛ *« je devenais une portion de sa vie »* (Bourget).

portique n. m. – XVIe ; lat. 1 Galerie ouverte soutenue par deux rangées de colonnes, ou par un mur et une rangée de colonnes. *« Deux longs portiques, dont les architraves reposaient sur des piliers trapus »* (Flaub.). *« J'ai longtemps habité sous de vastes portiques »* (Baud.). ♦ *La doctrine du Portique,* ou *le Portique* : la philosophie des stoïciens. 2 Poutre horizontale soutenue à ses extrémités par deux poteaux verticaux, et à laquelle on accroche des agrès. *Portique de balançoire.* 3 Appareil de levage en forme de pont, se déplaçant au sol sur des rails. ♦ *Portique à signaux* : support de signaux enjambant les voies ferrées. ♦ *Portique de lavage* : dispositif de lavage automatique pour les automobiles. ♦ *Portique de détection* : cadre muni d'un dispositif de détection magnétique utilisé dans les aéroports pour le contrôle des passagers.

> ❑ La philosophie des stoïciens doit son nom de *Portique* au fait que Zénon de Citium l'enseignait sous un portique (*stoa,* en grec) d'Athènes.

portland [pɔʀtlɑ̃d] n. m. – XVIIIe ; n. pr. angl. ▪ Ciment artificiel très résistant, obtenu par cuisson de calcaire et d'argile.

portlandien n. m. – 1903 ; de *Portland,* presqu'île du Dorset ▪ Étage terminal du jurassique.

porto n. m. – XVIIIe ; de *Porto,* ville du Portugal ▪ Vin de liqueur portugais très estimé. *Porto rouge, blanc.* ➛ *Verre à porto,* de capacité inférieure à celle du verre à vin.

portor n. m. – XVIIe ; it. *porta oro* « porte or » ▪ Marbre noir veiné de jaune d'or.

portrait n. m. – XIIe ; de *portraire* vx « dessiner », de *traire* I - 1 Représentation (d'une personne réelle, de son visage), par le dessin, la peinture, la gravure. *« Daumier entreprit une galerie satirique de portraits »* (Baud.). *Faire le portrait de qqn. Portrait en pied. Portrait de face, de profil. Portrait au fusain, à l'huile. Portrait fidèle, ressemblant, chargé, caricatural.* 2 Photographie (d'une personne, de son visage). *Portrait du président de la République, dans une mairie.* 3 Image, réplique (d'une personne). *Elle est tout le portrait de sa mère.* 4 fam. Figure. *Se faire abîmer* le portrait.* II Description (d'une personne). *« une de ces filles dont le portrait est fait en deux mots »* (Balz.). *« Portraits de femmes »,* de Sainte-Beuve. ♦ *Le portrait,* genre littéraire du XVIIe s. ➛ *Jeu des portraits,* où un joueur doit deviner le nom d'une personne ou d'une chose, en posant des questions auxquelles on ne répond que par oui ou par non.

portraitiste n. – XVIIe ▪ Peintre, dessinateur de portraits. *Les grands portraitistes flamands.*

portraiturer v. tr. [1] – XIXe ▪ rare Faire le portrait de. *Se faire portraiturer.*

port-salut n. m. inv. – XIXe ; nom déposé, de *Port-du-Salut,* nom de l'abbaye d'Entrammes (Mayenne) ▪ Fromage affiné de lait de vache à pâte ferme et de saveur douce.

portuaire adj. – déb. XXe ▪ Qui appartient à un port. *Installations portuaires.*

portugais, aise adj. et n. – XVIe 1 Du Portugal. ⇒ **lusitanien.** ♦ n. m. Langue romane parlée au Portugal, au Brésil, en Afrique. 2 n. f. Huître commune *(gryphées),* qui vit sur la côte atlantique, du Portugal à la Loire. ♦ arg. fam. Oreille. loc. *Avoir les portugaises ensablées* : être dur d'oreille.

portulan n. m. – XVIe ; it. *porto* « port » ▪ Carte marine des premiers navigateurs (XIIIe-XVIe s.). ➛ Livre contenant la description des ports et des côtes.

portune n. m. – XIXe ; lat. *Portunus* « dieu des ports » ▪ Crabe aplati et comestible des mers froides et tempérées **(⇒ étrille).**

P. O. S. [pɔs] ▪ Sigle (acronyme) de *plan d'occupation des sols*.*

pose n. f. – XVIIe 1 Action de poser, mise en place. *La pose d'une moquette, d'une serrure par un ouvrier. Cérémonie de la pose de la première pierre* (d'un bâtiment). 2 Attitude que prend le modèle qui pose.

Garder la pose. ♦ Attitude du corps. *La pose classique du joueur de golf.* ⇒ **position.** *Prendre une pose.* 3 Affectation dans le maintien, le comportement. ⇒ **prétention, recherche, snobisme.** « *Cela fut si simplement dit, avec un tel accent de conviction tranquille, exempte de pose* » (Courtel.). 4 Exposition de la surface sensible d'une pellicule à l'action des rayons, en photographie. *Temps de pose :* durée nécessaire à la formation d'une image correcte. *Indice de pose :* valeur numérique permettant de déterminer les conditions d'une surface sensible. *Pellicule 24 poses,* permettant de faire 24 photos. ✪ CONTR. Dépose. Simplicité. Instantané. — HOM. Pause.

❑ Ne pas confondre avec *pause* → pause (rem.).

posé, ée adj. – XVIe 1 Calme, pondéré. ⇒ **réfléchi.** « *Lent, posé,* [...] *circonspect dans sa conduite* » (Rouss.). ⇒ **sage.** 2 *Voix bien, mal posée,* capable ou non d'émettre des sons fermes dans toute son étendue. ✪ CONTR. Brusque, étourdi, fougueux. — HOM. Pauser.

posément adv. – XVe ▪ Calmement. *Parler posément.* ⇒ **doucement, lentement.** ✪ CONTR. Brusquement, étourdiment, précipitamment.

posemètre n. m. – 1949 ▪ Appareil servant à mesurer le temps d'exposition nécessaire pour prendre un cliché photographique. ⇒ **cellule.**

poser v. [1] – Xe ; lat. °*pausare* **I** v. tr. 1 Mettre (une chose) en un endroit qui peut la recevoir et la porter. *Poser un objet sur une table. Poser sa tête sur l'oreiller.* ♦ *Il « posa sur mon regard un regard corrosif »* (Duham.). 2 Mettre en place à l'endroit approprié. ⇒ **installer.** *Poser des rideaux, du papier peint.* ➙ *Poser la base, les fondements de qqch.* ⇒ **jeter.** ➙ *Poser une voie ferrée. Poser des jalons.* ➙ *Se faire poser un stérilet.* ➙ *Poser une bombe.* ♦ Écrire (un chiffre) dans une opération. *Quatorze, je pose quatre et je retiens un. Poser une équation.* 3 Admettre ou faire admettre a priori. ⇒ **affirmer, établir.** *Poser un principe,* en faire le fondement de qqch. *Ceci posé :* ceci étant admis. 4 Formuler. « *des questions si bien posées qu'il* [est] *impossible de s'en défaire par des échappatoires* » (Claudel). ♦ Soulever. *Cela pose un grave problème.* ♦ POSER UNE QUESTION À QQN, l'interroger, le questionner. *Poser des questions embarrassantes. Personne ne s'est posé la question.* 5 *Poser sa candidature :* se déclarer officiellement candidat. 6 Mettre en crédit, en vue ; donner de l'importance à (qqn). « *des bouts de rôle qui ne posent pas une femme* » (Balz.). 7 Abandonner, déposer. *Poser les armes.* ⇒ **capituler,** se **rendre.** 8 (Belgique, Canada) *Poser un acte,* le commettre, l'accomplir. **II** v. intr. 1 Être posé, appuyé (sur qqch.). ⇒ ① **porter,** ① **reposer.** *Poutre qui pose sur une traverse.* 2 Rester immobile dans l'attitude voulue par le peintre, le photographe. *Poser pour un magazine.* 3 *Poser (pour la galerie) :* prendre des attitudes étudiées pour se faire remarquer. ⇒ **parader,** se **pavaner.** « *Un de ces êtres insupportables qui posent pour la galerie* » (Romains). ♦ fam. *POSER À... :* tenter de se faire passer pour. ⇒ **jouer.** *Poser au justicier.* **III** SE POSER v. pron. 1 Se placer, s'arrêter doucement. *Oiseau qui se pose sur une branche. Une main s'est posée sur mon épaule.* ➙ *Avion qui se pose.* ⇒ **atterrir.** ➙ S'arrêter. *Son regard se posa sur lui.* 2 Se donner (pour tel). « *un homme qui se posait à la fois en médecin, en confesseur et en confident* » (Balz.). *Se poser en victime.* ⇒ s'**ériger.** ➙ S'affirmer. « *en face de la femme, l'homme s'est posé comme le maître* » (Beauv.). 3 Être, devoir être posé. « *La mantille espagnole se pose à l'arrière de la tête* » (Gaut.). ⇒ se **mettre.** 4 Exister. « *tout de suite la question financière se posa entre eux* » (Aragon). 5 loc. fam. *Se poser (un peu) là,* se dit de qqn ou de qqch. qui dépasse la norme. *Comme abruti, il se pose là !* ✪ CONTR. ② Déposer, enlever, ① lever, ôter. — Envoler (s'). — HOM. Pauser.

❑ Dans la même famille : *antéposer, apposer, déposer, juxtaposer, postposer, superposer, transposer.*

poseur, euse n. – XVIIe 1 Personne chargée de la pose (de certains objets). *Poseur de moquette.* 2 Personne qui prend une attitude affectée pour se faire valoir. ⇒ **fat, pédant.** ➙ adj. *Elle est un peu poseuse.* ⇒ **affecté, maniéré, prétentieux.** ✪ CONTR. Naturel, simple.

① **positif, ive** adj. et n. m. – XIIIe ; lat. *positivus* **I** didact. 1 Qui a été établi par institution divine ou humaine. *Religions positives et religion naturelle.* 2 Qui est imposé à l'esprit par l'expérience. *Connaissance positive.* ➙ Fondé sur la connaissance positive. *Sciences positives.* ➙ *État positif :* l'un des trois états (opposé à *théologique* et *métaphysique*) (⇒ **positivisme**). « *L'étude de la philosophie positive* [...] *nous fournit le seul vrai moyen rationnel de mettre en évidence les lois logiques de l'esprit humain* » (Comte). **II** - 1 Qui a un caractère de certitude. ⇒ **certain, évident, sûr.** *Fait positif,* attesté. ⇒ **authentique.** 2 Qui a un caractère d'utilité pratique. ⇒ **utilitaire.** *Avantages positifs.* ⇒ **concret,** ① **effectif.** 3 Qui donne la préférence aux faits, aux réalités. « *Certains lui reprochaient d'être trop positif, de manquer d'imagination et de sensibilité* » (Simenon). 4 n. m. LE POSITIF : ce qui est rationnel (opposé à *surnaturel, imaginaire, affectif*). « *Il te faut du positif,* [...] *et tu as l'esprit un peu enfoncé dans la matière* » (Gaut.). **III** - 1 Qui affirme qqch. ⇒ **affirmatif.** *Réponse positive.* ♦ (emploi critiqué) Qui affirme du bien de qqn, qqch. ⇒ **favorable.** *Jugement très positif sur qqn. Il a été très positif sur le sujet.* ➙ *Esprit positif,* constructif. 2 Qui pose une qualité sans comparer. *Adjectif, adverbe positif* (opposé à *comparatif* et *superlatif*). 3 Qui a un contenu réel ; qui apporte, construit ou organise. « *toute situation présente au moins un élément positif* » (Malraux). ♦ *Réaction positive,* effective, qui se produit. *Cutiréaction positive. Examen bactériologique positif,* qui révèle la présence effective des bactéries. ➙ Se dit d'une personne présentant une réaction positive à un examen bactériologique, un contrôle antidopage, etc. 4 *Nombre positif :* nombre réel plus grand que zéro. 5 *Électricité* positive.* ➙ *Charge électrique positive,* de signe contraire à celle de l'électron. 6 *Épreuve positive :* image photographique dont les parties lumineuses et sombres correspondent aux parties éclairées et sombres du sujet. ✪ CONTR. Naturel ; intuitif, mystique. — Chimérique, douteux, équivoque, évasif. Abstrait, ① idéal. ② Critique. Négatif.

② **positif** n. m. – XVIe ; de *orgue positif* « que l'on peut *poser,* fixer » ▪ Petit orgue qui devait être posé par terre *(positif à pied)* ou sur un grand support *(positif de table).* ➙ Clavier secondaire du grand orgue.

position n. f. – XIIIe **I** - 1 Manière dont une chose, une personne est posée, placée, située ; lieu où elle est placée. ⇒ **disposition, emplacement.** *Position horizontale, verticale. Position stable. Position haute, basse.* ➙ *Positions des joueurs sur un terrain de football.* ⇒ **place.** *Coureur en première, en seconde position.* ♦ *Astronomie de position,* géométrique, d'observation. ♦ *Position d'un objet sur la surface terrestre, déterminée par les coordonnées terrestres.* ⇒ ① **point.** *Position d'un navire, d'un avion.* ➙ FEU DE POSITION, signalant la position d'un navire, d'un avion. *Les feux de position d'une automobile :* les feux de stationnement. ♦ *Position des atomes dans la molécule.* ♦ *Géométrie de position.* ⇒ **topologie.** ♦ Place relative (d'une syllabe, d'un phonème, d'un mot), dans un énoncé. *Voyelle en position forte, faible.* 2 Emplacement de troupes, d'installations ou de constructions militaires. *Position stratégique. Attaquer une position.* ➙ *Les positions ennemies.* 3 Maintien du corps ou d'une partie du corps. ⇒ **attitude, pose, posture, station.** *La position assise, couchée. La position des* *mains d'un pianiste.* ♦ Attitude réglementaire. « *les jeunes soldats rectifièrent la position* » (Carco). ➛ EN POSITION : dans telle ou telle position. « *des insectes en position de combat* » (Duham.). ♦ Manière de placer les pieds au sol l'un par rapport à l'autre. *Les cinq positions de la danse classique.* 4 Ensemble des circonstances diverses où l'on se trouve. ⇒ **état, situation.** *Position critique, délicate, fausse.* « *La position, de critique, était devenue menaçante* » (Hugo). ➛ loc. (vx, plaisant ou Belgique) *Être dans une position intéressante* : être enceinte. ➛ *Être en position de* : pouvoir. *Il n'est pas en position de décider.* ♦ *Position dominante d'une entreprise, d'un groupe sur un marché.* ⇒ aussi **monopole.** 5 Situation dans la société. ⇒ **condition.** *Occuper une position en vue.* 6 Ensemble des idées qu'une personne soutient et qui la situe par rapport à d'autres. ⇒ **attitude.** « *C'est peut-être l'occasion de prendre position, face au surréalisme* » (Tournier). *Une prise de position courageuse.* « *Ma position* [...] *est que la vie humaine est sacrée* » (Aymé). *Quelle est votre position sur ce problème ?* loc. *Rester sur ses positions* : refuser toute concession. 7 Montant du solde d'un compte en banque, à une date donnée. *Demander sa position.* 8 Rubrique d'un tarif douanier. ⇒ ② **item, nomenclature.** II Le fait de poser comme une chose admise ou à débattre. « *Positions et propositions* », œuvre de Claudel.

positionnement n. m. – 1968 ▪ critiqué 1 Action de placer dans une position précise en vue d'une fonction. *Positionnement de la tête de lecture d'un magnétoscope.* 2 Action de déterminer la position (d'un navire, d'un avion). 3 Action de positionner (un compte). 4 Action de positionner (un produit).

> ❑ Critiqués comme anglicismes, *positionnement* et *positionner*, termes de finances, ne doivent cependant rien à la langue anglaise.

positionner v. tr. [1] – 1963 ▪ critiqué 1 Mettre (une pièce, un appareil) dans une position déterminée. 2 Déterminer la position géographique exacte de (un navire, un avion). 3 Calculer la position de (un compte en banque). 4 Définir (un produit) quant à son marché, au type de clientèle qu'il intéresse. 5 pronom. *SE POSITIONNER* : acquérir une position, une localisation. ➛ fam. (personnes) Se situer, se définir. *Se positionner sur le marché du travail.*

> ❑ → positionnement (rem.).

positivement adv. – XVe 1 D'une manière certaine, sûre. *Je ne le sais pas positivement.* ➛ Réellement, vraiment. « *c'est inusable, positivement inusable* » (Queneau). 2 Avec de l'électricité positive. *Particules chargées positivement.* 3 (critiqué) D'une manière positive, en acquiesçant. *Il a réagi positivement.*

positiver v. [1] – v. 1970 ▪ (critiqué) 1 v. tr. Rendre positif, améliorer. 2 v. intr. Montrer sa confiance, son optimisme.

positivisme n. m. – XIXe ▪ Ensemble des doctrines positives d'Auguste Comte. ♦ Doctrine qui se réclame de la seule connaissance des faits, de l'expérience scientifique. ⇒ **agnosticisme, relativisme.** ♦ *Positivisme logique.* ⇒ **logicopositivisme, néopositivisme.**

positiviste adj. et n. – XIXe 1 Relatif au positivisme. 2 Partisan du positivisme. *Littré était positiviste.* « *des positivistes convaincus* [...] *qui ont mis leur foi dans l'observation et dans l'expérience* » (Zola).

positivité n. f. – XIXe 1 Caractère de ce qui est positif (I, 2°), au sens donné à ce mot par A. Comte. 2 Caractère d'une grandeur positive, de l'électricité positive. 3 Caractère positif d'une manifestation biologique, chimique.

positon ou **positron** n. m. – 1935 ; de *positif* et *électron* ▪ Antiparticule associée à l'électron, de même masse et de charge égale et opposée.

positonium [pozitɔnjɔm] ou **positronium** [pozitʀɔnjɔm] n. m. – 1962 ; de *positon* ou *positron* ▪ Combinaison de très courte durée d'un électron et d'un positon.

posologie n. f. – XIXe ; gr. *poson* « combien » et *-logie* ▪ Indication de la quantité totale d'un médicament à administrer à un malade.

possédant, ante adj. et n. – 1900 ▪ Qui possède des biens, des richesses, des capitaux. ⇒ **capitaliste.** *Les classes possédantes.* ➛ n. *Les possédants.*

possédé, ée adj. et n. – XVe ▪ Se dit d'une personne dominée par une puissance occulte. *Femmes possédées du démon.* ➛ n. ⇒ **démoniaque.** *Exorciser un possédé.* « *Les Possédés* », roman de Dostoïevski. ➛ loc. *Se démener comme un possédé*, avec une violence incontrôlée.

posséder v. tr. [6] – XIIe ; lat. *possidere* 1 Avoir (qqch.) à sa disposition de façon effective (qu'on en soit ou non propriétaire). ⇒ **détenir.** *Posséder une maison, une voiture. Elle possède une grosse fortune.* « *Je jouai et je perdis à peu près tout ce que je possédais* » (Barbey). *C'est lui qui possède ces documents*, ils sont entre ses mains. ♦ *Posséder le pouvoir.* « *Nul ne possède d'autre droit que celui de toujours faire son devoir* » (Comte). ♦ *Pays qui possède de grandes richesses naturelles.* ⇒ **abonder, renfermer.** *Ce musée possède des Picasso.* 2 Avoir en propre (une chose abstraite). *Posséder la preuve de qqch.* ♦ Avoir (une qualité). « *elle possédait un cœur d'or* » (Zola). 3 Avoir une connaissance sûre de (qqch.). ⇒ **connaître.** *Posséder son métier.* « *possédant à fond la langue anglaise* » (Gaut.). ⇒ **maîtriser.** *Elle possède à fond son sujet.* 4 Obtenir les faveurs de (qqn). « *sentir qu'on possède le cœur d'une femme peut suffire à vous en rendre amoureux* » (Proust). ♦ *Posséder une femme, un homme* : accomplir avec elle, lui, l'acte sexuel. ⇒ **connaître, prendre.** 5 fam. Tromper, duper. *Il nous a bien possédés !* ⇒ ① **avoir, feinter, rouler.** 6 Dominer moralement. « *l'or le possédait* » (La Font.). 7 S'emparer du corps et de l'esprit de (qqn), en parlant d'une force occulte. « *Un démon m'habitait. Il ne me posséda jamais plus impérieusement* » (Gide).

possesseur n. m. – XIIIe 1 Personne qui possède. *Le possesseur d'un bien peut en être propriétaire ou seulement détenteur. L'heureux possesseur du numéro gagnant.* 2 Personne qui peut jouir (de qqch.). « *Le dictateur demeure enfin seul possesseur de la plénitude de l'action* » (Valéry). *Les possesseurs d'un secret.* ⇒ **dépositaire.**

possessif, ive adj. et n. m. – XIVe 1 Qui marque une relation d'appartenance, un rapport (de possession, de dépendance, etc.). *Adjectifs possessifs.* ⇒ **mon,** ① **ton,** ① **son, notre, votre,** ② **leur.** *Pronoms possessifs.* ⇒ **mien, tien, sien, nôtre, vôtre,** ② **leur.** ➛ n. m. *L'emploi du possessif.* 2 Qui s'exerce, agit dans un sens visant à l'appropriation. ⇒ **captatif.** *Sentiment possessif.* ⇒ **exclusif.** ➛ Qui a des sentiments de possession, d'autorité absolue à l'égard d'autrui. *Mère possessive.* ⇒ **abusif.**

> ❑ L'adjectif possessif devant un nom désignant une partie du corps est fortement concurrencé par l'article : on préfère dire *elle s'est coupé les ongles* que *elle a coupé ses ongles*, tournure populaire ou enfantine. → article (rem.).

possession n. f. – XIIe I - 1 Faculté d'user d'un bien dont on dispose. *Possession d'immeubles, de terres.* ♦ EN (LA, SA...) POSSESSION. *Être en possession de.* ⇒ ① **avoir, détenir, posséder.** *Entrer en possession de.* ⇒ **acquérir, prendre.** *Son refus* « *d'entrer en posses-*

sion de sa part d'héritage » (Mart. du G.). *Avoir en sa possession quantité de biens.* ➤ *Être en la possession de qqn.* ⇒ **appartenir,** ① **être** (à). *Il ne faut pas que ce papier tombe en sa possession.* ♦ Maîtrise de fait exercée sur une chose corporelle et correspondant, dans l'esprit du possesseur, à l'exercice d'un droit réel. ⇒ **jouissance.** *Possession et usufruit.* « *En fait de meubles, la possession vaut titre* » (CODE CIV.). *Possession véritable et possession à titre précaire.* ⇒ **détention.** ➤ *Possession d'état :* exercice des prérogatives attachées à un état donné. ♦ *PRENDRE POSSESSION DE* (un lieu) : s'installer comme chez soi dans. *Prendre possession d'une chambre.* 2 Jouissance d'un bien, d'un plaisir (opposé à *désir, envie, espérance*). « *Chaque désir m'a plus enrichi que la possession toujours fausse de l'objet même de mon désir* » (Gide). 3 Maîtrise de ses facultés, de ses sentiments. *Reprendre possession de soi-même.* loc. *Être en possession de toutes ses facultés,* dans un état mental normal. *Être en pleine possession de ses moyens,* dans sa meilleure forme. 4 Phénomène par lequel un être humain se croit habité par un être surnaturel, en général maléfique. ➤ Délire dans lequel le malade se croit habité par un être surnaturel, avec sentiment de dédoublement et hallucinations. *Possession et transe.* 5 Mode de relation exprimé par les possessifs (ex. mon livre, sa mère), les prépositions *à* et *de* (ex. le bureau de mon père ; c'est à mon père). ⇒ **appartenance.** II - 1 Chose possédée par qqn. ⇒ ② **avoir,** ② **bien.** ➤ *Agrandir, étendre ses possessions,* ses terres. ⇒ **domaine.** 2 Dépendance coloniale d'un État. ⇒ **colonie, établissement, territoire.** *Nos possessions à l'étranger.* ✪ CONTR. Dépossession, privation.

possessionnel, elle adj. - XIXe ▪ Qui marque la possession. *Acte possessionnel.*

possessivité n. f. - 1946 ▪ Fait d'être possessif.

possessoire adj. - XIVe ▪ Relatif à la protection judiciaire de la possession immobilière. *Actions possessoires.*

possibilité n. f. - XIIIe 1 Caractère de ce qui peut se réaliser ; fait d'être possible. ⇒ **éventualité.** « *il sentirait palpiter partout la possibilité de sa brusque apparition* » (Proust). *La possibilité d'un accord.* ⇒ **chance.** ♦ Un des modes de la logique modale. 2 Chose possible. *Envisager toutes les possibilités.* ⇒ ① **cas.** *Il n'y a que deux possibilités* (⇒ ① **alternative).** 3 Capacité, pouvoir. ⇒ **faculté,** ② **moyen, occasion.** *Si j'ai la possibilité de vous rejoindre ; si j'en ai la possibilité.* 4 plur. Moyens dont on peut disposer. *Dans la mesure de ses possibilités. Connaître ses possibilités.* ⇒ **limite.** *Possibilités financières ; intellectuelles.* ➤ « *La pensée est une activité immédiate, provisoire, toute mêlée [...] de commencements sans avenir ; mais aussi, riche de possibilités* » (Valéry). ✪ CONTR. Impossibilité, nécessité.

possible adj. et n. m. - XIIIe ; lat. *posse* « pouvoir » I adj. 1 Qui peut exister, qu'on peut faire. ⇒ **concevable, envisageable, faisable, réalisable.** *Nous avons fait tout ce qui est humainement possible pour le sauver.* ➤ *C'est possible, très possible.* ⇒ **facile.** *Ce n'est pas possible autrement :* il n'y a pas d'autre moyen. ➤ *Venez demain si c'est possible, si possible.* ➤ *Il ne m'est pas possible de vous renseigner.* ♦ *Est-ce possible ? Ce n'est pas possible !* ⇒ **croyable.** ♦ Qui, étant faisable, est en outre autorisé. ⇒ **permis.** 2 Qui constitue une limite. *Il a fait toutes les sottises possibles et imaginables.* ➤ « *Ils ont vu, senti, éprouvé, entendu tout ce qu'il est possible de voir, de sentir, d'éprouver et d'entendre* » (Gaut.). ♦ *Dès que possible. Il travaille aussi bien que possible.* « *Oui, je suis heureux autant qu'il est possible à un homme de l'être* » (Courtel.). *Autant que possible.* ♦ *Le plus vite, le plus tôt, le mieux, le meilleur possible.* « *J'ai décidé de rire dorénavant le moins possible, à cause de mes rides* » (Montherl.). 3 Qui peut se réaliser, être vrai ; qui peut être ou ne pas être. *Averses possibles en fin de journée. Il n'y a aucun doute possible.* ➤ *Irez-vous à la mer cet été ? – Possible. C'est très possible, bien possible.* ⇒ **probable, vraisemblable.** ♦ *IL EST POSSIBLE QUE :* il se peut que. *Il était* « *possible que le déplacement de la banquise ne fût qu'apparent* » (J. Verne). ➤ fam. *Possible qu'il ait oublié.* 4 Qui est peut-être ou peut devenir (tel). ⇒ **virtuel.** *C'est un concurrent possible.* ⇒ **éventuel.** 5 Acceptable, convenable, supportable. *Il ferait un mari possible.* « *Cet imbécile a gardé un appartement trop cher, ce n'est plus possible* » (Proust). ➤ fam. *Un succès pas possible.* ⇒ **inattendu, incroyable.** *Un type pas possible,* imprévisible. II n. m. 1 Ce qui est possible. *Dans la mesure du possible :* autant qu'on le peut. *Faire tout son possible pour réussir. Je ferai tout mon possible pour que l'entrevue ait lieu. C'est dans le domaine du possible.* ♦ loc. adv. *AU POSSIBLE :* autant qu'il est possible. ⇒ **beaucoup, extrêmement.** *Il est désagréable au possible.* 2 Ce qui est réalisable ; ce qui est conçu comme non contradictoire avec le réel. « *Plus l'âme est ambitieuse et délicate, plus les rêves s'éloignent du possible* » (Baud.). *L'idée du possible et celle du nécessaire. Le possible et le probable.* 3 plur. Choses qu'on peut faire, qui peuvent arriver. *Le* « *jeu des possibles* » (Alain). *Envisager tous les possibles.* ⇒ **possibilité.** ✪ CONTR. Impossible, infaisable. ① Effectif. Invraisemblable.

> ❑ L'accord de *possible* précédé de *les plus, les moins* et un adjectif au pluriel est facultatif : *achetez des huîtres, les plus grosses possible(s)* ; même chose lorsqu'il est précédé de *le plus de, le moins de* et nom au pluriel : « *courir le moins de risques possible* » (Stendhal), « *lier avec ces gens le plus de liens possibles* » (Romains). Dans le cas de « *le meilleur des mondes possibles* » (Voltaire), il s'agit *des mondes possibles* terme de philosophie, au pluriel.

possiblement adv. - XIVe ▪ (Québec ; peu usité en France) D'une manière possible. ⇒ **éventuellement.** *Des dégâts possiblement terribles.* ⇒ **peut-être.**

post- pɔst] Élément, du lat. *post* « après ».

postage n. m. - XIXe ▪ Action de poster (le courrier). *Postage publicitaire en nombre.*

postal, ale, aux adj. - XIXe 1 Qui concerne la poste, l'administration des Postes. *Service postal. Aviation postale. Taxe postale. Régime postal.* 2 Qui concerne le fonctionnement de la poste. *Colis postal. Centre de tri postal. Wagon postal.* 3 Qui concerne un service assuré par la Poste. *Chèque postal.*

postcombustion [pɔstkɔ̃bystjɔ̃] n. f. - 1955 ▪ Dans les turboréacteurs, Combustion de carburant par l'oxygène contenu dans les gaz brûlés au cours de la combustion normale, et qui augmente le rendement.

postcommunisme [pɔstkɔmynism] n. m. - 1990 ▪ Situation résultant de l'abandon du système communiste ou socialiste dans certains pays.

postcure [pɔstkyʀ] n. f. - 1948 ▪ Période suivant un traitement, pendant laquelle le malade reste sous surveillance médicale.

postdate [pɔstdat] n. f. - XVIe ▪ Date portée sur un document et qui est postérieure à la date réelle. ✪ CONTR. Antidate.

postdater [pɔstdate] v. tr. [1] - XVIe ▪ Dater par une date postérieure à la date réelle. ➤ *Chèque postdaté.* ✪ CONTR. Antidater.

① **poste** n. f. - XIIe ; lat. *ponere* « poser » ▪ Position, place. *Mettre l'ancre à poste,* à sa place. ♦ *Mise à poste d'un satellite géostationnaire :* envoi d'un satellite vers la position qui lui a été assignée.

② **poste** n. f. - XVe ; it. *posta,* de *porre* « poser » 1 Relais de chevaux, qui était placé sur les routes de distance en distance, afin d'assurer le transport des voyageurs et du courrier. *Chevaux de poste.* 2 Administration publique placée sous l'autorité d'un ministre, ayant le monopole du transport des lettres, acheminant des colis, des imprimés et se chargeant d'opérations financières et bancaires. *Levée, tri, expédition, distribution du courrier par la poste. Bureau de poste. Receveur des postes. Agent, employé des postes.* ⇒ ① **facteur, postier, préposé.** *Poste aérienne. Poste aux armées. Envoyer, expédier un colis par la poste.* « *Sur l'enveloppe, ni timbre, ni cachet de la poste* » (Romains). *Le cachet de la poste fait foi* (de la date). 3 Bureau de poste. *Les guichets de la poste. Mettre une lettre à la poste,* dans la boîte du bureau, ou dans une boîte à lettres publique.

③ **poste** n. m. – XVIe ; it. *posto,* de *posta* → ② poste **I** - **1** Lieu où un soldat, un corps de troupes se trouve placé par ordre supérieur. *Défendre, quitter, abandonner son poste. Être à son poste. Poste de combat. Poste de commandement,* où se tient un chef pendant le combat. ⇒ **P.C.** *Poste d'observation. Poste de surveillance.* ♦ loc. *Être, rester à son poste,* là où le devoir l'exige ; là où l'on est. *Le maître d'hôtel* « *jetait le regard le plus sévère sur les domestiques, pour voir s'ils étaient tous à leur poste* » (Vigny). 2 Groupe de soldats, corps de troupes placé en ce lieu. *Chef de poste.* ♦ *Poste de garde :* corps de garde à l'entrée d'une caserne, d'un camp. ➛ Tout corps de garde ; local où il est installé. *Poste de gardiens de la paix, de douaniers.* 3 *POSTE (DE POLICE) :* corps de garde ou antenne d'un commissariat de police ; local où il est installé. « *On a passé une nuit au poste* » (R. Gary). **II** - **1** Emploi auquel on est nommé dans une hiérarchie ; lieu où l'on exerce. ⇒ **charge, fonction, place.** « *son intelligence hors ligne le désigne pour un poste élevé* » (Courtel.). *Occuper un poste clé.* ➛ *Être nommé au poste de directeur commercial. Rejoindre son poste. Diplomate en poste à Washington.* 2 Durée de travail pendant laquelle une équipe est en fonction ; cette équipe. → ② **quart.** *Journée divisée en trois postes de huit heures.* **III** - **1** Emplacement affecté à un usage particulier. *Poste de contrôle.* ♦ n. m. *POSTE-FRONTIÈRE :* point de passage obligatoire, à la frontière de deux pays, où s'exerce le contrôle douanier. *Des postes-frontières.* 2 Emplacement aménagé pour recevoir des appareils, des dispositifs, destinés à un usage particulier. *Poste d'aiguillage, de pilotage, de ravitaillement. Poste de lancement :* local protégé d'où sont dirigées les opérations relatives au lancement d'un véhicule spatial. ➛ *Poste d'essence.* ⇒ **distributeur,** ② **pompe.** *Poste d'incendie. Poste d'eau.* 3 *POSTE DE TRAVAIL :* emplacement où s'effectue une phase d'un travail ; équipement situé sur cet emplacement. 4 Appareil récepteur (de radio, de télévision). ⇒ ② **radio, télévision.** *Poste de radio à modulation de fréquence. Poste de télévision à grand écran. Poste portatif.* **IV** - **1** Chacune des opérations inscrites dans un livre de comptabilité. 2 Subdivision d'un titre, d'un chapitre dans un document comptable ou financier. *Poste budgétaire.* 3 *Les postes de l'indice des prix.* ⇒ ② **item.**

posté, ée adj. – 1972 ; de ③ *poste* ▪ *TRAVAIL POSTÉ,* dont l'horaire est organisé par tranches, de façon à assurer la continuité de la production.

① **poster** v. tr. [1] – XVIe **1** Placer (des soldats) à un poste déterminé. ⇒ **établir.** *Poster des sentinelles.* ➛ Mettre (qqn) à une place déterminée qui lui permet de faire une action. 2 *SE POSTER* v. pron. Se placer (quelque part) pour une action déterminée ; pour observer, guetter. « *Je me suis posté dans le renfoncement d'une porte d'immeuble* » (Romains). ♦ *Il était posté à l'entrée du village.*

② **poster** v. tr. [1] – XIXe ▪ Mettre à la poste. *Poster une lettre.*

③ **poster** [pɔstɛʀ] n. m. – 1967 ; mot angl. ▪ Affiche décorative. *Punaiser un poster au mur.*

postérieur, ieure adj. et n. m. – XVe ; lat. *posterior,* compar. de *posterus* « qui vient après » **1** Qui vient après, dans le temps. « *Les poètes français postérieurs à Hugues Capet* » (Renan). *Le document est très postérieur à l'année 1800. Nous verrons cela à une date postérieure.* ⇒ **futur, ultérieur.** 2 Qui est derrière. *Membres postérieurs du cheval.* ➛ Se dit d'une voyelle prononcée en arrière du palais. *Le a postérieur* [ɑ]. 3 n. m. fam. Arrière-train d'une personne. ⇒ ② **derrière** ; fam. **cul.** *Tomber sur son postérieur.* ✪ CONTR. Antérieur.

> ❑ L'adjectif *postérieur* peut être précédé de *très,* mais non de *plus* (*antérieur, inférieur* et *supérieur* sont dans le même cas).

postérieurement adv. – XVIIe ▪ À une date postérieure. ⇒ **après, ultérieurement.** ✪ CONTR. Antérieurement, ① avant, précédemment.

posteriori (a) → **a posteriori**

postériorité n. f. – XVe ▪ Caractère de ce qui est postérieur à qqch. *La postériorité d'un témoignage.* ✪ CONTR. Antériorité.

postérité n. f. – XIVe ; lat. **1** littér. Suite de personnes descendant d'une même origine. ⇒ **descendance, lignée.** *La postérité d'Abraham.* « *ne laissant qu'un fils, lequel est mort idiot et sans postérité* » (J. Verne). 2 Suite des générations à venir, ou postérieures à une époque donnée. « *Il ne faut désirer la popularité que dans la postérité et non dans le temps présent* » (Vigny). *Travailler pour la postérité.* ⇒ **avenir.** *Œuvre qui passe à la postérité,* qui vit dans la mémoire collective. ⇒ **immortalité.** ✪ CONTR. Ancêtres.

postface [pɔstfas] n. f. – XVIIIe ; de *post-,* d'apr. *préface* ▪ Commentaire placé à la fin d'un livre.

> ❑ Tout comme *préface* ce mot vient du latin *fari* « parler, dire », et n'a aucun rapport avec *face.*

postglaciaire [pɔstglasjɛʀ] adj. et n. m. – XIXe ▪ Qui fait suite à une période glaciaire. ➛ n. m. Période qui a suivi la dernière glaciation quaternaire (8 000 av. J.-C.).

posthite n. f. – XIXe ; gr. *posthê* « prépuce » et *-ite* ▪ Inflammation du prépuce.

posthume adj. – XVe ; lat. « dernier » **1** Qui est né après la mort de son père. *Enfant posthume.* 2 Qui a vu le jour après la mort de son auteur. « *Le Premier Homme* », *œuvre posthume de Camus.* ♦ Qui a lieu après la mort. *Décoration posthume,* donnée à un mort. *Être décoré à titre posthume.*

> ❑ L'étymon latin *postumus* s'est altéré en *posthumus* par rapprochement (fausse étymologie) avec *humus* « terre » qui a donné *inhumer.*

posthypophyse n. f. – 1936 ▪ Lobe postérieur de l'hypophyse.

postiche adj. et n. m. – XVIe ; it. *posticcio,* du lat. *ponere* « poser » **1** Fait et ajouté après coup. ⇒ **rapporté.** *Ornements postiches.* 2 Que l'on porte pour remplacer artificiellement quelque chose de naturel. ⇒ **factice,** ① **faux.** *Cheveux postiches.* « *une affreuse barbe* [...] *qu'on eût dite postiche* » (Mart. du G.). ➛ n. m. Mèche ou touffe de cheveux que l'on adapte à sa coiffure. ⇒ **moumoute.** 3 fig. Faux, simulé. « *l'épouser comme dans les comédies, d'une façon postiche* » (Ste-Beuve).

postier, ière n. – XIXe ▪ Employé, employée du service des postes.

postillon n. m. – XVIe ; it. *postiglione*, de *posta* « poste » 1 Autrefois, Conducteur d'une voiture de poste (⇒ ① **cocher**). *Postillon de diligence.* 2 Gouttelette de salive projetée en parlant. « *Les postillons sont très défavorables aux entretiens intimes* » (Duham.).

postillonner v. intr. [1] – XIXe ▪ Envoyer des postillons. *Il « bredouillait, sifflait et postillonnait en parlant »* (Gide).

post-it [pɔstit] n. m. inv. – v. 1985 ; n. déposé ; mots angl. « pose-le » ▪ Petit carré de papier de couleur partiellement adhésif qui se décolle et se recolle à volonté. *Mettre des post-it sur les pages à corriger.* ⇒ **béquet.**

postmoderne [pɔstmɔdɛʀn] adj. et n. m. – 1979 ; angl. ▪ Qui rejette le modernisme dans les arts plastiques et se caractérise par l'éclectisme, le kitsch, ou le dépassement par la technique, etc. *Architecture postmoderne.*

postnatal, ale [pɔstnatal] adj. – 1970 ▪ Relatif à la période qui suit immédiatement la naissance. *Examens médicaux postnatals.* ✪ CONTR. Anténatal, prénatal.

postopératoire adj. – XIXe ▪ Qui se produit ou se fait après une opération. *Transfusion postopératoire.*

postposer [pɔstpoze] v. tr. [1] – XIVe 1 Placer après un autre mot. ➝ *Adjectif postposé* (au nom). 2 (Belgique) Remettre à plus tard. ⇒ **ajourner,** ② **différer,** ① **reporter.** ✪ CONTR. Antéposer.

postposition [pɔstpozisjɔ̃] n. f. – XVIIIe 1 Position d'un mot après un autre, constituant une marque, par rapport à l'ordre le plus fréquent (⇒ **inversion**). 2 Mot placé après le mot qu'il régit. *En anglais,* up *dans* to get up *est une postposition.* ✪ CONTR. Antéposition.

postscolaire [pɔstskɔlɛʀ] adj. – XIXe ▪ Relatif à la période qui suit celle de la scolarité. *Enseignement postscolaire pour adultes.*

post-scriptum [pɔstskʀiptɔm] n. m. inv. – XVIe ; loc. lat. « écrit après » ▪ Complément ajouté au bas d'une lettre par son auteur, après la signature (abrév. *P.-S.* [peɛs]). ⇒ **apostille.** *Ajouter qqch. en post-scriptum.*

postsonorisation [pɔstsɔnɔʀizasjɔ̃] n. f. – av. 1970 ▪ Procédé consistant à adjoindre un son à des images enregistrées antérieurement. *Postsonorisation et play-back.*

postsynchronisation [pɔstsɛ̃kʀɔnizasjɔ̃] n. f. – 1934 ▪ Addition du son et de la parole après le tournage d'un film. *Le doublage est un domaine particulier de la postsynchronisation.*

postsynchroniser [pɔstsɛ̃kʀɔnize] v. tr. [1] – 1934 ▪ Faire la postsynchronisation de (un film).

postulant, ante n. – XVe 1 Personne qui postule une place, un emploi. ⇒ **candidat, prétendant.** *Postulant à un emploi.* 2 Personne qui demande à entrer en religion.

postulat n. m. – XVIIIe ; lat. « demande » ▪ Principe d'un système déductif qu'on ne peut prendre pour fondement d'une démonstration sans l'assentiment de l'auditeur. *Postulat d'Euclide.* ♦ Principe indémontrable qui paraît légitime, incontestable. ⇒ **axiome, hypothèse.** « *le postulat que, entre deux probabilités, la plus agréable est la plus probable* » (Proust).

postulation n. f. – XIIIe ▪ dr. Action de postuler. *Postulation illicite.*

postuler v. [1] – XIIIe ; lat. « demander » **I** v. intr. Représenter en justice et faire les actes de la procédure. *Postuler pour un client.* **II** v. tr. 1 Demander, solliciter. *Postuler un emploi* (ou tr. ind. *postuler à, pour un emploi*). 2 Poser (une proposition) comme postulat.

postural, ale, aux adj. – 1945 ▪ Relatif à l'attitude, à la posture, à la position du corps.

posture n. f. – XVIe ; it. 1 Attitude particulière du corps. ⇒ **position.** *Dans une posture comique.* « *Toute posture guindée est pénible à tenir* » (Maurois). 2 Situation. ➝ loc. *Être, se trouver en bonne, en mauvaise, en fâcheuse posture,* dans une situation favorable, défavorable.

pot n. m. – XIIe ; lat. *potus* 1 Récipient destiné surtout à contenir liquides et aliments. *Pot de cuivre, d'étain ; de porcelaine.* ➝ POT À..., destiné à contenir telle ou telle chose. *Pot à épices. Pot à lait. Pot à eau* [potao] : récipient à anse et à bec servant autrefois à la toilette ; récipient servant à verser l'eau à table (⇒ **cruche, dame-jeanne, pichet**). *Pot à tabac,* où le fumeur garde son tabac ; personne petite et grosse. ➝ POT DE..., contenant ou destiné à contenir telle ou telle chose. *Pot de crème, de yaourt. Pot de confiture (s).* ♦ *Pot (de fleurs),* récipient dans lequel on fait pousser des plantes ornementales. « *le pot d'argile brun d'où s'élancent les œillets* » (Balz.). *Fleurs en pots.* ♦ loc. *C'est la lutte du pot de terre contre le pot de fer,* une lutte inégale. ➝ *Découvrir le pot aux roses* [potoʀoz], le secret d'une affaire, d'une intrigue. ➝ *POT AU NOIR* [potonwaʀ] : région de brumes opaques redoutée des navigateurs, des aviateurs ; situation inextricable et dangereuse. ➝ *Payer les pots cassés :* réparer les dommages qui ont été faits ; faire les frais d'une situation compromise. ➝ *C'est dans les vieux pots qu'on fait les bonnes soupes :* les gens âgés, les vieilles choses ont des qualités précieuses. ➝ *Être sourd comme un pot,* très sourd. 2 vx Marmite servant à faire cuire les aliments. ➝ mod. *Poule au pot :* poule bouillie avec des légumes. ➝ *Tourner autour du pot :* parler avec des circonlocutions, ne pas se décider à dire ce que l'on veut dire. « *À quoi bon [...] tant tourner autour du pot ?* » (Mol.). 3 *POT DE CHAMBRE :* vase de nuit. ➝ *Mettre un enfant sur le pot.* 4 Contenu d'un pot. *Manger tout un pot de miel.* ♦ fam. *Boire, prendre un pot,* une consommation. ⇒ **verre.** « *il a bu deux ou trois pots qu'il n'a point payés* » (France). ➝ Réunion autour d'une boisson. *Faire un pot d'adieu.* 5 *POT D'ÉCHAPPEMENT :* tuyau qui à l'arrière d'un véhicule motorisé laisse échapper les gaz brûlés en amortissant le bruit. *Pot catalytique**. ➝ loc. fam. *Plein pot :* en donnant toute la puissance. 6 L'enjeu, dans certains jeux d'argent (poker). *Ramasser le pot.* 7 vulg. Postérieur, derrière. ⇒ **popotin.** ♦ fam. Chance, veine. *Avoir du pot.* ⇒ ① **bol.** *Un coup de pot. Manque de pot !* pas de chance. ✪ CONTR. ② Guigne ; déveine. — HOM. Peau.

potable adj. – XIIIe ; lat. *potare* « boire » 1 Qui peut être bu sans danger pour la santé. *Eau non potable.* 2 fam. Qui passe à la rigueur, qui est assez bon. ⇒ **acceptable, passable.** « *pas un sur dix peut faire un amoureux potable* » (Queneau).

> ❑ Au sens concret, ne se dit guère que de l'eau. ♦ Ne pas confondre *non potable* et *imbuvable* « qui n'est pas buvable ».

potache n. m. – XIXe ; p.-ê. de *pot-à-chien* « chapeau de soie porté dans les collèges », puis « cancre, élève » ▪ fam. Collégien, lycéen.

potage n. m. – XIIIe ; de *pot* ▪ Bouillon dans lequel on a fait cuire des aliments solides, le plus souvent coupés menu ou passés. ⇒ **soupe.** *Servir le potage dans une soupière.* ♦ fam. *Être dans le potage :* être dans une situation confuse.

> ❑ La *soupe* est plus consistante et moins raffinée *(soupe aux pois)* que le *potage (potage aux pointes d'asperge).*

potager, ère adj. et n. m. – XVIe ; de *potage* 1 Se dit des plantes herbacées dont certaines parties peuvent être utilisées dans l'alimentation humaine, à l'exclusion des céréales. *Betterave potagère* (opposé à *fourragère*). 2 Où l'on cultive des plantes potagères (et certains fruits) pour la consommation. *Jardin potager* ou n. m. *un potager.* ◆ Relatif aux légumes. *Culture potagère.*

❑ Vient d'un sens ancien de *potage* « légumes pour le pot (la marmite) ».

potamochère n. m. – 1903 ; gr. *potamos* « fleuve » et *khoiros* « petit cochon » ■ Mammifère ongulé *(suidés)*, qui vit dans les marécages, en Afrique.

❑ Même famille étymologique que *hippopotame*.

potamologie n. f. – XIXe ; gr. *potamos* « fleuve » et *-logie* ■ Science qui étudie les cours d'eau.

potamot n. m. – XVIe ; gr. *potamos* « fleuve » ■ Plante monocotylédone *(potamogétonacées)*, herbacée, vivace, aquatique, à feuilles en partie flottantes, en partie submergées (appelée *épi d'eau*).

potard n. m. – XIXe ; de *pot* ■ fam. et vieilli Pharmacien.

potasse n. f. – XVIe ; all. *Pottasche* « cendre du pot » 1 Hydroxyde de potassium anhydre (KOH), solide blanc déliquescent, soluble dans l'eau, susceptible de former des hydrates. *La potasse, très caustique, attaque la peau.* 2 Carbonate de potassium impur.

potasser v. tr. [1] – XIXe ; p.-ê. de *potasse*, ou de *pot* ■ fam. Étudier avec acharnement. *Potasser ses bouquins. J'ai déjà donné « plusieurs articles très potassés sur la même question »* (Céline).

potassique adj. – XIXe ■ Se dit des composés du potassium. *Sels potassiques.*

potassium [pɔtasjɔm] n. m. – XIXe ; angl. *potass* ou *potash*, du néerl. ■ Élément atomique, appelé autrefois *kalium* (symb. K ; n° at. 19 ; m. at. 39,0983), quatrième de la série des alcalins, métal mou, blanc d'argent, très réactif et oxydable. *Chlorure de potassium*, utilisé comme engrais.

pot-au-feu [pɔtofø] n. m. inv. – XVIIe 1 Mets composé de viande de bœuf bouillie avec des carottes, des poireaux, des navets, des oignons, du céleri, et souvent un os à moelle. 2 adj. inv. fam. et vieilli *Être pot au feu* : aimer avant tout le calme et le confort du foyer. ⇒ **casanier, pantouflard, popote.**

pot-de-vin n. m. – XVe ■ Somme d'argent donnée en dehors du prix convenu pour obtenir un marché, un avantage. ⇒ **bakchich, dessous-de-table, enveloppe ; arrosage.** « *s'il accepta des pots-de-vin* [...] *aux termes du Code il restait honnête homme* » (Balz.).

pote n. – XIXe ; de *poteau* ■ fam. Camarade, ami. *C'est un bon, un vieux pote.* ⇒ **poteau.**

poteau n. m. – XIIe ; lat. *postis* « jambage, poteau » **I** - 1 Pièce de charpente dressée verticalement pour servir de support. ⇒ **pilier.** *Poteau de bois, de béton, de pierre, de métal. Un pauvre saltimbanque « adossé contre un des poteaux de sa cahute »* (Baud.). ◆ loc. *Avoir des jambes comme des poteaux*, grosses et informes. ♦ Pièce verticale d'une potence. 2 Pièce de bois, de pierre, de métal, haute et assez grosse, dressée verticalement. *Poteau indicateur*, portant un panneau donnant des renseignements (noms de lieux, direction des routes...). ◆ *Poteau télégraphique, poteau électrique*, portant les fils et leurs isolateurs. ◆ Montant de bois ou de métal qui supporte le filet médian ou la barre des buts. *Poteau de but.* ♦ *Poteau de départ, d'arrivée*, pieu marquant les termes de la distance à courir, dans une course. *Les « chevaux de course qui* [...] *filent ventre à terre jusqu'au poteau »* (Romains). ◆ loc. *Coiffer un concurrent sur le poteau*, le battre de justesse. 3 *Poteau (d'exécution)*, où l'on attache ceux que l'on va fusiller. « *Vous n'avez jamais vu fusiller un homme ?* [...] *Un bandeau, un poteau, et au loin quelques soldats* » (Camus). **II** fam. et vieilli Ami fidèle. ⇒ **pote.** ✪ HOM. Potto.

❑ C'est d'après l'idée figurée de « soutien » que *poteau* a pris familièrement la valeur d'« ami ».

potée n. f. – XIIe 1 Plat composé de viande de porc ou de bœuf bouillie et de légumes variés. *Potée auvergnate, lorraine. Potée aux choux.* 2 POTÉE DE..., se dit de diverses préparations utilisées dans les industries. *Potée d'étain*, qui sert à polir le verre, les métaux, les pierres précieuses, à la préparation des émaux.

potelé, ée adj. – XIIIe ; a. fr. *pote* « gros » ■ Qui a des formes rondes et pleines. ⇒ **dodu, grassouillet, rebondi.** *Bébé potelé.*

potence n. f. – XIIe ; lat. *potentia* « puissance ; béquille, appui » 1 Pièce d'appui constituée par un montant vertical et une traverse placée en équerre. *Potence de bois*, dans une charpente. ◆ *Lanterne en potence*, soutenue par une potence. ◆ Support du matériel servant aux perfusions. 2 Instrument de supplice, formé d'une potence soutenant une corde. → **gibet.** ♦ Le supplice lui-même. *Mériter la potence.*

❑ Seul mot de la famille de *potentia* « puissance » qui ait pris un sens concret ; comparer à *omnipotent, potentiel, potentat.* ♦ Ne pas confondre *potence* et *poterne* « porte dans une enceinte ».

potencé, ée adj. – XVe ■ blas. Terminé en potence dont chaque branche a la forme d'un T. *Croix potencée.*

potentat n. m. – XIVe ; lat. *potens* « puissant » 1 Celui qui a la souveraineté absolue dans un grand État. ⇒ **souverain, tyran.** « *Maintenant qu'on te voit en digne potentat Réunir en tes mains les rênes de l'État* » (Corn.). 2 Homme qui possède un pouvoir excessif, absolu.

potentialisation n. f. – 1903 ■ Augmentation de l'action d'un médicament par l'absorption d'un second.

potentialiser v. tr. [1] – mil. XXe ; angl. *to potentialize* ■ Augmenter (l'action, l'effet d'un médicament, d'une drogue...).

potentialité n. f. – XIXe 1 Caractère de ce qui est potentiel. *Le subjonctif peut exprimer la potentialité.* 2 Qualité, chose potentielle. ⇒ **possibilité, virtualité.** *Potentialités héréditaires.*

potentiel, ielle adj. et n. m. – XVe ; lat. *potentia* « puissance » **I** adj. 1 Qui existe en puissance. ⇒ **virtuel.** *Ressources potentielles. Marché potentiel.* 2 Qui exprime une possibilité. *Mode potentiel*, ou n. m. *le potentiel*, qui exprime ce qui est possible, ce qui peut arriver sous certaines conditions. 3 *Énergie potentielle*, que possède un système du fait de sa position. **II** n. m. 1 *Potentiel électrique* : grandeur, exprimée en volts, caractérisant l'état électrique en un point d'un circuit. *Différence de potentiel entre deux points d'un circuit.* ⇒ **tension.** ♦ *Potentiel nucléaire* : énergie potentielle d'une particule, fonction de sa position dans le champ du noyau. 2 *Potentiel de membrane* ou *potentiel de repos* : différence de potentiel existant entre les faces internes et externes de la membrane cellulaire. 3 Capacité d'action, de production. ⇒ **puissance.** « *L'Allemagne a vu détruire* [...] *presque tout son "potentiel" de création et de régénération intellectuelles* » (Valéry). *Potentiel industriel d'une région.*

potentiellement adv. – XVe ■ D'une manière potentielle, en puissance. ⇒ **virtuellement.**

potentille n. f. – XVIIe ; lat. « petite force » ■ Plante dicotylédone *(rosacées)* des terrains incultes. ⇒ **tormentille.** *Potentille rampante.* ⇒ **quintefeuille.**

potentiomètre n. m. – XIXe ; de *potentiel* et *-mètre* ▪ Résistance variable utilisée pour effectuer un réglage dans un circuit électrique. ⇒ ① **balance, rhéostat.**

poterie n. f. – XIIIe 1 Fabrication des récipients de ménage, en pâte argileuse traitée et cuite ; art du potier. *Atelier de poterie.* ➛ Objet ainsi fabriqué. 2 Fabrication des objets en céramique non vitrifiée, faits d'une pâte rougeâtre vernissée ou non. ➛ Objet ainsi fabriqué. *Poteries étrusques.* « *des poteries faites à la main, moulées ou tournées, séchées au soleil ou cuites au four* » (Cendrars). 3 Atelier de poterie. 4 *Poterie de... :* vaisselle, objets faits d'une seule pièce en métal. *Poterie d'étain, de cuivre.*

poterne n. f. – XIIe ; lat. *posterula* « (porte) de derrière » ▪ Porte dérobée dans la muraille d'enceinte d'un château, de fortifications. « *Parfois la garnison se relâche, et une poterne est bien vite ouverte, par quoi s'insinue l'ennemi* » (Gaut.).

> ❑ Ne pas confondre avec *potence* « assemblage formant équerre ».

potestatif, ive adj. – XVIe ; lat. *potestas* « puissance » ▪ Qui dépend de la volonté des parties contractantes.

poteur → **putter**

potiche n. f. – XVIIIe ; de *pot* 1 Grand vase de porcelaine. « *une potiche de vieux chine* » (Proust). 2 Personnage relégué à une place honorifique. *Jouer les potiches.* ⇒ **figurant.**

potier, ière [pɔtje, jɛʀ] n. – XIIe ▪ Personne qui fabrique et vend des objets en céramique, des poteries. ⇒ **céramiste, faïencier, porcelainier.** *Tour, four de potier.*

potin n. m. – XIIIe ; de *pot* 1 surtout au plur. Bavardage, commérage, souvent malveillant. ⇒ ① **cancan.** *Ce ne sont que des potins.* 2 fam. Bruit, tapage, vacarme. ⇒ ② **boucan.** *Faire du potin, un potin du diable.*

potiner v. intr. [1] – XIXe ▪ vx Faire des potins, des commérages. ⇒ **cancaner, médire.** *Potiner sur qqn.*

potinière n. f. – XIXe ▪ vx Endroit où l'on potine. *Le théâtre de la Potinière, à Paris.*

potion n. f. – XIIe ; lat. *potio* « boisson » ▪ Médicament liquide. *Une cuillerée à café de potion.* ➛ *Potion magique :* remède miracle.

> ❑ *Potion* est un doublet de *poison.*

potiron n. m. – XVIe ; p.-ê. du syriaque *pâtûrtâ* « morille » ▪ Grosse courge. *Soupe au potiron.*

potlatch [pɔtlatʃ] n. m. – 1936 ; mot angl., d'une langue indienne d'Amérique ▪ En ethnologie, Don ou destruction à caractère sacré, constituant un défi de faire un don équivalent, pour le donataire.

potomanie n. f. – v. 1920 ; gr. *potos* « boisson » et *-manie* ▪ Habitude de boire souvent de grandes quantités de liquide de toute nature.

potomètre n. m. – mil. XXe ; gr. *potos* « boisson » et *-mètre* ▪ Appareil servant à mesurer la quantité d'eau qu'absorbe une plante.

potorou n. m. – XVIIIe ; mot d'une langue australienne ▪ Mammifère *(marsupiaux)* de petite taille, communément appelé *kangourou-rat.*

pot-pourri n. m. – XVIe 1 vx Ragoût comprenant plusieurs sortes de viandes et de légumes. 2 vx Mélange hétéroclite. 3 Pièce de musique légère faite de thèmes empruntés à diverses sources. « *un pot-pourri de bribes de chorales,* de lieder *sentimentaux, de marches belliqueuses et de chansons à boire* » (R. Rolland). 4 Mélange odorant à base de pétales de fleurs séchés. *Des pots-pourris.*

potron-minet n. m. – XVIIIe ; de *poitron* « derrière, cul » (lat. *posterus* « qui vient après ») et *minet* ▪ littér. Le point du jour, l'aube. *Dès potron-minet.*

potto n. m. – XVIIIe ; d'une langue de Guinée ▪ Lémurien d'Afrique, voisin du loris, arboricole et nocturne. ✪ HOM. Poteau.

pou n. m. – XIIIe ; lat. *pediculus* 1 Insecte *(anoploures)* qui vit en parasite sur l'homme. « *dans des auberges sales, ils attrapèrent la gale et des poux* » (Maurois). *Pou de la tête,* qui vit dans les cheveux. ⇒ fam. **toto.** *Pou du corps,* qui se cache dans le linge et les vêtements. *Être couvert de poux* (⇒ **pédiculose ; pouilleux).** *Pou du pubis.* ⇒ fam. **morpion.** *Œuf de pou.* ⇒ **lente.** ♦ *Herbe aux poux.* ⇒ **pédiculaire, staphisaigre.** ♦ loc. fam. *Être laid, sale, excité comme un pou,* très laid, très sale, très excité. *Râler comme un pou.* ➛ *Chercher des poux (dans la tête) à qqn,* lui chercher querelle à tout propos. ➛ *Être fier, orgueilleux comme un pou,* très orgueilleux. 2 *Pou de San José :* insecte, originaire d'Amérique, qui attaque les arbres fruitiers. *Pou de bois.* ⇒ **psoque.** ✪ HOM. Pouls.

pouah interj. – XVIe ; onomat. ▪ Interjection qui exprime le dégoût, le mépris. ⇒ **berk.** « *Pouah ! Le dévouement et le travail. Le travail et le dévouement. Vous buvez cela comme petit-lait* » (Anouilh). ✪ HOM. Poids, pois, poix.

poubelle n. f. – XIXe ; n. pr. 1 Récipient destiné aux ordures ménagères. *Ramasser, rentrer les poubelles. Il* « *regarde passer le camion des éboueurs qui vident les poubelles* » (Le Clézio). ➛ *Poubelle de salle de bains.* ➛ *Mettre qqch. à la poubelle.* ➛ loc. fam. *Jeter qqch. à la poubelle :* rejeter avec mépris. ♦ *Sac-poubelle :* poche de plastique souple dont on garnit l'intérieur d'une poubelle et que l'on jette une fois remplie. 2 Dépotoir. *Plage qui est la poubelle d'une ville.*

> ❑ C'est en 1884 que la poubelle fut imposée aux Parisiens par le préfet de la Seine, Eugène *Poubelle.*

pouce n. m. – XIIe ; lat. *pollex* 1 Le premier doigt de la main de l'homme, le plus gros, formé de deux phalanges, opposable aux autres doigts. *Sucer son pouce.* ♦ loc. *Mettre les pouces :* s'avouer vaincu, céder. ➛ fam. *Manger un morceau sur le pouce,* à la hâte. ➛ fam. *Se tourner, se rouler les pouces :* rester sans rien faire, vivre dans l'oisiveté. ➛ *Donner le coup de pouce,* la dernière main à un ouvrage. *Il a donné un coup de pouce à l'histoire :* il a déformé légèrement la réalité. *Donner un coup de pouce à qqn,* favoriser son avancement. ➛ (Canada) *Faire du pouce,* de l'auto-stop. ♦ *Pouce !* interjection qu'emploient les enfants pour indiquer qu'ils se mettent momentanément hors du jeu. ➛ fig. « *je voudrais pouvoir crier : "pouce !" à la vie* » (Gide). 2 Le gros orteil. 3 Ancienne mesure de longueur, équivalant à 2,7 cm. ➛ (Canada) Douzième partie du pied, subdivisée en huit lignes, soit 2,54 cm (abrév. po). ♦ loc. *Ne pas reculer, bouger, avancer d'un pouce :* rester immobile. « *Chaque pouce de ces petites pièces* [...] *a été utilisé : il y a des armoires dans les murs et des tiroirs sous le lit* » (Sartre). 4 fam. *Et le pouce :* et encore plus. ✪ HOM. Pousse.

pouce-pied ou **pousse-pied** n. m. – XVIe ; de *pousser* et *pied,* d'apr. *pouce* ▪ Crustacé comestible. *Des pouces-pieds, des pousse-pieds.*

poucettes n. f. pl. – XIXe ▪ Anneau double, chaînette à cadenas qui servait à attacher ensemble les pouces d'un prisonnier. ✪ HOM. Poussette.

poucier – XVIe 1 Doigtier pour se protéger le pouce. 2 Pièce du loquet d'une porte qui sert à soulever la clenche. ✪ HOM. Poussier.

pou-de-soie [pud(ə)swa] n. m. – XIVe ; de *pou,* o. i., et *soie* ▪ Étoffe de soie, sans lustre et unie. *Des poux-de-soie* (ou *des pous-de-soie*).

❑ La graphie ancienne *poult-de-soie (des poults-de-soie)* suggère un rapprochement avec le latin *puls* « bouillie », l'étoffe au grain gros et serré pouvant se comparer à une bouillie de céréale grossièrement moulue.

pouding → **pudding**

poudingue n. m. – XVIIIe ; de l'angl. *pudding-stone* « pierre pudding » ▪ Roche détritique constituée par des cailloux roulés, liés entre eux par un ciment naturel. ⇒ **conglomérat.**

poudrage n. m. – 1932 ▪ Action de poudrer.

poudre n. f. – XIe ; lat. *pulvis* « poussière » 1 vx Terre desséchée et pulvérisée. ⇒ **poussière.** ♦ loc. *Jeter de la poudre aux yeux :* chercher à éblouir, souvent par de fausses apparences. ⇒ fam. **frimer.** « *Ils gagnent un argent fou, mais* [...] *ils préfèrent jeter de la poudre aux yeux, plutôt que de mettre de côté* » (Mauriac). 2 Substance solide divisée en très petites particules homogènes. *Réduire en poudre.* ⇒ **broyer, moudre, pulvériser.** *Chocolat, sucre, lait en poudre. Poudre à éternuer.* ➛ fam. *La poudre :* l'héroïne. ➛ *Lessive en poudre. Poudre à récurer.* ➛ *Poudre de diamant, de bronze.* ➛ *Poudre d'or :* or natif en grains très fins. 3 Substance pulvérulente utilisée comme fard. *Poudre (de riz). Poudre libre, compacte. Se mettre de la poudre avec une houppette.* 4 Mélange explosif pulvérulent. ⇒ ② **explosif.** *Poudre à canon :* poudre noire pour l'artillerie. ➛ *Fabrique de poudre* (⇒ ② **poudrerie**). *Société nationale des poudres et explosifs.* « *n'allons pas fumer sur un tonneau de poudre* » (Balz.). ➛ « *Ami, dit l'enfant grec* [...] *Je veux de la poudre et des balles* » (Hugo). ♦ loc. *Mettre le feu aux poudres :* déclencher une catastrophe, un événement violent. ♦ *La poudre,* symbolisant les combats, la guerre. loc. *Faire parler la poudre :* se battre avec des armes à feu. ➛ *Cela sent la poudre :* il y a des menaces de conflit.

❑ Dans la même famille étymologique : *pulvériser, pulvérulent.* ♦ *Jeter de la poudre aux yeux* a d'abord signifié « éclipser, surpasser comme le coureur qui est en tête et qui soulève de la poussière devant ceux qui le suivent ».

poudrer v. tr. [1] – XIIIe 1 Couvrir légèrement de poudre. ⇒ **saupoudrer.** 2 Couvrir (ses cheveux, sa peau) d'une fine couche de poudre. ➛ pronom. *Se poudrer.* ♦ *Cheveux poudrés, perruques poudrées du XVIIIe siècle.* ➛ Au visage poudré. « *les jeunes filles, peintes et poudrées* » (Duham.).

① **poudrerie** n. f. – XVIIe ▪ (Canada) Neige chassée par le vent.

② **poudrerie** n. f. – XVe ▪ Fabrique de poudre.

poudrette n. f. – XVIIe ▪ Engrais provenant du traitement des vidanges ; déchets de caoutchouc broyés en vue de la régénération.

poudreuse n. f. – 1923 1 Sucrier à couvercle perforé, pour le sucre en poudre. 2 Instrument servant à répandre par poudrage une substance pulvérulente sur les plantes.

poudreux, euse adj. – XIe 1 vx ou littér. Couvert de poussière. ⇒ **poussiéreux.** 2 mod. Qui a la consistance d'une poudre. *Neige poudreuse,* et n. f. *de la poudreuse :* neige fraîche, de consistance très fine.

poudrier n. m. – XIIe 1 Boîte à poudre ; petit récipient plat contenant de la poudre pour maquillage et certains accessoires (houppette, miroir). 2 Ouvrier travaillant à la fabrication des poudres et explosifs.

poudrière n. f. – XVIe ▪ Magasin à poudre, à explosifs. *Poudrière qui explose, saute.* ➛ Région, lieu où règne une effervescence permanente susceptible d'engendrer des incidents violents.

poudrin n. m. – XVIIe ▪ Embruns marins. ➛ Pluie fine et glacée, à Terre-Neuve.

poudroiement n. m. – XVIIe ▪ Effet produit par la poussière soulevée et éclairée ou par la lumière éclairant les grains d'une poudre.

poudroyer v. intr. [8] – XIVe 1 Produire de la poussière ; s'élever en poussière. « *une grande route au loin poudroyait quand y passait une charrette* » (Gide). 2 Avoir une apparence de poudre brillante. « *la route blanche, embrasée, poudroyait* [...] *sous un grand soleil d'argent* » (Daud.). 3 Faire briller les grains de poussière en suspension. « *Je ne vois rien que le Soleil qui poudroie, et l'herbe qui verdoie* » (Perrault).

① **pouf** interj. et n. m. – XVe ; onomat. I interj. Exclamation exprimant un bruit sourd de chute. ➛ loc. (lang. enfantin) *Faire pouf :* tomber. II n. m. 1 Gros coussin capitonné, généralement cylindrique, posé à même le sol. 2 Tournure qui faisait bouffer la jupe ou la robe par-derrière.

② **pouf** n. m. – XVIIIe ; o. i. ▪ (Belgique) I n. m. Dette. *Payer ses poufs.* II loc. À POUF. 1 À crédit. *Acheter à pouf.* 2 Au hasard, au petit bonheur. *Taper à pouf :* deviner.

pouffer v. intr. [1] – XVIe ; de ① *pouf* ▪ *Pouffer (de rire) :* éclater de rire malgré soi. ⇒ s'**esclaffer.**

pouffiasse ou **poufiasse** n. f. – XIXe ; de ① *pouf* ▪ vulg. et péj. Femme, fille que l'on trouve vulgaire ou ridicule. *Va donc, eh, pouffiasse !* ⇒ **pétasse.** ➛ abrév. POUFFE.

pouillard n. m. – XIXe ; de l'a. fr. *pouil* « coq », lat. *pullius* ▪ Jeune perdreau ou jeune faisan.

pouillé n. m. – XVIIe ; de l'a. fr. *pouille* « rente ; registre de compte », du lat. *polyptycha* ▪ Sous l'Ancien Régime, Registre des biens et des bénéfices ecclésiastiques dans une région.

pouillerie n. f. – XIVe ▪ Pauvreté sordide ; lieu, chose misérable.

pouilleux, euse adj. et n. – XIIe 1 Couvert de poux, de vermine. « *Il était devenu très misérable, crasseux, pouilleux, oui, pouilleux* » (Duham.). 2 Qui est dans une extrême misère. ➛ n. ⇒ **gueux, misérable, pauvre.** 3 Misérable, sordide. *Quartier pouilleux.* 4 *La Champagne pouilleuse,* stérile. 5 n. m. *Le pouilleux :* le valet de pique. ⇒ **mistigri.**

pouillot n. m. – XIIe ; de l'a. fr. *pouil* « coq », lat. *pullius* ▪ Oiseau *(passériformes)* assez semblable à la fauvette. *Le pouillot siffleur.*

pouilly n. m. – XIXe ; nom de communes françaises ▪ Vin blanc sec de la Nièvre. *Pouilly fumé. Des pouillys.* ➛ *Pouilly* ou *pouilly-fuissé :* vin blanc sec de Saône-et-Loire.

poujadisme n. m. – 1956 ▪ Mouvement et parti politique populaire de droite, fondé à la fin de la IVe République par Pierre Poujade, soutenu surtout par les petits commerçants. ♦ Attitude fondée sur des revendications corporatistes et sur le refus d'une évolution socioéconomique.

poulailler n. m. – XIIIe ; de *poule* 1 Abri où on loge, élève des poules (ou d'autres volailles). ♦ Ensemble des poules d'un poulailler. « *le bruit froufroutant qu'on entend lorsqu'on éveille un poulailler* » (Dorgelès). 2 fam. Galerie supérieure d'un théâtre. ⇒ **paradis.**

poulain n. m. – XIIe ; lat. *pullus* 1 Petit du cheval, mâle ou femelle (jusqu'à trente mois). « *Gais poulains qui vont gambadant sur l'herbe* » (Verlaine). 2 Débutant prometteur, par rapport à la personne qui le soutient. *Le poulain du professeur X.* 3 *Poulain (de chargement) :* assemblage en forme d'échelle, qui sert à décharger des tonneaux d'un camion, etc. ➛ *Poulain de charge :* assemblage de madriers, de planches servant à protéger les flancs d'un navire.

❑ C'est par une figure qui met en rapport les animaux quadrupèdes et des dispositifs, des appareils, que *poulain* a pris ses sens techniques. *Chevalet* (proprement « petit cheval ») et *chèvre* sont dans le même cas.

poulaine n. f. – XIVe ; fém. de l'a. adj. *poulain* « polonais » **1** *Souliers à la poulaine* ou *poulaines* : chaussures à l'extrémité allongée en pointe, généralement relevée, portées à la fin du Moyen Âge. **2** Construction triangulaire en saillie, à l'avant du navire.

poularde n. f. – XVIe ▪ Jeune poule de cinq ou six mois qui n'a jamais pondu et qui a subi un engraissement intensif.

poulbot n. m. – v. 1930 ; nom du dessinateur qui créa ce type ▪ Enfant pauvre de Montmartre. « *trois garçonnets avec des chandails chinés et des bérets, ressemblant à l'image traditionnelle des petits poulbots* » (Perec).

① **poule** n. f. – XIIIe ; lat. *pullus* « petit d'un animal » **I - 1** Femelle du coq, oiseau de basse-cour *(gallinacés)*, à ailes courtes et arrondies, à queue courte, à petite crête dentelée. ⇒ **poularde, poulet, poulette ;** ① **cocotte.** « *le caquètement de la poule pondeuse* » (Fallet) **(⇒ cot-cot).** *Œuf de poule. Les poules couvent.* ➛ *Bouillon de poule. Poule au riz. Poule au pot.* **2** loc. *Quand les poules auront des dents* : jamais. *Tuer la poule aux œufs d'or* : détruire la source d'un profit important. ➛ *Être comme une poule qui a trouvé un couteau*, très embarrassé. ➛ *Se coucher, se lever comme (avec) les poules*, très tôt. ♦ *MÈRE POULE* : mère qui « couve » ses enfants. *PAPA POULE* : père affectueux et protecteur. ➛ *POULE MOUILLÉE* : personne poltronne, timorée. **3** Femelle de certains gallinacés. *Poule faisane.* ♦ Mâle ou femelle de diverses espèces d'oiseaux. *Poule des bois, des coudriers* : gélinotte. ➛ *Poule d'Afrique, de Barbarie, de Guinée, de Numidie, de Pharaon* : pintade. ➛ *POULE D'EAU* : oiseau *(échassiers)* de la taille d'un pigeon. **II - 1** fam. t. d'affection *Viens, ma poule.* ⇒ ① **cocotte, poulet, poulette. 2** fam. et péj. Fille de mœurs légères. ⇒ ① **cocotte.** « *J'ai donné rendez-vous à une poule de luxe* » (Cendrars). ✪ HOM. Pool.

❑ *Poule, poulet, poussin, poulain, pouliche, pucelle* viennent du latin *pullus* « petit d'un animal ».

② **poule** n. f. – XVIIe ; p.-ê. de ① *poule* **1** Enjeu déposé au début de la partie ; somme constituée par le total des mises qui revient au gagnant. *Gagner la poule.* **2** Compétition sportive où chaque concurrent est successivement opposé à chacun de ses adversaires. ➛ Groupe d'équipes de rugby destinées à se rencontrer, dans la première phase du championnat. *Poule A, poule B.*

poulet n. m. – XIIIe **I - 1** Petit de la poule, de trois à dix mois, de sexe mâle ou femelle. *Poussin qui devient poulet.* **2** Poule ou coq jeune, destiné à l'alimentation. *Jeune poulet.* ⇒ **coquelet.** *Poulet de grain ; poulet fermier.* ➛ *Poulet rôti, sauté. Poulet froid. Bouillon de poulet. Découper un poulet. Aile, blanc, cuisse de poulet.* ➛ Viande de poulet. *Manger du poulet.* **3** *Mon poulet, mon petit poulet*, t. d'affection. ⇒ ① **poule, poulette. II** fam. **1** vieilli Billet doux. « *J'ai reçu une lettre de Barnabé. Comme on dit en français, c'était un poulet. Autrement dit, une déclaration d'amour* » (Queneau). ➛ iron. Lettre. « *Philippe m'écrivait des poulets de cette espèce trois ou quatre fois par semaine* » (Sartre). **2** Policier. ⇒ **flic.**

poulette n. f. – XIIIe **1** Jeune poule. **2** fam. Jeune fille ou jeune femme. ➛ t. d'affection ⇒ **poulet.** *Oui, ma poulette.* **3** *Sauce (à la) poulette*, qui contient du beurre, du jaune d'œuf et un peu de vinaigre.

pouliche n. f. – XVIe ; lat. *pullus* « petit d'un animal » ▪ Jument qui n'est pas encore adulte (mais qui n'est plus un poulain). *Pouliche de courses.*

poulie n. f. – XIIe ; gr. *polos* « pivot » ▪ Petite roue qui porte sur sa jante une corde, une courroie et sert à soulever des fardeaux, à transmettre un mouvement. *Croc, gorge, mâchoire, réa, rouet d'une poulie. Poulie folle*, qui tourne librement sur son axe. « *le grincement d'une girouette ou d'une poulie rouillée* » (Loti).

pouliner v. intr. [1] – XIVe ▪ Mettre bas (en parlant d'une jument).

poulinière adj. f. et n. f. – XVIIe ▪ *Jument poulinière* ou *poulinière* : jument destinée à la reproduction.

pouliot n. m. – XVIe ; lat. *puleium* ▪ Variété de menthe utilisée comme antispasmodique et stimulant.

poulpe n. m. – XVIe ; lat. *polypus* ▪ Mollusque *(céphalopodes)*, à longs bras armés de ventouses. ⇒ **pieuvre.** *Tentacules du poulpe.*

❑ Synonyme de *pieuvre*, *poulpe* est seul employé pour désigner la chair de cet animal, en cuisine.

pouls [pu] n. m. – XIIe ; lat. *pulsus (venarum)* « battement (des artères) » ▪ Battement d'un vaisseau sanguin, produit par l'augmentation périodique de la pression sanguine en rapport avec chaque contraction cardiaque, perceptible au toucher. *Pouls rapide, lent ; pouls fort, faible ; pouls inégal, irrégulier. Prendre le pouls*, en compter les pulsations. ♦ L'endroit où l'on sent le pouls. ➛ loc. *Prendre, tâter le pouls de qqch.* : s'informer de la façon dont une situation se présente, évolue. ✪ HOM. Pou.

poult-de-soie → **pou-de-soie**

poumon n. m. – XIe ; lat. *pulmo* **1** Chacun des deux viscères logés symétriquement dans la cage thoracique, organes de la respiration où se font les échanges gazeux **(⇒ expiration, inspiration ; pneumo-).** *Poumon droit, gauche. Sommet, base d'un poumon. Structure du poumon* **(⇒ alvéole, lobe, lobule).** *Enveloppe des poumons.* ⇒ **plèvre.** « *L'air marin brûlera mes poumons* » (Rimb.). ➛ *Cancer du poumon.* ➛ loc. fam. *Cracher ses poumons* : tousser, expectorer abondamment. ➛ *Auscultation, radiographie, radioscopie, tomographie des poumons.* ♦ *Aspirer, respirer à pleins poumons*, profondément. *Chanter, crier à pleins poumons.* ⇒ s'**époumoner.** *Avoir de bons poumons*, une voix puissante ; du souffle. ♦ *Poumons des animaux de boucherie.* ⇒ ② **mou. 2** *POUMON D'ACIER* ou *POUMON ARTIFICIEL* : appareil qui permet d'entretenir artificiellement la ventilation pulmonaire d'un malade atteint de paralysie des muscles respiratoires. **3** Ce qui fournit de l'oxygène. *Ce parc est le poumon de la ville.*

poupe n. f. – XIIIe ; lat. *puppis* ▪ Arrière d'un navire. *La poupe et la proue.* ➛ loc. *Avoir le vent en poupe* : être poussé vers le succès, favorisé par les circonstances.

poupée n. f. – XIIIe ; lat. *pupa* **1** Figurine humaine servant de jouet d'enfant. *Poupée de chiffon, de cire, de porcelaine, de son. Jouer à la poupée. Vêtements, voiture, vaisselle de poupée.* ♦ *De poupée*, se dit de ce qui est très petit. *Un appartement de poupée.* ♦ *Poupées russes* ou *poupées gigognes* : figurines en bois s'emboîtant les unes dans les autres. **2** fam. Jeune femme, jeune fille. ⇒ **pépée.** *Une belle poupée.* **3** Figurine servant de but au tir. ♦ *Poupée gonflable* : simulacre féminin (en plastique gonflable), utilisé à des fins érotiques. « *Ces poupées de caoutchouc gonflables que les marins baisent en mer* » (Tournier). **4** Pansement entourant un doigt malade. ♦ Dispositif pour maintenir la ou les pièces à travailler. *Poupée fixe, mobile d'une machine-outil.* 5 Partie intérieure d'un cigare.

poupin, ine adj. – XVIe ▪ Qui a les traits d'une poupée. *Leur « visage poupin gardait l'enjouement de la dix-huitième année »* (Proust).

poupon n. m. – XVIe ▪ Bébé, très jeune enfant. ♦ Poupée représentant un bébé. ⇒ **baigneur.**

pouponner v. intr. [1] – 1906 ▪ Dorloter maternellement des bébés. *Les femmes « qui sont occupées à chiffonner et à pouponner »* (Alain).

pouponnière n. f. – XIXe ▪ Lieu où l'on garde les jeunes enfants jour et nuit. *La pouponnière de la maternité.* ⇒ **nursery.**

pour prép. et n. m. inv. – IXe ; lat. *pro* « devant » **I - 1** En échange de ; à la place de. *Acheter, vendre qqch. pour telle somme.* ⇒ **contre, moyennant.** *Je l'ai acheté pour une bouchée de pain, pour trois fois rien.* ➝ iron. *Il en a été pour ses frais* : il n'a rien eu en échange. ➝ *Pour cinq élèves filles, nous avons trois garçons. Cinq, dix... pour cent* (%). ♦ loc. *Prendre, dire un mot pour un autre,* au lieu de. ➝ *Il y a un an jour pour jour. Mot pour mot. Rendre coup pour coup.* **2** (avec un terme redoublé marquant la possibilité d'un choix) *« mourir pour mourir, j'aimerais mieux que ce fût à l'endroit où j'étais »* (Dider.). **3** ⇒ **comme.** *Avoir pour effet, pour conséquence.* ➝ *Pour tout avantage* : comme seul, unique avantage. ➝ *Avoir pour élève, pour ami.* ➝ *Prendre pour femme.* ➝ *Se le tenir pour dit.* ➝ *Compter pour rien, pour du beurre* (fam.). ➝ *Vous me prenez pour un idiot ?* ♦ loc. fam. *Pour de bon* : d'une façon authentique. *« Mais c'était pour de vrai, pour de bon, cette fois »* (Aragon). **4** En prenant la place de. *Payer, agir pour qqn.* **5** En ce qui concerne. *« Et zut pour la monnaie »* (Zola). *En tout et pour tout* : uniquement. ➝ Par rapport à. *Il fait froid pour la saison.* ♦ *Pour moi, je pense que...* ⇒ **quant à.** *« Quel beau temps, pour un 3 novembre »* (P. Benoit). ➝ *Pour une surprise, c'est une surprise !* ➝ *Pour ce qui est de* : en ce qui concerne. ➝ fam. *« On a bonne mine, les gars. Pour ça, on a bonne mine »* (Sartre). **6** En ce qui concerne une personne en tant que sujet, dans sa conscience. *« entre ce que j'étais pour moi, et ce que j'étais pour les autres, il n'y avait aucun rapport »* (Beauv.). *Ce n'est un mystère pour personne.* ➝ *Le pour soi.* ⇒ **soi. II - 1** Marquant la direction, le but dans l'espace. *Partir pour une ville, un pays. « Je ne songe plus qu'au départ, mais pour où ? »* (Gide). ➝ *Partir pour l'armée.* **2** Marquant le terme dans la durée, dans le temps. *« Vous partez ? – Oui ! c'est pour ce soir »* (Apoll.). *Viendrez-vous pour les vacances ?* ➝ *« Elle se trouvait donc libre pour la semaine entière »* (Maupass.). *Pour le moment* : momentanément. ➝ *Pour toujours. C'est tout pour aujourd'hui.* ➝ *Pour quand ?* ➝ *Pour dans 8 jours.* ➝ *Pour une fois, pour cette fois. Pour la première, la dernière fois. Pour le coup* : cette fois-ci. **3** Destiné à (qqn, qqch.). *Voici une lettre pour lui. Il n'y en aura pas pour tout le monde.* ➝ *Film pour adultes. Journaux pour enfants. Crème pour les mains.* ➝ *« On ne se marie pas pour être heureuse »* (Carné et Prévert, « Drôle de drame », film). fam. *C'est fait pour,* exprès, à cette intention. fam. *« C'est étudié pour »* (F. Raynaud). ♦ Destiné à combattre. ⇒ **contre.** *Sirop pour la toux.* ♦ En vue de. *Pour leur intérêt.* ⇒ **dans.** *C'est pour son bien.* ➝ *C'est mauvais pour la santé.* ➝ *Pour le cas où* : dans le, au cas où. *Il s'est sacrifié, et pour quoi ? Pour rien.* ♦ À l'égard de. ⇒ ① **envers.** *Avoir un faible pour qqn.* ➝ *Tant mieux, tant pis pour lui. C'est bien fait pour elle !* ➝ *Elle a du goût pour les belles choses.* ♦ En faveur de, pour l'intérêt, le bien de... *Former des vœux, prier pour qqn. Quêter pour les pauvres.* ➝ *Parier, opter pour... Voter pour qqn. Prendre parti pour qqn.* ➝ loc. fam. (en parlant aux enfants) À l'intention de. *« Une cuiller pour maman, une pour bonne-maman »* (Beauv.). ➝ ÊTRE POUR... : être partisan de. *Le surréalisme considérait « que tout ce qui n'était pas totalement et exclusivement pour lui était contre »* (Sartre). *Je suis pour que tout le monde vienne.* ➝ ellipt *Je suis pour.* **4** POUR (et l'inf.) : afin de pouvoir (cf. En vue* de). *« il a besoin d'électricité pour se mouvoir »* (J. Verne). *Tout tenter pour réussir. Faire un régime pour maigrir. Pour quoi faire ?* ➝ *« Nous sommes revenus par le chemin de Saint-Malo, pour ne pas le rencontrer »* (Maupass.). ♦ *On s'accorde pour dire* : on est d'accord en disant. ➝ fam. *Ce n'est pas, c'est pas pour dire, mais il a du culot* : il a vraiment du culot. ➝ *Je l'ai dit pour rire, pour plaisanter.* **5** POUR QUE : afin que. *« Pour que Dieu nous réponde, adressons-nous à lui »* (Muss.). **III - 1** En ayant pour résultat (qqch.). *Pour son malheur. « N'ai-je donc tant vécu que pour cette infamie ? »* (Corn.). ➝ *« il n'y a que les imbéciles et les ambitieux pour faire des révolutions »* (France). ♦ *« voilà une réputation qui n'est pas pour m'effrayer »* (Proust). ➝ *Trop poli pour être honnête. C'est trop beau pour être vrai* : c'est impossible. **2** POUR QUE. *« Je suis bien jeune... pour qu'on veuille m'écouter »* (Stendh.). ➝ *« Es-tu un prince pour qu'on te flagorne ? »* (Beaum.). **IV - 1** À cause de. *Être puni pour ses crimes. Merci pour tout.* ➝ loc. *Pour un oui, pour un non* : à toute occasion. *Pour sa peine* : en considération de. ➝ *Merci pour votre cadeau, pour votre compréhension. Pour quelle raison ?* ⇒ **pourquoi.** ➝ littér. *« Il me plaisanta pour ce que je n'avais pas su poser mon dernier mot »* (Gide). ➝ *Le magasin est fermé pour cause de maladie, de décès.* ➝ *Et pour cause !* pour une raison trop évidente. **2** ⇒ **parce que.** *« Pour avoir été déçue dans quelques illusions, je faisais le procès à toutes mes croyances »* (Sand). **V - 1** littér. POUR... QUE. ⇒ **aussi,** ① **si.** *Pour invisible qu'il fût.* ⇒ **quelque.** *« pour mystérieux et distant qu'il me parût en cet état, mon père était alors une divinité courtoise »* (Duham.). ♦ *Pour autant que* : dans la mesure où. *Pour autant que je le sache.* ➝ *Pour autant* : même pour cela. ⇒ **pourtant.** *Il a tout raté, il n'en est pas découragé pour autant.* ➝ *Ne t'en fais pas pour si peu !* ➝ fam. *« Pour ce qu'on en profite ! »* (Romains). **2** *« Ah ! pour être dévot, je n'en suis pas moins homme »* (Mol.). **F** n. m. LE POUR. Le bon côté. *Le pour et le contre*.*

> ❑ *Pour* et *contre* peuvent être synonymes ou antonymes. Ils sont synonymes au sens de « en échange de » (*acheter qqch. pour telle somme* ou *contre telle somme*) et de « destiné à combattre » (*un sirop pour la toux* ou *contre la toux*). Quand *pour* signifie « en faveur de », *contre* est son antonyme : *être pour qqn, pour des réformes* « en être partisan » ; *être contre qqn, contre des réformes* « en être l'adversaire ».

pour- Élément, du lat. *pro,* indiquant que l'action exprimée par le verbe formé est menée à son terme.

pourboire n. m. – XVIIe ; de *pour* et *boire* ▪ Somme d'argent remise, à titre de gratification, de récompense, par le client à un travailleur salarié. ⇒ région. **dringuelle.** *Donner un petit pourboire. Donner un pourboire à l'ouvreuse, au taxi, au guide* (⇒ **bakchich**). *Douze francs, pourboire compris* (⇒ **service**).

pourceau n. m. – XIIIe ; lat. *porcus* « porc » **1** vx ou littér. ⇒ **cochon, porc. 2** littér. Homme qui s'adonne aux plaisirs des sens. *« Saluez-moi, pourceaux qui vous vautrez sur ces tapis comme sur du fumier ! »* (Balz.).

pourcentage n. m. – XIXe ; de *pour cent* ▪ Taux d'un intérêt, d'une commission, calculé sur un capital de cent unités. *« J'avais des appointements élevés, un pourcentage sur les bénéfices »* (Duham.). ♦ Proportion pour cent. *Un fort pourcentage de réussite.* ➝ *Travailler, être payé au pourcentage,* sans salaire fixe mais selon les ventes.

pourchasser v. tr. [1] – XIe ▪ Poursuivre, rechercher (qqn) avec obstination. ⇒ **chasser, poursuivre.** *Être pourchassé par des créanciers. Gazelle pourchassée par un tigre.* ♦ Poursuivre (qqch.). *L'argent* « *qu'on pourchasse est celui de la servitude* » (Rouss.). ◆ *Les souvenirs qui le pourchassaient.*

pourfendeur n. m. – XVIIIe ▪ littér. Celui qui pourfend, tue, met à mal, ou critique vigoureusement.

pourfendre v. tr. [41] – XIe ▪ littér. Mettre à mal. *Don Quichotte voulait* « *défendre les faibles et pourfendre les méchants* » (Maurois).

pourlécher v. tr. [6] – XVe ▪ *SE POURLÉCHER les babines* : se passer la langue sur les lèvres (en signe de contentement avant ou après un bon repas).

pourliche n. m. – XIXe ; de *pourboire* et *licher* « boire » ▪ fam. Pourboire.

❑ Famille de *lécher* et de *lichette.*

pourparler n. m. – XVe ▪ (surtout plur.) Conversation entre plusieurs parties pour arriver à un accord. ⇒ **négociation, tractation.** *Être en pourparlers. Entamer des pourparlers de paix avec l'ennemi.*

pourpier n. m. – XIIIe ; lat. *pulli pes* « pied de poulet » ▪ Plante *(portulacées)* à petites feuilles charnues (comestibles dans une espèce), à fleurs aux coloris variés. ◆ *Pourpier des mers* : arroche apte à fixer les dunes.

pourpoint n. m. – XIIIe ; de *pour-* et *poindre* « piquer » ▪ Partie du vêtement d'homme qui couvrait le torse jusqu'au-dessous de la ceinture (⇒ **justaucorps**). « *il était vêtu d'un pourpoint et d'un haut-de-chausses violet* » (Dumas).

pourpre n. et adj. – X^e ; gr. *porphura* → porphyre **I** n. f. **1** Matière colorante d'un rouge vif, extraite d'un mollusque (⇒ **murex**) et utilisée par les Phéniciens, les Grecs et les Romains. **2** littér. Étoffe teinte de pourpre (chez les Anciens), d'un rouge vif, symbole de richesse ou d'une haute dignité sociale. *Manteau de pourpre.* ♦ Dignité de consul, à Rome. ◆ Dignité souveraine. *La pourpre royale. Être né dans la pourpre.* ⇒ **porphyrogénète.** *La pourpre romaine, cardinalice,* et absolt *la pourpre* : la dignité de cardinal. **3** littér. Couleur rouge vif. « *La pourpre de ses lèvres* » (Balz.). ◆ Rougissement. « *Une pourpre de honte, un éclair de colère enflammait ses yeux ou ses joues* » (Hugo). **II** n. m. **1** Couleur rouge foncé, tirant sur le violet (⇒ aussi **amarante**). ♦ *Pourpre rétinien* : pigment photosensible porté par les bâtonnets de la rétine, association d'une protéine et d'un pigment rouge. ⇒ **rhodopsine.** ♦ Couleur rouge, représentée en héraldique par des traits en diagonale, montant de gauche à droite. **2** Mollusque gastéropode prosobranche *(monotocardes). Le pourpre sécrète un liquide violacé qui devient rouge foncé à l'air.* **III** adj. D'une couleur rouge foncé. « *Les bouquets des cistes pourpres ou blancs* » (Gide).

❑ Comme *écarlate, mauve* et *rose, pourpre* est devenu un véritable adjectif et il est donc variable.

pourpré, ée adj. – XVIe ▪ littér. Coloré de pourpre. ⇒ **purpurin.** « *les joues pourprées, les yeux rouverts* » (Barbey).

pourquoi adv., conj. et n. m. inv. – XIe **I** adv. et conj. **1** (interrog. dir.) Pour quelle raison, dans quelle intention ? « *Pourquoi mon cœur bat-il si vite ?* » (Muss.). *Pourquoi faut-il que... ? Pourquoi veux-tu donc que... ?* ◆ fam. « *Pourquoi est-ce que vous saluez cette Cambremer ?* » (Proust). ♦ À quoi bon ? « *Pourquoi venir auprès de moi ?* » (Hugo). ♦ « *Pourquoi j'en parlais ? Pour éclairer cette idée de témoignage* » (Romains). ◆ *Pourquoi ces questions ?* ♦ *Pourquoi ?* « *Et pourquoi donc ? dit Salavin* » (Duham.). *Pourquoi pas ? Pourquoi pas ici ? Pourquoi lui et pas moi ?* ♦ Interrogeant sur la raison de la question. *Vous partez ? – Oui, pourquoi ?* **2** (interrog. ind.) Pour quelle cause, dans quelle intention. « *Si on me presse de dire pourquoi je l'aimais* » (Montaigne). « *j'aurais essayé de savoir pourquoi lui ? pourquoi lui si laid ?* » (Céline). *Je vous demande pourquoi vous riez.* ◆ « *c'est encore une chose possible, je ne sais pourquoi* » (Beckett). *Ne me demandez pas pourquoi. Dis-moi pourquoi.* ♦ loc. fam. *Il faut que ça marche ou que ça dise pourquoi* : il faut absolument que... **3** vieilli Pour lequel, pour laquelle (cf. Pour quoi*). « *une des raisons pourquoi je veux élever Émile à la campagne* » (Rouss.). ◆ mod. *Voilà, voici pourquoi telle chose a eu lieu.* ◆ *C'est pourquoi...* : c'est pour cela que. **II** n. m. inv. **1** Cause, motif, raison. « *Dans la question de l'immortalité de l'homme, on voit le pourquoi, on ne voit pas le comment* » (Hugo). **2** Question par laquelle on demande la raison d'une chose. *Les pourquoi des enfants.*

❑ Ne pas confondre avec *pour quoi (c'est pour quoi faire ?, faire quoi ?).*

pourri, ie adj. et n. – XIIe **1** Corrompu ou altéré par la décomposition. *Arbre, bois pourri. Planche pourrie.* ◆ *Fruits pourris.* ◆ Avarié. *Œufs pourris, viandes pourries.* ⇒ **corrompu.** ◆ Décomposé. *Cadavres pourris.* **2** Désagrégé. *Roche pourrie* (humide et effritée). *Neige pourrie,* à demi fondue. *Ce câble est complètement pourri.* **3** Humide, pluvieux. *Temps pourri. Un été pourri,* très pluvieux. **4** Moralement corrompu. *Flic pourri.* ⇒ **ripou.** ◆ « *Il y a quelque chose de pourri dans le royaume de Danemark* » (trad. Shakespeare, « Hamlet »). ♦ n. fam. *Vendu ! Pourri !* « *Tous dans le même sac, je vous dis* [...] *Des pourris* » (Aragon). **5** Très mauvais, insupportable. ⇒ **dégueulasse, infect.** *Quelle boîte pourrie !* ◆ En mauvais état. *Bagnole pourrie.* **6** fam. *POURRI DE* : qui a beaucoup de. *Il est pourri de fric. Pourri de talent.* **7** n. m. Ce qui est pourri. *Une odeur de pourri* (⇒ **putride**).

pourridié n. m. – XIXe ▪ Maladie cryptogamique de la vigne et de certains arbres fruitiers ; champignon qui en est la cause.

pourrir v. [2] – XIe ; lat. *putrescere* **I** v. intr. **1** Se décomposer, en parlant d'une matière organique. ⇒ se **corrompre,** se **putréfier ; pourriture, putréfaction.** *Les* « *collines sous lesquelles achevaient de pourrir les corps déchiquetés de trois cent mille soldats* » (Cl. Simon). **2** Rester dans une situation où l'on se dégrade. *Pourrir dans l'ignorance* (⇒ **croupir**). *Laisser pourrir la situation* (⇒ **pourrissement**). ◆ *Pourrir en prison.* **II** v. tr. **1** Attaquer, corrompre en faisant pourrir. ⇒ **gâter.** *L'humidité, l'eau, pourrit les végétaux, le bois.* **2** Corrompre, gâter. *L'argent l'a pourri.* « *C'est injuste qu'une minute suffise à pourrir toute une vie* » (Sartre). **3** Gâter extrêmement (un enfant).

pourrissage n. m. – XVIIe ▪ Traitement de l'argile à céramique par exposition à l'humidité.

pourrissant, ante adj. – XIIe ▪ Qui est en train de pourrir.

pourrissement n. m. – XVe ▪ Dégradation progressive d'une situation. *Le pourrissement d'une grève.*

pourrissoir n. m. – XVIIe ▪ littér. Lieu où qqch. pourrit. « *Ce mur bas, clôture du pourrissoir mortuaire de la geôle* » (Hugo).

pourriture n. f. – XIIe **1** Altération profonde, décomposition des tissus organiques (⇒ **putréfaction**) ; état de ce qui est pourri. « *la pourriture avancée du bois* » (Zola). **2** Ce qui est complètement pourri. « *Le soleil rayonnait sur cette pourriture* » (Baudelaire). **3** Se dit de maladies cryptogamiques ou bactériennes. *Pourriture noble de la vigne.* ⇒ **botrytis.** **4** État de grande corruption morale. ⇒ **gangrène.** 5 Personne corrompue, ignoble. ⇒ **ordure, pourri.** « *cette aimable petite pourriture* » (Barbey).

poursuite n. f. – XIIIe 1 Action de poursuivre (qqn, un animal) pour le rattraper, s'en saisir. « *Un caniche du fiacre s'est mis à la poursuite du moine* » (Dider.). *Policiers à la poursuite des malfaiteurs. Poursuite en voiture, à moto.* ➛ *Course poursuite* ou *poursuite* : épreuve de cyclisme sur piste. *Championnat de poursuite* (⇒ **poursuiteur**). 2 Effort pour atteindre (une chose). ⇒ **recherche.** *La poursuite d'un idéal.* 3 Pouvoir appartenant au ministère public de faire comparaître devant la juridiction pénale toute personne susceptible d'avoir commis une infraction. *Poursuites contre qqn.* ⇒ **accusation.** *Engager des poursuites. Cessation des poursuites.* ⇒ **non-lieu.** 4 Action de continuer sans relâche. ⇒ **continuation.** *La poursuite des efforts, des négociations.* ✪ CONTR. Arrêt, cessation.

poursuiteur n. m. – 1933 ▪ Cycliste spécialiste de la poursuite.

poursuivant, ante n. – XIIIe 1 Personne qui exerce des poursuites judiciaires. ⇒ **demandeur.** ➛ adj. *La partie poursuivante.* 2 Personne qui poursuit qqn. « *prendre des poses qu'on voit aux poursuivants dans les films policiers américains* » (Simenon).

poursuivre v. tr. [40] – XIIe 1 Suivre de près pour atteindre (ce qui fuit, cherche à s'échapper). *Poursuivre qqn.* ⇒ **courir** (après), **pourchasser.** *Motards qui poursuivent une voiture.* ♦ pronom. Se suivre l'un l'autre pour s'atteindre. *Jouer à se poursuivre.* 2 Tenter de rejoindre (qqn qui se dérobe). ⇒ **presser, relancer.** *Être poursuivi par ses créanciers.* 3 Tenter d'obtenir les faveurs amoureuses de (qqn). *Il la poursuit de ses assiduités.* 4 *Poursuivre qqn de...* : s'acharner contre lui par... ⇒ **harceler.** « *Elle ne poursuivit plus de sa haine l'abbé* » (Giraud.). ♦ Hanter, obséder. « *Ces images lugubres et cette odeur cadavérique me poursuivirent longtemps* » (Alain). 5 Engager contre (qqn) une action pénale (et accessoirement civile). ⇒ **accuser.** « *ses amis voulaient qu'il poursuivît ses diffamateurs* » (Maurois). *Poursuivre qqn devant les tribunaux.* 6 Chercher à obtenir (qqch.). *Poursuivre un objectif.* « *on n'aime que ce en quoi on poursuit quelque chose d'inaccessible* » (Proust). 7 Continuer sans relâche. *Poursuivre son voyage, son chemin.* « *Délurier qui a poursuivi ses études aux frais des prêtres* » (Jouhand.). *Poursuivre des recherches.* ➛ *Il faut poursuivre.* ⇒ **persévérer.** ♦ *Poursuivre un récit, une conversation. Poursuivez, cela m'intéresse !* ⇒ **continuer.** *Je ne suis pas, poursuivit-il, la personne qui vous convient.* ♦ pronom. Se continuer. *La discussion se poursuivit tard dans la nuit.* ✪ CONTR. Fuir, éviter. Commencer, inaugurer. Abandonner, arrêter, cesser.

❑ Pour l'emploi de *poursuivre un but* → but (rem.).

pourtant adv. – XIIe ▪ Adverbe marquant l'opposition entre deux choses liées, deux aspects contradictoires d'une même chose. ⇒ **cependant, mais, néanmoins, toutefois.** « *Ces plaintes et ces serments le laissaient pourtant de bois* » (Dorgelès). *Il faut pourtant avancer. C'est pourtant bien simple. C'est pourtant vrai. Je te l'avais pourtant bien dit.* ➛ « *grande, mince et très souple, grasse pourtant* » (Zola). ♦ *Et pourtant.* « *C'était là une grave question, et pourtant [...] elle fut résolue affirmativement* » (J. Verne). « *Et pourtant elle tourne* [la Terre] », mot prêté à Galilée après sa rétractation.

pourtour n. m. – XVe ; de *pour-* et ③ *tour* 1 Ligne formant le tour d'un objet, d'une surface. *Tant de mètres de pourtour.* ⇒ **circonférence, périmètre.** 2 Partie qui fait le tour (d'un lieu), qui forme les bords (d'une chose). ⇒ **périphérie.** *Le pourtour méditerranéen.* « *L'insecte assaillait tout le pourtour de la corolle* » (Gide). ✪ CONTR. Centre.

pourvoi n. m. – XIVe ▪ Action par laquelle on attaque devant une juridiction supérieure la décision d'un tribunal inférieur. ⇒ **appel.** *Pourvoi devant la Cour de cassation. Pourvoi en cassation. Pourvoi (en grâce).* ⇒ **recours.**

pourvoir v. tr. [25] – XIIe ; lat. *providere* I v. tr. ind. POURVOIR À qqch. : faire ou fournir le nécessaire pour. *Pourvoir à l'entretien de la famille.* ⇒ **assurer.** « *Il fallut pourvoir à ce nettoiement continuel des rues* » (Volt.). *Dieu y pourvoira.* II v. tr. dir. 1 Mettre (qqn) en possession (de ce qui est nécessaire). ⇒ **donner** (à), **munir, nantir.** *Pourvoir qqn d'une recommandation, d'un titre* (⇒ **gratifier**), *d'un emploi* (⇒ **procurer**). ♦ pronom. *SE POURVOIR DE* (qqch.) : faire en sorte de posséder, d'avoir (une chose nécessaire). ⇒ se **munir.** *Se pourvoir de provisions pour une semaine.* ⇒ s'**approvisionner.** 2 Munir (une chose). *Pourvoir une maison du confort moderne.* ⇒ **équiper.** ♦ *Pourvoir un poste,* y affecter une personne. *Il reste des postes à pourvoir.* 3 *La nature l'a pourvu de grandes qualités.* ⇒ **doter, douer.** 4 *ÊTRE POURVU, UE* : avoir, posséder. *Il est pourvu de tout le nécessaire.* ♦ *Bien pourvu, pourvu* : riche. subst. *Les pourvus* : les nantis. 5 *SE POURVOIR* v. pron. Recourir à une juridiction supérieure ; former un pourvoi. ✪ CONTR. Démunir, déposséder. — Dénué, dépourvu.

pourvoyeur, euse n. – XIIIe 1 *Pourvoyeur de...* : personne, chose qui fournit (qqch.). « *Un déjeuner dont j'étais le pourvoyeur* » (Rouss.). « *Les pourvoyeurs de drogue habitent le quartier* » (Mac Orlan). ⇒ ① **dealer, revendeur.** 2 n. m. Soldat, artilleur chargé de l'approvisionnement d'une pièce. ⇒ **servant.** *Tireur, chargeur et pourvoyeur d'une mitrailleuse.*

pourvu, ue → **pourvoir** (II, 4°)

pourvu que loc. conj. – XIVe 1 À condition de, si. « *Qu'ils me haïssent, pourvu qu'ils me craignent !* » (Alain). « *Qu'importe le flacon pourvu qu'on ait l'ivresse* » (Muss.). ➛ Du moment que, dès lors que. *Moi, pourvu que je mange à ma faim...* 2 Espérons que... *Pourvu que ça dure ! Pourvu qu'il fasse beau dimanche !*

poussage n. m. – 1957 ▪ Transport fluvial par convois de barges métalliques amarrées de façon rigide et poussées (⇒ **pousseur**). ✪ CONTR. Remorquage, touage.

poussah n. m. – XVIIe ; chin. *pu-sa* « image de Bouddha assis les jambes croisées » 1 Jouet composé d'un buste de magot porté par une demi-sphère lestée qui le ramène à la position verticale lorsqu'on le bascule. 2 Gros homme petit et ventru.

❑ Le sens de « gros homme » a été probablement influencé par *poussif.*

pousse n. f. – XVe 1 Action de pousser ; développement de ce qui pousse. *La pousse des feuilles.* ⇒ **poussée.** *La pousse des dents, des cheveux.* 2 Ce qui pousse à un certain stade de la végétation ; bourgeon naissant, germe de la graine. 3 Maladie du cheval, dyspnée due à l'emphysème pulmonaire ou à la rigidité de la cage thoracique. *Ce cheval a la pousse.* ⇒ **poussif.** 4 Tourne du vin, caractérisée par une fermentation et un dégagement de gaz carbonique. ✪ CONTR. Chute. — HOM. Pouce.

pousse-au-crime n. m. inv. – 1916 ▪ fam. et vieilli Alcool, eau-de-vie. ♦ Ce qui incite à mal agir.

pousse-café n. m. inv. – XIXe ■ Petit verre d'alcool que l'on prend après le café. ⇒ **rincette.** « *ayant bu le café, le pousse-café et la rincette* » (Cendrars).

poussée n. f. – XVIe **1** Action d'une force qui pousse ; son résultat. ⇒ **pression.** *La poussée de la foule. La porte a cédé sous la poussée.* ➛ *Une poussée :* action de pousser qqn (pour l'écarter, le faire reculer). *Résister aux poussées de l'ennemi.* ⇒ **attaque, offensive.** ♦ Force horizontale exercée par un élément pesant (arc, voûte, etc.) sur ses supports, et qui tend à les renverser. ♦ Pression exercée par un corps pesant sur un autre et tendant à le déplacer. *Poussée horizontale, verticale.* ➛ Résultante des forces de pression exercée par un fluide. *La poussée d'Archimède.* ➛ Force propulsive d'un moteur à réaction, d'une fusée. **2** Manifestation subite d'une force qui était retenue. ⇒ **impulsion, pulsion.** « *Proust eut alors une légère poussée de mondanité* » (Maurois). **3** Manifestation subite d'un mal. *Poussée de fièvre.* ⇒ **accès, crise.**

pousse-pied n. m. – XVIe **1** ⇒ **pouce-pied. 2** Petit bateau léger, à fond plat, qu'on fait glisser en le poussant avec le pied. *Des pousse-pieds* ou *des pousse-pied.*

pousse-pousse n. m. inv. – XIXe ; de *pousser* ■ Voiture monoplace légère à deux roues, tirée par un homme et en usage en Extrême-Orient. ⇒ aussi **cyclopousse, rickshaw.**

pousser v. 1 – XIIe ; lat. *pulsare* **I** v. tr. **1** Soumettre (qqch., qqn) à une force agissant par pression ou par choc et permettant de mettre en mouvement, et de déplacer dans une direction. *Pousser qqn dehors.* « *Il le saisit aux épaules et le poussa vers la porte* » (Sartre). *Pousser les gens pour se frayer un passage.* ➛ *Pousser qqn du coude, du genou,* pour l'avertir ou en signe de connivence. ➛ loc. adv. fam. *À la va comme je te pousse :* n'importe comment. *Ce travail a été fait à la va comme je te pousse.* ➛ *Pousser du pied un objet. Pousser une voiture en panne. Pousser une porte,* pour l'ouvrir ou la fermer. « *Ayant fermé sa porte à clef et poussé le verrou de sûreté* » (Maupass.). **2** Faire aller (un être vivant) devant soi, dans une direction déterminée. *Chien qui pousse un troupeau. Pousser des troupes,* les faire avancer. fam. *Pousser au cul.* **3** Entraîner (en parlant d'une force). « *l'impulsion qui pousse un Français à écrire* » (Giraud.). ♦ *POUSSER (QQN) À* (qqch.) : inciter. ⇒ **conduire, entraîner, ① porter, stimuler.** *Pousser qqn à faire qqch. Quel mobile l'a poussé à agir ainsi ? Vendeur qui pousse à la dépense.* « *Je suis danseuse* [...] *je dois pousser à la consommation* » (Simenon). ♦ Aider (qqn) à atteindre une position meilleure ; faciliter la réussite de (qqn). ⇒ **favoriser ; pistonner.** *Pousser un élève,* le faire travailler. ♦ *Pousser qqn à bout,* l'exaspérer. « *Ma patience est poussée à bout* » (Mol.). **4** Faire avancer (qqch.). *Pousser une voiture d'enfant. Pousser ses pions sur l'échiquier.* ➛ *Pousser l'aiguille :* coudre. ➛ « *Une bise violente pousse les étincelles* » (Chateaub.). **5** fig. *Pousser à, jusqu'à, vers, loin,* etc. : faire aller jusqu'à un certain point, un certain degré, une limite (une activité, un travail, etc.). *Pousser jusqu'au bout une action, une œuvre.* ⇒ **terminer.** ➛ *Pousser qqch. à l'extrême. Pousser trop loin la plaisanterie.* ⇒ **exagérer.** *La plaisanterie est un peu poussée.* ⇒ **① fort.** ➛ *Pousser les enchères.* ⇒ **enchérir.** ♦ *Pousser le dévouement, la délicatesse jusqu'à faire telle ou telle chose.* « *un amour maternel poussé jusqu'à la passion* » (France). **6** Faire parvenir à un degré supérieur de développement, d'intensité. *Pousser son travail, les travaux.* ➛ *Pousser une affaire,* la mener activement. *Pousser une discussion, une enquête.* ⇒ **poursuivre, prolonger.** *Faire des études poussées.* ⇒ **approfondi.** ➛ *Pousser le chauffage.* ⇒ **activer, augmenter, monter.** ➛ *Pousser un moteur, une voiture,* chercher à lui faire rendre le maximum. ⇒ **gonfler. 7** Produire avec force ou laisser échapper avec effort par la bouche (un son). ⇒ **émettre, proférer.** *Pousser des cris.* ⇒ **crier.** *Pousser un hurlement, un gémissement. Pousser une gueulante. Pousser un soupir. Pousser un ouf de soulagement.* ➛ fam. *Pousser la chansonnette.* ⇒ **chanter.** *En pousser une* (chanson). **II** v. intr. **1** Faire effort en poussant qqch. ou qqn. *Voyons, ne poussez pas !* fam. *Poussez pas, y en aura pour tout le monde !* **2** Faire un effort pour expulser de son organisme. **3** *Pousser plus loin, jusqu'à... :* aller (plus loin). ⇒ **avancer.** « *à moins qu'il ne soit descendu à Rolleboise, ou qu'il n'ait poussé jusqu'à Pacy* » (Hugo). ⇒ **continuer, poursuivre. 4** fam. Aller trop loin, dépasser la mesure. ⇒ **exagérer ; attiger.** *Tu pousses un peu !* loc. *Faut pas pousser !* **5** Croître, se développer, grandir. *Plantes, arbres qui poussent. Une bonne terre où tout pousse. Faire pousser des salades.* ⇒ **cultiver.** ♦ *Laisser pousser sa barbe. Ses dents ont poussé.* ⇒ **① sortir.** « *ses longs bras d'adolescent qui a poussé trop vite* » (Cendrars). ⇒ **grandir.** ♦ S'accroître, se développer (en parlant de villes, de constructions). **III** *SE POUSSER* v. pron. Avancer en poussant les autres. ♦ Conquérir une position meilleure. « *Il est fort désireux de se pousser dans le monde* » (Mauriac). ♦ S'écarter pour laisser la place. *Pousse-toi, laisse-moi passer.* loc. fam. *Pousse-toi de là que je m'y mette.* ⇒ **ôter.** ✪ CONTR. Immobiliser, tirer ; détourner, empêcher.

poussette n. f. – XVIIIe **1** Tricherie au jeu, consistant à pousser une mise sur le tableau ou le numéro que l'on voit gagner. « *elle passait ses nuits autour des tables à faire la "poussette" auprès des gros pontes* » (Simenon). **2** fam. Action d'aider un coureur cycliste en le poussant dans une côte. **3** Petite voiture d'enfant, généralement pliante, constituée d'un siège suspendu à un châssis sur roulettes. *Poussette-canne :* poussette pliante à deux montants parallèles en forme de canne. ✪ HOM. Poucettes.

pousseur n. m. – 1959 ■ Bateau à moteur qui assure le poussage. ♦ Recomm. offic. pour *booster**. ✪ CONTR. Remorqueur, toueur.

poussier n. m. – XIVe ; de *poussière* ■ Poussière de charbon, utilisée notamment pour faire des agglomérés. ➛ *Coup de poussier :* déflagration brusque des poussières de charbon, dans une mine, un dépôt de charbon. ♦ Débris pulvérulents. *Poussier de paille, de foin.* ✪ HOM. Poucier.

poussière n. f. – XIIe ; lat. *pulvis* **1** Terre desséchée réduite en particules très fines, très légères ; mélange pulvérulent de corpuscules assez ténus pour pouvoir se maintenir en suspension dans l'air. *Poussière fine.* « *Puis on voit un nuage de poussière, un nuage jaune où se mêle la fumée bleue du moteur* » (Le Clézio). ➛ Ces particules qui se déposent. *Poussière sur les meubles, le plancher* **(⇒ mouton).** pop. *Faire la poussière, les poussières :* épousseter. ⇒ **balayer, dépoussiérer.** ♦ loc. *Réduire en poussière :* pulvériser ; anéantir, détruire. *Tomber en poussière :* se désagréger. ⇒ **brésiller.** ♦ littér. Les restes matériels de l'homme, après la mort. ⇒ **cendres, dépouille.** ♦ *Une poussière :* un grain de poussière. *Avoir une poussière dans l'œil.* ➛ fam. Une chose infime, un rien. *Cela m'a coûté deux cents francs et des poussières,* et un peu plus. ⇒ **broutille. 2** Matière réduite en fines particules **(⇒ poudre) ;** ces particules. *Poussière de charbon.* ⇒ **poussier.** *Poussières volcaniques.* ➛ *Poussières radioactives.* ➛ Poudre fine recouvrant l'aile des papillons.

poussiéreux, euse adj. – XIXe **1** Couvert, rempli de poussière. **2** Vieux, à l'abandon. « *Cet omnibus sen-*

tait le renfermé, l'administration poussiéreuse, le vieux bureau » (St-Exup.).

poussif, ive adj. – XIIIe 1 Se dit du cheval qui a la pousse. 2 Qui respire difficilement, manque de souffle. « *Je suis trop sédentaire et je deviens poussif* » (Duham.). ♦ fam. Qui marche mal, par à-coups. *Une voiture poussive,* qui n'avance pas. 3 Qui manque d'inspiration. *Un style poussif.*

poussin n. m. – XIIe ; lat. *pullus* « jeune animal » ▪ Jeune poulet ou jeune oiseau, nouvellement sorti de l'œuf. ➛ appos. *Jaune poussin.* ♦ Jeune sportif âgé de moins de onze ans. *L'équipe des poussins.* ♦ arg. Élève de première année dans certaines écoles (Air, Aéronautique).

poussinière n. f. – XIIe ▪ Cage dans laquelle on enferme les poussins. ♦ Couveuse, éleveuse artificielle.

poussivement adv. – XIXe ▪ D'une manière poussive, en s'essoufflant ou avec difficulté.

poussoir n. m. – XIIIe ▪ Pièce destinée à transmettre une poussée, une pression. ➛ Bouton sur lequel on appuie pour déclencher un mécanisme. ⇒ **bouton-poussoir.** *Poussoir d'une montre.*

poutargue ou **boutargue** n. f. – XVIe ; ar. *boutharka* ▪ Masse d'œufs de poisson pressés, salés, séchés ou fumés.

poutrage n. m. – XIXe ▪ Assemblage de poutres. ⇒ **charpente.**

poutre n. f. – XIVe ; lat. *pullus* « petit d'un animal » 1 Grosse pièce de bois équarrie servant de support (dans une construction, une charpente). ⇒ **madrier.** *Poutres soutenant un plancher.* ⇒ **lambourde, solive.** *Portée d'une poutre.* ⇒ **travée.** *Plafond aux poutres apparentes.* « *Voici le plafond aux poutres solides* » (Claudel). 2 Élément de construction allongé. *Poutres en béton, en béton armé. Poutres métalliques d'un pont.* ⇒ **longeron ; poutrelle.** 3 Longue pièce de bois disposée horizontalement au-dessus du sol, servant à des exercices de gymnastique. ➛ Les exercices d'équilibre ainsi pratiqués.

> ❑ Ce mot est l'emploi figuré de l'ancien français *poutre* « jeune jument », selon une métaphore courante (cf. *bélier, chèvre* et *poulain*) où le nom d'un animal devient celui d'une machine, d'un élément de construction.

poutrelle n. f. – XVe ▪ Petite poutre.

poutser v. tr. [1] – XIXe ; all. *putzen* ▪ (Suisse) fam. Nettoyer, astiquer.

pouture n. f. – XIIIe ; lat. *puls* « bouillie de céréales » ▪ Engraissement du bétail à l'étable, principalement au moyen de farineux.

① **pouvoir** v. tr. [33] ; p. p. inv. *pu* – IXe ; lat. *posse* **I - 1** Avoir la possibilité de (faire qqch.). « *il pourra aller visiter ses biens en carriole* » (Sand). *Ils peuvent payer. Je ne peux pas le porter toute seule. Ne pas pouvoir,* ou (littér.) *ne pouvoir parler. On ne peut pas tout avoir. Qui peut savoir ? Dire qu'il a pu faire une chose pareille !* ⇒ **oser.** *Comment a-t-il pu ?* ➛ *Si vous pouvez ; dès que vous pourrez. Ils se débrouillent comme ils peuvent.* loc. *On ne peut mieux* : le mieux possible. *On ne peut plus* : extrêmement. *Il est on ne peut plus serviable. On ne peut moins* : très peu. ➛ *On n'y peut rien, que voulez-vous.* ➛ (Belgique) *N'en pouvoir rien.* ➛ *Ça peut toujours servir. Qu'est-ce que ça peut bien lui faire ?* 2 Avoir le droit, la permission de (faire qqch.). « *La liberté consiste à pouvoir faire tout ce qui ne nuit pas à autrui* » (DÉCLAR. DR. HOM.). « *vous ne pouvez tout de même pas demander aux gens de faire hara-kiri* » (Romains). ♦ Avoir raisonnablement la possibilité de. « *On ne peut affirmer, on peut tout supposer* » (Romains). *C'est le moins qu'on puisse dire. Si je puis dire, si l'on peut dire.* ➛ Avoir l'autorisation de. *Les élèves pourront sortir à telle heure. Puis-je vous emprunter ce crayon ?* ♦ Avoir beau. *Tu peux me raconter ce que tu veux, je ne te crois pas.* 3 *Les malheurs qui peuvent nous arriver.* ⇒ **risquer.** *Ça pourrait mal tourner.* 4 littér. *Puissiez-vous dire vrai !* « *puissiez-vous jouir d'une meilleure santé que la mienne* » (Volt.). 5 impers. ⇒ **peut-être ; possible.** *Il peut y avoir..., il ne peut pas y avoir erreur.* « *Ce sont vingt mille francs qu'il m'en pourra coûter* » (Mol.). *Il pourrait bien pleuvoir demain. Il pouvait être minuit* : il était environ minuit. ➛ loc. *Autant que faire se peut* : autant que cela est possible. ♦ *Il se peut que* : il est possible que. *Il se peut que je sois un peu en retard.* ➛ *Cela ne se peut pas* : c'est impossible. fam. « *C'est possible, en y pensant, ça se pourrait* » (Giono). *Ça se pourrait bien.* **II** v. tr. 1 *Résistez, si vous le pouvez,* si vous pouvez résister. *Dès qu'il le put.* 2 Être capable, être en mesure de faire (qqch.). *Je fais ce que je peux, j'ai fait ce que j'ai pu. Qu'y puis-je ? On n'y peut rien. On ne peut rien te cacher. Qu'est-ce que je peux faire pour vous ? Que puis-je pour vous ?* ➛ « *Que ne peut l'amitié conduite par l'amour ?* » (Rac.). ♦ *Pouvoir* (qqch.) *sur...* : avoir de l'autorité, de l'influence sur. ♦ « *On ne veut que pour pouvoir* » (Suarès). 3 *N'EN POUVOIR PLUS* : être dans un état d'extrême fatigue, de souffrance ou de nervosité. *J'ai trop marché, je n'en peux plus.* « *n'en pouvant plus d'effort et de douleur* » (La Font.). ➛ Ne pas supporter un excès de plaisir. *On se tordait de rire, on n'en pouvait plus.* ✪ HOM. *Pus : pue* (puer).

> ❑ *Je puis* est vieilli, sauf dans l'interrogation directe où il est obligatoire : *puis-je ?*

② **pouvoir** n. m. – IXe 1 Le fait de pouvoir, de disposer de moyens naturels ou occasionnels qui permettent une action. ⇒ **faculté, possibilité.** *Le pouvoir de connaître l'avenir.* ⇒ ① **don.** *Si j'en avais le pouvoir. À cause, en vertu du pouvoir de...* « *La France possède un grand pouvoir d'assimilation* » (Duham.). ➛ *Pouvoir d'achat* : quantité de biens et services qu'il est possible de se procurer avec une somme d'argent déterminée. *Baisse du pouvoir d'achat.* ⇒ **niveau** (de vie). ➛ *Cela n'est pas en mon pouvoir,* parmi ce que je peux faire. « *Il n'est plus en pouvoir de me faire du mal* » (Mol.). ➛ plur. *Des pouvoirs surnaturels, extraordinaires.* 2 Capacité légale (de faire une chose). ⇒ ③ **droit.** *Pouvoir d'un tuteur, d'un mandataire. Il m'a donné pouvoir de... Avoir tous pouvoirs, pleins pouvoirs.* ♦ Acte écrit permettant à une personne d'exercer les droits d'une autre personne et d'agir en son nom. ⇒ **procuration.** *Bon pour pouvoir,* formule par laquelle on donne pouvoir à qqn. 3 Propriété physique d'une substance. *Pouvoir calorifique* : quantité de chaleur produite par la combustion complète de l'unité de masse d'une substance. ➛ *Pouvoir couvrant d'une couleur, d'un vernis* : surface qui peut être couverte utilement avec un kilo de couleur. 4 Possibilité d'agir sur qqn, qqch. ⇒ **autorité, empire, puissance.** « *servez-vous de tout le pouvoir que vous donne sur elle cette amitié* » (Mol.). ⇒ ② **ascendant, influence.** *Un pouvoir irrésistible. Pouvoir de séduction.* ➛ *Vous êtes en notre pouvoir,* à notre merci, entre nos mains. ➛ *Tomber au pouvoir de qqn,* sous sa domination. ⇒ **dépendance.** ➛ *Le pouvoir des sens.* « *le pouvoir souverain de l'esprit et de l'art libérateur* » (R. Rolland). 5 Situation de ceux qui dirigent ; puissance politique à laquelle est soumis le citoyen. *Le pouvoir du roi, de César. Pouvoir suprême, souverain.* ⇒ **souveraineté.** *Pouvoir supérieur.* ⇒ **hégémonie.** *Pouvoir absolu.* ⇒ **omnipotence, toute-puissance.** « *le pouvoir rend fou, le pouvoir absolu rend absolument fou* » (Alain). *Les bornes, les limites du pouvoir. Lutte pour le pouvoir. Prendre le pouvoir.*

⇒ **pronunciamiento, putsch** (cf. Coup d'État*). *La majorité au pouvoir* (en démocratie). « *Le pouvoir nous laisse tels que nous sommes et ne grandit que les grands* » (Balz.). ➙ au plur. *Accorder les pleins pouvoirs au gouvernement par un vote.* ♦ *Pouvoir monarchique, aristocratique, oligarchique, démocratique.* **6** Droit et possibilité d'action codifiée, dans un domaine précis. *Organe, organisme exerçant un pouvoir, des pouvoirs* (institutions politiques). *Pouvoir constituant. Pouvoir législatif,* chargé d'élaborer la constitution, la loi. *Pouvoir exécutif,* chargé du gouvernement et de l'administration. *Pouvoir judiciaire,* chargé de la fonction de juger. ⇒ **justice.** ➙ loc. *Le quatrième pouvoir :* les médias. ➙ *Pouvoir disciplinaire,* du supérieur hiérarchique, d'un conseil. ⇒ **discipline.** ➙ *Pouvoir discrétionnaire,* permettant à une autorité d'agir librement. *Pouvoir réglementaire. Les pouvoirs d'un ministre, d'un préfet.* ⇒ **attribution.** *En vertu des pouvoirs qui me sont conférés.* ♦ Organes, personnes dans lesquels s'incarne le pouvoir. *Les pouvoirs publics :* ensemble des autorités pouvant imposer des règles aux citoyens. ✪ CONTR. Impossibilité, impuissance.

pouzzolane [pudzɔlan] **n. f.** – XVIIe ; it. *Pozzuoli* « Pouzzoles », ville près de Naples ▪ Roche volcanique à structure alvéolaire et qui, mélangée à la chaux, présente en construction des qualités d'isolation thermique et phonique.

P. P. C. M. [pepeseɛm] **n. m.** – 1962 ; sigle ▪ Plus petit commun multiple (de plusieurs nombres).

practice **n. m.** – mil. XXe ; mot angl. « pratique » ▪ Au golf, Terrain, salle réservés à l'entraînement.

præsidium → **présidium**

pragmatique **adj.** et **n. f.** – XVe ; gr. *pragma* « action » **1** *Pragmatique sanction :* édit promulgué autrefois par les souverains territoriaux en vue de régler définitivement une affaire importante. **2** Qui est adapté à l'action sur le réel, qui est susceptible d'applications pratiques. ⇒ ② **pratique.** *Une décision pragmatique.* ➙ Qui accorde la première place à l'action, à la pratique. « *l'hostilité raisonnable et pragmatique d'un rival* » (Gide). *Une personne pragmatique.* ⇒ **efficace.** ♦ Relatif au pragmatisme. **3** **n. f.** Étude des signes en situation. *Syntaxe, sémantique et pragmatique.* ⇒ **pragmatisme.**

pragmatisme **n. m.** – XIXe **1** Doctrine qui donne la valeur pratique comme critère de la vérité (d'une idée). **2** Doctrine selon laquelle l'idée que nous avons d'un phénomène, d'un objet n'est que la somme des idées que nous pouvons avoir au sujet des conséquences pratiques de ce phénomène, des actions possibles sur cet objet.

pragmatiste **adj.** et **n.** – 1909 ▪ Relatif au pragmatisme. ➙ Partisan du pragmatisme. « *Je suis politiquement pragmatiste* » (Mauriac). **n.** *Un pragmatiste.*

praire **n. f.** – XIXe ; mot provenç. « prêtre » ▪ Mollusque bivalve comestible, coquillage vivant dans le sable littoral. ⇒ **vénus.**

prairial **n. m.** – XVIIIe ; de *prairie* ▪ Neuvième mois du calendrier républicain (du 20 mai au 18 juin). *Des prairials.*

prairie **n. f.** – XIIe ; de *pré* ▪ Surface couverte de plantes herbacées (graminées et légumineuses) qui fournit du fourrage au bétail. ⇒ **pré ; herbage, pâturage.** « *une prairie tourbeuse, que ne revêtait plus ce gazon demi-ras de la steppe* » (J. Verne). ♦ *La Prairie :* vastes steppes d'Amérique du Nord. *Les Prairies,* nom de trois provinces canadiennes.

prâkrit [pʀakʀit] **n. m.** – XIXe ; sanskr. *prâkr(i)ta* « dénué d'apprêt, usuel » ▪ Ensemble des langues et dialectes de l'Inde ancienne issus du sanskrit ou développés parallèlement à lui.

pralin **n. m.** – XIXe **1** Mélange utilisé pour le pralinage des végétaux. **2** Préparation à base de pralines, d'amandes et de sucre, utilisée en pâtisserie, en confiserie. ⇒ **praliné.**

pralinage **n. m.** – XIXe **1** Opération qui consiste à enrober les racines d'une plante ou les graines d'un mélange de terre et de bouse de vache. **2** Fabrication des pralines.

praline **n. f.** – XVIIe ; du nom du maréchal du *Plessis-Praslin* ▪ Bonbon fait d'une amande rissolée dans du sucre bouillant. ➙ région. (Belgique) Bonbon au chocolat. ♦ loc. fam. inv. *Cucul la praline :* niais, un peu ridicule. ⇒ **bébête.** ➙ arg. Balle d'arme à feu.

> ❑ Cette confiserie fut inventée par le cuisinier du maréchal du Plessis-*Praslin.*

praliné, ée **adj.** – XVIIIe ▪ Rissolé dans du sucre. ♦ Mélangé de pralines, d'amandes pilées. ➙ *Glace pralinée.*

praliner **v. tr.** [1] – XVIIIe **1** Préparer à la manière des pralines. **2** Procéder au pralinage des racines, des graines de (une plante).

prame **n. f.** – XVIIIe ; néerl. ▪ Bateau annexe à fond plat, souvent manœuvré à la godille.

prao **n. m.** – XVIe ; malais ▪ Voilier à balancier utilisé en Malaisie. ➙ Multicoque construit selon ce modèle.

praséodyme **n. m.** – XIXe ; gr. *prasinos* « d'un vert de poireau » et *didumos* « double » ▪ Élément du groupe des lanthanides, métal jaune clair, donnant des sels d'un beau vert.

praticable **adj.** et **n. m.** – XVIe **1** Qu'on peut mettre à exécution. ⇒ **possible.** « *Opération rigoureusement praticable, en nous relayant* » (J. Verne). ⇒ **applicable, réalisable.** **2** Où l'on peut passer sans danger, sans difficulté. *Chemin praticable pour les voitures.* ⇒ **carrossable.** **3** Au théâtre, *Porte, fenêtre praticable,* par laquelle on peut passer. *Décors praticables et décors figurés.* ♦ **n. m.** *UN PRATICABLE :* décor où l'on peut se mouvoir. ➙ Élément supportant des projecteurs, des caméras et le personnel qui s'en occupe. ✪ CONTR. Impraticable.

praticien, ienne **n.** – XIVe **1** Personne qui connaît la pratique d'un art, d'une technique. *Les théoriciens et les praticiens.* ♦ Personne qui dégrossit le marbre pour ébaucher l'ouvrage qu'achèvera le sculpteur. **2** Médecin qui exerce, soigne les malades (opposé à *chercheur, théoricien*). ⇒ **clinicien ; chirurgien** et aussi **omnipraticien.** ➙ Personne qui donne des soins médicaux. *La sage-femme est une praticienne.*

pratiquant, ante **adj.** et **n.** – XIVe ▪ Qui observe les pratiques de sa religion. ➙ **n.** « *vous qui êtes un pratiquant sincère* » (Queneau).

① **pratique** **n. f.** – XIIIe ; gr. *praktikos* « efficace » **1** Activités volontaires visant des résultats concrets (opposé à *théorie*). *Connaissance obtenue par la pratique.* ⇒ **empirique, expérimental, pragmatique.** ➙ *Dans la pratique :* dans la vie, le quotidien. *En pratique :* dans l'exécution. ⇒ **concrètement.** « *Des dispositions belles en théorie, mais peu exécutables en pratique* » (Chateaub.). **2** Manière concrète d'exercer une activité (opposé à *règle, principe*). *La pratique d'un art, d'une technique.* « *une personne qui n'a pas la pratique de la natation* » (Baudelaire). *La pratique d'une langue.* ⇒ **usage.** *Manquer de pratique.* ⇒ **expérience.** *Plusieurs années de pratique.* loc. *Mettre en pratique.* ⇒ **appliquer, concrétiser, exécuter, réaliser.** **3** dr. Procédure. *Termes, style de pratique.* **4** littér. Le fait de suivre une règle d'action (sur le plan moral ou social). *Pratique de la dévotion.* ⇒ **observance.** *La pratique du bien.* ➙ *La pratique religieuse* (⇒ **pratiquer**). **5** *Les pratiques :* les exercices extérieurs de la piété.

⇒ **observance ; culte.** « *Toute religion qui succède à une autre respecte longtemps certaines pratiques et formes de culte* » (Nerval). 6 *Une pratique, des pratiques :* manière habituelle d'agir (propre à une personne, un groupe). « *la contrebande et autres pratiques illicites* » (Mérimée). ⇒ **agissements, conduite, procédé.** *Une pratique répandue.* ⇒ **coutume,** ① **mode, usage.** ✪ CONTR. Spéculation, théorie.

② **pratique** adj. – XIVe 1 Qui concerne l'action, la transformation de la réalité extérieure par la volonté humaine. ⇒ **pragmatique.** « *prendre pour mes jugements pratiques le contre-pied exact de mes jugements théoriques* » (Renan). ♦ *Travaux pratiques* (*T.P.* [tepe]) : exercices d'applications qui complètent l'enseignement théorique d'une matière. 2 Qui concerne la vie matérielle, concrète. *Conseils pratiques.* 3 Qui détermine la conduite ; normatif. « *Critique de la raison pratique* », de Kant. 4 Qui concerne le sens des réalités, l'aptitude à s'adapter aux situations concrètes et à défendre ses intérêts matériels. *Manquer, être dénué de tout sens pratique.* ➛ « *Une femme pratique dont la pensée n'est guère préoccupée que de repas, de raccommodages, de lessives, d'économies* » (Larbaud). 5 Ingénieux et efficace, bien adapté à son but. ⇒ ① **commode, fonctionnel.** *Outil pratique. C'est pratique, très pratique.* ✪ CONTR. Théorique ; abstrait, spéculatif. Idéaliste, sentimental. Incommode, malcommode.

pratiquement adv. – XVIIe 1 Dans la pratique, d'une manière pratique. *Comment procède-t-on, pratiquement ?* ⇒ **concrètement.** 2 En fait. « *ma profession d'avocat, que je n'ai pratiquement jamais observée* » (Romains). 3 Pour ainsi dire, à peu de chose près. ⇒ **presque, quasiment.** *C'est pratiquement fini.*

❑ Au sens de « presque » emprunté à l'anglais, ce mot est critiqué.

pratiquer v. tr. [1] – XIVe 1 Mettre en application (une prescription, une règle). ⇒ **observer.** *Pratiquer le respect de la différence. Pratiquer une religion.* ➛ *Il est croyant, mais il ne pratique pas.* 2 Mettre en action (une théorie, une méthode). ⇒ **appliquer.** ♦ Exercer régulièrement (une activité). *Pratiquer un métier. Pratiquer régulièrement un sport.* ➛ *Pratiquer une langue :* avoir l'occasion de l'utiliser. ➛ *Le docteur X ne pratique plus,* n'exerce plus. 3 Employer (un moyen, un procédé), avoir (une activité, un comportement), d'une manière habituelle. *Pratiquer un genre de vie.* ➛ *Ce magasin pratique des prix élevés.* ➛ pronom. « *comme cela se pratique au théâtre* » (Gaut.). ⇒ **se faire.** 4 Exécuter (une opération manuelle) selon les règles prescrites. ⇒ **opérer.** *Pratiquer une intervention chirurgicale.* 5 Ménager (une ouverture, un abri, etc.). *Pratiquer une fenêtre dans un mur.* 6 Fréquenter (qqn). « *J'ai pratiqué dans ma vie des personnes de diverses sortes* » (France). *Pratiquer un auteur, un livre.* ✪ CONTR. Abstenir (s') ; ignorer.

praxie n. f. – 1930 ; gr. *praxis* « mouvement » ■ En médecine, Adaptation des mouvements aux buts visés.

praxis [pʀaksis] n. f. – 1934 ; mot gr. « action » ■ Activité en vue d'un résultat, opposée à la connaissance d'une part, à l'être d'autre part. *Le langage en tant que praxis.*

pré- Élément, du lat. *præ* « devant, en avant », marquant l'antériorité dans le temps ou dans l'espace. ✪ CONTR. Post-.

pré n. m. – XIe ; lat. *pratum* 1 Terrain produisant de l'herbe qui sert à la nourriture du bétail. ⇒ **prairie.** *Mener les vaches au pré.* ⇒ **pâturage.** ♦ Étendue d'herbe à la campagne. *Plantes des prés et des bois.* « *Ce grand pré mal fleuri par l'automne* » (Apoll.). ♦ *Pré carré :* possession, domaine d'influence. 2 vieilli *Aller sur le pré :* se battre en duel.

préadamisme n. m. – XIXe ■ Doctrine en faveur au XVIIe s., selon laquelle Adam n'aurait pas été le premier homme de la création, mais seulement l'ancêtre du peuple juif.

préadolescent, ente n. – 1959 ■ Jeune garçon, fillette qui va entrer dans l'adolescence.

préalable adj. et n. m. – XVe ; de *pré-* et *allable,* a. adj. de ① *aller* I adj. 1 Qui se fait ou se dit avant autre chose, dans une suite de faits liés entre eux. *Sans avis préalable* (⇒ **préavis**). *Étude de marché préalable au lancement d'un nouveau produit.* 2 Qui doit précéder (qqch.). ⇒ **préliminaire.** *Expérience préalable exigée.* II n. m. 1 Condition à laquelle est subordonnée l'ouverture de négociations. *Poser un préalable au dialogue.* 2 loc. adv. *AU PRÉALABLE :* avant toute chose, dans un premier temps, d'abord. ⇒ **auparavant,** ① **avant, préalablement.** ✪ CONTR. Successif ; postérieur.

préalablement adv. – XVe ■ De manière préalable ; au préalable. ⇒ **auparavant.**

préalpin, ine adj. – XIXe ; de *Préalpes,* nom d'un massif montagneux ■ De la zone des Alpes qui forme transition entre les massifs montagneux et les plaines du pourtour.

préambule n. m. – XIVe ; lat. *præambulare* « marcher devant » 1 Ce dont on fait précéder un texte de loi pour en exposer les motifs, les buts. *Préambule de la Constitution.* ♦ Exposé d'intentions préalable à un discours, à un écrit. ⇒ **avant-propos, exorde.** 2 Paroles, démarches qui ne sont qu'une entrée en matière. *Sans préambule :* à brûle-pourpoint. ♦ Ce qui fait présager qqch. ⇒ **prélude.** *La situation va empirer, ce n'est qu'un préambule.* ✪ CONTR. Conclusion, péroraison.

❑ Même famille étymologique que *ambulatoire, déambuler, funambule, somnambule.*

préamplificateur n. m. – 1948 ■ Amplificateur de tension placé entre la source (détecteur, micro, tête de lecture) et l'amplificateur de puissance.

préau n. m. – XIIe ; de *pré* ■ Cour intérieure (d'un cloître, d'une prison, d'un hôpital). ♦ Partie couverte d'une cour d'école. *Cour d'école* « *où le dégel faisait dégoutter les toits du préau* » (Alain-Fourn.).

préavis n. m. – XIVe ■ Avertissement préalable à la rupture d'un contrat dans un délai et des conditions déterminés ; ce délai lui-même. ♦ Délai ou avertissement légal prévu par les conventions collectives que doit observer l'employeur en cas de licenciement ou le salarié en cas de démission. ⇒ **délai** (délai-congé). *Préavis d'un mois.* ➛ *Le syndicat a déposé un préavis de grève.*

préaviser v. tr. [1] – XVIe ■ Donner un préavis à (qqn).

prébende n. f. – XIIIe ; lat. *præbere* « fournir » ■ Revenu fixe accordé à un ecclésiastique. ♦ Le titre qui donne droit à la prébende. *Recevoir une prébende.* ♦ Profit tiré d'une charge ; cette charge. *Accepter une prébende.* ⇒ **sinécure.**

❑ De la même famille étymologique que *provende* qui a conservé le sens concret de « provision de vivres ».

prébendé, ée adj. – XIVe ■ Qui possède, reçoit une prébende. ⇒ **prébendier.**

prébendier n. m. – XVe 1 Titulaire d'une prébende. 2 littér. Personne qui profite d'une charge. ⇒ **profiteur.** « *gros, gras, fleuri comme un prébendier* » (Balz.).

prébiotique adj. – 1974 ; gr. *bios* « vie » ■ sc. Qui a immédiatement précédé l'apparition de la vie. *La soupe prébiotique.*

❑ L'hypothèse de la vie sortant de la *soupe prébiotique* (sorte de bouillon de culture) est aujourd'hui controversée (cf. A. Danchin, *Une aurore de pierre*).

précaire adj. – XIVe ; lat. *precarius* « obtenu par prière » **1** Qui ne s'exerce que grâce à une autorisation révocable. *Possession précaire, à titre précaire* (⇒ **détention**). **2** Dont l'avenir, la durée, ne sont pas assurés. ⇒ ① **incertain, instable.** *Tranquillité précaire. Sa santé est précaire.* ⇒ **fragile.** *Être dans une position, une situation précaire.* ➤ *Travail, emploi précaire,* sans garantie de durée (⇒ **précariser**). ➤ *Les tentes « si légères, si précaires et, cependant, accueillantes et sûres »* (Beauv.). ♦ n. m. Ce qui est précaire. ✪ CONTR. Durable, éternel, permanent, solide, stable.

précairement adv. – XVIIe ▪ littér. D'une manière précaire, à titre précaire.

précambrien, ienne adj. et n. m. – XIXe ▪ Se dit des terrains antérieurs au cambrien, de la période qui y correspond. ⇒ **archéen.** ♦ n. m. *Le précambrien.*

précarisation n. f. – 1981 ▪ Action de précariser. *Précarisation de l'emploi en période de chômage.*

précariser v. tr. [1] – v. 1980 ▪ Rendre précaire, peu durable, peu stable. ➤ pronom. *L'emploi se précarise.* ✪ CONTR. Stabiliser.

précarité n. f. – XIXe ▪ littér. Caractère ou état de ce qui est précaire. ⇒ **fragilité, instabilité.** *Précarité de l'emploi.* ♦ Caractère de la possession précaire ; le fait de détenir à titre précaire. ✪ CONTR. Pérennité, stabilité.

précaution n. f. – XVIe ; lat. *præcavere* « prendre garde » **1** Disposition prise pour éviter un mal ou en atténuer l'effet. ⇒ **garantie, mesure, prévention, protection.** *Ce serait une sage précaution de vous faire vacciner ; de réserver vos places. « Je vivote, en prenant des précautions, l'hiver au coin du feu, l'été au soleil »* (Mart. du G.). *S'entourer de précautions.* **2** Manière d'agir prudente, circonspecte. ⇒ **attention, circonspection, prévoyance.** *Objet fragile, produit dangereux à manier avec précaution* (⇒ **précautionneusement**). *Dire qqch. avec précaution.* ⇒ **diplomatie, ménagement.** *« Je montai l'escalier de bois avec beaucoup de précaution car il était sonore »* (Genet).

précautionneusement adv. – XIXe ▪ Avec précaution. *« Précautionneusement, il jette les tranches glacées sur un sac à patates »* (Dorgelès). ✪ CONTR. Imprudemment.

précautionneux, euse adj. – XVIIIe ▪ Qui a l'habitude de prendre des précautions. ⇒ **prudent.** ✪ CONTR. Imprudent.

précédemment [presedamɑ̃] adv. – XVe ▪ Antérieurement, avant. *Comme nous l'avons dit précédemment.* ✪ CONTR. Après, postérieurement.

précédent, ente adj. et n. m. – XIIIe **I** adj. Qui précède, s'est produit antérieurement, vient avant. *Dans un précédent ouvrage.* ⇒ **antérieur.** *Le jour précédent :* la veille. *« il s'était fait, l'année précédente, construire un petit garage »* (Romains). **II** n. m. **1** *Un, des précédents.* Fait antérieur qui permet de comprendre un fait analogue ; décision, manière d'agir à laquelle on peut se référer ensuite dans un cas semblable. *« cela créait un précédent dont il s'autorisa pour s'introduire »* (Gide). **2** loc. adj. *SANS PRÉCÉDENT :* unique en son genre, jamais vu. ✪ CONTR. Subséquent, ① suivant. — HOM. Précédant (précéder).

précéder v. tr. [6] – XIVe ; lat. « marcher devant » **1** Exister, se produire avant, dans le temps (⇒ **antériorité ; pré-**). *La cause précède l'effet. Symptômes qui précèdent une maladie* (⇒ **prodrome**). *« Les sourds mugissements qui précèdent l'orage »* (Rouss.). *Le vélocipède a précédé la bicyclette* (⇒ **ancêtre, prototype**). *Ceux qui nous ont précédés* ⇒ **prédécesseur.** *Dans les jours qui ont précédé.* ⇒ **précédent.** **2** Être avant, selon l'ordre logique ou spatial. *« En relisant les lignes qui précèdent »* (Claudel). **3** Être perçu avant l'arrivée de. *Sa mauvaise réputation l'avait précédé* (⇒ **annoncer**). **4** Être, marcher devant (qqn, qqch.). *« Je vais vous précéder pour vous montrer le chemin, dit l'hôtelier »* (Gaut.). ⇒ **passer** (devant). ➤ *Le convoi était précédé de deux motards.* **5** Arriver à un endroit avant (qqn, qqch.). *Il ne m'a précédé que de cinq minutes.* **6** Devancer (qqn). *Précéder qqn dans la voie d'une découverte.* ⇒ **précurseur.** ✪ CONTR. Suivre. — HOM. *Précédant :* précédent.

préceinte n. f. – XVIIe ; lat. *præcingere* « ceindre, entourer » ▪ Ensemble de bordages épais qui forment une ceinture autour du navire.

précellence n. f. – XVe ; lat. *præcellere* « exceller » ▪ littér. Excellence au-dessus de toute comparaison. ⇒ **préexcellence.** *« la précellence de la belle prose »* (Gide). *« De la précellence du langage français », ouvrage de H. Estienne* (1579).

précepte n. m. – XIIe ; lat. *præceptum* ▪ Formule qui exprime un enseignement, une règle (art, science, morale, etc.). ⇒ **leçon, maxime, principe.** *« Les vieillards aiment à donner de bons préceptes »* (La Rochef.). *Préceptes moraux et juridiques.* ♦ Commandement religieux.

précepteur, trice n. – XVe ; lat. « maître qui enseigne » **1** Personne chargée de l'éducation, de l'instruction d'un enfant (de famille noble, riche...) à domicile. ⇒ **éducateur, pédagogue ; préceptorat.** *« madame Graslin jugea nécessaire de donner un précepteur à son fils, qui avait onze ans »* (Balz.). **2** Guide. *« il a consenti à être mon précepteur en politique »* (Balz.).

> ❑ Le féminin *préceptrice* est rare. ♦ Ne pas confondre avec *percepteur* « comptable public ».

préceptorat n. m. – XVIIe ▪ Emploi de précepteur ; temps pendant lequel on l'exerce.

précession n. f. – XVIIe ; lat. ▪ Mouvement de rotation autour d'un axe fixe, de l'axe d'un gyroscope. ♦ Mouvement analogue de l'axe de rotation terrestre autour d'une position moyenne de cet axe. *Vitesse de précession :* vitesse angulaire de ce mouvement de rotation. ♦ *Précession des équinoxes :* mouvement rétrograde des points équinoxiaux.

préchambre n. f. – mil. XXe ; de *pré-* et *chambre* ▪ Cavité supérieure des cylindres de certains moteurs diesels, où se pulvérise le combustible.

préchauffage n. m. – 1949 **1** Traitement par la chaleur (d'un corps, d'un produit) précédant une autre opération. *Préchauffage des conserves avant fermeture.* **2** Action de préchauffer (un appareil) avant utilisation. *Préchauffage d'un four.*

préchauffer v. tr. [1] – mil. XXe **1** Chauffer (un corps, un produit) avant de le soumettre à une autre opération. **2** Amener (un appareil) à la température voulue. *Préchauffer un four.*

prêche n. m. – XVIe **1** Discours religieux prononcé par un ministre protestant. *« je vais au prêche des Calvinistes »* (Desc.). ♦ Sermon prononcé par un prêtre catholique. **2** Discours moralisateur et ennuyeux. ⇒ **sermon.**

prêcher v. [1] – X[e] ; lat. *prædicare* « annoncer, publier » **I** v. tr. **1** Enseigner (la révélation religieuse). *Prêcher l'Évangile.* **2** Conseiller, vanter (qqch.) par des paroles, des écrits. ⇒ **exhorter** (à). *Prêcher une croisade.* ♦ par ext. ⇒ **préconiser, recommander.** *Prêcher la haine, l'indulgence.* ➤ *« j'augmentais mon agitation en me prêchant un calme qui était l'acceptation de mon infortune »* (Proust). **II** v. intr. **1** Prononcer un sermon ou une série de sermons. *« Quand le Père Bourdaloue prêchait à Rouen, il y causait bien du désordre »*

(Chamf.). 2 Faire des discours solennels et ennuyeux. ⇒ **moraliser.** 3 loc. *Prêcher pour son saint, pour sa paroisse :* avoir en vue son intérêt personnel en faisant l'éloge de qqn, en préconisant une solution. ➤ *Prêcher d'exemple, par l'exemple :* encourager par son exemple qqn à faire qqch. **III** v. tr. *PRÊCHER QQN*, lui enseigner la parole de Dieu. ⇒ **évangéliser.** ♦ fam. Essayer de convaincre, de persuader qqn. ⇒ **sermonner.** *Prêcher un converti*.*

prêcheur, euse n. et adj. – XIIe 1 Prédicateur. ♦ adj. *Les frères prêcheurs :* les Dominicains. 2 vieilli Personne qui aime à faire la morale aux autres. « *Moi, je ne suis qu'une vieille prêcheuse* » (Sand).

prêchi-prêcha n. m. inv. – XIXe ; redoublt plaisant de *prêcher* ▪ fam. Discours moralisateur. ⇒ **morale, prêche, sermon.**

précieusement adv. – XIIIe ▪ Comme il convient pour une chose précieuse ; avec grand soin. *Conserver précieusement des lettres.* ✪ CONTR. Simplement.

précieux, ieuse adj. et n. f. – XIIe ; lat. *pretium* « prix » **I** adj. **1** De grand prix, d'une grande valeur. *Bijou précieux. Objets précieux.* ➤ *Pierres* précieuses. Métaux précieux* (or, argent, platine). *Bois précieux.* 2 Auquel on attache une grande valeur. « *la fréquentation de la mort, qui rend si précieuse la vie* » (Duham.). « *Le repos, trésor si précieux* » (La Font.). ♦ *Le précieux sang de Notre-Seigneur,* reçu dans le sacrement de l'Eucharistie. ♦ Particulièrement cher (à qqn). « *Je pleure tout ce que dans la vie je pouvais perdre de plus cher et de plus précieux* » (Mol.). ➤ Particulièrement utile. *Un précieux collaborateur.* **II - 1** n. f. *Les précieuses :* au XVIIe s., femmes qui adoptèrent une attitude nouvelle et raffinée envers les sentiments et un langage recherché. « *Les Précieuses ridicules* », *pièce de Molière.* ♦ adj. Relatif, propre aux précieuses du XVIIe s. *Salons, cercles précieux. Littérature précieuse.* 2 littér. Propre à la préciosité. *Style précieux* (⇒ **affecté, recherché**). ✪ CONTR. Commun ; naturel, simple.

préciosité n. f. – XIVe 1 Ensemble des traits qui caractérisaient les précieuses et l'esprit précieux du XVIIe s. 2 Caractère affecté, recherché du langage, du style. ⇒ ② **affectation, maniérisme, recherche.** « *ce souci d'élégance et de préciosité, qui fit son art s'écarter si délibérément de la vie* » (Gide). ♦ Expression précieuse. « *Ses archaïsmes prétentieux et ses préciosités* » (Maupass.). ✪ CONTR. Simplicité.

précipice n. m. – XVIe ; lat. *præcipitium* → précipiter 1 Vallée ou anfractuosité du sol très profonde, aux flancs abrupts. ⇒ **abîme, gouffre.** *Route en corniche au bord d'un précipice.* 2 Danger dans lequel on risque de tomber (⇒ **abîme**) ; désastre, malheur. « *Heureux qui sait se reconnaître au bord du précipice et s'empêcher d'y tomber !* » (Rouss.).

précipitamment adv. – XVIe ▪ En grande hâte ; avec précipitation. ⇒ **brusquement,** fam. **dare-dare.** « *Charles est sorti précipitamment chercher les vestiaires* » (Anouilh). ✪ CONTR. Lentement, posément.

précipitation n. f. – XVe **I - 1** Grande hâte. ⇒ **empressement.** *Avec précipitation.* ⇒ **précipitamment.** 2 Hâte excessive apportée à une action. ⇒ **irréflexion ; impatience.** *Désordre et précipitation. Ne confondez pas vitesse et précipitation.* ♦ Caractère hâtif et improvisé. *Dans la précipitation du départ, il a oublié son passeport.* **II - 1** Phénomène physique ou chimique à la suite duquel un corps insoluble (⇒ ② **précipité**) prend naissance dans un liquide. ⇒ **floculation.** 2 au plur. *Précipitations atmosphériques* ou *précipitations :* chute d'eau provenant de l'atmosphère sous forme liquide (pluie, brouillard), solide (neige, grêle). *Abondance des précipitations.* ⇒ **pluviométrie.** ✪ CONTR. Lenteur. — Dissolution.

① **précipité, ée** adj. – XVIe 1 Très rapide dans son allure, son rythme. ⇒ **pressé, rapide.** *Respiration précipitée.* ⇒ **haletant.** *Pas précipités.* 2 Qui a un caractère de précipitation. *Départ précipité. Une décision précipitée.* ✪ CONTR. Lent, posé.

② **précipité** n. m. – XVIe ▪ Dépôt obtenu quand se produit la précipitation.

précipiter v. tr. [1] – XVe ; lat. *præceps* « qui tombe la tête *(caput)* en avant *(præ)* » **I - 1** Jeter ou faire tomber d'un lieu élevé dans un lieu bas ou profond. *Ils ont été précipités dans le vide.* ♦ fig. Faire tomber d'une situation élevée ou avantageuse dans une situation inférieure et mauvaise. « *La crise imprévue et terrible des malheurs où elle m'a précipité* » (Rouss.). 2 Faire déposer (un corps en solution dans un liquide) par précipitation. 3 Pousser, entraîner avec violence. *Le choc l'a précipité contre le pare-brise.* « *aucune lecture n'est plus propre à me précipiter dans l'opposition* » (Gide). 4 Faire aller plus vite. ⇒ **accélérer, hâter.** *Précipiter son départ.* ⇒ **avancer, brusquer.** *Il ne faut rien précipiter :* il faut avoir de la patience, laisser évoluer la situation. **II** *SE PRÉCIPITER* v. pron. 1 Se jeter de haut dans un lieu bas et profond. ⇒ ① **tomber.** *Se précipiter par-dessus bord.* ⇒ se **jeter.** 2 En chimie, Se déposer par précipitation. 3 S'élancer brusquement, impétueusement. ⇒ **foncer, fondre,** se **lancer,** se **ruer.** « *le taureau se précipita dans l'arène au milieu d'un hourra immense* » (Gaut.). *Se précipiter vers la sortie, vers le buffet. Se précipiter au-devant de qqn.* ⇒ **accourir, courir.** ♦ *Inutile de tant se précipiter !* ⇒ se **dépêcher,** se **hâter.** 4 Prendre un rythme accéléré. ⇒ s'**accélérer.** « *L'action semble se précipiter* » (Mart. du G.). ✪ CONTR. ② Différer, ralentir, retarder. — Attendre.

préciput [pʀesipy(t)] n. m. – XVe ; lat. *præcipuus* « pris en premier » ▪ Droit reconnu à une personne (notamment à l'un des époux en cas de décès du conjoint) de prélever, avant tout partage, une somme d'argent sur certains biens de la masse à partager.

> ❑ Le *t* final du mot français est probablement dû à l'attraction du latin *caput* « tête » au sens de « capital ».

① **précis, ise** adj. – XIVe ; lat. *præcidere* « couper ras, retrancher » 1 Qui ne laisse place à aucune indécision dans l'esprit. ⇒ **clair, défini.** *Sens précis. Idées précises.* ⇒ **distinct.** *Règles, renseignements précis. De façon précise. Sans raison précise.* ⇒ **particulier.** « *Il alla consulter un médecin* [...] *qui ne put rien dire de précis* » (Aymé). ➤ *Mots, vocabulaire précis. Écrivain précis.* « *Il est habituellement bref, précis et clair* » (Baud.). 2 Perçu nettement. ⇒ ② **net.** « *Ce bruit, d'abord faible, puis précis, puis lourd et sonore, s'approchait lentement* » (Hugo). *Contours précis.* ♦ Déterminé avec exactitude. *Point précis.* 3 Qui est exécuté ou qui opère d'une façon sûre. « *d'un geste précis de joueur de boule* » (Mart. du G.). *Tir précis.* « *Cet esprit clair, net, précis, soigneux* » (Gaut.). 4 Qui, à la limite, est exact : qui est exactement calculé. ⇒ **exact.** *Calcul précis. Résultats assez précis. Au moment précis où...* « *N'oubliez pas d'être à ma porte à quatre heures et demie du matin très précises* » (Hugo). ⇒ **juste,** ③ **pile.** ✪ CONTR. Ambigu, imprécis, ③ vague. Flou, obscur. Approchant, approximatif.

> ❑ Aucun rapport étymologique avec *apprécier* ou *précieux,* mots de la famille de *prix.*

② **précis** n. m. – XVIIe ▪ Exposé précis et succinct. ⇒ **abrégé.** « *Ce précis rapide, qui, développé savamment, aurait fourni tout un tableau de mœurs* » (Balz.). ♦ Petit manuel. ⇒ **abrégé, mémento.** *Précis de grammaire.*

précisément adv. – XIVe 1 D'une façon précise, avec précision. ⇒ **rigoureusement.** *C'est en Normandie,* *plus précisément à Rouen.* 2 (dans une réponse) Oui, c'est cela même. *C'est lui qui vous en a parlé ? – Précisément.* ⇒ **exactement.** 3 (dans des expr. négatives) par euphém. Pas du tout. ⇒ **vraiment** (pas vraiment). *Ma vie « n'est pas précisément folichonne »* (Flaub.). 4 S'emploie pour souligner une concordance entre deux séries de faits ou d'idées distinctes. ⇒ **justement.** *« ces dames auxiliaires qui avaient toutes disparu, précisément le matin où l'on aurait eu besoin d'elles »* (Zola). ♦ *C'est précisément pour cela que je viens vous voir. « Mais précisément à cause de cela, ça ne marche pas »* (Flaub.). ✪ CONTR. Confusément, vaguement. Approximativement, environ.

préciser v. tr. [1] – XIVe 1 Exprimer, présenter de façon précise, plus précise. *Préciser ses idées. Préciser une date.* ⇒ **fixer.** *« On se bornait à me faire préciser certains points de mes déclarations précédentes »* (Camus). *Je tiens à préciser que...* 2 Rendre plus net, plus sûr (sans exprimer). *« Paresse à préciser ma pensée »* (Gide). ♦ pronom. Devenir plus précis, plus net. ⇒ se **dessiner.** *Le danger se précise.* 3 Apporter des précisions (en parlant, en écrivant), éviter le vague, l'allusion. *« Précisez, monsieur, j'exige que vous précisiez ! »* (Becque).

précision n. f. – XIVe 1 Caractère de ce qui est précis. ⇒ **clarté, rigueur.** *« Concision dans le style, précision dans la pensée, décision dans la vie »* (Hugo). *Renseignements d'une grande précision.* 2 Netteté de ce qui est précis. *Il revoyait la scène avec une grande précision.* 3 Façon précise d'agir, d'opérer. ⇒ **sûreté.** *Précision de gestes chez le chirurgien.* ⇒ ② **adresse, dextérité, doigté.** *Une précision mathématique.* 4 Qualité de ce qui est calculé d'une manière précise. ⇒ **exactitude.** *Précision d'un calcul.* ➤ *Instruments de précision,* très exacts et d'une grande fidélité de fonctionnement. 5 *Une, des précisions.* Détail, fait précis, explication précise permettant une information sûre. ⇒ **développement.** *Fournir, apporter des précisions supplémentaires. Demander des précisions sur tel ou tel point.* ✪ CONTR. Ambiguïté, imprécision, ③ vague. Approximation. Généralité.

précité, ée adj. – XVIIIe ▪ Qui a déjà été cité ; dont on a parlé précédemment.

préclassique adj. – XIXe ▪ Qui précède la période classique. *Littérature préclassique.*

précoce adj. – XVIIe ; lat. *præcoquere* « hâter la maturité, faire mûrir complètement » 1 Qui est mûr avant le temps normal (végétaux). ⇒ **hâtif.** *Fruits précoces. Asperges, petits-pois précoces* (⇒ **primeur**). ➤ Qui produit, porte (des fruits, des fleurs) avant la pleine saison. *Pêcher, rosier précoce.* ♦ Dont la croissance est très rapide (animaux). *Élevage d'ovins précoces.* 2 Qui survient, se développe plus tôt que d'habitude. *La cuisine « se trouvait déjà glacée par les gelées précoces de novembre »* (Zola). *« Une calvitie précoce lui dégageait le front »* (Mart. du G.). ♦ *Sénilité précoce :* gérontisme. 3 Qui se fait au stade initial de la maladie. *Diagnostic précoce.* 4 Qui se produit, se fait plus tôt qu'il n'est d'usage. *Enfant qui fait preuve d'une maturité précoce. « des yeux rieurs, où flambaient les vices précoces »* (Zola). 5 Dont le développement intellectuel est très rapide. *« le petit Ludovic, était un enfant précoce [...] et montrait les dispositions les plus étonnantes pour son âge »* (Gaut.). ⇒ **avancé ; prodige.** ✪ CONTR. Tardif. Arriéré, attardé, retardé.

précocement adv. – XIXe ▪ littér. D'une manière précoce. *« Cette secrète tristesse qui mûrissait si précocement mon amie »* (Gide). ✪ CONTR. Tardivement.

précocité n. f. – XVIIe ▪ Caractère de ce qui est précoce. ➤ *Il était « complice de mon premier amour. Il l'encourageait plutôt, ravi que ma précocité s'affirmât d'une façon ou d'une autre »* (Radiguet).

précognition [pʀekɔgnisjɔ̃] n. f. – mil. XXe ▪ Phénomène parapsychologique qui consisterait à connaître ce qui va arriver. ⇒ **prémonition, prescience.**

précolombien, ienne adj. – XIXe ; de *pré-* et *Colomb* ▪ Relatif à l'Amérique, à son histoire, à ses civilisations avant la venue de Christophe Colomb.

précombustion n. f. – mil. XXe ▪ Phase du cycle d'un moteur diesel précédant l'entrée en combustion du combustible.

précompte n. m. – XVe ▪ Estimation préalable de sommes à porter en déduction. ♦ Retenue opérée sur une rémunération.

précompter v. tr. [1] – XVe ▪ Estimer, calculer par avance (les sommes à déduire d'un règlement entre créancier et débiteur). ♦ Déduire d'une rémunération, à titre de retenue préalable. ⇒ **retenir.**

préconçu, ue adj. – XVIIe ; *pré-* et *concevoir* 1 Imaginé par avance. *« Commencer sans plan préconçu. Sans trop savoir d'avance ce que je veux dire »* (Gide). 2 péj. *Idée préconçue,* élaborée sans jugement critique ni expérience. ⇒ **préjugé.** *« Un héros qui aborde la vie avec les idées préconçues de l'adolescence »* (Maurois).

préconisation n. f. – XIVe 1 Acte solennel par lequel le pape ou un cardinal préconise en consistoire un ecclésiastique appelé aux fonctions épiscopales par un chef d'État. 2 Action de préconiser (qqch.). ⇒ **recommandation.**

préconiser v. tr. [1] – XIVe ; lat. *præco* « crieur public » 1 Proclamer (un ecclésiastique) apte à remplir les fonctions épiscopales. ⇒ **préconisation.** *Préconiser un évêque.* 2 Recommander avec insistance (une chose dont on célèbre les mérites, dont on vante la valeur, l'efficacité). ⇒ **prescrire, prôner, recommander.** *« Ceux qui préconisent la solution militaire »* (Camus). *Diplomate qui préconise une entente. Il lui a préconisé de faire de l'exercice. La solution qu'il préconise paraît bonne.* ✪ CONTR. Critiquer, dénigrer, dénoncer.

précontraint, ainte adj. et n. m. – 1928 ▪ Qui a subi une précontrainte. *Béton armé précontraint.* ➤ n. m. Béton précontraint. *Pont en précontraint.*

précontrainte n. f. – 1928 ▪ Compression préalable du béton afin d'en augmenter la résistance.

précordial, iale, iaux adj. – XIVe ; lat. *præcordia* « diaphragme » ▪ Qui a rapport à la région thoracique située en avant du cœur, qui a son siège dans cette région. *Douleur précordiale.*

précuit, ite adj. – mil. XXe ▪ Soumis à une cuisson préalable. *Légumes précuits.*

précurseur n. m. et adj. m. – XVe ; lat. *præcurrere* « courir en avant » 1 Celui qui annonce, prépare la venue d'un autre. ♦ Personne dont la doctrine, les œuvres ont frayé la voie à un grand homme, à un mouvement. *« je serais aujourd'hui, par nombre de philosophes, salué comme un précurseur »* (Duham.). 2 adj. Qui annonce en précédant. ⇒ **annonciateur, avant-coureur.** *« Après un éclair précurseur, un coup de tonnerre a retenti »* (Baud.). 3 n. m. Composé dont la transformation conduit à un produit endogène ou à un métabolite essentiel. *La noradrénaline est le précurseur de l'adrénaline.*

prédateur, trice n. m. et adj. – XVIe ; lat. *præda* « proie » 1 Animal qui se nourrit de proies, et par ext. Végétal qui se développe aux dépens d'un autre. *Les parasites et les prédateurs.* ➤ adj. *Espèces prédatrices.* 2 Homme vivant de chasse et de cueillette. *L'homme du paléolithique est un prédateur.*

❑ La forme *prédatrice* n. f. n'est pas signalée dans tous les dictionnaires.

prédation n. f. – mil. XXe ▪ Activité des animaux (et en général des organismes) prédateurs.

prédécesseur n. m. – XIIIe ; lat. **1** Personne qui a précédé qqn dans une fonction, une charge... ⇒ **devancier.** **2** plur. Ceux qui ont précédé qqn. ⇒ **ancêtre.** « *Il tire avantage non seulement de sa propre expérience, mais encore de celle de ses prédécesseurs* » (Pasc.). ✪ CONTR. Successeur.

❑ L'impossibilité d'un féminin conduit à dire *un prédécesseur* en parlant d'une femme. → -eur (rem.).

prédécoupé, ée adj. – 1966 ▪ Qui est vendu déjà découpé ou prêt à être découpé. ⇒ aussi **prétranché.**

prédelle n. f. – XIXe ; it. ▪ Partie inférieure d'un tableau d'autel, généralement divisée en petits panneaux représentant une série de sujets. *La prédelle d'un retable.*

prédestination n. f. – XIIe **1** Intention qui aurait animé Dieu quand il a, de toute éternité, déterminé le destin de l'humanité et l'avenir du monde (cf. Prédétermination). ♦ Doctrine du calvinisme, selon laquelle Dieu aurait, par avance, élu certaines de ses créatures pour les conduire au salut et voué les autres à la damnation éternelle. **2** littér. Détermination préalable d'événements ayant un caractère de fatalité. « *une sorte de prédestination domine toutes les circonstances d'une vie* » (Maeterl.).

prédestiné, ée adj. – XIIe **1** Que Dieu a élu pour être sauvé. **2** *Prédestiné à...* : voué à (un destin particulier). « *Je la croyais prédestinée à un certain homme* » (Maurois). *Un être prédestiné,* voué à un destin exceptionnel. ➝ subst. *Les grands prédestinés.* ♦ Fixé d'avance. *Vie prédestinée.*

prédestiner v. tr. [1] – XIIe **1** Destiner, de toute éternité, à la damnation ou au salut. **2** Vouer d'avance à l'accomplissement de grandes choses, à un destin particulier. ⇒ **destiner, prédisposer.** ♦ Disposer par avance à un usage, un emploi particulier. *Climat qui prédestine un pays à l'agriculture.*

prédétermination n. f. – XVIIe **1** Acte par lequel Dieu prédétermine la volonté humaine. **2** En philosophie, Détermination d'un fait par des causes antérieures au moment qui le précède immédiatement.

prédéterminer v. tr. [1] – XVIe **1** philos. Déterminer d'avance par des causes ou des raisons immédiatement antérieures à la décision, à l'acte. **2** *Dieu prédétermine la volonté humaine,* intervient de manière que l'homme se détermine de tel ou tel côté sans rien perdre de sa liberté de décision.

prédéterminisme n. m. – déb. XXe ▪ Système philosophique où les événements sont considérés comme prévus par Dieu.

prédicant n. m. – XVIe **1** Ministre du culte protestant dont la fonction essentielle est la prédication. **2** adj. littér. Moralisateur.

prédicat n. m. – XIVe ; lat. « chose énoncée avec force » **1** Second terme d'une énonciation où il est possible de distinguer ce dont on parle et ce qu'on en affirme ou nie ; attribut (du sujet). **2** Ce qui, dans un énoncé, est affirmé à propos d'un autre terme (sujet ou thème). *Le prédicat et l'expansion.* ➝ Le verbe et l'attribut qui dépendent d'un nom.

prédicateur n. m. – XIIIe **1** Celui qui prêche (⇒ **prêcheur**). *Prédicateur qui monte en chaire.* ♦ Ecclésiastique qui a pour fonction habituelle de prononcer des sermons. ⇒ **orateur.** « *la tonnante parole des prédicateurs* » (Balz.). **2** rare Celui qui tente de propager une religion, une doctrine. ⇒ **apôtre.**

prédicatif, ive adj. – XIXe **1** Qui affirme un prédicat d'un sujet. *Proposition prédicative.* ⇒ **attributif.** ➝ Du prédicat. *Fonction prédicative.* **2** Qui affirme d'une façon absolue et définitive. ⇒ **apodictique, catégorique.**

① **prédication** n. f. – XIIe ; lat. *prædicare* « prêcher » ▪ Action de prêcher. *La prédication des apôtres.* « *c'est à partir de la prédication de l'Évangile que la face du monde a été renouvelée* » (Chateaub.). ➝ Toute propagande par le discours.

② **prédication** n. f. – 1926 **1** Action d'affirmer ou de nier un prédicat d'un sujet. **2** Formation du prédicat. *Modalités de la prédication :* affirmation, interrogation, exclamation.

prédictif, ive adj. – 1968 **1** Qui permet de prévoir autre chose à partir d'éléments donnés. *Médecine prédictive,* qui détermine les prédispositions à certaines maladies. **2** Se dit d'un modèle mathématique utilisé pour décrire l'évolution d'une population animale ou d'un écosystème.

prédiction n. f. – XVe ▪ Action de prédire ; paroles par lesquelles on prédit. « *je pouvais deviner les secrets et faire des prédictions en lisant dans les cartes* » (Romains). ♦ Ce qui est prédit. « *Vous riez d'une prédiction sinistre et invraisemblable ; vous rirez moins si cette prédiction s'accomplit en partie* » (Alain).

❑ Pour le sens → prophétie (rem.).

prédigéré, ée adj. – v. 1950 ▪ Qui a été soumis à une digestion chimique préalable. *Lait prédigéré pour nourrissons prématurés.*

prédilection n. f. – XVe ; de *dilection* ▪ Préférence marquée (pour qqn, qqch.). « *Il avait une prédilection tendre pour les jeunes femmes qui travaillent* » (R. Rolland). *Par prédilection :* de préférence. ➝ loc. adj. *DE PRÉDILECTION.* ⇒ **favori, préféré.** *Lieu de prédilection.* ✪ CONTR. Antipathie, aversion.

prédire v. tr. [37] ; sauf *vous prédisez* et (impér.) *prédisez* – XIIe **1** Annoncer comme devant être ou se produire. ⇒ **prédiction.** *Les prophètes prédirent la venue du Messie. Il avait « le talent de prédire l'avenir par la cartomancie, la chiromancie, et les nombres pythagoriques »* (Nerval). **2** Annoncer (une chose probable) comme devant se produire, par conjecture, raisonnement, intuition, etc. *On lui prédisait le plus brillant avenir.* « *Pour prédire la guerre ou la révolution, les prophètes de malheur n'ont jamais manqué* » (Mart. du G.).

❑ L'adjectif dérivé de *prédire* signifiant « qui peut être prédit » manque en français : on a formé en sciences les dérivés *prédicible, prédictible* et *prédisible* (barbarisme).

prédisposer v. tr. [1] – XVe ▪ Disposer d'avance (qqn à qqch.), mettre dans une disposition favorable. ⇒ **incliner, préparer.** « *ce que j'avais entendu n'était pas de nature à me prédisposer à la tendresse* » (Gaut.). ➝ *Être prédisposé à.* ⇒ **enclin.**

prédisposition n. f. – XVIIIe **1** Tendance naturelle (de qqn) à (un type d'activité). ⇒ **inclination, penchant.** *Avoir des prédispositions artistiques.* **2** État physique ou mental, particulier à un sujet, qui le rend davantage apte à contracter certaines maladies. *Une prédisposition à l'obésité.*

prédominance n. f. – XVIe ▪ Caractère prédominant, état de ce qui prédomine, a la première place. ⇒ **prépondérance, supériorité, suprématie.** « *Race évidemment mélangée, avec prédominance d'éléments méridionaux* » (Romains). *Une toile très colorée avec prédominance du bleu.*

prédominant, ante adj. – XIVe ▪ Qui prédomine. ⇒ **primordial, principal.** *Mon souci prédominant est de trouver du travail.* ⇒ **majeur, premier.**

❑ Ne pas confondre avec *proéminent* « saillant ».

prédominer v. intr. [1] – XIVe ▪ Être le plus important, avoir l'avantage. ⇒ **emporter** (l'emporter), **prévaloir.** *Ce qui prédomine dans son œuvre, c'est l'humanisme. Son avis prédomine toujours.* ⇒ ① **primer.**

préélectoral, ale, aux adj. – 1951 ▪ Qui précède des élections.

préemballé, ée adj. – 1966 ▪ Se dit d'un produit alimentaire frais vendu sous emballage.

prééminence n. f. – XIVe ▪ Supériorité absolue de ce qui est au premier rang, au premier plan. ⇒ **primauté ; suprématie.** *Donner la prééminence à qqch.* : placer au-dessus. ✪ CONTR. Infériorité.

prééminent, ente adj. – XVe ▪ Qui a la prééminence. ⇒ **supérieur.** ✪ CONTR. Inférieur.

préempter [pʀeɑ̃pte] v. tr. [1] – XIXe ▪ Faire jouer un droit de préemption pour acquérir (qqch.). *Préempter un terrain.*

préemption [pʀeɑ̃psjɔ̃] n. f. – XVIe ; de *pré-* et lat. *emptio* « achat » ▪ Action d'acheter avant un autre. *Droit de préemption* : priorité dont jouit un acheteur, soit par la loi, soit par convention des parties. « *Robert avait un droit de préemption, puisqu'il exploitait les terres* » (Ionesco).

> ❑ Ne pas confondre avec *péremption*, autre terme de droit, nom d'action correspondant à *périmer*.

préencollé, ée adj. – 1971 ▪ Se dit d'un matériau enduit sur son envers d'un produit que l'eau transforme en colle. *Papier peint préencollé.*

préétablir v. tr. [2] – XVIIe ▪ Établir d'avance (une chose abstraite). ➛ *Préétabli* : établi à l'avance, une fois pour toutes.

préexcellence n. f. – XIXe ▪ littér. Primauté de ce qui est excellent. ⇒ **précellence.**

préexistant, ante adj. – XVe ▪ Qui existe avant, qui existait déjà. ⇒ **antécédent.** *Les institutions préexistantes.*

préexistence n. f. – XVIe ▪ littér. Existence (d'une chose) antérieure à celle d'une autre chose. ⇒ **antériorité.** *L'expérience* « *implique la préexistence de la raison* » (Benda). ✪ CONTR. Postériorité.

préexister v. intr. [1] – XVe ▪ Exister antérieurement (à qqch.). *Coutume qui préexistait à une loi.*

préfabrication n. f. – 1945 ▪ Fabrication d'éléments de construction (maison, navires) assemblés ultérieurement sur place.

préfabriqué, ée adj. – 1932 ▪ Se dit d'une construction montée avec des éléments standardisés, fabriqués à l'avance. « *un projet de logements préfabriqués aux environs de Paris* » (Beauv.). *Élément préfabriqué* : chacun des panneaux dont l'assemblage forme un mur, une construction. ➛ n. m. *Le préfabriqué* : les éléments de construction préfabriquée. *Maison construite en préfabriqué. C'est du préfabriqué.* ♦ fig. « *ce petit sourire préfabriqué que sa mère* [...] *pose sur son visage et retire aussitôt* » (Sarraute).

préface n. f. – XIIe ; lat. *præfari* « dire d'avance » **1** Texte placé en tête d'un livre qui est de l'auteur ou d'une autre personne, et qui sert à le présenter au lecteur. ⇒ **avant-propos, introduction, préambule, prolégomènes.** « *à l'aide d'une préface spécieusement arrangée on pourrait* [...] *jeter de la poudre aux yeux du public* » (Gaut.). *Il s'en explique dans sa préface. Préface et postface.* **2** Prologue solennel d'action de grâces qui précède le canon. ✪ CONTR. Conclusion.

préfacer v. tr. [3] – XVIIIe ▪ Présenter par une préface.

préfacier n. m. – XIXe ▪ Auteur d'une préface, spécialement lorsqu'il n'est pas l'auteur du livre.

préfectoral, ale, aux adj. – XIXe ▪ Relatif au préfet, à l'administration par les préfets. *Le corps préfectoral* : l'ensemble des cadres supérieurs des préfectures et sous-préfectures. ➛ « *un arrêté préfectoral ayant interdit la chasse aux canards* » (Flaub.).

préfecture n. f. – XIVe ; lat. **1** Charge de préfet, dans l'Empire romain. ♦ Territoire administré par l'un des préfets du prétoire. **2** Charge de préfet. ♦ Durée des fonctions d'un préfet. ♦ Ensemble des services de l'administration préfectorale. ♦ Local où sont installés les services de la préfecture. « *La préfecture ressemblait à un château dans la campagne* » (Nizan). **3** Ville où siège la préfecture **(⇒ chef-lieu).** ➛ Circonscription administrée par la préfecture **(⇒ département).** **4** *Préfecture maritime* : port de guerre, chef-lieu d'une région maritime. **5** *Préfecture de police* : à Paris, services de direction de la police ; locaux où sont installés ces services. absolt *La Préfecture.*

préférable adj. – XVIe ▪ Qui mérite d'être préféré, choisi. *Pour un tel voyage, le train paraît préférable.* « *la plus sauvage solitude me paraît préférable à la société des méchants* » (Rouss.). *Il est préférable que..., de...* : il vaut mieux.

préféré, ée adj. et n. – XIVe **1** Jugé meilleur. *C'est son disque préféré.* **2** n. Personne qui est préférée, mieux aimée. « *Je m'étais cru le préféré* » (Balz.). ⇒ **favori ;** fam. **chouchou.**

préférence n. f. – XVe **1** Jugement ou sentiment par lequel on place une personne, une chose au-dessus des autres ; jugement plus favorable. *Les préférences de chacun.* ➛ *Avoir une préférence marquée pour qqn, qqch.* ⇒ **prédilection ; affectionner, préférer.** ➛ *Je n'ai pas de préférence* : cela m'est égal. ♦ loc. adv. DE PRÉFÉRENCE. ⇒ **plutôt.** « *De préférence, dit-il, prenez ce gruau à la crème* » (Duham.). ➛ loc. prép. *De préférence à, par préférence à.* ⇒ ① **avant, plutôt** (que). **2** Le fait d'être préféré. *Avoir la préférence sur qqn.* **3** Avantage consenti à une personne plutôt qu'aux autres. ⇒ **privilège.** *Je ne veux pas faire de préférences.* ♦ Réglementation du commerce extérieur plus favorable que le droit commun accordé aux produits provenant de certains pays. *Préférence communautaire,* applicable aux produits agricoles originaires de l'Union européenne.

préférentiel, ielle adj. – 1903 ▪ Qui établit une préférence. *Tarif préférentiel. Régime de douanes préférentiel accordé par l'Union européenne à certains pays tiers.* ♦ *Vote préférentiel,* dans lequel un signe distinctif marquant certains candidats détermine le classement des membres de la liste.

préférentiellement adv. – 1946 ▪ D'une manière préférentielle.

préférer v. tr. [6] – XIVe ; lat. « porter *(ferre)* en avant *(præ)* » ▪ Considérer comme meilleure, supérieure, plus importante (une chose, une personne parmi plusieurs) par un jugement, un goût ; se déterminer en sa faveur. ⇒ **aimer** (mieux), **incliner, pencher** (pour) ; **choisir.** « *On n'aime qu'après avoir jugé, on ne préfère qu'après avoir comparé* » (Rouss.). « *La vie est malheur. Cela ne m'empêche pas de préférer la vie à la mort* » (Ionesco). *Préférer à tout* : aimer par-dessus tout. ➛ *Si tu préfères, si vous préférez,* si vous aimez mieux ; si vous pensez que le mot convient mieux. ♦ « *Plutôt que de recourir à ce que vous appelez la violence, je préfère mourir* » (Duham.). ➛ *Faites comme vous préférez* : comme vous voudrez. ➛ « *Elle préférait souffrir que d'être dupe* » (Radiguet). « *personnellement, je préférerais rester seul* » (Sartre). ♦ *Préférer que. Je préfère qu'il vienne seul.* ♦ fig. *L'hortensia préfère les terrains acides.* ✪ CONTR. Haïr, rejeter.

préfet n. m. – XIIe ; lat. *præ-* et *facere* « faire » **1** L'un des hauts magistrats qui étaient chargés de l'administration de

Rome. ♦ L'un des préfets du prétoire qui étaient à la tête d'un département de l'Empire (préfecture). *Le préfet des Gaules.* 2 Fonctionnaire placé à la tête d'un département ou d'une région, représentant du pouvoir central et du département. *Madame le Préfet* (rarement *la Préfète*). *Cabinet du préfet* (⇒ **préfecture**). ♦ *Préfet de police,* placé à la tête de la Préfecture de police. 3 *Préfet maritime* : l'officier général placé à la tête d'un arrondissement maritime. 4 (Belgique) Directeur d'athénée (2°), de lycée.

préfète n. f. – XIXe 1 vieilli Femme d'un préfet. *Madame la Préfète.* 2 (Belgique) Directrice de lycée.

> ❑ Une femme à la tête d'une préfecture se nomme, en France, *préfet.*

préfiguration n. f. – XVe ▪ Ce qui présente tous les caractères d'un être, d'une chose à venir. ⇒ **anticipation.**

préfigurer v. tr. [1] – XIIIe ▪ Avoir tous les caractères de (une chose à venir). ⇒ **annoncer.**

préfinancement n. m. – 1965 ▪ Affectation provisoire de ressources financières à un projet dans l'attente de la mise en place d'un financement durable.

préfix, ixe adj. – XIVe ; lat. *præfixus* ▪ Déterminé, fixé d'avance. *Au jour et au lieu préfix* (⇒ **préfixion**).

préfixal, ale, aux adj. – 1927 ▪ Relatif aux préfixes.

préfixation n. f. – XIXe ▪ Formation de dérivés par adjonction de préfixes ; emploi d'un élément comme préfixe. *Mot formé par préfixation.*

préfixe n. m. – XVIIe ; lat. *præ-* et *fixus* « fixé » 1 Élément de formation de mots ; affixe qui précède le radical (opposé à *suffixe*). 2 *Préfixe téléphonique,* les premiers chiffres placés devant le numéro personnel. ⇒ **indicatif.**

> ❑ *Préfixe* et *suffixe* ne se disent pas des radicaux même initiaux ou terminaux (ex. *phono-* dans *phonothèque* n'est pas un préfixe). ♦ La tendance actuelle est de souder le préfixe au radical sauf en cas de risque de mauvaise lecture (comme dans *micro-informatique*) ou de rencontre de voyelles semblables *(micro-ordinateur).*

① **préfixer** v. tr. [1] – XIVe ; de *préfix* ▪ Fixer à l'avance. *Préfixer un délai.* – *Hausses préfixées.*

② **préfixer** v. tr. [1] – XIXe ; de *préfixe* ▪ Joindre (un élément) comme préfixe ; dériver avec un préfixe.

préfixion n. f. – XIVe ; de ① *préfixer* ▪ Fixation d'un délai ; délai fixé.

préfloraison n. f. – XIXe ▪ Disposition des pièces du périanthe, dans le bouton floral. ⇒ **estivation.**

> ❑ Attention au sens, il ne s'agit pas d'une *floraison* précoce.

préformage n. m. – mil. XXe ▪ Opération qui consiste à donner à une matière une forme (préalablement à l'opération suivante).

préformation n. f. – XVIIIe ▪ L'une des deux théories biologiques en lutte aux XVIIe et XVIIIe s., selon laquelle l'organisme vivant est complètement constitué dans le germe.

> ❑ On dit aussi *préformationnisme.*

préformer v. tr. [1] – XVIIIe ▪ Former d'avance. ♦ *Animal, homme préformé dans le germe* (⇒ **préformation**). – *Soutien-gorge préformé,* à bonnets galbés.

préglaciaire adj. – XIXe ▪ Qui précède une période glaciaire, ou l'action des glaciers (en un lieu). *La période préglaciaire du quaternaire.*

prégnance [pʀegnɑ̃s] n. f. – 1945 1 « Force, et par suite stabilité et fréquence d'une organisation psychologique privilégiée, parmi toutes celles qui sont possibles » (P. Guillaume). 2 État de ce qui est prégnant.

prégnant, ante [pʀegnɑ̃, ɑ̃t] adj. – XVIe ; lat. *premere* « comprimer » 1 littér. Qui s'impose à l'esprit. – *Structure prégnante.* ⇒ **prégnance** (1°). 2 Qui contient de nombreuses possibilités, virtualités.

préhellénique adj. – 1910 ▪ Relatif aux époques précédant l'invasion dorienne (XIIe s. av. J.-C.), en Grèce et dans les régions avoisinantes.

préhenseur adj. m. – XIXe ▪ Qui sert à prendre, à saisir. *Organe préhenseur.* ⇒ **préhensile.**

préhensile adj. – XVIIIe ▪ Qui peut prendre, saisir (d'un organe qui ne sert pas uniquement à la préhension). *Queue préhensile.* ⇒ **préhenseur.**

préhension n. f. – XVe ; lat. *prehendere* « saisir » 1 Action de saisir, de prendre. ♦ Faculté de saisir avec un organe approprié. 2 *Droit de préhension,* de réquisition.

préhistoire n. f. – XIXe 1 Ensemble des faits et des événements concernant l'humanité avant l'apparition de l'écriture, de la première métallurgie ; étude de ces événements. « *les bisons de la préhistoire* » (Malraux). 2 Science qui étudie ces événements et ces faits. ⇒ **histoire ; anthropologie, archéologie, ethnologie.**

préhistorien, ienne n. – XIXe ▪ Historien spécialiste de la préhistoire.

préhistorique adj. – XIXe 1 Antérieur à l'apparition des témoignages écrits ou à l'usage des métaux (⇒ **préhistoire**). ♦ Relatif à la préhistoire. *L'homme préhistorique. Outils préhistoriques.* « *on dirait un animal préhistorique, bardé d'écailles* » (Beauv.). 2 Très ancien, suranné, démodé (⇒ **antédiluvien**). « *une sorte de vieil individu* [...] *que coiffait un préhistorique gibus* » (Allais).

préhominiens n. m. pl. – v. 1955 ▪ Groupe d'hominiens les plus proches des hominidés et qui comprend le pithécanthrope, le ramapithèque et le sinanthrope.

préjudice n. m. – XIIIe ; lat. *præjudicare* « préjuger » 1 Perte d'un bien, d'un avantage par le fait d'autrui, acte ou événement nuisible aux intérêts de qqn et le plus souvent contraire au droit, à la justice. *Causer un préjudice à qqn. Porter préjudice à qqn,* lui causer du tort. *Subir un préjudice.* → **dommage.** ♦ AU PRÉJUDICE *de qqn.* ⇒ **dam, désavantage, détriment.** « *Une injustice vient d'être commise à son profit, à mon préjudice* » (Duham.). 2 Ce qui est nuisible pour, ce qui va contre (qqch.). *Causer un grave préjudice à une cause, à la justice.* ✪ CONTR. Avantage, bénéfice ; ① aide, bienfait.

préjudiciable adj. – XIIIe ▪ Qui porte préjudice (à qqn, à qqch.). ⇒ **nocif, nuisible.** *Préjudiciable à qqn. Préjudiciable au progrès, à la paix.* « *Rien de plus préjudiciable à une cause* [...] *que certaines exagérations de ses défenseurs* » (Gide). ✪ CONTR. Salutaire.

préjudiciaux adj. m. pl. – XVIe ▪ *Frais préjudiciaux,* qu'on doit acquitter avant de pouvoir faire appel.

préjudiciel, ielle adj. – XIIIe ▪ Qui doit précéder le jugement. *Action, question préjudicielle,* « qui doit être tranchée par une juridiction autre que celle saisie de l'action principale et préalablement à celle-ci » (Capitant).

préjugé n. m. – XVIe 1 Indice qui permet de se faire une opinion provisoire (⇒ **préjuger**). *Elle bénéficie d'un préjugé favorable.* 2 Opinion préconçue souvent imposée par le milieu, l'époque, l'éducation ; parti pris, idée toute faite. *Des préjugés petits-bourgeois.* « *C'est un vieux préjugé que de croire à la nécessité des peines et d'estimer que les plus fortes sont les plus efficaces* » (France). *Galilée fut victime des préjugés de son époque.*

préjuger v. tr. [3] – XVe ; lat. *præjudicare* 1 littér. Porter un jugement prématuré sur (qqch.). *Je ne veux point préjuger la question.* ➛ Prévoir au moyen des indices dont on dispose. *Autant qu'on peut le préjuger.* 2 Prendre une décision provisoire sur (qqch.), en laissant prévoir le jugement définitif. 3 *PRÉJUGER DE* : porter un jugement prématuré sur (qqch.). « *Je n'ai nullement entendu préjuger de votre décision. Je suis toute disposée à m'y ranger* » (P. Benoit).

❑ *Préjuger de qqch.* a longtemps été critiqué par les puristes.

prélart n. m. – XVIIe ; o. i. ▪ Grosse toile imperméabilisée servant à protéger marchandises, chargement d'une voiture, embarcations d'un navire. ⇒ **bâche.**

prélasser (se) v. pron. [1] – XVIe ; de *prélat,* p.-ê. d'apr. *lasser* ▪ S'abandonner nonchalamment, avec paresse. *Se prélasser dans un fauteuil.* « *L'âne, se prélassant, marche seul devant eux* » (La Font.).

prélat n. m. – XIIe ; lat. « porté en avant, préféré » ▪ Haut dignitaire ecclésiastique (cardinal, archevêque, etc.) ayant reçu la prélature à titre personnel.

prélatin, ine adj. – déb. XXe ▪ Antérieur à la civilisation latine, au latin (langue), dans son domaine. *Mot d'origine prélatine.*

prélature n. f. – XIVe ▪ Distinction honorifique accordée par le Saint-Siège à un prélat.

prélavage n. m. – v. 1960 ▪ Lavage préalable. ➛ Premier cycle du lavage dans un lave-linge.

prêle ou **prèle** n. f. – XIIIe ; lat. *asper* « rude » ▪ Plante cryptogame des lieux humides *(équisétinées),* à tige rugueuse et creuse et à épis terminaux. « *Les joncs, les prèles, depuis deux jours inclinés par sa force* [du ruisseau] *se redressaient* » (Genev.).

❑ Une mauvaise coupure de *l'aprele* en *la prele* est à l'origine de ce mot. La formation de *griotte* est similaire. → griotte (rem.).

prélegs [pʀelɛ(g)] n. m. – XVIIe ▪ Legs particulier qui doit être pris sur la masse de l'héritage, avant le partage.

prélèvement n. m. – XVIIIe 1 L'action de prélever ; la quantité qu'on prélève. *Prélèvement sanguin. Faire un prélèvement* (d'organe, de tissu, etc.), en vue d'une analyse (⇒ **biopsie**), d'une transplantation. ♦ « *Un effroyable prélèvement d'intérêts* » (Balz.). ⇒ **ponction, saignée.** *Prélèvement automatique sur un compte bancaire. Prélèvement obligatoire* : impôt ou cotisation sociale. 2 Bien qu'une personne, copropriétaire de certaines possessions, prend avant le partage.

prélever v. tr. [5] – XVIIe ; lat. *prælevare* 1 Prendre (une partie d'un ensemble, d'un total). ⇒ **extraire, retenir, retrancher.** *Prélever un échantillon.* ➛ *Prélever un tissu, un organe, un greffon.* « *Chaque jour le Dr Sourdel prélève du sang de mon bras* » (Gide). 2 Prendre (une part d'un total, d'une masse) avant un partage. ⇒ **prélèvement.** ➛ Prendre (une somme) d'un total.

préliminaire n. m. et adj. – XVIIe ; lat. I n. m. au plur. Ensemble des négociations qui précèdent et préparent un armistice, un traité de paix. ➛ Ce qui prépare un acte, un événement plus important. ⇒ **commencement, prélude.** *Abréger les préliminaires. Préliminaires amoureux.* II adj. Qui précède, prépare une autre chose considérée comme plus importante. ⇒ **préalable, préparatoire.** « *Après quelques cajoleries préliminaires* » (Rouss.). *Enquête préliminaire. Remarques préliminaires.* ✪ CONTR. Conclusion.

prélogique adj. – 1910 ▪ *Stade prélogique,* pendant lequel l'esprit de l'enfant ne respecte pas encore les règles de la logique.

prélude n. m. – XVIe ; lat. *præludere* « se préparer à jouer » 1 Suite de notes qu'on chante ou qu'on joue pour se mettre dans le ton. 2 Pièce instrumentale ou orchestrale de forme libre qui sert à introduire une autre pièce ou qui constitue un tout par elle-même. *Préludes de Chopin.* 3 Ce qui précède, annonce (qqch.) ; ce qui constitue le début (d'une œuvre, d'un fait). ⇒ **commencement, préliminaire, prologue.** « *Le prélude des hostilités* » (Mart. du G.).

préluder v. [1] – XVIIe 1 v. intr. Essayer sa voix ou son instrument par un prélude. « *Avant que de chanter, il faut que je prélude un peu* » (Mol.). ➛ *Préluder par* : chanter, jouer (tel morceau) pour commencer. 2 v. tr. ind. *PRÉLUDER À.* Se produire dans l'attente d'autre chose, constituer les préliminaires de qqch. ⇒ **annoncer.** « *Il s'interrompit. Un temps interminable préluda à ce qui allait suivre* » (Courtel.). ✪ CONTR. Conclure.

prématuré, ée adj. – XVIIe ; lat. « mûr *(maturus)* avant » 1 Qu'il n'est pas encore temps d'entreprendre. *Je crains que ce ne soit une démarche prématurée. Il est prématuré de...* (cf. Il est trop tôt pour). ♦ Qui a été fait trop tôt. « *Tu fis sagement* [...], *bien que ta retraite ait été prématurée* » (Gaut.). 2 Qui arrive avant le temps normal. ⇒ **précoce.** « *Une mort prématurée est irréparable* » (Camus). ➛ *Accouchement prématuré,* avant terme. 3 *Un enfant prématuré,* né viable avant terme. ⇒ **prématurité.** ➛ subst. *Placer des prématurés en couveuse.* ✪ CONTR. Tardif.

❑ En parlant d'un fruit, ce mot a été supplanté par *précoce.*

prématurément adv. – XVIe ▪ Avant le temps habituel ou convenable. « *Les chagrins avaient prématurément flétri le visage de la vieille dame* » (Balz.).

prématurité n. f. – XVIe ▪ État d'un enfant prématuré.

❑ Attention au sens, il ne s'agit pas d'une *maturité* précoce.

prémédication n. f. – 1959 ▪ Traitement médicamenteux administré avant une anesthésie ou un examen difficilement toléré.

préméditation n. f. – XIVe ▪ Dessein réfléchi d'accomplir une action (surtout une action mauvaise). *La préméditation, circonstance aggravante en matière d'homicide.* « *le jury a écarté la préméditation* » (Hugo).

préméditer v. tr. [1] – XIVe ; lat. *præmeditari* ▪ Décider, préparer avec calcul. ⇒ **calculer.** *Préméditer un crime.* « *Le pharmacien avait patiemment prémédité la rupture de son ménage* » (Romains). ♦ *Préméditer de.* ⇒ **projeter.** *Il avait prémédité de s'enfuir.*

prémenstruel, elle adj. – 1908 ▪ Qui précède l'époque des règles.

prémices n. f. pl. – XIIe ; lat. *primus* « premier » 1 Premiers fruits de la terre, premiers animaux nés du troupeau, qu'on offrait à la divinité, chez les Grecs, les Romains, les Hébreux, etc. 2 Commencement, début. *Les prémices de l'hiver. Les prémices d'une crise.* ✪ HOM. Prémisse.

premier, ière adj. et n. – X^e ; lat. *primus* I adj. 1 Qui est le plus ancien ou parmi les plus anciens dans le temps ; qui s'est produit, apparaît, doit apparaître avant. ⇒ **initial.** *Le premier jour du mois.* ➛ subst. *Le premier de l'an. Le Premier Mai.* ➛ « *C'est là que je suis venu au monde et que j'ai passé les premières, les seules* bonnes années de ma vie » (Daud.). *Les premiers pas d'un enfant. Premier amour.* « *C'était le jour béni de ton premier baiser* » (Mallarmé). ➡ *Premier mariage. Avoir son premier enfant.* ➡ *Les premiers hommes. La Première Guerre mondiale.* ➡ *La première fois. Au premier, du premier coup* : à la première tentative, au premier essai. *Première version.* ➡ *Au premier abord, à première vue* : tout d'abord. ➡ « *le premier mouvement d'abattement passé, il avait repris contenance* » (Hugo). ➡ *Première nouvelle !* je ne savais pas. « *On ne peut plus donc rire, chez vous ? Première nouvelle !* » (Duham.). ➡ *Première édition* (⇒ ② **original, princeps**). ➡ *Le premier quartier de la lune. Les premiers bourgeons, les premières feuilles.* ➡ *Première manche. Être à la recherche d'un premier emploi.* ➡ *Premiers soins, premiers secours.* ♦ *Arriver premier,* avant les autres, en tête. ♦ subst. *Parler le premier.* « *Il faut que je sois la première couchée et la première levée* » (Dider.). *Il est parmi les premiers.* « *J'ai été bien aise d'être des premières, Monsieur, à venir vous féliciter* » (Mol.). **2** Le premier à venir (dans le futur). ⇒ **prochain.** *À la première occasion.* ➡ subst. *Le premier venu* : n'importe qui. **3** Qui se présente avant (dans une série). *Le premier numéro, le premier nom d'une liste.* ♦ *La première personne du singulier, du pluriel.* ➡ *Première partie.* ⇒ **commencement, début.** *De la première à la dernière ligne.* **4** Qui est dans l'état de son origine, de son début. « *Il ne devait plus jamais ressentir la ferveur première* » (France). **5** Qui se présente d'abord (dans l'espace) par rapport à un observateur, un point de repère. *La première porte après l'escalier. La première (rue) à droite.* ➡ *Le premier étage.* ♦ subst. *Sortir le premier,* devant les autres (⇒ **précéder**). ➡ En avant. « *Il tomba la tête la première* » (Balz.). **6** Qui est plus remarquable que les autres. ⇒ **dominant, meilleur.** *Première place, premier rang.* ➡ *Première qualité. De premier ordre.* ➡ *Côte, côtelette première* : une des quatre côtelettes le plus près de la selle. ♦ Qui doit être considéré, satisfait d'abord. ⇒ **primordial, principal.** « *Penser est de première nécessité* » (Hugo). *L'objectif premier.* ⇒ ① **capital.** ➡ *Le premier rôle.* ➡ *Premier prix. Première classe, dans un moyen de transport.* ⇒ **première.** ♦ *Le premier personnage de l'État.* ➡ subst. « *Les premiers seront les derniers* » (BIBLE). ➡ (dignités, titres) *Premier consul. Le Premier ministre.* ➡ (fonctions) *Premier secrétaire. Premier violon.* ♦ Qui vient avant les autres, dans un classement sériel. *Être premier de sa classe. Sortir premier d'une école. Arriver premier d'une course.* ➡ subst. *LE PREMIER de sa classe.* **7** Qui s'impose à l'esprit. *Principe premier.* ♦ Ce qui est au départ de la formation d'un jugement, etc. ♦ *Nombre premier* : entier naturel qui n'a d'autre diviseur que lui-même et l'unité. « *13 est un nombre premier et le sera toujours* » (Alain). *Équation du premier degré,* dans laquelle la puissance la plus élevée de la variable est 1. **8** Qui contient en soi la raison d'être des autres réalités. *Cause première.* **II - 1** n. m. Premier terme d'une charade. *Mon premier...* **2** n. m. Premier étage. *J'habite au premier.* **3** n. *JEUNE PREMIER, JEUNE PREMIÈRE* : comédien, comédienne qui joue les premiers rôles d'amoureux. *Un physique de jeune premier,* de séducteur. **III** loc. adv. *EN PREMIER* : d'abord. *Arriver en premier,* au premier rang, en avant. ➡ En tête pour l'importance, etc. *Capitaine en premier, en second.* ✪ CONTR. Dernier, extrême, ultime ; inférieur. — Après, ① derrière.

> ❑ *Premier* joue à la fois le rôle d'adjectif numéral ordinal et d'adjectif qualificatif (avec une valeur de superlatif). *Le premier... qui (que, dont)...* peut être suivi du subjonctif, à cause de cette valeur superlative : « *Vous n'êtes pas le premier homme que j'aie aimé* » (Musset). ♦ *Premier,* épithète, se place le plus souvent avant le nom.

première n. f. - XIIIe **1** Première représentation d'une pièce ou projection d'un film. « *Madame de la Baudroye est ficelée comme pour une première* » (Balz.). ♦ Première course d'une série. ♦ Premier parcours d'un itinéraire, en alpinisme. ➡ Chose réalisée pour la première fois. *Opération difficile qui est une grande première.* **2** Mince semelle de cuir à l'intérieur de la chaussure. **3** loc. fam. *De première !* de première qualité ; remarquable, exceptionnel. **4** Classe qui précède les classes terminales des études secondaires. *Entrer en première. Première supérieure* : classe préparant aux concours des grandes écoles littéraires. ⇒ **khâgne.** **5** Première classe dans un moyen de transport. « *Prends des premières, prends des cabines de luxe* » (Sartre). **6** Première vitesse d'une automobile. **7** Couturière qui assure la direction d'un atelier dans une maison de couture.

premièrement adv. - XIe ▪ D'abord, en premier lieu (en chiffres : 1°). ⇒ **primo.** « *Je vous ai dit premièrement : or, dire un premièrement, c'est annoncer au moins un secondement* » (Dider.). ✪ CONTR. Ensuite.

premier-maître n. m. - XXe ▪ Officier marinier dont le grade est supérieur à celui de maître. *Des premiers-maîtres.*

premier-né, première-née adj. et n. - XIIIe ▪ Le premier enfant (opposé à *dernier-né*). ⇒ **aîné.** *Les premiers-nés.*

prémilitaire adj. - 1935 ▪ Qui précède le service militaire.

prémisse n. f. - XIVe ; lat. *præmissa (sententia)* « (proposition) mise en avant » **1** Chacune des deux propositions placées normalement au début d'un raisonnement et dont on tire la conclusion. **2** Fait d'où découle une conséquence, affirmation dont on tire une conclusion ; commencement d'un exposé, d'une démonstration. « *votre conclusion déborde sensiblement vos prémisses* » (Gide). ✪ CONTR. Conclusion, conséquence. — HOM. Prémices.

premium [pʀemjɔm] n. m. - XXe ; mot lat. « butin » ▪ Prime versée pour une opération sur un marché à terme. ⇒ **option.**

prémolaire n. f. - XIXe ▪ Chacune des dents situées entre la canine et les molaires.

prémonition n. f. - XIIIe ; de *pré-* et lat. *monere* « avertir » ▪ Avertissement inexplicable qui s'impose à la conscience et fait connaître un événement à l'avance. ⇒ **intuition, pressentiment ; précognition.** *Avoir la prémonition de qqch.*

prémonitoire adj. - XIXe **1** Se dit de symptômes qui précèdent la phase aiguë d'une maladie infectieuse et permettent de l'identifier précocement. *Un signe prémonitoire,* avant-coureur. **2** Qui a rapport à la prémonition. « *Je n'attachais pas alors une valeur prémonitoire aux rêves* » (Bosco).

prémontré, ée n. - XVIIe ; nom de lieu ▪ Religieux, religieuse d'un ordre de chanoines réguliers fondé au XIIe s. par saint Norbert. *La règle des prémontrés.*

prémunir v. tr. [2] - XIVe ; lat. « protéger » ▪ Protéger (qqn), mettre en garde contre qqch. *Prémunir contre le sida.* ♦ pronom. *SE PRÉMUNIR.* ⇒ **s'armer, s'assurer,** se **garantir.** « *pour se prémunir contre une contagion éventuelle* » (Camus).

prémunition n. f. - XVIe ▪ État de résistance à toute surinfection d'un organisme déjà infecté.

prenable adj. - XIIe ▪ rare Qui peut être pris. *Cette forteresse est prenable.* ✪ CONTR. Imprenable ; inexpugnable.

prenant, ante adj. - XIIe **1** Qui reçoit de l'argent. *Partie prenante.* ➡ fig. Qui est intéressé par une offre. **2** Préhensile. *Queue prenante des singes.* **3** vx Qui commence. *Carême-prenant.* **4** Qui captive en émouvant, en intéressant profondément. ⇒ ② **touchant.** *Un récit prenant.* ➙ Qui prend beaucoup de temps et occupe l'esprit. *Une activité très prenante.* « *l'embauche était facile dans maints petits boulots pas trop prenants* » (Céline).

prénatal, ale adj. – 1901 ■ Qui précède la naissance. *Diagnostics prénatals.*

❑ Le pluriel est *prénatals ; prénataux* est un barbarisme.

prendre v. [58] – Xe ; lat. *prehendere* **I** v. tr. **1** Mettre dans sa main (pour avoir avec soi, pour faire passer d'un lieu dans un autre, pour être en état d'utiliser, pour tenir). *Prendre un objet à pleine main, entre ses doigts, du bout des doigts. Je te défends de prendre ce livre.* ⇒ ① **toucher** (à). ➙ *Prendre qqch. des mains de qqn.* ⇒ **arracher, enlever.** ➙ loc. fig. *Prendre une affaire en main.* ➙ *Il* « *lui prenait doucement la main* » (Romains). *Prendre qqn à bras-le-corps.* ♦ par ext. *Prendre qqch. avec la bouche, les dents.* ➙ (animaux) *Prendre avec les pinces, la gueule, le bec.* ➙ *Prendre de la terre avec une pelle.* **2** Mettre avec soi, amener à soi. « *Prenez ce qu'il vous faut pour un voyage de quinze jours, et suivez-moi* » (Dumas). ⇒ se **munir.** *Prendre de l'essence. Prendre de l'argent à la banque.* ⇒ **prélever, retirer.** ♦ *Prendre qqn sur ses genoux. Maison qui prend des pensionnaires. Le médecin ne peut pas vous prendre aujourd'hui.* ⇒ **recevoir.** ➙ *Prendre en croupe, sur son cheval. Taxi qui prend un client.* ⇒ **charger.** *Passer prendre qqn.* ⇒ **chercher.** *Prendre qqn sous sa protection.* **3** fig. *PRENDRE QQCH. SUR SOI,* en porter volontairement la responsabilité. ⇒ **assumer.** ➙ *PRENDRE SUR SOI DE.* ⇒ s'**efforcer.** « *Ivre d'amour et de volupté, il prit sur lui de ne pas lui parler* » (Stendh.). ➙ *Il faut prendre sur soi,* supporter les choses pénibles. **4** fig. Aborder, se mettre à considérer (qqch., qqn) de telle façon. *Prendre une chose de front,* l'attaquer directement. *Prendre la vie du bon côté. On ne sait par où le prendre,* il est hargneux, susceptible. ➙ *Prendre une expression à la lettre, au pied de la lettre.* ♦ *Prenons cet exemple.* ⇒ **considérer.** ➙ *À TOUT PRENDRE :* somme toute. « *À tout prendre, il vaut mieux, pour son bonheur dans ce monde, être un honnête homme* » (Dider.). ♦ *PRENDRE BIEN* (ou *MAL*) *ce qui vous arrive,* l'accepter (ou en souffrir). ➙ *Prendre qqch. au sérieux, à cœur, au tragique ; à la légère, en riant.* « *on le prenait à la blague, on se gaussait* » (Gide). *Le prendre de haut.* « *Il en convenait et prenait bien la plaisanterie* » (Chateaub.). ♦ *PRENDRE EN... :* se mettre à avoir en. « *J'avais pris en aversion les études, les écoles* » (Mart. du G.). *Prendre qqch. en horreur. Prendre son mal en patience.* **5** Faire sien (une chose abstraite) ; connaître (qqch.). *Prendre des renseignements. Prenez conseil auprès de lui. Prendre (un) rendez-vous.* ➙ *Prendre une habitude.* **6** Évaluer, définir (pour connaître). *Prendre les mesures.* ⇒ **mesurer.** *Prenez votre température.* « *Comme Pierre se penchait pour prendre son pouls* » (Maupass.). **7** Inscrire ou reproduire. *Prendre des notes, une photo.* **8** S'adjoindre (une personne). *Prendre un amant, une maîtresse. Prendre qqn à son service.* ⇒ **engager.** *On ne prend plus personne à l'usine.* ⇒ **embaucher.** ➙ *Prendre pour, comme, à, en :* s'adjoindre, se servir de (qqn) en tant que... *Consentez-vous à prendre Monsieur X pour époux ? Prendre pour associé. Il l'a prise comme secrétaire.* « *Je ne crains pas de vous prendre pour juge* » (Laclos). **9** *PRENDRE POUR :* croire qu'une personne, une chose est (autre ou autrement). *Prendre une personne pour une autre.* ⇒ **confondre.** *On le prenait pour un savant.* ⇒ **regarder** (comme). *Pour qui me prenez-vous ?* « *Toi ! que j'ai vu grand comme ça, [...] me prends-tu pour un nigaud ?* » (Balz.). loc. *Prendre ses désirs pour des réalités.* **10** Absorber, mettre en soi. *Prendre un repas.* ⇒ ① **manger.** *Prendre son café. Prendre un verre, un pot.* ⇒ ① **boire, consommer.** « *entrez donc [...]. Vous prendrez bien quelque chose* » (Aragon). *Prendre ses médicaments.* ➙ fig. *Prendre la poudre d'escampette :* s'enfuir. *Faire prendre.* ⇒ **administrer.** « *Un grand chat maigre qui prenait le soleil sur le bord de la fenêtre* » (Daud.). ➙ par ext. *Prendre un bain.* **11** Se mettre en possession de ; se rendre maître de. ⇒ s'**approprier.** *Prendre qqch. par force, par ruse.* « *Prends ! Et ne t'avise pas de refuser* » (Colette). **12** Demander, exiger. *Combien prend-il ?* quel est son prix ? ➙ fam. *Coiffeur qui prend cher,* qui pratique des prix élevés. ♦ Exiger, employer (du temps). *Ce travail me prend tout mon temps.* ⇒ **absorber, dévorer.** *Il est très pris par ses activités.* ➙ *Ce meuble prend trop de place.* **13** fam. Recevoir, supporter. *Prendre une raclée. Qu'est-ce qu'il a pris !* **14** Se rendre maître par force ; conquérir. *Prendre une ville. Prendre le pouvoir.* ➙ fig. et fam. « *L'autre le regarda, et pensa que c'était toujours ça de pris sur l'ennemi* » (Aragon), c'était toujours ça de gagné. ♦ Pénétrer (une femme). *Prends-moi. Prendre une femme de force.* ⇒ **violer.** **15** *PRENDRE QQCH. À QQN :* s'emparer de (ce qui appartient à qqn). ⇒ **dérober,** ② **voler.** « *C'est mon trésor que l'on m'a pris* » (La Font.). *Prendre une phrase à un auteur.* ⇒ **plagier.** *Prendre la place de qqn.* ⇒ **supplanter.** **16** Se saisir de (ce qui fuit, se dérobe : animal, personne). *Prendre au piège. Prenez-le vivant !* ⇒ **attraper, capturer.** *Ça ne mord pas, je n'ai rien pris.* ➙ Se saisir de (qqn qu'on poursuit, qu'on recherche). « *Ils nous tueraient, les nazis, s'ils nous prenaient ?* » (Sartre). ♦ *Être pris. Pas vu, pas pris !* ➙ fig. Être attrapé dans. *Être pris dans un embouteillage.* loc. *Être pris dans l'engrenage.* ➙ *Elle s'est pris le doigt dans la porte.* **17** Amener (qqn) à ses vues, à faire ce qu'on veut. *Savoir prendre qqn,* agir envers lui avec diplomatie pour en obtenir ce qu'on veut. *On ne m'y prendra plus !* je ne serai plus dupe. ➙ *Prendre qqn par son point faible,* lui faire faire ce qu'on veut en flattant ses faiblesses. **18** *PRENDRE QQN* (en tel état, de telle ou telle manière). ⇒ **surprendre.** *Prendre qqn en faute, en flagrant délit.* ➙ *Prendre au dépourvu.* **19** Saisir (qqn), faire sentir à (qqn). *La fatigue me prend. Ça l'a pris brusquement, à l'improviste.* ♦ fam. *Qu'est-ce qui vous prend ? Ça vous prend souvent ?* se dit à une personne dont l'attitude est inattendue ou déplacée. « *Voyons, qu'est-ce qui vous prend depuis dix minutes, avez-vous perdu la tête ?* » (Maupass.). **20** *BIEN, MAL* (lui, vous, etc.) *PREND DE :* cela a de bonnes, de fâcheuses conséquences. *Mal lui en a pris.* **21** Commencer à mettre sur soi, à utiliser. fig. *Prendre le voile, l'habit :* entrer au couvent. ➙ par ext. *Prendre le deuil :* mettre des vêtements de deuil. ➙ *Prendre la plume :* écrire. *Prendre le volant :* conduire un véhicule. ➙ *Prendre un siège, prendre place.* ➙ *Prendre les armes.* ♦ Faire usage de (un véhicule). *Prendre sa voiture, un taxi. Prendre l'avion, le train.* ♦ S'engager dans. « *Dès le boulevard traversé, il avait pris la rue Championnet* » (Romains). *Prendre la route. Prendre un virage. Prendre la porte :* sortir. ➙ *Prendre la mer.* ⇒ s'**embarquer.** ♦ User à son gré de. *Prendre le temps de, prendre son temps. Prendre le droit de.* **22** Se mettre à avoir, se donner. *Prendre un air, une voix.* « *La grande brune prenait des allures cavalières* » (Zola). « *Son visage prenait une expression mystérieuse, presque inquiétante* » (France). *Prendre appui. Prendre son élan, son vol. Prendre la fuite. Prendre du repos.* ➙ *Prendre la parole :* commencer un discours. ➙ « *J'ai pris les devants pour vous avertir* » (Lesage). *Prendre le dessus, l'avantage. Prendre sa retraite. Prendre la relève, la succession,* commencer à l'assurer. *Prendre possession de. Prendre position :* choisir. « *ma résolution était prise et rien ne pouvait plus m'en faire changer* » (France). *Prendre la défense de. Prendre part à. Prendre des risques :* se mettre dans une situation qui peut devenir dangereuse. ♦ *Prendre* *du plaisir. Prendre soin de qqch.. Prendre garde. Prenez la peine d'entrer :* veuillez entrer. « *Prenez la peine de vous asseoir, madame* » (Sartre). **23** Commencer à avoir (un mode d'être). *Prendre forme. Prendre une bonne ou mauvaise tournure.* ♦ *Prendre du poids. Prendre de l'âge :* vieillir. *Prendre du retard, de l'avance. Prendre de l'assurance. Prendre goût à qqch.* ♦ *Prendre son origine, sa source ; prendre naissance :* commencer. **24** Subir l'effet de. *Prendre feu :* s'enflammer. *Prendre froid.* ♦ *Chaussures qui prennent l'eau,* qui l'absorbent. **II** v. intr. **1** Durcir, épaissir (en parlant de certaines substances). *Mayonnaise qui prend. Plâtre, ciment qui prend.* **2** Attacher, coller (en parlant d'une substance). *Aliment qui a pris au fond de la casserole.* **3** Produire son effet, l'effet recherché. *La teinture de ce tissu a bien pris. C'est une mode qui ne prendra pas.* ➝ *Le feu ne prend pas.* ♦ Être cru, accepté. *À d'autres, ça ne prend pas !* **4** Se mettre à suivre une direction, un chemin. *Prendre à gauche, sur la gauche.* **5** Commencer (en parlant de ce qui suit une direction). « *L'escalier prenait à gauche* » (Romains). **6** Dans certains jeux de cartes, Annoncer qu'on va gagner la partie. *Prendre à cœur, à sans atout.* **III** *SE PRENDRE* v. pron. **1** Être mis en main. *Cela se prend par le milieu.* ♦ Être absorbé. *Médicament qui se prend avant les repas.* ♦ Être attrapé. *Poisson qui se prend au filet.* ♦ Être considéré ou employé. *Mot qui se prend dans tel ou tel sens.* **2** fig. et fam. « *Chaque jour je me prends par les épaules et me force à une promenade* » (Gide). **3** Se laisser attraper. fig. « *Il se prenait lui-même à son jeu* » (Mart. du G.). ➝ *Sa robe s'est prise dans la portière.* **4** *S'EN PRENDRE À :* s'attaquer à, en rendant responsable. *Il s'en est pris à moi qui n'y étais pour rien.* « *Le jour où il lui arrivera malheur, il ne pourra s'en prendre qu'à lui-même* » (Aragon). **5** *SE PRENDRE DE :* se mettre à avoir. *Se prendre d'amitié pour qqn.* **6** littér. *SE PRENDRE À :* se mettre à (généralement de façon inopinée). « *Il se prit à penser que sa piété allait bien à sa paresse* » (Aragon). **7** *S'Y PRENDRE :* agir d'une certaine manière en vue d'obtenir un résultat. « *D'abord il s'y prit mal, puis un peu mieux, puis bien* » (La Font.). *S'y prendre à deux, à plusieurs fois :* recommencer, tâtonner. *Savoir s'y prendre.* ♦ Se mettre à s'occuper de. *Il faudra s'y prendre à l'avance.* **8** Se considérer. *Se prendre au sérieux.* ➝ *SE PRENDRE POUR :* estimer qu'on est... ⇒ se **croire.** *Se prendre pour un héros, un génie.* ➝ péj. « *La vérité, c'est que vous vous prenez pour des caïds* » (Sartre). ➝ Se tenir l'un l'autre. *Se prendre par la main.* **9** S'ôter l'un à l'autre. *Joueurs qui cherchent à se prendre le ballon.* ✪ CONTR. ① Lâcher. Abandonner, laisser, renvoyer. Donner, offrir. Perdre. — HOM. *Pris :* prie (prier).

> ❑ Attention de bien accorder le participe passé en parlant *(les précautions qu'il a prises)* car la faute s'entend. → mettre (rem.). ♦ Pour *s'en prendre à* le participe s'accorde avec le sujet : *elles s'en sont prises à lui.* Pour *s'y prendre bien, mal...* le participe s'accorde également avec le sujet : *elles s'y sont bien prises.*

preneur, euse n. – XIIe **1** Personne, chose qui prend (dans des expr.). *PRENEUR, EUSE DE SON :* technicien chargé des enregistrements sonores. ➝ *Preneur d'otages.* ♦ adj. *Benne preneuse.* **2** Personne qui prend à bail, à ferme, à loyer. *Le bailleur et le preneur.* ⇒ **locataire.** ➝ Personne qui prend un effet de commerce. *L'émetteur et le preneur.* **3** Personne qui achète un bien. ⇒ **acheteur, acquéreur.** *Je suis preneur à tel prix.* ♦ par ext. *Si tu n'en veux plus, je suis preneur.*

prénom n. m. – XVIe ▪ Nom particulier joint au nom patronymique et servant à distinguer les différentes personnes d'une même famille. *Appeler qqn par son prénom.*

prénommer v. tr. [1] – XIXe ▪ Appeler d'un prénom. *On a prénommé l'enfant comme son grand-père.* ➝ « *une jeune femme prénommée Sabine* » (Aymé). ♦ pronom. *Il se prénomme Jean.*

prénotion n. f. – XVIe **1** Chez les épicuriens et les stoïciens, Notion naturelle et pragmatique du général. ⇒ **anticipation.** **2** Idée conçue antérieurement à l'étude scientifique des faits.

prénuptial, iale, iaux adj. – 1932 ▪ Qui précède le mariage. *Examen prénuptial :* visite médicale à laquelle les futurs époux doivent se soumettre.

préoccupant, ante adj. – XIXe ▪ Qui préoccupe, inquiète. ⇒ **alarmant, inquiétant.**

préoccupation n. f. – XVe ▪ Souci, inquiétude qui occupe l'esprit. ⇒ ① **souci.** *Avoir de graves préoccupations.*

préoccupé, ée adj. – XVIIIe ▪ Qui est sous l'empire d'une préoccupation. ⇒ **anxieux, inquiet.** ➝ *Préoccupé de qqch., de faire qqch.* ⇒ **attentif** (à), **soucieux.** « *Préoccupé du bien public autant ou plus que du mien propre* » (Gide). ➝ « *Sa façon d'entrer, l'air préoccupé qu'elle gardait* » (Romains). ✪ CONTR. Insouciant.

préoccuper v. tr. [1] – XIIIe ; lat. « occuper avant un autre » **1** Inquiéter fortement. ⇒ **tourmenter.** *Son avenir me préoccupe. Il est préoccupé par la santé de sa femme.* **2** v. pron. *SE PRÉOCCUPER :* s'occuper (de qqch.) en y attachant un vif intérêt mêlé d'inquiétude. ⇒ s'**inquiéter,** se **soucier.** « *Comme un malade en péril se préoccupe de ce qu'il trouvera dans sa tombe* » (Chateaub.). ✪ CONTR. Désintéresser (se), moquer (se).

> ❑ Le sens très courant de *se préoccuper* « s'occuper de (qqch.) avec intérêt », sans l'idée d'inquiétude, était condamné par Littré ; il est pourtant attesté depuis le XIXe s. : « *un catholique sincère, qui se préoccupe de la condition du peuple* » (Romains).

préœdipien, ienne [preedipjɛ̃, jɛn] adj. – 1926 ▪ Antérieur au développement du complexe d'Œdipe. *La phase préœdipienne.*

préolympique adj. – mil. XXe ▪ Qui concerne la préparation à des Jeux olympiques.

préopératoire adj. – XIXe **1** Qui précède une intervention chirurgicale. *Examens préopératoires.* **2** Antérieur à l'établissement des structures opératoires de la pensée, chez l'enfant.

prépaiement n. m. – mil. XXe ▪ Paiement d'un service à l'avance.

préparateur, trice n. – XVIe **1** littér. Personne qui prépare qqch. *Il fut le préparateur de ce profond changement.* **2** Assistant d'un chercheur, d'un professeur de sciences. ♦ *Préparateur en pharmacie :* employé d'une officine ou d'un laboratoire industriel, sous la responsabilité d'un pharmacien.

préparatif n. m. – XIVe ▪ généralt au plur. Dispositions prises en vue de préparer qqch. ⇒ **apprêt, arrangement, disposition.** *Préparatifs de départ.* « *Déjà l'équipage faisait ses préparatifs de mouillage* » (J. Verne).

préparation n. f. – XIVe **1** Action de préparer (qqch.), de mettre (qqch.) en état d'être utilisé. *Préparation d'un sol en vue de plantations.* ♦ Chose préparée. ⇒ **composition.** « *Cette préparation, si prisée par quelques gourmands* » (Balz.). *Préparation (pharmaceutique) :* mélange préparé en officine. **2** Arrangement, organisation ayant pour effet de préparer, de rendre possible. *Préparation d'une évasion.* ➝ *Préparation d'une fête. Avoir un roman en préparation.* ♦ *Préparation du travail :* organisation méthodique d'un travail industriel. *Temps de préparation :* temps de mise en œuvre (d'un outil, d'une machine) avant le fonctionnement. 3 Manière de préparer, d'amener en rendant naturel. « *En fait d'art dramatique, tout est dans la préparation* » (Dumas). 4 Action de préparer (qqn) ou de se préparer. *Préparation des élèves au baccalauréat. Préparation d'un sportif.* ⇒ **entraînement.** ➛ *Préparation militaire (P.M.)* : enseignement militaire donné, avant le service, aux jeunes gens volontaires. ♦ *On lui a annoncé cet accident sans préparation.* ⇒ **précaution.** ✪ CONTR. Accomplissement.

préparatoire adj. – XIVe 1 Qui prépare (qqch. ou qqn). *Travail, réunion préparatoire.* 2 *Cours préparatoire (C.P.)* : premier cours de l'enseignement primaire élémentaire. ➛ *École préparatoire de médecine et pharmacie.* ♦ *Classe préparatoire (aux concours des grandes écoles)* ou n. f. *préparatoire.* ➛ abrév. fam. PRÉPA adj. et n. f. *Classes prépas.*

préparer v. tr. [1] – XIVe ; lat. I - 1 Mettre, par un travail préalable, en état d'être utilisé, de remplir sa destination. ⇒ **apprêter, arranger.** *Préparer ses affaires pour partir. Préparer la table* (⇒ **dresser, mettre).** ➛ *Tout préparé.* ⇒ ① **prêt.** ➛ *Préparer la route, la voie.* ♦ « *Je vous prépare un panaché ?* » (Pagnol). *Préparer le repas. Plat préparé* : plat que l'on achète tout cuisiné, et qu'il suffit de réchauffer. « *des portions toutes préparées, pré-découpées, livrées chaque matin* » (Perec). ♦ *Préparer la terre,* pour semer, planter. 2 Faire tout ce qu'il faut en vue d'une opération à réaliser, d'une œuvre à accomplir, etc. ⇒ **organiser.** *Préparer un projet.* ⇒ **élaborer, étudier, former.** « *il préparait l'insurrection* » (Malraux). *Je ne sais pas ce qu'ils préparent.* ⇒ **tramer.** ♦ Travailler (à). *M. Bergeret* « *préparait sa leçon sur le huitième livre de l'Énéide* » (France). ➛ *Préparer un examen.* 3 Rendre possible, par son action. *Préparer l'avenir.* ♦ *Préparer qqch. à qqn,* faire que la chose lui arrive. ⇒ **réserver.** *On lui a préparé une surprise.* ♦ Rendre possible ou probable. ⇒ **produire, provoquer.** « *J'ignore quel conseil prépara ma disgrâce* » (Rac.). 4 Rendre possible ou naturel en enlevant le caractère arbitraire. ⇒ **amener.** *Le dénouement a été mal préparé.* 5 Rendre (qqn) capable de, prêt à, par une action préalable et concertée. *Préparer un élève à un examen. Préparer le pays à soutenir une guerre.* ➛ *L'État doit préparer plus d'ingénieurs et de savants.* ➛ *Préparer un malade* (à une intervention, un examen). ♦ Mettre dans les dispositions d'esprit requises. *Il était déjà préparé à accepter cet échec.* ➛ *Préparer qqn à une nouvelle,* lui annoncer la chose avec ménagement. 6 Mettre en situation d'être exposé à. « *On prépare la France* [...] *à toutes les fureurs de l'anarchie* » (Cambon). II SE PRÉPARER v. pron. 1 Se mettre en état, en mesure de faire. *Se préparer à la guerre.* ➛ *Se préparer pour un voyage.* ♦ Faire sa toilette, s'habiller. *Je me prépare et j'arrive.* ♦ Se mettre en situation de. iron. *Elle se prépare un bel avenir.* 2 Être préparé. *Une guerre, ça se prépare.* ♦ Être en voie de se produire. *Je crois qu'un orage se prépare.* ➛ impers. *Il se prépare qqch.* ✪ CONTR. Accomplir, réaliser. Improviser.

prépayer v. tr. [8] – av. 1973 ▪ Payer d'avance. *Billet d'avion prépayé* (⇒ **prépaiement).**

prépondérance n. f. – XVIIIe ▪ Qualité de ce qui est prépondérant. ⇒ **primauté, supériorité.** *Prépondérance d'une chose sur une autre, par rapport à une autre. Avoir la prépondérance (sur qqch.).*

prépondérant, ante adj. – XVIIIe ; lat. *præponderare* « peser plus, l'emporter » ▪ Qui l'emporte en autorité, en influence. ⇒ **dominant, supérieur.** *Rôle prépondérant.*

❑ Même famille étym. que *pondérer, impondérable.*

préposé, ée n. – XVIIe 1 Personne qui accomplit une fonction déterminée sous la direction ou le contrôle d'une autre. ♦ Agent d'exécution subalterne. ⇒ **commis, employé.** *Les préposés des douanes.* 2 Facteur, factrice des postes.

préposer v. tr. [1] – XVe ; lat. *præponere* ▪ Charger (qqn) d'assurer un service, une fonction. ⇒ **charger.** « *ces employés dans les mairies qui sont préposés aux décès* » (Claudel).

prépositif, ive adj. – XIVe ▪ Qui est de la nature de la préposition. ⇒ **prépositionnel.** *Locution prépositive* : groupe de mots faisant office de préposition (ex. à côté de).

préposition n. f. – XIVe ; lat. « action de mettre en avant » ▪ Mot grammatical, invariable, introduisant un complément (d'un substantif, d'un verbe, d'un adjectif, d'un adverbe) en marquant le rapport qui unit ce complément au mot complété. « *La préposition est un instrument de détermination et de liaison* » (Dauzat).

prépositionnel, elle adj. – XIXe ▪ Relatif à une préposition. *Locution prépositionnelle.* ⇒ **prépositif.** ➛ Introduit par une préposition. *Syntagme prépositionnel.*

pré-presse n. m. – 1992 ▪ Secteur de la chaîne graphique situé avant l'impression.

prépuce n. m. – XIIe ; lat. ▪ Repli tégumentaire qui entoure le gland de la verge. *Excision du prépuce.* ⇒ **circoncision.** *Étroitesse du prépuce.* ⇒ **phimosis.**

préraphaélisme n. m. – XIXe ▪ Doctrine esthétique des préraphaélites.

préraphaélite n. m. et adj. – XIXe ▪ Se dit des peintres anglais (Rossetti, Burne-Jones, etc.) du milieu du XIXe s. qui voulurent renouveler la peinture par l'imitation des peintres italiens antérieurs à Raphaël. ♦ adj. *Les sujets préraphaélites.*

prérégler v. tr. [6] – v. 1960 ▪ Effectuer la présélection de (un appareil). ➛ *Récepteur, circuit préréglé.*

préretraite n. f. – 1964 ▪ Retraite anticipée ; allocation versée avant l'âge normal de la retraite. *Partir en préretraite.*

prérogative n. f. – XIIIe ; lat. *prærogativa (centuria)* « (centurie) qui vote la première » ▪ Avantage dû à une fonction, un état. ⇒ **privilège.** *Les prérogatives des parlementaires.* ♦ Faculté dont jouissent exclusivement les êtres d'une certaine espèce. ⇒ **attribut.** « *Parmi les prérogatives du génie il y a le droit d'ennuyer* » (Gracq).

préromantique adj. – 1926 ▪ littér. Qui précède la période romantique. *Les écrivains préromantiques français.* ➛ subst. *Les préromantiques.*

préromantisme n. m. – 1923 ▪ littér. Période littéraire antérieure au romantisme.

près adv. – XIe ; lat. *premere* « presser, serrer » 1 À une distance (d'un observateur ou d'un point d'origine) considérée comme petite. *Il habite tout près.* « *Le coup passa si près que le chapeau tomba* » (Hugo). ➛ fam. *Ce n'est pas tout près* : c'est loin. 2 loc. adv. DE PRÈS. *Regarder de près. Lunettes pour voir de près.* ➛ *Se raser de près,* au ras des poils. ♦ *Voir la mort de près. Connaître qqn de très près,* très bien. « *Il existe une autre personne qui les a connus d'aussi près que moi, peut-être de plus près* » (Romains). ➛ *Surveiller qqch. de près,* attentivement. *Cela le concerne de près,* très directement. ➛ loc. *Ne pas y regarder de trop près* : passer sur les détails, ne pas être trop regardant. ♦ (dans le temps) « *Mes lettres n'avaient pas accoutumé de se suivre de si près* » (Pasc.). 3 loc. prép. PRÈS DE. À petite distance de (⇒ **proche, voisin).** *Près d'ici, tout près d'ici,* non loin. *Tout près de Bordeaux,* aux abords de, à la porte de. « *Pour me sentir plus près d'elle, je me blottissais sous cape* » (Radiguet). *Près l'un de l'autre, l'un près de l'autre.* ➛ *Vêtement (coupé) près du corps,* ajusté, moulant. ➛ Dans l'entourage. *Vivre près de qqn.* ♦ *Naviguer près du vent, au plus près,* dans la direction la plus rapprochée de celle du vent. ♦ loc. fam. *Être près de ses sous* : être avare. « *On est un peu près de ses sous, peut-être, mais il faut ça pour vivre* » (Aragon). ➝ *On est passé près de la catastrophe.* ➝ Un peu moins de. *Près de la moitié.* ♦ *Il était près de dix heures.* ⇒ **presque.** *Être près de la retraite.* ➝ (et l'inf.) Sur le point de. « *je suis un vieillard près de mourir* » (Mauriac). *Nous ne sommes pas près de nous laisser faire.* **4** région. PRÈS, suivi d'un nom. « *Sœur Perpétue était une forte religieuse, de Marines, près Pontoise* » (Hugo). **5** *À PEU PRÈS*, indiquant l'approximation. ⇒ **presque.** « *Heureusement, l'hôtel était à peu près vide à ce moment de l'année* » (Mauriac). ♦ Approximativement. ⇒ **environ.** *Il y a à peu près vingt minutes qu'il est sorti.* ♦ subst. *Un à-peu-près* (voir ce mot). **6** *À PEU DE CHOSE(S) PRÈS.* ⇒ **presque.** « *ce sont, à peu de choses près, les termes dont je crois m'être servi* » (Duham.). **7** *À BEAUCOUP PRÈS* : avec de grandes différences (cf. Il s'en faut* de beaucoup). **8** *À CELA PRÈS, À CECI PRÈS QUE* : cela étant mis à part. ⇒ ① **excepté, sauf.** « *à cela près, elles se ressemblent* » (Sartre). **9** *À (QQCH.) PRÈS.* « *Sa femme et lui se rappelaient, à un liard près, le prix d'achat* » (Balz.). *Il a échoué à deux points près.* fam. *À un cheveu près, à un poil près.* ➝ « *Moi, Legrain, je n'en suis pas à une femme près* » (Duham.). *Il n'en est pas à cela près*, ça ne compte pas pour lui. ✪ CONTR. Loin. — HOM. Prêt.

> ❑ Attention aux expressions *il est près d'accepter* et *il est prêt à accepter*, proches par la forme et le sens.

présage n. m. – XIVe ; lat. *præsagium* **1** Signe d'après lequel on croit prévoir l'avenir. *Bon, mauvais présage.* ♦ Ce qui est annoncé, prédit d'après ce signe. *Présages tirés du vol des oiseaux* (⇒ ② **augure, auspices**), *de l'examen des entrailles des bêtes sacrifiées* (⇒ **aruspice**). **2** Ce qui annonce (un, des événements à venir). ⇒ **signe.** *Présages d'une catastrophe.* « *Une brume légère flottait, présage de chaleur* » (Maupass.).

> ❑ Même famille étymologique que *sagace*.

présager v. tr. [3] – XVIe **1** Indiquer (une chose à venir) ; être le présage de. ⇒ **annoncer.** ♦ Faire présumer, supposer. ⇒ **augurer.** *Cela ne présage rien de bon.* **2** Prévoir. *Maladie qui laisse présager une issue fatale.*

présalaire n. m. – 1949 ▪ Allocations perçues par certains étudiants au cours de leurs études.

pré-salé n. m. – XVIIIe ; de *pré* et *salé* ▪ Mouton engraissé dans des pâturages côtiers périodiquement inondés par la mer. ♦ Cette viande. *Cigot de pré-salé.*

presbyte n. et adj. – XVIIe ; gr. *presbutês* « vieillard » ▪ Personne atteinte de presbytie, qui distingue mal les objets rapprochés. ⇒ **hypermétrope.** ➝ adj. « *Qu'il soit myope ou presbyte* » (Baudelaire). ✪ CONTR. Myope.

presbytéral, ale, aux adj. – XIVe ▪ Qui a rapport aux prêtres. *Bénéfices presbytéraux.* ♦ *Conseil presbytéral* : conseil qui administre la paroisse avec le pasteur, dans le presbytérianisme ; conseil créé dans plusieurs diocèses pour assister l'évêque.

presbytère n. m. – XIIe ; lat. *presbyter* « prêtre » ▪ Habitation du curé dans une paroisse. ⇒ ② **cure.**

presbytérianisme n. m. – XVIIIe ▪ Organisation de l'Église réformée, directement issue de la doctrine calviniste, qui a pour base l'église locale gouvernée par le conseil presbytéral.

presbytérien, ienne n. – XIVe ▪ Protestant adepte du presbytérianisme. ➝ adj. Qui a rapport ou appartient au presbytérianisme.

presbytie n. f. – XVIIIe ▪ Anomalie de la vision, défaut d'un œil qui distingue mal les objets rapprochés. ⇒ **hypermétropie.** *La presbytie atteint les personnes âgées.*

> ❑ Le *t* de *presbytie* se prononce [s]. Généralement, ...*tie* se prononce [si] quand il n'est pas précédé du son [s], comme dans *argutie, calvitie, diplomatie, facétie, idiotie, orthodontie.* Il se prononce [ti] dans *amnistie, dynastie, hostie, modestie.*

prescience [presjɑ̃s] n. f. – XIIe ; lat. *præ* « avant » et *scire* « savoir » **1** Connaissance infaillible que Dieu a de l'avenir de l'humanité dans son ensemble et ses moindres détails. *La prescience divine.* **2** Faculté ou action de prévoir des événements à venir. ♦ ⇒ **prémonition, pressentiment.** *Avoir la prescience d'un danger.*

préscientifique [presjɑ̃tifik] adj. – 1907 ▪ Antérieur à la constitution de la connaissance scientifique. « *Les phases préscientifiques de nos disciplines* » (Piaget).

préscolaire adj. – 1910 ▪ Relatif à la période qui précède celle de la scolarité obligatoire.

prescripteur, trice [preskriptœr, tris] n. – 1968 **1** Personne qui prescrit. ➝ *Médecin prescripteur.* **2** n. m. Personne ou groupe ayant une influence sur le choix des produits, des services. *Les enseignants, prescripteurs de manuels scolaires.*

prescriptible [preskriptibl] adj. – XIVe ▪ Qui peut être prescrit ; qui peut faire l'objet d'une prescription. *Biens, droits prescriptibles.* ✪ CONTR. Imprescriptible.

prescription [preskripsjɔ̃] n. f. – XIIIe **1** « Moyen d'acquérir ou de se libérer par un certain laps de temps, et sous les conditions déterminées par la loi » (CODE CIV.). *Opposer la prescription.* ♦ *Prescription acquisitive* : mode d'acquisition de la propriété et des autres droits réels, par une possession non interrompue (30 ans). ⇒ **usucapion.** *Prescription extinctive* : mode de libération des obligations. ♦ *Prescription pénale* : mode de prescription extinctive applicable à la poursuite et à la répression d'une infraction. *Il y a prescription.* **2** Ordre expressément formulé et détaillé. ⇒ **instruction ; précepte.** « *une guimpe qui, selon la prescription expresse de saint Benoît, monte jusqu'au menton* » (Hugo). ⇒ **commandement.** ♦ *Prescriptions d'un médecin* : recommandations faites au malade, verbalement ou par écrit (sous forme d'ordonnance). ♦ Action de recommander un produit en vente. *Prescription de manuels scolaires par les enseignants.* ✪ CONTR. Interdiction.

prescrire v. tr. [39] – XIIIe ; lat. *præscribere* « écrire en tête » **1** Soumettre à la prescription. ♦ Acquérir par la prescription. *Prescrire la propriété d'un immeuble.* ♦ Faire ou laisser éteindre par la prescription. *Condamné dont la peine est prescrite.* ♦ Exercer un droit de prescription. **2** Ordonner ou recommander expressément ; indiquer avec précision (ce qu'on exige, ce qu'on impose). « *Je ne sais ce que c'est que des principes, sinon des règles qu'on prescrit aux autres pour soi* » (Dider.). ♦ Recommander, conseiller formellement. « *il prescrivit l'émétique, afin de dégager complètement l'estomac* » (Flaub.). ♦ *Prescrire un dictionnaire de latin.* ✪ CONTR. Interdire. Observer, subir.

> ❑ Ne pas confondre avec *proscrire* « interdire », qui signifie le contraire.

prescrit, ite adj. – XVe ▪ Qui est imposé, fixé. ➝ *Ne pas dépasser la dose prescrite.*

préséance [preseɑ̃s] n. f. – XVIe ▪ Droit de précéder (qqn) dans une hiérarchie protocolaire. « *Il y a eu souvent des disputes entre les duchesses et les princesses étrangères pour la préséance* » (St-Sim.).

présélecteur [preselɛktœr] n. m. – 1934 ▪ Dispositif de présélection.

présélection [preselɛksjɔ̃] n. f. – 1932 ▪ Premier tri dans un choix. *Candidats admis en présélection.* ♦ Sélection fixée préalablement. *Récepteur radio muni d'une touche de présélection* **(⇒ prérégler).**

présélectionner [pʀeselɛksjɔne] v. tr. [1] – 1963 1 Admettre en présélection. *Présélectionner des athlètes en vue d'une compétition.* 2 Sélectionner par présélection. *Présélectionner des fréquences.*

présence n. f. – XIIe 1 Le fait d'être dans le lieu dont on parle. *La présence de qqn, dans, à, chez...* ➛ *Fuir, éviter la présence de qqn. Prouver sa présence en un lieu* **(⇒ alibi).** « *L'amitié que la présence attiédit, que l'absence efface* » (Chateaub.). ➛ (formule d'invitation) *Vous êtes prié d'honorer de votre présence...* ♦ *Présence au lieu de travail.* ⇒ **assiduité.** *Faire acte de présence :* être présent, sans s'impliquer dans l'activité en cours. ♦ Existence d'une personne au lieu de son domicile légal. 2 *La présence réelle :* le fait que le Christ soit réellement présent dans l'Eucharistie, sous les espèces du pain et du vin. 3 Le fait d'être mêlé, de participer à. *Présence des femmes dans le monde du travail.* ♦ Le fait, pour un pays, de jouer un rôle (politique, économique, intellectuel) sur un territoire. *La présence française en Afrique.* 4 Qualité qui consiste, pour un acteur, à manifester avec force sa personnalité. *Cette comédienne manque de présence.* 5 Le fait qu'une chose soit dans le lieu où l'on est ou dont on parle. « *La seule présence de ce monocle dans la figure de Bloch* » (Proust). *Présence de sang dans les urines.* ♦ *Présence d'esprit :* capacité de répondre, de réagir avec à-propos. *Avoir de la présence d'esprit.* 6 *EN PRÉSENCE DE :* en face de ; devant. « *le vague sentiment de honte que l'on a en présence de gens humiliés* » (Green). *En ma (ta, sa...) présence.* ➛ *Être, mettre qqn en présence de* (qqn, qqch.). « *J'espère me trouver en présence d'une simple contusion abdominale* » (Maupass.). ♦ *EN PRÉSENCE :* face à face, en opposition l'un vis-à-vis de l'autre. *Les deux équipes en présence.* ➛ *Les parties en présence* (dans un procès). ✪ CONTR. Absence. ② Manque.

① **présent, ente** adj. et n. – XIe ; lat. *præesse* « être en avant » **I** adj. 1 Qui est dans le lieu, le groupe où se trouve la personne qui parle ou de laquelle on parle. *Mme X., ici présente, dit que... Elle était présente quand l'accident s'est produit.* ⇒ **témoin.** ➛ *Être présent à qqch.* ⇒ **assister.** *Untel étant présent.* ♦ *Élève présent au cours. Monsieur X... Présent ! Huit personnes présentes et deux représentées.* subst. *Les présents.* ➛ *Être présent en pensée, par le cœur.* ♦ *Dieu est présent partout.* ⇒ **omniprésent.** *Le Christ présent dans l'Eucharistie.* ⇒ **présence** (réelle). 2 *Une remarque où l'ironie était présente.* 3 *PRÉSENT À :* dont on est conscient, auquel on pense à un moment donné. *Avoir une chose présente à l'esprit.* 4 Qui est disponible pour une activité. *Être présent à la conversation,* la suivre attentivement. 5 Qui existe, se produit au moment, à l'époque où l'on parle ou dont on parle. *Les circonstances présentes. L'usage présent de la langue.* ⇒ **actuel.** ♦ *Le temps, le moment présent.* « *les uns vivent surtout dans le passé et les autres seulement dans la minute présente* » (Maurois). 6 Dont il est actuellement question, qu'on fait en ce moment même. *La présente loi. La présente lettre.* subst. *Par la présente :* par cette lettre, ce texte. 7 Qui exprime le temps présent. *Participe, infinitif présent.* **II** n. m. 1 Partie du temps, durée distincte opposable au passé et au futur. *Dans le présent. Vivre dans le présent,* sans se préoccuper du passé ni de l'avenir. ➛ Ce qui existe dans cette partie du temps. *Jouir du présent,* des avantages, des plaisirs, etc., que donne le temps présent. 2 Cette partie de la durée, en tant qu'on y situe une action ou un état exprimé par un verbe ; le verbe, considéré comme indiquant cette durée ; ensemble de formes verbales, du temps du verbe qui sert essentiellement à exprimer cette durée. *Conjuguer, mettre un verbe au présent.* **III** - 1 loc. adv. *À PRÉSENT :* au moment où l'on parle ; au moment dont on parle. ⇒ **aujourd'hui, maintenant.** ➛ *Jusqu'à présent. Dès à présent.* ➛ loc. adj. *D'À PRÉSENT :* actuel. « *Les moutons de Portland d'à présent ont la chair grasse et la laine fine* » (Hugo). 2 loc. conj. *À PRÉSENT QUE :* maintenant que. « *à présent que les hautes maisons de rapport le cernaient, tout suintait l'humide chez eux* » (Céline). ✪ CONTR. Absent. Abstrait. Ancien. — Avenir, futur ; ① passé.

> ❑ L'adjectif *présent* se construit avec *à* dans tous les cas. Pour *absent de, absent à* → absent (rem.).

② **présent** n. m. – XIIe ; de *présenter* ▪ littér. Action de donner qqch. à qqn ; ce qui est donné. ⇒ **cadeau.** *Faire un présent à qqn.* ➛ *Faire présent de qqch. à qqn.*

présentable adj. – XIIe 1 Qui est digne d'être présenté, donné. *Ce plat n'est pas présentable.* 2 Qui peut paraître en public. *Si elle s'était* « *habituée à porter chaque nouvelle mode, elle eût été présentable et acceptable* » (Balz.).

présentateur, trice n. – XVe ▪ Personne qui présente qqch. au public, pour la vente. ⇒ **annonceur.** ♦ Personne qui présente une émission, un spectacle, à la radio ou à la télévision. *La présentatrice vedette du journal télévisé.*

présentation n. f. – XIIe 1 Action de présenter qqn à un emploi. ➛ *Droit de présentation :* droit que possèdent certains officiers ministériels de présenter leur successeur à l'agrément des pouvoirs publics. 2 Action de présenter une personne à une autre, de l'introduire dans une famille, un cercle, etc. *Faire les présentations.* 3 Consécration à Dieu d'un premier-né, au temple de Jérusalem. 4 Apparence d'une personne en société. *Avoir une bonne, une mauvaise présentation.* 5 Action de présenter (qqch.) à qqn. *Présentation d'une pièce d'identité.* ➛ *Présentation d'un rapport devant une commission.* ➛ Demande de paiement d'un effet de commerce, d'un chèque ou d'acceptation d'une lettre de change. *Présentation d'un chèque à l'encaissement.* 6 Manifestation au cours de laquelle on présente qqch. au public. *Assister à une présentation de mode.* ➛ *Présentation d'un nouveau roman.* 7 Manière dont une chose est présentée, aspect qu'on donne à ce qu'on fait. *Présentation des marchandises dans un magasin. Présentation d'un produit en tube, en boîte* **(⇒ conditionnement).** 8 Manière de présenter une thèse, ses idées, etc. 9 Manière particulière dont le fœtus se présente au niveau du détroit supérieur du bassin.

présentement adv. – XIIe ▪ vieilli ou région. Au moment, à l'époque où l'on est, au moment où l'on parle. ⇒ **actuellement, maintenant.** « *La France est, présentement, à la merci des expérimentateurs* » (Duham.).

> ❑ Vieilli en français de France, *présentement* est courant au Québec et en Afrique noire francophone.

présenter v. [1] – IXe ; lat. **I** v. tr. 1 *Présenter une personne à une autre,* l'amener en sa présence pour la faire connaître. ➛ Faire connaître (une personne) à une autre en énonçant son nom, ses titres, etc., selon les usages de la politesse. ⇒ **présentation.** *Cette personne ne m'a pas été présentée.* ♦ Faire connaître (une personne, un groupe) au public. *Présenter un écrivain, un musicien.* 2 *Présenter qqn pour un emploi,* le proposer. ♦ Faire inscrire, à un examen, à un concours, à une élection. *Liste présentée par un parti aux élections.* 3 Mettre (qqch.) à la portée, sous les yeux de qqn. *Présenter son billet au contrôleur.* ⇒ **montrer.** ♦ *La baie de Rio présente un spectacle splendide. L'histoire naturelle* « *embrasse tous les* objets que nous présente l'univers » (Buff.). ♦ *Présenter les armes :* rendre les honneurs en restant au garde-à-vous et en tenant les armes d'une certaine manière. *Présentez armes !* 4 Faire connaître au public par une action spécialement organisée. *Présenter un nouveau film. Courtier qui présente un produit à ses clients.* 5 Disposer (ce qu'on expose à la vue du public). *Présenter un objet, des marchandises en vitrine.* 6 Remettre (qqch.) à qqn en vue d'un examen, d'une vérification, etc. *Présenter la note. Présenter une requête à qqn.* ➙ *Présenter sa candidature à un poste.* ➙ *Je vous présente ma démission :* je démissionne. 7 Exprimer, faire l'exposé de. *Présenter en détail une théorie, une doctrine.* ⇒ **développer.** ➙ *Présenter ses condoléances, ses hommages, ses respects à qqn.* 8 Montrer, rendre présent à l'esprit. « *présenter à ses lecteurs une image complète de la condition humaine* » (Sartre). ♦ Montrer, décrire, définir, comme étant tel ou tel. *Il l'a présenté sous un jour favorable.* 9 Avoir telle apparence, tel caractère. *Le chemin présentait de nombreux détours.* ➙ Avoir, comporter. *Présenter des avantages, un danger.* ➙ *La jeune fille « présentait tous les symptômes de la peste pulmonaire »* (Camus). **II v. intr.** (fam.) emploi critiqué *Présenter bien (mal) :* faire bonne (mauvaise) impression par son allure, sa tenue. **III** *SE PRÉSENTER* **v. pron. 1** Arriver en un lieu, paraître (devant qqn). *L'huissier « se présenta chez elle pour faire le procès-verbal de la saisie »* (Flaub.). ➙ Faire une première visite. *Fonctionnaire qui se présente à son supérieur.* ➙ *Se présenter à l'audience, devant la justice.* ⇒ **comparaître.** 2 Se faire connaître à qqn, en énonçant son nom selon les usages de la politesse. *Permettez que je me présente.* 3 Venir se proposer au choix, à l'appréciation de qqn. *Se présenter pour un emploi, un poste.* ⇒ **postuler.** « *J'avais été, pour me présenter [...] dans une usine de papiers peints* » (Céline). ➙ Être candidat. *Il s'est présenté au bac mais sans succès.* ➙ Être candidat à une élection. « *Sans savoir encore s'il se présenterait comme républicain de gauche ou comme radical* » (Romains). 4 Apparaître (à la vue, à la pensée). → **venir.** *Deux noms se présentent aussitôt à l'esprit.* ♦ *Profiter des occasions qui se présentent.* ⇒ **s'offrir.** *Il lit tout ce qui se présente.* 5 Être disposé d'une certaine manière. *Médicament qui se présente sous forme de comprimés. Cette affaire se présente plutôt mal.* ✪ CONTR. Conclure.

présentoir **n. m.** – XIXe ▪ Dispositif pour présenter des marchandises. *Les « mouches collées sur des présentoirs à gâteaux »* (Lévi-Strauss).

présérie [pʀeseʀi] **n. f.** – v. 1960 ▪ Série de contrôle, production avant la série destinée à la vente. *Voiture de présérie.*

❑ Pour le *s* unique → ① s (rem.).

préservateur **n. m.** – XVIe ▪ Agent chimique ajouté à un produit pour en empêcher l'altération. *Préservateurs et conservateurs.*

préservatif, ive **adj.** et **n. m.** – XIVe **1** VX Qui préserve des maladies. **2 n. m.** Capuchon en caoutchouc, en plastique très souple qui s'adapte au pénis, employé comme moyen de protection contre les maladies sexuellement transmissibles ou comme contraceptif. ⇒ **condom** ; fam. **capote.** ➙ par ext. Tout moyen anticonceptionnel mécanique.

❑ Le nom est devenu très courant avec la lutte contre la propagation du sida.

préservation **n. f.** – XIVe ▪ Action, moyen de préserver, de se garantir. ⇒ **protection,** ① **sauvegarde.** *Préservation des droits, du patrimoine. Préservation de l'environnement.*

préserver **v. tr.** [1] – XIVe ; lat. **1** Garantir, mettre à l'abri ou sauver (d'un danger, d'un mal). ⇒ **protéger.** « *les huttes ne pouvaient les préserver des moustiques* » (Zola). → **abriter.** ➙ *Dieu, le ciel me préserve... ; le ciel m'en préserve !* ⇒ **garder.** ➙ *Préserver des livres de l'humidité.* **2** Garantir de la destruction, de l'oubli. ⇒ **conserver, garder.** *Préserver la forêt. Préserver les droits des minorités.* ♦ **v. pron.** Se garder. *Les gens qui « se préservent des pièges qu'on leur a tendus »* (Balz.). ✪ CONTR. Contaminer, gâter.

pré-sida **n. m.** – 1988 ▪ Infection de l'organisme par le virus du sida. ⇒ ② **ARC.**

présidence **n. f.** – XIVe **1** Fonction, titre de président. *Présidence d'une assemblée, d'un tribunal.* ➙ Action de présider. *Cérémonie sous la présidence de monsieur le Ministre.* ♦ *La présidence de la République :* la fonction de président. **2** Durée des fonctions d'un président. **3** Résidence, bureau(x) d'un président.

président, ente **n.** – XIIIe **1** Personne qui préside (une assemblée, une réunion ou tout groupement organisé en vue d'une action collective), pour (en) diriger les travaux. ⇒ **directeur.** *Présidente d'un jury de concours.* ➙ *Président-directeur général.* ⇒ **P.D.G.** ➙ *Président de l'Assemblée nationale, du Sénat.* ♦ *PRÉSIDENT DU CONSEIL :* sous les IIIe et IVe Républiques, le chef du gouvernement. ♦ Magistrat qui préside un tribunal, une cour. **2** Le chef de l'État dans une république. *Le président de la République française.* ➙ *Président des États-Unis.* **3 n. f.** VX Femme d'un président. « *Vous connaissez la Présidente Tourvel* » (Laclos).

❑ En France, dans les professions juridiques, on emploie plutôt le masculin pour désigner une femme. De même *présidente-directrice générale* est rare ; on dit *elle est président-directeur général.*

présidentiable **adj.** et **n.** – 1913 ▪ Qui est susceptible de devenir président, spécialt président de la République. ➙ **n.** *Manœuvres des présidentiables.*

présidentialisme **n. m.** – 1945 ▪ Système présidentiel.

présidentiel, ielle **adj.** – XVIIIe ▪ Relatif au président, à la présidence. *L'élection présidentielle* ou **n. f.** *la présidentielle. Régime présidentiel,* dans lequel le pouvoir exécutif est entre les mains du président de la République. ➙ Du président. *La voiture présidentielle.*

présider **v. tr.** [1] – XIVe ; lat. *præ* « avant, devant » et *sedere* « s'asseoir » **I v. tr. ind.** *PRÉSIDER À.* Avoir la direction, le soin, la surveillance de qqch. ; y veiller. « *Désirée Delobelle présidait à l'attifement de Sidonie* » (Daudet). ➙ *Règles qui président à qqch.* ⇒ **diriger. II v. tr. dir. 1** Diriger les débats de ; être le président de. *Présider un tribunal. Présider un conseil d'administration.* ♦ Siéger au fauteuil présidentiel. **2** Occuper la place d'honneur. *Présider un dîner.*

présidium [pʀezidjɔm] **n. m.** – 1918 ; mot russe, du lat. ▪ Autrefois, Organisme directeur du Conseil Suprême des Soviets (ou Soviet Suprême).

❑ On écrit aussi *præsidium.*

présomptif, ive [pʀezɔ̃ptif, iv] **adj.** – XVe ; lat. *præsumere* « présumer » ▪ *Héritier présomptif, héritière présomptive :* personne qui, du vivant de qqn, a vocation de lui succéder. « *Voici mon fils Étienne, mon premier-né, mon héritier présomptif* » (Balz.). ➙ *L'héritier présomptif de la couronne, du trône :* le Prince héritier.

❑ Ne pas confondre avec *présomptueux* « prétentieux. »

présomption [pʀezɔ̃psjɔ̃] **n. f.** – XIIe **1** Opinion fondée seulement sur des signes de vraisemblance (apparences, commencement de preuves). ⇒ **conjecture,**

supposition ; hypothèse. *Vous n'avez contre lui que des présomptions mais aucune preuve.* ♦ dr. « *un magistrat prend facilement de simples présomptions pour des preuves évidentes* » (Balz.). *Être condamné sur de simples présomptions.* 2 Opinion trop avantageuse que l'on a de soi-même. ⇒ **prétention, suffisance ; présomptueux.** « *sa hardiesse ressemblait à la présomption, à la témérité* » (Duham.). ✪ CONTR. Modestie.

présomptueux, euse [pʀezɔ̃ptyø, øz] **adj.** – XIIe ▪ Qui présume trop de soi, fait preuve de présomption. ⇒ **prétentieux, vaniteux.** « *La jeunesse est présomptueuse* » (Fén.). ➤ **n.** « *Jeune présomptueux !* » (Corn.). ♦ Qui dénote de la présomption. *Air présomptueux.* ✪ CONTR. Modeste, prudent.

présonorisation [pʀesɔnɔʀizasjɔ̃] **n. f.** – 1973 ▪ Recomm. offic. pour *play-back*.

presque **adv.** – XIIe ; de *près* et *que* **1** À peu près. ⇒ ① **quasi, quasiment.** *C'est presque certain. Elle a presque pleuré. Cela fait presque dix kilomètres,* un peu moins de. ➤ « *Nous savons presque toujours que nous ne sommes pas aimés* » (Mauriac). ➤ *Presque pas, presque plus :* très peu, à peine. ➤ « *Certains écrivains ignorés ou presque* » (Léautaud). ♦ « *Rachel jouait un rôle presque de simple figurante* » (Proust). « *L'espèce de gêne, et presque d'effroi* » (Romains). ➤ *À presque toutes... Presque à chaque pas.* « *C'était le gagne-pain de presque tous ces hommes* » (Alain-Fourn.). **2** littér. ⇒ ① **quasi.** « *dans la presque obscurité* » (Proust). ✪ CONTR. Absolument, complètement, tout (tout à fait).

> ❑ La règle voudrait que le *e* de *presque* ne s'élide jamais, sauf dans le mot *presqu'île.* On trouve : « *les accords presque étouffés* » (Flaubert) ; « *solitaire et presque invisible dans la nuit* » (Simon). Mais nombre d'auteurs s'autorisent l'élision : « *une dispute presqu'aussi violente* » (D'Alembert) ; « *presqu'en travers du vent* » (Tournier).

presqu'île **n. f.** – XVIe ▪ Partie saillante d'une côte, rattachée à la terre par un isthme, une langue de terre. *Grande presqu'île.* ⇒ **péninsule.**

pressage **n. m.** – XIXe ▪ Opération par laquelle on comprime ou l'on marque d'une empreinte, avec une presse. *Pressage des fourrages. Pressage des disques à partir d'une matrice.*

pressant, ante **adj.** – XVIe **1** Qui sollicite avec insistance. *Ordres pressants.* ⇒ **impératif.** ♦ *Il s'est montré pressant :* il a beaucoup insisté. **2** Qui oblige ou incite à agir sans délai. « *Très pressant désir de crier* » (Duham.). ♦ ⇒ **urgent.** « *la puissance de grève dépend d'une nécessité plus ou moins pressante* » (Alain). ➤ fam. *Un besoin pressant :* besoin naturel urgent.

press-book [pʀɛsbuk] **n. m.** – mil. XXe ; angl. *press* « presse » et *book* « livre » ▪ Album de coupures de presse (concernant une personne, un produit commercial, un événement). *Des press-books.*

presse **n. f.** – XIe ; de *presser* **I** littér. Foule réunie dans un petit espace. **II - 1** Dispositif, mécanisme destiné à exercer une pression sur un solide pour le comprimer ou y laisser une impression. *Presse à bras, à moteur.* ➤ *Presse de relieur.* ➤ *Presse à découper, à emboutir, à perforer les métaux.* ➤ *Presse à disques.* ➤ *Presse monétaire,* destinée à la frappe des médailles et des monnaies. ♦ Presse-raquette. **2** Machine destinée à l'impression typographique. *Presse à bras, presse mécanique à cylindre. Presse rotative.* ⇒ **rotative.** ➤ *Mettre* SOUS PRESSE *:* donner à imprimer ou commencer à imprimer. ➤ (dans le nom d'une maison d'édition) *Les Presses de la Cité.* **3** Ce que la presse typographique imprime, impression de textes. *Liberté de la presse :* liberté d'imprimer et de diffuser. « *ils se retournèrent contre la liberté de la presse : de persécutés, ils devinrent persécuteurs* » (Chateaub.). *Délits de presse :* fausses nouvelles, diffamation, etc. ♦ PRESSE (PÉRIODIQUE) *:* ensemble des publications périodiques et des organismes qui s'y rattachent. *Agence de presse,* chargée de fournir des informations aux rédactions. ➤ *Presse écrite* (journaux), *parlée* (radio), *télévisée* (télévision). ⇒ **média.** *Presse d'information, d'opinion. La presse du cœur :* les magazines sentimentaux. *La presse féminine.* ➤ *Coupures de presse.* ♦ Les journalistes. *Convoquer la presse.* ♦ loc. *Avoir bonne, mauvaise presse :* avoir des commentaires flatteurs ou défavorables dans la presse ; avoir bonne, mauvaise réputation. « *Les pigeons de Paris n'avaient pas bonne presse* » (Fallet). **III** Se dit, dans le commerce et l'industrie, des activités plus intenses dans certaines périodes. *Moments de presse.*

> ❑ Attention, *conférence de presse* est critiqué. → conférence (rem.).

pressé, ée **adj.** – XVIe **1** Qui a de la hâte. *Il est pressé de partir.* ➤ *Elle courait, elle avait l'air pressée.* **2** Urgent, pressant. « *On dirait qu'il n'y a pas de besogne plus pressée à la maison* » (Aymé). ♦ **n. m.** *Aller, parer au plus pressé,* à ce qui est le plus urgent, le plus important.

presse-agrumes **n. m. inv.** – v. 1969 ▪ Appareil ménager qui permet d'extraire le jus des agrumes. ⇒ **presse-citron.**

presse-bouton **adj. inv.** – 1950 ; adapt. de l'angl. *push button* ▪ *Guerre presse-bouton,* dont les destructions seront commandées par des appareils de précision. ♦ Qui est entièrement automatisé. *Cuisine presse-bouton.*

presse-citron **n. m.** – XIXe ▪ Ustensile servant à presser les citrons, les oranges pour en extraire le jus. ⇒ **presse-agrumes.** *Des presse-citrons.*

pressée **n. f.** – XVIIIe ▪ Masse (de fruits...) soumise en une fois à l'action du pressoir. ➤ Suc ainsi obtenu.

presse-étoupe **n. m. inv.** – XIXe ▪ Dispositif empêchant les fuites de fluide (eau, vapeur) autour d'une tige, d'un axe.

presse-fruits **n. m. inv.** – 1935 ▪ Ustensile pour extraire le jus des fruits. ⇒ **presse-agrumes, presse-citron ; centrifugeuse.**

pressentiment **n. m.** – XVIe ▪ Connaissance intuitive et vague d'un événement qui ne peut être connu par un moyen naturel. ⇒ **intuition, prémonition.** *J'ai le vague, l'obscur pressentiment d'un danger. J'ai le pressentiment qu'il ne viendra pas, qu'il lui est arrivé malheur.*

pressentir **v. tr.** [16] – XVIe **1** Prévoir vaguement. ⇒ **deviner, sentir.** *Je pressens une catastrophe, qu'il va y avoir du nouveau.* ♦ Avoir conscience de (un objet de connaissance présent). ⇒ **entrevoir ; deviner, soupçonner.** « *On s'interdit de se répondre, tout en pressentant la réponse* » (Valéry). **2** Sonder (qqn) sur ses intentions, d'une manière détournée. *On l'a pressenti pour ce poste. Il a été pressenti pour être ministre.* ➤ *Les personnalités pressenties.* ✪ HOM. *Pressent :* pressant (presser).

presse-papiers **n. m. inv.** – XIXe ▪ Objet lourd qu'on pose sur les papiers pour les maintenir.

> ❑ On trouve aussi la graphie *presse-papier : Des « pierres du Forum arrangées en presse-papier »* (Flaubert).

presse-purée **n. m. inv.** – XIXe ▪ Ustensile de cuisine pour réduire les légumes en purée.

presser **v.** [1] – XIIe ; lat. *premere* **I v. tr. A - 1** Serrer de manière à extraire un liquide. ⇒ **exprimer.** *Presser des raisins* (⇒ **pressoir**), *un citron* (⇒ **presse-citron**). ➤

Orange pressée. ➛ loc. *On presse l'orange et on jette l'écorce :* on rejette (qqn) après s'en être servi au maximum. *Presser qqn comme un citron,* l'exploiter complètement. *Se presser le citron :* réfléchir intensément. ➛ *Presser une éponge. Presser les pis d'une vache.* 2 Serrer de manière à comprimer, à déformer, à marquer d'une empreinte. *Presser dans un étau.* ➛ *Les bras qui la pressaient.* ⇒ **embrasser, étreindre.** ➛ *Presser* (qqn) *entre, dans ses bras.* 3 Appliquer avec force contre, sur qqch. *Presser un cachet sur de la cire.* ⇒ **imprimer.** *Presser qqn sur son cœur.* « *pressés les uns contre les autres afin de se tenir chaud* » (Balz.). ➛ *Presser un disque,* le fabriquer en série. 4 Exercer une pression, une poussée sur. ⇒ **appuyer.** *Presser un bouton.* **B - 1** *Presser qqn de questions,* le questionner avec insistance. ⇒ **harceler.** 2 Pousser vivement (qqn) à faire qqch. « *elle pressa Bovary d'écrire à sa mère* » (Flaub.). 3 Inciter, obliger (qqn) à se hâter. ⇒ **bousculer, brusquer.** « *Roberte m'a tellement pressé que j'ai pris le pas de gymnastique* » (Aymé). ♦ ⇒ **accélérer, activer, hâter.** « *Presser la marche du temps* » (Camus). ➛ *Presser le pas :* marcher plus vite. **II** *SE PRESSER* **v. pron. 1** *Se presser contre qqn.* ⇒ se **blottir.** ♦ Être en foule compacte. ⇒ s'**entasser.** *Les fans se pressent autour de leur idole.* ➛ *Les mots se pressent dans sa bouche.* 2 Se hâter. ⇒ se **dépêcher.** *Pressez-vous. Sans se presser :* en prenant son temps. ➛ « *je crois qu'il ne faut pas se presser de faire l'insinuation* » (Volt.). ➛ fam. *Allons, pressons !* **III** **v. intr.** Être urgent ; ne laisser aucun délai. ⇒ fam. **urger.** « *Le temps presse, le péril grandit* » (France). *Rien ne presse.* ✪ CONTR. ① Écarter ; effleurer. Attendre. — HOM. *Pressant :* pressent (pressentir).

presse-raquette **n. m.** – 1914 ▪ Appareil pour maintenir les raquettes de tennis en forme. ⇒ **presse.** *Des presse-raquettes.*

presseur, euse **n. et adj.** – XIVe 1 Ouvrier qui travaille à une presse. *Presseur d'étoffes, de vêtements* (⇒ **calandreur**). 2 **adj.** Qui exerce une pression. *Cylindre presseur.*

pressier **n. m.** – XVIIe ▪ Ouvrier imprimeur qui travaille à une presse à bras.

pressing **n. m.** – v. 1935 ; angl. *to press* « presser » 1 Établissement où l'on nettoie et repasse à la vapeur les vêtements. ♦ Repassage à la vapeur. 2 Pression constante sur l'adversaire, dans les sports collectifs.

pression **n. f.** – XIIIe ; lat. *premere* « presser » **I - 1** Force qui agit sur une surface donnée ; mesure de la force qui agit par unité de surface. *Pression exercée par un solide sur un autre. Pression et frottement.* ➛ *Pression des fluides contenus dans un récipient,* s'exerçant perpendiculairement aux surfaces des parois. *Pression des gaz.* ♦ loc. *Faire monter la pression :* rendre l'atmosphère plus tendue. ➛ *SOUS PRESSION. Chaudière, locomotive sous pression,* où la vapeur, à une pression supérieure à la pression atmosphérique, est capable d'assurer le fonctionnement. *Gaz sous pression.* ⇒ **comprimé.** ➛ *Être sous pression :* être énervé, tendu. ♦ *Pression atmosphérique,* exercée par l'atmosphère terrestre en un point. ➛ *Hautes, basses pressions.* ⇒ **anticyclone, cyclone.** « *Les périodes de haute pression — au-dessus de 770 millimètres — le faisaient vivre dans une hilarité hagarde* » (Tournier). ➛ *Régler la pression d'une cabine d'avion, d'un véhicule spatial* (⇒ **pressuriser**). 2 Action de presser ; force (de ce qui presse). *Huile d'olive obtenue par première pression à froid.* « *sous la pression de leurs doigts puissants* » (Vian). *Faire pression sur.* ⇒ **peser.** 3 Bouton-pression. *Robe fermée par des pressions.* 4 *Bière (à la) pression,* mise sous pression en récipients et tirée directement dans les verres, au café. *Un demi pression.* 5 *Pression artérielle :* pression du sang sur la paroi des artères. ⇒ **tension.** **II - 1** Influence, action insistante qui tend à contraindre. ⇒ **contrainte.** *La pression des événements. Pression sociale.* ➛ *Faire pression sur qqn,* chercher à le convaincre. ⇒ **forcer ; forcing.** *Moyen de pression.* ♦ *Pression fiscale :* mesure de la contrainte exercée par les impôts. 2 *Groupe de pression :* groupement qui cherche à agir de manière concertée sur l'État, l'opinion publique, etc. pour défendre ses intérêts ou des positions morales, idéologiques. ⇒ **lobby.**

> ❑ *Groupe de pression* est une traduction de l'anglais *pressure group.*

pressoir **n. m.** – XIIe 1 Machine servant à extraire le liquide de certains fruits ou graines, par pression. ⇒ **presser.** *Pressoir à cidre, à pommes. Pressoir à huile, à olives* (⇒ **maillotin**). ♦ Pressoir à vin. « *effluves capiteux du pressoir* » (Gide). 2 Bâtiment, emplacement où est le pressoir.

pressostat **n. m.** – mil. XXe ; de *press(ion)* et *-stat* ▪ Appareil automatique qui permet de maintenir constante la pression d'un fluide dans une enceinte, un circuit. ⇒ **manostat.**

> ❑ Ce mot est un exemple typique de la nouvelle habitude de composition sur un mot français et un radical savant.

pressurage **n. m.** – XIIIe ▪ Opération par laquelle on presse (une substance) au moyen du pressoir. ⇒ ① **serre.** *Vin de pressurage.*

pressurer **v. tr.** [1] – XIIIe 1 Presser (des fruits, des graines) pour en extraire un liquide. 2 Tirer de (qqn, qqch.) tout ce qu'on peut. *Pressurer le peuple.* ⇒ **exploiter.** ♦ Extorquer l'argent, les biens de (qqn). *Pressurer les contribuables.* ♦ loc. fam. *Se pressurer le cerveau :* réfléchir intensément.

pressureur, euse **n.** – XIIIe 1 Ouvrier qui assure le fonctionnement d'un pressoir. 2 Personne qui pressure autrui. ⇒ **exploiteur.**

pressurisation **n. f.** – 1949 ▪ Mise sous pression normale. *Système de pressurisation d'un avion.* ✪ CONTR. Dépressurisation.

pressuriser **v. tr.** [1] – 1949 ; angl. *pressure* « pression » ▪ Maintenir à une pression normale (un avion, un véhicule spatial). ➛ *Cabine pressurisée.* ✪ CONTR. Dépressuriser.

prestance **n. f.** – XVe ; lat. *præstare* « se tenir en avant, être supérieur » ▪ Aspect imposant (de qqn) ; physique, maintien et contenance imposants. *Avoir de la prestance.* « *belle mine, noble prestance, manières exquises* » (Baudelaire).

prestant **n. m.** – XVIIe ; it. *prestante* « excellent » ▪ Jeu de montre de l'orgue sur lequel on accorde les autres jeux.

prestataire **n. m.** – XIXe 1 Bénéficiaire d'une prestation (sociale). ⇒ **allocataire.** 2 *Prestataire de services :* personne, entreprise qui fournit des services contre paiement.

prestation **n. f.** – XIIIe ; lat. *præstare* « fournir » **I** Action de fournir. 1 dr. Objet d'une obligation ; ce qui est dû par le débiteur. ♦ Action de fournir un bien ou un service contre paiement. ➛ Le bien, le service ainsi fourni. *Des prestations de qualité.* 2 Allocation donnée aux militaires. *Prestation en espèces ; en nature.* ➛ Tribut en nature qu'un pays vaincu doit au vainqueur. 3 Allocation versée par une administration ou une entreprise aux assurés sociaux. *Prestations de maladie.* ⇒ **indemnité.** *Prestations familiales :* allocations familiales, primes de déménagement, allocation de rentrée scolaire, de salaire unique, allocation-logement, etc. 4 Ce qu'un athlète, un artiste, un orateur offre au public en se produisant. **II** Action de prêter (serment). *Prestation de foi et hommage du vassal. Prestation de serment d'un avocat.*

preste adj. – XVe ; it. ■ style soutenu Prompt et agile. *La fouine a « le corps flexible, tous les mouvements très prestes »* (Buff.). ✪ CONTR. Lent, maladroit.

prestement adv. – XIIe ■ style soutenu D'une manière preste ; vivement. ✪ CONTR. Lentement.

prestesse n. f. – XVIe ■ littér. Promptitude et agilité. *« une prestesse de pickpocket »* (Mart. du G.). ✪ CONTR. Lenteur, maladresse.

prestidigitateur, trice n. – XIXe ; de *preste* et lat. *digitus* « doigt » ■ Artiste qui, par l'adresse de ses mains, produit des illusions en faisant disparaître, apparaître, changer de place ou d'aspect des objets. ⇒ **escamoteur, illusionniste.**

prestidigitation n. f. – XIXe ■ Technique, art du prestidigitateur. *Tours, numéro de prestidigitation.* ⇒ **escamotage, illusion, passe-passe.**

prestige n. m. – XVIe ; lat. « artifice, illusion » ■ Le fait de frapper l'imagination, d'imposer le respect, l'admiration. ⇒ ② **ascendant, importance, séduction.** *Avoir du prestige. Jouir d'un grand prestige. « La police française sur moi exerce seule un prestige fabuleux »* (Genet). *Il a perdu tout son prestige à mes yeux. Faire qqch. uniquement pour le prestige. Le prestige de l'uniforme.* ➜ loc. *Politique de prestige,* qui vise à acquérir du prestige par des opérations, des réalisations spectaculaires. *Une opération de prestige.*

prestigieux, ieuse adj. – XVIe ■ Qui a du prestige. *Des vins prestigieux.* ➜ *Un chef d'orchestre prestigieux.*

prestissimo adv. – XVIIIe ; it. *presto* « vite » ■ Très vite (indication de mouvement, en musique).

presto adv. – XVIIe ; mot it. ■ Vite (indication de mouvement, en musique). ➜ n. m. *Des prestos.* ♦ fam. Rapidement.

> ❑ Dans l'usage familier, on emploie aussi, par pléonasme, *illico presto, subito presto. « Tout de suite ! Illico presto subito ! »* (Queneau).

préstratégique adj. – 1983 ■ Se dit d'une arme nucléaire à courte portée devant servir d'arme dissuasive dans un éventuel conflit. ⇒ **tactique.**

présumable adj. – XVIe ■ rare Qui peut être présumé. *Bénéfices présumables.*

présumé, ée adj. – XIXe ■ Que l'on croit tel par hypothèse. ⇒ **supposé.** *Son fils présumé.* ⇒ **putatif.** *Innocent ou présumé tel.*

> ❑ Pour l'emploi → soi-disant (rem.).

présumer v. tr. [1] – XIIe ; lat. « prendre d'avance » **1** Donner comme probable. ⇒ **augurer, conjecturer, supposer ; présomption.** *Présumer une issue heureuse.* ➜ *Tout homme est présumé innocent tant qu'il n'a pas été déclaré coupable.* ⇒ **censé, supposé.** *« Les décisions des assemblées [...] sont présumées être l'expression de la volonté générale »* (Jaurès). ♦ *PRÉSUMER QUE.* ⇒ **penser.** *« J'ai lieu de présumer que mes services ne vous sont plus agréables »* (Mariv.). ➜ *Votre épouse, je présume.* **2** v. tr. ind. *PRÉSUMER DE :* avoir trop bonne opinion de, compter trop sur. *Présumer trop de soi* (⇒ **présomptueux**). *Il a trop présumé de ses forces.*

présupposé, ée [presypoze] n. m. – v. 1960 ■ n. m. Ce qui est supposé et non exposé dans un énoncé. ⇒ **présupposition.**

présupposer [presypoze] v. tr. [1] – XIVe ■ Supposer préalablement. *Ceci présuppose qu'il accepte. La phrase « J'enlève mon manteau » présuppose qu'on porte un manteau.* ⇒ **impliquer.**

présupposition [presypozisjɔ̃] n. f. – XIVe ■ Supposition préalable. ⇒ **présupposé.** *« le contexte ou ensemble des présuppositions communes aux lecteurs et à l'auteur »* (Sartre).

présure n. f. – XIIe ; lat. *prendere* « prendre » ■ Substance extraite de la caillette des jeunes ruminants, contenant un enzyme qui fait cailler le lait.

① **prêt, prête** adj. – XIe ; lat. *præsto* « à portée de main » **1** Qui est en état, est rendu capable, grâce à une préparation matérielle (⇒ **préparé**) ou morale (⇒ **décidé, disposé**). ♦ *PRÊT À :* préparé pour. *Prêt à partir.* ➜ Disposé à, susceptible de. *Il est prêt à toutes les compromissions. Prêt à tout :* disposé à n'importe quel acte pour arriver à ses fins, ou décidé à tout supporter. *Tenez-vous prêts à agir. « j'étais ivre d'épouvante, prêt à hurler, prêt à mourir »* (Maupass.). ♦ *PRÊT POUR. Prêt pour l'action, pour faire qqch.* ♦ *Il est prêt, fin prêt. « Toujours prêt ! »* devise scoute. *« À vos marques. Prêts ? Partez ! »* (formule de départ des courses à pied). ♦ Habillé, paré (pour sortir, paraître en société). *Tu n'es pas encore prête ?* **2** Mis dans l'état convenable (pour qqch., pour faire qqch.). *Canons prêts à tirer.* ♦ Préparé. *Le café, le dîner est prêt.* ♦ *Prêt-à-* (et inf.). *Le prêt-à-manger* (équivalent proposé pour *fast-food*). *Le prêt-à-monter* (équivalent proposé pour *kit*). *Des prêts-à-monter.* **3** littér. Qui est sur le point de. *« j'étais prêt à m'évanouir »* (Rouss.). ✪ HOM. Près.

> ❑ Attention aux expressions *il est prêt à renoncer* et *il est près de renoncer,* de sens voisins.

② **prêt** n. m. – XIIe **1** Action de prêter qqch. *Les « petits profits que lui rapportait le prêt de ses volumes »* (Renan). ➜ Contrat par lequel une chose est livrée à charge de restitution. *Prêt de consommation,* d'une chose consomptible (dont l'équivalent devra être restitué). *Prêt à usage,* d'une chose qui doit être restituée. ⇒ **commodat.** ➜ Contrat par lequel une somme d'argent est mise à la disposition d'une personne morale ou physique (l'emprunteur), à charge pour elle de la rembourser selon des modalités déterminées. ⇒ **avance, crédit.** *Faire, consentir un prêt à qqn. Capital et intérêt d'un prêt. Prêt bancaire. Prêt sur gage, sur garantie.* ➜ *Prêt en eurodevises.* ⇒ **eurocrédit.** **2** Somme allouée par l'État pour la subsistance et l'entretien d'un soldat, d'un sous-officier. ➜ Avance sur salaire.

pretantaine → **prétentaine**

prêt-à-porter [pʀɛtapɔʀte] n. m. – 1951 ■ Vêtements fabriqués en série, généralement conçus par un styliste de mode. ⇒ vieilli **confection.** *La haute couture et le prêt-à-porter. Des prêts-à-porter.*

prêté n. m. – XVIIe ■ Loc. *C'est un prêté pour un rendu,* des représailles, une vengeance proportionnées, justes.

prétendant, ante n. – XVIe **1** rare Personne qui prétend à qqch. *Prétendant à un poste.* ⇒ **postulant.** **2** Personne qui prétend au pouvoir souverain (⇒ **candidat**). *Le prétendant à la couronne.* **3** n. m. vieilli ou plais. Celui qui aspire à la main d'une femme. *La « veuve marchait d'un air fier, escortée de ses trois prétendants »* (Sand).

prétendre v. tr. [41] – XIVe ; lat. *prætendere* « tendre en avant, présenter » **1** littér. *PRÉTENDRE À :* aspirer ouvertement à (ce que l'on considère comme un droit, un dû). *Prétendre à un titre, à une responsabilité,* les revendiquer. *« ces blanchâtres larves qui prétendent au nom de poissons »* (Queneau). **2** Avoir la ferme intention de (avec la conscience d'en avoir le droit, le pouvoir). ⇒ ① **vouloir.** *Je prétends être obéi. Que prétendez-vous faire ?* ➜ *Je ne prétends pas avoir raison à tout prix,* je n'en ai pas la prétention. **3** Affirmer avec force ; oser donner pour certain (sans nécessairement convaincre autrui). ⇒ **déclarer, soutenir.** *Il prétend m'avoir prévenu, qu'il m'a prévenu.* ➛ *Est-ce vrai, ce qu'on prétend ? À ce qu'il prétend... :* à ce qu'il dit (mais je n'en crois rien). ⇒ **soi-disant.** 4 pronom. SE PRÉTENDRE : affirmer que l'on est. *Il se prétend lésé dans ce partage.* « *nous nous prétendons indifférents à ses actes* » (Proust).

prétendu, ue adj. – XVIIe ▪ Que l'on prétend à tort être tel ; qui passe pour ce qu'il n'est pas. ⇒ **soi-disant, supposé.** « *sa fausse laideur et ses prétendus défauts* » (Balz.). ✪ CONTR. Vrai.

❑ Pour l'emploi → soi-disant (rem.).

prétendument adv. – XVIIIe ▪ Faussement, d'une manière prétendue. ⇒ **soi-disant.** ✪ CONTR. Vraiment.

prête-nom n. m. – XVIIIe ▪ Personne qui assume personnellement les responsabilités d'une affaire, d'un contrat, à la place du principal intéressé. ⇒ **mandataire.** « *Il n'était qu'un pur intermédiaire, qu'un prête-nom* » (Zola). *Des prête-noms.*

prétentaine n. f. – XVIIe ; p.-ê. norm. *pertintaille* « ornement de robe » ▪ loc. *Courir la prétentaine :* faire sans cesse des escapades ; chercher des aventures galantes.

❑ On a dit aussi *pretentaine, pretantaine* [pʀətɑ̃tɛn]. « *Il chérit Poil de Carotte, mais ne s'en occupe jamais, toujours courant la pretentaine* » (Renard).

prétentieusement adv. – XIXe ▪ D'une manière prétentieuse.

prétentieux, ieuse adj. – XVIIIe ▪ Qui estime avoir de nombreuses qualités, des mérites, qui affiche de la prétention. ⇒ **présomptueux, vaniteux ;** fam. **bêcheur, crâneur, frimeur.** *Il est très prétentieux.* ⇒ **fier.** « *un jeune garçon très prétentieux, se prenant tout à fait au sérieux* » (Daudet). ➛ n. *C'est un petit prétentieux.* ⇒ **m'as-tu-vu.** ♦ Qui dénote de la prétention. *Air, ton prétentieux.* ⇒ **affecté, maniéré.** ➛ *Maison prétentieuse* (opposé à *sans prétention*). ✪ CONTR. Modeste.

prétention n. f. – XVe ; lat. *prætendere* « mettre en avant » 1 Revendication de qqch. en vertu d'un droit que l'on affirme, d'un privilège que l'on réclame. → **exigence, revendication.** « *Toute guerre naît d'une prétention commune à la même propriété* » (Dider.). ♦ au plur. Exigence dans un contrat, un marché. ⇒ **condition.** ➛ Souhait en matière de salaire à l'embauche. *Quelles sont vos prétentions ?* 2 Le fait de revendiquer pour soi une qualité, un avantage, ou de se flatter d'obtenir un résultat. ⇒ **ambition, visée.** « *Les hommes ont de grandes prétentions et de petits projets* » (Vauven.). *Prétention à l'élégance.* ➛ *Je n'ai pas la prétention de tout connaître.* ⇒ se **piquer, prétendre.** ➛ *Avoir des prétentions :* avoir une attitude vaniteuse. ➛ *Un style sans prétention(s),* très simple (opposé à *prétentieux*). 3 Estime trop grande de soi-même qui pousse à des ambitions, des visées excessives. ⇒ **fatuité, présomption, vanité.** « *la prétention avoisine la bêtise* » (Proust). ✪ CONTR. Modestie, simplicité.

prêter v. [1] – XIIe ; lat. *præstare* « mettre à la disposition » **I** v. tr. 1 Mettre (qqch.) à la disposition de qqn pour un temps déterminé. ⇒ **fournir.** « *Pourvu que Dieu lui prête vie* » (La Font.). *Prêter son appui, son concours.* ⇒ **apporter, donner.** ➛ *Prêter assistance, secours :* aider, secourir. « *d'autres États lui prêteront asile* » (Corn.). *Prêter attention :* porter son attention à. *Prêter serment :* jurer (⇒ **prestation,** II). ➛ loc. *Prêter l'oreille :* essayer d'entendre, écouter. *Prêter une oreille attentive à qqch. :* écouter avec attention, intérêt. ♦ pronom. SE PRÊTER À : consentir à. *Je ne me prêterai pas à cette mascarade.* ➛ Pouvoir s'adapter à. *Cette terre se prête à la culture des céréales.* 2 Fournir (une chose) à la condition qu'elle sera rendue. *Prêter des livres à qqn. Tu me le prêtes ou tu me le donnes ?* « *je t'ai prêté cent sous, la semaine dernière* » (Zola). ⇒ **avancer.** 3 Attribuer ou proposer d'attribuer (un caractère, un acte) à qqn. ⇒ **donner, supposer.** *On me prête des propos que je n'ai jamais tenus.* ➛ *Prêter de l'importance, une signification à qqch.* 4 v. tr. ind. PRÊTER À : donner matière à. *Prêter aux commentaires, à la critique.* ➛ *Prêter à confusion.* ➛ *Elle* « *ne voulait pas nuire à son fils ou prêter à rire* » (Balz.). **II** v. intr. Pouvoir s'étirer, s'étendre (d'un tissu, d'une peau non élastique). *Le daim prête à l'usage.* ⇒ **donner.** ✪ CONTR. Emprunter. Rendre, restituer.

prétérit [pʀeteʀit] n. m. – XIIIe ; lat. *præterire* « laisser en arrière, passer » ▪ Forme temporelle du passé. *Le prétérit anglais* (correspond à l'imparfait et au passé simple français).

prétérition n. f. – XIVe ; lat. *præterire* « omettre » ▪ Figure de rhétorique par laquelle on attire l'attention sur qqch. en déclarant n'en pas parler (ex. Dupont, pour ne pas le nommer).

préteur n. m. – XIIIe ; lat. *prætor* ▪ Magistrat judiciaire qui avait pouvoir de faire exécuter et d'interpréter la loi, à Rome. → **prétorien, préture.** ➛ Sous l'Empire, Gouverneur de province.

prêteur, euse n. et adj. – XIIIe 1 Personne qui prête de l'argent. ➛ Personne qui fait métier de prêter à intérêt. *Prêteur à intérêt usuraire.* ⇒ **usurier.** 2 adj. Qui prête volontiers ce qu'il possède. « *La fourmi n'est pas prêteuse* » (La Font.). ✪ CONTR. Emprunteur.

① **prétexte** n. f. et adj. – XIVe ; lat. *prætexere* « border » ▪ Toge blanche bordée de pourpre que portaient les jeunes patriciens et certains magistrats romains. ➛ adj. « *ils échangeaient la robe prétexte contre la toge virile* » (Tournier).

② **prétexte** n. m. – XVIe ; lat. *prætextus* 1 Raison alléguée pour dissimuler le véritable motif d'une action. ⇒ **échappatoire, faux-fuyant, subterfuge.** *Elles* « *trouvaient mille prétextes pour venir en ville* » (Loti). *Ce n'est qu'un prétexte. Elle ne m'a fourni aucun prétexte à, pour son absence. Servir de prétexte à qqch. Prendre, tirer prétexte d'un malaise pour partir* (⇒ **prétexter**). ♦ SOUS... PRÉTEXTE. *Sous quel prétexte irait-il là-bas ? Sous un prétexte quelconque, fallacieux. Ne sortez sous aucun prétexte,* en aucun cas. « *elle mit ses mains derrière le dos, sous prétexte de renouer les cordons défaits de son tablier* » (Robbe-Grillet). *Elle ne sort plus, sous prétexte qu'il fait trop froid.* 2 Ce qui permet de faire qqch. ; occasion. *Ce fait divers fut le prétexte de son roman.*

prétexter v. tr. [1] – XVIe ▪ Alléguer, prendre pour prétexte. → **objecter.** « *Allory, prétextant sa maladie, puis sa convalescence, avait refusé toutes les invitations* » (Romains). *Il a prétexté qu'il avait un dîner.*

pretium doloris [pʀesjɔmdɔlɔʀis] n. m. inv. – d. i. ; loc. lat. « prix de la douleur » ▪ Dommages et intérêts accordés à la victime d'un fait dommageable, en compensation des souffrances physiques.

prétoire n. m. – XIIe ; lat. *prætorium* **I** - 1 Tente du général dans un camp romain. ➛ Habitation, palais du préteur. Tribunal où le préteur rendait la justice. 2 Caserne des prétoriens ; la garde prétorienne elle-même. **II** littér. Salle d'audience d'un tribunal.

prétorial, iale, iaux adj. – XIVe ▪ Du prétoire. *Palais prétorial.* ⇒ **prétorien.**

prétorien, ienne adj. et n. m. – XIIIe **I** - 1 Relatif au préteur. *La dignité prétorienne.* 2 Relatif au général, au commandant en chef. *Cohorte prétorienne.* ♦ *Garde prétorienne :* garde personnelle d'un empereur romain. ⇒ **prétoire.** *Les soldats prétoriens, les prétoriens.* **II** Se dit des éléments militaires qui constituent la garde personnelle du chef d'État dans un régime autoritaire. *Garde prétorienne d'un dictateur.*

prétranché, ée adj. – v. 1980 ▪ Tranché à l'avance, vendu en tranches. *Cake prétranché.*

prêtre n. m. – XIIe ; gr. *presbuteros* « ancien » 1 Celui qui a reçu le troisième ordre majeur de la religion catholique. ⇒ **abbé, archiprêtre, aumônier, chanoine, chapelain, coadjuteur, curé, doyen, vicaire ; presbytéral.** *Clerc, diacre qui est ordonné prêtre. « D'une voix retentissante, le prêtre commence la prière des agonisants »* (Daudet). *Se confesser à un prêtre.* ⇒ **confesseur.** *Prêtre-ouvrier,* qui partage la vie des travailleurs. ♦ Membre du clergé séculier (opposé à *laïc*). ⇒ **ecclésiastique ;** fam. **curé.** *Célibat des prêtres.* 2 dans les églises chrétiennes d'Orient ⇒ **papas, pope.** *Prêtre arménien.* 3 Ministre d'une religion antique. *Prêtre d'Orphée, de Cybèle. Prêtres romains.* ⇒ **aruspice,** ① **augure.** *Prêtres d'Assyrie, de Perse.* ⇒ **mage.** *Prêtres gaulois.* ⇒ **druide, eubage.** ➛ (dans le judaïsme ancien) *Les prêtres et les lévites. Le grand prêtre* ou *le grand-prêtre :* chez les Hébreux, chef de la caste sacerdotale. 4 rare Ministre du culte dans une société quelconque.

> ❑ *Prêtre* ne se dit pas quand il existe un mot spécial : *ministre* et *pasteur* (protestant), *rabbin, bonze, lama,* etc.

prêtresse n. f. – XIIe ▪ Dans les religions païennes, Femme ou jeune fille attachée au culte d'une divinité. *Prêtresses grecques, romaines.* ⇒ ① **bacchante, pythie, vestale.** *Prêtresse de Diane.*

prêtrise n. f. – XIVe ▪ Fonction, dignité de prêtre catholique ; sacrement qui y fait accéder. *Recevoir la prêtrise. Renoncer à la prêtrise.*

préture n. f. – XVIe ; lat. ▪ Dignité, magistrature du préteur. ➛ Durée de cette fonction.

preuve n. f. – XIIe ; de *prouver* 1 Ce qui sert à établir qu'une chose est vraie. *Donner qqch. comme preuve* **(⇒ alléguer, attester).** *Avoir, apporter des preuves. Fournir des preuves.* ⇒ **prouver.** *Faire la preuve de qqch. Accuser, juger sans preuves. Je n'en veux pour preuve que... Croire qqch. jusqu'à preuve du contraire,* jusqu'à ce qu'on ait la preuve qu'il faut croire le contraire. *Preuve matérielle, formelle, indéniable. Preuve par l'absurde.* ➛ *Preuve de ce qu'on avance.* ⇒ **justification.** ♦ Acte, chose, réalité qui atteste un sentiment, une intention. ⇒ **marque, signe.** *Preuve d'attachement, d'intérêt, de fidélité.* ⇒ **assurance, gage, témoignage.** ➛ fam. À PREUVE... ; LA PREUVE... : en voici la preuve. *Il se sent coupable, la preuve, il a rougi.* ♦ LA PREUVE QUE (et l'indic.). *Avoir, faire la preuve que. C'est la preuve que :* j'en infère que. ➛ *À preuve que :* la preuve en est que. ♦ FAIRE PREUVE DE. ⇒ **montrer.** *Faire preuve de tolérance.* ➛ FAIRE SES PREUVES : montrer sa valeur, ses capacités. *Ce vaccin n'a pas encore fait ses preuves.* 2 Personne qui sert de preuve, d'illustration d'une thèse. *J'en suis la preuve, la preuve vivante.* 3 En droit féodal, Épreuve judiciaire. *Preuve par jugement de Dieu* **(⇒ ordalie),** *par le combat singulier.* 4 « Démonstration de l'existence d'un fait matériel ou d'un acte juridique dans les formes admises par la loi » (Capitant). *Faire la preuve de la fausseté d'un acte par l'inscription de faux.* ♦ Moyen employé pour faire la preuve. « *cette femme détient* [...] *la preuve formelle de votre culpabilité* » (Romains). *Le flagrant délit, preuve admise contre le prévenu. « Quelle preuve a-t-on ? Pas un témoin, pas une pièce à conviction »* (Bernanos). 5 Opération destinée à vérifier le résultat d'une autre opération, à l'aide des mêmes données. *Preuve par neuf :* démonstration de l'exactitude d'une multiplication ; fig. preuve irréfutable. « *j'eusse souhaité pouvoir faire comme en arithmétique la preuve par 9* » (Proust). 6 Partie du discours (dite aussi *confirmation* ou *réfutation*) où est établie la véracité d'une assertion antérieure. *Preuves oratoires.* 7 Essai par lequel on vérifie la richesse d'un liquide en alcool.

preux adj. m. et n. m. – XIe ; lat. *prodesse* « être utile » ▪ vx Brave, vaillant. *Un preux chevalier.* ➛ n. m. « *On ne voit plus les preux se ruer aux exploits* » (Hugo). ✪ CONTR. Lâche.

> ❑ Les dérivés anciens *(prouesse, prud'homme, prude)* de ce terme archaïque se sont maintenus dans l'usage moderne.

prévalence n. f. – 1966 ; angl. ▪ Nombre de cas de maladies, ou de tout autre événement médical, enregistré dans une population déterminée, et englobant aussi bien les cas nouveaux que les cas anciens.

prévaloir v. intr. [29] ; sauf subj. prés. *que je prévale, que tu prévales, qu'ils prévalent* – XVe 1 littér. L'emporter. « *les vieux préjugés prévalaient* » (Volt.). ➛ *Faire prévaloir ses droits.* 2 SE PRÉVALOIR DE... : tirer avantage ou parti (de qqch.), faire valoir (qqch.). « *Les observations fines sont la science des femmes ; l'habileté de s'en prévaloir est leur talent* » (Rouss.). ♦ Tirer vanité, faire grand cas (de qqch.). ⇒ s'**enorgueillir,** se **flatter.** *C'est un homme modeste qui ne se prévaut pas de ses titres.* ⇒ se **targuer.**

prévaricateur, trice adj. – XIVe ▪ Coupable de prévarication. *Fonctionnaire prévaricateur.* ♦ n. « *Un prévaricateur, moi ! un ministre qui se serait vendu !* » (Zola). ✪ CONTR. Intègre.

prévarication n. f. – XIIe ▪ Acte de mauvaise foi commis dans une gestion. ➛ Grave manquement d'un fonctionnaire, d'un homme d'État aux devoirs de sa charge. ⇒ **malversation ; forfaiture.**

prévariquer v. intr. [1] – XIIe ; lat. *prævaricari* « être de connivence avec la partie adverse » ▪ Se rendre coupable de prévarication.

prévenance n. f. – XVIIIe 1 Disposition à se montrer prévenant. 2 Action, parole par lesquelles on cherche à prévenir les désirs de qqn. *Entourer qqn de prévenances.* ⇒ **attention, délicatesse, gentillesse.** « *Elle avait des prévenances inimaginables, des attentions délicieuses, des gentillesses infinies* » (Maupass.).

prévenant, ante adj. – XVIe ▪ Qui prévient les désirs d'autrui, cherche à faire plaisir. ⇒ **attentionné, complaisant, obligeant.** *Elle se montrait « prévenante, en faisant un visible effort pour corriger sa rudesse »* (Zola). *Être prévenant envers, pour qqn.* ➛ « *Des manières naturelles et pourtant prévenantes* » (Rouss.).

prévenir v. tr. [22] ; auxil. *avoir* – XVe ; lat. « venir devant, en avant » **I** Précéder, devancer. 1 Aller au-devant de (qqch.), pour hâter l'accomplissement. ⇒ **devancer.** *Prévenir les besoins de qqn,* y pourvoir à l'avance **(⇒ prévenant).** « *Prévenir toujours les désirs n'est pas l'art de les contenter, mais de les éteindre* » (Rouss.). 2 Aller au-devant de (qqch.), pour faire obstacle ; empêcher par ses précautions (une chose fâcheuse ou considérée comme telle) d'arriver. ⇒ **détourner, éviter.** *Moyens de prévenir une maladie* **(⇒ préventif ; prophylaxie).** « *des escaliers aux cages tendues de filets, pour prévenir les tentatives de suicide* » (Tournier). ♦ Éviter (une chose considérée comme gênante) en prenant les devants. *Elle « prévenait les questions sur sa santé par de pudiques mensonges »* (Balz.). **II** - 1 *Prévenir en faveur de, contre :* mettre par avance (qqn) dans une disposition d'esprit favorable ou défavorable à l'égard de qqn, de qqch. *Des mauvaises langues vous ont prévenus contre lui.* 2 Mettre (qqn) au courant (d'une chose, d'un fait à venir) par la parole ou un signal. ⇒ **avertir.** *Je l'ai prévenu de votre* *visite. Ne fais rien sans me prévenir.* ⇒ ② **aviser.** ➛ *Partir sans prévenir.* ➛ *Te voilà prévenu, à toi de faire attention.* ♦ Annoncer (à qqn), sur un ton de menace. *Je te préviens que si tu recommences, je te quitte. Je vous aurai prévenus !* ♦ Mettre (qqn) au courant d'une chose présente ou passée. ⇒ **informer, instruire.** « *Prévenez-moi si vous avez d'autres cas* » (Camus). ➛ Informer (qqn) d'une chose fâcheuse ou illégale pour qu'il y remédie ou essaie d'y mettre fin. *Prévenir le médecin, la police.* ⇒ **alerter.** ✪ CONTR. Tarder. Exciter, provoquer. — Taire (se).

> ❑ Il vaut mieux réserver l'emploi de *prévenir* lorsque l'information porte sur l'avenir. Sinon *aviser, informer* conviennent mieux.

préventif, ive adj. – XIXe 1 Qui tend à empêcher (une chose fâcheuse) de se produire. *Prendre des mesures préventives...* ➛ *Médecine préventive :* moyens mis en œuvre pour prévenir le développement des maladies, la propagation des épidémies. ⇒ **prophylactique.** « *Dois-je prendre dès maintenant des soins préventifs* » (Montherl.). *Traitement préventif et curatif.* 2 Qui a rapport, est appliqué aux prévenus.

> ❑ L'expression *détention préventive*, appliquée à la situation d'un prévenu, a été remplacée par *détention provisoire*, plus neutre pour le sens.

prévention n. f. – XIVe 1 Opinion, sentiment irraisonné d'attirance ou de répulsion antérieur à tout examen (⇒ ① **parti** [pris], **préjugé**). « *Un juge doit écarter toute prévention* » (d'Alemb.). *Avoir des préventions contre qqn.* ♦ Disposition d'esprit hostile. « *Constantinople justifie toutes mes préventions* » (Gide). 2 Situation d'un prévenu (3°). ➛ anciennt Détention préventive (remplacée par la détention provisoire). 3 Ensemble de mesures préventives contre certains risques ; organisation chargée de les appliquer. *Prévention des accidents du travail. Prévention routière.*

préventivement adv. – XIXe ▪ D'une manière préventive. *Se soigner préventivement.*

préventologie n. f. – 1975 ▪ Branche de la médecine qui s'occupe de la prévention des maladies et des accidents. ⇒ **accidentologie.**

préventorium [pʀevɑ̃tɔʀjɔm] n. m. – 1907 ; lat. *prævenire* « devancer », d'apr. *sanatorium* ▪ Établissement de cure où étaient admis des sujets menacés de tuberculose. ⇒ **aérium.** *Des préventoriums.*

prévenu, ue adj. et n. – XVIIe 1 Qui a de la prévention, des préventions (en faveur de ou contre qqn, qqch.). « *On ne pouvait guère choisir de gens plus prévenus contre les jansénistes* » (Rac.). 2 Qui répond d'un délit. 3 n. Personne traduite devant un tribunal correctionnel pour répondre d'un délit. *Prévenus et inculpés.* « *Bientôt elle serait la prévenue avant de devenir* [...] *l'accusée* » (Simenon).

> ❑ Le *prévenu* se distingue juridiquement de la *personne mise en examen* (anciennement *inculpé*) (qui fait l'objet d'une procédure d'instruction) et de l'*accusé* (qu'un arrêt de la Chambre d'accusation a renvoyé en cour d'assises).

prévisibilité n. f. – 1932 ▪ Caractère de ce qui est prévisible. ✪ CONTR. Imprévisibilité.

prévisible adj. – XIXe ▪ Qui peut être prévu. ✪ CONTR. Imprévisible.

prévision n. f. – XIIIe 1 Action de prévoir. *Prévision des recettes et des dépenses dans l'établissement d'un budget.* ➛ *Prévision économique.* ⇒ **anticipation, prospective.** *Prévision à court* (⇒ **projection**), *moyen* (⇒ **programmation**) *ou long terme* (⇒ **prospective**). *Modèle, méthode de prévision.* ♦ loc. prép. EN PRÉVISION DE : en pensant que telle chose sera, arrivera. *Prendre un parapluie en prévision d'une averse.* 2 Opinion formée par le raisonnement sur les choses futures (rare au sing.). ⇒ **conjecture, pronostic.** « *le résultat avait dépassé de loin ses prévisions* » (Beauv.). *Se tromper dans ses prévisions.* ➛ *Prévisions météorologiques :* indications données sur l'état probable de l'atmosphère du jour, de la semaine, etc., à venir. 3 Cas prévu par un texte administratif. *Les prévisions des règlements.* ✪ CONTR. Imprévision.

> ❑ Pour le sens → prophétie (rem.).

prévisionnel, elle adj. – XIXe ▪ *Budget prévisionnel,* en prévision de qqch. ♦ didact. Fondé sur des prévisions. *Étude prévisionnelle.*

prévisionniste n. – 1943 ▪ Spécialiste de la prévision économique ou météorologique.

prévoir v. tr. 24 – XIIIe ; lat. *prævidere,* d'apr. *voir* 1 Considérer comme probable ; imaginer (un événement futur). ⇒ **anticiper, pressentir.** *Prévoir l'avenir.* « *ce qu'il faut toujours prévoir, c'est l'imprévu* » (Hugo). *Prévoir le pire. C'est bien ce que j'avais prévu.* ➛ *Il était facile de prévoir qu'il échouerait.* ⇒ **pronostiquer.** *Tout laisse prévoir qu'il sera réélu.* 2 Envisager (des possibilités). *Le législateur a prévu tous les cas.* 3 Organiser d'avance, décider pour l'avenir. ⇒ **programmer.** *L'État a prévu la construction de 100 000 logements.* « *Tout est prévu dans ta vie : tu n'as ni à espérer, ni à craindre, ni à souffrir* » (Balz.). ➛ *Tout s'est passé comme prévu. Il est arrivé plus tôt que prévu.* ➛ *Être prévu pour :* être fait pour, destiné à.

prévôt n. m. – XIIe ; lat. *præpositus* « préposé » 1 Officier, magistrat royal ou seigneurial, d'ordre civil ou judiciaire. *Prévôt des marchands,* à la tête de l'administration municipale de Paris. 2 Officier de gendarmerie dont la juridiction s'exerce lorsqu'une armée est en territoire étranger. *Prévôts d'armée.* ♦ *Prévôt d'armes :* second d'un maître d'armes. 3 Supérieur de certains ordres religieux. *Le Père prévôt.* 4 Surveillant (de prison) choisi parmi les détenus ; détenu chef de chambrée.

prévôtal, ale, aux adj. – XVIe ▪ Relatif au prévôt (1°), de sa compétence. *Sentence prévôtale. Cours prévôtales,* de 1813 à 1830.

prévôté n. f. – XIIe 1 Fonction, juridiction du prévôt ; circonscription où elle s'exerçait, siège de cette juridiction. 2 Service de gendarmerie aux armées.

prévoyance n. f. – XVe ▪ Attitude de qqn qui prend les dispositions nécessaires pour faire face à une situation prévue. *L'instinct* « *de prévoyance, de défiance* [...] *le souci de ne rien laisser au hasard* » (Mauriac). *Manquer de prévoyance.* ➛ *Société de prévoyance :* société privée de secours mutuel. ✪ CONTR. Imprévoyance.

> ❑ *Prévoyance* a été synonyme de *prévision* au sens d'« action de prévoir » : *La pitié* « *est une habile prévoyance des malheurs où nous pouvons tomber* » (La Rochefoucauld).

prévoyant, ante adj. – XVIe 1 Qui prévoit avec perspicacité. « *Le rôle de l'homme prévoyant est triste : il afflige ses amis, en leur annonçant les malheurs auxquels les expose leur imprudence* » (Chamf.). 2 Qui prend des dispositions en vue de ce qui doit ou peut arriver. ✪ CONTR. Imprévoyant.

priapée n. f. – XVIe 1 Chant, fête antique en l'honneur de Priape. 2 littér. Œuvre ou spectacle obscène. « *Le latin seul peut exposer des priapées ou des bacchanales* » (Taine).

priapisme n. m. – XVe ; gr. ▪ État pathologique caractérisé par des érections prolongées, souvent douloureuses, sans excitation sexuelle.

prie-Dieu n. m. inv. – XVIIe ▪ Siège bas, au dossier terminé en accoudoir, sur lequel on s'agenouille pour prier. « *se prosterner sur les prie-Dieu de paille* » (Aragon).

prier v. [7] – IXe ; lat. *precari* **I** - **1** v. intr. Élever son âme à Dieu par la prière. « *Veillez et priez, afin que vous n'entriez point en tentation* » (BIBLE). *Prier dans un oratoire, une mosquée, une synagogue. Prier sur la tombe de qqn. Prier pour qqn, pour sa guérison.* **2** v. tr. S'adresser à (Dieu, un être surnaturel) par une prière instante. ⇒ **supplier.** « *Mais priez Dieu que tous nous veuille absoudre* » (Villon). *Prions le ciel qu'il nous aide, de nous aider. Prions la Vierge, les saints d'intercéder pour nous.* ⇒ **invoquer. II** v. tr. **1** Demander par grâce, avec humilité ou déférence. ⇒ **adjurer, conjurer, implorer, solliciter, supplier.** *Il le priait de passer chez lui.* ➝ « *J'eus beau la prier ; elle ne voulut point me dire ce qu'elle faisait* » (Maupass.). ♦ *Se faire prier :* n'accorder qqch. qu'après avoir opposé résistance aux prières. « *Emma accepta mon invitation après s'être fait un peu prier* » (Maupass.). *Il ne s'est pas fait prier :* il l'a fait volontiers, il a saisi l'occasion. **2** Demander. « *Jeannine intervint pour les prier de parler plus bas* » (Mauriac). ➝ *Les voyageurs sont priés de se présenter au guichet B.* ♦ *Je vous prie de me suivre. Je te prie de croire qu'il n'a pas répliqué.* ➝ ellipt (après une interrog.) *Croyez-vous, je vous prie, que je puisse...* (dans une réponse) « *Je peux entrer ? – Je vous en prie* ». (pour éluder poliment des remerciements) *Mais je vous en prie, ce n'est rien.* ♦ Demander avec fermeté, exiger. *Je vous prie de ne pas insister.* **3** littér. Inviter. vieilli *Ils « ne me prièrent même pas à déjeuner »* (Giraud.). ➝ (dans une formule de politesse) *Vous êtes prié d'assister à... Je vous prie d'agréer l'expression de...* (dans une lettre). ✪ HOM. *Prie :* pris (prendre), prix.

❑ *Prier* s'emploie comme terme de politesse, pour atténuer ce que *demander* pourrait avoir de trop direct *(Je le priai de m'excuser)* mais peut être porteur d'une nuance plus menaçante *(On est prié de se taire. Assez ! je vous en prie).*

prière n. f. – XIIe **1** Mouvement de l'âme tendant à une communication spirituelle avec Dieu, par l'élévation vers lui des sentiments, des méditations. *Prière d'adoration, d'action de grâces, de demande. Prière exaucée. Être en prière.* ⇒ **prier.** « *J'avais vu l'évêque en prière* » (Rouss.). **2** Suite de formules exprimant ce mouvement de l'âme et consacrées par le culte et la liturgie. *Faire, réciter, dire sa prière, ses prières. Prières de la messe. Prière des morts. Livres de prières.* ⇒ **bréviaire, missel.** ➝ « *le muezzin est monté chanter l'appel à la prière* » (Gide). ➝ fam. *Fais ta prière,* avertissement donné à qqn qui va mourir ou être châtié sévèrement. ♦ Office ou suite d'offices où l'on récite les prières. *Aller, se rendre à la prière.* **3** Action de prier (II) qqn ; demande instante. ⇒ **adjuration, requête, supplication.** *Faire, adresser une prière, des prières à qqn.* « *il demeura sourd à mes prières* » (Chateaub.). ♦ *À LA PRIÈRE DE QQN,* sur sa demande. ➝ *PRIÈRE DE :* vous êtes prié de. *Prière de répondre par retour du courrier.* ➝ *Prière de ne pas se pencher à la portière.*

prieur, eure n. – XIIe ; lat. *prior* « premier de deux, supérieur » ▪ Supérieur, supérieure de certains couvents.

❑ *Prieur* et *prieuré* (famille de *priorité*) n'ont aucun rapport étymologique avec *prière.*

prieuré n. m. – XIIe **1** Monastère dépendant généralement d'une abbaye et dirigé par un prieur, une prieure. ♦ Église de ce couvent ; maison du prieur. **2** rare Dignité de prieur.

prima donna n. f. – XIXe ; mots it. « première dame » ▪ Cantatrice tenant le premier rôle (de soprano, en général) dans un opéra. *Des prime donne* [pʀimedɔne] (plur. it.) ou *des prima donna.*

primage n. m. – XIXe ; angl. *to prime* « projeter » ▪ Entraînement de gouttelettes d'eau par la vapeur, dans un bouilleur, un appareil de distillation.

primaire adj. – XVIIIe ; lat. *primus* → ① prime **1** Qui est du premier degré, en commençant. *Élections primaires,* où sont désignés les vrais électeurs, aux États-Unis ; premier tour de scrutin lorsque se présentent plusieurs candidats d'une même tendance, en France. ♦ *Enseignement primaire,* du premier degré, des petites classes à la 6e. *École primaire.* ♦ péj. Simpliste, borné. *Un brave garçon un peu primaire.* ➝ (choses) Grossier, caricatural. *Anticommunisme primaire.* **2** Qui est, vient en premier dans l'ordre temporel ou sériel. ➝ *Ère primaire,* et n. m. *le primaire :* ère géologique (environ 300 millions d'années) qui comprend le cambrien, le silurien, le dévonien, le carbonifère et le permien. ⇒ **paléozoïque.** ➝ De cette époque. *Grès primaires.* ♦ *Couleurs primaires,* fondamentales. ♦ *Accidents* (ou *lésions*) *primaires,* qui apparaissent en premier lieu dans certaines maladies. ♦ *Caractère primaire,* des sujets qui réagissent rapidement et brièvement aux événements psychologiques. ➝ n. *Le nerveux est un primaire.* ♦ *Caisse primaire de Sécurité sociale, d'assurance maladie :* administration locale à laquelle s'adresse directement le public. ♦ *Secteur primaire :* activités économiques productrices de matières non transformées : agriculture, pêche, etc. (opposé à *secondaire* et à *tertiaire*). ✪ CONTR. Secondaire.

primal, ale, aux adj. – 1975 ; angl., du lat. ▪ *Cri primal, thérapie primale :* technique thérapeutique dans laquelle le malade revit, notamment par le cri, la souffrance à l'origine de sa névrose.

primarité n. f. – 1945 ▪ Caractère du sujet primaire.

① **primat** n. m. – XIIe ; lat. *primus* « premier » ▪ Prélat ayant la prééminence sur plusieurs archevêchés et évêchés. *L'archevêque de Lyon est primat des Gaules lyonnaises.*

② **primat** n. m. – XIXe ; mot all. ▪ didact. Primauté.

primate n. m. – XIXe ; lat. *primas, atis* « qui est au premier rang » **1** *Les primates :* ordre de mammifères placentaires, à dentition complète et à main préhensile (lémuriens, tarsiens, simiens ; hominiens). **2** fam. Personne grossière, inintelligente.

primatial, iale, iaux adj. et n. f. – XVe ▪ Qui appartient ou a rapport à un primat (①). *Église primatiale.* ➝ n. f. *La primatiale Saint-Jean de Lyon.*

primatologie n. f. – v. 1960 ▪ Science des primates.

primauté n. f. – XVIe ; lat. *primus* « premier », d'apr. *royauté* ▪ Caractère, situation de ce qui est premier. ⇒ **prééminence, suprématie.** « *dans la poésie, l'élan créateur ou la puissance mythique doit avoir la primauté* » (Senghor). ⇒ ① **primer.** « *des gouvernements, convaincus de la primauté de la force sur le droit* » (Mart. du G.). *Donner la primauté à une idée* **(⇒ ② primat).** ♦ Autorité suprême, en matière religieuse, spirituelle. *Primauté du pape.*

① **prime** adj. et n. f. – XIIe ; lat. *primus* « qui est tout à fait en avant » **I** adj. **1** littér. Premier. « *Vinrent avril et les primes jours de mai* » (Verlaine). « *l'homme soupçonné est toujours, de prime abord, regardé comme coupable* » (Nerval). **2** Se dit d'un symbole (lettre) affecté d'un signe en forme d'accent. *A, A prime (A') et A seconde (A").* **II** n. f. **1** Première heure canoniale (6 heures du matin).

2 Première position de l'épée et de l'escrimeur. *Garde de prime.*

❑ Mots de même famille étymologique : *primaire, primat, primate, primauté, primeur, primevère, primitif, primordial, printemps.*

② **prime** n. f. – XVIIe ; lat. *præmium* « prix, récompense » 1 Somme que l'assuré doit payer à l'assureur. *Prime d'assurance.* 2 Somme d'argent allouée à titre d'encouragement, d'aide ou de récompense. *Prime de fin d'année.* ➜ Sommes allouées par l'État, les collectivités publiques (pour encourager une activité). ⇒ **subvention.** *Prime à l'exportation.* ♦ Forme de rémunération destinée à couvrir des frais. *Prime de transport.* ⇒ **indemnité.** 3 Objet remis à titre gratuit ou remise faite à un acheteur. *Échantillon remis en prime.* ⇒ **cadeau.** 4 *En prime* : en plus, par-dessus le marché. « *Tu as ta place au ciel retenue d'avance et tu auras droit à la considération des hommes, en prime* » (Anouilh). 5 Somme payée par une partie en cas de résiliation d'une transaction boursière. ⇒ **premium.** *Marché à prime.* ♦ Somme à payer en plus du capital nominal d'une action que l'on souscrit. *Prime d'émission.* ♦ loc. vieilli *Faire prime.* ⇒ ① **primer.** « *c'est toujours le faux qui fait prime et prend le pas sur la vérité* » (Gide).

③ **prime** n. f. – XIVe ; var. de *prisme* ▪ Cristal de roche coloré. *Prime d'émeraude* (vert), *de rubis* (rouge).

① **primer** v. intr. [1] – XVIe ; de ① *prime* 1 vieilli Occuper la première place, le premier rang ; avoir l'avantage. ⇒ **dominer.** « *Quiconque prime en quelque chose est toujours sûr d'être recherché* » (Rouss.). 2 L'emporter. « *En eux l'intelligence prime plutôt que l'action* » (Siegfried). ➜ trans. *Il estime que la force prime le droit.*

② **primer** v. tr. [1] – XIXe ; de ② *prime* ▪ Gratifier d'une prime. ➜ *Construction primée,* bénéficiant de primes. ♦ Récompenser par une prime, un prix. ➜ *Film primé au festival de Cannes.* « *la chienne primée au concours* » (Giraud.).

primerose n. f. – XIIe ; de *prime,* fém. de *prin* « mince, fin » ▪ Rose trémière.

primesautier, ière [pʀimsotje, jɛʀ] adj. – XIIe ; de ① *prime* et *saut* ▪ littér. Qui se détermine, agit, parle spontanément. ⇒ **impulsif, spontané.** « *son petit cœur primesautier, inégal, oublieux par instant* » (Loti). ➜ *Humeur, conversation primesautière.* → ② **alerte.**

prime time [pʀajmtajm] n. m. – 1987 ; mots angl. « première heure » ▪ Partie de la grille du programme télévisuel correspondant à l'heure de plus forte écoute.

primeur n. f. – XIIIe ; de ① *prime* 1 littér. Caractère de ce qui est tout nouveau. *Vin dans sa primeur,* tout jeune. ➜ *Fruits et légumes de primeur. Vin (de) primeur* : vin de l'année qui subit une très courte vinification et doit être consommé rapidement. *Beaujolais primeur.* ⇒ **nouveau.** ♦ loc. *Avoir la primeur de (qqch.)* : être le premier à connaître qqch. ou à en jouir. ⇒ **étrenne.** *Donner, réserver à qqn la primeur d'une nouvelle.* 2 Fruit, légume à maturité avant ceux de son espèce. *Une primeur.* ♦ plur. Fruits, légumes consommables avant la saison normale. « *Aquilina le régalait de primeurs, de raretés gastronomiques* » (Balz.).

❑ Nom féminin, même lorsqu'il s'agit de fruits et légumes : « *savourer toutes les primeurs à leur date* » (Balzac).

primeuriste n. – XIXe ▪ Cultivateur, vendeur de primeurs.

primevère n. f. – XIIe ; lat. *primo vere* « au début du printemps » ▪ Plante herbacée *(primulacées)* à fleurs ornementales fleurissant au début du printemps. *Primevère sauvage.* ⇒ **coucou.**

❑ Pour l'ancien sens → printemps (rem.). ♦ Même famille étymologique que *vernal, vernation.*

primidi n. m. – XVIIIe ; lat. *primus* « premier » et finale de *lundi, mardi,* etc. ▪ Premier jour de la décade républicaine.

primipare adj. et n. f. – XIXe ; lat. *primus* « premier » et *parere* « enfanter » ▪ didact. Qui accouche ou qui met bas pour la première fois.

❑ Ce mot est de la même famille que *nullipare, ovipare, unipare* et *vivipare.*

primitif, ive adj. et n. – XIVe ; lat. *primus* « premier » → ① prime **I** adj. 1 Qui est à son origine ou près de son origine. *Le monde primitif,* tel qu'il était à l'origine. *L'homme primitif,* tel qu'il était à l'apparition de l'espèce. 2 Qui est le premier, le plus ancien. *Forme primitive, état primitif d'une chose.* ⇒ **initial, originaire, originel, premier.** « *le maire ayant refusé de rendre le presbytère à sa primitive destination* » (Balz.). « *l'amour de soi : passion primitive, innée, antérieure à toute autre* » (Rouss.). 3 Qui est la source, l'origine (de qqch. de même nature) (dans des emplois scientifiques). ♦ *Proposition primitive,* posée et non déduite (⇒ **principe**). *Concept primitif,* ou n. m. *un primitif* : concept indéfinissable ; mot trop général pour lui trouver un hyperonyme définitoire. ♦ n. f. *Les primitives d'une fonction sont les fonctions qui admettent celle-ci pour dérivée* (⇒ **intégration**). ♦ Se dit d'une lésion, d'un trouble qui peut provoquer d'autres manifestations ; qui existe en soi, de cause inconnue. ⇒ **essentiel.** 4 Se dit des groupes humains qui ignorent l'écriture, les structures socioéconomiques et les techniques des sociétés dites « évoluées ». « *Un peuple primitif n'est pas un peuple arriéré ou attardé.* [...] *Un peuple primitif n'est pas davantage un peuple sans histoire* » (Lévi-Strauss). ➜ *L'art primitif.* 5 Qui a les caractères de simplicité ou de grossièreté qu'on attribue aux hommes dits *primitifs.* ⇒ **fruste, grossier, inculte.** « *Dans sa tête primitive et simple, les choses avaient du mal à se former* » (Aragon). ➜ « *ces engins primitifs ne laissaient pas d'être très insuffisants* » (J. Verne). ⇒ **élémentaire, rudimentaire.** **II** n. 1 Membre d'un groupe social « primitif » (I, 4°). *Les primitifs d'Australie.* 2 Artiste d'une période antérieure à celle où l'art qu'il cultive atteignit sa maturité. ➜ Artiste (surtout peintre) antérieur à la Renaissance, en Europe occidentale. *Primitifs flamands.* ✪ CONTR. Moderne, récent ; civilisé, évolué.

❑ L'emploi de *primitif* pour désigner un groupe humain est sujet à discussion parmi les anthropologues, et on préfère l'éviter.

primitivement adv. – XVe ▪ À l'origine, initialement.

primitivisme n. m. – av. 1904 1 didact. Caractère, état des sociétés primitives. 2 Caractère de ce qui a des affinités avec un art ou des arts primitifs.

primo adv. – XIVe ; mot lat. ▪ D'abord, en premier lieu. ⇒ **premièrement.**

primogéniture n. f. – XVe ; lat. *primogenitus* « aîné » ▪ dr. Antériorité, priorité de naissance entraînant certains droits. *Succession par ordre de primogéniture.*

primo-infection n. f. – 1920 ; lat. *primo* « premier » et *infection* ▪ Infection qui se produit pour la première fois. *La primo-infection tuberculeuse se traduit par une cuti-réaction positive.*

❑ Le maintien du trait d'union évite le rapprochement des voyelles o et *i* et une altération de la prononciation.

primordial, iale, iaux adj. – XVe ; lat. *primordium* « commencement » 1 Qui est le plus ancien et sert d'origine. ⇒ **premier.** 2 Qui est de première importance.

⇒ ① **capital, essentiel, fondamental.** *C'est d'une importance primordiale. Elle a joué un rôle primordial dans cette négociation.*

prince n. m. – XIIe ; lat. *princeps* « premier » et « chef, empereur » **I** - **1** didact. ou littér. Celui qui possède une souveraineté (à titre personnel et héréditaire) ; celui qui règne. ⇒ **monarque, roi, souverain.** *La cour, les courtisans d'un prince.* ➤ *Prince turc* (⇒ **sultan**), *hindou* (⇒ **maharajah**). ➤ loc. *Le fait du prince :* acte du gouvernement, du pouvoir qui contraint à l'obéissance (surtout mesures arbitraires). **2** Celui qui appartient à une famille souveraine, sans régner lui-même ; titre porté par les membres de la famille royale, en France. *Princes du sang :* proches parents du souverain. ➤ *Prince héritier.* ⇒ ② **dauphin.** ➤ *Le prince de Galles,* fils aîné du souverain d'Angleterre. **3** Celui qui possède un titre, attaché ou non à la possession d'une terre, conféré par un souverain. *Princes d'Empire* (créés par Napoléon Ier). ➤ (En France) Titulaire du plus haut titre de noblesse. **4** Personnage princier, grand seigneur. « *Les contes où le prince épouse la bergère* » (Malraux). *Le prince charmant.* **5** Souverain régnant sur un État portant le nom de principauté. *Le Prince de Monaco.* **6** loc. *Être habillé comme un prince,* richement. *Vivre comme un prince.* ♦ *ÊTRE BON PRINCE :* généreux, magnanime. « *Le gouvernement, bon prince, laisse courir les suspects* » (Mart. du G.). **II** - **1** *Prince de... :* principal personnage (d'un groupe). *Les princes de l'Église :* les cardinaux, archevêques et évêques. ➤ *Le prince des ténèbres :* Satan. ➤ *Le prince des poètes.* **2** *Les princes de la terre :* les grands de ce monde. « *le prince des moqueurs, Voltaire lui-même* » (Staël). ⇒ **roi.**

prince de galles n. m. inv. – 1951 ; de *prince de Galles,* titre ■ Tissu de laine, à lignes fines croisées, de teinte uniforme sur fond clair. ➤ *Des costumes prince de galles.*

❑ L'élégant prince de Galles, futur roi Édouard VII, mit ce tissu à la mode au début du XXe siècle.

princeps [prɛ̃sɛps] adj. – XIXe ; mot lat. ■ *Édition princeps :* première édition (d'un ouvrage ancien et rare). ⇒ ② **original.**

princesse n. f. – XIIe **1** Fille ou femme d'un prince, fille d'un souverain. *La princesse Palatine.* **2** loc. fam. *Prendre des airs de princesse :* être affectée, prétentieuse. « *aussi la régisseuse* [...] *se donnait-elle des airs de princesse* » (Balz.). *Être habillée comme une princesse.* ♦ *Robe princesse :* robe resserrée sous la poitrine. ♦ loc. *Aux frais de la princesse,* de l'État, d'une collectivité ; gratuitement. **3** adj. *Haricots princesse(s),* à longue cosse.

princier, ière adj. – XVIe **1** De prince, de princesse. *Famille princière.* **2** Digne d'un prince. ⇒ **luxueux, somptueux.** « *Tout ce luxe, dit princier par des gens qui ne savent plus ce qu'est un vrai prince* » (Balz.).

principal, ale, aux adj. et n. – XIe ; lat. *princeps* « premier » **I** adj. **1** Qui est le plus important, le premier parmi plusieurs. ⇒ ① **capital, essentiel, fondamental, primordial.** « *Un jour on apprit* [...] *diverses choses dont la principale était qu'il était trépassé* » (Hugo). *Raison principale.* ⇒ **décisif, dominant.** *Rôle principal dans un film. Entrée principale d'un immeuble.* « *Elle descendit la rue principale du village* » (Green). ➤ *Plat principal :* plat de résistance. ♦ *Résidence principale.* **2** *Proposition principale,* et subst. *la principale :* la proposition, dans une phrase, dont les autres dépendent. **3** Qui joue le premier rôle, a le plus d'importance. *Mes principaux collaborateurs.* « *Ce témoignage de la principale intéressée servira très utilement* » (Henriot). ➤ *Locataire principal.* ♦ *Clerc principal,* et subst. *le principal :* premier clerc de notaire. ➤ *Inspecteur principal. Professeur principal d'une classe.* **II** n. m. **1** Ce qui fait l'objet essentiel d'une action, son fond. ➤ Somme constituant une dette. ⇒ ① **capital.** « *Je vous paierai, lui dit-elle* [...] *Intérêt et principal* » (La Font.). ♦ Montant originaire de l'impôt. **2** Ce qu'il y a de plus important, de plus grave, de plus considérable. ⇒ **essentiel.** *Le principal est de. Il se sent mieux, c'est le principal.* « *les accessoires me font oublier le principal* » (Stendh.). **3** n. Directeur d'un collège. *Monsieur le Principal. Une principale.* **4** Jeu d'orgue, formant la base des jeux de fonds. ⇒ **prestant.** ✪ CONTR. Accessoire, secondaire.

principalement adv. – XIIe ■ Avant les autres choses, par-dessus tout. ⇒ ① **surtout.** « *Fâchée contre le monde entier, elle en voulait principalement à son mari* » (Maupass.). ⇒ **particulièrement, spécialement.**

principat n. m. – XIVe ■ Dignité de prince. ⇒ **principauté.** ♦ Dans la Rome antique, Dignité impériale. *Le principat d'Auguste.*

principauté n. f. – XIVe **1** Terre à laquelle est attaché le titre de prince. ♦ Petit État indépendant dont le souverain porte le titre de prince. *La principauté de Monaco.* **2** Dignité de prince. **3** plur. *Les Principautés :* le troisième chœur des anges.

principe n. m. – XIIIe ; lat. *principium* « commencement, origine » **I** - **1** Cause première active, primitive et originelle. « *il faut commencer par la recherche de ces premières causes, c'est-à-dire des principes* » (Desc.). **2** Cause agissante d'une chose. ⇒ **agent, fondement, origine, source.** « *Le fruit, dès ses premiers jours, porte en lui le principe de sa pourriture* » (Renan). **3** Élément matériel qui entre dans la composition, la constitution ou l'élaboration de qqch., de par son action propre. *Principes nécessaires à la nutrition.* **II** - **1** Proposition première, posée et non déduite. ⇒ **axiome, hypothèse, postulat, prémisse.** « *Les principes se sentent, les propositions se concluent* » (Pasc.). *Déduction, démonstration qui repose sur tel principe.* **2** Proposition, notion importante à laquelle est subordonné le développement d'un ordre de connaissance. ⇒ **science.** *Découler d'un principe.* ➤ Énoncé d'une loi générale non démontrée, mais vérifiée dans ses conséquences. *Principe d'Archimède.* ➤ *Principes rationnels :* les vérités fondamentales sur lesquelles s'appuie tout raisonnement. **3** plur. Connaissances élémentaires. ⇒ **abc, rudiment.** **III** - **1** Règle d'action s'appuyant sur un jugement de valeur et constituant un modèle, une règle ou un but. ⇒ ① **loi, norme, précepte.** « *on se conforme à un principe, celui du respect de la vie* » (Tournier). ➤ « *J'ai toujours eu pour principe de ne faire jamais par autrui ce que je pouvais faire par moi-même* » (Montesq.). *Partons du principe qu'il a raison.* ➤ loc. *POUR LE PRINCIPE :* pour une raison absolue et théorique. *Réprimander qqn pour le principe.* ➤ *Déclaration de principes.* **2** plur. Les règles morales auxquelles une personne, un groupe est attaché. « *Vous savez qu'il n'est pas dans mes principes de faire languir* » (Laclos). ♦ Les bons principes. *Entorse aux principes.* **IV** loc. *PAR PRINCIPE :* par une décision a priori. « *Ne me jugez surtout pas hostile par principe* » (Mauriac). ♦ *DE PRINCIPE :* a priori. *Accord de principe.* ♦ *EN PRINCIPE :* théoriquement. « *"En principe", Victor ne fume pas encore* » (Gide). *En principe, vous devriez arriver vers dix heures.* ⇒ **logiquement.** ✪ CONTR. Conséquence, ① fin. — Exception.

printanier, ière adj. – XVIe ■ Du printemps. *Temps printanier.* « *une température tout à fait printanière* » (Gaut.). ➤ *Salade printanière,* aux légumes de printemps. ➤ *Tenue printanière,* légère, claire, fleurie.

printemps [prɛ̃tɑ̃] n. m. – XIIe ; lat. *primus tempus* « premier temps » **1** La première des quatre saisons qui va du 21 mars au 21 juin dans l'hémisphère nord. *Équinoxe de printemps* (⇒ **vernal**). ➤ Saison qui succède à l'hiver, dans les climats tempérés, où la température s'adoucit, la végétation renaît. *Printemps précoce, tardif.* « *on devine que dehors le printemps resplendit* » (Loti). 2 littér. Jeune âge, temps du jeune âge. « *Sur le printemps de ma jeunesse folle* » (Marot). ♦ Période pendant laquelle des espoirs de progrès (économique, social) semblent sur le point de se réaliser. *Le printemps de Prague.* 3 vieilli ou littér. Année (d'une personne jeune). *Elle avait quinze printemps.* ✪ CONTR. Automne ; arrière-saison.

❑ Au XVIe s., *printemps* a éliminé l'ancien *primevere* du latin *ver* « printemps », qui a survécu au sens de « fleur » ; en italien et en espagnol *printemps* se dit *primavera.*

priodonte n. m. – XIXe ; gr. *priein* « scier » et *odous* « dent » ▪ Mammifère édenté, tatou géant.

prion n. m. – 1983 ; mot angl., pour ***Pr****otein* ***I****nfections particle* ▪ Particule protéique infectieuse, agent de la tremblante des ovins.

priorat n. m. – XVIIe ▪ Fonction de prieur, de prieure ; sa durée.

priori (a) → **a priori**

prioritaire adj. – v. 1930 1 Qui a la priorité. *Le véhicule venant de la droite est prioritaire.* ➛ *Voie prioritaire,* où l'on a la priorité. 2 Qui vient en premier par ordre d'importance, d'urgence. *Objectif prioritaire.*

priorité n. f. – XIVe ; lat. *prior* « premier » 1 Qualité de ce qui vient, passe en premier, dans le temps. *Donner la priorité absolue à qqch. Nous discuterons ce point en priorité,* en premier lieu. ♦ Droit de passer le premier. *Laisser, refuser la priorité à une voiture.* ➛ *Carte de priorité,* accordée à certaines personnes, pour leur permettre de passer avant les autres dans les files d'attente. 2 Ce qui est prioritaire. *Il y a des priorités à respecter. Le chômage sera l'une des priorités du nouveau gouvernement.*

pris, prise adj. – XIIe 1 Occupé. « *Cette place est-elle prise ? – Non, elle est libre.* » « *Il avait sa journée prise, des tas de rendez-vous importants* » (Sartre). ➛ Qui a des occupations. *Il est très pris cette semaine.* 2 PRIS DE... : subitement affecté de. *Pris de peur, de fou rire. Pris de boisson :* ivre. 3 Atteint d'une affection. *Avoir le nez pris,* le nez enflammé. 4 BIEN PRIS : bien fait, mince. « *Il est de taille bien prise et de démarche très assurée* » (Gide). 5 Durci, coagulé. *Mayonnaise bien prise.* ⇒ **dur.** ➛ Gelé. « *la Seine fut prise pendant quarante-deux jours* » (J. Verne). 6 loc. fam. *C'est toujours ça de pris (sur l'ennemi),* s'emploie à propos d'un avantage, d'un gain peu important, mais dont on est assuré. ✪ CONTR. Libre. — HOM. Prix.

prise n. f. – XIIe I - 1 Action, manière de prendre pour tenir. ⇒ **préhension.** ➛ Manière de saisir et d'immobiliser l'adversaire. *Prise de catch, de judo.* ♦ PRISE DE BEC : altercation, dispute. « *les discussions, les prises de bec, les engueulades qui font ma joie* » (Cendrars). ♦ ÊTRE AUX PRISES AVEC : se battre avec. *Être aux prises avec qqn.* ➛ Être en lutte contre. *Se trouver aux prises avec des difficultés.* ➛ *Mettre aux prises :* faire s'affronter. ♦ LÂCHER PRISE : cesser de tenir. *Faire lâcher prise à qqn.* ➛ Abandonner. « *une certaine obstination [...] me retenait secrètement de lâcher prise* » (Gide). 2 Endroit, moyen par lequel une chose, une personne peut être prise. *Je n'ai pas de prise pour tenir cet outil.* ➛ Endroit d'un rocher, d'une paroi où l'on peut se tenir, prendre un point d'appui. ♦ loc. DONNER PRISE À. « *ces bâtisses excessives donnaient de toute part prise à la bourrasque* » (Hugo). ➛ « *il faut se garder de donner prise à l'ennemi* » (R. Rolland). ♦ AVOIR PRISE SUR : avoir un moyen d'agir sur. *N'avoir aucune prise sur les événements.* « *la musique [...] a tant de prise sur le cœur humain* » (Green). ➛ *Un âge où les chagrins ont peu de prise.* ⇒ **influence.** 3 Action de s'emparer. *La prise de la Bastille. La prise de la ville.* ⇒ **conquête.** ➛ *Prise d'otages.* ⇒ **enlèvement.** ➛ *La prise d'un pion aux échecs.* 4 Ce qui est pris. ⇒ **butin.** *Les douaniers ont fait une belle prise.* II - 1 PRISE D'ARMES : parade militaire en présence de soldats en armes. 2 PRISE D'HABIT, DE VOILE : cérémonie par laquelle un (une) novice prend l'habit, le voile. 3 PRISE DE VUE(S) : tournage d'un plan, entre le déclenchement de la caméra et son arrêt. *Opérateur de prises de vue(s).* ♦ PRISE DE SON : opération qui traduit le son en signaux électriques, pour le transmettre ou l'enregistrer. *Prise de son d'un film.* 4 PRISE DE SANG : prélèvement de sang pour l'analyse, la transfusion. 5 PRISE DIRECTE : position du changement de vitesse dans laquelle la transmission du mouvement moteur est directe. ➛ EN PRISE. *Être en prise* (opposé à *être au point mort*). ♦ *Être en prise (directe) sur la réalité,* en contact direct et actif. 6 PRISE D'EAU : robinet, tuyau, vanne où l'on peut prendre de l'eau. ♦ *Prise d'air.* 7 PRISE (DE COURANT) : contacteur électrique ; chacune des deux parties du dispositif (bouton isolant portant deux fiches ou *prise mâle ;* socle isolant muni de deux douilles ou *prise femelle*). *Prise d'antenne. Prise multiple :* prise femelle à plusieurs douilles. ➛ *Prise de téléphone.* 8 Quantité de médicament administrée en une seule fois. ➛ Dose, pincée de tabac que l'on aspire par le nez. III - 1 Action de se mettre à avoir. PRISE DE. *Prise de conscience. Prise de position.* 2 PRISE EN CHARGE : action de prendre en charge qqn, d'assurer son entretien, ses dépenses. *Prise en charge d'un assuré par la Sécurité sociale.* ➛ Prix forfaitaire minimal de départ, au compteur d'un taxi. 3 PRISE À PARTIE : poursuite contre un juge. IV Le fait de durcir. *Ciment à prise rapide.*

prisée n. f. – XIIIe ▪ Estimation d'objets mobiliers par un commissaire-priseur ou un greffier de justice de paix. *Prisée d'un inventaire de succession.*

① **priser** v. tr. [1] – XIe ; lat. *pretium* « prix » 1 vx Mettre un prix à (⇒ **commissaire-priseur**). 2 littér. Donner du prix à. ⇒ **estimer.** « *cette douceur d'amitié que je prisais plus que tout* » (Duham.). ➛ *Une marchandise très prisée.* ✪ CONTR. Discréditer, mépriser.

❑ Même famille étymologique que *apprécier, déprécier, mépriser, précieux.*

② **priser** v. tr. [1] – XIXe ; de *prise* ▪ Prendre, aspirer (du tabac) par le nez. *Tabac à priser.* ➛ *Priser de la cocaïne.* ⇒ **renifler, snifer.**

prismatique adj. – XVIIe 1 Du prisme. *Surface prismatique.* ➛ Qui a la forme d'un prisme. *Cristal prismatique.* 2 Qui est muni d'un prisme optique. *Jumelles prismatiques.* 3 Se dit des couleurs aperçues à travers le prisme optique. *Couleurs prismatiques.* ⇒ **spectral.**

prisme n. m. – XVIe ; gr. *prizein* « scier » 1 Polyèdre ayant deux bases égales et parallèles et dont les faces latérales sont des parallélogrammes. *Prisme régulier,* qui a pour bases des polygones réguliers. 2 Forme d'un cristal qui a plusieurs faces parallèles à une même droite. « *les prismes irisés de la neige* » (Nerval). 3 Prisme en matière transparente, qui dévie et décompose les radiations. *Prisme à réflexion totale.* ♦ fig. *Voir à travers un prisme :* voir la réalité déformée. « *des personnes que j'ai vues à travers un prisme d'enthousiasme* » (Sand).

prison n. f. – XIIe ; lat. *prehendere* « prendre » I - 1 Établissement clos aménagé pour recevoir des délinquants condamnés à une peine privative de liberté ou des prévenus en instance de jugement. ⇒ ② **pénitencier ; maison** (centrale, d'arrêt, de correction). *Prison de femmes. Barreaux, murs d'une prison.* « *leur seule* idée fut dès lors de s'évader de cette prison » (Camus). Cellules, parloir d'une prison. Gardien de prison. ⇒ **geôlier,** arg. **maton.** *De la prison.* ⇒ **carcéral.** ➛ loc. fam. *Aimable comme une porte de prison :* très désagréable. ➛ *EN PRISON. Être en prison.* ⇒ arg. **taule.** « *Un séjour en prison de près de quatre mois vous fait oublier un peu les usages* » (Aymé). ♦ Tout local clos où l'on garde des individus enfermés. ⇒ **dépôt,** fam. **violon.** ➛ Lieu où qqn est retenu prisonnier, est séquestré. ➛ Bâtiment, local, dont l'aspect sinistre évoque une prison (⇒ **caserne**). **2** littér. Ce qui tient enfermé étroitement. *Le papillon, le bourgeon sort de sa prison.* **II** Peine privative de liberté subie dans une prison. ⇒ **détention, emprisonnement, réclusion.** *Faire de la prison.* « *Cinq ans de prison, peut-être plus* » (Romains). ✪ CONTR. Liberté.

> ❑ La *prison* succède à la *prise* d'où la nécessité de ne pas *se faire prendre.* ♦ Même famille étymologique que *appréhender.* ♦ Autre famille savante évoquant la même réalité → carcéral, incarcérer.

prisonnier, ière n. et adj. – XIIe **1** Personne privée de liberté. *Prisonnier de guerre :* personne tombée aux mains de l'ennemi. *Échange de prisonniers. Camp de prisonniers. Prisonnier de retour de captivité.* **2** Personne détenue dans une prison. ⇒ **détenu,** arg. **taulard.** *Écrouer un prisonnier. Libérer, relâcher, relaxer un prisonnier. Prisonnier de droit commun et prisonnier politique.* **3** Personne qui est prise, qui se fait prendre par la police. *Se constituer prisonnier :* se livrer. **4** adj. Enfermé ou maintenu dans un endroit, une position où l'on perd toute liberté d'action, de mouvement. « *il entendit la porte se refermer derrière lui, la clef tourna. Il était prisonnier* » (Apoll.). *Bateau qui demeure prisonnier des glaces.* **5** adj. *PRISONNIER DE... :* esclave. *Il est prisonnier de son succès, de ses principes.* ✪ CONTR. Libre ; évadé.

privatif, ive adj. – XVIe **1** Se dit de bâtiments, de terrains en copropriété dont on a la jouissance exclusive mais non la propriété. *Jardin privatif.* « *Ils se barricadent dans leurs parties privatives* » (Perec). **2** Qui marque la privation, l'absence d'un caractère donné. *Préfixes privatifs.* **3** Qui entraîne la privation de. *Peine privative de liberté.*

> ❑ L'emploi valorisé *(jardin privatif)* de cet adjectif de valeur négative est critiqué par certains puristes qui préconisent l'emploi de *privé, particulier.*

privation n. f. – XIIIe **1** Action de priver ; le fait d'être privé ou de se priver. ⇒ **défaut,** ① **manque.** « *Les seuls biens dont la privation coûte sont ceux auxquels on croit avoir droit* » (Rouss.). ♦ *Privation des droits civils, civiques* (⇒ **interdiction**). **2** (souvent plur.) Le fait d'être privé de choses nécessaires ; ensemble des choses dont on est ainsi privé. *Souffrir de privations. S'imposer des privations.* ⇒ **restriction, sacrifice.** *Elle se sentait* « *usée par ces années de privations* » (R. Rolland). ✪ CONTR. Jouissance.

privatique n. f. – 1982 ; de *privé* ▪ Ensemble des supports de communication audiovisuelle autonomes qui ne sont pas tributaires d'un réseau.

privatisation n. f. – v. 1965 ▪ Action de privatiser ; son résultat. ⇒ **dénationalisation.** ✪ CONTR. Étatisation, nationalisation.

privatiser v. tr. [1] – v. 1960 ▪ Transférer au secteur privé (une activité relevant jusqu'alors du secteur public). *Privatiser un secteur de l'économie.* ➛ Transférer à des actionnaires privés la propriété des participations majoritaires détenues par l'État dans le capital d'une entreprise. ⇒ **dénationaliser, désétatiser.** ➛ *Société privatisée.* ✪ CONTR. Étatiser, nationaliser.

privauté n. f. – XIIe ; de *privé* ▪ surtout plur. Familiarité, liberté. « *Ces privautés de langage la déconcertèrent* » (Green). ♦ *Avoir, se permettre des privautés avec une femme.*

privé, ée adj. – XIIe ; lat. *privatus* **1** Où le public n'a pas accès, n'est pas admis. *Voie privée. Piscine privée. Propriété privée.* « *Une petite rue privée, desservant des villas* » (Romains). ➛ *Club privé. Séance privée.* ➛ *Communion privée,* à laquelle n'assistent que les intimes (opposé à *solennelle*). ♦ Qui se tient, se déroule à part. *Entretiens privés.* ♦ loc. adv. *EN PRIVÉ :* seul à seul. *Puis-je vous parler en privé ?* **2** Individuel, particulier (opposé à *collectif, commun, public*). *Initiative privée. Intérêts privés.* **3** Personnel. ⇒ **intime.** *George Sand* « *ayant violé toutes les conventions, tant dans sa vie privée que dans sa vie publique* » (Maurois). ♦ n. m. *Ils se tutoient dans le privé.* ⇒ **intimité.** **4** Qui n'a aucune part aux affaires publiques. *En tant que personne privée :* en tant que simple citoyen. ⇒ **particulier.** ➛ (opposé à *officiel*) *Souverain qui séjourne à titre privé dans un pays étranger.* ➛ *Droit privé.* **5** (opposé à *public, national*) Qui n'est pas d'État, ne dépend pas de l'État. *École privée ; enseignement privé.* ⇒ **libre.** *Le secteur privé. Entreprise privée. Capitaux privés. Clinique privée.* ♦ n. m. *Le privé :* le secteur privé. *Travailler dans le privé.* ♦ *Détective privé,* ou n. m. *un privé :* enquêteur travaillant hors des organismes officiels. ✪ CONTR. Public. Authentique.

> ❑ Même famille étymologique que *apprivoiser* (*privé* s'est appliqué à un animal apprivoisé, en ancien français), *privilège, propre.*

priver v. tr. [1] – XIVe ; lat. **1** Empêcher (qqn) de jouir d'un bien, d'un avantage présent ou futur ; lui ôter ce qu'il a, lui refuser ce qu'il espère. ⇒ **frustrer.** *Priver un héritier de ses droits.* ⇒ **déshériter.** *Être privé de sommeil.* ➛ *La peur le prive de tous ses moyens. La panne a privé la ville d'électricité.* ♦ Enlever à (qqn) par châtiment, punition. *Priver qqn de ses droits civiques.* ⇒ **déchoir.** « *Je continue à ne pas voir pourquoi on priverait un être humain de liberté* » (Breton). *Tu seras privé de dessert.* **2** v. pron. Renoncer à qqch. volontairement. *Il se prive de tout. Se priver de nourriture.* ➛ *Elle ne se prive pas de vous dénigrer :* elle vous dénigre souvent. ➛ S'imposer des privations. *Il n'aime pas se priver.* ✪ CONTR. Donner, fournir, gratifier, nantir.

privilège n. m. – XIIe ; lat. « loi concernant un particulier » **1** Droit, avantage particulier accordé à un seul individu ou à une catégorie, en dehors de la loi commune. ⇒ **apanage.** *Concéder, donner, retirer un privilège. Avoir, obtenir un privilège. Bénéficier d'un privilège.* ⇒ **passe-droit.** ➛ *Les privilèges :* droits et avantages que possédaient certaines personnes en raison de leur naissance (nobles), de leurs fonctions (clercs, magistrats), etc. ⇒ **prérogative.** *L'abolition des privilèges.* ♦ *Privilège d'une créance :* « Droit que la qualité d'une créance donne à son bénéficiaire d'être préféré aux autres créanciers même hypothécaires » (Capitant). ➛ *Privilège exclusif.* ⇒ **monopole.** *Privilège d'émission de la Banque de France.* **2** Acte authentifiant la concession d'un privilège. **3** Avantage, faveur que donne qqch. *Le privilège de la naissance, de la fortune, de l'âge.* « *Les privilèges de la beauté sont immenses* » (Cocteau). **4** Apanage naturel apprécié (d'un être, d'une chose). *La pensée est le privilège de l'espèce humaine. Avoir le privilège de connaître qqn. Avoir le triste privilège de prononcer une oraison funèbre.* ➛ *Le privilège de l'immortalité.* ⇒ ① **don.**

privilégié, iée adj. et n. – XIIIe **1** Qui bénéficie d'un privilège, qui a des privilèges. *Les deux ordres privilégiés de l'Ancien Régime.* ➛ n. « *Le roi n'est lui-même que le plus privilégié des privilégiés* » (Taine). ♦ *Créancier privilégié* (opposé à *chirographaire*). **2** Qui jouit d'avantages matériels considérables. *Les classes pri-*

vilégiées. ⇒ **favorisé, fortuné.** ➤ n. *Les privilégiés.* ⇒ **nanti.** ♦ Qui a de la chance, jouit d'un avantage quelconque. ➤ n. « *les sports d'hiver, autrefois réservés à de rares privilégiés* » (Beauv.). 3 Qui convient mieux que tout autre à telle personne, à telle chose. « *Pour les âmes d'élite, il y a des situations privilégiées* » (Gide). *Moment privilégié.* ➤ *Relations privilégiées entre deux chefs d'État.* ✪ CONTR. Défavorisé, déshérité, malheureux.

privilégier v. tr. 7 – XIIIe ▪ Doter d'un privilège ; accorder une situation privilégiée, une importance particulière à. ⇒ **avantager, favoriser.** *Privilégier les facteurs économiques en histoire. Ne vouloir privilégier personne.* ✪ CONTR. Désavantager, défavoriser.

prix n. m. – XIe ; lat. *pretium* **I** - 1 Rapport de valeur d'un bien à un autre bien ; rapport d'échange entre un bien ou un service et la monnaie. ⇒ **coût, valeur.** « *L'argent est le prix des marchandises ou denrées. Mais comment se fixera ce prix ?* » (Montesq.). *Prix agricoles, industriels. Prix à l'unité* (ou *prix unitaire*) ; *prix au kilo. Prix à la journée, au mois. Prix d'un travail.* ⇒ **honoraires, rémunération, salaire.** *Prix de location.* ⇒ **loyer.** *Prix de transport* (⇒ **factage, fret,** ② **port**). *Prix des valeurs en Bourse.* ⇒ **cote, cours.** *Prix d'une devise.* ⇒ **change, cours.** ➤ *À quel prix est ce manteau ? quel est son prix ?* combien coûte-t-il, vaut-il ? *Demander le prix de qqch.* (⇒ **combien**). *S'entendre sur le prix. Comparer les prix. Acheter, vendre à tel prix. Y mettre le prix :* payer ce qu'il faut, ne pas regarder à la dépense. *Rapport qualité-prix.* ➤ *Quel est votre prix ? Votre prix sera le mien. Cette robe est dans mes prix,* elle n'est pas trop chère pour moi. *Quel prix voulez-vous mettre ?* ➤ *Hausse, baisse, chute des prix. Gonfler les prix. Les prix montent, augmentent, grimpent. Les prix baissent, descendent. Baisser un prix, les prix. Vendre à bas, à vil prix. Vendre au-dessous du prix.* ➤ *Dernier prix,* celui qui n'est plus modifié, dans un marchandage. *C'est mon dernier prix.* ➤ *Éventail des prix. Prix élevé, excessif, exorbitant.* « *le prix délirant de la langouste* » (Giraud.). *Au prix fort :* très cher, sans rabais. ➤ *Prix abordable, raisonnable, avantageux. Prix défiant toute concurrence. À moitié prix.* fam. *Avoir des prix :* bénéficier de prix réduits. *Je vous fais un prix,* une réduction. ♦ *Équilibre, stabilité des prix. Flambée des prix.* ⇒ **inflation.** « *L'offre et la demande sont les deux facteurs qui déterminent la formation des prix sur le marché* » (R. Barre). ➤ *Politique des prix. Libération des prix. Prix garanti :* minimum garanti au producteur par les pouvoirs publics. ♦ *Prix de gros, de détail. Prix d'usine. Prix toutes taxes comprises* (ou *prix T. T. C.*) ; *prix hors taxes* (ou *prix H. T.*). ➤ *Prix courant,* habituellement pratiqué. *Prix ferme et définitif. Prix fixe,* fixé d'avance et ne donnant lieu à aucun marchandage. *Prix net,* service compris. ➤ *Prix libre,* fixé librement par le vendeur ou débattu librement. *Prix indicatif,* souhaité par les autorités publiques. *Prix conseillé,* suggéré par le producteur au distributeur. ➤ *Prix de revient :* somme des coûts d'achat, de production et de distribution du bien ou du service proposé à la vente. *Prix d'achat,* auquel la marchandise a été achetée. *Prix de vente :* prix de revient augmenté de la marge bénéficiaire. *Prix net,* déduction faite des éléments considérés comme non indispensables à la production. ♦ loc. DE PRIX : qui coûte cher. *Bijou de prix.* ➤ *Hors de prix :* extrêmement coûteux. ⇒ **inabordable.** ➤ *N'avoir pas de prix, être sans prix :* être de très grande valeur. ♦ À PRIX. *Mettre à prix :* proposer en vente. *Mise à prix :* prix initial dans une vente aux enchères. ➤ *Mettre à prix la tête de qqn,* promettre une récompense en argent à qui le capturera, le tuera. ➤ *À prix d'or :* contre une forte somme. ♦ *C'est le même prix :* c'est pareil ; c'est égal. 2 Valeur relative, ce qu'il en coûte pour obtenir qqch. *Le prix de la gloire.* ⇒ **rançon.** *C'est le prix à payer pour réussir.* ➤ *Attacher, donner plus ou moins de prix à.* ⇒ **importance.** « *ce bien sans prix : une santé robuste* » (Suarès). ➤ *À aucun prix :* quelles que puissent être les compensations. ⇒ **jamais.** « *Ils ne voulaient à aucun prix accepter une responsabilité de cette sorte* » (Duham.). ➤ *À tout prix, à n'importe quel prix :* quoi qu'il puisse en coûter. ⇒ **impérativement.** ➤ *Au prix de :* en échange de (tel ou tel sacrifice). ⇒ **contre, moyennant.** *Au prix de longues discussions.* **II** - 1 vieilli Récompense. « *Pour prix de ses soins, il recevait moins de remerciements que de rebuffades* » (Gide). 2 Récompense destinée à honorer la personne, l'animal ou la chose qui l'emporte dans une compétition. *Concours doté de nombreux prix.* ➤ *Prix littéraires.* ➤ *Le prix Nobel de physique.* ➤ *Les prix du Conservatoire de musique, d'art dramatique. Prix d'interprétation féminine.* ➤ *Avoir, emporter, remporter le premier prix :* gagner. *Décerner, remettre un prix.* ♦ Récompenses décernées aux premiers, dans chaque discipline, dans une école, un lycée. « *Philibert avait remporté tous les prix au collège* » (Stendh.). *Distribution des prix.* ♦ La récompense. *Un prix de 100 000 francs.* ➤ Ce qu'on gagne à un jeu, un concours publicitaire. *Un million de prix, dont un voyage en Asie.* ♦ Le lauréat d'un prix. « *je suis un premier prix du Conservatoire de 19* » (Colette). ➤ L'œuvre qui a reçu un prix. *Avez-vous lu le dernier prix Goncourt ?* 3 Épreuve à l'issue de laquelle est décerné un prix. *Grand prix automobile.* ✪ HOM. Pris.

❑ De la même famille étymologique : *apprécier, précieux.*

pro n. – XIXe ▪ Fam. Sportif professionnel. *Les amateurs et les pros.* « *Avec de la chance, je serais passé pro* » (Sartre). ♦ Personne qualifiée dans son métier. *Un travail de pro.* ➤ adj. *Ce n'est pas très pro.*

pro- Élément, du gr. ou du lat. *pro* « en avant » et « qui est pour, partisan de ».

probabilisme n. m. – XVIIe ▪ Doctrine selon laquelle l'esprit humain ne peut parvenir qu'à des propositions probables, non à la certitude.

probabiliste n. et adj. – XVIIIe 1 Partisan du probabilisme. ➤ *Doctrine probabiliste.* 2 Mathématicien spécialiste du calcul des probabilités. ♦ Qui utilise la théorie des probabilités. *Calcul, statistique probabiliste.*

probabilité n. f. – XIVe 1 Caractère de ce qui est probable. *Probabilité d'une hypothèse.* ⇒ **vraisemblance.** ➤ *Selon toute probabilité :* vraisemblablement. 2 Grandeur par laquelle on mesure le caractère aléatoire d'un événement, d'un phénomène par l'évaluation du nombre de chances d'en obtenir la réalisation. *Probabilité forte ; faible ; nulle.* ➤ *Calcul, théorie des probabilités,* ou *les probabilités. Importance de la loi des grands nombres dans le calcul des probabilités. Probabilités au jeu* (⇒ **martingale**). 3 surtout au plur. Apparence, indice qui laisse à penser qu'une chose est probable. *Opinion fondée sur de simples probabilités.* ⇒ **conjecture, présomption.** *Évaluer les probabilités.* ✪ CONTR. Certitude, impossibilité, improbabilité.

probable adj. – XIIIe ; lat. *probare* « prouver » 1 Qui, sans être absolument certain, peut ou doit être tenu pour vrai plutôt que pour faux. ⇒ **admissible, plausible, possible.** « *Une autre condition essentielle de l'hypothèse c'est qu'elle soit aussi probable que possible* » (Cl. Bernard). 2 Qu'il est raisonnable de conjecturer, de présumer, de prévoir. *Son échec n'est pas certain mais il est probable.* ⇒ **vraisemblable.** ♦ adv. fam. Probablement. « *Elles sont donc à Paris ? – Probable* » (Daud.). ⇒ **possible.** ♦ « *Il est probable qu'au fond de ces tracasseries il y avait quelque cupidité de domination* » (Chateaub.). 3 Dont la réalisation, l'existence peut être affirmée plus facilement que celle d'autre chose. *Dans cette situation, un échec est plus probable qu'un succès.* ✪ CONTR. Certain, douteux, improbable, invraisemblable.

probablement adv. – XIVe ■ Vraisemblablement. « *Cette position qui va probablement devenir très difficile* » (Duham.). ♦ « *Viendra-t-il ? – Probablement* ».

probant, ante adj. – XVIe ; lat. *probare* « prouver » ■ Qui prouve sérieusement. *Essai probant.* ⇒ **concluant, convaincant, décisif, éloquent.**

probation n. f. – XVe ; lat. *probare* « prouver » 1 Temps d'épreuve qui précède le noviciat. 2 Mise à l'épreuve des délinquants sous le contrôle d'un comité les aidant à se reclasser.

probatique adj. f. – XIIIe ; gr. *probatikos* « relatif au bétail » ■ *Piscine probatique :* bassin établi près du Temple de Jérusalem et dans lequel on purifiait les victimes destinées aux sacrifices.

probatoire adj. – XVIe ; lat. *probare* « prouver » ■ *Examen probatoire,* qu'on fait passer à un élève pour s'assurer de son niveau.

probe adj. – XVe ■ littér. Qui fait preuve de probité dans sa conduite. ⇒ ① **droit, honnête, incorruptible, intègre.** « *tu es trop probe et trop loyal pour soupçonner des friponneries* » (Balz.). ✪ CONTR. Dépravé, malhonnête.

probité n. f. – XVe ; lat. ■ Vertu qui consiste à observer scrupuleusement les règles de la morale sociale, les devoirs imposés par l'honnêteté et la justice. ⇒ **droiture, honnêteté, intégrité, rectitude.** « *Sa probité est incorruptible* » (Chateaub.). *Homme d'une grande probité.* ✪ CONTR. Déloyauté, fourberie, malhonnêteté.

problématique adj. et n. f. – XVe 1 adj. Dont l'existence, la vérité, la réussite est douteuse ; qui fait problème. ⇒ **aléatoire, hypothétique.** *Victoire problématique.* ➛ *Jugement problématique :* chez Kant, proposition qui exprime une simple possibilité. 2 n. f. Art, science de poser les problèmes. ⇒ **questionnement.** ➛ Ensemble de problèmes dont les éléments sont liés. *La problématique du sens.*

problème n. m. – XIVe ; gr. 1 Question à résoudre qui prête à discussion, dans une science. *Problèmes moraux, métaphysiques. Soulever un problème. La clé, le nœud du problème.* « *Nous espérions y trouver quelques données pour la solution de ce problème historique* » (Balz.). ➛ *Faux problème :* problème mal posé, qui ne correspond pas aux vraies difficultés. ♦ Question à résoudre, portant soit sur un résultat inconnu à trouver à partir de certaines données, soit sur la détermination de la méthode à suivre pour obtenir un résultat supposé connu. *Problèmes de géométrie, d'algèbre. Les données d'un problème. Résoudre un problème.* 2 Difficulté qu'il faut résoudre pour obtenir un certain résultat ; situation instable ou dangereuse exigeant une décision. ⇒ **difficulté, ennui.** « *il n'y a pas de problème ; il n'y a que des solutions* » (Gide). *Régler un problème. Problèmes pratiques, techniques. Les problèmes du stationnement. Un problème se pose.* « *Je sais que le problème est ailleurs* » (Duras). ♦ loc. *Faire, poser problème :* présenter des difficultés. ➛ *Poser des problèmes :* susciter des difficultés qu'il faudra résoudre. ♦ fam. *Il n'y a pas de problème :* c'est une chose simple, évidente. ➛ *Sans problème :* facilement. ➛ *Il y a un problème,* une difficulté. ⇒ **hic, os.** ➛ *C'est mon problème :* c'est mon affaire. « *Ça, coco, c'est* ton *problème* » (É. Ajar). ♦ *Problèmes politiques, économiques, financiers. Un problème de société.* ➛ *Le problème du logement, du chômage.* ♦ *Avoir des problèmes familiaux, professionnels, sexuels, de santé. Problèmes (psychologiques) :* conflit affectif, difficulté à trouver un bon équilibre psychologique. *Adolescent qui a des problèmes.*

❑ *Pas de problème* (calque de l'anglo-américain *no problem*) s'emploie aussi en réponse positive pour *oui, certainement : « Tu pourras venir demain ? — Pas de problème. »* Cet emploi est négligé.

proboscidiens n. m. pl. – XIXe ; gr. *proboskis* « trompe » ■ Ordre de mammifères ongulés de très grande taille, qui possèdent une trompe utilisée pour la préhension.

procaïne n. f. – mil. XXe ; de *pro-* et *(co)caïne* ■ Anesthésique local de synthèse. ⇒ **novocaïne.**

procaryote n. m. et adj. – v. 1930 ; de *pro-* et *(eu)caryote* ■ Cellule dépourvue d'un noyau figuré (opposé à *eucaryote*).

procédé n. m. – XVIe 1 Façon d'agir à l'égard d'autrui. ⇒ **comportement, conduite.** *Procédés indélicats ; malhonnêtes, inqualifiables.* ⇒ **agissements.** ➛ loc. *Échange de bons procédés :* services rendus réciproquement. 2 Méthode employée pour parvenir à un certain résultat. *Procédé de fabrication. Imaginer un nouveau procédé.* ➛ péj. Recette stéréotypée, qui sent l'artifice. *Cela sent le procédé.* 3 Forme particulière que revêt le déroulement d'un processus. « *Ce procédé de bipartition cellulaire* » (J. Rostand). 4 Rondelle de cuir appliquée au petit bout d'une queue de billard et que l'on frotte de craie.

procéder v. [6] – XIVe ; lat. « aller en avant » I v. intr. PROCÉDER DE. 1 Être uni aux deux autres personnes de la Trinité, en émanant d'elles. *Le Saint-Esprit procède du Père et du Fils.* 2 Tenir de. *Le mal « procède du bien et participe des mérites attachés au bien »* (France). ♦ Tirer son origine de. ⇒ **découler,** ① **dépendre,** ① **dériver, émaner, venir.** « *les passions qui procèdent du cerveau survivront* [...] *toujours aux passions émanées du cœur* » (Balz.). 3 Agir (de telle manière, selon telle méthode, dans tel but). « *Sa manière de procéder était* [...] *connue* » (Balz.). II v. tr. ind. PROCÉDER À. 1 Exécuter (tel acte juridique). *Procéder à une perquisition.* ➛ *Il sera procédé à une enquête.* 2 Faire, exécuter (un travail complexe, une opération). ⇒ **effectuer.** *Faire procéder à une étude géologique.*

procédural, ale, aux adj. – XIXe 1 Relatif à la procédure judiciaire. *Bataille procédurale.* 2 *Langage procédural* (opposé à *déclaratif*), qui permet de décomposer un programme informatique en modules.

procédure n. f. – XIVe 1 Manière de procéder juridiquement ; série de formalités qui doivent être remplies. *Quelle est la procédure à suivre ?* ♦ Ensemble des règles, des formalités, qui doivent être observées, des actes qui doivent être accomplis pour parvenir à une solution juridictionnelle (⇒ ① **action, instance, instruction, poursuite, procès ; tribunal).** « *le lacis inextricable de la procédure* » (Balz.). *Engager une procédure. Procédure de divorce. Vice de procédure.* 2 Branche du droit qui détermine ou étudie les règles d'organisation judiciaire, de compétence, d'instruction des procès, d'exécution des décisions de justice. ⇒ ① **pratique.** *Code de procédure civile, de procédure pénale.* 3 Ensemble des procédés utilisés dans la conduite d'une opération technique complexe. *Procédure d'atterrissage d'un avion.* ♦ En informatique, Ensemble de commandes qui effectue un certain nombre de tâches. *Procédure de sauvegarde.*

❑ Mot de la même famille étymologique que *processus* dont il faut le distinguer : *processus* désigne une suite d'événements se déroulant dans le même ordre → processus (rem.).

procédurier, ière adj. et n. – XIXe ■ Qui est enclin à la procédure, à la chicane. *Elle est très procédurière.*

⇒ **chicaneur,** ① **processif.** ◆ *Une « astuce procédurière qui ne trompa personne »* (Perec). ♦ Personne qui aime la chicane, recourt volontiers à la procédure (⇒ **plaideur**).

procès n. m. – XIIe ; lat. *procedere* « aller en avant, s'avancer » **I - 1** Didact. Processus. ♦ Contenu sémantique du prédicat ; ce que le verbe peut affirmer du sujet (état, devenir, action). 2 Prolongement d'un organe. *Procès ciliaires.* ⇒ **processus. II - 1** Litige soumis à une juridiction. ⇒ **affaire, instance, procédure.** *Procès criminel, politique. Soutenir un procès.* ⇒ ① **ester, plaider.** *Faire, intenter un procès à qqn. « tous les procès qu'elle a intentés elle les a perdus »* (Duras). *Être en procès avec, contre qqn. Instruire un procès. « un procès monstre, dont l'instruction demanda dix-huit mois »* (Zola). *Gagner, perdre un procès.* ◆ loc. *Faire un mauvais procès à qqn,* l'incriminer à tort. 2 loc. *Faire le procès de qqn, de qqch.* : attaquer, critiquer systématiquement. 3 loc. *Sans autre forme de procès :* sans formalité, sans plus de façon. *On l'a renvoyé sans autre forme de procès.*

❑ Pour le premier sens, on dit aussi *process.* → processus (rem.).

process [pʀɔsɛs] n. m. – 1992 ; mot angl. ■ Méthode d'élaboration d'un produit.

❑ Le français dispose du même mot, *procès,* au sens de « marche, développement », qui n'est plus guère compris à cause du sens de « litige ».

processeur n. m. – 1957 ; angl. ■ Dans un ordinateur, Organe destiné à interpréter et exécuter les instructions. *Processeur graphique.*

① **processif, ive** adj. – XVIe ; de *procès* 1 vx Procédurier. 2 Qui présente une constitution paranoïaque marquée par la tendance à se lancer continuellement dans des revendications, des réclamations (⇒ **quérulence**). ◆ n. ⇒ **revendicateur.**

② **processif, ive** adj. – 1966 ; angl. *processive* ■ Qui est facteur de progrès social.

procession n. f. – XIIe ; lat. *procedere* « s'avancer » **I - 1** Cortège, défilé religieux plus ou moins solennel qui s'effectue en chantant et en priant. *Procession des Rameaux.* 2 Longue suite de personnes qui marchent à la file ou en colonne. *« La procession se déroulait dans le chemin creux [...] Les jeunes mariés venaient d'abord, puis les parents, puis les invités, puis les pauvres du pays »* (Maupass.). **II** *Procession du Saint-Esprit :* le fait de procéder du Père et du Fils.

processionnaire adj. et n. f. – XVIIIe ■ *Chenilles processionnaires :* chenilles très nuisibles qui se déplacent en file serrée le long d'un fil de soie sécrété par la chenille de tête. ◆ *Pins envahis de processionnaires.*

processionnel, elle adj. – XVIe ■ Relatif aux processions. *Cortège processionnel.*

processus [pʀɔsesys] n. m. – XVIe ; mot lat. « progrès » 1 Prolongement d'un organe. ⇒ **diverticule, procès** (I), **saillie.** 2 Ensemble de phénomènes, conçu comme actif et organisé dans le temps. ⇒ **évolution.** *Processus biologique, physiologique, pathologique. Processus de croissance, de développement, d'extension.* ⇒ **développement,** ② **marche, mécanisme.** *Processus irréversible. Processus social, politique, économique.* ◆ *Processus géologique.* 3 Ensemble de phénomènes se déroulant dans le même ordre ; façon de procéder. *Selon le processus habituel, il y aura d'abord une enquête.* ◆ *Processus de fabrication.*

❑ S'emploie de préférence pour un développement naturel, causal, à la différence de *procédure.* → procédure (rem.). ♦ On emploie aussi *process,* mot anglais pour *processus,* ou *procès* au sens didactique.

procès-verbal, aux n. m. – XIIIe 1 Acte dressé par une autorité compétente, qui constate un fait entraînant des conséquences juridiques. *« L'huissier, avec deux témoins, se présenta chez elle pour faire le procès-verbal de la saisie »* (Flaub.). ♦ Procès-verbal de contravention. *Avoir un procès-verbal pour excès de vitesse.* ⇒ **contravention,** fam. **p.-v.** *Dresser (un) procès-verbal :* verbaliser. 2 Relation officielle écrite de ce qui a été dit ou fait dans une réunion, une assemblée, etc. ⇒ **compte rendu, recès.** *« Lucien signa machinalement le procès-verbal »* (Balz.). *Approuver le procès-verbal.*

prochain, aine adj. et n. – XIIe ; lat. *prope* « près de » **I** adj. Très rapproché, le plus rapproché. ⇒ **proche.** 1 vx ou littér. ⇒ **voisin.** *« On porta le vieillard au prochain cimetière »* (Hugo). 2 Qui est près de se produire. *« Je n'augure pas bien de l'avenir prochain »* (Renan). *La mort, la fin prochaine. La menace d'une guerre prochaine.* ⇒ **imminent.** *Un jour prochain :* bientôt. ◆ *Futur prochain,* formé avec un auxiliaire (ex. Je vais ouvrir). ♦ Qui suit immédiatement. *La semaine prochaine. « On compte sur vous, dimanche prochain ? »* (Colette). *Le prochain train. La prochaine fois :* la première fois que la chose se reproduira. *À la prochaine occasion.* ◆ *Le prochain candidat.* ⇒ ① **suivant.** *Le prochain arrêt* [pʀɔʃɛnaʀɛ]. *La prochaine station.* ◆ *Je descends à la prochaine.* 3 *Genre prochain :* « le plus faible, en extension, de ceux qui comprennent une espèce donnée » (Lalande). *Cause prochaine,* celle qui précède immédiatement l'effet. ⇒ ① **direct, immédiat. II** n. m. Personne, être humain considéré comme un semblable. *« Tu aimeras ton prochain comme toi-même »* (Évangile). *« Le système de l'amour du prochain est une chimère que nous devons au christianisme et non pas à la Nature »* (Sade). *Dire du mal de son prochain.* ⇒ **autrui.** ✪ CONTR. Lointain ; dernier, ③ passé.

❑ *Prochain,* qualifiant la première date à se présenter à partir du moment où l'on parle *(l'été prochain),* ne doit pas être confondu avec ① *suivant,* indépendant du moment du discours. Comparer à *l'été passé, l'été d'avant.*

prochainement adv. – XIIe ■ Dans un proche avenir, dans peu de temps. ⇒ **bientôt, incessamment.** *Je reviendrai très prochainement.*

proche adv. et adj. – XIIIe ; de *prochain* **I** adv. vx Près. *« Il demeure ici proche »* (ACAD.). ♦ mod. loc. DE PROCHE EN PROCHE : en avançant par degrés, peu à peu. *Un feu « embrase un pin, puis l'autre, puis de proche en proche crée une forêt de torches »* (Mauriac). **II** adj. 1 Voisin, contigu. *Lieu tout proche. « Les cimes espagnoles ou les cimes françaises étaient là, toutes également proches »* (Loti). *Le Proche-Orient.* ◆ *Les plus proches voisins.* ◆ *« je saisis une branche, la plus proche »* (Bosco). 2 Qui va bientôt arriver ; qui est arrivé il y a peu de temps. *Ces années me paraissent toutes proches.* ◆ *Des événements tout proches de nous.* ⇒ **récent.** 3 Qui est peu différent. ⇒ **approchant, semblable, similaire.** *Termes de sens proches. Couleurs assez proches l'une de l'autre.* ♦ Qui a des affinités avec. *Un ami très proche.* ⇒ **intime.** *Écrivain proche du mouvement surréaliste.* 4 Dont les liens de parenté sont étroits. *Un cousin très proche. Mammifères proches des singes.* ♦ n. au plur. Parents. *« rendre service à mon pays, à mes proches et à ceux qui me sont chers »* (Gide). ✪ CONTR. Lointain ; éloigné ; différent.

❑ Même famille étym. que *proximité* et *approximation.*

proclamation n. f. – XIVe 1 Action de proclamer. *Proclamation d'un empereur. Proclamation des résultats* *d'un examen.* 2 Discours ou écrit public contenant ce qu'on proclame. ⇒ **avis, communiqué, déclaration.**

proclamer v. tr. [1] – XIVe ; lat. « pousser de grands cris » 1 Publier ou reconnaître solennellement, par un acte officiel. *Proclamer l'indépendance d'un pays. Proclamer l'état de siège. Proclamer le résultat d'un concours.* – *Le Sénat proclama Napoléon empereur des Français.* 2 Annoncer ou déclarer hautement auprès d'un vaste public. ⇒ **claironner, clamer, crier.** *Proclamer haut et fort. Proclamer son innocence.* « *son habitude, quand il avait commis une indiscrétion, fait une gaffe* [...] *de les proclamer en disant que c'était exprès* » (Proust). ⇒ **affirmer.** ✪ CONTR. Celer, taire.

proclitique adj. – XIXe ; gr. *proklinein* « incliner en avant » ■ Se dit d'un mot qui, s'appuyant sur le mot suivant avec lequel il forme une unité phonétique, est dépourvu d'accent tonique. ✪ CONTR. Enclitique.

proconsul n. m. – XIIe ; mot lat. ■ Nom donné, après Sylla, aux anciens consuls qui recevaient le gouvernement d'une province et possédaient les pouvoirs militaire, civil et judiciaire. ⇒ **gouverneur, magistrat.**

proconsulaire adj. – XVIe 1 Qui appartient, qui est propre au proconsul. *Province proconsulaire,* gouvernée par un proconsul. 2 *Cou proconsulaire :* tuméfaction qui efface la délimitation du cou et de la mâchoire.

❑ Ce terme a été repris en médecine par allusion au cou épais de la statue du proconsul Vitellius.

procordés n. m. pl. – XIXe ; de *pro-* et *corde* ■ Embranchement d'animaux métazoaires marins, à cavité générale *(cœlomates)* et symétrie bilatérale, qui possèdent une corde dorsale, un système nerveux dorsal, mais ni colonne vertébrale ni crâne. *Les tuniciers sont des procordés.*

procrastination n. f. – XVIe ; de *pro-* et lat. *crastinus* « du lendemain » ■ littér. Tendance à tout remettre au lendemain, à ajourner, à temporiser.

procréateur, trice adj. et n. m. – XVIe ■ littér. Qui procrée. *Pouvoir procréateur.*

procréatif, ive adj. – XIXe ■ Qui a trait à la procréation. *Médecine procréative.*

procréation n. f. – XIIIe ■ Action de procréer. ⇒ **génération.** ♦ *Procréation médicalement* (ou *médicale*) *assistée (P.M.A.).* ⇒ **F.I.V.**

procréatique n. f. – 1986 ; de *procréat(ion)* ■ Science de la procréation artificielle.

procréer v. tr. [1] – XIVe ; lat. *procreare,* de *creare* ■ littér. Engendrer. ⇒ **enfanter.** « *Il n'aimait point les enfants, ne jugeait pas qu'il fût utile d'en procréer* » (Huysm.). – « *il n'est pas si difficile de procréer : il ne faut que se mettre deux* » (Sand).

proctalgie n. f. – XVIIIe ; *proct(o)-* et *-algie* ■ Douleur vive à l'anus et à la partie inférieure du rectum.

proctite n. f. – XIXe ■ Inflammation de l'anus. ⇒ **rectite.**

proct(o)- Élément, du gr. *prôktos* « anus ».

proctologie n. f. – mil. XXe ; *procto-* et *-logie* ■ Partie de la médecine traitant des maladies de l'anus et du rectum.

proctorrhée n. f. – XIXe ; *procto-* et *-rrhée* ■ Écoulement muqueux par l'anus.

procurateur n. m. – XVIIe ; lat. *procurare* « procurer » ■ À Rome, Intendant des domaines impériaux dans les provinces. ⇒ **gouverneur.** *Ponce Pilate était procurateur de Judée.* ♦ Haut magistrat des républiques de Venise et de Gênes.

procuratie n. f. – XVIIe ■ au plur. À Venise, Palais des procurateurs. ♦ Dignité, fonctions de procurateur.

procuration n. f. – XIIIe 1 Mandat. ⇒ ② **pouvoir.** *Donner procuration, sa procuration. Voter par procuration.* 2 Écrit par lequel une personne donne pouvoir à une autre d'agir en son nom dans une circonstance déterminée. *Avoir la procuration sur le compte en banque de qqn* (⇒ **signature**). 3 *Par procuration :* en remettant à un autre le soin d'agir, de parler... à sa place. « *Je ne vis que par autrui ; par procuration, pourrais-je dire* » (Gide).

procuratrice n. f. – XVIe ■ Femme qui a pouvoir d'agir pour qqn en vertu d'une procuration (⇒ **procureur,** 1°).

❑ À l'origine féminin de *procurateur, procuratrice* correspond de nos jours à *procureur* dans son sens juridique. ♦ Le féminin *procureuse* se disait autrefois de la femme du procureur.

procure n. f. – XVIIIe 1 Office de procureur dans certaines maisons et communautés religieuses. ♦ Bureaux, logement du procureur d'un couvent. 2 Magasin d'objets de piété.

procurer v. tr. [1] – XIIe ; lat. *cura* « soin » 1 Faire obtenir à qqn (qqch. d'utile ou d'agréable) par ses soins. ⇒ **donner, fournir, nantir, pourvoir.** « *Dumouchel leur procura des billets pour une séance de l'Académie* » (Flaub.). *Procurer un emploi à qqn.* ⇒ **trouver.** *J'ai été doué* « *du pouvoir de procurer des bonheurs aux autres* » (Proust). – « *Une excellente cuisinière que me procura mon oncle* » (Balz.). ♦ *SE PROCURER* qqch. : faire en sorte d'avoir en sa possession, à sa disposition. ⇒ **acquérir, obtenir.** *Il me faut plusieurs jours pour me procurer cet argent.* 2 Être la cause ou l'occasion de. ⇒ ① **causer, occasionner.** *Son travail lui procure des satisfactions.* ⇒ **offrir.** *Le* « *plaisir que me procurait alors toute chose excessive* » (France).

procureur n. m. – XIIIe 1 « Celui qui a le pouvoir de gérer les affaires d'une autre personne ou de la représenter en justice » (Capitant) (⇒ **procuratrice**). 2 *PROCUREUR DU ROI :* officier chargé des intérêts du roi et du public dans le ressort d'un parlement. ♦ *PROCUREUR DE LA RÉPUBLIQUE :* magistrat représentant du ministère public et chef du parquet près du tribunal de grande instance. *Procureur général :* représentant du ministère public et chef du parquet près la Cour de cassation, la Cour des comptes et les cours d'appel. 3 Religieux chargé des intérêts de tout l'ordre.

❑ Pour le féminin → procuratrice (rem.).

prodigalité n. f. – XIIIe 1 Caractère d'une personne prodigue. *Donner avec prodigalité.* ⇒ **générosité, largesse.** 2 (souvent au plur.) Dépense excessive. *Il s'est ruiné par ses prodigalités.* 3 Surabondance. ⇒ **excès, profusion.** « *Il y a* PRODIGALITÉ DE FORMES *dans la Nature, comme prodigalité de semences* » (Gide). ✪ CONTR. Avarice, cupidité, économie ; rareté.

prodige n. m. – XIVe ; lat. *prodigium* « signe prophétique » 1 Événement de caractère magique ou surnaturel. ⇒ **miracle.** « *Ces trente mille ans étaient remplis d'autant de prodiges que la chronologie égyptienne* » (Volt.). ♦ Signe divin annonçant un événement important. ♦ loc. *Tenir du prodige,* se dit d'une chose extraordinaire dans son genre, inexplicable. ⇒ **prodigieux.** « *nous filons avec une rapidité qui tient du prodige* » (Jarry). 2 Acte, action extraordinaire. ⇒ **merveille.** *Médicament qui fait des prodiges. Déployer des pro-*

diges d'ingéniosité. 3 Personne extraordinaire par ses talents, ses vertus, ses vices. ⇒ **phénomène.** « *Supposons ce prodige* [un bon gouverneur] *trouvé* » (Rouss.). *Enfant prodige,* exceptionnellement précoce et brillant. ♦ Être dont l'existence, la nature est une énigme. « *Quelle chimère est-ce donc que l'homme ? [...] quel chaos, [...] quel prodige !* » (Pasc.).

❑ Ne pas confondre *enfant prodige* « très doué » et *enfant prodigue* « qui revient repentant au foyer ».

prodigieusement adv. – XVIe ▪ D'une manière surprenante, prodigieuse ; à un degré extrême. ⇒ **excessivement, extrêmement.** « *Un spectacle prodigieusement captivant* » (Valéry).

prodigieux, ieuse adj. – XIVe 1 rare Qui a le caractère fabuleux du prodige (1°). « *Les choses prodigieuses et improbables* » (Volt.). 2 Extraordinaire. ⇒ **étonnant, stupéfiant, surprenant.** *Quantité prodigieuse.* ⇒ **considérable.** – « *sa facilité prodigieuse étonnait* » (Gaut.). ⇒ **faramineux, inouï, phénoménal.** *Un comédien prodigieux.*

prodigue adj. – XIIIe ; lat. *prodigus* « gaspilleur » 1 Qui fait des dépenses excessives ; qui dilapide son bien. ⇒ **dépensier.** « *L'héritier prodigue paye de superbes funérailles, et dévore le reste* » (La Bruy.). – *L'enfant, le fils prodigue,* que l'on accueille avec joie à son retour au foyer qu'il avait quitté depuis longtemps. 2 *Prodigue de :* qui distribue, donne abondamment. « *Sans être prodigue de son argent, il l'était de sa sensibilité* » (R. Rolland). *Être prodigue de compliments.* ✪ CONTR. Avare, avide, économe ; ① chiche, parcimonieux.

❑ Ne pas confondre *enfant prodigue* et *enfant prodige* « très doué ».

prodiguer v. tr. [1] – XVIe 1 Dépenser avec prodigalité. ⇒ **dilapider, dissiper.** ♦ Accorder trop facilement. ⇒ **gaspiller.** *Prodiguer son estime.* 2 Accorder, distribuer généreusement, employer sans parcimonie. – *Prodiguer des conseils.* « *Les soins que vous m'avez prodigués avec tant d'amitié* » (Renan). 3 SE PRODIGUER v. pron. Se dépenser sans compter. ⇒ **se dévouer.** « *S'il faut agir, prodigue-toi ; s'il faut parler, ménage-toi* » (Joubert). ✪ CONTR. Accumuler, économiser, ① ménager, mesurer.

pro domo loc. adv. et adj. inv. – XIXe ; mots lat. « pour (sa) maison » ▪ *Plaider pro domo,* pour sa propre cause. – *Un plaidoyer pro domo.*

prodrome n. m. – XVIe ; gr. *prodromos* « avant-coureur » ▪ littér. Ce qui annonce un événement. ⇒ **préambule.** « *Il voyait venir la rupture avec la Russie, prodrome de la grande crise qu'il attendait* » (Madelin). ♦ Symptôme avant-coureur d'une maladie.

prodromique adj. – XIXe ▪ Relatif à un prodrome. ⇒ **avant-coureur, précurseur.** *Signes prodromiques.*

producteur, trice adj. et n. – XVe 1 Qui produit, provoque un événement, un phénomène, qui crée qqch. 2 n. m. (opposé à *consommateur*) Personne ou entreprise qui produit des biens ou assure des services. ⇒ **entrepreneur ; prestataire** (de services). *Directement du producteur au consommateur :* sans intermédiaire (en parlant d'une vente). ♦ *Les pays producteurs de pétrole.* 3 n. Personne ou société qui assure le financement d'un film, d'un spectacle. ⇒ **production.** *Producteur de cinéma. Productrice de télévision.* – *Société productrice (de films).* ♦ Personne qui conçoit une émission de radio ou de télévision et favorise sa réalisation. ✪ CONTR. Destructeur. Consommateur, intermédiaire.

❑ Le nom reste au masculin pour désigner des femmes et des entités ayant un nom féminin : *cette région est le plus gros producteur de blé.*

productible adj. – XVIIIe ▪ Qui peut être produit, obtenu.

productif, ive adj. – XVe ▪ Qui produit, crée ; qui est d'un bon rapport. *Un sol productif.* ⇒ ① **bon, fécond, fertile.** ♦ Qui est directement lié à l'activité productrice. *Investissements productifs.* ⇒ **lucratif, rentable.** *Capital productif d'intérêts.* ♦ Se dit d'une lésion caractérisée par une prolifération de tissus. *Ostéite productive.* ✪ CONTR. Aride, improductif.

production n. f. – XIIIe I Le fait de présenter un document, une pièce, etc. (⇒ **présentation).** *Production de pièces à un procès.* – *Production de témoins.* II - 1 Action de provoquer, de produire (un phénomène) ; le fait ou la manière de se produire. *Étude de la production du son.* 2 Ouvrage produit. ⇒ **œuvre.** *Les productions de l'esprit.* ♦ Ensemble des œuvres (d'un auteur, d'un artiste, d'un genre ou d'une époque). *La production dramatique du XVIIe siècle.* 3 Le fait ou la manière de se former ; le fait de produire (qqch.). ⇒ **formation.** *Production de gaz carbonique.* ⇒ **dégagement, émanation.** ♦ Ce qui se forme naturellement. *Production pathologique* (tumeur, pus, épanchement). 4 (opposé à *consommation*) Le fait de créer ou de transformer des biens, d'assurer des services. *Moyens de production :* terre, instruments, machines... *Coût de production.* – Le résultat de cette activité économique. ⇒ **produit.** *Production intérieure brute.* ⇒ **P.I.B.** *Production agricole. Production annuelle d'acier, de blé. Production élevée, médiocre d'une mine.* ⇒ **rendement.** *Production trop élevée.* ⇒ **surproduction.** *Évolution, croissance, baisse, chute de la production mondiale.* ♦ (opposé à *service*) Le fait de produire des biens matériels. ⇒ **fabrication.** *Biens de production :* machines-outils, équipements utilisés dans les processus de fabrication. *Production assistée par ordinateur (P.A.O.).* ⇒ **productique.** 5 Le fait de produire (un film, un spectacle, une émission radiophonique ou télévisée). *Directeur de production,* choisi par le producteur pour coordonner l'ensemble des opérations nécessaires à la réalisation d'un film, d'une émission. *Société de production.* ♦ Le film. « *Ils commentent ensemble les productions qu'ils ont vues* » (Queneau). *Production à grand spectacle.* ⇒ **superproduction.** ✪ CONTR. Destruction. Consommation, distribution.

productique n. f. – 1980 ▪ Application de l'automatique et de l'informatique aux processus de production industrielle. ⇒ **robotique.**

productivisme n. m. – déb. XXe ▪ Système d'organisation de la vie économique dans lequel la production, la productivité sont données comme l'objectif essentiel.

productivité n. f. – XVIIIe 1 Caractère productif. *La productivité d'une terre.* 2 Rapport de la quantité produite à un ou plusieurs facteurs de production. ⇒ **rendement.** *Normes de productivité. Accroissement, baisse de la productivité.* ♦ Ce rapport considéré comme élevé ou devant être accru. *Recherche de productivité.*

❑ On parle de la *productivité* d'un mot, d'un radical ou d'un affixe, lorsqu'il produit des mots nouveaux en français (*-iser* est très productif).

produire v. tr. [38] – XIVe ; lat. *producere* « mener en avant, faire avancer » I Présenter (une pièce, un document, etc.). *Produire une pièce d'identité.* ♦ *Produire des témoins,* les faire témoigner en justice. II - 1 Causer, provoquer (un phénomène, un événement), avoir pour conséquence, pour résultat, être la source de. « *ces mots : "Mademoiselle Albertine est partie" venaient de produire dans mon cœur une souffrance telle* [...] » (Proust). ⇒ **créer, engendrer, entraîner, générer, provoquer.** *Produire une vive impression sur qqn.* ⇒ **exer-**

cer, ① **faire.** 2 Composer (une œuvre). « *Accordez-moi la grâce de produire quelques beaux vers* » (Baud.). 3 Former naturellement. ⇒ **donner.** « *ces contrées sablonneuses, où la terre ne produit que des sapins et des bruyères* » (Staël). *Réaction chimique qui produit beaucoup de fumée.* ➛ *Mettre une terre en état de produire.* ♦ Donner naissance à (un être vivant). ⇒ **procréer.** « *Un cheval naturellement hargneux, ombrageux, rétif* [...] *produit des poulains qui ont le même naturel* » (Buff.). 4 Faire exister, par une activité économique. *Produire des richesses, des marchandises, des services. La France produit beaucoup de vin.* 5 Procurer (un profit). ⇒ **rapporter.** *Cette terre produit peu.* ⇒ **rendre.** *Faire produire son argent.* ⇒ **fructifier, travailler.** 6 Assurer la réalisation matérielle de (un film, une émission, un spectacle), par le financement et l'organisation. ➛ *Film produit par une grande société de production.* **III** *SE PRODUIRE* **v. pron.** 1 vx Se montrer, apparaître. « *Quoi ! vous osez, dit-elle, à mes yeux vous produire* » (La Font.). ➛ Se mettre en valeur, se donner en spectacle. *Se produire dans le monde.* ♦ Jouer, paraître en public au cours d'une représentation. *Chanteur qui se produit sur scène.* 2 Advenir, arriver, survenir. ⇒ se **passer.** *Un grand changement s'est produit.* ⇒ s'**opérer.** ➛ « *Il se produisit un incident minime* » (Duham.). ✪ CONTR. ① Cacher. Détruire ; consommer.

produit **n. m.** – XVIe **I** - 1 Nombre qui est le résultat d'une multiplication. *Produit de plusieurs facteurs. Produit d'un nombre multiplié par lui-même.* ⇒ **carré.** ♦ Résultat de diverses opérations mathématiques. *Produit de deux ensembles* : ensemble des couples associant un élément du premier à un du second. 2 Ce que rapporte une charge, une propriété foncière, un patrimoine ; profit, bénéfice qu'on retire d'une activité. ⇒ **gain ; rapport, recette.** *Vivre du produit de sa terre, de son travail.* ➛ *Produit net,* après déduction des amortissements. *Produit financier* : revenu des placements ; plus-value sur valeurs mobilières. ➛ Résultat de l'activité de production. ⇒ **output.** *Produit intérieur brut* (⇒ **P. I. B.**). *Produit national brut (P. N. B.).* **II** - 1 Substance, fait ou être qui résulte d'un processus naturel, d'une opération humaine. *Produits du sol.* ⇒ ① **fruit, production, récolte.** *Les produits et les sous-produits de la distillation du pétrole.* ➛ *Produit de substitution* : composé qui est obtenu si on remplace, dans une molécule, un atome ou un groupe d'atomes par un autre atome ou un autre groupe. ♦ *C'est le produit de ton imagination.* ⇒ ① **fruit.** 2 Animal considéré du point de vue de l'hérédité. 3 Substance, mélange chimique (opposé à *corps simple*). *Produits dérivés. Produits de synthèse.* ♦ *Produit organique,* fabriqué par un tissu ou organe. *Les hormones, les enzymes, l'urine sont des produits organiques.* ♦ *Produits radioactifs.* 4 Productions de l'agriculture ou de l'industrie, en tant qu'elles constituent des marchandises, des biens ayant une valeur. « *tous les produits de l'Inde, de la Chine, de la Perse, ceux de la mer Caspienne et de la mer Noire* » (J. Verne). *Produits agricoles, industriels. Produits de base, produits bruts* : matières premières non élaborées. *Produits manufacturés. Produits semi-finis, finis,* après ouvraison, transformation. *Produits de luxe.* ⇒ **article.** *Produit de grande consommation. Produit de première nécessité. Produits alimentaires. Produits surgelés. Produits frais. Produits laitiers.* ➛ *Produits pharmaceutiques. Produits de beauté. Produit pour la vaisselle.* ➛ *Produits explosifs, toxiques.* ➛ *Lancement d'un nouveau produit.* ➛ *Chef de produit* : responsable de la fabrication et de la commercialisation d'un produit dans une entreprise. ✪ CONTR. ② Facteur. Auteur, cause.

proéminence **n. f.** – XVIe 1 État de ce qui est proéminent. 2 Partie proéminente. ⇒ **protubérance, saillie.**

proéminent, ente **adj.** – XVIe ; lat. *prominere* « être saillant » ▪ Qui dépasse en relief ce qui l'entoure, forme une avancée. ⇒ **saillant.** *Nez proéminent.* « *un gros homme court dont le ventre proéminent accusait un embonpoint* [...] *ministériel* » (Balz.). ⇒ **bombé.** ✪ CONTR. Creux, rentrant.

❑ Même famille étymologique que *promontoire.* ♦ Ne pas confondre avec *prédominant,* abstrait.

prof **n.** – XIXe ▪ fam. Professeur. *La prof de maths.*

profanateur, trice **n.** et **adj.** – XVIe ▪ littér. Personne qui profane. *Profanateur d'une sépulture.* ➛ *Une main profanatrice et impie.*

profanation **n. f.** – XVe 1 Action de profaner. *Profanation de sépulture.* 2 Mauvais usage ou irrespect des choses précieuses, irremplaçables. ⇒ **avilissement,** ① **dégradation.** ✪ CONTR. Respect.

profane **adj.** et **n.** – XIIIe ; lat. « hors du temple » **I** - 1 Qui est étranger à la religion (opposé à *religieux,* ① *sacré*). *Fête profane. Musique profane.* « *toute religion vivante imprègne les œuvres profanes* » (Malraux). ➛ *Auteur profane,* dont les œuvres sont profanes. 2 **n. m.** Ce qui est étranger à la religion. *Le profane et le sacré.* 3 **n.** Personne qui n'est pas initiée à une religion. « *Le concierge* [de la synagogue] *louait des chapeaux à l'usage des profanes non avertis* » (Gide). **II** - 1 Qui n'est pas initié à un art, une science, une technique, un mode de vie. ⇒ **béotien, ignorant.** *Expliquez-moi, je suis profane en la matière.* 2 **n.** ⇒ **non-initié.** *Un profane en peinture.* ✪ CONTR. ① Sacré ; connaisseur, initié.

profaner **v. tr.** [1] – XIVe 1 Traiter sans respect, avec mépris, en violant le caractère sacré. *Profaner un temple.* 2 Faire un usage indigne, mauvais de (qqch.), en violant le respect qui est dû. ⇒ **avilir,** ① **dégrader, souiller, violer.** « *Il est cependant des paroles qui ne devraient servir qu'une fois ; on les profane en les répétant* » (Chateaub.). ✪ CONTR. Consacrer, respecter.

profectif, ive **adj.** – XVIe ; lat. *profectus* « qui vient de » ▪ Qui vient des ascendants. *Biens profectifs.*

proférer **v. tr.** [6] – XIIIe ; lat. « porter *(ferre)* en avant » ▪ Articuler à voix haute. ⇒ **prononcer.** *Sans proférer un mot.* ⇒ ① **dire.** « *N'importe qui sait proférer des paroles menteuses* » (Mauriac). *Proférer des injures.* ⇒ **cracher, vomir.**

profès, esse **adj.** et **n.** – XIIe ; lat. *professus* « qui déclare » ▪ Qui a prononcé ses vœux dans un ordre religieux. *Religieuses professes.*

professer **v. tr.** [1] – XVIe ; de *profession* 1 littér. Déclarer hautement avoir (un sentiment, une croyance). « *Le marquis professait une haine vigoureuse pour les lumières* » (Stendh.). ➛ « *elle professait que pour exprimer fortement une passion, il faut l'éprouver* » (France). ⇒ **proclamer.** 2 vieilli Enseigner. « *Le pensionnat où sa femme professait la musique* » (Balz.). ➛ *Il professe à la Sorbonne.*

professeur **n. m.** – XIVe ; lat. *profiteri* « déclarer ouvertement » ▪ Personne qui enseigne une discipline, un art, une technique ou des connaissances, d'une manière habituelle et le plus souvent organisée. « *On n'apprend pas à dessiner en regardant un professeur qui dessine très bien* » (Alain). ⇒ **maître.** *Professeur de mathématiques, de gymnastique.* ⇒ fam. **prof.** *Professeur de lycée, de collège.* « *un professeur* [...] *qui prépare soigneusement, chez lui, la leçon qu'il va donner le lendemain* » (Green). *Professeur de seconde. Professeur agrégé. Elle est professeur.* ⇒ **enseignant.** ♦ *Professeur des écoles* : dénomination de certains instituteurs depuis 1990. ♦ Personne titulaire d'une chaire d'enseignement supérieur. *Professeur d'université.* ➛ Au Canada, *Professeur agrégé,* rattaché au personnel permanent d'une université.

❑ Malgré des propositions de formes au féminin (*professeuse, professoresse* et *une professeur*) le masculin est seul en usage en français d'Europe (seule la forme abrégée admet le féminin : *sa prof, une prof*). Au Québec, le féminin *professeure* est usuel.

profession n. f. – XIIe ; lat. *profiteri* → professeur **I** - **1** Déclaration ouverte, publique. *Faire profession de libéralisme.* **2** Acte par lequel un religieux, une religieuse prononce ses vœux. **II** - **1** Occupation déterminée dont on peut tirer ses moyens d'existence (⇒ **métier ; fonction ; état).** *Nom, adresse et profession. Femme mariée sans profession.* **2** Métier qui a un certain prestige social ou intellectuel. *La profession d'avocat. Professions libérales.* « *La profession épineuse de journaliste* » (d'Alemb.). ⇒ ② **carrière.** « *Son père, qui le destine à la profession militaire* » (Valéry). *Exercer une profession. Choix d'une profession.* ♦ *La profession :* l'ensemble des personnes qui exercent un même métier. *Il est bien connu dans la profession.* **3** *Faire profession de :* avoir comme activité rétribuée. *Faire profession d'informer les touristes.* **4** DE PROFESSION. ⇒ **professionnel.** « *Une ballerine de profession n'eût pu mieux faire* » (Gaut.).

❑ *Profession* est le terme officiel, administratif, ou désigne un métier prestigieux, alors que *métier* est d'usage courant.

professionnalisation n. f. – 1946 ▪ Action de se professionnaliser. *Professionnalisation de la recherche.*

professionnaliser v. tr. [1] – XIXe **1** Donner à (une activité) le caractère d'une profession. *Professionnaliser certains sports.* **2** Rendre (qqn) professionnel. ➝ pronom. Devenir professionnel. *Sportif qui se professionnalise.*

professionnalisme n. m. – 1934 **1** Caractère professionnel d'une activité (opposé à *amateurisme*). **2** Qualité d'une personne qui exerce une activité en tant que professionnel expérimenté. *Faire preuve de professionnalisme.*

professionnel, elle adj. et n. – XIXe **I** adj. **1** Relatif à la profession, au métier. *Vie professionnelle. Milieu professionnel. Enseignement professionnel.* ⇒ **technique.** *Certificat d'aptitude professionnelle (C.A.P.). Faute professionnelle.* ➝ *Groupement, association professionnels.* ⇒ **corporation, syndicat. 2** Qui est tel par profession, de profession. *Pianiste professionnel. Ouvrier professionnel (OP1, OP2)* ⇒ **qualifié.** ➝ *Tennis professionnel.* ♦ Qui est tel par comportement habituel. *Des instituteurs « libres penseurs professionnels »* (Péguy). fam. *Un emmerdeur professionnel.* **II** n. **1** Personne de métier, spécialiste. ⇒ fam. **pro.** *Le mépris « que peuvent éprouver des professionnels à l'égard de simples amateurs »* (Cl. Simon). *Un travail de professionnel.* « *Il avait tué en professionnel, sans haine et sans hésitation* » (Mac Orlan). ➝ *Sportif passé professionnel* (⇒ se **professionnaliser).** ♦ *Ce crime n'est pas l'œuvre d'un professionnel.* **2** n. f. fam. Prostituée. ✪ CONTR. Amateur, dilettante.

professionnellement adv. – XIXe ▪ De façon professionnelle. ➝ Du point de vue de la profession.

professoral, ale, aux adj. – XVIIe ▪ Qui appartient aux professeurs. *Le corps professoral.* ♦ péj. *Un ton professoral.* ⇒ **doctoral, pontifiant.**

professorat n. m. – XVIIe ▪ État de professeur. ⇒ **enseignement.** *Professorat d'éducation physique.* « *le professorat ne me convenait pas du tout* » (Sand).

❑ Pour la finale → -at (rem.).

profil [pʀɔfil] n. m. – XVIIe ; it. *profilare* « border » **1** Aspect d'un visage vu par un de ses côtés. ⇒ **contour.** *Dessiner le profil de qqn.* ➝ *Profil perdu :* aspect, représentation d'un visage vu de côté et aux trois quarts caché par l'arrière de la tête. ♦ loc. *Montrer son meilleur profil :* se montrer à son avantage. ➝ *Adopter un profil bas :* se montrer discret, ne pas se faire remarquer. **2** DE PROFIL : en étant vu par le côté. *De face, de profil, de dos.* « *Tournez-vous un peu plus de profil, voulez-vous* » (Maurois). **3** Représentation, vue latérale, ou aspect d'une chose dont les traits, le contour se détachent. ⇒ **silhouette.** « *Le profil des herbes est net* » (Giono). ♦ Coupe perpendiculaire. *Profil d'une corniche.* ♦ Coupe géologique. *Profil longitudinal* (d'un cours d'eau). *Profil transversal* (d'une vallée). ♦ *Profils d'une route, d'une voie de chemin de fer,* montrant les rampes, les paliers. ➝ *Profil d'une aile d'avion.* ♦ *Plan de profil,* perpendiculaire à la fois au plan frontal et au plan horizontal. *Droite de profil,* située dans le plan de profil. **4** *Profil psychologique :* courbe dont les éléments proviennent des résultats de tests, et donnent la « physionomie mentale » d'une personne. ♦ Esquisse psychologique d'un individu quant aux aptitudes professionnelles. *Il n'a pas le profil recherché.*

profilage n. m. – XIXe ▪ Opération qui confère un profil déterminé à une pièce (→ **profilé) ;** profil ainsi obtenu.

profilé, ée adj. et n. m. – XIXe ▪ Auquel on a donné un profil précis. *Acier profilé.* ♦ n. m. Pièce fabriquée suivant un profil déterminé.

profiler v. tr. [1] – XVIIe **I** - **1** Représenter en profil. *Profiler un édifice.* **2** Présenter (ses contours) avec netteté. « *Trois temples superbes profilent, vus d'en bas, leurs grandes silhouettes de pierre sur le ciel bleu* » (Maupass.). **3** Tracer et exécuter le profil de. *Profiler la carrosserie d'un nouveau modèle d'automobile.* ⇒ **caréner. II** SE PROFILER v. pron. **1** Avoir un profil déterminé. *Ornements d'architecture qui se profilent en saillie.* **2** Se présenter de profil, avec des contours précis. ⇒ se **découper,** se **dessiner,** ① se **détacher.** ➝ *Encore des ennuis qui se profilent à l'horizon !*

profilographe n. m. – XIXe ▪ Appareil au moyen duquel on relève graphiquement, à échelle réduite, les profils d'une route ou d'une voie de chemin de fer.

profit n. m. – XIIe ; lat. *proficere* « progresser » **1** Augmentation des biens que l'on possède ou amélioration de situation qui résulte d'une activité. → **avantage, bénéfice.** *Profit matériel ; intellectuel, moral.* ⇒ **enrichissement.** *Profit inespéré.* ⇒ **aubaine, chance.** *Source de profit.* « *Il ne peut y avoir que profit dans une entente, que préjudice dans un conflit* » (Gide). ♦ loc. FAIRE SON PROFIT DE (qqch.), l'utiliser, l'employer à son avantage. « *Cette fois, il fit son profit de ce qu'il entendait* » (Sand). ➝ TIRER PROFIT DE (qqch.), en faire résulter qqch. de bon pour soi. ⇒ **exploiter, profiter, utiliser.** *Tirer profit de ses lectures.* ➝ METTRE À PROFIT : utiliser de manière à tirer tous les avantages possibles. « *Mets à profit ta jeunesse pour apprendre* » (Stendh.). ♦ AU PROFIT DE (qqn, qqch.) : de sorte que la chose en question profite à. *Gala donné au profit des handicapés.* ➝ « *le père de Fernand [...] avait déshérité son fils mineur au profit de sa femme* » (Mauriac). ♦ fam. *Faire du profit, beaucoup de profit :* être d'un usage économique. **2** Gain, avantage pécuniaire que l'on retire d'une chose ou d'une activité. ⇒ **bénéfice.** *Faire de petits profits.* ⇒ fam. **gratte.** loc. *Il n'y a pas de petits profits* (d'une personne mesquinement intéressée). « *Il ne faut jamais rien dédaigner. Les petites gens, les petits profits, les petites choses...* » (Gide). ➝ *Profits tirés d'un capital, d'une terre.* ⇒ **intérêt.** ♦ Excédent des recettes sur les charges. ⇒ **bénéfice.** *Compte de pertes et profits.* ⇒ **résultat. 3** Ce que rapporte une activité économique, en plus du salaire du travail. ⇒ **plus-value.** « *Le profit* [selon Marx], *c'est une quan-*

tité de travail non payé » (Ch. Gide). ✪ CONTR. Désavantage, détriment, dommage, perte, préjudice.

profitable adj. – XIIe ■ Qui apporte, donne un avantage. ⇒ **avantageux, payant, salutaire, utile.** « *Il ne s'agit jamais pour eux de savoir si une action est légale ou immorale, mais si elle est profitable* » (Balz.). ➛ *Cette leçon lui sera peut-être profitable.* ✪ CONTR. Dommageable, néfaste.

profiter v. tr. ind. [1] – XIVe **1** PROFITER DE : tirer profit, avantage de. ⇒ **bénéficier.** *Profiter d'une largesse,* la recevoir. *Profiter d'un avantage,* être en mesure d'en tirer parti. « *j'ai voulu profiter d'un instant d'accalmie* » (Mart. du G.). *Profiter de la situation. Profiter de l'occasion.* ⇒ **saisir.** ➛ « *Tu as vingt ans, lui dis-je, et tu n'en profites pas* » (Jouhand.). ♦ PROFITER DE (qqch.) POUR... : prendre prétexte de, saisir l'occasion pour. *Il en a profité pour s'esquiver.* ➛ *Il profita de ce qu'on ne le voyait pas pour faire une bêtise.* ♦ PROFITER DE (qqn), abuser de sa bonne volonté, l'exploiter. *Tout le monde profite de lui.* **2** fam. ou région. Se développer, se fortifier. *Cet enfant profite bien.* ⇒ **grandir, grossir. 3** PROFITER À (qqn, qqch.) : apporter du profit ; constituer un profit pour. *Chercher à qui profite le crime.* ♦ « *Tu vois même pas ce que tu manges !* [...] *Comment veux-tu que ça te profite !* » (Céline). **4** fam. ou région. Être d'un usage avantageux, économique. *Un vêtement qui profite.* ✪ CONTR. Gâcher, négliger, perdre, rater.

> ❑ Le tour *profiter que,* employé notamment par Céline « *elle profite que nous demeurions loin pour* [...] », est jugé fautif. Il faut dire *profiter de ce que.*

profiterole n. f. – XVIe ; de *profit* ■ Petit chou rempli d'une préparation sucrée ou salée. *Profiteroles (au chocolat),* fourrées de glace à la vanille et nappées de chocolat chaud.

profiteur, euse n. – XVIIe ■ Personne qui tire des profits malhonnêtes ou immoraux de qqch. *Profiteurs de guerre.*

profond, onde adj. – XIe ; lat. *fundus* « fond » **I - 1** Dont le fond est très bas par rapport aux bords. *Trou profond.* « *C'était une étroite cuve naturelle* [...] *profonde d'environ deux pieds* » (Hugo). ♦ Dont le fond est très loin de la surface. *Eaux profondes. Plonger dans un endroit profond,* où il y a du fond. ➛ *Racines profondes,* qui descendent bas dans le sol. **2** Qui est loin au-dessous de la surface du sol ou de l'eau. ⇒ ① **bas, inférieur.** « *Nous arrivâmes à une crypte profonde* » (Baud.). ➛ *À l'endroit le plus profond de, au plus profond de :* tout au fond de. **3** Dont le fond est loin des bords, dans quelque direction que ce soit. *Grottes profondes,* grandes, longues. *Placard profond. Blessure profonde. Forêt profonde,* dont le cœur est très éloigné de l'orée. *Baie profonde,* où la mer pénètre beaucoup dans les terres. ♦ Dont le bord du siège est éloigné du dossier. *Fauteuil profond.* ♦ *Décolleté profond. Poches profondes.* **4** Très marqué. *Ride profonde.* **5** Qui évoque la profondeur. *Regard profond.* ➛ « *C'était pendant l'horreur d'une profonde nuit* » (Rac.). ⇒ **épais, obscur.** ➛ *Bleu profond,* foncé, intense. ➛ *Tomber dans un profond sommeil,* dans un sommeil intense, d'où le dormeur ne semble pas devoir sortir facilement. « *Certains symptômes semblent indiquer que le coma est moins profond* » (Mart. du G.). **6** Qui descend très bas ou pénètre très avant. *Forage profond. Baiser profond.* **7** Qui va au fond ou vient du fond des poumons. *Soupir profond.* ⇒ **gros.** ➛ *Voix profonde.* ⇒ **grave. II - 1** Qui va au fond des choses. *Un esprit profond.* ⇒ **pénétrant.** *Le fruit de profondes réflexions.* ♦ Qui a des pensées, des vues profondes. « *Paraître profond quand on n'est* [...] *que vide et creux* » (Beaum.). **2** Intérieur, difficile à atteindre. ⇒ **impénétrable, viscéral.** *Un malaise profond. La signification profonde d'une œuvre. Nos tendances profondes.* « *Je l'entends maintenant* [la mer], *au plus profond de moi* » (Le Clézio). ➛ *La France profonde :* la partie de la population qui représente le réalité la plus permanente de la culture française. ♦ Intense et durable. *Affections vives et profondes. Foi profonde.* ⇒ **ardent.** « *ainsi vivait-il, dans la compagnie profonde des enfants* » (Duras). **3** Très grand, extrême en son genre. ⇒ **intense.** *Silence profond.* ⇒ **absolu.** *Transformation, influence profonde. Différence profonde. Un profond mépris. Un profond respect.* ⇒ ① **complet, total.** *Joie profonde.* ♦ *Débile profond,* dont le quotient intellectuel se situe entre 20 et 50. *Arriéré profond,* dont le quotient intellectuel est inférieur à 20. **III** adv. Profondément ; bas. *Creuser très profond.* ✪ CONTR. Petit, ① plat, superficiel. Faible, léger, médiocre. — Superficiellement.

> ❑ Le français ne dispose pas d'un contraire pour *profond* au sens propre (comparer avec l'anglais *deep* « profond » et *shallow* « peu profond »).

profondément adv. – XIIIe **1** Loin de la surface. *Pénétrer profondément.* ➛ *Idée profondément enracinée.* **2** *Dormir profondément,* intensément. *Respirer profondément,* à fond. **3** En allant au fond des choses. *Réfléchir profondément.* **4** D'une manière intérieure. ⇒ **intimement, viscéralement.** ➛ De façon intense et durable. « *cette idée de la mort qui l'avait profondément bouleversé* » (Proust). ⇒ **vivement.** ➛ *C'est profondément différent.* ⇒ ① **bien, foncièrement.** *Être profondément touché.* ⇒ **extrêmement.** ✪ CONTR. Peine (à), superficiellement. Légèrement, peu.

profondeur n. f. – XIIe **I - 1** Caractère de ce qui est profond, qui s'étend vers le bas par rapport à l'orifice, aux bords. *Profondeur d'un océan.* ♦ au plur. Endroit profond, très au-dessous de la surface de la terre, de l'eau. *Les profondeurs du métro. Les poissons des grandes profondeurs.* ⇒ **abysse, fond, fosse. 2** Caractère de ce qui a le fond éloigné des bords, de l'orifice, de la surface. *Profondeur d'une plaie. Crème qui agit en profondeur.* ♦ au plur. Endroit situé loin des bords, de l'orifice, de la surface. ⇒ **fond.** *Les profondeurs d'une forêt.* **3** Dimension verticale d'un corps, d'un espace à trois dimensions, mesurée de haut en bas. *Longueur, largeur et profondeur.* ♦ Distance au-dessous de la surface. « *on voyait, à plus de cinq mètres de profondeur* [...] *d'abondantes plantes d'eau* » (Gide). ➛ Épaisseur verticale. « *Une terre noire et grasse d'une profondeur de cinquante pieds* » (Balz.). **4** Dimension horizontale perpendiculaire à la face qui se présente de front, au plan de l'orifice. *Base, hauteur et profondeur d'un cube. Profondeur d'un tiroir.* ➛ PROFONDEUR DE CHAMP *d'un objectif photographique, d'une caméra de cinéma.* **5** Suggestion d'un espace à trois dimensions sur un support qui n'en a que deux. *Profondeur rendue par la perspective.* ♦ *Profondeur des yeux, du regard.* **6** Caractère de ce qui s'enfonce. *Profondeur d'un forage.* **II - 1** Qualité de ce qui va au fond des choses, au-delà des apparences. *Esprit vif mais sans profondeur. Profondeur de vues.* ♦ Qualité de qui a un esprit profond. ⇒ **force, pénétration.** ➛ *Profondeur d'une œuvre.* **2** Caractère de ce qui est durable. *La profondeur d'un sentiment.* ➛ EN PROFONDEUR : par-delà les apparences superficielles. *Modification en profondeur.* **3** Partie la plus intérieure et la plus difficile à pénétrer. *Les profondeurs intimes de l'être. La psychologie des profondeurs :* la psychanalyse. ✪ CONTR. Superficie, surface ; facilité, légèreté.

pro forma loc. adj. inv. – XVIIe ; mots lat. « pour la forme » ■ *Facture pro forma :* facture anticipée établie dans les règles, et n'entraînant aucune conséquence juridique pour le client.

profus, use adj. – XVe ; lat. *profundere* « répandre » ▪ littér. Qui se répand en abondance. ⇒ **abondant.** *Transpiration profuse.* « *il se fait sous mon balcon un remue-ménage profus* » (Gracq).

profusion n. f. – XVe ▪ Grande abondance. *Une profusion de cadeaux. Profusion de vins, de nourriture, dans un repas.* « *Une profusion de pendants d'oreilles, d'anneaux de jambes, de bracelets* » (From.). ⇒ **étalage, excès, surabondance.** ➜ « *Une profusion de détails surprenants* » (Maupass.). ♦ loc. adv. *À PROFUSION :* en abondance. ⇒ **abondamment, beaucoup.** *Avoir tout à profusion.* ✪ CONTR. Dénuement, rareté.

progéniture n. f. – XVe ; lat. *gignere* « engendrer » ▪ littér. Les êtres engendrés par un être humain, un animal. ⇒ **descendance, enfant, petit.** « *Elle contemple Monique* [...] *comme sa progéniture, le fruit de sa chair, son enfant* » (Duham.). ♦ plaisant *Promener sa progéniture,* ses enfants.

❑ Même famille étymologique que *géniteur.*

progénote n. m. – 1988 ; lat. *progenies* « souche, famille » ▪ Ancêtre commun hypothétique des trois groupes d'êtres vivants, les archéobactéries, les eubactéries et les eucaryotes.

progestatif, ive adj. – mil. XXe ; de *pro-* et lat. *gestare* « porter » 1 *Corps progestatif :* corps jaune. 2 Se dit des substances qui favorisent les processus de la grossesse. *Hormones progestatives.* ➜ n. m. *Les progestatifs de synthèse.*

❑ Même famille étymologique que *gestation.*

progestérone n. f. – 1941 ; de *pro-,* lat. *gestare* « porter » et *(horm)one* ▪ Hormone sécrétée par le corps jaune et par le placenta.

progiciel n. m. – 1962 ; de *pro(duit)* et *(lo)giciel* ▪ Ensemble de programmes informatiques munis d'une documentation, commercialisés en vue d'une même application. ⇒ **package.**

proglottis [pʀɔglɔtis] n. m. – XIXe ; de *pro-* et gr. *glottis* « langue » ▪ Anneau d'un ver cestode. ⇒ **strobile.**

prognathe [pʀɔgnat] adj. – XIXe ; de *pro-* et gr. *gnathos* « mâchoire » ▪ Qui a les maxillaires proéminents, en particulier le maxillaire inférieur. « *son visage légèrement prognathe, cette lèvre inférieure gonflée* » (Mauriac).

❑ On prononce séparément le *g* et le *n* comme dans *diagnostic.*

prognathisme [pʀɔgnatism] n. m. – XIXe ▪ Saillie en avant de la partie inférieure de la face (mâchoire inférieure ou les deux mâchoires).

programmable adj. – v. 1960 ▪ Que l'on peut programmer. *Magnétoscope programmable.*

programmateur, trice n. et adj. – 1936 1 Personne chargée de la programmation de spectacles. 2 n. m. Appareil dont les signaux de sortie commandent l'exécution d'un programme (4°). ⇒ **séquenceur.** 3 n. m. Système qui commande le déroulement d'une série d'opérations simples. *Programmateur d'un lave-linge.*

programmation n. f. – 1924 1 Établissement, organisation des programmes (de cinéma, radio, télévision). 2 Élaboration et codification de la suite d'opérations formant un programme (4°). ⇒ aussi **microprogrammation.** *Programmation d'une machine électronique.*

programme n. m. – XVIIe ; gr. « ce qui est écrit à l'avance » 1 Écrit annonçant et décrivant les diverses parties d'une cérémonie, d'un spectacle, etc. *Programme d'une cérémonie officielle. Demandez le programme ! Programme de télévision.* « *Radio. Rien au programme* » (Mauriac). ➜ fam. *Le programme des réjouissances :* le détail de ce qui est organisé, prévu. ♦ Ce qui est annoncé, décrit par un programme. *Il y a un programme intéressant à la télévision ce soir. Changement de programme.* 2 Ensemble des connaissances, des matières qui sont enseignées dans un cycle d'études ou qui forment les sujets d'un examen, d'un concours. *Programmes scolaires. Le programme de sixième ; du baccalauréat ; de l'agrégation. Œuvres inscrites au programme. Poser une question hors programme.* 3 Suite d'actions que l'on se propose d'accomplir pour arriver à un résultat. ⇒ **dessein, projet.** « *votre présence ne gêne en rien mon programme* » (J. Verne). *C'est tout un programme,* se dit d'une annonce, d'un titre qui suffit à faire prévoir la suite. *Vaste programme !* ♦ Exposé général des intentions, des projets d'une personne, d'un groupe. *Programme électoral. Programme de réformes. Programme à court, à long terme.* ⇒ ② **objectif.** ♦ Ensemble de conditions à remplir dans l'exécution d'un travail. *Programme architectural,* proposé à l'architecte. 4 Ensemble ordonné d'opérations effectuées par un système automatique. *Programme d'un lave-linge.* ♦ Ensemble des instructions permettant à un système informatique d'exécuter une tâche donnée. ⇒ **logiciel, progiciel.** *Programme enregistré dans la mémoire d'un ordinateur. Concepteur d'un programme* (⇒ **programmeur ; analyste ;** aussi **développeur).** ♦ *Programme génétique.*

programmer v. tr. [1] – 1917 1 Inclure dans un programme. ➜ *Émission programmée à une heure de grande écoute.* 2 Assigner un programme à. *Programmer un ordinateur.* ⇒ **paramétrer.** *Programmer un magnétoscope,* le régler pour un enregistrement automatique ultérieur. 3 fam. Prévoir et organiser. *Programmer ses vacances.*

programmeur, euse n. – v. 1960 ▪ Spécialiste qui établit le programme d'un calculateur électronique, d'un ordinateur. *Analyste-programmeur.*

progrès n. m. – XVIe ; lat. *progredi* « aller en avant » 1 Avance (d'une troupe, d'une armée). ⇒ **progression.** ♦ Le fait de se répandre, de s'étendre dans l'espace, de gagner du terrain. ⇒ **propagation.** *Les progrès de l'incendie.* 2 Changement d'état qui consiste en un passage à un degré supérieur. ⇒ **augmentation, développement.** « *La marquise lui faisait remarquer le progrès de ses sentiments* » (Dider.). *Le progrès du mal, les progrès de la maladie.* ⇒ **aggravation.** *Les inquiétants progrès de la criminalité.* « *Je crois aux progrès de l'homme sur lui-même* » (Balz.). 3 Développement en bien. ⇒ **amélioration.** *Progrès résultant de réformes. Cet élève ne fait aucun progrès.* « *Des progrès en musique ont été surprenants* » (Gide). Faire des progrès. ⇒ **progresser.** ➜ *Progrès social. Les progrès de la médecine.* ♦ Changement en mieux par lequel on approche d'un but, d'un résultat. *Un progrès sensible vers...* ⇒ ① **pas.** ➜ fam. *Il y a du progrès :* cela va mieux. ➜ *Il est en progrès.* 4 L'évolution de l'humanité, de la civilisation (vers un terme idéal). « *La notion classique de progrès* [...] *suppose une ascension qui rapproche indéfiniment d'un terme idéal* » (Sartre). ➜ *Croire au progrès.* ➜ « *Comment, vous, un homme de progrès, osez-vous en revenir à ces monstruosités ?* » (Zola). ➜ loc. fam. *On n'arrête pas le progrès !* ✪ CONTR. Arrêt, immobilité. Recul ; régression ; décadence.

❑ Même famille étymologique (latin *gradus* « pas, marche ») que *agresser, congrès, digression, régresser, transgresser.*

progresser v. intr. [1] – XIXe 1 Se développer, s'étendre par un progrès. *Idée qui progresse. Le mal progresse.*

⇒ s'**aggraver, empirer.** ♦ Faire des progrès. *Cet élève a beaucoup progressé depuis l'année dernière.* ⇒ s'**améliorer.** *Il a progressé en français.* ➛ *La recherche médicale a beaucoup progressé.* 2 Avancer, gagner du terrain. *L'ennemi progresse.* « *Besson progressait plutôt difficilement, avec des déhanchements soudains* » (Le Clézio). ➛ *Il a progressé dans sa lecture.* ✪ CONTR. Arrêter (s'), décliner, décroître, reculer, rétrograder.

progressif, ive adj. – XIVe 1 Qui s'accroît, se développe, progresse. « *S'il est impossible d'admettre un Dieu progressif* » (Balz.). 2 Qui suit une progression, un mouvement par degrés. *Impôt progressif.* 3 Qui s'effectue d'une manière régulière et continue. *Amélioration progressive.* « *le rapprochement progressif de la France, de l'Angleterre, de la Russie* » (Mart. du G.). *Problèmes de difficulté progressive.* ⇒ **gradué.** ♦ *Forme progressive,* qui exprime une progression, une évolution graduelle et constante (ex. -ing dans l'angl. I am coming). ✪ CONTR. Dégressif. Stationnaire. Brusque.

progression n. f. – XIIIe 1 Suite de nombres dans laquelle chaque terme est déduit du précédent par une loi constante. ♦ Succession de sons suivant une loi déterminée. *Progression mélodique, harmonique :* marche d'harmonie. 2 Avance élaborée, organisée. ⇒ ② **marche.** *Progression d'une expédition dans l'Antarctique.* ➛ « *l'ombre continuait sa progression* » (Le Clézio). *La progression des glaciers.* 3 Développement par degrés, régulier et continu. ⇒ **acheminement, progrès.** *Progression du mal.* ⇒ **aggravation.** *Le chômage est en progression.* ✪ CONTR. Recul, régression. Interruption.

progressisme n. m. – XIXe ▪ Doctrine politique progressiste. ✪ CONTR. Conservatisme.

progressiste adj. et n. – XIXe ▪ Qui est partisan du progrès politique, social, économique. *Parti progressiste. Idées progressistes. Chrétiens progressistes.* ✪ CONTR. Conservateur, réactionnaire.

progressivement adv. – XVIIIe ▪ D'une manière progressive ; petit à petit. ⇒ **graduellement.** ✪ CONTR. Brusquement, instantanément.

progressivité n. f. – XIXe ▪ Caractère de ce qui est progressif. ♦ *Progressivité de l'impôt,* dont le montant s'élève en même temps que celui de la matière imposable.

prohibé, ée adj. – XVe ▪ Défendu par la loi. ⇒ **illégal, illicite.** *Activités prohibées.* ♦ *Temps prohibé :* période pendant laquelle certaines activités (pêche, chasse) sont interdites. ♦ *Marchandises prohibées à l'importation, à l'exportation. Armes prohibées* (dont l'usage, le port sont interdits). ✪ CONTR. Autorisé ; permis.

prohiber v. tr. [1] – XIVe ; lat. « tenir à distance » ▪ Interdire par une mesure légale. ⇒ **condamner, défendre, empêcher.** *Prohiber la vente de l'alcool.* ✪ CONTR. Autoriser, permettre.

> ❑ S'écrit avec un *h,* comme *exhiber, inhiber, rédhibitoire,* mots de même famille étymologique.

prohibitif, ive adj. – XVIe 1 Qui interdit légalement. « *les lois restrictives et prohibitives, la censure* » (Balz.). ♦ Relatif à la prohibition. *Régime prohibitif.* 2 *Droits, tarifs douaniers prohibitifs,* si élevés qu'ils équivalent à la prohibition d'une marchandise. ♦ « *un prix exorbitant, parfaitement prohibitif* » (Aymé).

prohibition n. f. – XIIIe 1 Interdiction légale. ⇒ **condamnation,** ① **défense.** *Prohibition du port d'armes.* 2 Interdiction d'importer, de fabriquer, de vendre certaines marchandises, certaines denrées. « *un droit de prohibition sur les blés étrangers* » (Zola). ♦ *LA PROHIBITION :* la prohibition de l'alcool, aux États-Unis (de 1919 à 1933). ✪ CONTR. Autorisation, permission.

prohibitionnisme n. m. – XIXe ▪ Système de protection douanière par prohibition. ♦ Système des partisans de la prohibition de l'alcool, aux États-Unis.

proie n. f. – XIIe ; lat. *præda* 1 Être vivant dont un prédateur s'empare pour le dévorer. *Chasser, poursuivre, saisir sa proie.* « *ses dents de bête affamée fermées sur sa proie* » (Duras). *Bondir sur sa proie.* ➛ DE PROIE : qui se nourrit surtout de proies vivantes. ⇒ **prédateur.** *Oiseau de proie.* ⇒ **rapace.** « *il y a des insectes de proie, des reptiles de proie, des oiseaux de proie et des quadrupèdes de proie* » (J. de Maistre). 2 Tout ce dont on s'empare par force, avec violence et avidité. *Sa fortune fut la proie des créanciers.* ♦ Personne dont on s'est emparé, ou que l'on persécute pour s'en emparer. ⇒ **victime.** *Le citoyen* « *n'est pas seulement la proie des bureaucrates* » (Duham.). 3 *ÊTRE LA PROIE :* être absorbé, pris par. *Être la proie des remords.* ♦ Être livré, exposé à, détruit par. *La forêt fut en un instant la proie des flammes.* 4 *EN PROIE À :* tourmenté par. *Être en proie à l'incertitude, au désespoir.* « *Madame de Rênal était en proie à toutes les horreurs de la jalousie* » (Stendh.).

> ❑ Même famille étymologique que *prédateur.*

projecteur n. m. – XIXe 1 Appareil d'optique dans lequel les rayons d'une source lumineuse intense sont réfléchis et projetés en un faisceau parallèle. *Source lumineuse, réflecteur, système optique d'un projecteur.* ➛ *Projecteurs de théâtre, de cinéma.* ⇒ **spot, sunlight.** « *une danseuse dans le rond lumineux d'un projecteur* » (Aymé). *Être sous les projecteurs (de l'actualité) :* occuper pour un temps le devant de la scène (dans les médias). 2 Appareil de projection pour projeter des images sur un écran. *Projecteur sonore.*

projectif, ive adj. – XIXe 1 Relatif à la projection (2°) ; qui concerne une projection, résulte d'une projection. *Propriétés projectives d'une figure,* que toute projection plane de cette figure conserve. 2 Qui projette des états intérieurs, suscite cette projection. *Psychologie projective.* ✪ CONTR. Affine.

projectile n. m. – XVIIIe ▪ Corps lancé par une arme ou à la main. *Lancer, jeter, envoyer des projectiles. Des projectiles d'armes à feu.* ⇒ ① **balle,** ① **bombe, obus.** *Grêle, pluie de projectiles.* ➛ « *les traversins de crin, durs comme des bûches, servaient de projectiles* » (Nerval).

projection n. f. – XIVe ; lat. *projicere* « jeter en avant » 1 Action de jeter, de lancer en avant. *Projection de vapeur.* ➛ Lancement, jet. *Projection de pierres, d'obus.* ➛ *Projection de cendres par un volcan.* ♦ Matières projetées (surtout au plur.). *Les projections incandescentes d'un volcan.* ⇒ **déjection.** ➛ *Projections de boue.* 2 Opération par laquelle on fait correspondre à un point ou à un ensemble de points de l'espace, un point ou un ensemble de points d'une droite, d'une surface ; le point ou l'ensemble de points ainsi définis. ♦ Méthode de représentation de la surface terrestre sur une surface ; image obtenue par une telle méthode. 3 Action de projeter des radiations, des rayons lumineux ; ces rayons. *Projection d'une ombre.* ♦ Action de projeter une image sur un écran ; image projetée. *Appareil de projection* (⇒ **projecteur**). *Projection de diapositives* (⇒ **diaporama**). *Conférence avec projection.* ➛ *Salle, cabine de projection* (cinéma). 4 fig. Image projetée. « *Tout écrivain a ses thèmes personnels, projections de sentiments forts* » (Maurois). ♦ Mécanisme de défense par lequel le sujet voit chez autrui des idées, des affects qui lui sont propres (opposé à *introjection*). 5 Fait de projeter dans l'avenir. *Projections économiques, démographiques.*

projectionniste n. – 1907 ▪ Technicien chargé de la projection des films. ⇒ **opérateur.**

projet n. m. – XVᵉ ; de *projeter* 1 Image d'une situation, d'un état que l'on pense atteindre. ⇒ **dessein, idée, intention,** ③ **plan, programme, résolution, vue.** *Faire des projets au lieu d'agir.* « *Et le chemin est long du projet à la chose* » (Mol.). *Ébaucher, faire, concevoir un projet. Caresser un projet.* ➛ *Projet de voyage. Former le projet de faire qqch.* ➛ Ce que l'on se propose de faire, à un moment donné. « *Il était venu avec le projet formel de tout dire* » (Zola). *Quels sont vos projets pour cet été ?* ♦ « *l'être dit libre est celui qui peut réaliser ses projets* » (Sartre). *Responsable de projet.* ♦ *Projets de grands travaux. Projets administratifs, économiques, politiques* (⇒ ③ **plan, programme**). ♦ Tout ce par quoi l'homme tend à modifier le monde ou lui-même, dans un sens donné. « *L'homme est un projet qui décide de lui-même* » (Sartre). 2 Travail, rédaction préparatoire. *Il avait étudié* « *un projet de chemin de fer sur rail unique* » (Romains). *Élaborer un projet. Laisser à l'état de projet.* ➛ *En projet* : à l'étude. ♦ *Rédiger un projet de thèse.* ⇒ **canevas, ébauche, esquisse, schéma.** *Projet de loi.* ♦ Dessin d'un édifice à construire. ⇒ **épure.** ♦ Description, dessin, modèle antérieur à la réalisation. ⇒ **avant-projet, rough.** *Étude d'un projet.* ✪ CONTR. Exécution, réalisation.

> ❑ Le *projet* de loi émane du gouvernement, la *proposition* de loi émane d'un parlement.

projeter v. tr. [4] – XIIᵉ ; de *por* « en avant, au loin » et *jeter* 1 Jeter en avant et avec force. ⇒ **éjecter, envoyer,** ① **lancer.** *Volcan qui projette des scories.* ⇒ **cracher.** *La déflagration les a projetés à terre.* 2 Figurer, tracer en projection ; déterminer la projection de. *Projeter une surface courbe sur un plan.* ⇒ **développer.** 3 Envoyer sur une surface (des rayons lumineux, une image). *Projeter une lueur.* ➛ pronom. ⇒ se **profiler.** ♦ *Projeter des photos, un film.* ⇒ **passer ; projection.** 4 *Projeter un sentiment hors de soi.* ⇒ **projection** (4°). ➛ *Projeter un sentiment sur qqn,* lui attribuer un sentiment, un état affectif qu'on éprouve soi-même. « *en étant amoureux d'une femme nous projetons simplement en elle un état de notre âme* » (Proust). ➛ pronom. *Elle se projette sur ses enfants.* 5 Former l'idée de. *Projeter un voyage.* ⇒ **envisager, préparer.** « *je n'ose rien projeter ni promettre* » (Gide).

projeteur, euse n. – 1972 1 Technicien qui établit des projets. 2 Dessinateur industriel chargé de la conduite d'un projet.

prolactine n. f. – 1933 ; de *pro-* et lat. *lactus* « lait » ▪ Hormone sécrétée par l'hypophyse et qui déclenche la lactation.

prolamine n. f. – 1953 ; de *pro(téine), l* et *amine* ▪ Holoprotéine extraite de diverses graines (maïs, froment, seigle, orge, riz).

prolapsus [pʀolapsys] n. m. – XIXᵉ ; de *pro-* et lat. *labi* « tomber » ▪ Descente (d'un organe ou d'une partie d'organe). ⇒ **hernie, ptose.** *Prolapsus de l'utérus.*

prolégomènes n. m. pl. – XVIᵉ ; gr. *prolegein* « annoncer » ▪ Ample préface contenant les notions préliminaires nécessaires à l'intelligence d'un livre. ⇒ **introduction, préface.** ♦ Notions, principes préliminaires à l'étude d'une question.

prolepse n. f. – XVIᵉ ; gr. *prolambanein* « porter en avant » ▪ Figure de rhétorique par laquelle on prévient une objection, en la réfutant d'avance.

prolétaire n. – XIVᵉ ; lat. *proles* « lignée » 1 Dans l'Antiquité, Citoyen de la dernière classe du peuple, exempt d'impôt, et ne pouvant être utile à l'État que par sa descendance. 2 Personne qui ne possède pour vivre que les revenus de son travail, exerce un métier manuel et a un niveau de vie relativement bas. ⇒ fam. **prolo.** « *Prolétaires de tous les pays, unissez-vous* » (Manifeste communiste). « *les vrais prolétaires aujourd'hui sont les hommes à la peau sombre* » (Mauriac). ➛ adj. ⇒ **prolétarien.** *Le milieu prolétaire.* ✪ CONTR. Riche. Bourgeois, capitaliste, ① patron.

prolétariat n. m. – XIXᵉ 1 vieilli Condition du prolétaire. 2 Classe sociale des prolétaires. ⇒ **peuple.** « *il faut d'abord libérer le prolétariat* » (Giono). ✪ CONTR. Aristocratie, bourgeoisie, ② capital.

prolétarien, ienne adj. – XIXᵉ ▪ Relatif au prolétariat moderne ; formé par le prolétariat. *Révolution prolétarienne.*

prolétarisation n. f. – 1904 ▪ Le fait d'être prolétarisé. *Prolétarisation des artisans.*

prolétariser v. tr. [1] – 1904 ▪ Réduire à la condition de prolétaire.

prolifération n. f. – XIXᵉ 1 Apparition d'une production surnuméraire sur un organe prolifère. ♦ Multiplication des cellules vivantes. *Prolifération pathologique de cellules, de tissus.* ⇒ **cancer, néoplasme, tumeur.** 2 Multiplication rapide. *Prolifération d'algues.* ♦ fig. *La prolifération des théories.* ⇒ **foisonnement.** ➛ *Menace de prolifération des armes nucléaires.*

prolifère adj. – XVIIIᵉ ; lat. *proles* « descendance » ▪ *Fleur prolifère,* dont l'axe, après traversée de toutes les pièces florales, poursuit sa croissance en tige feuillée.

> ❑ Les roses *prolifères* sont un motif ornemental des toiles de Jouy.

proliférer v. intr. [6] – XIXᵉ 1 Se multiplier, se reproduire (cellules vivantes) ; engendrer, produire un organe, un tissu par des divisions cellulaires. 2 Se multiplier en abondance, rapidement. ⇒ **foisonner.** *Les rats prolifèrent.*

prolificité n. f. – 1903 ▪ littér. ou sc. Fécondité (plus ou moins grande) d'un être vivant, d'une espèce. « *J'abominai leur prolificité* [des Noirs] » (Morand).

prolifique adj. – XVIᵉ ; lat. *proles* « descendance » 1 Qui se multiplie rapidement. *Les lapins sont prolifiques.* ⇒ **fécond.** 2 Qui produit beaucoup. *Un romancier prolifique.* ✪ CONTR. Stérile.

> ❑ Famille de *prolan* (hormone) et *prolétaire.* ♦ Ne pas confondre avec *prolixe* : un écrivain peut être *prolifique* sans être *prolixe.*

prolixe adj. – XIIIᵉ ; lat. « allongé » ▪ Qui est trop long, qui a tendance à délayer dans ses écrits ou ses discours. ⇒ **bavard, diffus, verbeux.** *Écrivain prolixe.* ♦ Abondant, copieux. *Discours prolixe.* ✪ CONTR. Concis, ① court, laconique ; cursif.

> ❑ Pour le sens → prolifique (rem.).

prolixité n. f. – XIIᵉ ▪ Défaut de qqn qui est prolixe, de ce qui est prolixe. ⇒ **faconde, loquacité.** « *je déplore certaine prolixité de son écriture* » (Gide). ✪ CONTR. Brièveté, laconisme, sobriété.

prolo n. – XIXᵉ ▪ fam. Prolétaire. ➛ adj. *Ça fait prolo.*

prolog [pʀɔlɔg] n. m. – 1975 ; acronyme de ***Pro****grammation en* ***log****ique* ▪ Langage évolué orienté vers les expressions symboliques, en particulier en intelligence artificielle. ✪ HOM. Prologue.

prologue n. m. – XIIᵉ ; gr. 1 Partie (d'un drame antique) qui précède l'entrée du chœur. ♦ Discours qui introduit une pièce de théâtre. *Prologue du Malade imaginaire* (Molière). ♦ Partie préliminaire de certains opéras anciens. 2 Texte introductif. ⇒ **introduction, préface.** ♦ fig. Préliminaire, prélude. *Un prologue sanglant à des troubles.* 3 Première partie (d'un roman, d'une pièce, d'un film) présentant des événements antérieurs à l'action proprement dite. ✪ CONTR. Épilogue. — HOM. Prolog.

prolongateur n. m. - mil. XXe ■ Ensemble (fil et prises) destiné à relier un appareil électrique à une prise de courant. ⇒ **rallonge.**

prolongation n. f. - XIIIe 1 Action de prolonger dans le temps ; résultat de cette action. ⇒ **allongement, augmentation.** *Prolongation d'un contrat. Le tribunal « le condamna pour ce délit à une prolongation de trois ans »* (Hugo). ♦ *Prolongation d'une note,* action de la tenir plus longtemps en la prolongeant sur les accords suivants. 2 Temps accordé en plus. ⇒ **délai.** ♦ Chacune des deux périodes supplémentaires qui prolongent un match de football ou de rugby, en vue de départager deux équipes à égalité. *Jouer les prolongations ;* fig. faire durer (une situation, etc.) au-delà des limites prévues, acceptées. ✪ CONTR. Diminution, cessation. Raccourcissement.

> ❑ À la différence de *prolongement, prolongation* ne concerne que le temps et non l'espace.

prolonge n. f. - XVIIIe ■ Voiture servant au transport des munitions, du matériel militaire. ♦ Dans les chemins de fer, Long cordage (pour assujettir les bâches, manœuvrer les freins, etc.).

prolongé, ée adj. - XVIIe 1 Qu'on prolonge, qui se prolonge (dans le temps). *« un mariage qui ressemblait à une lune de miel indéfiniment prolongée »* (Barbey). ➛ fam. *Une jeune fille prolongée,* non mariée à un âge où elle pourrait l'être. 2 (dans l'espace) *Rue prolongée.*

prolongement n. m. - XIIe 1 Action de prolonger dans l'espace ; augmentation de longueur. ⇒ **allongement, extension.** *Projet de prolongement d'une autoroute.* 2 Ce qui prolonge la partie principale d'une chose, d'un corps. ♦ Appendice. *La cellule nerveuse et ses prolongements* (axone, dendrite). 3 *Dans le prolongement de ; en prolongement :* dans la direction qui prolonge qqch. *Tendre le bras dans le prolongement des épaules.* 4 au plur. Conséquences, suites. *Les prolongements d'une affaire.* ⇒ **développement, répercussion.** ✪ CONTR. Contraction, raccourcissement.

> ❑ *Prolongement* concerne le plus souvent l'espace, mais aussi parfois le temps. → prolongation (rem.).

prolonger v. tr. [3] - XIIe ; lat. *longus* « long » 1 Faire durer plus longtemps ; accroître, augmenter la durée de. *Prolonger un délai.* ⇒ **proroger.** *Nous ne pouvons prolonger notre séjour.* ♦ pronom. Durer plus longtemps que prévu. ⇒ **continuer.** *« Un retard ce n'est rien [...] mais quand il se prolonge... »* (St-Exup.). 2 Faire aller plus loin dans le sens de la longueur. ⇒ **allonger.** *Prolonger une route.* ♦ pronom. fig. *Se prolonger dans ses enfants.* ⇒ se **perpétuer.** 3 Être le prolongement de. *Les bâtiments qui prolongent les ailes du château.* ✪ CONTR. Abréger, diminuer, raccourcir.

> ❑ *Prolonger* est du langage courant, à la différence de *proroger.* → proroger (rem.).

promenade n. f. - XVIe 1 Action de se promener ; trajet que l'on fait en se promenant. ⇒ **excursion,** ③ **tour ;** fam. **balade,** ② **vadrouille, virée.** *Faire une promenade. Promenade à la campagne, en montagne* (⇒ **course**), *en mer. Promenade à pied* (⇒ ② **marche**), *à cheval, en voiture.* ➛ *Promenade des prisonniers dans la cour de la prison.* 2 Lieu aménagé dans une ville pour les promeneurs. ⇒ **avenue, boulevard, cours, parc.** *La promenade des Anglais, à Nice.*

promener v. [5] - XIIIe ; de *mener* **I** v. tr. 1 Faire aller dans plusieurs endroits, pour le plaisir. *Promener son chien.* ♦ Faire se déplacer (qqn) inutilement. *On nous a promenés de guichet en guichet.* 2 Déplacer, faire aller et venir (qqch.). *Promener ses doigts, sa main sur qqch.* ⇒ **caresser, passer.** **II** *SE PROMENER* v. pron. 1 Aller d'un lieu à un autre pour se détendre, prendre l'air, etc. ⇒ **déambuler, voyager ;** fam. se **balader, vadrouiller.** *« il flânait dans Venise et s'y promenait en fumant des cigares »* (Balz.). 2 loc. fam. (avec ellipse de *se*) *Envoyer* promener qqch., qqn,* repousser sans ménagement. *« n'avez-vous pas envoyé promener l'inspecteur de police »* (Stendh.).

promeneur, euse n. - XVIe ■ Personne qui se promène (en particulier à pied). ⇒ **flâneur, passant.** *« Rêveries du promeneur solitaire », de J.-J. Rousseau.*

promenoir n. m. - XVIe 1 Lieu destiné à la promenade dans l'enceinte d'un édifice clos (couvent, collège, hôpital, prison, etc.). 2 Partie d'un théâtre, de certaines salles de spectacle où les spectateurs, à l'origine, se tenaient debout et pouvaient circuler.

promesse n. f. - XIIe 1 Action de promettre, fait de s'engager à faire qqch. ⇒ **engagement.** *Faire des promesses. Tenir sa promesse. Manquer à sa promesse. Dégager, délier qqn de sa promesse :* rendre sa parole à qqn. *J'ai votre promesse.* ➛ (souvent au plur.) Paroles prononcées pour promettre qqch. ⇒ **parole** (d'honneur), **serment.** *Promesse solennelle. Promesses en l'air.* ➛ *La promesse de* (et inf.), *que* (et futur, condit.). *« incorporé dans ce beau régiment avec la promesse d'être promu fourrier »* (Balz.). ♦ dr. « Engagement de contracter une obligation ou d'accomplir un acte » (Capitant). ⇒ **contrat, convention, engagement.** *Promesse d'achat, de bail, de vente :* engagement d'acheter, de louer, de vendre à des conditions déterminées, par contrat. 2 littér. Espérance donnée par un événement, une chose. *« On a dit que la beauté est une promesse de bonheur »* (Proust). ⇒ **annonce, signe.**

prométhéen, enne adj. - XIXe ■ Relatif à Prométhée. *Le mythe prométhéen.* ♦ littér. Caractérisé par le goût de l'action, la foi en l'homme.

prométhium [pʀɔmetjɔm] n. m. - 1953 ; de *Prométhée* ■ Élément atomique (Pm ; n° at. 61 ; m. at. [isotope de plus longue période] 145) du groupe des lanthanides.

prometteur, euse adj. - XIIIe ■ Plein de promesses (2°), qui augure bien de la suite. *Sourire prometteur.* ⇒ **engageant.** *Acteur qui fait des débuts prometteurs.* ⇒ **encourageant.**

promettre v. tr. [56] - Xe ; lat. *promittere* **I - 1** S'engager envers qqn à faire (qqch.). *Il lui a promis son aide. Il a promis de faire l'impossible pour venir.* ⇒ **jurer.** fam. *C'est promis juré.* ➛ *Je te promets que nous ferons ce voyage un jour.* ♦ Affirmer, assurer. *« Il me promet que je vous enterrerai tous »* (Mauriac). ➛ fam. (suivi d'un présent ou d'un passé) *Je vous promets qu'elles sont d'origine.* ⇒ **garantir.** 2 S'engager envers qqn à donner (qqch.). *Promettre une récompense. Il m'a promis le secret.* 3 Annoncer, prédire. *Je vous promets du beau temps pour demain.* 4 Faire espérer (un développement, des événements). *Cela ne nous promet rien de bon.* ⇒ **présager.** ♦ Donner de grandes espérances. *C'est un enfant qui promet.* ➛ fam. *Ça promet !* les choses vont devenir mauvaises, pires. **II** *SE PROMETTRE* v. pron. 1 Espérer, compter sur. *« Elle se promettait [...] quelque plaisir à voyager avec cet homme de génie »* (France). ➛ *Se promettre de* (et inf.) : faire le projet de. ⇒ se **jurer.** *« je me promettais d'éteindre le son de ma voix comme le bruit de mes pas »* (Baud.). 2 Se promettre (qqch.) l'un à l'autre. *Elles se sont promis de garder le secret.*

promis, ise adj. et n. - XIe 1 Qui a été promis. loc. *Chose promise, chose due :* on doit faire, donner ce qu'on a promis. ♦ *LA TERRE PROMISE :* la terre de Canaan que

Dieu avait promise au peuple hébreu. ➛ fig. Pays riche et fertile ; milieu dont on rêve. 2 PROMIS À : destiné à, voué à. *Jeune homme promis à un brillant avenir.* 3 n. vx ou région. Fiancé, fiancée.

promiscuité n. f. – XVIIIe, lat. *promiscuus* « mêlé » 1 Assemblage d'individus très différents, dont la réunion a un caractère disparate ou contraire aux bienséances. « *un repaire où vivent entassés, dans une promiscuité terrifiante, les membres de la famille* » (Giraud.). 2 Situation d'une personne soumise à des voisinages nombreux et désagréables ; ces voisinages *(une, des promiscuités). Les promiscuités du métro.*

❑ L'adjectif *promiscu* « mêlé » a disparu au XVIIe s. ♦ Famille étymologique de *mixte.*

promo → **promotion**

promontoire n. m. – XIIIe ; lat. ▪ Pointe de relief élevé s'avançant en saillie au-dessus de la mer (opposé à ① *baie*). « *une sorte d'éminence qui se prolongeait en promontoire* » (Hugo).

promoteur, trice n. – XIVe 1 littér. Personne qui donne la première impulsion (à qqch.), qui en provoque la création, la réalisation. ⇒ **animateur, créateur, initiateur, pionnier.** *Les promoteurs du monde moderne.* 2 n. m. Substance qui, ajoutée à un catalyseur, en augmente l'activité. 3 *Promoteur (immobilier) :* homme, femme d'affaires qui se charge du plan de financement et de la réalisation d'un programme immobilier.

promotion n. f. – XIVe ; lat. *promovere* « faire avancer » 1 Accession, nomination (d'une ou plusieurs personnes) à un grade, une dignité, un emploi supérieur. ⇒ **avancement.** *Avoir une promotion.* « *l'empereur a parlé de vous avec éloge, et votre promotion au maréchalat n'est pas douteuse* » (Balz.). ♦ *Promotion sociale :* accession à un niveau de vie supérieur. 2 Ensemble des candidats admis la même année à certaines grandes écoles. abrév. fam. PROMO. *Camarades de promotion, de promo.* 3 (emploi critiqué) *Promotion des ventes :* développement des ventes par la publicité, les efforts de vente exceptionnels (expositions, démonstration, baisse des prix). ➛ *Cet article est en promotion,* vendu moins cher que la normale pour inciter les clients à l'acheter. 4 *Promotion immobilière :* activité du promoteur immobilier.

❑ L'expression *promotion des ventes* est un calque de l'anglais *sales promotion.*

promotionnel, elle adj. – 1962 ▪ Qui constitue une promotion (3°). *Vente promotionnelle, à prix réduit.*

promotionner v. tr. 1 – v. 1980 ▪ Faire la promotion commerciale de (un produit).

❑ Même formation que *émotionner* par rapport à *émouvoir ;* mais le sens est spécialisé.

promouvoir v. tr. 27 ; rare, sauf inf. et p. p. – XIIIe ; lat. *promovere* « pousser en avant, faire avancer » 1 Élever à une dignité, un grade supérieur. *Être promu officier.* 2 Encourager, favoriser, soutenir (qqch.), provoquer la création, l'essor, le succès de. ⇒ **animer.** *Promouvoir la recherche scientifique.* 3 Mettre (un produit) en promotion. ⇒ ① **lancer.**

prompt, prompte [pʀɔ̃(pt), pʀɔ̃(p)t] adj. – XIIIe ; lat. I - 1 Qui agit, fait (qqch.) sans tarder. ➛ PROMPT À [pʀɔ̃a]. « *prompte au découragement comme à la griserie* » (Montherl.). « *prompt à m'ennuyer de tout* » (Chateaub.). 2 Qui ne tarde pas à se produire, qui survient rapidement. *Je vous souhaite un prompt rétablissement.* ➛ *Un changement si prompt.* ⇒ **brusque, instantané, soudain.** II littér. 1 Qui se meut avec rapidité. *Prompt comme l'éclair, comme la foudre :* très rapide, instantané. 2 vx Qui passe ou se passe très vite. ⇒ ① **bref.** *Sa joie fut prompte,* de courte durée. ✪ CONTR. Lent.

❑ Dans la même famille : *impromptu.*

promptement [pʀɔ̃ptəmɑ̃ ; pʀɔ̃tmɑ̃] adv. – XIVe ▪ littér. D'une manière prompte, en peu de temps. ⇒ **rapidement, vite.** « *Deux hommes demandaient à le voir promptement* » (La Font.).

prompteur [pʀɔ̃ptœʀ] n. m. – 1975 ; angl. « souffleur de théâtre » ▪ Télésouffleur.

❑ Cet anglicisme, qui fait penser à *prompt,* n'évoque rien en français qui corresponde au sens.

promptitude [pʀɔ̃(p)tityd] n. f. – XVe ▪ littér. 1 Manière d'agir, réaction de qqn qui n'attend pas. ⇒ **célérité, rapidité.** *Agir, obéir avec promptitude.* ♦ *La promptitude de ses réactions, de son jugement.* 2 Caractère de ce qui est prompt (II), se fait en peu de temps. ⇒ **vitesse.** *La promptitude des secours.* ♦ Caractère de ce qui est vif, rapide. ⇒ **vivacité.** « *la promptitude de ses reparties* » (Romains). ✪ CONTR. Retard. Lenteur.

❑ La prononciation élégante suit celle de *prompt* (*p* non prononcé).

promu, ue adj. et n. – XIVe ▪ Qui vient d'avoir une promotion.

promulgation n. f. – XIVe ▪ Action de promulguer ; décret par lequel le chef de l'exécutif atteste officiellement l'existence d'une nouvelle loi votée par le corps législatif et en ordonne la mise en application. ✪ CONTR. Abrogation.

promulguer v. tr. 1 – XIVe ; lat. ▪ Rendre (une loi) exécutoire en attestant officiellement et formellement son existence. *Promulguer des décrets.* ⇒ **édicter, publier.** ✪ CONTR. Abroger.

pronaos [pʀɔnaos ; pʀɔnaɔs] n. m. – XVIIe ; gr. ▪ Partie antérieure d'un temple antique précédant le naos.

pronateur, trice adj. et n. – XVIe ; lat. *pronus* « penché en avant » ▪ Se dit d'un muscle qui détermine la pronation (opposé à *supinateur*).

pronation n. f. – XVIIe ▪ Mouvement de rotation que la main et l'avant-bras exécutent de dehors en dedans sous l'action des muscles pronateurs ; position de l'avant-bras et de la main, quand celle-ci se présente avec la paume en dessous et le pouce à l'intérieur (opposé à *supination*).

prône n. m. – XIIe ; gr. *prothura* « couloir » ▪ Discours de piété qu'un prêtre fait à la messe paroissiale du dimanche. ⇒ **homélie, prêche, sermon.** « *Je connais monsieur le curé : quand on pense à sa chère église, il ne vous oublie pas dans son prône* » (Balz.).

prôner v. tr. 1 – XVIIe ; de *prône* ▪ Louer sans réserve et avec insistance. ⇒ **vanter.** *Prôner les qualités, les vertus de qqch.* « *je prônerai l'excellence de quelque vieux plat provençal* » (Colette). ➛ ⇒ **prêcher, préconiser.** *Prôner une méthode. Prôner la modération.* « *un grand nombre d'ouvriers avaient prôné le sabotage du travail* » (Mart. du G.). ✪ CONTR. Décrier, dénigrer, déprécier.

pronom n. m. – XIVe ; lat. *pro* « à la place de » et *nomen* « nom » ▪ Mot grammatical qui sert à représenter un nom de sens précis déjà employé à un autre endroit du contexte ou qui joue le rôle d'un nom absent, généralement avec une nuance d'indétermination. *Pronoms démonstratifs, indéfinis, interrogatifs, personnels, possessifs, relatifs.*

pronominal, ale, aux adj. – XVIIIe ▪ Qui est relatif au pronom, qui est de la nature du pronom. ♦ *Un verbe* *pronominal,* ou **n. m.** *un pronominal :* verbe précédé de *se* à l'infinitif, qui se conjugue avec les pronoms personnels réfléchis (ex. je *me* promène, tu *te* laves, etc.).

> ❑ Certains verbes n'existent qu'à la forme pronominale (ex. *s'accroupir, s'évanouir*). ♦ Le pronom peut être complément d'objet direct *(ils se sont lavés)* ou indirect *(elles se sont plu).* ♦ Attention aux faux pronominaux réfléchis, toujours suivis d'un nom complément direct *(elles se sont lavé les mains).*

pronominalement **adv.** - XIXe ▪ En fonction de pronom ou comme verbe pronominal.

prononçable **adj.** - XVIe ▪ Qu'on peut prononcer. ✪ CONTR. Imprononçable.

prononcé, ée **adj.** et **n. m.** - XVIe 1 Déclaré, dit. *Le jugement prononcé,* rendu. ➛ **n. m.** *Le prononcé de l'arrêt, de la sentence :* le texte de la décision tel qu'il est lu par le juge. ⇒ **minute.** 2 Très marqué, très visible. ⇒ **accentué.** « *l'arc des sourcils très prononcé* » (Gaut.). 3 Très perceptible. ⇒ ① **fort, marqué.** « *Il avait un accent bordelais extrêmement prononcé* » (Proust). *Ce gâteau a un parfum de vanille prononcé.* ✪ CONTR. Imperceptible, insensible ; faible.

prononcer **v.** [3] - XIIe ; lat. **I v. tr. 1** Rendre ou lire (un jugement), prendre ou faire connaître (une décision), en vertu d'un pouvoir. *Prononcer un arrêt, une sentence.* ⇒ **rendre.** *Prononcer une peine contre qqn.* ⇒ **infliger.** 2 Dire (un mot, une phrase). ⇒ **articuler, proférer.** « *Il prononce très haut des paroles incohérentes* » (Breton). ➛ *Des mots prononcés tout bas,* chuchotés, murmurés. 3 Articuler d'une certaine manière (les sons du langage). ⇒ **prononciation.** *Prononcer correctement un mot.* « *Il prononçait le* communizme *de façon appuyée* » (Aragon). ➛ pronom. « *Le nom s'écrit et se prononce à l'anglaise* [...] *Comme ceci, Djack* » (Daud.). ♦ Articuler, émettre (tel son, tel mot) ; produire oralement. *Les enfants ont du mal à prononcer le* r. ♦ Émettre (le son qui correspond à une lettre). *On prononce le* l *final dans* profil, *mais non dans* fusil. ➛ pronom. *Dans* somptueux, *le* p *intérieur se prononce.* 4 Faire entendre, dire ou lire publiquement (un texte). ⇒ ① **débiter.** *Prononcer un discours.* **II v. intr.** Rendre un arrêt, un jugement. ⇒ ① **juger.** *Le tribunal n'a pas encore prononcé.* **III v. pron.** *SE PRONONCER :* se décider, se déterminer. *Les électeurs se sont prononcés en faveur du oui, pour le oui au référendum.* ➛ « *le conseil d'État, appelé à statuer, a dû se prononcer ces jours-ci* » (Courtel.). ♦ Donner un diagnostic. *Les médecins ne peuvent encore se prononcer.*

> ❑ De la même famille : *annoncer, dénoncer, énoncer, renoncer.*

prononciation **n. f.** - XIIIe 1 Action de lire le prononcé du jugement. 2 Manière dont les sons du langage sont articulés, dont un mot est prononcé (⇒ **articulation**). *La prononciation du* c *devant* e, i *et* y *est* [s] *en français. Mots qui ont la même prononciation.* ⇒ **homonyme, homophone.** ♦ Manière d'articuler, de prononcer (propre à qqn, un milieu, une région, une époque). *Défauts de prononciation :* bégaiement, blèsement, nasillement, zézaiement. ⇒ **dysphonie, dystomie.** *La prononciation populaire, régionale.* ⇒ **accent.** ♦ L'art, la manière de prononcer les mots d'une langue conformément aux règles, à l'usage. ⇒ **phonétique** (normative). ♦ Le fait d'être effectivement prononcé (d'une lettre qui peut ou non être muette). *La prononciation du* r *final dans* tiroir, courir, *a été rétablie au* XVIIIe *siècle.*

pronostic **n. m.** - XIIIe ; gr. *progignôskein* « connaître à l'avance » 1 Jugement que porte un médecin, après le diagnostic, sur la durée, le déroulement et l'issue d'une maladie. *Réserver son pronostic.* 2 Conjecture sur ce qui doit arriver, sur l'issue d'une affaire, etc. ⇒ **prévision.** *Son pronostic s'est vérifié. Faire des pronostics.* « *Un froid brusque, noir. Des nouvelles inquiétantes* [...] *C'est à qui fournira le pronostic le plus affolant* » (Colette). ➛ *Pronostic qui donne un cheval gagnant.*

> ❑ *Pronostic* a perdu le *g* de sa famille grecque : *gnose, diagnostic,* etc. ♦ *Réserver son pronostic* ne peut s'entendre qu'en mauvaise part et signifie en fait « ne pas savoir si le patient survivra ».

pronostique **adj.** - XVIe ▪ Relatif au pronostic.

pronostiquer **v. tr.** [1] - XIVe 1 Émettre un pronostic sur (ce qui doit arriver). ⇒ **annoncer, prévoir.** *Pronostiquer la victoire d'un boxeur.* ➛ « *Les médecins lui pronostiquèrent une meilleure santé* » (Balz.). 2 Constituer le signe avant-coureur de (un événement, un phénomène). *Ces gros nuages noirs pronostiquent une averse.*

pronostiqueur, euse **n.** - XIVe ▪ Personne qui fait des pronostics et notamment des pronostics sportifs.

pronucléus [pʀonykleys] **n. m.** - XIXe ; de *pro-* et *nucléus* ▪ Noyau haploïde d'un œuf fécondé.

pronunciamiento [pʀɔnunsjamjɛnto] **n. m.** - XIXe ; mot esp. « déclaration » ▪ Coup d'État organisé ou favorisé par l'armée. ⇒ **putsch.**

> ❑ On dit parfois *pronunciamento* sans le second *i* [pʀɔnunsjamɛnto]. ♦ S'est employé d'abord à propos du Mexique.

propagande **n. f.** - XVIIe 1 Institution pour la propagation de la foi chrétienne. *Propagandes catholiques, évangéliques.* 2 Action exercée sur l'opinion pour l'amener à avoir et à soutenir certaines idées politiques et sociales. *Propagande d'un parti politique.* « *la propagande des États totalitaires* » (Montherl.).

propagandiste **n.** et **adj.** - XVIIIe ▪ Personne, partisan qui fait de la propagande. ➛ **adj.** *Militant propagandiste.*

propagateur, trice **n.** - XVe ▪ Personne qui propage (une religion ; une opinion, une coutume). *Les missionnaires, propagateurs de la foi.*

propagation **n. f.** - XIIIe 1 Multiplication par voie de génération. « *Le taureau sert principalement à la propagation de l'espèce* » (Buff.). 2 Le fait de propager (une croyance, une doctrine). *Association pour la propagation de la foi.* 3 Progression par expansion, communication dans un milieu. *Propagation d'une sensation douloureuse.* ♦ Le fait de s'étendre. *La propagation de l'incendie, de l'épidémie.* ⇒ **extension, progrès.** ➛ Déplacement d'énergie sous forme d'ondes électromagnétiques. *Propagation du son ; de la lumière.*

propager **v. tr.** [3] - XVe ; lat. « perpétuer » 1 Multiplier par reproduction. *Propager des espèces.* ➛ pronom. Proliférer. *L'auteur* « *se demande comment se serait propagée une race humaine non déchue* » (Green). 2 Répandre, faire accepter, faire connaître à de nombreuses personnes, en de nombreux endroits. *Propager la foi.* ➛ *Propager une nouvelle, un bruit.* ⇒ **colporter.** *Propager une idée, une technique.* ⇒ **diffuser, divulguer, enseigner.** 3 **v. pron.** Se répandre. *Le désordre, l'incendie se propage.* ⇒ **augmenter,** s'**étendre, gagner.** *Idées, théories qui se propagent.* ♦ Se déplacer en s'éloignant de sa source (phénomène vibratoire). *La lumière se propage par ondes.* ✪ CONTR. Borner, limiter, restreindre.

propane **n. m.** - XIXe ; de *pro-* et gr. *piôn* « gras » (« premier acide gras ») ▪ Hydrocarbure saturé (C_3H_8), gaz inflammable, un des constituants du gaz naturel dont il est extrait.

propanier n. m. - 1968 ▪ Navire spécialisé dans le transport du propane.

proparoxyton adj. m. et n. m. - XIXe ▪ Se dit d'un mot qui a l'accent sur l'antépénultième syllabe.

propédeutique n. f. - XIXe ; gr. *paideuein* « enseigner » ▪ Première année d'études universitaires (de 1948 à 1966).

propène n. m. - 1932 ; de *prop(ane)* et *-ène* ▪ Hydrocarbure gazeux de la série des hydrocarbures éthyléniques (C_3H_6) correspondant au propane dans la série des paraffines.

❑ On dit aussi *propylène.*

propension n. f. - XVIe ; lat. *propendere* « pencher » ▪ Tendance naturelle. ⇒ **disposition, inclination, penchant, tendance.** PROPENSION À (suivi d'un nom, d'un inf.). *J'ai « une singulière propension à réfléchir à tout ce qui m'arrive »* (Muss.). *« Je ne suis pas crédule, j'ai au contraire une propension merveilleuse au doute »* (France).

propergol n. m. - 1946 ; mot all., de *ergol* ▪ Substance, ou ensemble de substances (ergols), dont la décomposition ou la réaction chimique produit l'énergie utilisée pour l'autopropulsion des fusées. *Fusées à propergol liquide.*

propharmacien, ienne n. - 1902 ▪ Médecin autorisé à délivrer des médicaments dans les localités où il n'y a pas de pharmacien.

prophase n. f. - XIXe ▪ Première phase de la division cellulaire (méiose ou mitose) où les chromosomes s'individualisent et se disposent par paires de chromosomes homologues.

prophète, prophétesse n. - Xe ; gr. « interprète d'un dieu » 1 Personne qui prédit l'avenir (⇒ **prophétiser**), prétend révéler des vérités cachées au nom d'un dieu dont elle se dit inspirée. *Les quatre grands prophètes bibliques* (Daniel, Ézéchiel, Isaïe, Jérémie). *Les prophétesses de Delphes, d'Apollon.* ⇒ **pythie, pythonisse, sibylle.** *Mahomet, prophète de l'islam. Le tombeau du Prophète, à Médine,* celui de Mahomet. ♦ *Faux prophète :* imposteur. ➛ loc. *Nul n'est prophète dans, en son pays :* il est plus difficile d'être cru de ses proches que des étrangers. 2 Augure, devin. *Talleyrand « se crut prophète en se trompant sur tout »* (Chateaub.). *Pas besoin d'être prophète pour savoir que... :* tout le monde peut savoir que. ➛ *Prophète de malheur :* personne qui annonce, prédit des événements fâcheux.

prophétie n. f. - XIIe 1 Action de prophétiser ; ce qui est prédit par un prophète inspiré. ⇒ **prédiction.** *Les prophéties de la pythie, de la sibylle.* ⇒ **oracle.** 2 Ce qui est annoncé par des personnes qui prétendent lire l'avenir, qui pratiquent la divination. *Prophéties d'une cartomancienne.* 3 Expression d'une conjecture sur des événements à venir. *« Les projets lointains faits avec précision par M. Santeuil donnaient à Mme Santeuil l'impression de prophéties »* (Proust).

❑ Alors que la *prophétie* et la *prédiction* ne peuvent être que l'effet de l'inspiration, la *prévision* et la *prospective* ont des fondements rationnels.

prophétique adj. - XVe 1 Qui a rapport ou qui appartient au prophète, à la prophétie. *Inspiration prophétique.* 2 Qui a le caractère de la prophétie, qui annonce, prédit. *« On s'est étonné du caractère prophétique de ce livre »* (Malraux).

prophétiser v. tr. [1] - XIIe 1 Prédire, en se proclamant inspiré de Dieu ou en s'adonnant à la divination. *Prophétiser l'avenir.* 2 Deviner par pressentiment ou par conjecture et annoncer (ce qui va arriver). ➛ *Vous allez « dire qu'il est facile de prophétiser après l'événement »* (Laclos).

prophylactique adj. - XVIe ; gr. *prophulassein* « veiller sur » ▪ Qui prévient une maladie. *Mesures prophylactiques.* ⇒ **préventif.**

prophylaxie n. f. - XVIIIe ▪ Méthode visant à protéger contre une maladie, à prévenir une maladie. ⇒ **prévention.** *Prophylaxie antipaludéenne.*

propice adj. - XIIe ; lat. 1 littér. (en parlant de puissances surnaturelles, le plus souvent) *Propice à qqn,* bien disposé à son égard, prêt à assurer son succès. ⇒ **favorable.** *Dieu nous soit propice !* 2 *Propice à qqn, qqch. :* qui convient, se prête tout particulièrement à. ⇒ ① **bon.** *L'endroit est « merveilleusement désert et propice aux guets-apens »* (Gaut.). ➛ *Choisir le moment propice.* ⇒ **opportun.** ✪ CONTR. Contraire, défavorable ; désastreux, fâcheux.

propitiation [pʀɔpisjasjɔ̃] n. f. - XIIe ; lat. ▪ *Sacrifice, victime de propitiation,* qu'on offre à Dieu pour se le rendre propice, obtenir son pardon (⇒ **propitiatoire**).

❑ Au XVIIIe s., le *t* étymologique fut rétabli *(...tia...),* en dépit de *propice,* singularisant ce mot dans la série des mots en *...ice* (indice/indiciel, bénéfice/bénéficiaire, office/officieux, etc.).

propitiatoire [pʀɔpisjatwaʀ] n. m. et adj. - XIIe ; lat. 1 Table d'or posée au-dessus de l'arche d'alliance. 2 adj. littér. Qui a pour but de rendre (Dieu) propice. *Offrande propitiatoire.*

propolis [pʀɔpɔlis] n. f. - XVIe ; mot gr. « entrée d'une ville » ▪ Gomme rougeâtre que les abeilles recueillent sur les écailles des bourgeons de marronniers, de saules et utilisent pour obturer les fentes des ruches, fixer les gâteaux de cire.

proportion n. f. - XIIIe ; lat. 1 Rapport de grandeur entre les parties d'une chose, entre une des parties et le tout, défini par référence à un idéal esthétique ; plur. Combinaison des différents rapports ; dimensions relatives des parties et du tout. *Proportions harmoniques. Juste, exacte proportion, proportion idéale, dans un style.* ⇒ **équilibre, harmonie.** *Règles, canon de proportions, divine proportion* (cf. Nombre* d'or). ➛ *Proportions du corps. Élégance des proportions.* ♦ Proportion harmonieuse, correcte. *La proportion des parties.* 2 sc. Rapport ou ensemble de rapports de grandeurs. *Les proportions des nombres.* ♦ Égalité de deux rapports. *Dans la proportion* $a/b = c/d$, *le produit des extrêmes (ad) est égal à celui des moyens (bc).* 3 Rapport quantitatif (entre deux ou plusieurs choses). *Une proportion égale de réussites et d'échecs.* ⇒ **pourcentage, taux.** *Dans la même proportion (que...). Dans la proportion, l'exacte proportion où...* ⇒ **mesure.** *En proportion insuffisante. Proportion d'or dans un alliage.* ⇒ **titre.** 4 À PROPORTION DE : suivant l'importance, la grandeur relative de. ⇒ **proportionnellement.** *« Le pays n'est pas peuplé à proportion de son étendue »* (Volt.). *Chose qui augmente à proportion de,* en raison directe de. ➛ À PROPORTION QUE... : à mesure que ; dans la mesure où. ➛ À PROPORTION : suivant la même proportion. ♦ EN PROPORTION DE. ⇒ **selon,** ② **suivant.** *C'est peu de chose, en proportion du service qu'il vous avait rendu,* en comparaison de. ⇒ **relativement** (à). *« le travail était payé en proportion des risques »* (Camus). ➛ EN PROPORTION AVEC... ➛ EN PROPORTION : suivant la même proportion. *« Il était fabuleusement gros, et grand en proportion »* (R. Rolland). ♦ HORS DE (TOUTE) PROPORTION : sans commune mesure avec (généralement beaucoup trop grand). ⇒ **disproportionné.** *La punition est hors de proportion avec la faute.* ➛ SANS PROPORTION. *Sa colère est sans proportion avec leur dispute. « L'être moral du tout-petit est sans proportions avec sa taille minuscule »* (R. Rolland). ➛ *Toute(s) proportion(s) gardée(s)*.* 5 LES PROPORTIONS : dimensions (par référence implicite à une échelle, une mesure). *Des plantes « auxquelles l'humidité, aidée de la chaleur estivale, donnait des proportions gigantesques »* (J. Verne). ✪ CONTR. Discordance, disproportion.

proportionnalité n. f. – XIVe 1 Caractère des grandeurs qui sont ou restent proportionnelles entre elles. *Coefficient de proportionnalité.* 2 Le fait de répartir (qqch.) selon une juste proportion. *Proportionnalité de l'impôt.*

proportionné, ée adj. – XIVe 1 *Proportionné à* : qui est dans une proportion normale avec (qqch.) ; qui forme avec (qqch.) une proportion. « *pour que la réparation fut proportionnée au scandale que j'avais causé* » (Stendh.). 2 Qui a telles proportions. *Corps bien proportionné.* ⇒ ① **beau, harmonieux.** ✪ CONTR. Disproportionné.

proportionnel, elle adj. – XIVe 1 sc. Se dit de grandeurs mesurables qui sont ou dont les mesures sont et restent dans des rapports égaux (formant une *proportion*, 2°). *Grandeurs proportionnelles, directement proportionnelles, proportionnelles entre elles.* « *Tu te rappelles bien quelles sont les propriétés de deux triangles semblables* [...] *Leurs côtés homologues sont proportionnels* » (J. Verne). ➛ *Grandeurs variables inversement proportionnelles,* telles que le rapport de deux valeurs de la première soit égal au rapport inverse des deux valeurs correspondantes de la deuxième. 2 Qui est, reste en rapport avec, varie dans le même sens que (qqch.). *Traitement proportionnel à l'ancienneté.* ➛ Déterminé par une proportion. *Impôt proportionnel,* à taux invariable (opposé à *progressif*). ♦ *Scrutin proportionnel, représentation proportionnelle.* n. f. *La proportionnelle* : système électoral où les élus de chaque parti sont en nombre proportionnel à celui des voix obtenues par leur parti. ✪ CONTR. Absolu ; indépendant. Majoritaire.

proportionnellement adv. – XIVe ▪ Suivant une proportion ; en formant, en conservant des rapports égaux. *Augmenter, diminuer proportionnellement à qqch.*, d'une manière directement proportionnelle. ➛ ⇒ **comparativement, relativement.** « *le bourgeois dépense moins – proportionnellement – que l'ouvrier pour sa nourriture* » (Sartre).

proportionner v. tr. [1] – XIVe ▪ Rendre (une chose) proportionnelle (à une autre) ; établir une égalité de rapports, un rapport convenable, normal entre (plusieurs choses). *Proportionner les récompenses aux services, les récompenses et les services.*

propos n. m. – XIIe I - 1 littér. Ce qu'on se propose ; ce qu'on se fixe pour but. ⇒ **dessein, intention, résolution.** *Il n'est pas dans mon propos de... Ce n'est pas mon propos aujourd'hui.* 2 À PROPOS DE : au sujet de. ⇒ **concernant, relatif** (à). *À quel propos ? À propos de quoi ? À propos d'un rien, de rien, de tout.* loc. *À propos de tout et de rien* : sans motif. ➛ *À tout propos* : à tout moment. « *un besoin de sincérité gênant, qui lui inspirait des scrupules à tout propos* » (R. Rolland). ➛ *À propos ; à ce propos,* sert à introduire une idée qui surgit brusquement à l'esprit. *Ah ! à propos, je voulais vous demander...* (cf. Au fait). ➛ *Mal à propos* : sans raison sérieuse, de manière intempestive, inopportune. ♦ *À propos* : de la manière, au moment, à l'endroit convenable ; avec discernement. *Voilà qui arrive, qui tombe à propos.* ⇒ fam. ③ **pile ; à-propos.** ➛ *Il est à propos de* (et inf.). ⇒ ① **bon, convenable, opportun.** ♦ *Il serait hors de propos de...* ⇒ **inopportun.** II UN, DES PROPOS : paroles dites au sujet de qqn, qqch., mots échangés, prononcés au cours d'une conversation. ⇒ **discours, parole.** « *Tout cela n'est qu'autant de propos superflus* » (Corn.). *Il m'a tenu des propos incohérents. Propos blessants, injurieux, déplacés.*

proposer v. [1] – XIIe ; lat. *proponere* « poser devant » I v. tr. 1 littér. *Proposer (qqch.) à* : mettre devant (le regard, la perception). ⇒ **montrer.** *Proposer qqch. à l'admiration, au respect des hommes.* 2 Faire connaître à qqn, soumettre à son choix, à son adhésion, en laissant la liberté de rejet. *Comme dessert, je vous propose... Proposer une solution.* ⇒ **présenter, soumettre.** *Il proposa que la motion fût mise aux voix immédiatement. Les membres « du parlement proposèrent d'user de moins de cruauté »* (Volt.). 3 Soumettre (un projet, une entreprise) en demandant d'y prendre part. *Proposer une bonne affaire à qqn. Mettons-nous là, proposa-t-il.* 4 Demander à qqn d'accepter (ce qu'on veut lui donner, ce qu'on veut faire pour lui). *Il m'a proposé son aide.* ⇒ **offrir.** « *elle lui proposa de prendre part à son souper* » (Balz.). 5 Donner (un sujet, un thème) à un écrivain, à un artiste, à un chercheur, aux candidats à un examen. *Quel a été le sujet proposé cette année ?* 6 Faire connaître, promettre de donner (ce qui sera le prix, la récompense du vainqueur). *Proposer une récompense.* 7 Désigner (qqn) comme candidat pour un emploi, une fonction, etc. ; désigner, soumettre au choix d'autrui. ⇒ **présenter.** « *Il persuada tout le groupe de prendre un avocat et proposa Me Mollard* » (Duham.). II SE PROPOSER v. pron. 1 Avoir l'intention, former le projet de. ⇒ **projeter.** *Elles se sont proposé de venir.* 2 Poser sa candidature à un emploi, à une fonction, etc. ⇒ se **présenter.** *Elle s'est proposée pour garder les enfants.*

> ❑ Attention à l'accord du participe à la forme pronominale : *ils se sont proposés comme arbitre* (ils ont proposé leur personne) mais : « *La littérature française s'est proposé de peindre* [...] *l'homme* » (Duhamel) (elle a proposé à elle-même).

proposition n. f. – XIIe 1 L'action, le fait d'offrir, de suggérer qqch. à qqn ; ce qui est proposé. ⇒ **offre.** *J'ai une proposition à vous faire. Accepter, repousser une proposition.* ➛ *Faire des propositions à une femme,* lui proposer des relations sexuelles. ♦ *Proposition de loi* : texte qu'un ou plusieurs parlementaires déposent sur le bureau de leur Assemblée pour qu'il soit adopté comme loi après un vote du Parlement. ♦ SUR (LA) PROPOSITION DE. ⇒ **conseil, initiative.** « *La Convention, sur la proposition de Grégoire, avait* [...] *aboli la prime pour la traite des nègres* » (Rambaud). 2 En logique, Jugement de réalité ou de valeur, considéré comme le contenu d'une phrase. ⇒ **précepte.** ♦ Énoncé qui exprime une relation entre deux ou plusieurs termes. *Proposition évidente, claire et intelligible par elle-même* (⇒ **axiome**), *posée comme principe* (⇒ **postulat, principe**). ♦ En mathématiques, Théorème. 3 Énoncé qui constitue à lui seul une phrase simple ou qui entre comme élément dans la formation d'une phrase complexe. *Proposition principale, subordonnée... Propositions complétives, circonstancielles, causales,* etc.

> ❑ Le *projet de loi* émane du gouvernement, la *proposition de loi* du Parlement. ♦ La proposition peut ne comporter qu'un seul mot (ex. *Sortez !*), ordinairement verbal.

propositionnel, elle adj. – 1928 ▪ Relatif aux propositions de la logique. ♦ *Calcul propositionnel* : branche de la logique mathématique où l'on se donne les axiomes et les critères de déduction et où l'on définit les propositions.

propre adj. et n. m. – XIe ; lat. I adj. A (idée d'appartenance ⇒ **propriété**) 1 (après le nom) Qui appartient d'une manière exclusive ou particulière à une personne, une chose, un groupe. ⇒ **distinctif, exclusif, personnel.** *Avoir des qualités propres.* ♦ *Mouvement propre d'une étoile,* son déplacement angulaire indépendamment des mouvements de la Terre et de l'aberration astronomique. ♦ NOM PROPRE (opposé à *nom commun,* ainsi qu'aux autres mots de la langue) : nom qui s'applique à un individu, un objet unique, une réalité individuelle qu'il désigne. *Les noms propres prennent une majuscule.* ♦ *Sens propre :* sens d'un mot considéré comme antérieur aux autres (logiquement ou historiquement). ⇒ **littéral.** ♦ Qui est possédé en toute propriété (opposé à *commun*). *Biens propres,* dans le régime de la communauté. 2 *PROPRE À :* particulier à. ⇒ **spécifique.** « *L'art, c'est la création propre à l'homme* » (Hugo). 3 (sens affaibli, employé avec un poss., avant le nom) *De ses propres mains. Par ses propres moyens. De sa propre initiative. Il l'a soignée comme sa propre mère.* ♦ (exprimant l'appartenance et placé devant le nom présenté comme étant l'être, la chose en question) ⇒ **même.** *Ce sont ses propres mots.* 4 (après le nom) Qui convient particulièrement. ⇒ **approprié, convenable.** « *elle avait le don du mot propre, le goût de l'expression exacte et choisie* » (Ste-Beuve). ⇒ **exact, juste.** ♦ *PROPRE À* (avec un nom) : fait pour, de nature à. « *une substance propre à remplacer l'amadou* » (J. Verne). ➗ (avec un inf.) *Une discipline propre à former des hommes.* **B** ⇒ **propreté.** (en attribut ou après le nom) 1 Qui a l'aspect convenable, net. ⇒ ① **net.** *Une copie propre.* subst. *Mettre, recopier au propre, au net* (opposé à *au brouillon*). ♦ Fait convenablement. *Voilà du travail propre.* ⇒ **correct.** 2 Qui n'a aucune trace d'ordure, de crasse, de poussière, de souillure. *Maison, appartement propre. Tout était propre et net.* « *Pourquoi sous cet habit, qui est très propre, une chemise sale ?* » (Dider.). *Avoir les mains propres.* ➗ subst., fam. *Ça sent le propre.* « *rien que du propre autour de soi, des draps blancs, un carrelage sans souillures* » (Simenon). ♦ (d'une action, d'une occupation) *Ne mange pas avec les doigts, ce n'est pas propre.* ♦ Qui se lave souvent ; dont le corps et les vêtements sont débarrassés de toute impureté. *Être propre sur soi ;* iron. convenable, comme il faut. ♦ Dans une mauvaise situation. *Nous voilà propres !* ⇒ ① **frais.** ♦ Qui a le contrôle de ses fonctions naturelles. *Cet enfant a été propre vers un an.* 3 Qui est honnête, moral ; honnêtement gagné. *Argent propre et argent blanchi*. Une affaire pas très propre.* ♦ n. m. *C'est du propre !* se dit d'une chose sale, et fig. d'un comportement indécent, immoral. **II** n. m. 1 *EN PROPRE :* possédé à l'exclusion de tout autre. *Avoir un bien en propre,* à soi (⇒ **propriété).** « *Tant de particularités que la Bretagne possède en propre* » (Renan). 2 Biens de la femme ou du mari qui restent la propriété exclusive de chacun, dans le régime matrimonial de la communauté. 3 Élément de célébration qui est propre à un saint, un temps, un lieu, et ne fait partie ni de l'ordinaire ni du commun. *Propre des saints.* 4 *LE PROPRE DE :* qualité distinctive qui appartient à qqch., qqn. ⇒ **apanage, particularité.** « *Pour ce que rire est le propre de l'homme* » (Rab.). 5 *AU PROPRE :* au sens propre, littéral. *Se dit au propre et au figuré.* ✪ CONTR. Collectif, commun ; impropre. Malpropre ; sale ; malhonnête.

proprement adv. – XIIe 1 D'une manière spéciale à qqn ou à qqch. ; en propre. « *Il n'y a pas de comique en dehors de ce qui est proprement humain* » (Bergson). 2 Au sens propre du mot, à la lettre. ⇒ **exactement, précisément, véritablement.** *C'est proprement scandaleux.* « *Et vivre sans aimer n'est pas proprement vivre* » (Mol.). *À PROPREMENT PARLER :* en nommant les choses exactement, par le mot propre. *PROPREMENT DIT :* au sens exact et restreint, au sens propre. ⇒ **stricto sensu.** « *la description de l'essence relève de la philosophie proprement dite* » (Beauv.). 3 vx De la manière qui convient, comme il faut. ⇒ ① **bien.** « *Ils parlent proprement et ennuyeusement* » (La Bruy.). ➗ mod. et iron. (avant le v.) *Il lui a proprement rivé son clou.* ♦ Comme il faut, sans plus. ⇒ **convenablement, correctement.** *Travail proprement exécuté.* 4 Avec propreté. « *proprement habillée d'un jupon bleu* » (Bosco). 5 fam. Moralement, avec honnêteté, décence. « *si je meurs proprement, j'aurai prouvé que je ne suis pas un lâche* » (Sartre). ✪ CONTR. ② Mal. Malproprement, salement.

propret, ette adj. – XVIe ▪ Bien propre (de ce qui est simple et gentil). « *Il y avait des ruelles proprettes, entre de petites maisons* » (Gide).

propreté n. f. – XVIe 1 Façon correcte et précise d'exécuter qqch. (dans le domaine artistique). *Propreté d'exécution d'un morceau de musique.* ⇒ **netteté.** 2 État, qualité de ce qui est propre. *La propreté d'une ville. Propreté et blancheur du linge. Règles de propreté.* ⇒ **hygiène.** ♦ Qualité d'une personne qui est propre sur elle, qui veille à ce que son intérieur, les objets dont elle se sert soient propres. *Être d'une propreté méticuleuse.* « *Carpettes secouées, signe de propreté, ménage bien tenu* » (Céline). ♦ Fait de contrôler ses fonctions naturelles. *Apprendre la propreté à un chiot.* ✪ CONTR. Crasse, saleté. Malpropreté.

propréteur n. m. – XVIe ; lat. ▪ Ancien préteur romain à qui l'on confiait souvent le gouvernement d'une province.

propriétaire n. – XIIIe 1 Personne qui possède en propriété, exerce à son profit exclusif le droit de propriété. *Le propriétaire d'une auto, d'un chien.* « *La villa de Maisons dont elle était seule propriétaire* » (Mart. du G.). 2 Personne qui possède en propriété des biens immeubles. « *C'était un gros propriétaire possédant quarante-deux immeubles dans la ville* » (Aymé). *Propriétaire exploitant, récoltant.* loc. *Faire le tour du propriétaire :* visiter sa maison, son domaine. 3 Personne qui possède un immeuble en propriété et le loue. ⇒ fam. **proprio ; bailleur.** « *le nouveau propriétaire leur donna huit jours pour vider la maison* » (Loti).

propriété n. f. – XIIe ; lat. **I A** Droit d'user, de jouir et de disposer d'une chose d'une manière exclusive et absolue sous les restrictions établies par la loi. *Accéder à la propriété. Propriété immobilière, foncière, d'un bien-fonds. Propriété commerciale.* ➗ *Propriété de l'État. Propriété individuelle ; en toute propriété* (opposé à *copropriété*). *Propriété collective d'une résidence de vacances* (⇒ **multipropriété).** ♦ Monopole temporaire d'exploitation d'une œuvre, d'une invention par son auteur. *Propriété littéraire, artistique, intellectuelle :* droits que possèdent les créateurs sur leurs œuvres. ➗ *Propriété industrielle :* droit exclusif à l'usage d'un nom commercial, d'une marque, d'un brevet, d'un dessin ou modèle de fabrique (⇒ **licence, marque). B - 1** Ce qu'on possède en propriété. *Ce domaine est la propriété de la famille X.* ♦ Personne considérée comme un bien dont on dispose. ⇒ **chose.** « *Aussitôt que la femme devint la propriété de l'homme* » (Dider.). 2 Bien-fonds (terre, construction) possédé en propriété. ⇒ **domaine, fonds, immeuble.** *Acquérir, vendre une propriété.* ♦ Terres et exploitations agricoles. *Regroupement de petites propriétés.* ⇒ **remembrement.** 3 Riche maison d'habitation avec un jardin, un parc. « *les murailles et les haies de riches propriétés bourgeoises* » (Duham.). **II - 1** Qualité propre, caractère (surtout caractère de fonction) qui appartient à tous les individus d'une espèce sans toujours leur appartenir exclusivement. « *la vie, dont la mort est une des propriétés caractéristiques* » (Valéry). « *la nitro-glycérine a la propriété de détoner au choc* » (J. Verne). ♦ Ensemble de constantes, de caractères, de réactions d'une substance ; manière dont elle se comporte suivant les conditions dans lesquelles elle est placée. *Les propriétés physiques, chimiques et physiologiques de l'iode.* 2 Qualité du mot propre (I, A, 4°). *Le dictionnaire fait* « *loi dans les* *discussions qui s'élèvent sur la propriété d'un mot* » (Stendh.). ✪ CONTR. Impropriété.

proprio n. – XIXe ▪ fam. Propriétaire d'un immeuble loué, par rapport au locataire.

> ❑ Comme de nombreux mots populaires du XIXe s., ce mot tronqué porte le suffixe -o (cf. *métallo, apéro*).

proprioceptif, ive adj. – 1935 ; angl., de *(re)ceptive* ▪ *Sensibilité proprioceptive,* propre aux muscles, ligaments, os.

propulser v. tr. [1] – XIXe 1 Faire avancer au moyen d'un propulseur. *Missile propulsé par une fusée à combustible liquide.* 2 Projeter au loin, avec violence. 3 fam. *Propulser qqn à un poste,* l'y mettre sans qu'il ait rien fait pour l'obtenir. ⇒ **bombarder, catapulter.**

propulseur adj. m. et n. m. – XIXe I adj. m. Qui transmet le mouvement de propulsion. *Gaz propulseur d'une bombe aérosol.* II n. m. Engin de propulsion assurant le déplacement d'un bateau, d'un avion, d'une fusée. *Propulseur d'un engin spatial.* ⇒ **moteur-fusée.** *Propulseur auxiliaire d'une fusée* (⇒ **booster, pousseur**).

propulsif, ive adj. – XIXe ▪ Qui produit un effet de propulsion. *Hélice propulsive.*

propulsion n. f. – XVIIe ; lat. *propellere* « pousser devant soi » 1 Action de pousser en avant, de mettre en mouvement, en circulation. 2 Production d'une force qui assure le déplacement d'un mobile. *Propulsion mécanique* (par turbopropulseurs, turboréacteurs), *thermique* (par statoréacteurs). ➛ *Sous-marin à propulsion nucléaire.*

> ❑ Il vaut mieux employer le terme *propulsion* lorsque le moteur se trouve à l'arrière du véhicule, et *traction* s'il est placé à l'avant.

propylée n. m. – XVIIIe ; gr. *propulaion* « ce qui est devant la porte » ▪ Vestibule d'un temple grec. ➛ plur. Portique à colonnes qui formait l'entrée, la porte monumentale (d'un sanctuaire, d'une citadelle). ➛ *Les Propylées* (de l'Acropole d'Athènes).

> ❑ Pour le *e* final de ce nom masculin → mausolée (rem.).

propylène → **propène**

prorata n. m. inv. – XVe ; lat. *pro rata (parte)* « selon (la part) calculée » ▪ *AU PRORATA DE :* en proportion de, proportionnellement à. « *les produits de cette coopération sociale sont distribués à chacun, au prorata de son effort* » (Zola).

prorogatif, ive adj. – XIXe ▪ Qui a pour effet de proroger.

prorogation n. f. – XIVe 1 Action de proroger ; fixation d'un terme à une date postérieure à celle qui avait été primitivement fixée. ⇒ **prolongation.** *Prorogation de délai, de terme.* 2 Acte du pouvoir exécutif suspendant les séances d'une assemblée et en reportant la suite à une date ultérieure. ✪ CONTR. Dissolution.

proroger v. tr. [3] – XIVe ; lat. *prorogare* « prolonger (un délai) » 1 Renvoyer à une date ultérieure, accorder un délai à. *Proroger une échéance.* ♦ Faire durer au-delà de la date d'expiration fixée. ⇒ **prolonger.** *Le délai a été prorogé.* 2 *Proroger une assemblée,* en décréter la prorogation.

> ❑ *Proroger* relève plutôt du langage administratif, juridique ou politique, à la différence de *prolonger.* ♦ Même famille étymologique que *abroger, déroger.*

prosaïque adj. – déb. XVe ; lat. *prosa* « prose » ▪ Qui manque d'élégance, de distinction, de noblesse ; sans poésie. ⇒ **commun,** ① **plat, vulgaire.** *Vie prosaïque.* « *un bourgeois prosaïque qui met des pantoufles et une robe de chambre* » (Gaut.). ✪ CONTR. ① Idéal, noble.

prosaïquement adv. – XIXe ▪ D'une manière prosaïque. ⇒ **banalement, platement.**

prosaïsme n. m. – XVIIIe ▪ Caractère de ce qui est plat, sans noblesse. *Le prosaïsme du quotidien.* ⇒ **monotonie.**

prosateur n. m. – XVIIe ▪ Auteur qui écrit en prose. ⇒ **écrivain.**

proscenium [pʀɔsenjɔm] n. m. – XVIIIe ; gr. ▪ Corniche qui coupe le mur de fond et surplombe la scène d'un théâtre antique. ➛ Aujourd'hui, Avant-scène.

proscripteur [pʀɔskʀiptœʀ] n. m. – XVIe ▪ Personne qui proscrit, pratique la proscription.

proscription [pʀɔskʀipsjɔ̃] n. f. – XVe ; lat. 1 Dans l'Antiquité romaine, Mise hors la loi, condamnation prononcée sans jugement contre des adversaires politiques. *Les sanglantes proscriptions de Sylla.* ♦ Mesure de bannissement prise à l'encontre de certaines personnes, en période d'agitation civile ou de dictature (⇒ **exil ; ostracisme**). *Proscriptions politiques, religieuses.* 2 Action de proscrire qqch. ; son résultat. *La proscription de certains mots.* ⇒ **condamnation.**

proscrire v. tr. [39] – XIIe ; lat. *proscribere* « porter sur une liste de proscription » 1 Dans l'Antiquité romaine, Frapper de proscription. ➛ ⇒ **bannir, exiler.** *J'ai été* « *maudit, proscrit* » (Hugo). ♦ littér. Chasser, éloigner. ⇒ **exclure, rejeter.** *Les jésuites* « *devenus odieux au Saint-Siège même, et proscrits par lui* » (d'Alemb.). 2 littér. Interdire formellement (une chose que l'on condamne). ⇒ **condamner.** « *Louis XIV, qui avait proscrit le calvinisme avec tant de hauteur* » (Volt.). ♦ Interdire l'usage de. ⇒ **prohiber.** ✪ CONTR. Autoriser.

> ❑ Ne pas confondre avec *prescrire* « ordonner, recommander ».

proscrit, ite adj. et n. – XVIe ▪ Qui est frappé de proscription. ⇒ **banni, exilé.**

prose n. f. – XIIIe ; lat. *prosa (oratio)* « (discours) qui va en droite ligne » I – 1 Forme du discours oral ou écrit, manière de s'exprimer qui n'est soumise à aucune des règles de la versification. « *la prose a été le langage de la raison, la poésie a été le langage de l'enthousiasme* » (Lamart.). ➛ *Prose cadencée, mesurée, rythmée* (ou *rythmique*) ; *prose lyrique, poétique.* ➛ « *Il se tue à rimer ; que n'écrit-il en prose ?* » (Boil.). *Poème en prose.* ♦ loc. *Faire de la prose sans le savoir :* faire naturellement une chose dont on ignore le nom, sans en avoir l'intention. 2 Manière propre à un auteur, une école, une époque, un pays... dans cette forme du discours ; l'ensemble des textes que caractérise cette manière. *La prose française.* ♦ fam. (souvent iron.) Manière propre à une personne ou à certains milieux d'utiliser le langage écrit ; texte, lettre où se reconnaît cette manière. *Je reconnais sa prose.* ⇒ **style.** *J'ai lu votre prose,* votre lettre. II Hymne latine qui se chante aux messes solennelles, après le graduel. ✪ CONTR. Poésie, ② vers.

prosecteur n. m. – XVIIIe ; lat. *prosecare* « découper » ▪ Médecin qui était spécialisé dans les travaux pratiques d'anatomie, les dissections.

prosélyte n. – XIIIe ; gr. *prosêlutos* « nouveau venu dans un pays » 1 Païen qui s'était converti au judaïsme. 2 Tout nouveau converti à une religion quelconque. *Prosélyte préparé au baptême.* ⇒ **catéchumène.** ♦ Personne récemment gagnée à une doctrine, un parti, une nouveauté. ⇒ **adepte, partisan.** *Faire des prosélytes.*

prosélytisme n. m. – XVIIIe ▪ Zèle déployé pour répandre la foi, recruter des adeptes (⇒ **apostolat**). *Faire du prosélytisme.* « *Rien qui me soit plus étranger que le prosélytisme* » (Montherl.).

prosimiens [prosimjɛ̃] n. m. pl. – XIXe ▪ Ensemble des primates qui ne sont pas des singes vrais (ex. lémuriens).

prosobranches n. m. pl. – XIXe ; gr. *proso-* « en avant » et *branches* « branchies » ▪ Ordre de mollusques gastéropodes dont les branchies et le système palléal sont situés à l'avant du corps.

prosodie n. f. – XVIe ; gr. « accent, quantité, dans la prononciation » ▪ Caractères quantitatifs (durée) et mélodiques des sons dans la poésie (⇒ **métrique, versification ; mètre** [I], **pied**) ; règles concernant ces caractères. ♦ Règles concernant les rapports entre paroles et musique dans le chant. ♦ Étude de l'accent et de la durée des phonèmes d'une langue.

prosodique adj. – XVIIIe ▪ Relatif à la prosodie. *Vers prosodique et vers syllabique.*

prosopopée n. f. – XVe ; gr. *prosôpon* « personne » et *poïein* « faire » ▪ Figure de rhétorique par laquelle on fait parler et agir une personne que l'on évoque, un animal, une chose personnifiée.

prospecter v. tr. [1] – XIXe ; angl. *to prospect* 1 Examiner, étudier (un terrain) pour rechercher les richesses naturelles. 2 Parcourir méthodiquement (une région), enquêter pour identifier les moyens d'y développer une activité, d'y commercialiser un produit. *Prospecter le marché allemand.* ➛ Rechercher par différents moyens de prospection. *Prospecter les clients potentiels.* ♦ *Prospecter un quartier pour trouver un appartement.*

prospecteur, trice n. – XIXe 1 Personne qui prospecte un terrain, une région. 2 Personne qui explore, cherche à découvrir. « *Dostoïevsky n'est nullement un théoricien, c'est un prospecteur* » (Gide). 3 Personne dont le métier est de trouver de nouveaux clients. ♦ *Prospecteur-placier* : personne chargée de rechercher des emplois pour les demandeurs d'emploi. *Des prospecteurs-placiers.*

prospectif, ive adj. – XVe ; lat. *prospicere* « regarder de loin » 1 Qui concerne l'avenir. ➛ Qui concerne l'intelligence en tant qu'orientée vers l'avenir. « *L'on a donc inventé la critique d'avenir, la critique prospective* » (Gaut.). 2 Qui concerne la prospective. *Enquête prospective.* ⇒ **prévisionnel.** ✪ CONTR. Rétrospectif.

prospection n. f. – XIXe 1 Recherche des gîtes minéraux. *Prospection pétrolière.* 2 Recherche de clients éventuels, visite à la clientèle. *La prospection d'un marché. Prospection par téléphone* (⇒ **démarchage**), *par courrier* (⇒ **mailing, publipostage**).

prospective n. f. – XVIe ▪ Ensemble de recherches concernant l'évolution future de l'humanité et permettant de dégager des éléments de prévision. ⇒ **futurologie.**

> ❑ Pour le sens → prophétie (rem.).

prospectiviste adj. et n. – 1966 ▪ Spécialiste de prospective.

prospectus [prɔspɛktys] n. m. – XVIIIe ; mot lat. « vue, aspect », de *prospicere* « regarder devant » ▪ Annonce publicitaire (brochure ou simple feuille, dépliant), destinée à vanter un établissement public, un commerce, un produit... ⇒ **publicité, réclame.** « *"un séjour de délices" comme disait le prospectus de l'hôtel* » (Proust).

prospère adj. – XIIe ; lat. « favorable » ▪ Qui est dans un état heureux de réussite, de succès, souvent avec une idée de belle apparence. ⇒ **florissant, heureux.** *Santé prospère. Affaire prospère.* ➛ *Une période prospère.* ✪ CONTR. Malheureux.

prospérer v. intr. [6] – XIVe 1 Être favorisé par la fortune, le sort, quant à la santé, la situation ; devenir prospère. « *Tous deux vivaient en bon accord, le ménage prospérait, travaillait, économisait* » (Zola). ♦ Croître en abondance, se développer, se multiplier (êtres vivants). 2 Réussir, progresser dans la voie du succès, en parlant d'une activité, d'une collectivité ; devenir plus important. ⇒ se **développer, marcher, réussir.** *Entreprise qui prospère.* « *un petit fonds de commerce qui ne manquerait pas de prospérer* » (Muss.). ✪ CONTR. Péricliter.

prospérité n. f. – XIIe 1 État heureux, situation favorable d'une personne quant au physique (⇒ **bien-être, santé**), à la fortune (⇒ **richesse, succès**) et aux agréments qui en découlent (⇒ **bonheur, félicité**). « *envieux et jaloux de la prospérité d'autrui* » (Ronsard). 2 État d'abondance, augmentation des richesses (d'une collectivité, d'une entreprise) ; progrès dans le domaine économique. *Affaires en pleine prospérité.* ⇒ **développement, essor.** « *Ces deux industries, sources intarissables de prospérité* » (Balz.). ✪ CONTR. Déclin, marasme.

prostaglandine n. f. – 1971 ; de *prosta(te) et gland(e)* ▪ Substance hormonale dérivée d'acides gras non saturés, présente dans la plupart des tissus animaux.

> ❑ Cette substance a été ainsi appelée car on croyait, à l'époque (1934), qu'elle était élaborée par la *prostate.*

prostate n. f. – XVIe ; gr. « qui se tient en avant » ▪ Glande endocrine et exocrine de l'appareil génital masculin, située autour de la partie initiale de l'urètre et en dessous de la vessie, et dont la sécrétion est concomitante à l'émission du sperme.

prostatectomie n. f. – XIXe ▪ Ablation de la prostate ou, plus souvent, des adénomes prostatiques.

prostatique adj. et n. m. – XVIIIe ▪ Relatif à la prostate. *Calcul prostatique.* ♦ Atteint d'hypertrophie prostatique, qui se manifeste par le besoin impérieux et fréquent d'uriner, la diminution du jet urinaire et des douleurs à la miction. ➛ n. m. *Un prostatique.*

prostatite n. f. – XIXe ▪ Inflammation de la prostate.

prosternation n. f. – XVIe ▪ Action de se prosterner ; attitude de qqn qui se prosterne. ⇒ **prostration** (1°). « *Les hommes, lorsqu'ils viennent de faire leur prière, gardent au front et au nez la poussière de la prosternation* » (Flaub.).

> ❑ On trouve aussi *prosternement*, surtout au sens actif de *se prosterner.*

prosterner (se) v. pron. [1] – XIVe ; lat. « étendre à terre ; jeter à terre » ▪ S'incliner en avant et très bas dans une attitude d'adoration, d'extrême respect. *S'agenouiller et se prosterner devant l'autel.* « *L'homme s'abat, s'agenouille, se prosterne* » (Hugo). ♦ *Se prosterner devant qqn* : faire preuve d'une grande humilité, de servilité envers lui. ⇒ s'**humilier.**

prostitué, ée n. – XVIe I n. f. 1 Femme qui se livre à la prostitution, en se donnant à quiconque la paie. ⇒ **fille, péripatéticienne, professionnelle ;** fam. **catin, putain, roulure ;** arg. **gagneuse.** *Prostituée qui fait le tapin, le trottoir.* ⇒ **tapineuse.** *Prostituée de luxe.* ⇒ **call-girl.** « *un regard de prostituée qui racole* » (Duham.). 2 *La prostituée de Babylone* : la Rome catholique, papiste (dans la polémique protestante). II n. m. Homme se prostituant, le plus souvent à d'autres hommes.

prostituer v. tr. [1] – XIVe ; lat. « exposer en public » 1 littér. Déshonorer ; avilir. ⇒ ① **dégrader.** *Prostituer son talent, sa plume*, l'abaisser à des besognes indignes, déshonorantes. ♦ pronom. « *La gloire, c'est rester* un, *et se prostituer d'une manière particulière* » (Baud.). 2 Livrer ou inciter qqn à se livrer aux désirs sexuels d'autrui, pour un motif d'intérêt. *Prostituer des enfants.* ♦ Faire une prostituée de (une femme). ⇒ **maquereauter.** ♦ *SE PROSTITUER* v. pron. Se livrer par intérêt aux désirs sensuels d'une ou de plusieurs personnes ; devenir prostitué.

prostitution n. f. – XIIIe 1 Le fait de livrer son corps aux plaisirs sexuels d'autrui, pour de l'argent et d'en faire métier ; l'exercice de ce métier ; le phénomène social qu'il représente. *Le proxénétisme est un délit, mais pas la prostitution. Établissement, maison de prostitution.* ⇒ **bordel.** *Se livrer à la prostitution.* « *Le préjugé du déshonneur attaché à la prostitution* » (Maupass.). 2 littér. Action d'avilir par des actions dégradantes ; son résultat. « *De là est venue cette immense prostitution du monde moderne* » (Péguy).

prostration n. f. – XIVe 1 Attitude liturgique qui consiste à s'étendre entièrement sur le sol, face contre terre, après s'être agenouillé. ⇒ **prosternation.** 2 Abattement extrême, observé dans certaines maladies aiguës. ⇒ **adynamie, apathie.** *Tomber dans une prostration profonde.* 3 État d'abattement, de faiblesse et d'inactivité. ✪ CONTR. Surexcitation.

prostré, ée adj. – XIIIe ; lat. *prosternere* « jeter bas » ▪ Qui est dans un état de prostration maladif. ♦ Très abattu, accablé. ⇒ **effondré.** *Rester prostré sur son lit.*

prostyle adj. et n. m. – XVIe ; gr. *pro-* « devant » et *stulos* « colonne » ▪ Qui n'a de colonnes qu'à sa façade antérieure. *Temple prostyle.* ♦ n. m. Rangée de colonnes formant portique, vestibule (devant un temple prostyle).

protactinium [pʀɔtaktinjɔm] n. m. – v. 1918 ; de *prot(o)-* et *actinium* ▪ Élément radioactif (Pa ; n° at. 91 ; m. at. 231), de la série des actinides.

protagoniste n. m. – XVIIIe ; gr. *prôtos* « premier » et *agônizesthai* « combattre, concourir » 1 Acteur qui jouait le rôle principal dans une tragédie grecque. 2 Personne qui joue le premier rôle dans une affaire. ⇒ **acteur, héros.** *Les protagonistes d'un fait divers.*

❑ On évitera le pléonasme, courant dans les médias : *principaux protagonistes.*

protamine n. f. – XIXe ; de *prot(éine)* et *amine* ▪ Protéine simple, combinée à l'A. D. N. dans la laitance de poisson.

protase n. f. – XVIIe ; gr. 1 vieilli Exposition (d'une pièce de théâtre). « *Les applaudissements commencèrent dès la protase* » (Lesage). 2 Subordonnée conditionnelle placée avant la principale.

prote n. m. – XVIIe ; gr. *prôtos* « premier » ▪ vieilli Contremaître dans un atelier d'imprimerie.

protéagineux, euse adj. et n. m. – 1978 ; de *proté(ine),* d'apr. *oléagineux* ▪ *Plante protéagineuse,* qui contient une grande proportion de protéines (pois, soja, etc.).

protéase n. f. – 1900 ; de *proté(ine)* et *-ase* ▪ Enzyme hydrolysant les protéines et les polypeptides. *Protéases digestives :* pepsine, trypsine.

protecteur, trice n. et adj. – XIIIe I n. 1 Personne qui protège, défend (les faibles, les pauvres, etc.). *Le protecteur de la veuve et de l'orphelin.* ⇒ **défenseur.** ➛ « *Les lois qui sont les protectrices des intérêts, les gardiennes de la sécurité de chacun* » (Fustel de Coul.). ♦ *Lord-protecteur de la république d'Angleterre, d'Écosse et d'Irlande,* absolt *Le Protecteur :* titre sous lequel Cromwell exerça le pouvoir. 2 Personne qui protège, qui patronne qqn. *Un protecteur influent.* ♦ *Le protecteur d'une femme,* l'amant qui l'entretient. ➛ fam. et par euphém. *Le protecteur d'une prostituée,* son souteneur. 3 Personne qui favorise la naissance ou le développement (de qqch.). *Protecteur des arts.* ⇒ **mécène.** II adj. 1 Qui remplit un rôle de protection à l'égard de qqn, qqch. *Vernis protecteur. Société protectrice des animaux (S. P. A.).* « *la déesse protectrice de l'Attique* » (Baudelaire). ⇒ **tutélaire.** ♦ Qui vise à protéger (6°) les produits nationaux contre la concurrence étrangère (⇒ **protectionnisme).** 2 Qui exprime une intention bienveillante et condescendante. ⇒ **condescendant, dédaigneux.** *Air, ton protecteur.* ✪ CONTR. Agresseur, persécuteur. Protégé.

protection n. f. – XIIIe 1 L'action, le fait de protéger, de défendre qqn ou qqch. (contre un agresseur, un danger, etc.) ; le fait de se protéger ou d'être protégé. ⇒ ① **aide, assistance,** ① **défense, secours.** « *l'orgueil de la protection exercée à tout moment en faveur d'un être faible* » (Balz.). *Accorder sa protection à qqn. Prendre qqn sous sa protection. Obtenir la protection de qqn* (⇒ **protecteur, protégé).** ➛ *Protection rapprochée :* moyens mis en œuvre pour protéger une personnalité contre une attaque éventuelle de ceux qui l'approchent de près (⇒ ② **garde** [du corps], fam. **gorille).** ➛ *Protection de l'environnement.* ⇒ **préservation,** ① **sauvegarde.** ➛ *Protection civile :* aide aux populations en cas de sinistre. *Protection maternelle et infantile (P. M. I.) :* service public de surveillance médicale des femmes enceintes et des enfants en bas âge. *Le système de protection sociale :* la Sécurité sociale, les allocations familiales, etc. ♦ *PROTECTION CONTRE. Protection contre les maladies* (⇒ **prévention, prophylaxie),** *contre l'incendie,* etc. ♦ *Grille de protection,* servant à protéger. ⇒ **protecteur.** 2 Personne ou chose qui protège. « *Le Seigneur est notre protection et notre aide* » (Calvin). ➛ *La protection, les protections d'un char d'assaut.* ⇒ **blindage.** ➛ Dispositif matériel ou logiciel interdisant l'écriture intempestive sur un fichier informatique. 3 L'action de protéger, de patronner qqn. *Il* « *l'avait pris sous son admiration spéciale, — protection ne dirait pas assez* » (Barbey). ➛ *Obtenir qqch. par protection.* ⇒ **faveur,** fam. **piston.** 4 Action de favoriser la naissance ou le développement de qqch. « *Une époque où les progrès des lettres sont encouragés par la protection des chefs de l'État* » (Staël). ⇒ **mécénat.** 5 Ensemble de règles et de mesures économiques visant à protéger la production nationale contre la concurrence étrangère (⇒ **protectionnisme).** 6 Comportement protecteur. *Des amitiés* « *accompagnées de condescendance et de protection* » (Gide). ✪ CONTR. Agression, oppression.

protectionnisme n. m. – XIXe ▪ Politique économique qui vise à protéger l'économie nationale contre la concurrence étrangère par des mesures diverses (droits de douane, contingents, formalités administratives, normes, etc.). ➛ Doctrine préconisant cette politique. « *Le protectionnisme, c'est le socialisme des riches* » (Jaurès). ✪ CONTR. Libre-échange.

protectionniste adj. et n. – XIXe 1 Relatif au protectionnisme (opposé à *antiprotectionniste,* à *libre-échangiste*). 2 Partisan du protectionnisme.

protectorat n. m. – XVIIIe 1 Dignité de Protecteur d'Angleterre. *Le protectorat de Cromwell.* 2 Régime juridique établi par un traité international et selon lequel un État protecteur exerce un contrôle sur un autre (État protégé), spécialement en ce qui concerne ses relations extérieures et sa sécurité. *Pays placé sous protectorat français, anglais.* ♦ Le pays ainsi soumis au contrôle d'un autre.

protée n. m. – XVIe ; n. pr. 1 littér. Personne qui change sans cesse d'opinions, joue plusieurs personnages (⇒ **protéiforme).** 2 Amphibien *(urodèles)* à branchies persistantes, qui vit dans les eaux souterraines.

❑ *Protée* est le nom d'un dieu grec doué du pouvoir de changer de forme à volonté.

protégé, ée adj. et n. – XVIIIe 1 Qui est mis à l'abri, préservé. *Espèce protégée. Site protégé,* sur lequel les constructions sont interdites. ♦ *État protégé.* ⇒ **protectorat.** 2 n. Être qu'on prend sous sa protection ; personne dont on facilite la réussite (⇒ **poulain).** *Il « était non seulement son ami, mais même un peu son protégé »* (Proust).

protège-cahier n. m. – 1962 ▪ Couverture qui sert à protéger un cahier d'écolier. *Des protège-cahiers.*

protège-dents n. m. inv. – 1924 ▪ Appareil de protection pour les dents utilisé dans les sports de combat.

protège-nez n. m. inv. – 1900 ▪ Dispositif qui se fixe aux lunettes, pour protéger le nez du soleil.

protéger v. tr. 6 et 3 – XIVe ; lat. « couvrir en avant » **1** Aider (un être) de manière à le mettre à l'abri d'une attaque, des mauvais traitements, d'un danger. ⇒ **défendre, secourir.** *Protéger les plus faibles. Que Dieu vous protège !* formule de souhait (vieilli). ⇒ **assister, garder.** ➤ pronom. *Cette enfant « se protégeait instinctivement avec son épaule »* (Cocteau). **2** Défendre (qqch.) contre toute atteinte. ⇒ **garantir, sauvegarder.** *Protéger la vie de qqn. L'État doit protéger les libertés individuelles. Protéger une invention par un brevet.* **3** Couvrir de manière à intercepter ce qui peut nuire, à mettre à l'abri. ⇒ **abriter, défendre, garantir, préserver.** *Gants qui protègent les mains.* ➤ pronom. *Se protéger du soleil.* ➤ *Jardin qu'un rideau d'arbres protège contre les regards indiscrets, des regards indiscrets. « ce cirque en pierre qu'aucun arbre ne venait protéger du soleil »* (Proust). ➤ *Protéger un programme informatique, une disquette,* les munir d'un dispositif, logiciel ou matériel, qui empêche qu'ils soient effacés. **4** Aider (qqn) ; faciliter la carrière, la réussite de (qqn) par des recommandations, un appui. ⇒ **patronner,** fam. **pistonner, recommander.** *Les personnalités qui le protègent,* ses protecteurs. **5** Favoriser la naissance ou le développement de (une activité). *« Soyez mon Mécène ! Protégez les arts ! »* (Flaub.). ⇒ **encourager. 6** Favoriser la production, la vente de (produits) par des mesures protectionnistes. ✪ CONTR. Attaquer, menacer. Découvrir. Disgracier.

protège-slip [pʀɔtɛʒslip] n. m. – 1978 ▪ Petite bande de matière absorbante qui se fixe par un adhésif à l'intérieur d'un slip de femme. *Des protège-slips.*

protège-tibia n. m. – 1934 ▪ Appareil de protection du dessus de la jambe, porté par les sportifs. *Des protège-tibias.*

protéide n. m. – XIXe ▪ vieilli Protéine.

protéiforme adj. – XVIIIe ; de *Protée* et *-forme* ▪ littér. Qui peut prendre toutes les formes, se présenter sous les aspects les plus divers. *Une œuvre protéiforme.*

protéine n. f. – XIXe ; gr. *prôtos* « premier » ▪ Macromolécule organique azotée, qui donne par hydrolyse des acides aminés et entre pour une forte proportion dans la constitution des êtres vivants. ⇒ **hétéroprotéine, holoprotéine.** *Protéines exerçant le rôle de catalyseur spécifique des réactions biochimiques.* ⇒ **enzyme.** *Protéines plasmatiques, sériques* (⇒ **protéinogramme).** ➤ *Protéines contenues dans les aliments* (⇒ **protéagineux).**

> ❑ Le mot a été introduit en français par le chimiste suédois Berzelius.

protéinogramme n. m. – mil. XXe ▪ Courbe à usage diagnostique, donnant la composition et la teneur relative des diverses protéines sériques.

protéinurie n. f. – mil. XXe ▪ Présence pathologique de protéines dans l'urine. ⇒ **albuminurie.**

protéique adj. – XIXe ▪ Relatif aux protéines. *Substance protéique.*

protèle n. m. – XIXe ; gr. *pro* « avant, devant » et *teleeis* « accompli, parfait » ▪ Mammifère nocturne d'Afrique *(hyénidés),* au pelage rayé.

protéolyse n. f. – XIXe ▪ Hydrolyse des protéines au cours des processus métaboliques sous l'effet d'enzymes (⇒ **protéase).**

protéolytique adj. – XIXe ▪ Qui hydrolyse les protéines. *Enzyme protéolytique.* ⇒ **protéase.**

protérandrie n. f. – XIXe ; gr. *proteros* « le premier » et *-andrie* ▪ Hermaphrodisme où les gamètes mâles sont mûrs avant les gamètes femelles. *Protérandrie des huîtres.* ➤ *Protérandrie végétale,* des fleurs dont l'étamine est mûre avant le pistil. ✪ CONTR. Protogynie.

protestable adj. – XIXe ▪ dr. Que l'on peut protester (4°). *Facture protestable.*

protestant, ante n. et adj. – XVIe ; de *protester* « attester » ▪ Chrétien appartenant à l'un des groupements issus de la Réforme et qui rejettent l'autorité du pape (⇒ **anglican, baptiste, calviniste, évangélique, huguenot, luthérien, mennonite, méthodiste, piétiste, presbytérien, puritain, quaker, réformé ;** plais. **parpaillot).** *Protestants français réfugiés en Hollande, en Suisse, après la révocation de l'édit de Nantes. Persécutions contre les protestants français, sous Louis XIV.* ⇒ **dragonnade.** *« Les protestants sont généralement mieux instruits que les catholiques »* (Rouss.). ♦ adj. *Religion protestante. Temple protestant. Le pasteur, ministre du culte protestant.*

protestantisme n. m. – XVIIe **1** La religion réformée, ses croyances ; l'ensemble des Églises protestantes (⇒ **anglicanisme, calvinisme, méthodisme,** etc.). *Le protestantisme reconnaît une autorité souveraine à l'Écriture sainte.* **2** Ensemble des protestants (d'une région, d'un pays). *Le protestantisme français.*

protestataire adj. – XIXe **1** littér. Qui proteste (3°). ♦ n. *Protestataires et contestataires.* **2** Qui protestait contre l'annexion de l'Alsace-Lorraine par l'Allemagne, en 1870. *Députés protestataires.*

protestation n. f. – XIIIe **1** Déclaration par laquelle on atteste ses bons sentiments, sa bonne volonté envers qqn. ⇒ **assurance, démonstration.** *Des protestations d'amitié.* **2** Déclaration formelle par laquelle on s'élève contre ce qu'on déclare illégitime, injuste. *Rédiger, signer une protestation. Protestation de principe.* **3** Témoignage de désapprobation, d'opposition, de refus. *« Ainsi, pas une protestation ! De la reconnaissance au contraire ! »* (Gide). *Protestation indignée, véhémente.* ➤ *Protestation contre une réforme. La mesure a soulevé une tempête de protestations.* **4** Le fait de dresser un protêt (⇒ **protester,** 4°). ✪ CONTR. Approbation, assentiment.

protester v. 1 – XIVe ; lat. *protestari* **1** v. tr. ind. littér. *Protester de :* donner l'assurance formelle de. *« N'allait-elle pas protester de son innocence ! »* (France). **2** dr. PROTESTER DE... : déclarer publiquement que l'on est victime de. *Protester de trahison.* ➤ Déclarer publiquement que l'on récuse à cause de. *Protester d'incompétence, de nullité.* **3** v. intr. Déclarer formellement son opposition, son hostilité, son refus. ⇒ s'**élever** (contre), s'**opposer** (à). *« Ils protestent contre cette mesure de salut public »* (Aragon). ♦ Exprimer, par des paroles, des écrits, des actes, son opposition. ⇒ s'**indigner,** se **plaindre,** se **récrier ;** fam. **râler, rouspéter.** *Protester contre une injustice. Protester avec force, indignation.* ⇒ se **gendarmer.** *Vous avez beau protester.* ⇒ ① **dire.** *« elle proteste, comme fâchée »* (Jouhand.). **4** v. tr. Faire un protêt contre. *« des monceaux de traites protestées et de chèques sans provision »* (Simenon). ✪ CONTR. Accepter, approuver.

protêt n. m. – XVe ; de *protester* ▪ Acte authentique par lequel le porteur d'un effet de commerce fait constater que cet effet n'a pas été accepté par le tiré *(protêt faute d'acceptation)* ou qu'il n'a pas été payé à l'échéance *(protêt faute de paiement). Protêt dressé par un huissier, un notaire.*

prothalle n. m. – XIXe ; de *pro-* et *thalle* ▪ Petite lame verte, produit de la germination de la spore des fougères, à la face inférieure de laquelle se développe la plante. *Prothalle mâle, porteur des anthéridies ; prothalle femelle, porteur des archégones.*

prothèse n. f. – XVIIe ; gr. *prostithenai* « placer auprès, en plus » **1** Partie de la chirurgie relative au remplacement d'organes, de membres, par des appareils. ➛ Partie de la dentisterie qui concerne la confection des appareils dentaires, le remplacement de dents manquantes. **2** Appareil, dispositif servant à remplacer un membre ou un organe gravement atteint ou détruit. *Prothèse dentaire fixe* (⇒ ② **bridge, couronne, inlay, onlay ; implant**), *mobile, totale* (⇒ **dentier**). *Prothèse de la hanche. Prothèse en plastique.* ➛ *Prothèse auditive* : appareil amplifiant les sons, à l'usage des malentendants.

prothésiste n. – 1965 ▪ Technicien fabricant de prothèses. *Prothésiste dentaire.*

prothétique adj. – XIXe ▪ Relatif à la prothèse. *Plaque prothétique.*

❑ Même formation de l'adjectif que dans *hypothèse/ hypothétique.*

prothorax [pʀotɔʀaks] n. m. – XIXe ▪ Segment antérieur du thorax (des insectes). ⇒ **corselet.**

prothrombine n. f. – XIXe ▪ Glycoprotéine sérique qui participe à la coagulation du sang.

protide n. m. – XIXe ▪ vieilli Protéine.

protiste n. m. – XIXe ; gr. *prôtos* « premier » ▪ Organisme vivant unicellulaire. ⇒ **protophyte, protozoaire.**

❑ *Protiste* tend à remplacer *protozoaire.*

prot(o)- Élément, du gr. *prôtos* « premier, primitif, rudimentaire ».

protococcus [pʀɔtɔkɔkys] n. m. – XIXe ; *proto-* et lat. *coccum* « grain » ▪ Algue microscopique *(chlorophycées)* qui pousse sur le tronc des arbres.

protocolaire adj. – 1904 **1** Relatif au protocole (3°). **2** Conforme au protocole. « *Edmée ne l'invita désormais que par courtoisie protocolaire* » (Colette). **3** Attaché au protocole ; qui témoigne d'un attachement au protocole. ⇒ **cérémonieux, solennel.** *Ton, manières protocolaires.*

protocole n. m. – XIVe ; *proto-* et gr. *kolla* « colle » **1** Recueil des formules en usage pour les actes publics, la correspondance officielle. ⇒ **formulaire. 2** Document portant les résolutions d'une assemblée, d'une conférence internationale ; texte d'un engagement ; son contenu (résolutions, accord). *Un protocole international. Protocole d'accord.* **3** Recueil de règles à observer en matière d'étiquette, de préséances, dans les cérémonies et les relations officielles. ⇒ **cérémonial.** ♦ Service chargé des questions d'étiquette. *Chef du protocole.* ♦ Formes, respect des formes, dans la vie en société. ⇒ **bienséance.** *Le « protocole provincial, qui régit les devoirs des nouveaux arrivants dans une ville, à l'égard de ceux qui y sont installés avant eux »* (R. Rolland). **4** Description précise des conditions et du déroulement d'une expérience, d'un test scientifique. *Protocole thérapeutique.* ♦ *Protocole opératoire* : compte rendu écrit d'une opération. **5** Ensemble de règles régissant la connexion d'un système informatique à un réseau. *Protocole de communication.*

❑ Le *protokôllon* grec, littéralement « ce qui est collé en premier », désignait une feuille collée sur les chartes pour les authentifier.

protoétoile n. f. – 1973 ▪ Étoile en formation, nuage de matière stellaire en cours de condensation. *L'évolution d'une protoétoile vers une étoile dure environ un million d'années.*

protogine n. m. ou f. – XIXe ; *proto-* et gr. *gi(g)nesthai* « naître » ▪ didact. ou région. Granit contenant du chlorite, qu'on rencontre notamment dans le massif du Mont-Blanc. ✪ HOM. Protogyne.

protogyne adj. – déb. XXe ; *proto-* et *-gyne* ▪ Dont les organes femelles viennent à maturité avant les organes mâles. ✪ HOM. Protogine.

protogynie n. f. – 1931 ▪ Hermaphrodisme où les gamètes femelles sont mûrs avant les gamètes mâles. ✪ CONTR. Protérandrie.

protohistoire n. f. – 1910 ▪ Événements concernant l'humanité, immédiatement antérieurs à l'apparition de l'écriture et contemporains de la première métallurgie (du 3e au 1er millénaire av. J.-C.).

protomère n. m. – 1970 ; *proto-* et *-mère* ▪ Monomère protéique entrant avec d'autres dans la formation d'un oligomère ou d'un polymère.

proton n. m. – 1923 ; gr. *prôtos* « premier » ▪ Particule élémentaire de charge positive, constitutive du noyau atomique. *Le proton et le neutron. Synchrotron à protons.*

protonéma n. m. – XIXe ; *proto-* et gr. *nêma* « fil, filament » ▪ Filament issu de la spore des bryophytes, qui donne naissance à de nouvelles tiges.

protonique adj. – 1928 ▪ Relatif au proton. *Masse protonique. Bombardement protonique.*

protonotaire n. m. – XIVe ▪ Prélat de la cour romaine, du rang le plus élevé parmi ceux qui n'ont pas le caractère épiscopal.

protophyte n. m. ou f. – XIXe ; *proto-* et *-phyte* ▪ Organisme végétal unicellulaire ou à cellules peu différenciées.

protoplasme n. m. – XIXe ; *proto-* et *-plasme* ▪ Substance organisée, composé chimique complexe et variable qui constitue la cellule vivante. « *Qu'il s'agisse du cytoplasme ou du noyau, la substance essentielle des cellules vivantes est le* protoplasme, *gelée visqueuse et transparente, très riche en eau* » (J. Rostand).

protoplasmique adj. – XIXe ▪ Relatif au protoplasme. *Prolongement protoplasmique.* ⇒ **dendrite, pseudopode.**

protoplaste n. m. – 1904 ; *proto-* et *-plaste* ▪ Cellule bactérienne ou végétale débarrassée de sa paroi cellulosique externe.

protoptère n. m. – v. 1905 ; *proto-* et *-ptère* ▪ Poisson des marais africains *(dipneustes)*, qui passe la saison sèche dans la vase.

prototype n. m. – XVIe gr. *prôtotupos* « qui est le premier type » **1** Type, modèle premier (originel ou principal). ⇒ **archétype, modèle, type.** *Prototype d'une œuvre d'art.* ⇒ ① **original. 2** Premier exemplaire d'un modèle (de mécanisme, de véhicule) avant la fabrication en série. *Essai, mise au point d'un prototype. Prototype d'avion, de moto.* ➛ Appareil ou véhicule construit à très peu d'exemplaires, à titre expérimental, ou pour des compétitions.

protoxyde n. m. – XIXe ▪ Oxyde (d'un élément) le moins riche en oxygène. *Protoxyde de calcium* (chaux). ♦

Protoxyde d'azote : oxyde nitreux utilisé comme anesthésique.

protozoaire n. m. – XIXe ; *proto-* et *-zoaire* ▪ Être vivant unicellulaire (ex. amibiens ; foraminifères ; radiolaires ; sporozoaires ; infusoires ; ciliés). *Les protozoaires et les métazoaires.*

❑ *Protozoaire* tend à être remplacé par *protiste.*

protractile adj. – XIXe ; *pro-* et lat. *trahere* « tirer » ▪ Qui peut être étiré, distendu vers l'avant. *Langue protractile du fourmilier.*

protubérance n. f. – XVIIe 1 Saillie à la surface d'un os (⇒ **apophyse, éminence, tubérosité**), ou d'une autre structure anatomique. ♦ *Protubérance annulaire :* segment intermédiaire du tronc cérébral, entre le bulbe rachidien et les pédoncules cérébraux. 2 Saillie. « *un même hydrocéphale, qui avait en guise de tête une monstrueuse protubérance* » (Beauv.). 3 *Protubérances (solaires) :* jets de gaz enflammés qui s'élèvent de la chromosphère. ✪ CONTR. Cavité.

protubérant, ante adj. – XVIe ; *pro-* et lat. *tuber* « excroissance, tumeur » ▪ Qui forme saillie. *Une pomme d'Adam protubérante.* ⇒ **proéminent, saillant.**

prou (peu ou) [pøupʀu] loc. adv. – XVIIe ; a. fr. *proud* « beaucoup », lat. *prode* « utile » ▪ littér. Plus ou moins.

proue n. f. – XIIIe ; lat. *prora* ▪ Avant d'un navire (opposé à *poupe*). « *les vaisseaux s'abordaient par la proue* » (Volt.).

prouesse n. f. – XIe ; de *preux* 1 littér. Acte de courage, d'héroïsme. « *Leurs prouesses et glorieux faits d'armes* » (Rab.). ♦ Action d'éclat. ⇒ **exploit.** *Une prouesse technique.* 2 iron. Action remarquable. *Se vanter de ses prouesses sportives.* ✪ CONTR. Crime, faute.

prout [pʀut] interj. et n. m. – XIIe ; onomat. ▪ lang. enfantin Bruit de pet. ➝ n. m. Pet. *Faire un prout.*

prouvable adj. – XIIIe ▪ rare Qu'il est possible de prouver. ⇒ **démontrable.** ✪ CONTR. Improuvable.

prouver v. tr. [1] – XIe ; lat. *probare* « éprouver » 1 Faire apparaître ou reconnaître (qqch.) comme vrai, réel, certain, au moyen de preuves. ⇒ **démontrer, établir.** « *Je n'avance rien que je ne prouve* » (Pasc.). *Cela reste à prouver.* loc. fam. *Avoir qqch. à prouver :* accomplir des exploits ou des choses remarquables, parce qu'on n'est pas sûr de soi. ➝ impers *Il est prouvé que...* ⇒ **avéré.** ♦ *Prouver son innocence, son honnêteté,* en fournir la preuve. *L'infanticide a été prouvé.* « *J'ai dit et prouvé, que monsieur Goëzman était l'auteur des déclarations de le-Jay* » (Beaum.). 2 Exprimer (une chose) par une attitude, des gestes, des paroles. ⇒ **montrer.** *Comment vous prouver ma reconnaissance ?* « *histoire de prouver qu'il est un homme libre* » (Bernanos). 3 Servir de preuve, être (le) signe de. ⇒ **indiquer, montrer, révéler, témoigner** (de). « *rien ne prouve qu'ils ne s'aimaient pas* » (Camus). *Cela ne prouve rien. Qu'est-ce que cela prouve ?* 4 SE PROUVER v. pron. Être prouvé. *La préméditation peut se prouver.* ♦ *Je m'efforçais* « *de me prouver à moi-même la vérité de cette religion* » (Mauriac). ♦ « *Quand nous nous serons prouvé l'un à l'autre que je suis une coquette et vous un libertin* » (Muss.).

provéditeur n. m. – XVe ; lat. *providere* « pourvoir » ▪ Officier public de l'ancienne république de Venise, chargé d'inspections ou du commandement d'une flotte, d'une place forte, d'une province. *Provéditeur de la mer, de la santé.*

provenance n. f. – XIIIe ▪ Endroit d'où vient ou provient qqn, qqch. *J'ignore la provenance de cette lettre.* ➝ *Avion, passagers en provenance de Marseille* (opposé à *en partance pour, à destination de*). ♦ Origine. *Des éléments de toutes provenances.* ➝ *Pays de provenance,* d'où une marchandise est importée et qui peut être distinct du pays d'origine.

provençal, ale, aux adj. et n. – XIIIe 1 De Provence. *Mas provençal.* ➝ n. *Les Provençaux.* 2 n. m. *Le provençal :* groupe de dialectes de la langue d'oc (rhodanien, dialecte de Mistral et des félibres, dialecte maritime, niçois, gavot et *provençal alpin*). ♦ La langue d'oc tout entière. ⇒ **occitan.** 3 loc. adv. *À LA PROVENÇALE :* cuisiné à la manière de Provence (avec beaucoup d'ail et de persil). *Tomates (à la) provençale* ou adj. *tomates provençales.*

❑ *Provence* vient du latin *Provincia (romana)* « province (romaine) ».

provende n. f. – XIIe ; lat. *præbare* « fournir » et *providere* « pourvoir » 1 littér. Provisions de bouche, vivres. « *Le souci de sa provende relâchait sa terrible étreinte* » (Genev.). 2 Préparation de fourrage pour les moutons ; nourriture du bétail, de la volaille.

❑ De la même famille étym. que *prébende* qui s'est spécialisé à propos d'un revenu ecclésiastique.

provenir v. intr. [22] – XIIIe ; lat. *provenire* « naître » 1 Venir (de). « *Arriva ensuite une lettre provenant d'un lycée des environs de Paris* » (Montherl.). 2 Avoir son origine dans ; tirer son origine de. *Personne ne savait d'où provenait leur fortune. Mot provenant du grec.* ⇒ ① **dériver.** *L'erreur provient de ce que l'on oublie un paramètre.*

proverbe n. m. – XIIe ; lat. 1 Formule exprimant une vérité d'expérience ou un conseil de sagesse pratique et populaire, commun à tout un groupe social. ⇒ ① **adage, aphorisme, dicton, maxime,** ① **pensée, sentence ; parémiologie.** *Comme dit le proverbe. Proverbe arabe, chinois.* ➝ loc. *Passer en proverbe :* devenir proverbial. *Faire mentir le proverbe :* mettre en défaut la généralité d'un proverbe, par une situation particulière. ♦ *Le Livre des Proverbes :* livre de l'Ancien Testament qui est un recueil de proverbes et d'exhortations, attribué en partie au roi Salomon. 2 Petite comédie illustrant un proverbe. « *Comédies et Proverbes* », *de Musset.*

proverbial, iale, iaux adj. – XVe 1 De la nature du proverbe. *Phrase proverbiale.* ➝ Qui tient du proverbe par la forme, l'emploi. *Expression, locution proverbiale.* 2 Qui est aussi connu et frappant qu'un proverbe ; qui est cité comme modèle. « *Sa grivoiserie proverbiale* » (Green).

proverbialement adv. – XVIe ▪ D'une manière proverbiale (1°). « *L'humanité aime à parler proverbialement* » (Aragon).

providence n. f. – XIIe ; lat. *providere* « pourvoir » ▪ Sage gouvernement de Dieu sur la création ; (avec la majuscule) Dieu gouvernant la création. *La divine providence. Les décrets de la Providence.* « *Le fatalisme est la Providence du mal* » (Flaub.). ♦ *Être la providence de qqn,* la cause de son bonheur, combler ses désirs. *Vous êtes ma providence !* ➝ *La découverte de cet abri fut une providence* (⇒ **providentiel**). fam. *L'État providence.*

providentialisme n. m. – XIXe ▪ Finalisme des personnes qui croient à la providence.

providentiel, ielle adj. – XVIIIe 1 Qui est un effet heureux de la providence. « *La dévotion cause une ophtalmie morale. Par une grâce providentielle* » (Balz.). 2 Qui arrive opportunément, par un heureux hasard. *Une rencontre providentielle. L'homme providentiel :* l'homme qu'il faut dans une situation délicate ou désespérée. ✪ CONTR. Malencontreux.

providentiellement adv. – XIXe 1 D'une manière providentielle (1°). *Une âme providentiellement secourue.*

2 Par bonheur, par une chance inespérée. *Il put providentiellement s'échapper.*

provignage n. m. – XVIIe ▪ Marcottage de la vigne.

provigner v. [1] – XIIe ; de *provin*, avec infl. de *vigne* **1** v. tr. Marcotter (la vigne). *Provigner un cep pour obtenir un plant.* **2** v. intr. Se multiplier par provins.

provin n. m. – XIIIe ; lat. *propagare* « propager » ▪ Marcotte de vigne. *Provin qui prend racine.*

province n. f. – XIIe ; lat. **1** Dans l'Antiquité romaine, Territoire conquis hors de l'Italie, assujetti aux lois romaines et administré par un proconsul. *La Gaule cisalpine, province romaine.* **2** Au Canada, État fédéré doté d'un gouvernement propre, souverain dans le domaine de ses compétences. *La Belle Province :* le Québec. **3** Division d'un royaume, d'un État. ➛ En Belgique, Unité territoriale dirigée par un gouverneur nommé par le roi, assisté d'un conseil provincial élu au suffrage universel direct. ♦ Région, avec ses traditions et ses coutumes particulières. *La Bretagne, la Normandie, la Provence..., provinces françaises.* « *une ligne qui retranchait de notre territoire une partie de nos provinces de l'Est et du Nord* » (Chateaub.). **4** Partie d'un pays ayant un caractère propre, à l'exclusion de la capitale. *Une province. Les provinces et la capitale. Il arrive de sa province* (⇒ **provincial**). ♦ En France, L'ensemble du pays (notamment les villes, les bourgs) à l'exclusion de la capitale. « *Paris détruit les types que la province accuse* » (Mauriac). *La province et la campagne. Villes, petites villes de province. S'installer, vivre en province.* « *Scènes de la vie de province* », *suite de romans de Balzac.* ♦ adjt, fam. Provincial. *Ils sont restés très province.*

provincial, iale, iaux adj. et n. – XIIIe **1** Qui appartient, est relatif à la province (4°) dans ce qu'on lui trouve de typique. *La vie provinciale.* « *cette âpreté du catholicisme provincial* » (Balz.). ➛ péj. *Avoir des manières provinciales,* qui ne sont pas à la mode de Paris. **2** n. Personne qui vit en province. « *Ce qu'ils sont tarte, tout de même, ces provinciaux !* » (Aragon). **3** Qui concerne le gouvernement d'une province (2°) (opposé à *fédéral*). *Gouvernement provincial.*

provincialisme n. m. – XVIIIe ▪ Fait de langue propre à une province. ⇒ **régionalisme.** ♦ péj. Caractère de ce qui est provincial. ➛ Mentalité provinciale.

proviseur n. m. – XIIIe ; lat. « pourvoyeur » **1** Fonctionnaire de l'enseignement qui dirige un lycée. ⇒ **directeur.** *Le proviseur et le censeur*. Madame le proviseur.* **2** (Belgique) Adjoint du préfet (4°).

> ❑ On appelait *directrice* la femme qui dirigeait un lycée de filles. Depuis la généralisation de la mixité dans les lycées, *proviseur* s'applique aux fonctionnaires des deux sexes.

provision n. f. – XIVe ; lat. *providere* « pourvoir » **I - 1** Réunion de choses utiles ou nécessaires à la subsistance, à l'entretien ou à la défense. ⇒ **approvisionnement, réserve, stock.** *Provision d'eau, de bois, de cartouches. Emporter une provision de livres pour les vacances.* Homais « *était chargé d'une provision de camphre, de benjoin et d'herbes aromatiques* » (Flaub.). ➛ *Faire provision de qqch.,* s'en pourvoir en abondance. **2** au plur. Achat de choses nécessaires à la vie (nourriture, produits d'entretien) ; ces choses. ⇒ **victuailles,** ② **vivres.** *Ménagère qui fait des provisions. Avoir des provisions pour un mois. Filet à provisions.* **II** dr. **1** *Par provision :* provisoire ou provisoirement. **2** Somme allouée par le juge à un créancier, en attendant le jugement. *Provision ad litem,* pour permettre au plaideur de faire face aux frais du procès. ♦ Somme versée à titre d'acompte (à un avocat, un homme d'affaires...). ⇒ **avance.** « *Me Mollard ne travaillait pas gracieusement et demanda tout de suite une petite provision* » (Duham.). **3** Somme déposée en banque par l'émetteur d'un titre, et destinée à en assurer le paiement (⇒ **provisionner**). *Chèque sans provision,* tiré sur un compte insuffisamment approvisionné (⇒ ② **découvert**). **4** Somme affectée par une entreprise à la couverture d'une charge ou d'une perte éventuelle. *Provision pour hausse des prix.*

provisionnel, elle adj. – XVe **1** Qui se fait par provision, en attendant un jugement, un règlement définitif. **2** *Acompte provisionnel,* défini par rapport aux impôts de l'année précédente, et payé d'avance.

provisionner v. tr. [1] – XIXe ▪ Approvisionner (un compte bancaire). ➛ *Des chèques provisionnés.*

provisoire adj. – XVe ; lat. *providere* « prévoir » **1** Qui a lieu avant un jugement définitif. *Sentence provisoire.* ➛ n. m. Jugement provisoire. *Il a gagné le provisoire.* ♦ *Mise en liberté provisoire.* **2** Qui existe, qui se fait en attendant autre chose, qui est destiné à être remplacé. ⇒ **éphémère, passager, transitoire.** *Accord, solution provisoire. À titre provisoire :* provisoirement. ➛ « *quelques cases, qui semblent plutôt des abris provisoires* » (Gide). ♦ Qui exerce une fonction pour un temps (par intérim, etc.). ⇒ **intérimaire, temporaire.** ➛ *Gouvernement provisoire,* destiné à gouverner pendant un intervalle, avant la constitution d'un régime stable. **3** n. m. « *nous n'avons pas cessé de nous satisfaire de provisoire. Il serait peut-être temps de penser à l'éternel* » (Giono). ✪ CONTR. Définitif.

provisoirement adv. – XVIIe ▪ D'une manière provisoire, en attendant. ⇒ **momentanément.**

provisorat n. m. – XIXe ▪ Qualité, fonctions de proviseur ; durée de ces fonctions.

> ❑ Normalement formé avec un *o* comme *professorat, tutorat.* → -at (rem.).

provitamine n. f. – 1938 ▪ Substance ingérée qui peut être transformée en vitamine dans l'organisme. *Le carotène est une provitamine A.*

provocant, ante adj. – XVe **1** Qui cherche ou tend à provoquer qqn à des sentiments ou à des actions violentes. *Attitude provocante.* ⇒ **agressif.** *Un luxe provocant.* **2** Qui incite au désir, au trouble des sens. ⇒ **excitant.** « *un regard de prostituée qui racole, un regard si provocant que Salavin baisse les yeux* » (Duham.). ⇒ **aguichant.** *Décolleté provocant.* ✪ CONTR. Apaisant. — HOM. Provoquant (provoquer).

> ❑ Ne pas confondre cet adjectif et le participe présent. → provoquer (rem.).

provocateur, trice n. et adj. – XVIe **1** (rare au fém.) Personne qui provoque, incite à la violence, à l'émeute, aux troubles. ⇒ **agitateur, meneur ; pousse-au-crime.** ➛ Personne qui incite une personne ou un groupe à la violence ou à une action illégale dans l'intérêt d'un parti opposant, de la police, etc. « *Hier, les provocateurs de Rowlins ont brûlé des voitures, renversé des cars de police* » (Le Clézio). **2** adj. *Agent provocateur.* ➛ *Geste provocateur.* ⇒ **provocant.**

provocation n. f. – XIIIe **1** Action de provoquer, d'inciter (qqn) à (qqch.). *Provocation à la désobéissance, au meurtre.* ⇒ **excitation, incitation.** *Provocation à se battre, au combat. Provocation en duel.* ⇒ **cartel, défi.** ➛ abrév. fam. PROVOC. ➛ dr. Le fait d'inciter qqn à commettre une infraction. *Complicité par provocation.* **2** Le fait d'être provoqué. *L'agression, attaque sans provocation.* **3** Geste, parole qui provoque. *Répondre à une provocation.* ➛ rare Ce qui excite le désir. « *la décence des figures tempérait les provocations du costume* » (Flaub.). ✪ CONTR. Apaisement, ① défense.

provolone [pʀɔvɔlɔne] n. m. – 1962 ; mot it. ■ Fromage italien, fumé, en forme de cylindre ou de poire.

provoquer v. tr. [1] – XIIe ; lat. « appeler *(vocare)* dehors » I PROVOQUER (QQN) À. 1 Inciter, pousser (qqn) à, par une sorte de défi ou d'appel. ⇒ **amener, entraîner.** « *Ne le provoquons pas à nous raconter son histoire !* » (J. Verne). 2 Inciter (qqn à une violence) par une attitude agressive. *Provoquer qqn au meurtre.* – *Provoquer qqn en duel.* ♦ *Provoquer qqn,* l'inciter à la violence. *Ne me provoque pas !* ⇒ **attaquer, défier.** *Nous « provoquions la pionne chargée d'y faire régner l'ordre »* (Beauv.). 3 Exciter le désir de (qqn) par son attitude. *Elle provoque les hommes.* ⇒ **exciter ; allumer ; provocant** (2°). 4 pronom. *Je me demandai « si on n'allait pas se provoquer, se tabasser »* (Céline). II PROVOQUER (QQCH.). 1 Être volontairement ou non la cause de (qqch.). ⇒ ① **amener,** ① **causer, produire.** *Je « ne fis rien pour provoquer tes aveux »* (Mauriac). ⇒ **susciter.** *Provoquer la colère* (⇒ **attirer, déchaîner),** *l'indignation* (⇒ **soulever)** *de qqn. « Bonaparte se plaisait à réunir les savants, et provoquait leurs disputes »* (Chateaub.). ♦ Prendre l'initiative de (une action). *Puis-je « provoquer son internement dans une maison de santé ? »* (Courtel.). 2 Être la cause de. *« son asthme que les brouillards de la rivière lui provoquaient »* (Céline). *La pluie provoque des accidents.* ⇒ **occasionner.** ✪ CONTR. Apaiser. Prévenir.

❑ Ne pas confondre le participe présent *provoquant* et l'adjectif *provocant. « La surprise des œuvres nouvelles provoquant une rupture »* (Cocteau). *« un sourire moqueur provocant »* (Green). → participe (rem.).

proxémique n. f. – 1971 ; angl. *proximity* « proximité » ■ Partie de la sémiotique qui étudie comment les êtres animés et notamment l'homme utilisent l'espace.

proxénète n. – XVIe ; *pro-* et gr. *xenos* « hôte, étranger » 1 Personne qui s'entremet dans des intrigues galantes pour de l'argent. ⇒ **entremetteur.** 2 Personne qui tire des revenus de la prostitution d'autrui. ⇒ ② **maquereau, souteneur.**

proxénétisme n. m. – XIXe ■ Le fait de tirer des revenus de la prostitution d'autrui (délit).

proximal, ale, aux adj. – XIXe ■ Qui est le plus près du centre du corps, ou du point d'attache d'un membre. *Segment proximal d'un membre.* ✪ CONTR. Distal.

proximité n. f. – XVe ; lat. *proximus* « très près » 1 littér. Situation d'une chose qui est à peu de distance d'une autre, de plusieurs choses qui sont proches. ⇒ **contiguïté, voisinage ; près.** *« Trop de distance et trop de proximité empêche la vue »* (Pasc.). *La proximité de la ville.* – *Commerce de proximité,* proche du domicile des clients. *Emplois de proximité* (garde d'enfants, de malades, ménage, etc.). ♦ loc. adv. À PROXIMITÉ : tout près. *La plage est à proximité.* loc. prép. À PROXIMITÉ DE : à faible distance de. ⇒ **auprès, près.** *Il se tient « à proximité immédiate de la sortie »* (Robbe-Grillet). 2 Caractère de ce qui est proche (par la parenté). *La proximité de parenté* (⇒ **degré).** 3 Caractère de ce qui est rapproché dans le temps passé ou futur (⇒ **imminence).** *La proximité du départ le rend nerveux.* ✪ CONTR. Distance, éloignement.

proyer n. m. – XVIe ; a. fr. *praiere* « (oiseau) des prés » ■ Bruant d'Eurasie, hivernant en Méditerranée.

prude adj. et n. – XIIe ; de *preux* 1 vieilli Vertueux jusqu'à l'austérité. ⇒ **pudibond, puritain.** 2 littér. D'une pudeur affectée et outrée. ⇒ **bégueule ; pruderie.** *« je ne suis pas sottement prude, je puis tout écouter »* (Balz.). ♦ n. f. *Faire la prude.* ⇒ **sainte nitouche.** ✪ CONTR. Dévergondé.

prudemment [pʀydamɑ̃] adv. – XIVe ■ De manière prudente. *Conduire prudemment.* ✪ CONTR. Imprudemment.

prudence n. f. – XIIIe 1 Attitude d'esprit de qqn qui, réfléchissant aux conséquences de ses actes, prend ses dispositions pour éviter des erreurs, des risques possibles, s'abstient de tout ce qui peut être source de dommage. *Nous vous recommandons la plus grande prudence.* ⇒ **circonspection.** *Annoncez-lui la vérité avec beaucoup de prudence.* ⇒ **ménagement, précaution.** *Elle « avait eu la prudence de sauvegarder dans le contrat les intérêts de sa nièce »* (Zola). – *Conseils de prudence aux automobilistes. Se faire vacciner par prudence, par mesure de prudence.* ♦ allus. bibl. *Avoir la prudence du serpent,* son habileté rusée, pour tromper, etc. ⇒ **cautèle.** 2 (surtout plur.) littér. Acte, manifestation de prudence. ⇒ **précaution.** *« Le tout avec des prudences pour n'être pas vue »* (Montherl.). ✪ CONTR. Imprudence.

prudent, ente adj. – XIe ; lat. 1 Qui a, montre de la prudence. ⇒ **circonspect, prévoyant, réfléchi, sage.** *Ses déboires l'ont rendu trop prudent.* ⇒ **pusillanime, timoré.** *Un homme prudent en affaires.* – *Soyez prudents, ne roulez pas trop vite.* ♦ n. *« Ceux qui se défient, les prudents, les avertis »* (R. Rolland). 2 Inspiré par la prudence, empreint de prudence. *De petits pas prudents.* ♦ impers. *« il ne serait pas prudent pour lui [...] de rester une journée de plus »* (Robbe-Grillet). – *« Sans doute [...] avait-il jugé plus prudent de regagner la montagne »* (Mac Orlan). ✪ CONTR. Imprudent.

pruderie n. f. – XVIIe ■ littér. Affectation de réserve hautaine et outrée dans tout ce qui touche à la pudeur, à la décence. ⇒ **pudibonderie ; prude.** *« un vers libre, franc, loyal, osant tout dire sans pruderie »* (Hugo).

prud'homal, ale, aux adj. – 1907 ■ Qui a rapport ou appartient aux prud'hommes, à leur juridiction. *Compétence prud'homale.*

prud'homie n. f. – XIVe ■ Juridiction des prud'hommes.

❑ Dérivé de *prud'homme,* ce mot devrait prendre deux *m* (*prodhommie* est attesté au XIVe s.). *Bonhomie* et *bonhomme* présentent la même singularité.

prud'homme n. m. – XIe ; de *prod,* forme anc. de *preux* et *homme* ■ Magistrat élu de l'ordre judiciaire membre d'un tribunal spécialisé *(conseil de prud'hommes)* statuant sur les litiges dérivant du contrat de travail. ellipt *Attaquer, aller aux prud'hommes.*

❑ Il n'existe pas d'autre mot que *prud'homme* pour les membres féminins de ce conseil, alors qu'il en existe un *(maïeuticien)* pour les hommes exerçant la profession de *sage-femme.*

pruine n. f. – XIIe ; lat. ■ Fine pellicule cireuse à la surface de certains fruits (prune, raisin), des feuilles de choux, du chapeau de divers champignons. ⇒ **efflorescence.**

prune n. f. et adj. inv. – XIIIe ; lat. 1 Fruit du prunier, de forme ronde ou allongée, à chair juteuse et sucrée. ⇒ **mirabelle, quetsche, reine-claude.** *Prune d'Agen, prune de Monsieur, prune d'ente. Prune sauvage.* ⇒ ① **prunelle.** *Prune séchée.* ⇒ **pruneau.** – *Eau-de-vie de prune.* ellipt *Un petit verre de prune.* ♦ loc. fam. POUR DES PRUNES : pour rien (en parlant d'une action, d'un travail inutile). *Je me suis dérangé pour des prunes. « Tout ce mal c'était pour des prunes ? »* (Céline). 2 adj. inv. D'une couleur violet foncé. *« une robe de toile rayée bise et prune »* (Aragon). 3 fam. Contravention.

pruneau n. m. – XVIe 1 Prune séchée (par passage à l'étuve ou à l'évaporateur, ou par dessiccation à l'air). *Pruneaux d'Agen. Pruneaux crus, cuits.* – loc. fam. *Être noir comme un pruneau :* avoir une peau foncée, un teint hâlé. 2 région. (Jura, Suisse) Quetsche. *Pruneau sec :* pruneau (1°). 3 pop. Projectile d'une arme à feu.

prunelaie n. f. – XVIIe ■ Terrain planté de pruniers.

① **prunelle** n. f. – XIIe ■ Fruit du prunellier, petite prune globuleuse bleu ardoise, de saveur âpre. « *deux haies riches de prunelles et de mûres* » (Renard). ♦ *Eau-de-vie, liqueur de prunelle.* ellipt *Un carafon de prunelle.*

② **prunelle** n. f. – XIIe ; de ① *prunelle* 1 Pupille de l'œil, considérée surtout quant à son aspect. ♦ loc. *Tenir à qqch. comme à la prunelle de ses yeux,* y tenir beaucoup. 2 L'œil considéré quant à sa mobilité, son aspect, la couleur de l'iris. « *il plongeait ses yeux au fond des prunelles rousses, transparentes de tiède amitié* » (Genevoix).

prunellier [pʀynəlje] n. m. – XVIe ■ Arbrisseau épineux des haies *(rosacées),* qui porte les prunelles, appelé aussi *prunier épineux.*

❑ Attention, *prunellier* prend deux *l.* On écrirait mieux *prunelier* en suivant la prononciation et sur le modèle de *chandelier, vaisselier* issus de mots en *-elle* → arbre (rem.).

prunier n. m. – XIIIe ■ Arbre rustique *(rosacées),* cultivé pour ses fruits comestibles, les prunes. « *le blanc-vert hâtif qui étoile les pruniers* » (Colette). *Plantation de pruniers.* ⇒ **prunelaie.** ♦ *Prunier épineux.* ⇒ **prunellier.** ♦ *Prunier du Japon.* ⇒ **prunus.** ♦ loc. fam. *Secouer qqn comme un prunier,* très vigoureusement ; fig. le tancer vertement.

prunus [pʀynys] n. m. – XVIIe ; mot lat. « prunier » 1 Genre d'arbres et d'arbustes *(rosacées)* sauvages (aubépine) ou cultivés pour leurs fruits (amandier, abricotier, cerisier, prunier), leur bois (merisier) ou comme ornement. 2 Prunier ornemental à feuilles pourpres.

prurigineux, euse adj. – XVe ■ Qui cause de la démangeaison. *Dermatose prurigineuse.*

prurigo n. m. – XIXe ; mot lat. « démangeaison » ■ Dermatose caractérisée par des papules et des démangeaisons très violentes.

prurit [pʀyʀit] n. m. – XIIIe ; lat. *prurire* « démanger » ■ Démangeaisons de la peau, en rapport avec une affection cutanée (eczéma, urticaire, prurigo, piqûres de parasites), une affection générale (jaunisse, urémie) ou sans cause physiologique décelable *(prurits psychosomatiques). Sa nervosité « lui donnait un prurit aux poignets, aux gras des pouces* » (Montherl.).

prussiate n. m. – XVIIIe ; de *Prussia* « Prusse », à cause du *bleu de Prusse* ■ vx Cyanure.

prussien, ienne adj. et n. – XVIe ■ De Prusse. ➔ Allemand (en 1870 et immédiatement après). ♦ loc. *À la prussienne :* à la manière rigide, strictement disciplinée des soldats prussiens.

prussique adj. – XVIIIe ■ vx *Acide prussique :* acide cyanhydrique.

prytane n. m. – XVIIIe ; gr. *prutanis* « chef, maître » ■ Un des premiers magistrats de certaines cités grecques. ➔ À Athènes, L'un des cinquante sénateurs appartenant aux dix tribus et qui avaient successivement le droit de préséance au sénat.

prytanée n. m. – XVIe 1 Édifice où s'assemblaient les prytanes. *Le prytanée d'Athènes.* 2 Établissement d'éducation gratuite pour les fils de militaires. *Le prytanée de La Flèche.*

P.-S. [peɛs] ■ Abrév. de *post-scriptum.*

psallette n. f. – XVIIe ; gr. *psallein* « faire vibrer les cordes d'un instrument » ■ École de musique où sont instruits les enfants de chœur ; l'ensemble des chanteurs d'une psallette. ⇒ **maîtrise, manécanterie.**

psalliote n. f. – XIXe ; gr. *psalis* « voûte, cintre » ■ Champignon à lamelles basidiomycète *(agaricinées),* dont plusieurs espèces sont comestibles. *La psalliote champêtre* (⇒ **agaric**) *est le champignon de couche, appelé couramment* champignon de Paris.

psalmiste n. m. – XIIe ■ Auteur de psaumes. ➔ *Le Psalmiste :* le roi David.

psalmodie n. f. – XIIe ; gr. *psalmos* « air joué sur un instrument à cordes » et *ôdê* « chant » 1 Art, manière de chanter, de dire les psaumes. 2 littér. Manière monotone de déclamer, de chanter.

psalmodier v. [7] – XVe 1 v. intr. Dire les psaumes sur une seule note. 2 v. tr. et intr. Réciter ou chanter d'une manière rituelle et monotone. « *des vieux derviches qui psalmodiaient, à voix haute et lugubre* » (Loti). 3 v. tr. Dire, réciter d'une façon monotone. ⇒ ① **débiter.** « *une voix métallique, impersonnelle* [...] *psalmodia : "Il n'y a plus d'abonné au numéro que vous demandez"* » (Duham.).

psaltérion n. m. – XIIe ; gr. ■ Ancien instrument de musique (cithare) à cordes pincées ou grattées, à caisse de résonance plate, de forme triangulaire ou trapézoïdale.

psammite n. m. – XIXe ; gr. *psammos* « sable » ■ Grès argileux micacé.

psaume n. m. – XIIe ; gr. *psalmos* « air joué sur un instrument à cordes » ■ L'un des poèmes religieux hébraïques qui constituent un livre de la Bible et qui servent de prières et de chants religieux dans la liturgie juive et chrétienne. *Versets d'un psaume. Chanter, réciter des psaumes :* psalmodier. « *la procession commença à marcher en entonnant un psaume* » (Stendh.). ♦ Composition musicale (vocale), sur le texte d'un psaume. *Les psaumes de Lalande.*

psautier n. m. – XIIe ■ Recueil des psaumes. *Le psautier d'un bréviaire.*

pschent [pskɛnt] n. m. – XIXe ; égypt. ■ Coiffure des pharaons, double couronne symbolisant la souveraineté sur la Basse et la Haute-Égypte.

pschitt interj. et n. m. – XIXe ■ Onomatopée évoquant le bruit d'un liquide qui fuse, qui jaillit. *Eau gazeuse qui fait pschitt.*

pseudarthrose n. f. – XIXe ■ Fausse articulation formée au niveau d'une fracture mal consolidée.

pseud(o)- Élément, du gr. *pseudês* « menteur ».

pseudobulbaire adj. – XIXe ■ *Paralysie* (ou *syndrome*) *pseudobulbaire :* paralysie bilatérale des mouvements volontaires de la face.

pseudomembrane n. f. – XIXe ■ Production pathologique inflammatoire à la surface d'une muqueuse.

pseudonyme n. m. – XVIIe ; *pseud(o)-* et *-onyme* ■ Dénomination choisie par une personne pour masquer son identité. *Écrire sous un pseudonyme, sous le pseudonyme de X. Molière, Voltaire sont des pseudonymes.*

❑ Pour la formation du mot → -onyme, onomatopée (rem.).

pseudopode n. m. – XIXe ; *pseudo-* et *-pode* ■ Prolongement protoplasmique rétractile que peuvent émettre certaines cellules, certains micro-organismes et qui leur permet de se déplacer, de capturer d'autres organismes microscopiques.

psi n. m. ■ Vingt-troisième lettre de l'alphabet grec (Ψ, ψ), qui sert à noter le son [ps]. ✪ HOM. Psy.

psitt ou **pst** interj. – XVIIIe ; onomat. ■ fam. Bref sifflement qui sert à appeler, à attirer l'attention. ⇒ **hé, hep.** *Psitt ! venez donc un peu par ici.* ➔ n. m. *Un psitt.*

❑ On écrit aussi *psst, pssit :* « *Des "pssit !", des appels indistincts s'élevaient de toute part* » (Carco).

psittacidés n. m. pl. – XIXe ; gr. *psittakos* « perroquet » ▪ Famille d'oiseaux grimpeurs exotiques, au plumage vivement coloré, au bec court, très courbé, à langue épaisse et très mobile. ⇒ **cacatoès, perroquet, perruche.**

psittacisme n. m. – XVIIIe ▪ Répétition mécanique de mots, de phrases entendues, sans que le sujet les comprenne. ⇒ aussi **écholalie.**

psittacose n. f. – XIXe ▪ Maladie des perroquets et des perruches, transmissible à l'homme.

psoas [psɔɑs] n. m. – XVIIe ; gr. *psoa* « lombes » ▪ Chacun des deux muscles pairs appliqués sur la partie antérieure latérale de la douzième vertèbre dorsale et des quatre premières vertèbres lombaires.

psoque n. m. – XVIIIe ; gr. *psôkhein* « gratter, broyer » ▪ Insecte minuscule *(archiptères)* qui vit en sociétés nombreuses dans les bois, appelé aussi *pou de bois.*

psoralène n. m. – 1975 ; gr. *psôraleos* « galeux » ▪ Substance activant la pigmentation de la peau, employée dans le traitement de certaines dermatoses.

psoriasis [psɔʀjazis] n. m. – XIXe ; gr. *psôra* « gale » ▪ Maladie de la peau caractérisée par des taches rouges recouvertes de squames abondantes, blanchâtres, sèches et friables.

pst → **psitt**

psy n. – 1972 ▪ fam. Psychologue, psychiatre, psychanalyste, psychothérapeute. *Des psys* ou *des psy.* ✪ HOM. Psi.

psychanalyse [psikanaliz] n. f. – XIXe ; de *psycho-* et *analyse* 1 Méthode de psychologie clinique, investigation des processus psychiques profonds ; ensemble des théories de Freud et de ses disciples concernant la vie psychique. 2 Traitement de troubles mentaux et psychosomatiques par cette méthode. ⇒ **analyse, psychothérapie.** *Être en psychanalyse.* 3 Étude psychanalytique (d'une œuvre d'art, de thèmes...). ⇒ **psychocritique.**

psychanalyser [psikanalize] v. tr. [1] – 1926 1 Traiter par la psychanalyse. ⇒ **analyser.** « *Il avait des complexes cachés. Il aurait dû se faire psychanalyser* » (Ionesco). 2 Étudier, interpréter par la psychanalyse. « *cette mission nouvelle pour l'historien : psychanalyser les textes* » (Sartre).

psychanalyste [psikanalist] n. – 1910 ▪ Spécialiste de la psychanalyse. ♦ Personne qui exerce la thérapeutique par la psychanalyse. ⇒ **analyste,** fam. **psy.**

psychanalytique [psikanalitik] adj. – 1905 ▪ Propre ou relatif à la psychanalyse. *Traitement psychanalytique.* ⇒ **analytique.**

psychasthénie [psikasteni] n. f. – XIXe ▪ Névrose dont les principaux éléments sont l'angoisse, l'obsession, le doute, un certain nombre d'inhibitions et de phobies.

❑ Une personne qui souffre de *psychasthénie* est *un, une psychasthénique.*

① **psyché** [psiʃe] n. f. – XIXe ; nom myth. ▪ Grande glace mobile montée sur un châssis à pivots grâce auxquels on peut l'incliner à volonté et se regarder en pied. « *une psyché en acajou, à pieds à griffes* » (Goncourt).

② **psyché** [psiʃe] n. f. – XIXe ; gr. *psukhê* « âme » ▪ L'ensemble des phénomènes psychiques, considérés comme formant l'unité personnelle.

psychédélique [psikedelik] adj. – 1967 ; gr. *psukhê* « âme » et *dêlos* « visible, manifeste » 1 Qui résulte de l'absorption de drogues hallucinogènes. ➜ Qui provoque un état psychédélique. (⇒ **haschisch, L.S.D.**). 2 Qui évoque les visions de l'état psychédélique. *Musique, spectacle psychédélique.*

psychiatre [psikjatʀ] n. – XIXe ; *psych(o)-* et *-iatre* ▪ Médecin spécialiste de psychiatrie. « *le psychiatre qui eût parlé bien hâtivement de vocation homosexuelle* » (Romains).

psychiatrie [psikjatʀi] n. f. – XIXe ▪ Partie de la médecine qui étudie et traite les maladies mentales, les troubles pathologiques de la vie psychique. « *ces favoris de la psychiatrie récente, à coups d'analyses superconscientes nous précipitent aux abîmes* » (Céline).

psychiatrique [psikjatʀik] adj. – XIXe ▪ Relatif à la psychiatrie. *Hôpital psychiatrique.*

psychiatriser [psikjatʀize] v. tr. [1] – v. 1970 ▪ Soumettre à un traitement psychiatrique. ➜ Interpréter en termes de psychiatrie.

psychique [psiʃik] adj. – XIXe ; gr. ▪ Qui concerne l'esprit. ⇒ **mental, psychologique.** *Troubles psychiques.* « *Des maladies qui sont plus psychiques que physiques* » (Maurois). ⇒ **psychosomatique.** ✪ CONTR. Organique, ① physique, somatique.

psychisme [psiʃism] n. m. – XIXe ▪ La vie psychique. ⇒ ② **psyché.** ➜ Ensemble particulier de faits psychiques. *Le psychisme animal.*

psych(o)- Élément, du gr. *psukhê* « l'âme sensitive ».

psychoaffectif, ive [psikoafɛktif, iv] adj. – 1914 ▪ Se dit de tout processus mental faisant intervenir l'affectivité.

psychoanaleptique [psikoanalɛptik] adj. et n. m. – mil. XXe ▪ Qui stimule l'activité mentale. ⇒ **psychotonique.** ✪ CONTR. Psycholeptique.

psychobiologie [psikɔbjɔlɔʒi] n. f. – 1903 ▪ Science et méthode biologiques appliquées à l'étude de faits psychiques.

psychochirurgie [psikoʃiʀyʀʒi] n. f. – 1936 ▪ Thérapeutique des troubles mentaux recourant à des interventions chirurgicales sur le cerveau (⇒ **lobotomie**).

psychocritique [psikokʀitik] n. et adj. – v. 1950 1 n. f. Méthode d'étude des textes littéraires par la mise en évidence des symptômes de l'inconscient de l'auteur. ⇒ **psychanalyse.** 2 n. Critique littéraire utilisant cette méthode. 3 adj. Relatif à la psychocritique.

psychodramatique [psikɔdʀamatik] adj. – 1951 ▪ Qui concerne le psychodrame.

psychodrame [psikɔdʀam] n. m. – 1911 1 Psychothérapie de groupe consistant à faire participer les sujets à des représentations où ils jouent des rôles comportant des situations proches de leurs conflits. ⇒ **sociodrame.** « *le malade, dans le psychodrame, doit être acteur. Il est obligé d'agir, de sortir de sa maladie au lieu d'y assister* » (Palmade). 2 Ambiance, situation qui rappellent ces représentations. *Querelle de famille qui dégénère en psychodrame.*

❑ *Psychodrame* est un calque de l'anglais *psychodrama.*

psychodysleptique [psikodislɛptik] adj. et n. m. – 1957 ; *psycho-, dys-* et *-leptique* ▪ Qui modifie l'activité menta[...] normale. *La cocaïne est à la fois psychoanalepti[...] et psychodysleptique.* ➜ n. m. *Effets hallucinogèn[...] psychodysleptiques.* ⇒ **psychotonique.**

psychogène [psikɔʒɛn] adj. – 1908 ; *psycho-* et [...] agit comme cause purement psychique [...] *de ces stérilités "énigmatiques" doivent* [...] *gine psychogène* » (J. Testart). 2 Do[...] purement psychique. ⇒ aussi p[...] *Aphonie psychogène.*

psychogenèse [psikoʒənɛz] n. f[...] Étude de l'origine et de l'évol[...] chiques. 2 Étude des cause[...] d'expliquer un changem[...] trouble psychiatrique, e[...]

psychokinésie [psikokinezi] **n. f.** – 1971 ; de *psycho-* et gr. *kinêsis* « mouvement » ▪ Faculté d'influencer les objets physiques ou les événements par des processus mentaux. ⇒ **télékinésie.**

psycholeptique [psikɔlɛptik] **adj.** et **n. m.** – 1951 ; *psycho-* et *-leptique* ▪ Qui exerce un effet sédatif sur le psychisme. ⇒ **neuroleptique.** ➛ **n. m.** *Les psycholeptiques sont des psychotropes.* ✪ CONTR. Psychoanaleptique, psychotonique.

psycholinguiste [psikolɛ̃gɥist] **n.** – 1971 ▪ Spécialiste de psycholinguistique.

psycholinguistique [psikolɛ̃gɥistik] **n. f.** et **adj.** – 1929 ▪ Étude scientifique des activités psychologiques qui permettent la production et la compréhension du langage. ➛ **adj.** *Travaux psycholinguistiques.*

psychologie [psikɔlɔʒi] **n. f.** – XVIe ; *psycho-* et *-logie* **I** - **1** vx Connaissance de l'âme humaine, considérée comme une partie de la métaphysique. **2** mod. Étude scientifique des phénomènes de l'esprit, de la pensée, caractéristiques de certains êtres vivants chez qui existe une connaissance de leur propre existence. *Psychologie subjective, introspective. Psychologie de l'enfant, de l'adolescent. Psychologie des profondeurs* : psychanalyse. ➛ *Laboratoire, traité de psychologie. Licence de psychologie.* abrév. fam. PSYCHO. **II** - **1** Connaissance empirique, spontanée des sentiments d'autrui ; aptitude à comprendre, à prévoir les comportements. ⇒ **intuition.** « *Gaffe évidente. Manque de psychologie* » (Romains). ♦ Manière de présenter les sentiments, les états de conscience, propre à un auteur, à une œuvre. **2** Ensemble d'idées, d'états d'esprit. *Comprendre la psychologie de l'adversaire.* « *ces honnêtes criminologistes qui font des livres sur la psychologie des assassins* » (Pagnol). ♦ fam. Mentalité (d'une personne).

psychologique [psikɔlɔʒik] **adj.** – XVIIIe **1** Qui appartient à la psychologie. *Tests psychologiques.* « *L'analyse psychologique a perdu pour moi tout intérêt* » (Gide). ➛ *Roman psychologique,* où l'analyse des sentiments tient une place essentielle. **2** Étudié par la psychologie ; qui concerne les faits psychiques, la pensée. ⇒ **mental, psychique.** *États, problèmes psychologiques.* **3** Qui agit sur les forces psychiques, le comportement. *Guerre psychologique.* ✪ CONTR. ① Physique, somatique.

psychologiquement [psikɔlɔʒikmɑ̃] **adv.** – XIXe **1** Du ...int de vue de la psychologie. **2** (opposé à *physique-* ...lement, moralement. *Il n'est psycholo-* ...*l'affrontement.*

...aliste de psy- ...la

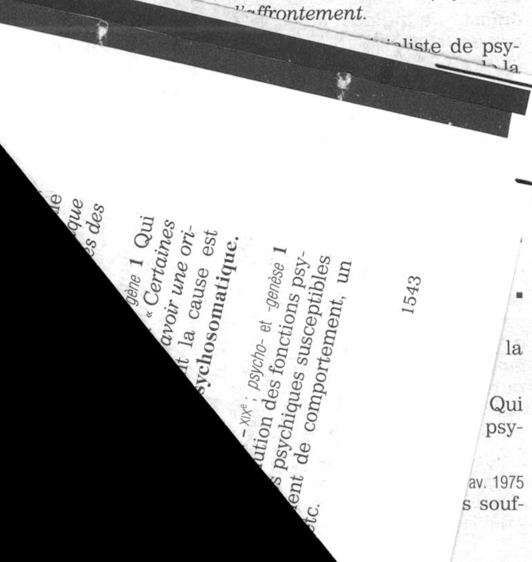

la

Qui psy-

av. 1975 s souf-

psychomotricité [psikɔmɔtʀisite] **n. f.** – 1952 ▪ Intégration des fonctions motrices et psychiques résultant de la maturation du système nerveux.

psychonévrose [psikonevʀoz] **n. f.** – XIXe ▪ Maladie mentale intermédiaire entre la névrose et la psychose.

psychopathe [psikɔpat] **n.** – XIXe ▪ Individu présentant une personnalité qui relève de la psychopathie. ⇒ aussi **déséquilibré.**

psychopathie [psikɔpati] **n. f.** – XIXe ; *psycho-* et *-pathie* ▪ Déficience mentale constitutionnelle caractérisée par l'impulsivité, l'instabilité, l'incapacité d'adaptation au milieu menant à des conduites antisociales.

psychopathologie [psikopatɔlɔʒi] **n. f.** – XIXe ▪ Étude des troubles mentaux. *Psychopathologie de l'enfant.*

psychopédagogie [psikopedagɔʒi] **n. f.** – 1906 ▪ Application de la psychologie expérimentale à la pédagogie.

psychopharmacologie [psikofaʀmakɔlɔʒi] **n. f.** – 1956 ▪ Étude des effets exercés par des substances chimiques sur le psychisme.

psychophysiologie [psikofizjɔlɔʒi] **n. f.** – XIXe ▪ Étude scientifique des rapports entre l'activité physiologique et le psychisme.

psychophysique [psikofizik] **n. f.** et **adj.** – XVIIIe ▪ Étude scientifique des rapports entre les faits physiques (stimulus) et les sensations qui en résultent. ➛ *Méthodes psychophysiques.*

psychopolémologie [psikopɔlemɔlɔʒi] **n. f.** – 1975 ; de *psycho-*, gr. *polemos* « guerre » et *-logie* ▪ Science de la manipulation de l'inconscient collectif à des fins subversives. « *Dans le cadre de la subversion, la guerre psychologique fait partie intégrante de la psychopolémologie générale* » (Général Jean-Pierre Morin).

psychopompe [psikopɔ̃p] **adj.** – XIXe ; gr. ▪ Qui conduit les âmes des morts (épithète appliquée à Apollon, Charon, Hermès, Orphée, etc.).

psychorigidité [psikoʀiʒidite] **n. f.** – v. 1950 ▪ Caractéristique de comportement d'une personne incapable de s'adapter aux situations nouvelles et qui reste inébranlable dans ses convictions.

> ❑ Une personne qui fait preuve de *psychorigidité* est *psychorigide.*

psychose [psikoz] **n. f.** – XIXe **1** Maladie mentale affectant le comportement, et dont le malade ne reconnaît pas le caractère morbide. ⇒ **aliénation, délire, démence, folie, paranoïa, schizophrénie.** « *Dans la psychose, qui est plus grave* [que la névrose], *le malade sort du monde réel* » (Maurois). **2** Obsession, idée fixe. *Psychose collective.*

psychosensoriel, ielle [psikosɑ̃sɔʀjɛl] **adj.** – XIXe ▪ D'apparence sensorielle. *L'hallucination est un phénomène psychosensoriel.*

psychosocial, iale, iaux [psikosɔsjal, jo] **adj.** – 1901 ▪ Qui se rapporte à la psychologie humaine dans la vie sociale. « *L'équilibre psychosocial* » (Mounier).

psychosociologie [psikosɔsjɔlɔʒi] **n. f.** – 1901 ▪ Étude de la psychologie humaine en relation avec le groupe, appelée aussi *psychologie sociale.*

psychosomatique [psikosɔmatik] **adj.** – 1904 ▪ Qui se rapporte aux troubles organiques ou fonctionnels occasionnés, favorisés ou aggravés par des facteurs psychiques. *Manifestations psychosomatiques.* ⇒ **psychogène ; somatisation.** ♦ *Médecine psychosomatique,* qui étudie et soigne les affections psychosomatiques.

psychotechnique [psikotɛknik] **n. f.** – 1928 ▪ Ensemble des méthodes servant à évaluer (pour l'orientation professionnelle, l'organisation du travail) les réactions, les aptitudes mentales, sensorielles et psychomotrices d'un individu. ◆ adj. *Examens psychotechniques.* ⇒ ② **test.**

psychothérapeute [psikoteʀapøt] **n.** – 1902 ■ Personne qui pratique la psychothérapie. ⇒ fam. **psy.**

psychothérapie [psikoteʀapi] **n. f.** – XIXe ; *psycho-* et *-thérapie* ■ Thérapeutique qui s'effectue par intervention psychologique sur le psychisme. *Psychothérapie analytique.* ⇒ **psychanalyse.** *Psychothérapie de groupe.* ⇒ **psychodrame, sociodrame.** *Suivre une psychothérapie.*

psychothérapique [psikoteʀapik] **adj.** – XIXe ■ De la psychothérapie.

psychotique [psikɔtik] **adj.** et **n.** – XIXe 1 Relatif aux psychoses. *Troubles psychotiques.* 2 Qui est atteint d'une psychose. *Un enfant psychotique.*

psychotonique [psikɔtɔnik] **adj.** et **n. m.** – 1946 ■ Qui stimule l'activité cérébrale, combat la fatigue, le plus souvent par un effet euphorisant. ⇒ **psychoanaleptique, psychodysleptique.** ◆ **n. m.** *Les amphétamines sont des psychotoniques.* ⇒ **énergisant, excitant.** ✪ CONTR. Psycholeptique.

psychotrope [psikɔtʀɔp] **adj.** et **n. m.** – 1951 ; *psycho-* et *-trope* ■ Qui agit chimiquement sur le psychisme.

psychromètre [psikʀɔmɛtʀ] **n. m.** – XVIIIe ; gr. *psukhros* « froid » et *-mètre* ■ Instrument formé de deux thermomètres, qui sert à mesurer l'humidité de l'air. ⇒ **hygromètre.**

① **psylle** **n. m.** – XVIIIe ; gr. *Psulloi*, peuple de la Cyrénaïque ■ Charmeur de serpents. « *une classe d'hommes qui possède, comme les anciens psylles de Cyrénaïque, cet art mystérieux* [...] *qui rend invulnérable à la morsure des serpents* » (Nerval).

② **psylle** **n. m.** ou **f.** – XVIIIe ; gr. *psulla* « puce » ■ Insecte hémiptère *(psyllidés)*, très petite cigale dotée de pattes propres au saut.

psyllium [psiljɔm] **n. m.** – XIIIe ; gr. *psulla* « puce » ■ Graines mucilagineuses de deux espèces de plantain du sud de l'Europe et d'Afrique du Nord.

ptéranodon **n. m.** – XIXe ; *ptér(o)-* et gr. *anodous* « édenté » ■ Reptile volant et édenté du crétacé supérieur.

> ❑ Directement fait sur le grec *odous* « dent », ne prend pas de *t* final ; même cas dans *iguanodon, glyptodon, tétrodon.* → odont(o)-.

-ptère Élément, du gr. *pteron* « plume d'aile, ailé », et « aile, colonnade ».

ptéridophytes **n. m. pl.** – XIXe ; gr. *pteris* « fougère » et *-phyte* ■ Embranchement du règne végétal comprenant de nombreuses espèces appelées aussi *cryptogames vasculaires. Les fougères sont des ptéridophytes.*

ptér(o)- Élément, du gr. *pteron* « aile ». ⇒ **-ptère.**

ptérodactyle **adj.** et **n. m.** – XIXe ; *ptéro-* et *-dactyle* ■ Qui a les doigts reliés par une membrane. ◆ **n. m.** Reptile fossile volant du jurassique supérieur *(ptérosauriens).* « *les mâchoires de ptérodactyle tendues en avant comme des couteaux-scies* » (Le Clézio).

ptéropode **n. m.** – XIXe ; *ptéro-* et *-pode* ■ Mollusque gastéropode muni de deux organes locomoteurs en forme de nageoires.

ptérosauriens [pteʀɔsɔʀjɛ̃] **n. m. pl.** – XIXe ■ Ordre de reptiles fossiles du secondaire, qui étaient adaptés au vol grâce à des ailes membraneuses soutenues par un doigt (⇒ **ptérodactyle).**

ptérygoïde **adj.** – XVIIe ; gr. « en forme d'aile *(pteron)* » ■ *Apophyse ptérygoïde* : apophyse osseuse de la face inférieure du sphénoïde.

ptérygoïdien, ienne **adj.** et **n. m.** – XVIIe ■ Relatif à l'apophyse ptérygoïde. *Artères ptérygoïdiennes.* ◆ *Muscles ptérygoïdiens* : muscles masticateurs assurant les mouvements de la mandibule.

ptérygote **n. m.** – 1932 ; gr. *pteron* « aile » ■ Tout insecte ailé.

ptolémaïque **adj.** – XIXe ■ Relatif à Ptolémée Sôter et à sa dynastie (Lagides).

ptomaïne **n. f.** – XIXe ; gr. *ptôma* « cadavre » ■ Substance aminée toxique se formant au cours de la putréfaction des protéines animales.

ptose **n. f.** – XIXe ; gr. *ptôsis* « chute » ■ Descente d'un organe par relâchement de ses moyens de soutien. ⇒ **prolapsus.** *Ptose gastrique.* ◆ *Ptose mammaire.* « *leur large bassin et leur ptose abdominale* » (Queneau).

> ❑ On a écrit aussi *ptôse.*

ptosis [ptozis] **n. m.** – 1904 ; gr. « chute » ■ Abaissement permanent de la paupière supérieure.

ptyaline **n. f.** – XIXe ; gr. *ptualon* « salive » ■ Amylase salivaire.

ptyalisme **n. m.** – XVIIIe ■ Salivation exagérée.

puant, puante **adj.** – X[e] 1 Qui pue, dégage une odeur forte et déplaisante. ⇒ **fétide, infect, nauséabond, pestilentiel.** « *un escalier si noir et si puant qu'il semblait percé à même un bloc de crasse* » (Duham.). *Bêtes puantes* : blaireaux, fouines, putois. 2 Qui est odieux de prétention, de vanité. ✪ CONTR. Odoriférant, parfumé.

puanteur **n. f.** – XIIIe ■ Odeur infecte. ⇒ **fétidité, infection.** « *une puanteur de poubelle et de suint* » (Mart. du G.).

① **pub** [pœb] **n. m.** – 1925 ; mot angl., abrév. de *public house* « auberge » ■ En Angleterre et dans certains pays anglo-saxons, Établissement public où l'on sert de la bière et autres boissons alcoolisées. « *les pubs avec leurs vitres dépolies, leurs horaires insolites* » (Gracq). ◆ Bar, brasserie, café, dont le décor évoque l'Angleterre.

② **pub** [pyb] **n. f.** – v. 1965 ■ fam. Publicité (2°). « *Moi à la télé, je ne regarde que les pubs* » (Tournier).

pubalgie **n. f.** – 1932 ; de *pub(is)* et *-algie* ■ Inflammation des tendons qui s'insèrent dans la symphyse pubienne.

pubère **adj.** – XIVe ; lat. ■ Qui a atteint l'âge de la puberté. *Jeune fille pubère.* ⇒ **formé, nubile ; réglé.** ✪ CONTR. Impubère.

> ❑ À distinguer de *nubile* « en âge de se marier ».

pubertaire **adj.** – mil. XXe ■ De la puberté. *Premiers signes pubertaires.*

puberté **n. f.** – XIVe ; lat. ■ Passage de l'enfance à l'adolescence ; ensemble des modifications physiologiques s'accompagnant de modifications psychiques, qui font de l'enfant un être apte à procréer. ⇒ **nubilité.** « *la puberté, la première aurore d'amour* » (Michelet).

pubescence **n. f.** – XIXe ■ Caractère, état d'un organe pubescent.

pubescent, ente **adj.** – XVIe ; lat. *pubescere* « se couvrir de poils » ■ Couvert de poils fins et courts, de duvet. *Feuille pubescente.* ◆ Qui est en période de puberté.

pubien, ienne **adj.** – XVIIIe ■ Qui appartient au pubis. *Pilosité pubienne.*

pubis [pybis] **n. m.** – XVe ; mot lat. « poil » **1** Partie antérieure de chacun des os iliaques. 2 Région triangulaire médiane du bas-ventre, limitée latéralement par les plis de l'aine. *Les poils du pubis.*

publi- Élément, de *publicité.*

publiable **adj.** – XVIIe ■ Qui mérite, est en état d'être publié. *Ce texte est à peine publiable.* ✪ CONTR. Impubliable.

public, ique **adj.** et **n. m.** – XIIIe ; lat. **I adj. 1** Qui concerne le peuple ; qui appartient à la collectivité sociale, politique et en émane ; qui appartient à l'État . *Les affaires publiques. L'intérêt public.* ⇒ **commun,** ① **général.** *L'opinion publique. De notoriété* publique.* ♦ Relatif aux collectivités sociales, à l'État. *Les pouvoirs publics.* ➛ *Ministère public.* ➛ *Le secteur public. Entreprise publique* (⇒ **nationalisé).** ➛ *Acte public,* dressé par une autorité selon les formes légales. ⇒ **authentique.** ➛ *Le Trésor public.* ➛ *Établissement public. Assistance publique. École publique.* ⇒ **laïque.** 2 Accessible, ouvert à tous. *La voie publique. Jardin public.* ➛ *Vente publique.* 3 Qui a lieu en présence de témoins, n'est pas secret. *Scrutin public. Une déclaration publique.* 4 Qui concerne la fonction qu'on remplit dans la société. *La vie publique et la vie privée.* ⇒ **professionnel.** ➛ *Un homme public,* qui est investi d'une fonction officielle, joue un rôle important dans la vie de son pays. 5 Connu de tous. ⇒ **officiel.** « *Son existence devient en fait publique, notoire* » (Renan). **II** n. m. 1 Le secteur public. *Travailler dans le public.* 2 Les gens, la masse de la population. *Interdit au public. Service chargé des rapports avec le public.* 3 Ensemble des personnes que touche une œuvre, un spectacle, un média. *Écrivain qui s'adresse à un vaste, un large public ; à un public averti, un public d'initiés.* « *ce monstre énorme qu'on appelle le public, et qui a tant d'oreilles et de langues, étant privé des yeux* » (Volt.). *Un film tous publics.* ➛ *Le public de qqn,* celui qu'il touche ou veut toucher. *Ne pas décevoir son public.* ♦ loc. *Le grand public :* la majeure partie du public. ♦ Ensemble de personnes qui assistent à un spectacle, à une réunion, à une manifestation. ⇒ **assistance, auditoire.** *Les applaudissements du public.* « *On sentait le public sans le voir, même dans ses silences* » (Zola). ➛ Les personnes devant lesquelles on parle ou on se donne en spectacle. ⇒ **galerie.** « *Les personnes qui parlent bien veulent un public* » (Balz.). ➛ loc. *Être bon public :* avoir l'admiration facile, être facile à convaincre. 4 loc. adv. EN PUBLIC : à la vue, en présence d'un certain nombre de personnes. ⇒ **publiquement.** *Parler en public.* ➛ *Concert enregistré en public.* ⇒ **live.** ✪ CONTR. Privé ; individuel, particulier. Clandestin, ① secret. Domestique, intime.

publicain n. m. – XIIe ; lat. ▪ Riche chevalier romain qui prenait à ferme le recouvrement des impôts.

publication n. f. – XIIIe 1 Procédure ayant pour objet de porter (un acte juridique) à la connaissance de tous. ⇒ **promulgation.** *La publication d'une loi.* 2 Action, manière de publier (un ouvrage, un écrit). ⇒ **édition, impression, tirage.** « *Le mode de publication en feuilletons* » (Ste-Beuve). *Dès la publication de son dernier roman.* ⇒ **apparition, parution, sortie.** ♦ Écrit publié. « *Une foule de publications éphémères* » (Valéry).

publiciste n. – XVIIIe ; de *public* 1 vx Journaliste. 2 Juriste spécialiste du droit public. 3 abusivt Agent de publicité. ⇒ **publicitaire.**

❑ *Publicist* est employé depuis 1900 dans les pays anglo-saxons pour désigner un agent de publicité, un spécialiste de la publicité ; à éviter dans ce sens en français.

publicitaire adj. et n. – 1932 1 Qui sert à la publicité, présente un caractère de publicité. *Film, message publicitaire.* ⇒ **publicité ; flash, spot ;** aussi **publireportage.** « *ces petites bandes publicitaires que l'on projetait dans les salles de cinéma pendant l'entracte* » (Tournier). *Vente publicitaire.* ♦ Qui concerne la publicité. *Budget publicitaire d'une entreprise.* 2 Qui s'occupe professionnellement de publicité. *Rédacteur publicitaire.*

publicité n. f. – XVIIe 1 Caractère de ce qui est public, n'est pas tenu secret. *Publicité des débats en justice.* ♦ Caractère de ce qui est public, connu. *Donner une regrettable publicité à une affaire privée.* 2 Le fait d'exercer une action sur le public à des fins commerciales ; le fait de faire connaître (un produit, un type de produits) et d'inciter à l'acquérir ; ensemble des moyens qui concourent à cette action. ⇒ vieilli **réclame ;** fam. ② **pub.** *Faire de la publicité pour un produit. Publicité mensongère.* ➛ *Agence de publicité. Campagne de publicité. Encart, page de publicité.* ➛ « *une affiche de publicité sur un grand panneau à claire-voie* » (Sartre). 3 Message publicitaire. ⇒ fam. ② **pub.** *Publicité rédactionnelle.* ⇒ **publireportage.**

❑ Jusqu'aux années 50 on employait *réclame* pour la promotion commerciale.

publier v. tr. 7 – XIIe ; lat. *publicare* 1 Faire connaître au public ; annoncer publiquement. ⇒ **déclarer, divulguer, proclamer.** « *Les journaux publièrent des décrets qui renouvelaient l'interdiction de sortir* » (Camus). « *Tant de jours pour publier les bans à l'église* » (Loti). 2 Faire paraître en librairie. *Il* « *va publier un livre* [...] *édition de luxe, vignettes, culs-de-lampe et fesses de quinquet* » (Flaub.). ♦ Éditer.

publiphone n. m. – 1978 ; marque déposée, de *publi(c)* et *(télé) phone* ▪ Cabine téléphonique publique.

publipostage n. m. – 1973 ▪ Prospection, démarchage ou vente par voie postale. ➛ Recomm. offic. pour *mailing**.

publiquement adv. – XIVe ▪ En public, au grand jour. ✪ CONTR. Secrètement.

publireportage n. m. – 1969 ▪ Message publicitaire dans un magazine, affectant la forme d'un reportage normal.

puccinie n. f. ou **puccinia** n. m. – XIXe ; de *Puccini,* savant it. ▪ Champignon parasite *(hétérobasidiomycète),* agent de la rouille des blés.

puce n. f. – XIIe ; lat. *pulex* 1 Insecte sauteur *(siphonaptères),* de couleur brune, parasite de l'homme et de quelques animaux. *Être piqué par une puce.* ➛ fam. *Sac à puces :* lit (⇒ **pucier).** loc. *Être excité comme une puce.* ➛ *Mettre la puce à l'oreille :* intriguer, éveiller des doutes, des soupçons. ➛ fam. *Secouer les puces à qqn,* le réprimander, l'inciter à l'action, à l'effort. ➛ *Le marché aux puces, les puces :* marché où l'on vend toutes sortes d'objets d'occasion. ♦ fam. Personne de très petite taille. ♦ *Jeu de puce :* jeu d'enfant consistant à faire sauter dans une sébile des jetons en appuyant sur le bord. 2 n. m. inv. Brun-rouge assez foncé. « *un petit vieillard sec et propre, en habit et culotte puce* » (France). 3 *Puce d'eau.* ⇒ **daphnie ; gammare.** *Puce de mer :* talitre. 4 Petite surface d'un matériau semi-conducteur supportant la partie active d'un circuit intégré. *Carte à puce.*

puceau n. m. – XIIIe ; de *pucelle* ▪ fam. Garçon, homme vierge. ➛ adj. « *Je jurerais qu'il est puceau* » (Gide).

pucelage n. m. – XIIe ; de *pucelle* ▪ fam. Virginité. *Perdre son pucelage.*

pucelle n. f. – Xe ; lat. *pullus* « petit d'un animal » 1 vx ou plaisant Jeune fille. ➛ *La pucelle d'Orléans :* Jeanne d'Arc. 2 fam. Femme vierge. ♦ adj. *Elle est encore pucelle.*

puceron n. m. – XVIIe ▪ Petit insecte *(hémiptères),* parasite des plantes. *Puceron du rosier.*

pucier n. m. – XVIIe ▪ fam. Lit.

pudding [pudiŋ] n. m. – XVIIe ; mot angl. ▪ Gâteau à base de farine, d'œufs, de graisse de bœuf et de raisins secs. ⇒ **plum-pudding.** « *le pudding saucé d'un brûlant velours de rhum* » (Colette). *Des puddings.*

❑ On écrit parfois *pouding* avec la même prononciation. Mais attention, le *pouding* [pudɛ̃] est un gâteau du nord de la France. ♦ Pour le double *d* → reddition (rem.).

puddler [pydle] v. tr. 1 – XIXe ; angl. *to puddle* « brasser » ■ Affiner (la fonte) en la décarburant par brassage sous l'influence de scories ou d'oxydes.

❑ Pour le double *d* → reddition (rem.).

pudeur n. f. – XVIe ; lat. 1 Sentiment de honte, de gêne qu'une personne éprouve à faire, à envisager des choses de nature sexuelle ; disposition à éprouver un tel sentiment. ⇒ **décence.** « *Un sentiment délicat, de pudeur et de modestie, lui fit baisser les paupières* » (Aymé). *Spectacle qui offense la pudeur. Attentat à la pudeur.* ➛ loc. fam. *Jouer les pères la pudeur :* s'offusquer facilement. ♦ Réaction inspirée par ce sentiment. « *Ces réserves, ces pudeurs qui s'interposent dans les relations* » (Lamart.). 2 Gêne qu'éprouve une personne devant ce que sa dignité semble lui interdire. ⇒ **délicatesse, discrétion, réserve, retenue.** *Cacher son chagrin par pudeur. Sans aucune pudeur. Ayez la pudeur de vous taire.* ✪ CONTR. Impudeur, indécence ; cynisme.

❑ Même famille étymologique : *impudent, répudier.*

pudibond, onde adj. – XVIe ; lat. *pudere* « avoir honte » ■ Qui a une pudeur exagérée jusqu'au ridicule. ⇒ **prude.** « *L'Anglais est plus pudibond, parce que ses désirs sont plus violents* » (Maurois). ✪ CONTR. Impudique.

pudibonderie n. f. – XIXe ■ Caractère pudibond, affectation de pudeur. ⇒ **pruderie.**

pudicité n. f. – XVe ■ littér. Pudeur, caractère pudique. ✪ CONTR. Impudicité.

pudique adj. – XIVe ; lat. 1 Qui a de la pudeur. ⇒ **chaste, sage.** « *Les hommes les moins pudiques aiment la pudeur dans l'objet aimé* » (Baud.). ♦ Qui marque de la pudeur. *Elle eut un geste pudique pour cacher sa nudité.* 2 Plein de discrétion, de réserve. *Il a fait une allusion pudique à leurs différends.* ✪ CONTR. Impudique, indécent ; ② cru, cynique.

pudiquement adv. – XIVe ■ D'une manière pudique. *Détourner pudiquement son regard.* ♦ En termes pudiques, par euphémisme. « *On ne l'appelle plus ainsi aujourd'hui* [la police des mœurs]. *On dit pudiquement la "Brigade mondaine"* » (Simenon). ✪ CONTR. Crûment.

puer v. 1 – XIIe ; lat. *putere* 1 v. intr. Sentir très mauvais, exhaler une odeur infecte. ⇒ **empester.** « *L'éther, ça pue !* » (Duham.). *Ça pue ici !* fam. *Puer des pieds.* 2 v. tr. Répandre une très mauvaise odeur de. *Ivrogne qui pue l'alcool.* « *la route pue le crottin* » (Mart. du G.). ♦ « *Ce lieu sue la bêtise, pue la canaillerie* » (Maupass.). ✪ CONTR. Embaumer. — HOM. *Pue :* pus (① pouvoir).

❑ Même famille étymologique : *pourrir, punaise, pute, putois, putréfier, suppurer.*

puériculteur, trice n. – 1932 ■ Personne diplômée s'occupant des nouveau-nés et des enfants jusqu'à trois ans.

puériculture n. f. – XIXe ; lat. *puer* « enfant » ■ Ensemble des méthodes propres à assurer la croissance et le plein épanouissement organique et psychique de l'enfant (jusqu'à 3 ou 4 ans). « *Tous les ouvrages de puériculture elle les avait lus et surtout ceux qui lyrisent à en pâmer les maternités* » (Céline).

puéril, ile adj. – XVe ; lat. *puer* « enfant » 1 Qui évoque l'enfant, l'enfance. ⇒ **infantile.** « *ce je ne sais quoi de puéril qui contraste avec sa maturité de femme* » (Mart. du G.). 2 Qui n'est pas digne d'un adulte, manque de maturité. ⇒ **enfantin ; frivole, futile.** *Une réaction puérile.* ⇒ **immature.** « *Ces discussions oiseuses, cet ergotage aigre et puéril* » (R. Rolland). ✪ CONTR. Mûr, sérieux.

puérilement adv. – XVIe ■ littér. D'une manière puérile. ✪ CONTR. Sérieusement.

puérilisme n. m. – 1901 ■ Syndrome caractérisé par une régression de la personnalité psychique au stade de l'enfance.

puérilité n. f. – XIVe 1 Caractère puéril, peu sérieux, peu mûr. ⇒ **frivolité, futilité.** « *regarder la vie en face, sans puérilité* » (Siegfried). ⇒ **infantilisme.** 2 littér. Action, parole, idée puérile. ⇒ **enfantillage.** « *Les puérilités qui traversent la cervelle du plus grand génie* » (Chateaub.). ✪ CONTR. Maturité, sérieux.

puerpéral, ale, aux adj. – XVIIIe ; lat. *puer* « enfant » et *parere* « enfanter » ■ Relatif à la période qui suit l'accouchement. *Fièvre puerpérale,* due à une infection utérine.

❑ Même famille étymologique que *puéril.*

puffin n. m. – XVIIIe ; mot angl. ; o. i. ■ Oiseau de mer migrateur *(procellariiformes),* voisin du pétrel.

pugilat n. m. – XVIe ; lat. *pugnus* « poing » 1 Dans l'Antiquité, Combat entre boxeurs aux poings gantés de cestes. ⇒ **pancrace.** 2 Bagarre à coups de poing. ⇒ **rixe.** *Discussion qui se termine en pugilat.*

pugiliste n. m. – XVIIIe 1 Dans l'Antiquité, Athlète spécialisé dans le pugilat. 2 littér. Boxeur. « *Le grand pugiliste, une des plus pures figures du ring américain* » (Morand).

pugilistique adj. – XIXe ■ littér. Relatif au pugilat, à la boxe.

pugnace [pygnas] adj. – XIXe ; lat. *pugnare* « combattre » ■ littér. Qui aime le combat, la polémique. ⇒ **combatif.** ✪ CONTR. Pacifique.

pugnacité [pygnasite] n. f. – XIXe ■ littér. Caractère pugnace, esprit combatif.

puîné, ée adj. et n. – XIIe ; de *puis* et *né* ■ vieilli Cadet. *Ma sœur puînée.* ➛ n. « *Tu sais bien que, puîné, je n'ai point part à l'héritage* » (Gide). ✪ CONTR. Aîné.

puis adv. – XIe ; lat. *post* ou *postea* 1 Après cela, dans le temps qui suit. ⇒ **ensuite.** « *Des gens entraient, puis ressortaient* » (Green). « *Barca vit avancer un des miliciens, puis une dizaine, puis une longue file* » (Malraux). « *Il chantonne tout bas, puis moins bas, puis tout haut* » (R. Rolland). 2 Plus loin. ⇒ **après.** « *À gauche, la halle aux blés, puis le marché à la volaille* » (Nerval). 3 ET PUIS, introduisant le dernier terme d'une énumération. ⇒ **et, plus.** « *Tout homme a deux pays, le sien et puis la France !* » (H. de Bornier). « *Il est brave, et puis c'est tout* » (Stendh.). 4 ET PUIS, servant à introduire une nouvelle raison. *Et puis après tout, cela ne me regarde pas.* ➛ *Et puis ?* s'emploie pour demander quelle suite, quelle importance peut bien avoir la chose en question. fam. *Et puis quoi ? Et puis après ? Et puis quoi encore ?* ✪ HOM. Puits, puy.

puisage n. m. – XVe ■ Action de puiser.

puisard n. m. – XVIIe 1 Puits en pierres sèches, destiné à recevoir et absorber les eaux-vannes et résidus liquides. ⇒ **bétoire, égout.** ➛ *Puisard d'aqueduc :* trou pratiqué dans la voûte d'un aqueduc. 2 Espace compris entre deux varangues et formant une caisse étanche où viennent s'accumuler les eaux de cale avant d'être aspirées par les pompes d'assèchement.

puisatier n. m. – XIXe ■ Ouvrier qui creuse des puits.

puiser v. tr. 1 – XIIIe ; de *puits* 1 Prendre dans une masse liquide à l'aide d'un récipient qu'on y plonge. « *les femmes allaient puiser de l'eau* » (Le Clézio). ⇒ **tirer.** ➛ *Puiser à la source.* ♦ PUISER DANS : prendre au fond de. « *Elle puisait dans un des sacs* [de confettis] *ce qu'elle jetait aux passants* » (Aragon). 2 Emprunter, aller chercher. « *le grand poète est celui qui peut* *puiser à pleines mains dans son réservoir d'images, de mots et de tournures* » (Duham.).

puisque conj. – XIIe ; de *puis* et *que* ▪ Conjonction de subordination à valeur causale. « *Au lieu de conclure qu'il n'y a point de vrais miracles* parce qu'*il y en a tant de faux, il faut dire au contraire qu'il y a certainement de vrais miracles* puisqu'*il y en a tant de faux* » (Pasc.). ♦ « *Les mondes meurent, puisqu'ils naissent* » (France). ➛ *Son départ, puisque départ il y a...* ♦ *Puisque je vous le dis !* ♦ « *Puisque vous désirez vous entretenir avec moi, nous serons mieux dans mon cabinet de travail* » (Romains).

> ❑ La règle est assez floue quant à l'élision du *e* final avant un autre mot que *il(s), elle(s), on, un(e), ainsi.* On trouve : « *puisque à présent la table basculait* » (Simon) mais aussi « *puisqu'après tant d'efforts* » (Racine).

puissamment adv. – XIIe **1** Avec des moyens puissants, par une action efficace. « *La chevalerie a puissamment contribué à sauver l'Europe* » (Chateaub.). **2** Avec force, intensité. « *Une très vive lueur blanche continua d'illuminer puissamment l'horizon* » (Gide). ✪ CONTR. Faiblement.

puissance n. f. – XIIe **I** Virtualité, possibilité. *La puissance et l'acte.* ♦ loc. adj. EN PUISSANCE : qui existe sans se manifester, qui est susceptible de se développer et de se manifester dans l'avenir. ⇒ **potentiel, virtuel.** « *Déceler l'embryon de désir, l'impureté en puissance* » (Mauriac). **II - 1** État d'une personne qui a une grande action sur les personnes, les choses ; domination qui en résulte. « *La puissance de Dieu est infinie* » (Balz.). ⇒ **toute-puissance.** *Puissance paternelle, maritale.* ⇒ **autorité.** ♦ VOLONTÉ DE PUISSANCE : volonté d'agir sur le monde, d'être plus fort que l'homme moyen, au mépris de la morale. Besoin de dominer. ♦ Grand pouvoir de fait, qu'une personne, un groupe exerce. ⇒ **autorité, souveraineté.** *La puissance d'un syndicat.* ➛ Pouvoir d'un pays fort. *La puissance économique d'un pays.* **2** Caractère de ce qui peut beaucoup, de ce qui produit de grands effets. ⇒ **efficacité.** *La puissance d'un raisonnement.* « *On a dit de la puissance de la parole qu'elle transporte* » (Ste-Beuve). « *La puissance de séduction qu'exercent sur nous les actions héroïques* » (Balz.). ♦ Force physique. *La puissance d'un athlète.* **3** Quantité d'énergie fournie ou consommée par unité de temps. *Puissance effective* ou *puissance au frein d'un moteur,* sa puissance utile. *Puissance administrative* (ou *fiscale*) *d'un moteur d'automobile,* évaluée en chevaux fiscaux. ➛ *Puissance électrique réactive,* alternativement libérée et absorbée par un circuit réactif excité par un courant sinusoïdal. ➛ *Puissance (électrique moyenne)* : valeur moyenne d'une puissance instantanée. *Amplificateur d'une puissance de 100 watts.* ♦ Pouvoir d'action (d'un appareil) ; intensité (d'un phénomène). *Puissance d'un système optique,* exprimée en dioptries. ➛ « *L'ampoule électrique* [...] *de puissance assez faible* » (Robbe-Grillet). *Puissance du son d'un poste de radio.* ⇒ **volume. 4** *Puissance d'un nombre* : produit de plusieurs facteurs égaux à ce nombre, le nombre de facteurs étant indiqué par l'exposant. *Élever un nombre à la puissance deux* (⇒ **carré**), *trois* (⇒ **cube**). « 10^5 » *se lit* « *dix puissance cinq* ». ➛ Caractère lié au nombre d'éléments d'un ensemble ou à la densité d'un espace (⇒ ② **cardinal**). ♦ *Puissance d'un point P par rapport à un cercle, à une sphère de rayon r et de centre O* : le nombre réel $PO^2 - r^2$. **III - 1** *Les Puissances* : anges du 2e chœur de la 2e hiérarchie. **2** littér. Chose abstraite ou indéterminée qui a un grand pouvoir, produit de grands effets. « *Trois puissances gouvernent les hommes : le fer, l'or, l'opinion* » (Chamf.). **3** Catégorie, groupement de personnes qui ont un grand pouvoir de fait dans la société. *La presse, redoutable puissance.* « *Si les puissances féodales avaient été abaissées, les puissances d'argent avaient grandi* » (Bainville). **4** État souverain. ⇒ **nation,** ① **pays.** *Les grandes puissances.* ✪ CONTR. Impuissance. Faiblesse.

puissant, ante adj. et n. m. – XIe ; a. p. prés. de *pouvoir* **1** Qui a un grand pouvoir de fait, de la puissance. *Un personnage puissant.* ⇒ **influent.** *Un syndicat puissant.* ⇒ aussi **tout-puissant.** « *Selon que vous serez puissant ou misérable* » (La Font.). ♦ n. m. ⇒ ① **fort, grand.** « *Les regards des puissants passent par-dessus les petits sans les voir* » (Gide). ♦ Qui a de grands moyens militaires. *Pays menacé par un puissant voisin.* **2** Qui est très actif, produit de grands effets. « *il s'agit d'administrer quelque puissant antidote* » (Flaub.). ⇒ **efficace, énergique.** « *Poussée par un sentiment si puissant* » (Balz.). ⇒ **profond, violent.** ♦ Qui s'impose par sa force, son action. *Une puissante personnalité.* **3** Qui a de la force physique. ⇒ ① **fort, vigoureux.** « *au-dessus des muscles puissants du cou* » (Loti). **4** Qui a de la puissance, de l'énergie. ⇒ **surpuissant.** *Voiture puissante.* **5** Qui a une grande intensité. ⇒ ① **fort.** *Un éclairage puissant.* ✪ CONTR. Faible, petit.

> ❑ Le préroman disait *puissant,* là où le français dit *pouvant,* pour le participe présent du verbe *pouvoir* (cf. le subjonctif *qu'il puisse*). → savant (rem.).

puits n. m. – XIIe ; lat. *puteus* **1** Cavité circulaire, profonde et étroite, à parois maçonnées, pratiquée dans le sol pour atteindre une nappe d'eau souterraine. *Margelle d'un puits. Puiser de l'eau au puits.* « *Tant de seaux d'eau que j'ai tirés au puits pour elle* » (Mol.). ♦ loc. *Un puits de science* : une personne très savante. ♦ *Puits naturel.* ⇒ **aven, gouffre. 2** Excavation pratiquée dans le sol ou le sous-sol pour l'exploitation d'un gisement. *Puits de mine. Puits d'extraction, de descente, d'aérage.* ➛ PUITS DE PÉTROLE : galerie creusée pour aboutir à une nappe d'hydrocarbure. *Le forage d'un puits de pétrole* (⇒ **derrick**). **3** Excavation ou passage vertical. *Puits d'ascenseur.* ⇒ **cage. 4** *Puits à chaîne* : compartiment à l'avant d'un bateau, logeant la chaîne de l'ancre. **5** *Puits d'amour* : gâteau de pâte feuilletée, creusé et garni en son centre de crème pâtissière. ✪ HOM. Puis, puy.

> ❑ Autrefois écrit *puis* ; le *t* a été ajouté d'après l'étymon latin *puteus.*

pulicaire n. f. – XVIIIe ; lat. *pulicaria (herba)* « (herbe) aux puces » ▪ Plante herbacée *(astéracées)* à fleurs jaunes, qui pousse dans les lieux humides.

pull [pyl] n. m. – 1930 ▪ Pull-over. *Pull à col roulé, à col en V, ras du cou.*

pullman [pulman] n. m. – XIXe ; mot angl., du nom de l'inventeur **1** vieilli Wagon de luxe. **2** Autocar très confortable. *Des pullmans.*

pullorose n. f. – 1948 ; lat. *(bacterium) pullorum* « (bactérie) des poulets » ▪ Grave maladie des volailles, atteignant surtout les poussins.

pull-over [pylɔvɛʀ ; pulɔvœʀ] n. m. – 1925 ; mot angl., « tirer par-dessus » ▪ Vêtement tricoté, couvrant le haut du corps et que l'on enfile en le faisant passer par-dessus la tête. ⇒ **chandail, pull.** « *l'homme jeune et élégant dans son pull-over en angora* » (Beauv.). *Des pull-overs.*

> ❑ L'emploi actuel le plus courant est *pull* [pyl].

pullulement n. m. – XIXe **1** Fait de pulluler, de se multiplier. *Pullulement d'insectes.* **2** Profusion, grouillement. ⇒ **foisonnement.** « *ce pullulement d'expressions nouvelles* » (Proust).

pulluler v. intr. [1] – XVe ; lat. **1** Se multiplier ; croître en grand nombre et très vite. « *les soles, par paires,* *grises ou blondes, pullulaient* » (Zola). 2 Se manifester en très grand nombre. ⇒ **fourmiller, grouiller.** « *Ruelles étroites où circule, s'agite, pullule la population la plus colorée* » (Maupass.). ♦ Abonder, foisonner. *Fautes qui pullulent dans un texte.*

① **pulmonaire** **n. f.** – XVe ; lat. *pulmonaria (radicula)* « (racine) bonne pour le poumon » ■ Plante herbacée *(borraginacées)* à fleurs roses, puis bleues à maturité.

② **pulmonaire** **adj.** – XVIe ■ Qui affecte le poumon. « *la poussée fébrile qui accompagnait ma congestion pulmonaire* » (Proust). ♦ Qui appartient au poumon. *Artère pulmonaire.*

pulmonés **n. m. pl.** – XIXe ; lat. *pulmo* « poumon » ■ Sous-classe de mollusques gastéropodes, chez qui la cavité palléale fonctionne comme un poumon.

pulpaire **adj.** – 1932 ■ Qui appartient, a rapport à la pulpe dentaire. *La cavité pulpaire.*

pulpe **n. f.** – XIIe ; lat. 1 *La pulpe des doigts,* l'extrémité charnue de leur face interne. *Pulpe dentaire* : tissu conjonctif situé à l'intérieur de la dent. 2 Tissu parenchymateux, qui constitue la plus grande partie des fruits charnus. ⇒ **chair.** *La pulpe du raisin.* « *sa chair dure et ferme comme la pulpe d'une pêche un peu verte* » (Gaut.). 3 Résidu pâteux du traitement de certains végétaux dans les sucreries et distilleries. ⇒ ① **tourteau.** *Pulpes fraîches ou séchées de betteraves.*

pulpeux, euse **adj.** – XVIe ■ Fait de pulpe ; qui a le moelleux, l'aspect de la pulpe. *Des lèvres pulpeuses.* ➤ *Une jeune créature pulpeuse,* aux formes pleines.

pulque [pulke] **n. m.** – XVIIe ; mot mexicain ■ Boisson fermentée fabriquée au Mexique avec le suc de certaines agaves.

> ❑ On écrit aussi *pulqué,* conformément aux usages graphiques français : « *Il a tellement bu de whisky* [...], *de pulqué, d'aguardiente* » (Cendrars).

pulsar **n. m.** – 1969 ; mot angl., de *puls(ating) (st)ar* « étoile vibrante » ■ Source de rayonnement électromagnétique, détectée hors du système solaire, dans notre galaxie.

pulsatif, ive **adj.** – XIVe ■ Relatif à des pulsations.

pulsation **n. f.** – XIVe ; lat. 1 Battement. « *la pulsation rapide et bien rythmée de son cœur* » (Mart. du G.). ➤ *Ralentissement, accélération des pulsations.* ⇒ **pouls.** 2 *Pulsation d'un mouvement vibratoire, sinusoïdal* : forme d'onde de courte durée et dont les valeurs initiales et finales sont les mêmes. ➤ *Pulsation d'un courant alternatif,* sa fréquence angulaire.

pulsé **adj. m.** – v. 1960 ; angl. *to pulse* ■ *Air pulsé,* soufflé. *Chauffage par air pulsé.*

pulsion **n. f.** – XVIe ; lat. *pellere* « pousser » ■ Tendance permanente et habituellement inconsciente, qui dirige l'activité d'un individu. *Pulsions sexuelles.* ⇒ **libido.** *Ensemble des pulsions.* ⇒ ② **ça.**

> ❑ Signifiant initialement « action de pousser », *pulsion* n'a pas réussi à s'imposer à côté de *poussée.* Le mot a été repris en psychanalyse au début du XXe s. ♦ De la même famille : *impulsion, répulsion.*

pulsionnel, elle **adj.** – 1953 ■ Relatif aux pulsions. ⇒ **instinctuel.** *L'énergie pulsionnelle.*

pulsoréacteur **n. m.** – v. 1945 ; lat. *pellere* « pousser » et *réacteur* ■ Type de réacteur fonctionnant par combustion discontinue.

pultacé, ée **adj.** – XVIIIe ; lat. *puls* « bouillie » ■ Qui a la consistance d'une bouillie. *Exsudat pultacé,* dans certaines angines.

pulvérin **n. m.** – XVIe ; it. *polvere* « poudre » ■ Poudre très fine, dont on se servait pour l'amorçage des armes à feu, utilisée aujourd'hui dans les compositions pyrotechniques. « *il alluma un peu d'étoupe, imprégnée de pulvérin* » (J. Verne).

pulvérisable **adj.** – XIVe ■ Qui peut être pulvérisé. *Mélange, liquide pulvérisable.*

pulvérisateur **n. m.** – XIXe ■ Appareil servant à projeter une poudre, un liquide pulvérisé. ⇒ **vaporisateur.** *Pulvérisateur de peinture.* ⇒ **aérographe, pistolet.** ♦ Machine agricole projetant des insecticides, des fongicides. ⇒ **poudreuse, sulfateuse.**

pulvérisation **n. f.** – XIVe 1 Action de réduire en poudre. 2 Projection d'une poudre (⇒ **poudrage**) ou d'un liquide pulvérisé (⇒ **vaporisation**). *Pulvérisations nasales. Il* « *s'est pratiqué dans le nez et dans la gorge une pulvérisation soigneuse* » (Duham.).

pulvériser **v. tr.** [1] – XIVe ; lat. *pulvis* « poudre » 1 Réduire en poudre. ⇒ **broyer, égruger,** ① **piler.** *Pulvériser de la craie.* ♦ Faire éclater en petits morceaux, mettre en miettes. « *La masse blanche* [de l'avalanche] *a balayé la maison et pulvérisé des voitures* » (Green). 2 Projeter en fines gouttelettes. ⇒ **vaporiser.** *Pulvériser un liquide insecticide.* 3 fig. Détruire complètement. ⇒ **anéantir, écraser.** « *Enfoncer les carrés, pulvériser les régiments* » (Hugo). ♦ fam. *Pulvériser un record,* le battre de beaucoup. ✪ CONTR. Agglomérer.

pulvériseur **n. m.** – 1904 ■ Machine agricole servant à ameublir un sol déjà labouré.

pulvérulent, ente **adj.** – XVIIIe ■ Qui est à l'état de poudre ou se réduit facilement en poudre. *Chaux pulvérulente.*

puma **n. m.** – XVIIe ; mot quechua ■ Mammifère carnassier d'Amérique *(félidés),* arboricole, à pelage fauve et sans crinière. ⇒ **couguar, eyra.**

puna **n. f.** – XVIIIe ; mot quechua 1 Troubles physiologiques liés à l'altitude (dans les Andes). 2 Haut plateau froid, au Pérou et en Bolivie. *Les Indiens de la puna.*

punaise **n. f.** – XIIIe, lat. *putinaslus* « qui pue du nez » 1 Petit insecte hétéroptère à corps aplati, dégageant une odeur infecte quand on l'écrase. *Punaise des lits,* parasite de l'homme. « *des couvertures traînantes et souillées de punaises* » (Baudelaire). *Punaise des bois* ⇒ **gendarme, pentatome.** *Punaise rouge.* ⇒ **pyrrhocoris.** ➤ *Punaise d'eau.* ⇒ **naucore, nèpe, ranatre.** ➤ loc. *Plat comme une punaise,* d'une bassesse morale absolue. « *tu es plat comme une punaise à genoux* » (Apoll.). ♦ péj. Personne méprisable. *Quelle punaise !* ♦ fam. *Punaise !* exclamation de surprise, de dépit. ⇒ **putain.** 2 Petit clou à tête plate, à pointe courte. « *Quatre punaises piquées de rouille fixaient une carte* » (Romains).

punaiser **v. tr.** [1] – XIXe ■ Fixer avec des punaises. « *Sur la porte d'entrée est punaisée une carte postale* » (Perec).

① **punch** [pɔ̃ʃ] **n. m.** – XVIIe ; mot angl. ■ Boisson alcoolisée à base de rhum, parfumée de citron et d'épices. « *à huit heures, entre les deux services, on dégusta le punch glacé* » (Balz.). *Un verre de punch. Des punchs.*

> ❑ *Punch* viendrait de l'hindi *panch* « cinq » à cause des cinq éléments qui entraient dans la composition de la boisson. ♦ La prononciation de ...*un*... dans les mots d'origine anglaise, au XIXe s., s'aligne souvent sur le latin. → u (rem.).

② **punch** [pœnʃ] **n. m.** – 1909 ; mot angl. « coup » ■ Aptitude d'un boxeur à porter des coups secs et décisifs. ♦ fam. Efficacité, dynamisme. *Avoir du punch.* ⇒ fam. **frite,** ① **pêche.**

puncheur [pœnʃœʀ] n. m. – 1920 ▪ Boxeur qui a le punch.

punching-ball [pœnʃiŋbol] n. m. – 1900 ; mot angl., de *punching* « en frappant » et *ball* « ballon » ▪ Ballon fixé par des attaches élastiques, servant à l'entraînement de boxeurs. *Des punching-balls.*

-puncture pɔ̃ktyʀ] ou **-poncture** Élément, du lat. *punctura* « piqûre ».

punique adj. – XIVe ; lat. *Pœni* « les Carthaginois » ▪ Relatif aux colonies phéniciennes d'Afrique, à Carthage. *Les guerres puniques,* menées par Rome contre Carthage.

punir v. tr. [2] – XIIIe ; lat. 1 Frapper (qqn) d'une peine pour avoir commis un délit ou un crime. ⇒ **châtier, condamner.** « *Il y a des criminels que le magistrat punit, d'autres qu'il corrige* » (Montesq.). ♦ Frapper d'une sanction pour un acte répréhensible. *Punir un élève.* 2 Sanctionner par une peine, une punition. *L'Église* « *a toujours puni l'homicide* [...] *comme un des plus grands attentats qu'on puisse commettre contre Dieu* » (Pasc.). 3 *Punir qqn de :* atteindre d'un mal constituant une sanction. *Cet échec le punira de son orgueil.* ➝ loc. *Être puni par où l'on a péché :* trouver sa punition dans la faute ou l'erreur même qu'on a commise. ♦ Mal récompenser. *Il est puni de sa bonté.* ✪ CONTR. Épargner, récompenser.

punissable adj. – XVe ▪ Qui entraîne ou peut entraîner une peine, une punition. ⇒ **condamnable, répréhensible.** « *le plus punissable des actes de désobéissance* » (E. de Goncourt).

punitif, ive adj. – XIVe ▪ Destiné à punir. *Expédition punitive.*

punition n. f. – XIIIe 1 Action de punir. *En punition de ses péchés.* 2 Ce que l'on fait subir à l'auteur d'une simple faute (non d'un crime ou délit grave). ⇒ **châtiment, peine, pénalité, sanction.** *Infliger, donner une punition. Punition légère, sévère. Punition collective.* ➝ *Être en punition dans sa chambre.* « *Pour votre punition, vous ne saurez rien du tout* » (Mol.), pour vous punir. 3 Conséquence pénible. « *C'est bien fait ! Sa pénurie est la punition de sa prodigalité* » (Baud.). ✪ CONTR. Récompense.

❑ Pour le sens → châtiment (rem.).

punk [pœ̃k ; pœnk] n. et adj. – 1973 ; mot angl. « vaurien ; pourri, délabré » 1 n. m. Mouvement de contestation regroupant des jeunes qui affichent divers signes extérieurs de provocation par dérision envers l'ordre social. ➝ adj. *La musique punk. Les modes punk(s).* 2 Adepte du punk. *Des punks.*

❑ *Punk* fait partie de la série abondante des emprunts culturels du français à l'anglais autour des mouvements idéologiques et musicaux (*hippie, rocker,* etc.).

puntillero [puntijeʀo] n. m. – 1900 ; mot esp., de *puntilla* « poignard » ▪ Celui qui est chargé d'achever le taureau, si l'estocade n'a pas tué la bête. *Des puntilleros.*

pupazzo [pupadzo] n. m. – XIXe ; mot it. ▪ Marionnette italienne à tête et bras de bois, montée sur une gaine où le montreur enfile sa main. *Des pupazzi* ou *des pupazzos.*

pupe n. f. – XIXe ; lat. *pupa* « poupée » ▪ Stade larvaire des diptères durant lequel la chrysalide reste immobile dans son enveloppe de chitine.

① **pupillaire** [pypilɛʀ] adj. – XVe ▪ Relatif au pupille. *La gestion du patrimoine pupillaire.*

② **pupillaire** [pypilɛʀ] adj. – XVIIIe ▪ Qui appartient, a rapport à la pupille. *Réflexes pupillaires.*

pupillarité [pypilaʀite] n. f. – XIVe ▪ État du pupille.

① **pupille** [pypij ; pypil] n. – XIVe ; lat. *pupus* « petit garçon » 1 Orphelin, orpheline mineur(e) en tutelle. 2 Enfant privé de son soutien naturel et placé sous le régime de la tutelle ou le contrôle des services de l'aide sociale à l'enfance. *Pupilles de l'État :* enfants dont la collectivité publique a la responsabilité totale. *Pupilles de la Nation :* enfants de victimes de guerre. « *Mon père est mort en 1918. Je suis pupille de la Nation* » (Sartre).

❑ Le double *l* se prononce en principe [l] mais la langue courante dit fréquemment [pypij] sur le modèle de *fille.* → osciller (rem.).

② **pupille** [pypij ; pypil] n. f. – XIVe ; lat. ▪ Orifice central de l'iris, par où passent les rayons lumineux. ⇒ ② **prunelle.** « *par degrés sa pupille se proportionna à la lumière comme elle s'était proportionnée à l'obscurité* » (Hugo).

pupinisation n. f. – 1922 ; du nom du physicien *Pupin* ▪ Introduction de bobines d'inductance dans les conducteurs d'une ligne de télécommunication.

pupipare adj. – XIXe ; de *pupe* et *-pare* ▪ Se dit des insectes diptères dont les larves éclosent prêtes à se transformer en pupes.

pupitre n. m. – XIVe ; lat. *pulpitum* « estrade » 1 Petit meuble en forme de plan incliné, sur lequel on pose, à hauteur de vue, un livre, du papier. *Pupitre de chœur.* ⇒ **lutrin.** « *Il tira un cahier de musique, le mit sur le pupitre du piano* » (R. Rolland). *Être au pupitre :* diriger l'orchestre. ♦ Groupe de musiciens jouant du même instrument, de choristes chantant la même voix. *Chef de pupitre.* 2 Petite table à couvercle incliné, servant à écrire. ⇒ **bureau.** « *Chaque élève avait transformé l'envers du couvercle de son pupitre en une petite exposition iconographique* » (Tournier). 3 Emplacement où sont disposés les commandes et les appareils de contrôle d'un système électronique. ⇒ **console.** *Pupitre de visualisation,* réunissant des informations télévisées.

pupitreur, euse n. – 1966 ▪ Technicien chargé de suivre au pupitre le fonctionnement d'un ordinateur.

pur, pure adj. – Xe ; lat. **I - 1** Sans mélange. ⇒ **absolu, parfait.** « *Il n'y a que le mal qui soit pur* [...] *Le bien est toujours mêlé de mal* » (Vigny). ♦ Qui ne dépend pas de l'expérience, de la sensation (opposé à ② *pratique*). « *La Critique de la raison pure* », *de Kant. Science pure* (opposé à *appliquée*). ⇒ **théorique.** ♦ Qui s'interdit toute préoccupation étrangère à sa nature spécifique. *Musique pure* (opposé à *descriptive, lyrique...*). ♦ Qui est seulement et complètement tel. ⇒ **simple.** *Ouvrage de pure fiction. Un pur hasard. C'est la pure vérité.* ⇒ **exact, strict.** *Pure méchanceté.* ➝ *De pure forme. Pur et simple :* sans restriction. *Pur et dur :* qui applique des principes avec rigueur. ♦ n. Personne rigoureusement fidèle à un parti, à une orthodoxie. 2 Sans défaut d'ordre moral, sans corruption, sans tache. ⇒ **innocent, intègre.** *Ses intentions étaient pures,* bonnes et désintéressées. *Un cœur pur.* ⇒ ① **droit.** *Pur de tout soupçon :* à l'abri de tout soupçon. 3 Sans défaut d'ordre esthétique. ⇒ **impeccable, parfait.** « *son visage brun était d'un ovale ferme et pur* » (France). ♦ D'une correction élégante. « *un style plus pur,* [...] *plus littéraire* » (Gaut.). ⇒ **châtié. II - 1** Qui n'est pas mêlé avec autre chose, qui ne contient en soi aucun élément étranger. ⇒ ① **net.** *Du vin pur,* sans eau. *Métal pur,* sans alliage. ⇒ ② **fin.** *Pure laine vierge. Pur coton. Pur fruit. Pur sucre. Saucisson pur porc.* 2 Qui ne renferme aucun élément mauvais ou défectueux. *Eau pure,* claire, bonne à boire. ⇒ **limpide.** *Air pur,* qui n'est pas pollué ; salubre. « *Le ciel à l'aube était parfaitement pur* » (Gide), sans nuages. ✪ CONTR. Impur. Altéré, composite, corrompu, mauvais, pollué, vicié.

pureau n. m. – XVIIe ; a. fr. *purer* « purifier » ▪ Partie non recouverte d'une ardoise, d'une tuile. ✪ HOM. Purot.

purée n. f. – XIIIe ; a. fr. *purer* « purifier, cribler, passer » **1** Mets fait de légumes cuits et écrasés. *Purée de pommes de terre, de brocolis.* ♦ Purée de pommes de terre. *Purée en flocons.* ➝ *Pommes purée.* ⇒ **mousseline.** ♦ loc. *Purée de pois :* brouillard très épais. **2** fam. Gêne financière, misère. *Être dans la purée.* ⇒ fam. **dèche, mouise, panade.** ♦ exclam. (pop.) *Purée !* misère ! ⇒ **putain.**

purement adv. – XIe ▪ Intégralement et exclusivement. *C'est purement scandaleux.* ➝ Simplement, uniquement. « *Les premières sensations des enfants sont purement affectives* » (Rouss.). ➝ loc. *Purement et simplement :* sans condition ni réserve. « *Eugénie pourra renoncer purement et simplement à la succession* » (Balz.).

pureté n. f. – XIIe **I** - **1** État de ce qui est pur, sans souillure morale. ⇒ **candeur, honnêteté, innocence.** « *Aucune hypocrisie ne venait altérer la pureté de cette âme naïve* » (Stendh.). ♦ État de chasteté parfaite. **2** État de ce qui est sans mélange. « *il avait gardé son ancien jargon briard dans toute sa pureté native* » (Gaut.). **3** État de ce qui se conforme avec élégance à des règles, à un type de perfection. « *le style est comme le cristal : sa pureté fait son éclat* » (Hugo). **II** - **1** État d'une substance ne contenant, en principe, aucune trace d'une autre substance ; homogénéité parfaite. *Pureté chimique.* **2** État de ce qui est sans défaut, sans altération. ⇒ **limpidité, netteté.** « *un diamant d'une extraordinaire pureté* » (Maurois). ✪ CONTR. Impureté. Corruption ; immoralité. Mélange. Incorrection ; imperfection.

purgatif, ive adj. et n. m. – XIVe ▪ Qui a la propriété de purger, de stimuler les évacuations intestinales. ⇒ **cathartique, dépuratif, drastique, laxatif.** *Plantes purgatives.* ➝ n. « *le purger, désopiler, et évacuer par purgatifs* » (Mol.).

purgation n. f. – XIIe **1** *Purgation des passions,* action de les apaiser ou de les éliminer en les représentant au théâtre. ⇒ **catharsis.** **2** vieilli Action de purger ; remède purgatif. ⇒ **purge.** « *toutes les saignées et les purgations dont vous aurez besoin* » (Mol.).

purgatoire n. m. – XIIe ; lat. *purgatorius* « qui purifie » **1** D'après la théologie catholique, Lieu où les âmes des justes expient leurs péchés avant d'accéder à la félicité éternelle. **2** Lieu ou temps d'épreuve, d'expiation. *Faire son purgatoire sur terre.*

purge n. f. – XVIe **1** Action de purger ; remède purgatif. ⇒ **purgation.** *Prendre une purge.* **2** Évacuation d'un liquide, dont la présence dans une conduite nuit au bon fonctionnement d'un appareil. ⇒ **vidange.** **3** Opération destinée à libérer un bien ou un droit réel immobilier des charges qui le grèvent. **4** Élimination autoritaire d'individus politiquement indésirables. ⇒ **épuration.** *Pratiquer une purge dans un parti.*

purgeoir n. m. – XVIIIe ▪ Bassin, réservoir où l'on filtre l'eau.

purger v. tr. [3] – XIIe ; lat. *purgare* « nettoyer » **1** Débarrasser de ce qui altère, purifier. *Purger les fils de soie.* ➝ *Purger un radiateur,* en évacuer l'air pouvant gêner le fonctionnement. ➝ Vider de son contenu. *Purger un réservoir.* ⇒ **vidanger.** **2** Débarrasser d'êtres néfastes, dangereux. « *Purgez la terre des vaniteux, des niais* » (Valéry). **3** Administrer un purgatif à (qqn). *Purger un malade.* pronom. *Se purger :* prendre un purgatif. **4** Faire disparaître en subissant (une condamnation, une peine). « *Je veux purger ma peine, je n'ai pas besoin de votre protection* » (Sartre). ♦ Débarrasser (un bien) des charges qui le grèvent (⇒ **déshypothéquer**).

purgeur n. m. – XIXe ▪ Robinet ou dispositif automatique de purge. « *les purgeurs furent ouverts, la vapeur siffla au ras du sol* » (Zola).

purifiant, iante adj. – XVe ▪ littér. Qui purifie, est propre à purifier.

purificateur, trice n. m. et adj. – XVIe **1** Appareil destiné à purifier un milieu physique. *Purificateur d'atmosphère.* **2** adj. Purificatoire. *Ablutions purificatrices.*

purification n. f. – XIIe **1** Cérémonie, rite par lequel on se purifie. « *la purification par l'eau est de la plus haute antiquité* » (Volt.). ⇒ **ablution.** ➝ *Fête de la Purification de la Vierge :* fête catholique. ⇒ **chandeleur.** **2** vx Opération par laquelle on sépare une substance de ses impuretés. ⇒ **clarification, épuration.** ✪ CONTR. Corruption.

purificatoire n. m. et adj. – XVIIe **1** Linge sacré avec lequel le prêtre essuie le calice. **2** littér. Destiné à purifier, propre à la purification. ⇒ **lustral, purificateur.** *Cérémonie purificatoire.*

purifier v. tr. [7] – XIIe ; lat. *purus* « pur » et *facere* « faire » **1** littér. Rendre pur, débarrasser de la corruption, de la souillure morale. ➝ pronom. « *Peut-être s'était-il purifié par un remords ?* » (Balz.). ♦ Laver, débarrasser de ce qui souille, en se conformant à certains rites religieux. **2** Débarrasser de ses impuretés. ⇒ **clarifier, filtrer, rectifier.** ➝ *Purifier l'air.* ⇒ **assainir.** ✪ CONTR. Corrompre, polluer, souiller.

> ❑ Même famille étymologique que *purger.* ♦ Dans la langue classique on employait *purger* pour *purifier* « rendre pur, débarrasser de la souillure morale » mais *purifier* était considéré comme plus noble.

purin n. m. – XIXe ; a. fr. *purer* « passer, égoutter » ▪ Partie liquide du fumier, constituée par les urines et la décomposition des parties solides. *Fosse à purin.* ⇒ **purot.**

purine n. f. – 1904 ; lat. *purus* « pur » et *urique* ▪ Substance azotée basique dont la structure comporte deux chaînes fermées.

purique adj. – déb. XXe ▪ Dérivé de la purine. *Base purique.*

purisme n. m. – XVIIIe **1** Souci excessif de la pureté du langage, de la correction grammaticale, par rapport à un modèle intangible et idéal. **2** Souci de pureté, de conformité totale à un type idéal. ✪ CONTR. Laxisme.

puriste n. et adj. – XVIIe ▪ Partisan du purisme. « *l'art n'a jamais été du côté des puristes* » (Sartre). ▪ adj. « *le public cultivé reste imprégné d'esprit puriste* » (G. Gougenheim). *Écrivain puriste.* ✪ CONTR. Laxiste.

> ❑ Le *puriste* veut maintenir la langue « pure », par le respect de l'usage antérieur (refus de l'évolution « qui change les règles »).

puritain, aine n. et adj. – XVIe ; angl. *purity* « pureté » **1** Membre d'une secte de presbytériens rigoristes qui voulaient pratiquer un christianisme plus pur, et dont beaucoup, après les persécutions du XVIIe s., émigrèrent en Amérique (⇒ **protestant**). ➝ *Le régime puritain de la Nouvelle-Angleterre.* **2** Membre d'une secte rigoriste. *Les* « *incorruptibles M'zabites, puritains mahométans* » (Maupass.). **3** Personne qui montre ou affiche une pureté morale scrupuleuse, un respect rigoureux des principes. ⇒ **rigoriste.** « *une puritaine élevée par une vieille fille dans l'hypocrisie victorienne* » (Maurois). ➝ *Éducation puritaine.* ⇒ **austère, rigide.**

puritanisme n. m. – XVIIe **1** Doctrine, esprit, conduite des puritains. **2** Rigorisme, austérité extrême. « *une sorte de puritanisme grinchu, une dignité hérissée* » (Goncourt).

purot n. m. – XIXe ▪ Fosse à purin. ✪ HOM. Pureau.

purpura n. m. – XIXe ; mot lat. « pourpre » ▪ Ensemble de taches cutanées, de couleur rouge foncé, dues à des hémorragies circonscrites au niveau de la peau.

purpurin, ine adj. – XIVe ▪ poét. De couleur pourpre. ⇒ **pourpré.** *Des lèvres purpurines.*

purpurine n. f. – XIXe ▪ Matière colorante extraite de la garance.

pur-sang [pyʀsɑ̃] n. m. – XIXe ▪ Cheval de course dont les ascendants appartiennent à la race créée au XVIIIe s. par l'union de juments anglaises et d'étalons orientaux. *Des pur-sang* ou *des purs-sangs.*

purulence n. f. – XVIe ▪ État purulent. ⇒ **suppuration.** *Purulence d'une blessure.*

purulent, ente adj. – XIIe ▪ Qui contient ou produit du pus. *Lésion purulente de la peau.* ⇒ **pustule.**

pus n. m. – XVIe ; mot lat. ▪ Production pathologique liquide ou relativement épaisse, le plus souvent jaunâtre, se produisant lors d'inflammations et contenant des leucocytes, des débris cellulaires et des micro-organismes. ⇒ **ichor,** vx **sanie ; py(o)-.** *Écoulement de pus.*

puseyisme [pyzeism] n. m. – XIXe ▪ Mouvement ritualiste, dû notamment à Pusey (1800-1882), qui rapprocha du catholicisme une partie de l'Église anglicane.

> ❑ Attention, on ne prononce pas le *y.* ♦ *Puseyiste* [pyzeist] existe comme adjectif et nom.

push-pull [puʃpul] n. m. inv. – 1928 ; mot angl. « pousse, tire » ▪ Montage amplificateur symétrique à deux éléments actifs associés en opposition de phase.

pusillanime [pyzi(l)lanim] adj. – XIIIe ; lat. *pusillus animus* « esprit mesquin » ▪ littér. Qui manque d'audace, craint le risque, les responsabilités. ⇒ **craintif, faible, frileux, timoré.** « *je hais ces cœurs pusillanimes qui, pour trop prévoir la suite des choses, n'osent rien entreprendre* » (Mol.). ✪ CONTR. Audacieux, courageux, entreprenant.

pusillanimité [pyzi(l)lanimite] n. f. – XIIIe ▪ littér. Caractère d'une personne pusillanime. ⇒ **faiblesse, frilosité, timidité.** *Agir avec pusillanimité.* ✪ CONTR. Audace, hardiesse.

pustule n. f. – XIVe ; lat. **1** Petite tumeur purulente à la surface de la peau. ⇒ **bouton.** *Les pustules de la variole.* **2** Chacune des petites vésicules ou saillies qui couvrent le dos du crapaud, les feuilles ou les tiges de certaines plantes.

pustuleux, euse adj. – XVIe ▪ Caractérisé par la présence de pustules. *Acné pustuleuse.*

putain n. f. – XIIe ; de *pute* **1** péj., vulg. Prostituée. ⇒ **pute.** « *La Putain respectueuse* », *pièce de Sartre.* **2** péj., vulg. Femme qui a une vie sexuelle très libre. « *Double fils de putain, de trop d'orgueil enflé !* » (Mol.). **3** fam. Personne qui cherche à plaire à tout le monde. ➤ adj. « *un gros bonhomme fort pacifique et très putain* » (Flaub.). **4** interj. fam. *Putain !* marquant l'étonnement, l'admiration, la colère. ⇒ **punaise, purée.** ♦ *Putain de,* marquant le mépris, l'exaspération. « *la* putain *de pendule cognait* » (Giono). *Putain de temps !*

> ❑ On écrivait souvent *p...* à la place de *putain,* pour atténuer la trivialité du mot : « *les enfants innombrables jouent autour des pauvres p... nues ou demi-nues* » (Valéry). ♦ Très employé parmi les jeunes comme interjection, concurremment avec *merde.* Le mot *zut* est vieilli.

putassier, ière adj. – XVIe ; de *putasser* « fréquenter les putains » ▪ vulg. Digne d'une prostituée. *Langage putassier.*

putatif, ive adj. – XIVe ; lat. *putare* « estimer, supposer » ▪ *Enfant, père putatif :* celui qui est supposé être l'enfant, le père de tel ou tel. ⇒ **présomptif.** ➤ *Mariage putatif,* qui, en dépit d'une décision le frappant de nullité, produit ses effets juridiques jusqu'à la date de cette décision.

pute n. f. et adj. – XIIIe ; lat. *putidus* « puant » ▪ péj. et vulg. **1** Prostituée. ⇒ **putain.** **2** Femme facile, de mœurs dissolues. *Fils de pute !* **3** adj. Qui n'hésite pas à s'abaisser pour arriver à ses fins. « *Si j'étais un peu plus pute, j'irais lui faire la comédie* » (É. Ajar).

putier ou **putiet** n. m. – XVIIe ; a. fr. *put* « mauvais, puant » ▪ Merisier à grappes.

putois n. m. – XIIe ; a. fr. *put* « puant » **1** Petit mammifère carnivore *(mustélidés),* à pelage brun foncé ou jaunâtre, à odeur nauséabonde. « *je voyais les dents du putois, sa tête plate, son poil jaune* » (Genevoix). ➤ loc. *Crier comme un putois,* très fort. « *Il hurle comme un putois et menace de se plaindre à son député* » (Simenon). **2** Fourrure de cet animal. ⇒ **kolinski.** **3** Pinceau de poils de putois dont se servent les peintres sur porcelaine.

putréfaction n. f. – XIVe ▪ Décomposition des matières organiques sous l'action de ferments microbiens. ⇒ **altération, corruption, fermentation, pourriture.** *Cadavre en état de putréfaction avancée.*

putréfiable adj. – XIXe ▪ Putrescible. *Substance putréfiable.*

putréfier v. tr. 7 – XIVe ; lat. *putris* « pourri » ▪ Pourrir, faire tomber en putréfaction. *La chaleur putréfie la viande.* ➤ « *les cadavres putréfiés de ces rongeurs* » (Camus). ♦ pronom. Se décomposer, pourrir. ✪ CONTR. Conserver.

putrescent, ente adj. – XVIe ▪ Qui est en voie de putréfaction. ⇒ **putride.**

putrescibilité n. f. – XVIIIe ▪ Caractère de ce qui est putrescible. ✪ CONTR. Imputrescibilité.

putrescible adj. – XIVe ▪ Qui peut se putréfier. ⇒ **corruptible, putréfiable ; biodégradable.** ✪ CONTR. Imputrescible, incorruptible.

putrescine n. f. – 1903 ; de *putrescent* ▪ Polyamine formée lors de la putréfaction des cadavres.

putride adj. – XIIIe ; lat. **1** Qui est en putréfaction. ⇒ **putrescent.** « *Les mouches bourdonnaient sur ce ventre putride* » (Baud.). ➤ *Eau putride,* qui contient des matières organiques en décomposition. **2** Qui est relatif au processus de la putréfaction ou qui en résulte. « *Elle exhale des miasmes putrides* » (Lautréam.). **3** littér. Qui répand la pourriture morale. ⇒ **malsain.**

putridité n. f. – XVIIIe ▪ littér. Caractère de ce qui est putride.

putsch [putʃ] n. m. – 1921 ; mot all. « échauffourée » ▪ Soulèvement d'un groupe politique armé, en vue de prendre le pouvoir. ⇒ **pronunciamiento.** *Des putschs.*

putschiste [putʃist] n. – 1920 ▪ Personne qui participe à un putsch.

putt [pœt] n. m. – 1907 ; mot angl., de *to put(t)* ▪ Au golf, Coup joué sur le green, avec le putter.

putter [pœtœʀ] n. m. – XIXe ; mot angl. ▪ Club à face verticale utilisé sur le green pour faire rouler la balle jusqu'au trou.

> ❑ On a d'abord francisé l'orthographe et la prononciation du mot en *poteur ;* puis, sous l'influence de *putt,* répandu plus tardivement, on est revenu à la graphie et à la prononciation anglaise.

putto, plur. **putti** [puto, puti] **n. m.** – XXe ; mot it. ■ Jeune garçon nu représentant l'Amour, dans la peinture italienne. ⇒ **amour.**

puvathérapie **n. f.** – 1975 ; de *p(soralène), U. V. A.* et *-thérapie* ■ Traitement de certaines dermatoses associant l'irradiation par ultraviolets et l'absorption d'un psoralène. ⇒ aussi **actinothérapie.**

puy [pɥi] **n. m.** – XIe ; lat. *podium* « socle, tertre » **1** Hauteur, montagne. *Le Puy de Dôme.* **2** Société qui, au Moyen Âge, organisait des concours de poésie. *Le puy d'Arras.* ✪ HOM. Puis, puits.

> ❑ Ce mot a des correspondants dans les langues romanes (*puech* en gascon, *puig* en catalan, *poggio* en italien) et il se retrouve dans *appuyer.*

puzzle [pœzl ; pœzœl] **n. m.** – 1909 ; mot angl., de *to puzzle* « embarrasser » **1** Jeu de patience composé d'éléments à assembler pour reconstituer un dessin. ⇒ **casse-tête.** « *les puzzles sont fabriqués à la machine et leur découpage n'obéit à aucune nécessité* » (Perec). **2** Multiplicité d'éléments qu'un raisonnement logique doit assembler pour reconstituer la réalité des faits.

p.-v. [peve] **n. m. inv.** – XXe ; abrév. de *procès-verbal* ■ fam. Contravention. *Attraper un p.-v. Des p. v.*

P. V. C. [pevese] **n. m. inv.** – 1972 ; sigle de l'angl. ***P****oly****V****inyl****C****hloride* ■ Matière plastique, chlorure de polyvinyle. *Emballage en P. V. C.*

> ❑ On écrit aussi *PVC* sans points.

pycnomètre **n. m.** – 1923 ; gr. *puknos* « dense » et *-mètre* ■ Appareil servant à déterminer les densités et les masses volumiques des solides et des liquides.

pycnose **n. f.** – 1904 ; gr. *puknôsis* « condensation » ■ Altération du noyau de la cellule qui se présente sous la forme d'une masse condensée, homogène.

pyélite **n. f.** – XIXe ; *pyél(o)-* et *-ite* ■ Inflammation de la muqueuse du bassinet.

pyél(o)- Élément, du gr. *puelos* « cavité, bassin ».

pyélonéphrite **n. f.** – XIXe ■ Inflammation du bassinet et du rein.

pygargue **n. m.** – XVe ; gr. *pugê* « derrière » et *argos* « blanc » ■ Oiseau rapace diurne *(falconidés),* brun, à tête et queue blanches, appelé aussi *aigle de mer.* ⇒ **huard, orfraie.** « *Le freux, la louche orfraie et le pygargue roux* » (Hugo).

-pyge, -pygie Éléments, du gr. *pugê* « fesse ».

pygmée **n. m.** – XVe ; gr. *pugmaios* « grand comme le poing » **1** Individu appartenant à un peuple légendaire de nains de la région du Nil. **2** Individu appartenant à certaines races d'hommes de très petite taille, d'Afrique et d'Insulinde.

> ❑ Pour le *e* final de ce nom masculin → mausolée (rem.).

pyjama **n. m.** – XIXe ; angl. *pyjamas,* de l'hindi occid. *pâê-jama* « vêtement de jambes » ■ Vêtement de nuit ou d'intérieur, ample et léger, fait d'un pantalon et d'une veste. « *Le duc de Guermantes, inénarrable en pyjama rose et peignoir de bain* » (Proust).

pylône **n. m.** – XIXe ; gr. **1** Portail monumental placé à l'entrée des temples égyptiens. **2** Construction ayant la forme d'une tour, destinée à supporter un échafaudage, un pont suspendu, des câbles aériens, des antennes de télécommunication, etc. ⇒ **mât, pilier, poteau, sapine, support.** « *Les pylônes sont géants, ils portent des douzaines de câbles d'acier qui sifflent dans le vent* » (Le Clézio).

pylore **n. m.** – XVIe ; gr. *pulôros* « portier » ■ Orifice faisant communiquer l'estomac avec le duodénum.

py(o)- Élément, du gr. *puon* « pus ».

pyodermite **n. f.** – 1932 ; *pyo-, derme* et *-ite* ■ Infection de la peau par des germes pyogènes caractérisée par la présence de pustules multiples.

pyogène **adj.** – XIXe ; *pyo-* et *-gène* ■ Qui produit du pus, provoque une suppuration.

pyorrhée **n. f.** – XIXe ; *pyo-* et *-rrhée* ■ Écoulement de pus. « *une dentition travaillée par la pyorrhée alvéolaire* » (Le Clézio).

pyrale **n. f.** – XVIIIe ; gr. *puralis* « insecte vivant dans le feu » ■ Papillon type d'une famille de lépidoptères dont les chenilles s'attaquent aux végétaux. *La pyrale de la vigne.*

pyralène **n. m.** – 1963 ; nom déposé, de *pyr(o)-* et *al(déhyde)* ■ Huile synthétique riche en chlore servant d'isolant dans certains transformateurs électriques et formant par pyrolyse des dérivés très toxiques.

pyramidal, ale, aux **adj.** – XIIIe ■ En forme de pyramide. *Os pyramidal :* os de la rangée supérieure du carpe. *Faisceau pyramidal,* qui constitue la principale voie de transmission des mouvements volontaires (allant du lobe frontal jusqu'aux cornes antérieures de la moelle épinière).

pyramide **n. f.** – XIIe ; gr. **1** Grand monument à base quadrangulaire et quatre faces triangulaires, qui servait de tombeau aux pharaons d'Égypte. *La pyramide de Khéops.* ➤ Monument de même forme. *La pyramide du Louvre.* ♦ Grande construction pyramidale qui servait de base à un temple, dans le Mexique précolombien. ⇒ **téocalli.** **2** Polyèdre qui a pour base un polygone et pour faces latérales des triangles possédant un sommet commun formant une pointe. *Pyramide régulière,* dont la base est un polygone régulier. ♦ *Pyramides de Malpighi :* masses coniques constituant la substance médullaire des reins. **3** Tas d'objets qui repose sur une large base et s'élève en s'amincissant. « *démolissant avec quatre balles une pyramide de cinq boîtes de conserves vides* » (Queneau). ♦ Représentation graphique verticale d'un phénomène hiérarchisé, où les éléments se raréfient vers le sommet. *La pyramide des âges, des salaires.*

pyramidion **n. m.** – XIXe ■ Sommet pyramidal. « *de hauts rocs effilés en pyramidions* » (J. Verne).

pyrène **n. m.** – XIXe ; gr. *pur* « feu » ■ Hydrocarbure polycyclique extrait du goudron de houille.

pyrénéite **n. f.** – XIXe ■ Grenat noir des Pyrénées.

pyrénomycètes **n. m. pl.** – XIXe ; gr. *purên* « noyau » et *-mycète* ■ Groupe de champignons ascomycètes au mycélium cloisonné, au périthèce en forme de bouteille ou de sphère.

pyrèthre **n. m.** – XIIIe ; gr. ■ Plante *(composacées),* à fleurs blanches, voisine des chrysanthèmes. *Poudre de pyrèthre :* poudre insecticide provenant des capitules desséchés du *pyrèthre de Dalmatie.*

> ❑ Le mot grec vient de *pur, puros* « feu », peut-être par allusion au pouvoir calorique de la plante.

pyrétothérapie **n. f.** – 1918 ; gr. *puretos* « fièvre » et *-thérapie* ■ Traitement par un état fébrile provoqué artificiellement.

pyrex [piʀɛks] **n. m.** – 1937 ; nom déposé, de l'angl. *pie* « tourte » ■ Verre très résistant pouvant aller au feu. *Plat en pyrex.*

> ❑ Ce mot n'est pas apparenté à *pyro-* « feu » comme on le croirait. Il est fait en anglais sur *pie,* et désigne le moule de ce gâteau qui cuit au four.

pyrexie n. f. – XVIIIe ; gr. *purektikos* « fiévreux » ▪ Fièvre, maladie fébrile. ✪ CONTR. Apyrexie.

pyridine n. f. – XIXe ; gr. *pur* « feu », *-id-* et *-ine* ▪ Composé cyclique azoté utilisé comme solvant.

pyridoxal n. m. – 1946 ; de *pyridox(ine)* et *al(déhyde)* ▪ Aldéhyde dérivé de la pyridoxine. *Des pyridoxals.*

pyridoxine n. f. – 1942 ; de *pyridine* ▪ Vitamine B6 extraite de levures, de graines de céréales, de tissus animaux.

pyrimidine n. f. – XIXe ; de *pyridine* et *(a)mid(e)* ▪ Substance azotée dont la structure comporte une chaîne fermée, à 6 atomes.

pyrimidique adj. – 1905 ▪ Dérivé de la pyrimidine. *Bases pyrimidiques.*

pyrite n. f. – XIIe ; gr. *pur* « feu » ▪ Sulfure naturel de fer.

pyro- Élément, du gr. *pur* « feu ».

pyrocorise → **pyrrhocoris**

pyroélectricité n. f. – XIXe ▪ Phénomène par lequel certains cristaux acquièrent des charges électriques sur leurs faces opposées sous l'effet de la chaleur.

pyrogallol n. m. – XIXe ; de *pyro-* et *gallique* ▪ Dérivé du benzène utilisé comme révélateur en photographie.

pyrogénation n. f. – XIXe ▪ Réaction chimique obtenue sur un corps soumis à une forte élévation de température.

pyrogène adj. – XIXe ; *pyro-* et *-gène* 1 Qui produit de la chaleur. 2 Qui donne de la fièvre. 3 Formé par la fusion ignée.

pyrograver v. tr. [1] – XIXe ▪ Décorer, exécuter à la pyrogravure. ➛ *Dessin pyrogravé.*

pyrograveur, euse n. – 1907 ▪ Artiste en pyrogravure.

pyrogravure n. f. – XIXe ▪ Procédé de décoration du bois consistant à graver un dessin à l'aide d'une pointe métallique portée au rouge. ➛ Gravure réalisée par ce procédé.

pyroligneux, euse adj. et n. m. – XIXe 1 *Acide pyroligneux* : acide acétique obtenu par distillation sèche du bois. 2 Partie aqueuse des produits de distillation du bois.

pyrolyse n. f. – XIXe ; *pyro-* et *-lyse* ▪ Décomposition chimique sous l'action de la chaleur seule. ➛ *Four à pyrolyse* (on dit aussi *four autonettoyant*).

pyromane n. – XIXe ▪ Incendiaire par pyromanie.

> ❑ Néron, l'empereur romain, est un *pyromane* célèbre. ♦ Aujourd'hui ce sont les forêts qui sont menacées par les pyromanes.

pyromanie n. f. – XIXe ; *pyro-* et *-manie* ▪ Impulsion obsédante poussant à allumer des incendies.

pyromètre n. m. – XVIIIe ; *pyro-* et *-mètre* ▪ Instrument servant à mesurer les températures élevées.

pyrométrie n. f. – XVIIIe ▪ Mesure et étude des hautes températures.

pyrophore n. m. – XVIIIe ; *pyro-* et *-phore* ▪ vx Corps qui s'enflamme spontanément au simple contact de l'air.

pyrophosphate n. m. – XIXe ▪ Sel de l'acide pyrophosphorique.

pyrophosphorique adj. – XIXe ▪ *Acide pyrophosphorique*, dérivant de l'anhydride phosphorique.

pyrosis [piʀozis] n. m. – XVIIIe ; gr. « inflammation » ▪ Sensation de brûlure allant de l'épigastre à la gorge.

pyrosphère n. f. – XIXe ▪ Nappe de fusion ignée, séparant la barysphère de la lithosphère.

pyrosulfurique [piʀosylfyʀik] adj. – XIXe ▪ *Acide pyrosulfurique*, obtenu en chauffant l'acide sulfurique.

pyrotechnicien, ienne [piʀɔtɛknisjɛ̃, jɛn] n. – XIXe ▪ Spécialiste en pyrotechnie.

pyrotechnie [piʀɔtɛkni] n. f. – XVIIe ; *pyro-* et *-technie* ▪ Technique de la fabrication et de l'utilisation des matières explosives et des pièces d'artifice. « *Les Boches continuaient leur pyrotechnie de fusées lumineuses* » (Cendrars).

pyrotechnique [piʀɔtɛknik] adj. – XVIIe ▪ Relatif à la pyrotechnie. *Spectacle pyrotechnique.*

pyroxène n. m. – XIXe ; *pyro-* et gr. *xenos* « étranger » ▪ Minéral constituant un des groupes des silicates essentiels. *L'amiante est un pyroxène.*

pyroxyle n. m. – XIXe ; de *pyro-* et gr. *xulon* « bois » ▪ vieilli Coton-poudre. ⇒ **fulmicoton.**

pyroxylé, ée adj. – XIXe ▪ Qui est à base de coton-poudre. *Poudre pyroxylée*, renfermant une nitrocellulose.

pyrrhocoris [piʀɔkɔʀis] n. m. – XIXe ; gr. *purrhos* « roux » et *koris* « punaise » ▪ Punaise rouge tachetée de noir appelée aussi *soldat*.

> ❑ On dit aussi *pyrocorise*.

pyrrhonien, ienne adj. et n. – XVIe ▪ Propre à Pyrrhon, philosophe grec fondateur de l'école sceptique, et à ses doctrines.

pyrrhonisme n. m. – XVIe ▪ Doctrine de Pyrrhon ; scepticisme philosophique (opposé à *dogmatisme*). « *Ceux qui ne sont ni assez faibles pour subir le joug, ni assez forts pour l'imposer, se rangent volontiers au pyrrhonisme* » (Vauven.).

pyrrol ou **pyrrole** n. m. – XIXe ; gr. *purrhos* « rouge, roux » et *-ol(e)* ▪ Composé cyclique azoté produit de la distillation sèche des matières animales. ✪ HOM. Pirole.

pyruvique adj. – XIXe ; gr. *pur* « feu » et lat. *uva* « raisin » ▪ *Acide pyruvique* : acide cétonique qui se forme en chauffant l'acide tartrique avec du sulfate de potassium.

pythagoricien, ienne adj. et n. – XVIe ▪ Propre à Pythagore et à son école. *L'école pythagoricienne.*

pythagorique adj. – XVIe ▪ *Silence pythagorique* : silence prolongé, tel que Pythagore le demandait à ses disciples. ➛ *Nombres pythagoriques* : nombres utilisés dans un ancien procédé de divination.

pythagorisme n. m. – XVIIIe ▪ Philosophie pythagoricienne.

pythie n. f. – XVIe ; gr. *Puthô* « Delphes » ▪ Prêtresse de l'oracle d'Apollon à Delphes.

pythien, ienne adj. – XVIe ▪ De Delphes. *Apollon pythien*, vainqueur du serpent Python. ⇒ **pythique.**

pythique adj. et n. f. – XVIIe ▪ Relatif à Apollon pythien. *Jeux pythiques*, qui se célébraient tous les quatre ans à Delphes en l'honneur d'Apollon pythien.

python n. m. – XIXe ; gr. *puthôn*, nom du serpent fabuleux tué par Apollon ▪ Serpent constricteur de très grande taille *(boïdés)*, vivant en Asie et en Afrique, non venimeux, qui broie sa proie entre ses anneaux avant de l'avaler. ✪ HOM. Piton.

pythonisse n. f. – XIVe ; gr. *puthôn* « prophète inspiré par Apollon pythien » ▪ littér. Prophétesse. « *dans les officines des pythonisses, des voyantes et des sorciers* » (Huysm.).

pyurie n. f. – XIXe ; *py(o)-* et *-urie* ▪ Présence de pus dans les urines.

pyxide n. f. – XIXe ; gr. *pyxis* « coffret, capsule » 1 Capsule à déhiscence transversale dont la partie supérieure se soulève comme un couvercle. *Pyxides du mouron, du pourpier.* 2 Boîte à couvercle. ➛ Petit vase de métal dans lequel le prêtre porte la communion aux malades. ⇒ **custode.**

Q

① **q** [ky] **n. m. inv.** ▪ Dix-septième lettre et treizième consonne de l'alphabet : *q majuscule* (Q), *q minuscule* (q). ✪ HOM. Cul. ❑ Cette lettre est toujours suivie d'un *u* en français, sauf à la finale *(cinq, coq)*. Ce *u* n'est généralement pas prononcé mais il y a des exceptions : il se prononce [ɥ] dans *ubiquité, équidistant, requiem* et [w] dans *équateur, quetsche, réquisit.* ♦ Comparer avec le cas de g → ① g (rem.).

② **q** abrév. et symboles **1** ℚ [ky] **n. m. inv.** Ensemble des nombres rationnels. **2** **q** [kɛ̃tal] **n. m.** Quintal.

qat ou **khat** **n. m.** – XIXe ; mot ar. « arbuste » ▪ Arbuste d'Abyssinie et du Yémen *(célastracées)* dont les feuilles fraîches sont utilisées comme masticatoire. ➛ Substance hallucinogène extraite de ces feuilles.

❑ La première graphie n'est pas à recommander, à cause de l'absence anormale de *u* après *q* → ① q (rem.).

Q. G. [kyʒe] **n. m. inv.** – 1914 ; sigle ▪ **fam.** Quartier général.

Q. I. [kyi] **n. m. inv.** – av. 1951 ; sigle ▪ Quotient intellectuel.

Q-mètre [kymɛtʀ] **n. m.** – 1963 ; de l'angl. *Q-meter,* de *Q* pour *quality factor* « coefficient de surtension d'un bobinage » et *-meter* « -mètre » ▪ Appareil de mesure des réactances et des coefficients de surtension.

quadragénaire [k(w)adʀaʒenɛʀ] **adj.** et **n.** – XVIIe ; lat. *quadraginta* « quarante » ▪ Dont l'âge est compris entre quarante et quarante-neuf ans. ➛ **n.** « *Loin de sa femme, ce petit quadragénaire gras reprenait du poil de la bête* » (Mauriac).

quadragésimal, ale, aux [k(w)adʀaʒezimal, o] **adj.** – XVIe ▪ Qui appartient au carême. *Jeûne quadragésimal.*

quadragésime [k(w)adʀaʒezim] **n. f.** – XVIIe ; lat. « quarantième » ▪ Premier dimanche de carême (ainsi désigné jusqu'en 1965).

❑ Doublet savant de *carême.*

quadrangle [k(w)adʀɑ̃gl] **n. m.** – XIIIe ; lat. ▪ Figure géométrique formée par quatre points et les six droites qui les joignent deux à deux.

quadrangulaire [k(w)adʀɑ̃gylɛʀ] **adj.** – XVe ▪ Qui a quatre angles. ♦ Dont la base est un quadrilatère. « *un long bâtiment quadrangulaire que perçaient quantité de petites fenêtres* » (Flaub.).

quadrant **n. m.** – XIXe ; lat. *quadrans* « quart » ▪ Quart de la circonférence du cercle. ♦ Chacune des quatre portions du plan délimitées par un système de coordonnées rectangulaires. ✪ HOM. Cadran.

quadratique [k(w)adʀatik] **adj.** – XVIIIe ; lat. *quadratus* « carré » **1** Qui est du second degré, élevé au carré. ⇒ **rectangle.** *Moyenne quadratique de* n *nombres :* racine carrée du quotient par *n* de la somme de leurs carrés. **2** Se dit d'un système cristallin caractérisé par trois axes de longueurs égales faisant entre eux des angles droits. ➛ Qui appartient à ce système. *Cristal quadratique.*

quadrature [k(w)adʀatyʀ] **n. f.** – XVe ; lat. *quadratus* « carré » **1** Opération qui consiste à construire un carré équivalant à une aire donnée. ➛ **fig.** *C'est la quadrature* [kadʀatyʀ] *du cercle :* un problème insoluble, une chose irréalisable. ♦ Calcul d'une intégrale définie ou détermination d'une aire. **2** Position de la Lune ou d'une planète au moment où sa distance angulaire par rapport au Soleil est de 90°. *Marée de quadrature :* marée faible, quand l'influence du Soleil et de la Lune s'opposent. **3** Déphasage d'un quart de période entre deux grandeurs sinusoïdales de même fréquence. ✪ HOM. Cadrature.

quadrette **n. f.** – 1902 ; provenç. ▪ Équipe de quatre joueurs, au jeu de boules.

quadri- k(w)adʀi], **quadru-** k(w)adʀy] Éléments, du lat. *quattuor* « quatre ». ⇒ **tétra-.**

quadriceps [k(w)adʀisɛps] **n. m.** – 1924 ; de *quadri-* et lat. *caput* « tête » ▪ Faisceau musculaire de l'avant de la cuisse, attaché à la rotule, qui réunit les muscles vastes.

quadrichromie [k(w)adʀikʀɔmi] **n. f.** – 1945 ; *quadri-* et *-chromie* ▪ Procédé d'impression en quatre couleurs. ➛ abrév. fam. *quadri. Livre imprimé en quadri.*

quadriennal, ale, aux [k(w)adʀijenal, o] **adj.** – XVIIe ; lat. *quadriennium* « espace de quatre ans » ▪ Qui revient tous les quatre ans. ♦ Qui dure quatre ans. *Plan quadriennal.*

quadrifolié, iée [k(w)adʀifɔlje] **adj.** – XIXe ; de *quadri-* et lat. *folium* « feuille » ▪ Dont les feuilles sont groupées par quatre.

quadrige [k(w)adʀiʒ] **n. m.** – XVIIe ; de *quadri* et lat. *jugum* « joug » ▪ Dans l'Antiquité romaine, Char attelé de quatre chevaux de front. « *Le quadrige céleste à l'horizon descend* » (Heredia).

quadrijumeaux [k(w)adʀiʒymo] **adj. m. pl.** – XVIIIe ▪ *Tubercules quadrijumeaux :* les quatre éminences arrondies situées à la partie postérieure des pédoncules cérébraux.

quadrilatère [k(w)adʀilatɛʀ] **n. m.** – XVIe ; *quadri-* et *-latère* ▪ Polygone à quatre côtés. ⇒ **carré, losange, parallélogramme, rectangle, trapèze.** ♦ Position stratégique, appuyée par quatre places fortes. *Le quadrilatère lombard.*

quadrillage [kadʀijaʒ] **n. m.** – XIXe **1** Entrecroisement de lignes ou jeu d'oppositions de couleurs qui divise une surface en carrés juxtaposés (⇒ **grille**) ; l'ensemble des lignes, des bandes qui divisent une surface en carrés. « *le soleil posait à terre un quadrillage de clarté* » (Proust). ♦ *Quadrillage des rues.* ⇒ **carroyage.** **2** Opération qui consiste à diviser un territoire en compartiments où on répartit les troupes de manière à exercer un contrôle aussi serré que possible sur la population. *La police a procédé au quadrillage du quartier.* **3** Implantation d'un réseau d'établissements commerciaux, de services publics, etc. dans une zone géographique déterminée.

quadrille [kadRij] n. f. et m. – XVIIe ; esp. *cuadrilla* « réunion de quatre personnes » **I** n. f. **1** Chacun des groupes de cavaliers qui prenaient part à un carrousel. **2** vieilli ⇒ **cuadrilla.** **II** n. m. **1** Premier échelon des danseurs dans le corps de ballet de l'Opéra de Paris. **2** Danse à la mode au XIXe s. *Le quadrille des lanciers.* « *un quadrille où l'on tapait dans ses mains, à la pastourelle* » (Zola).

quadrillé, ée adj. – XVIIIe ; lat. *quadrus* « carré » ■ Marqué de lignes entrecroisées en carreaux. « *une double feuille de papier quadrillé* » (Romains).

quadriller [kadRije] v. tr. [1] – XIXe **1** Marquer de lignes droites, de bandes qui se coupent de manière à former des carreaux, des rectangles. **2** Procéder au quadrillage (2°) de. *Forces de police qui quadrillent un quartier.* **3** Procéder au quadrillage (3°) de. *Administration dont les services quadrillent l'ensemble des régions.*

quadrilobe [k(w)adRilɔb] n. m. – XIXe ■ Motif décoratif composé de quatre arcs de cercle égaux disposés symétriquement. ⇒ **quatre-feuilles.**

quadrimoteur adj. m. – 1929 ■ Se dit d'un avion muni de quatre moteurs. ➛ n. m. *Un quadrimoteur.* ⇒ aussi **quadriréacteur.**

quadripartite [k(w)adRipaRtit] adj. – XVe ; lat. **1** Divisé en quatre parties par des découpures profondes. **2** Qui comprend des représentants de quatre partis, de quatre pays, etc. *Conférence quadripartite.*

quadriphonie [k(w)adRifɔni] n. f. – v. 1970 ; *quadri-* et *-phonie* ■ Technique de reproduction des sons faisant appel à quatre canaux.

quadripôle [k(w)adRipol] n. m. – 1926 ■ Circuit électrique possédant deux paires de bornes.

quadrique [k(w)adRik] adj. et n. f. – XIXe ; lat. *quadrus* « carré » ■ Se dit d'une surface qu'on peut représenter par une équation du second degré.

quadriréacteur [k(w)adRiReaktœR] n. m. – 1953 ■ Avion propulsé par quatre réacteurs. ⇒ aussi **quadrimoteur.**

quadrirème [k(w)adRiRɛm] n. f. – XVIe ; lat. ■ Navire à quatre rangs de rameurs superposés.

quadrisyllabe [k(w)adRisi(l)lab] n. m. – XVIIe ■ Mot ou vers de quatre syllabes. ⇒ **tétrasyllabe.**

quadrivalent, ente [k(w)adRivalɑ̃, ɑ̃t] adj. – XIXe ; *quadri-* et *-valent* ■ Qui a pour valence 4. ⇒ **tétravalent.**

quadru- → **quadri-**

quadrumane [k(w)adRyman] adj. et n. – XVIIIe ; *quadru-* et ① *-mane* ■ Dont les quatre membres sont terminés par une main. ➛ n. m. *Un quadrumane :* animal quadrumane. « *Ce singe, de haute taille, appartenait au premier ordre des quadrumanes* » (J. Verne).

quadrupède [k(w)adRypɛd] adj. et n. – XIVe ; *quadru-* et *-pède* ■ Qui a quatre pattes. ➛ n. Mammifère terrestre possédant quatre pattes. « *De tous les quadrupèdes, le cochon paraît être l'animal le plus brut* » (J. Verne).

❑ Seuls les mammifères sont des *quadrupèdes* (sauf l'homme devenu *bipède* par un autre usage des mains). Les autres animaux à quatre pattes ou membres sont des *tétrapodes.*

quadruple [k(w)adRypl] adj. – XIIIe ; de *quadru-* et lat. *plicare* « plier » ■ Qui est répété quatre fois, qui vaut quatre fois (la quantité désignée). « *le quadruple apéritif du midi* » (Queneau). ♦ n. m. Ce qui est égal à quatre fois (la chose désignée). *Le quadruple de la production d'avant-guerre.*

quadrupler [k(w)adRyple] v. [1] – XVe **1** v. tr. Multiplier par quatre. *Quadrupler son capital.* « *en moins d'une heure, il avait quadruplé sa dette* » (Baudelaire). **2** v. intr. Devenir quatre fois plus élevé. *La production a quadruplé en dix ans.*

quadruplés, ées [k(w)adRyple] n. pl. – 1941 ■ Les quatre enfants nés d'une même grossesse.

quadruplex [k(w)adRyplɛks] n. m. – XIXe ■ Système de transmission télégraphique qui permet d'expédier simultanément quatre messages distincts.

quai n. m. – XIVe ; gaul. °*caio-* « enceinte » **1** Levée de terre, faite le long d'un cours d'eau, d'un canal. ♦ Voie publique aménagée le long de cet ouvrage, entre les maisons et un cours d'eau. *Les quais de la Seine, à Paris.* **2** Ouvrage d'accostage d'un port, constitué par un mur de soutènement et une chaussée aménagée au bord de l'eau. *Quai d'embarquement, de débarquement.* ⇒ **débarcadère, embarcadère.** *Le navire est à quai,* rangé le long du quai. **3** Plateforme longeant la voie dans une gare, pour l'embarquement et le débarquement des voyageurs, des marchandises. *Le quai n° 4. Le quai du métro.* « *elle apercevait le portillon d'accès au quai et l'employé qui poinçonnait les billets* » (Mart. du G.).

quaker, quakeresse [kwɛkœR, kwɛkRɛs] n. – XVIIe ; mot angl. « trembleur » ■ Membre d'un mouvement religieux protestant fondé par G. Fox, prêchant le pacifisme, la philanthropie et la simplicité des mœurs.

❑ Persécutés en Angleterre, les quakers émigrèrent en Amérique où ils exercèrent une forte influence aux XVIIe et XVIIIe s. Ils sont aujourd'hui environ 200000 ; leurs principales communautés se trouvent aux États-Unis et en Afrique orientale, notamment au Kenya.

qualifiable adj. – XIXe ■ Qui peut recevoir une qualification. *Sa conduite n'est pas qualifiable.* ✪ CONTR. Inqualifiable.

qualifiant, iante adj. – 1983 ■ Qui donne une qualification professionnelle, une compétence. *Stages qualifiants.*

qualificatif, ive n. m. et adj. – XVIIIe **1** Mot ou groupe de mots servant à qualifier qqn ou qqch. ⇒ **épithète.** « *Il trouvait pour chacune d'elles un qualificatif précieux* » (Proust). **2** *Adjectif qualificatif :* adjectif qui « sert à préciser la manière d'être, l'aspect, la qualité ou le défaut d'un être, d'un objet, d'une abstraction, qualité objective ou subjective, vraie ou supposée » (Dauzat). **3** *Épreuve qualificative,* servant à la qualification d'un concurrent.

qualification n. f. – XVe **1** Action ou manière de qualifier. ⇒ **appellation, épithète, nom, titre.** « *Un fait historique ne peut recevoir cette qualification que s'il a exercé quelque influence* » (Lévy-Bruhl). ♦ Désignation de la catégorie d'infractions dans laquelle entre une action. *La qualification d'empoisonnement.* **2** Fait d'être qualifié ou de se qualifier pour une épreuve. *La qualification d'un concurrent pour la finale.* **3** *Qualification professionnelle :* ensemble des aptitudes et des connaissances acquises d'un travailleur pour l'exercice d'une activité de production. ✪ CONTR. (du 2°) Disqualification, élimination.

qualifié, iée adj. – XVIe **1** Se dit d'un délit érigé en crime. *Un vol qualifié.* **2** Qui satisfait aux conditions requises, a qualité ou compétence (pour faire qqch.). ⇒ **autorisé, compétent.** « *Je prétends être beaucoup mieux qualifié pour dénoncer le mysticisme* » (Gide). ➛ *Du personnel qualifié, insuffisamment qualifié.* « *quand on n'est pas qualifié, faut savoir tout faire !* » (Tournier). ♦ *OUVRIER QUALIFIÉ,* ayant une formation professionnelle particulière.

qualifier v. tr. [7] – XVe ; lat. *qualis* « quel » et *facere* « faire » **1** Rendre qualifié, donner qualité à. *Cela ne le qualifie nullement pour ce travail.* **2** Caractériser par un mot, une expression. ⇒ **appeler, désigner, nommer.** *Elles « ne trouvaient pas assez de mots* [...] *pour qualifier cette conduite barbare »* (Balz.). *« des batailles très indécises, qualifiées de victoires »* (Volt.). ♦ *Adjectif qui qualifie le nom* (⇒ **qualificatif**). **3** Faire que soit qualifié (un cheval, un sportif, une équipe). *Ce but a qualifié leur équipe pour le championnat.* ➤ pronom. *Se qualifier pour la finale.* ✪ CONTR. Disqualifier, éliminer.

qualitatif, ive adj. – XIXe ; lat. « excellent » ■ Relatif à la qualité, qui est du domaine de la qualité. ➤ *Analyse qualitative* : détermination de la nature chimique des substances, identification des substances présentes dans un mélange. ✪ CONTR. Quantitatif.

qualitativement adv. – XIXe ■ Au point de vue qualitatif. ✪ CONTR. Quantitativement.

qualité n. f. – XIIe ; lat. *qualis* « quel » **1** Manière d'être, plus ou moins caractéristique. ⇒ **attribut, caractère, propriété.** *Les qualités constitutives d'une chose.* ♦ Ce qui fait qu'une chose est plus ou moins recommandable ; degré plus ou moins élevé d'une échelle de valeurs pratiques. ⇒ **aloi.** *Marchandise de bonne, de mauvaise qualité. Viande de première qualité. De qualité supérieure. Améliorer la qualité d'un produit.* ➤ *Rapport qualité-prix.* ➤ *Garantie de qualité,* fournie par les appellations d'origine, les labels, les marques. **2** Élément de la nature d'un être, permettant de le caractériser. ⇒ **attribut, caractère.** *« Toutes nos qualités sont incertaines et douteuses, en bien comme en mal, et elles sont presque toutes à la merci des occasions »* (La Rochef.). *« Retz était petit, laid, noir* [...] *et myope ; voilà des qualités peu propres à faire un galant »* (Ste-Beuve). **3** Ce qui rend une chose, une personne bonne, meilleure ; bonne qualité. *« La seule qualité à rechercher dans le style est la clarté »* (Stendh.). *De qualité* : excellent, supérieur. ➤ *Qualité de l'environnement. Qualité de la vie.* ♦ Ce qui rend qqn recommandable, fait sa valeur. ⇒ **aptitude, capacité,** ① **don, mérite, valeur, vertu.** *« Les qualités du journaliste : le brillant et la soudaineté de la pensée »* (Balz.). *Qualités rares, remarquables, exceptionnelles. Il a beaucoup de qualités. Elle a toutes les qualités.* **4** Manière d'être, aspect sensible et non mesurable des choses. *La recherche scientifique « part de la qualité sensible* [...] *pour retrouver derrière elle la quantité »* (Sartre). **5** Condition sociale, civile, juridique ; titre sous lequel une partie figure dans un acte juridique. ⇒ **état.** *Nom, prénom et qualité(s).* ➤ *AVOIR QUALITÉ POUR* : être habilité à. *« Ils auront qualité pour* [...] *prononcer sur la majorité »* (Balz.). Être autorisé à, qualifié pour. *Avoir qualité pour agir.* ⇒ **compétence.** ♦ *EN (SA) QUALITÉ DE* : comme ayant telle qualité. *« en sa qualité de trésorier bénévole »* (Aymé). *En qualité de doyen.* ⇒ **comme.** ♦ *ÈS QUALITÉS* : en tant qu'exerçant la fonction dont on est investi. *Ici, le ministre ne pouvait intervenir ès qualités.* **6** VX Condition noble. ⇒ **noblesse.** *Homme de qualité* : gentilhomme, noble. *« Les gens de qualité savent tout sans avoir jamais rien appris »* (Mol.). ✪ CONTR. Quantité. Défaut, faiblesse, imperfection.

qualiticien, ienne n. – 1983 ■ Ingénieur chargé de concevoir une meilleure qualité des produits fabriqués ou des services fournis par une entreprise.

quand conj. et adv. – X^e ; lat. *quando* **I** conj. [kɑ̃t] devant voyelle **1** Dans le même temps que. ⇒ **lorsque.** *Quand vous aurez fini vous pourrez partir. « Elle attendait depuis trois quarts d'heure, quand, tout à coup, elle aperçut Rodolphe »* (Flaub.). ➤ exclam. *« Quand je pense qu'Hélène aura bientôt seize ans »* (Duham.) ♦ fam. *« Elle m'a parlé de quand vous étiez petits »* (Aymé). **2** Chaque fois que, toutes les fois que. *« Quand l'un disait oui, l'autre disait non »* (Furetière). **3** Même si. *« Un ancien intellectuel, quand il serait devenu maçon,* [...] *est toujours un aristo »* (Péguy). *« Quand elle l'eût voulu, elle n'eût pas pu »* (Stendh.) ➤ *QUAND MÊME ; QUAND BIEN MÊME* : même si. *Quand bien même il le nierait.* ♦ *QUAND MÊME* : cependant, pourtant. *« Si je meurs, ce sera en t'adorant quand même »* (Stendh.). ➤ fam. Tout de même. *« On travaillerait ensemble, ce serait quand même plus gai »* (Duham.). *Quand même ! Tu exagères.* **II** adv. (toujours [kɑ̃], sauf : *Quand est-ce que* [kɑ̃tɛskə]) À quel moment ? Dans quel temps ? *Quand est-il arrivé ?* fam. *Quand est-ce qu'on s'en va ? « Depuis quand payez-vous vos dettes ? »* (Hugo). *C'est pour quand ?* pour quel jour ? ➤ *Je ne sais ni où ni quand. N'importe quand.* ✪ HOM. Camp, khan, quant.

quanta → **quantum**

quant à [kɑ̃ta] loc. prép. – XIIIe ; lat. *quantum ad* « autant que cela intéresse » ■ Pour ce qui est de, relativement à. *« Quant à son caractère, je le crois vif et emporté »* (Rouss.). *« Quant à proposer au président de monter avec lui, pas un n'y songea »* (Daud.). *Quant à moi* : pour ma part. *« Quant à moi, j'ai de grands projets »* (Stendh.). ✪ HOM. Camp, khan, quand.

quant-à-soi [kɑ̃taswa] n. m. sing. – XVIIIe ■ Réserve un peu fière d'une personne qui garde pour soi ses sentiments, tient à son indépendance et à son droit d'être elle-même. *« elle avait un certain quant-à-soi. Du reste, comme disent les bonnes gens, elle était sage comme une image »* (Muss.). loc. *Rester sur son quant-à-soi* : garder ses distances.

> ❑ La langue classique employait dans le même sens *quant-à-moi.*

quantième [kɑ̃tjɛm] adj. et n. – XVe ; lat. *quantum* « combien » **1** adj. interrog. VX *Le, la quantième ?* lequel, laquelle, dans l'ordre numérique. ⇒ pop. **combientième.** **2** n. m. Le jour du mois, désigné par un chiffre. *« une jolie pendulette où l'on pouvait lire* [...] *le quantième du mois »* (Le Clézio). ⇒ **date, jour.**

> ❑ *Quantième* n. m. est vieilli mais il est difficile de trouver un équivalent à *quel quantième (du mois) sommes-nous ?* : *quel jour (du mois) sommes-nous* est ambigu (*mardi* ou *le 12*, par exemple) et *le combien du mois* ou *le combientième du mois* sont des tours très relâchés.

quantifiable adj. – av. 1932 ■ Que l'on peut quantifier. *Des données quantifiables.*

quantificateur n. m. – 1929 ■ Symbole qui lie une ou plusieurs variables à une quantité. *Quantificateur universel* (∀ = « pour tout »). *Quantificateur existentiel* (∃ = « il existe au moins un »).

quantification n. f. – XIXe **1** Détermination de la quantité (d'un terme). *Quantification du prédicat* : attribution au prédicat d'une extension indépendante de la qualité de la proposition. **2** Fragmentation (d'une grandeur physique) en valeurs discrètes, multiples d'un quantum et exclusives de toute autre valeur. ♦ *Quantification d'une information.* ⇒ **échantillonnage.**

quantifié, iée adj. – 1924 ■ Se dit d'une grandeur physique qui ne peut prendre que certaines valeurs, caractérisées par des nombres entiers multiples d'une valeur discrète, le quantum.

quantifier v. tr. [7] – XIXe ; lat. *quantus* « combien » et *facere* « faire ». **1** Attribuer une quantité à (un terme). **2** Attribuer une grandeur mesurable à. *Quantifier le coût d'une mesure sociale.* **3** Appliquer une loi de quantification à (une grandeur physique).

quantique [k(w)ɑ̃tik] adj. – v. 1920 ; de *quantum* ■ Qui est relatif aux quanta, repose sur la théorie des quanta. *Physique quantique.* ➤ *Nombre quantique,* qui mesure la quantité discrète* d'une grandeur physique caractérisant un quanton. ♦ Dont le comportement est régi par la mécanique quantique. *Objet quantique.* ⇒ **quanton.** ✪ HOM. Cantique.

quantitatif, ive adj. – XVIe ▪ Qui concerne la quantité, appartient au domaine de la quantité et des valeurs numériques. « *Le passage de l'état liquide à l'état gazeux se définira scientifiquement comme un changement quantitatif* » (Sartre). ➛ *Analyse quantitative.* ✪ CONTR. Qualitatif.

quantitativement adv. – XIXe ▪ Du point de vue quantitatif. ✪ CONTR. Qualitativement.

quantité n. f. – XIIe ; lat. *quantus* « combien » **1** Nombre d'unités ou mesure qui sert à déterminer une collection de choses considérées comme homogènes, ou une portion de matière. « *Après qu'il eut absorbé la teinture d'opium, dans la quantité prescrite par le pharmacien* » (Baud.). ⇒ **dose.** *En grande, en petite quantité.* **2** Grand nombre, abondance. ⇒ **foule ; cargaison, kyrielle,** ① **masse, multitude, tas ;** fam. **chiée, tapée.** « *il y avait une quantité de valets et de porteurs d'eau* » (Flaub.). ➛ « *Quantité de gros lézards gris fuient devant nos pas* » (Gide). ⇒ **beaucoup.** ♦ *EN QUANTITÉ :* en abondance. « *qu'on m'aille quérir des médecins, et en quantité* » (Mol.). **3** Propriété de la grandeur mesurable ; la chose même qui est susceptible d'être mesurée. *Quantités continues,* qui ne sont pas composées d'éléments naturellement distincts. *Quantités discrètes, discontinues,* élaborées par l'esprit en partant d'éléments donnés. ⇒ **quantum.** *Quantité positive, négative. Quantité constante, variable.* ➛ *Quantité de mouvement d'un corps,* produit de sa masse par sa vitesse. *Quantité d'électricité* (⇒ **charge**). ➛ *Quantité négligeable,* dont on peut ne pas tenir compte. loc. fam. *Considérer, traiter (qqn, qqch.) comme une quantité négligeable.* ♦ *La quantité :* l'ensemble des déterminations susceptibles de mesure. **4** Durée attribuée à une syllabe dans la prononciation des vers (⇒ **brève, longue**). ♦ Durée d'énonciation d'un phonème ou d'un groupe de phonèmes. ✪ CONTR. Qualité.

> ❑ Après *une quantité de* le verbe s'accorde selon le sens soit avec *quantité* (idée d'ensemble) : « *Une quantité de Socrates est née avec moi* » (Valéry), soit avec le complément (idée de pluralité) : « *une église ravissante où se trouvent le long des bas-côtés une quantité de petites chapelles* » (Sainte-Beuve). ♦ Après *quantité de* (« beaucoup »), l'accord se fait toujours au pluriel.

quanton [k(w)ɑ̃tɔ̃] n. m. – 1984 ; de *quantum* ▪ Objet dont le comportement est régi par la théorie quantique. ✪ HOM. Canton.

quantum, plur. **quanta** [k(w)ɑ̃tɔm, k(w)ɑ̃ta] n. m. – XVIIe ; mot lat. « combien » **1** Quantité déterminée. ♦ Montant (d'une amende, d'une pension, d'une part). **2** Quantité indivisible d'une grandeur physique correspondant à la variation d'un nombre quantique. *Le quantum d'action correspond à la constante de Planck.* ➛ *Théorie des quanta :* ensemble des théories et des procédés de calcul issu de l'hypothèse des quanta d'énergie de Planck, d'abord appliqué par Einstein à la lumière, par Bohr et Sommerfeld à la physique de l'atome.

quarantaine n. f. – XIIe **1** Nombre d'environ quarante. *Une quarantaine de personnes.* « *un homme d'une quarantaine d'années, très grand et assez gros* » (Proust). **2** Isolement (de quarante jours à l'origine) imposé aux voyageurs, aux animaux et aux marchandises en provenance de pays où règnent (ou sont supposées régner) certaines maladies contagieuses. ➛ Isolement imposé à des personnes contagieuses ou supposées contagieuses. « *Les maisons des malades devaient être fermées, les proches soumis à une quarantaine de sécurité* » (Camus). ♦ *Mettre qqn en quarantaine,* l'exclure de tout rapport avec les éléments d'un groupe. ⇒ **boycottage,** ② **interdit, ostracisme, proscription. 3** Âge de quarante ans. « *L'approche de la quarantaine l'entretenait dans une mélancolie noire* » (Zola). **4** Variété de giroflée. ➛ Variété de pomme de terre hâtive.

quarante adj. numér. inv. et n. m. inv. – XIe ; lat. *quadraginta* **I** adj. numér. **1** cardinal. Nombre entier naturel équivalant à quatre fois dix (40 ; XL). *Ali Baba et les quarante voleurs.* « *je faisais mes quarante kilomètres dans la journée, sac au dos* » (Montherl.). ➛ *Dans quarante-huit heures :* dans deux jours. **2** ordinal. Quarantième. *Page 40.* ➛ *La guerre de quarante :* la Seconde Guerre mondiale (1939-1945). ➛ loc. *S'en moquer comme de l'an quarante :* s'en moquer complètement. ➛ *La Révolution de quarante-huit,* de 1848. **II** n. m. inv. Le nombre quarante. *Trente-deux et huit font quarante.* ♦ Le numéro 40. *Habiter (au) 40 rue Comte. Chausser du 40.* ♦ Au tennis, Troisième point dans un jeu. ♦ *Les Quarante :* les membres de l'Académie française.

quarantenaire adj. – XIXe **1** Qui dure quarante ans. *Prescription quarantenaire.* **2** Relatif à la quarantaine sanitaire. *Maladies quarantenaires,* faisant l'objet d'une réglementation sanitaire spéciale.

quarantième adj. et n. – XVe **I** adj. **1** adj. numér. ord. Qui a le numéro quarante pour rang. *Être dans sa quarantième année.* ➛ *Se classer quarantième sur cent.* ♦ *Trois cent quarantième* (340e). **2** adj. fractionnaire Se dit d'une partie d'un tout également divisé en quarante. ➛ *Un quarantième* (1/40). **II** n. **1** *Être le, la quarantième à se présenter.* **2** n. m. pl. *Les quarantièmes* (degrés de latitude Sud) : la région maritime comprise entre le quarantième et le cinquantième parallèle Sud. loc. *Les quarantièmes rugissants.*

quarderonner v. tr. [1] – XVIIe ▪ Tailler en quart-de-rond.

> ❑ Cette finale est inattendue et exceptionnelle : c'est °*quarderondir* qui aurait été normal.

quark [kwaʀk] n. m. – av. 1967 ; mot emprunté par le physicien américain M. Gell-Mann au texte de James Joyce « *Finnegans Wake* » ▪ Particule fondamentale chargée, possédant un spin, confinée dans les hadrons.

① **quart, quarte** adj. – XIe ; lat. *quartus* ▪ vx Quatrième. « *Le Quart Livre* », *de Rabelais.* ➛ *Fièvre quarte :* fièvre intermittente, dans laquelle les accès reviennent le quatrième jour. ♦ *Le quart monde.* ⇒ **quart-monde.** ✪ HOM. Carre, car ; carte, kart.

② **quart** n. m. – XIIIe ; lat. *quartum* **1** Fraction d'un tout divisé en quatre parties égales ou équivalentes ; quatrième partie de. *Chacun a reçu un quart de la succession. Le quart de la circonférence.* ⇒ **quadrant.** ➛ *Un quart de poulet.* **2** *QUART D'HEURE :* quinze minutes. *Tous les quarts d'heure. Deux heures trois quarts.* « *C'était le soir, vers onze heures moins le quart environ* » (Le Clézio). ➛ Bref espace de temps. *Passer un mauvais quart d'heure :* traverser un moment pénible. *Le quart d'heure de Rabelais :* le moment où il faut payer la note. **3** Quatrième partie d'une quantité, d'une mesure déterminée. ♦ Période de quatre heures, pendant laquelle une partie de l'équipage est de service. ⇒ ① **garde, veille.** *Être de quart. Officier, matelot de quart,* de service. ♦ Quart d'une livre (125 g). *Un quart de beurre.* ➛ Quart de litre (25 cl). *Un quart de vin.* ➛ Gobelet contenant environ un quart de litre, utilisé dans l'armée. « *nous avons tous notre quart passé dans une courroie de notre équipement* » (Giono). **4** Partie (d'un tout) représentant approximativement un quart ; partie appréciable de qqch. *Je n'ai pas fait le quart de ce que j'avais à faire,* je n'en ai fait qu'une petite partie. ➛ *LES TROIS QUARTS :* la plus grande partie. « *Le tremblement de terre qui avait détruit les trois quarts de Lisbonne* » (Volt.). *Les trois* *quarts du temps :* le plus souvent. ➛ *Portrait de trois quarts,* où le sujet présente à peu près les trois quarts du visage.

> ❑ On dit plus couramment *il est six heures et quart* que *il est six heures un quart,* et le tour *il est le quart,* considéré autrefois comme très familier, est maintenant courant.

quartager v. tr. ③ – XVIIIe ▪ Donner un quatrième labour à (la vigne).

quartanier n. m. – XVIe ; de *quart an* « quatrième année » ▪ Sanglier de quatre ans.

quart-de-rond n. m. – XVIIe ▪ Moulure à profil convexe. *Des quarts-de-rond.* ♦ Outil servant à faire cette moulure.

quarte [k(w)aʀt] n. f. – XIIIe ; lat. *quartus* « quatrième » **1** Ancienne mesure de capacité (2 pintes). **2** Intervalle de quatre degrés dans la gamme diatonique (ex. de do à fa). **3** En escrime, La quatrième des huit positions classiques d'attaque ou de parade, dans la ligne haute et la ligne du dedans. « *le coup infaillible, un roulement de contre de quarte, le bras étendu en marchant* » (Renard). **4** Série de quatre cartes de la même couleur. ✪ HOM. Carte, kart.

quarté [k(w)aʀte] n. m. – 1976 ▪ Forme de pari mutuel où l'on parie sur quatre chevaux, dans une course. ✪ HOM. ① Carter.

quartefeuille n. f. – XVIIe ; de ① *quart* et *feuille* ▪ Fleur à quatre feuilles, sur un blason.

① **quarteron** n. m. – XIIIe ; de *quartier* **1** région. Quart d'un cent (pour les choses qui se vendent à la pièce). *Un quarteron de pommes.* **2** Petit nombre, poignée (souvent péj.).

> ❑ Une extension de sens est fréquente pour les mots désignant des grandeurs ou des quantités. L'emploi de ce mot par le général de Gaulle lors du complot d'Alger en 1961 *(« un quarteron de généraux en retraite »)* fut jugé abusif.

② **quarteron, onne** n. – XVIIIe ; esp. *cuarto* « quart » ▪ Fils, fille d'un blanc et d'une mulâtresse, ou d'un mulâtre et d'une blanche.

quartette [k(w)aʀtɛt] n. m. – 1945 ; it. *quartetto* ▪ Ensemble de quatre musiciens de jazz.

> ❑ Le *quartette* est à la musique de jazz ce que le *quatuor* est à la musique classique.

quartidi [kwaʀtidi] n. m. – XVIIIe ; lat. *quartus* « quatrième » et *dies* « jour » ▪ Quatrième jour de la décade du calendrier républicain.

quartier n. m. – XIe **I** ▪ **1** Portion d'environ un quart. *Un quartier de pomme.* « *Des moutons entiers, des quartiers de bœuf* » (Zola). **2** Chacune des quatre phases de la Lune. ⇒ ① **croissant.** *Premier, dernier quartier.* **3** Une des quatre parties de l'écu écartelé. ⇒ **franc-quartier.** ♦ Ascendance noble dont la filiation est attestée. *Avoir quatre* QUARTIERS DE NOBLESSE *:* quatre ascendants nobles. ➛ *Cette institution a maintenant ses quartiers de noblesse :* elle est adoptée et en honneur depuis assez longtemps. **4** Partie (d'une chose inégalement partagée). ⇒ **morceau, tranche.** *Un quartier d'orange, de melon* (division naturelle de ces fruits). « *d'énormes quartiers de roches nues étaient tombés jadis au milieu de la forêt* » (Stendh.). **5** Partie de la chaussure qui emboîte le talon. « *des savates aux quartiers rabattus et écrasés par le talon* » (Huysm.). ♦ Chacune des parties de la selle sur lesquelles portent les cuisses du cavalier. **II** - **1** Division administrative d'une ville. *Commissariat de quartier.* ♦ Partie d'une ville ayant sa physionomie propre et une certaine unité. *Un quartier résidentiel.* « *Les beaux quartiers. Ouest paisible, coupé d'arbres, aux édifices bien peignés et clairs* » (Aragon). *Le quartier chinois.* ➛ *Le Quartier latin* (à Paris), *le quartier de la Part-Dieu* (à Lyon). ♦ *Le quartier :* le quartier où l'on habite, dont on parle. « *au courant des plus minces scandales du quartier* » (Zola). ➛ *Tout le quartier en a parlé,* les gens du quartier. **2** (surtout au plur.) Cantonnement. *Les troupes ont pris, quitté leurs quartiers. Quartiers d'hiver :* lieu où logent les troupes pendant l'hiver. ♦ QUARTIER GÉNÉRAL *:* emplacement où sont installés les logements et bureaux du commandant d'une armée et de son état-major. ⇒ fam. **Q. G.** ♦ loc. *Avoir quartier libre :* être autorisé à sortir de la caserne ; avoir un moment de liberté. ➛ *Ne pas faire de quartier :* massacrer tout le monde ; traiter sans ménagement. *Pas de quartier !* **3** Partie, bâtiments d'une prison affectés à une catégorie particulière de détenus. *Le quartier des femmes.* ✪ HOM. Cartier.

quartier-maître n. m. – XVIIe ; p.-ê. néerl. *kwartiermeester* ▪ Marin du premier grade au-dessus de celui de matelot. « *Le double galon rouge des quartiers-maîtres* » (Loti).

quartilage [kwaʀtilaʒ] n. m. – 1951 ; de l'angl. *quartile* ▪ Division d'un ensemble ordonné de données statistiques en quatre classes d'effectif égal.

> ❑ La prononciation permet d'éviter l'homonymie avec *cartilage.*

quart-monde n. m. – 1969 **1** Partie la plus défavorisée de la population, dans les pays riches. **2** Les pays les moins avancés (P. M. A.) parmi les pays en développement.

quarto [kwaʀto] adv. – XVe ; mot lat. ▪ rare Quatrièmement.

quartz [kwaʀts] n. m. – XVIIIe ; all. ▪ Forme cristalline commune de la silice, appelée à l'état pur *cristal de roche ;* élément constitutif fréquent des roches cristallines, de certaines roches sédimentaires et de la plupart des sables. ➛ *Montre, horloge, pendule* À QUARTZ, utilisant la piézoélectricité du quartz comme résonateur.

quartzeux, euse [kwaʀtsø, øz] adj. – XVIIIe ▪ De la nature du quartz. *Sables quartzeux.*

quartzifère [kwaʀtsifɛʀ] adj. – XIXe ▪ Qui contient du quartz. *Roche quartzifère.*

quartzite [kwaʀtsit] n. m. – XIXe ▪ Roche massive constituée de quartz en agrégats. *Le quartzite résulte du métamorphisme des grès.*

quasar n. m. – 1965 ; mot angl., abrév. de ***quas****i-stell****ar*** *radio source* « source d'émission radio quasi-stellaire » ▪ Astre d'apparence stellaire, source d'ondes hertziennes.

① **quasi** adv. – Xe ; mot lat. ▪ région. ou littér. Presque, pour ainsi dire. « *des sentiments graves, paisibles, quasi religieux* » (R. Rolland). « *Il les aime quasi autant les uns que les autres* » (Sand). ⇒ fam. **quasiment.** « *Je suis quasi le seul* » (Chateaub.). ♦ « *Cette liaison devint un quasi-mariage* » (Balz.). *La quasi-totalité.* ➛ *Quasi-étoile.* ⇒ **quasar.**

> ❑ La formation de noms avec *quasi-* est très vivante : *un quasi-monopole, une quasi-certitude, la quasi-totalité...*

② **quasi** n. m. – XVIIIe ; p.-ê. turc *kasi* ▪ Morceau du haut de la cuisse du veau, sous le gîte à la noix. *Rôti de veau dans le quasi.*

> ❑ *Quasi* se dit plutôt du veau que du bœuf.

quasi-contrat n. m. – XVIIe ▪ Fait volontaire d'une personne dont il résulte un engagement. *Des quasi-contrats.*

quasi-délit n. m. – XVIIe ▪ Fait ou abstention illicite, causant à autrui un dommage, sans intention de nuire. *Des quasi-délits.*

quasiment adv. – XVIe ▪ fam. ou région. Presque, à peu près. ⇒ ① **quasi.** « *une maison quasiment méridionale* » (Balz.).

Quasimodo n. f. – XIIIe ; mots lat. *(quasi modo)* par lesquels commence l'introït de la messe de ce dimanche ▪ Dimanche de l'octave de Pâques.

quasi-usufruit n. m. – XIXe ▪ Usufruit portant sur une chose consomptible, à charge de restituer la même. *Des quasi-usufruits.*

quassia [kwasja] n. m. – XVIIIe ; de *Coissi,* nom d'un guérisseur de Guyane hollandaise (auj. Surinam) ▪ Petit arbre tropical *(simarubacées).*

quater [kwatɛʀ] adv. – XVIe ; mot lat. ▪ rare Pour la quatrième fois. *Le 12 ter et le 12 quater de la rue.*

quaternaire [kwatɛʀnɛʀ] adj. et n. m. – XVe ; lat. *quaterni* « quatre à la fois » 1 Formé de quatre éléments. *Composé quaternaire,* dont la molécule renferme quatre espèces différentes d'atomes. 2 *Ère quaternaire,* et n. m. *le quaternaire :* ère géologique la plus récente comprenant l'époque actuelle, d'une durée approximative de deux à quatre millions d'années.

quaterne [kwatɛʀn] n. m. – XIIIe ; lat. *quaterni* « quatre chaque fois » ▪ Au loto, Série de quatre numéros placés sur la même rangée horizontale du carton.

quaternion [kwatɛʀnjɔ̃] n. m. – XIXe ; lat. *quaternio* « groupe de quatre » ▪ Nombre complexe constitué par quatre nombres scalaires pris dans un ordre déterminé, et combinés selon certaines lois.

quatorze adj. numér. inv. et n. inv. – XIIe ; lat. *quatt(u)ordecim* **I** adj. numér. 1 cardinal Nombre entier naturel équivalant à dix plus quatre (14 ; XIV). *Les quatorze vers d'un sonnet.* « *Nous avions treize, quatorze ans, l'âge du chignon prématuré* » (Colette). ➜ *Quatre-vingt-quatorze. Quatorze cents* (ou *mille quatre cents*). 2 ordinal Quatorzième. *Louis XIV. Page 14.* ➜ *Le 14 juillet 1789 :* date de la prise de la Bastille. ➜ *Mille neuf cent quatorze, dix-neuf cent quatorze* ou *quatorze :* année où commença la Première Guerre mondiale (1914-1918). « *encore une guerre ! Mon mari a fait celle de quatorze* » (Sartre). **II** n. m. inv. Le chiffre 14. *Quatorze égale deux fois sept.* ➜ *Avoir 14 sur 20 à un devoir.* ♦ À la belote, Le neuf d'atout. *Avoir le quatorze à pique.* ♦ Le numéro 14. *Habiter (au) 14 rue Dante.*

> ❑ Pour la graphie → seize (rem.).

quatorzième adj. et n. – XIIe 1 adj. numér. ord. Qui suit le treizième. *Le XIVe siècle. Le quatorzième arrondissement.* ♦ *Elle a fini quatorzième au marathon.* ➜ n. *Le, la quatorzième.* ♦ *Soixante-quatorzième* (74e). 2 adj. fractionnaire Se dit d'une partie d'un tout également divisé ou divisible en quatorze. ➜ n. m. *Les trois quatorzièmes* (3/14).

quatorzièmement adv. – XVIIIe ▪ En quatorzième lieu (14°).

quatrain n. m. – XVIe ▪ Petit poème de quatre vers. « *Ce quatrain qui t'a plu pour sa musique triste* » (Aragon). ♦ Strophe de quatre vers. *Le premier quatrain d'un sonnet.*

quatre adj. numér. inv. et n. inv. – X^e ; lat. *quatt(u)or* **I** adj. numér. 1 cardinal Nombre entier naturel équivalant à trois plus un (4 ; IV). ⇒ **quadri-, tétra-.** *Les quatre points cardinaux. Les quatre saisons. Un trèfle à quatre feuilles. Voiture à quatre roues motrices.* ⇒ **quatre-quatre.** *Morceau à quatre mains,* exécuté par deux pianistes jouant sur le même clavier. *Pari sur quatre chevaux.* ⇒ **quarté.** *Quatre fois plus grand.* ⇒ **quadruple.** ➜ loc. fam. *Entre quat'z'yeux* [ɑ̃tʀəkatzjø] : en tête à tête, sans témoins. ➜ *Trente-quatre. Quatre cents.* ➜ *Se mettre en quatre :* se donner beaucoup de mal, s'employer entièrement à. ⇒ se **décarcasser,** se **démener.** ♦ Peu de, quelques. *Un de ces quatre matins,* ou *un de ces quatre :* un jour, plus ou moins proche. *À quatre pas d'ici :* tout près. ➜ Beaucoup de. *Monter, descendre un escalier quatre à quatre,* plusieurs marches à la fois, précipitamment. ➜ *Manger comme quatre,* beaucoup. 2 ordinal Quatrième. *Henri IV. Numéro 4.* ➜ *La nuit du 4 Août. En 1904.* « *à quatre heures du matin, l'été* » (Rimb.). **II** n. m. inv. Le chiffre 4. *Vos 4 sont illisibles.* ➜ *Elle a eu (un) 4 en histoire.* ♦ Carte marquée de quatre signes. ➜ Face d'un dé, moitié d'un domino marquée de quatre points. ♦ Le numéro 4. *Il habite (au) 4 rue Dupin.*

quatre-cent-vingt-et-un [kat(ʀə)sɑ̃vɛ̃teœ̃] n. m. inv. – v. 1950 ▪ Jeu de dés, où la combinaison la plus forte est composée d'un quatre, d'un deux et d'un as.

quatre-de-chiffre n. m. inv. – XVIIIe ▪ Petit piège formé de morceaux de bois assemblés comme les traits du chiffre 4.

quatre-épices n. m. ou f. inv. – XIXe ▪ Nigelle cultivée, dont les graines réduites en poudre donnent un assaisonnement rappelant le mélange de poivre, girofle, muscade et gingembre.

quatre-feuilles n. m. inv. – XIXe ▪ Ornement gothique formé de quatre lobes. ⇒ **quadrilobe.**

quatre-heures n. m. inv. – XXe ▪ fam. (enfants) Goûter, collation du milieu de l'après-midi.

> ❑ Le mot est parfois écrit *quatre heures :* « *Entre quatre et treize ans, j'ai été obligé à un quatre heures dont la pièce maîtresse était une banane* » (J. Laurent).

quatre-mâts n. m. inv. – 1907 ▪ Grand voilier à quatre mâts.

quatre-quarts n. m. inv. – XIXe ▪ Gâteau dans lequel le beurre, la farine, le sucre et les œufs sont à poids égal.

quatre-quatre n. f. ou m. inv. – v. 1975 ▪ Véhicule automobile tout terrain à quatre roues motrices. ⇒ **jeep.** ➜ On écrit aussi *4 × 4.*

quatre-saisons → **saison**

quatre-temps n. m. pl. – XIVe ▪ Chacune des quatre périodes (au début de chaque saison) qui, dans l'année liturgique catholique, comportent trois jours de jeûne et de prière.

quatre-vingt adj. numér. et n. – XIIe **I** adj. numér. 1 cardinal Nombre entier naturel équivalant à huit fois dix (80 ; LXXX). ⇒ région. **huitante, octante.** *Âgé de quatre-vingts ans* [katʀəvɛ̃zɑ̃], *de quatre-vingt-trois ans.* ⇒ **octogénaire.** *Quatre-vingts millions de francs.* ➜ QUATRE-VINGT-DIX (90 ; XC) : neuf fois dix. ⇒ région. **nonante.** « *à quatre-vingt-dix ans, ses vieilles mains grises, déformées, noueuses* » (Jouhand.). loc. (belgicisme) *Employer des mots à quatre-vingt-quinze :* utiliser un vocabulaire recherché, prétentieux. 2 ordinal inv. Quatre-vingtième. *Page quatre-vingt. La Révolution de quatre-vingt-neuf,* de 1789. *Les années quatre-vingt.* **II** n. m. Le chiffre 80. *Deux fois quarante, quatre-vingts.* ♦ Le numéro 80. *Il habite quatre-vingt rue des Dames.*

> ❑ *Quatre-vingt* (adjectif numéral cardinal) prend un *s* lorsqu'il n'est pas suivi d'un autre adjectif numéral : ex. *quatre-vingts francs* mais *quatre-vingt mille francs.* Attention, *million* et *milliard* étant des noms on écrira *quatre-vingts millions d'habitants.*

quatre-vingtième [katʀəvɛ̃tjɛm] adj. et n. – XVIe 1 adj. numér. ord. Qui a le numéro quatre-vingt pour rang. *Être dans sa quatre-vingtième année.* ➝ *Arriver quatre-vingtième à la course.* ➝ *Être le, la quatre-vingtième sur la liste.* ♦ *Sept cent quatre-vingtième* (780e). 2 adj. fractionnaire Se dit d'une partie d'un tout également divisé ou divisible en quatre-vingts. ➝ *Un quatre-vingtième* (1/80).

quatrième adj. et n. – XIVe 1 adj. numér. ord. Qui vient après le troisième. ⇒ vx ① **quart.** *La quatrième (IVe) République* (1946-1958). *Le quatrième (étage).* ➝ *Elle est arrivée quatrième à la course.* ➝ *Le, la quatrième.* ♦ *Vingt-quatrième* [vɛ̃tkatʀijɛm]. *Quatre-vingt-quatrième.* 2 adj. fractionnaire Se dit d'une partie d'un tout également divisé ou divisible en quatre. *La quatrième partie.* ⇒ ② **quart.** 3 n. f. Quatrième vitesse d'un engin motorisé. *Passer la quatrième.* ➝ Troisième classe du premier cycle de l'enseignement secondaire. « *professeur de quatrième* » (Flaub.). ➝ Quatrième position fondamentale de la danse classique.

quatrièmement adv. – XVIIe ▪ En quatrième lieu (4o). ⇒ **quarto.**

quatrillion [k(w)atʀiljɔ̃] n. m. – XVIIIe ; de *quatre* et *million* ▪ Un million de trillions, soit 10^{24}.

quattrocento [kwatʀotʃɛnto] n. m. – XIXe ; mot it. « quatre cents » ▪ Quinzième siècle italien, du point de vue littéraire et artistique. *Les artistes du quattrocento.* « *sa courte barbe grise coupée à la manière florentine des gentilshommes du quattrocento* » (Mac Orlan).

quatuor [kwatɥɔʀ] n. m. – XVIIIe ; mot lat. « quatre » 1 Œuvre de musique d'ensemble écrite pour quatre instruments ou quatre voix d'importance égale. *Quatuor à cordes* : œuvre pour deux violons, alto et violoncelle. *Quatuor vocal.* 2 Les quatre musiciens ou chanteurs qui exécutent un quatuor. 3 Groupe de quatre personnes.

❑ S'il s'agit de musiciens de jazz, on emploie plutôt *quartette.*

① **que** conj. – Xe ; lat. *quia* « le fait que ; que » ❑ *Que* s'élide en *qu'* devant voyelle et *h* muet 1 introd. une complétive « *Nous pensons que la vie est bonne* » (Larbaud). « *C'est bien dommage qu'elle soit devenue si laide* » (Volt.). « *Peut-être que les petites filles sont toutes comme cela* » (Giraud.). 2 *Tiens, voilà que le temps se couvre.* « *Voilà que j'ai touché l'automne des idées* » (Baudelaire). ➝ « *Et c'est n'estimer rien qu'estimer tout le monde* » (Mol.). ♦ « *Terrible chose dans la vie que ces gens qui ne sont rien* » (R. Rolland). 3 dans une formule d'interrog. *Est-ce que tu as mal ?* ➝ pop. (incorrect) « *Où c'est que vous êtes malade ?* » (Céline). « *Et pourquoi que je me retirerais ?* » (Proust). 4 servant à former des loc. conj. *À condition que, à mesure que, afin que, dès que, attendu que, de façon que...* 5 introd. une propos. circonstancielle *Je n'étais pas plus tôt assis qu'il me fallut partir.* ♦ « *Asseyez-vous là que nous causions* » (From.). ♦ « *Est-ce que ces drôles sont dans un bénitier, qu'ils font ce bruit d'enfer ?* » (Hugo). ♦ fam. « *Les piécettes d'or fondaient que c'était un plaisir* » (Daud.). « *Qu'elle fût bien ou mal coiffée, Je l'admirais. C'était ma fée* » (Hugo). ♦ QUE... NE... : sans que, avant que... « *Il ne se passait pas une semaine qu'il ne fût terrassé par une migraine atroce* » (France). ➝ *On me paierait que je ne le ferais pas.* 6 substitut d'un mot-outil en propos. coordonnées « *Quand la leçon fut finie, et que les autres élèves furent dispersés* » (Romains). « *comme c'était le lendemain dimanche et qu'on ne se lèverait que pour la grand'messe* » (Proust). 7 *Il n'est pas aussi drôle qu'on le dit. Il est moins bête qu'il n'en a l'air. On le croit plus riche qu'il n'est.* 8 NE... QUE... ⇒ **seulement.** « *Comme cent fourrures ne font qu'un manteau* » (Apoll.). *Ils n'arriveront que demain.* ➝ « *Son témoignage n'en est que plus recevable* » (Volt.). *Jurer de dire toute la vérité, rien que la vérité.* ♦ Si ce n'est, sinon. « *Rien n'est beau que le vrai* » (Boil.). 9 introd. une indépendante au subj. (ordre, souhait...) *Qu'on le fasse entrer.* « *Que le diable m'emporte si je sais au fond ce que je suis* » (Dider.). 10 Renforçant l'affirmation ou la négation. « *Je joue si mal ! – Oh ! que non !* » (Duham.).

② **que** adv. – XIe ; lat. *quid* ❑ *Que* s'élide en *qu'* devant voyelle et *h* muet 1 Pourquoi, en quoi ? « *Qu'avez-vous besoin de tant de conserves ?* » (Daud.). « *Olivier et Roland, que n'êtes-vous ici ?* » (Hugo). 2 Comme, combien ! « *Que vous êtes joli ! que vous me semblez beau* » (La Font.). « *Que c'est donc bête de vous tourmenter comme ça !* » (Zola). ➝ fam. « *Qu'est-ce qu'elle a dû pleurer !* » (Proust). ♦ loc. exclam. QUE DE : combien. « *Que de difficultés je prévois !* » (Renan).

③ **que** pron. – IXe ; lat. *qui* ▪ *Que* s'élide en *qu'* devant voyelle et *h* muet. I Pronom relatif. 1 (objet dir.) « *Un homme qui dit tout ce qu'il pense et comme il le pense* » (France). *Ce qu'il arrivera* ou *ce qui arrivera.* ♦ (ayant pour antécédent une propos.) « *Elle n'a pas la prétention, que je sache, d'imposer silence* » (Barbey). ➝ fam. « *Je cours plus vite que toi. – Que tu dis !* » 2 (compl. ind. ou circonstanciel) « *Le temps que l'on construise l'hôtel* » (Duham.). « *Voilà cinquante ans que nous habitons ici* » (Maupass.). « *Il n'y avait pas longtemps qu'elle s'était mariée* » (Muss.). 3 (attribut) « *En gentille fourbe qu'elle était* » (Romains). « *Sanglotant comme un pauvre bébé qu'il est* » (Duham.). « *Ils ne se parlaient pas, trop perdus qu'ils étaient* » (Flaub.). II Pronom interrogatif. 1 (objet dir.) Quelle chose ? *Que sais-je ?* « *Que veux-tu ? fleur, beau fruit ou l'oiseau merveilleux ?* » (Hugo). « *Que faisiez-vous au temps chaud ?* » (La Font.). *Que faire ?* ➝ (interrog. ind.) ⇒ **quoi.** « *On ne sait plus que lui donner* » (Mauriac). 2 (attribut) *Que deviens-tu ?* « *Pilate lui dit : qu'est-ce que la vérité ?* » (Évangile). 3 (en tour impers.) *Qu'y a-t-il ? Que se passe-t-il ? Qu'importe.* 4 *Qu'est-ce que vous avez ?* : qu'avez-vous ? ➝ exclam. « *Qu'est-ce qu'on va déguster !* » (Dorgelès). *Qu'est-ce qu'il y a comme poussière !* ♦ « *Voyons, qu'est-ce qui vous prend ?* » (Maupass.).

québécisme n. m. – v. 1970 ▪ Fait de langue propre au français du Québec (⇒ **canadianisme**).

québécois, oise adj. et n. – XVIIIe ; mot algonquin « détroit, resserrement, escarpement » 1 De Québec ; du Québec, de la province de Québec. ➝ *Le Parti québécois (P. Q.)* : parti fondé en 1968 par R. Lévesque. ♦ Du groupe ethnique et linguistique canadien français composant la majorité de la population du Québec. *Littérature québécoise.* 2 n. *Québécois francophones, anglophones.* ♦ n. m. LE QUÉBÉCOIS : le français propre au Québec (⇒ **joual**).

quebracho [kebʀatʃo] n. m. – XIXe ; mot esp. ▪ Arbre d'Amérique du Sud *(anacardiacées)*, dont le bois est très riche en tanin et en alcaloïdes.

quechua [ketʃwa] n. m. – XVIIIe ; mot indigène ▪ Langue indienne employée sur les hauts plateaux du Pérou et de la Bolivie. *Le quechua fut la langue des Incas.*

❑ On dit aussi *quichua.*

quel, quelle adj. – Xe ; lat. *qualis* I adj. interrog. 1 interrog. dir. « *Quelle est donc cette jeune fille qui chante ?* » (Muss.). ⇒ **qui.** « *Quel est le but de la vie ?* » (Maurois). « *Quelle est cette langueur Qui pénètre mon cœur ?* » (Verlaine). ♦ *Quelle mouche vous pique ? Dans quelle ville ?* « *Quels cœurs briserai-je ? [...] Dans quel sang marcher ?* » (Rimb.). « *J'ai fait bien des observations. – Quelles observations ?* » (Becque). 2 interrog. ind. *Je ne sais pas quelle route prendre. Ils supputaient « quelle allait être la situation pécuniaire »* (Zola). ♦ « *Si l'on mesurait à quel point nous menacent ces injustices* »

(Daniel-Rops). *Il vient d'on ne sait quel pays.* **3** exclam. « *Quels ne furent pas mon horreur et mon étonnement !* » (Baud.). ♦ *Quel crétin !* « *Quel dommage que je n'aie pas mes vingt-cinq ans !* » (Hugo). ➛ iron. *Quelle idée !* (absurde, saugrenue). **II pron. interrog.** (devant un partitif) ⇒ **lequel, qui.** « *De nous deux, quel est le plus méprisable ?* » (Daud.). **III adj. rel.** QUEL... QUE, avec le v. *être* au subj. (loc. concessive). *D'un homme quel qu'il soit.* ⇒ **quelconque.** « *Quelle que soit la ligne politique qu'on suive* » (Ste-Beuve).

❑ Ne pas confondre *quel que* et *quelque* ; en deux mots il est toujours suivi du verbe *être.*

quelconque adj. – XIIe ; lat. *qualiscumque* **1 adj. indéf.** N'importe lequel, quel qu'il soit. « *Le meurtrier aurait pu tarder pour une raison quelconque* » (Romains). « *un moyen quelconque de transport sera mis à votre disposition* » (J. Verne). « *Un Rothschild quelconque, qui aura doté un quelconque observatoire d'une lunette* » (Mirbeau). ➛ Qui n'a aucune propriété particulière. *Triangle quelconque.* **2 adj. qualificatif** Tel qu'on peut en trouver partout, sans qualité ou valeur particulière. ⇒ **insignifiant, ordinaire.** *Un homme très quelconque.* « *Dans un décor de plus en plus quelconque* » (Loti). ✪ CONTR. (du 2°) Remarquable.

quelque adj. – XIIe ; de *quel* et ① *que* **I** littér. QUELQUE... QUE, à valeur concessive. **1** « *Quelques folies qu'aient écrites certains physionomistes* » (Chamf.), quelles que soient les folies... « *Sur quelque sujet que se portât la conversation* » (Gide). ♦ « *Quelque lien qui pût nous unir, je l'avais rompu pour toujours* » (Muss.). **2** advt littér. ⇒ **pour,** ② **si.** « *Quelque méchants que soient les hommes* » (La Rochef.). **II adj. indéf. 1** au sing. Un, certain. « *Elle lui présentait quelque bon bouillon, quelque tranche de gigot* » (Flaub.). *Quelque autre chose.* ♦ Un peu de... *Depuis quelque temps.* « *Elle avait eu quelque peine à fixer l'infidèle* » (Ste-Beuve). ➛ QUELQUE PEU : un peu (avec une nuance d'indétermination). *Il est quelque peu étourdi.* **2** au plur. Un petit nombre, un certain nombre de... ⇒ **plusieurs.** *Faire quelques pas, dire quelques mots.* « *Il faudrait ici un sergent et quelques hommes* » (Romains). « *si j'avais encore quarante ans au lieu de soixante et quelques* » (Becque). ➛ « *Les quelques biens qu'il tenait à conserver* » (P. Benoit), le petit nombre de biens. **3 adv. (inv.)** Environ. « *Une bande de feu de quelque cinquante mètres* » (Montherl.). ✪ HOM. Quel que.

quelque chose → **chose** (II, 2°)

quelquefois adv. – XVe ▪ Un certain nombre de fois, dans un certain nombre de cas. ⇒ **parfois.** « *Elle se mettait quelquefois à exprimer des opinions singulières* » (Flaub.). « *Pensées souvent originales, quelquefois paradoxales, mais toujours touchantes* » (Baud.).

❑ Ne pas confondre avec *quelques fois,* proche par le sens : *il est venu quelques fois ; il venait quelquefois.* ♦ *Quelquefois* est un terme plus neutre que *parfois* ou *des fois.* → parfois (rem.).

quelqu'un, une [kɛlkœ̃, yn], plur. **quelques-uns, unes** [kɛlkəzœ̃, yn] **pron. indéf.** – XIVe **I** au sing. **1** vieilli Un, une... entre plusieurs. « *C'est donc quelqu'un des tiens* » (La Font.). **2** Une personne totalement indéterminée. « *On dirait que quelqu'un joue du piano quelque part* » (Alain-Fourn.). ⇒ **on.** *Le besoin de parler à quelqu'un.* **3** Une personne indéterminée faisant partie d'un ensemble déterminé. « *C'est quelqu'un de bien, quelqu'un d'important. Le quelqu'un d'important était assis dans un fauteuil* » (Romains). « *Ce que ferait quelqu'un qui ne serait pas fatigué* » (Péguy). **4** Une personne de valeur, ayant une forte personnalité. « *Ne vous donnez pas pour but d'être quelque chose, mais d'être quelqu'un* » (Hugo). ♦ pop. Quelque chose d'extraordinaire. « *Quel incendie ! C'était quelqu'un* » (Queneau). **II** au plur. **1** Un petit nombre indéterminé de (parmi plusieurs). « *Quelques-uns des assistants se mirent à rire* » (Michelet). « *Quelques-unes des plaisanteries de son père* » (Balz.). ♦ « *Les femmes sortent en groupes,* [...] *quelques-unes s'attardent et pleurent* » (Loti). **2** Un petit nombre indéterminé de personnes. « *Il ne faut plus réserver ton enseignement à quelques-uns* » (Brieux). ♦ Certaines personnes. « *Je passe auprès de quelques-uns pour un mauvais esprit* » (Bernanos). ✪ CONTR. ② Personne.

quémander v. [1] – XVIe ; a. fr. *caïmand* « mendiant » **1 v. intr.** VX Mendier. **2 v. tr.** Demander humblement et avec insistance. *Quémander un emploi auprès de qqn.*

quémandeur, euse n. – XVIIIe ▪ littér. Personne qui quémande. ⇒ **solliciteur.**

qu'en-dira-t-on [kɑ̃diʀatɔ̃] **n. m. inv.** – XVIIe ▪ Les propos qui se tiennent sur le compte de qqn ; l'opinion d'autrui. *Il fallut* « *me résoudre à braver le qu'en-dira-t-on* » (Rouss.).

❑ Ce mot ne s'emploie qu'avec quelques verbes et substantifs : *se soucier, avoir peur, se moquer du qu'en-dira-t-on.*

quenelle n. f. – XVIIIe ; all. *Knödel* ▪ Préparation oblongue, composée d'une farce de poisson ou de viande blanche liée avec de l'œuf, de la farine ou de la mie de pain. ⇒ **godiveau.** *Quenelles de brochet.*

quenotte n. f. – XVIIe ; a. fr. *canne, kenne* « dent ; joue » ▪ fam. Dent d'enfant.

quenouille n. f. – XIe ; lat. *colus* **1** Petit bâton garni en haut d'une matière textile, que les femmes filaient en la dévidant au moyen du fuseau ou du rouet. ♦ loc. *Tomber en quenouille,* se disait d'une maison, d'une succession qui tombait entre les mains d'une femme. ➛ Être abandonné, laissé à l'abandon. **2** Arbre fruitier taillé en forme de quenouille. ♦ Tige des roseaux. **3** Colonne qui supporte un ciel de lit, un dais. **4** Maladie cryptogamique de certaines graminées.

quéquette n. f. – 1901 ; formation enfantine ▪ fam. et enfantin Pénis. ⇒ ② **zizi.**

quérable adj. – XVIIIe ▪ Qu'on doit aller chercher. *Créance quérable,* que le créancier doit aller réclamer au débiteur.

quercitrin n. m., quercitrine n. f. – XIXe ▪ Colorant jaune tiré du quercitron.

quercitron n. m. – XIXe ; lat. *quercus* « chêne » et *citron* ▪ Chêne de l'Amérique du Nord dont l'écorce fournit le quercitrin.

querelle n. f. – XIIe ; lat. *querela* « plainte » **1** VX Procès ; plainte en justice. ♦ Parti, intérêts de qqn dans un litige. **2** Différend passionné, opposition assez vive pour entraîner un échange d'actes ou de paroles hostiles ; cet échange de violences. ⇒ **dispute.** « *Elle se rappelait surtout la querelle qui avait éclaté presque tout de suite entre eux* » (Mart. du G.). *Une querelle de famille,* entre membres de la famille. « *Il n'y a pas de pures querelles d'idées. Il n'y a que des querelles de personnes* » (Duham.). loc. *Chercher querelle (à qqn),* se comporter envers lui de manière agressive, le provoquer. ♦ Lutte d'idées, contestation intellectuelle. « *Il se mêlait peu aux querelles théologiques du moment* » (Hugo). ✪ CONTR. Accord.

quereller v. tr. [1] – XVIIe **1** vieilli Adresser des reproches à (qqn). ⇒ **gronder, houspiller.** « *Nous querellons les malheureux pour nous dispenser de les plaindre* » (Chamf.). **2** pronom. Avoir une querelle, une dispute vive. ⇒ se **disputer ;** fam. se **chamailler.** « *Comment peut-on se quereller quand on s'aime et perdre à se* *tourmenter l'un l'autre des moments où l'on a si grand besoin de consolation ?* » (Rouss.).

querelleur, euse adj. et n. – XVIe ▪ vieilli Qui aime les querelles et cherche à les provoquer. ⇒ **agressif, batailleur.** « *Un individu sans éducation, violent, querelleur, ivrogne* » (France). *D'humeur querelleuse.* ⇒ **belliqueux.** ✪ CONTR. Conciliant, doux.

quérir v. tr. seult inf. – XIIe ; lat. *quærere* ▪ vx, littér. ou région. Chercher. *Il* « *allait quérir les mets chez le traiteur* » (Duham.).

> ❑ Le verbe *quérir* a été éliminé par *chercher* au XVIIe s., sauf à l'infinitif et après les verbes *aller, venir, envoyer*... ♦ Verbes courants de la même famille : *acquérir, conquérir, s'enquérir, requérir.* Parmi ces verbes, seul *acquérir* prend un *c* avant le *q*.

quérulence n. f. – av. 1952 ; lat. *querela* « plainte » ▪ Tendance pathologique à rechercher les querelles et à revendiquer la réparation d'un préjudice imaginaire (⇒ ① **processif).**

quèsaco → **kesako**

questeur n. m. – XIIIe ; lat. *quærere* → quérir **1** Magistrat romain chargé de la gestion des deniers publics. **2** Membre du bureau d'une assemblée parlementaire (⇒ **questure),** chargé d'ordonner les dépenses, de veiller au maintien de la sécurité.

question n. f. – XIIe ; lat. *quærere* « chercher » **1** Demande qu'on adresse à qqn en vue d'apprendre qqch. de lui. ⇒ **interrogation.** *Poser une question à qqn.* ⇒ **interroger, questionner.** « *ta manière de répondre toujours à une question par une question* » (Colette). « *toujours les mêmes questions, les mêmes réponses* » (Beckett). *C'est une bonne question. La question reste ouverte. Une question piège. Cette question ! Quelle question !* ♦ Ce qu'un examinateur demande au candidat qu'il interroge. ♦ dr. *Questions écrites, orales :* demandes d'explications adressées par un parlementaire à un ministre. *Le gouvernement a posé la question de confiance,* demandé que le vote terminant le débat implique approbation de sa politique. ➝ *Question préalable,* par laquelle une assemblée est appelée à décider si une discussion doit ou ne doit pas avoir lieu. **2** Connaissance incomplète ou incertaine qui peut donner lieu à discussion ; sujet qui implique des difficultés à résoudre. ⇒ **affaire, matière,** ① **point, problème,** ③ **sujet.** *Une question insoluble, épineuse, brûlante. Question d'actualité.* « *La question si difficile et si controversée des rapports entre l'individu et l'État* » (Valéry). *Le cœur, le nœud de la question. Approfondir la question.* ➝ « *La question religieuse importe peu à Balzac* » (Gide). *Les questions sociales, économiques. Pour des questions d'argent.* ⇒ **histoire, raison.** ♦ *La question d'Orient :* l'ensemble des problèmes soulevés par l'affaiblissement de l'Empire turc au XIXe s. ♦ loc. *Là est la question, c'est toute la question :* c'est là le point litigieux, la difficulté essentielle. *Ce n'est pas la question :* il ne s'agit pas de cela. ➝ *C'est une question de vie ou de mort,* qui met la vie en jeu. « *Ces questions de stratégie sont des questions de gros bon sens* » (Gide). « *C'est une question de propreté : il faut changer d'avis comme de chemise* » (Renard). fam. *Question de tact.* ⇒ **affaire.** ➝ *Il est question de... :* on parle de..., il s'agit de. « *Ensuite il fut question de la valeur des terrains* » (Flaub.). « *Il ne peut être question d'enlèvement* » (Aymé). *Il est bien question de cela !* c'est de tout autre chose qu'il s'agit. « *Il n'est pas question ici de s'amuser* » (Chamf.). *Il est question de X comme Premier ministre,* on en parle. *Il est hors de question que l'État prenne à sa charge cette dépense,* on ne peut l'envisager. *Il n'en est pas question.* fam. *Pas question ! Hors de question !* non, sûrement pas ! ➝ *La personne, la chose en question,* dont il s'agit, qu'on considère. *Voici l'appartement en question.* « *Toutes les valeurs humaines semblent remises en question* » (Duham.). **3** Torture que l'on infligeait aux accusés ou aux condamnés pour leur arracher des aveux. ✪ CONTR. Réponse.

> ❑ De la même famille étymologique : *quérir, questeur, quête.*

questionnaire n. m. – XVIe ▪ Série de questions méthodiquement posées en vue d'une enquête ; écrit, imprimé sur lequel une telle série de questions est inscrite. ⇒ **formulaire.** *Remplir un questionnaire. Questionnaire à choix multiple* (Q. C. M.), dans lequel une liste de réponses est proposée.

questionnement n. m. – XVIIIe ▪ Le fait de poser un ensemble de questions ; cet ensemble de questions. ⇒ **problématique.**

> ❑ Il n'existe pas de mot pour désigner l'action de questionner qqn, de l'interroger, au sens général.

questionner v. tr. [1] – XIIIe ▪ Poser des questions à. ⇒ **interroger.** « *On enquête. On le questionne, on le cuisine* » (Mart. du G.).

questionneur, euse n. – XVIe ▪ rare Personne qui aime questionner. ➝ adj. « *D'un air si peu questionneur* » (Proust). ⇒ **interrogateur.**

questure n. f. – XVIe **1** Charge de questeur romain ; durée de sa magistrature. **2** Services dirigés par les questeurs.

① **quête** n. f. – XIIe ; lat. *quærere* « chercher » **1** vx Action d'aller à la recherche. *La quête du Graal.* ➝ Action de chercher le gibier. ♦ mod. Recherche. *La quête du bonheur.* ♦ loc. *EN QUÊTE DE :* à la recherche de. « *Il se met en quête d'un cabaret* » (Daud.). *Un enfant en quête d'affection.* **2** Action de demander et de recueillir de l'argent pour des œuvres pieuses ou charitables. ⇒ **collecte.** *Faire la quête dans une église.* ⇒ **quêter.** ➝ Fait de demander de l'argent à des inconnus dans un lieu public. *Il est interdit de faire la quête dans le métro.* → **mendier.**

② **quête** n. f. – XVIIe ; forme norm. de *chette,* a. var. dial. de *chute* ▪ Inclinaison du mât vers l'arrière. ➝ Angle de l'étambot et de la quille.

quêter v. tr. [1] – XIIe **1** Chercher (le gibier) **2** Faire la quête. « *Elle quêta, devint dame de charité* » (Balz.). *Quêter pour les aveugles.* ♦ Demander ou rechercher comme un don, une faveur. ⇒ **mendier, quémander, solliciter.** « *Chacun quêtait un mot d'encouragement* » (Gide).

quêteur, euse n. – XIIe **1** littér. Personne qui recherche (qqch.) comme une faveur. *Un quêteur de compliments.* **2** cour. Personne chargée de faire la quête.

quetsche [kwɛtʃ] n. f. – XVIIIe ; all. *Zwetsche* ▪ Grosse prune oblongue à peau violette. ♦ Eau-de-vie tirée de ces prunes.

quetzal [kɛtzal] n. m. – XIXe ; mot indigène **1** Oiseau des forêts d'Amérique centrale au plumage brillant, vert et rouge. **2** Unité monétaire du Guatemala.

queue [kø] n. f. – XIe ; lat. *coda* **I - 1** Appendice qui prolonge la colonne vertébrale de nombreux mammifères. « *L'écureuil Guerriot* [...] *la queue en traîne retroussée ou relevée en panache s'épanouissant juste au-dessus de sa tête* » (Pergaud). « *La queue de certains bœufs est comme une tresse de graisse cordelée* » (Renard). fam. *La queue en trompette,* relevée. ♦ loc. *S'en aller la queue basse, la queue entre les jambes,* piteusement après un échec. *Se mordre la queue :* tourner en rond. fam. *Cheveux queue de vache,* d'un roux jaunâtre. ➝ loc. adv. *À LA QUEUE LEU LEU :* l'un derrière l'autre. « *une circulation folle, des* *touristes à la queue leu leu* » (Aymé). ➝ fam. *PAS LA QUEUE D'UN, D'UNE* : pas un, pas une seule. **2** fam. Membre viril. ⇒ **pénis.** **3** Extrémité postérieure allongée du corps de certains artiozoaires **(⇒ -oure).** *Queue de serpent, de lézard, de crocodile.* « *Avec un coup de queue brusque, les morues se retournaient* » (Loti). ➝ *Queue de langoustine, d'écrevisse,* l'abdomen. **4** Ensemble des plumes du croupion. *Queue du coq, du paon.* **5** Pédoncule qui attache (un fruit) à la branche, à la tige. *Queue de cerise.* ➝ Pétiole de la feuille. ♦ Pédoncule (d'une fleur), surtout lorsqu'il est court et peu rigide. *Queue de pâquerette.* ♦ Tige tenant à certaine partie comestible d'une plante. *Queue d'artichaut.* **II - 1** Partie terminale, prolongement. *Queue de comète :* traînée lumineuse qui suit le corps céleste. *Queue de la Grande, de la Petite Ourse,* les étoiles qui en prolongent le quadrilatère. ➝ *Queue de note :* trait qui prolonge le corps de la note. *Queue de lettre :* hampe, trait d'une lettre qui descend sous la ligne d'écriture. *La queue du* p. « *La queue du paraphe s'égare* » (Renard). ♦ *La queue d'un avion,* la partie postérieure du fuselage qui va en s'amincissant. ➝ *La queue d'une casserole,* le manche. **2** vx Traîne. ♦ *Queue-de-morue, queue-de-pie,* ou *queue :* basques plongeantes à l'arrière d'un habit. ➝ Cet habit. *Mettre sa queue-de-morue, sa queue-de-pie.* ⇒ **frac.** *Des queues-de-pie.* **3** *QUEUE DE CHEVAL :* coiffure dans laquelle les cheveux longs et non frisés sont attachés haut derrière la tête, d'où ils retombent. « *il y a une âme sous votre petite queue de cheval comme sous les lourdes tresses d'Yseult* » (Anouilh). **4** Large pinceau plat. *Queue à vernir, à laquer.* **5** Long bâton arrondi, garni d'un procédé, qui sert à pousser les billes, au billard. **III - 1** Derniers rangs, dernières personnes (d'un groupe en ordre de progression). *La tête et la queue du cortège.* ➝ *À la queue :* le dernier. *Coureur cycliste qui traîne à la queue du peloton.* **2** File de personnes qui attendent leur tour. « *Devant chaque boutique* [...] *ce sont des queues et des attentes interminables* » (Gide). *Il y a la queue. FAIRE LA QUEUE :* attendre avec les autres en prenant son tour. « *Des hommes avec des musettes faisaient la queue devant le guichet* » (Sartre). ♦ Attente dans cette file. *Il y a une heure de queue.* **3** Arrière d'une file de véhicules. *Les wagons de queue d'un train.* « *Vérifiant si à telle gare de métro la sortie se trouvait en tête ou en queue* » (Queneau). **4** Fin. *Nous avons eu la queue de l'orage.* ➝ *Produits de queue d'une distillation,* obtenus en dernier. ♦ loc. *SANS QUEUE NI TÊTE :* qui semble n'avoir ni début ni fin. *Histoire sans queue ni tête.* ⇒ **incohérent.** ✪ CONTR. Tête. — HOM. Queux.

> ❑ Pour qualifier un animal « sans queue » on emploie *anoure* et pour une plante « sans queue, sans tige » l'adjectif *acaule.*

queue-de-cochon n. f. – XIXe ▪ Tarière terminée en vrille. ♦ Ornement de ferronnerie en forme de pointe torsadée. *Grille ornée de queues-de-cochon.*

queue-de-morue ; queue-de-pie → **queue** (II, 2°)

queue-de-rat n. f. – XVIIe **1** Queue de cheval dont les cheveux sont peu fournis. **2** Lime ronde et fine terminée en pointe. *Des queues-de-rat.*

queue-de-renard n. f. – XVIe **1** Variété d'amarante. **2** Outil taillé à deux biseaux servant à percer. *Des queues-de-renard.*

queusot n. m. – 1922 ; de *queue* ▪ Tube de verre qui sert à faire le vide dans les ampoules électriques avant de les souder.

queuter v. intr. [1] – XVIIIe ▪ Au billard, Pousser la bille au moment où elle en touche une deuxième. ➝ Au croquet, Pousser la boule en l'accompagnant au lieu de la frapper.

queux n. m. – XIe ; lat. *coquus* « cuisinier » ▪ *MAÎTRE QUEUX :* cuisinier. ✪ HOM. Queue.

> ❑ Pour l'étymologie → ② coq (rem.).

qui pron. – IXe ; mot lat. **I** Pronom relatif. **1** (sujet) « *L'homme qui rit* », *roman de Victor Hugo.* « *Les gens que nous aimons et qui nous intéressent* » (Larbaud). « *Ce n'est ni toi ni moi qui l'empêcherons* » (Becque). ♦ Celui, celle qui, quiconque. « *pénétré de cette vérité que qui va lentement va sûrement ; et enfin que qui trop embrasse mal étreint* » (Balz.). « *Nous sommes attirés par qui nous flatte* » (Radiguet). ➝ « *À qui se sert de ses yeux, tout devient simple* » (Colette). loc. fam. *COMME QUI DIRAIT :* en quelque sorte, pour ainsi dire. « *Invité comme qui dirait à titre amical* » (Romains). ➝ « *Chacun s'ennuyait* [...] *c'était pourtant à qui ne partirait pas* » (Flaub.). ➝ littér. *Qui..., qui... :* l'un..., l'autre ; celui-ci..., celui-là... « *Des manchots, et des borgnes, et des lépreux, qui sortant des maisons, qui des petites rues* » (Hugo). ♦ Ce qui. *Qui plus est :* en outre. **2** (compl. dir.) Celui, celle qui... « *Embrassez qui vous voudrez* » (chans.). « *Quand l'on nuit sciemment à qui l'on aime* » (Aragon). *Qui vous savez :* la personne qu'on ne veut pas nommer. « *Cet argent vient de qui vous savez pour ce que vous savez* » (Hugo). **3** (compl. ind. ou circonstanciel) ⇒ **lequel.** « *Un capitaine à qui tous les armateurs voudraient confier des navires* » (Loti). *Un ami sans qui je n'aurais rien pu faire.* **II** Pronom interrogatif **1** (sujet, attribut) *Qui te l'a dit ?* « *Qui donc décide des armements ? Qui des effectifs ?* » (Alain). ➝ *Qui est-ce ?* quelle personne est-ce ? « *Qui est-ce qui te dit le contraire ?* » (Becque). **2** (compl.) *Qui demandez-vous ? De qui parlez-vous ? Avec qui ?* « *Et à présent, pourquoi vivre ? pour qui ?* » (Vigny). « *Bonjour. – Bonjour qui ? – Bonjour papa* » (Boylesve). **3** (interrog. ind.) « *Il ne savait à qui donner raison* » (France). **4** *Qui que tu sois :* que tu sois tel ou tel. *Qui que ce soit :* n'importe qui. ✪ HOM. Khi.

> ❑ Aujourd'hui seule la langue populaire élide *qui* devant une voyelle : « *Il nous réclamait des chaussures, nous qu'en avions pas* » (Céline). ♦ Lorsque l'antécédent du verbe dépendant de *qui* est un pronom personnel de la 1re ou de la 2e personne, le verbe s'accorde avec ce pronom : « *Vous qui pleurez... Vous qui souffrez... Vous qui tremblez...* » (Hugo) ; *C'est toi qui le dis ; C'est nous qui sommes les plus forts.* On observe aussi l'emploi incorrect du verbe à la 3e personne après *moi : c'est moi qui ira* (tournure correcte : *c'est moi qui irai* [« j'irai »]) ; « *Un peu que c'est moi qui est Lapointe* » (Duhamel). ♦ Lorsqu'un verbe personnel existe, il y a hésitation entre *qui* et *qu'il : la pluie qui est tombée hier, la pluie qu'il est tombé hier.* La seconde forme a souvent la préférence à cause de l'invariabilité du participe. → impersonnel.

quia (à) [akɥija] loc. adv. – XVe ; lat. *quia* « parce que » ▪ vieilli *Mettre, réduire qqn à quia,* le mettre dans l'impossibilité de répondre. ⇒ **embarrasser.**

quiche n. f. – XIXe ; all. *Kuchen* ▪ Tourte à pâte brisée, garnie d'une préparation à base de crème et d'œufs, et contenant des lardons. *Quiche lorraine.*

quichenotte n. f. – XIXe p.-ê. angl. *kiss not* « ne (m')embrasse pas » ▪ Dans l'Ouest (Vendée, Saintonge), Coiffe en forme de demi-cylindre horizontal.

quichua → **quechua**

quick [kwik] n. m. – 1956 ; nom déposé ; mot angl. « rapide » ▪ Matière synthétique dure, poreuse et rougeâtre, utilisée comme revêtement de certains courts de tennis en plein air.

quiconque pron. rel. et indéf. – XIIe ; de *qui... qu'onques* « qui... jamais » **1** pron. rel. Toute personne qui... ; qui que ce soit qui. « *La devise de Flaubert : j'appelle bourgeois quiconque pense bassement* » (Gide). **2** pron. indéf N'importe qui, personne. « *je suis aussi sensible que* *quiconque à la force de son argumentation* » (Mart. du G.).

quidam [k(ɥ)idam] n. m. – XIVe ; mot lat. « un certain, quelqu'un » ▪ plais. Un certain individu. ⇒ **individu.** « *Ainsi, vous êtes dans un jardin public, je suppose ; un quidam se présente* » (Flaub.).

quiddité [k(ɥ)idite] n. f. – XIVe ; lat. *quid* « quoi » ▪ L'essence d'une chose (en tant qu'exprimée dans sa définition).

❑ Pour le double *d* → reddition (rem.).

quiescent, ente adj. – 1911 ; lat. *quiescere* « se reposer » **1** Se dit d'un organe au repos ou d'un processus temporairement arrêté dans son développement. **2** Se dit de lettres non prononcées.

quiet, quiète adj. – XIIIe ; lat. *quies* « repos » ▪ vx Paisible, tranquille. ⇒ ② **calme.** *Il « rentra dans sa bibliothèque dont il referma la porte de l'air le plus quiet »* (Gide). ✪ CONTR. Inquiet.

quiétisme n. m. – XVIIe ▪ Doctrine mystique qui faisait consister la perfection chrétienne dans un état continuel de quiétude et d'union avec Dieu.

quiétiste n. – XVIIe ▪ Partisan du quiétisme. ➛ adj. *Les théories quiétistes.*

quiétude n. f. – XVe **1** Tranquillité d'âme. ⇒ **ataraxie. 2** littér. Calme paisible. « *La quiétude de l'appartement bourgeois* » (Taine). ➛ *En toute quiétude :* en toute tranquillité. ✪ CONTR. Agitation, inquiétude.

quignon n. m. – XVIe ; de *coin* ▪ fam. Gros croûton de pain. « *avec une bonne tranche* [de saucisson], *un solide quignon de pain et une tasse de café qu'il fabriquait, il faisait un repas des dieux* » (R. Rolland).

quillard n. m. – XXe ▪ Voilier qui possède une quille.

① **quille** n. f. – XIIIe ; all. *Kegel* **1** Chacune des pièces de bois cylindriques qu'on pose verticalement sur le sol à une certaine distance pour les abattre au moyen d'une boule lancée à la main. *Un jeu de quilles.* **2** fam. Jambe. « *Il s'était assis devant le poêle, il disait de sa voix tranquille : – Je vais me rôtir un brin les quilles* » (Zola). **3** Bouteille mince et allongée. « *Les longues quilles de vin du Rhin* » (Gaut.).

② **quille** n. f. – XIVe ; a. norrois *kilir* ▪ Pièce axiale située à la partie inférieure d'un navire et sur laquelle repose l'ensemble de la charpente de la carène. ⇒ **carlingue, étambot, étrave.** *Embarcation retournée, la quille en l'air.*

③ **quille** n. f. – 1936 ; p.-ê. de ① *quille* « jambe » ▪ arg. milit. Libération de la classe, fin du service. « *On signera la paix dans un mois, et à nous la quille* » (Dutourd). ➛ arg. Sortie de prison.

quilleur, euse n. – 1916 ; mot canadien ▪ (Canada) Personne qui joue aux quilles.

quillon n. m. – XVIe ▪ Chacune des deux branches de la croix dans la garde d'une épée ou d'une baïonnette. « *L'épée aux quillons droits d'où part la branche torse* » (Heredia). ♦ Petite tige située près de l'embouchoir d'un fusil de guerre et qui permet de former les faisceaux.

quinaire adj. – XVIe ; lat. *quini* « cinq à la fois » ▪ rare Exactement divisible par cinq. ➛ *Numération quinaire :* système de numération de base 5.

quincaillerie n. f. – XIIIe ; a. fr. *quincaille,* de *clinquer* « faire du bruit » **1** Ensemble des ustensiles, appareils, produits semi-finis en métal. ⇒ **ferblanterie. 2** Industrie ou commerce de ces objets. ♦ Magasin de quincaillier. **3** fam. Bijoux faux ou de mauvais goût. *Elle a sorti sa quincaillerie.*

❑ La quincaillerie, du moins dans le langage courant, ne comprend pas les appareils ménagers d'une certaine complexité, tels que réfrigérateurs, aspirateurs, machines à laver, mixeurs, etc.

quincaillier, ière n. – XVe ▪ Personne qui vend de la quincaillerie.

❑ À l'écrit, ne pas oublier le *i* du suffixe *-ier.*

quinconce n. m. – XVIe ; lat. *quincunx* « monnaie de cuivre de cinq onces » **1** *EN QUINCONCE,* se dit d'objets disposés par groupes de cinq dont quatre aux quatre angles d'un carré et le cinquième au centre. « *le papier de tenture présente, sur fond jaunâtre, un double motif en quinconce* » (Romains). **2** Plantation d'arbres ainsi disposés. *La place des Quinconces, à Bordeaux.*

quine n. m. – XIIe ; lat. *quini* « cinq chacun » ▪ Au loto, Série de cinq numéros placés sur la même rangée horizontale du carton.

quiné, ée adj. – XIXe ; lat. *quini* « cinq chacun » ▪ Disposé cinq par cinq. *Feuilles quinées.*

quinine n. f. – XIXe ; de *quinquina* ▪ Alcaloïde extrait de l'écorce de quinquina, cristallisant en fines aiguilles de goût amer. ➛ Sulfate de quinine, remède spécifique du paludisme.

quinoa n. m. – XIXe ; mot quechua ▪ Plante herbacée annuelle des hauts plateaux des Andes *(chénopodiacées)* cultivée pour ses graines très nutritives.

quinoléine n. f. – XIXe ; *quinine, olé(o)-* et *-ine* ▪ Composé basique cyclique contenant un cycle benzénique accolé à un cycle de pyridine.

quinone n. f. – XIXe ; de *quinquina* ▪ Composé aromatique dans lequel deux atomes d'hydrogène sont remplacés par deux atomes d'oxygène.

quinqu(a)- [kɛ̃ka- ; kɥɛ̃kwa] Élément, du lat. *quinque* « cinq ».

quinquagénaire [kɛ̃kaʒenɛʀ ; kɥɛ̃kwa-] adj. et n. – XVIe ; lat. ▪ Qui a entre cinquante et cinquante-neuf ans.

quinquagésime [kɛ̃kaʒezim ; kɥɛ̃kwa-] n. f. – XIIe ; lat. « cinquantième » ▪ Dimanche précédant le premier dimanche de carême (ainsi désigné jusqu'en 1965).

quinquennal, ale, aux adj. – XVIe ; lat. *quinque* « cinq » et *annus* « année » **1** Qui a lieu tous les cinq ans. *Élection quinquennale.* **2** Qui dure, qui s'étale sur cinq ans. *Plan quinquennal.*

quinquennat n. m. – mil. XXe ▪ Fonction qui dure cinq ans.

quinquet n. m. – XVIIIe ; nom du fabricant **1** Ancienne lampe à double courant d'air, et à réservoir supérieur. « *Ce grand Nagasaki où brûlent tant de quinquets à pétrole* » (Loti). **2** fam. Œil. « *Fermez les quinquets, taisez votre bec* » (Zola).

quinquina n. m. – XVIIe ; esp. *quinaquina,* mot quechua **1** Nom collectif d'un grand nombre d'écorces amères, aux propriétés toniques et fébrifuges, fournies par diverses espèces d'arbustes du genre *cinchona.* « *Le médecin prescrivit une infusion de quinquina pur* » (Hugo). ♦ Vin apéritif et tonique contenant une certaine proportion de quinquina. **2** Arbre tropical *(rubiacées)* dont l'écorce fournit de nombreux alcaloïdes dont la quinine et la cinchonine.

❑ La gentiane est parfois appelée *quinquina des pauvres.*

quint- Élément, du lat *quintus* « cinquième ».

quintal, aux n. m. – XIIe ; ar. *qintâr* « poids de cent » **1** (Canada) Poids de 112 livres*. **2** Masse de cent kilogrammes (symb. q). *Rendement de 20 quintaux de blé à l'hectare.* « *Il fallut presser cent quintaux de mensonges pour en extraire une once de vérité* » (Volt.).

① **quinte** n. f. – XIVe ; lat. *quintus* 1 Intervalle de cinq degrés dans la gamme diatonique. 2 Suite de cinq cartes de même couleur. 3 En escrime, Cinquième garde.

② **quinte** n. f. – XVIIe ; de ① *quinte* « toux revenant toutes les cinq heures » ▪ Accès de toux. ➛ « *une quinte de toux l'immobilisa, plié en deux* » (Mart. du G.).

quinté n. m. – 1990 ; lat. *quintus* « cinquième » ▪ Pari mutuel sur l'ordre d'arrivée des cinq premiers chevaux d'une course.

quintefeuille n. f. et m. – XIIIe 1 n. f. Potentille rampante. ♦ Pièce héraldique figurant une fleur à cinq pétales. 2 n. m. Rosace formée de cinq lobes.

quintessence n. f. – XIIIe ; lat. *quinta essentia* « cinquième essence » 1 Cinquième élément (l'éther) ajouté aux quatre éléments d'Empédocle. ♦ En alchimie, Qualité pure, principe essentiel d'une substance. 2 vieilli Extrait le plus concentré d'une substance. ♦ mod. Ce en quoi se résument l'essentiel et le plus pur de qqch. « *des réflexions qui sont une quintessence d'idiotie* » (Loti).

quintette [k(ɥ)ɛ̃tɛt] n. m. – XIXe ; it. *quinto* « cinquième » 1 Œuvre de musique d'ensemble, écrite pour cinq instruments ou cinq voix concertantes. *Quintette pour piano et cordes. Quintette vocal. « La Truite », quintette de Schubert.* 2 Orchestre de jazz composé de cinq musiciens.

quinteux, euse adj. – XVIe ; de *quinte* « accès de mauvaise humeur » ▪ vx Qui est d'humeur fantasque, se fâche facilement. ⇒ **capricieux.** *Elle « était devenue acariâtre, quinteuse »* (J. Verne). ♦ *Cheval quinteux*, rétif.

quintidi n. m. – XVIIIe ; lat. *quintus* « cinquième » et *dies* « jour » ▪ Cinquième jour de la décade, dans le calendrier républicain.

quintillion [kɛ̃tiljɔ̃] n. m. – XVIIIe ; lat. *quintus* « cinquième » et *million* ▪ Un million de quatrillions (10^{30}).

quinto [kɛ̃to ; kwinto] adv. – XVe ; mot lat. ▪ rare Cinquièmement.

❑ *Quinto* s'écrit souvent 5°.

quintuple adj. – XVe ; lat. *quintus* « cinquième » 1 Cinq fois plus grand. *Somme quintuple d'une autre.* ➛ n. m. loc. *Rendre au quintuple* : rendre plus qu'on a emprunté (services rendus, etc.). 2 Constitué de cinq éléments de nature à peu près semblable.

quintupler v. 1 – XVIIIe 1 v. tr. Rendre quintuple, multiplier par cinq. « *Nous allons prochainement quintupler le capital* » (Maurois). 2 v. intr. Devenir quintuple. *Les prix ont quintuplé.*

quintuplés, ées n. pl. – 1934 ▪ Les cinq enfants nés d'une même grossesse.

quinzaine n. f. – XIIe 1 Nombre d'environ quinze. 2 Espace de quinze jours. *Procès remis à quinzaine. La grande quinzaine des prix littéraires* (les quinze derniers jours de novembre).

quinze adj. numér. inv. et n. inv. – XIe ; lat. *quindecim* I adj. numér. 1 cardinal Nombre entier naturel équivalant à dix plus cinq (15 ; XV). *Quinze minutes.* ⇒ ② **quart** (d'heure). ➛ *Quinze cent vingt* (ou *mille cinq cent vingt*). ♦ *Quinze jours* : deux semaines. ⇒ **quinzaine.** « *Je le rejoignis quinze jours plus tard* » (Queneau). ♦ *Rugby à quinze*, joué avec des équipes de quinze joueurs. 2 ordinal Quinzième. *Louis XV. Le 15 août.* ⇒ **assomption.** *Il est 15 h 20.* II n. m. inv. Le chiffre quinze. ➛ *Elle a eu 15 en histoire. Quinze est divisible par trois.* ➛ Au tennis, Premier point marqué dans un jeu. ♦ Le numéro 15. *Il habite (au) 15 rue de Paris.* ♦ Équipe de quinze joueurs, au rugby. *Le quinze de France.*

❑ Pour la graphie → seize (rem.).

quinzième adj. et n. – XIVe 1 adj. numér. ord. Qui suit le quatorzième. *Le XVe siècle en Italie.* ⇒ **quattrocento.** *Le XVe arrondissement. Arriver quinzième à la course.* ➛ n. *Le, la quinzième.* ♦ *Mille quinzième* (1015e). 2 adj. fractionnaire Se dit d'une partie d'un tout également divisé ou divisible en quinze. ➛ *Les neuf quinzièmes du capital* (9/15).

quinzièmement adv. – XVIIIe ▪ En quinzième lieu (15°).

quinziste n. m. – 1981 ▪ Joueur de rugby à quinze.

quipou [kipu] n. m. – XVIIIe ; mot quechua « nœud » ▪ Chez les Incas, Faisceau de cordelettes dont les couleurs, les combinaisons et les nœuds étaient dotés de significations conventionnelles précises. *Des quipous.*

❑ On écrit aussi *quipu* [kipu] : *des quipus.* ♦ Le mot est parfois considéré comme invariable.

quiproquo n. m. – XVe ; loc. lat. *quid pro quo* « quelque chose pour quelque chose » ▪ Méprise qui fait qu'on prend une personne ou une chose pour une autre ; situation qui en résulte. ⇒ **malentendu.** *Des quiproquos.*

quiscale [kɥiskal] n. m. – XIXe ; probablt mot d'une langue indienne ▪ Grand passereau d'Amérique, au plumage noir et brillant et à la queue en éventail.

quittance n. f. – XIIe ; de *quitter* « tenir quitte » ▪ Écrit par lequel un créancier reconnaît que le débiteur a acquitté sa dette. ⇒ **acquit, récépissé.** *Quittance de loyer servant d'attestation de domicile.*

quitte adj. – XIe ; lat. *quietus* « tranquille » 1 Libéré d'une obligation juridique, d'une dette. *Être quitte envers qqn. Nous sommes quittes.* 2 Libéré d'une obligation morale. *S'estimer quitte envers la justice. Tenir quitte (qqn) de (qqch.)* : considérer que la chose suffit, que la personne en a fait assez. « *Je ne prétends pas l'en tenir quitte à si bon marché* » (Laclos). 3 *ÊTRE QUITTE*, débarrassé. *Être quitte d'une corvée.* ➛ loc. *En être quitte pour...* : sortir d'une situation difficile ou dangereuse avec pour seul inconvénient... « *tout le monde est dehors, rit, parle fort : quittes pour la peur* » (Le Clézio). ♦ *QUITTE À* : qui s'en tirera sans autre inconvénient que de, qui court, accepte le risque de. « *Rester jusqu'au bout avec les amis, quittes à crever tous ensemble* » (Zola). ➛ inv. Au risque de, en admettant la possibilité de. « *Tout le monde rit de quelqu'un dont on voit se moquer, quitte à le vénérer dix ans plus tard* » (Proust). 4 loc. *QUITTE OU DOUBLE. Jouer (à) quitte ou double* : jouer une nouvelle partie dont le résultat sera d'annuler ou de doubler les gains et les pertes ; jouer le tout pour le tout. ✪ CONTR. Débiteur, obligé. — HOM. Kit.

quitter v. tr. 1 – XIIe I vx Libérer (qqn) d'une obligation, tenir quitte. II - 1 Abandonner. « *Il fit vœu de quitter le monde et se retira à la Trappe* » (Nerval). ➛ loc. *Quitter la partie* : abandonner. *Ne quittez pas !* : restez en ligne (au téléphone). 2 Laisser (qqn) en s'éloignant, en prenant congé. « *le capitaine de gendarmerie [...] ne le quittait jamais d'une semelle* » (Céline). ➛ pronom. *Depuis deux mois ils ne se quittent plus*, ils sont inséparables. 3 Laisser (qqn) pour très longtemps ou pour toujours, rompre avec (qqn). *Il ne m'a pas « vraiment quittée, au sens où on l'entend en amour [...] la rupture ; l'abandon définitif »* (Romains). ➛ pronom. Se séparer. *Ils se sont quittés bons amis.* ♦ *Depuis qu'il nous a quittés* : depuis sa mort. ♦ Cesser d'habiter, d'affecter (qqn). « *Cette pensée ne le quittait pas, c'était une obsession* » (Daud.). 4 Laisser (un lieu) en s'éloignant, cesser d'y être. *Il « quitta la France, se réfugia en Hollande »* (Ste-Beuve). *Cette ville, « je ne* *pus la quitter sans me sentir arracher l'âme* » (Stendh.). ♦ Sortir de. « *Quittant son bureau, il descend dans la rue* » (Gide). « *la paralysie le gagna* [...] *et il ne quitta plus son grand lit* » (Beauv.). ➝ *La voiture a dérapé et quitté la route.* 5 Cesser de tenir. « *La main de M*[lle] *Alberte quitta la mienne* » (Barbey). ⇒ ① **lâcher.** ♦ loc. *Ne pas quitter des yeux :* regarder avec fascination, ou surveiller constamment. « *Ne quittant pas des yeux l'objet de sa convoitise* » (Baud.). 6 Enlever. ⇒ **ôter.** « *Il ne quittait plus ses gants* » (Duham.). ✪ CONTR. Garder, tenir.

quitus [kitys] **n. m.** – XVe ; mot lat. ▪ Acte par lequel le responsable de la gestion d'une affaire est reconnu s'en être acquitté de manière conforme à ses obligations. *Donner quitus à un gérant.*

qui-vive **interj.** et **n. m. inv.** – XVe 1 **interj.** Cri par lequel une sentinelle, une patrouille interroge en entendant ou en voyant qqch. de suspect. *Halte-là, qui-vive ?* 2 loc. adv. *SUR LE QUI-VIVE :* sur ses gardes et comme dans l'attente d'une attaque. *Être sur le qui-vive.*

quoi [kwa] **pron.** – XIIe ; lat. *quid* **I pron. rel.** 1 « *Les louvoiements sournois à quoi cette fausse situation l'obligeait* » (Gide), auxquels. « *Ce pour quoi l'on a été créé* » (Renan). « *Voilà donc à quoi me sert la médecine* » (Duham.), à quel usage. 2 Cela. « *Il fallut d'abord payer cette amende ; après quoi il fut permis à Zadig de plaider* » (Volt.). « *Obligées de travailler beaucoup, sans quoi elles manqueraient de tout* » (Montesq.). ⇒ **autrement, sinon.** *Faute de quoi, moyennant quoi.* 3 *Les autres* « *ne trouvant rien à quoi s'accrocher* » (Genev.), à quoi ils pussent s'accrocher. *DE QUOI :* qqch. qui fournit un moyen ou une raison de... « *Vous avez de quoi vous amuser* » (Proust). *Il n'y a vraiment pas de quoi rire.* ⇒ **matière, motif, raison,** ③ **sujet.** « *Je vous remercie beaucoup. – Il n'y a pas de quoi* ». ➝ fam. *Avoir de quoi :* avoir une certaine aisance matérielle. **II pron. interrog.** 1 (interrog. ind.) « *Mais sait-on jamais à quoi rêvent les jeunes filles ?* » (Daud.). « *Je ne sais plus que dire, je ne sais quoi penser* » (Mart. du G.). « *Je saurai à quoi m'en tenir* » (Stendh.). *Des élections, pour quoi faire ?* est-ce utile, nécessaire ? 2 (interrog. dir.) *Quoi faire ? À quoi pensez-vous ?* « *De quoi demain sera-t-il fait ?* » (Hugo). ➝ *Quoi de neuf ?* « *Quoi de plus fatigant que cette manie* » (Gide). 3 « *Qu'est-ce là ? lui dit-il. – Rien. – Quoi rien ? – Peu de chose* » (La Font.). ⇒ **comment.** « *Bah ! ce n'est pas la première fois. – Que quoi ? – Que je suis en retard* » (R. Rolland). fam. *Alors quoi, ça vient ?* ➝ pop. *De quoi ?* expression de menace, de défi. ▪ fam. *Ou quoi ?* ou non ? ou est-ce autre chose ? *Il est naïf ou quoi ?* ♦ fam. *C'est quoi ?* qu'est-ce que c'est ? *Le sabayon, c'est quoi ? Un entremets.* ➝ *Qu'est-ce que cela représente ? La liberté, pour vous, c'est quoi ?* 4 interj. ⇒ **comment.** « *Quoi ! dans leur dureté ces cœurs d'acier s'obstinent* » (Corn.). ➝ fam. « *Un riche, aux yeux de l'Église, c'est le protecteur du pauvre, son frère aîné, quoi !* » (Bernanos). 5 *QUOI QUE* loc. concessive. *Quoi qu'il arrive :* quelque chose qu'il arrive. *Quoi qu'il en soit :* en tout état de cause, de toute façon, n'importe comment. « *Quoi que je dise ou fasse* » (Gide). ➝ *Si vous avez besoin de quoi que ce soit, n'hésitez pas à me le demander.* ✪ HOM. Coi.

> ❑ Ne pas confondre *quoi que* avec *quoique.* ♦ Ne pas confondre *pourquoi* avec *pour quoi* → pourquoi (rem.).

quoique [kwak(ə)] **conj.** – XIIe 1 Introduisant une proposition circonstancielle d'opposition ou de concession (suivi du subj.). ⇒ ① **bien** (que), **encore** (que). « *le regret n'est pas le remords, quoiqu'il en soit un peu germain* » (Balz.). ♦ « *Il était, quoique riche, à la justice enclin* » (Hugo). « *Quoiqu'il ne fut que trop amoureux* » (Mol.). 2 Introduisant une objection provenant d'une réflexion qu'on fait après coup. ➝ (suivi de l'indic.) « *Peut-être on va m'emmener dans le Midi. Ce que ce serait chic ! quoique cela me fera manquer un arbre de Noël* » (Proust). ➝ (suivi du condit.) « *J'ajoutai : Quoique je serais furieux que vous me réveilliez* » (Proust).

> ❑ La règle est assez floue quant à l'élision du *e* final avant un autre mot que *il(s), elle(s), on, un(e).* On trouve : « *Ces amants, quoique épris d'un désir mutuel* » (La Fontaine) mais aussi « *Quoiqu'ayant rencontré le maître des maîtres* » (Alain). ♦ Ne pas confondre avec *quoi que : quoi qu'il fasse.*

quolibet **n. m.** – XVIe ; lat. *disputationes de quolibet* « débats sur n'importe quel sujet » ▪ Plaisanterie à l'adresse de qqn. ⇒ **raillerie.** *Essuyer des quolibets. Elle s'enfuit sous les quolibets de la foule.* ⇒ **lazzi.**

quorum [k(w)ɔʀɔm] **n. m.** – XVIIe ; mot lat. « desquels » ▪ Nombre minimum de membres présents ou représentés, exigé pour qu'une assemblée puisse valablement délibérer et prendre une décision. *Le quorum est atteint. Des quorums.*

quota [k(w)ɔta] **n. m.** – 1927 ; mot lat., abrév. de *quota pars* ▪ Contingent ou pourcentage déterminé. *Quotas laitiers.* ➝ *Quota de vente :* chiffre d'affaires minimum que doit réaliser un vendeur. ♦ Échantillon représentatif d'une population dans une enquête par sondage.

quote-part **n. f.** – XVe ; lat. *quota pars* ▪ Part qui revient à chacun dans la répartition d'une somme à recevoir ou à payer. *Apporter sa quote-part à telle ou telle dépense.* ⇒ **contribution, cotisation,** ① **écot.** *Des quote-parts.*

quotidien, ienne **adj.** et **n. m.** – XIIe ; lat. *quotidie* « chaque jour » 1 De chaque jour ; qui se fait, revient tous les jours. ⇒ **journalier.** *Le pain quotidien. La vie quotidienne.* « *Il accomplissait sa petite tâche quotidienne* » (Flaub.). ⇒ **habituel.** ➝ **n. m.** Ce qui appartient à la vie de tous les jours. loc. *Au quotidien :* tous les jours. 2 **n. m.** Journal qui paraît chaque jour (par oppos. à *hebdomadaire, mensuel*). *Quotidiens du matin, du soir. Un quotidien régional.* « *l'envoyé spécial d'un grand quotidien* » (Duham.).

quotidiennement **adv.** – XVe ▪ Tous les jours. ⇒ **journellement.**

quotidienneté **n. f.** – XIXe ▪ Caractère de ce qui est quotidien, habituel et banal.

quotient [kɔsjɑ̃] **n. m.** – XVe ; lat. *quoties* « combien de fois, autant de fois que » 1 Résultat d'une division. *Quotient de deux nombres, obtenu en les divisant l'un par l'autre.* 2 *Quotient électoral :* résultat de la division du nombre des suffrages exprimés par le nombre de sièges à pourvoir, dans le système de la représentation proportionnelle. ➝ *Quotient familial,* obtenu en divisant le revenu imposable en un certain nombre de parts fixées d'après la situation et les charges de famille du contribuable. *Quotient respiratoire :* rapport du volume de gaz carbonique expiré à celui de l'oxygène inhalé. ♦ *Quotient intellectuel* ou *mental :* rapport de l'âge mental à l'âge réel, multiplié par 100. ➝ abrév. ⇒ **Q. I.**

quotité **n. f.** – XVe ; lat. *quotus* « en quel nombre » ▪ Montant d'une quote-part. *Quotité disponible :* fraction de la succession dont le de cujus a pu librement disposer, malgré la présence d'héritiers réservataires. *Impôt de quotité,* dont le taux est fixé et dont le produit varie selon le montant de la matière imposable.

QWERTY [kwɛʀti] **adj. inv.** – v. 1980 ; suite des lettres des six premières touches d'une machine à écrire conçue pour l'anglais ▪ *Clavier QWERTY d'un ordinateur,* clavier anglais (par oppos. à *AZERTY*).

R ① **r** [ɛʀ] n. m. inv. 1 Dix-huitième lettre et quatorzième consonne de l'alphabet : *r majuscule* (R), *r minuscule* (r). ➛ prononc. Lettre qui note la fricative uvulaire [ʀ] (dite parfois *r grasseyé*) dans la prononciation parisienne *(rat, arriver, sortir)*. Le *r* est généralement prononcé à la finale. *Le r et le l sont parfois appelés des consonnes liquides.* ➛ *Digrammes comportant r : rh*, qui note [r] *(rhume, rhétorique)* ; *-er*, qui, à la finale, note généralement [e] *(aimer, boucher, oranger)* mais parfois [ɛʀ] *(cher, fer, revolver)* ou [œʀ] *(speaker)*. 2 loc. *Les mois en R*, dont le nom contient un *r* (pendant lesquels on pouvait consommer les huîtres, les coquillages, sans danger). ✪ HOM. Air, aire, ère, ers, hère. ❑ Le *r roulé*, consonne vibrante apicale [r], se rencontre dans de nombreuses langues (espagnol, italien, russe, arabe...) et subsiste dans certaines régions de France. Systématique jusqu'au milieu du siècle dans la chanson française, il n'est plus guère employé que dans l'opéra.

② **r** abrév. et symboles 1 ℝ [ɛʀ] n. m. inv. Ensemble des nombres réels. 2 **R** [ʀœntgɛn ; ʀøntgɛn] n. m. inv. Röntgen.

rab [ʀab] n. m. – XIXe ; abrév. de *rabiot* ▪ fam. Ce qui vient en plus de la quantité, de la ration normale. ⇒ **supplément.** *Du rab de patates. Faire du rab* : travailler en supplément. *En rab* : en plus.

rabâchage n. m. – XVIIIe ▪ Action de rabâcher ; accumulation de répétitions, de redites fastidieuses. ⇒ **radotage.** *C'était toujours « le même rabâchage sur les domestiques »* (Goncourt).

rabâcher v. tr. [1] – XVIIe ; a. fr. *rabaster* « faire du vacarme », d'un rad. expressif *rabb-* ▪ Répéter continuellement, d'une manière fastidieuse. ⇒ **ressasser.** ➛ *« Après cela on s'étonne que les vieilles gens rabâchent »* (Hugo).

rabâcheur, euse n. – XVIIIe ▪ Personne qui a l'habitude de rabâcher. ⇒ **radoteur.**

rabais n. m. – XIVe ▪ Diminution faite sur le prix d'une marchandise, le montant d'une facture. ⇒ **réduction ; discount.** *Accorder, faire un rabais sur un produit. « Consentez un rabais sur le prix de cette terre »* (Stendh.). *Rabais de 10 % sur les prix affichés.* ♦ loc. *AU RABAIS* : au-dessous du prix habituel ; avec une réduction. ✪ CONTR. Augmentation.

rabaissement n. m. – XVIe ▪ rare Action de rabaisser, de dénigrer. ⇒ **dénigrement, dépréciation, dévalorisation.**

rabaisser v. tr. [1] – XIIe ▪ Ramener à un état ou à un degré inférieur. ⇒ **abaisser, ravaler.** *Rabaisser les prétentions, les mérites de qqn.* ♦ Estimer ou mettre très au-dessous de la valeur réelle. ⇒ **déprécier ; dénigrer, mépriser.** *Chercher à rabaisser qqn devant des tiers.* ⇒ **humilier.** ✪ CONTR. Exalter, honorer.

raban n. m. – XVIe ; néerl. ▪ Tresse ou sangle servant à amarrer, à fixer.

rabane n. f. – XIXe ; malgache *rebana* ▪ Tissu en fibres de raphia. *Sac de rabane.*

rabat n. m. – XIIIe 1 Rabattage (du gibier). 2 Large cravate formant plastron, portée par les magistrats, les avocats, les professeurs en robe, certains religieux. 3 Partie (d'un vêtement, d'un objet) rabattue ou qui peut se replier. *Poche à rabat.*

rabat-joie n. inv. – XIVe ▪ Personne chagrine, renfrognée, ennemie de la joie des autres. ⇒ **éteignoir, trouble-fête.** *Quel vieux rabat-joie !* ➛ adj. inv. *Elle est un peu rabat-joie.*

rabattage n. m. – XVIIIe ▪ Action de rabattre (le gibier).

rabattement n. m. – XIIIe ▪ En géométrie descriptive, Mouvement de rotation par lequel on applique un plan (et les figures qu'il contient) sur un des plans de projection (opposé à *relèvement*).

rabatteur, euse n. – XVIe 1 Personne chargée de rabattre le gibier. ♦ Personne qui fournit des clients à un vendeur, des marchandises à un acheteur. 2 n. m. Dans une moissonneuse, Ensemble de lattes qui rabattent les tiges sur la lame.

rabattre v. tr. [41] – XIIe ; de *re* et *abattre* I - 1 Diminuer en retranchant (une partie de la somme). ⇒ **décompter, déduire, défalquer.** *Rabattre une certaine somme sur un prix.* ♦ *EN RABATTRE* : abandonner de ses prétentions ou de ses illusions. *Il a dû en rabattre.* 2 Tailler en coupant la cime, les gros rameaux de (un arbre, un végétal). 3 Amener vivement à un niveau plus bas, faire retomber. *Les rafales « ne cessèrent de rabattre la pluie sur le balcon »* (Mart. du G.). 4 Refermer, replier. *Rabattre le capot d'une voiture, le col d'un manteau, la visière d'un casque.* ➛ *Rabattre les mailles d'un tricot* (⇒ **arrêter**). II - 1 Ramener par force dans une certaine direction. *Rabattre le gibier* (vers les chasseurs). ⇒ **rabattage, rabatteur.** ♦ pronom. Changer de direction en se portant de côté. *L'autoroute « était noire de voitures ; doubler, se rabattre, doubler »* (Beauv.). 2 v. pron. *SE RABATTRE SUR* (qqn, qqch.) : en venir, après une déception, à accepter, à adopter faute de mieux. *Je me suis rabattu sur les desserts.* ✪ CONTR. Augmenter. Relever. Éloigner.

> ❑ Ne pas employer *rabattre* à la place de *rebattre* dans *rebattre les oreilles.* → rebattre (rem.).

rabattu, ue adj. – XVe ▪ Qui est abaissé, ou replié. *Chapeau à bords rabattus.* ✪ CONTR. ① Relevé.

rabbin n. m. – XVIe ; mot araméen, plur. de *rabb* « maître » 1 Docteur de la loi juive qui avait des fonctions juridiques et pédagogiques, dans la Palestine antique. 2 Chef religieux d'une communauté juive, qui préside au culte (⇒ **synagogue**). *Grand rabbin :* chef d'un consistoire israélite.

rabbinat n. m. – XIXe ▪ Dignité, fonction de rabbin.

rabbinique adj. – XVIe 1 Relatif ou propre aux rabbins, interprètes de la Loi. 2 Qui concerne les rabbins modernes. *École rabbinique.*

rabbinisme n. m. – XVIIe ▪ Enseignement, doctrine des rabbins (commentaires, exégèses, prescriptions). ⇒ **Talmud.**

rabelaisien, ienne adj. – XIXe 1 Qui concerne l'œuvre de Rabelais. 2 Qui a la gaieté libre et truculente, parfois cynique et grossière que l'on trouve chez Rabelais. *Verve rabelaisienne.* ⇒ **gaulois.**

rabibocher v. tr. [1] – XIXe ; mot dial., rad. expressif *bib-* (→ bibelot) ▪ fam. 1 Réparer d'une manière sommaire ou provisoire. ⇒ **rafistoler.** 2 Réconcilier. ➛ pronom. *Ils se sont rabibochés.*

rabiot n. m. – XIXe ; probablt du dial. *rabes,* var. *raves* « œufs de poisson, menu fretin » ▪ fam. 1 Supplément, surplus dans une distribution. ⇒ **rab.** *Un rabiot de vin. Il y a du rabiot.* 2 Temps supplémentaire qu'un soldat doit passer au régiment en cas de peines disciplinaires. ♦ Supplément. « *Le petit rabiot de sommeil dans le noir* » (Céline).

rabioter v. tr. [1] – XIXe ▪ fam. S'approprier, obtenir en supplément.

rabique adj. – XIXe ; lat. *rabies* « rage » ▪ Relatif, propre à la rage. *Le virus rabique.* ✪ CONTR. Antirabique.

① **râble** n. m. – XIIIe ; lat. *rutabulum* ▪ Outil à long manche terminé par un petit râteau, qui sert à remuer des matières en fusion, à nettoyer des fours, etc.

② **râble** n. m. – XVIe ; de ① *râble* 1 Partie charnue qui s'étend des côtes à la naissance de la queue, chez certains quadrupèdes. ⇒ **dos.** « *J'ai des poulets, des pigeons, un râble de lièvre excellent* » (Dider.). 2 loc. fam. *Tomber sur le râble à qqn,* lui sauter dessus, l'attaquer. *Tu vas voir ce qui va te tomber sur le râble,* ce qui va t'arriver (de fâcheux).

râblé, ée adj. – XVIe ▪ Qui a le dos large et puissant, est trapu et vigoureux.

râblure n. f. – XVIIe ; de *râble* « traverse d'un bateau à fond plat » ▪ Rainure pratiquée dans la longueur et sur les deux côtés de la quille, de l'étrave ou de l'étambot, pour recevoir l'extrémité des bordages.

rabot n. m. – XIVe ; de *rabotte,* dial. « lapin », germ. *robbe* par anal. de forme 1 Outil de menuisier, formé d'une lame de métal oblique ajustée dans un fût qui laisse dépasser le tranchant, servant à aplanir ou diminuer une surface de bois, à faire des moulures, des rainures. 2 Nom de divers outils servant à aplanir, à polir, à étaler, etc.

rabotage n. m. – XVIIe ▪ Action de raboter ; usinage à l'aide des machines à raboter.

raboter v. tr. [1] – XVe 1 Aplanir, dresser au rabot. ⇒ **dégauchir, varloper.** *Raboter une fenêtre qui ne ferme plus.* 2 Usiner en surface (une pièce), à l'aide d'une machine spéciale (raboteuse, mortaiseuse, dégauchisseuse, étau limeur, etc.).

raboteur n. m. – XVIe ▪ Ouvrier spécialisé dans le rabotage. *Raboteur de parquet.*

raboteuse n. f. – XIXe ▪ Machine-outil servant à raboter les grosses pièces (de bois ou de métal).

raboteux, euse adj. – XVIe 1 Dont la surface présente des inégalités, des aspérités. « *Ce sol, fort inégal, très raboteux* » (J. Verne). 2 littér. *Style raboteux,* rocailleux, rude, heurté. ✪ CONTR. Égal, uni.

rabougri, ie adj. – XVIIe 1 Se dit d'une plante qui s'est peu développée, s'est étiolée. ⇒ **chétif, malingre.** « *quelques arbres rabougris* [...] *ne fournissent qu'une ombre dérisoire* » (Gide). 2 Mal conformé, chétif. ⇒ **ratatiné.** *Gottfried avait* « *l'air vieilli, ratatiné, rapetissé, rabougri* » (R. Rolland). ✪ CONTR. ① Fort, ① sain.

rabougrir (se) v. pron. [2] – XVIe ; de *bougre* « chétif, petit » ▪ S'étioler, se recroqueviller. *Les arbres se rabougrissent à cause de la sécheresse.* ➛ *Un vieillard qui se rabougrit.* ⇒ se **ratatiner.**

rabouillère n. f. – XVIe ; de *rabotte,* dial. « lapin » ▪ région. Terrier d'un lapin de garenne.

rabouter v. tr. [1] – XVIIIe ; de *re-* et *abouter* ▪ région. ou t. technique Assembler, joindre, réunir bout à bout.

rabrouer v. tr. [1] – XIVe ; a. fr. *brouer* « gronder, écumer » ▪ Accueillir, traiter avec rudesse (qqn que l'on désapprouve, dont on veut se débarrasser). ⇒ **rebuter, rembarrer.**

racage n. m. – XVIIe ; a. fr. *raque* ▪ Collier disposé autour d'un mât pour diminuer le frottement d'une vergue.

racaille n. f. – XIIe ; lat. *rasicare* « racler, gratter » ▪ Ensemble de fripouilles. « *Si l'on mettait toute cette racaille en prison,* [...] *les honnêtes gens pourraient respirer* » (Camus).

❑ Le mot est proche de *canaille* par le sens et la forme, mais encore plus péjoratif.

raccard n. m. – XIIIe ; o. i. ▪ (Suisse) Grange à blé.

raccommodable adj. – 1904 ▪ Qui peut être raccommodé.

raccommodage n. m. – XVIIe ▪ Action de raccommoder, manière dont est raccommodé (le linge, un vêtement). *Faire du raccommodage.*

❑ Le mot pour « réconciliation » est *raccommodement,* mal connu, et non *raccommodage,* d'un emploi populaire.

raccommodement n. m. – XVIIe ▪ fam. Réconciliation. « *je n'ai jamais pu souffrir les explications, les raccommodements* » (Chateaub.).

raccommoder v. tr. [1] – XVIe ; de *re-* et *accommoder* 1 Réparer à l'aiguille. ⇒ **rapetasser, rapiécer, ravauder, recoudre.** *Chaussettes à raccommoder.* ⇒ **repriser.** ➛ *Ses gants* « *raccommodés bien proprement au bout de chaque doigt* » (Loti). 2 fam. Réconcilier. ⇒ **rabibocher.** ➛ pronom. « *On se dispute* [...], *on se raccommode sur l'oreiller* » (Léautaud). ✪ CONTR. Détériorer ; brouiller.

❑ Deux *m,* même famille que *commode.*

raccommodeur, euse n. – XVIe ▪ Personne qui répare (des objets), qui raccommode (du linge, des vêtements). *Raccommodeur de faïences et de porcelaines. Raccommodeur de filets de pêche.*

raccompagner v. tr. [1] – XIXe ▪ Accompagner (qqn qui s'en retourne, rentre chez lui). ⇒ **reconduire.** *Il m'a raccompagné en voiture.*

raccord n. m. – XIIe 1 Liaison de continuité établie entre deux choses, deux parties. ⇒ **jonction.** *Raccord de papier peint. Faire les raccords.* ➛ loc. fam. *(Se) faire un raccord :* retoucher son maquillage. 2 Manière dont deux plans d'un film s'enchaînent (résultat de la prise de vues et du montage). ➛ Plan tourné pour assurer la continuité du film. 3 Pièce servant à assembler deux ou plusieurs éléments qui doivent communiquer. *Raccord de tuyaux de plomberie.* ⇒ **coude, manchon.** ✪ CONTR. Coupure.

raccordement n. m. – XIIe ▪ Action, manière de raccorder. *Voie de raccordement d'une nationale à une autoroute.* ⇒ **bretelle.**

raccorder v. tr. [1] – XIIe ; de *re-* et *accorder* 1 Relier par un raccord (des choses dissemblables ou disjointes).

Raccorder deux tuyaux. ♦ Former un raccord avec. *Le tronçon qui raccorde les deux voies.* **2** v. pron. *SE RACCORDER. Cette route se raccorde à l'autoroute.* ♦ Se rattacher. « *Logiquement, ce qui suivit ne semblait pas se raccorder à cet exorde* » (Camus). ✪ CONTR. Séparer.

raccourci n. m. – XVe **1** *EN RACCOURCI :* en abrégé. « *Le théâtre n'est-il pas la vie en raccourci ?* » (Gaut.). **2** Ce qui est exprimé de façon ramassée et elliptique ; cette façon d'exprimer. *Un raccourci saisissant.* **3** Chemin plus court que le chemin ordinaire pour aller quelque part. *Prendre un raccourci.*

raccourcir v. [2] – XIIIe ; de *re-* et *accourcir* « rendre *court* » **1** v. tr. Rendre plus court. ⇒ **diminuer, réduire.** *Raccourcir une robe.* « *il ferait bien de raccourcir sa barbe* » (Romains). ♦ *Ça raccourcit* (le trajet) *de passer par là.* **2** v. intr. Devenir plus court. *Les jours commencent à raccourcir.* ⇒ **diminuer.** ✪ CONTR. Allonger.

> ❑ Ne pas confondre *raccourcir* qui concerne l'espace et *écourter* qui concerne la durée.

raccourcissement n. m. – XVIe ▪ Action de raccourcir, fait de devenir plus court. ⇒ **diminution.** ✪ CONTR. Allongement.

raccroc [ʀakʀo] n. m. – XVIIIe ; de *raccrocher* ▪ *PAR RACCROC :* sans plan et par le fait d'un heureux hasard. *Ma mère* « *acceptait que je n'apprisse rien que par raccroc* » (Gide).

> ❑ Pour la distinction entre *par accroc* et *par raccroc* → accroc (rem.).

raccrochage n. m. – XVIIIe ▪ Action de raccrocher les passants, les clients. ⇒ **racolage.**

raccrocher v. tr. [1] – XIVe **1** Remettre en accrochant (ce qui était décroché). *Raccrocher un tableau.* ♦ *Raccrocher* (le combiné du téléphone), le reposer sur son support ; clore, interrompre une communication téléphonique. ➝ fam. *Raccrocher au nez de qqn.* ♦ *Ce boxeur vieillit, il devrait raccrocher* (ses gants), abandonner définitivement son activité. **2** Rattraper par un coup heureux (ce qui semble perdu). *Raccrocher une affaire.* **3** Arrêter pour retenir (qqn qui passe). ⇒ **racoler.** *Le camelot raccrochait les passants.* **4** pronom. Se retenir (à un point d'appui). *Il allait tomber quand il s'est raccroché à la rampe.* ➝ fig. « *Elle se raccrochait, la malheureuse, à la modicité de ses espoirs* » (Aragon). ♦ Se rapporter, se rattacher. *Cette idée se raccroche bien au sujet.*

raccrocheur, euse adj. – XVIIIe ▪ Destiné à accrocher l'attention. ⇒ **accrocheur.** *Une publicité raccrocheuse.*

race n. f. – XVIe ; lat. *ratio* « sorte, espèce » **I** ▪ **1** Famille, considérée dans la suite des générations et la continuité de ses caractères (ne se dit que de grandes familles, familles régnantes, etc.). *Être de race noble.* ⇒ **ascendance, origine.** ➝ *Fin de race :* décadent. **2** littér. *La race humaine :* l'humanité. **3** Catégorie de personnes apparentées par des comportements communs. ⇒ **espèce.** *Il est de la race des héros.* **II** Subdivision de l'espèce zoologique, elle-même divisée en sous-races ou variétés, constituée par des individus réunissant les caractères communs héréditaires. *Les diverses races canines.* ♦ *De race :* de race pure (opposé à *bâtard, croisé*). « *Deux grands chiens courants de race, véritables fox-hound* » (Balz.). **III** - **1** Groupe ethnique qui se différencie des autres par un ensemble de caractères physiques héréditaires (couleur de la peau, notamment) représentant des variations au sein de l'espèce. *Race blanche, jaune, noire.* « *les esprits tyrans* [...] *inventent des races, et vivent de mépriser* » (Alain). **2** Abusivt Groupe naturel d'hommes qui ont des caractères semblables (physiques, psychiques, culturels, etc.) provenant d'un passé commun (⇒ **racisme**). *Race latine, germanique.*

> ❑ Les progrès de la génétique des populations remettent en cause aujourd'hui la plupart des critères présidant depuis le XXe s. à l'élaboration des classifications raciales (pigmentation, angle facial, etc.). ♦ Le terme *ethnie* tend à remplacer *race* quand il s'agit des personnes.

racé, ée adj. – XIXe **1** Qui est de race, présente les qualités propres à sa race. *Un cheval racé.* **2** Qui a une distinction, une élégance naturelle. « *Cette petite fille publique, populaire et curieusement racée* » (Mac Orlan).

racémique adj. – XIXe ; lat. *racemus* « grappe (de raisins) » ▪ sc. Se dit d'un mélange équimoléculaire des formes dextrogyres et lévogyres de certaines substances qui est dépourvu d'activité optique.

racer [ʀasœʀ ; ʀɛsœʀ] n. m. – XIXe ; mot angl. « coureur » ▪ Yacht à voile ou à moteur destiné à la course.

rachat n. m. – XIIe **1** Action de racheter (1°). *Rachat de titres en Bourse. Rachat d'une entreprise par un groupe.* ⇒ aussi **absorption, fusion ; O.P.A., O.P.E. 2** Action de se libérer (d'une servitude) par le versement d'une indemnité. ⇒ **remboursement. 3** Action d'obtenir la mise en liberté moyennant rançon. *Le rachat d'un prisonnier.* ♦ Rédemption. *Le rachat des péchés par le Christ.* ✪ CONTR. Revente.

rachetable adj. – XIVe ▪ Susceptible d'être racheté.

racheter v. tr. [5] – XIIe **1** Acheter de nouveau. *Il faudra racheter du pain.* ♦ Récupérer par achat (un bien vendu). *Racheter un immeuble.* ♦ Acheter à qqn qui a acheté. *Vous l'avez payé cent francs, je vous le rachète cent cinquante.* **2** Se libérer de (une obligation) moyennant versement d'une indemnité. *Racheter des points de retraite.* **3** Obtenir, moyennant rançon, qu'on mette en liberté (qqn). *Racheter un esclave.* **4** Sauver par la rédemption. ⇒ **rédimer.** « *Dieu a voulu racheter les hommes* » (Pasc.). ♦ *SE RACHETER* v. pron. Se réhabiliter après une faute ou une défaillance. **5** Réparer, effacer par sa conduite ultérieure. « *Par un aveu, combien de fautes tu pourrais racheter* » (Proust). ➝ *Ceci rachète cela,* fait oublier, pardonner. ⇒ **compenser. 6** En architecture, Corriger, compenser (une irrégularité, une différence de plan, de forme) en ménageant une transition.

rachialgie n. f. – XVIIIe ; de *rachis* et *-algie* ▪ Douleur siégeant le long de la colonne vertébrale (rachis).

rachianesthésie n. f. – 1908 ▪ Anesthésie des membres inférieurs et des organes du bassin par injection d'une substance anesthésiante dans le canal rachidien. ➝ abrév. fam. *RACHI.*

rachidien, ienne adj. – XIXe ▪ Qui appartient ou se rapporte à la colonne vertébrale. ⇒ **spinal, vertébral.** *Canal rachidien,* constitué par l'ensemble des trous vertébraux et contenant la moelle épinière et ses enveloppes.

rachis [ʀaʃis] n. m. – XVIe ; gr. *rhakhis* **1** Colonne vertébrale, épine dorsale. ⇒ ① **échine. 2** Axe d'une plume d'oiseau. ➝ Axe central d'un épi.

rachitique adj. – XVIIIe ▪ Atteint de rachitisme. ⇒ **noué.** « *Dans la poussière se traînait un enfant rachitique* » (Flaub.). ♦ Malingre, chétif. *Un poulet rachitique.* ➝ abrév. fam. *RACHO.*

rachitisme n. m. – XVIIIe ; de *rachis* ▪ Maladie de la période de croissance, qui se manifeste par des déformations variables du squelette, due à un trouble du métabolisme du phosphore et du calcium, par carence en vitamine D. ⇒ **nouure.**

racial, iale, iaux adj. – 1911 ▪ Relatif à la race, aux races (III). *Discrimination raciale.* ⇒ **racisme.** ✪ HOM. Ratio.

racinal, aux n. m. – XVIe ▪ Grosse pièce de charpente qui en supporte d'autres.

racine n. f. – XIIe ; lat. *radix* **I - 1** Partie axiale des plantes vasculaires qui croît en sens inverse de la tige et par laquelle la plante se fixe et absorbe les éléments dont elle se nourrit. ⇒ **pivot, radicelle, souche ; rhizo-.** *Racines adventives, aériennes. Racines comestibles.* ⇒ **betterave, carotte, céleri, navet, radis.** « *la truffe noire, grenue* [...] *surprenante chose qui pousse sans racines* » (Colette). ➛ loc. *Prendre racine,* se dit d'un végétal qui pousse ou développe des racines capables de le fixer et de le nourrir (⇒ s'**enraciner**) ; fig. ne plus partir, s'installer. *Un invité qui prend racine.* **2** Origine, principe profond. *Les racines de notre civilisation.* ⇒ **source.** ➛ loc. *Attaquer le mal à la racine,* à la base, au principe premier. **II** Portion (d'un organe) par laquelle qqch. est implanté ; côté opposé à l'extrémité libre. ⇒ **base, naissance.** *Racine d'une dent,* partie conique plus ou moins effilée, fixée au maxillaire dans une cavité alvéolaire. ➛ Origine, point de départ (d'une structure anatomique, d'un organe). *Racine des poils,* la partie enfoncée dans le follicule pileux. ➛ *La racine des cheveux,* la partie la plus proche du cuir chevelu. « *le rouge mal réussi de ses cheveux et leurs racines blanchissantes* » (Colette). **III - 1** *Racine $n^{ième}$ d'un nombre a :* nombre qui, élevé à la puissance *n,* donne *a. Racine carrée, cubique. Extraire une racine,* la calculer (⇒ **radical**). ➛ *Racine d'une équation :* valeur de la variable qui satisfait à l'équation. **2** Élément irréductible d'un mot obtenu par élimination des désinences, des préfixes ou des suffixes (⇒ **radical ; base**).

> ❑ Même famille étymologique que *éradication, radical, radicelle, radis.*

racinien, ienne adj. – XVIIIe ▪ Propre à la pensée, aux œuvres de Racine. *Les héroïnes raciniennes.*

racisme n. m. – 1902 **1** Théorie de la hiérarchie des races, qui conclut à la nécessité de préserver la race dite supérieure de tout croisement, et à son droit de dominer les autres. *Le racisme n'a aucune base scientifique.* ♦ Ensemble de réactions qui, consciemment ou non, s'accordent avec cette théorie. *Faire preuve de racisme.* **2** Hostilité violente contre un groupe social. *Racisme anti-jeunes.*

> ❑ Le *racisme* s'applique à certains groupes ethniques alors que la *xénophobie* désigne l'hostilité à tous les étrangers. → xénophobie.

raciste n. et adj. – XIXe **1** Personne qui soutient le racisme, dont la conduite est imprégnée de racisme. **2** adj. Propre au racisme, inspiré par le racisme. *Violences racistes.* ⇒ **pogrom, ratonnade.** ➛ Partisan du racisme ; qui pratique le racisme. *Je ne suis pas raciste, mais...* ✪ CONTR. Antiraciste.

rack n. m. – 1954 ; mot angl. « râtelier ; étagère » ▪ Tiroir destiné à recevoir des sous-ensembles électroniques qui doivent être montés dans une baie (②, 2°).

racket [rakɛt] n. m. – 1930 ; mot angl. ▪ Extorsion d'argent par chantage, intimidation ou terreur. ⇒ **rançonnement.** *Racket scolaire,* entre enfants. ✪ HOM. Raquette.

> ❑ Pour la prononciation → gadget (rem.).

racketter v. tr. [1] – 1961 ▪ Soumettre à un racket.

racketteur n. m. – 1938 ▪ Malfaiteur qui exerce un racket. ✪ HOM. Raquetteur.

raclage n. m. – XIXe ▪ Action de racler, de nettoyer en raclant. ⇒ **grattage.** *Le raclage des peaux.*

racle n. f. – XVIe ▪ région. Outil servant à racler. ⇒ **curette, grattoir, raclette, racloir.** *Racle à fromage.*

raclée n. f. – XVIIIe ▪ fam. Volée de coups. ⇒ **correction.** *Il lui a flanqué une bonne raclée.* « *Chaque soir, Nana recevait sa raclée* » (Zola). ♦ Défaite complète. ⇒ fam. **branlée, déculottée,** ② **pile.** *Ils ont pris une belle raclée aux élections.*

raclement n. m. – XVIIe ▪ Action de racler ; son résultat (bruit, trace). *Un raclement de gorge.* « *plus un bruit, rien que le raclement des pieds sur la route* » (Le Clézio).

racler v. tr. [1] – XIVe ; lat. *radere* « gratter, raser » **1** Frotter rudement (une surface) avec qqch. de dur ou de tranchant, de manière à égaliser ou à détacher ce qui adhère. ⇒ **gratter.** *Racler une casserole, un plat,* pour n'y rien laisser. ➛ loc. fam. *Racler les fonds de tiroirs :* prendre tout l'argent disponible, jusqu'au dernier sou. ➛ *Se racler la gorge,* la débarrasser de sa mucosité par une expiration brutale. **2** Enlever en frottant de cette façon. *Racler la boue de ses bottes.*

> ❑ Attention, pas d'accent circonflexe dans ce mot et ceux de sa famille, à la différence de *bâcler.*

raclette n. f. – XVIIIe **1** Petit racloir à lame souple, souvent de caoutchouc. *La raclette du laveur de vitres.* **2** Plat valaisan préparé en exposant à une vive source de chaleur un gros morceau de fromage du pays dont on racle la surface au fur et à mesure qu'elle fond. *Raclette et fondue. Fromage à raclette,* ou *de la raclette.*

racleur, euse n. – XVIe ▪ Ouvrier, ouvrière effectuant le raclage.

racloir n. m. – XVIe ▪ Outil à large lame mince servant à racler. ⇒ **grattoir.** ♦ Outil préhistorique taillé dans un éclat de pierre.

raclure n. f. – XIVe ▪ Parcelle enlevée de la surface d'un corps en le raclant. ⇒ **déchet, rognure.** ♦ fig. Personne méprisable ; racaille.

racolage n. m. – XVIIIe **1** Action d'un(e) prostitué(e) qui racole. ⇒ **retape.** *Racolage sur la voie publique.* **2** Action de recruter, d'attirer des gens. *Faire du racolage pour une manifestation politique.* ⇒ **rabattage.**

racoler v. tr. [1] – XIIe ; de *re-* et *accoler* **1** Attirer par des moyens publicitaires ou autres. **2** Chercher à attirer (un client), en parlant de qqn qui se prostitue. « *Elle racolait la main sur la hanche* » (M. Rolland).

racoleur, euse n. et adj. – XVIIIe **1** Recruteur ou propagandiste peu scrupuleux. **2** Prostitué(e) qui racole « *des pommettes roses et une bouche peinte de racoleuse* » (Simenon). **3** adj. Qui cherche à attirer, à racoler. *Un sourire racoleur.*

racontable adj. – XIIIe ▪ Qui peut être raconté (surtout au négatif). *Cela n'est guère racontable en public* ✪ CONTR. Inracontable.

racontar n. m. – XIXe ▪ Nouvelle peu sérieuse, propos médisant ou sans fondement sur le compte de qqn ⇒ ① **cancan, commérage, médisance.**

> ❑ Attention, pas de *d* final à ce mot français (comme *canular* de *canuler*), bien que la plupart des noms en *...ar* soient des emprunts (arabe, russe, hongrois, anglais, etc.). → caviar (rem.).

raconter v. tr. [1] – XIIe ; de *re-* et a. fr. *aconter,* de *conter* **1** Exposer par un récit (des faits vrais ou présentés comme tels). ⇒ **conter, narrer, rapporter, relater, retracer.** « *Je raconte une histoire dont rien n'est inventé* » (Mauriac). *Raconter qqch. en détail, par le menu.* ♦ loc. fam. *Raconter sa vie à qqn* : donner de longues explications inutiles. 2 Décrire, dépeindre. ➤ pronom. « *les gens se parlaient, ils se racontaient* » (Le Clézio). 3 Dire, débiter à la légère ou de mauvaise foi. *Je sais ce que l'on raconte sur nous. Qu'est-ce que tu me racontes là ?* ⇒ **chanter.**

❑ La fréquence de ce verbe a contribué au recul de *conter,* qui se maintient surtout dans les locutions *en conter, conter fleurette.*

racorni, ie adj. – XIVe ▪ Durci comme de la corne. *Un vieux bout de viande tout racorni,* desséché. ➤ *Un esprit racorni.*

racornir v. tr. [2] – XIVe ▪ Rendre dur, coriace, de la consistance de la corne. *La chaleur a racorni ce cuir.* ⇒ **dessécher.** ➤ pronom. « *voir la chair grillée se racornir dans la flamme* » (Gaut.).

radar n. m. – 1943 ; mot angl., de ***Ra****dio* ***D****etecting* ***A****nd* ***R****anging* « détection et télémétrie par radioélectricité » ▪ Système ou appareil de détection, qui émet un faisceau d'ondes électromagnétiques très courtes et en reçoit l'écho, permettant ainsi de déterminer la direction et la distance d'un objet. ⇒ **détecteur.** *Interception d'un avion par radar.* ➤ *Contrôle de la vitesse des voitures par radar.* ➤ *Contrôle-radar.*

radariste n. – 1946 ▪ Spécialiste assurant le fonctionnement et la réparation des radars.

① **rade** n. f. – XVe ; a. angl. *rad* ▪ Bassin naturel de vastes dimensions, ayant issue vers la mer et dans lequel les navires peuvent trouver un bon mouillage. *Mouiller sur rade, en rade.* ♦ loc. fam. EN RADE. *Laisser (qqn, qqch.) en rade,* l'abandonner.

② **rade** n. m. – XIXe ; anc. arg. *radeau* « comptoir » ▪ Arg. Bar, bistrot.

radeau n. m. – XVe ; a. provenç. *radel* « assemblage de poutres formant plancher » ▪ Assemblage flottant de pièces de bois qui constitue une plateforme susceptible de porter des personnes ou des marchandises sur l'eau. *Le radeau de la Méduse.* ♦ Train de bois.

radiaire adj. – XVIIIe ▪ Disposé en rayons autour d'un point central, par symétrie radiée.

radial, iale, iaux adj. et n. f. – XVe 1 Qui a rapport au radius ou à la partie de l'avant-bras correspondant au radius. *Nerf radial.* 2 Relatif au rayon, disposé selon un rayon. 3 *Voie radiale,* et n. f. UNE RADIALE : voie qui forme un rayon, joignant une voie périphérique au centre (opposé à *rocade*). ✪ HOM. Radio.

radian n. m. – 1904 ; lat. *radius* « rayon » ▪ Unité de mesure d'angle plan (symb. rad). *180° valent π radians.* ✪ HOM. Radiant.

radiant, iante adj. – XIIIe 1 Qui rayonne, émet des radiations. 2 *Point radiant,* et n. m. *le radiant* : point du ciel d'où paraît provenir la trajectoire des météorites. ✪ HOM. Radian.

radiateur n. m. – XIXe ; du rad. de *radiation* 1 Dispositif augmentant la surface de rayonnement d'un appareil de chauffage. ♦ Appareil de chauffage assurant le rayonnement de la chaleur. *Radiateur électrique.* ⇒ **convecteur,** ② **parabolique.** 2 Organe de refroidissement des moteurs à explosion, formé d'un faisceau de tubes garni d'ailettes où l'eau circule et se refroidit.

① **radiation** n. f. – XIVe ; lat. *radiare,* latinisation de *rayer* par fausse étym. ▪ Action de radier (qqn ou plus rarement qqch.) d'une liste, d'un registre. ➤ *Radiation du barreau (d'un avocat).* ✪ CONTR. Inscription.

② **radiation** n. f. – XVe ; lat. *radiare* « munir de rayons » 1 Énergie émise et propagée sous forme d'ondes à travers un milieu matériel. ♦ Ondes sonores, ondes électromagnétiques (hertziennes, infrarouges, visibles, ultraviolettes, rayons X, rayons γ), ondes corpusculaires (rayons α, rayons β). ➤ *Émission de radiations par un corps radioactif.* ⇒ **radioactivité.** 2 Dispersion et adaptation à un nouvel environnement d'une lignée d'animaux ou de plantes, qui a pour conséquence l'évolution de formes divergentes plus aptes à vivre dans le nouvel habitat.

radical, ale, aux adj. et n. – XVe ; lat. *radix* « racine » I adj. 1 Qui tient à l'essence, au principe (d'une chose, d'un être). ⇒ **foncier, fondamental ; absolu.** *Changement radical.* ⇒ ① **complet, total.** « *leur différence radicale d'opinions* » (Zola). ♦ Qui vise à agir sur la cause profonde des effets qu'on veut modifier. *C'est un moyen radical. L'abcès « était vidé... Voilà ce qu'on pouvait appeler une chirurgie radicale* » (Duham.). 2 Qui fait partie de la racine d'un mot. *Dans* parler, *le* a *est une voyelle radicale.* 3 Qui appartient à la racine d'un végétal, naît du collet. 4 *Axe radical de deux cercles* : lieu géométrique des points qui ont la même puissance par rapport aux deux cercles. 5 Relatif, propre au radicalisme, au radical-socialisme. *Les députés radicaux.* II n. m. 1 Toute forme particulière prise par la racine d'un mot. *Verbe à trois radicaux.* 2 Groupement d'atomes, présent dans une série de composés, qui conserve son identité au cours des changements chimiques qui affectent le reste de la molécule. *Radicaux libres,* non combinés à d'autres atomes ou groupement d'atomes. 3 Symbole ($\sqrt[n]{\ }$) qui indique qu'on doit extraire la racine de degré *n* de la quantité qui se trouve sous la barre horizontale du signe. 4 *Les* RADICAUX : républicains partisans de réformes « radicales » dans le sens de la démocratie et de la laïcité. ➤ Ces républicains, organisés en parti après la chute du second Empire (*parti radical,* puis *radical-socialiste*), situés de nos jours au centre gauche des partis politiques. ⇒ **centriste.**

❑ Même famille étym. que *éradication, racine, radis.*

radicalement adv. – XIVe ▪ Dans son principe, d'une manière radicale. ⇒ **absolument, complètement.** *Changer radicalement d'attitude.*

radicalisation n. f. 1929 ▪ Fait de se radicaliser.

radicaliser v. tr. [1] – 1917 ▪ Rendre radical, plus extrême. ➤ pronom. *Le mouvement se radicalise.*

radicalisme n. m. – XIXe ▪ Doctrine des radicaux et radicaux-socialistes.

radical-socialiste adj. et n. – XIXe ▪ Qui appartient, est propre au parti républicain radical et radical-socialiste, dénomination officielle prise en 1901 par le parti radical. ➤ n. *Les radicaux-socialistes.*

radicant, ante adj. – XVIIIe ▪ Qui développe des racines adventives.

radicelle n. f. – XIXe ▪ Ramification de la racine principale.

❑ Ne pas confondre avec *radicule* « première racine ».

radiculaire adj. – XIXe 1 Qui appartient à la radicule. 2 Qui concerne, touche les racines des nerfs crâniens ou rachidiens. ♦ Qui concerne les racines des dents.

radicule n. f. – XVIIe ▪ Première racine d'un végétal, élaborée par l'embryon au début de la germination de la graine.

❑ Ne pas confondre avec *radicelle* « ramification de la racine ».

radiculite n. f. - 1923 ■ Inflammation d'une racine nerveuse, des racines d'un nerf rachidien. ⇒ **névrite** (radiculaire).

radié, iée adj. et n. f. - XVIIe 1 Qui présente des lignes rayonnant à partir d'un point central. ⇒ **rayonné.** *Fleur radiée,* dont les pétales sont disposés en rayons. 2 n. f. pl. Sous-famille des composées comprenant les plantes aux fleurs radiées (pâquerette, tournesol, etc.).

① **radier** n. m. - XIVe ; du rad. de *radeau* ■ Revêtement, plate-forme (de charpente, de maçonnerie) couvrant le sol d'une installation hydraulique, d'un canal, et servant de fondation.

② **radier** v. tr. [7] - XIXe ; de ① *radiation* ■ Faire disparaître (un nom, une mention) d'une liste, d'un registre, d'un compte, de façon officielle. ⇒ **effacer, rayer.** *Conseil de l'Ordre qui radie un médecin.* ✪ CONTR. Inscrire.

radiesthésie n. f. - 1930 ; de ② *radi(ation)* et *-esthésie* ■ Réceptivité particulière à des radiations qu'émettraient différents corps ; procédé de détection fondé sur cette sensibilité. ⇒ **rhabdomancie.**

radiesthésiste n. - 1930 ■ Personne qui pratique la radiesthésie. ⇒ **rhabdomancien, sourcier.** *Baguette, pendule de radiesthésiste.*

radieux, ieuse adj. - XVe ; lat. *radius* « rayon » 1 Qui rayonne, brille d'un grand éclat. *Un soleil radieux.* 2 littér. Éblouissant, rayonnant de pureté, de perfection, de bonheur. *Une beauté radieuse.* « *de radieux souvenirs d'enfance* » (Perec). 3 Rayonnant de joie, de bonheur. ⇒ **heureux, ravi.** *Visage, sourire radieux.* ✪ CONTR. Sombre, triste.

radin, ine adj. et n. - XIXe ; p.-ê. arg. *radin* « gousset, tiroir-caisse », var. de *radeau* « comptoir », en arg. ■ fam. Avare. *Elle est radine* ou (plus cour.) *radin.* « *elle ne pouvait pas comprendre certaines délicatesses, d'autant qu'elle était un peu radin* » (Sartre). ➙ n. *Quel radin !* ⇒ **rat.**

radiner v. [1] - XIXe ; a. fr. et dial. *rade* « rapide, vite » ■ fam. 1 v. intr. Arriver. ⇒ **rappliquer.** 2 v. pron. *Le voilà qui se radine.* ⇒ se **ramener.**

radinerie n. f. - mil. XXe ■ fam. Avarice mesquine. ⇒ **pingrerie.**

① **radio** n. m. - 1907 ; abrév. de *radiotélégraphiste* ■ Radiotélégraphiste. *Le radio de bord d'un avion.* ⇒ **radionavigant.**

② **radio** n. f. - 1932 ; abrév. de *radioscopie, radiographie, radiodiffusion, radiotéléphonie* I Radioscopie ou radiographie. ➙ L'épreuve photographique obtenue. *Les radios sont normales.* II - 1 Radiodiffusion. ⇒ **onde, T. S. F.** *Poste de radio. Émissions de radio* (⇒ **radiophonique**). *Passer à la radio,* participer à une émission. *Écouter les informations à la radio.* 2 Station émettrice d'émissions en radiophonie. *Radio locale privée, radio libre :* radio privée autorisée, émettant dans un rayon de quelques kilomètres. ♦ Ensemble des stations. *La Maison de la Radio, à Paris.* 3 Poste récepteur. ⇒ ③ **poste, transistor ; autoradio, baladeur, radiocassette, radio-réveil.** *Allumer, éteindre, mettre la radio.* « *j'ai relu votre lettre pendant que la radio jouait en sourdine* » (Montherl.). III - 1 Radiotéléphonie. *Communiquer par radio.* ➙ *Des messages radio.* 2 Appareil émetteur et récepteur en radiophonie. *La radio de bord.*

❑ *Radio* « poste récepteur » a remplacé *T. S. F.* dans les années 1940-1950.

radio- Élément, du rad. lat. *radius* « rayon » ou de *radiation.* ➙ Élément qui signifie en chimie « radioactif » ou « isotope radioactif » devant le nom d'un corps chimique.

❑ L'élément *radio-* n'est suivi d'un trait d'union que lorsque le rapprochement de voyelles risque d'altérer la prononciation (ex. *radio-immunologie*). ♦ Ne pas confondre les mots formés sur *radio- (radioactif)* et ceux formés sur *radio* n. f. *(radioreportage).* → auto, ① micro, photo (rem.).

radioactif, ive adj. - XIXe ■ Doué de radioactivité. *Éléments, isotopes radioactifs.* ⇒ **radioélément, radio-isotope.** ➙ *Déchets radioactifs d'un réacteur atomique. Pluies, retombées radioactives,* après l'explosion d'une bombe atomique.

radioactivité n. f. - XIXe ■ Propriété que possèdent certains éléments de se transformer spontanément par désintégration en un autre élément par suite d'une modification du noyau de l'atome, en émettant des rayonnements corpusculaires α (hélions) ou β (électrons) ou électromagnétiques (rayons γ).

radioalignement n. m. - 1941 ■ Méthode de balisage d'une ligne de navigation maritime ou aérienne par radiophares. ⇒ **radiobalisage.**

radioaltimètre n. m. - 1952 ■ Appareil de navigation fonctionnant selon le principe du radar et capable de calculer l'altitude d'un avion.

radioamateur n. m. - 1963 ■ Personne qui émet et diffuse des messages sur ondes courtes sans être un professionnel.

radioastronomie n. f. - 1953 ■ Branche de l'astrophysique qui étudie les rayonnements électromagnétiques des corps célestes.

radiobalisage n. m. - 1943 ■ Signalisation d'une route aérienne ou maritime par une suite de petits radiophares qui émettent des ondes aisément identifiables. ⇒ **radioalignement.**

radiobaliser v. tr. [1] - 1948 ■ Équiper d'une signalisation par radiobalisage.

radiobiologie n. f. - 1905 ■ Partie de la biologie étudiant les effets des radiations sur les êtres vivants.

radiocarbone n. m. - 1953 ■ Carbone radioactif (carbone 14).

radiocassette n. f. - 1975 ■ Appareil récepteur de radio associé à un lecteur-enregistreur de cassettes.

radiocobalt n. m. - 1959 ■ Isotope radioactif du cobalt.

radiocommande n. f. - 1963 ■ Commande à distance par onde hertzienne.

radiocommunication n. f. - 1922 ■ Télécommunication par un procédé radioélectrique. ⇒ **C. B., radiomessagerie, radiotéléphonie.**

radiocompas n. m. - 1922 ■ Radiogoniomètre utilisé comme compas, permettant notamment de conserver un cap constant.

radiodermite n. f. - 1905 ■ Lésion cutanée due à l'action des rayons X ou de substances radioactives.

radiodiagnostic [ʀadjodjagnɔstik] n. m. - 1907 ■ Diagnostic établi par un examen aux rayons X.

radiodiffuser v. tr. [1] - 1930 ■ Émettre et transmettre par radiodiffusion. ➙ *Concert radiodiffusé.*

radiodiffusion n. f. - 1925 ■ Émission et transmission, par procédé radioélectrique (ondes hertziennes), de programmes variés ; organisation qui prépare et effectue cette transmission. ⇒ **diffusion, émission ② radio, radiophonie, T. S. F.**

radioélectricien, ienne n. - 1931 ■ Technicien de radioélectricité.

radioélectricité n. f. – 1922 ■ Branche de la physique relative à la production et l'utilisation des oscillations électriques de haute fréquence et des ondes radioélectriques.

radioélectrique adj. – 1913 ■ Relatif à la radioélectricité ou étudié par elle. *Ondes radioélectriques* : ondes électromagnétiques de longueur supérieure aux radiations visibles et infrarouges (⇒ **hertzien**).

radioélément n. m. – 1906 ■ Élément atomique dont le noyau est radioactif. ⇒ **radio-isotope.**

radiofréquence n. f. – 1949 ■ Fréquence d'une onde électromagnétique inférieure aux fréquences optiques.

radiogalaxie n. f. – 1971 ■ Galaxie accompagnée d'une radiosource.

radiogénique adj. – 1930 ; de ② *radio*, d'apr. *photogénique* ■ Qui a des qualités que la radio peut mettre en valeur. *Une voix radiogénique.*

radiogoniomètre n. m. – XIXe ■ Appareil récepteur permettant de déterminer l'angle et la direction d'un signal radioélectrique. *Radiogoniomètre de bord,* sur un navire, un avion.

radiogoniométrie n. f. – 1921 ■ Ensemble des procédés permettant de déterminer la direction d'un poste émetteur de radio.

radiographie n. f. – XIXe ; contract. de *radiophotographie* ■ Technique d'enregistrement photographique de la structure interne d'un corps traversé par des rayons X. ⇒ ② **radio.** ➤ Épreuve photographique obtenue par la radiographie.

radiographier v. tr. [7] – XIXe ■ Photographier au moyen des rayons X. *Radiographier un organe.*

radioguidage n. m. – 1941 ■ Guidage des navires, des avions, des engins spatiaux par des méthodes radioélectriques (balises, radiophares). ♦ Information radiophonique ou téléphonique sur le trafic routier.

radioguider v. tr. [1] – 1951 ■ Guider à distance par ondes radioélectriques (⇒ **téléguider**). ➤ *Fusées radioguidées.*

radiohéliographe n. m. – 1977 ■ Appareil de mesure des émissions radioélectriques du Soleil.

radio-immunologie n. f. – v. 1970 ■ Technique de dosage des grosses molécules biologiques utilisant des anticorps marqués par des isotopes radioactifs.

❑ Pour le trait d'union obligatoire → radio- (rem.).

radio-isotope n. m. – 1947 ■ Isotope radioactif d'un élément chimique. ⇒ **radioélément.**

❑ Pour le trait d'union obligatoire → radio- (rem.).

radiolaires n. m. pl. – XIXe ; lat. *radius* « rayon » ■ Classe de protozoaires *(actinopodes)* pourvus d'un squelette siliceux à symétrie radiale, à pseudopodes fins et rayonnants, appartenant au plancton marin.

radiolarite n. f. – 1963 ■ Roche sédimentaire composée en grande partie de squelettes de radiolaires.

radiolésion n. f. – mil. XXe ■ Trouble somatique provoqué par les rayonnements ionisants.

radiolocalisation n. f. – 1963 ■ Application des techniques radar à la localisation.

radiologie n. f. – 1904 ; *radio-* et *-logie* ■ Partie de la médecine qui étudie l'application des rayons X et d'autres rayonnements à des fins diagnostiques et thérapeutiques. ⇒ **radiographie, radioscopie, radiothérapie.**

radiologique adj. – 1904 ■ Qui se rapporte à la radiologie. *Examens radiologiques.*

radiologue n. – 1932 ■ Médecin spécialisé en radiologie.

❑ On dit aussi *radiologiste* → -logue, -logiste (rem.).

radiolyse n. f. – 1968 ■ Décomposition d'un corps sous l'action de radiations ionisantes.

radiomessagerie n. f. – 1987 ■ Système permettant à une personne abonnée à un service de télécommunication d'être informée, où qu'elle se trouve, qu'un message lui est destiné. ⇒ **alphapage, eurosignal** ; fam. **bip.**

radiomètre n. m. – XIXe ■ Appareil destiné à mesurer l'intensité d'un rayonnement lumineux et spécialt des rayons solaires.

radionavigant n. m. – 1931 ■ Spécialiste assurant, à bord d'un avion ou d'un bateau, les liaisons par radio. ⇒ ① **radio.**

radionavigation n. f. – 1932 ■ Ensemble des techniques de navigation utilisant les signaux radioélectriques de réseaux de balises fixes.

radionécrose n. f. – 1963 ■ Destruction tissulaire sous l'influence des rayons X.

radionucléide n. m. – 1958 ■ Nucléide radioactif.

radiophare n. m. – 1911 ■ Poste émetteur fixe, qui produit des ondes hertziennes fournissant un signal caractéristique.

radiophonie n. f. – XIXe ; *radio-* et *-phonie* ■ Transmission du son par ondes hertziennes (radiodiffusion, radiotéléphonie).

radiophonique adj. – XIXe ■ Qui concerne la radiophonie, la radiodiffusion. *Jeux radiophoniques.*

radiophotographie n. f. – 1948 ■ Photographie en format réduit d'une image projetée sur un écran de radioscopie.

radioprotection n. f. – 1968 ■ Ensemble des moyens destinés à protéger les individus contre les rayonnements ionisants.

radioreportage n. m. – 1930 ■ Reportage radiodiffusé.

radioreporter [Radjor(ə)pɔrtɛr] n. – 1932 ■ Journaliste spécialisé dans le radioreportage.

radio-réveil n. m. – 1981 ■ Appareil de radio que l'on peut programmer de façon à ce qu'il se mette en marche à l'heure où l'on souhaite se réveiller. *Des radios-réveils.*

radioscopie n. f. – XIXe ; *radio-* et *-scopie* ■ Examen de l'image que forme, sur un écran fluorescent, un corps traversé par des rayons X. ⇒ ② **radio.**

radiosensible [Radjosɑ̃sibl] adj. – mil. XXe ■ Sensible à l'action des rayons X ou d'autres formes d'énergie radiante.

radiosondage [Radjosɔ̃daʒ] n. m. – 1942 ■ Exploration de l'atmosphère à l'aide d'une radiosonde.

radiosonde [Radjosɔ̃d] n. f. – 1935 ■ Appareil émetteur placé dans un ballon-sonde et transmettant au sol des renseignements météorologiques.

radiosource [Radjosurs] n. f. – 1957 ■ Objet céleste émetteur d'ondes radioélectriques. ⇒ **quasar.**

radio-taxi n. m. – v. 1950 ■ Taxi muni d'un poste émetteur-récepteur de radio ou d'un radiotéléphone lui permettant de rester en liaison avec sa compagnie qui lui indique l'adresse des clients qu'il doit aller chercher. *Des radios-taxis.*

radiotechnique [Radjotɛknik] n. f. et adj. – 1927 ■ Ensemble des procédés relatifs aux ondes radioélectriques.

radiotélégraphie n. f. – 1906 ■ Télégraphie sans fil.

radiotélégraphiste n. – 1907 ▪ vieilli Opérateur de télégraphie sans fil. ⇒ ① **radio.**

radiotéléphone n. m. – 1903 ▪ Téléphone utilisant les ondes radioélectriques.

radiotéléphonie n. f. – XIXe ▪ Téléphonie par ondes radioélectriques. ⇒ ② **radio** (III).

radiotélescope n. m. – 1952 ▪ Télescope destiné à capter les ondes hertziennes en provenance de radiosources.

radiotélévisé, ée adj. – 1946 ▪ Diffusé à la fois à la radio et à la télévision.

radiothérapeute n. – 1905 ▪ Médecin spécialiste de radiothérapie.

radiothérapie n. f. – 1901 ; *radio-* et *-thérapie* ▪ Traitement aux rayons X.

radis n. m. – XVIe ; it. *radice* « racine » 1 Plante potagère *(crucifères)* à racine comestible ; cette racine, rose ou noire, à saveur légèrement piquante, que l'on mange crue. *Nana « se jetait sur des radis, qu'elle croquait sans pain »* (Zola). *Une botte de radis. Radis noir,* plus gros, à épiderme noir et chair blanche piquante. 2 (surtout en expr. négatives) fam. Petite quantité d'argent. ⇒ **sou.** *« sans ça, dans quatre ans, vous n'auriez plus un radis »* (Maupass.).

radium [ʀadjɔm] n. m. – XIXe ; de *radio(actif)* et *-ium* ▪ Élément radioactif (Ra ; n° at. 88 ; m. at. 226,02), de la famille de l'uranium, métal blanc brillant alcalinoterreux.

❑ *Radium* est adopté le 26 décembre 1898 par Pierre et Marie Curie, ainsi que par G. Brémont : *« la nouvelle substance radioactive renferme un élément nouveau, auquel nous proposons de donner le nom de* radium » (Compte rendu Académie des Sciences).

radiumthérapie n. f. – 1905 ▪ Traitement par le radium ou le radon. ⇒ **curiethérapie, gammathérapie.**

radius [ʀadjys] n. m. – XVIe ; mot lat. « rayon » ▪ Os long, situé à la partie externe de l'avant-bras, en dehors du cubitus.

radja → **rajah**

radôme n. m. – 1960 ; angl., de *ra(dar)* et *dome* « dôme » ▪ Dôme en matière plastique protégeant une grande antenne.

radon n. m. – 1923 ; de *radium* ▪ Élément radioactif naturel (Rn ; n° at. 86), gaz rare produit par la désagrégation des isotopes du radium.

radotage n. m. – XVIIIe ▪ Propos d'une personne qui radote. *« âneries et calembredaines, radotages et fariboles ! »* (Queneau).

radoter v. intr. [1] – XIe ; de *re-* et rad. germ. *dot-* ▪ Tenir, par sénilité, des propos décousus et peu sensés. ⇒ **déraisonner.** ♦ Rabâcher, se répéter, parler toujours des mêmes choses.

radoteur, euse n. – XVIe ▪ Personne qui radote. *« moi, vieux radoteur, rongé de soucis et de peines »* (Rouss.).

radoub [ʀadu] n. m. – XVIe ▪ Entretien, réparation de la coque d'un navire. *Bassin, cale de radoub.*

radouber v. tr. [1] – XIIIe ; de *re-* et *adouber* « arranger » ▪ Remettre (un navire) en état par des travaux de radoub. ⇒ **calfater, caréner.**

radoucir v. tr. [2] – XIIe 1 Rendre plus doux (le temps). *Le vent d'ouest a radouci les températures.* ⇒ **réchauffer.** 2 *SE RADOUCIR* v. pron. Devenir plus doux. *Le temps s'est radouci.* ➛ *Sa voix s'est radoucie.*

radoucissement n. m. – XVIIe ▪ Fait de se radoucir. *Le radoucissement de la température.* ⇒ **redoux.**

❑ Pour l'emploi → redoux (rem.).

rafale n. f. – XVIIe ; de *re-* et *affaler* 1 Brève et brutale augmentation de la force du vent. ⇒ **bourrasque,** ② **risée.** *Le vent souffle par rafales, en rafales.* ➛ *« au milieu des rafales de neige »* (J. Verne). 2 Ensemble de coups tirés rapidement, à intervalles variables, par une batterie ou par une arme automatique. *Une rafale de mitrailleuse.*

raffermir v. tr. [2] – XIVe 1 Rendre plus ferme. ⇒ **durcir.** *La douche froide raffermit les tissus.* ➛ pronom. Devenir plus ferme. *Le sol se raffermit.* 2 littér. Remettre dans un état plus stable. ⇒ **affermir, consolider, fortifier.** *Raffermir l'autorité, le courage de qqn.* ✪ CONTR. Ramollir ; affaiblir, ébranler.

raffermissement n. m. – XVIe ▪ Fait de se raffermir. ⇒ **consolidation, durcissement.** ✪ CONTR. Ramollissement ; affaiblissement.

raffinage n. m. – XVIIe ▪ Traitement d'un produit pour l'épurer et en obtenir des substances consommables. ⇒ **affinage, épuration.** *Raffinage du sucre.* ➛ *Raffinage du pétrole :* ensemble des opérations qui permettent d'obtenir les produits commerciaux (essences, gazole, lubrifiants, etc.) en partant des pétroles bruts. ⇒ **craquage, reformage.**

raffiné, ée adj. – XVIe 1 Traité par raffinage. *Du sucre raffiné. Pétrole raffiné.* 2 Qui est d'une extrême délicatesse, témoigne d'une recherche ou d'une subtilité remarquable. ⇒ **délicat, subtil.** *Cuisine raffinée. « la délicatesse raffinée de ses* [...] *manières »* (Gide). ✪ CONTR. Brut ; grossier, lourd.

raffinement n. m. – XVIIe 1 Caractère de ce qui est raffiné, très délicat. ⇒ **délicatesse.** *Le raffinement des manières, du goût. Raffinement dans le langage.* ⇒ **préciosité, recherche.** ♦ *Un, des raffinements :* acte, chose qui dénote ou exige de la recherche, une grande finesse de goût. 2 *Un raffinement de... :* manifestation extrême (d'un sentiment). *Par un raffinement de cruauté.* ✪ CONTR. Grossièreté.

raffiner v. [1] – XVIe ; de *re-* et *affiner* 1 v. tr. Procéder au raffinage de. ⇒ **épurer.** *Raffiner le sucre, le papier, le pétrole.* 2 v. intr. Rechercher la délicatesse ou la subtilité la plus grande. *« pourquoi raffiner ? Le militant communiste ne doit pas s'embarrasser de tant de nuances »* (Sartre).

raffinerie n. f. – XVIIe ▪ Usine où s'effectue le raffinage. *Raffinerie de pétrole.*

raffineur, euse n. – XVIIe 1 Personne qui exploite, dirige une raffinerie. 2 n. f. Bassin où s'effectue le raffinage de la pâte à papier.

rafflesia [ʀaflezja] n. m. – XIXe ; du nom de *sir Raffles,* gouverneur de Sumatra ▪ Plante d'Insulinde *(rafflesiacées),* parasite des racines, à fleurs gigantesques.

❑ On dit aussi *rafflésie* n. f.

raffoler v. tr. ind. [1] – XIVe ; de *re-* et *affoler* ▪ *RAFFOLER DE...* Aimer à la folie, avoir un goût très vif pour (qqn, qqch.). ⇒ **adorer.** *J'aime assez, mais je n'en raffole pas.*

raffut n. m. – XIXe ; de *raffûter,* au sens dial. « gronder, rosser » ▪ fam. Tapage, vacarme. ⇒ ② **boucan.** *« Idriss entend le raffut grandissant du vieux tacot qui approche »* (Tournier). *Quel raffut !* ♦ *Cette histoire va faire du raffut,* du scandale. ⇒ **bruit.**

rafiot n. m. – XVIIIe ; o. i. ▪ Mauvais bateau. *Un vieux rafiot.*

rafistolage n. m. – XIXe ▪ fam. Action de rafistoler ; son résultat. ⇒ **bricolage.**

rafistoler v. tr. [1] – XIXe ; de *re-* et a. fr. *afistoler* « tromper », puis « arranger » ▪ fam. Raccommoder, réparer grossièrement, avec des moyens de fortune. ⇒ **arranger, bricoler, rapetasser, retaper.** ➛ *« son corsage déchiré, rafistolé avec une épingle de nourrice »* (Aragon).

① **rafle** n. f. – XIIIe ; all. *raffen* « emporter vivement » ■ Arrestation massive opérée à l'improviste par la police dans un lieu suspect. ⇒ **descente.** *Être pris dans une rafle.* ➛ Arrestation massive de civils préalablement réunis, afin de les interner, de les déporter. *La rafle du Vel' d'Hiv.*

② **rafle** n. f. – XVIe ; o. i. ■ Ensemble du pédoncule et des pédicelles d'une grappe (de raisin, de groseille...) ; grappe sans ses grains. ♦ Axe renflé de l'épi de maïs.

rafler v. tr. 1 – XVIe 1 fam. Prendre et emporter promptement sans rien laisser. « *Il faisait un petit banco qu'il rafla* » (Aragon). ➛ *Les cambrioleurs ont raflé tous les bijoux.* ⇒ ② **voler.** 2 Arrêter lors d'une rafle. *Des* « *Juifs que la police raflait à travers toute la France* » (Beauv.).

rafraîchi, ie adj. – XVIIe ■ Rendu frais. *Fruits rafraîchis :* salade de fruits servie froide.

rafraîchir v. 2 – XIIe I v. tr. 1 Rendre frais, refroidir modérément. *Mettre quelques glaçons dans une boisson pour la rafraîchir.* 2 Rendre la fraîcheur, l'éclat du neuf à (qqch. de défraîchi). ⇒ **raviver.** ➛ *Rafraîchir une coupe,* recouper légèrement les cheveux. ♦ Ranimer, revivifier. fam. (souvent en menace) *Je vais vous rafraîchir la mémoire,* vous rappeler certaines choses que vous prétendez avoir oubliées. II v. intr. Devenir plus frais, refroidir un peu. *Mettre du vin à rafraîchir.* III v. pron. 1 Devenir plus frais. *Le temps s'est rafraîchi.* ⇒ **fraîchir.** 2 Se donner une sensation de fraîcheur. « *Pour se rafraîchir, il venait de plonger la tête dans le bassin de la fontaine* » (Stendh.). ♦ fam. Boire un rafraîchissement. *Venez vous rafraîchir.* ✪ CONTR. Réchauffer, tiédir.

rafraîchissant, ante adj. – XVIe 1 Qui rafraîchit, donne une sensation de fraîcheur. *Une petite brise rafraîchissante.* ➛ Qui désaltère. *Boissons rafraîchissantes :* boissons froides sans alcool. 2 Qui plaît par sa fraîcheur, sa simplicité. *Une œuvre rafraîchissante.*

rafraîchissement n. m. – XIIIe 1 Action de rafraîchir, fait de devenir plus frais. *Un rafraîchissement de la température.* 2 Boisson fraîche non alcoolisée prise en dehors des repas. *Prendre un rafraîchissement.* ➛ au plur. Boissons fraîches, glaces, fruits rafraîchis, etc., offerts à des invités. *Servir des rafraîchissements.* ✪ CONTR. Réchauffement.

raft [Raft] n. m. – 1985 ; mot angl. ■ Embarcation gonflable insubmersible manœuvrée à la pagaie et utilisée pour la descente des rapides (⇒ **rafting**).

rafting [Raftiŋ] n. m. – 1985 ; mot angl. ■ Sport consistant à descendre des rapides en raft.

ragaillardir v. tr. 2 – XVIe ; de ① *gaillard* ■ Rendre de la vitalité, de l'entrain à (qqn). ⇒ **réconforter, revigorer.** *C'est une bonne nouvelle, qui nous a tous ragaillardis.*

rage n. f. – XIe ; lat. *rabies* I - 1 État, mouvement de colère, de dépit extrêmement violent, qui rend agressif. ⇒ **fureur.** *Il était fou de rage. Cela me met en rage.* « *Ils se toisèrent. Même rage froide, même rancune* » (Mart. du G.). *Être en rage contre qqn, qqch.* 2 Envie violente, besoin passionné. ⇒ **fureur, manie.** *La rage de vivre.* loc. *Ce n'est plus de l'amour, c'est de la rage :* c'est une passion furieuse. 3 *Rage de dents :* mal de dents extrêmement douloureux. 4 *FAIRE RAGE :* se déchaîner, atteindre la plus grande violence. *Tempête qui fait rage.* II Maladie infectieuse et contagieuse mortelle due à un virus inoculé par la morsure d'animaux atteints, qui provoque un violent état d'agitation ou des paralysies. *Renard qui a la rage.* ⇒ **enragé.** *Vaccin contre la rage.* ⇒ **antirabique.**

rageant, ante adj. – 1901 ■ Qui fait rager. ⇒ **exaspérant,** fam. **râlant.**

rager v. intr. 3 – XIIe ■ fam. Enrager. ⇒ **bisquer.** *Rager de ne pouvoir intervenir.*

rageur, euse adj. – XIXe ■ Sujet à des accès de colère, de hargne. ⇒ **coléreux, irascible.** ♦ Qui dénote la colère, la mauvaise humeur. ⇒ **hargneux.** *Un ton rageur.*

rageusement adv. – XIXe ■ Avec rage, avec hargne. « *il marmonna un juron et ferma rageusement son parapluie* » (Mart. du G.).

raglan n. m. et adj. inv. – XIXe ; n. pr. ■ vieilli Pardessus assez ample, à manches droites, dont l'emmanchure remonte en biais jusqu'à l'encolure. ♦ adj. inv. *Des manches raglan.* ➛ Qui a des manches raglan. *Manteau raglan.*

> ❑ Le vêtement fut ainsi dénommé en l'honneur de lord Raglan, dont les soldats portaient cet uniforme en Crimée.

ragondin n. m. – XIXe ; o. i. ■ Petit mammifère rongeur d'Amérique du Sud, qui vit dans les cours d'eau. ⇒ **myopotame.** ➛ Fourrure, très estimée, de cet animal.

① **ragot** n. m. – XIVe ; du rad. expressif *rag-* ; cf. lat. ragire « crier, grogner » ■ Jeune sanglier mâle âgé de plus de deux ans et de moins de trois ans.

② **ragot** n. m. – XVIIIe ; de *ragoter* « grogner comme un sanglier (① ragot) » ■ fam. Bavardage, propos malveillant sans fondement. ⇒ ① **cancan, commérage.** « *Il est facile de prouver l'absurdité de tous ces ragots* » (Maurois).

ragougnasse n. f. – XIXe ; de *ragoût* ■ fam. Mauvais ragoût ; cuisine infecte.

ragoût n. m. – XVIIe ; de *re-* et *goût* ■ Mets composé de morceaux de viande et de légumes cuits en sauce. « *Son souper consistait en un ragoût de mouton aux pommes de terre* » (Balz.).

ragoûtant, ante adj. – XVIIe ■ Appétissant, attirant (en tours négatifs). *Ce n'est pas très ragoûtant. Un personnage peu ragoûtant.*

> ❑ Attention, *ragoûtant* n'est pas le synonyme de *dégoûtant,* mais son contraire puisqu'il signifie « appétissant ». L'emploi constant de ce mot en tours négatifs peut expliquer cette confusion.

ragtime [Ragtajm] n. m. – 1913 ; angl. *rag* « chiffon » et *time* « temps » ■ Musique syncopée et rapide, adaptation par les Noirs américains de musiques de danse.

> ❑ On trouve parfois la graphie vieillie avec trait d'union : « *un rag-time entraînant* » (Aragon). ♦ L'anglais *rag* « chiffon » correspond à la « déchirure » du rythme par syncope.

raguer v. intr. 1 – XVIIe ; néerl. ■ S'user, se déchirer, sous l'effet d'un frottement. *Câble qui rague.*

rai n. m. – XIIe ; lat. *radius* ■ vx ou littér. Rayon (de lumière). « *Un rai de soleil fuse des volets mi-clos* » (Mauriac). *Un rai de lumière.* ✪ HOM. Raie, rets.

raï [Raj] n. m. – 1983 ; mot ar. ■ Musique populaire moderne originaire d'Algérie. ➛ adj. inv. *Des groupes raï.* ✪ HOM. Rye.

raïa ou **raya** [Raja] n. m. – XVIIIe ; turc « troupeau » ■ Sujet non musulman des Turcs de l'Empire ottoman (cf. Roumi).

raid [Rɛd] n. m. – XIXe ; mot angl. 1 Opération militaire éclair, menée loin en territoire ennemi. ⇒ **commando, descente, incursion.** ➛ Attaque aérienne. 2 Long parcours destiné à mettre en valeur la résistance du matériel et l'endurance des participants. *Raid automobile* (⇒ **rallye**). 3 Lancement d'une offre publique d'achat sur une société. ⇒ **O.P.A., O.P.E.**; **raider.** *Raid boursier.* ✪ HOM. Raide.

raide adj. – XIIe ; lat. *rigidus* « dur » **I - 1** Qui ne se laisse pas plier, manque de souplesse. ⇒ **rigide.** *Un tissu raide.* ➛ *Cheveux raides,* plats et lisses (opposé à *bouclé,* ① *frisé, ondulé*). ♦ *Avoir une jambe raide,* difficile à plier. ♦ fam. Ivre. ➛ Sous l'effet d'une drogue. *Être complètement raide.* ➛ Sans argent. ⇒ **désargenté, fauché.** 2 Qui se tient droit et ferme sans plier. *Il est raide comme un piquet, comme un manche à balai. Raide comme la justice.* 3 Tendu au maximum. *Câble raide.* 4 Très incliné par rapport à l'horizontale et difficile à parcourir. ⇒ **abrupt, escarpé.** *Un escalier très raide.* « *les pieds glissent* [...] *sur les pentes raides des sentiers* » (Loti). 5 fam. Fort en alcool. *Une eau-de-vie raide.* **II** fam. Dur à accepter, à croire. ⇒ ① **fort.** *Ça, c'est raide !* **III** adv. 1 Violemment, sèchement. ⇒ ① **fort.** *Renvoyer la balle raide.* ➛ En pente raide. *Un sentier qui grimpe raide.* 2 Par un coup soudain, brusquement. *Il l'a étendu raide mort. Tombées raides mortes.* ✪ CONTR. Élastique, flexible, ① mou, souple. Courbé. — HOM. Raid.

❑ La graphie du mot (et des dérivés) est restée hésitante entre *raide* et *roide* jusqu'au XIXe s. : « *Emma tomba roide par terre* » (Flaubert) et on trouve encore ce mot dans la littérature. Prononciation [ʀwad] donnée dans le *Dictionnaire de l'Académie* de 1935. → harnais (rem.).

rai-de-cœur n. m. – XVIIe ▪ Ornement composé de feuilles aiguës en forme de cœur alternant avec des fers de lance. *Des rais-de-cœur.*

raider [ʀɛdœʀ] n. m. – 1985 ; mot angl. « pillard » ▪ Personne physique ou morale qui lance une offre publique d'achat (O.P.A.) hostile sur une société afin d'en prendre le contrôle ou d'en revendre ultérieurement les titres à un meilleur cours. ✪ HOM. Raideur.

raideur n. f. – XIIe 1 État de ce qui est difficile à plier, raide ou raidi. ⇒ **rigidité.** *Saluer avec raideur.* 2 fig. Caractère de ce qui est rigide, compassé. ⇒ **rigidité, rigueur.** « *cette raideur vaniteuse et infatuée* » (Ste-Beuve). ✪ CONTR. Souplesse. — HOM. Raider.

raidillon n. m. – XVIIIe ▪ Court chemin en pente raide. ⇒ **montée.**

raidir v. tr. [2] – XIIIe 1 Faire devenir raide ou tendu, priver de souplesse. ⇒ **durcir.** « *Le drap est tout raidi par la boue qui a séché dessus* » (Barbusse). 2 pronom. Contracter tous ses muscles. ⇒ se **tendre.** *Il se raidit dans l'effort.* ♦ Tendre ses forces pour résister. « *Adrienne se raidit contre la terrible émotion qui la gagnait* » (Green). ✪ CONTR. Assouplir, déraidir, détendre (se).

raidissement n. m. – XVIe 1 État de ce qui est raidi. 2 Durcissement, renforcement (d'une attitude, d'une opinion). ⇒ **radicalisation.** ✪ CONTR. Assouplissement.

raidisseur n. m. – XIXe ▪ Appareil qui sert à raidir un fil de fer, un câble. ➛ Pièce destinée à diminuer la flexion ou le jeu d'une structure.

① **raie** n. f. – fin XIIe ; lat. *riga* « sillon » **1** Ligne droite, bande mince et longue tracée sur qqch. ⇒ **rayure,** ① **trait.** « *Des maillots de marin blancs à raies bleues* » (Giono). *Tissu à raies,* rayé (⇒ **mille-raies, rayure**). ♦ Ligne ou bande naturelle. ➛ fam. *La raie des fesses :* le sillon entre les deux fesses. ♦ Sillon tracé par la charrue. 2 Ligne de séparation entre les cheveux, où le cuir chevelu est apparent. *Porter la raie au milieu.* 3 Bande fine de largeur variable qui, dans un spectre, caractérise un rayonnement de fréquence donnée ou correspond à un corps déterminé. *Raie d'émission :* raie brillante dans un spectre d'émission. *Raie d'absorption :* raie sombre dans un spectre d'absorption. ✪ HOM. Rai, rets.

② **raie** n. f. – XIIe ; lat. *raia* ▪ Poisson cartilagineux sélacien, au corps aplati en losange, à grandes nageoires pectorales, à queue hérissée de piquants, à la chair délicate. « *des raies d'une taille gigantesque, longues de cinq mètres* » (J. Verne). ♦ La chair de ce poisson. *Raie au beurre noir.*

raifort n. m. – XVe ; a. fr. *raiz fort* « racine forte » ▪ Plante vivace *(crucifères),* cultivée pour sa racine à goût de moutarde. ♦ Cette racine, utilisée comme condiment. *Sauce au raifort.*

rail n. m. – XIXe ; mot angl. ; cf. a. fr. raille, reille « barre » ; lat. *regula* **1** Chacune des barres d'acier profilées, mises bout à bout sur deux lignes parallèles et posées sur des traverses pour constituer une voie ferrée ; chacune des deux bandes continues ainsi formées. ⇒ **voie.** « *Les trains filaient parmi l'inextricable lacis des rails* » (Zola). *Deux wagons sont sortis des rails, ont quitté les rails.* ⇒ **dérailler.** ➛ loc. *Mettre, remettre sur les rails :* mettre, remettre sur la bonne voie ; rendre capable de fonctionner, de progresser. 2 *Le rail.* Transport par voie ferrée. ⇒ **chemin de fer.** « *La Bataille du rail* », *film de René Clément.* 3 Pièce profilée qui sert à guider le déplacement d'une autre pièce, ou à la fixer. *Rail servant à fixer des spots.*

railler v. tr. [1] – XVe ; lat. *ragere* « braire » ▪ littér. Tourner en ridicule par des moqueries, des plaisanteries. ⇒ se **moquer, persifler.** « *Ils riaient entre eux* [...] *Ils raillaient. Ils ricanaient* » (Péguy). ✪ CONTR. ① Louer.

raillerie n. f. – XVe ▪ vieilli 1 Habitude, art de railler. ⇒ **gouaillerie, ironie, malice, moquerie, persiflage, satire.** *Parler sur le ton de la raillerie.* « *une expression de mélancolie et de raillerie envers soi-même* » (Romains). 2 Propos ou écrit par lesquels on raille qqn ou qqch. ⇒ ② **brocard,** ② **critique, épigramme,** ① **flèche, lazzi, moquerie, plaisanterie, pointe, quolibet, sarcasme,** ① **trait.**

railleur, euse n. et adj. – XVe 1 Personne qui raille, aime à se moquer. 2 adj. Qui raille, exprime la moquerie. ⇒ **gouailleur, ironique, malicieux, moqueur, narquois, persifleur.** « *Le sourire froid, détaché, railleur* » (Duham.).

railroute ou **rail-route** [ʀɑjʀut] n. m. – 1949 ▪ Mode de transport des marchandises utilisant conjointement la voie ferrée et la route. *Des railroutes, des rails-routes.* ⇒ aussi **ferroutage.** ➛ adj. inv. *Transports railroute* (ou *rail-route*).

rainette n. f. – XIVe ; lat. *rana* ▪ Petite grenouille arboricole, aux doigts munis de ventouses. *Rainette verte d'Europe. Les roseaux « d'où montait à intervalles réguliers la note flûtée d'une rainette »* (Tournier). ✪ HOM. Reinette.

rainurage n. m. – 1932 ▪ Tracé de rainures parallèles dans le revêtement d'une autoroute en béton, pour augmenter l'adhérence.

rainure n. f. – XIVe ; de *roisne* « rouanne, outil pour le bois », gr. *rhukanê* « rabot » ▪ Entaille longue et étroite (à la surface d'un objet). *Rainures du parquet. Rainure d'une poulie.* ⇒ **gorge.** *Rainures sur le revêtement d'une autoroute* (⇒ **rainurage**).

rainurer v. tr. [1] – 1913 ▪ Marquer d'une rainure.

raiponce n. f. – mil. XVe ; lat. *rapa* « rave » ▪ Plante potagère *(campanulacées)* aux fleurs lilas en clochettes, dont les racines et les feuilles se mangent en salade.

raire v. intr. [50] – XIIIe ; lat. *ragere* « braire » ▪ vx Bramer, raller.

❑ On dit aussi *réer* [1].

raïs n. m. – 1963 ; mot ar. « chef » ■ Chef d'État, chef suprême, dans certains États arabes. *Le raïs libyen.*

raisin n. m. – XIIe ; lat. *racemus* 1 Fruit de la vigne, ensemble de baies réunies en grappes sur une rafle. *Variété de raisin.* ⇒ **cépage.** *Raisin blanc, noir. Cueillir le raisin.* ⇒ **vendanger.** ➛ *Pépins de raisin. Grappe, grain de raisin.* ➛ *Raisins secs ; raisins de Corinthe.* ➛ *Jus de raisin. Fermentation des moûts de raisin :* vinification. *Résidu des raisins pressés.* ⇒ ② **marc.** 2 Baies en grappes de certaines plantes. *Raisin d'ours.* ⇒ **busserole.** *Raisin de renard.* ⇒ **parisette.** 3 *Raisins de mer :* œufs de seiche, de poulpe. 4 Ancien format de papier de 50 sur 64 cm.

raisiné n. m. – XVIe 1 Confiture (notamment de poires, de coings) préparée avec du jus de raisin concentré. 2 Arg. Sang. ✪ HOM. Résiné.

raison n. f. – Xe ; lat. *ratio* I Pensée, jugement. 1 La faculté pensante et son fonctionnement, chez l'homme ; ce qui permet à l'homme de connaître, de juger et d'agir conformément à des principes. ⇒ **compréhension, connaissance, entendement, esprit, intelligence,** ① **pensée.** *Doctrines, attitudes philosophiques fondées sur la raison.* ⇒ **rationalisme.** 2 La faculté de penser, en tant qu'elle permet à l'homme de bien juger et d'appliquer ce jugement à l'action. ⇒ **discernement, jugement, sagesse** (cf. Bon sens). « *La raison habite rarement les âmes communes et bien plus rarement encore les grands esprits* » (France). *Conforme à la raison.* ⇒ **raisonnable, rationnel.** *L'âge de raison :* l'âge auquel on considère que l'enfant a l'essentiel de la raison (environ 7 ans). « *ton âge de raison, c'est l'âge de la résignation, je n'y tiens pas du tout* » (Sartre). *Ramener qqn à la raison,* à une attitude raisonnable. *Mettre à la raison :* rendre plus raisonnable par la force ou l'autorité. ♦ (opposé à *instinct, intuition, sentiment*) Pensée discursive, logique. *Un mariage de raison.* « *Notre raison nous rend quelquefois aussi malheureux que nos passions* » (Chamf.). 3 État normal des facultés intellectuelles. ⇒ **lucidité.** *Perdre la raison :* devenir fou. *Il n'a plus toute sa raison.* 4 (dans des loc.) Ce qui est raisonnable. *Plus que de raison :* au-delà de la mesure raisonnable. 5 Connaissance naturelle (opposé à ce qui vient de la révélation ou de la foi). ➛ (au XVIIIe s.) Les lumières naturelles, la philosophie. *Culte de la Raison, institué en 1793.* ♦ Système de principes a priori qui règle la pensée (opposé à *expérience*). *La raison pure* (théorique ou pratique), dans la philosophie kantienne. 6 (dans des loc., opposé à *tort*) Jugement en accord avec les faits, comportement que l'on approuve. *AVOIR RAISON :* être dans le vrai, ne pas se tromper. *Vous avez bien raison. Il a eu raison de partir.* « *Mon cher, me répondit le dessinateur, il a peut-être raison d'avoir tort !* » (Balz.). ➛ *Donner* raison à qqn.* II Compte, proportion. 1 *À RAISON DE... :* en comptant, sur la base de... *Trois mille feuilles « qui lui rapportèrent, à raison de deux sous pièce, trois cents francs* » (Balz.). 2 *RAISON SOCIALE :* désignation d'une société. 3 Rapport entre deux grandeurs, deux quantités. *Raison d'une progression :* terme positif constant, qui, multiplié par un terme d'une progression ou additionné avec lui, donne le terme suivant (2, dans 2, 4, 8, 16 et 1, 3, 5, 7). *Raison directe de deux quantités :* rapport tel que quand l'une des quantités augmente, l'autre augmente aussi. *Raison inverse :* rapport tel que quand l'une des quantités augmente, l'autre diminue. ⇒ **proportion.** loc. *En raison inverse de.* III Principe, cause. 1 Principe d'explication ; ce qui permet de comprendre l'apparition (d'un événement, d'un objet nouveau). ⇒ **cause, origine, pourquoi** (n.). *La raison d'un phénomène. Le principe de raison suffisante,* selon lequel rien n'arrive sans qu'il y ait une cause. ♦ La cause, ce qui permet d'expliquer (un acte, un sentiment). ⇒ **motif.** « *Ces accès d'impatience dont il est impossible de dire la raison* » (Muss.). ♦ *Pour quelle raison ?* pourquoi ? *Pour une raison ou pour une autre :* sans raison bien déterminée. « *Pour la seule raison qu'ils avaient voulu faire un peu de sa besogne* » (Proust). ♦ *EN RAISON DE... :* en tenant compte de, en considération de... (cf. À cause* de, eu égard* à). ♦ *Se faire une raison :* se résigner à admettre ce que l'on ne peut changer (cf. Prendre son parti*). 2 Cause ou motif légitime qui justifie (qqch.) en expliquant. ⇒ **fondement, justification,** ③ **sujet.** *Une raison d'espérer. Cet enfant est sa raison de vivre,* ce qui à ses yeux justifie son existence. ⇒ **but.** *Avoir de bonnes, de fortes raisons de penser que...* « *La raison du plus fort est toujours la meilleure* » (La Font.). « *Si je ne suis pas avec vous, c'est que j'ai mes raisons* » (Camus). *Ce n'est pas une raison ! Raison de plus :* c'est une raison de plus. ♦ loc. *Avec raison ; avec juste raison :* en ayant une raison valable (cf. À juste titre*). *À plus forte raison :* avec des raisons encore meilleures. ⇒ **a fortiori.** *Sans raison :* sans motif (cf. À plaisir*). *Non sans raison.* 3 Argument destiné à prouver. ⇒ **allégation, preuve.** *Il s'était rendu à mes raisons.* 4 vieilli Réparation. *Demander raison d'une offense.* ♦ mod. *AVOIR RAISON DE QQN,* vaincre sa résistance. « *Elle sentit que la terreur allait avoir raison d'elle* » (Green). *Avoir raison des difficultés,* en venir à bout. ✪ CONTR. Déraison, folie, instinct ; cœur, sentiment. Tort.

> ❑ L'inversion du sujet est fréquente après la locution *à plus forte raison* : « *À plus forte raison sont-ils incapables de vous dire si le terrain ne repose pas sur un ciel de carrière* » (Romains). ♦ Deux adjectifs correspondent à *raison* : *raisonnable* et *rationnel.*

raisonnable adj. – XIIe 1 Doué de raison. *L'homme, animal raisonnable.* 2 Qui pense selon la raison, se conduit avec bon sens et mesure, d'une manière réfléchie. ⇒ **sensé.** *Allons, soyez raisonnable, n'exigez pas l'impossible.* ♦ *Conduite, décision raisonnable.* ⇒ **judicieux, responsable, sage.** *Est-ce bien raisonnable ?* ➛ *Il est raisonnable de penser...* ⇒ **naturel, normal.** 3 Qui correspond à la mesure normale. *Prix raisonnable.* ⇒ **acceptable, modéré.** ➛ Assez important, au-dessus de la moyenne. « *Il était, quand je l'eus, de grosseur raisonnable* » (La Font.). ✪ CONTR. Déraisonnable, extravagant, fou, insensé ; passionné, léger. Aberrant, absurde, illégitime, injuste ; excessif, exorbitant.

raisonnablement adv. – XIIe 1 Sans prétention excessive, sans trop exiger. « *Tout ce que Jerphanion pouvait raisonnablement demander à cette soirée, c'était de ne pas trop le décevoir* » (Romains). 2 Avec mesure, modération. ⇒ **modérément.** « *une chevelure bouclée, raisonnablement longue* » (Duham.). *Boire raisonnablement.* ✪ CONTR. Exagérément, excessivement.

raisonné, ée adj. – XVe 1 Qui obéit aux règles du raisonnement. *Bien, mal raisonné.* 2 Appuyé de raisons, de preuves. *Projet raisonné,* calculé, étudié. ♦ *Grammaire raisonnée,* accompagnée de commentaires, d'explications. ✪ CONTR. Irraisonné. — HOM. Résonner.

raisonnement n. m. – XIVe 1 L'activité de la raison, la manière dont elle s'exerce. ⇒ ① **logique, réflexion.** *Convaincre par le raisonnement ou persuader par le sentiment.* 2 Suite de propositions liées les unes aux autres selon des principes déterminés, et aboutissant à une conclusion. *Raisonnement déductif des mathématiques* (⇒ **déduction, syllogisme**) ; *raisonnement inductif des sciences d'observation* (⇒ **induction**) ; *raisonnement par analogie* (⇒ aussi **démonstration**). *Raisonnement a priori,* fondé sur la raison ; *raisonnement a posteriori,* fondé sur l'expérience. ➛ *Raisonnement qui part d'un axiome, d'une hypothèse. Prémisses, termes, conséquences, conclusion d'un raisonnement.* ➛ *Raisonnement juste, faux, ban-*

cal, illogique, vicieux... (⇒ **illogisme, paralogisme, sophisme ; paradoxe**). « *c'est précisément ce raisonnement boiteux qui l'amène à cette conclusion* » (Gide). ♦ fam. *Ce n'est pas un raisonnement !* votre raisonnement est mauvais. loc. *Raisonnement de femme soûle*, absurde. ✪ CONTR. Intuition, sentiment.

raisonner v. [1] - XIIe ; lat. *rationare* **I** v. intr. **1** Faire usage de sa raison pour former des idées, des jugements. ⇒ **penser.** ➛ (Opposé à *sentir, éprouver*) *Le coléreux ne raisonne pas.* ♦ Concevoir et employer des arguments pour convaincre, confirmer, prouver ou réfuter. ⇒ **argumenter.** *Vous raisonnez dans l'abstrait.* « *On ne peut raisonner avec les fanatiques, il faut être plus fort qu'eux* » (Alain). ➛ loc. fam. *Raisonner comme une pantoufle, comme un tambour, comme une casserole*, mal. ♦ Répliquer, alléguer des excuses. ⇒ **discuter.** « *Voyez comme raisonne et répond la vilaine !* » (Mol.). **2** Conduire un raisonnement, enchaîner des jugements pour aboutir à une conclusion. *Raisonner par analogie, par induction* (⇒ **induire**), *par déduction* (⇒ **déduire**). *Raisonner juste, faux.* **II** v. tr. dir. Chercher à amener (qqn) à une attitude raisonnable. « *J'essayai de le raisonner, le prenant à part* » (Loti). ♦ pronom. SE RAISONNER : écouter la voix de la raison, se forcer à être raisonnable. *Tâche de te raisonner.* ➛ Pouvoir être contrôlé par la raison (sentiment, impulsion). *L'amour ne se raisonne pas.* ✪ CONTR. Déraisonner. — HOM. Résonner.

raisonneur, euse n. et adj. - XIVe ■ vieilli Personne qui discute, réplique. ➛ adj. *Une petite fille raisonneuse et désobéissante.*

rajah [ʀa(d)ʒa] ou **radja** [ʀadʒa] n. m. - XVIe ; sanskr. *râjâ* « roi » ■ Souverain brahmanique d'une principauté indienne indépendante. ⇒ **maharajah.** *La rani, épouse du rajah.* « *quelques rajahs à turban* » (Morand).

> ❑ Du temps de l'Empire britannique, l'appellation de *rajah* n'était parfois qu'un simple titre honorifique.

rajeunir v. [2] - XIIe **I** v. tr. **1** Rendre la jeunesse à. ➛ loc. fam. *Cela ne me, ne nous... rajeunit pas*, se dit à propos d'événements, de faits qui soulignent précisément l'âge des personnes en question. **2** Faire paraître plus jeune (aspect physique). *Elle* « *se maintient dans une élégance et une richesse de mise qui la rajeunit* » (Balz.). *Cette coiffure te rajeunit.* ♦ v. pron. SE RAJEUNIR : se faire paraître plus jeune qu'on est. **3** Attribuer un âge moins avancé à. *Vous me rajeunissez de cinq ans !* **4** Ramener à un état de fraîcheur, de nouveauté. *Rajeunir une vieille institution.* ⇒ **dépoussiérer, rénover.** **5** Abaisser l'âge moyen de (un groupe). *Rajeunir les cadres d'une entreprise.* **II** v. intr. Redevenir jeune ; reprendre les apparences de la jeunesse. *Il a rajeuni de dix ans !* ✪ CONTR. Vieillir.

rajeunissant, ante adj. - XVIIe ■ Propre à rajeunir. *Suivre un traitement rajeunissant.*

rajeunissement n. m. - XIIe **1** Action de rajeunir ; état de ce qui est ou paraît rajeuni. *Cure de rajeunissement* (⇒ aussi **jouvence**). **2** Action de redonner ou de reprendre de la vigueur, de la fraîcheur, de l'éclat. **3** Introduction d'éléments jeunes dans (un groupe, une pluralité). *Rajeunissement des cadres.*

rajout n. m. - v. 1904 ■ Ce qui est rajouté (dans un ensemble de maçonnerie, un assemblage de pièces mécaniques, un texte). *Faire des rajouts en marge d'un texte.* ⇒ **ajout.**

> ❑ On trouve dans la langue familière la variante *rajoutis* [ʀaʒuti], au sens concret. *Un rajoutis d'ail dans la sauce.*

rajouter v. tr. [1] - XIIe ; ■ Ajouter de nouveau, ou fam. ajouter par surcroît. *Rajouter du sel, du sucre.* ⇒ **remettre.** ➛ fam. EN RAJOUTER : en dire ou en faire plus qu'il n'en faut. ⇒ **exagérer.** *Il faut toujours qu'il en rajoute.* ✪ CONTR. Enlever, supprimer.

rajustement n. m. - XVIIe ■ Action de rajuster. *Rajustement des salaires.* ⇒ **réajustement.**

rajuster v. tr. [1] - XIIe **1** Remettre (qqch.) en bonne place, en ordre. « *Emma débouclait ses socques, mettait d'autres gants, rajustait son châle* » (Flaub.). *Rajuster ses lunettes.* ➛ pronom. *Se rajuster* : remettre de l'ordre dans les vêtements que l'on porte sur soi, en les fermant, en les boutonnant. **2** Redonner de la justesse, de la précision à. *Rajuster le tir.* ⇒ **rectifier.** **3** *Rajuster les salaires.* ⇒ **réajuster.**

raki n. m. - XIXe ; mot ar. ■ Liqueur d'Orient, eau-de-vie parfumée à l'anis. « *les* cafedjis *ne suffisaient plus à servir les narguilés, les skiros, le loukoum et le raki* » (Loti).

râlant, ante adj. - XIXe ■ fam. Qui fait râler. ⇒ **rageant.** *Ça, c'est râlant !*

① **râle** n. m. - XIIe ; lat. *rasclare* « racler » ■ Oiseau migrateur *(échassiers)* de la taille d'une bécasse. *Râle d'eau. Râle des genêts.*

② **râle** n. m. - XVIIe ; de *râler* **1** Bruit rauque de la respiration chez certains moribonds. *Un râle d'agonie.* **2** Altération du murmure respiratoire provoquée par le déplacement des sécrétions bronchiques et alvéolaires au passage de l'air, perçue à l'auscultation.

ralenti n. m. - 1917 **1** Régime le plus bas d'un moteur. *Régler le ralenti.* ➛ AU RALENTI : en ralentissant le rythme, l'action. *Malade qui vit au ralenti.* **2** Effet cinématographique qui fait apparaître sur l'écran les mouvements plus lents qu'ils ne sont dans la réalité, et qui provient d'un tournage accéléré. ✪ CONTR. Accéléré.

ralentir v. [2] - XVIe ; de *re-* et *alentir*, de *lent* **I** v. tr. **1** Rendre plus lent (un mouvement, une progression dans l'espace). *Ralentir l'allure.* ⇒ **modérer, réduire.** **2** Rendre plus lent (le déroulement d'un processus), diminuer (l'intensité d'un phénomène). *Une difficulté qui ralentit la production.* **3** SE RALENTIR v. pron. *La production s'est ralentie* (cf. Marquer* le pas). **II** v. intr. Aller moins vite, réduire sa vitesse. « *le train ralentit pour pénétrer dans la gare de Vallorbe* » (Mart. du G.). ➛ Réduire la vitesse du véhicule, de l'automobile que l'on conduit. ⇒ **décélérer, freiner.** *Il ralentissait à chaque croisement.* ✪ CONTR. Accélérer, activer. Hâter.

ralentissement n. m. - XVIe **1** Fait de ralentir, en parlant d'un mouvement (⇒ **retard ; décélération**). ♦ *Ralentissement de la circulation.* **2** Affaiblissement de l'intensité (d'un phénomène) ; diminution d'activité. *Ralentissement de l'activité économique.* ⇒ **diminution.** ✪ CONTR. Accélération.

ralentisseur n. m. - XVIIIe **1** Mécanisme, dispositif monté sur un véhicule, qui sert à ralentir. *Ralentisseur de camion.* **2** Substance qui, dans un réacteur, ralentit l'émission des neutrons issus d'une fission nucléaire. ⇒ **modérateur.** **3** Petit dos d'âne aménagé en travers de la route pour obliger les véhicules à ralentir. ✪ CONTR. Accélérateur.

râler v. intr. [1] - XVe ; même rad. que *racler* **1** Faire entendre un râle en respirant. « *Cet homme et cette femme se taisaient avec une sorte de terreur et écoutaient le mourant râler avec bruit* » (Hugo). **2** Crier, en parlant de certains animaux. ⇒ **raller.** *Daim, tigre qui râle.* **3** Manifester sa mauvaise humeur, son dépit ; récriminer. ⇒ **grogner, maronner, maugréer, ronchonner, rouspéter.** « *Il regrettait le temps où elle râlait en silence* » (Sartre). ✪ HOM. Raller ; *râliez* : ralliez (rallier).

râleur, euse n. et adj. - XIXe ■ fam. Personne qui proteste, qui râle à tout propos. ⇒ **rouspéteur.** « *Les* *femmes sont plus râleuses encore que des moutards* » (Céline).

ralingue **n. f.** – XIIe ; a. néerl. *°rār-lik* « cordage de vergue » ▪ Cordage auquel sont cousus les bords d'une voile pour les protéger et les renforcer. « *Les voiles furent bordées de fortes ralingues* » (J. Verne).

ralinguer **v.** [1] – XVIIe **1** **v. tr.** Garnir, border (une voile) de ses ralingues. **2** **v. intr.** Se dit d'une voile qui bat sans être tendue.

raller **v. intr.** [1] – XVIIe ; autre forme de *râler* ▪ rare Se dit du cerf qui pousse son cri. ⇒ **bramer, raire.** ✪ HOM. Râler.

ralliement **n. m.** – XIIe **1** Fait de rallier (1°) une troupe, de se rallier. ⇒ **rassemblement, regroupement.** ➛ *Point de ralliement* : lieu convenu de rencontre d'un groupe. ➛ *Signe de ralliement* : objet qui sert aux membres d'une association à se reconnaître. **2** Fait de se rallier (à un parti, à un régime, à une opinion...). ⇒ **adhésion.** ♦ Mouvement politique par lequel certains monarchistes français se rallièrent à la IIIe République. ✪ CONTR. Débandade, dispersion.

rallier **v. tr.** [7] – XIe ; de *re-* et *allier* **I** - **1** Regrouper (des gens dispersés). *Chef qui rallie ses soldats* ⇒ **rassembler.** **2** Ramener à soi, convertir à sa cause (des dissidents, ou des opposants). ⇒ **gagner.** *Il a rallié tous les mécontents.* ♦ *Cette proposition a rallié tous les suffrages.* ⇒ **remporter, réunir** (cf. Faire l'unanimité). **3** Rejoindre (le gros d'une troupe). *Les cavaliers ont rallié leur escadron.* ➛ Rejoindre (son poste, un lieu). ♦ Rejoindre (un parti). *Les opposants ont rallié la majorité.* **II** **v. pron.** SE RALLIER. **1** Prendre pour signe de ralliement. « *Si les étendards vous manquent, ralliez-vous à ce panache* » (Henri IV). **2** Adhérer (spécialt après s'être opposé). *Se rallier à l'avis de qqn.* ⇒ se **ranger.** « *Je me rallie d'avance à la solution que vous m'indiquerez* » (Romains). ✪ HOM. *Ralliez* : râliez (râler).

rallonge **n. f.** – XVe **1** Planche qui sert à augmenter la surface d'une table. *Table à rallonges.* **2** Prolongateur électrique. **3** fam. Ce que l'on paye ou ce que l'on reçoit en plus du prix convenu ou officiel. ⇒ **supplément.** *Rallonge budgétaire.*

rallongement **n. m.** – XIVe ▪ Opération qui consiste à rallonger (qqch.). ✪ CONTR. Raccourcissement.

rallonger **v.** [3] – XIIIe **1** **v. tr.** Rendre plus long en ajoutant une partie. ⇒ **allonger.** *Rallonger une robe.* ♦ *Rallonger un trajet* (espace et temps). **2** **v. intr.** Devenir plus long. *Les jours rallongent.* ✪ CONTR. Diminuer, raccourcir.

❑ On a tendance à employer *rallonger* pour *allonger*, comme *rentrer* pour *entrer*. ⇒ allonger (rem.).

rallumer **v. tr.** [1] – XIe **1** Allumer de nouveau. « *Je rallumais le feu en y jetant quelques branches* » (Lamart.). ➛ pronom. *L'incendie s'est rallumé.* **2** Redonner de la force, de l'ardeur, de la vivacité à ; faire recommencer, faire éclater de nouveau. « *Il voyait tous les jours Cet objet rallumer sa haine et son courage* » (La Font.).

rallye [Rali] **n. m.** – XIXe ; angl. *to rally* « rassembler » **1** Compétition où les concurrents (cavaliers, à l'origine) doivent rallier un lieu déterminé en se guidant sur diverses indications. **2** Course automobile où les concurrents doivent rallier un lieu déterminé, en fonction d'une moyenne horaire imposée. *Le rallye de Monte-Carlo.* **3** Cycle de réunions dansantes organisées par des familles aisées pour leurs enfants en âge de se marier. *Des rallyes.*

-rama → **-orama**

ramadan **n. m.** – XVIe ; n. ar. du neuvième mois de l'année de l'hégire **1** Mois pendant lequel les musulmans doivent s'astreindre à l'abstinence (nourriture, boisson, tabac, relations sexuelles) entre le lever et le coucher du soleil. « *le canon tonne au quartier turc et c'est, ce soir, la salve annonciatrice de la lune nouvelle, de la fin du ramadan* » (Loti). **2** Prescriptions religieuses de ce mois. *Faire le ramadan.*

❑ En français d'Afrique on dit *le carême*.

① **ramage** **n. m.** – XIIe ; lat. *ramus* « rameau » **1** *Des ramages.* Dessins décoratifs de rameaux fleuris et feuillus. *Papier peint à ramages.* **2** Chant des oiseaux. ⇒ **gazouillement.** « *Si votre ramage Se rapporte à votre plumage* » (La Font.).

② **ramage** **n. m.** – XVIIIe ; de ③ *ramer* ▪ Opération par laquelle on rame le tissu ; séchage d'un tissu tendu.

ramager **v.** [3] – XVIe **1** **v. intr.** Faire entendre son ramage. ⇒ **chanter.** *Pinson qui ramage.* **2** **v. tr.** Orner de ramages. ➛ « *une robe longue, guillochée et ramagée avec une délicatesse inconcevable* » (Gaut.).

ramapithèque **n. m.** – 1968 ; de *Râma*, dieu de l'Inde, et gr. *pithêkos* « singe » ▪ Fossile de primate supérieur (hominoïde), découvert en Inde, dont la denture rappelle celle du chimpanzé.

ramas **n. m.** – XVIe ; de *ramasser* ▪ vx Ensemble de choses, de gens de peu de valeur. ⇒ **ramassis.** « *le ramas d'avortons chassieux, scrofuleux* » (Daudet).

ramassage **n. m.** – XVIIIe **1** Action de ramasser. *Ramassage du foin.* **2** Action de prendre en divers endroits. *Ramassage du lait dans les fermes.* ⇒ **collecte.** ➛ *Ramassage scolaire* : opération par laquelle un service routier spécial transporte quotidiennement les écoliers demeurant loin des établissements scolaires.

ramassé, ée **adj.** – XVIe ▪ Resserré en une masse, blotti. ⇒ **pelotonné, recroquevillé.** « *Il se coucha contre la porte, ramassé, roulé en boule* » (Zola). ♦ *Il était* « *de charpente ramassée et musculeuse* » (R. Rolland). ⇒ **massif, trapu.** ♦ *Formule, expression ramassée,* concise et dense. ✪ CONTR. Allongé, élancé.

ramasse-miettes **n. m. inv.** – XIXe ▪ Ustensile ménager qui sert à ramasser les miettes sur la table.

ramasser **v. tr.** [1] – fin XVe ; de *re-* et *amasser* **I** - **1** Resserrer en une masse. « *Elle ramassa ses jupes, courut dans l'averse* » (Zola). ♦ pronom. *Se ramasser* : se mettre en masse, en boule. « *Mirabeau se tut, se ramassa sur lui-même, comme le lion qui médite un bond* » (Michelet). **2** Réunir (ce qui est dispersé). *Ramasser du foin avec un râteau,* mettre en tas. ♦ fig. *Ramasser ses forces* : faire appel à toutes ses forces pour fournir un effort physique ou moral. ⇒ **rassembler.** **3** Prendre en divers endroits pour réunir. *Ramasser des ordures.* ⇒ **enlever.** *Ramasser les cartes, au jeu* (⇒ **levée**). *Professeur qui ramasse les copies.* ⇒ **relever.** ➛ Se procurer. *Ramasser de l'argent.* ⇒ **gagner, récolter.** **4** fam. *Ramasser qqn,* l'arrêter (en parlant de la police, des autorités). ⇒ **cueillir, embarquer.** *Se faire ramasser dans une rafle.* **II** - **1** Prendre par terre (des choses éparses) pour les réunir. *Ramasser du bois mort. Ramasser des coquillages.* ♦ ⇒ **cueillir.** *Des champignons ramassés dans les bois.* **2** Prendre par terre (une chose qui est tombée). *Il* « *ramassa le chapeau et l'essuya du coude* » (Colette). *Ramasser les balles, au tennis.* « *Mais, Madame, écoutez-moi donc Vous perdez quelque chose – C'est mon cœur, pas grand-chose Ramassez-le donc* » (Apoll.). ♦ ⇒ **trouver.** *On l'a ramassé ivre mort.* ➛ fig. et péj. *Où a-t-il ramassé cette fille ?* ⇒ **dégoter.** **3** fam. *Ramasser une bûche, une pelle, un gadin, une gamelle* : tomber accidentellement (en parlant d'une personne). ♦ pronom. fam. *Se ramasser* : se relever lorsqu'on est tombé ; tomber. fig. Échouer. *Je me suis ramassé à cet examen.* ✪ CONTR. ① Étaler, étendre, étirer. Disperser. Répandre.

ramassette n. f. – XIXe ▪ région. (Belgique et nord de la France) Pelle à poussière.

ramasseur, euse n. et adj. – XVIe **1** Personne qui ramasse. *Ramasseur de balles,* au tennis. « *Un ramasseur de langoustes* » (Hugo). **2** n. m. Partie d'un mécanisme servant à ramasser. *Ramasseur d'une broyeuse.* ♦ n. f. *Ramasseuse-presse :* machine agricole qui ramasse les andains, les presse et les ficelle en balles de foin.

ramassis n. m. – XVIIe ▪ Réunion de choses, de gens de peu de valeur. ⇒ vx **ramas.** « *ce grand ramassis de miteux dans mon genre* » (Céline). *Un ramassis d'objets dépareillés.* ⇒ **amas, fatras.**

rambarde n. f. – XVIe ; it. *rambata,* de *arrembar* « aborder un bateau » ▪ Garde-corps placé autour des gaillards et des passerelles d'un navire. ⇒ **balustrade.** ♦ Rampe métallique, garde-fou.

ramboutan n. m. – XVIIe ; malais ▪ Fruit exotique (Malaisie, Asie du Sud-Est) à écorce rougeâtre et épineuse, à pulpe blanche, juteuse et sucrée, appelé aussi *litchi chevelu.*

ramdam [Ramdam] n. m. – XIXe ; de *ramadan* (à cause de la vie nocturne bruyante pendant le *ramadan*) ▪ fam. Tapage, vacarme. ⇒ **barouf,** ② **boucan, chambard, raffut.** « *Vous faites pourtant un de ces ramdams* » (Queneau).

① **rame** n. f. – XIIe ; lat. *remus* « rame » **1** Longue barre de bois aplatie à une extrémité, que l'on manœuvre à la main sur une embarcation pour la propulser et la diriger. ⇒ **aviron ; pagaie.** *Poignée, manche, bras, pelle ou pale d'une rame. Rejoindre le rivage à la rame.* ♦ loc. *Faire force de rames :* ramer vigoureusement. **2** loc. fam. *Ne pas en fiche une rame :* ne rien faire, ne fournir aucun effort. ⇒ ② **ramée.**

② **rame** n. f. – Xe ; lat. *ramus* « branche » ▪ Branche rameuse fichée en terre à côté d'une tige grimpante pour lui servir de support. ⇒ **tuteur.** *Pois nains et pois à rames.*

③ **rame** n. f. – XIVe ; ar. *rizma* « ballot, rame de papier » **1** Ensemble de cinq cents feuilles ou vingt mains de papier. **2** File de wagons attelés (surtout du métro). *La dernière rame vient de passer.*

④ **rame** n. f. – XVe ; germ. *°hrama* « solive, charpente » ▪ Châssis horizontal servant à maintenir tendue dans les deux sens une pièce de tissu pendant le séchage.

ramé, ée adj. – XIIe ; de ② *ramer* ▪ *Cerf ramé :* jeune cerf dont les bois poussent.

rameau n. m. – XIIe ; lat. *ramus* **1** Petite branche d'arbre. « *un rameau d'arbre effeuillé par l'hiver* » (Stendh.). *Rameau d'olivier porté par la colombe en signe de paix.* **2** *Dimanche des Rameaux,* et *les Rameaux :* fête chrétienne qui commémore l'accueil triomphal (avec des rameaux de palmier) fait par ses disciples à Jésus entrant à Jérusalem, et qui se célèbre huit jours avant Pâques (cf. Pâques* fleuries). **3** Subdivision d'une division en arbre. *Les rameaux des langues romanes.* **4** Subdivision d'un vaisseau, d'un nerf... ⇒ **ramification.**

① **ramée** n. f. – XIIe ; lat. *ramus* « rameau » **1** vx ou littér. Ensemble des branches feuillées d'un arbre. ⇒ **feuillage, feuillée, ramure. 2** vx Branches coupées avec leurs feuilles. « *Un pauvre bûcheron tout couvert de ramée* » (La Font.).

② **ramée** n. f. – XIXe ; de *ramer* ▪ loc. fam. *Ne pas en fiche une ramée :* ne rien faire. ⇒ ① **rame.**

ramenard, arde adj. et n. – mil. XXe ▪ fam. Qui la ramène (7°), qui fait l'important.

ramender v. tr. [1] – XIIIe **1** Raccommoder (des filets de pêche). **2** Amender de nouveau (un terrain). **3** Réparer (une dorure) en mettant des feuilles d'or aux endroits dédorés.

ramendeur, euse n. – XIIe ▪ Ouvrier qui ramende les filets sur les bateaux de pêche.

ramener v. tr. [5] – XIIe **1** Amener de nouveau (qqn). *Ramenez-moi le malade, je veux l'examiner une seconde fois.* **2** Faire revenir (qqn en l'accompagnant) au lieu qu'il avait quitté. *Je vais vous ramener chez vous en voiture.* ⇒ **raccompagner, reconduire. 3** Faire revenir à un sujet. « *Il ramena la question sur l'achat éventuel d'une automobile* » (Romains). ➛ Faire revenir à un état. *Ramener qqn à de meilleurs sentiments. Cela nous ramène dix ans en arrière.* **4** Faire renaître, faire réapparaître, rétablir (une chose là où elle s'était manifestée). « *la nuit tombante ramena le sentiment de l'hiver* » (Loti). « *Notre maison, chaque dimanche, était secouée d'un accès de fièvre. Le lundi ramenait la paix* » (Duham.). **5** Amener (qqn) ou apporter (qqch.) avec soi, en revenant au lieu qu'on avait quitté. « *Une table basse, en cuivre ciselé, ramenée des Indes* » (Sarraute). **6** Faire prendre une certaine position à (qqch.) en changeant sa direction naturelle ou précédente ; remettre en place. « *Elle ramena sur ses épaules les pans de la grande écharpe de velours qu'elle portait comme une fourrure* » (Aragon). ⇒ **rabattre, tirer. 7** loc. fam. *Ramener sa fraise :* arriver, venir. ➛ *La ramener :* faire l'important. ⇒ **crâner.** ♦ SE RAMENER v. pron. Venir. ⇒ s'**amener, rappliquer. 8** Porter à un certain point de simplification ou d'unification. ⇒ **réduire.** *Ramener une fraction à sa plus simple expression.* ➛ *Ramener tout à soi :* être égocentrique. ♦ SE RAMENER À v. pron. (pass.). Se réduire, être réductible à. « *Tout se ramenait à un jeu d'écritures* » (Romains). ✪ CONTR. ① Écarter.

> ❑ *Ramener* en parlant des choses est une faute très courante ; c'est *rapporter* qui convient. → amener (rem.).

ramequin n. m. – XVIIe ; néerl. *rammeken* **1** Petit gâteau au fromage. **2** Petit récipient utilisé pour la cuisson au four ou au bain-marie.

> ❑ La finale néerlandaise *-ken,* qui a donné *-quin,* se retrouve dans *mannequin.*

① **ramer** v. intr. [1] – XIIIe ; lat. *remus* « rame » **1** Manœuvrer les rames d'une embarcation. « *Tantôt on rame, tantôt on se sert de la gaffe pour glisser sur l'eau* » (Gide). *Galériens condamnés à ramer.* ♦ Avancer avec les rames. *Ils ramaient vers le rivage.* **2** fam. Se donner du mal, faire des efforts. ⇒ **galérer.** *Il a beaucoup ramé pour en arriver là.*

② **ramer** v. tr. [1] – XVIe ▪ Soutenir (une plante grimpante) avec une rame. ⇒ **tuteurer.** *Ramer des pois.*

③ **ramer** v. tr. [1] – XVIIIe ▪ Étirer (le tissu) sur une rame (④) où il sèche.

ramescence n. f. – XIXe ; lat. *ramescere* ▪ Disposition en rameaux.

ramette n. f. – XIXe ▪ Rame de papier de petit format. *Une ramette de papier à lettres.*

① **rameur, euse** n. – XIIIe **1** Personne qui rame, qui est chargée de ramer. « *le bruit des rameurs qui frappaient en cadence Tes flots harmonieux* » (Lamart.). *Rang, banc de rameurs.* **2** n. m. région. (souvent plur.) Insecte hémiptère qui nage à la surface de l'eau. **3** n. m. Appareil d'entraînement physique simulant le geste du rameur.

② **rameur, euse** n. – XVe ; de ④ *rame* ▪ Ouvrier, ouvrière qui met le tissu sur les rames et les conduit.

rameuter v. tr. [1] – XVIIe **1** Chercher à grouper pour faire nombre ou pour une action commune. *Rameu-*

ter des militants pour une manifestation. 2 Ramener (les chiens) en meute, en arrêtant ceux qui se sont écartés.

rameux, euse adj. – XIVe ▪ Qui a de nombreux rameaux. *Arbrisseaux rameux.*

rami n. m. – 1937 ; o. i. ▪ Jeu de cartes se jouant généralement avec 52 cartes et un joker*, et consistant à réunir des combinaisons d'au moins trois cartes du type des figures de poker ou de piquet, qu'on étale sur la table. ✪ HOM. Ramie.

ramie n. f. – XIXe ; malais ▪ Plante de l'Asie tropicale *(urticacées),* sorte d'ortie dont les longues fibres fournissent un textile résistant. ✪ HOM. Rami.

ramier n. m. et adj. – XIIe ; a. fr. *raim* « rameau » ▪ Gros pigeon sauvage qui niche dans les arbres et que l'on trouve parfois aussi dans les villes (Paris, Venise...). « *Sur les coupoles de Venise Deux ramiers blancs aux pieds rosés* » (Gaut.). ➙ adj. *Pigeon ramier.*

❑ On trouve aussi le féminin *ramière* pour la femelle du ramier.

ramification n. f. – XVIe 1 Division en plusieurs rameaux ; chacune des divisions ou des rameaux eux-mêmes. *Ramification d'une tige à fleurs.* ⇒ **inflorescence.** ➙ *Ramification des racines.* ♦ Mode suivant lequel se divisent les artères, les veines, les nerfs... ; ces divisions elles-mêmes. ⇒ **rameau.** *Ramifications des bronches.* ⇒ **bronchiole.** ♦ « *des souterrains murés, dont les ramifications étaient inconnues* » (Chateaub.). *Ramifications d'une voie ferrée.* ⇒ **embranchement.** 2 Groupement secondaire dépendant d'un organisme central. *Société ayant des ramifications en province, à l'étranger.*

ramifié, iée adj. – XIXe ▪ Qui a de nombreuses ramifications. ⇒ **rameux.** *Prolongement ramifié de la cellule nerveuse* (⇒ **dendrite**).

ramifier (se) v. pron. [7] – XIVe ; lat. *ramificare* 1 Se diviser en plusieurs branches ou rameaux. ⇒ se **diviser,** se **partager,** se **subdiviser.** *Tige, arbre qui se ramifie. Les veines, les nerfs se ramifient.* 2 Avoir, pousser des ramifications. *La famille romaine « se ramifie sans se diviser »* (Fustel de Coul.).

ramille n. f. – XIIIe ; a. fr. *raim* « rameau » ▪ *Une, des ramilles :* chacune des plus petites et dernières divisions d'un rameau.

❑ Ne pas confondre avec *charmille* « berceau de verdure »

ramingue adj. – XVIe ; it. *ramo* « rameau », mot d'abord appliqué au faucon qui vole de branche en branche ▪ Se dit du cheval qui refuse d'avancer quand on lui fait sentir l'éperon. ⇒ **rétif.**

ramolli, ie adj. et n. – XVIe 1 Devenu mou. *Asphalte ramolli par la chaleur.* ♦ fam. *Cerveau ramolli,* faible, sans idées. 2 fam. Dont le cerveau est devenu faible. ⇒ **gâteux.** ♦ Passif, sans réaction. *Il est un peu ramolli.* ⇒ **mollasson, ramollo.**

ramollir v. tr. [2] – XVe ▪ Rendre mou ou moins dur. ⇒ **amollir.** *Ramollir du beurre.* ♦ pronom. *Cerveau qui se ramollit.* ✪ CONTR. Durcir, raffermir.

ramollissant, ante adj. – XVIe ▪ Qui ramollit, relâche les tissus. ⇒ **émollient.** ✪ CONTR. Astringent.

ramollissement n. m. – XIVe ▪ Action de se ramollir, état de ce qui est ramolli. ➙ Dégénérescence d'un tissu qui devient mou. *Ramollissement cérébral,* par thrombose ou embolie. *Ramollissement des os.* ⇒ **ostéomalacie.** « *Il y a des ramollissements du cerveau. Le ramollissement du cœur est pire* » (Bernanos).

ramollo adj. et n. – XIXe ▪ fam. Ramolli. ⇒ **flagada, raplapla.** *Ils sont un peu ramollos.*

ramonage n. m. – XIVe ▪ Action de ramoner ; son résultat.

ramoner v. [1] – XIIIe ; a. fr. *ramon* « balai » 1 v. tr. Nettoyer en raclant pour débarrasser de la suie (les cheminées, les tuyaux). « *c'est des marmottes, dit-on, que les Savoyards ont appris à grimper pour ramoner les cheminées* » (Buff.). ➙ *Ramoner une pipe.* 2 v. intr. Faire une escalade en prenant appui sur deux parois verticales très rapprochées.

ramoneur n. m. – XVIe ▪ Celui dont le métier est de ramoner les cheminées. *Raclette, hérisson de ramoneur.*

rampant, ante adj. – XIIe I (sur un blason) *Animaux rampants,* cabrés, figurés debout, pattes en avant (opposé à *passant*). ⇒ **effaré.** ➙ Incliné, disposé en pente. *Arc rampant,* dont les naissances ne sont pas à la même hauteur. ♦ n. m. LE RAMPANT : la partie montante, inclinée. *Les rampants d'un fronton, d'un pignon, d'un gable.* II - 1 Qui rampe. *Animal rampant.* ⇒ **reptile.** *Le lierre est rampant et grimpant.* ♦ par plais. *Personnel rampant,* qui ne vole pas, employé à terre (opposé à *navigant*). « *une grève du personnel rampant de l'aéroport de Madrid* » (Tournier). n. *Les rampants.* 2 Qui s'abaisse, fait preuve de bassesse devant les puissants. ⇒ ① **bas, obséquieux,** ① **plat, servile, soumis.** « *Médiocre et rampant, et l'on arrive à tout* » (Beaum.). 3 Qui progresse, se développe insensiblement. ⇒ **sournois.**

rampe n. f. – XVIe ; de *ramper* « grimper » 1 Plan incliné entre deux plans horizontaux. *Rampe pour voitures dans un garage, rampe d'accès.* ♦ Plan incliné permettant le lancement d'avions catapultés, de fusées et de divers engins propulsés par fusées. *Rampes de lancement de fusées.* ♦ Partie en pente d'un terrain, d'une route, d'une voie ferrée (⇒ **inclinaison, pente**). *Gravir, monter une rampe.* ⇒ **montée.** 2 Balustrade à hauteur d'appui, posée sur le limon d'un escalier ; main courante*. « *Les rampes de ces petits escaliers, d'une propreté brillante, sont en fer coulé* » (Stendh.). « *Il montait pesamment, s'accrochant à la rampe* » (Mart. du G.). ➙ loc. fam. *Tenir bon la rampe :* tenir bon, s'accrocher ; rester jeune. *Lâcher la rampe :* mourir ; abandonner la partie. 3 Rangée de lumières disposées au bord de la scène. *Les feux de la rampe.* loc. *Passer la rampe :* produire de l'effet sur un public, un auditoire, et par ext. sur des lecteurs, etc. 4 Dispositif présentant une suite de sources lumineuses (pour l'éclairage des devantures, des façades...). ➙ Alignement de projecteurs destinés à éclairer une piste.

rampement n. m. – XVIe ▪ rare Action de ramper. ⇒ **reptation.** « *des rampements de bêtes molles* » (Le Clézio).

ramper v. intr. [1] – XIIe ; germ. °*(h)rampon* « grimper avec des griffes » 1 Progresser par un mouvement de reptation (en parlant des reptiles, des vers, des gastéropodes et de certains batraciens). *Des mousses « sur lesquelles rampaient des limaces rouges »* (P. Benoit). ♦ Progresser lentement le ventre au sol, les membres repliés (en parlant d'animaux, de l'homme). ⇒ se **traîner.** *L'enfant rampe avant de marcher.* 2 Se dit de plantes dont les rameaux se couchent, dont les tiges se développent au sol, ou qui s'étendent sur une surface, sur un support, en s'accrochant par des crampons ou des vrilles. *Lierre qui rampe le long d'un mur.* ♦ « *le brouillard rampait et semblait se coller à la terre humide* » (Sand). 3 S'abaisser, être rampant (cf. S'aplatir comme une carpette*). *Ramper devant des supérieurs.*

ramponneau n. m. – 1914 ; du nom d'un cabaretier célèbre du XVIIIe s. ▪ fam. Bourrade ; coup*, donné notamment avec le côté du corps.

ramure n. f. – XIIe ; de ② *rame* 1 Ensemble des branches et rameaux (d'un arbre). ⇒ **branchage, frondaison,** ① **ramée.** 2 Ensemble du bois des cervidés. ⇒ **andouiller, merrain.**

ranatre n. f. – XIXe ; lat. *rana* « grenouille » ▪ Insecte hétéroptère de forme grêle et allongée, vivant à la surface des mares, et communément appelé *punaise* d'eau.*

rancard ou **rencard** n. m. – XIXe ; o. i. ; de *rancart* 1 arg. Renseignement confidentiel. ⇒ **tuyau.** 2 fam. Rendez-vous. ✪ HOM. Rancart.

❑ On écrit aussi *rancart* : « *il lui fila un rancart pour l'apéritif à la brasserie du Sphéroïde* » (Queneau). → rancart (rem.).

rancarder v. tr. [1] – XIXe 1 pop. Renseigner secrètement. ⇒ **tuyauter.** ➛ pronom. *Se rancarder.* 2 fam. et rare Donner un rendez-vous à (qqn).

rancart n. m. – XVIIIe ; du normand *récarter* « éparpiller », de *écarter* ▪ loc. fam. *Mettre au rancart* : jeter, se débarrasser, se défaire (d'une chose inutile ou usée). ✪ HOM. Rancard.

❑ Pour l'orthographe, se rappeler que *mettre au rancart* est de la famille de *écarter*, alors que *un rancard* est en rapport avec *se rancarder.*

rance adj. – Xe ; lat. *rancidus* ▪ Se dit d'un corps gras qui a pris une odeur forte et un goût âcre. *Beurre rance.* ➛ n. m. Odeur, goût caractéristique d'un corps gras rance. *Pièce qui sent le renfermé, le rance.* ✪ CONTR. ① Frais.

ranch [Rɑ̃tʃ] n. m. – XIXe ; mot angl. « hutte de pionnier », de l'esp. d'Amérique *rancho* « cabane » ▪ Ferme de la Prairie, aux États-Unis ; exploitation d'élevage qui en dépend. *Des ranchs* ou *des ranches.*

rancher n. m. – XVe ▪ région. Échelle formée d'une seule poutre sur laquelle sont disposés les échelons (ranches) perpendiculairement de part et d'autre. ⇒ **échelier.**

ranci, ie adj. – XVIe ▪ Devenu rance. « *une affreuse odeur de renfermé, et de tabac ranci* » (Montherl.).

rancir v. intr. [2] – XVIe ▪ Devenir rance. « *À la longue* [...] *le meilleur lard rancit* » (Hugo).

rancissement n. m. – XIXe ▪ Fait de rancir.

rancœur n. f. – XIIe ; lat. *rancor* « état de ce qui est rance » ▪ Ressentiment tenace, amertume que l'on garde après une désillusion, une injustice, etc. ⇒ **aigreur, rancune.** *Avoir de la rancœur pour, contre qqn.* « *elle éprouvait une si poignante mélancolie, tant de rancœur contre elle ne savait quoi* » (Mart. du G.). ✪ CONTR. Pardon.

rançon n. f. – XIIe ; lat. *redemptio* « rachat » 1 Somme d'argent, prix que l'on exige pour délivrer une personne captive. *Ravisseurs qui exigent une rançon.* 2 *La rançon de...* : inconvénient que comporte (un avantage, un plaisir). ⇒ **contrepartie, prix** (cf. Le revers* de la médaille). *Il n'a plus de vie privée, c'est la rançon de la célébrité.* « *C'était la rançon d'une enfance trop studieuse* » (Mauriac).

rançonnement n. m. – XIVe ▪ rare Fait de rançonner. ⇒ **brigandage, exaction ; racket.**

rançonner v. tr. [1] – XIIIe ▪ Faire payer (qqn) par la force, exiger de (qqn) une contribution qui n'est point due. *Brigands qui rançonnaient les voyageurs.*

rançonneur, euse n. – XVe ▪ Personne qui rançonne ; exploiteur.

rancune n. f. – XIe ; lat. °*rancura*, crois. de *rancor* (→ rancœur) et *cora* « souci » ▪ Souvenir tenace que l'on garde d'une offense, d'un préjudice, avec de l'hostilité et un désir de vengeance. ⇒ **rancœur, ressentiment.** *Avoir de la rancune contre qqn. Garder rancune à qqn (de qqch.)* : ne pas pardonner, en vouloir à (qqn) (cf. Garder à qqn un chien* de sa chienne ; garder une dent* contre qqn). « *Ils s'étreignirent, et toute leur rancune se fondit comme une neige sous la chaleur de ce baiser* » (Flaub.). ➛ *Sans rancune !*, formule qui scelle une réconciliation. ✪ CONTR. Oubli ; pardon.

rancunier, ière adj. et n. – XVIIIe ▪ Porté à la rancune. ⇒ **vindicatif.** « *ne soyez pas rancunière, et donnez-moi la main* » (Balz.). ➛ *Caractère rancunier.* ♦ n. *Un rancunier, une rancunière.* ✪ CONTR. Indulgent, oublieux.

rand [Rɑ̃d] n. m. – 1964 ; mot angl. « bord, marge » ▪ Unité monétaire de l'Afrique du Sud et de la Namibie.

randomisation n. f. – 1957 ; angl., de *at random* « au hasard » ▪ Échantillonnage aléatoire destiné à réduire ou supprimer l'interférence de variables autres que celles qui sont étudiées. ⇒ **hasardisation.**

❑ On emploie aussi le verbe *randomiser* (1963), mais pas °*hasardiser* qui serait utile. Le mot *random* est inconnu des francophones.

randonnée n. f. – XIIe ; de l'a. v. *randonner* « courir vite » 1 Circuit que fait la bête autour de l'endroit où elle a été lancée. 2 Promenade longue et ininterrompue. ⇒ **course, excursion.** *Une randonnée à bicyclette* (⇒ **circuit**), *à pied* (⇒ ② **marche**). *Chemin, sentier de grande randonnée (G. R.).*

randonneur, euse n. – 1921 ▪ Personne qui pratique la randonnée.

rang [Rɑ̃] n. m. – XIe ; germ. °*hring* « cercle, anneau » I - 1 Suite (de personnes, de choses) disposée de front sur une même ligne (opposé à *file*) ou simplement formant une ligne. « *Chaque nef est formée de deux rangs d'arceaux superposés* » (Gaut.). ➛ *Un rang de perles* : bijou constitué par un seul rang de perles. ♦ Ligne de sièges les uns à côté des autres. ⇒ **rangée.** *Se placer au premier rang.* ♦ Suite de mailles constituant une même ligne d'un ouvrage de tricot, de crochet. *Un rang* (tricoté) *à l'endroit, un rang à l'envers.* ♦ *Rang d'un cortège, d'une manifestation. Se mettre en rang (s)*, sur un, sur plusieurs rangs. *Les premiers* (⇒ **tête**), *les derniers rangs* (⇒ **queue**). ➛ Suite de soldats placés les uns à côté des autres. ⇒ **front.** *En ligne sur deux rangs.* ➛ *Les rangs que forment les élèves.* loc. fam. *Silence dans les rangs !* 2 *Les rangs d'une armée*, les hommes qui y servent. *Servir dans les rangs de tel régiment.* ♦ loc. *Être, se mettre sur les rangs* : entrer en concurrence avec d'autres, pour obtenir (un poste). « *comme la place lui semblait bonne, il était arrivé en grande hâte pour se mettre sur les rangs* » (Daudet). ♦ *Grossir les rangs des mécontents.* ⇒ ② **liste.** ♦ *Le rang* : l'ensemble des hommes de troupe (opposé à *officiers*). *Officiers sortis du rang*, qui ont fait carrière sans passer par une école de formation des officiers. ➛ loc. *Rentrer dans le rang* : accepter la discipline d'un groupe ; renoncer à un statut extérieur ou exceptionnel. 3 Au Québec et en Ontario, Type de peuplement rural comprenant un alignement d'exploitations agricoles perpendiculaires à une rivière, une route. ➛ Le chemin qui dessert ces exploitations . II - 1 Situation dans une série ordonnée. ⇒ **ordre.** *Classer les livres par rang de taille.* ➛ Au loto, *Les gagnants du premier rang* (six bons numéros). ➛ Place d'un dignitaire, d'un fonctionnaire, dans l'ordre des préséances. *Avoir rang avant* (⇒ **précéder**), *après qqn* (⇒ **suivre**). *Par rang d'ancienneté, d'âge...* 2 Place, position dans un ordre, une hiérarchie. ⇒ **classe, échelon, position.** *Rang le plus bas, le plus haut. Un journaliste de second rang. Sortir d'une grande école dans un bon rang. Officier d'un certain rang.* ⇒ ① **grade.** ➛ *Problème qui se situe au premier rang des préoccupations nationales.* 3

Place qu'une personne occupe dans la société, et qui lui est conférée par la naissance, l'emploi, l'argent, la célébrité, etc. ⇒ **classe, condition, position.** *Le rang social. Déchoir de son rang. Garder, tenir son rang. Traiter qqn avec tous les honneurs dus à son rang.* ⇒ **dignité, fonction, place, titre.** ♦ loc. *Mettre au même rang, sur le même rang* (cf. Sur le même plan). 4 (sans idée de hiérarchie) AU RANG DE. ⇒ **parmi.** *Mettre, placer au rang de* : compter parmi. « *Je me comptais trop tôt au rang des malheureux* » (Rac.).

rangé, ée adj. – XIIIe ■ Qui mène une vie régulière, réglée, sans excès ; qui a une bonne conduite. ⇒ **sérieux.** « *Mémoires d'une jeune fille rangée* », de *S. de Beauvoir.* ✪ CONTR. Bohème, irrégulier.

rangée n. f. – XIIIe ■ Suite (de choses ou de personnes) disposée côte à côte, de front sur une même ligne. ⇒ **alignement, ligne, rang.** « *La place des Fêtes, avec ses rangées d'arbres, ses gazons* » (Romains).

rangement n. m. – XVIIe 1 Action de ranger (I, 2°), de mettre en ordre. *Faire du rangement.* « *J'ai fait quelques rangements chez moi* » (Balz.). ♦ Meuble, placard pour ranger ses affaires. *Cet appartement manque de rangements.* 2 Disposition des choses (bien ou mal) rangées. *Un rangement rationnel.* ✪ CONTR. Dérangement, désordre.

① **ranger** v. tr. [3] – XIIe ; de *rang* I - 1 vieilli Disposer en un ou plusieurs rangs (I) ou files. ⇒ **aligner.** ➛ *Concurrents rangés sur la ligne de départ.* 2 Disposer à sa place, avec ordre. ⇒ **arranger, caser, classer, ordonner,** région. **serrer.** *Rangez vos affaires ! Où as-tu rangé les ciseaux ?* ➛ « *ce n'est jamais très bien rangé chez moi* » (Romains). ♦ Mettre de l'ordre dans (un lieu), y mettre chaque chose à sa place. *Ranger un placard.* ➛ *Mots rangés par ordre alphabétique.* ⇒ **classer, grouper.** 3 Mettre au nombre de, au rang de. *Ce livre est à ranger parmi les ouvrages sérieux.* 4 Mettre de côté pour laisser le passage. *Ranger sa voiture.* ⇒ **garer.** 5 Passer auprès de, le long de. ⇒ **longer.** *Ranger la côte.* 6 Placer dans une situation de conformité ou de soumission. *Ranger qqn à son avis.* II SE RANGER v. pron. 1 Se mettre en rangs, en ordre. *Soldats qui se rangent par trois.* 2 S'écarter ou être écarté pour laisser le passage. « *Un taxi en maraude qui [...] vint se ranger contre un trottoir* » (Mart. du G.). ⇒ se **garer.** ♦ *Se ranger à quai.* 3 Se mettre, se placer aux côtés ou sous l'autorité de. « *Il se rangeait ordinairement à l'avis du plus absurde ou du plus audacieux* » (Chateaub.). ⇒ **adopter,** se **rallier.** 4 Adopter un genre de vie plus régulier, une conduite plus raisonnable. ⇒ s'**assagir.** « *Retz semble avoir eu par moments des intentions sincères de se ranger* » (Ste-Beuve). 5 Devoir être rangé (quelque part). *Où cela se range-t-il ?* → se **mettre.** ✪ CONTR. (du I) CONTR. Déranger.

② **ranger** [Rɑ̃dʒɛR ; Rɑ̃dʒœR] n. m. – XIXe ; mot angl., de *to range* « errer » 1 Soldat d'un corps d'élite (d'une armée de terre). *Les marines* et les rangers* [Rɑ̃dʒœRs]. 2 Brodequin à tige montante utilisé notamment dans les unités militaires de choc (parachutistes, etc.).

rani n. f. – XIXe ; sanskr. *rajni* « reine » ■ Épouse d'un rajah (⇒ **maharani).** *Des ranis.*

ranidés n. m. pl. – XIXe ; lat. *rana* « grenouille » ■ Famille de batraciens anoures, comprenant les grenouilles et rainettes.

ranimer v. tr. [1] – XVIe 1 Rendre la conscience, le mouvement à. ⇒ **réanimer.** *Ranimer un noyé.* 2 Rendre plus vif, plus actif ; redonner de l'énergie à. ⇒ **animer, encourager, réconforter.** *Ce discours ranima les troupes.* ♦ *Ranimer l'ardeur, le courage. Ranimer la douleur.* « *Elle croyait ranimer mon amour en excitant ma jalousie* » (Constant). ➛ *Les haines se sont ranimées.* 3 Redonner de la force, de l'éclat à (un feu, une flamme). « *je rabattis les bûches, ranimai le feu* » (Gide). *Ranimer la flamme sur la tombe du Soldat inconnu.* ✪ CONTR. Attiédir ; éteindre, étouffer.

rantanplan interj. – XIXe ; onomat. ■ Interjection exprimant le roulement du tambour.

> ❑ On dit aussi *rataplan.*

raout [Raut] n. m. – XVIIIe ; angl. *rout,* de l'a. fr. *route* « troupe, compagnie » ■ vieilli Réunion, fête mondaine. « *ces sortes de représentations qui s'appellent une soirée, un raout* » (Proust).

rap [Rap] n. m. – 1983 ; angl. *to rap* « donner des coups secs » ■ Style de musique disco dont les paroles, hachées, sont récitées sur un fond musical très rythmé.

rapace adj. et n. m. – XIIIe ; lat. *rapere* « saisir, ravir » I adj. 1 Vorace, ardent à poursuivre sa proie (en parlant d'un oiseau). 2 Qui aime le gain à l'excès, qui cherche à s'enrichir rapidement et brutalement, au détriment d'autrui. ⇒ **avide, cupide.** *Usurier rapace.* « *il n'aperçoit autour de lui que dupeurs rapaces* » (Bourget). II n. m. Oiseau carnivore, aux doigts armés d'ongles forts et crochus (⇒ ① **serre),** au bec puissant, arqué et pointu. *Nid de rapace.* ⇒ **aire.** *Rapace qui fond sur sa proie.*

rapacité n. f. – XIVe ; lat. 1 Caractère, manière d'agir d'une personne rapace. ⇒ **avidité, cupidité.** « *elle marchandait avec rapacité, son sang de paysanne la poussant au gain* » (Flaub.). 2 Avidité à se jeter sur sa proie, ardeur à la poursuivre.

râpage n. m. – XVIIe ■ Opération qui consiste à râper.

rapatrié, iée adj. et n. – XVIIe ■ Qu'on a fait rentrer dans son pays. ➛ n. (surtout en parlant des prisonniers de guerre libérés, de coloniaux ou de résidents contraints de revenir en métropole, etc.) *Aide aux rapatriés. Les rapatriés d'Algérie.*

rapatriement n. m. – XVIIe 1 Action de rapatrier qqn. *Rapatriement sanitaire,* dont la cause est l'état de santé (d'un ressortissant d'un pays) qui nécessite son retour, par transport spécial, dans son pays. 2 Action de faire revenir (des fonds) dans le pays de leur propriétaire.

rapatrier v. tr. [7] – mil. XVe ; de *re-* et *patrie* ■ Assurer légalement le retour de (une personne) sur le territoire du pays auquel elle appartient par sa nationalité. *Elle s'est fait rapatrier par le consulat français.* ♦ *Rapatrier des capitaux exportés.*

râpe n. f. – XIIIe ; lat. *raspa* « grappe de raisin » I Ce qui reste des grappes une fois qu'on les a pressées, ou que les grains sont tombés ou ont été enlevés. ⇒ ③ **rafle.** II - 1 Outil pour user la matière, sorte de grosse lime à larges entailles. ⇒ ① **lime.** *Rape à bois.* 2 Ustensile de cuisine, plaque hérissée d'aspérités, qui sert à réduire une substance en fins copeaux, en poudre. *Râpe à fromage.*

> ❑ Toute la famille de *râpe,* sauf *rapière,* prend l'accent circonflexe.

① **râpé** n. m. – XIIe ; de *râpe* (I) ■ Boisson qu'on obtient en faisant passer de l'eau sur du marc ou sur du raisin frais entassé dans un tonneau. ⇒ ① **piquette.**

② **râpé** n. m. – 1920 ; de *râper* ■ fam. Fromage de gruyère râpé.

③ **râpé, ée** adj. – 1972 ; de *râper,* avec infl. probable de *raté* ■ fam. *C'est râpé !* c'est définitivement compromis ; cela n'aura pas lieu. ⇒ ② **fichu, foutu.**

râper v. tr. [1] – XIIIe ; de *râpe* (II) 1 Réduire en poudre grossière, en petits morceaux au moyen d'une râpe. *Râper du fromage.* ➛ « *la soupe à l'oignon [...] dans laquelle les raffinés sèment du parmesan râpé* » (Nerval). *Carottes râpées.* 2 Travailler à la râpe (II, 1°). 3 Produire une sensation de frottement sur (une partie du corps). *Vin grossier qui râpe la gorge.* 4 User jusqu'à la corde (un vêtement, une étoffe). ➛ « *des redingotes de drap bleu ou vert plus ou moins râpé* » (Balz.). ⇒ **élimé.** *Veste râpée aux manches.*

rapetassage n. m. – XVIIe ▪ fam. Action de rapetasser. ⇒ **raccommodage.**

rapetasser v. tr. [1] – XVIe ; du provenç. *petas* « pièce pour rapiécer » 1 fam. Réparer sommairement, grossièrement (un vêtement, etc.). ⇒ **raccommoder, rafistoler, rapiécer.** « *Une ignorante fille sans cesse occupée à rapetasser des bas* » (Balz.). 2 fig. et péj. Remanier, corriger par fragments. « *Journée consacrée au roman que je rapetasse* » (Mauriac).

rapetissement n. m. – XVIe ▪ Action de rapetisser qqch. ; fait de se rapetisser. ⇒ **diminution, réduction.** ✪ CONTR. Agrandissement.

rapetisser v. [1] – XIVe ; de l'a. v. *apetisser* « devenir plus *petit* » **I** v. tr. 1 Faire paraître plus petit, par un effet d'optique. *La distance rapetisse les objets.* 2 Diminuer la grandeur de (une chose), le mérite de (une personne). ⇒ **amoindrir, rabaisser.** *On a voulu rapetisser cet homme célèbre.* **II** v. intr. Devenir plus petit, plus court (dans l'espace ou dans le temps). *On rapetisse avec l'âge.* ✪ CONTR. Agrandir, allonger, grandir.

râpeux, euse adj. – XVIe 1 Hérissé d'aspérités, rude au toucher comme une râpe (II). ⇒ **rugueux.** *La langue râpeuse du chat.* 2 D'un goût âpre, désagréable à boire. « *un vin lourd et râpeux* » (Aragon).

raphia n. m. – XIXe ; malgache ▪ Palmier d'Afrique et d'Amérique équatoriale, à stipe robuste, à très longues feuilles. ♦ Fibre que l'on tire de ces feuilles. *Sac en raphia.* ⇒ **rabane.**

raphide n. f. – XIXe ; gr. *raphis* « aiguille » ▪ Cristal en forme d'aiguilles qui se rencontre dans certaines cellules végétales ou animales.

rapiat, iate adj. et n. – XIXe ; lat. *rapere* « voler, piller » ▪ fam. et vieilli Avare, cupide. ⇒ **pingre, radin, rat.** *Elle est rapiate,* ou inv. *elle est rapiat.*

rapide adj. et n. – XVIe ; lat. *rapere* « entraîner violemment » **I** adj. 1 Qui coule avec une grande vitesse (cours d'eau). *Le courant rapide d'une rivière.* ♦ Fortement incliné par rapport au plan horizontal. *Descente rapide.* 2 Qui se meut (ou qui peut se mouvoir) avec une vitesse élevée. *Il est rapide à la course. Rapide comme une flèche, comme l'éclair. Voiture rapide et nerveuse.* 3 Qui exécute (ou peut exécuter) avec promptitude. *Il est rapide dans son travail.* ⇒ **expéditif, prompt.** *Vous êtes bien rapide en besogne !* vous êtes trop pressé. ➛ n. *C'est une rapide !* ♦ Qui comprend vite, qui voit tout de suite. *Esprit rapide et brillant.* ⇒ **vif.** ♦ *Un poison rapide,* qui agit vite. 4 (d'une allure, d'un mouvement, etc.) Qui s'accomplit avec une vitesse élevée. *Allure, pas rapide.* ♦ *Pouls rapide,* dont les battements sont très rapprochés. 5 (du style, d'un récit, etc.) Qui va droit à l'essentiel, qui donne par son rythme une impression de vivacité. *Faire un rapide résumé de la situation.* 6 (d'une action, d'un processus, etc.) Qui est fait, se fait sans tarder ; dont les différentes phases se succèdent à des intervalles rapprochés. ⇒ **prompt.** *Progrès, guérison rapide. Nous espérons une réponse rapide. Faire une visite rapide à un parent,* en passant. ♦ Qui conduit vite au but désiré. *Moyen rapide.* 7 *Acier rapide* : acier très dur employé dans les machines-outils. ♦ *Pellicule rapide, ultrarapide* : pellicule photo sensible, dont le temps de pose est très bref. ♦ *Ciment à prise rapide.* 8 Que l'on fait sans s'appesantir. *Faire un rapide calcul.* 9 *Voie rapide,* conçue pour que les véhicules y circulent à vitesse élevée. **II** n. m. 1 Partie d'un cours d'eau où le courant est rapide, agité et tourbillonnant par suite d'un léger ressaut du fond du lit provoquant une rupture de pente (phénomène inverse de la chute). *Descente d'un rapide en kayak, en raft.* 2 Train qui va plus vite que l'express et ne s'arrête que dans les très grandes villes. *Le rapide Paris-Bordeaux.* ✪ CONTR. Lent.

> ❑ *Un rapide* (le train) ne se dit pas du T.G.V. dont les vitesses sont beaucoup plus élevées.

rapidement adv. – XVIIe ▪ D'une manière rapide, à une grande vitesse, en un temps bref. ⇒ **vite.** *Partir rapidement. Parcourir rapidement le journal.* ✪ CONTR. Lentement.

> ❑ On dit familièrement *rapidos* [ʀapidos] ou *rapido* [ʀapido] : *Tu vas nous rembourser rapidos !*

rapidité n. f. – XVIe 1 Caractère d'une chose, d'un être, d'une personne rapide, qui va vite. *Avec la rapidité de l'éclair, de la foudre, d'une flèche. Agir avec rapidité.* ⇒ **célérité, diligence, promptitude.** 2 Caractère de ce qui est fait en peu de temps. *Ses progrès furent d'une rapidité déconcertante. La rapidité des transports, du voyage.* ✪ CONTR. Lenteur.

rapiéçage n. m. – XVIe ▪ Action de rapiécer ; son résultat. ⇒ **rapetassage.**

rapiécer v. tr. [3] et [6] – XIVe ; de *re-* et *pièce* ▪ Réparer ou raccommoder en mettant, en cousant une pièce de tissu. ⇒ **rapetasser.** ➛ « *la soutane verdie et rapiécée* » (Jouhand.).

rapière n. f. – XVe ; de *râpe* ▪ vx ou plais. Épée longue et effilée, à garde hémisphérique.

> ❑ *Rapière* doit son nom à une comparaison entre la forme d'une râpe et la poignée trouée de l'épée.

rapin n. m. – XVIIe ; de *rapine* ▪ vx Jeune élève, apprenti dans un atelier de peinture. « *ces naïfs rapins qui s'extasient sur un petit coin de la toile* » (Sand). ♦ Peintre bohème et sans grand talent. *Le chapeau, la lavallière, la pipe du rapin 1900.*

rapine n. f. – XIIe ; lat. *rapere* « prendre » ▪ littér. 1 Action de ravir, de prendre par violence. ⇒ **enlèvement.** « *La rapine et l'orgueil sont les dieux de la terre* » (Volt.). ♦ Vol, pillage. *Vivre de rapines.* 2 Ce qui est pris par la rapine.

raplapla adj. inv. – 1902 ; de *à plat* ou de *raplatir* ▪ fam. Fatigué ; sans force. *Elle est complètement raplapla.* ⇒ **flagada, ramollo.**

raplatir v. tr. [2] – XVe ▪ Rendre de nouveau plat ou plus plat. *Chapeau tout raplati.*

rapointir → **rappointir**

rappareiller v. tr. [1] – XIIIe ; de *re-* et ② *appareiller* ▪ Remplacer les éléments manquants de (une série). ⇒ **réassortir.** ✪ CONTR. Dépareiller.

rappel n. m. – XIIIe 1 Action d'appeler pour faire revenir. *Rappel d'un ambassadeur.* ➛ *Rappel de réservistes* (sous les drapeaux). ⇒ **mobilisation.** ♦ Batterie de tambour, sonnerie de clairon par laquelle on rappelle les soldats pour les réunir. *Battre le rappel* : rassembler ou réunir toutes les personnes ou tout ce dont on peut disposer. ♦ Applaudissements par lesquels on rappelle un comédien, un musicien, un chanteur, une troupe à la fin d'une représentation pour les acclamer. 2 *RAPPEL À* : action de faire revenir qqn à. *Rappel à la raison. Rappel à l'ordre* : avertissement donné à celui qui compromet le bon ordre des délibérations en enfreignant le règlement. « *il l'assourdissait de ses rappels au silence* » (Courtel.). 3 Action de faire revenir (qqch.) ; action d'évoquer. ⇒ **évocation.** *Il rougit au rappel de cette aventure passée.* ♦ Action de faire penser de nouveau à. *Signal* *de rappel de limitation de vitesse.* ➝ Paiement d'une portion d'appointements ou d'arrérages restée en suspens. 4 Répétition qui renvoie à une même chose. *Un rappel de couleur dans une tenue vestimentaire.* ♦ *Injection, piqûre de rappel,* consolidant l'immunité conférée par une première vaccination. 5 En alpinisme, Le fait de ramener à soi, en la faisant glisser, la corde que l'on avait assujettie pour descendre. *Descente en rappel :* procédé de descente des passages abrupts au moyen d'une corde qui peut être rappelée. *Faire du rappel. Corde de rappel.* ♦ Position de l'équipage d'un dériveur sur le plat-bord au vent pour compenser la gîte. ✪ CONTR. Bannissement, exil, renvoi, oubli.

rappeler v. 4 – XIe I v. tr. 1 Appeler (une personne, un animal) pour faire revenir. *Rappeler son chien en le sifflant.* ♦ Faire revenir ou tenter de faire revenir. *On l'a rappelé auprès de sa mère malade.* ♦ *Rappeler un ambassadeur.* ➝ *Soldats rappelés,* appelés à nouveau sous les drapeaux. ⇒ **mobiliser.** ➝ *Rappeler un acteur en l'applaudissant.* ⇒ **bisser.** ➝ loc. (euphém.) *Dieu l'a rappelé à lui :* il est mort. ♦ Obliger à revenir. *Ses affaires le rappellent à Paris.* 2 *Rappeler qqn à la vie :* le faire revenir d'un évanouissement. 3 Appeler de nouveau (au téléphone). *Il doit me rappeler ce soir.* 4 Faire revenir à la conscience, à la mémoire. *Rappelez-moi votre nom. Je te rappelle ta promesse.* ⇒ **remémorer.** *Rappelle-moi de lui écrire.* ➝ *Rappelez-moi au bon souvenir de Madame votre mère.* ➝ *Je te rappelle que tu dois venir demain.* 5 Faire venir à l'esprit par association d'idées. ⇒ **évoquer.** *Cela me rappelle quelque chose.* ♦ Ressembler à, faire penser à. *La situation actuelle rappelle celle d'il y a deux ans. Tu me rappelles ta mère.* II *SE RAPPELER.* 1 Rappeler (un souvenir) à sa mémoire, avoir présent à l'esprit. ⇒ se **souvenir ;** se **remémorer.** *Se rappeler mot à mot un entretien.* « *elle se rappela les héroïnes des livres qu'elle avait lus* » (Flaub.). ➝ *Je ne me rappelle plus :* j'ai oublié. ➝ *Elle s'est rappelé qu'elle avait rendez-vous.* « *Elle se rappelait comment tout cela avait débuté* » (Aragon). *Impossible de me rappeler qui est venu.* ➝ *Elle s'est rappelé avoir pleuré en cette occasion.* 2 v. pron. réfl. *Se rappeler à... :* faire souvenir de soi. *Se rappeler au bon souvenir de qqn.* ✪ CONTR. Bannir, chasser, exiler, oublier.

> ❑ Par attraction de *se souvenir de...,* le verbe pronominal réfléchi *se rappeler de...* est apparu à la fin du XVIIIe s. Bien que très répandu, cet emploi est considéré par les grammairiens comme incorrect. *Je me rappelle que...* est correct, comme *Rappelez-moi de téléphoner* (à moi). Il est recommandé de dire *je me souviens de cette histoire, je m'en souviens.* ♦ Attention à l'accord du participe passé : *elle s'est rappelé son rêve (avoir rêvé, qu'elle avait rêvé)* mais *elle s'est rappelée à leur bon souvenir.*

rappliquer v. intr. 1 – XVIIe ; de *re-* et *appliquer* ■ fam. Revenir ; venir, arriver. ⇒ se **ramener.** « *Je m'en expliquerai nettement avec lui s'il rapplique* » (Gide). ✪ CONTR. Décaniller, tirer (se).

rappointir ou **rapointir** v. tr. 2 – XVe ; de *re-* et ② *appointer* ■ Refaire la pointe de. *Rappointir une alène.* ✪ CONTR. Émousser, épointer.

rappointis n. m. – XVIIIe ; de *re-* et *pointe* ■ Pointe à large tête qui sert à retenir un enduit (plâtre...) recouvrant une paroi de bois.

rapport n. m. – XIIe I Action de rapporter. 1 littér. Action de raconter, d'exposer à qqn ce qu'on a vu, entendu ; ce que l'on rapporte. ⇒ **récit, relation, témoignage.** 2 Compte rendu plus ou moins officiel. ⇒ **compte** (II). *Faire un rapport écrit, oral, sur qqch., sur qqn. Dresser, rédiger un rapport. Faire un, son rapport à qqn. Rapport confidentiel. Rapport de police. Rapport de médecin légiste. Rapport d'activité. Rapport économique et financier :* document joint au projet de loi de finances, qui présente la situation économique du pays et résume le projet. *Personne chargée d'un rapport.* ⇒ **rapporteur.** ♦ Réunion des hommes de troupe et de certains sous-officiers et officiers pour la communication d'instructions, la distribution du courrier, la lecture des punitions... *Au rapport !* 3 Le fait de procurer un profit. ⇒ ① **fruit, produit, rendement.** *Vivre du rapport d'une terre. Être d'un bon rapport.* ♦ *Rapport du tiercé, du quarté :* les sommes gagnées calculées pour une mise déterminée. 4 Restitution ; action de rapporter un bien, une somme. ➝ *Rapport de biens à la masse,* avant un partage. *Rapport à succession.* II - 1 Lien, relation qui existe entre plusieurs objets distincts et que l'esprit constate. ⇒ **connexion, relation.** *Rapport entre deux choses, d'une chose avec une autre. Rapports de parenté* (⇒ **filiation).** *Je ne vois pas le rapport :* je ne comprends pas le lien. *Mettre en rapport deux choses* (pour les comparer, etc.). *Il n'y a aucun rapport ; cela n'a aucun rapport :* cela n'a rien à voir. ♦ *Un bon rapport qualité-prix.* 2 Relation de ressemblance ; traits, éléments communs. ⇒ **analogie, parenté.** *Être sans rapport avec,* tout à fait différent de. *Des résultats sans rapport avec les précédents.* ♦ Convenance, fait de bien aller avec, de s'adapter à. ⇒ **conformité, harmonie.** ➝ *EN RAPPORT AVEC :* qui correspond, convient à. *Une belle tête romantique* « *tout à fait en rapport avec la nature de son talent* » (Gaut.). 3 Relation de cause à effet. ⇒ **corrélation.** *Établir le rapport entre deux événements.* ⇒ **rapprochement.** *Les deux faits ne sont pas sans rapport,* sont liés. 4 Quotient de deux grandeurs de même espèce. ⇒ **fraction, ratio.** *Rapport entre une grandeur et un étalon, une unité.* ⇒ **mesure.** *Dans le rapport de un à dix, de cent contre un.* ♦ *Rapport de transmission :* quotient de la vitesse de rotation de l'arbre de sortie par celle de l'arbre d'entrée, dans un train d'engrenage, une boîte de vitesses, etc. 5 *PAR RAPPORT À :* pour ce qui regarde. ➝ En comparant avec, en établissant un rapport quantitatif entre. *Considérer une grandeur par rapport à une autre* (cf. En fonction de). *Le cours du pétrole a chuté par rapport à l'année dernière.* 6 pop. *RAPPORT À :* en ce qui concerne, à propos de. ⇒ **concernant.** 7 *SOUS LE RAPPORT DE, sous tel rapport :* par tel côté, à tel égard. *Considérer une chose sous tel ou tel rapport.* ⇒ **aspect.** ➝ *Sous tous (les) rapports :* à tous égards. *Homme bien sous tous rapports.* III - 1 surtout plur. Relation entre des personnes. ⇒ **commerce, liaison, relation.** *Rapports sociaux,* de la vie sociale. *Entretenir de bons rapports avec qqn. Rapports de force,* conflictuels. « *Bien que ses rapports avec ma sœur fussent toujours tendus* » (Mauriac). *Rapports entre parents et enfants.* ♦ *Rapports sexuels,* ou *rapports. Avoir des rapports avec qqn* (cf. Faire l'amour*). ♦ *EN RAPPORT. Se mettre en rapport avec qqn.* ⇒ **contacter.** 2 Relation avec des collectivités. *Les rapports franco-allemands.* 3 *Le rapport de qqn à qqch. :* relation, attitude d'une personne envers qqch. *Notre rapport au monde.* ✪ CONTR. Disproportion.

rapporté, ée adj. – XVIe ■ Qui a été ajouté pour compléter. *Éléments rapportés.*

rapporter v. tr. 1 – XIIe I - 1 Porter de nouveau à qqn. « *Emportant des bocks vides et les rapportant pleins de mousse* » (Maupass.). 2 Apporter (une chose qui avait été déplacée) à l'endroit où elle était, à la personne à laquelle on l'avait empruntée. *Je vous rapporte votre livre.* 3 Apporter (qqch.) d'un lieu en revenant (⇒ **ramener).** *Rapporter du chocolat de Suisse.* ♦ *Chien qui rapporte le gibier abattu.* 4 Coudre (une pièce séparée) sur une autre. *Veste à poches rapportées.* 5 *Rapporter un angle,* le tracer sur un support après mesure sur l'objet. 6 Donner comme produit, comme gain, comme bénéfice. ⇒ **produire, rendre.** *Placement qui rapporte 10% par an.* ➛ *Champ qui rapporte.* ⇒ **fructifier.** ➛ *Ça ne lui a rapporté que des ennuis.* ⇒ ① **causer, valoir.** 7 Venir dire, répéter (ce que l'on a appris, entendu). ⇒ **conter, relater.** « *Les journaux ont rapporté l'histoire d'un ouvrier qui vient de se faire électrocuter* » (Gide). ➛ *Paroles rapportées en style direct.* ♦ Répéter par indiscrétion, par malice (une chose de nature à nuire à qqn). ⇒ fam. **cafarder, cafter, moucharder.** « *Il rapporte, dit Zazie. C'est vilain* »(Queneau). ♦ Exposer en faisant un rapport. **II** *RAPPORTER... À* : rattacher (une chose) à une autre, par une relation logique. ⇒ **rapprocher, relier.** *Rapporter un événement à une certaine époque.* « *Tirant tout de soi seul, rapportant tout à soi* » (Lamart.). ♦ Établir un rapport numérique entre (plusieurs choses). *Rapporter des mesures à une certaine échelle.* **III** ⇒ **abroger, annuler.** *Rapporter un décret.* **IV** *SE RAPPORTER* **v. pron. 1** vx Aller avec ou ressembler à. « *Si votre ramage se rapporte à votre plumage* » (La Font.). **2** Avoir rapport à, être en relation logique avec. ⇒ **concerner.** *Tout ce qui se rapporte à lui m'intéresse* (cf. Avoir trait*). **3** *S'en rapporter à qqn (pour, au sujet de qqch.),* lui faire confiance pour décider, pour juger ou pour agir (cf. S'en remettre* à). *Je m'en rapporte à vous.* ➛ *Ils s'en sont rapportés à votre décision.* ✪ CONTR. Emporter ; garder ; taire.

rapporteur, euse **n. et adj.** – XIIIe **1** Personne qui, par indiscrétion, ou pour nuire, répète, rapporte ce qu'il conviendrait de taire. ⇒ **délateur ;** fam. **cafard, mouchard.** ➛ **adj.** *Elle est rapporteuse et sournoise.* **2 n. m.** Personne qui rend compte d'un procès au tribunal, d'un projet de loi devant une assemblée ; personne qui expose un rapport devant une commission. **3 n. m.** Instrument en forme de demi-cercle, à périmètre gradué, pour mesurer ou construire (rapporter) un angle.

rapproché, ée **adj.** – XVIe **1** Proche, voisin. « *l'étoile la plus rapprochée du globe terrestre* » (J. Verne). **2** Qui s'effectue à proximité. *Protection rapprochée d'un chef d'État.* **3** au plur. Proches l'un de l'autre. *Des sourcils très rapprochés.* **4** Qui se produit à peu d'intervalle. *Des coups de feu rapprochés.*

rapprochement **n. m.** – XVe **1** Action de rapprocher, de se rapprocher. **2** Établissement ou rétablissement d'un contact, de relations plus cordiales. ⇒ **conciliation, réconciliation.** *Une tentative de rapprochement semble s'opérer entre les deux pays.* **3** Action d'associer ou de combiner en vertu d'analogies ou de rapports. ⇒ **comparaison, parallèle.** *Rapprochement de mots.* ⇒ **alliance.** ♦ Relation perçue entre deux faits qui paraissaient appartenir à des séries distinctes. ⇒ **rapport.** *Je n'avais pas fait le rapprochement entre ces deux événements.* ⇒ **lien.** ✪ CONTR. Éloignement ; dissociation.

rapprocher **v. tr.** [1] – XIVe **I - 1** Mettre plus près de qqn, de qqch. ⇒ **approcher.** *Rapprochez votre siège, je vous entends mal. Rapprocher deux objets l'un de l'autre. Je ne peux pas te ramener, mais je vais te rapprocher* (de là où tu vas). **2** Faire approcher d'un temps, d'un état à venir. *Chaque jour nous rapproche de la mort.* **3** Disposer (des personnes) à des rapports amicaux. *Le besoin rapproche les hommes.* **4** Rattacher, associer par des rapports logiques ou analogiques, en découvrant une certaine parenté, une certaine conformité. *Ce sens est à rapprocher du précédent* **(⇒ voisin). II** *SE RAPPROCHER* **v. pron. 1** Venir plus près. « *Alors, l'homme se rapprocha* » (Duras). *Se rapprocher de son (lieu de) travail.* **2** Devenir plus proche. *L'orage se rapproche.* ♦ Devenir plus fréquent. *Ses visites se rapprochèrent.* **3** En venir à des relations plus confiantes, plus affectueuses ; se réconcilier. « *elle commença de se rapprocher de moi* » (Gide). **4** Tendre à être plus près de (un but, un principe). *Se rapprocher de son idéal.* **5** *SE RAPPROCHER DE* : présenter une conformité, une analogie, un rapport avec. « *quelques complices dont le talent intellectuel se rapproche du vôtre* » (Baudelaire). ✪ CONTR. ① Écarter, éloigner, séparer ; opposer. — Éloigner (s'), espacer (s').

rapsode ; rapsodie → **rhapsode ; rhapsodie**

rapt [Rapt] **n. m.** – mil. XIIe ; lat. *rapere* « saisir, enlever » ■ Enlèvement illégal (d'une personne). *Rapt d'enfant.* ⇒ **kidnapping.** *Les auteurs du rapt.* ⇒ **ravisseur.**

raptus [Raptys] **n. m.** – XIXe ; mot lat. ■ Impulsion violente et soudaine pouvant conduire un sujet délirant à commettre un acte grave (homicide, suicide, mutilation).

râpure **n. f.** – XIIIe ■ Ce que l'on enlève d'une substance qu'on travaille à la râpe (II). *Râpure d'ivoire.*

raquer **v. intr.** [1] – XIIIe ; d'un rad. onomat. *rakk-* ou d'un dér. roman de *radere* « raser » ■ fam. Payer. *Il faut le faire raquer.*

❑ Ce verbe s'emploie surtout à l'infinitif et au participe passé. ♦ Sans rapport étymologique avec *racket.*

raquette **n. f.** – XIVe ; ar. *râhet* « paume de la main », ou lat. *radere* « racler » **1** Instrument de forme ovale adapté à un manche et permettant de lancer une balle, un volant. *Raquette de tennis, de squash, de badminton, de ping-pong. Avoir un bon coup de raquette* : bien jouer (au tennis, au ping-pong). **2** Sorte de large semelle ovale, généralement à claire-voie, qu'on adapte aux chaussures pour marcher dans la neige sans enfoncer. **3** Oponce (cactus). ✪ HOM. Racket.

raquetteur, euse **n.** – XVIIIe ■ Personne qui se déplace sur des raquettes (2°). ✪ HOM. Racketteur.

rare **adj.** – XIIIe ; lat. **1** (généralt après le nom) Qui se rencontre peu souvent, dont il existe peu d'exemplaires. *Objet rare. Chercher une chose rare* (cf. Mouton* à cinq pattes, merle* blanc). *Pierres rares.* ⇒ **précieux.** ➛ *Livres, éditions rares.* ➛ *Mot rare,* peu usité. ♦ au plur. Peu nombreux, en petit nombre. *À de rares exceptions près. Les rares fois où... Rares sont ceux qui l'apprécient.* ➛ *L'une des rares personnes qui puisse, qui pourrait comprendre.* ⇒ **seul. 2** Qui se produit, arrive, se présente peu souvent ; peu fréquent. ⇒ **exceptionnel ; rarissime.** *Cas rares. Ces moments-là sont rares.* ♦ *Devenir, se faire rare* : se manifester moins qu'avant. « *il était froid de plus en plus : laconique aux repas, et rare dans la maison* » (Hugo). *Le gibier se fait rare dans la région* **(⇒ disparaître,** se **raréfier).** *Ses visites se font rares.* ♦ *Cela arrive, mais c'est rare. Il est rare de* (et l'inf.). *Il est rare, fort rare que* (et le subj.). *Il est rare qu'il vienne sans prévenir. C'est de plus en plus rare.* ⇒ **rarissime. 3** (souvent devant le nom) Peu commun, qui sort de l'ordinaire. ⇒ **extraordinaire, remarquable.** *Exprimer avec un rare bonheur, une rare maîtrise.* **4** Peu fourni. *Avoir le cheveu rare.* ⇒ **clairsemé.** « *la lumière rare de la cour* » (Simenon). ✪ CONTR. Abondant, commun, nombreux, ordinaire ; ① courant, fréquent ; dense, dru.

raréfaction **n. f.** – XIVe **1** Fait de se raréfier ; diminution de la densité d'un gaz et augmentation de son volume. *Raréfaction de l'air en haute montagne.* **2** Diminution dans la quantité de produits sur le marché. *La raréfaction des denrées alimentaires en temps de crise.*

raréfier **v. tr.** [7] – XIVe ; lat. *rarefacere* **1** Rendre rare (4°), moins dense ; abaisser la pression de (un fluide). ➛ pronom. *Air qui se raréfie.* **2** *SE RARÉFIER* **v. pron.** Devenir plus rare, plus difficile à trouver. *Espèce qui se raré-*

fie, en voie de disparition. ➛ Devenir moins fréquent. *Ses lettres se raréfient.* ⇒ s'**espacer.**

rarement adv. – XIIe ▪ Peu souvent. « *Elle sortait rarement, comme son mari* » (Muss.). ✪ CONTR. Fréquemment, souvent.

rareté n. f. – XIVe **1** Qualité de ce qui est rare (1°), peu commun. *Édition de la plus grande rareté.* ♦ Insuffisance d'une ressource par rapport à un besoin. *Rareté d'une denrée.* ⇒ ② **manque, pénurie. 2** Caractère de ce qui est rare (2°), se produit, arrive peu souvent. « *Tu te plains, mon cher ami, de la rareté de mes lettres* » (Gaut.). ✪ CONTR. Abondance, profusion ; fréquence.

rarissime adj. – XVIe ▪ Extrêmement rare. « *Ce nom est moins que rare dans l'usage ; – rarissime –, presque inusité* » (Valéry).

> ❑ *Rarissime* est, avec *richissime,* l'une des formations les plus usuelles en *-issime* venues de l'italien.

① **ras** n. m. – XVIIe ; lat. *ratis* ▪ Radeau servant à la réparation d'un bâtiment près de la flottaison. ✪ HOM. Raz.

② **ras** [ʀɑs] n. m. – XVIe ; mot ar. ▪ Chef éthiopien.

③ **ras, rase** adj. – XIIe ; lat. *radere* « raser » **1** Dont le poil est coupé près de la racine. *Des cheveux ras.* ➛ Dont le poil est naturellement très court. *Chien à poil ras.* ♦ Qui s'élève peu au-dessus du sol (végétation). « *Sur cette colline, l'herbe s'étendait rase* » (Loti). ♦ **adv.** Très court. *Gazon tondu ras.* **2** (dans des expr.) Plat et uni. ⇒ **égal.** ➛ *EN RASE CAMPAGNE :* en terrain découvert, plat, uni. ♦ *TABLE RASE :* l'âme, l'esprit avant qu'aucune connaissance n'y soit inscrite. ➛ loc. *Faire table rase de...,* écarter, rejeter toutes les idées, opinions, notions, conceptions... précédemment admises. *Faire table rase du passé.* **3** Rempli jusqu'au bord sans dépasser. *Une cuillerée rase de sucre.* ➛ loc. *À RAS BORD(S) :* jusqu'au(x) bord(s). *Verre rempli à ras bord.* **4** *À RAS, AU RAS DE :* au plus près de la surface de, au même niveau. *Au ras du sol. À ras de terre.* loc. fam. *Au ras des pâquerettes :* peu élevé, grossier, prosaïque. *Plaisanteries au ras des pâquerettes.* ➛ *Coupé à ras.* ♦ *Ras du cou,* se dit d'un vêtement dont l'encolure s'arrête à la naissance du cou. *Un pull-over ras du cou.* **5 adv.** loc. fam. *En avoir ras le bol* [ʀalbɔl], *ras la casquette,* (vulg.) *ras le cul :* être excédé, dégoûté (cf. En avoir assez).

> ❑ On dit *un pull ras du cou* et moins souvent *ras de cou, ras le cou.*

R.A.S. [ɛʀɑɛs] interj. – 1943 ; sigle ▪ fam. Rien à signaler (tout va bien).

rasade n. f. – XVIIe ▪ Quantité de boisson servie à ras bords. *Rasade de vin.*

rasage n. m. – XVIe **1** Opération par laquelle on rase et égalise les fibres, les poils qui dépassent d'une étoffe (velours, peluche, etc.). **2** Action de raser, de faire la barbe. ⇒ aussi **après-rasage.**

rasance n. f. – 1940 ; de *(tir) rasant* ▪ Rapport entre la hauteur de la trajectoire et celle de l'objectif.

rasant, ante adj. – XIIIe **1** Qui rase (III), passe tout près. *Lumière rasante.* ⇒ **frisant.** ➛ *Tir rasant,* dont la trajectoire est tendue et d'une hauteur voisine de celle de l'objectif. **2** fam. Qui ennuie. ⇒ **ennuyeux ; barbant, rasoir.** *Un discours, un auteur rasant.*

rascasse n. f. – XVIe ; provenç. *rasco* « teigne » ▪ Poisson *(scorpéniformes)* à grosse tête hérissée d'épines et à bouche large, qui vit dans les mers tropicales ou tempérées chaudes. ⇒ **scorpène.** « *une rascasse de deux kilos qui remue encore la queue* » (Pagnol).

rasé, ée adj. – XIIe **1** Coupé à ras. « *Sa face olivâtre où la barbe mal rasée mettait des plaques bleues* » (Sartre). **2** Dont le poil est coupé à ras. *Crâne rasé.* ➛ *Être rasé :* avoir la figure rasée, la barbe faite. *Rasé de près. Lavé et rasé de frais.* ✪ CONTR. Barbu, chevelu, ① poilu.

rase-mottes n. m. inv. – 1917 ▪ *Vol en rase-mottes,* très près du sol. *Faire du rase-mottes, un rase-mottes,* un tel vol.

> ❑ *Motte* est pris ici au sens d'« élévation de terrain, colline ».

raser v. tr. [1] – XIIe ; lat. *radere* « tondre, raser la barbe » **I - 1** Couper (le poil) au ras de la peau. ⇒ **tondre.** *Raser la barbe, les cheveux de qqn.* ➛ *Crème, mousse à raser,* que l'on passe sur la peau avant le rasoir. ➛ pronom. *Se raser :* se faire la barbe. **2** fam. Ennuyer*, fatiguer. ⇒ **assommer, barber, embêter ; rasant.** *Ça me rase d'aller les voir.* ➛ pronom. S'ennuyer. « *Comme vous devez vous raser ! Vous ne trouvez pas qu'on se bêtifie à rester* [...] *sur la plage* » (Proust). **II - 1** Abattre à ras de terre. ⇒ **démanteler, démolir, détruire.** *Tout le quartier a été rasé par un bombardement. Raser un immeuble.* **2** Mettre à ras, de niveau. ⇒ **araser.** *Raser une mesure à grains,* en ôter le trop-plein. ♦ Mettre au niveau du sol, sans remblais ni tranchées (une route, une voie de chemin de fer). **3** *Bête qui rase les oreilles,* qui les rabat. **III** Passer très près de (qqch.). *L'avion rase le sol. Balle qui rase le filet.* ➛ loc. *Raser les murs* (pour ne pas être vu) ; chercher à se dissimuler. ✪ CONTR. Intéresser. — Élever.

> ❑ Le sens d'« ennuyer » peut venir de la longueur de l'opération du rasage par le barbier et des propos inintéressants qui l'accompagnaient.

raseur, euse n. – XIVe ▪ fam. Personne qui ennuie, fatigue par des propos interminables et oiseux. ⇒ **fâcheux.** « *En voilà des raseurs, avec leurs rappels !* » (Zola).

rash [ʀaʃ] n. m. – XIXe ; mot angl. ▪ Éruption cutanée transitoire, lors de maladies fébriles (ordinairement non éruptives). ⇒ **érythème.** *Des rashs* ou *des rashes.*

rasibus [ʀɑzibys] adv. – XVe ▪ fam. À ras, tout près. *Passer rasibus.*

ras-le-bol interj. et n. m. inv. – v. 1968 ; de la loc. *en avoir ras le bol,* de *bol* « cul » en arg. **1** interj. *Ras-le-bol !* on en a assez (cf. Il y en a marre*). **2** n. m. Fait d'en avoir assez. ⇒ **dégoût.** *Un ras-le-bol général.*

rasoir n. m. – XIIe **1** Instrument à tranchant très fin servant à raser les poils. *Rasoir à main,* à lame rentrant dans le manche. « *Le rasoir pliant, un de ces anciens rasoirs à manche de nacre* » (Tournier). *Rasoir mécanique* ou *de sûreté,* à lame mince, amovible. *Rasoir électrique,* à tondeuse rotative ou à va-et-vient. *Rasoir jetable. Lames de rasoir.* ➛ *Le feu du rasoir,* l'irritation du rasage. ➛ *Coupe de cheveux au rasoir.* **2** adj. inv. fam. Ennuyeux, assommant. ⇒ **rasant.** *Une conférence rasoir.* « *Danville était bien rasoir, ce soir,* [...] *avec sa réforme orthographique* » (Léautaud).

rassasié, iée adj. – XVIe ▪ Repu. *Des convives rassasiés.* ♦ Dont les aspirations sont totalement satisfaites (spécialt jusqu'au dégoût). ⇒ **assouvi, comblé, saturé.** « *ils sont rassasiés, blasés, usés, inaccessibles* » (Gaut.). ✪ CONTR. Affamé. Avide.

rassasiement n. m. – XIVe ▪ État d'une personne rassasiée ; fait d'être rassasié (de qqch.). ♦ Satisfaction qui va jusqu'à la satiété (spécialt jusqu'au dégoût).

rassasier v. tr. [7] – XIIe ; de *re-* et a. fr. *assasier,* du lat. *satis* « assez » **1** Satisfaire entièrement la faim de (qqn). ➛ pronom. « *ils tiraient à eux les morceaux de viande, et se rassasiaient* » (Flaub.). **2** Satisfaire pleinement les désirs, les aspirations, les passions de (qqn). « *Heureux ceux* *qui ont faim et soif de justice, car ils seront rassasiés* » (BIBLE). ➝ pronom. « *L'âme se rassasie de tout ce qui est uniforme, même du bonheur parfait* » (Stendh.). ✪ CONTR. Affamer.

rassemblé, ée adj. – XVIIe ▪ Groupé avec ; (au plur.) groupés ensemble. « *une trentaine de personnes rassemblées sur le bord de la chaussée.* [...] *La rafle* » (Aragon). ♦ *Hommes rassemblés autour d'une idée.*

rassemblement n. m. – XVe **1** Action de rassembler des choses dispersées. *Procéder au rassemblement des matériaux nécessaires à une œuvre.* **2** Fait de se rassembler, de se réunir pour former un groupe ; le groupe ainsi formé. *Disperser un rassemblement.* ⇒ **attroupement. 3** Action de rassembler des troupes ; sonnerie de clairon ou de trompette par laquelle on ordonne cette manœuvre. *Faites sonner le rassemblement. Rassemblement !* **4** Union pour une action commune. *Rassemblement des partis d'opposition.* ♦ Parti politique qui groupe diverses tendances. *Rassemblement pour la République (R.P.R.).* ✪ CONTR. Dispersion.

rassembler v. tr. [1] – XIIe **1** Assembler de nouveau (des personnes séparées). Faire venir au même endroit (des personnes). *Général qui rassemble ses troupes avant l'attaque.* ➝ Recruter, réunir pour une action commune. *Il faut rassembler l'opposition.* ♦ pronom. ⇒ s'**assembler.** *La foule se rassemble sur la place.* **2** Mettre ensemble (des choses concrètes). *Rassembler ses affaires avant de partir. Les conditions sont rassemblées pour...* ⇒ **réunir. 3** Faire appel avec effort à (ses facultés) pour s'en servir. *Rassembler des souvenirs. Rassembler ses esprits :* reprendre sa lucidité, son sang-froid. ➝ *Rassembler son courage.* **4** *Rassembler son cheval,* le tenir de manière à le préparer aux mouvements qu'on veut lui faire exécuter. « *Après avoir rassemblé son cheval, il se rendit d'un pas tranquille devant la maison du juge* » (J. Verne). ✪ CONTR. Disloquer, disperser, disséminer, éparpiller, fragmenter.

rassembleur, euse n. – XIXe ▪ Personne qui sait réunir des gens pour une action commune. *Son autorité et son charisme font de lui un grand rassembleur.*

rasseoir (se) [RaswaR] v. pron. [26] – déb. XIIe ▪ S'asseoir de nouveau. *Il s'est levé, puis s'est rassis aussitôt.* « *Elle titubait un tout petit peu, elle se rassoyait* » (Céline). ➝ *Faire rasseoir qqn.*

rasséréné, ée adj. – XVIIe ▪ Calmé, redevenu serein. « *fidèle au poste, rasséréné, rasé de frais, satisfait de lui et des autres* » (Courtel.).

rasséréner v. tr. [6] – XVIe ; de *re-* et *serein* ▪ Ramener au calme, à la sérénité. ⇒ **apaiser, calmer, rassurer, tranquilliser.** *Cette bonne nouvelle l'a rasséréné.* ➝ pronom. Redevenir calme. *Son visage s'est rasséréné.* ✪ CONTR. Agiter, inquiéter, troubler.

❑ On entend souvent la faute *rassénérer* (par influence de *dégénérer, exonérer, rémunérer,* etc.) ; pour l'éviter, penser à *sérénité.*

rassir v. [2] – 1949 **1** v. intr. Devenir rassis. *Ce pain commence à rassir.* **2** v. pron. *Le pain s'est rassis.*

rassis, ise adj. – XIIe ; de *rasseoir* « rester sans bouger » **1** En parlant du pain, de pâtisseries, Qui n'est plus frais, sans être encore dur. *Du pain rassis.* ♦ *Viande rassise,* d'un animal tué quelques jours auparavant. **2** Pondéré, réfléchi. *Un esprit rassis.* ✪ CONTR. ① Frais. Impulsif.

❑ Pour le pain et les pâtisseries, le féminin *rassise* est inusité ; on dit *rassie. Une baguette, une brioche, une tarte rassie.*

rassurant, ante adj. – XVIIIe ▪ De nature à rassurer, à redonner confiance. *Nouvelles rassurantes.* ➝ *Un individu peu rassurant,* inquiétant. ✪ CONTR. Alarmant, effrayant, menaçant.

rassuré, ée adj. – XVIe ▪ Tranquillisé. *Je n'étais pas rassuré :* j'avais peur. ✪ CONTR. Apeuré.

rassurer v. tr. [1] – XIIe ; de *re-* et *assurer* ▪ Rendre la confiance, la tranquillité d'esprit à (qqn). ⇒ **sécuriser, tranquilliser.** *Le médecin l'a rassuré.* « *Rien ne rassure plus que de savoir qu'on peut rassurer* » (Caillois). ♦ *SE RASSURER* v. pron. Se libérer de ses craintes, cesser d'avoir peur. *J'essayais de me rassurer.* ➝ *Rassurez-vous, je ne vais pas vous faire un discours,* n'ayez crainte. ✪ CONTR. Alarmer, effrayer, inquiéter, terrifier.

① **rasta** → **rastafari**

② **rasta** → **rastaquouère**

rastafari n. et adj. – 1978 ; de *ras* (→ ② ras) *Tafari,* nom du négus Hailé Sélassié Membre d'une secte messianique d'origine jamaïcaine. ➝ Adepte du retour culturel à l'Afrique et de la musique reggae. ➝ abrév. fam. *RASTA.*

rastaquouère [Rastakwɛr] n. m. et adj. – XIXe ; esp. d'Amérique *rastracuero* « traîne-cuir », désignant des parvenus ▪ fam. et péj. Étranger aux allures voyantes, affichant une richesse suspecte. « *C'est un rastaquouère !* [...] *Un chevalier d'industrie, un aventurier !* » (Duham.). ➝ abrév. fam. *RASTA.*

rastel n. m. – XIXe ; mot provenç. ▪ région. (Midi) Réunion de gens qu'on invite à boire.

rat n. m. – XIIe ; p.-ê. de l'all. *ratt-,* onomat. du bruit du rat qui grignote **1** Petit mammifère rongeur *(muridés)* à museau pointu et à longue queue, répandu sur tout le globe, vorace et prolifique. *Être mordu par un rat.* « *l'agitation que provoquait son arrivée parmi les rats, les souris et autres bestioles* » (Queneau). ➝ *Détruire les rats.* ⇒ **dératiser ; mort-aux-rats, raticide.** *Piège à rats.* ⇒ **ratière.** ♦ Mâle adulte de l'espèce « rat ». ♦ loc. *Être fait comme un rat :* être pris au piège. *Les rats quittent le navire,* se dit de gens qui quittent un lieu, une société, dès que la situation devient dangereuse. ➝ fam. *S'ennuyer comme un rat mort,* beaucoup. **2** Nom donné couramment à d'autres muridés, à certains animaux ressemblant au rat. ⇒ **hamster ; ondatra ; ragondin ; xérus. 3** Personne avare, pingre. *C'est un rat.* **4** *RAT D'HÔTEL :* personne qui s'introduit dans les chambres d'hôtel pour dévaliser les clients. « *il ne se distinguait plus d'un rat d'hôtel que par son camélia* » (Giraud.). **5** *Petit rat de l'Opéra :* jeune danseuse, jeune danseur, élève de la classe de danse de l'Opéra, employé dans la figuration.

rata n. m. – XIXe ; abrév. de *ratatouille* ▪ fam. Mauvaise nourriture mal préparée.

❑ À l'origine terme d'argot militaire, *rata* désignait le mauvais ragoût servi aux soldats.

ratafia n. m. – XVIIe ; p.-ê. du créole, altér. possible de *rectifier* ou du lat. *rata fiat* « que le marché soit conclu » ▪ Liqueur obtenue par macération d'ingrédients divers dans l'eau-de-vie additionnée de sucre.

ratage n. m. – XIXe ▪ Échec. *Ces amis* « *eussent été impitoyables devant un ratage* » (Mauriac). ✪ CONTR. Succès.

rataplan → **rantanplan**

ratatiné, ée adj. – XVIIe **1** Rapetissé et déformé. ⇒ **rabougri.** *Un* « *malade dans son cocon de draps et de couvertures, ratatiné et grelottant* » (Giono). **2** fam. Démoli, fichu. *Nous l'avons échappé belle, mais la voiture est complètement ratatinée.* ✪ CONTR. Élancé, épanoui.

ratatiner v. tr. [1] – XVIe ; p.-ê. gallo-roman *tacticare* **1** Rapetisser, réduire la taille de (qqn) en déformant. « *Quel* *travail a pu le ratatiner ainsi ?* » (Balz.). 2 fam. *Se faire ratatiner* : se faire battre, écraser (au jeu, dans une compétition). ♦ Casser, démolir. 3 *SE RATATINER* v. pron. Se contracter, se réduire en se déformant. *Pomme tombée qui se ratatine. Vieillard qui se ratatine.* ♦ Se recroqueviller « *on se ratatine pour se soustraire au danger* » (Chateaub.).

ratatouille n. f. – XVIIIe ; de *touiller* 1 Mélange culinaire de courgettes, de tomates, d'aubergines, de poivrons et d'oignons, cuits à l'huile d'olive. 2 fam. Volée de coups. *Prendre une ratatouille.*

> ❑ À l'origine, *ratatouille* désignait un mauvais ragoût grossier ; l'abréviation familière, *rata*, est toujours vivante.

① **rate** n. f. – XIIe ■ Femelle du rat.

> ❑ Le mot est parfois écrit *ratte*. Des « *membres d'une autre académie qui trouvent incommode que la rate, femelle du rat, ne prenne qu'un T, tout comme le viscère* » (Mauriac).

② **rate** n. f. – XIIe ; p.-ê. néerl. *râte* « rayon de miel » ■ Organe lymphoïde du système réticuloendothélial, situé sous la partie gauche du diaphragme, et constitué par une pulpe rouge gorgée de sang parsemée de nodules blancs (follicules lymphoïdes) (⇒ **splénique**). *Fonction de la rate dans la production de l'hémoglobine, des pigments biliaires, des anticorps.* ➝ fam. *Dilater la rate* : faire rire. « *J'aime à rire et j'ai la rate qui va en éclater* » (Vallès).

raté, ée n. – XIXe **I** n. m. 1 Le fait de rater (en parlant d'une arme à feu) ; coup qui ne part pas. 2 Bruit anormal révélant le mauvais fonctionnement d'un moteur à explosion. *Moteur qui a des ratés.* « *il y eut un autre bruit, comme un raté de moteur ou l'éclatement d'un pneu* » (Simenon). ♦ Déficience dans le fonctionnement d'un système. **II** n. Personne qui a raté sa vie, sa carrière. ⇒ **loser.**

râteau n. m. – XIIe ; lat. *rastrum* 1 Instrument agricole ou de jardinage, traverse munie de dents et ajustée en son milieu à un long manche qui sert à ramasser les feuilles, des herbes, etc. (⇒ **ratisser**). 2 Pièce munie de dents séparées. *Râteau de métier à tisser.* 3 Instrument sans dents, servant à racler, à ramasser. *Râteau de charbonnier.* ➝ Raclette à manche avec laquelle le croupier ramasse les mises, les jetons sur les tables de jeu. « *les râteaux des croupiers qui étaient deux, assis l'un en face de l'autre* » (Romains).

> ❑ Attention, *ratisser* et *ratissage* ne prennent pas d'accent circonflexe.

ratel n. m. – XIXe ; de *rat* ■ Mammifère carnivore, sorte de blaireau, très friand de miel.

râteleuse n. f. – XVIe ■ Machine à râteler.

râtelier n. m. – XIIIe 1 Assemblage de barreaux parallèles, incliné contre le mur (d'une étable, d'une écurie, d'une bergerie) qui sert à recevoir le fourrage du bétail. ♦ loc. fig. *Manger à tous les râteliers* : tirer profit de tous les aspects d'une situation, même en servant des intérêts opposés. 2 *Râtelier d'armes* : double étagère à encoches où l'on range des fusils. ➝ *Râtelier d'établi, de menuisier* : tringle parallèle à l'établi où l'on place les outils à manche. ➝ *Râtelier à pipes* : planchette percée de trous où l'on range les pipes. 3 fam. Dentier. *Porter un râtelier.*

rater v. [1] – XVIIe ; de *rat* **I** v. intr. 1 Ne pas partir (en parlant du coup d'une arme à feu). *Le coup a raté.* 2 Échouer. *L'affaire a raté.* ⇒ fam. **foirer.** ➝ fam. *Ça n'a pas raté !* c'était inévitable, prévisible. **II** v. tr. 1 Ne pas atteindre (ce que l'on visait). ⇒ fam. **louper.** *Chasseur qui rate un lièvre.* ⇒ **manquer.** *Raté !* ➝ *Rater une balle au tennis.* ➝ *Rater son train*, arriver trop tard, après son départ. ➝ *Rater qqn*, ne pas réussir à le rencontrer. « *Comme je serais désolé de vous rater* » (Flaub.). pronom. *Ils se sont ratés de peu.* ➝ *Je ne le raterai pas !* il aura le châtiment qu'il mérite. *Il ne l'a pas raté* : il l'a remis en place comme il le fallait. 2 Ne pas profiter de. *Rater le début du spectacle.* fam. et iron. *Il n'en rate pas une* : il n'arrête pas de faire des maladresses. 3 Ne pas réussir, ne pas mener à bien. *Rater son coup. Rater un examen. Photos ratées.* ➝ *Rater sa vie* : ne pas réussir comme on l'espérait. *Un écrivain raté.* **III** v. pron. *SE RATER.* fam. Échouer en essayant de se suicider. ✪ CONTR. Atteindre, obtenir, réussir.

ratiboiser v. tr. [1] – XIXe ; de *ratisser* et a. fr. dial. *emboiser* « tromper », d'o. germ. ■ fam. 1 Rafler au jeu. Prendre, voler. *Ils m'ont ratiboisé dix mille francs.* 2 Ruiner (qqn) au jeu. ♦ Perdre, ruiner (qqn) dans sa santé, sa situation. « *Plus on est bon, plus on est vite ratiboisé* » (Giono). 3 Couper très court les cheveux de (qqn).

raticide n. m. – v. 1965 ■ Produit utilisé pour détruire les rats. ⇒ **mort-aux-rats.**

ratier [ʀatje] n. m. et adj. m. – XIVe ■ Chien qui chasse les rats. ➝ adj. *Un chien ratier.*

ratière [ʀatjɛʀ] n. f. – XIVe ■ Piège à rats. ⇒ **souricière.**

ratification n. f. – XIVe ■ Action de ratifier. ⇒ **confirmation, homologation.** ➝ Confirmation par laquelle une personne rend valable un acte qu'elle sait entaché d'un vice en manifestant l'intention de le réparer. *Ratification de vente.* ♦ Approbation*, accord formel d'un organe (politique, administratif). ➝ Acte par lequel la procédure de conclusion d'un traité international est close. *La ratification du traité de Maastricht.* ✪ CONTR. Annulation.

ratifier v. tr. [7] – XIIIe ; lat. *ratum facere* « ratifier » ■ Approuver ou confirmer. ⇒ **entériner, homologuer.** « *Le Président de la République négocie et ratifie les traités* » (CONSTIT. 1958). ✪ CONTR. Abroger, annuler, démentir.

ratinage n. m. – XIXe ■ Action de friser certains draps.

ratine n. f. – XIIIe ; a. fr. *rater* « racler » ■ Tissu de laine épais, cardé, dont le poil est tiré en dehors et frisé. « *il palpe avec amour une ratine souple* » (Maurois).

ratiner v. tr. [1] – XVIIIe ■ Soumettre (un drap, une étoffe) à l'opération du ratinage.

rating [ʀatiŋ, ʀetiŋ] n. m. – 1960 ; mot angl. « évaluation » 1 Indice répartissant les yachts en plusieurs classes, d'après leurs caractéristiques techniques. *Un rating de 60 pieds.* 2 Indice qui classe les entreprises en fonction de leur solvabilité.

ratio [ʀasjo] n. m. – 1951 ; mot lat. ■ Rapport de deux grandeurs, dont on attribue une signification particulière à certaines valeurs. ⇒ **coefficient.** *Ratio d'endettement.* ✪ HOM. Raciaux (racial).

> ❑ Ce mot a été utilisé en anglais, en mathématiques, dès 1660.

ratiocination n. f. – XVe ■ littér. Action de ratiociner ; argument ou raisonnement vain et exagérément subtil. ⇒ **argutie.** « *Où l'on souhaite de la musique, on trouve de l'éloquence et de la ratiocination* » (Gide).

ratiociner v. intr. [1] – XVIe ; lat. *ratio* « calcul, compte » ■ littér. Se perdre en raisonnements, en discussions interminables. ⇒ **ergoter, subtiliser.** « *Il aimait à ratiociner sur ses fautes* » (Mart. du G.).

> ❑ Le *ti* de *ratiociner* et de ses dérivés se prononce [si], comme dans *ration* (de même étymologie). La faute de prononciation avec le son [t] est très fréquente.

ratiocineur, euse n. – XVIe ▪ littér. Personne qui se plaît à ratiociner. ⇒ **ergoteur.**

ration n. f. – XIIIe ; lat. *ratio* « compte, évaluation » 1 Portion journalière (de vivres) distribuée à chaque homme, dans l'armée. 2 Quantité (d'aliments) qui revient à un homme, à un animal pendant une journée. *Une maigre ration. Rations imposées en temps de guerre.* ⇒ **rationnement, restriction.** 3 *Ration alimentaire* : quantité et nature des aliments nécessaires à un organisme pour son alimentation rationnelle de vingt-quatre heures. 4 *Ration de...*, quantité due ou exigée (souvent iron.). *Recevoir sa ration de coups.* ⇒ **dose, lot, ① part.** « *chaque Français recevait sa ration de haine et son soufflet* » (Camus).

rational, aux n. m. – XIIe ; lat. 1 Pièce d'étoffe ornée de pierreries que le grand prêtre des Hébreux portait sur la poitrine. ⇒ **pectoral.** « *le rational étincelait sur sa poitrine* » (Nerval). 2 Titre de certains ouvrages de liturgie.

rationalisation n. f. – 1912 ▪ Action de rationaliser ; son résultat. ➛ Organisation d'une activité, afin d'adapter efficacement les moyens aux objectifs poursuivis. *Rationalisation du travail.* ➛ *Rationalisation des choix budgétaires* : ensemble des procédures de calcul économique utilisées en finance publique pour optimiser les dépenses publiques. ♦ Justification consciente et rationnelle d'une conduite inspirée par des motivations inconscientes.

rationaliser v. tr. [1] – XIXe 1 Rendre rationnel, conforme à la raison. « *On rationalisa de plus en plus les problèmes artistiques* » (Malraux). 2 Organiser de manière rationnelle. *Rationaliser le travail.* 3 Justifier (une conduite) par des motifs rationnels. *Il essaie de rationaliser son geste.*

rationalisme n. m. – XIXe 1 Doctrine selon laquelle tout ce qui existe a sa raison d'être et peut donc être considéré comme intelligible. ♦ Doctrine selon laquelle toute connaissance certaine vient de la raison. 2 Croyance et confiance dans la raison, dans la connaissance naturelle (opposé à *mysticisme, révélation religieuse*). ♦ Tournure d'esprit de celui qui n'accorde de valeur qu'à la raison. 3 Doctrine selon laquelle on ne doit admettre en matière religieuse que ce qui est conforme à la raison naturelle et saisissable par elle. ✪ CONTR. Empirisme, fidéisme.

> ❏ Un seul *n* dans *rationalisme* et deux dans *rationnel*, de même que dans le couple *traditionnel / traditionalisme* ; mais *fonctionnel* et *fonctionnalisme* prennent deux *n*.

rationaliste adj. et n. – XVIe ▪ Relatif au rationalisme. ♦ Qui professe le rationalisme. *Philosophie rationaliste.* ➛ n. *Les rationalistes.*

rationalité n. f. – XIXe ▪ Caractère de ce qui obéit aux lois de la raison, peut être connu ou expliqué par la raison. ➛ Caractère de ce qui est raisonnable, qui semble fait avec bon sens. *Rationalité d'une décision.*

rationnel, elle adj. et n. m. – XIIe ; lat. *ratio* « raison » **I - 1** Qui appartient à la raison, relève de la raison. *Activité rationnelle.* ⇒ **raisonnement.** *Attitudes rationnelles et attitudes passionnelles.* ♦ Qui provient de la raison et non de l'expérience. « *les lois de la mécanique rationnelle* » (J. Verne). 2 Conforme à la raison, au bon sens. ⇒ **raisonnable, sensé ; judicieux.** *Comportement rationnel.* ♦ Fait avec méthode, élaboré après réflexion dans le souci d'un gain d'efficacité. *Organisation rationnelle du travail.* ⇒ **rationalisation.** ♦ Qui raisonne avec justesse. *Esprit rationnel.* ⇒ **② logique.** 3 n. m. Ce qui est conforme à la raison. **II** *Entier rationnel* : nombre entier, positif ou négatif. ⇒ **relatif.** *Nombre rationnel* (opposé à *incommensurable* et à *transcendant*), qui peut être mis sous la forme d'un rapport entre deux nombres entiers. ✪ CONTR. Empirique, irrationnel, passionné ; déraisonnable. Mystique.

> ❏ *Rationnel* n'est pas l'adjectif correspondant à *ration*, mais celui de *raison* à côté de *raisonnable*.

rationnellement adv. – XIXe ▪ D'une manière rationnelle. « *des engrais abondants et rationnellement distribués* » (Cendrars). ➛ Avec bon sens. ⇒ **raisonnablement.**

rationnement n. m. – XIXe ▪ Action de rationner ; son résultat. « *Le rationnement de la viande a commencé aujourd'hui* » (Hugo).

rationner v. tr. [1] – XVIIIe 1 Distribuer des rations déterminées et limitées de (qqch.). *Rationner l'eau.* 2 Mettre (qqn) à la ration, soumettre au rationnement. *Rationner les automobilistes en carburant.* ♦ Mesurer la nourriture à (qqn). ➛ pronom. *Se rationner* : s'imposer un régime restrictif.

ratissage n. m. – XVIe 1 Action de ratisser. *Ratissage d'une allée.* 2 Action de ratisser (3°) ; fouille méthodique d'un lieu par la police.

ratisser v. tr. [1] – XIVe ; lat. *radere* « racler », avec infl. de *râteau* 1 Nettoyer à l'aide d'un râteau, passer un râteau sur. ♦ Recueillir, ramasser à l'aide d'un râteau. ♦ loc. fam. *Ratisser large* : réunir le plus d'éléments possible, quitte à dépasser un peu l'objet de sa recherche. *Parti politique qui ratisse large.* 2 fam. Prendre tout son argent à (qqn). ⇒ **ratiboiser, ruiner.** « *Un monsieur très bien, qu'elle avait ratissé jusqu'au dernier centime* » (Proust). 3 *Ratisser le terrain* : fouiller méthodiquement une zone de terrain. *La police a ratissé tout le quartier.*

ratissoire n. f. – XVIe ▪ Outil de jardinage servant à faire de légers sarclages et binages.

ratites n. m. pl. – XIXe ; lat. *ratis* « radeau » ▪ Ensemble des oiseaux coureurs dont le sternum est dépourvu de bréchet (autruche, émeu, kiwi, etc.).

raton n. m. – XIIIe 1 Jeune rat. 2 *Raton laveur* : mammifère carnivore d'Amérique qui ressemble au blaireau par le pelage et la taille. ➛ (Canada) Chat sauvage. 3 fam. et péj. (injure raciste) Maghrébin.

> ❏ Le *raton laveur* est appelé ainsi parce qu'il lave ses aliments avant de les absorber.

ratonnade n. f. – v. 1955 ▪ Expédition punitive ou brutalités exercées par des Européens contre des Maghrébins. ➛ Brutalités commises contre un groupe ethnique ou social.

rattachement n. m. – XIXe ▪ Action de rattacher ; fait d'être rattaché, de se rattacher. ⇒ **annexion, réunion.** ✪ CONTR. Détachement.

rattacher v. tr. [1] – XIIe 1 Attacher de nouveau. *Rattacher ses lacets.* ⇒ **renouer.** 2 Attacher (I), lier entre eux (des objets). *Rattacher un fil électrique à un circuit.* ⇒ **relier.** ➛ fig. Constituer une attache, un rapport affectif pour. « *Il demeurait le dernier lien qui le rattachait à la vie des autres* » (Zola). ♦ pronom. *Une grille servait « de motif à un marteau qui s'y rattachait par un anneau »* (Balz.). 3 Attacher, lier à une chose principale, faire dépendre de qqch. ⇒ **relier.** ➛ *Cette personne, ce service est rattaché à la direction générale. Rattacher une province à un État.* ⇒ **incorporer.** ♦ pronom. Être en relation (avec qqch.). ⇒ **① dépendre.** *Tout ce qui se rattache à une question.* ✪ CONTR. ① Détacher.

① **ratte** → ① **rate**

② **ratte** n. f. – XIXe ; de ① *rate* par anal. de forme Pomme de terre allongée à chair jaune, fine et savoureuse. *La ratte du Touquet.*

rattrapable adj. – 1951 ▪ Qu'on peut rattraper. *Heures rattrapables.* ⇒ **récupérable.** *Erreur rattrapable.* ✪ CONTR. Irrattrapable.

rattrapage n. m. – XIXe ▪ Action de rattraper, de se rattraper. ♦ *Cours, classe de rattrapage,* destinés à remettre au niveau d'instruction de leur âge les enfants en retard scolaire. ⇒ **soutien.** ♦ *Rattrapage des prix, des salaires* (par rapport au coût de la vie). ⇒ **rajustement.**

rattraper v. tr. [1] – XIIIe **I** - 1 Attraper de nouveau (ce que l'on avait laissé échapper). ⇒ **reprendre.** *Rattraper un prisonnier évadé.* 2 Attraper (qqn, qqch. qui allait tomber, s'en aller). *Rattraper un chapeau qui s'envole.* ♦ Réparer (une imprudence, une erreur). « *ne sachant comment rattraper ses violences* » (Zola). 3 S'activer pour compenser (une perte de temps). ➛ *Rattraper un cours qu'on a manqué.* ♦ Réussir à faire correctement (une chose qui avait d'abord échoué). 4 Rejoindre (qqn ou qqch. qui a de l'avance). ⇒ **atteindre.** **II** *SE RATTRAPER* v. pron. 1 Se raccrocher. *Se rattraper à une branche dans une chute.* ➛ *Il s'est rattrapé de justesse :* il a réparé sa maladresse. 2 Regagner l'argent qu'on a perdu. ♦ Regagner le temps perdu. ➛ Combler son retard, pallier une insuffisance. « *si on loupait la physique, on pouvait se rattraper avec les sciences nat. ou la philo* » (Sartre).

raturage n. m. – XIXe ▪ Action de raturer, de biffer.

rature n. f. – XIIe ; probablt lat. *radere* « racler » ▪ Trait que l'on tire sur un ou plusieurs mots pour les annuler ou les remplacer. ⇒ **biffure, suppression.** *Manuscrit surchargé de ratures.*

raturer v. tr. [1] – XIVe ▪ Annuler, ou corriger par des ratures. ⇒ **barrer, biffer, rayer.** ➛ « *Mes manuscrits raturés, barbouillés, et même indéchiffrables* » (Rouss.).

❑ Différence de sens avec *rayer, barrer.* → barrer (rem.).

raucheur n. m. – XIXe ; o. i. ▪ Ouvrier mineur chargé du boisage des galeries.

raucité n. f. – XIVe ▪ littér. Caractère d'une voix rauque. *L'émotion* « *rendit sa voix encore plus prenante dans sa douce et blessante raucité* » (Tournier).

rauque adj. – XIIIe ; lat. *raucus* ▪ Se dit d'une voix rude et âpre, produisant des sons voilés (⇒ **raucité).** *Toux rauque.* « *le souffle rauque des éléphants* » (Flaub.). ✪ CONTR. Clair.

rauquer v. intr. [1] – XVIIIe ▪ rare Crier (tigre). ⇒ **feuler.**

rauwolfia [rovɔlfja] n. m. – XIXe, de *Rauwolf,* botaniste all. ▪ Arbre ou arbuste *(apocynacées)* originaire d'Inde et d'Indonésie, dont les racines contiennent des alcaloïdes à propriétés sédatives et hypotensives (⇒ **réserpine).**

ravage n. m. – XIVe ; de *ravir* 1 Destruction causée par les forces de la nature ou humaines. *Les ravages du feu, d'une inondation. De terribles ravages.* ⇒ **dévastation.** *Les pillards ont fait des ravages.* ➛ *Épidémie qui fait des ravages dans une population* 2 Détérioration subie par le corps. ➛ *Les ravages de la maladie, de la drogue.* ➛ Dégâts psychologiques. « *Les peines doivent produire sur l'âme de l'homme les mêmes ravages que l'extrême douleur cause dans son corps* » (Balz.). ➛ loc. fam. *Faire des ravages :* se faire aimer et faire souffrir.

ravagé, ée adj. – XVIIe 1 Endommagé, détruit par une action violente. *Pays ravagé.* ⇒ **dévasté, saccagé.** « *Les vilaines odeurs des jardins ravagés* » (Rimb.). 2 Marqué, flétri (par le temps, la maladie, etc.). *Visage ravagé de rides.* 3 Rempli d'une émotion violente. *Le père* « *ravagé de remords* » (Mart. du G.). ➛ *Ravagé par la passion du jeu.* ♦ fam. Fou. *Il est complètement ravagé !*

ravager v. tr. [3] – XIVe 1 Endommager gravement ou détruire par une action violente. ⇒ **dévaster, saccager.** *La guerre a ravagé la contrée.* 2 Endommager gravement, détruire (en parlant des forces naturelles). *Grêle, sauterelles qui ravagent les récoltes.* ⇒ **anéantir, ruiner.** *Tremblement de terre qui ravage toute une région.* ♦ « *La famine ravagea tout le monde depuis l'Orient* » (Michelet). 3 Apporter de graves perturbations physiques ou morales à. ✪ CONTR. Épargner.

ravageur, euse adj. et n. – XVIe 1 Qui détruit, ravage, saccage. ⇒ **destructeur, pillard, saccageur.** ➛ n. m. *Les ravageurs des cultures :* oiseaux, rongeurs, insectes, parasites... 2 Qui ravage. *Passion ravageuse,* qui fait souffrir. ⇒ **dévastateur.** ➛ *Un sourire ravageur,* qui fait des ravages dans les cœurs.

ravalement n. m. – XVe 1 Nettoyage, remise en état de la partie extérieure des murs. *Ravalement et peinture d'une façade.* 2 Opération consistant à sectionner les branches de charpente des arbres à une faible distance du tronc.

ravaler v. tr. [1] – XIIe ; de *re-* et *avaler* « descendre » **I** - 1 Nettoyer, remettre en état (un mur, un ouvrage de maçonnerie). *Ravaler un mur en grattant l'ancien enduit, en nettoyant la pierre, en recrépissant* (⇒ **crépir).** *Ravaler un immeuble.* 2 Diminuer (une chose) en hauteur ou en épaisseur. ♦ Faire le ravalement* de (un arbre). ⇒ **tailler.** 3 Abaisser, déprécier. « *la partie animale Dont l'appétit grossier aux bêtes nous ravale* » (Mol.). ♦ *SE RAVALER* v. pron. S'abaisser, s'avilir moralement, socialement, etc. **II** Avaler de nouveau, avaler (ce que l'on a dans la bouche). *Ravaler sa salive.* loc. fam. *Je lui ferai ravaler ses paroles,* je l'obligerai à les rétracter. ♦ Retenir (ce qu'on allait dire). *Ravaler une boutade.* ➛ Empêcher de s'exprimer. *Ravaler sa colère.*

ravaleur n. m. – XVe ▪ Ouvrier, maçon ou peintre qui travaille au ravalement d'un mur, d'une construction.

ravaudage n. m. – XVIe 1 Action de ravauder ; son résultat. ⇒ **raccommodage, rapiéçage, reprise.** *Faire du ravaudage.* 2 Travail grossier, réparation sommaire (⇒ **rafistolage).**

ravauder v. tr. [1] – XVIe ; de *ravault* « diminution de valeur » ▪ vieilli Raccommoder à l'aiguille. ⇒ **rapiécer, repriser.**

ravaudeur, euse n. – XVIe ▪ Personne qui ravaude. ⇒ **raccommodeur,** ① **stoppeur.**

rave n. f. – XIIIe ; lat. *rapum* ▪ Plante potagère cultivée pour sa racine comestible ou oléagineuse. *Bette* ou *blette rave.* ⇒ **betterave.** *Céleri-rave.* ♦ Plante crucifère cultivée pour ses racines. ⇒ **chou-rave, navet, radis, rutabaga.** ➛ Radis sauvage. ⇒ **raiponce.**

ravenala [Ravenala] n. m. – XVIIIe ; mot malgache « feuille de la forêt » ▪ Arbre de Madagascar *(musacées),* voisin du bananier, dont une espèce, qui recueille les eaux de pluie à la base de ses feuilles, est appelée *arbre du voyageur.*

ravenelle n. f. – XVe ; lat. *raphanus* ▪ Giroflée commune des jardins. ➛ Radis sauvage.

ravi, ie adj. – XIIIe ▪ Qui est très content, heureux. ⇒ **comblé, enchanté.** « *J'étais ravi qu'on eût en moi cette confiance* » (Fén.). *Ravi de vous connaître. Un air ravi.* ⇒ **épanoui, radieux, rayonnant.** ✪ CONTR. ① Chagrin, navré.

ravier n. m. – XIXe ; lat. *raphanus* « radis noir » ▪ Petit plat creux, en général oblong, dans lequel on sert un hors-d'œuvre. ➛ Contenu de ce plat. *Un ravier de radis.*

ravière n. f. – XVIe ▪ Terrain où l'on cultive des raves.

ravigotant, ante adj. – XVIIIe ▪ fam. Qui ravigote. *Un petit froid sec ravigotant.*

ravigote n. f. – XVIIIe ; de *ravigoter* ▪ Vinaigrette mêlée d'œufs durs pilés et relevée de fines herbes. Appos. *Sauce ravigote. Tête de veau ravigote.*

ravigoter v. tr. [1] – XIIIe ; altér. probable de *ravigorer* « réconforter » → revigorer ▪ fam. Rendre plus vigoureux, redonner de la force à. ⇒ **revigorer.** *Boisson qui ravigote un malade.* ➝ *Un petit vin qui ravigote et redonne de l'appétit.*

ravin n. m. – XVIIe ; de *raviner* ▪ Petite vallée étroite à versants raides. « *Le ravin était là, inattendu, béant, à pic* » (Hugo).

ravine n. f. – XIIe ; lat. *rapina* → rapine ▪ Petit ravin ; lit encaissé d'un ruisseau, d'un torrent. « *une longue ravine par laquelle les eaux de la forêt tombaient dans la douve* » (Balz.).

ravinement n. m. – XIXe **1** Formation de sillons dans le sol par les eaux de ruissellement. ⇒ **érosion.** **2** Sillons laissés par le passage des eaux de ruissellement. *Ravinements d'un remblai.*

raviner v. tr. [1] – XIIe **1** Creuser (le sol, la terre) de sillons, emporter (la terre) par endroits, en parlant des eaux de ruissellement. ⇒ **éroder.** **2** Marquer de rides profondes (le visage). ➝ « *Les larmes avaient surtout raviné la figure d'Hubert* » (Mauriac).

raviole n. f. – XIVe ▪ Petit carré de pâte renfermant une farce, et que l'on cuit à l'eau.

ravioli n. m. – XVIIIe ; mot it., lat. *rapum* « rave » ▪ Petit carré de pâte renfermant de la viande hachée ou des légumes, que l'on fait cuire à l'eau. *Des raviolis.*

❑ Le pluriel de ce mot est désormais francisé *(des raviolis)*, bien que *ravioli* représente le pluriel en italien. Même cas pour *graffiti, lazzi, paparazzi,* etc.

ravir v. tr. [2] – XIIe ; lat. *rapere* « saisir » **1** littér. Emporter, emmener de force. *Aigle qui ravit sa proie. Ravir qqn.* ⇒ **enlever ; rapt, ravisseur.** ➝ Prendre par violence, par ruse ou par surprise (ce qui appartient à autrui). ⇒ **usurper,** ② **voler.** ♦ Arracher (qqn) à l'affection de ses proches, à la vie. « *La mort m'avait ravi les auteurs de mes jours* » (Rac.). **2** Transporter au ciel. « *Un homme qui fut ravi jusqu'au troisième ciel* » (BIBLE). **3** Plaire beaucoup à. *Cela m'a ravi.* ⇒ **enchanter, enthousiasmer.** loc. adv. *À RAVIR :* admirablement, à merveille. « *Pourquoi donc êtes-vous jeune et faite à ravir ?* » (Muss.). ✪ CONTR. Affliger, attrister.

❑ Le sens propre de ce verbe survit dans *ravage* qui a d'abord signifié « pillage ». ♦ Apparenté à l'anglais *to rape* « violer ».

raviser (se) v. pron. [1] – XIIe ; de *re-* et *aviser* ▪ Changer d'avis, revenir sur sa décision. ⇒ se **dédire.** « *La vieille hésite, s'éloigne, se ravise* » (Mauriac).

ravissant, ante adj. – XIVe ▪ Qui plaît beaucoup, touche par la beauté, le charme. ⇒ ① **beau, charmant, joli.** *Une robe ravissante.* ➝ *Sa fiancée est ravissante.*

ravissement n. m. – XIIIe **1** Le fait d'être ravi (2°), transporté au ciel. *Le ravissement de saint Paul.* ♦ État d'une âme ravie en extase. « *un de ces ravissements dont les saints sont coutumiers* » (France). **2** Émotion éprouvée par une personne transportée de joie. ⇒ **enchantement, exaltation.** « *Je relis avec ravissement ce chef-d'œuvre* » (Gide). ✪ CONTR. Affliction.

❑ Le sens premier est aujourd'hui exprimé par *rapt* (de la même famille) et *enlèvement.*

ravisseur, euse n. – XIIIe ▪ Personne qui enlève, emmène qqn de force. *Ravisseurs d'enfants.* ⇒ **kidnappeur.** *Les ravisseurs demandent une rançon.*

ravitaillement n. m. – XVe ▪ Action de ravitailler (une armée, etc.), de se ravitailler. *Ravitaillement en vivres, en munitions. Ravitaillement d'un navire.* ⇒ **avitaillement.** *Ravitaillement en vol d'un avion.* ♦ Alimentation, approvisionnement. ➝ fam. *Aller au ravitaillement :* aller se procurer les aliments nécessaires à la consommation familiale. ♦ Les denrées qui servent à ravitailler. ⇒ **provision.**

ravitailler v. tr. [1] – XVe ; de *re-* et *avitailler* **1** Pourvoir (une armée) de vivres, de munitions, etc. ⇒ **avitailler.** ♦ Fournir (une communauté) de vivres, de denrées diverses. ⇒ **approvisionner.** **2** *SE RAVITAILLER* v. pron. *Armée qui se ravitaille.* ➝ Se procurer ce dont on a besoin (vivres, objets de consommation renouvelables).

❑ L'ancien français *vitailles* « vivres » qui entre dans la composition de ce mot est de même origine que *victuailles.*

ravitailleur n. m. et adj. m. – XVIe ▪ Véhicule, navire, avion employés au ravitaillement (en vivres, en munitions, en carburant). ➝ adj. *Avion ravitailleur* (cf. Avion*-citerne). ♦ Personne qui ravitaille les participants d'une épreuve (cycliste, automobile, etc.).

ravivage n. m. – 1904 ▪ Opération qui consiste à raviver une surface métallique avant de la souder ou de la dorer. ⇒ **avivage.** ♦ Opération destinée à redonner aux couleurs un éclat plus vif.

raviver v. tr. [1] – XIIe **1** Rendre plus vif, plus actif, ramener à sa vigueur première. *Le vent ravive le feu.* ⇒ **ranimer.** *Il* « *ravivait avec les feuilles restées au fond de sa théière les couleurs de ses tapis* » (Huysm.). ⇒ **aviver.** ➝ pronom. *L'incendie se ravive sous l'effet du mistral.* **2** Ranimer, faire revivre. *Ce souvenir a ravivé sa colère.* ⇒ **réveiller.** **3** Nettoyer, décaper (le métal qu'on veut souder ou dorer). ♦ Mettre à vif (une plaie) pour favoriser la cicatrisation. ⇒ **aviver.** ✪ CONTR. Atténuer, estomper, éteindre.

ravoir v. tr. seult inf. – XIIe **1** Avoir de nouveau, reprendre possession de (qqch.). ⇒ **recouvrer, récupérer.** *Elle* « *m'a quitté pour ravoir sa voiture, ses meubles* » (Dumas fils). **2** fam. Remettre en bon état de propreté. *On ne peut pas ravoir ces casseroles.*

raya → **raïa**

rayé, rayée adj. – XIIe **1** Qui porte des raies, des rayures. « *un maillot de matelot rayé blanc et bleu* » (Genet). *Poisson au dos rayé de noir.* ⇒ **tigré, zébré.** **2** Qui porte une rayure, des éraflures. *Carrosserie rayée.* ➝ Garni de rainures. *Fusil à canon rayé.* **3** Annulé, supprimé d'un trait. ⇒ **barré.** *Mot rayé.*

rayer v. tr. [8] – XIIIe **1** Marquer (une surface) d'une ou de plusieurs raies. **2** Marquer de raies, en entamant la surface. « *un diamant n'est rayé que par un autre diamant* » (Gaut.). ♦ *Rayer un canon,* y pratiquer des rayures (2°). ♦ Marquer d'un sillon, d'une raie. « *Deux plaies profondes* [...] *rayaient cette face désormais lamentable* » (Green). **3** Tracer un trait sur (un mot, un groupe de mots, etc.) pour l'annuler. ⇒ **barrer.** ➝ Ôter (une personne, une chose d'un ensemble où elle figurait). ⇒ ② **radier.** « *un ancien administrateur des colonies rayé des cadres* » (R. Gary). ⇒ **exclure.** *Rayer qqch. de sa mémoire.* ⇒ **effacer.** ➝ *Rayer de la carte :* anéantir, détruire entièrement (un lieu). *Le séisme a rayé cette ville de la carte.* ✪ CONTR. Immatriculer, inscrire.

❑ Pour le sens → barrer (rem.).

rayère n. f. – XVe ; lat. *radiare* « rayonner » ▪ Étroite ouverture verticale pratiquée dans le mur d'une tour pour en éclairer l'intérieur.

ray-grass [ʀɛgʀas] n. m. inv. – XVIIIe ; mot angl., de *ray* « ivraie » et *grass* « herbe » ▪ Plante herbacée, ivraie employée pour les pelouses, les prairies artificielles.

① **rayon** **n. m.** – XVIe ; lat. *radius* **1** Trace de lumière en ligne ou en bande. ⇒ **rai,** ① **trait.** « *Parfois un rayon perçait les nuages* » (Green). « *en apercevant, par la fente d'un auvent, un mince rayon de jour* » (Maupass.). *Rayon lumineux d'un phare.* ⇒ **pinceau.** ◆ au plur. *Les rayons* : la clarté, la lumière. *Les rayons du soleil.* ♦ Figuration de la lumière (en héraldique, en art) par des traits divergents, des triangles allongés. *Les idoles* « *aux têtes nimbées de rayons* » (Loti). ♦ Trajet rectiligne d'une radiation lumineuse visible, à partir d'un point de sa source. ◆ *Rayon visuel* : ligne idéale joignant un point à l'œil. ◆ *Rayon vert* : court éclat de lumière verte, qu'on peut voir à l'endroit et au moment où le bord supérieur du disque solaire touche l'horizon. **2** plur. Radiations, rayonnements. ⇒ **radio-.** *Rayons infrarouges, ultraviolets.* ◆ *Rayons X* : rayonnement électromagnétique utilisé pour son pouvoir de pénétration dans la matière (⇒ **radiographie, radioscopie).** ♦ absolt Radiation, rayonnement pouvant avoir un effet particulier sur l'organisme. *Traitement par les rayons.* ⇒ **actinothérapie, radiothérapie, röntgenthérapie. 3** par métaph. *Un rayon d'espérance.* ◆ loc. *Un rayon de soleil* : chose ou personne qui remplit le cœur de joie. « *vos lettres me sont des rayons de soleil* » (Flaub.). **4** Chacune des pièces allongées qui relient le moyeu d'une roue à sa jante, en divergeant. ⇒ ② **enrayure.** *Rayons d'une roue de bicyclette.* ♦ par ext. Chacun des éléments qui divergent à partir d'un centre. *Disposition en rayons.* ⇒ **radiaire, radié, rayonné. 5** Distance qui sépare un point mobile sur une courbe du centre, de l'origine de ses coordonnées. *Le rayon d'un cercle, d'une sphère.* ♦ Distance déterminée, mesurée à partir d'un point d'origine (dans toutes les directions). *Dans un rayon de 150 mètres autour des maisons.* ◆ RAYON D'ACTION : distance maximum qu'un navire, un avion peut parcourir sans être ravitaillé en combustible. fig. Zone d'activité. *Cette entreprise a étendu son rayon d'action.* ◆ *Chèque bancaire sur rayon,* qui passe par une chambre de compensation*. *Chèque hors rayon.*

② **rayon** **n. m.** – XIIe ; germ. *hrâta* « gâteau de cire fait par les abeilles » **1** Chaque gâteau de cire formé par des abeilles ou des guêpes, et dont les alvéoles ou cellules sont remplies de miel ou de couvain. ⇒ **gaufre.** « *il avait brisé la ruche, pour prendre les rayons* » (Le Clézio). **2** Planche, tablette de rangement. ⇒ **étagère ;** ② **rayonnage. 3** Partie d'un grand magasin réservée au commerce d'une marchandise. *Le rayon des bagages.* **4** loc. *C'est ton rayon* : c'est une chose qui te concerne, qui est de ta compétence. ⇒ **domaine.** « *Ça ne nous regarde pas, ce n'est pas notre rayon* » (Sarraute). ◆ fam. *En connaître un rayon* : être très compétent, très fort (dans ce domaine).

③ **rayon** **n. m.** – XIIe ; de ① *raie* ▪ Sillon peu profond dans lequel on sème des graines.

① **rayonnage** **n. m.** – XIXe ▪ Opération par laquelle on trace les rayons dans un potager, un champ, avant de semer.

② **rayonnage** **n. m.** – XIXe ▪ Ensemble des rayons d'un meuble de rangement. ♦ Planchettes, rayons assemblés pour y ranger des livres, des dossiers, etc. ⇒ **étagère.**

rayonnant, ante **adj.** – XVIIe **1** Qui présente une disposition en rayons. ⇒ **radiant.** « *son étincelant bouquet d'étamines, fines et rayonnantes nervures* » (Proust). ♦ *Le gothique rayonnant* : l'art gothique de la deuxième moitié du XIIIe et du XIVe s., aux motifs circulaires rayonnants (rosaces, etc.). **2** Qui émet des rayons lumineux. *Soleil rayonnant.* ⇒ **radieux.** ♦ Qui se propage par rayonnement. *Chaleur rayonnante.* ⇒ **radiant. 3** fig. Qui rayonne. ⇒ **radieux.** *Une beauté rayonnante.* ⇒ **éclatant.** ◆ RAYONNANT DE... : qui exprime vivement (qqch. d'heureux ou de bienfaisant). « *figures rayonnantes de beauté, d'amour et d'extase* » (Gaut.). *Un enfant rayonnant de santé.* ✪ CONTR. Obscur, sombre. ① Chagrin, éteint.

rayonne **n. f.** – 1930 ▪ Fibre textile artificielle à l'aspect brillant. ⇒ **viscose.** ◆ Cette matière employée en fibres continues (opposé à *fibranne*). ♦ Étoffe, tissu de rayonne.

> ❑ L'ancienne dénomination « soie artificielle » est aujourd'hui prohibée.

rayonné, ée **adj.** – XVIIIe **1** Disposé selon des rayons. ⇒ **étoilé. 2** Orné de rayons figurés. *Tête rayonnée* (sur une médaille). **3** Émis. ⇒ ① **rayonner.**

rayonnement **n. m.** – XVIe **1** littér. Lumière rayonnante, clarté. **2** Émission et propagation d'un ensemble de radiations avec transport d'énergie et émission de corpuscules. *Rayonnement solaire.* ◆ *Rayonnement d'un corps radioactif.* ⇒ **radioactivité. 3** Ensemble de radiations de nature similaire ou voisine, mais dont les longueurs d'ondes et les énergies peuvent être différentes. *Rayonnements électromagnétiques.* ◆ *Rayonnement infrarouge.* **4** Impression de force heureuse que dégage une personne, un organisme. « *de quel rayonnement se nimbait le beau visage* » (Gide). ◆ Fait de se répandre, de se diffuser comme une clarté. *Rayonnement d'une œuvre, d'un pays.* ⇒ **influence.**

① **rayonner** **v. intr.** [1] – XVIe **1** littér. Répandre de la lumière, des rayons lumineux. ⇒ **irradier. 2** Se propager par rayonnement. *Chaleur qui rayonne.* **3** Répandre comme une lumière. ⇒ **briller.** « *le bouddha, dont le visage rayonnait de sérénité* » (Mart. du G.). ♦ Se répandre, se manifester comme une clarté. *Civilisation, culture qui rayonne dans le monde.* **4** Être disposé en rayons, en lignes divergentes autour d'un centre. « *une résidence d'où rayonnent une foule d'avenues comme une étoile* » (Hugo). ♦ Se répandre, se manifester dans toutes les directions. *Douleur qui rayonne.* ⇒ **irradier. 5** Se déplacer dans un certain rayon. *Le député rayonne dans la région* (en partant d'un point d'attache). **6** Émettre (un rayonnement, un flux lumineux). *Puissance rayonnée par une antenne.*

② **rayonner** **v. tr.** [1] – XIXe ▪ Garnir de rayons, de rayonnages.

rayure **n. f.** – XVIIe **1** Bande, ligne qui se détache sur un fond de couleur différente. *Cravate à rayures. Rayures sur le pelage d'un animal.* ⇒ **zébrure. 2** Éraflure sur une surface. ♦ Entaille allongée de forme régulière. ⇒ **sillon, strie.** ◆ Rainure ménagée à l'intérieur du canon d'une arme à feu afin de rendre le projectile plus stable sur sa trajectoire.

raz **n. m.** – XIVe ; a. scand. *râs* « courant d'eau » **1** Courant marin violent qui se fait sentir dans un passage étroit. ♦ (Bretagne, Normandie) Passage resserré où se produisent ces courants. *La pointe du Raz.* **2** RAZ-DE-MARÉE ou RAZ DE MARÉE : vague isolée et très haute, d'origine sismique ou volcanique, qui pénètre profondément dans les terres. ⇒ aussi **tsunami.** ♦ fig. Bouleversement moral ou social qui détruit l'équilibre existant. ✪ HOM. Ras.

> ❑ Ce sont les Vikings qui apportèrent ce mot en Normandie.

razeteur **n. m.** – 1904 ; de *raser* ▪ Participant à une course de vachettes dont il doit raser les cornes.

razzia [Ra(d)zja] **n. f.** – XIXe ; ar. d'Algérie *rhazâwa* « attaque » **1** Attaque d'une troupe de pillards contre une tribu, une oasis, une bourgade, afin d'enlever les troupeaux, les récoltes, etc. ⇒ **incursion, raid. 2** fam. *Faire* *une razzia sur qqch.*, se l'approprier par surprise, par violence.

razzier [ʀa(d)zje] v. tr. 7 – XIXe 1 Exécuter une razzia contre. « *les nomades razziaient les populations paysannes des oasis* » (Tournier). 2 fam. Faire une razzia sur (qqch.). ⇒ **rafler.** *Razzier les petits-fours.*

> ❑ La prononciation avec [d] est plus courante et mieux comprise.

RDS [ɛʀdeɛs] n. m. – 1995 ; sigle ■ Remboursement de la dette sociale, contribution destinée à combler le déficit de la Sécurité sociale.

re- Élément, du lat. *re* (var. *ré, r-* devant voyelle) indiquant un mouvement en arrière, le retour à un état antérieur, la répétition, le renforcement, l'achèvement.

> ❑ *Re-* devant voyelle s'élidait en *r-* et prend plutôt aujourd'hui la forme *ré-* (*ranimer* et *réanimer ; remployer* et *réemployer*) ; parfois, les deux existent avec des sens distincts (*rajuster* et *réajuster ; récrire* et *réécrire*). ♦ La tendance actuelle est de ne pas redoubler le *s* des mots en *s* préfixés : *resocialisation, resituer,* mais on écrit *ressaisir, ressembler.* Les deux graphies vont à l'encontre des lois phonétiques (*s* entre deux voyelles se prononce [z], et *e* + double consonne se prononce [e] ou [ɛ]). → résipiscence, ① s (rem.).

ré n. m. inv. – XIIIe ; 1re syll. du mot *resonare* dans l'hymne à saint Jean Baptiste → ut ■ Note de musique, quatrième degré de l'échelle fondamentale, deuxième son de la gamme naturelle. ➛ Ton correspondant. *Messe en ré mineur.* ➛ Cette note représentée.

réa n. m. – XIXe ; corrupt. de *rouet* ■ Roue à gorge d'une poulie (⇒ **rouet**).

réabonner v. tr. 1 – XVIIIe ■ Abonner de nouveau. ➛ pronom. *Se réabonner à un journal.*

réac → **réactionnaire**

réaccoutumer v. tr. 1 – XVIe ■ Accoutumer à ce dont on était désaccoutumé. ➛ pronom. *Se réaccoutumer à son travail au retour des vacances.*

réactance n. f. – XIXe ; angl. ■ Quantité qui, ajoutée à la résistance, permet de calculer l'impédance pour un courant alternatif dont on connaît la période.

réactant n. m. – 1980 ■ Corps associé à une réaction chimique. ⇒ **réactif.**

réacteur n. m. – XVIIIe 1 Moteur, propulseur à réaction. ⇒ **pulsoréacteur, statoréacteur, turboréacteur, turbostatoréacteur.** *Avion à deux* (⇒ **biréacteur**), *à quatre réacteurs* (⇒ **quadriréacteur**). 2 Récipient dans lequel est réalisée une réaction chimique. ♦ Dispositif à l'intérieur duquel se produisent et s'entretiennent des réactions de fission. *Réacteur nucléaire.*

réactif, ive adj. et n. m. – XVIIIe 1 Qui exerce une réaction, réagit. *Force réactive.* 2 n. m. Substance prenant part à une réaction chimique. spécialt Substance qui, entrant en réaction avec une autre, produit toujours les mêmes phénomènes et permet ainsi l'identification de celle-ci. 3 *Circuit réactif,* doué de réactance (opposé à *résistif*).

réaction n. f. – XVIIe I - 1 Force qu'un corps agissant sur un autre détermine en retour chez celui-ci. *Principe de l'égalité de l'action et de la réaction* (énoncé par Newton). ♦ *Propulsion par réaction :* mode de propulsion dans lequel des gaz chassés vers l'arrière de l'engin projettent par réaction l'engin vers l'avant. *Moteur à réaction.* ⇒ **réacteur.** *Avion à réaction.* ⇒ ② **jet.** 2 Action réciproque de deux ou plusieurs substances, qui entraîne des transformations chimiques. 3 Réponse d'un système excitable à un stimulus externe ou interne. *Réaction motrice.* ⇒ **réflexe, stimulus.** *Réaction au chaud, au froid.* ♦ Modification de l'organisme produite par une cause morbide, un remède, une modification du milieu intérieur ou extérieur, et qui tend à en contrebalancer les effets. *Réaction à un vaccin. Réaction provoquée* (⇒ **cutiréaction, intradermo-réaction**). 4 Réponse d'un être vivant à une excitation. *Réaction affective.* 5 Renvoi d'une partie du signal de sortie d'un système automatique vers son entrée. ⇒ **boucle, larsen.** *Un amplificateur à réaction.* II fig. 1 Réponse à une action par une action contraire tendant à l'annuler. *Décision prise en réaction contre les méthodes précédentes.* 2 Mouvement d'idées, action qui s'oppose au progrès social et vise à rétablir des institutions antérieures (⇒ **réactionnaire**). « *des crises de contre-révolution, de réaction furieuse, de nationalisme exaspéré* » (Romains). 3 Attitude, comportement de qqn qui répond à une action extérieure. *Réaction de qqn à une flatterie.* « *Un homme franc est un homme qui a des réactions simples* » (Valéry). « *des réactions de vanité ou d'amour-propre blessé* » (Mauriac). *Réaction lente ; vive, soudaine* (⇒ **réflexe, sursaut**). ➛ *On attend la réaction des syndicats.*

réactionnaire adj. et n. – XVIIIe ■ péj. 1 Qui concerne la réaction (II, 2°), agit en sa faveur. *Parti réactionnaire.* 2 Qui a, exprime des idées réactionnaires. ⇒ **rétrograde.** ➛ n. Ceux « *qui se déclarent apolitiques, ce sont des réactionnaires* » (Beauv.). ➛ abrév. fam. RÉAC [ʀeak]. *Discours très réac.* « *des bourgeois et des réacs* » (Vallès). *C'est une sacrée réac.* ✪ CONTR. Novateur, progressiste.

> ❑ *Réactif* et *réacteur* ont eu le sens de « réactionnaire » pendant la Révolution.

réactionnel, elle adj. – XIXe ■ Qui a rapport à une réaction ; qui est provoqué par une réaction. ♦ Qui constitue une réaction contre une situation mal supportée, une pulsion refoulée. ➛ *Psychose réactionnelle,* consécutive à un traumatisme et généralement guérissable (opposé à *psychose constitutionnelle*).

réactivation n. f. – déb. XXe ■ Fait de redonner de l'activité (à qqch.). *La réactivation d'une amitié.* ♦ Action de devenir de nouveau actif. *Réactivation d'une infection.* ➛ *Réactivation d'un vaccin.* ⇒ **rappel.**

réactiver v. tr. 1 – XVIIIe 1 Activer de nouveau. ⇒ **ranimer.** *Réactiver le feu.* 2 Remettre en activité ; redonner une activité à. *Réactiver une association.*

réactivité n. f. – XVIIIe 1 Aptitude d'un élément, d'une molécule, à participer à une réaction. ♦ Mesure de l'efficacité d'un réacteur nucléaire. 2 Capacité de réagir à une stimulation extérieure. *Réactivité d'un être humain.* ♦ *Réactivité à un vaccin.*

réactogène adj. – 1953 ■ Substance allergène, capable de déclencher dans l'organisme une réaction d'hypersensibilité.

réactualisation n. f. – XXe 1 Mise à jour. ⇒ **actualisation.** 2 Fait de rendre à nouveau présent. *La réactualisation d'un souvenir.*

réactualiser v. tr. 1 – XIXe 1 Moderniser, mettre à jour. ⇒ **actualiser.** *Réactualiser chaque année un ouvrage de référence.* 2 Rendre de nouveau présent. *Événement qui réactualise un conflit.*

réadaptation n. f. – XIXe 1 Adaptation nouvelle (d'une personne qui n'est plus adaptée). ⇒ **réinsertion.** 2 *Réadaptation fonctionnelle :* réduction des séquelles d'un accident, d'une opération, afin de réadapter à une vie normale.

❑ Pour le sens → réhabilitation (rem.).

réadapter v. tr. [1] - XIXe ▪ Adapter de nouveau, adapter (ce qui n'était plus adapté). ➛ pronom. « *L'effort d'un esprit qui s'adapte et se réadapte sans cesse* » (Bergson). ➛ *Handicapé réadapté à son travail.*

réaffirmer v. tr. [1] - XIXe ▪ Affirmer de nouveau, dans une autre occasion. *Réaffirmer ses intentions.*

réagir v. intr. [2] - XIVe **I** - **1** sc. Se dit d'un corps qui agit sur un autre dont il a éprouvé l'action. *Les parois d'un vase réagissent sur le fluide qui les presse.* **2** Entrer en réaction chimique. **3** Pour un être vivant, Répondre par une réaction ou un ensemble de réactions. *Organisme qui réagit contre l'infection.* ➛ Répondre à un stimulus. **4** Répondre à une action extérieure. *La Bourse n'a pas réagi.* ⇒ **bouger.** **II** fig. **1** *RÉAGIR SUR :* agir sur l'agent, la cause de l'action qu'on subit, en s'y opposant. ♦ Agir en retour ou réciproquement sur (qqch.). ⇒ se **répercuter.** « *La grandeur de mes passions a réagi sur mes facultés* » (Balz.). **2** *RÉAGIR CONTRE :* s'opposer à (une action) par une action contraire. ⇒ **résister.** ♦ Agir en s'opposant. *Ils essayèrent de réagir et de rétablir l'ordre.* ➛ Faire un effort de volonté pour sortir d'une situation pénible. *Il faut réagir !* ⇒ se **reprendre,** se **ressaisir.** **3** trans. ind. *RÉAGIR À :* répondre spontanément (à une action extérieure), avoir une réaction. *Réagir à des insultes.* ♦ *Il n'a même pas réagi.* « *Puis-je savoir comment je réagirais, en face du danger réel ?* » (Gide). ✪ CONTR. Abattre (se laisser abattre), ① aller (se laisser aller).

réajustement n. m. - 1932 ▪ Modification d'une valeur, d'une quantité, pour l'adapter à de nouvelles conditions. ⇒ **rajustement.** *Réajustement des salaires.* ⇒ **revalorisation.**

réajuster v. tr. [1] - 1932 ▪ Ajuster de nouveau. ⇒ **rajuster.** ➛ Adapter à de nouvelles conditions. *Réajuster les salaires,* les relever en fonction de la hausse du coût de la vie. ⇒ **revaloriser.**

① **réal, aux** n. m. - XIVe ; esp. « royal » ▪ Ancienne monnaie espagnole valant un quart de peseta. *Cinq millions de réaux.*

② **réal, ale, aux** adj. et n. f. - XVIe ; esp. « royal » ▪ *Galère réale,* ou n. f. *une réale :* principale galère qui était destinée au roi, à l'amiral.

❑ Cette forme ancienne de *royal* subsiste dans *Montréal,* la capitale du Québec.

réaléser v. tr. [6] - 1921 ▪ Aléser une seconde fois. *Réaléser des cylindres ovalisés.*

réalgar n. m. - XIVe ; ar. « poudre de caverne » ▪ Sulfure naturel d'arsenic, de couleur rouge.

réalignement n. m. - XXe ▪ Établissement d'une nouvelle valeur pour une monnaie, des prix. *Réalignement des prix.*

réalisable adj. - XVIIIe **1** Qui peut être rapidement transformé en monnaie. *Valeur réalisable.* **2** Susceptible d'être réalisé, de se réaliser. ⇒ **possible.** *Un projet réalisable.* ✪ CONTR. Impossible, irréalisable.

réalisateur, trice n. - XIXe **1** Personne qui réalise, rend réel, effectif. « *Les grands réalisateurs sont des réalistes* » (Romains). **2** Personne qui dirige les opérations de préparation et de réalisation d'un film ou d'une émission. ⇒ **cinéaste, vidéaste.**

réalisation n. f. - XVIe **1** Action de rendre réel, effectif. ⇒ **exécution.** *La réalisation d'un projet. Réalisation d'un contrat.* ♦ Le fait de devenir réel, de se réaliser. « *la réalisation future de ses rêves* » (Flaub.). **2** Ce qui est réalisé ou s'est réalisé. *L'arche de la Défense est une belle réalisation.* ⇒ **création, œuvre.** **3** Transformation, conversion, par la vente, d'un bien en valeur disponible, en monnaie. ⇒ **liquidation, mobilisation.** **4** Traduction en notes et en accords sur des portées (d'une notation musicale conventionnelle). **5** Ensemble des opérations nécessaires pour passer d'un projet, d'un scénario, à un film, une émission ; mise en scène, en images, en ondes. ✪ CONTR. Projet, ébauche.

réaliser v. tr. [1] - XVe ; lat. *realis* « effectif » **I** - **1** Faire exister concrètement (ce qui n'existait que dans l'esprit) ; faire correspondre une chose, un objet à (une possibilité, une idée, un mot). ⇒ **accomplir, concrétiser, exécuter.** « *L'être dit libre est celui qui peut réaliser des projets* » (Sartre). **2** Faire. *Réaliser des bénéfices, de bonnes affaires.* **3** Convertir, transformer en argent. ⇒ **liquider.** *Ils* « *vendent tout ce qu'ils possèdent,* [...] *réalisent tout ce qu'ils peuvent* » (Cendrars). **4** Traduire en notes et en accords sur des portées (des indications abrégées d'harmonie). *Réaliser une basse chiffrée.* **5** Se rendre compte avec précision ; se faire une idée nette de. « *avant que le pauvret solitaire n'eût réalisé ce qui lui était tombé du ciel comme beau Noël !* » (Cendrars). ➛ *Tu as mis du temps à réaliser !* **6** Être l'auteur, le réalisateur de (un film, une émission). **II** *SE RÉALISER* v. pron. **1** Devenir réel (en parlant d'une idée, d'un projet, d'un souhait). ⇒ **arriver.** « *une grande espérance qui ne s'est pas réalisée* » (Proust). **2** Devenir ce qu'on peut être de mieux, en exploitant à fond ses possibilités. ⇒ s'**épanouir.** « *La France ne se réalise pleinement que dans l'harmonieux équilibre* » (Gide).

❑ Au sens de « se rendre compte », ce verbe est un emprunt sémantique déjà ancien à l'anglais, encore critiqué par les puristes.

réalisme n. m. - XIXe **1** Ancienne doctrine platonicienne de la réalité des idées (I), dont les êtres individuels ne sont que le reflet. *Réalisme et idéalisme**. ♦ (opposé à *idéalisme*) Doctrine philosophique d'après laquelle l'être est indépendant de la connaissance d'un sujet. **2** Conception de l'art, de la littérature, selon laquelle l'artiste ne doit pas chercher à idéaliser le réel ou à en donner une image édulcorée. *Le réalisme de Courbet, Daumier. Le réalisme socialiste* (de l'ex- U.R.S.S.). ➛ Caractère d'une production qui procède de cette conception. *Le réalisme d'un récit.* ♦ École littéraire française qui, vers 1850, préconisa la description minutieuse et objective des faits et des personnages de la réalité banale. ♦ Recherche d'une ressemblance exacte avec le modèle ; cette ressemblance. *Réalisme des couleurs.* **3** Attitude de qqn qui tient compte de la réalité, l'apprécie avec justesse. *Réalisme politique.* ⇒ **realpolitik ; pragmatisme.** ✪ CONTR. Idéalisme, immatérialisme. Irréalisme.

réaliste n. et adj. - XVIe **1** Philosophe adepte du réalisme. ♦ adj. Relatif au réalisme philosophique. **2** Partisan du réalisme, en art, en littérature. « *tous les artistes doivent être des réalistes* » (Zola). ♦ Relatif au réalisme en art ; qui fait preuve de réalisme. ⇒ **naturaliste, vériste.** *Chanson réaliste.* **3** Qui a le sens des réalités ou en témoigne. ➛ n. « *Le réaliste méprise l'utopiste* [...] *et l'idéaliste* » (Beauv.). ♦ *Un projet réaliste.* ✪ CONTR. Idéaliste. Irréaliste, utopique.

réalité n. f. - XIVe **1** Caractère de ce qui est réel, de ce qui ne constitue pas seulement un concept, mais une chose, un fait. ⇒ **réalisme** (1°). *Réalité de la matière* (⇒ **matérialisme**), *de l'esprit* (⇒ **spiritualisme**). ♦ Caractère de ce qui existe en fait (et qui n'est pas seulement une invention, une illusion ou une apparence). ⇒ **vérité.** *Douter de la réalité d'un fait.* **2** Caractère de ce qui est réel, concerne les choses. *Réalité de l'impôt.* **3** *La réalité :* ce qui est réel, actuel, donné comme tel à l'esprit. *La réalité intérieure, psy-*

chologique et morale. ➙ Jugement de réalité, qui porte sur des faits (opposé à *jugement de valeur**). 4 La vie, l'existence réelle, par opposition aux désirs, aux illusions, au rêve. « *Le visage terrible de la réalité* » (R. Rolland). *Tenir compte de la réalité.* ⇒ **réel** (n. m.). ➙ loc. *La réalité dépasse la fiction* : ce qui arrive va au-delà de ce qu'on a pu imaginer. ♦ loc. adv. *EN RÉALITÉ* : réellement ; en fait. 5 Chose réelle, fait réel. « *des réalités de tous les jours qui sont vécues dans l'horreur* » (Sartre). *Avoir le sens des réalités* (⇒ **réaliste**). loc. *Prendre ses désirs pour des réalités* : se faire des illusions. ✪ CONTR. Apparence, illusion. ② Idéal, rêve. Chimère, fiction.

reality show n. m. – 1992 ; angl. « spectacle *(show)* de la réalité » ▪ ⇒ **télévérité.**

realpolitik [Realpɔlitik] n. f. – 1963 ; mot all. ▪ Politique internationale basée sur des considérations de rapports de force et de possibilités concrètes (sans influence idéologique).

réaménagement n. m. – 1966 ▪ Action de réaménager ; son résultat. *Réaménagement monétaire.* ➙ Nouvel aménagement. *Réaménagement d'un local.*

réaménager v. tr. [3] – mil. XXe ▪ Donner une nouvelle organisation à. ⇒ **réorganiser.** ➙ Aménager d'une façon différente.

réanimateur, trice n. – mil. XXe 1 Spécialiste de la réanimation médicale. 2 n. m. Appareil employé pour la respiration artificielle. ⇒ **respirateur.**

réanimation n. f. – 1933 ▪ Ensemble des moyens visant à rétablir les grandes fonctions vitales (surtout respiratoire et cardiaque). *Réanimation d'un asphyxié.* ➙ Service de réanimation. abrév. fam. *RÉA. Il a été transporté d'urgence en réa.*

réanimer v. tr. [1] – XVIe ▪ Procéder à la réanimation de (⇒ **ranimer**).

réapparaître v. intr. [57] – XIXe ▪ Apparaître, paraître de nouveau. ⇒ **reparaître.** *Des roches qui « réapparaissaient peu à peu sous la marée descendante »* (J. Verne). ➙ Apparaître plusieurs fois. *Le même personnage réapparaît dans son œuvre.* ✪ CONTR. Disparaître.

> ❑ On emploie les deux auxiliaires aux temps composés : *la lune a réapparu, est réapparue.*

réapparition n. f. – XVIIIe ▪ Le fait de réapparaître. *Réapparition du Soleil après une éclipse.* ✪ CONTR. Disparition.

réapprendre v. tr. [58] – XVIe ▪ Apprendre, étudier de nouveau. « *Penser, c'est réapprendre à voir* » (Camus).

réapprovisionnement n. m. – XIXe ▪ Action de (se) réapprovisionner. ⇒ **réassortiment.**

réapprovisionner v. tr. [1] – XVIe ▪ Approvisionner de nouveau. ➙ pronom. « *Le marchand de perles venait de se réapprovisionner* » (Aragon).

réargenter v. tr. [1] – XIXe ▪ Argenter de nouveau. *Donner des couverts à réargenter.*

réarmement n. m. – XVIIIe ▪ Action de réarmer. *Réarmement d'un pays après une guerre.* ⇒ **remilitarisation.** ✪ CONTR. Désarmement ; démilitarisation.

réarmer v. [1] – XIIIe 1 v. tr. Mettre de nouveau en état de fonctionner (un dispositif, un mécanisme). *Réarmer un fusil.* ➙ *Réarmer un appareil photographique.* ♦ *Réarmer un navire* (qui a été désarmé pour réparation). 2 v. intr. Recommencer à s'armer pour la guerre, après une période de détente (en parlant d'un État). ✪ CONTR. Désarmer, démilitariser.

réarrangement n. m. – XIXe ▪ Nouvel arrangement. ⇒ **réaménagement.** ♦ *Réarrangement moléculaire* : migration d'atomes, de radicaux au sein de la molécule. ⇒ **isomérisation.**

réarranger v. tr. [3] – XVIIIe ▪ Arranger de nouveau. « *Elle avait séché ses yeux, réarrangé sa coiffure* » (Aragon).

réassignation n. f. – XVe ▪ Seconde assignation du défenseur, quand une partie seulement des personnes assignées a comparu.

réassigner v. tr. [1] – XVIe 1 Assigner de nouveau. 2 Assigner, gager sur un autre fonds (en garantie de paiement). *On obtenait « qu'il réassignât ces billets pour les sommes entières »* (Ste-Beuve). 3 Attribuer de nouveau. *Réassigner un but à une association.*

réassort n. m. – XXe ▪ Réassortiment. *Commande de réassort.*

réassortiment n. m. – XIXe ▪ Action de (se) réassortir. ⇒ **réapprovisionnement, réassort.**

réassortir v. tr. [2] – XIXe 1 Reconstituer, en remplaçant ce qui manque. *Réassortir un service de porcelaine.* 2 pronom. Acheter ce qui manque pour reconstituer son stock. *Libraire qui se réassortit chez l'éditeur.*

réassurance n. f. – XVIIe ▪ Opération par laquelle un assureur fait garantir par un autre assureur (⇒ **réassureur**) tout ou partie des risques qu'il a lui-même couverts.

réassurer v. tr. [1] – XVIIe ▪ Garantir (un assureur) par une réassurance.

réassureur n. m. – XVIIIe ▪ Personne qui réassure (un assureur).

rebab [Rəbab] n. m. – XIXe ; ar. ▪ Instrument de musique du monde arabe à une ou deux cordes frottées, dont la table d'harmonie est en peau. « *un rebab, violon arabe à deux cordes* » (Perec).

rebaisser v. intr. [1] – XVIIIe ▪ Baisser de nouveau. *Les prix ont remonté puis rebaissé.*

rebaptiser [R(ə)batize] v. tr. [1] – XIIIe ▪ Nommer d'un autre nom. *La rue a été rebaptisée.*

rébarbatif, ive adj. – XIVe ; a. fr. *se rebarber* « faire face *barbe* contre *barbe* » ▪ Qui rebute par un aspect rude, désagréable. ⇒ **rebutant, repoussant.** *Un air rébarbatif.* ⇒ **revêche.** ♦ fig. Difficile et ennuyeux. *Livre rébarbatif.* ⇒ **aride, ingrat.** ✪ CONTR. Affable, engageant ; attrayant.

rebâtir v. tr. [2] – XIIe ▪ Bâtir de nouveau (ce qui était détruit). ⇒ **reconstruire.** *Rebâtir une maison.* ➙ fig. *Cette humanité « rassemblait toutes ses énergies pour rebâtir un monde »* (Mart. du G.). ⇒ **refaire.** ✪ CONTR. Abattre, démolir.

rebattre v. tr. [41] – XIIe 1 Battre de nouveau. « *Mes matelas ont été rebattus* » (Flaub.). 2 loc. *Rebattre les oreilles à qqn de qqch.*, le lui répéter à satiété. « *cette prétendue perfectibilité du genre humain dont on nous rebat les oreilles !* » (Gaut.).

> ❑ Il s'agit bien de *rebattre les oreilles* (cf. l'ancienne expression *battre les oreilles*) et non de *rabattre* qui est un non-sens dû peut-être à l'influence de *rabattre le caquet.*

rebattu, ue adj. – XVIIe ▪ Qu'on a répété, dont on a parlé inlassablement. « *un calembour usé, quelque chose de bien rebattu* » (Muss.).

rebec n. m. – XIVe ; ar. ▪ Instrument de musique à trois cordes et à archet, à caisse piriforme, en usage au Moyen Âge. ♦ Violon très simple, tel le rebab* arabe.

rebelle adj. et n. – XIIe ; lat. *bellum* « guerre » 1 Qui ne reconnaît pas l'autorité du gouvernement légitime et se révolte contre lui. ⇒ **insoumis, insurgé, révolté.** *Troupes rebelles.* ♦ n. Personne qui prend les armes contre le pouvoir politique en place. 2 Qui ne reconnaît pas l'autorité de certaines personnes ou de certains principes. *Fils rebelle.* ⇒ **indocile.** 3 *REBELLE À :* qui ne cède pas, résiste, est réfractaire à (qqch.). *Rebelle à la loi. Rebelle à tout effort.* par ext. « *les lèvres les plus rebelles à la gaieté* » (Gaut.). ➛ Qui résiste à l'action de l'homme. ⇒ **récalcitrant.** *Fièvre rebelle.* ➛ *Mèches, boucles rebelles,* qui se coiffent mal. ⇒ **indiscipliné.** ✪ CONTR. Docile, soumis, souple.

rebeller (se) v. pron. [1] – XIe ▪ Faire acte de rebelle en se révoltant. ⇒ s'**insurger.** *Se rebeller contre la dictature.* ⇒ se **dresser.** *Se rebeller contre l'autorité paternelle.* ⇒ **braver.** ✪ CONTR. Soumettre (se).

rébellion n. f. – XIIIe ▪ Action de se rebeller ; acte de rebelle. ⇒ **insurrection, révolte, soulèvement.** « *au moindre signe de rébellion, ma troupe va vous arquebuser* » (Gaut.). ♦ Tendance à se rebeller. ⇒ **désobéissance, insubordination, opposition.** *Esprit de rébellion.* ✪ CONTR. Docilité, obéissance, soumission.

❑ Bien que formé sur *rebelle,* ce mot prend un accent aigu sur la première voyelle.

rebelote [ʀəbəlɔt] interj. – 1964 ▪ Mot que l'on prononce à la belote lorsque l'on joue le roi d'atout après avoir joué la dame **(⇒ belote),** ou vice versa. « *Belote, rebelote, je coupe du neuf* » (Simenon). ♦ Interjection signalant la deuxième occurrence d'une situation. *Et rebelote, j'ai encore perdu mes clés.*

rebiffer (se) v. pron. [1] – XIIe ; o. i. → biffer ▪ fam. Refuser avec vivacité et aigreur de se laisser mener, humilier. ⇒ **regimber,** se **révolter.** « *je suis pas d'accord ! Même à crever, je me rebiffe !* » (Céline).

rebiquer v. intr. [1] – 1933 ; de *bique,* dial. « corne » ▪ fam. Se dresser, se retrousser en faisant un angle. *Mèche de cheveux qui rebique.*

reblochon n. m. – XIXe ; o. i. ▪ Fromage savoyard à pâte grasse.

reboisement n. m. – XIXe ▪ Action de reboiser un terrain. ⇒ **reforestation.** ♦ Transformation d'un terrain nu en forêt. ⇒ **boisement.** ✪ CONTR. Déboisement.

reboiser v. tr. [1] – XIXe ▪ Planter d'arbres (un terrain qui a été déboisé), y reconstituer un bois, une forêt.

rebond n. m. – XVIe ▪ Le fait de rebondir ; mouvement d'un corps qui rebondit. ⇒ **rebondissement.** *Frapper la balle après le premier rebond.*

rebondi, ie adj. – XVe ▪ De forme arrondie. ⇒ **bombé.** *Cruche rebondie.* ♦ « *ses joues rebondies et roses* » (Romains). ⇒ **dodu, gras, rond.** ➛ (personnes) Gros et gras. ⇒ **grassouillet.** ✪ CONTR. ① Maigre, ① plat.

rebondir v. intr. [2] – XIIe 1 Faire un ou plusieurs bonds après avoir touché un autre corps. *Balle qui rebondit sur le sol* **(⇒ rebond).** 2 Prendre un nouveau développement après un arrêt, une pause **(⇒ rebondissement).** *Ce témoignage a fait rebondir le procès.*

rebondissement n. m. – XIVe 1 Le fait de rebondir. ⇒ **rebond.** 2 Développement nouveau survenant après un temps d'arrêt. « *l'extraordinaire rebondissement du quatrième acte* [de "Phèdre"] » (Gide).

rebord n. m. – XVIIe ▪ Bordure, pièce en saillie qui forme le bord. *Rebord d'un puits* **(⇒ margelle).** « *leurs nids d'argile s'abritaient sous le rebord des toits* » (Gide). ♦ Bord, limite (d'un relief ou d'une dénivellation). *Rebord d'un fossé.*

rebot n. m. – XIXe ; a. fr. *rebo(u)ter* « repousser » → bouter ▪ région. Pelote basque.

reboucher v. tr. [1] – XVe 1 Boucher, fermer de nouveau. *Rebouchez le flacon après usage.* ➛ pronom. *Le siphon de l'évier s'est rebouché.* 2 Combler (un trou). « *lorsqu'on eut rebouché le trou, au cimetière* » (Zola).

rebours (à) loc. adv. – XIIe ; lat. *reburrus* « hérissé (cheveu) » 1 À rebrousse-poil. *Brosser une étoffe à rebours.* 2 Dans le sens contraire au sens normal, habituel ; à l'envers. *Tourner les pages d'un livre à rebours.* ➛ *COMPTE À REBOURS :* vérification successive des opérations de mise à feu d'un engin, d'une fusée, aboutissant au zéro du départ. 3 fig. D'une manière contraire à la nature, à la raison, à l'usage (cf. À contre-pied, à contre-sens). *Faire tout à rebours.* ➛ adj. *Un esprit à rebours.* 4 loc. prép. *À REBOURS DE :* contrairement à. *Aller à rebours du progrès.*

rebouteux, euse n. – XIXe ▪ Personne qui fait métier de remettre les membres démis, de réduire, par des moyens empiriques, les luxations, les fractures, etc. ⇒ **guérisseur.**

reboutonner v. tr. [1] – XVIe ▪ Boutonner de nouveau (un vêtement). ➛ pronom. *Se reboutonner :* reboutonner ses vêtements. ⇒ se **rajuster.**

rebraguetter v. tr. [1] – XVIe ▪ fam. Refermer la braguette de (un pantalon). pronom. *Se rebraguetter.* ⇒ se **rajuster.**

rebras n. m. – XIVe ; a. fr. *rebrasser* « retrousser ses manches », de *bras* ▪ Partie d'un gant long qui s'étend sur le bras.

rebroder v. tr. [1] – XVIIe ▪ Garnir (une étoffe, un vêtement) d'une seconde broderie qui se superpose à une première. ♦ Broder (un tricot, une dentelle) après sa fabrication.

rebroussement n. m. – XVIIe ▪ L'action, le fait de rebrousser qqch. ; état de ce qui est rebroussé. *Le rebroussement des poils d'une fourrure.* ♦ Changement de direction d'une courbe. ♦ Changement de direction brusque et à angle fermé (d'un pli de terrain).

rebrousse-poil (à) loc. adv. – XVIIe ▪ En rebroussant le poil, à contre-poil. « *Il caressait la fourrure à rebrousse-poil* » (Sartre). ♦ fig. et fam. *Prendre qqn à rebrousse-poil,* maladroitement, de telle sorte qu'il se rebiffe.

rebrousser v. tr. [1] – XIIe ; de *rebours* 1 Relever (les cheveux, le poil) dans un sens contraire à la direction naturelle. ➛ pronom. *Des sourcils* « *dont le poil se rebroussait en virgule* » (Gaut.). ➛ Passer un instrument sur (le cuir) de manière à abattre le grain et l'adoucir. 2 *REBROUSSER CHEMIN :* s'en retourner en sens opposé au cours d'un trajet. *Ne pouvant passer, il dut rebrousser chemin.*

rebuffade n. f. – XVIe ; it. *rebuffare* « déranger » ▪ Mauvais accueil, refus hargneux, méprisant. *Essuyer une rebuffade.* ✪ CONTR. Avance.

rébus [ʀebys] n. m. – XVe ; de la formule lat. *de rebus quæ geruntur* « (au sujet des) choses (qui se passent) » ▪ Devinette graphique. Suite de dessins, de mots, de chiffres, de lettres évoquant par homophonie le mot ou la phrase qui est la solution (ex. nez rond, nez pointu, main pour Néron n'est point humain).

rebut n. m. – XVIe 1 Ce que l'on a rebuté, rejeté. ⇒ **déchet, détritus.** ➛ Lettres dont l'administration des Postes n'a pu trouver les destinataires. *Service des rebuts.* 2 Ce qu'il y a de plus mauvais dans un ensemble. « *L'homme, gloire et rebut de l'Univers* » (Pasc.). 3 *AU REBUT :* parmi ce dont on ne veut pas, ou plus. *Mettre qqch. au rebut.* ♦ loc. adj. *DE REBUT :* de très mauvaise qualité, bon à jeter. *Bois de rebut.*

rebutant, ante adj. – XVIIe ▪ Qui rebute, ennuie. ⇒ **décourageant, rébarbatif, repoussant.** *Travail rebutant.* ➛ *Une mine rebutante.* ✪ CONTR. Attrayant, séduisant.

rebuter v. tr. [1] – XIIIe ; de *re-* et *but,* proprt « repousser, écarter du but » 1 littér. Repousser (qqn) avec dureté ou avec mépris. « *Il me rebuta rudement* » (Pasc.). 2 Détourner, dégoûter (qqn) d'une entreprise, par les obstacles, les échecs, l'ennui. ⇒ **décourager.** *Rien ne le* *rebute.* ➛ pronom. « *elle revint à la charge, ne se rebutant jamais* » (Ste-Beuve). 3 Choquer (qqn), inspirer de la répugnance à. ✪ CONTR. Attirer.

recalage n. m. – 1923 1 Action de recaler, d'annuler une dérive. *Recalage d'un volant sur un arbre de machine.* 2 fam. Le fait d'être recalé (2°).

recalcification n. f. – 1933 ▪ Fixation du calcium en plus grande quantité dans des tissus qui l'ont perdu à la suite d'un processus pathologique. ✪ CONTR. Décalcification.

recalcifier v. tr. [7] – mil. XXe ▪ Enrichir en calcium. ✪ CONTR. Décalcifier.

récalcitrant, ante adj. et n. – XVIe ; lat. *calcitrare* « ruer » 1 Qui résiste avec opiniâtreté, entêtement. *Cheval récalcitrant. Être, se montrer récalcitrant.* ⇒ **indocile, rebelle.** ♦ fam. Qu'on ne peut arranger à sa guise. *Boutons de manchettes récalcitrants.* 2 n. *Les récalcitrants à l'impôt.* ✪ CONTR. Docile, souple.

recaler v. tr. [1] – XVIIe 1 Caler de nouveau. 2 fam. Refuser (qqn) à un examen. *Recaler un candidat à l'oral d'un examen. Il s'est fait recaler au bac.* subst. *Les recalés de juillet.* ✪ CONTR. Admettre, recevoir.

récapitulatif, ive adj. – XIXe ▪ Qui sert à récapituler. *Chapitre récapitulatif.* ➛ n. m. *Un récapitulatif.*

récapitulation n. f. – XIIIe ▪ Répétition, reprise point par point. « *si je faisais la récapitulation des déceptions de ma vie* » (Proust). ➛ Écrit qui récapitule. ⇒ **abrégé, sommaire.**

récapituler v. tr. [1] – XIVe ; lat. *capitulum* « chapitre » ▪ Répéter en énumérant les points principaux. *Récapituler un discours.* ♦ Reprendre, en se rappelant ou en redisant (des événements, des faits). ➛ *Voyons, récapitulons !*

recaser v. tr. [1] – XIXe ▪ fam. Caser de nouveau (qqn qui a perdu sa place). ➛ pronom. *Il a pu se recaser ailleurs.*

recauser v. intr. [1] – XVIe ▪ Causer de nouveau de. ⇒ **reparler.** « *Faudra voir à en recauser* » (Zola).

recéder v. tr. [6] – XVIe 1 Rendre (ce qui avait été cédé). ⇒ **rétrocéder.** ➛ Céder (ce qu'on avait acheté). ⇒ **revendre.** 2 Céder de nouveau. « *J'y recède* [à ce besoin] *à presque chaque coup* » (Gide).

recel n. m. – XIIe ▪ Action de receler ; réception et conservation de choses obtenues par autrui au moyen d'un délit ou d'un crime. *Recel de bijoux.* ➛ *Recel de malfaiteur, de criminel :* fourniture d'asile ou de refuge à l'auteur connu d'un crime.

receler [R(ə)səle ; Rəs(ə)le ; R(ə)sele] [5] ou **recéler** [6] v. – XIIe I v. tr. 1 littér. Tenir caché, secret. *Receler un secret.* ♦ fig. Garder, contenir en soi. ⇒ **renfermer.** « *L'Italie recelait des révolutionnaires dignes de ce nom* » (Romains). 2 Détenir, garder par un recel. *Receler des tableaux volés.* ➛ Garder chez soi (un malfaiteur) pour le soustraire à la justice. II v. intr. Se cacher, rester dans son enceinte sans en sortir. *Le cerf recèle.*

receleur, euse [R(ə)səlœR ; Rəs(ə)lœR ; R(ə)selœR, øz] ou **recéleur, euse** n. – XIVe ▪ Personne coupable de recel.

récemment [Resamɑ̃] adv. – XVIe ▪ À une époque récente, depuis peu de temps. ⇒ **dernièrement.** *Je l'ai vue tout récemment.* ✪ CONTR. Autrefois, jadis.

recensement n. m. – XVIIe ▪ Compte ou inventaire détaillé. ⇒ **recension.** ➛ Dénombrement détaillé (des habitants d'un pays). ➛ *Recensement général des votes :* centralisation des résultats d'élections. ➛ *Recensement (du contingent) :* dénombrement, effectué par les mairies, des jeunes gens en âge d'être appelés sous les drapeaux. ♦ Inventaire des biens, des logements susceptibles d'être réquisitionnés.

recenser v. tr. [1] – XIIIe ; lat. *censere* « évaluer » 1 Dénombrer par le détail (la population). *Recenser la population d'un pays. Jeunes gens qui se font recenser.* 2 Dénombrer, inventorier. *J'en ai recensé plusieurs qui conviendraient.*

recenseur, euse n. – XIIIe ▪ Personne qui procède à un recensement de population.

recension n. f. – XVIIIe ▪ littér. 1 Comparaison d'une édition d'un auteur ancien avec les manuscrits. ⇒ **collationnement.** 2 Compte rendu d'un ouvrage littéraire. ➛ fig. Examen, inventaire détaillé et critique. ⇒ **recensement.**

> ❑ Pour l'orthographe, même famille que *recenser.* ♦ Ne pas confondre avec *récession* « régression ».

récent, ente adj. – XVe ; lat. ▪ Qui s'est produit ou qui existe depuis peu de temps ; proche dans le passé. *Une construction récente.* ⇒ **moderne.** *Événements récents. Nouvelle toute récente. Passé récent.* ⇒ **proche.** ♦ « *un de ces bourgeois récents* » (Romains). ✪ CONTR. Ancien, vieux.

recentrage n. m. – 1924 ▪ Action de recentrer ; fait d'être recentré.

recentrer v. tr. [1] – 1902 1 Remettre au centre, diriger vers le centre (le ballon). 2 Opérer un regroupement autour d'un nouvel objectif politique. 3 Ramener à ce qui est essentiel. *Recentrer le débat.*

recépage n. m. – XVIIe ▪ Action de recéper. *Recépage de la vigne.*

recépée n. f. – XIVe ▪ Partie d'un bois que l'on a recépé.

recéper v. tr. [6] – XIVe ; de *re-* et *cep* 1 Couper, tailler (un arbuste) près de terre pour faire venir des pousses plus fortes. « *Les vignerons recèpent la vigne tous les ans* » (Balz.). 2 Raccourcir (des pieux, des pilotis qui dépassent le niveau voulu).

récépissé n. m. – XVe ; lat. *recipere* « recevoir » ▪ Écrit par lequel on reconnaît avoir reçu des objets, de l'argent. ⇒ ① **reçu.**

> ❑ Ce mot latin *(recepisse)* est aujourd'hui francisé. ♦ De même origine que *recette* « somme reçue ».

réceptacle n. m. – XIVe ; lat. 1 Lieu, contenant qui reçoit son contenu de diverses provenances. ♦ Bassin où se rassemblent les eaux. 2 Prolongement du pédicelle de la fleur qui supporte toutes les pièces florales.

① **récepteur** n. m. – XIIIe 1 *Récepteur d'un compte courant :* correspondant qui reçoit la remise et en est débité. 2 Appareil qui reçoit de l'énergie brute pour la transformer en énergie utilisable. *Les accumulateurs sont des récepteurs.* ♦ Appareil recevant des signaux de télécommunication et les transformant en sons, en images. ⇒ **chaîne,** ③ **poste, syntoniseur, tuner.** *L'antenne d'un récepteur de radio. Récepteur de télévision.* ➛ *Récepteur téléphonique :* appareil assurant la réception du signal téléphonique et sa transformation en signal sonore (⇒ **combiné).** 3 Structure ayant pour fonction de recevoir divers stimulus en les transformant en stimulations qui seront transmises aux organes correspondants. *Récepteur tactile, auditif, gustatif.* 4 Protéine capable de se lier spécifiquement à une hormone, un enzyme, un anticorps, un antigène, un virus, un médicament ou à tout autre composé doué d'une activité biologique. ✪ CONTR. Émetteur.

> ❑ Ce mot a eu en ancien français le sens de *receveur,* mot de même origine.

② **récepteur, trice** adj. – XIXe ▪ Qui reçoit, spécialt Qui reçoit des ondes. *Poste récepteur.* ⇒ ① **récepteur.** *Antenne réceptrice.* ♦ *Centre récepteur :* structure nerveuse (centrale ou périphérique) recevant des influx. ✪ CONTR. Émetteur, générateur.

réceptif, ive adj. – XVe 1 Susceptible de recevoir des impressions. ➙ *Réceptif à...* (qqch.). *L'enfant est particulièrement réceptif à la suggestion.* 2 Se dit d'un organisme (animal, humain) particulièrement susceptible de contracter une infection. ✪ CONTR. Réfractaire, résistant.

réception n. f. – XIIIe 1 Le fait pour le destinataire de recevoir effectivement (une marchandise transportée). *Réception d'un paquet. Accuser réception d'une lettre.* 2 Action de recevoir (des ondes); le fait d'en être le récepteur. *Réception de la lumière, des sons... par l'organisme.* ➙ *Réception des ondes dans un poste. Mauvaise réception* (⇒ **brouillage, bruit**). 3 Action de recevoir le ballon. ➙ Manière dont le corps se reçoit au sol après un saut. 4 Action d'accepter. *Réception de caution* : acceptation par le créancier de la caution présentée par le débiteur. ➙ *Réception de travaux* : acceptation, approbation, par le maître et l'acquéreur de l'ouvrage, des travaux de l'entrepreneur après leur achèvement. 5 Action de recevoir (qqn), d'accueillir. « *sans tenir compte de sa peu avenante réception* » (Artaud). 6 Action de recevoir les clients d'un hôtel. *Bureau de la réception.* ➙ Ce bureau, ses employés. *Adressez-vous à la réception.* 7 Action de recevoir des amis chez soi. « *madame Rabourdin prit un jour de réception par semaine* » (Balz.). ♦ Réunion mondaine organisée chez qqn. ⇒ **soirée.** « *Ses chambellans, sa pompe et ses réceptions aux Tuileries* » (Stendh.). 8 Le fait de recevoir (qqn), d'être reçu dans un cercle, un club, etc., en tant que membre ; cérémonie à laquelle cette admission donne lieu. *Réception d'un écrivain à l'Académie française. Discours de réception.* ✪ CONTR. Envoi, expédition ; émission. Exclusion.

réceptionnaire n. – XIXe 1 Personne chargée d'assurer la réception de marchandises et d'en vérifier la nature, la qualité, la quantité. 2 Chef de la réception dans un hôtel. « *Une réceptionnaire de palace* » (Cl. Simon). ⇒ **réceptionniste.**

réceptionner v. tr. [1] – 1913 1 Recevoir, vérifier et enregistrer (une livraison). *Réceptionner des marchandises.* 2 Dans un jeu, Recevoir et contrôler (le ballon).

réceptionniste n. – 1964 ▪ Personne chargée de l'accueil de la clientèle (d'un hôtel, d'une entreprise, d'un organisme).

réceptivité n. f. – XIXe ▪ littér. 1 Caractère de ce qui est réceptif. Aptitude à recevoir des impressions. ⇒ **sensibilité.** « *un homme ne naît pas jaloux, il apporte seulement un état de réceptivité qui le rend apte à contracter cette maladie* » (Maurois). 2 Aptitude à contracter (une maladie). ✪ CONTR. Immunité, résistance.

recercler v. tr. [1] – XIXe ▪ Cercler de nouveau. *Recercler un tonneau.*

recès ou **recez** [ʀəsɛ] n. m. – XVIe ; lat. *recessus* « action de se retirer » 1 Acte dans lequel les diètes de l'Empire germanique consignaient leurs délibérations avant de se retirer. 2 Procès-verbal de conventions arrêtées entre deux puissances.

récessif, ive adj. – 1907 ▪ À l'état latent. *Gène récessif* : gène qui ne produit le caractère qui lui est lié que s'il existe sur les deux chromosomes de la paire (à l'état homozygote). *Le caractère des yeux bleus est lié à un gène récessif.* ➙ *Ce caractère est récessif* (⇒ **récessivité**).

> ❑ La notion vient de l'allemand *(recessiv)*, à propos des expériences de Mendel. → mendélisme (rem.).

récession n. f. – XIXe ; lat. *re-* « en arrière » et *cedere* « aller » 1 Action de se retirer. ⇒ **recul.** *Récession des galaxies, des nébuleuses,* leur éloignement progressif. ⇒ **fuite.** 2 Ralentissement du rythme de croissance de l'activité économique. ⇒ **crise, dépression.** ✪ CONTR. Avance, progrès. Expansion.

> ❑ L'usage du mot en économie est emprunté à l'anglais. Ne pas confondre avec *régression.* La *récession* est plutôt un arrêt dans un progrès attendu. ♦ Ne pas confondre avec *recension* qui s'emploie dans le domaine de l'édition.

récessivité n. f. – mil. XXe ▪ Caractère récessif. État d'un sujet récessif. ✪ CONTR. Dominance.

recette n. f. – XIe ; lat. *recepta* « chose reçue » **I - 1** Total des sommes d'argent reçues. ⇒ **rentrée** (d'argent). « *Zéro de recette aujourd'hui ! Rien vendu dans la journée !* » (Hugo). *Recette (nette)* : bénéfice. ➙ loc. *Faire recette* : avoir beaucoup de succès, en parlant d'un spectacle, d'une exposition, etc. ♦ *Recettes et dépenses prévues au budget.* ⇒ **crédit.** ♦ *Recettes fiscales* : le produit de l'impôt. 2 Action de recevoir (de l'argent). ⇒ ① **recouvrement.** *Faire la recette des contributions.* ➙ *Garçon de recette* : employé de banque chargé d'encaisser les effets de commerce. ⇒ **encaisseur.** 3 Bureau d'un receveur des impôts. ⇒ **perception.** *Recette des finances.* ➙ *Recette des contributions indirectes ; recette buraliste.* **II** Large palier dans un puits de mine, où sont reçus les produits d'exploitation. **III - 1** Formule et manière de préparer (un remède). 2 *Recette (de cuisine)* : indication détaillée de la manière de préparer un mets. *Une bonne recette. Livre de recettes* : livre de cuisine. 3 Moyen, procédé. « *Le sport est un art. Une recette morale dont l'exercice est physique* » (Giraud.). ✪ CONTR. (du I) CONTR. Débours, dépense.

recevabilité n. f. – XIXe ▪ Caractère de ce qui est recevable. ✪ CONTR. Irrecevabilité.

recevable adj. – XIIIe 1 Qui peut être reçu, accepté. *Cette excuse n'est pas recevable.* ⇒ **admissible.** 2 Contre quoi il n'existe aucun obstacle juridique à l'examen du fond. *Action, appel recevable. Être déclaré non recevable.* ➙ Qui peut être admis à (agir en justice). ✪ CONTR. Irrecevable ; inadmissible.

receveur, euse n. – XIIe 1 *Receveur public* : comptable public chargé du recouvrement des impôts indirects, de certains impôts directs et du règlement de certaines dépenses. ⇒ **percepteur.** *Receveur des contributions. Receveur des postes.* 2 Personne qui reçoit le sang du donneur (dans une transfusion sanguine). ⇒ **transfusé.** *Receveur universel,* appartenant au groupe AB et pouvant recevoir le sang des autres groupes sanguins (A, B et O). ♦ Malade à qui l'on implante un fragment de tissu ou un organe d'un donneur (dans une greffe ou une transplantation d'organe).

recevoir v. tr. [28] – X[e] ; lat. *recipere* **I - 1** Être mis en possession de (qqch.) par un envoi, un don, un paiement, etc. *Recevoir une lettre, un colis. Recevoir un cadeau. Recevoir de l'argent.* ⇒ **percevoir,** ① **toucher.** ➙ *Recevoir une récompense, une décoration, un prix.* ➙ « *Donner et recevoir, c'est faire vivre l'âme !* » (Hugo). ♦ *Recevoir un message, un appel.* ➙ *Recevoir un ordre. Recevoir des compliments. Recevez, Monsieur, mes salutations, l'assurance de mon dévouement* (formules). *Recevoir de l'instruction, un certain genre d'éducation. Recevoir des soins, des secours.* ➙ *Recevoir la communion, un sacrement.* 2 Être atteint par, être l'objet de (qqch. que l'on subit, que l'on éprouve). *Recevoir des coups. Recevoir la pluie.* ➙ *Recevoir un affront, une leçon.* ⇒ **essuyer, subir.** *Il a reçu un choc* (émotif). ♦ *La Lune reçoit sa lumière du Soleil.* ➙ Être l'objet de. ⇒ **prendre.** « *Cette main ainsi préparée reçoit le nom de* main de gloire » (Nerval). **II - 1** Laisser entrer (qqn qui se présente). ♦ *Recevoir un nouvel académicien.* ⇒ **récipiendaire.** ➙ Faire venir chez soi pour un repas, une réunion. *Recevoir qqn à dîner.* ➛ Faire entrer en allant chercher et en accompagnant. ⇒ **introduire.** « *Elle se dérangeait pour recevoir celles qui entraient* » (Flaub.). ♦ Réserver un accueil (bon ou mauvais). ⇒ **accueillir, traiter.** *Être bien, mal reçu. Recevoir qqn à bras ouverts, avec empressement.* ♦ Accueillir habituellement des amis, des invités ; donner une réception. *Une femme qui sait recevoir. Ils reçoivent très peu.* « *Chaque samedi, Heredia recevait* » (Gide). ♦ Accueillir les visiteurs. *Le médecin va vous recevoir.* ➛ *Recevoir la visite de qqn.* ♦ « *de ces opinions que le peuple reçoit avec une facilité trop crédule* » (Pasc.). ⇒ **accueillir.** ➛ *Initiative mal, bien reçue.* 2 Laisser entrer (qqn) à certaines conditions, après certaines épreuves. ⇒ **admettre.** ➛ *Être reçu à un examen.* 3 Faire entrer (qqch.), recueillir. *Salle capable de recevoir deux mille personnes.* ♦ *Fleuves qui reçoivent des affluents.* 4 littér. Admettre en son esprit (comme vrai, légitime). ⇒ **reconnaître.** « *Ne recevoir jamais aucune chose pour vraie, que je ne la connusse évidemment être telle* » (Desc.). ➛ « *Dictionnaire des idées reçues* », *de Flaubert.* **III** *SE RECEVOIR* v. pron. 1 *Ils se reçoivent beaucoup.* 2 Retomber d'une certaine façon, après un saut. *Sauteur qui se reçoit sur la jambe droite* **(⇒ réception).** ✪ CONTR. Donner, envoyer. — Recaler, refuser.

recez → **recès**

① **rechange** n. m. – XIIIe ; de *rechanger* 1 loc. adj. *DE RECHANGE :* destiné à remplacer un objet ou un élément identique. *Vêtements de rechange.* ➛ *Roue de rechange :* roue de secours. ♦ De remplacement. *Une solution de rechange.* 2 Pièce, objet de rechange. *Un rechange de vêtements.*

② **rechange** n. m. – XVIIe ; de *re-* et *change* ▪ Opération par laquelle le porteur d'une lettre de change impayée tire sur les obligés une nouvelle lettre de change, dite *retraite.*

rechanger v. tr. [3] – XIIe ▪ Changer de nouveau.

rechanter v. tr. [1] – XVe ▪ Chanter de nouveau.

rechapage n. m. – 1928 ▪ Action de rechaper ; son résultat.

rechaper v. tr. [1] – 1928 ▪ Réparer (un pneu) en reconstituant la couche de caoutchouc usée de la chape. ➛ *Pneu rechapé.*

❑ Un seul *p* comme dans *chape.*

réchappé, ée n. – XVIe ▪ littér. Rescapé. « *Les réchappés de ce grand naufrage* » (Alain).

réchapper v. intr. [1] – XIIIe ▪ Échapper à un péril menaçant. *Il a réchappé de cette guerre.* « *Si je réchappe à cette crise* » (Anouilh). ♦ *EN RÉCHAPPER.* « *J'ai failli y passer ; mais* [...] *je crois que j'en réchapperai* » (Zola). ➛ Guérir ; s'en sortir vivant. *Personne n'en a réchappé, n'en est réchappé.*

recharge n. f. – XVe 1 Action de recharger une arme, un appareil électrique. *Mettre un accumulateur en recharge.* 2 *Recharge de stylo.* ⇒ ② **cartouche.** *Recharge pour un atomiseur à parfum.*

rechargeable adj. – 1964 ▪ Qu'on peut recharger. *Briquet rechargeable* (opposé à *jetable*).

rechargement n. m. – XIXe ▪ Action de recharger. ♦ *Rechargement d'une route* **(⇒ recharger).**

recharger v. tr. [3] – XIIe 1 Charger de nouveau ou davantage. *Recharger un camion.* 2 Remettre une charge dans (une arme). *Recharger son fusil.* ➛ Approvisionner de nouveau. *Recharger un appareil photographique, un briquet à gaz.* ➛ *Recharger une batterie d'accumulateurs.* 3 Empierrer (une voie) de façon à en relever le niveau. *Recharger une route, une voie de chemin de fer.*

rechasser v. [1] – XIIe 1 v. tr. Chasser, expulser de nouveau (qqn). 2 v. intr. Aller de nouveau à la chasse.

réchaud n. m. – XVIe 1 Ustensile de cuisine portatif, servant à chauffer ou à faire cuire les aliments. *Réchaud à gaz, électrique.* ➛ *Réchaud de camping.* ⇒ **camping-gaz.** 2 Plat à double fond, support sous lequel se trouve un réchaud (électrique, à alcool), et qui sert de chauffe-plat.

❑ *Réchaud* est la réfection, d'après *chaud,* d'un déverbal de *réchauffer* (qui aurait été °*réchauffe*).

réchauffage n. m. – XIXe ▪ Opération par laquelle on réchauffe.

réchauffé, ée adj. et n. m. – XIIIe 1 Qui a été chauffé après s'être refroidi. « *Rien n'étant pire qu'un dîner froid, si ce n'est un dîner réchauffé* » (Gaut.). 2 Ranimé sans nécessité. « *secoués de désirs réchauffés et d'ardeurs fermentées* » (Maupass.). *Une plaisanterie réchauffée,* servie trop souvent et qui a perdu tout son effet. ♦ n. m. *Du réchauffé,* se dit d'une chose trop connue. *C'est du réchauffé.*

réchauffement n. m. – XVIIe ▪ Action de se réchauffer, de s'échauffer une seconde fois. *Réchauffement de la température.* ✪ CONTR. Refroidissement.

réchauffer v. tr. [1] – XIIe 1 Chauffer (ce qui s'est refroidi). *Réchauffer un plat.* ⇒ **réchauffé.** « *Germain la prit dans ses bras pour la réchauffer* » (Sand). ➛ intrans. *Faire réchauffer des légumes.* ➛ *Une marche, ça réchauffe !* 2 *SE RÉCHAUFFER* v. pron. Redonner de la chaleur à son corps. *Courir pour se réchauffer.* ➛ Devenir plus chaud. *La température se réchauffe.* 3 Ranimer (les esprits, les cœurs, les sentiments). *Cela réchauffe le cœur.* ⇒ **réconforter.** « *Ces pertes réchauffèrent un peu son amitié pour* [...] *moi* » (Rouss.). ✪ CONTR. Refroidir.

réchauffeur n. m. – XIXe ▪ Appareil annexe des chaudières, permettant de récupérer une partie de la chaleur du foyer.

rechaussement n. m. – XVe ▪ Action de rechausser (un arbre, un arbuste).

rechausser v. tr. [1] – XIIe 1 Chausser de nouveau. pronom. *Se rechausser.* 2 Regarnir (une base). Remettre de la terre au pied de (un arbre, un arbuste). ⇒ **butter.** ➛ Consolider le pied, la base de (un mur). ➛ Remettre des pneus neufs à (une voiture).

rêche adj. – XIIIe ; germ. *rubisk* 1 Rude au toucher, légèrement râpeux. ⇒ **rugueux.** « *sa main était forte, épaisse et rêche* » (Genet). 2 Rude de caractère ; difficile à vivre. ⇒ **rétif, revêche.** « *Elle est rêche et dure comme une chèvre* » (Duham.). ✪ CONTR. ① Lisse, moelleux.

recherche n. f. – XVIe **I** - 1 Effort pour trouver (qqch.). *La recherche d'un objet perdu. Recherche d'objets enfouis.* ⇒ **fouille.** *Recherche de renseignements* **(⇒ enquête).** ➛ *Recherche de paternité légitime, naturelle :* action pour découvrir le père véritable d'un enfant. ➛ *Faire de vaines recherches.* ♦ Action de rechercher (qqn). *Avis de recherche. Recherche d'un fugueur.* 2 Effort de l'esprit pour trouver (une connaissance, la vérité). ♦ *UNE, DES RECHERCHES :* le travail, les travaux faits pour trouver des connaissances nouvelles, pour étudier une question. ➛ *Faire des recherches dans une bibliothèque, aux archives.* 3 *LA RECHERCHE.* Ensemble des travaux, des activités intellectuelles qui tendent à la découverte de connaissances et de lois nouvelles (sciences), de moyens d'expression (arts, lettres). ⇒ **investigation.** *Centre national de la recherche scientifique (C.N.R.S.).* ➛ *Recherche-développement :* travaux de recherche menés dans une entreprise, un groupe (pour la conception, la mise au point de nouveaux produits). ♦ *Recherche clinique* : recherche portant sur le malade. 4 Action de chercher à obtenir. ⇒ ① **quête.** *La recherche d'un avantage, du bonheur.* 5 loc. prép. *À LA RECHERCHE DE...* : en cherchant, en recherchant. « *ses filles se précipitent à la recherche du chapelain* » (Queneau). *Ils sont à la recherche d'un appartement.* « *à la recherche d'un mur contre lequel il pourrait s'effacer* » (Robbe-Grillet). « *À la recherche du temps perdu* », *de Proust.* II Effort pour se distinguer par une délicatesse, un raffinement plus grand ; caractère de ce qui est recherché. ⇒ **raffinement.** *Habillé avec une certaine recherche.* ➛ *Recherche dans le style.* ➛ péj. Recherche excessive. ⇒ ② **affectation, maniérisme, sophistication.** « *Ses œuvres sont d'une longueur, d'une recherche, d'une subtilité insupportables* » (Suarès). ✪ CONTR. Abandon, laisser-aller, simplicité.

recherché, ée adj. – XVIe 1 Que l'on cherche à obtenir. À quoi l'on attache du prix. *Édition recherchée.* ⇒ **rare.** ♦ Que l'on cherche à voir, à connaître. *Je me suis vu « vanté, fêté, recherché, même à la cour »* (Rouss.). 2 Qui a été obtenu par un raffinement, du soin. ⇒ **étudié.** « *La toilette de voyage* [...] *la plus simplement recherchée* » (Balz.). ♦ péj. Qui trahit une recherche excessive, qui manque de naturel. ⇒ **affecté, maniéré, précieux.** *Style recherché.* ✪ CONTR. Banal, commun, naturel, simple.

rechercher v. tr. [1] – XIIe 1 Chercher de façon consciente, méthodique ou insistante. *Rechercher un objet égaré.* ♦ Chercher à découvrir, à retrouver (qqn). ➛ « *La police recherchait Villon* » (Carco). 2 Chercher à connaître, à découvrir. *Il faut que « vous recherchiez s'il est aussi* incorruptible *qu'on le croit »* (Renan). *Rechercher comment, pourquoi, dans quelles conditions...* 3 Reprendre (qqn ou qqch. qu'on a laissé temporairement). 4 Tenter d'obtenir, d'avoir (qqch.) par une recherche. « *Si on ne recherche que le bonheur, on aboutit à la facilité* » (Camus). 5 Tenter, essayer de connaître, de fréquenter (qqn). ➛ *On recherche sa compagnie.* ✪ CONTR. Éviter, fuir.

rechigner v. intr. [1] – XIIe ; de *re-* et germ. *kînan* « tordre la bouche » ▪ *RECHIGNER À* : témoigner de la mauvaise volonté pour. ⇒ **renâcler.** *Rechigner à faire qqch.* ➛ « *je dépensais sans rechigner les restes d'un élan militantiste* » (Gracq).

rechute n. f. – XVe ; de *re-* et *choir* → chute 1 Reprise d'une maladie qui était en voie de guérison. ⇒ **récidive.** *Faire une rechute.* 2 Le fait de retomber dans le péché, le vice, etc.

rechuter v. intr. [1] – XIXe ▪ Faire une rechute, tomber malade de nouveau. « *il se mit à travailler avant d'être guéri, ce qui ne le fit point rechuter* » (Sand).

récidivant, ante adj. – XVIe ▪ Se dit d'une maladie qui donne lieu à récidive, qui réapparaît après un temps de guérison plus ou moins long. ⇒ **récurrent.**

récidive n. f. – XVe ; lat. *re-* « à nouveau » et *cadere* « tomber » 1 Réapparition d'une maladie après sa guérison. 2 Le fait de commettre une nouvelle infraction après avoir été irrévocablement condamné à une peine pour une infraction de même nature. ♦ Le fait de retomber dans la même faute, la même erreur. *Le directeur de l'école « me dit qu'à la première récidive il ne pourrait plus cacher ma mauvaise conduite »* (Radiguet).

récidiver v. intr. [1] – XVe 1 Réapparaître, recommencer. « *La tumeur récidivera* » (Littré). 2 Commettre une infraction avec récidive ; retomber dans les mêmes défauts, la même erreur.

récidiviste n. – XIXe 1 Personne qui est en état de récidive. ➛ adj. « *un condamné récidiviste en rupture de ban* » (Hugo). 2 Personne qui recommence la même erreur.

récif n. m. – XVIIe ; ar. *ar-rasîf* « chaussée, levée, digue » ▪ Rocher ou groupe de rochers à fleur d'eau, dans la mer. ⇒ ① **brisant, écueil.** « *Des récifs par bâbord !* » (Loti). *Récif de corail.* ➛ *Récif frangeant,* accolé à la côte. ➛ *Récif-barrière,* qui borde la terre, à une certaine distance.

récifal, ale, aux adj. – 1908 ▪ Qui se rapporte aux récifs ; formé de récifs.

récipiendaire [ʀesipjɑ̃dɛʀ] n. – XVIIe ; lat. *recipiendus* « qui doit être reçu » ▪ littér. 1 Personne qui vient d'être admise dans une société, dans un corps et en l'honneur de qui a lieu la cérémonie de réception. *Discours du récipiendaire à l'Académie française. La récipiendaire.* 2 Personne qui reçoit un diplôme universitaire (⇒ **impétrant**), qui est bénéficiaire d'une nomination, etc.

récipient [ʀesipjɑ̃] n. m. – XVIe ; lat. *recipere* « recevoir » ▪ Ustensile creux qui sert à recueillir, à contenir des substances solides, liquides ou gazeuses. « *Des récipients* [...] *qui allaient des grandes cuves, marmites, chaudrons et poissonnières, aux terrines pour le gibier, moules à pâtisserie et petits pots de crème* » (Proust).

réciprocité n. f. – XVIIIe ▪ Caractère, état de ce qui est réciproque. ➛ *Traité de réciprocité* (entre pays).

réciproque adj. et n. f. – XIVe ; lat. *reciprocus* I adj. 1 Qui implique, entre deux personnes, deux groupes ou deux choses, un échange équivalent. ⇒ **mutuel.** *Se faire des concessions réciproques. Un amour réciproque.* ⇒ **partagé.** ➛ *Contrat, convention réciproque.* ⇒ **bilatéral, synallagmatique.** 2 *Propositions réciproques,* telles que le sujet de l'une peut devenir l'attribut de l'autre et inversement. ⇒ **inverse.** 3 *Figures géométriques réciproques,* telles que chacune est la transformée de l'autre selon une même loi. ⇒ **inverse.** 4 *Fonction réciproque d'une fonction* (notée f^{-1}) : fonction faisant correspondre à toute valeur de cette fonction f la valeur prise par la variable. 5 *Verbe pronominal réciproque* : verbe pronominal qui indique une action exercée par plusieurs sujets les uns sur les autres. II n. f. Action inverse. *Il m'a joué un mauvais tour, mais je lui rendrai la réciproque,* la pareille. ♦ Affirmation réciproque (d'une autre). *Il a confiance en elle, mais la réciproque n'est pas vraie* : elle n'a pas confiance en lui.

réciproquement adv. – XVe 1 D'une manière qui implique une action ou une relation réciproque. ⇒ **mutuellement.** 2 *(Et) réciproquement,* servant à introduire une proposition, une affirmation réciproque de la première. « *Il n'y a pas de belles pensées sans belles formes, et réciproquement* » (Flaub.). ⇒ **vice versa.**

réciproquer v. intr. [1] – XIVe ▪ région. (Belgique) Rendre la pareille. ♦ trans. Adresser en retour (spécialt des vœux).

récit n. m. – XVe 1 Relation orale ou écrite (de faits vrais ou imaginaires). ⇒ **histoire, narration.** « *Son récit est lucide* » (Chateaub.). *Il pleura au récit de cette aventure.* 2 Partie qui exécute le sujet principal dans une symphonie. ♦ L'un des claviers de l'orgue.

récital n. m. – XIXe ; angl. ▪ Concert au cours duquel un seul artiste se fait entendre. *Récital de piano, de violon. Chanteur qui donne des récitals.*

> ❑ *Récital* est un emprunt à l'anglais *recital,* dérivé de *to recite* « rapporter » lui-même emprunté au français *réciter.*

récitant, ante adj. et n. – XVIIIe 1 *Partie récitante,* chantée par une seule voix ou exécutée par un seul instrument. ♦ n. Personne qui, dans une œuvre lyrique, chante un récitatif. 2 Personne qui lit le commentaire dans une émission radiophonique, un film, une œuvre dramatique.

récitatif n. m. – XVe ■ Chant cadencé selon la coupe des phrases et les inflexions de la voix parlée. ⇒ **mélopée.** *Déclamer un récitatif.*

récitation n. f. – XIVe 1 Action, manière de réciter (qqch.). *La récitation d'une leçon.* 2 Exercice scolaire qui consiste à réciter un texte littéraire appris par cœur. ➛ Le texte qui est l'objet de cet exercice. *Apprendre une récitation.*

réciter v. tr. [1] – XIIe ; lat. *re-* intensif et *citare* « appeler, entonner à haute voix » 1 Dire à haute voix (ce qu'on sait de mémoire). *Réciter un poème. Faire réciter ses leçons à un enfant.* 2 Dire sans sincérité ni véracité. *Les trois témoins récitaient la même chose.* 3 Chanter (un récitatif).

réclamant, ante n. – XVIIIe ■ Personne qui présente une réclamation.

réclamation n. f. – XIIIe ■ Action de réclamer, de s'adresser à une autorité pour faire reconnaître l'existence d'un droit. ⇒ **demande, doléance, requête.** *Déposer une réclamation. Lettre de réclamation. Bureau, service des réclamations.*

réclame n. f. – XVIIe 1 Article élogieux présentant et recommandant qqch. ou qqn, inséré dans un journal pour remplacer ou compléter une annonce publicitaire. *Réclame pour une marque d'automobiles.* 2 vieilli *LA RÉCLAME* : la publicité. *Faire de la réclame pour un produit.* ➛ *EN RÉCLAME* : en vente à prix réduits, à titre de réclame (cf. En promotion*). *Ces articles sont en réclame.* 3 Publicité particulière (annonce, affiches, prospectus, etc.). « *Sur les vitres de la porte, des réclames transparentes pour des pâtes à nettoyer les cuivres* » (Simenon). 4 Ce qui recommande, ce qui fait valoir. *Cela ne lui fait pas de réclame.*

❑ Seul mot courant jusqu'aux années 50, là où l'on ne dit plus que *publicité* : « publicité, *mot savant, apparaît comme plus noble, plus prestigieux que* réclame » (M. Galliot).

réclamer v. [1] – XIe ; lat. *re-* intensif et *clamare* « crier » **I** v. tr. 1 vx Implorer (une aide divine). *Réclamer la miséricorde divine.* ➛ Demander comme une faveur, en priant humblement. *Réclamer l'indulgence de qqn.* 2 Demander comme une chose indispensable, en insistant. *Réclamer l'assistance de qqn. Réclamer le silence.* « *je réclame de votre part un redoublement d'attention* » (Courtel.). *Malade qui réclame à boire.* ➛ *Réclamer qqn,* sa présence. *Enfant qui réclame sa mère.* 3 Demander avec insistance, comme dû, comme juste. ⇒ **exiger, revendiquer.** *Réclamer sa part. Réclamer qqch. à qqn.* 4 Requérir. ⇒ **demander, exiger, nécessiter.** *Ce travail réclame beaucoup de soin.* **II** v. intr. Faire une réclamation. *Réclamer en faveur de qqn.* ⇒ **intercéder.** ➛ *Ces mécontents qui réclament toujours.* **III** v. pron. *Se réclamer de...* : invoquer en sa faveur le témoignage ou la caution de (qqn). ⇒ **invoquer,** se **recommander.** *Vous avez bien fait de vous réclamer de moi.* ➛ Se référer à (qqch.). « *les académiques de tous arts se réclament de Platon* » (Malraux).

reclassement n. m. – XIXe 1 Nouveau classement. ♦ Établissement d'une nouvelle échelle des traitements, des salaires. *Reclassement de la fonction publique.* 2 Affectation (à une nouvelle activité) de personnes qui ont dû abandonner leur précédente activité. *Reclassement des victimes d'accidents du travail.*

reclasser v. tr. [1] – XIXe 1 Classer de nouveau. *Reclasser des fiches.* 2 Procéder au reclassement de (qqn). *Reclasser des ouvriers licenciés, des handicapés.*

reclouer v. tr. [1] – XIIe ■ Clouer de nouveau.

reclus, use adj. et n. – XIIe ; lat. *recludere* « fermer » 1 Renfermé et isolé. ➛ littér. *Mener une existence recluse.* 2 n. Personne qui vit enfermée (spécialt religieux cloîtré). ♦ Personne qui vit en solitaire. *Il ne sort plus, il vit en reclus, comme un reclus,* en ermite.

réclusion n. f. – XIIIe 1 littér. État d'une personne recluse. *Les femmes russes* « *semblent avoir conservé l'habitude orientale de la réclusion : elles sortent peu* » (Gaut.). 2 Privation de liberté, avec obligation de travailler. ⇒ **détention, emprisonnement, incarcération.** *Condamné à dix ans de réclusion criminelle. Réclusion criminelle à perpétuité.*

récognitif [ʀekɔgnitif ; ʀekɔɲitif] adj. m. – XIXe ; lat. *recognoscere* « reconnaître » ■ *Acte récognitif,* par lequel on reconnaît l'existence d'une obligation, d'un droit, en se référant à un acte antérieur.

❑ Pour ce mot comme pour *récognition,* la prononciation du *g* et du *n* séparés est plus élégante.

récognition [ʀekɔgnisjɔ̃ ; ʀekɔɲisjɔ̃] n. f. – XVe ; lat. « revue, inspection » ■ Acte de l'esprit qui reconnaît (une chose) en identifiant.

recoiffer v. tr. [1] – XVIe ■ Coiffer de nouveau. ➛ pronom. *Se recoiffer avant de sortir.*

recoin n. m. – XVIe ■ Coin caché, retiré. *Les recoins d'un grenier.* « *les recoins de la France sont peu connus* » (Sand). ♦ « *en fouillant tous les recoins de ton âme* » (Verlaine). ⇒ **repli.**

récolement n. m. – XVIIe 1 Dénombrement par ministère d'huissier des meubles saisis. ➛ Vérification contradictoire de l'exécution des clauses et conditions imposées, après l'exploitation d'une coupe de bois. 2 Vérification et pointage sur inventaire. *Faire un récolement dans une bibliothèque.* 3 Action de récoler (un témoin). ➛ Déclaration ainsi obtenue.

récoler v. tr. [1] – XIVe ; lat. *recolere* « passer en revue » 1 *Récoler un témoin,* lui lire sa déposition pour vérifier s'il en maintient les termes. 2 Faire le récolement de. *Récoler les meubles saisis ; une coupe de bois.*

❑ Mot juridique, même famille étymologique que *culte* ; sans rapport avec *collationnement,* ni avec *récollet.*

recollage n. m. – 1904 ■ Action de recoller. ✪ CONTR. Décollement.

récollection n. f. – XVe ; lat. *recolligere* « recueillir » ■ Action de se recueillir. ➛ Retraite spirituelle.

recoller v. tr. [1] – XIVe 1 Coller de nouveau (ce qui est décollé). ➛ Réparer, joindre en collant. *Recoller les morceaux.* 2 trans. ind. *Recoller au peloton,* le rejoindre après avoir été distancé. ✪ CONTR. Décoller.

récollet n. m. – XVe ■ Religieux franciscain réformé (qui a l'esprit de récollection).

récoltable adj. – XVIIIe ■ Qu'on peut récolter.

récoltant, ante adj. et n. – XIXe ■ Qui procède lui-même à la récolte. *Viticulteur, propriétaire récoltant.*

récolte n. f. – XVIe ; it. *ricogliere* « recueillir » 1 Action de recueillir (les produits de la terre). ⇒ **arrachage, cueillette, ramassage.** *Récolte des pommes de terre, des olives.* ♦ *La récolte du miel.* 2 Les produits recueillis. *Bonne, mauvaise récolte.* 3 Ce que l'on recueille à la suite d'une quête, d'une recherche ⇒ **collecte, moisson, profit.** *Nous remettions* « *notre récolte à la dame patronnesse* » (Radiguet).

récolter v. tr. [1] – XVIIIe 1 Faire la récolte de (qqch.). ⇒ **recueillir.** *Récolter le blé* (⇒ **moissonner**), *le raisin* (⇒ **vendanger**), *les fruits* (⇒ **cueillir**), *les pommes de terre* (⇒ **ramasser**). ➜ pronom. *Ces fraises se récoltent en juin.* ➜ *Récolter du miel.* ♦ *Leur fille « sema autour d'elle le scandale et récolta le mépris »* (Tournier). 2 Gagner, recueillir. *Dans cette affaire, je n'ai récolté que des désagréments. Récolter des renseignements de-ci de-là.* ⇒ **glaner, grappiller.** ➜ pronom. « *le profit de l'effort ne se récolte pas au moment même* » (Gide).

récolteur, euse n. – 1908 ■ Personne employée à la récolte, notamment du caoutchouc.

recombinaison n. f. – 1948 ■ Brassage des gènes entraînant l'apparition, dans la descendance, de traits qui n'existaient ensemble chez aucun des parents.

recommandable adj. – XVe ■ Digne d'être recommandé, estimé, considéré. ⇒ **estimable.** *Un individu peu recommandable.*

recommandation n. f. – XIIe 1 Action de recommander (qqn) ; paroles, écrit par lesquels on recommande. ⇒ **appui, protection ;** fam. **piston.** *Recommandation chaleureuse. Mot, lettre de recommandation.* ♦ *Recommandation de l'âme* : prières pour les mourants. 2 Action de désigner (qqch.) à l'attention favorable de qqn, en soulignant les mérites, les avantages. *Recommandation d'un restaurant par un guide.* 3 Action de conseiller avec insistance (qqch.). ⇒ **exhortation.** « *les recommandations sérieuses que toutes les mères font à leurs filles* » (Balz.). *Tenir compte des recommandations d'autrui.* ⇒ **avis, conseil.** *Recommandation officielle d'employer un mot plutôt qu'un autre.* ♦ Acte par lequel un conseil, un organisme international invite les parties à donner une solution particulière à leur différend. 4 Garantie par laquelle un expéditeur s'assure, en payant une taxe, du bon acheminement d'un envoi. *Recommandation postale.* ✪ CONTR. Condamnation, ① défense.

recommandé, ée → **recommander** (I, 3°, 5°)

recommander v. tr. [1] – Xe I - 1 Désigner (qqn) à l'attention bienveillante, à la protection d'une personne. *Mon maître et ami « m'avait chaleureusement recommandé au Dr Stein »* (Cendrars). *Il a été chaudement recommandé.* ⇒ **appuyer, patronner,** fam. **pistonner.** ♦ « *Je vous recommande les âmes de mon père et de Mariette* » (Baud.). 2 Indiquer, désigner (qqch.) à l'attention de qqn ; vanter les mérites, les avantages de. ⇒ ① **conseiller, préconiser.** *On nous a recommandé cette méthode.* ➜ *Un écriteau recommandait un hôtel.* 3 Demander avec insistance (qqch.) à qqn. *Je vous recommande la discrétion. Le médecin lui a recommandé de se reposer.* ⇒ ① **conseiller, exhorter.** ➜ impers. *Il est recommandé de réserver.* ➜ fam. *Ce n'est pas très recommandé* : c'est déconseillé ; ce n'est pas fameux. ⇒ **indiqué.** 4 Rendre (qqn) digne d'estime, de considération. « *Une personne que sa fortune, son nom et sa position recommandent* » (Balz.). 5 Soumettre (un envoi postal) à une taxe garantissant son bon acheminement. *Recommander un paquet.* ➜ *Lettre recommandée.* n. m. *Envoi en recommandé.* II SE RECOMMANDER v. pron. *Se recommander de (qqn)* : invoquer l'appui, le témoignage de (qqn). ⇒ se **réclamer.** 2 Demander à (qqn) sa bienveillance, sa protection. *Se recommander à Dieu.* ➜ *Se recommander au bon souvenir de qqn.* 3 Se distinguer par (telle qualité). *Cette station se recommande par son ensoleillement.* ✪ CONTR. Condamner, déconseiller, dénigrer.

recommencement n. m. – XVIe ■ Action de recommencer. *Le recommencement des combats.* ⇒ **reprise, retour.** *La lune est « un signe de mort et de recommencement »* (Alain).

recommencer v. [3] – XIe I v. tr. 1 Commencer de nouveau (ce qu'on avait interrompu, abandonné ou rejeté). ⇒ **reprendre.** *Recommencer un récit à partir du début.* ➜ Reprendre au commencement. « *J'ai été si souvent interrompu, que je ferais tout aussi bien de recommencer* » (Dider.). ♦ RECOMMENCER À. « *je recommençais à souffrir* » (Proust). ⇒ se **remettre.** ➜ impers. *Il recommence à pleuvoir.* 2 Faire de nouveau depuis le début (ce qu'on a déjà fait). ⇒ **refaire.** *Recommencer une expérience.* ⇒ **répéter.** « *Elle demandait même à y recommencer son noviciat* » (Rac.). ➜ loc. *Recommencer sa vie* : faire tout autre chose que ce qu'on a déjà fait. ♦ Refaire la même chose. *Si c'était à recommencer... Si tu recommences, gare à toi. Ôter à qqn l'envie de recommencer.* ⇒ **récidiver.** ➜ loc. fam. *On prend les mêmes et on recommence !* rien ne change, ne s'améliore. II v. intr. 1 Avoir de nouveau un commencement. « *Le lendemain recommence la même journée* » (Michaux). 2 Exister, se produire de nouveau, après une interruption. ⇒ **reprendre.** *L'orage recommence.* « *La guerre recommença avec plus d'animosité* » (Volt.). *Et ça recommence !* (⇒ fam. **rebelote**).

❑ *Recommencer de* est vieux ou littéraire. « *on recommence de haïr* » (Stendhal).

récompense n. f. – XVe 1 Indemnité due à l'un des époux après la dissolution de la communauté en cas d'enrichissement du conjoint. 2 Bien matériel ou moral donné ou reçu pour une bonne action, un service rendu, des mérites. *En récompense des services rendus.* ➜ *Décerner, distribuer des récompenses. Récompense en argent.* ⇒ **gratification,** ② **prime.** *Récompense honorifique. Liste des récompenses.* ⇒ **palmarès.** ➜ Avantage que l'on tire (d'une conduite méritoire). *Sa réussite est la récompense de son travail.* ✪ CONTR. Châtiment, punition, sanction.

récompenser v. tr. [1] – XIVe ; lat. *re-* et *compensare* « compenser » ■ Gratifier (qqn) d'une récompense. *Récompenser qqn de (ou pour) ses efforts.* ➜ *Je suis bien mal récompensé de ce que j'ai fait pour lui.* ♦ *Récompenser des services. Sa patience est enfin récompensée.* ✪ CONTR. Châtier, punir.

❑ Jusqu'au XVIIe s., le sens du mot était très proche de celui de *compenser*, avec l'idée de dédommagement. L'usage moderne a effacé toute idée négative et fait disparaître le rapport de sens avec *compenser*.

recomposer v. tr. [1] – XVIe 1 Composer (ce qui est décomposé, défait) ; réunir les éléments de (qqch.). *Recomposer un corps chimique.* ➜ pronom. « *Toute sa vie se recomposa dans sa mémoire* » (Mac Orlan). 2 Composer de nouveau (un texte). ✪ CONTR. Décomposer.

recomposition n. f. – XVIIIe 1 Action de recomposer. *La recomposition d'un corps.* ⇒ **synthèse ; reconstitution.** ➜ *Recomposition du paysage politique.* 2 Nouvelle composition (d'un texte).

recompter [ʀ(ə)kɔ̃te] v. tr. [1] – XVe ■ Compter de nouveau. ➜ *Recomptez, votre calcul est faux.*

réconciliation n. f. – XIIIe 1 Cérémonie catholique par laquelle une personne est réintégrée dans l'Église. *Réconciliation d'un clerc suspens.* ➜ Nouvelle bénédiction d'un lieu saint qui a été violé. *Réconciliation d'un cimetière.* 2 Action de rétablir l'amitié (entre des personnes brouillées) ; fait de se réconcilier. ⇒ fam. **raccommodement.** *Réconciliation superficielle* (⇒ **replâtrage**) ; *feinte.* « *ils me menaient vers une brouille définitive ou une réconciliation* » (Giraud.). ♦ *Réconciliation nationale, des peuples* : oubli des querelles entre partis, entre nations hostiles. ✪ CONTR. Brouille, rupture.

réconcilier v. tr. [7] – XIIᵉ ; lat. *re-* et *conciliare* « unir » 1 Réunir (qqn) à l'Église. *Réconcilier un hérétique.* — Bénir de nouveau (un lieu saint) dans la cérémonie de réconciliation. 2 Remettre en accord, en harmonie (des personnes qui étaient brouillées). ⇒ fam. **rabibocher, raccommoder.** *Essayer de réconcilier deux ennemis* (⇒ **médiation**). *On ne peut les réconcilier* (⇒ **irréconciliable**). *Réconcilier un couple.* « *Le besoin d'argent a réconcilié la noblesse avec la roture* » (La Bruy.). ♦ pronom. *Ils se sont réconciliés.* — *Se réconcilier avec soi-même* : se mettre en paix avec soi-même. 3 Concilier (des opinions, des doctrines foncièrement ou traditionnellement différentes). *Réconcilier la politique et la morale.* ♦ Faire revenir (qqn) sur une hostilité, une prévention. *Ce film me réconcilie avec le cinéma.* ✪ CONTR. Brouiller, désunir, diviser. Fâcher (se).

reconductible adj. – 1963 ▪ Qui peut être reconduit. *Contrat reconductible.* ⇒ **renouvelable.**

reconduction n. f. – XVIᵉ 1 Renouvellement d'un contrat arrivé à terme, aux conditions antérieures. ⇒ **confirmation, renouvellement.** *Reconduction expresse. Tacite reconduction,* par consentement tacite des parties. *Bail renouvelable par tacite reconduction.* 2 *Reconduction du budget (précédent),* quand le budget n'est pas voté à la date voulue. ♦ *Reconduction d'une politique.* ⇒ **continuation.**

❑ *Reconduction,* emprunt juridique au latin médiéval, a influé, au XXᵉ s., sur le développement du verbe *reconduire,* dérivé de *conduire.*

reconduire v. tr. [38] – XIVᵉ 1 Accompagner (qqn qui s'en retourne, qui s'en va). ⇒ **raccompagner, ramener.** par euphém. *Reconduire des immigrés clandestins à la frontière.* ⇒ **expulser.** ♦ Accompagner (un visiteur) jusqu'à la porte, par civilité. « *Quand on me reconduisait à la porte* » (Céline). 2 dr. Renouveler par reconduction. — Renouveler ou proroger. *Reconduire le couvre-feu.* — *La grève est reconduite jusqu'à jeudi.* ⇒ **prolonger.**

reconduite n. f. – XVIIᵉ ▪ Action de reconduire (qqn). *Reconduite à la frontière des étrangers en situation irrégulière.* ⇒ **expulsion.**

réconfort n. m. – XIIᵉ ▪ Ce qui réconforte ; augmentation de force, de courage qui en résulte. ⇒ **consolation, secours, soutien.** *Avoir besoin de réconfort.* « *je trouvais quelque réconfort dans le spectacle d'hommes sains* » (Duham.). *Le réconfort d'une présence ; de la religion.* ✪ CONTR. Découragement.

réconfortant, ante adj. – XVᵉ 1 Qui réconforte, console. ⇒ **consolant.** *Paroles réconfortantes.* 2 vieilli Qui réconforte, revigore. ⇒ **remontant, stimulant,** ① **tonique.** ✪ CONTR. Décourageant.

réconforter v. tr. [1] – XVIIᵉ 1 Donner, redonner du courage, de l'espoir, de l'énergie à (qqn qui en a besoin). ⇒ **soutenir ;** fam. **regonfler.** *Réconforter qqn par des paroles d'amitié. Votre exemple me réconforte.* 2 Redonner momentanément des forces physiques, de la vigueur à (une personne affaiblie). ⇒ **remonter, revigorer, stimuler.** *Ce petit verre l'a réconforté.* — pronom. *J'ai besoin de me réconforter (en prenant qqch.).* ✪ CONTR. Décourager. Affaiblir.

❑ Au sens moral, le vieux mot *conforter* de même sens a été remis en usage vers 1972. → conforter (rem.).

reconnaissable adj. – XIᵉ ▪ Qui peut être aisément reconnu, distingué. *Son parfum est reconnaissable entre tous.* « *Le volcan, découronné, n'était plus reconnaissable* » (J. Verne). — *Il est à peine reconnaissable, tant il est changé.* ✪ CONTR. Méconnaissable.

reconnaissance n. f. – XIᵉ I Fait de reconnaître (I) ; ce qui sert à reconnaître. 1 Acte de juger qu'un objet a déjà été connu. ⇒ **identification.** *La reconnaissance d'un visage (par qqn).* ♦ Processus psychologique par lequel une représentation mentale actuelle est reconnue comme trace du passé. *Fausse reconnaissance.* ⇒ **paramnésie.** 2 Fait de se reconnaître, de s'identifier mutuellement. *Signe de reconnaissance,* par lequel des personnes qui ne se connaissent pas (ou qui ne se sont pas vues depuis longtemps) peuvent se reconnaître. 3 *Reconnaissance des formes :* procédure d'identification d'un ensemble d'informations à une structure donnée. *Reconnaissance vocale.* II Action de reconnaître (II), d'accepter, d'admettre. 1 littér. Aveu, confession (d'une faute). *La reconnaissance de ses erreurs.* 2 Fait de reconnaître (qqn) pour chef, pour maître. 3 Examen d'un lieu, détermination d'une position inconnue. ⇒ **exploration.** *Reconnaissance d'une contrée.* ⇒ **découverte.** — Opération militaire chargée de recueillir des renseignements sur les conditions du combat. *Mission de reconnaissance. Envoyer un détachement en reconnaissance.* — loc. *Aller, partir en reconnaissance,* à la recherche de qqn ou de qqch. 4 Action de reconnaître formellement, juridiquement. *Reconnaissance d'un État. Reconnaissance de jure, de facto.* ♦ *Reconnaissance d'utilité publique,* dont bénéficie une association, une fondation privée. ♦ *Reconnaissance d'enfant :* acte par lequel qqn reconnaît être le père ou la mère d'un enfant. ♦ *Reconnaissance de dette :* acte écrit par lequel on se reconnaît débiteur envers qqn. « *C'était une reconnaissance de trois cents francs payables de mois en mois* » (Goncourt). — *Reconnaissance du mont-de-piété :* récépissé de l'objet engagé. III Action de reconnaître (un bienfait reçu). *Il l'a faite son héritière en reconnaissance de son dévouement.* ♦ Sentiment de gratitude envers son bienfaiteur. *Éprouver, témoigner de la reconnaissance.* « *Je lui en ai une vive reconnaissance* » (Lesage). — loc. fam. *La reconnaissance du ventre :* les bonnes dispositions où se trouve qqn (ou un animal de compagnie) envers la personne qui l'a nourri, aidé matériellement. ✪ CONTR. Oubli. — Désaveu. — Ingratitude.

reconnaissant, ante adj. – XIIIᵉ ▪ Qui reconnaît ce que l'on fait pour lui, qui témoigne de la reconnaissance (III). *Être reconnaissant à qqn d'un bienfait. Je vous suis très reconnaissante de m'avoir aidée.* — *Aux grands hommes, la patrie reconnaissante* (inscription du Panthéon). ✪ CONTR. Ingrat.

reconnaître v. tr. [57] – Xᵉ ; lat. *recognoscere* « reconnaître ; inspecter ; examiner » I Saisir par la pensée, en reliant entre elles des images, des perceptions ; identifier par la mémoire, le jugement ou l'action. « *Reconnaître un homme consiste à le distinguer des autres hommes, mais reconnaître un animal est ordinairement se rendre compte de l'espèce à laquelle il appartient* » (Bergson). 1 Penser (un objet présent) comme ayant déjà été saisi par la pensée. ⇒ se **rappeler,** se **souvenir.** *Vous ne reconnaîtriez pas le quartier.* — *Malgré sa barbe, je l'ai parfaitement reconnu.* — *Le chien reconnaît son maître.* 2 Penser, juger (un objet, un concept) comme compris dans une catégorie ou comme inclus dans une idée générale. ⇒ **identifier.** *Caractère qui permet de reconnaître, fait reconnaître qqch.* (⇒ **indice, signe**). *Reconnaître une chose sans pouvoir la nommer.* — *Reconnaître un air dès les premières notes. Reconnaître une voix,* en identifiant la personne qui parle. — *Reconnaître un malfaiteur grâce à son signalement.* — *Reconnaître le corps* (d'un mort) : identifier le cadavre. — allus. hist. « *Tuez-les tous ! Dieu reconnaîtra les siens* » : paroles du légat du pape, lors du massacre des albigeois. — *Des jumeaux impossibles à reconnaître.* ⇒ **distinguer.** ♦ Retrouver (une chose, une personne) telle qu'on l'a connue. *Je reconnais bien là sa paresse. On ne le* *reconnaît plus depuis qu'il est marié.* ♦ RECONNAÎTRE (qqch., qqn) À..., l'identifier, pouvoir le nommer grâce à (tel caractère, tel signe). *Reconnaître un arbre à ses feuilles.* **II** Accepter, tenir pour vrai (ou pour tel). **1** Admettre, avouer qu'on a commis (un acte blâmable, une faute). ⇒ **avouer, confesser.** « *mon frère, quand il reconnaissait ses torts, s'accusait si entièrement* » (Sand). *Je reconnais m'être trompé.* **2** littér. Admettre (qqn) pour chef, pour maître. → *C'est le chef reconnu de la rébellion.* **3** Admettre pour vrai après avoir nié ou douté, accepter malgré des réticences. *On a fini par reconnaître son innocence. Reconnaître la valeur, la supériorité de qqn.* → *Je reconnais qu'il a fait ce qu'il a pu.* ⇒ **convenir** (de). → *Reconnaître une qualité à qqn,* considérer qu'il la possède. ⇒ **attribuer, concéder.** **4** Tenir pour vrai après une recherche ; être conduit à connaître, à savoir. ⇒ **constater, découvrir.** *Reconnaître peu à peu les difficultés d'un sujet.* **5** Chercher à connaître, à déterminer. *Les éclaireurs reconnaissent le terrain.* → *Reconnaître des terres inconnues.* ⇒ **explorer.** **6** Admettre officiellement l'existence juridique de. *Reconnaître un gouvernement. Reconnaître la compétence d'un tribunal.* → « *Je ne me reconnais aucun droit d'incliner en rien sa pensée* » (Gide). ♦ *Reconnaître un enfant,* s'en déclarer légalement le père ou la mère. ♦ *Reconnaître sa signature, une lettre,* admettre qu'on en est l'auteur et en accepter les conséquences juridiques. → *Reconnaître une dette.* **7** rare Témoigner par de la gratitude **(⇒ reconnaissance, III)** que l'on est redevable envers qqn de (qqch.). *Reconnaître un bienfait.* **III** SE RECONNAÎTRE **v. pron.** **1** Retrouver son image, s'identifier. *Ne plus se reconnaître en se regardant dans une glace.* « *Je ne me reconnaissais pas. J'étais à moitié fou* » (Dumas fils). → *Se reconnaître dans, en qqn :* trouver de la ressemblance entre cette personne et soi-même. « *Les jeunes gens se reconnaissent dans un dieu jeune du type Apollon* » (Caillois). ♦ *Se reconnaître* (et adj.) : avouer, admettre qqch. concernant soi-même. *Se reconnaître coupable.* ♦ Être capable d'identifier les lieux où l'on se trouve, la position qu'on y occupe. ⇒ se **retrouver.** « *Heureux qui sait se reconnaître au bord du précipice* » (Rouss.). → *Ne plus s'y reconnaître,* s'y perdre. ⇒ s'**embrouiller.** « *Je ne m'y reconnais plus ; vous m'avez embrouillée* » (Sartre). **2** *Ils ne se sont pas reconnus, après dix ans de séparation.* **3** Être reconnu ou reconnaissable, se distinguer par. *Les Égyptiens « se reconnaissaient à leur profil pur »* (Gaut.). ✪ CONTR. Confondre ; oublier. — Contester, dénier ; méconnaître, refuser ; protester.

reconnu, ue **adj.** – XVIe ▪ Admis pour vrai ou pour important. *C'est un fait reconnu, indiscuté.* → *Un auteur reconnu.* ✪ CONTR. Discuté ; inconnu.

reconquérir **v. tr.** [21] – XIIe **1** Reprendre par une conquête. → *Village conquis, perdu et reconquis.* **2** Conquérir de nouveau. ⇒ **recouvrer, regagner.** *Reconquérir sa liberté.* « *j'ai reconquis ma dignité* » (Loti). → *Reconquérir qqn :* séduire qqn qui ne vous aimait plus. ✪ CONTR. Reperdre.

reconquête **n. f.** – XIVe ▪ Action de reconquérir ; nouvelle conquête. *La reconquête du territoire envahi.* → *La reconquête,* celle de l'Espagne sur les Arabes par les royaumes chrétiens, du XIe au XIIIe s.

reconsidérer **v. tr.** [6] – XVIe ▪ Considérer de nouveau (une question, un projet). *Reconsidérer une candidature.* ⇒ **réexaminer.**

reconsolider **v. tr.** [1] – XVe ▪ Consolider de nouveau.

reconstituant, ante **adj.** et **n. m.** – XIXe ▪ Propre à reconstituer, à redonner des forces à l'organisme. *Aliment reconstituant.* ⇒ **analeptique, fortifiant.** → **n. m.** ⇒ **remontant.** ✪ CONTR. Débilitant.

reconstituer **v. tr.** [1] – XVIIIe **1** Constituer, former de nouveau. ⇒ **reformer.** *Reconstituer sa fortune.* → pronom. *Le parti s'est reconstitué dans la clandestinité.* **2** Rétablir dans sa forme, son état d'origine, en réalité ou par la pensée (une chose disparue). *Reconstituer le plan d'un monument d'après des fouilles. Historien, romancier qui reconstitue une époque.* ⇒ **recréer.** → *Reconstituer un crime* **(⇒ reconstitution).** **3** Rétablir dans son état antérieur et normal. *Reconstituer, réparer ses forces* **(⇒ reconstituant).** → pronom. *La peau se reconstitue.* ⇒ se **régénérer.**

reconstitution **n. f.** – XVIIIe **1** Action de (se) reconstituer. **2** Action de reconstituer (2°) une chose disparue. *Reconstitution d'un monument antique.* « *ses reconstitutions épigraphiques faisaient autorité* » (Camus). ⇒ **restitution.** → *Reconstitution historique* (dans un spectacle, etc.). → *Reconstitution d'un crime, d'un accident :* répétition des gestes accomplis par l'accusé, par les protagonistes sur les lieux, en présence du juge. **3** *Reconstitution de carrière :* dossier administratif contenant des pièces relatives à la vie professionnelle (en vue de la retraite, de l'homologation des titres de travail, etc.).

reconstruction **n. f.** – XVIIIe ▪ Action de reconstruire (qqch.). *Reconstruction des villes détruites par la guerre.*

reconstruire **v. tr.** [38] – XVIe **1** Construire de nouveau (ce qui était démoli). *Reconstruire une ville bombardée.* ⇒ **rebâtir, relever.** **2** Réédifier, refaire. « *j'espérais, à force de travail, arriver à reconstruire notre fortune* » (Daudet). *Reconstruire le monde.* → Reconstituer. *L'observation scientifique reconstruit le réel.*

reconventionnel, elle **adj.** – XVe ; de *convention* ▪ Qui tend à atténuer ou à annuler les effets d'une action judiciaire. *Demande reconventionnelle,* introduite par le défendeur, et tendant à atténuer la demande principale.

reconversion **n. f.** – XIXe **1** Adaptation (d'une activité économique) à de nouvelles conditions. *Reconversion d'une fabrique de tanks en usine d'automobiles.* → *Reconversion technique, politique.* **2** Affectation à un nouvel emploi, changement de métier, d'activité professionnelle. ⇒ **recyclage.** *Stage de reconversion.*

reconvertir **v. tr.** [2] – XVIIe ▪ Procéder à la reconversion de (qqch. ou qqn). → *Bâtiments reconvertis en école.* → pronom. *Se reconvertir dans l'informatique.* ⇒ se **recycler.**

recopiage **n. m.** – XIXe ▪ Action de recopier ; son résultat. ⇒ **transcription.**

recopier **v. tr.** [7] – XIVe ▪ Copier à la main (un texte écrit). ⇒ **transcrire.** *Recopier une adresse dans un nouvel agenda.* → Mettre au net (un brouillon). *Élève qui recopie son devoir.*

record **n. m.** – XIXe ; angl. *to record* « rappeler, enregistrer » **1** Exploit sportif qui dépasse ce qui a été fait avant dans le même genre et par la même catégorie de sportifs. *Homologuer un record. Détenir, battre un record* **(⇒ recordman, recordwoman).** → *Records de natation. Record du monde.* **2** Résultat supérieur à tous ceux qui ont été obtenus dans le domaine. *Record d'affluence à une exposition. Pour la maladresse, il bat tous les records.* **3** par appos. Jamais atteint. *Production record.* « *un tracé éloquent témoignait de rendements records* » (Perec). → loc. *En un temps record :* très vite.

recorder **v. tr.** [1] – XIVe ▪ Regarnir de cordes. *Recorder une raquette.*

recordman [R(ə)kɔRdman] **n. m.** – XIXe ▪ Détenteur d'un record. ⇒ **champion.** *Des recordmans* ou *des recordmen* [R(ə)kɔRdmɛn].

❑ *Recordman* est un faux anglicisme créé en français (comme *tennisman*), composé de *record* et de l'anglais *man* « homme ». Le terme anglais est *record holder.*

recordwoman [ʀ(ə)kɔʀdwuman] **n. f.** – XIXᵉ ▪ Détentrice d'un record, championne. *Des recordwomans* ou *des recordwomen.*

❑ Faux anglicisme comme *recordman,* formé sur *record* et l'anglais *woman* « femme ». → recordman (rem.).

recorriger **v. tr.** [3] – XVIᵉ ▪ Corriger à nouveau.

recoucher **v. tr.** [1] – XIIᵉ ▪ Coucher de nouveau (qqn qui s'est levé). ➛ pronom. *Va te recoucher.*

recoudre **v. tr.** [48] – XIIᵉ ▪ Coudre (ce qui est décousu). *Elle « recousait les boutons, faisait durer le linge de son mari »* (Aymé). ♦ Coudre les lèvres de (une plaie, une incision). « *le médecin vous recoud la peau du visage* » (Alain). ➛ *Recoudre un opéré.* ✪ CONTR. Découdre.

recoupe **n. f.** – XIIIᵉ **1** Morceau qui tombe lorsqu'on coupe ou taille une matière. *Recoupes de pierre* (⇒ **éclat**) ; *d'étoffe* (⇒ **chute**). **2** Seconde coupe de foin. ⇒ **regain.** **3** Farine grossière de seconde mouture. ⇒ ① **remoulage.** *Pain de recoupe.*

recoupement **n. m.** – XIIᵉ **1** Diminution de l'épaisseur d'un mur de la base au sommet en mettant chaque pierre en retrait. **2** Action de (se) recouper. *Point de recoupement,* d'intersection. **3** Confrontation de renseignements de sources différentes pour établir un fait. *Le recoupement des témoignages.* ➛ Vérification du fait par ce moyen.

recouper **v. tr.** [1] – XIIᵉ **1** Couper de nouveau. ➛ *Recouper un vêtement,* modifier sa coupe en ôtant de l'étoffe. **2** Couper une seconde fois les cartes. **3** Mélanger (un vin de cru) avec un coupage. **4** Couper (une ligne). pronom. *Ces cercles se recoupent.* **5** Coïncider en confirmant. *Votre témoignage recoupe le sien.* pronom. *Leurs déclarations se recoupent.*

recouponner **v. tr.** [1] – 1923 ▪ Regarnir (une valeur mobilière) de coupons lorsqu'ils ont tous été utilisés.

recourbé, ée **adj.** – XIIᵉ ▪ Dont l'extrémité forme une courbe. *Bec recourbé.* ⇒ **crochu.** *Nez recourbé.* ⇒ **aquilin, busqué.**

recourber **v. tr.** [1] – XIIIᵉ ▪ Courber à son extrémité, rendre courbe. *Recourber une tige de métal.* ⇒ **fléchir, plier.** ➛ pronom. « *une brosse à habits dont se recourbait la poignée* » (Giraud.). ✪ CONTR. Redresser.

recourir **v.** [11] – XIIᵉ **I** **v. intr.** **1** Courir de nouveau. **2** Participer de nouveau à une course. ➛ trans. *Recourir un cent mètres.* **II** **v. tr. ind.** *RECOURIR À :* avoir recours. **1** Demander une aide (à qqn). *Recourir à des spécialistes.* « *Il eut l'idée de recourir à Hérodias* » (Flaub.). ➛ *Recourir à une agence pour vendre un appartement.* ⇒ s'**adresser** (à), **passer** (par). ♦ Mettre en œuvre (un moyen). *Recourir à un mensonge.* « *les marxistes recourent à la dialectique* » (Sartre). **2** dr. Faire appel. *Recourir contre quelqu'un.*

recours **n. m.** – XIIᵉ ; lat. *recursum* « retour en arrière » **1** Action de recourir à (qqn, qqch.). *Le recours à la violence.* ➛ *AVOIR RECOURS À :* faire appel à. « *S'il vous arrivait quelque mauvaise affaire, ayez recours à moi* » (Stendh.). ⇒ s'**adresser.** *Avoir recours à un stratagème.* **2** Ce à quoi on recourt, dernier moyen efficace. ⇒ **ressource.** *L'opération est notre dernier recours. C'est sans recours :* c'est irrémédiable. **3** Demande d'annulation ou de modification d'un acte administratif ou d'une décision de justice. *Recours gracieux adressé à l'auteur de l'acte. Recours contentieux. Recours pour excès de pouvoir,* porté devant le Conseil d'État. *Action en recours.* ⇒ **récursoire.** ♦ Procédé destiné à obtenir d'une juridiction le nouvel examen d'un litige déjà tranché par une décision contentieuse. *Voies de recours.* ⇒ **pourvoi.** *Recours en cassation.* ♦ *Recours en grâce,* adressé au chef de l'État.

recouvrable **adj.** – XVᵉ ▪ Qui peut être recouvré. *Sommes recouvrables.* ⇒ **percevable.** ✪ CONTR. Irrécouvrable.

recouvrage **n. m.** – XIXᵉ ▪ Action de recouvrir. *Le recouvrage d'un siège.*

① **recouvrement** **n. m.** – XIIᵉ **1** littér. Action de recouvrer, de retrouver. *Les croisés « se battaient pour le recouvrement du tombeau de Jésus-Christ »* (Péguy). ⇒ **récupération.** **2** Action de recouvrer (des sommes dues). *Recouvrement de l'impôt.* ⇒ **perception, rentrée.** *Somme mise en recouvrement.*

② **recouvrement** **n. m.** – XVIIᵉ ▪ Action de recouvrir. *Recouvrement d'un sol avec du plastique.* ♦ *Lambeaux de recouvrement :* résidus morcelés d'une nappe de charriage, recouvrant des terrains de formation différente. ♦ *Tuiles à recouvrement,* qui se recouvrent partiellement. ♦ *Recouvrement d'un ensemble E :* famille d'ensembles dont la réunion inclut E.

recouvrer **v. tr.** [1] – XIᵉ ; lat. *recuperare* « regagner » **1** littér. Rentrer en possession de. *Recouvrer son argent.* ⇒ **ravoir, récupérer, reprendre.** *Recouvrer la santé.* « *elle eut vite fait de recouvrer son calme* » (P. Benoit). ⇒ **retrouver.** **2** Recevoir le paiement de (une somme due). ⇒ **encaisser,** ① **toucher.** *Recouvrer une créance.* ✪ HOM. *Recouvre :* recouvre (recouvrir).

❑ *Recouvrer* est le doublet de *récupérer.* ♦ Ce verbe peu courant est souvent remplacé à tort par *retrouver* (*recouvrer la santé, la mémoire,* etc.).

recouvrir **v. tr.** [18] – XIIᵉ **I** Couvrir de nouveau (ce qui est découvert). *Faire recouvrir un toit.* ♦ Ramener une couverture sur (qqn). *Recouvrir un enfant dans son lit.* **II** - **1** Couvrir entièrement. *La neige recouvre le sol.* ➛ « *Sur la tombe recouverte de fleurs* » (Mauriac). ➛ *SE RECOUVRIR* **v. pron.** Se couvrir l'un l'autre. *Les tuiles se recouvrent partiellement.* ⇒ **chevaucher,** se **superposer ;** ② **recouvrement.** ♦ Couvrir la surface de (qqch.). *Recouvrir un mur de papier peint.* ⇒ **tapisser.** *Recouvrir un fauteuil.* ⇒ **garnir.** *Recouvrir un livre.* **2** Cacher, masquer. *Sa désinvolture recouvre une grande timidité.* ⇒ **dissimuler.** **3** S'appliquer à, correspondre à. *Ce concept recouvre deux notions.* ✪ CONTR. Découvrir. — HOM. *Recouvre :* recouvre (recouvrer).

recracher **v.** [1] – XVᵉ **1** **v. tr.** Rejeter de la bouche (ce qu'on y a mis). *Recracher un noyau.* **2** **v. intr.** Cracher de nouveau.

récréance **n. f.** – XIIIᵉ ; a. fr. *recroire* « rendre, remettre » ▪ *Lettres de récréance,* de rappel d'un agent diplomatique.

récréatif, ive **adj.** – XVᵉ ▪ Qui a pour objet ou pour effet de divertir. ⇒ **amusant, divertissant.** *Séance récréative pour enfants.* ✪ CONTR. Ennuyeux.

recréation **n. f.** – XIXᵉ ▪ Action de recréer. *La recréation d'un personnage historique.*

récréation **n. f.** – XIIIᵉ **1** Détente, divertissement après une occupation plus sérieuse. ⇒ **amusement, délassement.** *La peinture n'est pour lui qu'une récréation.* ⇒ **passe-temps.** **2** Temps de liberté accordé aux élèves pendant les heures de classe pour qu'ils puissent se délasser. *Aller, être en récréation. Cour de récréation.* ➛ abrév. fam. *RÉCRÉ. Pendant les récrés.* ✪ CONTR. ① Travail.

recréer **v. tr.** [1] – XVᵉ **1** Créer de nouveau. « *Dieu ne devant plus détruire le monde, non plus que le recréer* » (Pasc.). **2** Reconstituer (ce qui a été détruit)

Recréer une ville sur des ruines. ➛ (Ce qui a été supprimé) *Recréer un poste.* 3 Faire revivre. *Film qui recrée le climat de l'époque.* ⇒ **restituer.**

récréer v. tr. [1] – XIIe ▪ littér. Délasser (qqn) par une occupation agréable. ⇒ **amuser, distraire, divertir.** « *Sa femme, pour le récréer, fit venir des jongleurs et des danseuses* » (Flaub.). ➛ pronom. *Se récréer.* ✪ CONTR. Ennuyer.

recrépir v. tr. [2] – XVIe ▪ Crépir de nouveau.

recreuser v. tr. [1] – XVIe 1 Creuser de nouveau. 2 Creuser davantage.

récrier (se) v. pron. [7] – XIIe 1 Se dit des chiens quand ils donnent de la voix en relançant l'animal qui les a mis en défaut. 2 littér. S'exclamer sous l'effet d'une vive émotion (plutôt en mauvaise part). « *Qui s'est jamais avisé de se récrier contre le ridicule des règles du whist ?* » (Stendh.). ⇒ s'**indigner.** ➛ *À ces mots, ils se sont récriés.* ⇒ **protester.**

récriminateur, trice adj. et n. – XIXe ▪ Porté à récriminer.

récrimination n. f. – XVIe ▪ au plur. Fait de récriminer, plainte amère. ⇒ **protestation, réclamation.** *Cessez vos récriminations !* « *ils alternaient les litanies de leurs récriminations* » (Zola).

récriminer v. intr. [1] – XVIe ; lat. *re-* intensif et *crimen* « accusation » ▪ Critiquer avec amertume et âpreté. *Récriminer contre (qqn, qqch.).* ⇒ **protester.** ➛ « *des gens ennuyeux qui se réunissent pour récriminer et geindre* » (Alain).

récrire v. tr. [39] – XIIIe 1 Écrire de nouveau (un message) à qqn. 2 Écrire ou rédiger de nouveau. « *tout le troisième acte, qui reste complètement à reprendre, à récrire* » (Gide). ⇒ **recomposer.** *Récrire pour améliorer la forme.* ⇒ ① **rewriter ; réécriture.** 3 *Récrire l'histoire :* raconter sa version d'un événement, sans tenir compte de la réalité des faits.

❑ On trouve souvent la forme *réécrire,* surtout au sens d'« écrire pour améliorer la forme ». → réécriture (rem.).

recristallisation n. f. – mil. XXe ▪ Transformation des roches par dissolution des minéraux cristallins et formation de cristaux différents.

recristalliser v. intr. [1] – 1906 ▪ Cristalliser de nouveau. *Roche métamorphique qui recristallise.*

récriture → **réécriture**

recroquevillé, ée adj. – XIVe 1 Replié et racorni. *Feuilles mortes toutes recroquevillées.* 2 Replié sur soi et crispé.

recroqueviller v. tr. [1] – XIIIe ; de *recoquiller,* avec infl. de *croc,* et de l'a. fr. *ville* « vis » 1 v. pron. *SE RECROQUEVILLER :* se rétracter, se recourber, en se desséchant. ⇒ se **rabougrir,** se **racornir,** se **ratatiner.** *Papier qui se recroqueville dans le feu.* ♦ Se replier, se ramasser sur soi-même. « *Il se recroqueville sur lui-même, les genoux au menton, d'un air frileux et perdu* » (Sartre). 2 Rendre recroquevillé. *Le froid recroqueville les plantes.*

recru, ue adj. – XIe ; lat. *re-* et *credere* « croire » 1 littér. Fatigué, jusqu'à l'épuisement. ⇒ **épuisé, éreinté, harassé.** *Bête recrue.* 2 littér. *RECRU DE... :* débordant, atteint par l'excès de. « *Idriss, recru d'épreuves, ne quitta guère le foyer* » (Tournier). ✪ HOM. Recrû, recrue.

recrû n. m. – XVIIe ; de *re-* et *croître* ▪ Ensemble des pousses qui se développent sur les souches après la coupe d'un taillis. ✪ HOM. Recru, recrue.

recrudescence n. f. – XIXe ; lat. *crudus* « saignant » 1 Aggravation d'une maladie, après une rémission. *Recrudescence de fièvre.* ➛ *Recrudescence d'une épidémie,* augmentation du nombre des cas. ⇒ **progression.** 2 Brusque réapparition, sous une forme plus violente. ⇒ **intensification, reprise.** *Recrudescence d'un incendie.* ➛ « *cette recrudescence de luxe au sein de son ménage* » (Balz.). ✪ CONTR. Accalmie.

❑ Attention, sans rapport étym. avec *croître, crue.*

recrudescent, ente adj. – XIXe ▪ littér. Qui est en recrudescence. *Criminalité recrudescente.*

recrue n. f. – XVIe ; de *re-* et *croître* 1 Soldat qui vient d'être recruté. ⇒ **conscrit ;** fam. **bleu.** « *L'effectif était composé en majeure partie de recrues de ce département* » (Cl. Simon). 2 Personne qui vient s'ajouter à un groupe. *Faire une nouvelle recrue.* ✪ HOM. Recru, recrû.

recrutement n. m. – XVIIIe 1 Action de recruter des soldats. ⇒ **appel, conscription.** *Bureau de recrutement.* ♦ Action, manière de recruter du personnel. *Recrutement de cadres. Cabinet de recrutement.* 2 Ensemble de recrues. *Le* « *Cercle des Saussaies, dont le recrutement était fort mondain* » (Romains).

recruter v. tr. [1] – XVIIe ; de *recrue* 1 Former (une troupe) en levant des hommes. *Recruter une armée.* ⇒ ① **lever, mobiliser.** ♦ Engager (des hommes) pour former une troupe. ⇒ **enrégimenter, enrôler, incorporer ; recrue.** ♦ Amener (qqn) à faire partie d'un groupe (association, parti, entreprise...). *Recruter des partisans* (⇒ **embrigader**), *des collaborateurs* (⇒ **engager**). 2 *SE RECRUTER* v. pron. Être recruté, se former en recevant des recrues. *Assemblée qui se recrute par cooptation.* ♦ *Se recruter dans, parmi... :* provenir de. « *le personnel littéraire se recrute en gros dans le même milieu que le personnel politique* » (Sartre). ✪ CONTR. Licencier, renvoyer.

recruteur, euse n. – XVIIIe 1 n. m. Celui qui était chargé de recruter des soldats, de provoquer des engagements (⇒ **enrôleur**). par appos. *Sergent recruteur.* 2 Personne qui recherche des adhérents, des clients, du personnel.

recta adv. – XVIIIe ; mot lat. « tout droit » ▪ vieilli Ponctuellement, très exactement. « *Tu commences à cinq heures, tu finis à onze heures, c'est recta* » (Tournier).

rectal, ale, aux adj. – XIXe ▪ Relatif au rectum. *Température rectale.* ⇒ **anal.** ✪ HOM. Recto.

❑ Ne pas confondre *rectal* et *anal.* Le *toucher rectal* est profond.

rectangle adj. et n. m. – XVIe ; lat. *rectus* « droit » et *angulus* « angle » I adj. 1 Dont un angle au moins est droit. *Triangle rectangle. Parallélépipède rectangle :* prisme droit dont les bases sont rectangles (ex. le cube). 2 *Termes rectangles :* termes du second degré formés par le produit de deux variables. → **quadratique.** II n. m. 1 Parallélogramme à un angle droit. *Le carré est un rectangle.* 2 Figure à quatre angles droits dont les côtés sont égaux deux à deux.

rectangulaire adj. – XVIe 1 Qui a la forme d'un rectangle. *Pièce rectangulaire.* 2 Qui forme un angle droit. *Axes rectangulaires.* ⇒ **perpendiculaire.**

① **recteur** n. m. – XIIIe ; lat. *regere* « régir » 1 Universitaire à la tête d'une académie. ➛ (Canada) Chef d'une université. ⇒ **chancelier.** 2 Directeur, supérieur d'un collège de jésuites. 3 Prêtre catholique desservant certaines églises non paroissiales. ➛ En Bretagne, Curé ou desservant. « *Un recteur de l'île de Sein* », *roman de H. Queffélec.*

❑ Au Canada, une femme chef d'université est appelée *rectrice* (féminin bien formé) ou *recteure.* → docteur (rem.).

② **recteur, trice** adj. et n. f. – XVIIIe ; lat. *rector* « qui dirige » ▪ *Plumes rectrices :* grandes plumes de la queue, qui dirigent le vol des oiseaux.

rect(i)- Élément, du lat. *rectus* « droit ».

rectifiable adj. – XVIIIe ▪ Qui peut être rectifié. *Une erreur facilement rectifiable.* ⇒ **corrigeable.**

rectificateur, trice n. – XVIIe 1 littér. Personne qui rectifie. « *Je suis le rectificateur des erreurs populaires* » (Hugo). 2 n. m. Appareil de distillation servant à rectifier les liquides.

rectificatif, ive adj. et n. m. – XVIIIe ▪ Qui a pour objet de rectifier (une chose inexacte). *Compte rectificatif.* ➤ n. m. *Communiquer à la presse un rectificatif,* une note rectificative (suite à la publication d'une information inexacte).

rectification n. f. – XIVe 1 Action de rectifier (1°). *Rectification d'un alignement.* ➤ *Rectification d'une courbe,* calcul de la longueur qu'elle aurait en ligne droite. 2 Action de rectifier (2°). *Rectification d'un tracé.* ➤ Insertion de rectificatifs dans les journaux. ♦ Méthode de purification d'un liquide par distillation. 3 Action de faire disparaître en corrigeant. *La rectification d'une erreur.* 4 Correction, note ou parole rectificative. *Apporter des rectifications.*

rectifier v. tr. 7 – XIIIe ; lat. *rectus* « droit, exact » et *facere* « faire » 1 Rendre droit. *Rectifier un alignement.* ➤ *Rectifier une courbe,* en opérer la rectification. 2 Rendre matériellement correct, conforme. *Rectifier la position :* reprendre la position réglementaire (soldat). « *il rectifiait la position, il passait, menton en avant, devant le grand drapeau* » (Perec). *Rectifier le tir* (⇒ **rajuster**) ; fig. changer sa façon d'agir pour mieux réussir. ♦ Traiter en séparant les éléments par la rectification. ⇒ **distiller, épurer.** *Alcool rectifié.* 3 Rendre exact. ⇒ **corriger.** *Rectifier un calcul.* « *partout où le Christianisme a dominé,* [...] *il a rectifié les notions du juste et de l'injuste* » (Chateaub.). *Texte à rectifier.* ⇒ **modifier.** 4 Faire disparaître en corrigeant. ⇒ **redresser.** « *des inattentions que tout lecteur instruit rectifie* » (Volt.). 5 pop. Tuer. *Il s'est fait rectifier.* ✪ CONTR. Altérer.

rectifieur, ieuse n. – 1932 1 Ouvrier qui finit, rectifie les pièces mécaniques. 2 n. f. Machine-outil servant à la finition des pièces sorties des machines. ⇒ **aléseuse,** ① **meule.**

rectiligne adj. – XIVe 1 Défini, limité par des droites ou des segments de droite. *Figure rectiligne.* ♦ n. m. *Le rectiligne d'un dièdre :* angle plan ayant pour côtés les perpendiculaires à l'arête d'un dièdre. 2 Qui est ou se fait en ligne droite. *Allées rectilignes.* ✪ CONTR. Angulaire. Courbe.

rectilinéaire adj. – XVIIIe ▪ *Objectif rectilinéaire,* qui ne déforme pas les images sur les bords.

rection n. f. – 1964 ; lat. « action de gérer » ▪ Propriété qu'a le verbe d'être accompagné d'un complément direct ou introduit par une préposition.

rectite n. f. – XIXe ▪ Inflammation du rectum.

rectitude n. f. – XIVe ; lat. *rectus* « droit » 1 Qualité de ce qui est droit, rigoureux (intellectuellement et moralement). *Rectitude morale.* ⇒ **droiture.** *Rectitude d'un raisonnement.* ⇒ **exactitude, justesse, rigueur.** 2 littér. Caractère de ce qui est rectiligne. « *le nez prolongeant la ligne du front avec une rectitude absolue* » (Loti).

recto n. m. – XVIIe ; lat. *folio recto* « sur le feuillet qui est à l'endroit » ▪ Première page d'un feuillet (dont l'envers est appelé *verso*). ⇒ **endroit.** « *j'avais lu le verso avant le recto* » (Giraud.). ➤ loc. *Recto verso :* au recto et au verso. *Impression recto verso.* ✪ HOM. Rectaux (rectal).

rectocolite n. f. – 1926 ▪ Inflammation simultanée du rectum et du côlon.

rectoral, ale, aux adj. – XVIe ▪ Qui appartient au recteur, provient du recteur.

rectorat n. m. – XVIe 1 Fonction, poste de recteur d'université. 2 Temps pendant lequel un recteur exerce ses fonctions. 3 Local où sont installés le recteur et ses services.

❑ Même formation que *doctorat, professorat, tutorat* → -at (rem.).

rectoscopie n. f. – 1909 ▪ Examen visuel du rectum au moyen d'un endoscope introduit dans l'anus.

rectrice → ② **recteur**

rectum [ʀɛktɔm] n. m. – XVe ; lat. *rectum intestinum* « intestin droit » ▪ Portion terminale du gros intestin, s'étendant jusqu'à l'anus.

① **reçu** n. m. – XVIIe ▪ Écrit dans lequel une personne reconnaît avoir reçu qqch. à titre de paiement, de dépôt, de prêt, etc. ⇒ **acquit, quittance, récépissé.** *Délivrer, signer un reçu.*

② **reçu, ue** → **recevoir**

recueil ʀəkœj] n. m. – XIVe Ouvrage réunissant des écrits, des documents. *Recueil de poèmes. Recueil de morceaux choisis.* ⇒ **anthologie, choix, chrestomathie, florilège.** *Recueil de bons mots* (⇒ **ana**), *de sottises* (⇒ **sottisier**). ♦ fig. *L'histoire* « *n'est qu'un simple recueil de faits* » (Rouss.).

❑ Pour la graphie → ① e (rem.).

recueillement [ʀ(ə)kœjmɑ̃] n. m. – XVIIe 1 Action, fait de concentrer sa pensée sur la vie spirituelle, en se détachant de toute préoccupation terrestre. ⇒ **contemplation, méditation, récollection.** *Prier avec recueillement. Un air de recueillement.* ⇒ **componction.** 2 État de l'esprit qui s'isole du monde extérieur. ⇒ **concentration.** *Écouter avec recueillement.* 3 fam. Respect quasi religieux. « *Lorsqu'on apporta la tourte,* [...] *il y eut un recueillement* » (Zola). ✪ CONTR. Dissipation, divertissement.

recueillir [ʀ(ə)kœjiʀ] v. tr. 12 – XIe **I - 1** Prendre en cueillant ou en ramassant pour utiliser ultérieurement. *Les abeilles recueillent le pollen.* ♦ Retirer (un avantage moral ou matériel). ⇒ **récolter.** *Recueillir le fruit de ses efforts.* 2 Rassembler, réunir (des éléments dispersés). ⇒ **collecter.** *Recueillir des dons.* « *Nous recueillons les adhésions par milliers...* » (Sartre). *Recueillir des essais dans un recueil.* ⇒ **colliger.** 3 Faire ou laisser entrer et séjourner dans un récipient. ⇒ **recevoir** (II). *Recueillir l'eau de pluie dans une citerne.* ♦ fig. Recevoir (comme information) pour conserver. ⇒ **enregistrer.** *Le greffier recueille les dépositions des témoins.* 4 Recevoir par voie d'héritage. ⇒ **hériter.** ➤ (par transmission) *Recueillir le flambeau olympique.* ♦ Obtenir. *Recueillir des voix* (dans une élection). 5 *Recueillir qqn :* offrir chez soi un refuge à (qqn dans le besoin, le malheur). ⇒ **accueillir.** « *C'est une petite pauvre que nous avons recueillie comme cela, par charité* » (Hugo). **II** *SE RECUEILLIR* v. pron. 1 Pratiquer le recueillement. *Se recueillir sur la tombe de qqn.* 2 Chercher ou trouver le recueillement. ⇒ s'**absorber,** se **concentrer, méditer.** « *Il faut que je mette ma vie en ordre et j'ai besoin de me recueillir* » (Sartre). ➤ *Un air recueilli.* ✪ CONTR. Éparpiller. — Dissiper (se).

recuire v. 38 – XIIe 1 v. tr. Cuire de nouveau. ➤ Soumettre à l'opération du recuit. *Recuire un métal* (par oppos. à *tremper*). 2 v. intr. Subir une nouvelle cuisson. *Faire recuire un gigot trop saignant.*

recuit n. m. – XVIIe ▪ Action de remettre au feu. *Le recuit de l'émail.* ➤ Opération thermique destinée à améliorer les qualités mécaniques d'un métal, d'un alliage.

recul [ʀ(ə)kyl] n. m. – XIIIe 1 Action de reculer (en parlant d'un mécanisme). *Recul d'une arme à feu,* mouvement vers l'arrière après le départ du coup. 2 Action de reculer, mouvement ou pas en arrière. *Le recul d'une armée.* ⇒ **décrochage, repli,** ① **retraite.** « *Il eut un mouvement de recul à l'approche du prêtre* » (Mauriac). ♦ Régression. *Un recul de la criminalité.* 3 Position éloignée (dans l'espace ou le temps) permettant une vision ou une appréciation meilleure. ⇒ **éloignement ; distance.** *Recul nécessaire à l'historien.* ♦ fig. ⇒ **distanciation.** *Avoir, prendre du recul :* se détacher par l'esprit d'une situation actuelle, personnelle, pour en juger plus objectivement. ⇒ se **distancier.** *Manquer de recul.* « *les jugements que nous portons sur nos contemporains sont contrefaits* [...] *nous manquons du recul nécessaire* » (Proust). 4 Espace libre, permettant (au tennis, au ping-pong) de reculer sans être gêné pour reprendre certaines balles. *Ce court n'a pas assez de recul.* ✪ CONTR. Avance, progression.

reculade n. f. - XVIIe ■ péj. Action de qqn qui recule, cède, après s'être trop avancé. ⇒ **abandon, dérobade.** *Honteuse, lâche reculade.*

reculé, ée adj. - XVIe ■ Lointain et difficile d'accès. ⇒ ② **écarté, isolé, perdu, retiré.** *Une vallée reculée.* ♦ Éloigné dans le temps. ⇒ **ancien.** *Les siècles, les temps les plus reculés.* ⇒ **haut** (I, B, 3°).

reculée n. f. - XIIe ■ Fond d'une vallée jurassienne en cul-de-sac aux parois abruptes.

reculer v. [1] - XIIe ; de *re-* et *cul* **I** v. intr. 1 Aller, faire mouvement en arrière. *Reculer d'un pas.* « *Un spectacle qui les a fait reculer d'horreur* » (Daud.). *Reculer devant l'ennemi.* ⇒ **décrocher, fuir,** se **replier.** « *Se faire tuer sur place plutôt que de reculer* » (Joffre). ➛ *Se garer en reculant.* ♦ Avoir du recul. *Le canon recule en tirant.* ♦ loc. *Reculer pour mieux sauter,* pour prendre un plus grand élan ; fig. éviter une difficulté qu'il faudra inévitablement affronter plus tard. 2 *La mer recule :* la marée descend. ⇒ se **retirer.** *La forêt recule,* perd du terrain. *Faire reculer le désert.* ➛ fig. « *Le vieil idiome* [breton] *recule peu à peu* » (Michelet). 3 Renoncer, en présence d'une difficulté, à poursuivre une entreprise. ⇒ se **dérober ;** fam. se **dégonfler.** *Plus moyen de reculer !* ➛ *RECULER DEVANT* (qqch.) : craindre, fuir (un danger, une difficulté). « *pour faire triompher leurs convictions, ils ne reculent devant rien* » (Mart. du G.). ➛ Hésiter à faire, à accomplir. « *qu'est donc une amitié qui recule devant la complicité ?* » (Balz.). **II** v. tr. 1 Faire aller, porter en arrière. *Reculez votre chaise.* ➛ pronom. « *Elle se recula pour contempler son œuvre* » (Maupass.). ♦ Reporter plus loin. *Reculer une cloison.* ⇒ ① **repousser.** 2 Éloigner dans le temps, reporter à plus tard. ⇒ **ajourner,** ② **différer, retarder.** *Reculer une échéance. Reculer un rendez-vous.* ⇒ ① **repousser.** ✪ CONTR. Avancer, progresser ; déterminer (se).

reculons (à) loc. adv. - XIIIe ■ En reculant. « *Comme il sortait à reculons* [...] *il renversa une chaise* » (Cocteau). ♦ par métaph. *Aller, marcher à reculons :* rétrograder au lieu de progresser. ➛ *Aller quelque part à reculons,* sans en avoir envie.

> ❑ La finale *-ons* ne représente pas ici une terminaison verbale mais un suffixe, qui se retrouve dans des locutions comportant l'idée d'un mouvement, d'une position : *à croupetons, à tâtons,* et (sous la forme *-on*) *à califourchon.*

reculotter v. tr. [1] - 1953 ■ Remettre le pantalon, la culotte de (qqn). ➛ pronom. *Se reculotter.*

récupérable adj. - XVIe ■ Qui peut être récupéré. *Déchets récupérables.* ⇒ **recyclable.** *Ce meuble est récupérable.* ⇒ **sauvable.** ✪ CONTR. Irrécupérable.

récupérateur n. m. - XVIe 1 *Récupérateur de chaleur :* appareil destiné à récupérer une partie de la chaleur des gaz résiduels pour élever la température d'un fluide. *Récupérateur de haut fourneau.* 2 Pièce utilisant la force produite par le recul d'une arme.

récupération n. f. - XIVe 1 Action de récupérer qqch. *Récupération d'une créance. Matériaux de récupération.* « *des usines destinées à la récupération des ordures* » (Sartre). ♦ Action de ramener un appareil spatial au sol en bon état. 2 Action de récupérer (4°). *Jours de récupération.* 3 Fait de récupérer (5°) ou d'être récupéré.

récupérer v. tr. [6] - XVe ; lat. 1 Rentrer en possession de. ⇒ **recouvrer.** *Récupérer une cabine spatiale* (⇒ **récupération).** ♦ *Récupérer ses forces.* ➛ *Avoir besoin de récupérer.* 2 fam. Retrouver, reprendre (une chose prêtée, perdue). *Récupérer son parapluie au bureau des objets trouvés.* ➛ *Récupérer un enfant à la sortie de l'école.* ⇒ **chercher.** 3 Recueillir (ce qui serait perdu ou inutilisé). *Récupérer de la ferraille. Récupérer de la chaleur* (⇒ **récupérateur).** 4 Effectuer (des heures, des journées de travail) en remplacement de celles qui n'ont pas été effectuées. 5 Détourner de l'orientation initiale pour utiliser à son profit. *Mouvement de grève récupéré par les syndicats.* ✪ CONTR. Perdre.

> ❑ *Récupérer* est le doublet de *recouvrer.*

récurage n. m. - XVIe ■ Action de récurer.

récurer v. tr. [1] - XIIIe ; de *curer* ■ Nettoyer en frottant avec un abrasif. *Récurer des casseroles.*

récurrence n. f. - XIXe 1 littér. Retour, répétition. « *la récurrence des deux thèmes principaux* [dans Tannhäuser] » (Baudelaire). ➛ Phénomène répétitif. 2 *Raisonnement, démonstration par récurrence,* qui consiste à étendre à tous les termes d'une série ce qui est valable pour les deux premiers. 3 Reprise d'une maladie infectieuse due au réveil du pouvoir pathogène de germes présents dans l'organisme.

récurrent, ente adj. - XVIe ; lat. *recurrens* « qui revient en arrière » 1 Se dit d'un nerf, d'un vaisseau qui revient en arrière au lieu de prolonger le tronc d'où il tire son origine. 2 *Fièvre récurrente :* maladie infectieuse provoquée par des spirochètes et caractérisée par une succession d'épisodes fébriles entrecoupés de périodes sans fièvre. 3 *Série récurrente,* dont chaque terme est une fonction des termes immédiatement précédents. 4 Qui revient, qui se répète (en parlant d'un état, d'une situation).

> ❑ Attention aux deux *r* comme dans les mots de la même famille *concurrent, décurrent, intercurrent, occurrence.*

récursif, ive adj. - v. 1968 ; angl. ■ didact. Qui peut être répété un nombre indéfini de fois par l'application de la même règle. *Processus récursif.*

récursivité n. f. - 1968 ■ didact. Caractère de ce qui est récursif.

récursoire adj. - XVIIIe ; lat. *recursus* « recours » ■ dr. *Action récursoire,* qui donne, qui ouvre un recours* contre qqn.

récusable adj. - XVIe 1 Que l'on peut récuser. *Juré récusable.* 2 Auquel on n'accorde pas confiance. *Témoignage récusable.* ⇒ **contestable.** ✪ CONTR. Irrécusable.

récusation n. f. - XIVe ■ Fait de récuser (un juge, un juré...).

récuser v. tr. [1] - XIVe ; lat. 1 Refuser d'accepter (qqn) comme juge, arbitre, expert, juré ou témoin. ♦ *Récuser la compétence d'un tribunal.* ⇒ **contester.** 2 Repousser comme tel. *Récuser l'autorité.* ➛ Repousser comme inexact. *Récuser un argument.* 3 *SE RÉCUSER* v. pron. Affirmer son incompétence sur une question ; refuser de donner son avis, de prendre une responsabilité. ✪ CONTR. Accepter, agréer.

recyclable adj. – 1974 ▪ Que l'on peut recycler. *Matériaux recyclables.*

recyclage n. m. – v. 1956 1 Changement de l'orientation scolaire (d'un élève) vers un autre cycle d'études. ♦ Formation professionnelle permettant à des adultes de s'adapter à l'évolution de leur secteur d'activité. *Stage de recyclage.* 2 Nouveau traitement, nouveau passage (dans un cycle d'opérations). *Recyclage de l'eau d'un circuit,* en vue de sa réutilisation. *Recyclage du verre.* ♦ Placement de capitaux, de réserves dans les circuits financiers mondiaux.

recycler v. tr. 1 – 1960 1 Effectuer le recyclage de (qqn). *Recycler des enseignants.* – pronom. *Se recycler dans la publicité.* ⇒ se **reconvertir.** – fam. Se mettre aux idées du jour. *Il a besoin de se recycler !* 2 Soumettre (qqch.) à un recyclage (2°). *Recycler des eaux usées.* – *Papier recyclé.*

rédacteur, trice n. – XVIIIe ▪ Personne qui assure la rédaction d'un texte (littéraire, publicitaire), d'articles de presse. ⇒ **auteur.** *Rédacteurs d'un dictionnaire.* ⇒ **lexicographe.** *Rédacteur politique.* ⇒ **chroniqueur, journaliste.** – *Rédacteur en chef :* directeur de la rédaction d'un périodique, d'un journal. ♦ Fonctionnaire chargé de rédiger (les pièces administratives, etc.). *Rédacteur d'un ministère.*

rédaction n. f. – XVIe 1 Action ou manière de rédiger un texte ; ce texte. *Rédaction d'un contrat.* ⇒ **libellé.** « *Mon dictionnaire, tout imparfait qu'il était en cette première rédaction* » (Littré). 2 Ensemble des rédacteurs d'un journal, d'un périodique, d'une œuvre collective ; les locaux où ils travaillent. *Secrétaire de (la) rédaction. Salle, bureaux de rédaction.* 3 Exercice scolaire qui consiste à traiter par écrit un sujet narratif ou descriptif. ⇒ **composition** (française). *Sujet de rédaction.*

rédactionnel, elle adj. – XIXe ▪ Relatif à la rédaction. *Équipe rédactionnelle.*

redan n. m. – XVIIe ; altér. de *redent* 1 Ouvrage de fortification composé de deux faces qui forment un angle saillant. – Ressaut vertical ménagé de distance en distance dans un mur sur un terrain en pente. « *voici un redan qui peut protéger, on s'y abrite* » (Hugo). – Ressaut sur une surface horizontale ou verticale. ⇒ **saillie.** 2 ⇒ **redent.** ✪ HOM. Redent.

reddition n. f. – XIVe ; lat. *reddere* « rendre » 1 Fait de se rendre, de capituler. ⇒ **capitulation.** *La reddition d'une armée.* 2 Fait de présenter, pour vérification, l'état des biens d'autrui qu'on a administrés. « *La reddition des comptes de tutelle* » (Balz.).

❑ S'écrit avec double *d* étymologique, comme *addition, adduction, quiddité.* Deux *d* également dans quelques anglicismes, *paddock, pudding, puddler,* et dans *bouddhisme.*

redécouvrir v. tr. 18 – XIXe ▪ Découvrir de nouveau ; découvrir (ce qu'un autre avait découvert). – Découvrir une seconde fois d'une autre façon. *J'ai redécouvert Balzac.*

redéfaire v. tr. 60 – XIIe ▪ Défaire de nouveau. *Redéfaire un tricot.* ✪ CONTR. Refaire.

redéfinir v. tr. 2 – XVIIIe ▪ Donner une nouvelle définition de ; déterminer de façon nouvelle. *Redéfinir une politique.*

redéfinition n. f. – attesté v. 1960 ▪ Action de redéfinir (qqch.). *La redéfinition des objectifs.*

redemander v. tr. 1 – XIIe 1 Demander de nouveau. *Redemander du gâteau.* « *Elle a écrit des choses drôles, et comme c'était drôle, on lui en redemande* » (Renard). 2 Demander (ce qu'on a laissé, ce qu'on a prêté à qqn). ⇒ **réclamer.**

redémarrage n. m. – 1937 ▪ Fait de redémarrer. *Le redémarrage de l'économie.* ⇒ **reprise.**

redémarrer v. intr. 1 – 1945 1 Faire repartir un véhicule ; repartir après s'être arrêté. « *On s'arrête aux arrêts, on redémarre* » (Le Clézio). 2 Retrouver de la vigueur, de l'impulsion. *L'économie n'a pas encore redémarré.*

rédempteur, trice [ʀedɑ̃ptœʀ, tʀis] n. et adj. – X^e 1 n. m. *Le Rédempteur :* le Christ considéré en tant qu'il a racheté, sauvé le genre humain par sa mort. ⇒ **sauveur ; rédimer.** ♦ Ce qui rachète qqn, au sens moral ou religieux. *L'amour,* « *le rédempteur de toutes les races humaines* » (Michelet). 2 adj. Qui assure la rédemption (1°) ; qui rachète. « *Un pécheur croit que la souffrance est rédemptrice* » (Mauriac).

rédemption [ʀedɑ̃psjɔ̃] n. f. – X^e ; lat. *redimere* « racheter » → rédimer 1 Rachat du genre humain par le Christ. ⇒ **salut.** *Le mystère de la Rédemption.* – Action, fait de racheter qqn, de se racheter (au sens religieux ou moral). *Une peine qu'on subit, sans* « *la prendre comme une rédemption* » (Sartre). 2 Acte par lequel on rachète (un droit, etc.).

redent n. m. – XVIIe ▪ Ornement gothique formé d'une suite de découpures en forme de dents. *Arc orné de redents.* ✪ HOM. Redan.

redenté, ée adj. – XIXe ▪ Se dit d'un ornement constitué de trois arcs de cercle qui se coupent deux à deux. *Redent redenté.*

❑ Ne pas confondre avec *rudenté* « orné de rudentures », autre terme d'architecture.

redéploiement n. m. – mil. XXe ▪ Réorganisation (d'un dispositif militaire, d'une politique économique). *Redéploiement industriel.*

redescendre v. 41 – XIIe I v. intr. Descendre de nouveau ; descendre après être monté. « *Il monta dans sa chambre* [...] *et redescendit* » (Balz.). ♦ *La mer redescend. Le baromètre redescend.* – (sans mouvement) *Le sentier redescend à travers la forêt.* II v. tr. 1 Descendre de nouveau, parcourir de nouveau de haut en bas. *Redescendre un escalier.* 2 Descendre de nouveau (ce que l'on a placé à un endroit élevé). ✪ CONTR. Remonter.

redevable adj. – XIIIe 1 Qui est ou demeure débiteur de qqn. *Être redevable d'une somme à un créancier.* – n. *Les redevables de l'impôt.* 2 *Être redevable de qqch. à qqn,* être son obligé. ⇒ ① **devoir** (I). *Je vous suis redevable de mon succès, d'avoir intercédé en ma faveur.* – *Je ne veux point* « *demeurer redevable à mon ennemi* » (Mol.)

redevance n. f. – XIIIe 1 Somme qui doit être payée à échéances déterminées (à titre de rente, de dette). *Encaisser les redevances d'une métairie.* 2 Taxe due en contrepartie de l'utilisation d'un service public, d'une concession, etc. *Redevance téléphonique. Redevances pétrolières.* ⇒ **royalties.** – *Redevances féodales :* aide, capitation, corvée, dîme, péage, etc.

redevenir v. intr. 22 – XIIe ▪ Recommencer à être (ce qu'on était avant et qu'on avait cessé d'être). « *Elle est redevenue douce tout à coup* » (Duras).

redevoir v. tr. 28 – XIIe ▪ Devoir comme reliquat de compte ou de dette. – *La somme redue.*

rédhibition n. f. – XIVe ▪ Annulation d'une vente par l'acheteur quand la chose achetée présente des vices dits rédhibitoires. ⇒ **résiliation, résolution.**

rédhibitoire adj. – XIVe ; lat. *redhibere* « rendre, reprendre » 1 *Vice rédhibitoire :* défaut de la chose vendue ou louée qui peut motiver la résolution judiciaire d'une vente. 2 Qui constitue un défaut, un empêchement absolu, radical. *Des tarifs rédhibitoires. C'est un cas rédhibitoire.*

❑ Attention au *h* ; même famille que *inhibition, exhibition, prohibé.*

rédie n. f. – XIXe ; de *Redi*, naturaliste it. ▪ Forme larvaire des trématodes qui se développe dans des mollusques et se transforme en cercaire.

rediffuser v. tr. [1] – 1965 ▪ Diffuser à nouveau (une émission, un film).

rediffusion n. f. – 1965 ▪ Nouvelle diffusion d'une émission de radio ou de télévision.

rédiger v. tr. [3] – XIVe ; lat. « ramener » ▪ Écrire (un texte) d'une certaine manière ; écrire sous la forme définitive, selon la formule prescrite (⇒ **rédacteur, rédaction**). *Rédiger un article de journal ; une ordonnance. Rédiger un procès-verbal.* ⇒ **dresser, libeller.** ➛ *Il rédige bien.*

rédimer v. tr. [1] – XIVe ; lat. ▪ Racheter. *Rédimer les pécheurs.* ➛ pronom. *Se rédimer.*

❑ Même famille étymologique que *rançon, rédemption.*

redingote n. f. – XVIIIe ; angl. *riding-coat* « vêtement pour aller à cheval » ▪ Autrefois, Vêtement d'homme, longue veste croisée, à basques. *Camille « s'était assis en relevant les pans de sa redingote »* (Zola). *La redingote grise de Napoléon.* ♦ mod. Manteau de femme, ajusté à la taille.

❑ Cet emprunt ancien est intégré au français tant dans sa graphie que dans sa prononciation (*-ing* anglais est devenu [ɛ̃g]).

redire v. [37] – XIe **I** v. tr. Dire de nouveau. ⇒ **répéter.** *Pouvez-vous me redire votre nom ?* **1** Dire (qqch.) plusieurs fois. ⇒ **répéter.** *Il redit toujours la même chose.* ⇒ **rabâcher, ressasser.** *« elle disait et redisait force prières »* (J. Verne). **2** Dire (ce qu'un autre a déjà dit). ⇒ **répéter.** *Redites-le après moi.* **II** v. tr. ind. *AVOIR, TROUVER... À REDIRE À.* Trouver qqch. à blâmer, à critiquer dans. *Je ne vois rien à redire à cela.*

❑ *Redire* est le seul dérivé à s'aligner sur *dire* dans toute sa conjugaison : *vous redites* (mais *vous contredisez, vous médisez,* etc.).

rediscuter v. tr. [1] – XIXe ▪ Remettre en discussion. *Rediscuter un projet.*

redistribuer v. tr. [1] – XVIIe **1** Distribuer une seconde fois. *Redistribuer les cartes.* **2** Répartir une seconde fois et autrement. *Redistribuer les richesses.*

redistribution n. f. – XVIIe ▪ Nouvelle répartition. *Redistribution des tâches.* ♦ *Système de redistribution* (des revenus). ⇒ **transfert.**

redite n. f. – XIVe ▪ Chose répétée inutilement dans un texte, un discours. *Éviter les redites.*

redondance n. f. – XIVe ; lat. *redundare* « déborder » **1** Manière de s'exprimer où l'on dit plusieurs fois la même chose sous des formes et des aspects variés. ⇒ **superfluité, verbiage.** *« J'ai coupé quelques redondances. Mais le sens est intact »* (Romains). **2** Caractère de ce qui apporte une information déjà donnée sous une autre forme. ➛ En informatique, Augmentation du nombre des caractères d'un message sans accroissement corrélatif de la quantité d'informations. *La redondance est utilisée comme moyen de contrôle, de sûreté dans la transmission.* ✪ CONTR. Concision.

❑ Le français présente des redondances obligatoires (ex. : *Les journ**aux** **sont** distribué**s**,* pour le pluriel) que d'autres langues ne présentent pas.

redondant, ante adj. – XVIe **1** Qui a de la redondance, présente des redondances. *Style redondant.* ⇒ **enflé, verbeux.** **2** Qui est de trop (dans l'expression de la pensée). *Épithètes redondantes.* ⇒ **superflu.** ✪ CONTR. Concis.

redonner v. tr. [1] – XIIe **1** Donner de nouveau (une même chose ou une chose semblable). *Redonner à qqn ce qu'on lui avait pris.* ⇒ **rendre, restituer.** **2** Rendre (qqch.) à une personne qui a déjà eu la même chose ou une chose semblable. *Redonner du courage, confiance à qqn.* ➛ *Médicament qui redonne des forces.* ♦ Présenter à nouveau (qqch.) au public. *Redonner un film.* ⇒ **repasser.** ✪ CONTR. Reprendre.

redorer v. tr. [1] – XIVe ▪ Dorer de nouveau, dorer (ce qui est dédoré). ➛ *Redorer son blason*.*

redoublant, ante n. – XIXe ▪ Élève qui redouble une classe.

redoublé, ée adj. – XIIe **1** Qui est répété deux fois. *Lettre redoublée.* **2** Répété plusieurs fois. *Frapper à coups redoublés,* violents et précipités.

redoublement n. m. – XVIe **1** Action de rendre double. ➛ Répétition d'un ou plusieurs éléments d'un mot (ex. gnangnan, fofolle) ; ou d'un mot tout entier (ex. ce n'est pas joli joli). ⇒ **réduplication.** **2** Action d'augmenter subitement, de reprendre avec plus de force. *« Les hurlements éclatèrent avec un redoublement de violence »* (Zola). **3** Fait, pour un élève, de redoubler sa classe. ✪ CONTR. Diminution.

redoubler v. [1] – XIIIe **I** v. tr. **1** Rendre double. ⇒ ① **doubler.** *Redoubler une syllabe.* **2** Recommencer. *Redoubler (une classe),* y accomplir une nouvelle année de scolarité. **3** Renouveler en augmentant considérablement. *« Le vent redouble ses efforts »* (La Font.). **II** v. tr. ind. *REDOUBLER DE... :* apporter, montrer encore plus de... *Redoubler de prudence, d'amabilité.* **III** v. intr. Augmenter de beaucoup à la fois. *« devant le jury, ma timidité redoubla »* (Stendh.). ✪ CONTR. Cesser, diminuer.

redoutable adj. – XIIe ▪ Qui est à redouter, à craindre. ⇒ **dangereux, puissant.** *Adversaire redoutable.* ✪ CONTR. Inoffensif.

redoute n. f. – XVIe ; it. *ridotto* « refuge, abri » ▪ Ouvrage de fortification détaché. *Les blockhaus ont remplacé les redoutes.*

redouter v. tr. [1] – XIe ▪ Craindre comme très menaçant. *Redouter qqn. Redouter le jugement, la colère de qqn.* ➛ Appréhender. *Redouter l'avenir.* ➛ *« elle redoutait d'être sans force, s'il la surprenait un soir toute seule »* (Zola). *Je redoute qu'il n'apprenne la vérité. « la méfiance du riche qui a peur d'être dupe, qui redoute qu'on l'exploite »* (Mauriac). ✪ CONTR. Souhaiter.

❑ *Redouter* a éliminé *douter* dans son sens ancien de « craindre ».

redoux n. m. – XIXe ▪ Radoucissement de la température au milieu de la saison froide.

❑ Mieux vaut réserver ce terme régional (Alpes, Jura) au climat de montagne et employer *radoucissement* pour les autres régions.

redresse (à la) loc. adj. – XIXe ; de *redresser* ▪ pop. Qu'on ne peut duper ; qui, parmi les malfaiteurs, se fait respecter par la violence. *Un mec à la redresse.* ⇒ **dur** (n. m.).

redressement n. m. – XIIe **I** - **1** Action de remettre droit. *Redressement d'une tige tordue.* ♦ Mouvement par lequel on redresse, on se redresse. *Redressement du buste.* **2** Transformation d'un courant alternatif en un courant de sens constant. **3** Action de reprendre son essor, en parlant d'un pays, d'une économie en difficulté. ⇒ **relèvement.** *Plan de redressement.* ➝ *Redressement judiciaire :* procédure applicable à toute personne morale en état de cessation de paiement visant à « permettre la sauvegarde de l'entreprise, le maintien de l'activité et de l'emploi et l'apurement du passif » (loi du 25 janvier 1985). **II - 1** Rectification de l'imposition (dans un sens ou dans l'autre). **2** *Maison de redressement,* où étaient détenus et rééduqués les jeunes délinquants.

redresser v. tr. [1] – XIe **I - 1** Replacer verticalement. ⇒ ① **lever, relever.** *Redresser un mât.* ➝ *Redresser la tête ;* fig. ne plus se soumettre. ➝ Replacer en position correcte. *Se faire redresser les dents.* **2** Hausser le nez de (un avion) pour lui faire reprendre de la hauteur. ♦ Remettre les roues de (une voiture) en ligne droite. *Braquer et redresser.* **II - 1** *Redresser une tôle cabossée.* ♦ *Redresser un courant (alternatif),* lui donner un sens constant. **2** *Redresser la situation :* rattraper une situation compromise. **III** SE REDRESSER v. pron. **1** Se remettre droit, vertical, debout ; revenir en haut. ⇒ se **relever.** « *Un jour qu'elle était au plus mal, on la vit avec étonnement se redresser* » (Muss.). ♦ *L'économie s'est redressée.* **2** Se tenir très droit. *Redresse-toi !* ✪ CONTR. Abattre, incliner, renverser. Courber, gauchir. Écrouler (s').

redresseur n. m. et adj. m. – XVIe **1** REDRESSEUR DE TORTS. Chevalier qui rétablissait les droits des opprimés. ➝ (souvent iron.) Personne qui s'érige en justicier. **2** adj. *Prisme redresseur,* utilisé dans les instruments d'optique pour redresser les images. **3** *Redresseur de courant électrique :* dispositif permettant de transformer un courant alternatif en un courant de sens constant.

réductase n. f. – 1902 ; de *réduct(ion)* et *-ase* ▪ Enzyme qui active un processus organique d'oxydoréduction.

réducteur, trice adj. et n. m. – XVIe **1** Qui est susceptible de fournir des électrons (en enlevant l'oxygène). ➝ n. m. Substance capable de diminuer au moins de moitié le degré d'oxydation. **2** n. m. Mécanisme qui réduit la vitesse de rotation d'un arbre. **3** Qui réduit, diminue l'importance de (qqch.). *Analyse réductrice d'une réalité complexe.* ✪ CONTR. Oxydant. Amplificateur.

réductible adj. – XVIe **1** Transformable en chose plus simple (⇒ **simplifiable**), qui peut être limité à. ➝ *Équation réductible,* dont on peut abaisser le degré. *Fraction réductible.* **2** Qui peut être diminué. *Quantité réductible.* **3** Qui est susceptible de réduction (I). *Hernie réductible.* ✪ CONTR. Irréductible.

réduction n. f. – XIIIe **I** Opération qui consiste à remettre en place (un os fracturé, un organe déplacé). *Réduction d'une fracture.* **II - 1** Le fait de résoudre, de réduire (une chose en une autre plus simple). *Réduction à des éléments simples.* ⇒ **analyse.** *Réduction de fractions au même dénominateur :* recherche du dénominateur commun le plus faible. **2** Élimination, dans un composé, de l'oxygène ou adjonction d'hydrogène ; réaction dans laquelle un composé reçoit un électron supplémentaire. **III - 1** Reproduction à petite échelle. *Réduction d'une carte.* EN RÉDUCTION : en plus petit. ⇒ **miniature. 2** Action de rendre plus petit, plus faible, moins nombreux ; son résultat. ⇒ **diminution.** *La réduction des dépenses.* « *j'étais licencié par une mesure générale de réduction du personnel* » (Duham.). ♦ Diminution accordée sur un prix. ⇒ **abattement, discount, escompte, rabais, remise, ristourne.** *Faire une réduction de 15% sur les prix affichés.* abrév. fam. RÉDUC. ➝ *Obtenir une réduction de peine.* **3** Action d'abréger, de raccourcir ; son résultat. *La réduction d'un chapitre.* ✪ CONTR. Accroissement, agrandissement, augmentation, hausse, relèvement.

❑ Attention, une *réduction de – 20%* équivaut à une augmentation. Il faut dire *réduction de 20%.* → moins (rem.).

réductionnisme n. m. – mil. XXe ▪ Réduction systématique d'un domaine de connaissance à un autre plus particulier, considéré comme plus fondamental (par exemple des mathématiques à la logique formelle...).

réduire v. tr. [38] – XIIe ; lat. *reducere* « ramener » **I** Remettre en place (un os, un organe déplacé). *Réduire une fracture.* ➝ « *il ne s'est cassé qu'un bras, fracture simple et qui a été réduite* » (Mérimée). **II - 1** RÉDUIRE À, EN : amener à, dans (un état d'infériorité, de soumission). *Réduire en esclavage. Réduire qqn à la dernière extrémité, au désespoir.* « *c'était m'écarter encore de l'affaire, me réduire à zéro* » (Camus). ➝ EN ÊTRE RÉDUIT À (et inf.). *J'en suis réduit à économiser sur la nourriture.* **2** RÉDUIRE À : résoudre (une chose) en une autre plus simple, ramener à ses éléments, à un état plus simple. ⇒ **simplifier.** *Réduire à un type commun ; à sa plus simple expression. Réduire des fractions au même dénominateur.* ➝ *Réduire à rien.* ⇒ **anéantir, annihiler, détruire. 3** Borner (à), limiter (à). « *Comprendre le monde, c'est le réduire à l'humain* » (Camus). **4** RÉDUIRE EN. *Réduire en miettes ; en bouillie, en poudre :* briser, broyer, pulvériser. **5** Éliminer l'oxygène de (un corps). *Réduire un minerai pour en tirer le métal.* ➝ Diminuer (d'au moins une unité) le degré d'oxydation de (un corps). ♦ Faire épaissir par évaporation. *Réduire une sauce.* ➝ pronom. *La sauce se réduit.* (avec ellipse du pronom) *Faire, laisser réduire.* **III - 1** Changer en diminuant la dimension de. *Réduire un dessin, une photographie,* les reproduire en un format inférieur. **2** Rendre plus petit, plus faible, moins nombreux. ⇒ **abaisser, diminuer, restreindre.** *Réduire les prix de 10%. Réduire le personnel. Réduire la vitesse d'un véhicule.* ➝ *Analyse qui réduit la portée d'un événement* (⇒ **réducteur**). ♦ Rendre plus court. ⇒ **abréger, raccourcir.** *Réduire un texte.* **IV** SE RÉDUIRE v. pron. **1** SE RÉDUIRE À : consister seulement en... *Ses économies se réduisent à peu de chose.* **2** SE RÉDUIRE EN : se transformer en (éléments très petits). *Matière qui brûle et se réduit en cendres.* ✪ CONTR. Agrandir, augmenter, développer.

① **réduit, ite** adj. – XVIIe **1** Rendu de taille plus petite. *Les têtes réduites des Indiens d'Amazonie.* ♦ Fait avec des dimensions plus petites. *Modèle réduit.* « *bas de soie et dessous réduits* » (Queneau). **2** Pour lequel on a consenti une diminution. *Prix, tarif réduit.* **3** Restreint (en nombre, en importance). *Capacité réduite. Vitesse réduite.* ⇒ **faible.** ✪ CONTR. Grand, important, plein.

② **réduit** n. m. – XIIe ; lat. *reductum* « qui est à l'écart » **1** Local exigu, généralement sombre et pauvre. ⇒ **cagibi, galetas, soupente.** « *La chambre où il dormait était un réduit sans fenêtres et sans porte* » (R. Rolland). **2** Recoin, enfoncement dans une pièce. *Réduit servant de placard.* **3** Poche de résistance. *Le réduit chrétien au Liban.*

réduplication n. f. – XIVe ; lat. *reduplicare* « redoubler » ▪ Redoublement, répétition. ♦ Redoublement d'un mot entier dans certains tours (ex. faire ami ami, guili-guili).

réduve n. m. – XIXe ; lat. *reduviæ* « dépouilles » ▪ Punaise prédatrice *(hémiptères)* qui aspire le sang et la chair d'autres insectes, et dont la larve se cache dans la poussière.

rééchelonnement n. m. – 1980 ▪ *Rééchelonnement d'une dette :* réaménagement des échéances de remboursement du principal et des intérêts sur une période plus longue que celle qui était prévue antérieurement. *Rééchelonnement de la dette des pays du tiers monde.*

réécrire → **récrire**

réécriture n. f. – XIXe ▪ Action de réécrire un texte. ⇒ **rewriting.**

❑ La forme *récriture* est attestée en 1964. Ce terme est surtout utilisé pour des manipulations formelles (*rewriting* ; paraphrase linguistique). → récrire (rem.).

réédifier v. tr. [7] – XIIIe ▪ littér. Édifier de nouveau (ce qui a été détruit, renversé). ⇒ **rebâtir, reconstruire.** « *il faisait table rase de tout et réédifiait le monde* » (Beauv.).

rééditer v. tr. [1] – XIXe 1 Donner une nouvelle édition de (un texte) en le recomposant. *Rééditer un ouvrage ancien.* 2 Refaire. *Rééditer un exploit.*

réédition n. f. – XVIIIe 1 Nouvelle édition. 2 fam. Répétition, réplique. *La situation actuelle est une réédition de celle de l'année dernière.*

❑ Pour le sens → réimpression (rem.).

rééducation n. f. – XIXe 1 Action de traiter un malade afin de rétablir chez lui l'usage normal d'une fonction ou d'un membre. *Rééducation motrice.* 2 Éducation (morale, idéologique) nouvelle. *Camp de rééducation.*

rééduquer v. tr. [1] – XIXe 1 Procéder à la rééducation de. *Rééduquer un paralysé.* 2 Éduquer moralement une seconde fois et différemment. *Rééduquer des délinquants.*

réel, elle adj. et n. m. – XIIIe ; lat. *res* « chose » **I** adj. 1 En droit, Qui concerne les choses (opposé à *personnel*). *Le droit de propriété est un droit réel.* 2 *Nombres réels* (opposé à *imaginaires*). *Les nombres réels comprennent les nombres algébriques* (rationnels, irrationnels...) *et les nombres transcendants. Ensemble des nombres réels* (ℝ). 3 Qui existe en fait. ⇒ **existant.** *Personnage imaginaire et personnage réel.* « *sous le monde réel, il existe un monde idéal* » (Hugo). *Un fait réel et incontestable.* ⇒ **authentique, certain, indubitable.** *Des avantages réels, bien réels.* ⇒ **palpable,** ① **positif, tangible, visible.** 4 Qui est bien conforme à sa définition. ⇒ **véritable, vrai.** *Il était* « *le chef réel de la maison, sous le titre de secrétaire général* » (Romains). *Salaire réel* (comprenant les primes, suppléments, etc., et compte tenu des sommes retenues) *et salaire nominal.* ♦ Sensible, notable. « *J'ai toujours vu mon père prendre un réel plaisir à essayer* [...] *des préparations compliquées* » (Duham.). **II** n. m. Les choses elles-mêmes ; les faits réels, la vie réelle, ce qui est. ⇒ **réalité.** *Le réel et l'imaginaire.* « *l'altérité, l'irrationalité, l'opacité du réel* » (Sartre). ➝ *Le sens du réel* (⇒ **réalisme**). ✪ CONTR. ① Faux, imaginaire, irréel, virtuel. – Abstraction, ② idéal, rêve.

réélection n. f. – XVIIIe ▪ Action de réélire ; fait d'être réélu.

rééligible adj. – XVIIIe ▪ Légalement apte à être réélu.

réélire v. tr. [43] – XIIe ▪ Élire de nouveau, élire (qqn) à une fonction à laquelle il avait déjà été élu. *Le président sortant a été réélu.*

réellement adv. – XVIIe ▪ En fait, en réalité. ⇒ **effectivement, véritablement, vraiment.** « *Jusque-là, il n'avait pas souffert réellement* » (Zola). ✪ CONTR. Apparemment, faussement, fictivement.

réembaucher ou **rembaucher** v. tr. [1] – 1904 ▪ Embaucher à nouveau (qqn). ⇒ **remployer, rengager, reprendre.**

❑ Pour le préfixe → re- (rem.).

réémetteur n. m. – v. 1960 ▪ Émetteur local destiné à diffuser les émissions de télévision d'un émetteur principal, dans les zones que ce dernier ne peut couvrir. ⇒ **relais.**

réemploi n. m. – XIXe 1 Fait de réemployer (qqch.). ⇒ **remploi.** 2 Fait de réemployer (qqn).

réemployer v. tr. [8] – XIXe ▪ Employer de nouveau.

réensemencer v. tr. [3] – XIXe ▪ Ensemencer de nouveau.

réentendre v. tr. [41] – XIXe ▪ Entendre de nouveau.

rééquilibrage n. m. – 1954 ▪ Fait de retrouver un équilibre ou de redonner un équilibre. *Le rééquilibrage de la balance* commerciale.*

rééquilibre n. m. – 1936 ▪ Nouvel équilibre.

rééquilibrer v. tr. [1] – 1942 ▪ Redonner un équilibre à (ce qui l'avait perdu). *Rééquilibrer le budget.*

réer → **raire**

réescompte [Reɛskɔ̃t] n. m. – XIXe ▪ Mobilisation par une banque auprès d'une autre institution financière (généralement la banque centrale) de papiers bancables escomptés précédemment à une entreprise.

réescompter [Reɛskɔ̃te] v. tr. [1] – XIXe ▪ Opérer le réescompte de.

réessayage n. m. – 1902 ▪ Action de réessayer (un vêtement), de faire un nouvel essayage.

réessayer v. tr. [8] – XIIIe ▪ Tenter de nouveau, faire un nouvel essai. ♦ Procéder à un nouvel essayage de.

réévaluation n. f. – 1929 1 Nouvelle évaluation. *Réévaluation des salaires.* 2 Évaluation d'une grandeur sur de nouvelles bases. *Réévaluation des bilans,* pour corriger les effets de la dépréciation monétaire due à l'inflation. 3 (Opposé à *dévaluation*) Augmentation de la parité officielle d'une monnaie (par rapport à l'or, à une devise). *Réévaluation du franc par rapport au mark.* ⇒ **revalorisation.** ✪ CONTR. Dévaluation.

réévaluer v. tr. [1] – mil. XXe 1 Procéder à la réévaluation de. *Réévaluer une monnaie.* 2 Évaluer de nouveau. ⇒ **réexaminer.**

réexaminer v. tr. [1] – XVIIe ▪ Procéder à un nouvel examen de. *Réexaminer un problème.*

réexpédier v. tr. [7] – XVIIIe ▪ Expédier à une nouvelle destination. *Réexpédier le courrier,* le faire suivre à une nouvelle adresse. ➝ Renvoyer (une chose) d'où elle vient.

réexpédition n. f. – XVIIIe ▪ Action de réexpédier. *Ordre de réexpédition du courrier.*

réexportation n. f. – XVIIIe ▪ Action de réexporter.

réexporter v. tr. [1] – XVIIIe ▪ Exporter à destination d'un autre pays (des marchandises qu'on avait précédemment importées).

réfaction n. f. – XVIIe ; var. de *réfection* ▪ Réduction, sur le prix des marchandises, au moment de la livraison, lorsqu'elles ne présentent pas la qualité ou les conditions convenues.

refaire v. tr. [60] – XIIe **I** - 1 Faire de nouveau (ce qu'on a déjà fait, ou ce qui a déjà été fait). ⇒ **recommencer.** *Refaire un pansement. Refaire une demande. Refaire un voyage. Refaire les mêmes erreurs.* ⇒ **rééditer.** 2 Faire tout autrement, en apportant de profondes transformations. « *Ta dernière incartade prouve que ton éducation est à refaire* » (Sartre). *Il pense à refaire sa vie avec une autre femme.* ➝ loc. *Refaire le monde,* imaginer des solutions pour le transformer en l'améliorant. *Si c'était à refaire !* (pour exprimer qu'on regrette une expérience passée). 3 Remettre en état. ⇒ **réparer,** ① **restaurer.** *Refaire à neuf.* ➝ *Refaire ses forces. On lui a refait le nez* (chirurgie esthétique). *Se refaire une santé.* 4 fam. ⇒ **duper, rouler,** ② **voler.** « *Elles me refont de plus de sept cents francs, sais-*

tu ? » (Goncourt). *Je suis refait !* ⇒ ③ **marron.** **II** *SE REFAIRE* **v. pron. 1** Récupérer. *Après une nuit sans sommeil, il a besoin de se refaire.* ♦ Réparer sa fortune après des pertes au jeu. **2** (au négatif) Se faire autre qu'on est, changer complètement. *Je suis comme ça, je ne peux pas me refaire.* loc. *On ne se refait pas !* (comme excuse). ✪ CONTR. Défaire.

❑ Au participe présent on entend [ʀəfəzɑ̃] comme dans le participe présent de *faire.*

réfection **n. f.** – XIIe ▪ Action de refaire, de réparer, de remettre à neuf. *Réfection d'une route.* « *la réfection de l'humble tombe était achevée* » (Loti).

réfectoire **n. m.** – XIIe ; lat. *refectorius* « qui refait, restaure » ▪ Salle à manger réservée aux membres d'une communauté. *Réfectoire d'un couvent, d'un lycée.* ⇒ **cantine.**

refend (de) **loc. adj.** – XVIIe ; de *refendre* ▪ *Mur de refend :* mur porteur formant séparation dans l'intérieur d'un bâtiment. *Ligne de refend :* ligne creusée sur le parement d'un mur pour marquer ou simuler les joints des assises de pierre. ➛ *Bois de refend :* bois de fente, scié en long.

refendre **v. tr.** [41] – XIIIe ▪ Fendre ou scier dans le sens de la longueur. *Refendre l'ardoise.*

référé **n. m.** – XVIIe ▪ Procédure rapide et simplifiée pour régler provisoirement une contestation, en cas d'urgence. *Assigner en référé.* ♦ Décision rendue selon cette procédure.

référence **n. f.** – XIXe **I - 1** Action ou moyen de se référer, de situer par rapport à. *Indemnité fixée par référence au traitement.* **2** Action de se référer ou de renvoyer le lecteur à un texte, une autorité. *Faire référence à un ouvrage. Ouvrages de référence,* faits pour être consultés (dictionnaire, bibliographie, etc.). ♦ La note, l'indication précise qui en résulte. ⇒ **renvoi.** *Références au bas des pages.* ♦ Indication en tête et à gauche d'une lettre (initiales, numéro) que le correspondant est prié de rappeler dans sa réponse. **3** au plur. Attestation de personnes auxquelles on peut s'en rapporter pour avoir des renseignements sur qqn (qui cherche un emploi, propose une affaire, etc.). *Fournir de sérieuses références.* ⇒ **certificat, recommandation.** ♦ Fait permettant de reconnaître la valeur de qqn. *Être loué par un tel critique, ce n'est pas une référence !* **II** Fonction par laquelle un signe renvoie à ce dont il parle, à ce qu'il désigne (référent). ⇒ **dénotation.** *Référence et signification.* ♦ Référent.

référencer **v. tr.** [3] – XIXe ▪ Attribuer une référence à (un échantillon).

❑ On entend parfois *référencier* (et surtout *référencié : citation référenciée*), altération probablement due à l'influence de *référentiel.*

référendaire **adj.** – XIVe ; lat. *referre* « faire un rapport » **1** *Conseiller référendaire,* ou **n. m.** *un référendaire :* magistrat de la Cour des comptes, chargé de vérifier les comptes des justiciables. **2** Relatif à un référendum. *Campagne référendaire.*

référendum [ʀefeʀɛ̃dɔm ; ʀefeʀɑ̃dɔm] **n. m.** – XVIIIe ; de l'expr. lat. *ad referendum,* de *referre* « faire un rapport, soumettre à une assemblée » **1** Vote de l'ensemble des citoyens pour approuver ou rejeter une mesure proposée par le pouvoir exécutif. *Des référendums.* ♦ En Suisse, *Référendum d'initiative populaire,* organisé pour soumettre au vote populaire un texte de loi déposé par un nombre déterminé de citoyens. **2** Consultation de tous les membres d'un groupe.

❑ Longtemps écrit aussi *referendum,* ce mot se trouve aujourd'hui sous la forme francisée avec accents. À l'inverse, certains mots latins restent inaccentués, tel *delirium,* et d'autres présentent encore la variante : *crématorium* ou *crematorium* par exemple.

référent **n. m.** – 1955 ; angl. ▪ Ce à quoi renvoie un signe linguistique.

① **référentiel** **n. m.** – 1947 ▪ Système de référence. ⇒ **repère.** ♦ En mathématiques, Ensemble dont on étudie les sous-ensembles. ♦ Système de coordonnées spatiales et temporelle (une seule) auquel sont référées les équations d'un problème de physique.

② **référentiel, ielle** **adj.** – 1963 ▪ De la référence (II). *Sens référentiel* (⇒ **dénotatif**) *et sens connotatif.*

référer **v. tr.** [6] – XIVe ; lat. **1** **v. pron.** *SE RÉFÉRER À.* S'en rapporter, recourir à, comme à une autorité. ⇒ **attester, consulter.** *Se référer à qqn, à son avis. Se référer à un texte,* le prendre comme référence. ➛ *Observations qui se réfèrent à un passé déjà ancien.* ⇒ se **rapporter.** **2** **v. tr. ind.** *EN RÉFÉRER À :* faire rapport, en appeler. *En référer au juge.* ➛ *En référer à un supérieur,* lui rapporter et soumettre le cas, en lui laissant le soin de décider. ⇒ ① **reporter.** ♦ *Référer à :* avoir pour référent. « *Centaure* » *réfère à un être mythique.*

refermer **v. tr.** [1] – XIIe ▪ Fermer (ce qu'on avait ouvert, ou ce qui s'était ouvert). *Refermer la porte.* « *ouvrant et refermant sur la table un gros dossier* » (Camus). ➛ *Refermer les yeux.* ♦ pronom. Se fermer après s'être ouvert. *Sa plaie se referme.* ➛ Se replier sur soi-même. *Son visage se referma,* n'exprima plus rien. ✪ CONTR. Rouvrir.

❑ Ne pas confondre avec *renfermer* « enfermer de nouveau ; contenir ».

refiler **v. tr.** [1] – XVIIIe ; de *re-* et *filer* ▪ fam. Donner, remettre à qqn, en le trompant. *On lui a refilé une fausse pièce.* ➛ Donner. *Il m'a refilé sa grippe.* ⇒ **passer.** « *Il a dû lui arriver* [...] *de te refiler des tuyaux sur certains de ses amis* » (Simenon).

réfléchi, ie **adj.** – XIIIe **I** Renvoyé. *Lumière réfléchie.* ➛ *Radiation, rayonnement réfléchis.* **II - 1** *Verbe pronominal réfléchi,* exprimant que l'action émanant du sujet fait retour à lui-même (ex. je me lève). ♦ *Pronom réfléchi :* pronom personnel complément représentant la personne qui est sujet du verbe (je *me* suis trouvé un appartement ; il ne pense qu'à *lui*). **2** Qui porte la marque de la réflexion. *Une décision réfléchie.* ⇒ **délibéré, mûri, pesé.** ♦ Qui a l'habitude de la réflexion. ⇒ **raisonnable, sérieux.** « *lent, posé, réfléchi, circonspect dans sa conduite* » (Rouss.). **3** *Tout bien réfléchi :* tout bien considéré. *C'est tout réfléchi :* la décision est prise. ✪ CONTR. Irréfléchi, machinal ; étourdi ; impulsif.

❑ Les pronominaux réfléchis sont difficiles à interpréter pour les choses *(la branche se casse),* l'emploi de l'intransitif est plus clair *(la branche casse).*

réfléchir **v.** [2] – XIVe ; lat. *reflectere* « recourber » **I** **v. tr. dir.** Renvoyer par réflexion. *La nappe d'eau* « *réfléchissait les hautes masses vertes de la forêt* » (Balz.). *Miroir qui réfléchit une image.* ⇒ **refléter.** ♦ pronom. *L'Olympe* « *se réfléchissait dans une mer unie comme une glace* » (Loti). **II - 1** **v. intr.** Faire usage de la réflexion (II). ⇒ **penser ; cogiter,** se **concentrer,** fam. **gamberger, méditer.** *Réfléchissez avant de parler, avant d'agir. Chose qui donne à réfléchir,* qui incite à la prudence. *Je réfléchirai, je demande à réfléchir,* je déciderai plus tard. **2** **v. tr. ind.** *RÉFLÉCHIR SUR QQCH.* ⇒ **étudier, examiner.** *Réfléchir sur un sujet.* ➛ *RÉFLÉCHIR À QQCH.* ⇒ **penser, songer.** *Réfléchissez à ma proposition,* à ce que je vous propose. **3** v. tr. *RÉFLÉCHIR QUE* : s'aviser, juger que, après réflexion. « *elle réfléchit qu'il valait mieux ne pas rendre publique cette petite querelle de famille* » (Green).

réfléchissant, ante adj. – XIVe ▪ Qui réfléchit (la lumière, une onde). *Surface réfléchissante.*

réflecteur n. m. et adj. – XIXe ▪ Appareil destiné à réfléchir (les ondes lumineuses, calorifiques) au moyen de miroirs, de surfaces prismatiques. « *Renvoyée par un réflecteur, la lumière jaillissait* » (Bousquet). ♦ adj. *Miroir réflecteur.*

réflectif, ive adj. – XIXe **1** Qui résulte de la réflexion. **2** Qui a trait aux réflexes.

reflet n. m. – XVIe ; it. *riflettere* « réfléchir » **1** Lumière réfléchie par un corps, accompagnée ou non d'une sensation de couleur, et généralement atténuée. *Reflets irisés. Cheveux bruns à reflets roux.* **2** Image réfléchie. *Reflet d'un visage dans la vitre.* **3** Éclat qui rejaillit. « *Sa beauté était le reflet de son intelligence* » (R. Rolland). ♦ Représentation affaiblie. « *la langue, qui est toujours le reflet et l'image de l'esprit de chaque génération* » (Fustel de Coul.).

refléter v. tr. [6] – XVIIIe **1** Réfléchir de façon atténuée et plus ou moins vague. *Miroir, eau... qui reflètent la lumière, des images, des objets.* ➙ pronom. « *les lueurs des néons et des réverbères se reflétaient sur le macadam* » (Le Clézio). **2** Présenter un reflet de. ⇒ **traduire, reproduire.** « *Mes paroles ne reflétaient donc nullement mes sentiments* » (Proust). ➙ pronom. *Son trouble se reflétait sur son visage.*

refleurir v. [2] – XIIe **1** v. intr. Fleurir de nouveau. « *les fleurs et les plantes* [...] *refleurissent vigoureuses* » (Loti). ♦ Redevenir florissant. *Le XVIe siècle vit refleurir les lettres et les arts.* **2** v. tr. Regarnir de fleurs. *Refleurir une tombe.*

reflex [ʀeflɛks] adj. et n. m. – 1922 ; mot angl. ▪ Se dit d'un appareil de photo où la visée s'effectue par un objectif (si c'est le même objectif que pour la prise de vue, l'image est renvoyée par un système de prismes). ➙ n. m. *Des reflex à un, à deux objectifs.* ✪ HOM. Réflexe.

réflexe n. m. – XVIe ; lat. *reflectere* « réfléchir » **1** Réaction automatique, involontaire et immédiate d'une structure ou d'un organisme vivants à une stimulation déterminée. *Réflexe rotulien.* ➙ *Réflexe conditionné (ou conditionnel)* : réflexe provoqué, en l'absence de l'excitant normal, par un excitant qui lui a été préalablement associé (chien qui salive au son qu'on lui faisait entendre à chaque présentation de viande). ➙ adj. *Acte, mouvement réflexe.* **2** Réaction immédiate et mécanique à une impression donnée, et précédant toute réflexion. « *Dans un réflexe d'enfant prise en faute, elle lève un coude* [...] *pour se protéger la figure* » (Robbe-Grillet). *Il a eu le réflexe de freiner.* ✪ HOM. Reflex.

❑ Pavlov, physiologiste et médecin russe, a créé la notion de *réflexe conditionné* (1903).

réflexible adj. – XVIIIe ▪ Qui peut être réfléchi. *Rayon réflexible.*

réflexif, ive adj. – XVIIe ▪ Propre à la réflexion, au retour de la pensée, de la conscience sur elle-même. *Analyse réflexive.* ⇒ **introspection.** ♦ *Relation réflexive* : relation binaire sur un ensemble telle que tout élément de cet ensemble soit en relation avec lui-même.

réflexion n. f. – XIVe ; lat. *reflectere* « réfléchir » **I** Changement de direction des ondes (lumineuses, sonores, etc.) qui rencontrent un corps interposé ; phénomène qui se produit à la surface de séparation de deux milieux dans lesquels une même onde électromagnétique a des vitesses de propagation différentes (une partie de l'onde est renvoyée dans son premier milieu). *L'angle d'incidence est égal à l'angle de réflexion.* **II** - **1** Retour de la pensée sur elle-même en vue d'examiner plus à fond une idée, une situation, un problème. ⇒ **délibération, méditation.** *Réflexion sur qqch., sur soi-même. Livre qui donne matière à réflexion. Se donner le temps de la réflexion.* ➙ loc. *RÉFLEXION FAITE* : après y avoir réfléchi. *À LA RÉFLEXION* : quand on y réfléchit bien. ♦ *LA RÉFLEXION* : la capacité de réfléchir, la qualité d'un esprit qui sait réfléchir. ⇒ **discernement, intelligence.** « *Il se reprochait d'avoir manqué de réflexion* » (Romains). **2** *Une, des réflexions* : pensée exprimée (orale ou écrite) d'une personne qui a réfléchi. *Faire part à qqn de ses réflexions.* ⇒ **remarque.** ♦ fam. Remarque désobligeante. *Garde tes réflexions pour toi.* ✪ CONTR. (du II) Étourderie, irréflexion, légèreté.

réflexivité n. f. – XIXe ▪ Propriété d'une relation réflexive.

réflexogène adj. – XIXe ▪ Qui provoque un réflexe.

réflexogramme n. m. – 1924 ▪ Enregistrement graphique de l'excitation par percussion du tendon d'Achille.

réflexologie n. f. – 1921 ▪ Étude scientifique des réflexes.

refluer v. intr. [1] – XIVe ; lat. « couler en arrière » ▪ Se mettre à couler en sens contraire. *L'eau reflue à marée descendante.* ⇒ se **retirer ; reflux.** ♦ « *Les enfants refluaient vers le collège* » (Montherl.). ✪ CONTR. Affluer.

reflux [ʀəfly] n. m. – XVIe **1** Mouvement des eaux marines qui se retirent à marée descendante. ⇒ **jusant.** *Le flux et le reflux de la mer.* **2** Mouvement en arrière (d'un ensemble de gens, etc.) qui succède à un mouvement en avant. ⇒ **recul.** *Le reflux de la foule.* ♦ Retour d'un liquide dans le sens opposé au sens physiologique. *Reflux gastro-œsophagien.* ✪ CONTR. Flux ; afflux.

refondateur, trice n. – 1989 ▪ Personne qui révise les fondements de son parti politique.

refondre v. tr. [41] – XIIe **1** Fondre une seconde fois. ➙ *Fonte refondue.* **2** Reformer (un objet de métal) en le fondant une seconde fois. *Refondre des monnaies.* **3** Refaire (un ouvrage) en donnant une meilleure forme. *Un manuel scolaire entièrement refondu.*

refonte n. f. – XVIe **1** Action de refondre. *La refonte des monnaies.* **2** *La refonte d'un ouvrage.* ⇒ **remaniement.**

reforestation n. f. – 1922 ▪ Reconstitution d'une forêt. ⇒ **reboisement.** ✪ CONTR. Déforestation.

réformable adj. – XVe ▪ Qui peut ou doit être réformé. ✪ CONTR. Irréformable.

reformage n. m. – 1946 ; angl. *to reform* « rectifier » ▪ Procédé de raffinage consistant à transformer les essences lourdes afin d'obtenir des chaînes aromatiques et d'augmenter l'indice d'octane.

réformateur, trice n. et adj. – XIVe **1** Personne qui réforme ou veut réformer. *Réformateur d'une société.* ♦ Fondateur d'une Église réformée. *Luther et les autres réformateurs.* **2** adj. Qui réforme.

réformation n. f. – XIIIe **1** Réforme (I, 2°). *Le monument de la Réformation, à Genève.* **2** Modification d'un acte par une autorité supérieure, d'un jugement par une juridiction du second degré.

réforme n. f. – XVIIe **I** - **1** Rétablissement de la règle primitive dans un ordre religieux. **2** *LA RÉFORME* : mouvement religieux du XVIe s., qui fonda le protestantisme et voulait ramener la religion chrétienne à sa forme primitive. ⇒ vx **réformation, protestantisme ;**

calvinisme, luthéranisme. 3 Changement profond apporté dans la forme d'une institution afin de l'améliorer, d'en obtenir de meilleurs résultats. *Réforme de la Constitution.* « *aussitôt qu'il eut parlé de réforme, on parla de le poignarder* » (Chateaub.). II Position du militaire dispensé du service dans les armées pour inaptitude physique ou mentale. *Commission de réforme.*

réformé, ée adj. et n. – XVIe 1 Issu de la Réforme. *Religion réformée* et, pour les catholiques du XVIIe s., *religion prétendue réformée (R.P.R.).* ⇒ **protestantisme.** *L'Église réformée de France, de Hollande, d'Amérique.* 2 Reconnu impropre, inapte pour le service. *Soldat réformé.* ➛ n. m. *Un réformé.*

reformer v. tr. 1 – XIIe ▪ Former de nouveau, refaire (ce qui était défait). ➛ pronom. Reprendre sa forme, se former de nouveau. « *les rangs se reforment en clopinant* » (Mart. du G.). ⇒ **reconstituer.** ✪ CONTR. Disperser.

réformer v. tr. 1 – XIIe 1 Rétablir dans sa forme primitive (une règle, une discipline qui s'est corrompue). *Réformer un ordre religieux, un culte.* 2 Changer en mieux, ramener à une forme meilleure (une institution). ⇒ **améliorer.** *Réformer une loi.* ⇒ **amender.** ♦ *Réformer un jugement,* le corriger en grande partie. 3 vieilli Supprimer pour améliorer. *Réformer les abus.* 4 Retirer du service (ce qui y est devenu impropre). *Réformer du matériel.* ➛ *Réformer un soldat.*

réformette n. f. – v. 1960 ▪ fam. plais. Réforme jugée superficielle, peu sérieuse (par ses adversaires).

réformisme n. m. – XIXe ▪ Doctrine politique des réformistes.

réformiste n. et adj. – XIXe ▪ Partisan d'une réforme politique. ♦ Personne qui veut améliorer la société capitaliste par des réformes (opposé à *révolutionnaire*).

❑ Emprunté à l'anglais *reformist,* mot créé en 1589 pour désigner les partisans de la Réforme religieuse. ♦ Le mot est souvent employé péjorativement par ceux qui se disent *révolutionnaires.*

réformite n. f. – 1971 ▪ fam. Manie de faire des réformes.

❑ L'élément *-ite* qui signifie proprement « maladie » a pris le sens figuré de « manie » comme dans *réunionite.* → réunionite (rem.).

reformulation n. f. – v. 1960 ▪ Action de reformuler. *Reformulation d'une phrase ; d'un projet. Les reformulations multiples de la vulgarisation scientifique.*

reformuler v. tr. 1 – 1954 ▪ Formuler à nouveau, généralement de façon plus claire. *Reformuler sa demande.*

refouillement n. m. – XIXe ▪ Évidement, creux pratiqué dans une pierre, une charpente. ♦ Action de refouiller, en sculpture.

refouiller v. tr. 1 – XVIe ▪ Accentuer les saillies en évidant les parties creuses de.

refoulé, ée adj. et n. – 1905 1 Qui a subi un processus de refoulement. *Conflits affectifs refoulés.* ➛ n. m. Ce qui est refoulé. *Retour du refoulé.* 2 fam. Se dit d'une personne qui a refoulé ses instincts et notamment ses pulsions sexuelles. ⇒ **inhibé ;** fam. **coincé.** *Un vieux garçon refoulé.* ➛ « *ils ont honte et se tourmentent secrètement. Ce sont des refoulés* » (Cendrars).

refoulement n. m. – XVIe 1 Action de refouler, de faire reculer. 2 Phénomène inconscient de défense par lequel le moi rejette une pulsion (sexuelle, agressive...), une idée opposée aux exigences du sur-moi. ⇒ **censure.** ➛ Refus des pulsions sexuelles, comportement qui en résulte (⇒ **refoulé).** ✪ CONTR. Assouvissement, défoulement.

refouler v. tr. 1 – XIIe 1 Pousser en arrière, faire reculer. *Refouler un train,* le faire reculer en le poussant avec la locomotive. *Pomper et refouler un liquide.* 2 Faire reculer, refluer (des personnes). *Refouler des envahisseurs.* ⇒ **chasser,** ① **repousser.** 3 Faire rentrer en soi (ce qui veut s'extérioriser, s'exprimer). ⇒ **comprimer, contenir, étouffer, refréner, réprimer, retenir.** *Refouler ses larmes. Je m'efforce « de refouler les angoisses que je sens sourdre »* (Huysm.). ♦ Rejeter, éliminer inconsciemment (un désir, une idée pénible). ⇒ **censurer.** *Refouler son agressivité.* 4 intrans. Refouler les liquides. *Siphon qui refoule.* ➛ loc. pop. *Refouler du goulot :* avoir mauvaise haleine. ✪ CONTR. Attirer ; admettre. Assouvir ; défouler.

refouloir n. m. – XVIe ▪ Cylindre muni d'une hampe qui servait à refouler la charge dans les canons se chargeant par la bouche.

réfractaire adj. – XVIe ; lat. *refringere* « briser » I - 1 *RÉFRACTAIRE À :* qui résiste, refuse d'obéir, de se soumettre à. ⇒ **rebelle.** *Il est réfractaire à l'autorité.* ♦ Qui résiste, est insensible à. « *Marie n'était pas réfractaire à toute émotion esthétique* » (Gide). 2 *Prêtre réfractaire,* qui avait refusé de prêter serment à la constitution civile du clergé en 1790. ⇒ **insermenté.** ♦ *Conscrit réfractaire,* qui refuse de se soumettre à la loi du recrutement. ⇒ **insoumis.** ♦ Résistant (1941-1944) qui refusait le travail obligatoire en Allemagne pendant l'Occupation. II - 1 Qui résiste à de très hautes températures. *Brique réfractaire.* 2 Qui ne réagit pas à un stimulus. ➛ *Maladie réfractaire,* qui résiste aux traitements. ✪ CONTR. Docile, obéissant. Fusible.

réfracter v. tr. 1 – XVIIIe ▪ Faire dévier (un rayon lumineux ou une onde électromagnétique) par le phénomène de la réfraction. *Propriété de réfracter la lumière.* ⇒ **réfringence.**

réfracteur, trice adj. – XIXe ▪ Qui sert à réfracter la lumière.

réfraction n. f. – XIIIe ▪ Déviation d'un rayon lumineux ou d'une onde électromagnétique, qui franchit la surface de séparation de deux milieux, dans lesquels les vitesses de propagation sont différentes, le rayon réfracté restant dans le plan formé par le rayon incident et la normale à la surface de séparation. *Indice de réfraction :* rapport constant entre le sinus de l'angle d'incidence et le sinus de l'angle de réfraction, dans un même milieu. *Phénomènes naturels dus à la réfraction.* ⇒ **arc-en-ciel, mirage.** ♦ *Réfraction oculaire,* subie par un rayon lumineux qui pénètre dans les milieux réfringents de l'œil et impressionne la rétine.

❑ Ne pas confondre avec *diffraction* « déviation de la direction d'une onde à la rencontre d'un obstacle ».

réfractomètre n. m. – XIXe ▪ Appareil permettant de mesurer l'indice de réfraction des milieux transparents.

refrain n. m. – XIIIe ; de l'a. fr. *refraindre* « moduler la voix » 1 Suite de mots ou de phrases qui revient à la fin de chaque couplet d'une chanson, d'un poème à forme fixe. *Reprenons le refrain en chœur.* « *un refrain embêtant, qui ne veut pas vous lâcher* » (Zola). 2 Paroles, idées ressassées et lassantes. ⇒ **chanson, rengaine, scie.** *Avec lui, c'est toujours le même refrain. Change de refrain !* parle d'autre chose !

réfrangible adj. – XVIIIe ▪ Capable d'être réfracté.

refréner ou **réfréner** [RefRene] v. tr. 6 – XIIe ; lat. *refrenare* « retenir par un frein *(frenum)* » ▪ Réprimer par une contrainte ; mettre un frein à. ⇒ **contenir, réprimer,**

retenir. « *il fit une pause ; il voulait refréner son impatience* » (Sartre). ➙ pronom. *Essayez de vous refréner.* ⇒ se **modérer.** ✪ CONTR. Aiguillonner, exciter.

❑ La graphie récente *réfréner* est conforme à la nouvelle prononciation (autrefois *refréner* avec [ʀə]). *Assener*, écrit aussi *asséner*, présente la même évolution.

réfrigérant, ante adj. – XIVe 1 Qui sert à produire du froid, à abaisser la température. ⇒ **frigorifique.** *Fluides réfrigérants* (ex. air, azote, hélium liquides, chlorofluorocarbone). *Appareil réfrigérant,* et n. m. *un réfrigérant.* ⇒ **refroidisseur.** 2 Qui refroidit, glace ; qui engendre la froideur. *Un accueil réfrigérant.* ⇒ ① **froid, glaçant, glacial.** ✪ CONTR. Calorifique. Chaleureux.

réfrigérateur n. m. – XVIIe ; lat. ▪ Appareil électroménager constitué par un meuble calorifugé muni d'un organe producteur de froid et destiné à maintenir au frais certaines denrées dans son compartiment principal. ⇒ **frigidaire** (n. déposé), fam. **frigo.** *Le congélateur, le freezer, la porte, le bac à légumes, les clayettes d'un réfrigérateur. Mettre la viande dans le, au réfrigérateur.* ♦ loc. fig. *Mettre au réfrigérateur :* mettre à l'écart, cesser de parler de.

❑ Ce mot long (5 syllabes) n'a pas donné lieu à abréviation ; celle qui est courante, *frigo,* vient d'un nom de marque, *Frigidaire.*

réfrigération n. f. – XVe ▪ Abaissement de la température par un moyen artificiel. ⇒ **congélation.** *Appareils de réfrigération.* ⇒ **chambre** (froide), **glacière, réfrigérateur.** ✪ CONTR. Chauffage.

réfrigérer v. tr. 6 – XIVe ; lat. *frigus* « froid » 1 Refroidir par une technique appropriée. ⇒ **congeler, frigorifier, surgeler.** ➙ *Vitrine réfrigérée.* ♦ fam. Refroidir. *Il est rentré complètement réfrigéré.* ⇒ **gelé.** 2 Mettre mal à l'aise par un accueil, un comportement froid. ⇒ **glacer, refroidir.** *Son accueil m'a un peu réfrigéré.* ✪ CONTR. Chauffer.

réfringence n. f. – XVIIIe ▪ Propriété de réfracter la lumière.

réfringent, ente adj. – XVIIIe ; lat. *refringere* « briser » ▪ Qui produit la réfraction, fait dévier les rayons lumineux, les ondes électromagnétiques.

refroidir v. 2 – XIe I v. tr. 1 Rendre plus froid ou moins chaud ; faire baisser la température de (qqch.). *Refroidir légèrement* (⇒ **rafraîchir, tiédir**), *beaucoup* (⇒ **congeler, glacer, réfrigérer**). ♦ SE REFROIDIR v. pron. Devenir plus froid. « *la température s'était sensiblement refroidie* » (Gaut.). ➙ fam. Prendre froid. *N'attends pas dehors, tu vas te refroidir.* 2 *Refroidir qqn,* diminuer son ardeur, sa bonne volonté. ⇒ **glacer, réfrigérer.** ➙ « *Elle avait déployé dans cette œuvre charitable un zèle que rien ne refroidit* » (Cocteau). 3 fam. Assassiner. ⇒ **rectifier.** II v. intr. Devenir plus froid, moins chaud. *Mange, ça va refroidir.* ✪ CONTR. Chauffer, réchauffer. Enthousiasmer, exalter.

refroidissement n. m. – XIIIe 1 Abaissement de la température. *Solidification des liquides par refroidissement.* ⇒ **congélation.** *Refroidissement de l'atmosphère.* ➙ *Refroidissement* (d'un moteur) *par air, par eau.* 2 Affection déclenchée par une baisse de la température ambiante. ⇒ **grippe, rhume.** *Avoir, attraper un refroidissement.* 3 Diminution de la chaleur (des sentiments). *Refroidissement des rapports entre deux pays.* ✪ CONTR. Échauffement, réchauffement.

refroidisseur n. m. – XIXe ▪ Appareil ou organe d'appareil destiné à refroidir, à limiter les échauffements. ⇒ **réfrigérant.**

refuge n. m. – XIIe ; lat. *fugere* « s'enfuir » 1 Lieu où l'on se retire pour échapper à un danger ou à un désagrément, pour se mettre en sûreté. ⇒ **abri, asile,** ① **retraite.** « *Ils cherchèrent refuge sous un auvent* » (Mart. du G.). *Demander refuge à qqn.* ♦ « *Peut-être cherchait-elle moins dans le mariage une domination, une possession, qu'un refuge* » (Mauriac). ➙ *Une valeur refuge,* particulièrement sûre. 2 Lieu où le gibier se met à l'abri quand il est poursuivi. ⇒ **gîte.** 3 Emplacement délimité au milieu de la chaussée qui permet aux piétons de traverser en deux temps et de se mettre à l'abri de la circulation des voitures. 4 Abri de haute montagne où les alpinistes peuvent passer la nuit. ⇒ région. **cabane.**

réfugié, iée adj. et n. – XVe ▪ Qui a dû fuir son pays d'origine afin d'échapper à un danger (guerre, persécutions politiques ou religieuses, etc.). ➙ n. *Droit d'asile* accordé aux réfugiés politiques.*

réfugier (se) v. pron. 7 – XVe ▪ Se retirer (en un lieu) pour trouver un refuge. *Se réfugier à l'étranger.* ⇒ **émigrer,** s'**enfuir,** s'**expatrier.** *Enfant qui court se réfugier dans les bras de sa mère.* ⇒ se **blottir.** ♦ *Se réfugier dans le travail.*

refus n. m. – XIIe ▪ Action, fait de refuser (ce qui est exigé, attendu). « *le refus catégorique d'une intrusion jugée intolérable* » (Camus). *Refus de se soumettre, d'obtempérer.* ➙ *Opposer un refus à qqn* (cf. Une fin* de non-recevoir). *Essuyer un refus. Se heurter à un refus.* ♦ loc. fam. *Ce n'est pas de refus :* j'accepte volontiers. ✪ CONTR. Acceptation, approbation, assentiment.

refuser v. 1 – XIe ; lat., crois. de *recusare* « refuser » avec *refutare* « réfuter » I v. tr. 1 Ne pas consentir à accorder (ce qui est demandé). *Refuser une augmentation à un employé.* ➙ loc. *Il ne se refuse rien !* il dépense beaucoup pour lui-même, il satisfait tous ses caprices. ⇒ se **priver.** 2 REFUSER DE (et l'inf.) : ne pas consentir à (faire qqch.). *Refuser d'obéir.* ⇒ se **rebeller,** se **rebiffer, regimber,** se **révolter.** *Je n'ai pas osé refuser.* 3 Ne pas accepter (ce qui est offert). *Refuser une invitation.* ⇒ **décliner.** « *Il dédaigne les honneurs, refuse les croix* » (Maurois). ♦ Ne pas accepter (ce qui se présente). *Cheval qui refuse (l'obstacle),* qui s'arrête devant l'obstacle. 4 Ne pas accepter (ce que l'on considère comme défectueux ou insuffisant). *L'éditeur a refusé son manuscrit.* 5 Ne pas laisser entrer. « *Les cafés regorgeaient, les restaurants refusaient du monde* » (Dorgelès). ♦ Ne pas recevoir à un examen. *Refuser un candidat.* ⇒ **ajourner ;** fam. **coller, recaler.** II SE REFUSER v. pron. 1 Être refusé. *Un apéritif ne se refuse pas* (cf. Ce n'est pas de refus*). 2 SE REFUSER À... : ne pas consentir à (faire qqch.), ne pas admettre. *Elle s'est refusée à l'évidence.* ⇒ **nier.** *Poincaré* « *se refusait à retirer sa candidature* » (Aragon). 3 En parlant d'une femme, Refuser de faire l'amour. III v. intr. *Le vent refuse,* change de direction de sorte qu'il se rapproche de l'avant du navire et oblige à modifier la route, commencée au plus près. ✪ CONTR. Accorder, donner. Accepter. Recevoir. — Adonner.

réfutable adj. – XVIe ▪ Qu'on peut réfuter. ✪ CONTR. Irréfutable.

réfutation n. f. – XIIIe ▪ Action de réfuter, raisonnement par lequel on réfute. *La réfutation d'un argument.* ➙ littér. Démenti non exprimé, implicite. « *Sa conduite est la meilleure réfutation de cette calomnie* » (ACAD.). ✪ CONTR. Approbation, confirmation.

réfuter v. tr. 1 – Xe ; lat. ▪ Repousser (un raisonnement) en prouvant sa fausseté. « *nous avons suffisamment réfuté ces fables* » (Buff.). ✪ CONTR. Approuver, confirmer.

refuznik [ʀəfyznik] n. – v. 1983 ; mot russe ▪ Juif soviétique auquel les autorités refusaient l'autorisation d'émigrer. *Des refuzniks.*

reg [ʀɛg] n. m. – 1933 ; ar. ▪ Forme particulière de désert rocheux.

regagner v. tr. [1] – XIIe **1** Obtenir de nouveau, reprendre ou retrouver (ce qu'on avait perdu : argent, temps, terrain, etc.). « *pour regagner le retard, tout le monde travaillait à la fois* » (Simenon). ⇒ **rattraper.** ➙ *Regagner la confiance de qqn.* **2** Revenir, retourner à (un endroit). *Regagner sa place.* ⇒ **rejoindre.** ✪ CONTR. Reperdre.

regain n. m. – XIIe ; a. fr. *gaïn,* du germ. *°waida* « prairie » **1** Herbe qui repousse dans une prairie après la première coupe. *Faucher le regain d'un pré.* ⇒ **recoupe. 2** (plus cour.) *Regain de... :* retour de (ce qui était compromis, avait disparu). *Regain de jeunesse, de santé, d'intérêt.*

régal n. m. – XIVe ; a. fr. *gale* « réjouissance », avec infl. de *rigoler* **1** Mets qu'on trouve particulièrement délicieux. *Des régals.* « *le délicieux régal d'une eau bien claire et bien froide* » (Gaut.). ⇒ **délice. 2** fam. Ce qui cause un grand plaisir. « *une couleur si vibrante qu'elle est un régal pour les yeux* » (Henriot). ✪ HOM. Régale.

❑ *Galant* est de même origine.

régalade n. f. – XVIIIe ; p.-ê. du mot région. *galade* et *galet* « gosier », *boire au galet* ▪ *BOIRE À LA RÉGALADE,* en renversant la tête en arrière et en faisant couler le liquide dans la bouche sans que le récipient touche les lèvres.

régalage n. m. – XIXe ; de ① *régaler* ▪ Travail qui consiste à niveler un terrain pour obtenir un profil régulier.

① **régale** n. f. – XIIe ; lat. *regalia (jura)* « (droits) royaux » ▪ Droit qu'avait le roi de France de percevoir les revenus des évêchés vacants *(régale temporelle),* de pourvoir, pendant le temps de la vacance, aux bénéfices qui en dépendaient *(régale spirituelle). Affaire de la Régale* (entre Louis XIV et le pape). ✪ HOM. Régal.

② **régale** n. m. – XVIe ; o. i. ▪ L'un des jeux à anches de l'orgue.

③ **régale** adj. f. – XVIIe ; lat. *regalis* « royal » ▪ *Eau régale :* mélange d'acide chlorhydrique et d'acide nitrique qui a la propriété de dissoudre l'or et le platine.

① **régaler** v. tr. [1] – XVIIIe ▪ Niveler (un terrain), faire le régalage de. ⇒ **aplanir, égaliser.**

② **régaler** v. tr. [1] – XVIe ; de *régal* **1** Offrir un bon repas à (qqn). *Elle les a régalés d'un gâteau.* ♦ fam. Payer à boire ou à manger. « *Amenez-lui la choucroute et un demi* [...] *C'est moi qui régale* » (Queneau). **2** *SE RÉGALER* v. pron. Faire un bon repas, manger ce qu'on aime. *Nous nous sommes régalés.* ♦ Éprouver un grand plaisir. « *ils se régalaient de potins* » (Zola).

régalien, ienne adj. – XVe ; lat. *regalis* « royal » ▪ *Droits régaliens,* du roi.

regard n. m. – X^e **1** Action, manière de diriger les yeux vers un objet, afin de le voir ; expression des yeux de la personne qui regarde. *Parcourir, explorer, fouiller, suivre du regard.* ⇒ **regarder.** *Dérober, soustraire aux regards.* ⇒ ① **cacher.** « *Quand la bouche dit oui, le regard dit peut-être* » (Hugo). ♦ *LE REGARD DE QQN.* « *son regard glisse sur les objets et ne les traverse pas* » (Balz.). fam. *Je ne nomme personne, suivez mon regard.* ➙ L'expression habituelle des yeux. *Regard malicieux, expressif, perçant.* « *Son regard est pareil au regard des statues* » (Verlaine). ♦ *UN REGARD :* un coup d'œil. *Un regard rapide. Jeter un regard de convoitise sur qqch.* ⇒ **loucher.** *Échanger des regards d'intelligence. Des regards en coin. Un regard étonné, inquiet, moqueur. Un regard noir,* mécontent, furieux. **2** *Avoir droit de regard sur... :* avoir le droit de surveiller, de contrôler. ⇒ **contrôle.** ♦ *AU REGARD DE :* en ce qui concerne, par rapport à. *Au regard de la loi.* **3** *EN REGARD :* en face, vis-à-vis. *Texte latin avec la traduction en regard.* ➙ *EN REGARD DE :* en face de..., comparativement à... « *ce qu'il a vu lui paraît peu en regard de ce qu'il veut voir encore* » (Gide). **4** Ouverture destinée à faciliter les visites, les réparations (dans une canalisation, une cave...).

regardable adj. – XVIe ▪ Qu'on peut regarder (surtout en emploi négatif). *Une colère* « *si folle alors qu'il était plus du tout regardable* » (Céline).

regardant, ante adj. – XVe ▪ Qui regarde à la dépense. ⇒ **avare,** ① **chiche, économe.** « *Maman est riche, mais elle est regardante* » (Guilloux). ✪ CONTR. Dépensier, prodigue.

regarder v. tr. [1] – VIIIe ; de *re-* et *garder* « veiller, prendre garde à » **I** v. tr. dir. **1** Faire en sorte de voir, s'appliquer à voir (qqn, qqch.). *Regarder le paysage. Regarder avec attention.* ⇒ **considérer, examiner, inspecter, observer, scruter.** *Regarder rapidement.* ⇒ **parcourir** (cf. Jeter un coup d'œil* à). *Regarder sa montre, regarder l'heure. Regarder une émission de télévision.* ➙ intrans. *Regarder par la fenêtre. Regarde où tu mets les pieds. J'ai regardé partout.* ⇒ **chercher.** ➙ *Regarder qqn bien en face, dans le blanc des yeux. Regarder du coin de l'œil, à la dérobée, par en dessous.* ♦ fam. *Regardez-moi cet idiot !* constatez qu'il est idiot. *Regarde-moi ça !* ➙ *Vous m'avez bien regardé ?* ne comptez pas sur moi. **2** *REGARDER* (et l'inf.). *Regarder tomber la pluie.* **3** Observer. « *Regarde bien, écoute beaucoup, parle peu* » (É. Pailleron). *Se contenter de regarder :* assister en observateur. **4** Envisager de telle ou telle façon. *Il faut regarder les choses en face,* les voir telles qu'elles sont. ♦ Considérer. *Il ne regarde que son intérêt.* ⇒ **rechercher.** « *Au risque d'être regardé comme un esprit rétrograde* » (Balz.). ⇒ **estimer,** ① **juger, prendre** (pour), **tenir** (pour). **5** *Ce qui regarde qqn,* ce dont il peut s'occuper, se mêler à bon droit. *Mêlez-vous de ce qui vous regarde.* ⇒ **concerner, intéresser,** ① **toucher.** *Cela ne vous regarde pas.* **II** v. tr. ind. *REGARDER À :* considérer attentivement ; tenir compte de. *Regarder à la dépense :* hésiter à dépenser, compter **(⇒ regardant).** *Y regarder à deux fois :* considérer avec méfiance, circonspection. **III** *SE REGARDER* v. pron. **1** *Se regarder dans un miroir. Il ne s'est pas regardé :* il a justement les défauts qu'il reproche à autrui. « *Non mais, tu t'es regardé non ? Ta gueule de con, tu l'as vue ?* » (Duras). **2** « *Deux augures ne peuvent se regarder sans rire* » (trad. de Cicéron). ♦ Être l'un en face de l'autre, se faire face. *Nos deux maisons se regardaient.* **3** Être regardé. « *Le soleil ni la mort ne se peuvent regarder fixement* » (La Rochef.). *Dans quel sens cela se regarde-t-il ?*

régate n. f. – XVIIe ; vénitien *regatar* « rivaliser » **1** souvent plur. Course de bateaux, à la voile ou à l'aviron. *Disputer une régate.* ⇒ **régater.** « *les voiles blanches des bateaux, lorsqu'il y a des régates* » (Le Clézio). **2** Cravate (rappelant celle des marins) avec un nœud d'où sortent deux pans verticaux et superposés.

❑ La *régate* est le type de cravate le plus porté de nos jours ; les autres formes sont désignées par des mots spécifiques (*lavallière,* etc.).

régater v. intr. [1] – v. 1964 ▪ Participer à une régate.

régatier, ière [regatje, jɛʀ] n. – XIXe ▪ Personne qui participe à une régate.

regel n. m. – XVIIIe ▪ Gel, gelée qui survient après un dégel.

regeler v. [5] – XVe ▪ v. tr. Geler de nouveau. ♦ v. intr. « *Des mers qui dégèlent un moment pour regeler* » (Michelet). impers. *Il regèle.*

régence n. f. – XVe **1** Gouvernement d'une monarchie par un régent. *Exercer la régence pendant la minorité du roi.* ♦ *La Régence* (du duc d'Orléans : 1715-1723). **2** Qui appartient à l'époque de la Régence ou en rappelle le style souple et gracieux. « *la ligne contournée du style Régence* » (Green). *Des meubles Régence.*

régénérateur, trice adj. et n. m. - XVe ▪ Qui régénère, reconstitue. *Crème régénératrice de l'épiderme. Réacteur régénérateur,* dont les produits de fission sont eux-mêmes fissiles et utilisables dans une nouvelle combustion nucléaire. ⇒ aussi **surgénérateur.** ♦ n. m. Appareil servant à régénérer un catalyseur.

régénération n. f. - XIIe 1 Reconstitution naturelle d'une partie vivante qui a été détruite. *Régénération des chairs d'une plaie.* 2 littér. Renaissance de ce qui était corrompu, altéré, affaibli. *Régénération de l'âme par le baptême.* 3 Action de régénérer (3°). ⇒ **réactivation.** ✪ CONTR. Dégénérescence ; décadence.

régénéré, ée adj. - XVIIe ▪ Reconstitué ou remis dans son état premier. *Caoutchouc régénéré.*

régénérer v. tr. [6] - XIe ; lat. « faire renaître » 1 rare Reconstituer (une partie détruite d'un être vivant). ➛ pronom. *La queue du lézard se régénère.* ⇒ ② **repousser.** 2 Faire renaître à la pureté, à la vérité, au bien. 3 Renouveler en redonnant les qualités perdues. *La fête « assume la fonction de régénérer le monde réel »* (Caillois). ♦ *Régénérer un catalyseur,* en en éliminant les impuretés. ⇒ **réactiver.** ✪ CONTR. Détruire. Détériorer.

régent, ente n. - XIIIe ; lat. *regere* « diriger » 1 Personne qui gouverne une monarchie pendant la minorité ou l'absence du roi, du souverain. adj. *La reine régente, le prince régent.* ➛ *Le Régent :* Philippe, duc d'Orléans qui porta ce titre de 1715 à 1723 (⇒ **régence).** 2 n. (Belgique) Personne qui enseigne aux élèves des trois années du « secondaire inférieur ». « *L'autre* [fille] *est régente dans un grand couvent de Namur* » (Simenon). 3 *Régent de la Banque de France :* membre du conseil général de cet établissement, avant sa nationalisation.

régenter v. tr. [1] - XIVe ▪ Diriger avec une autorité excessive ou injustifiée. *Il veut tout régenter.*

reggae [Rege] n. m. et adj. inv. - 1973 ; mot angl. de la Jamaïque ▪ Musique jamaïcaine, à rythme syncopé, à structure répétitive. ➛ adj. inv. *Des groupes reggae.*

① **régicide** n. - XVIe ; lat. *rex, regis* « roi » ▪ Personne qui assassine un roi, un monarque. *Le régicide Ravaillac.* ➛ Se dit de ceux qui condamnèrent à mort Charles Ier, en Angleterre, Louis XVI, en France.

② **régicide** n. m. - XVIe ; lat. *rex, regis* « roi » ▪ Meurtre ou condamnation à mort d'un roi. *Commettre un régicide.*

régie n. f. - XVIe ; de *régir* 1 Mode de gestion d'une entreprise publique, par les fonctionnaires d'une collectivité publique. *Régie d'État, régie communale. Régie directe,* entièrement dirigée et organisée par les fonctionnaires. *Régie intéressée,* dirigée par une personne physique ou morale, intéressée aux recettes et aux bénéfices. « *il faudra me concéder la régie intéressée de la collecte, du transport et du traitement de vos résidus* » (Tournier). ♦ Exploitation commerciale ou industrielle confiée par l'État, une collectivité publique à un établissement qui les représente. *La Régie française des tabacs.* ➛ Nom courant de certaines entreprises nationalisées. *Régie autonome des transports parisiens (R.A.T.P.).* 2 Organisation matérielle d'un spectacle (théâtre, cinéma, télévision, etc.). ♦ Local attenant à un studio de télévision, de radio, où se tiennent les techniciens. 3 Perception des impôts par des fonctionnaires du roi. *Les systèmes de la régie et de la ferme* (⇒ ② **ferme).** 4 *Régie publicitaire,* chargée de la vente d'espaces publicitaires aux annonceurs.

regimber v. intr. [1] - XIIe ; de *re-* et *gib-* « sauter » 1 Résister en ruant. *Cheval qui regimbe.* 2 Résister en refusant. ⇒ se **cabrer,** se **rebiffer.** « *empirer son mauvais sort en regimbant contre* » (Sand). ✪ CONTR. Céder, consentir.

① **régime** n. m. - XIIe ; lat. *regimen* « action de diriger » 1 Organisation politique, économique, sociale d'un État. ⇒ **système.** ➛ *L'Ancien Régime,* celui de la monarchie en France, avant 1789. ➛ *Régimes politiques : régime démocratique, dictatorial, monarchique.* ⇒ **constitution, gouvernement, institutions.** *Régime parlementaire, présidentiel. Régime libéral, totalitaire.* 2 Ensemble de dispositions légales qui organisent une institution ; cette organisation. *Régime fiscal, douanier.* ⇒ **réglementation.** ➛ *Régime matrimonial,* réglementant la répartition des biens entre les époux et leur gestion. « *Le contrat fut établi sur le régime de la séparation des biens* » (Zola). 3 Conduite à suivre en matière d'hygiène, de nourriture. « *lui refaire l'estomac par le régime du laitage* » (Balz.). ➛ *Un régime de vie.* ♦ Alimentation raisonnée. *Se mettre, être au régime. Faire, suivre un régime pour maigrir. Régime sans sel.* fam. *Régime sec,* sans alcool. 4 Nombre de tours (d'un moteur) en un temps donné. *Régime de croisière,* présentant un bon rendement et une consommation économique. ➛ loc. fig. *Marcher à plein régime :* aller le plus vite possible ; mettre en jeu le maximum de moyens. ♦ Ensemble des conditions générales définissant le processus de certains phénomènes météorologiques ou hydrographiques. *Le régime d'un fleuve est caractérisé par les variations de son débit. Régime des pluies.* 5 Terme régi ou gouverné par un autre terme grammatical. ⇒ **complément, objet.** *Régime direct. Régime indirect,* rattaché au verbe par une préposition.

② **régime** n. m. - XVIIe ; mot des Antilles, p.-ê. esp. *racimo,* d'apr. ① *régime* ▪ Ensemble des fruits de certaines plantes réunis en grappe volumineuse. *Régime de bananes, de dattes.*

régiment n. m. - XVIe ; lat. *regimentum* « action de régir » 1 Corps de troupe de l'armée de terre placé sous la direction d'un colonel. *Les bataillons d'un régiment d'infanterie.* ♦ fam. *Le régiment :* l'armée ; le service militaire. « *Il entra au régiment, par devancement d'appel* » (Maurois). *Copains de régiment.* 2 Grand nombre (de personnes, de choses). ⇒ **multitude, quantité ;** fam. **bataillon, ribambelle.** « *Des régiments d'arbres à fruits* » (Maupass.). ➛ fam. *Il y en a pour un régiment,* pour beaucoup de personnes.

régimentaire adj. - XVIIIe ▪ D'un régiment. *Infirmerie, train régimentaire.*

région n. f. - XIIe ; lat. *regio* « direction ; frontière, contrée » 1 Territoire relativement étendu, possédant des caractères physiques et humains particuliers qui lui confèrent une unité. ⇒ **contrée, province, zone.** *Région polaire, tropicale, tempérée.* ♦ *Dans nos régions :* dans nos climats, nos pays. ♦ Unité territoriale administrative (⇒ **circonscription).** *Régions militaires.* ➛ En France, Collectivité territoriale groupant plusieurs départements. *La Région Midi-Pyrénées. Préfet de Région.* 2 Étendue de pays autour d'une ville. *Une bande « qui opérait surtout dans la région de Saint-Mandé »* (Romains). *La région parisienne.* 3 Domaine, sphère. « *Les hautes régions de la philosophie* » (Mol.). 4 Partie, zone déterminée (du corps). *Ils « concentrent leur tir sur la région du cœur »* (Camus).

> ❑ Ce mot prend une majuscule lorsqu'il désigne une collectivité administrative ou militaire.

régional, ale, aux adj. - XVIe 1 Relatif à une région (1°), à une province (3°). *Costume régional.* ⇒ **folklorique.** *Cuisine régionale. Conseil régional :* organe délibératif de la région. ➛ *Mots régionaux,* employés dans une ou quelques régions. ⇒ **régionalisme.** 2 (dans le voc. des organisations internat.) Qui groupe plusieurs nations voisines (opposé à *mondial*). *Les accords régionaux de l'Europe.*

régionalisation n. f. – v. 1960 ▪ Décentralisation (politique, administrative, économique) à l'échelle d'une région. ⇒ aussi **délocalisation.** ✪ CONTR. Centralisation.

régionaliser v. tr. [1] – 1929 ▪ Opérer la régionalisation de. ⇒ **décentraliser.** ✪ CONTR. Centraliser.

régionalisme n. m. – XIXe 1 Tendance à conserver ou à favoriser certains traits particuliers d'une région ; à donner aux régions, aux provinces une certaine autonomie. ➛ Intérêt particulier porté à une région dans une œuvre littéraire. 2 Fait de langue propre à une région.

régionaliste adj. et n. – 1906 ▪ Partisan du régionalisme. ➛ *Écrivain régionaliste,* qui fait du régionalisme littéraire.

régir v. tr. [2] – XIIIe ; lat. 1 Déterminer, en parlant d'une loi, d'une règle. *Les règles juridiques qui régissent les relations entre les États.* 2 Imposer à (un autre mot) une fonction grammaticale dépendante. *Le verbe transitif régit un complément.* ➛ Déterminer, entraîner (un mode verbal, un cas). *Conjonction qui régit le subjonctif.*

❑ De la même famille : *régent, régime, région.*

régisseur, euse n. – XVIIIe 1 Personne qui administre, qui gère (une propriété). *Le régisseur du domaine.* 2 *Régisseur d'un théâtre :* personne qui organise matériellement les représentations. ➛ *Régisseur de plateau,* dans un studio de cinéma, de télévision.

registre n. m. – XIIIe ; lat. *regerere* « porter en arrière » **I** Cahier sur lequel on note ce dont on veut garder le souvenir. ⇒ **album,** ① **livre, répertoire.** *Inscrire sur* (rare *dans*) *un registre.* ⇒ **enregistrer, immatriculer.** « *un registre sur lequel il écrivait les décisions* » (Stendh.). *Registres d'audience* (d'un tribunal). ➛ *Registre du commerce et des sociétés,* où doivent se faire inscrire toutes les personnes qui effectuent des actes de commerce. ➛ *Registres publics d'état civil.* ♦ Organe de base d'un système numérique de traitement de l'information, capable de stocker une information élémentaire pour la mettre en relation directe avec les organes de calcul. **II - 1** Commande de chacun des jeux de l'orgue. 2 Chacun des étages de la voix d'un chanteur, quant à la hauteur des sons. *Le registre aigu, haut, moyen, grave.* ♦ Étendue totale de la voix (d'un chanteur). ⇒ **tessiture.** ➛ Étendue de l'échelle des sons (d'un instrument). 3 Caractères particuliers, « tonalité » propre (d'une œuvre, du discours). ⇒ ② **ton.** *Changer de registre. Un registre familier, soutenu.* 4 Plaque mobile servant à régler le tirage dans un conduit. 5 Ensemble des motifs placés au même niveau horizontal (bande), dans une œuvre peinte ou sculptée. *Tympan gothique à registres.*

❑ On observe une tendance à la prononciation fautive avec *é* [reʒistʀ] à l'imitation de *repartie ;* de même pour *enregistrer.* → repartie (rem.).

réglable adj. – XIXe 1 Qu'on peut régler. *Fauteuil à dossier réglable.* 2 Payable. *Achat réglable en six mensualités.*

réglage n. m. – XVIe 1 Action ou manière de régler du papier ; les lignes ainsi tracées. 2 Opération qui consiste à régler un appareil, un mécanisme, à régulariser un mouvement. *Manette de réglage. Réglage du tir.* ♦ Manière dont un appareil, un mécanisme est réglé.

règle n. f. – XIIe ; lat. *regula* **I** Planchette allongée ou tige à arêtes rectilignes qui sert à guider le crayon, la plume, quand on trace un trait, à mesurer une longueur, etc. *Tracer des lignes avec une règle, à la règle. Règle graduée.* « *la grosse règle du maître qui tapait sur les tables* » (Daudet). ♦ *Règle à calcul :* instrument composé de deux règles à graduation logarithmique, coulissant l'une sur l'autre, qui permet d'effectuer rapidement certaines opérations. **II - 1** Ce qui est imposé ou adopté comme ligne directrice de conduite. ⇒ **coutume, habitude, usage.** Formule qui indique ce qui doit être fait dans un cas déterminé. ⇒ **convention, institution,** ① **loi, norme, précepte, prescription, principe.** *Ensemble de règles.* ⇒ **code, discipline, méthode, règlement, réglementation.** *Adopter une règle de conduite.* ⇒ **ligne.** *Règle d'or :* principes excellents que l'on décide de suivre en toutes circonstances. *Règles grammaticales.* ➛ *Les règles de l'art :* les principes de la bonne construction, en architecture. ➛ *La règle, les règles d'un jeu,* les conventions qui le régissent. ➛ *La règle, les règles du jeu :* les usages auxquels on doit se soumettre quand on est dans une certaine situation, quand on se livre à une certaine activité. ♦ *Accepter, observer, suivre les règles, une règle ; se plier à une règle. Enfreindre, violer les règles. Manquement à une règle. Contraire aux règles.* ⇒ **irrégulier.** ♦ loc. *Selon les règles, dans les règles :* comme il se doit. ➛ *En règle générale :* dans la majorité des cas. ⇒ **généralement.** *C'est la règle :* c'est ainsi que les choses se passent, ou doivent se passer. *Un fait qui ne saurait échapper à la règle.* ➛ DE RÈGLE : conforme à l'usage, à l'habitude ; qui se produit presque toujours. *Il est de règle que vous fassiez vous-même la demande.* ♦ EN RÈGLE : conforme aux règles d'un art, aux usages ; fait d'une manière méthodique, systématique. *La réunion* « *devenait une conjuration en règle* » (Romains). ➛ Établi, exécuté conformément aux prescriptions légales ; en situation régulière (au regard de la loi, etc.). *Papiers d'identité en règle.* ⇒ **valide.** 2 Ensemble des préceptes disciplinaires auxquels sont soumis les membres d'un ordre religieux. « *la règle la plus dure est celle des bernardines-bénédictines* » (Hugo). *Clergé soumis à la règle* (⇒ **régulier**)*, vivant hors de la règle* (⇒ **séculier**). 3 Procédé de résolution de certains problèmes arithmétiques ou algébriques. *Règle de trois*.* **III** au plur. Écoulement menstruel. ⇒ **menstruation.** *Avoir ses règles. Règles douloureuses.* ⇒ **dysménorrhée.** *Absence de règles.* ⇒ **aménorrhée.** ✪ CONTR. Exception.

❑ Attention, seuls *règle, règlement* et *dérèglement* prennent un accent grave ; les autres mots de la famille ont un accent aigu.

réglé, ée adj. – XIIIe **I - 1** vieilli Qui a une vie disciplinée, ordonnée. « *le père Groslier était tranquille, sage et réglé* » (Gaut.). 2 Qui se déroule dans un ordre régulier. *Une vie réglée.* ⇒ **organisé.** 3 Fixé définitivement. *C'est une chose réglée.* ⇒ **décidé.** 4 Résolu. *L'affaire est réglée.* 5 Mis au point pour fonctionner correctement. *Carburateur mal réglé.* 6 Qui a ses règles (III). *Fillette réglée.* ⇒ **formé, nubile, pubère. II - 1** Qui porte une réglure, ligné. *Papier réglé.* 2 *Surface réglée,* engendrée par une famille de droites dépendant d'un paramètre. ✪ CONTR. Déréglé.

règlement n. m. – XVIe 1 Acte d'une autorité publique autre que le Parlement établissant des prescriptions ayant valeur de loi ; décision administrative qui pose une règle générale. ⇒ ① **arrêté, décret.** *Règlement administratif. Règlement de police.* ⇒ **ordonnance.** *Règlement sanitaire.* 2 Ensemble ordonné de règles, qui définit la discipline à observer à l'intérieur d'un groupe, qui préside au fonctionnement d'un organisme. ⇒ **code, réglementation.** *Règlement intérieur d'un lycée. Règlement de copropriété.* ➛ *Enfreindre le règlement.* ⇒ **consigne.** ♦ Écrit, texte qui contient ces prescriptions. 3 Le fait, l'action de régler une affaire, un différend. *Règlement d'un conflit.* ⇒ **arbitrage, procès.** 4 Action de payer. *Le règlement d'un compte.* ⇒ ② **solde.** *Le règlement d'une dette.* ⇒ **acquittement.**

En votre aimable règlement. Règlement par chèque. ⇒ **paiement.** ♦ loc. *RÈGLEMENT DE COMPTE(S)* : action de se faire justice soi-même, de régler un différend par la violence. ♦ *Règlement judiciaire.* ⇒ **redressement** (judiciaire). ✪ CONTR. Dérèglement ; dérangement.

réglementaire adj. – XVIIIe 1 Conforme au règlement ; imposé, fixé par un règlement. *Ce certificat n'est pas réglementaire.* ⇒ **régulier.** *Vitesse réglementaire.* 2 De la nature d'un règlement, relatif à un règlement administratif. ♦ *Pouvoir réglementaire,* en vertu duquel une autorité peut faire des règlements (1°).

réglementation n. f. – XIXe 1 Action de réglementer. *Réglementation des prix.* ⇒ **fixation, taxation.** 2 Ensemble de règles, de règlements, de prescriptions qui concernent un domaine particulier. *Selon la réglementation en vigueur. Réglementation du commerce.* ✪ CONTR. Déréglementation, liberté.

réglementer v. tr. [1] – XVIIIe ▪ Assujettir à un règlement, organiser par un règlement. *Réglementer le travail.* ➛ *Stationnement réglementé.* ✪ CONTR. Déréglementer. (du p. p.) CONTR. Libre.

régler v. tr. [6] – XIIIe I Couvrir de lignes droites parallèles pour écrire. *Régler du papier à musique.* II - 1 vx ou littér. Assujettir à des règles. « *J'ai de l'ambition, mais je sais la régler* » (Corn.). ♦ *RÉGLER... SUR. Régler sa conduite sur qqn,* agir en le prenant pour modèle. « *réglant son pas sur le sien* » (Balz.). ♦ littér. Servir de règle, de principe directeur à. *C'est la mode qui règle leurs goûts.* ⇒ **dicter.** 2 Fixer, définitivement ou exactement. *Régler le sort de qqn. Régler les termes d'un accord.* ⇒ **arrêter.** 3 Résoudre définitivement, terminer. *Régler une affaire.* ⇒ **arranger, conclure.** 4 Arrêter et payer (un compte). ⇒ **liquider, solder.** ♦ loc. *Régler son compte à qqn,* se venger de lui ; le tuer. *Avoir un compte à régler avec qqn.* ♦ Payer. *Régler sa note d'hôtel.* ⇒ **acquitter.** ➛ *Régler par chèque, en espèces.* ➛ *Régler le boucher.* 5 Amener à la vitesse ou au rythme convenable, au degré d'intensité voulu ; mettre au point ou remettre en état de fonctionner correctement, à l'emplacement convenable. *Régler le débit d'un robinet, le ralenti d'un moteur, les phares de sa voiture.* « *Cette montre retarde sans que je puisse parvenir à la régler* » (J. Verne). ➛ pronom. *Ce radiateur se règle facilement.* ✪ CONTR. Dérégler ; déranger.

❑ Ne pas confondre avec *régulariser* « mettre en règle » ni avec *réguler* « maintenir en équilibre ».

réglet n. m. – XVIIe 1 Règle plate constituée le plus souvent d'une lame de métal souple. *Réglet de menuisier.* 2 Moulure droite, étroite et plate qui sépare les compartiments d'un panneau. ⇒ ① **filet, listel.**

réglette n. f. – XVIIe ▪ Petite règle.

régleur, euse n. – XVIIIe ▪ Ouvrier spécialisé dans le réglage de certains appareils, de certaines machines. *Régleur en horlogerie.*

réglisse n. f. et m. – XIVe ; gr. *glukurrhiza* « racine douce » 1 n. f. Plante *(papilionacées)* à rhizome très développé, brun en dehors et jaune en dedans. *Réglisse officinale.* 2 n. m. ou parfois f. Racine et rhizome de cette plante. *Pâte de réglisse,* utilisée en pharmacie comme adoucissant. « *un de ces rouleaux de réglisse qui ressemblent à des lacets* » (Cocteau).

réglo adj. inv. – 1917 ▪ fam. Conforme à la règle, à une loi. ⇒ **correct, régulier.** *C'est réglo.* ➛ Qui respecte la règle en vigueur. *Un type réglo.*

réglure n. f. – XVIe ▪ Opération qui consiste à régler du papier ; manière dont le papier est réglé.

régnant, ante adj. – XIVe 1 Qui règne, exerce le pouvoir souverain. *Le prince régnant.* 2 littér. Qui a cours. ⇒ **dominant.** « *C'est au nom de cette morale régnante que les tribunaux condamnent* » (Durkheim).

règne n. m. – XIIe ; lat. I - 1 Exercice du pouvoir souverain ; période pendant laquelle s'exerce ce pouvoir. *Le règne de Louis XIV. Sous le règne de Napoléon.* 2 Domination, pouvoir absolu d'une personne, d'une catégorie de personnes. *Le règne des journalistes.* ♦ Influence prédominante (⇒ **prédominance, primauté**), pouvoir absolu d'une chose. « *la guerre civile est le règne du crime* » (Corn.). II *Règne minéral* (vx), *règne végétal, règne animal* : les trois grandes divisions de la nature. ⇒ aussi **classe, embranchement.**

régner v. intr. [6] – Xe ; lat. « être roi *(rex)* » 1 Exercer le pouvoir monarchique. « *Le roi n'administre pas, ne gouverne pas, il règne* » (Thiers). ➛ loc. *Diviser pour régner* : créer des rivalités, des discordes entre ceux qu'on gouverne, qu'on dirige, afin qu'ils ne s'unissent pas contre le dominateur. ♦ « *Celui qui règne dans les cieux* » (Boss.) : Dieu. 2 Exercer un pouvoir absolu. ⇒ **dominer.** « *Elle régna despotiquement dans sa maison* » (Balz.). ➛ *La jungle où règnent les fauves.* 3 Avoir une influence prédominante. *Cette justice* « *que nous voulons faire régner sur le monde* » (Mart. du G.). 4 Exister, s'être établi. « *L'entente qui régnait entre mes parents* » (Gide). *Faire régner l'ordre.* iron. *Vous vérifiez tous les comptes ? Eh bien, la confiance règne !* ➛ *Le silence qui règne dans un lieu.*

❑ Le participe passé de ce verbe est invariable : *les trente-trois ans que Louis XIII a régné.*

regonflage n. m. – 1966 ▪ Action de regonfler ; son résultat. ⇒ **regonflement.** *Regonflage d'un pneu.*

regonflement n. m. – XVIe ▪ Fait de regonfler, d'enfler de nouveau. ⇒ **regonflage.** *Regonflement d'un fleuve.*

regonfler v. [1] – XVIe 1 v. intr. Se gonfler de nouveau. *La rivière regonfle.* 2 v. tr. Gonfler de nouveau. *Regonfler un ballon.* ♦ fam. Redonner du courage à (qqn). *Son livre* « *m'avait un peu regonflé* » (Gide).

regorger v. intr. [3] – XIVe 1 vieilli S'épancher hors d'un contenant trop plein. ⇒ **déborder.** « *le pinard regorgeant par les yeux* » (Cendrars). 2 *REGORGER DE* : avoir en surabondance. « *Les Halles regorgeaient de fraises, de choux, de porteurs* » (Carco). ⇒ **abonder.** ✪ CONTR. Manquer.

regratter v. [1] – XVIIe 1 v. intr. vx Faire de petits bénéfices en revendant de seconde main. 2 v. tr. Gratter de nouveau. *Regratter une façade.*

regréer v. tr. [1] – XVIIe ▪ Remplacer le gréement de (un navire).

régresser v. intr. [1] – XIXe 1 Subir une régression, revenir à un état moins évolué. *Art qui progresse, fleurit et régresse.* ➛ *Production qui régresse.* ⇒ **diminuer, reculer.** 2 Être l'objet d'une régression. *Malade qui régresse au stade infantile.* ✪ CONTR. Développer (se), progresser.

régressif, ive adj. – XIXe 1 Qui va des conséquences aux principes. *Raisonnement régressif.* 2 Qui va en arrière. *Marche régressive.* 3 Qui constitue une régression, résulte d'une régression. *Évolution régressive.* 4 *Érosion régressive* : érosion fluviale par laquelle le profil de pente d'un cours d'eau se creuse vers l'amont. ✪ CONTR. Progressif.

régression n. f. – XIVe ; lat. « retour » 1 Évolution vers le point de départ. ⇒ **recul.** *Régression de la production.* ⇒ **récession.** *La mortalité infantile est en voie de régression.* ⇒ **diminution.** 2 Retrait de la mer en deçà de ses limites antérieures. 3 Atrophie (d'un tissu, d'un organe) au cours des générations ou d'un processus physiologique normal. ⇒ **involution.** *Régression de la queue du têtard jusqu'à sa disparition.* ♦

Retour à un stade antérieur de développement affectif et mental. *Être en pleine régression.* 4 Réduction des données d'un phénomène complexe en vue de le représenter par une loi simplificatrice. *Droite, courbe de régression,* représentative d'une telle loi. ✪ CONTR. Développement, progrès, progression.

regret n. m. – XVIe I État de conscience douloureux causé par la perte d'un bien. *Regret du pays natal.* ⇒ **nostalgie.** « *je t'ai prise avec plaisir, je te quitte sans regret* » (Laclos). *Regrets éternels :* formule d'inscription funéraire. « *ce culte du regret pour nos morts* » (Proust). II - 1 Mécontentement ou chagrin (d'avoir fait ou de n'avoir pas fait, dans le passé). ⇒ **remords, repentir.** « *Il n'avait aucune admiration ni aucun regret en bloc du passé* » (Romains). fam. *C'est votre dernier mot ? Sans regret ?* ♦ *Le regret d'une faute.* 2 Déplaisir causé par une réalité qui contrarie une attente, un désir, un souhait. ⇒ **déception.** *Le regret de n'avoir pas réussi.* ♦ loc. adv. *À REGRET :* contre son désir. « *une larme à regret épandue* » (Corn.). 3 Excuse qu'on exprime d'être dans la nécessité de, d'être responsable de. *J'ai le regret de ne pouvoir me rendre à votre invitation.* ➛ *Je suis au regret de vous annoncer...*

regrettable adj. – XVe ▪ Qui est à regretter. ⇒ **fâcheux.** *Un incident regrettable.* ⇒ **malencontreux.** *Une regrettable erreur. Il est regrettable qu'il ait refusé.* ⇒ **dommage, malheureux.** ✪ CONTR. Désirable, souhaitable.

regretter v. tr. 1 – XIe ; p.-ê. a. scand. *grâta* « pleurer » I - 1 Éprouver le désir douloureux de (un bien qu'on n'a plus, un bonheur passé) ; être fâché de ne plus avoir (ce qu'on a eu). « *il regrettait le temps où elle râlait en silence* » (Sartre). 2 Regretter l'absence, la mort de (qqn). « *Peu d'amis le regrettèrent* » (Flaub.). ➛ *Notre regretté président :* notre président mort récemment. X, *regretté de tous.* ♦ *Regretter son argent :* être fâché d'avoir fait une dépense. II - 1 Être mécontent (d'avoir fait ou de n'avoir pas fait). ⇒ se **repentir.** *Elle regrette d'être venue. Je ne regrette rien. Vous me feriez regretter mon indulgence.* ➛ *Elle n'a rien à regretter, la chose n'en valait pas la peine.* ♦ Désavouer (sa conduite passée). « *Je regrette mon geste et présente* [...] *mes excuses* » (Duham.). 2 Désapprouver ; être mécontent de (ce qui contrarie une attente, un désir, un souhait). ⇒ **déplorer.** « *Je regrette cette décision* » (Chardonne). *Regretter d'être trop vieux pour... Nous regrettons qu'il ne puisse venir.* 3 Se montrer fâché auprès de qqn (d'une action, d'une situation dont on est responsable). ⇒ s'**excuser.** *Je regrette de vous avoir fait attendre.* ➛ *Je regrette,* formule pour contredire ou s'excuser. « *Tu l'as ratée. – Je regrette, je ne l'ai pas ratée* » (Adamov). ⇒ **pardon.** ✪ CONTR. Féliciter (se), réjouir (se). — Désirer, souhaiter.

regrèvement n. m. – XVe ▪ Augmentation de l'impôt. ⇒ **surimposition.** ✪ CONTR. Dégrèvement, remise.

regrimper v. intr. 1 – XVIe ▪ Grimper de nouveau. ⇒ **remonter.**

regros n. m. – XIXe ; de *re-* et *gros* ▪ Grosse écorce de chêne utilisée pour faire le tan.

regrossir v. intr. 2 – XIXe ▪ Grossir après avoir maigri.

regroupement n. m. – XIXe ▪ Action de (se) regrouper. « *le regroupement national qui, après la victoire, remettrait le pays en marche* » (de Gaulle). ♦ *Regroupement familial :* réglementation autorisant des immigrés à faire venir leur famille.

regrouper v. tr. 1 – XIXe 1 Grouper, unir de nouveau. *Regrouper les hommes d'un parti.* ➛ *Regrouper une armée.* ⇒ **reformer.** ♦ pronom. *Se regrouper autour d'un leader.* 2 Réunir. ⇒ **rassembler.** *Regrouper plusieurs services dans un ministère.* ➛ Présenter en soi des choses différentes. *Mouvement qui regroupe différentes tendances.* ✪ CONTR. Disperser, disséminer, morceler.

régularisation n. f. – XIXe 1 Action de régulariser (1°) ; son résultat. *Régularisation d'un compte.* ♦ Le fait de régulariser sa situation par un mariage. 2 L'action de régulariser (2°) ; le fait d'être régularisé. *Régularisation d'un cours d'eau.*

régulariser v. tr. 1 – XVIIIe 1 Rendre conforme aux lois, aux règlements ; mettre en règle. *Régulariser sa situation militaire.* ♦ (sans compl.) Se marier avec qqn après avoir vécu maritalement avec. 2 Rendre régulier (ce qui est désordonné, inégal, intermittent). *Régulariser la circulation.*

❑ Ne pas confondre avec *réguler* « maintenir en équilibre », ni avec *régler* « soumettre à des règles ».

régularité n. f. – XIVe 1 Caractère régulier. *La régularité de son pas.* ♦ Caractère de ce qui est égal, uniforme. « *le sentiment de la discipline, la régularité dans le service* » (Barbey). ⇒ **exactitude, ponctualité.** 2 Le fait de présenter des proportions régulières. *La régularité de ses traits.* ⇒ **harmonie.** 3 Conformité aux règles. *Régularité d'une élection.* ✪ CONTR. Irrégularité. Inégalité.

régulateur, trice adj. et n. m. – XVIe ; lat. *regulare* « régler » I adj. Qui règle, régularise. *Hormones régulatrices. Mécanisme régulateur d'une horloge.* II n. m. 1 littér. Ce qui discipline, ce qui modère, ce qui rend régulier, ordonné. « *le travail était le meilleur régulateur de son existence* » (Zola). 2 Système de commande destiné à maintenir constante la valeur d'une grandeur, quelles que soient les perturbations qui pourraient la faire varier. *Régulateur de vitesse, de température.* 3 Pendule qui sert aux horlogers à régler les montres et les pendules. 4 Personne qui s'occupe de la régulation du trafic. ⇒ ① **dispatcher.**

régulation n. f. – XIXe 1 vieilli Action de régler, de mettre au point. *Régulation des compas d'un navire.* 2 Le fait de maintenir en équilibre, d'assurer le fonctionnement correct. *Régulation du trafic autoroutier. Régulation des naissances.* ♦ *Régulation thermique,* qui maintient la chaleur à un degré uniforme chez les animaux homéothermes. ⇒ **thermorégulation.**

régule n. m. – 1932 ; lat. « petit roi » ▪ Alliage à base d'antimoine utilisé comme métal antifriction.

réguler v. tr. 1 – 1932 ▪ Assurer la régulation, le fonctionnement correct, le rythme régulier, le déroulement harmonieux de. *Réguler les flux monétaires.* ➛ pronom. *Phénomène qui se régule.*

❑ Ce verbe apporte une nuance spéciale (idée d'équilibre) par rapport à *régler* et *régulariser.*

régulier, ière adj. et n. m. – XIIe ; lat. *regula* « règle » I - 1 Qui est conforme aux règles, ne fait pas exception à la norme. ⇒ **normal.** *Verbes réguliers. Vers réguliers* (opposé à *libre*). ♦ Établi ou accompli conformément aux dispositions constitutionnelles, légales ou réglementaires. *Tribunal régulier. Attestation régulière.* ⇒ **réglementaire.** *Situation régulière.* ♦ Permis. *Coup régulier.* ➛ fam. Loyal, correct. ⇒ fam. **réglo.** ➛ loc. fam. *À la régulière :* dans le respect des règles. 2 Qui présente un caractère de symétrie, d'ordre, d'harmonie. *Forme régulière.* ⇒ **géométrique.** *Rues droites et régulières. Écriture régulière,* bien formée, nette. *Visage régulier.* ♦ *Polygone régulier,* aux côtés et aux angles égaux. *Polyèdre régulier,* dont les faces sont des polygones réguliers. 3 Se dit d'un mouvement, d'un phénomène caractérisé par une vitesse, une période, un rythme, une intensité uniforme ; sans à-coups, sans interruption. ⇒ **égal, uniforme.** *Vitesse* *régulière.* ⇒ **constant.** *Accélération régulière.* « *le tic tac régulier d'un coucou battant les secondes* » (Courtel.). *Pouls régulier. Qualité régulière.* ⇒ **homogène, suivi.** 4 *À intervalles réguliers :* régulièrement. ➤ Qui se renouvelle à intervalles égaux. *Frapper des coups réguliers. Revenus réguliers.* ⇒ ① **fixe.** *Manger à heures régulières.* 5 Qui n'est pas occasionnel, mais habituel. *Être en correspondance régulière avec qqn.* ➤ *L'autocar, l'avion, le train régulier* (opposé à *supplémentaire*). 6 Soumis aux règles de la morale sociale, des bienséances. « *la conduite la plus régulière et la plus vertueuse* » (Balz.). **II - 1** Qui appartient à un ordre religieux. *Clergé régulier et clergé séculier.* ♦ n. m. *Les réguliers sont soumis à la règle.* ⇒ **moine, religieux.** 2 Qui est soumis à des règles strictes, dépend du pouvoir central. *Troupes régulières.* 3 Assidu, exact, ponctuel, réglé. *Il est régulier dans son travail.* ➤ Qui fournit des efforts et obtient des résultats d'un niveau constant. *Élève régulier.* 4 Qui respecte les usages, les règles en vigueur dans un milieu, une activité. *Régulier en affaires.* ⇒ **correct, fair-play,** fam. **réglo.** *Il s'était* « *montré très régulier : c'était lui qui avait insisté pour l'épouser* » (Sartre). ✪ CONTR. Irrégulier. Aberrant, anormal. Illégal. Asymétrique, inégal. Accidentel, exceptionnel, intermittent.

régulière n. f. - 1930 ▪ très fam. Maîtresse en titre. ➤ Épouse légitime.

régulièrement adv. - XIVe 1 D'une manière régulière, légale. *Il* « *est entré en France régulièrement* [...] *avec un passeport en bonne forme* » (Simenon). 2 Avec régularité, uniformité. *Respirer régulièrement.* 3 (en tête de phrase) Normalement. « *Régulièrement, quand mon grand-oncle est mort, mon oncle Palamède aurait dû prendre le titre de prince* » (Proust). ✪ CONTR. Irrégulièrement. Accidentellement.

régurgitation n. f. - XVIe ▪ Retour des aliments de l'estomac ou de l'œsophage dans la bouche, sans effort de vomissement. ⇒ **rumination.**

régurgiter v. tr. [1] - XVIe ; lat. *gurges* « gouffre » ▪ Faire revenir de l'estomac (ou de l'œsophage) dans la bouche. ⇒ **dégorger, vomir.**

réhabilitation n. f. - XVe 1 Fait de rétablir dans une situation juridique antérieure, en relevant de déchéances, d'incapacités. ➤ Cessation des effets d'une condamnation à la suite de la révision d'un procès. 2 Le fait de restituer ou de regagner l'estime, la considération perdues. *Réhabilitation d'un auteur tombé dans l'oubli.* 3 Remise en état d'habitation (d'un immeuble, d'un quartier). ⇒ **réfection, rénovation,** ① **restauration.** ✪ CONTR. Avilissement, ① dégradation, ② flétrissure.

> ❑ La *réhabilitation* est d'ordre moral, la *réadaptation* est d'ordre physique.

réhabiliter v. tr. [1] - XVe 1 Rendre à (un condamné) ses droits perdus et l'estime publique, en reconnaissant son innocence. ⇒ **blanchir, innocenter, laver.** « *Je voudrais bien vivre assez pour voir Dreyfus réhabilité* » (Proust). 2 Rétablir dans l'estime, dans la considération d'autrui. « *Je veux réhabiliter cette époque* » (Genet). 3 Remettre en état, rénover. *Réhabiliter un quartier.* ✪ CONTR. Condamner, ② flétrir.

réhabituer v. tr. [1] - XVIe ▪ Habituer de nouveau, faire reprendre une habitude perdue à (qqn). ⇒ **réaccoutumer.** ➤ pronom. *Se réhabituer à la discipline.* ✪ CONTR. Déshabituer.

rehaussement n. m. - XVIe ▪ Action de rehausser. *Le rehaussement d'une toiture.* ✪ CONTR. Abaissement.

rehausser v. tr. [1] - XIIIe 1 Élever à un plus haut niveau. ⇒ **surélever.** « *rehausser les parapets* » (Cendrars). ♦ Faire valoir davantage. *Rehausser le prestige d'une équipe.* 2 Faire paraître, faire valoir davantage par sa présence. ⇒ **relever.** « *le bel uniforme rehaussait encore sa prestance* » (Balz.). ➤ « *un oreiller rehaussé de dentelles* » (Bosco). 3 Donner plus de relief, en accentuant certains éléments. *Rehausser un dessin par des touches de gouache.* ✪ CONTR. Descendre, rabaisser. Atténuer. Déprécier, ternir.

rehaut n. m. - XVIe ▪ Touche, hachure claire, destinée à accuser les lumières d'une œuvre picturale. *Dessin avec des rehauts de craie.*

réhoboam [ʀeɔbɔam] n. m. - déb. XXe ; nom d'un fils de Salomon ▪ Grosse bouteille de champagne d'une contenance de six bouteilles.

> ❑ Ne pas confondre avec le *jéroboam*, d'une contenance de quatre bouteilles (trois litres).

réhydrater v. tr. [1] - 1963 ▪ Hydrater (un produit, un organisme déshydraté).

réification n. f. - 1912 ▪ Action de réifier ; son résultat.

réifier v. tr. [7] - 1930 ; lat. *res* « chose » et *facere* « faire » ▪ Transformer en chose ; donner le caractère d'une chose à. ⇒ **chosifier.** ♦ Rendre statique, figé.

réimperméabiliser v. tr. [1] - mil. XXe ▪ Imperméabiliser de nouveau.

réimplantation n. f. - XIXe ▪ Réinsertion d'un organe à une place différente. ➤ Réinsertion d'une dent luxée dans son alvéole. ♦ Anastomose entre l'urètre et la vessie.

réimplanter v. tr. [1] - XIXe ▪ Implanter de nouveau (un établissement industriel). ♦ Pratiquer la réimplantation de (un organe). ➤ *Réimplanter les embryons conçus par fécondation in vitro.*

réimportation n. f. - XIXe ▪ Action de réimporter.

réimporter v. tr. [1] - XVIIIe ▪ Faire rentrer dans leur pays d'origine (des marchandises exportées).

réimposer v. tr. [1] - XVIe 1 Imposer de nouveau, en établissant une taxe complémentaire ou un nouvel impôt. 2 Procéder à une nouvelle disposition sur châssis (des pages composées d'un feuillet à imprimer).

réimpression n. f. - XVIIe 1 Action de réimprimer. *Ouvrage en réimpression.* 2 Livre réimprimé sans aucun changement (⇒ **retirage**).

> ❑ La *réimpression* reproduit l'édition précédente, alors que la *réédition* est souvent corrigée ou enrichie.

réimprimer v. tr. [1] - XVIe ▪ Imprimer de nouveau, sans changement.

rein n. m. - XIVe ; lat. *renes* « reins » 1 *LES REINS :* la partie inférieure du dos, au niveau des vertèbres lombaires. ⇒ **lombes.** *Cambrure des reins. Une belle chute de reins.* ➤ *Donner un coup de reins,* un violent effort des muscles de la région lombaire. ➤ *Avoir mal aux reins :* avoir des douleurs lombaires. *Tour de reins.* ⇒ **lumbago.** ➤ loc. fig. *Avoir les reins solides :* être de taille à triompher d'une épreuve. ♦ La taille. « *La même corde autour des reins* » (Hugo). ♦ loc. bibl. *Sonder les reins et les cœurs,* l'inconscient, l'instinct, et les sentiments. 2 Chacun des deux organes sécréteurs glandulaires, situés symétriquement dans les fosses lombaires et qui élaborent l'urine. ⇒ aussi **rognon.** *Relatif aux reins.* ⇒ **néphrétique, rénal.** *L'urine sort du rein par l'uretère et pénètre dans la vessie.* ➤ *Rein artificiel :* appareil permettant de suppléer à la fonction rénale déficiente (⇒ **hémodialyse**).

Il est sous rein artificiel. 3 Partie d'une voûte comprise entre la tangente menée au sommet de l'extrados et les prolongements des piédroits.

réincarnation n. f. - XIXe ▪ Incarnation dans un nouveau corps (d'une âme qui avait été unie à un autre corps). ⇒ aussi **métempsycose, palingénésie.**

réincarner (se) v. pron. [1] - déb. XXe ▪ S'incarner de nouveau.

réincorporer v. tr. [1] - XIXe ▪ Incorporer de nouveau. *Il fut réincorporé dans le même régiment.*

reine n. f. - XIe ; lat. *regina* 1 Épouse d'un roi, quand le mariage a été contracté publiquement et solennellement. ➛ *La reine mère :* mère du souverain régnant. 2 Femme qui détient l'autorité souveraine dans un royaume. ⇒ **souveraine.** *La reine d'Angleterre.* ➛ *La Reine du ciel :* la Sainte Vierge. ♦ loc. *Avoir un port de reine,* majestueux, imposant. 3 La seconde pièce du jeu d'échecs. ⇒ ① **dame.** *Échec à la reine !* ♦ Carte à jouer figurant une reine. *La reine de cœur.* « *Rois, reines et valets dansaient devant ses yeux* » (Green). 4 Femme qui l'emporte sur les autres par une éminente qualité. *La reine de la fête,* l'héroïne. *Reine de beauté.* ⇒ **miss.** ➛ fam. *C'est la reine des idiotes.* 5 Ce qui domine, prime. « *la chrysoprase, cette reine des minéraux* » (Huysm.). ♦ *La petite reine :* la bicyclette. 6 Femelle féconde d'abeille, de guêpe, de fourmi, etc., unique dans la colonie. *La reine et les ouvrières d'une ruche.* ✪ HOM. Rêne, renne.

reine-claude n. f. - XVIIe ; de *prune de la reine Claude* (femme de François Ier) ▪ Prune verte sucrée et parfumée. *Confiture de reines-claudes.*

> ❑ Le second élément, lorsqu'il était encore senti comme un prénom, était invariable : « *les mirabelles et les reines-Claude* » (Daudet).

reine-des-prés n. f. - XVIIe ▪ Spirée. *Des reines-des-prés.*

reine-marguerite n. f. - XVIIIe ▪ Plante annuelle *(astéracées),* cultivée pour sa fleur de différents coloris. *Bouquet de reines-marguerites.*

reinette n. f. - XVIe ; de *reine* ▪ Pomme à couteau, très parfumée. *Reine des reinettes,* à la peau jaune et rouge. ✪ HOM. Rainette.

réinfecter v. tr. [1] - XVIe ▪ Infecter de nouveau. pronom. *La plaie s'est réinfectée.*

réinjecter v. tr. [1] - XXe ▪ Injecter de nouveau. ➛ Réintroduire (des capitaux) dans un circuit économique.

réinscription n. f. - XIXe ▪ Nouvelle inscription.

réinscrire v. tr. [39] - XIXe ▪ Inscrire de nouveau. ➛ pronom. *Se réinscrire en faculté.*

réinsérer v. tr. [6] - XXe ▪ Insérer à nouveau, réintroduire. *Réinsérer des délinquants dans la société.* ⇒ **réadapter.** pronom. *Elle a su se réinsérer.*

réinsertion n. f. - 1966 ▪ Fait de réinsérer. *La réinsertion sociale des anciens détenus.*

réinstaller v. tr. [1] - XVIe ▪ Installer de nouveau. ➛ pronom. « *il s'était retiré chez son gredin d'aîné, au lieu de se réinstaller chez elle* » (Zola).

réintégration n. f. - XIVe ▪ Action de réintégrer (2°) ; son résultat. *Réintégration d'un fonctionnaire après un détachement.*

réintégrer v. tr. [6] - XIVe 1 Reprendre possession de (un lieu). *Réintégrer le domicile conjugal.* ➛ « *La Garonne a réintégré son lit* » (Gide). 2 Rétablir dans la possession, la jouissance d'un bien, d'un droit. « *l'arrêté qui les réintégrait dans tous leurs droits* » (Balz.).

réintroduction n. f. - XIXe ▪ Nouvelle introduction.

réintroduire v. tr. [38] - XIXe ▪ Introduire de nouveau. « *Marx a réintroduit dans le monde déchristianisé la faute et le châtiment* » (Camus).

réinventer v. tr. [1] - XIXe ▪ Inventer de nouveau, redonner une valeur nouvelle à (une chose oubliée ou perdue). « *la Gauche est à réinventer* » (Mauriac).

réitératif, ive adj. - XVe ▪ Qui réitère. *Sommation réitérative.*

réitération n. f. - XVIe ▪ littér. Action de réitérer ; le fait d'être réitéré. ⇒ **redoublement, répétition.** *La réitération d'un ordre.*

réitérer v. tr. [6] - XIVe ▪ Faire de nouveau, faire plusieurs fois (une action). ⇒ **recommencer, refaire, renouveler, répéter.** *Réitérer sa demande.* « *Je réitérai ma déclaration devant le commissaire* » (France). ➛ *Efforts réitérés.*

reître n. m. - XVIe ; all. *Reiter* « cavalier » 1 Cavalier allemand. 2 littér. Guerrier brutal. ⇒ **soudard.**

rejaillir v. intr. [2] - XVIe 1 Jaillir en étant renvoyé par une surface, un obstacle ou sous l'effet d'une pression (liquides). ⇒ **éclabousser.** *La boue rejaillit sous les roues de la voiture.* ⇒ **gicler.** 2 *Rejaillir sur qqn :* se reporter sur lui. ⇒ **retomber.** « *Le génie du maître rejaillit sur ses interprètes et ses admirateurs* » (Maurois).

rejaillissement n. m. - XVIe ▪ littér. Action de rejaillir. *Rejaillissement d'un jet d'eau.* ➛ *Le rejaillissement du scandale sur toute sa famille.*

① **rejet** n. m. - XIVe ▪ Jeune pousse née de la souche d'une plante vivace ou ligneuse. ⇒ **cépée, drageon.** ➛ Rejeton, branche nouvelle d'un arbre.

② **rejet** n. m. - XIIIe **I - 1** Action de rejeter (I et II) ; son résultat. ⇒ **éjection.** « *Le rejet des cadavres à la mer* » (Camus). ♦ *Rejet d'une faille,* sa partie en surplomb. 2 Élément de phrase de faible étendue placé au début d'un vers, mais rattaché étroitement au vers précédent par la construction (ex. « La foudre du Capitolin Tombe » [Heredia]). ⇒ aussi **enjambement.** ♦ Le fait de rejeter le verbe ou le sujet à la fin de la proposition. *Le rejet en allemand.* **II - 1** Action de rejeter (III) ; son résultat. ⇒ **abandon, refus.** *Rejet d'une requête. Prononcer le rejet d'un recours en grâce.* 2 Manifestation de l'intolérance de l'organisme à un greffon. *Phénomène, réaction de rejet.* 3 Attitude de refus vis-à-vis de qqn, d'un groupe, de qqch. d'abstrait. *Le rejet de l'autorité.* ✪ CONTR. (du II) Adoption, admission ; réception.

> ❑ Le rejet, fréquent dans les langues germaniques, existait en ancien français et subsiste dans des tours figés (ex. « sans bourse délier », « à son corps défendant »).

rejeter v. tr. [4] - XIIIe ; lat. *rejectare* **I - 1** Jeter en sens inverse (ce qu'on a reçu, ce qu'on a pris). ⇒ **relancer, renvoyer.** *Rejeter un poisson à l'eau.* ♦ fig. Faire retomber sur un autre. *Il* « *rejetait la responsabilité de ses crimes sur un hypnotiseur* » (Beauv.). 2 Repousser loin ou hors de soi. ⇒ **éjecter.** *Épave rejetée par la mer.* « *Matières rejetées par l'explosion des volcans* » (Buff.). ♦ Cracher, évacuer, expulser. *Son estomac rejette toute nourriture.* ⇒ **rendre, vomir. II - 1** Jeter, porter ou mettre ailleurs. « *Cinq terrassiers rejetaient les bonnes terres au bord des champs* » (Balz.). *Rejeter un mot à la fin d'une phrase.* ♦ *Rejeter la tête en arrière.* ➛ pronom. *Se rejeter en arrière.* 2 Ne plus vouloir de. ⇒ **abandonner, jeter.** « *l'Asie rejette aujourd'hui la domination de l'Europe* » (Malraux). ⇒ **refuser. III - 1** Refuser, écarter (qqch.). *Rejeter une* *offre, une proposition.* ⇒ **décliner.** « *imaginant et rejetant des combinaisons* » (Maupass.). ⇒ ① **repousser.** *Rejeter une accusation.* ⇒ **nier. 2** Écarter (qqn) en repoussant. ⇒ **proscrire, reléguer, répudier.** « *solidaire de tous et rejeté par chacun* » (Sartre). **3** Ne pas assimiler (un greffon). ✪ CONTR. Garder, conserver ; prendre. Admettre, adopter, agréer, approuver.

rejeton **n. m.** – XVIe ; de *rejeter* « pousser de nouveau » **1** Nouveau jet qui pousse sur la souche, le tronc ou la tige d'une plante, d'un arbre. ⇒ **drageon, pousse,** ① **rejet, scion.** « *on voit des rejetons s'élancer du tronc creux d'un vieux saule* » (France). **2** fam. Enfant, fils. « *ces rejetons de bonne famille, souvent très sages* » (Aymé).

❑ Dans le sens d'« enfant », on utilise aussi le féminin *rejetonne.*

rejoindre **v. tr.** [49] – XIIe **1** vx Joindre de nouveau. ⇒ **réunir.** « *S'il vous a désunis, sa mort va vous rejoindre* » (Corn.). **2** Se joindre de nouveau à ; aller retrouver. *Réfractaires qui refusent de rejoindre l'armée.* ⇒ **rallier.** *Rejoindre un parti politique. Il « m'invite à le rejoindre au Maroc »* (Gide). – Gagner, regagner (un lieu). *Rejoindre son poste.* ♦ Venir en contact avec. *La rue rejoint le boulevard à cet endroit.* – pronom. *Les rivières se rejoignent ici.* ⇒ **confluer. 3** Avoir une grande ressemblance, des points communs avec. *Cela rejoint ce que tu disais.* ⇒ **recouper.** – pronom. *Points de vue qui se rejoignent.* **4** Atteindre (qqn) qui a de l'avance. ⇒ **rattraper.** « *il me fallut rejoindre en courant mon père* » (Proust). ✪ CONTR. Disjoindre, séparer. Distancer. Bifurquer, diverger.

rejouer **v.** [1] – XIIe **1** **v. intr.** Se remettre à jouer. **2** **v. tr.** Jouer une nouvelle fois. *Rejouer une pièce. Rejouer un allegro bissé.*

réjouir **v. tr.** [2] – XIIe ; de *re-* et a. fr. *esjouir* « rendre joyeux » **1** **v. tr.** Mettre en joie, rendre joyeux. *La vue de ce spectacle doit vous réjouir. Cela ne me réjouit pas du tout.* ⇒ **enchanter. 2** **v. pron.** Éprouver de la joie, de la satisfaction. *Il n'y a pas lieu de se réjouir. Se réjouir à la pensée qu'on a réussi.* ⇒ **jubiler.** *Je me réjouis de votre succès.* ⇒ se **féliciter.** *Je me réjouis que tout se soit bien terminé.* – *Avoir un air réjoui.* ⇒ **gai, guilleret.** *Mine réjouie.* ⇒ **épanoui.** ✪ CONTR. Affliger, attrister, désoler. Déplorer, regretter.

réjouissance **n. f.** – XIVe ▪ Joie collective. « *Les unes* [fêtes] *sont des occasions de réjouissance, les autres de tristesse collective* » (G. Bouthoul). ⇒ **amusement, divertissement, liesse.** ♦ au plur. *Du port « montèrent les premières fusées des réjouissances officielles »* (Camus). ⇒ **fête.** ✪ CONTR. Tristesse.

réjouissant, ante **adj.** – XVe ▪ Qui réjouit, est propre à réjouir. ⇒ **agréable,** plais. **jubilatoire.** *Un succès réjouissant. Une nouvelle qui n'a rien de réjouissant.* ✪ CONTR. Attristant, désolant ; assommant.

relâche **n. f.** – XVIe **1** littér. Interruption d'une activité fatigante, ou désagréable ; détente qui en résulte. ⇒ **pause, répit.** *Un moment de relâche.* ⇒ **détente, relaxation, repos.** « *Nul répit, nulle relâche* » (R. Rolland). – loc. adv. *SANS RELÂCHE* : sans répit, continuellement. ⇒ **interruption, trêve.** *Travailler sans relâche.* **2** Fermeture momentanée d'un théâtre, d'une salle de spectacle. *Jour de relâche. Faire relâche.* **3** Lieu où un navire fait escale. ⇒ **échelle.** – *Port de relâche.* ♦ Action de relâcher, de s'arrêter dans un port. *Bateau qui fait relâche dans un port.* ✪ CONTR. Continuité. Reprise.

❑ Longtemps masculin au sens de « pause, détente » (encore dans certains dictionnaires) : « *ce que nous prenons pour notre guérison n'est* [...] *qu'un relâche* » (La Rochefoucauld). Mais le mot s'emploie plutôt dans des contextes où le genre n'est pas visible, notamment dans *sans relâche.*

relâché, ée **adj.** – XVIIe ▪ Qui a perdu de sa force, de sa vigueur. *Discipline relâchée.* – *Conduite relâchée,* par laquelle on se permet trop de choses. ⇒ **dissolu.** ♦ Qui manque de rigueur. *Style relâché.* ✪ CONTR. Sévère, strict. Rigoureux.

relâchement **n. m.** – XIIe **1** État de ce qui est relâché, plus lâche. *Le relâchement d'une corde détendue.* ♦ Diminution de la tonicité ou de l'élasticité de certains tissus. *Relâchement musculaire.* ⇒ **relaxation. 2** Diminution d'activité, d'effort. ⇒ **abandon, laisser-aller.** *Le relâchement de la morale* (⇒ **laxisme**). *Le relâchement des mœurs.* ⇒ **dissolution. 3** Action de relâcher (un détenu). ⇒ **élargissement,** ① **relaxe.** ✪ CONTR. Contraction, tension.

relâcher **v.** [1] – XVIe **I** **v. tr. 1** Rendre moins tendu ou moins serré. ⇒ **desserrer, détendre.** *Relâcher un lien.* ♦ *Relâcher les muscles.* ⇒ **décontracter,** ① **relaxer.** – *Relâcher l'intestin* : faciliter l'évacuation (⇒ **laxatif**). **2** Reposer et détendre. *L'attention « veut être relâchée de temps en temps »* (Boss.). ♦ Laisser perdre de sa force, de sa rigueur. *Relâcher la discipline.* **3** Remettre en liberté. ⇒ **élargir, libérer,** ① **relaxer.** *Relâcher un otage.* **II** *SE RELÂCHER* **v. pron. 1** Devenir plus lâche. « *Plus le lien social s'étend, plus il se relâche* » (Rouss.). **2** Devenir plus faible, moins rigoureux. ⇒ **faiblir, fléchir.** *Son attention se relâche.* ♦ Montrer moins d'ardeur, de force, d'exactitude. *Se relâcher dans son travail.* **III** **v. intr.** Faire relâche, escale. ✪ CONTR. Raidir, resserrer. Renforcer. Capturer, incarcérer ; détenir, retenir.

relais **n. m.** – XIIIe ; de *relayer* **1** Chiens postés sur le parcours d'une chasse, pour remplacer les chiens fatigués. **2** Chevaux frais postés pour remplacer ou renforcer les chevaux fatigués ; lieu où ces chevaux étaient préparés. *Relais de poste. Michel Strogoff « pressait le départ à chaque relais »* (J. Verne). – Auberge, hôtel. *Relais routier.* **3** *Course de relais* : épreuve de course disputée entre plusieurs équipes qui se relaient à des distances déterminées. *Le relais 4 × 100 mètres.* **4** Mode d'organisation du travail où les ouvriers se remplacent par roulement pour assurer un travail continu. – *Prendre le relais* : relayer, remplacer ; assurer la continuité d'un processus déjà commencé. **5** Étape. – Intermédiaire. *Servir de relais pour des transactions. Prêt relais* : prêt à court terme destiné à permettre d'attendre une rentrée d'argent. ♦ Emplacement où un alpiniste assure ses compagnons de cordée. **6** Dispositif permettant à une énergie relativement faible de déclencher une énergie plus forte. ♦ Dispositif servant à retransmettre un signal radioélectrique, en l'amplifiant. *Relais hertzien. Relais de télévision.* ⇒ **réémetteur, répéteur.** – Dispositif permettant la commutation d'un circuit à l'aide d'un signal de commande. *Relais électromagnétique.*

❑ Déverbal de *relayer* normalement écrit *relai* au XIIIe s. (comme *délai,* de l'ancien verbe *delaier*), puis altéré en *relais,* d'après *relaisser,* terme de chasse. L'Académie, en 1976, recommandait la graphie *relai,* qui est une « faute » courante.

relaisser (se) **v. pron.** [1] – XVIe ▪ S'arrêter après avoir longtemps couru (en parlant d'un animal poursuivi). *Lièvre qui se relaisse.*

relance **n. f.** – XIXe **1** Action de relancer (une balle). **2** Action de mettre un enjeu supérieur. *Limiter la relance dans une partie de poker.* **3** Reprise, nouvelle impulsion « *La relance du terrorisme et de la répression* » (Camus). ♦ Action conjoncturelle visant à réactiver des domaines économiques, à lutter contre la récession, à accélérer l'expansion. *Politique de relance.* **4** Action de relancer (3°). ⇒ **rappel.** *Lettre de relance pour obtenir le règlement des impayés.*

relancer v. 3 – XIIe I v. tr. 1 Lancer de nouveau, à son tour. *Le joueur relance la balle.* ⇒ **renvoyer.** 2 Lancer de nouveau (une bête qui s'est arrêtée). *Relancer le cerf.* ♦ Remettre en marche. *Relancer un moteur.* ➝ Replacer à son début d'exécution. *Relancer un programme informatique.* ➝ *Relancer un projet. Relancer l'économie du pays.* 3 Poursuivre (qqn) avec insistance pour obtenir de lui qqch. « *la petite Fadette [...] vint bientôt le relancer* » (Sand). *Relancer qqn par téléphone.* II v. intr. Mettre un enjeu supérieur à celui de l'adversaire. ⇒ **surenchérir.** *Relancer de 1 000 francs.*

relaps, apse [Rəlaps] adj. et n. – XIVe ; lat. *labi* « tomber » ■ Retombé dans l'hérésie, après l'avoir abjurée. *Jeanne d'Arc fut condamnée et brûlée comme relapse.*

❑ Même famille étym. que *collapsus, laps, lapsus.*

relater v. tr. 1 – XIVe ; lat. *referre* « rapporter » 1 Raconter d'une manière précise et détaillée. ⇒ **conter, narrer, rapporter.** *Il « est en train de relater la scène avec un soin laborieux »* (Robbe-Grillet). *Journal qui relate les événements de l'actualité.* 2 *Relater une pièce dans un procès-verbal,* la mentionner. *Relater un fait.* ⇒ **consigner.**

relatif, ive adj. et n. – XIIIe ; lat. *referre* « rapporter » 1 Qui présente une relation (avec une chose du même genre), qui a un rapport (avec autre chose) ; au plur. qui ont une relation mutuelle. *Positions relatives,* considérées l'une par rapport à l'autre. ⇒ **respectif.** *Dimensions relatives des parties.* ⇒ **proportionnel.** ♦ *L'ensemble des entiers relatifs* (ℤ). ⇒ **rationnel.** 2 Qui n'est tel que par rapport à une autre chose. Qui ne suffit pas à soi-même, n'est ni absolu, ni indépendant. *Valeur relative,* évaluée par comparaison. *Majorité relative.* ➝ loc. *Tout est relatif :* on ne peut juger de rien en soi. ➝ *Mouvement relatif,* défini par rapport à un référentiel considéré comme mobile par rapport à un autre référentiel fixe. 3 Incomplet, imparfait. ⇒ **partiel.** *Un confort relatif.* 4 RELATIF À... : se rapportant à..., concernant. *Discussion relative à un sujet. Un compagnon « lui donnait un conseil relatif à certain bouton de son pardessus »* (Queneau). 5 Qui est rapporté à un autre élément pris comme point de comparaison ou comme point de départ. *Superlatif relatif.* ♦ Se dit des mots servant à établir une relation, un lien entre un nom ou un pronom qu'ils représentent **(⇒ antécédent)** et une subordonnée. *Pronoms relatifs,* ou n. m. *les relatifs* (dont, lequel, où, que, qui, quiconque, quoi). Où *est un adverbe relatif ;* lequel *et* quel *sont des adjectifs relatifs.* ♦ *Proposition (subordonnée) relative,* ou n. f. *une relative :* proposition introduite par un pronom ou un adverbe relatif (ex. n'oubliez pas ceux *qui restent*). ✪ CONTR. Absolu. ① Idéal, parfait.

relation n. f. – XIIIe I Le fait de relater ; paroles par lesquelles on relate. ♦ Récit fait par un voyageur. *Relation d'un voyage en Chine.* II - 1 Caractère de deux ou plusieurs objets de pensée en tant qu'ils sont englobés dans un même acte intellectuel. ⇒ **rapport ; connexion, corrélation.** 2 Caractère de deux ou plusieurs choses entre lesquelles existe un lien. ⇒ **rapport ; liaison.** *Établir une relation entre deux phénomènes. Mettre deux événements en relation. Je n'avais pas fait la relation.* ⇒ **rapprochement.** ➝ Liaison entre couples d'éléments. *Relation entre deux variables* **(⇒ application, fonction, image).** *Relation d'équivalence ; relation d'ordre.* ♦ Caractère de deux ou plusieurs choses dont l'existence (ou la modification) de l'une entraîne l'existence (ou la modification) de l'autre, des autres. ⇒ **dépendance.** *Relation de cause à effet.* ♦ Rapport entre sons, intervalles. 3 Liaison entre deux points géographiques. *Les relations aériennes entre Paris et Londres.* 4 Lien de dépendance ou d'influence réciproque (entre des personnes). ⇒ **commerce, contact, liaison, rapport.** *Relations d'amitié.* ➝ *Relations amoureuses. Relations sexuelles.* ➝ *Relations professionnelles. Relations de vacances.* ➝ *Nouer une relation, des relations avec qqn.* ➝ *Bonnes, mauvaises relations.* ♦ au plur. Le fait de communiquer, de se fréquenter. ⇒ **fréquentation.** « *Il avait cessé toutes relations avec ces personnes* » (Montherl.). *Avoir des relations suivies avec qqn.* « *nous avons des relations de loin en loin* » (Balz.). ➝ *Relations épistolaires.* ⇒ **correspondance.** ➝ *Être en relations avec qqn.* « *Il l'avait mis en relations avec un quincaillier de la rue de Passy* » (Romains). 5 Connaissance, fréquentation d'une personne. *Obtenir un emploi par relations.* ➝ loc. *Avoir des relations :* connaître des gens influents. ⇒ **accointances.** *Il a des relations dans la police.* 6 Personne avec laquelle on est en relation, on a des relations d'habitude, d'intérêt. ⇒ **connaissance.** « *Il donnait à dîner à quelques relations personnelles qu'il avait dans la ville* » (Nizan). 7 Lien moral et variable entre groupes. *Détente dans les relations internationales.* ➝ *Relations diplomatiques :* rapports officiels que deux États établissent entre eux et qu'ils entretiennent par l'intermédiaire de missions permanentes. ➝ *Relations commerciales, culturelles entre pays.* ♦ *RELATIONS PUBLIQUES :* ensemble des méthodes et des techniques utilisées par des groupements pour informer le public de leurs réalisations et promouvoir leur image de marque. ⇒ **communication.** 8 Tout ce qui, dans l'activité d'un être vivant, implique une interdépendance, une interaction. ➝ *Fonctions de relation,* qui ont pour effet de mettre l'organisme animal en relation avec le milieu extérieur.

❑ L'expression *relations publiques* est une réfection de l'emprunt à l'anglais (*public-relations* en 1951). Ces expressions reculent devant l'emploi de *communication.*

relationnel, elle adj. – 1914 1 Qui concerne les relations entre les personnes. 2 *Base de données relationnelle,* dans laquelle les données sont structurées par un ensemble de relations.

relativement adv. – XIVe 1 Par un rapport de comparaison. *Mesurer deux grandeurs relativement à une troisième.* ⇒ **proportionnellement.** 2 D'une manière relative. ⇒ **plutôt.** « *Considérer comme anormal ce qui est relativement rare* » (Bergson). ♦ *Il est relativement honnête,* jusqu'à un certain point. 3 *RELATIVEMENT À :* en ce qui concerne. ⇒ **concernant, quant à.**

relativiser v. tr. 1 – v. 1965 ■ Faire perdre son caractère absolu à (qqch.) en le mettant en rapport avec qqch. d'analogue, de comparable, ou avec un ensemble, un contexte. *Relativiser un problème.*

relativisme n. m. – XIXe ■ Doctrine qui admet la relativité de la connaissance humaine. *Le relativisme de Kant.* ♦ Doctrine d'après laquelle les valeurs sont relatives aux circonstances. *Relativisme historique.*

relativiste adj. et n. – XIXe 1 Qui professe le relativisme. 2 Qui concerne la relativité, est conforme à ses théories. « *Le principe relativiste de l'inertie de l'énergie* » (Broglie). ♦ Se dit de particules dont la vitesse, proche de celle de la lumière, est assez grande pour que s'applique la théorie de la relativité.

relativité n. f. – XIXe 1 Caractère que présente la connaissance de ne pouvoir saisir que des relations et non la réalité même, ou encore de dépendre de la structure de l'esprit humain. *Relativité de la connaissance, de la science.* 2 Caractère de ce qui dépend d'autre chose. « *La relativité du fait historique* » (Sartre). 3 *Théorie de la relativité :* ensemble de relations exprimant l'invariance des lois naturelles par rapport aux changements de référentiels spatiotemporels. *La relativité a remis en question les principes de la physique et de la mécanique newtonienne, ainsi que la conception de l'espace et du temps.*

❑ La *théorie de la relativité* fut énoncée par Einstein en 1905.

relaver v. tr. 1 - XIIe ▪ Laver de nouveau. *Linge à relaver.* ♦ (Suisse) intrans. Faire la vaisselle.

relax ou **relaxe** [Rəlaks] adj. et n. - v. 1955 ; angl. *to relax* « se détendre » ▪ fam. 1 Qui favorise la détente, un repos détendu. *Une soirée très relax(e).* ➙ *Fauteuil relax :* fauteuil ou chaise longue très confortable. ♦ Décontracté, à l'aise. *Elle est plutôt relax. Tenue relax (e).* 2 n. m. Repos, décontraction. « *ce truc-là, pour du relax, alors, c'est vachement relax !* » (Aragon). 3 n. f. ⇒ **relaxation.** *Cure de relaxe.* ✪ CONTR. Tendu. — HOM. ① Relaxe.

❑ Cette graphie hésitante recouvre plusieurs mots : deux anglicismes par emprunt d'un nom et d'un adjectif, un dérivé de ② *relaxer* et une abréviation de *relaxation.* Noter également l'homonymie avec *relaxe* (en droit).

relaxant, ante adj. et n. m. - mil. XXe ▪ Qui favorise la relaxation, la détente. *Une ambiance relaxante.*

relaxation n. f. - XIVe ; mot angl. 1 Diminution ou suppression d'une tension. ⇒ **décontraction, relâchement.** *Relaxation des muscles.* 2 Méthode thérapeutique de détente par des procédés psychologiques actifs. ⇒ **sophrologie.** ♦ Repos, détente. ⇒ **relax.** 3 Ensemble des phénomènes par lesquels un système dont l'équilibre a été rompu revient à son état d'équilibre initial. *Temps de relaxation.*

① **relaxe** n. f. - XVIIe ▪ Décision par laquelle un tribunal reconnaît un prévenu non coupable. ✪ CONTR. Condamnation. — HOM. Relax.

② **relaxe** → **relax**

① **relaxer** v. tr. 1 - XIVe ; lat. *relaxare* 1 Reconnaître (un prévenu) non coupable. « *Les inculpés sont traduits devant le commissaire* [...] *qui peut les relaxer, s'il y a erreur* » (Balz.). ♦ Abusivt Remettre en liberté. ⇒ **relâcher.** 2 Relâcher, détendre (les muscles). ➙ *Ce bain m'a relaxé.* ✪ CONTR. Écrouer. ① Contracter.

❑ Même famille étymologique que *lâcher, laisser.*

② **relaxer (se)** v. pron. - mil. XXe ▪ Se détendre ; se défaire d'un état de tension nerveuse. ⇒ se **décontracter,** se **délasser.** *Du calme, relaxez-vous !*

❑ Emprunté à l'anglais *to relax,* lui-même emprunté au français ① *relaxer* par le sens médical.

relayer v. 8 - XIIIe ; de *re-* et a. fr. *laier* « laisser » 1 v. intr. VX Changer de chevaux. 2 v. tr. Remplacer (qqn) pour continuer une tâche, accomplir une épreuve sportive. « *Le fardeau n'était pas lourd, ils n'avaient guère besoin d'être relayés* » (Zola). ♦ Retransmettre à partir d'un émetteur principal. *Émission relayée par satellite.* 3 SE RELAYER v. pron. Se remplacer l'un l'autre, alternativement. ⇒ **alterner.** *Coureurs qui se relaient pour mener.*

relayeur, euse n. - 1924 ▪ Participant(e) d'une course de relais. *Passer le témoin au relayeur.*

relecture n. f. - XVIe 1 Action de relire pour corriger. *Relecture des épreuves d'imprimerie.* 2 Seconde lecture. *La relecture de cette œuvre a modifié mon opinion.*

relégation n. f. - XIVe ▪ Action de reléguer, d'exiler. ➙ Peine par laquelle un délinquant était obligé de résider ou était interné hors du territoire métropolitain. *Instituée en 1885, la relégation fut remplacée en 1970 par la tutelle pénale.* ♦ Descente d'une équipe sportive dans une catégorie inférieure.

reléguer v. tr. 6 - XIVe ; lat. *lex, legis* « loi » 1 Exiler dans un lieu déterminé, sans privation des droits civils et politiques. ⇒ **bannir.** *L'empereur fit reléguer Ovide.* ♦ Condamner à la relégation. ➙ subst. *Les relégués établis en Guyane.* 2 Placer en un lieu écarté ou un endroit médiocre. ⇒ **confiner, exiler.** *On l'a relégué au fond de l'appartement.* ➙ *Reléguer un objet au grenier.* ➙ Rejeter à une position inférieure. *Équipe reléguée à la sixième place.* ♦ Mettre dans une situation médiocre. « *Vigny se sentait injurieusement relégué* [...] *au second plan* » (Henriot).

relent n. m. - XIVe ; de *re-* intensif et lat. *lentus* « tenace, humide » ▪ (souvent au plur.) Mauvaise odeur qui persiste. « *l'atmosphère saturée de chaleur, de poussière, de relents d'alcool* » (Mart. du G.). ♦ Trace, soupçon. *On flaire derrière ce crime des relents de racisme.*

relevable adj. - XIXe ▪ Qu'on peut relever. *Sièges relevables.*

relevailles n. f. pl. - XIIe ; de *relever* ▪ Rite chrétien par lequel une accouchée venait remercier Dieu. ♦ vieilli ou rural Fait de relever de couches.

❑ Pour la liste des noms féminins pluriels en *-ailles* → semailles (rem.).

① **relevé, ée** adj. - XVIe 1 Dirigé, ramené vers le haut. *Chapeau à bords relevés.* ➙ *Pas relevé :* pas d'une monture qui lève haut le pied. ♦ *Virage relevé,* dont l'extérieur est plus haut que l'intérieur. 2 Qui a de l'élévation, de la noblesse. ⇒ **élevé, noble.** *Style noble et relevé. L'expression n'est pas très relevée.* 3 Rendu fort par un assaisonnement. ⇒ **épicé,** ① **piquant.** *Une sauce relevée.* ✪ CONTR. Rabattu. Commun, vulgaire. Fade, insipide.

② **relevé** n. m. - XVIIIe 1 Action de noter par écrit ou par un dessin ; ce qu'on a ainsi copié, représenté. *Relevé de plan, d'une construction. Relevé de compte,* où sont portées toutes les opérations bancaires effectuées par le titulaire du compte. ➙ *Relevé d'identité bancaire (R.I.B.),* où sont notées les coordonnées du compte et de son titulaire. ➙ *Relevé d'un compteur,* du chiffre d'un compteur. ➙ *Dans mon courrier « il y avait des lettres que j'aimais, mais aussi des relevés redoutables »* (Bousquet). 2 Mouvement exécuté sur place, dans toutes les positions fondamentales, la danseuse se levant sur les pointes et reprenant aussitôt sa position initiale.

relève n. f. - XIXe ▪ Remplacement d'une personne, d'une équipe par une autre dans un travail continu. *La relève de l'équipe de nuit par l'équipe de jour. Prendre la relève de qqn,* le relayer. ➙ Les personnes qui assurent ce remplacement. *La relève tardait à arriver.* ♦ *La jeunesse prendra la relève.*

relèvement n. m. - XIIe 1 Action de relever, de remettre debout. ⇒ **redressement.** *Le relèvement d'un pylône.* ♦ Rétablissement. *Le relèvement d'une économie.* 2 Action de hausser, d'augmenter. *Relèvement d'un niveau.* ➙ *Relèvement des salaires.* ⇒ **hausse, majoration.** 3 Action de réunir les renseignements concernant (qqch.). ⇒ ② **relevé.** ➙ Détermination de la situation d'un lieu, de la position d'un point. ➙ Rotation (en géométrie descriptive) inverse de la rotation de rabattement. ✪ CONTR. Abaissement, baisse. Chute. Diminution, réduction. Rabattement.

relever v. 5 - XIe I v. tr. 1 Remettre debout. *Relever qqn qui est tombé. Relever un mur démoli.* ⇒ **reconstruire.** 2 Remettre en bon état, en bonne position. *Relever les finances d'un pays.* 3 Ramasser, collecter. *Professeur qui relève les copies.* ➙ loc. *Relever le défi :* répondre à un défi. 4 Faire remarquer ; mettre en relief. ⇒ **noter, souligner.** *Relever des erreurs dans un texte.* « *On ne put relever aucune charge contre lui* » (France). ⇒ **retenir.** ♦ Montrer qu'on a remarqué (un mot, une allusion) ; répondre vivement à (une parole). « *Passepartout fut sur le point de relever vertement le qualificatif* » (J. Verne). ♦ Noter par écrit ou par un croquis. *Relever une citation.* ⇒ **copier.** *Relever des mesures.* ⇒ **prendre.** *Relever un plan* (⇒ **dresser,** ① **lever).** ➛ *Relever des empreintes,* les reporter par impression sur un support spécial pour les identifier. ➛ *Relever un point,* déterminer et noter l'angle que fait sa direction avec la ligne nord-sud. **5** Diriger, orienter vers le haut. *Relever la tête.* « *Un faible sourire relevait un coin de sa bouche* » (Proust). *Relever son col.* ⇒ **remonter.** *Relever ses manches.* ⇒ **retrousser. 6** Donner plus de hauteur à. *Relever de dix mètres le niveau de l'eau.* ⇒ **élever.** ♦ *Relever les impôts.* ⇒ **hausser, majorer. 7** Donner une valeur plus haute à. ⇒ **rehausser.** *Relever le niveau de la conversation.* **8** Donner plus de goût à (un mets) en ajoutant un assaisonnement. ⇒ **assaisonner, épicer.** « *l'ardeur des piments et des épices dont sont relevés tous les mets espagnols* » (Gaut.). **9** *RELEVER (qqch.) DE :* donner du relief, de l'attrait à (qqch.) par (qqch.). ⇒ **agrémenter.** « *Des réflexions sérieuses qu'elle relevait de citations agréables* » (Ste-Beuve). ⇒ **pimenter.** ♦ Mettre en valeur, faire valoir. ⇒ **rehausser, souligner.** « *Un étroit tapis rouge relevait la blancheur des marches de l'escalier* » (Balz.). **10** Remplacer dans un travail continu. ⇒ **relayer ; relève.** « *Immobile à son poste, comme une sentinelle qu'on a oublié de relever* » (Gaut.). **11** *RELEVER QQN DE,* le libérer (d'une obligation). ⇒ **délier.** *Relever qqn d'une promesse.* ➛ *Relever une personne de ses fonctions.* ⇒ ② **démettre, destituer, limoger, révoquer. II v. tr. ind.** *RELEVER DE.* **1** Être dans la dépendance de. ⇒ ① **dépendre.** *Cadre qui relève de tel directeur.* ♦ Être du ressort de (⇒ ② **ressortir).** *Affaire qui relève de la compétence de.* **2** Être du domaine de. ⇒ **appartenir** (à), **concerner.** « *Tout ce qui est conventionnel et traditionnel relève* [...] *du poncif* » (Baud.). ➛ *Son cas relève de la psychanalyse.* **III v. intr.** *Relever de :* se rétablir, commencer à guérir de. *Relever de maladie.* ➛ *Relever de couches* (⇒ **relevailles). IV** *SE RELEVER* **v. pron. 1** Se remettre debout ; reprendre la position verticale. « *Je lui tendis la main droite pour l'aider à se relever* » (Giraud.). ♦ *Pays qui se relève (de ses cendres).* ⇒ **ressusciter.** ➛ « *Jamais tu ne te relèveras de cette honte* » (Stendh.). ⇒ se **remettre. 2** Être ou pouvoir être dirigé vers le haut. *Le nez* « *se relevait brusquement en pied de marmite* » (Balz.). « *les strapontins baissés se relevaient avec bruit* » (Léautaud). ✪ CONTR. Renverser ; affaiblir, avilir, ② dégrader ; abaisser, descendre, rabattre ; déprécier, diminuer, rabaisser. – Descendre, ① tomber.

releveur, euse adj. et n. – XVIe **1** *Muscle releveur,* qui relève une partie du corps quand elle est abaissée. ➛ **n. m.** *Le releveur de la paupière.* **2 n. m.** Instrument chirurgical destiné à relever, à écarter (⇒ **écarteur).** ➛ Mécanisme d'une moissonneuse qui relève les épis versés pour permettre de les couper. **3 n.** *Releveur de compteurs :* employé qui prend note des chiffres des compteurs (d'eau, de gaz...).

reliage n. m. – XIVe ■ Opération par laquelle on relie ou cercle les douves (d'un tonneau, d'une cuve). ⇒ **cerclage.**

relief n. m. – XIe ; de *relever* « enlever, relever » **I** au plur. Les restes d'un repas. « *des reliefs d'ortolans* » (La Font.). **II - 1** Ce qui fait saillie sur une surface. ⇒ **bosse, proéminence, saillie.** *La pierre ne présentait aucun relief.* **2** Ouvrage comportant des éléments qui se détachent sur un fond plan. ⇒ **sculpture ; bas-relief, haut-relief, ronde-bosse.** *Façade ornée de reliefs.* **3** Caractère d'une image comportant des différences de profondeur, la figuration de plans différents ; perception qui y correspond. *Le relief d'un dessin.* ⇒ **modelé.** ♦ *Relief acoustique :* perception auditive de l'espace, donnée par les deux oreilles. **4** Forme d'une surface qui comporte des saillies et des creux. *Le relief d'une pièce de monnaie.* ♦ Forme de la surface terrestre. *Figuration du relief sur les cartes par les courbes de niveau. Relief accidenté. Relief calcaire.* ➛ *Relief sous-marin.* **5** *EN RELIEF :* qui forme un relief. « *une vaste robe de chambre de soie couverte de dessins d'or brodés en relief* » (de Vigny). *Plaque, cliché en relief. Caractères en relief du braille.* ➛ *Carte en relief. Photographie, film en relief.* ⇒ **anaglyphe, stéréoscope. 6** Apparence plus nette, plus vive, du fait des oppositions. *Relief du style.* « *L'humeur donne du relief aux idées* » (Staël). *Des personnages sans relief.* ⇒ **épaisseur, profondeur.** ➛ *Mettre en relief :* faire valoir en mettant en évidence. ⇒ **souligner.** ✪ CONTR. Creux. Banalité.

> ❑ *Relief* entre en composition dans les termes d'architecture *bas-relief, haut-relief.*

relier v. tr. 7 – XIIe **1** Unir au moyen d'une attache. ⇒ **assembler, attacher, lier.** *Relier une chose à une autre.* ➛ *Relier les points d'une figure par un trait.* ⇒ **joindre. 2** Attacher ensemble (les feuillets formant un ouvrage) et les couvrir avec une matière rigide. ➛ *Livre relié et livre broché.* **3** Assembler (les douves d'un tonneau) au moyen de cercles. ⇒ **cercler. 4** Mettre en communication avec. ⇒ **connecter, raccorder.** *Route qui relie deux villes. Système d'alarme relié au commissariat.* **5** Mettre en rapport. *Relier des idées.* ⇒ **enchaîner, lier.** *La police pourrait relier ces deux faits.* ⇒ **rapprocher.** *Préposition qui relie un verbe à son complément.* ✪ CONTR. Déconnecter, délier, séparer. — HOM. *Relie :* relis (relire).

relieur, ieuse n. – XIIIe ■ Personne dont le métier est d'effectuer une opération de reliure ou de brochage. *Relieur d'art.* ♦ Propriétaire d'une usine de reliure.

religieusement adv. – XIIIe **1** D'une manière religieuse, avec religion. ⇒ **pieusement.** ➛ Selon les rites de la religion. *Se marier religieusement.* **2** Avec une exactitude, un scrupule religieux. ⇒ **exactement, scrupuleusement. 3** Avec une attention admirative, recueillie. *Écouter religieusement un orateur.*

religieux, ieuse adj. et n. – XIIe **I adj. 1** Qui concerne les rapports entre l'être humain et un pouvoir surnaturel ; qui présente le caractère réservé et obligatoire d'une religion. *Secte religieuse.* ➛ *Rites religieux.* « *Toute ma vie les cérémonies religieuses m'ont* [...] *ému* » (Stendh.). *Mariage religieux.* ➛ *École religieuse.* ⇒ **libre.** ➛ *Art religieux ; musique religieuse.* ⇒ ① **sacré.** *Chants religieux.* ➛ *Persécutions religieuses,* au nom d'une religion ou contre elle. ➛ *Traditionalisme religieux.* ⇒ **intégrisme. 2** Consacré à la religion, à Dieu, par des vœux. *La vie religieuse.* ⇒ **claustral, conventuel, monastique.** ➛ *Communautés religieuses ; ordres religieux.* ♦ *Habits religieux. Règle religieuse.* **3** Qui croit en une religion, pratique une religion. ⇒ **croyant, pieux.** « *Religieuse sans être dévote* » (Balz.). **4** Qui présente les caractères du sentiment ou du comportement religieux. *Un silence religieux,* respectueux et attentif. **II n.** Personne qui a fait profession, a prononcé des vœux dans un ordre ou une congrégation chrétienne. ⇒ **profès.** *Religieuses et postulantes.* ⇒ **sœur.** *Religieux défroqué, relevé de ses vœux. Religieux cloîtré.* ⇒ **moine.** *Communautés de religieux.* ⇒ **abbaye, congrégation, couvent, monastère, ordre.** ➛ *Religieux bouddhistes* (bonze, lama), *musulmans* (derviche, marabout). **III n. f.** Pâtisserie faite de pâte à choux fourrée de crème pâtissière, ayant la forme d'une petite boule posée sur une plus grosse. *Religieuse au café.* ✪ CONTR. Mondain, profane ; civil, laïc. Agnostique, areligieux, athée, irréligieux.

> ❑ Le composé *antireligieux* « hostile à la religion » fut créé pendant la Révolution (1793) tandis que *areligieux* « sans *religion* » est postérieur d'un siècle. Le plus ancien, *irréligieux* (1403), avec accent, signifie « qui n'a pas de croyance religieuse, s'oppose à la religion ».

religion n. f. – XIIe ; lat. *relegere* « recueillir, rassembler », ou *religare* « relier » **I** - **1** Reconnaissance par l'être humain d'un pouvoir ou d'un principe supérieur de qui dépend sa destinée et à qui obéissance et respect sont dus ; attitude intellectuelle et morale qui résulte de cette croyance. *Indifférence, intolérance, tolérance en matière de religion. « La religion est l'opium du peuple », a dit Marx.* **2** Attitude particulière dans les relations avec Dieu. *Une religion sentimentale, vague* (⇒ **religiosité**), *formaliste* (⇒ **pharisaïsme**), *profonde. Jésus « dédaignait tout ce qui n'était pas la religion du cœur »* (Renan). ♦ *Avoir de la religion* : être croyant, pieux. « *Chaque jour, la religion le reprenait davantage* » (Zola). **3** Système de croyances et de pratiques, impliquant des relations avec un principe supérieur, et propre à un groupe social. ⇒ **confession, croyance, culte.** *Histoire des religions. Je vois « des foisons de religions en plusieurs endroits du monde et dans tous les temps »* (Pasc.). *Religion d'État. Neutralité d'un État en matière de religion.* ⇒ **laïcité.** ➛ *Professer, pratiquer, embrasser une religion. Adeptes d'une religion. Abjurer, renier une religion ; se convertir à une religion. Dogmes, légendes, mythes, symboles d'une religion.* ➛ *Religions polythéistes. Religion chrétienne.* ⇒ **christianisme ; catholicisme, protestantisme.** *Religion juive.* ⇒ **judaïsme.** *Religion musulmane.* ⇒ **islam.** ♦ *Ma religion m'interdit de boire de l'alcool* (se dit aussi par plais.). *C'est contraire à ma religion.* ♦ *Une religion du progrès, de la raison.* ♦ Activité ou organisation comparée à une doctrine religieuse, à un culte. *Le parti communiste « est à la fois une religion, une église, une communauté et un ordre »* (Gaxotte). **4** Sentiment de respect, de vénération ou sentiment du devoir à accomplir, comparés au sentiment religieux ; objet d'un tel sentiment. *L'honneur militaire, « cette religion de loyauté »* (Ste-Beuve). **II** Dans le christianisme, Vie consacrée à la religion, par des vœux ; état de religieux, de religieuse. *Entrer en religion* : prononcer ses vœux. *Nom de religion*, que prend un religieux, qui perd son nom laïque. ♦ Société reconnue par l'autorité ecclésiastique, et dont les membres prononcent des vœux. ⇒ **congrégation, ordre.** ✪ CONTR. Doute, irréligion.

> ❑ Jusqu'au XVIIe s., l'application du mot au seul catholicisme romain témoigne du refus de considérer les autres systèmes de croyance.

religionnaire n. – XVIe ▪ Membre de la religion réformée. ⇒ **protestant.**

religiosité n. f. – XIIIe ▪ Aspect purement sentimental de la religion ; attirance pour la religion en général.

reliquaire n. m. – XIVe ▪ Coffret précieux renfermant des reliques. ⇒ **châsse.**

reliquat n. m. – XVIe ; lat. *reliquus* « qui reste » ▪ Ce qui reste dû après la clôture et l'arrêté d'un compte. *Reliquat d'un compte de tutelle.* ➛ Ce qui reste d'une somme (à payer, à percevoir). ⇒ **reste.** « *Un petit reliquat de son patrimoine* » (Baud.).

relique n. f. – XIe ; lat. *reliquiæ* « restes » **1** Corps, fragment du corps d'un saint ou d'un bienheureux, objet qui a été à son usage ou qui a servi à son martyre, dont le culte est autorisé par l'Église catholique. *Reliques de la vraie Croix.* ➛ Restes, ossements de héros, de saints, ou objets leur ayant appartenu, auxquels s'attache un caractère sacré et auxquels les fidèles rendent un culte. ♦ *Garder qqch. comme une relique*, le garder soigneusement, précieusement. **2** Objet auquel on attache moralement le plus grand prix comme à un vestige ou un témoin d'un passé cher. « *Un tiroir où elle conservait des reliques de son passé* » (Mart. du G.). **3** Espèce survivante d'un groupe animal ou végétal autrefois prospère. *Le limule, le ginkgo sont des reliques.*

relire v. tr. [43] – XIIe **1** Lire une nouvelle fois. « *je relis Corneille ; c'est un créateur* » (Volt.). « *il s'efforçait de relire pour la dixième fois une même phrase, il ne la comprenait pas* » (Proust). **2** Lire en vue de corriger, de vérifier (ce qu'on vient d'écrire). *Écrivain qui relit son manuscrit.* ♦ pronom. « *L'écrivain qui se féconde lui-même en se relisant* » (Henriot). ✪ HOM. *Relis* : relie (relier).

reliure n. f. – XVIe **1** Action ou art de relier (les feuillets d'un livre). **2** Manière dont un livre est relié ; couverture d'un livre relié. *Reliure pleine*, entièrement en cuir. « *Ses doigts sentent le livre, dans sa reliure neuve* » (Romains).

> ❑ Le mot est apparu (1518) après l'invention de l'imprimerie. ♦ En parlant de reliure industrielle, on dit plutôt *couverture*.

relogement n. m. – 1952 ▪ Action de reloger ; le fait d'être relogé.

reloger v. tr. [3] – XVIe ▪ Procurer un nouveau logement à (qqn qui a perdu le sien ou qui doit en partir). *Reloger des sinistrés.* ➛ pronom. *Chercher à se reloger.*

relooker [ʀ(ə)luke] v. tr. [1] – 1985 ▪ fam. Donner une nouvelle apparence, un nouveau look à. *Relooker un modèle de voiture.*

réluctance n. f. – 1904 ; lat. *reluctari* « résister » ▪ Dans un circuit magnétique, Quotient de la force magnétomotrice par le flux associé.

reluire v. intr. [38] – XIe ▪ Luire en réfléchissant la lumière, en produisant des reflets. ⇒ **briller.** ♦ Luire pour avoir été soigneusement nettoyé et frotté. *Faire reluire des cuivres.*

reluisant, ante adj. – XIIe **1** Qui reluit. ⇒ **luisant.** « *Les toits, tout reluisants de pluie, miroitaient* » (Flaub.). ➛ Qui reluit de propreté. *Parquet reluisant.* ⇒ **1 brillant.** « *cette aventure n'est pas très reluisante* » (Camus).

reluquer v. tr. [1] – XVIIIe ; néerl. *loeken* ▪ fam. **1** Regarder du coin de l'œil, avec intérêt et curiosité. ⇒ **lorgner.** *Reluquer les filles.* **2** Considérer avec convoitise ; guigner. *Il « reluquait la façade comme s'il cherchait un logement à louer »* (Simenon).

> ❑ Ce verbe est apparenté à l'anglais *to look* « regarder ».

rem [ʀɛm] n. m. – 1952 ; acronyme de l'angl. ***R**öntgen **E**quivalent **M**an* « équivalent-homme de Röntgen » ▪ Ancienne unité de mesure de dose de radiation absorbée par un organisme vivant, égale à 10^{-2} sievert. ✪ HOM. Rhème.

remâcher v. tr. [1] – XVIe **1** rare Mâcher une seconde fois (en parlant des ruminants). ⇒ **ruminer.** **2** Revenir sans cesse en esprit sur. ⇒ **ressasser, ruminer.** « *Durant des années, nous avons tous deux remâché ensemble notre honte* » (Mauriac).

remailler → **remmailler**

remake [rimɛk] **n. m.** – 1946 ; mot angl., de *to remake* « refaire » ■ Film reproduisant, avec de nouveaux acteurs, la première version d'un film.

❑ *Remake*, anglicisme qui a conservé sa prononciation d'origine, a résisté aux nombreuses propositions de remplacement.

rémanence **n. f.** – XIXe ■ Persistance partielle de l'aimantation après retrait de l'influence magnétique. ♦ *Rémanence* (ou *persistance*) *des images visuelles* : phénomène par lequel la sensation visuelle subsiste après la disparition de l'excitation objective.

rémanent, ente **adj.** – XIIe ; lat. *remanere* « demeurer » ■ Qui subsiste après la disparition de la cause. *Odeur rémanente. Image rémanente,* subsistant après l'excitation visuelle.

remaniement **n. m.** – XVIIe ■ Action de remanier ; son résultat. ⇒ **modification.** *Remaniement d'un texte. Remaniement ministériel* : modification partielle de la composition d'un gouvernement.

remanier **v. tr.** 7 – XIIIe **1** Modifier par un nouveau travail, en utilisant les matériaux ou une partie des matériaux primitifs. ⇒ **arranger, corriger, retoucher.** *Balzac remaniait sans cesse ses romans.* **2** Modifier la composition de (un groupe, un ensemble de choses). *Remanier le gouvernement.*

remaquiller **v. tr.** 1 – 1901 ■ Maquiller de nouveau. ➤ pronom. « *Je me remaquillais dans les toilettes d'un café* » (Beauv.).

remarcher **v. intr.** 1 – XVIe **1** Marcher après une infirmité qui empêchait de marcher. *Il remarche avec difficulté.* **2** Fonctionner de nouveau. « *Ça y est* [...] *Le métro remarche* » (Queneau).

remariage **n. m.** – XIIIe ■ Nouveau mariage.

remarier (se) **v. pron.** 7 – XIIIe ■ Se marier de nouveau. « *Ne voulant pas me remarier, dans l'intérêt de ma fille que j'idolâtre* » (Balz.).

remarquable **adj.** – XVIe **1** Digne d'être remarqué, d'attirer l'attention. ⇒ **marquant, notable.** « *un gros garçon* [...] *remarquable surtout par une chevelure rouge* » (Daudet). **2** Digne d'être remarqué par son mérite, sa qualité. ⇒ **distingué, éminent,** ① **insigne, rare** ; fam. **épatant, formidable.** *Un* « *remarquable entraîneur d'hommes* » (Henriot). *Vous avez fait un travail remarquable.* ⇒ **extraordinaire.** ✪ CONTR. Banal, insignifiant, négligeable. Inférieur, médiocre, piètre.

❑ Pour la graphie → critiquable (rem.).

remarquablement **adv.** – XVIIe ■ D'une manière remarquable. « *une toute jeune fille, remarquablement belle* » (Romains). ⇒ **très.** *Il a remarquablement réussi.* ⇒ **admirablement.** ✪ CONTR. Peu ; ② mal.

remarque **n. f.** – XVIe **1** vx ou littér. Action de remarquer (qqch.). *Une chose digne de remarque.* **2** Énoncé par lequel se traduit cette opération de l'esprit, qui a notamment pour but de souligner quelque particularité à l'attention de l'intéressé. « *me permettez-vous une remarque, baron ?* » (Proust). *Une remarque désobligeante.* ♦ Notation écrite qui attire l'attention du lecteur. ⇒ **annotation, commentaire.** « *Remarques sur la langue française* », *de Vaugelas.* **3** Petite gravure en marge de la planche gravée.

remarqué, ée **adj.** ■ Qui est l'objet de la curiosité, de l'attention, des commentaires. *Une absence très remarquée.* ✪ CONTR. ① Discret, inaperçu.

remarquer **v. tr.** 1 – XVIe ; de *re-* et *marquer* **I - 1** Avoir la vue, l'attention attirée ou frappée par (qqch.). ⇒ **apercevoir, constater, découvrir, observer.** « *Nous ne remarquons, chacun, que ce qui nous intéresse* » (Gide). *Remarquer l'absence de qqn.* ⇒ **noter.** *Tu n'as rien remarqué ?* ➤ pronom. « *De ces menus détails qui se remarquent à peine* » (Bourget). ⇒ se **voir.** ♦ *J'ai remarqué qu'il avait grossi. Avez-vous remarqué si elle était seule ?* ➤ *Remarquez bien que...*, s'emploie pour attirer l'attention de qqn sur une chose qu'il risquerait de négliger. ➤ *Permettez-moi de vous faire remarquer que vous êtes en retard.* **2** REMARQUER QUE : exprimer par une remarque. « *Chénier a remarqué spirituellement qu'au théâtre on flagorne le peuple* » (Ste-Beuve). ➤ « *Toi non plus, remarqua son voisin* » (Mart. du G.). **3** Distinguer particulièrement. « *Je remarquai d'abord un homme dont la simplicité me plut* » (Montesq.). ➤ *Un roman qui mérite à peine d'être remarqué.* ➤ *Se faire remarquer par son accoutrement,* attirer l'attention sur soi. ⇒ se **signaler.** *Il cherche à se faire remarquer.* **II** Marquer de nouveau. *Remarquer du linge dont la marque s'est effacée.*

remastiquer **v. tr.** 1 – XVIIIe ■ Mastiquer à nouveau. *Remastiquer un carreau.*

remballer **v. tr.** 1 – XVIe ■ Emballer (ce qu'on a déballé). *Représentant qui remballe ses échantillons.* ⇒ ① **ranger.** ♦ fam. *Remballer sa marchandise* : renoncer à proposer qqch., à le faire valoir. ✪ CONTR. Déballer.

❑ On dit aussi *réemballer,* forme moins fréquente et plus neutre (seulement au sens propre).

rembarquer **v.** 1 – XVIe **1** **v. tr.** Embarquer (ce qu'on avait débarqué). *Rembarquer des troupes.* **2** *Se rembarquer* **(v. pron.)** ou *Rembarquer* **(v. intr.)** : s'embarquer de nouveau. ✪ CONTR. Débarquer.

❑ On trouve aussi la forme *réembarquer,* moins fréquente.

rembarrer **v. tr.** 1 – XVe ; de *re-* et *embarrer* « enfoncer », de *barre* ■ Repousser brutalement par un refus, une réponse désobligeante. ⇒ **rabrouer.** *Il s'est fait rembarrer et a dû se taire.* « *je l'ai rembarré. Oui, j'ai refusé, peut-être rudement* » (Duham.).

rembaucher → **réembaucher**

remblai **n. m.** – XVIIe **1** Action de remblayer, opération de terrassement consistant à rapporter des terres pour faire une levée ou combler une cavité. ⇒ **remblayage.** **2** Terres rapportées à cet effet ; ouvrage ou levée de terre rapportée. *Mur de soutènement d'un remblai.* ✪ CONTR. Déblai.

remblaiement **n. m.** – 1924 ■ Colmatage par alluvionnement.

remblayage **n. m.** – XIXe ■ Action de remblayer ; son résultat. ⇒ **remblai.** ✪ CONTR. Déblaiement.

remblayer **v. tr.** 8 – XIIIe ; de *re-* et a. fr. *emblayer* « ensemencer de blé » ■ Soumettre à des travaux de remblai. *Remblayer une route, un fossé.* ✪ CONTR. Déblayer.

remblayeuse **n. f.** – mil. XXe ■ Machine qui fait le remblayage.

rembobiner **v. tr.** 1 – 1936 ■ Embobiner de nouveau. *Rembobiner un film.*

remboîtement **n. m.** – XVIIe ■ Action de remboîter ; son résultat. *Remboîtement d'une articulation.* ✪ CONTR. Déboîtement.

remboîter **v. tr.** 1 – XIVe **1** Remettre en place (ce qui était déboîté). *Remboîter un os.* **2** Remettre dans sa reliure. *Le relieur a lavé et remboîté ce livre ancien* . ✪ CONTR. Déboîter.

rembourrage **n. m.** – XVIIIe ■ Action de rembourrer ; matière servant à rembourrer. ⇒ **matelassure.** *Fauteuil usé qui laisse voir le rembourrage.* ⇒ ① **bourre.**

rembourrer v. tr. [1] – XIVe ▪ Garnir de bourre. ⇒ **bourrer, capitonner, matelasser.** *Rembourrer un siège.* ➝ « *le dos bien calé contre le sac rembourré* » (Beckett). ➝ fam. *Il est bien rembourré,* bien en chair. ⇒ **grassouillet, replet.**

remboursable adj. – XVe ▪ Qui peut ou qui doit être remboursé. *Prêt remboursable sur vingt ans.*

remboursement n. m. – XVe ▪ Action de rembourser. *Remboursement d'une dette.* ⇒ **acquittement.** ➝ *Expédition contre remboursement,* contre paiement à la livraison. ♦ Somme à rembourser.

rembourser v. tr. [1] – XVe ; de *re-* et *embourser* « mettre dans une *bourse* » **1** Rendre à une personne physique ou morale (l'argent qu'elle a consenti à avancer). *Rembourser un emprunt.* ♦ Donner à qqn une somme équivalant à l'avance qu'il a faite pour (qqch.). *La Sécurité sociale rembourse certains médicaments à 70%.* ➝ *Se faire rembourser les frais professionnels par son entreprise.* **2** Faire rentrer (qqn) dans ses débours. « *paye donc aussi pour moi* [...] *Je te rembourserai demain soir* » (Courtel.). ➝ *Satisfait ou remboursé* (formule employée dans le commerce). ✪ CONTR. Débourser, emprunter.

rembrunir (se) v. pron. [2] – XVIIe ; de *re-* et *brun* « sombre » ▪ Prendre un air sombre, chagrin. *Dès qu'elle le vit, elle se rembrunit.* ➝ *Le sourire « se figea sur ses lèvres, ses traits se rembrunirent »* (Mart. du G.). ➝ *Une mine rembrunie.*

rembucher v. tr. [1] – XVIe ; de *re-* et a. fr. *embuschier* « mettre en embuscade », de *bûche* ▪ Faire rentrer (la bête) dans le bois en la poursuivant. ♦ pronom. *Cerf qui se rembuche,* qui rentre dans le bois. ✪ CONTR. Débucher, débusquer.

remède n. m. – XIIe ; lat. *mederi* « soigner » **1** vieilli Ce qui est employé au traitement d'une maladie. ⇒ **thérapeutique, traitement.** ♦ Médicament. « *malgré le remède, ce rhumatisme empira* » (Jouhand.). ➝ *Administrer, prendre un remède.* ➝ loc. *Remède de cheval,* très énergique. *Remède de bonne femme :* remède empirique traditionnel. **2** Ce qui est employé pour atténuer ou guérir une souffrance morale, un mal, pour résoudre une difficulté. ⇒ ② **expédient, palliatif.** « *un remède à l'ennui et au chagrin* » (Sand). ➝ « *sa vie désormais grinçait* [...] *et cela était sans remède* » (Maurois). *On peut y porter remède.* ➝ *REMÈDE DE :* ce qui guérit. « *Le remède de la jalousie est la certitude de ce qu'on a craint* » (La Rochef.). ➝ « *L'étude a été pour moi le souverain remède contre les dégoûts de la vie* » (Montesq.). ⇒ **antidote.** loc. péj. *Remède à l'amour :* personne repoussante, laide.

remédiable adj. – XIVe ▪ rare À quoi l'on peut remédier. ⇒ **réparable.** ✪ CONTR. Irrémédiable.

> ❑ Le contraire *irrémédiable,* qui, lui, porte l'accent aigu sur la syllabe *ré-,* est beaucoup plus fréquent.

remédier v. tr. ind. [7] – XIIIe ▪ *REMÉDIER À.* **1** littér. Porter remède à. « *La clé seule des dentistes pouvait remédier au mal* » (Huysm.). ⇒ **calmer, soulager.** **2** Atténuer ou supprimer les effets néfastes de. *Remédier à des abus.* ⇒ **obvier,** ② **parer** (à) ; **pallier.** « *un défaut de législation auquel il aurait fallu remédier* » (Aragon).

remembrement n. m. – 1907 ▪ Reconstitution de domaines agricoles dont on estime l'exploitation plus aisée que celle des parcelles morcelées à l'excès. ✪ CONTR. Démembrement, morcellement.

remembrer v. tr. [1] – 1933 ▪ Rassembler (des parcelles) en un seul domaine. ➝ *Biens remembrés.* ✪ CONTR. Démembrer, morceler.

remémoration n. f. – XIVe ▪ rare Action de remémorer, de se remémorer. « *Remémoration d'amis belges* », sonnet de Mallarmé. ♦ Rappel volontaire du souvenir.

remémorer v. tr. [1] – XVe ▪ littér. Remettre en mémoire. ⇒ **évoquer, rappeler.** *Cette visite m'a remémoré ma jeunesse.* ♦ pronom. Reconstituer avec précision, en sa mémoire. ⇒ se **rappeler.** « *il se remémore ces délicieuses soirées* » (R. Rolland).

> ❑ Même famille que *commémorer.*

remerciement n. m. – XIVe ▪ Action de remercier, témoignage de reconnaissance ; paroles prononcées pour remercier. *Avec tous mes remerciements.* ⇒ **merci.** *Se confondre en remerciements. Sans un mot de remerciement. Discours de remerciement.*

remercier v. tr. [7] – XIVe **1** Dire merci, témoigner quelque reconnaissance à. *Remercie-la de ma part. Remercier Dieu, le ciel.* ⇒ **bénir,** ① **louer.** *Je ne sais comment vous remercier.* ⇒ **dédommager.** ➝ *Nous vous remercions de votre aimable hospitalité. Il l'a remercié d'être venu.* ➝ *Je vous remercie vivement pour votre envoi.* ♦ Refuser poliment. « *Voulez-vous que je vous accompagne ? – Je vous remercie* ». **2** Renvoyer, licencier. ⇒ **chasser, congédier.** *Remercier son secrétaire.* ✪ CONTR. Engager.

> ❑ Dérivé de *merci,* par l'intermédiaire de l'ancien verbe *mercier.*

réméré n. m. – XVe ; lat. *redimere* « racheter » ▪ Rachat possible par le vendeur, moyennant la restitution du prix principal et le remboursement de certains accessoires. *Vente à réméré.* ♦ *Sicav de réméré,* monétaire.

remettant n. m. – 1964 ▪ Personne qui remet une valeur à sa banque.

remettre v. tr. [56] – XIe **I - 1** Mettre à sa place antérieure ; replacer dans le même lieu. *Remettre une chose à sa place, en place.* ⇒ **rapporter, replacer.** *Remets ça où tu l'as trouvé.* ➝ « *Vingt fois sur le métier remettez votre ouvrage* » (Boil.). *Ne plus remettre les pieds quelque part,* ne plus y retourner. ♦ *Remettre un évadé en prison.* ➝ loc. *Remettre qqn sur la bonne voie. Remettre qqn à sa place.* ⇒ **rabrouer, rembarrer.** **2** *Remettre qqch. dans l'esprit, en mémoire :* rappeler. ➝ *Remettre qqn,* le reconnaître. « *Ah ! mais oui c'est vous !* [...] *Ah ! je vous remets !* » (Céline). **3** Replacer dans la position antérieure. *Remettre une chose debout, d'aplomb, droite.* ⇒ **redresser.** ➝ loc. *Remettre qqn sur pied.* ⇒ **guérir.** ♦ *Remettre un os luxé.* ⇒ **remboîter.** **4** Mettre de nouveau sur soi. *Remets tes chaussures.* **5** Apporter de nouveau, rétablir. *Remettre de l'ordre.* **6** Mettre à nouveau pour compléter. ⇒ **ajouter.** *Remettre du sel dans un plat.* ⇒ **rajouter.** ➝ fam. *EN REMETTRE :* en faire ou en dire plus qu'il ne faut. **7** Mettre pour remplacer. *Remettre des piles dans un radio réveil.* **8** *REMETTRE À, EN :* faire passer dans un autre état, ou à l'état antérieur. *Remettre une pendule à l'heure.* ➝ *Remettre à neuf, remettre en état* (⇒ **arranger, réparer, retaper),** *en ordre* (⇒ ① **ranger).** *Remettre un ascenseur en service.* ➝ *Remettre en cause.* ⇒ **reconsidérer.** ♦ *Remettre qqn en confiance.* ⇒ **rassurer.** *Remettre un prisonnier en liberté.* ⇒ **libérer, relâcher.** *Cure thermale qui remet en forme.* ⇒ **ragaillardir,** fam. **retaper.** ➝ Réconforter. *Prenez un cognac, ça va vous remettre.* **II - 1** Mettre en la possession ou au pouvoir de qqn. ⇒ **confier, délivrer, donner, laisser, livrer.** *Remettre un paquet en mains propres.* « *Nous ne partirons que lorsque vous aurez remis les clefs aux nouveaux propriétaires* » (Zola). *Remettre un mémoire, un manuscrit.* ⇒ **rendre.** ➝ *Remettre un coupable entre les mains de la justice.* ➝ *Remettre sa démission.* ♦ (Belgique) Rendre la monnaie. *Remettre sur 100 francs.* **2** Faire grâce de. *Remettre une peine à un condamné.* ⇒ **gracier.** ♦ *Remettre les péchés.* ⇒ **absoudre, pardonner ; rémission.** **3** (Belgique)

Vendre, céder. *Maison à remettre.* III Renvoyer à plus tard. ⇒ **ajourner,** ② **différer,** ① **reporter,** ① **repousser, retarder, surseoir.** « *Nous dûmes remettre au lendemain la partie de pêche projetée* » (Gide). loc. *Ce n'est que partie remise :* ce sera pour une autre fois. ➛ « *au besoin, je remettrais de quelques jours mon départ* » (Gide). ➛ *Remettre un jugement.* ⇒ **renvoyer.** IV - 1 *Remettre une partie,* la recommencer lorsqu'elle est indécise. ⇒ **rejouer.** 2 fam. *Remettre ça :* recommencer. ♦ Resservir ou reprendre à boire. « *Remettez-moi ça* [...] *J'offre une tournée générale* » (Mac Orlan). V *SE REMETTRE* v. pron. 1 Se replacer. *Se remettre à table. Se remettre en route. Le train* « *se remet en branle avec circonspection* » (J. Réda). 2 *SE REMETTRE À* ⇒ **recommencer.** *Se remettre à l'équitation, au latin. Il s'est remis à fumer.* 3 *SE REMETTRE DE :* revenir à un état antérieur plus favorable. *Se remettre d'une maladie* (⇒ **guérir**). « *J'ai été longtemps à me remettre* » (Céline). ⇒ **récupérer,** se **rétablir.** *À peine remise, elle retravaillait.* ➛ *Se remettre d'une émotion, d'une frayeur. Il ne s'en est pas remis.* ⇒ se **relever.** ➛ *Allons, remettez-vous !* reprenez vos esprits. 4 *Se remettre (bien) avec qqn, se remettre ensemble :* se réconcilier ; vivre de nouveau ensemble. 5 *S'en remettre à qqn :* s'en rapporter à lui. ⇒ se **confier,** se **fier,** se **reposer.** *Je m'en remets à votre bonté. S'en remettre à la discrétion, aux décisions, au jugement de qqn.* ⇒ **déférer.** ✪ CONTR. Confisquer, enlever ; garder.

rémige n. f. - XVIIIe ; lat. *remex* « rameur » ▪ Grande plume rigide de l'aile des oiseaux. ⇒ **penne.**

remilitarisation n. f. - 1938 ▪ Action de remilitariser. ⇒ **réarmement.** ✪ CONTR. Démilitarisation.

remilitariser v. tr. [1] - av. 1945 ▪ Militariser de nouveau. ⇒ **réarmer.** ✪ CONTR. Démilitariser.

réminiscence n. f. - XIVe ; lat. *reminisci* « se souvenir » 1 Retour à l'esprit d'une image non reconnue comme souvenir. « *La réminiscence est comme l'ombre du souvenir* » (Joubert). 2 *Théorie platonicienne de la réminiscence,* selon laquelle toute connaissance est le souvenir d'un état antérieur où l'âme possédait une vue directe des Idées. 3 Souvenir vague, imprécis. *Vagues réminiscences d'un passé lointain.*

remis, ise → **remettre**

remise n. f. - XVIe I - 1 Action de mettre de nouveau ou à sa place antérieure, dans son état antérieur. *Remise en place, en état, en forme, en marche, en ordre, en cause. Remise en jeu.* ➛ *Remise à neuf* (⇒ **rénovation**). *Remise à zéro :* action d'initialiser de nouveau. 2 Action de mettre dans les mains, en la possession de qqn. ⇒ **dépôt,** ① **don, livraison.** *Remise des prix aux lauréats.* ➛ *Remise de chèques à l'encaissement.* 3 Renonciation à (une créance). *Remise de dette.* ➛ Octroi d'un dégrèvement. *Remise de droits, de taxes.* ➛ Commission d'un placier. ♦ Diminution de prix. ⇒ **abattement, escompte, rabais, réduction, ristourne.** *Faire, accorder, consentir à qqn une remise de 20 francs, de 5% sur un article.* 4 Réduction. *Bénéficier d'une remise de peine.* ⇒ **rémission.** 5 Renvoi à plus tard. ⇒ **ajournement, délai.** « *cette quotidienne remise au lendemain d'une confidence* » (Bourget). ➛ *Remise de cause :* renvoi des débats à une autre audience. II - 1 Taillis planté qui sert de retraite au gibier. 2 Local où l'on peut abriter des voitures. *Hangar servant de remise.* ♦ Abri, local sans aménagement spécial où l'on met des objets, des instruments. ⇒ **débarras, resserre.** « *il y avait une petite remise en planches* » (Genet). ♦ *Carrosse, voiture de remise :* voiture de louage plus luxueuse que les fiacres. ✪ CONTR. Addition, supplément.

remiser v. tr. [1] - XVIIIe 1 Ranger sous une remise, un abri. ⇒ **garer.** « *Je ne savais où remiser ma carriole* » (Bosco). 2 Mettre à l'abri. « *à la descente du train, il remise sa valise* [...] *et disparaît* » (Colette). 3 v. pron. Se réfugier dans un taillis. *Perdrix qui se remisent.*

remisier n. m. - XIXe ▪ Intermédiaire entre une société de Bourse et un client, assurant la gestion de titres et de portefeuilles pour le compte de leur propriétaire.

rémission n. f. - XIIe ; lat. *remittere* « remettre » 1 Action de remettre, de pardonner. *La rémission des péchés.* ⇒ **absolution.** ♦ Remise de peine accordée à un coupable. ⇒ **grâce.** *Accorder une rémission.* ♦ *SANS RÉMISSION :* sans indulgence, sans possibilité de pardon. *Punir sans rémission.* ➛ *Une déchéance sans rémission,* inéluctable, définitive. 2 Affaiblissement, diminution temporaire. ⇒ **accalmie, apaisement, atténuation, interruption, pause, répit.** *Les rémissions de la maladie.* « *Les crises successives, les rémissions de plus en plus brèves* » (Mart. du G.). ♦ Moment de calme. ⇒ **rémittence.** « *Proust a décrit les alternatives du désespoir et de l'oubli, les rémissions et les rechutes* » (Maurois).

rémittence n. f. - XVIIIe ▪ Moment d'apaisement. ⇒ **rémission.** « *après la furie des cris et des interrogations, il y eut une rémittence* » (R. de Gourmont).

rémittent, ente adj. - XVIIIe ▪ Qui présente des rémissions. ⇒ **intermittent.** *Fièvre rémittente.*

remix [ʀəmiks] n. m. - v. 1985 ; angl. *to remix* « refaire le mixage sonore de » ▪ Nouvelle orchestration. ⇒ **réorchestration.**

rémiz [ʀemiz] n. m. - XVIIIe ; probablt du polonais *remiz* « oiseau romain » ▪ Petit oiseau dentirostre *(passereaux),* de la famille des mésanges.

remmaillage [ʀɑ̃majaʒ] n. m. - XIXe ▪ Réparation qui consiste à remonter les mailles. *Remmaillage d'un tricot.* ♦ Opération industrielle par laquelle on monte les pieds de bas, on assemble les parties d'un tricot.

remmailler [ʀɑ̃maje] v. tr. [1] - XIXe ▪ Réparer en remontant les mailles.

> ❑ On dit aussi *remailler* [ʀ(ə)maje], forme moins fréquente mais plus normale (*re* + *maille*), °*emmailler* n'existant pas.

remmener [ʀɑ̃m(ə)ne] v. tr. [5] - XIVe ▪ Mener avec soi au lieu d'où l'on a amené. ⇒ **ramener, reconduire.**

> ❑ Attention, une seule prononciation, celle de *r* + *emmener.*

remnographie n. f. - v. 1985 ; de *R.M.N.* ▪ Méthode de reconstitution d'images anatomiques fondée sur la résonance magnétique nucléaire.

> ❑ Pas de radical °*remno-*, il s'agit d'un acronyme.

remodelage n. m. - 1957 ▪ Fait de remodeler. *Remodelage du visage par la chirurgie esthétique.* Recomm. offic. pour *lifting.* ➛ *Remodelage des vieux quartiers d'une ville.* ⇒ **rénovation.** ♦ *Le remodelage des structures de l'université française.* ⇒ **remaniement, réorganisation, restructuration.**

remodeler v. tr. [5] - XIXe 1 Retravailler, modifier en l'améliorant, la forme de. *Remodeler l'ovale d'un visage. Remodeler un ensemble urbain.* 2 Donner une nouvelle structure ou organisation à (qqch.). ⇒ **restructurer.**

remontage n. m. - XVIe 1 ⇒ **remonte** (1°). *Remontage des bateaux.* ➛ « *le jusant rendrait difficile le remontage de la rivière* » (J. Verne). 2 Action de remonter (un mécanisme). *Remontage d'une montre.* 3 Nouveau montage. *Remontage d'un moteur.* ✪ CONTR. Démontage.

remontant, ante adj. et n. m. - XVIIe 1 Qui redonne des feuilles, des fleurs, des fruits après la période de floraison normale. *Rosier remontant.* 2 Qui remonte, redonne de la vigueur, de l'énergie. ⇒ **fortifiant, reconstituant, revigorant.** « *C'est du vin d'Espagne ; c'est très remontant* » (Mauriac). ▸ n. m. Boisson, médicament, qui redonne des forces. ⇒ **cordial,** ① **tonique.** « *Il avala une large rasade* [de whisky] : *"J'avais besoin d'un petit remontant"* » (Beauv.). ✪ CONTR. Déprimant, fatigant.

remonte n. f. – XVe 1 Action d'aller d'aval en amont. *La descente et la remonte des bateaux.* ⇒ **remontage.** ◆ Le fait, pour les poissons, de remonter une rivière. ▸ L'ensemble des poissons qui remontent un cours d'eau pour frayer. *Une grosse remonte de saumons.* 2 Dans l'armée, Services chargés de fournir des chevaux. ⇒ **haras.** 3 *Cheval de remonte* : étalon des haras de l'armée.

remonté, ée adj. – v. 1980 ■ fam. 1 Débordant de vitalité. ⇒ **dynamique.** *Il est remonté depuis les vacances.* 2 En colère. *Le chef est drôlement remonté.*

remontée n. f. – XVe 1 Action de remonter. ▸ Élévation du niveau. *La remontée de l'eau dans un siphon.* ◆ Le fait de remonter (une pente, une côte, une rivière). « *cette remontée de l'Oubangui est désespérément monotone* » (Gide). ◆ Action de regagner du terrain perdu, des places dans un classement. 2 Dispositif servant à remonter les skieurs. *Remontées mécaniques.*

remonte-pente n. m. – 1941 ■ Dispositif servant à hisser les skieurs en haut d'une pente, au moyen de perches tirées par un câble. ⇒ **téléski,** fam. **tire-fesses.** *Des remonte-pentes.*

remonter v. [1] – XIIe I v. intr. 1 Monter de nouveau ; retourner en haut. *Remonter au premier étage.* ▸ *Remonter à cheval.* ▸ *Remonter sur le trône.* ▸ *Remonter dans l'estime de qqn.* ◆ Aller de nouveau en haut. *Sous-marin qui remonte à la surface. Les souvenirs remontent à la mémoire.* ◆ Donner de nouveau des feuilles, des fleurs, après la floraison normale. ⇒ **refleurir.** ◆ Augmenter, s'accroître, après avoir baissé. *La température remonte. Les actions ont remonté de 30 francs. L'épidémie « remonta en flèche »* (Camus). 2 S'élever de nouveau. *La route descend, puis remonte.* 3 S'étendre ou aller vers le haut. *Ses yeux « semblaient remonter vers les tempes »* (Flaub.). ▸ Aller vers la source, en amont, à contre-courant. *Les saumons remontent vers leur lieu de naissance.* ◆ « *L'homme se plaît à remonter à sa source : le fleuve n'y remonte pas* » (Lamart.) ◆ *Le bateau remonte au vent, dans le vent,* il progresse dans la direction d'où vient le vent. 4 Aller vers l'origine. *Remonter de l'effet à la cause.* ▸ « *Remontons au début de l'année 1894* » (Mart. du G.). *Aussi loin que remontent mes souvenirs.* ◆ « *On constata que le décès remontait à la veille au soir* » (Maupass.). ⇒ **dater.** *Cela remonte au déluge* : c'est très ancien. II v. tr. 1 Parcourir de nouveau vers le haut. *Remonter un escalier. Défilé qui remonte les Champs-Élysées.* ◆ *Remonter un adversaire,* regagner le terrain perdu sur lui. ⇒ **rattraper, rejoindre.** 2 Parcourir vers l'amont. *Remonter le cours d'un fleuve.* ▸ *Remonter le courant* : redresser une situation compromise. 3 Aller, par l'esprit, vers l'origine de. « *Il remontait leur vie commune* » (Maupass.). ▸ *La machine à remonter le temps.* 4 Porter de nouveau en haut ou plus haut. *Remonter une malle au grenier.* ◆ *Remonter son pantalon, son col.* ⇒ **relever.** 5 Tendre de nouveau le ressort de. *Remonter un réveil.* ▸ pronom. *Ma montre « se remonte elle-même pourvu que je la porte au poignet »* (Tournier). 6 Rendre plus actif. « *Je me remonte le moral, comme on dit, et j'ai besoin de me le remonter à chaque minute* » (Flaub.). ▸ Redonner à (qqn) de la force, de l'énergie, remettre en forme. ⇒ **réconforter,** fam. **requinquer, retaper, soutenir.** *Ce cognac vous remontera.* ▸ pronom. « *Elle buvait une gorgée pour "se remonter"* » (Dabit). 7 Monter de nouveau (ce qui était démonté). *Remonter une armoire, un moteur.* 8 *Remonter une pièce de théâtre,* la remettre en scène. 9 Pourvoir à nouveau de ce qui est nécessaire. *Remonter sa garde-robe.* ✪ CONTR. Redescendre. — Descendre, dévaler, redescendre ; déprimer ; affaiblir. Démonter, disloquer.

remontoir n. m. – XVIIe ■ Dispositif servant à remonter un mécanisme. *Montre à remontoir.*

remontrance n. f. – XIIe 1 Critique adressée directement à qqn pour lui reprocher son attitude. ⇒ **admonestation, avertissement, blâme, observation, réprimande, reproche, semonce.** *Faire des remontrances à un enfant.* 2 Discours par lequel le Parlement présentait au roi les inconvénients d'un édit, d'une loi. ⇒ **supplication.**

remontrer v. tr. [1] – XVe 1 EN REMONTRER À (qqn) : se montrer, ou se prétendre supérieur à ; donner des leçons à. « *Impossible de lui en remontrer* » (Fargue). 2 Montrer de nouveau. *Remontrez-moi ce modèle.*

rémora n. m. – XVIe ; lat. *remora* « retard, obstacle » ■ Poisson téléostéen *(perciformes),* dont le dessus de la tête est pourvu d'un disque adhésif qui lui permet de s'attacher à de gros poissons qu'il nettoie de leurs parasites.

> ❑ Selon les croyances antiques, ce poisson aurait le pouvoir d'arrêter les bateaux auxquels il s'attache.

remordre v. tr. [41] – XVIe ■ Mordre de nouveau. *Remordre à l'hameçon.*

remords n. m. – XIIIe ; de *remordre* ■ Sentiment douloureux, angoisse accompagnée de honte, que cause la conscience d'avoir mal agi. « *REMORDS C'est le regret d'une faute, mais sans espoir* » (Alain). *Avoir des remords.*

remorquage n. m. – XIXe ■ Action de remorquer. *Remorquage fluvial.* ◆ *Remorquage d'une voiture par une dépanneuse.*

remorque n. f. – XVIIe 1 Opération par laquelle un bateau, un véhicule en tire un autre. *Câble de remorque. Prendre une voiture en remorque.* 2 À LA REMORQUE. *Il est toujours à la remorque* : il traîne, reste en arrière. *Être, se mettre à la remorque de qqn,* se laisser mener par lui, l'imiter aveuglément. 3 Câble de remorque. « *La remorque, aussi rigide qu'une barre* » (Vercel). 4 Véhicule sans moteur, destiné à être tiré par un autre. *Remorque de camion* (⇒ **semi-remorque**).

remorquer v. tr. [1] – XVe ; lat. *remulcum* « corde de halage » 1 Tirer (un navire) au moyen d'une remorque (3°). 2 Tirer (un véhicule sans moteur ou qui ne fonctionne pas). *Dépanneuse qui remorque une voiture en panne.*

remorqueur n. m. – XIXe ■ Navire de faible tonnage, à machines puissantes, et muni de dispositifs de remorquage. ⇒ **haleur, toueur.** « *un remorqueur invisible avait sifflé trois coups dans le lointain, ce qui signifiait qu'il amenait trois bateaux* » (Simenon).

remouiller v. tr. [1] – XVIe 1 Mouiller de nouveau. *Remouiller du linge.* 2 *Remouiller (l'ancre)* : jeter de nouveau l'ancre.

rémoulade n. f. – XVIIe ; p.-ê. du picard *rémola* « radis noir » ou de *remouler* « *mouler* de nouveau » ■ Mayonnaise additionnée de moutarde, d'ail, de fines herbes, etc. *Faire une rémoulade.* ▸ *Céleri rémoulade* : céleri-rave râpé et accommodé avec cette sauce.

① **remoulage** n. m. – XIXe 1 Action de moudre une nouvelle fois ; son résultat. 2 Farine qui adhère encore au son et qu'on extrait par une deuxième mouture. ⇒ **recoupe.**

② **remoulage** n. m. – XIXe ▪ Opération qui consiste à mouler à nouveau (une statue, etc.). ♦ Nouveau moulage ainsi obtenu (⇒ **surmoulage**).

rémouleur n. m. – XIVe ; de *re-* et *émoudre* « aiguiser sur la meule » ▪ Artisan, généralement ambulant, qui aiguise les instruments tranchants. ⇒ **repasseur.**

❑ Ce métier traditionnel disparaît peu à peu et le mot tend à ne pas être compris.

remous n. m. – XVIIe ; lat. *revolvere* « retourner » 1 Tourbillon qui se produit à l'arrière d'un navire en marche. ➛ Mouvement, tourbillon provoqué par le refoulement de l'eau au contact d'un obstacle ; contre-courant le long des rives d'un cours d'eau. *Les remous d'une rivière.* ♦ Agitation, tourbillon dans un fluide quelconque. ⇒ **turbulence.** *Ces « journées d'automne où l'air agité de puissants remous semble une mer invisible »* (Green). ♦ Mouvement confus et massif d'une foule. *Il y eut des remous dans l'assistance.* 2 Agitation passagère. *Les remous qui agitent la classe politique.*

rempaillage n. m. – XVIIIe ▪ Travail qui consiste à rempailler un siège ; son résultat.

rempailler v. tr. [1] – XVIIIe ▪ Garnir (un siège) d'une nouvelle paille.

rempailleur, euse n. – XVIIIe ▪ Personne dont le métier est de rempailler des sièges. *« Son père était rempailleur et sa mère rempailleuse »* (Maupass.).

rempaqueter v. tr. [4] – XVIe ▪ Empaqueter de nouveau. ⇒ **remballer.**

rempart n. m. – XIVe ; de *re-* et *emparer* « fortifier » 1 Forte muraille, levée de terre, etc., qui forme l'enceinte d'une forteresse, d'une ville fortifiée. ⇒ **mur.** *Remparts d'un château fort. Protéger une ville par des remparts.* ➛ *Se promener sur les remparts.* 2 Ce qui sert de protection. *« entouré d'un rempart de verdure »* (Lamart.). loc. *Faire un rempart de son corps à qqn,* le protéger physiquement. ➛ *« Contre la médisance il n'est point de rempart »* (Mol.).

rempiéter v. tr. [6] – XIVe ; de *re-, en-* et *pied* ▪ Réparer, refaire le pied de (une construction). *Rempiéter un mur.*

rempiler v. [1] – XIVe 1 v. tr. Empiler de nouveau. *Rempiler des assiettes.* 2 v. intr. fam. Se rengager à la fin du service militaire ou à l'expiration d'un précédent engagement.

remplaçable adj. – XIXe ▪ Qui peut être remplacé. *Objet facilement remplaçable. Elle est difficilement remplaçable à ce poste.* ✪ CONTR. Irremplaçable.

remplaçant, ante n. – XVIIIe ▪ Personne qui en remplace momentanément une autre à son poste, à une fonction. ⇒ **intérimaire, suppléant.**

remplacement n. m. – XVIe ▪ L'action, le fait de remplacer une chose ou une personne ; son résultat. ⇒ **relève, substitution.** *En remplacement de* (qqch.) : à la place de. *Produit de remplacement.* ⇒ **ersatz, succédané.** ➛ *Faire un remplacement.* ⇒ **intérim, suppléance.** *Médecin qui fait des remplacements.*

remplacer v. tr. [3] – XVIe ; de *re-* et a. fr. *emplacer* « mettre en place » 1 *Remplacer une chose par une autre,* mettre une autre chose à sa place ; faire jouer à une autre chose le rôle de la première. ⇒ **substituer.** *« à partir de ce moment Brichot remplaça je par* on *»* (Proust). ➛ *Remplacer qqn,* lui donner un remplaçant ou un successeur. *La direction a remplacé le comptable.* ♦ Mettre à la place de (qqch.) une chose semblable et en bon état. *Remplacer un carreau cassé.* ⇒ **changer.** ➛ pronom. *Cette pièce peut se remplacer* (⇒ **remplaçable**). 2 Être mis, se mettre à la place de (qqch., qqn). ⇒ **succéder** (à). *« la bourgeoisie remplace la féodalité »* (Hugo). *Aller remplacer une sentinelle.* ⇒ **relever.** 3 Exercer temporairement les fonctions de (qqn). *Remplacer qqn à une cérémonie.* ⇒ **représenter.** *Intérimaire qui remplace un employé en congé.* ➛ pronom. *« Une sœur, ça ne se remplace pas »* (Queneau). ⇒ **irremplaçable.**

❑ Ne pas confondre avec *replacer* « remettre en place ».

rempli, ie adj. – XIIe 1 Rendu plein (de qqch.). *Jatte remplie de lait.* Plein. *La salle de concert est remplie.* ⇒ ② **comble.** ♦ Occupé dans toute sa durée. *Journée bien remplie.* ♦ Plein d'un sentiment. *« des âmes remplies comme des coupes trop pleines »* (Balz.). *Rempli d'admiration.* ➛ *Il est rempli de son importance, de ses mérites.* 2 *Rempli de,* qui contient en grande quantité. ⇒ **plein.** *Parc rempli d'oiseaux. Un texte rempli d'erreurs.* 3 Accompli, tenu. *Un engagement rempli.* ✪ CONTR. Vidé. Exempt.

remplir v. tr. [2] – XIIe ; de *re-* et *emplir* I - 1 Rendre plein (un réceptacle), utiliser entièrement (un espace disponible). ⇒ **emplir.** *Remplir une casserole d'eau. Remplir le réfrigérateur de provisions.* ➛ *Remplir une salle de théâtre* (cf. Faire salle comble*). ♦ *Remplir de* (un sentiment) : rendre plein de. *Remplir qqn de joie, de fureur.* 2 Couvrir entièrement (un espace). *Remplir une page d'écriture.* ♦ Faire en sorte que (qqch.) contienne beaucoup de. *Remplir un discours de citations.* 3 Compléter (un document qui comporte des espaces laissés en blanc). *Remplir un questionnaire, un chèque.* II - 1 Rendre plein par sa présence (une portion d'espace) ; être en grande quantité, en grand nombre dans (un lieu, un espace). ⇒ **emplir.** *« Du fond de sa bergère, que sa robe remplissait entièrement »* (Balz.). *Odeur qui remplit une pièce.* ♦ littér. Occuper entièrement. *« Les grands souffrants ne s'ennuient jamais : la maladie les remplit comme le remords nourrit les grands coupables »* (Cioran). ♦ Occuper dans toute sa durée (un temps). *Futilités qui remplissent une vie.* 2 Couvrir entièrement (un support visuel). *Remplir des pages et des pages.* III Exercer, accomplir effectivement. *Remplir une fonction, des fonctions. « C'est un devoir, monsieur, que je remplirai avec joie »* (Beaum.). *Organe qui remplit son office.* ➛ Satisfaire à (qqch.). *Il a rempli ses engagements.* ⇒ **s'acquitter, tenir.** *Remplir une condition.* ✪ CONTR. Vider ; dépeupler ; évider. Évacuer.

remplissage n. m. – XVIe 1 Opération qui consiste à remplir un récipient, un bassin, etc. ; le fait de se remplir. *Le remplissage de la piscine nécessite deux jours.* 2 Blocage d'un mur. ➛ Ce qui sert à garnir les vides d'une charpente, d'un bâti, d'une ossature. 3 Partie d'un texte qui l'allonge sans rien exprimer d'important. ⇒ **délayage.** *Faire du remplissage.*

remploi n. m. – XVe 1 Le fait d'employer, dans une construction, des éléments provenant d'une construction antérieure. ⇒ **réemploi.** 2 Nouvelle affectation donnée à des ressources disponibles. *Le remploi du produit d'une vente.*

remployer v. tr. [8] – XIVe 1 Employer de nouveau. ⇒ **réemployer, réutiliser.** *Remployer des matériaux de démolition.* 2 Faire le remploi de. ➛ Acheter un bien avec (les capitaux provenant de la vente d'un autre bien).

remplumer v. tr. [1] – XIIIe 1 Recouvrir de plumes. ➛ pronom. Se couvrir de nouvelles plumes. 2 fam. Rétablir la situation financière de (qqn). ♦ fam. Redonner des forces, du poids à (qqn). *Ses deux semaines de congé l'ont bien remplumé.* ➛ pronom. *« Tu vas d'abord te remplumer... Je veux te voir rebouffi, rebondi ! gavé »* (Céline). ✪ CONTR. Déplumer (se).

rempocher v. tr. [1] – XVIIIe ▪ Remettre dans sa poche. *Rempocher son argent.*

rempoissonnement n. m. – XVIIe ■ Repeuplement en poissons.

rempoissonner v. tr. [1] – XVe ■ Repeupler de poissons. *Rempoissonner un étang, une rivière.*

remporter v. tr. [1] – XVe I Emporter (ce qu'on avait apporté). ⇒ **reprendre.** *Le livreur a remporté la marchandise refusée.* II Emporter (ce qui est disputé). ⇒ **gagner.** *Remporter une victoire* (⇒ **vaincre**). « *remporter des prix dans ses classes est la certitude d'un bel avenir pour un enfant* » (Balz.). ♦ Obtenir (qqch.), sans qu'il y ait eu compétition. *Remporter un franc succès.*

rempoter v. tr. [1] – XIXe ■ Changer (une plante) de pot.

remprunter v. tr. [1] – XVIe ■ Emprunter de nouveau. *Remprunter de l'argent à qqn.*

remuage n. m. – XIVe 1 Opération par laquelle on remue le blé pour l'éventer. 2 Mouvement d'oscillation imprimé aux bouteilles de champagne pendant plusieurs années pour faire tomber le dépôt sur le bouchon.

remuant, ante adj. – XIIe ■ Qui a pour habitude de s'agiter, de se dépenser beaucoup. *Un enfant remuant.* ⇒ **turbulent.** ♦ Qui se dépense, qui a des activités multiples et un peu brouillonnes. ⇒ **actif, dynamique.** ✪ CONTR. ② Calme, inerte.

remue n. f. – 1949 ■ région. Changement de pâturage selon les saisons, dans une exploitation de montagne (⇒ **transhumance**). « *à l'approche des remues et des travaux d'hiver* » (Gracq). ➝ Lieu de pâturage temporaire.

remue-ménage n. m. inv. – XVIe ■ Ensemble de mouvements, déplacements bruyants et désordonnés. ♦ Agitation, mouvement. « *Il leur faut le remue-ménage de Paris, les cafés, le bal, la vie à grand orchestre* » (Huysm.).

remue-méninges n. m. inv. – 1965 ■ plais. Réunion organisée pour que les participants émettent des idées, formulent des propositions. Recomm. offic. pour *brainstorming.*

❑ C'est l'académicien Louis Armand qui a proposé ce mot.

remuement n. m. – XIIe ■ Action de remuer ; mouvement de ce qui remue. « *Une tentation sensuelle s'élevait* [...] *du moindre de ses remuements* » (Goncourt).

remuer v. [1] – XIIe ; de *re-* et *muer* I v. tr. 1 Faire changer de position, faire bouger. ⇒ **déplacer.** *Objet lourd à remuer.* ♦ Mouvoir (une partie du corps), imprimer un mouvement à. « *Le sourd remua la tête balourdement* » (Goncourt). loc. *Ne pas remuer le petit doigt :* ne rien faire (pour aider qqn). 2 Déplacer dans ses parties, ses éléments. *Remuer des braises. Remuer la terre.* ⇒ **fouiller, retourner.** *Remuer pour mélanger.* ⇒ **battre,** ① **brasser.** *Remuer son café pour faire fondre le sucre.* ➝ *Une odeur de terre remuée.* ♦ loc. *Remuer ciel et terre :* faire appel à tous les moyens (pour obtenir qqch.). 3 Agiter moralement, faire agir. *Remuer de vieux souvenirs.* « *L'amour a remué ma vie* » (Apoll.). ♦ *Remuer qqn,* faire naître des émotions en lui. ⇒ **émouvoir ; bouleverser, troubler.** *Avocat qui remue son auditoire. Ce spectacle émouvant l'a remué.* ➝ *Il semble très remué,* ému. II SE REMUER v. pron. Se mouvoir, faire des mouvements. ♦ fig. Agir en se donnant de la peine. *Allons, remue-toi !* « *Donnez-vous* [...] *un roi qui se remue* » (La Font.). III v. intr. 1 Bouger, changer de position. *Femme enceinte qui sent son enfant remuer.* loc. fam. *Ton nez remue !* tu mens (en s'adressant à un enfant). ➝ *Avoir une dent qui remue* (quand on l'ébranle). ⇒ **bouger.** 2 Commencer à se révolter, passer à l'action politique. « *L'Italie ne remua pas seule ; toutes les nations tributaires avaient pris les armes* » (Michelet). ✪ CONTR. Fixer, immobiliser.

remueur, euse n. – XVIe ■ Personne chargée du remuage des bouteilles de champagne.

remugle n. m. – XVIe ; *re-* et germ. *mygla* « moisissure » ■ littér. Odeur désagréable de moisi, de renfermé. « *des chambres aux volets clos qui sentaient le remugle* » (Perec).

rémunérateur, trice adj. – XIIIe ■ Qui paie bien, procure des bénéfices. *Activité rémunératrice.* ⇒ **lucratif.**

rémunération n. f. – XIVe ■ Argent reçu pour prix d'un service, d'un travail. ⇒ **rétribution, salaire.** « *L'artiste établit rarement une liaison entre ses œuvres et leur rémunération en espèces* » (Sartre).

rémunératoire adj. – XVIe ■ Qui a un caractère de récompense. *Legs rémunératoire.*

rémunérer v. tr. [6] – XIVe ; lat. *re-* et *munus* « cadeau, présent » ■ Payer (un service, un travail). *Rémunérer le concours de qqn.* ➝ *Rémunérer le capital.* ♦ Payer (qqn) pour un travail. ⇒ **rétribuer.** ➝ *Collaborateurs rémunérés* (opposé à *bénévole*). *Travail bien, mal rémunéré.*

❑ Attention à la place du *m* et du *n* : *rémunérer* n'a rien à voir avec *numéraire,* mais est apparenté à *munir, munitions* et *munificence.*

renâcler v. intr. [1] – XVIIIe ; lat. *nasus* « nez » 1 Renifler bruyamment en signe de mécontentement. *Les bêtes* « *grognaient, gargouillaient, ronflaient, renâclaient, reniflaient* » (Apoll.). 2 Témoigner de la répugnance (devant une contrainte, une obligation). *Renâcler à la besogne.* ⇒ **rechigner.**

renaissance n. f. – XIVe I - 1 Nouvelle naissance. ⇒ **réincarnation.** ♦ Régénération de l'âme, de l'être humain. *Renaissance en Jésus-Christ* (par le baptême, la pénitence). 2 Réapparition, nouvel essor (d'une société, d'une institution, d'une activité). ⇒ **renouveau.** *Renaissance des arts, des lettres.* II LA RENAISSANCE : période historique allant du XIVe ou du XVe s. à la fin du XVIe s. ➝ Esthétique qui succède à l'esthétique médiévale, caractérisée par le retour aux canons artistiques et aux thèmes gréco-latins, la perspective classique en peinture. *Tableau de la Renaissance.* ➝ *Les châteaux Renaissance des bords de la Loire.* ✪ CONTR. (de I, 2°) Agonie, ① mort.

renaissant, ante adj. – XVIe 1 Qui renaît, qui revient, qui réapparaît. *Les forces renaissantes d'un convalescent.* « *l'attente perpétuelle de mon retour, espoir toujours renaissant* » (Balz.). 2 Qui appartient à l'époque de la Renaissance. « *Dans ce siècle renaissant* » (Bloy).

renaître v. intr. [59] ; rare aux temps comp. – XIIe 1 Naître de nouveau ; recommencer à vivre. *Le phénix, oiseau mythique, renaît de ses cendres.* ➝ *Renaître de ses cendres :* se manifester de nouveau, après la destruction, la ruine. ⇒ **réapparaître, revivre.** ♦ Revenir à l'état de grâce, sortir du péché (qui est la mort de l'âme). *Renaître en Jésus-Christ.* 2 littér. RENAÎTRE À : retourner, revenir dans (un état). *Renaître à la vie :* retrouver un état de santé, après une maladie. 3 Revivre, reprendre des forces, au physique ou au moral. « *Laurent se sentait renaître dans l'air frais* » (Zola). 4 Recommencer à croître. ⇒ ② **repousser.** *La végétation renaît au printemps.* 5 Recommencer à exister, à se développer. ⇒ **reparaître.** *Espoir qui renaît.* ➝ *Faire renaître le passé,* le ranimer, le faire revivre. ✪ CONTR. Disparaître, effacer (s'), mourir.

❑ Le participe passé n'est plus vivant que dans le prénom *René, Renée.*

rénal, ale, aux adj. - XIVe ; lat. *renalis* ▪ Relatif au rein. ⇒ **néphrétique.** *Plexus rénaux. La fonction rénale.* ➛ *Insuffisance rénale.*

renard n. m. - XIIIe ; germ. *Reginhart,* n. pr. dans « le Roman de *Renart* » 1 Mammifère carnivore *(canidés),* aux oreilles droites, à la tête triangulaire, à la queue touffue, au pelage fourni. *Renard commun,* à pelage jaune roux. *Renard argenté.* ➛ *Le renard a une réputation d'adresse et de ruse.* « *Le corbeau et le renard* », *fable de La Fontaine.* ♦ *Renard bleu.* ⇒ **isatis.** *Renard des sables.* ⇒ **fennec.** *Renard volant.* ⇒ **roussette.** 2 Peau, fourrure du renard apprêtée. *Manteau de renard.* 3 Personne fine et rusée, subtile. *Un fin renard.* 4 Ouvrier qui refuse de faire grève. ⇒ **jaune.** « *L'unanimité ne régnait pas parmi les grévistes sur les méthodes à suivre avec les renards* » (Aragon). 5 Fente, trou par où se perd l'eau d'un canal, d'un bassin, etc.

❑ *Renard,* nom propre (germanique *Reginhart*), a éliminé l'ancien français *goupil.*

renarde n. f. - XIIIe ▪ Renard femelle.

renardeau n. m. - XIIIe ▪ Petit du renard.

renardière n. f. - XVe 1 Terrier du renard. 2 (Canada) Élevage de renards.

rencaissage n. m. - XIXe ▪ Action de rencaisser (une plante).

rencaissement n. m. - XVIIIe ▪ Action de remettre en caisse (une somme recouvrée).

rencaisser v. tr. [1] - XVIIIe 1 Remettre en caisse (une plante). ⇒ **rempoter.** *Rencaisser des orangers.* 2 Encaisser de nouveau (une somme).

rencard → **rancard**

renchérir v. intr. [2] - XIIe 1 Devenir encore plus cher, d'un prix plus élevé. ⇒ **enchérir.** *Denrées qui renchérissent.* 2 Faire une enchère supérieure. *Il renchérit systématiquement sur tout le monde.* 3 RENCHÉRIR SUR : aller encore plus loin que, en action ou en paroles. « *Nous avons renchéri sur la cruauté des bêtes féroces* » (France). ✪ CONTR. Baisser.

renchérissement n. m. - XIIIe ▪ Hausse, augmentation de prix. ✪ CONTR. Baisse.

rencogner v. tr. [1] - XVIe ; de *re-, en-* et *cogner* ▪ fam. Pousser, repousser dans un coin. ⇒ **coincer.** « *Il nous rencogne à la fin toutes deux dans la ruelle du lit* » (Sade). ➛ pronom. *Se rencogner.* ⇒ se **blottir.**

❑ On trouve aussi la graphie *rencoigner* : « *Elle se rencoigne le plus qu'elle peut au fond de l'alcôve* » (Le Clézio). → oignon, pogne (rem.).

① **rencontre** n. f. - XIIe I littér. Circonstance fortuite par laquelle on se trouve dans une situation. ⇒ **coïncidence, conjoncture, hasard.** ➛ loc. adj. *De rencontre* : fortuit. « *tout bonheur est de rencontre* » (Gide). II - 1 Le fait, pour deux personnes, de se trouver en contact par hasard, puis par ext. d'une manière concertée. *Mauvaise rencontre* : fait de se trouver en présence d'une personne dangereuse. ➛ *Le hasard des rencontres. Arranger, ménager une rencontre entre deux personnes.* ⇒ **entrevue, rendez-vous.** *Dès la première rencontre.* ♦ *À LA RENCONTRE DE...* : en allant vers qqn, au-devant de lui. « *je revins à leur rencontre ventre à terre* » (Gaut.). 2 Engagement imprévu de deux forces ennemies. ⇒ **combat, échauffourée.** ➛ Engagement ou combat. « *ses témoins le prendraient chez lui* [...] *pour se rendre au bois du Vésinet où la rencontre aurait lieu* » (Maupass.). ♦ Compétition sportive. ⇒ **match.** *Rencontre de boxe.* ♦ Réunion entre des personnes, des parties qui ont des intérêts opposés ou divergents. *Rencontre entre syndicats et patronat.* 3 Le fait de se trouver en contact. ⇒ **jonction.** *Rencontre de deux cours d'eau. Rencontre brutale.* ⇒ **choc, collision.** ➛ *Rencontre de voyelles.* ⇒ **hiatus.**

② **rencontre** n. m. - XVIIe ▪ En héraldique, Tête d'animal vue de face.

rencontrer v. tr. [1] - XIVe ; de *re-* et *encontrer* « venir en face », de *encontre* I - 1 Être mis, se trouver en présence de (qqn) par hasard. *Saluer un ami qu'on rencontre.* ➛ *Son regard rencontra le mien.* ♦ Se trouver avec (qqn avec qui une rencontre a été ménagée). *Je lui ai téléphoné pour le rencontrer à son bureau.* ➛ Être opposé en compétition sportive à (un adversaire). ⇒ **affronter.** ♦ Se trouver pour la première fois avec (qqn). « *La vie en vérité commence Le jour que je t'ai rencontrée* » (Aragon). ♦ Trouver parmi d'autres (qqn dont on a besoin). *Un ami comme on n'en rencontre plus,* comme il n'y en a plus. 2 Se trouver près de, en présence de (qqch.). ⇒ **trouver.** « *nulle part on ne rencontrait la véritable solitude* » (Le Clézio). ♦ Se trouver en présence de (un obstacle). « *Elle recula encore et rencontra le mur sous ses paumes ouvertes* » (Green). 3 Se trouver en présence de (un événement, une circonstance fortuite). *Ce projet rencontre une violente opposition.* II SE RENCONTRER v. pron. 1 Se trouver en même temps au même endroit. ⇒ se **croiser.** « *On ne se voit vraiment plus ; on se rencontre, voilà tout* » (Dumas). ♦ Faire connaissance. *Nous nous sommes rencontrés chez des amis.* ♦ Partager, exprimer les mêmes idées, les mêmes sentiments. « *Ces deux femmes se rencontraient sur le terrain de l'intrigue* » (Cocteau). ⇒ se **rejoindre.** 2 Entrer en contact. *Rivières qui se rencontrent.* ⇒ **confluer.** « *Nous nous embrassâmes, nos lèvres se rencontrèrent* » (France). 3 Se trouver, être constaté, vu. ⇒ **exister.** *Vous êtes* « *le plus bel exemple d'imperméabilité féminine qui se puisse rencontrer* » (Baudelaire). ➛ « *Il se rencontre de pauvres femmes qui font jeûner leurs enfants* » (Balz.). ✪ CONTR. Éviter, manquer.

rendement n. m. - XIIe ; de *rendre* 1 Rapport entre un résultat obtenu et les moyens mis en œuvre pour le produire. *Rendement d'une exploitation.* ➛ Produit de la terre, évalué par rapport à la surface cultivée. *Rendement à l'hectare.* ♦ Valeur (ou volume) de la production rapportée à la quantité de facteurs de production utilisée (capital, travail, machines, hommes, etc.). ⇒ **productivité.** *Rendement croissant, décroissant.* ♦ Rapport de l'énergie utilisable à l'énergie mise en œuvre. *Rendement d'un amplificateur, d'un transformateur.* 2 Produit, gain. ⇒ **rentabilité.** *Taux de rendement d'un investissement* : rapport des recettes au montant du capital investi. *Rendement actuariel brut.* ♦ Produit effectif d'un travail. ⇒ **efficacité.** *Il s'applique beaucoup, mais il n'y a aucun rendement.*

rendez-vous n. m. - XVIe 1 Rencontre convenue entre deux ou plusieurs personnes. ⇒ fam. **rancard.** *Avoir (un) rendez-vous avec qqn. Donner (un) rendez-vous à qqn. Se donner rendez-vous. Prendre (un) rendez-vous. Manquer un rendez-vous. Annuler un rendez-vous.* ⇒ se **décommander.** *Rendez-vous d'affaires. Médecin qui reçoit sur rendez-vous.* ➛ *Le soleil était au rendez-vous.* ♦ *Rendez-vous amoureux, galant.* 2 Lieu fixé pour une rencontre. *Arriver le premier au rendez-vous.* ♦ *Rendez-vous de chasse* : pavillon où les chasseurs se retrouvent. ♦ Lieu où certaines personnes se rencontrent habituellement. *Ce café est le rendez-vous des branchés.*

❑ *Rendez-vous* est l'impératif pluriel substantivé de *se rendre (quelque part).* ♦ L'anglais et l'allemand ont emprunté le mot français *rendez-vous* pour désigner une rencontre galante.

rendormir v. tr. [16] – XIIe ▪ Endormir de nouveau. *Il a fallu rendormir le patient.* ➛ pronom. Recommencer à dormir. *Elles se sont rendormies.*

rendosser v. tr. [1] – XVIIIe ▪ Endosser, mettre de nouveau. *Rendosser le maillot jaune.*

rendre v. tr. [41] – X^e ; lat. *reddere*, de *re-* « en retour » et *dare* « donner » **I - 1** Donner en retour (ce qui est dû). *Rendre l'argent qu'on a emprunté* (⇒ **rembourser**), *un objet qui a été confié. Commerçant qui rend la monnaie à un client.* ➛ S'acquitter de (une dette morale, une obligation, un devoir). loc. *Rendre à César ce qui est à César* : attribuer à qqn ce qui lui appartient, lui donner ce qui lui revient. ♦ Donner (sans idée de restitution). *Rendre hommage. Rendre service à qqn*, lui apporter une aide. *Rendre des comptes, rendre compte. Rendre justice. Rendre un jugement, un arrêt.* ⇒ **prononcer.** ♦ Devoir (à un adversaire) à cause de sa supériorité. *Rendre des points à un adversaire.* **2** Donner en retour (ce qui a été pris ou reçu). ⇒ **restituer.** *Rendre ce qu'on a volé. Rends-moi mon stylo.* ➛ *Rendre la liberté à qqn.* ♦ Rapporter au vendeur (ce qu'on a acheté). *Cet article ne peut être ni rendu ni échangé.* **3** Faire recouvrer. « *les aveugles-nés auxquels on rend la vue* » (Alain). ♦ Ramener (qqn à ce qu'il a perdu). *Condamnés rendus à la liberté.* ➛ « *Rendre le presbytère à sa primitive destination* » (Balz.). **4** Donner (une chose semblable en échange de ce qu'on a reçu). *Recevoir un coup et le rendre.* « *Si Dieu nous a faits à son image, nous le lui avons bien rendu* » (Volt.). *Rendre à qqn son salut. Rendre un baiser. Rendre une invitation.* **5** intrans. Rapporter. « *Les terres rendent peu* » (Romains). (⇒ **rendement**). ➛ fam. *Ça n'a pas rendu* : ça n'a pas marché, ça n'a rien donné. **6** Laisser échapper (ce qu'on ne peut garder, retenir). « *J'ai rendu tout ce que j'avais dans l'estomac* » (Sartre). ⇒ **rejeter.** *Avoir envie de rendre.* ⇒ **vomir.** loc. fam. *Rendre tripes et boyaux.* ➛ *Les légumes ont rendu beaucoup d'eau.* ♦ loc. *Rendre l'âme, l'esprit, le dernier soupir* : mourir. ♦ Faire entendre, émettre (un son). *Violon qui rend de très beaux sons.* **7** Céder, livrer. *Le commandant a dû rendre la place.* loc. *Rendre les armes* : se rendre. **8** Faire devenir. « *La colère me rend malade* » (Duham.). *Il me rend fou.* ➛ *La sentence a été rendue publique.* **9** Présenter en exprimant par le langage. « *il est nécessaire de sentir les impressions qu'on doit rendre* » (France). **10** Exprimer par un moyen plastique ou graphique. ⇒ **représenter, reproduire.** « *rendre fidèlement, sévèrement, minutieusement, le contour et le modelé du modèle* » (Baudelaire). **II** SE RENDRE v. pron. **1** Se soumettre, céder. *Se rendre à l'évidence.* « *elle se rendrait à l'avis du père Caillaud* » (Sand). ♦ Se soumettre à une force supérieure en abandonnant le combat et en livrant ses armes à l'ennemi (⇒ **reddition**). « *La garde meurt et ne se rend pas* », attribué à Cambronne. ➛ *Le forcené s'est rendu.* ⇒ se **livrer.** **2** Se transporter, aller. *Se rendre à l'étranger. Se rendre à son travail en métro.* **3** Se faire (tel), devenir par son propre fait. *Les hommes* « *se rendent malheureux par le désir du superflu* » (Fén.). *Rends-toi utile. Vous allez vous rendre malade.* ✪ CONTR. Emprunter, prêter ; confisquer, garder ; absorber. — Résister.

rendu, ue adj. et n. m. – XIIe **1** Arrivé à destination. *Nous voilà rendus.* **2** n. m. Exécution restituant fidèlement l'impression donnée par la réalité. *Le rendu des draperies.* **3** Marchandise rendue par un client à un commerçant.

rêne n. f. – XIe ; lat. *retinaculum* « lien » ▪ Courroie, lanière fixée aux harnais de tête d'une bête de selle pour la diriger. ⇒ **bride, guide.** ➛ loc. *Lâcher les rênes* : tout abandonner. *Tenir, prendre les rênes d'une affaire*, la diriger. ✪ HOM. Reine, renne.

renégat, ate n. – XVIe ; it. *rinnegare* « renier » ▪ Personne qui a renié sa religion. ♦ Personne qui a abandonné, trahi ses opinions, son parti, sa patrie, etc. *Les nationalistes* « *appelaient étrangers, ou renégats, ou traîtres, ceux qui ne pensaient pas comme eux* » (R. Rolland). ✪ CONTR. Fidèle.

reneiger v. impers. [3] – XVIe ▪ Neiger de nouveau.

renfermé, ée adj. et n. m. – XVIIe **1** Caché, qui ne s'extériorise pas. « *une fureur renfermée qui n'en était que plus violente et plus dangereuse* » (Dider.). ♦ Qui ne montre pas ses sentiments. ⇒ **dissimulé,** ① **secret.** *Un enfant renfermé.* ➛ *Caractère renfermé.* **2** n. m. *Odeur de renfermé* : mauvaise odeur d'un lieu mal aéré. ⇒ **remugle.** « *Cet omnibus sentait le renfermé* » (St-Exup.). ✪ CONTR. Extériorisé ; expansif, ouvert.

renfermer v. tr. [1] – XIIe **1** vieilli Ranger, serrer (qqch.). *Renfermer des objets dans un tiroir.* **2** Ne pas exprimer (un sentiment). « *celui qui a le courage de renfermer sa peine* » (Sand). ➛ pronom. *Se renfermer en soi-même* : ne rien livrer de ses sentiments (⇒ **renfermé**). **3** Tenir contenu dans un espace, dans un lieu (fermé ou non), en soi. ⇒ **contenir, receler.** *Sous-sol qui renferme d'énormes réserves de pétrole.* ♦ « *Ce double fond renferme des papiers* » (Beaum.). ⇒ **dissimuler.** **4** Comprendre, contenir. ⇒ **comporter.** « *le sens fondamental que renferme le mystère de l'Incarnation* » (Mart. du G.). ✪ CONTR. Libérer, montrer.

❑ Ne pas confondre avec *refermer* « fermer (ce qui était ouvert) ».

renfiler v. tr. [1] – XVIIe ▪ Enfiler une seconde fois. *Faire renfiler un collier de perles.* ➛ *Renfiler un pull-over*, le remettre.

renflé, ée adj. – XVIIIe ▪ Qui présente une partie plus grosse, plus épaisse, un bombement de sa surface. ⇒ **bombé, gonflé.** *Des* « *vases à panses renflées* » (Gaut.). ⇒ **pansu.** ✪ CONTR. Aplati, creux, mince.

renflement n. m. – XVIe **1** Augmentation de volume, gonflement. **2** État, forme de ce qui est bombé, renflé. ⇒ **bombement, rondeur.** *Le renflement de la panse d'une amphore.* **3** La partie renflée. « *La plaine était bosselée : c'était une suite de renflements et de creux* » (R. Rolland). ✪ CONTR. Concavité. Creux.

renfler v. tr. [1] – XIIe ▪ Rendre convexe, bombé. ♦ SE RENFLER v. pron. Devenir plus gros, plus rond. « *la graisse de ses épaules et de ses bras se renflait en bourrelets rosâtres* » (Zola). ✪ CONTR. Aplatir, creuser.

renflouage n. m. – XIXe **1** Remise à flot (d'un navire coulé, échoué). **2** Action de renflouer. ⇒ **renflouement.**

renflouement n. m. – XIXe ▪ Action de renflouer. *Le renflouement d'une affaire, d'un banquier.*

renflouer v. tr. [1] – XVIe ; de *re-*, *en-* et *flouée*, var. norm. de *flot* **1** Remettre à flot. *Renflouer un navire coulé.* **2** Sauver de difficultés financières en fournissant des fonds. *Renflouer une entreprise.* « *ils n'ont pas déposé leur bilan ; [...] la Banque de France les a renfloués* » (Sartre).

renfoncement n. m. – XVIIe **1** État, forme de ce qui est en retrait dans un plan vertical. *Le renfoncement d'une maison qui n'est pas dans l'alignement.* **2** Ce qui est renfoncé ; ce qui forme un creux. « *il y avait peut-être, dans un certain renfoncement formé par l'entrée de la cave, des assassins* » (Zola). ✪ CONTR. Avancée, saillie.

renfoncer v. tr. [3] – XVe ▪ Enfoncer plus avant, plus fort. *Renfoncer son chapeau.* ➛ *Des yeux renfoncés*, très enfoncés dans les orbites.

renforçateur n. m. et adj. m. – XIXe **1** Ce qui renforce ; produit qui augmente la force, l'intensité (de qqch.). *Renforçateur de goût* (additif alimentaire). ⇒ **exhaus-**

teur. ➝ Solution de renforcement photographique. adj. *Bain renforçateur.* ➝ Événement qui suit une réaction et peut en modifier la force, la rapidité ou la fréquence, lors d'un conditionnement psychologique. 2 adj. Qui renforce. *Agent renforçateur.*

renforcement n. m. – XIVe ▪ Le fait de renforcer ou d'être renforcé ; augmentation de force. *Renforcement d'un mur, d'une chaussée.* ⇒ **consolidation.** *Renforcement d'une troupe* (⇒ **renfort**). ♦ Opération corrective par laquelle on renforce les contrastes d'une épreuve photographique. ♦ Le fait de rendre plus vive, plus rapide ou plus fréquente une réaction, dans un processus de conditionnement psychologique. ✪ CONTR. Affaiblissement, diminution.

renforcer v. tr. [3] – XIIe 1 Rendre plus fort, plus résistant. *Renforcer un mur.* ⇒ **étayer ; consolider.** ➝ *Bas à talons renforcés.* ♦ Accroître l'effectif de (un groupe) par des renforts. *Joueur nouveau qui vient renforcer une équipe.* 2 Rendre plus intense. *Renforcer une couleur.* ♦ Provoquer le renforcement de (une réaction psychologique). 3 Rendre plus ferme, plus certain, plus solide. ⇒ **affermir.** *Renforcer la paix.* ⇒ **consolider.** « *Le sentiment que j'éprouvais ici m'expliquait en le renforçant le sentiment que j'éprouvais pour Emmanuèle* » (Gide). ♦ *Renforcer qqn dans une opinion,* lui fournir de nouvelles raisons de s'y tenir. ⇒ **confirmer.** ✪ CONTR. Affaiblir, détruire, saper.

renfort n. m. – XIVe 1 Effectifs et matériel destinés à renforcer une armée. ➝ Supplément. *Envoyer du personnel en renfort.* 2 Le fait de consolider, de renforcer. *L'ogive, organe de renfort.* ♦ Pièce de renfort. *Renforts de cuir aux coudes d'une veste.* 3 À GRAND RENFORT DE... : à l'aide d'une grande quantité de. « *en nettoyant cette sentine à grand renfort d'eau* » (Balz.).

renfrogné, ée adj. – XVIe ▪ Contracté par le mécontentement. *Visage renfrogné.* « *elle cherche à dissimuler sa timidité sous un air renfrogné* » (Le Clézio). ⇒ **maussade.** ♦ Qui a un air, une mine maussade ou fâchée. ⇒ **bourru, morose.** ✪ CONTR. Enjoué ; aimable.

renfrogner (se) v. pron. [1] – XVe ; de *re-* et a. fr. *frogner* « froncer le nez » ▪ Témoigner son mécontentement par une expression contractée, maussade du visage. ⇒ se **rembrunir.** *À cette proposition, il se renfrogna.* ✪ CONTR. Détendre (se).

rengagement n. m. – XVIIIe ▪ Action de rengager. ⇒ **remploi.** ➝ Le fait de se rengager dans l'armée.

rengager v. tr. [3] – XVe ▪ Engager de nouveau. ⇒ **réembaucher.** ♦ pronom. Reprendre volontairement du service dans l'armée. *Engagez-vous, rengagez-vous !* ⇒ fam. **rempiler.** ➝ *Soldat rengagé.* n. m. *Un rengagé.*

rengaine n. f. – XVIIe ; de *rengainer* 1 Formule répétée à tout propos. ⇒ **scie ;** région. ② **bringue.** *C'est toujours la même rengaine.* 2 Refrain banal ; chanson ressassée.

rengainer v. tr. [1] – XVIe 1 Remettre dans la gaine, le fourreau, l'étui. *Rengainer son épée, son pistolet.* 2 fam. Rentrer (ce qu'on avait l'intention de manifester). « *Puisque les sentiments n'y faisaient rien, rengainons-les* » (Aragon). ✪ CONTR. Dégainer.

rengorger (se) v. pron. [3] – XVe 1 Avancer sa gorge en ramenant la tête en arrière (en parlant d'un oiseau). « *les dindes se rengorgeant au soleil* » (Flaub.). 2 Prendre une attitude supérieure, se gonfler de vanité, d'orgueil. ⇒ se **pavaner.** ➝ *Se rengorger de :* éprouver la fierté de.

rengrènement n. m. – XVIIe ▪ Opération par laquelle on rengrène.

rengréner [6] ou **rengrener** [5] v. tr. – XVIe 1 Remplir de nouveau (une trémie, etc.) de grain. 2 Engager de nouveau dans un engrenage. ➝ Faire coïncider les creux des coins et les reliefs de (une médaille mal frappée) en la remettant à la frappe.

reniement n. m. – XIIe ▪ Le fait de renier. *Reniement de sa foi, de sa religion.* ⇒ **abjuration, apostasie.** ➝ *Reniement de ses opinions.* ⇒ **abandon, désaveu.**

renier v. tr. [7] – IXe ; lat. *re-* intensif et *negare* « nier » 1 Déclarer ne plus croire en (Dieu). 2 Déclarer faussement qu'on ne connaît ou qu'on ne reconnaît pas (qqn) ; rejeter ; abandonner. « *Croyez-vous que pour rien au monde je renierais un fils* » (J. Verne). 3 Renoncer à (ce à quoi on aurait dû rester fidèle). *Renier sa foi.* ⇒ **abandonner, abjurer.** *Renier une cause, un parti.* ➝ *Renier ses opinions,* ne plus les reconnaître pour siennes, en changer. *Renier ses engagements,* s'y dérober. ♦ pronom. *Se renier :* renier ses opinions. ✪ CONTR. Reconnaître.

reniflard n. m. – XVIIIe ▪ Soupape de chaudière à vapeur, qui aspire l'air quand la tension devient inférieure à la pression atmosphérique. Robinet de vidange d'un condensateur. ➝ Dispositif pour évacuer les vapeurs d'huile d'un carter de moteur. ⇒ **purgeur.**

reniflement n. m. – XVIe ▪ Action de renifler ; bruit que l'on fait en reniflant.

renifler v. [1] – XVIe ; de *re-* et a. fr. *nifler,* onomat. 1 v. intr. Aspirer bruyamment par le nez. 2 v. tr. Aspirer par le nez. *Renifler du tabac.* ♦ Sentir (qqch.) avec insistance. « *des gosses qui reniflent la colle entre deux voitures* » (Le Clézio). ♦ *Renifler qqch. de louche.* ⇒ **flairer.**

reniflette n. f. – 1923 ▪ fam. 1 *Avoir la reniflette :* renifler quand le nez coule. 2 Drogue, stupéfiant à priser. ⇒ **chnouf.**

renifleur, euse n. – XVIIe 1 fam. Personne qui renifle. ➝ Toxicomane qui inhale des substances volatiles. 2 n. m. Appareil servant à détecter d'éventuelles émissions d'hydrocarbures gazeux.

réniforme adj. – XVIIIe ▪ En forme de rein. *La graine de haricot est réniforme.*

rénine n. f. – mil. XXe ; lat. *ren* « rein » ▪ Enzyme sécrétée par le rein, qui contrôle la tension artérielle et le volume vasculaire.

rénitent, ente adj. – XVIe ; lat. *reniti* « résister » ▪ Qui oppose une certaine résistance à la pression. *Tumeur rénitente.*

renne n. m. – XVIe ; scand. *ren* ▪ Mammifère ongulé *(cervidés)* de grande taille, aux bois aplatis, qui vit dans les régions froides de l'hémisphère Nord. *Renne d'Amérique.* ⇒ **caribou.** ♦ Peau de renne apprêtée. « *sa main gantée de renne souple* » (Maurois). ➝ Viande de renne. ✪ HOM. Reine, rêne.

renom n. m. – XIIe ▪ littér. Opinion répandue dans le public, sur qqn ou qqch. ⇒ **réputation.** « *Il a mauvais renom dans le quartier* » (Muss.). ♦ Opinion favorable et largement répandue. ⇒ **notoriété, renommée.** *Il doit son renom à cette découverte. Les cafés, les glaciers en renom.* ⇒ **réputé.** « *Une sultane de renom* » (La Font.). ✪ HOM. Renon.

renommé, ée adj. – XIe ▪ Qui a du renom. ⇒ **célèbre.** « *Ce Grec si renommé* » (Corn.). ➝ « *La charpenterie maritime de Guernesey est renommée* » (Hugo). ♦ RENOMMÉ POUR (qqch.). *Région renommée pour ses vins.*

renommée n. f. – XIIe 1 littér. Opinion publique exprimée et répandue sur qqn, sur qqch. *Apprendre qqch. par la renommée.* ➝ *Preuve par commune renommée :* mode de preuve dans laquelle les témoins déposent sur l'opinion commune (des voisins, du milieu). 2 Connaissance (d'un nom, d'une personne, d'une chose) parmi un public étendu. ⇒ **célébrité, notoriété, popularité, renom.** *La renommée d'une grande marque.* « *Ces condottieri, dont la renommée a duré trois siècles* » (Morand). *La renommée dont il jouit.*

> ❑ Pour le sens → réputation (rem.).

renommer v. tr. [1] – XIe 1 vx Nommer souvent et avec éloges. 2 Nommer et par ext. élire de nouveau. ⇒ **réélire.**

renon n. m. – d. i. ; lat. *renuntiare* → renoncer ▪ région. (Belgique) Résiliation d'un bail. *Donner, recevoir son renon.* ✪ HOM. Renom.

> ❑ L'équivalent en français de France de *donner son renon* est *donner son congé.*

renoncement n. m. – XIIIe 1 Le fait de renoncer (à un agrément) par un effort de volonté, et généralement au profit d'une valeur jugée plus haute. ⇒ **détachement.** *Le renoncement à soi-même :* l'abnégation, le sacrifice. 2 Le fait de se détacher de biens ou d'attachements auxquels on tenait jusqu'alors. ✪ CONTR. Attachement.

renoncer v. tr. [3] – XIIIe ; lat. *renuntiare* « annoncer en réponse » **I** v. tr. ind. *RENONCER À.* 1 Cesser, par une décision volontaire, de prétendre (à qqch.) et d'agir pour l'obtenir ; abandonner un droit (sur qqch.). *Renoncer à un droit.* ♦ Abandonner l'idée de. *Renoncer à un voyage. Renoncer à un projet.* ➛ *Renoncer à comprendre, à chercher. J'y renonce ! c'est impossible !* « *Je cède, vous comprenez, je renonce. Je fais la paix* » (Duham.). 2 Abandonner volontairement (ce qu'on a). *Renoncer au pouvoir, à la couronne, au trône.* ⇒ **abdiquer.** « *renoncer à cette tendre et marivaudante amitié* » (Maupass.). *Il ne veut pas renoncer à son idée.* ⇒ **démordre** (de). ➛ Cesser volontairement de. *Renoncer à fréquenter qqn.* ♦ Cesser de pratiquer, d'exercer. *Sportif qui renonce à la compétition.* ♦ Cesser d'avoir, d'employer. *Renoncer au tabac.* 3 Cesser d'être attaché (aux choses de ce monde). *Renoncer au monde pour entrer en religion.* loc. *Renoncer à Satan, à ses pompes et à ses œuvres,* au péché et aux occasions de pécher. 4 *Renoncer à qqn,* cesser de rechercher sa compagnie, de le fréquenter. ♦ *Renoncer à soi-même :* répudier tout égoïsme. **II** v. tr. dir. (Belgique) Résilier (un bail) ; donner congé à (un locataire). ⇒ **renon.** ✪ CONTR. Conserver, garder, persévérer.

renonciataire n. – XIXe ▪ Personne en faveur de laquelle on a renoncé à un droit, à un bien (opposé à *renonciateur*).

renonciateur, trice n. – XIXe ▪ Personne qui renonce à un bien, à un droit, en faveur d'un ou d'une renonciataire.

renonciation n. f. – XIIIe ▪ Le fait de renoncer (à un droit, à une charge) ; l'acte par lequel on y renonce. ⇒ **abandon.** *Renonciation à une succession.* ➛ *Renonciation au trône.* ⇒ **abdication.** ♦ Action de renoncer à, d'abandonner (un bien moral). *Renonciation à sa foi. Renonciation à un projet.* ✪ CONTR. ① Appropriation. Acceptation.

renoncule n. f. – XVIe ; lat. *ranunculus* « petite grenouille » ▪ Plante *(renonculacées)* herbacée, à variétés vivaces, aquatiques ou terrestres. *Renoncule des marais.* ⇒ **grenouillette.** *Renoncule terrestre,* à fleurs jaune d'or. ⇒ **bouton-d'or.**

renouée n. f. – XVIe ▪ Plante dicotylédone *(polygonacées),* herbacée, à tige noueuse, répandue sur tout le globe. *Renouée liseron* ou *faux liseron.* ➛ *Renouée cultivée.* ⇒ ② **sarrasin.**

renouer v. tr. [1] – XIIe 1 Refaire un nœud à ; nouer (ce qui est dénoué, détaché). *Renouer sa cravate, ses lacets de chaussures.* 2 *Renouer le fil de la conversation,* le reprendre. pronom. *Liens qui se renouent.* ♦ Rétablir après une interruption. *Renouer la conversation.* 3 Reprendre des relations interrompues. *Renouer avec un ancien ami.* ⇒ se **réconcilier.** « *les amarres étaient bien rompues. Pourquoi renouer ?* » (Mart. du G.). ✪ CONTR. Dénouer, interrompre.

renouveau n. m. – XIIIe 1 poét. Retour du printemps où la nature se renouvelle. 2 Reprise, nouvelle période de. ⇒ **regain.** *Un renouveau de succès, d'énergie.* ♦ Apparition de formes entièrement nouvelles. ⇒ **renaissance.** *Un certain renouveau dans la mode.* ✪ CONTR. Arrière-saison. Déclin.

renouvelable adj. – XVe 1 Qui peut être renouvelé. *Passeport renouvelable. Bail renouvelable par tacite reconduction.* ⇒ **reconductible.** ➛ *Énergies renouvelables,* provenant de sources naturelles qui ne s'épuisent pas (soleil, vent, marée). 2 Qu'on peut répéter. *Expérience renouvelable.*

renouveler v. tr. [4] – XIe **I** - 1 Remplacer par une chose nouvelle et semblable (ce qui a servi, est altéré ou diminué). ⇒ **changer.** *Renouveler son stock. Renouveler sa garde-robe. Renouveler un matériel obsolète.* ⇒ **moderniser.** *À renouveler :* mention portée par le médecin sur une ordonnance. ♦ Remplacer une partie des membres de (un groupe). *Renouveler les cadres d'une entreprise.* 2 Rendre nouveau en transformant. ⇒ **rénover.** *Plan d'urbanisme qui renouvelle un quartier.* 3 littér. Faire renaître, donner une vigueur nouvelle à. 4 Donner une validité nouvelle à (ce qui expire). *Renouveler un bail.* ⇒ **proroger, reconduire.** *Les députés ont renouvelé leur confiance au gouvernement.* 5 Faire de nouveau. ⇒ **recommencer, refaire, réitérer.** *Renouveler une offre. Renouveler un exploit.* ♦ *Renouveler les vœux du baptême.* **II** *SE RENOUVELER* v. pron. 1 Être remplacé par des éléments nouveaux et semblables. *Les générations se renouvellent.* 2 Prendre une forme, des formes nouvelles ; changer. *L'imprimerie,* « *c'est le mode d'expression de l'humanité qui se renouvelle totalement* » (Hugo). ♦ Apporter des changements dans son activité créatrice. « *Un bon conteur doit savoir se renouveler* » (Tournier). 3 Renaître, se reformer. *Le bois des cervidés se renouvelle chaque année.* 4 Recommencer. ⇒ se **reproduire.** « *Les jours suivants, la même scène se renouvela* » (Camus). ✪ CONTR. Garder, maintenir.

renouvellement n. m. – XIIe 1 Remplacement de choses, de gens par d'autres semblables. *Renouvellement d'un stock.* ⇒ **réapprovisionnement.** *Le « renouvellement rapide des marchandises* » (Zola). ➛ *Renouvellement de la population. Taux de renouvellement.* ⇒ **turnover.** 2 Changement complet des formes qui crée un état nouveau. ⇒ **renouveau, rénovation, transformation.** *Le renouvellement des sciences et des arts.* ⇒ **renaissance.** 3 Remise en vigueur dans les mêmes conditions. *Renouvellement d'un bail.* ⇒ **reconduction.** *Renouvellement d'un abonnement.* ♦ Confirmation des vœux, prononcés de nouveau. *Renouvellement des vœux du baptême* (⇒ **confirmation).**

rénovateur, trice n. et adj. – XVIe ▪ Personne qui rénove, donne une forme nouvelle (à qqch.). ➛ *Rénovateur d'un parti.* adj. *Doctrine rénovatrice.* ♦ Personne qui fait renaître (une chose disparue). « *Il était le rénovateur de l'enluminure* » (Bloy).

rénovation n. f. – XIIIe ▪ Remise à neuf. ⇒ **modernisation,** ① **restauration.** *Travaux de rénovation. Rénovation d'un vieux quartier.* ♦ Transformation, modernisation. *Rénovation des méthodes de travail.* « *leurs idéals révolutionnaires et de rénovation sociale* » (Cendrars). ✪ CONTR. Décadence.

rénover v. tr. [1] – XIIe ; lat *re-* intensif et *novus* « neuf » 1 Améliorer en donnant une forme nouvelle. ⇒ **moderniser, renouveler, transformer.** *Rénover des méthodes pédagogiques.* 2 Remettre à neuf. *L'immeuble a été rénové récemment.* ➝ *Hôtel entièrement rénové.* ⇒ **moderniser.**

renseignement n. m. – XVe 1 Ce par quoi on fait connaître qqch. à qqn (exposé, relation, document) ; la chose, le fait que l'on porte à la connaissance de qqn. ⇒ **avis, indication, information,** fam. **tuyau.** *Il m'a donné un renseignement faux.* ➝ *Aller aux renseignements,* à leur recherche. *Demander à titre de renseignement,* à titre documentaire. ➝ *Renseignements sur le compte d'une personne,* qui doivent servir à l'appréciation de sa valeur. *Prendre ses renseignements.* ♦ *Guichet, bureau des renseignements. Appeler les renseignements (téléphoniques).* 2 Information concernant l'ennemi, et tout ce qui met en danger l'ordre public, la sécurité. *Agent de renseignements* (agent secret, espion). ➝ *Renseignements généraux (R. G.) :* services de la préfecture de police et de la direction de la Sûreté.

renseigner v. tr. [1] – XIVe ; de *re-* et *enseigner* ■ Éclairer sur un point précis, fournir un renseignement à. ⇒ **avertir, informer, instruire.** *Il y aura « quelqu'un pour vous recevoir et vous renseigner sur n'importe quelle question »* (Romains). ➝ *Être bien, mal renseigné. Le « journaliste, mieux renseigné que le public »* (Camus). ♦ Constituer une source d'information. *Document qui renseigne utilement.* ♦ SE RENSEIGNER v. pron. Prendre, obtenir des renseignements. *Se renseigner auprès de qqn.* ⇒ s'**enquérir,** s'**informer.** *Renseignez-vous avant de signer.*

rentabilisation n. f. – 1969 ■ Fait de rentabiliser ; son résultat.

rentabiliser v. tr. [1] – 1962 ■ Rendre rentable, financièrement avantageux. *Rentabiliser des capitaux investis.*

rentabilité n. f. – 1926 ■ Caractère de ce qui est rentable. ➝ Faculté d'un capital placé ou investi de dégager un résultat ou un gain. *Taux de rentabilité.*

rentable adj. – XIIIe 1 Qui produit une rente. Qui donne un bénéfice suffisant par rapport au capital investi. *Une affaire rentable.* 2 Qui donne des résultats, vaut la peine. ⇒ **fructueux, payant.**

rente n. f. – XIIe ; lat. *reddita* « somme rendue (par un placement) » 1 Revenu périodique d'un bien, d'un capital. *Avoir des rentes. Toucher une rente.* ➝ *Vivre de ses rentes :* avoir des revenus suffisants pour pouvoir vivre sans travailler. 2 Produit périodique qu'une personne est tenue de servir à une autre personne ; les redevances ainsi versées. ⇒ **arrérages, intérêt.** *Rente viagère :* pension payable pendant la vie de la personne qui la reçoit. 3 Emprunt de l'État, représenté par un titre qui donne droit à un intérêt contre remise de coupons. *Rentes perpétuelles,* sans engagement pris de rembourser le capital prêté. *Le cours de la rente.* 4 Le revenu de la productivité naturelle d'une terre, distincte de celle du travail et du capital investis. ➝ *Animaux de rente,* élevés pour le produit (bétail, volailles).

> ❑ Le sens de « revenu de la productivité d'une terre » a été influencé par l'anglais *rent* « loyer qu'un fermier paie à son propriétaire ». ♦ L'expression *animaux de rente* s'oppose à *animaux de compagnie,* les deux recouvrant ce qu'on appelait les *animaux domestiques.*

rentier, ière [ʀɑ̃tje, jɛʀ] n. – XIIIe ■ Personne qui a des rentes, qui vit de ses rentes. « *C'est un petit rentier qui avait des fonds russes* » (Queneau).

rentoilage n. m. – XVIIIe ■ Opération par laquelle on substitue une toile neuve à la toile usée d'un tableau.

rentoiler v. tr. [1] – XVIIe ■ Remplacer par une toile nouvelle la toile usée de. ➝ Fixer sur une toile neuve (une peinture). *Rentoiler un tableau.*

rentrage n. m. – XIXe ■ Action de rentrer. *Le rentrage du bois.* ⇒ **rentrée.**

rentraire v. tr. [50] – XVe ; de *re-* et lat. *intrahere* « tirer » ■ Réparer à l'aiguille la trame de (une tapisserie). ✪ HOM. *Rentrais :* rentrais (rentrer).

> ❑ On dit aussi *rentrayer,* plus facile à conjuguer ([8]).

rentraiture n. f. – XVIe ■ Réparation d'une tapisserie.

rentrant, ante adj. – XVIIe 1 *Secteur angulaire rentrant,* ou *angle rentrant* (opposé à *saillant*) : secteur angulaire supérieur à 180°. ♦ *Surface rentrante,* qui forme un creux. 2 Qui peut être rentré. *Couteau à lame rentrante.*

rentrayer → **rentraire**

rentré, ée adj. et n. m. – XVIIe 1 Qu'on a réprimé, refoulé (sentiments). *Colère rentrée.* 2 Creux. *Le ventre rentré,* qu'on s'efforce de rendre plat. 3 n. m. *Un rentré :* un repli du tissu sur l'envers.

rentrée n. f. – XVIe 1 Le fait de rentrer. « *Une rentrée au bercail* » (Aragon). 2 Reprise des fonctions, des activités de certaines institutions, après une interruption. *La rentrée parlementaire. La rentrée (des classes),* spécialt celle qui a lieu après les grandes vacances. ➝ « *On demandait des surveillants pour la rentrée* » (Montherl.). ♦ Période de la reprise des activités normales, après les congés annuels. *La rentrée s'annonce difficile.* 3 Retour d'un acteur à la scène, après une interruption. ⇒ **come-back.** 4 Mise à l'abri. *La rentrée des foins.* ⇒ **rentrage.** 5 *Rentrée d'argent :* somme d'argent qui entre en caisse. ⇒ **recette.** *Attendre des rentrées importantes.* 6 Au jeu, Carte(s) que l'on prend dans le talon en remplacement de celle(s) qu'on a écartée(s). 7 Retour d'un engin spatial dans l'atmosphère terrestre. ✪ CONTR. Sortie. Dépense.

rentrer v. [1] – XIIe I v. intr. 1 Entrer de nouveau (dans un lieu où l'on a déjà été). *Rentrer dans sa chambre.* ⇒ **réintégrer.** *Rentrer chez soi. Avion qui rentre à sa base.* ♦ Revenir. *Rentrer fatigué.* 2 Entrer de nouveau dans (une situation, un état antérieurs). *Rentrer dans le droit chemin, dans le rang.* 3 Reprendre ses activités, ses fonctions. 4 *Rentrer dans les bonnes grâces de qqn. Rentrer dans ses frais,* en retrouver l'équivalent. ➝ loc. *Tout est rentré dans l'ordre :* l'ordre est revenu. 5 littér. *Rentrer en soi-même :* faire réflexion, retour sur soi-même. ⇒ se **recueillir.** 6 Entrer. « *Joseph forçait toujours Suzanne à rentrer dans l'eau* » (Duras). ♦ *Rentrer en cinquième.* 7 Entrer avec force, entrer complètement dans. *Sa voiture est rentrée dans un arbre.* ♦ loc. *J'aurais voulu rentrer sous terre* (de honte). fam. *Rentrer dedans, rentrer dans le chou (de qqn) :* attaquer, se jeter sur. ➝ *Faire rentrer qqch. dans la tête (de qqn) :* faire comprendre ou apprendre avec peine, en insistant. 8 S'emboîter, s'enfoncer. *Les tubes de cette lunette d'approche rentrent les uns dans les autres.* ♦ Être enfoncé dans. « *ses lèvres rentraient sous ses gencives* » (Hugo). 9 Trouver sa place, être contenu. *Cela ne rentrera jamais dans ma valise.* ⇒ **tenir.** ➝ Être compris, contenu, inséré dans. ⇒ **entrer.** *Cela ne rentre pas dans mes attributions.* 10 Être perçu, en parlant de l'argent. *Faire rentrer l'argent.* II v. tr. 1 Mettre ou remettre à l'intérieur, dedans. *Il a rentré sa voiture* (au garage). ➝ *Rentrer le ventre,* s'efforcer de le rendre plat. ♦ Enfoncer. *Rentrer les coudes dans les côtes de ses voisins.* 2 Dissimuler, faire disparaître sous (ou dans). « *Dis, rentre ta chemise, c'est dégoûtant* » (Zola). ♦ Refouler. *Rentrer sa colère.* ✪ CONTR. Échapper, ① ressortir, ① sortir. — HOM. *Rentrais :* rentrais (rentraire).

❑ L'emploi de *rentrer,* par rapport à *entrer,* se justifie quand il y a une idée de retour *(rentrer chez soi),* de répétition *(rentrer sa voiture au garage),* de violence (« *je suis "rentrée" dans un banc* » [Montherlant]) ou simplement une volonté de renforcement du sens *(j'aurais voulu rentrer sous terre). Rentrer* est abusif, mais très courant, dans tous les cas où c'est *entrer* qui convient.

renversant, ante adj. – XIXe ■ Qui déconcerte au plus haut point, frappe de stupeur. ⇒ **ahurissant, stupéfiant.** *Une nouvelle renversante.*

renverse n. f. – XVe 1 Changement de direction cap pour cap (du courant ou du vent). 2 loc. adv. *À LA RENVERSE :* sur le dos (après une chute, etc.). « *Emma poussa un cri et tomba roide par terre, à la renverse* » (Flaub.).

renversé, ée adj. – XVIe 1 À l'envers. *La silhouette renversée des arbres dans l'eau.* ➛ *Crème renversée,* qui a pris et qu'on retourne sur un plat pour la servir. 2 Qu'on a fait tomber. *Chaises renversées.* ♦ Stupéfait, déconcerté. *Je suis renversé !* 3 Incliné en arrière. « *la tête renversée sur le grand dossier du fauteuil* » (Bosco). ✪ CONTR. Debout, ① droit.

renversement n. m. – XVe 1 Passage en bas de la partie haute. *Renversement des images dans un appareil optique.* ➛ *Renversement d'un accord :* état d'un accord dont la fondamentale ne se trouve pas à la base (ex. sol do mi). 2 Passage à un mouvement de sens inverse. *Renversement de courant, du vent.* 3 Passage à un ordre inverse. *Renversement d'une proposition.* ⇒ **interversion.** 4 Changement complet, bouleversement de l'ordre normal. *Renversement de la situation.* ⇒ **retournement.** « *ce renversement de la hiérarchie parut inconcevable aux autorités dédaignées* » (Balz.). 5 Le fait de renverser, de jeter bas. *Le renversement de la monarchie.* ⇒ **chute.** « *L'atroce commotion causée par le renversement de toutes ses espérances* » (Balz.). 6 Rejet en arrière (d'une partie du corps). ✪ CONTR. Redressement, relèvement.

renverser v. tr. [1] – XIIIe ; de *re-* et *envers* 1 Mettre de façon que la partie supérieure devienne inférieure. *Renverser un seau pour grimper dessus.* 2 Disposer ou faire mouvoir en sens inverse. ⇒ **inverser.** *Renverser le courant. Renverser les termes d'un rapport.* 3 Faire tomber à la renverse, jeter à terre (qqn). *Piéton renversé par une voiture.* ⇒ **faucher.** ➛ pronom. *Les marchandises se sont renversées sur la chaussée.* ➛ *Cela me renverse :* je suis étonné, outré (⇒ **renversant**). ♦ Faire tomber (qqch.). « *c'est la vieille qui a renversé le guéridon en se levant* » (Romains). ➛ Répandre (un liquide) en renversant le récipient. « *il cassait les jouets, renversait l'eau, salissait sa robe* » (R. Rolland). 4 Faire tomber, démolir. ⇒ **abattre, détruire.** ➛ *Renverser un ministre,* le faire démissionner en lui refusant la confiance. 5 Incliner en arrière (la tête, le buste). ✪ CONTR. Redresser, rétablir. Relever, instaurer.

renvider v. tr. [1] – XVIIIe ■ Enrouler (le fil) sur les bobines d'un métier à tisser. ✪ CONTR. Dévider.

renvideur n. m. – XIXe ■ *Métier renvideur,* ou *renvideur :* métier à renvider.

renvoi n. m. – XIVe 1 Le fait de porter une affaire devant un autre juge (que celui qui en était saisi). *Demande de renvoi.* ⇒ **déclinatoire.** ♦ Fait de mettre en prévention un inculpé ou de mettre en accusation un prévenu. ♦ Procédure qui consiste à soumettre un projet à l'examen d'une commission, d'un bureau, etc. 2 Action de renvoyer le lecteur en un autre endroit du texte. ➛ Marque invitant le lecteur à se reporter (à tel ou tel mot ou passage). ⇒ **astérisque, référence.** 3 Le fait de renvoyer qqn. ⇒ **congé, licenciement, révocation.** *Décider le renvoi d'un employé. Renvoi d'un élève.* ⇒ **exclusion, expulsion.** « *Je souhaitais le renvoi du collège, un drame enfin* » (Radiguet). 4 Le fait de retourner (qqch.) à la personne qui l'a envoyé. *Renvoi d'une marchandise défectueuse.* 5 Changement de la direction d'un mouvement par un mécanisme de transmission. 6 Éructation. ⇒ **régurgitation ;** ① **rot.** *Faire un renvoi. Avoir des renvois.* 7 Ajournement, remise (⇒ **renvoyer**). *Renvoi d'une discussion à une date ultérieure.* ⇒ **report.** ✪ CONTR. Adoption, engagement, rappel.

renvoyer v. tr. [8] – XIIe 1 Faire retourner (qqn) là où il était précédemment. « *Tant qu'on ne vous aura pas renvoyé dans vos foyers, vous serez des soldats* » (Sartre). ➛ *La maladie « renvoyait les individus à leur solitude »* (Camus). ♦ Faire repartir (qqn) dont on ne souhaite plus la présence. 2 Faire partir, en faisant cesser une fonction, une situation. ⇒ **chasser, congédier.** *Renvoyer des employés.* ⇒ **débaucher, licencier.** *Souverain qui renvoie ses ministres.* ⇒ **destituer, révoquer.** ♦ « *il a été renvoyé de deux collèges* » (Mauriac). ⇒ **exclure.** 3 Faire reporter (qqch.) à qqn. *Renvoyer un cadeau.* ⇒ **refuser, rendre.** *Renvoyer une lettre à l'expéditeur.* 4 Relancer (un objet qu'on a reçu). *Renvoyer un ballon.* ♦ *Miroir qui renvoie une image déformée.* ⇒ **réfléchir.** ➛ *Renvoyer le son.* ⇒ **répercuter ; écho.** 5 Adresser à (une destination plus appropriée, une personne plus compétente). *Renvoyer le prévenu à la cour d'assises.* ♦ Faire se reporter. *Notes qui renvoient le lecteur à certains passages* (⇒ **renvoi**). 6 Remettre à une date ultérieure. ⇒ **ajourner,** ② **différer.** *Renvoyer l'affaire à huitaine.* ✪ CONTR. Appeler, introduire ; engager, garder, recruter ; accepter.

réoccupation n. f. – XIXe ■ Action de réoccuper ; son résultat.

réoccuper v. tr. [1] – XIXe ■ Occuper de nouveau. *Réoccuper un territoire. Réoccuper une fonction.*

réopérer v. tr. [6] – XIXe ■ Faire subir une nouvelle intervention chirurgicale à (qqn).

réorchestration [ʀeɔʀkɛstʀasjɔ̃] n. f. – 1932 ■ Nouvelle orchestration.

réorchestrer [ʀeɔʀkɛstʀe] v. tr. [1] – XIXe ■ Faire une nouvelle orchestration de (une œuvre déjà orchestrée).

réorganisateur, trice n. et adj. – XIXe ■ Personne qui réorganise. ➛ adj. *L'action réorganisatrice d'un gouvernement.*

réorganisation n. f. – XVIIIe ■ Action de réorganiser ; son résultat. ⇒ **réaménagement, restructuration.** ✪ CONTR. Désorganisation.

réorganiser v. tr. [1] – XVIIIe ■ Organiser de nouveau, d'une autre manière. ⇒ **réaménager, restructurer.** pronom. « *une société ne se réorganise pas aussi vite qu'un État* » (Madelin). ✪ CONTR. Désorganiser.

réorientation n. f. – 1952 ■ Action de réorienter.

réorienter v. tr. [1] – 1901 ■ Orienter dans une nouvelle direction.

réouverture n. f. – XVIIe 1 Le fait de rouvrir (un établissement qui a été quelque temps fermé). *Le jour de la réouverture.* 2 *Réouverture des débats :* mesure consistant à rouvrir des débats qu'on avait déclarés clos. ➛ Reprise d'une procédure, d'un dialogue. *La réouverture des négociations.*

❑ Attention au préfixe : on dit *réouverture* mais *rouvrir.*

repaire n. m. – XIe ; de *repairer* 1 Lieu qui sert de refuge à une bête sauvage. ⇒ **antre, bauge, gîte, tanière,** ① **terrier.** « *ces épais taillis sont le repaire de quelques lions* » (Lamart.). 2 Endroit qui sert de refuge, de lieu de réunion à des individus dangereux. ⇒ **nid.** *Un repaire de brigands.* ✪ HOM. Repère.

❑ Pour la graphie avec *a*, se rappeler que ce mot a la même origine étymologique que *patrie*. → repère (rem.).

repairer v. intr. [1] – Xe ; lat. *rapatriare* « rentrer chez soi », de *patria* « patrie » ▪ Être au gîte, au repaire, en parlant d'un animal de chasse. ✪ HOM. Repérer ; *repaire :* reperds (reperdre).

repaître v. tr. [57] – XIIe I Nourrir, rassasier. II *SE REPAÎTRE* v. pron. 1 Assouvir sa faim, manger (animaux). ⇒ se **rassasier,** et aussi **repu.** 2 littér. *Ce tyran ne se repaît que de sang et de carnage.*

répandre v. tr. [41] – XIIe I - 1 Verser, épandre (un liquide). *Répandre de l'eau sur la terre* (⇒ **arroser**). *Répandre son potage sur la nappe.* ⇒ **renverser.** ➛ loc. littér. *Répandre le sang :* tuer. ♦ Disperser, étaler (qqch.). *Répandre de la sciure sur le sol.* ⇒ **éparpiller, parsemer.** 2 Produire et envoyer hors de soi, autour de soi. ⇒ **diffuser, émettre.** « *un café arrosé qui répandait une forte odeur de rhum* » (Simenon). ⇒ **dégager, exhaler.** 3 Donner avec profusion (une chose immatérielle). ⇒ **dispenser, prodiguer.** *Répandre des bienfaits.* 4 Faire régner (un sentiment) autour de soi. « *Un mal qui répand la terreur* » (La Font.). ⇒ **semer.** 5 Diffuser dans une société plus vaste, étendre à un plus grand nombre. *Répandre une doctrine, une idée.* ⇒ **propager.** *Répandre une mode.* ⇒ ① **lancer.** 6 Faire connaître, rendre public. *Répandre une rumeur, un bruit.* ⇒ **colporter.** ➛ *Répandre que.* « *On avait déjà répandu au palais que le sieur Dairolles* [...] *était dans l'intention de se rétracter* » (Beaum.). II *SE RÉPANDRE* v. pron. 1 Couler, s'étaler. *L'eau s'est répandue partout. Odeur, son, fumée qui se répand.* ⇒ se **dégager.** ♦ *La consternation se répandit sur tous les visages.* ➛ *La foule se répandit dans les rues.* ⇒ **déferler ; envahir.** 2 Se propager. ⇒ **gagner.** *Épidémie qui se répand.* ➛ *Le bruit se répandit qu'il avait disparu.* ⇒ **circuler, courir.** 3 *SE RÉPANDRE EN... :* exprimer, extérioriser ses sentiments, par une abondance de paroles, etc. *Se répandre en injures, en menaces.* « *il apostrophe son vainqueur et se répand en reproches* » (Duham.). ➛ fam. S'étendre sur son cas. *Arrête de te répandre, un peu de dignité !* ✪ CONTR. Amasser, ramasser.

répandu, ue adj. – XIIIe 1 Qui a été versé, renversé, qui a débordé (liquides). *Vin répandu sur une nappe.* ♦ Qui est étalé sans ordre, dispersé. *Papiers répandus sur le sol.* ⇒ **épars.** 2 Qui est commun à un grand nombre de personnes (pensées, opinions). *Le préjugé le plus répandu à cette époque.* ⇒ ① **courant.**

réparable adj. – XVe 1 Qu'on peut réparer. *Cette pendule est détraquée, mais elle est réparable.* 2 Qu'on peut corriger, compenser, etc. *Erreur, maladresse réparable.* ⇒ **remédiable.** ✪ CONTR. Irréparable ; irrémédiable.

reparaître v. intr. [57] – XVIIe 1 Se montrer à la vue (après une disparition). ⇒ **réapparaître ; réapparition.** *La rivière « tour à tour se perdait dans le bois, tour à tour reparaissait »* (Chateaub.). ♦ Paraître de nouveau devant qqn ; revenir dans un lieu. *Ne reparais jamais ici.* 2 Se manifester de nouveau. *La fièvre a reparu.* ✪ CONTR. Disparaître.

réparateur, trice n. et adj. – XIVe I n. Artisan qui répare des objets détériorés, cassés, déréglés... *Porter un poste de radio chez le réparateur.* II adj. 1 Qui répare les forces. *Sommeil, repos réparateur.* 2 *Chirurgie réparatrice.* ⇒ **plastique.** 3 Qui répare, rachète une faute.

réparation n. f. – XIVe 1 Opération, travail qui consiste à réparer qqch. *Atelier de réparation. Faire des réparations.* ➛ *En réparation,* qu'on est en train de réparer. 2 Le fait de réparer (ses forces, etc.). ➛ Le fait de se reformer, de se régénérer. *Réparation des tissus après une blessure.* ⇒ **cicatrisation.** 3 L'action de réparer (une avarie, etc.). *Réparation des dégâts causés par un accident.* ♦ Action de réparer (une faute, une offense, etc.). ⇒ **expiation.** « *en réparation du mal que je lui ai fait* » (Hugo). ➛ *Demander, obtenir réparation.* ⇒ **satisfaction.** ➛ Compensation, dédommagement. ⇒ **dommage** (dommages-intérêts), **indemnité.** ♦ *Surface de réparation :* surface délimitée à chaque extrémité d'un terrain de football, dans laquelle toute faute commise par l'équipe adverse peut donner lieu à un *coup de pied de réparation* (ou *penalty*). 4 Système qui permet de réduire le nombre des mutations dues aux erreurs de réplication de l'A.D.N. ✪ CONTR. Dégât, dommage.

réparer v. tr. [1] – XIIe ; lat. *re-* et *parare* « préparer » 1 Remettre en bon état (ce qui a été endommagé, ce qui s'est détérioré). « *il répara le bateau avec des épaves de navire* » (Flaub.). 2 *Réparer ses forces, sa santé :* se rétablir. ⇒ **recouvrer.** 3 Faire disparaître (les dégâts causés à qqch.). *Réparer une brèche.* ♦ Supprimer ou compenser (les conséquences d'un accident, d'une erreur). ⇒ **corriger, remédier** (à). littér. « *Pour réparer des ans l'irréparable outrage* » (Rac.). ➛ *Réparer une perte.* « *La vengeance ne répare pas le mal, elle l'aggrave* » (Duham.). *Qu'on peut, qu'on ne peut pas réparer.* ⇒ **réparable ; irréparable.** ✪ CONTR. Abîmer, casser, détériorer.

reparler v. intr. [1] – XIIe 1 Parler de nouveau (de qqch. ou de qqn). ⇒ **recauser.** *Nous reparlerons de cette affaire.* ➛ loc. *On en reparlera,* se dit pour marquer son scepticisme, pour signifier que l'avenir risque de donner tort à l'interlocuteur. 2 Parler de nouveau (à qqn avec qui on s'était fâché). pronom. *Ils commencent à se reparler.*

repartie [ʀəpaʀti ; ʀepaʀti] n. f. – XIIIe ▪ Réponse rapide et juste. ⇒ **réplique.** « *Je ne m'attendais pas à cette repartie* » (Mol.). ➛ *Avoir de la repartie, la repartie facile.*

❑ On trouve la graphie *répartie* qui rend compte de la prononciation mais qui est « fautive » : « *un si malicieux esprit de répartie* » (Gide) ; « *Elle ne manquait pas de répartie* » (Sartre). La prononciation [ʀepaʀti] très courante pour la graphie *repartie* est elle aussi déclarée fautive.

① **repartir** [ʀ(ə)paʀtiʀ ; ʀepaʀtiʀ] v. tr. [16] ; auxil. *avoir* – XVIe ; de *re-* et ① *partir* ▪ littér. Répliquer, répondre. ⇒ **rétorquer.** « *Si vous sortez, repartit M. Leblanc, mettez ce pardessus* » (Hugo). ✪ HOM. Répartir.

② **repartir** v. intr. [16] ; auxil. *être* – XIIIe ; de *re-* et ① *partir* 1 Partir de nouveau (après un temps d'arrêt). *Le train va repartir.* ♦ Recommencer (une carrière, une affaire). *Repartir à zéro.* ➛ fam. *Allez, c'est reparti !* ➛ Reprendre. *L'affaire repart bien.* 2 Partir pour l'endroit d'où l'on vient. « *sur le point d'atteindre mon but, je tournai bride et je repartis* » (Gide). ✪ CONTR. Arrêter (s').

répartir v. tr. [2] – XIIe ; de *re-* et ② *partir* 1 Partager (une quantité ou un ensemble), afin d'attribuer les parts. ⇒ **distribuer, diviser.** « *sachez produire la richesse et sachez la répartir* » (Hugo). *Les ouvriers se sont réparti le travail.* 2 Distribuer sur une surface, dans un espace. ⇒ **disposer.** *Répartir les marchandises dans des hangars.* ⇒ ② **dispatcher.** ➛ *Chargement mal réparti.* 3 Étaler dans le temps. *Répartir un programme sur plusieurs années.* ⇒ **échelonner.** 4 Classer, diviser. *On a réparti les élèves en deux groupes de travail.* 5 *SE RÉPARTIR* v. pron. Être réparti, se trouver partagé (d'une certaine manière). ✪ CONTR. Regrouper, réunir. — HOM. ① Repartir.

répartiteur n. m. – XVIIIe 1 littér. Personne qui a pour rôle de répartir qqch. ⇒ **dispensateur, distributeur.** 2 Dispositif permettant de répartir des fluides, des produits. ◆ *Répartiteur de tension,* permettant de créer des dérivations.

répartition n. f. – XIVe 1 Opération qui consiste à répartir qqch. ⇒ **distribution, partage.** *Répartition des tâches entre collaborateurs. Répartition des bénéfices.* ♦ Manière dont une chose se trouve répartie. « *la répartition géographique des voix* » (Mauriac). ◆ *Opération de répartition,* décrivant la formation et la redistribution des revenus. 2 Distribution sur une surface, dans un espace, à l'intérieur d'un volume. ⇒ **disposition ; dispatching, zonage.** ◆ *Répartition des masses dans un tableau.* 3 Classement. *Répartition par âge.*

reparution n. f. – 1948 ■ Fait de reparaître. *Reparution de journaux après la guerre.*

repas n. m. – XIIe ; lat. *pascere* « faire paître, nourrir » 1 Nourriture, ensemble d'aliments divers pris en une fois à heures réglées. *Préparer le repas.* « *Les femmes nous servirent un repas* » (Chateaub.). ♦ Nourriture dont se repaissent les animaux. 2 Action de se nourrir, répétée quotidiennement à heures réglées. *Prendre ses repas chez soi, au restaurant. Repas du matin.* ⇒ ① **petit-déjeuner.** *Repas de midi* (⇒ ② **déjeuner**), *de l'après-midi* (⇒ **collation,** ② **goûter, thé**), *du soir* (⇒ ② **dîner,** ① **souper**). ♦ Le déjeuner ou le dîner. *Je suis chez moi à l'heure des repas.* ♦ Action de se nourrir (en parlant des animaux). *Assister au repas des fauves.* ♦ *Coin-repas :* dans une pièce (cuisine, salle de séjour), espace réservé aux repas.

repassage n. m. – XIVe 1 Opération par laquelle on repasse le linge, les vêtements. *Repassage rapide* (cf. Coup de fer*). *Faire du repassage.* ⇒ **repasser.** 2 Action d'aiguiser, d'affûter (une lame). ⇒ **affûtage, aiguisage.**

repasser v. [1] – XIIe I v. intr. Passer de nouveau ou passer en arrière, retourner d'où l'on vient. *Voulez-vous repasser lundi prochain ?* ⇒ **revenir.** ◆ loc. fam. *Tu repasseras, tu peux repasser !* tu n'auras rien. ◆ « *les images qui passent et repassent sous ses paupières baissées* » (Bernanos). ◆ *Repasser par... :* passer (de nouveau, ou en retournant) par. *Repasser par le même chemin.* ♦ *Repasser derrière qqn,* revoir, vérifier ce qu'il a fait. II v. tr. 1 Franchir, traverser de nouveau ou en retournant. *Repasser les mers.* ♦ *Repasser un examen,* en subir de nouveau les épreuves. 2 Faire passer de nouveau (qqch.). *Repasser un film,* le projeter à nouveau. ♦ Faire passer à nouveau (qqch. à qqn). *Repasser les plats,* les servir à nouveau (aux convives). ♦ Faire passer à nouveau dans son esprit, dans sa mémoire. ⇒ **remémorer.** *Repasser des événements dans son esprit.* 3 fam. Passer (ce qu'on a reçu de qqn d'autre). *Il m'a repassé son rhume.* ⇒ fam. **refiler.** 4 Affiler, aiguiser (une lame). « *Mon père cracha sur sa pierre puis il se mit à repasser le couteau* » (Giono). ⇒ **affûter.** 5 Rendre lisse et net (du linge, du tissu, etc.), donner la forme et l'aspect voulus à (un vêtement froissé), au moyen d'un instrument approprié (fer, cylindre...). ⇒ **défriper.** *Repasser une chemise, un pantalon. Fer à repasser. Planche, table à repasser :* plateau oblong monté sur pied, recouvert de molleton, pour repasser le linge. *Machine à repasser.* ⇒ **repasseuse.** ◆ pronom. *Tissu infroissable qui ne se repasse pas.* 6 Étudier, travailler en revenant plusieurs fois sur le même sujet. « *il repassait ses cahiers d'histoire* » (Flaub.).

repasseur n. m. – XVIIIe ■ Rémouleur. « *Avez-vous des scies à repasser, v'là le repasseur* » (Proust).

repasseuse n. f. – XVIIIe 1 Ouvrière qui repasse le linge, les vêtements. ⇒ **blanchisseuse.** 2 Machine à repasser le linge.

repavage n. m. – XVe ■ Opération par laquelle on repave.

repaver v. tr. [1] – XIVe ■ Paver de nouveau ; remplacer les pavés de. *Repaver une rue.*

repayer v. tr. [8] – XIIe ■ Payer une seconde fois ; payer en supplément.

repêchage n. m. – XIXe 1 Action de repêcher. *Repêchage d'un noyé.* 2 Le fait d'accorder l'admission à (un candidat qui serait normalement éliminé) ; examen supplémentaire qui a lieu à cet effet.

repêcher v. tr. [1] – XIIIe 1 Pêcher de nouveau. ♦ Retirer de l'eau (ce qui y était tombé). « *il a cherché à repêcher la pièce avec une baguette* » (Le Clézio). 2 fam. *Repêcher un candidat,* le recevoir après une épreuve de repêchage. ◆ *Élève repêché à un examen.*

repeindre v. tr. [52] – XIIIe ■ Peindre de nouveau, peindre à neuf. *Repeindre un appartement.* ◆ *Parties repeintes d'un tableau.* ⇒ **repeint.**

repeint n. m. – XIXe ■ Partie d'un tableau qui a été repeinte (soit par l'auteur, soit par un restaurateur). « *l'accord des ocres avec les bleus sombres dont tant de repeints n'ont pas altéré la nuit biblique* » (Malraux).

repenser v. [1] – XIIe 1 v. intr. Penser de nouveau, réfléchir encore plus (à qqch.). *Quand je repense à cette rencontre, j'en ris encore.* 2 v. tr. Reconsidérer d'un point de vue nouveau et examiner plus à fond. *Repenser un projet.* ♦ Revoir, reconsidérer. *L'organisation de l'enseignement doit être repensée.*

repentant, ante adj. – XIIe ■ Qui se repent de ses fautes, de ses péchés. ⇒ **contrit, pénitent.** ✪ CONTR. Impénitent.

repenti, ie adj. – XIIIe ■ Qui s'est repenti de ses fautes, qui a commencé à réparer. *Pécheur, coupable repenti.* ♦ Qui s'est débarrassé d'un vice, d'une mauvaise habitude. *Un buveur, un joueur repenti.* ◆ n. *Un repenti :* ancien terroriste qui accepte de collaborer avec la police. ✪ CONTR. Impénitent.

repentir (se) v. pron. [16] – IXe ; lat. *re-* intensif et *pænitere* « être mécontent de soi » 1 Ressentir le regret (d'une faute), accompagné du désir de ne plus la commettre, de réparer. ⇒ **regretter,** se **reprocher.** ◆ « *Ah ! je me repens, Seigneur, si vous saviez comme je me repens, et ma fille aussi se repent* » (Sartre). 2 Regretter (une action), souhaiter ne pas l'avoir faite. Subir les conséquences désagréables (d'un acte). *Se repentir amèrement d'avoir trop parlé. Il s'en repentira,* se dit par menace.

repentir n. m. – XIIe 1 Vif regret d'une faute accompagné d'un désir de réparation. ⇒ **remords ; contrition.** *Un repentir sincère. Ce vol expié « par toute une vie de repentir, d'abnégation et de vertu »* (Hugo). ◆ *Formules du repentir dans la liturgie catholique.* ⇒ **confiteor, mea-culpa.** 2 Regret (d'une action). 3 Changement apporté, correction faite en cours d'exécution (d'un tableau), à la différence du repeint, fait après coup.

repérable adj. – 1949 ■ Qui peut être repéré. ◆ Se dit d'une grandeur pour laquelle on peut comparer deux valeurs mais dont on ne peut définir ni la somme ni le rapport.

repérage n. m. – XIXe ■ Opération par laquelle on repère. ◆ Recherche préparatoire des lieux où se déroulera le tournage d'un film, d'un reportage. ◆ *Repérage des dessins,* pour la reproduction en couleurs.

repercer v. tr. [3] – XVIe 1 Percer de nouveau. 2 Découper à jour suivant un tracé. ◆ *Ouvrage d'orfèvrerie repercé.*

répercussion n. f. – XIVe 1 Le fait d'être renvoyé, répercuté. ⇒ **réflexion, renvoi.** *Répercussion d'un son* par l'écho. 2 Effet indirect ou effet en retour. ⇒ **contrecoup, incidence, retentissement.** *Les répercussions d'une décision, d'une crise économique.* ⇒ **retombée.**

répercuter v. tr. [1] - XIVe ; lat. *re* « en arrière » et *percutere* « frapper » 1 Renvoyer dans une direction nouvelle (un son, une image). *Échos répercutés par les montagnes.* ♦ fam. Transmettre. *Répercuter un ordre.* ➛ Faire supporter (une charge financière). *Répercuter une taxe sur les prix.* 2 SE RÉPERCUTER v. pron. Être renvoyé. *Un cri « se répercutant indéfiniment à travers les couloirs »* (Le Clézio). ♦ Se transmettre, se propager par une suite de réactions. *Les effets de la fatigue se répercutent sur le moral.*

reperdre v. tr. [41] - XIIe ▪ Perdre (ce qu'on a gagné) ; perdre de nouveau. *Il a tout reperdu au poker.* ➛ *J'ai reperdu les kilos que j'avais pris.* ✪ HOM. *Reperds :* repaire (repairer), repère (repérer).

repère n. m. - XVIe ; de *repaire*, sous l'infl. du lat. *reperire* « trouver » 1 Marque qui sert à retrouver un emplacement, un endroit pour faire un travail avec précision, localiser un phénomène. *Menuisier qui trace des repères.* ⇒ **repérer.** 2 Tout ce qui permet de reconnaître, de retrouver une chose dans un ensemble. *Cette date me sert de repère.* ♦ POINT DE REPÈRE : objet ou endroit précis reconnu qui permet de se retrouver. 3 En mathématiques, Système d'axes permettant de définir les coordonnées d'un point du plan ou de l'espace. ✪ HOM. Repaire.

❏ Pour le e accentué, penser au verbe *repérer*. → repaire (rem.).

repérer v. tr. [6] - XVIIe 1 Marquer, signaler par un repère, des repères. ⇒ **borner, jalonner.** 2 Trouver, reconnaître, et spécialt Situer avec précision, en se servant de repères ou par rapport à des repères. *Repérer l'ennemi.* ➛ *SE REPÉRER* v. pron. Reconnaître où l'on est, grâce à des repères. ⇒ se **retrouver,** se **situer.** *Je me repère facilement dans cette ville. Je n'arrive pas à me repérer dans cette histoire.* 3 fam. Découvrir (qqch.) ; reconnaître ou retrouver (qqn). *Il avait repéré un restaurant à proximité. « Deux marlous que je filais, et qui m'avaient repéré »* (Romains). *Se faire repérer :* attirer l'attention sur ses activités, être découvert (de qqn qui a qqch. à cacher). ➛ pronom. *Des défauts qui se repèrent au premier coup d'œil.* ✪ HOM. Repairer ; *repère :* reperds (reperdre).

répertoire n. m. - XVe ; lat. *reperire* « trouver » 1 Inventaire méthodique où les matières sont classées dans un ordre qui permet de les retrouver facilement. *Répertoire alphabétique.* ♦ *Répertoire de jurisprudence. Répertoire des métiers.* 2 Liste des pièces, des œuvres qui forment le fonds d'un théâtre. *Le répertoire de la Comédie-Française.* ➛ Pièces d'une certaine catégorie. *Le répertoire classique.* ♦ L'ensemble des œuvres qu'un acteur, qu'un musicien a l'habitude d'interpréter. ➛ *Tout un répertoire d'injures.*

répertorier v. tr. [7] - 1906 1 Inscrire dans un répertoire. ⇒ **lister.** *Répertorier des informations.* 2 Dénombrer et classer. *Il a répertorié tous les cas graves.*

répéter v. tr. [6] - XIIIe ; lat. *repetere* « chercher pour reprendre » I - 1 Dire, exprimer de nouveau. ⇒ **redire, réitérer.** *Les buveurs « répétaient leur refrain immonde avec un redoublement de gaieté »* (Hugo). *Répéter un mot plusieurs fois.* ➛ *Il nous l'a répété cent fois.* ➛ loc. *Il ne se l'est pas fait répéter :* il ne s'est pas fait prier. ➛ *Je te répète que c'est inutile. « J'ai dit et répété que je ne croyais pas aux romans historiques »* (Duham.). 2 Exprimer, dire (ce qu'un autre a dit). *Je ne fais que répéter ses paroles.* ⇒ **citer, rapporter.** *Répéter un secret.* ⇒ **raconter, rapporter.** *Ceci ne doit pas être répété.* ⇒ **ébruiter.** 3 Reproduire (un bruit, une image). *Les miroirs répétaient son image.* ⇒ **réfléchir.** *« la fanfare du clairon, répétée par l'écho des rochers »* (Chateaub.). ➛ Reproduire dans un ordre déterminé, régulier. *Répéter un motif décoratif.* ➛ *Répéter une instruction informatique.* ⇒ **itérer.** 4 Recommencer. *Répéter les expériences.* ⇒ **multiplier, refaire, réitérer, renouveler.** ➛ *Des tentatives répétées.* 5 Redire ou refaire pour s'exercer, pour fixer dans sa mémoire. ⇒ **apprendre, repasser.** *« les leçons qu'on répétait très haut, tous ensemble »* (Daudet). *Répéter son rôle.* ➛ *Les comédiens sont en train de répéter* (⇒ **répétition).** II Réclamer. *Répéter des dommages et intérêts.* III *SE RÉPÉTER* v. pron. 1 Recommencer, redire les mêmes choses sans nécessité. ⇒ **radoter.** *« on doit consentir à se répéter, si l'on ne veut pas dire des bêtises »* (Gide). 2 Être répété. *Un motif décoratif qui se répète.* ⇒ **revenir.** ➛ *Coups répétés.* ⇒ **redoublé.** ♦ Se reproduire. *Passe pour une fois, mais que cela ne se répète pas !* ⇒ se **renouveler.**

répéteur n. m. - 1953 ▪ Organe qui amplifie le courant passant sur une ligne téléphonique (relais amplificateur).

répétiteur, trice n. - XVIIe 1 Personne qui explique à des élèves la leçon d'un professeur, les fait travailler. *« Suzanne servirait de répétitrice au candidat bachelier »* (Aragon). 2 n. m. Appareil qui répète, reproduit les indications d'un autre appareil. *Répétiteur de signaux.*

répétitif, ive adj. - 1962 ▪ Qui se répète. ⇒ **itératif.** *Une tâche répétitive et monotone.*

répétition n. f. - XIVe I - 1 Fait d'être dit, exprimé plusieurs fois. ⇒ **redite.** *« J'admirais, dans* Andromaque, *combien Racine se laisse peu gêner par la répétition des mêmes mots »* (Gide). *Répétitions continuelles, lassantes.* ⇒ **rabâchage, radotage ; refrain, rengaine.** ➛ *Chercher un synonyme pour éviter les répétitions.* ♦ *Ce morceau de musique « est une sorte de rengaine à répétitions cycliques »* (Robbe-Grillet). 2 Fait de recommencer. ⇒ **recommencement, réitération.** *« des intérêts émoussés, refroidis par leur répétition et leur multitude »* (Chateaub.). *La répétition d'une faute.* ⇒ **rechute, récidive.** ♦ *Armes à répétition,* pouvant tirer plusieurs coups sans être rechargées. ➛ fam. *Des angines à répétition,* qui se répètent trop souvent. 3 Fait de répéter, de travailler à plusieurs reprises pour s'exercer. *Répétition d'un numéro de music-hall.* ➛ Séance de travail ayant pour but de mettre au point les divers éléments d'un spectacle. *« Ennui agaçant, nerveux, d'une répétition, où les rôles ne sont pas sus »* (Goncourt). ➛ *Répétition des couturières.* ⇒ **couturière.** *Répétition générale.* ⇒ **générale.** ➛ abrév. fam. *RÉPÈTE.* 4 vieilli Le fait d'aider un élève à faire un travail, leçon particulière. *« Il gagnait sa vie en donnant des répétitions »* (R. Rolland). II *Répétition de l'indu :* action par laquelle la personne qui a payé par erreur peut demander le remboursement de ce qu'elle ne devait pas.

répétitivité n. f. - 1970 ▪ Caractère répétitif. *La répétitivité de certaines tâches.*

repeuplement n. m. - XVIe ▪ Action, fait de repeupler. *Le repeuplement d'une région désertée.* ⇒ **repopulation.** ➛ *Repeuplement d'un étang.* ➛ *Repeuplement d'une forêt en résineux.* ⇒ **reboisement, reforestation.** ✪ CONTR. Dépeuplement.

repeupler v. tr. [1] - XIIIe ▪ Peupler (un endroit qui a été dépeuplé). *Les immigrants repeuplèrent ce pays.* ➛ pronom. *La ville s'est repeuplée.* ♦ Regarnir d'animaux. *Repeupler un étang.* ⇒ **aleviner, empoissonner.**

♦ Regarnir de plantes, de végétation. *Repeupler une forêt.* ✪ CONTR. Dépeupler.

repiquage n. m. - XIXe 1 Action de repiquer (1°). *Repiquage de salades.* ➛ *Repiquage bactériologique.* 2 Action de repiquer (3°). ♦ *Repiquage d'une photo,* action de la retoucher, son résultat. ♦ Impression supplémentaire sur un imprimé déjà fait. ♦ *Repiquage d'un enregistrement ancien* (pour en améliorer la qualité). ➛ La copie ainsi obtenue.

repiquer v. tr. [1] - XVIe 1 Mettre en terre, planter (des plants provenant de semis, de pépinière). ⇒ **replanter.** *Repiquer des œillets.* ➛ Transporter (une culture bactériologique) sur un nouveau milieu. 2 Piquer de nouveau. « *elle défaisait et repiquait tranquillement les plumes de son chapeau* » (R. Rolland). 3 *Repiquer une chaussée,* la remettre de niveau en remplaçant les pavés. ♦ Faire des retouches à (une photographie). ♦ Faire un nouvel enregistrement de ; faire un double de. *Repiquer une cassette.* 4 intrans. fam. Revenir à qqch. « *Toi, évidemment, qui aurais repiqué comme simple soldat* » (Romains). *Repiquer au truc :* recommencer.

répit n. m. - XVIe ; lat. *respectum* « regard en arrière, égard, délai » ■ Arrêt d'une chose pénible ; temps pendant lequel on cesse d'être menacé ou accablé par elle. *Je n'ai pas un instant de répit.* ➛ loc. SANS RÉPIT : sans arrêt, sans cesse. ⇒ **continuellement.** « *les obus se suivaient sans répit, broyant mètre par mètre la terre ravagée* » (Dorgelès).

❑ *Répit* est le doublet de *respect.*

replacer v. tr. [3] - XVIIe 1 Remettre en place, à sa place. ⇒ ① **placer.** *Replacer une vertèbre. Replacer une pipe dans son étui.* ⇒ ① **ranger.** ➛ *Replacer une histoire dans son époque.* ➛ pronom. *Se replacer dans les mêmes conditions.* 2 Mettre à, dans une nouvelle place. *Replacer ses employés.* ⇒ fam. **recaser.** ✪ CONTR. Déplacer.

❑ Ne pas confondre avec *remplacer* « mettre à la place de ».

replanter v. tr. [1] - XIIe 1 Planter de nouveau dans une autre terre. ⇒ **repiquer, transplanter.** *Replanter des boutures en pleine terre.* 2 Repeupler de végétaux. *Replanter une forêt en résineux.* ✪ CONTR. Déplanter.

replat n. m. - XVe ■ Partie plate en épaulement. ⇒ **plateforme.** *Un sentier « qu'ils suivirent jusqu'au second replat d'en haut »* (Ramuz).

replâtrage n. m. - XVIe 1 Réparation faite avec du plâtre. *Replâtrage d'un mur.* 2 Arrangement fragile, maladroit. « *replâtrages, compromis sans bonne foi, mythes périmés et repeints à la hâte* » (Sartre).

replâtrer v. tr. [1] - XVe 1 Plâtrer de nouveau. *Replâtrer un mur.* 2 Arranger d'une manière sommaire, fragile, maladroite.

replet, ète adj. - XIVe ; lat. *repletus* « rempli » ■ Qui est bien en chair, qui a assez d'embonpoint. ⇒ **dodu, grassouillet, potelé, rondelet.** « *un homme court et replet, la tête à la fois socratique et porcine* » (Goncourt). ✪ CONTR. ① Maigre, maigrichon.

❑ Même famille étym. que *complet* et *pléthorique.*

réplétif, ive adj. - XVIIe ■ Qui sert à remplir. *Injection réplétive.*

réplétion n. f. - XIIIe ■ État de l'organisme dont l'estomac est surchargé d'aliments. ⇒ **satiété.** *Sensation de réplétion.*

repleuvoir v. impers. [23] - XVIe ■ Pleuvoir de nouveau.

repli n. m. - XVIe I - 1 Bord plié une ou deux fois. ⇒ **ourlet.** *Repasser le repli d'un ourlet avant de le coudre.* 2 Pli, ondulation profonde ou qui se répète. « *on ne sait quel repli perdu d'un vallon très sauvage* » (Hugo). ♦ *Replis de l'intestin.* 3 Mouvements sinueux des reptiles. ⇒ **nœud.** « *Sa croupe* [du monstre] *se recourbe en replis tortueux* » (Rac.). 4 Partie dissimulée, secrète. ⇒ **recoin.** *Les replis de l'âme.* II - 1 Action de se replier. « *La pitié n'est qu'un secret repli sur nous-mêmes* » (Chamf.). 2 Retraite volontaire des armées sur des positions prévues. *Mouvement de repli.* « *les estafettes motocyclistes porteuses d'ordre de repli* » (Cl. Simon). ➛ *REPLI STRATÉGIQUE,* qui fait partie d'un plan de bataille ; recul, retraite. 3 Recul, diminution. *Un net repli des exportations. Repli des cours boursiers.* ⇒ **baisse.** ✪ CONTR. Avance, avancée. Augmentation.

repliable adj. - XIXe ■ Qui peut être replié. *Couteau à lame repliable.*

réplication n. f. - mil. XXe ■ Mécanisme par lequel le matériel génétique se reproduit continuellement sous la même forme. ⇒ **duplication.**

repliement n. m. - XVIIe 1 Action de replier. 2 Fait de se replier sur soi-même. ⇒ **autisme, introversion.** ✪ CONTR. Déploiement, expansion.

replier v. tr. [7] - XVIe 1 Plier de nouveau (ce qui avait été déplié). *Replier un journal.* ♦ Plier plusieurs fois. *Replier ses manches.* ⇒ **retrousser.** 2 Ramener en pliant (ce qui a été étendu, déployé). *Replier ses ailes. Replier un parachute.* ➛ *Il s'endort les jambes repliées.* 3 SE REPLIER v. pron. Rentrer en soi-même. ⇒ se **renfermer.** *Se replier sur soi-même.* 4 Ramener en arrière, en bon ordre. *Replier des civils loin du front.* ➛ *Troupes repliées.* ➛ pronom. Se retirer, reculer en bon ordre. « *nous vîmes tous les avant-postes des Russes se replier et rentrer dans la redoute* » (Mérimée). ⇒ se **rabattre.** ✪ CONTR. Déplier. Épancher (s'). Avancer.

réplique n. f. - XIVe I - 1 Réponse vive, faite avec humeur et marquant une opposition. ⇒ **repartie, riposte.** ➛ Objection. *Argument sans réplique.* ⇒ **péremptoire.** ➛ Protestation à un ordre. ⇒ **discussion.** *D'un ton qui n'admet pas de réplique.* 2 Texte qu'un acteur doit dire en réponse aux paroles qui lui sont adressées ; chaque élément du dialogue. *Dire une réplique.* ♦ loc. DONNER LA RÉPLIQUE : dire l'élément du dialogue indiquant à l'acteur qu'il doit parler à son tour. ➛ Lire, réciter un rôle pour permettre à un acteur de dire le sien. 3 Personne qui donne la réplique. *Demander une réplique pour passer une audition.* II - 1 Chacune des œuvres d'un artiste reprenant exactement le même sujet. 2 Œuvre semblable à un original. ⇒ **copie, double, reproduction.** *Les répliques romaines des statues grecques.* 3 Chose ou personne qui semble être le double, l'image d'une autre. ⇒ **clone, jumeau, sosie.** « *il était une vivante réplique de son frère* » (Mart. du G.). 4 Nouvelle secousse sismique succédant à un important séisme.

répliquer v. tr. [1] - XIIIe ; lat. *replicare* « replier, plier en arrière », « renvoyer » 1 Répondre vivement en s'opposant. *Répliquer à une objection.* 2 RÉPLIQUER QQCH. À QQN : répondre à qqn par une réplique. ⇒ ① **repartir, rétorquer.** *Que pouvais-je lui répliquer ? Il lui répliqua qu'il n'en ferait rien.* 3 Répondre avec vivacité, en s'opposant ; répondre avec insolence. « *Elle aimait à le piquer, et il répliquait vertement* » (R. Rolland). ➛ Protester contre un ordre. ⇒ **contester.** *Qu'on ne réplique pas !* 4 Répondre en action à une attaque. ⇒ **riposter.** 5 v. pron. *SE RÉPLIQUER :* se reproduire sous la même forme (⇒ **réplication**).

reploiement n. m. - XIIe ■ littér. Repliement. *Le reploiement des bras.* ➛ Recueillement, retour sur soi-même. ✪ CONTR. Déploiement.

replonger v. [3] – XVIe **1** v. tr. Plonger de nouveau. « *Elle avait déjà replongé son bras* » (Zola). ➙ pronom. *Se replonger dans l'eau.* ♦ Remettre. *Replonger un pays dans l'anarchie.* ⇒ **enfoncer.** ➙ pronom. « *il voulait se replonger dans le beau songe* » (Proust). **2** v. intr. *Il replongea dans la piscine.* ➙ « *replongeant chaque soir avec complaisance dans le flot de la foule* » (Camus). ♦ fam. Récidiver.

répondant, ante n. – XIIIe **1** Personne qui se rend garante pour qqn. ⇒ **caution.** « *Il fallait pour être initié avoir des répondants, des cautions* » (Volt.). ♦ fam. *Avoir du répondant :* avoir de l'argent derrière soi ; avoir le sens de la repartie. **2** n. m. Celui qui devait répondre aux objections dans la soutenance d'une thèse.

répondeur, euse adj. et n. m. – XIIe **1** Qui a l'habitude de répondre, de répliquer aux ordres et aux remontrances. « *Je n'étais point répondeuse, je ne connaissais pas la colère* » (Sand). **2** n. m. *Répondeur (téléphonique) :* appareil capable de répondre, au moyen d'un enregistrement sur bande, aux appels téléphoniques en l'absence du destinataire. *Répondeur-enregistreur,* auquel le correspondant peut dicter un message qui est enregistré. ♦ Dispositif installé sur un satellite, capable de répondre automatiquement aux messages.

répondre v. [41] – Xe ; lat. *respondere* « s'engager en retour » **I** v. tr. dir. et ind. **1** RÉPONDRE À QQN *:* faire connaître en retour sa pensée, son sentiment (à la personne qui s'adresse à vous). *Répondre oralement à un journaliste. Il ne répondait que par oui ou par non. Répondre sèchement. Répondre à qqn par retour du courrier.* ➙ *Répondre d'un signe de la tête.* ♦ Se défendre verbalement. ⇒ **répliquer, riposter.** *Je saurai lui répondre.* ➙ Raisonner, se justifier lorsque le respect commande le silence. ⇒ **récriminer.** *Enfant qui répond à son père.* **2** RÉPONDRE À QQCH. *:* faire une réponse (à telle ou telle chose). *Répondre à une question. Répondre à une lettre.* ♦ Opposer une réponse, une défense. *Répondre à des critiques.* ⇒ **réfuter.** ♦ Se faire entendre tout de suite après. « *une tempête de cris à laquelle répond un ouragan de bravos* » (Goncourt). *La flûte répond au violon.* ♦ Se manifester à l'appel de (qqn) ; réagir (à un appel, un stimulus). *Nous avons sonné, personne ne nous a répondu.* ➙ *Répondre au téléphone.* ➙ *Répondre à une convocation,* y aller. ♦ *Répondre à l'appel de qqn,* faire ce qu'il attend de vous. **3** RÉPONDRE QQCH. À QQN OU À QQCH *:* dire ou écrire (sa pensée, son opinion à celui qui la sollicite ou s'adresse à vous), dire en réponse (à qqch.). « *Que répondrez-vous à cette enfant, Perdican ?* » (Muss.). ➙ *Il n'y a rien à répondre à cela.* ⇒ **objecter.** fam. *Bien répondu.* ➙ *Il lui répondit :* « *C'est votre faute* ». *Le soldat ou l'élève répond présent à l'appel.* ➙ « *Eh bien ! ce n'est pas ma faute, répondit-elle* » (Sand). ➙ « *Il me répond de prendre des vacances* » (Céline). ➙ « *elle lui répondait qu'elle n'avait rien contre lui* » (Zola). ⇒ **répliquer, rétorquer.** ➙ « *On ne prend que les orphelins, lui fut-il répondu* » (Duham.). **II** v. tr. ind. RÉPONDRE À. **1** Être en accord avec, conforme à (une chose). « *Sa voix répondait exactement à sa physionomie* » (Romains). ⇒ **correspondre.** *Répondre à une attente,* se dit d'une personne, d'une chose qui est conforme à ce qu'on attendait d'elle. « *ces crises de fraternité répondent à un besoin aussi violent que la faim* » (Maurois). « *Le bonhomme répond au signalement qu'on vous en avait donné ?* » (Bernanos). **2** Payer de retour, par un comportement semblable, ou une attitude marquant la compréhension, l'accord. *Répondre à la force par la force.* ⇒ **opposer.** *Ne pas répondre à la provocation.* ➙ *Répondre à un salut.* ⇒ **rendre.** « *Une répugnance naturelle m'empêcha longtemps de répondre à ses avances* » (Rouss.). **3** Produire les effets attendus. ⇒ **réagir.** *L'organisme répond aux excitations du milieu extérieur.* ⇒ **obéir.** *Les freins ne répondent plus.* **4** Correspondre symétriquement. *Courbe qui répond à une autre.* « *les parquets de chêne mosaïqués répondaient aux plafonds à caissons peints* » (Tournier). **III** v. tr. ind. RÉPONDRE DE... **1** S'engager en faveur de (qqn) envers un tiers. « *Je réponds des miens* » (Balz.). ➙ *Je réponds pour lui auprès de ses créanciers.* ♦ Se porter garant. *Répondre de l'innocence de qqn.* ⇒ **garantir.** ➙ *Répondre (de la vie) d'un malade,* affirmer que le malade est hors de danger. ➙ Constituer une garantie. *Mon intérêt vous répond de moi.* **2** S'engager en affirmant. ⇒ **assurer, garantir.** *Je ne réponds de rien :* je ne vous garantis rien. ➙ loc. *Ne plus répondre de rien :* s'avouer incapable de maîtriser la suite des événements. « *Mais je vous en réponds, c'est moi qui vous le dis* » (Proust). **3** Être garanti par un engagement volontaire ou responsable devant la loi, la société, la morale. ✪ CONTR. Demander, interroger, questionner.

répons n. m. – XIIIe ; lat. *responsum* ▪ Chant sur des paroles empruntées aux Écritures, exécuté par un soliste et répété en entier ou en partie par le chœur.

❑ Ne pas confondre les *répons* et les *réponses* que fait l'enfant de chœur au prêtre qui célèbre la messe.

réponse n. f. – XIIe **1** Ce qu'on dit en retour à la personne qui vous a posé une question, fait une demande, ou s'est adressée à vous ; ce qui annule une question en complétant la partie logiquement incomplète. *Réponse à une question. Notre demande est restée sans réponse. Réponse d'un jury.* ⇒ **verdict.** *Réponse affirmative, négative. Réponse évasive.* ➙ *Un enfant* « *qui crie et bave pour toute réponse* » (Rouss.). ➙ loc. *Réponse de Normand,* exprimée en termes ambigus. *Avoir réponse à tout :* avoir de la repartie ; faire face à toutes les situations. *Faire les demandes et les réponses :* monologuer. ♦ Ce qu'on écrit pour répondre. *Le moyen* « *de lui faire porter une lettre et d'avoir sa réponse* » (Proust). *En réponse à votre lettre.* ♦ Dans la fugue, Reprise du sujet. **2** Solution, explication apportée à une question par le raisonnement, par un dogme ou une science. *Discuter par demandes et par réponses.* ⇒ **dialectique. 3** Justification, réfutation qu'on oppose aux attaques, aux critiques de qqn. « *Par là je trouve réponse à toutes les objections* » (Pasc.). ➙ loc. *Droit de réponse :* droit pour toute personne nommée ou désignée par un média de répondre dans le même média. ♦ Attitude qu'on oppose à celle qu'une personne a envers vous. ⇒ **réaction, riposte.** « *la grande réponse qu'on doit faire aux outrages, c'est la modération et la patience* » (Mol.). **4** Réaction de qqn à un appel. *J'ai frappé à la porte, mais pas de réponse.* ♦ Réaction (d'un mécanisme) aux commandes. *Temps de réponse.* ⇒ **retard.** ♦ Réaction transitoire d'un système organique excitable provoquée par un agent étranger à ce système. « *Une des fonctions principales des centres nerveux est de donner une réponse appropriée aux excitations qui viennent du milieu extérieur* » (Carrel). ♦ *Réponse immunitaire :* capacité de produire des anticorps ou d'activer des lymphocytes. ✪ CONTR. Demande, question. — HOM. Raiponce.

repopulation n. f. – XVe ▪ Augmentation d'une population après une période de dépopulation. ⇒ **repeuplement.**

report n. m. – XIXe **1** Opération par laquelle un spéculateur vend au comptant à un capitaliste (⇒ **reporteur**) des titres, des devises ou des marchandises qu'il lui rachète en même temps à terme pour la liquidation suivante. ➙ (opposé à *déport*) Écart positif d'un cours sur le marché à terme par rapport au cours du comptant. 2 Le fait de reporter, de renvoyer à plus tard. *Report de la date d'une conférence.* ⇒ **renvoi.** *Report d'incorporation pour le service national.* ⇒ **sursis.** ♦ Fixation de l'ouverture d'une liquidation à une date antérieure à celle qu'une décision précédente avait déjà fixée. 3 Le fait de transcrire sur un autre document. ⇒ **transcription.** ➜ Opération qui consiste, dans un compte, à reporter un nombre en tête d'une colonne ; le nombre ainsi reporté. ➜ *Report à nouveau :* reliquat des résultats d'un exercice, sans affectation, et reporté au bilan de l'année suivante. ♦ Transport d'un dessin sur un autre support. *Impression en report.* ♦ Mode de pari où l'on reporte la somme gagnée sur un autre numéro, un autre cheval. 4 Action de voter au second tour d'une élection pour un candidat qui a obtenu un meilleur score que celui pour qui on avait voté d'abord. *Le report des voix s'est bien effectué.*

reportage n. m. – XIXe 1 Œuvre d'un journaliste qui témoigne de ce qu'il a vu et entendu. *Faire un reportage. Reportage photographique.* « *Quel reportage, quelle photo, rivaliserait avec un alunissage, avec un hold-up télévisé* » (Malraux). 2 Métier de reporter. ♦ Genre journalistique ou littéraire qui consiste à faire des *reportages.*

① **reporter** v. tr. [1] – XIe I - 1 Porter (qqch., un être sans mouvement) à l'endroit où il était. ⇒ **rapporter, remporter.** *Elle* « *fit l'évanouie et se fit reporter sur son lit* » (Rac.). 2 Faire revenir en esprit à une époque antérieure. *Ce souvenir nous reporte à l'hiver dernier.* pronom. *Il se reportait à l'époque où il était heureux.* II - 1 Transcrire sur un autre document, un autre registre. *Reporter un nombre en haut d'une colonne.* 2 Faire une opération de report sur. *Faire reporter des titres.* 3 Renvoyer à plus tard. ⇒ **remettre.** *Reporter une cérémonie d'une semaine.* ⇒ ① **repousser.** 4 *REPORTER SUR :* appliquer à une chose, une personne (ce qui revenait à une autre). « *Il avait reporté sur cet enfant le besoin de dévouement dont son cœur débordait* » (R. Rolland). *Reporter sa voix sur un autre candidat.* pronom. *Son choix s'est reporté sur un autre produit.* ➜ Miser (un gain) sur un nouveau numéro, un nouveau cheval. ♦ *Reporter à* (qqn) : en référer à, dans une hiérarchie. 5 *SE REPORTER* v. pron. Se référer (à qqch.). *Reportez-vous au chapitre II.*

② **reporter** [ʀ(ə)pɔʀtɛʀ ; ʀ(ə)pɔʀtœʀ] n. – XIXe ; mot angl., de *to report* « relater » ■ Journaliste spécialisé dans le reportage, qui fait un reportage. ⇒ **correspondant, envoyé** (spécial), **reporteur.** *Grand reporter.* « *un reporter, qui cherchait à l'interviewer sur sa vie* » (R. Rolland). ➜ Recomm. offic. *reporteur.*

❑ Ce mot a d'abord été employé comme terme anglais par Stendhal dans *Promenades dans Rome* (1829).

reporteur n. m. – XIXe 1 Personne qui, dans une opération de report, achète au comptant des titres et les revend à terme. 2 Ouvrier qui reporte les dessins. *Reporteur lithographe.* 3 Recomm. offic. pour ② *reporter**. ➜ *Reporteur d'images :* journaliste chargé de recueillir des éléments d'information visuels.

repos n. m. – XIe 1 Le fait de se reposer ; le temps pendant lequel on se repose. *Prendre du repos :* se reposer. ⇒ **délassement, pause, récréation.** *Jour de repos. Être de repos :* être en congé légal. *Repos hebdomadaire, annuel.* ⇒ **congé, vacance.** *Un repos bien mérité. Maison de repos :* clinique où des gens malades, surmenés se reposent. ♦ loc. *Le repos du guerrier :* femme, épouse disponible et compréhensive. ♦ L'une des positions militaires réglementaires, moins rigide que le garde-à-vous. ➜ Commandement ordonnant cette position. ♦ *Laisser périodiquement la terre en repos.* ⇒ **friche, jachère.** 2 Immobilité, inaction. « *L'entendement une fois exercé à la réflexion ne peut plus rester en repos* » (Rouss.). ➜ *Point de repos :* valeur du courant et de la tension de sortie de l'élément actif d'un amplificateur qui n'est soumis à aucune stimulation. ♦ *AU REPOS :* immobile. *Deux yeux* « *d'une fixité de bœuf au repos* » (Zola). *Machine au repos.* ➜ État d'un corps qui est immobile par rapport à un système de référence. 3 État d'une personne que rien ne vient troubler, déranger. ⇒ **paix, tranquillité.** *Il ne peut trouver le repos. Laisser qqn en repos. Avoir la conscience en repos,* tranquille. ➜ loc. adj. *DE TOUT REPOS :* qui ne donne aucune inquiétude. ⇒ **sûr.** *C'est une situation de tout repos.* ⇒ **sinécure.** ♦ Moment de calme. ⇒ **accalmie, détente, répit.** 4 littér. *Troubler le repos des morts,* violer leur tombe ; insulter leur mémoire. ➜ *Le repos éternel :* l'état de béatitude des âmes qui sont au ciel. 5 Endroit d'une mélodie où se termine une phrase musicale. ➜ Pause rythmique ou syntaxique, dans un texte. ⇒ ② **coupe.** *Repos dans un vers.* ⇒ **césure.** 6 Petit palier entre deux marches d'un escalier. ✪ CONTR. ① Travail, effort, mouvement. Agitation, ② trouble.

reposant, ante adj. – XVIe ■ Qui repose. ⇒ **apaisant, délassant.** *Cette idée me semble* « *reposante et réconfortante* » (Duham.). ✪ CONTR. Fatigant.

repose n. f. – XVIIe ■ Pose (d'un élément, d'un appareil précédemment enlevé). *Dépose et repose d'un radiateur.*

reposé, ée adj. – XIIe ■ Qui s'est reposé ; qui ne présente plus de traces de fatigue. ⇒ **délassé,** ① **frais.** *Un visage reposé.* ➜ Qui est dans un état de calme, de tranquillité. *Avoir l'esprit libre et reposé.* ♦ loc. adv. *À tête reposée :* à loisir, en prenant le temps de réfléchir. ✪ CONTR. Fatigué, ① las ; agité.

repose-bras n. m. inv. – 1965 ■ Accoudoir de la banquette d'une voiture. ⇒ **appuie-bras.** *Repose-bras central.*

reposée n. f. – XIVe ■ Lieu où un animal se retire et se repose pendant le jour.

repose-pied n. m. – XIXe 1 Appui fixé au cadre d'une motocyclette, où l'on peut poser le pied. 2 Petit meuble bas pour poser les pieds lorsque l'on est assis. *Des repose-pieds.*

① **reposer** v. [1] – X^e ; lat. *pausa* « arrêt, cessation » I v. intr. 1 littér. Dormir. ➜ Être immobile. « *Tout reposait dans un silence et dans un accablement extraordinaires* » (Flaub.). 2 (En parlant d'un mort) Être étendu. ➜ Être enterré. *Ici repose...* ⇒ **ci-gît.** 3 *REPOSER SUR... :* s'appuyer, être établi, fondé sur. ⇒ **poser.** « *Les câbles reposent sur des isolateurs de verre et de porcelaine* » (Le Clézio). ➜ *Raisonnement qui repose sur une hypothèse.* 4 Se dit d'un liquide qu'on laisse immobile afin que les matières en suspension se déposent au fond du récipient. *Laisser reposer du vin.* ♦ *Laisser reposer une pâte,* cesser de la travailler. II v. tr. Chasser la fatigue de. ⇒ **délasser.** *Cette lumière douce repose la vue. Se reposer l'esprit.* III *SE REPOSER* v. pron. 1 Cesser de se livrer à une activité fatigante ; abandonner une position pénible de manière à faire disparaître une sensation de fatigue. ⇒ se **délasser,** se **détendre,** se **relaxer.** « *Repose-toi un peu, sacristi !* » (Maupass.). *Je n'ai pas le temps de me reposer.* ⇒ **souffler.** 2 Se dit de la terre qu'on s'abstient de cultiver afin de lui rendre sa fertilité. 3 Être, vivre dans l'inaction. 4 *SE REPOSER SUR :* faire confiance à (une personne, une chose), se décharger sur (qqn) d'un souci, d'un travail. ⇒ **compter** (sur). « *Tu prends l'habitude de te faire aider et de te reposer sur les autres* » (Gide). ✪ CONTR. Fatiguer, lasser, travailler. Agiter.

❑ Même famille étymologique que *pause.*

② **reposer** v. tr. [1] – XIXe 1 Poser de nouveau (ce qu'on a soulevé). *Reposer un enfant à terre.* ➜ *Reposez* *arme!* commandement militaire. 2 Poser de nouveau (ce qu'on a enlevé) ; remettre en place. *Faire reposer une serrure.* 3 Poser de nouveau (une question, un problème). *Reposer la question de confiance.* pronom. *Le problème se reposera dans les mêmes termes.*

repose-tête n. m. - 1965 ▪ Appuie-tête. *Des repose-tête* ou *des repose-têtes.*

repositionner v. tr. [1] - 1988 ▪ Remettre dans une bonne position.

reposoir n. m. - XVIIe ▪ Support en forme d'autel sur lequel le prêtre dépose le saint sacrement au cours d'une procession. ➤ Meuble sur lequel on place l'hostie consacrée, dans une église, la chambre d'un malade.

repoussage n. m. - XIXe 1 Procédé de modelage à froid qui consiste à taper avec un marteau sur un outil qui imprime un relief à la matière travaillée. 2 Emboutissage mécanique. *Repoussage au tour.*

repoussant, ante adj. - XVIIe ▪ Qui inspire la répulsion, le dégoût ou l'aversion. ⇒ **répulsif.** *Il est d'une laideur repoussante.* « *il était grotesque et repoussant plus encore que pitoyable* » (Hugo). *Saleté repoussante.* ⇒ **dégoûtant, répugnant.** ✪ CONTR. Affriolant, alléchant, appétissant, attirant, attrayant, engageant.

repousse n. f. - XVIIIe ▪ Action de repousser. *Traitement pour la repousse des cheveux.*

repoussé, ée adj. et n. m. - XIXe 1 Façonné par repoussage. *Il faisait* « *de la sculpture sur bois et des cuirs repoussés* » (Proust). 2 n. m. Relief obtenu par repoussage.

① **repousser** v. tr. [1] - XIVe 1 Pousser (qqn) en arrière, faire reculer loin de soi. ⇒ ① **écarter, éloigner.** *Elle* « *le repoussa avec une horreur glaciale* » (France). *Repousser l'ennemi.* ⇒ **refouler.** ➤ *Repousser les attaques.* ♦ Ne pas accueillir, ou accueillir mal. ⇒ **éconduire, rabrouer.** « *tout le monde le tracasse, le repousse et l'avilit* » (Sand). ♦ « *Il n'y a rien en lui qui me repousse ou qui m'attire* » (Muss.). ⇒ **dégoûter.** 2 Pousser (qqch.), écarter brusquement de soi. *Une chaise qu'il avait repoussée du pied.* ➤ pronom. *Les électrons se repoussent.* 3 Façonner par repoussage. 4 Refuser d'accepter, de céder à. ⇒ **rejeter.** « *il repoussa toujours cette idée* » (Aragon). *Repousser les conseils.* ⇒ **décliner.** « *Votre demande d'augmentation est repoussée* » (Zola). *Repousser un projet.* 5 Remettre à plus tard. ⇒ ② **différer,** ① **reporter.** *Repousser un rendez-vous.* ✪ CONTR. Attaquer ; céder. Accueillir, attirer ; accepter, admettre.

> ❑ L'emploi au sens de « remettre à plus tard » est critiqué, *repousser* étant uniquement spatial ou figuré.

② **repousser** v. intr. [1] - XVIIe ▪ Pousser de nouveau. « *Où mon cheval a passé, l'herbe ne repousse pas* » (paroles d'Attila, cité par A. Berthelot).

repoussoir n. m. - XVe 1 Outil servant à extraire des chevilles, des clous. ➤ Ciseau qui sert dans le repoussage. ♦ Petite spatule pour repousser la peau sur les ongles. 2 Élément du tableau au ton plus vigoureux, qui met en valeur un autre élément, ou produit, par contraste, un effet de profondeur. ♦ Chose ou personne qui en fait valoir une autre par opposition. « *chercher un repoussoir pour mettre en valeur sa beauté et son éclat* » (Tournier).

répréhensible adj. - XIVe ; lat. *reprehendere* « blâmer » ▪ Qui mérite d'être repris, blâmé, réprimandé. *Un acte, une conduite répréhensible.* ⇒ **blâmable, condamnable.** ✪ CONTR. Irrépréhensible, irréprochable.

reprendre v. [58] - XIIe I v. tr. 1 Prendre de nouveau (ce qu'on a cessé d'avoir ou d'utiliser). *Reprendre le volant. Reprendre les armes.* « *Le plateau de Mont-Saint-Jean fut pris, repris, pris encore [...] Cette lutte dura deux heures* » (Hugo). *Reprendre son bien.* ⇒ **recouvrer.** *Reprendre sa liberté. Reprendre ses esprits :* revenir à soi. *Reprendre des forces.* « *ce moment délicieux où l'on reprend haleine* » (Huysm.). ♦ Prendre (ce qu'on avait donné). « *Rendez-moi, lui dit-il, mes chansons et mon somme, Et reprenez vos cent écus* » (La Font.). ➤ Prendre (ce qu'on a vendu) et en rembourser le prix. *Article ni repris, ni échangé.* 2 *Reprendre de* (qqch.), en prendre une seconde fois. « *Quand on aime bien quelque chose, il me semble qu'on n'a qu'une idée : c'est d'en reprendre* » (Anouilh). *Reprendre d'un plat.* ⇒ se **resservir.** 3 Prendre de nouveau (qqn qu'on avait abandonné ou laissé échapper). ⇒ **rattraper.** *Il a été repris par la police.* ➤ Employer, admettre de nouveau. *Cet élève ne sera pas repris au collège.* ♦ « *aux heures où la terreur de l'enfer le reprenait* » (Zola). *Voilà que ça le reprend !* il a de nouveau l'attitude étrange qu'il a déjà eue. ♦ *Reprendre qqn à faire qqch.*, le surprendre de nouveau à faire qqch. qu'on n'approuve pas. *On l'a repris à faire des graffitis.* ➤ *On ne m'y reprendra plus :* je ne me laisserai plus prendre. 4 Se livrer de nouveau, après une interruption, à. *Reprendre ses habitudes. Reprendre sa lecture.* ⇒ se **remettre.** ➤ *Reprendre le travail. Nous reprenons à 14 h.* ➤ *Reprendre ses fonctions :* rentrer en fonction. *Reprendre la lutte.* ⇒ **recommencer.** ➤ *La vie reprend son cours,* son évolution normale. ♦ Prendre la parole après un silence, pour dire (qqch.). *Il* « *reprit d'une voix éteinte [...] : Non, je ne vous en veux plus !* » (Flaub.). ➤ « *Vous me donnez une idée, reprenait Mme Desforges* » (Zola). 5 Remettre la main à (qqch.) pour améliorer. *Reprendre un mur.* ⇒ **réparer.** ➤ *Reprendre un vêtement,* y faire une retouche. ➤ *Reprendre un tableau.* ⇒ **retoucher.** *Reprendre un article,* le corriger, le refaire. 6 Adopter de nouveau en adaptant et en renouvelant. *Reprendre une pièce de théâtre,* la rejouer. « *L'idée mère, c'était de reprendre ou de paraître reprendre la politique de Marat* » (Jaurès). ⇒ **continuer.** ♦ Prendre la direction de (un commerce, une entreprise) pour continuer l'activité (⇒ **repreneur**). 7 Redire, répéter. *Ces voix d'enfants* « *reprenaient le deuxième verset du psaume* » (Huysm.). ♦ Récapituler. *Nous allons tout reprendre depuis le début.* 8 Faire à (qqn) une observation sur une erreur, ou une faute qu'il a commise. ⇒ **blâmer, réprimander.** *Le professeur reprend un élève qui se trompe.* ⇒ **corriger.** *Il l'a repris vertement.* ⇒ fam. **rembarrer.** II v. pron. *SE REPRENDRE.* 1 Se ressaisir en retrouvant la maîtrise de soi ou en corrigeant ses erreurs. « *Il fallait que Thérèse eût le temps de se reprendre : c'était la surprise qui avait eu raison d'elle* » (Mauriac). ⇒ **réagir.** ➤ loc. *S'y reprendre à deux fois :* faire deux tentatives. 2 Se remettre à. « *Mon père se reprit à parler* » (Duham.). III v. intr. 1 Se remettre à pousser, retrouver de la vigueur. *Arbre transplanté qui a été long à reprendre.* ⇒ ② **repousser.** ➤ Recommencer à être actif. *Les affaires reprennent.* ⇒ **redémarrer.** 2 Recommencer. *Les cours reprendront demain.* « *pour le cas où la fièvre reprendrait dans la nuit* » (Hugo). ✪ CONTR. Redonner. Laisser, quitter ; cesser. Approuver.

repreneur n. m. - 1986 ▪ Personne qui reprend, rachète une entreprise. *Repreneur d'entreprises en difficulté.*

représailles n. f. pl. - XVe ; lat. *reprehendere* « reprendre » 1 Mesure de violence, illicite en soi, que prend un État pour répondre à un acte également illicite accompli par un autre État. *Attaque effectuée en représailles d'un attentat.* 2 Riposte individuelle à un mauvais procédé. *Ces plaisanteries n'étaient* « *que des représailles exercées sur lui par ses amis* » (Balz.). *Exercer* *des représailles contre qqn :* se venger. ✪ CONTR. Pardon.

❑ Ce mot se trouve parfois au singulier : « *Où fuyait cet homme après cette horrible représaille ?* » (J. Verne). ♦ Pour la liste des noms féminins pluriels en *-ailles* → semailles (rem.).

représentable adj. – XVIIIe ■ Qui peut être représenté, reproduit ou évoqué. *L'évolution d'un phénomène est représentable par une courbe.*

représentant, ante n. – XVIe **I** - **1** Personne qui représente, qui a reçu pouvoir d'agir au nom de qqn. ⇒ **agent, délégué, envoyé, mandataire ; correspondant.** *Le mandat, la mission d'un représentant. Envoyer une représentante. Représentants en justice.* ⇒ ① **avocat, avoué. 2** Personne désignée par un groupe pour agir en son nom. *Représentant du personnel :* membre du comité d'entreprise, délégué du personnel. ♦ Personne élue par le peuple pour le représenter. ⇒ **député, élu,** ① **parlementaire, sénateur. 3** Personne désignée pour représenter un État, un gouvernement, auprès d'un autre. ⇒ **diplomate.** *Représentant accrédité auprès de qqn.* ♦ Personne faisant partie d'une délégation, d'une équipe nationale, dans une réunion internationale. **4** Personne dont le métier est de rendre visite à la clientèle d'une entreprise pour lui proposer des contrats. ⇒ **commercial, commis, courtier, intermédiaire, placier.** *Représentant de commerce.* ⇒ **V. R. P.** *Représentant multicarte.* **II** - **1** Personne, animal, chose que l'on considère comme type (d'une classe, d'une catégorie). ⇒ **modèle.** « *l'un des derniers représentants de cette belle et grande domesticité* » (Balz.). *Chaque représentant d'une espèce.* ⇒ **individu. 2** *Représentant d'une classe d'équivalence,* un élément quelconque de cette classe. ✪ CONTR. (de I) Commettant, mandant.

représentatif, ive adj. – XIVe **1** Qui représente (qqch.) ; qui tient lieu de qqch. ou a pour but de le rendre sensible. *Courbe représentative d'une fonction.* **2** Qui concerne la représentation du peuple par des personnes désignées, pour l'exercice du pouvoir. *Régime représentatif. Assemblée représentative.* ⇒ ① **parlementaire. 3** Qui représente à l'esprit un objet dont il prend connaissance. *Perception, imagination représentative.* **4** Propre à représenter un groupe, qui le représente bien. ⇒ **typique.** *Échantillon représentatif de la population.* ➤ Remarquable dans son genre. *Une figure représentative.*

représentation n. f. – XIIIe **I** - **1** dr. Production, présentation. *Représentation d'acte.* ⇒ **exhibition. 2** Le fait de rendre sensible au moyen d'une image, d'une figure, d'un signe. *Représentation graphique d'une fonction mathématique. Système de représentation des sons musicaux.* ⇒ **notation.** ➤ Action de représenter dans les arts plastiques. *Représentation du visage humain.* ➤ Le fait de représenter par le langage. ⇒ **description, évocation. 3** Image, figure, signe qui représente. ⇒ **emblème, symbole ; diagramme, graphique,** ③ **plan, schéma.** *Une représentation en perspective.* **4** Processus par lequel une image est présentée aux sens. *Les représentations que nous avons du monde existant.* ⇒ **évocation. 5** Le fait de représenter une pièce au public, en la jouant sur la scène. ⇒ **spectacle.** « *L'affiche du Casino mentionnait des représentations* d'Aïda » (Carco). *Première représentation d'une pièce.* ⇒ **première. 6** *Être en représentation :* se faire valoir, se montrer. « *Je me considérai malgré moi en représentation et tout ce que je fis cessa d'avoir l'air vrai* » (Blondin). ♦ Train de vie auquel sont tenues les personnes occupant certaines fonctions. *Frais de représentation.* **II** - **1** Le fait de remplacer (qqn), d'agir à sa place. *Représentation en justice.* ♦ Le fait, dans une succession, de prendre le rang et la place d'un héritier en ligne directe décédé. **2** Action de représenter à l'étranger. *Représentation diplomatique.* ♦ Ensemble des services chargés de cette représentation. ➤ L'ensemble du personnel de ces services. **3** Le fait de représenter (le peuple, la nation), dans l'exercice du pouvoir. ⇒ **délégation, élection, mandat, suffrage.** *Représentation proportionnelle.* ♦ Ensemble des personnes qui représentent le peuple. *La représentation syndicale.* **4** Activité qui consiste à passer des contrats pour le compte d'une maison de commerce ; métier de représentant de commerce. ⇒ **courtage.**

représentativité n. f. – 1954 **1** Caractère d'un organe politique qui représente le peuple, la nation. *La représentativité d'une assemblée.* **2** Caractère d'une personne qui a qualité pour parler ou agir au nom d'une autre. *La représentativité d'un syndicat.* **3** Caractère représentatif. *La représentativité d'un échantillon.*

représenter v. tr. [1] – XIIe ; lat. *præsens* « présent » **I** - **1** Exposer, mettre devant les yeux, montrer. ⇒ **exhiber. 2** Présenter à l'esprit, rendre sensible (un objet absent ou un concept) en provoquant l'apparition de son image au moyen d'un autre objet. ⇒ **évoquer, exprimer.** *Représenter une fonction par une courbe. On représente la Justice par une balance.* ⇒ **symboliser.** ➤ « *On ne peut pas dire que le pronom remplace le nom, il le représente* » (Brunot). ♦ Évoquer ou indiquer par un procédé graphique, plastique. ⇒ **dessiner, exprimer, figurer, peindre, rendre.** *Dessinateur qui représente fidèlement un objet.* ➤ « *Le tableau, dans son cadre de bois verni, représente une scène de cabaret* » (Robbe-Grillet). **3** Faire apparaître à l'esprit par le moyen du langage. ⇒ **décrire, dépeindre.** *On le représente souvent comme un aventurier.* ⇒ **présenter. 4** vx ou littér. Faire observer respectueusement à qqn en mettant en garde ou en reprochant. « *Il représenta au maréchal la nécessité de mettre un terme aux malheurs de la capitale* » (Chateaub.). **5** Rendre présent à l'esprit, à la conscience. « *Ce mot ne lui représentait que l'idée du libertinage le plus abject* » (Stendh.). ➤ *SE REPRÉSENTER (QQCH.) :* former dans son esprit l'image de, évoquer. ⇒ **concevoir,** se **figurer,** s'**imaginer.** *Je découvrais « Paris sous le jour où je me l'étais représenté »* (Carco). « *Je ne pouvais plus me représenter son visage* » (Mauriac). → se **souvenir** (de). *Représentez-vous ma surprise.* ⇒ ① **juger** (de). ➤ *Il se la représentait plus jeune.* **6** Présenter à l'esprit par association d'idées. ⇒ **évoquer, rappeler.** « *Toute sa personne velue représentait un ours* » (La Font.). ➤ Présenter à l'esprit en incarnant, être un bon exemple de. « *Tous avaient conscience de représenter une fraction de la grande force prolétarienne* » (Mart. du G.). ➤ *Cela ne représente pas grand-chose pour un homme si riche.* ⇒ **constituer,** ① **être.** ♦ Équivaloir à. *Cela représente plus d'un million.* **7** Montrer (un spectacle) à un public. *Troupe qui représente une pièce.* ⇒ **donner, interpréter, jouer. 8** intrans. vieilli Donner à autrui une impression d'importance par son attitude. « *L'instituteur, un bel homme qui représentait* » (Maupass.). **II** Tenir la place de qqn, agir en son nom. ⇒ **remplacer.** *Le ministre s'était fait représenter par son chef de cabinet. Pays représenté à l'O. N. U. Représenter en justice.* ⇒ **postuler.** ♦ Être représentant* de commerce pour. « *Il représentait diverses compagnies d'assurances* » (Duham.). **III** Présenter de nouveau. *Représenter une traite.* ♦ *SE REPRÉSENTER* v. pron. Se présenter une deuxième fois. *Se représenter aux élections.* ➤ *Pareille occasion ne se représentera pas de sitôt.* ⇒ **revenir.** « *tout se représente à mon souvenir avec tant de fidélité* » (Balz.).

répresseur n. m. – XIXe ▪ Protéine régulatrice se fixant sur un site opérateur en amont des gènes de structure et inhibant leur transcription.

répressif, ive adj. – XVIIIe ▪ Qui sert à réprimer, réprime. « *Plus la loi sera répressive, plus l'esprit éclatera* » (Balz.).

répression n. f. – XVe ; lat. *reprimere* « contenir » **1** Action de réprimer. ⇒ **châtiment, punition.** *Répression d'un crime.* ♦ Le fait d'arrêter par la violence un mouvement de révolte collectif. *Mesures de répression.* **2** Rejet conscient et volontaire d'une motivation psychologique. **3** Inhibition de la transcription* par la liaison d'une protéine spécifique à un site spécifique sur l'A.D.N.

réprimande n. f. – XVIe ; de *réprimer* ▪ Blâme adressé avec sévérité à une personne sur laquelle on a autorité, pour qu'elle se corrige. ⇒ **admonestation, observation, remontrance, reproche, semonce, sermon ;** fam. **engueulade, savon.** *Faire des réprimandes à qqn.* ➛ Blâme infligé par le tribunal à un mineur. ✪ CONTR. Compliment.

réprimander v. tr. 1 – XVIIe ▪ Blâmer avec autorité, pour amender et corriger. ⇒ **admonester, chapitrer, gronder, houspiller, morigéner, sermonner, tancer ;** fam. **attraper, engueuler, enguirlander ;** pop. **disputer.** *Réprimander un enfant.* ✪ CONTR. Complimenter, féliciter, ① louer.

> ❑ Ce verbe suppose une relation inégale entre les protagonistes (le maître réprimande l'élève, le ministre réprimande le préfet).

réprimer v. tr. 1 – XIIIe ; lat. **1** Empêcher de se développer, de s'exprimer. ⇒ **contenir, contraindre, modérer, refréner.** *Réprimer sa colère, un fou rire.* ➛ « *Elle réprima un petit mouvement des coins de la bouche, mais ne pleura pas* » (Colette). ⇒ **refouler, retenir. 2** Empêcher de se manifester, de se développer. ⇒ **châtier, punir ; répression.** *Réprimer la fraude fiscale. L'insurrection a été réprimée dans le sang.* ✪ CONTR. Exprimer. Permettre, tolérer.

reprint [ʀəpʀint] n. m. – v. 1960 ; mot angl., de *to print* « imprimer » ▪ Réédition par procédé photographique, reproduction anastatique. ➛ Ouvrage ainsi réédité.

repris de justice n. m. inv. – XIXe ; de *reprendre* « blâmer » et *justice* ▪ Individu qui a été l'objet d'une ou de plusieurs condamnations pour infraction à la loi pénale. ⇒ **condamné, récidiviste.** « *ce bar était alors le lieu de rendez-vous de tous les repris de justice* » (Genet).

reprise n. f. – XIIIe **I - 1** Action de reprendre, de prendre ce qu'on avait laissé, donné. ♦ *Droit de reprise :* droit pour les époux de reprendre certains biens à la cessation du régime matrimonial. **2** Action de faire de nouveau après une interruption. *Reprise du travail après une grève. La reprise des hostilités.* ♦ Le fait de jouer de nouveau. *Reprise de « Phèdre » au Français.* ➛ Seconde exécution d'un fragment de morceau de musique prévue par le compositeur. *La reprise des violons.* ♦ loc. adv. *À PLUSIEURS REPRISES :* plusieurs fois. *À maintes reprises, à différentes reprises.* ⇒ **souvent. 3** Partie d'une leçon d'équitation ou de dressage après laquelle le cavalier et le cheval se reposent. ➛ Groupe de cavaliers qui travaillent ensemble. ♦ Partie d'un assaut d'escrime, d'un match de boxe (⇒ **round).** *Combat en dix reprises.* **4** Réfection d'un mur, d'un pilier. **5** Raccommodage d'un tissu. « *Des reprises assez visibles, et faites par une main plus habituée à tenir l'épée que l'aiguille* » (Gaut.). **6** Passage d'un moteur d'un régime peu élevé à un régime supérieur ; capacité d'accélération à bas régime. *Une voiture nerveuse a de bonnes reprises.* **7** Objets mobiliers, équipements divers rachetés par un locataire à la personne qui l'a précédé dans un logement. La somme elle-même. ♦ Rachat par un commerçant d'un matériel usagé à un client qui lui en achète un neuf. *5 000 F de reprise pour votre voiture.* ♦ Rachat (d'une entreprise) pour en continuer l'activité. ⇒ **repreneur. II - 1** Le fait de reprendre vie, vigueur (végétaux). ➛ Le fait de prendre un nouvel essor après un moment d'arrêt, de crise. *La reprise des affaires.* ➛ Retour de l'économie à l'expansion. *Reprise après une récession.* ⇒ **redémarrage. 2** Le fait de recommencer. *La reprise des cours aura lieu en septembre.* ✪ CONTR. ① Don. — Arrêt, interruption.

repriser v. tr. 1 – XIXe ▪ Raccommoder par des reprises. ⇒ **ravauder,** ② **stopper.** *Repriser des chaussettes.*

réprobateur, trice adj. – XVIIIe ▪ Qui marque, exprime la réprobation. *Ton réprobateur.* ⇒ **désapprobateur, improbateur.** ✪ CONTR. Approbateur, approbatif.

réprobation n. f. – XVe ; lat. *reprobare* « réprouver » **1** Jugement de Dieu à l'encontre des pécheurs impénitents. ⇒ **malédiction. 2** Désapprobation vive, sévère. ⇒ **blâme, condamnation.** « *j'englobais dans une même réprobation la magnificence des autels et celle des prêtres* » (Loti). ✪ CONTR. Salut. Justification ; apologie, approbation.

> ❑ Ce mot implique une condamnation absolue de quelque chose qui paraît odieux, beaucoup plus forte que dans la *désapprobation.*

reproche n. m. – XIIe **1** Blâme formulé à l'encontre de qqn, jugement défavorable sur un point particulier, pour inspirer la honte ou le regret, pour amender, corriger. ⇒ **admonestation, objurgation, remontrance, réprimande, semonce.** *Graves reproches. Reproches justifiés, mérités, fondés.* « *Ces jours-là je me fais de grands reproches* » (Duham.). « *Il vint trouver votre père, l'accabla de reproches* » (Muss.). *Faire à qqn le reproche de se dérober.* ➛ Critique, objection, sans blâme moral. « *Le plus mortel reproche que puisse encourir une jeune revue, c'est d'être pudibonde* » (Gide). ➛ Attitude, expression qui laisse entendre qu'on porte un jugement défavorable sur qqch., que l'on blâme la personne à qui on s'adresse ainsi. *Un ton, un air de reproche.* ♦ loc. adj. *SANS REPROCHE(S) :* à qui on ne peut rien reprocher, qui n'a pas de torts. ⇒ **parfait ; irréprochable.** *Bayard, le chevalier sans peur et sans reproche.* ➛ loc. adv. *Soit dit sans reproche :* sans prétendre faire de reproches. **2** littér. Ce qui constitue un reproche. « *Mme de Staël se dresse comme un reproche entre moi et tous mes projets* » (Constant). ✪ CONTR. Compliment.

reprocher v. tr. 1 – XIIe ; lat. °*repropriare* « rapprocher, mettre devant les yeux », « remontrer, représenter » **1** Représenter (à qqn), en le blâmant (une chose condamnable ou fâcheuse dont on le tient pour responsable). « *On peut reprocher une chose non blâmable, par exemple un échec, la pauvreté* » (Alain). ➛ *Je ne vous reproche rien,* se dit pour atténuer une observation qui pourrait être interprétée comme un reproche. ♦ *SE REPROCHER QQCH. :* se considérer comme responsable de qqch. *N'avoir rien à se reprocher.* « *Il se reprochait d'avoir manqué de réflexion* » (Romains). ♦ Critiquer, trouver à redire à (qqch.). « *Ce que je reproche au naturalisme* [...] *c'est l'immondice de ses idées* » (Huysm.). **2** dr. Demander que l'on écarte (un témoin) en invoquant une cause précise. ⇒ **récuser.** « *je reproche et récuse monsieur, parce qu'il est mon ennemi principal* » (Beaum.). ✪ CONTR. Excuser ; complimenter, féliciter.

reproducteur, trice adj. et n. m. – XVIIIe **1** Qui sert à la reproduction, concerne la reproduction animale ou végétale. *Cellules reproductrices.* ⇒ **gamète.** *Organes reproducteurs.* ⇒ **génital, sexuel.** *Glandes reproductrices.* ⇒ **gonade. 2** Qui est employé à la reproduction. *Cheval reproducteur.* ⇒ ① **étalon.** ◆ *Un bon reproducteur.* **3** Qui reproduit. *Imagination reproductrice.* ♦ **n. m.** Appareil qui sert à reproduire un texte, une image. *Reproducteur de microfiches.*

reproductibilité **n. f.** – XVIIIe ■ Possibilité d'être reproduit, de se reproduire. *Reproductibilité des êtres vivants.* ◆ Qualité de ce qui peut être représenté. *Bonne reproductibilité d'un document.*

reproductible **adj.** – XVIIIe ■ Qui peut être reproduit. *Expérience reproductible.*

❑ Attention, *reproductible* signifie « qui peut être fait une seconde fois ». Mais il est possible d'employer ce mot pour « qui peut donner une reproduction de bonne qualité ».

reproductif, ive **adj.** – XVIIIe ■ De la reproduction. *Potentiel reproductif d'un organisme vivant.*

reproduction **n. f.** – XVIIe **I - 1** Fonction par laquelle les êtres vivants d'une espèce produisent d'autres êtres vivants semblables à eux-mêmes ; production d'êtres vivants par la génération. « *La nature, avant tout, veut la reproduction des êtres* » (Muss.). ◆ *Taux de reproduction,* mesurant le remplacement d'une génération par la suivante. **2** Action de se reproduire ou de faire se reproduire. *Rapprochement des animaux mâle et femelle pour la reproduction.* ⇒ **accouplement, coït ; monte, saillie.** *Reproduction par insémination artificielle.* **II - 1** Action de représenter, de donner l'équivalent fidèle de. *La reproduction de la nature par l'art.* ⇒ **imitation.** *Reproduction du son en stéréophonie.* **2** Copie. *Reproduction d'une clé.* **3** Le fait de reproduire (un original), d'en multiplier les exemplaires par un procédé technique approprié. *Reproduction d'un tableau. Droit de reproduction, pour des passages cités. Reproduction interdite, réservée.* ◆ *Le délit de contrefaçon suppose la reproduction matérielle et la mauvaise foi.* ♦ Image, réplique obtenue en partant d'un original, au moyen d'un procédé de reproduction. *Reproductions en couleurs.* « *ces reproductions en faux albâtre qu'on vend dans les magasins-souvenirs* » (Beauv.). **4** Le fait de perpétuer, de se perpétuer, par une production analogue. *La reproduction du savoir, des modèles idéologiques.* **III** *Lois de la reproduction :* schéma décrivant la répétition continue du cycle de production capitaliste.

reproduire **v. tr.** [38] – XVIe **I - 1** Répéter, rendre fidèlement, donner l'équivalent de. *Un récit qui reproduit la réalité.* ⇒ **imiter, représenter ; rendre.** « *une de ces Hollandaises graves et froides que le pinceau de l'école flamande a si bien reproduites* » (Balz.). ◆ *Des phonographes* « *qui reproduisent en grinçant et en nasillant* » (Alain). ⇒ **restituer. 2** Faire que (une chose déjà produite) paraisse de nouveau. *Reproduire une expérience.* ◆ Créer, faire exister des choses semblables ou identiques à. ⇒ **copier.** *Reproduire une clé. Ces arabesques sont* « *moulées en plâtre, ce qui permet de les reproduire à l'infini* » (Gaut.). **3** Constituer une réplique, une image de. *Moulage qui reproduit une statuette romaine.* **4** Perpétuer, répéter. *Il reproduit les erreurs de son prédécesseur.* **II** *SE REPRODUIRE* **v. pron. 1** Produire des êtres vivants par la génération. *Se reproduire par scissiparité, par génération sexuée.* ⇒ **engendrer,** se **multiplier,** se **perpétuer. 2** Se produire de nouveau. ⇒ **recommencer,** se **répéter.** *Faits qui se reproduisent régulièrement. Veillez à ce que cela ne se reproduise plus.*

reprogrammer **v. tr.** [1] – 1975 **1** Refaire le programme informatique de (un problème, une mémoire). **2** Inclure de nouveau dans la programmation d'un cinéma, d'une chaîne de télévision. *Reprogrammer un film.* **3** Pratiquer une manipulation génétique permettant à (une cellule, un organisme) d'accomplir un programme précis.

reprographie **n. f.** – 1963 ; angl., de *repro(duction)* et *(photo)-graphy* ■ Ensemble des procédés de reproduction des documents écrits. ⇒ **duplication, photocopie, xérographie.**

❑ Ce mot est mal formé, *repro...*, de *re + pro(duire),* n'ayant aucun sens.

reprographier **v. tr.** [7] – 1969 ■ Reproduire par reprographie. *Reprographier une circulaire.* ⇒ **dupliquer, photocopier.**

réprouvé, ée **n.** – XVIe ■ Personne rejetée par les hommes, par la société. ⇒ **paria.** « *il se sent le frère de tous les réprouvés* » (Mauriac). ♦ Personne rejetée par Dieu. ⇒ **damné.** ✪ CONTR. Élu, juste.

réprouver **v. tr.** [1] – XIIe ; lat. *reprobare* « rejeter, condamner » **1** Rejeter en condamnant. ⇒ **blâmer, fustiger.** *Des procédés que la morale réprouve.* ♦ *Réprouver l'attitude de qqn.* ⇒ **critiquer, désapprouver.** *Réprouver un projet.* **2** Rejeter et destiner aux peines éternelles. ⇒ **maudire ; damner.** ✪ CONTR. Approuver.

reps [ʀɛps] **n. m.** – XVIIIe ; p.-ê. angl. *rib* « côte » ■ Tissu d'ameublement d'armure toile, à côtes perpendiculaires aux lisières.

reptation **n. f.** – XIXe ; lat. ■ Action de ramper. Mode de locomotion dans lequel le corps progresse sur sa face ventrale, par des mouvements d'ensemble. *Mouvements de reptation d'une couleuvre.*

reptile **n. m.** – XIVe ; lat. *repere* « ramper » **1** Serpent. « *Du reptile tranché, les deux tronçons se tordent* » (Valéry). **2** *LES REPTILES :* classe d'animaux vertébrés tétrapodes (mais dont les membres sont souvent atrophiés ou absents), généralement ovipares, à température variable, à respiration pulmonaire, à peau couverte d'écailles, et dont beaucoup sont venimeux. *Étude des reptiles.* ⇒ **erpétologie.** ◆ Au sing. *Le dinosaure est un reptile fossile.*

❑ Se disait autrefois d'autres animaux dépourvus de pattes (vers, chenilles).

reptilien, ienne **adj.** – XIXe ■ Relatif aux reptiles. *Cerveau reptilien.*

repu, ue **adj.** – XVe ; de *repaître* **1** Qui a mangé à satiété. ⇒ **gavé, rassasié.** *Lion repu.* **2** Assouvi. « *La haine inassouvie et repue à la fois* » (Verlaine). ✪ CONTR. Affamé. Inassouvi.

républicain, aine **adj.** et **n.** – XVIIe **I - 1** Qui est partisan de la république, lui est favorable. *Journal républicain. Convictions républicaines.* ◆ *Il* « *était républicain, sagement, au nom de la justice et du bonheur de tous* » (Zola). ♦ **n.** *Franquistes et Républicains* (pendant la guerre d'Espagne). **2** Relatif à la république, à une république ; de la république. *Constitution républicaine.* ◆ *Compagnies républicaines de sécurité* (⇒ **C.R.S.**). **3** Aux États-Unis, *Le parti républicain :* parti de tendance fédéraliste, libéral et conservateur. ◆ **n.** Membre, électeur de ce parti. *Les Républicains et les Démocrates.* **II** **n. m.** Oiseau qui édifie des nids sous un abri commun. ⇒ **tisserin.** ✪ CONTR. Aristocratique, autocratique, monarchique ; monarchiste, royaliste.

républicanisme **n. m.** – XVIIIe ■ vieilli Doctrine, opinions des partisans de la république. « *la profonde disgrâce où nous a jetés notre républicanisme* » (Stendh.).

république **n. f.** – XVIe ; lat. *res publica* « chose publique » **I - 1** Régime d'un État où le pouvoir et la puissance ne sont pas détenus par un seul, et dans lequel le chef de l'État (⇒ **président**) n'est pas héréditaire. « *L'esprit de la république est la paix et la modération* » (Montesq.). *République démocratique, socialiste ; libérale, conservatrice. Républiques populaires,* d'obédience communiste. ◆ fam. *On est en république !* se dit pour protester contre une interdiction, une contrainte. 2 État ainsi gouverné. *La république romaine, La République :* le régime de la Rome antique. ♦ *LA RÉPUBLIQUE FRANÇAISE :* le régime politique français ou la France sous ce régime. « *la troisième république consacrera pour tous les hommes le droit de lire et d'écrire* » (Sartre). ➝ *Liberté, égalité, fraternité, devise de la République. Président de la République.* « *La République nous appelle* » (M.-J. Chénier). ♦ *Les républiques de la Grèce antique* (Athènes, Sparte...). ➝ *La république de Genève.* ➝ *La République argentine.* II - 1 vx État, gouvernement légitime, où le pouvoir exécutif est le « ministre du souverain » (opposé à *dictature, tyrannie*). « *J'appelle donc république tout État régi par des lois, la monarchie elle-même est république* » (Rouss.). 2 vx ou littér. Groupe social. *La république des lettres :* les gens de lettres. ✪ CONTR. Despotisme, monarchie.

❑ Ce mot prend une majuscule lorsqu'il désigne un pays et qu'il est suivi d'un adjectif de nationalité : *la République hellénique* mais *la république du Mali.*

répudiation n. f. - XIVe 1 Action de répudier. 2 Action de rejeter (un sentiment, une opinion) ; son résultat. ⇒ ② **rejet.** 3 Acte par lequel on renonce (à un droit). *Répudiation d'un legs.* ⇒ **renonciation.**

répudier v. tr. 7 - XIIIe ; lat. 1 Dans certaines civilisations, Renvoyer (une épouse) en rompant le mariage selon les formes légales et par une décision unilatérale. *Il fut* « *obligé de répudier Azora, qui était devenue trop difficile à vivre* » (Volt.). 2 Rejeter, repousser. ⇒ **renoncer** (à). « *je répudiai toute opinion personnelle* » (Gide). *Répudier sa foi.* ⇒ **abandonner, renier.** 3 dr. Renoncer volontairement à. *Répudier la nationalité française.* ✪ CONTR. Accepter.

répugnance n. f. - XIIIe 1 Vive sensation d'écœurement, mouvement de recul que provoque une chose très sale ou qu'on ne peut supporter. ⇒ **répulsion.** *Manger qqch. avec répugnance.* ⇒ **dégoût.** *Causer de la répugnance à qqn.* « *les répugnances qui lui soulevaient le cœur* » (Zola). ♦ Vif sentiment de mépris, de dégoût qui fait qu'on évite (qqn, qqch.). ⇒ **horreur.** « *j'aurais la plus grande répugnance à entrer dans une famille qui rougirait de moi* » (Sand). 2 Hésitation, manque d'enthousiasme à l'égard d'une action ou d'une entreprise ; impossibilité ou difficulté psychologique de faire qqch. « *Leur répugnance vaniteuse à laisser leur enfant épouser un ouvrier* » (Zola). ✪ CONTR. Attirance, goût.

répugnant, ante adj. - XVIIe 1 Qui inspire de la répugnance physique. *Taudis d'une saleté répugnante.* ⇒ **dégoûtant.** *Odeur répugnante.* ⇒ **écœurant, fétide, infect.** *Laideur répugnante.* ⇒ **repoussant.** 2 Qui inspire un dégoût moral, intellectuel. *Action répugnante.* ⇒ **abject, détestable, exécrable, hideux.** ➝ « *infâme et répugnant saligaud* » (Céline). ⇒ **ignoble.** ✪ CONTR. Alléchant, désirable, séduisant.

répugner v. tr. 1 - XIIIe ; lat. *pugnare* « lutter » I v. tr. ind. *RÉPUGNER À.* 1 Éprouver de la répugnance pour, être dégoûté par la perspective de. *Un chapeau* « *crasseux au point que je répugnais à m'en couvrir* » (Gide). 2 Inspirer de la répugnance à (qqn) ; faire horreur. *Cette nourriture lui répugne.* ⇒ **dégoûter, déplaire.** ➝ *Il lui répugne d'avoir à quémander.* II v. tr. littér. Dégoûter, rebuter (qqn). *Elle était* « *sale à répugner une paroisse* » (Zola). ✪ CONTR. Attirer, charmer.

répulsif, ive adj. et n. m. - XIVe ; lat. *repellere* « repousser » 1 Qui repousse. *Forces répulsives (électriques ou magnétiques).* 2 littér. Qui inspire de la répulsion. ⇒ **repoussant, répugnant.** 3 n. m. Produit, dispositif, appareil qui repousse. *Répulsif à moustiques.* ✪ CONTR. Attirant, attractif.

répulsion n. f. - XVIIIe 1 Phénomène physique par lequel deux corps se repoussent mutuellement. *Répulsion de l'aimant.* 2 Répugnance à l'égard de qqch. ou de qqn que l'on repousse. ⇒ **dégoût, écœurement.** *Inspirer de la répulsion à qqn.* ⇒ **antipathie, aversion ; phobie.** ✪ CONTR. Attirance, attraction.

réputation n. f. - XIVe 1 Le fait d'être honorablement connu du point de vue moral. ⇒ **gloire ; honneur.** *Compromettre sa réputation. Nuire à la réputation de qqn.* 2 Le fait d'être célèbre, d'être connu pour sa valeur. ⇒ **célébrité, considération, renommée.** *Soutenir sa réputation. Vivre sur une réputation usurpée.* ♦ *Réputation d'une maison de commerce* (⇒ **renom**), *d'une station touristique* (⇒ **vogue**). « *Un chocolat dont la réputation croît sans cesse* » (Brillat-Sav.). 3 Le fait d'être connu honorablement ou fâcheusement. « *Une amie plus âgée, qui avait mauvaise réputation dans le pays* » (Proust). ➝ *Connaître de réputation,* pour en avoir entendu parler. ♦ *RÉPUTATION DE :* le fait d'être considéré comme, de passer pour. « *une réputation d'amateur, de petit musicien de salon* » (Proust). *Il a* « *la réputation de manier supérieurement les armes* » (Rouss.). ✪ CONTR. Décri.

❑ *Réputation* et *renommée* supposent une bonne opinion, ce qui n'est pas nécessairement le cas pour *célébrité.*

réputé, ée adj. - XIVe ■ Qui jouit d'une grande et bonne réputation. ⇒ **célèbre, connu, estimé, fameux, renommé.** *Un des restaurants les plus réputés de la capitale. Un médecin réputé.*

réputer v. tr. 1 - XIIIe ; lat. « compter, évaluer » 1 littér. Tenir pour, considérer comme. ⇒ **croire, regarder** (comme). « *S'il est chaste, on le répute pédéraste ; c'est la règle* » (Flaub.). 2 *ÊTRE RÉPUTÉ* (et attribut) : être tenu pour, considéré comme. *Les* « *sources réputées merveilleuses contre la stérilité* » (Apoll.). ♦ « *Cette portion de la bonne société londonienne, qui est réputée ne pas engendrer la mélancolie* » (P. Benoit).

requalification n. f. - 1908 1 Action de donner une nouvelle qualification. *Requalification et reconversion professionnelle.* ⇒ **recyclage.** 2 Nouvelle qualification d'un fait délictueux. *Requalification de crimes de guerre en crimes contre l'humanité.*

requérant, ante adj. et n. - XIVe ■ Qui demande au nom de la loi, réclame en justice. *La partie requérante dans un procès* (⇒ **demandeur**).

requérir v. tr. 21 - XIIe ; lat. *quærere* « chercher » 1 littér. Demander. ⇒ **solliciter.** *Requérir l'aide de qqn.* 2 Réclamer au nom de la loi. ⇒ **demander, exiger.** *Requérir en justice. Requérir la représentation d'une pièce.* ♦ *Le procureur requiert l'application de la loi,* fait sa réquisition. ➝ Prononcer le réquisitoire. *Le procureur requérait contre X.* ♦ Réclamer pour utiliser en vertu d'un droit légal. *Requérir des civils.* 3 Solliciter, occuper, mobiliser. « *Des soucis continuels requéraient leur double attention* » (Mart. du G.). 4 Exiger comme une nécessité pratique ou logique. ⇒ **nécessiter, réclamer.** *Son état requiert du repos.*

❑ Ce verbe appartient plutôt au style soutenu mais l'adjectif *requis* s'emploie couramment ainsi que le neutre : *cela requiert...* ♦ Attention à ne pas commettre de barbarisme en le conjuguant : futur *je requerrai* (et non *requérirai*), passé simple *ils requirent* (et non *requérirent*).

requête n. f. - XIIe ; a. fr. *requerre* « requérir, prier » 1 Demande instante. ⇒ **instance, prière, sollicitation.** *Requête pour obtenir une grâce.* ⇒ **démarche, placet, supplique.** « *les visiteurs qui ont une requête à faire dans un ministère* » (Sartre). *Satisfaire à une requête.* « *Emprisonné sous l'Ancien Régime à la requête de sa femme* » (Michelet). 2 Acte motivé adressé par écrit à un magistrat. ⇒ **demande, pétition.** ➝ Mémoire produit pour introduire certaines voies de recours devant le Conseil d'État ou la Cour de cassation **(⇒ pourvoi).** ➝ *Maître des requêtes au Conseil d'État*, chargé de présenter avec voie délibérative des rapports sur les affaires qui lui sont soumises. 3 *Requête civile* : voie de recours par laquelle on demande à la juridiction qui a statué de revenir sur une décision que l'on prétend rendue par erreur.

requiem [rekɥijɛm] n. m. inv. – XIIIe ; premier mot lat. de la prière *Requiem æternam dona eis* « donnez-leur le repos éternel » 1 Prière, chant pour les morts, dans la liturgie catholique. *Messe de requiem.* 2 Partie de la messe des morts mise en musique. *Le Requiem de Mozart.*

❑ Ce mot, emprunté directement au latin, se prononce avec un *u* [kɥi], à la différence de *réquisit.* → ① q (rem.).

requin n. m. – XVIe ; p.-ê. norm. *quin* « chien », p.-ê. it. *orca* « orque » 1 Poisson sélacien *(squales)* à corps allongé, de grande taille et très puissant, à nageoire caudale hétérocerque, à bouche largement fendue en arc à la face inférieure de la tête. *Requin commun* ou *requin bleu. Requin pèlerin. Requin blanc mangeur d'hommes. Requin de Méditerranée.* ⇒ **perlon.** *Les dents du requin.* « *les crocodiles et les requins qui passent entre deux eaux la gueule ouverte* » (Céline). ♦ Squale de grande taille. ⇒ **aiguillat, lamie, rochier.** 2 Personne cupide et impitoyable en affaires. ⇒ **rapace, vautour.** *Les requins de la finance.*

❑ L'étymologie populaire fait venir ce mot de *requiem* car quand ce poisson a saisi un homme, il ne reste plus qu'à faire chanter la messe des morts.

requinquer v. tr. [1] – XVIe ; pour *reclinquer* « redonner du clinquant » ▪ fam. 1 Redonner des forces, de l'entrain à (qqn). *Cette semaine à la montagne l'a requinqué.* ⇒ **ragaillardir, remonter, retaper.** 2 pronom. Reprendre des forces, retrouver sa forme, sa bonne humeur. *Elle s'est bien requinquée.*

requis, ise adj. – XIIe 1 Demandé, exigé comme nécessaire. ⇒ **obligatoire, prescrit.** « *Les chefs n'ont pas été capables de la fermeté requise en telle occasion* » (Richelieu). *Vous n'avez pas l'âge requis.* 2 Qui a été mobilisé pour un travail, par réquisition. *Travailleur requis.* ➝ n. m. Travailleur requis par l'armée d'occupation allemande en France pendant la guerre 1939-1945.

réquisit [rekwizit] n. m. – 1907 ; lat. *requisitum* « ce qui est requis » ▪ Ce qui est exigé par l'esprit pour obtenir un résultat. ⇒ **exigence.** *Les réquisits d'une démarche scientifique.*

❑ Pour la prononciation → ① q (rem.).

réquisition n. f. – XIIe ; lat. *requirere* « requérir » 1 Requête à un tribunal, demande incidente à l'audience. *Sur la réquisition de la partie civile, du président.* 2 Acte par lequel le ministère public demande au juge l'application de la loi pour un prévenu déféré devant la justice. ⇒ **réquisitoire ; plaidoirie.** 3 Opération par laquelle l'Administration exige une prestation d'activité, ou une remise de biens. « *les écrasantes réquisitions de la République* » (Balz.). *Réquisition de véhicules. Réquisition de la force armée,* par laquelle les autorités civiles utilisent la force armée pour le maintien de l'ordre ou du fonctionnement d'un service public.

réquisitionner v. tr. [1] – XVIIIe ▪ Se procurer par voie de réquisition ; faire une réquisition. *Le maire a réquisitionné des locaux pour les réfugiés.* ♦ Utiliser par réquisition les services de. ⇒ **requérir.** *Ils* « *parcourent le pays en vue de réquisitionner des hommes pour le chemin de fer, et de s'emparer d'eux par tous les moyens* » (Gide). ➝ fam. Utiliser d'office, d'autorité. ⇒ **mobiliser.** *Je vous réquisitionne pour m'aider.*

réquisitoire n. m. – XIVe 1 Réquisition (2°). 2 Développement oral, par le représentant du ministère public, des moyens de l'accusation. « *Justement, vous étiez en train de terminer votre réquisitoire. Quelle péroraison ! D'une concision, d'une violence, d'une aigreur !* » (Aymé). ♦ Discours, texte qui accuse qqn. « *Son discours s'achève sur un bref mais foudroyant réquisitoire contre les grands journaux* » (Lecomte). ✪ CONTR. Plaidoirie. Dithyrambe, plaidoyer.

réquisitorial, iale, iaux adj. – XVIIIe ▪ Qui tient du réquisitoire. *Plaidoyer réquisitorial.*

R. E. R. [ɛrøɛr] n. m. – v. 1970 ; sigle de ***R****éseau **e**xpress **r**égional* ▪ Métro régional desservant Paris et sa région. *Prendre le R. E. R.*

resaler [r(ə)sale] v. tr. [1] – XIVe ▪ Saler de nouveau, saler (ce qui n'est pas assez salé).

❑ Pour le *s* unique → ① s (rem.).

resalir [r(ə)saliʀ] v. tr. [2] – XIXe ▪ Salir de nouveau.

❑ Pour le *s* unique → ① s (rem.).

resarcelé, ée [rəsarsəle] adj. – XVIIe ; o. i. ▪ Se dit d'une pièce honorable dont le bord présente un filet d'émail particulier placé à une distance du bord égale à sa propre largeur.

rescapé, ée adj. et n. – XIIe ; forme du Hainaut pour *réchappé* ▪ Qui est réchappé d'un accident, d'un sinistre. ⇒ **indemne, sauf, sauvé.** ♦ n. ⇒ **survivant.** « *des déportés, des rescapés des camps d'extermination* » (Malraux). ✪ CONTR. Victime.

rescindant, ante [resɛ̃dɑ̃ ; rəsɛ̃dɑ̃, ɑ̃t] adj. et n. m. – XVIe 1 Qui donne lieu à la rescision, qui rescinde. 2 n. m. Instance qui a pour but la rétractation de la décision attaquée. *Le rescindant et le rescisoire de la requête civile.*

rescinder [resɛ̃de ; rəsɛ̃de] v. tr. [1] – XVe ; lat. *scindere* « couper » ▪ Déclarer de nul effet (un jugement, une convention). → **annuler, casser.**

rescision [resizjɔ̃] n. f. – XVe ▪ Annulation d'un contrat ou d'un acte pour cause de lésion.

rescisoire [resizwaʀ] adj. et n. m. – XIIIe 1 Rescindant. 2 n. m. Instance qui suit le rescindant et qui a pour objet de faire juger à nouveau la contestation tranchée par le jugement rétracté.

rescousse n. f. – XIIe ; lat. *excutere* « arracher » 1 Fait de reprendre à l'ennemi le navire ou les biens qu'il a pris. 2 *À LA RESCOUSSE* : au secours, à l'aide. *Venir à la rescousse de qqn.*

rescrit n. m. – XIIIe ; lat. *scribere* « écrire » 1 Réponse de l'empereur aux questions adressées par les gouverneurs des provinces, les magistrats. 2 Ordonnance, décret du roi, de l'empereur. 3 Lettre du pape (⇒ ② **bref,** ① **bulle)** portant décision d'un procès, d'un point de droit.

réseau n. m. – XIIe ; de *rets* 1 vieilli Tissu à mailles très larges ; filet. ⇒ aussi **lacis.** « *Ses cheveux étaient enveloppés d'un réseau de soie* » (ACAD.). ⇒ **résille.** ♦ Fond d'une dentelle à mailles de forme géométrique. 2 Ensemble de lignes, de bandes entrecroisées plus ou moins régulièrement. ⇒ **entrelacement, entrelacs.** *Réseau de fils de fer barbelés.* ⇒ **enchevêtrement.** ♦ Ensemble de vaisseaux, de nerfs qui se ramifient ou s'entrecroisent. ⇒ **lacis, plexus.** « *ces yeux où le sang dessinait de minces réseaux* » (Green). ➝ Ensemble des conducteurs électriques disposés entre deux points, formant des mailles et des nœuds. ⇒ **circuit.** *Analyse et synthèse des réseaux.* ➝ *Réseau logique* *programmable :* ensemble de fonctions logiques élémentaires interconnectées pour constituer des fonctions complexes. **3** Bonnet des ruminants. **4** *Réseau de diffraction :* dispositif constitué par une plaque transparente ou par une surface métallique qui diffracte les ondes électromagnétiques. ➛ *Réseau cristallin :* disposition régulière des éléments des corps cristallisés. **5** Ensemble des lignes, des voies de communication, des conducteurs électriques, des canalisations, qui desservent une même unité géographique, dépendent de la même compagnie. « *Le drainage prévoyait un réseau de tranchées* » (Tournier). *Réseau de chemins de fer. Réseau routier :* ensemble des routes (d'un pays, d'une région). *Réseau téléphonique. Les abonnés d'un réseau. Réseau de télévision* (stations émettrices et relais). **6** Répartition des éléments d'une organisation en différents points ; ces éléments ainsi répartis. « *Le réseau des sociétés secrètes commençait à s'étendre sur le pays* » (Hugo). ♦ Organisation clandestine. « *Rien de ce qui concerne l'occupant n'échappe à nos réseaux* » (de Gaulle). **7** Ensemble d'ordinateurs et de terminaux interconnectés pour échanger des informations numériques. *Réseau local d'une entreprise.* ➛ *Réseau de neurones :* interconnexion d'un ensemble de neurones* formels pour résoudre un problème d'intelligence artificielle. ➛ *Réseau sémantique :* ensemble de processeurs interconnectés pour former une base de connaissance.

résection [resɛksjɔ̃] **n. f.** – XVIIe ; lat. « taille de la vigne » ▪ Opération chirurgicale qui consiste à couper, à retrancher. ⇒ **ablation, amputation, décapsulation, excision, exérèse.** *Résection articulaire.*

réséda **n. m.** – XVIe ; lat. *sedare* « calmer » **1** Plante à fleurs blanchâtres ou jaunâtres disposées en grappes, répandue en Europe et dans le bassin méditerranéen. « *l'odeur fade du réséda* » (Verlaine). **2** Couleur d'un vert jaunâtre. ➛ **adj. inv.** *Des uniformes réséda.*

réséquer [reseke] **v. tr.** [6] – XIXe ; lat. *secare* « couper » ▪ Enlever par résection. ⇒ **amputer.**

réserpine **n. f.** – 1959 ; lat. *r(auwolfia) serp(ent)in(a)* ▪ Alcaloïde extrait de la racine du rauwolfia, utilisé comme régulateur du système nerveux central.

réservataire **adj.** et **n. m.** – XIXe ▪ *Héritier réservataire,* qui a droit à la réserve légale.

réservation **n. f.** – v. 1930-1935 **1** Le fait de réserver une place. *Confirmer, annuler une réservation.* **2** Ticket attestant qu'on a réservé une place mais qui ne constitue pas un titre de transport.

> ❑ Cet emprunt à l'anglais a fait l'objet d'une longue polémique, les puristes préférant *location de places* qui évoque une nuance différente (versement d'argent).

réserve **n. f.** – XIVe **I - 1** Clause restrictive qu'on ajoute afin de ne pas se trouver lié par une obligation. ➛ *Faire, émettre des réserves sur un projet,* ne pas lui donner son approbation pleine et entière, émettre des doutes à son propos. *Nouvelle donnée sous toutes réserves,* sans garantie, sans engagement. ➛ *Sous réserve :* sous condition. « *Je vous ai communiqué à ce moment-là quelques premières impressions, sous réserve* » (Romains). ➛ loc. *Sous réserve de :* en se réservant le droit ; en mettant à part. « *c'est fort bien en gros et sous réserve de quelques objections* » (Duham.). **2** Ce qui est réservé à qqn ; ce qu'une personne s'est réservé. *Réserve héréditaire, réserve légale* ou *réserve :* portion d'une succession que la loi réserve à certains héritiers. ➛ Partie d'une chasse réservée au propriétaire. **3** Exception, restriction. SANS RÉSERVE : entièrement, sans restriction, sans réticence. *Une admiration sans réserve.* **II** Attitude, qualité qui consiste à ne pas se livrer indiscrètement, à ne pas s'engager imprudemment, à se garder de tout excès dans ses propos. ⇒ **circonspection, discrétion, prudence, retenue.** « *La chaste réserve des vierges* » (Gide). ➛ *Être, se tenir sur la réserve :* garder une attitude réservée. *Il m'a paru « un peu sur la réserve, quoique cordial »* (Ste-Beuve). ♦ *Obligation, devoir de réserve :* devoir des agents de l'État d'exprimer leurs opinions avec discrétion. **III - 1** Quantité accumulée de manière qu'on puisse en disposer et la dépenser au moment le plus opportun. ⇒ **provision.** *Réserves de munitions.* ⇒ **approvisionnement, stock.** *Puiser dans ses réserves. Réserves monétaires.* ♦ Bénéfice non distribué, conservé à disposition de l'entreprise jusqu'à décision contraire. *Réserve légale,* obligatoire dans une société anonyme, une société à responsabilité limitée. ➛ au plur. *Réserves obligatoires :* fraction du montant des valeurs inscrites à leur bilan que les banques doivent laisser en compte non rémunéré à la Banque centrale. ➛ *Réserves de changes :* moyens de règlement internationaux détenus par la Banque centrale. ♦ Ensemble des substances accumulées dans les tissus, qui peuvent être utilisées pour la nutrition. *Le glycogène du foie et des muscles représente une réserve de glucides pour l'organisme.* ♦ Quantité non encore exploitée. *Réserves et ressources en hydrocarbures.* **2** *Avoir, garder, mettre, tenir qqch. en réserve,* de côté. « *une image tenue en réserve pendant tant d'années* » (Proust). ➛ *Ils ont des vivres de réserve.* ➛ *Équipe de réserve, dans un club sportif.* **3** *Les réserves :* troupe non engagée, qu'on garde disponible pour intervenir au moment voulu. ➛ *Armée, corps de réserve.* ♦ LA RÉSERVE (opposé à *l'armée active*) : portion des forces militaires d'un pays qui peut être rappelée sous les drapeaux. Temps pendant lequel les citoyens d'un pays sont mobilisables. **IV - 1** Lieu affecté à la conservation d'êtres ou de choses que l'on veut conserver. ➛ Partie d'une forêt, qu'on laisse croître en haute futaie. ➛ *Réserve naturelle :* territoire soumis à un régime spécial pour la protection de la flore et de la faune. ⇒ **parc.** *Réserve zoologique.* ➛ *Réserve de pêche, de chasse,* où la pêche, la chasse sont interdites. ➛ Territoire réservé aux aborigènes dans des pays où ils ont été presque exterminés. *Réserve indienne.* **2** Ensemble des livres précieux d'une bibliothèque publique, qu'on ne peut consulter sans autorisation spéciale. **3** Local qui sert à entreposer, à garder. ⇒ **entrepôt, magasin.** ➛ Dépôt des œuvres d'art d'un musée qui ne sont pas exposées. ⇒ **magasin.** **4** Partie laissée en blanc dans une œuvre graphique, une peinture. ♦ Surface qu'une substance protectrice soustrait à l'action d'un acide, d'un colorant. ✪ CONTR. (du II) CONTR. Audace, familiarité, hardiesse, impudence.

réservé, ée **adj.** – XIIe **I - 1** Qui a été réservé, mis à part, dans un contrat. ➛ Qui a été attribué à qqn exclusivement. *Tous droits de reproduction, de traduction et d'adaptation réservés pour tous pays.* ➛ *Cas réservés :* péchés que seul l'évêque, le pape peut absoudre. **2** Dont l'usage ou l'accès est réservé. « *l'emplacement réservé aux autos du ministère* » (Simenon). ♦ Consacré, destiné (à un usage particulier). *Salle réservée aux réunions.* ➛ *Chasse réservée.* ⇒ **gardé, privé.** ➛ *Quartier réservé,* de prostitution. « *les filles des rues réservées de Marseille* » (Mac Orlan). **3** Que l'on a retenu, que l'on a fait mettre de côté. *Table réservée* (au restaurant). **4** *Cotation réservée,* qui n'a pu être effectuée, sur une valeur, à cause du déséquilibre entre l'offre et la demande. **II** Qui fait preuve de retenue, de réserve. ⇒ **circonspect,** ① **discret.** *Jeune homme « d'un abord froid, silencieux, réservé comme un Genevois »* (Balz.). *Il s'est montré très réservé.* ➛ « *Les façons étaient réservées, froides, polies* » (Hugo). ✪ CONTR. Libre. — Audacieux, effronté, expansif, familier.

réserver v. tr. [1] – XIIe ; lat. **1** Mettre à part, dans un contrat, (un droit qu'on pourra invoquer plus tard). **2** Attribuer, destiner exclusivement ou spécialement à qqn. *On vous a réservé ce bureau.* ♦ pronom. « *Il se réservait* [...] *une pièce large et haute où il pouvait recevoir les visiteurs* » (Chardonne). ➝ *Se réserver la possibilité de changer d'avis.* **3** S'abstenir d'utiliser immédiatement (ce qu'on veut garder pour une meilleure occasion). ⇒ **économiser, épargner.** *Ils* « *étaient d'avis de réserver leur effort pour quelques réceptions* » (Romains). ➝ pronom. *Se réserver de* : conserver pour l'avenir la possibilité de (faire qqch.). « *Là-dessus il partit, se réservant de voir venir les événements* » (Courtel.). **4** Mettre à part, mettre de côté pour qqn. *L'agence de voyages réservera votre billet.* ➝ Faire mettre à part (ce qu'on veut trouver disponible). *Réserver une table dans un restaurant.* ⇒ **retenir. 5** Destiner (qqch. à qqn). *Le sort qui nous est réservé.* ♦ Être destiné à procurer, à donner ; faire que (qqch.) arrive à qqn. *La vie réserve bien des surprises. Les peines que la loi réserve aux criminels.* ➝ (emploi critiqué) *Réserver un bon accueil à qqn.* ⇒ ① **ménager. 6** Laisser en blanc. *Réserver les lumières dans une aquarelle.* **7** SE RÉSERVER v. pron. Ne pas s'engager, afin de rester disponible. *Je n'ai pas accepté ces offres, je préfère me réserver pour une meilleure occasion.* ⇒ **attendre.** ➝ vieilli Rester vierge. *Elle se réserve pour son époux.* ♦ Ne pas manger ou manger peu, pour garder de l'appétit. ✪ CONTR. Dépenser.

réserviste n. m. – XIXe ▪ Homme de l'armée de réserve. *Les appelés et les réservistes.*

réservoir n. m. – XVIe **1** Bassin où un liquide peut être gardé en réserve. ⇒ **étang, lac** (artificiel). *Réservoir creusé dans le sol ; réservoir d'eau en tôle, en maçonnerie.* ⇒ **château** (d'eau), **citerne, cuve.** « *il n'y avait plus d'eau dans les rivières, ni dans les réservoirs* » (Le Clézio). ♦ Récipient destiné à contenir des produits liquides ou gazeux, et à les garder un certain temps. *Réservoirs d'une raffinerie de pétrole.* « *Réservoirs d'huile, réservoirs d'essence, tout est crevé* » (St-Exup.). *Réservoir d'une automobile.* ♦ Caisse immergée, bassin où l'on conserve des poissons, des crustacés vivants. ⇒ **vivier. 2** Réserve. *L'inconnu* « *est le réservoir et la source de toute épouvante* » (France). *Pays qui constitue un réservoir de main-d'œuvre.* ♦ *Réservoir d'infection* : organisme hébergeant des micro-organismes infectieux.

résidant, ante adj. – XIIIe ▪ Qui réside (en un lieu). ⇒ **habitant.** ♦ *Membre résidant d'une académie* (opposé à *correspondant*). ✪ HOM. Résident.

> ❑ Pour le sens → résident (rem.).

résidence n. f. – XIIIe **1** Séjour effectif et obligatoire en un lieu ; obligation de résider. *La résidence d'un magistrat.* ➝ Durée de ce séjour. ♦ *Être assigné à résidence.* **2** Le fait de demeurer habituellement dans un lieu ; ce lieu. ⇒ **demeure, habitation, séjour.** « *le pacha a fixé sa résidence à Tripolezza* » (Chateaub.). ➝ Lieu où une personne habite effectivement durant un certain temps (ou a un centre d'activités), sans y avoir nécessairement son domicile. *Résidence principale.* **3** Lieu construit, généralement luxueux, où l'on réside. ⇒ **demeure, logement, maison.** « *les soins habituels aux résidences princières* » (Loti). ♦ *Résidence secondaire* : maison de vacances, de week-end. ♦ Groupe d'immeubles résidentiels assez luxueux. *La Résidence du parc.* ➝ *Résidence pour personnes âgées.* **4** Charge de résident ; lieu où habite un résident, où se tiennent ses services. *La Résidence de Rabat* (à l'époque du protectorat).

> ❑ *Cité* évoque un ensemble d'immeubles de moindre standing que *résidence*.

résident, ente n. et adj. – XIIIe **I** n. **1** Diplomate envoyé par un État auprès d'un gouvernement étranger. *Ministre résident.* **2** Haut fonctionnaire placé par l'État protecteur auprès du souverain de l'État sous protectorat. **3** Personne établie dans un autre pays que son pays d'origine. ⇒ **étranger.** *Les résidents espagnols en France.* **4** Personne qui réside dans un ensemble d'habitations. *Les résidents d'une cité universitaire.* **II** adj. Qui est à demeure dans la mémoire d'un ordinateur. *Programme résident.* ✪ CONTR. Non-résident. — HOM. Résidant.

> ❑ Ne pas confondre avec le participe présent et l'adjectif *résidant* : *les résidents espagnols en France, les Espagnols résidant en France, les membres résidants d'une académie.*

résidentiel, ielle adj. – 1933 ▪ Propre à l'habitation, à la résidence. ♦ Relatif aux ensembles d'habitations de luxe. *Immeubles, quartiers résidentiels d'une ville.*

résider v. intr. [1] – XIVe ; lat. *sedere* « être assis » **1** Être établi d'une manière habituelle dans un lieu ; y avoir sa résidence. « *ces tristes contrées où l'homme n'a jamais résidé* » (Buff.). **2** Avoir son siège, exister habituellement. « *Le principe de toute souveraineté réside essentiellement dans la Nation* » (DÉCLAR. DR. HOM.). ➝ *La difficulté réside en ceci.* ⇒ **consister,** se **situer.**

> ❑ Pour le participe présent → résident (rem.).

résidu n. m. – XIVe ; lat. *residere* « rester » **1** Ce qui reste. « *Mendier des résidus de tabac* » (Céline). ♦ Reste sans valeur, inutilisable, plus ou moins répugnant ; déchet. ⇒ **détritus, rebut ; ordure. 2** Ce qui subsiste. *L'absurde* « *est seulement un résidu de l'expérience de ce monde* » (Camus). **3** Ce qui reste après une opération physique ou chimique. ➝ *Résidus de fission* : produits directs de fission ou de leur désintégration. ♦ Constituant élémentaire d'une macromolécule biologique. **4** *Méthode des résidus,* par laquelle on retranche d'un effet ce qui résulte de lois ou d'éléments connus, pour réduire le phénomène logique à un reste ou pour prouver un rapport de causalité entre deux phénomènes.

> ❑ S'emploie au Québec au sens de « reliquat (d'un compte) », sens devenu archaïque en France au milieu du XVIIe s.

résiduaire adj. – XIXe ▪ littér. Qui constitue un résidu, un dépôt. « *les eaux résiduaires échappées des abattoirs* » (Huysm.).

résiduel, elle adj. – XIXe **1** Qui forme un reste, un résidu. *Résistance résiduelle,* qui subsiste aux basses températures. ♦ *Relief résiduel,* qui n'a pas été atteint par l'érosion. **2** Qui persiste, reste malgré les efforts faits pour l'éliminer. *Fatigue résiduelle.*

résignataire n. – XVIe ▪ Personne à qui on a résigné un office, un bénéfice. ⇒ **bénéficiaire.**

résignation n. f. – XIIIe ▪ Le fait d'accepter sans protester ; tendance à se soumettre, à subir sans réagir. ⇒ **renoncement, soumission.** « *L'insouciance tient au désespoir ou à la résignation* » (Balz.). *Résignation à l'injustice.* ➝ *Un soupir de résignation. Endurer, subir qqch. avec résignation.* ✪ CONTR. Lutte, protestation, révolte.

résigné, ée adj. et n. – XVIIe ▪ Qui accepte avec résignation, se soumet. « *Louise, passive, résignée, a accepté ce malheur* » (R. Rolland). ✪ CONTR. Révolté.

résigner v. tr. [1] – XIIIe ; lat. *signum* « sceau » **I** v. tr. littér. Abandonner (un bénéfice, un office) en faveur de qqn. ⇒ se **démettre.** *Il* « *résigna tous ses emplois, quitta le gouvernement* » (Balz.). ⇒ **démissionner. II** v. pron. **1** SE RÉSIGNER À (qqch.) : accepter sans résister. ⇒ **consentir,** se **plier,** se **résoudre,** se **soumettre.** « *Avancer en âge* [...] *c'est connaître ses limites et s'y résigner* »

(Mauriac). *Elle ne s'est pas résignée à perdre la partie.* 2 Adopter une attitude d'acceptation ; se soumettre. ⇒ **abdiquer, céder, s'incliner.** ✪ CONTR. Insurger (s'), révolter (se).

résiliation n. f. – XVe ■ Acte ou jugement par lequel il est mis fin à (un contrat). ⇒ **annulation, résolution.** *Résiliation d'un bail.*

résilience n. f. – 1906 ; lat. ■ Rapport de l'énergie cinétique absorbée nécessaire pour provoquer la rupture d'un métal, à la surface de la section brisée.

résilient, iente adj. – 1932 ■ Qui a une certaine résistance au choc.

résilier v. tr. 7 – XVIe ; lat. *resilire* « sauter en arrière, se retirer » ■ Dissoudre (un contrat). *Résilier un engagement.*

résille n. f. – XVIIIe ; lat. *rete* « filet » 1 Filet à brins épais dans lequel on enserre des cheveux longs. ♦ Ouvrage de passementerie, filet à mailles serrées. ▬ *Des bas résille :* bas de femme en filet. 2 Réseau des plombs d'un vitrail.

résine n. f. – XIIIe ; lat. « gomme » 1 Produit collant et visqueux, à cassure vitreuse, de couleur jaune ou brune ; sécrétion de cicatrisation qui exsude de certains végétaux. « *le mastic, une liqueur à la résine de lentisque* » (Cendrars). ♦ *Résine du pin.* ⇒ **galipot, gemme.** *La récolte de la résine se fait par incision des troncs.* « *rondins de pin pleurant la résine d'or* » (Colette). 2 Corps chimique extrait de la résine brute par distillation. 3 Composé utilisé dans la fabrication des matières plastiques. ⇒ **polymère.** *Résines naturelles, de synthèse. Dent artificielle en résine.*

résiné, ée adj. et n. m. – XVIe ■ *Vin résiné,* contenant de la résine de pin. n. m. « *Jacques s'envoie son bol de résiné* » (Queneau). ✪ HOM. Raisiné.

résiner v. tr. 1 – XIVe ■ Enduire de résine. ♦ Récolter la résine de (un arbre). ⇒ **gemmer.** ✪ HOM. Raisiné.

résineux, euse adj. et n. m. – XVIe 1 Qui produit de la résine (⇒ **résinifère**), une résine. *Arbres résineux.* 2 n. m. pl. Arbres qui produisent de la résine. ⇒ **conifère.** 3 Propre à la résine ; qui rappelle la résine. « *une substance résineuse et aromatique* » (J. Verne).

résinier, ière n. et adj. – XIXe 1 Ouvrier, ouvrière qui récolte la résine des pins. 2 adj. Relatif à la résine. *L'industrie résinière.*

résinifère adj. – XIXe ■ Qui produit de la résine. ⇒ **gemmifère, résineux.**

résipiscence [ʀesipisɑ̃s] n. f. – XVe ; lat. *sapere* « savoir » ■ Reconnaissance de sa faute avec amendement. ⇒ **regret, repentir.** *Amener qqn à résipiscence.*

> ❑ Ce mot ancien ne prend qu'un *s* pour former le son [si]. Ne pas l'écrire comme *récipiendaire,* et penser qu'il appartient à la famille étym. de *sapere* « savoir ».

résistance n. f. – XIIIe I - 1 Fait de résister, d'opposer une force (à une autre), de ne pas subir les effets (d'une action). *Résistance d'un textile à l'usure.* 2 Force qui s'oppose à une autre, tend à l'annuler. *La résistance de l'air,* qui freine le déplacement d'un corps. « *des moteurs destinés à surmonter la résistance des courants* » (J. Verne). 3 Capacité de résister, d'annuler ou de diminuer l'effet d'une force subie. *Résistance à la compression, à la torsion, au choc.* ♦ *Résistance des matériaux :* partie de la mécanique qui étudie le comportement des matériaux soumis à des forces, à des contraintes. ♦ *La résistance vitale :* capacité pour un organisme de se maintenir en vie. *Résistance d'un organisme aux antibiotiques.* 4 *Résistance (électrique) :* rapport entre la différence de potentiel aux bornes d'un conducteur et l'intensité qui le traverse. *L'ohm, unité de résistance.* ▬ Élément passif d'un circuit électrique. *La résistance est un circuit dissipatif.* ♦ Conducteur conçu pour dégager une puissance thermique déterminée. *Les résistances d'un fer à repasser.* 5 Qualité de ce qui résiste, caractère résistant. ⇒ **force, solidité.** *Résistance d'une plante,* son aptitude à supporter les intempéries. ⇒ **rusticité.** ♦ Qualité de qqn qui supporte la fatigue, les privations et peut soutenir un effort intense. ⇒ **endurance.** *Manquer de résistance, n'avoir aucune résistance.* ▬ Le fait de fournir un effort très intense pendant un temps déterminé. ♦ *Plat de résistance :* plat principal d'un repas. II - 1 Action par laquelle on essaie de rendre sans effet (une action dirigée contre soi). « *La longue résistance désespérée et quotidienne à la mort* » (Proust). *Résistance passive :* refus d'obéir. ⇒ **non-violence.** *Résistance active :* action de s'opposer activement. ⇒ **insurrection, rébellion, sédition.** *Opposer une résistance farouche à qqn. Il « fut emmené sans résistance par les soldats »* (Mérimée). ♦ Ce qui s'oppose à la volonté de qqn. ⇒ **obstacle, opposition.** *Cela ne se fera pas sans résistance.* ⇒ **difficulté, réaction, refus.** « *Je peux aller où je veux, je ne rencontre pas de résistance* » (Sartre). ♦ Ce qui s'oppose, dans le comportement d'un sujet analysé, à la libre association des idées et au progrès de la cure. *Levée des résistances.* 2 Action de s'opposer à une attaque par les moyens de la guerre. ⇒ ① **défense.** « *Un peuple dont la résistance aux armées hitlériennes fut exemplaire* » (Malraux). 3 Opposition des Français à l'action de l'occupant allemand et du gouvernement de Vichy pendant la Seconde Guerre mondiale. *Faire de la résistance. Conseil national de la Résistance* (C.N.R., 1943). ▬ L'organisation par laquelle la résistance française agissait. *Entrer dans la Résistance.* ♦ Opposition des habitants d'un pays à l'action d'un occupant. 4 Qualité d'une personne qui supporte sans faiblir les souffrances, les soucis, l'adversité. ⇒ **fermeté, force** (morale), **ténacité.** « *Il y en avait qui n'avaient pas de résistance et qui se mettaient à pleurer* » (Nizan). ✪ CONTR. Faiblesse, fragilité. Assentiment. Soumission. Abdication. Attaque.

> ❑ La graphie initiale *(resistence),* plus proche de l'étymologie, a été modifiée en 1694 par l'Académie qui aligne ainsi la graphie sur les formes de participes présents.

résistant, ante adj. et n. – XIVe 1 Qui résiste, oppose une force annulant ou diminuant la force subie. *La matière « je la crois étendue, solide, résistante »* (Volt.). ♦ Qui présente une résistance électrique. *Le cuivre est moins résistant que l'aluminium.* 2 Qui résiste bien à l'effort, à l'usure. ⇒ **solide.** « *un papier spécial, léger et résistant* » (Mart. du G.). 3 Qui supporte facilement l'effort, la fatigue. ⇒ **endurant,** ① **fort, robuste.** ▬ *Plante très résistante.* ⇒ **rustique.** 4 rare Qui résiste, s'oppose aux volontés d'autrui. ⇒ **désobéissant, rebelle.** ♦ Membre de la Résistance, pendant la Seconde Guerre mondiale. *Les résistants du maquis.* ⇒ **franc-tireur, maquisard.** ▬ Patriote s'opposant à l'occupation de son pays. ✪ CONTR. Fragile. Soumis ; collaborateur.

résister v. tr. ind. 1 – XIVe ; lat. *sistere* « s'arrêter » ■ *RÉSISTER À.* I - 1 Ne pas céder sous l'effet de (une force). *Ces murailles épaisses ont résisté au séisme.* ♦ Ne pas s'altérer sous l'effet de. *Plat qui résiste au feu.* 2 Ne pas être détruit, ne pas être affaibli par (ce qui menace l'organisme). *Résister à la fatigue.* ⇒ ① **supporter.** *Il a bien résisté* (cf. Tenir le coup*). 3 Se maintenir, survivre. « *Ça n'est pas grand-chose, la confiance, quand ça ne résiste pas à huit jours d'attente* » (Sartre). ♦ « *Les anciennes mystifications n'ont pas résisté à l'analyse psychologique* » (Ionesco). II - 1 Faire effort contre l'usage de la force. *Il résista* *aux agents qui venaient le chercher.* ⇒ se **débattre.** ♦ S'opposer par les moyens de la guerre. ⇒ se **défendre.** *Résister à l'envahisseur. Résister pied à pied.* 2 S'opposer à (ce qui contrarie les désirs, menace la liberté). *Rien ne lui résistait.* 3 Faire front, ne pas obéir à (qqn). « *Je voudrais bien voir qu'on me résistât* » (Hugo). 4 S'opposer à (ce qui plaît, séduit). « *Elle ne résistait pas au bon marché* [...] *elle achetait sans besoin* » (Zola). ♦ Lutter contre (un sentiment, un désir). « *Incapable de résister à une envie* » (Flaub.). ✪ CONTR. Céder, fléchir. — Capituler, rendre (se), succomber.

résistible adj. – XVIIe ■ rare À qui, à quoi l'on peut résister. « *Une attraction sans violence, mais difficilement résistible* » (Gracq). ✪ CONTR. Irrésistible.

❑ Ce mot est rare alors qu'*irrésistible* est courant.

résistif, ive adj. – 1981 ■ Doué de résistance*. *La partie résistive d'une impédance.*

résistivité n. f. – XIXe ; angl. *resistive* « résistant » ■ Résistance électrique spécifique d'une substance. ✪ CONTR. Conductivité.

resituer [Rəsitɥe] v. tr. [1] – v. 1980 ■ Situer plus précisément, ou d'un autre point de vue (qqch.). *Resituer une œuvre dans son époque.*

❑ Pour le *s* unique → ① s (rem.).

résolu, ue adj. – XIVe 1 Qui sait prendre hardiment une résolution et s'y tenir fermement. ⇒ **décidé,** ① **ferme, hardi, opiniâtre.** « *je suis certes un sceptique résolu* » (Ste-Beuve). *Un adversaire résolu de la peine de mort.* ➛ *Air résolu, attitude résolue.* ⇒ **assuré.** 2 Qui a pris la décision de. ⇒ ① **prêt.** « *elle était là, résolue à faire un esclandre* » (Sand). ✪ CONTR. Irrésolu.

résoluble adj. – XIVe ; lat. *resolvere* « résoudre » ■ dr. Sujet à résolution. *Contrat résoluble.* ⇒ **annulable.**

résolument adv. – XVe ■ D'une manière résolue, décidée ; sans hésitation. *Il* « *marchait résolument sur le groupe provocateur* » (Mac Orlan).

résolutif, ive adj. – XIVe ; lat. *resolvere* « résoudre » ■ Se dit d'un médicament qui calme une inflammation. *Cataplasme résolutif.*

résolution n. f. – XIIIe ; lat. *resolvere* « résoudre » **I** - 1 Transformation (d'une chose) en ses éléments. *Résolution de l'eau en vapeur.* 2 Disparition progressive ou sans suppuration (d'un engorgement, d'une inflammation). ⇒ **résorption.** ♦ *Résolution musculaire :* abolition ou diminution de la contractilité musculaire ; détente, relâchement (des muscles). 3 Dissolution, annulation (d'un contrat) pour inexécution des conditions. *Résolution d'un bail.* ⇒ **résiliation, révocation.** 4 Opération par laquelle l'esprit résout (une difficulté, un problème). ⇒ **solution.** *Résolution d'une équation,* détermination de ses racines. ➛ *Résolution d'un triangle.* ⇒ **triangulation, trigonométrie.** 5 Procédé harmonique qui consiste à faire suivre une dissonance par un accord ou par un intervalle consonant. 6 *Limite de résolution :* différence minimale perceptible entre deux valeurs d'une grandeur mesurée par un instrument. *La limite de résolution d'une lunette ou d'un télescope est un angle.* ♦ *Résolution (d'une image numérique) :* nombre de points qu'elle contient. ⇒ **définition** (4°). **II** - 1 Décision volontaire arrêtée après délibération et avec intention de s'y tenir. ⇒ **dessein, détermination,** ① **parti.** « *il prit la résolution d'être envieux* » (Aymé). ⇒ **décider.** *Résolution inébranlable.* « *toutes mes bonnes résolutions s'évanouissaient* » (Fén.). ♦ Décision prise par une assemblée. *Résolution de l'Assemblée générale des Nations unies.* 2 Attitude, caractère d'une personne qui prend des décisions énergiques et s'y tient. ⇒ **décision, détermination, fermeté, opiniâtreté.** *S'avancer avec résolution.* ✪ CONTR. Incertitude, irrésolution, perplexité.

résolutoire adj. – XIVe ■ Qui entraîne la résolution (d'un contrat). *Clause résolutoire.*

résolvance n. f. – v. 1970 ■ Pouvoir de résolution, pouvoir séparateur.

résolvante n. f. – 1933 ■ *Résolvante d'une équation :* seconde équation qui permet la résolution de la première.

résonance n. f. – XVe 1 Prolongement ou amplification des sons dans certains milieux sonores. ➛ *Caisse de résonance :* enceinte fermée où se produisent des phénomènes de résonance. ♦ Propriété d'un lieu où ce phénomène se produit. ⇒ **sonorité.** *La résonance d'une voûte.* 2 littér. Effet de ce qui se répercute dans l'esprit, le cœur. ⇒ **écho, retentissement.** « *ces échecs gardent tous la même résonance* » (Camus). 3 Augmentation de l'amplitude d'un système physique en vibration lorsque la vibration excitatrice se rapproche d'une fréquence naturelle de ce système. ➛ *Être, entrer en résonance.* ♦ Phénomène tendant à produire des courants relativement importants dans des circuits qui réagissent mutuellement. *Résonance magnétique,* à certaines fréquences, de corpuscules ayant un moment magnétique et excités par un champ magnétique. ♦ *Résonance magnétique nucléaire (R.M.N.) :* absorption et émission de radiofréquences dues à l'oscillation et à la réorientation des spins nucléaires en présence de champs magnétiques externes ou internes. ♦ *Spectre de résonance :* ensemble de radiations émises par des atomes revenant à l'état fondamental, après avoir été portés à des états de plus grande énergie.

❑ Un seul *n* comme dans *assonance, consonance, dissonance.* → sonner (rem.).

résonant, ante adj. – XVIe ■ Qui est le siège d'un phénomène de résonance. *Chambre résonante.*

❑ Un seul *n* comme dans *assonant, consonant, dissonant,* alors que *résonner* en a deux.

résonateur n. m. – XIXe ■ Appareil où peut se produire un phénomène de résonance ; milieu matériel capable d'entrer en vibration sous l'influence d'un excitateur.

résonner v. intr. [1] – XIIe ; lat. 1 Produire un son accompagné de résonances. *Des pas résonnaient sur la chaussée.* 2 Retentir en s'accompagnant de résonances (son). « *Le grand rire innocent résonna de nouveau* » (Colette). 3 S'emplir de bruit, d'échos, de résonances (lieu). ⇒ **retentir.** *Faire insonoriser une salle qui résonne trop.* ✪ HOM. Raisonner.

❑ *Résonner* s'écrit avec deux *n* comme *sonner,* mais ses dérivés n'en prennent qu'un *(résonance, résonateur).* → sonner (rem.).

résorber v. tr. [1] – XVIIIe ; lat. 1 Opérer la résorption de (une sérosité, une tumeur). ➛ pronom. Disparaître par résorption. *L'hématome se résorbe lentement.* 2 Faire disparaître par une action interne et progressive. ⇒ **absorber, éliminer, supprimer.** *Résorber le chômage.*

résorcinol n. m. – 1955 ; de *ré(sine), orcine* et *(phén)ol* ■ Phénol employé en médecine comme antiseptique et dans l'industrie pour la préparation de certains colorants.

❑ On dit aussi *résorcine* (n. f.).

résorption n. f. – XVIIIe 1 Disparition (d'un fluide) d'une cavité ou d'un tissu. *Résorption d'un épanchement de la plèvre.* 2 Suppression graduelle, disparition progressive (d'un phénomène nuisible). *Résorption du chômage, de l'inflation.*

résoudre v. tr. 51 – XIIe ; lat. *resolvere* **I** - **1** littér. Transformer, dissoudre. ⇒ **décomposer.** « *Le feu résout le bois en cendre et en fumée* » (Littré). – pronom. « *les nuages ne se résolvaient pas en pluie* » (J. Verne). **2** Résorber, faire disparaître. *Résoudre une tumeur.* **3** dr. Annuler (une convention, une vente) pour non-exécution des obligations de l'une des parties. ⇒ **résilier, révoquer.** **4** Découvrir la solution de. *Résoudre une équation. Résoudre des difficultés. Résoudre une énigme.* ⇒ **deviner, trouver.** – *La question est résolue.* **II** - **1** Déterminer (qqn) à prendre une résolution. *Rien ne me résoudra à ces compromissions.* ♦ pronom. *SE RÉSOUDRE À :* se décider à. *Se résoudre à faire qqch.* ⇒ se **déterminer.** **2** Arrêter, décider par une résolution. ⇒ **statuer.** *Sa perte est résolue.* – *Résoudre de* (et l'inf.). « *ils résolurent de coucher dans la ferme* » (Flaub.).

❑ *Résoudre* a deux participes passés : *résolu, ue (un problème résolu)* et *résous, oute (brouillard résous en pluie).*

respect [ʀɛspɛ] n. m. – XIIIe ; lat. *respicere* « regarder en arrière », « prendre en considération » **1** Sentiment qui porte à accorder à qqn une considération admirative, en raison de la valeur qu'on lui reconnaît, et à se conduire envers lui avec réserve et retenue. ⇒ **déférence.** *Inspirer le respect. Avoir, témoigner du respect à, envers, pour qqn, à l'égard de qqn. Traiter, écouter qqn avec respect. Formules, marques, signes extérieurs du respect.* ⇒ **politesse, révérence.** – *Manquer de respect envers qqn :* être irrespectueux, irrévérencieux. – loc. *Sauf votre respect, sauf* (ou *avec*) *le respect que je vous dois,* se dit pour s'excuser d'une parole trop libre, un peu choquante. ♦ Sentiment de vénération dû au sacré. *Se prosterner avec respect.* ♦ *Le respect de la loi, des libertés.* ♦ *Le respect de soi :* le fait de se respecter. ⇒ **dignité ; amour-propre.** **2** au plur. (expr. de politesse) *Présenter ses respects à qqn.* ⇒ **hommage.** **3** Considération pour une chose jugée bonne, avec le souci de ne pas y porter atteinte, de ne pas l'enfreindre. *Le respect de l'étiquette, des convenances.* **4** *RESPECT HUMAIN* [ʀɛspɛ(k)ymɛ̃] : crainte du jugement des autres, qui conduit à éviter certaines attitudes. **5** loc. *Tenir qqn en respect,* le tenir à distance avec une arme. ✪ CONTR. Insolence, irrévérence ; blasphème. Infraction.

❑ Pour la prononciation → exact (rem.). ♦ Doublet de *répit.*

respectabiliser v. tr. 1 – 1985 ■ Rendre respectable ; donner un air respectable à.

respectabilité n. f. – XVIIIe ■ Caractère d'une personne ou d'une chose respectable. *La respectabilité d'un notable.*

respectable adj. – XVe **1** Qui est digne d'être respecté. ⇒ **honorable.** *Ce respectable vieillard.* ⇒ ① **auguste, digne.** *Une institution respectable. Air, allure respectable* (cf. Comme* il faut). **2** Assez important, digne de considération. ⇒ **grand.** *Une salle de dimensions respectables.* ✪ CONTR. ① Bas, méprisable. Insignifiant, négligeable.

respecter v. tr. 1 – XIe **1** Considérer avec respect, honorer d'une déférence profonde, marquée. ⇒ **révérer, vénérer.** *Professeur qui sait se faire respecter.* **2** Conserver en bon état. *Respecter la nature.* – *Ces vandales ne respectent rien !* – Ne pas porter atteinte à. *Respecter les convenances.* « *elle respectait les volontés de ce fils* » (Loti). ⇒ **obéir** (à). *Respecter une opinion, à défaut de la partager.* – Ne pas troubler, ne pas déranger. *Faire respecter l'ordre public.* **3** Tenir compte de. ⇒ **suivre.** *Respecter les proportions.* **4** *SE RESPECTER* v. pron. Agir de manière à conserver l'estime de soi-même. ♦ loc. adj. fam. *QUI SE RESPECTE :* digne de ce nom. « *Ce besoin de forfanterie* [...] *propre à tout soldat qui se respecte* » (Courtel.). ✪ CONTR. Mépriser ; profaner. ① Dégrader, démolir, polluer ; compromettre, déroger, enfreindre, violer.

respectif, ive adj. – XVIIe ; lat. *respectus* « égard, considération » ■ Qui concerne chaque chose, chaque personne parmi plusieurs. *Les droits respectifs des époux.* « *situer avec exactitude leurs demeures respectives* » (Robbe-Grillet).

respectivement adv. – XVe ■ Chacun en ce qui le concerne. *Des enfants âgés respectivement de six et (de) quatre ans.*

respectueusement adv. – XVIIe ■ Avec respect, en témoignant du respect. *Parler respectueusement à qqn.*

respectueux, euse adj. et n. f. – XVIe **1** Qui éprouve ou témoigne du respect, de la déférence. *Respectueux envers ses parents, pour qqn, avec qqn, à l'égard d'une valeur morale. Respectueux des autres comme de lui-même.* **2** Qui marque du respect. *Ton respectueux.* – (expr. de politesse) *Recevez l'expression de ma respectueuse considération.* ♦ *Rester à distance respectueuse,* à une distance assez grande, par respect ou par crainte. **3** *RESPECTUEUX DE :* qui maintient (qqch.) en bon état. *Respectueux du bien d'autrui, de l'environnement.* – Qui est soucieux de ne pas porter atteinte à, qui admet (qqch.). *Être respectueux de la tradition.* ✪ CONTR. Irrespectueux, irrévérencieux, méprisant ; leste.

respirable adj. – XVe ■ Qu'on peut respirer, qui est propre au fonctionnement normal de la respiration. *Air surchauffé, peu respirable.* ✪ CONTR. Irrespirable.

respirateur n. m. – XIXe ■ Masque qui filtre l'air. – Appareil pour la respiration artificielle.

respiration n. f. – XIVe **1** Le fait d'aspirer et de rejeter l'air par les voies respiratoires. ⇒ **expiration, inspiration ; haleine.** *Il pouvait* « *entendre la respiration régulière, légèrement embarrassée, de son compagnon endormi* » (Cl. Simon). *Retenir sa respiration.* ⇒ **souffle.** *Respiration haletante, difficile.* ⇒ **essoufflement, halètement, suffocation.** *Respiration bruyante.* ♦ *Respiration artificielle :* ensemble de moyens (insufflations, mouvements communiqués à la cage thoracique, bouche-à-bouche, etc.) pratiqués pour rétablir les fonctions respiratoires. **2** Ensemble des fonctions assurant les processus d'oxydation d'un organisme vivant. *Respiration externe, pulmonaire :* absorption d'oxygène et rejet de gaz carbonique par le poumon **(⇒ hématose).** *Respiration branchiale des animaux aquatiques.* **3** Ponctuation d'un discours musical (musique vocale ou instrumentale). ⇒ **phrasé.**

respiratoire adj. – XVIe **1** Qui sert à la respiration. *Appareil, système respiratoire. Voies respiratoires* **(⇒ bronche, larynx, pharynx, poumon, trachée-artère).** **2** De la respiration. *Échanges respiratoires de la plante. Mesurer la capacité respiratoire au spiromètre.*

respirer v. 1 – XIIe ; lat. *re-* indiquant le mouvement en retour et *spirare* « souffler » **I** - **1** v. intr. Aspirer l'air dans les poumons, puis l'en rejeter. ⇒ **expirer, inspirer, souffler.** *Respirer par le nez, par la bouche. Empêcher de respirer.* ⇒ **asphyxier, étouffer.** *Respirer avec difficulté.* ⇒ **haleter, suffoquer.** *Respirer bruyamment en dormant.* ⇒ **ronfler.** *Respirer profondément, à pleins poumons.* ♦ Exercer la fonction de la respiration. *Les cellules, les plantes respirent.* – *La peau respire,* évacue de l'eau, des déchets. ⇒ **perspiration.** ♦ loc. *Il ment comme il respire,* avec naturel, facilité. **2** Avoir un moment de calme, de répit, éprouver une sensation de soulagement. *Je commence à respirer. Ouf !*

on respire ! **II** v. tr. Avoir un air de, dégager une impression de. ⇒ **exprimer, manifester.** *Elle respire la santé, l'intelligence.* **III** v. tr. Aspirer par les voies respiratoires. ⇒ **absorber, humer, inhaler.** *Respirer le grand air.* « *voici le temps de respirer les roses* » (Hugo).

resplendir v. intr. [2] – XIIe ; lat. *re-* et *splendere* « briller » ■ Briller d'un vif éclat, en produisant ou en renvoyant la lumière. ⇒ **étinceler, flamboyer, luire.** « *les lampadaires de notre ville, qu'on allumait de plus en plus tard, resplendirent brusquement* » (Camus). ♦ « *le bonheur resplendit tant qu'il est au loin et dans l'avenir* » (Alain). ⇒ **briller, étinceler.**

❑ Même famille que *splendeur* et *splendide.*

resplendissant, ante adj. – XIIe ■ Qui resplendit, brille, étincelle. ⇒ ① **brillant, éclatant, étincelant.** *Yeux resplendissants.* ♦ *Visage resplendissant de bonheur.* ⇒ **rayonnant.** *Une mine resplendissante.* ⇒ **éblouissant.** ✪ CONTR. Pâle, ① terne.

resplendissement n. m. – XIIe ■ littér. Éclat, lumière de ce qui resplendit.

responsabilisation n. f. – v. 1970 ■ Action de rendre (qqn) responsable, de donner à (qqn) le sens des responsabilités.

responsabiliser v. tr. [1] – 1963 ■ Rendre responsable (qqn), donner des responsabilités à (qqn) pour qu'il prenne conscience de son rôle. *Responsabiliser un enfant.* ✪ CONTR. Déresponsabiliser.

responsabilité n. f. – XVIIIe **1** Obligation pour les ministres de quitter le pouvoir lorsque le corps législatif leur retire sa confiance. **2** Obligation de réparer le dommage que l'on a causé par sa faute, dans certains cas déterminés par la loi. ⇒ **faute, imputabilité.** *Responsabilité civile, pénale. Responsabilité collective, partagée* (⇒ **coresponsable**). ♦ Obligation de supporter le châtiment. *Responsabilité pleine et entière.* ♦ *Société à responsabilité limitée.* ⇒ **S.A.R.L.** **3** Obligation ou nécessité morale, intellectuelle, de réparer une faute, de remplir un devoir, un engagement. Le fait d'accepter de supporter les conséquences de ses actes. ⇒ **répondre** (de). *De lourdes responsabilités.* ■ *Assumer une responsabilité. Prendre la responsabilité d'une affaire,* accepter d'en être tenu pour responsable. ⇒ **endosser.** *Rejeter sur qqn la responsabilité d'un crime, d'une erreur. Décliner toute responsabilité. Avoir le sens des responsabilités. Prendre ses responsabilités :* agir, se décider en acceptant les obligations qui en découlent. ♦ Charge, poste, situation qui entraîne des responsabilités. *Promouvoir qqn à une haute responsabilité.* ✪ CONTR. Irresponsabilité.

responsable adj. et n. – XIIIe ; lat. *respondere* « répondre » **1** Qui doit (de par la loi) réparer les dommages qu'il a causés par sa faute. *Être civilement, pénalement responsable.* **2** Qui doit, en vertu de la morale admise, rendre compte de ses actes ou de ceux d'autrui. ⇒ **comptable, garant.** *Parents responsables des actes commis par leurs enfants.* **3** Qui est l'auteur, la cause volontaire et consciente (de qqch.), en porte la responsabilité morale. « *je suis responsable de cette déplaisante petite agitation* » (Colette). ➝ n. ⇒ **auteur, coupable.** *Qui est le responsable de cette plaisanterie ?* **4** Chargé de, en tant que chef qui prend les décisions. *Le Premier ministre est responsable de la défense nationale.* ➝ n. Personne qui prend les décisions, dans une organisation. *Adressez-vous au responsable.* **5** Qui est la cause, la raison suffisante de. *Le tabac est responsable de nombreux cancers du poumon.* **6** Raisonnable, réfléchi, sérieux ; qui mesure les conséquences de ses actes (par oppos. à *irresponsable*). *Une attitude responsable.*

❑ Le mot a pris le sens de « raisonnable » vers 1965 sous l'influence de l'anglais *responsible.*

resquille n. f. – 1924 ■ fam. Action de resquiller. ⇒ **fraude.**

resquiller v. [1] – 1910 ; provenç. *resquilia* « glisser » **I** v. intr. fam. **1** Entrer, se faufiler sans payer (dans un spectacle, un moyen de transport). ➝ Obtenir une chose sans y avoir droit, sans rien débourser. **2** Passer avant son tour, dans une file d'attente. **II** v. tr. fam. Obtenir (qqch.) en resquillant. ✪ CONTR. Payer.

resquilleur, euse n. et adj. – 1924 ■ fam. **1** Personne qui resquille, a l'habitude de resquiller. ⇒ **écornifleur, fraudeur.** *À la queue, les resquilleurs !* **2** adj. *Il est très resquilleur.*

ressac [rəsak] n. m. – XVIIe ; esp. ■ Retour violent des vagues sur elles-mêmes, lorsqu'elles ont frappé un obstacle.

ressaigner [r(ə)seɲe] v. intr. [1] – XVIe ■ Saigner de nouveau. *Les plaies ressaignent.*

ressaisir [r(ə)sezir] v. tr. [2] – XIIIe **I** v. tr. **1** Saisir de nouveau, saisir (ce qui a échappé). ⇒ **raccrocher, rattraper, reprendre.** *Ressaisir un fuyard.* **2** Saisir de nouveau (qqn). ⇒ **reprendre.** *La peur le ressaisit.* **II** v. pron. *SE RESSAISIR :* rentrer en possession de son calme, de son sang-froid, redevenir maître de soi. ⇒ se **maîtriser.** *Elle faillit éclater en sanglots, mais elle s'est ressaisie. Allons, ressaisissez-vous !* ✪ CONTR. Abandonner.

ressaisissement [r(ə)sezismɑ̃] n. m. – XVIe ■ littér. Action de ressaisir.

ressasser [r(ə)sase] v. tr. [1] – XVIe ; de *re-* et *sas* « tamis » **1** Revenir sur (les mêmes choses), faire repasser dans son esprit. ⇒ **remâcher, ruminer.** *Ressasser des regrets, des souvenirs.* **2** Répéter de façon lassante. « *Des mots pourtant de toi connus, ressassés, archifamiliers* » (Aragon).

ressaut [rəso] n. m. – XVIIe ; de l'a. v. *ressaillir* « sauter à nouveau » **1** Saillie, dénivellation. **2** Petit palier qui interrompt un plan vertical ; rupture de pente. « *d'innombrables cascades blanches qui redescendaient de creux en ressauts le long du roc* » (Robbe-Grillet). *Ressauts utilisés par l'alpiniste* (⇒ **replat**).

ressauter [r(ə)sote] v. tr. [1] – XVe ■ Sauter de nouveau.

ressemblance [r(ə)sɑ̃blɑ̃s] n. f. – XIIIe **I - 1** Rapport entre des objets présentant des éléments identiques suffisamment nombreux et apparents. *Ressemblance de deux objets, entre deux objets, d'un objet avec un autre, et d'un autre. Ressemblance de deux situations.* ⇒ **concordance.** ➝ au plur. Traits communs. *Comparaison par laquelle on établit les ressemblances et les différences.* **2** Similitude de traits physiques (surtout ceux du visage) ou de traits de caractère. *Une ressemblance frappante.* **3** Rapport entre la chose (représentée, imitée ou reproduite) et son modèle, tel que la chose donne l'image fidèle, l'illusion du modèle. « *L'une de ces photos a une ressemblance troublante avec l'homme qui est entré chez moi* » (Romains). **II** vx ou littér. Apparence, image. *Dieu a fait l'homme à sa ressemblance.* ✪ CONTR. Différence, disparité, dissemblance, dissimilitude, variété.

ressemblant, ante [r(ə)sɑ̃blɑ̃, ɑ̃t] adj. – XVIe ■ Qui a de la ressemblance avec son modèle. *Caricatures plus ressemblantes que des portraits.* ➝ fam. *Il est très ressemblant* (sur une photo), on le reconnaît bien. ✪ CONTR. Contraire, différent, dissemblable.

ressembler [r(ə)sɑ̃ble] v. tr. ind. [1] – XIe **I** Avoir des traits communs avec, présenter des caractères identiques à (ceux d'un autre être, d'un autre objet). *Ressembler à qqn* (⇒ **pareil, semblable**). **1** (au physique, par l'extérieur, les manières) « *Tu trouves que je ressemble à ta pauvre grand-mère* » (Proust). ➛ fam. *À quoi ressemble-t-il ?* comment est-il, au physique ? ♦ pronom. loc. *Se ressembler comme deux gouttes d'eau.* 2 (au moral, dans la conduite) *Enfants qui ressemblent à leurs parents.* ⇒ **tenir** (de). ♦ pronom. « *les couples les plus normaux finissent par se ressembler, quelquefois même par interchanger leurs qualités* » (Proust). ➛ Être le même, agir comme on l'a toujours fait. *Il ne se ressemble plus depuis qu'il est marié.* 3 (en parlant d'animaux, de choses) *Le crocodile ressemble au lézard.* « *un mariage qui ressemblait à une lune de miel indéfiniment prolongée* » (Barbey). ♦ *Ne ressembler à rien* : avoir de l'originalité, être peu banal. ➛ (plus souvent, en mauvaise part) Être informe, être dépourvu de sens, de style. *Une mode qui ne ressemble à rien. Je vous demande un peu à quoi ça ressemble !* 4 Avoir de la ressemblance avec (un modèle). ⇒ **ressemblant.** ♦ pronom. « *toutes les villes du pétrole se ressemblent* » (Malraux). *Aucune maison ne se ressemble dans cette rue,* aucune maison n'est semblable à une autre. **II** Être digne de son auteur, en parlant d'une production, d'un comportement. *Cela lui ressemble tout à fait. Cela ne lui ressemble pas d'arriver en retard,* il n'a pas l'habitude de se comporter ainsi. ✪ CONTR. Contraster, ① différer, diverger, opposer (s').

> ❑ Pour la prononciation → cresson (rem.). ♦ Le participe passé est invariable : *elles se sont ressemblé en vieillissant.*

ressemelage [R(ə)səm(ə)laʒ] n. m. – XVIIIe ■ Action de ressemeler ; manière dont une chaussure est ressemelée.

ressemeler [R(ə)səm(ə)le] v. tr. [4] – XVe ■ Garnir de semelles neuves. *Cordonnier qui ressemelle des chaussures.*

ressemer [R(ə)səme ; Rəs(ə)me] v. tr. [5] – XIVe 1 Semer une seconde fois. *Ressemer de l'orge après une gelée.* 2 pronom. *Se ressemer :* semer ses propres graines, en parlant d'une plante cultivée.

ressentiment [R(ə)sɑ̃timɑ̃] n. m. – XIVe ■ Le fait de se souvenir avec animosité des maux, des torts qu'on a subis (comme si on les « sentait » encore). *Éprouver, garder du ressentiment d'une injure.* ⇒ **amertume.** *Ressentiment légitime envers, contre qqn.* ⇒ **animosité.** « *Rome, l'unique objet de mon ressentiment* » (Corn.). ✪ CONTR. Amitié, amour, oubli, pardon.

ressentir [R(ə)sɑ̃tiR] v. tr. [16] – XIIIe **I** - 1 Éprouver vivement, sentir (l'effet moral d'une cause extérieure). *Ressentir très profondément les choses,* en tirer une vive impression. ♦ Éprouver les conséquences pénibles de (une chose physique). *Ressentir les effets d'une chute.* 2 Être pleinement conscient de (un état subjectif, sentiment, tendance). *Ressentir de la sympathie pour qqn.* ⇒ ① **avoir.** *Ressentir une grande joie. Ne pas montrer ce qu'on ressent.* ♦ *Ressentir une douleur.* **II** *SE RESSENTIR* v. pron. 1 Éprouver une influence, subir (les suites fâcheuses ou favorables). *Il est fatigué et son travail s'en ressent.* 2 Continuer à éprouver les effets (d'une maladie, d'une douleur, d'une peine). *Se ressentir d'une opération.* 3 fam. *S'en ressentir pour* (suivi d'un compl. ou d'un inf.) : se sentir en bonnes dispositions pour. « *On ne s'en ressent pas pour défiler devant les péquenots* » (Dorgelès).

resserrage [R(ə)seRaʒ] n. m. – 1956 ■ Action de resserrer (une vis, un boulon, un mécanisme). ✪ CONTR. Desserrage.

resserre [RəsɛR] n. f. – XIXe ■ Endroit où l'on range, où l'on remise certaines choses. *Ranger du bois, des outils dans une resserre.* ⇒ **remise.**

resserré, ée [R(ə)seRe] adj. – XVIe 1 Étroitement limité. *Vallée resserrée.* ⇒ **encaissé.** 2 Serré. *Une veste resserrée à la taille.*

resserrement [R(ə)sɛRmɑ̃] n. m. – XVIe 1 État de ce qui est resserré, de ce qui devient étroit. *Resserrement d'une vallée.* ⇒ **goulet, rétrécissement.** 2 Action de diminuer le volume de..., de se resserrer. *Resserrement des pores de la peau.* 3 Action de se serrer (pour un lien). *Le resserrement d'une alliance.* ✪ CONTR. Élargissement, évasement ; dilatation, relâchement.

resserrer [R(ə)seRe] v. tr. [1] – XIIe **I** Diminuer le volume, la surface de (qqch.), en rapprochant les éléments ou en enfermant dans des limites plus étroites. *Lotion astringente qui resserre les pores.* ➛ *Resserrer une jupe à la taille.* **II** - 1 Rapprocher de nouveau ou davantage (des parties disjointes, les éléments d'un lien). ⇒ **serrer.** *Resserrer un nœud.* ♦ *Resserrer des liens, des relations,* les rendre plus étroits. ➛ « *La main sèche et chaude qui tenait la sienne resserra son étreinte* » (Mauriac). 2 Serrer davantage (une vis, un boulon, un mécanisme). *Resserrer une vis, un collier.* **III** *SE RESSERRER* v. pron. 1 Devenir plus étroit, être borné, maintenu dans ses limites. *La route se resserre.* 2 Se rapprocher, se serrer de nouveau ou encore plus. *Étau qui se resserre. Le filet se resserre autour de quelques suspects.* ➛ « *Ils se resserraient sous l'abat-jour comme les paysans autour du feu* » (St-Exup.). ✪ CONTR. Élargir. Desserrer, dilater, épanouir, relâcher. — HOM. *Resserre :* ressers (resservir).

resservir [R(ə)sɛRviR] v. [14] – XIIIe 1 v. tr. Servir de nouveau. *Resservir un plat.* ➛ fig. souvent péj. *Les déclarations* « *que les petits copains vous resservent pendant dix ans* » (Romains). ⇒ ① **ressortir.** ➛ pronom. ⇒ **reprendre.** *Se resservir de fromage. Resservez-vous !* 2 v. intr. Être encore utilisable. *Récupérer ce qui peut resservir.* ✪ HOM. *Ressers :* resserre (resserrer).

① **ressort** [R(ə)sɔR] n. m. – XIIIe ; de ① *ressortir* 1 Organe, pièce d'un mécanisme qui utilise les propriétés élastiques de certains corps pour absorber du travail ou pour produire un mouvement. *Ressort à boudin, à lames, hélicoïdal. Ressort d'une montre, d'un jouet mécanique. Ressorts d'un sommier. Matelas à ressorts. La porte s'ouvrit* « *mue par un ressort caché, et se referma d'elle-même* » (J. Verne). ➛ « *on le voyait sortir de chez lui et y rentrer avec la plus exacte régularité, mû comme par un ressort* » (Jouhand.). 2 Cause agissante : énergie, force (généralement occulte) qui fait agir, se mouvoir... qqch. (⇒ **moteur).** *Le crime est* « *un des plus grands ressorts de la politique* » (Sade). *Les ressorts cachés d'une intrigue.* 3 *Avoir du ressort,* de la force morale, une grande capacité de résistance ou de réaction. *Sans aucun ressort :* sans force morale. *Manquer de ressort. Un homme* « *faible, sans aucun ressort, sans force morale* » (R. Rolland).

② **ressort** [R(ə)sɔR] n. m. – XIIIe ; de ① *ressortir* 1 *Jugement en premier et dernier ressort,* non susceptible d'appel. ➛ loc. *En dernier ressort :* en fin de compte, finalement, en définitive. 2 loc. *DU RESSORT DE. Cette affaire est du ressort de la cour d'appel.* ⇒ ② **ressortir ; relever.** ➛ De la compétence de ; qui concerne. *Cela n'est pas de mon ressort.* ⇒ **attribution, domaine.** 3 Étendue territoriale de juridiction. *Il* « *pouvait être nommé juge dans le ressort de Paris* » (Balz.). ⇒ aussi **circonscription.**

① **ressortir** [R(ə)sɔRtiR] v. [16] – XIe **I** v. intr. 1 Sortir (d'un lieu) peu après y être entré. *Il est rentré chez lui vers 20 h et n'est pas ressorti.* ➛ *Ressortir grandi d'une épreuve.* ♦ *La balle est ressortie de l'autre côté.* ♦ Se manifester malgré un contrôle. *C'est sa méchanceté qui ressort.* 2 Paraître avec plus de relief, être saillant. *Bas-reliefs qui ressortent plus ou moins.* ➛ Paraître nettement, par contraste. ⇒ **trancher.** *Couleur qui ressort sur un fond neutre.* ➛ Se montrer avec évidence. ⇒ **apparaître, briller.** *Les comptes font ressortir un important bénéfice.* 3 v. impers. *Il ressort que,* se dégage comme conclusion, conséquence. ⇒ **résulter.** *Que ressort-il de cette enquête ?* II v. tr. 1 Reprendre (qqch. qui était rangé). *Ressortir les vêtements d'été.* 2 Présenter pour la seconde fois. *On ressort ce film, un classique du cinéma.* ➛ *Il nous ressort toujours les mêmes histoires.* ⇒ **resservir.** 3 Reprendre pour un nouvel usage. *Il a fallu ressortir les dossiers concernant cette affaire.* ✪ CONTR. Effacer (s').

❑ Ce verbe se conjugue comme *sortir (ressortant)* alors que le suivant se conjugue comme *finir (ressortissant).*

② **ressortir** [ʀ(ə)sɔʀtiʀ] v. tr. ind. [2] – XIVe ; de ② *ressort* ▪ *RESSORTIR À.* 1 Être du ressort, de la compétence d'une juridiction. *Ce procès ressortit à la cour d'appel.* 2 littér. Être relatif à, appartenir à, se rattacher à. « *Dans tout ce qui ressortit au music-hall, je rencontre la naïveté de bon aloi* » (Colette).

ressortissant, ante [ʀ(ə)sɔʀtisɑ̃, ɑ̃t] adj. et n. – XVIIe 1 Qui ressortit à une juridiction. 2 n. Personne qui ressortit à l'autorité d'un pays, à un statut. *Les nationaux et ressortissants français.*

ressouder [ʀ(ə)sude] v. tr. [1] – XIIe ▪ Souder de nouveau ; souder (ce qui était brisé). *Ressouder un tuyau.* pronom. *Chez les jeunes enfants les os se ressoudent vite.*

ressource [ʀ(ə)suʀs] n. f. – XIIe ; de *resourdre* « rejaillir » « se rétablir », lat. *resurgere* 1 Ce qui peut améliorer une situation fâcheuse. ⇒ ② **expédient,** ② **moyen, possibilité, recours, secours.** « *de sottes médisances, ressource ordinaire de la méchanceté qui n'a rien à dire* » (Gaut.). ➛ *En dernière ressource.* ⇒ **recours,** ② **ressort.** ➛ (en parlant de personnes) *Vous êtes ma dernière ressource.* 2 au plur. Moyens pécuniaires, moyens matériels d'existence. ⇒ **argent, économies, finances, fonds, fortune, revenu, richesses.** *Être sans ressources.* ➛ *Les ressources de l'État* (⇒ **crédit, recettes).** 3 plur. Moyens matériels (hommes, réserves d'énergie) dont dispose ou peut disposer une collectivité. *Ressources naturelles d'un pays. Ressources pétrolières d'une région.* ♦ *Ressources humaines* (d'une entreprise) : l'ensemble du personnel. 4 plur. Les forces de l'esprit, du caractère, les possibilités d'action qui peuvent être mises en œuvre le cas échéant. *Il a dû faire appel à toutes les ressources de son talent.* ➛ *Un homme de ressources,* apte à trouver des solutions en toute circonstance. ➛ loc. *Avoir de la ressource :* être encore capable d'un effort. ➛ *Avec lui, il y a de la ressource.* ➛ *Les ressources d'une langue,* les moyens qu'elle fournit à l'utilisateur. 5 Évolution d'un avion lorsque la force centrifuge reste constamment dans son plan de symétrie ; sa faculté de reprendre de l'altitude par cette évolution. *Avion en ressource* (opposé à *en virage*).

❑ Même famille étym. que *source, sourdre* et *surgir.*

ressourcement [ʀ(ə)suʀsəmɑ̃] n. m. – 1913 ▪ littér. Rejaillissement. ➛ Retour aux sources, aux valeurs fondamentales.

ressourcer (se) [ʀ(ə)suʀse] v. tr. [3] – 1911 ▪ Retourner aux sources, aux valeurs fondamentales pour reprendre des forces morales (à l'origine emplois mystiques).

ressouvenir (se) [ʀ(ə)suv(ə)niʀ] v. pron. [22] – XIIe ▪ vieilli ou littér. Se souvenir (d'une chose ancienne ou qui avait été oubliée). ⇒ se **remémorer.** « *Ils se ressouvenaient des romans qu'ils avaient lus* » (R. Rolland).

ressuage [ʀesɥaʒ] n. m. – XVIIe ▪ Séparation des éléments d'un métal brut (affinage), par fusion partielle (à la différence de la liquation).

ressuer [ʀesɥe] v. [1] – XVIIe 1 v. intr. Rendre son humidité. ⇒ **suinter.** *Mur qui ressue.* 2 v. tr. Soumettre au ressuage pour affiner.

ressui n. m. – XVIe ; de *ressuyer* ▪ Lieu où les bêtes fauves vont se sécher (après la pluie, la rosée).

ressurgir → **resurgir**

ressusciter v. [1] – XIe ; lat. *resuscitare* « ranimer » I v. intr. 1 Reprendre vie, être de nouveau vivant. ➛ *Le Christ ressuscité. Lazare ressuscité.* 2 Revenir à la vie normale, après une grave maladie. ⇒ **revivre.** « *"Je repris le dessus", comme disait ma mère. À la lettre, je ressuscitai* » (Mauriac). II v. tr. 1 Ramener de la mort à la vie ; faire revivre. ➛ loc. *Un alcool à ressusciter un mort,* très fort. 2 Guérir d'une grave maladie, sortir d'un état de mort apparente. *Il est ressuscité.* 3 Faire revivre en esprit, par le souvenir. *Ressusciter des souvenirs.* ⇒ **déterrer, exhumer, réveiller.** ➛ Faire renaître, réapparaître ; rendre la vie à. *Ressusciter une mode.*

❑ *Ressusciter* prend deux *s* contrairement à *résurrection* [ʀezy...], mot avec lequel il n'a aucun rapport étymologique, en dépit du sens.

ressuyage n. m. – XIXe ▪ Opération par laquelle on enlève la terre, après l'arrachage des légumes.

ressuyer v. tr. [8] – XIIe ▪ vx ou région. Faire sécher. *Ressuyer la pierre à chaux.* ♦ Procéder au ressuyage de.

① **restant** n. m. – XIVe ▪ Reste (surtout en parlant de choses matérielles). *Je vous paierai le restant dans un mois.* ⇒ **reliquat.** *Pour le restant de mes jours, de ma vie.*

② **restant, ante** adj. – XVIe 1 Qui reste, qui subsiste d'un ensemble, après disparition des autres éléments de cet ensemble. *Les cent francs restants.* « *Il est la seule personne restante de cette famille* » (ACAD.). 2 *POSTE-RESTANTE :* suscription indiquant que la correspondance est adressée à la poste où le destinataire doit venir la retirer, moyennant une taxe. *Une lettre* « *qu'elle venait de prendre à la poste restante* » (Loti).

restaurant n. m. – XVIe ; de ② *restaurer* ▪ Établissement où l'on sert des repas moyennant paiement. ➛ abrév. fam. RESTO. *Tenir un restaurant.* « *le cuisinier d'un petit restaurant réputé* » (Proust). *Cuisines d'un restaurant. Menu, carte d'un restaurant.* ➛ *Restaurant d'entreprise.* ⇒ **cantine.** *Restaurant universitaire* (fam. *Resto U*). ➛ *Restaurant gastronomique. Restaurant végétarien.* ➛ *Hôtel-restaurant :* établissement comprenant un hôtel et un restaurant. *Café-restaurant :* établissement où l'on peut consommer des boissons et prendre des repas (⇒ **brasserie ; bistrot).**

① **restaurateur, trice** n. et adj. – XIVe ; de ① *restaurer* 1 Artisan spécialiste qui remet en état des œuvres d'art ou objets de caractère artistique. *Restaurateur de tapis, de tableaux.* 2 littér. *Restaurateur de ...* personne qui restaure, rétablit dans l'état initial. *Le restaurateur de la monarchie.* ✪ CONTR. Destructeur.

② **restaurateur, trice** n. – XVIIIe ; de *restaurant, se restaurer* ▪ Personne qui tient un restaurant (fém. rare).

① **restauration** n. f. – XIIIe ; de ① *restaurer* I - 1 Rétablissement au pouvoir d'une dynastie qui était écartée. *La restauration des Stuarts.* 2 *La Restauration,* celle des Bourbons, après la chute du Ier Empire (1814-1830). ➛ appos. *Des fauteuils Restauration.* II - 1 Remise en bon état d'un monument historique, d'un bâtiment endommagé ou vétuste. ⇒ **réfection, réhabilitation, rénovation.** *Restauration d'une église romane. Restauration d'un tableau, d'un meuble ancien.* 2 Régénération. *Traitement qui active la restauration des tissus.* ✪ CONTR. ① Dégradation, détérioration.

② **restauration** n. f. – XIXe ; de *restaurer, restaurant* ▪ Métier de restaurateur (②). *La restauration et l'hôtellerie. Restauration rapide,* recomm. offic. pour *fast-food**.

① **restaurer** v. tr. [1] – X^e ; lat. 1 vx ou littér. Rétablir (une chose abstraite) en son état ancien ou en sa forme première. ⇒ **rétablir.** *Restaurer une coutume. Restaurer la paix.* ⇒ **ramener.** ♦ Rétablir (une fonction) dans son exercice normal. *La prothèse dentaire a pour but de restaurer la fonction masticatrice.* ♦ Restituer (un fichier informatique sauvegardé). 2 Réparer (des objets d'art ou des monuments anciens) en respectant l'état primitif, le style. *Restaurer une cathédrale, un château ; une fresque, une mosaïque.* ➛ « *Tu longes les maisons restaurées* » (Perec). ✪ CONTR. Renverser. ① Dégrader, destituer.

② **restaurer** v. tr. 1 – XIIIe ; lat. ▪ Faire manger. *Restaurer ses invités.* ➛ pronom. Reprendre des forces en mangeant. ⇒ se **sustenter.** *Restaurez-vous un peu avant de reprendre la route.*

restauroute → **restoroute**

reste n. m. – XIIIe **I A** *LE RESTE DE...* ou *LE RESTE* : ce qui reste d'un tout, d'un ensemble (matériel ou non), dont une ou plusieurs parties ont été retranchées (effectivement ou théoriquement). 1 (d'un objet ou d'une quantité mesurable) *Le reste d'une somme d'argent.* ⇒ **complément, différence, excédent, reliquat,** ② **solde, surplus.** *Verser un acompte et payer le reste par mensualités.* ♦ loc. *Partir sans demander (attendre) son reste,* sans insister, piteusement (comme qqn à qui on ne doit rien). 2 (d'un espace de temps) *Le reste de sa vie.* ⇒ ① **restant.** « *Vivre entre ses parents le reste de son âge* » (du Bellay). ➛ *Le reste du temps* : aux autres moments, dans les autres occasions. 3 Les autres. « *En cela peu semblable au reste des mortelles* » (La Font.). « *Ces simples qui vivent là isolés du reste du monde* » (Loti). « *Les miteux s'y logèrent à quinze ! le reste se casa où il put* » (Courtel.). 4 loc. *Faire le reste* : agir dans le même sens. *Je l'ai opéré, le repos fera le reste.* 5 *LE RESTE* : tout ce qui, dans quelque ordre que ce soit, n'est pas la chose précédemment mentionnée. « *Vous dites qu'ils parlent de tout le reste, qu'ils parlent de tout, sauf de cela* » (Duras). *Pour le reste, quant au reste.* ♦ *Et tout le reste* : et tout ce qui s'ensuit. **B** loc. adv. 1 *DE RESTE* : plus qu'il n'en faut, plus qu'il n'en est besoin. *Avoir de l'argent, du temps de reste,* les prodiguer inutilement. 2 *Être, demeurer en reste (avec qqn)* : être le débiteur, l'obligé (de qqn). 3 *AU RESTE* (littér.), *DU RESTE* : quant au reste, quant à ce qui n'est pas mentionné (cf. Au surplus, d'ailleurs). « *Du reste, il est des choses qu'on ne peut partager* » (Gide). **II** *UN RESTE, DES RESTES* : élément restant d'un tout dont l'intégrité ne s'est pas conservée. **A - 1** (concret) *Les restes d'un bâtiment détruit* (⇒ **décombres, ruines**) ; *d'une voiture accidentée.* ⇒ **débris.** ♦ *Restes d'un repas.* ⇒ **relief,** péj. **rogaton.** *L'art d'accommoder les restes.* ♦ littér. Cadavre, dépouille. ⇒ **cendres.** *Restes exhumés, incinérés.* 2 (abstrait) « *Nul reste de cette puissance* » (Boss.). 3 Dans un calcul, Élément restant d'une quantité, après soustraction (⇒ **différence**) ou après division. **B** Petite quantité restante de (qqch.). 1 (concret) « *au milieu des bas-fonds où croupissait un reste d'eau* » (Maupass.). ➛ loc. *Avoir de beaux restes,* des restes de beauté (se dit de qqn qui n'est plus jeune). 2 (abstrait) *Un reste de bon sens, de tendresse, d'espoir.* **C** au plur. *Les restes de qqn, ses restes,* ce qu'il a laissé, négligé, méprisé (considéré quant à sa possession, son utilisation par une autre personne). *Il n'a eu que vos restes.*

> ❑ *Le reste des* suivi d'un nom au pluriel se construit avec le verbe au singulier : « *Le duc d'Estrées et Mazarin* [...] *à qui le reste des hommes n'osait parler* » (Saint-Simon), ou, plus rarement, au pluriel : « *le reste des individus seront réduits à la condition d'instruments* » (Valéry).

rester v. intr. 1 – XIIe ; lat. **I - 1** Continuer d'être dans un lieu. ⇒ **demeurer.** « *nous y sommes restés cinq heures* » (Zola). Allus. hist. *J'y suis, j'y reste* (mot attribué à Mac-Mahon). ➛ *Rester au lit, à table.* ➛ loc. fam. *Y rester* : mourir. *Il a bien failli y rester.* ➛ *Rester en chemin, en route* : être laissé sur place. ♦ (Opposé à *partir, s'en aller*). *Je ne peux pas rester, je reviendrai demain. Tu restes dîner avec nous.* ♦ *La tache est restée, malgré les lavages répétés.* ➛ *Cela me reste sur le cœur, sur l'estomac* : je ne peux le digérer, cela m'écœure. loc. *Rester en travers (de la gorge)* : ne pouvoir être avalé ; être intolérable. ➛ *Rester dans la mémoire, dans le souvenir des hommes.* ➛ loc. *Cela doit rester entre nous* : n'en parlez pas aux autres. 2 Continuer d'être (dans une position, une situation, un état). *Rester debout. Rester en arrière, en contact avec qqn, en suspens. Ne pas rester les bras croisés* : agir. ➛ *Rester sans bouger. Rester tout un jour sans manger.* ♦ *RESTER À* (et l'inf.) : être longuement occupé à, continuer à passer son temps à. « *il ne faut pas rester à vous dorloter* » (Sand). *Rester des heures à bavarder.* ♦ *Rester sourd aux prières de qqn. Rester jeune. Rester amis. Rester célibataire. Les magasins resteront ouverts jusqu'à 22 heures.* ➛ (avec *en* « à cause de cela ») loc. *En rester baba, sur le cul.* 3 Subsister à travers le temps, ne pas être détruit malgré l'écoulement du temps. *C'est une œuvre, un artiste qui restera.* ⇒ **durer.** 4 *Rester à qqn* : continuer d'être, d'appartenir à qqn. *Ce surnom lui est resté.* 5 *EN RESTER À...* : s'arrêter, être arrêté à (un moment d'une action en cours d'accomplissement, ou d'une évolution). *Où en est-il resté de sa lecture ?* ➛ Ne pas aller plus loin, au-delà de ; se borner à. ⇒ **tenir** (s'en tenir à). *Restons-en là, inutile de continuer à nous voir.* ♦ *RESTER SUR* : s'en tenir à (une impression, un état de choses), sans vouloir ou pouvoir rien changer. *Continuons, ne restons pas sur un échec.* **II - 1** Subsister. *Le peu de jours qui reste* (ou *qui restent* selon le sens). *Restent deux questions.* ♦ impers. *Il en reste un fond de bouteille.* « *Et s'il n'en reste qu'un, je serai celui-là !* » (Hugo). *Quatre ôté de neuf, (il) reste cinq* (⇒ **différence**). *Il nous restait encore largement de quoi vivre.* « *il reste ce qui reste quand il ne reste rien* » (Perec). ➛ *Cela reste à prouver.* 2 *RESTER À* (et l'inf.) : devoir encore être. *Une trentaine de mille francs restaient à payer.* ♦ impers. « *Je sais ce qu'il me reste à faire* » (Bazin). *Le temps qu'il me reste à vivre. Il ne me reste plus qu'à vous remercier* : je n'ai plus qu'à vous remercier. ➛ *Reste à savoir pourquoi.* 3 *IL RESTE QUE ; IL N'EN RESTE PAS MOINS QUE* (et l'indic.) : il n'en est pas moins vrai que... (cf. Toujours* est-il que). « *il n'en reste pas moins que je suis engagé dans ces problèmes* » (Mauriac). ✪ CONTR. Déplacer (se), disparaître, esquiver (s'), ① partir, quitter ; bouger ; effacer (s'), passer.

restituable adj. – XVe ▪ Que l'on doit restituer, rendre.

restituer v. tr. 1 – XIIIe ; lat. 1 Rendre à qqn (ce qu'on lui a pris illégalement ou injustement). ⇒ **redonner, rendre.** 2 Reconstituer à l'aide de fragments subsistants, de déductions, de documents. *Restituer un texte altéré.* ⇒ **rétablir.** ♦ *Texte qui restitue bien l'atmosphère d'une époque.* ⇒ **rendre.** 3 Reproduire fidèlement (un son, une image). *Enregistrement qui restitue les moindres détails de l'exécution.* ✪ CONTR. Garder.

restitution n. f. – XIIIe 1 Action, fait de restituer (qqch. à qqn). 2 Opération qui consiste à restituer un texte altéré, un édifice disparu, etc. ; le texte ainsi restitué. ⇒ **reconstitution.** 3 Subvention à l'exportation de produits agricoles, dans le cadre de la politique agricole de la Communauté européenne. ✪ CONTR. Confiscation.

resto → **restaurant**

restoroute n. m. – 1954 ; n. déposé, de *restau(rant)* et *route* ▪ Restaurant au bord d'une grande route, d'une autoroute.

❑ On trouve aussi la graphie *restauroute*, plus conforme à l'étymologie.

restreindre v. tr. [52] – XIIe ; lat. *restringere* « resserrer » **1** Rendre plus petit ; renfermer dans des limites plus étroites. ⇒ **diminuer, réduire.** *Restreindre ses dépenses. Restreindre ses ambitions.* **2** SE RESTREINDRE v. pron. Devenir plus petit, moins étendu, moins libre. *Le champ de nos recherches s'est restreint.* ♦ Réduire son train de vie. *Se restreindre dans ses dépenses. Il va falloir nous restreindre.* ✪ CONTR. Accroître, développer, étendre.

restreint, einte adj. – XVe **1** Étroit ; limité ; petit. *Personnel, public restreint.* « *Sa pensée était simple ; son vocabulaire, assez restreint* » (Mart. du G.). ⇒ **pauvre.** **2** RESTREINT À : limité à. « *Un tirage moindre, une diffusion restreinte à Paris et ses environs* » (Romains). ✪ CONTR. Étendu, large.

restrictif, ive adj. – XIVe ; lat. *restringere* « resserrer » ▪ Qui restreint, qui apporte une limitation, une restriction. *Clause, condition restrictive.* ⇒ **limitatif.**

restriction n. f. – XIVe **1** Ce qui restreint le développement, la portée de qqch. (condition, exception). *Il faut apporter des restrictions à ce principe. Faire des restrictions :* faire des réserves, des critiques, émettre des doutes. ➛ *Restriction mentale :* acte mental par lequel on donne à sa phrase un sens différent de celui que l'interlocuteur va lui donner, afin de l'induire en erreur. **2** SANS RESTRICTION : entièrement ; sans condition ou sans arrière-pensée. « *Quand la postérité admire sans restriction* » (Chateaub.). **3** Action de restreindre ; fait de devenir moindre, moins étendu. *Restriction des exportations.* **4** plur. Mesures ayant pour objet de réduire la consommation en période de pénurie. ⇒ **rationnement.** *Le marché noir est né des restrictions.* **5** *Enzyme de restriction :* nucléase capable de fractionner le double brin d'A.D.N. au niveau ou à proximité de nucléotides spécifiques. ✪ CONTR. Accroissement, augmentation.

restructuration [ʀ(ə)stʀyktyʀasjɔ̃] n. f. – 1963 ▪ Fait de restructurer (qqch.) ; son résultat. *Entreprise en cours de restructuration.* ⇒ **réaménagement, réorganisation.**

restructurer [ʀ(ə)stʀyktyʀe] v. tr. [1] – 1963 ▪ Donner une nouvelle structure, une nouvelle organisation à (qqch.). *Restructurer un secteur industriel, un parti politique.* ⇒ **réorganiser.**

resucée [ʀ(ə)syse] n. f. – XIXe ▪ fam. **1** Nouvelle quantité (d'une chose qu'on boit). **2** péj. Reprise, répétition (d'un sujet déjà traité).

résultant, ante adj. – XVIe ▪ vieilli Qui résulte de qqch. ⇒ **consécutif.** ♦ *Son résultant,* correspondant à deux sons réels émis simultanément.

résultante n. f. – XVIIe ▪ Somme géométrique de deux ou plusieurs vecteurs. *La résultante de deux forces.* ➛ Transformation géométrique équivalente à des transformations appliquées successivement. ⇒ **produit.** ♦ Conséquence, résultat de plusieurs facteurs (surtout quand il s'agit de forces, d'actions complexes).

résultat n. m. – XVIe **1** Tout ce qui arrive, commence à exister à la suite et comme effet de qqch., avec un caractère durable. ⇒ **conséquence.** *Être le résultat de qqch.* ⇒ **résulter** (de). *Cela a eu un résultat désastreux. Avoir pour résultat,* produire, causer. *Tout accord « qui aurait pour résultat de réunifier l'Allemagne »* (Mauriac). fam. *Il a voulu sauter par la fenêtre ; résultat, il s'est foulé la cheville.* ⇒ fam. **total.** ➛ Ce que produit une activité consciente dirigée vers une fin ; cette fin. *Il essaya, sans résultat, de le convaincre. Parvenir à un résultat. Il n'y a que le résultat qui compte. Arriver à un bon résultat. Le résultat d'une recherche, d'une expérience. Les résultats d'une analyse sanguine.* ♦ Solde d'un compte. *Résultat de l'exercice :* différence entre les produits et les charges d'une entreprise. *Compte de résultat :* recensement des charges et produits d'un exercice. ➛ au plur. Réalisations concrètes. *Nous exigeons des résultats.* **2** Solution (d'un problème). *Il connaissait le résultat d'avance.* ➛ Phase ultime d'un calcul ; le troisième élément associé à un couple dans une application, une opération arithmétique (⇒ **produit, quotient, reste,** ① **somme).** **3** souvent au plur. Réussite ou échec à un examen, un concours ; liste des personnes qui ont réussi. *Affichage, proclamation des résultats.* ♦ *Les résultats de l'élection.* ➛ *Résultats d'un match.* loc. *Résultat(s) des courses :* au bout du compte.

résulter v. intr. [1] – XVe ; lat. *resultare* « rebondir ; retentir », « résulter », de *re-* et *saltare* « sauter » **1** Être produit par une cause ; être le résultat (de qqch.) ou apparaître comme tel. ⇒ **découler, naître, procéder, provenir, venir** (de). « *des maladies qui résultent d'une disette de vitamines* » (Duham.). *Ce qui en a résulté ; ce qui en est résulté.* **2** impers. *Il résulte de ceci que, il en résulte que.* ⇒ **apparaître,** ① **ressortir.** *Il résulte des aveux du prévenu qu'il n'a pu agir seul. Il ne peut rien en résulter de bon.*

❑ Ce verbe s'emploie seulement à l'infinitif, au participe présent et à la 3e personne.

résumé n. m. – XVIIIe **1** Abrégé, condensé. ⇒ **réduction ; digest.** *Résumé des épisodes précédents.* **2** loc. adv. EN RÉSUMÉ : en peu de mots (⇒ **en bref).** À tout prendre, somme toute. *En résumé, il est assez satisfait.*

résumer v. tr. [1] – XIVe ; lat. « reprendre » **1** Présenter brièvement en conservant l'essentiel. *Résumer la situation en quelques phrases. Résumer un texte.* ⇒ **abréger, condenser.** **2** SE RÉSUMER v. pron. Reprendre en peu de mots ou abréger ce qu'on a dit. *Pour me résumer, je dirai que...* ♦ *Se résumer à, en :* consister essentiellement en. *L'affaire se résume à peu de choses.* ⇒ se **limiter,** se **réduire.** ✪ CONTR. Développer.

résurgence n. f. – XIXe **1** Eaux d'infiltration, rivière souterraine qui ressortent à la surface ; source où elles reparaissent. **2** Réapparition. *Résurgence des doctrines racistes.* ⇒ **renaissance.**

résurgent, ente adj. – XVIe ; lat. *resurgere* « rejaillir » ▪ Se dit des eaux qui reparaissent à la surface après un trajet souterrain.

resurgir ou **ressurgir** [ʀ(ə)syʀʒiʀ] v. intr. [2] – XVIIe ▪ Surgir, apparaître brusquement de nouveau. *Les insectes « se laissaient tomber, obscurs, pour resurgir lumineux presque à ras de terre »* (Caillois).

résurrection n. f. – XIIe ; lat. *resurgere* « se relever » **1** Action de ressusciter, retour de la mort à la vie. *La résurrection du Christ* ou *la Résurrection.* ♦ Dogme selon lequel le corps humain ressuscitera à la fin des temps. *La résurrection de la chair, des corps.* ➛ Guérison inattendue. **2** Retour à l'existence, à l'activité ; nouvel essor (parfois avec l'idée de progrès). *La résurrection de l'Allemagne.*

❑ Aucun rapport étym. avec *ressusciter,* en dépit du sens.

retable n. m. – XVIIe ; p.-ê. de l'a. provenç. *retaule,* avec infl. de *table* ▪ Partie postérieure et décorée d'un autel, qui surmonte verticalement la table. *Prédelle d'un retable.*

❑ D'abord mot du vocabulaire religieux, *retable* est passé dans celui de l'histoire de l'art.

rétablir v. tr. [2] – XIIe **I** - **1** Établir de nouveau (ce qui a été oublié, changé, altéré). *Rétablir la vérité.* **2** RÉTA-

BLIR (QQN, QQCH.) EN, DANS, À : remettre en une place, une situation, un état (ce qui n'y était plus). *On l'a rétabli dans son emploi.* ⇒ **réintégrer.** 3 Faire exister de nouveau. *Rétablir un contact. Rétablir l'ordre.* ⇒ **ramener.** II Remettre (qqn) en bonne santé. ⇒ fam. **retaper.** *Ce traitement le rétablira en peu de temps.* ➝ *Vous êtes complètement rétabli.* III *SE RÉTABLIR* **v. pron.** 1 Se faire de nouveau. ⇒ **revenir.** *Le silence se rétablit.* « *l'ordre et la tranquillité se rétablirent dans Madrid* » (Artaud). 2 Guérir, se remettre. ⇒ **récupérer.** « *les uns s'étaient rétablis tandis que d'autres avaient "succombé"* » (Proust). 3 Faire un rétablissement (3°).

rétablissement **n. m.** – XIIIe 1 Action de rétablir. *Rétablissement d'un texte modifié.* ⇒ **restitution.** ♦ Remise en fonction ou en vigueur. *Rétablissement des relations diplomatiques.* 2 Retour à la santé. ⇒ **convalescence, guérison.** *Je fais des vœux pour votre prompt rétablissement.* 3 Mouvement de gymnastique qui consiste, pour une personne suspendue par les mains, à se hisser par la force des bras jusqu'à ce qu'elle se retrouve les bras à la verticale, les mains en bas et en appui. *Opérer, faire un rétablissement.* ➝ Effort pour se reprendre, pour retrouver son équilibre. ✪ CONTR. Interruption.

retailler **v. tr.** [1] – XIIe ▪ Tailler de nouveau. *Retailler un costume.*

rétamage **n. m.** – XIXe ▪ Action de rétamer ; son résultat.

rétamer **v. tr.** [1] – XVe 1 Étamer de nouveau ; refaire l'étamage de (un ustensile). *Faire rétamer des casseroles.* 2 fam. Enivrer. *Le cognac l'a rétamé.* ➝ *Être complètement rétamé,* très fatigué. ♦ Démolir. *Il s'est fait rétamer à son examen,* il a échoué. ➝ Dépouiller au jeu. 3 **v. pron.** *SE RÉTAMER.* fam. Tomber. *Il s'est rétamé dans l'escalier.*

rétameur **n. m.** – XIXe ▪ Ouvrier qui rétame.

retapage **n. m.** – XIXe ▪ Action de retaper ; son résultat.

retape **n. f.** – XVIIIe ; de *retaper* ▪ fam. Action de guetter et d'accoster le client. ⇒ **racolage.** ➝ *Faire de la retape pour une réunion politique.*

retaper **v. tr.** [1] – XVIe I - 1 Remettre dans sa forme (d'abord, en donnant des tapes). *Retaper un lit* : défroisser la literie. 2 Réparer, arranger grossièrement ; redonner superficiellement un aspect neuf, net à (qqch.). *Retaper une vieille maison.* 3 fam. Remettre en bonne santé, en bonne forme. « *quelque bonne médecine indigène qui m'aurait retapé* » (Céline). ⇒ **remonter, requinquer.** ➝ pronom. *Il s'est retapé.* ⇒ **rétablir.** II Taper de nouveau à la machine. *Retaper une lettre.*

retapisser **v. tr.** [1] – XVIe ▪ Tapisser de neuf. *Les murs* « *fraîchement crépis et retapissés* » (P. Benoit).

retard **n. m.** – XVIIe 1 Le fait d'arriver trop tard, de se manifester, de se produire après le moment fixé, attendu. *Le retard d'un train.* ♦ *EN RETARD.* « *Je parie qu'il aura lanterné, sera arrivé en retard et n'aura plus trouvé de places* » (Gide). ♦ Temps écoulé entre le moment où une personne, une chose arrive et le moment où elle aurait dû arriver. *Un retard d'une heure, une heure de retard. L'avion a du retard.* 2 Le fait d'agir trop tard, de n'avoir pas encore fait ce qu'on aurait dû faire. *Payer avec retard. J'ai du courrier en retard,* que je n'ai pas encore fait. *Coureur en retard sur le peloton.* 3 Le fait de fonctionner moins vite que l'allure normale. *Ma montre prend du retard.* 4 Le fait de fonctionner après un certain délai ; ce délai. *Retard à l'allumage* : arrivée de l'étincelle après le temps théorique, dans un moteur à explosion. 5 Action de retarder, de remettre à plus tard. *SANS RETARD* : sans attendre, sans tarder ; le plus vite possible (cf. Sans délai). *Écrivez-lui sans retard.* ♦ Prolongation de l'effet d'un médicament par l'adjonction de substances qui en retardent la diffusion, l'élimination. *Effet retard. Pénicilline retard ; insuline retard.* 6 *Retard mental* : ralentissement du développement des facultés intellectuelles. *Retard mental et arriération**. 7 État, situation de ce qui est moins avancé dans un développement ; temps qui sépare le moins avancé des autres. *Ce pays a du retard sur le nôtre, sur nous. Un retard de cent ans.* ♦ *Être en retard sur les idées de son temps.* loc. fam. *Avoir un train* (ou *un métro*) *de retard* : ne pas être au courant des dernières nouvelles, être à la traîne. ⇒ **retarder.** ✪ CONTR. Avance. Accélération ; avancement, empressement, hâte.

retardataire **adj.** et **n.** – XIXe 1 Qui arrive en retard. *Un convive retardataire.* **n.** « *des retardataires sautaient de leurs voitures avant qu'elles fussent arrêtées* » (Zola). 2 Qui ne tient pas compte du progrès technologique ; de l'évolution des idées. *Des méthodes retardataires.* ⇒ **archaïque.** ✪ CONTR. Avancé.

retardateur, trice **adj.** et **n. m.** – XVIIIe 1 Qui retarde, ralentit un mouvement, un processus. *Potentiel retardateur.* ➝ *Action retardatrice,* destinée à retarder la progression de l'ennemi. 2 **n. m.** Corps qui ralentit la vitesse des réactions chimiques (opposé à *catalyseur*). 3 **n. m.** Dispositif qui diffère le déclenchement d'un appareil photo. ✪ CONTR. Accélérateur.

retardé, ée **adj.** – XVIIe ▪ Qui est en retard par rapport à un parcours, une évolution moyenne. *Pays économiquement retardé. Enfant retardé.* ⇒ **attardé.**

retardement **n. m.** – XIVe ▪ *À RETARDEMENT.* *Engin à retardement,* muni d'un dispositif qui diffère la déflagration. *Bombe à retardement.* ♦ Avec retard, après disparition de la cause. *Réagir à retardement. Être* « *jaloux à retardement* » (Henriot).

retarder **v.** [1] – XIIe ; lat. *re-* intensif et *tardus* « tard » I **v. tr.** 1 Faire arriver plus tard qu'il ne faut, après le moment fixé ou attendu. *Je ne veux pas vous retarder,* vous mettre en retard. ➝ *Cet incident m'a retardée.* 2 *Retarder qqn dans* : faire agir plus tard qu'il ne faut. *Ces bavardages le retardent dans ses préparatifs.* 3 *Retarder une montre,* la mettre à une heure moins avancée que celle qu'elle indique. 4 Faire se produire plus tard, en remettant volontairement. « *retardant le moment de passer devant elle* » (Loti). II **v. intr.** 1 Aller trop lentement, marquer une heure moins avancée que l'heure réelle. *Ma montre retarde de cinq minutes.* ➝ fam. *Je retarde de cinq minutes.* 2 *Retarder sur son siècle, sur son temps* : avoir les idées, les goûts d'une époque révolue. ➝ fam. Apprendre, découvrir qqch. longtemps après les autres. « *Tu retardes, petite, et tu ne sais pas encore que nous nageons en pleine démocratie* » (Maupass.). ✪ CONTR. Avancer ; accélérer, activer. Anticiper, hâter.

retâter **v. tr.** [1] – XIIIe 1 Tâter de nouveau. 2 **trans. ind.** *RETÂTER DE* : goûter de nouveau, revenir à (qqch.).

retendoir **n. m.** – XIXe ▪ Clé pour régler la tension des cordes de piano.

retendre **v. tr.** [41] – XIIe ▪ Tendre de nouveau, tendre (ce qui est détendu). *Retendre les cordes d'une guitare.*

retenir **v. tr.** [22] – XIe ; lat. I - 1 Garder (une partie d'une somme) pour un usage particulier. ⇒ **déduire, prélever.** *On retient une part de notre salaire pour la Sécurité sociale, la retraite.* 2 Faire réserver. « *il va téléphoner au National Hôtel de Madrid pour retenir trois chambres* » (Duras). *Retenir une date pour une réunion.* ⇒ **réserver.** 3 Conserver, garder dans sa mémoire, ne pas oublier. ⇒ se **souvenir.** *Une* « *formule concise, facile à retenir* » (Gide). *Retenez bien ce que je vais vous dire. Il a retenu la leçon,* il en a tiré profit. ♦ loc. fam. *Je le retiens* : je me souviendrai de lui, en mal. 4 Prendre en considération (un fait, une idée) pour en tirer parti. *Retenir la candidature de qqn.* 5 Réserver (un chiffre) pour le reporter une colonne plus à gauche, dans une opération. *28 + 6, je pose 4 et je retiens 1.* **II** - 1 Faire rester avec soi ; faire demeurer (qqn) quelque part. ⇒ **garder.** *Je ne veux pas vous retenir plus longtemps. Retenir qqn à dîner. Je ne vous retiens pas* : vous pouvez disposer (formule de congédiement). *Retenir des journalistes en otages.* ♦ « *L'heure venue, rien ne pouvait le retenir* » (Hugo). 2 Être un objet d'intérêt pour. *Votre lettre a retenu toute notre attention.* 3 Maintenir (qqch.) en place, dans une position fixe. ⇒ **attacher, fixer, tenir.** *Cheveux retenus par un ruban.* 4 Ne pas laisser passer, conserver ou contenir. *Barrages, écluses qui retiennent l'eau.* ➛ *Retenir la lumière,* la renvoyer. « *L'échancrure de mer, en bas, retenait une laiteuse clarté* » (Colette). 5 S'abstenir, différer d'exhaler, de laisser apparaître, de prononcer. *Retenir son souffle. Retenir ses larmes.* ⇒ **réprimer.** « *en retenant un bâillement et témoignant* [...] *le désir de ne plus me voir* » (Balz.). ➛ *Retenir sa langue* : s'empêcher de parler, par prudence ou discrétion. 6 Saisir, tirer en arrière, afin d'empêcher de tomber, de partir, d'aller trop vite. ⇒ **arrêter.** *Retenir qqn par le bras.* ♦ *Retenir qqch.,* l'empêcher de tomber. 7 Empêcher d'agir. *Retenez-moi, ou je fais un malheur !* (phrase qui permet de faire connaître sa colère sans la manifester). ♦ *Je ne sais ce qui me retient de lui dire ce que je pense.* ⇒ **empêcher.** **III** *SE RETENIR* v. pron. 1 Faire effort pour ne pas tomber. « *Le zingueur se retint à l'établi pour ne pas tomber* » (Zola). ⇒ s'**accrocher,** se **cramponner,** se **rattraper.** 2 S'abstenir, différer de céder à (un désir, une impulsion). ⇒ se **contenir,** se **contraindre.** *Elle se retenait pour ne pas pleurer.* « *Je ne puis me retenir d'espérer* » (Gide). ♦ Différer de satisfaire ses besoins naturels. *Retiens-toi, on va arriver !* ✪ CONTR. Abandonner, céder. ① Lâcher, laisser, libérer. Animer, entraîner, exciter.

retenter v. tr. [1] - XIIIe ▪ Essayer, tenter de nouveau.

rétenteur, trice adj. - XVIe ▪ Qui retient, qui exerce une action pour retenir. *Muscle rétenteur.*

rétention n. f. - XIIIe ; lat. *retinere* « retenir » 1 Fait de retenir (I). *Rétention d'informations.* 2 *Droit de rétention,* qui permet à un créancier de retenir un objet appartenant à un débiteur, jusqu'à ce qu'il se soit acquitté de sa dette. 3 Accumulation dans une cavité ou un tissu (d'une substance qui devait en être évacuée). *Rétention d'eau dans les tissus.* 4 Immobilisation de l'eau des précipitations. *Rétention glaciaire.*

❑ Ne pas confondre avec *détention* « fait de détenir ».

retentir v. intr. [2] - XIIe ; de *re-* et a. fr. *tentir,* lat. *tinnire* « résonner » **I** - 1 *RETENTIR DE.* Être ébranlé, rempli par (un bruit, un son fort). ⇒ **résonner.** *La salle retentissait d'applaudissements.* 2 Se faire entendre avec force. ⇒ **bruire, résonner.** « *d'autres détonations retentirent sur la rive gauche* » (J. Verne). **II** Exercer une action, avoir des répercussions, un retentissement sur. ⇒ se **répercuter.** *Maladie qui retentit sur l'état psychique.*

retentissant, ante adj. - XVIe 1 Qui s'entend bien, qui fait un grand bruit. ⇒ **bruyant, sonore.** *Un choc retentissant.* 2 Qui a un grand retentissement dans l'opinion ; dont on parle beaucoup. *Succès retentissant.* ⇒ **éclatant.** ✪ CONTR. Étouffé, sourd. Infime.

retentissement n. m. - XIIe 1 vieilli ou littér. Bruit, son répercuté, prolongé par des résonances. 2 Effet indirect ou effet en retour ; série de conséquences. ⇒ **contrecoup, répercussion.** *Ces mesures auront un profond retentissement sur la situation politique.* 3 Le fait d'attirer l'attention, de susciter l'intérêt ou les réactions du public. ⇒ **bruit, éclat.** *Ce film a eu un grand retentissement.* ⇒ **succès.**

retenu, ue adj. - XIIIe 1 Qui a été réservé. *Place retenue.* 2 Qui est empêché d'agir, de se manifester librement. *Une* « *de ces toux retenues de dévotes* » (Barbey). 3 Qui fait preuve de retenue. ⇒ ① **discret.** ✪ CONTR. Libre, effréné.

retenue n. f. - XIIe **I** - 1 Prélèvement sur une rémunération en raison d'obligations légales ou de conventions. ⇒ **précompte.** *Faire une retenue de dix pour cent sur le salaire.* ➛ *Retenue à la source* : prélèvement fiscal au moment où l'assujetti perçoit son revenu. 2 Chiffre qu'on réserve pour l'ajouter à la colonne suivante, dans une opération. **II** - 1 Punition scolaire qui consiste à garder un élève en classe en dehors des heures de cours. ⇒ **consigne ;** fam. **colle.** *Deux heures de retenue. Être en retenue.* 2 Cordage, câble de soutien. *Retenue de bôme.* 3 Le fait de retenir (l'eau) ; masse d'eau accumulée par l'homme. *Barrage à faible retenue d'eau.* ➛ *Bassin de retenue,* dans un port. ♦ Encombrement de voitures. ⇒ **bouchon.** **III** Attitude de qqn qui sait se modérer, qui garde une prudente réserve. ⇒ **discrétion, mesure.** « *Les Lyonnais ont une réputation de retenue, presque de froideur* » (Duham.). *Manquer de retenue. Rire sans retenue,* sans chercher à être discret. ✪ CONTR. Désinvolture, effusion, familiarité, impudence, indiscrétion.

retercer v. tr. [3] - XIVe ; de *re-* et *t(i)ercer* ▪ Labourer une quatrième fois.

❑ On trouve aussi la graphie *reterser* ([1]).

rétiaire [Retjɛʀ ; ʀesjɛʀ] n. m. - XVIIe ; lat. *rete* « filet » ▪ Gladiateur armé d'un filet, d'un trident et d'un poignard. *Rétiaires et mirmillons.*

réticence n. f. - XVIe ; lat. *reticere* « taire (qqch.) » 1 vieilli Omission volontaire d'une chose qu'on devrait dire ; la chose omise. ⇒ **dissimulation ; sous-entendu.** « *un exposé très long, assez obscur, coupé de réticences* » (Romains). ➛ Figure de rhétorique par laquelle on interrompt brusquement la phrase, en laissant entendre ce qui suit. 2 Attitude ou témoignage de réserve, d'hésitation, dans le discours, le comportement. ⇒ **difficulté.** *Réticences à l'égard de certaines décisions. Réticence à signer une pétition. Surmonter ses réticences. Accepter avec réticence.* ✪ CONTR. Assurance.

réticent, ente adj. - XIXe 1 vieilli Qui comporte des réticences (1°). *Des phrases réticentes.* ➛ Qui ne dit pas tout ce qu'il devrait. ⇒ ① **discret, silencieux.** 2 Qui manifeste de la réticence (2°). ⇒ **hésitant, réservé.** « *Il aurait voulu qu'elle sache bien nager pour se baigner avec lui dans la mer* [...]. *Suzanne était réticente* » (Duras).

réticulaire adj. - XVIIe ; lat. *reticulum* « réseau » 1 Qui forme un réseau, ressemble à un réseau. ➛ *Plan réticulaire,* contenant une infinité de points homologues d'un réseau cristallin. 2 Relatif à un réseau, à un réticulum. *Tissu réticulaire* : tissu osseux spongieux à cloisons très espacées.

réticulation n. f. - XIXe 1 Formation de rides, de lignes réticulaires sur une surface. ➛ Résultat de cette formation. 2 Transformation d'un polymère linéaire en polymère tridimensionnel par création de liaisons transversales.

réticule n. m. - XVIIIe ; lat. *reticulum* « petit filet » 1 Système de fils croisés matérialisant un point, un axe de visée dans un instrument d'optique. 2 Ancienne coiffure à mailles enfermant les cheveux. ⇒ ③ **filet, résille.** 3 vieilli Petit sac à main ou bourse.

réticulé, ée adj. - XVIIIe ▪ Qui imite un réseau. ♦ *Tissu réticulé* : tissu conjonctif constitué de cellules et de fibres réunies en réseau. *Tissu réticulé de la rate, des ganglions lymphatiques.* ➛ *Pied de champignon réti-*

culé, dont la surface présente un réseau de stries. ➛ *Appareil réticulé :* maçonnerie en petit appareil, où des pierres carrées, des briques sont posées en diagonale, en damier. ♦ *Porcelaine réticulée,* formée de deux épaisseurs et dont l'enveloppe extérieure est ajourée en réseau.

réticuler v. tr. [1] – v. 1974 ▪ Provoquer la réticulation de (un polymère).

réticulocyte n. m. – v. 1930 ▪ Jeune globule rouge présentant encore des granulations et un réseau de mitochondries visibles.

réticuloendothélial, iale, iaux adj. – 1924 ▪ *Système réticuloendothélial :* ensemble des cellules impliquées dans les mécanismes de défense de l'organisme.

réticulum [ʀetikylɔm] n. m. – XVIIIe ; lat. « réseau » **1** Réseau très fin de fibrilles dans les cellules réticulaires ; disposition en réseau de certains éléments intracellulaires. *Réticulum endoplasmique :* réseau interne au cytoplasme cellulaire, qui participe à l'élaboration des protéines cytoplasmiques. ⇒ **ergastoplasme. 2** Premier estomac des ruminants. ⇒ **rumen.**

rétif, ive adj. – XIe ; lat. *restare* « rester » ▪ Qui s'arrête, refuse d'avancer (en parlant d'une monture). ♦ (personnes) Difficile à entraîner, à persuader. ⇒ **récalcitrant.** *Rétif à toute autorité.* ⇒ **rebelle.** *Ils « s'émerveillaient de trouver les ouvriers, hier encore si rétifs, dociles à leurs exigences »* (Maurois). ✪ CONTR. Docile.

rétine n. f. – XIVe ; lat. *rete* « filet » ▪ Tunique interne de l'œil, qui reçoit les impressions lumineuses et les transmet au nerf optique. *Lorsqu'il fermait les yeux « se dessinaient sur sa rétine des visions de rêves »* (Goncourt). *Décollement de la rétine.*

> ❑ Même famille étymologique que *rets :* la rétine présente un *réseau* de vaisseaux sanguins.

rétinien, ienne adj. – XIXe ▪ Qui concerne la rétine, qui lui appartient. *Image rétinienne,* qui se forme sur la rétine.

rétinite n. f. – XIXe ▪ Inflammation de la rétine.

rétinoïde n. m. – 1980 ▪ Substance apparentée à la vitamine A, qui s'oppose au développement des tumeurs cancéreuses.

rétinol n. m. – 1972 ▪ Vitamine A.

rétinopathie n. f. – 1964 ▪ Affection de la rétine.

rétique → **rhétique**

retirage n. m. – XIXe ▪ Nouveau tirage (d'un imprimé, d'un livre, d'une photo).

retiration n. f. – XVIe ▪ Opération par laquelle on imprime le verso d'une feuille. *Presse à retiration,* dont chacun des deux cylindres imprime un côté de la feuille.

retiré, ée adj. – XVIe **1** Qui s'est retiré. *Retiré dans un monastère.* ➛ *RETIRÉ DE. « le désir d'être de plus en plus retiré du monde »* (Ste-Beuve). ♦ Qui vit, est dans une retraite et loin des hommes. *Vivre solitaire et retiré.* ➛ Qui s'est retiré des affaires. ⇒ **retraité. 2** Éloigné, situé dans un lieu isolé. *Un quartier retiré et calme.* ⇒ ② **écarté.** *Un « pavillon de chasse fort retiré et difficile à découvrir »* (Gaut.).

retirer v. tr. [1] – XIIe **I - 1** *RETIRER QQCH. À QQN,* le lui enlever, l'en priver. ⇒ **dépouiller, ôter.** *Retirer sa confiance, son amitié à qqn. On lui a retiré son permis.* ➛ *Retirer un enfant à sa famille.* ♦ Enlever (ce qui couvre, garnit). *Les housses ont été retirées.* ➛ Enlever (ses propres vêtements). ⇒ **ôter.** *Retirer ses gants, ses chaussures.* **2** *RETIRER (qqn, qqch.) DE :* faire sortir de. ⇒ **dégager, enlever, ôter.** *Retirer un corps des décombres. Retirer un homme de prison.* ➛ *Retirer un gâteau du moule* (démouler), *une plante d'un pot* (dépoter). ⇒ **dé-.** ➛ *Retirer un livre du catalogue.* ➛ fam. *On me retirera difficilement de l'idée que... :* quoi qu'on fasse, je continuerai à penser que... ♦ Faire sortir (un objet déposé), rentrer en possession de. *Retirer un objet du mont-de-piété.* ⇒ **dégager.** *Retirer de l'argent à la banque.* **3** Séparer, éloigner de qqch. *Retirer sa main.* ⇒ **reculer.** ➛ *Tendre l'appât, puis le retirer.* **4** Cesser de formuler, de présenter. ⇒ **annuler, supprimer ;** ② **retrait.** *Retirer sa candidature, une plainte. Retire ce que tu viens de dire.* **5** *RETIRER QQCH. DE* (qqn, qqch.) : obtenir pour soi (en enlevant de qqch. ou à qqn), en retour. ⇒ **gagner, percevoir, recueillir.** *« Des guenilles, qu'elle nous vendra au poids de l'or, et dont nous ne retirerons rien »* (Dider.). **II - 1** Tirer de nouveau. *Retirer un coup de feu.* **2** Effectuer un nouveau tirage de (un imprimé, un livre, une photo). **III** *SE RETIRER* v. pron. **A - 1** S'en aller, partir en sortant, en s'éloignant. *Se retirer discrètement.* ⇒ **disparaître,** s'**éclipser, filer.** ♦ Faire cesser la pénétration lors d'un rapport sexuel. *Se retirer avant l'éjaculation.* **2** *SE RETIRER DE... :* quitter une activité. *Se retirer des affaires.* ♦ Cesser de jouer, de participer. ⇒ **abandonner.** *Se retirer devant un adversaire trop fort.* **3** vieilli Aller en arrière, s'éloigner en s'écartant. *Les ennemis se retirent en désordre.* ⇒ **décamper, déguerpir,** s'**enfuir, fuir. 4** Refluer, revenir vers son origine. *« La mer qui se retire est comme absente, dégrisée et distraite »* (Gracq). ⇒ **descendre.** *Les eaux se retirent* (après une inondation). **B - 1** Aller (dans un lieu) pour y trouver un abri, un refuge. ⇒ se **réfugier ;** ① **retraite.** *« Ils se retirent la nuit dans des tanières »* (La Bruy.). ⇒ se **cacher.** ♦ Rentrer dans un endroit privé (pour se trouver seul, pour se reposer). *Se retirer dans sa chambre.* **2** Prendre sa retraite (dans un lieu). *« un petit bourg du Puy-de-Dôme où ils comptaient se retirer dans quelques années »* (Tournier). ➛ Aller vivre (dans un lieu isolé). *Se retirer à la campagne pour écrire.* ✪ CONTR. Mettre ; ① déposer ; rapprocher. Donner. — Avancer (s').

rétivité n. f. – XIVe ▪ rare Caractère d'une monture, d'une personne rétive.

retombant, ante adj. – XIXe ▪ Qui retombe (II, 3°). ⇒ ① **pendant.** *Moustaches retombantes.*

retombé n. m. – XIXe ▪ Retombée du corps du danseur après un saut.

retombée n. f. – XVIe **1** Mouvement de ce qui retombe (II, 3°). ♦ Assises qui forment la naissance d'un arc, d'une voûte. **2** Choses qui retombent. *Des retombées de fleurs en grappes.* ♦ *Retombées radioactives :* substances radioactives qui retombent dans les basses couches de l'atmosphère, après une explosion atomique. **3** au plur. Conséquences, répercussions ; effets secondaires. ⇒ **impact, incidence.** *Exploiter les retombées politiques d'une élection.*

retomber v. intr. [1] – XVIe **I** (êtres vivants) **1** Tomber de nouveau ; faire une seconde chute. *« elle buta, tomba une première fois, se releva pour retomber plus loin »* (Zola). ➛ Toucher terre après s'être élevé, être monté. *Retomber après un saut ; bien, mal retomber* (⇒ **réception, retombé**). *Le chat retombe sur ses pattes.* ♦ Revenir à la position couchée. *Épuisé, il se laissa retomber.* **2** Tomber de nouveau dans une situation critique (après en être sorti). *Retomber dans la misère. Retomber malade.* ⇒ **rechuter. II** (choses) **1** Tomber de nouveau, ou après s'être élevé. ⇒ **redescendre.** *Le soufflé est retombé. Le vent fait retomber la fumée.* ⇒ **rabattre.** ➛ Se remettre à tomber. *La neige retombe.* **2** S'abaisser ou s'incliner, se pencher (après avoir été levé, soulevé). *Laisser retomber un rideau.* **3** S'étendre du haut vers le bas, pendre. ⇒ ① **tomber.** *Le voile « qu'elle fit retomber* *jusqu'au bas du visage* » (Loti). ♦ Descendre en portant sur un appui (⇒ **retombée,** 1°). 4 Revenir dans (un état, une situation). *Pays qui retombe dans le chaos.* ♦ Cesser de se soutenir, d'agir. *L'intérêt ne doit pas retomber. Sa colère est retombée.* 5 *RETOMBER SUR* (qqn) : être rejeté sur, faire peser en retour ses effets sur. ⇒ **rejaillir** (sur). *C'est sur lui que doit retomber la responsabilité.* ⇒ **incomber** (à), **peser.** Fam. *Ça va lui retomber sur le nez :* il en subira les conséquences fâcheuses.

retordage n. m. – XVe ▪ Opération par laquelle on retord le fil.

retordeur, euse n. – XIVe ▪ Ouvrier, ouvrière qui effectue le retordage. ♦ n. f. Machine à retordre.

retordre v. tr. [41] – XIIIe 1 Assembler (des fils) en tordant pour les rendre plus résistants. – *Fil retordu.* ⇒ **câblé, retors.** – loc. *Donner du fil à retordre à qqn,* lui causer des soucis, des difficultés. 2 Tordre de nouveau. *Retordre une barre de fer.*

rétorquer v. tr. [1] – XIVe ; lat. « tourner *(torquere)* en arrière » ▪ Répondre par une objection, un démenti. ⇒ **répliquer.** « *Le cocher rétorqua que la République n'était pas à Moscou* » (Cendrars).

retors, orse adj. et n. m. – XIIIe 1 Qui a été retordu. *Fil retors. Soie retorse.* ♦ n. m. Fil retors. 2 Plein de ruse, d'une habileté tortueuse. ⇒ **artificieux, malin, matois, rusé.** *Un politicien retors.* ✪ CONTR. ① Droit.

❑ *Retors* est l'ancien participe passé de *retordre.*

rétorsion n. f. – XIVe ; de *rétorquer* ▪ Le fait, pour un État, de prendre contre un autre État des mesures coercitives analogues à celles que celui-ci a prises contre lui. *User de rétorsion.* ♦ *Mesure(s) de rétorsion :* réponse analogue à un mauvais procédé. ⇒ **représailles.**

retouche n. f. – XVIe 1 Action de retoucher. *Faire quelques retouches à une photo ; un texte.* 2 Adaptation d'un vêtement de confection aux mesures de l'acheteur. *Faire une retouche.*

retoucher v. tr. [1] – XIIIe 1 Reprendre (un travail, une œuvre d'art) en faisant des changements partiels pour corriger, parfaire. *Retoucher une photo.* ⇒ **repiquer.** ♦ Faire une retouche à (un vêtement). 2 tr. ind. *RETOUCHER À QQCH. :* y toucher de nouveau. *Il a retouché à l'alcool.*

retoucherie n. f. – 1995 ▪ Boutique où l'on retouche les vêtements.

retoucheur, euse n. – XIXe ▪ Spécialiste qui effectue des retouches. *Retoucheur en confection.*

retour n. m. – XIIe ; de *retourner* I Mouvement en arrière, déplacement vers le point de départ. 1 Le fait de repartir pour l'endroit d'où l'on est venu. *Il faut songer au retour.* – *Être sur le retour,* sur le point de repartir. ♦ Le chemin qu'on suit, le temps qu'on met pour revenir à son point de départ. « *Le retour me parut plus rapide que l'aller* » (Bosco). *Billet valable pour l'aller et le retour ; un aller-retour.* ♦ Le moment où l'on arrive, le fait d'arriver à son point de départ. *Retour d'un navire à son port d'attache.* ♦ *À MON (TON, SON...) RETOUR ; AU RETOUR DE... :* au moment où une personne vient d'arriver ; après qu'elle est revenue. *On lui demandera à son retour.* ♦ *ÊTRE DE RETOUR :* être revenu. – *De retour :* une fois revenu. *De retour au pays.* ♦ vieilli fam. *RETOUR DE :* au retour de ; qui revient de. *L'homme* « *retour de la cabine téléphonique, vole au secours de sa protégée* » (Tournier). 2 Renvoi au point de départ. loc. *CHEVAL DE RETOUR,* qu'on ramenait à l'endroit où on l'avait loué ; fig. ancien forçat ; récidiviste plusieurs fois condamné. ♦ Touche d'un clavier de machine à écrire électrique ou de terminal qui permet de revenir à la ligne. 3 Angle droit que forme un mur, un corps de bâtiment par rapport à l'alignement du reste de la construction. *Bâtiment en retour.* Ce corps de bâtiment. – Petite table perpendiculaire à un bureau. – Profil d'une moulure qui présente un ressaut. ♦ *Retour d'une manœuvre :* partie comprise entre une poulie et le point où l'on tire. 4 Mouvement de sens inverse d'un mouvement précédent. *Retour de marée :* contre-courant. – *Retour offensif d'une armée,* qui attaque de nouveau après avoir reculé. *Retour offensif de l'hiver.* ♦ *RETOUR DE FLAMME :* gaz enflammés, qui jaillissent accidentellement du foyer d'une chaudière ou qui remontent vers le carburateur ; contrecoup d'une action agressive qui se retourne contre son auteur ; regain de vigueur après une période de calme. – *Retour de manivelle :* manivelle d'un moteur à explosion, qui se met brusquement à tourner dans le sens inverse du sens prévu ; fam. revirement soudain. « *Un de ces jours, il y aura un retour de manivelle et la belle Rolande se fera sonner* » (Maurois). ♦ *Retour du courant,* depuis l'extrémité de la ligne jusqu'à la seconde borne du générateur. *Retour à la terre. Fil de retour.* ♦ *Match retour,* opposant deux équipes qui se sont déjà rencontrées dans la première partie d'un championnat. ♦ *EN RETOUR :* qui s'exerce une deuxième fois en sens inverse de la première. *Effet en retour.* ⇒ **contrecoup, répercussion.** ♦ *Action, contrôle en retour.* ⇒ **feed-back, rétroaction.** 5 L'action de retourner, le fait d'être renvoyé, réexpédié. ⇒ **renvoi.** *Retour à l'envoyeur* (d'un objet postal). ♦ *Par retour du courrier :* par le courrier suivant. ♦ Réexpédition à l'éditeur des volumes invendus ; ces volumes. ⇒ **bouillon.** *Il* « *rassemblait les "retours"* [...] *C'étaient les exemplaires méprisés, qu'il renvoyait aux éditeurs* » (France). II - 1 *Retour à...,* le fait de retourner ou d'être retourné (à un état, des activités antérieurs). *Le retour au calme.* « *un prophète du retour au passé anté-européen* » (Césaire). – *Retour en grâce.* 2 *Être sur le retour* (vx *de l'âge*) : vieillir. – *Retour d'âge :* âge de la ménopause ; la ménopause. 3 Le fait de revenir sur. *Retour en arrière :* vue rétrospective. – Fait de remonter brusquement à un point antérieur d'une narration. (Recomm. offic. pour *flash-back.*) – *Retour sur soi-même :* réflexion sur sa conduite, sa vie passée. 4 loc. *Par un juste retour des choses,* par un revirement de la situation. 5 Réapparition ; le fait de se reproduire. *Le retour du printemps.* ⇒ **renaissance, renouveau.** « *Elle avait ses bons retours de candeur et de tendresse* » (Sand). ⇒ **regain.** ♦ Répétition, reprise. *Retour régulier, périodique.* ⇒ ① **cycle ; rythme.** – *Retour éternel :* selon certains philosophes (stoïciens, Nietzsche), retour cyclique des mêmes événements au cours de l'histoire. ⇒ **palingénésie.** 6 Le fait de retourner à son premier possesseur. – *Droit de retour,* en vertu duquel une chose à titre gratuit revient par voie successorale à la personne qui l'avait transmise ou à ses descendants. 7 loc. adv. *SANS RETOUR :* sans possibilité de revenir (⇒ **non-retour**), de récupérer. « *il était parti, sans retour, pour une colère majuscule* » (Duham.). 8 vx Réciprocité ou échange (de sentiments, de services...) « *L'attachement peut se passer de retour, jamais l'amitié* » (Rouss.). ♦ loc. adv. *EN RETOUR,* se dit d'une action, d'une parole, d'une affirmation qui est réciproque d'une autre, sert de compensation, d'échange, etc. *Les paysans* « *tenaient la dragée haute aux habitants des villes ; ceux-ci, en retour, les accusaient d'alimenter le marché noir* » (Sartre). ✪ CONTR. ② Aller. ① Départ.

retournage n. m. – XVIIIe ▪ Opération qui consiste à mettre la face intérieure (d'un objet) à l'extérieur.

retourne n. f. – XVIIe ■ Carte à jouer qui détermine l'atout avant la partie.

❑ La *retourne* est la carte que l'on *retourne* après la distribution.

retournement n. m. – XIIe 1 Opération qui consiste à retourner (qqch.) ; changement brusque de direction ou d'orientation ; le fait de se renverser, de se trouver tourné à l'envers. *Retournement des feuilles de certains végétaux sous l'effet de la lumière.* ➙ *Retournement de veste :* changement brusque d'opinion. ♦ Produit d'un déplacement et d'une symétrie par rapport à une droite d'un plan. ♦ Figure acrobatique consistant à mettre l'avion sur le dos. 2 Changement brusque et complet d'attitude, d'opinion. ⇒ **revirement.** *Son retournement nous a surpris.* ➙ Transformation soudaine et complète. *Retournement de tendance.* ⇒ **renversement.** « *Retournement admirable de la situation, en quelques mots* » (Gide).

retourner v. [1] – IXe **I** v. tr. **A** - 1 Tourner de manière que l'une des extrémités ou l'une des faces vienne à la place qu'occupait précédemment l'extrémité ou la face opposée ; tourner à l'envers. ⇒ **renverser.** *Retourner un matelas. Retourner une crème dans un plat.* ♦ *Retourner une carte,* pour voir la figure. ➙ loc. *De quoi il retourne :* de quoi il est question. 2 Travailler (la terre) de manière à enfouir la couche superficielle et à exposer à l'air la couche profonde. ⇒ **fouiller.** *Retourner la terre avec une bêche* (bêcher), *une charrue* (labourer). *Retourner un champ.* ➙ fam. Mettre sens dessus dessous. *Il a retourné toute la maison pour retrouver ce papier.* 3 Mettre la face intérieure de (qqch.) à l'extérieur. *Retourner ses poches. Retourner un habit,* en mettant l'envers de l'étoffe (moins usagé) à l'endroit. ➙ *Mouton retourné :* peau dont la fourrure est à l'intérieur du vêtement. ➙ loc. *Retourner sa veste :* changer brusquement d'opinion, de parti. ♦ fam. *Retourner qqn,* le faire changer d'avis, d'attitude. *Retourner qqn comme une crêpe, comme un gant.* ♦ Inverser le sens, l'orientation de. ⇒ **renverser.** *Retourner la situation en sa faveur.* 4 fam. Bouleverser (qqn). *Cette nouvelle l'a tout retourné.* 5 Modifier (une phrase) en permutant les éléments. ⇒ **intervertir, inverser, renverser.** *Retournez cette maxime, elle restera vraie.* **B** - 1 Orienter, diriger dans le sens opposé à la direction antérieure. *Le meurtrier retourna ensuite l'arme contre lui-même.* 2 Renvoyer. *Retourner une lettre, une marchandise.* ⇒ **réexpédier.** ➙ *Retourner une critique à qqn,* lui adresser la même critique qu'on en a reçu. iron. *Retourner à qqn son compliment :* répondre à une parole désagréable par une autre. **C** Tourner de nouveau, encore. « *il tournait et retournait dans ses grosses mains velues son calot* » (Perec). ➙ *Tourner et retourner une idée, une pensée,* la présenter, l'examiner sous ses différents aspects. **II** v. intr. *RETOURNER À, DANS, CHEZ.* 1 Aller au lieu d'où l'on est venu. ⇒ **revenir.** *Il vient de Paris, mais il va y retourner. Retourner à l'école, chez soi.* ⇒ **regagner, réintégrer, rentrer.** *Retournez à votre poste.* ➙ *Retourner sur ses pas :* refaire le chemin qu'on vient de faire, en sens inverse. ➙ *Je retourne me baigner.* 2 Aller de nouveau (là où on est déjà allé). *Je ne suis pas près d'y retourner.* 3 *RETOURNER À :* retrouver (un état initial, antérieur). *Retourner à l'état sauvage. Retourner au néant.* ♦ Se remettre à (une activité), adopter de nouveau (une croyance), aimer de nouveau (qqn). *Converti qui retourne à sa première religion. Retourner à ses premières amours.* ♦ Aborder de nouveau (un sujet dont on s'était écarté). *Retourner à son propos.* 4 Être restitué à (qqn). ⇒ **revenir.** « *La maison et la terre retourneraient à sa sœur* » (Zola). **III** *SE RETOURNER* v. pron. 1 *S'EN RETOURNER :* repartir pour le lieu d'où l'on est venu. *S'en retourner chez soi.* ⇒ **rentrer, revenir.** ➙ S'en aller. ⇒ ① **partir.** « *il s'en retourna mécontent* » (Rouss.). 2 Changer de ligne de conduite pour s'adapter aux circonstances. *Ne pas laisser à qqn le temps de se retourner,* le prendre de court, le harceler. 3 Changer de position en se tournant dans un autre sens. *La voiture s'est retournée, les roues en l'air.* ⇒ ② **capoter.** « *Elle se tournait et se retournait dans son lit* » (Green). 4 Tourner la tête en arrière (pour regarder). *Il est parti sans se retourner. On se retourne sur elle* (pour admirer son physique). 5 *SE RETOURNER CONTRE :* lutter contre ses anciens alliés, ou ce qu'on défendait. ➙ « *Une action faite par générosité pure se retourne toujours contre son auteur* » (Montherl.). ➙ Entreprendre une action récursoire afin de reporter la responsabilité sur un tiers. *Il s'est retourné contre son employeur.* 6 *SE RETOURNER VERS* (qqn, qqch.) : demander de l'aide, recourir à. *Ne plus savoir vers qui se retourner.*

retracer v. tr. [3] – XVe 1 Tracer à nouveau (ce qui était effacé) ou dessiner autrement. *Retracer une allée.* 2 Raconter de manière à faire revivre. ⇒ **relater.** *Ce film retrace sa vie.* « *l'image que mon oncle me retrace de lui* » (Mauriac).

rétractable adj. – XVIIe ■ Qui peut être rétracté. *Stylo à pointe rétractable.*

rétractation n. f. – XIVe ■ Action de se rétracter. ⇒ **désaveu, reniement.** *Faire une rétractation publique. Rétractation d'une erreur, d'une calomnie.* ♦ Fait de revenir en vue d'en détruire les effets juridiques, sur un acte qu'on avait volontairement accompli. *Rétractation d'une offre.* ✪ CONTR. Confirmation.

❑ Ne pas confondre avec *rétraction* « contraction ».

① **rétracter** v. tr. [1] – XIVe ; lat. *retractare* « retirer » 1 littér. Revenir sur (ce qu'on a dit ou fait). ⇒ **désavouer ; rétractation.** *Je rétracte ce que j'ai dit.* ⇒ **retirer.** 2 *SE RÉTRACTER* v. pron. Revenir sur ses aveux, ses déclarations. ⇒ se **dédire.** *Le témoin s'est rétracté.* ✪ CONTR. Confirmer.

② **rétracter** v. tr. [1] – XVIIe ; lat. *retrahere* « tirer en arrière » 1 *SE RÉTRACTER* v. pron. Se contracter, se rétrécir. ⇒ se **recroqueviller ; rétractile, rétraction.** ♦ Se retirer, reculer. *Cette sensitive,* « *qui se rétractait si violemment au contact de la moindre caresse* » (Barbey). ➙ *Elle est toute rétractée en sa présence.* 2 v. tr. Contracter en tirant en arrière. *L'escargot rétracte ses cornes.* ⇒ **rentrer.**

rétracteur adj. m. et n. m. – XIXe 1 *Muscle rétracteur,* qui permet à une partie du corps de se rétracter. 2 n. m. Instrument chirurgical servant à repousser les tissus ou certains organes.

rétractibilité n. f. – 1945 ■ Propriété d'une pièce de bois de varier dans ses dimensions selon l'humidité atmosphérique.

rétractif, ive adj. – XVIe ■ Qui produit une rétraction. *Force rétractive.*

rétractile adj. – XVIIIe 1 Que l'animal peut rentrer, retirer, en parlant des ongles, des griffes de certains carnassiers. *Griffes rétractiles du chat.* 2 Susceptible de rétraction. *Organes rétractiles.*

rétractilité n. f. – XIXe ■ Propriété de ce qui est rétractile.

rétraction n. f. – XIVe 1 Acte par lequel certains animaux, certains organes se contractent et se déforment de façon à occuper le moins de place possible. ♦ Raccourcissement et rétrécissement que présentent certains tissus ou organes malades.

⇒ **contraction.** *Rétraction musculaire, tendineuse.* 2 (personnes) Retrait. *Mouvement de rétraction.* ➛ Repli sur soi-même.

> ❑ Ne pas confondre avec *rétractation* « action de se rétracter ».

retraduire v. tr. [38] – XVIe ▪ Traduire de nouveau (notamment un texte qui est une traduction).

① **retrait, aite** adj. – XIIe ; a. fr. *retraire* « se retirer » 1 Raccourci, en parlant d'une pièce de l'écu. *Bande retraite.* 2 *Blé retrait, avoine retraite,* dont les grains ont mûri sans bien se remplir. ➛ *Bois retrait :* bois coupé dont les fibres ont raccourci en séchant.

② **retrait** n. m. – XIIe ; a. fr. *retraire* « se retirer » I Le fait de se retirer. 1 littér. Fait de revenir en arrière. *Retrait de la mer.* 2 Action de quitter un lieu, d'abandonner une place. *Le retrait des troupes d'occupation.* ⇒ **évacuation.** ➛ *Il annonça son retrait de la compétition.* 3 loc. *EN RETRAIT :* en arrière de l'alignement, d'une ligne déterminée. *Une maison, un peu en retrait de la route.* ➛ *Être, rester en retrait :* ne pas se mettre en avant. Moins avancé ; qui dit, offre moins. *Des propositions en retrait sur les précédentes.* 4 Contraction, diminution de volume (d'un corps). *Retrait du bois.* ⇒ **rétractibilité.** ♦ *Fentes de retrait :* fentes de dessiccation (d'un sol argileux). 5 Action de se replier sur soi, de se rétracter. « *l'habitude du retrait, certaine faculté de repliement* » (Gide). ⇒ **rétraction.** II Action de retirer. *Faire des dépôts et des retraits sur un compte bancaire.* ➛ *Retrait d'une candidature. Retrait du permis de conduire.* ♦ Acte par lequel un tiers se substitue à l'acquéreur d'un bien pour s'approprier le bénéfice et les charges de cette acquisition. *Retrait successoral,* par lequel un cohéritier se substitue au tiers acquéreur de la quote-part d'un autre cohéritier. ✪ CONTR. Avance. — Dépôt.

retraitant, ante n. – XIXe ▪ Personne qui fait une retraite religieuse.

① **retraite** n. f. – XIIe ; a. fr. *retraire* « se retirer » I Action de se retirer. A - 1 littér. Action de se retirer en arrière, de s'écarter. *Une botte « que celui-ci para avec une retraite de corps »* (Gaut.). 2 vieilli Action ou obligation, pour les troupes, de regagner leur casernement ; sonnerie leur annonçant qu'il est l'heure de rentrer. *Sonner la retraite.* ♦ *RETRAITE AUX FLAMBEAUX :* défilé solennel des troupes, avec flambeaux et fanfare, de la place d'armes à la caserne, lors de certaines fêtes. ➛ Défilé populaire avec torches et lampions. *La retraite du 14 Juillet.* 3 Abandon du champ de bataille ou d'une portion de territoire, par une armée qui ne peut s'y maintenir. ⇒ **décrochage, recul, repli.** *Des « généraux qui appellent des reculs forcés une retraite stratégique »* (Proust). *La retraite de Russie.* ➛ loc. *Battre en retraite :* se retirer du combat (⇒ **décrocher, reculer**) ; fig. céder devant un adversaire, abandonner certaines prétentions. « *prudemment, devant leur nombre, il battit en retraite* » (Montherl.). B Action de se retirer de la vie active ou mondaine. 1 Repos, solitude. « *Dans cette espèce de retraite forcée où des circonstances passagères me confinent* » (Ste-Beuve). 2 Période passée à l'écart de toute vie mondaine en vue de la récollection et de la préparation religieuse (⇒ **retraitant**). 3 État d'une personne qui s'est retirée d'une fonction, d'un emploi, et qui a droit à une pension. *L'âge de la retraite. Prendre sa retraite. Être en retraite, à la retraite.* ⇒ **retraité.** *Retraite anticipée.* ⇒ **préretraite.** ♦ Pension assurée à une personne admise à la retraite. *Toucher sa retraite ; une petite, une grosse retraite.* ➛ *Caisses de retraite.* II littér. Lieu où l'on se retire, pour échapper aux dangers, aux tracas ou aux mondanités. ⇒ **abri, asile, refuge.** « *posséder une retraite dont la porte s'ouvrirait, se refermerait pour lui seul, sur un lieu ignoré* » (Colette). III Fait d'être retiré, rétréci. ➛ Diminution d'épaisseur d'un mur. *Ce mur fait retraite.* ✪ CONTR. Avance. Activité.

② **retraite** n. f. – XVIIIe ; de *re-* et *traite* ▪ Seconde lettre de change que le porteur non payé tire sur le tireur.

retraité, ée adj. et n. – XIXe ▪ Qui est à la retraite. *Des fonctionnaires retraités.* ➛ n. *Une vie de retraité.*

retraitement n. m. – 1962 ▪ Nouveau traitement d'un matériau, d'une substance, après utilisation. ♦ Traitement (du combustible nucléaire) après utilisation dans un réacteur, afin de s'en resservir. *Usine de retraitement.*

retraiter v. tr. [1] – v. 1970 ▪ Traiter à nouveau. ♦ Pratiquer un retraitement (du combustible nucléaire). ➛ *Uranium retraité.*

retranchement n. m. – XIIe I Action de retrancher. ⇒ **suppression.** *Le retranchement d'un chapitre.* ♦ Réduction des avantages matrimoniaux faits à un nouvel époux par qqn ayant des enfants légitimes d'un premier lit. II - 1 Position utilisée pour se couvrir, se protéger (dans une place forte) ; obstacle employé pour se protéger et résister. ⇒ ① **défense, fortification ; tranchée.** « *les barricades sont des retranchements qui appartiennent au génie parisien* » (Chateaub.). 2 loc. *Attaquer, pousser qqn dans ses (derniers) retranchements,* l'attaquer violemment, l'acculer. « *une main téméraire tentait de le venir pourchasser jusqu'en ses derniers retranchements* » (Courtel.). ✪ CONTR. Addition.

retrancher v. tr. [1] – XIIe I Enlever d'un tout (une partie, un élément) ; supprimer (un élément). ⇒ **couper, éliminer, ôter, soustraire.** 1 littér. *Retrancher les branches d'un arbre.* ⇒ **élaguer, tailler.** *Retrancher un membre.* ⇒ **amputer.** *Les chirurgiens « taillaient à même la chair pour retrancher tout ce qui était douteux »* (Duham.). 2 Enlever d'un texte. *Il faut retrancher certains passages.* ⇒ **élaguer.** 3 Soustraire (une partie) d'une quantité. ⇒ **déduire, défalquer.** *Retrancher un nombre d'un autre.* 4 vieilli Enlever (qqch.) à qqn. *Il « m'a retranché net mes cent francs par mois »* (Zola). II - 1 vx Fortifier par des retranchements. *Camp* retranché.* 2 Protéger, séparer comme par un retranchement. ➛ « *J'ai été tous ces temps retranché du monde* » (Ste-Beuve). 3 *SE RETRANCHER* v. pron. Se fortifier, se protéger par des moyens de défense. *Se retrancher derrière des fortifications.* ♦ Se mettre à l'abri, se protéger (par une attitude, un comportement). *Se retrancher dans un mutisme farouche ; derrière le secret professionnel.* ✪ CONTR. Ajouter.

retranscription n. f. – 1917 ▪ Action de retranscrire ; nouvelle transcription. *Retranscription d'un acte authentique par un notaire.*

retranscrire v. tr. [39] – XVIIIe ▪ Transcrire de nouveau. ⇒ **recopier.**

retransmettre v. tr. [56] – 1932 1 Transmettre de nouveau, transmettre à d'autres (le message reçu). *Retransmettre un ordre.* 2 Diffuser de nouveau ou plus loin, sur un autre réseau. *Retransmettre par satellite.* ⇒ **relayer.** ➛ *Match retransmis en direct.*

retransmission n. f. – 1904 ▪ Nouvelle transmission. ♦ Diffusion nouvelle ou sur un autre réseau (d'une émission) ; cette émission. *Retransmission en différé.*

retravailler v. [1] – XIIe 1 v. tr. Travailler de nouveau pour améliorer. *Retravailler un discours.* ♦ tr. ind. Se remettre (à un travail). *Retravailler à un article.* 2 v. intr. Reprendre un travail rétribué, ou retrouver du travail après une période de chômage.

retraverser v. tr. [1] – XVIe ▪ Traverser de nouveau.

rétréci, ie adj. – XVIIe 1 Devenu plus étroit. *Lainage rétréci.* ➛ *Chaussée rétrécie.* ⇒ **resserré.** 2 Borné, étriqué. « *notre petit monde rétréci* » (Céline). ✪ CONTR. Ample, large.

rétrécir v. [2] – XVIe ; de *re-* intensif et *étrécir* I v. tr. 1 Rendre plus étroit ; diminuer la largeur, la surface, le volume de. ⇒ ② **contracter, resserrer.** *L'opium rétrécit les pupilles. Rétrécir une jupe.* 2 Diminuer l'ampleur, la portée, la capacité de. « *cette fille simple dont une éducation provinciale avait rétréci les idées* » (Volt.). **II** v. intr. Devenir plus étroit, plus petit. *Ce chandail a rétréci au lavage.* ⇒ **rapetisser. III** *SE RÉTRÉCIR* v. pron. 1 Devenir de plus en plus étroit. *Rue qui va en se rétrécissant.* ⇒ se **resserrer.** 2 Perdre son ampleur, sa portée. *Son avenir se rétrécit de jour en jour.* ✪ CONTR. Élargir ; allonger, dilater, étirer, gonfler ; évaser (s').

❑ *Rétrécir* a éliminé progressivement *étrécir.*

rétrécissement n. m. – XVIe 1 Le fait de (se) rétrécir. *Attention au rétrécissement de la chaussée.* ⇒ **resserrement.** ➛ *Rétrécissement d'un lainage.* ♦ Fait d'être moins ouvert, d'être borné. *Le rétrécissement de l'esprit.* 2 Diminution permanente, normale ou pathologique, du calibre d'un conduit ou d'un orifice. ⇒ **sténose.** « *Il avait longtemps souffert d'un rétrécissement de l'aorte* » (Camus). ✪ CONTR. Élargissement.

retreindre ou **rétreindre** v. tr. 52 – XVIIIe ; de *re-* et *étreindre* ▪ Modeler au marteau (une plaque de cuivre). ♦ Diminuer par martelage le diamètre de (un tube).

retremper v. tr. 1 – XIIe 1 Donner une nouvelle trempe à. *Retremper de l'acier.* 2 Redonner de la force à. « *tout ce qui retrempe une nation* » (Ste-Beuve). ➛ « *Au sacre du malheur il retrempe ses droits* » (Hugo). ⇒ **fortifier.** 3 Plonger de nouveau dans un liquide. *Retremper du linge.* 4 *SE RETREMPER* v. pron. Se tremper de nouveau. *Se retremper dans l'eau.* ♦ *Se retremper à* : reprendre de la vigueur, de l'énergie par. « *N'arrive-t-il pas tous les jours qu'un art quelconque se rajeunit en se retrempant à ses sources ?* » (Nerval). ♦ *Se retremper dans le milieu familial.* ⇒ se **replonger.**

rétribuer v. tr. 1 – XIVe ; lat. « attribuer en retour » 1 Donner qqch., de l'argent, en contrepartie de (un service, un travail). ⇒ **payer, rémunérer.** *Rétribuer un travail au mois, à la journée.* ➛ *Travail bien rétribué.* 2 Payer (qqn) pour un travail. ⇒ ① **appointer, salarier.**

rétribution n. f. – XIIe ▪ Ce que l'on gagne par son travail ; ce qui est donné en échange d'un service, d'un travail (en général, de l'argent). ⇒ **paye, rémunération, salaire.** *Recevoir une rétribution.*

① **rétro** n. m. – XIXe ▪ Effet rétrograde, au billard. *Un beau rétro.*

② **rétro** adj. inv. et n. m. – 1973 ▪ Qui reprend ou imite un style passé (souvent de la première moitié du XXe s.). ⇒ **kitsch.** *Une robe rétro.* n. m. *Aimer le rétro.*

③ **rétro** n. m. – 1935 ▪ fam. Rétroviseur. *Des rétros extérieurs.*

rétro- Élément, du lat. *retro* « en arrière ».

rétroactes n. m. pl. – d. i. ▪ (Belgique) Antécédents. *Les rétroactes d'une affaire.*

rétroactif, ive adj. – XVIe ▪ Qui exerce une action sur ce qui est antérieur, sur le passé. *Effet rétroactif.* ⇒ **rétroaction.**

rétroaction n. f. – XVIIIe 1 Effet rétroactif. *Modification par rétroaction.* ♦ Effet réactionnel déclenché dans un mécanisme, un organisme soumis à une perturbation pour provoquer une régulation. ⇒ **autorégulation, boucle.** (Recomm. offic. pour *feed-back.*) 2 littér. Action en retour, réaction. « *Nos actes ont sur nous une rétroaction* » (Gide).

rétroactivement adv. – XIXe ▪ De manière rétroactive.

rétroactivité n. f. – XIXe ▪ Caractère rétroactif. *La rétroactivité d'une mesure.* ✪ CONTR. Non-rétroactivité.

rétroagir v. intr. 2 – XVIIIe ▪ littér. Avoir un effet rétroactif.

rétrocéder v. 6 – XVIe 1 v. tr. Céder à qqn (ce qu'on en a reçu). *Rétrocéder un droit, un don à qqn.* ⇒ **recéder, rendre.** ➛ Vendre à un tiers (ce qu'on vient d'acheter). ⇒ **revendre.** 2 v. intr. Subir une rétrocession, en parlant d'un processus pathologique.

rétrocession n. f. – XVIe 1 Action de céder à qqn ce qu'on tient de lui. ➛ Action de revendre à un tiers ce qu'on vient d'acheter. 2 Régression plus ou moins complète (de manifestations pathologiques). *Rétrocession d'une tumeur.*

rétrochargeuse n. f. – 1973 ▪ Chargeuse dont le godet peut être rempli à l'avant et déchargé à l'arrière.

rétrofléchi, ie adj. – XIXe ▪ Dont la partie supérieure est inclinée vers l'arrière. *Utérus rétrofléchi.*

rétroflexe adj. – XIXe ; lat. *retroflectere* « plier en arrière » ▪ *Voyelle, consonne rétroflexe,* ou n. f. *une rétroflexe* : voyelle articulée avec la pointe de la langue retournée vers l'arrière.

rétroflexion n. f. – XIXe ▪ Inclinaison vers l'arrière de la partie supérieure (d'un organe), avec formation d'un angle de flexion.

rétrofusée n. f. – v. 1960 ▪ Fusée servant au freinage ou au recul.

rétrogradation n. f. – XVe 1 Mouvement rétrograde (des planètes, des points équinoxiaux). 2 littér. Mouvement de recul* ; retour en arrière vers un niveau d'évolution moins élaboré. ⇒ **régression.** 3 Mesure disciplinaire par laquelle une personne (sous-officier, fonctionnaire) doit reculer dans la hiérarchie. ♦ Sanction qui fait reculer dans le classement un concurrent qui en a gêné un autre. ✪ CONTR. Avance, avancement, progression.

rétrograde adj. – XIVe ; *rétro-* et lat. *gradi* « marcher, s'avancer » ▪ Qui va en arrière. 1 *Sens rétrograde,* opposé au sens direct. *Rotation dans le sens rétrograde,* dans le sens des aiguilles d'une montre. ⇒ **dextrorsum.** ♦ *Mouvement rétrograde d'une planète, d'une étoile* : mouvement d'est en ouest, réel ou apparent. 2 Qui va en sens inverse de son sens initial, qui revient vers son point de départ (⇒ **rétrograder**). *Mouvement rétrograde.* ♦ *Effet rétrograde,* par lequel une bille revient en arrière après en avoir frappé une autre. ⇒ ① **rétro.** 3 Qui s'oppose au progrès, veut rétablir un état précédent. *Une politique rétrograde.* ⇒ **passéiste, réactionnaire.** *Idées rétrogrades ; esprit rétrograde,* arriéré. *Je raisonne « en homme rétrograde, attaché à une morale qui fait rire »* (Chateaub.). ➛ n. *C'est un vieux rétrograde.* ♦ *Mode rétrograde.* ⇒ ② **rétro.** 4 *Rimes rétrogrades, phrase rétrograde,* qu'on peut lire en renversant l'ordre des mots ou des lettres. ⇒ **palindrome.** 5 *Amnésie rétrograde,* qui concerne les faits antérieurs à un événement donné (opposé à *antérograde*). ✪ CONTR. ① Direct. Progressiste.

❑ Le sens « qui s'oppose au progrès » est attesté pendant la Révolution chez Mirabeau (vers 1790).

rétrograder v. 1 – XVe **I** v. intr. 1 Avoir un mouvement apparent rétrograde (1°). 2 Aller vers l'arrière, vers son point de départ. ⇒ **reculer.** « *Au moment où Wellington rétrograda, Napoléon tressaillit* » (Hugo). 3 Suivre un ordre inverse de l'ordre moral, logique ou chronologique. *Ceux qui « lisent tout d'abord le dénouement, sauf à rétrograder ensuite jusqu'à la première page »* (Gaut.). 4 Aller contre le progrès ; perdre les acquisitions apportées par une évolution. ⇒ **régresser.** *Rétrograder dans la hiérarchie sociale.*

⇒ **déchoir, descendre.** 5 Passer la vitesse inférieure, en voiture. *Rétrograder de troisième en seconde.* II v. tr. Faire subir une rétrogradation (3°) à (qqn). « *après la guerre, comme j'avais passé trois ans à Vichy, j'ai été rétrogradé* » (Duras). ✪ CONTR. Avancer, progresser.

rétrogression n. f. – XIXe ■ Mouvement, marche en arrière. ⇒ **recul, rétrogradation.** ✪ CONTR. Progression.

rétropédalage n. m. – 1907 ■ Action de pédaler à l'envers.

rétroposition n. f. – 1907 ■ Position (d'un organe) en totalité en arrière de la position normale. *Rétroposition de l'utérus.*

rétroprojecteur n. m. – 1968 ■ Projecteur qui reproduit l'image sur un écran placé derrière l'opérateur.

rétropropulsion n. f. – 1964 ■ Freinage (d'un engin spatial) par rétrofusées.

rétrospectif, ive adj. et n. m. – XVIIIe ; *rétro-* et lat. *spectare* « regarder » 1 Qui regarde en arrière, dans le temps ; dirigé vers le passé. *Examen rétrospectif.* 2 Se dit d'un sentiment actuel qui concerne des faits passés. *Peur rétrospective.* « *L'horrible jalousie rétrospective* » (Sand). ✪ CONTR. Avant-coureur, prospectif. Préalable.

rétrospective n. f. – 1920 ■ Exposition présentant l'ensemble des productions (d'un artiste, d'une époque) depuis les débuts. *Une grande rétrospective Picasso.* ♦ Présentation récapitulative d'un sujet (film, récit, etc.). *La rétrospective des événements de l'année.*

❑ Au Québec, *rétrospective* est employé pour remplacer l'anglicisme *flash-back.*

rétrospectivement adv. – XIXe ■ En regardant vers le passé. ♦ Après coup. *Il a eu peur rétrospectivement.*

retroussé, ée adj. – XVIe 1 Qui est remonté, relevé. *Manches retroussées.* 2 *Nez retroussé,* court et au bout relevé.

retroussement n. m. – XVIe ■ Action de (se) retrousser ; son résultat. *Le nez « ayant, au bout, le retroussement faubourien »* (Goncourt).

retrousser v. tr. [1] – XIIIe 1 Ramener l'extrémité de, replier vers le haut et vers l'extérieur. ⇒ **relever.** *Il « retroussa sa manche gauche, et me montra la trace de la balle »* (Giraud.). 2 SE RETROUSSER v. pron. Se relever vers l'extérieur. ⇒ **rebiquer.** *Moustache qui se retrousse.* ✪ CONTR. Baisser, rabattre.

retroussis n. m. – XVIIe ■ Partie d'un vêtement retroussée de façon permanente. ♦ Revers de botte. « *des bottines à retroussis jaunes* » (Nerval).

retrouvable adj. – 1907 ■ Qui peut être retrouvé. *Des documents difficilement retrouvables.* ✪ CONTR. Introuvable.

retrouvailles n. f. pl. – XVIIIe ■ Fait, pour des personnes séparées, de se retrouver. *Fêtons nos retrouvailles.* ➛ Rétablissement de relations interrompues, entre groupes sociaux. *Retrouvailles de deux pays, après une crise.*

❑ Pour la liste des noms féminins pluriels en *-ailles* → semailles (rem.).

retrouver v. tr. [1] – XIIe I A Trouver de nouveau. 1 Voir se présenter de nouveau. *C'est une occasion que tu ne retrouveras jamais.* 2 Découvrir de nouveau (ce qui a été découvert, puis oublié). ⇒ **redécouvrir.** *Retrouver un secret de fabrication.* 3 Trouver de nouveau (quelque part, en un état). *Gare à vous si je vous retrouve ici, à rôder par ici.* ⇒ **reprendre.** 4 Trouver quelque part (ce qui existe déjà ailleurs). *On retrouve chez le fils le sourire du père. Je retrouve bien là mon fils.* ⇒ **reconnaître.** B - 1 Trouver (ce qu'on a perdu). *Récompense à qui retrouvera ce chien. On a retrouvé le coupable.* ➛ (avec l'attribut) *Retrouvez-le vivant.* ➛ loc. prov. *Un(e) de perdu(e), dix de retrouvé(e)s,* se dit plaisamment pour consoler qqn d'une déconvenue sentimentale. ♦ *Retrouver une voiture volée.* ⇒ **récupérer.** « *s'il retrouve la trace de son frère, retrouvera-t-il le chemin de son cœur ?* » (Mart. du G.). *Retrouver du travail.* ➛ Trouver, rappeler (un souvenir). *Je ne peux retrouver son nom.* « *Le Temps retrouvé* » de Proust. 2 Trouver (une chose que l'on considérait comme perdue, à cause de son ancienneté, de la difficulté de la recherche). « *On retrouva enfouis, incinérés, les restes de ses victimes* » (Colette). 3 Avoir de nouveau (une qualité, un état perdu). ⇒ **recouvrer.** *Retrouver la santé.* ➛ loc. fam. *Retrouver ses esprits :* reprendre ses esprits. 4 Être de nouveau en présence de (qqn dont on était séparé). *Retrouver un ami d'enfance.* ⇒ **revoir.** « *son amoureuse apportait de l'empressement à venir le retrouver* » (Courtel.). ⇒ **rejoindre.** ♦ Revenir dans (un lieu). *Retrouver la mère patrie.* II SE RETROUVER v. pron. A (récipr.) Être de nouveau en présence l'un de l'autre. *Ils se sont retrouvés par hasard à Paris. Tiens ! comme on se retrouve !* se dit lors d'une rencontre inattendue. ➛ fam. (en manière de menace) *On se retrouvera !* ➛ Se donner rendez-vous. *Ils se retrouvaient au jardin public.* B (réfl.) 1 Retrouver son chemin après s'être perdu. ➛ *Se retrouver dans ; s'y retrouver :* savoir où l'on en est, s'y reconnaître. *Cet index est mal fait, on a du mal à s'y retrouver. Se retrouver dans ses comptes.* ♦ loc. fam. *S'y retrouver :* rentrer dans ses débours ; faire un bénéfice, tirer avantage. *Le patron a des frais, mais il s'y retrouve.* ⇒ **gagner.** 2 littér. Rentrer en possession de soi-même, de ses moyens. 3 Être de nouveau (dans un lieu qu'on a quitté). « *je me retrouvais au milieu de mes chères bergeries* » (Rouss.). ♦ Être de nouveau (dans un état, une situation qui avait cessé). « *nous nous retrouvâmes seuls, maman et moi* » (France). ♦ Se trouver soudainement dans une situation. *Il perdit son emploi et se retrouva au chômage.* C (pass.) 1 Être trouvé une seconde fois. *Un individualisme « dont les conditions ne se retrouveront jamais plus »* (Maurois). ⇒ se **renouveler.** 2 Se trouver aussi ; exister ailleurs. *Cette tournure se retrouve dans plusieurs langues.* 3 Se trouver (partout, toujours). « *ces mots se retrouvent à chaque instant sous leur plume* » (Morand). ⇒ **réapparaître, resurgir.** ✪ CONTR. Perdre.

❑ La paronymie entre *recouvrer* et *recouvrir* a favorisé l'essor de *retrouver* au sens d'« avoir de nouveau ». « *Des médecins disaient qu'il retrouverait la vue* » (Malraux). → recouvrer (rem.).

rétroversion n. f. – XVIIIe ; *rétro-* et lat. *vertere* « tourner » ■ Inclinaison en arrière, sans flexion (d'un organe). *Rétroversion de l'utérus.* ✪ CONTR. Antéversion.

rétroviral, ale, aux adj. – 1985 ■ Relatif à un rétrovirus.

rétrovirus [RetRoviRys] n. m. – 1978 ; angl. *re(verse) tr(anscriptase)* et *virus* ■ Virus à A.R.N. dont une forme (le V.I.H.) est responsable du sida.

rétroviseur n. m. – 1932 ■ Petit miroir fixé sur un véhicule, qui permet au conducteur de voir derrière lui sans avoir à se retourner. ⇒ ③ **rétro.** *Elle cherche à se voir « dans les rétroviseurs extérieurs des gros camions »* (Le Clézio).

rets [Rɛ] n. m. – XIIe ; lat. *rete* « filet » 1 vx Filet pour capturer du gibier, des poissons. « *Ce lion fut pris dans les rets* » (La Font.). 2 littér. *Tendre des rets, prendre qqn dans des rets.* ⇒ **embûche, piège.** ✪ HOM. Rai, raie.

retuber v. tr. [1] – 1922 ■ Remplacer les tubes, la tubulure de (une chaudière, etc.).

réuni, ie adj. – XVIIe ▪ Qui a été, qui s'est réuni ; uni, rassemblé. « *l'œuvre fantastique des Sylphes, des Fées, des Génies et des Gnomes réunis* » (Baudelaire).

réunification n. f. – 1952 ▪ Action de réunifier ; son résultat. *La réunification de l'Allemagne.*

réunifier v. tr. [7] – 1958 ▪ Rétablir l'unité de (un pays divisé, une entité désunie).

réunion n. f. – XVe **I - 1** Fait de réunir (une province à un État). ⇒ **annexion, rattachement.** ➛ *Île de la Réunion,* nom de l'île Bourbon après son annexion à la couronne de France. **2** Fait de rapprocher, de remettre ensemble (des choses séparées, disjointes ou éparses). ⇒ **rapprochement, rassemblement,** ① **union.** *Réunion d'éléments nombreux* (⇒ **accumulation**), *hétéroclites* (⇒ **mélange**). *Réunion en un tout cohérent, homogène* (⇒ **combinaison, synthèse,** ① **union**). *Réunion d'une chose à une autre.* ♦ Fait, manière d'être réuni ; alliance, lien (entre des éléments). « *je trouve une analogie et une réunion intime entre les couleurs, les sons et les parfums* » (Baud.). **3** rare Pluralité (de choses considérées ou mises ensemble). ⇒ ② **ensemble, groupe, tas.** *Réunion de faits, de documents* (⇒ **recueil**), *d'objets du même genre* (⇒ **collection**). **4** *Réunion de deux ensembles* (notée ∪) : ensemble des éléments appartenant au moins à l'un des deux. **II - 1** Fait de se trouver ensemble ; groupe de personnes réunies. « *ce jour était, pour tous ceux qui gémissaient d'être séparés, celui de la grande réunion* » (Camus). **2** Les personnes qui sont venues en un même lieu (pour participer à une activité commune ou collective) ; acte par lequel elles se rassemblent ; durée, circonstances de leur rencontre. ⇒ **assemblée,** ① **rencontre.** *Organiser une réunion. Assister, participer à une réunion.* ➛ *Réunion d'un groupe organisé, d'un corps constitué.* ⇒ **assemblée, cénacle, colloque, comité, commission, compagnie, concile, conférence, congrégation, congrès, coordination, synode.** *Réunion générale, plénière*.* ⇒ **plénum ;** plaisant **grand-messe.** *Réunion de travail.* ⇒ **séance.** *Salle de réunion. Réunion sportive, d'athlétisme.* ➛ EN RÉUNION, présent à une réunion de travail et indisponible pour autre chose. *Le directeur vous prie de l'excuser, il est en réunion.* ♦ dr. Rassemblement momentané de personnes, hors de la voie publique. *Liberté de réunion. Réunion électorale, politique* (⇒ **meeting**). ✪ CONTR. Dispersion. Intersection.

réunionite n. f. – mil. XXe ▪ fam. Manie de faire des réunions.

> ❑ Le mot résulte d'une formation plaisante, comme *espionite,* à l'aide du suffixe *-ite* servant à désigner ordinairement des maladies inflammatoires (*bronchite, otite,* etc.).

réunir v. tr. [2] – XVe **I - 1** rare Unir à nouveau (des choses séparées). ⇒ **rassembler, relier.** *Réunir les morceaux en collant, cousant, etc.* **2** Mettre ensemble pour former un tout ; joindre ou rapprocher suffisamment pour unir. ⇒ **assembler, grouper, joindre, rassembler, unir.** *Un manuscrit « dont les feuilles sont réunies avec des faveurs d'un rose passé »* (Nerval). *Réunir une chose à une autre* (⇒ **adjoindre, ajouter**). ➛ *Réunir une province à un État.* ⇒ **annexer, incorporer.** ♦ Rassembler (des éléments de même nature) pour en tirer qqch. *Réunir une documentation.* ➛ *Réunir des capitaux.* ♦ Rapprocher par l'esprit (des éléments abstraits). « *fourbu, incapable de réunir deux idées dans sa cervelle* » (Huysm.). **3** Avoir ou comporter (plusieurs éléments d'origines diverses et parfois opposés). ⇒ **concilier, confondre, cumuler, grouper.** *Réunir les conditions exigées.* **II - 1** littér. Réconcilier. « *Nos ennemis communs devraient nous réunir* » (Rac.). **2** Mettre ensemble, faire communiquer. ⇒ **associer, rassembler.** *Réunir des amis à une soirée* (⇒ **inviter**). ➛ Convoquer en réunion. *Réunir le Sénat. Réunir ses collaborateurs.* ⇒ **convoquer.** ➛ *Le travail nous réunit.* **III** SE RÉUNIR v. pron. **1** Se rapprocher ou se joindre de façon à être ensemble. ➛ *Chemins, cours d'eau qui se réunissent en un point.* ⇒ **confluer.** « *Les deux étoiles fantastiques du matin et du soir se sont réunies en une seule Vénus* » (Alain). ➛ *Sociétés qui se réunissent en une association.* ⇒ s'**associer, fusionner. 2** Faire en sorte d'être ensemble. *Se réunir entre amis.* ⇒ se **rencontrer,** se **retrouver.** ➛ *Les voilà enfin réunis.* ✪ CONTR. Disperser. — Brouiller, désunir.

réussi, ie adj. – XVIe **1** Qui a été (plus ou moins bien) fait, effectué, accompli. **2** Exécuté avec bonheur, succès. *Une œuvre réussie. Vacances réussies.* ➛ fam. (iron.) *Bravo, c'est réussi !* (le résultat est contraire à celui qu'on cherchait). ✪ CONTR. Manqué.

réussir v. [2] – XVIe ; it. *riuscire* « ressortir », de *uscire* « sortir » **I** v. intr. **A - 1** *RÉUSSIR (BIEN, MAL)* : avoir telle issue, aboutir à un résultat (bon ou mauvais). *Ce régime réussit bien.* **2** Avoir une heureuse issue, un bon résultat. *Son affaire réussit.* ⇒ **prospérer.** *Cette pièce, ce film a réussi.* ⇒ **plaire.** ♦ *Réussir à (qqn)* : avoir (pour lui) d'heureux résultats. *Tout lui réussit.* « *l'audace réussit à ceux qui savent profiter des occasions* » (Proust). **B - 1** *RÉUSSIR (BIEN, MAL)* : obtenir tel résultat ; se tirer (plus ou moins bien) d'une situation. *Les hommes entreprenants réussissent mieux.* **2** Obtenir un bon résultat, atteindre ce qu'on cherchait. ⇒ **arriver, parvenir ; réussite.** « *la difficulté de réussir ne fait qu'ajouter à la nécessité d'entreprendre* » (Beaum.). ♦ *RÉUSSIR À. Il a réussi à son examen. Maman « a tout de même réussi à me pousser jusqu'à ma médecine »* (Anouilh). ⇒ **arriver, parvenir.** *Vous ne réussirez pas à me convaincre.* ♦ Avoir du succès (dans un milieu social, une profession), faire carrière. ⇒ **briller.** *Commencer à réussir.* ⇒ **percer.** *Réussir dans les affaires.* ➛ Être reçu à un examen. **II** v. tr. Exécuter avec succès, mener à bien. « *il y a tant de gens qui réussissent leur vie* » (Léautaud). *Réussir un travail. Réussir un but* (⇒ **marquer**), *un essai. Le plat qu'il réussit le mieux.* ✪ CONTR. Échouer, rater.

réussite n. f. – XVIIe **I - 1** Bon résultat (de qqch.). ⇒ **gain, succès, triomphe, victoire.** *Réussite d'une entreprise, d'une expérience.* ➛ *C'est une réussite totale.* **2** *RÉUSSITE DE QQN* : le fait de réussir ou d'avoir réussi. « *Ce diplôme fut à l'origine de sa définitive réussite* » (Céline). *Il est fier de la réussite de ses enfants. Réussite sociale. Recherche de la réussite professionnelle.* ⇒ **carriérisme.** « *les buildings sont des ex-votos* [sic] *à la réussite* » (Sartre). **II** Combinaison de cartes soumise à des règles définies. ⇒ ① **patience.** « *Me faisant des réussites qui, l'une après l'autre, échouent* » (Bousquet). ✪ CONTR. Échec.

réutilisable adj. – 1975 ▪ Qui peut être réutilisé.

réutilisation n. f. – 1960 ▪ Fait de réutiliser. *Réutilisation interdite.*

réutiliser v. tr. [1] – 1949 ▪ Utiliser à nouveau (ce qui a déjà servi) ou utiliser une nouvelle quantité de.

revaccination n. f. – XIXe ▪ Action de revacciner.

revacciner v. tr. [1] – XIXe ▪ Vacciner de nouveau.

revaloir v. tr. [29] ; rare sauf inf. et futur, condit. – XIIe ▪ Rendre (la pareille, la réciproque) à qqn en bien ou en mal. « *Pas difficile de deviner qu'il leur revaudra ça* » (Queneau).

revalorisation n. f. – 1923 ▪ Relèvement de la valeur (⇒ **appréciation, réévaluation ; réajustement, réalignement**). *Revalorisation d'une monnaie.* ➛ *Politique de revalorisation d'une région.* ✪ CONTR. Dépréciation, dévalorisation.

revaloriser v. tr. [1] – 1925 ▪ Rendre sa valeur à. *Revaloriser une monnaie.* ➛ *Revaloriser les salaires.* ⇒ **réa-**

juster, relever. ♦ Donner une valeur plus grande à. *Revaloriser le travail manuel.* ✪ CONTR. Dévaloriser.

revanchard, arde adj. et n. – XIXe ▪ péj. Qui cherche à se venger, à prendre une revanche (surtout d'ordre militaire). « *un semi-fascisme clérical, militariste et revanchard comme à Vichy* » (Drieu la Roch.). ➝ n. *Les revanchards* (⇒ **revanchisme**).

revanche n. f. – XIIIe 1 Le fait de reprendre l'avantage (sur qqn). ⇒ **vengeance.** *Prendre sa revanche sur qqn. J'aurai ma revanche.* ♦ Partie jouée pour donner au perdant une chance de gagner. *La première manche, la revanche et la belle.* ♦ loc. *À CHARGE DE REVANCHE* : à condition qu'on rendra la pareille. *Je t'aide, à charge de revanche.* 2 Retour en force (dans la mode, les goûts, etc.). ⇒ **triomphe.** ➝ Ce qui constitue une compensation. « *Le rêve est souvent la revanche des choses qu'on méprise* » (France). 3 loc. adv. *EN REVANCHE* : en retour ; au contraire, inversement.

❑ *En revanche* est souvent en concurrence avec *par contre*, condamné depuis un demi-siècle par les puristes.

revancher (se) v. pron. [1] – XIIe ; de *re-* et *vengier, venchier,* formes anciennes de *venger* ▪ littér. Prendre sa revanche, rendre la pareille. *Il y a un moment* « *où la nature des choses* [...] *se soulève et se revanche* » (Ste-Beuve).

❑ Ne pas confondre *se venger* et *se revancher*, simple renvoi du même traitement à celui qui vous l'a fait subir.

revanchisme n. m. – 1900 ▪ Attitude politique inspirée par l'esprit de revanche (⇒ **revanchard**).

revascularisation n. f. – mil. XXe ▪ Intervention chirurgicale visant à rétablir la circulation sanguine (d'un organe insuffisamment irrigué).

rêvasser v. intr. [1] – XVe ▪ Penser vaguement à des sujets imprécis, s'abandonner à la rêverie. « *Il ne dormait pas beaucoup et rêvassait sans cesse* » (R. Rolland).

rêvasserie n. f. – XVIe ▪ Le fait de rêvasser ; rêverie vague et confuse.

rêve n. m. – XVIIe 1 Suite de phénomènes psychiques se produisant pendant le sommeil ; ces phénomènes. ⇒ **songe ; rêver ; onirique.** *Interprétation des rêves.* ➝ *Rêve agréable.* « *Je fais souvent ce rêve étrange et pénétrant* » (Verlaine). *Mauvais rêve, rêve pénible.* ⇒ **cauchemar.** « *Je tombais de rêve en cauchemar* » (Colette). ➝ *En rêve* : au cours d'un rêve, en rêvant. ♦ *LE RÊVE* : l'activité psychique pendant le sommeil (sommeil paradoxal). *Théorie freudienne du rêve* (⇒ **psychanalyse**). 2 Construction de l'imagination à l'état de veille, pensée qui cherche à échapper aux contraintes du réel. ⇒ **imagination, vision.** *Faire des rêves.* ⇒ **rêvasser, rêver.** *Un rêve éveillé.* ⇒ **rêverie.** ♦ Construction imaginaire destinée à satisfaire un besoin, un désir, à refuser une réalité pénible (dite, en psychanalyse, *rêve diurne*). ⇒ **désir, fantasme.** *Poursuivre un rêve.* « *l'accomplissement de ce rêve qu'elle avait, des années durant, caressé* » (Mart. du G.). *Rêves de jeunesse. Le rêve de leur vie. C'était un beau rêve,* un projet trop beau pour se réaliser un jour. ⇒ **illusion.** « *L'art est le rêve de l'humanité, un rêve de lumière, de liberté, de force sereine* » (R. Rolland). ➝ loc. *DE (MES, SES...) RÊVES. La femme de ses rêves,* celle qu'il avait rêvée, la femme idéale. *J'ai trouvé la maison de mes rêves.* ➝ *DE RÊVE. Une voiture de rêve,* qu'on souhaiterait avoir sans espérer jamais l'obtenir. *Une créature de rêve.* ♦ *LE RÊVE* : l'imagination créatrice, la faculté de former des représentations imaginaires. *Le rêve et la réalité.* 3 fam. Chose très jolie, charmante. *Un chapeau d'un goût, un rêve !* ✪ CONTR. ① Action, réalité, réel (n.).

rêvé, ée adj. – XVIIe 1 Évoqué dans un rêve. 2 Qui convient tout à fait. ⇒ ① **idéal.** *C'est l'endroit rêvé pour passer des vacances.*

revêche adj. – XIIIe ; p.-ê. germ. *hreubisk* « âpre, rude » ▪ Qui est d'abord difficile, qui manifeste un mauvais caractère. ⇒ **acariâtre.** *Les petites filles* « *restent à l'écart, revêches* » (Giraud.). ➝ *Caractère, humeur, air revêche.* ⇒ **rébarbatif, rude.** ✪ CONTR. ① Avenant, doux.

① **réveil** n. m. – XIIIe 1 Passage du sommeil à l'état de veille. « *L'aîné avait le réveil hargneux* » (Aragon). ➝ *Au réveil* : au moment du réveil. ♦ Action de réveiller. *Sonner le réveil* : faire une sonnerie de clairon qui annonce aux soldats l'heure du lever. fam. *Réveil en fanfare.* ➝ *Réveil téléphonique.* 2 Cessation de l'anesthésie, du coma. 3 Le fait de reprendre une activité après une interruption, un sommeil. *Le réveil d'un volcan éteint. Le réveil d'une douleur.* ➝ Action de revenir à la réalité après un beau rêve. *Le réveil sera pénible.* ✪ CONTR. Endormissement, évanouissement, sommeil.

② **réveil** n. m. – XVe ▪ Petite pendule munie d'une sonnerie qui se déclenche à l'heure désirée. ⇒ **réveille-matin.** *Mettre le réveil à sept heures,* le régler pour qu'il sonne à sept heures. *Réveil-radio.* ⇒ **radio-réveil.**

réveille-matin n. m. inv. – XVe ▪ vieilli Petite pendule munie d'une sonnerie. ⇒ ② **réveil.**

❑ On trouve souvent la graphie fautive *réveil-matin*, due à la confusion du nom *réveil* et de la forme verbale *réveille*.

réveiller v. tr. [1] – XIIe ; de *re-* et *éveiller* I - 1 Tirer du sommeil. *Réveiller qqn.* ♦ Ramener à la conscience, à la vie. *Réveiller une personne évanouie.* 2 Ramener à l'activité (qqn). *Il est des défaites qui réveillent.* ➝ Rappeler (qqn) à la réalité. ⇒ **secouer.** ♦ *Réveiller une douleur.* ⇒ **ranimer, raviver.** *Réveiller la curiosité.* ⇒ **stimuler.** *Odeurs, bruits qui réveillent des souvenirs.* ⇒ **éveiller, évoquer, rappeler.** II *SE RÉVEILLER* v. pron. 1 Sortir du sommeil. ⇒ **s'éveiller.** *Réveille-toi, c'est l'heure. Se réveiller en sursaut.* ➝ *Se réveiller après une anesthésie, un coma.* ⇒ **revenir** (à soi). 2 Reprendre une activité, passer à l'action après une longue inaction. ➝ Revenir à la réalité. ⇒ **se secouer.** ♦ Reprendre de la vigueur. *Ses rhumatismes se sont réveillés. Souvenirs qui se réveillent.* ✪ CONTR. Endormir. Apaiser.

réveillon n. m. – XVIe ▪ Repas de fête que l'on fait la nuit de Noël, et la nuit de la nouvelle année. ➝ La fête elle-même. *Soir, nuit de réveillon.* « *déjà la nuit du réveillon vous nous prédisiez des désastres* » (Beauv.).

réveillonner v. intr. [1] – XVIIe ▪ Faire un réveillon.

révélateur, trice n. m. et adj. – XVe 1 Solution employée dans le développement photographique pour rendre visible l'image latente. 2 adj. Qui révèle qqch. *Indice révélateur de qqch.* ⇒ **significatif, symptomatique.** *Un silence révélateur.* ⇒ **éloquent.** ✪ CONTR. ① Secret, trompeur.

révélation n. f. – XIIe 1 Le fait de révéler, de découvrir (ce qui était caché, secret). ⇒ **divulgation.** ♦ Information sur les points obscurs d'une affaire. *Faire des révélations (à la police, aux journalistes).* « *Si on me condamne, pour qu'on m'acquitte, je ferai des révélations ; je dénonce tout le monde !* » (Balz.). 2 Personne dont il est brusquement donné au public de découvrir le talent, les performances. 3 Phénomène par lequel des vérités cachées sont révélées aux hommes d'une manière surnaturelle ; ces vérités. ⇒ **mystère.** « *Ayant considéré d'où vient qu'il y a tant de faux miracles, de fausses révélations, sortilèges* » (Pasc.). 4 Tout ce qui apparaît brusquement comme une connaissance nouvelle ou un principe d'explication. *Avoir une brusque révélation.* ♦ Expérience personnelle qui révèle des impressions, des sensations nouvelles. *Avoir la révélation du plaisir.* ⇒ **découverte.** **5** *Révélation de l'image latente* (⇒ **révélateur**). ✪ CONTR. Duperie, tromperie ; ② secret ; obscurité.

révéler v. tr. [6] – XIIe ; lat. *revelare* « découvrir », de *velum* « voile » **I** - **1** Faire connaître, faire savoir (ce qui était inconnu, secret). ⇒ **dévoiler, divulguer** (cf. Lever le voile*). *Révéler qqch. à qqn. Le comptable a révélé qu'on lui faisait établir de fausses factures.* ➜ *Révéler qqn à lui-même,* lui faire ressentir ce qu'il est réellement, intimement. **2** Faire connaître (ce qui était ignoré des hommes et inconnaissable par la raison). ⇒ **révélation** (3°). **3** Être le signe qui manifeste (qqch.). ⇒ **montrer.** *Elle « eut un sursaut qui révéla le trouble de ses nerfs au docteur »* (Maupass.). *Fissure qui révèle une fuite d'eau.* **4** Rendre visible (l'image latente). ⇒ **révélateur.** **II** *SE RÉVÉLER* v. pron. **1** Se manifester par une révélation. « *Dieu ne se révèle pas par le miracle, il se révèle par le cœur* » (Renan). **2** Devenir manifeste, se faire connaître par un signe, un symptôme. ⇒ **apparaître,** se **manifester.** *Toute sa générosité se révélait dans ce geste. Son hypothèse s'est révélée exacte.* ⇒ s'**avérer.** ♦ Se faire connaître pleinement par ses œuvres. *Cet artiste s'est révélé vers la quarantaine.* ✪ CONTR. ① Cacher, garder, taire.

revenant, ante n. – XIVe **1** Âme d'un mort que l'on suppose revenir de l'autre monde sous une apparence physique. ⇒ **apparition, esprit, fantôme, spectre.** **2** fam. Personne qui revient (après une longue absence). *Tiens, voilà un revenant !*

revendeur, euse n. – XIIe ▪ Personne qui achète au détail pour revendre, qui fait commerce d'articles d'occasion. ➜ *Revendeur de drogue.* ⇒ ① **dealer.** ♦ Personne qui vend au détail (après avoir acheté à un grossiste). *Votre revendeur habituel.* ⇒ **détaillant.**

revendicateur, trice n. et adj. – XIXe **1** Personne qui revendique. **2** adj. Qui revendique. « *Deux ou trois lettres revendicatrices pour affirmer ses droits* » (Duham.). ⇒ **revendicatif.**

revendicatif, ive adj. – mil. XXe ▪ Qui comporte des revendications. ⇒ **revendicateur.** *Mouvement, programme revendicatif.*

❑ *Revendicatif* est surtout lié au contexte des conflits sociaux, à la différence de *revendicateur.*

revendication n. f. – XVe ; lat. *rei vindicatio* « réclamation d'une chose » **1** Le fait de revendiquer (un bien dont on est privé). **2** Action de réclamer ce que l'on considère comme un droit, comme un dû ; ce qui est ainsi réclamé. ⇒ **demande, exigence, réclamation.** *Journée de revendication. Les patrons « se souciaient peu de satisfaire aux revendications les plus légitimes »* (Sartre). ➜ *La revendication ouvrière.*

revendiquer v. tr. [1] – XVe **1** Réclamer (une chose sur laquelle on a un droit). *Revendiquer sa part d'héritage.* **2** Demander avec force, comme un dû. ⇒ **réclamer ; exiger.** « *Les augmentations de salaires que vous ne sauriez revendiquer avec trop de légitimité* » (Courtel.). **3** Vouloir assumer pleinement. *Revendiquer une responsabilité.* ➜ pronom. « *Il se revendique comme noir, en face du blanc, dans sa fierté* » (Sartre). ♦ *L'attentat a été revendiqué par un groupe terroriste.*

revendre v. tr. [41] – XIIe **1** Vendre ce qu'on a acheté. *Revendre sa voiture d'occasion.* ➜ pronom. *Cela se revend aisément.* ♦ loc. *À REVENDRE :* en excès, en trop. *Il a de l'énergie à revendre.* **2** Vendre au détail. ⇒ **distribuer ; revendeur.** ✪ CONTR. Racheter.

revenez-y [ʀ(ə)vənezi ; ʀəv(ə)nezi] n. m. inv. – XVIIe ▪ fam. *Un goût de revenez-y :* un goût agréable, un plaisir qui incite à y revenir.

revenir v. intr. [22] – X^e **I** (personnes) **1** Venir de nouveau. *Il n'est pas revenu nous voir.* ♦ Regagner le lieu où l'on était auparavant. *Revenir sur ses pas. Revenir chez soi, dans son pays.* ⇒ **rentrer, retourner.** *Revenir à sa place.* ➜ *Revenir au pouvoir.* ➜ *Revenir à soi :* reprendre conscience (après un évanouissement). *Revenir à la vie.* **2** *REVENIR SUR* (qqch., un sujet), le reprendre. *À quoi bon revenir là-dessus ? Je reviendrai là-dessus :* j'expliquerai ce point. ➜ *La conversation revient sur tel sujet.* ♦ *Revenir sur son opinion, sa promesse, sa parole.* ⇒ se **dédire,** se **rétracter.** **3** *REVENIR À* (qqch. que l'on a laissé, délaissé). *Revenir à ses premières amours. Revenir à de meilleurs sentiments.* ⇒ **retourner.** ♦ *Revenons à notre sujet.* ➜ *Il n'y a plus à y revenir :* n'insistez pas. « *Nous en revînmes forcément à parler de la vie en général* » (Céline). **4** *Revenir de* (un lieu). ⇒ **rentrer.** *Les enfants reviennent de l'école.* ➜ littér. *Il s'en revenait de la chasse.* ♦ Sortir (d'un état). *Revenir d'une maladie.* ⇒ **guérir.** *En revenir.* ⇒ **échapper, réchapper.** ♦ *N'en pas revenir :* être extrêmement étonné. *Il « n'en revenait pas* [...], *se demandait si on ne se moquait pas de lui »* (Simenon). **5** *Il en est revenu :* il en est guéri, désabusé. ➜ *Être revenu de tout.* ⇒ **blasé, détaché.** « *une religieuse sécularisée, revenue de bien des choses* » (Romains). **6** Apparaître, se manifester à nouveau. « *Hélas ! Quand reviendront de semblables moments !* » (La Font.). *Fêtes qui reviennent à dates fixes. Ce mot revient souvent dans la conversation. Le courage, l'appétit lui revient.* ♦ Retourner en un lieu. *La lettre lui est revenue.* ♦ Être de nouveau (dans un état). *La situation revient à la normale,* redevient normale. **7** *Revenir à qqn,* à l'esprit, à la mémoire de qqn. « *Un souvenir me revient, vers 1807 je me fis peindre* » (Stendh.). *Ça me revient !* je m'en souviens à l'instant. ♦ Convenir. *Il a une tête qui ne me revient pas.* ⇒ **plaire.** **8** *Revenir à qqn, aux oreilles de qqn,* parvenir à sa connaissance. *Il m'est revenu de plusieurs sources...* **9** *Revenir à qqn,* lui échoir. « *C'est son droit, n'est-ce pas ? d'être fixée sur ce qui lui revient* » (Zola). *Cet honneur vous revient.* ⇒ **appartenir.** ➜ *C'est à lui qu'il revient de faire cette demande.* ⇒ **incomber.** **10** Coûter au total. *Revenir cher. Le dîner est revenu à cent francs par personne. Cela m'est revenu très cher.* ♦ Équivaloir. *Cela revient à dire que :* c'est comme si on disait que. *Cela revient au même.* **II** (choses) **1** *Faire revenir un aliment,* le passer dans un corps gras chaud pour en dorer et en rendre plus ferme la surface. ⇒ **rissoler.** « *Je connaissais toutes les ragougnasses, toutes les manières de faire "revenir"* » (Céline). ➜ *Oignons revenus au beurre.* **2** fam. Retrouver sa propreté, sa netteté. *Après deux lavages, les rideaux sont bien revenus.*

revente n. f. – XIIIe ▪ Action de revendre ; son résultat (⇒ **rétrocession**). ✪ CONTR. Rachat.

revenu n. m. – XIVe **1** Ce qui revient (à qqn, à une collectivité) comme rémunération du travail ou fruit du capital. ⇒ **gain, produit, profit, rapport.** *Arrondir ses revenus.* ♦ *Revenu brut, net, annuel, mensuel.* ⇒ **honoraires, salaire, traitement.** *Revenu minimum d'insertion.* ⇒ **R.M.I.** ♦ *Le revenu de l'entreprise.* ⇒ **bénéfice, profit.** *Revenus immobiliers, fonciers.* ⇒ **fermage, loyer.** *Revenus de valeurs mobilières.* ⇒ **dividende, intérêt, rente.** *Valeur à revenu variable* (⇒ ② **action**), *à revenu fixe* (⇒ **obligation**). ♦ *Revenu imposable. Revenu fiscal,* servant de base pour la détermination de l'assiette de l'impôt. *Impôt sur le revenu* (⇒ **contribution ; contribuable**). ♦ *Revenus publics, de l'État. Revenu national :* agrégat mesurant les ressources tirées de la production de biens et des services dans un pays, pour une période déterminée. **2** Après la trempe, Réchauffage régulier de l'acier suivi d'un refroidissement lent, ayant pour objet d'en augmenter la résilience.

revenue n. f. – XIIe ▪ Pousse nouvelle des bois de taillis.

rêver v. [1] – XIIIe ; lat. *vagus* « vagabond » **I** v. intr. **1** Délirer. *Tu rêves, je pense ?* ⇒ **divaguer. 2** Laisser aller son imagination (⇒ **rêverie**). *Vous rêvez au lieu de réfléchir.* ⇒ **rêvasser.** ♦ RÊVER À : penser vaguement à, imaginer. « *je rêve à la sagesse comme on rêve à la terre promise* » (Duham.). *Rêver à des jours meilleurs.* **3** Avoir en dormant une activité psychique, faire des rêves. ➛ RÊVER DE. « *Je n'ai fait que rêver de vous toute la nuit* » (Hugo). *Il en rêve la nuit :* cela l'obsède. ➛ loc. *On croit rêver :* c'est une chose incroyable, qui semble impossible. **4** S'absorber dans ses désirs, ses souhaits. « *On rêve, on fait des châteaux en Espagne* » (Laclos). loc. fam. *(Il ne) faut pas rêver,* prendre ses désirs pour des réalités. « *peut-être qu'elle va me chercher, peut-être qu'elle va me trouver. On peut rêver* » (Echenoz). ♦ RÊVER DE : souhaiter ardemment. ⇒ **désirer.** *La maison dont je rêve* (⇒ **rêvé**). « *Elle avait rêvé de clairs de lune, de voyages, de baisers donnés dans l'ombre des soirs* » (Maupass.). « *Autrefois on rêvait de posséder le cœur de la femme dont on était amoureux* » (Proust). **II** v. tr. **1** Imaginer, penser dans sa rêverie. *Ce n'est pas la vie que j'avais rêvée.* ♦ Désirer comme un idéal un peu chimérique. « *Que d'amours splendides j'ai rêvées !* » (Rimb.). ➛ *Rêver mariage, fortune.* **2** Former en dormant (telle image, telle représentation). ➛ RÊVER QUE. *J'ai rêvé que je volais.*

> ❑ *Rêver* « faire des rêves en dormant » a supplanté *songer* au XVIIIe et au XIXe s.

réverbération n. f. – XIVe **1** Réflexion de la lumière, de la chaleur ou d'un son par une surface ; rayonnement réfléchi. « *une morne réverbération de soleil sur le pavage blanc* » (Loti). **2** Persistance du son après l'arrêt d'émission de la source sonore, du fait de réflexions successives et rapprochées. ⇒ **écho.**

réverbère n. m. – XVIe **1** *Four à réverbère,* où la substance est chauffée par le foyer et par la voûte qui réfléchit le rayonnement thermique. **2** Appareil destiné à l'éclairage de la voie publique. *À la lueur des réverbères.*

réverbérer v. tr. [6] – XIVe ; lat. « repousser » ▪ Renvoyer (la lumière, la chaleur, le son), en parlant d'une surface. ⇒ **réfléchir, répercuter.** ➛ pronom. *Le soleil* « *se réverbérait avec violence à la surface de l'eau* » (Robbe-Grillet).

reverdir v. [2] XIIe **1** v. tr. Rendre vert de nouveau. **2** v. intr. Redevenir vert, retrouver sa verdure. « *Tout absorbait, se trempait, tout reverdissait dans l'averse* » (Zola).

révérence n. f. – XIIe, lat. **1** littér. Grand respect mêlé de retenue et même de crainte. ⇒ **déférence, respect, vénération.** *S'adresser à qqn avec révérence.* **2** Salut cérémonieux, qu'on exécute en inclinant le buste et en pliant les genoux. ⇒ **courbette.** « *je ne pus m'abstenir de lui faire aussi la révérence* » (Rouss.). ➛ loc. plais. TIRER SA RÉVÉRENCE à qqn, le quitter, s'en aller. ✪ CONTR. Irrévérence.

révérencieux, ieuse adj. – XVIIe ▪ littér. Qui a, qui marque de la révérence. ⇒ **déférent, respectueux.** ✪ CONTR. Irrévérencieux.

> ❑ Le contraire, *irrévérencieux,* est plus courant.

révérend, ende adj. et n. – XIIIe ; lat. *revereri* → révérer **1** S'emploie comme épithète honorifique devant les mots *père, mère,* en parlant de religieux ou en s'adressant à eux. *Le Révérend Père, la Révérende Mère.* Subst. *Le révérend, mon révérend.* **2** n. m. Titre des pasteurs dans l'Église anglicane. ✪ HOM. Révérant (révérer).

révérendissime adj. – XIVe ▪ Épithète honorifique réservée aux archevêques, aux généraux d'ordre religieux.

révérer v. tr. [6] – XVe ; lat. *revereri* « craindre avec respect » ▪ Traiter avec révérence, honorer en marquant de la révérence. *Révérer Dieu* (⇒ **adorer**), *les saints.* ⇒ **vénérer.** ➛ *Un maître révéré, un nom révéré de tous.* ✪ HOM. *Révérant :* révérend.

rêverie n. f. – XIIIe ▪ Activité mentale consciente, qui n'est pas dirigée par l'attention, mais se soumet à des causes subjectives et affectives. ⇒ **rêve, songerie.** ♦ Moment de rêverie, songe. « *Les Rêveries du promeneur solitaire* », de Rousseau. « *Qu'il fallait peu de chose à ma rêverie* » (Chateaub.).

revernir v. tr. [2] – XIXe ▪ Revêtir d'une nouvelle couche de vernis.

revers n. m. – XIIIe ; lat. *revertere* « retourner » **1** Le côté opposé à celui qui se présente d'abord ou est considéré comme le principal. ⇒ ② **derrière, dos,** ② **envers, verso.** *Le revers de la main :* le dos, opposé à la *paume.* ♦ L'opposé. *Je ne quitterai* « *l'indignation qu'avec la vie. C'est le revers même de l'amour* » (Gide). **2** Côté (d'une médaille, d'une monnaie) qui est opposé à la face principale (avers). *Le revers d'une pièce.* ⇒ ③ **pile.** ♦ loc. *Le revers de la médaille :* l'aspect déplaisant d'une chose qui paraissait d'abord sous son beau jour. **3** Partie (d'un vêtement, d'une pièce d'habillement) qui est repliée et montre l'autre face du tissu. ➛ *Pantalon à revers.* ♦ Chacune des deux parties d'un col rabattues sur la poitrine. *Les revers d'un veston.* **4** *Prendre l'ennemi à revers,* de flanc ou par-derrière. **5** Coup donné avec le revers de la main. ♦ Au tennis, Coup dans lequel la raquette est maniée du côté opposé à la main qui la tient (opposé à *coup droit*). **6** REVERS (DE FORTUNE) : coup du sort, accident qui change une situation en mal. ⇒ **échec, infortune.** *Essuyer, subir un revers.* ✪ CONTR. Avers, endroit, face, recto. Réussite, succès, victoire.

reversement n. m. – XVIIIe ▪ Action de reverser (3°). ⇒ **report.**

reverser v. tr. [1] – XIIIe **1** Verser de nouveau, encore. *Reverser du vin à qqn.* **2** Verser dans le récipient d'où venait le liquide. *Reverser l'huile dans son bidon.* **3** Reporter. *Reverser un excédent sur un compte.*

réversibilité n. f. – XVIIIe ▪ Caractère de ce qui est réversible. ✪ CONTR. Irréversibilité.

réversible adj. – XVIIe **1** Qui peut ou doit, dans certains cas, retourner au propriétaire qui en a disposé ou profiter à un autre que le bénéficiaire, après la mort de ce dernier. ⇒ **réversion. 2** Qui peut se reproduire en sens inverse. *L'histoire n'est pas réversible.* Se dit de phénomènes physiques qui suivent la même série de transformations dans un sens ou dans le sens inverse. *Réaction réversible :* réaction chimique incomplète pouvant se déplacer dans un sens ou dans l'autre. ♦ Également vrai en sens inverse. **3** Qui peut être mis à l'envers comme à l'endroit ; qui n'a pas d'envers. *Manteau réversible.* ⇒ **biface.** ✪ CONTR. Irréversible.

réversion n. f. – XIVe **1** dr. Droit de retour. *Pension de réversion.* **2** Changement dans l'A.D.N. qui inverse une altération causée par une mutation *(réversion vraie),* ou la compense.

reversoir n. m. – XIVe ▪ Barrage par-dessus lequel l'eau s'écoule en nappe.

revêtement n. m. – XIVe **1** Élément qui recouvre les parois d'une construction pour consolider, protéger ou décorer. *Revêtement extérieur, intérieur.* **2** Ce dont on a recouvert une voie et qui la rend carrossable. **3** Ce qui revêt (un matériau, une substance), pour protéger, consolider, isoler. ⇒ **chape, enduit.** *Le revêtement d'un four.*

revêtir v. tr. [20] – Xe 1 Couvrir (qqn) d'un vêtement particulier (signe d'une fonction, d'une dignité). *Revêtir un prêtre des ornements sacerdotaux.* pronom. *Se revêtir d'un uniforme.* ⇒ **endosser.** 2 Investir. *Revêtir qqn d'une dignité, d'une autorité.* ⇒ **pourvoir.** 3 Couvrir d'une apparence, d'un aspect. pronom. *Cet air « de désintérêt dont sait si bien se revêtir la finesse des habitants de ces montagnes »* (Stendh.). 4 Mettre sur (un acte, un document) les signes matériels de sa validité. *Revêtir un dossier des signatures prévues par la loi.* 5 Orner ou protéger par un revêtement. ⇒ **couvrir, enduire, habiller, recouvrir, tapisser.** *Toit revêtu d'ardoise.* 6 Mettre sur soi (un vêtement, un habillement spécial). 7 Avoir, prendre (un aspect). *Leur naïveté « les entraîne quelquefois à revêtir les apparences d'une conduite bizarre »* (Stendh.). *Cet événement revêt une importance considérable.* ✪ CONTR. Dénuder, dépouiller, dévêtir.

rêveur, euse adj. et n. – XIIIe 1 Qui se laisse aller à la rêverie, qui se complaît dans des pensées vagues, dans ses imaginations. *Un caractère rêveur.* ⇒ **imaginatif, romanesque.** *Rêveur et distrait. « elle était naturellement rêveuse et paresseuse à causer »* (Sand). ➛ *Un air rêveur.* ⇒ **songeur.** ♦ n. Penseur chimérique, dépourvu de tout réalisme. *« ces rêveurs impénitents que l'on nomme les hommes d'affaires »* (Duham.). 2 loc. *Cela me laisse rêveur, rêveuse,* perplexe. *« Ces pronostics me laissaient rêveur »* (Céline). 3 n. Personne qui fait un rêve dans son sommeil.

rêveusement adv. – XIXe ▪ D'une manière rêveuse, distraite. *Il reprenait rêveusement son travail.* ♦ Avec perplexité.

revient n. m. – XIXe ; de *revenir* ▪ *Prix* de revient.*

revif n. m. – XIVe ; de *re-* et *vif* ▪ Montée de l'eau, entre marée basse et marée haute.

revigorant, ante adj. – XXe ▪ Qui revigore. *Des paroles revigorantes.* ⇒ ① **tonique.** *L'air frais revigorant.* ⇒ fam. **ravigotant.**

revigorer v. tr. [1] – XIIe ; de *re-* et lat. *vigor* « vigueur » ▪ Redonner de la vigueur à (qqn, qqch.). ⇒ **ragaillardir, remonter.** *Un petit vent frais qui revigore.* ✪ CONTR. Affaiblir, déprimer, épuiser.

revirement n. m. – XVIe 1 Changement de direction. 2 Changement en sens contraire dans une évolution. ➛ Changement brusque et complet dans les dispositions, les opinions (de qqn). ⇒ **retournement ; palinodie, volte-face.** *Un revirement imprévisible. « Il nous faut trois jours pour provoquer un revirement d'opinion »* (Mart. du G.).

révisable adj. – XIXe ▪ Qui peut être révisé. *Procès révisable.*

réviser v. tr. [1] – XIIIe ; lat. « revenir voir » 1 Examiner de nouveau pour changer, corriger. *Réviser des traités.* ⇒ **modifier ; amender.** *Réviser un procès* (⇒ **révision**). *Poète qui révise son manuscrit.* ⇒ **corriger.** *Réviser son jugement.* ➛ *Réviser à la baisse, à la hausse* (des chiffres annoncés, des engagements budgétaires). ⇒ **revoir.** 2 Vérifier le bon état, le bon fonctionnement de (qqch.). *Faire réviser sa voiture.* 3 Reprendre (ce qu'on a appris). ⇒ **repasser, revoir.** *Réviser un sujet.* ➛ *Réviser avant un examen.*

❑ La forme *reviser* est archaïque : « *reviser les procès de la magie d'antan* » (Huysmans).

réviseur n. m. – XVIe ▪ Personne qui révise ou qui revoit. *Réviseur de traductions.* ➛ Personne qui révise les épreuves typographiques. ⇒ **correcteur.**

révision n. f. – XIIIe 1 Action de réviser (un texte, un énoncé) ; modification (de règles juridiques) pour les mettre en harmonie avec les circonstances. *Révision de la Constitution.* ♦ « Acte par lequel une juridiction supérieure examine et éventuellement met à néant une décision définitive d'une juridiction inférieure attaquée comme ayant été rendue sur pièces fausses ou reconnues depuis incomplètes » (Capitant). *La révision d'un procès.* 2 Amélioration (d'un texte) par des corrections. 3 Mise à jour par un nouvel examen. *Révision des prix.* ➛ *Révision à la baisse, à la hausse* (de chiffres annoncés, d'engagements budgétaires). 4 Examen par lequel on vérifie qu'une chose est bien dans l'état où elle doit être. ⇒ **vérification.** *Révision d'un véhicule.* 5 Action de revoir, de repasser (un sujet, un programme d'études) en vue d'un examen.

révisionnel, elle adj. – XIXe ▪ Relatif à une révision.

révisionnisme n. m. – 1907 1 Position idéologique préconisant la révision d'une doctrine politique fixée de manière dogmatique. ⇒ **réformisme.** 2 Position idéologique tendant à minimiser le génocide des Juifs par les nazis.

révisionniste n. et adj. – XIXe 1 Partisan d'une révision, spécialt d'une révision de la Constitution. 2 Partisan du révisionnisme (1°). 3 Partisan du révisionnisme (2°). ⇒ **négationniste.**

revisiter v. tr. [1] – 1983 ; angl. *revisited* « revu » ▪ Considérer, interpréter autrement, d'une manière nouvelle (une œuvre, un auteur). ⇒ **repenser.**

revisser v. tr. [1] – XIXe ▪ Visser (ce qui était dévissé).

revitalisation n. f. – 1922 ▪ Action de revitaliser ; son résultat. ⇒ **reviviscence.**

revitaliser v. tr. [1] – 1933 ; angl. *to revitalize* 1 Redonner de la vitalité à (qqch. de vivant). *Revitalisez vos cheveux anémiés.* 2 Faire revivre. ⇒ **revivifier.** *Revitaliser une alliance.*

revivifier v. tr. [7] – XIIIe ▪ Vivifier de nouveau, donner une nouvelle vie à. ⇒ **ranimer, réveiller.** *« Il faut que je reprenne mes esprits, que je revivifie mes souvenirs »* (J. Verne).

reviviscence n. f. – XVIe 1 littér. Action de reprendre vie. ⇒ **résurrection.** *La reviviscence d'un souvenir.* 2 Propriété que possèdent certains êtres (animaux ou végétaux) de reprendre l'activité de la vie après une période d'anhydrobiose. *Reviviscence des spores.*

revivre v. [46] – Xe I v. intr. Revenir à la vie. 1 Vivre de nouveau (après la mort). ⇒ **ressusciter.** ♦ Recouvrer ses forces, son énergie ; retrouver le calme, la joie. *Je commence à revivre depuis que j'ai reçu de ses nouvelles.* ⇒ **respirer.** 2 Renaître, se renouveler. *L'espoir revit.* 3 FAIRE REVIVRE : redonner vie à. *« Toutes les phases du petit drame intérieur qu'elle avait connu, elle aimait à le faire revivre en elle »* (Green). ♦ Redonner vie par l'imagination, l'art. *Faire revivre un personnage du passé dans un film.* II v. tr. 1 Vivre à nouveau (qqch.). *Je ne veux pas revivre ce que j'ai vécu.* 2 Vivre par l'esprit (ce qu'on a déjà vécu). *Je « revis mon passé blotti dans tes genoux »* (Baud.). ✪ CONTR. Mourir ; éteindre (s'). — HOM. *Revis :* revis (revoir).

révocabilité n. f. – XVIIIe ▪ Caractère de ce qui est révocable. ✪ CONTR. Irrévocabilité.

révocable adj. – XIVe ▪ Qui peut être révoqué. *Contrat révocable. À titre révocable.* ⇒ **précaire.** ➛ *Fonctionnaire révocable.* ✪ CONTR. Irrévocable.

révocation n. f. – XIIIe ▪ Action de révoquer (une chose). ⇒ **abrogation, annulation.** *Révocation d'un testament. Révocation populaire :* procédure permettant aux citoyens Suisses de mettre fin à un mandat électif avant son terme. ♦ *Révocation d'un fonctionnaire.* ⇒ **licenciement, limogeage, renvoi.** ✪ CONTR. Maintien.

révocatoire adj. – XVe ▪ Qui produit révocation. *Action révocatoire.*

revoici prép. – XVIe ■ fam. Voici de nouveau. *Me revoici, c'est encore moi !*

revoilà prép. – XIVe ■ fam. Voilà de nouveau. « *nous revoilà chez le chirurgien* » (Dider.).

revoir v. tr. [30] – X^e **1** Être de nouveau en présence de. *J'aimerais beaucoup le revoir.* ➛ pronom. *Ils ne se sont jamais revus.* ♦ loc. *AU REVOIR* : formule de politesse par laquelle on prend congé de qqn que l'on pense revoir. ⇒ **bye-bye, tchao.** ➛ (Opposé à *adieu*) À bientôt. ⇒ fam. **salut.** *Au revoir Monsieur. Faire au revoir de la main.* ➛ subst. inv. « *Après les "au revoir" attendris* » (Céline). **2** Retourner dans (un lieu qu'on avait quitté). *Revoir sa patrie.* **3** Regarder de nouveau. *Des images qu'on aimerait revoir plus souvent.* ➛ Assister de nouveau à. *Revoir un film.* **4** Voir de nouveau en esprit, par la mémoire. pronom. *Je me revois encore à ses côtés.* **5** Examiner de nouveau pour parachever, examiner pour corriger. *Revoir et mettre au point un texte.* ⇒ **réviser.** ➛ *Édition revue et corrigée.* ➛ *Revoir à la hausse, à la baisse.* ⇒ **reconsidérer, réévaluer. 6** Apprendre de nouveau pour se remettre en mémoire. ⇒ **repasser, réviser.** ✪ HOM. *Revis* : revis (revivre).

revoler v. [1] – XIIe **I** v. intr. Voler de nouveau. *Ce pilote n'a pas revolé depuis son accident.* ⇒ ① **voler. II** v. tr. Dérober de nouveau, reprendre en volant. ⇒ ② **voler.**

révoltant, ante adj. – XVIIIe ■ Qui révolte, remplit d'indignation. ⇒ **indigne, odieux.** *Une injustice révoltante.* ♦ *Il est révoltant de cynisme.*

révolte n. f. – XVIe **1** Action collective par laquelle un groupe refuse l'autorité existante (⇒ **insoumission, insubordination)** et s'apprête ou commence à l'attaquer pour la détruire (⇒ **émeute, insurrection, rébellion).** « *C'est donc une révolte, dit le roi* [Louis XVI]. *– Sire, répondit le duc* [de Liancourt], *c'est une révolution* » (Taine). *La révolte d'une armée* (⇒ **mutinerie).** *Inciter, pousser à la révolte. Réprimer, écraser une révolte.* **2** Résistance, opposition violente et indignée. *Il est en révolte contre ses parents, contre la société.* ➛ *Esprit de révolte. Cri, mouvement de révolte.* ⇒ **indignation.** ✪ CONTR. Résignation, soumission ; conformisme.

❑ Pour le sens → révolution (rem.).

révolté, ée adj. et n. – XVIe **1** Qui est en révolte contre l'autorité, le pouvoir. ⇒ **dissident, insoumis, rebelle.** ➛ n. *Les révoltés.* ⇒ **insurgé, mutin.** ♦ Qui se dresse contre l'ordre établi. ➛ n. *Rimbaud* « *le révolté, l'homme de tous les défis et de toutes les insolences* » (Duham.). **2** Rempli d'indignation. « *Elle a été révoltée de votre grossièreté de rustre* » (Maupass.). ✪ CONTR. Soumis ; résigné ; conformiste.

révolter v. tr. [1] – XVIe ; lat. *revolvere* **I** Soulever d'indignation, remplir de réprobation. ⇒ **indigner, scandaliser.** « *Toutes ces simagrées de la fausse dévotion le révoltaient* » (Renan). *Ça me révolte de voir ça.* **II** *SE RÉVOLTER* v. pron. **1** Se dresser, entrer en lutte contre l'autorité ou s'y préparer, en parlant d'un groupe. ⇒ se **mutiner,** se **rebeller,** se **soulever.** *Les esclaves se sont révoltés.* ♦ par ext. *Se révolter contre l'autorité de qqn. Enfant qui se révolte contre ses parents.* **2** Être rempli d'indignation et de colère (contre ce qu'on rejette). ⇒ s'**indigner.** ✪ CONTR. Apaiser, charmer. — Obéir, résigner (se).

révolu, ue adj. – XIVe ; lat. *revolvere* « rouler, dérouler » ■ Écoulé, terminé (espace de temps). ⇒ **accompli, achevé,** ③ **passé.** « *un temps était révolu, leur enfance avait passé* » (Loti). *À l'âge de 18 ans révolus.*

❑ De la même famille étymologique : *révolter, revolver, révolution, volute, voûte.*

révolution n. f. – XIIIe ; lat. « déroulement » **I - 1** Retour périodique d'un astre à un point de son orbite ; marche, mouvement d'un tel astre ; temps qu'il met à parcourir son orbite. *Révolutions et rotations de la Terre.* **2** Rotation complète d'un corps mobile autour de son axe *(axe de révolution).* ♦ Tour complet (d'une pièce mobile autour d'un axe, d'un objet enroulé sur lui même). ➛ Forme de ce qui est enroulé sur soi-même. *Escalier à double révolution,* à deux volées symétriques. **3** *Révolution cardiaque* : chaque cycle de l'activité cardiaque comportant une systole et une diastole. **II - 1** Changement brusque et important dans l'ordre social, moral ; transformation complète. ⇒ **bouleversement, renversement.** *La révolution industrielle de la fin du XIXe siècle.* ♦ fam. ⇒ **agitation, ébullition, effervescence.** *Tout le quartier est en révolution.* ➛ *Cette page* « *qui fit révolution dans le journalisme* » (Balz.). **2** *Une révolution de palais* : complot organisé par des personnes proches du pouvoir. ♦ Ensemble des événements historiques qui ont lieu dans une communauté importante, lorsqu'une partie du groupe en insurrection réussit à prendre le pouvoir et que des changements profonds se produisent dans la société. *Une révolution éclate. Faire la révolution.* ➛ « *Une révolution fait en deux jours l'ouvrage de cent ans, et perd en deux ans l'œuvre de cinq siècles* » (Valéry). ➛ *La Révolution française* (de 1789). *La révolution russe, la révolution d'Octobre* (1917). ♦ *LA RÉVOLUTION,* celle de 1789 jusqu'au Consulat de Bonaparte, et les changements qu'elle détermina. ♦ loc. *LA RÉVOLUTION CULTURELLE* : mouvement politique instauré par la Chine de Mao Zedong luttant contre les influences du passé dans la vie sociale. ➛ loc. *La révolution tranquille* : changement politique profond, sans violence, depuis 1960, au Québec. **3** Les forces révolutionnaires, le pouvoir issu de la révolution. *La victoire de la révolution sur la réaction.* ✪ CONTR. ① Calme ; contre-révolution, réaction.

❑ La *révolution* est un mouvement collectif, tandis que la *révolte* peut être un refus individuel.

révolutionnaire adj. et n. – XVIIIe **1** Qui a le caractère d'une révolution (II) ; de la révolution. *Mouvement révolutionnaire.* ♦ Institué ou établi par la révolution. *Tribunal révolutionnaire.* ♦ Relatif à une révolution, à son époque. *Chants révolutionnaires.* ➛ De la Révolution française. *Le calendrier révolutionnaire.* ⇒ **républicain. 2** Partisan de la révolution ; qui agit en sa faveur. ➛ n. « *nos plus ardents révolutionnaires* » (Chateaub.). **3** Qui est partisan de changements radicaux et soudains, dans quelque domaine que ce soit ; qui apporte de tels changements. ⇒ **novateur.** *Une théorie scientifique révolutionnaire. Technique, procédé révolutionnaire.* ➛ *Un artiste révolutionnaire.* ✪ CONTR. Conservateur, contre-révolutionnaire, réactionnaire. Conformiste.

révolutionner v. tr. [1] – XVIIIe **1** Agiter violemment, mettre en émoi. « *une scène à révolutionner un quartier* » (Zola). **2** Transformer radicalement, profondément. ⇒ **bouleverser.** *L'électronique a révolutionné l'industrie.*

revolver [ʀevɔlvɛʀ] n. m. – XIXe ; mot angl., de *to revolve* « tourner » ■ Arme à feu courte et portative, à répétition (⇒ **pistolet),** munie d'un magasin qui tourne sur lui-même (⇒ **barillet).** ♦ Toute arme à feu du genre pistolet. ⇒ **browning.** *Tirer un coup de revolver sur qqn.* ⇒ **révolvériser.**

❑ La graphie *révolver* serait mieux accordée à la prononciation et en harmonie avec le dérivé accentué *révolvériser.* ♦ Parfois confondu avec *pistolet,* alors que seul le *revolver* a un barillet.

révolvériser v. tr. [1] – XIXe ■ fam. Tuer, blesser avec un revolver.

révoquer v. tr. [1] – XIIe ; lat *vox* « voix » 1 Destituer (un fonctionnaire, un magistrat, un officier ministériel). ⇒ **relever** (de ses fonctions). ➛ *Fonctionnaire révoqué pour trafic d'influence.* 2 Annuler (un acte juridique) au moyen de formalités déterminées. « *révoquant à cet effet tous les testaments antérieurs* » (Volt.).

revoter v. [1] – XIXe 1 v. tr. Voter une nouvelle fois (qqch.). *La municipalité a revoté le même budget.* 2 v. intr. *Les électeurs devront revoter.*

revouloir v. tr. [31] – XIIe ▪ fam. Vouloir de nouveau ou encore.

revoyure n. f. sing. – XIXe ▪ fam. *À LA REVOYURE* : au revoir (cf. À la prochaine*). « *Allez, à la revoyure, mon vieux* » (R. Gary).

revue n. f. – XIVe I - 1 Examen (d'un ensemble) qui est fait en considérant successivement chacun des éléments. ⇒ **examen, inventaire.** ➛ *Revue de (la) presse* : ensemble d'extraits d'articles qui donne un aperçu des différentes opinions sur l'actualité. 2 Inspection des locaux militaires, de l'équipement, des effectifs, etc. 3 Cérémonie militaire au cours de laquelle les troupes défilent, paradent. *La revue du 14-Juillet.* ⇒ **défilé.** ➛ loc. fam. *Être de la revue* : être frustré dans ses espérances. ➛ *PASSER EN REVUE* : parcourir le front des troupes afin de les inspecter. fig. Examiner successivement les éléments (d'un ensemble). « *Pour savoir où s'établir, ils passèrent en revue toutes les provinces* » (Flaub.). II Publication périodique spécialisée. ⇒ **magazine.** *Revue littéraire, scientifique. Revue féminine. Revue d'une société savante* (⇒ **annales, bulletin**). « *C'était le succès : j'étais écorché vif dans les revues à grand tirage* » (Larbaud). III - 1 Pièce comique ou satirique qui passe en revue l'actualité, met en scène des personnalités. *Revue de chansonniers.* 2 Spectacle de variétés, de music-hall. *J'attends « qu'on ait fini de répéter la revue »* (Colette).

❑ La publication (II) se présente comme un « passage en *revue* » périodique de l'actualité.

révulser v. tr. [1] – XIXe 1 Provoquer une révulsion (1°). 2 Retourner, bouleverser. ➛ *Le visage révulsé. Les yeux révulsés,* tournés de telle sorte qu'on ne voit presque plus la pupille (sous l'effet d'une émotion, d'une maladie). pronom. « *le mort, dont les yeux à présent se révulsaient* » (Dorgelès). 3 Provoquer une réaction de dégoût chez (qqn). ⇒ **répugner, révolter.**

révulsif, ive adj. et n. m. – XVIe ▪ Qui produit la révulsion. ➛ n. m. *La farine de moutarde est un révulsif.*

révulsion n. f. – XVIe ; lat. *revellere* « arracher » 1 Procédé thérapeutique qui consiste à produire un afflux de sang dans une région déterminée de manière à décongestionner un organe. 2 Profond dégoût, rejet. ⇒ **répulsion.**

❑ De la même famille étymologique : *avulsion, convulsion.*

① **rewriter** [ʀiʀajte ; ʀəʀajte] v. tr. [1] – 1950 ; angl. *to rewrite* « récrire » ▪ Récrire (un texte destiné à être publié). ⇒ **remanier.**

② **rewriter** ou **rewriteur** [ʀiʀajtœʀ ; ʀəʀajtœʀ] n. m. – 1947 ▪ Rédacteur chargé de récrire des textes destinés à être publiés. ⇒ **adaptateur, rédacteur, réviseur.**

rewriting [ʀiʀajtiŋ ; ʀəʀajtiŋ] n. m. – 1947 ▪ Action de récrire, de mettre en forme (un texte destiné à être publié). ⇒ **adaptation, réécriture.**

rez-de-chaussée [ʀed(ə)ʃose] n. m. inv. – XVe ; de *rez,* var. de *ras,* et *chaussée* ▪ Partie d'un édifice dont le plancher est sensiblement au niveau de la rue, du sol. « *trois pièces au rez-de-chaussée, trois chambres au premier* » (Hugo).

❑ Au Canada, le rez-de-chaussée est considéré comme premier étage (influence de l'anglais *first floor* « rez-de-chaussée »).

rez-de-jardin [ʀed(ə)ʒaʀdɛ̃] n. m. inv. – 1966 ▪ Partie d'un édifice de plain-pied avec un jardin. « *la demeure basse, toute en rez-de-chaussée – en rez-de-jardin devrait-on dire – enfouie dans la verdure* » (Tournier).

rH [ɛʀaʃ] n. m. – 1958 ; de *r(éduction)* et *H,* symb. de l'hydrogène ▪ Potentiel d'oxydoréduction (d'un corps) défini par le logarithme de l'inverse de la pression de l'hydrogène moléculaire.

Rh → **rhésus**

rhabdomancie n. f. – XVIe ; gr. *rhabdos* « baguette » et *-mancie* ▪ Mode de divination à l'aide de baguettes, art de déceler les sources, trésors, mines. ⇒ **radiesthésie.**

rhabdomancien, ienne n. – XIXe ▪ Personne qui pratique la rhabdomancie. ⇒ **radiesthésiste, sourcier.**

rhabillage n. m. – XVIe 1 Action de réparer. *Le rhabillage d'une montre.* ⇒ **réparation.** 2 Action de se rhabiller.

rhabiller v. tr. [1] – XIVe 1 Remettre en état. ⇒ **réparer.** *Rhabiller une pendule.* 2 Transformer l'aspect extérieur de (un bâtiment). *Construction gothique rhabillée à la Renaissance.* 3 Habiller de nouveau (qqn). ➛ Racheter des habits à (qqn). *L'hiver approche, il va falloir la rhabiller de pied en cap.* ♦ *SE RHABILLER* v. pron. Remettre ses habits. ➛ loc. fam. *Il peut aller se rhabiller,* se dit de qqn qui n'a plus qu'à s'en aller, à renoncer. « *on allait leur montrer, qu'on ne se dégonflerait pas, et qu'ils pourraient aller se rhabiller* » (Le Clézio).

rhabilleur, euse n. – XVIe ▪ Ouvrier, ouvrière qui rhabille (1°). ⇒ **réparateur.**

rhapsode ou **rapsode** n. m. – XVIe ; gr. *rhaptein* « coudre » et *ôdê* « chant » ▪ Chanteur de la Grèce antique qui allait de ville en ville récitant des extraits de poèmes épiques.

rhapsodie ou **rapsodie** n. f. – XVIe 1 Suite de morceaux épiques récités par les rhapsodes. 2 Pièce instrumentale de composition très libre et d'inspiration nationale et populaire. « *Rhapsodies hongroises* », *de Liszt.*

rhapsodique ou **rapsodique** adj. – XIXe ▪ Qui a le caractère d'une rhapsodie.

rhème n. m. – 1933 ; gr. « mot, parole » ▪ Information apportée dans l'énoncé à propos du thème*. ⇒ aussi **prédicat.** ✪ HOM. Rem.

rhénium [ʀenjɔm] n. m. – 1925 ; lat. *Rhenus* « Rhin » ▪ Élément atomique (Re ; n° at. 75 ; m. at. 186,20), métal blanc brillant. *On extrait le rhénium de la molybdénite.*

rhéo- Élément, du gr. *rheô, rhein* « couler ».

rhéobase n. f. – 1909 ▪ Intensité du plus faible courant électrique continu suffisant à déterminer, pour toute durée de stimulation supérieure à une durée limite, l'excitation d'un élément organique excitable donné.

rhéologie n. f. – 1943 ; *rhéo-* et *-logie* ▪ Branche de la mécanique qui étudie le comportement des matériaux lié aux contraintes et aux déformations.

rhéologique adj. – 1970 ▪ Relatif à la rhéologie. *Propriétés rhéologiques des bitumes.*

rhéomètre n. m. – XIXe ; *rhéo-* et *-mètre* ▪ Régulateur de débit d'un fluide soumis à des pressions variables.

rhéophile adj. – 1964 ; *rhéo-* et *-phile* ▪ *Flore, faune rhéophile,* adaptée à la vie dans les eaux torrentielles.

rhéostat n. m. – XIXe ; *rhéo-* et *-stat* ▪ Résistance variable destinée à régler la puissance dans un circuit.

rhéotropisme n. m. – 1904 ▪ Tendance d'une plante à répondre au stimulus d'un courant d'eau, par un changement dans la direction de sa croissance.

rhésus [ʀezys] n. m. – XVIIIe ; gr. *Rhêsos*, roi légendaire de Thrace **1** Singe indien du genre macaque, au pelage gris-jaune. **2** *Facteur rhésus* ou *rhésus* (symb. Rh) : facteur agglutinogène existant dans les globules rouges de 85% des sangs humains (*rhésus positif*, Rh+) et absent chez les autres (*rhésus négatif*, Rh–). *Incompatibilité rhésus.*

❑ Les chercheurs mirent en évidence le facteur rhésus en 1940 en injectant du sang de ce singe (couramment employé dans les expériences) à un lapin.

rhéteur n. m. – XVIe ; gr. **1** Maître de rhétorique. **2** Orateur, écrivain sacrifiant à l'art du discours la vérité ou la sincérité ⇒ **rhétoricien.** « *La Grèce est la mère des ergoteurs, des rhéteurs et des sophistes* » (Taine).

rhétique ou **rétique** adj. et n. m. – XVIIIe ; lat. *Rhætia* « Rhétie » ▪ Qui appartient à la région des Alpes située entre Rhin et Danube. *Alpes rhétiques.* ♦ n. m. Langue ancienne du groupe italo-celtique. ➝ Rhéto-roman.

rhétoricien, ienne n. et adj. – XIVe ▪ littér. Personne savante en matière de rhétorique. ♦ péj. ⇒ **rhéteur.**

rhétorique n. f. et adj. – XIIe ; gr. *rhêtôr* « orateur » **I** n. f. **1** Art de bien parler ; technique de la mise en œuvre des moyens d'expression. *Poétique et rhétorique. Figures de rhétorique.* ➝ *La rhétorique d'Aristote.* ♦ *Classe de rhétorique*, et *la rhétorique* : autrefois, classe de première dans les lycées français. ➝ Classe terminale du « secondaire supérieur » belge. **2** littér. Moyens d'expression et de persuasion propres à qqn. « *La rhétorique de Lucrèce* » (Camus). **3** péj. Éloquence ou style déclamatoire de rhéteur (2°). ⇒ **déclamation, emphase.** « *il n'y a que rhétorique et bluff dans cet homme-là* » (Gide). **II** adj. Qui appartient à la rhétorique, en a le caractère. *Procédés rhétoriques.*

rhétoriqueur n. m. – XVe ▪ GRANDS RHÉTORIQUEURS : noms que se donnèrent un certain nombre de poètes de la fin du XVe s. et du début du XVIe s.

rhéto-roman, ane adj. – XIXe ; de *rhétique* et ② *roman* ▪ Se dit des dialectes romans de la Suisse orientale, du Tyrol et du Frioul. ➝ n. m. Ensemble des dialectes romans de Rhétie.

rhinanthe n. m. – XVIIIe ; lat. « fleur en forme de nez » ▪ Plante (*scrofulariacées*), nuisible aux prairies, dont une variété est appelée *crête-de-coq.*

rhinencéphale n. m. – 1923 ▪ Ensemble de structures encéphaliques comprenant le cerveau olfactif des vertébrés inférieurs, le tractus et le lobe olfactif du cortex, et la circonvolution limbique du cerveau humain.

rhingrave n. m. et f. – XVIe ; all. *Rheingraf* « seigneur du Rhin » **1** n. m. Titre porté par les princes allemands de la région rhénane. **2** n. f. Haut-de-chausses très ample.

❑ L'allemand *Graf* « comte » se retrouve dans *burgrave.*

rhinite n. f. – XIXe ; *rhin(o)-* et *-ite* ▪ Inflammation aiguë de la muqueuse des fosses nasales. ⇒ **coryza, rhume.**

rhin(o)- Élément, du gr. *rhinos* « nez ».

rhinocéros [ʀinɔseʀɔs] n. m. – XVIe ; de *rhino-* et gr. *keras* « corne » ▪ Mammifère ongulé herbivore (*périssodactyles*) de grande taille, au corps massif, à la peau épaisse et rugueuse, dont les membres se terminent par trois doigts munis de sabots, et qui porte une ou deux cornes sur le nez. *Le rhinocéros barrit.*

❑ Le rhinocéros d'Asie porte une corne, celui d'Afrique deux. ♦ Attention au *h*, le même que dans *rhinite.*

rhinolaryngite n. f. – XIXe ▪ Laryngite accompagnée de rhinite.

rhinologie n. f. – XIXe ; *rhino-* et *-logie* ▪ Partie de la médecine qui traite des maladies du nez.

rhinolophe n. m. – XVIIIe ; de *rhino-* et gr. *lophos* « crête » ▪ Chauve-souris qui présente une membrane semi-circulaire sur le nez.

rhinopharyngé, ée adj. – 1901 ▪ Qui concerne le rhinopharynx.

rhinopharyngite n. f. – XIXe ▪ Affection du rhinopharynx.

rhinopharynx [ʀinofaʀɛ̃ks] n. m. – 1902 ▪ Partie supérieure du pharynx qui communique avec les fosses nasales.

rhinoplastie n. f. – XIXe ; *rhino-* et *-plastie* ▪ Opération chirurgicale destinée à reconstituer le nez d'un blessé ou à corriger la forme d'un nez disgracieux.

rhinoscopie n. f. – XIXe ; *rhino-* et *-scopie* ▪ Examen des fosses nasales par les narines ou par le pharynx.

rhinovirus [ʀinoviʀys] n. m. – 1971 ▪ Chacun des virus, responsables du rhume et des infections des voies respiratoires supérieures.

rhizo- Élément, du gr. *rhiza* « racine ».

rhizobium [ʀizɔbjɔm] n. m. – 1904 ; de *rhizo-* et gr. *bios* « vie » ▪ Genre de bactéries aérobies (*rhizobiacées*), vivant en symbiose dans les nodules des racines de légumineuses et assurant la fixation d'azote de ces plantes.

rhizocarpé, ée adj. – XIXe ; *rhizo-* et *-carpe* ▪ Dont les organes reproducteurs naissent sur les racines.

rhizoctone n. m. – XIXe ; de *rhizo-* et gr. *kteinein* « tuer » ▪ Champignon parasite qui détruit les racines de diverses plantes.

rhizoïde n. m. – XIXe ; *rhiz(o)-* et *-oïde* ▪ Filament à rôle fixateur et parfois absorbant, des algues, mousses, lichens et fougères.

rhizome n. m. – XIXe ; gr. *rhizôma* « ce qui est enraciné » ▪ Tige souterraine des plantes vivaces qui porte des racines adventives et des tiges feuillées aériennes. *Rhizomes d'iris.*

❑ Ne pas confondre le *rhizome* et le *bulbe*, ce dernier étant un organe véritable.

rhizophage adj. – XVIIIe ; *rhizo-* et *-phage* ▪ Qui se nourrit de racines.

rhizophore n. m. – XVIIIe ; *rhizo-* et *-phore* ▪ Palétuvier, manglier.

rhizopodes n. m. pl. – XIXe ; *rhizo-* et *-pode* ▪ Protozoaires à protoplasme nu, qui émettent des pseudopodes servant à la locomotion et à la préhension.

rhizostome n. m. – XIXe ; de *rhizo-* et gr. *stoma* « bouche » ▪ Méduse (*scyphoméduses*) à ombrelle piriforme, à bras buccaux soudés, de grande taille. « *ces grands rhizostomes de Cuvier, dont l'ombrelle bleuâtre est bordée d'un feston violet* » (J. Verne).

rhizotome n. m. – XVIIIe ; *rhizo-* et *-tome* ▪ Instrument servant à couper les racines.

rhizotomie n. f. – 1959 ; *rhizo-* et *-tomie* ▪ Section des racines nerveuses émergeant de la moelle épinière.

rho n. m. inv. ▪ Lettre de l'alphabet grec (ρ) qui correspond au *r* français. ✪ HOM. ① Rot, rôt.

rhodamine n. f. – XIXe ; *rhod(o)-* et *amine* ▪ Matière colorante rouge du groupe des phtaléines.

rhodanien, ienne adj. – XIXe ; lat. *Rhodanus* ▪ Du Rhône. *Le Sillon rhodanien* : la vallée entre les Alpes et le Massif Central.

rhodiage n. m. – 1962 ▪ Électrodéposition d'une couche de rhodium sur une surface métallique.

rhodié, iée adj. – 1900 ▪ Qui contient du rhodium ou est allié à du rhodium. *Platine rhodié.* ◆ Recouvert de rhodium.

rhodinol n. m. – XIXe ; gr. *rhodinos* « de rose » et *-ol* ▪ Alcool terpénique contenu dans l'essence de rose et de pélargonium.

rhodite n. f. – XIXe ▪ Alliage naturel d'or et de rhodium.

rhodium [ʀɔdjɔm] n. m. – XIXe ; *rhod(o)-* et *-ium* ▪ Élément atomique (Rh ; n° at. 45 ; m. at. 102,90), métal de transition très dur, extrait des minerais de platine et d'or.

rhod(o)- Élément, du gr. *rhodon* « rose » (couleur).

rhododendron [ʀɔdɔdɛ̃dʀɔ̃] n. m. – XVIIIe ; *rhodo-* et *-dendron* ▪ Arbuste ou arbre *(éricacées)*, à feuilles persistantes, à fleurs blanches, roses, rouges, violettes, dont de nombreuses espèces sont ornementales. *Massif de rhododendrons.*

rhodoïd n. m. – 1936 ; nom déposé, du lat. *Rhod(anus)* « Rhône » (pour *Rhône-Poulenc*) et *celluloïd* ▪ Matière plastique à base d'acétate de cellulose, transparente et incombustible.

rhodophycées n. f. pl. – déb. XXe ; de *rhodo-* et gr. *phucos* « algue » ▪ Famille d'algues rouges, à forte teneur en pigment rouge qui masque les chlorophylles.

rhodopsine n. f. – mil. XXe ; de *rhod(o)-* et gr. *opsis* « vue » ▪ Pigment sensible à la lumière présent dans la rétine.

rhombe n. m. – XVIe ; gr. *rhombos* « losange » **1** VX Losange. « *Nadelman dessine au compas et sculpte en assemblant des rhombes* » (Gide). **2** Instrument de musique rituel ou magique, formé d'une lame de bois que l'on fait ronfler par rotation rapide au bout d'une cordelette. ✪ HOM. Rhumb.

> ❑ Ce mot est masculin (comme *lombe[s]* et *strombe*), à la différence des autres mots présentant la même finale (*catacombe, colombe, palombe*, etc.).

rhombencéphale n. m. – 1929 ; de *rhomb(o)-* et *encéphale* ▪ Partie de l'encéphale qui comprend le bulbe rachidien, la protubérance annulaire, le cervelet et le quatrième ventricule.

rhombique adj. – XIXe ▪ Qui a la forme d'un losange.

rhomb(o)- Élément, du gr. *rhombos* « losange ».

rhomboèdre n. m. – XVIIIe ; *rhombo-* et *-èdre* ▪ Hexaèdre dont les six faces sont des losanges. ◆ Cristal dont les faces sont six losanges égaux.

rhomboédrique adj. – XIXe ▪ Qui a la forme d'un rhomboèdre.

rhomboïdal, ale, aux adj. – XVIIe ▪ Qui a la forme d'un losange, d'un rhomboïde, ou d'un rhomboèdre.

rhomboïde n. m. et adj. – XVIe ; *rhomb(o)-* et *-oïde* **1** Quadrilatère aux diagonales orthogonales, symétrique par rapport à l'une d'entre elles. *Cerf-volant en forme de rhomboïde.* ◆ Abusivt Solide dont les faces sont des rhombes. **2** Muscle du dos placé sous le trapèze, élévateur de l'omoplate. ◆ *Muscle rhomboïde.*

rhotacisme n. m. – XVIIIe ; de *rho* **1** Vice de prononciation affectant les *r* [ʀ]. **2** Substitution de la consonne *r* à une autre.

rhovyl n. m. – 1951 ; nom déposé, du lat. *Rho(danus)* « Rhône » (pour *Rhône-Poulenc*) et contract. de *vinyle* ▪ Textile synthétique constitué de chlorure de polyvinyle pur.

rhubarbe n. f. – XIIIe ; lat. *reubarbarum* « racine barbare » ▪ Plante *(polygonacées)* à larges feuilles portées par de gros pétioles ; ces pétioles que l'on consomme cuits. *Tarte à la rhubarbe.*

rhum [ʀɔm] n. m. – XVIIIe ; mot angl., de *rumbullion* « grand tumulte » ▪ Eau-de-vie obtenue par fermentation alcoolique et distillation du jus de canne à sucre, ou de mélasses. ⇒ **tafia.** *Boisson au rhum.* ⇒ **daïquiri, grog,** ① **punch.** « *un café arrosé qui répandait une forte odeur de rhum* » (Simenon). *Baba au rhum.* ✪ HOM. Rom.

rhumatisant, ante adj. et n. – XVIIIe ▪ Atteint de rhumatisme, sujet aux rhumatismes.

rhumatismal, ale, aux adj. – XVIIIe ▪ Propre au rhumatisme, causé par le rhumatisme.

rhumatisme n. m. – XVIe ; gr. « écoulement d'humeurs » ▪ Affection douloureuse, aiguë ou chronique, des articulations, des muscles et d'autres tissus, associée à des phénomènes inflammatoires ou dégénératifs. *Rhumatisme articulaire aigu. Rhumatisme déformant.* ⇒ **polyarthrite.** « *Il se baissa péniblement, car il souffrait de rhumatismes* » (Maupass.). *Perclus de rhumatismes.*

> ❑ De même origine que *rhume.*

rhumatologie n. f. – 1945 ▪ Branche de la médecine qui traite des rhumatismes.

rhumatologue n. – 1953 ▪ Médecin spécialiste de rhumatologie.

rhumb ou **rumb** [ʀɔ̃b] n. m. – XVIe ; angl. *rim* « cercle extérieur d'une roue » ▪ Quantité angulaire comprise entre deux des trente-deux aires de vent du compas, et égale à 11° 15′. ✪ HOM. Rhombe.

rhume n. m. – XIIIe ; gr. *rheuma* « écoulement d'humeurs » ▪ Inflammation aiguë de la muqueuse nasale. ⇒ **rhinite.** *Avoir un rhume.* ⇒ **refroidissement.** *Rhume de cerveau.* ⇒ **coryza.** *Un* « *rhume des foins qui me faisait éternuer, larmoyer* » (Cendrars).

> ❑ L'expression *rhume de cerveau* atteste l'ancienne croyance à la communication entre le cerveau et le nez.

rhumer [ʀɔme] v. tr. 1 – 1949 ▪ Parfumer au rhum.

rhumerie [ʀɔmʀi] n. f. – XIXe ▪ Distillerie de rhum. *Les sucreries et les rhumeries de la Martinique.*

rhynchite [ʀɛ̃kit] n. m. – XIXe ▪ Insecte *(coléoptères)* aux variétés nombreuses, nuisible aux arbres fruitiers.

rhynch(o)- Élément, du gr. *rhugkhos* « groin, bec ».

rhynchonelle [ʀɛ̃kɔnɛl] n. f. – XIXe ▪ Brachiopode extrêmement répandu dans les périodes primaire et secondaire.

rhynchotes [ʀɛ̃kɔt] n. m. pl. – XIXe ▪ Ordre d'insectes à rostre, à métamorphoses incomplètes, autrement appelés *hémiptères* (ex. cigale, pou, punaise).

rhyolithe ou **rhyolite** n. f. – XIXe ; gr. *rhein* « couler » et *-lithe* ▪ Lave volcanique de composition granitique, à texture souvent porphyrique.

rhytidome n. m. – XIXe ; gr. « ride, rugosité » ▪ Tissu cellulaire, fissuré, fendillé, à la périphérie du liber des plantes ligneuses, appelé couramment *écorce.*

rhyton [ʀitɔn] n. m. – XIXe ; gr. ▪ Coupe en corne, ou en forme de corne ou de tête d'animal.

ria n. f. – XIXe ; mot esp. « baie étroite » ▪ Vallée fluviale étroite et allongée noyée par la mer. ⇒ aussi **aber.**

rial n. m. – 1964 ; mot iranien ▪ Unité monétaire de l'Iran. *Des rials.*

riant, riante adj. – XVIe 1 vieilli Qui rit, qui aime à rire. ⇒ **rieur.** 2 Qui semble respirer la gaieté et y inciter. « *La campagne, encore verte et riante* » (Rouss.). 3 Agréable, gai. « *ce ravissement pur et riant* » (Gide). ✪ CONTR. ① Chagrin, morose, triste. Désertique, sauvage. Sombre.

R.I.B. [ɛribe ; rib] n. m. inv. – v. 1980 ; sigle ▪ Relevé* d'identité bancaire.

ribambelle n. f. – XVIIIe ; p.-ê. de *riban*, altér. de *ruban*, et rad. onomat. *bamb-* « balancement » 1 Longue suite. ⇒ **cortège, flopée, kyrielle, quantité,** fam. **tapée.** « *Fais-lui un enfant, deux enfants, trois enfants, une ribambelle d'enfants* » (Hugo). 2 Bande de papier présentant une succession de motifs identiques ayant été découpés dans la bande repliée. ⇒ **guirlande.**

ribaud, aude adj. et n. – XIIe ; a. fr. *riber* « faire le débauché » ▪ vx Débauché. « *cette ribaude gorgée de viande et de vin, saoule et débraillée* » (Gaut.).

riblon n. m. – XVIIIe ; germ. *rîban* « frotter » ▪ Déchet de ferraille utilisé dans la fabrication de la fonte de seconde fusion ou dans la fabrication de l'acier au four Martin.

ribo- Élément, du rad. de *ribose*.

riboflavine n. f. – v. 1953 ▪ Vitamine B2.

ribonucléase n. f. – 1963 ▪ Enzyme qui catalyse l'hydrolyse de l'acide ribonucléique.

ribonucléique adj. – mil. XXe ▪ *Acide ribonucléique.* ⇒ **A.R.N.**

ribose n. m. – 1932 ; de *(acide) rib(onique)*, de *arabinose* « principe soluble de la gomme arabique », et ① *-ose* ▪ Ose présent dans l'acide ribonucléique.

ribosomal, ale, aux adj. – v. 1970 ▪ Relatif au ribosome.

ribosome n. m. – v. 1960 ; *ribo-* et *-some* ▪ Organite cytoplasmique formé de trois types d'acides ribonucléiques, associés à cinquante-deux protéines distinctes et déchiffrant le code inscrit dans l'A.R.N. messager. ⇒ **polyribosome.**

ribote n. f. – XIXe ; de *ribaud* ▪ vx ou plaisant Joyeux excès de table et de boisson. ⇒ **bombance, noce, orgie.** *Faire ribote.*

ribouldingue n. f. – XIXe ; p.-ê. du rad. de *ribote* ou de *ribouler* et *dinguer* ▪ fam. et vieilli Partie de plaisir, noce. ⇒ ② **bombe, ribote.** « *les soirs de sortie, de quartier libre, de ribouldingue* » (Cendrars).

> ❑ Ce mot, aujourd'hui vieilli, a servi de nom à l'un des trois Pieds Nickelés.

ribouler v. intr. [1] – XIXe ; de *boule* ▪ fam. et vieilli *Ribouler des yeux* : regarder en roulant les yeux d'un air stupéfait.

ribozyme n. m. – 1982 ; de *ribo-* et *(en)zyme* ▪ Molécule d'A.R.N. capable de couper, coller, assembler d'autres morceaux d'A.R.N.

ricain, aine adj. – 1918 ; de *Américain* ▪ fam. Américain, Américaine des États-Unis.

> ❑ Cette troncation familière n'est pas péjorative.

ricanement n. m. – XVIIIe ▪ Action de ricaner. *Les « ricanements sardoniques des détracteurs de ce grand génie »* (Gaut.). ♦ Rire bête ou gêné.

ricaner v. intr. [1] – XVIe ; a. fr. *recaner* « braire », germ. *°kinni* « mâchoire » 1 Rire à demi de façon méprisante ou sarcastique. 2 Rire de façon stupide, sans motif ou par gêne. *Ils « ricanaient, en se montrant du coin de l'œil les femmes nues »* (Zola).

ricaneur, euse adj. et n. – XVIe ▪ Qui ricane.

richard, arde n. – XVe ▪ fam. et péj. Personne riche. ⇒ **nabab.** « *C'est un état que nous ne souhaitons à personne, que celui d'être le* richard *de la famille* » (Montherl.).

riche adj. et n. – XIe ; germ. *riki* « puissant » 1 Qui a de la fortune, possède des biens, de l'argent en abondance. ⇒ **argenté, cossu, fortuné, nanti** ; fam. **friqué, rupin.** *Être riche à millions, riche comme Crésus.* ⇒ **richissime.** « *Sa famille n'était pas riche, et ne lui donnait qu'une modique pension* » (Muss.). *Les gens riches, assez riches.* ⇒ **aisé.** *Une riche héritière.* ➛ *Les pays riches,* industrialisés, développés. ⇒ **prospère.** ♦ n. m. ⇒ **milliardaire, millionnaire** ; fam. **nabab, richard.** « *la méfiance du riche qui a peur d'être dupe, qui redoute qu'on l'exploite* » (Mauriac). ➛ *Un nouveau riche :* personne récemment enrichie, qui étale sa fortune avec ostentation et sans goût. ⇒ **parvenu.** ➛ péj. *Fils, gosse de riche(s) :* enfant trop gâté. 2 Qui annonce ou suppose la richesse. ⇒ **coûteux, fastueux, luxueux, somptueux.** « *Les riches parures de diamant que son frère lui avait données* » (Balz.). 3 Qui contient de nombreux éléments. *Un sol riche.* ⇒ **fertile.** *Aliment riche.* ⇒ **nourrissant, nutritif.** ➛ fam. *C'est une riche nature,* une personne pleine de possibilités. *Une riche idée,* excellente. ♦ *Un sous-sol riche en minerais.* « *l'œuvre de Rimbaud est encore riche en détours* » (Duham.). ➛ *L'avenir est riche de promesses.* ✪ CONTR. Pauvre.

richelieu n. m. – 1910 ; n. pr. ▪ Chaussure basse lacée. *Une paire de richelieux* (ou *de richelieus*).

richement adv. – XIIe 1 De manière à rendre ou à devenir riche. *Il a marié richement ses filles.* 2 Avec magnificence. *Des « peintures richement encadrées »* (J. Verne). ✪ CONTR. Pauvrement.

richesse n. f. – XIIe I - 1 Possession de grands biens, d'argent en grande quantité. ⇒ **fortune ; aisance, opulence.** *Signes extérieurs de richesse.* « *Ce qu'il respire, ce n'est pas tant la richesse que l'enrichissement* » (Romains). 2 Caractère de ce qui a une grande valeur ou présente un grand intérêt. « *La richesse des costumes et l'éclat du décor étouffent le drame* » (France). *Il jurait « avec une richesse de vocabulaire »* (Maupass.). *Une grande richesse de couleurs. Grande richesse de pensée.* ➛ *Richesse intérieure :* valeur morale, spirituelle. 3 Caractère de ce qui contient beaucoup d'éléments ou de nombreux éléments de grande importance. *Richesse du sous-sol.* ➛ *Richesse du fromage en calcium. La richesse d'un pays en pétrole.* 4 Rapport entre le volume de carburant et le volume d'air du mélange introduit dans un moteur thermique. ♦ *Richesse d'un combustible nucléaire :* rapport de la quantité d'isotope fissible à la quantité totale de matière. II au plur. 1 Grands biens matériels. *Amasser les richesses.* ⇒ ② **avoir.** *Une soif insatiable de richesses* (⇒ **avidité, cupidité**). 2 Les biens qui peuvent être objet de propriété. ⇒ ② **capital.** *Mise en valeur des richesses naturelles d'une région* (⇒ **ressource**). 3 Objets de grande valeur. *Les richesses d'un musée.* ♦ Biens de nature intellectuelle, spirituelle. « *Ils exploitent en silence les richesses intellectuelles du genre humain* » (Staël).

richissime adj. – XIIIe ▪ Extrêmement riche. *Un financier richissime.*

ricin n. m. – XVIe ; lat. 1 Plante *(euphorbiacées)*, à grandes feuilles palmées, dont le fruit est une capsule renfermant des graines oléagineuses. ➛ *Huile de ricin,* employée comme purgatif. 2 Insecte acarien, parasite des oiseaux. ⇒ **pou.**

rickettsie [rikɛtsi] n. f. – 1910 ; de *Ricketts,* savant amér. ▪ Bactérie, agent de rickettsioses, transmise à l'être humain et à l'animal par la morsure de poux ou de tiques.

rickettsiose n. f. – 1938 ▪ Maladie infectieuse causée par des rickettsies.

rickshaw [rikʃo] n. m. – XIXe ; mot hindi ▪ Voiture légère tirée par un homme à pied, une bicyclette ou un motocycle. ⇒ **cyclopousse.** « *Les vélos ont remplacé les brancards des rickshaws* » (Malraux).

ricocher v. intr. [1] – XIXe ▪ Faire ricochet. ⇒ **rebondir.** *Un essaim de balles « vint ricocher sur les cailloux du piton »* (Mac Orlan).

ricochet n. m. – XVIIe ; de *ri*, o. i., et *coq, cochet ; la fable du ricochet* étant une chanson à ritournelle où le mot *coq* revient **1** Rebond d'un objet plat lancé obliquement sur la surface de l'eau, ou d'un projectile renvoyé par le sol ou un corps dur. « *Il ramassait des cailloux pour faire des ricochets* » (Muss.). ➤ *Projectile qui fait ricochet sur le sol.* **2** PAR RICOCHET : par contrecoup, indirectement. « *Et, qui sait, peut-être penserai-je à toi quelquefois, par ricochet, quand je me rappellerai ce bel été* » (Loti).

ricotta n. f. – 1911 ; mot it. « qui a recuit » ▪ Fromage frais fait à partir du petit-lait d'autres fromages.

ric-rac loc. adv. – XVIIe ; onomat. ▪ fam. Avec une exactitude rigoureuse. *Il nous a payé ric-rac.* ➤ Juste suffisant.

❑ *Ric-*, évoquant la petitesse et au figuré l'exactitude puis la mesquinerie, se retrouve dans *riquiqui*.

rictus [riktys] n. m. – XIXe ; mot lat. « ouverture de la bouche », de *ringi* « grogner en montrant les dents » **1** Spasme des muscles dilatateurs de la bouche donnant l'aspect de rire forcé. **2** Sourire grimaçant exprimant des sentiments négatifs.

ridage n. m. – XIXe ▪ Action de tendre pour raidir. *Le ridage des haubans.*

ride n. f. – XVe **I** - **1** Petit sillon cutané dû au froncement, à l'âge ou à l'amaigrissement. *Rides au coin de l'œil.* ⇒ **patte-d'oie.** *Petite ride.* ⇒ **ridule.** « *des rides se croisaient en tous sens, zébrant le front, lézardant les yeux, lacérant les joues* » (Huysm.). ♦ *Ce film n'a pas pris une ride,* n'a pas vieilli. **2** Légère ondulation, cercles à la surface de l'eau. ⇒ **onde.** ♦ *Les rides d'une plaine,* plissement, ondulation. *Rides éoliennes de sable.* **II** Bout de filin qui sert à raidir ou rider les haubans. ⇒ **cordage.**

ridé, ée adj. – XIIe **1** Marqué de rides. *Front ridé.* « *son visage tiré, fripé, ridé* » (Vallès). ⇒ **flétri.** **2** Qui présente des rides. *Fruit ridé.* ✪ CONTR. ① Lisse.

rideau n. m. – XIVe ; de *rider* « plisser » **1** Pièce d'étoffe pouvant former des plis destinée à intercepter ou tamiser la lumière, à cacher, abriter, décorer qqch. *Rideaux transparents.* ⇒ ① **voilage.** *Rideaux bonne femme,* courts et tenus par des embrasses. *Doubles rideaux* : rideaux en tissu épais. ⇒ **tenture.** ➤ *Rideau de douche.* ➤ *Fermer, ouvrir, écarter, tirer les rideaux.* ➤ loc. fam. *Grimper aux rideaux* : manifester une exaltation, un plaisir extrêmes ; jouir sexuellement. **2** Grande draperie à plis qui sépare la scène de la salle. « *Le lever du rideau, les trois coups* » (Goncourt). ➤ *Rideau !* exclamation que poussent les spectateurs impatients ou mécontents. ♦ loc. fam. *Être, tomber en rideau,* en panne. **3** Séparation plus ou moins souple qui s'abaisse et se relève. *Rideau métallique.* ♦ loc. RIDEAU DE FER : rideau métallique séparant la scène de la salle en cas d'incendie. ➤ Fermeture métallique de la devanture d'un magasin. ➤ Ligne qui isolait, en Europe, les pays communistes des pays non communistes. **4** Chose verticale susceptible de cacher. ⇒ **écran.** « *L'horizon était caché par des rideaux de peupliers* » (Duham.). ⇒ **ligne.** « *À travers un rideau de pluie moins serré* » (From.). ➤ *Rideau de fumée.* **5** *Obturateur à rideau d'un appareil photographique,* à bande de tissu ou lamelles de métal. **6** Panneau mobile servant de cloison à un meuble, constitué de lattes juxtaposées qui s'enroulent pour l'ouverture. « *Un secrétaire à rideau encombré de papiers* » (Perec).

ridelle n. f. – XIIIe ; germ. *reidel* « rondin » ▪ Châssis à claire-voie disposé de chaque côté d'une charrette, d'un camion, afin de maintenir la charge. *Wagon à ridelles.*

rider v. tr. [1] – XIIIe ; germ. *rîdan* « tordre » **1** Marquer, sillonner de rides. *La vieillesse « viendra rider ton visage »* (Fén.). ⇒ ① **flétrir.** ➤ pronom. *Peau qui se ride.* **2** Faire des rides à. « *Le beau lac de Némi, qu'aucun souffle ne ride* » (Lamart.). **3** Raidir fortement (une manœuvre dormante) à l'aide de ridoirs.

ridicule adj. et n. m. – XVIe ; lat. *ridere* « rire » **I** adj. **1** De nature à provoquer le rire, à exciter la moquerie, la dérision. ⇒ **risible.** *Une personne ridicule.* ⇒ **grotesque.** *Il a été ridicule. Se sentir ridicule.* « *Les Précieuses ridicules* », *comédie de Molière.* ➤ *Superstitions ridicules.* ⇒ **absurde, saugrenu.** ♦ Dénué de bon sens. *Ne faites pas cela, c'est ridicule.* ⇒ **idiot.** *Il serait ridicule qu'il s'en aille.* ⇒ **absurde, déraisonnable.** **2** Insignifiant. *Une quantité ridicule.* ⇒ **dérisoire.** **II** n. m. **1** *Tourner qqn en ridicule,* s'en moquer. **2** Ce qu'il y a de ridicule. « *Mépriser sans connaître est un ridicule trop commun* » (Stendh.). « *Il y a toujours quelque ridicule à parler de soi* » (Claudel). ♦ Ce qui excite le rire, provoque la moquerie. *Couvrir qqn de ridicule. La peur du ridicule.* « *On n'échappe pas au ridicule par une affectation de gravité* » (Bernanos).

❑ Pour le sens → risible (rem.).

ridiculement adv. – XVIe **1** D'une manière ridicule. *Ridiculement accoutré.* **2** Dans des proportions dérisoires. *Salaire ridiculement bas.* ⇒ **honteusement.**

ridiculiser v. tr. [1] – XVIIe ▪ Rendre ridicule, tourner en ridicule. ⇒ **bafouer, caricaturer, moquer, railler.** « *Jamais artiste ne fut plus ridiculisé* » (Baud.). *Cette réponse l'a ridiculisé.* pronom. *Elle s'est ridiculisée,* s'est rendue ridicule.

ridoir n. m. – XIXe ▪ Appareil permettant de rider un cordage.

ridule n. f. – 1956 ▪ Petite ride. « *Le vent fait des ridules qui agitent les roseaux* » (Le Clézio).

riel [ʀjɛl] n. m. – 1961 ; mot khmer ▪ Unité monétaire du Cambodge.

riemannien, ienne [ʀimanjɛ̃, jɛn] adj. – 1903 ▪ Propre à Riemann et à ses théories mathématiques. *Géométrie riemannienne,* une des géométries non euclidiennes.

rien pron. indéf., n. m. et adv. – XIe ; lat. *res* « chose » **I** nominal indéf. **1** Quelque chose. *Il fut incapable de rien dire,* de dire quoi que ce soit. « *Une fatigue telle que je renonce à rien exiger de moi* » (Gide). ➤ « *Je ne crois pas savoir rien de bon* [...] *ni pouvoir rien enseigner aux hommes* » (Nerval). ➤ littér. « *Avant que le jeune homme ait rien pu dire* » (Alain-Fourn.). ➤ *Rester sans rien dire.* ➤ *A-t-on jamais rien vu de pareil ?* **2** Aucune chose, nulle chose. *Je ne sais rien, je n'ai rien vu. Je n'y vois rien.* ⇒ ① **goutte.** *Il n'y a rien à ajouter. Ne dites rien à personne. Elle n'a peur de rien.* ➤ *Vous n'aurez rien du tout. Cela ne me fait plus rien du tout.* ➤ *Cela ne fait rien* : cela n'a aucune importance. *On n'y peut rien. Ça ne sert à rien. Cela n'engage à rien.* « *Il n'eût pour rien au monde consenti à laisser son domaine* » (Mauriac). ➤ *Rien de précis. Il n'y a rien d'autre. N'avoir rien de mieux à faire. Je n'ai jamais rien vu d'aussi beau.* « *Ta parole est un chant où rien d'humain ne reste* » (Hugo). ➤ IL N'EN EST RIEN : rien n'est vrai de cela. ➤ *Comme si de rien n'était* : en agissant comme si rien ne s'était passé ; en affectant l'innocence, l'indifférence, l'oubli. ➤ *Elle n'a rien* *d'une ingénue*, elle n'en a aucun des caractères. ◆ N'AVOIR RIEN DE : n'être pas du tout. *Cela n'a rien d'extraordinaire.* ♦ *Rien n'est trop beau pour lui. Rien n'y fait.* « *Rien n'a ordinairement l'air plus faux que le vrai* » (Gaut.). ◆ *Plus rien ne bouge.* ♦ N'ÊTRE RIEN : n'avoir aucun pouvoir, aucune valeur, aucune importance. « *Le génie sans talent n'est rien* » (Valéry). *Elle n'est rien pour moi* : elle ne compte pas pour moi. ◆ CE N'EST RIEN : c'est sans importance. ◆ fam. *Mille francs d'augmentation, ce n'est pas rien*, ce n'est pas négligeable. ◆ *N'y être pour rien* : n'avoir aucune responsabilité (dans qqch.). ♦ littér. RIEN MOINS (QUE) : aucunement, nullement. vieilli *Il n'est rien moins qu'un savant* : il n'est aucunement un savant. ◆ *Ce n'est rien moins que sûr* : ce n'est pas du tout sûr. ◆ Pas moins. « *Il ne s'agissait de rien moins que d'allumer le feu de la guerre civile* » (Boss.). ♦ RIEN DE MOINS (QUE) : rien de moins important que. « *Il ne s'agit de rien de moins que de changer une égalité en inégalité* » (Valéry). **3** loc. adv. EN RIEN : en quoi que ce soit. *Sans gêner en rien son action.* ◆ NE... EN RIEN : d'aucune manière, pas du tout. *Cela ne nous touche en rien.* **4** Nulle chose. « *Que faites-vous ? – Rien.* » « *À quoi penses-tu ? – À rien.* » ◆ *Il n'y a rien à dire. Rien à dire, c'est parfait. Rien à faire* : la chose est impossible ; non. ◆ *Rien à signaler* (abrév. fam. *R. A. S.*). ◆ *Rien d'étonnant si vous êtes malade.* ◆ « *Je vous remercie. – De rien* ». ◆ *C'est tout ou rien* : il n'y a pas de demi-mesure. *C'est cela ou rien* : c'est la seule alternative. *Ce que nous pouvons faire ou rien, c'est la même chose* : nous ne pouvons rien faire d'utile. ◆ RIEN DE PLUS, RIEN DE MOINS : exactement (ceci). « *Elle ne disait que le nécessaire, rien de plus, rien de moins* » (Hermant). ◆ « *C'était mieux que rien du tout, une telle satisfaction* » (Céline). *C'est moins que rien* : c'est très mauvais. ◆ n. *Un, une moins que rien.* ◆ EN MOINS DE RIEN : en très peu de temps. ⇒ **rapidement.** « *On vous volera cela en moins de rien* » (Stendh.). fam. *Cela atteint des millions comme rien*, facilement, aisément. ♦ RIEN QUE... ⇒ **seulement.** *Jurez-vous de dire toute la vérité, rien que la vérité ?* ◆ iron. *Il en exige le double, rien que ça !* ◆ *C'est à moi, rien qu'à moi.* ⇒ **uniquement.** ◆ « *N'avait-il pas cassé notre unique chaise rien qu'en s'asseyant dessus ?* » (Perec). **5** Chose ou quantité nulle, ou quasi nulle. *Se réduire à rien.* → **zéro.** *À propos de tout et de rien.* ♦ POUR RIEN : pour un résultat nul, en vain. *Un coup pour rien. Se déranger pour rien.* ⇒ **inutilement.** ◆ Pour une cause insignifiante, sans raison. *Beaucoup de bruit pour rien. Ce n'est pas pour rien que je me suis fâchée.* ◆ Sans payer. ⇒ **gratuitement.** *Je l'ai eu pour rien.* À bas prix, à vil prix. « *D'immenses terrains achetés pour rien avant la conquête* » (Maupass.). ◆ Pour une chose de valeur nulle, insignifiante. *Il compte pour rien dans cette affaire.* ♦ DE RIEN ; DE RIEN DU TOUT : sans valeur, sans importance. *Un petit bobo de rien du tout.* ◆ *Deux, trois fois rien* : une chose insignifiante. ◆ *Rien de rien* : rien du tout. **II** n. m. **1** poét. ⇒ **néant.** « *Et tandis qu'on philosophait sur le rien de cette existence, il triomphait, ce rien, jusque dans la mort* » (Daud.). **2** Chose sans importance, sans valeur, insignifiante, futile. ⇒ **bagatelle, vétille.** *Un rien les amuse. Un rien l'habille.* ◆ *Perdre son temps à des riens.* ⇒ **bêtise, futilité, niaiserie.** *Les petits riens qui rendent la vie agréable.* ⇒ **détail.** ◆ POUR UN RIEN, DES RIENS : pour la moindre cause, pour une raison insignifiante. *Pour un rien, elle se faisait rabrouer. Il fait des histoires pour des riens.* ◆ fam. (emploi critiqué) COMME UN RIEN : très facilement. *Il saute 1 m 50 comme un rien.* **3** UN RIEN DE... : un petit peu de. « *J'aimerais que notre arrivée gardât un rien d'imprévu* » (Romains). ⇒ **brin.** *Il s'en est fallu d'un rien qu'il tombât.* ◆ EN UN RIEN DE TEMPS : en très peu de temps. ⇒ **promptement.** ♦ loc. adv. UN RIEN : un petit peu, légèrement. « *De petites mains un rien grassouillettes* » (Goncourt). **4** n. UN, UNE RIEN DU TOUT : une personne méprisable. « *Oh ! ces riens du tout* [...] *on sait comment elles le gagnent, l'argent* » (Zola). **III** adv. pop. et vieilli Très. ⇒ **drôlement, rudement.** « *C'est rien bath ici !* » (Queneau). ✪ CONTR. Chose (quelque chose), tout. Beaucoup.

> ❑ En emploi nominal indéfini (I) on fait la liaison *(rien à dire)*. ♦ Avec un verbe à un temps composé, *rien* se place entre l'auxiliaire et le participe passé *(je n'ai rien vu)*. ♦ On peut employer *rien* avec *pas*, en attribut : *Ce n'est pas rien* (« ça compte »). ♦ *Rien* entre dans la formation de dénominations péjoratives. → vaurien (rem.).

riesling [ʀisliŋ] n. m. – XIXe ; mot all. ■ Cépage blanc cultivé en Rhénanie, en Alsace, etc. ◆ Vin blanc sec fabriqué avec ce cépage.

rieur, rieuse n. et adj. – XVe **1** n. Personne qui rit, est en train de rire. ◆ *Mettre les rieurs de son côté* : faire rire aux dépens de son adversaire ; avoir l'approbation de la majorité. « *Les rieurs sont pour vous, Madame* » (Mol.). **2** adj. Qui aime à rire, à s'amuser, à plaisanter. ⇒ **gai.** *Un enfant rieur.* ♦ Qui indique, annonce la gaieté. « *une fille aux yeux brillants, rieurs* » (Proust). ⇒ **riant.** ♦ *Mouette rieuse.* ✪ CONTR. ① Morne, morose, triste.

rif ou **riffe** n. m. – XVIe ; lat. *rufus* « rouge » ■ Arg. **1** Feu (de la zone des combats), combat. ♦ Bagarre. **2** Arme à feu, revolver.

rififi n. m. – 1942 ; de *rif* « combat » ■ Arg. Bagarre.

① **riflard** n. m. – XVe ; de *rifler* **1** La laine la plus longue et la plus avantageuse d'une toison. **2** Rabot de charpentier, de menuisier et d'ébéniste qui sert à dégrossir le bois. ◆ Ciseau dentelé de sculpteur. ◆ Outil de maçon à lame mince et large.

② **riflard** n. m. – XIXe ; nom d'un personnage de « *La Petite Ville* », comédie de Picard ■ fam. Vieilli Parapluie. ⇒ ② **pépin.** *Les grand'mères « se bigornaient à coups de riflards ! »* (Céline).

rifle n. m. – XIXe ; mot angl., de *to rifle*, du fr. *rifler* ■ Carabine d'origine anglaise à long canon rayé. ◆ *Carabine 22 long rifle* : carabine de chasse ou de sport (calibre 22/100 de pouce, soit 5,58 mm).

rifler v. tr. [1] – XVIIIe ; germ. *riffilôn* « déchirer en frottant » ■ Dresser (le bois), limer (le métal), avec un riflard (①, 2°) ou une lime.

rift [ʀift] n. m. – 1942 ; mot angl., de *rift-valley* « fossé d'effondrement » ■ Fossé tectonique correspondant à une zone de fracture de l'écorce terrestre. *Les grands rifts du bouclier africain.*

rigaudon n. m. – XVIIe ; p.-ê. de *Rigaud*, n. pr. ■ Danse française en vogue aux XVIIe et XVIIIe s. ♦ Air très vif à deux temps sur lequel on la dansait.

rigide adj. – XVe ; lat. « raide » **1** Qui se refuse aux concessions, aux compromis, aux ménagements. « *un officier rigide qui voulait être craint et non pas aimé* » (Dorgelès). ⇒ **inflexible.** *Les règles monastiques les plus rigides.* ⇒ **rigoureux, strict.** *Éducation rigide.* ⇒ **sévère.** ♦ Qui manque de souplesse. « *Notre syntaxe est des plus rigides* » (Valéry). **2** Qui reste droit, qui ne fléchit pas, résiste aux efforts de déformation. ⇒ **dur, raide.** *Livre à couverture rigide.* ✪ CONTR. Accommodant, doux. Flexible, ① mou, souple.

rigidifier v. tr. [7] – XIXe ■ Rendre rigide, plus rigide. *La peur rigidifie ses traits.* ⇒ **raidir,** ① **tendre.**

rigidité n. f. – XVIIe **1** Caractère d'une personne ou d'une chose rigide. *La rigidité d'un magistrat. Rigidité des principes.* ⇒ **austérité, puritanisme, rigorisme, sévérité.** « *On y sentait la froideur des mœurs anciennes et la rigidité des mœurs de province* » (From.). **2** Caractère de ce qui est rigide. ⇒ **raideur.**

Rigidité cadavérique. ♦ Résistance qu'une substance solide oppose aux efforts de torsion ou de cisaillement. ➝ *Rigidité diélectrique :* valeur maximale du champ électrique que peut supporter un isolant sans claquer. ✪ CONTR. Douceur. Abandon. Élasticité, flexibilité, souplesse.

rigolade n. f. – XIXe ■ fam. 1 Amusement, divertissement ; rire. *Une partie de rigolade.* « *les regards* [...] *lui font comprendre qu'il gaffe. L'heure n'est pas à la rigolade* » (Queneau). ➝ *Prendre une histoire à la rigolade,* comme une plaisanterie. 2 Chose ridicule, peu sérieuse ou sans importance. ⇒ ② **farce, plaisanterie.** *C'est une vaste rigolade.* ⇒ **blague.** « *Ce n'est pas moi qui traiterais la Révolution comme une rigolade* » (Vallès). 3 Chose facile, très simple.

rigolage n. m. – XIXe ; de *rigoler* « creuser des *rigoles* » ■ Creusement de rigoles.

rigolard, arde adj. et n. – XIXe ■ fam. Qui rigole ; gai. *Un air rigolard.* ⇒ **hilare, réjoui.**

rigole n. f. – XIVe ; germ. *regel* « rangée » et *richel* « rigole d'écoulement » 1 Petit conduit creusé dans une pierre ou petit fossé aménagé dans la terre. ⇒ **canal, caniveau, fossé, ruisseau, saignée.** *Rigole d'irrigation, d'assèchement, d'écoulement.* 2 Filet d'eau qui ruisselle par terre. *La pluie forme des rigoles.* 3 Tranchée étroite dans laquelle sont établies les fondations d'un mur de clôture. ♦ Sillon de faible profondeur où l'on sème des graines, où l'on met des plants. *Planter en rigole.* ♦ Endroit resserré d'une rivière où abondent certains poissons.

rigoler v. intr. [1] – XIXe ; p.-ê. crois. de *rire* avec a. fr. *riole* « partie de plaisir » ■ fam. 1 Rire, s'amuser. ⇒ se **marrer.** « *ils continuèrent de rigoler et de boire* » (Barbey). 2 Plaisanter. *Il ne faut pas rigoler avec ça.* ⇒ **badiner ;** fam. **blaguer, déconner.** *C'était juste histoire de rigoler. Tu rigoles !* tu ne parles pas sérieusement.

rigoleur, euse adj. et n. – XVIe ■ vieilli Qui exprime la gaieté. ⇒ **rieur,** fam. **rigolard.** « *Petits yeux rigoleurs et nez en l'air* » (Malraux).

rigolo, ote adj. et n. – XIXe I adj. fam. 1 Qui amuse, qui fait rigoler. ⇒ **amusant, comique, drôle.** « *Vous êtes rigolote vous. Vous n'avez pas l'air de vous en faire* » (Queneau). *Film rigolo.* 2 Curieux, étrange. *Tiens, c'est rigolo, on n'entend plus rien.* II n. 1 fam. Personne amusante. ⇒ **luron.** 2 péj. Personne à qui l'on ne peut pas faire confiance. ⇒ **charlot, plaisantin.** *C'est un petit rigolo,* un farceur, un fumiste. 3 n. m. arg. vieilli Revolver. « *– Tu n'as pas d'autres armes ?... – Non... non... – Pas de rigolo ?* » (Cendrars).

❑ On retrouve cette formation du féminin par ajout d'un *t* au masculin dans *coi, coite, favori, favorite.*

rigorisme n. m. – XVIIe ; lat. *rigor* « rigueur » ■ Respect très strict, parfois outré ou affecté, des règles de la religion ou des principes de la morale. ⇒ **austérité, puritanisme, rigidité, rigueur, sévérité.** ✪ CONTR. Laxisme.

rigoriste n. et adj. – XVIIe ■ Personne qui fait preuve de rigorisme moral ou religieux. ⇒ **puritain.** ♦ *Attitude, opinion rigoriste.* ⇒ **intransigeant, rigoureux, sévère.** ✪ CONTR. Laxiste.

rigotte n. f. – XIXe ; it. *ricotta* ■ Petit fromage plat et cylindrique, fabriqué dans le Lyonnais à partir d'un mélange de lait de chèvre et de vache.

rigoureusement adv. – XIVe 1 D'une manière stricte. ⇒ **étroitement, scrupuleusement.** *Il est rigoureusement interdit de fumer.* ⇒ **formellement, strictement.** ♦ Absolument ; totalement. « *une demeure* [...] *rigoureusement semblable à ses voisines* » (Romains). *C'est rigoureusement exact.* 2 Avec exactitude, minutie. « *Des bordures de buis rigoureusement taillées* » (Gaut.). ✪ CONTR. Approximativement.

rigoureux, euse adj. – XIVe ; lat. *rigere* « être raide » → rigide 1 Qui fait preuve de rigueur, de sévérité. *Sanction rigoureuse.* ⇒ **draconien, dur, implacable, sévère.** *Morale rigoureuse.* ⇒ **austère, inflexible, rigide, rigoriste.** 2 Dur à supporter, pénible, cruel. « *Un hiver rigoureux avait attristé Paris* » (Vigny). ⇒ **rude.** 3 D'une exactitude inflexible et stricte. ⇒ **absolu, étroit, strict.** *Au sens le plus rigoureux du terme.* ⇒ **juste.** ♦ Qui est mené avec la plus grande rigueur, la plus grande précision. *Analyse rigoureuse.* ⇒ **exact,** ① **précis.** *Logique rigoureuse.* ⇒ **implacable, serré.** ➝ *Esprit rigoureux.* ✪ CONTR. Doux, indulgent. Approximatif, ① incertain.

rigueur n. f. – XIIe ; lat. *rigor* 1 Sévérité, dureté extrême. *La rigueur d'une répression.* ➝ *Morale d'une rigueur excessive.* ⇒ **rigorisme.** ➝ loc. *TENIR RIGUEUR* à qqn, ne pas lui pardonner, lui garder rancune. « *il avait* [...] *tenu rigueur à sa mère de cette austérité* » (Mauriac). ♦ *La rigueur du froid hivernal.* ⇒ **âpreté.** 2 au plur., vx ou littér. Acte de sévérité, de cruauté. « *La mort a des rigueurs à nulle autre pareilles* » (Malherbe). ➝ Intempéries. « *Au sortir des rigueurs de l'hiver* » (La Font.). 3 Exactitude, précision, logique inflexible. « *besoin de rigueur, horreur du vague* » (Maurois). ➝ *Esprit de rigueur. La rigueur d'un calcul. Rigueur dans l'exécution.* ⇒ **fermeté, netteté.** ♦ *Politique de rigueur :* mesures économiques visant à lutter contre l'inflation. ⇒ **austérité.** 4 loc. adj. *DE RIGUEUR :* exigé, imposé par les usages, les règlements. ⇒ **obligatoire.** « *Les lotus artificiels à pétales d'argent qui sont de rigueur pour les funérailles* » (Loti). ➝ *Une tenue correcte est de rigueur.* ➝ *Délai de rigueur,* qui ne pourra être prolongé. 5 loc. adv. *À LA RIGUEUR :* en cas de nécessité absolue ; en s'en tenant à ce qui est strictement nécessaire. « *On peut à la rigueur se passer de son avis dans une discussion* » (Romains). *À l'extrême rigueur :* en allant à la limite de l'acceptable. ✪ CONTR. Douceur, indulgence. Approximation, incertitude.

❑ Dans la seconde moitié du XXe s., l'un des emplois essentiels du mot concerne une gestion, une politique financière stricte.

rikiki → **riquiqui**

rillettes n. f. pl. – XIXe ; a. fr. *rille* « morceau de porc » ■ Charcuterie faite de viande de porc ou d'oie hachée et cuite dans la graisse. *Pot de rillettes.*

rillons n. m. pl. – XVIIe ■ Résidus de viande de porc qu'on a fait fondre pour en obtenir la graisse. Morceaux de porc cuits dans la graisse et servis froid. ⇒ **fritons, grattons.**

rimailler v. intr. [1] – XVIIe ■ vieilli Faire de mauvais vers.

rimaye [ʀimaj] n. f. – XIXe ; mot savoyard, du lat. *rima* « fente » ■ Crevasse marquant le départ de l'écoulement glaciaire, entre la roche et le névé ou entre un névé et le glacier qu'il alimente. ➝ *Mur de rimaye :* paroi à pente forte d'un cirque d'origine glaciaire.

❑ Pour la prononciation → paye (rem.).

rime n. f. – XIIe ; p.-ê. germ. *rim* « série, nombre » 1 Disposition de sons identiques à la finale de mots placés à la fin de deux unités rythmiques ; élément de versification, procédé poétique que constitue cette homophonie. « *Nous ne pourrons jamais secouer le joug de la rime ; elle est essentielle à la poésie française* » (Volt.). ➝ *Rime riche,* comprenant au moins une voyelle et sa consonne d'appui (ex. image-hommage). *Rime pauvre* (ex. ami-pari). ➝ *Rime féminine,* terminée par e muet. ➝ *Dictionnaire de rimes.* 2 loc. *SANS RIME NI RAISON :* d'une manière incompréhensible, absurde. *Ça n'a ni rime ni raison,* aucun sens.

rimer v. [1] – XIIe 1 v. intr. Faire des vers ; trouver des rimes. ⇒ **rimailler.** « rimer [...] *est devenu par un* *étrange coup du sort, le contraire de la poésie* » (Aragon). **2** Constituer une rime, avoir des finales identiques. « *Un couplet patriotique au cours duquel frusques rimait avec Étrusques* » (Queneau). ➛ loc. *Cela ne rime à rien :* cela n'a aucun sens. ⇒ **correspondre, signifier. 3** v. tr. Mettre en vers. *Rimer une chanson.*

rimeur, euse n. – XVIe ▪ péj. Poète sans inspiration. ⇒ **versificateur.**

rimmel n. m. – 1929 ; nom déposé, de *Rimmel,* n. pr. ▪ Fard pour les cils. ⇒ **mascara.**

rinçage n. m. – XIXe ▪ Action de rincer. ➛ *Produit de rinçage.* ♦ Action de rincer les cheveux avec un produit colorant. *Se faire faire un rinçage chez le coiffeur.*

rinceau n. m. – XVIe ; lat. *ramus* « rameau » ▪ Arabesque végétale sculptée ou peinte. « *Un enlacement inextricable de fleurons, de rinceaux, d'acanthes* » (Gaut.).

rince-bouche n. m. – XIXe ▪ Petit récipient contenant de l'eau, qu'on présentait à la fin du repas pour se rincer la bouche. « *elle parlait d'acheter des rince-bouche* » (Flaub.).

rince-bouteille ou **rince-bouteilles** n. m. – XIXe ▪ Appareil servant à nettoyer les bouteilles, les récipients. ⇒ **rinceuse.** *Des rince-bouteilles.*

rince-doigts [ʀɛ̃sdwa] n. m. inv. – 1907 ▪ Petit récipient, bol contenant de l'eau (parfumée de citron, etc.) servant à se rincer les doigts au cours d'un repas.

rincée n. f. – XVIIIe ▪ fam. **1** vieilli Volée de coups. **2** Pluie torrentielle. ⇒ **saucée.**

rincer v. tr. [3] – XIIIe ; lat. *recens* « frais » **1** Nettoyer à l'eau. ⇒ **laver.** *Rincer des verres.* **2** Passer à l'eau pour enlever les produits de lavage. *Laver, rincer et essorer du linge. Se rincer la bouche après s'être lavé les dents.* ➛ pronom. « *il fallait se rincer cinq ou six fois pour avoir une sensation de peau nette* » (Romains). ♦ fam. Mouiller abondamment, en parlant de la pluie. *Se faire rincer.* **3** loc. fam. *Se rincer la dalle :* boire (du vin, de l'alcool). ➛ *Se rincer l'œil :* regarder avec plaisir. « *Il y a un tas de satyres, c'est le mot, qui viennent pour se rincer l'œil* » (Queneau). **4** pop. Voler, ruiner. *Il s'est fait rincer* (au jeu). ⇒ **lessiver.** ➛ *Il est rincé :* il a tout perdu.

rincette n. f. – XIXe ▪ fam. Eau-de-vie qu'on boit dans sa tasse, après le café.

rinceur, euse n. – XVIIe **1** Personne qui est chargée de rincer la vaisselle (→ **plongeur**). **2** n. f. Rince-bouteille.

rinçure n. f. – XVIIe ▪ Eau qui a servi à rincer (des verres, de la vaisselle). ⇒ **lavure.**

rinforzando [ʀinfɔʀtsando ; ʀinfɔʀdzɑ̃do] adv. – XVIIIe ; it. *rinforzare* « renforcer » ▪ En renforçant subitement le son. ➛ subst. « *Un rinforzando de l'orchestre les arracha à leur passion* » (Colette).

ring [ʀiŋ] n. m. – XIXe ; mot angl. « cercle » ▪ Estrade carrée entourée de trois rangs de cordes, sur laquelle combattent des boxeurs, des catcheurs. *Monter sur le ring.*

❑ A d'abord signifié en français « attroupement, cercle autour d'une querelle de passants » avant de se spécialiser en boxe.

① **ringard** n. m. – XVIIIe ; all. dial. *Rengel* « rondin » ▪ Tige de fer servant à attiser le feu, décrasser les grilles, retirer les scories, etc. ⇒ **pique-feu, tisonnier.**

② **ringard, arde** n. et adj. – v. 1960 ; o. i. ▪ fam. **1** Artiste sans talent et passé de mode. ⇒ **tocard.** ♦ Personne qui n'est pas dans le vent. **2** adj. Qui est démodé ou de mauvaise qualité. *Un film ringard. Ça fait ringard.* ⇒ **tarte.**

ripage n. m. – XIXe **1** Action de riper. *Ripage d'une pierre,* opération consistant à la racler et la polir à l'aide de la ripe. **2** Dérapage.

ripaille n. f. – XVIe ; germ. *rippen* « racler, palper » ▪ fam. Repas où l'on mange beaucoup et bien. ⇒ **festin,** fam. **gueuleton.** *Faire ripaille.* ⇒ **bombance.**

ripailler v. intr. [1] – XIXe ▪ Faire ripaille. ⇒ fam. **gueuletonner.** « *On boit, on rit, on chante, on ripaille* » (Hugo).

ripailleur, euse n. et adj. – XVIe ▪ Personne qui ripaille, aime ripailler.

ripaton n. m. – XIXe ; de *patte* ▪ pop. Pied.

ripe n. f. – XVIIe ▪ Outil de tailleur de pierre et de sculpteur, en forme de S, dont une partie est munie de dents fines et serrées, qui sert au ripage.

riper v. [1] – XIVe ; germ. *rippen* « racler » **I** v. tr. **1** Gratter, polir avec la ripe. **2** Faire glisser sur des supports. **II** v. intr. **1** Se dit de cordages ou pièces de bois qui glissent l'un contre l'autre par suite d'un effort qui s'exerce sur eux. **2** Glisser par frottement. ⇒ **déraper.** *Faire riper une pierre pour la déplacer.* ➛ *Faire riper une dépense d'un poste à un autre,* faire passer. **3** fam. S'en aller, partir. ⇒ **filer,** se **tirer.** *Ripe de là.*

ripolin n. m. – XIXe ; nom déposé, de *Riep,* nom de l'inventeur néerl., et *-olin,* de *-ol, olie* « huile » ▪ Peinture laquée.

ripoliner v. tr. [1] – XIXe ▪ Peindre au ripolin. ➛ *Il « arpentait la petite chambre ripolinée* » (Simenon).

riposte n. f. – XVIe ; it. *riposta* « réponse » **1** Réponse vive, instantanée, faite à un interlocuteur agressif. ⇒ **réplique. 2** Botte portée immédiatement après une parade d'escrime. **3** Vive réaction de défense, contre-attaque vigoureuse. ⇒ **représailles.** *La riposte ne s'est pas fait attendre.* ✪ CONTR. Attaque.

riposter v. intr. [1] – XVIIe **1** Adresser, faire une riposte. ⇒ **répondre.** « *Julien les reprenait avec douceur et ils ripostaient par des injures* » (Flaub.). ➛ trans. *Il riposta qu'il n'en savait rien.* ⇒ **répliquer, rétorquer. 2** Répondre par une attaque. ⇒ **contre-attaquer,** se **défendre.** « *les assiégés ne pouvaient riposter* » (Malraux).

ripou n. m. et adj. – 1985 ; verlan de *pourri* ▪ fam. Policier corrompu. *Des ripous.*

❑ Répandu par l'intermédiaire du film de C. Zidi « Les Ripoux », avec pluriel en *-oux* (comme *pou*).

ripper [ʀipœʀ] n. m. – 1946 ; mot angl., de *to rip* « couper, arracher » ▪ Engin de travaux publics, muni de dents métalliques pour défoncer les terrains durs. ➛ Recomm. offic. RIPPEUR.

ripuaire adj. et n. – XVIIe ; lat. *ripa* « rive » ▪ Riverain du Rhin. *Les Francs ripuaires.*

riquiqui adj. inv. – XIXe ; rad. *ric-, rik-,* onomat. désignant ce qui est petit, médiocre ▪ fam. Petit, étriqué. *Ça fait riquiqui.*

❑ On trouve aussi la forme *rikiki : « leur fête, c'est rikiki ! »* (Grainville). → kiki.

① **rire** v. [36] ; subj. imp. inus. – XIe ; lat. *ridere* **I** v. intr. **1** Exprimer la gaieté par l'expression du visage, par certains mouvements de la bouche et des muscles faciaux, accompagnés d'expirations saccadées plus ou moins bruyantes. ⇒ fam. se **marrer, rigoler.** *Avoir envie de rire. Se mettre à rire.* ⇒ s'**esclaffer.** *Rire pour un rien.* « *tous ensemble partirent à rire* [...] *étouffant, gesticulant* » (Dorgelès). ➛ loc. *Rire aux éclats, à gorge déployée, aux larmes ; rire comme un bossu, une baleine.* ⇒ fam. se **bidonner,** se **boyauter,** se **gondoler,** se **poiler,** se **tordre.** *Rire dans sa barbe.* ➛ *Éclater de rire,* se mettre à rire brusquement et bruyamment. *Pouffer, se tordre de rire. C'est à mourir, à pleurer de* *rire. On était tous morts de rire.* ➝ *Avoir toujours le mot pour rire :* plaisanter à tout propos. ♦ *RIRE DE...,* à cause de. *Il n'y a pas de quoi rire.* 2 Se réjouir. « *Il faut rire avant que d'être heureux, de peur de mourir sans avoir ri* » (La Bruy.). ♦ S'amuser. ⇒ se **divertir,** s'**égayer,** se **réjouir.** *Rire et faire le fou.* ➝ « *C'est une étrange entreprise que celle de faire rire les honnêtes gens* » (Mol.). 3 Ne pas parler ou ne pas faire qqch. sérieusement. ⇒ **badiner,** fam **blaguer, plaisanter.** *Vous voulez rire ?* ➝ *C'est pour rire :* ce n'est pas sérieux. *J'ai dit cela pour rire.* ➝ *Histoire de rire,* en manière de plaisanterie. ➝ *Sans rire, est-ce que... ?* sérieusement, est-ce que... ? 4 *RIRE DE :* se moquer de, tourner en dérision. ⇒ se **moquer, railler.** « *On rit mal des autres, quand on ne sait pas d'abord rire de soi-même* » (Léautaud). *Il vaut mieux en rire qu'en pleurer.* ♦ *Ces propos prêtent à rire.* ♦ *Vous me faites rire :* je me moque de ce que vous dites. *Laissez-moi rire.* « *J'eus la bêtise de lui répondre et de me fâcher, au lieu de lui rire au nez pour toute réponse* » (Rouss.). 5 littér. Avoir une expression, un aspect joyeux. *Ses yeux, sa bouche riaient.* II v. pron. *SE RIRE DE.* 1 vx Se moquer, rire de (qqn). *Il se rit de vous.* 2 Se jouer. *Il se rit des difficultés.* ✪ CONTR. Pleurer.

② **rire** n. m. – XIIIe 1 Action de rire. *Un rire bruyant.* « *Il y a des éclats de rire plus vides encore que les silences* » (Zola). *Un gros rire.* ➝ *Avoir le fou rire :* ne plus pouvoir s'arrêter de rire. « *Que deviendrais-je sans le rire ?* » (Cocteau). ➝ *Une explosion de rires.* ⇒ **hilarité.** ➝ *Rire nerveux. Un rire bête. Un rire forcé.* ⇒ **rictus.** *Un rire moqueur, sardonique.* ⇒ **ricanement.** « *il rit d'un rire amer* » (Hugo). *Un rire contagieux.* ♦ Rire moqueur, moquerie. *Sa toilette* « *excitait les regards de curiosité malveillante, les chuchotements et les rires* » (Proust). 2 Cri animal. *Le rire de la hyène.* ✪ CONTR. Larme, pleur.

① **ris** n. m. – XIIe ; lat. *risus* ▪ littér. *Les jeux et les ris,* les plaisirs. ✪ HOM. Riz.

② **ris** n. m. – XIIe ; germ. *rif* ▪ Chacune des bandes horizontales des voiles, qu'on replie, au moyen des garcettes, pour diminuer la surface de voilure présentée au vent. *Prendre un ris ; larguer les ris,* en nouant ou en dénouant les garcettes. « *les hommes montent aux vergues pour prendre les ris* » (Le Clézio).

③ **ris** n. m. – XVIIe ; o. i. ▪ (souvent au plur.) Thymus comestible du veau, de l'agneau ou du chevreau. *Des ris de veau.*

❑ Ne pas confondre avec l'homonyme *riz* (*veau au riz* et *ris de veau*).

risberme n. f. – XVIIIe ; néerl. *rijs* « branchages » et *berme* « talus » ▪ Talus de protection, recouvert de fascines, au pied d'un ouvrage hydraulique.

① **risée** n. f. – XIIe ; de ① *ris* ▪ Moquerie collective envers une personne. *S'exposer à la risée du public.* « *ils l'hébétaient de risées continues et impitoyables* » (Goncourt). ♦ Objet de moquerie. « *Les étrangers, ma parole, se fichent de nous ! – Oui, nous sommes la risée de l'Europe* » (Flaub.).

② **risée** n. f. – XIXe ; de ② *ris* ▪ Renforcement subit et momentané du vent. ⇒ **rafale, vent.**

risette n. f. – XIXe ; ① *ris* ▪ *Faire risette, des risettes à qqn,* des sourires. « *Soyez donc gai, mon cher papa, et faites un peu risette à votre petite Hilde, voyons ?* » (Larbaud). ➝ fam. Sourire de commande.

risible adj. – XIVe ▪ Propre à faire rire, à exciter involontairement une gaieté moqueuse. ⇒ **grotesque, ridicule.** « *Toute mode est risible par quelque côté* » (Bergson). ✪ CONTR. Sérieux. Respectable.

❑ De valeur dépréciative, comme *risible, ridicule* insiste davantage sur l'aspect grotesque (*un chapeau ridicule*) ; *dérisoire,* de la même famille, est orienté vers le mépris (*salaire dérisoire*).

risorius [ʀizɔʀjys] n. m. – XVIIIe ; mot lat. « riant » ▪ Muscle superficiel des commissures des lèvres, contribuant à l'expression du rire.

risotto n. m. – XIXe ; mot it., de *riso* « riz » ▪ Riz préparé à l'italienne.

risque n. m. – XVIe ; p.-ê. lat. *resecare* « couper » 1 Danger éventuel plus ou moins prévisible. ⇒ **péril.** *Les risques d'une aventure. Un risque nul, calculé.* « *Quand nous écrivions dans la clandestinité, les risques étaient pour nous minimes* » (Sartre). *Les risques du métier.* ⇒ **inconvénient.** *Il n'y a aucun risque.* ➝ loc. *C'est un risque à courir,* c'est peut-être risqué, mais il faut le tenter. « *Il était capable* [...] *de courir n'importe quel risque* » (Mart. du G.). ➝ *Il y a un risque d'épidémie. Sans risque d'erreur. Courir le risque d'un échec, de se voir trahi.* ➝ *Il n'y a pas de risque qu'il refuse.* « *Où est le risque d'accepter mes offres ?* » (Artaud). ➝ « *Au risque de se tuer, il se laissa tomber par le trou qui servait à jeter le fourrage* » (Zola). ⇒ **quitte** (à). ♦ *Groupe à risque,* particulièrement exposé à un type de maladie. ➝ *Facteur de risque,* contribuant à l'apparition d'un phénomène néfaste. 2 Événement contre la survenance duquel on s'assure. *Assurance qui couvre le risque d'incendie. Assurance tous risques.* ⇒ aussi **multirisque.** 3 Le fait de s'exposer à un danger. *Le goût du risque. Prendre un risque, des risques :* tenter qqch. d'osé, sans garanties quant au résultat.

risqué, ée adj. – XVIe ▪ Plein de risques ; osé. *Entreprise, démarche risquée.* ⇒ **audacieux.** *C'est trop risqué.* ⇒ **aventureux, dangereux, hasardeux, périlleux.**

risquer v. tr. [1] – XVIe 1 Exposer à un risque, mettre en danger. ⇒ **aventurer, hasarder.** « *il risqua, pour cette femme tremblante, sa popularité, sa destinée, sa vie* » (Michelet). *Risquer de l'argent au jeu. Risquer le tout pour le tout.* ➝ *Risquer gros,* en jouant gros jeu. ➝ pronom. « *Il se risqua dans une entreprise où il jeta toutes ses forces* » (Balz.). *Je ne m'y risquerai pas :* c'est un danger auquel je ne m'exposerai pas. ♦ fam. « *lorsque je parvins au coin de la longue bâtisse, je risquai un œil* » (Pagnol). ➝ pronom. S'avancer. « *Des enfants se risquaient derrière les jupes des mères* » (Zola). ⇒ s'**aventurer.** 2 Tenter. ⇒ **entreprendre, oser.** *Je veux bien risquer une démarche en ce sens.* ♦ Avancer ou introduire (un mot, une remarque), avec la conscience du risque couru. « *Il arrivait parfois à sa fille* [...] *de risquer devant elle un mot d'argot* » (Mauriac). 3 S'exposer ou être exposé à. « *Je risquais la guillotine, avec une pareille histoire* » (Zola). *Après tout, qu'est-ce qu'on risque ?* ➝ *Marchandises bien emballées qui ne risquent rien.* 4 *RISQUER DE.* Courir le risque de ; s'exposer ou être exposé à. « *On risque d'avoir tort si l'on est absent* » (Barthou). ➝ Pouvoir, en tant que possibilité dangereuse ou fâcheuse. *Il risque de pleuvoir.* fam. *La boulangerie risque d'être fermée.* ♦ Avoir une chance de. *Il risque de réussir.* ♦ *Vous risquez qu'il s'en aperçoive.* ✪ CONTR. Assurer.

❑ Pour les grammairiens, le tour *risquer de* entraîne logiquement un sens défavorable, cependant, on le rencontre avec un sens positif : « *la seule chose qui risquerait de l'intéresser* » (Romains). « *les chiffres et les suggestions qui risquent d'être encore utiles* » (Camus). Ces cas sont limites. → chance (rem.).

risque-tout n. inv. et adj. inv. – XIXe ▪ Personne qui pousse l'audace jusqu'à l'imprudence. ⇒ **casse-cou, imprudent, téméraire.** ➝ *Des fillettes risque-tout.*

① **rissole** n. f. – XIIIe ; lat. *russus* « roux » ▪ Petit chausson de pâte feuilletée, renfermant de la viande ou du poisson hachés menu, que l'on cuit à grande friture.

② **rissole** n. f. – XIXe ; lat. *retiolum* « petit filet » ▪ Filet à petites mailles, utilisé en Méditerranée pour la pêche aux anchois.

rissoler v. tr. [1] – XVIe ; de ① *rissole* ▪ Exposer à feu vif de manière à dorer et griller. ⇒ **rôtir.** *Rissoler des navets.* ➛ *Pommes de terre rissolées.* ♦ intrans. *Faire rissoler.* ⇒ **revenir.** « *Des hamburgers rissolaient sur la tôle noire du four* » (Beauv.).

ristourne n. f. – XVIIIe ; it. *storno* « annulation d'un contrat » 1 Annulation d'un contrat d'assurance maritime. 2 Attribution, en fin d'année, à l'adhérent d'une société d'assurances mutuelles d'une partie de sa cotisation, lorsque le montant des cotisations a dépassé les engagements de la société. ➛ Réduction de prix. *Faire une ristourne à qqn.* ⇒ **rabais, remise.** ➛ Commission plus ou moins licite versée à un intermédiaire.

ristourner v. tr. [1] – XIXe ▪ Remettre à titre de ristourne.

rital, ale n. – XIXe ; altér. inexpliquée de *les Ital(iens)* ▪ fam. et péj. Italien. *Les Ritals.*

rite n. m. – XVIe ; lat. *ritus* 1 Ensemble des cérémonies du culte en usage dans une communauté religieuse ; organisation traditionnelle de ces cérémonies. ⇒ **culte, liturgie.** *Rites protestants.* 2 Cérémonie réglée ou geste particulier prescrit par la liturgie d'une religion. ⇒ **cérémonie,** ① **pratique, rituel.** « *Il n'y a pas de religion sans rites et cérémonies* » (Bergson). ➛ *Rites d'initiation.* ➛ *Les rites maçonniques.* ➛ Pratiques réglées de caractère sacré ou symbolique. 3 Pratique réglée, invariable ; manière de faire habituelle. ⇒ **coutume, habitude.** *C'est devenu un rite. Un rite immuable.* « *ta sécurité bourgeoise, les routines, les rites étouffants de ta vie provinciale* » (St-Exup.).

❑ D'abord écrit *rit,* graphie sortie d'usage sauf en liturgie catholique où son emploi est normal.

ritournelle n. f. – XVIIe ; it. *ritorno* « retour » 1 Court motif instrumental, répété avant chaque couplet d'une chanson, chaque reprise d'une danse. ♦ Air à couplets répétés ; refrain. 2 Ce qu'on répète continuellement. ⇒ **refrain, rengaine.**

ritualiser v. tr. [1] – 1909 ▪ Organiser les rites de. ➛ *Pratiques ritualisées.*

ritualisme n. m. – XIXe 1 Tendance d'Églises anglicanes (dans la seconde moitié du XIXe s.) à augmenter l'importance des rites et à se rapprocher de la liturgie romaine. ⇒ **puseyisme.** 2 Respect strict des rites.

rituel, elle adj. et n. m. – XIXe 1 Qui constitue un rite ; a rapport aux rites. *Sacrifice rituel.* ♦ Réglé comme par un rite. « *Attendri de revoir* [...] *les petites mains blanches et charnues accomplir délicatement ces gestes rituels* » (Mart. du G.). 2 n. m. Livre liturgique catholique, qui contient les rites des sacrements. 3 n. m. Ensemble de règles, de rites. « *Le rituel de la famille française y régnait dans sa minutie* » (Giraud.).

rituellement adv. – 1910 ▪ D'une manière rituelle. « *les oreilles immenses, aux lobes rituellement distendus* » (Tournier). *Il arrivait rituellement à neuf heures.* ⇒ **invariablement.**

rivage n. m. – XIIe 1 Partie de la terre qui borde une mer. ⇒ **bord, côte, littoral.** *S'éloigner du rivage.* 2 Zone soumise à l'action des vagues, et éventuellement des marées. ⇒ ① **grève, plage.** *Épaves rejetées sur le rivage.*

❑ En parlant d'un lac ou d'une rivière, on dit plutôt *rive.*

rival, ale, aux n. et adj. – XVIIe ; lat. *rivus* « ruisseau » I n. 1 Personne qui prétend aux avantages, aux biens qu'un seul peut obtenir, et qui s'oppose à autrui pour les lui disputer. ⇒ **compétiteur, concurrent.** « *au théâtre, on n'a pas d'amies* [...] *on n'a que des rivales* » (Dumas). *Être le rival de qqn.* ⇒ **adversaire, antagoniste.** *Éliminer, vaincre tous ses rivaux.* 2 Personne qui dispute l'amour d'une personne. « *Œnone, qui l'eût cru ? j'avais une rivale* » (Rac.). 3 Personne qui dispute le premier rang, sans s'opposer activement à d'autres ; personne qui est égale ou comparable. ⇒ **égal, émule.** ➛ *Sans rival* : inégalable, unique. *Elle* « *faisait resplendir sous les nappes de lumière ses épaules sans rivales* » (Balz.). II adj. Qui est opposé (à qqn ou à qqch.) pour disputer un avantage, sans recourir à la violence. ⇒ **antagonique.** *Factions rivales.* ✪ CONTR. Allié, associé, partenaire.

❑ Surtout employé en latin sous la forme *rivales* « les riverains », c.-à-d. « ceux qui tirent leur eau du même cours d'eau », le mot, par métaphore, en est venu à désigner deux personnes concurrentes en amour.

rivaliser v. intr. [1] – XVIIIe ▪ Disputer avec qqn à qui sera le meilleur, être le rival (de qqn). ⇒ **concurrencer, lutter.** « *ils rivalisaient d'intelligence et d'adresse* » (J. Verne). ♦ « *Amoureux passionné de l'antique* [...] *il fait des portraits qui rivalisent avec les meilleures sculptures romaines* » (Baud.).

rivalité n. f. – XVIIe ▪ Situation de deux ou plusieurs personnes qui se disputent qqch. ⇒ **antagonisme, combat, compétition, concurrence, lutte.** *Rivalité politique. Rivalité entre deux personnes. Entrer en rivalité avec qqn.* ♦ *Des rivalités d'intérêts.* ⇒ **opposition.** « *Nous nous injurions comme deux femmes de même âge qu'une rivalité amoureuse a dressées l'une contre l'autre* » (Sartre). ✪ CONTR. Coopération.

rive n. f. – XIe ; lat. *ripa* I - 1 Portion, bande de terre qui borde un cours d'eau. ⇒ ① **berge, bord.** *Rives aménagées d'un fleuve.* ⇒ **quai.** *Rive droite, rive gauche,* pour un observateur situé dans le sens de l'écoulement de l'eau. « *Je remontais les quais de la rive gauche vers le pont des Arts* » (Camus). ➛ Ensemble des quartiers d'une ville situés sur la rive droite ou la rive gauche d'un cours d'eau. *Habiter rive droite.* 2 Bord (d'une étendue d'eau, d'un glacier). *Les rives de la Baltique.* ⇒ **rivage.** II vx Bord. ♦ *La rive d'un four* : le bord, près de la gueule. ➛ Bordure en terre cuite qui termine un toit en tuiles. ➛ *Poutres de rive,* qui soutiennent, sur les côtés, le tablier d'un pont.

riveraine n. f. – XVIIIe ; d'un rad. néerl. *riven* ▪ Outil de mineur, pic à deux pointes.

river v. tr. [1] – XIIe ; de *rive* « bord » 1 Attacher solidement et étroitement, au moyen de pièces de métal. ⇒ **enchaîner.** ♦ Assujettir. « *On eût dit qu'un lien invisible et tout-puissant les rivait l'un à l'autre* » (Pergaud). ➛ *Il est rivé à son travail,* il ne le quitte jamais. « *Ces yeux méchants rivés sur lui* » (Mauriac). 2 *River un clou,* en recourber l'extrémité en la rabattant sur le bord de la pièce assujettie. ➛ *RIVER SON CLOU* à qqn, le réduire au silence par une critique, une réponse. ♦ Fixer, assujettir par des clous que l'on rive, par des rivets. ⇒ **riveter.** *River deux plaques de tôles.*

riverain, aine n. et adj. – XVIe 1 Personne qui habite le long d'un cours d'eau, d'une étendue d'eau. ⇒ ① **bordier.** « *Comme tous les riverains du Bosphore à cette saison, il vivait beaucoup sur l'eau* » (Loti). ➛ *Les propriétaires riverains.* 2 *Les riverains d'une rue* : les habitants dont les maisons donnent sur cette rue. *Accès réservé aux riverains.*

riveraineté n. f. – 1904 ▪ Ensemble des droits des propriétaires riverains d'un cours d'eau.

rivet n. m. – XIIIe ; de *river* ▪ Courte tige cylindrique munie d'une tête, et dont on aplatit l'autre extrémité au moment de l'assemblage.

rivetage n. m. – XIXe ▪ Opération par laquelle on assemble (des pièces) au moyen de rivets ; assemblage par rivets.

riveter v. tr. [4] – XIXe ▪ Assembler, fixer au moyen de rivets. ⇒ **river.**

riveteuse n. f. – 1964 ▪ Machine servant à poser des rivets.

rivière n. f. – XIIe ; lat. *ripa* « rive » **1** Cours d'eau naturel de moyenne importance. « *Une rivière, faite à coups de ruisseaux, traverse le parc* » (Balz.). *Se baigner dans la rivière. Rivière navigable. Écluse d'une rivière. Descendre, remonter une rivière en péniche. Poissons de rivière.* ➝ *Source d'une rivière. Cours, courant, régime, débit d'une rivière.* « *les champs inondés par les rivières en crue* » (Yourcenar). *Le confluent de deux rivières. Fleuves, rivières et torrents.* ➝ *Profil, pente d'une rivière. Rivière souterraine* (⇒ **aven, bétoire, gouffre**). **2** Fossé rempli d'eau que doit sauter le cheval ou le coureur. **3** Écoulement formant une traînée semblable à celle d'un cours d'eau. « *Des rivières de sang* » (Boil.). **4** *RIVIÈRE DE DIAMANTS :* collier de diamants montés en chatons.

rivoir n. m. – XVIIIe **1** Marteau à river. **2** Machine à poser les rivets. ⇒ **riveteuse.**

rivulaire adj. et n. f. – XIXe ; lat. *rivulus* « ruisselet » **1** Qui croît dans les ruisseaux, sur leurs bords. **2** n. f. Algue bleue filamenteuse des rivières, de la famille des nostocs *(cyanophycées).*

rixe n. f. – XVe ; lat. « dispute, différend » ▪ Querelle violente accompagnée de coups dans un lieu public. ⇒ **bagarre, bataille, échauffourée, mêlée, pugilat.** *Rixe à la sortie d'un bal.*

riz n. m. – XIIIe ; gr. *oruza,* d'o. orientale **1** Graminée des régions humides tropicales et tempérées chaudes, dont le fruit est un caryopse riche en amidon. *Le riz est l'une des deux grandes céréales nourricières avec le blé.* ➝ *Chapeau en paille de riz.* **2** Le grain de cette plante. *Riz non décortiqué.* ⇒ **paddy.** *Riz long. Riz rond. Bol de riz. Poule au riz. Riz cantonais,* accompagné de divers ingrédients. *Riz créole. Salade de riz. Riz au lait,* sucré, servi comme entremets. *Gâteau de riz.* ➝ « *le vin de palme et l'alcool de riz coulaient à flots* » (Tournier). ⇒ **saké.** ✪ HOM. Ris.

rizerie n. f. – XIXe ▪ Usine où l'on traite le riz.

riziculteur, trice n. – v. 1915 ▪ Cultivateur de riz.

riziculture n. f. – 1912 ▪ Culture du riz.

rizière n. f. – XVIIIe ▪ Terrain où l'on cultive le riz. *Rizière sèche, inondée.*

R. M. I. [ɛʀɛmi] n. m. – 1988 ; sigle de ***R****evenu* ***M****inimum d'****I****nsertion* ▪ Allocation versée aux personnes ne disposant d'aucun revenu (⇒ **érémiste**).

RMiste ou **RMIste** → **érémiste**

R. M. N. [ɛʀɛmɛn] n. f. – 1982 ; sigle ▪ Résonance* magnétique nucléaire.

R. N. ▪ Abrév. de *route nationale**.

RNA → A. R. N.

R. N. I. S. [ɛʀɛnis] n. m. – 1988 ; sigle de ***R****éseau* ***N****umérique à* ***I****ntégration de* ***S****ervice* ▪ Réseau de télécommunications permettant d'intégrer la voix, l'image fixe et les données sur une même liaison.

roadster [ʀodstɛʀ] n. m. – 1927 ; mot angl., de *road* « route » ▪ vx Automobile décapotable à deux places avec spider à l'arrière.

roast-beef → **rosbif**

rob n. m. – XIXe ; angl. *rubber* ▪ Au whist, au bridge, Partie liée de deux ou trois manches, qui est finie dès qu'un camp a remporté deux manches.

robe n. f. – XIIe ; germ. *°rauba* « butin » **I - 1** Dans l'Antiquité, en Orient, Vêtement d'homme, d'un seul tenant, descendant aux genoux ou aux pieds. **2** Vêtement d'homme distinctif de certains états ou professions. *Cardinaux en robe rouge. Robe de magistrat, d'avocat.* ♦ *LA ROBE :* un des états sous l'Ancien Régime (hommes de loi, justice). *Noblesse de robe,* conférée par la possession de certains offices de judicature. **3** *ROBE DE CHAMBRE :* vêtement d'intérieur à manches, non ajusté. ⇒ **déshabillé, douillette, peignoir.** « *il alla endosser une belle robe de chambre toute neuve* » (Sand). *Être en robe de chambre et en pantoufles.* « *Regrets sur ma vieille robe de chambre* », *opuscule de Diderot.* ➝ *Pommes de terre en robe de chambre, en robe des champs,* cuites avec leur peau. **4** Vêtement féminin de dessus, couvrant le buste et les jambes. *Robe longue, courte. Robe étroite.* ⇒ **fourreau.** « *Sa robe noire, étroite, la faisait très mince* » (Maupass.). *Robe chemisier. Robe décolletée.* « *une robe d'été, blanche, à pois jaunes* » (Zola). ➝ « *Relevant un peu sa belle robe du dimanche qui aurait pu s'abîmer* » (Daudet). *Robe de cocktail, du soir. Robe habillée.* ➝ *Robe de mariée. Robe de grossesse.* ➝ *ROBE-TABLIER :* tablier qui sert de robe. *Des robes-tabliers.* **II - 1** Enveloppe (de fruits ou légumes). *La robe d'un oignon.* **2** Pelage. *La robe d'un cheval, d'un chat.* **3** Feuille de tabac qui constitue l'enveloppe extérieure du cigare. ⇒ **cape. 4** Couleur (du vin). *Ce vin offre une belle robe.* ✪ HOM. Rob.

> ❑ *Robe,* jusqu'au XVIe s., a souvent le sens de « butin » puis de « larcin » → dérober. ♦ L'expression *pomme de terre en robe de chambre* s'explique par le sens d'« enveloppe, peau (de légumes) » du mot *robe,* avec une idée de négligé. *Pomme de terre en robe des champs* semble être une correction recherchée de la précédente.

robert n. m. – 1928 ; du *biberon Robert* ▪ fam. Sein. « *J'aurais pu tomber plus mal. Tu verrais ses roberts : aux pommes* » (Sartre).

robin n. m. – XVIIe ▪ vx et péj. Homme de robe, homme de loi. ⇒ **magistrat.** *Famille de robins.*

robinet n. m. – XVe ; de *Robin,* fam. pour *Robert* **1** Dispositif placé sur un tuyau de canalisation, que l'on peut ouvrir et fermer pour régler le passage d'un fluide. « *Un maigre filet d'eau coula du robinet* » (Hugo). *Robinet d'eau froide. Les robinets d'un évier. Robinet mélangeur.* ⇒ **mélangeur, mitigeur.** *Robinet à double voie.* ⇒ **by-pass.** ➝ « *nous faisions cercle au robinet d'un tonneau* » (Chateaub.). ⇒ **chantepleure.** *Robinet du gaz. Robinet purgeur. Ouvrir, fermer un robinet.* ➝ *Les problèmes de robinets :* problèmes d'arithmétique concernant le calcul des volumes, des débits. ➝ *Fermer le robinet des subventions,* cesser de les attribuer. **2** fam. Pénis (d'un enfant). ⇒ **quéquette.**

> ❑ Les tuyaux de fontaine étaient souvent ornés d'une tête stylisée de mouton, animal désigné sous le nom de *robin.*

robinetier [ʀɔbin(ə)tje] n. m. – XIXe ▪ Fabricant ou marchand de robinets et d'accessoires de plomberie.

robinetterie n. f. – XIXe **1** Usine où l'on fabrique des robinets ; industrie, commerce des robinets. **2** Ensemble des robinets d'un dispositif, d'une installation.

robinier n. m. – XVIIIe ; de *Robin,* nom d'un bot. ▪ Arbre *(légumineuses papilionacées)* aux rameaux épineux, aux fleurs blanches très parfumées disposées en grappes pendantes. *Le robinier est couramment appelé* faux acacia.

roboratif, ive adj. – XVIe ; lat. *roborare* « fortifier » ▪ Fortifiant. *Remède roboratif.* ➛ littér. « *le contact de l'homme, son odeur, sa chaleur roboratives* » (Colette).

robot n. m. – 1924 ; tchèque *robota* « travail forcé » 1 Machine, à l'aspect humain, capable de se mouvoir et d'agir. ⇒ **androïde, humanoïde.** ➛ Homme totalement conditionné, n'utilisant plus son libre arbitre. « *L'homme, serviteur de l'automate, deviendra lui-même un automate, un robot* » (Duham.). 2 Mécanisme automatique pouvant se substituer à l'homme. *Robot industriel sur une chaîne de fabrication.* ➛ *Avion-robot,* sans pilote. ♦ Appareil électroménager servant à moudre, hacher, mixer. 3 PORTRAIT-ROBOT ou *photo-robot* : portrait obtenu en combinant certains types de physionomie. *Des portraits-robots.* ➛ Ensemble des traits caractérisant une catégorie de personnes ou de choses.

roboticien, ienne n. – 1974 ▪ Spécialiste de la robotique.

robotique n. f. – 1973 ▪ Ensemble des études et des techniques permettant l'élaboration de robots. *Robotique industrielle.*

robotisation n. f. – 1957 1 Mise en place de robots, d'automates pour exécuter des tâches industrielles. *La robotisation d'une usine.* 2 Action de transformer en robot, de faire perdre sa liberté d'action à (qqn) ; son résultat.

robotiser v. tr. [1] – 1957 1 Équiper de robots. 2 Transformer en robot ; faire perdre sa liberté, ses capacités de choisir à (qqn).

robusta n. m. – v. 1970 ; lat. *robustus* « robuste » ▪ Variété de café. *Mélange d'arabica et de robusta.*

robuste adj. – XIVe ; lat. *robur* « chêne très dur » 1 Fort et résistant, de par sa solide constitution. ⇒ **infatigable.** *Un homme robuste.* ⇒ **costaud.** ➛ « *les deux robustes mains de Jean Valjean* » (Hugo). ➛ *Avoir une santé robuste. Arbre robuste.* ⇒ **résistant, vigoureux.** ♦ *Voiture, moteur robuste.* ⇒ **solide.** 2 *Avoir une foi robuste.* ⇒ ① **ferme, inébranlable.** *Style robuste.* ⇒ **énergique, vigoureux.** ✪ CONTR. Chétif, délicat, faible, fragile.

❑ Même famille étym. que *corroborer, roboratif, rouvre.*

robustesse n. f. – XIXe ▪ Qualité de ce qui est robuste. ⇒ **force, résistance, solidité.** ✪ CONTR. Fragilité.

roc n. m. – XVe ; de *roche* 1 Bloc ou masse de pierre dure formant une éminence sur le sol. ⇒ **pierre,** ① **rocher.** *Solide comme un roc.* « *Elle va me croire plus insensible qu'un roc* » (Flaub.). 2 Matière rocheuse et dure. *Corniche creusée, taillée dans le roc.* « *Sur l'autre rive, le roc, moins résistant, a cédé* » (Le Clézio). ✪ HOM. Rock, roque.

rocade n. f. – XIXe ; de *roquer* ▪ Ligne parallèle au front de combat. ♦ Route qui contourne le centre d'une agglomération (opposé à *radiale*). *La rocade nord.*

rocaille n. f. et adj. inv. – XVIIe 1 Ensemble des pierres qui jonchent le sol ; terrain plein de pierres. ⇒ **caillasse, pierraille.** *Rien ne pousse dans cette rocaille.* 2 Ensemble de pierres cimentées utilisées pour construire des décorations de jardin. *Fontaine en rocaille.* 3 adj. inv. Se dit d'un style ornemental en vogue sous Louis XV, caractérisé par la fantaisie des lignes contournées rappelant les volutes des coquillages. ⇒ **rococo.** « *Une vaste et superbe table rocaille du goût Louis XV* » (Hugo).

rocailleux, euse adj. – XVIIIe 1 Qui est une rocaille, est plein de pierres. ⇒ **pierreux ; caillouteux.** *Chemin rocailleux.* 2 Dur et heurté, chaotique, qui manque d'harmonie. « *Il avait une voix chaude et rocailleuse, il attaquait les mots avec rudesse* » (Sartre).

rocambolesque adj. – XIXe ; de *Rocambole,* personnage de Ponson du Terrail ▪ Extravagant, plein de péripéties extraordinaires. *Une histoire rocambolesque.*

rocelle n. f. – XIXe ; var. du catalan *orxella* « orseille » ▪ Lichen tinctorial qui pousse sur les pierres, fournissant l'orseille.

rochage n. m. – XIXe ; de ② *rocher* ▪ Dégagement des gaz dissous dans une masse métallique en fusion.

roche n. f. – Xe ; lat. *rocca* 1 *Une, des roches.* Bloc important de matière minérale dure. ⇒ **pierre, roc,** ① **rocher.** *Banc de roches.* 2 *La roche.* Matière minérale dure de la surface de la Terre. ⇒ **pierre, roc.** « *l'étroit escalier taillé dans la roche* » (Maupass.). *Coq de roche.* ⇒ **rupicole.** *Eau de roche* : eau de source très limpide. fig. *Clair comme de l'eau de roche* : très aisé à comprendre, évident. 3 vx Minerai contenant des pierres fines. ➛ *Cristal* de roche.* ⇒ **quartz.** 4 Matériau constitutif de l'écorce terrestre formé de minéraux d'une certaine homogénéité, durs et de grain serré (ex. quartz), plastique (ex. argile), meuble (ex. sable) ou liquide (ex. pétrole). *Études des roches.* ⇒ **pétrographie, pétrologie ; géologie, minéralogie.** ➛ *Roche dure, tendre ; poreuse. Roches sédimentaires, magmatiques. Roche-mère* : couche géologique poreuse où se forment les hydrocarbures.

❑ Des trois mots *roc, roche, rocher,* seul *roche* est d'usage scientifique.

① **rocher** n. m. – XIIe 1 Grande masse de roche formant une éminence généralement abrupte. ⇒ **bloc, pierre, roche.** *Un* « *surprenant chaos de rochers énormes, écroulés, renversés, entassés les uns sur les autres* » (Maupass.). *Rochers à fleur d'eau.* ⇒ ① **brisant, écueil, étoc, récif.** ➛ *Qui vit dans les rochers.* ⇒ **rupestre, saxatile.** ♦ *Le rocher de Gibraltar.* 2 Matière minérale qui constitue un rocher. ⇒ **roche** (2°). ♦ La paroi rocheuse. *Faire du rocher,* de l'escalade de rocher. ⇒ **varappe.** 3 Partie massive du temporal, en forme de pyramide quadrangulaire. 4 Gâteau ou confiserie à l'aspect de petit rocher. *Rocher au chocolat.*

❑ *Roc* désigne souvent un soubassement, *rocher* une paroi raide. ♦ *Roc* ne se dit pas des rochers des plages.

② **rocher** v. intr. [1] – XVIIe ; de *roche* 1 Mousser, en parlant de la bière qui fermente. 2 Se couvrir d'excroissances, en parlant de l'argent qui refroidit (⇒ **rochage).**

① **rochet** n. m. – XIIe ; germ. 1 Tunique courte, au Moyen Âge. 2 Aube courte que portent certains dignitaires ecclésiastiques sous le mantelet. 3 Mantelet de cérémonie des pairs d'Angleterre. « *La robe de couronnement avait un plus large rochet d'hermine* » (Hugo).

② **rochet** n. m. – XIII ; germ. *rukka* « quenouille » 1 Bobine de filature sur laquelle on enroule la soie. ⇒ **fuseau.** 2 *Roue à rochet* : roue dentée qu'un cliquet oblige à tourner dans un seul sens. ⇒ **linguet.**

rocheux, euse adj. – XVIe 1 Couvert, formé de rochers. *Côte rocheuse.* 2 Formé de roche. *Un éperon rocheux.*

rochier n. m. – XVIe ▪ Requin des côtes de France.

① **rock** n. m. – XIIIe ; ar. *rokh* ▪ Oiseau fabuleux des légendes orientales, d'une force et d'une taille prodigieuses. ✪ HOM. Roc, roque.

② **rock** n. m. et adj. inv. – 1955 ; angl. *to rock* « balancer » 1 Musique populaire d'origine américaine, issue du jazz. *Concert de rock.* ♦ Danse à deux ou quatre temps au rythme très marqué, où le cavalier fait exécuter des figures à sa partenaire en la tenant par une main. **2** **adj. inv.** Relatif à cette musique. *Chanteur rock.* ⇒ **rockeur.**

❑ Forme abrégée de *rock and roll* ou *rock'n'roll*, signifiant proprement « balancez et roulez ».

rockeur, euse [ʀɔkœʀ, øz] ou **rocker** [ʀɔkœʀ] **n.** – 1963 **1** Chanteur, musicien de rock. **2** Adepte du rock. *Le blouson de cuir noir, les santiags du rockeur.*

rocking-chair [ʀɔkiŋ(t)ʃɛʀ] **n. m.** – XIXe ; mot angl. de *to rock* « balancer » et *chair* « chaise » ■ Chaise, fauteuil à bascule. « *Des touristes assis sur des rocking-chairs regardaient les voyageurs* » (Beauv.).

❑ Aujourd'hui, on désigne plutôt ce meuble sous le nom de *chaise, fauteuil à bascule.* Les Québécois disent *chaise berçante.*

rococo **n. m.** et **adj. inv.** – XIXe **1** Style rocaille du XVIIIe s. ⇒ **baroque.** « *Le rococo n'est supportable qu'à la condition d'être extravagant* » (Hugo). ➛ **adj. inv.** *Des pendules rococo.* **2** **adj. inv.** Démodé et un peu ridicule. ⇒ **désuet ; kitsch.**

rocou **n. m.** – XVIIe ; tupi *urucu* ■ Colorant rouge orangé extrait des graines du rocouyer.

rocouer **v. tr.** [1] – XVIIe ■ Colorer avec du rocou.

rocouyer [ʀɔkuje] **n. m.** – XVIIe ■ Arbrisseau originaire de l'Amérique tropicale *(bixacées)* dont les graines fournissent le rocou.

rodage **n. m.** – XIXe **1** Opération qui consiste à roder (1°) (une pièce). *Rodage de soupapes.* **2** Fait de roder (2°) (un moteur, un véhicule) ; temps pendant lequel on le rode. *Voiture en rodage.* **3** Période de mise au point. *Le rodage d'un spectacle.*

rodéo **n. m.** – 1923 ; esp. *rodear* « tourner, encercler » **1** Fête donnée en Amérique du Nord, qui comporte des jeux de maîtrise des bêtes (chevaux, vaches) que l'on monte. **2** Course improvisée de motos, de voitures en milieu urbain, destinée à terroriser, à faire des dégâts. **3** Agitation de gens brutaux et bruyants. *Qu'est-ce que c'est que ce rodéo ?* ⇒ **corrida.**

roder **v. tr.** [1] – XVIIIe ; lat. *rodere* « ronger » **1** User (une pièce) par le frottement, pour qu'elle s'adapte exactement à une autre. *Roder les soupapes d'un moteur.* **2** Faire fonctionner (un moteur, un véhicule neuf) de manière que les pièces, en s'usant régulièrement, s'adaptent parfaitement les unes aux autres. **3** fam. Mettre au point par des essais, par la pratique. *Roder une méthode de travail.* ♦ Mettre (qqn) au courant, rendre capable de remplir une fonction. *Fais-lui confiance, il est parfaitement rodé.*

rôder **v. intr.** [1] – XVIe ; lat. *rotare* « faire tourner » **1** Errer avec une intention suspecte ou hostile (⇒ **rôdeur**). « *Elles sont inquiètes depuis le matin, parce qu'un homme rôde autour de la maison* » (Maupass.). ➛ littér. *La mort* « *rôde autour de moi depuis des années, je l'entends* » (Mauriac). **2** Errer au hasard.

rôdeur, euse **n.** et **adj.** – XVIe **1** Personne qui rôde, flâne. ➛ **adj.** « *d'imprécises bêtes rôdeuses au pas de velours* » (Loti). **2** Individu d'allure louche qui rôde avec des intentions suspectes. ⇒ **vagabond.** *Crime de rôdeur.*

rodoir **n. m.** – XIXe ■ Outil qui sert à roder (1°).

rodomont **n. m.** et **adj.** – XVIe ; it. *Rodomonte,* personnage de l'Arioste ■ littér. Personnage fanfaron. ⇒ **bravache, fier-à-bras, matamore.** ➛ **adj.** « *honteux de servir sous des généraux rodomonts* » (Bernanos).

rodomontade **n. f.** – XVIe ■ Action, propos d'un rodomont. ⇒ **fanfaronnade, vantardise.** « *un discours plein de hâbleries, d'exagérations et de rodomontades* » (Gaut.).

rœntgen → **röntgen**

rœsti → **rösti**

rogations **n. f. pl.** – XIIe ; lat. *rogatio* « demande, prière » ■ Cérémonies qui se déroulent pendant les trois jours précédant l'Ascension, et qui ont pour but d'attirer la bénédiction divine sur les travaux des champs.

rogatoire **adj.** – XVIe ; lat. *rogare* « demander » ■ dr. Relatif à une demande. *Formule rogatoire.*

❑ Mot de la même famille que *interroger.*

rogaton **n. m.** – XIVe ; lat. *rogare* « demander » ■ fam. Bribe de nourriture ; reste d'un repas (surtout au plur.). *Dans ce quartier « on vivait pour rien, de rogatons infâmes »* (Mac Orlan). *Elle nous a laissé les rogatons.*

rognage **n. m.** – XVIIIe ■ Opération par laquelle on rogne (①, 1°) qqch. *Le rognage d'un livre.*

rogne **n. f.** – XVIe ■ fam. Colère, mauvaise humeur. *Être en rogne contre qqn, qqch.* ⇒ ② **rogner.** *Être dans une rogne terrible.* « *Histoire de les foutre en rogne une bonne fois* » (Aragon).

① **rogner** **v. tr.** [1] – XIIe ; lat. *rotundus* « rond » **1** Couper (qqch.) sur les bords, de manière à rectifier le contour. *Rogner les pages d'un livre, un livre :* couper les bords des feuillets pour les rendre nets. ⇒ **massicoter.** ➛ *Exemplaire non rogné.* ➛ « *Il avait ouvert un canif, il se rognait les ongles* » (Zola). **2** Diminuer sans conséquences trop visibles. « *Rogner de quelques sous son maigre profit* » (Mauriac). ➛ *ROGNER SUR* qqch. ⇒ **lésiner, prélever, retrancher.** *Rogner sur les loisirs.*

② **rogner** **v. intr.** [1] – XIXe ; o. onomat. ■ fam. vx Être en rogne ; rager. ⇒ **rognonner.**

rogneur, euse **n.** – XIVe **1** Ouvrier qui rogne (qqch.), en particulier le papier. **2** **n. f.** Machine à rogner le papier.

rognon **n. m.** – XIIe ; lat. *ren* « rein » **1** Rein d'un animal, destiné à la cuisine. *Un rognon de porc, de veau. Rognons au madère.* ♦ *Rognons blancs :* testicules d'animaux de boucherie (bélier, etc.), destinés à la cuisine. **2** Petite masse minérale arrondie enrobée dans une roche différente. *Rognons de silex dans la craie.*

rognonnade **n. f.** – 1938 ■ Longe de veau cuite avec le rognon dans sa graisse.

rognonner **v. intr.** [1] – XVIe ; de ② *rogner* ■ fam. vx Grommeler, manifester son mécontentement en bougonnant. ⇒ **grogner,** ② **rogner, ronchonner.** « *je bougonne toujours, je rognonne, je maugrée, je grogne* » (Flaub.).

rognure **n. f.** – XIIe ■ Ce que l'on enlève, ce qui tombe quand on rogne qqch. ⇒ **déchet.** *Rognures de métal.* ⇒ **cisaille** (II). *Des rognures d'ongles.* « *des rognures de viandes pour les chats et les chiens s'amoncelaient* » (Mac Orlan). ♦ Déchet plus ou moins répugnant.

rogomme **n. m.** – XVIIIe ; o. i. ■ fam. *VOIX DE ROGOMME :* voix d'ivrogne ; voix rauque, éraillée.

① **rogue** **adj.** – XIIe ; germ. *hrókr* « arrogant » ■ Plein de morgue, à la fois méprisant, froid et rude. ⇒ **dédaigneux.** *Il était « rogue, pontifiant, orgueilleux à l'excès »* (Madelin). ➛ *Ton rogue.* ⇒ **arrogant, hargneux.** ✪ CONTR. Aimable.

② **rogue** **n. f.** – XVIIIe ; germ. *hrogn* ■ Œufs de morue ou de hareng utilisés comme appât pour pêcher la sardine.

rogué, ée **adj.** – XVIIIe ■ Se dit d'un poisson qui contient des œufs. ⇒ **œuvé.** *Merlan rogué.*

rohart **n. m.** – XIIe ; germ. *hrosshvalr* ■ Ivoire tiré du morse et de l'hippopotame.

roi **n. m.** – X^e ; lat. *rex* **1** Chef d'État (homme) de certains pays (⇒ **royaume**) accédant au pouvoir souverain à vie par voie héréditaire (⇒ **dynastie**) ou, plus rarement, élective. ⇒ **monarque, prince, souverain ; majesté, sire.** *Le bon roi Dagobert. Le roi Henri IV. Couronne et sceptre des rois. Le roi, la reine et le dauphin.* « *Pour grands que soient les rois, ils sont ce que nous sommes* » (Corn.). *La cour du roi.* ➛ *Le Roi-Soleil :* Louis XIV. *Le Roi Très-Chrétien :* le roi de France. *Le Roi Catholique,* d'Espagne. ♦ *Les (trois) Rois* (ou *Rois mages**) : les trois Mages de l'Évangile. *Fête des Rois.* ⇒ **épiphanie.** *Tirer les rois :* se réunir pour manger la galette des rois. ♦ loc. *Heureux comme un roi :* très heureux. *Morceau de roi :* chose excellente. ➛ *Travailler pour le roi de Prusse,* pour un profit nul. ♦ *Bleu roi :* très vif, outremer. *Des uniformes bleu roi.* **2** Homme qui règne quelque part, dans un domaine. ♦ Magnat qui s'est assuré la maîtrise (d'un secteur économique). « *Le milliardaire, le roi du cuivre ou de la viande en conserve* » (Daniel-Rops). **3** Chef, représentant éminent (d'un groupe ou d'une espèce). *Le roi des animaux :* le lion. ➛ fam. Le plus grand. *C'est le roi des imbéciles, le roi des cons. C'est vraiment le roi !* **4** Pièce la plus importante aux échecs, qu'il s'agit de mettre échec et mat. *Échec au roi.* ♦ Carte figurant un roi. *Le roi de cœur.*

> ❑ La graphie *roy,* apparue concurremment avec *roi* au XIIe s., est parfois reprise de nos jours par archaïsme. → lis (rem.).

roide → **raide**

roitelet n. m. – XVe **1** péj. ou plaisant Roi peu important, roi d'un petit pays. **2** Oiseau passereau plus petit que le moineau. *Le roitelet huppé.* « *Des roitelets, verts, gris, ailes noires et crête d'or* » (Giono).

rôle n. m. – XIIe ; lat. *rota* « roue » **1** Feuille (recto et verso) d'un acte juridique. ➛ Registre où sont portées, par ordre chronologique, les affaires soumises à un tribunal. ➛ *Rôle d'équipage :* liste des marins composant l'équipage d'un navire. ➛ *Rôle d'impôt :* liste des contribuables de la commune avec mention de leur impôt. ♦ loc. adv. *À TOUR DE RÔLE :* chacun à son tour, à son rang. ⇒ **alternativement.** *Elles* « *montaient la garde à tour de rôle auprès du malade* » (Duham.). **2** Partie d'un texte correspondant aux paroles d'un personnage, que doit dire un acteur ; ce personnage, que l'acteur représente. ⇒ **emploi.** *Le rôle de Phèdre. Le premier rôle, le rôle principal. Pas* « *une star, mais quelqu'un qui joue les seconds rôles* » (Simenon). *Un petit rôle,* peu important. ⇒ ② **panne, utilité.** *Un rôle muet* (→ **figurant**). *Apprendre son rôle.* « *la diva jouait un rôle d'impératrice* » (Proust). *Interpréter un rôle.* **3** Conduite sociale de qqn qui joue un certain personnage. « *ce rôle d'amant de cœur* » (Zola). loc. *Avoir le beau rôle :* apparaître à son avantage dans une situation. **4** Action, influence que l'on exerce, fonction que l'on remplit. *Un rôle de premier plan. Ce n'est pas mon rôle de l'avertir. Rôle du prêtre, du médecin.* ⇒ **mission, vocation.** ➛ *Jeu de rôle,* dans lequel les joueurs incarnent des personnages (d'une narration) ; technique d'analyse psychologique consistant à faire jouer des rôles aux membres d'un groupe. ♦ Fonction (de qqch.). *Le rôle du verbe dans la phrase.*

> ❑ Le syntagme *jeu de rôle* est mal compris par certains et prononcé comme *jeu drôle.*

roller [ʀɔlœʀ] n. m. – 1985 ; angl. *rollerskate* ▪ Patin à roulettes auquel est fixée une chaussure haute et rigide. ➛ *Faire du roller :* patiner avec des rollers.

rollier n. m. – XVIIIe ; all. ▪ Oiseau passereau de la taille d'un pigeon, insectivore, à longue queue. ⇒ **geai** (bleu).

rollmops [ʀɔlmɔps] n. m. – 1923 ; all. *rollen* « enrouler » et *mops* « ② carlin » ▪ Filet de hareng mariné, enroulé autour d'un cornichon.

ROM [ʀɔm] n. f. – 1988 ; acronyme angl. de ***R**ead **O**nly **M**emory* ▪ Mémoire n'autorisant que la lecture des informations qu'elle contient. ✪ HOM. Rhum.

romain, aine adj. et n. – XIe **1** Qui appartient à l'ancienne Rome et à son empire. ⇒ **latin,** ② **roman.** *Antiquité grecque et romaine. Empereur romain. Civilisation romaine.* ⇒ **romanité.** *Balance romaine.* ⇒ ② **romaine.** *Tuile romaine,* creuse, en forme de gouttière tronconique. ♦ n. *Les Romains.* **2** Qui appartient à la Rome postérieure à la chute de l'Empire romain. ♦ *Caractères romains,* à traits perpendiculaires, les plus courants en typographie. ➛ n. m. *Le romain et l'italique.* **3** Qui a rapport à Rome en tant que siège de la papauté et de l'Église catholique. *Église catholique, apostolique et romaine.*

① **romaine** n. f. – XVIe ▪ Laitue d'une variété à feuilles allongées et croquantes. ➛ loc. fam. *Bon comme la romaine :* trop bon, jusqu'à la faiblesse.

> ❑ Cette variété fut importée d'Italie, d'où son nom.

② **romaine** n. f. – XIVe ; ar. *rommâna* « balance » ▪ Balance formée d'un fléau à bras inégaux, dont le plus court supporte l'objet à peser, et le plus grand, gradué, un poids mobile.

romaïque adj. et n. m. – XIXe ; gr. ▪ *Langue romaïque,* ou n. m. *le romaïque :* le grec moderne. ⇒ **démotique.**

① **roman** n. m. – XIIe ; lat. *romanus* « romain » **I** Langue courante, populaire, issue du latin populaire oral, parlée autrefois en France et antérieure à l'ancien français. ⇒ **gallo-roman.** ♦ Langue latine vulgaire parlée dans les pays romanisés ; ensemble des langues romanes entre le Ve et le IXe s. **II - 1** Récit en vers français (en *roman*), puis en prose, contant des aventures fabuleuses ou merveilleuses, les amours de héros imaginaires ou idéalisés. *Le Roman de la Rose.* **2** Œuvre d'imagination en prose, assez longue, qui présente des personnages donnés comme réels, fait connaître leur psychologie, leur destin, leurs aventures. « *le roman, c'et la vie racontée avec art* » (Sand). *Romans et nouvelles. Auteur de romans.* ⇒ **romancier.** *Ça se lit comme un roman,* facilement. *Roman noir :* roman (policier) où abondent les violences criminelles. ➛ *Roman-fleuve,* très long, présentant de nombreux personnages de plusieurs générations. *Des romans-fleuves.* ⇒ **saga.** ♦ *Roman-photo :* récit romanesque présenté sous forme d'une série de photos accompagnées de textes succincts souvent intégrés aux images. *Des romans-photos.* ➛ péj. *Roman de gare.* ♦ *Cela n'arrive que dans les romans :* c'est invraisemblable. ➛ fig. *C'est tout un roman,* une longue histoire invraisemblable ou très compliquée. ♦ Genre littéraire que constituent ces œuvres. *Le roman et le théâtre. Le nouveau roman :* tendance du roman français des années 1960-1970, se réclamant d'une description objective, récusant l'analyse psychologique et la narration traditionnelles. ✪ HOM. Romand.

> ❑ Ce qu'on désigne aujourd'hui par *roman* a pris forme au XIXe s. Rétrospectivement, on nomma *roman* des œuvres littéraires qui n'étaient pas considérées comme telles lorsqu'elles furent écrites.

② **roman, ane** adj. – XVIe **1** vieilli *La langue romane :* le roman (①, I). ♦ Relatif aux peuples conquis et civilisés par Rome. *Les langues romanes,* issues du latin populaire (catalan, espagnol, français, italien, portugais, occitan, rhéto-roman, roumain, sarde). ➛ Relatif aux langues romanes. *La linguistique romane* (⇒ ② **romaniste**). **2** Relatif à l'architecture médiévale d'Europe occidentale (de la fin de l'État carolingien à la diffusion du style gothique). *Église romane.* ♦ n. m. L'art, le style roman. *Le roman auvergnat.* « *IXe siècle ; pur roman ; mosaïque byzantine dans le chœur* »

(Genev.). 3 Qui appartient au mouvement littéraire du néoclassicisme. *L'école romane de Moréas.*

❑ Le composé *préroman* se dit de l'art qui précède immédiatement l'art roman (VIIIe-Xe s.) et n'est plus l'art *romain.*

romance n. f. – XVIe ; mot esp. « petit poème » ▪ Aux XVIIIe et XIXe s., Pièce poétique simple, assez populaire, sur un sujet sentimental et attendrissant ; musique sur laquelle elle est chantée. ⇒ **cantilène,** ① **chant.** *La romance de Chérubin, dans le « Mariage de Figaro ».* ♦ Chanson sentimentale. *La romance napolitaine.*

romancer v. tr. [3] – XIIIe ▪ Présenter sous forme de roman (⇒ **romanesque**), en déformant plus ou moins les faits. ➝ *Une biographie romancée.*

romancero [ʀɔmɑ̃seʀo] n. m. – XIXe ; mot esp. ▪ Recueil de poèmes épiques espagnols en octosyllabes. *Le romancero du Cid.*

romanche n. m. – XIXe ▪ Langue rhéto-romane en usage dans les Grisons (langue officielle). *Le romanche est la quatrième langue nationale de la Suisse.*

romancier, ière n. – XVIIe ▪ Auteur de romans.

romand, ande adj. et n. – XVIe ; de ① *roman* ▪ *La Suisse romande,* francophone. ➝ n. *Les Romands :* les Suisses de langue française. ✪ HOM. Roman.

❑ Le *d* final est analogique de celui de *allemand.*

romanesque adj. et n. m. – XVIIe 1 Qui offre les caractères du roman traditionnel (sentiments, aventures extraordinaires). *Une passion romanesque.* ♦ Qui contient ou qui forme des idées, des images, des rêveries dignes des romans. *Une imagination romanesque.* ➝ *Une personne romanesque.* ⇒ **rêveur, sentimental.** ♦ n. m. Caractère romanesque (de qqch., qqn). *Le romanesque d'une situation.* 2 littér. Qui a les caractères littéraires du roman ; propre au roman. « *Vous sauriez, rien qu'en disant des choses vraies, écrire* [...] *le plus romanesque des romans ?* » (Proust). ✪ CONTR. Banal, ① plat, prosaïque, réaliste.

❑ *Romanesque* a gardé la notion d'excès exprimée par le suffixe *-esque* → éléphantesque (rem.).

roman-fleuve, roman-photo → ① **roman** (II, 2°)

romanichel, elle n. – XIXe ; mot tsigane d'Allemagne « peuple des tziganes *(rom)* » ▪ péj. Tzigane nomade. ⇒ **bohémien, gitan.** *Roulotte de romanichels.* ➝ Vagabond, personne sans domicile fixe. « *On est sans feu ni lieu* [...] *on est des oiseaux de passage, des romanichels* » (Sartre). ➝ abrév. pop. et péj. ROMANO.

❑ Ce mot a vieilli, ainsi que la forme populaire *romano.* → gitan.

romanisation n. f. – XIXe 1 Action de romaniser, assimilation des pays vaincus par les Romains. 2 Substitution du latin aux langues des pays conquis. *La romanisation de la Gaule.* ♦ Transcription en caractères latins (d'une langue écrite différemment). *La romanisation du vietnamien.*

romaniser v. [1] – XVIe 1 v. intr. Suivre les dogmes de l'Église catholique romaine. 2 v. tr. Rendre catholique romain. 3 Donner, imposer les mœurs romaines, la langue latine à (un peuple vaincu). ➝ *La Romania, ensemble des pays romanisés.* 4 Transcrire en écriture romaine. *Romaniser un texte turc ancien.*

romanisme n. m. – XIXe ▪ Doctrine de l'Église romaine.

① **romaniste** n. – XVIe 1 Partisan du rite romain, du pape. 2 Spécialiste du droit romain. 3 Peintre flamand du XVIe s. qui imitait l'art italien.

② **romaniste** n. – XIXe ▪ Spécialiste des langues romanes.

romanité n. f. – XIXe ▪ Civilisation romaine antique. ➝ Ensemble des pays romanisés.

romantique adj. – XVIIe ; angl. 1 vx Touchant comme dans les romans, en parlant d'un lieu, de la nature. 2 Relatif à la littérature inspirée de la chevalerie et du christianisme du Moyen Âge (opposé à *classique*). *Poésie romantique.* ♦ Qui appartient au romantisme. *Littérature, peinture, musique romantique.* ➝ n. *Les classiques et les romantiques.* ♦ De l'époque du romantisme. *Meuble romantique.* 3 Qui évoque les attitudes et les thèmes chers aux romantiques (sensibilité, exaltation, rêverie, etc.). « *Une belle tête romantique, passionnée et ravagée comme on peut se figurer celle de Faust* » (Gaut.). ✪ CONTR. Classique. Réaliste.

romantisme n. m. – XIXe 1 Mouvement de libération littéraire et artistique de la première moitié du XIXe s., réaction contre la régularité classique et le rationalisme philosophique précédents. *Le romantisme français, allemand.* « *Qui dit romantisme dit art moderne, – c'est-à-dire intimité, spiritualité, couleur, aspiration vers l'infini* » (Baud.). ♦ Éléments ou traits propres au romantisme décelables chez des artistes de toute époque. *Le romantisme de Virgile, des surréalistes.* 2 Attitude, caractère, esprit romantique (3°). ✪ CONTR. Classicisme, réalisme.

romarin n. m. – XIIIe ; lat. « rosée de mer » ▪ Arbuste aromatique méditerranéen *(labiées),* aux fleurs bleues. « *Une petite cour mélancolique, toute embaumée de romarin et d'absinthe sauvage* » (Daudet).

rombière n. f. – XIXe ; p.-ê. rad. expressif *rom-* évoquant l'idée de grondement ▪ fam. Bourgeoise d'âge mûr ennuyeuse, prétentieuse et un peu ridicule. *Une vieille rombière.*

rompre v. [41] ; subj. imp. inus. – Xe ; lat. *rumpere* **I** v. tr. 1 vieilli (ou dans quelques expr.) Séparer en deux ou plusieurs parties (une chose solide) par traction, torsion, ou choc. ⇒ **briser, casser ; rupture.** « *Il est telle occasion où le verre ne se brise point sous le choc qui a rompu l'acier* » (France). ➝ *Rompre le pain,* le partager à la main. 2 Briser (une chose souple). ⇒ **arracher.** *Le bateau a rompu ses amarres.* ➝ fig. *Rompre ses liens, ses chaînes :* se libérer. 3 littér. Enfoncer par un effort violent. *La mer a rompu les digues.* 4 Défaire (un arrangement, un ordre). *Rompre les rangs,* les quitter de manière à ne plus former un rang. 5 *Rompre les chiens,* leur faire quitter la voie qu'ils suivent à la chasse en les rappelant ; fig., littér. interrompre un entretien mal engagé. ➝ *Rompre le charme,* l'empêcher d'agir. 6 Faire cesser, arrêter le cours de. ⇒ **interrompre.** *Rompre le silence.* ♦ Interrompre (des relations). *Rompre une amitié.* ➝ Dénoncer ; cesser de respecter (un engagement, une prescription). *Rompre un accord, un traité.* ⇒ se **dégager, enfreindre.** *Rompre ses fiançailles. Rompre un serment.* ⇒ **annuler, manquer** (à). *Rompre le carême.* 7 littér. *Rompre qqn à un exercice,* l'y accoutumer (⇒ **rompu,** 5°). **II** v. intr. 1 vieilli Se séparer brusquement en deux ou plusieurs parties, sous l'effet d'une force. ⇒ **casser, céder.** « *Je plie et ne romps pas* [dit le roseau] » (La Font.). 2 Cesser d'être dans un certain ordre. *Rompre à droite. Rompez !* se dit pour congédier un soldat. ♦ Reculer, à l'escrime, la boxe. 3 Renoncer soudain à des relations d'amitié (avec qqn). ⇒ se **brouiller.** *Rompre avec sa famille.* ➝ Se séparer (en parlant d'amants, d'amoureux). *Ils ont rompu.* « *On a bien de la peine à rompre quand on ne s'aime plus* » (La Rochef.). ♦ *Rompre avec (qqch.) :* cesser de pratiquer ; abandonner, renoncer à. *Rompre* *avec les traditions.* ✪ CONTR. Nouer. ① Contracter ; entretenir.

❑ Même famille étym. que *rupture* et *route.* ♦ Dans la conjugaison, *p* se maintient devant *s* et *t* du singulier et ne se prononce pas : *je romps, il rompt ; romps.*

rompu, ue adj. – XIIIe 1 Arraché, cassé. « *Grands mâts rompus, traînant leurs cordages épars Comme des chevelures* » (Hugo). *Liens rompus.* 2 *Fiançailles rompues,* annulées. ➛ *Couleur rompue,* mélangée à une autre ou interrompue localement par une autre couleur. 3 VX Interrompu par des arrêts ou des changements brusques. ➛ *À bâtons* rompus.* 4 Extrêmement fatigué. ⇒ **fourbu, moulu.** « *Elle était rompue, et son sommeil était si profond qu'elle semblait morte* » (Gaut.). 5 littér. *ROMPU À :* qui a une grande expérience de. ⇒ **expert, habitué.** *Ces militants* « *rompus dès la jeunesse à la parole et à l'action* » (Aragon).

romsteck ou **romsteak** [ʀɔmstɛk] n. m. – XIXe ; angl. *rump* « croupe » et *steak* « tranche » ▪ Partie de l'aloyau qui se mange rôtie ou braisée.

❑ Cet emprunt présente des variantes graphiques nombreuses (aussi *rumsteck, rumsteak, rumsteack*) et peu satisfaisantes : *rom-* est francisé mais *-steck* n'est une graphie ni anglaise ni française. → bifteck.

ronce n. f. – XIIe ; lat. *rumex* « dard » 1 Arbuste *(rosacées)* à longues tiges armées d'aiguillons, comprenant de très nombreuses variétés. *Les fruits noirs de la ronce.* ⇒ **mûre.** ♦ Branche, tige épineuse et basse. « *le brin de laine que la brebis a laissé suspendu à la ronce* » (Chateaub.). 2 *Ronce artificielle :* barbelé. 3 Nœuds, veines de certains bois ; ces bois. *La ronce de noyer.*

ronceraie n. f. – XIIIe ▪ Terrain inculte où croissent les ronces.

ronceux, euse adj. – XVIe 1 Se dit d'un bois qui présente des ronces (3°). « *la table ronde, faite d'un lourd acajou ronceux* » (Barbey). 2 littér. Plein de ronces.

ronchon, onne n. et adj. – XIXe ▪ Personne qui a l'habitude de ronchonner. ⇒ **bougon, grognon.** ➛ adj. *Elle est un peu ronchon* (ou *ronchonne*).

ronchonnement n. m. – XIXe ▪ Grognement, paroles de qqn qui ronchonne.

ronchonner v. intr. [1] – XIXe ; lat. *roncare* « ronfler » ▪ Manifester son mécontentement en grognant, en protestant. → **bougonner, grommeler, râler.**

ronchonneur, euse adj. et n. – XIXe ▪ Qui ronchonne sans cesse. ⇒ **bougon, ronchon.** ➛ n. *Une vieille ronchonneuse.*

ronchopathie [ʀɔ̃kɔpati] n. f. – 1988 ; lat. *roncare* « souffler » ▪ Affection des personnes qui ronflent.

❑ Même origine que *ronfler.* → ronfler (étym.).

roncier n. m. – XVIe ▪ Buisson, touffe de ronces.

rond, ronde adj. et n. m. – XIIe ; lat. *rotundus* « qui a la forme d'une roue » I adj. 1 Dont la forme extérieure constitue une circonférence ou en comporte une. ⇒ **circulaire, cylindrique, sphérique.** *La Terre est ronde. Le ballon rond* (football). ➛ *Des yeux ronds,* de forme ronde, ou écarquillés. 2 Arrondi ; en arc de cercle. *Tuiles rondes.* ➛ Arrondi, voûté. *Le dos rond.* ♦ Charnu, sans angles (partie du corps). *Joues rondes.* ⇒ **gros.** *Le ventre rond.* ⇒ **rebondi.** ♦ Gros et court. ⇒ **replet, rondouillard.** « *C'était un gros et gras bonhomme* [...] *rond comme un zéro* » (Balz.). 3 (quantité) Complet, entier, sans fractions. *Un chiffre, un nombre rond,* entier ou se terminant par un ou plusieurs zéros. « *ça fait sept cent soixante francs, en chiffres ronds huit cents* » (Zola) **(⇒ arrondir).** *Un compte rond.* 4 Qui agit avec franchise, simplicité. *Rond en affaires.* ⇒ **carré.** 5 fam. Ivre. loc. *Rond comme une queue de pelle (une barrique...),* complètement ivre. 6 adv. *Tourner rond,* d'une manière régulière. *Moteur qui tourne rond.* ➛ loc. *Ça ne tourne pas rond :* il y a qqch. d'anormal. *Il ne tourne pas rond, ce type.* ♦ *Avaler tout rond,* sans mâcher. *Ça fait mille francs tout rond* (cf. supra, 3°). II n. m. 1 Figure circulaire. ⇒ **cercle, circonférence.** *Les projecteurs* « *zébraient le ciel nocturne et faisaient des taches et des ronds* » (Cendrars). ➛ *Faire des ronds dans l'eau,* des ondes circulaires et concentriques. ♦ *EN ROND :* en formant un cercle. *Tourner en rond.* 2 Objet de forme ronde (circulaire, annulaire ou cylindrique). ➛ *Rond de serviette :* anneau pour enserrer une serviette de table roulée. ➛ loc. fam. *En baver des ronds de chapeau :* être soumis à un traitement sévère, un travail ardu. ♦ Argent. *Ils ont des ronds. Il n'a pas un rond, pas le rond.* ♦ Se dit de deux muscles de l'épaule dont l'un *(le petit rond)* est cylindrique et l'autre *(le grand rond)* forme un quadrilatère. *Le nerf du grand rond.* 3 Mouvement circulaire. *Rond de jambe*.* ✪ CONTR. Anguleux. ① Maigre.

❑ Le mot est vague et courant par rapport à *circulaire, cylindrique, sphérique.*

rondache n. f. – XVIe ▪ Grand bouclier circulaire de fantassin au XVIe s.

rond-de-cuir n. m. – XIXe ▪ péj. Employé de bureau ⇒ **bureaucrate.** « *ses instincts de rond-de-cuir endurci* » (Courtel.).

ronde n. f. – XIIe 1 *À LA RONDE :* dans un espace circulaire. ⇒ **alentour,** ① **autour.** *Il est connu à dix lieues à la ronde.* « *De la peau du lion l'âne s'étant vêtu Était craint partout à la ronde* » (La Font.). ➛ littér. Tour à tour, parmi des personnes installées en rond. *Proposer des rafraîchissements à la ronde.* 2 Visite, inspection militaire autour d'une place (dans une ville, un camp) pour s'assurer que tout va bien. *Faire une ronde.* ➛ *CHEMIN DE RONDE,* aménagé au sommet des fortifications (d'une place, d'un château). ♦ Inspection, visite de surveillance. *La ronde d'un gardien de nuit* ⇒ **rondier.** *Ronde de police.* ♦ La ou les personnes qui font une ronde. ⇒ **guet.** *La ronde est passée.* 3 Danse où plusieurs personnes tournent en se donnant la main ; chanson de cette danse. *Faire la ronde. La Carmagnole, ronde révolutionnaire.* ♦ *La ronde des voitures sur un circuit.* ⇒ **noria.** fig. *La ronde des saisons.* ⇒ ① **cycle.** 4 Écriture à jambages courbes, à panses et boucles arrondies. 5 Figure de note évidée et sans queue, qui vaut deux blanches, quatre noires.

① **rondeau** n. m. – XIIIe 1 Poème à forme fixe du Moyen Âge (repris et transformé au XVIIe s.), sur deux rimes avec des vers répétés. *Les rondeaux de Charles d'Orléans.* 2 Air à reprises. ✪ HOM. Rondo.

❑ Diminutif de *ronde* (substantif), *rondeau* a désigné une danse en *rond.*

② **rondeau** n. m. – XIIIe 1 Disque (de bois, de métal) servant de support (en poterie, optique, horlogerie). 2 Rouleau de bois qu'on passe sur la terre après les semailles.

ronde-bosse n. f. – XVIIe ▪ Sculpture en relief, qui se détache du fond. *Sculpture en ronde-bosse. Des rondes-bosses.*

rondelet, ette adj. – XIVe ▪ Qui a de l'embonpoint, des formes arrondies. ⇒ **dodu, potelé, rondouillard.** ➛ fig. *Une somme rondelette,* assez importante. ⇒ **coquet.** *Tu touches* « *un traitement assez rondelet* » (Sartre). ✪ CONTR. Maigriot.

rondelle n. f. – XIIIe 1 Pièce ronde, peu épaisse, généralement évidée. *Rondelle métallique empêchant l'écrou de se desserrer.* 2 Ciseau arrondi de marbrier, de sculpteur. 3 Petite tranche ronde. *Rondelle de* saucisson. « *au fond d'un verre de thé vide, une rondelle de citron détrempée et collée* » (Cl. Simon). *Couper des carottes en rondelles.*

rondement adv. – XIIIe 1 Avec vivacité et efficacité. *Une affaire rondement menée.* ⇒ **lestement, promptement.** 2 D'une manière franche et directe. ⇒ **franchement, loyalement.** *Parler rondement.* ✪ CONTR. Mollement. Hypocritement.

rondeur n. f. – XIVe 1 vieilli Caractère de ce qui est rond. ⇒ **rotondité ; convexité.** « *Je contemple d'en haut le globe en sa rondeur* » (Baud.). ➛ « *La rondeur d'une jambe finement moulée par un bas de soie* » (Balz.). ♦ *Une, des rondeurs.* Forme ronde, chose ronde. « *Les rondeurs vagues des premières meules* » (Zola). au plur. Formes rondes du corps. « *Cambrant les rondeurs splendides de ses reins* » (Rimb.). 2 Caractère rond (I, 4°), sans façon (⇒ **bonhomie**) ; attitude directe et franche. ⇒ **simplicité, sincérité.** ✪ CONTR. Hypocrisie.

rondier n. m. – XIXe ▪ rare Personne chargée de faire des rondes de surveillance.

rondin n. m. – XIVe 1 Morceau de bois de chauffage qu'on a laissé rond (cylindrique). 2 Tronc d'arbre employé dans les travaux de tranchée, de construction. *Une cabane en rondins.*

rondo n. m. – XIXe ; mot it., du fr. *rondeau* ▪ Dans la sonate et la symphonie classique, Pièce brillante servant de finale, caractérisée par la répétition d'une phrase musicale (refrain), entre les couplets. ✪ HOM. Rondeau.

rondouillard, arde adj. et n. – XIXe ▪ fam. Qui a de l'embonpoint. ⇒ **grassouillet, rond.**

rond-point n. m. – XIVe ▪ Place circulaire d'où rayonnent plusieurs avenues. ⇒ **carrefour.** *Des ronds-points.*

ronéo n. f. – 1921 ; nom déposé, de la Compagnie du *Ronéo* ▪ Machine à reproduire un texte dactylographié au moyen de stencils.

ronéotyper v. tr. [1] – 1939 ▪ Reproduire (un texte) à la ronéo.

> ❑ On dit aussi *ronéoter.* ♦ La *ronéotypie* (1962) est parfois préférée aux nouvelles techniques (photocopie) pour des raisons économiques.

ronflant, ante adj. – XIIe 1 Qui produit un son continu et puissant semblable à un ronflement. *Poêle ronflant.* 2 péj. Plein d'emphase ; grandiloquent et creux. *Titre ronflant.* ⇒ **pompeux.**

ronflement n. m. – XVIe 1 Respiration bruyante du nez qui se fait entendre parfois pendant le sommeil ; bruit nasal et rythmé de cette respiration. ⇒ **ronchopathie.** « *Les ronflements des hommes écrasés par la fatigue et le vin* » (Mac Orlan). 2 Bruit sourd et continu, plus ou moins semblable au ronflement d'un dormeur. ⇒ **ronron, ronronnement, vrombissement.** *Le ronflement d'un moteur.* « *délicieusement assourdi par le ronflement de la meule* » (Gide).

ronfler v. intr. [1] – XIIe ; a. fr. *ronchier* 1 Faire, en respirant pendant le sommeil, un bruit particulier du nez. *Tu as encore ronflé cette nuit.* ♦ fam. Dormir profondément. 2 Produire un bruit continu, plus ou moins semblable au ronflement d'un dormeur. ⇒ **ronronner, vrombir.** *Le moteur commence à ronfler.*

ronfleur, euse n. – XVIe 1 Personne qui ronfle, qui a l'habitude de ronfler. 2 n. m. Vibreur qui remplace la sonnerie d'un appareil téléphonique.

ronger v. tr. [3] – XIIe ; lat. *rumigare* « ruminer » 1 User peu à peu en coupant avec les dents, par petits morceaux. *La souris ronge du pain.* ⇒ **grignoter.** ➛ *Ronger un os. Se ronger les ongles* (⇒ **onychophagie**). ♦ Attaquer, détruire. *Vers qui rongent le bois.* ⇒ **mouliner.** *Meuble rongé par les vers :* vermoulu. ♦ Mordiller (un corps dur). *Cheval qui ronge son mors.* 2 Détruire peu à peu (qqch.). *La rouille ronge le métal.* ⇒ **attaquer, corroder.** ♦ fig. « *l'intelligence est un îlot que les marées humaines rongent* » (R. Rolland). ⇒ **miner.** *Être rongé de remords. Cette pensée le ronge.* ⇒ **dévorer, tourmenter.** ♦ pronom. *Se ronger d'inquiétude.* ⇒ se **tourmenter.**

rongeur, euse adj. et n. – XVIe 1 Qui ronge, mange en rongeant. *Mammifère rongeur.* 2 n. m. pl. Ordre de mammifères aux incisives tranchantes à croissance continue (castor, écureuil, rat, etc.).

rônier n. m. – XIXe ; de *rond* ▪ Borasse.

ronron n. m. – XVIIIe ; onomat. 1 fam. Bruit, ronflement sourd et continu. ⇒ **ronronnement.** *Le* « *ronron continu de la nouvelle usine* » (Céline). ➛ fig. Monotonie, routine. *Le ronron de la vie quotidienne.* 2 Petit grondement continu et régulier qu'émet un chat content. *Faire ronron.* ⇒ **ronronner.**

ronronnement n. m. – XIXe ▪ Ronron. « *le ronronnement feutré du moteur* » (Duras).

ronronner v. intr. [1] – XIXe 1 Faire entendre des ronrons. *Le chat ronronne.* 2 Ronfler (2°) sourdement et régulièrement. « *Partant le poêle ronronne, flanqué de sa charbonnière* » (Simenon). 3 Sembler se complaire dans la routine.

röntgen [røntgɛn ; rœntgɛn] n. m. – 1921 ; n. pr. ▪ Ancienne unité de mesure d'exposition de rayonnement (symb. R) valant $2{,}58.10^{-4}$ coulomb par kilogramme.

> ❑ Röntgen, savant allemand, découvrit les rayons X en 1895. ♦ On écrit aussi *rœntgen* (graphie plus ancienne, modifiée par la réforme de l'orthographe allemande).

röntgenthérapie [røntgɛnteʀapi] n. f. – 1933 ▪ Traitement par les rayons X. ⇒ **radiothérapie.**

> ❑ On écrit aussi *rœntgenthérapie.*

rookerie [ʀukʀi] n. f. – XIXe ; angl. *rook* « oiseau vivant en colonie » ▪ Colonie d'oiseaux qui se protègent du froid des régions arctiques et antarctiques par leur réunion. ➛ Communauté d'otaries.

> ❑ On dit parfois *roquerie* [ʀɔkʀi] mais il y a confusion possible avec la *rockery* anglaise (pierres mêlées de plantes dans un jardin).

roque n. m. – 1905 ▪ Le fait de roquer (1°). ✪ HOM. Roc, rock.

roquefort n. m. – XVIIe ; nom de lieu ▪ Fromage de lait de brebis, ensemencé d'une moisissure spéciale, affiné dans les caves de Roquefort. « *Les roqueforts prenaient des mines princières, des faces marbrées et grasses* » (Zola).

roquer v. intr. [1] – XVIIe ; de *roc,* a. nom de la tour aux échecs 1 Aux échecs, Placer une tour à côté de la case du roi et faire passer celui-ci de l'autre côté de la tour, lorsqu'il n'y a aucune autre pièce entre eux (⇒ **roque**). 2 Au croquet, Placer sa boule au contact de celle que l'on vient de toucher, de manière à les pousser d'un seul coup.

roquerie → **rookerie**

roquet n. m. – XVIIe ; dial. *roquer* « craquer, croquer, heurter » 1 Petit chien hargneux qui aboie pour un rien. 2 fam. Individu hargneux mais peu redoutable.

① **roquette** n. f. – XVIe ; lat. *eruca* ▪ Plante *(crucifères)* à fleurs jaunes, cultivée pour ses feuilles qu'on mange en salade.

② **roquette** n. f. – XVIe ; germ. *rukka* « quenouille » ▪ Projectile autopropulsé, mû par une fusée à poudre et utilisé comme arme tactique. ⇒ **fusée.** *Roquette antichar.*

> ❑ Ce projectile n'est pas guidé, à la différence du *missile.*

rorqual [ʀɔʀk(w)al] **n. m.** – XVIIIe ; norv. *raudh* « rouge » et *hwalr* « baleine » ▪ Grand cétacé des mers froides. ⇒ **baleinoptère.** *Des rorquals.*

rosace **n. f.** – XVIe ; de ① *rose* 1 Figure symétrique faite de courbes inscrites dans un cercle. *Rosace à cinq branches.* ➔ Ornement, moulure de cette forme. *Plafond à rosace.* « *les nervures de la voûte réunies en rosace* » (Bernanos). 2 Grand vitrail d'église, de forme circulaire. ⇒ ① **rose.** « *Les cathédrales avec leurs rosaces toujours épanouies* » (Gaut.). ➔ Ouverture circulaire sur la table d'une guitare.

rosacé, ée **adj.** et **n. f.** – XVIIe 1 Dont les pétales sont disposés comme ceux d'une rose. *Fleur rosacée.* ♦ **n. f. pl.** Famille de plantes supérieures aux feuilles dentées, dont la fleur à cinq pétales porte des étamines nombreuses soudées à la base (ex. aubépine, fraisier, rosier). 2 *Acné rosacée,* ou **n. f.** *rosacée :* dermatose du visage caractérisée par des rougeurs, une dilatation des capillaires cutanés et une éruption de papules et de pustules. ⇒ **couperose.**

rosage **n. m.** – XVIe ▪ Espèce de rhododendron.

rosaire **n. m.** – XVe ; lat. « guirlande de roses dont on couronnait la Vierge » ▪ Grand chapelet composé de quinze dizaines d'Ave précédées chacune d'un Pater. ♦ Les prières elles-mêmes.

rosalbin **n. m.** – XIXe ; lat. *rosa* « rose » et *albus* « blanc » ▪ Cacatoès gris à tête blanche et rose.

rosaniline **n. f.** – XIXe ▪ Base azotée dont les dérivés sont des colorants de fibres animales (fuchsine, bleu de Lyon, violet de Paris, etc.).

rosat **adj. inv.** – XIIIe ; calque du lat. *rosatum (oleum)* « (huile) rosat » ▪ Se dit de préparations pharmaceutiques où il entre des roses (notamment rouges). *Pommade rosat pour les lèvres.* ⇒ **cérat.**

rosâtre **adj.** – XIXe ▪ D'un rose sale. « *la graisse de ses épaules et de ses bras se renflait en bourrelets rosâtres* » (Zola).

rosbif [ʀɔsbif] **n. m.** – XVIIe ; angl. *roast-beef,* de *roast* « rôti » et *beef* « bœuf » 1 Morceau de bœuf à rôtir généralement coupé dans l'aloyau. *Une tranche de rosbif.* 2 fam. et péj., vieilli Anglais.

> ❑ L'élément francisé *-bif,* de l'anglais *beef,* se retrouve dans *bifteck.*

① **rose** **n. f.** – XIIe ; lat. **I - 1** Fleur du rosier, dont le type primitif est d'un rouge très pâle. *Roses rouges, blanches, jaunes. Rose sauvage.* ⇒ **églantine.** *Bouton de rose. Offrir des roses, une gerbe de roses.* ♦ *Essence, huile de roses* (⇒ **rosat).** *Eau de rose :* essence de roses diluée. ➔ fig. *Un roman, un film... à l'eau de rose,* sentimental et mièvre. *Ratafia de roses* (⇒ ② **rossolis).** ♦ loc. *Être frais, fraîche comme une rose :* avoir un joli teint, l'air reposé. *Ne pas sentir la rose :* sentir mauvais. ♦ *Bois de rose :* bois de placage de couleur rosée utilisé en ébénisterie et en marqueterie. 2 Nom courant de quelques fleurs. *Rose de Noël.* ⇒ **ellébore** (noir). *Rose de Jéricho.* ➔ *Rose d'Inde :* œillet d'Inde de grande taille. ⇒ **tagète. II - 1** Grand vitrail circulaire. ⇒ **rosace.** « *la grande rose de la façade* [...] *reluisait dans l'ombre comme un fouillis de diamants* » (Hugo). 2 ROSE DES VENTS : étoile à 32 divisions (aires du vent), donnant les points cardinaux et collatéraux, représentée sur le cadran d'une boussole, les cartes marines, etc. 3 *Diamant en rose* ou *rose :* diamant taillé en facettes, plat au-dessous. 4 *Rose des sables :* cristallisation de gypse, en forme de rose, dans le Sahara.

② **rose** **adj.** et **n. m.** – XIIe 1 D'un rouge très pâle, comme la rose. *Joues roses. Flamant rose. Crevette rose.* ➔ « *Le blanc rose, à peine teinté* » (Zola). ⇒ **rosé.** *Devenir, rendre rose.* ⇒ **rosir.** ♦ loc. *Ce n'est pas rose,* pas gai, pas agréable (difficultés, corvées). 2 Qui a rapport au commerce sexuel tarifé, à la pornographie. *Messageries roses du minitel.* 3 Socialiste. *La vague rose.* 4 **n. m.** Couleur rose (formée de rouge et de blanc). « *des bouquets d'une blancheur avivée de rose* » (France). *Rose vif ; rose pâle. Vieux rose.* ➔ *Rose bonbon, rose indien,* vif. ♦ loc. *Voir la vie en rose, voir tout en rose,* du bon côté, avec optimisme.

rosé, ée **adj.** – XIIe ▪ Teinté de rose. *Beige rosé.* ♦ *Vin rosé :* vin rouge clair obtenu par courte macération et fermentation incomplète de raisins noirs. ➔ **n. m.** *Le rosé de Provence.* ➔ *Champagne rosé* (obtenu par mélange).

roseau **n. m.** – XIIe ; germ. ▪ Plante aquatique de haute taille, à grosse tige ligneuse (⇒ **massette, phragmite, typha).** *Les roseaux d'un étang, d'un marais* (⇒ **roselier).** *Flûte de roseau,* formée d'un roseau évidé. ⇒ **chalumeau, mirliton, pipeau.** ♦ allus. littér. « *L'homme est un roseau pensant* » (Pasc.), un être faible mais qui domine la matière par la pensée.

rose-croix **n. inv.** – XVIIe ; all. *Rosenkreuz* 1 **n. f.** *La Rose-Croix :* confrérie secrète et mystique d'Allemagne, au début du XVIIe s. ♦ **n. m.** Membre de cette confrérie. ⇒ **rosicrucien.** 2 Société ésotérique, plus ou moins mystique, se réclamant du symbolisme traditionnel de la rose et de la croix (⇒ **rosicrucien).** 3 **n. m.** Titre d'un grade de la franc-maçonnerie, supérieur à celui de maître.

rosée **n. f.** – XIe ; lat. *ros* 1 Condensation de la vapeur d'eau et dépôt de fines gouttelettes, sous l'effet du rayonnement de la terre ; ces gouttelettes. *La rosée du matin. Herbe humide de rosée.* « *un étincellement de rosée brillante* » (Bourget). ♦ loc. *Tendre comme la rosée :* très tendre (viande, légumes). 2 *Point de rosée :* température à laquelle une vapeur, sous une pression donnée, commence à se condenser.

roselet **n. m.** – XVIIIe ; de ② *rose* ▪ Hermine dans son pelage d'été, d'un roux jaunâtre. ♦ Fourrure d'hermine.

roselier, ière **adj.** et **n. f.** – XIXe ▪ Qui produit des roseaux ; où poussent des roseaux. *Marais roselier.* ♦ **n. f.** Lieu où poussent des roseaux.

roséole **n. f.** – XIXe ▪ Éruption de taches rosées non saillantes ou à peine surélevées, dans certaines maladies infectieuses (typhus, syphilis) ou intoxications.

roseraie **n. f.** – XVIIe ▪ Lieu planté de rosiers. ♦ Endroit d'un jardin orné de rosiers.

rosette **n. f.** – XIIe 1 Ornement circulaire, en forme de petite rose. 2 Nœud formé d'une ou deux boucles. *Faire une rosette à ses lacets.* 3 Insigne (petit cercle d'étoffe) du grade d'officier, dans certains ordres. ⇒ **décoration.** *Rosette d'officier de la Légion d'honneur.* 4 Petit cadran portant le réglage de l'avance et du retard, sur une montre. 5 Disposition circulaire de feuilles nombreuses au niveau du collet. *La rosette des feuilles de pâquerette.* 6 *Rosette de Lyon :* saucisson sec.

roseur **n. f.** – 1908 ▪ rare Couleur rose, rosée. « *des joues d'une roseur fondante* » (Aymé).

rosicrucien, ienne **adj.** – 1907 ; lat. *(fratres) rosæ crucis* « (frères) de la Rose-Croix » ▪ didact. Relatif à la Rose-Croix, aux rose-croix. ➔ **n.** *Une rosicrucienne.*

rosier **n. m.** – XIIe ▪ Arbrisseau épineux *(rosacées),* portant de belles fleurs plus ou moins odorantes, les roses. *Rosier sauvage.* ⇒ **églantier.** *Rosier blanc,* à fleurs blanches.

rosière n. f. – XVIIIe ▪ Jeune fille à qui, dans certains villages, on remettait solennellement une récompense (autrefois une couronne de roses) pour sa grande réputation de vertu.

rosiériste n. – XIXe ▪ Horticulteur, spécialiste de la culture des rosiers.

rosir v. [2] – XIXe **1** v. intr. Prendre une couleur rose. **2** v. tr. Rendre rose. *Le froid rosit la peau.*

rosissement n. m. – XIXe ▪ Action de rosir. « *Un léger rosissement du visage* » (Romains).

rossard, arde n. et adj. – XIXe ; de *rosse* ▪ Personne malveillante, médisante. ⇒ **rosse.** ➛ adj. *Un critique rossard.*

rosse n. f. et adj. – XIIe ; all. *Ross* « cheval, coursier » **1** vieilli Mauvais cheval. « *des fiacres lamentables que des rosses secouent* » (Zola). **2** Personne dont on subit les méchancetés, la dureté. ⇒ **carne, chameau, rossard, vache.** *Sale rosse. Ah ! les rosses !* ♦ adj. Dur et généralement injuste. *Vous avez été rosse avec lui.*

❑ *Rosse* (« méchant »), *rossard* et *rosserie* ne sont plus très fréquents, la *vache* ayant remplacé le cheval.

rossée n. f. – XIXe ▪ fam. Volée de coups, correction. ⇒ ② **pile, raclée.**

rosser v. tr. [1] – XVIIe ; p.-ê. lat. *rustum* « buisson, ronce » ▪ Battre violemment, rouer de coups. « *Rossez, battez comme il faut votre femme* » (Mol.).

rosserie n. f. – XIXe ▪ Parole ou action rosse. ⇒ **crasse** (II), **méchanceté, vacherie.** ♦ Caractère rosse.

rossignol n. m. – XIIe ; lat. *luscinia* **1** Petit passereau *(turdidés),* au chant varié et très harmonieux. *Le chant du rossignol. Chanter comme un rossignol.* « *un rossignol, chétive créature Forme des sons aussi doux qu'éclatants* » (La Font.). **2** Instrument pour crocheter les portes. ⇒ **crochet, passe-partout.** *Rossignol de cambrioleur.* **3** fam. Livre invendu, sans valeur. ➛ Objet démodé, invendable. *Écouler les rossignols pendant les soldes.* **4** *Rossignol des tanneurs.* ⇒ **pigeonneau.**

rossinante n. f. – XVIIe ; esp. *Rocinante,* nom du cheval de Don Quichotte ▪ vieilli Mauvais cheval, maigre. ⇒ **rosse** (1°).

❑ Le mot est vieux en dehors de ses allusions littéraires.

① **rossolis** n. m. – XVIIe ; lat. *ros solis* « rosée du soleil » ▪ Droséra.

② **rossolis** n. m. – XVIIe ▪ Ratafia de roses et de fleurs d'oranger fabriqué surtout en Italie et en Turquie au XIXe s.

rösti [røsti] n. m. – XIXe ; mot Suisse all. ▪ (Suisse) Galette de pommes de terre râpées et rissolées à la poêle.

❑ On écrit aussi *rœsti.*

rostral, ale, aux adj. – XVIIe **1** Orné d'éperons de navires. *Colonne rostrale,* érigée en souvenir d'une victoire navale. **2** Se dit d'un organe en forme de bec.

rostre n. m. – XIVe ; lat. *rostrum* « bec, éperon » **1** Éperon des navires antiques. ♦ LES ROSTRES : tribune aux harangues ornée d'éperons pris aux navires ennemis. ♦ Ornement architectural en forme de bec, d'éperon. **2** Partie saillante et pointue, en avant de la tête. *Le rostre de l'espadon.* ➛ Prolongement de la carapace thoracique (de certains crustacés).

-rostre Élément, du lat. *rostrum* « bec ».

① **rot** n. m. – XIIIe ; lat. *ructus* ▪ Expulsion plus ou moins bruyante de gaz stomacaux par la bouche. ⇒ **renvoi.** *Faire, lâcher un rot.* ⇒ **roter.** *Faire faire son rot à un bébé.* ✪ HOM. Rho, rôt.

❑ Même famille étymologique que *éructer, éructation.*

② **rot** [ʀɔt] n. m. – XIXe ; mot angl. « pourriture » ▪ Maladie cryptogamique de la vigne, qui pourrit les grains. ✪ HOM. Rote.

rôt n. m. – XIIe ▪ littér. Rôti. *Un* « *rôt d'une finesse, d'une cuisson si parfaite* » (Mariv.). ✪ HOM. Rho, ① rot.

rotacé, ée adj. – XIXe ; lat. *rota* « roue » ▪ En forme de roue. *Corolle rotacée,* à tube très court, et dont les pétales sont disposés comme les rayons d'une roue.

rotacteur n. m. – 1968 ▪ Commutateur rotatif.

rotang [ʀɔtɑ̃g] n. m. – XVIIe ; malais ▪ Genre de palmiers *(aréacées)* dont les tiges fournissent des cannes, des fibres.

rotateur, trice adj. – XVIIe ▪ rare Qui fait tourner autour d'un axe. *Force rotatrice.* ♦ *Muscle rotateur.* n. m. *Les rotateurs du dos,* qui portent la face antérieure de la vertèbre du côté opposé à la rotation.

rotatif, ive adj. – XIXe ▪ Qui agit en tournant, par une rotation. « *le grésillement des poils tranchés par les lames rotatives* » (Le Clézio). *Foreuse rotative.* ➛ *Mouvement rotatif.* ⇒ **rotatoire.**

rotation n. f. – XVe ; lat. *rotare* « tourner » **1** Mouvement d'un corps qui se déplace autour d'un axe (matériel ou non), chaque point du corps se mouvant à la même vitesse angulaire. ⇒ **giration.** *La rotation de la Terre. Vitesse de rotation d'un foret.* ➛ Transformation ponctuelle d'une figure géométrique, telle que tous ses points décrivent des arcs de cercles de même angle au sommet et de même axe. ♦ Mouvement circulaire. ⇒ **cercle,** ③ **tour. 2** Série périodique d'opérations. ➛ *Rotation des cultures.* ⇒ **assolement.** ♦ Fréquence des voyages effectués en partant d'un même lieu. *Rotation des avions d'une ligne.* ♦ *Rotation des stocks :* succession des renouvellements d'un stock. ⇒ **turnover.** ➛ *Rotation du personnel :* roulement, dans une équipe.

❑ À distinguer de *roulement.* → roulement (rem.).

rotative n. f. – XIXe ▪ Presse à imprimer continue, agissant au moyen de cylindres. *Journaux sortant des rotatives. Tirer un livre sur rotative.*

rotativiste n. – 1939 ▪ Conducteur de rotative.

rotatoire adj. – XVIIIe ▪ Qui constitue une rotation, est caractérisé par une rotation. *Mouvement rotatoire.* ⇒ **circulaire, rotatif.** *Pouvoir rotatoire :* pouvoir que possèdent certaines substances de faire tourner le plan de polarisation (⇒ **polarimétrie).**

① **rote** n. f. – XIIe ; germ. ▪ Instrument de musique médiéval, à cordes pincées. ✪ HOM. ② Rot.

② **rote** n. f. – XVIe ; lat. *rota* « roue » ▪ Tribunal ecclésiastique siégeant à Rome.

rotengle n. m. – XVIIIe ; all. *Rotauge* « œil rouge » ▪ Gardon rouge.

roténone n. f. – 1953 ; jap. *roten,* nom de plante ▪ Produit toxique, insecticide, extrait de certaines légumineuses.

roter v. intr. [1] – XIIe ; lat. *ructare* ▪ vulg. ou fam. Faire un rot, des rots. ⇒ **éructer.** ➛ « *des braillards avinés se rotaient au visage* » (Perec).

roteuse n. f. – 1954 ; de *roter* ▪ arg. Bouteille de champagne ou de mousseux.

① **rôti** n. m. – XVe ■ Morceau de viande de boucherie (bœuf, porc, veau), bardé et ficelé, cuit à sec peu de temps et à feu vif. « *Un rôti de bœuf dont la chair était fine et rosée, rouge vers le centre sous une croûte brune* » (Chardonne). ⇒ **rosbif.**

② **rôti, ie** adj. – XIIIe ■ Cuit à feu vif, à la broche ou au four (viande). ⇒ ① **rôti.** *Poulet rôti.* ➤ fig. *Tout rôti :* tout prêt. *Ça ne lui tombera pas tout rôti dans le bec.*

rôtie n. f. – XIIIe ■ vieilli ou région. Tranche de pain grillée et beurrée, trempée dans un liquide ou que l'on utilise en cuisine (canapés).

> ❑ Ce mot est courant au Québec où il désigne le pain de mie grillé (*toast*, en France).

rotifères n. m. pl. – XVIIIe ; lat. *rota* « roue » ■ Embranchement d'invertébrés aquatiques, microscopiques, qui portent une couronne de cils autour de l'orifice buccal.

① **rotin** n. m. – XVIIe ; de *rotang* ■ Partie de la tige du rotang utilisée pour faire des cannes, des meubles.

② **rotin** n. m. – XIXe ; p.-ê. lat. *rota* « roue » ■ fam. et vieilli Sou (dans des phrases négatives). « *Rien ! pas un rotin ! criat-il* » (Aymé).

rôtir v. [2] – XIIe ; germ. 1 v. tr. Faire cuire (de la viande) à feu vif, sans sauce (⇒ ① **rôti**). ♦ fam. Exposer à une forte chaleur. *La cheminée lui rôtit le dos.* ➤ pronom. (réfl.) *Se rôtir au soleil.* ⇒ se **dorer.** 2 v. intr. Cuire, être cuit à feu vif. « *les gallinacés rôtissaient devant un feu flambant* » (J. Verne). ♦ fam. Recevoir une chaleur très vive, qui incommode. *On rôtit, ici.* ⇒ **cuire.**

rôtissage n. m. – XVIIIe ■ rare Action de rôtir (1°).

rôtisserie n. f. – XVe ■ Boutique de rôtisseur, où l'on vendait des viandes rôties et où on les mangeait. ♦ Restaurant où l'on mange des grillades.

rôtisseur, euse n. – XIVe ■ Personne qui prépare et qui vend des viandes rôties. *Volailler rôtisseur.* ♦ Restaurateur qui prépare et sert des viandes rôties, des grillades.

rôtissoire n. f. – XIVe ■ Ustensile de cuisine qui sert à faire rôtir la viande (broche, tournebroche et lèchefrite). ➤ Four muni d'une broche tournante.

rotogravure n. f. – 1914 ■ Procédé d'héliogravure sur cylindre, permettant le tirage sur rotative.

rotonde n. f. – XVe ; lat. *rotundus* « rond » ■ Édifice circulaire. ➤ Pavillon circulaire à dôme et colonnes. *La rotonde de la Villette, à Paris.* ♦ Hangar circulaire ou demi-circulaire où les locomotives se garent sur des voies en éventail, au centre desquelles se trouve un pont tournant.

> ❑ Même famille étymologique que *rotondité*.

rotondité n. f. – XIVe 1 littér. Caractère de ce qui est rond, sphérique. ⇒ **sphéricité.** *La rotondité de la Terre.* « *Rien n'est plus extraordinaire que cette rotondité des seins portés* » (Duras). 2 fam. Rondeur d'une personne assez grasse. ⇒ **embonpoint.** plaisant (au plur.) Formes pleines. *Les rotondités d'une femme.*

rotoplots n. m. pl. – 1941 ; de *rotond* « arrondi », l'élément *-plot* est à rapprocher de *pelote* ■ vulg. Seins de femme.

> ❑ Nombreuses variantes de ce mot : *rotoplos, roploplo* (San-Antonio), *rototo* (Céline) et *ronplonplon* (« *tu as vu ses ronplonplons ?* » [Sabatier]).

rotor n. m. – 1901 ; lat. *rotator* 1 Partie mobile (opposé à *stator*) d'un mécanisme rotatif (turbine, compresseur, alternateur). *Le rotor d'un moteur électrique.* 2 Voilure tournante, assurant la sustentation des autogires et la propulsion des hélicoptères.

rotrouenge ou **rotruenge** n. f. – XIIe ; de *retrover* « répéter », ou de *retro*, adv. indiquant le retour du refrain ■ Poème du Moyen Âge, composé de plusieurs strophes et terminé par un refrain.

rotule n. f. – XVe ; lat. *rota* « roue » 1 Os plat, triangulaire, situé à la face antérieure du genou. ♦ loc. fam. *Être sur les rotules :* être très fatigué. 2 Articulation formée d'une pièce sphérique tournant dans un logement creux. *Changement de vitesse à rotule.*

rotulien, ienne adj. – XIXe ■ Relatif à la rotule. ➤ *Réflexe rotulien :* réflexe d'extension brusque de la jambe sur la cuisse, obtenu en frappant le tendon rotulien. ⇒ **patellaire.**

roture n. f. – XVe ; lat. *ruptura* « rupture » 1 État d'une terre, d'un héritage qui n'est pas noble. *Fief qui tombe en roture.* 2 Absence de noblesse. 3 Classe des roturiers. *La noblesse et la roture.*

roturier, ière adj. et n. – XIIIe 1 Qui n'est pas noble, qui est de condition inférieure, dans la société féodale et sous l'Ancien Régime. 2 n. Personne qui n'est pas née noble et n'a pas été anoblie. ⇒ **plébéien ; bourgeois.** *Les roturiers.* ⇒ **roture.**

rouage n. m. – XIIIe 1 Chacune des pièces d'un mécanisme d'horlogerie ou d'un mécanisme de ce type (engrenage, etc.). « *Un arrêt net brise tous les rouages de ce mécanisme compliqué* » (Mart. du G.). 2 Chaque partie essentielle (d'une chose qui fonctionne). *Les rouages de la machine sociale.* « *Les rouages les plus intimes de son mécanisme mental* » (Gide).

rouan, rouanne adj. – XVe ; lat. *ravidus* « grisâtre » ■ Se dit d'un cheval à la robe mêlée de poils blancs, roux et noirs. *Jument rouanne.* ➤ n. *Un rouan.*

rouanne n. f. – XVIIe ; gr. *rhukanê* « rabot » 1 Outil servant à dégrossir et creuser le bois. 2 Compas, à branche tranchante, dont les agents des contributions indirectes se servaient pour marquer les tonneaux.

roubignoles n. f. pl. – XIXe ; de *robin*, surnom du *bélier* ■ vulg. Testicules.

> ❑ De *robin* est également dérivé *robinet*. → robinet (rem.). ♦ *Ro(u)bignole* a désigné une petite boule de liège utilisée dans un jeu.

roublard, arde adj. – XIXe ; lat. *rubeus* « roux » ■ fam. Qui fait preuve d'astuce et de ruse dans la défense de ses intérêts. ➤ n. *Vieux roublard !*

roublardise n. f. – XIXe ■ Caractère, conduite du roublard.

rouble n. m. – XVIIe ; russe ■ Unité monétaire de l'ex-U.R.S.S. (de la Russie, de l'Ukraine, etc.).

rouchi n. m. – XIXe ; picard *drochi* « droit ici » ■ Patois picard du Hainaut français.

roucoulade n. f. – XIXe ■ Bruit que fait un oiseau en roucoulant. ⇒ **roucoulement.** ➤ fig. et fam. *Les roucoulades des amoureux.*

roucoulant, ante adj. – XIXe ■ Qui roucoule. *Les tourterelles « imperceptiblement roucoulantes et les ailes soulevées de frissons »* (Genev.). ➤ Qui évoque un roucoulement. *Le ténor « poussait des sons roucoulants »* (Huysm.).

roucoulement n. m. – XVIIe 1 Cri du pigeon, de la tourterelle. 2 *Roucoulements d'amoureux :* propos tendres que se chuchotent les amoureux. ⇒ **roucoulade.**

roucouler v. intr. [1] – XVIe ; onomat., ou lat. *raucus* « enroué » 1 Faire entendre son cri, en parlant du pigeon, de la tourterelle. 2 plais. Tenir des propos tendres et langoureux, filer le parfait amour. ➝ trans. « *Tu te pâmais en mille poses Et roucoulais des tas de choses* » (Verlaine).

roudoudou n. m. – 1931 ; formation enfantine ▪ fam. Confiserie faite d'une pâte sucrée coulée dans un coquillage ou une petite boîte de bois ronde, qu'on lèche.

roue n. f. – XIIIe ; lat. *rota* **1** Disque tournant sur un axe qui passe par son centre, et utilisé comme organe de déplacement. *Essieu, moyeu, jante, rayons d'une roue. Véhicule à deux, à quatre roues. Roues avant, arrière. Roues motrices, directrices. Chapeau de roue :* pièce qui protège le moyeu. loc. fam. *SUR LES CHAPEAUX DE ROUES :* à toute allure. ➝ *ROUE LIBRE :* dispositif d'entraînement d'un mécanisme qui n'entraîne pas en réaction l'organe moteur. *En roue libre :* sans prise, sans contrôle. ♦ loc. *Pousser à la roue :* aider qqn à réussir, le soutenir dans son effort ; faire évoluer un processus, une situation. ➝ *Être la cinquième roue du carrosse :* être inutile, inopérant, insignifiant. **2** Disque tournant sur son axe, dans un assemblage mécanique. *Roue de transmission.* ⇒ **poulie.** *Roue dentée. Les roues d'un engrenage.* ⇒ **rouage.** *Roue hydraulique d'un moulin à eau.* « *une roue que l'eau du torrent fait mouvoir* » (Stendh.). *Barre à roue* (d'un bateau). **3** *Supplice de la roue,* qui consistait à attacher le criminel sur une roue après lui avoir rompu les membres. « *Je suis les membres et la roue Et la victime et le bourreau* » (Baudelaire). ➝ *Être condamné à la roue.* **4** Disque tournant. *Grande roue :* manège en forme de roue dressée. ♦ *Roue de loterie,* portant des numéros, que l'on fait tourner. ♦ fig. *La roue de la Fortune :* roue symbolique, emblème des vicissitudes humaines. **5** *FAIRE LA ROUE.* Tourner latéralement sur soi-même en faisant reposer le corps alternativement sur les mains et sur les pieds, en gymnastique. ♦ Déployer en rond les plumes de la queue (paon). ➝ Déployer ses séductions. ⇒ se **pavaner,** se **rengorger.** **6** Disque, cylindre. *Une roue de gruyère.* ⇒ ① **meule.** ✪ HOM. Roux.

❑ *Brouette* est un mot de la même famille ainsi que *rotation, rotonde, rotule ; rouet* est un diminutif de *roue.*

roué, rouée adj. et n. – XIVe ; de *rouer* **1** *Roué de coups :* battu, rossé. **2** Habile et rusé, par intérêt. ⇒ **combinard, finaud, futé.** « *la plus perfide et la plus rouée confidente qui se puisse voir* » (Ste-Beuve). ✪ CONTR. Ingénu ; ① droit.

rouelle n. f. – XVIIe ; lat. *rotella* « petite roue » ▪ Partie de la cuisse du veau ou du porc au-dessus du jarret, coupée en rond.

roue-pelle n. f. – 1974 ▪ Excavatrice comportant une roue à godets. *Des roues-pelles.*

rouer v. tr. [1] – XVe ▪ Supplicier sur la roue. « *Les voleurs joliment roués sur la place du marché* » (Balz.). ♦ loc. *Rouer qqn de coups,* le battre violemment. *Je vais* « *demander un nerf de bœuf et te rouer de mille coups* » (Mol.). ⇒ fam. **tabasser.**

rouerie n. f. – XIXe ; de *roué* ▪ Action pleine de ruse, de dissimulation. ♦ Finesse et habileté sans scrupule. ⇒ **cautèle, diplomatie, ruse.** « *ces minois éveillés et vannés, où il y a de la rouerie et de l'ingénuité* » (R. Rolland).

rouet n. m. – XIVe **1** Machine à filer constituée par un bâti portant une roue, mue par une pédale ou une manivelle, et par une broche à ailettes. *Fileuse à son rouet.* **2** Petite roue d'acier qui produisait des étincelles en frottant contre un silex, dans certaines armes à feu. *Arquebuse à rouet.* **3** Charpente qui supporte la maçonnerie d'un puits. ♦ Garde de serrure. ♦ Élément d'une poulie, disque autour duquel s'enroule le câble. ⇒ **réa.** ♦ Pompe centrifuge à axe vertical.

rouf n. m. – XVIIIe ; germ. *roef* ▪ Petite construction élevée sur le pont d'un navire.

rouflaquette n. f. – XIXe ; o. i. **1** vx Mèche de cheveux formant un accroche-cœur sur la tempe. **2** Patte de cheveux sur le côté de la joue, chez un homme. *Porter des rouflaquettes.*

rougail n. m. et **rougaille** n. f. – XIXe ; mot de Madagascar ▪ Préparation de la cuisine créole, à base de légumes, de fruits, de piment et de gingembre ; plat cuisiné à base de cette préparation. *Rougail de morue. Des rougails.*

rouge adj. et n. – XIIe ; lat. *rubeus* « rougeâtre » **I** adj. **1** Qui est de la couleur du sang, du coquelicot, du rubis. *Couleur rouge en héraldique.* ⇒ **gueules.** *Une rose rouge.* « *le bronze rouge des champs d'amarantes* » (Malraux). *Chou rouge. Fruits rouges. Poisson rouge. Corriger au crayon rouge.* « *Le Petit Chaperon rouge* », *conte de Perrault.* ➝ *Le drapeau rouge,* révolutionnaire. ➝ *Alerte rouge :* état d'alerte maximal. ♦ *Vin rouge. Un bordeaux rouge.* ➝ n. m. fam. *Du rouge. Du gros rouge, du rouge qui tache.* ➝ Verre de vin rouge. *Un petit rouge.* **2** Qui a pour emblème le drapeau rouge ; qui est d'extrême gauche. ⇒ **révolutionnaire ; communiste.** « *Il y avait le péril rouge, le péril jaune* » (Beauv.). ➝ *L'armée rouge.* ⇒ **soviétique.** ♦ adv. « *Voilà ce que c'est de voter rouge* » (Sartre). **3** Qui est porté à l'incandescence et dégage un rayonnement calorifique. ⇒ **incandescent.** *Les cendres sont encore rouges.* **4** Qui devient rouge par l'afflux du sang (opposé à *blanc, pâle*). ⇒ **congestionné, enflammé, rubicond.** *Il est toujours un peu rouge.* ⇒ **rougeaud.** *Être, devenir rouge de honte.* « *Jeanne parut, essoufflée, rouge comme une pivoine* » (France). *Rouge comme un homard :* rouge à cause de la chaleur, de coups de soleil. ➝ adv. *Se fâcher tout rouge :* devenir rouge de colère. *Voir rouge :* avoir un accès de colère qui incite au meurtre. **5** D'un roux vif. « *On cherche un homme. – Qui ? – Un garçon aux cheveux rouges* » (Giono). ⇒ **rouquin.** **II** n. m. **1** La couleur rouge. *Le vert est la couleur complémentaire du rouge. Rouge sang. Un rouge ardent, franc, vif.* « *toute l'exaltation des rouges, depuis le sang carminé des laques jusqu'aux flambes des capucines* » (Huysm.). *Peindre, teindre en rouge.* « *Le Rouge et le Noir* », *roman de Stendhal.* ➝ *Passer au rouge,* alors que les feux de circulation sont rouges. **2** Colorant rouge. *Broyer du rouge sur sa palette.* ♦ Fard rouge. *Rouge à joues.* ➝ *ROUGE À LÈVRES, ROUGE :* fard pour les lèvres. *Tube, bâton de rouge.* « *Tu me mets du rouge. Quelle fricassée de museaux* » (Sartre). **3** Couleur, aspect du métal incandescent. *Barre de fer portée au rouge.* **4** Teinte que prend la peau sous l'effet d'un agent physique, d'une émotion. « *Le rouge me monterait au front, d'être salué en public par une de ces filles* » (Zola). **5** Partie de l'échelle d'un témoin, colorée en rouge pour montrer qu'on atteint un seuil critique. *La jauge d'essence est dans le rouge.* ♦ *Être dans le rouge :* être dans une situation difficile, critique, en déficit, à découvert. *Votre compte bancaire est en rouge,* débiteur.

❑ *Rouge* a une fonction classificatoire dans *vin rouge* (opposé à *blanc*), *chou rouge, viande rouge.* ♦ Mots de même famille étymologique : *rougeole, rouille, roux, rubéole, rubicond, rubis.*

rougeâtre adj. – XIVe ▪ Qui tire sur le rouge ; légèrement rouge. *Lumière rougeâtre.*

rougeaud, aude adj. et n. – XVIIe ▪ Qui a le teint trop rouge. ⇒ **congestionné, rubicond.** ✪ CONTR. Blafard. ① blanc, pâle.

rouge-gorge n. m. – XVe ▪ Oiseau passereau, de petite taille, dont la gorge et la poitrine sont d'un roux vif. *Des rouges-gorges.*

rougeoiement n. m. – XIXe ▪ Teinte ou reflet rougeâtre.

rougeole n. f. – XVIe ; lat. *rubeus* « rouge » ▪ Maladie infectieuse fébrile due à un virus, caractérisée par un catarrhe oculo-nasal qui précède une éruption cutanée. ⇒ aussi **rubéole.**

rougeoleux, euse adj. et n. – XIXe ▪ Relatif à la rougeole. ♦ Atteint de la rougeole.

rougeoyant, ante adj. – XIXe ▪ Qui prend des teintes rougeâtres et changeantes.

rougeoyer v. intr. [8] – XXe ▪ Prendre une teinte rougeâtre ; produire des reflets rougeâtres.

rouge-queue n. m. – XVIIe ▪ Oiseau passereau, appelé *rossignol des murailles,* à gorge noire, caractérisé par la teinte rousse de la queue. *Des rouges-queues.*

rouget n. m. – XIIIe **1** Poisson de mer à longs barbillons *(mullidés). Rouget barbet,* à la chair très appréciée. *Rouget de roche.* ⇒ **surmulet.** ➝ *Rougets grillés.* **2** Érysipèle charbonneux du porc caractérisé par l'apparition de taches rouges. **3** Forme larvaire d'un acarien, de couleur rouge. ⇒ **aoûtat.**

rougeur n. f. – XIVe **1** rare Couleur rouge. **2** Coloration rouge de la peau, due à l'afflux du sang, causée par la chaleur, l'émotion. « *une rougeur subite colora son visage impassible d'un ton de feu* » (Balz.). **3** Tache, plaque rouge sur la peau due à une dilatation des vaisseaux cutanés. ⇒ **couperose, érythème,** ① **feu, inflammation, rubéfaction.**

rough [ʀœf] n. m. – 1932 ; mot angl. « raboteux, grossier » **1** Partie d'un terrain de golf non entretenue. **2** Ébauche, projet, dans les arts graphiques. *Faire des roughs.*

rougi, ie adj. – XVe **1** Qui est devenu rouge, a été rendu rouge. *Yeux rougis.* **2** *Eau rougie,* mêlée de vin rouge.

rougir v. [2] – XIIe **I** v. intr. **1** Devenir rouge. *Métal qui rougit au feu,* devient incandescent. *Les écrevisses, les homards rougissent à la cuisson.* **2** Devenir rouge sous l'effet d'un sentiment qui provoque un afflux de sang au visage. ⇒ s'**empourprer.** « *Je le vis, je rougis, je pâlis à sa vue* » (Rac.). loc. *Rougir jusqu'aux yeux, jusqu'aux oreilles :* rougir beaucoup. *Rougir de colère, de honte, de confusion, d'orgueil, de plaisir.* ➝ « *Des peintures lubriques qui feraient rougir des capitaines de dragons* » (Gaut.). ♦ Éprouver un sentiment de culpabilité, de honte, de confusion. *Rougir de ce qu'on a fait.* « *Je suis si ignorant que j'en rougis vis-à-vis de moi-même* » (Flaub.). **II** v. tr. Rendre rouge. *La lumière du couchant rougit la campagne.* ➝ poét. *Rougir ses mains (de sang) :* commettre un meurtre. ♦ *Rougir une barre de fer au feu,* la chauffer au rouge. ✪ CONTR. Blêmir, pâlir.

rougissant, ante adj. – XIXe **1** Qui devient rouge. *Feuilles rougissantes.* ⇒ **érubescent. 2** Qui rougit d'émotion.

rougissement n. m. – XVIIIe ▪ Le fait de rougir.

rouille n. f. – XIIe ; lat. *robigo* **1** Hydroxyde de fer rouge orangé, produit de la corrosion du fer en présence de l'oxygène de l'air et en milieu humide. *Piqûre, tache, couche de rouille. La rouille attaque, ronge le fer.* **2** adj. inv. D'un rouge-brun. ⇒ **roux.** *Des vestes rouille.* **3** Maladie des céréales provoquée par des champignons et caractérisée par des taches semblables à des taches de rouille sur les tiges et les feuilles. **4** Ailloli relevé de piment rouge accompagnant la bouillabaisse, la soupe de poisson.

rouillé, ée adj. – XIIe **1** Taché, couvert de rouille. « *la porte de la mansarde* [...] *tourna sur ses gonds rouillés et criards* » (Balz.). ♦ Qui grince comme un objet rouillé. *Le son rouillé d'une horloge.* **2** Qui a perdu son agilité, son adresse. « *Il semblait rouillé à côté des autres, en essayant d'imiter leurs gambades* » (Maupass.). **3** Atteint de la rouille. *Blé rouillé.*

rouiller v. [1] – XIIe **1** v. intr. Se couvrir de rouille. *La grille commence à rouiller.* **2** SE ROUILLER v. pron. Se couvrir de rouille. *Outil qui se rouille.* ♦ Faire moins bien qu'avant, à cause de l'âge ou du manque d'entraînement. *Sportif qui se rouille.* « *Je me rouille. Je me dégomme* » (Labiche). **3** v. tr. Provoquer la formation de rouille sur. *L'humidité rouille le fer.* ⇒ **oxyder.**

rouillure n. f. – XVe ▪ rare **1** État du fer rouillé. **2** État d'une plante rouillée.

rouir v. [2] – XIIIe ; germ. °*rotjan* **1** v. tr. Isoler les fibres textiles (du lin, du chanvre) en détruisant la matière gommeuse qui les soude. ⇒ **rouissage. 2** v. intr. Subir le rouissage.

rouissage n. m. – XVIIIe ▪ Action de rouir.

rouissoir n. m. – XVIe ▪ Lieu où l'on fait rouir le lin, le chanvre.

roulade n. f. – XVIIe **1** Succession de notes chantées rapidement sur une seule syllabe. *Faire des roulades et des trilles.* **2** Tranche (de viande, de poisson) roulée et garnie. *Roulades de porc.* **3** Mouvement de gymnastique qui consiste à s'enrouler sur soi-même. *Roulade avant, arrière.* ⇒ **galipette, roulé-boulé.**

roulage n. m. – XVIIe **1** Transport de marchandises par voiture. ➝ Transport souterrain du charbon dans une mine. *Galerie de roulage.* ➝ Chargement et déchargement des navires par des engins sur roues. **2** Opération par laquelle on passe des labours au rouleau. **3** Opération de mise en forme de tôles d'acier par pressage.

roulant, ante adj. – XVe **1** Muni de roues, de roulettes. *Table roulante. Cuisine roulante :* cuisine ambulante. ⇒ **roulante.** *Panier roulant.* ⇒ ② **caddie.** ♦ *Matériel roulant* (opposé à ① *fixe*). « *Il s'occupait surtout du matériel roulant, camions, tombereaux, wagonnets, brouettes, diables* » (Aymé). ➝ *Le personnel roulant :* les agents de conduite. **2** Qui peut glisser sur des rouleaux, des galets, pour transporter, déplacer d'un point à un autre. *Trottoir roulant, escalier roulant* ou *mécanique. Tapis roulant.* **3** *FEU ROULANT,* continu (tir d'armes à feu). ➝ « *Un feu roulant d'épigrammes* » (Ste-Beuve). **4** fam. vieilli Très drôle. ⇒ **marrant, tordant.**

roulante n. f. – 1915 **1** fam. Cuisine roulante. « *On ne dépendait pas de la roulante. On avait le privilège de faire notre popote nous mêmes* » (Cendrars). **2** Courbe mobile roulant sur une courbe fixe (⇒ **roulement**).

roulé, ée adj. et n. m. – XVe **I** adj. **1** Enroulé ; mis en rond, en boule, en rouleau. *Chapeau à bords roulés. Col roulé. Épaule roulée :* épaule d'un animal de boucherie, désossée et enroulée. ♦ Arrondi par l'action de l'eau. *Galets roulés.* **2** *R roulé,* prononcé avec des vibrations de la pointe de la langue. ⇒ **apical. 3** *BIEN ROULÉ.* fam. Bien fait de sa personne, qui a de jolies formes. « *Elle est drôlement roulée, sa souris, et elle n'a pas dix-huit ans* » (Sartre). **II** n. m. Gâteau dont la pâte est enroulée sur elle-même. *Un roulé à la confiture.*

rouleau n. m. – XVIe ; de *rôle,* et de *rouler* **I - 1** Bande enroulée de forme cylindrique. *Rouleau de parchemin, de tissu. Rouleau de papier peint. Rouleau de pellicule photo.* ⇒ **bobine.** ➝ loc. *Être au bout du rouleau :* n'avoir plus d'argent, plus d'énergie ; être à la fin de sa vie. **2** Cylindre formé par une chose enroulée. *Rouleau de réglisse.* ➝ *Rouleau de pièces :* pièces de monnaie empilées et enroulées dans du papier. ♦ Cheveux enroulés. ♦ Longue vague qui déferle sur une plage. ⇒ **déferlante.** ♦ Technique de saut en hauteur dans laquelle le corps tourne autour d'un axe proche de l'horizontale. *Rouleau ventral, dorsal.* ♦ *Rouleau de printemps :* crêpe de farine de riz fourrée de crudités. **II - 1** Cylindre allongé. ➝ *Rouleau à* *pâtisserie :* cylindre servant à abaisser la pâte. ♦ Instrument cylindrique que l'on roule sur le sol. *Rouleau brise-mottes.* ♦ *Rouleau compresseur :* cylindre de fonte pour aplanir le macadam. ⇒ **compacteur.** ♦ *Rouleau d'imprimerie* ou *rouleau encreur,* cylindre encré. ♦ Instrument formé d'un cylindre muni d'un manche, à l'aide duquel on applique la peinture. *Rouleau en mousse.* 2 Objet cylindrique destiné à recevoir ce qui s'enroule. *Rouleau à mise en plis :* bigoudi cylindrique pour enrouler les cheveux. ♦ *Le rouleau d'une machine à écrire.*

> ❑ *Rouleau* a d'abord désigné une bande enroulée portant un écrit, ce qui explique la locution figurée *être au bout du (de son) rouleau.*

roulé-boulé n. m. – 1961 ▪ Culbute par laquelle on tombe en se roulant en boule. ⇒ **roulade.** *Les roulés-boulés d'un parachutiste.*

roulement n. m. – XVIe 1 Action de rouler. « *L'état satisfaisant de la voie favorisait le roulement* » (Robbe-Grillet). *Bande de roulement :* partie du pneumatique en contact avec le sol. ♦ Déplacement d'une courbe sur une courbe fixe, lorsque les deux courbes restent constamment tangentes et que le point de contact parcourt en même temps des arcs égaux sur l'une et l'autre. ♦ *Roulement à billes :* mécanisme destiné à diminuer les frottements entre des pièces roulant l'une sur l'autre, formé de billes d'acier insérées entre les organes flottants. *Roulement à aiguilles.* 2 Bruit sourd et prolongé. « *assourdi par un roulement de tonnerre qui lui tambourine le tympan* » (Mart. du G.). *Roulement de tambours.* ⇒ **battement.** 3 Mouvement de ce qui tourne. *Un roulement d'yeux.* 4 Action de circuler, de servir, en parlant de l'argent. ⇒ **circulation.** *Fonds de roulement.* 5 Alternance de personnes qui se relayent, se remplacent dans un travail. *Travailler par roulement.*

> ❑ Ne pas confondre *roulement* et *rotation :* « *Il y a* roulement *quand le corps avance en tournant sur lui-même et* rotation *quand le corps tourne sur lui-même sans changer de place* » (L. Durrieu).

rouler v. [1] – XIIe ; de *rouelle* « roue », du lat. *rotella* **I** v. tr. 1 Déplacer (un corps arrondi) en le faisant tourner sur lui-même. *Sisyphe condamné à rouler son rocher.* 2 Faire avancer, déplacer (un objet muni de roues, de roulettes). *Rouler une brouette.* 3 *ROULER DANS... :* rouler de manière à recouvrir, à enduire toute la surface de. *Rouler des croquettes dans la chapelure.* ⇒ **enrober.** ➝ loc. fam. *Rouler qqn dans la farine,* le duper. 4 Tourner autour d'un axe ; mettre en rouleau. *Rouler un tapis.* ➝ *Rouler une cigarette,* la fabriquer à la main. ♦ Mettre en boule. *Rouler des chaussettes pour les ranger.* 5 Faire tourner sur soi-même, imprimer un mouvement circulaire, rotatoire à (une partie du corps). « *Il grince des dents et roule des yeux féroces d'assassin de film muet* » (Sarraute). ➝ *Se rouler les pouces :* se tourner les pouces par oisiveté. fam. *Se les rouler :* ne rien faire. 6 littér. Tourner et retourner (des pensées). ⇒ **méditer.** « *Rouler des idées, amonceler des évidences, étager des principes* » (Hugo). 7 fam. Duper* (qqn), en faire ce qu'on veut. ⇒ ① **avoir.** « *tu es trop petite pour rouler un vieux de la vieille* » (Renard). *C'est bien trop cher ! vous vous êtes fait rouler.* ⇒ ② **voler.** 8 Faire vibrer longuement. *Rouler les r.* 9 Aplatir, passer au rouleau. *Rouler un terrain de tennis.* **II** *SE ROULER* v. pron. 1 Se tourner de côté et d'autre dans la position allongée. *Se rouler dans l'herbe.* ➝ *Une scène drôle à se rouler par terre.* ⇒ se **tordre.** 2 S'envelopper (dans). ⇒ s'**enrouler.** *Se rouler dans une couverture.* 3 Se mettre en boule, en rouleau. *Se rouler en boule.* **III** v. intr. 1 Avancer en tournant sur soi-même, les deux mouvements étant dans le même plan. *Balle qui roule. Faire rouler un cerceau. Dés qui roulent quand on les lance.* ♦ Tomber et tourner sur soi-même par l'élan pris dans la chute. ⇒ **dégringoler.** *Être soûl à rouler sous la table.* 2 Avancer au moyen de roues, de roulettes. *La voiture roule à 100 à l'heure.* ➝ Avancer, voyager dans un véhicule à roues. *Roulez à droite ! Nous roulons vers Paris.* ♦ fam. *Ça roule !* ça marche, ça va. ➝ *Ça roule mal ce soir :* la circulation est dense. 3 Tourner sur soi-même. *Roulez manège !* ➝ *Rouler des épaules, des hanches en marchant.* 4 S'incliner alternativement d'un bord et de l'autre. *Bateau qui tangue et roule.* 5 Errer sans s'arrêter. « *Je ne fis autre chose que rouler çà et là dans le monde* » (Desc.). ⇒ **bourlinguer.** 6 Se prolonger (en parlant d'un bruit sourd) ; faire entendre un bruit sourd et prolongé. *Le tambour roule.* 7 *ROULER SUR.* Avoir pour sujet. ⇒ ① **porter.** « *Le plus souvent, l'entretien roulait sur l'affaire* » (Duham.). ✪ CONTR. Dérouler, ① étaler.

roulette n. f. – XIIe ; de *rouelle,* rattaché à *rouler* 1 Petit cylindre, bille, monté sous un objet pour en faciliter le déplacement. ⇒ **galet.** *Table à roulettes.* loc. *Marcher, aller comme sur des roulettes :* marcher très bien, très facilement (en parlant d'une affaire, d'une entreprise). « *J'ai trouvé nos passeports prêts. Tout a été comme sur des roulettes ; c'est bon signe* » (Flaub.). 2 Instrument formé d'un petit disque mobile autour d'un axe, et d'un manche. ⇒ **molette.** *Roulette de pâtissier,* à disque de buis denté, pour découper la pâte. *Roulette de relieur,* à disque de cuivre, pour tracer les filets. ♦ *Roulette de dentiste.* ⇒ ④ **fraise.** 3 Jeu de hasard où une petite boule, lancée dans une cuvette tournante divisée en trente-sept cases numérotées, détermine le gain ou la perte du joueur. « *le tapis de la roulette, aux cases chiffrées* » (Romains). *Jouer à la roulette.* ♦ *ROULETTE RUSSE :* duel ou jeu suicidaire, dans lequel on tire avec un revolver, sans savoir où sont les balles dans le barillet, qui n'est pas entièrement chargé.

rouleur, euse n. m. et f. – XVIe 1 n. m. Ouvrier qui roule (le minerai, les tonneaux). 2 n. m. Navire qui roule beaucoup. 3 n. f. Chenille qui enroule les feuilles où elle file son cocon. 4 n. m. Cycliste qui soutient un train régulier et très rapide. ⇒ **pédaleur.** 5 n. f. Machine effectuant le roulage de pièces métalliques.

roulier n. m. – XIIIe 1 Voiturier qui transportait des marchandises sur un chariot. ⇒ **transporteur.** 2 Navire dont la manutention des marchandises s'effectue par roulage.

roulis n. m. – XIIe ▪ Mouvement alternatif transversal que prend un navire sous l'effet de la houle, des vagues (⇒ **rouler**). « *le roulis le remuait, le gênait dans sa besogne* » (Loti). *Il y a du roulis et du tangage.*

roulotte n. f. – XIXe ; de *rouler* 1 Voiture aménagée pour l'habitation, où vivent des nomades, traînée sur les routes par des chevaux ou par une automobile. 2 *Vol à la roulotte :* vol d'objets dans un véhicule en stationnement.

roulotté, ée adj. et n. m. – 1933 ; de *rouleau* ▪ *Ourlet roulotté* ou n. m. *un roulotté :* enroulement du bord d'une étoffe légère, maintenu par un point de côté. ➝ *Mouchoir, foulard roulotté.*

roulottier, ière n. – XIXe ▪ fam. Voleur, voleuse à la roulotte*.

roulure n. f. – XVIIIe 1 Maladie des arbres, solution de continuité entre deux couches concentriques de croissance. 2 t. d'injure Prostituée.

roumain, aine adj. et n. – XIXe ▪ De la Roumanie, relatif à la Roumanie. ♦ n. *Les Roumains.* ➝ n. m. *Le roumain :* langue romane, parlée en Roumanie.

roumi n. – XVIIe ; ar. *roum* « pays soumis par Rome » ■ Nom par lequel les musulmans désignent un chrétien, un Européen.

round [Raund ; Rund] n. m. – XIXe ; mot angl. « cercle, cycle, tour » ■ Reprise (d'un combat de boxe). *Combat en dix rounds.* « *Il venait de mettre* knock-out, *en deux rounds, un gars de chez eux* » (Carco).

> ❑ Au XIXe s., le mot a été francisé en *rond* n. m. : *L'arbitre « veillait à ce que le temps des ronds ne dépassât pas une demi-heure »* (Hugo).

roupettes n. f. pl. – XVIIIe ; got. *raupa* « chiffons, guenilles » ■ fam. Testicules. ⇒ **roubignoles.**

① **roupie** n. f. – XIIIe ; o. i. ■ vieilli Goutte qui pend du nez, découle du nez. ⇒ **morve.** ➛ fam. *De la roupie de sansonnet*.*

② **roupie** n. f. – XVIIe ; port. *rupia,* de l'hindi occid. *rûpîya* « argent » ■ Unité monétaire de l'Inde et du Pakistan.

roupiller v. intr. [1] – XVIe ; probablt onomat. ■ fam. Dormir. « *La petite ville roupillait éperdument, sous un semis d'étoiles* » (Queneau).

roupillon n. m. – XIXe ■ fam. Petit somme. *Faire, piquer un roupillon.*

rouquin, ine adj. et n. – XIXe ; altér. arg. de *rouge* ou *roux* 1 Roux. « *Les doigts enfoncés dans sa tignasse rouquine, il se mit à rêver* » (Duham.). ➛ n. *Une belle rouquine.* 2 n. m. fam. Vin rouge.

rouscailler v. intr. [1] – XVIIe ; de l'a. v. *rousser* « gronder » et d'un *°cailler* « bavarder » ■ fam. Réclamer, protester. ⇒ **rouspéter.**

rouspétance n. f. – XIXe ■ fam. Action de rouspéter, résistance d'une personne qui rouspète. « *Y aura chacun sa part, les gars, et pas d'rouspétance* » (Carco).

rouspéter v. intr. [6] – XIXe ; p.-ê. de l'a. v. *rousser* « gronder » et *péter* « faire du pétard » ■ fam. Protester, réclamer (contre qqch. qui paraît injuste ou vexatoire). ⇒ **grogner, maugréer, râler.** « *Il rouspétait comme un beau diable* » (Cendrars).

rouspéteur, euse n. – XIXe ■ fam. Personne qui rouspète, aime rouspéter. ⇒ **grincheux, grognon, râleur.** ➛ adj. *Il est gentil, mais un peu rouspéteur.*

roussâtre adj. – XVe ■ Qui tire sur le roux.

rousse n. f. – XIXe ; o. i. ■ Arg. Police.

rousselet n. m. – XVIIe ; dimin. de *rousseau,* de *roux* ■ Poire à la peau rougeâtre.

rousserolle n. f. – XVIe ; de *roux* ■ Oiseau passereau, plus petit que le moineau, vivant au bord de l'eau et dont certaines espèces portent le nom de *fauvette des roseaux, fauvette des marais.* « *"Voilà maintenant, dit-elle, des rousserolles." Elles arrivaient par petits vols clignotants* » (Giono).

roussette n. f. – XVIe ; de *roux* 1 Poisson sélacien comestible *(scyllidés),* appelé aussi *chat de mer,* ne dépassant pas un mètre de long. ⇒ **saumonette.** 2 Chauve-souris des régions tropicales, pouvant atteindre un mètre d'envergure. 3 Petite grenouille rousse dont on mange les cuisses. 4 Merveille (pâtisserie).

rousseur n. f. – XIIe 1 Couleur rousse. 2 *TACHES DE ROUSSEUR :* taches pigmentaires de teinte marron clair, apparaissant sur la peau. ⇒ **éphélide.** « *Sa figure ronde criblée de taches de rousseur* » (Mac Orlan). 3 *Une, des rousseurs.* Tache roussâtre, due à l'humidité, qui apparaît avec le temps sur certains papiers.

roussi n. m. – XVIIe ■ Odeur d'une chose qui a légèrement brûlé. ➛ *Ça sent le roussi,* l'affaire tourne mal, ça se gâte.

① **roussin** n. m. – XIVe ; a. fr. *roncin* « cheval de charge » ■ vx Cheval entier, monté par un écuyer, à la guerre ou à la chasse.

② **roussin** n. m. – XIXe ; de *rousse* ■ vx ou plais. Policier.

roussir v. [2] – XIIIe 1 v. tr. Rendre roux en brûlant légèrement. *Roussir du linge en repassant.* 2 v. intr. Devenir roux. *Les bois roussissent en automne.*

roussissement n. m. – XIXe ■ Action de roussir.

rouste n. f. – XXe ; lat. *°rustiare* « rosser » ■ fam. Volée de coups. *Prendre une rouste.*

roustir v. tr. [2] – XVIIIe ; var. région. de *rôtir* ■ région. (Midi) Rôtir. ♦ fam. Voler (qqn ; qqch.).

roustons n. m. pl. – XIXe ; mot langued., o. i. ■ fam. Testicules. ⇒ **roubignoles, roupettes.**

routage n. m. – 1908 ; de *router* 1 Action de grouper en liasses, selon leur destination, des imprimés ou des colis. *Routage de journaux.* 2 Détermination de la route que doit suivre un navire.

routard, arde n. – av. 1972 ■ Personne qui prend la route et qui voyage à peu de frais.

route n. f. – XIIe ; lat. *[via] rupta,* de *rumpere viam* « ouvrir un passage » 1 Voie de communication terrestre aménagée, plus importante que le chemin, située hors d'une agglomération ou reliant une agglomération à une autre (opposé à ① *rue*). *Route large, étroite. Route à plusieurs voies, protégée* (⇒ **autoroute**). *Bonne, mauvaise route. Le tracé d'une route.* « *la route cheminait à perte de vue* » (France). ➛ *Revêtement d'une route. Route empierrée, pavée, goudronnée.* ➛ *Route en construction. Route barrée.* ➛ *La route de Strasbourg,* qui va à Strasbourg. ➛ *La grande route, la grand-route,* route principale, à la campagne. ➛ (En France) *Route nationale, départementale.* ➛ (En Suisse) *Route cantonale.* ♦ *La route :* l'ensemble des routes ; le moyen de communication que représentent les routes. *Code de la route.* « *Je connais le code de la route, moi. Jamais de contredanses* » (Queneau). *Faire de la route :* rouler beaucoup sur les routes. *Voiture qui tient bien la route, a une bonne tenue* de route.* fig. *Tenir la route :* être réalisable, fiable, solide. *Son projet ne tient pas la route.* ➛ *Accidents de la route.* 2 Chemin suivi ou à suivre dans une direction déterminée pour franchir, parcourir un espace. ⇒ **chemin, itinéraire.** *Changer de route. Perdre sa route.* « *C'est une dame avec son auto qui se trompait de route* » (Colette). *Être sur la bonne route,* dans la bonne direction. ➛ Voie suivie traditionnellement par un commerce. *La route de la soie, la route du rhum.* ♦ Ligne que suit un navire ou un avion. *L'ancienne route des Indes.* loc. *FAIRE FAUSSE ROUTE :* s'écarter de la bonne direction ; se tromper dans les moyens à employer, dans la méthode à suivre pour parvenir à ses fins. ⇒ **s'égarer.** 3 Marche, voyage. *Faire route vers Paris.* « *une noce de métayers en route pour l'église* » (Mauriac). « *En route, mauvaise troupe !* » (Vigny). *En cours de route :* pendant le voyage ; pendant l'opération, entre-temps. ➛ *Feuille de route :* titre délivré par l'autorité militaire à des militaires se déplaçant isolément. ♦ *METTRE EN ROUTE :* mettre en marche (un moteur, une machine). ➛ *Mise en route d'une affaire,* mise en train. ➛ *Avoir qqch. en route,* être en train d'exécuter qqch. 4 Parcours. ⇒ **chemin, voie.** *Nos routes se sont croisées,* nos destins. *La route est toute tracée,* on sait ce qu'il faut faire. « *On ne revient pas au passé. Il faut continuer sa route* » (R. Rolland).

> ❑ Même étymologie que *rupture* et *banqueroute* (latin *rumpere*) ; la route sépare les cultures.

router v. tr. [1] – 1908 ; de *route* 1 Grouper en liasses (des journaux, des imprimés) selon leur destination. 2 Fixer l'itinéraire de (un navire).

routeur, euse n. – 1990 ▪ Personne qui détermine la route à suivre par un navire.

① **routier** n. m. – XIIIe ; a. fr. *route* « bande de soldats », de *rout* « rompu », a. p. p. de *rompre* ▪ *VIEUX ROUTIER :* homme expérimenté, habile. *Un vieux routier de la politique.*

② **routier, ière** adj. et n. – XIIe ; de *route* 1 Relatif aux routes, qui se fait sur route. *Carte routière,* indiquant les routes. *Réseau routier. Transports routiers.* 2 n. m. Carte à petite échelle. 3 n. m. Conducteur de poids lourds effectuant de longs trajets. ⇒ **camionneur.** ♦ Restaurant de routiers. 4 n. m. Coureur cycliste sur route. *Routiers et pistards.* 5 n. f. *Une routière, une bonne routière :* une voiture bien adaptée à la conduite sur route.

routine n. f. – XVIe ; de *route* 1 Habitude d'agir ou de penser toujours de la même manière, avec qqch. de mécanique et d'irréfléchi. ⇒ **train-train ;** fam. **ronron.** « *c'était l'engourdissement mortel, inévitable, de la routine* » (Zola). ♦ Ensemble des habitudes et des préjugés, considérés comme faisant obstacle à la création et au progrès. 2 *De routine :* courant, habituel. *Une enquête de routine.* 3 Anglic. En informatique, Partie de programme, programme qui effectue une opération répétée souvent. ✪ CONTR. Initiative, innovation.

routinier, ière adj. – XVIIIe ▪ Qui agit par routine, se conforme à la routine. « *La vie de ces routinières personnes gravite dans une sphère d'habitudes* » (Balz.). *Un esprit routinier.* ♦ Caractérisé par la routine. *Un travail routinier.* ✪ CONTR. Innovateur.

rouvraie n. f. – XVIIe ▪ Lieu planté de chênes rouvres.

rouvre n. m. – XVe ; lat. *robur* ▪ Petit chêne*. ➛ *Chêne rouvre.*

rouvrir v. [18] – XIIe I v. tr. Ouvrir de nouveau (ce qui a été fermé). *Rouvrir son magasin.* ➛ *Rouvrir les yeux.* ➛ pronom. *La plaie s'est rouverte.* ♦ Faire reprendre, relancer. *Rouvrir un débat.* II v. intr. Être de nouveau ouvert après une période de fermeture. *La boulangerie rouvre demain. Elle a rouvert ; elle est rouverte.* ✪ CONTR. Refermer.

> ❑ Attention au préfixe, le fait de *rouvrir* s'appelle la *réouverture.*

roux, rousse adj. et n. – XIIe ; lat. *russus* 1 D'une couleur orangée plus ou moins vive. « *La chevelure tiède, rousse comme de l'or brûlé* » (Villiers). *Pelage roux du renard, de l'écureuil. Feuilles rousses.* ➛ n. m. *Le roux :* la couleur rousse. 2 Dont les cheveux sont roux. « *À une mendiante rousse* », poème de Baudelaire. ➛ n. *Un roux, une rousse.* ⇒ **rouquin.** 3 *Beurre roux,* qu'on a fait roussir en le chauffant. ♦ n. m. *Un roux :* préparation faite de farine mélangée à une matière grasse et mouillée avec un liquide chaud, qu'on utilise pour lier une sauce. *Roux blanc, blond, brun.* 4 *LUNE ROUSSE :* lune d'avril qui, selon la tradition paysanne, roussit la végétation lors de gelées par ciel clair. ✪ HOM. Roue.

royal, ale, aux adj. – IXe ; lat. *regalis* 1 Du roi ; qui concerne le roi, se fait en son nom. *La famille royale. Son, Votre Altesse Royale.* « *tant qu'il reste un mâle de sang royal* » (Volt.). ♦ loc. *La voie royale :* la voie la plus glorieuse, celle qui mène le plus directement au but. 2 Digne d'un roi ; majestueux, grandiose, magnifique. *Un pourboire royal.* ➛ Parfait. *Une paix royale.* 3 Désigne certaines races ou variétés d'animaux ou de végétaux remarquables par leur taille ou leur beauté. *Tigre royal.* 4 *Lièvre à la royale,* farci avec ses abats et du foie gras, braisé au vin blanc et servi avec une sauce aux truffes.

royale n. f. – XVIIIe ▪ Touffe de poils sur la lèvre inférieure (plus longue que la mouche*). ⇒ aussi **barbiche, impériale.**

royalement adv. – XIIe 1 D'une manière royale, avec magnificence. ⇒ **magnifiquement, superbement.** « *Il fut royalement traité* » (Courtel.). 2 fam. Tout à fait, complètement. ⇒ **souverainement.** « *jadis il avait perdu royalement sur les hippodromes* » (Aragon). *Je m'en moque royalement.*

royalisme n. m. – XVIIIe ▪ Attachement à la monarchie, à la royauté. ⇒ **monarchisme.**

royaliste n. et adj. – XVIe 1 Partisan du roi, de la royauté, dans un régime autre que la monarchie (empire, république, dictature). 2 adj. loc. *Être plus royaliste que le roi :* défendre les intérêts de qqn avec plus d'ardeur qu'il ne le fait lui-même. ♦ *Opinions royalistes. Journal royaliste.* « *les chefs de l'insurrection royaliste* » (Balz.). ✪ CONTR. Républicain.

royalties [Rwajalti] n. f. pl. – XIXe ; angl. *royalty* « royauté », d'où « impôt payé au roi » et « droit payé au propriétaire d'une mine » ▪ Somme versée par l'utilisateur d'un brevet à son inventeur. *Toucher des royalties.* ♦ Redevance payée par une société pétrolière au pays où se trouvent les gisements du pétrole exploité. *Royalties de 30%.* ➛ Recomm. offic. *redevance.*

> ❑ Le terme *royautés,* utilisé en français au Canada, n'est pas en usage en France, mais pourrait fort bien l'être.

royaume n. m. – XIe ; lat. *regimen* « direction, gouvernement » 1 Pays, État gouverné par un roi, une reine. ⇒ **monarchie.** ♦ *Le Royaume-Uni,* formé de la Grande-Bretagne et de l'Irlande du Nord. 2 *Le royaume de Dieu, des cieux :* le règne de Dieu dans le ciel **(⇒ paradis).** 3 littér. et vx *Le royaume des morts :* les Enfers.

royauté n. f. – XIIe 1 Dignité de roi ; le fait d'être roi. *Aspirer à la royauté.* ⇒ **couronne, trône.** « *tout trésor, par droit de royauté Appartient, Sire, à Votre Majesté* » (La Font.). 2 Pouvoir royal, régime monarchique. ⇒ **monarchie.** *Chute de la royauté.*

-rragie ou (vx) **-rrhagie** Élément, du gr. *-rragia,* d'apr. *erragên,* de *rhêgnumi* « briser ; jaillir »

> ❑ Les deux séries, *-rragie (hémorragie)* et *-rrhée (diarrhée)* ont le même sens, « écoulement ». En parlant d'un écoulement sanguin, on emploie plutôt *-rragie ;* comparer *otorragie* et *ottorrhée.*

-rrhée ou **-rrée** Élément, du gr. *-rroia,* de *rhein* « couler ».

ru n. m. – XIIe ; lat. *rivus* ▪ vx ou région. Petit ruisseau. ✪ HOM. Rue.

ruade n. f. – XVe ▪ Mouvement par lequel les équidés lancent vivement en arrière leurs membres postérieurs en soulevant leur train arrière. ⇒ **ruer.** *Cheval qui lance une ruade.*

ruban n. m. – XIIIe ; néerl. *ringhband* « collier » 1 Étroite bande de tissu, servant d'ornement, d'attache. *Ruban de soie. Ruban qui retient les cheveux. Paquet attaché par un ruban. Acheter deux mètres de ruban.* ➛ loc. *Le ruban bleu :* trophée symbolique décerné aux transatlantiques à l'occasion d'un record de vitesse. ➛ *Détenir le ruban bleu* (de qqch.), une supériorité dans un domaine. 2 Cette bande de tissu servant d'insigne à une décoration. *Le ruban de la Légion d'honneur :* insigne de chevalier. « *le ruban rouge passé à la boutonnière de mon veston* » (Mac Orlan). 3 Bande mince et assez étroite d'une matière flexible. *Ruban adhésif.* ⇒ ② **scotch.** ➛ *Le ruban encreur d'une machine à écrire, d'une imprimante.* 4 *Ruban d'eau :* plante aquatique à feuilles rubanées. ⇒ **sparganier.** 5 Motif décoratif rappelant un ruban enroulé, caractéristique du style Louis XVI.

rubané, ée adj. – XIVe 1 Couvert de traces étroites et allongées. *Marbre rubané.* 2 Plat et mince comme un ruban. *Algues rubanées.*

rubaner v. tr. [1] – XIVe 1 vx Garnir de rubans. ⇒ **enrubanner.** 2 Aplatir, disposer en ruban, en bande étroite. *Rubaner du métal.*

rubanerie n. f. – XVe ▪ Fabrication, commerce en gros des rubans, galons.

rubanier, ière n. et adj. – XIVe 1 Fabricant, marchand en gros de rubans. 2 adj. Relatif à la fabrication des rubans. *Industrie rubanière.*

rubato [ʀybato ; ʀubato] adj., adv. et n. m. – 1907 ; it. « dérobé, volé » ▪ En musique, Indication de rythme, laissant une grande liberté de mouvement pour l'exécution d'un passage. ➞ adv. *Jouer rubato.* ➞ n. m. *Des rubatos.*

rubéfaction n. f. – XIXe ; lat. *rubefacere* « rendre rouge » ▪ Congestion cutanée passagère, provoquée par un rubéfiant. ⇒ **rougeur.**

rubéfiant, iante adj. et n. m. – XVIIIe ; lat. *rubefacere* « rendre rouge » ▪ Qui produit une congestion passagère par application sur la peau. ➞ n. m. *Les sinapismes sont des rubéfiants.*

rubellite n. f. – XIXe ; lat. *rubellus* « rouge » ▪ Variété de tourmaline de teinte généralement rose.

rubéole n. f. – XVIIIe ; lat. *rubeus* « rouge » ▪ Maladie virale éruptive, contagieuse, bénigne, accompagnée de fièvre, à lésions cutanées rougeâtres, rappelant la scarlatine ou la rougeole. *La rubéole chez une femme enceinte peut entraîner des malformations du fœtus.*

rubescent, ente adj. – XIXe ; lat. *rubescere* « rougir » ▪ didact. Qui devient rouge. *Peau rubescente.*

rubicond, onde adj. – XVe ; lat. ▪ Très rouge de peau (visage). « *la face rubiconde que Breughel donne à ses paysans joyeux, ripailleurs et gelés* » (Proust). ✪ CONTR. Blafard, blême, pâle.

rubidium [ʀybidjɔm] n. m. – XIXe ; lat. *rubidus* « rouge brun », à cause des raies rouges de son spectre ▪ Élément atomique (Rb ; n° at. 37 ; m. at. 85,48), métal blanc, mou, du groupe des alcalins.

rubigineux, euse adj. – XVIIIe ; lat. *robigo* « rouille » ▪ Couvert de rouille. ⇒ **oxydé, rouillé.** ➞ Couleur de rouille.

rubis n. m. – XIIe ; lat. *rubeus* « rouge » 1 Pierre précieuse, variété transparente et rouge de corindon. ➞ Cette pierre taillée en bijou. « *les poings menus Où saignent les rubis d'un bracelet garance* » (Aragon). 2 Variété de spinelle, de couleur rouge. 3 Monture de pivot en pierre dure (autrefois en rubis, aujourd'hui en cristal de roche) dans un rouage d'horlogerie. *Montre trois rubis.* 4 loc. *Payer rubis sur l'ongle* : payer comptant, jusqu'au dernier sou et séance tenante.

rubrique n. f. – XIIIe ; lat. *rubrica* « terre rouge, ocre », puis « titre en rouge des lois » 1 Parties des livres liturgiques imprimées en rouge contenant les règles à observer dans l'accomplissement des fonctions liturgiques. 2 Titre indiquant la matière d'un article. *Article publié sous la rubrique des sciences.* ♦ Article sur un sujet déterminé, paraissant régulièrement dans un journal. « *la rubrique immobilière d'un grand quotidien du matin* » (Romains). 3 *SOUS (TELLE) RUBRIQUE* : sous tel titre, telle désignation. « *une somme annuelle de trois mille francs, sous cette rubrique : Allocation à M. l'évêque* » (Hugo). ⇒ **catégorie.**

ruche n. f. – XIIe ; lat. *rusca* « écorce », les premières ruches étant en écorce 1 Abri aménagé pour y recevoir un essaim d'abeilles. 2 La colonie d'abeilles qui l'habite. *La reine d'une ruche.* ♦ Lieu où règne une activité incessante et organisée. ⇒ **fourmilière.** 3 Bande étroite plissée ou froncée (de tulle, de dentelle) qui servait d'ornement. ⇒ **ruché.**

ruché n. m. – XIXe ▪ Ruche (3°).

ruchée n. f. – XVIe ▪ Population ou produit d'une ruche.

rucher n. m. – XVIIe ▪ Emplacement où sont disposées les ruches ; ensemble des ruches d'une exploitation.

rudbeckia [ʀydbekja] n. m. – XIXe ; de *Rudbeck,* nom d'un bot. suéd. ▪ Plante herbacée *(composées)* d'origine exotique cultivée en Europe pour ses fleurs aux vives couleurs.

rude adj. – XIIIe ; lat. *rudis* « brut, inculte, grossier » 1 Mal dégrossi, primitif et qui donne une impression de force naturelle. ⇒ **fruste, grossier, rustique.** « *homme bon sous son écorce rude* » (Ste-Beuve). ♦ Dur, sévère. *Tu as été trop rude avec elle.* ⇒ **brutal.** ➞ *Un rude gaillard,* courageux et fort. 2 Qui donne du mal, impose un effort, est dur à supporter. ⇒ **difficile, pénible.** *Métier rude. Être à rude épreuve.* « *La vie était saine et rude* » (Loti). ➞ *Un hiver très rude.* ⇒ ① **froid, rigoureux.** 3 Dur au toucher. *Étoffe rude et grossière.* ⇒ **rêche, rugueux.** 4 Dur ou désagréable à l'oreille. ⇒ **rauque.** 5 fam. (toujours avant le nom) Fort, remarquable en son genre. ⇒ **drôle** (de), **fameux,** ① **sacré.** *Un rude appétit.* ⇒ **solide.** ✪ CONTR. Délicat, raffiné. Doux.

> ❑ Dans les emplois libres, *rude* (au sens de « difficile ») épithète, tend à se placer après le nom. En revanche, dans de nombreux syntagmes figés *(être à rude épreuve, à rude école, rude journée)* *rude* est antéposé.

rudement adv. – XIIIe 1 De façon brutale. ⇒ **brutalement, durement.** *Heurter rudement.* 2 Avec dureté, sans ménagement. *Traiter qqn rudement.* ⇒ **rudoyer.** 3 fam. Beaucoup, très. ⇒ **diablement, drôlement,** fam. **vachement.** « *Il se tient rudement bien* » (Queneau).

rudenté, ée adj. – XVIe ; lat. *rudens* « cordage » ▪ Orné de rudentures. *Colonnes rudentées.*

> ❑ Ne pas confondre *rudenté* et *redenté,* autre terme d'architecture. → redenté.

rudenture n. f. – XVIe ▪ Ornement torsadé au bas des cannelures d'une colonne.

rudéral, ale, aux adj. – XIXe ; lat. *rudus* « déblais, décombres » ▪ Qui croît parmi les décombres, en terrain calcaire. *L'ortie est une plante rudérale.*

rudération n. f. – XVIIIe ; lat ▪ Pavage en cailloux, en petites pierres.

rudesse n. f. – XIIe 1 vieilli Caractère primitif. ⇒ **barbarie.** *La rudesse de leurs mœurs.* 2 Caractère d'une personne brusque et dure. ⇒ **brutalité, dureté.** *Traiter qqn avec rudesse.* 3 Caractère de ce qui est difficile à supporter. *La rudesse du climat.* ✪ CONTR. Raffinement. Douceur.

rudiment n. m. – XVe ; lat. « apprentissage, premier élément » 1 plur. Notions élémentaires d'une science, d'un art. ⇒ **abc, b.a.-ba, base, élément.** *Les rudiments de la grammaire.* 2 Ébauche ou reste d'un organe atrophié. *Un rudiment d'aile.* 3 plur., littér. Premiers éléments (d'une organisation, d'un système...). *Élaborer les rudiments d'une théorie.* ⇒ **ébauche.**

rudimentaire adj. – XIXe 1 Sommaire, insuffisant. *Connaissances rudimentaires.* « *L'installation est aussi rudimentaire et défectueuse que possible* » (Romains). 2 Qui est à l'état d'ébauche ou de résidu. *Les ailes rudimentaires de l'autruche.* ✪ CONTR. ① Complet, développé. Élaboré, perfectionné.

rudoiement n. m. – XVIe ▪ littér. Action de rudoyer.

rudologie n. f. – 1985 ; lat. *rudus* « décombres » et *-logie* ▪ didact. Étude des déchets, de leur gestion et de leur élimination.

❑ Attention, *rudologie* n'a aucun rapport avec *rude* ; même origine que *rudéral*.

rudoyer v. tr. [8] – XIVe ▪ Traiter rudement, sans ménagement, en manifestant de la mauvaise humeur. ⇒ **maltraiter.** « *Lorsqu'elle avait bien rudoyé sa servante, elle lui faisait des cadeaux* » (Flaub.). ✪ CONTR. Cajoler, dorloter.

① **rue** n. f. – XIe ; lat. *ruga* « ride », par métaph. « chemin » **1** Voie bordée, au moins en partie, de maisons, dans une agglomération. ⇒ **artère.** *Rue large.* ⇒ **avenue, boulevard.** *La rue principale d'une ville, grand'rue* ou *grand-rue. Petite rue.* ⇒ **passage, ruelle, venelle.** *Rue piétonne. Au coin de la rue. Rue Gambetta ; rue du Commerce.* ➛ *Rue passante, commerçante. Rue chaude. Se promener dans les rues,* (littér.) *par les rues. Prendre une rue, prendre par une rue. Traverser la rue. Rue à sens unique. Appartement sur rue et cour.* ➛ *À tous les coins de rue :* partout. ♦ *La rue,* symbole de la vie urbaine, des milieux populaires. *Scènes de la rue. L'homme de la rue :* l'homme moyen, quelconque, le premier venu. *En pleine rue :* dehors, dans la ville. *Fille des rues :* prostituée. ♦ loc. *Être à la rue,* sans domicile, sans abri. *Jeter qqn à la rue,* dehors. **2** Population des villes. « *Les agitateurs parisiens ne manquaient pas une occasion de soulever la rue* » (Bainville). ✪ HOM. Ru.

② **rue** n. f. – XIIIe ; lat. *ruta* ▪ Plante des prés *(rutacées)* vivace, à fleurs jaunes. *La rue fétide.*

ruée n. f. – XIe ▪ Mouvement rapide, impétueux, d'un grand nombre de personnes dans la même direction. ⇒ **rush ;** se **ruer.** « *la ruée des chars, des voitures, des camions blindés* » (Carco). *La ruée des invités vers le buffet.* « *La Ruée vers l'or* », *film de Charlie Chaplin.*

ruelle n. f. – XIIe **1** Petite rue étroite. ⇒ **venelle. 2** Espace libre entre un lit et le mur ou entre deux lits. ♦ Au XVIIe s., Alcôve, chambre à coucher où certaines femmes de haut rang recevaient, et qui devinrent des salons mondains et littéraires. *Les ruelles des précieuses.*

ruer v. [1] – XIIe ; lat. *ruere* « bousculer, pousser » **I** v. tr. SE RUER v. pron. Se jeter avec violence, impétuosité. ⇒ **s'élancer, foncer,** se **jeter,** se **précipiter.** « *Elle se rua vers l'escalier* » (Green). ♦ (en masse) *Les élèves* « *se ruèrent sur leur banc en une seconde* » (Proust). *La foule se rua vers la sortie. Ils se ruèrent sur les gâteaux.* **II** v. intr. Lancer vivement les pieds de derrière, en soulevant le train arrière (âne, cheval, mulet). *Cheval qui rue et se cabre.* ➛ loc. *Ruer dans les brancards :* regimber, protester et opposer une vive résistance. ⇒ se **rebeller,** se **rebiffer.**

ruffian n. m. – XIVe ; germ. *hruf* « croûte », pour qualifier, par métaph., la rudesse, la grossièreté ▪ littér. Entremetteur, souteneur ; aventurier sans scrupules. « *Un vieux ruffian qui n'a pas de conscience* » (Césaire).

❑ On écrit aussi *rufian.*

ruflette n. f. – d. i. ; angl. *Ruflette,* marque déposée en 1931, de *ruffle* « fronce » ▪ Galon cousu sur l'envers des rideaux pour les froncer et les accrocher.

rugby [ʀygbi] ; région. [ʀybi] n. m. – XIXe ; nom de l'école angl. où ce jeu fut conçu ▪ Sport qui oppose deux équipes de quinze joueurs **(⇒ quinziste)** et où il faut poser un ballon ovale, joué au pied ou à la main, derrière la ligne de but adverse **(⇒ essai),** ou le faire passer entre les poteaux de but. *Match de rugby.* ⇒ **drop-goal, mêlée, plaquage, touche, transformation ; dribbler, plaquer, ratisser, talonner.** ➛ *Rugby à treize,* entre équipes de treize joueurs **(⇒ treiziste),** avec des règles modifiées.

rugbyman [ʀygbiman] n. m. – 1909 ▪ Joueur de rugby. ⇒ ② **avant,** ② **arrière, demi, trois-quarts ; ailier, centre, pilier, talonneur.** *Les rugbymans* ou *les rugbymen* [ʀygbimɛn] *gallois.*

❑ Ce mot est un faux anglicisme comme *tennisman* forgé avec l'élément *-man* (de l'anglais *man* « homme ») ; il a supplanté l'emprunt *rugger.*

rugination n. f. – XIXe ▪ Raclage d'un os avec une rugine.

rugine n. f. – XVIe ; lat. ▪ Instrument chirurgical formé d'une plaque d'acier à bords biseautés, pour racler les os.

rugir v. [2] – XIIe ; lat. **1** v. intr. Pousser des rugissements, en parlant du lion, de certains fauves. « *comme se creusent les ventres des fauves qui rugissent* » (Montherl.). ♦ Pousser des cris terribles. ⇒ **crier, hurler.** *Rugir de fureur.* ♦ (choses) Produire un bruit rauque et puissant. « *le vent rugit comme un soufflet de forge* » (Hugo). ⇒ **mugir. 2** v. tr. Proférer avec violence, avec des cris, des menaces. *Rugir des imprécations.*

rugissant, ante adj. – XVe ▪ Qui rugit. ➛ fig. *Moteur rugissant.*

rugissement n. m. – XVIe **1** Cri rauque, grave et sonore du lion (et de certains grands fauves). **2** (personnes) Cri rauque, hurlement. *Rugissements de colère.* ♦ Grondement sourd et violent. *Le rugissement de la tempête.* ⇒ **mugissement.** « *le rugissement de l'eau se perdit dans une espèce de clameur aiguë* » (Baudelaire).

rugosité n. f. – XVIe **1** Petite aspérité d'une surface rugueuse. « *Une peau sans un défaut, sans une rugosité* » (Mart. du G.). **2** État d'une surface rugueuse. *La rugosité d'une écorce.* ✪ CONTR. Douceur, ③ poli.

rugueux, euse adj. et n. m. – XIVe ; lat. *ruga* « ride » **1** Dont la surface présente de petites aspérités, des irrégularités, et qui est rude au toucher. ⇒ **raboteux, râpeux, rêche, rude.** *Une écorce rugueuse. Mains rugueuses.* **2** n. m. Appareil au moyen duquel on enflammait l'étoupille d'un canon, les fusées, les grenades. ✪ CONTR. Doux, ① lisse.

ruiler v. tr. [1] – XIVe ; lat. *regula* « règle » ▪ Raccorder avec du plâtre (un joint).

ruine n. f. – XIIe ; lat. *ruere* « tomber, s'écrouler » **I** *Une, des ruines.* **1** (surtout plur.) Débris d'un édifice dégradé par l'âge ou détruit. ⇒ **décombres, éboulement, vestige.** *Les ruines d'une ville, après la guerre. Un champ de ruines. Ruines romaines.* « *Cette admirable ruine avait toute la majesté des grandes choses détruites* » (Balz.). ➛ Édifice délabré. *Retaper une ruine.* **2** Personne dégradée par l'âge, la maladie, les chagrins. ⇒ **débris, loque.** « *C'était une sorte de ruine humaine* » (Balz.). ⇒ **épave. II** *La ruine (de)...* **1** Grave dégradation (d'un édifice) allant jusqu'à l'écroulement partiel ou total ; état de ce qui se dégrade, s'écroule. ⇒ **délabrement, destruction, détérioration, effondrement.** ➛ EN RUINE. *Tomber en ruine.* ⇒ **crouler,** s'**écrouler,** s'**effondrer.** *Château en ruine.* **2** Destruction, perte. *La société précipite sa propre ruine.* ⇒ **chute, décadence, déliquescence, dissolution.** *C'est la ruine de ses espérances.* ⇒ **anéantissement, faillite,** ① **fin.** ♦ Cause de destruction. **3** Perte des biens, de la fortune. ⇒ **banqueroute, culbute, débâcle, faillite, naufrage.** *Être au bord de la ruine. Courir à la ruine.* « *Doucement, sûrement cette famille s'acheminait vers la ruine* » (P. Benoit). ♦ Cause de ruine, source de dépenses (⇒ **ruineux**). *Cette propriété à entretenir, c'est une ruine.* ✪ CONTR. Essor, fortune.

> ❑ Les peintres ou dessinateurs de ruines ou de paysages comportant des ruines sont appelés des *ruinistes.* Hubert Robert est un célèbre ruiniste.

ruiné, ée adj. – XVe 1 En ruine. ⇒ **délabré, démoli.** « *quelques masures plus qu'à demi ruinées* » (Gaut.). 2 Qui a perdu sa fortune. « *Ruiné, dépouillé, perdu* » (Flaub.).

ruiner v. tr. [1] – XIIIe 1 vieilli Réduire à l'état de ruines. ⇒ **démanteler, détruire.** « *Albe fut vaincue et ruinée* » (Boss.). 2 littér. Endommager gravement. ⇒ **désoler, dévaster, ravager.** *La grêle a ruiné la récolte. Ruiner sa santé, se ruiner la santé.* ⇒ **altérer, consumer; user.** 3 Causer la ruine, la perte de. ⇒ **anéantir, détruire, perdre.** *Ruiner la réputation ; les illusions de qqn.* ⇒ **saper.** 4 Faire perdre la fortune, la prospérité à. *Le krach l'a ruiné.* ♦ Faire faire des dépenses excessives, coûter cher. *Tu veux me ruiner !* 5 *SE RUINER* v. pron. Causer sa propre ruine, perdre ses biens, son argent. *Il s'est ruiné au jeu.* ♦ Dépenser beaucoup. *Se ruiner en médicaments.* « *C'était ma poule à moi. Je me suis ruiné pour elle* » (Carco). ✪ CONTR. Affermir, édifier, enrichir.

ruineux, euse adj. – XIIIe ▪ Qui amène la ruine, provoque des dépenses excessives. *Un train de vie ruineux.* ➜ Coûteux. *Ce n'est pas ruineux.* ✪ CONTR. Économique.

ruiniforme adj. – XIXe ▪ Se dit d'une roche qui a pris un aspect de ruine, sous l'action de l'érosion.

ruinure n. f. – XVIIe ; a. fr. *royneure* « rainure » ▪ Entaille faite sur une solive, un poteau pour augmenter la prise de la maçonnerie.

ruisseau n. m. – XIIe ; lat. *rivus* 1 Petit cours d'eau, affluent d'une rivière, d'un lac, d'un étang. « *le gargouillement du ruisseau contre les cailloux* » (Bosco). 2 *Ruisseau de... :* liquide qui coule (⇒ **ruisseler**). *Des ruisseaux de lave.* ➜ *Des ruisseaux de larmes.* ⇒ **flot, torrent.** 3 Eau qui coule au bord ou au milieu de la chaussée, pour se jeter dans les égouts ; caniveau, rigole destinée à recevoir cette eau. *Il n'y avait « plus trace de pluie, sinon quelques ruisseaux jaunâtres au bord de la route* » (Simenon). ♦ loc. *Tomber, rouler dans le ruisseau,* dans le dénuement et la déchéance. « *sortie du ruisseau où je l'avais ramassée une nuit devant le bal Ruguche* » (Daud.).

ruisselant, ante adj. – XVIe 1 Qui ruisselle (1°). *Eau ruisselante.* fig. « *La ruisselante chevelure* » (Gaut.). 2 Qui ruisselle (2°). *Un parapluie ruisselant.* ➜ *Ruisselant de sueur.* ⇒ **inondé.**

ruisseler v. intr. [4] – XIIe 1 Couler sans arrêt en formant un ou plusieurs ruisseaux ou filets d'eau. « *Les toits laissent ruisseler la pluie* » (Le Clézio). « *Des larmes ruisselèrent de mes yeux* » (Proust). ♦ fig. Se répandre à profusion. « *La lumière ruisselait dans cet océan de montagnes* » (Gaut.). 2 Être couvert d'un liquide qui ruisselle. *La vitre ruisselait.* ♦ fig. *Le grand salon ruisselait de lumières.*

ruisselet n. m. – XIIe ▪ Petit ruisseau. ⇒ **ru.**

ruissellement n. m. – XIXe ▪ Fait de ruisseler. *Le ruissellement des cascades.* fig. *Ruissellements de lumière.* ⇒ **chatoiement.** ♦ *Ruissellement pluvial :* écoulement superficiel des eaux de pluie, qui s'opère en filets ou en nappes puis en rigoles (dont la confluence produira cours d'eau ou torrents). *Eaux de ruissellement.*

rumb → **rhumb**

rumba [Rumba] n. f. – 1930 ; mot esp. des Antilles ▪ Danse d'origine cubaine ; musique à deux temps sur laquelle elle se danse.

rumen [Rymɛn] n. m. – XVIIIe ; mot lat. « œsophage » ▪ Premier compartiment de l'estomac des ruminants. ⇒ **panse.**

> ❑ La finale de ce mot latin se prononce comme dans *abdomen, spécimen.*

rumeur n. f. – XIe ; lat. 1 Bruit qui court, nouvelle qui se répand dans le public, dont l'origine et la véracité sont incertaines. ⇒ **bruit.** *Des rumeurs de guerre.* « *ces rumeurs de maladie qui accoutument à l'idée de la mort* » (Gaut.). *Faire courir, colporter une rumeur. Apprendre qqch. par la rumeur publique.* ⇒ **ouï-dire.** 2 Bruit confus de personnes qui protestent. *La rumeur gronde, s'enfle.* 3 Bruit confus de voix, bruit assourdi de nombreux sons, de chocs. ⇒ **brouhaha, bruit.** « *Les rumeurs lointaines de la fête* » (Camus).

ruminant, ante adj. et n. m. – XVIe ▪ Qui rumine. *Herbivore ruminant.* ♦ n. m. Animal ruminant. *LES RUMINANTS :* groupe de mammifères artiodactyles à deux doigts, dont l'estomac complexe permet aux aliments de remonter dans la bouche (⇒ **ruminer**). *Les bovidés, les cervidés sont des ruminants.*

rumination n. f. – XIVe 1 Fonction physiologique des ruminants qui font remonter les aliments de la panse pour les mâcher avant de les avaler définitivement. ⇒ **régurgitation.** 2 Action de ruminer (2°). *Ce pouvoir* « *de rumination du passé* » (Mauriac).

ruminer v. tr. [1] – XIVe ; lat. 1 Mâcher de nouveau (des aliments revenus de la panse), avant de les avaler définitivement (en parlant des ruminants). ⇒ **régurgiter.** *Les vaches ruminent l'herbe.* ➜ sans compl. « *Les vaches, ruminant lentement, clignaient leurs paupières lourdes* » (Flaub.). 2 Repasser dans son esprit, soumettre plusieurs fois à l'attention (avec une idée de lenteur). ⇒ **remâcher.** *Ruminer son chagrin.* « *ça faisait des jours et des jours qu'elle ruminait toute cette histoire* » (Le Clézio). ➜ sans compl. *Cesse de ruminer.*

rumsteak, rumsteck → **romsteck**

runabout [nœnabaut] n. m. – 1934 ; angl. *to run* « courir » et *about* « autour » ▪ Canot automobile de tourisme et de course à moteur très puissant. ⇒ **chris-craft.**

rune n. f. – XVIIe ; germ. *runa* « secret ; écriture secrète » ▪ Caractère de l'ancien alphabet du germanique oriental (gotique) et septentrional (nordique).

runique adj. – XVIIe ▪ didact. Relatif aux runes, formé de runes. *Alphabet, écriture runique,* propre au germanique septentrional. ⇒ **nordique.** « *les épitaphes runiques des guerriers scandinaves* » (G. Duby). ➜ *Pierre runique.* ♦ *Art runique :* art scandinave, du IIIe au Xe s.

ruolz [Rɥɔls] n. m. – XIXe ; nom de l'inventeur ▪ Alliage argenté par galvanoplastie.

rupestre adj. – XIXe ; lat. *rupes* « rocher » 1 Qui vit dans les rochers (plante). 2 Exécuté sur une paroi rocheuse (⇒ **pariétal**) ; taillé à même le roc. *Les peintures rupestres de la préhistoire. L'art rupestre.*

rupicole n. m. – XIXe ; lat. *rupes* « rocher » ▪ Oiseau passereau *(cotingidés)* appelé communément *coq de roche.*

rupin, ine adj. et n. – XVIIe ; néerl. *rippen* « toucher, racler » ▪ fam. Riche, luxueux. *C'est rupin chez eux.*

> ❑ Ce mot tend à vieillir ou à connoter le passé.

rupteur n. m. – 1903 ▪ Appareil qui, dans une bobine d'induction, sert à interrompre périodiquement le courant primaire. ⇒ **disjoncteur.** ➛ *Rupteur (d'allumage)* : élément de l'allumeur assurant la rupture du courant primaire de la bobine. *Les vis platinées* sont les contacts du rupteur.*

rupture n. f. – XIVe ; lat. *rumpere* « rompre » **1** Division, séparation brusque (d'une chose solide) en deux ou plusieurs parties ; son résultat. ⇒ **brisement, fracture.** *Rupture d'essieu.* **2** Arrachement, déchirure (d'une chose souple). *La brusque rupture du câble.* « *la barque en rupture d'amarre* » (Gide). ➛ Solution de continuité survenant brusquement dans un organe. *Rupture d'anévrisme.* **3** Interruption, cessation brusque (de ce qui durait). *La rupture des relations diplomatiques.* ➛ *Rupture d'équilibre* : fig. changement grave et soudain dans l'état des choses (⇒ **crise).** ♦ Opposition, différence tranchée entre des choses qui se suivent. ⇒ **décalage, écart.** *Rupture de ton, de rythme.* ⇒ **changement.** « *une si forte impression de rupture entre leur passé et leur présent* » (Sartre). ⇒ **cassure, coupure, fossé.** ➛ EN RUPTURE AVEC : en opposition affirmée à, en désaccord total avec. « *ma joie a quelque chose d'indompté, de farouche, en rupture avec toute décence* » (Gide). *Être en rupture avec la société.* Absolt *Des jeunes en rupture.* ♦ Annulation des effets (d'un engagement). *Rupture de contrat.* ⇒ **dénonciation.** *Rupture de fiançailles.* ♦ EN RUPTURE DE : dans une situation où l'on manque de (qqch.). *Être en rupture de stock.* **4** Séparation plus ou moins brusque entre des personnes qui étaient unies. *Lettre de rupture.* « *Cette affaire avait plutôt l'air d'une bouderie que d'une rupture* » (Rouss.).

rural, ale, aux adj. – XIVe ; lat. *rus* « campagne » ▪ Qui concerne la vie dans les campagnes, qui concerne les paysans. *Exploitation rurale.* ⇒ **agricole.** *Habitat rural.* ⇒ **campagnard, paysan.** *Exode rural.* ⇒ **dérurralisation.** ♦ n. Habitant de la campagne. ⇒ **paysan.** « *De jeunes ruraux endimanchés* » (Tournier). ✪ CONTR. Urbain.

rurbain, aine adj. et n. – 1975 ; de *rural* et *urbain* ▪ Concerné par la rurbanisation. *Commune rurbaine.*

❑ Ce mot-valise est à la fois incompréhensible (*r-* évoquant « de nouveau ») et imprononçable ; on aurait préféré °*urbrural.*

rurbanisation n. f. – 1977 ▪ Urbanisation lâche des zones rurales à proximité de villes dont elles deviennent les banlieues.

ruse n. f. – XIIe ; lat. *recusare* « repousser, refuser » **1** Détour par lequel un animal poursuivi à la chasse cherche à échapper. **2** Moyen, procédé habile pour abuser, tromper. ⇒ **artifice, astuce, feinte, fourberie, fraude, machination,** ① **manœuvre, stratagème, subterfuge,** ① **truc.** *Ruse grossière.* ⇒ **ficelle.** loc. *Ruses de guerre,* pour surprendre l'ennemi, et fig. un adversaire. *Des ruses de Sioux,* très habiles. **3** Art de dissimuler, de tromper ; emploi habituel des ruses. ⇒ **cautèle, habileté, roublardise, rouerie.** *Employer la ruse en politique. Obtenir, extorquer qqch. par (la) ruse.* « *avec la ruse habituelle du joueur* » (Baudelaire). ✪ CONTR. Candeur.

rusé, ée adj. – XIIIe **1** Qui a de la ruse. ⇒ **astucieux, cauteleux, finaud, futé, habile, madré, malin, matois, retors, roublard, roué.** *Il est rusé comme un renard.* « *rusé, cauteleux, sournois et chicanier* » (Maupass.). ➛ n. *C'est une rusée.* **2** Qui dénote la ruse. *Un air rusé. Une mine rusée.* ⇒ **chafouin.** ✪ CONTR. Candide.

ruser v. intr. [1] – XIVe ▪ User de ruses, agir avec ruse. ⇒ **finasser.** « *je suis réduit encore à me cacher, à ruser* » (Rouss.).

rush [rœʃ] n. m. – XIXe ; mot angl. « ruée » **1** Effort final d'un sportif. ⇒ **sprint.** **2** Afflux brusque d'un grand nombre de personnes. ⇒ **ruée.** *Le rush estival vers les plages.* **3** Épreuve de tournage. *Visionner les rushs* (ou *les rushes*). **4** Désensibilisation accélérée aux venins d'insectes.

russe adj. et n. – XVIIIe **1** De Russie. *L'église orthodoxe russe. La révolution russe.* ⇒ **soviétique.** ➛ *Caviar, vodka russe.* ➛ *Boire à la russe,* en faisant cul sec et en jetant son verre par-dessus son épaule. **2** n. *Les Russes. Un Russe blanc* : émigré russe après 1917. ♦ n. m. Langue la plus importante du groupe slave oriental, écrite en alphabet cyrillique.

russification n. f. – XIXe ▪ Action de russifier ; son résultat.

russifier v. tr. [7] – XIXe ▪ Rendre russe ; imposer la langue, les institutions russes à.

russo- Élément, de *russe.*

russophile adj. et n. – XIXe ; *russo-* et *-phile* ▪ Favorable aux Russes, à la Russie.

russophobe adj. et n. – av. 1918 ; *russo-* et *-phobe* ▪ Qui déteste les Russes, la Russie, sa politique.

russophone adj. et n. – 1991 ▪ Qui parle le russe. ➛ n. *Les russophones de Lettonie.*

russule n. f. – XIXe ; lat. « rougeâtre » ▪ Champignon à lamelles, rougeâtre ou violet, dont plusieurs variétés sont comestibles. *Russule émétique* (toxique). « *Violette, la russule au cuir lisse* » (Genev.).

rustaud, aude adj. et n. – XVe ; de *rustre* ▪ Qui a des manières de paysan ; qui manque de finesse, de délicatesse. ⇒ **balourd, fruste, grossier, lourdaud, paysan.** ➛ n. *Quel gros rustaud !* ⇒ **rustre.**

rusticage n. m. – XIXe ▪ Mortier fluide projeté sur un mur, avec une sorte de balai, pour le rustiquer. ♦ Opération qui consiste à rustiquer un mur.

rusticité n. f. – XIIIe **1** Manières rustiques, manque de raffinement, d'éducation. « *la plus sauvage rusticité côtoie la civilisation la plus extrême* » (Gaut.). **2** littér. Caractère de ce qui est rustique (1°). **3** Qualité d'une plante ou d'un animal rustique (I, 4°). ⇒ **résistance.** *La rusticité du baudet.*

rustine n. f. – v. 1910 ; *Rustines,* marque déposée, de *Rustin,* nom d'un industriel ▪ Petite rondelle de caoutchouc qui sert à réparer une chambre à air de bicyclette. *Un vieux ballon* « *réparé avec des rustines de vélo* » (Le Clézio).

rustique adj. et n. m. – XIVe ; lat. *rus* « campagne » **I** adj. **1** littér. De la campagne, des champs. ⇒ **agreste, champêtre, paysan.** « *ces toits de chaume et ces foyers rustiques* » (Rouss.). ⇒ **pastoral, rural.** **2** Se dit de meubles fabriqués dans le style traditionnel de la province. *Vaisselier rustique.* ➛ n. m. *Se meubler en rustique.* ♦ *Genre, ordre, ouvrage rustique,* caractérisés par l'emploi de pierres brutes, ornées de bossages vermiculés. **3** littér. Très simple et peu raffiné. *Manières rustiques.* ⇒ **campagnard, rude, rustaud.** **4** Qui supporte des conditions difficiles (plante, animal). ⇒ **résistant.** **II** n. m. Marteau de tailleur de pierre aux extrémités aplaties et tranchantes, découpées de manière à former de petites dents. ⇒ ④ **laie.** ✪ CONTR. Raffiné, urbain.

rustiquer v. tr. [1] – XVIe ▪ Travailler (une pierre) au rustique pour la rendre semblable à une pierre brute. ♦ Travailler (une surface, une matière) pour lui donner une apparence rugueuse. ➛ Crépir (un mur) grossièrement (⇒ **rusticage).**

rustre n. m. et adj. – XIIe ; lat. *rusticus* « de la campagne » ▪ Homme grossier et brutal. ⇒ **brute, butor, goujat, malotru, mufle, gougnafier.** « *Un manant, un rustre, un lourdaud* » (La Font.). ➛ adj. *Il est un peu rustre.*

rut [ʀyt] n. m. – XIIe ; lat. *rugitus* « rugissement » ▪ Période d'activité sexuelle des mammifères pendant laquelle ils cherchent à s'accoupler ; leur état pendant cette période. *Femelle en rut.* ⇒ **œstrus.**

rutabaga n. m. – XVIIIe ; suéd. « chou-rave » ▪ Plante *(crucifères)* dont la tige renflée, à chair jaune, sert à l'alimentation animale (et parfois humaine). *Les rutabagas et les topinambours.*

ruthénium [ʀytenjɔm] n. m. – XIXe ; lat. *Ruthenia* « Russie », ce corps ayant été trouvé dans l'Oural ▪ Élément atomique (Ru ; n° at. 44 ; m. at. 101,07), métal rare extrait des minerais de platine.

rutilance n. f. – XIXe ▪ littér. Caractère, éclat de ce qui est rutilant. ⇒ **brillance, rutilement.** « *une sombre rutilance d'icône* » (Leiris).

rutilant, ante adj. – XVe ; lat. *rutilus* **1** D'un rouge ardent. *Vapeurs rutilantes* (du peroxyde d'azote). **2** Qui brille d'un vif éclat. ⇒ ① **brillant, étincelant, flamboyant.** *Des chromes rutilants.*

rutile n. m. – XIXe ; lat. *rutilus* « d'un rouge ardent » ▪ Variété cristalline de bioxyde de titane que l'on rencontre dans la nature diversement coloré.

rutilement n. m. – XIXe ▪ littér. Fait de rutiler ; aspect de ce qui rutile. ⇒ **rutilance.**

rutiler v. intr. [1] – XVe ; lat. ▪ Être rutilant. ⇒ **briller, flamboyer.** « *La fureur faisait rutiler ces figures farouches* » (Hugo).

rutoside n. m. – 1949 ; lat. *ruta* « ② rue » et *oside* ▪ Hétéroside extrait des feuilles de la rue. *Le rutoside agit comme protecteur des parois vasculaires.*

rye [ʀaj] n. m. – 1907 ; angl. *rye whisky,* de *rye* « seigle » ▪ Whisky de seigle. « *Scotch, bourbon ou rye ?* » (Simenon). ✪ HOM. Raï.

> ❑ Le terme est très peu usité en France où l'on consomme surtout du *scotch* (whisky d'orge) et du *bourbon* (whisky de maïs). → whisky (rem.).

rythme n. m. – XIVe ; gr. *rhuthmos* **I** Distribution d'une durée en une suite d'intervalles réguliers, rendue sensible par le retour périodique d'un repère. **1** Caractère, élément harmonique essentiel propre à la poésie, fondé sur le retour imposé, sur la disposition régulière des temps forts, des accents et des césures, sur le nombre des syllabes, etc. ♦ Mouvement général (de la phrase, du poème, de la strophe), qui est perceptible et qui résulte de l'agencement des éléments. *Le rythme et le nombre de la phrase.* ⇒ **cadence, harmonie, mouvement. 2** Répartition des temps forts et des temps faibles des sons musicaux, qui donne au morceau sa vitesse, son allure caractéristique. ⇒ **mesure, mouvement, tempo.** *Rythme binaire, ternaire,* qui procède par groupe de deux, trois temps. ➛ *Rythme endiablé. Marquer le rythme.* ⇒ **rythmer.** *Avoir le sens du rythme, le rythme dans la peau.* ♦ Élément rythmique prépondérant dans la musique de jazz. ⇒ **swing.** ♦ AU RYTHME DE... « *au rythme de ces blues qui sont les airs les plus douloureux du monde* » (Sartre). **3** Distribution des grandes masses, des lignes (d'une œuvre d'art) ; répétition d'un motif ornemental. ⇒ **eurythmie.** « *Il y a en architecture, comme en musique, des rythmes d'une symétrie harmonieuse qui charment l'œil* » (Gaut.). **II - 1** Mouvement régulier, périodique, cadencé. *Le rythme des vagues. Rythme cardiaque* (⇒ **arythmie).** ♦ didact. *Rythme biologique :* variation périodique des phénomènes biologiques dans le monde animal et végétal. ⇒ **biorythme ; chronobiologie.** *Rythme circadien, infradien.* **2** Allure, vitesse (à laquelle s'exécute une action, se déroule un processus). *Le rythme de la vie moderne. Le désaccord* « *entre la vie morale et le rythme de la vie sociale* » (Duham.). *Ne pas pouvoir suivre le rythme. Le rythme de la production.* ⇒ **cadence.** *Chacun va à son rythme.* ➛ *Revue qui paraît au rythme de trois numéros par an* (⇒ **cadence ; périodicité).** ♦ *Le rythme de l'action dans un film. Cela manque de rythme, c'est mou.*

> ❑ Attention, l'orthographe étymologique *rhythme* a été en partie simplifiée à la fin du XIXe s.

rythmé, ée adj. – XIVe ; ▪ Qui a un rythme. « *la pulsation rapide et bien rythmée de son cœur* » (Mart. du G.). ➛ Baudelaire « *a fait quelques courts poèmes en prose, mais en prose rythmée, travaillée et polie comme la poésie la plus condensée* » (Gaut.). ⇒ **mesuré, rythmique.**

rythmer v. tr. [1] – XIXe **1** Donner du rythme à (une phrase). ⇒ **cadencer. 2** Soumettre à un rythme, régler selon une cadence. *Chanter pour rythmer son travail.* ♦ Marquer le rythme de (une phrase, un poème, un morceau de musique). ⇒ **scander.** « *les coups sourds de la grosse caisse rythmaient ses chansons* » (Mac Orlan).

rythmicien, ienne n. – XIXe ▪ didact. **1** Spécialiste de rythmique grecque ou latine. **2** Poète habile dans le maniement des rythmes.

rythmicité n. f. – XIXe ▪ Caractère de ce qui est rythmique, qui présente un rythme.

rythmique adj. et n. f. – XVe **1** Soumis à un rythme régulier. ⇒ **alternatif, rythmé.** ➛ *La danse rythmique,* ou ellipt *la rythmique :* intermédiaire entre la danse classique et la gymnastique. **2** didact. Relatif au rythme. *Le schéma rythmique d'une strophe.* ➛ *Groupe rythmique :* unité de la phrase française composée d'un groupe de syllabes et caractérisée par la présence d'un accent sur la dernière voyelle prononcée. **3** Fondé sur le rythme, qui utilise les effets du rythme. *Versification rythmique,* fondée sur l'accent de mot. **4** n. f. Étude des rythmes des vers grecs ou latins. ♦ Étude des rythmes dans la langue littéraire. **5** n. f. Chausson de gymnastique en toile légère.

rythmiquement adv. – XIXe ▪ En rythme, de manière rythmique. « *le fameux obusier qu'on appelait la Bertha, tirait rythmiquement sur Paris* » (Duham.).

S

① **S** [ɛs] **n. m. inv. 1** Dix-neuvième lettre et quinzième consonne de l'alphabet : *s majuscule* (S), *s minuscule* (s). ➛ Lettre qui, prononcée, note la fricative dentale sourde [s] à l'initiale, à la finale et devant consonne *(sac, jasmin, bus, as)* et la fricative dentale sonore [z] entre deux voyelles *(rose, poison)* ou à la liaison (*les amis* [lezami]). *Le s est généralement muet à la finale.* ➛ *Digrammes, trigrammes comportant s : ss,* qui note [s] *(rosse, poisson, caresse) ; sh,* qui note [ʃ] dans des emprunts *(short, sherpa, rush) ; sc, sch* (→ ① c). ➛ *Le s, marque du pluriel.* **2** Forme sinueuse du s. *Virage en s.* ✪ HOM. Ès. Esse. ❑ La tendance actuelle est de ne pas redoubler le *s* entre voyelles après le préfixe pour former le son [s] (ex. *antisocial, bisexuel, désolidariser, disaccharide, extrasystole, présupposé, resaler, suprasensible, unisexe* etc.). ♦ Beaucoup de mots, commençant par *e(s)...* ont une famille savante en *s (école, scolaire ; échelle, scalaire ; espace, spatial ; étoile, stellaire).*

② **S** abrév. et symboles **1 s n. m. inv.** Sud. **2 s n. f. inv.** Seconde (②, 1°). **3 S n. m. inv.** Siemens.

s' → **se** et ① **si**

sa → ① **son**

sabayon [sabajɔ̃] **n. m.** – XIXe ; it. *zabaione* ■ Crème mousseuse composée de jaunes d'œufs et de sucre et aromatisée de vin doux ou de champagne.

> ❑ Pour la prononciation → hayon (rem.).

sabbat **n. m.** – XIIe ; hébr. *s(c)habbat,* par le gr. *sabbaton* **1** Repos que les juifs doivent observer le samedi (du vendredi au coucher du soleil au samedi au coucher du soleil), jour consacré au culte divin. *Le jour du sabbat.* ⇒ **samedi. 2** (par une interprétation malveillante des chrétiens) Assemblée nocturne et bruyante de sorciers et de sorcières, au Moyen Âge.

sabbatique **adj.** – XVIe **1** Qui a rapport au sabbat (1°). ♦ *Année sabbatique :* septième année, pendant laquelle on devait laisser reposer la terre et ne pas exiger les créances. ➛ Année de congé accordée dans certains pays aux professeurs d'université, pour faire leurs recherches. **2** Qui tient du sabbat (2°). « *les scènes sabbatiques du moyen-âge* » (Huysm.).

① **sabéen, enne** **n.** et **adj.** – XVIIIe ; araméen *ç'ba* « baptiser », rattaché à l'hébr. *çaba* « armée (du ciel) » **1** Membre d'une secte judéo-chrétienne mentionnée dans le Coran. **2** Gnostique, dont la religion s'apparentait peut-être à celle des précédents.

② **sabéen, enne** **adj.** et **n.** – XVIIIe ■ Du pays de Saba, royaume de l'Antiquité au sud-ouest de l'Arabie (Yémen).

sabelle **n. f.** – XIXe ; lat. *sabulum* « sable » ■ Annélide sédentaire *(polychètes),* ver marin allongé dont les branchies céphaliques forment un panache.

sabellianisme **n. m.** – XVIIe ■ Doctrine de Sabellius, hérésie selon laquelle la Trinité forme une seule personne qui se manifeste sous trois aspects.

sabine **n. f.** – XIIe ; lat. *sabina (herba)* « (herbe) des Sabins » ■ Genévrier du sud de l'Europe.

sabir **n. m.** – XIXe ; esp. *saber* « savoir » **1** Jargon mêlé d'arabe, de français, d'espagnol, d'italien, qui était parlé en Afrique du Nord et dans le Levant. **2** Système linguistique mixte limité à quelques règles et à un vocabulaire déterminé d'échanges commerciaux (opposé à *pidgin* et à *créole,* dont l'organisation est plus complète). ➛ Langage difficilement compréhensible. ⇒ **charabia,** ① **jargon.**

> ❑ Ne pas confondre *sabir, créole* et *pidgin* → pidgin (rem.).

sablage **n. m.** – XIXe ■ Action de sabler (1° et 3°).

① **sable** **n. m.** – XVe ; lat. *sabulum* **1** Ensemble de petits grains minéraux (quartz) séparés, recouvrant le sol ; roche sédimentaire pulvérulente, siliceuse, d'origine détritique. *Grain de sable. Sable fin. Plage de sable.* « *Un enfant qui cherche avec le sable à endiguer la marée* » (Aragon). *Dune de sable. Le sable du désert. Bancs de sable d'une rivière. Sables mouvants,* sable mouillé qui s'enfonce sous un poids et peut engloutir les personnes qui le foulent. ⇒ **s'enliser.** *Tas de sable. Bacs à sable des jardins publics.* ♦ loc. fam. *Être sur le sable* : se retrouver sans argent, ruiné ; être sans travail. *Le marchand de sable est passé,* les enfants ont sommeil (les yeux leur piquent). **2** **adj. inv.** Beige grisé très clair. *Un manteau sable.*

② **sable** **n. m.** – XIIe ; lat. *sabellum,* polonais *sabol* ou russe *sobol* « zibeline » ■ En héraldique, Noir, couleur de la zibeline.

sablé, ée **n. m.** et **adj.** – XIXe ; de *Sablé,* nom d'une ville de la Sarthe **1** Petit gâteau sec à pâte friable. **2** **adj.** Qui a la texture de ce gâteau (qui s'effrite comme le sable). *Pâte sablée.*

sabler **v. tr.** [1] – XVIe **1** Couvrir de sable. *Sabler une route verglacée.* **2** Jeter dans un moule fait de sable. ♦ *Sabler le champagne :* boire du champagne pour fêter un événement heureux. **3** Décaper, dépolir, graver à la sableuse.

> ❑ On dit bien *sabler le champagne* (et non *sabrer*), d'après un sens vieux de *sabler* « boire d'un trait ». → sabrer (rem.).

sablerie **n. f.** – XIXe ■ Partie d'une fonderie où l'on fait les moules en sable.

sableur **n. m.** – XVIIIe **1** Ouvrier de fonderie qui fait les moules en sable. **2** Ouvrier qui travaille à la sableuse.

sableuse **n. f.** – 1907 ■ Machine qui projette un jet de sable fin et sert à décaper, dépolir, graver, etc.

sableux, euse adj. – XVIe ■ Qui contient du sable.

sablier n. m. – XVIIe ■ Instrument composé de deux vases ovoïdes abouchés verticalement, le vase supérieur étant rempli de sable qui coule doucement dans le vase inférieur lorsqu'on retourne l'instrument (pour mesurer le temps).

sablière n. f. – XIVe I Grosse poutre horizontale qui supporte d'autres pièces. ➛ Ferme (③) d'un comble. II - 1 Carrière de sable. ⇒ **sablonnière.** 2 Réservoir à sable (pour augmenter l'adhérence des roues d'un train).

sablon n. m. – XIIe ■ Sable fin, abrasif.

sablonner v. tr. [1] – XIVe ■ Couvrir d'une couche de sable.

sablonneux, euse adj. – XIIe ■ Naturellement couvert de sable ; constitué de sable. *Terrain sablonneux. Des « chemins sablonneux doux aux pieds des montures »* (Colette).

sablonnière n. f. – XIIIe ■ Lieu d'où l'on extrait le sable. ⇒ **sablière.**

sabord n. m. – XVe ; p.-ê. de *bord* ■ Ouverture quadrangulaire servant, sur les vaisseaux de guerre, de passage à la bouche des canons. ♦ fam. *Mille sabords !* juron des marins.

sabordage n. m. – XIXe ■ Action de (se) saborder.

saborder v. tr. [1] – XIXe 1 Percer (un navire) au-dessous de la flottaison en créant des voies d'eau suffisantes pour le faire couler. ➛ pronom. *Se saborder :* couler volontairement son navire. 2 *Saborder son entreprise,* ou pronom. *se saborder :* mettre fin volontairement aux activités de son entreprise.

sabot n. m. – XIIe ; probablt de *savate* et *bot,* var. de ② *botte* 1 Chaussure paysanne faite généralement d'une seule pièce de bois évidée. ⇒ **galoche.** « *les sabots des garçons de ferme* » (Vallès). ➛ loc. *Avoir les deux pieds dans le même sabot :* être embarrassé, incapable d'agir ; passif et sans initiative. 2 Chez les ongulés (cheval, bœuf, porc, etc.), Ongle très développé, sorte d'enveloppe cornée qui entoure l'extrémité du doigt et repose dans la marche sur une large sole. *Le bœuf « frappe du sabot la terre sèche »* (Renard). 3 Garniture de métal destinée à protéger l'extrémité d'une pièce de bois (pied de meuble, pieu, charpente, etc.). « *les meubles contournés aux sabots dorés à l'or moulu* » (Huysm.). ➛ *Sabot de frein :* pièce mobile qui vient s'appliquer sur la jante de la roue d'un véhicule. ♦ *Sabot de Denver :* pince que la police applique sur la roue d'un véhicule en stationnement illicite, afin de l'immobiliser. 4 *Baignoire sabot :* baignoire courte où l'on se baigne assis. *Des baignoires sabots.* 5 vieilli Instrument de musique, véhicule de mauvaise qualité. ♦ loc. *Travailler, jouer comme un sabot,* très mal.

sabotage n. m. – XIXe 1 Action de saboter (un pilotis, une traverse). 2 Action de saboter (un travail). ♦ Acte matériel tendant à empêcher le fonctionnement normal d'un service, d'une entreprise, d'une machine. *Sabotage industriel. Accident d'avion dû à un sabotage.*

saboter v. tr. [1] – XIIIe 1 Entailler et percer (les traverses) afin de préparer le logement du patin du rail et de ménager les trous où seront vissés les tire-fonds. ♦ Garnir (un pieu, un pilotis) d'un sabot. 2 Faire vite et mal. *Saboter un travail.* ⇒ **bâcler.** 3 Détériorer ou détruire par un acte de sabotage. *Saboter un avion.* ♦ Chercher à contrarier par malveillance. *Saboter un projet.*

saboterie n. f. – XIXe ■ Fabrique de sabots.

saboteur, euse n. – XIXe ■ Personne qui sabote un travail. ♦ Responsable, auteur d'un sabotage.

sabotier, ière [sabɔtje, jɛʀ] n. – XVIe ■ Personne qui fabrique, qui vend des sabots.

sabra n. – 1950 ; ar. *sabr* « figue de Barbarie » ■ Citoyen juif d'Israël, natif du pays.

sabrage n. m. – XIXe ■ Opération de délainage, arrachage des débris végétaux adhérant aux toisons.

sabre n. m. – XVIe ; all. *Säbel* 1 Arme blanche, à pointe et à tranchant, à lame plus ou moins recourbée. ⇒ **cimeterre,** fam. **coupe-chou, épée, yatagan.** *Sabre de cavalerie, d'abordage, d'infanterie. Escrime au sabre.* ➛ loc. *Traîneurs de sabre :* militaires fanfarons et belliqueux. fam. *Le sabre et le goupillon :* l'Armée et l'Église. 2 Instrument servant à tondre les haies. ➛ Lame ou tringle métallique servant au sabrage. ♦ fam. Rasoir à main, à longue lame.

> ❑ Le mot a été introduit en France par des mercenaires allemands.

sabrer v. tr. [1] – XVIIe 1 Frapper à coups de sabre. 2 Pratiquer de larges coupures dans. *Sabrer de nombreux passages dans un texte.* ➛ fam. *Sabrer la moitié des candidats* (à un examen), les refuser impitoyablement. ⇒ **sacquer.** 3 Soumettre (les peaux) au sabrage.

> ❑ L'étymologie populaire *sabrer le champagne* a donné naissance au *sabre à champagne,* objet destiné à ouvrir la bouteille en brisant le goulot.

sabretache n. f. – XIXe ; all. *Säbeltasche* « poche de sabre » ■ Sac plat en cuir, que les cavaliers suspendaient au ceinturon, à côté du sabre.

sabreur n. m. – XVIIIe ■ Celui qui se bat au sabre. ➛ Personne qui pratique l'escrime au sabre.

sabreuse n. f. – 1964 ■ Machine formée d'un tambour tournant garni de lames, pour le sabrage des peaux.

saburral, ale, aux adj. – XVIIIe ■ *Langue saburrale,* recouverte d'un enduit blanc jaunâtre. ⇒ **chargé.**

saburre n. f. – XVIe ; lat. « lest » ■ Résidu qu'on supposait accumulé dans l'estomac à la suite de mauvaises digestions.

① **sac** n. m. – XIe ; gr. *sakkos,* d'o. sémitique I A - 1 Contenant formé d'une matière souple pliée, assemblée, et ouvert seulement par le haut. *Grand, petit sac* **(⇒ sachet).** *Sac de jute, de toile. Toile à sac. Sac en papier ; sac en plastique.* ➛ *Sac de charbon, de noix, de plâtre,* contenant du charbon, etc. « *des sacs de terre éventrés et éparpillés* » (Cendrars). ♦ *Sacs postaux,* dans lesquels on transporte les lettres. ♦ fam. et vieilli *Le sac :* l'argent, la richesse. *Épouser le gros sac :* épouser une femme riche. ➛ Somme de dix francs (mille anciens francs). ♦ loc. par allus. au sac dans lequel on enfermait certains malfaiteurs *Hommes, gens de sac et de corde,* malfaiteurs, scélérats. 2 *Être fagoté, ficelé comme un sac,* très mal habillé. ♦ *Robe sac,* sans taille marquée. 3 *SAC DE COUCHAGE :* sac fait de duvet ou d'un matériau synthétique isolant, dans lequel on dort. 4 loc. *Mettre dans le même sac :* englober deux ou plusieurs individus (ou groupes) dans une même réprobation. « *Tous dans le même sac, je vous dis. Et la pierre au cou. Des pourris* » (Aragon). ➛ *Prendre qqn la main dans le sac,* le surprendre, le prendre sur le fait. « *On te choperait la main dans le sac, tu dirais non* » (Carco). ➛ fam. *Sac d'embrouilles, sac de nœuds :* affaire confuse, embrouillée. ➛ *Sac à vin :* ivrogne. ➛ *Avoir plus d'un tour dans son sac :* être très malin. B - 1 Objet souple, fabriqué pour servir de contenant, où l'on peut placer, ranger, transporter diverses choses. ⇒ **banane, gibecière, musette, sacoche.** *Sac à dos.* ➛ *Sac marin* (de marin). *Sac de plage,* pour mettre les maillots de bain, les serviettes. *Sac de sport. Sac à provisions* **(⇒ cabas).** *Sac de* *voyage* : bagage à main souple et sans couvercle (à la différence de la valise). 2 SAC (À MAIN) : accessoire de la toilette féminine, destiné à contenir l'argent, les papiers, les fards. « *leur sac à main bouffi d'ordonnances, de mouchoirs* [...] *et les photos d'enfants à la campagne* » (Céline). *Porter son sac en bandoulière. Sac en crocodile. Poignée, fermoir d'un sac à main.* 3 Serviette, cartable. 4 vx Dossier, portefeuille contenant les pièces d'un procès. ➛ loc. *L'affaire est dans le sac* : le succès de l'entreprise est assuré, certain. C Contenu d'un sac. *Moudre cent sacs de blé, un sac de café.* II - 1 vx L'estomac, le ventre. ➛ loc. fam. *Vider son sac* : dire le fond de sa pensée ; avouer une chose que l'on tenait cachée. « *avec une certaine agressivité, en homme qui a décidé de vider son sac* » (Simenon). 2 Cavité ou enveloppe en forme de poche, de sac. *Sac lacrymal*, à l'angle extrême de l'œil. *Sacs aériens*, de l'appareil respiratoire des oiseaux. *Sac embryonnaire* : partie centrale de l'ovule des angiospermes.

② **sac** n. m. - XVe ; it. *sacco* ▪ Pillage (d'une ville, d'une région). ⇒ **pillage, saccage.** *Le sac de Rome. Mettre à sac* : piller, saccager.

saccade n. f. - XVIe ; a. fr. *sachier* « secouer », de ① *sac* ▪ Mouvement brusque et irrégulier. ⇒ **à-coup, heurt, secousse, soubresaut.** *Le vent « agitait par saccades un petit arbre isolé »* (Cl. Simon). ➛ *Parler, rire par saccades.*

saccadé, ée adj. - XVIIIe ▪ Qui procède par saccades, par mouvements successifs, brusques. ⇒ **discontinu, heurté, irrégulier.** *Mouvements saccadés. Une voix saccadée.* « *le bruit sec et saccadé des armes automatiques* » (Robbe-Grillet).

saccader v. tr. [1] - XVIe ▪ Rendre saccadé.

saccage n. m. - XVIe ▪ Pillage commis en saccageant. ⇒ **déprédation.** « *Quel saccage au jardin de la beauté !* » (Rimb.).

saccager v. tr. [3] - XVe ; it. *saccheggiare*, de *sacco* → ② sac 1 Mettre à sac, au pillage, en détruisant et en volant. ⇒ **piller, ravager.** 2 Mettre en désordre, abîmer. *Les cambrioleurs ont saccagé l'appartement.*

saccageur, euse n. et adj. - XVIe ▪ Personne qui saccage (une ville, un pays).

saccharase [sakaʀɑz] n. f. - av. 1950 ▪ Enzyme qui catalyse l'hydrolyse du saccharose en fructose et en glucose.

sacchareux, euse [sakaʀø, øz] adj. - XIXe ▪ De la nature du sucre, du saccharose.

sacchari-, sacchar(o)- Éléments, du lat. *saccharum*, gr. *sakkharon* « sucre ».

saccharifère [sakaʀifɛʀ] adj. - XIXe ; *sacchari-* et *-fère* ▪ Qui produit, contient du sucre.

saccharification [sakaʀifikasjɔ̃] n. f. - XIXe ▪ Transformation en glucose, en saccharose.

saccharifier [sakaʀifje] v. tr. [7] - XIXe ▪ Transformer en sucre (glucose, saccharose) les matières amylacées (amidon) et cellulosiques.

saccharimètre [sakaʀimɛtʀ] n. m. - XIXe ; *sacchari-* et *-mètre* ▪ Appareil destiné à déterminer la concentration d'une solution de sucre.

saccharimétrie [sakaʀimetʀi] n. f. - XIXe ▪ Détermination de la teneur en sucre d'une solution, notamment à partir de son pouvoir rotatoire.

saccharine [sakaʀin] n. f. - XIXe ; angl., nom déposé ▪ Substance blanche à fort pouvoir édulcorant utilisée comme succédané du sucre. « *en buvant les ersatz à la saccharine* » (Aymé).

saccharolé [sakaʀɔle] n. m. - XIXe ; de *saccharol* « excipient fait de sucre », de *sacchar(o)-* et *-ol* ▪ Médicament contenant du sucre, destiné à être pris par la bouche.

saccharomyces [sakaʀɔmisɛs] n. m. - XIXe ; *saccharo-* et gr. *mukes* « champignon » ▪ Nom générique des levures employées comme agents de fermentation des sucres.

saccharose [sakaʀoz] n. f. - XIXe ▪ Sucre courant alimentaire constitué de glucose et de fructose.

saccule n. m. - XIXe ; lat. « petit sac » ▪ Vésicule placée à la partie inférieure du vestibule de l'oreille interne.

sacculiforme adj. - XIXe ▪ En forme de petit sac, de vésicule.

sacculine n. f. - XIXe ; lat. ▪ Petit crustacé *(cirripèdes)* parasite des crabes qui subit, après la fixation, une régression complète (il n'en reste, à l'extérieur de l'animal parasité, qu'une sorte de petit sac).

sacerdoce n. m. - XVe ; lat. *sacerdos* « prêtre » ▪ État ou dignité du ministre des dieux ou de Dieu. ⇒ **ministère.** ♦ Dans la religion catholique, Ministère du pape, des évêques et des simples prêtres. ♦ Fonctions qui exigent beaucoup de dévouement. *Le sacerdoce du médecin, du professeur. C'est un sacerdoce.* « *Plus un art est contestable, plus ceux qui s'y livrent tendent à se croire investis d'un sacerdoce* » (Bergson).

sacerdotal, ale, aux adj. - XIVe ▪ Propre au sacerdoce, aux prêtres. *Fonctions sacerdotales.* « *les grands prêtres dans les sociétés antiques réunissaient en eux le pouvoir judiciaire et le pouvoir sacerdotal* » (Balz.).

sachem [saʃɛm] n. m. - XIXe ; mot iroquois ▪ Vieillard, « ancien » qui faisait fonction de conseiller et de chef chez les peuplades indiennes du Canada et du nord des États-Unis. ➛ fam. *Grand sachem* : grand personnage, chef.

❑ Chateaubriand, utilisateur du mot, fut surnommé *Sachem du romantisme* par Théophile Gautier.

sachet n. m. - XIIe ▪ Petit sac. *Sachet de bonbons.* ⇒ **paquet** ; région. **cornet.** ♦ Conditionnement en papier pour de petites quantités. *Sachets de thé.* « *Les soupes en sachets, les soupes en boîtes* » (Perec).

sacoche n. f. - XVIIe ; it. *sacco* « sac » ▪ Sac de cuir (ou parfois de toile forte) qu'une courroie permet de porter. *Sacoche de facteur.* ➛ *Sacoches de cycliste, de motocycliste*, ou *sacoches*, fixées au porte-bagages. ♦ région. (Belgique) Sac à main (de femme).

sacolève n. m. - XIXe ; gr. *sakos* « étoffe grossière » et *laiphos*, ou *laiphê* « voile de vaisseau » ▪ Voilier à trois mâts un peu relevé de l'arrière, utilisé autrefois dans le Levant (Grèce, Turquie).

sacquer ou **saquer** v. tr. [1] - XIXe ; de ① *sac* ▪ fam. 1 Renvoyer, congédier. ➛ Noter sévèrement. *Le prof l'a sacqué.* ⇒ **sabrer.** 2 *Ne pas pouvoir sacquer qqn*, le détester. ⇒ **sentir ; encadrer, encaisser.** ◐ HOM. Saké.

sacral, ale, aux adj. - 1930 ▪ Qui a revêtu un caractère sacré, qui a été sacralisé (opposé à *profane*).

① **sacralisation** n. f. - 1941 ▪ Action de sacraliser ; résultat de cette action. ✪ CONTR. Désacralisation.

② **sacralisation** n. f. - 1912 ; angl. *sacral* « du sacrum » ▪ Anomalie caractérisée par la fusion totale ou partielle de la dernière vertèbre lombaire au sacrum.

sacraliser v. tr. [1] - XIXe ▪ Rendre sacral, attribuer un caractère sacré à. ✪ CONTR. Désacraliser.

sacramentaire n. et adj. - XVIe ; lat. *sacramentum* → sacrement 1 Personne appartenant à la secte chrétienne hérétique du XVIe s. niant la présence réelle dans l'Eucharistie. 2 adj. Relatif aux sacrements.

sacramental, aux n. m. - XIVe ▪ Rite sacré, institué par l'Église, pour obtenir des effets d'ordre spirituel.

sacramentel, elle adj. - XIVe 1 Qui appartient à un sacrement, aux sacrements. *Formules sacramen-*

telles. *Les époux « prononcèrent le oui sacramentel avec [...] émotion »* (Zola). **2** Qui tient du sacrement, par son caractère consacré, solennel ou rituel. *« l'heure sacramentelle du dîner ou du souper »* (Sainte-Beuve).

① **sacre** n. m. – XIIe **1** Cérémonie par laquelle l'Église sanctionne la souveraineté royale. ⇒ **couronnement.** *Sacre des rois de France.* **2** Cérémonie par laquelle un prêtre reçoit l'épiscopat. ⇒ **consécration.** *Sacre d'un évêque.* **3** Consécration solennelle et quasi religieuse. *« Le Sacre du printemps »,* ballet de Stravinski.

② **sacre** n. m. – XIIIe ; ar. *çaqr* ▪ Variété de faucon que l'on utilisait à la chasse.

① **sacré, ée** adj. – XIIe **1** (généralt après le nom) Qui appartient à un domaine séparé, interdit et inviolable (par oppos. à ce qui est *profane*) et fait l'objet d'un sentiment de révérence religieuse. *Édifice sacré :* sanctuaire, temple. *Vases sacrés.* ⇒ **liturgique.** *Livres sacrés de l'Égypte, de l'Inde, des Hébreux, des chrétiens* (Bible, Écriture), *des musulmans* (Coran). ♦ Se dit des sentiments qu'inspire le sacré. *Terreur sacrée.* ♦ Relatif à des choses ou personnes sacrées ; qui appartient au culte, à la liturgie. ⇒ **hiératique.** *La musique sacrée.* ⇒ **religieux. 2** Qui est digne d'un respect absolu, qui a un caractère de valeur absolue. ⇒ **intangible, inviolable, sacro-saint, vénérable.** *Les droits naturels, inaliénables et sacrés de l'homme. « le pouvoir sacré des lois »* (Volt.). ➛ fam. *Sa sieste, c'est sacré !* **3** fam. (avant le nom, pour renforcer un t. injurieux) ⇒ **maudit.** *Sacré farceur ! Sacré menteur !* ➛ (pour qualifier une chose dont on a quelque désagrément) *Tu as un sacré culot !* ⇒ **fameux.** ♦ (avec une nuance d'admiration ou d'ironie) *Il a une sacrée chance. « J'ai un sacré béguin pour vous »* (Queneau). ♦ pop. (renforçant un juron) *Sacré nom d'un chien !* ✪ CONTR. Profane.

❑ En renforcement de juron, *sacré* est souvent abrégé en *cré. Cré nom !*

② **sacré, ée** adj. – XVIe ▪ Relatif au sacrum. *Vertèbres sacrées.*

sacrebleu interj. – XVIIe ; de ① *sacré* et *bleu* ▪ Juron familier marquant l'impatience, l'étonnement ou appuyant une déclaration.

❑ *Bleu* est un euphémisme courant pour *Dieu* dans les jurons familiers : ainsi *morbleu, palsambleu, parbleu, ventrebleu, vertubleu.*

Sacré-Cœur n. m. sing. – XIXe ▪ Jésus-Christ, dont le cœur, considéré comme organe de son humanité et comme symbole de son amour pour les hommes, est l'objet d'un culte de l'Église catholique. *La basilique du Sacré-Cœur, le Sacré-Cœur, à Montmartre.*

sacrement n. m. – XIIe ; lat. *sacramentum* « serment » ; « objet ou acte sacré » ▪ Signe sacré, rite institué par Jésus-Christ, pour produire ou augmenter la grâce dans les âmes. *Les sept sacrements.* ⇒ **baptême, confirmation, eucharistie, extrême-onction, mariage, ordre, pénitence.** *Les derniers sacrements, les sacrements de l'Église :* les sacrements de pénitence, d'Eucharistie et d'extrême-onction, administrés à un mourant. ♦ *Le* SAINT SACREMENT *(de l'autel) :* l'Eucharistie. ➛ L'ostensoir. loc. fam. *Promener qqch. comme le saint sacrement,* comme une chose précieuse.

sacrément adv. – XIXe ▪ fam. Très, extrêmement ; d'une manière intense. ⇒ **bougrement, diablement, drôlement, vachement.** *C'est sacrément beau. « Vous êtes sacrément bien bâti »* (Queneau).

sacrer v. 1 – XIIe ; lat. **1** v. tr. Consacrer (qqn) par la cérémonie du sacre. ⇒ **bénir, oindre.** *Sacrer l'empereur.* ⇒ **introniser.** *Sacrer un évêque.* **2** v. intr. fam., vieilli ou région. Jurer. ⇒ **blasphémer.** *« Il jure, sacre et massacre »* (Gide).

sacrificateur, trice n. – XVIe ▪ Prêtre, prêtresse préposé(e) aux sacrifices.

sacrifice n. m. – XIIe **1** Offrande rituelle à la divinité, caractérisée par la destruction (immolation réelle ou symbolique d'une victime, holocauste) ou l'abandon volontaire (oblation des prémices) de la chose offerte. *Sacrifices d'animaux* (hécatombe, taurobole). *Sacrifices humains.* ♦ *Le sacrifice du Christ, le sacrifice de la Croix :* la mort du Christ pour la rédemption du genre humain. *Le sacrifice, le saint sacrifice (de la messe),* réitération de celui de la Cène. **2** Renoncement ou privation volontaire (en vue d'une fin religieuse, morale, ou même utilitaire). *Faire le sacrifice de sa vie à la patrie. « son refus de faire à ce mariage le sacrifice de ses opinions libérales »* (Balz.). ♦ *Il faudra faire des sacrifices pour y arriver.* ➛ Privation sur le plan financier ; renoncement à un gain. *C'est pour moi un gros sacrifice.* **3** *Le sacrifice :* le fait de se sacrifier ; le renoncement. *Esprit de sacrifice.* ⇒ **abnégation, désintéressement, dévouement ; résignation.**

sacrificiel, ielle adj. – 1933 ▪ Propre à un sacrifice, aux sacrifices (1°). *Rite sacrificiel.*

sacrifié, iée adj. et n. – XVIIe **1** Qui se sacrifie ; qui est voué au sacrifice. *Un peuple sacrifié.* ➛ n. ⇒ **victime.** *Ma mère « sourit du sourire des sacrifiées heureuses »* (Vallès). **2** Abandonné ; dont on fait le sacrifice. *Vente à prix sacrifiés* (⇒ **braderie, liquidation).**

sacrifier v. tr. 7 – XIIe ; lat. *sacrum facere* « faire un acte sacré » **I - 1** Offrir en sacrifice (1°). ⇒ **immoler.** *Sacrifier un animal, une victime à la divinité. « la même ferveur que tel chrétien devant l'Agneau sacrifié »* (Yourcenar). ♦ SACRIFIER À. ➛ littér. Faire la volonté de ; se conformer à. ⇒ **obéir.** *Sacrifier à la mode, aux préjugés.* ⇒ **suivre. 2** Perdre, abandonner ou négliger (qqch., qqn) par un sacrifice, au bénéfice ou en considération de ce qu'on fait passer avant. *Sacrifier sa vie privée à sa carrière. « J'ai tout sacrifié à la famille »* (Zola). ➛ *L'auteur a sacrifié ce personnage,* ne lui a volontairement pas donné l'importance, l'intérêt qu'il pourrait avoir. **3** fam. Se défaire avec peine de (qqch.). *Allez, je vais sacrifier une de mes bonnes bouteilles.* **II** *SE SACRIFIER* v. pron. S'offrir en sacrifice, se dévouer par le sacrifice de soi, de ses intérêts. *Elle s'est sacrifiée pour ses enfants. Cette baliverne « se sacrifier pour la génération future »* (Giono).

① **sacrilège** n. m. – XIIe ; lat. *sacrilegus* « qui dérobe des objets sacrés » **1** Profanation du sacré, acte d'irrévérence grave envers les objets, les lieux, les personnes revêtus d'un caractère sacré. ⇒ **blasphème, impiété.** *Commettre un sacrilège.* **2** Attentat contre ce qui est sacré, particulièrement respectable. *C'est un sacrilège d'avoir abattu ces arbres.* ⇒ **crime, hérésie.**

② **sacrilège** n. et adj. – XIIIe ▪ Personne qui a commis un sacrilège. ⇒ **profanateur.** ♦ adj. Coupable de sacrilège, qui a un caractère de sacrilège. *Action sacrilège.* ⇒ **blasphématoire, impie.** *« des souhaits sacrilèges »* (Aragon).

sacripant n. m. – XVIe ; it. *Sacripante,* nom d'un faux brave de l'*Orlando innamorato,* de Boiardo ▪ fam. Mauvais sujet, chenapan. ⇒ **bandit, vaurien.**

sacristain n. m. – XIIe ; lat. *sacrista* « celui qui s'occupe des objets sacrés » **1** Celui qui est préposé à la sacristie, à l'entretien de l'église. ⇒ **marguillier. 2** Petit gâteau de pâte feuilletée, en forme de rouleau.

sacristaine ou **sacristine** n. f. – XVIIe ▪ Religieuse préposée à la sacristie dans un monastère ; femme s'occupant de la sacristie d'une église.

sacristie n. f. – XIVe ; lat. ▪ Annexe d'une église, où sont déposés les vases sacrés, les vêtements sacerdotaux, les registres de baptême et de mariage (⇒ **sacris-**

tain). *On « garnissait des encensoirs dans la sacristie »* (Romains). ➜ loc. fam. *Punaise de sacristie,* dévote qui hante les sacristies, les églises, sans en devenir plus charitable (cf. Grenouille de bénitier*).

sacro- Élément de mots d'anatomie, de médecine, signifiant « du sacrum ».

sacro-iliaque adj. – XIXe ▪ Relatif au sacrum et à l'os iliaque. *Les articulations sacro-iliaques.*

sacro-saint, sainte adj. – XVIe ; lat. *sacer* « ① sacré » et *sanctus* « saint » ▪ iron. Qui fait l'objet d'un respect exagéré ou même absurde. ⇒ **intouchable, tabou.** *Ses sacro-saintes habitudes.*

sacrum [sakʀɔm] n. m. – XVe ; lat. *os sacrum* « os sacré » ▪ Os formé par la réunion des cinq vertèbres sacrées, à la partie inférieure de la colonne vertébrale, articulé avec le coccyx.

> ❑ Cet os soutient les entrailles de l'animal que l'on offrait aux dieux dans les sacrifices.

sadducéen, enne ou **saducéen, enne** n. et adj. – XVIIe ; o. i., p.-ê. de *Zadok,* nom d'un grand prêtre ▪ Membre d'une secte de juifs conservateurs qui s'en tenaient à la Torah, rejetant la résurrection, la vie future et la rétribution.

sadique adj. et n. – XIXe **1** Qui manifeste du sadisme. *Tendances sadiques.* ⇒ aussi **sadomasochiste. 2** Qui prend plaisir à faire souffrir, à voir souffrir autrui. *Tortionnaire sadique.* ➜ *Plaisir sadique. « une pointe d'imagination sadique »* (Ste-Beuve). ♦ Méchant, cruel. *Cet examinateur est particulièrement sadique.* ➜ n. *Un, une sadique.* abrév. fam. SADO. **3** *Stade sadique anal* (ou *sadico-anal*) : stade du développement psychique infantile, caractérisé par des pulsions sadiques, qui fait suite au stade oral et précède le stade génital.

> ❑ Pour qualifier l'œuvre de Sade, on emploie l'adjectif *sadien, ienne.*

sadisme n. m. – XIXe ; de *Sade* **1** Perversion sexuelle par laquelle une personne ne peut atteindre l'orgasme qu'en faisant souffrir (physiquement ou moralement) l'objet de ses désirs. *Sadisme et masochisme.* **2** Goût pervers de faire souffrir, délectation dans la souffrance d'autrui. ⇒ **cruauté.**

sadomasochisme n. m. – mil. XXe ▪ Sadisme combiné au masochisme chez le même individu.

sadomasochiste adj. et n. – mil. XXe ▪ Qui est à la fois sadique et masochiste. *Relations sadomasochistes.* ➜ n. *Un, une sadomasochiste.* ➜ abrév. fam. SADOMASO adj. et n.

saducéen, enne → **sadducéen**

safari n. m. – mil. XXe ; ar. *safora* « voyager » ▪ Expédition de chasse aux gros animaux sauvages, en Afrique noire.

safari-photo n. m. – 1968 ▪ Expédition organisée dans une réserve naturelle, pour photographier ou filmer les animaux sauvages. *Des safaris-photos.*

① **safran** n. m. – XIIe ; arabo-persan **1** Plante monocotylédone *(iridacées),* appelée couramment *crocus,* dont les fleurs portent des stigmates orangés utilisés comme aromate et colorant. ♦ *Safran des prés.* ⇒ **colchique.** *Safran des Indes.* ⇒ **curcuma. 2** Épice vendue dans le commerce sous la forme d'une poudre orangée (provenant des stigmates de la fleur). *Riz au safran.* **3** Matière colorante jaune tirée de la même fleur. ♦ Couleur jaune orangé. *« des touches d'ocre et de safran »* (Maurois).

② **safran** n. m. – XIVe ; ar. ▪ Pièce verticale du corps du gouvernail.

safrané, ée adj. – XVIe **1** Assaisonné au safran. *Riz safrané.* ♦ Coloré au safran. **2** D'un jaune safran. *« les eaux safranées ou roses »* (Proust).

safraner v. tr. [1] – XVIe ▪ Assaisonner au safran.

safre n. m. – XIIe ; p.-ê. var. de *saphir* ▪ Oxyde bleu de cobalt ; verre bleu coloré avec ce produit et imitant le saphir.

saga n. f. – XVIIIe ; a. nord. « dit, conte » **1** littér. Récit historique ou mythologique de la littérature médiévale scandinave (Islande, Norvège). **2** Histoire (d'une famille, etc.) racontée sur plusieurs générations. *« La Saga des Forsyte », cycle romanesque de J. Galsworthy.*

> ❑ Apparenté à l'allemand *sagen* et à l'anglais *to say* « dire ».

sagace adj. – XVe ; lat. *sagax* « qui a l'odorat subtil » ▪ Qui a de la sagacité. ⇒ **avisé, clairvoyant,** ② **fin, perspicace, subtil.** *Esprit, jugement sagace.* ✪ CONTR. Naïf, obtus.

sagacité n. f. – XVe ▪ Pénétration faite d'intuition, de finesse et de vivacité d'esprit. ⇒ **clairvoyance, perspicacité.** *« Ce qu'il lui a fallu de tact, de réserve, de sagacité, de délicatesse, d'intuition »* (Gaut.). ✪ CONTR. Aveuglement.

sagaie n. f. – XVIe ; ar. *az-zaghâya,* d'o. berbère ▪ Lance, javelot de tribus primitives.

sage adj. et n. – XIe ; lat. *sapidus* « qui a du goût » **I** adj. **1** vx ou littér. Qui a un art de vivre supérieur, qui peut être considéré comme un modèle. *Le penseur, le héros, hommes sages.* **2** littér. Qui a du jugement, qui est avisé, sensé dans sa conduite (d'une manière habituelle). *« peu de gens sont assez sages pour préférer le blâme qui leur est utile à la louange qui les trahit »* (La Rochef.). *Les vierges folles et les vierges sages.* ➜ *De sages conseils.* ⇒ ① **bon, judicieux. 3** Réfléchi et modéré. ⇒ **mesuré, prudent, raisonnable.** *« L'éducation nous fait savants mais non sages »* (Montaigne). ➜ *Il serait plus sage d'attendre.* **4** Honnête et réservé dans sa conduite sexuelle. ⇒ **chaste, honnête, pudique.** *« Sois belle, si tu veux, sage si tu peux »* (Beaum.). **5** Calme et docile. *Un enfant sage.* ⇒ ② **gentil, obéissant. 6** Mesuré. *Des goûts sages.* ⇒ **modeste.** ➜ fam. *Une petite robe sage,* classique et non provocante. **II** n. m. **1** Celui qui, par un art de vivre supérieur, se met à l'abri de ce qui tourmente les autres hommes. ⇒ **philosophe.** *Le sage stoïcien. Sage bouddhique. « J'appellerai un sage un homme qui ne serait affecté dans la vie que par la souffrance physique »* (Goncourt). ♦ Personne désignée pour sa compétence et sa réputation d'objectivité comme conseiller du gouvernement, d'un organisme, en matière économique et sociale. *Comité des sages.* **2** (Opposé à *fou*) Personne qui a sa raison, son bon sens. ✪ CONTR. Fou, insensé. Déraisonnable, désordonné, désobéissant, insupportable, turbulent. Audacieux, excentrique, ② original.

sage-femme [saʒfam] n. f. – XIIIe ▪ Auxiliaire médicale diplômée dont le métier est de surveiller la grossesse, d'assister les femmes pendant l'accouchement et de prodiguer les premiers soins aux nouveau-nés. *Des sages-femmes.*

> ❑ La profession étant exercée aussi par des hommes depuis 1980, l'Académie a proposé le terme de *maïeuticien* pour les désigner, mais l'Assemblée nationale a maintenu l'appellation *sage-femme* pour les deux sexes.

sagement adv. – XIIe **1** D'une manière avisée, judicieuse. *Agir sagement.* ⇒ **prudemment. 2** Avec calme et tranquillité. *Attendre bien sagement.*

sagesse n. f. – XIIIe **1** Qualité, conduite du sage, modération, calme supérieur joint aux connaissances.

⇒ **philosophie.** « *le philosophe est l'amateur de la sagesse et de la vérité* » (Volt.). **2** littér. Jugement dans les conceptions ou la conduite. ⇒ **discernement,** ① **sens** (bon sens). ♦ *La sagesse des nations :* remarques, jugements, conseils de bon sens, résultant d'une longue expérience, que les nations mettent en proverbes. **3** Modération et prudence dans la conduite. ⇒ **circonspection, modération.** *Avoir la sagesse de renoncer. Conseils de sagesse. La voix de la sagesse.* ⇒ **raison. 4** Tranquillité, obéissance (d'un enfant). ⇒ ① **calme, docilité.** *Il a été d'une sagesse exemplaire.* **5** Caractère mesuré, modéré. *La sagesse de ses prétentions.* ✪ CONTR. Déraison. Imprudence, inconséquence ; turbulence.

sagine n. f. – XIXe ; lat. « engraissement » ▪ Petite plante herbacée *(caryophyllacées),* formant gazon, à fleurs blanches.

> ❑ Cette plante était employée pour engraisser les moutons.

sagittaire n. m. et f. – XIIe ; lat. *sagitta* « flèche » **1** n. m. Constellation zodiacale de l'hémisphère austral (« l'Archer »). ♦ Neuvième signe du zodiaque (22 novembre-20 décembre). ➛ *Elle est Sagittaire,* née sous le signe du Sagittaire. **2** n. f. Plante aquatique herbacée *(alismacées)* aux feuilles aériennes sagittées, appelée aussi *flèche d'eau, sagette.*

sagittal, ale, aux adj. – XVIe ; lat. *sagitta* « flèche » ▪ En forme de flèche. ➛ Qui contient des flèches, des graphes. *Diagramme sagittal.* ➛ *Plan sagittal :* plan vertical, perpendiculaire au plan vu de face. ➛ Qui est dans un plan sagittal. *Lignes sagittales.* ➛ *Coupe sagittale,* menée suivant ce plan.

sagitté, ée adj. – XVIIIe ; lat. *sagitta* « flèche » ▪ Qui a la forme d'un fer de flèche, de lance.

sagou n. m. – XVIe ; malais ▪ Fécule jaunâtre qu'on retire de la moelle du sagoutier.

sagouin, ine n. – XVIe ; tupi *sahy* « singe » **1** n. m. Petit singe d'Amérique du Sud, à longue queue. **2** fam. Personne, enfant malpropre.

sagoutier [sagutje] n. m. – XVIIIe ▪ Palmier dont la moelle fournit le sagou. « *des sagoutiers, végétaux qui croissent sans culture* » (J. Verne).

sagum [sagɔm] n. m. – XVIIe ; gaul. ▪ Court manteau de laine que portaient les Romains et les Gaulois à la guerre. ⇒ ① **saie.**

saharien, ienne adj. et n. – XIXe ▪ Qui se rapporte au Sahara, à ses habitants. ⇒ aussi **sahraoui.** *Oasis sahariennes.* ➛ n. *Les Sahariens :* habitants du Sahara (notamment les Touareg*).

saharienne n. f. – 1945 ; de *(veste) saharienne* ▪ Veste de toile ceinturée, à manches courtes et poches plaquées, inspirée de l'uniforme militaire.

sahélien, ienne adj. – XIXe ▪ Relatif au Sahel. *Climat sahélien.*

sahraoui, ie [saʀawi] adj. et n. – 1977 ; ar. *sahra* « le désert » ▪ Du Sahara occidental. ♦ n. *Les Sahraouis :* les indépendantistes du Sahara occidental.

saï [sai ; saj] n. m. – XVIIIe ; mot tupi « singe » ▪ Singe d'Amérique du Sud, du genre sajou.

① **saie** n. f. – XIIIe ; lat. *sagum* ▪ Sagum.

② **saie** n. f. – XVIIe ; var. de *soie* ▪ Petite brosse en soies de porc, utilisée par les orfèvres.

saietter [sejete ; sɛj(ə)te] v. tr. [1] – XVIIe ▪ Nettoyer, brosser avec la saie.

saïga [sajga ; saiga] n. m. – XVIIIe ; mot russe ▪ Petite antilope d'Europe orientale et d'Asie occidentale, à cornes courtes (chez le mâle, seulement), à nez bossué et bombé.

saignant, ante adj. – XIIe **1** Qui dégoutte de sang (de la chair vivante). ⇒ **sanglant.** *Plaie saignante.* « *des tas de chair saignante* » (Genet). **2** fam. Particulièrement dur, cruel. *Il est très en colère, ça va être saignant.* **3** Se dit de la viande rôtie ou grillée, lorsqu'elle est peu cuite et qu'il y reste du sang. ⇒ **rouge.** *Vous voulez votre bifteck saignant ou à point ?*

saignée n. f. – XIIe **1** Évacuation provoquée d'une certaine quantité de sang. *Pratiquer une saignée* (⇒ **lancette).** ♦ Pertes d'hommes, par la guerre, l'émigration, etc. ⇒ **hémorragie. 2** Pli entre le bras et l'avant-bras.

> ❑ C'est souvent à la *saignée* « pli entre le bras et l'avant-bras » que se faisaient les saignées autrefois, que se font les prises de sang aujourd'hui.

saignement n. m. – XVIIe ▪ Écoulement, épanchement de sang. ⇒ **hémorragie.** *Saignement de nez.* ⇒ **épistaxis.**

saigner v. [1] – XIe ; lat. *sanguis* « sang » **I** v. intr. **1** Avoir un écoulement de sang ; perdre du sang (en parlant du corps, d'un organe). *Saigner abondamment, comme un bœuf. Blessure qui saigne.* ➛ Perdre du sang, être blessé. loc. *Saigner du nez :* avoir une hémorragie nasale. **2** littér. *Le cœur me (lui) saigne :* j'ai (il a) beaucoup de peine. **3** *Ça saigne :* le sang coule. ➛ fam. *Ça va saigner :* la dispute, le conflit va être très dur. **II** v. tr. **1** Tirer du sang à (qqn) en ouvrant une veine ; faire une saignée à. *Saigner qqn au bras.* « *Il vous saignait les gens largement comme des chevaux* » (Flaub.). ♦ *Saigner un hévéa :* inciser le tronc pour en recueillir le latex. **2** Tuer (un animal) en le privant de son sang, par égorgement. ⇒ **égorger.** *Saigner un porc.* **3** Affaiblir, épuiser (qqn) en retirant ses ressources. « *Il vous a fallu de l'argent* [...] *vous avez saigné vos sœurs* » (Balz.). ➛ pronom. loc. *Se saigner aux quatre veines :* dépenser ou donner tout ce qu'on peut, se priver pour qqn ou pour obtenir qqch. ⇒ **se sacrifier.** ♦ loc. *Saigné à blanc :* épuisé, privé de ses ressources. *Une économie saignée à blanc par la crise.* ✪ HOM. *Saigne :* ceigne (ceindre).

saigneur, euse n. et adj. – XIIIe ▪ rare Personne qui saigne *(un saigneur de porcs),* pratique des saignées. ✪ HOM. Seigneur.

saignoir n. m. – 1932 ▪ Couteau à saigner les animaux de boucherie.

saillant, ante adj. – XIIe **1** Qui avance, dépasse. ⇒ **proéminent.** « *Les joues rentrées et les pommettes saillantes que j'admirais dans le portrait de Delacroix* » (Gide). ➛ *Secteur angulaire saillant,* qui limite une aire convexe (opposé à *rentrant*). ♦ n. m. Partie d'un ouvrage qui fait saillie. *Le saillant d'un bastion.* **2** En terme de blason, Qui se dresse comme pour sauter. *Bélier saillant.* **3** Qui est en évidence, ressort du contexte et s'impose à l'attention. ⇒ **frappant.** *Événements saillants de l'actualité.* ⇒ **marquant.** ✪ CONTR. Caché, creux, rentrant. Insignifiant.

saillie n. f. – XIIe **I - 1** littér. Trait brillant et inattendu (dans la conversation, le style). ⇒ **boutade, mot. 2** Accouplement des animaux domestiques, en vue de la reproduction. ⇒ **monte. II** Partie qui avance, dépasse le plan, l'alignement ; angle saillant. ⇒ **avancée, éminence, éperon, relief, ressaut.** *Les saillies d'un mur. Balcon formant saillie, faisant saillie, en saillie.* ⇒ **saillant.** ✪ CONTR. Alignement, cavité, creux.

saillir v. [2] ou [13] – XIe ; lat. *salire* « couvrir la femelle ; sauter » **I** [2] ; rare sauf inf. et 3e pers. **1** v. intr. vx Jaillir, s'élancer. *La faim fait saillir le loup du bois.* **2** v. tr. Couvrir (la femelle). *L'étalon saillit la jument.* ⇒ **s'accoupler, monter. II** v. intr. [13] ou littér. [2] Être en saillie, avancer en formant un relief. « *ses cuisses musculeuses saillaient sous l'étoffe rase du pantalon* » (Genet).

saïmiri [saimiʀi] n. m. – XVIIIe ; tupi *sahy* « singe » et *miri* « petit » ■ Singe de petite taille, au corps grêle, à longue queue prenante.

① **sain, saine** adj. – XIe ; lat. *sanus* **1** VX (sauf opposé à *malade*) Qui est en bonne santé, n'est pas malade (cf. Bien portant*). *Les gens sains et les malades.* ♦ loc. SAIN ET SAUF : en bon état physique, après quelque danger, quelque épreuve ; qui n'a pas subi de dommage. *Arriver saine et sauve, sains et saufs* [sɛ̃esof]. **2** Dont l'organisme est bien constitué et fonctionne normalement, sans trouble, d'une manière habituelle. *Porteur sain.* ⇒ **asymptomatique.** ➝ *Des dents saines.* ♦ Qui n'est pas gâté ou pourri (en parlant d'une matière organique). *La charpente est très saine.* **3** Qui jouit d'une bonne santé psychique ; dont les activités mentales ne trahissent aucune anomalie. *Sain de corps et d'esprit. Un adolescent parfaitement sain et équilibré. Jugement sain.* ♦ Considéré comme bon et normal. *De saines lectures.* **4** Qui contribue à la bonne santé, n'a aucun effet funeste sur l'état physique. ⇒ **salubre.** *Un climat sain. Ce n'est pas très sain.* ⇒ **hygiénique.** « *l'air vif, pénétrant, glacé, mais sain* » (Gaut.). **5** Sans danger. *Côte saine.* **6** *Une affaire saine,* normale, sans danger, sans anomalie cachée. ♦ *Une entreprise parfaitement saine,* jouissant d'une bonne santé financière, d'une bonne gestion. ✪ CONTR. Malade, malsain. Fou ; dépravé. Dangereux, nuisible. — HOM. Saint, sein, seing ; cinq ; cène, scène, seine, sen, senne.

❑ Même famille étymologique que *insane* et *santé.*

② **sain** n. m. – XIIIe ; lat. *sagina* « graisse » ■ Graisse du sanglier et de quelques bêtes (renard et, en général, bêtes « mordantes »).

sainbois n. m. – XVIe ; de *sain* et *bois* ■ Garou, variété de daphné ; son écorce, utilisée comme vésicatoire.

saindoux n. m. – XIIIe ; a. fr. *sain* « graisse » et *doux* ■ Graisse de porc fondue. ⇒ **axonge.**

sainement adv. – XIe **1** D'une manière saine (4°). *Vivre sainement.* **2** D'une manière normale, correcte, sur le plan intellectuel, moral. *Juger sainement.*

sainfoin n. m. – XVIe ; de ① *sain* et *foin* ■ Plante herbacée *(papilionacées)* aux fleurs rouges et aux gousses duveteuses, cultivée comme fourrage.

saint, sainte adj. et n. – Xe ; lat. *sanctus* « consacré, vénéré » **I** adj. **A - 1** (s'emploie devant le nom d'un *saint,* d'une *sainte* de la religion chrétienne ; cf. ci-dessous, II) *Prier saint Antoine. La sainte Famille :* Jésus, Joseph et Marie. ➝ (avec une majuscule) *La Sainte Vierge.* ♦ (par ellipse du mot *fête,* avec une majuscule et un trait d'union) *La Saint-Sylvestre :* le 31 décembre. ♦ (dans la désignation d'une église, d'un lieu, ou dans une expr. où le mot n'a plus qu'un rapport indirect avec un saint ; avec une majuscule et un trait d'union) *L'église Saint-Eustache. Le Mont-Saint-Michel.* **2** Qui est souverainement pur et parfait, en parlant de Dieu. *La Sainte-Trinité*.* **3** Qui mène une vie irréprochable, en tous points conforme aux lois de la morale et de la religion. *Un saint homme.* **B - 1** Qui a un caractère sacré, religieux ; qui appartient à la religion (judéo-chrétienne), à l'Église. *La sainte Bible, l'histoire sainte. Pèlerinage aux lieux saints. Guerre sainte,* de religion. *Jeudi, vendredi, samedi saint.* ⇒ **semaine** (sainte). ➝ (autres religions) *Médine, La Mecque et Jérusalem, les villes saintes de l'Islam.* ➝ *Le Saint-Empire romain germanique.* ♦ *La sainte Russie.* ♦ *La Sainte-Alliance,* signée en 1815 par le tsar, l'empereur d'Autriche et le roi de Prusse pour maintenir l'équilibre européen à leur profit. ♦ loc. fam. *Toute la sainte journée :* pendant toute la journée, sans arrêt. **2** Qui est inspiré par la piété. ➝ *Une sainte colère :* colère éminemment morale (comme celle de Jésus chassant les marchands du temple). *J'en ai une sainte horreur.* **II** n. **1** Dans la religion catholique, Personne qui est après sa mort l'objet, de la part de l'Église, d'un culte public et universel (dit *culte de dulie*), en raison du très haut degré de perfection chrétienne qu'elle a atteint durant sa vie. *Mettre au nombre des saints* (⇒ **canoniser**). *Les vénérables, les bienheureux et les saints.* « *les saints farouches et pathétiques* » (Sand). *Récit de la vie d'un saint.* ⇒ **hagiographie.** ♦ loc. *Les saints de glace :* période qui correspond aux fêtes de saint Mamert, de saint Pancrace et de saint Servais (11, 12 et 13 mai) pendant laquelle on observe souvent un abaissement de la température. *Ne (plus) savoir à quel saint se vouer :* ne plus savoir comment se tirer d'affaire. *Ce n'est pas un saint :* il n'est pas parfait. ➝ fam. *Ce n'est pas un petit saint :* il n'est pas naïf, innocent, honnête. ➝ « *je n'ai d'ailleurs jamais essayé de me faire passer pour un petit saint* [...] *je suis une canaille* » (Simenon). ♦ (dans d'autres religions ou sectes) *Les marabouts, saints de l'Islam.* **2** Personne d'une vertu, d'une bonté, d'une patience exemplaires. *Cette femme, c'est une sainte !* **3** n. m. *Le Saint des Saints :* l'enceinte du Temple la plus sacrée, celle dans laquelle l'arche d'alliance était enfermée. ⇒ **sanctuaire.** ➝ La partie la plus secrète et la plus importante (qui doit demeurer interdite et cachée au profane). ✪ HOM. Sain, sein, seing ; cinq.

saint-bernard n. m. – XIXe ; de *col du Grand-Saint-Bernard,* dans les Alpes ■ Chien de montagne de grande taille, à pelage roux et blanc, ou pie-rouge. *Des saint-bernard* ou *des saint-bernards.* ➝ loc. *C'est un vrai saint-bernard,* une personne toujours prête à porter secours aux autres.

saint-cyrien n. m. – XIXe ■ Élève de l'école militaire de Saint-Cyr. *Les saint-cyriens.*

❑ *Saint-Cyr* est le nom d'une localité des Yvelines où fut installée cette école militaire en 1808.

saintement adv. – XIIe ■ D'une manière sainte, avec sainteté.

saint-émilion [sɛ̃temiljɔ̃] n. m. – XVIIIe ; – n. pr. ■ Bordeaux rouge corsé, produit sur les coteaux de Saint-Émilion. *Des saint-émilion* ou *des saint-émilions.*

❑ *Saint-Émilion* est le nom d'une commune de Gironde.

sainte nitouche n. f. – XVIe ; de *saint* et *n'y touche (pas)* ■ Personne qui affecte l'innocence. ➝ Femme qui affecte la pruderie, l'innocence. *Des saintes nitouches.*

Saint-Esprit → **esprit**

sainteté n. f. – XIIe **1** Caractère, qualité d'une personne ou d'une chose sainte. « *la sainteté, la hauteur et l'humilité d'une âme chrétienne* » (Pasc.). **2** (précédé d'un poss.) Titre de respect qu'on emploie en parlant du pape ou en s'adressant à lui. *Sa Sainteté le pape Paul VI* (abrév. *S.S.*). *Votre Sainteté.*

saint-frusquin n. m. – XVIIIe ; de *saint* et arg. *frusquin* « habit » d'o. i. ■ fam. Ce qu'on a d'argent, d'effets ; tout ce qu'on possède. ♦ (à la fin d'une énumération) *...et tout le saint-frusquin :* et tout le reste.

saint-glinglin (à la) loc. adv. – XIXe ; probablt altér. de *seing* (lat. *signum* « signal », puis « cloche ») et du dial. *glinguer* « sonner » ■ fam. À une date infiniment reportée. *Je ne vais pas l'attendre jusqu'à la saint-glinglin.*

saint-honoré [sɛ̃tɔnɔʀe] n. m. – XIXe ; de *saint Honoré,* patron des boulangers, ou du nom de la *rue Saint-Honoré* ■ Gâteau garni de crème Chantilly et de petits choux glacés au sucre. *Des saint-honoré* ou *des saint-honorés.* « *elle revenait* *dix fois pour passer devant les gâteaux aux amandes, les saint-honoré, les savarins, les flans* » (Zola).

saint-marcellin [sɛ̃maʀsəlɛ̃] n. m. – attesté 1938 ; nom de lieu ▪ Fromage du Dauphiné à base de lait de vache, à pâte molle et croûte naturelle. *Des saint-marcellins.*

saint-nectaire n. m. – 1911 ; nom de lieu ▪ Fromage d'Auvergne, à pâte pressée non cuite. *Des saint-nectaires.*

Saint-Office [sɛ̃tɔfis] n. m. – XVIIe ▪ Congrégation romaine établie par le pape Paul III en 1542 pour diriger les inquisiteurs et juger souverainement les affaires d'hérésie. ➛ *Le Saint-Office :* le tribunal de l'Inquisition.

saint-paulin n. m. – mil. XXe ; nom de lieu ▪ Fromage affiné à pâte pressée, voisin du port-salut. *Des saint-paulins.*

saint-père n. m. – XIIe ▪ Le pape. *Le saint-père.*

saint-pierre n. m. – XVIIe ▪ Poisson de mer à chair estimée. ⇒ **zée.** *Des saint-pierre* ou *des saint-pierres.*

> ❑ Ce poisson porte sur chacun de ses côtés une tache ronde où la légende voit l'empreinte qu'y laissèrent les doigts de *saint Pierre* quand, sur l'ordre du Christ, il tira de la bouche du poisson le statère du cens (impôt pour être électeur).

saint sacrement → **sacrement**

Saint Sépulcre → **sépulcre**

Saint-Siège n. m. – XVIe ▪ *Le Saint-Siège :* le pouvoir, le gouvernement du souverain pontife. ⇒ **papauté.**

saint-simonien, ienne adj. et n. – XIXe ▪ Relatif au réformateur social Saint-Simon (1760-1825) ou à sa doctrine. ♦ n. Partisan des théories de Saint-Simon. *Enfantin, Bazard, saint-simoniens célèbres.*

saint-simonisme n. m. – XIXe ▪ Doctrine de Saint-Simon et des saint-simoniens, caractérisée par l'industrialisme et le progressisme.

saint-synode → **synode**

saisi, ie adj. et n. – XIIe 1 ⇒ **saisir** (I, 5°, 6°). 2 dr. Qui fait l'objet d'une saisie (personnes, choses). *Le tiers saisi :* personne entre les mains de qui est saisi un bien appartenant à autrui. ♦ n. *Le saisi* (opposé à *saisissant,* 2°). ⇒ **débiteur.**

saisie n. f. – XVe 1 Procédure d'exécution forcée par laquelle un créancier privé ou public fait mettre des biens mobiliers ou immobiliers de son débiteur sous la main de la justice ou de l'autorité administrative. « *l'huissier se présenta chez elle pour faire le procès-verbal de la saisie* » (Flaub.). 2 Prise de possession (d'objets interdits par l'autorité publique). ⇒ **confiscation, embargo, mainmise, séquestre.** *Procéder à la saisie d'un journal.* 3 Enregistrement d'une donnée sur un support, en vue de son traitement ou de sa mémorisation par un système informatique. *Opérateur de saisie.* ⇒ **claviste.**

① **saisine** n. f. – XIIe 1 Prérogative, ouverte à un organe ou à une personne, de saisir un autre organe ou une autre personne afin de faire exercer ses droits. *Saisine du Conseil constitutionnel.* 2 Droit à la possession d'un héritage, conféré par la loi ou par le testateur.

② **saisine** n. f. – XVIIe ; de *saisir* ▪ Cordage servant à fixer, à maintenir.

saisir v. tr. [2] – XIe ; lat. *sacire* « prendre possession » ; du germ. °*sakjan* « revendiquer un droit » **I - 1** Mettre en sa main (qqch.) avec détermination, force ou rapidité. ⇒ **attraper, empoigner, prendre.** *Il n'arrive pas à saisir cet objet.* 2 *Saisir qqn, un animal,* le prendre, le retenir brusquement ou avec force. *Saisir qqn à bras le corps.* 3 Se mettre promptement en mesure d'utiliser, de profiter de. *Saisir une occasion.* ➛ *Saisir un prétexte :* profiter d'un prétexte qui s'offre. 4 Se mettre en mesure de comprendre, de connaître (qqch.) par les sens, par la raison. « *il saisissait au passage des bribes de conversation* » (Mart. du G.). fam. *Vous saisissez ?* vous comprenez ? est-ce clair ? *Je ne saisis pas bien.* 5 S'emparer brusquement de la conscience, des sens, de l'esprit de (qqn). ⇒ **prendre.** *Il sentit le froid le saisir. La peur le saisit.* « *L'effroi qui me saisit, corrompant mon espoir* » (Volt.). ➛ *Être saisi d'étonnement.* ♦ Faire une impression vive et forte sur (qqn). ⇒ **frapper, impressionner.** « *On demeure d'abord saisi comme en face d'une chose surprenante* » (Maupass.). 6 Exposer sans transition à une forte chaleur (ce qu'on fait cuire). *Saisir en plongeant dans un corps gras brûlant* (à la poêle, en friture). ➛ *Viande bien saisie.* 7 Mettre sous la main de la justice par une saisie. *Saisir les meubles.* « *Tout a été saisi, le compte en banque bloqué* » (Aymé). ➛ *Saisir un journal.* ♦ *Saisir qqn :* faire la saisie de ses biens. 8 Effectuer la saisie informatique de. **II** Porter devant (une juridiction). *Saisir un tribunal d'une affaire.* (plus cour. au pass.) *Le Conseil de sécurité fut saisi de la demande de la Grande-Bretagne.* ⇒ ① **saisine. III** SE SAISIR v. pron. Mettre en sa possession, en son pouvoir. ⇒ s'**approprier,** s'**emparer, prendre.** *Elle s'est saisie d'un couteau.* ✪ CONTR. ① Lâcher, laisser. Dessaisir.

saisissable adj. – XVIIIe 1 Qui peut faire l'objet d'une saisie. *Bien saisissable.* 2 Qui peut être saisi, perçu ou compris (par les sens, l'esprit). *Un sens précis, saisissable directement.* ⇒ **compréhensible.** ✪ CONTR. Insaisissable.

saisissant, ante adj. – XVIIe 1 Qui surprend (en parlant d'une sensation, d'une émotion). *Un froid saisissant,* vif et piquant. ➛ « *Le contraste était saisissant quand on les voyait ensemble* » (Bloy). ⇒ **étonnant, frappant.** 2 Qui fait pratiquer une saisie. ➛ subst. *Le saisissant* **(⇒ créancier)** *et la partie saisie* **(⇒ débiteur, saisi).**

saisissement n. m. – XIIe ▪ Effet soudain d'une sensation (surtout de froid) ou d'une émotion. *Éprouver un saisissement au contact de l'eau glacée. Il était muet, pâle de saisissement.*

saison n. f. – XIIe ; lat. *satio* « semailles », d'où « saison des semailles » **A - 1** Époque de l'année caractérisée par un certain climat et par un certain état de la végétation. *La belle saison :* fin du printemps, été et début de l'automne. « *la fin de la belle saison provençale, constellée de géraniums brasillants* » (Colette). *La mauvaise saison,* fin de l'automne, hiver. *Saison sèche et saison des pluies* (sous un climat tropical). *C'est, ce n'est pas un temps de saison. Le temps est chaud pour la saison. Il n'y a plus de saisons !* le temps est déréglé. *En toute saison, en toutes saisons :* pendant toute l'année. *Fruits, légumes de saison.* loc. *Marchand de* (ou *des*) *quatre-saisons, des quatre saisons* [katsɛzɔ̃] : marchand ambulant de légumes et de fruits. *La saison des vendanges.* ➛ *Saison des amours :* la période où une espèce d'animaux s'accouple. 2 Chacune des quatre grandes divisions de l'année qui partagent l'orbite terrestre entre un équinoxe et un solstice ou vice versa. *Les quatre saisons.* ⇒ **printemps, été, automne, hiver.** ➛ *La saison est avancée.* **B - 1** littér. Période particulière (de la vie). « *Une saison en enfer* », de Rimbaud. 2 loc. *N'être pas, n'être plus de saison :* n'être pas, n'être plus de circonstance. « *les gamineries n'étaient plus de saison* » (Colette). **C - 1** *LA SAISON DE..., POUR... ; SAISON* (et adj.) : temps de l'année propice à (une activité). ⇒ **époque, moment.** *La saison des vacances.* ➛ Époque où une activité bat son plein. *La saison théâtrale. La saison des soldes.* ♦ Époque de l'année où les touristes, les visiteurs, les vacanciers affluent. *Pendant la saison, en saison. Hors saison. Haute saison :* période saisonnière d'affluence (hôtels, transports). ◆ Ensemble des résultats financiers obtenus pendant cette période d'activité. *Les hôteliers ont fait une mauvaise saison, cet été.* **2** *Les nouveautés, les nouvelles collections de la saison* : les modèles d'été ou d'hiver, présentés au printemps ou à l'automne. **3** Durée pendant laquelle on prend les eaux. *Faire une saison à Vittel.* ⇒ ① **cure.**

❑ Mots de la même famille : *assaisonner, assaisonnement.*

saisonnalité n. f. – 1975 ■ Caractère saisonnier (d'un phénomène). *Saisonnalité des ventes de maillots de bain.*

saisonnier, ière adj. – XVIIIe **1** Propre à telle ou telle saison. *Variations saisonnières de température.* **2** Qui ne dure qu'une saison, qu'une partie de l'année. *Travail saisonnier. Ouvriers saisonniers,* et subst. « *les familles de saisonniers espagnols ou gitans* » (Cl. Simon). **3** Qui se fait à chaque saison. *Les migrations saisonnières. Hausse saisonnière du prix des légumes.*

sajou → **sapajou**

saké n. m. – XIXe ; mot jap. ■ Boisson alcoolisée obtenue par fermentation du riz. ✪ HOM. Sacquer.

saki n. m. – XVIIIe ; tupi *sahy* « singe » ■ Singe des forêts d'Amazonie, de taille moyenne, au corps recouvert d'une épaisse fourrure grise.

salace adj. – XVIe ; lat. *salire* « saillir » ■ littér. Qui est prompt aux rapprochements sexuels, en parlant d'un homme. ⇒ **lascif, lubrique.** ◆ *Propos salaces.* ⇒ **grivois, licencieux, obscène.**

salacité n. f. – XVIe ■ littér. Forte propension aux rapprochements sexuels. ⇒ **lubricité.**

① **salade** n. f. – XIVe ; provenç. *salada* « mets salé », de *sal* « sel » **1** *De la salade ; une salade* : mets fait de feuilles d'herbes potagères crues, assaisonnées d'huile, de vinaigre et de sel. *Plantes utilisées pour la salade.* ⇒ **batavia, chicorée, cresson, endive, frisée, laitue, mâche, pissenlit,** ① **romaine,** ① **roquette, scarole, trévise.** *Remuer, tourner, fatiguer la salade.* **2** *Une salade* : plante cultivée, légume dont on fait la salade (laitue, batavia, scarole ou chicorée frisée). *Pied, plant de salade. Cœur de salade. Mélange de salades.* ⇒ **mesclun.** ◆ *Salade cuite, braisée* : plat chaud pour accompagner certaines viandes. **3** Mets froid, fait de légumes, de viande, d'œufs, de crustacés, etc., seuls ou en mélange, assaisonnés d'une vinaigrette, généralement servi en hors-d'œuvre. *Salade de tomates. Salade de museau. Salade niçoise* (olives, tomates, anchois, etc.). *Salade russe* : macédoine à la mayonnaise. *Tagliatelles en salade,* accommodées comme une salade. **4** *Salade de fruits* : fruits menus ou coupés, servis froids, accommodés avec un sirop, une liqueur. ⇒ **macédoine. 5** fam. Mélange confus, réunion hétéroclite. ⇒ **confusion, enchevêtrement. 6** loc. fam. *Vendre sa salade* : chercher à convaincre. ◆ (souvent au plur.) Histoires, mensonges. « *c'est un type bien qui ne passe pas son temps à raconter des salades* » (Le Clézio).

❑ *Salade* employé sans complément s'entend toujours dans le sens 1° ; toutefois, lorsque la confusion est possible avec le sens 3°, on dit *salade verte.* ◆ Même origine que *salaire.*

② **salade** n. f. – XVe ; lat. *cælum* « ciel », à cause de la forme ■ Partie de l'armure des cavaliers (XVe et XVIe s.), casque profond et arrondi à visière courte.

saladier n. m. – XVIe ■ Grande jatte où l'on sert la salade, et d'autres mets. ◆ Son contenu. *Il en a mangé un plein saladier.*

salage n. m. – XIIIe **1** Le fait de saler (pour assaisonner, conserver) ; son résultat. *Le salage d'un porc.* **2** Action de répandre du sel sur la chaussée (pour faire fondre la neige, le verglas).

salaire n. m. – XIIe ; lat. *salarium,* de *sal* « sel » **1** Rémunération d'un travail, d'un service. ⇒ **appointements, traitement.** ◆ Somme d'argent payable régulièrement par l'employeur à la personne qu'il emploie (opposé à *émoluments, honoraires, indemnités*). *Salaire brut,* avant déduction des cotisations sociales salariales. *Salaire net* : montant perçu après déduction des cotisations sociales. *Toucher son salaire* (sa journée, son mois). ⇒ **paye.** *Un salaire d'appoint. Salaire de famine, de misère,* très bas. *Salaire élevé. Hauts salaires. Obtenir une augmentation de salaire.* ◆ (En France) *Salaire minimum* : rémunération fixée par voie réglementaire pour garantir un minimum vital aux salariés des catégories les plus défavorisées. *Salaire minimum interprofessionnel de croissance* (*S.M.I.C.* [smik]), variant en fonction de l'indice des prix et du taux de croissance économique. **2** Ce par quoi on est payé (récompensé ou puni). « *Le Salaire de la peur* », *roman de Georges Arnaud. Toute peine mérite salaire* : le moindre effort mérite récompense.

❑ Le latin *salarium* désignait la somme remise aux soldats pour acheter leur sel *(sal),* d'où le sens de « solde, traitement ».

salaison n. f. – XVIe **1** Opération par laquelle on sale (un produit alimentaire) pour le conserver. *Salaison du poisson.* **2** Denrée alimentaire conservée par le sel.

salamalec [salamalɛk] n. m. – XVIe ; ar. *salâm alaïk* « paix sur toi » ■ fam. (surtout plur.) Révérences, politesses exagérées. *Faire des salamalecs.*

salamandre n. f. – XIIe ; gr. **1** Amphibien urodèle, petit animal noir taché de jaune, dont la peau sécrète une humeur très corrosive. *Au Moyen Âge, on attribuait aux salamandres la faculté de vivre dans le feu.* **2** Poêle à combustion lente qui se place dans une cheminée.

salami n. m. – XIXe ; mot it., plur. de *salame* « chose salée » ■ Gros saucisson sec d'origine italienne, haché plus ou moins fin. *Tranches de salami.*

salangane n. f. – XVIIIe ; de *salamga,* mot des Philippines ■ Oiseau de Malaisie proche du martinet dont le nid, fait d'algues, est comestible (cf. Nid d'hirondelle*). « *ces précieuses salanganes dont les nids comestibles forment un mets recherché dans le Céleste Empire* » (J. Verne).

salant adj. m. et n. m. – XVIe **1** Qui produit du sel. *Marais salants.* ⇒ **salin. 2** n. m. Étendue de terre proche de la mer où s'étendent des efflorescences de sel.

salarial, iale, iaux adj. – 1953 **1** Du salaire, relatif aux salaires. *Masse salariale* : somme globale des rémunérations (directes et indirectes) perçues par l'ensemble des salariés d'une collectivité (entreprise, nation). **2** (Opposé à *patronal*) Relatif aux salariés.

salariat n. m. – XIXe **1** Mode de rétribution du travail par le salaire ; état, condition de salarié. **2** Ensemble des salariés. *Le salariat et le patronat.*

salarié, iée adj. et n. – XVe ■ Qui reçoit un salaire. *Travail salarié.* ◆ n. Personne qui reçoit un salaire, personne rétribuée par un employeur (patron, entrepreneur).

salarier v. tr. 7 – XIVe ■ Rétribuer par un salaire.

salaud n. m. et adj. m. – XIIIe ; de *sale* ■ fam. Homme méprisable, moralement répugnant. ⇒ **fumier, salopard ; salope.** *Il s'est conduit comme un salaud.* ⇒ **goujat.** « *Mais de là à penser que son père était un salaud* »

(Aragon). ♦ adj. m. « *J'aurais jamais cru qu'un type puisse être aussi salaud* » (Sartre).

sale adj. – XIIe ; germ. A - 1 Dont la netteté, la pureté est altérée par une matière étrangère, au point d'inspirer la répugnance ou de ne pouvoir être utilisé de nouveau sans être nettoyé. ⇒ **malpropre, souillé ; crasseux, dégoûtant, immonde, répugnant** ; fam. **cracra, cradingue, crado, dégueulasse.** *Avoir les mains sales. Vaisselle sale. Linge sale.* ➛ subst., fam. *Le sale* : endroit où l'on met le linge à laver. *Mets ton pull au sale.* ♦ Mal tenu, qui se lave insuffisamment. *Il, elle est sale comme un cochon, un porc, sale comme un peigne,* très sale. « *elle était sale à répugner une paroisse* » (Zola). ♦ Se dit d'une bombe atomique dont les retombées radioactives sont importantes, d'une guerre très meurtrière (opposé à *propre*). 2 Qui, sans être souillé, n'est pas net. ⇒ **douteux.** *Blanc sale.* B - 1 vx Qui est impur, souillé. ➛ mod. *Argent sale,* qui provient d'une activité condamnée par la loi, et notamment du trafic de la drogue. ♦ fam. *Histoires sales.* ⇒ **cochon, grivois.** 2 Très désagréable. *Une sale affaire.* ⇒ **fâcheux.** *Il a une sale maladie,* grave. *Faire le sale boulot.* ♦ *Il fait une sale gueule* : il a l'air ennuyé. *Il a une sale gueule,* un visage antipathique, désagréable ; il a mauvaise mine. ♦ Mauvais. *Quel sale temps !* 3 Mauvais, désagréable, méprisable. *Un sale type.* « *un sale petit aventurier* » (Queneau). *C'est une sale bête.* ➛ t. d'injure *Sale con !* ✪ CONTR. ① Blanc, ② net, propre. — HOM. Salle.

① **salé, ée** adj. – XIIIe 1 Qui contient naturellement du sel. *Eau salée.* ♦ De sel. *Goût salé.* 2 Assaisonné ou conservé avec du sel. *Plat trop salé. Biscuits salés. Beurre salé.* ➛ *Préférer le salé au sucré.* ➛ advt *Manger salé.* 3 Qui a un caractère licencieux, grivois. ⇒ ② **cru, grossier.** *Un langage « si salé, que ces dames en rougissaient parfois »* (Céline). 4 fam. Qui est exagéré, excessif (comme un aliment trop salé). *La note est salée,* trop élevée. ✪ CONTR. Fade, insipide.

② **salé** n. m. – XVIe ▪ Porc salé. ➛ *PETIT SALÉ* : morceaux de poitrine de porc, coupés plus fin et placés sur le dessus du saloir, pour être mangés les premiers (moins salés). *Petit salé aux lentilles.*

salement adv. – XVIe 1 D'une manière malpropre, sale, en salissant. *Manger salement.* 2 fam. Très. ⇒ **drôlement, terriblement.** *Je suis salement embêtée.* « *je me suis mis à tousser sans arrêt, salement malade* » (Céline). ✪ CONTR. (du 1°) Proprement.

salep [salɛp] n. m. – XVIIIe ; ar. ▪ Fécule extraite des tubercules desséchés de l'orchis, utilisée comme aliment ou comme excipient.

saler v. tr. [1] – XIIe ; lat. *sal* « sel » 1 Assaisonner avec du sel. *Saler l'eau de cuisson.* ♦ Imprégner de sel, pour conserver. *Saler un jambon.* ♦ *Saler la chaussée,* pour faire fondre la neige, le verglas. 2 fam. *Saler la note* : demander un prix excessif.

saleron n. m. – XVe ▪ Petite salière individuelle.

salésien, ienne adj. et n. – XIXe ▪ Relatif à saint François de Sales. ♦ n. m. Prêtre d'un ordre fondé par saint Jean Bosco (1857). ➛ n. f. Religieuse de la congrégation des Filles de Marie-Auxiliatrice.

saleté n. f. – XVIe 1 Caractère de ce qui est sale. ⇒ **malpropreté.** *Personne, vêtements d'une saleté repoussante.* 2 Ce qui est sale, souillé, mal tenu ; ce qui salit. ⇒ **crasse, ordure.** *Vivre dans la saleté. Avec ta peinture, tu en as fait des saletés !* ➛ Excrément. *Le chat a encore fait ses saletés dans la cuisine.* 3 Chose immorale, indélicate, méprisable. ⇒ fam. **saloperie.** « *elle n'autorisait personne à dire des saletés en sa présence* » (Zola). 4 fam. Chose sans aucune valeur, qui déplaît. ⇒ **cochonnerie, saloperie.** « *Cette maison offrait un amas confus de saletés et de magnifiques choses* » (Balz.). *On nous a fait manger des saletés.* ➛ iron. « *Vous savez que ce n'est pas mauvais du tout ces petites saletés-là* » (Proust). ✪ CONTR. Netteté, propreté.

saleur, euse n. – XVIe 1 Personne dont le métier est de saler, de faire des salaisons. *Saleur de choux* (fabrication de la choucroute). 2 n. f. Véhicule utilisé pour répandre du sel sur les chaussées enneigées.

salicaire n. f. – XVIIe ; lat. *salix* « saule » ▪ Plante herbacée *(lythracées),* à grands épis de fleurs rouges, lilas ou roses, qui pousse près de l'eau.

salicole adj. – XIXe ; lat. *sal* « sel » ▪ Qui concerne l'extraction et les industries chimiques du sel.

salicoque n. f. – XVIe ; mot norm., o. i. ▪ (Normandie) Crevette rose. ⇒ ② **bouquet.**

salicorne n. f. – XVIIe ; ar. *salcoran* ▪ Plante herbacée *(chénopodiacées)* des terrains salés dont la cendre fournit de la soude.

> ❑ Cette plante pousse sur le littoral atlantique ou méditerranéen. Elle est aussi nommée *christe-marine.*

salicoside n. m. – 1933 ; lat. *salix* « saule » ▪ Glucoside contenu dans l'écorce de saule ou de peuplier, à propriétés analgésiques.

salicylate n. m. – XIXe ▪ Sel ou ester de l'acide salicylique.

salicylique adj. – XIXe ; de *salicine* « salicoside » ▪ *Acide salicylique* : antiseptique puissant qui sert à la préparation de l'aspirine.

salière n. f. – XIIe ; lat. *sal* « sel » 1 Petit récipient dans lequel on met le sel et qu'on place sur la table du repas. ⇒ **saleron.** 2 Partie enfoncée, au-dessus de l'œil du cheval. 3 Enfoncement derrière la clavicule, chez les personnes maigres.

salifère adj. – XVIIIe ; lat. *sal* « sel » ▪ Qui renferme du sel. « *les couches de gypse et de marne salifères* » (Tournier).

salifiable adj. – XVIIIe ▪ Se dit d'un acide, d'un anhydride, d'une base ou d'un oxyde basique susceptibles d'être transformés en sel.

salifier v. tr. [7] – XVIIIe ; lat. *sal* « sel » et *facere* « faire » ▪ Faire réagir un acide sur (une base), avec production de sel et d'eau.

saligaud n. m. – XIVe ; germ. *°salik* « sale » ▪ fam. Personne ignoble, répugnante (au moral). ⇒ **salaud.**

> ❑ On écrit aussi *saligot* ; c'est d'après cette graphie qu'a été formé, au XIXe s., le verbe *saligoter* « faire très mal (un travail) ».

salin, ine adj. et n. m. – XVIe ; lat. *sal* « sel » I adj. 1 Qui contient du sel, est formé de sel. « *les effluves salins donnaient à tes lèvres le goût de la mer* » (Apoll.). ➛ *Roche sédimentaire saline,* provenant de l'évaporation de l'eau de mer et composée de gypse, de sel gemme, de sels de potassium. 2 Relatif à un sel. *Solution saline.* II n. m. Marais salant. ⇒ **saline.**

salinage n. m. – XVe ▪ Concentration d'une saumure pour obtenir le dépôt de sel. ♦ Emplacement où l'on recueille le sel.

saline n. f. – XIIe ; lat. ▪ Entreprise de production du sel, par évaporation de l'eau de mer (dans les marais salants), ou par pompage de la saumure.

salinier, ière adj. et n. – XVe ▪ Relatif à la production du sel. ♦ n. Personne qui conduit les opérations d'extraction du sel marin. ⇒ **paludier.**

salinisation n. f. – 1976 ▪ Augmentation de la teneur en sel (d'un sol, d'une eau).

salinité n. f. – XIXe ▪ Teneur en sel. *Salinité des océans.*

salique adj. – XVIe ; lat. *Salii* « les Saliens » ▪ *LOI SALIQUE* : loi qui excluait les femmes de la succession à la couronne de France.

salir v. tr. ② – XIIe 1 Altérer la netteté, la pureté de (qqch.), rendre sale par un contact répugnant ou enlaidissant. ⇒ **souiller, tacher ;** fam. **saloper.** « *il avait eu peur de suer ou de salir ses manchettes* » (Cl. Simon). ➛ pronom. *Se salir en tombant. Cette couleur se salit facilement.* 2 Avilir par une tache morale. ⇒ **déshonorer, diffamer,** ② **flétrir.** *Salir la réputation de qqn. Salir qqn.* « *ces méthodes qui consistent à salir les témoins de l'accusation* » (Camus). ✪ CONTR. Laver, nettoyer.

salissant, ante adj. – XVIIe 1 Qui se salit aisément. *Un tissu très salissant.* 2 Qui salit ; où on se salit. *Travail salissant.* 3 *Plantes salissantes,* dont la culture favorise la pousse des mauvaises herbes.

salissure n. f. – XVIe ▪ Ce qui salit, souille. ⇒ **souillure, tache.**

salivaire adj. – XVIe ▪ Qui a rapport à la salive. *Glandes salivaires,* qui sécrètent la salive (parotide, sous-maxillaire, sublinguale).

salivation n. f. – XVIe ▪ Sécrétion de la salive. ⇒ **ptyalisme.**

salive n. f. – XIIe ; lat. ▪ Liquide produit par les glandes salivaires dans la bouche. *La salive contient une amylase* (⇒ **ptyaline**) *qui intervient dans la digestion.* ➛ loc. *Avaler sa salive :* taire ce qu'on était sur le point de dire. *Perdre sa salive :* parler en pure perte.

saliver v. intr. ① – XVIIe ▪ Sécréter, rendre de la salive. ⇒ **baver.** *Cette bonne odeur de cuisine fait saliver* (cf. Mettre l'eau à la bouche*).

salle n. f. – XIe ; germ. 1 ancienn Chacune des grandes pièces d'une vaste demeure (opposé à *chambre*). *Salle du trône,* dans un palais royal. ➛ mod. *Salle de billard.* 2 *SALLE À MANGER :* dans un logement, pièce disposée pour y prendre les repas. *Des salles à manger* [salamɑ̃ʒe]. « *la nouvelle salle à manger, avec ses boiseries nues, ses glaces, la longue desserte* » (Mart. du G.). *SALLE DE BAIN(S) :* pièce aménagée pour y prendre des bains, équipée de l'eau courante et d'une installation sanitaire. *Baignoire, douche, lavabo, bidet d'une salle de bains. SALLE D'EAU,* aménagée pour les lavages et pour la toilette (plus sommaire que la salle de bains). ⇒ **cabinet** (de toilette). « *l'aménagement d'une salle d'eau, avec baignoire sabot et w.-c.* » (Perec). *SALLE DE SÉJOUR.* ⇒ **living-room, séjour.** 3 Vaste local, dans un édifice ouvert au public. *Les salles d'un hôpital. Fille, garçon de salle :* personnes chargées du ménage, de la propreté, dans un établissement hospitalier. *Salle d'opération. Salle de garde,* où se tiennent, où prennent leurs repas, les médecins de garde, dans un hôpital. *Les salles d'un musée. Salle de rédaction* (d'un journal). *Salle d'audience* (d'un tribunal). *Salle d'attente :* salle aménagée, dans une gare, pour les voyageurs qui attendent le train ; pièce aménagée, chez un médecin, un dentiste, pour les clients qui attendent leur tour. *Salle d'embarquement :* dans un aéroport, salle située près des portes d'embarquement, qui sert de salle d'attente pour les passagers. *Salles d'un restaurant, d'un café, d'une auberge. Salle de jeux* (d'un casino). *Salles d'armes,* où l'on enseigne et pratique l'escrime. *Salle des ventes :* local où l'on procède à des ventes aux enchères. *Salle de bal.* ⇒ **dancing.** *Salle des fêtes.* 4 Local aménagé pour recevoir des spectateurs. *Salle de concert, salle de conférences.* ⇒ **auditorium.** *La salle Pleyel, à Paris. Salle de spectacle.* ⇒ **théâtre.** *Salle de cinéma. Fréquenter les salles obscures,* les cinémas. *Son film sort en salle mercredi prochain. Salle de projection.* ♦ Public d'une salle de spectacle. *Toute la salle était debout.* ✪ HOM. Sale.

salmanazar n. m. – 1964 ; nom de plusieurs rois assyriens (idée de monuments gigantesques) ▪ Très grosse bouteille de champagne contenant l'équivalent de douze bouteilles champenoises.

salmigondis n. m. – XVIe ; du rad. *sal* « sel » et p.-ê. de *condire* « assaisonner » ▪ Mélange, assemblage disparate et incohérent. ⇒ **méli-mélo.**

❑ Le mot est sorti d'usage pour désigner un ragoût fait de plusieurs viandes réchauffées (XVIe s.).

salmis n. m. – XVIIIe ; abrév. de *salmigondis* ▪ Préparation culinaire composée de pièces de gibier rôties, que l'on sert avec une sauce spéciale, dite *sauce salmis. Salmis de pintade.* « *les salmis de bécasses, parfumées de baies de genièvre* » (Goncourt).

salmonelle n. f. – 1913 ; de *E. Salmon,* n. pr. ▪ Nom générique de bactéries, comprenant les bacilles paratyphiques, produisant des toxines agissant sur le système neurovégétatif et le système lymphoïde de l'intestin (⇒ **salmonellose**).

salmonellose n. f. – 1913 ▪ Infection due à des salmonelles (paratyphoïdes, toxi-infections alimentaires).

salmoniculteur n. m. – 1922 ▪ Éleveur de saumons, de salmonidés (notamment la truite).

salmoniculture n. f. – 1910 ▪ Élevage des saumons ou des salmonidés (notamment la truite). ⇒ **truiticulture.**

salmonidés n. m. pl. – XIXe ; lat. *salmo* « saumon » ▪ Famille de poissons téléostéens, au corps oblong et écailleux, vivant dans les eaux pures et rapides. *Le saumon, la truite, l'omble, le corégone sont des salmonidés.*

saloir n. m. – XIVe 1 Coffre ou pot destiné aux salaisons. 2 Pièce où l'on fait les salaisons.

salol n. m. – XIXe ; de *sal(icylique)* et *(phén)ol* ▪ Salicylate de phénol, antiseptique.

salon n. m. – XVIIe ; it. *sala* « salle » 1 Pièce de réception (dans une maison ou un appartement). *Salon-salle à manger.* ⇒ **living-room, séjour.** « *J'entrais au salon, et les voix se taisaient* » (Mauriac). ➛ *Salon d'attente* (d'un médecin, dentiste, etc.). ⇒ **salle** (d'attente). ♦ Mobilier de salon. *Un salon Louis XVI.* 2 Lieu de réunion, dans une maison où l'on reçoit régulièrement ; la société (mondains, artistes, personnalités diverses) qui s'y réunit. *Les salons littéraires des XVIIe et XVIIIe siècles. Une conversation de salon,* mondaine. *Faire salon :* être réunis dans un lieu, bien installés, et converser. ➛ loc. *Le dernier salon où l'on cause,* se dit par plaisanterie de toute réunion où les gens bavardent. 3 Salle (d'un établissement ouvert au public). *Salon de coiffure :* boutique de coiffeur. *Salon de thé :* pâtisserie ou local aménagés pour consommer sur place des gâteaux et des boissons généralement non alcoolisées. *Les salons* (d'un grand hôtel) : pièces qu'un client peut réserver pour une réception. 4 Exposition périodique d'œuvres d'artistes vivants (peinture, sculpture, etc.). *Salon d'Automne.* ➛ Compte rendu de cette exposition. ♦ Exposition annuelle où l'on présente des nouveautés. ⇒ ① **foire.** *Le Salon de l'Automobile* (1898).

salonnier, ière adj. – XIXe ▪ Propre aux salons, à l'esprit mondain des salons.

saloon [salun] n. m. – XIXe ; mot angl. ▪ Bar, tripot (spécialement en parlant du Far West). *Porte de saloon*, à claire-voie, à deux battants à mi-hauteur.

❑ Attesté chez Nerval en 1852 comme terme étranger, *saloon* s'est dit quelquefois en parlant de l'Angleterre au sens de « pub », mais c'est surtout dans les westerns qu'il est employé.

salopard n. m. – 1911 ▪ fam. Salaud.

salope n. f. – XVIIe ; probablt de *sale* et *hoppe*, forme dial. de *huppe*, oiseau connu pour sa saleté **1** fam. et vulg. Femme qui recherche le plaisir sexuel. ⇒ **pute.** loc. fam. *Toutes des salopes !* **2** Terme d'injure, pour désigner une femme qu'on méprise pour sa conduite. ⇒ **salaud.**

saloper v. tr. [1] – XIXe ▪ fam. **1** Faire très mal (un travail). ⇒ **abîmer, gâcher ;** fam. **bousiller, cochonner.** « *Oui, vous salopez, vous cochonnez l'ouvrage* » (Zola). **2** Salir énormément. *Il a salopé la salle de bains.*

saloperie n. f. – XVIIe ▪ fam. **1** Chose sale. ⇒ **saleté, ordure.** ➝ Chose mauvaise, répugnante. ⇒ **cochonnerie.** *On nous a fait manger des saloperies.* ➝ Chose sans valeur. *Il ne vend que des saloperies.* **2** Acte moralement abject ou répréhensible.

salopette n. f. – XIXe ▪ Vêtement de travail qu'on met par-dessus ses vêtements, pour éviter de les salir. ⇒ **bleu, combinaison.** *Salopette de mécanicien.* ♦ Vêtement, composé d'un pantalon et d'un plastron retenu par des bretelles. *Salopette en jean.*

salopiaud ou **salopiot** n. m. – XIXe ▪ fam. Salaud. ⇒ **saligaud.**

salpe n. f. – XIXe ; gr. « poisson de mer » ▪ Petit animal marin *(tuniciers)* des mers tropicales, ayant l'aspect d'une éponge. « *de longs cordons blanchâtres de salpes* » (J. Verne).

salpêtre n. m. – XIVe ; lat. « sel de pierre » **1** Nitrate de potassium KNO_3 (nitre). *Salpêtre du Chili :* nitrate de sodium naturel ($NaNO_3$) (⇒ **caliche**). **2** Efflorescences de mélanges de nitrates divers qui se forment sur les vieux murs. « *une salle à manger aux murs rongés de salpêtre* » (Cl. Simon).

salpêtré, ée adj. – XVIe ▪ Couvert de salpêtre.

salpicon n. m. – XVIIIe ; mot esp., de *sal* « sel » ▪ Préparation de volailles, jambon, champignons, truffes... servant à garnir les vol-au-vent, bouchées, etc.

salpingite n. f. – XIXe ; gr. *salpigx* « trompe » ▪ Inflammation de l'une ou des deux trompes de l'utérus (trompes de Fallope).

salsa n. f. – 1979 ; mot esp. « sauce (piquante) » ▪ Musique afro-cubaine au rythme marqué.

salse n. f. – XIe ; lat. *salsus* « salé » ▪ Dégagement d'hydrocarbures gazeux mêlés à de l'eau, à la surface terrestre (volcan de boue).

salsepareille n. f. – XVIe ; esp. *zarza* « ronce » et *parrilla*, p.-ê. dimin. de *parra* « treille » ▪ Arbuste épineux à tige sarmenteuse *(liliacées)*.

salsifis n. m. – XVIIe ; it. *salsefica* ▪ Plante *(composées)* dont une variété est cultivée pour sa racine comestible.

saltarelle n. f. – XVIIIe ; it., de *saltare* « sauter » ▪ Danse populaire italienne rapide et sautillante ; musique sur laquelle elle se danse.

saltation n. f. – XIVe ; lat. *saltare* « sauter » **1** Dans l'Antiquité romaine, Exercice du corps, mouvements réglés de la danse, de la pantomime. **2** Déplacement des particules d'un fluide, par brusques entraînements successifs.

saltatoire adj. – 1904 ; lat. *saltare* « sauter » ▪ Adapté au saut ; propre au saut. *Appareil saltatoire de la sauterelle.*

saltimbanque n. – XVIe ; it. *saltimbanco* « saute-en-banc » ▪ Personne qui fait des tours d'adresse, de souplesse, des acrobaties en public. ⇒ **acrobate, bateleur, équilibriste, funambule.**

salubre adj. – XVe ; lat. ▪ Qui a une action favorable sur l'organisme (air, climat, logement). ⇒ ① **sain.** ✪ CONTR. Insalubre.

salubrité n. f. – XVe **1** Caractère de ce qui est favorable à la santé des hommes. *Salubrité de l'air.* **2** *Salubrité publique :* état d'une population préservée des maladies endémiques et contagieuses. *Mesures de salubrité publique.* ⇒ **assainissement, hygiène ; sanitaire.**

saluer v. tr. [1] – XIe ; lat. *salutare* « souhaiter la santé, la prospérité (le salut) » **1** Adresser, donner une marque extérieure de reconnaissance et de civilité, de respect, à (qqn). ⇒ **salut.** *Saluer un ami. Saluer qqn d'un geste.* « *Quelques personnes le saluaient, à qui il rendait leur salut* » (Simenon). ➝ pronom. *Ils se sont salués amicalement.* ➝ *Acteur qui salue le public,* qui revient en scène pour saluer, après un rappel. ➝ *Je vous salue, Marie... :* début d'une prière à la Vierge. ♦ *J'ai bien l'honneur de vous saluer :* formule assez sèche pour conclure une lettre, un entretien. **2** Manifester du respect par des pratiques réglées. *Saluer le drapeau.* **3** Accueillir par des manifestations extérieures. *Son entrée a été saluée par des applaudissements, des sifflets.* **4** *Saluer qqn comme..., saluer en lui... :* honorer, proclamer (qqn) en lui reconnaissant un titre d'estime, de respect. *La foule qui l'acclamait saluait en lui le libérateur.*

salure n. f. – XIIIe ▪ Caractère de ce qui est salé ; proportion de sel (chlorure de sodium) contenue dans un corps.

salut n. m. – X^e ; lat. *salus* « santé ; action de souhaiter bonne santé » **1** Le fait d'échapper à la mort, au danger, de garder ou de recouvrer un état heureux, prospère. ⇒ ① **sauvegarde.** *Chercher son salut dans la fuite.* « *nous n'avons dû notre salut qu'à notre habileté de cavalier* » (Jarry). ♦ *Le salut d'une nation, d'un pays.* ➝ *Comité, ministère, gouvernement, mesure, loi,* etc. *de salut public,* d'urgence nationale. **2** Dans les religions judéo-chrétiennes, bouddhique, Félicité éternelle ; le fait d'être sauvé de l'état naturel de péché et de la damnation qui en résulterait. *Le salut de l'âme.* ➝ *Hors de..., point de salut,* se dit pour exprimer une condition indispensable, nécessaire. ➝ *ARMÉE DU SALUT :* association protestante destinée à la propagande religieuse et au secours des indigents. **3** littér. Formule exclamative par laquelle on souhaite à qqn santé, prospérité. *Salut et fraternité !* ➝ fam. Formule brève d'accueil ou d'adieu. *Salut tout le monde !* **4** Démonstration de civilité (par le geste ou par la parole), qu'on fait en rencontrant qqn. ⇒ **coup** (de chapeau), **courbette, inclination** (de tête). « *un salut ample et sec, avec un rond de bras* » (Sartre). *Ébaucher, faire, rendre un salut.* ♦ Geste ou ensemble de gestes que l'on fait pour saluer. *Salut fasciste,* le bras tendu. *Salut scout.* ➝ *Salut militaire :* geste de la main droite, portée à la tempe, à la coiffure. « *un claquement de talons accompagna le salut de l'officier* » (Carco). **5** Cérémonie où l'on marque son respect, sa vénération pour qqch. *Salut au drapeau* (honneurs militaires). ♦ Dans la religion catholique, Cérémonie qui comprend l'exposition du saint sacrement, certains chants, une bénédiction. *Les vêpres et le salut.* ✪ CONTR. (du 2°) Damnation, perdition.

salutaire adj. – XIVe ; lat. ▪ Qui a une action favorable, dans le domaine physique (santé, prospérité) ou moral, intellectuel. ⇒ ① **bon, profitable, utile.** *Je* « *veux chercher ici quelque herbe salutaire* » (La Font.). ⇒ ① **sain, salubre.** ♦ *Avis, conseil salutaire.* ✪ CONTR. Mauvais, néfaste, pernicieux.

salutation n. f. – XIIIe 1 *La salutation angélique* : le salut de l'ange Gabriel à la Vierge Marie, les paroles par lesquelles il lui annonça qu'elle serait mère du Christ ; le « *Je vous salue, Marie* ». ⇒ **Ave Maria.** 2 Manière de saluer exagérée, solennelle ou hypocrite. *Les salutations et les révérences.* 3 au plur. (dans les formules de politesse écrites) *Recevez, veuillez agréer mes respectueuses salutations.*

salutiste n. et adj. – XIXe ■ Membre de l'Armée du Salut*.

salvateur, trice adj. – XVIe ; lat. *salvare* « sauver » ■ littér. Qui sauve. ✪ CONTR. Damnable.

salve n. f. – XVIe ; mot lat. « salut » ■ Décharge simultanée d'armes à feu ou coups de canon successifs pour saluer et honorer qqn, pour annoncer une nouvelle, en signe de réjouissance... *Des salves d'artillerie.* ♦ « *Des salves interminables d'applaudissements éclatèrent* » (Vigny).

samare n. f. – XVIIIe ; lat. « graine d'orme » ■ Akène à péricarpe prolongé en aile membraneuse. *Samares du frêne, de l'orme.*

samaritain, aine n. et adj. – XIVe ; de *Samarie*, ville et région de Palestine ■ Juif, juive de Samarie. *Les Samaritains* : tendance conservatrice du judaïsme. *Parabole du bon Samaritain.* ➝ loc. (souvent iron.) *Faire le bon Samaritain* : être toujours prêt à se dévouer.

samarium [samaʀjɔm] n. m. – XIXe ; du nom du chimiste russe *Samarski* ■ Métal (Sm ; n° at. 62 ; m. at. 150,4) du groupe des lanthanides* utilisé pour absorber les neutrons dans les réacteurs nucléaires.

samba [sɑ̃(m)ba] n. f. – v. 1923 ; mot brésilien ■ Danse d'origine brésilienne, sur un rythme à deux temps.

sambuque n. f. – XIVe ; gr. 1 Sorte de harpe de la Grèce antique. 2 Machine de guerre, échelle roulante munie d'un pont volant.

samedi n. m. – XIIe ; lat. *sabbatum dies* « jour du sabbat » ■ Sixième jour de la semaine*, qui succède au vendredi. *Il viendra samedi,* samedi prochain. *Tous les samedis.* « *C'était un samedi, jour où les Anglais se dépêchent de s'amuser, ayant à s'ennuyer le dimanche* » (Hugo).

samizdat [samizdat] n. m. – 1960 ; mot russe « auto-édition » ■ Diffusion clandestine en U.R.S.S. des ouvrages interdits par la censure ; ouvrage ainsi diffusé. *Des samizdats.*

sammy n. m. – 1917 ; de *Sam*, l'Oncle *Sam* étant la personnification du citoyen amér. ■ fam. Surnom amical donné aux soldats américains lors de leur arrivée en France, en 1917. *Les sammies et les tommies.*

samole n. m. – XVIIIe ; lat. ■ Plante (*primulacées*) qui croît dans les marais.

samouraï [samuʀaj] n. m. – XIXe ; jap. ■ Guerrier japonais de la société féodale (environ du Xe à la fin du XIXe s.).

❑ Les samouraïs, caste militaire féodale, étaient hostiles au pouvoir central du shogun ; ils ont joué un rôle important dans la restauration du Meiji.

samovar n. m. – XIXe ; mot russe « qui bout par soi-même (*sam*) » ■ Bouilloire russe, sorte de petite chaudière portative en cuivre, qui fournit de l'eau bouillante pour la confection du thé. « *nous écoutions frémir l'eau dans la panse du samovar* » (Colette).

samoyède [samɔjɛd] adj. et n. – XVIIIe ; nom russe donné à un peuple de langue et de culture finno-ougrienne, les Nenets ■ Relatif au peuple nomade occupant les toundras et les forêts de Sibérie. ➝ *Chien samoyède* : chien à épaisse fourrure blanche, utilisé pour la traction des traîneaux. ➝ n. m. Groupe de langues de la famille ouralienne.

sampan n. m. – XVIe ; chin. « trois (*san*) bords (*pan*) » ■ Petite embarcation chinoise à voile unique marchant à la godille, avec un habitacle en dôme qui permet d'y séjourner. *Le port* « *bourré de jonques et de sampans qui servent d'habitation à des familles entières* » (Robbe-Grillet).

sampot n. m. – 1904 ; cambodgien ■ Pièce d'étoffe drapée de manière à servir de culotte, en Thaïlande, au Laos et au Cambodge.

SAMU n. m. inv. – 1973 ; acronyme de ***S**ervice d'**A**ide **M**édicale d'**U**rgence* ■ En France, Service hospitalier disposant d'unités mobiles (voitures, hélicoptères) équipées pour assurer les premiers soins aux victimes d'accidents et les transporter vers un centre hospitalier. *Il faut appeler le SAMU.*

sanatorium [sanatɔʀjɔm] n. m. – XIXe ; lat. *sanatorius* « propre à guérir » ■ Maison de santé située dans des conditions climatiques déterminées, où l'on soigne les tuberculeux. ⇒ **préventorium.** *Des sanatoriums.* « *elle est aujourd'hui tuberculeuse déclarée et doit entrer dans un sanatorium* » (Montherl.). ➝ abrév. SANA.

❑ La première forme du mot a été *sani tarium* (de l'anglais), au sens de « station de repos », aux Indes.

san-benito [sɑ̃benito] n. m. inv. – XVIe ; mot esp. « saint Benoît », ce vêtement rappelant celui des bénédictins ■ Casaque jaune dont on revêtait les personnes condamnées au bûcher par l'Inquisition.

sancerre n. m. – XIXe ; nom d'un bourg du Cher ■ Vin de Sancerre, assez sec. *Sancerre blanc* (le plus courant).

sanctifiant, iante adj. – XVIIe ■ Qui sanctifie.

sanctificateur, trice n. et adj. – XIIIe ■ Personne qui sanctifie. ➝ adj. *Action sanctificatrice,* sanctifiante.

sanctification n. f. – XIIe ■ Action de sanctifier ; résultat de cette action.

sanctifier v. tr. [7] – XIIe ; lat. *sanctus* « saint » 1 Rendre saint, sacré, noble. « *Cet acte naturel de la fécondation, que le mariage sanctifie* » (Gide). *Sanctifier un lieu.* ⇒ **consacrer.** 2 Révérer comme saint. « *Que ton nom soit sanctifié* » (Notre Père, prière). ✪ CONTR. Profaner.

sanction n. f. – XIVe ; lat. *sancire* « prescrire » I - 1 Acte par lequel le souverain, le chef du pouvoir exécutif revêt une mesure législative de l'approbation qui la rend exécutoire. 2 Approbation, consécration ou ratification. *Ce mot a reçu la sanction de l'usage.* 3 Conséquence inéluctable. *La sanction du progrès.* ⇒ **rançon.** II Peine établie par une loi pour réprimer une infraction. ⇒ **amende, condamnation.** ♦ Mesure répressive attachée à un ordre non exécuté, une défense transgressée. *Prendre des sanctions contre un élève.* ➝ Action par laquelle un pays, une organisation internationale, réprime la violation d'un droit. *Sanctions économiques.* ✪ CONTR. Démenti, refus. Désapprobation.

sanctionner v. tr. [1] – XVIIIe 1 Confirmer par une sanction. *Sanctionner une loi.* 2 Confirmer, approuver légalement ou officiellement. ⇒ **consacrer, entériner, homologuer, ratifier.** *Emploi d'un mot sanctionné par l'usage.* 3 Punir d'une sanction. *Sanctionner une faute. Sanctionner qqn.* « *des pénalités très graves qui sanctionnaient ce genre d'entreprises* » (Camus). ✪ CONTR. Condamner. Récompenser.

sanctuaire n. m. – XIIe ; lat. *sanctus* « saint » 1 Dans une église, Partie du chœur située autour de l'autel. ➝ Dans le temple juif, Partie secrète où était gardée l'arche d'alliance (cf. Le Saint* des Saints). 2 Édifice consacré aux cérémonies d'une religion ; lieu saint. ⇒ **église, temple.** « *dans le sanctuaire déserté, le silence des prières* » (Bosco). *Les sanctuaires de la vallée du Nil.* 3 Au cours d'un conflit, Lieu protégé des combats, territoire inviolable. ➝ Territoire couvert par la dissuasion nucléaire.

sanctuariser v. tr. [1] – v. 1980 ▪ Donner à (un territoire) le statut de sanctuaire (3°).

sanctus [sɑ̃ktys] n. m. – XIIᵉ ; mot lat. « saint » ▪ Hymne de louange et de triomphe, dont les premiers mots sont « *Sanctus, sanctus, sanctus Dominus* ». ➛ Partie de la messe, après la Préface.

sandale n. f. – XIIIᵉ ; gr. ▪ Chaussure légère faite d'une simple semelle retenue par des cordons ou des lanières qui s'attachent sur le dessus du pied. ⇒ **nu-pied ; spartiate, tong.** *Des sandales de cuir.* ♦ Chaussure de femme, très découpée, sans quartier.

sandalette n. f. – 1922 ▪ Sandale légère, à empeigne très basse.

sandaraque n. f. – XVIᵉ ; gr. « réalgar » ▪ Résine extraite d'une espèce de thuya, utilisée pour la préparation de vernis et de siccatifs.

sanderling [sɑ̃dɛʀliŋ] n. m. – XVIIIᵉ ; mot angl., de *sand* « sable » ▪ Oiseau des rivages marins *(charadriiformes)*, appelé *bécasseau des sables.*

sandjak [sɑ̃dʒak] n. m. – XVIᵉ ; turc *sancak* « bannière » ▪ Ancienne subdivision territoriale de la région soumise à l'autorité d'un pacha, en Turquie. ⇒ **circonscription.**

sandow [sɑ̃do] n. m. – 1902 ; marque déposée ; n. pr. ▪ Câble élastique utilisé dans le montage des exerciseurs et des extenseurs, pour fixer des objets sur un porte-bagages, une galerie de voiture, etc., et comme dispositif de lancement des planeurs. ⇒ **tendeur.**

sandre n. m. – XIXᵉ ; néerl. ▪ Poisson acanthoptérygien des eaux douces tempérées, voisin de la perche. ✪ HOM. Cendre.

sandwich [sɑ̃dwi(t)ʃ] n. m. – XIXᵉ ; mot angl., n. pr. **1** Mets constitué de deux tranches de pain, entre lesquelles on place des aliments froids (jambon, viande, saucisson, pâté, fromage, salade, etc.). ⇒ **casse-croûte.** *Des sandwichs* ou *des sandwiches.* « *les sandwiches au chester et à la salade, nourriture ignorante et nouvelle* » (Proust). **2** Structure dans laquelle une couche d'une matière est intercalée entre deux couches d'une autre matière. **3** loc. *EN SANDWICH.* fam. Serré, coincé entre deux choses ou deux personnes. *Être en sandwich, pris en sandwich.*

❑ Le cuisinier du comte de *Sandwich* inventa ce mode de repas pour éviter à son maître de quitter sa table de jeu.

sandwicherie [sɑ̃dwiʃ(ə)ʀi] n. f. – 1989 ▪ Boutique, échoppe où l'on vend essentiellement des sandwichs et généralement des boissons.

sang [sɑ̃] n. m. – Xᵉ ; lat. *sanguis* **1** Liquide visqueux, de couleur rouge, qui circule dans les vaisseaux, à travers tout l'organisme, où il joue des rôles essentiels et multiples (nutritif, respiratoire, régulateur, de défense, etc.). ⇒ **circulation ; -émie, héma-, hémato-, hémo-.** *La circulation du sang. Sang artériel, veineux,* qui circule dans les artères, les veines. *Le sang est formé d'« éléments figurés »* (globules rouges, globules blancs ou leucocytes, plaquettes) *en suspension dans le plasma qui contient diverses substances* (sérum-albumines, sérum-globulines, lipides, glucose, urée, créatine, éléments minéraux). *Analyse de sang. Sang contaminé.* ♦ loc. *Sang qui monte à la tête, au visage. Mon sang n'a fait qu'un tour :* j'ai été bouleversé (indignation, peur, etc.). ➛ *Un apport de sang neuf, frais,* d'éléments nouveaux, jeunes ; capitaux nouveaux investis. ➛ *Coup de sang :* congestion. *Œil injecté de sang.* fam. *Pisser le sang,* saigner abondamment. *Avoir perdu beaucoup de sang. Baigner dans son sang.* « *un flot de sang échappé de la bouche barbouillait son menton* » (Cocteau). *Se gratter, mordre jusqu'au sang.* ➛ *Être en sang,* ensanglanté. **2** Principe de vie, dans l'être vivant. *Des êtres de chair et de sang,* bien réels, bien vivants, avec leurs passions, leurs appétits. ➛ *Avoir le sang chaud :* être irascible, impétueux. ➛ fam. *Avoir du sang de navet :* être sans vigueur, être lâche. ➛ *Fouetter le sang :* stimuler. *Se faire du mauvais sang :* s'inquiéter, se tourmenter dans l'incertitude et l'attente. *Se faire un sang d'encre :* s'inquiéter terriblement. ➛ au plur., fam. *Se ronger les sangs :* s'inquiéter et s'impatienter à l'extrême. ♦ *Il a ça* (une habitude, un goût, une qualité) *dans le sang,* profondément ancré. **3** (en parlant du sang versé à la guerre, par violence) *Verser, répandre, faire couler le sang.* ⇒ **tuer.** « *S'il faut donner son sang Allez donner le vôtre* » (Vian). *Un bain de sang.* ⇒ **carnage, massacre.** *Cela finira dans le sang. Avoir du sang sur les mains :* avoir commis des crimes. *Mettre à feu et à sang :* ravager, saccager en brûlant, en massacrant. ➛ *Le sang du Christ,* répandu pour le salut des hommes. « *Car ceci est mon sang* » (BIBLE). ➛ *BON SANG ! :* juron familier. **4** *Le sang,* traditionnellement considéré comme porteur des caractères raciaux et héréditaires. *Le droit du sang* (opposé à *droit du sol**). *Avoir du sang grec. De sang royal. Liens du sang.* « *Viens mon fils, viens mon sang, viens réparer ma honte* » (Corn.). *La voix du sang :* instinct affectif familial. ✪ HOM. ① Cent, sans.

sang-de-dragon ou **sang-dragon** n. m. inv. – XIIIᵉ ▪ Résine d'un rouge foncé, principalement fournie par le dragonnier, employée autrefois comme hémostatique.

sang-froid n. m. inv. – XIVᵉ ▪ Maîtrise de soi qui permet de ne pas céder à l'émotion et de garder sa présence d'esprit. ⇒ ① **calme, impassibilité.** *Garder son sang-froid.* « *Elle faisait appel à sa dignité pour conserver son sang-froid* » (Mart. du G.). loc. *Perdre son sang-froid :* se troubler. ➛ *Faire qqch. de sang-froid,* de façon délibérée et en pleine conscience de son acte. ✪ CONTR. Angoisse, émotion, exaltation.

sanglant, ante adj. – XIᵉ **1** En sang, couvert de son propre sang. ⇒ **sanguinolent.** ♦ Ensanglanté. *Poignard sanglant.* « *Elle dénoua le bandage sanglant et l'ôta par petites secousses* » (Sartre). **2** Qui s'accompagne d'effusion de sang. *Guerre sanglante.* ⇒ **cruel, meurtrier.** *Mort sanglante,* violente. **3** Profondément blessant, extrêmement dur et outrageant. ⇒ **offensant.** *Reproches sanglants.*

sangle n. f. – XIᵉ ; lat. *cingere* « ceindre » **1** Bande large et plate (de cuir, de toile, de tissu élastique, etc.), qu'on tend pour maintenir ou serrer qqch. *Les sangles d'une selle, d'une valise.* « *quatre livres noués par une sangle* » (Cocteau). ♦ Bande de toile forte formant le fond d'un siège. *Lit de sangles.* ➛ *Sangle d'ouverture automatique (S.O.A.)* (d'un parachute). **2** *Sangle abdominale :* ensemble des muscles abdominaux qui soutiennent les viscères et assurent la fermeté de la paroi abdominale.

sangler v. tr. [1] – XIIᵉ **1** Serrer la sangle qui sert à maintenir la selle sur le dos de (un cheval). **2** Serrer fortement à la taille, comme avec une sangle. ➛ p. p. adj. Serré (dans un vêtement ajusté). *Être sanglé dans son uniforme.*

sanglier n. m. – XIIIᵉ ; lat. *singularis (porcus)* « (porc) qui vit seul » ▪ Porc sauvage *(suidés)* au corps massif et vigoureux, à peau épaisse garnie de soies dures, vivant dans les forêts et les fourrés marécageux. ⇒ **quartanier,** ① **ragot, solitaire.** *Hure, boutoir, groin, défenses* (broches) *du sanglier. Femelle du sanglier.* ⇒ ① **laie.** *Petits du sanglier.* ⇒ **marcassin.** *Le sanglier grommelle.* ♦ Chair de cet animal. *Cuissot de sanglier.*

❑ Giono utilise le dérivé *sangliot* (n. m.) au sens de « marcassin ». ♦ La forme *sanglière* « laie » est attestée.

sanglot n. m. – XIIe ; lat. *singultus* « hoquet » ▪ Inspiration, respiration brusque et bruyante, presque toujours répétée, due à des contractions successives et saccadées du diaphragme, qui se produit généralement dans les crises de larmes. *Éclater en sanglots.* « *la voilà fondant en pleurs et suffoquée par ses sanglots* » (Dider.). ➛ *Avoir des sanglots dans la voix,* une voix étranglée par des sanglots retenus.

sanglotement n. m. – XIIe ▪ littér. Le fait de sangloter ; suite de sanglots.

sangloter v. intr. [1] – XIIe ; lat. *singultare* « hoqueter » ▪ Pleurer avec des sanglots. *Sangloter de joie.*

sang-mêlé n. inv. – XVIIIe ▪ Personne issue du croisement de races différentes (en particulier des races blanche et noire). ⇒ **métis.** *Des sang-mêlé.* « *le quarteron, le métis, le mamelouc, le quarteronné, le sang-mêlé* » (Hugo).

sangria n. f. – 1967 ; mot esp., de *sangre* « sang » ▪ Boisson obtenue en faisant macérer des tranches d'agrumes et des morceaux de fruits dans du vin rouge avec du sucre et des épices.

sangsue [sɑ̃sy] n. f. – XIIe ; lat. *sanguis* « sang » et *sugare* « sucer » **1** Ver* annélide *(hirudinées),* dont le corps est terminé, à chaque extrémité, par une ventouse. *Sangsue médicinale,* utilisée autrefois pour les saignées locales. « *on me purge, on me saigne, on me met des sangsues* » (Flaub.). **2** fam. Personne qui impose indiscrètement sa présence. « *Je ne suis pas le genre sangsue, dit-elle, je ne m'accroche pas* » (Beauv.).

sanguin, ine adj. et n. – XIIe **1** Du sang, qui a rapport au sang, qui est constitué de sang. *Vaisseaux sanguins. Transfusion* sanguine.* **2** Qui est couleur de sang (vx sauf dans *orange sanguine*). ⇒ **sanguine. 3** *Tempérament sanguin :* caractérisé par une forte corpulence, une face rouge et un caractère irascible. ♦ n. *C'est un sanguin,* un grand coléreux.

① **sanguinaire** adj. – XIVe ▪ littér. Qui se plaît à répandre le sang, à tuer. *Tyran sanguinaire.*

② **sanguinaire** n. f. – XVIIIe ▪ Plante herbacée vivace d'Amérique du Nord, contenant un latex âcre couleur de sang.

sanguine n. f. – XIIIe **1** Variété d'hématite rouge. ♦ Crayon fait de cette matière, d'un rouge ocre ou pourpre. « *des études aux trois crayons, à la sanguine ou à la plume* » (Balz.). ♦ Dessin exécuté avec ce crayon. *Une sanguine de Watteau.* **2** Orange d'une variété à pulpe plus ou moins rouge.

sanguinolent, ente adj. – XIVe ▪ Où se mêle un peu de sang ; teinté de sang. *Des pansements sanguinolents.*

sanguisorbe [sɑ̃g(ɥ)isɔʀb] n. f. – XVIe ; lat. *sanguis* « sang » et *sorbere* « absorber » ▪ Plante herbacée *(rosacées),* vivace, à fleurs roses ou pourpres réunies en épis. ⇒ **pimprenelle.**

sanhédrin [sanedʀɛ̃] n. m. – XVIe ; gr. *sunedrion* « assemblée, conseil » ▪ Assemblée, conseil formé de membres de la noblesse sacerdotale juive (sadducéens) et de docteurs pharisiens, tribunal religieux et civil pour toute la Palestine antique.

sanicle n. f. – XIIe ; lat. *sanus* « sain », à cause des vertus médicinales de la racine ▪ Plante herbacée *(apiacées)* des régions humides et boisées, à fleurs en ombelles.

sanie n. f. – XIIIe ; lat. ▪ sc. (vx) ou littér. Matière purulente, humeur fétide mêlée de sang. « *l'odeur de sanie et d'éther, de sang et de sueur* » (E. Charles-Roux). ⇒ **ichor, pus.**

sanieux, ieuse adj. – XIVe ▪ vx Qui contient, laisse écouler de la sanie.

sanisette n. f. – v. 1980 ; nom déposé ; de *sani(taire)* ▪ Toilettes publiques, cabine dont l'ouverture est commandée par un monnayeur.

sanitaire adj. et n. m. – XIXe ; lat. *sanitas* « santé » **1** Relatif à la santé publique et à l'hygiène. ⇒ **santé.** *Action sanitaire et sociale.* ➛ *Avion sanitaire,* aménagé pour le transport des blessés et des malades. **2** Se dit des appareils et installations d'hygiène destinés à distribuer, utiliser et évacuer l'eau dans les habitations. *Appareils sanitaires* (baignoires, bidets, lavabos, éviers, waters). ♦ n. m. (le plus souvent au plur.) L'ensemble de ces installations, et spécialt celles de la salle de bains. *Des sanitaires neufs.* ➛ *Les sanitaires :* les toilettes.

sans prép. – XIe ; lat. *sine* **1** Préposition qui exprime l'absence, le manque, la privation ou l'exclusion. *Un enfant sans frère ni* sœur,* qui n'a pas de frère, etc. *Être sans argent,* et fam. *être sans le sou, sans un.* ⇒ **manquer** (de). *Un document sans indication de date.* ⇒ **dépourvu** (de), **privé** (de). ➛ « *Sans toi, j'étais mort !* » (Hugo), si tu n'avais pas été là, j'étais mort. *Votre café, avec ou sans sucre ?* ♦ *Sans arrêt. Sans conteste. Soyez sans crainte. C'est sans espoir. Tous, toutes, sans exception. Demain, sans faute. Il y parvint non sans peine,* avec peine. « *À vaincre sans péril, on triomphe sans gloire* » (Corn.). ♦ (suivi d'un inf.) « *on permet les enfantillages, sans en avoir l'air* » (Zola). *Vous n'êtes pas sans savoir que :* vous n'ignorez pas. *Ces choses-là, il faut y croire sans y croire.* **2** loc. conj. SANS QUE (et subj.). *Ne faites pas cela sans qu'il soit averti. Sans que personne le sache.* « *Pas un jour sans que j'aille à la mer* » (Le Clézio). **3** advt, fam. « *Chacun a son marteau, on ne sort pas sans* » (Goncourt). *Les jours avec et les jours sans :* les jours où tout va bien et ceux où tout va mal (par allus. aux restrictions alimentaires en France de 1940 à 1945, aux jours avec ou sans viande, alcool, etc.). ✪ CONTR. Avec. — HOM. ① Cent, sang.

> ❑ *Pas* accompagné de *sans* redevient positif, mais avec un sens atténué : *il n'est pas sans talent* dit moins que *il a du talent.* → négation (rem.).

sans-abri [sɑ̃zabʀi] n. inv. – 1935 ▪ Personne qui n'a plus de logement (surtout au plur.). ⇒ **sans-logis, S.D.F.**

sans-cœur n. inv. – XIXe ▪ fam. Personne qui manque de cœur, qui est insensible à la souffrance d'autrui. ➛ adj ⇒ **insensible, méchant.**

sans-culotte n. m. – XVIIIe ▪ Nom que se donnaient les républicains les plus ardents, sous la Révolution française. *Les sans-culottes.*

> ❑ Ce mot est formé de *sans* et *culotte,* parce que les hommes du peuple portaient alors le pantalon, tandis que la *culotte* passait pour aristocratique.

sans-emploi [sɑ̃zɑ̃plwa] n. inv. – v. 1965 ▪ Personne sans travail (surtout au plur.). ⇒ **chômeur.**

sansevière n. f. – XIXe ; du nom du prince de *Sansevieria* ▪ Plante des régions tropicales *(liliacées),* qui fournit une fibre textile très résistante.

sans-faute n. m. inv. – 1961 ▪ Parcours sportif effectué sans aucune faute. *Skieur qui réussit un sans-faute dans le slalom géant.* ➛ Prestation parfaite.

sans-fil n. f. et m. inv. – v. 1925 **1** n. f. Télégraphie sans fil. ⇒ **T.S.F.** *Envoyer un message par sans-fil.* **2** n. m. Radiogramme. ⇒ ① **radio. 3** n. m. Téléphone sans-fil.

sans-gêne adj. inv. et n. m. inv. – XIXe **1** Qui agit avec une liberté, une familiarité excessive. ⇒ **désinvolte.** *Il est vraiment sans-gêne.* **2** n. m. inv. Attitude de qqn qui ne se gêne pas pour les autres. ⇒ **désinvolture.** *Quel sans-gêne !* ✪ CONTR. Cérémonieux, ① discret. Discrétion.

❑ Le maréchal Lefebvre épousa la blanchisseuse de son régiment, que Victorien Sardou popularisa dans sa comédie *Madame Sans-Gêne.*

sans-grade n. – 1900 **1** n. m. Simple soldat, par opposition aux gradés. « *Et nous les petits, les obscurs, les sans-grades* » (Rostand). **2** Personne qui n'a aucun pouvoir de décision. ⇒ **subalterne.**

sanskrit, ite n. m. et adj. – XVIIe ; sanskr. *samskr(i)ta* « parfait », opposé à *prâkrit* « à l'état naturel, peu soigné » **1** Forme savante, codifiée, de l'indo-aryen ancien, dans laquelle sont écrits les grands textes brahmaniques de l'Inde. **2** adj. Relatif au sanskrit, écrit en sanskrit. *Grammaire sanskrite.*

❑ Le *sanskrit* a connu un statut comparable à celui du latin en Europe ; il est écrit et parlé dans des cercles de savants et compris par beaucoup de lettrés.

sanskritiste n. – XIXe ▪ Spécialiste du sanskrit.

sans-le-sou n. inv. – XIXe ▪ fam. Personne sans argent. ⇒ **pauvre.**

sans-logis n. – XIXe ▪ ⇒ **sans-abri.**

sansonnet n. m. – XVe ; de *Samson* ▪ Étourneau. ➝ loc. fam. *C'est de la roupie de sansonnet,* une chose insignifiante.

sans-papiers n. – 1975 ▪ Personne qui n'a pas de carte d'identité, de passeport, de permis de travail. ⇒ **clandestin.**

sans-parti n. inv. – XIXe ▪ Personne qui n'est inscrite à aucun parti politique.

sans-patrie n. inv. – XIXe ▪ Personne qui n'a juridiquement pas de patrie. ⇒ **apatride.**

sans-souci adj. inv. – XVe ▪ Insouciant par nature. *Il est vraiment sans-souci.*

santal n. m. – XIIIe ; sanskr. **1** Substance ligneuse odorante provenant d'arbres exotiques, d'où l'on tire une essence parfumée. *Huile de santal.* « *un mouchoir en soie de La Mecque et parfumé au santal* » (Loti). **2** Arbre tropical *(santalacées)* dont une variété, le *santal blanc* (ou *santal citrin*), fournit un bois dur, au grain fin très prisé en ébénisterie et en marqueterie.

santé n. f. – XIe ; lat. *sanus* « sain » **1** Bon état physiologique d'un être vivant, fonctionnement régulier et harmonieux de l'organisme pendant une période appréciable (indépendamment des anomalies ou des traumatismes qui n'affectent pas les fonctions vitales). *Être plein de santé.* « *tout son être éclatait de joie, de santé* » (Gide). *N'avoir pas de santé. Recouvrer, retrouver la santé.* ⇒ **guérir,** se **remettre.** *Bon pour la santé.* ⇒ ① **sain, salubre, salutaire.** *Mauvais pour la santé.* ⇒ **malsain.** ➝ fam. *Avoir la santé :* être généralement en bonne santé. *Tant qu'on a la santé...* fig. *Il a la santé !* il a du tonus, du courage, il ne se laisse pas abattre. ♦ *Boire à la santé de qqn,* en son honneur. *À votre santé !, Santé !* (formule que l'on prononce en levant son verre). ⇒ **tchin-tchin. 2** Fonctionnement plus ou moins harmonieux de l'organisme, sur une période assez longue. *Être en bonne, en parfaite santé,* bien portant. *Une santé de fer. Une santé florissante.* « *rien ne paraissait devoir atteindre cette santé vraiment insolente* » (Balz.). *Être en mauvaise santé. Santé délicate.* fam. *Avoir une petite santé :* être délicat, fragile. *Se refaire une santé :* se rétablir, retrouver ses forces ; fig. retrouver son équilibre, se refaire. ➝ *Bilan de santé.* ⇒ **check-up.** ➝ *Prendre des nouvelles, s'informer de la santé de qqn. Comment va la santé ?* ♦ *Service de santé des armées :* ensemble du personnel médical attaché à une armée, à un port. ♦ *LA SANTÉ :* dans un port, le service de surveillance des maladies épidémiques, contagieuses. *Des « bateaux qui attendaient l'arrivée de la santé et de la douane »* (Simenon). **3** Équilibre et harmonie (de la vie psychique). *La santé mentale.* ♦ *MAISON DE SANTÉ :* maison de repos privée où l'on soigne les maladies nerveuses ou mentales. ⇒ **clinique** (psychiatrique). **4** État physiologique et psychique des membres d'un groupe social ; état de bien-être dans une société. *Santé publique :* connaissances et techniques propres à prévenir les maladies, à préserver la santé des individus. *L'Organisation mondiale de la Santé (O.M.S.).* **5** État plus ou moins satisfaisant (dans le domaine économique). *La bonne santé du franc.* ✪ CONTR. Maladie.

santiag [sɑ̃tjag] n. f. – v. 1975 ; probablt de *Santiago,* nom de ville ▪ fam. Botte de cuir, de style américain, à piqûres décoratives, à bout effilé et à talon oblique.

santoline n. f. – XVIe ; var. de *santonine* ▪ Arbrisseau aromatique *(composées),* dont une variété est appelée *petit cyprès.*

santon n. m. – XIXe ; provenç. *santoun* « petit saint » ▪ Figurine ornant les crèches de Noël, en Provence. *Santons d'argile.* ✪ HOM. Centon.

santonine n. f. – XVIIIe ; lat. *santonica (herba)* « (herbe) de Saintonge » ▪ Principe extrait du semen-contra, utilisé autrefois comme vermifuge (abandonné en raison de sa toxicité).

santonnier, ière n. – 1912 ▪ Artisan qui fabrique des santons.

sanza [sɑ̃za ; sanza] n. f. – d. i. ; mot d'une langue africaine ▪ Instrument de musique africain traditionnel, fait de lamelles vibrantes.

saoul ; saouler → **soûl ; soûler**

sapajou n. m. – XVIIe ; mot tupi ▪ Petit singe de l'Amérique centrale et du Sud *(cébidés),* à pelage court, à poil dressé autour de la face et à longue queue préhensile. ⇒ **capucin, saï.**

❑ On dit aussi *sajou.*

① **sape** n. f. – XVIe **1** Tranchée d'approche pour atteindre un obstacle ennemi, préparer un siège. ➝ Fosse creusée au pied d'un mur, sous un bâtiment pour le faire écrouler. **2** Action de saper. *Travaux de sape.*

② **sape** n. f. – 1926 ; de *se saper* ▪ arg. *LES SAPES :* les vêtements. ⇒ **fringues.**

sapèque n. f. – XIXe ; malais ▪ Ancienne monnaie chinoise et indochinoise, petite pièce de la plus faible valeur. *Des petites filles « qui mendient des sapèques dans les marchés »* (Duras).

saper v. tr. [1] – XVIe ; lat. *sappa* « hoyau, pioche » **1** Détruire les assises de (une construction) pour faire écrouler. *Saper une muraille.* ♦ User, dégrader par la base, en parlant des eaux. *La mer sape les falaises.* **2** Attaquer les bases, les principes de (qqch.) pour ruiner. ⇒ **ébranler, miner.** *Il m'a sapé le moral.* ✪ CONTR. Consolider, renforcer.

saper (se) v. pron. [1] – 1919 ; o. i. ▪ fam. S'habiller. ⇒ se **fringuer.** ➝ p. p. adj. Habillé, vêtu. *Être bien sapé.*

❑ Dans plusieurs pays d'Afrique, le *sapeur* est un jeune homme à l'élégance ostentatoire, s'habillant chez les plus grands faiseurs.

saperde n. f. – XVIIIe ; gr. « poisson salé » ▪ Insecte longicorne *(coléoptères)* à larges élytres, dont les larves vivent dans le bois.

saperlipopette interj. – XVIIIe ; déform. de *sacré* ▪ Juron familier et vieilli.

sapeur n. m. – XVIe ■ Soldat du génie employé à la sape et à d'autres travaux. ⇒ **pionnier.**

sapeur-pompier n. m. – XIXe ■ Agent communal chargé du service public de secours contre les incendies, les périls et les accidents menaçant la sécurité publique. ⇒ ① **pompier.** *Des sapeurs-pompiers.*

saphène n. f. et adj. – XIVe ; gr. « apparent » ■ Chacune des deux veines qui collectent le sang des veines superficielles du membre inférieur.

saphique adj. – XIVe ; de *Sapho,* poétesse grecque **1** *Vers saphique* ou n. m. *un saphique :* vers grec ou latin composé de trois trochées, deux iambes et une syllabe. **2** littér. Relatif à l'homosexualité féminine. ⇒ **lesbien.** *Des amours saphiques.*

saphir n. m. – XIIe ; gr. **1** Pierre précieuse transparente, le plus souvent bleue, variété de corindon. ➛ « *La chatte siamoise* [...] *ouvre soudain ses yeux de saphir* » (Colette). ➛ Cette pierre taillée. *Broche ornée de saphirs.* ♦ Petite pointe de cette matière qui a remplacé l'ancienne aiguille des phonographes et des tourne-disques. ⇒ **diamant. 2** adj. inv. D'un bleu lumineux. *Des yeux saphir.*

saphisme n. m. – XIXe ; de *Sapho* ■ littér. Homosexualité féminine.

sapide adj. – XVIIIe ; lat. ■ Qui a un goût, une saveur. ✪ CONTR. Insipide (cour.).

sapidité n. f. – XVIIIe ■ Caractère de ce qui est sapide. ⇒ **goût, saveur.** ➛ *Agent de sapidité :* additif alimentaire qui accroît la sensibilité des récepteurs gustatifs. ✪ CONTR. Insipidité.

sapience [sapjɑ̃s] n. f. – XIIe ; lat. *sapiens* « sage » ■ vx Sagesse et science.

sapiential, iale, iaux [sapjɑ̃sjal ; sapjɛ̃sjal, jo] adj. – XIVe ; lat. ■ *Livres sapientiaux de la Bible* ou n. m. *les sapientiaux :* livres de sagesse (Proverbes, Ecclésiaste, Ecclésiastique).

sapin n. m. – XIe ; gaul. °*sappus,* croisé avec lat. *pinus* « pin » **1** Arbre de moyenne altitude *(pinacées),* conifère à tronc droit, à écorce épaisse écailleuse, à branches plongeantes, et à feuilles persistantes (⇒ **aiguille).** ⇒ **douglas.** « *Mon beau sapin, roi des forêts* » (chans.). ➛ *Vert sapin :* vert sombre. **2** Bois de cet arbre, bois blanc très couramment employé en menuiserie, en ébénisterie. « *des planches de sapin qui sentent encore la montagne* » (Bosco). ♦ loc. fam. *Sentir le sapin :* n'avoir plus longtemps à vivre.

❑ La locution fait allusion au bois de sapin, couramment utilisé pour confectionner les cercueils. ♦ Le *sapin de Noël* est traditionnellement un épicéa.

sapine n. f. – XIIe **1** Planche, solive de sapin. **2** Appareil de levage, pylône supportant une grue, utilisé sur les chantiers de construction. **3** région. Baquet en bois de sapin.

sapinette n. f. – XVIe ■ Épicéa d'Amérique du Nord. ⇒ ① **épinette.**

sapinière n. f. – XVIIe ■ Plantation de sapins.

sapiteur n. m. – XVIIIe ; lat. *sapere* « savoir » ■ Expert chargé d'estimer la valeur des marchandises.

saponacé, ée adj. – XVIIIe ; lat. *sapo* « savon » ■ Qui a les caractères du savon, peut servir aux mêmes usages.

saponaire n. f. – XIIe ■ Plante *(caryophyllacées)* à fleurs roses dont la tige contient un glucoside, la saponine*, qui mousse comme du savon.

saponase n. f. – 1924 ■ ⇒ **lipase.**

saponé n. m. – XIXe ■ Préparation obtenue en ajoutant un principe médicamenteux à une solution alcoolique de savon.

saponifiable adj. – XIXe ■ Qu'on peut saponifier. ✪ CONTR. Insaponifiable.

saponification n. f. – XVIIIe ■ Production de savon et simultanément de glycérine, par action d'une base caustique (généralement la soude) sur un corps gras. ♦ Réaction chimique par laquelle on saponifie un corps.

saponifier v. tr. [7] – XVIIIe ; lat. *sapo* « savon » ■ Transformer en savon. ♦ Transformer, sous l'action de l'eau ou d'une base, (un ester) en acide et alcool ou phénol.

saponine n. f. – XIXe ■ Glucoside extrait de certains végétaux (saponaire, bois de Panama) et dont la solution aqueuse mousse par simple agitation.

sapotille n. f. – XVIe ; aztèque *tzapotl* ■ Fruit du sapotillier, grosse baie charnue et savoureuse qui se mange blette.

sapotillier n. m. – XVIIIe ■ Arbre de grande taille d'Amérique centrale *(sapotacées),* au fruit comestible (⇒ **sapotille).**

❑ On dit aussi *sapotier.* ♦ À l'écrit, ne pas oublier le *i* du suffixe *-ier.* → arbre (rem.).

sapristi interj. – XIXe ; de *sacristi* ■ Juron familier, exprimant un sentiment vif (étonnement, exaspération).

sapro- Élément, du gr. *sapros* « putride ».

sapropèle n. m. – 1953 ; de *sapro-* et gr. *pêlos* « limon » ■ Vase organique, à l'origine du pétrole.

saprophage adj. et n. – XIXe ; *sapro-* et *-phage* ■ Qui se nourrit de matières putréfiées.

saprophyte adj. et n. m. – XIXe ; *sapro-* et *-phyte* **1** Qui tire les substances qui lui sont nécessaires des matières organiques en décomposition. *Champignons saprophytes.* **2** *Germe saprophyte,* qui vit dans l'organisme sans être pathogène.

saquer → **sacquer**

sarabande n. f. – XVIIe ; persan *serbend* « danse » **1** Ancienne danse française à trois temps, grave et lente, voisine du menuet et qui se dansait par couples. ➛ Air sur lequel elle se dansait ; partie d'une suite (avant la gavotte, l'aria ou la gigue) qui s'en inspire. *Sarabande de Bach, de Corelli.* **2** loc. *Danser, faire la sarabande :* faire du tapage, du vacarme. ♦ Ribambelle de gens qui courent, s'agitent.

sarbacane n. f. – XVIe ; esp. *zarbatana* ■ Tube creux servant à lancer de petits projectiles, par la force du souffle. « *ces tapirs que la flèche empoisonnée de la sarbacane frappe dans leur sommeil* » (Le Clézio).

❑ La sarbacane est une arme dans certaines civilisations, un jouet d'enfant dans d'autres.

sarcasme n. m. – XVIe ; gr. *sarkazein* « mordre la chair *(sarkos)* » ■ Ironie, raillerie insultante. ⇒ **dérision, moquerie.** « *son sarcasme aux dents acérées* » (Hugo). ♦ Trait d'ironie mordante. ⇒ **quolibet.** *Répondre par des sarcasmes.* ✪ CONTR. Compliment, flatterie.

sarcastique adj. – XVIIIe ; gr. ■ Moqueur et méchant. *Air, sourire sarcastique. Il* « *émet une réflexion sarcastique, en souriant du coin des lèvres* » (Duham.). ♦ *Un jeune homme sarcastique.* ⇒ **persifleur, railleur.** ✪ CONTR. Bienveillant.

sarcelle n. f. – XIIe ; gr. ■ Oiseau palmipède *(anatidés),* plus petit que le canard commun. « *une sarcelle aux ailes ourlées de noir* » (Giraud).

sarcine n. f. – XIXe ; lat. « paquet, fardeau » ■ Bactérie saprophyte dont les éléments peuvent se disposer en masses cubiques.

sarclage n. m. – XIVe ■ Opération qui consiste à extirper les végétaux nuisibles et à ameublir la surface du sol.

sarcler v. tr. [1] – XIIIe ; lat. *sarculum* « houe » 1 Arracher en extirpant les racines, avec un outil. *Sarcler le chiendent.* 2 Débarrasser des herbes nuisibles avec un outil. *Sarcler une allée.* ⇒ **désherber.**

sarcleur, euse n. – XIIIe ▪ Personne (ouvrier agricole, jardinier) employée à sarcler.

sarcloir n. m. – XIVe ▪ Outil servant au sarclage (houe à deux dents, raclette).

sarco- Élément, du gr. *sarx, sarkos* « chair ».

sarcoïde n. f. – XIXe ; de *sarcome* ▪ Nodule de la peau (dermique ou hypodermique).

sarcomateux, euse adj. – XIXe ▪ Du sarcome. *Tissus sarcomateux.*

sarcome n. m. – XVIe ; gr. ▪ Tumeur maligne, développée aux dépens du tissu conjonctif ou d'un tissu qui en dérive, à cellules en général mal différenciées. ⇒ **cancer.**

sarcomère n. m. – 1972 ; *sarco-* et *-mère* ▪ Unité fonctionnelle contractile de la fibrille musculaire striée, représentée par le segment compris entre deux stries.

sarcophage n. m. – XVe ; gr. « qui mange, détruit les chairs » ▪ Cercueil de pierre. *Sarcophages égyptiens.*

sarcoplasme n. m. – XIXe ; de *sarco-* et *plasma* ▪ Cytoplasme qui entoure les fibrilles des fibres musculaires, abondant et coloré en rouge par l'hémoglobine musculaire dans les muscles rouges, pauvre dans les muscles blancs.

sarcopte n. m. – XIXe ; de *sarco-* et gr. *koptein* « couper » ▪ Genre d'acariens parasites des mammifères, qui provoquent la gale en creusant des galeries dans l'épiderme.

sardane n. f. – 1933 ; catalan ▪ Danse catalane à plusieurs danseurs qui forment un cercle.

sarde adj. et n. – XVIIe ▪ De la Sardaigne. ♦ n. *Les Sardes.* ➜ n. m. Groupe de parlers romans de la Sardaigne.

❑ Le *sarde* est distinct des nombreux dialectes italiens (napolitain, vénitien, corse, etc.).

sardine n. f. – XIIe ; lat. « poisson de *Sardaigne* » 1 Petit poisson *(clupéidés)*, très abondant dans la Méditerranée et l'océan Atlantique. *Banc* de sardines. Pêche à la sardine.* ➜ *Sardines à l'huile ; boîte de sardines.* ♦ loc. fam. *Être serrés comme des sardines* (en boîte), très serrés, dans un endroit comble. 2 arg. Galon de sous-officier.

sardinerie n. f. – XIXe ▪ Conserverie de sardines.

sardinier, ière adj. et n. – XVIIIe 1 Relatif à la pêche, à l'industrie de la conserve des sardines. *Bateau sardinier,* et n. m. *un sardinier.* 2 n. m. Pêcheur de sardines. 3 n. Ouvrier, ouvrière d'une sardinerie.

sardoine n. f. – XIe ; lat. *sardonyx* « onyx de Sardaigne » ▪ Variété de calcédoine de couleur brunâtre, pierre fine estimée. *Camée gravé sur sardoine.*

sardonique adj. – XVIe ; lat. *(herba) sardonia* « (renoncule) de Sardaigne » ▪ Qui exprime une moquerie amère, froide et méchante. ⇒ **moqueur.** *Rire sardonique.*

❑ L'ingestion de renoncule de Sardaigne provoque une intoxication se manifestant par un rictus convulsif, grimace rappelant le rire.

sardonyx [saʀdɔniks] n. f. – XIIe ; mot gr. ▪ Agate blanche et orangée.

sargasse n. f. – XVIe ; lat. *salix* « saule » ▪ Algue brune *(fucales)* à thalle rameux, très répandue au nord-est des Antilles, dans la *mer des Sargasses.*

sari n. m. – XIXe ; mot hindi ▪ Longue étoffe drapée que portent traditionnellement les femmes indiennes.

❑ Ne pas confondre *sari* avec *sarong* « costume porté en Malaisie ».

sarigue n. f. – XVIe ; tupi ▪ Petit mammifère *(marsupiaux)* à queue longue et préhensile, à laquelle s'accrochent les petits portés sur le dos de la femelle. *L'opossum, espèce la plus connue de sarigue.*

S.A.R.L. [ɛsaɛʀɛl] n. f. inv. – 1925 ; sigle de *société à responsabilité limitée* ▪ Société commerciale où la responsabilité pécuniaire des associés est limitée au montant de leurs apports. *Créer une S.A.R.L.*

sarment n. m. – XIIe ; lat. 1 Rameau de la vigne quand il est devenu ligneux. « *la flamme sonore du sarment qui pétille et meurt* » (Barbey). 2 Tige de plantes sarmenteuses.

sarmenter v. intr. [1] – XIXe ▪ Ramasser les sarments, après la taille de la vigne.

sarmenteux, euse adj. – XVIe ▪ Dont la tige longue et grêle s'appuie sur des supports. « *les petits pétunias sarmenteux* » (Colette).

sarong [saʀɔ̃(g)] n. m. – XIXe ; mot malais ▪ Pièce d'étoffe drapée à la manière d'une jupe que portent les hommes et les femmes de Malaisie, d'Indonésie, etc.

❑ Ne pas confondre *sarong* avec *sari* « vêtement des Indiennes ». ♦ Les mots en ...*ong* sont généralement prononcés avec le *g (dugong, gong, majong, ping-pong, Hong-Kong, King Kong).*

saros [saʀos ; saʀɔs] n. m. – XVIIIe ; lat. d'o. assyro-babylonienne ▪ didact. Période de 6585 jours (18 ans et 10 ou 11 jours), permettant de prédire le retour des éclipses. *Pendant un saros, on compte en moyenne 71 éclipses* (43 de Soleil, 28 de Lune).

sarouel [saʀwɛl] n. m. – XIXe ; ar. *sirwal* ▪ Pantalon bouffant à entrejambe bas, porté traditionnellement en Afrique du Nord.

❑ On dit aussi *saroual.*

sarracénie n. f. – XVIIe ; de *Sarrasin,* méd. fr. ▪ Plante exotique *(sarracéniacées)* qui croît sur le littoral atlantique de l'Amérique du Nord, et dont les feuilles peuvent capturer les insectes.

sarrancolin n. m. – XVIIe ; nom d'un village des Pyrénées ▪ Marbre des Pyrénées, rouge violacé veiné de gris.

① **sarrasin, ine** n. et adj. – XIe ; ar. *charqîyîn* « orientaux » ▪ Musulman d'Orient, d'Afrique ou d'Espagne, au Moyen Âge. ⇒ **arabe, maure, musulman.**

② **sarrasin** n. m. – XVIe ; de *blé sarrasin,* à cause de la couleur noire du grain ▪ Céréale *(polygonacées)* cultivée en France (surtout en Bretagne) pour sa graine à albumen farineux. ⇒ **blé** (noir). « *Quelques champs, semés de maigre sarrasin* » (J. Verne). ♦ Farine de sarrasin. *Galettes de sarrasin.*

❑ Le *sarrasin* est la seule céréale qui n'est pas une graminée.

sarrasine n. f. – XVIe ; de *(herse) sarrasine,* de ① *sarrasin* ▪ Herse faite de pieux ferrés, qu'on abaissait entre le pont-levis et la porte d'un château fort.

sarrau n. m. – XIe ; germ. ▪ Blouse de travail, courte et ample, portée par-dessus les vêtements. *Des sarraus* de toile. « *Elle trouva Chaudet, en sarrau bleu, modelant sa dernière statue* » (Balz.).

> ❑ Tous les mots en -*au* ont leur pluriel en *x*, sauf *landau* et *sarrau*.

sarrette ou **serrette** **n. f.** – XVIIe ; lat. *serra* « scie » ▪ Plante vivace *(composacées)*, à feuilles dentelées, apparentée au chardon. ⇒ **serratule.**

sarriette **n. f.** – XIVe ; lat. *satureia* ▪ Plante *(labiées)* cultivée pour ses feuilles aromatiques qui servent de condiment.

sas [sɑs] **n. m.** – XIIIe ; lat. *seta* « soie de porc, crin » 1 Pièce de tissu (crin, soie, voile) montée sur un cadre de bois, servant à passer diverses matières liquides ou pulvérulentes. 2 Bassin d'une écluse, compris entre les deux portes. 3 Petite pièce étanche entre deux milieux différents (air et eau ; air à des pressions différentes) qui permet le passage. *Sas d'un sous-marin. Sas de décompression.*

sashimi **n. m.** – 1970 ; mot jap. ▪ Plat japonais constitué de poisson cru en tranches fines, accompagné de raifort et de gingembre. *Sashimis et sushis**.

sassafras **n. m.** – XVIe ; mot indien d'Amérique du Sud ▪ Arbre originaire d'Amérique du Nord *(lauracées)*, dont le bois et les feuilles sont aromatiques.

sassage **n. m.** – XIXe ▪ Polissage des objets de métal précieux par frottement dans le sable.

sassement **n. m.** – XIVe ▪ Action de sasser.

sassenage **n. m.** – fin XVIIe ; nom d'une petite ville de l'Isère ▪ Fromage à pâte ferme fait d'un mélange de lait de vache, de chèvre et de brebis.

sasser **v. tr.** [1] – XIIe 1 Passer au sas, au sasseur. 2 Faire passer par le sas d'une écluse, d'un bassin à flot.

sasseur, euse **n.** – XIVe 1 Personne employée à sasser. 2 **n. m.** Machine qui sépare des produits par l'action d'un courant d'air.

satané, ée **adj.** – XVIIIe ; de *Satan* ▪ (devant un nom) Maudit (au sens faible). ➛ « *Voici vingt-cinq ans que j'habite leur pays, et je n'ai pas encore pu m'y faire, à leur satané charabia !* » (Zola). ⇒ **damné,** ② **fichu.**

satanique **adj.** – XVe 1 De Satan, inspiré ou possédé par Satan. ⇒ **démoniaque, diabolique.** *Pouvoir satanique.* 2 Qui évoque Satan, est digne de Satan. ⇒ **infernal, méphistophélique.** *Rire satanique.* ✪ CONTR. Divin ; ① angélique.

satanisme **n. m.** – XIXe 1 Culte de Satan. 2 Esprit satanique.

satellisable **adj.** – v. 1960 ▪ Que l'on peut satelliser, mettre en orbite.

satellisation **n. f.** – v. 1957 1 Lancement et mise en orbite (de satellites artificiels). 2 Action de satelliser (un pays) ; son résultat ; dépendance, inféodation.

satelliser **v. tr.** [1] – 1956 1 Transformer en satellite (I, 2°), mettre en orbite autour d'un astre. 2 Transformer en satellite (II) ; rendre dépendant (politiquement, administrativement). *Grande puissance qui cherche à satelliser un pays en voie de développement.*

satellite **n. m.** – XIIIe ; lat. « garde du corps » I - 1 Corps céleste gravitant sur une orbite elliptique autour d'une planète. *La Lune est le satellite de la Terre.* 2 *Satellite (artificiel)* : engin spatial décrivant une orbite autour de la Terre, de la Lune, ou d'un autre corps céleste, et qui est généralement porteur d'équipements à destination scientifique, économique, industrielle ou militaire. ⇒ **orbiteur.** *Le premier satellite* (Spoutnik 1) *a été lancé par l'U. R. S. S. le 4 octobre 1957. Satellite d'observation. Satellite météorologique. Satellite de télécommunications* ou *satellite-relais,* servant à augmenter la puissance des liaisons de radio et de télévision et à assurer les relais transocéaniques. *Liaison, émission de télévision par satellite.* ➛ *Photos satellites,* prises par satellite. 3 *Satellites d'un différentiel d'automobile :* petits pignons coniques disposés entre les planétaires. 4 *Veine satellite d'une artère,* qui a le même trajet et porte en général le même nom. 5 Bâtiment annexe d'une aérogare relié au bâtiment principal par un couloir. *Embarquement immédiat, satellite numéro 5.* II Personne ou nation qui vit sous l'étroite dépendance politique et économique d'une autre et gravite autour d'elle. « *ils n'étaient que les satellites d'autres gens qui se cachaient en les faisant agir* » (Rouss.). ➛ *Les pays satellites des grandes puissances.*

sati **n. f.** et **m. inv.** – XIXe ; mot hindi, fém. de *sat* « sage » 1 **n. f.** Veuve qui s'immolait rituellement sur le bûcher funéraire de son mari, en Inde. ➛ **adj. inv.** *Veuve sati.* 2 **n. m.** Le rite lui-même (aboli en 1829).

satiété [sasjete] **n. f.** – XIIe ; lat. *satis* « assez » ▪ État d'indifférence, plus ou moins proche du dégoût, de qqn dont un besoin, un désir est amplement satisfait. ♦ loc. *À SATIÉTÉ* : au point d'être totalement satisfait ; au point d'être dégoûté. ⇒ **rassasié, repu.** *Boire à satiété.* « *pour être solitaire, il faut avoir le monde à satiété* » (Stendh.). ➛ *Répéter une chose à satiété,* jusqu'à lasser l'auditoire. ✪ CONTR. Besoin, désir, envie.

> ❑ Une personne *insatiable* ne saurait parvenir à la *satiété.*

satin **n. m.** – XIVe ; ar. *zaituni* « de la ville de Tsia-Toung *(Zaitun)* » en Chine ▪ Étoffe de soie ou de coton, lisse et brillante sur l'endroit, sans trame apparente. « *Des moires frissonnaient sur la robe de satin, blanche comme un clair de lune* » (Flaub.). *Satin broché, lamé. Satin de coton.* ♦ *Avoir une peau de satin,* douce, satinée.

satiné, ée **adj.** – XVIIe ▪ Qui a la douceur et le brillant, le reflet du satin. ⇒ ① **brillant, lustré.** *Peinture satinée,* d'un brillant atténué par un léger dépoli.

satiner **v. tr.** [1] – XVIIe ▪ Lustrer (une étoffe, un papier) pour lui donner l'apparence du satin.

satinette **n. f.** – XIXe ▪ Étoffe de coton, ou de coton et de soie qui a sur l'endroit l'aspect du satin. « *la satinette rayée doublant les manches* » (Simenon).

satineur, euse **n.** – XIXe ▪ Personne qui satine (des étoffes, du papier).

satire **n. f.** – XIVe ; lat. « macédoine, mélange » 1 Poème (en vers) où l'auteur attaque les vices, les ridicules de ses contemporains. *Satires de Boileau.* 2 Écrit, discours qui s'attaque à qqch., à qqn, en s'en moquant. *Satire contre qqn.* ⇒ **épigramme, pamphlet.** ➛ Critique moqueuse. *Faire la satire d'un milieu.* « *la satire des tares et des travers humains* » (Léautaud). ✪ CONTR. Apologie, éloge. — HOM. Satyre.

satirique **adj.** – XIVe 1 Qui appartient à la satire. *Poésie satirique.* ➛ **n. m.** Poète satirique. 2 Qui constitue une satire. *Dessin satirique et humoristique.* ✪ CONTR. Apologétique, approbatif, louangeur. — HOM. Satyrique.

satiriser **v. tr.** [1] – XVIe ▪ Prendre pour sujet de satire. ⇒ se **moquer, railler.**

satiriste **n.** – XVIIe ▪ Auteur de satires.

satisfaction **n. f.** – XIIe ; lat. « disculpation » et « réparation juridique » 1 Acte par lequel qqn obtient la réparation d'une offense. ⇒ **réparation.** ♦ Acte par lequel on accorde à qqn ce qu'il demande (en justice, dans une hiérarchie, etc.). *Les salariés ont obtenu satisfaction.* 2 Sentiment de bien-être ; plaisir qui résulte de l'accomplissement de ce qu'on attend, désire, ou simplement d'une chose souhaitable. ⇒ **contentement, joie.** « *cette sorte de satisfaction intérieure que donne la vertu* » (Hugo). *À la satisfaction générale.*

J'apprends avec satisfaction que cette affaire est terminée. ➛ DONNER SATISFACTION : contenter (qqn) par sa conduite, sa compétence, sa qualité. *Un enfant qui donne toute satisfaction à ses parents.* ♦ UNE SATISFACTION : un plaisir, une occasion de plaisir. *Qui apporte des satisfactions.* ⇒ **gratifiant.** 3 Action de contenter, de satisfaire (un besoin, un désir). ⇒ **assouvissement.** « *L'utile est ce qui répond à la satisfaction des besoins physiologiques* » (Valéry). ✪ CONTR. Refus. Insatisfaction, peine. Frustration, inassouvissement.

satisfaire v. tr. 60 – XIIIe ; lat. *satis* « assez » et *facere* « faire » **I** v. tr. dir. **1** Faire ou être pour (qqn) ce qu'il demande, ce qu'il attend, ce qui lui convient. *Satisfaire qqn en lui donnant ce qu'il veut.* « *un accord juste qui satisfait pleinement l'oreille* » (Proust). ➛ Convenir, plaire. *La réponse parut le satisfaire.* **2** Remplir, contenter (un besoin, un désir). ⇒ **assouvir.** *Satisfaire sa faim.* ⇒ **apaiser, calmer.** « *Emma s'abandonnait à cette facilité de satisfaire tous ses caprices* » (Flaub.). *Satisfaire la curiosité de qqn.* **3** SE SATISFAIRE v. pron. Satisfaire ses besoins, ses désirs ; être satisfait. *Se satisfaire de peu.* ⇒ se **contenter.** **II** v. tr. ind. SATISFAIRE À... S'acquitter (de ce qui est exigé), remplir (une exigence). *Nous ne pouvons plus satisfaire à des demandes croissantes.* ⇒ **répondre.** ➛ *Ce bâtiment satisfait aux normes de la construction.* ✪ CONTR. Frustrer, priver ; mécontenter. Refouler, réprimer. — Manquer (à).

❑ *En satisfaisant tout le monde* [satisfəzɑ̃] ; même prononciation que pour *faisant.* → ① faire (rem.).

satisfaisant, ante [satisfəzɑ̃, ɑ̃t] adj. – XVIIe ▪ Qui satisfait, est conforme à ce qu'on peut attendre. ⇒ **acceptable,** ① **bon, convenable.** *Résultat satisfaisant. Réponse très satisfaisante.* ✪ CONTR. Insatisfaisant, insuffisant, mauvais.

❑ On entend parfois la prononciation fautive [ɛ] de ...*ai*... ♦ L'expression *assez satisfaisant* est condamnée par les puristes (on répète deux fois *assez*). Mais elle est courante. On peut préférer *plutôt satisfaisant.*

satisfait, aite adj. – XVe **1** Qui a ce qu'il veut. ⇒ **content.** *Se déclarer, s'estimer satisfait.* ⇒ **comblé.** ➛ *Un air satisfait,* content de soi. **2** SATISFAIT DE. *Être satisfait d'un élève. Nous en sommes très satisfaits. Être satisfait d'un achat. Satisfait ou remboursé. Être satisfait de son sort.* « *Ses contradictions intérieures [...] la condamnaient à n'être jamais satisfaite de rien ni de personne* » (Aymé). **3** Qui est assouvi, réalisé. *Besoins, désirs satisfaits.* ✪ CONTR. Fâché. Insatisfait, mécontent. Inassouvi.

satisfecit [satisfesit] n. m. inv. – XIXe ; mot lat. « il a satisfait » ▪ littér. Approbation. *Des satisfecit.*

satrape n. m. – XIIIe ; perse **1** Gouverneur d'une province, dans l'Empire perse, depuis Cyrus jusqu'à l'ère chrétienne. **2** littér. Homme puissant et despotique ; personne qui mène grand train.

❑ Signifie étymologiquement « officier du roi *(sah)* » ; le titre porté par les rois de Perse *(schah)* est de même origine.

satrapie n. f. – XVe ; perse **1** Province de la Perse antique, gouvernée par un satrape. **2** littér. Gouvernement despotique.

saturant, ante adj. – XVIIIe ▪ Qui produit la saturation d'une solution, d'une combinaison, etc. *Pression maximale de vapeur saturante* : pression atteinte au cours d'une vaporisation lorsque le liquide est en équilibre avec la vapeur.

saturateur n. m. – XIXe **1** sc. Appareil employé pour dissoudre un gaz dans un liquide jusqu'à saturation. **2** Dispositif destiné à augmenter l'humidité relative de l'atmosphère par évaporation. *Saturateur d'un radiateur.*

saturation n. f. – XVIe **1** Action de saturer ; état de ce qui est saturé. *Point de condensation et point de saturation.* ➛ *Saturation du sol en eau.* **2** État de ce qui est saturé (2°). ⇒ **excès.** *Arriver à saturation. Saturation du marché.* ♦ État de qqn qui a (qqch.) en surabondance. *Il a trop de travail, il arrive à saturation.* **3** Caractère d'un système d'axiomes lorsqu'on ne peut y joindre aucun axiome indépendant sans que la théorie devienne contradictoire.

saturé, ée adj. – XVIIIe **1** Se dit d'un liquide ou d'une solution qui, à une température et une pression données, renferme la quantité maximale d'une substance dissoute. ♦ Se dit d'un atome sous sa valence maximale. *Système axiomatique saturé.* ⇒ **saturation** (3°). **2** Qui ne peut contenir plus (de). « *une atmosphère irrespirable, saturée d'essences et de parfums de fleurs* » (Loti). *Autoroute saturée.* ➛ *Marché saturé* (d'une denrée, d'un produit). ♦ *Être saturé de* (qqch.), en avoir en surabondance, à satiété. *Les gens sont saturés de publicité.* ✪ CONTR. Insaturé.

saturer v. tr. 1 – XIIIe ; lat. **1** Combiner, mélanger ou dissoudre jusqu'à saturation ; réaliser la saturation de. **2** Rendre (qqch.) tel qu'un supplément de la chose ajoutée soit impossible ou inutile. *Saturer une éponge d'eau.* ➛ *Saturer qqn de qqch.,* lui fournir, lui faire subir qqch. en trop grande quantité, à un niveau excessif. **3** intrans. fam. Arriver à saturation. *Je ne supporte plus la télévision, je sature.*

saturnales n. f. pl. – XIVe ▪ Fêtes célébrées dans l'Antiquité romaine en l'honneur de Saturne, au cours desquelles maîtres et esclaves se trouvaient sur un pied de complète égalité et qui étaient l'occasion de diverses réjouissances.

saturne n. m. – XVIe ; lat. *Saturnus,* nom d'un dieu et d'une planète ▪ En alchimie, Le plomb. ➛ *Extrait, sel de saturne* : acétate de plomb.

❑ Ce métal était un « métal froid », comme Saturne était la planète froide.

saturnie n. f. – XIXe ▪ Grand papillon de nuit, appelé *paon-de-nuit.* ⇒ **paon.**

saturnien, ienne adj. – XIVe ▪ vx ou littér. Triste, mélancolique (opposé à *jovial,* de Jupiter). « *Poèmes saturniens* », *de Verlaine.*

saturnin, ine adj. – XIVe ▪ Provoqué par le plomb ou ses composés. *Colique saturnine.*

saturnisme n. m. – XIXe ▪ Intoxication par le plomb ou par les sels de plomb.

satyre n. m. – XIVe ; gr. **1** Divinité mythologique de la terre, être à corps humain, à cornes et pieds de chèvre, de bouc. **2** fam. Homme lubrique, obscène, qui entreprend brutalement les femmes ; exhibitionniste, voyeur. « *Un vieux satyre ! Chaque fois qu'i peut, i m'pince les fesses* » (Queneau). **3** Papillon de jour à grandes ailes brun et noir. ✪ HOM. Satire.

satyriasis [satiʀjazis] n. m. – XVIe ; gr. ▪ Exagération morbide des désirs sexuels chez l'homme.

satyrique adj. – XVe ; gr. ▪ *Poème, drame satyrique* : forme théâtrale grecque, pièce tragicomique issue du culte dionysiaque. ✪ HOM. Satirique.

satyrisme n. m. – XIXe ▪ Comportement de satyre.

sauce n. f. – XIIe ; lat. *salsus* « salé » **I** - **1** Préparation liquide ou onctueuse, formée d'éléments gras et aromatiques plus ou moins liés et étendus et qui sert à accommoder certains mets. *Lier une sauce.* ➛ *Sauce chaude, froide. Sauce blanche. Sauce béchamel. Sauce moutarde. Sauce au vin rouge. Sauce aigre-*

douce. ➛ Un « canard à l'orange, avec sauce au curaçao épaissie de foies de volailles pilés » (Gide). *Viande, poisson en sauce*, accommodé avec une sauce. *Rognons (à la) sauce madère.* ♦ Jus de viande. *La sauce d'un rôti.* ♦ loc. fam. *Ne pas savoir à quelle sauce on sera mangé* : ne pas savoir ce qui vous attend de fâcheux. 2 (dans des loc.) L'accessoire (opposé à l'essentiel, au principal). *La sauce fait passer le poisson* : ce sont les qualités secondaires qui permettent de s'accommoder de la médiocrité globale d'une chose, d'une situation. *Mettre qqn à toutes les sauces*, l'employer sans vergogne à toutes sortes de besognes. 3 fam. Pluie, averse. ⇒ **saucée.** *Recevoir la sauce.* II Crayon tendre, très friable, servant à estomper. *Dessin à la sauce.*

❑ Bien que l'étymologie rattache ce mot à la famille de *sel*, on trouve aussi des sauces sucrées (au chocolat par ex.). *Profiteroles nappées d'une sauce au chocolat chaude.*

saucé, ée adj. – XVIIIe ; de *sauce* « liquide contenant du métal précieux » ▪ Se dit d'une pièce de monnaie antique de cuivre, recouverte d'une mince couche d'argent.

saucée n. f. – XIXe ▪ fam. Averse, forte pluie qui mouille, trempe. ⇒ **sauce.**

saucer v. tr. [3] – XIVe 1 Essuyer en enlevant la sauce, pour la manger. *Saucer son assiette avec un morceau de pain.* 2 fam. *Se faire saucer* : recevoir la pluie.

saucier n. m. – XIIIe ▪ Cuisinier spécialisé dans la préparation des sauces.

saucière n. f. – XIIe ▪ Récipient dans lequel on sert les sauces, les jus, les crèmes.

saucisse n. f. – XIIIe ; lat. *salsus* « salé » 1 Préparation de viande maigre hachée et de gras de porc *(chair à saucisse)*, assaisonnée, et entourée d'un boyau, que l'on sert cuite ou réchauffée. ⇒ **chipolata, crépinette ; merguez.** *Saucisse de Toulouse ; de Morteau* (fumée), *de Strasbourg* (à base de bœuf), *de Francfort* (veau et porc). *Chapelet de saucisses.* ➛ Préparation identique au saucisson sec dans un boyau plus petit. *Saucisse sèche.* ➛ loc. fam. *Il n'attache pas son chien* (ou *il ne les attache pas*) *avec des saucisses* : il regarde à la dépense. 2 Ballon captif de forme allongée.

saucisson n. m. – XVIe ; même o. que *saucisse* 1 Préparation de viandes (porc, bœuf) hachées, assaisonnées, cuites ou séchées et présentées dans un boyau, destinée à être mangée telle quelle. *Saucisson sec. Saucisson de Lyon* (⇒ **rosette**), *d'Espagne* (⇒ **chorizo**), *d'Italie* (⇒ **salami**). *Variétés de saucisson.* ⇒ **cervelas, jésus.** « *j'ai droit à un hors-d'œuvre au choix ; cinq rondelles de saucisson ou des radis* » (Sartre). ➛ *Saucisson chaud. Saucisson en brioche.* ♦ loc. *Etre ficelé comme un saucisson*, attaché très serré, entouré de très nombreux liens. 2 Rouleau de toile rempli de poudre.

saucissonnage n. m. – 1960 ▪ fam. Découpage, répartition en plusieurs tranches. *Le saucissonnage des crédits.*

saucissonné, ée adj. – XIXe ▪ fam. Serré, ficelé dans ses vêtements. ⇒ **boudiné.**

saucissonner v. [1] – v. 1950 1 v. intr. fam. Manger, sans couverts ou sans table mise, un repas froid. *Ils ont saucissonné dans le train.* 2 v. tr. Découper, répartir en tranches.

sauf, sauve adj. et prép. – X[e] ; lat. *salvus* « bien portant, intact » I adj. Qui a échappé à un très grave péril, qui est encore vivant après avoir failli mourir (seulement dans quelques expr.). ⇒ **indemne, rescapé, sauvé.** *Être sain et sauf. Avoir la vie sauve.* ➛ *L'honneur est sauf* : les apparences de l'honneur sont intactes. II prép. SAUF. 1 loc. *Sauf le respect que je vous dois*, sans qu'il soit porté atteinte au respect... « *il m'a foutu son poing en pleine gueule, sauf votre respect* » (Queneau). 2 À l'exclusion de. ⇒ ① **excepté, hors, hormis.** « *Je me sentais de glace, sauf ce creux dans ma poitrine, tout brûlant* » (Bernanos). *Sauf si vous changez d'avis. Sauf quand...* ♦ Sans exclure l'éventualité de, excepté s'il y a. *Sauf avis contraire. Sauf erreur ou omission.* ➛ SAUF À (et l'inf.). littér. Sans exclure l'éventualité de (telle action, tel fait) ; en se réservant le droit ou la possibilité de. ⇒ **quitte** (à). « *Ce prince aimait à se servir de ces intrigants, sauf à les loger ensuite dans une cage de fer* » (Michelet). ➛ SAUF QUE (et l'indic.) : à cette différence près, à cette exception que. ⇒ ① **excepté** (que), **hormis** (que), **sinon** (que). « *Il n'éprouvait à son endroit que de l'indifférence, sauf que le son de sa voix [...] lui donnait un rien sur les nerfs* » (Aymé). ✪ CONTR. Blessé, endommagé.

sauf-conduit n. m. – XIIe ▪ Document délivré par une autorité publique et qui permet de se rendre en un lieu. ⇒ **laissez-passer, permis.** *Des sauf-conduits.*

❑ Bien que formé d'un adjectif et d'un nom, au pluriel, seul le nom s'accorde.

sauge n. f. – XIIIe ; lat. *salvus* « sauf », à cause des propriétés médicinales de cette plante ▪ Plante aromatique *(labiées)* comprenant plusieurs variétés utilisées en médecine *(sauge officinale)*, en cuisine ou comme plantes ornementales.

saugrenu, ue adj. – XVIe ; de *sau*, forme de *sel*, et *grenu*, de *grain* ▪ Inattendu, bizarre et quelque peu ridicule. *Idée, question saugrenue.* « *des rencontres saugrenues d'objets disparates* » (Caillois).

❑ Se dit d'une chose ; pour une personne, on emploie *bizarre, braque, fantasque, farfelu, tordu.*

saulaie n. f. – XIVe ▪ Plantation de saules. ⇒ **saussaie.**

saule n. m. – XIIe ; lat. *salix* ▪ Arbre ou arbuste *(salicacées)* qui croît dans les lieux frais et humides. *Saule pleureur*, à branches tombantes. *Des « chevelures de saules trempant dans les champs inondés par les rivières en crue »* (Yourcenar).

saumâtre adj. – XIIIe ; lat. *salmacidus* 1 Constitué d'un mélange d'eau douce et d'eau de mer. *Eau saumâtre.* 2 Amer, désagréable. ➛ loc. fam. *La trouver saumâtre* : trouver désagréable la situation dans laquelle on est, se sentir victime de qqch.

saumon n. m. – XIIe ; lat. *salmo* 1 Gros poisson migrateur *(salmonidés)* à chair rose, qui abandonne la mer et remonte les fleuves au moment du frai. *Jeune saumon.* ⇒ ① **tacon.** ➛ *Saumon fumé.* 2 Lingot (de fer, de fonte ou de plomb). « *des ancres, des canons, des saumons de fer et de plomb* » (J. Verne). 3 adj. inv. D'un rose tendre tirant légèrement sur l'orangé. *Des lingeries saumon.*

saumoné, ée adj. – XVIe ▪ Se dit de poissons qui ont la chair rose comme le saumon. *Truite saumonée.*

saumoneau n. m. – XVIe ▪ Jeune saumon. ⇒ ① **tacon.**

saumonette n. f. – 1975 ▪ Roussette (poisson).

saumurage n. m. – XIXe ▪ Opération qui consiste à mettre une substance alimentaire dans la saumure.

saumure n. f. – XIIe ; lat. *sal* « sel » et *muria* « saumure » 1 Eau fortement salée, aromatisée, dans laquelle on met des aliments pour en faire des conserves. *Mettre des olives, de la viande, des harengs* (⇒ **sauris**) *dans la saumure.* 2 Eau d'une saline, qu'on fait évaporer pour en extraire le sel (sel fin).

saumurer v. tr. [1] – XVIe ▪ Mettre dans la saumure pour conserver.

sauna n. m. – 1930 ; mot finnois ▪ Bain de vapeur sèche, d'origine finlandaise ; ce bain lui-même. ➛ Établissement, local où l'on prend ces bains.

saunage n. m. – XVe **1** Saison à laquelle on procède à la récolte du sel dans un marais salant ; cette récolte. **2** vx Vente du sel.

sauner v. intr. [1] – XVIIe ▪ Produire du sel.

saunier n. m. – XIIe ; lat. *sal* « sel » **1** Exploitant d'un marais salant (⇒ **paludier**) ou d'une saline. **2** vx Marchand de sel. ♦ *FAUX SAUNIER* : celui qui, sous l'Ancien Régime, se livrait à la contrebande du sel, pour échapper à la gabelle.

saunière n. f. – XIIIe ▪ Coffre où l'on conservait le sel destiné aux usages domestiques.

saupiquet n. m. – XIVe ; de *sau*, forme de *sel*, et *piquer* ▪ Sauce relevée dont on accompagnait le lapin, le pigeon (et de nos jours, le lièvre). ♦ région. Jambon poêlé accompagné d'une sauce.

saupoudrage n. m. – XIXe ▪ Action de saupoudrer ; son résultat.

saupoudrer v. tr. [1] – XIVe ; de *sau*, forme de *sel*, et *poudrer* **1** Couvrir d'une légère couche d'une substance pulvérulente. *Saupoudrer un mets de farine.* **2** Attribuer à de très nombreux bénéficiaires (des crédits minimes).

> ❑ Certains puristes, se référant à l'étymologie, condamnent *saupoudrer de sucre, de cannelle*, etc. Il n'y a aucun bon sens dans cette interdiction puisque *saupoudrer* ne s'emploie pas pour *saler*.

saupoudreur, euse adj. et n. f. – 1900 ▪ Qui sert à saupoudrer. *Bouchon saupoudreur.* ♦ n. f. Petit flacon à bouchon percé de trous qui sert à saupoudrer (de sel, de sucre, etc.).

saur adj. m. – XIIe ; néerl. « séché » ▪ *HARENG SAUR* : hareng fumé. ♦ loc. fam. *Être sec, maigre comme un hareng saur.* ✪ HOM. Sort.

saurage → **saurissage**

-saure Élément, du gr. *saura* ou *sauros* « lézard ».

saurer v. tr. [1] – XIVe ; de *saur* ▪ Faire sécher à la fumée (un aliment) pour conserver après avoir soumis à l'action de la saumure. ⇒ ① **fumer.** *Saurer des harengs, un jambon.* ✪ HOM. *Saure* : sors (sortir) ; *saurais* : saurais (① savoir).

sauriens n. m. pl. – XVIIIe ; gr. *saura* ou *sauros* « lézard » ▪ Ordre de reptiles comprenant les lacertiens (ou lézards) et les ophidiens (ou serpents). ⇒ **squamé.**

saurin n. m. – XVIIe ; de *saur* ▪ Hareng laité nouvellement séché.

sauris n. m. – XIXe ; de *saur* ▪ Saumure de harengs.

saurissage n. m. – XVIIIe ▪ Opération qui consiste à saurer les poissons, les harengs.

> ❑ On dit aussi *saurage*.

saurisserie n. f. – XIXe ▪ Usine où l'on saure les poissons, les harengs.

saurisseur, euse n. – XVIIe ▪ Ouvrier, ouvrière qui saure les poissons, les harengs.

saussaie n. f. – XIIIe ; a. fr. *saus* « saule » ▪ vx ou région. Saulaie.

saut n. m. – XIe ; lat. *saltum* **1** Mouvement ou ensemble de mouvements (flexions et extensions de certaines parties du corps) par lesquels un homme, un animal cesse de prendre appui sur le sol ou sur un support pour s'élever, se projeter. ⇒ **bond, bondissement.** *Faire un saut de deux mètres. Saut de joie.* ♦ L'action de sauter de telle ou telle manière *(un saut)*, l'exercice particulier (*le saut* [à la corde, en hauteur, etc.]). *Saut périlleux*, pendant lequel le corps du sauteur effectue un tour complet. *Le saut de la mort* : saut périlleux, exercice de voltige très dangereux. *Saut de l'ange*, les bras écartés (comme des ailes). ➛ *Saut à la corde.* ♦ *Saut en hauteur, en longueur. Triple saut*, composé d'un saut à cloche-pied sur la planche d'appel, d'un saut d'une jambe sur l'autre (foulée), et d'un saut en longueur. ➛ *Saut à ski*, exécuté d'un tremplin. *Saut en patinage artistique.* ⇒ **axel.** ➛ *Saut en parachute.* ♦ loc. *Faire le saut* : prendre une décision importante, qui implique totalement. ➛ *Faire un saut dans l'inconnu.* ➛ *Le grand saut* : la mort. **2** Mouvement, déplacement brusque (pour changer de position, de place). *Se lever d'un saut.* ⇒ **bond.** *Au saut du lit* : au sortir du lit, au lever. **3** Action d'aller très rapidement et sans rester. *Faire un saut chez qqn.* **4** Passage par degrés disjoints. *Faire un saut d'un siècle* (par l'imagination). « *par un de ces sauts brusques qui lui étaient familiers, elle posa une nouvelle question* » (Zola). **5** Cascade. *Le saut du Doubs.* **6** Rupture de séquence dans le déroulement d'un programme informatique. ✪ HOM. Sceau, seau, sot.

saut-de-lit n. m. – XIXe ▪ Déshabillé que portent les femmes au saut du lit. *Des sauts-de-lit.*

saut-de-loup n. m. – XVIIIe ▪ Large fossé (qu'un loup pourrait à peine franchir). *Des sauts-de-loup.*

saut-de-mouton n. m. – XIXe ▪ Passage d'une voie ferrée, d'une route au-dessus d'une autre, pour éviter les croisements. *Des sauts-de-mouton.*

saute n. f. – XVIIIe **1** Brusque changement. « *Il suffit d'un grain subit, d'une saute de vent, pour vous faire chavirer* » (Gaut.). *Sautes de température.* **2** Brusque changement (de l'humeur). *Il a des sautes d'humeur.*

sauté, ée adj. et n. m. – XIXe **1** Cuit à la poêle ou à la cocotte, à feu vif et en remuant. « *une poêlée d'alouettes sautées au beurre* » (Zola). *Pommes de terre sautées.* **2** n. m. Aliment cuit dans un corps gras, à feu vif. *Sauté de veau.*

sautelle n. f. – XVIe ; de *sauter* ▪ Marcotte de vigne, faite d'un seul sarment. ➛ Sarment que l'on recourbe pour augmenter la production de grappes.

saute-mouton n. m. – XVIIIe ▪ Jeu où l'on saute pardessus un autre joueur, qui se tient courbé (le « mouton »).

sauter v. [1] – XIIe ; lat. *saltare* « danser » **I** v. intr. **1** Quitter le sol, abandonner tout appui pendant un instant, par un ensemble de mouvements ; franchir un espace ou un obstacle de cette façon. ⇒ **bondir, s'élancer.** *Sauter en l'air. Sauter à pieds joints. Sauter de joie* ; fig. manifester sa joie avec pétulance. loc. fam. *Sauter au plafond* : exprimer vivement un sentiment de surprise ou d'indignation. ♦ *Sauter par la fenêtre, dans le vide, dans l'eau. Sauter en parachute.* ♦ Faire un saut particulier. *Sauter en hauteur, en longueur, à la perche.* ♦ (des animaux) Faire un ou plusieurs sauts (bond ou progression normale). *Le chat a sauté sur la table.* **2** Monter, descendre, se lever... vivement. *Sauter dans un taxi.* ♦ Se jeter, se précipiter. *Sauter sur qqn, lui sauter dessus*, l'attaquer ; l'entreprendre sexuellement. loc. *Sauter aux yeux* : frapper la vue être ou devenir apparent, évident, manifeste. **3** Subir des chocs, des secousses répétés. *Images qui sautent* (cinéma, télévision). **4** Aller, passer vivement (d'une chose à une autre) sans intermédiaire. *Sauter tout de suite à la fin du chapitre.* « *L'esprit sautait d'objet en objet, dans une fièvre épuisante* » (R. Rolland). **5** Être déplacé ou projeté avec soudaineté. *Bouchon de* *champagne qui saute. Faire sauter une serrure.* ➛ fam. *Et que ça saute !* allez-y rondement, vivement. ♦ fam. Perdre brusquement son emploi, être renvoyé. *Le directeur financier a sauté.* **6** Exploser. ⇒ **éclater,** ① **voler** (en éclats). *Char qui saute sur une mine. Tout va sauter ! Se faire sauter la cervelle.* « *des mensonges à s'en faire sauter l'imagination* » (Céline). ♦ Fondre par un court-circuit. *Les plombs ont encore sauté !* **7** Être supprimé, annulé. « *Je vais lui faire sauter son permis pour un bout de temps* » (Guimard). *Faire sauter une contravention.* **8** *FAIRE SAUTER* (un aliment), le faire revenir à feu très vif. **II** v. tr. **1** Franchir en quittant le sol, par un saut. ⇒ **passer.** *Sauter un obstacle. Sauter le mur,* le franchir par escalade pour s'échapper. **2** Passer sans s'y arrêter. ⇒ **omettre.** « *Le regard trop avide sautait des mots* » (Green). ➛ *Sauter un repas.* **3** loc. fam. *La sauter :* se passer de manger ; avoir faim. **4** très fam. Avoir des relations sexuelles avec (qqn).

sautereau n. m. – XIVe ; de *sauter* ▪ Languette mobile, munie d'un bec de plume ou de cuir durci, et qui fait vibrer la corde, dans un instrument à clavier et à cordes pincées (clavecin, épinette).

sauterelle n. f. – XIIe **1** Insecte orthoptère sauteur à grandes pattes postérieures repliées et à tarière. *Les sauterelles mâles font entendre à la fin du jour et la nuit une stridulation très forte.* ♦ Personne maigre et sèche. *Une grande sauterelle.* **2** (erroné en zoologie) Criquet, et spécialt Criquet pèlerin. *Un nuage de sauterelles.* **3** Fausse équerre à branches mobiles. ♦ Mécanisme d'attache à crochet vertical. ♦ Appareil de manutention mobile à bande sans fin.

sauterie n. f. – XVIe ▪ vieilli ou plais. Réunion dansante d'un caractère simple et intime. ⇒ **surprise-partie.**

> ❏ Ce mot est attesté pour la première fois dans un contexte dramatique pour parler du saut dans la Saône auquel on obligea les protestants.

sauternes n. m. – XIXe ; du nom d'une ville de Gironde ▪ Vin de Bordeaux blanc, très fruité et sucré.

sauteur, euse n. et adj. – XIVe **1** Athlète spécialisé dans les épreuves de saut. *Sauteur en longueur, à la perche.* **2** fam. Personne sans sérieux qui promet volontiers et sur qui l'on ne peut compter (rare au fém.). **3** n. m. Cheval dressé pour le saut. **4** adj. Qui avance en sautant, qui saute souvent. *Insectes sauteurs.*

sauteuse n. f. – XIXe ▪ Casserole à bords peu élevés dans laquelle on fait sauter les viandes, les légumes.

sautillant, ante adj. – XVIIe ▪ Qui fait de petits sauts. *Oiseau sautillant.* ➛ *La mule « prenait un petit amble sautillant »* (Daudet). ♦ *Musique sautillante,* au son de laquelle on peut sautiller, au rythme rapide et saccadé.

sautillement n. m. – XVIIIe ▪ Action de sautiller, suite de petits sauts. *Le sautillement des oiseaux.*

sautiller v. intr. [1] – XVIe ▪ Faire de petits sauts successifs. « *Ils sautillaient l'un derrière l'autre, en farandole* » (Dorgelès).

sautoir n. m. – XIIIe **I** - **1** *EN SAUTOIR :* porté en collier sur la poitrine. *Porter un bijou en sautoir.* ♦ Long collier qui se porte sur la poitrine. *Un sautoir de perles.* **2** Pièce honorable de l'écu formée de la bande* et de la barre*, en forme de croix de Saint-André (✖). ➛ *Épées en sautoir,* disposées en X. **II** Emplacement, installation aménagés pour le saut (en gymnastique, en athlétisme).

sauvable adj. – 1967 ▪ Qui peut être sauvé. *Des blessés enfouis sous les décombres qui sont peut-être sauvables.* ➛ Récupérable. *Certaines parties intactes sont sauvables.*

sauvage adj. – XIIe ; lat. *silva* « forêt » **I** - **1** Qui vit en liberté dans la nature. *Apprivoiser les bêtes sauvages.* ➛ (Canada) *Chat sauvage :* raton laveur. ♦ Se dit des animaux non domestiqués d'une espèce qui comporte des animaux domestiques. *Canard sauvage. Chevaux sauvages.* **2** vieilli Qui est peu civilisé, dont le mode de vie est archaïque. ⇒ **primitif.** ♦ n. *La théorie du « bon sauvage »* (de Montaigne à Diderot et à Rousseau). ➛ (Canada) vx Amérindien. ♦ Propre aux sauvages. *Retourner à la vie sauvage.* **3** Qui pousse et se développe naturellement sans être cultivé (végétaux, et particulièrement variétés qui sont par ailleurs cultivées). *Rosier sauvage.* ⇒ **églantier.** « *les ombellules du cerfeuil sauvage* » (Balz.). **4** Que la présence ou l'action humaine n'a pas marqué ; peu accessible, d'un aspect peu hospitalier, parfois effrayant. ⇒ ① **désert, inhabité.** « *L'endroit était secret, sauvage, loin des allées* » (Genev.). **5** Qui surgit spontanément, se fait de façon anarchique, indépendamment des règles. *Grève sauvage. Faire du camping sauvage,* hors des terrains prévus à cet effet. **II** - **1** Qui fuit toute relation avec les hommes, se plaît à vivre seul et retiré. ⇒ **insociable, misanthrope.** *Cet enfant est très sauvage.* ➛ n. ⇒ **ours.** « *j'aurais continué de vivre à l'écart, en sauvage* » (Gide). **2** D'une nature rude, grossière ou même brutale. ⇒ **fruste, grossier, inculte.** n. *Faites attention, bande de sauvages !* ⇒ **brute. 3** Qui a qqch. d'inhumain, marque un retour aux instincts primitifs. ⇒ **barbare, bestial.** « *son humeur violente et sauvage* » (R. Rolland). ✪ CONTR. Domestique, familier. Civilisé, évolué, policé. — Délicat, ① poli, raffiné, sociable.

> ❏ *Sauvage* est un doublet de *sylvestre.* ♦ L'étymologie de ce mot évoque l'opposition entre la civilisation et la nature non défrichée, la forêt.

sauvagement adv. – XIIe ▪ Avec brutalité, férocité. *Il le tua sauvagement.* ➛ plais. *Il nous a agressés sauvagement.*

sauvageon, onne n. – XIIe **1** n. m. Arbre non greffé, employé comme sujet à greffer. **2** Enfant qui a grandi sans éducation, comme un petit animal. « *cette fille d'une Malgache, et qui avait tout l'air d'une sauvageonne* » (Mart. du G.).

sauvagerie n. f. – XVIIIe **1** Caractère, humeur sauvage. « *cette secrète sauvagerie qui m'a rendu toujours le monde insupportable* » (Sand). **2** Caractère sauvage ⇒ **brutalité, férocité, violence.** *Frapper avec sauvagerie.* ✪ CONTR. Sociabilité. Délicatesse.

sauvagin, ine adj. – XVe ▪ Propre à certains oiseaux sauvages (goût, odeur).

sauvagine n. f. – XIIIe **1** Ensemble des oiseaux sauvages (de mer, de rivière, de marais) dont la chair a le goût sauvagin. **2** Ensemble des peaux les plus communes recueillies par les chasseurs et vendues sur les grands marchés de la fourrure.

① **sauvegarde** n. f. – XIIIe **1** Protection et garantie (de la personne, de la liberté, des droits) accordées par une autorité ou assurées par une institution. *Mise sous la sauvegarde de la justice :* protection juridique accordée à un incapable majeur, visant à le garantir des abus ou de la mauvaise foi d'autrui ou de ses propres incapacités ou inconséquences. **2** Protection, défense. *La sauvegarde du patrimoine culturel.* **3** Copie de sécurité destinée à protéger de tout incident un ensemble de données mises en mémoire dans un ordinateur.

② **sauvegarde** n. f. – XVIIe ▪ Cordage ou chaîne empêchant le gouvernail ou tout autre objet d'être emporté par la mer.

sauvegarder v. tr. [1] – XVIIIe ▪ Assurer la sauvegarde de. ⇒ **conserver, défendre, préserver, protéger.** *Sauve-*

garder les libertés. ♦ Réaliser une sauvegarde de (données informatiques).

sauve-qui-peut n. m. inv. – XVe 1 Cri de « sauve qui peut ». 2 Fuite générale et désordonnée où chacun se tire d'affaire comme il le peut. ⇒ **débandade, déroute.** *Ce fut un sauve-qui-peut général.*

sauver v. tr. [1] – IXe ; lat. *salvus* « sauf » **I** v. tr. **1** Faire échapper (qqn, un groupe) à quelque grave danger. *Risquer sa vie pour sauver qqn. Il est sauvé,* hors de danger. – *Sa fuite l'a sauvé. Ce qui m'a sauvé, c'est... Le geste qui sauve.* ♦ Opérer ou assurer le salut de. « *Que veux-tu donc ? – Sauver le monde simplement* » (Hugo). ♦ SAUVER DE. ⇒ **arracher, soustraire, tirer.** *Sauver qqn du désespoir.* **2** Empêcher la destruction, la ruine, la perte de (qqch.). ⇒ **sauvegarder.** *Sauver la vie à qqn.* fam. *Sauver sa peau, sa tête :* sauver sa vie. loc. fam. *Sauver les meubles :* préserver l'indispensable, l'essentiel, lors d'un désastre, d'une déconfiture. *Votre intervention peut tout sauver. Ce qui sauve ce film, c'est l'acteur principal,* ce qui l'empêche d'échouer. – *Sauver une entreprise de la faillite.* **II** SE SAUVER v. pron. S'enfuir pour échapper au danger. *Sauvez-vous vite !* « *il se sauva de chez moi plutôt qu'il n'en sortit* » (Dumas). ♦ fam. Prendre congé promptement. « *Allez, mes petits, sauvez-vous, je suis pressé...* » (Mart. du G.). ♦ fam. Déborder, en parlant d'un liquide qui bout. *Le lait se sauve.* ✪ CONTR. Perdre.

sauvetage n. m. – XVIIIe ▪ Action de sauver (un navire en détresse, son équipage, ses passagers ou son chargement). *Canot de sauvetage ; bouée, ceinture, gilet de sauvetage.* ♦ Action de sauver d'un sinistre quelconque (incendie, inondation, éboulement, etc.) des hommes ou du matériel. *Sauvetage d'un alpiniste.* « *le sauvetage des mineurs engloutis* » (Zola). ♦ Action de tirer (qqn, une collectivité, qqch.) d'une situation critique. *Sauvetage d'une entreprise en difficulté.*

sauveteur n. m. – XIXe ▪ Personne qui prend part à un sauvetage, opère un sauvetage.

❑ Ne pas confondre avec *sauveur* « qui sauve (fig.) ».

sauvette (à la) loc. adv. – XIXe ; de *se sauver* ▪ *Marchands, vendeurs à la sauvette :* petits marchands et camelots qui vendent en fraude sur la voie publique. ♦ *À la sauvette :* à la hâte, avec une précipitation suspecte. ⇒ **hâtivement, précipitamment.**

sauveur n. m. et adj. – XIe **1** *Le Sauveur :* Jésus-Christ, celui qui a sauvé les hommes. ⇒ **messie, rédempteur.** adj. *Un Dieu sauveur* (pour le fém. *salvatrice* ⇒ **salvateur**). **2** Personne qui sauve (une personne, une collectivité). *Docteur, vous êtes mon sauveur.*

❑ Ne pas confondre avec *sauveteur* « celui qui participe à un sauvetage ». ♦ Au XIXe s., ce mot était courant pour désigner celui qui avait rendu un grand service, sauvé la vie : *Voici mon sauveur !*

sauvignon n. m. – XIXe ; o. i. ▪ Cépage blanc, cultivé surtout dans le centre et le sud-ouest de la France. *Cabernet sauvignon.* ♦ Vin, généralement blanc, issu de ce cépage.

savamment adv. – XVIe **1** D'une manière savante ; avec érudition, science. *Parler savamment.* ⇒ **doctement.** **2** Avec habileté ou recherche. ⇒ **habilement.** *Le gouvernement a savamment manœuvré.* ✪ CONTR. Maladroitement ; simplement.

savane n. f. – XVIe ; esp. *sabana,* d'une langue d'Haïti **1** Formation herbeuse des régions tropicales, vaste prairie pauvre en arbres et en fleurs, fréquentée par de nombreux animaux. *Savanes du Mexique, d'Afrique, de l'Inde.* « *l'étendue illimitée des savanes* » (Ste-Beuve). **2** (Canada) Terrain marécageux.

savant, ante adj. et n. – XIIe ; a. p. prés. de ① *savoir* **I** adj. **1** Qui sait beaucoup, en matière d'érudition ou de science. ⇒ **cultivé, docte, éclairé, érudit, instruit, lettré.** *De savants bénédictins.* « *Les Femmes savantes* », *comédie de Molière. Il est très savant en la matière.* ⇒ **calé, expert,** ① **fort.** ♦ Formé de savants, d'érudits. *Société savante.* **2** Où il y a de l'érudition, du savoir. *Une édition savante.* « Ictère, [...] *ce mot savant dont l'explication est* jaunisse » (Balz.). ♦ Qui, par sa difficulté, n'est pas accessible à tous. *C'est trop savant pour moi,* trop difficile. **3** *Animal savant,* dressé à faire des tours, des exercices, et que l'on produit parfois en public. *Chien savant.* **4** Fait avec science, art ; où il y a une grande habileté. « *un crescendo bien contenu, une gradation savante* » (Duham.). **II** n. m. Personne qui par ses connaissances et ses recherches contribue à l'élaboration, au progrès d'une science, et plus spécialement d'une science expérimentale ou exacte. ⇒ **chercheur.** *Marie Curie fut un grand savant.* « *Le savant généralise, l'artiste individualise* » (Renard). ✪ CONTR. Ignorant, inculte. Populaire, simple. Facile, naïf.

❑ Des formes primitives de participes présents ont persisté comme adjectifs ou comme noms : *savant* (doublet de *sachant*) ; *puissant (pouvant), séant (seyant),* etc. ♦ L'habitude s'est prise d'appeler *scientifique* la personne qui fait des sciences et qu'on appelait *savant,* pour mieux distinguer ce domaine des autres domaines de recherche et d'érudition.

savarin n. m. – XIXe ; de *Brillat-Savarin,* gastronome et écrivain (1755-1826) ▪ Gâteau en forme de couronne, fait d'une pâte molle, que l'on imbibe d'un sirop à la liqueur (⇒ ② **baba).**

❑ Ne pas confondre avec *navarin* « ragoût de mouton ».

savart n. m. – 1904 ; nom d'un physicien ▪ Unité pratique d'intervalle musical. *Le demi-ton tempéré vaut 25 savarts.*

savate n. f. – XIIe ; turc *çabata* **1** Vieille chaussure ou vieille pantoufle qui ne tient plus au pied. « *Le matin, je traîne en savates* » (Beauv.). ♦ loc. fam. *Traîner la savate :* vivre misérablement, dans l'indigence. **2** fam Injure à l'adresse d'une personne maladroite. *Il peint comme une savate !* ⇒ **pied.** **3** Sport de combat où l'on porte des coups de pied à l'adversaire (boxe française). **4** Pièce de bois sur laquelle repose le navire au moment de son lancement.

savetier n. m. – XIIIe ▪ vx ⇒ **cordonnier.** « *Le Savetier et le Financier* », *fable de La Fontaine.*

saveur n. f. – XIIe ; lat. *sapere* « avoir du goût » **1** Qualité perçue par le sens du goût. ⇒ **goût, sapidité.** *Sans saveur* ⇒ **fade, insipide.** *Les quatre saveurs fondamentales :* acide, amer, salé, sucré. **2** Qualité de ce qui est agréable, plaisant. « *la couleur et la saveur des mots* » (Claudel). ⇒ **piment, sel.** ✪ CONTR. Fadeur.

① **savoir** v. tr. [32] – IXe ; lat. *sapere* « goûter, connaître » **I A** – **1** Avoir présent à l'esprit (un objet de pensée qu'on identifie et qu'on tient pour réel) ; pouvoir affirmer l'existence de. ⇒ **connaître.** « *Plus tard, j'ai su par le menu détail tout ce qui s'était passé* » (Alain-Fourn.) ⇒ **apprendre.** *C'est bon à savoir.* – *J'en sais quelque chose :* j'en ai fait l'expérience. *Je n'en sais* (fam. *j'en sais*) *rien.* – pronom. *Tout finit par se savoir. Ça se saurait !* si cela était vrai, on en aurait entendu parler. ♦ (suivi de *que* ou de l'inf.) « *Des sujets que je savais l'intéresser* » (Constant). « *Il savait que, dès qu'il était sorti, les moqueries reprenaient leur train* » (R. Rolland). *Je sais bien que...,* s'emploie avec une valeur concessive. ◆ *Je sais pourquoi il est fâché. Savez-vous s'il doit venir ?* **2** Être conscient de ; connaître la valeur, la portée de (tel acte, tel sentiment). « *Je conviens que vous seul savez ce que vous faites* » (Hugo). *Vous ne savez pas ce que vous voulez !* ◆ *Sans le savoir :* sans en être conscient. ◆ *Il ne veut rien savoir :* il refuse de tenir compte des observations, des injonctions. ◆ pronom. Avoir conscience d'être. *Il se sait condamné.* **3** Avoir dans l'esprit (un ensemble d'idées et d'images constituant des connaissances sur tel ou tel objet de pensée). ⇒ **connaître.** « *Les gens de qualité savent tout sans avoir jamais rien appris* » (Mol.). fam. *Il en sait, des choses :* il est instruit, savant. *La seule chose que je sais, c'est que je ne sais rien,* mot de Socrate. ◆ *Que sais-je ?* devise de Montaigne. ♦ (sans compl.). Avoir des connaissances rationnelles, de l'expérience. *Savoir, c'est pouvoir,* aphorisme de Bacon. *Tu parles sans savoir.* ◆ « *j'aimerais tant m'instruire, savoir, être initiée* » (Proust). **4** Être en mesure de pratiquer, d'exécuter, grâce à des connaissances théoriques. « *Un homme qui sait quatre langues vaut quatre hommes* » (Staël). **5** Avoir présent à l'esprit dans tous ses détails, de manière à pouvoir répéter. *Savoir son rôle par cœur.* ◆ *Savoir sa leçon, sa table de multiplication.* **B - 1** Être au courant de, être au fait de. « *Vous avez fini de lui faire du plat à mon tonton ? Vous savez qu'il est marié* » (Queneau). *Vous n'êtes pas sans savoir que... :* vous n'ignorez pas que... **2** *Sachez que... :* apprenez que... ♦ (en incise ou en tête de phrase, pour souligner une affirmation) « *T'as de beaux yeux, tu sais* » (Prévert, « Quai des brumes », film). *Savez-vous, sais-tu ?* (incises cour. dans le fr. de Belgique) : n'est-ce pas ? ♦ loc. conj. de coordin. *À SAVOIR :* c'est-à-dire. *Il manque l'essentiel, à savoir l'argent.* **3** (en loc. interrog.) *Peut-on savoir ?* je vous prie de me l'apprendre. ◆ fam. *Va savoir ! Allez savoir !* c'est bien difficile à savoir. ◆ *Qui sait ?* ce n'est pas impossible. ⇒ **peut-être. 4** (en tour négatif, avec *ne,* dans des loc. indéf.) « *Comme un nuage dont la foudre va tomber on ne sait quand ni sur qui* » (Romains). *Il y a je ne sais combien de temps,* très longtemps. « *Notre départ est remis à je ne sais quand* » (Gide). *Sorti de je ne sais où.* ♦ (interrog. indéf. à l'inf.) *Ne savoir que faire, quoi faire. Ne savoir où se mettre. Ils ne savent qu'inventer.* **5** *QUE JE SACHE :* autant que je puisse savoir, en juger. **II** *SAVOIR* (et inf.). Être capable de, en mesure de. **1** Être capable par un apprentissage, par l'habitude, de (faire qqch.). *À quatre ans, elle savait déjà lire et écrire.* ♦ Être capable, par une habileté naturelle ou acquise, de (faire qqch.). « *Il a toujours su s'y prendre* » (Péguy). fam. *Il sait y faire :* il est habile. **2** Avoir par aptitude, effort de volonté, la possibilité de. *Savoir écouter, attendre.* « *Il sut rester jeune bien longtemps* » (Ste-Beuve). **3** (Belgique) Pouvoir. *Il ne sait pas rester tranquille.* **4** (au condit. et en tour négatif avec *ne* seul) Pouvoir. *Je ne saurais vous répondre.* « *On ne saurait penser à tout* », de Musset. « *La grandeur, l'étonnante mélancolie de ce tableau ne sauraient s'exprimer dans les langues humaines* » (Chateaub.). *Il ne saurait être question de...* **5** fam. *Elle pleura tout ce qu'elle savait,* beaucoup, sans se retenir. ✪ CONTR. Ignorer. — HOM. *Saurais :* saurais (saurer) ; *sus :* sue (suer) ; *susse :* suce (sucer).

> ❑ La tournure *vous n'êtes pas sans savoir* comporte une double négation et marque donc une action positive (« vous savez »). Se méfier de *vous n'êtes pas sans ignorer* (« vous ignorez ») employé pour *vous n'êtes pas sans savoir.*

② **savoir** n. m. - XIIe ▪ Ensemble de connaissances plus ou moins systématisées, acquises par une activité mentale suivie. ⇒ **connaissance,** ② **culture, érudition.** « *un homme d'une haute instruction, plein de vertueux savoir* » (Balz.). ✪ CONTR. Ignorance.

savoir-faire n. m. inv. - XVIIe **1** Habileté à faire réussir ce qu'on entreprend, à résoudre les problèmes pratiques ; compétence, expérience dans l'exercice d'une activité artistique ou intellectuelle. ⇒ ② **adresse, art. 2** Ensemble des connaissances, expériences et techniques accumulées par un individu ou une entreprise. *Savoir faire industriel, commercial.*

savoir-vivre n. m. inv. - XVIIe ▪ Qualité de qqn qui connaît et sait appliquer les règles de la politesse. ⇒ **éducation.** *Les « cigares dont nous nous étions pourtant abstenus par savoir-vivre »* (Flaub.). ◆ Ces règles. *Manuel de savoir-vivre.* ✪ CONTR. Impolitesse.

savon n. m. - XIIIe ; lat. *sapo, onis* **1** Produit utilisé pour le dégraissage et le lavage, obtenu par l'action d'un alcali sur un corps gras (surtout huiles végétales). *Savon noir,* utilisé pour laver les carrelages, etc. *Savon de Marseille.* ◆ *Savon à barbe.* **2** *Un savon :* morceau moulé de ce produit. *Des savons de toilette.* ⇒ **savonnette. 3** loc. fam. *Passer un savon à qqn,* le réprimander. « *C'est entendu, mon petit, je lui passerai un savon* » (Proust).

savonnage n. m. - XVIIe ▪ Lavage au savon. « *Une grande terrine à fond d'émail vert qui servait aux savonnages* » (Sand).

savonner v. tr. [1] - XVIe **1** Laver en frottant avec du savon. *Se savonner le visage.* ◆ pronom. Se laver au savon. **2** loc. fam. *Savonner la planche à qqn,* utiliser des procédés déloyaux pour tenter de le faire échouer.

savonnerie n. f. - XIVe **1** Usine où l'on fabrique du savon. ◆ Fabrication du savon. **2** Tapis fabriqué à la manufacture de la Savonnerie.

> ❑ La manufacture de tapis fut transférée au XVIIe s. dans une *savonnerie* désaffectée, à Chaillot.

savonnette n. f. - XVIe **1** Petit pain de savon pour la toilette. *Savonnette (parfumée) à la lavande.* **2** vx Montre à double boîtier.

savonneux, euse adj. - XVIIIe ▪ Qui contient du savon, qui a rapport au savon. *Eau savonneuse.* ♦ Dont l'aspect, la consistance rappelle le savon. *Une argile grasse et savonneuse.*

savonnier, ière n. m. et adj. - XIIIe **1** Fabricant de savon. ♦ Relatif à la fabrication et au commerce du savon. **2** Arbre exotique *(sapindacées)* dont l'écorce est riche en saponine.

savourer v. tr. [1] - XIIe ; de *saveur* **1** Manger, boire de manière à apprécier pleinement. ⇒ **déguster. 2** Goûter de manière à prolonger le plaisir. ⇒ se **délecter, jouir.** « *de petits bonheurs savourés goutte à goutte* » (Daud.).

savoureusement adv. - XIIIe ▪ D'une façon savoureuse.

savoureux, euse adj. - XIIIe **1** Qui a une saveur agréable. ⇒ **appétissant, délectable, succulent.** « *Et quelle herbe ! savoureuse, fine, dentelée, faite de mille plantes* » (Daud.). **2** Qui a de la saveur, du piquant. *Récit savoureux.*

saxatile adj. - XVIe ; lat. *saxum* « rocher » ▪ Qui vit parmi les rochers, croît sur les rochers. *Poisson, plante saxatile.*

saxe n. m. - XIXe ▪ Porcelaine de Saxe ; objet fait de cette matière. « *un petit saxe sans tête qui devait être à l'origine un ange musicien* » (Giono). *De vieux saxes.*

saxhorn [saksɔʀn] n. m. - XIXe ; de *Sax,* nom de l'inventeur, et all. *Horn* « cor » ▪ Instrument de musique à vent en cuivre, à embouchure et à pistons.

saxifrage n. f. et adj. - XIIIe ; lat. *saxum* « rocher » et *frangere* « briser » **1** Plante herbacée *(saxifragacées)* dont certaines espèces croissent dans les fissures des rochers et des murs. **2** Qui a le pouvoir de dissoudre ou de briser les calculs rénaux.

saxo n. – déb. XXe 1 n. m. Saxophone. 2 Saxophoniste.

saxon, onne n. et adj. – XVIe ; lat. *Saxo* 1 Membre d'un des anciens peuples germaniques (⇒ **anglo-saxon**). ◆ *Les invasions saxonnes.* 2 De la Saxe, région de l'Allemagne. ◆ n. m. *Le vieux saxon* : l'état le plus archaïque du bas allemand. *Bas saxon* : ensemble des dialectes issus du vieux saxon.

saxophone n. m. – XIXe ; de *Sax*, nom de l'inventeur, et *-phone* ▪ Instrument à vent en cuivre, à anche simple et à clés, muni d'un bec semblable à celui de la clarinette. ⇒ **saxo.** « *les sons blancs et acidulés du saxophone* » (Sartre).

saxophoniste n. – 1938 ▪ Musicien, musicienne qui joue du saxophone. ⇒ **saxo.**

saynète [sɛnɛt] n. f. – XVIIIe ; esp. *sainete*, dimin. de *sain* « graisse » 1 Petite comédie bouffonne du théâtre espagnol. 2 Petite pièce comique en une seule scène. ⇒ **sketch.** *Les saynètes de Tchekhov.*

❑ Attention à l'orthographe : il n'y a aucun rapport étymologique avec *scène*, en dépit du sens.

sayon n. m. – XVe ; lat. *sagum* ▪ Casaque de guerre des Gaulois et des Romains. ✪ HOM. Seillon.

❑ Pour la prononciation → hayon (rem.).

sbire n. m. – XVIe ; lat. *birrus* « roux » 1 Autrefois, Agent de police, en Italie. 2 péj. Homme de main qui exerce des violences au service de qqn, d'un pouvoir oppressif. ⇒ **nervi.**

scabieuse n. f. – XIVe ; lat. *scabiosus* « galeux » ▪ Plante herbacée *(dipsacacées)* employée autrefois comme dépuratif. « *les tentacules vermiculaires d'une scabieuse éplorée* » (Giono).

scabieux, ieuse adj. – XVIe ; lat. *scabies* « gale » ▪ Relatif à la gale.

scabreux, euse adj. – XVIe ; lat. *scaber* « rude, raboteux » 1 littér. Qui crée une situation embarrassante et des risques d'erreur. *Entreprise scabreuse.* 2 Qui choque la décence. ⇒ **indécent, licencieux.** *Détails scabreux.* « *un certain couplet scabreux que tout le monde savait par cœur* » (Nerval).

scaferlati [skafɛʀlati] n. m. – XVIIIe ; o. i. ▪ Tabac finement découpé.

① **scalaire** n. m. – XXe ; lat. *scalæ* « escalier » ▪ Poisson d'Amazonie *(perciformes)* au corps aplati rayé de jaune et de noir ou noir moucheté de doré.

② **scalaire** adj. – XIXe ; lat. *scala* « échelle » ▪ Se dit de toute grandeur suffisamment définie par un nombre. *Produit scalaire de deux vecteurs*, produit de leur module et du cosinus de l'angle formé par le couple des deux vecteurs.

scalde n. m. – XVIIIe ; scand. *skald* « poète » ▪ Ancien poète chanteur scandinave.

scalène adj. – XVIe ; gr. *skalênos* « boiteux », d'où « impair, inégal » 1 *Triangle scalène* : triangle quelconque. 2 *Muscles scalènes*, ou n. m. pl. *les scalènes* : les trois muscles de la partie antéro-latérale du cou de forme triangulaire, partant des apophyses transverses des vertèbres cervicales pour s'insérer sur les deux premières côtes.

scalogramme n. m. – 1964 ; lat. *scala* « échelle » et *-gramme* ▪ Tableau représentatif des opinions ou attitudes d'un groupe social, selon une échelle quantitative.

scalp [skalp] n. m. – XIXe ; mot angl. « peau du crâne accompagnée de sa chevelure ». 1 Action de scalper. *Danse du scalp* : danse guerrière qu'exécutaient les Amérindiens autour de la victime qui allait être scalpée. 2 Trophée constitué par la peau du crâne avec sa chevelure.

scalpel n. m. – XIVe ; lat. *scalpere* « graver, tailler » ▪ Petit couteau à manche plat destiné aux opérations chirurgicales, aux dissections. *Incision au scalpel.* ⇒ **bistouri.**

scalper v. tr. [1] – XVIIIe ; angl. *scalp* « calotte crânienne », du scand. *skalp* « coquille » ▪ Dépouiller (qqn) du cuir chevelu après incision circulaire de la peau.

❑ Attention, aucun rapport étymologique avec *scalpel.*

scampi [skɑ̃pi] n. m. – v. 1950 ; mot it. ▪ Langoustine ou grosse crevette frite en beignet. *Des scampis* ou *des scampi.*

scandale n. m. – XIIe ; gr. *skandalon* « obstacle, pierre d'achoppement » 1 Péché commis par la personne qui incite à se détourner de Dieu et par celle qui se laisse entraîner. « *Malheur à l'homme par qui le scandale arrive* » (BIBLE). 2 Effet fâcheux, choquant, produit dans le public par des faits, des actes ou des propos considérés comme contraires à la morale, aux usages. ⇒ **éclat.** « *Elle me regardait, effarée,* [...] *n'osant pas crier de peur du scandale* » (Maupass.). *Faire scandale.* « *un bourg minuscule où la moindre incartade eût fait scandale* » (Romains). ◆ *Journal, presse à scandale*, qui se spécialise dans les informations susceptibles de faire scandale. ♦ Émotion indignée qui accompagne cet effet. ⇒ **indignation.** *Au grand scandale de sa famille.* 3 Désordre, esclandre. ⇒ **tapage.** *Scandale sur la voie publique. Allons, pas de scandale !* 4 Grave affaire qui émeut l'opinion publique à la fois par son caractère immoral et par la personnalité des gens compromis. ⇒ **affaire.** *Scandale financier.* « *Parfois cependant des scandales éclatent, la justice est saisie* » (M. Garçon). 5 Fait immoral, révoltant. ⇒ **honte.** « *Le scandale est qu'on m'ait emprisonné, jugé, condamné* » (Aymé). *Crier au scandale.* ✪ CONTR. Édification.

scandaleusement adv. – XVe ▪ D'une manière scandaleuse.

scandaleux, euse adj. – XIVe 1 Qui cause du scandale, provoque un grand retentissement dans le public, par son mauvais exemple. *Vie scandaleuse. Roman scandaleux.* 2 Qui incite au péché. 3 Choquant par son immoralité, son excès dans le cynisme. ⇒ **honteux, révoltant.** « *le sursaut d'indignation que donne à tout homme juste le spectacle d'une scandaleuse injustice* » (Péguy). *Prix scandaleux*, trop élevé. ✪ CONTR. Édifiant, moral.

scandaliser v. tr. [1] – XIIIe 1 Être un sujet de scandale, inciter au péché. *Scandaliser les âmes.* 2 Atteindre, toucher par le scandale ; apparaître comme un scandale à. ⇒ **blesser, choquer, indigner, offenser, offusquer.** « *une sorte d'indélicatesse et de grossièreté naïve qui la scandalisa* » (Flaub.). ♦ pronom. « *J'imite. Plusieurs personnes s'en sont scandalisées* » (Aragon). ⇒ s'**indigner.** ✪ CONTR. Édifier.

scander v. tr. [1] – XVIe ; lat. *scandere* « escalader » 1 Analyser (un vers) en ses éléments métriques ; le déclamer en tenant compte de cette analyse. *Scander les hexamètres de Virgile.* ◆ Exécuter ou chanter en marquant les temps forts. *Des « troupes en arme, qui défilent en scandant des chants rythmés »* (Robbe-Grillet). 2 Ponctuer, souligner. « *Il lui arrivait de scander les membres de phrase, en frappant légèrement la table d'un coupe-papier* » (Romains). ♦ Prononcer en détachant les syllabes, les groupes de mots. *Les manifestants scandaient des slogans hostiles.*

scandinave adj. et n. – XVIIIe ▪ Qui appartient à la Scandinavie ou à ses habitants. *Langues scandinaves* : langues du groupe germanique septentrional. ⇒ **nordique.**

scandinavisme n. m. – XIXe ▪ Système politique qui s'inspire de la communauté ethnique et linguistique des pays scandinaves, englobant l'Islande.

scandium [skɑ̃djɔm] **n. m.** – XIXe ; lat. *Scandia* « Scandinavie » ▪ Corps simple (Sc ; n° at. 21 ; m. at. 44,96), métal qu'on trouve dans certains minerais des terres rares.

① **scanner** [skanɛʀ] **n. m.** – 1964 ; mot angl., de *to scan* « scruter » 1 Appareil servant à fabriquer des clichés typographiques par balayage électronique. ♦ Périphérique d'ordinateur, appareil de télédétection destiné à la numérisation des images. ➛ Recomm. offic. *SCANNEUR.* 2 Appareil de radiodiagnostic composé d'un système de tomographie et d'un ordinateur qui reconstitue les données obtenues sur un écran. ➛ Recomm. offic. *SCANOGRAPHE.*

② **scanner** [skane] **v. tr.** 1 – 1980 ; angl. *to scan* « scruter, explorer » ▪ Explorer par balayage en vue d'obtenir une image. ➛ *Texte scanné.*

scanographie **n. f.** – 1972 ; de ① *scanner* et *-graphie* 1 Ensemble des connaissances et des procédés techniques qui permettent d'utiliser un scanner. 2 Radiographie obtenue par un scanner.

scansion **n. f.** – XVIIIe 1 Action, manière de scander (un vers). 2 Trouble de la prononciation qui consiste à détacher les syllabes.

scaphandre **n. m.** – XIXe ; gr. *skaphê* « barque » et *-andre* ▪ Appareil de plongée individuel. « *voici un plongeur, sous son scaphandre, au fond du lac* » (Goncourt). ♦ *Scaphandre autonome :* vêtement étanche, pourvu d'une bouteille à air comprimé. ♦ *Le scaphandre des cosmonautes.*

scaphandrier **n. m.** – XIXe ▪ Plongeur muni d'un scaphandre. « *Un scaphandrier revêtait son costume de plongée et des aides lui vissaient une tête de cuivre* » (Simenon).

-scaphe Élément, du gr. *skaphê* « barque ».

scaphite **n. m.** – XIXe ; gr. *skaphê* « barque » ▪ Mollusque à tentacules, fossile du crétacé comprenant des ammonites à spire déroulée.

scaphoïde **adj.** – XVIe ; gr. « en forme de barque *(skaphê)* » ▪ *Os scaphoïde,* ou **n. m.** *le scaphoïde :* l'os le plus volumineux de la rangée supérieure des os du carpe, du côté externe. ➛ *Scaphoïde tarsien.* ⇒ **naviculaire.**

① **scapulaire** **n. m.** – XIVe ; lat. *scapulæ* « épaules » 1 Vêtement de certains religieux, fait de deux larges bandes d'étoffe, tombant des épaules sur la poitrine et sur le dos. 2 Objet de dévotion composé de deux petits morceaux d'étoffe bénits, réunis par des rubans qui s'attachent au cou.

② **scapulaire** **adj.** et **n. m.** – XVIIIe 1 Qui appartient à l'épaule ou à l'omoplate. *Artères, veines scapulaires.* 2 Large bande de toile passée sur les épaules pour retenir un bandage.

scapulohuméral, ale, aux **adj.** – XIXe ; de *scapul(aire)* et *huméral* ▪ Qui appartient à l'omoplate et à l'humérus. *Articulation scapulohumérale.*

scarabée **n. m.** – XVIe ; gr. *karabos* ▪ Insecte coléoptère coprophage *(scarabéidés).* ⇒ **bousier.** ♦ Pierre gravée portant l'image du scarabée sacré égyptien. « *un tout petit scarabée en émaux cloisonnés d'or* » (Gaut.).

> ❑ Pour la finale de ce nom masculin → mausolée (rem.).

scarabéidés **n. m. pl.** – 1904 ▪ Famille d'insectes coléoptères au corps massif, aux pattes fouisseuses.

scare **n. m.** – XVIe ; gr. ▪ Poisson osseux des mers tropicales, aux vives couleurs, appelé couramment *poisson-perroquet.*

scarifiage **n. m.** – XIXe ▪ Opération consistant à briser la croûte durcie sur le sol.

scarificateur **n. m.** – XVIe 1 Instrument en acier, à extrémité tranchante, utilisé pour la scarification (1°). 2 Machine servant au scarifiage du sol.

scarification **n. f.** – XIVe 1 Incision superficielle, pratiquée pour provoquer un écoulement de sang ou de sérosité. ⇒ **moucheture.** ♦ au plur. En Afrique, Marquage rituel symbolique. « *Cette disposition des Africains à incarner le signe dans leur propre corps atteint son paroxysme avec les scarifications en relief* » (Tournier). 2 Incision pratiquée sur l'écorce d'un arbre, pour arrêter la circulation de la sève au voisinage des fruits.

scarifier **v. tr.** 7 – XIVe ; gr. *skariphos* « stylet » 1 Inciser superficiellement. 2 Procéder au scarifiage de (la terre). ⇒ **labourer.** 3 Procéder à la scarification de (l'écorce).

scarlatine **n. f.** – XVIIIe ; lat. *scarlata* « drap aux couleurs vives » ▪ Maladie infectieuse aiguë, fébrile, contagieuse et épidémique, provoquée par des streptocoques hémolytiques, caractérisée par une angine et un exanthème cutané rouge.

> ❑ Même famille étymologique que *écarlate* et l'anglais *Scarlet.* On a d'ailleurs dit aussi *fièvre écarlatine* pour désigner cette maladie.

scarole **n. f.** – XIVe ; lat. *esca* « nourriture » ▪ Chicorée à larges feuilles peu dentées, mangée en salade. ⇒ **cornette.**

scat [skat] **n. m.** – 1934 ; mot angl., onomat. ▪ Style vocal propre au jazz, qui consiste à chanter sur des syllabes arbitraires.

scato- Élément, du gr. *skor, skatos* « excrément ».

scatologie **n. f.** – XIXe ; *scato-* et *-logie* ▪ Écrit, propos grossier, où il est question d'excréments.

> ❑ Ne pas confondre avec *eschatologie,* terme de théologie.

scatologique **adj.** – XIXe ▪ Qui a rapport à la scatologie. « *Une grasse causerie scatologique. Elle énumère les actrices facilement dérangées par les émotions de la scène* » (Goncourt). ➛ abrév. *SCATO.*

scatophage **adj.** – XVIe ; *scato-* et *-phage* ▪ Qui se nourrit d'excréments. ⇒ **coprophage.** *Les bousiers sont scatophages.*

scatophile **adj.** – XIXe ; *scato-* et *-phile* ▪ Qui vit ou croît sur les excréments, près des excréments.

sceau **n. m.** – XVe ; lat. *signum* « effigie » 1 Cachet officiel où sont gravées en creux l'effigie, les armes, la devise d'un souverain, d'un État, d'un corps constitué, et dont l'empreinte est apposée sur des actes. *Le Grand Sceau de l'État.* 2 Empreinte faite par ce cachet ; morceau de cire, de plomb portant cette empreinte. *Mettre, apposer son sceau.* « *les antiques parchemins auxquels pendaient de larges sceaux de cire sur queue de soie* » (Gaut.). ♦ Morceau de cire, de plomb qui porte la marque d'un produit commercial (⇒ **estampille**), constitue une fermeture de sécurité (⇒ **plomb**). ♦ *SCEAU-DE-SALOMON :* plante herbacée *(liliacées),* à fleurs blanc verdâtre, dont le rhizome, à la chute de chaque tige, garde une cicatrice semblable à un sceau. *Des sceaux-de-Salomon.* 3 littér. Ce qui authentifie, confirme ; marque distinctive. « *Comprendre le monde pour un homme, c'est le réduire à l'humain, le marquer de son sceau* » (Camus). ⇒ **empreinte, marque.** ♦ Ce qui préserve, rend inviolable. ➛ loc. cour. *Sous le sceau du secret :* à la condition que le secret en sera bien gardé. ✪ HOM. Saut, seau, sot.

> ❑ Le *c,* qui n'est pas étymologique, est destiné à distinguer *sceau* de son homonyme *seau.*

scélérat, ate **n.** et **adj.** – XVIe ; lat. *scelus* « crime » 1 littér. Personne qui a commis ou est capable de commettre des crimes, de mauvaises actions. ⇒ **coquin, méchant.** « *un ancien forçat, un scélérat des plus* *dangereux* » (Hugo). ♦ Personne, enfant qui fait des actions condamnables (mais que l'on considère avec une certaine tendresse ou indulgence). ⇒ **bandit, fripon.** « *si vous saviez tout l'empire que la petite scélérate avait pris sur mon cœur !* » (Dider.). 2 **adj.** littér. Infâme. ➤ *Les lois scélérates* (contre les anarchistes, en 1894-95).

scélératesse **n. f.** – XVIe ■ vx ou littér. Caractère, comportement de scélérat. ⇒ **méchanceté, perfidie.** ♦ Action scélérate..

scellé **n. m.** – XVIIe ■ (surtout au plur.) Cachet de cire sur bande de papier ou d'étoffe, au sceau de l'État, apposé par l'autorité de justice sur la fermeture d'un meuble ou la porte d'un local, de manière qu'on ne puisse les ouvrir sans briser les bandes ou les cachets. *Mettre sous scellés.* « *Avant de lever les scellés et de procéder à l'inventaire* » (Balz.). *Local sous scellés.* ✪ HOM. Sceller, seller.

scellement **n. m.** – XVe 1 Opération de maçonnerie qui consiste à fixer l'extrémité d'une pièce de bois ou de métal. ➤ *Le scellement d'une prothèse dentaire.* 2 Longueur sur laquelle une pièce est scellée. *Ce barreau a 10 cm de scellement.* ✪ CONTR. Descellement.

sceller **v. tr.** [1] – XIVe **I** - 1 Marquer (un acte) d'un sceau, pour l'authentifier ou le fermer. *Sceller un acte.* ♦ Fermer au moyen d'un sceau, d'un cachet. *Sceller des sacs avec des cachets de plomb.* ⇒ **plomber.** *Sceller un local.* 2 Confirmer de manière solennelle, définitive. ⇒ **cimenter, sanctionner.** *Sceller un pacte, une réconciliation.* « *je lui offris la main pour sceller l'engagement* » (Ste-Beuve). **II** - 1 Fermer hermétiquement. « *Ses lèvres étaient scellées par une volonté jamais défaillante* » (Mauriac). 2 Fixer avec du ciment, du plâtre, de la chaux. « *deux gros anneaux de fer scellés dans le mur* » (Balz.). 3 Décider définitivement. *Dès lors, son destin était scellé.* ✪ HOM. Scellé, seller.

scénario **n. m.** – XVIIIe ; it. « décor » 1 Argument écrit (d'une pièce de théâtre). ⇒ **canevas, intrigue.** « *construire la charpente* ou scénario *du vaudeville* » (Balz.). ➤ Plan détaillé ou résumé (d'une histoire, d'un roman). 2 Description de l'action d'un film. ⇒ aussi **découpage,** ② **script.** *Lire un scénario. Scénario sommaire.* ⇒ **synopsis.** *Des scénarios* ou rare *des scénarii.* ➤ *Scénario dessiné,* dont chaque plan fait l'objet d'un dessin (⇒ **story-board**). 3 Processus qui se déroule selon un plan préétabli. *Le scénario des négociations.*

scénariser **v. tr.** [1] – v. 1980 ■ Introduire un scénario dans une production audiovisuelle. *Scénariser un reportage.*

scénariste **n.** – 1915 ■ Auteur de scénarios de films. *Scénariste et dialoguiste.*

scène **n. f.** – XVIe ; gr. *skênê* « tente » **I** - 1 Dans un théâtre, L'emplacement où les acteurs paraissent devant le public. ⇒ **planches, plateau, tréteaux.** « *un acteur qui rentre une dernière fois sur la scène avant que le rideau tombe* » (Proust). ➤ *Liste des acteurs, par ordre d'entrée en scène. En scène !* ♦ METTRE EN SCÈNE *un type, un personnage, une intrigue, une histoire :* représenter par l'art dramatique. ➤ *Porter à la scène,* adapter pour la scène. ➤ *Paraître en scène, sur (la) scène :* jouer la comédie, faire du théâtre. ➤ « *Sa beauté est le plus grand moyen d'action, à la scène comme à la ville* » (Gaut.). ♦ Le monde, considéré comme un théâtre. *La scène politique, internationale. Le devant de la scène :* une position importante, où l'on est vu, connu. 2 Le théâtre, l'art dramatique. *Vedettes de la scène et de l'écran.* 3 Décor de théâtre. *La scène représente un palais.* ♦ Lieu où l'action dramatique se passe. *La scène est à Londres.* ➤ L'action, dans une pièce de théâtre. *La scène se passe au Moyen Âge.* **II** - 1 Partie, division d'un acte. *Acte III, scène II. Courte scène.* ⇒ **saynète, sketch.** ➤ Action qui se déroule pendant une scène. *Il* « *a joué toute la scène du bal avec un superbe emportement de colère amoureuse* » (Daud.). *Jouer la grande scène du deux :* faire une scène (5°) en agissant de manière théâtrale. 2 Action partielle, dans une œuvre. *Scènes d'un film* (⇒ **séquence**). 3 Composition représentée en peinture, lorsqu'elle comprend des personnages et suggère une action. « *il brossait des nus, des figures, des scènes de la mythologie* » (Carco). *Scène de genre :* scène d'intérieur, de mœurs. 4 Événement qui offre une unité, présente une action, constitue un spectacle remarquable ou éveille des sentiments. *Être témoin d'une scène.* « *il s'attendait à voir une scène de désolation, madame de M* tout en pleurs* » (Gaut.). 5 Explosion de colère, dispute bruyante. ⇒ **séance.** *Il lui a fait une scène terrible. Elle* « *venait de faire une scène abominable* [...] *à un domestique qui avait cassé un verre à pied* » (Stendh.). ➤ SCÈNE DE MÉNAGE : scène violente dans un couple. ➤ Démonstration affectée. *Il nous a fait une grande scène d'indignation.* « *les faux désespoirs, les grands mots, la scène des larmes qui ne veulent pas venir* » (Courtel.). 6 *Scène originaire* ou *scène primitive :* scène de rapports sexuels entre les parents observée ou supposée puis imaginée par l'enfant et faisant partie des fantasmes qui organisent la vie psychique. ✪ HOM. Cène, saine (sain), seine, sen, senne.

scénique **adj.** – XIVe 1 Relatif à la scène, au théâtre. ⇒ **théâtral.** *Jeux scéniques de l'Antiquité. Représentations scéniques.* ➤ *Art scénique :* la mise en scène théâtrale. 2 Qui convient à la scène, au théâtre. *Situation, intrigue scénique.*

scéniquement **adv.** – XIXe ■ Du point de vue du théâtre.

scénographie **n. f.** – XVIe 1 Art de représenter en perspective ; représentation en perspective. *Les scénographies de Palladio, à Vicence.* 2 Étude des aménagements matériels du théâtre ; technique de leur utilisation. *Traité de scénographie.*

❑ On dit aussi *scénologie.*

scepticisme **n. m.** – XVIIe 1 Doctrine des pyrrhoniens, des sceptiques grecs, selon lesquels l'esprit humain ne peut atteindre aucune vérité générale, et qui pratiquaient la « suspension du jugement ». ♦ Attitude philosophique qui nie la possibilité de la certitude. 2 Refus d'admettre une chose sans examen critique. ⇒ **doute.** « *Toute science a pour point de départ un scepticisme* » (Gide). 3 Doctrine d'après laquelle l'homme ne peut atteindre la vérité. *Scepticisme scientifique, moral.* ➤ Mise en doute des dogmes religieux. ⇒ **incrédulité.** 4 Défiance à l'égard des opinions et des valeurs reçues. ➤ Incrédulité ou manque de confiance à l'égard de la réussite d'une entreprise, de la vérité d'un fait. *Accueillir une proposition avec scepticisme.* ✪ CONTR. Certitude, crédulité, conviction, croyance, dogmatisme, enthousiasme, foi.

sceptique **n.** et **adj.** – XVIe ; gr. *skeptikos* « observateur » **I** **n.** 1 Philosophe partisan du doute systématique, pyrrhonien. 2 Personne qui pratique l'examen critique, le doute scientifique. « *par sceptique, j'entends examinateur autant que douteur* » (Ste-Beuve). 3 Personne qui adopte une attitude incrédule sur un problème ou une catégorie de problèmes. ➤ Personne qui met en doute la croyance religieuse, le dogme. ⇒ **incrédule, irréligieux.** **II** **adj.** 1 Qui professe le scepticisme. *Philosophes sceptiques.* ➤ Relatif à la suspension du jugement que préconise le scepticisme. *Doute sceptique.* 2 Qui est incrédule quant à la valeur des dogmes et des maximes morales reçues ; qui doute. « *je jouais l'homme fatigué de la vie, épuisé de chagrin,* *morose, sceptique, âpre* » (Balz.). *Être, rester sceptique sur l'issue d'une entreprise.* ➤ *Attitude, sourire sceptique.* ✪ CONTR. Certain, convaincu, crédule, croyant, dogmatique, sûr. — HOM. Septique.

sceptre n. m. – XIe ; gr. *skeptron* **1** Bâton de commandement, signe d'autorité suprême. *Le sceptre des empereurs romains. Un souverain* « *dont les armes sont un aigle à deux têtes, tenant un sceptre et un globe* » (J. Verne). **2** L'autorité souveraine, dont le sceptre est l'insigne. « *Le sceptre est un jouet pour un enfant, une hache pour Richelieu, et pour Napoléon un levier à faire pencher le monde* » (Balz.).

> ❑ Ne pas confondre avec *spectre* « fantôme ».

schah ou **shah** n. m. – XVIe ; persan « roi » ■ Souverain de la Perse, puis de l'Iran (jusqu'en 1979). ✪ HOM. Chas, chat.

> ❑ On trouve aussi la graphie *chah.*

schako → **shako**

schappe n. m. ou f. – XIXe ; mot germ., dial. de Suisse ■ Fils obtenus par la filature des déchets de soie. *Fils de schappe* : bourre de soie. ✪ HOM. Chape.

schéma n. m. – XVIIIe ; gr. *skhêma* « manière d'être, figure » **1** Figure donnant une représentation simplifiée et fonctionnelle (d'un objet, d'un mouvement, d'un processus). ⇒ **diagramme,** ③ **plan.** *Faire un schéma. Schéma d'un moteur.* ➤ *Schéma d'aménagement, schéma directeur* : plan d'urbanisation d'une région. ➤ Représentation figurée, souvent symbolique, de réalités non perceptibles et de relations. *Schéma du fonctionnement d'un système électoral.* **2** Description ou représentation mentale réduite aux traits essentiels (d'un objet, d'un processus). ⇒ **abrégé, canevas, esquisse, pattern, schème.** *Présenter sous forme de schéma.* ♦ *Schéma corporel* : image mentale (subjective) de son propre corps.

schématique adj. – XIXe **1** Qui constitue un schéma, appartient au schéma. *Représentation schématique du cycle du carbone.* **2** Qui tient du schéma. *Une explication schématique,* simplifiée. **3** Trop simplifié, qui manque de détails, de nuances. *Interprétation schématique.* ⇒ **sommaire.** « *une terminologie schématique et restreinte* » (Artaud). ✪ CONTR. ① Complet, détaillé ; nuancé.

schématiquement adv. – XIXe **1** D'une manière schématique. *Organe représenté schématiquement.* **2** D'une manière très simplifiée, en gros. *Je vais t'expliquer schématiquement.*

schématisation n. f. – XIXe ■ Action de schématiser, de réduire à l'essentiel.

schématiser v. tr. [1] – XVIIIe **1** Considérer (les objets) comme des schèmes (1°). ⇒ **conceptualiser.** **2** Mettre en schéma. *Formule qui permet de schématiser les relations entre les atomes.* **3** Rendre schématique, réduire à l'essentiel. ⇒ **simplifier.** *Décrire la situation sans trop schématiser.*

schématisme n. m. – XVIIIe **1** Chez Kant, Emploi du schème. **2** Caractère schématique. *Le schématisme d'une explication.*

schème n. m. – XVIIIe ; de *schéma* **1** Chez Kant, Représentation qui est l'intermédiaire entre les phénomènes perçus par les sens et les catégories de l'entendement. *Schème transcendantal.* ⇒ **concept.** ➤ *Schème moteur* (chez Bergson) : ensemble d'images ou de sensations relatives à la position et aux mouvements des parties du corps. **2** Structure ou mouvement d'ensemble d'un objet, d'un processus. « *Ainsi décantés, réduits à des schèmes bien nets, les événements s'enchaînaient avec une logique impressionnante* » (Mart. du G.). ➤ Structure d'une conduite opératoire. *Schèmes de l'intelligence.* ♦ Forme ou ensemble de formes qui fait le style (d'un artiste, d'une époque).

> ❑ *Schème* est la francisation de *schema* fréquemment employé en latin et en allemand par Leibniz et Kant.

schéol n. m. – XVIIIe ; hébr. ■ Dans la religion juive, Séjour des morts. ⇒ **enfer.**

scherzo [skɛʀdzo] n. m. – XIXe ; mot it. « badinage » ■ Morceau de musique de caractère vif et gai. *Les scherzos de Beethoven.*

schiedam [skidam] n. m. – XIXe ; mot néerl., nom d'une ville ■ Eau-de-vie de grain, aux Pays-Bas, en Belgique et dans le nord de la France. ⇒ **genièvre.**

schilling [ʃiliŋ] n. m. – XIVe ; mot all. ■ Unité monétaire de l'Autriche. ✪ HOM. Shilling.

> ❑ L'homonymie entre *schilling* et *shilling* (deux monnaies) est très gênante.

schipperke [ʃipɛʀk] adj. et n. m. – 1910 ; mot flamand « petit batelier » ■ *Chien schipperke* ou *un schipperke* : petit chien, à poil noir, dépourvu de queue.

schismatique adj. et n. – XVIe ■ Qui forme schisme ; qui ne reconnaît pas l'autorité du Saint-Siège. *Église schismatique d'Orient.* ⇒ **orthodoxe.**

schisme n. m. – XVIe ; gr. *skhizein* « fendre » **1** Séparation des fidèles d'une religion, qui reconnaissent des autorités différentes. *Le schisme d'Orient* (entre les Églises d'Occident et d'Orient). **2** Scission (d'un groupe, d'un parti). ⇒ **dissidence, division.** ✪ CONTR. Unification.

schiste n. m. – XVIIIe ; gr. *skhistos* « qu'on peut fendre » ■ Roche ayant acquis une structure feuilletée. « *des montagnes de schiste s'élèvent en amphithéâtre* » (Balz.). *Schistes bitumineux,* noirs, riches en matières organiques. *Huile de schiste.*

schisteux, euse adj. – XVIIIe ■ De la nature du schiste, propre au schiste. *Structure schisteuse,* feuilletée. ➤ Formé de schiste. *Falaise schisteuse.* « *l'île schisteuse couleur de craie* » (Le Clézio).

schistoïde adj. – XIXe ■ Qui a l'apparence du schiste.

schistosome n. m. – 1933 ; gr. *skhistos* « fendu » et *-some* ■ Bilharzie*.

schiz(o)- Élément, du gr. *skhizein* « fendre ».

> ❑ Dans certains mots, *schizo-* a le sens de *schizophrénie* *(schizoïde, schizonévrose, schizothymie).*

schizogamie [skizɔgami] n. f. – 1903 ; *schizo-* et *-gamie* ■ Reproduction asexuée par division de l'organisme. → **scissiparité.**

schizogonie [skizɔgɔni] n. f. – XIXe ; *schizo-* et *-gonie* ■ Cycle de reproduction asexuée des sporozoaires.

schizoïde [skizɔid] adj. et n. – 1922 ■ Relatif à la schizoïdie, qui en a les caractères. *Attitudes schizoïdes.* ♦ Atteint de schizoïdie.

schizoïdie [skizɔidi] n. f. – 1922 ■ Constitution mentale prédisposant à la schizophrénie. ⇒ **schizothymie.**

schizométamérie [skizometameʀi] n. f. – mil. XXe ■ Reproduction asexuée par bourgeonnement des métamères chez certains annélides.

schizonévrose [skizonevʀoz] n. f. – v. 1965 ■ État pathologique intermédiaire entre la schizophrénie et la névrose. ⇒ **psychonévorse, schizophrénie** (affective).

schizoparaphasie [skizopaʀafazi] n. f. – v. 1965 ■ Trouble profond du langage rencontré chez les schizophrènes.

schizophrène [skizɔfʀɛn] adj. et n. – 1913 ■ Atteint de schizophrénie. « *un de ces rêveurs éveillés que la* *médecine nomme "schizophrènes" et dont le propre est, comme on sait, de ne pouvoir s'adapter au réel* » (Sartre). ➛ abrév. SCHIZO.

schizophrénie [skizɔfʀeni] n. f. – 1911 ; *schizo-* et gr. *phrên* « esprit » ▪ Psychose caractérisée par une désagrégation psychique, la perte du contact avec la réalité, le repli sur soi. ⇒ **autisme, hébéphrénie.** *Il « se ferait réformer pour schizophrénie galopante* » (Perec). ➛ *Schizophrénie affective.* ⇒ **schizonévrose.**

❑ Le mot allemand *Schizophrenie* a été créé par le psychiatre zurichois E. Bleuler en 1908, qui le substitua à *démence précoce.*

schizothymie [skizɔtimi] n. f. – 1922 ; *schizo-* et *-thymie* ▪ Schizoïdie*.

schlague [ʃlag] n. f. – XIXe ; all. *Schlag* « coup » 1 Punition (coups de baguette) autrefois en usage dans les armées allemandes. « *la schlague meurtrière des kapos* » (Malraux). 2 Manière brutale de se faire obéir. « *Je vous les conduirais à la schlague, moi, tous ces gars-là !* » (Aragon).

schlamm [ʃlam] n. m. – XIXe ; mot all. ▪ Résidu très fin qui provient du concassage d'un minerai.

① **schlass** [ʃlɑs] adj. – 1916 ; mot all. « très fatigué » ▪ fam. Ivre, soûl. *Elles sont complètement schlass. Il rentrait « à moitié schlass* [...], *extraordinairement heureux et exubérant* » (Cendrars).

❑ On trouve aussi *schlasse* au féminin. « *Lucie, qui était schlasse* » (Cendrars).

② **schlass** [ʃlɑs] n. m. – 1932 ; angl. *slasher* « arme blanche » ▪ pop. Couteau.

schlich [ʃlik] n. m. – XVIIIe ; mot all. ▪ Minerai broyé et prêt pour la fusion.

schlinguer → **chlinguer**

schlittage n. m. – XIXe ▪ Transport du bois au moyen de la schlitte.

schlitte n. f. – XIXe ; all. *Schlitten* « traîneau » ▪ Traîneau qui sert dans les Vosges, en Forêt-Noire à descendre dans les vallées le bois abattu sur les hauteurs.

schlitter v. tr. [1] – XIXe ▪ Transporter (du bois) au moyen de la schlitte.

schlitteur n. m. – XVIIIe ▪ Ouvrier qui conduit une schlitte. *Bûcheron schlitteur.*

schnaps [ʃnaps] n. m. – XVIIIe ; mot all., de *schnappen* « happer, aspirer » ▪ Eau-de-vie de pomme de terre ou de grain, fabriquée en Allemagne.

schnauzer [ʃnozɛʀ ; ʃnaozɛʀ] n. m. – 1933 ; mot suisse all., de l'all. *Schnauz* « moustache » ▪ Chien assez grand, à poils drus.

schnock → **chnoque**

schnorkel ou **schnorchel** [ʃnɔʀkɛl] n. m. – 1946 ; all. *Schnorchel* « renifleur » ▪ Tube qui permet aux sous-marins d'utiliser en plongée leurs moteurs diesel, en évacuant les gaz d'échappement et en aspirant l'air frais.

schnouf → **chnouf**

schofar n. m. – 1923 ; mot hébr. ▪ Trompe faite à l'origine d'une corne de bélier en usage dans le rituel israélite. ✪ HOM. poss. Chauffard.

scholiaste ; scholie → **scoliaste ; scolie**

schooner [skunœʀ ; ʃunœʀ] n. m. – XVIIIe ; mot angl. ▪ Petit navire à deux mâts, goélette utilisée pour la pêche et le commerce. « *un deux-mâts schooner, avec ses voiles auriques soutenues par des doubles vergues* » (Le Clézio).

schorre n. m. – XVIIIe ; mot flamand ▪ Partie haute d'un marais littoral, submergée aux grandes marées.

schproum [ʃpʀum] n. m. – XIXe ; p.-ê. all. *Sprung* « élan » ▪ fam. Bruit de violentes protestations. *Faire du schproum.* ➛ *Il va y avoir du schproum.* ⇒ **bagarre.**

schuss [ʃus] n. m. et adv. – 1933 ; d'apr. l'all. *Schussfahrt* « descente à skis en ligne droite » ▪ Descente directe à skis qu'on effectue en suivant la plus grande pente. adv. *Descendre tout schuss.*

schwa [ʃva] n. m. – 1905 ; hébr. *chav* « rien, vide » ▪ Voyelle neutre, appelée *e* muet* en français.

sciage n. m. – XVIIe 1 Opération qui consiste à scier ; procédé utilisé pour scier, manière dont une chose est sciée. *Sciage mécanique.* ➛ *Bois de sciage* ou *sciage* : bois de construction ou de menuiserie qui provient d'une pièce plus forte refendue dans sa longueur. 2 *Sciage du diamant.* ⇒ **fendage.**

scialytique n. m. – 1923 ; marque déposée, gr. *skia* « ombre » et *luein* « dissoudre » ▪ Appareil d'éclairage qu'on utilise dans les salles d'opération et qui supprime les ombres portées. « *un scialytique* [...] *éclaire de sa lumière infaillible une grande table carrée* » (Perec).

sciant, sciante adj. – XIXe ▪ fam. et vx Ennuyeux. ⇒ **barbant.** ➛ mod. Étonnant, renversant. *La nouvelle est sciante.* ✪ HOM. Cyan.

sciatique adj. et n. f. – XIIe ; gr. *iskhion* « hanche » 1 Relatif à la hanche ou à l'ischion. *Grand nerf sciatique,* qui part du plexus sacré et innerve les muscles de la face postérieure de la cuisse, se divisant en deux au niveau du creux du genou. 2 n. f. Douleur sur le trajet du nerf sciatique, due à l'inflammation ou à la compression de ses racines à leur émergence du canal vertébral. *Avoir une crise de sciatique, une sciatique.*

scie n. f. – XIIe ; de *scier* 1 Outil ou machine dont la pièce essentielle est une lame dentée, qui sert à couper des matières dures, en imprimant à cette lame un mouvement de va-et-vient ou une rotation rapide. *Scie à métaux. Scie à béton. Scies à bois. Scies de menuisier. Scie à araser, à chantourner, à refendre ; à tenons, à placage.* ➛ *Scie circulaire,* à lame circulaire. « *le bref hurlement des scies circulaires s'enfonçant dans le cœur d'une bûche* » (Tournier). *Scie sauteuse,* dont la lame est animée d'un mouvement de va-et-vient. ➛ *Scie à ruban,* dont la lame est constituée par un ruban d'acier tendu. ➛ *Couteau à scie.* ⇒ **couteau-scie.** ♦ loc. *EN DENTS DE SCIE :* dentelé. *Crête rocheuse en dents de scie.* ➛ Irrégulier. *Une évolution en dents de scie.* ➛ *Tension, courant en dents de scie :* dont la courbe présente une allure dentée. 2 *POISSON SCIE* ou *SCIE :* poisson sélacien *(squales),* dont le museau s'allonge en lame droite, plate et flexible, portant deux rangées de dents. 3 *SCIE MUSICALE :* instrument de musique fait d'une lame d'acier qu'on fait vibrer en la pliant. 4 Chanson, formule, argumentation ressassée et usée. ⇒ **rengaine.** *Il « commença une intolérable scie, consistant à répéter son nom cent fois par jour, à la fin de chaque phrase* » (Flaub.). ♦ fam. et vx Personne, chose désagréable ou ennuyeuse. ✪ HOM. Ci, si, sis, six.

sciemment [sjamɑ̃] adv. – XIVe ; lat. *sciens* « sachant » ▪ En connaissance de cause. « *un homme qui se salit sciemment pour une somme d'argent* » (Balz.). ⇒ ② **exprès, volontairement.** ✪ CONTR. Étourdiment, inconsciemment, involontairement.

science [sjɑ̃s] n. f. – XIe ; lat. *scire* « savoir » **I - 1** vx ou littér. Connaissance exacte et approfondie. ⇒ ② **savoir.** ♦

Ensemble de connaissances, d'expériences. « *les mangeries interminables, où l'on parlait de mangeaille, avec science et volupté* » (R. Rolland). 2 Ce qu'on sait pour l'avoir appris, connaissances étendues sur un objet d'étude d'intérêt général. ⇒ ② **culture, érudition.** « *Science sans conscience n'est que ruine de l'âme* » (Rab.). II littér. 1 Savoir-faire que donnent les connaissances, l'habileté. ⇒ **art ;** ② **adresse, capacité, compétence, expérience.** ➛ Manière habile et savante de mettre en œuvre. *Sa science des couleurs.* 2 Art ou pratique qui nécessite des connaissances, des règles. ⇒ **technique.** *La science de la guerre.* III - 1 Corps de connaissances ayant un objet déterminé et reconnu, et une méthode propre ; domaine organisé du savoir. *L'Encyclopédie de Diderot, « Dictionnaire raisonné des sciences, des arts et des métiers ». Sciences abstraites. Sciences occultes.* 2 Ensemble de connaissances, d'études d'une valeur universelle, caractérisées par un objet et une méthode déterminés, et fondées sur des relations objectives vérifiables. *Un homme de science* (opposé à *homme de lettres*). ⇒ **savant.** « *La Physique, comme toutes les autres sciences, cherche à constater, à classer et à interpréter une certaine catégorie de phénomènes observables* » (Broglie). « *La clef de toutes les sciences est sans contredit le point d'interrogation* » (Balz.). ➛ *Sciences exactes* ou *pures, sciences fondamentales. Sciences expérimentales,* où l'objet d'étude est soumis à l'expérience. *Sciences d'observation,* où l'objet d'étude n'est que décrit, observé. *Sciences appliquées,* au service de la technique. ➛ *Sciences naturelles :* sciences d'observation qui étudient les êtres vivants et les corps dans la nature. *Sciences humaines,* qui étudient l'homme. *Sciences sociales,* qui ont pour objet les sociétés humaines. *Sciences politiques. Sciences économiques. Sciences de gestion,* qui ont pour objet l'entreprise et ses fonctions. ♦ *LES SCIENCES :* les disciplines où le calcul, l'observation ont une grande part : mathématiques, astronomie, physique, chimie, sciences naturelles. *Faculté des sciences. Un style « rythmé comme le vers, précis comme le langage des sciences »* (Flaub.). 3 Ensemble des travaux des sciences ; connaissance exacte, universelle et vérifiable exprimée par des lois. « *La science est l'asymptote de la vérité. Elle approche sans cesse et ne touche jamais* » (Hugo). *Les découvertes, les progrès de la science moderne. Dans l'état actuel de la science.* « *La science n'a pas de patrie* » (Pasteur). 4 Les savants. *Le monde de la science.*

> ❑ On appelle familièrement *sciences dures* les sciences qui s'appuient sur les mathématiques et *sciences molles* les sciences humaines, qui se contentent des statistiques.

science-fiction n. f. – v. 1950 ▪ Genre littéraire qui fait intervenir le scientifiquement possible dans l'imaginaire romanesque. *Livre, film de science-fiction.* ⇒ **anticipation.** ➛ abrév. fam. *S.-F.* [ɛsɛf].

> ❑ *Science-fiction* est un emprunt à l'anglais *science fiction* (d'abord *scientifiction*), *fiction* signifiant « romans et nouvelles » et *science* (en fonction d'épithète) « scientifique ».

sciène n. f. – XVIIIe ; gr. *skiaina* ▪ Poisson osseux *(perciformes),* à nageoires épineuses, de grande taille, carnassier, à la chair très estimée. ⇒ ② **maigre.** ✪ HOM. Sienne (sien).

scientificité n. f. – v. 1968 ▪ Caractère de ce qui est scientifique.

scientifique [sjɑ̃tifik] adj. et n. – XIVe 1 Qui appartient aux sciences, à la science ; qui concerne les sciences. *Discipline scientifique. Études scientifiques. Journaliste scientifique. Nom scientifique et nom courant d'une plante.* ⇒ **savant.** *Découvertes, progrès scientifiques.* ➛ (En France) *Centre national de la recherche scientifique (C.N.R.S.).* ➛ *Milieux scientifiques :* milieu des savants, des chercheurs. 2 Qui est conforme aux exigences d'objectivité, de précision, de méthode des sciences, de la science. *Fournir une explication scientifique d'un phénomène.* « *une dératisation scientifique par injection de gaz toxique dans les égouts* » (Camus). ➛ *Avoir un esprit scientifique.* 3 n. Personne qui étudie les sciences, savant spécialiste d'une science. ⇒ **chercheur.** *Les littéraires et les scientifiques.* ✪ CONTR. Empirique. Antiscientifique.

> ❑ Ne pas confondre *mot scientifique* (« des sciences ») et *mot savant* « formé d'éléments latins et grecs ». ♦ Pour le remplacement de *savant* par le nom *scientifique* → savant (rem.).

scientifiquement [sjɑ̃tifikmɑ̃] adv. – XVIIe ▪ D'une manière scientifique. ✪ CONTR. Empiriquement.

scientisme [sjɑ̃tism] n. m. – 1911 ▪ Attitude philosophique du scientiste.

scientiste [sjɑ̃tist] adj. et n. – XIXe ▪ Qui prétend résoudre les problèmes philosophiques par la science. *Explication scientiste.*

scier v. tr. [7] – XIVe ; lat. *secare* « couper » 1 Couper avec une lame tranchante, dentée ou non, une chaîne mue à grande vitesse, etc. *Scier du bois, de la pierre.* ♦ *Scier des planches, des bûches.* 2 fam. et vieilli Fatiguer, ennuyer par une répétition monotone. « *Ça me scie, quoi ! j'y vas pas, là !* » (Labiche). ➛ fam. Étonner. *Cette nouvelle m'a scié.* ✪ HOM. *Scierais :* cirais (cirer).

scierie n. f. – XIXe ▪ Atelier, usine où des scies mues par une source d'énergie débitent le bois, la pierre, etc. « *le bruit de cigales des scieries* » (Malraux).

scieur n. m. – XIIIe ▪ Celui dont le métier est de scier. *Des « scieurs occupés à débiter le marbre des Vosges »* (Balz.). ➛ *Scieur de long :* scieur de bois de charpente. ✪ HOM. Sieur.

scieuse n. f. – v. 1960 ▪ Machine à scier.

scille [sil] n. f. – XVIe ; gr. *skilla* ▪ Plante herbacée, bulbeuse *(liliacées),* dont certaines espèces sont cultivées pour leurs propriétés médicinales. ✪ HOM. Cil, sil.

scincidés n. m. pl. – 1904 ; lat. *scincus* « scinque » ▪ Famille de sauriens caractérisés par la dégradation de leurs membres, l'imbrication des écailles et une langue non extensible.

scinder v. tr. [1] – XVIIIe ; lat. *scindere* « fendre, diviser » ▪ Couper, diviser. ⇒ **décomposer.** *Scinder la question, le problème.* ➛ pronom. *Le parti s'est scindé après le vote.* ⇒ **éclater,** se **fractionner.** *Se scinder en deux.* ✪ CONTR. Associer, unir.

scinque n. m. – XVIIIe ; gr. *skigkos* ▪ Reptile saurien *(lacertiliens),* au corps mince, muni de quatre pattes. ✪ HOM. Cinq.

scintigramme n. m. – mil. XXe ; de *scinti(llation)* et *-gramme* ▪ Enregistrement obtenu par scintigraphie*.

scintigraphie n. f. – mil. XXe ; de *scinti(llation)* et *-graphie* ▪ Méthode d'exploration d'un organe consistant à injecter une substance radioactive et à enregistrer la distribution de la substance. ⇒ **gammagraphie.**

> ❑ On a dit aussi *scintillographie.*

scintillant, ante adj. et n. m. – XVIe 1 Qui scintille, jette des éclats intermittents. ⇒ ① **brillant, étincelant.** « *noir océan où se reflétaient les étoiles scintillantes* »

(Maurois). ⇒ **clignotant.** 2 n. m. Ornement de clinquant pour arbre, crèche de Noël, etc.

scintillateur n. m. – 1968 ▪ Compteur à scintillation*.

scintillation n. f. – XVIIIe 1 Variation rapide, irrégulière, de la couleur et de l'éclat (des étoiles, des astres) produite par la turbulence atmosphérique. 2 Émission très courte de lumière par l'impact d'une particule énergétique sur une substance capable de luminescence. *Compteur à scintillation :* appareil qui utilise cette propriété pour la détection de radioactivité. ⇒ **scintillateur.** ➛ Déplacement apparent rapide de la cible d'un radar par rapport à sa position moyenne.

scintillement n. m. – XVIIIe 1 Scintillation (des étoiles). ⇒ **clignotement.** 2 Éclat intermittent. *Des bijoux « lançaient de folles bluettes et de brusques scintillements d'or »* (Gaut.). 3 Fluctuation de l'intensité des images (de cinéma, de télévision).

scintiller v. intr. [1] – XIVe ; lat. *scintilla* « étincelle » 1 Briller d'un éclat inégal, caractérisé par le phénomène de la scintillation (en parlant des astres). « *on voyait çà et là* [...] *scintiller mille étoiles* » (Chateaub.). ➛ *Lumières lointaines qui scintillent.* ⇒ **clignoter.** 2 Étinceler, jeter de l'éclat par intervalles. ⇒ **briller.** *Diamants, pierreries qui scintillent.* « *ces corsages où scintillaient des élytres d'insectes des Antilles* » (Goncourt).

scion n. m. – XVIe ; p.-ê. germ. *°kith* « rejeton » 1 Jeune branche (pousse de l'année, rejet ou rejeton d'un arbre). ♦ Jeune arbre greffé en pied à la fin de la première année de végétation du greffon. 2 Brin très fin qui termine une canne à pêche.

scirpe n. m. – XIXe ; lat. « jonc » ▪ Plante herbacée aquatique *(cypéracées)* qui croît dans les marais et les terrains humides.

scissile adj. – XVIIe ; lat. *scindere* « fendre » ▪ vieilli Qui peut être fendu en feuillets ou en lamelles (⇒ **fissile).** *L'ardoise est une roche scissile.*

scission n. f. – XVe ; lat. *scindere* « fendre » ▪ Action, fait de se scinder. ⇒ **division, partage, schisme, séparation.** *Faire scission.* ⇒ **dissidence, sécession.** ♦ Opération par laquelle une société disparaît en faisant apport de tous ses biens à d'autres sociétés. *La scission est une forme de fusion.* ✪ CONTR. Accord, association, coalition, concorde.

scissionniste n. et adj. – 1920 ▪ Personne qui, dans un parti ou une assemblée, fait scission. ⇒ **dissident.**

scissipare adj. – XIXe ; lat. *scindere* « fendre » et *-pare* ▪ Qui se reproduit par scissiparité.

scissiparité n. f. – XIXe ▪ Mode de reproduction asexuée par division simple de l'organisme. ⇒ **segmentation.**

scissure n. f. – XVe ; lat. *scindere* « fendre » ▪ Ligne de soudure entre certains os. ➛ Sillon séparant des hémisphères ou des lobes du cerveau, des lobes pulmonaires.

sciure n. f. – XVIe ▪ Déchets en poussière d'une matière qu'on scie. ⇒ **débris.** *De la sciure de grès.* ♦ Sciure de bois. « *La tête de Soème fut la première qui roula dans la sciure* » (Tournier).

sciuridés n. m. pl. – XIXe ; gr. *skiouros* « écureuil » ▪ Famille de petits rongeurs, au pelage long, à queue touffue.

scléral, ale, aux adj. – 1961 ; gr. *sklêros* « dur » ▪ Relatif à la sclérotique. *Conjonctive sclérale.*

scléranthe n. m. – XIXe ; *sclér(o)-* et *-anthe* ▪ Petite plante très ramifiée *(caryophyllacées),* mauvaise herbe très répandue en Europe.

sclérenchyme n. m. – XIXe ; *sclér(o)-* et *(par)enchyme* ▪ Tissu de soutien constitué de cellules fusiformes à parois épaisses chargées en lignine.

scléreux, euse adj. – XIXe ▪ Qui possède les caractères d'une sclérose, est atteint de sclérose. *Transformation scléreuse des ovaires.*

sclér(o)- Élément, du gr. *sklêros* « dur ».

sclérodermie n. f. – XIXe ; *scléro-* et *-dermie* ▪ Affection cutanée caractérisée par une sclérose des couches profondes de la peau.

sclérogène adj. – XIXe ; *scléro-* et *-gène* ▪ Qui provoque la sclérose d'un tissu. *Maladie sclérogène.*

scléroprotéine n. f. – mil. XXe ▪ Protéine complexe, très peu soluble, formant la charpente de nombreux tissus animaux. ⇒ **collagène, kératine.**

sclérose n. f. – XIXe ; gr. *sklêros* « dur » 1 Induration pathologique d'un organe ou d'un tissu, due à une prolifération de tissu conjonctif avec formation excessive de collagène. *Sclérose artérielle.* ⇒ **artériosclérose.** ➛ *SCLÉROSE EN PLAQUES :* maladie chronique lente du système nerveux central entraînant une paralysie progressive, au cours de laquelle la myéline est détruite et remplacée par du tissu cicatriciel, formant des plaques de sclérose. 2 État de ce qui ne sait plus évoluer ni s'adapter, qui a perdu toute souplesse. ⇒ **vieillissement.** *Sclérose d'un parti.* ✪ CONTR. Amollissement, développement.

sclérosé, ée adj. – XIXe 1 Atteint de sclérose. *Tissu sclérosé.* 2 Figé, qui n'évolue plus. « *Tous, sclérosés, vieillis, ayant construit leur armure et s'y mouvant à l'aise* » (Le Clézio). *Une administration sclérosée.*

scléroser (se) v. pron. [1] – 1902 1 Se durcir, être atteint de sclérose. *Organes, tissus qui se sclérosent.* 2 Se figer, ne plus évoluer. « *Les formes et les concepts se sclérosent* » (Bachelard).

sclérotique n. f. – XIVe ; gr. *sklêrotês* « dureté » ▪ Membrane fibreuse blanche qui entoure le globe oculaire, sauf dans sa partie antérieure occupée par la cornée (syn. *blanc de l'œil*). « *La sclérotique de ses yeux brillait dans l'obscurité* » (Le Clézio).

scolaire adj. et n. – XIXe ; lat. *schola* « école » 1 Relatif ou propre aux écoles, à l'enseignement qu'on y reçoit et aux élèves qui les fréquentent. *Enseignement scolaire. Établissement, groupe scolaire. Des « vagabondages de l'esprit qui m'éloignent de plus en plus du travail scolaire »* (Romains). *Parcours, échec, succès scolaire. Année scolaire :* période allant de la rentrée à la fin des classes. *Vacances scolaires. Fournitures scolaires. Âge scolaire :* âge légal de l'obligation scolaire. ➛ *Livre, manuel scolaire.* ♦ n. m. Enfant qui fréquente l'école. 2 Qui évoque les exercices de l'école, a qqch. d'appris et de livresque, manque d'inventivité. « *de mornes descriptions d'une sexualité minutieuse, scolaire et appliquée* » (Mauriac).

scolairement adv. – 1933 ▪ De façon scolaire (2°).

scolarisation n. f. – 1955 ▪ Action de scolariser ; le fait d'être scolarisé. *Taux de scolarisation d'un pays.*

scolariser v. tr. [1] – 1904 ▪ Pourvoir d'établissements scolaires et d'enseignement régulier. *Scolariser une zone rurale.* ♦ *Enfants scolarisés.*

scolarité n. f. – XIXe ▪ Le fait de suivre régulièrement les cours d'un établissement scolaire. *Années de scolarité. Certificat de scolarité,* attestant l'inscription d'un élève à un établissement scolaire. ♦ Période pendant laquelle un enfant va à l'école, suit des études.

scolasticat n. m. – XIXe ▪ Maison annexe d'un couvent, où les scolastiques (II, 3°) font leurs études ; durée de ces études.

scolastique adj. et n. – XVIIe ; gr. *skholê* « école » I adj. 1 Relatif ou propre à la scolastique. *Logique scolastique* (formelle). 2 Qui concerne ou rappelle la scolastique décadente, par le formalisme, la logomachie, le traditionalisme. **II** n. **1** n. f. Philosophie et théologie enseignées au Moyen Âge par l'Université. ♦ Philosophie présentant des caractères formalistes et abstraits. *La « scolastique marxiste »* (R. Jolivet). **2** n. m. Philosophe et théologien scolastique du Moyen Âge. ♦ péj. Homme à l'esprit scolastique (I, 2°). **3** n. m. Jeune religieux faisant ses études de théologie et de philosophie dans un scolasticat. ⇒ **séminariste.**

❑ Ne pas confondre avec *stochastique* « aléatoire ».

scolex [skɔlɛks] n. m. – XIXe ; gr. *skôlêx* « ver » ■ Tête du ténia pourvue de ventouses, de crochets.

scoliaste ou **scholiaste** n. m. – XVIe ■ Commentateur ancien, auteur de scolies. *Les scoliastes d'Alexandrie.*

scolie ou **scholie** n. f. et m. – XVIe ; gr. *skholê* « école » **1** n. f. Note philologique, historique, due à un commentateur ancien, et servant à l'interprétation d'un texte de l'Antiquité. ⇒ **annotation.** ♦ Note critique. **2** n. m. Remarque à propos d'un théorème ou d'une proposition. *« souvent après avoir démontré une proposition, on enseigne dans un* scholie *une autre manière de la démontrer »* (d'Alemb.).

scoliose n. f. – XIXe ; gr. *skolios* « tortueux » ■ Déviation de la colonne vertébrale dans le sens transversal.

① **scolopendre** n. f. – XVe ; gr. ■ Courte fougère d'hiver à feuilles coriaces, qui croît sur les rochers, les vieux murs. *Elle « cueillit sur le tronc d'un vieux arbre* [...] *de longues feuilles de scolopendres »* (Bern. de St-Pierre).

② **scolopendre** n. f. – XVIe ; gr. ■ Animal arthropode, au corps formé de 21 anneaux portant chacun une paire de pattes, couramment appelé *mille-pattes.*

scolyte n. m. – XVIIIe ; p.-ê. du gr. *skôlêx* « ver » ■ Insecte coléoptère qui vit sous l'écorce des arbres.

scombridés n. m. pl. – 1933 ; gr. *skombros* « maquereau » ■ Famille de poissons téléostéens acanthoptérygiens au corps allongé, à la peau lisse.

sconse n. m. – XIXe ; algonquin *segankw* ■ Fourrure de la mouffette, à poil demi-long, noire à bandes blanches.

scoop [skup] n. m. – 1957 ; mot angl. « pelle, cuillère » ■ Nouvelle importante donnée en exclusivité par une agence de presse. Recomm. offic. *exclusivité**. ♦ fam. Nouvelle sensationnelle.

scooter [skutœʀ ; skutɛʀ] n. m. – 1919 ; angl. *to scoot* « filer » **1** Motocycle léger, caréné, à cadre ouvert et à petites roues. **2** *Scooter des neiges.* ⇒ **motoneige.** ➛ *Scooter des mers* pour se déplacer sur l'eau.

❑ *Scooter* est l'abréviation de l'anglais *motor-scooter* « patinette à moteur ».

scope n. m. – 1968 ; de *cinémascope* ■ Procédé de cinéma employant l'anamorphose horizontale de l'image au rapport 2.

-scope, -scopie Éléments, du gr. *skopein* « examiner, observer ».

❑ L'élément *-scope* entre dans la formation de noms d'instruments d'observation (*périscope, stéthoscope*, etc.). Sur le même modèle a été formé *Futuroscope*, nom du parc d'attractions scientifiques situé près de Poitiers.

scopie n. f. – 1948 ■ Radioscopie. ⇒ ② **radio.**

scopolamine n. f. – XIXe ; de *Scopoli*, naturaliste du XVIIIe s., et *amine* ■ Alcaloïde extrait de plusieurs plantes solanacées.

scorbut [skɔʀbyt] n. m. – XVIe ; néerl. *scuerbuyck* ■ Maladie due à l'insuffisance de vitamine C dans l'alimentation, et caractérisée par des hémorragies et de la cachexie.

scorbutique adj. et n. – XVIIIe ■ Relatif, propre au scorbut ; causé par le scorbut. *Symptômes scorbutiques.* ♦ Atteint du scorbut.

score n. m. – XIXe ; mot angl. ■ Marque, décompte des points au cours d'un match. *Le score est de 3 à 1.* ♦ Résultat, classement, dans une compétition, un test. *Score électoral. Améliorer son score.*

scorie n. f. – XVIe ; gr. *skôria* « écume du fer » **1** Résidu solide provenant de la fusion de minerais métalliques, de l'affinage de métaux, de la combustion de la houille, etc. ⇒ **déchet, mâchefer.** *Les « chemins noirs de houille et de scories »* (Verhaeren). *Scories de déphosphoration.* **2** Fragment de lave vacuolaire de faible densité, hérissée de pointes et poreuse. **3** Partie médiocre ou mauvaise. *« les fautes de prosodie, les erreurs grammaticales et toute cette masse de scories »* (Baud.).

scorpène n. f. – XVIe ; gr. *skorpios* « scorpion » ■ Poisson acanthoptérygien, de petite dimension, à peau visqueuse, à tête forte et hérissée d'épines. ⇒ **rascasse.** *« La scorpène, tour à tour nage et vole »* (Michelet).

scorpion n. m. – XIIe ; gr. *skorpios* **1** Animal pourvu d'appendices chélicères, et formé d'éléments articulés dont le dernier porte un aiguillon crochu et venimeux. *Être piqué par un scorpion. « le scorpion* [...] *enfonce en sa tête son dard, et immole son heureuse vie de scorpion »* (Giraud.). **2** *Scorpion de mer.* ⇒ **scorpène.** *Scorpion d'eau.* ⇒ **nèpe.** **3** Constellation zodiacale de l'hémisphère austral. ♦ Huitième signe du zodiaque (23 octobre-21 novembre). ➛ *Elle est Scorpion,* née sous le signe du Scorpion.

scorsonère n. f. – XVIIe ; it. *scorzonera*, plante qui soigne la morsure du serpent appelé *scorzone* ■ Plante dicotylédone dont une variété à peau noire **(⇒ salsifis)** est cultivée comme plante alimentaire.

① **scotch** n. m. – 1904 ; mot angl. « écossais » ■ Whisky écossais. *Scotch pur malt.* ♦ Un verre de cet alcool. *Des scotchs* ou *des scotches.*

② **scotch** n. m. – 1955 ; marque déposée ■ Ruban adhésif transparent.

scotcher v. tr. [1] – 1965 ■ Coller avec du ruban adhésif

scotch-terrier n. m. – XIXe ; mot angl., de *scotch* « écossais » et *terrier* « terrier » ■ Chien terrier, de taille moyenne, à poil dur et dru, originaire d'Écosse. *Des scotch-terriers.*

❑ On dit aussi *un scottish-terrier, des scottish-terriers.*

scotome n. m. – XIXe ; gr. *skotôma* « obscurcissement » ■ Lacune dans le champ visuel.

scotomisation n. f. – 1926 ■ Exclusion inconsciente d'une réalité extérieure du champ de conscience. ⇒ **forclusion.**

scotomiser v. tr. [1] – 1926 ■ Exclure inconsciemment du champ de la conscience.

scotopie n. f. – mil. XXe ; gr. *skotos* « obscurité » et *ops* « vue » ■ Vision crépusculaire, avec ajustement de l'œil à une lumière faible.

scottish n. f. – XIXe ; mot angl. « écossais » ■ Danse de bal du XIXe s., à quatre temps.

scoubidou n. m. – 1958 ; p.-ê. syllabes du chant scat ■ Tresse de fils de plastique multicolores. *Faire des scoubidous.*

scoumoune n. f. – 1930 ; mot corse ou it. ■ arg. Malchance. ⇒ **poisse.**

❑ Ce mot s'est répandu en France dans les années 1950 par l'intermédiaire du milieu corse et marseillais.

scoured [skuʀɛd] **n. m.** – XIXe ; mot angl., de *to scour* « laver » ▪ Laine lavée directement sur le dos du mouton, avant la tonte.

scout, scoute [skut] **n. m.** et **adj.** – 1910 ; angl. *boy-scout,* de *scout* « éclaireur » ▪ Enfant, adolescent faisant partie d'un mouvement de scoutisme. ⇒ **boy-scout, éclaireur, louveteau ; guide,** ② **jeannette.** *Les scouts marins.* ♦ **adj.** Propre aux scouts, au scoutisme. *Camp scout* (⇒ aussi **jamboree**). *Organisation scoute.* ➛ Plein de bonnes intentions, mais naïf. « *C'est son côté scout, dit Geneviève avec une certaine tendresse* » (Mallet-Joris).

scoutisme **n. m.** – 1913 ▪ Mouvement éducatif, souvent rattaché à une confession offrant aux jeunes des activités de plein air et des jeux.

scrabble [skʀabl] **n. m.** – 1962 ; marque déposée ; mot angl. « gribouillage » ▪ Jeu de société consistant à remplir une grille préétablie au moyen de jetons portant une lettre, de manière à former des mots.

scraper [skʀapœʀ ; skʀɛpœʀ] **n. m.** – 1933 ; mot angl., de *to scrap* « gratter » ▪ Engin de terrassement automoteur. Recomm. offic. SCRAPEUR.

scratch **adj. inv.** – XIXe ; mot angl. « rail, ligne de départ » ▪ *Temps, classement scratch :* meilleur temps ou classement toutes catégories, dans une course automobile.

scratcher **v. tr.** [1] – 1906 ; angl. *to scratch* « rayer » ▪ Rayer le nom de (un joueur qui ne se présente pas à temps).

scriban **n. m.** – XVIIIe ; lat. *scribere* « écrire » ▪ Secrétaire à tiroirs du XVIIe s., surmonté d'un corps d'armoire.

scribe **n. m.** – XIVe ; lat. *scribere* « écrire » 1 Homme dont le métier était d'écrire à la main. ⇒ **copiste, écrivain** (public), **greffier.** 2 Homme qui écrivait les textes officiels, dans des civilisations sans imprimerie. *Scribes égyptiens.* 3 Docteur de la loi juive.

❑ Même famille étymologique que *écrivain.*

scribouillard, arde **n.** – 1914 ; de *scribe* ▪ fam. Employé de bureau commis aux écritures. ⇒ **gratte-papier.** « *Mais pas un scribouillard de rien du tout ? Un poste de sous-directeur tout de même ?* » (Anouilh).

① **script** [skʀipt] **n. m.** – XIXe ; mot angl., contraction de *subscription receipt* « reçu de prêt » ▪ Écrit remis à un créancier, à un obligataire, par une collectivité qui ne peut payer les intérêts ou rembourser les capitaux intégralement. ✪ HOM. Scripte.

② **script** [skʀipt] **n. m.** – 1951 ; mot angl., lat. *scriptum* « écrit » I Écriture à la main, proche des caractères d'imprimerie. *Écrire en script.* II - 1 Scénario comprenant le découpage technique et les dialogues. 2 Séquence d'événements représentant une action ordinaire, utilisée en intelligence artificielle pour représenter les connaissances.

scripte **n.** – 1958 ; de *script-girl* ▪ Personne responsable de la tenue des documents et de la continuité d'un film. ✪ HOM. Script.

scripteur **n. m.** – XVIIe ; lat. *scriptor* « celui qui écrit » 1 Officier de la chancellerie pontificale, qui écrit les bulles. 2 Personne qui écrit. *Les locuteurs et les scripteurs d'une langue.*

script-girl [skʀiptgœʀl] **n. f.** – 1923 ; mot angl. « assistante du réalisateur » ▪ Scripte. *Des script-girls.*

scripturaire **adj.** – XIXe ; lat. *scriptura* « écriture » 1 Relatif à l'Écriture sainte. 2 rare Relatif à l'écriture. ⇒ **graphique.**

scriptural, ale, aux **adj.** – 1933 ▪ *Monnaie scripturale,* qui circule par simple jeu d'écriture. ⇒ **chèque, virement.**

scrofulaire **n. f.** – XVe ; lat. *scrofula* « scrofule » ▪ Plante herbacée vivace à l'odeur fétide.

❑ Cette plante passait pour guérir les *scrofules.*

scrofule **n. f.** – XIVe ; lat. 1 au plur. Écrouelles. 2 Lésion torpide (de la peau, des ganglions lymphatiques, des os) ayant tendance à provoquer des fistules.

scrofuleux, euse **adj.** et **n.** – XIVe 1 Relatif aux écrouelles, à la scrofule. *Tumeur scrofuleuse.* 2 Qui a les écrouelles ; qui est atteint de scrofule.

scrogneugneu **interj.** – XIXe ; altér. de *sacré nom de Dieu* ▪ Interjection que l'on prête plaisamment aux vieux militaires bougons.

scrotum [skʀɔtɔm] **n. m.** – XVIe ; mot lat. ▪ Enveloppe cutanée des testicules. ⇒ ① **bourse.**

scrub [skʀœb] **n. m.** – 1900 ; mot angl. ▪ Brousse épaisse d'Australie.

scrupule **n. m.** – XIVe ; lat. *scrupus* « pierre pointue » I - 1 Incertitude d'une conscience exigeante au regard de la conduite à avoir ou du caractère de faute d'une action passée ; inquiétude sur un point de morale. ⇒ **doute.** « *un besoin de sincérité gênant, qui lui inspirait des scrupules à tout propos* » (R. Rolland). « *Une dévote tourmentée de scrupules* » (Sand). *Être dénué de scrupules, sans scrupules :* agir par pur intérêt, sans se poser de problèmes moraux. *Les scrupules ne l'étouffent pas.* ♦ *Se faire scrupule de qqch. :* hésiter ou renoncer à faire cette chose par scrupule. *J'aurais scrupule à vous en parler,* j'hésiterais à le faire. 2 Exigence, délicatesse morale très poussée ; tendance à juger avec rigueur sa propre conduite. « *un homme de scrupule et de devoir* » (Hugo). ➛ *Exactitude poussée jusqu'au scrupule. Il « observa les prescriptions, jour après jour, avec un scrupule farouche* » (Duham.). 3 *Maladie du scrupule :* psychasthénie caractérisée par l'hésitation avant l'action, la manie de la vérification, etc. II Ancienne unité de poids valant un vingt-quatrième d'once.

scrupuleusement **adv.** – XIVe ▪ Avec exactitude, rigueur.

scrupuleux, euse **adj.** – XIIIe 1 Qui a des scrupules, qui est inquiet et exigeant sur le plan moral. ⇒ **consciencieux.** « *eût-elle été la plus scrupuleuse des femmes qu'elle n'aurait pu avoir de remords d'un mensonge aussi innocent* » (Proust). *Être scrupuleux en affaires.* ♦ Qui témoigne d'une grande exigence morale. *Scrupuleuse honnêteté.* ⇒ **strict.** 2 Qui respecte strictement les règles d'action, les prescriptions imposées. ⇒ **attentif, exact, méticuleux.** « *Ce détail n'a d'autre mérite que sa scrupuleuse exactitude* » (Courtel.). ✪ CONTR. Indélicat. Approximatif.

scrutateur, trice **adj.** et **n.** – XVe I **adj.** littér. Qui scrute. ⇒ **inquisiteur.** « *Leurs yeux scrutateurs ne la quittaient pas* » (Barbey). II **n.** Personne qui participe au dépouillement d'un scrutin.

scrutation **n. f.** – XIXe ▪ Mode de gestion des interruptions sur un ordinateur.

scruter **v. tr.** [1] – XVIe ; lat. *scrutari* « fouiller » 1 Examiner avec une grande attention, pour découvrir ce qui est caché. ⇒ **sonder.** « *Je ne me permettrai point de scruter les motifs de l'action de M. de Valmont* » (Laclos). 2 Examiner attentivement par la vue ; fouiller du regard. ⇒ **inspecter, observer.** *Scruter l'horizon.* « *les regards avides détaillent ses charmes, scrutent ses beautés* » (Gaut.).

scrutin **n. m.** – XVe ; lat. *scrutinium* « action de fouiller, de scruter » 1 Vote au moyen de signes (bulletins) déposés dans un récipient (urne). 2 Opération électorale, comprenant le dépôt des bulletins, le dépouillement, la proclamation des résultats ; modalité particulière des élections. *Ouverture, clôture d'un scrutin.* ➛ *Modes de scrutin. Scrutin uninominal,* où l'électeur désigne un seul candidat. *Scrutin de liste* ou *proportionnel*, utilisé pour la représentation proportionnelle. *Scrutin majoritaire*, à majorité relative ou à majorité absolue. ➙ *Résultat du scrutin.*

scull [skyl ; skœl] **n. m.** – XIXe ; mot angl., du suéd. *skal* ▪ Bateau d'aviron de compétition monté en couple. *Des sculls.*

sculpter [skylte] **v. tr.** 1 – XIVe ; lat. *sculpere* 1 Façonner, produire (une œuvre d'art en trois dimensions) en taillant une matière dure. *Sculpter une statue dans le marbre.* ➙ « *Ces individus qui créent la société sont créés, pétris, sculptés par elle* » (Paulhan). 2 Façonner par une des techniques de la sculpture. *Sculpter du bois.* ➙ *Orner de sculptures.* « *des stalles de bois richement sculptées* » (Stendh.). ➙ Faire de la sculpture. *Sculpter au burin.*

> ❑ Le *p* ne se prononce pas, comme dans *baptême*. → cheptel (rem.).

sculpteur [skyltœʀ] **n. m.** – XVIe ▪ Personne qui pratique l'art de la sculpture. « *Le sculpteur grec est un poète, [...] n'oubliant jamais qu'il crée des dieux et non des hommes* » (Zola).

> ❑ On trouve parfois le féminin *sculptrice*. *Sculpteuse*, la forme normale (*sculpter* → *sculpteuse* comme *danser* → *danseuse*), ne s'emploie pas. → eur (rem.).

sculptural, ale, aux [skyltyʀal, o] **adj.** – XVIIIe 1 Relatif à la sculpture. *Art sculptural.* ⇒ **plastique.** 2 Qui évoque la sculpture. « *la précision sculpturale de la pierre* » (Proust). 3 Qui a la beauté formelle des sculptures classiques. *Une femme sculpturale.*

sculpture [skyltyʀ] **n. f.** – XIVe 1 Représentation d'un objet dans l'espace, création d'une forme en trois dimensions ; ensemble des techniques qui permettent cette création. ⇒ **plastique.** *Sculpture en ronde-bosse, en haut-relief, en bas-relief.* ➙ « *La sculpture a toute la réalité que peut avoir une chose complètement fausse* » (Gaut.). *Sculpture égyptienne, grecque, romane, gothique, baroque.* 2 Œuvre sculptée (⇒ **statue**) ; œuvre d'art plastique en trois dimensions. *Reliefs, creux, méplats, plans d'une sculpture. Petite sculpture.* ⇒ **figurine, statuette.** 3 au plur. Dessins en relief à la surface d'un pneu.

scutellaire **n. f.** – XIXe ; lat. *scutella* « petite coupe, plateau » ▪ Plante herbacée, vivace (*labiées*), à tige carrée, à fleurs bleues ornementales.

scutiforme **adj.** – XVIe ; lat. *scutum* « écu » et *forme* ▪ Qui a la forme d'une plaque arrondie ou d'un écusson.

scutum [skytɔm] **n. m.** – XVIIIe ; mot lat. 1 Bouclier romain rectangulaire. 2 Écusson des insectes. *Des scutums* ou *des scuta.*

scyphozoaires **n. m. pl.** – 1933 ; gr. *skuphos* « coupe » et *-zoaire* ▪ Classe d'animaux cœlentérés constituée par des invertébrés marins chez lesquels la phase méduse* est dominante. ⇒ **acalèphes.**

scythe **adj.** et **n.** – XVIe ; lat. ▪ Qui est relatif à la Scythie, aux Scythes. ✪ HOM. Site.

S. D. F. [ɛsdeɛf] **n.** – 1983 ; sigle de ***s****ans* ***d****omicile* ***f****ixe* ▪ Personne démunie qui n'a pas de logement régulier. *Les S. D. F.*

se **pron. pers.** – XIe ; lat. ❑ *Se* s'élide en *s'* devant une voyelle ou un *h* muet ▪ Pronom personnel réfléchi de la 3e personne du singulier et du pluriel pour les deux genres. 1 (compl. d'objet d'un v. pron. réfl. direct) « *Faut-il se dénoncer ? Faut-il se taire ?* » (Hugo). *Elle ne s'est pas vue mourir. Il veut se lancer dans les affaires.* ♦ (compl. ind.) *Il s'attribua tout le mérite de la victoire.* 2 (compl. dir. d'un v. pron. récipr.) « *de prime abord et d'instinct, ils ne s'aimaient pas* » (Chateaub.). ♦ (compl. ind.) « *les révolutions se succèdent et ne se ressemblent pas* » (Balz.). 3 formant des v. pron. purs *Elle s'évanouit à cette nouvelle.* 4 (dans un v. pron. pass.) « *Tout ne se sait pas mais tout se dit* » (France). *Ce plat peut se manger froid.* 5 (dans un pron. impers.) *Il se peut que je vienne.* 6 valeur de possessif *Il se lave les mains* : il lave ses mains. *Se casser la tête.* ✪ HOM. Ce.

> ❑ Dans la langue familière, le *e* s'élide à l'oral devant une consonne : *il le dit pour se rassurer* [sʀasyʀe], surtout lorsque le sujet est *on* (*on s'dépêche, on s'téléphonera*). ♦ Le *se* des verbes pronominaux, qui n'est pas toujours réfléchi, est souvent renforcé par *auto-* ajouté au verbe (ex. *s'autodétruire*).

sea-line [silajn] **n. m.** – 1950 ; mot angl., de *sea* « mer » et *(pipe)line* ▪ Canalisation en partie sous-marine pour le transport des hydrocarbures. *Des sea-lines.*

séance **n. f.** – XVIe ; de ① *seoir* 1 vx Le fait de siéger. « *Les évêques, les abbés, ont séance à la diète d'Allemagne* » (Volt.). 2 Réunion des membres d'un corps constitué. « *un brouhaha de séance parlementaire* » (Mart. du G.). ⇒ **débat, session, vacation.** *Séance d'un tribunal.* ⇒ **audience.** *Séance publique.* ➙ *Être en séance. Assemblée qui tient séance.* ⇒ **délibérer.** *Présider une séance. Suspension de séance.* ♦ loc. *SÉANCE TENANTE* : la séance se poursuivant sans interruption ; au cours de la séance. fig. Sur-le-champ ; immédiatement et sans retard. « *j'ai failli venir vous trouver séance tenante* » (Romains). 3 Durée consacrée à un travail, une occupation qui réunit deux ou plusieurs personnes. *Séance de pose chez un peintre. Séances de rééducation.* ♦ Temps consacré à certains divertissements, spectacles ; le spectacle lui-même. « *Alors j'ai eu une idée, c'est d'organiser une fête de charité. Deux séances, religieuse et profane* » (Maupass.). ➙ *Séance (de cinéma). La prochaine séance est à 22 h.* ♦ fam. Spectacle donné par qqn qui se comporte de façon bizarre ou insupportable. *Elle* « *a recommencé la séance des griefs qu'elle avait contre Léon* » (Céline). ⇒ **scène.**

① **séant** **n. m.** – XIIe ; de ① *seoir* ▪ *SUR SON SÉANT* : en position assise. « *Il la souleva, tâcha de l'asseoir sur son séant* » (Zola). ✪ HOM. Céans.

② **séant, ante** **adj.** – XIIe ; de ② *seoir* ▪ vx ou littér. Qui sied, est convenable. ⇒ **bienséant, décent.** *Le service militaire,* « *une calamité insupportable, à laquelle il était séant de chercher à se soustraire* » (Gide). ♦ « *Les sourcils noirs sont très séants aux blondes* » (France) ⇒ **seyant.** ✪ CONTR. Malséant.

> ❑ *Séant* est l'ancien participe présent de *seoir*. → savant (rem.).

seau **n. m.** – XIIe ; lat. *sitella* ▪ Récipient cylindrique généralement muni d'une anse. *Seau en plastique.* « *le poids du seau tendait et roidissait ses bras maigres* » (Hugo). ➙ *Seau à charbon. Seau à glace.* ♦ Contenu d'un seau, seau avec son contenu. « *Des jets de pompe, des seaux d'eau lancés à tour de bras* » (Loti). ➙ *Il pleut à seaux*, abondamment. ✪ HOM. Saut, sceau, sot.

sébacé, ée **adj.** – XVIIIe ▪ Relatif au sébum*. *Glandes sébacées* : glandes de la peau qui sécrètent le sébum.

sébaste **n. m.** – XIXe ; o. i. ▪ Poisson acanthoptérygien, de taille moyenne, à tête écailleuse et épineuse.

sébile **n. f.** – XVe ; p.-ê. ar. *sabîl* « aumône » ▪ Petite coupe destinée à recevoir de l'argent. *Sébile d'un mendiant.*

> ❑ Attention, ce mot ne prend qu'un *l* ; la forme *sébille* est un barbarisme (attesté dans la littérature : *des* « *sébilles de vieilles monnaies* » [Goncourt]).

sebka ou **sebkha** [sɛpka] **n. f.** – XIXe ; ar. *sabkah* ▪ Au Sahara, Lac d'eau salée. ⇒ **chott.**

séborrhée n. f. – XIXe ; de *sébum* et *-rrhée* ■ Augmentation de la sécrétion des glandes sébacées. *Séborrhée du cuir chevelu.*

séborrhéique adj. – 1904 ■ Relatif à la séborrhée. *Eczéma séborrhéique.*

sébum [sebɔm] n. m. – XVIIe ; lat. « suif » ■ Matière grasse, produit de sécrétion des glandes sébacées. *Hypersécrétion de sébum.* ⇒ **séborrhée.**

sec, sèche adj. et n. m. – Xe ; lat. *siccus* **I** - **1** Qui n'est pas ou est peu imprégné de liquide. ⇒ **desséché.** *Feuilles sèches. Bois sec. Terrain sec.* ⇒ **aride, stérile.** ♦ Sans humidité atmosphérique, sans pluie. *Air, vent sec. Froid sec et piquant. « c'était la saison sèche, et, dans toute la nature, on n'eût pas trouvé un atome de vapeur d'eau »* (Loti). ♦ loc. *Avoir la gorge, la bouche sèche* : avoir soif. ➛ *N'avoir plus un poil de sec* : transpirer abondamment. ➛ *« Tu es mort et mes yeux sont secs* [...] : *je n'ai plus de larmes »* (Sartre). *Regarder d'un œil sec,* sans être ému. ♦ Déshydraté, séché en vue de la conservation. *Raisins secs. Légumes secs* : graines de légumineuses séchées. ➛ *Gâteaux secs.* **2** Qui n'est pas accompagné du liquide auquel il est généralement associé. *Mur de pierres sèches,* sans ciment. *Orage sec,* sans pluie. ➛ *Toux sèche,* sans expectoration. *Peau sèche* (opposé à *gras*). ➛ *Régime sec,* sans boisson. ➛ *Nourrice sèche,* sans lait. *Panne sèche* (d'essence). ♦ Non accompagné. *Au pain sec et à l'eau. Licenciement sec,* sans mesure sociale d'accompagnement. ➛ *Avoir la dame sèche,* sans autre carte de la couleur. ➛ adv. *En cinq sec* : rapidement. **3** Qui a peu de graisse, qui est peu charnu. ⇒ ① **maigre.** *« un grand escogriffe, long, sec, jaune, bilieux, ossu »* (Gaut.). **4** Qui manque d'ampleur, de moelleux ou de douceur. *Contours secs,* trop marqués, très précis. ⇒ **dur.** *Bruit sec,* sans résonance. *« le claquement sec de la grande voile »* (Mac Orlan). *Voix sèche. Coup sec,* rapide et bref. *Tissu sec,* à tissage bien marqué. ♦ *Vins secs,* peu sucrés (opposé à *doux, liquoreux*). **II** - **1** Qui manque de sensibilité, de tendresse. ⇒ **dur, indifférent.** *Cœur sec. Un homme froid et sec.* ➛ Qui marque qu'on ne se laisse pas attendrir ; qui témoigne d'une intention blessante. ⇒ **aigre, désobligeant.** *Répondre d'un ton très sec.* ⇒ ① **bref, brusque, cassant. 2** Qui manque de grâce, de charme, de richesse naturelle. ⇒ **austère.** *Une narration « sèche, abstraite dans son élégance »* (Ste-Beuve). **3** fam. *Être, rester sec,* incapable de répondre. **III** n. m. **1** Sécheresse. *Tenir une chose au sec,* dans un endroit sec, à l'abri de l'humidité. *« le ventre au chaud, les pieds au sec »* (Cendrars). ➛ Fourrage sec. *Mettre son cheval au sec.* **2** À SEC : sans eau. *Cours d'eau à sec.* ➛ Dans l'état où l'on n'a plus d'idées, plus rien à dire. *« Sur ce chapitre on n'est jamais à sec »* (Mol.). ➛ fam. Sans argent. ⇒ **fauché.** ♦ *Bâtiment à sec de toile,* qui navigue sans se servir de ses voiles. **IV** adv. **1** *Boire sec* : boire beaucoup. **2** Rudement et rapidement. ⇒ **brutalement.** *Démarrer sec.* **3** loc. fam. *Aussi sec* : immédiatement, sans hésiter. *« Je les colle en prison, aussi sec »* (Aymé). ✪ CONTR. Humide, mouillé. — HOM. Seiche.

> ❑ Les emplois adverbiaux de *sec* ne se confondent pas avec ceux de l'adverbe *sèchement.*

sécable adj. – XVIIe ; lat. *secare* « couper » ■ Qui peut être coupé, ou divisé. *Comprimé sécable.* ✪ CONTR. Insécable.

secam [sekam] n. m. et adj. inv. – 1959 ; de *séq(uentiel) à m(émoire)* ■ Système de télévision en couleurs mis au point par H. de France. *Un magnétoscope pal/secam.*

sécant, ante adj. et n. f. – XVIe ; lat. *secare* « couper » **1** Qui coupe (une ligne, un plan). *Courbe sécante* (opposé à *parallèle, tangente*). *Plan sécant.* **2** n. f. Droite qui coupe une ligne courbe en un ou plusieurs points. Droite qui coupe une circonférence en deux points. ➛ Fonction trigonométrique qui est l'inverse du cosinus (abrév. *sec*). ⇒ **cosécante.** *Sécante d'un arc.*

sécateur n. m. – XIXe ■ Outil de jardinage, forts ciseaux à ressort.

sécession n. f. – XVIe ; lat. *secedere* « se retirer » **1** Action par laquelle une partie de la population d'un État se sépare, en vue de former un État distinct ou de se réunir à un autre. ⇒ **dissidence, révolte, séparation.** *La guerre de Sécession,* entre le nord et le sud des États-Unis (1861-1865). **2** Action de se séparer d'un groupe. *Faire sécession.* ✪ CONTR. Fédération, réunion.

sécessionniste adj. et n. – XIXe ■ Qui fait sécession, lutte pour la sécession. *Les États sécessionnistes du sud des États-Unis.* ⇒ **indépendantiste, séparatiste.**

séchage n. m. – XVIIIe ■ Action de faire sécher ; opération destinée à éliminer un liquide. ⇒ **dessiccation, évaporation.** *Le séchage du linge, du tabac.*

séchant, ante adj. – ✓. 1985 ■ Qui sèche. *Lave-linge séchant.*

sèche-cheveux n. m. inv. – 1910 ■ Appareil électrique soufflant pour sécher les cheveux. ⇒ **séchoir ; foehn.**

> ❑ Pour le pluriel → compte-gouttes (rem.).

sèche-linge n. m. inv. – 1953 ■ Appareil qui permet de sécher le linge en le brassant dans un flux d'air chaud.

sèche-mains n. m. inv. – XXe ■ Appareil fournissant un flux d'air chaud qui permet de sécher les mains après les avoir lavées.

sèchement adv. – XVe **1** D'une manière sèche, sans douceur. *Frapper sèchement la balle.* **2** Avec froideur, indifférence, dureté. *« je prie plus rarement et plus sèchement »* (Rouss.). **3** Sans charme, ni grâce. *C'est écrit bien sèchement.*

> ❑ Pour l'emploi → sec (rem.).

sécher v. 6 – XIIe **I** v. tr. **1** Rendre sec. ⇒ **déshydrater, dessécher.** *Le froid sèche la peau.* ➛ *Poisson séché, fruits séchés.* ⇒ **sec.** ➛ pronom. *Se sécher devant le feu. Se sécher avec une serviette.* ⇒ s'**éponger,** s'**essuyer.** ➛ *Se sécher les cheveux.* **2** Absorber ou évaporer. *Le « vent a séché la pluie »* (Colette). *Sécher les larmes de qqn, ses pleurs* (⇒ **étancher**), le consoler. **3** fam. Manquer volontairement (un cours, une assemblée) sans être excusé. **II** v. intr. **1** Devenir sec. *« sur des cordes tendues, des linges séchaient »* (Zola). *Cette peinture sèche en une heure.* **2** Dépérir, languir. *« Comment voulez-vous qu'une génération naissante se condamne à sécher de dépit et de frayeur ? »* (Renan). ➛ loc. *Sécher sur pied* : s'ennuyer, se morfondre. **3** fam. Rester sec, ne pas savoir que répondre. *Elle « avait "séché" dans son examen d'espagnol »* (Proust). ✪ CONTR. Arroser, ① détremper, humecter, imbiber, inonder, mouiller.

sécheresse n. f. – XIIe **1** État, caractère de ce qui est sec, de ce qui manque d'humidité. *Sécheresse du sol.* ⇒ **aridité.** ➛ *Sécheresse de la peau.* ♦ Temps sec, insuffisance des précipitations. *La palmeraie « rongée par la sécheresse et par le vent du désert »* (Le Clézio). **2** Caractère de ce qui manque d'ampleur, de douceur. *Sécheresse d'un dessin.* **3** Dureté, froideur, insensibilité. *« la sécheresse, l'égoïsme de ces âmes d'intellectuels »* (R. Rolland). **4** Caractère de ce qui manque de charme, de richesse, d'agrément. *Sécheresse du style.* ⇒ **austérité.** *« la sécheresse d'un vieux manuscrit ! »* (Barrès). ✪ CONTR. Fraîcheur, humidité ; fertilité, luxuriance ; attendrissement.

sécherie n. f. – XIVe ■ Lieu où l'on fait sécher diverses matières ou produits. *Sécherie de poisson.*

sécheuse n. f. – XIXe ▪ Machine à sécher.

séchoir n. m. – XVIIe 1 Lieu aménagé pour le séchage. *Séchoir à tabac.* 2 Dispositif sur lequel on étend des objets que l'on veut faire sécher. *Séchoir à linge.* 3 Appareil servant à faire sécher des matières humides par évaporation accélérée. *Séchoir à air chaud. Séchoir électrique.* ➝ Sèche-cheveux.

second, onde [s(ə)gɔ̃, ɔ̃d] adj. et n. – XIIe ; lat. *sequi* « suivre » **I** adj. et n. 1 Qui vient après une chose de même nature ; qui suit le premier. ⇒ **deuxième.** *Pour la seconde fois. En second lieu,* après, ensuite, d'autre part. *Enseignement du second degré.* ⇒ **secondaire.** *De seconde main,* qui vient d'un intermédiaire. *Second acte.* ⇒ **deux.** *La seconde moitié. Second violon, ténor...,* qui joue, chante une partie plus basse que le premier. *Dérivée seconde :* dérivée de la dérivée d'une fonction. ➝ Se dit d'un symbole accompagné de deux accents. *A' et A''* [apʀim, asəgɔ̃d]. ➝ subst. « *La seconde des filles Barrel* » (Aragon). 2 Qui n'a pas la primauté, qui vient après le plus important, le meilleur (opposé à *premier*). *Article de second choix.* ➝ subst. « *J'aime mieux, comme César, être le premier au village, que le second dans Rome* » (Muss.). ➝ *EN SECOND :* en tant que second dans un ordre, une hiérarchie. *Capitaine en second.* ➝ littér. *À NULLE AUTRE SECONDE ; À NUL AUTRE SECOND :* qui a la première place, la primauté. « *Et c'est une richesse à nulle autre seconde* » (Mol.). 3 Qui constitue une nouvelle forme d'une chose unique. ⇒ **autre.** « *Si l'habitude est une seconde nature, elle nous empêche de connaître la première* » (Proust). ➝ subst. *SANS SECONDE, SANS SECOND :* sans pareil, unique, inégalable. 4 Qui dérive d'une chose première, primitive. *Causes secondes.* ♦ *État second :* état pathologique de qqn qui se livre à une activité coordonnée étrangère à sa personnalité manifeste. **II** n. m. 1 Personne qui aide qqn. ⇒ **adjoint, assistant, bras** (droit), **collaborateur.** *Jouer les éternels seconds.* ♦ Officier de marine qui commande à bord, immédiatement après le commandant. 2 Second étage. « *Au second habitait une femme entretenue* » (Sartre). **III** n. f. 1 En musique, Intervalle de deux degrés. *Seconde mineure, majeure.* 2 Classe de l'enseignement secondaire qui précède la première. *Élève de seconde.* 3 Seconde position de l'épée, dans la ligne du dehors, la pointe basse, le poignet en pronation. ⇒ ① **garde.** 4 Seconde classe, dans les transports publics. *Billet de seconde.* 5 Seconde vitesse d'une automobile. *Passer en seconde.* ✪ CONTR. Premier, primitif.

> ❑ Dans *second* et ses dérivés, le *c* étymologique a été maintenu en dépit de sa prononciation en [g]. Le cas de *zinc* est identique. ♦ On emploie plutôt *second* quand il n'y a que deux éléments, d'où la querelle entre optimistes et pessimistes pour savoir s'il convient de dire *seconde* ou *deuxième guerre mondiale !* ⇒ deuxième (rem.). ♦ Attention à l'adverbe, *secundo,* qui s'écrit différemment.

secondaire [s(ə)gɔ̃dɛʀ] adj. – XIVe 1 Qui ne vient qu'au second rang, est de moindre importance. *Planètes secondaires.* ➝ *Personnage secondaire,* de second plan. *Ne jouer qu'un rôle secondaire.* ⇒ **accessoire.** « *personnages secondaires et voilés d'ombre* » (Maurois). *Problèmes secondaires,* qui passent en second. 2 Qui constitue un second ordre dans le temps. *Enseignement secondaire,* qui succède à l'enseignement primaire. *Études secondaires.* subst. *Les professeurs du secondaire.* ♦ *Ère secondaire,* ou *le secondaire :* ère géologique qui succède au primaire. ⇒ **mésozoïque.** ♦ Se dit de qqn qui ne réagit pas immédiatement aux circonstances présentes, mais se reporte à son passé ou à son avenir. *Les émotifs secondaires.* 3 Qui se produit en un deuxième temps, une deuxième phase dérivant de la première. *Sédiments secondaires.* ♦ *Tissu secondaire,* né de l'activité du cambium, chez les végétaux supérieurs lignifiés. ♦ *Effets secondaires d'un médicament,* manifestations pathologiques indésirables qu'il provoque. ♦ n. m. Bobinage destiné à être relié aux appareils électriques d'utilisation (opposé à *primaire*). ♦ *Secteur secondaire,* ou subst. *le secondaire :* les activités productrices de matières transformées. ✪ CONTR. ① Capital, dominant, essentiel, fondamental, primordial, principal. Primaire, primitif.

secondarité [s(ə)gɔ̃daʀite] n. f. – 1945 ▪ Caractère des personnes secondaires (opposé à *primarité*).

① **seconde** → **second** (III)

② **seconde** n. f. – XVIIe ; lat. *minutum secundum* « partie menue résultant de la seconde division de l'heure ou du degré » 1 Soixantième partie de la minute ; unité fondamentale de temps égale à 1/86184 de jour sidéral (symb. s). « *La SECONDE est la durée de 9192631770 périodes de la radiation correspondant à la transition entre les deux niveaux hyperfins de l'état fondamental de l'atome de césium 133* » (13e Conférence génér. des Poids et Mesures, 1967). *Aller à la vitesse de trois mètres par seconde.* « *Trois mille six cents fois par heure, la Seconde chuchote : Souviens-toi !* » (Baud.). ♦ Temps très bref. ⇒ ② **instant.** *J'en ai encore pour une seconde. En une fraction de seconde :* très rapidement. ♦ Moment précis. *À la seconde où il la vit.* 2 Unité de mesure d'angle plan égale au 1/60 de la minute, au 1/3600 du degré (symb. "). *Cercle gradué en degrés, minutes et secondes.*

secondement [s(ə)gɔ̃dmɑ̃] adv. – XVIe ▪ En second lieu. ⇒ **deuxièmement, secundo.**

seconder [s(ə)gɔ̃de] v. tr. [1] – XVIe 1 Aider en tant que second. ⇒ **assister.** *Assistant qui seconde un chirurgien dans une opération.* ➝ *Être bien, mal secondé.* 2 Favoriser. *Notre zèle* « *va secondant notre pente vers la haine* » (Montaigne). ✪ CONTR. Contrarier, ② desservir.

secouement n. m. – XVIe ▪ littér. Fait de secouer. *Un secouement de tête.*

secouer v. tr. [1] – XVIe ; lat. *succutere* 1 Remuer avec force, dans un sens puis dans l'autre. ⇒ **agiter.** *Secouer le flacon avant usage.* « *Le vent du Rhin secoue sur le bord les osiers* » (Apoll.). ➝ *Vitres secouées par une explosion.* ⇒ **ébranler.** ➝ « *Un choc sourd secoua le navire* » (Tournier). ➝ *Secouer qqn pour le réveiller.* 2 Mouvoir brusquement et à plusieurs reprises. *Secouer la tête,* en signe d'assentiment, de doute. ⇒ **hocher.** 3 Se débarrasser de (qqch.) par des mouvements vifs et répétés. « *Il secoua la pluie qui alourdissait son chapeau* » (Duham.). 4 *Secouer l'autorité de qqn, l'oppression.* ⇒ s'**affranchir,** se **libérer.** 5 Ébranler par une commotion physique ou morale ; faire impression sur (qqn). *Le son de cette voix* « *la secoua, la fit revenir à elle* » (Green). *Cette opération l'a secoué.* ♦ fam. Réprimander (qqn), l'inciter à l'action. ➝ pronom. Se décider à l'action. ⇒ se **reprendre.** « *Elle se secouait, elle voulait prendre une résolution virile* » (Balz.). ⇒ **réagir.**

secoueur n. m. – XVIIIe ▪ Crible d'une batteuse, pour débarrasser les pailles des grains qu'elles pourraient entraîner.

secourable adj. – XIIIe ▪ Qui secourt, aide volontiers les autres. ⇒ ① **bon, charitable, humain, obligeant.** « *elle était aimante, secourable, affable* » (Sand). ➝ *Tendre à qqn une main secourable.*

secourir v. tr. [11] – XIIIe ; lat. *sub* et *currere* « courir sous, vers » 1 Aider (qqn) à se tirer d'un danger ; assister dans le besoin. *Secourir un blessé.* ⇒ **sauver.** « *quelques deniers pour secourir les nécessiteux, les malades* » (Chateaub.). ⇒ **défendre, protéger.** 2 Apporter un secours moral à. « *Mon Dieu, secourez-moi* » (Maupass.).

secourisme n. m. - 1943 ■ Méthode de sauvetage et d'aide aux victimes d'un accident, aux blessés, etc. ⇒ **secours.** *Brevet de secourisme.*

secouriste n. - XIXe ■ Personne qui fait partie d'une organisation de secours pour les victimes d'accidents, de catastrophes, etc. ♦ Personne appliquant les méthodes de sauvetage du secourisme. ⇒ **sauveteur.**

secours n. m. - XIIIe ; lat. *succurrere* « secourir » 1 Tout ce qui sert à qqn pour sortir d'une situation difficile, pressante et qui vient d'un concours extérieur. ⇒ ① **aide, appui, assistance, réconfort, soutien.** « *il faut que je me débrouille sans le secours de personne* » (Duham.). ➝ *Appeler, crier au secours. Au secours !* cri d'appel à l'aide. ⇒ **S.O.S.** *Courir au secours de qqn. Porter secours à qqn.* 2 Aide matérielle ou financière. *Secours mutuel.* ⇒ **entraide.** *Associations de secours mutuel,* d'assistance et de prévoyance. ⇒ **mutualité.** ♦ *Elle implorait* « *un petit secours de cinq cents francs* » (Flaub.). ⇒ **aumône,** ① **don.** *Secours publics.* ⇒ **subside, subvention ; allocation.** *Secours aux sinistrés.* 3 Aide militaire, moyens de défense ; troupe envoyée pour aider la résistance (⇒ **renfort, rescousse).** 4 Soins qu'on donne à un malade, à un blessé dans un état critique. *Secours d'urgence. Premiers secours aux noyés. Secours en montagne.* ⇒ **sauvetage.** ➝ *Poste de secours,* où l'on peut trouver médicaments, soins, etc. *Équipe de secours.* 5 Aide surnaturelle. « *Sans aucun nouveau secours de Dieu* » (Pasc.). ⇒ **grâce.** 6 Ce qui est utile, sert dans une situation délicate. « *Le silence lui serait d'un meilleur secours que la contrition* » (Louÿs). ➝ *Être d'un grand secours à qqn.* ⇒ **utilité.** *Ses relations ne lui ont été d'aucun secours.* 7 *DE SECOURS :* destiné à servir en cas de nécessité, d'urgence, de danger. *Sortie de secours* [sɔʀtidsəkuʀ]. *Roue de secours* [ʀud səkuʀ], de rechange. ✪ CONTR. Abandon, déréliction.

secousse n. f. - XVe ; a. fr. *secourre* « secouer » 1 Mouvement brusque qui ébranle un corps. ⇒ **choc, commotion, ébranlement.** *Violente secousse.* « *La grande aiguille de l'horloge se déplace par secousses* » (Sartre). ⇒ **à-coup, saccade.** ➝ *Secousses telluriques.* ⇒ **séisme.** ♦ *Secousse musculaire.* ⇒ **convulsion, spasme.** 2 Choc psychologique. « *la musique lui causait de si violentes secousses* » (R. Rolland).

① **secret, ète** adj. - XIIe ; lat. *secernere* « écarter » 1 Qui n'est connu que d'un nombre limité de personnes ; qui est ou doit être caché des autres. *Garder une chose secrète,* la taire. *Dans le secret espoir de. Manœuvres secrètes.* ⇒ **clandestin.** ➝ *Vie secrète,* cachée. ♦ « *Ils vont brûler des documents secrets. Tu parles d'un secret : des ordres que j'ai tapés moi-même* » (Sartre). *Renseignements secrets.* ⇒ **confidentiel.** ➝ *Société secrète. Négociations secrètes.* ♦ *Fonds secrets,* dont un gouvernement peut disposer sans avoir à en rendre compte. ♦ *Services secrets :* services dépendant soit du ministère de l'Intérieur, soit du ministère de la Défense nationale, soit directement du Premier ministre. *Agent secret.* ⇒ **espion.** 2 Qui appartient à un domaine réservé ; qui est impénétrable à cause du mystère qui l'entoure. ⇒ **ésotérique, hermétique ; occulte.** *Rites secrets.* 3 Dissimulé, difficile à trouver. ⇒ **caché.** « *des bêtes sauvages qui cherchent une tanière secrète* » (Baud.). *Escalier secret.* ⇒ **dérobé.** *Tiroir secret.* ♦ *Combinaison secrète d'un coffre-fort.* 4 Qui ne se manifeste pas, qui correspond à une réalité profonde. ⇒ **intérieur.** « *Un livre, c'est la vie secrète de l'auteur* » (Queneau). ➝ *Le sens secret d'un livre.* ⇒ **caché, invisible, mystérieux, obscur.** 5 Qui ne se confie pas, qui se tient sur la réserve. ⇒ **dissimulé, renfermé, réservé.** *Homme secret et silencieux, qui garde tout pour lui.* ✪ CONTR. Apparent, public, visible. Ouvert.

② **secret** n. m. - XIIe 1 Ensemble de connaissances, d'informations qui doivent être réservées à quelques-uns et que le détenteur ne doit pas révéler. *Garder un secret. Confier un secret. Trahir un secret,* le révéler. *Je n'ai pas de secret pour vous :* je ne vous cache rien. ➝ *C'est un secret :* je ne peux vous le dire. ♦ *SECRET D'ÉTAT :* information dont la divulgation, nuisible aux intérêts de l'État, est punie de sanctions. ➝ *Secret-défense :* interdiction de rendre publique toute information qui a trait à la défense nationale. 2 *DANS LE SECRET DE :* au courant de. *Mettre (qqn) dans le secret,* dans la confidence. fam. *Être dans le secret des dieux :* tenir des informations de personnes haut placées, connaître les dessous d'une affaire. 3 Ce qui ne peut pas être connu ou compris. ⇒ **mystère.** « *Ce qui n'a pas de secret n'a pas de charmes* » (France). ➝ *Les secrets de la nature. Le secret de la vie.* 4 Moyen pour obtenir un résultat, connu seulement de quelques personnes qui se refusent à le répandre. « *un secret infaillible pour empêcher la terre de trembler* » (Volt.). ⇒ ① **truc.** *Secret de fabrication. Le secret de la réussite.* ⇒ **recette.** ➝ loc. *Une de ces formules dont il a le secret,* qu'il est seul à trouver. 5 *DANS LE SECRET ; EN SECRET :* dans une situation où l'on n'est pas observé. « *votre cœur m'applaudit en secret* » (Rac.). ⇒ **catimini** (en). 6 *AU SECRET :* dans un lieu caché, sans communication avec l'extérieur. « *être là, prisonnière et comme au secret* » (France). 7 Discrétion, silence sur une chose qui a été confiée ou que l'on a apprise. *Ils se sont rencontrés dans le plus grand secret.* ♦ *Secret professionnel :* obligation de ne pas divulguer des faits confidentiels appris dans l'exercice de la profession. « *nous sommes obligés au secret comme les confesseurs et les médecins* » (Gaut.). ➝ *Secret de l'instruction judiciaire.* ➝ *Secret bancaire.* 8 Mécanisme qui ne joue que dans certaines conditions connues de certaines personnes. *Cadenas à secret.* ✪ CONTR. Révélation.

secrétaire n. - XIVe ; lat. *secretus* « secret » **I** - 1 Celui qui était attaché à une personne de haut rang pour rédiger, transcrire des lettres, dépêches officielles. ♦ *SECRÉTAIRE D'ÉTAT :* personne qui remplit la charge de chef politique d'un département ministériel. *Secrétaire d'État aux Affaires sociales.* ➝ Ministre des Affaires étrangères des États-Unis, du Vatican. ♦ *Secrétaire d'ambassade :* agent diplomatique d'un grade inférieur à celui de ministre, d'ambassadeur. 2 Personne qui rédige certaines pièces, s'occupe de l'organisation et du fonctionnement d'une assemblée, d'une société, d'un service administratif. *Secrétaire du bureau de l'Assemblée nationale.* ➝ *Secrétaire perpétuel de l'Académie française.* ♦ Fonctionnaire ou employé chargé de la direction de certains services. *Secrétaire général de préfecture.* ♦ Fonctionnaire chargé d'un service d'écritures. *Secrétaire de mairie. Secrétaire général(e) :* titre de la personne qui assiste le directeur, organise effectivement le travail dans un organisme. ➝ *Secrétaire de rédaction d'un journal :* journaliste qui assiste le rédacteur en chef. 3 Personne qui écrit, rédige pour le compte de qqn. ♦ Employé(e) chargée d'assurer la rédaction du courrier, de répondre aux communications téléphoniques, etc. « *La secrétaire tapait à la machine une partie importante de la correspondance et les circulaires* » (Aymé). *Secrétaire de direction. Secrétaire médical(e),* qui assiste un médecin, un dentiste. **II** n. m. Meuble à tiroirs destiné à ranger des papiers et qui comprend un panneau qui, rabattu, sert de table à écrire. **III** n. m. Serpentaire*.

secrétairerie n. f. - XVIe 1 Bureau, service d'un secrétaire. 2 Fonction, services du cardinal secrétaire d'État au Vatican.

secrétariat n. m. - XVIe 1 Fonction, poste de secrétaire. *Secrétariat de direction.* 2 Temps de fonction d'un secrétaire. 3 Bureaux, services dirigés par un secrétaire, un secrétaire général. *Passez au secrétariat.* ➝ Le personnel d'un tel service. ➝ *Secrétariat de rédaction.* 4 Métier de secrétaire. *École de secrétariat.*

❑ Suffixe *-at* dans le dérivé d'un mot en *-aire* comme *notariat, commissariat.* → -at (rem.).

secrètement adv. – XIVe 1 D'une manière secrète, en secret. ⇒ **discrètement, furtivement, subrepticement.** *Elle « pleura secrètement de joie »* (Balz.). 2 littér. D'une manière non apparente, sans rien exprimer. *Désirer secrètement la venue de qqn.* ✪ CONTR. Ouvertement.

secréter v. tr. 6 – XVIIIe ; de *secret,* nom de la préparation utilisée ▪ Frotter (des peaux, des poils) avec une solution de nitrate de mercure.

sécréter v. tr. 6 – XVIIIe 1 Produire par sécrétion. *Glandes qui sécrètent des hormones.* 2 Laisser couler lentement. ⇒ **distiller, exsuder.** *« les murs peints de couleurs sans nom, sécrètent une sueur visqueuse »* (Duham.). ♦ *« Chaque famille sécrète un ennui intérieur et spécifique »* (Valéry). ⇒ **distiller.**

sécréteur, euse ou **trice** adj. – XVIIIe ▪ Qui opère la sécrétion, sert à la sécrétion.

sécrétine n. f. – 1902 ; de *sécrétion* ▪ Hormone produite par la muqueuse du duodénum.

sécrétion n. f. – XVIIIe ; lat. *secernere* « rejeter » 1 Phénomène physiologique par lequel un tissu produit une substance spécifique. *Glandes à sécrétion interne* (⇒ **endocrine**), *externe* (⇒ **exocrine**). *Sécrétion du suc gastrique par l'estomac.* ➝ *Sécrétion de la résine.* 2 Substance ainsi produite.

sécrétoire adj. – XVIIIe ▪ Qui a rapport à la sécrétion.

sectaire n. et adj. – XVIe 1 Adhérent intolérant d'une secte religieuse. 2 Personne qui professe des opinions étroites, fait preuve d'intolérance. ➝ adj. *Un partisan sectaire.* ⇒ **fanatique, intolérant.** ➝ *Une attitude sectaire.* ✪ CONTR. Éclectique, libéral, tolérant.

❑ Ce mot a signifié autrefois « protestant ». ♦ L'emploi de *sectaire* est aujourd'hui gêné par l'importance sociale des *sectes.*

sectarisme n. m. – XIXe ▪ Attitude sectaire. ⇒ **intolérance.** ✪ CONTR. Libéralisme.

sectateur, trice n. – XVe ▪ vx Personne qui professe les opinions d'un philosophe, les croyances d'une secte. ⇒ **adepte, partisan, séide.**

secte n. f. – XVIe ; lat. *sequi* « suivre » 1 Groupe organisé de personnes qui ont la même doctrine au sein d'une religion. *Membre, adepte d'une secte. « Toutes les religions et les sectes du monde ont eu la raison naturelle pour guide »* (Pasc.). ♦ Communauté fermée d'intention spiritualiste, où des guides exercent un pouvoir absolu sur les membres. *Le gourou de la secte.* 2 péj. Coterie, clan.

secteur n. m. – XVIe ; lat. *secare* « couper » 1 *Secteur circulaire :* portion de la surface d'un cercle délimitée par deux rayons et l'arc correspondant. *Secteur sphérique :* portion du volume d'une sphère limité par un angle solide. ♦ Partie d'une piste d'un disque de mémoire d'ordinateur pouvant contenir un bloc d'informations. 2 Instrument ou dispositif comportant une portion de surface de cercle. *Secteur astronomique :* instrument d'astronomie formé d'un arc de 20° à 30° muni d'une lunette. 3 Partie d'un front ou d'un territoire qui constitue le terrain d'opérations d'une unité. *« Ils tenaient le secteur entre les fusiliers et les zouaves »* (Cocteau). 4 fam. Endroit, lieu. ⇒ **coin.** *Il va falloir changer de secteur.* 5 Division artificielle d'un territoire. ⇒ **zone.** *Prospection commerciale organisée par secteurs.* ➝ Subdivision administrative d'une ville. ♦ Subdivision d'un réseau de distribution d'électricité. *Panne de secteur,* qui affecte tout le secteur. ➝ *Brancher un appareil sur le secteur,* l'alimenter à partir du réseau alternatif. ♦ Zone, partie d'un ensemble caractérisée par la présence d'un phénomène particulier. *Secteur chaud d'un cyclone.* ♦ Subdivision d'une partie d'organe parenchymateux. *Les secteurs des lobes droit et gauche du foie.* 6 Regroupement d'activités, d'entreprises ayant certaines caractéristiques communes. *Secteur privé :* ensemble des entreprises privées. *Secteur public :* ensemble des entreprises dans lesquelles l'État exerce une influence prépondérante. *Secteur nationalisé.* ♦ Ensemble d'entreprises exerçant la même activité principale ; cette activité. ⇒ aussi **branche.** *Secteur du textile, de l'automobile. Un secteur en difficulté.* 7 Domaine ; partie. *Ces nombres « ne représentent aujourd'hui qu'un petit secteur de la science des nombres »* (Sartre).

section n. f. – XVIe ; lat. *secare* « couper » I - 1 Figure engendrée par l'intersection de deux autres. *Section plane d'un volume :* figure constituée par l'intersection de ce plan et de ce volume. ➝ *Point de section :* point commun à deux lignes qui se coupent. ⇒ **intersection.** 2 Surface, forme que présente une chose coupée selon un plan transversal. ⇒ **profil.** *Tuyau de 3 cm de section.* ⇒ **diamètre.** *« un pelage d'herbes de section cylindrique »* (Tournier). 3 Représentation graphique d'un ensemble artificiel complexe qu'on suppose coupé selon un plan vertical perpendiculaire à la longueur. ⇒ ② **coupe.** *Section transversale d'un moteur.* 4 Action de couper ; fait, manière d'être coupé. *Section accidentelle de la moelle épinière.* ➝ Aspect qu'une chose présente à l'endroit où elle est coupée. ⇒ **coupure.** *Section nette.* II - 1 Élément, partie. *Section locale d'un parti politique.* ⇒ **cellule.** ♦ *Section électorale :* dans une grande ville, groupe d'électeurs qui votent dans un même bureau. ♦ *Section littéraire, scientifique* (dans un lycée). ♦ Subdivision d'une compagnie ou d'une batterie, qui comprend de trente à quarante soldats. ♦ *Section homogène :* partie d'une entreprise, d'un atelier où le coût est proportionnel à une unité d'œuvre. 2 Partie (d'un ouvrage). *Chapitres divisés en sections.* ⇒ **paragraphe.** 3 Partie (d'un trajet). *Section d'une route.* ➝ Partie (d'une ligne d'autobus, de tramway) qui constitue une unité pour le calcul du prix du trajet. 4 *Section rythmique d'un orchestre de jazz :* ensemble des instruments qui marquent le rythme. 5 *Section efficace :* en physique nucléaire, mesure de la probabilité d'interaction d'une particule avec une autre particule ou avec un noyau déterminé.

sectionnement n. m. – XIXe 1 Division en plusieurs sections (II), en plusieurs éléments. *Sectionnement d'une circonscription électorale.* 2 Opération qui consiste à couper net ; fait d'être coupé, tranché. *La bouture « semble succomber à son sectionnement brutal »* (Colette).

sectionner v. tr. 1 – XIXe 1 Diviser en plusieurs sections. ⇒ **fractionner.** *Sectionner un département en quatre circonscriptions électorales.* 2 Couper net. *« je sectionne l'orteil atteint de gangrène »* (Cendrars). ➝ Couper accidentellement. *Il a eu un doigt sectionné par la machine.* 3 pronom. Se diviser en plusieurs éléments ; être coupé.

sectionneur n. m. – 1924 ▪ Appareil qui sert à couper le courant sur une section de ligne électrique pour y permettre les réparations. ⇒ **disjoncteur.**

sectoriel, ielle adj. – 1963 1 Relatif, appliqué à un secteur. *Revendications sectorielles.* ⇒ **catégoriel.** 2 En forme de secteurs de cercles ; relatif aux secteurs.

sectorisation n. f. – v. 1960 ▪ Organisation, répartition par secteurs. *Sectorisation universitaire.*

sectoriser v. tr. 1 – v. 1960 ▪ Organiser, répartir par secteurs.

séculaire adj. – XVIIe ; lat. *sæculum* « siècle » 1 Qui a lieu tous les cent ans. *Année séculaire,* qui termine le siècle. 2 littér. Qui date d'un siècle, qui dure depuis un siècle. ⇒ **centenaire.** « *Des habitations trois fois séculaires y sont encore solides* » (Balz.). ➝ Qui existe, dure depuis des siècles. « *l'antagonisme séculaire de la petite propriété et de la grande* » (Zola).

❑ Ne pas confondre avec *séculier* « du monde profane », de même origine.

sécularisation n. f. – XVIe 1 Passage (d'une communauté régulière, d'un religieux) à la vie séculière ou à la vie laïque. ⇒ **laïcisation.** 2 Passage (d'un bien de communauté religieuse ou d'établissement ecclésiastique) dans le domaine de l'État ou à une personne morale de droit public. ➝ *Sécularisation de l'enseignement public :* laïcisation. 3 Autorisation pour un religieux de porter l'habit séculier.

séculariser v. tr. 1 – XVIe 1 Faire passer de l'état régulier à l'état séculier. ➝ *Une religieuse sécularisée.* 2 Faire passer (un bien, une fonction) de l'état ecclésiastique à l'état laïque.

séculier, ière adj. – XIIIe ; lat. *sæculum* « monde » 1 Qui appartient au « siècle », à la vie laïque (opposé à *ecclésiastique*). ⇒ **temporel.** *Tribunaux séculiers.* 2 Qui vit dans le siècle, dans le monde (opposé à *régulier*). *Clergé séculier.* ➝ n. m. Prêtre séculier (opposé à *moine, religieux*).

❑ Ne pas confondre avec *séculaire* « qui dure depuis un ou plusieurs siècles », de même origine.

secundo [səgɔ̃do] adv. – XVe ; mot lat. ▪ Secondement, en second lieu (dans une énumération commençant par *primo*). ⇒ **deuxièmement,** fam. **deuzio.**

sécurisant, ante adj. – v. 1960 ▪ Propre à apporter un sentiment apaisant de sécurité. ⇒ **rassurant.** ✪ CONTR. Angoissant.

sécuriser v. tr. 1 – v. 1968 1 Apporter un sentiment de sécurité, de confiance en soi à. ⇒ **rassurer.** *Se sentir sécurisé.* 2 Accroître la sécurité de. *Sécuriser le transport de fonds.*

sécurit [sekyʀit] n. m. – 1959 ; marque déposée ▪ Verre de sécurité, qui se brise en très petits morceaux.

sécuritaire adj. – 1983 ▪ Qui tend à privilégier les problèmes de sécurité publique.

sécurité n. f. – XIIe ; lat. *securus* « sûr » 1 État d'esprit confiant et tranquille de qqn qui se croit à l'abri du danger. ⇒ **assurance,** ① **calme, confiance, tranquillité.** « *une expression d'abandon, de sécurité totale* » (Mart. du G.). ➝ loc. *En toute sécurité :* en éprouvant une entière sécurité. 2 Situation, état tranquille qui résulte de l'absence réelle de danger. *Rechercher la sécurité de l'emploi. Veiller sur la sécurité de qqn.* ⇒ **défendre, protéger.** ➝ *EN SÉCURITÉ :* à l'abri du danger, en sûreté. 3 Organisation, conditions matérielles, économiques, politiques, propres à créer un tel état ; la situation ainsi obtenue. ⇒ **ordre.** *Assurer la sécurité dans un territoire. Prendre des mesures de sécurité.* ➝ (En France) *Compagnies républicaines de sécurité :* formations mobiles mises à la disposition des préfets pour assurer l'ordre (⇒ **C.R.S.**). ➝ *Sécurité militaire :* service chargé d'assurer la protection de l'institution militaire contre la subversion. ♦ *Sécurité publique. Sécurité routière :* ensemble de mesures destinées à assurer la protection des usagers de la route. ➝ *Conseil de sécurité :* un des organes principaux de l'O.N.U. 4 *SÉCURITÉ SOCIALE :* organisation destinée à garantir les travailleurs et leurs familles contre les risques susceptibles de réduire leur capacité de gain, à couvrir les charges de maternité et les charges de famille qu'ils supportent. *Numéro d'immatriculation à la Sécurité sociale.* ♦ Ensemble des régimes assurant la protection des personnes contre les différents risques sociaux. *Régime général de la Sécurité sociale.* ➝ abrév. fam. *SÉCU.* 5 *DE SÉCURITÉ,* se dit de choses capables d'assurer la sécurité. ⇒ **sûreté.** *Cran de sécurité d'une arme. Ceinture de sécurité* (pour automobiliste). ✪ CONTR. Insécurité.

sedan n. m. – XIXe ▪ Drap fin et uni, fabriqué à l'origine à Sedan.

sédatif, ive adj. et n. m. – XIVe ; lat. *sedare* « calmer » ▪ Qui calme, modère l'activité d'un organe ou d'un appareil. « *Un produit sédatif, légèrement hypnotique* » (Duham.).

sédation n. f. – XIVe ▪ Apaisement au moyen d'un sédatif. *Sédation de la douleur.*

sédentaire adj. et n. – XVe ; lat. *sedere* « être assis » 1 Qui se passe, s'exerce dans un même lieu ; qui n'entraîne aucun déplacement. « *L'étude des mathématiques, qui suppose une vie sédentaire* » (Dider.). 2 Qui ne quitte guère son domicile. ⇒ **casanier,** fam. **pantouflard.** « *j'ai besoin d'exercice. Je suis trop sédentaire et je deviens poussif* » (Duham.). 3 Fixe, attaché à un lieu. *Commerçant sédentaire* (opposé à *forain*). *Troupes sédentaires* (opposé à *mobile*). ➝ Qui vit dans un lieu fixe. *Population sédentaire.* ♦ *Les sédentaires et les nomades.* ✪ CONTR. Ambulant, ① errant, nomade.

sédentariser v. tr. 1 – 1910 ▪ Rendre sédentaire. ⇒ **fixer.** ➝ *Nomades sédentarisés.*

sédentarité n. f. – XIXe ▪ État de ce qui est sédentaire. *Sédentarité et nomadisme.*

sédiment n. m. – XVIe ; lat. *sedere* « séjourner » 1 Dépôt de matières en suspension ou en dissolution dans un liquide. *Sédiments organiques de l'urine.* 2 Ensemble constitué par la réunion de particules séparément précipitées, ou déposées après transport. ⇒ **colluvion, couche, formation ; roche.** *Sédiments glaciaires, fluviaux.* ⇒ **alluvions.**

sédimentaire adj. – XIXe ▪ Produit ou constitué par un sédiment. *Roches sédimentaires.*

sédimentation n. f. – XIXe 1 Formation de sédiment. *Sédimentation sanguine :* dépôt des globules rouges du sang rendu incoagulable, au fond du tube où il est laissé en repos. *Vitesse de sédimentation.* 2 Formation, mode de formation des sédiments.

sédimenter v. tr. 1 – mil. XXe ▪ Former par sédimentation.

sédimentologie n. f. – mil. XXe ▪ Étude des roches sédimentaires et de leur formation.

séditieux, ieuse adj. et n. – XIVe 1 Qui prend part à une sédition, est disposé à faire une sédition. ⇒ **factieux, insoumis.** *Officiers séditieux.* ➝ « *le séditieux ! Ce sont ses propos sur le gouvernement qui l'ont mené là* » (Hugo). ⇒ **agitateur.** 2 Qui tend à la sédition. *Actes, écrits séditieux.*

sédition n. f. – XIIIe ; lat. ▪ Révolte concertée contre l'autorité publique. ⇒ **insurrection.** « *l'esprit de sédition contre les doctrines religieuses et monarchiques* » (Balz.). ⇒ ③ **fronde, indiscipline.**

séducteur, trice n. et adj. – XIVe ▪ Celui qui séduit, fait habituellement des conquêtes. ⇒ **don Juan, tombeur.** Un conte « *de mari berné, de séducteur caché dans un cuveau* » (Yourcenar). ➝ Personne séduisante. *Une séductrice.* ⇒ **sirène, vamp.** ♦ Se dit de qqn dont le comportement est déterminé par le souci de plaire. ⇒ **charmeur.**

❑ *Séducteur* est souvent péjoratif, alors que *séduisant* ne l'est pas.

séduction n. f. – XIIe 1 Action de séduire, d'entraîner. ⇒ **attirance, ensorcellement, fascination.** « *la puissance de séduction qu'exercent sur nous les actions héroïques* » (Balz.). *Exercer une séduction irrésistible.* 2 Moyen de séduire ; charme ou attrait. ⇒ **agrément,** ② **ascendant.** « *vantant les séductions alpestres du pays* » (Maupass.). *Les séductions de la nouveauté.* ✪ CONTR. Répugnance.

séduire v. tr. 38 – XVe ; lat. *seducere* « séparer » 1 vx Détourner du bien, du droit chemin. ⇒ **corrompre, suborner.** 2 littér. Amener (une femme) à des rapports sexuels hors mariage. ⇒ **débaucher, déshonorer.** ➛ *Séduite et abandonnée.* 3 vieilli Détourner du vrai, faire tomber dans l'erreur. ⇒ **abuser, égarer, tromper.** *Être séduit par des apparences.* 4 Convaincre avec l'intention de créer l'illusion, en employant tous les moyens de plaire. ⇒ **conquérir.** « *Toutes ces femmes parées voulaient plaire, séduire, et tenter qqn* » (Maupass.). ⇒ **appâter, enjôler, entortiller, vamper.** ➛ « *La volonté de séduire, c'est-à-dire de dominer* » (Colette). 5 Attirer de façon puissante, irrésistible. ⇒ **attacher, captiver, charmer, entraîner,** ② **fasciner, plaire.** « *ce qui pouvait me séduire dans la Maçonnerie* » (Romains). *Son projet a séduit tout le monde.* ✪ CONTR. Déplaire, rebuter.

séduisant, ante adj. – XVIe 1 Qui séduit, ou peut séduire grâce à son charme, ou en employant les moyens de plaire. « *un homme très séduisant, presque irrésistible* » (Maupass.). 2 Qui attire fortement. *Beauté séduisante.* ⇒ **enchanteur, enivrant.** *Visage séduisant.* ➛ Qui plaît, tente. *Propositions séduisantes.* ⇒ **attrayant, tentant.**

❑ Pour le sens → séducteur (rem.).

sedum [sedɔm] n. m. – XVIIIe ; mot lat. « joubarbe » ■ Orpin*.

séfarade n. et adj. – XIXe ; hébr. *Sefarad* « Espagne » ■ Juif d'Espagne et du Portugal, au Moyen Âge. ➛ Membre d'une communauté juive d'un pays méditerranéen (hors Israël). *Les juifs séfarades et ashkénazes.*

❑ On écrit aussi *sépharade.*

ségala n. m. – XIXe ; de *seigle* ■ Terre à seigle des plateaux, dans le Massif central.

seghia → **seguia**

segment n. m. – XVIe ; lat. *secare* « couper » 1 Portion, partie détachée d'un ensemble. ♦ *Segment de droite* : ensemble des points d'une droite compris entre deux points donnés de la droite. *Segment de sphère* : portion de sphère comprise entre deux plans parallèles. ♦ Unité minimale dans certaines techniques d'analyse linguistique. ♦ Population présentant des caractéristiques communes. *Segment de marché.* 2 Partie (d'un organe) distincte des autres. *Segments des membres des insectes.* ⇒ **article.** ➛ Chez les annélides, les arthropodes, Chacune des parties successives du corps qui présentent à peu près la même structure. ⇒ **métamère.** 3 *Segment de piston* : anneau élastique logé dans la paroi d'un piston et destiné à assurer l'étanchéité dans le cylindre. ➛ *Segment de frein* : pièce en forme de croissant sur laquelle est rivée une garniture qui frotte contre le tambour du frein. 4 Partie d'un programme informatique dont l'exécution ne requiert pas la disponibilité en mémoire des autres parties du programme.

segmentaire adj. – XIXe ■ Qui concerne un segment, une partie d'organe.

segmental, ale, aux adj. – mil. XXe ■ didact. Relatif à un segment. *Trait pertinent segmental,* appartenant à un phonème (opposé à *suprasegmental*).

segmentation n. f. – XIXe 1 Division en segments. ⇒ **fractionnement, fragmentation.** ♦ Découpage (d'un programme informatique) en segments. 2 Première phase de l'ontogenèse. 3 Classification d'individus en groupes homogènes sur la base de certains critères.

segmenter v. tr. 1 – XIXe 1 Partager en segments. ⇒ **découper.** 2 pronom. Se diviser, être divisé. *Œuf qui se segmente.*

ségrairie n. f. – XVIIe ■ Possession indivise d'un bois ; ce bois.

ségrais n. m. – XVIIe ; lat. *secretus* « séparé, secret » ■ Bois séparé des grands bois, exploité à part.

ségrégatif, ive adj. – XIXe ■ Qui tient de la ségrégation, entraîne une séparation.

ségrégation n. f. – XVIe ; lat. *segregare* « séparer du troupeau (*grex*) » 1 Action de mettre à part ; le fait de séparer. 2 *Ségrégation raciale* : séparation absolue, organisée et réglementée, de la population de couleur d'avec les Blancs. ⇒ **apartheid.** « *La ségrégation a amené aussitôt la discrimination* » (Beauv.). ➛ Séparation de personnes, de groupes sociaux ou de collectivités, suivant la condition sociale, le niveau d'instruction, l'âge, le sexe. *Ségrégation scolaire.* ✪ CONTR. Déségrégation.

❑ De même origine que *grégaire* et *agrégé.*

ségrégationnisme n. m. – v. 1950 ■ Politique de ségrégation raciale.

ségrégationniste adj. et n. – v. 1950 1 Partisan de la ségrégation raciale. 2 Relatif à la ségrégation. *Troubles ségrégationnistes.* ➛ Où règne la ségrégation. *Pays ségrégationniste.* ✪ CONTR. Antiségrégationniste, intégrationniste.

ségréguer v. tr. 6 – 1954 ■ Séparer par la ségrégation. ➛ fig. Séparer, mettre à part.

❑ La forme de ce verbe imitée de la prononciation de *ségrégation* est abusive et devrait être °*segréger* (sur le modèle de *agrégation / agréger*).

séguedille n. f. – XVIIe ; esp. *seguida* « suite » ■ Danse espagnole, sur un rythme à trois temps ; musique et chant qui l'accompagnent. « *un joueur de guitare qui chantonnait des séguédilles* [sic] » (Dumas).

seguia ou **seghia** [segja] n. f. – XIXe ; mot ar. ■ Canal d'irrigation, en Afrique du Nord.

① **seiche** n. f. – XIIe ; gr. *sêpia* ■ Mollusque céphalopode à coquille interne en forme de bouclier *(os de seiche),* pourvu d'une poche à encre sécrétant un liquide brun foncé qu'il peut projeter pour s'abriter en cas d'attaque. ⇒ **calmar.** ✪ HOM. Sèche (sec).

❑ Cet animal fournit la *sépia,* matière colorante employée dans les dessins, les lavis. ♦ Son corps est entièrement bordé d'une nageoire ondulante, ce qui n'est pas le cas du *calmar,* mollusque voisin.

② **seiche** n. f. – XVIIIe ; de *sec* ■ Oscillation de la mer dans un golfe fermé ou de l'eau dans un lac. ➛ Onde superficielle stationnaire dans un liquide contenu entre deux parois.

séide n. m. – XIXe ; ar. *Zayd,* personnage de la tragédie de Voltaire « Mahomet » ■ Adepte fanatique des doctrines et exécutant aveugle des volontés (d'un maître, d'un chef). ⇒ **sectateur.** « *elle était faite pour électriser le monde et pour créer des séides* » (Chateaub.).

seigle n. m. – XIIIe ; lat. *secale,* ou a. provenç. *segle* 1 Céréale dont les grains produisent une farine brune. « *les* *avoines bleuissaient, tandis que les seigles frémissants avaient des reflets violâtres* » (Zola). 2 Grain du seigle ; farine qu'on en tire. *Pain de seigle.*

seigneur n. m. – XIIIe ; lat. *senior* « aîné » 1 Celui de qui dépendaient des terres, des personnes ; le maître, dans le système des relations féodales. ⇒ **suzerain.** *Les seigneurs féodaux et leurs vassaux. Possessions, terres d'un seigneur.* ⇒ **fief, seigneurie.** *Petit seigneur.* ⇒ **hobereau.** ♦ loc. *Seigneur et maître :* celui qui a une autorité absolue. plais. *Mon seigneur et maître :* mon mari. 2 Titre honorifique donné jusqu'à la fin de l'Ancien Régime aux personnages de haut rang. ⇒ **gentilhomme, grand, noble.** ➝ *GRAND SEIGNEUR :* personne qui agit ou prétend agir noblement. « *la ponctualité d'un grand seigneur anglais* » (Stendh.). *Être grand seigneur :* être très généreux, ou dépenser sans compter et de façon ostentatoire. ♦ Dans la langue classique, Terme de civilité. ⇒ **monsieur.** 3 Maître. ⇒ **prince.** *Les « seigneurs des sciences et de la politique »* (Duham.). 4 Dieu. *Notre-Seigneur Jésus-Christ.* ➝ interj. *Seigneur Dieu !* ✪ HOM. Saigneur.

❑ En ancien français, ce mot se présentait sous les formes *sire* (cas sujet) et *seigneur* (cas régime).

seigneuriage n. m. – XIIIe ▪ Droit du seigneur. ➝ Droit de battre monnaie.

seigneurial, iale, iaux adj. – XVe 1 Du seigneur. *Les « architectes des "petits appartements" royaux et seigneuriaux »* (Hugo). 2 Digne d'un seigneur. ⇒ **magnifique, noble, princier.**

seigneurie n. f. – XIIe 1 Pouvoir, droits du seigneur. 2 Terre d'un seigneur. ⇒ **fief.** « *agrandir les bornes de leur seigneurie* » (Ronsard). 3 Droits féodaux d'une terre seigneuriale. ⇒ **mouvance.** 4 Titre donné à certains dignitaires. *Sa Seigneurie.*

seille n. f. – XIIe ; lat. *situla* « seau » ▪ vx ou région. Seau en bois ou en toile. « *la seille montait en se balançant* » (Giono).

seillon n. m. – XIVe ▪ vx ou région. Baquet peu profond pour recueillir le vin qui s'égoutte, au soutirage. ✪ HOM. Sayon.

sein n. m. – XIIe ; lat. *sinus* « pli, courbe » 1 littér. La partie antérieure du thorax humain, où se trouvent les mamelles. ⇒ **poitrine.** *Serrer qqn sur, contre son sein.* ➝ fig. Cœur. ♦ *Le sein de Dieu :* le paradis. « *Le Dieu qui a créé l'homme recevra, après la mort terrestre, ce chef-d'œuvre dans son sein* » (Lautréam.). ➝ *Le sein de l'Église :* la communion des fidèles de l'Église catholique. 2 vx Poitrine (de la femme). « *Couvrez ce sein que je ne saurais voir* » (Mol.). ➝ mod. *Donner le sein à un enfant,* l'allaiter. *Enfant nourri au sein.* 3 Chacune des mamelles de la femme. ⇒ **téton ;** fam. **lolo, néné, nichon, robert.** *Une paire de seins.* ⇒ fam. **doudounes, rotoplots.** *Avoir de gros seins, de beaux seins. Soutien-gorge pour soutenir les seins. Bouts des seins.* ⇒ **mamelon ; aréole.** *Les seins contiennent les glandes mammaires.* ♦ Cet organe, très peu développé, chez l'homme. « *tatoué au sein gauche d'une ancre* » (Loti). 4 vieilli ou littér. Partie du corps de la femme où elle porte l'enfant qu'elle a conçu. ⇒ **utérus, ventre ;** littér. **entrailles, flanc.** « *Songez qu'une barbare en son sein l'a formé* » (Rac.). 5 littér. La partie intérieure, intime, le milieu de. *Le sein de la terre.* ♦ *AU SEIN DE ; dans le sein de :* au plus profond, au milieu de. « *d'heureux amants nageant dans le sein des délices* » (Rouss.). ➝ Dans le cadre de. *Les clauses de paix discutées « au sein d'une Société universelle des Nations »* (Mart. du G.). ✪ HOM. Sain, saint, seing ; cinq.

seine n. f. – XVIIe ; gr. ▪ Filets de pêche disposés en nappe et formant un demi-cercle. ✪ HOM. Cène, saine (sain), scène, sen.

seing [sɛ̃] n. m. – XIVe ; lat. *signum* 1 vx Signature. 2 *SEING PRIVÉ :* signature d'un acte non reçu par un notaire. *Acte sous seing privé.* ✪ HOM. Sain, saint, sein ; cinq.

❑ La graphie de ce mot conserve la trace de l'ancienne diphtongue nasale et le g de *signe,* pour aider à la distinction homonymique.

séisme n. m. – 1904 ; gr. *seiein* « secouer » ▪ Ensemble des secousses, des déformations brusques de l'écorce terrestre qui constituent un tremblement de terre.

séism(o)- → **sism(o)-**

seize adj. numér. inv. et n. m. inv. – XIIe ; lat. *sex* « six » et *decem* « dix » 1 adj. numér. card. Nombre entier naturel équivalant à dix plus six (16 ; XVI). « *la mélancolie que l'on a à seize ans* » (Stendh.). *Film tourné en 16 millimètres.* ➝ *Soixante-seize.* « *un beau paquebot de seize mille tonnes* » (Romains). 2 adj. numér. ord. Seizième. *Louis XVI. Le 16 mai. Le train de 16 h 05.* 3 n. m. inv. Le chiffre, le numéro 16. *Deux fois huit, seize.* ➝ *Avoir (un) 16 à un examen.* ♦ *Habiter (au) 16, rue de... Il fallait jouer le 16.*

❑ Le z n'est pas vraiment justifié (cf. l'ancienne graphie *seise*) mais il est ressenti comme marque visuelle des noms de nombre par analogie avec *onze, quatorze, quinze,* où ce z est indispensable. Le z a ensuite été étendu à l'ensemble de la série comme graphie caractéristique (cf. *douze* et *treize*).

seizième adj. et n. – XVIIe 1 adj. numér. ord. Qui suit le quinzième. *Le XVIe siècle* (⇒ **seiziémiste**). *Le XVIe arrondissement de Paris.* ➝ *Arriver (le, la) seizième à la course.* ♦ *Soixante-seizième* (76e). 2 adj. fractionnaire Se dit d'une partie d'un tout également divisé ou divisible en seize. ➝ n. m. *Quinze seizièmes* (15/16). ➝ *Seizième de finale :* phase éliminatoire opposant deux à deux les trente-deux concurrents ou équipes qualifiés lors des trente-deuxièmes de finale.

seizièmement adv. – XVIIIe ▪ En seizième lieu (16°).

seiziémiste n. – mil. XXe ▪ Spécialiste de l'histoire de la langue et de la littérature du XVIe siècle.

❑ On trouve aussi la forme *seizièmiste.*

séjour n. m. – XVe 1 Le fait de séjourner, de demeurer un certain temps en un lieu. ⇒ **résidence.** *Séjour forcé. Taxe de séjour.* 2 Temps où l'on séjourne. *Séjour à l'hôtel. Séjour d'été à la campagne.* ⇒ **villégiature.** « *Je n'avais pas l'intention d'y faire un long séjour* » (Mérimée). *Prolonger son séjour. Pendant notre séjour.* 3 *(SALLE DE) SÉJOUR :* pièce où l'on se tient habituellement. ⇒ **living-room, vivoir.** 4 littér. Le lieu où l'on séjourne, où l'on demeure pendant un certain temps. ⇒ **demeure, habitation.** *Séjour enchanteur.* ➝ vx *Le séjour éternel.* ⇒ **ciel, paradis.** *Le séjour des dieux, des morts.*

séjourner v. intr. [1] – XVIe ; lat. *diurnus* « de jour » 1 Rester assez longtemps dans un lieu pour y avoir sa demeure sans toutefois y être fixé. ⇒ **demeurer, habiter.** « *Rousseau n'a séjourné que peu de temps à Ermenonville* » (Nerval). 2 Rester longtemps à la même place. *La neige séjourne dans les creux.* ✪ CONTR. Passer.

sel n. m. – XIIe ; lat. *sal* 1 Substance blanche, friable, soluble dans l'eau, d'un goût piquant, et qui sert à l'assaisonnement et à la conservation des aliments. « *ce chlorure de sodium, qui n'est autre que le sel marin* » (J. Verne). *Mine de sel.* ➝ *Sel fin, de table,* produit par évaporation des saumures. *GROS SEL :* sel en cristaux assez gros. *Bœuf gros sel,* cuit dans son bouillon et servi avec du gros sel. ➝ *Grain de sel. Pincée de sel.* « *c'est insipide telle une soupe sans poivre ni sel* » (Céline). *Régime sans sel.* ➝ *Ancien* *impôt sur le sel.* ⇒ **gabelle.** loc. *Être changé en statue de sel :* être pétrifié, médusé. *Le sel de la terre :* l'élément actif, vivant, l'élite. ♦ *Sel de céleri.* 2 Ce qui donne du piquant, de l'intérêt. « *L'estime pour l'ennemi est le sel de la guerre* » (Alain). ➛ Ce qui donne un intérêt vif et piquant aux discours, aux ouvrages de l'esprit. ⇒ **esprit, finesse, gaieté, piment,** ② **piquant.** *Une plaisanterie pleine de sel. Cela ne manque pas de sel.* 3 Un des éléments (avec le soufre, le mercure), dans la doctrine de Paracelse. *Les acides, les alcalis et les sels.* ➛ Solide soluble et ininflammable produit par une évaporation de liquide. ♦ *Sels médicinaux. Sels de bain.* « *fleurant le bain aux sels et les crèmes de beauté* » (Simenon). *Sel d'Epsom, d'Angleterre, de Sedlitz,* ou *sel de magnésie :* sulfate de magnésium. *Sel de Glauber :* sulfate de sodium. *Sel d'oseille :* oxalate acide de potassium. *Sel de Vichy :* bicarbonate de sodium. ➛ *Sel volatil* ou *sels anglais :* carbonate d'ammonium officinal. *Respirer des sels.* 4 Composé chimique dans lequel l'hydrogène d'un acide a été remplacé par un métal. *Sels minéraux. Sels d'argent, d'or.* ♦ *Sels biliaires,* contenus dans la bile. ✪ HOM. Celle (celui), selle.

❑ Les mots de la même famille étymologique sont formés sur *sal-* (*saler, salière, salin, saloir* ou encore *salade, salaire,* démotivés), certains avec l'initiale *sau-* (*sauce, saucisse, saumure, saupoudrer*).

sélacien, ienne adj. et n. m. – XIXe ; gr. *selakhos* « poisson cartilagineux » ▪ Cartilagineux. ➛ n. m. pl. Sous-ordre de poissons cartilagineux dépourvus de vessie natatoire, à la peau recouverte d'écailles en plaques. *Les requins, les raies sont des sélaciens.*

sélaginelle n. f. – XIXe ; lat. ▪ Plante cryptogame vasculaire à fines feuilles denticulées terminées par une épine.

sélect, ecte ou (inv.) **select** [selɛkt] adj. – XIXe ; lat. *selectus* ▪ fam. et vieilli Choisi, distingué. ⇒ **chic, élégant.** « *Cette plage était l'endroit select, le plus ultra-chic de l'Allemagne du Nord* » (Céline). *Des réceptions sélectes* (ou *select*).

sélecteur, trice n. m. et adj. – 1905 **I** n. m. 1 Dispositif composé d'un relais électromagnétique, servant à sélectionner des cartes dans une machine à cartes perforées. 2 Pédale de changement de vitesse d'une motocyclette. 3 Commutateur à plusieurs directions. *Sélecteurs d'un central téléphonique.* **II** adj. Qui sélectionne. *Gène sélecteur.*

sélectif, ive adj. – XIXe 1 Qui constitue une sélection, un choix ; qui opère une sélection. *Mémoire sélective.* 2 *Circuit sélectif,* opérant un filtrage de type passe-bande centré sur une fréquence d'accord. *Récepteur sélectif,* permettant d'éliminer au mieux le brouillage produit par des stations voisines d'une station captée.

sélection n. f. – XVIIe ; lat. *seligere* « choisir » **I - 1** Action de choisir les objets, les individus qui conviennent le mieux. *Faire une sélection parmi des candidats. Critères de sélection. Sélection professionnelle.* ♦ *Match, épreuve de sélection.* 2 Opération par laquelle on dirige une impulsion vers l'un des deux organes d'un système binaire. ♦ Opération par laquelle le locuteur choisit une unité sur l'axe paradigmatique. 3 Ensemble des choses choisies. *Une sélection de films. Notre sélection du mois.* **II** Choix, au sein d'un groupe, des individus présentant un avantage, en fonction des critères adoptés. *Sélection expérimentale.* ➛ *Sélection dans l'espèce humaine.* ⇒ **eugénique.** ♦ SÉLECTION NATURELLE : théorie de Darwin sur l'évolution, selon laquelle l'élimination naturelle des individus les moins forts, les moins aptes permet à l'espèce de se perfectionner. ✪ CONTR. Panmixie.

sélectionné, ée adj. – 1928 1 Qui a été choisi après une épreuve, une compétition, un examen, pour participer à une autre épreuve. *Candidats sélectionnés pour un concours.* 2 Qui a été trié, choisi. *Semences sélectionnées.*

sélectionner v. tr. [1] – XIXe ▪ Choisir par sélection. *Sélectionner des athlètes pour un championnat.*

sélectionneur, euse n. – 1923 1 Personne dont le métier est de sélectionner. *Sélectionneur de graines.* 2 Personne qui s'occupe de sélection professionnelle. *Sélectionneur qui fait passer des tests.* ♦ Personne qui sélectionne les sportifs. *Le sélectionneur de l'équipe de France.*

sélectivement adv. – XIXe ▪ D'une manière sélective, par une sélection.

sélectivité n. f. – 1933 1 Aptitude d'un composé chimique à opérer un choix parmi les partenaires possibles d'une réaction. ⇒ **spécificité.** 2 Qualité d'un récepteur capable de distinguer, par une discrimination des fréquences, le signal cherché des signaux de fréquences voisines.

-sélène → **séléno-**

séléniate n. m. – XIXe ▪ Sel de l'acide sélénique.

sélénieux adj. m. – XIXe ▪ Se dit d'un acide du sélénium qui se présente en cristaux, et de l'oxyde (anhydride) correspondant.

sélénique adj. m. – XIXe ▪ Se dit d'un acide du sélénium, liquide huileux, et de l'anhydride correspondant.

① **sélénite** n. m. – XIXe ▪ Sel de l'acide sélénieux.

② **sélénite** n. et adj. – XIXe ; gr. *selênê* « Lune » 1 Habitant autrefois présumé de la Lune. 2 Relatif à la Lune. ⇒ ① **lunaire.** *Le sol sélénite.*

séléniteux, euse adj. – XVIIIe ; de *sélénite* « gypse » ▪ Qui contient du sulfate de calcium.

sélénium [selenjɔm] n. m. – XIXe ; gr. *selênê* « Lune » ▪ Élément atomique (Se ; n^o at. 34 ; m. at. 78,96) du même groupe que l'oxygène, le soufre et le tellure.

❑ Cet élément est ainsi nommé à cause de ses analogies avec le tellure (du latin *tellus* « Terre »), comme la Lune (*selênê* en grec) a des rapports avec la Terre dont elle est le satellite.

séléniure n. m. – XIXe ▪ Combinaison du sélénium avec un corps simple. *Séléniure de carbone.*

séléno-, -sélène Éléments, du gr. *selênê* « Lune ».

sélénographie n. f. – XVIIe ; *séléno-* et *-graphie* ▪ Description de la Lune.

sélénologie n. f. – v. 1969 ; *séléno-* et *-logie* ▪ Étude de la Lune.

① **self** n. f. – XIXe ; mot angl. ▪ fam. Self-inductance.

② **self** n. m. – mil. XXe ; mot angl. « soi » 1 Spécificité individuelle de l'immunologie. 2 ⇒ **moi, soi ; personnalité.**

③ **self** n. m. – 1961 ▪ fam. Self-service. « *Le self, c'est rapide et c'est propre. Et puis y a le choix* » (Tournier).

self- Élément, de l'angl. *self* « soi-même ». ⇒ **auto-.**

self-government [sɛlfgɔvɛʀnmɛnt] n. m. – XIXe ; mot angl. ▪ Système britannique d'administration dans lequel les citoyens décident de toutes les affaires qui les concernent en particulier. *Des self-governments.*

self-inductance n. f. – XIXe ▪ Inductance*. ⇒ ① **self.**

self-induction n. f. – XIXe ▪ Propriété d'un courant électrique en vertu de laquelle il tend à s'opposer à un changement de son intensité. *Coefficient de self-induction.* ⇒ **inductance.**

self-made-man [sɛlfmɛdman] n. m. – XIXe ; mot angl. « homme *(man)* qui s'est fait *(made)* lui-même *(self)* » ▪ Homme qui ne doit sa réussite qu'à lui-même. *Des self-made-mans* ou *des self-made-men* [sɛlfmɛdmɛn].

self-service n. m. – 1949 ; mot angl. ▪ Restaurant où l'on se sert soi-même. ⇒ **libre-service,** ③ **self.** *Des self-services.*

selle n. f. – XIe ; lat. « siège » **I** - **1** Pièce de cuir incurvée placée sur le dos du cheval, et qui sert de siège au cavalier. *Les arçons d'une selle.* ➛ *Cheval de selle,* qui sert de monture. *Se mettre en selle :* monter à cheval. ➛ loc. fig. *Mettre qqn en selle,* l'aider à commencer une entreprise. *Être bien en selle :* être affermi dans sa position. **2** Petit siège de cuir, triangulaire, généralement muni de ressorts, adapté à un deux-roues. « *bien droite sur la selle de son vélomoteur bleu* » (Le Clézio). **3** Région de la croupe (du mouton, du chevreuil) entre le gigot et la première côte. *Selle d'agneau.* ➛ Plat élaboré avec ce morceau. « *une selle de chevreuil à l'anglaise* » (Zola). **II** *Aller à la selle :* déféquer. ♦ *Les selles :* les matières fécales. ⇒ **excrément. III** Escabeau surmonté d'un plateau tournant sur lequel le sculpteur pose la matière à modeler. ✪ HOM. Celle (celui), sel.

❑ Au XIVe s., ce mot a désigné une chaise percée *(selle aisée, selle nécessaire, selle percée) ;* c'est de cet emploi que viennent *les selles* « excréments ».

seller v. tr. [1] – XIe ▪ Munir d'une selle. *Seller son cheval.* ➛ *Cheval sellé et bridé.* ✪ HOM. Sceller.

sellerie n. f. – XIVe **1** Métier, commerce du sellier ; ouvrages du sellier. *Bourrellerie et sellerie.* **2** Ensemble des selles et des harnais, lieu où on les range. *La sellerie d'un haras.* ✪ HOM. Céleri.

sellette n. f. – XIIIe **1** Petit siège bas sur lequel on faisait asseoir les accusés pour les interroger. ♦ loc. *Être* SUR LA SELLETTE *:* être la personne dont on parle, dont on examine les torts et les mérites. **2** Pièce de harnais supportant la dossière qui soutient les brancards. **3** Petite selle de sculpteur. ➛ Escabeau étroit destiné à porter une statue, une plante verte. **4** Petit siège suspendu à une corde utilisé par les ouvriers du bâtiment.

sellier n. m. – XIIIe ▪ Fabricant et marchand d'ouvrages de sellerie. ⇒ **bourrelier.** *Façon sellier,* par coutures à la main. ✪ HOM. Cellier.

selon prép. – XIIe ; p.-ê. lat. °*sublongum* « le long de » **1** En se conformant à. ⇒ **conformément** (à), ② **suivant.** *Faire qqch. selon les règles.* ➛ vieilli ou littér. *Une personne selon mon cœur.* ♦ En prenant (telle forme), en suivant (tel chemin), en obéissant à (telle loi naturelle). *La réflexion se fait selon un angle égal à l'angle d'incidence.* ♦ En proportion de. *À chacun selon ses mérites.* ♦ loc. conj. (vieilli) *SELON QUE :* de la manière que ; dans la mesure où. *Moïse brûla l'encens « selon que le Seigneur le lui avait commandé »* (BIBLE). **2** Si l'on se rapporte à. *Selon l'expression consacrée.* ➛ D'après. « *après avoir fait, selon moi, la sottise ; selon vous, la belle œuvre de donner mon argent* » (Dider.). ♦ Du point de vue de ; si l'on juge d'après tel principe, tel critère. *Selon toute apparence. Selon toute vraisemblance.* ♦ *Évangile selon saint Jean,* de saint Jean. **3** *Selon les circonstances. Selon le temps qu'il fera.* ♦ loc. conj. SELON QUE *:* suivant que. « *Selon que vous serez puissant ou misérable* » (La Font.). **4** fam. C'EST SELON *:* cela dépend des circonstances. « *Je vous reverrai avant mon départ ?... c'est selon* » (Dumas). ✪ CONTR. Contre, dépit (en dépit de).

❑ *Selon que* est suivi de l'indicatif : « *selon que nous sommes plus ou moins attentifs* » (Mauriac).

selve n. f. – XIXe ; lat. *silva* ▪ Forêt de type amazonien.

semailles n. f. pl. – XIIIe **1** Action de semer, d'ensemencer ; période de l'année où l'on fait ce travail. *Les semailles et la moisson.* « *de longues pluies venaient de retarder les semailles d'automne* » (Zola). **2** Grain qu'on sème ou qu'on a semé.

❑ Appartient à une série de noms féminins pluriels en *-ailles : accordailles, entrailles, épousailles, fiançailles, funérailles, relevailles, représailles* et *retrouvailles.*

semaine n. f. – XIIe ; lat. *septem* « sept » **1** Dans les calendriers de type occidental et chrétien, Chacun des cycles de sept jours, du lundi au dimanche, dont la succession partage conventionnellement le temps en périodes égales qui règlent le déroulement de la vie. *Une fois par semaine. Dans le courant de la semaine. Au milieu, à la fin de la semaine prochaine.* ➛ LA SEMAINE SAINTE *:* semaine qui précède Pâques. ♦ Cette période, considérée du point de vue du nombre et de la répartition des heures de travail. *La semaine de trente-neuf heures.* ➛ SEMAINE ANGLAISE *:* organisation du travail qui accorde aux travailleurs, outre le repos du dimanche, celui du samedi après-midi ou même du samedi entier. « *le lendemain samedi, profitant de la semaine anglaise, il alla trouver un médecin du quartier* » (Aymé). ➛ *Fin de semaine :* week-end. ♦ L'ensemble des jours ordinaires, des jours ouvrables, par opposition au dimanche et aux jours de fête. « *un jour de semaine, elle m'avait dit "comment, tu t'amuses encore à lire, ce n'est pourtant pas dimanche"* » (Proust). **2** Période de sept jours, quel que soit le jour initial. *La première semaine de novembre.* ➛ Cette période consacrée à une activité. *Semaine commerciale. Prendre deux semaines de vacances.* ♦ *Louer un gîte rural à la semaine. Travailler à la semaine.* ➛ *Une politique à la petite semaine,* qui ne résulte pas d'un plan d'ensemble, de prévisions à longue échéance. ♦ *DE SEMAINE :* se dit d'un service que les membres d'un groupe assurent chacun à tour de rôle pendant une semaine. *Être de semaine.* **3** Salaire pour une semaine de travail ; argent de poche pour une semaine. « *dès qu'il touchait sa semaine il prenait des fiacres pendant des journées* » (Zola). **4** Bracelet **(⇒ semainier),** bague à sept anneaux.

❑ *Week-end* est proscrit en français du Canada ; on dit exclusivement *fin de semaine.*

semainier, ière n. – XIIe **1** Personne qui assure un service particulier pendant une semaine. **2** n. m. Agenda de bureau. ♦ Petit meuble à sept tiroirs. ♦ Bracelet comportant sept anneaux. ⇒ **semaine.**

sémanticien, ienne n. – 1933 ▪ Spécialiste de sémantique.

sémantique n. f. et adj. – XIXe ; gr. *sêmainein* « signifier » **I** n. f. **1** Étude du langage considéré du point de vue du sens **(⇒ onomasiologie, sémasiologie) ;** théorie visant à rendre compte des phénomènes signifiants dans le langage. *Sémantique analytique, structurale, générative. Sémantique synchronique, diachronique.* **2** *Sémantique générale :* sémiologie appliquée à la vie sociale. **3** Étude générale des relations entre les signes et leurs référents. ⇒ **sémiotique. II** adj. **1** Relatif à la sémantique ; de la signification, du sens. ⇒ **sémique.** *Aspect sémantique du langage.* ➛ *Champ sémantique :* ensemble de mots et de notions qui se rapportent à un même domaine conceptuel ou psychologique. ♦ *Système sémantique :* tout système comportant un ensemble de symboles, des lois de formation ou règles permettant de former des propositions, des lois de désignation et des lois de vérité. **2** Se dit d'une phrase qui a un sens (opposé à *asémantique*).

sémaphore n. m. – XIXe ; gr. *sêma* « signe » et *-phore* **1** Poste établi sur le littoral grâce auquel on peut communiquer par signaux optiques avec les navires. 2 Dispositif (mât muni d'un bras mobile) qui indique si une voie de chemin de fer est libre. « *Les sémaphores et les étoiles clignotent* » (Cendrars).

sémaphorique adj. – XIXe ■ Qui appartient à un sémaphore.

sémasiologie n. f. – XIXe ; gr. *sêmasia* « signification » et *-logie* ■ Science des significations, partant du mot pour en étudier le sens (opposé à *onomasiologie*). ⇒ **sémantique.**

semblable adj. et n. – XIIe 1 *SEMBLABLE À :* qui ressemble à, qui a de la ressemblance avec. ⇒ **analogue, comparable, identique, pareil, similaire.** *L'orgueil* « *qui nous rend triomphants et semblables aux Dieux* » (Baudelaire). ♦ Qui ressemble à la chose en question. ⇒ **même.** « *Hélas quand reviendront de semblables moments ?* » (La Font.). *Je n'ai jamais rien vu de semblable.* 2 au plur. Qui se ressemblent entre eux. « *ces automobiles, toutes semblables, d'un noir bleu, toutes luisantes* » (Morand). ➛ Qui se correspondent dans une similitude. *Triangles semblables,* dont les angles sont égaux deux à deux et dont les côtés homologues sont proportionnels. 3 De cette nature. ⇒ **tel.** « *je ne suis pas venue ici pour entendre de semblables horreurs* » (Balz.). 4 n. Être semblable. *Vous et vos semblables.* ♦ Être humain considéré comme semblable aux autres. ⇒ **prochain.** « *Mettre l'accent sur ce qui me rapproche de mes semblables* » (Montherl.). ✪ CONTR. Autre, différent, dissemblable, opposé.

semblablement adv. – XIVe ■ rare Pareillement.

semblant n. m. – XIe 1 *Un semblant de... :* qqch. qui n'a que l'apparence de..., qui n'est pas réellement (ce qu'on le nomme). ⇒ **manière, simulacre.** *Un semblant de vérité.* 2 *FAIRE SEMBLANT DE :* se donner l'apparence de, faire comme si. ⇒ **feindre.** *Il faisait semblant de dormir. Il ne dort pas, il fait semblant.* ➛ *(Ne) faire semblant de rien :* feindre l'ignorance ou l'indifférence.

sembler v. intr. [1] – XIe ; lat. *similis* « semblable » **I - 1** *SEMBLER À QQN :* avoir l'air, présenter (telle apparence) pour qqn. ⇒ **paraître.** *Elle m'a semblé fatiguée.* « *Que vous êtes joli ! Que vous me semblez beau !* » (La Font.). ♦ Donner l'impression, l'illusion de. « *L'atmosphère lui sembla s'être raréfiée* » (Mart. du G.). 2 *Cela semble être suffisant.* ➛ « *La vieille semblait au comble de l'irritation* » (Mart. du G.). **II** *IL SEMBLE...* v. impers. 1 *SEMBLER À QQN :* être apparemment, pour qqn. « *Il lui semblait nécessaire que quelque chose de divin s'accomplît* » (France). ➛ *Il peut* « *mettre à mort qui bon lui semble* » (Valéry). 2 *IL SEMBLE QUE... :* les apparences donnent à penser que..., on a l'impression que... « *Il semble qu'il était impossible de parler autrement* » (Michaux). « *Il semble que sa première démarche soit pour nier l'existence de Dieu* » (Sartre). ➛ « *Il s'apprivoise peu à peu, semble-t-il* » (Gide). 3 *IL ME (TE...) SEMBLE QUE... :* je (tu...) crois que... « *Il me semble parfois [...] qu'on peut s'exprimer mieux par des actes que par des mots* » (Gide). ➛ « *Il n'avait pas tort, ce me semble* » (Fén.). *Il est déjà parti, à ce qu'il me semble, me semble-t-il, il me semble.* 4 *IL ME (TE, LUI...) SEMBLE...* « *Il me semble assister à un grand festin* » (Apoll.). 5 vx ou littér. « *Que te semble de cette nouvelle acquisition ?* » (Stendh.), qu'en penses-tu ?

sème n. m. – 1943 ; gr. *sêmeion* « signe » ■ Unité minimale différentielle de signification.

> ❑ Champollion avait déjà employé ce mot pour « unité de sens ». ♦ Le *sème* est une unité de sens relative qui dépend du nombre des mots comparés.

semelle n. f. – XIIIe ; lat. *lamella* « petite lame » 1 Pièce constituant la partie inférieure de la chaussure. *Semelles de cuir, de crêpe. Espadrilles à semelles de corde.* ➛ fam. Tranche de viande dure, coriace ou trop cuite. ♦ Pièce découpée qu'on met à l'intérieur d'une chaussure. *Semelles orthopédiques.* ♦ Partie d'un bas, d'une chaussette, correspondant à la plante du pied. ♦ Partie plane d'un ski, qui doit glisser sur la neige. *Farter les semelles.* 2 Longueur d'un pied. *Il* « *n'osait plus ni avancer ni reculer d'une semelle* » (Zola). loc. *Ne pas lâcher, ne pas quitter qqn d'une semelle,* le suivre partout, s'attacher obstinément à ses pas. 3 Pièce plate de bois ou de métal, servant d'appui ou de renfort et disposée perpendiculairement à l'âme. ⇒ **patin.** *La semelle d'un rail, d'une poutre.* ➛ *Semelle d'un fer à repasser,* la partie plate qui repasse.

sémème n. m. – v. 1960 ; gr. *sêmeion* « signe » ■ Faisceau de sèmes correspondant à un morphème lexical.

semence n. f. – XIIIe 1 Organe ou fragment de végétal capable de produire un nouvel individu ; graines qu'on sème ou qu'on enfouit. *Blé, pommes de terre de semence,* réservés pour servir de semence. ♦ « *Tout ce que je vois jette les semences d'une révolution* » (Volt.). 2 Liquide séminal. ⇒ **sperme.** 3 *Semence de diamants, de perles :* ensemble de diamants, de perles de très petite dimension. 4 Clou à tête plate et à tige courte. *Semence de tapissier.*

> ❑ Les radicaux savants correspondants sont *sémin-*, *sperm(o)-* et *spermato-*. → sperme (rem.).

semen-contra [semɛnkɔ̃tʀa] n. m. inv. – XVIe ; mots lat. « semence contre (les vers) » ■ Capitules de certaines armoises contenant de la santonine.

semer v. tr. [5] – XIIe ; lat. *semen* « semence » 1 Répandre en surface ou mettre en terre (des semences) après une préparation appropriée du sol. « *une certaine quantité de grains qu'il comptait semer quand la saison serait venue* » (J. Verne). ➛ *Semer à la volée.* ➛ loc. *Semer le bon grain :* répandre de bons principes, des idées fructueuses. *Récolter ce qu'on a semé :* avoir les résultats qu'on mérite. « *une fille qui sema autour d'elle le scandale et récolta le mépris* » (Tournier). 2 Répandre en dispersant, en diffusant. ⇒ **disséminer, parsemer.** *La lune* « *commença à semer des diamants sur la mousse humide* » (Sand). ➛ *Les* « *horribles machines de guerre qui sèment la ruine et la mort* » (Duham.). ♦ *SEMER DE. Les marquis* « *semaient leurs propos de ces jurons que la civilité interdisait* » (Brunot). *Un parcours semé d'embûches.* 3 Se débarrasser de la compagnie de (qqn qu'on devance, qu'on prend de vitesse). *Semer ses poursuivants.* ⇒ **distancer.** *Elles* « *trouvaient mille prétextes pour venir en ville et semaient leurs esclaves en route* » (Loti).

semestre n. m. – XVIe ; lat. *sex* « six » et *mensis* « mois » 1 Première ou deuxième moitié d'une année (civile ou scolaire) ; période de six mois consécutifs. *Passer un semestre à l'étranger.* 2 Rente, pension qui se paye tous les six mois.

semestriel, ielle adj. – XIXe ■ Qui a lieu, qui paraît chaque semestre. *Revue semestrielle. Examens semestriels.*

> ❑ *Semestriel* « qui a lieu deux fois par an » est à distinguer de *bisannuel* « qui a lieu tous les deux ans ».

semeur, euse n. – XIIe ■ Personne qui sème du grain, qui est chargée des semailles. « *Le geste auguste du semeur* » (Hugo). ♦ « *fauteur de troubles, semeur de discordes* » (Henriot).

> ❑ Le féminin, *semeuse,* évoque surtout le motif symbolique de pièces de monnaie et de timbres-poste français.

semi- [s(ə)mi] Élément inv., du lat. *semi-* « à demi ». ⇒ **demi-.**

> ❑ Pour le sens → demi- (rem.).

semi-aride adj. – 1925 ▪ Qui n'est pas complètement aride, est en bordure des régions arides. ⇒ **subdésertique.** *Les steppes semi-arides.*

semi-automatique adj. – XIXe ▪ Qui est en partie automatique. *Arme semi-automatique,* dont le chargement est automatique, mais où le tireur doit armer et tirer.

semi-auxiliaire adj. et n. m. – 1964 ▪ *Verbe semi-auxiliaire,* ou n. m. *un semi-auxiliaire :* verbe pouvant servir d'auxiliaire, avec un infinitif (ex. aller, devoir, faire, laisser, paraître...).

semi-chenillé, ée adj. et n. m. – 1964 ▪ Se dit d'un véhicule chenillé dont les roues directrices sont libres.

semi-circulaire adj. – XIVe ▪ Demi-circulaire. *Canaux semi-circulaires :* canaux osseux et membraneux du labyrinthe de l'oreille interne, jouant un rôle important dans l'équilibration. « *le fond semi-circulaire, cette conque absidiale, avec ses chapelles nimbant le chœur* » (Huysm.).

semi-conducteur, trice n. m. et adj. – XIXe ▪ Élément dont la conductibilité électrique est accrue par addition d'impuretés dans une structure cristalline. ➛ adj. *Propriétés semi-conductrices d'un composant.*

semi-conserve n. f. – mil. XXe ▪ Conserve partiellement stérilisée à la chaleur. *Semi-conserves de poissons.*

semi-consonne n. f. – XIXe ▪ Voyelle ou groupe vocalique qui a une fonction de consonne. *Les semi-consonnes françaises* [j], [ɥ], [w], *dans* lieu [ljø], lui [lɥi], jouet [ʒwɛ]. ⇒ **semi-voyelle.**

semi-distillation [səmidistilasjɔ̃] n. f. – mil. XXe ▪ Distillation (du charbon) à basse température.

semi-dominance n. f. – mil. XXe ▪ Dominance incomplète d'un caractère génétique.

semi-fini, ie adj. – 1963 ▪ Se dit de produits qui ont subi une transformation, mais doivent en subir d'autres avant d'être commercialisés. ⇒ **semi-ouvré.** *Produits semi-finis.*

semi-gothique adj. – XIXe ▪ Se dit d'une écriture gothique tardive.

sémillant, ante adj. – XVIe ; de l'a. fr. *sémiller* « s'agiter » ; lat. *semen* « semence » ▪ D'une vivacité plaisante, agréable. ⇒ **fringant, gai, vif.** « *dans toute la sémillante frivolité dont il fit preuve* » (Proust).

sémillon n. m. – XIXe ; lat. *semen* « semence » ▪ Cépage blanc de la Gironde, donnant des raisins très sucrés.

semi-lunaire adj. – XVIIIe ▪ En forme de croissant, de demi-lune. *Os semi-lunaire* ou n. m. *le semi-lunaire,* appartenant à la rangée supérieure des os du carpe.

séminaire n. m. – XVIe ; lat. *semen* « semence » **1** *Séminaire* ou *Grand séminaire :* établissement religieux où étudient et se préparent les jeunes clercs qui doivent recevoir les ordres. ➛ *Petit séminaire :* école secondaire catholique fréquentée par des élèves qui ne se destinent pas nécessairement au sacerdoce. **2** Groupe de travail dirigé par un professeur ou un assistant. ⇒ **cours.** *Séminaire de linguistique.* ➛ Réunion d'ingénieurs, de techniciens, de cadres, de chercheurs pour l'étude de certaines questions. ⇒ **colloque, symposium.** *Être en séminaire.*

séminal, ale, aux adj. – XIVe ; lat. *semen* « semence » ▪ Relatif au sperme, aux spermatozoïdes. *Vésicules séminales.*

❑ Même famille étymologique que *semence ;* le sperme était autrefois appelé *semence.*

séminariste n. m. – XVIIe ▪ Élève d'un séminaire.

séminifère adj. – XIXe ; lat. *semen* « semence » et *-fère* ▪ Qui conduit le sperme. *Tubes séminifères.*

semi-nomade adj. et n. – XIXe ▪ Caractérisé par le semi-nomadisme, ou qui le pratique. *Populations semi-nomades.*

semi-nomadisme n. m. – 1906 ▪ Genre de vie alliant l'agriculture à l'élevage nomade.

sémiologie n. f. – XVIIIe ; gr. *sêmeion* « signe » et *-logie* **1** Partie de la médecine qui étudie les signes des maladies. ⇒ **symptomatologie. 2** « Science qui étudie la vie des signes au sein de la vie sociale » (Saussure). ♦ Science étudiant les systèmes de signes. ⇒ **sémiotique.** « *Le mythe relève d'une science générale extensive à la linguistique, et qui est la sémiologie* » (Barthes).

sémiologique adj. – 1910 ▪ De la sémiologie. ⇒ **sémiotique.**

sémioticien, ienne n. – v. 1965 ▪ Spécialiste de la sémiotique.

sémiotique n. f. et adj. – XVIe ; gr. *sêmeion* « signe » **1** Théorie générale des signes et de leur typologie, dans la nature et chez les êtres vivants. ♦ Théorie des signes et du sens, et de leur circulation dans la société. ⇒ **sémiologie. 2** adj. De la théorie générale des signes ; de la signification sous toutes ses formes (⇒ **sémantique, sémiologique**).

semi-ouvré, ée adj. – mil. XXe ▪ Se dit d'un produit partiellement élaboré. ⇒ **semi-fini.** *Des produits semi-ouvrés.*

semi-perméable adj. – 1903 ▪ *Paroi, membrane semi-perméable,* dont le diamètre des pores permet d'arrêter la traversée de particules plus grosses.

semi-précieuse adj. f. – 1953 ▪ *Pierre semi-précieuse :* pierre fine.

semi-produit n. m. – mil. XXe ▪ Produit partiellement élaboré (⇒ **semi-fini, semi-ouvré**) et qui doit subir d'autres opérations avant d'être mis sur le marché. *Des semi-produits.*

semi-public, ique adj. – 1928 ▪ Qui est en partie public, en partie privé. *Entreprise semi-publique.*

sémique adj. – v. 1960 ; de *sème* ▪ Qui concerne la structure du contenu et les unités minimales de signification.

semi-remorque n. f. et m. – v. 1950 ▪ n. f. Remorque de camion dont la partie antérieure, sans roues, s'adapte au dispositif de traction. ➛ n. m. Ensemble formé par cette remorque et le tracteur. ⇒ **poids** (lourd). *Des semi-remorques.*

semi-rigide adj. – 1924 ▪ *Dirigeable semi-rigide,* à enveloppe souple et à quille rigide.

semis n. m. – XVIIIe **1** Action, manière de semer. ⇒ **ensemencement, semailles.** *Semis à la volée.* **2** Plant provenant de graines, terrain ensemencé de jeunes plantes qui y poussent. *Un semis de salade.* « *les semis étaient déjà hauts et d'un vert éclatant, prêts à être dépiqués* » (Duras). **3** Ornement fait d'un petit motif répété. *Reliure ornée d'un semis de fleurs de lys.*

semi-submersible adj. – 1970 ▪ Se dit d'une plateforme flottante de forage en mer, conçue pour limiter les mouvements dus à la houle.

sémite n. et adj. – XIXe ; de *Sem,* nom d'un fils de Noé ▪ Se dit des différents peuples provenant d'un groupe ethnique originaire d'Asie occidentale et parlant des langues apparentées. *Les Arabes, les Éthiopiens, les Juifs sont des Sémites.* ➛ « *L'interdiction de toute image en* *général et des portraits en particulier reste un article de foi chez tous les peuples sémites* » (Tournier). ♦ (abusif) Juif. *Avoir un type sémite.*

> ❑ Les composés *antisémite* et *antisémitisme* viennent de l'emploi raciste et péjoratif de *sémite* pour « juif ».

sémitique adj. et n. m. – XIXe ▪ Relatif aux Sémites. ♦ Qui appartient à un groupe de langues d'Asie occidentale et d'Afrique. ➛ n. m. *Le sémitique oriental. Le sémitique occidental.*

sémitisant, ante adj. et n. – 1907 ▪ Qui étudie les langues et les civilisations sémitiques. ⇒ **arabisant, hébraïsant.**

sémitisme n. m. – XIXe ▪ Ensemble de caractères propres aux Sémites.

> ❑ *Antisémitisme* est formé sur *antisémite* et non sur *sémitisme.*

semi-tubulaire adj. – XIXe ▪ *Chaudière semi-tubulaire,* comprenant des tubes, mais dont la surface de chauffe est constituée en partie par les parois ou par des bouilleurs.

semi-voyelle n. f. – XIXe ▪ ⇒ **semi-consonne.** *Les semi-voyelles.*

semnopithèque [sɛmnɔpitɛk] n. m. – XIXe ; gr. *semnos* « majestueux » et *pithêkos* « singe » ▪ Singe de l'Inde, à longue queue.

semoir n. m. – XIVe 1 Sac où le semeur place le grain. 2 Machine agricole destinée à semer le grain.

semonce n. f. – XIIIe ; lat. *submonere* « avertir en secret » 1 Ordre donné à un navire de montrer ses couleurs, de s'arrêter. loc. COUP DE SEMONCE *:* coup de canon appuyant cet ordre. ⇒ ① **sommation.** ➛ Acte d'intimidation. 2 Avertissement sous forme de reproches. ⇒ **admonestation, réprimande.** « *Cet accueil glacial fut suivi d'une semonce* » (Bosco). *Faire des semonces.*

semoncer v. tr. [3] – XVIe 1 rare Réprimander. 2 Adresser une semonce à (un navire).

semoule n. f. – XVIIe ; lat. *simila* « fleur de farine » ▪ Farine granulée qu'on tire des blés durs. *Semoule de blé dur. Gâteau de semoule.* ➛ *Semoule de maïs.* ⇒ **polenta.** ♦ *Sucre semoule,* en grains plus gros que le sucre en poudre.

semoulerie n. f. – 1936 ▪ Usine où l'on fabrique de la semoule ; cette fabrication.

semoulier, ière n. – mil. XXe ▪ Personne qui fabrique de la semoule, travaille dans la semoulerie.

sempervirent, ente [sɛ̃pɛʀviʀɑ̃, ɑ̃t] adj. – mil. XXe ; lat. *semper virens* « toujours vert » ▪ *Plante sempervirente,* qui conserve un feuillage vert toute l'année.

> ❑ Apparenté à *sempiternel.* ♦ On emploie plus couramment le latin *semper virens* [sɛ̃pɛʀviʀɛ̃s], invariable.

sempiternel, elle [sɑ̃pitɛʀnɛl ; sɛ̃pitɛʀnɛl] adj. – XIIIe ; lat. *semper* « toujours » et *æternus* « éternel » ▪ Continuel, de manière à lasser. ⇒ **éternel, perpétuel.** *Il nous ennuie avec ses sempiternels reproches.* « *Je peux m'acharner à poser cette sempiternelle question* » (Queneau).

sempiternellement adv. – XVIe ▪ D'une manière sempiternelle. ⇒ **éternellement ; continuellement.**

semtex [sɛmtɛks] n. m. – 1980 ; de *Semt(ine),* nom d'une usine tchécoslovaque, et *ex(plosif)* ▪ Explosif possédant un fort pouvoir déflagrant, et utilisé sous forme de plastic.

sen [sɛn] n. m. – XIXe ; mot jap. ▪ Monnaie divisionnaire du Japon et de divers pays d'Extrême-Orient. ✪ HOM. Cène, saine (sain), scène, seine, senne.

sénat n. m. – XIIIe ; lat. *senatus* « conseil des Anciens » 1 Conseil souverain de la Rome antique. ⇒ ① **curie.** ♦ Nom donné à certaines assemblées politiques des républiques de l'Antiquité, du Moyen Âge ou des Temps modernes. *Le sénat de Sparte, de Venise.* 2 Sous le Consulat, le premier et le second Empire, Assemblée dont le rôle était celui d'un conseil constitutionnel. ♦ Dans certains régimes démocratiques à deux assemblées, Celle des deux assemblées législatives qui est élue au suffrage indirect ou dont les membres représentent des collectivités territoriales ; l'édifice où elle siège. *L'Assemblée nationale et le Sénat.* ⇒ **parlement.** « *le budget voyage de la Chambre au Sénat* » (Maurois).

sénateur n. m. – XIIe ▪ Membre d'un sénat. ➛ loc. *Aller son train de sénateur,* lentement et majestueusement. *Le lièvre* « *laisse la tortue Aller son train de sénateur* » (La Font.).

> ❑ Ce mot n'a pas de féminin. *Sénatrice,* qui est bien formé, s'est cependant dit aux XVIIe-XVIIIe s. pour désigner la femme d'un sénateur (en Pologne, à Venise, etc.).

sénatorerie n. f. – XIXe ▪ Dotation foncière viagère accordée à un sénateur, sous le Consulat et le premier Empire.

sénatorial, iale, iaux adj. – XVIe ▪ Relatif à un sénat, aux sénateurs. *Élections sénatoriales.*

sénatus-consulte [senatyskɔ̃sylt] n. m. – XVe ; lat. *senatus consultum* ▪ Décret, décision du sénat romain. ♦ Sous le Consulat, le premier et le second Empire, Acte émanant du Sénat et qui avait force de loi.

senau n. m. – XVIIe ; néerl. *snauw* ▪ Ancien navire de commerce à deux mâts, gréé en brick.

séné n. m. – XIIIe ; ar. *sanas* ▪ Arbrisseau produisant des gousses dont on extrait une drogue laxative ; cette drogue. ⇒ **cassier.** « *Si votre altesse a mangé goulûment, je puis déterger ses entrailles avec de la casse, de la manne et des follicules de séné* » (Volt.).

sénéchal, aux n. m. – XIIe ; germ. °*siniskalk* « serviteur le plus âgé » ▪ Officier de la cour. *Grand-sénéchal de France.* ♦ Officier royal qui, dans certaines provinces, exerçait des fonctions analogues à celles d'un bailli.

sénéchaussée n. f. – XIIe ▪ Étendue de la juridiction d'un sénéchal ; tribunal du sénéchal.

séneçon n. m. – XIIIe ; lat. *senecio* « petit vieillard » ▪ Plante herbacée *(astéracées),* mauvaise herbe très répandue, aux fleurs jaunes.

> ❑ Même famille étymologique que *sénile :* la plante se couvre de poils blancs au printemps

sénescence n. f. – XIXe ▪ Processus physiologique du vieillissement. *Sénescence des tissus.* ➛ Affaiblissement et ralentissement des fonctions vitales dus à la vieillesse. *Sénescence prématurée.* ⇒ **gérontisme, sénilisme.**

sénescent, ente adj. – XIVe ; lat. *senescere* « vieillir » ▪ Qui présente les caractères de la sénescence.

sénestre ou **senestre** [senɛstʀ] adj. – XIe ; lat. *sinister* « gauche » ▪ *Le côté sénestre de l'écu,* le côté gauche (par rapport au personnage qui est censé le porter). ♦ *Coquille sénestre,* dont l'enroulement se fait dans le sens inverse de celui des aiguilles d'une montre (si on la regarde par le sommet). ✪ CONTR. Dextre.

sénestrochère ou **senestrochère** [senɛstʀɔkɛʀ] n. m. – XVIIe ; de *sénestre, senestre* et gr. *kheir* « main » ▪ En héraldique, Bras gauche représenté sur un écu.

sénestrorsum ou **senestrorsum** [senɛstʀɔʀsɔm] adj. inv. et adv. – 1904 ▪ Se dit d'un enroulement sénestre (contraire au sens des aiguilles d'une montre). ✪ CONTR. Dextrorsum.

sénevé n. m. – XIIe ; gr. ▪ Moutarde sauvage ; graine de cette plante.

sénile adj. – XVe ; lat. *senex* « vieillard » 1 De vieillard, propre à la vieillesse. « *d'une voix sénile mais encore bien accentuée* » (Gaut.). ➝ *Démence sénile.* 2 Atteint de sénilité. ✪ CONTR. Enfantin, infantile, juvénile.

> ❑ Même famille que *sénescence.* ♦ On peut être un vieillard sans être atteint de sénilité ; *vieillard sénile* n'est donc pas critiquable.

sénilisme n. m. – 1903 ▪ Gérontisme.

sénilité n. f. – XIXe ▪ Ensemble des aspects pathologiques et régressifs caractéristiques de la vieillesse. *Sénilité précoce.*

senior n. et adj. – XIXe ; mot lat. « plus âgé » ▪ Sportif plus âgé que les juniors et plus jeune que les vétérans. *Catégorie senior.*

> ❑ *Senior* est passé en français par l'intermédiaire de l'anglais.

séniorité n. f. – v. 1970 ▪ Prééminence et garanties déterminées par l'ancienneté au sein d'un groupe social.

sénologie n. f. – apr. 1980 ; de *sein* et *-logie* ▪ Spécialité médicale qui étudie les affections du sein.

> ❑ Ne pas confondre avec *sélénologie* « étude de la Lune » ni avec *scénologie* « scénographie ».

① **sens** [sɑ̃s] n. m. – XIe ; lat. **I** - 1 Faculté d'éprouver les impressions que font les objets matériels ; système récepteur unitaire d'une modalité spécifique de sensations. *Les cinq sens traditionnels.* ⇒ **goût, odorat, ouïe,** ② **toucher, vue.** *Les organes des sens.* « *L'oreille est le sens préféré de l'attention* » (Valéry). *Reprendre (l'usage de) ses sens :* reprendre connaissance. ➝ *Le sixième sens :* l'intuition. ♦ loc. *Cela tombe sous le sens :* cela va de soi, c'est absolument évident. 2 au plur. littér. et vieilli Chez l'être humain, Instinct sexuel, besoin de le satisfaire. ⇒ **chair, libido, sensualité.** *Les plaisirs des sens.* 3 *LE SENS DE... :* faculté de connaître d'une manière immédiate et intuitive. ⇒ **instinct.** *Avoir le sens des affaires. Le sens de l'humour.* ➝ *Manquer de sens pratique.* ♦ *Le sens moral :* la conscience morale. **II** - 1 vieilli Faculté de bien juger. ⇒ **jugement.** « *Des observations pleines de sens* » (Balz.). 2 *BON SENS :* capacité de bien juger, sans passion, en présence de problèmes qui ne peuvent être résolus par un raisonnement scientifique. ⇒ **raison, sagesse.** *Un homme de bon sens.* « *le bon sens qui dispense du savoir* » (Renard). 3 *SENS COMMUN :* manière de juger, d'agir commune à tous les hommes. *Ça n'a pas le sens commun :* c'est déraisonnable. 4 Manière de juger. ⇒ **avis, opinion, sentiment.** « *Il n'y a pas, à mon sens, de plus profond abîme pour la pensée* » (Muss.). *Ce que vous dites va dans mon sens,* est proche de ce que je pense. ♦ Manière de voir, point de vue particulier. *En un sens, dans un sens :* d'un certain point de vue. ➝ *En ce sens que :* dans la mesure où. « *Thérèse avait moins d'esprit que lui, en ce sens qu'elle était naturellement rêveuse* » (Sand). **III** - 1 Idée ou ensemble d'idées intelligible que représente un signe ou un ensemble de signes. ⇒ **signification.** *Chercher le sens d'une expression.* « *le poème – cette hésitation entre le son et le sens* » (Valéry). ♦ Concept évoqué par un mot, une expression, correspondant à une possibilité de désignation. ⇒ **acception, signification, signifié, valeur ; sémantique.** *Sens propre, figuré. La relève « assurée par un ancien (au sens politique) de Dien-Bien-Phu »* (Mauriac). *Sens nouveaux d'un mot. Mot à double sens :* calembour, équivoque. « *dans leurs phrases les plus sérieuses nous nous ingénions à trouver des doubles sens obscènes* » (Larbaud). 2 Idée intelligible à laquelle un objet de pensée peut être rapporté et qui sert à expliquer, à justifier son existence. « *ce qui donne un sens à la vie donne un sens à la mort* » (St-Exup.). ✪ CONTR. Absurdité, déraison, non-sens. — HOM. Cens.

> ❑ *Forcené* est un mot de la même famille étymologique → forcené (rem.). ♦ On dit souvent, pour *au sens étroit, exact d'un mot : stricto sensu ;* pour *au sens large : lato sensu* (moins courant).

② **sens** [sɑ̃s] n. m. – XIIe ; germ. *sumo* « direction » 1 Direction ; position d'une droite dans un plan, d'un plan dans un volume. *Dans le sens de la largeur. Dans le bon, dans le mauvais sens :* droit, de travers. « *la plupart des plantes grimpantes s'enroulent vers la gauche, en sens inverse des aiguilles d'une montre* » (Duham.). *Caresser un chat dans le sens du poil. Mot qui se lit dans les deux sens.* ⇒ **palindrome.** *Cela va, part dans tous les sens.* ♦ loc. adv. *SENS DESSUS DESSOUS* [sɑ̃dsydsu] : dans une position telle que ce qui devrait être dessus se trouve dessous et inversement. ➝ Dans un grand désordre. « *Le salon encore encombré et sens dessus dessous* » (Hugo). ➝ Dans un état de trouble, de confusion extrême. *Il « met ces demoiselles du bureau de Postes sens dessus dessous »* (Jouhand.). ♦ *SENS DEVANT DERRIÈRE* [sɑ̃dvɑ̃dɛʀjɛʀ] : dans une position telle que ce qui doit être devant se trouve derrière et inversement. *Mettre un pull-over sens devant derrière.* 2 Ordre dans lequel un mobile parcourt une série de points ; mouvement orienté. *Chaque direction a deux sens opposés ; si l'un est pris pour sens positif, l'autre est de sens négatif.* ➝ *Voie à sens unique. Route à double sens. Panneau de sens interdit. Un camion venait en sens inverse. Vous tournez la manivelle dans le mauvais sens.* 3 Direction que prend une activité. « *le sens dans lequel s'oriente l'activité de votre agence* » (Romains). *Il a agi dans (en) ce sens.* ♦ Succession ordonnée et irréversible. *La grande propriété « paraît aller dans le sens même de la science et du progrès »* (Zola).

sensation n. f. – XIVe ; lat. *sensatio* « compréhension » 1 Phénomène par lequel la conscience perçoit les effets d'une stimulation externe ou interne **(⇒ ① sens, I) ;** état ou changement d'état ainsi provoqué, à prédominance affective ou représentative. *Sensations auditives, olfactives, tactiles, visuelles. Sensation de brûlure, d'étouffement, de vertige.* 2 État psychologique à forte composante affective (distinct du *sentiment* par son caractère immédiat et par un caractère physiologique plus marqué). ⇒ **émotion, impression.** « *il est certaines sensations délicieuses dont le vague n'exclut pas l'intensité* » (Baudelaire). *Aimer les sensations fortes.* 3 Impression produite sur plusieurs personnes. loc. *FAIRE SENSATION :* produire une forte impression. « *une seule et unique pensée :* faire sensation, *là où elle se montrait* » (Goncourt). ➝ loc. adj. *À SENSATION :* qui fait ou est destiné à faire sensation. *La presse à sensation.*

sensationnalisme n. m. – 1909 ▪ Goût, recherche du sensationnel.

sensationnel, elle adj. – XIXe 1 Qui fait sensation, produit une vive impression. *Une nouvelle sensationnelle.* subst. « *À l'affût du sensationnel* » (Romains). 2 fam. Remarquable, d'une valeur exceptionnelle. ⇒ **formidable,** fam. **terrible.** *Un film sensationnel.* ⇒ fam. ② **super.**

> ❑ *Sensationnel* est dérivé de *sensation* d'après l'anglais *sensational.* ♦ L'abréviation familière *sensass* est très vieillie.

sensé, ée adj. - XVIe ▪ Qui a du bon sens. ⇒ **raisonnable, sage.** ♦ Conforme à la raison. ⇒ **judicieux, rationnel.** ✪ CONTR. Absurde, déraisonnable, insensé. — HOM. Censé.

sensément adv. - XVIIe ▪ vx D'une manière sensée. ✪ HOM. Censément.

senseur n. m. - v. 1970 ; angl. *sensor* 1 abusivt Capteur. 2 Dispositif optoélectronique de télédétection assurant le repérage de l'orientation dans l'espace d'un mobile. *Senseurs d'un robot.* ✪ HOM. Censeur.

sensibilisateur, trice adj. et n. - XIXe 1 Qui sensibilise, peut sensibiliser. ♦ Qui favorise une réaction chimique. *Rôle sensibilisateur de l'eau.* ⇒ **catalyseur.** ➡ n. m. *Sensibilisateur chromatique* : colorant qui, ajouté à une émulsion photographique, la rend sensible à certaines radiations. 2 n. f. Substance qui apparaît dans le sérum d'un animal dans lequel se trouve introduit un antigène.

sensibilisation n. f. - XIXe 1 Action de sensibiliser à la lumière, de rendre plus sensible à l'aide d'un sensibilisateur. 2 Modification produite dans l'organisme par un agent qui, précédemment supporté sans inconvénient, déclenche des manifestations pathologiques. *Sensibilisation aux antibiotiques.* ⇒ **allergie, anaphylaxie, intolérance.** 3 Le fait de susciter l'intérêt. *La sensibilisation de l'opinion à un problème.*

sensibiliser v. tr. [1] - XIXe 1 Rendre sensible à l'action de la lumière (une plaque, une couche photographique). 2 Provoquer une sensibilisation chez un être vivant. 3 Rendre sensible, faire réagir à... « *Je ne suis pas "sensibilisé" à cet événement* » (Valéry). ➡ pronom. *Le public s'est sensibilisé à ce problème.*

sensibilité n. f. - XIVe 1 Propriété (d'un être vivant, d'un organe) d'être informé des modifications du milieu et d'y réagir par des sensations. ⇒ **esthésie, excitabilité, réceptivité, sensation.** ➡ *Sensibilité différentielle* : sensibilité à une différence entre deux stimulations. 2 Propriété de l'être humain sensible, traditionnellement distinguée de l'*intelligence* et de la *volonté.* ⇒ **affectivité, cœur.** « *Un je ne sais quoi de frémissant qui trahissait une sensibilité restée vive et neuve* » (Bourget). « *La sensibilité n'est guère la qualité d'un grand génie* [...] *Ce n'est pas son cœur, c'est sa tête qui fait tout* » (Dider.). ⇒ **émotion, sentiment.** ♦ Faculté d'éprouver la compassion, la sympathie. ⇒ **humanité, pitié, tendresse.** « *Je suis doué d'une sensibilité absurde, ce qui érafle les autres me déchire* » (Flaub.). *Manquer de sensibilité.* 3 Aptitude d'un objet à détecter et à amplifier de faibles variations. *La sensibilité d'un instrument de mesure.* ➡ *Sensibilité d'un récepteur,* son aptitude à capter les signaux. ➡ Réponse d'une émulsion photographique à une quantité de lumière donnée (⇒ **ASA, DIN, ISO**). ➡ *Sensibilité à* : le fait d'être sensible, de réagir à. 4 Tendance, courant. *Les diverses sensibilités à l'intérieur d'un parti.* ✪ CONTR. Insensibilité ; froideur ; dureté.

sensible adj. - XIIIe ; lat. *sensibilis* « qui peut être senti » **I** - 1 Capable de sensation et de perception. *Les êtres sensibles.* ➡ SENSIBLE À : excitable par, capable de percevoir. *L'oreille humaine n'est pas sensible à certains sons.* ♦ Que le moindre contact rend douloureux ou fait souffrir. *Point sensible.* ⇒ **névralgique.** *Chaussures pour pieds sensibles.* 2 Capable de sentiment, d'une vie affective intense ; apte à ressentir profondément les impressions. ⇒ **émotif, impressionnable.** « *Il est sensible à l'excès. Sombre et tendre, pensif et violent* » (Suarès). *Film déconseillé aux personnes sensibles.* ➡ n. *C'est un sensible.* ⇒ ② **tendre.** ♦ Capable d'éprouver les sentiments de charité, d'humanité ; prompt à compatir à la souffrance d'autrui. ⇒ ② **aimant,** ① **bon, compatissant, humain.** « *son cœur trop généreux, trop humain, trop compatissant, trop sensible* » (Rouss.). ♦ SENSIBLE À : qui se laisse toucher par, ressent vivement. ⇒ **accessible, réceptif.** *J'ai été très sensible à cette attention. Sensible à la force de certains arguments.* 3 Qui réagit au contact, à de faibles variations. *Balance sensible. Pellicule sensible.* ➡ *Note sensible,* ou n. f. *la sensible* : septième degré de la gamme diatonique. **II** - 1 Qui peut être perçu par les sens. ⇒ **matériel, palpable, tangible, visible.** *Le monde sensible.* ➡ *Sensible à...,* qui peut être perçu par. ⇒ **perceptible.** « *La panne d'oxygène n'est pas sensible à l'organisme* » (St-Exup.). 2 Assez grand pour être perçu, non négligeable. ⇒ **apparent, appréciable, important, notable.** *Une baisse sensible des prix.* 3 vieilli Qui se fait douloureusement sentir. ⇒ **pénible.** 4 Très délicat, qui requiert une attention, des précautions particulières, à cause des réactions possibles. *Dossier social sensible. Banlieues sensibles.* ✪ CONTR. Insensible. Dur, ① froid.

> ❑ Ce qui est *sensible* peut être *visible, tangible, audible* ; pour les autres sens, on dit *perceptible* au goût, à l'odorat.

sensiblement adv. - XIVe 1 Autant que les sens ou l'intuition puissent en juger, à peu près. « *Nous étions sensiblement de la même taille* » (P. Benoit). 2 D'une manière appréciable. ⇒ **notablement.** ✪ CONTR. Insensiblement.

sensiblerie n. f. - XVIIIe ▪ Sensibilité outrée et déplacée, compassion un peu ridicule. « *la dérision de toute sensiblerie et l'exaltation des plus rudes vertus* » (Larbaud).

sensitif, ive adj. - XIIIe ; lat. 1 vx Qui appartient aux sens, à la sensibilité. « *La partie intelligente combat la partie sensitive* » (Boss.). ♦ mod. Capable de transformer une stimulation en influx nerveux et de le transmettre ou d'y réagir. *Nerfs moteurs et nerfs sensitifs.* 2 *Appareil à touches sensitives,* que l'on actionne par simple effleurement.

sensitive n. f. - XVIIe ▪ Mimosa dont les feuilles se rétractent au contact. « *les sensitives sans pied et sans racines qui se pâment ou qui s'envolent au moindre souffle d'une bouche ardente* » (Cendrars).

sensitométrie n. f. - 1904 ; de *sensible* et *-métrie* ▪ Étude, mesure de la sensibilité des émulsions photographiques.

sensoriel, ielle adj. - XIXe ; lat. *sensorium* « organe d'un sens » ▪ Qui concerne les organes des sens, la sensation. *Nerf sensoriel,* en relation avec un organe des sens.

sensorimétrie n. f. - mil. XXe ; de *sensoriel* et *-métrie* ▪ Partie de la psychophysique qui étudie les variations de la sensation par rapport aux variations du stimulus.

sensorimoteur, trice adj. - XIXe ; de *sensoriel* et *moteur* ▪ Qui concerne à la fois les fonctions sensorielles et la motricité.

sensualisme n. m. - XIXe ▪ Doctrine d'après laquelle toutes les connaissances viennent des sensations. *Le sensualisme de Condillac.*

sensualiste adj. et n. - XIXe ▪ Qui appartient au sensualisme, soutient le sensualisme.

sensualité n. f. - XVe 1 Tempérament, goût d'une personne sensuelle. « *son comportement déborde du plus charnel amour, de sensualité* » (Gide). ⇒ **érotisme, luxure.** 2 Caractère sensuel (de qqch.). « *la beauté de cette poésie serait inconcevable sans une sensualité sous-jacente* » (Maurois). ✪ CONTR. Froideur.

sensuel, elle adj. - XIVe ; lat. *sensualis* « sensible, relatif aux sens » 1 Propre aux sens, émanant des sens. ⇒ ② **animal, charnel.** « *L'amour sensuel ne peut se passer de la possession* » (Rouss.). 2 littér. Porté à rechercher et à goûter tout ce qui flatte les sens. ⇒ **épicurien, sybarite, voluptueux.** ➡ « *Une maîtresse sensuelle, infatigable, savante* » (Romains). ⇒ **lascif, luxurieux.** 3 Qui annonce ou évoque la sensualité, un tempérament voluptueux. « *les lèvres impudentes et sensuelles* » (Balz.). ✪ CONTR. Frigide, ① froid.

sente n. f. – XIIe ; lat. *semita* ▪ région. ou littér. Sentier.

sentence n. f. – XIIe ; lat. *sentire* « juger » 1 Décision rendue par un juge ou un arbitre. *Prononcer, rendre, exécuter une sentence.* ⇒ **arrêt, décret, jugement, verdict.** 2 vieilli Pensée exprimée d'une manière dogmatique et littéraire. ⇒ ① **adage, aphorisme, apophtegme, maxime.**

sentencieusement adv. – XVIe ▪ D'une manière sentencieuse.

sentencieux, ieuse adj. – XIIIe ▪ Qui s'exprime de manière solennelle et affectée. ⇒ **dogmatique, grave, pompeux.** *Un ton sentencieux.*

senteur n. f. – XIVe ▪ littér. Odeur agréable, parfum. « *la senteur marine des roches découvertes* » (Maupass.).

senti, ie adj. et n. m. – XVIIIe 1 *BIEN SENTI :* exprimé avec conviction et habilement présenté. « *il se mettait à chanter des goualantes bien senties* » (Cendrars). 2 n. m. Ce qui est senti, ressenti ; le résultat de la faculté de sentir.

sentier [sɑ̃tje] n. m. – XIIe ; lat. *semita* ▪ Chemin étroit pour les piétons et les bêtes. ⇒ ② **laie, layon, sente.** *Sentier forestier, pédestre. Sentier balisé. Sentier de grande randonnée. Sentier muletier.* ➝ *Les sentiers de la gloire.* ➝ loc. *Être sur le sentier de la guerre :* se préparer au combat, à l'affrontement.

❑ *Être sur le sentier de la guerre* est un calque de l'anglais, évoquant les Indiens d'Amérique du Nord.

sentiment n. m. – XIVe ; de *sentir* I - 1 Conscience plus ou moins claire, connaissance comportant des éléments affectifs et intuitifs. ⇒ **impression.** *Éprouver un sentiment d'impuissance. Elle avait le sentiment d'avoir bien fait. J'ai le sentiment qu'il fait fausse route.* 2 Capacité de sentir, d'apprécier. ⇒ **instinct,** ① **sens.** « *le sentiment de l'absurdité ne naît pas du simple examen d'un fait* » (Camus). 3 littér. Jugement, opinion qui se fonde sur une appréciation subjective. ⇒ **avis, idée, point de vue.** *C'est aussi mon sentiment.* II - 1 État affectif complexe lié à des représentations. ⇒ **émotion, passion.** *Sentiment et sensation. Manifester, exprimer ses sentiments. Sentiment religieux, esthétique, patriotique. Les grands sentiments.* « *Vous avez fait de belles affaires avec vos beaux sentiments* » (Mol.). ♦ Amour. fam. *Ça n'empêche pas les sentiments :* ça ne veut pas dire qu'il n'y ait pas d'affection. ♦ *Les sentiments :* les sentiments généreux, les inclinations altruistes. « *Dans ce monde égoïste* [...] *on ne fait pas son chemin par les sentiments* » (Balz.). ♦ *L'expression de mes sentiments respectueux, distingués, dévoués. Avec mes meilleurs sentiments.* 2 *Le sentiment :* la vie affective, la sensibilité. « *La femme vit par le sentiment* » (Balz.). ♦ fam. Démonstrations sentimentales. *Tu ne m'auras pas au sentiment.* loc. *Faire du sentiment :* mêler des éléments affectifs à une situation où ils n'ont pas à intervenir.

sentimental, ale, aux adj. – XVIIIe 1 Qui concerne l'amour ; amoureux. « *L'Éducation sentimentale* », *roman de Flaubert.* 2 Qui provient de causes d'ordre affectif, n'est pas raisonné ni intéressé. « *Cette terre, comme il avait fini par l'aimer ! et d'une passion* [...] *sentimentale, intellectuelle presque* » (Zola). 3 Qui est sensible, rêveur, donne de l'importance aux sentiments tendres, et les manifeste volontiers. ⇒ **romanesque,** ② **tendre.** *Il est un peu trop sentimental.* ➝ n. *C'est une grande sentimentale.* 4 Empreint d'une sensibilité mièvre. *Des romances sentimentales.* ✪ CONTR. Insensible. Actif, ② pratique.

❑ Senti comme dérivé français de *sentiment,* cet adjectif apparaît en fait dans la traduction de *The Sentimental Journey* de Sterne, le traducteur n'ayant pu trouver d'équivalent de ce mot anglais dans la langue française.

sentimentalement adv. – XIXe ▪ D'une manière sentimentale.

sentimentalisme n. m. – XIXe ▪ Tendance à la sentimentalité. « *On faisait de l'esprit* [...] ; *mais cela était empreint de sentimentalisme* » (Nerval).

sentimentalité n. f. – XIXe ▪ Caractère d'une personne, d'une œuvre sentimentale (souvent péj.). *Une sentimentalité déplacée.*

sentine n. f. – XIIe ; lat. ▪ Endroit de la cale d'un navire où s'amassent les eaux.

sentinelle n. f. – XVIe ; it. *sentire* « entendre » 1 Personne, soldat qui a la charge de faire le guet devant un lieu occupé par l'armée, de protéger un lieu public, etc. ⇒ **factionnaire, guetteur.** « *Comme une sentinelle à l'œil perçant et sûr, Qui guette nuit et jour* » (Baud.). 2 Guet, surveillance que fait un soldat. ➝ *Les concierges « en sentinelle sur le seuil »* (Romains).

❑ Bien que ce mot soit féminin, le genre logique se manifeste parfois : « *Nos deux sentinelles n'ont pas quitté le train, ils se sont assis à nos places* » (Céline). → vigie (rem.).

sentir v. tr. [16] – XIe ; lat. I - 1 Avoir la sensation ou la perception de. ⇒ **percevoir.** « *sous sa paume, il sentit le drap rêche de la tunique* » (Chateaub.). *Ne rien sentir :* ne pas éprouver de douleur. loc. fam. *Le, la sentir passer.* ♦ fam. *Je ne sens plus mes jambes :* je suis fatigué d'avoir trop marché. ♦ Avoir la sensation de (une odeur). « *pour sentir l'odeur douce et poivrée de la sève* » (Le Clézio). ⇒ **flairer, humer, renifler.** ➝ loc. fam. *Ne pas pouvoir sentir qqn :* ne pas pouvoir le souffrir ; le détester. ⇒ pop. **blairer, pifer.** 2 Avoir ou prendre conscience plus ou moins nettement de. *Sentir le danger. Il ne sent pas sa force.* « *Je ne sens pas trop mon âge* » (Gide). ➝ « *Un riche laboureur, sentant sa mort prochaine* » (La Font.). *Sentir que..., combien..., pourquoi...* 3 Connaître ou reconnaître par l'intuition. ⇒ **deviner, discerner.** *Ce sont des choses qu'on sent.* ⇒ **pressentir.** ➝ « *C'est le cœur qui sent Dieu, et non la raison* » (Pasc.). ➝ fam. *Fais comme tu (le) sens.* 4 Avoir un sentiment esthétique de. ⇒ **apprécier,** ① **goûter.** *Sentir la beauté d'une œuvre d'art.* 5 Être affecté agréablement ou désagréablement par. ⇒ **éprouver, ressentir.** « *Cet élan que je sentirais pour mon pays s'il était menacé* » (Loti). 6 *Faire sentir :* faire qu'on se rende compte de. « *il me fit sentir* [...] *qu'il valait infiniment mieux avoir toujours l'estime des hommes que quelquefois leur admiration* » (Rouss.). ➝ *Se faire sentir :* devenir sensible. ⇒ s'**exercer,** se **manifester.** « *Aujourd'hui les véritables effets se font sentir* » (Zola). II - 1 Dégager, répandre une odeur de. ⇒ **fleurer.** *Cette fleur ne sent rien.* « *ça sentira l'étable, pleine de fumiers chauds* » (Rimb.). *Sentir bon.* ⇒ **embaumer.** *Ça sent mauvais, ici !* ⇒ **empester, puer ;** fam. **chlinguer, fouetter.** ♦ fam. Sentir mauvais. « *C'est un garçon qui ne se lave pas* [...] *Il doit sentir des pieds* » (Romains). 2 Donner une impression de, évoquer à l'esprit l'idée de. ⇒ **indiquer, révéler.** *Manières qui sentent le parvenu. Ça sent l'hiver.* III v. pron. 1 Être senti. « *Le vrai bonheur ne se décrit pas, il se sent* » (Rouss.). 2 *Ne pas se sentir de :* être hors de soi, transporté de. « *À ces mots, le corbeau ne se sent pas de joie* » (La Font.). fam. *Depuis sa promotion, il ne se sent plus.* ♦ Avoir l'impression, le sentiment de. « *il se sentit rougir jusqu'aux oreilles* » (Aragon). ➝ Avoir l'impression, le sentiment d'être. *Se sentir bizarre. Se sentir bien, mal dans sa peau.* « *Comme elle doit se sentir méprisée* » (Mauriac). 3 Sentir comme étant en soi ou à soi. *Il ne se sentit pas* *la force d'achever. Je ne m'en sens pas le courage.* « *Il se sentait le cœur plus libre* » (Daud.). 4 *Ils ne peuvent pas se sentir :* ils se détestent.

① **seoir** [swaʀ] **v. intr.** 26 ; part. *séant*, sis** – XIIe ; lat. *sedere* ■ **vx** Être assis. ✪ HOM. Soir.

② **seoir** [swaʀ] **v. intr.** 26 ; seult 3e pers. prés., imp., fut., condit. et p. prés. – XIIe ; lat. *sedere* « être fixé dans l'esprit, être la volonté de qqn » ■ vieilli ou littér. Convenir, aller. « *ce voile de soie noire* [...] *qui sied si bien aux femmes* » (Mérimée) (⇒ **seyant**). ♦ impers. ⇒ **convenir.** *Comme il sied* (⇒ ② **séant**). ✪ CONTR. Messeoir.

sépale **n. m.** – XVIIIe ; gr. *skepê* « enveloppe » ■ Chaque foliole du calice d'une fleur.

❑ *Sépale* est masculin, comme *pétale.*

séparable **adj.** – XIVe ■ Qui peut être séparé. ⇒ **dissociable, isolable.** « *Cette liberté politique paraît difficilement séparable des notions d'égalité* » (Valéry). ✪ CONTR. Inséparable.

séparateur, trice **adj.** et **n. m.** – XVIe 1 Qui sépare, a la propriété de séparer. ➝ *Pouvoir séparateur d'un instrument d'optique,* sa capacité de produire des images séparées d'objets rapprochés (⇒ **résolvance**). 2 **n. m.** Appareil destiné à séparer les composants d'un mélange. ♦ Instrument servant à écarter une dent de la dent voisine. ♦ Délimiteur*.

séparation **n. f.** – XIVe 1 Action de séparer, de se séparer, fait d'être séparé. ⇒ **désagrégation, disjonction, dislocation, dispersion.** *La séparation des éléments d'un mélange. Séparation des isotopes.* ➝ *Séparation des attributions, des compétences.* ⇒ **distinction.** *Le principe de la séparation des pouvoirs.* ⇒ **cloisonnement.** ➝ *Séparation de l'Église et de l'État.* 2 Fait de se séparer, de se quitter. « *bien souvent, pour que nous découvrions que nous sommes amoureux* [...] *il faut qu'arrive le jour de la séparation* » (Proust). ♦ *Séparation de corps :* suppression, pour deux époux, du devoir de cohabitation sans qu'il y ait divorce. ➝ *Séparation de biens :* régime matrimonial dans lequel chacun des époux conserve la propriété de ses biens personnels. ➝ *Séparation des patrimoines :* privilège accordé aux créanciers d'une succession sur les créanciers des héritiers. 3 Objet ou espace qui empêche un objet, un lieu, etc., d'être réuni à un autre, de former un tout avec lui. ⇒ **démarcation.** *Rideau servant de séparation entre deux parties d'une pièce.* ♦ Différenciation. « *la séparation commune entre le signe et la chose, le mot et l'idée* » (Paulhan). ✪ CONTR. Assemblage, jonction, réunion, contact.

séparatisme **n. m.** – XIXe ■ Tendance, mouvement séparatiste.

séparatiste **n.** et **adj.** – XIXe ■ Personne qui réclame une séparation d'ordre politique, l'autonomie par rapport à un État, une fédération. ⇒ **autonomiste, dissident, indépendantiste, sécessionniste.** ➝ **adj.** *Mouvement séparatiste basque.*

séparé, ée **adj.** – XIVe 1 Qui est à part, distinct. « *Elle découvrait que la vie conjugale forme un ordre séparé* » (Romains). 2 Dans l'état de séparation. *Des époux séparés.* « *Les amants séparés font des gestes hagards* » (Aragon). ✪ CONTR. Lié.

séparément **adv.** – XIVe ■ De façon séparée, à part l'un de l'autre. *Ces articles ne peuvent être vendus séparément.* ✪ CONTR. Conjointement, ① ensemble.

séparer **v. tr.** 1 – XIVe ; lat. *separare* **I** - 1 Faire cesser (une chose) d'être avec une autre ; faire cesser (plusieurs choses) d'être ensemble. ⇒ **couper,** ① **détacher, disjoindre,** ① **écarter, isoler.** *La tête avait été séparée du tronc.* ♦ Mettre à part. *Séparer le blanc du jaune* (d'un œuf). *Séparer des gaz.* ⇒ **analyser, dissocier, extraire.** *Séparer une substance d'un composé. Séparer selon la catégorie.* ⇒ **classer,** ① **ranger.** 2 Faire en sorte que (des personnes) ne soient plus ensemble. « *Enlever Marthe !* [...] *Ce serait me l'enlever puisqu'on nous séparerait* » (Radiguet). ➝ Empêcher (deux personnes) de continuer à se battre. « *Je n'arrive pas à les séparer, ils se battent comme des chiffonniers* » (Anouilh). ♦ Faire que (des personnes) ne soient plus unies par des rapports affectifs, moraux. « *Le sang les avait joints l'intérêt les sépare* » (La Font.). ⇒ **désunir, éloigner.** 3 Considérer comme étant à part, comme ne devant pas être confondues (deux qualités ou notions). ⇒ **différencier, discerner, distinguer, isoler.** *Il ne faut pas séparer la théorie et la pratique.* **II** Constituer une séparation entre (deux choses, deux personnes). *La frontière qui sépare deux pays.* ♦ « *Que nos rideaux fermés nous séparent du monde* » (Baudelaire). **III** **v. pron.** 1 Cesser d'être, de vivre avec. ⇒ se **détacher, quitter.** *Rameau qui se sépare de la tige.* ➝ *Elle s'est séparée de son mari.* ➝ Ne plus garder avec soi. « *Tu répugnes peut-être à te séparer de ton or* » (Balz.). ♦ Cesser d'être constitué, d'être réuni. *L'Assemblée, avant de se séparer, doit voter plusieurs lois.* ♦ Se diviser. *Le fleuve se sépare en deux bras.* ⇒ se **scinder.** 2 Cesser d'être, de vivre l'un avec l'autre. « *le baron et la baronne d'Étraille s'étaient séparés à l'amiable* » (Maupass.). ⇒ **rompre.** ✪ CONTR. Assembler, attacher, réunir, unir. Confondre, englober, lier.

sépharade → **séfarade**

sépia **n. f.** – XIXe ; lat. *sepia* « seiche » 1 Liquide noirâtre sécrété par la seiche. 2 Matière colorante d'un brun très foncé, employée dans les dessins, les lavis. ➝ *De vieilles photos (couleur) sépia.* ♦ Dessin, lavis exécuté avec cette matière.

sépiolite **n. f.** – déb. XXe ; gr. *sêpion* « os de seiche » et *-lithe* ■ Silicate hydraté naturel de magnésium. ⇒ **écume** (de mer), **magnésite.**

❑ L'orthographe conforme à l'étymologie serait *sépiolithe.* → -lithe (rem.).

seppuku [sepuku] **n. m.** – mil. XXe ; mot jap. ■ Suicide rituel, au Japon. ⇒ **hara-kiri.**

❑ *Seppuku* est le mot normal en japonais ; *hara-kiri* est un vulgarisme dans cette langue.

seps [sɛps] **n. m.** – XVIe ; gr. ■ Lézard à pattes très courtes, des régions méditerranéennes.

-sepsie, -septique Éléments, du gr. *sêpsis* « putréfaction » et *sêptikos* « septique ».

sept [sɛt] **adj. numér. inv.** et **n. m. inv.** – XIIe ; lat. *septem* 1 **adj. numér. card.** Nombre entier naturel équivalant à six plus un (7 ; VII). ⇒ **hepta-.** *Les sept jours de la semaine. Les Sept Merveilles du monde. Polygone à sept côtés.* ⇒ **heptagone.** ➝ *Vingt-sept francs.* 2 **adj. numér. ord.** Septième. *Charles VII. Page 7.* ➝ *Le 7 décembre.* 3 **n. m. inv.** Le chiffre 7. *Multiplier par sept. Habiter (au) 7 rue Albert.* ➝ *Sept pour cent. Avoir (un) 7 en histoire.* ➝ *Le sept de carreau.* ✪ HOM. Cet, cette (ce), set.

❑ *Sept* est un nombre premier, comme *trois,* ce qui a fait son succès dans les diverses mythologies.

septante [sɛptɑ̃t] **adj. numér. inv.** et **n. inv.** – XIIIe ; lat. *septuaginta* ■ (Belgique, Suisse, est de la France, Acadie) Soixante-dix.

❑ Hormis l'avantage de sa formation régulière (comme *cinquante*) ce mot permet d'éviter les ambiguïtés (70 et 60-10).

septembre [sɛptɑ̃bʀ] **n. m.** – XIIe ; lat. ■ Neuvième mois de l'année. *Le mois de septembre a 30 jours. Des septembres brumeux.* ➛ *Les Massacres de septembre* (1792).

❑ *Septembre* était le *septième* mois de l'année romaine, qui commençait en mars.

septemvir [sɛptɛmviʀ] **n. m.** – XVIIe ; lat. *septem* « sept » et *vir* « homme » ■ Chacun des sept membres d'une commission chargée du partage des terres, dans la Rome antique.

septénaire [sɛptenɛʀ] **n. m.** – XVe ■ Espace de sept jours ; cycle de sept ans. ♦ Vers latin de sept pieds et demi.

septennal, ale, aux [sɛptenal, o] **adj.** – XVIIIe ; lat. *septem* « sept » et *annus* « an » **1** Qui revient tous les sept ans. **2** Qui dure sept ans. *Présidence septennale.*

septennat [sɛptena] **n. m.** – XIXe ■ Durée de sept ans (d'une fonction). ➛ Période pendant laquelle un président de la République est en fonction, en France.

septentrion [sɛptɑ̃tʀijɔ̃] **n. m.** – XIIe ; lat. *septentriones,* de *septem* « sept » et *triones* « bœufs de labour », nom de l'Ourse polaire ■ **poét.** et **vieilli** Le nord.

septentrional, ale, aux [sɛptɑ̃tʀijɔnal, o] **adj.** – XIVe ■ Du nord, situé au nord. *L'Europe septentrionale.* ⇒ **nordique.** ✪ CONTR. Méridional.

septicémie **n. f.** – XIXe ; de *septique* et *-émie* ■ Infection générale provoquée par le développement de germes pathogènes dans le sang, leur dissémination dans l'organisme et l'action des toxines qu'ils produisent.

❑ Il s'agit du radical *-émie* (le même que *hémo-*) et non de °*cémie* ; aussi dans les mots *glycémie, leucémie, uricémie.*

septième [sɛtjɛm] **adj.** et **n.** – XVIe **I adj. 1 adj. numér. ord.** Qui suit le sixième (7e, VIIe). « *Dieu se reposa le septième jour* » (BIBLE). *Le VIIe siècle. Le septième étage.* ➛ *Arriver (le, la) septième sur dix.* ♦ *Quatre-vingt-septième.* **2 adj. fractionnaire** Se dit d'une partie d'un tout également divisé ou divisible en sept. *Cinq septièmes* (5/7). **II n. f.** Deuxième année du cours moyen, dans l'enseignement primaire français (CM2). ➛ En musique, Intervalle de sept degrés.

septièmement [sɛtjɛmmɑ̃] **adv.** – XVe ■ En septième lieu (7o).

septime **n. f.** – XIXe ; lat. *septimus* « septième » ■ En escrime, Ligne d'engagement, pointe basse.

septique **adj.** – XVIe ; gr. *sêpein* « pourrir » **1** Qui produit l'infection, est porteur de germes. « *Pasteur découvrit le vibrion septique, responsable de tant de gangrènes* » (Mondor). **2** *FOSSE SEPTIQUE :* fosse d'aisances aménagée de façon que les matières se transforment, sous l'action de microbes anaérobies, en liquide contenant des minéraux inodores et inoffensifs. **3** Qui est contaminé ou provoqué par des germes pathogènes. *Fièvre septique.* ✪ CONTR. Antiseptique, aseptique. — HOM. Sceptique.

septuagénaire [sɛptɥaʒenɛʀ] **adj.** et **n.** – XIVe ; lat. ■ Dont l'âge est compris entre soixante-dix et soixante-dix-neuf ans. « *ce visage septuagénaire, hâlé, ridé, dont le parchemin ne paraissait devoir plier sous aucune émotion* » (Balz.). ➛ **n.** *Un, une septuagénaire.*

septum [sɛptɔm] **n. m.** – XVIe ; mot lat. « cloison » ■ Cloison séparant deux cavités (d'un organe, d'un organisme). *Septum nasal.*

septuor [sɛptɥɔʀ] **n. m.** – XIXe ■ Composition vocale ou instrumentale à sept parties. ♦ Formation musicale de sept exécutants.

septuple [sɛptypl] **adj.** – XVe ; lat. ■ Qui vaut sept fois (la quantité désignée). ➛ **n. m.** *Le septuple,* sept fois plus.

septupler **v.** [1] – XVe **1 v. tr.** Multiplier par sept. **2 v. intr.** Devenir sept fois plus élevé. *Ses bénéfices ont septuplé en deux ans.*

sépulcral, ale, aux **adj.** – XVe ■ Qui évoque la tombe, la mort. *Voix sépulcrale.* ⇒ **caverneux.**

sépulcre **n. m.** – XIIe ; lat. ■ **littér.** Tombeau. *Le Saint Sépulcre :* le tombeau du Christ à Jérusalem.

sépulture **n. f.** – XIIe ; lat. **1 vx** ou **littér.** Inhumation, considérée surtout dans les formalités et cérémonies qui l'accompagnent. *Sépulture chrétienne.* **2** Lieu où est déposé le corps d'un défunt (fosse, tombe, tombeau). « *Il aurait voulu lui donner une sépulture décente* » (J. Verne). *Violation de sépulture.*

séquelle **n. f.** – XIVe ; lat. *sequi* « suivre » ■ **souvent plur.** Suites, complications plus ou moins tardives et durables d'une maladie, d'un accident. ♦ Effet ou contrecoup inévitable, mais isolé et passager, d'un événement. ⇒ **conséquence, répercussion, retombée.** « *les séquelles de Vichy demeurent, entretiennent encore des poisons virulents* » (Mauriac).

séquençage **n. m.** – v. 1970 ■ Technique qui permet de déterminer une séquence (5o).

séquence **n. f.** – XIIe ; lat. *sequi* « suivre » **1** À certains jeux, Série d'au moins trois cartes de même couleur qui se suivent. « *J'ai mieux : séquence de sept cartes !* » (Vian). **2** Suite de plans filmés constituant une scène, une unité narrative ou esthétique. *Tourner une séquence.* **3** Suite quelconque d'unités langagières, dans le discours. **4** Suite ordonnée d'éléments, d'opérations (d'un algorithme, d'un programme informatique, etc.). **5** Ordre d'enchaînement des acides aminés d'une protéine ou des bases puriques et pyrimidiques d'un acide nucléique. *La séquence du génome humain.*

séquencer **v. tr.** [3] – v. 1970 ■ Déterminer la séquence de (une protéine, un acide nucléique).

séquenceur **n. m.** – 1971 ■ Dispositif numérique qui détermine l'ordre d'éléments dans une séquence, les phases d'un processus.

séquentiel, ielle **adj.** – 1952 **1** Relatif à une séquence, une suite ordonnée (opposé à *simultané*). ⇒ **récurrent, successif.** ♦ *Brûleur séquentiel,* qui fonctionne par intermittence en fonction de l'aliment à cuire. **2** Se dit d'un circuit dont l'état actuel dépend à la fois de l'entrée et de l'état précédent.

séquestration **n. f.** – XVe ■ Action de séquestrer (qqn), état d'une personne séquestrée. *Enlèvement et séquestration d'enfant.*

séquestre **n. m.** – XIIIe ; lat. *sequester* « médiateur » **I - 1** Dépôt d'une chose litigieuse entre les mains d'un tiers qui la conserve pendant la durée de la contestation. ⇒ **saisie.** *Biens mis, placés sous séquestre. Levée de séquestre.* **2 rare** Dépositaire de biens litigieux mis sous séquestre. **II** Petit fragment d'os détaché au cours d'un processus de nécrose osseuse (infection d'une fracture, ostéomyélite).

séquestrer **v. tr.** [1] – XIIIe **1** Mettre sous séquestre. **2** Retenir (qqn) contre son gré dans un lieu dont il ne peut s'échapper. ⇒ **détenir.** *Séquestrer des otages.*

sequin **n. m.** – XIVe ; ar. *sikki* « pièce de monnaie » ■ Ancienne monnaie d'or de Venise, qui avait cours en Italie et dans le Levant. *Elles* « *ont des sequins enfilés pour colliers* » (Loti).

séquoia [sekɔja] **n. m.** – XIXe ; lat. *sequoia* ■ Conifère *(taxodiacées)* originaire de Californie, remarquable par sa longévité et sa hauteur (jusqu'à 150 mètres). ⇒ **wellingtonia.**

❑ Le nom de cet arbre a été formé en latin d'après celui d'un chef indien cherokee, *See-Quayah.*

sérac n. m. – XVIIIe ; lat. *serum* « petit-lait » ■ Dans un glacier, Bloc de glace qui se forme, aux ruptures de pente, quand se produisent des crevasses transversales élargies par la fusion.

sérail n. m. – XIVe ; turco-persan *serâï* **1** Palais du sultan, dans l'Empire ottoman. ➛ loc. *Être né, élevé dans le sérail ; être, faire partie du sérail :* appartenir à une élite, un milieu influent fermé, par naissance ou cooptation. **2** vx ou abusif Harem.

sérancer v. tr. 3 – XIIIe ; de l'a. fr. *séran* « peigne » ■ Peigner (le lin, le chanvre roui).

serapeum [seʀapeɔm] n. m. – XVIIIe ; gr. ■ Nécropole du Hâpi (le taureau Apis), en Égypte. ♦ À l'époque hellénistique, Temple où l'on adorait les divinités gréco-égyptiennes.

séraphin n. m. – XIe ; hébr. *saraph* « brûler » ■ Ange de la première hiérarchie, représenté avec trois paires d'ailes. « *cette illusion d'un paradis de gloire, où elle entrerait escortée par les séraphins* » (Zola).

séraphique adj. – XVe **1** Propre aux séraphins. **2** littér. Qui évoque les séraphins, les anges, leur pureté. ⇒ ① **angélique.** *Une beauté séraphique.*

serbe adj. et n. – XVe ■ De Serbie. *Le slavon serbe :* variante du vieux slave. ➛ n. *Les Serbes du Kosovo.*

serbo-croate adj. et n. m. – XIXe ■ Qui appartient à la Serbie et à la Croatie. ➛ n. m. *Le serbo-croate :* langue slave parlée en Serbie, Bosnie-Herzégovine, Monténégro et Croatie.

serdab [sɛʀdab] n. m. – mil. XXe ; persan « salle souterraine » ■ Dans les tombes et les monuments funéraires de l'Égypte ancienne, Petite salle contenant les effigies du mort.

serdeau n. m. – XVe ; de *sert d'eau* « celui qui sert de l'eau » ■ Officier de bouche de la table du roi. ⇒ **échanson.**

serein, eine adj. – XIIe ; lat. *serenus* **1** littér. Qui est à la fois pur et calme (conditions atmosphériques). ⇒ ① **beau, clair.** *Un ciel serein.* **2** Dont le calme provient d'une paix morale qui n'est pas troublée. ⇒ ② **calme, paisible, tranquille.** *Être serein devant la mort.* ✪ CONTR. Nuageux. Inquiet, tourmenté, troublé. — HOM. Serin.

❑ Mot à la mode ; *je suis serein* est employé par tous les grands politiques compromis dans des affaires d'argent.

sereinement adv. – 1932 ■ D'une manière sereine, impartiale. ⇒ **tranquillement.** *Envisager l'avenir sereinement.*

sérénade n. f. – XVIe ; it. *serenata* « nuit sereine » **1** Concert, chant exécuté la nuit sous les fenêtres de qqn qu'on voulait honorer ou divertir (spécialt une femme aimée). « *Les donneurs de sérénades Et les belles écouteuses* » (Verlaine). **2** fam. *C'est toujours la même sérénade.* ⇒ **comédie, histoire, rengaine.**

❑ La *sérénade* s'exécute la nuit ; l'*aubade* est un concert donné dans les mêmes conditions, mais à l'aube.

sérénissime adj. – XIIIe ; it. *sereno* « serein » ■ Titre honorifique donné à certains princes ou hauts personnages. *Altesse sérénissime.* « *On les appelle grands, nobles, sérénissimes* » (Hugo).

sérénité n. f. – XIIe ■ État, caractère d'une personne sereine. ⇒ ① **calme, équanimité.** « *J'ai retrouvé la sérénité, la tranquillité, la paix* » (Rouss.). ✪ CONTR. Agitation, émotion.

séreux, euse adj. – XIVe ; lat. *serum* « petit-lait » ■ Qui ressemble au sérum, qui renferme du sérum. *Liquide séreux.* ⇒ **sérosité.** *Membrane séreuse* ou n. f. *une séreuse :* fine membrane de tissu conjonctif à deux feuillets dont l'un tapisse l'organe et l'autre la cavité dans laquelle il se trouve.

serf, serve [sɛʀ(f), sɛʀv] n. – XIe ; lat. *servus* « esclave » ■ Sous la féodalité, Personne qui n'avait pas de liberté personnelle complète, était attachée à une terre, et assujettie à des obligations. *Serfs taillables et corvéables à merci.* ✪ HOM. Cerf, serre.

❑ Même famille que *asservir, servile* et *servitude.*

serfouette n. f. – XVIe ; de *serfouir* « sarcler », lat. *circumfodere* ■ Outil de jardinage dont le fer forme lame d'un côté et fourche ou langue de l'autre.

serge n. f. – XIIe ; lat. *sericus* « soie » ■ Tissu d'armure sergé en laine, sec et serré.

sergé n. m. – XVIIIe ■ Une des trois armures fondamentales, donnant un tissu à côtes obliques qui présente un endroit et un envers. Appos. *La gabardine est un tissu d'armure sergé.*

sergent n. m. – XIe ; lat. *servire* « être au service de » **1** Autrefois, SERGENT DE VILLE : agent de police. **2** Sous-officier du grade le plus bas des armées de terre et de l'air. ➛ *Sergent-chef :* sous-officier d'un grade immédiatement supérieur à celui de sergent. *Des sergents-chefs.* ➛ *Sergent-major :* sous-officier (intermédiaire entre sergent-chef et adjudant), chargé de la comptabilité d'une compagnie. *Des sergents-majors.*

sérialisme n. m. – mil. XXe ■ Caractère de la musique sérielle. ⇒ **dodécaphonisme.**

sériation n. f. – XIXe ■ Fait de sérier (des problèmes, des questions).

sérici- Élément, du gr. *sêrikos,* de *sêr* « ver à soie ».

séricicole adj. – XIXe ; *sérici-* et *-cole* ■ Qui concerne la sériciculture.

sériciculteur, trice n. – XIXe ■ Personne qui élève des vers à soie. ⇒ **magnanier.**

sériciculture n. f. – XIXe ■ Élevage des vers à soie. ⇒ **magnanerie.**

séricigène adj. – XIXe ; *sérici-* et *-gène* ■ Qui produit la sécrétion de la soie. *Chenilles séricigènes.*

séricine n. f. – XIXe ■ Scléroprotéine de la soie.

série n. f. – XVIIIe ; lat. *serere* « tresser, lier ensemble » **1** Somme d'un nombre fini de termes. *Série harmonique :* somme des inverses des entiers. *Série convergente,* telle que la somme de ses *n* premiers termes tend vers une limite quand *n* croît indéfiniment. *Série divergente,* telle que cette somme ne tend pas vers une limite. *Développer une fonction en série :* trouver une série convergente dont la somme représente cette fonction. **2** Suite déterminée et limitée (de choses de même nature formant un ensemble, ou considérées comme telles). *Une série de casseroles.* « *toute une série de volumes sur des vies de Saints* » (Huysm.). *Numéro spécial hors série* (d'un magazine). ➛ *Série noire :* suite de catastrophes. *Loi des séries,* selon laquelle les ennuis s'enchaînent. *Accidents en série,* en cascade, en chaîne. ♦ Collection de vêtements de confection, de chaussures, etc., comportant toutes les tailles. *Soldes de fins de séries.* ♦ Suite des douze demi-tons de la gamme chromatique. ♦ Suite d'émissions télévisées ayant le même propos, mettant en scène le même personnage, chaque émission formant un tout (à la différence du feuilleton). *Série américaine.* **3** Petit groupe constituant une subdivision d'un classement. ⇒ **catégorie.** ♦ Chaque groupe de concurrents disputant une épreuve de qualification. ➛ Degré dans un classement sportif. *Joueur de tennis classé dans la première série. Il est première* série. ♦ *Film de série B,* à budget réduit et tournage plus rapide que les grandes productions. 4 *Production, fabrication* EN SÉRIE, d'objets identiques de qualité courante, en grande quantité, qui permet d'abaisser les coûts. ➝ *Voiture de série. Modèle hors série,* qui fait l'objet d'une commande particulière. ♦ EN SÉRIE (opposé à *en parallèle*), se dit d'un montage bout à bout de conducteurs (électricité).

sériel, ielle adj. – XIXe ▪ Qui forme une série, appartient à la série. ♦ *Musique sérielle,* fondée sur la série, appliquée à d'autres paramètres que les intervalles. ⇒ **dodécaphonique.**

sérier v. tr. [7] – XIXe ▪ Distinguer et ordonner. *Sérier les problèmes.*

sérieusement adv. – XIVe 1 Avec sérieux, avec réflexion et application. *Travailler sérieusement.* 2 Sans rire, sans plaisanter. « *On ne sait jamais si vous parlez sérieusement* » (France). 3 Réellement, pour de bon. « *Il n'avait jamais sérieusement pensé être élu* » (Aragon). 4 Fortement. *Il est sérieusement atteint.* ⇒ **gravement, sévèrement.**

sérieux, ieuse adj. et n. m. – XIVe ; lat. *serius* **I** adj. **1** Qui ne peut prêter à rire ou être estimé sans conséquence, qui mérite considération. ⇒ **important.** *Revenons aux choses sérieuses.* ♦ Qui compte, par la quantité ou la qualité. *Il a eu de sérieux ennuis.* ⇒ **gros.** ♦ Qui constitue un danger, une menace. ⇒ **inquiétant.** « *Ce n'est pas grave, mais c'est sérieux* » (Cocteau). 2 Qui n'est pas fait, dit pour l'amusement. *Lecture trop sérieuse pour un enfant.* 3 Qui prend en considération ce qui mérite de l'être et agit en conséquence, avec le sentiment de l'importance de ce qu'il fait. ⇒ **posé, réfléchi, sage.** « *Un homme sérieux, n'ouvrant la bouche que pour articuler des mots pesés et choisis* » (Duham.). *Trêve de plaisanteries, soyons sérieux.* ♦ Qui est fait dans cet esprit, avec science, avec soin. ⇒ **consciencieux.** *Un travail sérieux.* 4 Qui ne rit pas, ne manifeste aucune gaieté. ⇒ **grave.** loc. fam. *Sérieux comme un pape :* très sérieux. 5 Sur qui (ou sur quoi) l'on peut compter ; qui ne trompe pas, ne plaisante pas. ⇒ **fiable, sûr.** « *Je vous estimais un garçon sérieux, j'avais confiance en vous* » (R. Rolland). *Une maison sérieuse.* fam. *Alors c'est sérieux, vous partez ?* vous partez vraiment ? 6 Qui ne prend pas de liberté avec la morale sexuelle. ⇒ **rangé, sage.** *Jeune fille sérieuse.* **II** n. m. 1 État d'une personne qui ne rit pas, ne plaisante pas. ⇒ **gravité.** *Avoir du mal à garder son sérieux,* à réprimer son envie de rire. 2 Qualité d'une personne posée, appliquée. *Manque de sérieux.* 3 Caractère d'une chose sur laquelle on peut compter ou qu'on doit prendre en considération. *Le sérieux d'un projet.* ♦ PRENDRE AU SÉRIEUX : prendre pour réel, ou pour sincère. ⇒ **croire** (à). « *Je n'ai pas pris cette demande au sérieux* » (Duham.). *Il faut prendre ses menaces très au sérieux.* ➝ pronom. *Se prendre au sérieux :* attacher une (trop) grande importance à ce qu'on est, ce qu'on dit ou ce qu'on fait. « *Un jeune garçon très prétentieux, se prenant tout à fait au sérieux* » (Daud.). ✪ CONTR. Frivole, futile ; amusant, distrayant ; inconséquent ; gai ; débauché. — Gaieté ; légèreté.

sérigraphie n. f. – 1949 ; *sérici-* et *-graphie* ▪ Procédé d'impression sur bois, verre, etc., à l'aide d'un écran (en soie à l'origine) formé de mailles dont on laisse libres celles qui correspondent à l'image à imprimer.

> ❑ L'élément *séri-* (de *sérici-*) n'a aucun rapport avec *série.*

serin n. m. – XVe ; p.-ê. gr. *seirên* « sirène, animal ailé » ▪ Petit oiseau chanteur *(passériformes),* à bec court et épais, au plumage généralement jaune. ⇒ **canari.** ➝ inv. *Jaune serin :* jaune clair et vif. ✪ HOM. Serein.

sérine n. f. – 1901 ; de *séricine* ▪ L'un des vingt acides aminés constituants des protéines.

seriner v. tr. [1] – XVIe ; de *serin* ▪ Répéter continuellement (une chose) à qqn.

seringa n. m. – XVIe ; lat. *syrinx* « roseau » ▪ Arbrisseau buissonnant *(saxifragacées)* à fleurs blanches très odorantes.

> ❑ On écrit aussi *seringat* (graphie critiquée). ♦ Même famille étymologique que *seringue* (que l'on fabriquait à partir du bois évidé de cette plante).

seringue n. f. – XIIIe ; lat. *syringa* ▪ Petite pompe utilisée en médecine pour injecter des liquides dans l'organisme ou pour en prélever. *Aiguille, canon, piston d'une seringue.* « *Il rompit l'ampoule, y introduisit l'aiguille, emplit la seringue* » (Mart. du G.). *Échange de seringues entre toxicomanes.* ⇒ fam. **shooteuse.**

seringuero [seriŋgwero] n. m. – XIXe ; mot port. ▪ Récolteur de caoutchouc par saignées des hévéas, au Brésil.

sérique adj. – 1933 ▪ Relatif au sérum. *Albumine sérique.*

serment n. m. – IXe ; lat. *sacramentum* **1** Affirmation ou promesse solennelle faite en invoquant un être ou un objet sacré, une valeur morale reconnue, comme gage de sa bonne foi. *Serment sur l'honneur.* ⇒ **parole.** ➝ Attestation solennelle de la vérité d'un fait ou de la sincérité d'une promesse. *Prêter serment.* ⇒ **jurer.** ♦ Engagement solennel (personnel ou réciproque) prononcé en public ; la formule qui l'exprime. *Serment d'Hippocrate,* énonçant les principes de déontologie médicale. 2 Promesse ou affirmation particulièrement ferme. « *Comme dans les amitiés puériles, nous avions fait le serment de tout nous dire* » (Mauriac). ✪ HOM. Serrement.

> ❑ *Serment* entre dans la composition de *assermenté,* adjectif courant, et de *insermenté,* terme d'histoire.

sermon n. m. – X^e ; lat. *sermo* « conversation » **1** Discours prononcé en chaire par un prédicateur (en particulier, catholique). ⇒ **homélie, prêche,** ① **prédication.** *Les sermons de Bossuet.* 2 péj. Discours moralisateur généralement long et ennuyeux. ⇒ **remontrance.** « *mes rentrées tardives* [...] *m'avaient valu des sermons* » (Romains).

> ❑ On parle du *sermon* d'un prêtre catholique, du *prêche* d'un pasteur protestant.

sermonnaire n. m. – XVIe 1 Auteur de sermons. ⇒ **prédicateur.** 2 Recueil de sermons.

sermonner v. tr. [1] – XIIe ▪ Adresser des conseils ou des remontrances à (qqn). ⇒ **chapitrer, morigéner** (cf. Faire la morale).

séro- ▪ Élément, de *sérum.*

sérodiagnostic [serodjagnɔstik] n. m. – XIXe ▪ Diagnostic de certaines infections, fondé sur la recherche, dans le sérum du malade, d'anticorps spécifiques qui provoquent diverses réactions en présence des antigènes de l'agent infectieux responsable.

sérologie n. f. – 1916 ; *séro-* et *-logie* ▪ Étude des sérums, de leurs propriétés, notamment du point de vue de l'immunologie. ➝ Dépistage des anticorps. *Faire une sérologie.*

sérologiste n. – mil. XXe ▪ Spécialiste en sérologie.

séronégatif, ive adj. – déb. XXe ; de *séro(diagnostic)* et *négatif* ▪ Dont le sérum ne contient pas d'anticorps spécifiques d'un antigène donné. ➝ Dont l'analyse sanguine ne révèle pas la présence du virus du sida. ✪ CONTR. Séropositif.

séropositif, ive adj. – déb. XXe ; de *séro(diagnostic)* et *positif* ▪ Dont le sérum contient des anticorps spécifiques d'un antigène donné. ➝ Dont l'analyse sanguine révèle la présence du virus du sida (anticorps anti-V.I.H.). ➝ n. *Les séropositifs.* ✪ CONTR. Séronégatif.

sérosité n. f. – XVe ; du rad. de *séreux* ▪ Liquide organique transparent (lymphe interstitielle, etc.), et spécialt liquide contenu dans les séreuses, liquide non suppuré des hydropisies, des œdèmes, des phlyctènes.

sérothérapie n. f. – XIXe ▪ Emploi thérapeutique des sérums sanguins immunisants dans un but curatif ou préventif.

sérotonine n. f. – apr. 1948 ; de *séro-*, *ton(ique)* et *-ine* ▪ Substance aminée jouant un rôle physiologique important comme vasoconstricteur, régulateur de la motilité intestinale et médiateur de l'activité du système nerveux central.

sérovaccination n. f. – 1923 ▪ Immunisation par l'action d'un sérum associé à un vaccin.

serpe n. f. – XIIIe ; lat. *sarpere* « tailler » ▪ Outil (de bûcheron, de jardinier) formé d'une large lame tranchante recourbée à son extrémité, montée sur un manche, et servant à couper les branches. ➝ loc. *Taillé à la serpe, à coups de serpe* : aux lignes rudes, grossières. « *un visage long, coupé de plis, comme taillé à la serpe* » (Zola).

serpent n. m. – XIe ; lat. *serpens* « rampant » **1** Reptile apode à corps cylindrique très allongé, qui se déplace par des ondulations latérales du corps. *Serpents venimeux. Morsure de serpent.* « *Je n'ai jamais eu peur des serpents. Je les aime* » (Giono). *La mue d'un serpent. Œuf de serpent.* ➝ *Charmeur de serpent* : en Orient (Inde, etc.), homme qui donne en spectacle des serpents venimeux qu'il tient en respect en les « charmant » au son d'un instrument. ⇒ ① **psylle.** ➝ *Serpent à lunettes* (⇒ **cobra**), *à sonnettes* (⇒ **crotale**). ♦ Peau de serpent utilisée en maroquinerie. *Ceinture en serpent.* **2** *Serpent de mer* : animal marin fabuleux ; sujet d'article rebattu, utilisé périodiquement dans la presse, en l'absence d'informations plus importantes. **3** Personne perfide et méchante. loc. vieilli *Réchauffer, nourrir un serpent dans son sein* : protéger qqn qui cherche à vous nuire. **4** Ancien instrument à vent plusieurs fois recourbé dont on se servait dans les églises sans orgues. « *il souffla dans le serpent, mais le son* [...] *était abominable* » (J. Verne). **5** *Serpent monétaire européen* : accord visant à limiter les marges de fluctuation des taux de change entre pays européens. *Sortir du serpent.*

❑ Le serpent, le dragon sont traditionnellement représentés sur les cerfs-volants. ⇒ cerf-volant (rem.).

serpentaire n. m. – XIIIe ; lat. ▪ Oiseau rapace diurne d'Afrique (*falconiformes*) qui se nourrit de reptiles. ⇒ **secrétaire.**

serpente n. f. – XIIIe ; de *serpent,* à cause du filigrane ▪ Papier très fin et transparent utilisé pour protéger les gravures des livres.

serpenteau n. m. – XIIe **1** Jeune serpent. **2** Petite fusée volante à mouvement sinueux (feux d'artifices).

serpenter v. intr. [1] – XIVe ▪ Suivre une ligne sinueuse, avec de nombreux tours et détours. ⇒ **onduler, sinuer.** *Des routes* « *serpentaient dans la campagne* » (Cl. Simon).

serpentin, ine adj. et n. m. – XIIe **I** adj. **1** littér. Qui a la forme, le mouvement d'un serpent qui rampe. « *la façon menue et serpentine qu'il avait de tortiller les doigts* » (Mart. du G.). **2** Qui est marqué de taches rappelant la peau de serpent. ➝ *Colonne serpentine,* en marbre veiné, rubané. **II** n. m. **1** Tube en spirale ou à plusieurs coudes, utilisé dans les appareils de distillation ou de chauffage. **2** Accessoire de cotillon, petit ruban de papier coloré enroulé sur lui-même qui se déroule quand on le lance. *Mirlitons et serpentins.*

serpentine n. f. – XIIIe ▪ Roche métamorphique (silicates de magnésium) dont la masse vert sombre est traversée de petits filons fibreux.

serpette n. f. – XIVe ▪ Petite serpe.

serpigineux, euse adj. – XVIe ; lat. *serpedo* « dartre, érysipèle » ▪ Se dit de certaines affections de la peau (ulcères, érysipèles, etc.) qui progressent de façon sinueuse en guérissant d'un côté et en s'étendant de l'autre.

serpillière n. f. – XIIe ; lat. *s(c)irpus* « jonc » ▪ Pièce de toile épaisse (généralement à tissage gaufré) servant à laver les sols, à éponger, etc. ⇒ région. **panosse, wassingue.** *Passer la serpillière.*

❑ Attention à la finale *...illier, ière* qui se prononce comme *...iller, ère* ; comparer *serpillière* et *crémaillère.*

serpolet n. m. – XVIe ; lat. *serpullum* ▪ Variété de thym utilisée comme assaisonnement.

❑ Cette herbe sauvage aromatique a des tiges rampantes, des petites feuilles caduques et des fleurs mauves.

serpule n. f. – XVIIIe ; lat. « petit serpent » ▪ Ver marin (*annélides polychètes*) vivant dans un tube calcaire.

serrage n. m. – XVIIe ▪ Action de serrer ; son résultat. ✪ CONTR. Desserrage.

serran n. m. – XVIe ; lat. *serra* « scie de mer » ▪ Poisson carnassier (*perciformes*) des mers chaudes.

serratule n. f. – XVIe ; lat. *serratula* « petite scie » ▪ Plante vivace (*astéracées*) à feuilles dentelées et fleurs violettes. ⇒ **sarrette.**

① **serre** n. f. – XIIe ; de *serrer* **1** Construction à parois translucides, parfois chauffée artificiellement, où l'on met les plantes à l'abri pendant l'hiver, où l'on cultive les végétaux exotiques ou délicats. ⇒ **forcerie.** *Tomates de serre.* ♦ *Effet de serre* : phénomène de rétention thermique dû à l'absorption sélective de l'atmosphère qui laisse passer la lumière visible mais arrête les infrarouges. **2** (surtout au plur.) *Les serres* : griffes ou ongles de certains oiseaux, spécialt des rapaces. *Les serres de l'aigle.* **3** Chacun des pressurages successifs qu'on fait subir à une substance. *Donner une deuxième serre au raisin.* ✪ HOM. Cerf, serf.

❑ De *serre* vient le mot récent *serriste* « spécialiste de la culture en serres ».

② **serre** n. f. – XIIe ; lat. *serra* « scie » ▪ Dans le sud de la France, Colline étroite et allongée résultant de la fragmentation d'un plateau par des vallées parallèles.

serré, ée adj. – XIIe **1** Comprimé, contracté. *Avoir la gorge serrée.* « *J'avais le cœur serré et toutes les peines du monde à retenir mes larmes* » (Daudet). **2** Qui s'applique étroitement sur le corps. ⇒ **ajusté.** *Pantalon serré.* ⇒ **collant, moulant.** ♦ au plur. Placés l'un contre l'autre, tout près l'un de l'autre. *En rangs serrés. Être serrés comme des harengs.* **3** Dont les éléments constitutifs sont très rapprochés et laissent peu de vide entre eux. ⇒ **compact, dense, dru.** « *Cette petite écriture fine, serrée* » (Ste-Beuve). *Une pluie serrée.* ♦ *Un café serré,* fort. ⇒ **tassé. 4** Qui laisse peu de place à une échappatoire. *Une discussion serrée.* ⇒ **rigoureux.** *La partie est serrée.* ⇒ **acharné.** ➝ advt *Il va falloir jouer serré.* **5** Qui n'est pas financièrement à l'aise. ⇒ **gêné.** ✪ CONTR. Large. Clairsemé. Lâche.

serre-file n. m. – XVIIe ▪ Gradé (ou soldat) placé en surveillance derrière une troupe qui défile. *Des serre-files.* ♦ Navire qui est placé le dernier dans une ligne de combat, dans un convoi. ✪ HOM. Serre-fils.

serre-fils n. m. inv. – XIXe ▪ Dispositif qui sert à connecter deux fils électriques. ✪ HOM. Serre-file.

serre-joint n. m. – XIXe ▪ Outil servant à maintenir provisoirement serrées les unes contre les autres des planches assemblées ou collées par les joints. *Des serre-joints.*

serre-livres n. m. inv. – 1949 ▪ Objet décoratif qui sert à maintenir plusieurs livres les uns contre les autres, debout sur leur tranche.

serrement n. m. – XVIe 1 Action de serrer. *Serrement de main :* poignée de main. ➤ Fait d'être serré, contracté. *Serrement de cœur :* oppression, tristesse. ⇒ **pincement.** « *Naples approche. Comme chaque fois j'ai un serrement de cœur avant d'y arriver* » (Sartre). 2 Cloison, barrage qui s'oppose, dans une galerie de mine, à l'invasion des eaux. ✪ HOM. Serment.

serrer v. tr. [1] – XIIe ; lat. *sera* « barre, verrou » 1 région. Mettre à l'abri ou en lieu sûr. ⇒ ① **ranger, remiser.** *Un grenier où « on serrait en hiver les jeux de jardin »* (P. Benoit). 2 Saisir ou maintenir vigoureusement de manière à ne pas laisser échapper, à comprimer. *Serrer le cou, le kiki à qqn.* ⇒ **étrangler.** ♦ Prendre (qqn) entre ses bras et tenir pressé (contre soi). ⇒ **embrasser, enlacer, étreindre.** « *Il la serra passionnément contre lui* » (Mart. du G.). ♦ Faire peser une sorte de pression, d'oppression sur (la gorge, le cœur). *Cela me serre le cœur,* j'en ai de la peine, cela me fait pitié. 3 Disposer (des choses, des personnes) plus près les unes des autres afin d'occuper moins d'espace. ⇒ **rapprocher.** fig. *Serrer les rangs :* se grouper, se rapprocher pour affronter un danger, une difficulté. 4 Maintenir énergiquement fermé. ⇒ ② **contracter, crisper.** *M. Charles « serra les poings, dans un élan d'indignation exaspérée »* (Zola). ♦ Rapprocher énergiquement. *Serrer les mâchoires.* 5 Comprimer en entourant ou en s'appliquant. ⇒ **boudiner, mouler.** *Le pantalon « trop petit pour lui, serrait ses fesses et ses cuisses »* (Genet). ➤ *Serrer une voile,* la plier et la fixer le long d'une vergue, d'un mât. ♦ Rendre plus étroit (un lien). « *Il serra sa ceinture d'un cran* » (Mac Orlan). ♦ Réduire le plus possible. *Serrer les prix, les délais.* 6 Faire mouvoir (un élément mobile, un organe de fixation, un volant, une manette) de manière à rapprocher deux choses, à fixer une pièce, à mettre un dispositif en position fermée. *Serrer un frein, un écrou, une vis.* 7 Être comme appliqué ou pressé contre, rester tout près de (qqn qu'on suit, qu'on pousse). *Serrer de près l'ennemi.* ⇒ **talonner.** 8 Pousser, presser (qqn) contre un obstacle. *Le bus a serré le cycliste contre le trottoir.* ⇒ **coincer.** ♦ *Serrer le vent :* naviguer au plus près. ➤ *Pour telle direction, serrez à droite,* rapprochez-vous de la droite. 9 *SE SERRER* v. pron. Se mettre tout près, tout contre (qqn). ⇒ se **blottir.** *Jacques « se serrait contre Antoine, avec un appétit soudain de tendresse »* (Mart. du G.). ♦ Se rapprocher jusqu'à se toucher. « *La grande table où l'on se serrait pour être plus ensemble* » (Zola). ✪ CONTR. ① Écarter, éclaircir, espacer. Desserrer, ouvrir. — HOM. *Serre :* sers (servir).

serre-tête n. m. – XVIe 1 Ruban, bandeau, demi-cercle flexible servant à maintenir les cheveux. « *Un serre-tête [...] disciplinait ses abondants cheveux gris* » (Tournier). *Des serre-tête* ou *des serre-têtes.* 2 Coiffe, casque qui enserre les cheveux. *Serre-tête de skieur.*

serrette → **sarrette**

serriste n. – av. 1973 ▪ Spécialiste des cultures en serres.

serrure n. f. – XIe ▪ Dispositif fixe de fermeture (d'une porte, d'un tiroir, d'un coffre) comportant un mécanisme qu'on manœuvre à l'aide d'une clé. *Mettre la clé dans la serrure. Regarder par le trou de la serrure. Crocheter, forcer une serrure.*

serrurerie n. f. – XIVe 1 Métier de serrurier. 2 Confection d'ouvrages en fer.

serrurier n. m. – XIIIe 1 Artisan qui fait, répare, pose des serrures, des verrous, des blindages, fabrique des clés. 2 Entrepreneur en serrurerie (2°).

sertão [sɛʀtɑ̃] n. m. – XIXe ; mot port. du Brésil ▪ Zone semi-aride du Brésil où l'on pratique l'élevage extensif.

serte n. f. – XVIIIe ▪ Sertissage. ✪ HOM. Certes.

sertir v. tr. [2] – XIIe ; lat. *sarcire* « réparer » 1 Insérer (une pierre) dans la monture d'un bijou, le chaton d'une bague. ⇒ **enchâsser, monter.** « *De bons gros diamants de famille [...] sertis dans de vieilles montures* » (Gaut.). 2 Assujettir, sans soudure (deux pièces métalliques). *Sertir le couvercle d'une boîte de conserve.* ✪ CONTR. Dessertir.

sertissage n. m. – XIXe ▪ Opération par laquelle on sertit une pierre. ⇒ **serte.** ♦ Action de sertir (deux pièces métalliques). ✪ CONTR. Dessertissage.

sertisseur, euse n. – XIXe 1 Artisan, ouvrier spécialisé dans le sertissage. 2 n. m. Instrument qui sert à sertir les cartouches.

sertissure n. f. – XIVe 1 Manière dont une pierre précieuse est sertie. 2 Partie du chaton qui maintient cette pierre.

sérum [seʀɔm] n. m. – XVe ; lat. *serum* « petit-lait » ▪ *Sérum sanguin :* partie liquide du sang constituée par le plasma débarrassé de fibrine, liquide transparent jaunâtre. ♦ *Sérum thérapeutique :* préparation à base de sérum provenant d'un animal immunisé ou d'un convalescent, contenant un anticorps spécifique, utilisé à titre curatif ou préventif. *Sérum antidiphtérique, antitétanique* (⇒ **vaccin).** ♦ *Sérum physiologique :* solution saline de même composition moléculaire que le plasma sanguin. ♦ *Sérum de vérité :* barbiturique (penthotal) qui produit un état de subnarcose au cours duquel le sujet révèle facilement des faits qu'il dissimule habituellement.

sérumalbumine [seʀɔmalbymin] n. f. – 1903 ▪ Albumine représentant la principale protéine du plasma sanguin.

servage n. m. – XIIe ▪ Condition du serf. *Abolition du servage.*

❑ Le *servage* est une institution féodale distincte de l'*esclavage*.

serval n. m. – XVIIIe ; port. *cerval* « cervier » ▪ Félin carnassier de la savane, de petite taille et à la robe tigrée. *Des servals.*

servant adj. m. et n. m. – XIIe 1 *Frères servants :* frères convers employés aux modestes besognes. ♦ Assujetti à une servitude. *Fonds servant* (opposé à *fonds dominant*). 2 n. m. Clerc ou laïque qui sert le prêtre pendant la célébration de la messe basse. ♦ Chacun des artilleurs qui se tiennent de chaque côté de la pièce et sont chargés de l'approvisionner.

servante n. f. – XIVe ▪ vieilli ou région. Fille ou femme employée comme domestique.

serveur, euse n. – XIIIe 1 Personne chargée de servir les clients (dans un restaurant, un café). ⇒ **garçon.** *Demander l'addition à la serveuse.* ♦ Domestique qu'on prend en extra pour servir à table. 2 Au tennis, au ping-pong, au volley-ball, Joueur qui met la balle en jeu. ➤ Joueur qui donne, qui sert les cartes. 3 n. m. *Serveur (de données) :* organisme privé ou public exploitant un système informatique (⇒ **réseau)** permettant à un utilisateur la consultation directe de banques de données. ➤ *Centre serveur.*

serviabilité n. f. – XVIe ▪ Caractère d'une personne serviable.

serviable adj. – XIIe ▪ Qui est toujours prêt à rendre service. ⇒ **complaisant, obligeant.**

service n. m. – XIe ; lat. *servitium* « esclavage » **I** - **1** Ensemble des devoirs que les citoyens ont envers l'État, la société, et des activités qui en résultent. *Service national, service civil.* SERVICE MILITAIRE : temps qu'un citoyen doit passer sous les drapeaux. *Faire son service (militaire).* ⇒ fam. **régiment.** **2** Travail particulier que l'on doit accomplir au cours d'une de ces activités (civiles ou militaires). ⇒ **fonction.** *Être en service commandé,* occupé à un travail imposé par la fonction. « *Le pompier de service, achevant sa ronde* » (Zola). ♦ SERVICE D'ORDRE : personnes qui assurent le bon ordre, la discipline, la surveillance (réunions, assemblées...). **3** En religion, Ensemble des devoirs envers la divinité. *Service funèbre,* à l'occasion des funérailles. **4** *Escalier, porte de service,* affecté aux domestiques, fournisseurs, etc. ♦ Travail d'une personne chargée de servir des clients ; manière dont ce travail est fait. *Service soigné. Repas à 100 francs, service compris,* y compris la rémunération du personnel. **5** Action, manière de servir des convives, de servir les plats, à table. « *le service se faisait attendre* » (Fargue). ➛ *Restaurant en libre service.* ⇒ **libre-service, self-service.** **6** Série de repas servis dans le même temps (dans une cantine, un wagon-restaurant). *Premier, deuxième service.* **7** Assortiment d'objets utilisés pour servir à table. *Service à café, à thé :* tasses, sucrier, cafetière ou théière. ➛ Ensemble assorti de plats, assiettes, saladiers, etc. *Un service de porcelaine.* **II** - **1** Fait de se mettre à la disposition de (qqn), par obligeance. *À votre service !* (pour répondre à un remerciement). *Qu'y a-t-il pour votre service ?* que puis-je faire pour vous ? ➛ *Au service d'une cause.* **2** UN SERVICE : ce que l'on fait pour qqn, avantage qu'on lui procure bénévolement. ⇒ ① **aide, appui, bienfait, faveur.** *Puis-je vous demander un petit service ?* ➛ *Rendre un mauvais service à qqn,* lui nuire en croyant agir dans son intérêt. ➛ RENDRE SERVICE À qqn, l'aider, lui être utile. ➛ « *C'était une époque bénie, où les gens se rendaient service* » (Pagnol). **3** Ce qu'on fait pour qqn contre paiement ou rémunération. *Bons et loyaux services.* **4** (généralt au plur.) Activité ayant pour objet de fournir des biens immatériels contre paiement. *Société de services.* **III** - **1** Usage, fonctionnement (dans des expr.). *Mettre en service. Être hors service.* **2** Coup par lequel on sert la balle (au tennis, au volley-ball, au ping-pong). *Faire un service. Il a un bon service.* **3** Expédition, distribution. *Service de presse* (d'un livre aux journalistes). **IV** - **1** Fonction d'utilité commune, publique ; activité organisée qui la remplit. *Le service des postes.* ♦ Le travail (spécialt dans les activités d'utilité publique : armée, administration). *Note de service.* loc. fam. *Être service-service :* observer le règlement, les consignes, d'une manière rigide. **2** Organisation chargée d'une branche d'activités correspondant à une fonction d'utilité sociale. ⇒ **organisme ; département, direction, office.** *Chef de service. Services administratifs. Service de gynécologie d'un établissement hospitalier.* « *Un jour par semaine, notre service assurait la consultation externe* » (Duham.). *Service après-vente.* ♦ Grande organisation de l'armée (à l'exclusion des unités combattantes). *Service des transmissions.* ♦ Branche d'activité importante, correspondant à une mission d'intérêt national. *Services secrets.* ➛ SERVICE PUBLIC : fonction d'utilité collective, sociale ; activité organisée qui la remplit. *Les postes, la distribution des eaux sont des services publics.* ➛ SERVICES SOCIAUX : organismes privés ou publics chargés des questions sociales (famille, enfance, santé, etc.). *Service social de la mairie.*

serviette n. f. – XIVe ; de *servir* **1** Pièce de linge dont on se sert à table ou pour la toilette (pour éviter de se salir, pour s'essuyer, etc.). *Serviette de table. Plier, déplier sa serviette. Serviette de toilette. Serviette de bain, de plage.* ♦ *Serviettes hygiéniques, périodiques :* bandes de matière absorbante que peuvent utiliser les femmes pendant les règles. **2** Sac à compartiments, rectangulaire, généralement pliant, à poignée, servant à porter des papiers, des livres (⇒ aussi **attaché-case, porte-documents).** « *C'était une belle serviette neuve, en cuir fauve, avec un fermoir nickelé* » (Mart. du G.).

servile adj. – XIVe **1** Propre aux esclaves et aux serfs, à leur état. **2** Qui a un caractère de soumission avilissante et excessive. ⇒ ① **bas, obséquieux, rampant.** *Personnage servile.* ♦ Étroitement soumis à un modèle, dépourvu d'originalité. « *Les deux peintres virent dans ces toiles une servile imitation des paysages hollandais* » (Balz.). ✪ CONTR. Libre.

❑ En histoire, *guerres serviles* se dit des révoltes d'esclaves à la fin de la République romaine.

servilement adv. – XIVe ▪ D'une manière servile, basse ou sans originalité. *Obéir servilement à qqn.*

servilité n. f. – XVIe ▪ Caractère, comportement servile, bas. ⇒ **bassesse, complaisance, obséquiosité.** « *Naturellement la déférence ne doit pas devenir servilité* » (Maurois).

servir v. tr. [14] – X^e ; lat. « être esclave, être soumis, dévoué à » → serf **I** v. tr. dir. **1** S'acquitter de certaines obligations ou de certaines tâches envers (qqn auquel on obéit, une collectivité). *Servir son pays.* ➛ *Servir dans telle ou telle arme.* ♦ *On n'arrive plus à se faire servir,* à trouver des domestiques. ♦ Pourvoir du nécessaire (qqn qui est à table) ; donner à manger à (qqn) selon les règles en usage. « *Sers-moi, je meurs de faim* » (Balz.). ➛ *Servir un client,* lui fournir ce qu'il demande. ♦ *Être servi :* à certains jeux, avoir en mains des cartes satisfaisantes, ne pas en demander d'autres. ➛ fam. *En fait d'embêtements, nous avons été servis depuis quelque temps !* nous en avons eu beaucoup. ⇒ **gâter.** **2** Aider, appuyer (qqn), en y employant sa peine, son crédit, en dehors de toute obligation. *Servir qqn, ses intérêts.* ♦ Être utile, favorable à. *Sa discrétion l'a servi.* **3** Mettre à la disposition de qqn (une chose, pour être consommée, utilisée). *On leur servit à boire. Vin à servir frais. À table ! c'est servi :* les plats sont prêts et disposés sur la table. ♦ *Servir des cartes,* en donner au joueur qui en demande. *Servir la balle,* ou *servir,* la mettre en jeu (au tennis, volley-ball, ping-pong). « *Elle avait instinctivement de jolis gestes pour servir la balle* » (Mac Orlan). **4** Mettre (une chose) en état de se dérouler ou de fonctionner normalement (en remplissant les conditions nécessaires ou en l'approvisionnant). *Servir la messe.* ➛ *Servir une pièce d'artillerie,* l'alimenter en munitions. **II** v. tr. ind. **1** Aider en étant utile ou utilisé. *Cela peut encore servir.* **2** SERVIR À : être utile, utilisé à..., pour... « *l'espèce de couteau leur servant à dépecer les viandes* » (Flaub.). ➛ *Cela ne sert à rien d'insister.* **3** *Servir à* (qqn) *de :* être utilisé (par qqn) en guise de. « *la chambre qui me sert de cabinet de travail* » (Apoll.). *Servir de preuve.* **III** v. pron. **1** Prendre de ce qui est sur la table. *Servez-vous. Servez-vous de rôti :* prenez du rôti. ♦ Se fournir, s'approvisionner habituellement. *Se servir toujours chez le même boulanger.* **2** SE SERVIR DE... : faire usage de..., utiliser. ⇒ **employer.** *Se servir de sa voiture tous les jours.* ➛ *Se servir de qqn,* l'utiliser à son profit, l'exploiter. **3** *Ce vin doit se servir très frais,* être servi très frais. ✪ CONTR. Commander ; ② desservir, gêner ; nuire. — HOM. *Sers :* serre (serrer).

serviteur n. m. – XIe **1** littér. Celui qui sert (qqn envers lequel il a des devoirs). « *Le souverain est le premier* *serviteur de l'État* » (Frédéric II). ♦ vieilli Domestique. *Serviteur fidèle et dévoué.* 2 vx (t. de politesse) *Je suis votre serviteur,* ou *Serviteur,* ancienne formule de salut, de remerciement poli, ou iron. de refus. ♦ iron. *Votre serviteur :* moi-même. ✪ CONTR. Maître.

servitude n. f. – XIIe 1 vx Esclavage ; servage. 2 État de dépendance totale d'une personne ou d'une nation soumise à une autre. ⇒ **asservissement, sujétion.** *Maintenir une minorité dans la servitude.* 3 littér. Ce qui crée ou peut créer un état de dépendance. ⇒ **contrainte.** *Les servitudes d'un métier.* ♦ Charge établie sur un immeuble pour l'usage et l'utilité d'un autre immeuble appartenant à un autre propriétaire. *Servitude d'écoulement des eaux.* ♦ *Bâtiments de servitude :* bateaux destinés au service des ports (chalands, pontons, etc.). ✪ CONTR. Affranchissement, émancipation, liberté.

servo- Élément, du lat. *servus* « esclave », marquant un asservissement mécanique. ⇒ **assisté.**

❑ Ne pas confondre avec *cerveau,* les fonctions étant voisines.

servocommande n. f. – mil. XXe ▪ Mécanisme auxiliaire assurant automatiquement, par amplification d'une force, le fonctionnement d'un ensemble.

servofrein n. m. – 1922 ▪ Servocommande de freinage.

servomécanisme n. m. – 1932 ▪ Système asservi à une information extérieure, permettant de maintenir l'équilibre de la réponse et de la commande quelles que soient les variations de celle-ci et les perturbations.

servomoteur n. m. – XIXe ▪ Organe moteur servant à diriger et à régler le mouvement d'un moteur, d'un engin.

ses → ① **son**

sésame n. m. – XIIIe ; gr. *sêsamon* 1 Plante oléagineuse, originaire de l'Inde. *Gâteau aux graines de sésame.* 2 loc. (par allus. au conte d'Ali Baba) *Sésame, ouvre-toi !* formule magique qui fait accéder à qqch., obtenir qqch. ➛ n. m. « *Ils ont édifié des maisons closes* [...] *dont le sésame est l'or* » (Cendrars).

sésamoïde adj. – XVIe ; gr. « qui ressemble au (grain de) sésame » ▪ *Os sésamoïdes :* petits os situés dans l'épaisseur de certains tendons ou près du carpe et du tarse.

sesbania [sɛsbanja] n. m. – XVIe ; arabo-persan ▪ Arbrisseau des régions tropicales *(papilionacées),* cultivé dans l'Inde pour la filasse qu'on tire des tiges.

sesquiterpène [sɛskɥitɛʀpɛn] n. m. – XIXe ; de *sesqui-* « une fois et demie » et *terpène* ▪ Terpène aliphatique ou cyclique, formé de trois unités d'isoprène.

sessile adj. – XVIIe ; lat. ▪ *Organe sessile,* attaché directement, dépourvu de tige, pédoncule ou pétiole. ✪ CONTR. Pédonculé.

session n. f. – XIIe ; lat. *sedere* « être assis » ▪ Période pendant laquelle une assemblée délibérante, un tribunal tient séance. *Session extraordinaire du parlement. Ouverture, clôture d'une session.* ♦ Période de l'année pendant laquelle siège un jury d'examen. *Session d'examens.* ✪ HOM. Cession.

❑ Ne pas confondre avec l'homonyme *cession* « action de céder (un droit, un bien) ».

sesterce n. m. – XVIe ; lat. *sestertius* ▪ Monnaie romaine d'argent, qui valait deux as et demi.

set [sɛt] n. m. – XIXe ; mot anglais I Manche d'un match de tennis, de ping-pong, de volley-ball. *Partie de tennis en cinq sets.* II *Set* ou *set de table :* ensemble de napperons pouvant s'employer à la place d'une nappe ; un de ces napperons. ✪ HOM. Cet, cette (① ce), sept.

sétacé, ée adj. – XVIIIe ; lat. *sæta* « soie, poil » ▪ Qui a les caractères morphologiques d'une soie de porcin (gracilité, raideur). ✪ HOM. Cétacés.

setier [sətje] n. m. – XIIe ; lat. *sextarius* ▪ Ancienne mesure de capacité pour les grains (entre 150 et 300 litres environ).

séton n. m. – XVe ; lat. *sæta* « soie » ▪ *Blessure, plaie en séton,* à deux orifices cutanés, d'entrée et de sortie, faits par un projectile ayant traversé des tissus mous.

setter [setɛʀ] n. m. – XIXe ; angl. *to set* « s'arrêter » ▪ Chien d'arrêt anglais, de taille moyenne, à poils longs et ondulés. *Setter irlandais.*

seuil n. m. – XIIe ; lat. *solum* « base, fondement » 1 Dalle ou pièce de bois, formant la partie inférieure de la baie d'une porte. ➛ Entrée d'une maison ; sol qui entoure la porte d'entrée. ⇒ ① **pas** (de la porte). *Franchir le seuil.* ♦ Entrée, commencement. *Au seuil de la vie.* Exhaussement d'un fond fluvial, marin, ou glaciaire. 3 Niveau d'intensité minimale d'un stimulus, à partir duquel une excitation est perçue. *Seuil d'audibilité. Seuil absolu. Seuil différentiel :* limite à partir de laquelle est perçue une différence dans la sensation. ♦ *Seuil d'élimination :* concentration au-dessus de laquelle une substance du sang passe dans l'urine. ♦ Limite au-delà de laquelle se mettent en place de nouvelles conditions. *Seuil de rentabilité,* à partir duquel une affaire est rentable. *Seuil de tolérance,* au-delà duquel un phénomène devient intolérable.

seul, seule adj. – XIe ; lat. *solus* I - 1 Qui se trouve être sans compagnie, séparé des autres. ⇒ **isolé, solitaire.** *Elle* « *ne désirait rien que se trouver seule, derrière une porte bien close, à l'abri* » (Bernanos). *Viendrez-vous seul ou accompagné ? Parler tout seul,* sans interlocuteur. ➛ « *Puis je fus seul avec une grosse dame* » (Bosco). *Être seul contre tous.* ➛ loc. SEUL À SEUL : en particulier. « *Madame, il faut que je vous parle seul à seul* » (Gide). 2 Qui a peu de relations avec les autres hommes. « *Où sont les hommes ? reprit enfin le petit prince. On est un peu seul dans le désert* » (St-Exup.). ➛ Qui n'a pas les amitiés, les liens familiaux habituels. *Un orphelin seul au monde.* Unique, singulier. « *Il est seul de son espèce* » (Ste-Beuve). II - 1 Qui n'est pas avec d'autres semblables. *Il y avait à table deux femmes seules,* non accompagnées. 2 Qui est unique de son espèce. ⇒ **un.** « *Un seul être vous manque et tout est dépeuplé* » (Lamart.). *D'un seul coup. Une seule fois. D'un seul tenant. Pas un seul instant.* ♦ « *Sommes-nous le seul jeune ménage à élever un chat ?* » (Colette). loc. *Comme un seul homme :* unanimement, ensemble. III (valeur adv.) 1 Seulement. « *Seuls doivent compter les faits positifs* » (Hazard). ➛ *Dieu seul le sait.* 2 Sans aide. *Je pourrai le faire seul.* « *Ne pas monter bien haut, peut-être, mais tout seul !* » (Rostand). ♦ *Ce tableau vaut à lui seul une fortune.* 3 « *Du seul fait que j'admettais la possibilité* » (Proust). IV subst. *Un seul, une seule :* une seule personne. *Un seul d'entre eux.* ♦ *Le seul, la seule :* la seule personne. « *j'étais le seul avec une blouse* » (Daud.). *Tu n'es pas la seule à qui cela arrive.* ✪ CONTR. ① Ensemble.

❑ Traditionnellement invariable, l'expression *seul à seul* s'accorde le plus souvent dans l'usage moderne, surtout lorsqu'il s'agit de deux femmes : *puis-je vous parler seule à seule ?*

seulement adv. – XIIe 1 Sans rien d'autre que ce qui est mentionné. ⇒ **exclusivement, rien** (que), **simplement, uniquement.** *Il y avait trois pièces seulement.* « *nous* *n'allions pas là seulement pour nous divertir* » (Beauv.). *Non seulement... mais encore.* ♦ Pas avant (tel moment). « *Ce fut seulement vers dix heures que le docteur Finet reparut* » (Zola). ◆ *Il vient seulement d'arriver.* ⇒ **juste.** 2 (dans certains tours négatifs ou interrog.) « *sans avoir seulement le temps d'avaler sa soupe* » (Zola) : sans même avoir le temps. 3 *Si seulement :* si encore, si au moins. « *Si seulement je pouvais dormir* » (Gide). 4 Sert à introduire une restriction, une atténuation (en soulignant l'existence d'une *seule* chose à ajouter, à préciser). ⇒ **cependant, mais, toutefois.** *C'est une bonne voiture, seulement elle coûte cher.*

seulet, ette adj. – XIIe ▪ vx ou plaisant Tout seul. *Vous êtes bien seulette.*

sève n. f. – XIIIe ; lat. *sapa* « vin cuit, réduit » 1 Liquide assurant la circulation des métabolites chez les végétaux vasculaires. *Montée de (la) sève au printemps.* « *toutes les sèves se réveillèrent sous la chaleur du soleil* » (Maupass.). *Arbre en pleine sève.* 2 fig. littér. Principe vital. ⇒ **énergie, vigueur, vitalité.**

sévère adj. – XIIe ; lat. 1 Qui n'admet pas qu'on manque à la règle ; prompt à punir ou à blâmer. ⇒ **dur, exigeant, strict,** fam. **vache.** *Des parents sévères.* ◆ *Un visage sévère.* « *Allons, dit le patron d'une voix sévère, faites ce qu'il vous dit* » (Sartre). ♦ Qui punit durement, blâme sans indulgence. *Adresser de sévères critiques à qqn.* ♦ Très rigoureux, très strict. *Faire un régime sévère.* ⇒ **draconien.** 2 Qui impose par la gravité, le sérieux ; qui a quelque chose de strict. ⇒ **austère.** *Le style dorique est sévère.* 3 Très grave, très difficile. *L'ennemi a essuyé des pertes sévères.* ⇒ **lourd.** ✪ CONTR. Débonnaire, indulgent, enjoué, plaisant. Léger.

sévèrement adv. – XVIe 1 D'une manière sévère, dure. « *Sévèrement élevé par son oncle* » (Balz.). 2 Gravement. *Sévèrement blessé.* ⇒ **sérieusement.** ✪ CONTR. Légèrement.

sévérité n. f. – XIIe 1 Caractère ou comportement d'une personne sévère. ⇒ **dureté, rigueur.** *Élever un enfant avec sévérité.* ♦ Caractère sévère, rigoureux (d'une peine, d'une mesure). *La sévérité du verdict.* 2 littér. Caractère austère, sérieux. *La sévérité d'une façade.* ✪ CONTR. Douceur, indulgence.

sévices n. m. pl. – XIIIe ; lat. *sævitia* « violence » ▪ Mauvais traitements corporels exercés sur qqn qu'on a sous son autorité, sous sa garde. ⇒ **brutalité, violence ; maltraitance.** *Exercer des sévices sur qqn.*

sévir v. intr. [2] – XVe, lat. « être en fureur, en rage » 1 Exercer la répression avec rigueur. *Le gouvernement sévira contre les spéculateurs.* ⇒ **punir.** 2 Exercer ses ravages (en parlant d'un fléau). *L'épidémie sévit depuis plusieurs mois.* ◆ « *la guerre froide sévissait déjà* » (Mauriac).

sevrage n. m. – XVIIIe 1 Action de sevrer (un nourrisson, un petit animal). 2 Action de priver un toxicomane ou un alcoolique de drogue ou d'alcool au cours d'une cure de désintoxication.

sevrer v. tr. [5] – XIe ; lat. *separare* « séparer » 1 Cesser progressivement d'allaiter, d'alimenter en lait (un enfant, un petit animal), pour donner une nourriture plus solide. *Ce chaton est sevré.* 2 Séparer du pied mère (une marcotte, un greffon). 3 littér. Priver (qqn de qqch. d'agréable).

sèvres n. m. – XIXe ; nom d'une localité près de Paris ▪ Porcelaine fabriquée à la manufacture de Sèvres ; objet fait de cette porcelaine. *Du vieux sèvres.* « *des pièces somptueuses où dominaient les sèvres et les limoges* » (P. Siniac).

sévruga n. m. – mil. XXe ; russe ▪ Caviar, l'un des plus appréciés, fourni par l'esturgeon de la variété *sévruga. Le bélouga et le sévruga.*

sexage n. m. – v. 1970 ▪ Détermination du sexe des jeunes animaux.

sexagénaire adj. et n. – XVe ▪ Dont l'âge est compris entre soixante et soixante-neuf ans. ◆ n. *Un, une sexagénaire.*

sexagésimal, ale, aux adj. – XVIIIe ▪ *Système sexagésimal :* système de numération de base soixante.

sex-appeal [sɛksapil] n. m. – 1931 ; mot angl. « attrait du sexe » ▪ vieilli Attrait sexuel. *Il, elle a du sex-appeal.*

❑ Ce mot, aujourd'hui démodé, a donné lieu à de constantes plaisanteries sur *poil (pil-),* ou *piles.*

sexe n. m. – XIIe ; lat. *ses* I - 1 Conformation particulière qui distingue l'homme de la femme en leur assignant un rôle déterminé dans la génération et en leur conférant certains caractères distinctifs. *Enfant du sexe masculin, féminin. Changement de sexe.* ⇒ **transsexualité.** « *Finis les complexes Elle a changé d'sexe Tout est arrangé* » (Vian). *Qui présente les caractères des deux sexes.* ⇒ **androgyne, hermaphrodite.** 2 Qualité d'homme, qualité de femme (physique, psychique, sociale). *Sans distinction de race ni de sexe.* 3 Ensemble des hommes ou des femmes. (iron. et vieilli) *Le sexe fort :* les hommes. *Le sexe faible, le deuxième sexe ; le beau sexe :* les femmes. 4 Sexualité. *Le sexe et l'argent.* 5 Parties sexuelles ; organes génitaux externes. ⇒ fam. ② **zizi.** *Sexe de l'homme.* ⇒ **pénis, phallus, testicule.** *Sexe de la femme.* ⇒ **vagin, vulve, clitoris.** II Ensemble des caractères et des fonctions qui distinguent le mâle de la femelle en leur assignant un rôle spécifique dans la reproduction, par la production de gamètes mâles ou femelles. *Présence des deux sexes* **(⇒ bisexué, monoïque),** *d'un seul sexe* **(⇒ unisexué, dioïque)** *chez le même individu. Séparation des sexes.* ⇒ **gonochorisme.**

❑ L'expression *le deuxième sexe,* pour « les femmes », a été répandu par l'ouvrage de S. de Beauvoir paru en 1949 ; *le troisième sexe* « les homosexuels » est relevé chez Balzac (1847).

sexisme n. m. – 1960 ▪ Attitude de discrimination fondée sur le sexe.

sexiste n. et adj. – v. 1972 ▪ Personne dont les modes de pensée et le comportement sont plus ou moins consciemment imprégnés de sexisme ⇒ **machiste, misandre, misogyne, phallocrate.** ◆ adj. *Des insultes sexistes.*

sexologie n. f. – 1932 ▪ Science qui étudie les phénomènes sexuels normaux et anormaux et le traitement des troubles sexuels.

sexologue n. – 1949 ▪ Spécialiste de sexologie.

sexonomie n. f. – 1911 ▪ Étude des phénomènes et lois biologiques dont dépendent la production et la répartition des sexes.

sex-shop [sɛksʃɔp] n. m. – v. 1970 ; angl. *sex* « sexe » et *shop* « boutique » ▪ Boutique spécialisée dans la vente de photos et d'objets pornographiques. *Des sex-shops.*

❑ Parfois nom féminin d'après *boutique :* « *Il retrouva sans difficulté la sex-shop* » (Tournier).

sex-symbol [sɛkssɛ̃bɔl] n. m. – v. 1980 ; mot angl. « symbole du sexe » ▪ Vedette symbolisant l'idéal sexuel masculin ou féminin. *Des sex-symbols.*

❑ On écrit aussi *sex-symbole,* déconseillé, et *sexe-symbole.*

sextant n. m. – XVIIe ; lat. *sextans* « sixième » ▪ Instrument composé d'un miroir tournant et d'un sixième de cercle gradué, permettant de mesurer la distance angulaire d'un astre avec l'horizon. *Faire le point avec le sextant et la boussole.*

sexte n. f. – XVe ; lat. *sexta (hora)* « sixième (heure) » ▪ Petite heure de l'office qui se récite après tierce (vers 12h).

sextidi n. m. – XVIIIe ; lat. *sextus* « sixième » et finale de *lundi, mardi,* etc. ▪ Sixième jour de la décade, dans le calendrier républicain.

sextillion [sɛkstiljɔ̃] n. m. – XVIe ; lat. *sex* « sixième » et *(m)illion* ▪ rare Un million de quintillions, soit 10^{36}.

sextolet n. m. – XIXe ▪ Groupe de six notes égales qui s'exécutent dans le même temps que quatre notes simples de même valeur.

sextuor n. m. – XIXe ▪ Composition vocale ou instrumentale à six parties. ♦ Orchestre de chambre formé de six instruments.

sextuple adj. et n. m. – XVe ▪ Qui est répété six fois, qui vaut six fois (la quantité désignée).

sextupler v. [1] – XVIIIe 1 v. tr. Multiplier par six. 2 v. intr. Devenir sextuple. *Les prix ont sextuplé en vingt ans.*

sexualiser v. tr. [1] – 1917 ▪ Donner un caractère sexuel à (qqch.).

sexualité n. f. – XIXe 1 Caractère de ce qui est sexué, ensemble des caractères propres à chaque sexe. *Sexualité des bactéries.* 2 Ensemble des comportements relatifs à l'instinct sexuel et à sa satisfaction (qu'ils soient ou non liés à la fonction génitale). ⇒ **libido.** *Sexualité infantile. Sexualité masculine, féminine.* ➛ *Troubles de la sexualité :* anorgasmie, éjaculation précoce, frigidité, impuissance, nymphomanie, satyriasis.

sexué, ée adj. – XIXe 1 Qui a un sexe, est mâle ou femelle. 2 Qui se fait par la conjonction des sexes. *La reproduction sexuée.* ✪ CONTR. Asexué.

sexuel, elle adj. – XVIIIe 1 Relatif au sexe, aux conformations et aux fonctions de reproduction particulières du mâle et de la femelle, de l'homme et de la femme. *Organes sexuels.* ⇒ **génital.** 2 Qui concerne la sexualité, et spécialt les comportements liés à la satisfaction des besoins érotiques, à l'amour physique. *Instinct sexuel. Acte sexuel.* ⇒ **accouplement,** fam. **baise.** *Relations, rapports sexuels. Éducation sexuelle.* ➛ *Obsédé sexuel.*

❑ Ne pas confondre *sexuel* qui connote la procréation et *érotique* qui ne concerne que le plaisir sexuel et ses raffinements.

sexuellement adv. – XIXe ▪ D'un point de vue sexuel (2°). « *deux êtres sexuellement faits l'un pour l'autre* » (Léautaud). *Maladies sexuellement transmissibles.* ⇒ **M.S.T.**

sexy adj. inv. – 1949 ; angl. ▪ Qui est sexuellement attirant, qui excite le désir. *Vêtement sexy.*

seyant, ante adj. – XIXe ; de ② *seoir* ▪ Qui va bien, donne un aspect agréable à la personne qui le porte. *Une robe très seyante.*

S.-F. ▪ Abrév. de *science-fiction.*

sfumato [sfumato] n. m. – XVIIIe ; mot it. « enfumé » ▪ Modelé vaporeux (en peinture). *Les sfumatos de Vinci.*

S. G. D. G. ▪ Abrév. de *sans garantie* du gouvernement.*

sgraffite n. m. – XVIIe ; it. « égratigné » ▪ Procédé de décoration murale en camaïeu, par grattage d'un enduit clair sur un fond de stuc sombre.

shah → **schah**

shaker [ʃɛkœʀ] n. m. – XIXe ; mot angl. « secoueur » ▪ Récipient (métallique, etc.), formé d'une double timbale, que l'on utilise pour la préparation des cocktails et boissons glacées.

shakespearien, ienne [ʃɛkspiʀjɛ̃, jɛn] adj. – XVIIIe ▪ De Shakespeare, qui évoque son théâtre.

shako ou **schako** n. m. – XVIIIe ; hongr. ▪ Coiffure militaire d'apparat, rigide, à visière, imitée de celle des hussards hongrois. « *coiffé du shako noir garni de galons* » (Mac Orlan).

shampoing ou **shampooing** [ʃɑ̃pwɛ̃] n. m. – XIXe ; angl. *to shampoo* « masser », de l'hindi *châmpo* 1 Lavage des cheveux et du cuir chevelu au moyen d'un produit approprié. *Se faire un shampoing.* 2 Produit pour ce lavage. *Shampoing traitant.* ♦ *Shampoing à moquette.*

❑ C'est le seul mot en *-ing* (suffixe anglais) qui se prononce *in* [ɛ̃] (l'attraction de *poing* a dû jouer).

shampouiner ou **shampooiner** [ʃɑ̃pwine] v. tr. [1] – v. 1968 ▪ Faire un shampoing à.

❑ On trouve parfois la graphie populaire complètement francisée *champouiner.*

shampouineur, euse ou **shampooineur, euse** [ʃɑ̃pwinœʀ, øz] n. – 1955 1 Personne qui, dans un salon de coiffure, s'occupe surtout de faire les shampoings. « *la complicité qui unissait coiffeuses, manucures, shampouineuses et clientes* » (Tournier). 2 n. f. Appareil servant à appliquer un produit détergent sur les tapis et les moquettes.

shantung ou **chantoung** [ʃɑ̃tuŋ] n. m. – 1907 ; nom d'une province de Chine ▪ Tissu de soie pure ou mélangée de tussah, sorte de pongé grossier.

shekel [ʃekɛl] n. m. – 1980 ; mot hébr. « pesée, poids » puis « monnaie » ▪ Unité monétaire israélienne.

shérif n. m. – XVIIe ; angl. *sheriff* « premier magistrat *(reeve)* du comté *(shire)* » 1 En Angleterre, Magistrat responsable de l'application de la loi dans un comté. 2 Aux États-Unis, Officier d'administration élu, chargé du maintien de l'ordre, de l'exécution des sentences..., dans un comté. *Étoile de shérif.* ✪ HOM. Chérif.

❑ Parfois écrit *shériff* ou *sheriff : « les revolvers [...] des sheriffs le fascinaient »* (Simenon). ♦ Ne pas confondre avec *chérif* « prince, chez les Arabes ».

sherpa n. m. – v. 1950 ; nom d'un peuple du Népal 1 Guide ou porteur, dans les régions himalayennes. 2 fam. Personne qui participe à la préparation d'un sommet politique ou qui y représente un chef d'État.

sherry n. m. – XIXe ; mot angl., transcription de *Jerez* ▪ Xérès. ✪ HOM. Chéri, cherry.

❑ Ne pas confondre avec l'homonyme *cherry* « liqueur de cerise », autre boisson.

shetland [ʃɛtlɑ̃d] n. m. – XIXe ▪ Laine des moutons des îles Shetland. *Un pull-over de, en shetland ; un shetland.* ➛ Tissu de laine d'Écosse.

shilling [ʃiliŋ] n. m. – XVIe ; mot angl. ▪ Ancienne unité monétaire anglaise, valant un vingtième de la livre, ou douze pence. ♦ Unité monétaire du Kenya, de la Somalie et de la Tanzanie. ✪ HOM. Schilling.

❑ Ne pas confondre cette graphie avec celle de *schilling* « unité monétaire de l'Autriche ».

shilom [ʃilɔm] **n. m.** – v. 1970 ; persan ▪ Petite pipe en forme d'entonnoir, dans laquelle on fume le haschisch.

shimmy **n. m.** – 1920 ; mot angl. 1 Danse d'origine américaine en vogue vers 1920 en France. « *J'apprenais "le shimmy et le fox-trot"* » (R. Gary). 2 Tremblement ou flottement des roues directrices d'une automobile, dû au mauvais équilibrage des roues. ✪ HOM. Chimie.

❑ Cette danse s'exécutait avec un tremblement des épaules.

shintoïsme [ʃintɔism] **n. m.** – XVIIIe ; jap. *shintô* « voie des dieux » ▪ Religion officielle du Japon jusqu'en 1945 ; polythéisme animiste se traduisant souvent par l'exaltation de l'empereur et de la race japonaise.

shipchandler [ʃipʃɑ̃dlœʀ] **n. m.** – XIXe ; angl. *ship* « bateau » et *chandler* « fournisseur » ▪ Commerçant tenant un magasin de fournitures pour bateaux.

shit [ʃit] **n. m.** – v. 1970 ; mot angl. « merde » ▪ fam. Haschisch.

shogun ou **shogoun** [ʃɔgun] **n. m.** – XIXe ; mot jap. ▪ Dictateur militaire au Japon, du XIIe au XIXe siècle.

shoot [ʃut] **n. m.** – XIXe ; angl. *to shoot* « lancer, tirer » I Au football, Tir ou dégagement puissant. II fam. Piqûre, injection d'un stupéfiant. ⇒ ② **fixe ; shooteuse.**

shooter [ʃute] **v.** [1] – 1905 I **v. intr.** Exécuter un shoot (I), un tir. ⇒ **botter, dégager, tirer.** II **v. tr.** fam. Injecter un stupéfiant à (qqn). ♦ pronom. Se droguer.

shooteuse [ʃutøz] **n. f.** – 1988 ▪ fam. Seringue hypodermique utilisée pour l'injection des stupéfiants.

shopping ou **shoping** [ʃɔpiŋ] **n. m.** – 1905 ; angl. *shop* « boutique » ▪ Le fait d'aller de magasin en magasin pour regarder et acheter. *Faire du shopping.*

short [ʃɔʀt] **n. m.** – 1910 ; mot angl. « court » ▪ Culotte courte (pour le sport, les vacances). ⇒ aussi **bermuda.**

show [ʃo] **n. m.** – 1930 ; mot angl., de *to show* « montrer, exposer » ▪ Spectacle de variétés centré sur une vedette. *Des shows.* ➙ Apparition publique démonstrative (d'un homme politique). ✪ HOM. Chaud, chaux.

show-business [ʃobiznɛs] **n. m. inv.** – 1955 ; mot angl., de *show* « spectacle » et *business* « affaires » ▪ Industrie, métier du spectacle. ➙ abrév. fam. SHOW-BIZ.

shrapnel ou **shrapnell** **n. m.** – XIXe ; mot angl., du nom de l'inventeur ▪ Obus rempli de balles, qu'il projette en éclatant.

shunt [ʃœt] **n. m.** – XIXe ; mot angl., de *to shunt* « dériver » 1 Résistance, placée en dérivation, généralement aux bornes d'un appareil afin de modifier son calibre ou de le protéger. ⇒ **court-circuit,** ① **dérivation.** 2 Court-circuit dans la circulation du sang mettant en communication le circuit artériel et le circuit veineux.

shunter **v. tr.** [1] – XIXe ▪ Munir d'un shunt, monter en dérivation. ⇒ **court-circuiter.**

① **si** **conj.** et **n. m. inv.** – IXe ; lat. ❑ *Si* devient *s'* devant *il(s).* I Introduit soit une condition (à laquelle correspond une conséquence dans la principale), soit une simple supposition ou éventualité. ⇒ ① **cas** (au cas où), **supposé** (que). 1 « *Et s'il n'en reste qu'un, je serai celui-là* » (Hugo). *Si tu peux le faire, fais-le. Si c'était possible,* ou *si possible* (⇒ **sinon).** *Si j'avais su, je ne me serais pas dérangé.* « *Le nez de Cléopâtre : s'il eût été plus court, toute la face de la terre aurait changé* » (Pasc.). ♦ MÊME SI... *Même s'il s'excusait, je ne lui pardonnerais pas.* ♦ *Il se conduit comme s'il était mon père,* comme il se conduirait s'il était mon père. « *J'ai plus de souvenirs que si j'avais mille ans* » (Baud.). ➙ *Comme si tu ne le savais pas !* ♦ « *Si Monsieur voulait bien descendre* » (Gide). ♦ *Si j'avais su ! Si vous m'en aviez parlé plus tôt !* ➙ « *Si seulement je pouvais dormir !* » (Gide). 2 *S'il vous plaît*. Si on veut. Si je ne m'abuse. Si j'ose dire. Si je puis dire. Si je peux me permettre.* ♦ SI CE N'EST... *Un des meilleurs, si ce n'est le meilleur.* ⇒ **sinon.** ➙ Sauf. « *Jésus leur défend de rien emporter si ce n'est des sandales et un bâton* » (Flaub.). *Si ce n'est que...,* sauf que... 3 **n. m. inv.** Hypothèse, supposition. loc. *Avec des si, on mettrait Paris en bouteille :* tout est possible avec des suppositions qui ne tiennent pas compte des réalités. II Sert à marquer la validité simultanée de deux faits. 1 Une fois admis pour vrai que... *Si* a < b *alors* b > a. ➙ « *S'il continuait de lire les Anciens* [...] *il ne les respectait guère* » (Ste-Beuve). 2 « *S'il s'acharne à rabaisser le génie, c'est par dépit* » (Romains). *S'il revient te voir, c'est qu'il n'a pas d'amour-propre.* ♦ loc. *C'est bien le diable si... Tant pis si... C'est tout juste si...* ♦ *Ne va pas t'étonner si...* ♦ *Demander, savoir si... Dites-moi si cela vous convient ; si c'est oui ou si c'est non.* ellipt *Si oui... et si non...* ♦ Comme. « *Vous pensez s'ils étaient fiers !* » (Romains). ✪ HOM. Ci, scie, sis, six.

② **si** **adv.** – IXe ; lat. *sic* I - 1 vieilli SI FAIT : mais oui. « *Si fait, mon cher hôte, si fait* » (Proust). 2 S'emploie pour *oui* en réponse à une phrase négative. *On ne vous a pas prévenu ? – Si.* « *Il ne veut jamais. – Mais si, protesta Swann* » (Proust). ➙ QUE SI, renforce la réponse. « *Ils n'ont pas besoin l'un de l'autre. – Que si* » (Romains). ♦ « *Je vous agaçais, je vous froissais* [...] *Si ! si ! Je vous ai souvent froissée* » (France). II - 1 À ce point, à un tel degré. ⇒ **aussi, tellement.** « *Le ciel est, par-dessus le toit, si bleu, si calme !* » (Verlaine). *Le temps passe si vite.* 2 « *Le coup passa si près que le chapeau tomba* » (Hugo). ➙ loc. conj. SI BIEN QUE... : de sorte que... III Au même degré (que). ⇒ **aussi.** « *Rien ne nous rend si grands qu'une grande douleur* » (Muss.). *Il n'est pas si beau que ça. Ce n'est pas si facile, si simple, si évident.* IV SI... QUE. ⇒ **aussi, pour** (pour... que...), **quelque** (quelque... que...). « *Si haut que nous nous placions pour juger notre temps, l'historien futur le jugera de plus haut encore* » (Sartre). ✪ CONTR. Non.

③ **si** **n. m. inv.** – XVIIe ; des initiales de *Sancte Iohannes* dans l'hymne à saint Jean Baptiste ▪ Note de musique, deuxième degré de l'échelle fondamentale, septième son de la gamme naturelle. ➙ Ton correspondant. *La messe en si de J.-S. Bach.* ➙ Cette note représentée.

④ **SI** ou **S. I.** ▪ Sigle de *système international d'unités.*

sialagogue **adj.** – XVIIIe ; gr. *sialon* « salive » et *-agogue* ▪ Qui accroît la sécrétion de salive. ➙ **n. m.** *Un sialagogue.*

sialis [sjalis] **n. m.** – XIXe ; mot lat. ▪ Insecte brun des prairies *(mégaloptères)* dont la larve est aquatique.

siamois, oise **adj.** et **n.** – XIXe ; de *Siam* 1 *Chat siamois* ou *un siamois* : chat à poils ras et aux yeux bleus, d'une race importée du Siam. « *La chatte siamoise* [...] *ouvre soudain ses yeux de saphir* » (Colette). 2 *Frères siamois, sœurs siamoises :* jumeaux, jumelles rattachés l'un à l'autre par deux parties homologues de leurs corps.

❑ Des *frères siamois* (jumeaux rattachés l'un à l'autre), originaires du *Siam* (aujourd'hui la Thaïlande), furent présentés en France en 1829.

sibérien, ienne **adj.** – XVIIe ▪ De Sibérie. *La toundra sibérienne.*

sibilant, ante **adj.** – XIXe ; lat. *sibilare* « siffler » ▪ didact. ou littér. Qui produit un sifflement. *Râle sibilant.*

sibylle **n. f.** – XIIIe ; gr. ▪ Dans l'Antiquité, Devineresse, femme inspirée qui prédisait l'avenir.

sibyllin, ine **adj.** – XIVe 1 D'une sibylle. *Oracles sibyllins.* 2 Dont le sens est caché, comme celui des oracles. ⇒ **énigmatique, obscur.** *Des paroles sibyllines.* ➝ *Il a été très sibyllin sur ce sujet.*

sic adv. – XIXe ; mot lat. « ainsi » ▪ Se met entre parenthèses à la suite d'un mot ou d'une phrase pour souligner qu'on cite textuellement, si étranges que paraissent les termes. ✪ HOM. Sikh.

sicav [sikav] n. f. inv. – 1964 ; acronyme de ***S****ociété d'****I****nvestissement à* ***Ca****pital* ***V****ariable* ▪ Portefeuille diversifié de valeurs mobilières, détenu collectivement par des épargnants et géré par un établissement spécialisé ; titre représentatif d'une part dans ce type de société. *Acheter, vendre des sicav.*

siccatif, ive adj. – XVe ; lat. *siccare* « sécher » 1 Qui active la dessiccation des couleurs, en peinture. *Huile siccative.* ➝ n. m. *Un siccatif.* 2 Qui favorise la cicatrisation par son action desséchante.

siccité n. f. – XIVe ; lat. *siccus* « sec » ▪ didact. État de ce qui est sec. ⇒ **sécheresse.** ✪ CONTR. Aquosité.

sicilien, ienne adj. et n. – XIIIe ▪ De Sicile. ➝ n. m. *Le sicilien :* dialecte du groupe italien. ♦ n. f. Danse, composition musicale en vogue au XVIIIe siècle.

sida n. m. – 1982 ; acronyme de ***S****yndrome d'****I****mmuno****d****éficience* ***A****cquise* ▪ Grave maladie virale transmissible par voie sexuelle et sanguine (⇒ aussi ② **ARC**). *Virus du sida.* ⇒ **HIV, V.I.H.** *Malade atteint du sida.* ⇒ **sidatique, sidéen ;** aussi **séropositif.** *Médecin spécialiste du sida.* ⇒ **sidologue.**

sidatique adj. et n. – 1985 ▪ Atteint du sida. ⇒ **sidéen.**

> ❑ Le *t* de ce dérivé est normal *(traumatique, somatique)* et malgré les vives réactions à l'apparition du mot, pas plus infamant que celui de *asiatique* ou de *asthmatique.* → médiatique (rem.).

side-car [sidkaʀ ; sajdkaʀ] n. m. – XIXe ; mot angl., de *side* « côté » et *car* « voiture » ▪ Habitacle à une roue, monté sur le côté d'une motocyclette. ♦ L'ensemble du véhicule. *Course de side-cars. Il « conduisait le side-car avec application, insensible à l'odeur fétide de l'huile »* (Morand).

sidéen, enne adj. et n. – 1987 ▪ Recomm. offic. pour *sidatique.*

sidéral, ale, aux adj. – XVIe ; lat. *sidus* « astre » ▪ Qui a rapport aux astres. ⇒ **astral.** *Révolution sidérale :* rotation complète d'un objet céleste sur son orbite.

sidérant, ante adj. – 1949 ▪ Qui sidère. ⇒ **stupéfiant.**

sidération n. f. – XVIIe ▪ Anéantissement soudain des fonctions vitales, avec état de mort apparente, sous l'effet d'un choc émotionnel intense.

sidérer v. tr. 6 – XVIe ; lat. *siderari* « subir l'influence funeste des astres » 1 Mettre dans un état de sidération. 2 fam. Frapper de stupeur. ⇒ **abasourdir, stupéfier.** ➝ *Ils étaient tous sidérés.*

sidérite n. f. – XVIe ▪ Sidérose (1°).

sidér(o)- Élément, du gr. *sidêros* « fer ».

> ❑ Ne pas confondre avec *sidér-* « astre » *(sidéral, sidérer, sidérostat).*

sidérolithique adj. – XIXe ; *sidéro-* et *-lithique* ▪ Qui est riche en concrétions ferrugineuses.

sidérose n. f. – XIXe ; *sidér(o)-* et *-ose* 1 Carbonate naturel de fer, appelé aussi *fer spathique.* ⇒ **sidérite.** 2 Pneumoconiose due à l'inhalation de poussières de fer.

sidérostat n. m. – XIXe ; lat. *sidus* « astre », d'après *héliostat* ▪ Cœlostat.

sidéroxylon n. m. – XVIIIe ; *sidéro-* et gr. *xulon* « bois » ▪ Arbre des régions subtropicales *(sapotacées)* qui fournit un bois très dur et imputrescible appelé *bois de fer.*

sidérurgie n. f. – XIXe ; gr. *sidêrourgos* « forgeron », de *sidêros* « fer » et *ergon* « action, travail » ▪ Métallurgie du fer, de la fonte et de l'acier.

sidérurgique adj. – XIXe ▪ Qui appartient à la sidérurgie.

sidérurgiste n. – 1955 ▪ Métallurgiste qui produit de l'acier.

sidologue n. – 1985 ▪ Médecin ou biologiste spécialiste du sida.

siècle n. m. – X^e ; lat. *sæculum* 1 Période de cent ans dont le début (ou la fin) est déterminé par rapport à un moment arbitrairement défini, et spécialt par rapport à l'ère chrétienne. *Dix siècles.* ⇒ **millénaire.** *Au siècle dernier. « Ce siècle avait deux ans »* (Hugo). 2 Période de cent années environ considérée comme une unité historique et culturelle. *Le Grand Siècle :* le XVIIe s. français. *Le siècle des Lumières :* le XVIIIe s. *Le siècle d'or :* le XVIe s. espagnol. ♦ *Le siècle de...* suivi d'un n. pr., désigne une période de l'histoire d'un peuple, dominée par une personnalité. *« Avant le siècle que j'appelle de Louis XIV »* (Volt.). ♦ Époque. ⇒ **âge.** *Au siècle où nous vivons.* ♦ *Le siècle :* époque où l'on vit, dont on parle. *Le mal du siècle. « Confession d'un enfant du siècle », de Musset.* fam. *DU SIÈCLE :* unique en son genre, le meilleur. *L'affaire du siècle.* 3 Durée de cent années. *Bâtiment qui a plus d'un siècle.* ⇒ **centenaire, séculaire.** *« du haut de ces pyramides, quarante siècles vous contemplent »* (Bonap.). 4 au plur. Très longue période. *Depuis des siècles :* depuis très longtemps. *« La Légende des siècles », œuvre de Hugo.* ♦ fam. *Il y a des siècles que je ne t'ai vu,* il y a longtemps. 5 *Le siècle :* la vie du monde, qui change avec les époques, par opposition à *la vie religieuse,* dont les valeurs sont éternelles. *Les affaires, les plaisirs du siècle.* ⇒ **séculier, temporel.**

siège n. m. – XIe ; lat. *sedere* « être assis » **I - 1** Lieu où se trouve la résidence principale (d'une autorité, d'une société). *Siège d'un tribunal.* ➝ *Siège social :* domicile statutaire d'une société. 2 littér. Centre d'action, lieu où réside la cause (d'un phénomène). *« Une douleur exagérée qui n'a plus de siège précis »* (Duham.). 3 Lieu où s'établit une armée, pour investir une place forte ; ensemble des opérations menées pour prendre une place forte. *Mettre, faire le siège devant une ville.* ⇒ **assiéger, investir.** ➝ *Lever le siège d'une place,* cesser de l'assiéger ; se retirer. ➝ *ÉTAT DE SIÈGE :* régime d'exception qui soumet les libertés individuelles à une emprise renforcée de l'autorité publique. *L'état de siège est proclamé. « la ville reste en état de siège et toute circulation est interdite à partir de huit heures du soir »* (Gide). ➝ loc. fig. *Faire le siège de qqn,* l'importuner jusqu'à ce qu'il cède. **II - 1** Objet fabriqué, meuble disposé pour qu'on puisse s'y asseoir. *Siège de bureau, de jardin. Siège pliant. « du pot de ta première enfance au fauteuil roulant de tes vieux jours, tous les sièges sont là et attendent leur tour »* (Perec). *Donner, offrir un siège à qqn. Prenez un siège, asseyez-vous.* ➝ *Siège avant, arrière d'une automobile. Siège-auto :* siège de sécurité pour enfant dans une automobile. *Des sièges-autos. Siège éjectable de pilote.* 2 Place où se tient assis un magistrat. *Magistrature du siège,* assise (par opposition à *magistrature du parquet,* debout). ♦ Place, fonction de député, ou place honorifique à pourvoir par élection. *Le parti a gagné vingt sièges aux dernières élections.* 3 Dignité d'évêque, de pontife. *Siège épiscopal, pontifical.* **III** Partie du corps humain sur laquelle on s'assied. ⇒ ② **derrière, fondement.** *Bain de siège. Enfant qui se présente par le siège* (dans un accouchement).

siéger v. intr. 3 et 6 – XVIIe 1 Tenir séance, être en séance. *« Plus de soixante ultras sont à la veille de* *siéger au Palais Bourbon* » (Mauriac). 2 Avoir le siège de sa juridiction à tel endroit. *La Cour des comptes siège à Paris.* ♦ Résider, se trouver. *Voilà où siège le mal.*

siemens [simɛns ; sjemɛ̃s] **n. m.** – 1949 ; n. pr. ■ Unité de mesure de conductance électrique (symb. S), correspondant à un ampère par volt.

sien, sienne **adj. poss.** et **pron. poss.** – Xe ; lat. *suum* ■ Possessif de la troisième personne. **I adj. poss. 1** littér. À lui, à elle ; de lui, d'elle. « *Un sien ami* » (La Font.). **2** *Faire siennes les affirmations de qqn,* les adopter, les prendre à son compte. **II pron. poss.** *LE SIEN, LA SIENNE,* sert à désigner l'objet ou l'être lié à la troisième personne par un rapport de parenté, de possession, etc. **III subst. 1** *Y mettre du sien,* de la bonne volonté. ♦ loc. fam. *Faire des siennes :* faire ses bêtises habituelles ; produire des effets fâcheux. « *voilà ma femme qui fait des siennes* » (Labiche). **2** *LES SIENS :* sa famille, ses amis, ses partisans. ✪ HOM. Sciène.

sierra **n. f.** – XVIIe ; mot esp. « scie » ■ Dans les pays de langue espagnole, Montagne à relief allongé. *La sierra Nevada.* « *La plaine morne et l'âpre arête des sierras* » (Verlaine).

sieste **n. f.** – XVIIe ; lat. *sexta (hora)* « sixième (heure), midi » ■ Repos pris après le repas de midi. ⇒ **méridienne.** *Faire la sieste, une petite sieste.* « *Tout le village était immobile, englué dans l'oubli de la sieste d'été* » (Duras).

❑ Le dérivé *siester* « faire la sieste » est courant en français d'Afrique.

siesteux, euse **adj.** – 1995 ■ Qui fait, aime faire la sieste.

sieur **n. m.** – XIIIe ; de *sire* ■ vx ou dr. Monsieur. « *Accompagné de maître Falconnet et du sieur Santerre* » (Beaum.). ♦ péj. ou iron. « *Mais quel piètre coco que le sieur Musset !* » (Flaub.). ✪ HOM. Scieur.

sievert [sivɛʀt] **n. m.** – 1977 ; n. pr. ■ Unité de mesure d'équivalent de dose de radiation absorbée (symb. Sv). ⇒ **rem.**

sifflage **n. m.** – XVIIIe ; de *siffler* ■ Cornage, chez l'animal.

sifflant, ante **adj.** – XVIe ■ Qui produit un sifflement, s'accompagne d'un sifflement. ➛ *Consonne sifflante,* ou *une sifflante :* consonne fricative dont l'émission est caractérisée par un bruit de sifflement [s, z].

❑ *Sifflant* est un doublet de *sibilant.*

sifflement **n. m.** – XIIe **1** Action de siffler, son émis en sifflant. *Sifflement d'admiration. Les sifflements du merle.* **2** Fait de siffler, production d'un son aigu. « *Le sifflement des balles hérissait le poil sur sa peau* » (Maupass.). **3** *Sifflement d'oreilles :* sensation de sifflement perçue par l'oreille. ⇒ **acouphène.**

siffler **v.** [1] – XIIe ; lat. *sibilare* **I v. intr. 1** Émettre un son aigu, modulé ou non, en faisant échapper l'air par une ouverture étroite (bouche, sifflet, instrument). « *Il siffla pour la faire venir* » (Montherl.). ♦ Émettre un cri analogue, en parlant des animaux. « *Le jars siffle comme un tuyau d'arrosage* » (Renard). ♦ Sortir d'un orifice avec un son aigu. *Ce gaz* « *qui siffle, qui chuinte* » (Duham.). **2** Produire un son aigu par un frottement, par un mouvement rapide de l'air. « *les poulies grinçaient, piaulaient, sifflaient* » (Gaut.). **3** *Avoir les oreilles qui sifflent :* éprouver une sensation de sifflement. **II v. tr. 1** Appeler (qqn, un animal) en sifflant. ♦ Signaler en sifflant. *L'arbitre a sifflé une faute.* **2** Désapprouver bruyamment, par des sifflements, des cris, etc. ⇒ **conspuer, huer.** *Siffler un acteur.* **3** Moduler (un air) en sifflant. *Il sifflait une chanson à la mode.* ⇒ **siffloter. 4** fam. Avaler, boire d'un trait. *Il* « *siffle son alcool avec décision* » (Queneau). ✪ CONTR. (du II, 2°) Acclamer, applaudir.

❑ Deux *f* à *siffler* mais un seul à son dérivé *persifler.*

sifflet **n. m.** – XIIIe **1** Petit instrument formé d'un tuyau court à ouverture en biseau, servant à émettre un son aigu. *Le sifflet d'un agent de police, d'un arbitre.* ➛ *En sifflet :* en biseau (comme l'ouverture du sifflet). *Fracture en sifflet.* ♦ *COUP DE SIFFLET :* son produit par un sifflet. *Les coups de sifflet de l'arbitre.* **2** Sifflement (d'un sifflet). ♦ Fait de siffler pour signifier son mécontentement en public. *Des sifflets et des huées.* **3** fam. et vx Gorge, gosier. ➛ loc. *Couper le sifflet à qqn,* lui couper la parole ; l'empêcher de s'exprimer.

siffleur, euse **adj.** et **n.** – XVIe **1** Qui siffle. *Merle siffleur.* **2 n.** Personne qui siffle un spectacle, un artiste.

siffleux **n. m.** – XVIIe ■ région. (Canada) Marmotte.

sifflotement **n. m.** – XIXe ■ Action de siffloter ; air sifflоté.

siffloter **v.** [1] – XIXe ■ **v. intr.** Siffler négligemment en modulant un air. ♦ **v. tr.** *Siffloter un petit air.*

❑ Attention, un seul *t* comme dans la plupart des mots qui viennent d'un verbe *(siffler).* → -oter (rem.).

sifilet **n. m.** – XVIIIe ; de *six* et *filet* ■ Oiseau de paradis *(passériformes)* à plumage noir, dont le mâle porte sur la tête six longues plumes minces.

sigillaire [siʒilɛʀ] **adj.** et **n. f.** – XVe ; lat. *sigillum* « sceau » **1** Muni d'un sceau, d'un cachet. ♦ Relatif aux sceaux, à la sigillographie. **2 n. f.** Arbre fossile du carbonifère *(lycopodiacées),* dont le tronc porte des empreintes régulières en forme de cachet.

sigillé, ée [siʒile] **adj.** – XVIe ■ Marqué d'un sceau. ➛ *Vases sigillés :* vases gallo-romains de teinte brique, décorés de sceaux et de poinçons.

sigillographie [siʒilɔgʀafi] **n. f.** – XIXe ; lat. *sigillum* « sceau » et *-graphie* ■ Étude scientifique des sceaux, et spécialt des sceaux de chartes médiévales.

siglaison **n. f.** – 1964 ■ Formation d'un sigle, de sigles.

sigle **n. m.** – XVIIIe ; lat. *sigla* « signes abréviatifs » **1** Initiale servant d'abréviation. *Les sigles des manuscrits anciens.* **2** Suite des initiales de plusieurs mots qui forme un mot unique.

siglé, ée **adj.** – 1975 ■ Qui porte un sigle utilisé comme ornement. *Sac siglé.*

sigma **n. m.** – XVIIe ; mot gr. ■ Dix-huitième lettre de l'alphabet grec (σ, ς, Σ), notant la sifflante sourde [s].

sigmoïde **adj.** et **n.** – XVIIe ; gr. ■ Qui a la forme d'un sigma majuscule (Σ). ➛ *Valvules sigmoïdes,* à l'entrée de l'aorte et de l'artère pulmonaire. *Cavités sigmoïdes* (du cubitus, du radius). *Côlon sigmoïde,* ou **n. m.** *le sigmoïde :* partie du gros intestin, en forme d'anse. ➛ *Courbe sigmoïde,* ou **n. f.** *une sigmoïde :* courbe sinueuse à deux vagues de croissance séparées par un point d'inflexion.

signal, aux **n. m.** – XIIIe ; lat. **1** Signe convenu (geste, son...) fait par qqn pour indiquer le moment d'agir. *Il* « *donnait le signal des applaudissements* » (Vigny). « *ils donnèrent bientôt le signal de toucher la rive* » (Barbey). ♦ Fait par lequel une action, un processus commence. *Cet article a été le signal d'une véritable campagne de presse.* **2** Signe (ou système) conventionnel destiné à faire savoir qqch. à qqn, à véhiculer une information. *Signal sonore. Signaux lumineux.* ⇒ ① **balise.** *Signal de détresse.* ⇒ **S.O.S.** ➛ *Signaux de route :* feux, panneaux de signalisation, poteaux indicateurs. *Respecter un signal.* ♦ Grandeur physique variable servant de support à une information. *Signal électrique. Émission, réception, sélection de signaux. Signaux horaires hertziens,* donnant l'heure. ➛ Représentation analogique d'un phénomène physique (⇒ **capteur**).

signalement n. m. – XVIIe ■ Description physique d'une personne qu'on veut faire reconnaître. *Donner le signalement de qqn.*

signaler v. tr. [1] – XVIe 1 pronom. *SE SIGNALER* : se faire remarquer, se distinguer (en bien ou en mal). « *je me signalais déjà par cent tours d'adresse jolis* » (Mol.). 2 Annoncer par un signal. *Le virage est signalé par un panneau. Mettre son clignotant pour signaler que l'on tourne.* 3 Faire remarquer ou connaître en attirant l'attention. *Rien à signaler.* ⇒ **R.A.S.** « *Le médecin ne signalait aucune maladie sur le territoire de la commune* » (Queneau). *Un seul journal a signalé leur présence à Paris. Je vous signale que je ne serai pas là demain.* ⇒ **informer.** ♦ Désigner, dénoncer. *Signaler qqn à la police.*

signalétique adj. et n. f. – XIXe 1 Qui donne un signalement. *Fiche signalétique.* ⇒ **anthropométrique.** 2 Qui concerne les signaux, la signalisation. ♦ n. f. Activité sémiotique qui concerne les signaux. ➛ Ensemble des éléments d'une signalisation (dans un lieu public).

signaleur n. m. – XIXe ■ Marin, soldat chargé de la signalisation.

signalisation n. f. – 1909 ■ Emploi, disposition des signaux destinés à assurer la bonne utilisation d'une voie et la sécurité des usagers. ⇒ **balisage.** *Panneaux, feux de signalisation.* ♦ Ensemble des signaux utilisés pour communiquer (visuels, lumineux, acoustiques).

signaliser v. tr. [1] – 1909 ■ Munir d'une signalisation. *Embranchement mal signalisé.*

❑ *Signaliser* est dérivé de *signal,* d'après l'anglais *to signalize* ; il ne fait pas double emploi avec *signaler.*

signataire n. – XVIIe ■ Personne, autorité qui a signé (une lettre, un acte, un traité). *Des* « *mandats d'amener contre les signataires de la protestation des journalistes* » (Chateaub.).

signature n. f. – XVe 1 Inscription qu'une personne fait de son nom (sous une forme particulière et constante) pour affirmer l'exactitude d'un écrit ou en assumer la responsabilité. ⇒ **griffe, paraphe ; signer.** *Une signature illisible. Sans signature.* ⇒ **anonyme.** *Authentifier une signature.* ♦ *Signature sociale,* engageant la société. 2 Action de signer (un écrit, un acte). *Signature devant notaire.* ➛ Action, pour un auteur, de dédicacer ses livres. 3 Lettre, chiffre, signe servant à indiquer l'ordre des cahiers d'un volume.

signe n. m. – X^e ; lat. I - 1 Chose perçue qui permet de conclure à l'existence ou à la vérité (d'une autre chose, à laquelle elle est liée). ⇒ **indice, marque, preuve.** « *Carpettes secouées, signe de propreté, ménage bien tenu* » (Céline). *Signes extérieurs de richesse* : éléments du train de vie qui constituent un indice de hauts revenus pour l'administration fiscale. ➛ loc. *Ne pas donner signe de vie* : paraître mort ; ne donner aucune nouvelle. *Donner des signes de fatigue. Cette brume est signe de beau temps.* ➛ loc. *C'est bon, c'est mauvais signe* : c'est l'annonce que ça va bien, mal. 2 Élément ou caractère (d'une personne, d'une chose) qui permet de distinguer, de reconnaître. « *il m'écarte des méchants ; il m'a appris à les reconnaître à des signes prompts et délicats* » (Dider.). ♦ Manifestation élémentaire d'une maladie. ⇒ **symptôme.** *La fièvre est signe d'infection.* ➛ *Signe des temps* : ce qui semble caractériser l'époque où l'on vit. ➛ Marque faite pour distinguer. II - 1 Mouvement volontaire, conventionnel, destiné à communiquer avec qqn, à faire savoir qqch. ⇒ ① **geste, signal.** *Le langage des signes des sourds-muets* : langage iconique codé (gestes, mimiques). *Faire un signe de la main.* « *il fit signe au passeur, dont le bac nous passa dans l'île verte* » (France). ➛ *Dès mon retour, je vous ferai signe,* j'entrerai en contact avec vous. ♦ loc. prép. *En signe de...* : pour manifester, exprimer... « *Il vit ses paupières s'abaisser en signe d'adieu* » (Mart. du G.). *S'habiller en noir en signe de deuil.* 2 Objet matériel simple qu'une société reconnaît comme représentatif d'une réalité complexe. ⇒ **symbole.** *Étude des signes.* ⇒ **sémiotique ; herméneutique.** *Signes naturels, imagés* ou *iconiques* (⇒ **icone**) (ex. S pour un virage), *conventionnels* (ex. le signe ×, multiplié par). *Signes alphabétiques* : les lettres. *Signes de ponctuation. Signes typographiques.* 3 Unité linguistique formée d'un signifiant (sons, lettres) et d'un signifié. *Le morphème, le mot sont des signes.* 4 Emblème, insigne (d'une société, d'une fonction). *Signes héraldiques* : armoiries. *Signes de ralliement. Le signe de la croix* : l'emblème des chrétiens. *Faire le signe de (la) croix,* le geste qui l'évoque. ⇒ se **signer.** ♦ Chacune des figures représentant en astrologie les douze parties de l'écliptique que le Soleil semble parcourir dans l'intervalle d'une année tropique. *Les signes du zodiaque* (⇒ **horoscope**). « *tout homme, né sous le signe de Saturne, est mélancolique* » (Huysm.). ➛ *Sous le signe de...* : dans une atmosphère de, dans des conditions créées par... *Sous le signe de la bonne humeur.* ✪ HOM. Cygne.

signer v. tr. [1] – XIe 1 pronom. *SE SIGNER* : faire le signe de la croix sur soi. « *Il était le catholique le plus fervent ; il se signa* » (Balz.). 2 Marquer. *Signer des pièces d'orfèvrerie* (au poinçon). 3 Revêtir de sa signature. « *la première sentence capitale qu'il eut à signer* » (Dider.). ➛ *Signer la paix,* le traité de paix. ➛ loc. *C'est signé* : cela porte bien la marque de la personne en question. ♦ *Datez et signez.* ➛ Établir un acte officiel concluant une vente, un achat, un accord. *Signer chez le notaire.* 4 Reconnaître comme sien en mettant sa signature sur. *Meuble signé* (par un ébéniste). « *celui qui signait au burin les violons Hartford* » (Giraud.). 5 Dédicacer (un ouvrage). 6 intrans. fam. S'exprimer en langage des signes (des sourds-muets).

❑ Pour une œuvre d'art, la préposition est souvent sous-entendue : *une commode signée Jacob.*

signet n. m. – XIVe ■ Ruban fixé par un bout à la tranchefile supérieure d'un livre, servant à marquer un endroit du volume. ➛ Bande de papier, de carton servant au même usage.

signifiant, iante adj. et n. m. – XVIe 1 littér. Qui est plein de sens. « *déformer la réalité pour la rendre signifiante* » (Gide). ♦ En linguistique, Qui a du sens. *Unité, phrase signifiante.* 2 n. m. En linguistique, Manifestation matérielle du signe ; suite de phonèmes ou de lettres, de caractères, qui constitue le support d'un sens. ✪ CONTR. Asémantique.

❑ Le *signifiant* ne se présente jamais naturellement sans le *signifié,* qu'il soit connu ou inconnu du décodeur. ♦ Ne pas confondre avec le *signe,* unité linguistique constituée de l'association des deux.

significatif, ive adj. – XVe 1 Qui signifie nettement, exprime clairement qqch. ⇒ **éloquent, expressif.** *Un fait significatif. Les résultats du sondage ne sont pas significatifs.* « *des chiffres plus significatifs que mes discours* » (Balz.). 2 Qui renseigne sur qqch. ou confirme une opinion. ⇒ **révélateur.** *Cette remarque est significative de son état d'esprit.*

signification n. f. – XIIe 1 Ce que signifie (une chose, un fait). *La signification de la vie.* ♦ Sens (d'un signe, d'un ensemble de signes, et spécialt d'un mot). ⇒ ② **contenu.** *Les diverses significations d'un mot.* ⇒ **polysémie.** *Relation de signification entre le signifiant et le signifié.* 2 Action de signifier (un jugement, un exploit). *Signification d'un jugement.*

signifié n. m. – 1910 ▪ Contenu du signe linguistique (opposé et lié au *signifiant*). ⇒ ① **sens.** *L'étude des signifiés.* ⇒ **sémantique.**

signifier v. tr. [7] – XIe 1 Avoir un sens, être le signe de. « *Elle eut une moue qui signifiait "à d'autres"* » (Maupass.). *Cela ne signifie rien pour lui.* loc. *Qu'est-ce que cela signifie ?* se dit pour exprimer son mécontentement. ♦ Avoir pour contenu, ou pour corrélatif. ⇒ **équivaloir, impliquer.** « *en matière ecclésiastique, imagination signifie hérésie* » (Hugo). 2 Avoir pour sens. ⇒ **désigner, exprimer.** *Le mot anglais* tree *signifie* arbre. 3 Faire connaître d'une manière expresse. *Signifier ses intentions à qqn.* ♦ Faire savoir légalement. ⇒ **notifier.** *Signifier son congé à qqn.*

sikh, sikhe n. et adj. – XIXe ; sanskr. « disciple » ▪ Membre d'une communauté religieuse de l'Inde rejetant le système des castes hindoues. ➛ adj. *Les femmes sikhes.* ✪ HOM. Sic.

sil n. m. – XVIe ; mot lat. ▪ Argile rouge ou jaune avec laquelle les Anciens faisaient des poteries. ✪ HOM. Cil, scille.

silane n. m. – 1949 ▪ Dérivé hydrogéné du silicium, préparé par électrolyse des silicates d'aluminium.

silence n. m. – XIIe ; lat. *silentium* 1 Fait de ne pas parler ; attitude d'une personne qui reste sans parler. ⇒ **mutisme.** *Garder le silence :* se taire. *Imposer silence à qqn. Silence dans les rangs ! Silence !* taisez-vous ! ⇒ **chut.** ➛ *Minute de silence :* hommage que l'on rend à un mort en demeurant immobile et silencieux. ♦ Moment pendant lequel on ne dit rien. *Une conversation entrecoupée de silences.* 2 Le fait de ne pas exprimer son opinion, de ne pas répondre, de ne pas divulguer ce qui est secret. *Passer qqch. sous silence,* le taire. « *Ce fragment de ma vie que je passe sous silence* » (Daud.). *Acheter le silence d'un témoin.* ➛ *La loi du silence,* qui interdit aux malfaiteurs de renseigner la police sur les agissements de leurs associés. ⇒ **omerta.** ➛ *Réduire l'opposition au silence,* l'empêcher de s'exprimer. ➛ EN SILENCE : sans le faire savoir, en secret. « *Je te connais et t'admire en silence* » (Rimb.). *Souffrir en silence.* ♦ Le fait de ne pas répondre à une lettre, de ne plus se manifester. *Son silence m'inquiète.* 3 Absence de bruit, d'agitation. ⇒ ① **calme, paix.** *Travailler dans le silence.* « *Dans le silence et la solitude de la nuit* » (Baud.). 4 Interruption du son d'une durée déterminée, indiquée par des signes particuliers dans la notation musicale ; ces signes eux-mêmes (au nombre de sept). ⇒ **pause, soupir.** ✪ CONTR. Parole ; aveu. Bruit ; tapage.

silencieusement adv. – XVIIIe ▪ Sans parler, sans faire de bruit (cf. En silence). ♦ En secret. « *Silencieusement tu souffrais ces insultes* » (Baudelaire). ✪ CONTR. Bruyamment.

silencieux, ieuse adj. et n. m. – XVIe 1 Où le silence et le calme règnent. Qui se fait, se passe sans bruit. ➛ Qui fonctionne avec le minimum de bruit. *Un moteur silencieux.* ♦ n. m. Dispositif placé sur le pot d'échappement pour amortir le bruit d'un moteur à explosion ou à réaction. ➛ Dispositif qui étouffe le bruit d'une arme à feu. 2 Qui garde le silence. ⇒ **muet.** ➛ Peu communicatif. « *Silencieux, un peu distant, il demeura [...] hors de la discussion* » (Mart. du G.). ⇒ ① **discret, réservé.** ♦ Qui ne s'accompagne pas de paroles. « *une partie de dominos, – jeu spécialement silencieux et méditatif* » (Nerval). ♦ Qui ne se manifeste pas. *Infection silencieuse.* ✪ CONTR. Bruyant, sonore. Bavard, volubile.

silène n. m. – XVIIIe ; de *Silène,* nom myth. ▪ Plante herbacée *(caryophyllacées),* à variétés ornementales.

silentbloc [silɑ̃tblɔk ; silɛnt-] n. m. – 1928 ; nom déposé ; angl. *silent* « silencieux » et *bloc* ▪ Petit bloc en caoutchouc traité et comprimé, interposé entre des pièces, pour absorber les bruits, les vibrations. ➛ Recomm. offic. *support élastique.*

silex [silɛks] n. m. – XVIe ; mot lat. 1 Roche constituée de silice (calcédoine, quartz, opale) incluse dans des couches calcaires. *Silex taillé.* 2 Outil, arme de silex.

silhouette n. f. – XVIIIe ; de *Silhouette,* ministre des Finances 1 Ombre projetée dessinant nettement un contour. 2 Forme qui se profile en noir sur un fond clair. *Distinguer une silhouette dans le brouillard.* ♦ Forme ou dessin aux contours schématiques. « *L'étang reflète, Profond miroir La silhouette du saule noir* » (Verlaine). 3 Allure ou ligne générale d'une personne. « *sa fine silhouette hardie domine le large paysage* » (Bernanos).

silhouetter v. tr. [1] – XIXe ▪ Représenter en silhouette, en faisant un croquis qui ne dessine que la silhouette.

silicate n. m. – XIXe ▪ Combinaison de silice avec divers oxydes métalliques. *Silicates naturels* (émeraude, talc, argiles, feldspaths).

silice n. f. – XVIIIe ; lat. *silex* ▪ Oxyde de silicium, corps solide de grande dureté, blanc ou incolore, très abondant dans la nature. *Silice pure cristallisée.* ⇒ **quartz.** *Inhalation de poussières de silice* (⇒ **silicose**). ✪ HOM. Cilice.

siliceux, euse adj. – XVIIIe ▪ Formé de silice, contenant de la silice. *Roches siliceuses* (grès, sable, etc.).

silicicole adj. – XIXe ▪ Qui croît de préférence en terrain siliceux. ⇒ **calcifuge.** ✪ CONTR. Calcicole.

silicium [silisjɔm] n. m. – XIXe ▪ Élément atomique (Si ; n° at. 14 ; m. at. 28,08), du groupe du carbone, très abondant dans la nature sous forme de silice et de silicates.

siliciure n. m. – XIXe ▪ Combinaison de silicium et d'un élément. *Siliciure de carbone* (⇒ **carborundum**), *de magnésium.*

silicone n. f. – XXe ▪ Nom générique des dérivés du silicium renfermant des atomes d'oxygène et des groupements organiques, et se présentant sous forme d'huiles, de résines et d'élastomères.

siliconer v. tr. [1] – 1963 ▪ Garnir, enduire de silicone.

silicose n. f. – 1945 ▪ Pneumoconiose professionnelle provoquée par l'inhalation de poussières de silice. *Mineur atteint de silicose.*

silionne n. f. – mil. XXe ; nom déposé, de *sili(ce)* et *(ray)onne* ▪ Fibre continue de verre dans laquelle les fils sont constitués de brins d'un diamètre de 5 à 7 micromètres.

silique n. f. – XIIIe ; lat. ▪ Fruit sec déhiscent, composé de deux carpelles, dont la cavité d'abord unique est tardivement divisée en deux par une fausse cloison. *Les siliques de la giroflée, du chou.*

sillage n. m. – XVIe ; du rad. de *sillon* 1 Trace qu'un bâtiment laisse derrière lui à la surface de l'eau. « *accoudé au bastingage, je regardais le sillage phosphorescent du navire* » (R. Gary). loc. fig. *Dans le sillage de... :* à la suite de (qqn qui ouvre la voie). *Rester dans le sillage de qqn.* 2 Partie d'un fluide (liquide, air) que laisse derrière lui un corps en mouvement ; perturbations qui s'y produisent.

sillet n. m. - XVIIe ; lat. *cilium* « cils » ▪ Petite pièce de bois ou d'ivoire collée sur le manche de certains instruments à cordes, pour empêcher que les cordes n'appuient sur la touche.

sillon n. m. - XIIe ; p.-ê. gaul. 1 Longue tranchée ouverte dans la terre par la charrue. ⇒ ③ **rayon** ; ① **enrayure.** « *la rectitude parfaite du sillon, si droit, qu'on l'aurait dit tracé au cordeau* » (Zola). 2 Fente profonde. « *Une double ride laboure dans le beau front large un sillon harmonieux* » (R. Rolland). ♦ Trace produite à la surface du disque par l'enregistrement phonographique (⇒ **microsillon, piste**).

sillonner v. tr. [1] - XVIe 1 Creuser en faisant des sillons, des fentes. « *l'une des fissures qui sillonnaient la paroi du gouffre* » (Baudelaire). ➛ *Un visage sillonné de rides.* 2 Traverser en laissant un sillage. *Les éclairs sillonnent le ciel.* 3 Traverser, parcourir en tous sens. *Nous avons sillonné la région.*

silo n. m. - XIIIe ; gr. *siros* « fosse à blé » 1 Excavation souterraine, réservoir (au-dessus ou au-dessous du sol) où l'on entrepose les produits agricoles pour les conserver. 2 Site souterrain de lancement des missiles stratégiques.

silotage n. m. - 1923 ▪ Ensilage.

silphe n. m. - XIXe ; gr. ▪ Insecte coléoptère, au corps plat et noir, dont une espèce s'attaque aux betteraves. ✪ HOM. Sylphe.

silure n. m. - XVIe ; gr. ▪ Poisson d'eau douce *(siluriformes)* des pays tempérés, appelé aussi *poisson-chat.*

silurien, ienne adj. - XIXe ; lat. *Silures,* peuple bret. de la région du Shropshire, en Angleterre, où ce type de terrain fut découvert ▪ Se dit des terrains représentatifs d'une période de l'ère primaire et de ce qui s'y rapporte. *Faune silurienne.* ➛ n. m. *Le silurien,* cette période.

sima n. m. - 1918 ; de *Si* et *Ma,* symb. chim. du silicium et du magnésium ▪ Couche intermédiaire de l'écorce terrestre où prédominent la silice et le magnésium.

simagrée n. f. - XIIIe ; o. i. ▪ (surtout au plur.) Comportement affecté destiné à attirer l'attention, à tromper. ⇒ **manière, minauderie.** *Arrête tes simagrées !*

❑ Une hypothèse plaisante fait de ce mot la substantivation de *si m'agrée* « ainsi cela m'agrée ».

simarre n. f. - XVIIe ; it. *zimarra* ▪ Autrefois, Longue robe d'homme ou de femme, d'une riche étoffe. « *des seigneurs en simarre de velours* » (Gaut.). ♦ Partie antérieure de la robe des magistrats. ➛ Soutane d'intérieur.

simaruba n. m. - XVIIe ; mot guyanais ▪ Arbre de l'Amérique tropicale, dont une espèce *(simaruba amer)* a une écorce contenant de la quassine.

simbleau n. m. - XVIIe ; prob. de ② *cingler* ▪ Cordeau servant à tracer des cercles (trop grands pour être faits avec un compas).

simien, ienne adj. et n. m. - XIXe ; lat. *simia* « singe » ▪ Propre ou relatif aux singes. ♦ n. m. pl. *LES SIMIENS :* sous-ordre de l'ordre des primates, comprenant tous les singes.

simiesque adj. - XIXe ▪ Qui évoque le singe. *Visage simiesque.*

similaire adj. - XVIe ; lat. *similis* « semblable » ▪ Qui est à peu près de même nature, de même ordre. ⇒ **analogue, assimilable, semblable.** ✪ CONTR. Différent.

similarité n. f. - XVIIIe ▪ Qualité des choses similaires. ⇒ **ressemblance, similitude.**

simili n. m. et f. - XIXe 1 n. m. Imitation (d'une matière ou chose précieuse). *Du simili.* ⇒ ① **faux.** ♦ Cliché obtenu par similigravure. ♦ Coton similisé pour la couture. 2 n. f. fam. Similigravure.

simili- Élément, du lat. *similis* « semblable », marquant qu'il s'agit d'une imitation. ⇒ **pseud(o)-.**

similicuir n. m. - XIXe ▪ Matière plastique imitant le cuir. ⇒ **skaï.**

similigravure n. f. - XIXe ▪ Photogravure en demi-teinte au moyen de trames à travers lesquelles sont photographiés les objets ; cliché ainsi obtenu. ⇒ **simili.** « *la mutation* [de la presse] *se produisit lorsque entrèrent en jeu le câblogramme* et *la similigravure* » (Malraux).

similiser v. tr. [1] - 1902 ▪ Traiter (le coton) pour lui donner un aspect soyeux. ➛ *Coton similisé.* ⇒ **simili.**

similiste n. m. - 1901 ▪ Spécialiste en similigravure, retoucheur de cliché.

similitude n. f. - XIIIe ▪ Relation unissant deux choses exactement semblables. ⇒ **analogie, ressemblance.** *Similitude de goûts entre deux personnes.* ♦ Produit, dans un plan, d'une rotation et d'une homothétie de même centre (⇒ **semblable**). ✪ CONTR. Différence, dissimilitude.

similor n. m. - XVIIIe ▪ Métal imitant l'or. ⇒ **chrysocale.**

simonie n. f. - XIIe ; de *Simon le Magicien* ▪ Achat ou vente d'objets sacrés ou de biens spirituels (indulgences).

❑ *Simon* le Magicien avait voulu acheter les apôtres Pierre et Paul pour recevoir d'eux le pouvoir de conférer le Saint-Esprit.

simoun [simun] n. m. - XVIIIe ; ar. ▪ Vent de sable chaud sec et violent, qui souffle sur les régions désertiques de l'Arabie, de la Perse et du Sahara. ⇒ **khamsin, sirocco.**

simple adj. et n. - XIIe ; lat. *simplex* **I - 1** Qui agit selon ses sentiments, avec une honnêteté naturelle et une droiture spontanée. ⇒ ① **droit,** ② **franc.** « *Sois simple toi-même et direct comme la flèche* » (Gide). ♦ Qui agit sans manifester de fierté, de prétention. ⇒ **modeste.** 2 Qui a peu de finesse, se laisse facilement tromper. ⇒ **crédule, niais, simplet.** ♦ *SIMPLE (D'ESPRIT) :* qui n'a pas une intelligence normalement développée. ⇒ **arriéré.** « *Il m'a semblé d'abord que l'enfant était un peu simple, et comme l'on dit, arriéré* » (Duham.). n. *Un, une simple d'esprit.* 3 Qui ignore ou dédaigne le raffinement des usages. *Avoir des goûts simples.* 4 Qui est d'un rang peu élevé ; de condition modeste. *Des gens simples.* **II - 1** Qui (au niveau considéré) n'est pas composé de parties, est indivisible. ⇒ **élémentaire.** *Corps (chimiques) simples,* indécomposables. ♦ Qui n'est pas double ou multiple. *Un aller simple* (opposé à *aller et retour*). ➛ *Fleur simple,* qui n'est pas composée. ➛ *Temps simples d'un verbe. Passé simple.* ➛ Dont l'ordre de multiplicité est 1. *Racines simples d'un polynôme.* ♦ subst. *Varier du simple au double.* 2 Qui est uniquement (ce que le substantif désigne) et rien de plus. *Une simple formalité.* ⇒ **pur, seul.** « *Un incapable qui a été cinq fois militaire et qui finit simple soldat !* » (Queneau). *C'est de l'escroquerie pure et simple.* 3 Qui est formé d'un petit nombre de parties ou d'éléments. *Réduit à sa plus simple expression.* 4 Qui, étant formé de peu d'éléments, est aisé à comprendre, à utiliser. ⇒ **compréhensible, facile.** « *le plus simple sera de se taire* » (Mauriac). ⇒ ① **commode.** « *N'est-ce pas simple comme bonjour ?* » (Balz.). ➛ fam. *C'est simple, bien simple,* se dit pour présenter une évidence ou résumer une question. 5 Qui comporte peu d'éléments ajoutés, peu d'ornements. *Toilette simple et de bon goût.* ♦ *Une* *langue, un style simple,* peu orné, naturel. ♦ Sans décorum, sans cérémonie. *Une réception très simple.* **III** n. m. 1 Plante médicinale. 2 Partie de tennis entre deux adversaires (opposé à *double*). ✪ CONTR. Affecté, orgueilleux. ② Fin, rusé. — Complexe, compliqué, difficile. Apprêté, recherché.

❑ *Simple* « plante médicinale » se trouve parfois au féminin : « *quand les simples étaient infusées* » (Daudet), conformément à son origine (abréviation de *simple médecine*). Le genre masculin est dû à l'influence de *médicament*.

simplement adv. – XIIe 1 D'une manière simple, sans complication, sans affectation. 2 Seulement. ⇒ **uniquement.** *Le destin « c'est simplement la forme accélérée du temps »* (Giraud.). *Je voulais simplement vous le dire.* ➛ iron. *Ils ont tout simplement dévalisé la banque.*

simplet, ette adj. – XIIe 1 Qui est un peu simple d'esprit. ⇒ **naïf, niais.** 2 Un peu trop simple, un peu pauvre. « *Une mélodie assez simplette* » (Aragon).

simplexe n. m. – 1937 ▪ En mathématiques, Ensemble formé par les parties d'un ensemble.

simplicité n. f. – XIIe **I** - 1 Honnêteté naturelle, sincérité sans détour. ⇒ **droiture, franchise.** ♦ Comportement naturel et spontané, absence de prétention. *Elle « avait beaucoup de bonhomie, de simplicité, de naturel »* (Proust). *Manquer de simplicité. En toute simplicité :* sans cérémonie. 2 littér. Caractère de naïveté exagérée. ⇒ **candeur, ingénuité.** 3 Caractère d'une personne qui a des goûts simples, qui dédaigne le luxe, les raffinements. **II** - 1 Caractère de ce qui n'est pas composé ou décomposable, de ce qui a peu d'éléments. « *cette mer si infiniment variée dans son effrayante simplicité* » (Baudelaire). ♦ Caractère de ce qui est facile à comprendre, à utiliser. *D'une simplicité biblique, enfantine :* d'une grande facilité de compréhension. 2 Qualité de ce qui n'est pas chargé d'éléments superflus. « *Le chef-d'œuvre des littératures perfectionnées est de remonter à la simplicité* » (Lamart.). ✪ CONTR. ② Affectation, prétention. Raffinement. — Complexité, complication, difficulté. Recherche.

simplifiable adj. – XIXe ▪ Qui peut être simplifié.

simplificateur, trice adj. – XIXe ▪ Qui a pour but ou pour effet de simplifier.

simplification n. f. – XVe ▪ Action de simplifier ; son résultat. ⇒ **réduction, schématisation.** ♦ *Simplification d'une fraction,* par réduction égale de chacun de ses termes. ✪ CONTR. Complication.

simplifié, iée adj. – XVIIIe ▪ Qui a fait l'objet d'une simplification, d'une schématisation.

simplifier v. tr. [7] – XVe ; lat. ▪ Rendre moins complexe, moins chargé d'éléments accessoires. ⇒ **réduire.** *Simplifier une méthode. Les formalités ont été simplifiées. Les machines qui simplifient notre existence.* ⇒ **faciliter.** *Ça nous simplifie la vie !* ➛ *Simplifier une fraction,* en réduisant également les deux termes. ➛ *Pour simplifier, nous dirons...* ✪ CONTR. Compliquer, développer.

simplisme n. m. – XIXe ▪ Défaut de l'esprit simpliste, de ce qui est simpliste. *Le simplisme d'un raisonnement.*

simpliste adj. – XVIe ▪ Qui ne considère qu'un aspect des choses et simplifie outre mesure. ⇒ **réducteur.** *Esprit simpliste.* ⇒ **primaire.** *Idées simplistes.*

simulacre n. m. – XIIe ; lat. ▪ Apparence sensible qui se donne pour une réalité. ⇒ **illusion, semblant.** *Un simulacre de procès.* ⇒ **parodie.** « *Ce combat n'est plus que comme un simulacre de bataille* » (Gide).

simulateur, trice n. – XIIIe 1 Personne qui simule un sentiment, prend une attitude trompeuse. ♦ Personne qui simule une maladie, notamment pour échapper à ce qu'elle doit faire (⇒ **simulation**). 2 n. m. Appareil qui permet de représenter artificiellement un fonctionnement réel. *Simulateur de vol, d'accident.* « *l'intérieur du simulateur* [...] *reproduisait avec fidélité le cockpit d'un avion spatial* » (Echenoz).

simulation n. f. – XIVe 1 Fait de simuler (un acte juridique), de déguiser un acte sous l'apparence d'un autre. 2 Action de simuler (un sentiment, une maladie). 3 Représentation à l'aide d'un simulateur. ♦ Méthode permettant de produire de manière explicite un processus quelconque. ⇒ **émulation.** *Logiciels de simulation.*

simulé, ée adj. – XIVe 1 Feint. « *Avec une gravité simulée* » (Proust). 2 Faux, postiche. « *Les colonnades simulées* » (Ch. Cros). ✪ CONTR. Vrai.

simuler v. tr. [1] – XIVe ; lat. 1 Faire paraître comme réel, effectif (ce qui ne l'est pas). *Simuler une vente, une donation.* ♦ Feindre. *Simuler un sentiment.* « *il sentait entre elle et lui un désaccord si intolérable qu'il simulait aussitôt une excessive froideur* » (Mart. du G.). ♦ Représenter artificiellement (un fonctionnement réel) (⇒ **simulateur,** 2°). ➛ Reproduire à l'aide d'un système informatique les caractéristiques et l'évolution de (un processus). ⇒ **modéliser.** 2 Avoir l'apparence de. *Des cannelures rondes* « *simulent les plis d'une étoffe* » (Loti). ✪ CONTR. Éprouver.

❑ Même famille étymologique que *similaire, sembler.*

simulie n. f. – XIXe ; lat. ▪ Insecte diptère, moustique vecteur de l'onchocercose, très dangereux pour le bétail.

simultané, ée adj. et n. f. – XVIIIe ; lat. *simul* « ensemble » **I** adj. 1 Se dit d'événements distincts qui sont rapportés à un même moment du temps. ⇒ **concomitant, synchrone.** « *des révolutions quasi simultanées dans tous les grands pays* » (Camus). 2 Qui se produit en même temps. ➛ *Traduction simultanée,* donnée en même temps que parle le locuteur. « *Raconter et juger est un travail simultané peu facile* » (Sand). **II** n. f. Prestation d'un joueur d'échecs affrontant en même temps plusieurs adversaires. ✪ CONTR. Récurrent, séquentiel, successif.

simultanéité n. f. – XVIIIe ▪ Caractère de ce qui est simultané, existence simultanée (de plusieurs choses). ⇒ **concomitance, synchronisme.** *Simultanéité de deux événements.* ✪ CONTR. Succession.

simultanément adv. – XVIIIe ▪ En même temps. ⇒ ① **ensemble.** « *Soudain il s'arrêta simultanément de rire et de marcher* » (Queneau). ✪ CONTR. Successivement.

sinanthrope n. m. – 1931 ; *sin(o)-* et *-anthrope* ▪ Grand primate appartenant à une espèce fossile du genre pithécanthrope, dont les restes ont été découverts en Chine, classé dans l'espèce *Homo erectus.*

sinapisé, ée adj. – XVe ; gr. *sinapi* « moutarde » ▪ Additionné ou saupoudré de farine de moutarde. *Cataplasme sinapisé.*

sinapisme n. m. – XVIe ▪ Traitement révulsif par application d'un cataplasme à base de farine de moutarde ; ce cataplasme ou emplâtre. « *couche-le sur un long sinapisme, de manière à l'envelopper de moutarde depuis la nuque jusqu'à la chute des reins* » (Balz.).

sincère adj. – XVe ; lat. « pur, naturel » 1 Qui est disposé à reconnaître la vérité et à faire connaître ce qu'il pense et sent, sans consentir à se tromper soi-même ni à tromper les autres. ⇒ ② **franc, loyal.** « *La chose la plus difficile, quand on a commencé d'écrire, c'est d'être sincère* » (Gide). ♦ Qui est tel réellement et en toute bonne foi. ⇒ **véritable.** *Un défenseur sincère des libertés.* 2 Réellement pensé ou senti. *Repentir sincère.* ➤ *Sincères condoléances. Sincères salutations.* ✪ CONTR. Hypocrite, menteur, simulateur ; feint, mensonger.

sincèrement adv. – XVIe ▪ D'une manière sincère, de bonne foi. ⇒ **franchement.**

sincérité n. f. – XIIIe 1 Qualité d'une personne sincère. ⇒ **franchise, loyauté.** *En toute sincérité.* ⇒ **sincèrement.** *Sincérité brutale.* 2 Caractère de ce qui est sincère. *Elle « protesta véhémentement avec un accent de sincérité douloureuse »* (Aymé). ✪ CONTR. Hypocrisie, insincérité.

❑ Pour la différence de sens avec *franchise* → franchise (rem.).

sincipital, ale, aux adj. – XVIIIe ▪ Du sinciput.

❑ Ne pas confondre avec *occipital* (« de la partie basse postérieure du crâne »).

sinciput [sɛ̃sipyt] n. m. – XVIe ; mot lat. ▪ Partie supérieure de la voûte du crâne.

sinécure n. f. – XVIIIe ; lat. *sine cura,* abrév. de *beneficium sine cura* « bénéfice ecclésiastique sans travail » ▪ Charge ou emploi où l'on est rétribué sans avoir rien (ou presque rien) à faire ; situation de tout repos. *Il est de ceux « pour qui fonctionnaire à tous les degrés signifie sinécure et paperasses »* (Romains). ♦ loc. fam. *Ce n'est pas une sinécure :* ce n'est pas de tout repos.

sine die [sinedje] loc. adv. – XIXe ; mots lat. « sans jour fixé » ▪ Sans fixer de date pour une autre réunion, une autre séance. *Renvoyer un débat sine die.*

sine qua non [sinekwanɔn] loc. adj. – XVIe ; mots lat. « (condition) sans laquelle non » ▪ *Condition* sine qua non.*

singalette n. f. – XVIIIe ; de *Saint-Gall,* ville suisse ▪ Mousseline de coton très claire et très apprêtée dont on fait surtout des patrons en couture.

singe n. m. – XIIe ; lat. *simia* 1 Mammifère primate *(simiens),* caractérisé par une face nue, un cerveau développé, des membres préhensiles à cinq doigts. *Singes de grande taille, les plus proches de l'être humain.* ⇒ **anthropoïde, hominoïdes.** *Primates fossiles intermédiaires entre l'être humain et le singe.* ⇒ **anthropopithèque, pithécanthrope, sinanthrope.** ♦ Mâle de l'espèce. *Un singe et une guenon.* 2 loc. *Payer en monnaie de singe :* récompenser par de belles paroles, des promesses creuses. *On n'apprend pas à un vieux singe à faire la grimace :* on n'apprend pas les ruses à une personne pleine d'expérience. 3 Personne laide, contrefaite. ⇒ **simiesque.** 4 Imitateur. *Quel singe !* 5 pop. Patron. 6 fam. Bœuf en conserve. ⇒ **corned-beef.**

❑ On a pris *guenon,* qui nomme une espèce (le cercopithèque, mâle ou femelle), pour désigner la femelle du singe.

singer v. tr. [3] – XVIIIe 1 Imiter (qqn) d'une manière caricaturale, pour se moquer. ⇒ **contrefaire, parodier.** 2 Mimer, simuler. ⇒ **feindre.** *« Il avait souvent singé la passion ; il fut contraint de la connaître »* (Baud.).

singerie n. f. – XIVe I - 1 Grimace, tour que fait un singe. ♦ Grimace, gambade, tour comique. ⇒ **pitrerie.** 2 Imitation caricaturale. II Réunion, troupe de singes ; ménagerie, cage de singes.

single [siŋgœl] n. m. – XIXe ; mot angl. « seul » 1 Compartiment de voitures-lits, chambre d'hôtel, cabine à une seule place. *« Dans mon minuscule* single *où l'on ne peut guère remuer quand on a rabattu la couchette »* (Tournier). Recomm. offic. *INDIVIDUEL*.* 2 Disque 45 tours ne possédant qu'un seul morceau par face.

singleton [sɛ̃glətɔ̃] n. m. – XVIIIe ; mot angl., de *single* « seul » 1 Unique carte d'une certaine couleur, dans la main d'un joueur (au whist, au bridge). 2 En mathématiques, Ensemble constitué d'un seul élément.

singulariser v. tr. [1] – XVIe ; de *singulier* 1 Distinguer des autres par qqch. de peu courant. 2 *SE SINGULARISER* v. pron. Se faire remarquer par qqch. d'extraordinaire, d'extravagant, de bizarre. *Chercher à se singulariser.* ✪ CONTR. Généraliser.

singularité n. f. – XIIe 1 Objet individualisé, singulier. 2 Caractère rare et exceptionnel de ce qui se distingue. *« La grande singularité de la langue basque »* (Mérimée). ⇒ **originalité.** 3 *Une singularité :* action, chose singulière. ⇒ **bizarrerie, exception.** ➤ Fait, trait singulier. *Cet objet présente une singularité.* ⇒ **particularité.** ✪ CONTR. Pluralité. Banalité.

singulier, ière adj. et n. m. – XIIIe ; lat. *singularis* « seul » I - 1 Qui concerne un seul individu (opposé à ① *général*). *Terme singulier.* 2 Qui concerne un seul individu (opposé à *pluriel*). 3 loc. *Combat singulier,* entre une personne et un seul adversaire. II - 1 Différent des autres. ⇒ **extraordinaire, particulier, spécial, unique.** *Un singulier personnage.* ➤ En mathématiques, *Point singulier,* qui présente des caractères propres à lui seul. 2 Qui est digne d'être remarqué par des traits peu communs. ⇒ **bizarre, étonnant, rare.** *« un charme très singulier, que n'avaient pas ses sœurs »* (Aragon). ➤ *« Une singulière aptitude pour apprendre »* (Buff.). ♦ Bizarre, inexplicable. ⇒ **drôle.** ➤ iron. Étrange au point d'être contraire à ce qu'il devrait être. *Singulière façon de voir les choses !* III n. m. Catégorie grammaticale (⇒ **nombre**) qui exprime l'unité. ♦ Ce qui relève d'un seul individu (opposé à *général*). ⇒ **singularité** (1°). *Le nom propre exprime le singulier.* ✪ CONTR. Collectif ; banal, commun, ordinaire ; normal, régulier. — Pluriel.

❑ On peut passer du *singulier* (chose unique) au *pluriel* (plusieurs choses), mais pas du *singulier* au *général,* qui ne relève pas des nombres. ♦ Les noms généralement employés au singulier ont néanmoins tous un pluriel (les ors, les soleils, des chirurgies, etc.) y compris les noms propres (les Dupont).

singulièrement adv. – XIIe 1 En se distinguant des autres. ⇒ **particulièrement.** *« La lutte de l'individu contre la société et singulièrement contre l'État »* (Sartre). 2 Beaucoup. *« la pupille singulièrement agrandie »* (J. Verne). 3 littér. D'une manière étonnante, remarquable ou bizarre. *Il était singulièrement accoutré.* ✪ CONTR. Communément ; peu, ordinairement.

sinisation n. f. – mil. XXe ▪ Expansion de la civilisation chinoise (dans les pays de civilisation moins évoluée).

siniser v. tr. [1] – mil. XXe ; de *sin(o)-* ▪ Répandre la civilisation chinoise dans (un pays) ; rendre chinois quant à la culture. ➤ pronom. *SE SINISER :* adopter la culture chinoise.

① **sinistre** adj. – XIe ; lat. *sinister* « qui est à gauche » 1 Qui fait craindre un malheur, une catastrophe. ⇒ **funeste, mauvais, menaçant.** *Sinistres prophéties.* ➤ *Craquements sinistres.* ♦ Qui, par son aspect, semble menaçant ou accablant. ⇒ **effrayant, funèbre, lugubre.** *« L'ombre autour d'eux s'emplit de sinistres clartés »* (Hugo). 2 littér. Malfaisant, dangereux par lui-même. *« Les desseins les plus sinistres »* (Madelin). ➤ cour. *Un sinistre voyou, une sinistre crapule.* ⇒ **sombre.** ➤ par ext. *Un sinistre imbécile.* 3 Triste et ennuyeux. *Paysage sinistre.*

❑ Dans l'interprétation des auspices, le côté gauche (*senestre* en ancien français) était défavorable. → dextre (rem.).

② **sinistre** n. m. – XVe ; même o. que ① *sinistre* 1 Événement catastrophique naturel, qui occasionne des dommages, des pertes. *Se rendre sur les lieux du sinistre.* « *un sinistre dont Paris entier causait, l'incendie des Quatre Saisons* » (Zola). 2 Dommages ou pertes subis par des objets assurés. *Le remboursement des sinistres.*

sinistré, ée adj. et n. – XIXe ■ Qui a subi un sinistre. *Région sinistrée. Les populations sinistrées.* ♦ n. Personne qui a subi des dommages, du fait d'un sinistre. *Indemniser les sinistrés.*

sinistrement adv. – XVe ■ D'une manière sinistre.

sinistrose n. f. – 1908 1 État mental de certains sinistrés ou accidentés qui s'exagèrent leur infirmité et développent des tendances revendicatrices. 2 Pessimisme excessif, disposition à croire que les événements prendront une tournure défavorable.

sinité n. f. – 1957 ■ Ensemble des caractères, des manières de penser, de sentir propres à la civilisation chinoise.

sin(o)- Élément, du lat. *Sinae* (nom grec d'une ville d'Extrême-Orient), signifiant « de la Chine ».

> ❑ Ne pas confondre avec l'élément *cyno-* « chien ».

sinologie n. f. – XIXe ; *sino-* et *-logie* ■ Ensemble des études relatives à la Chine (langue, civilisation, histoire).

sinologue n. – XIXe ■ Savant spécialiste de la Chine.

sinon conj. – XIe 1 En dehors de..., abstraction faite de... ⇒ ① **excepté, sauf.** « *Je ne sais plus bien ce qui me maintient encore en vie sinon l'habitude de vivre* » (Gide). 2 Si ce n'est. « *Qu'est-ce qui importe en ce monde, sinon de faire naître le bonheur sur un beau visage ?* » (Maurois). 3 En admettant que ce ne soit pas. « *Il faut travailler, sinon par goût, au moins par désespoir* » (Baud.). 4 Peut-être même. « *Une force indifférente sinon ennemie* » (Mauriac). ⇒ **voire.** 5 Si la condition, la supposition énoncée ne se réalise pas. ⇒ **autrement.** « *Je te conseille de te manier, sinon tu seras porté réfractaire* » (Sartre). *Tais-toi, sinon je me fâche.*

> ❑ *Sinon* en deux mots n'est pas admis par les puristes. Il faudrait donc écrire *Dis moi si tu viens : si oui je reste, sinon je pars* plutôt que *si non je pars.* Mais le sens est différent, *si non* présentant la réponse *non* (= si c'est *non*) et *sinon* s'appliquant à toute phrase négative ou envisagée comme pouvant le devenir (« qu'il vienne, sinon ça va barder » — « il ne l'a jamais vu, sinon il le reconnaîtrait »).

sinople n. m. – XIIe ; gr. *sinôpis* « terre rouge de *Sinope* » ■ Un des émaux héraldiques, de couleur verte.

sinoque adj. – 1926 ; de *sinoc* « bille à jouer », région. ■ fam. et vieilli Fou, folle.

sinuer v. intr. 1 – XVIIIe ■ littér. Être sinueux, faire des sinuosités. ⇒ **serpenter.** « *La rivière sinue sur le lit sablonneux* » (Le Clézio).

sinueux, euse adj. – XVIe ; lat. *sinus* « courbe » ■ Qui présente une suite de courbes irrégulières et dans des sens différents. « *une rue étroite comme un corridor, sinueuse et sans cesse brisée* » (Gide). ♦ Tortueux. *Raisonnement sinueux.* ✪ CONTR. ① Direct, ① droit.

sinuosité n. f. – XVIe ■ Ligne sinueuse, courbe. *Les sinuosités d'un cours d'eau.* ⇒ **méandre.**

① **sinus** [sinys] n. m. – XVIe ; mot lat. « courbe » 1 Cavité irrégulière (de certains os). *Sinus de la face. Inflammation des sinus* (de la face). ⇒ **sinusite.** 2 Renflement circonscrit ou dilatation d'un segment de certains vaisseaux. *Sinus veineux du crâne. Sinus carotidien,* à la bifurcation de l'artère carotide primitive.

② **sinus** [sinys] n. m. – XVIe ; ar. *djayb* « pli d'un vêtement » ■ *Sinus de l'angle de deux axes :* le rapport de projection d'un axe sur un autre axe directement perpendiculaire au premier. *L'inverse du sinus :* la cosécante. *Fonction sinus* (abrév. *sin. a*). ⇒ **sinusoïde ; circulaire, trigonométrique ; cosinus, tangente.**

sinusite n. f. – 1904 ■ Inflammation des sinus de la face. *Avoir de la sinusite.*

sinusoïdal, ale, aux adj. – XIXe ■ Relatif à la sinusoïde ; analogue à la fonction sinus.

sinusoïde n. f. – XVIIIe ■ Courbe plane représentative des variations du sinus ou du cosinus d'un angle. *Formes en S des sinusoïdes.*

sionisme n. m. – XIXe ; de *Sion* ■ Mouvement politique et religieux, visant à l'établissement puis à la consolidation d'un État juif en Palestine.

> ❑ *Sion* est le nom d'une montagne de Jérusalem.

sioniste adj. et n. – XIXe ■ Relatif ou favorable au sionisme. ➤ *Les sionistes.*

sioux n. et adj. – XVIIIe ; altér. du chippewa *nadoweisiw* « petit serpent » ■ Membre d'une peuplade indienne de l'Amérique du Nord. ➤ n. m. *Le sioux :* la langue des Sioux. ♦ loc. fam. *Des ruses de Sioux,* très habiles.

> ❑ Toujours un *x* à la fin de *sioux,* même au singulier.

siphoïde adj. – XIXe ■ En forme de siphon.

siphomycètes n. m. pl. – 1934 ; de *siphon* et *-mycète* ■ Ordre de champignons inférieurs à mycélium en tube allongé non cloisonné. ➤ *Un siphomycète.*

siphon n. m. – XIVe ; gr. 1 Tube courbé utilisé pour transférer un liquide ou faire communiquer deux liquides. ♦ Tube recourbé en forme de S, placé à la sortie des appareils sanitaires, de façon à empêcher la remontée des mauvaises odeurs. 2 En spéléologie, Conduit naturel souterrain envahi par les eaux. 3 Bouteille hermétiquement close, contenant sous pression de l'eau gazeuse, et munie d'un bouchon à levier. *Siphon d'eau de Seltz.* 4 Prolongement des orifices d'entrée et de sortie de l'eau des lamellibranches.

siphonné, ée adj. – 1937 ■ fam. Fou (dont le cerveau est vidé comme un siphon). ⇒ **cinglé, timbré, toqué.**

siphonner v. tr. 1 – XIXe ■ Transvaser (un liquide) à l'aide d'un siphon. ➤ Vider (un contenant) à l'aide d'un siphon. *Siphonner un réservoir d'essence.*

siphonophore n. m. – XIXe ; de *siphon* et *-phore* ■ Méduse pélagique transparente dont le stolon assure la communication entre individus de la colonie flottante.

sipo n. m. – mil. XXe ; mot d'une langue ivoirienne ■ Bois d'un arbre africain, de couleur rougeâtre, utilisé en menuiserie industrielle.

sire n. m. – X^e ; lat. *senior* → seigneur 1 Titre honorifique que prenaient des bourgeois pourvus de certains offices. ♦ loc. *Un triste sire :* un individu peu recommandable. 2 Titre qu'on donne à un souverain quand on s'adresse à lui. ✪ HOM. Cire, cirre.

> ❑ Pour l'étymologie → seigneur (rem.).

sirène n. f. – XIIe ; gr. *seirên* 1 Être fabuleux, à tête et torse de femme, avec un corps d'oiseau ou une queue de poisson, qui passait pour attirer, par la douceur de son chant, les navigateurs sur les écueils. 2 Amphibien, de forme allongée et serpentine, ne possédant que des pattes antérieures. 3 Puissant appareil sonore destiné à produire un signal. *Sirène d'alarme.*

Sirène des pompiers. Sirène d'appel. « *le bruit lugubre d'une sirène lointaine* » (Mac Orlan). ➝ Avertisseur sonore de certains véhicules. *Sirène d'ambulance.*

siréniens n. m. pl. – XIXe ▪ Ordre de mammifères placentaires aquatiques, au corps pisciforme. ⇒ **dugong, lamantin.**

sirex [siʀɛks] n. m. – XIXe ; mot lat. créé par Linné ▪ Insecte hyménoptère térébrant (mouche à scie). ⇒ **tenthrède.**

sirli n. m. – XVIIIe ; onomat. ▪ Alouette de taille moyenne, vivant en Europe du Sud-Est et sur les hauts plateaux d'Afrique.

sirocco n. m. – XVIe ; ar. *sarqi* « vent oriental » ▪ Vent de sud-est extrêmement chaud et sec, d'origine saharienne.

sirop n. m. – XIIe ; ar. *sarab* « boisson » **1** Solution de sucre dans de l'eau, dans du jus de fruit. *Fruits au sirop.* ➝ *Sirops pharmaceutiques,* dans lesquels le sirop de sucre aromatisé masque le goût des médicaments. *Sirop contre la toux.* ♦ Boisson formée de sirop étendu d'eau. *Sirop de citron, de menthe, de grenade* (⇒ **grenadine). 2** *Sirop d'érable :* sève d'érable à sucre, bouillie et concentrée, consommée comme le miel, au Canada. **3** fam. Mièvre, facile. *Cette musique, c'est du sirop* (⇒ **sirupeux).**

❑ Le *p* est un ajout étymologique (cf. *sirupeux*). Une ancienne forme *sirot* a donné *siroter.*

siroter v. tr. [1] – XVIIe ; de *sirop* ▪ fam. Boire à petits coups en savourant. ⇒ **déguster.** *Siroter son café.*

sirtaki n. m. – v. 1965 ; mot à consonance grecque ▪ Danse populaire grecque.

sirupeux, euse adj. – XVIIIe ▪ De la nature, de la consistance du sirop. ⇒ **doux, visqueux.** « *une matière sucrée, sirupeuse, semblable à la mélasse* » (Balz.). ♦ fig. péj. *Musique sirupeuse,* facile et écœurante.

sirvente [siʀvɑ̃t] ou **sirventès** [siʀvɑ̃tɛs ; siʀvɛ̃tɛs] n. m. – XIIe ; provenç. *sirvent* « serviteur » ▪ Poème moral ou satirique, inspiré le plus souvent de l'actualité politique.

sis, sise adj. – XIVe ; de ① *seoir* ▪ littér. ou dr. Situé. « *Dans cette maison idéalement belle, sise au milieu de jardins enchantés* » (Green). ✪ HOM. Ci, scie, si, six.

sisal n. m. – 1911 ; de *Sisal,* port du Yucatan ▪ Agave du Mexique, dont les feuilles fibreuses servent à faire une matière textile. *Des sisals.* ➝ Cette matière. *Tapis de sisal.*

sismicité n. f. – 1904 ▪ Fréquence et intensité des séismes d'une région donnée.

sismique adj. – XIXe ▪ Relatif aux séismes. *Secousses sismiques.*

sism(o)- ou **séism(o)-** Élément, du gr. *seismos* « secousse ».

❑ La forme normale est *sism(o)-,* mais l'influence de l'anglais et de l'allemand favorise l'usage de *séism(o)-* (*séismique, séismographe, séismologie,* etc. coexistent avec les formes en *sism(o)-*).

sismogramme n. m. – 1903 ; *sismo-* et *-gramme* ▪ Tracé d'un sismographe.

sismographe n. m. – XIXe ; *sismo-* et *-graphe* ▪ Instrument qui enregistre les mesures (⇒ **sismogramme)** des oscillations et séismes d'une région de l'écorce terrestre. « *Le cœur humain, beau comme un sismographe* » (Breton).

sismologie n. f. – XIXe ; *sismo-* et *-logie* ▪ Étude des séismes. *Sismologie et volcanologie.*

sismologique adj. – XIXe ▪ Relatif à la sismologie.

sismologue n. – 1909 ▪ Spécialiste de la sismologie.

sismothérapie n. f. – 1953 ; *sismo-* et *-thérapie* ▪ Électrochoc.

sistership [sistœʀʃip] n. m. – 1915 ; mot angl., de *sister* « sœur » et *ship* « navire » ▪ Navire identique, construit suivant le même modèle (que les autres de la série). *Des sisterships.* « *à bord du* Lutetia *ainsi qu'à bord de son* sistership *le* Massilia, *les deux magnifiques paquebots de la Sud-Atlantique* » (Cendrars).

sistre n. m. – XVIe ; gr. *seîein* « agiter » ▪ Instrument de musique à percussion fait d'une tige d'où partent des branches garnies de métal. ✪ HOM. Cistre.

sisymbre n. m. – XVIe ; gr. ▪ Plante annuelle des décombres et chemins *(crucifères),* dont une variété appelée aussi *herbe aux chantres* était utilisée contre l'enrouement. *Sisymbre officinal.* ⇒ **vélar.**

sitar n. m. – 1904 ; mot hindi ▪ Instrument de musique à cordes pincées en usage en Inde. ✪ HOM. Cithare.

❑ L'homonymie de *sitar* et *cithare* (deux instruments à cordes) est très gênante.

site n. m. – XIVe ; lat. *situs* **1** Paysage (considéré du point de vue de l'esthétique, du pittoresque). « *mettre en harmonie les constructions des hommes et le site* » (Duham.). **2** Configuration du lieu, où s'élève une ville, manière dont elle est située (considérée du point de vue de son utilisation par l'homme : communications, facilités de développement). ⇒ **situation.** ♦ Configuration d'un lieu (en rapport avec ses activités). ➝ *Site archéologique,* où l'on effectue des fouilles. ➝ *Site industriel.* ✪ HOM. Scythe.

sit-in [sitin] n. m. inv. – 1967 ; mot angl., de *to sit in* « prendre place » ▪ Forme de contestation non violente consistant à s'asseoir par terre en groupes pour occuper des lieux publics.

sitologue n. – 1973 ▪ Spécialiste de l'étude des sites.

sitostérol n. m. – 1959 ; gr. *sitos* « blé » et *stérol* ▪ Stérol commun chez les plantes supérieures, extrait des huiles de germe de blé, de coton, soja, maïs.

sitôt adv. – XIIIe **1** vx Aussi rapidement. « *De cette fleur si tendre et sitôt moissonnée* » (Rac.). *Sitôt* (ou *si tôt*) *que :* aussi vite (que). **2** loc. adv. *PAS DE SITÔT* (cf. Pas de si tôt*). *On ne le reverra pas de sitôt.* **3** loc. conj. *SITÔT QUE :* immédiatement après que..., juste au moment où... ⇒ **aussitôt** (que), **dès** (que). *Il partit sitôt qu'il le vit.* **4** (suivi d'un participe passé) *Sitôt arrivée, elle prit la parole. Sitôt dit, sitôt fait.* ⇒ **aussitôt.**

❑ Ne pas confondre avec *si tôt* en deux mots, contraire de *si tard (je ne pensais pas qu'il arriverait si tôt).*

sittelle n. f. – XVIIIe ; gr. *sittê* « pic, pivert » ▪ Petit oiseau trapu *(passériformes)* au long bec pointu. ⇒ **grimpereau.**

situation n. f. – XIVe **1** Emplacement d'un édifice, d'une ville. *Situation d'une maison exposée au midi.* ⇒ **exposition, orientation, site. 2** Ensemble des circonstances dans lesquelles une personne se trouve. ⇒ **condition, état.** *Examiner la situation. Être maître de la situation.* « *On ne peut quand même pas l'abandonner dans cette situation tragique* » (Gide). *Situation délicate. Retournement de situation.* ➝ *Situation financière.* ➝ *Situation de famille* (célibataire, divorcé, etc.). **3** Emploi, poste rémunérateur régulier et stable (impliquant un rang assez élevé dans la hiérarchie). ⇒ **fonction, place.** *Avoir une très belle situation. Perdre sa situation.* « *N'achetez pas de voiture, ne possédez pas de maison, n'ayez pas de situation* » (Le Clézio). **4** loc. *ÊTRE EN SITUATION DE* (et l'inf.) : être capable de ; en mesure de... ; être bien placé pour... ⇒ ① **pouvoir.** *Être en situation de refuser.* **5** Ensemble des circonstances dans lesquelles un pays, une collectivité se trouve. *Situation politique. La* *situation internationale est grave.* 6 EN SITUATION : dans une situation aussi proche que possible de la réalité. *Mettre les gens en situation.* 7 Moment, passage caractérisé par une scène importante, révélatrice. *Situation dramatique, comique.* 8 État présentant le patrimoine (net) d'une personne, d'une entreprise, à un instant donné (⇒ **bilan**). ➛ *Situation nette (comptable)* : différence entre l'actif et le passif après affectation du résultat (cf. Capitaux* propres).

situationnel, elle adj. – v. 1980 ▪ De la situation. *Contexte situationnel.*

situationnisme n. m. – 1958 ▪ Mouvement d'avant-garde politique, littéraire et artistique de la fin des années cinquante, qui s'est manifesté par des positions radicales lors des événements de 1968.

situé, ée adj. ▪ Placé (de telle façon). ⇒ **sis.** *Sa maison est bien, mal située.*

situer v. tr. [1] – XIIIe ; lat. *situs* « situation » 1 Placer par la pensée en un lieu. ⇒ **localiser.** *Il est « très difficile de situer un son dont la place ne nous est pas connue »* (Proust). ➛ *Le romancier a situé cette scène à Lyon.* 2 Mettre effectivement ou par la pensée à une certaine place dans un ensemble, une hiérarchie, à un certain point de la durée. *Situer un événement à telle époque.* fam. *On ne le situe pas bien :* on ne voit pas quelle sorte d'homme c'est. ♦ pronom. *Le lecteur « doit toujours faire un effort pour se situer dans l'ensemble et se représenter ce qui se passe »* (Duham.). ➛ *L'action se situe au XVIe siècle. La maison se situe sur une hauteur.*

six [sis] adj. numér. et n. m. – XIe ; lat. *sex* I adj. numér. card. Nombre entier naturel équivalant à cinq plus un (6 ; VI). ⇒ **hexa-.** *Les six faces d'un dé.* ➛ *La guerre des Six Jours :* la troisième guerre israélo-arabe (juin 1967). ♦ *Leurs six enfants.* ➛ *« Six personnages en quête d'auteur »,* de Pirandello. ➛ (en composition pour former un nombre) *Cinquante-six.* ➛ pronom. *J'en ai vu six. Tous les six. Nous étions six.* II adj. numér. ord. Sixième. 1 *Charles VI. Page 6.* ➛ *Le 6 août. Il est 6 h 20.* 2 subst. masc. Le sixième jour du mois. ♦ Ce qui porte le numéro 6. *Habiter (au) 6, rue de... Parier sur le 6.* ♦ Taille, dimension, pointure. *Gants du six.* 3 subst. fém. Chambre, table portant le numéro 6. *Le client de la 6.* ➛ La sixième chaîne de télévision. *Les programmes de la 6.* III n. m. *Trois fois six, dix-huit. Multiplier par six.* ➛ *Six pour cent (ou 6 %).* ♦ Le chiffre, le numéro 6. ➛ Note correspondant à six points. *Avoir (un) 6 en allemand.* ➛ Carte, face d'un dé portant six marques. ✪ HOM. Ci, scie, si, sis ; cis.

> ❑ *Six* se prononce [si] devant une consonne *(six mois)* ; [siz] devant voyelle ou *h* muet *(six ans, six heures)*, [sis] devant une pause *(deux fois six, douze)*. *Dix* suit les mêmes règles.

six-huit [sisɥit] n. m. inv. – XVIIIe ▪ *Mesure à six-huit* (6/8) : mesure à deux temps dont la noire pointée est l'unité de temps.

sixième [sizjɛm] adj. et n. – XIIe I adj. 1 adj. numér. ord. Qui suit le cinquième. *Le sixième étage* ou subst. *habiter au sixième. Le VIe arrondissement,* ou subst. *travailler dans le VIe* (ou 6e). ➛ *Arriver sixième à la course.* ♦ *Vingt-sixième* [vɛ̃tsizjɛm]. 2 adj. fractionnaire Se dit d'une partie d'un tout également divisé ou divisible en six. ➛ subst. masc. *Cinq sixièmes* (5/6). II n. 1 *Elle est la sixième à passer.* 2 n. f. En France, Première classe du premier cycle de l'enseignement secondaire. *Être en sixième.*

> ❑ *Deuxième, dixième* et *sixième* ont la particularité d'aligner leur prononciation sur *troisième, douzième,* etc. ; mais attention au *x*.

sixièmement adv. – XVe ; de *sixième* ▪ En sixième lieu (en chiffres 6°).

six-quatre-deux (à la) [alasiskatdø] loc. adv. – XIXe ▪ fam. Avec précipitation, à la hâte ; sans soin, sans recherche. ⇒ **va-vite** (à la).

sixte n. f. – XIe ▪ Sixième degré de la gamme diatonique. ➛ Intervalle de six degrés. *Sixte majeure.*

sizain n. m. – XIIIe 1 Paquet de six jeux de cartes. 2 Petite pièce de poésie, strophe composée de six vers et construite sur deux ou trois rimes (⇒ **stance**).

sizerin n. m. – XVIIIe ; flam. ▪ Oiseau voisin de la linotte *(passériformes)*, commun dans les forêts du nord de l'Europe et de l'Amérique.

skaï [skaj] n. m. – v. 1955 ; nom déposé ▪ Tissu enduit de matière synthétique et imitant le cuir. ⇒ **similicuir.** *« des sièges profonds en skaï vert sombre »* (Le Clézio).

skate-board [skɛtbɔʀd] n. m. – 1977 ; mot angl., de *skate* « patin » et *board* « planche » ▪ Planche à roulettes. *Des skate-boards.* ➛ Sport pratiqué à l'aide de cette planche. ➛ abrév. fam. SKATE.

skating [skɛtiŋ] n. m. – XIXe ; mot angl., de *to skate* « patiner » ▪ Patinage avec des patins à roulettes. ➛ Piste où l'on pratique ce sport.

sketch n. m. – XIXe ; mot angl., « esquisse » ▪ Courte scène, généralement comique et rapide. ⇒ **saynète.** *Des sketchs* ou *des sketches.*

ski n. m. – XVIIe ; mot norv. 1 Longue lame de bois, de métal ou de plastique, relevée à l'avant, dont on se chausse pour glisser sur la neige. *« Nous louâmes sur place de vieux skis qui n'avaient même pas de carres »* (Beauv.). *Chausser ses skis. Aller en skis, à skis.* 2 Sport de glisse ainsi pratiqué. *Faire du ski.* ⇒ **skier.** *Épreuves de ski. Chaussures de ski :* chaussures montantes et rigides s'adaptant aux fixations des skis, pour le ski alpin. *Station, pistes de ski. Ski alpin* (sur des pistes balisées à forte pente). *Ski de fond* (sur des parcours à faible dénivellation). ⇒ **stakning, stawug.** ♦ fam. Sports d'hiver. 3 SKI NAUTIQUE : sport rappelant l'aquaplane mais dans lequel on chausse un ou deux longs patins.

> ❑ Certains disent *en ski(s)* : *Les « paysans s'y rendaient en skis »* (Maurois), *en* devant être compris avec la valeur de *sur,* comme *en selle, en mer, genou en terre, descente en luge* et non avec celle de « à l'intérieur de » *(en voiture, en chaussures).* D'autres disent *à ski(s)* (comme *à cheval*) : *« Un client qui rentrait d'une promenade à ski »* (Troyat). On hésite aussi pour *vélo, bicyclette, moto* ; l'emploi de *en* est plus courant.

skiable adj. – 1927 ▪ Où l'on peut faire du ski. *Domaine skiable d'une station.*

skiascopie n. f. – XIXe ; gr. *skia* « ombre » et *-scopie* ▪ Examen de l'ombre pupillaire pour déterminer le degré de réfraction de l'œil.

ski-bob [skibɔb] n. m. – 1965 ; mot angl., de *ski* et *to bob* « se balancer » ▪ Sorte de bicyclette montée sur skis. ⇒ **véloski.** *Des ski-bobs.* ➛ *Faire du ski-bob.*

skier v. intr. [7] – XIXe ▪ Faire du ski. *« ces beaux jeunes gens qui skiaient demi-nus à Saint-Moritz »* (Sartre). *Skier hors piste.*

skieur, skieuse n. – 1904 ▪ Personne qui fait du ski.

skif ou **skiff** n. m. – XIXe ; angl. ▪ Bateau de sport très long, effilé, pour un seul rameur.

> ❑ L'anglais *skiff* est lui-même emprunté au français *esquif* « petit bateau », mot trop poétique pour désigner un bateau de compétition.

skinhead [skinɛd] n. – 1983 ; mot angl. « crâne rasé » ▪ Garçon ou fille au crâne rasé portant des vêtements de style militaire, partisan d'une idéologie d'agressivité et de violence. ➝ abrév. fam. SKIN.

skipper [skipœʀ] n. m. – XVIIIe ; mot angl. 1 Capitaine d'un yacht de course-croisière. 2 Barreur d'un voilier participant à une régate.

skye-terrier [skajtɛʀje] n. m. – XIXe ; mot angl., du nom de l'île de *Skye* et ② *terrier* ▪ Petit chien terrier à longs poils. *Des skye-terriers.*

slalom [slalɔm] n. m. – 1908 ; mot norv. ▪ Épreuve de ski alpin, descente sinueuse avec passage obligatoire entre plusieurs paires de piquets (⇒ ① **porte**). *Slalom géant* (⇒ ① **flèche**), *spécial* (⇒ **chamois**). ♦ Parcours sinueux entre des obstacles. ⇒ **zigzag.** *Faire du slalom entre les tables.*

slalomer v. intr. [1] – 1939 ▪ Effectuer un slalom. ♦ *La moto slalome entre les autos dans les embouteillages.* ⇒ **zigzaguer.**

slalomeur, euse n. – 1936 ▪ Skieur, skieuse qui pratique le slalom.

slave adj. et n. – XVIe ; lat. *sclavus* ▪ Se dit de peuples d'Europe centrale et orientale dont les langues sont apparentées. *Peuples slaves. Le charme slave,* qu'on prête traditionnellement aux Russes. ➝ *Langues slaves.*

❑ Le latin *sclavus* a par ailleurs abouti à *esclave.* → esclave (rem.).

slavisant, ante n. et adj. – 1906 1 Linguiste spécialiste des langues slaves. 2 adj. Qui a certains caractères slaves.

slaviser v. tr. [1] – XIXe ▪ Rendre slave, en imposant une langue, une civilisation slave.

slavistique n. f. – 1917 ▪ Linguistique des langues slaves.

slavon, onne adj. et n. – XVe ▪ De Slavonie. ➝ n. m. Langue liturgique des Slaves orthodoxes, au Moyen Âge. ⇒ **esclavon.**

slavophile n. et adj. – XIXe ; de *slave* et *-phile* ▪ Personne qui aime les Slaves, les civilisations slaves.

sleeping [slipiŋ] n. m. – XIXe ; abrév. de l'angl. *sleeping-car,* de *car* « voiture » et *sleeping* « pour dormir » ▪ vx Wagon-lit. « *jamais des sleepings, jamais de pullmans, pas même de premières, toujours de la troisième classe* » (Queneau).

❑ Ce mot fut largement diffusé par le roman de Maurice Dekobra, *La Madone des sleepings* (1925).

slice [slajs] n. m. – 1924 ; mot angl. « tranche » ▪ Effet donné à une balle de tennis en la frappant latéralement et de haut en bas.

slicer [slajse] v. tr. [3] – 1933 ▪ Au tennis, Frapper (la balle) en faisant un slice. ⇒ **couper.** ➝ *Revers slicé.*

① **slip** [slip] n. m. – 1903 ; mot angl., de *to slip* « glisser » ▪ Plan incliné pour mettre à l'eau de petits bâtiments sur chariot.

② **slip** [slip] n. m. – 1913 ; mot angl. « combinaison de femme » ▪ Culotte échancrée sur les cuisses, à ceinture basse, que l'on porte comme sous-vêtement ou comme culotte de bains. « *de beaux garçons nus ou en slips* » (Genet).

❑ Faux anglicisme : l'anglais utilise *trunks* « caleçons » et *knickers* « culotte (de femme) », *slip* désigne une combinaison.

slogan n. m. – XIXe ; mot écossais, du gaélique « cri *(gairm)* d'un clan *(sluagh)* » ▪ Formule concise et frappante, utilisée par la publicité, la propagande politique, etc. ⇒ **devise.** *Scander un slogan.*

sloop [slup] n. m. – XVIIIe ; néerl. *sloep* ▪ Petit navire à mât vertical gréé en cotre.

sloughi [slugi] n. m. – XIXe ; ar. ▪ Lévrier d'Afrique du Nord. *Les « sloughis, ces fins lévriers du désert qui posent leur tête fuselée sur les genoux des seigneurs d'Afrique blanche »* (Tournier).

slovaque adj. et n. – XIXe ▪ De Slovaquie. ➝ n. m. Langue slave occidentale.

slovène adj. et n. – XIXe ▪ De Slovénie. ➝ n. m. Langue slave méridionale.

slow [slo] n. m. – 1925 ; mot angl. « lent » ▪ Danse lente à pas glissés sur une musique à deux ou quatre temps ; cette musique.

smala n. f. – XIXe ; ar. 1 Réunion de tentes abritant la famille, les équipages d'un chef arabe. 2 fam. et péj. Famille ou suite nombreuse qui vit aux côtés de qqn, qui l'accompagne partout. ⇒ **tribu.** « *il parlait de s'embarquer au Havre, lui et toute sa smala* » (Flaub.).

smalt [smalt] n. m. – XVIe ; it. « émail » ▪ *Bleu de smalt* ou *smalt :* colorant bleu, verre pulvérisé.

smaltite n. f. – XIXe ▪ Arséniure naturel de cobalt.

smaragdin, ine adj. – XVIIIe ; gr. *smaragdos* « émeraude » ▪ D'un vert émeraude.

smaragdite n. f. – XVIIIe ▪ Silicate naturel de couleur verte.

smart [smaʀt] adj. inv. – XIXe ; mot angl. ▪ vieilli Élégant, chic. *Ce quartier « qui était si peu* smart *pour lui qui l'était tant »* (Proust).

smash [sma(t)ʃ] n. m. – XIXe ; mot angl. « coup violent, qui écrase » ▪ Au tennis, au ping-pong et au volley-ball, Coup violent frappé de haut en bas, qui écrase la balle au sol et la fait rebondir hors de la portée de l'adversaire. *Des smashs* ou *des smashes.*

smasher [sma(t)ʃe] v. intr. [1] – 1906 ▪ Faire un smash.

smectique adj. – XIXe ; gr. *smên* « frotter, nettoyer » 1 *Argile smectique :* terre à foulon pour dégraisser la laine. 2 *Phase smectique,* dans laquelle les molécules ne peuvent se déplacer qu'à l'intérieur des couches parallèles d'espacement régulier.

S. M. I. C. [smik] n. m. – 1970 ; acronyme ▪ Salaire minimum interprofessionnel de croissance. *Toucher le S. M. I. C.*

❑ Remplace *S.M.I.G. (Salaire Minimum Interprofessionnel Garanti)* depuis 1970. ♦ É. Ajar écrit *smic : « il y en a même qui réussissent à vivre avec le smic »,* forme soutenue par *smicard* et conforme avec la graphie actuelle des acronymes (*sida, ovni,* etc.) avec des minuscules.

smicard, arde n. – v. 1969 ▪ fam. Personne qui est payée au S. M. I. C., qui ne touche que le salaire minimum.

❑ A remplacé *smigard.* → S. M. I. C. (rem.).

smille n. f. – XVIe ; gr. « ciseau » ▪ Marteau à deux pointes avec lequel le carrier pique les moellons pour en régulariser les faces.

smithsonite [smitsɔnit] n. f. – XIXe ; de *Smithson,* nom d'un chimiste ▪ Carbonate naturel de zinc.

smocks [smɔk] n. m. pl. – 1929 ; angl. *to smock* « froncer avec des fils entrecroisés » ▪ Fronces décoratives, rebrodées sur l'endroit du tissu avec des soies de couleur. *Robe à smocks.*

smog [smɔg] **n. m.** – 1905 ; mot angl., de *smoke* « fumée » et *fog* « brouillard » ▪ Brouillard épais formé de particules de suie et de gouttes d'eau.

❑ Ce mot a été créé lors d'un congrès d'hygiène publique, d'abord en parlant de Londres puis de régions industrielles.

smoking [smɔkiŋ] **n. m.** – XIXe ; angl. *smoking-jacket* « veste d'intérieur pour fumer » ▪ Costume composé d'un veston à revers de soie, d'un pantalon à galon de soie et d'un gilet. « *Il se mettait maintenant si souvent en smoking, le soir* » (Mart. du G.).

❑ Faux anglicisme : l'anglais dit *dinner-jacket* en ce sens.

smolt [smɔlt] **n. m.** – XXe ; mot angl. ▪ Petit saumon de printemps qui redescend vers la mer.

smurf [smœʀf] **n. m.** – 1983 ; nom angl. du Schtroumpf, personnage de bande dessinée ▪ Danse caractérisée par des mouvements syncopés et ondulatoires.

snack-bar ou **snack** **n. m.** – 1933 ; mot angl., de *snack* « repas léger et hâtif » et *bar* ▪ Café-restaurant où l'on sert rapidement des plats simples. ⇒ **fast-food.** *Des snacks-bars, des snacks.*

❑ La forme abrégée *snack* est plus courante. ♦ En français du Canada, on emploie *casse-croûte.*

snif ou **sniff** **interj.** – v. 1970 ; angl. *to sniff* « renifler » ▪ Onomatopée désignant un bruit de reniflement.

snifer ou **sniffer** **v. tr.** [1] – v. 1978 ▪ Priser (un stupéfiant). ⇒ **renifler.** *Snifer de la cocaïne, de la colle.*

snob [snɔb] **n. et adj.** – XIXe ; mot angl. « cordonnier » ▪ Personne qui admire et imite sans discernement les manières, les goûts, les modes en usage dans les milieux dits distingués. ♦ *Elles sont un peu snobs.*

❑ *Snob* a désigné, dans l'argot de Cambridge, celui qui n'était pas de l'Université, puis une personne vulgaire qui cherche à s'élever. ♦ L'adjectif est parfois invariable : « *Dans quelques cercles snob* » (Montherlant). Il n'y a pas de marque du féminin.

snober **v. tr.** [1] – 1921 ▪ Traiter (qqn) de haut, le mépriser, l'éviter par snobisme. ⇒ fam. ② **bêcher.** *Il « ne cherchait pas à cacher que Charlus le snobait »* (Proust).

snobinard, arde **adj. et n.** – 1955 ▪ fam. et péj. Un peu snob.

snobisme **n. m.** – XIXe ▪ Comportement de snob. ⇒ ② **affectation.** « *c'est un genre qu'elles se donnent, par snobisme* » (Beauv.).

snowboard [snobɔʀd] **n. m.** – 1993 ; angl. *snow* « neige » et *board* « planche » ▪ Sport de glisse qui se pratique sur la neige, debout sur une planche.

snow-boot [snobut] **n. m.** – XIXe ; angl. *boot* « bottine » et *snow* « neige » ▪ vieilli Bottillon de caoutchouc qui se porte par-dessus la chaussure. *Des snow-boots.*

❑ *Snow-boot* semble être une création française, ce composé n'existant pas en anglais.

soap-opéra [sopɔpeʀa] **n. m.** – 1981 ; mot angl., de *soap* « savon » et *opera* ▪ Feuilleton télévisé populaire. *Les soap-opéras.*

sobre **adj.** – XIIe ; lat. « qui n'est pas ivre » **1** Qui mange, boit avec modération, ne consomme que l'indispensable. ⇒ **frugal, modéré, tempérant.** « *Très sobres chez eux, ils se crevaient d'indigestion chez les autres* » (Zola). ♦ Qui boit peu ou pas d'alcool. ⇒ **abstinent. 2** Mesuré, modéré. « *Joueur d'échecs, sobre de gestes, froid de paroles* » (From.). ⇒ **réservé.** ♦ Qui manifeste de la simplicité. *Vêtement de coupe sobre.* ⇒ **classique,** ① **discret, simple.** *Style sobre.* ⇒ **concis, dépouillé.** « *cet art sobre qui se contente d'un seul trait juste et n'appuie pas* » (Proust). ✪ CONTR. Goinfre, ivrogne. Orné, surchargé. Excentrique, tapageur.

sobrement **adv.** – XIIe ▪ De manière sobre, simple.

sobriété **n. f.** – XIIe **1** Comportement d'une personne, d'un animal qui boit et mange avec modération. ⇒ **austérité, frugalité.** « *En voyage, il était d'une sobriété admirable, savait se passer de tout* » (Gaut.). ♦ Le fait de boire peu ou pas d'alcool. ⇒ **abstinence.** *Sobriété au volant.* **2** littér. Modération, réserve. ⇒ **continence, retenue.** « *La parfaite raison fuit toute extrémité Et veut que l'on soit sage avec sobriété* » (Mol.). ⇒ **mesure.** ➛ *Sobriété de la tenue.* ⇒ **discrétion.** ✪ CONTR. Gloutonnerie, ivrognerie. Excès, excentricité.

sobriquet **n. m.** – XIVe ; o. i. ▪ Surnom familier, souvent moqueur.

soc **n. m.** – XIIe ; gaul. ▪ Pièce de charrue composée d'une lame métallique triangulaire qui tranche horizontalement la terre. *Soc de charrue. Le soc et le coutre.* ✪ HOM. Socque.

sociabilité **n. f.** – XVIIe **1** didact. Aptitude à vivre en société. ➛ Principe des relations entre personnes. **2** Caractère d'une personne sociable. ⇒ **amabilité, civilité.** ✪ CONTR. Asociabilité, insociabilité.

sociable **adj.** – XVIe ; lat. *sociare* « associer », de *socius* « compagnon » **1** didact. Capable de vivre en association permanente et paisible avec ses semblables. ⇒ **social.** *L'homme est un animal sociable.* **2** Qui est capable de relations humaines aimables, recherche la compagnie de ses semblables. ⇒ **accommodant, agréable, aimable.** « *Indulgent et sociable encore pendant la journée, il était impitoyable le soir* » (Baud.). ➛ *Caractère sociable.* ⇒ **facile, liant.** ♦ littér. Qui favorise les relations sociales (milieu). ✪ CONTR. Insociable.

social, iale, iaux **adj.** – XIVe ; lat. *socius* « compagnon » **I - 1** Relatif à un groupe d'individus, conçu comme une réalité distincte (⇒ **société**). *Vie sociale,* en société. *Rapports sociaux.* ♦ Qui forme une société ou un élément de société. ➛ didact. Qui constitue les hommes en communauté, en société. « *Du Contrat social* », *de Rousseau.* ♦ Relatif aux rapports entre les personnes, au groupe. *Psychologie sociale,* qui étudie l'interaction entre l'individu et les groupes auxquels il appartient. ➛ *Animaux sociaux,* qui vivent en société. ⇒ **sociable.** *Insectes sociaux* (abeilles, fourmis, termites). ♦ Qui étudie la société. *Les sciences sociales :* sciences humaines envisagées d'un point de vue sociologique. **2** Propre à la société constituée. *Classes sociales. Milieu social.* ⇒ **condition.** *Échelle sociale.* ➛ *Propriété sociale,* collective. ⇒ **socialisme. 3** Relatif aux rapports entre les classes de la société. *Climat social. Paix sociale.* ➛ *République sociale.* ⇒ **socialiste.** ellipt *Vive la sociale !* ➛ Qui est destiné au bien de tous, à venir en aide à ceux qui en ont besoin. *Bureau d'aide sociale.* ➛ Qui concerne les conditions matérielles de vie, de travail (généralement en vue de leur amélioration). *Avantages sociaux. Législation sociale. Mesure de politique sociale en faveur des plus défavorisés. Plan social (d'accompagnement),* mesures sociales et économiques accompagnant une série de licenciements économiques. ♦ **n. m.** « *l'écrivain qui, aujourd'hui* [...] *délaisse le social, est en état de péché mortel !* » (Green). **II - 1** vieilli Favorable à la vie en commun (⇒ **sociable**). *Qualités sociales.* **2** Relatif à la vie mondaine, aux relations dans la société. **III** Relatif à une société civile ou commerciale. *Siège social.* ✪ CONTR. Individuel. Antisocial.

social-démocrate **adj. et n.** – 1910 ▪ Partisan de la social-démocratie. ➛ **n.** *Les sociaux-démocrates.*

social-démocratie n. f. – XIXe ▪ Socialisme allemand, de tendance réformiste. ➛ Socialisme réformiste. *Les social-démocraties scandinaves.*

> ❑ De *social-démocrate,* calque de l'allemand *sozialdemokrat,* ce qui explique la forme de l'adjectif *social.* Le cas est le même pour *franc-maçonnerie,* de l'anglais. Voir aussi *national-socialisme,* autre calque de l'allemand.

socialement adv. – XIVe ▪ Quant aux rapports humains dans la société, aux rapports entre classes sociales.

socialisation n. f. – XIXe 1 didact. Fait de développer des relations sociales, de s'adapter et de s'intégrer à la vie sociale. *La socialisation du jeune enfant.* 2 Fait d'opter pour la propriété collective, publique. *Socialisation des moyens de production.*

socialiser v. tr. [1] – XVIIIe 1 didact. Susciter ou développer les rapports sociaux chez (qqn), entre (les membres d'un groupe). *L'école socialise les enfants.* 2 Gagner au socialisme. 3 Gérer ou diriger au nom de la société. *Socialiser la propriété.* ⇒ **collectiviser.**

socialisme n. m. – XIXe ▪ Doctrine d'organisation sociale qui entend faire prévaloir l'intérêt collectif, au moyen d'une organisation concertée (opposé à *libéralisme*) ; organisation sociale qui tend aux mêmes buts, dans un souci de progrès social (⇒ **progressisme).** *Socialisme d'État* (⇒ **étatisation, étatisme).** *Socialisme réformiste et socialisme révolutionnaire.* ♦ *Le socialisme :* en France, de nos jours, les partis de gauche non communistes et non libéraux ; à l'étranger, travaillisme, social-démocratie, etc. ♦ Phase transitoire entre l'élimination du capitalisme et l'instauration du communisme, dans le schéma de l'évolution marxiste. *Le socialisme soviétique.*

socialiste adj. et n. – XVIIIe 1 Relatif au socialisme ; qui fait profession de socialisme. *Le parti socialiste (P. S.). Parti socialiste anglais* (⇒ **travailliste),** *allemand* (⇒ **social-démocrate).** ♦ n. « *Le socialiste par raison peut avoir tous les défauts du riche ; le socialiste par sentiments doit avoir toutes les vertus du pauvre* » (Renard). 2 Qui appartient à un parti se réclamant du socialisme. *Député socialiste.* ➛ n. « *Les socialistes, les radicaux, tous les types plus ou moins vaguement "de gauche"* » (Sartre). ➛ abrév. péj. *Les socialos.* 3 Relatif au socialisme organisé dans certains pays. *Union des républiques socialistes soviétiques (U. R. S. S.).*

sociatrie n. f. – 1972 ; *soci(o)-* et *-iatrie* ▪ didact. Psychothérapie du comportement social.

sociétaire adj. et n. – XVIIIe 1 Qui fait partie d'une société d'acteurs. n. *Sociétaire de la Comédie-Française.* 2 Associé. « *Les femmes sociétaires se disposaient à voter contre lui* » (Lecomte).

sociétal, ale, aux adj. – 1972 ▪ Relatif à la société (II, A, 2°), à ses valeurs, ses institutions.

sociétariat n. m. – XIXe ▪ Qualité de sociétaire. *Être admis par cooptation au sociétariat de la Comédie-Française.*

société n. f. – XIIe ; lat. *socius* « compagnon, associé, allié » I Relations entre des personnes qui ont ou mettent qqch. en commun. 1 *Contrat de société :* acte par lequel plusieurs personnes (⇒ **associé)** décident de mettre en commun des moyens, des biens et de partager ce qui en résulte ; la personne morale ainsi créée (cf. infra, III, 3°). 2 littér. Relations mondaines, sociales. ➛ *DE SOCIÉTÉ :* qui s'exerce dans les réunions amicales, familiales. *Jeux de société,* qui se jouent à plusieurs. 3 Compagnie habituelle. *Rechercher la société des femmes.* ⇒ **fréquentation.** II - A - 1 État particulier à des êtres qui vivent en groupes organisés. « *La société est l'union des hommes, et non pas les hommes* » (Montesq.). ⇒ **communauté.** *La vie en société.* ⇒ **social.** 2 Ensemble des individus entre lesquels existent des rapports durables et organisés, le plus souvent établis en institutions et garantis par des sanctions ; milieu humain par rapport aux individus, ensemble des forces du milieu agissant sur les individus. ⇒ **communauté, groupe.** *La société civile :* l'ensemble des citoyens qui n'appartiennent pas au monde politique. *Relatif à la société.* ⇒ **collectif, public, social.** *Phénomène, problème de société.* ⇒ **sociétal.** ♦ *UNE SOCIÉTÉ :* groupe social limité dans le temps et dans l'espace. « *Humaine ou animale, une société est une organisation* » (Bergson). *Sociétés d'abeilles, de termites.* ⇒ **colonie.** *Les coutumes d'une société.* « *une société sans injustice, sans corruption, sans privilèges* » (Mart. du G.). *Les sociétés modernes.* ➛ Type d'état social. *La société capitaliste.* 3 didact. Tout groupe social, important ou non, permanent ou non, organisé ou spontané. ⇒ **association, collectivité, communauté ; clan, famille, tribu.** B - 1 Ensemble de personnes réunies pour une activité commune ou par des intérêts communs. « *Je réunis autour de moi une société d'écrivains* » (Chateaub.). ♦ Groupe de personnes actuellement réunies. ⇒ **assemblée, assistance, compagnie.** « *sans saluer la société, il s'engagea dans l'escalier* » (Mac Orlan). 2 Les personnes qui ont une vie mondaine, les couches aisées, oisives. ⇒ **monde.** *Les usages de la bonne société. La haute société,* ou absolt *la société.* ⇒ **aristocratie, gentry,** fam. **gratin.** III - 1 Compagnie ou association religieuse. ⇒ **congrégation.** *La Société de Jésus.* 2 Organisation fondée pour un travail commun ou une action commune. *Société savante. Société sportive.* ⇒ ① **club.** 3 Personne morale créée par contrat, dont le patrimoine social est constitué par les apports de chaque associé. *Créer, vendre, dissoudre une société. Siège social d'une société.* ➛ *Société privée, nationale, nationalisée.* ⇒ **affaire, compagnie, entreprise, établissement, firme, maison.** *Réunion de plusieurs sociétés.* ⇒ **cartel, conglomérat, groupe, holding, trust.** ♦ *Société civile, commerciale. Société anonyme (S. A.),* dont le capital est constitué par voie de souscription (⇒ ② **action).** *Société à responsabilité limitée (S. A. R. L.),* dont les parts sociales ne sont pas négociables. ♦ *Société d'assurance.* ⇒ **compagnie, mutuelle.** *Société de crédit.* ⇒ **établissement.** *Société de services.* ➛ *Société de bourse* (remplaçant l'agent de change). 4 Association d'États.

> ❑ La *Société des Nations* (ou *S. D. N.*) a été remplacée par l'*Organisation des Nations Unies* en 1946 *(O. N. U.).*

socinianisme n. m. – XVIIe ▪ Doctrine hérétique de Socin qui rejette la Trinité, la divinité de Jésus.

socio → **sociologie**

socio- Élément, du rad. de *social, société.*

sociobiologie n. f. – 1977 ▪ didact. Étude des fondements biologiques des comportements sociaux et animaux.

socioculturel, elle adj. – 1948 ▪ didact. Qui concerne à la fois les structures sociales et la culture qui y correspond ; relatif à la culture d'un groupe social. *Animateur socioculturel.*

sociodrame n. m. – 1950 ▪ Technique de psychothérapie de groupe reposant sur l'improvisation de scènes dramatiques sur un thème donné. ⇒ **psychodrame.**

socioéconomique adj. – 1957 ▪ didact. Relatif aux phénomènes sociaux, économiques et à leurs relations. *Enquête socioéconomique.*

sociogenèse n. f. – v. 1960 ; *socio-* et *-genèse* ▪ didact. Développement du comportement social de l'individu. ♦ Rôle des facteurs sociaux dans la genèse des troubles psychiques.

sociogramme n. m. – mil. XXe ; *socio-* et *-gramme* ■ didact. Représentation graphique des relations individuelles entre les membres d'un groupe.

sociolinguistique [sɔsjolɛɡɥistik] n. f. et adj. – v. 1950 ■ didact. Partie de la linguistique qui traite des relations entre langue, culture et société.

sociologie n. f. – XIXe ; *socio-* et *-logie* ■ Étude scientifique des faits sociaux humains, étudiés dans leur ensemble ou à un haut degré de généralité. *Sociologie démographique, politique. Sociologie de la religion, de l'art.* ➝ abrév. fam. SOCIO. *Cours de socio.* ♦ Étude des formes de sociabilité et de sociétés. *Sociologie animale.*

sociologique adj. – XIXe 1 De la sociologie. *Analyse sociologique.* 2 Relatif aux faits étudiés par la sociologie. *Un phénomène sociologique.* ⇒ **social.**

sociologiquement adv. – 1907 ■ Du point de vue de la sociologie.

sociologue n. – XIXe ■ Spécialiste de sociologie.

sociométrie n. f. – 1946 ; *socio-* et *-métrie* ■ didact. Méthode d'application de la mesure aux relations et réactions humaines.

sociopolitique adj. – mil. XXe ■ Qui concerne à la fois les données sociales et politiques. *Profil sociopolitique des électeurs.*

socioprofessionnel, elle adj. – v. 1950 ■ Se dit des catégories servant à classer la population dans les statistiques. ⇒ **socioéconomique.** *Catégories socioprofessionnelles* (agriculteur, employé, ouvrier, cadre moyen, etc.). ➝ n. Représentant de ces catégories.

sociothérapie n. f. – mil. XXe ■ didact. 1 Psychothérapie visant à l'intégration harmonieuse de l'individu à un groupe ou à une amélioration des relations dans le groupe (⇒ **sociodrame**). 2 Ensemble de mesures sociales pour permettre à un malade mental de se réinsérer dans son milieu.

socle n. m. – XVIIe ; lat. *soccus* « socque » 1 Base sur laquelle repose un édifice, une colonne, ou qui sert de support à un objet décoratif. 2 Plateforme, soubassement (de terrains sédimentaires). *Socle continental,* sur lequel reposent les mers peu profondes. ⇒ **plateau.**

socque n. m. – XVIIe ; lat. ■ Chaussure basse des acteurs de la comédie, dans l'Antiquité. ♦ Chaussure sans quartier, généralement à semelle de bois (portée par certains religieux, ou à la campagne). ⇒ **sabot.** « *Les socques de la vieille Marthe claquaient déjà sur les marches* » (Bernanos). ✪ HOM. Soc.

> ❑ Nom masculin : « *il dut chausser ses gros socques* » (J. Verne).

socquette n. f. – v. 1930 ■ Chaussette arrivant au-dessus de la cheville.

socratique adj. – XVIe ■ didact. Propre à Socrate, ou qui l'évoque. *Philosophie, dialogues socratiques. Amour, mœurs socratiques :* pédérastie.

soda n. m. – XIXe ; abrév. angl. *soda-water* « eau de soude » ■ Boisson gazeuse aromatisée. *Soda au citron, à l'orange amère* (⇒ **limonade, tonic**). ➝ Eau gazéifiée, eau de Seltz. *Un whisky soda.*

sodé, ée adj. – XIXe ■ Qui contient de la soude. *Chaux sodée.* ♦ Qui contient du sodium. *Alcool sodé.*

sodique adj. – XIXe ■ Relatif au sodium, à la soude.

sodium [sɔdjɔm] n. m. – XIXe ; lat. *soda* « soude » ■ Élément atomique (symb. Na ; n° at. 11 ; m. at. 22,99), métal alcalin mou, blanc d'argent, qui se ternit très rapidement à l'air et réagit violemment avec l'eau. *Hydroxyde de sodium* (soude caustique) ; *carbonates* (bicarbonate ou sel de Vichy, cristaux ; ⇒ **natron**), *chlorure de sodium* (⇒ **sel**). « *c'est ce sodium que j'extrais de l'eau de mer* » (J. Verne).

sodoku [sɔdɔku] n. m. – 1916 ; jap. *so* « rat » et *doku* « poison » ■ Maladie infectieuse, due à un spirochète, transmise par la morsure de rongeurs (notamment du rat).

sodomie n. f. – XIVe ; de *Sodome,* ville de Palestine. ■ Coït anal pratiqué avec un homme (⇒ **homosexualité, pédérastie**) ou une femme.

> ❑ Selon la *Genèse* (XIII, XVIII, XIX), Sodome fut détruite, ainsi que Gomorrhe, en raison de la luxure et de la corruption qui y régnaient.

sodomiser v. tr. [1] – XVIe ■ Pratiquer la sodomie sur (qqn). ⇒ vulg. **enculer.**

sodomite n. m. et adj. – XIIIe ■ Celui qui se livre à la sodomie ; homosexuel (actif ou passif).

sœur n. f. – XIe ; lat. *soror* 1 Personne de sexe féminin, considérée par rapport aux autres enfants des mêmes parents ; ou encore (⇒ **demi-sœur**) d'un même père *(sœur consanguine)* ou d'une même mère *(sœur utérine). Sœur aînée, cadette ;* fam. *grande sœur.* « *il est brutal avec sa petite sœur* » (Sand). *La sœur de son conjoint* (⇒ **belle-sœur**), *de sa mère ou de son père* (⇒ **tante**). ➝ *Les neuf sœurs, les doctes sœurs :* les Muses. fam. iron. *Et ta sœur ?* pour inviter qqn à se mêler de ce qui le regarde, ou pour couper court à ses propos. « *Tu crois qu'ils entreront à Tolède ? – Et ta sœur ? – T'emballe pas, Pepe !* » (Malraux). 2 Personne pour laquelle on a la tendresse que peut inspirer une sœur. « *Mon enfant, ma sœur* » (Baud.). 3 Se dit de choses (de genre féminin) qui sont apparentées. « *Les misères et les grandeurs sont sœurs* » (Chateaub.). ♦ *Âme sœur,* se dit d'une personne qui est faite pour en bien comprendre une autre de sexe opposé. *Chercher, trouver l'âme sœur.* ♦ *Cellules-sœurs :* cellules identiques provenant de la division simple d'une cellule (dite *cellule-mère*). 4 Titre donné aux religieuses dans la plupart des ordres ou des communautés. *La sœur Thérèse. Bonjour ma sœur.* ➝ loc. fam. BONNE SŒUR : religieuse. *Les bonnes sœurs et les curés.*

sœurette n. f. – XVIIe ■ Terme d'affection envers une sœur plus jeune.

sofa n. m. – XVIe ; ar. « banquette » 1 Estrade élevée couverte de coussins, en Orient. 2 Lit de repos à trois appuis, servant aussi de siège. ⇒ **canapé, divan.**

soffite n. m. – XVIIe ; lat. *suffigere* « fixer par-dessous, suspendre » ■ Dessous d'un ouvrage d'architecture, d'un larmier. ➝ Plafond à caissons décorés de rosaces.

software [sɔftwaʀ ; sɔftwɛʀ] n. m. – 1965 ; mot angl., de *soft* « doux, mou » et *ware,* coll. d'instruments ■ Moyens d'utilisation, programmes, etc., d'un système informatique (opposé à *hardware*). ⇒ **progiciel, programmation.** ➝ abrév. fam. *Le soft.* ➝ Recomm. offic. LOGICIEL.

soi pron. pers. – XIe ; lat. *se* ■ Pronom personnel réfléchi de la 3e personne. ⇒ **lui** (IV) ; et aussi **elle, eux. I** (personnes) **A** représentant un sujet indéterminé 1 Attribut (avec l'inf. ou reprenant un indéterminé tel que *on, chacun, quiconque, personne*) *Devenir, rester soi, soi-même,* le même, la même. « *Mourir ! Ne plus être ! Ne plus être soi !* » (R. Rolland). 2 compl. d'objet dir. (après *ne... que...*) *N'aimer que soi.* 3 compl. prépositionnel « *Tout dans la nature songe à soi et ne songe qu'à soi* » (Dider.). *Rapporter tout à soi.* ➝ *L'amour de soi.* ⇒ **propre.** *Rester maître de soi. Chacun pour soi et Dieu pour tous. Malgré soi. Rester, rentrer chez soi.* **B** (représentant un sujet déterminé) (quand *lui [elle, eux]* serait ambigu) *Il « s'expliquait trop bien [...] que le comte fût à peine maître de soi »* (Bourget). **C** – 1 représentant tout sujet de personne, déterminé ou non (cf. ci-dessous, IV, 3° : *Le soi*).

La présence à soi : la conscience. 2 POUR SOI : se dit de la manière d'être, d'exister, de l'être conscient. « *Avoir conscience, c'est exister pour soi* » (Maine de Biran). **II** (choses) **1** compl. prépositionnel *La diligence descendait « entraînant après soi un long panache de poussière »* (Flaub.). ➛ loc. *Cela va de soi* : c'est tout naturel, évident. **2** EN SOI : de par sa nature. « *Ce n'est pas la douleur en soi qui rachète, mais la douleur acceptée* » (Mauriac). ♦ EN SOI : qui existe indépendamment du contenu de l'esprit ; ou (chez Kant) indépendamment de l'apparence, de la connaissance humaine. *Le noumène est une chose en soi.* ➛ Dans l'existentialisme, Mode d'être de ce qui n'est pas conscient. **III** SOI-MÊME. ⇒ **auto-**. **1** *Ici, on fait tout soi-même.* ➛ fam. « *Vous êtes l'abbé Pellegrin. – Soi-même* » (Cl. Vautel), lui-même (cf. En personne*). **2** attribut « *Ce vœu cher aux amants : être à la fois soi-même et un autre que soi* » (Sartre). **3** renforçant *se Il est « plus difficile de se juger soi-même que de juger autrui »* (St-Exup.). **4** compl. d'objet (après *ne... que,* une compar.) « *On a beau chercher, on ne trouve jamais que soi-même* » (France). *Aimer son prochain comme soi-même.* **5** compl. prépositionnel *Sortir de soi-même.* **IV** n. m. inv. **1** La personnalité, le moi de chacun. ⇒ **moi.** « *qu'est-ce que la discipline sinon l'empire du soi sur soi ?* » (Bourget). **2** Ensemble des pulsions inconscientes. ⇒ ② **ça.** *Le soi, le moi et le sur-moi.* **3** La conscience ; l'être en tant qu'il est pour lui-même. **4** *Un autre soi-même* : un ami intime. ⇒ **alter ego.** ✪ CONTR. Autrui. — HOM. Soie, soit.

soi-disant adj. inv. – XVe **1** (personnes) Qui se dit, qui prétend être tel. « *la soi-disant comtesse* » (Daud.). *Le soi-disant plombier était un cambrioleur.* **2** (critiqué) Qui n'est pas ce qu'on en dit, qui n'est pas vraiment. ⇒ **prétendu ; présumé.** « *La soi-disant liberté de pensée reste parfaitement illusoire* » (Gide). **3** loc. adv. Prétendument, d'une manière apparente, présumée. *Il est venu à Paris, soi-disant pour affaires.* ➛ loc. conj., pop. *Soi-disant que* (et indic.) : il paraîtrait que. « *Soi-disant qu'il serait trop jeune pour avoir une femme* » (Aymé).

❑ Formé avec un participe présent, *soi-disant* est normalement invariable : « *une cuisine soi-disant orientale* » (Morand) ; « *ces soi-disant astrologues* » (Huysmans). ♦ Éviter d'employer *soi-disant* pour *présumé* : le *soi-disant coupable* n'est pas déclaré tel par le coupable *(soi)* mais par les autres. Pour qualifier une chose, il vaut mieux employer *prétendu.*

① **soie** n. f. – XIIe ; lat. *sæta* « crin, poil rude » **I - 1** Substance filiforme sécrétée par des arthropodes (*ver à soie* ⇒ **bombyx**), constituée de séricine et fibroïne, utilisée comme matière textile. *Production de la soie.* ⇒ **sériciculture ; magnanerie.** *Soie torse* (⇒ **organsin**), *floche. Déchets de soie.* ⇒ ① **bourre, schappe.** *Industrie de la soie* (⇒ **canut, soyeux**). ➛ *Étoffes, tissus de soie. Crêpe, mousseline de soie. Cravate en soie.* « *un bonnet à rubans et un foulard de soie* » (Rimb.). ♦ Tissu de soie. ⇒ **soierie.** « *Des femmes enveloppées de la tête aux pieds dans des soies asiatiques* » (Loti). **2** *Papier de soie,* translucide et brillant. **3** *Soie sauvage* : matière filamenteuse produite par des chenilles d'Asie. ⇒ **tussah. II - 1** Poil long et rude des porcins (⇒ **sétacé**). *Soies du porc. Brosse, pinceau en soie de sanglier.* ⇒ ② **saie. 2** Pédicelle des bryophytes. ✪ HOM. Soi, soit.

② **soie** n. f. – XIVe ; o. i. ▪ Prolongement en pointe de la lame (d'un couteau, d'une épée, etc.) sur lequel on monte le manche ou la poignée. ⇒ **talon.**

soierie n. f. – XIVe ▪ Tissu de soie. « *un déballage de brocarts, de velours, de soieries* » (Gaut.). ♦ *La soierie* : l'industrie et le commerce de la soie (⇒ **soyeux**).

soif n. f. – XIIe ; lat. *sitis* **1** Sensation correspondant à un besoin de l'organisme en eau. *Soif pathologique.* ⇒ **dipsomanie, potomanie.** *Donner soif.* ⇒ **altérer.** « *une soif intolérable le brûlait* » (Flaub.). *Avoir soif, très soif.* ⇒ **assoiffé ; pépie.** pop. *Il fait soif. Mourir de soif.* ➛ *Étancher sa soif.* loc. *Jusqu'à plus soif* : à satiété. ➛ *Rester sur sa soif* : n'avoir pas assez bu pour étancher sa soif ; fig. éprouver encore le besoin d'une chose, n'être pas satisfait. « *Un concert sans Wagner ou Beethoven et nous demeurions sur notre soif* » (Duham.). ♦ fig. Besoin d'eau (d'une terre, d'un végétal). **2** Désir passionné et impatient. *Soif de l'or.* ⇒ **avidité.** *Avoir soif de vengeance, de liberté.* « *l'inquiétude de cet âge est une soif d'aimer* » (Stendh.).

soiffard, arde adj. et n. – XIXe ▪ pop. Qui est toujours prêt à boire, qui boit exagérément (du vin, de l'alcool). ⇒ **ivrogne.** ➛ n. « *Ce sacré soiffard se portait comme un charme* » (Zola).

soignable adj. – XXe ▪ Que l'on peut soigner. *Cette maladie est aujourd'hui soignable.* ⇒ **curable.** ✪ CONTR. Insoignable.

soignant, ante adj. – 1910 ▪ Chargé des soins aux malades dans un établissement hospitalier. *Le personnel soignant de la clinique.*

soigné, ée adj. – XVIIe **1** Dont on a pris soin ; qui prend soin de sa personne. « *Il est très soigné. Chaque jour il change de chemise* » (Duras). « *une petite femme brune, pas très soignée de sa personne* » (Duham.). ➛ *Mains soignées.* ⇒ ① **net, propre. 2** Fait avec soin, application. *Cuisine soignée.* **3** fam., iron. Excessif (en parlant d'une chose désagréable). *Plutôt soignée l'addition !*

soigner v. tr. [1] – XIIe ; germ. « s'occuper de » **1** S'occuper du bien-être et du contentement de (qqn), du bon état de (qqch.). ⇒ **bichonner, chouchouter, choyer, dorloter.** *Soigner ses hôtes.* ➛ *Soigner un sportif,* lui apporter des soins pour entretenir sa condition physique. ➛ *Soigner un cheval.* ⇒ **panser.** ➛ « *le matin il soignait ses fleurs* » (Balz.). *Soigner ses ongles.* ♦ v. pron. S'occuper de son bien-être, de son apparence physique. **2** Apporter du soin à (ce qu'on fait). *Soigner un travail, un menu.* ➛ *Soigner sa mise. Soigner les détails.* ⇒ **fignoler, lécher, peaufiner. 3** S'occuper de rétablir la santé de (qqn). *Soigner un malade, un animal blessé. Le médecin qui me soigne.* ⇒ **traiter.** loc. fam. *Il faut te faire soigner* : tu es fou ! ♦ v. pron. réfl. *Soigne-toi bien !* **4** S'occuper de guérir (un mal). *Soigner une grippe.* fam. « *C'est donc de la jalousie gratuite [...] Faut soigner cela !* » (Maupass.). ♦ v. pron. Pouvoir ou devoir être soigné (maladie). *La tuberculose se soigne bien.* loc. fam. *Ça se soigne !* se dit à qqn dont on juge le comportement peu normal. ✪ CONTR. Maltraiter. Bâcler.

❑ Même famille étymologique que *besogne, besoin.*

soigneur n. m. – 1903 ▪ Celui qui est chargé de soigner un athlète, un sportif (boxeur, catcheur). ⇒ **masseur.**

soigneusement adv. – XIIe ▪ D'une façon soigneuse, avec soin. « *des dentelles soigneusement accommodées* » (Balz.). ➛ « *éviter soigneusement tout conflit* » (Gide).

soigneux, euse adj. – XIIe **1** vieilli *Soigneux de qqch.* : qui veille à, prend soin de. ⇒ **soucieux** (de). *Louis-Philippe était « soigneux de sa santé, de sa fortune, de sa personne, de ses affaires »* (Hugo). **2** vieilli Fait avec soin, méthode (en parlant d'une action). ⇒ **soigné.** *Travail soigneux.* ⇒ **appliqué. 3** Qui soigne (2°) ce qu'il fait, son ouvrage ; y apporte du soin. ⇒ **appliqué, diligent, minutieux.** ♦ Qui est propre et ordonné, ne salit, n'abîme pas. *Peintre en bâtiment soigneux.* ✪ CONTR. Indifférent (à). Sommaire. Sale.

soin n. m. – XIe ; germ. « souci, chagrin » **1** littér. Pensée qui occupe l'esprit, relative à un objet auquel on s'intéresse, ou à un objet à réaliser. ⇒ **préoccupation,** ① **souci.** « *Le goût du plaisir nous attache au présent. Le soin de notre salut nous suspend à l'avenir* » (Baud.). ♦ *Son premier soin a été de téléphoner.* ➝ loc. AVOIR, PRENDRE SOIN DE : penser à, s'occuper de. ⇒ **songer, veiller** (à). *Il « avait pris soin de coucher sur le papier l'essentiel de ce qu'il avait entendu »* (Romains). ♦ Occupation, travail dont on est chargé. ⇒ **charge, responsabilité.** *Je vous laisse le soin de le prévenir.* 2 AVOIR, PRENDRE SOIN DE (qqn, qqch.) : s'occuper du bien-être de (qqn), du bon état de (qqch.). « *S'il avait soin de lui-même et de ses habits, il n'aurait pas l'air d'un va-nu-pied !* » (Balz.). 3 plur. Actes par lesquels on soigne (1°) qqn, qqch. ⇒ **prévenance, sollicitude.** « *Cette femme, que je comblais d'attentions, de soins, de petits cadeaux* » (Rouss.). *Aux bons soins de Monsieur X,* se dit d'une lettre confiée à qqn. ♦ PETITS SOINS : attentions délicates. loc. *Être aux petits soins pour, avec qqn,* très attentionné à son égard. ♦ Actions par lesquelles on donne à son corps une apparence nette et avenante. *Soins de beauté.* ♦ Actions par lesquelles on conserve ou on rétablit la santé (⇒ **soigner,** 3°). *Premiers soins donnés à un blessé.* ⇒ **secours.** *Soins médicaux, dentaires.* 4 Manière appliquée, exacte, scrupuleuse (de faire qqch.). ⇒ **application, minutie, sérieux.** *Mettre un soin particulier à faire qqch.* « *Le soin que l'on apporte inconsciemment aux gestes les plus ordinaires* » (Green). ♦ Ordre et propreté ; aspect soigné. *Être vêtu avec soin.* ✪ CONTR. Mépris, négligence.

soir n. m. – Xe ; lat. *serus* « tardif » 1 Déclin et fin du jour ; moments qui précèdent et suivent le coucher du soleil. ⇒ **crépuscule.** *Le soir descend, tombe. La fraîcheur du soir.* ⇒ **vespéral.** ♦ *Se promener le soir :* à la fin du jour. ⇒ **brune.** *Chaque soir, tous les soirs. Médicament à prendre matin, midi et soir.* 2 Les dernières heures du jour et les premières de la nuit (opposé à *après-midi*). ⇒ **soirée.** *Sortir le soir. Robe du soir.* ➝ loc. *Être du soir :* aimer se coucher tard, être actif le soir (⇒ **couche-tard**). *Ce soir :* la soirée d'aujourd'hui. *À ce soir.* ➝ *Hier soir.* « *l'herbe à demi séchée et mise en tas la veille au soir* » (Zola). *Venez dimanche soir. Demain soir.* ➝ *Tous les samedis soir(s).* ♦ UN SOIR : un jour le soir ; un jour. « *On est tout surpris, un beau soir, de trouver la satiété où l'on recherchait le bonheur* » (Beaum.). ♦ *Le Grand Soir :* le jour de la Révolution sociale. 3 Temps qui va de 4 ou 5 heures de l'après-midi à minuit (dans le décompte des heures). *Six heures du soir.* ⇒ **P. M.** 4 littér. Fin. *Le soir de la vie.* ⇒ **vieillesse.** ✪ CONTR. Matin. — HOM. Seoir.

❑ Il y a hésitation pour l'accord de *soir* ou de *matin* dans les constructions du type *lundi soir, samedi matin* au pluriel. On constate que l'invariabilité est plus fréquente : « *tous les lundis matin* » (J. Romains), si l'on considère qu'il y a ellipse de *au (au) matin)* ; mais aucune règle n'empêche l'accord : « *Les jeudis matins* » (Alain-Fournier), « *tous les samedis soirs* » (Stendhal).

soirée n. f. – XIIe 1 Temps compris entre le déclin du jour et le moment où l'on s'endort. ⇒ **veillée ; soir.** « *la soirée, très belle, promettait une belle nuit* » (Hugo). *Les longues soirées d'hiver. Le programme télévisé de la soirée.* « *Où finirai-je ma soirée ? Il est trop tôt pour me coucher* » (Daud.). 2 Réunion qui a lieu le soir, généralement après le dîner. « *Petit chou, ta soirée était un chef-d'œuvre* » (Beauv.). *Soirée dansante. Soirée littéraire.* ⇒ **salon.** *Tenue de soirée.* ♦ Séance de spectacle qui se donne le soir (opposé à *matinée*). ✪ CONTR. Matinée.

soit conj. et adv. – XIIIe ; troisième pers. du sing. du subj. prés. de ① *être* I conj. 1 (marquant l'alternative) SOIT... SOIT. ⇒ **ou.** *Soit l'un, soit l'autre.* « *Soit indifférence, soit crainte superstitieuse, elle ne parlait jamais de religion* » (Daud.). *Soit avant, soit après.* ➝ *Soit mon père, soit mon frère passera* (ou *passeront*). ➝ *Soit que j'aille chez toi, soit que tu viennes.* ♦ littér. *Soit qu'il se meuve ou non.* 2 Étant donné (dans une hypothèse, une supposition). *Soit un triangle équilatéral. Soit les deux hypothèses suivantes.* ♦ À savoir, c'est-à-dire. *Soixante secondes, soit une minute.* II adv. d'affirmation SOIT [swat] (valeur de concession). ⇒ ① **bien,** ① **bon.** *Eh bien soit !* d'accord. *Soit : je te pardonne.* ✪ HOM. (du I) Soi, soie.

soit-communiqué n. m. inv. – XIXe ▪ *Ordonnance de soit-communiqué,* rendue par le juge d'instruction pour transmettre la procédure au parquet lorsque l'inculpé demande sa mise en liberté provisoire, ou lorsque l'information est complète.

soixantaine [swasɑ̃tɛn] n. f. – XIIe 1 Nombre de soixante ou environ. *Une soixantaine d'années.* 2 Âge de soixante ans (⇒ **sexagénaire**).

soixante [swasɑ̃t] adj. numér. inv. et n. m. inv. – XIe I adj. numér. 1 card. Nombre entier naturel équivalant à six fois dix (60 ; LX). *Une heure a soixante minutes. Âgé de soixante ans.* ⇒ **sexagénaire ; soixantaine.** ➝ *Soixante et onze ; soixante-quinze. Soixante mille.* ➝ SOIXANTE-DIX (70 ; LXX). ⇒ **septante.** *Âgé de soixante-dix ans.* ⇒ **septuagénaire.** ♦ d'apr. la graphie 69 fam. *Un soixante-neuf :* combinaison d'une fellation et d'un cunnilingus, réalisée par deux partenaires étendus tête-bêche. 2 ord. Soixantième. *Page 60.* ➝ *Les années soixante.* II n. m. inv. Le nombre soixante. *Soixante moins vingt, quarante. Il habite (au) 60 rue Ampère.*

soixante-huitard, arde [swasɑ̃tɥitaʀ, aʀd] adj. et n. – 1970 ▪ fam. Qui concerne les événements de mai 1968. ➝ n. Personne qui a conservé cet esprit. *Les soixante-huitards.*

soixantième [swasɑ̃tjɛm] adj. et n. – XIIe 1 adj. numér. ord. Qui a le numéro soixante pour rang. *Être dans sa soixantième année.* ➝ n. *Être le, la soixantième sur la liste.* ♦ *Sept cent soixantième* (760e). 2 adj. fractionnaire Se dit d'une partie d'un tout également divisé ou divisible en soixante. ➝ n. m. *Un soixantième* (1/60). *Sept cent soixantièmes* (7/160).

soja n. m. – XVIIIe ; mandchou *soya* 1 Plante herbacée (*légumineuses papilionacées*), originaire d'Extrême-Orient, dont les graines sont comestibles, et les fanes utilisées comme fourrage. *Huile de soja. Tourteau de soja.* 2 Plante originaire de l'Inde, voisine de la précédente, utilisée dans l'alimentation en Extrême-Orient. *Germes, pousses de soja. Sauce de soja. Pâté de soja.* ⇒ **tofu.**

① **sol** n. m. – XIIe ; lat. *solum* « partie plate et inférieure d'un tout » 1 Partie superficielle de la croûte terrestre, à l'état naturel ou aménagée. ⇒ **terre.** *S'asseoir à même le sol, sur le sol. Avion qui touche le sol.* « *Les tourbillons de neige chassés au ras du sol* » (Robbe-Grillet). *Être cloué au sol.* ➝ *Essai au sol d'un avion* (opposé à *en vol*). ➝ loc. adj. inv. SOL-SOL, SOL-AIR, se dit d'un engin lancé du sol vers un objectif terrestre ou aérien. *Des missiles sol-sol.* ➝ par ext. *Le sol lunaire.* 2 Terre, surface de terre (considérée comme objet de propriété). ⇒ **fonds, tréfonds.** *Le sol français.* ⇒ **territoire.** *Le sol natal.* ⇒ **patrie.** *Le droit du sol,* permettant à un enfant d'immigrés né sur le territoire d'être naturalisé (opposé à *droit du sang*). ➝ *Plan d'occupation des sols (P. O. S.) :* documents d'urbanisme fixant les règles et les servitudes d'utilisation des sols d'un territoire déterminé. 3 Surface plane, limite inférieure d'une pièce d'habitation, d'une construction. *Le sol d'une terrasse, d'un appartement. Revêtement de sol :* carrelage, linoléum, moquette, parquet. *Sol en terre battue.* « *un couloir dont le sol n'était ni planchéié ni carrelé, mais en simple terre* » (Gaut.). 4 Formation naturelle de surface à structure meuble, résultant de la transformation de la roche mère sous l'influence de processus physiques, chimiques et biologiques. *Le sol et le sous-sol. Science du sol.* ⇒ ② **pédologie.** ♦ Terre. ⇒ **terrain, terroir.** *Pauvreté, richesse du sol. Culture, exploitation du sol.* ✪ HOM. Sole.

② **sol** n. m. inv. – XIIIe ; 1re syll. du mot *solve,* dans l'hymne à saint Jean Baptiste ▪ Note de musique, septième degré de l'échelle fondamentale, cinquième son de la gamme naturelle. ➛ Ton correspondant. « *Concerto en sol majeur* », *de Ravel.* ➛ Cette note représentée.

❑ La note *sol* entre dans la composition des mots *solfège* et *solmisation.* → solfège (rem.).

③ **sol** n. m. – 1933 ; de *solution* ▪ Solution colloïdale ; liquide contenant une matière dispersée dans sa masse, sans que cette dispersion corresponde à la séparation du corps en ses molécules. *Sol gazeux.* ⇒ **aérosol.**

solaire adj. – XIIe 1 Relatif au Soleil, à sa position ou à son mouvement apparent dans le ciel. *Année, jour solaire.* 2 Du Soleil. *Le disque solaire. Chaleur, énergie solaire. Atmosphère solaire.* ⇒ **photosphère ; chromosphère.** ➛ *Système solaire :* ensemble des corps célestes formé par le Soleil et son champ de gravitation ; système analogue (autour d'une étoile). 3 Qui fonctionne grâce à la lumière, au rayonnement du soleil. *Cadran solaire.* ⇒ **gnomon.** *Pile solaire.* ⇒ **photopile.** *Maison solaire,* chauffée par l'énergie solaire. 4 Qui protège du soleil. *Crème, huile solaire.* 5 Provoqué par le soleil. *Urticaire solaire.*

solanacées n. f. pl. – XVIIIe ; lat. *solanum* « morelle », de *sol* « soleil » ▪ Famille de plantes dicotylédones des régions tempérées et tropicales (ex. aubergine, piment, pomme de terre, tabac, tomate...).

solarisation n. f. – XIXe ; du rad. du lat. *solaris* « solaire » ▪ En photographie, Insolation d'une surface sensible au cours de son développement dans le but d'obtenir des effets spéciaux.

solarium [sɔlaʀjɔm] n. m. – XVIIIe ; mot lat. « cadran solaire » 1 Établissement où l'on pratique l'héliothérapie. 2 Lieu abrité où l'on prend des bains de soleil. *Le solarium d'une piscine.*

❑ Ce mot a désigné une terrasse exposée au soleil, dans l'ancienne Rome.

soldanelle n. f. – XIIIe ; germ. *sülze* « gelée » ou it. *soldo* « sou » ▪ Plante vivace *(primulacées)* des régions montagneuses, à feuilles en rosettes et à fleurs violettes.

soldat n. m. – XVe ; it. *soldare* « payer une solde » 1 Homme qui sert dans une armée. ⇒ **militaire.** *Soldats de métier et soldats du contingent. Nos soldats.* ⇒ **armée, troupe.** « *Comptez-vous vos soldats pour autant de héros ?* » (Rac.). *Soldats de l'Empire* (⇒ **grognard**), *de la Commune* (⇒ **fédéré**). *Soldat qui fait la guerre.* ⇒ **combattant.** ➛ « *Par tous les dieux, dit le soldat, mon métier est de tuer et d'être tué pour gagner ma vie* » (Volt.). ♦ *Petit soldat :* figurine représentant un soldat. 2 Homme de troupe, militaire non gradé des armées de terre (fantassin) et de l'air (aviateur). « *Un incapable qui a été cinq ans militaire et qui finit simple soldat* » (Queneau). ⇒ **sans-grade ;** fam. **bidasse, pioupiou, troufion.** vieilli *Soldat de deuxième classe.* ➛ « *à son commandement, les jeunes soldats rectifièrent la position* » (Carco). ⇒ **appelé, bleu, conscrit, recrue.** *Soldat en permission.* ➛ *Soldats de la Grande Guerre.* ⇒ ② **poilu.** *Tombe du Soldat inconnu* (en France, sous l'Arc de Triomphe), où repose la dépouille anonyme d'un combattant de 1914-1918. 3 Celui qui combat pour une croyance, un idéal. ⇒ **champion, défenseur.** *Un soldat du Christ, de la liberté.*

❑ En français, *soldat* a remplacé *soudard* (encore au XVIe s. sous les formes *soldard, souldart*) devenu péjoratif.

soldate n. f. – XVIIe ▪ fam. Femme soldat.

soldatesque adj. et n. f. – XVIe 1 Propre aux soldats, qui rappelle le soldat. *Langage soldatesque.* 2 n. f. Ensemble de soldats brutaux et indisciplinés.

❑ Comme la plupart des mots en *-esque,* ce terme est plutôt péjoratif. → éléphantesque (rem.).

① **solde** n. f. – XIIe ; it. « paye » ▪ Rémunération versée aux militaires, à certains fonctionnaires civils assimilés. « *en dehors de son uniforme et de sa solde de lieutenant il ne possédait rien* » (Cl. Simon). ➛ *Congé sans solde accordé à un salarié.* ⇒ **salaire.** ♦ À LA SOLDE DE QQN : payé, acheté par qqn (pour accomplir de basses besognes) (⇒ **soudoyer, stipendier**). *Avoir qqn à sa solde,* le payer pour qu'il vous serve.

② **solde** n. m. – XVIIe 1 Dans un compte, Différence entre le crédit et le débit. ⇒ ① **balance, bilan.** *Solde positif, créditeur* (⇒ **excédent**), *négatif, débiteur* (⇒ **déficit ;** ② **découvert**). *Solde du budget de l'État.* 2 *Pour solde de (tout) compte,* s'emploie à l'occasion du paiement du reliquat (d'un compte établi entre deux personnes). ⇒ **apurement, règlement.** 3 *Solde de marchandises,* ou absolt *solde :* marchandises mises en vente au rabais. *Des chaussures en solde.* ♦ au plur. Marchandises mises en solde. ⇒ **liquidation.** *Soldes d'été, d'hiver. Vente de soldes.* ⇒ **braderie, solderie.**

❑ Souvent employé incorrectement au féminin au sens de « braderie », ce mot est masculin : *des soldes avantageux.*

solder v. tr. [1] – XVIIe 1 Arrêter, clore (un compte) en établissant le solde. *Solder son compte en banque.* ⇒ **clôturer.** ♦ pronom. *SE SOLDER EN..., PAR... :* faire apparaître, à la clôture, un solde consistant en (un débit ou un crédit). *Le budget de cette année se solde par un déficit de cinq millions.* ➛ fig. Aboutir en définitive à. (une situation généralement défavorable). *Ses tentatives se soldent par un échec.* 2 Acquitter (un compte) en payant ce qui reste dû. 3 Mettre, vendre en solde. ⇒ **brader.** *Solder des invendus.* ⇒ **sacrifier.** ➛ *Un manteau soldé.*

solderie n. f. – v. 1985 ; nom déposé ▪ Commerce spécialisé dans la vente au rabais.

soldeur, euse n. – XIXe ▪ Personne qui fait le commerce d'articles en solde.

① **sole** n. f. – XIIIe ; lat. *solea* 1 Partie cornée formant le dessous du sabot chez le cheval, l'âne, etc. *Des empreintes* « *mêlaient les larges soles des chameaux aux petits trous des sabots des chèvres* » (Tournier). 2 Base du pied des gastéropodes servant à leur fixation et souvent à la locomotion. ✪ HOM. Sol.

② **sole** n. f. – XIIIe ; lat. *solea* 1 Pièce de bois posée à plat et servant d'appui dans les charpentes. 2 Partie d'un four qui reçoit les produits à traiter.

❑ Mots de la même famille : *solive, soliveau.*

③ **sole** n. f. – XIVe ; fig. de ② *sole* ▪ Chacune des parties d'une terre soumise à l'assolement et à la rotation.

❑ Mot de la même famille : *assolement.*

④ **sole** n. f. – XIIIe ; lat. *solea* ▪ Poisson plat, ovale *(pleuronectiformes),* qui vit sur les fonds sablonneux, à la chair très estimée. « *les soles, par paires, grises ou blondes, pullulaient* » (Zola). *Filets de sole. Sole meunière.*

soléaire adj. – XVIe ; lat. *solea* « sandale » ▪ *Muscle soléaire :* muscle large et épais de la face postérieure de la jambe, un des principaux muscles de la marche et du saut.

solécisme n. m. – XVe ; gr. *soloikos* « barbare, étranger » ▪ Emploi syntaxique fautif de formes existant par ailleurs dans la langue (opposé à *barbarisme*) (ex. je suis été).

> ❑ Le *solécisme* est plutôt une faute de grammaire et le *barbarisme* une faute de vocabulaire. → barbarisme (rem.). L'*impropriété* est une confusion de sens.

soleil n. m. – Xe ; lat. *sol* 1 Astre qui donne lumière et chaleur à la Terre, et rythme la vie à sa surface (⇒ **hélio-**). *Le disque du soleil.* « *Le soleil ni la mort ne se peuvent regarder fixement* » (La Rochef.). ➸ *La course du soleil. Le soleil se lève.* ⇒ ① **aube, aurore, matin.** *Le lever du soleil.* ➸ *Soleil au zénith* (à l'équateur). *Le soleil se couche. Un coucher de soleil.* ➸ *Un rayon de soleil. La lumière du soleil.* ⇒ **jour.** ➸ *Le soleil de minuit,* dans les régions polaires. « *ce soleil de minuit éclairant gaiement des villes assoupies* » (Tournier). ♦ Cet astre, considéré comme un personnage divin, objet d'un culte. *Amon-Râ, Apollon, dieux du Soleil.* 2 Lumière de cet astre ; temps ensoleillé. *Soleil voilé. Soleil de plomb.* « *les beaux jours d'été, quand un lourd soleil brûle les rues* » (Zola). ➸ *Il fait (du) soleil* (⇒ **ensoleillement**). ♦ Rayons, rayonnement du soleil (opposé à ① *ombre*). *Herbe desséchée par le soleil.* loc. *Fondre comme neige au soleil :* disparaître rapidement et totalement. ➸ *Le soleil chauffe, tape.* ⇒ région. **cagnard.** *Lunettes, chapeau de soleil.* « *Ève adorait le soleil et le soleil a doré Ève* » (Prévert). ➸ BAIN DE SOLEIL : exposition au soleil pour bronzer. ➸ *Robe bain de soleil,* qui dégage les bras et le dos. ➸ COUP DE SOLEIL : insolation, brûlure due au soleil. ⇒ **actinite, érythème** (solaire), **lucite.** « *Marc, qui a dû attraper un coup de soleil, est assez souffrant* » (Gide). ♦ Lieu exposé aux rayons du soleil. *S'asseoir au soleil.* ➸ loc. *Une place au soleil :* une place en vue, une situation comportant des avantages. *Avoir des biens au soleil,* être riche. « *J'ai rien au soleil. Et le camion, il est même pas à moi* » (Duras). ➸ allus. hist. *Ôte-toi de mon soleil,* réponse de Diogène à Alexandre qui lui offrait sa protection, et que l'on rappelle pour marquer l'impatience devant une présence gênante. 3 *Le Soleil :* étoile moyenne du type jaune (rayon valant environ 109 fois celui de la Terre, masse valant 330000 fois celle de la Terre), masse gazeuse à peu près sphérique, autour de laquelle gravitent, sur des orbites elliptiques, plusieurs planètes dont la Terre. « *J'ai vu, grâce au coronographe, jaillir de la couronne du Soleil, de la surface extérieure, les grandes gerbes des éruptions solaires* » (J. Roy). *Mouvement apparent du Soleil.* ⇒ **écliptique, équinoxe, solstice.** *Éclipse de Soleil.* ♦ *Un soleil :* astre au centre d'un système. 4 Tout ce qui brille, répand son influence bienfaisante. ➸ Puissance royale. *Le Roi-Soleil :* Louis XIV. ♦ *Un rayon de soleil :* ce qui console, réjouit. *Elle est mon rayon de soleil.* 5 Image traditionnelle du soleil, cercle d'où partent de nombreux rayons divergents. 6 Pièce d'artifice, cercle garni de fusées qui le font tourner en lançant leurs feux. 7 Tour acrobatique d'une personne autour d'un axe horizontal. ➸ *Automobile qui fait un soleil.* 8 Fleur du tournesol. « *ces vastes fleurs jaunes que l'on nomme soleils* » (Bousquet). ✪ CONTR. ① Ombre.

> ❑ Le Soleil est considéré comme une planète jusqu'au XVIIe s., comme un astre fixe avant la fin du XVIIIe s. ♦ Ne pas oublier la majuscule lorsqu'on parle de l'astre : *la Terre tourne autour du Soleil.*

solen [sɔlɛn] n. m. – XVIe ; gr. « étui » ▪ Couteau (mollusque).

solennel, elle [sɔlanɛl] adj. – XIIe ; lat. *sollemnis* 1 Célébré avec pompe, par des cérémonies publiques. *Fêtes solennelles.* ⇒ **solennité.** *Obsèques solennelles. Communion solennelle* (opposé à *communion privée*). ➸ Qui se fait avec apparat. *Séance solennelle de l'Académie.* 2 Accompagné de formalités, d'actes publics qui donnent une importance particulière. ⇒ **officiel, public.** *Serment solennel.* 3 Grave, cérémonieux. *Paroles solennelles.* « *Il voulait, en ce moment solennel, éprouver je ne sais quoi de sublime et de rare* » (Gide). ➸ (souvent péj.) *Air, ton solennel.* ➸ *Personne solennelle,* grave et un peu guindée. ✪ CONTR. Intime. Familier.

> ❑ La prononciation du premier *e* de *solennel* (et de ses dérivés) en [a] est le résultat de l'évolution phonétique du groupe ...*enn*... en [ɛ̃n], [ɑ̃n], dénasalisé en [an] en français moderne. Quelques mots isolés ont suivi la même évolution : *couenne, rouennerie* (de *Rouen*). Même cas pour *femme* et tous les adverbes en *-emment (patiemment, récemment).*

solennellement [sɔlanɛlmɑ̃] adv. – XIIe 1 D'une manière solennelle, en grande pompe. *Le ministre a inauguré solennellement le musée.* 2 Publiquement, dans les formes. *J'affirme ici solennellement...*

solenniser [sɔlanize] v. tr. [1] – XIVe ▪ Rendre solennel. « *par un coup de canon on solennise un grand événement* » (Jaurès).

solennité [sɔlanite] n. f. – XIIe 1 Fête solennelle. *Des* « *habits qui ne sortent de l'armoire que pour les solennités* » (Flaub.). 2 Caractère solennel, majesté. ⇒ **apparat,** ① **pompe.** *La solennité de l'accueil.* ♦ péj. Gravité affectée. 3 didact. (surtout plur.) Formes d'un acte solennel. ⇒ **formalité.**

solénoïde n. m. – XIXe ; gr. *solên* « étui, tuyau » ▪ Bobine cylindrique de révolution constituée de fil conducteur enroulé et traversé par un courant qui crée sur son axe un champ magnétique qui lui est proportionnel. ⇒ **bobine.**

soleret n. m. – XIIe ; a. fr. *soller* « soulier » ▪ Partie de l'armure qui protégeait le pied.

solex [sɔlɛks] n. m. – v. 1945 ; de *Vélosolex,* marque déposée ▪ Cyclomoteur de conception particulièrement simple.

solfatare n. m. – XVIIe ; it. *solfo* « soufre » ▪ Terrain volcanique qui dégage des émanations de vapeur saturée d'hydrogène sulfuré qui, au contact de l'air, constitue des dépôts de soufre. « *Solfatares où fusent des jets de vapeur empoisonnée* » (Tournier).

> ❑ Même famille étymologique que *soufre* et *sulfureux.*

solfège n. m. – XVIIIe ; it. *solfa* « gamme » 1 Étude des principes élémentaires de la musique et de sa notation. *Exercices de solfège :* dictées musicales, lecture, déchiffrage. 2 Livre de solfège.

> ❑ L'italien *solfa* est composé des notes *sol* et *fa.* Le *solfège* permet de lire les notes comme l'*abc* les lettres.

solfier v. tr. [7] – XIIIe ; lat. *solfa* « gamme » ▪ Lire (un morceau de musique) en chantant et en nommant les notes.

solidage n. f. – XIXe ; lat. *solidare* « consolider » ▪ Plante herbacée *(composacées),* à fleurs jaunes en grappes communément appelée *verge d'or.*

solidaire adj. – XVe ; lat. *in solido* « pour le tout » 1 Commun à plusieurs personnes, de manière que chacun réponde de tout. *Engagement solidaire.* ♦ (personnes) Lié par un acte solidaire. *Débiteurs solidaires.* 2 Se dit de personnes qui répondent en commun l'une pour l'autre d'une même chose ; qui se sentent liées par une responsabilité et des intérêts communs. *Être solidaire de qqn, avec qqn.* « *En toute coopération, on est en quelque sorte dépendant de ses collaborateurs et solidaires avec eux* » (Ste-Beuve). 3 Se dit de choses qui dépendent l'une de l'autre, vont, fonctionnent ensemble dans une action, un processus. *Problèmes solidaires.* 4 Se dit de pièces liées dans un même mouvement. *Pignons solidaires.* ✪ CONTR. Indépendant.

solidairement adv. – XVe ■ D'une manière solidaire.

solidariser v. tr. 1 – XIXe 1 Rendre solidaire. « *l'accusation solidarise les deux accusés* » (Gide). ➛ v. pron. SE SOLIDARISER : se déclarer solidaire (2°). « *Des gens d'un tout autre métier se solidarisent avec les grévistes* » (Aragon). 2 Assembler (deux pièces) en les rendant dépendantes l'une de l'autre. ✪ CONTR. Désolidariser.

solidarité n. f. – XVIIe 1 Caractère solidaire d'une obligation. ➛ État des débiteurs, des créanciers solidaires. 2 Le fait d'être solidaire (2°) ; relation entre personnes ayant conscience d'une communauté d'intérêts, qui entraîne une obligation morale d'assistance mutuelle. *Solidarité entre plusieurs personnes.* ⇒ **cohésion.** *Amener les hommes « à une solidarité générale »* (Sand). *Solidarité de classe, professionnelle.* ➛ *Système des retraites fondé sur la solidarité (des membres d'une collectivité nationale).* 3 Le fait d'être solidaire (3°). ⇒ **dépendance.** ✪ CONTR. Indépendance, individualisme.

solide adj. et n. m. – XIIIe ; lat. « massif » **I - 1** Qui a de la consistance, n'est pas liquide, tout en pouvant être plus ou moins mou. ⇒ **consistant, dur.** *Nourriture solide,* qui se mange. ➛ sc. Se dit d'un corps, d'un état de la matière dans lequel les molécules très rapprochées les unes des autres vibrent avec une très faible amplitude autour de leurs positions d'équilibre ; qui a de la cohésion, garde une forme relativement constante lorsqu'il n'est pas soumis à des forces extérieures. *L'état solide* (opposé à *gazeux* et *liquide*). *Devenir solide.* ⇒ se **solidifier.** ➛ n. m. Corps solide. *Les liquides et les solides. La physique des solides.* 2 ➛ n. m. Figure géométrique à trois dimensions, limitée par une surface fermée, à volume mesurable et dont les points sont à des distances invariables. **II - 1** Qui résiste aux efforts, à l'usure ; qui garde sa cohésion ou sa rigidité. ⇒ **résistant, robuste.** « *Tapant les objets, prouvant qu'il n'y en avait pas un de solide en les détruisant tous* » (Zola). *Rendre plus solide.* ⇒ **consolider, renforcer.** ➛ n. m. fam. *C'est du solide !* ⇒ fam. **costaud.** ♦ Qui garde sa position. ⇒ ① **ferme, inébranlable, stable.** *Être solide sur ses jambes.* 2 Sur quoi l'on peut s'appuyer, compter ; qui est à la fois effectif et durable. ⇒ **sérieux, sûr.** « *On dit peu de choses solides lorsqu'on cherche à en dire d'extraordinaires* » (Vauven.). *Une amitié solide.* ⇒ **indéfectible.** *Argument, alibi solide.* ⇒ **fondé, valable.** *De solides connaissances.* 3 Massif, puissant. ⇒ ① **fort, râblé.** *Un gaillard solide.* ➛ Qui a de la force et de la résistance. *Poigne solide.* ♦ Qui a une santé à toute épreuve, une grande endurance. ⇒ **résistant, robuste, vigoureux ;** fam. **increvable.** « *Toujours couchée la dernière ! Pour n'en être pas crevée, il fallait qu'elle fût solide* » (Zola). ➛ loc. *Être solide comme un roc, comme le Pont-Neuf,* très robuste. ♦ SOLIDE AU POSTE, se dit d'un soldat qui s'y maintient contre l'ennemi ; fig. inébranlable, persévérant. ⇒ **fidèle.** 4 Équilibré, stable et sérieux. « *un chimiste illustre, esprit positif et solide, novateur prudent autant que hardi* » (Michelet). 5 fam. Important, intense. ⇒ ① **bon.** *Un solide appétit.* « *une solide réputation d'avarice* » (Aymé). ✪ CONTR. Inconsistant. — Fragile. Faible.

solidement adv. – XVIe 1 D'une manière solide (II, 1°), de façon à résister aux efforts, à l'usure. ⇒ **fortement.** *Un colis solidement ficelé.* 2 Fermement, de façon inébranlable. *Une idée solidement ancrée.* 3 Avec stabilité. ➛ De façon sûre, sérieusement. *Solidement argumenté.* 4 fam. Avec force, puissance. *Il l'a solidement engueulé.* ✪ CONTR. Faiblement.

solidification n. f. – XVIe ■ Action de (se) solidifier. ♦ sc. Passage de l'état liquide à l'état solide. *Température de solidification.* ✪ CONTR. Amollissement, fusion, liquéfaction.

solidifier v. tr. 7 – XVIIIe 1 Donner une consistance solide (I, 1°) à (une substance). 2 v. pron. *SE SOLIDIFIER :* devenir solide. ⇒ **durcir** (II). *Ciment qui se solidifie.* ➛ *Laves solidifiées.* ✪ CONTR. Fluidifier, fondre, gazéifier, liquéfier, vaporiser.

solidité n. f. – XIIIe 1 rare État de ce qui est solide (I, 1°). ⇒ **consistance.** 2 Qualité de ce qui est solide (II, 1°). ⇒ **force, résistance, robustesse.** *La solidité d'une construction, d'un meuble, d'un vêtement.* ♦ Qualité de ce qui est ferme, fixe, stable. ⇒ **assiette, stabilité.** *Solidité d'une position.* 3 Qualité de ce qui est effectif et durable. *La solidité d'une union.* 4 Qualité de ce qui est bien établi, sérieux. *Solidité d'un raisonnement.* ⇒ **fermeté.** « *Sa raison fait preuve de solidité dans ses jugements* » (Ste-Beuve). ✪ CONTR. Fluidité. Fragilité. Faiblesse.

soliflore n. m. – v. 1970 ; lat. *solus* « seul » et *flor* « fleur » ■ Vase destiné à recevoir une seule fleur.

solifluxion n. f. – 1923 ; lat. *solum* « sol » et *fluctio* « écoulement » ■ Glissement de terrain consistant en un lent écoulement de boue.

soliloque n. m. – XVIe ; lat. *solus* « seul » et *loqui* « parler » 1 littér. Discours d'une personne qui se parle à elle-même ; monologue intérieur. 2 Discours d'une personne qui, en compagnie, est seule à parler ou semble ne parler que pour elle. ⇒ **monologue.** « *il dut se borner à épancher son fiel en un soliloque navré et imprécis* » (Courtel.). ✪ CONTR. Dialogue.

❑ *Soliloque* est un mot rare. On lui préfère souvent l'emploi abusif de *monologue.*

soliloquer v. intr. 1 – XIXe ■ Se livrer à des soliloques. ⇒ **monologuer.** « *il ne parlait plus guère à personne, soliloquait en marchant* » (Daud.).

solin n. m. – XIVe ■ Espace compris entre deux solives. ➛ Petite bande d'enduit permettant de raccorder les surfaces situées sur des plans différents, de combler les vides, d'assurer l'étanchéité.

solipède adj. – XVIe ; lat. *solidipes* « au pied *(pes)* massif *(solidus)* » ■ Dont le pied, non fendu, ne présente qu'un seul sabot.

solipsisme n. m. – XIXe ; lat. *solus* « seul » et *ipse* « même » ■ Théorie philosophique d'après laquelle il n'y aurait pour le sujet pensant d'autre réalité que lui-même.

soliste n. – XIXe ; it. ■ Interprète d'une partie de solo, ou d'une œuvre écrite pour un seul instrument ou une seule voix.

solitaire adj. et n. – XIIe ; lat. **I** adj. 1 Qui vit seul, dans la solitude. ⇒ **esseulé, seul.** « *le blaireau est un animal paresseux, défiant, solitaire* » (Buff.). « *Mieux vaut vivre à deux que solitaire* » (BIBLE). ♦ Qui vit dans la solitude et s'y complaît. « *C'était un garçon solitaire, désadapté* » (Sartre). 2 *Fleur solitaire,* portée par une hampe non ramifiée. 3 Qu'on accomplit seul, qui se fait ou se passe dans la solitude. *Enfance solitaire.* « *La méditation est un vice solitaire* » (Valéry). ➛ *Plaisir solitaire :* masturbation. 4 Où l'on est seul ; qui est inhabité ou éloigné des lieux habités. ⇒ **dépeuplé, isolé, retiré, sauvage.** « *L'auberge, solitaire et vieillie, prend, sitôt que baisse la lumière, des aspects de coupe-gorge* » (Loti). **II** n. 1 n. m. Celui qui a choisi la vie érémitique ou monacale. ⇒ **anachorète, ermite, moine.** 2 Personne qui a l'habitude de vivre seule, se plaît dans la solitude. ⇒ **misanthrope, sauvage ; ours.** « *Le solitaire est un diminutif du sauvage, accepté par la civilisation* » (Hugo). ➛ *EN SOLITAIRE. Vivre en solitaire.* ⇒ **reclus.** *Traversée de l'Atlantique en solitaire.* **III** n. m. 1 Diamant monté seul, en particulier sur une bague. « *un petit solitaire que j'ai eu aux fiançailles avec mon premier mari* » (Duras). 2 Sanglier mâle (5 ans et au-delà), qui a définitivement quitté toute compagnie. 3 Jeu de combinaison, à un seul joueur. ✪ CONTR. Sociable. Fréquenté.

solitairement adv. – XIIe ▪ En solitaire, dans la solitude.

solitude n. f. – XIIIe ; lat. 1 Situation d'une personne qui est seule, de façon momentanée ou durable. ⇒ **isolement.** *La solitude lui pèse.* « *Qui ne sait pas peupler sa solitude, ne sait pas non plus être seul dans une foule* » (Baud.). *Avoir besoin de solitude.* « *Cette solitude à deux* » (Dumas). ♦ Situation d'une personne qui vit habituellement seule, qui a peu de contacts avec autrui. ⇒ ① **retraite.** « *La solitude effraye une âme de vingt ans* » (Mol.). ♦ État d'abandon, de séparation, dans lequel se sent l'être humain, en face des consciences humaines ou de la société. ⇒ **isolement.** *Solitude morale.* 2 littér. Lieu solitaire. « *Fleuves, rochers, forêts, solitudes si chères* » (Lamart.). ♦ Caractère solitaire (d'un lieu). *La solitude des forêts, de la nuit.* ✪ CONTR. Compagnie, société.

solive n. f. – XIIe ; de ② *sole* ▪ Pièce de charpente qui s'appuie sur les poutres et qui sert à fixer en dessus les planches du plancher, en dessous, les lattes du plafond. ⇒ **sapine.**

❑ Une petite solive est un *soliveau.*

sollicitation n. f. – XVe ▪ Action de solliciter. 1 littér. Invite, tentation insistante, susceptible d'entraîner. ⇒ **appel, excitation, incitation.** 2 Demande instante, démarche pressante. ⇒ **prière, requête.** *Céder aux sollicitations de qqn.* 3 Ensemble des forces extérieures s'exerçant sur une structure, un objet. *La machine répond aux moindres sollicitations des commandes.*

solliciter v. tr. [1] – XIVe ; lat. *sollus* « tout » et *ciere* « mouvoir » 1 littér. Inciter (qqn) de façon pressante et continue, de manière à entraîner. ⇒ **appeler, inviter, provoquer.** « *Un soir, il fut attaqué par une de ces créatures qui sollicitent les passants* » (Dider.). ➤ *Les plaisirs qui nous sollicitent.* ⇒ **tenter.** ♦ Agir sur (qqch.) en éveillant, en entraînant, en stimulant. ⇒ **exciter.** *Solliciter l'attention de qqn par des signes.* ⇒ **attirer.** ➤ Inciter (un animal) à agir. *Solliciter un cheval.* 2 Prier (qqn), faire appel à lui de façon pressante, en vue d'obtenir qqch. ⇒ **requérir.** ♦ Demander (qqch.) dans les formes, quand on s'adresse à qqn d'influent, une autorité. « *Toute distinction qu'il faut solliciter ne me tente pas* » (Corot). *Solliciter une audience. Solliciter un emploi.* ⇒ **postuler.** *Monsieur le Ministre, j'ai l'honneur de solliciter de votre haute bienveillance...* 3 *Solliciter un texte,* en forcer l'interprétation. 4 Soumettre à des forces extérieures. *Solliciter une machine.* ✪ CONTR. Obtenir.

solliciteur, euse n. – XIVe ▪ Personne qui sollicite une faveur, un emploi auprès de qqn d'influent ou d'une autorité. ⇒ **demandeur, quémandeur.** « *Ce n'était pas une solliciteuse banale. Elle ne baissait pas les yeux* » (Simenon).

sollicitude n. f. – XIIIe ; lat. 1 Attention soutenue, à la fois soucieuse et affectueuse. ⇒ **intérêt.** « *ils la soignent avec une sollicitude extrême* » (Loti). *Une sollicitude toute maternelle.* 2 Témoignage de cette attention. « *toutes les sollicitudes et toutes les tendresses de son grand-père* » (Hugo). ✪ CONTR. Indifférence.

solmisation n. f. – XIXe ; de ② *sol* et *mi* ▪ Action de solfier dans le système de l'hexacorde.

solo n. m. – XVIIIe ; mot it. « seul » 1 Morceau ou passage joué ou chanté par un seul interprète (⇒ **soliste**). *Solo de batterie. Des solos* ou *des soli.* ➤ par appos. *Violon solo.* 2 *En solo :* seul. « *la voix de l'orateur se détache en solo* » (Daudet). 3 *Spectacle solo* ou *un solo :* recomm. offic. pour *one man show.* ✪ CONTR. Chœur, ② ensemble.

solstice n. m. – XIIIe ; lat. *sol* « Soleil » et *stare* « s'arrêter » ▪ Chacune des deux époques où le Soleil atteint son plus grand éloignement angulaire du plan de l'équateur ; point de l'écliptique qui y correspond. ➤ *Solstice d'hiver* (21 ou 22 décembre), *d'été* (21 ou 22 juin) : jour le plus court et jour le plus long de l'année dans l'hémisphère Nord (⇒ **saison**). *Il avait « fait les plantations au solstice d'hiver »* (Flaub.).

solubiliser v. tr. [1] – XIXe ▪ Rendre soluble (une substance) par un traitement préliminaire convenable. ➤ *Cacao solubilisé.*

solubilité n. f. – XVIIIe ▪ Caractère, propriété de ce qui est soluble. ⇒ **dissolubilité.** ♦ sc. *Coefficient de solubilité :* quantité de substance qui peut être dissoute dans une unité de volume de solvant. ✪ CONTR. Insolubilité.

soluble adj. – XIIIe ; lat. *solvere* « délier, dissoudre » 1 Qui peut se dissoudre. *Le sucre est soluble dans l'eau.* ⇒ **hydrosoluble.** 2 Que l'on dissout dans l'eau pour consommer. *Café soluble.* 3 Qui peut être résolu. ⇒ **résoluble.** *Problème soluble.* ✪ CONTR. Insoluble.

soluté n. m. – XIXe ; lat. *solutus* « dissous » ▪ Préparation médicamenteuse liquide. *Soluté physiologique :* sérum artificiel. ➤ Substance dissoute dans un solvant.

solution n. f. – XIIe ; lat. *solvere* « dissoudre » **I** - 1 Opération mentale par laquelle on surmonte une difficulté, une question, un problème (⇒ **résolution**) ; spécialt Son résultat, les connaissances qu'elle implique, la réalité qui y correspond. « *Il n'y a pas de problèmes, il n'y a que des solutions* » (Gide). *Chercher, trouver la solution d'une énigme.* ⇒ **clé.** *Donner la solution. C'est sans solution.* 2 Ensemble de décisions et d'actes qui peuvent résoudre une difficulté. *Trouver une solution.* ⇒ ② **moyen.** « *je me rallie d'avance à la solution que vous m'indiquerez* » (Romains). *Solution de facilité,* qui exige le moindre effort. *Ce n'est pas une solution !* cela n'arrange rien ! ➤ loc. *La solution finale :* le projet d'extermination des Juifs par les nazis. ♦ Manière dont une situation compliquée se dénoue en une nouvelle situation ; événements qui la terminent. ⇒ **conclusion, dénouement,** ① **fin, issue.** *Brusquer la solution d'une crise.* **II** - 1 *Solution de continuité :* interruption de la continuité (choses concrètes ou abstraites). ⇒ **coupure, hiatus, rupture, séparation.** « *Il y a solution de continuité, entre le présent et l'avenir* » (Hugo). 2 sc. Action de dissoudre (un solide) dans un liquide ; fait de se dissoudre. ⇒ **dissolution.** *Substance en solution.* ♦ Résultat d'une dissolution, mélange homogène ne formant qu'une seule phase. ⇒ **soluté, solvant.** *Solution liquide. Solution solide :* solide homogène. ⇒ **alliage.** *Solution colloïdale.* ⇒ **gel,** ③ **sol.** *Solution médicamenteuse.* ⇒ **soluté, teinture.** ♦ Liquide contenant un solide dissous.

solutionner v. tr. [1] – XVIIIe ▪ Résoudre. *Solutionner un problème.*

❑ Ce verbe, condamné par les puristes, a dû son succès au fait que *résoudre* est un verbe difficile à conjuguer ; il y a d'ailleurs un précédent, *émouvoir / émotionner.*

solutréen, enne adj. et n. m. – XIXe ; de *Solutré,* commune de Saône-et-Loire ▪ Relatif à une période du paléolithique récent et à la culture qui y correspond. ➤ n. m. *Le solutréen précède le magdalénien.*

solvabilité n. f. – XVIIe ▪ Le fait d'être solvable ; possibilité de payer (ses dettes). « *dans le cas où vous auriez* *des craintes sur ma solvabilité* » (Balz.). ✪ CONTR. Insolvabilité.

solvable adj. – XVIe ; lat. *solvere* « payer » ▪ Qui a les moyens de payer, de respecter ses engagements financiers. « *homme solvable, et capable d'ailleurs de payer la terre en argent comptant* » (Balz.). *Pays solvable.* ✪ CONTR. Insolvable.

solvant n. m. – XIXe ; lat. *solvere* « dissoudre » ▪ Substance le plus souvent liquide, qui a le pouvoir de dissoudre d'autres substances (⇒ **dissolvant**). ➤ Constituant d'une solution dans laquelle a été dissous un soluté.

soma n. m. – 1902 ; gr. « corps » ▪ L'ensemble des lignées cellulaires non sexuelles de l'organisme (opposé à *germen*).

somatique adj. – XIXe ; de *soma* 1 Qui concerne le corps (opposé à *psychique*). *Aspects somatiques des crises d'angoisse* (⇒ **psychosomatique**). 2 Relatif au soma, aux cellules non sexuelles.

somatisation n. f. – mil. XXe ▪ Le fait de somatiser. ⇒ **conversion.**

somatiser v. tr. [1] – 1967 ; de *soma(tique)* ▪ Rendre physique (un trouble psychique). « *elle somatise, par sa cécité, un malheur, une humiliation insupportables* » (Tournier). ➤ absolt *Il a tendance à somatiser.*

somato- Élément, du gr. *sôma* « corps ».

somatostatine n. f. – 1972 ▪ Hormone du cerveau, inhibant la sécrétion des hormones de croissance.

❑ On dit aussi *hormone somatotrope, somatostimuline* ou *somathormone.*

somatotrope adj. – 1941 ; *somato-* et *-trope* ▪ Qui agit sur le corps, favorise la croissance du corps (opposé à *gonadotrope*).

somatotrophine ou **somatotropine** n. f. – 1959 ; *somato-* et gr. *trophê* « nourriture » ▪ Hormone sécrétée par l'hypophyse, qui stimule l'assimilation des protéines et la croissance des tissus, appelée aussi *hormone de croissance.*

sombre adj. – XIVe ; probablt de l'a. v. *sombrer* « faire de l'ombre » 1 Qui est peu éclairé, reçoit peu de lumière. ⇒ **noir, obscur.** *Pièce sombre.* « *La nuit vint deux heures plus tôt, tant le ciel était sombre* » (Maupass.). *Il fait sombre.* 2 Qui est mêlé de noir (⇒ **noirâtre**), ou se rapproche du noir. *Couleur sombre. Costume sombre.* ⇒ **foncé.** « *le violet sombre d'une grappe d'aubergines* » (Zola). 3 fig. Dont les pensées, les sentiments sont empreints de tristesse, d'abattement ou d'inquiétude. ⇒ **mélancolique, taciturne, ténébreux, triste.** *Il était plutôt sombre, ce soir.* ♦ *Visage, air sombre.* ⇒ ① **sinistre.** *Être d'humeur sombre.* ⇒ **pessimiste.** 4 (choses) D'une tristesse tragique ou menaçante. ⇒ **inquiétant,** ① **sinistre, tragique.** *L'avenir est plutôt sombre.* 5 fam. (avant le nom) Déplorable, lamentable. *Un sombre crétin, une sombre brute.* « *Une sombre histoire de sombre assassinat* » (Queneau). ✪ CONTR. Clair, éclairé. Gai, enjoué, folâtre, joyeux.

sombrer v. intr. [1] – XVIIe ; p.-ê. port. *sossobrar* « chavirer » 1 Cesser de flotter, s'enfoncer dans l'eau (bateau). ⇒ s'**abîmer, chavirer, couler,** s'**engloutir.** « *au moment où le brick sombrait, la mer était haute* » (J. Verne). 2 S'anéantir ou se perdre. « *Je sombrais en des accablements de sommeil dont dormir ne me guérissait pas* » (Gide). « *J'ai juré à maman de ne jamais sombrer dans la boisson* » (Anouilh). ⇒ **glisser** (fig.), ① **tomber.** *Sombrer dans la folie.* ✪ CONTR. ① Flotter.

sombrero [sɔ̃bʀeʀo] n. m. – XVIIe ; mot esp., de *sombra* « ombre » ▪ Chapeau à larges bords, porté surtout en Espagne, en Amérique latine. *Sombrero mexicain.*

-some Élément, du gr. *sôma* « corps ».

somite n. m. – XIXe ; gr. *sôma* « corps » ▪ Chacune des petites masses de tissu conjonctif du mésoblaste, et dont dériveront les tissus mous et le squelette.

sommaire adj. et n. m. – XIVe ; lat. *summarium* « abrégé » **I** adj. 1 Qui est résumé brièvement. ⇒ ① **court.** « *Je vous fais là un exposé des plus sommaires* » (Valéry). 2 Qui est fait promptement, sans les formalités requises. ⇒ **expéditif.** *Exécution sommaire.* 3 Qui est réduit à sa forme la plus simple. *Ameublement sommaire.* ⇒ **élémentaire, rudimentaire.** *Examen sommaire.* ⇒ **rapide, superficiel.** **II** n. m. Bref exposé ; résumé. ⇒ **abrégé, analyse.** *Sommaire d'une revue* : liste des articles et de leurs auteurs précédant le texte. ✪ CONTR. Détaillé, long. Complexe, minutieux.

sommairement adv. – XIIIe 1 D'une façon sommaire, en résumé. *Exposer sommairement des idées.* 2 Sans les formes requises par la loi. 3 De façon sommaire, élémentaire. « *deux pièces, meublées très sommairement* » (Camus). ⇒ **simplement.**

① **sommation** n. f. – XIIIe ; de ① *sommer* ▪ Action de sommer qqn. *Sommation de paraître en justice* (⇒ **assignation, citation, intimation**), *de satisfaire à une obligation* (⇒ **commandement, injonction**). « *vous avez eu sommation de payer trois mille francs* » (Balz.). *Après la troisième sommation, la sentinelle tira.*

② **sommation** n. f. – XVe ; de ② *sommer* ▪ En mathématiques, Action d'effectuer une somme, spécialt la somme des termes d'une série. ➤ Intégration.

① **somme** n. f. – XIIe ; lat. *summus* « au point le plus haut » 1 Quantité formée de quantités additionnées ; résultat d'une addition. *Faire la somme de deux nombres.* ➤ *Somme d'une série.* ⇒ ② **sommation.** 2 Ensemble de choses qui s'ajoutent. ⇒ **total.** *La somme des pertes humaines est incalculable.* ➤ Quantité considérée dans son ensemble. *Une somme de travail considérable.* ⇒ ① **masse, quantité.** ♦ loc. adv. *EN SOMME* : tout bien considéré. *C'est en somme assez facile.* ➤ *SOMME TOUTE* : après tout, au total. ⇒ **finalement.** 3 *Une somme (d'argent)* : quantité déterminée d'argent. *Pour la somme de 200 francs. Dépenser des sommes folles.* ♦ absolt Grosse somme. « *Il méprisait profondément les personnes pour qui cinq cents francs* [...] *est une somme* » (Proust). 4 didact. Œuvre qui résume toutes les connaissances relatives à une science, à un sujet.

② **somme** n. f. – XIIe ; gr. *sagma* « selle, bât » ▪ *BÊTE DE SOMME* : bête de charge qui porte les fardeaux. « *Nous suons, nous peinons, comme bêtes de somme* » (La Font.). loc. fig. *Travailler comme une bête de somme,* sans répit à des tâches pénibles.

③ **somme** n. m. – XIIe ; lat. *somnus* « sommeil » ▪ *Faire un somme* : s'assoupir, dormir quelques moments.

sommeil n. m. – XIIe ; lat. *somnus* 1 État d'une personne qui dort (suspension de la vigilance, résolution musculaire, ralentissement de la circulation et de la respiration, activité onirique). *Avoir besoin de dix heures de sommeil.* « *Un de ces sommeils où l'on tombe comme dans un trou. On appelle cela un sommeil de plomb* » (Proust). « *un sommeil plein de cauchemars* » (Duham.). *Les yeux lourds de sommeil.* ⇒ **assoupissement, demi-sommeil, somnolence, torpeur.** *Troubles du sommeil, sommeils pathologiques.* ⇒ **hypersomnie, léthargie, narcolepsie, somnambulisme ; insomnie.** *Maladie du sommeil.* ⇒ **trypanosomiase.** ➤ *Sommeil provoqué.* ⇒ **hypnose, hypnotisme, narcose.** *Cure de sommeil.* ⇒ **narcothérapie.** ♦ Envie de dormir. *Avoir sommeil.* « *Je tombais de sommeil et dormis dans le wagon* » (Duham.). 2 (animaux) *Ce chien a un sommeil agité.* ➤ Ralentissement des fonctions vitales pendant les saisons froides. *Sommeil hiémal, hibernal.* ⇒ **engourdissement, hibernation.** 3 État de ce qui est provisoirement inactif. ⇒ ① **calme, inacti-**

vité. *Le sommeil de la nature.* ➛ *Affaire en sommeil,* en suspens. ✪ CONTR. Éveil, ① réveil, veille. Activité.

sommeiller v. intr. [1] – XIIIe ▪ Dormir d'un sommeil léger et pendant peu de temps (⇒ aussi **somnoler**). « *Dans le break, en revenant, tous les hommes, hormis Jean, sommeillèrent* » (Maupass.). ➛ loc. prov. *Tout homme a dans son cœur un cochon qui sommeille :* l'homme le plus réservé peut devenir salace à l'occasion. ✪ CONTR. Réveiller (se).

sommeilleux, euse adj. et n. – XIIIe **1** littér. Qui sommeille. « *Des nuits étirées dans une gaieté sommeilleuse* » (Aymé). **2** n. Malade atteint de la maladie du sommeil.

sommelier, ière n. – XIIIe ; de *(bête de) somme* **1** Échanson. **2** Personne chargée de la cave, des vins dans un restaurant. ⇒ **caviste.** *Maître d'hôtel et sommelier.*

❑ En Suisse, une *sommelière* est une serveuse de café ou de restaurant.

sommellerie n. f. – XVIe ▪ Charge de sommelier. ♦ Lieu où le sommelier range le vin, etc.

① **sommer** v. tr. [1] – XIIIe ; lat. *summa* « résumé, conclusion » ▪ dr. Mettre (qqn) en demeure (de faire qqch. dans les formes établies). *Sommer qqn de (à) comparaître.* ♦ littér. Commander impérativement. « *Je vous somme au nom du peuple* [...] *de retirer vos canons* » (Michelet). ⇒ **enjoindre, ordonner.**

② **sommer** v. tr. [1] – XIIe ; de ① *somme* ▪ Faire la somme de (plusieurs quantités).

sommet n. m. – XIIe ; lat. *summum* **1** Endroit le plus élevé d'une chose verticale. ⇒ **faîte, haut.** « *un grand vautour, perché au sommet d'un arbre mort* » (Gide). *Monter au sommet de la tour Eiffel.* ♦ Point culminant d'une montagne. ⇒ **aiguille, cime, crête, dent,** ③ **pic, pointe.** *L'air pur des sommets.* ♦ *Sommet de la tête :* la partie la plus haute de la voûte du crâne. ⇒ **vertex. 2** Ce qui domine ; degré le plus élevé, supérieur, suprême. *Le sommet de l'échelle sociale, de la hiérarchie. Être au sommet du pouvoir, de la gloire.* ⇒ **apogée,** ① **comble.** ♦ *Conférence* (internationale) *au sommet,* avec les dirigeants suprêmes. ➛ ellipt Réunion de dirigeants. *Le sommet franco-arabe.* **3** Intersection de deux côtés (d'un angle, d'un polygone) ; point commun à trois faces au moins d'un polyèdre, aux génératrices d'un cône. *Sommet d'un angle, d'un triangle.* ✪ CONTR. ① Bas, base, pied.

sommier n. m. – XIe ; de *(bête de) somme* **1** Pièce de charpente servant de linteau à une baie. ➛ Pierre qui supporte la retombée d'une voûte. *Sommiers d'un arc.* ⇒ **claveau.** ♦ Dans les instruments à cordes et à clavier, Pièce qui reçoit les chevilles servant à tendre les cordes. « *Un orgue n'est qu'une flûte de Pan, adaptée à un sommier, avec soufflet et registre* » (J. Verne). **2** Partie souple d'un lit, qui repose dans le cadre ou sur des pieds et sur lequel s'étend le matelas. *Sommier à ressorts, métallique, à lattes de bois.* **3** Gros dossier de documents financiers, juridiques, comptables. « *Je suis allé à la Préfecture compulser les sommiers* » (Simenon).

sommital, ale, aux adj. – 1906 ▪ Qui est au sommet. « *la pierre sommitale des grandes pyramides* » (Abellio).

sommité n. f. – XIVe ; lat. *summus* « le plus haut » **1** Extrémité d'une tige garnie de petites fleurs groupées (inflorescence complexe). **2** Personnage éminent. ⇒ **notable.** « *le comédien, à l'en croire, se classait définitivement parmi "les sommités de l'époque"* » (Flaub.).

somnambule [sɔmnɑ̃byl] n. et adj. – XVIIe ; lat. *somnus* « sommeil » et *ambulare* « marcher » **1** Personne qui marche pendant son sommeil. ➛ adj. *Elle est somnambule.* **2** Personne qui, dans un sommeil hypnotique, peut agir ou parler.

❑ Même famille que *noctambule, funambule, déambuler, ambulatoire.*

somnambulique [sɔmnɑ̃bylik] adj. – XVIIIe ▪ Relatif au somnambulisme.

somnambulisme [sɔmnɑ̃bylism] n. m. – XVIIIe ▪ État d'automatisme inconscient qui se manifeste par des actes coordonnés durant le sommeil. « *Paul subissait, parfois, de petites crises de somnambulisme* » (Cocteau).

somnifère [sɔmnifɛʀ] n. m. – XVe ; lat. *somnus* « sommeil » et *ferre* « porter » ▪ Médicament destiné à faire dormir. *Combattre l'insomnie en prenant des somnifères.* ⇒ **hypnotique, narcotique.**

somnolence [sɔmnɔlɑ̃s] n. f. – XIVe ; lat. ▪ État intermédiaire entre la veille et le sommeil, perte de conscience et engourdissement momentanés. ⇒ **demi-sommeil, torpeur.** *Médicament qui peut amener un état de somnolence.* « *une somnolence s'emparait doucement de ses yeux qui se fermaient* » (Green).

somnolent, ente [sɔmnɔlɑ̃, ɑ̃t] adj. – XVe ▪ Qui est en état de somnolence, en demi-sommeil. ⇒ **assoupi.** *Être somnolent après un bon repas.* ♦ fig. En sommeil, qui ne s'exprime pas. ⇒ **latent.** « *La sympathie peut faire éclore bien des qualités somnolentes* » (Gide). ✪ CONTR. Dispos, éveillé. Actif.

somnoler [sɔmnɔle] v. intr. [1] – XIXe ▪ Être dans un état de somnolence. « *les clarines des bestiaux qui somnolaient dans les alpages* » (Duham.). *Somnoler après le repas.* ♦ fig. ⇒ **sommeiller.** « *Des vertus qui somnolent, faute de pouvoir se manifester* » (Daud.).

somptuaire adj. – XVIe ; lat. *sumptus* « dépense » **1** *Loi somptuaire,* qui, dans l'Antiquité romaine, restreignait les dépenses de luxe. **2** (par confus. avec *somptueux*) *Dépenses somptuaires,* de grand luxe.

❑ Dans son emploi critiqué mais courant *(dépenses somptuaires),* le terme exact en droit est *voluptuaire.* → voluptuaire (rem.).

somptueusement adv. – XIVe ▪ D'une manière somptueuse. *Il nous a reçus somptueusement.*

somptueux, euse adj. – XIVe ; lat. *sumptus* « dépense » ▪ Qui a nécessité de grandes dépenses, et par ext. Qui est d'une beauté coûteuse (⇒ **riche**), d'un luxe visible extrême. ⇒ **fastueux, luxueux, magnifique, splendide,** ② **superbe.** « *L'auto, qui était puissante et somptueuse* » (Romains). *Somptueuse réception.* ✪ CONTR. Modeste, simple.

somptuosité n. f. – XVe ▪ Beauté de ce qui est riche, somptueux. ⇒ **luxe,** ① **pompe, richesse.** « *leurs vêtements d'une magnificence et d'une somptuosité bizarres* » (Gobineau).

① **son, sa, ses** adj. poss. 3e pers. – IXe ; lat. **I** (personnes) **1** (sens subjectif) Qui appartient, est propre, est relatif à la personne dont il est question. *Elle prend son sac et ses valises. Il est dans sa voiture (son auto).* ♦ (appartenance habituelle, convenance, appropriation très large) *Faire ses études. Rater son bus.* « *Elle n'avait son dimanche qu'une semaine sur deux* » (Aragon). *Aucun, personne n'est satisfait de son sort. Chacun son tour.* ♦ (rapports de parenté, de société) *Son fils, sa mère, son secrétaire, son amie.* « *Son Monsieur Trissotin me chagrine, m'assomme* » (Mol.). **2** sens objectif (devant un nom désignant une action ou un agent) De lui, d'elle en tant qu'objet. ➛ (action) « *Je pâlis à sa vue* » (Rac.), en le voyant. ➛ (agent) *Son lecteur, ses juges.* **II** (chose concrète ou abstraite ⇒ ② **en**) **1** (sens subjectif) Qui est propre ou relatif à la chose en question. « *Hong-*

Kong, sa rade, ses jonques, ses sampans » (Robbe-Grillet). 2 (sens objectif) devant un subst. d'action *Observer un phénomène dans sa progression.* ➛ (devant un nom d'agent) *L'œuvre d'art échappe à son créateur.* ✪ HOM. Ça, ces (ce).

> ❑ *Son* s'accorde avec ce qui est possédé et non avec le possesseur, comme en anglais. ♦ On met *son* devant un nom féminin commençant par une voyelle ou un *h* muet : *son amie, son histoire.*

② **son** n. m. – XIIe ; lat. *sonus* 1 Sensation auditive causée par les perturbations d'un milieu matériel élastique fluide ou solide (spécialement l'air). ⇒ **bruit.** ➛ *Écouter, entendre, percevoir un son. Produire, émettre un son, des sons* (personne ou chose). ⇒ **résonner, sonner ; sonore.** *Son grave, aigu. Sons musicaux.* ⇒ **note,** ② **ton.** ➛ *Sons servant à la communication chez l'homme et certains animaux.* ⇒ **bruit, cri, voix.** « *Les grands Singes émettent des sons variés* » (J. Rostand). *On n'a pas entendu le son de sa voix,* il s'est tu. ➛ *Le travail du son, dans le chant.* ⇒ **sonorité, timbre, voix.** ➛ AU SON DE... : en écoutant, en suivant la musique de... *Danser au son de l'accordéon.* « *la colonne s'ébranla aux sons d'une marche de chasseurs* » (Mac Orlan). ♦ spécialt Tout élément du langage parlé ; la combinaison de ces éléments. ⇒ **phonème ; oral, prononciation.** *Son guttural. Similitude de sons* (⇒ **consonance, homophonie, homonymie).** *Notation des sons* (⇒ **phonétique).** 2 sc. Vibration d'un corps matériel transmise par une onde élastique. *Un son est caractérisé par sa hauteur* (⇒ **fréquence),** *son intensité* (⇒ ② **bel, décibel, phone),** *son timbre* (⇒ aussi **sonagramme).** *Dépasser la vitesse du son* (⇒ **mach ; hypersonique, supersonique).** *Enregistrement du son* (⇒ **stéréophonie ; dolby).** *Prise de son* (⇒ **microphone).** *Ingénieur du son. Reproduction du son* (⇒ **audio ; baladeur, chaîne, magnétophone).** ➛ *Spectacle son et lumière* : spectacle nocturne à la gloire d'un monument, avec illuminations, commentaires et musique.

③ **son** n. m. – XIIe ; p.-ê. anglo-saxon *seon* 1 Résidu de la mouture du blé ou d'autres céréales, provenant du péricarpe des grains. ➛ *Farine de son,* mêlée de son. *Pain de son, au son,* à la farine de son (pain complet). ➛ fig. *Taches de son,* de rousseur. ⇒ **éphélide.** *Une grande rousse « aux joues brûlées, tachées de son »* (Maupass.). 2 Sciure servant à bourrer. *Poupée de son.*

sonagramme n. m. – 1968 ▪ Représentation graphique tridimensionnelle (amplitude, temps, fréquence) d'un son.

sonagraphe n. m. – 1968 ▪ Appareil permettant l'analyse spectrale des sons.

sonar n. m. – 1949 ; mot angl., acronyme de ***So**und **Na**vigation and **R**anging* ▪ Dispositif de détection, d'écoute et de communications sous-marines.

> ❑ Nom donné par les Américains, d'après *radar,* à cet appareil mis au point par les Anglais à la veille de la Seconde Guerre mondiale.

sonate n. f. – XVIIe ; it. *sonare* « jouer sur un instrument » ▪ Pièce à trois ou quatre mouvements présentant une structure caractéristique. « *ils devaient jouer ensemble une sonate de Mozart pour piano et violon* » (R. Rolland). ♦ *Forme sonate* : structure ternaire, à deux thèmes.

sonatine n. f. – XIXe ▪ Petite sonate, de caractère facile. *Les sonatines de Clementi.*

sondage n. m. – XVIIIe 1 Action de sonder, exploration locale et méthodique d'un milieu à l'aide d'une sonde ou de procédés techniques particuliers. *Sondage des profondeurs marines.* ⇒ **bathymétrie.** *Sondage atmosphérique par ballons-sondes.* ♦ Forage d'un sol, pour en connaître la nature (⇒ **carotte),** rechercher des nappes d'eau, des gîtes minéraux de pétrole (⇒ **prospection).** 2 Introduction d'une sonde dans une cavité naturelle ou accidentelle de l'organisme. ⇒ **cathétérisme, tubage.** 3 fig. Choix d'un échantillon de personnes qui donne une idée sur un problème concernant la société. *Sondage pour une étude de marché* (⇒ **panel).** *Sondage d'opinion. D'après un récent sondage, les Français ne le souhaitent pas comme président.*

sondageur, euse n. – 1995 ▪ Personne dont le métier est de faire des sondages d'opinion.

sondagier, ière adj. – 1990 ▪ Qui concerne les sondages d'opinion. *Performance sondagière d'un ministre.*

sonde n. f. – XIIe ; a. nord. *sund* « mer, détroit » 1 Instrument composé d'un plomb attaché à une ligne divisée en brasses, qui sert à mesurer la profondeur de l'eau et à reconnaître la nature du fond. « *La sonde ne marquait plus que quatre brasses sur un banc de sable* » (Chateaub.). ♦ Instrument ou appareil de mesure des profondeurs ou des altitudes. 2 Instrument cylindrique, présentant ou non un canal central, destiné à explorer un canal ou une cavité du corps, à en évacuer le contenu ou y introduire une substance. ⇒ **bougie, cathéter, drain, tube ; endoscope.** « *On lui fit une très belle boutonnière et on lui glissa dans la vessie une sonde spéciale* » (Duham.). 3 Appareil servant aux forages et aux sondages du sol. ⇒ **tarière, trépan.** ➛ *Sonde spatiale* : engin cosmique non habité lancé pour étudier le milieu interplanétaire. 4 Petit instrument permettant de prélever une parcelle à l'intérieur d'un produit pour y goûter. *Sonde à fromage.*

sonder v. tr. [1] – XIVe 1 Reconnaître au moyen de la sonde, soumettre à un sondage. *Sonder les fonds marins.* ⇒ **sondeur.** « *chaque matin on sondait avec un plomb la hauteur des eaux* » (Loti). *Sonder un terrain.* ⇒ **forer, percer.** ♦ *Sonder un malade,* spécialt prélever l'urine de sa vessie avec une sonde. « *Je n'en finissais pas de le sonder, de le débarrasser, goutte à goutte* » (Céline). ♦ Examiner à la sonde pour vérifier le contenu. « *Les coussins ont été sondés avec ces longues et fines aiguilles* » (Baud.). 2 Chercher à entrer dans le secret de. ⇒ **explorer, scruter.** « *L'éclatant regard qui voulait sonder ma conscience* » (From.). ⇒ **pénétrer.** *Sonder qqn,* essayer de savoir ce qu'il pense. ⇒ **confesser, tâter.** « *Sonder mon père sur les sentiments où je suis* » (Mol.). ♦ *Sonder l'opinion* (⇒ **sondage).** subst. *Un tiers des sondés se déclare favorable.*

sondeur, euse n. – XVIe 1 Personne qui fait des sondages. 2 n. m. Appareil de sondage. *Sondeur à ultrasons.*

sondeuse n. f. – mil. XXe ▪ Petite sonde pour forages peu profonds.

songe n. m. – XIIe ; lat. *somnium* « rêve » ▪ vx ou littér. Rêve. *Le songe d'Athalie. Songes prophétiques.* ⇒ **oniromancie.** « *ce songe mystérieux était un avertissement divin* » (Fén.). ➛ *En songe* : en rêve. ♦ fig. « *La vie n'est elle-même qu'un songe* [...] *dont nous nous éveillons à la mort* » (Pasc.). ⇒ **chimère, illusion.** ✪ CONTR. Réalité.

songe-creux n. m. inv. – XVIe ; de *songer* et *creux,* adv. ▪ vieilli Personne dont les élucubrations ne mènent à rien.

songer v. tr. ind. [3] – XIe 1 vx Rêver. 2 Laisser errer sa pensée (⇒ **rêverie).** « *Tandis que je songeais, le coude sur mes livres* » (Hugo). ⇒ **méditer.** 3 SONGER À : penser à, réfléchir à. ⇒ **penser.** *Songer à ce qu'on dit. Songez aux conséquences !* ➛ (sens affaibli) Avoir présent à l'esprit. *Mais j'y songe, c'est demain qu'elle revient !*

⇒ s'**aviser.** ➛ FAIRE SONGER À..., se dit d'une chose, d'une personne qui en évoque une autre. ⇒ **évoquer.** 4 Envisager en tant que projet qui demande réflexion, qui mérite attention et soin. *Songer au mariage. J'y songe.* « *Ce qu'on ne peut avoir, mieux vaut n'y point songer* » (Gide). ♦ Se préoccuper de... *Songer à sa carrière, au lendemain.* « *Monsieur ne songe à rien, monsieur dépense tout* » (La Font.). *Il faut songer à partir.* 5 SONGER QUE... : penser que. *Songez qu'il est encore bien jeune.* ➛ (en incise) « *"Ils parlent tous de Daniel comme d'une énigme", songeait Antoine* » (Mart. du G.). ✪ CONTR. (du 3°) Omettre, oublier.

songerie n. f. – XVe ▪ Rêverie. « *Elle aimait les lectures, les romans et les poésies [...] pour la songerie mélancolique et tendre qu'ils éveillaient en elle* » (Maupass.).

songeur, euse adj. – XIIe ▪ Perdu dans une rêverie empreinte de préoccupation. ⇒ **pensif, préoccupé.** *Cette nouvelle le laissa songeur.*

sonique adj. – 1949 ▪ Du son (②). *Vitesse sonique.*

sonnaille n. f. – XIIe ▪ Cloche ou clochette attachée au cou du bétail (⇒ **campane, clarine).** ♦ Son, bruit de ces cloches.

sonnant, ante adj. – XIVe 1 loc. *Espèces sonnantes (et trébuchantes)* : monnaie métallique. 2 Qui sonne les heures. « *Les anciens ne possédaient pas la commodité de l'horloge sonnante* » (Nerval). 3 Qui est en train de sonner, en parlant de l'heure. ⇒ fam. **pétant, tapant.** « *j'étais rendu à mon hôtel à 10 heures sonnantes* » (Billy).

sonné, ée adj. – XVIIe 1 Annoncé par les cloches, par une sonnerie. *Il est midi sonné, trois heures bien sonnées.* ⇒ ③ **passé.** ♦ fam. *Il a soixante ans bien sonnés*, révolus. 2 fam. Assommé, étourdi par un coup, une violente émotion. ♦ fam. Fou. ⇒ **timbré.** « *Mais le plus cloche de la famille, c'était sûrement l'oncle Rodolphe, il était tout à fait sonné* » (Céline).

sonner v. [1] – XIe, lat. *sonus* « son » **I** v. intr. 1 Produire le son qui leur est propre, en parlant de certains instruments à vent (cuivres). *Une trompette qui sonne bien.* 2 Vibrer, retentir sous un choc. ⇒ **résonner, tinter.** « *Le caillou sonne et luit sous mes talons poudreux* » (Verhaeren). ♦ (D'une cloche ou d'un gong, d'une cymbale, et par ext. d'un timbre). ⇒ **sonnerie.** *Les cloches sonnent.* ⇒ **carillonner, tinter.** *Le téléphone sonne.* ♦ Se manifester par une sonnerie (heure). *Midi a sonné.* loc. *Son heure, sa dernière heure a sonné*, l'heure de sa mort est arrivée. 3 Être prononcé. *Faire sonner le* s *de plus. Ce prénom sonne bien*, est agréable à l'oreille. ➛ fig. SONNER FAUX : donner une impression d'insincérité. *Un aveu qui sonne faux.* 4 Faire fonctionner une sonnerie (pour appeler qqn ou pour se faire ouvrir). « *On sonne !... C'est monsieur... je reconnais sa main !* » (Labiche). **II** v. tr. ind. SONNER DE. *Sonner du cor.* absolt Jouer de la trompe de chasse. « *Une légère coupure à la lèvre qui l'empêchait de sonner* » (Mac Orlan). **III** v. tr. 1 Faire résonner, vibrer. *Sonner une cloche* ; spécialt en faire frapper les deux côtés par le battant. 2 Jouer de (un instrument à vent). *Sonner le clairon.* 3 Faire entendre (une sonnerie) ; signaler, annoncer par une sonnerie de cloches, de cuivres. *Sonner l'alarme. Sonner trois coups brefs à la sonnette.* 4 Annoncer (l'heure) par une sonnerie. « *L'horloge de Saint-Paul sonna onze heures* » (Hugo). 5 Appeler (qqn) par une sonnerie, une sonnette. *Sonner l'infirmière de garde.* loc. fam. *On ne t'a pas sonné* : on ne te demande pas ton avis. 6 fam. Assommer, étourdir d'un coup de poing (⇒ **sonné).** « *il connaissait l'auteur de cette idiote plaisanterie, il le sonnerait et comment !* » (Queneau).

❑ À l'exception de *résonner*, les dérivés préfixés de *sonner* ont un seul *n* : *assonance, consonance, dissonance, résonance, résonant.*

sonnerie n. f. – XIIIe 1 Son de ce qui sonne. *Sonnerie de clairon. La sonnerie du téléphone.* « *la sonnerie irritante et inexorable d'un réveille-matin* » (Loti). ♦ Air joué à la trompette, à la trompe de chasse pour constituer un signal. 2 Ensemble des cloches (d'une église, etc.). ♦ Mécanisme qui fait sonner un réveil, un minuteur, etc.

sonnet n. m. – XIIIe ; de ② *son* ▪ Poème de quatorze vers en deux quatrains sur deux rimes (embrassées), et deux tercets. « *Un sonnet vaut mieux qu'un long poème, et un verre de vin vaut mieux qu'un sonnet* » (Muss.).

sonnette n. f. – XIIIe **I** - 1 Petite cloche munie d'un manche pour avertir. ⇒ **clochette.** *Le président de l'Assemblée agite la sonnette.* « *Cette enragée petite sonnette qui s'agite au pied de l'autel avec une précipitation infernale* » (Daudet). ♦ Timbre, sonnerie électrique ; objet matériel qui sert à déclencher la sonnerie (bouton, poussoir). *Appuyer sur la sonnette. Coup de sonnette.* ➛ *Sonnette d'alarme* (dans une banque, etc.). ⇒ **signal.** ♦ *Serpent à sonnette* : crotale. 2 Sonnerie produite par une sonnette (⇒ **dring). II** Engin, formé d'un échafaudage élevé, qui sert à la manœuvre du mouton, ou du pilon de choc. ⇒ **bélier.** *Enfoncer des pieux à la sonnette.*

sonneur n. m. – XIIIe 1 Personne qui sonne les cloches. 2 Ouvrier qui manœuvre la sonnette (II).

sono n. f. – av. 1967 ; abrév. de *sonorisation* ▪ fam. Sonorisation ; appareils destinés à diffuser la musique dans un lieu public. *La sono d'une boîte de nuit.*

sono- Élément, du lat. *sonus* « son ».

sonomètre n. m. – XVIIe ▪ Instrument de mesure de l'intensité des bruits en décibels. ⇒ **audiomètre.**

sonore adj. – XVIe 1 Qui rend des sons. 2 Qui résonne fort. « *Il parlait avec une voix plus sonore, [...] on sentait l'aplomb que donne l'argent* » (Maupass.). ⇒ **éclatant,** ① **fort, retentissant.** « *Ils se déposaient mutuellement sur les deux joues des bécots sonores* » (Queneau). ♦ *Consonne sonore* (opposé à *sourd*), dont l'émission s'accompagne de vibrations du larynx. 3 Qui renvoie ou propage bien le son (⇒ **acoustique).** « *Une maison du siècle dernier, spacieuse et sonore* » (Duham.). *Rendre une pièce moins sonore.* ⇒ **insonoriser.** 4 Relatif au son, phénomène physique ou sensation auditive, de la nature du son. *Ondes sonores. Signal sonore.* ⇒ **avertisseur.** ➛ *Effets sonores* : bruits, sons spéciaux qui accompagnent un spectacle, et ne sont ni des paroles ni de la musique (⇒ **bruitage).** ✪ CONTR. Muet, silencieux. Étouffé, ② mat.

sonorisation n. f. – XIXe 1 Ensemble des opérations par lesquelles on ajoute les éléments sonores appropriés à un spectacle purement visuel. *Montage et sonorisation d'un film.* 2 Action de sonoriser un lieu. ⇒ **sono.**

sonoriser v. tr. [1] – XIXe 1 Rendre sonore (une consonne sourde). pronom. *Le* t *se sonorise en* d. 2 Rendre sonore (ce qui était silencieux). *Sonoriser un film.* 3 Munir (un lieu) d'un matériel de reproduction, de diffusion du son, et spécialement du son enregistré. *Sonoriser une salle de cinéma.*

sonorité n. f. – XIVe 1 Qualité du son. ⇒ **tonalité.** *Une belle sonorité.* ➛ au plur. Inflexions, sons particuliers d'une voix. « *Sa voix avait des sonorités douces et caressantes dans les notes graves* » (Loti). ♦ *Sonorités d'un poème.* 2 Propriété (d'une matière) de produire ou de conduire le son, les sons. *La sonorité extrême de l'air.* 3 Qualité acoustique d'un local. ⇒ **acoustique.** ➛ au plur. Sons ainsi transmis. « *La steppe orientale où les sonorités s'étouffent* » (Proust).

sonothèque n. f. – 1959 ; *sono-* et *-thèque* ▪ Collection d'enregistrements de bruits, d'effets sonores. *La sonothèque et la phonothèque de la Maison de la Radio.*

❑ Ne pas confondre avec *phonothèque* (parole et musique).

sonotone n. m. – mil. XXe ; nom déposé ▪ Audiophone très répandu.

-sophe, -sophie Éléments, du gr. *sophos* « sage, savant », *sophia* « sagesse, science ».

sophisme n. m. – XIIe ; gr. ▪ Argument, raisonnement faux malgré une apparence de vérité et généralement fait avec mauvaise foi. « *Un champ clos de disputes, retentissant de sophismes et de questions subtiles* » (Renan). ➛ Raisonnement conforme aux règles de la logique mais aboutissant à une conclusion manifestement fausse. ⇒ **paradoxe.** *Le sophisme de la flèche de Zénon.*

sophiste n. m. – XIIIe 1 Chez les Grecs, Maître de rhétorique et de philosophie qui enseignait l'art de parler et d'avoir toujours raison. « *La Grèce est la mère des ergoteurs, des rhéteurs et des sophistes* » (Taine). 2 Personne qui use d'arguments, de raisonnements spécieux. « *je ne puis voir en lui qu'un sophiste de mauvaise foi* » (Rouss.).

sophistication n. f. – XIXe ; mot angl., du gr. 1 Caractère sophistiqué, affecté, artificiel. *Un raffinement poussé jusqu'à la sophistication.* 2 Évolution (des techniques) dans le sens de la complexité.

sophistique adj. et n. f. – XIIIe 1 De la nature du sophisme. « *Que cette interprétation de la loi parût sophistique* » (Romains). ⇒ **captieux,** ① **faux.** ♦ *Esprit sophistique.* 2 n. f. Art des sophistes grecs. ♦ littér. *La sophistique du barreau* : les subtilités de la justice.

sophistiqué, ée adj. – XIXe 1 Se dit d'un genre artificiel de beauté, d'élégance. *Une femme très sophistiquée.* 2 Recherché, complexe ; où interviennent des techniques de pointe. « *un système de sécurité particulièrement sophistiqué* » (San-Antonio). ✪ CONTR. Naturel, simple.

sophora n. m. – XVIIIe ; ar. ▪ Grand arbre exotique au feuillage composé *(légumineuses papilionacées)*, semblable au robinier, mais non épineux, utilisé pour l'ornement des parcs, des avenues.

sophrologie n. f. – 1972 ; gr. *sôs* « harmonie », *phrên* « esprit » et *-logie* ▪ Ensemble de pratiques visant à dominer les sensations douloureuses et les malaises psychiques, afin d'atteindre un développement plus harmonieux de la personnalité.

soporifique adj. et n. m. – XVIe ; lat. *sopor* « sommeil profond » et *-fique* 1 Qui provoque le sommeil. ⇒ **somnifère.** ➛ n. m. (vieilli) *On « pourrait lui donner un soporifique pour qu'elle dorme jusqu'à midi »* (Queneau). 2 fig. et fam. Endormant, ennuyeux. *Un discours soporifique.* ➛ n. m. *Ce livre est un vrai soporifique.*

sopraniste n. m. – XIXe ▪ Chanteur adulte qui a une voix de soprano. ⇒ aussi **haute-contre.**

soprano, plur. **soprani** n. – XVIIIe ; mot it. « qui est au-dessus » 1 n. m. La plus élevée des voix. *Des soprani* (parfois *des sopranos*). 2 *Soprano* ou *soprane* : personne qui a cette voix. *Des sopranos* ou *des sopranes.*

❑ Le *soprano* est la plus aiguë des voix de femme ; c'est aussi la voix de jeunes garçons avant la mue.

sorbe n. f. – XIIIe ; lat. *sorbum* ▪ Fruit du sorbier, baie brillante rouge orangé.

sorbet n. m. – XVIe ; ar. *charbât* « boisson » 1 anciennt Boisson à base de jus de fruits et de sucre, battus avec de l'eau. 2 mod. Glace légère à base d'eau, de pulpe, de jus de fruits, de liqueur, etc. (opposé à *crème glacée*).

sorbetière [sɔʀbətjɛʀ] n. f. – XIXe ▪ Ustensile, appareil pour préparer les sorbets et les glaces.

sorbier n. m. – XIIIe ; de *sorbe* ▪ Arbre d'Europe et d'Asie occidentale à feuillage caduc *(rosacées)* apprécié pour ses fruits **(⇒ sorbe),** ses fleurs en corymbes et son bois. *Sorbier cultivé.* ⇒ **cormier.**

sorbitol n. m. – 1949 ▪ Sucre extrait des sorbes et autres baies, ou synthétisé à partir du glucose ou du fructose, employé comme édulcorant artificiel et comme cholérétique.

sorcellerie n. f. – XIIIe 1 Pratiques de sorcier **(⇒ ensorcellement, incantation, maléfice) ;** magie de caractère populaire ou rudimentaire, qui accorde une grande place aux pratiques secrètes, illicites ou effrayantes. *Lors de son procès, Jeanne d'Arc fut accusée de sorcellerie.* « *Si l'Église condamne la magie et la sorcellerie, c'est qu'elles militent contre les intentions de Dieu* » (Baudelaire). 2 Chose, pratique efficace et incompréhensible. ⇒ **magie.** *Cela tient de la sorcellerie.*

sorcier, ière n. – VIIIe ; lat. *sors* « sort » 1 Personne qui pratique une magie de caractère primitif et secret. ⇒ **envoûteur, magicien.** *Les sorciers du Moyen Âge.* « *Certaines paysannes, qui passent pour sorcières, guérissent* [...] *avec des sucs d'herbe* » (Balz.). « *On ouvrit la chambre du sorcier ; on y trouva les maléfices et il fut condamné à être pendu* » (Volt.). *Les trois sorcières de « Macbeth » de Shakespeare. Sorciers africains.* ➛ *Herbe aux sorcières* : plante *(onagrariacées)* vivace, à fleurs blanches ou rosées ; verveine. ♦ loc. *Chasse aux sorcières* : poursuite systématique, par le pouvoir en place, des opposants politiques. 2 fam. *(Vieille) sorcière* : femme vieille, laide ou méchante, bizarrement accoutrée. 3 loc. *Il ne faut pas être sorcier pour* (faire qqch.). ⇒ **adroit, habile.** ➛ adj. *Ce n'est pas bien sorcier* : ce n'est pas bien difficile.

sordide adj. – XVe ; lat. *sordes* « saleté » 1 D'une saleté repoussante, qui dénote une misère extrême. ⇒ **dégoûtant.** « *Le taudis* [...] *était abject, sale, fétide, infect, ténébreux, sordide* » (Hugo). 2 fig. Qui est bassement, honteusement intéressé. *Avarice sordide. Querelle sordide autour d'un héritage.* ⇒ **répugnant.** ♦ Qui dénote une grande bassesse morale ; ignoble. *Crime sordide. Compromis dans une affaire sordide.* ➛ subst. *Le sordide d'une situation.* ✪ CONTR. Propre. Désintéressé, généreux, noble.

sorgho ou **sorgo** n. m. – XVIe ; probablt du lat. *syricus* « de Syrie » ▪ Plante herbacée des pays tropicaux *(graminées).*

sornette n. f. – XVe ; p.-ê. de l'a. fr. *sorne* « raillerie » ; cf. *sournois* ▪ (surtout plur.) Propos frivoles et creux ; affirmations qui ne reposent sur rien. ⇒ **baliverne, fadaise.** *Raconter, débiter des sornettes.* « *Toutes ces vieilles sornettes émeuvent encore le père Legrain* » (Duham.).

❑ Ce mot a vieilli.

sororal, ale, aux adj. – XVIe ▪ Relatif à la sœur, aux sœurs. *Héritage sororal.*

sororité n. f. – 1970 ; lat. *soror* « sœur », infl. de *fraternité* et de l'angl. *sorority* ▪ Solidarité entre femmes.

sorption n. f. – av. 1970 ; rad. de *absorption, désorption* ▪ Fixation ou libération de molécules de gaz au contact avec la surface d'un solide.

sort n. m. – XIe ; lat. *sors* 1 Effet magique, généralement néfaste, qui résulte de certaines opérations de sorcellerie. *Jeter un sort à qqn.* 2 Ce qui échoit, ce qui doit arriver (à une personne ou un groupe) du fait du hasard ou d'une prédestination supposée. ⇒ **destin, destinée.** « *Mourir pour le pays est un si digne sort* » (Corn.). *S'inquiéter du sort des victimes. Le sort qui l'attend.* ⇒ **avenir.** *Abandonner qqn à son triste sort.* ➛ fam. FAIRE UN SORT À QQCH., en finir d'une manière radicale. *Faire un sort à une bouteille,* la boire. 3 Puissance qui est supposée fixer le cours de la vie. ⇒ **destin.** *Le sort est aveugle. Les coups, les caprices du sort. Par une ironie du sort.* ➛ (juron) *Coquin de sort !* ➛ MAUVAIS SORT. ⇒ **adversité.** *Conjurer le mauvais sort.* 4 Décision, désignation par le hasard (opposé à *choix, élection*). ➛ *Le sort en est jeté :* la décision est prise irrévocablement (cf. loc. lat. « *Alea jacta est* » : les dés sont jetés). ♦ loc. *Tirer au sort :* décider, désigner par le recours au hasard. *Le tirage au sort.* ✪ HOM. Saur.

❑ De la même famille : *sorcier, sortilège, consort.*

sortable adj. – 1963 ▪ Qui présente bien, a de bonnes manières. ⇒ **présentable.** *Tu n'es vraiment pas sortable.* ✪ CONTR. Insortable.

sortant, ante adj. – XVIIe 1 Qui se produit par le fait du hasard. *Les numéros sortants* (au sort, au jeu, à la loterie). ⇒ **gagnant.** 2 Qui cesse de faire partie d'une assemblée. *Député sortant.* « *Le Dr Barbentane était conseiller sortant. Serait-il réélu ?* » (Aragon). 3 subst. *Les sortants :* les personnes qui sortent d'un lieu.

sorte n. f. – XIVe ; lat. *sors* « sort ; rang, catégorie » 1 Manière d'être ; ce qui permet de caractériser un objet parmi d'autres ; ensemble d'objets ainsi caractérisés. ⇒ **espèce, genre ; classe, groupe.** *Plusieurs sortes d'objets de même qualité. Cette sorte de gens.* ⇒ **catégorie.** ➛ TOUTES SORTES DE. « *J'ai vu se marier toutes sortes de gens. Des gens de basse souche et des grands de la terre* » (Brassens). 2 UNE SORTE DE..., se dit d'une personne, d'une chose qu'on ne peut qualifier exactement, et qu'on rapproche d'une autre. « *une sorte de colonel Charbert, perclus, presque aphone* » (Gide). « *Elle a acquis une sorte de force, de sûreté d'elle-même qu'elle n'avait pas* » (Maurois). 3 loc. adv. DE LA SORTE : de cette façon. ⇒ **ainsi.** « *Un homme n'agit pas de la sorte !* » (Montherl.). ➛ EN QUELQUE SORTE : d'une certaine manière, et par ext. presque, pour ainsi dire. « *Une vieille ridée, en quelque sorte momifiée* » (Gaut.). ➛ loc. conj. DE (TELLE) SORTE QUE... de (telle) manière que, si bien que. « *Bafoué de telle sorte que, malgré sa douceur, il se fâcha* » (France). ♦ *Faire en sorte que* (et le subj.) : s'arranger pour que, veiller à ce que... « *Fais en sorte que leurs chambres soient en ordre, le déjeuner soit bon* » (Mérimée).

❑ De la même famille : *assortir, réassort.*

sortie [sɔʀti] n. f. – XVe I - 1 Action de quitter un lieu, moment où des personnes sortent. *Sortie de prison. La sortie des élèves.* ➛ *Porte de sortie.* ♦ Action de quitter la scène. *Fausse sortie* (au théâtre). « *Ce qu'on nomme en style de coulisse une fausse sortie* » (Balz.). 2 Action de sortir pour faire qqch. « *la sortie des bébés et des nounous de une à deux heures* » (Daud.). *Jour de sortie d'un pensionnaire,* son jour de congé. ♦ loc. ÊTRE DE SORTIE : projeter de sortir, se distraire, etc. 3 Attaque militaire pour sortir d'un lieu. *Les assiégés ont tenté une sortie. Avion qui fait une sortie.* ♦ Attaque verbale. *Faire une sortie contre qqn.* 4 Le fait de sortir d'un pays (pour des marchandises d'exportation, des devises). *Sortie de marchandises du pays.* ⇒ **exportation.** 5 Le fait d'être produit, livré au public. *La sortie d'un nouveau modèle de voiture. La sortie d'un livre.* ⇒ **publication.** 6 plur. Somme dépensée. *Il y a plus de sorties que de rentrées ce mois-ci.* 7 Action de s'écouler (fluides). *La sortie des gaz.* ♦ Émission d'information vers un périphérique (par oppos. à *entrée*). *Sortie laser.* 8 Fait de sortir (fig.). *Dès la sortie de l'enfance.* II Endroit, passage, porte par où les personnes, les choses sortent. *Sortie de secours. Sortie de garage.* « *la sortie principale du métro Clichy* » (Aymé). *À la sortie du village.* III *Sortie de bain :* peignoir ou vêtement en tissu éponge que l'on porte après le bain. ✪ CONTR. Accès, entrée.

sortilège n. m. – XIIIe ; lat. « qui lit le sort », « devin » ▪ Artifice de sorcier. « *L'Enfant et les Sortilèges* », *fantaisie lyrique de Ravel, sur un texte de Colette.* ♦ Influence qui semble magique. « *Il se sentait délivré d'elle, de ses sortilèges* » (Mart. du G.).

① **sortir** v. [16] – XIIe ; p.-ê. de ③ *sortir,* ou du lat. *surgere* « jaillir » I v. intr. 1 Aller hors (d'un lieu), en parlant des êtres animés. *Sortir de chez soi. Sortir du lit. Poussin qui sort de l'œuf.* ♦ Quitter une maison et ses occupants. ⇒ ① **partir,** se **retirer.** ➛ *Faire sortir la foule.* ⇒ **évacuer.** *Sortez !* 2 Aller dehors. *Personne ne sort par ce temps.* 3 Aller hors de chez soi pour se distraire. ➛ *Sortir avec qqn,* pour se distraire. *Ce soir, je sors avec ma mère.* ➛ fam. Avoir une relation sentimentale, érotique avec qqn. *Il sort avec elle depuis un an.* 4 Aller hors de..., en parlant d'objets en mouvement, de fluides, d'ondes. « *Un éclat de rire, qui semblait sortir d'une poitrine forte* » (Vigny). ⇒ s'**échapper.** ➛ fam. *C'est sorti tout seul. Il fallait que ça sorte,* que ce soit dit. 5 Aller hors d'un contenant, d'un lieu, en parlant des choses qui doivent s'y maintenir. *Rivière qui sort de son lit.* ⇒ **déborder.** *Voiture qui sort de la route.* ♦ fig. Ne plus être, ne plus appartenir à. « *Est-ce que ça doit sortir de la famille ?* » (Zola). ➛ *Le rendez-vous m'était sorti de la tête,* je l'ai oublié. 6 Apparaître en se produisant à l'extérieur. *Plantes qui sortent de terre.* ⇒ **pousser.** ♦ fig. Être livré au public, mis dans le commerce. *Ce logiciel vient de sortir.* ➛ Être publié, édité. ⇒ **paraître.** *Son livre va sortir.* 7 Apparaître en totalité ou en partie hors de qqch. ⇒ **saillir.** *Sa première dent est sortie.* loc. fig. *Les yeux lui sortent de la tête,* se dit de qqn en colère. 8 Se produire (au jeu, au tirage au sort). *Chiffre qui n'est sorti qu'une fois.* ➛ *Sujet qui sort à un examen.* 9 Quitter (le lieu d'une occupation). *Sortir de table :* avoir fini de manger. *Écolier, ouvrier qui sort à six heures,* finit à six heures. 10 Quitter (une occupation). *Sortir d'un entretien.* fam. Venir à bout d'une occupation. *J'ai trop à faire, je n'en sors pas.* 11 Quitter (un état), faire ou voir cesser (une situation). *Sortir de l'enfance.* « *le premier pas pour sortir de notre misère* » (Rouss.). loc. *Sortir d'un mauvais pas.* ➛ *Sortir de maladie. Il en sortira.* ⇒ **guérir.** ➛ *Sortir indemne d'un accident.* ♦ Abandonner (un comportement naturel, habituel). « *Vous me feriez sortir de mon sang-froid* » (Sand). 12 Ne pas se tenir à (une chose fixée). ⇒ s'**écarter,** s'**éloigner.** *Sortir du sujet. Sortir de la légalité.* ⇒ **transgresser.** ➛ Cesser de faire partie de..., d'être concerné par... ; être en dehors de... *Cela sort de ma compétence. Ce modèle sort de l'ordinaire.* 13 Avoir son origine, sa source dans. ⇒ **provenir, venir** (de). fam. *Ça sort du cœur !* c'est direct et sincère (paroles). ➛ *Il n'est rien sorti de nos recherches,* elles n'ont rien produit. 14 Avoir pour ascendance. *Sortir d'une très ancienne famille.* ♦ Avoir été formé (quelque part). « *De bons ingénieurs brevetés sortiront de ces écoles* » (Duham.). 15 Avoir été fait, fabriqué (quelque part). *Des robes qui sortent de chez les grands couturiers.* II v. tr. 1 Mener dehors (un être qui ne peut sortir seul). *Sortir un enfant, un malade. Sortir son chien.* 2 Mettre dehors (qqch.), tirer (d'un lieu). *Sortir sa voiture du garage. Sortir son briquet de sa poche.* ➛ Dégager (qqn) d'un lieu dont il ne peut sortir seul. *Sortir un blessé des décombres.* ⇒ **dégager.** 3 fam. Expulser (qqn). *À la porte ! Sortez-le ! Se faire sortir.* 4 Faire sortir d'un état, d'une situation. *Je* *vais vous sortir d'affaire.* ⇒ **tirer.** *Il faut le sortir de là.* ➛ pronom. SE SORTIR (d'une situation par ses propres efforts). ➛ *S'EN SORTIR :* venir à bout d'une situation pénible. *Il « ne cessait de gémir : – Comment voulez-vous que je m'en sorte ? »* (Romains). 5 Produire pour le public, mettre dans le commerce. *Ils vont sortir une nouvelle voiture.* ⇒ **commercialiser,** ① **lancer.** 6 fam. Dire, débiter. *Il nous en a sorti une bien bonne.* ✪ CONTR. Entrer, rentrer. — Enfoncer, enfermer, introduire. — HOM. *Sors :* saure (saurer).

> ❑ La forme transitive se construit avec l'auxiliaire *avoir (il a sorti son cabriolet),* la forme intransitive avec *être (il est sorti de l'hôpital).*

② **sortir** n. m. – XVIe ▪ *AU SORTIR DE :* en sortant, à la sortie (d'un lieu). *« au sortir des forêts Ce lion fut pris dans des rets »* (La Font.). ➛ En sortant (d'un état, d'une situation). *Au sortir de l'hiver.* ⇒ ① **fin.** ➛ En quittant (une occupation, le lieu d'une occupation). *Au sortir d'un entretien.* ⇒ **issue.**

③ **sortir** v. tr. [2] – XIIe ; lat. *sortiri* « tirer au *sort* » ▪ dr. Obtenir. *La sentence sortissait son plein et entier effet.*

> ❑ Ce verbe ne se conjugue pas comme son homonyme, mais comme *finir.* → ② ressortir, ressortissant.

S.O.S. [ɛsoɛs] n. m. – 1908 ▪ Signal de détresse en morse transmis par radiotélégraphie. ♦ Appel à secourir d'urgence des personnes en danger. ♦ Appel à intervenir. ➛ *SOS-Racisme.*

> ❑ L'étymologie de *S.O.S.* a été très discutée ; ces trois lettres auraient été choisies pour la clarté du signal et ne proviennent pas de l'anglais *Save Our Souls* (« Sauvez nos âmes »).

sosie n. m. – XVIIe ; n. pr. ▪ Personne qui a une parfaite ressemblance avec une autre.

sostenuto [sɔstenuto] adv. – XIXe ; mot it. « soutenu » ▪ De façon égale et soutenue (indication musicale). *Allegro sostenuto.*

sot, sotte adj. et n. – XIIe ; o. i. 1 vieilli Qui a peu d'intelligence et peu de jugement. ⇒ **bête, imbécile.** *« J'espère que tu ne me crois pas assez sot pour me fâcher »* (Muss.). ♦ n. *« Un sot trouve toujours un plus sot qui l'admire »* (Boil.). ⇒ **nigaud.** *« cette petite sotte de Bérénice »* (Aragon). 2 Qui dénote une absence d'intelligence, de jugement. ⇒ **absurde, inepte.** *« il eût fallut renoncer à mon voyage. C'eût été trop sot »* (Flaub.). 3 n. Personnage de fou, de bouffon ; acteur qui jouait dans les sotties. ✪ CONTR. Avisé, intelligent, spirituel. — HOM. Saut, sceau, seau.

sot-l'y-laisse n. m. inv. – XVIIIe ▪ Morceau à la chair très fine, de chaque côté de la carcasse d'une volaille, au-dessus du croupion.

> ❑ Ce morceau délicat est assez peu apparent, de sorte que « le sot l'y laisse ».

sottement adv. – XIIe ▪ D'une manière sotte, comme un sot. ⇒ **bêtement, stupidement.** *« je ne suis pas sottement prude, je puis tout écouter »* (Balz.).

sottie ou **sotie** [sɔti] n. f. – XIIe ; de *sot* ▪ Farce de caractère satirique jouée au Moyen Âge.

sottise n. f. – XIIIe 1 Défaut du sot ; manque d'intelligence et de jugement. ⇒ **bêtise, stupidité.** *« le corbeau qui a la sottise de laisser tomber son fromage »* (Stendh.). 2 Parole ou action qui dénote peu d'intelligence. *Dire, écrire des sottises. Faire une sottise.* ♦ Maladresse, acte de désobéissance d'enfant. 3 Chose de peu d'importance. *Perdre son temps à des sottises.* ⇒ **bêtise, futilité.** ✪ CONTR. Finesse, intelligence. Prouesse.

sottisier n. m. – XVIIIe ▪ Recueil de sottises ou d'erreurs comiques échappées à des auteurs connus. ⇒ **bêtisier.**

sou n. m. – XIIe ; lat. *solidus* « massif » ▪ Pièce qui valait le vingtième de la livre. ⇒ **denier,** ① **liard.** ♦ Le vingtième du franc ou cinq centimes. ➛ fam. Au Canada, Cent* (②, 2°). ➛ loc. *Propre comme un sou neuf :* d'une propreté méticuleuse. ⇒ fam. **nickel.** *Machine à sous :* appareil où l'on joue des pièces de monnaie. ⇒ **jackpot.** loc. *Compter, économiser sou à sou,* petit à petit. *« Ceux qui ont amassé sou à sou une fortune »* (Zola). *Jusqu'au dernier sou. Je n'ai pas un sou sur moi. Ne pas avoir le premier sou pour* (un achat). *N'avoir pas le sou,* pas d'argent. *« seule, sans le sou, crevant de misère »* (Maupass.). ➛ *De quatre sous :* insignifiant, sans valeur. *Un bijou de quatre sous.* ➛ *Il n'est pas compliqué pour un sou,* pas compliqué du tout. *Il n'a pas un sou de bon sens.* ♦ au plur. fam. Argent. *Être près de ses sous :* être avare. ➛ *GROS SOUS :* argent, intérêt financier. *Question de gros sous,* d'intérêt. *Parler gros sous.* ✪ HOM. Soûl, sous, soue.

souahéli, ie → **swahili**

soubassement n. m. – XIVe ; de *sous* et ① *bas* 1 Partie inférieure (d'une construction) sur laquelle porte l'édifice. ⇒ **assiette, assise, base.** ➛ *Soubassement d'une colonne, d'une statue.* ♦ Partie inférieure des murs. *Des murs de torchis « sur un soubassement de planches »* (Aragon). 2 Socle sur lequel reposent des couches de terrain.

soubresaut [subʀəso] n. m. – XIVe ; provenç. ou esp., de *sobre* « sur » et *salto* « saut » 1 Saut brusque et imprévu ; à-coup, secousse d'un véhicule. 2 Mouvement convulsif et violent (d'un corps, d'une partie du corps). *« les soubresauts d'agonie des lézards »* (Gide). 3 En danse, Saut les jambes serrées.

soubrette n. f. – XVIIe ; provenç. ▪ Suivante ou servante. ♦ fam. Bonne, femme de chambre aimable et délurée.

> ❑ La *soubrette* était l'un des personnages de la comédie au XIXe siècle ; elle a remplacé la *servante.*

souche n. f. – XIIe ; gaul. *tsukka* 1 Ce qui reste du tronc, avec les racines, quand l'arbre a été coupé. ➛ loc. *Rester (planté) comme une souche,* inerte, immobile. *Dormir comme une souche,* profondément. ⇒ ① **bûche.** ♦ Pied de la plante. *Souche de vigne.* ⇒ **cep.** 2 Personne à l'origine d'une famille, d'une lignée. *Faire souche :* avoir une descendance. *Famille de vieille souche,* très ancienne. *Français, allemand de souche,* d'origine (opposé à *naturalisé*). ➛ *Partage par souches,* par héritier représenté, dans le cas où un héritier a plusieurs représentants (opposé à *partage par tête*). ♦ Ensemble d'organismes d'une même espèce et provenant d'un même ancêtre. ♦ Origine (d'une famille ethnique, linguistique). *Mot de souche latine. Mot souche.* 3 Partie reliée des feuilles d'un document dont l'autre partie se détache. ⇒ **talon.** *Carnet à souche(s).* 4 Massif de maçonnerie servant de base à une construction.

① **souchet** n. m. – XIVe ▪ Plante herbacée *(cypéracées)* poussant au bord de l'eau. *Souchet comestible dit* amande de terre ; *souchet à papier* (⇒ **papyrus**).

② **souchet** n. m. – XVe ; o. i. ▪ Canard sauvage au bec noir très élargi à l'extrémité, vivant au bord des étangs et marais.

souchong [suʃɔ̃] n. m. – XIXe ; chin. *siao-chun* ▪ Thé noir de Chine.

① **souci** n. m. – XIIIe 1 État de l'esprit qui est absorbé par une préoccupation jusqu'à la souffrance morale.

⇒ **inquiétude, peine, tourment.** loc. *Se faire du souci (pour qqn, qqch.)* : s'inquiéter. *Son état lui donne bien du souci.* ♦ Être, chose qui trouble ou inquiète l'esprit. *Cet enfant est un perpétuel souci pour ses parents.* « *Dès que l'on a un souci on perd le sommeil* » (Alain). 2 Attitude subjective de qqn qui recherche un résultat, qui forme un projet. *Avoir le souci de la perfection.* « *son souci de se construire une vie si riche* » (Beauv.). ➛ littér. « *J'ai trop souci de la vérité* » (Gide). ✪ CONTR. Joie, plaisir.

② **souci** n. m. – XIIIe ; altér., d'apr. ① *souci,* du lat. *solsequia* « tournesol » ▪ Plante *(ostéracées)* commune dans les champs. *Souci des jardins,* cultivé pour ses fleurs jaunes ou orangées. ➛ Les fleurs de cette plante. ♦ *Souci d'eau* : renoncule des marais. ⇒ **populage.**

soucier v. tr. [7] – XIIIe ; lat. *sollicitare* 1 Causer de l'inquiétude à (qqn). ⇒ **préoccuper.** 2 SE SOUCIER v. pron. littér. Se faire du souci. « *vous vous soucieriez encore plus que vous ne faites* » (Dider.). ♦ SE SOUCIER DE : prendre intérêt à, avoir la préoccupation de. « *je ne me suis jamais soucié de grands problèmes* » (Camus). « *Elle se souciait de manger, boire, chanter, danser* » (R. Rolland).

soucieux, ieuse adj. – XIIIe 1 Qui est absorbé par le souci, troublé par l'inquiétude, l'appréhension. ⇒ **inquiet, préoccupé.** « *Il paraissait embarrassé, soucieux* » (Simenon). 2 SOUCIEUX DE... : qui se préoccupe de. « *elle nage soucieuse uniquement de sa plastique* » (Colette). ✪ CONTR. Décontracté.

soucoupe n. f. – XVIIe ▪ Petite assiette qui se place sous une tasse, un gobelet. ⇒ région. **sous-tasse.** ♦ SOUCOUPE VOLANTE : objet volant que certaines personnes prétendent avoir vu, généralement considéré comme d'origine extraterrestre. ⇒ **ovni.** « *Eh bien, j'y crois, moi, aux soucoupes volantes !* » (Ionesco).

❑ C'est en juin 1947 qu'un pilote américain affirma avoir aperçu des objets volants d'une nature inconnue.

soudage n. m. – XVe ▪ Opération par laquelle on soude (⇒ **soudure**) ; son résultat. *Un soudage solide.*

soudain, aine adj. et adv. – XIIe ; lat. *subitus* 1 Qui arrive, se produit en très peu de temps. ⇒ **brusque, subit.** *Douleur, colère soudaine. Peur soudaine. Envie soudaine. Idée soudaine.* 2 adv. Dans l'instant même (⇒ **aussitôt**) ; d'un seul mouvement. ⇒ **soudainement** (cf. Tout d'un coup*). *Il se mit soudain à pleuvoir.* « *Elle s'arrêtait soudain, la bouche ouverte* » (Duham.). ✪ CONTR. Lent, progressif. Lentement, progressivement.

❑ Pour le sens → subit (rem.).

soudainement adv. – XIIe ▪ D'une manière rapide et imprévue ; tout à coup. « *il perdit soudainement patience* » (Courtel.). ✪ CONTR. Graduellement, lentement, progressivement.

❑ Alors que *soudain* (adv.) évoque le caractère imprévu d'une action, *soudainement* caractérise la manière dont l'action se déroule.

soudaineté n. f. – XIIIe ▪ Caractère de ce qui est rapide et imprévu. « *cet adieu, d'une si foudroyante soudaineté* » (Bourget). ✪ CONTR. Lenteur.

soudant, ante adj. – XIXe ▪ Se dit de la température du blanc vif à laquelle on porte le fer pour le souder. *Blanc soudant.*

soudard n. m. – XIVe ; de *soude* « solde » ▪ vx Soldat mercenaire. ♦ littér. Homme de guerre brutal, grossier. ⇒ **reître.** « *les insolences des soudards de l'Empire* » (Barbey).

❑ Ce mot, remplacé par *soldat,* a pris une valeur péjorative. → soldat (rem.).

soude n. f. – XVIe ; ar. *suwwâd* 1 *Soude caustique* : hydroxyde de sodium (NaOH). 2 *Soude (du commerce)* ou *soude Solvay* : carbonate de sodium (Na_2CO_3). *Cristaux de soude.* 3 *Bicarbonate, sulfate de soude,* de sodium.

soudé, ée adj. – XIIe 1 Uni par soudure. 2 Joint, uni. *Pétales, sépales soudés* (⇒ **gamopétale, gamosépale**). ➛ fig. (personnes) Étroitement unis. *Restons soudés face à l'adversité.*

souder v. tr. [1] – XIe ; lat. *solidus* → solide 1 Joindre ou faire adhérer (des pièces d'une matière solide) par fusion ou réaction chimique. *Souder des pièces d'acier.* ⇒ **aciérer.** *Souder du verre.* ➛ *Fer à souder* : masse métallique chauffée pour faire fondre la soudure. *Lampe à souder* (⇒ **chalumeau**). 2 didact. Réunir par adhésion, faire adhérer. *Souder les parties d'une fracture.* pronom. Se réunir pour former un tout. ✪ CONTR. Dessouder. Diviser, séparer.

soudeur, euse n. – XIVe 1 Ouvrier qui soude, spécialiste de la soudure. 2 n. f. Machine à souder.

soudier, ière adj. et n. – XVIIIe 1 Relatif à la soude, à sa production. 2 n. m. Ouvrier employé dans une fabrique de soude. 3 n. f. Usine, fabrique de soude.

soudoyer v. tr. [8] – XIIe ; de l'a. fr. *sold* « sou » → soldat, soudard ▪ S'assurer à prix d'argent le concours de (qqn). ⇒ **acheter, corrompre, stipendier.**

soudure n. f. – XIIe 1 Alliage fusible servant à souder les métaux. *Soudure à l'étain, au cuivre.* 2 didact. Union, adhérence étroite (de deux parties). ⇒ **jonction.** 3 Opération par laquelle on réunit deux corps solides de manière qu'ils forment une masse indivise. ⇒ **assemblage, soudage.** ♦ Partie soudée. 4 fig. *Faire la soudure* : satisfaire à la demande des consommateurs au moment où l'offre est la plus faible. ➛ Assurer la transition entre deux systèmes ou deux personnes.

soue n. f. – XIXe ; gaul. ▪ région. Étable à cochons. ✪ HOM. Sou, soûl, sous.

soufflage n. m. – XVe I Opération par laquelle on donne sa forme à un objet de verre en insufflant de l'air dans la masse de verre ramollie par la chaleur. II Doublage extérieur sur le bord d'un navire, pour augmenter la stabilité.

soufflant, ante adj. – XIXe 1 Qui sert à souffler, à provoquer un effet de souffle. 2 n. m. arg. Pistolet, revolver.

soufflante n. f. – 1940 ▪ Compresseur utilisé pour la fourniture de l'air nécessaire au fonctionnement d'un haut fourneau ou d'un convertisseur.

souffle n. m. – XIIe 1 Mouvement de l'air que l'on produit en expirant avec une certaine force. *Éteindre dix bougies d'un seul souffle.* ♦ Le fait ou la capacité de souffler fort, longtemps. 2 Le fait d'expirer l'air qu'on rejette par la bouche, en respirant. ⇒ **expiration, haleine.** *Murmurer quelques mots dans un souffle.* ♦ La respiration ; son bruit. « *le souffle rauque des éléphants qui s'agitaient* » (Flaub.). *Retenir, reprendre son souffle.* loc. *Couper le souffle (à qqn)* ; fig. étonner vivement. ➛ *Avoir le souffle court* : être essoufflé. ➛ loc. *Être à bout de souffle,* haletant de fatigue ; fig. ne pas pouvoir poursuivre un effort, un projet. ➛ *Avoir du souffle* : être hardi. *Ne pas manquer de souffle. Il a un certain souffle !* (⇒ **aplomb, culot**). ➛ *Second souffle* : regain d'énergie (en parlant d'un sportif, d'une entreprise, etc.). 3 Force qui anime, inspire, crée. ⇒ **esprit.** *Le souffle vital.* ⇒ ① **élan.** *Le souffle créateur, divin. Le souffle d'un écrivain.* loc. *Avoir du souffle,* une inspiration puissante. 4 Mouvement naturel (de l'air) dans l'atmosphère. ⇒ ② **courant, vent.** « *Pas un souffle de vent n'agitait les arbres* »

(Muss.). 5 Air, fluide déplacé (par une différence de pression). « *De la cage d'escalier montait un souffle obscur et humide* » (Camus). *Souffle d'un réacteur.* ➛ Déplacement d'air très considérable provoqué par une explosion. *Le souffle a pulvérisé les vitres.* 6 Bruit anormal perçu à l'auscultation (du cœur, du poumon, etc.). *Avoir un souffle au cœur,* une lésion des orifices des valvules déterminant un souffle. 7 Bruit de fond continu d'un récepteur radio, d'un haut-parleur.

❑ Toute la famille de *souffle* prend deux *f* (ex. *essouffler, télésouffleur*), sauf *boursouflé.*

soufflé, ée adj. et n. m. – XIVe 1 Gonflé (par le souffle, par un gaz). ➛ Qui a gonflé à la cuisson. *Omelette soufflée.* ♦ n. m. Mets ou entremets de pâte légère qui monte à la cuisson. *Soufflé au fromage.* 2 fam. Abasourdi, très étonné. ⇒ **stupéfait.**

soufflement n. m. – XIIe 1 rare Action de souffler. 2 Bruit produit en soufflant.

souffler v. [1] – XIIe ; lat. *flare* I v. intr. (et tr. ind.) 1 Expulser de l'air par la bouche ou par le nez, par une action volontaire. ⇒ **exhaler, expirer.** *Souffler dans une trompette.* « *il faut souffler patiemment sur cette petite braise* [...] *pour qu'elle s'attise* » (Mart. du G.). 2 Respirer avec peine, en expirant fort, bruyamment. ⇒ **haleter ;** s'**essouffler.** *Laisser souffler son cheval,* lui laisser reprendre souffle. ➛ Prendre un peu de relâche. ⇒ se **reposer.** *Dix minutes pour souffler entre deux cours.* « *Laissez-moi le temps de souffler* » (Courtel.). 3 Faire fonctionner un soufflet, une soufflerie. *Souffler à l'orgue.* 4 Déplacer un fluide ; produire un courant d'air (en parlant du vent). *Le vent souffle :* il y a du vent. impers. *Il soufflait une brise du sud.* ➛ par métaph. « *Un vent de bêtise et de folie souffle maintenant* » (Flaub.). loc. *Regarder, voir d'où, de quel côté souffle le vent :* observer comment vont tourner des événements. II v. tr. 1 Envoyer un souffle d'air sur (qqch.). *Souffler une bougie.* ⇒ **éteindre.** ♦ fig. et fam. *Souffler qqch. à qqn,* le lui enlever. ➛ Aux dames, *Souffler un pion,* le prendre quand il n'a pas pris. *Souffler n'est pas jouer,* ne constitue pas un coup. ♦ Détruire par l'effet du souffle. *Quantité de maisons* « *ont été soufflées par les explosions* » (Gide). 2 Envoyer de l'air dans (qqch.). *Souffler le verre* (⇒ **soufflage).** 3 Envoyer (un fluide). « *La porte battait, soufflait une odeur forte de graillon* » (Zola). ♦ Faire sortir en expirant, en soufflant. *Souffler la fumée par la bouche, le nez.* loc. fig. *Souffler le chaud et le froid :* changer d'opinion ; faire alterner la douceur et la menace. 4 Dire à voix basse. ⇒ **chuchoter.** *Chut, souffla-t-il.* ➛ loc. *Ne pas souffler mot :* ne rien dire. ♦ fig. ⇒ **suggérer.** « *Voilà ce que me souffle l'instinct* » (Duham.). ♦ Dire discrètement (qqch.) pour aider qqn (⇒ **souffleur).** « *Je te soufflerai tes mots* » (Rostand). *Souffler la réponse* (à un élève). 5 fam. Rendre stupéfait. *Son culot nous a soufflés.*

soufflerie n. f. – XIIIe 1 Ce qui sert à souffler ; machine soufflante et dispositifs qui conduisent le fluide soufflé. *Soufflerie d'un orgue. La soufflerie d'une forge.* 2 *Soufflerie aérodynamique :* installation permettant d'étudier les mouvements d'un fluide autour d'un matériel qui doit être soumis à de grandes vitesses.

soufflet n. m. – XIIe I - 1 Instrument servant à souffler de l'air, formé de deux tablettes reliées par un assemblage souple qui se déplie en faisant entrer l'air et se replie en le chassant. *Un* « *soufflet, dont chaque haleine faisait envoler un pétillement d'étincelles* » (Zola). 2 Partie pliante ou souple entre deux parties rigides. *Sac à soufflets.* ➛ *Soufflet de train,* passage articulé entre deux voitures. II vx ou littér. Coup du plat ou du revers de la main appliqué sur la joue. ⇒ **gifle.** ♦ fig. et littér. ⇒ **affront, outrage.** « *C'était un démenti donné à toute ma vie, un soufflet appliqué à mes convictions* » (Courtel.). ⇒ **camouflet.**

souffleter v. tr. [4] – XVIe ▪ vieilli Frapper d'un soufflet. ⇒ **gifler.** « *aller casser les reins du marquis ou le souffleter au cercle* » (Maupass.). ♦ fig. et littér. Humilier, outrager.

souffleur, euse n. – XIIIe I - 1 n. m. Ouvrier qui façonne le verre par soufflage. 2 Personne chargée de prévenir les défaillances de mémoire des acteurs de théâtre en leur soufflant leur rôle. 3 n. m. Orifice karstique par lequel passe un courant d'air. II n. m. Cétacé qui souffle de l'eau par des évents. III n. f. 1 Appareil agricole pour la manutention des grains. 2 (Canada) Chasse-neige qui projette la neige à distance.

soufflure n. f. – XIIIe ▪ Petite cavité contenant des gaz sous pression, qui se forme pendant la solidification d'un ouvrage de métal, de verre.

souffrance n. f. – XIIe 1 *EN SOUFFRANCE :* en suspens, qui attend sa conclusion. *Marchandises en souffrance,* qui n'ont pas été retirées par le destinataire. 2 Le fait de souffrir. ⇒ **douleur, peine.** « *L'amélioration par la souffrance est une supposition chrétienne* » (Péguy). 3 Douleur, accès de douleur physique ou morale. « *Pour quelques jours de survie, ma mère avait risqué d'affreuses souffrances* » (Beauv.). ✪ CONTR. Bonheur, joie, plaisir.

souffrant, ante adj. – XIIe 1 littér. Qui souffre, qui éprouve de la peine, des tourments. *L'humanité souffrante.* 2 Légèrement malade. « *ma grand-mère rentrait un peu souffrante, ayant eu un étourdissement* » (Proust).

souffre-douleur n. m. inv. – XVIIe ▪ Personne qui est en butte à des mauvais traitements, à des tracasseries. ⇒ **victime.**

souffreteux, euse adj. – XIIe ; a. fr. *suffraite* « privation, misère » ▪ Qui est de santé fragile, habituellement souffrant. ⇒ **maladif.** « *une petite femme maigre, souffreteuse, jaune* » (Daud.). ✪ CONTR. Florissant.

❑ Ce mot n'a pas de rapport étymologique avec *souffrir.*

souffrir v. [18] – XIe ; lat. *ferre* « porter » I v. tr. 1 littér. Supporter (qqch. de pénible ou de désagréable). ⇒ **endurer.** « *Silencieusement tu souffrais ces insultes* » (Baud.). ➛ *Ne pas pouvoir souffrir (qqch.) :* ne pas aimer, détester. ➛ « *Je ne pus souffrir de les voir si bien ensemble* » (Mol.). ♦ Ne pas supporter (qqn), la présence, l'activité de (qqn). *Ne pas pouvoir souffrir qqn.* ⇒ **sentir.** pronom. *Des hommes qui ne peuvent se souffrir.* 2 littér. Permettre, tolérer. *Il ne souffrirait aucun acte d'autorité.* ♦ ⇒ **admettre.** *Cela ne souffre aucun retard.* 3 Éprouver douloureusement. « *Tout ce que j'ai souffert, mes craintes, mes transports* » (Rac.). *Souffrir le martyre.* II v. intr. 1 Éprouver une souffrance, des douleurs physiques ou morales. *Où souffrez-vous ? Souffrir en silence.* loc. fam. *Il faut souffrir pour être belle.* ➛ *Faire souffrir.* ⇒ **martyriser, torturer, tourmenter.** *J'ai su* « *combien mes coquetteries vous ont fait souffrir* » (Balz.). ♦ *SOUFFRIR DE. Souffrir des dents ; du froid.* ➛ *Je* « *souffrais beaucoup d'être toujours hideusement fagoté* » (Gide). ♦ fam. Avoir bien du mal, se donner beaucoup de peine. *Nous avons gagné le match, mais ils nous ont fait souffrir* 2 Éprouver, subir un dommage, un préjudice. *Pays qui souffre d'un retard technique. Le moteur a souffert dans l'accident. Sa réputation en a souffert.* ✪ HOM. *Souffre :* soufre (soufrer).

❑ Attention à l'accord du participe passé : « *les pertes qu'il avait souffertes* » (Hugo) mais *les deux années qu'il a souffert* (complément circonstanciel : « pendant lesquelles »). ♦ En médecine, *souffrir* se dit aussi de n'importe quel trouble ou anomalie qui ne fait pas souffrir. *Le patient souffre d'hémophilie.*

soufisme n. m. – XIXe ; ar. *souf* « laine » ▪ Doctrine mystique islamique.

❑ Les premiers adeptes étaient des ascètes portant un vêtement de laine.

soufrage n. m. – XVIIIe ▪ Opération qui consiste à soufrer. *Le soufrage des allumettes. Soufrage d'une vigne.*

soufre n. m. – XIIe ; lat. *sulfur* 1 Élément (S ; no at. 16 ; m. at. 32,06) du même groupe que l'oxygène, le sélénium, le tellure, très répandu dans la nature (⇒ **sulfate, sulfure**). ♦ loc. fig. *Sentir le soufre* : être peu orthodoxe, sembler inspiré par le diable. *Écrits qui sentent le soufre.* ⇒ **sulfureux.** 2 Couleur d'un jaune clair semblable à celle du soufre. *Une rose* « *au cœur de soufre* » (Goncourt). ➛ *Jaune soufre.* ⇒ **soufré.**

soufré, ée adj. – XIIIe 1 Enduit, imprégné de soufre. *Allumettes soufrées.* 2 D'une couleur jaune soufre.

soufrer v. tr. [1] – XVIIe 1 Imprégner, enduire de soufre. 2 Traiter (une plante) en répandant sur elle du soufre en poudre. *Soufrer la vigne.* 3 Traiter au soufre, à l'anhydride sulfureux. « *Une très légère buée bleue – on a soufré les tonneaux – épaissit l'air* » (Colette). ✪ HOM. *Soufre* : souffre (souffrir).

soufreur, euse n. – XIXe 1 Ouvrier, ouvrière qui prépare ou répand le soufre. 2 n. f. Appareil qui sert à pulvériser le soufre.

soufrière n. f. – XVe ▪ Mine de soufre.

souhait n. m. – XIIe 1 Désir d'obtenir qqch., de voir un événement se produire. ⇒ **aspiration, envie, vœu.** « *voilà grâce au ciel, tous mes souhaits accomplis* » (Mol.). ➛ *Les souhaits de bonne année.* ⇒ **vœu.** ➛ fam. *À vos souhaits !* formule à l'adresse de qqn qui éternue. 2 loc. adv. *À SOUHAIT* : autant qu'on peut le souhaiter ; autant que possible. *Comblé* « *d'honneurs, riche à souhait, entouré* » (Gide). ✪ CONTR. Crainte.

souhaitable adj. – XVIe ▪ Qui peut ou qui doit être souhaité, recherché. *Il serait souhaitable qu'il trouve un travail.*

souhaiter v. tr. [1] – XIIe ; gallo-roman *subtus* « sous » et germ. *haitan* « ordonner, promettre » 1 Désirer la possession, la présence de (qqch.), la réalisation de (un événement). ⇒ **aspirer** (à), **espérer, rechercher.** *Je souhaite sa réussite, qu'elle réussisse.* ➛ « *la grève générale souhaitée par les travailleurs* » (Renouv.). *Anglais souhaité* (dans une offre d'emploi). ➛ « *il souhaitait continuer ses études* » (Maurois). 2 Dire (à qqn) qu'on espère qu'il aura (qqch.). « *Je vous souhaite l'avancement que vous méritez* » (Volt.). *Il lui souhaita de se rétablir promptement.* ➛ *Souhaiter le bonjour à qqn. Souhaiter bon voyage, bonne chance à qqn. Souhaiter un bon anniversaire à qqn.* ➛ *Souhaiter la bonne année à qqn.* ✪ CONTR. Craindre, regretter.

❑ L'accord du participe permet une distinction de sens entre : *elle a une maison comme elle l'a souhaité* (elle souhaitait être propriétaire) et *elle a une maison comme elle l'a souhaitée* (elle a la maison de ses rêves).

souillard n. m. – XIVe ; a. fr. *soil* « bourbier » ▪ Trou percé dans une dalle, dans un mur, pour l'écoulement des eaux.

souille n. f. – XIVe 1 Bourbier où le sanglier se vautre. ⇒ **bauge.** ♦ Soue. 2 Enfoncement que forme un navire échoué dans la vase, le sable. 3 Trace laissée sur le sol par un projectile qui a ricoché.

souiller v. tr. [1] – XIIe ; lat. *solium* « baquet » ▪ littér. 1 Salir. *Malade qui souille ses draps.* ➛ Altérer l'état d'asepsie de. ⇒ **corrompre, infecter, polluer.** 2 Salir par le contact d'une chose impure. ⇒ **contaminer.** ♦ Salir, altérer (ce qui aurait dû être respecté). ⇒ **avilir, entacher.** *Souiller la mémoire de qqn.* « *L'idée de saletés le gênait, souillait son idée de la famille* » (Genet). ✪ CONTR. Laver, purifier.

souillon n. – XVe ▪ Personne malpropre.

❑ Ne se dit plus guère que d'une femme, ce qui convient au suffixe *-on*, souvent féminin.

souillure n. f. – XIIIe 1 rare Marque laissée par ce qui souille ; saleté, tache. 2 littér. Avilissement, corruption. ⇒ **péché, tache, tare.** *Souillure morale.* ✪ CONTR. Propreté, pureté.

soui-manga n. m. – XVIIIe ; mot malgache ▪ Petit passereau de l'Afrique tropicale, colibri au bec long et recourbé, au plumage riche et brillant. *Des soui-mangas.*

❑ On écrit aussi *swi-manga.*

souk n. m. – XIXe ; mot ar. 1 Marché couvert des pays d'islam. ⇒ **bazar.** *Le quartier des souks.* 2 fam. Lieu où règne le désordre. *Quel souk !* ♦ Grand tapage. *C'est fini, ce souk ?*

❑ Ce mot a suivi la même évolution sémantique que *bazar.*

soûl, soûle [su, sul] adj. – XIIe ; lat. *satur* « rassasié » 1 littér. Rassasié au point d'être dégoûté. *Soûl de plaisir.* ♦ n. m. *TOUT MON (TON, SON, etc.) SOÛL* : à satiété, autant qu'on veut. « *il n'osait fumer tout son soûl, par égard pour ma mère* » (Gide). 2 Ivre. ♦ fig. Enivré, grisé. ✪ HOM. Sou, soue, sous.

❑ On trouve l'ancienne graphie *saoul* mais *soûl* tend à supplanter la première forme (idem pour les dérivés *soûlard, soûlaud, soûler, soûlerie, dessoûler*).

soulagement n. m. – XIVe 1 Action ou manière de soulager ; chose qui soulage. ⇒ **adoucissement,** ① **aide, allégement.** *Apporter un soulagement à qqn. Paroles de soulagement.* 2 État d'une personne soulagée. ⇒ **apaisement, détente.** *Un soupir de soulagement* (⇒ **ouf**). ✪ CONTR. Aggravation ; accablement.

soulager v. tr. [3] – XIIe ; lat. *sublevare* 1 Débarrasser (qqn) d'une partie d'un fardeau, dispenser (d'un effort ou d'une fatigue). « *L'escouade poussait la voiture au cul pour soulager le mulet* » (Mac Orlan). plaisant *Un pickpocket m'a soulagé de mon portefeuille.* ➛ *Soulager un mur*, diminuer la poussée qui s'exerce sur lui. 2 Débarrasser partiellement (qqn) de ce qui pèse sur lui. *Soulager qqn d'une inquiétude.* « *il était soulagé d'avoir parlé* » (Maupass.). ⇒ **apaiser, calmer.** « *Tapez sur moi, si ça vous soulage* » (Zola). ➛ *Soulager les entreprises par des aides, des exonérations.* ♦ Aider, secourir (les pauvres, les malheureux). 3 Rendre moins pesant, moins pénible à supporter. ⇒ **alléger.** *Soulager les maux.* 4 pronom. fam. Satisfaire un besoin naturel ; uriner. ♦ fig. Se libérer de ce qui pèse ou oppresse. ✪ CONTR. Accabler ; aggraver.

soulane n. f. – 1964 ; lat. *sol* « soleil » ▪ région. Versant ensoleillé d'une montagne, dans les Pyrénées. ⇒ **adret.**

soûlard, arde n. et adj. – XVe ▪ fam. Ivrogne. ⇒ **soûlaud.**

soûlaud, aude n. – XVIIe ▪ fam. Ivrogne. *Un vieux soûlaud.* ⇒ **soûlard.**

soûler v. tr. [1] – XIIIe 1 littér. Rassasier. « *L'enfant terrible, dont on ne peut soûler la faim atroce* » (Michelet). ➛

cour. *Soûler qqn de paroles,* lui parler beaucoup, jusqu'à lui faire perdre sa faculté de jugement. 2 Faire boire (qqn) jusqu'à l'ivresse. ⇒ **enivrer.** ➛ pronom. S'enivrer. *Se soûler à la bière.*

❑ On a écrit *saouler.* → soûl (rem.).

soûlerie n. f. – XIXe ■ fam. Beuverie. ➛ Ivresse.

soulevé n. m. – 1933 ■ Mouvement qui consiste à soulever une haltère, un poids de terre, à un ou deux bras.

soulèvement n. m. – XIIIe 1 Fait de soulever, d'être soulevé. *Un soulèvement de terrain.* 2 Mouvement massif de révolte. *Soulèvement populaire.* ⇒ **insurrection.** ✪ CONTR. Affaissement.

soulever v. tr. [5] – X^e 1 Lever à une faible hauteur. *Soulever qqn de terre.* ➛ pronom. *Il « toussa, se souleva, se laissa retomber »* (Muss.). 2 Faire s'élever. « *Soudain, un tourbillon de vent souleva la poussière* » (R. Rolland). ♦ fig. Animer, exalter, transporter (qqn). « *ces vagues de tendresse fraternelle qui le soulevaient* » (Mart. du G.). 3 Animer (qqn) de sentiments hostiles, indisposer. « *Il avait soulevé contre lui l'opinion* » (R. Rolland). ♦ Exciter et entraîner à la révolte. ➛ pronom. Se révolter. ⇒ se **rebeller.** 4 Exciter puissamment (un sentiment) ; faire naître (un événement). ⇒ **provoquer.** *Ces mots soulevèrent une tempête de protestations.* ➛ Faire que se pose (une question, un problème). ⇒ **poser.** « *La question sera soulevée à la prochaine session* » (Aragon). ✪ CONTR. Abaisser, affaisser.

soulier n. m. – XIIe ; lat. *subtel* « courbe de la plante du pied » ■ Chaussure à semelle résistante, à tige basse. *Souliers plats, vernis. De gros souliers.* ♦ loc. *Être dans ses petits souliers :* être mal à l'aise, embarrassé.

soulignage n. m. – 1964 ■ Action de souligner. ➛ Trait dont on souligne.

souligner v. tr. [1] – XVIIIe 1 Tirer une ligne, un trait sous (un ou plusieurs mots qu'on veut signaler à l'attention). *Souligner un passage au rouge.* ♦ Border d'un trait qui met en valeur. « *des ombres soulignent la bouffissure des yeux* » (Mart. du G.). 2 Faire remarquer avec une insistance particulière. ⇒ **insister** (sur), **signaler.** *L'auteur souligne l'importance de cet événement.*

❑ Selon les conventions typographiques, un texte souligné est composé en italique.

soûlographe n. – XIXe ■ fam. Ivrogne.

soûlographie n. f. – XIXe ■ fam. Ivrognerie. ➛ Excès de boisson.

❑ Ce mot est une formation plaisante, pseudo-savante.

soulte n. f. – XIIe ; lat. *solvere* « payer » ■ Somme d'argent qui, dans un partage ou un échange, compense l'inégalité de valeur des lots. ⇒ **compensation.**

soumettre v. tr. [56] – XIIe ; lat. *submittere* 1 Mettre dans un état de dépendance, ramener à l'obéissance. *Les désirs « nous soumettent à autrui et nous rendent dépendants »* (France). ♦ *Soumettre des rebelles.* ⇒ **asservir, réduire.** 2 Mettre dans l'obligation d'obéir à une loi, d'accomplir un acte. ⇒ **assujettir, astreindre.** *Soumettre la population à l'impôt.* ➛ *Revenus soumis à l'impôt.* 3 Présenter, proposer au jugement, au choix. *Le maire a soumis le problème au préfet.* 4 Exposer à une action, à un effet qu'on fait subir. « *développer l'esprit de l'enfant en le soumettant à une gymnastique intellectuelle* » (J. Verne). 5 pronom. Obéir, se conformer. ⇒ se **plier.** ✪ CONTR. Délivrer. Exempter. — HOM. Sous-maître.

soumis, ise adj. – XVIIe ■ Docile, obéissant. « *la femme tendre, soumise, dévouée aux autres* » (Proust). ✪ CONTR. Indocile.

soumission n. f. – XIVe 1 Fait de se soumettre, d'être soumis (à une autorité, une loi). ⇒ **obéissance, sujétion.** ➛ État de qqn qui se soumet à une puissance autoritaire. 2 Fait de se soumettre après une guerre, d'accepter une autorité contre laquelle on a lutté. ⇒ se **rendre.** 3 Acte écrit par lequel un concurrent à un marché par adjudication fait connaître ses conditions et s'engage à respecter les clauses du cahier des charges. *Soumission à un appel d'offre.* ✪ CONTR. Commandement ; désobéissance, insoumission, résistance.

soumissionnaire n. – XVIIIe ■ Personne qui fait une soumission (3°).

soumissionner v. tr. [1] – XVIIe ■ dr. Proposer de fournir ou d'entreprendre (qqch.) en faisant une soumission (3°).

soupape n. f. – XIIe ; probablt de *sous* et lat. *pap(p)are* « manger » ■ Obturateur mobile qu'une pression peut ouvrir momentanément. ⇒ **clapet, valve.** « *des sifflements de vapeur, des cliquetis de soupapes* » (Le Clézio). ➛ *Soupape de sûreté, de sécurité,* disposée sur la chaudière d'un appareil à vapeur pour empêcher l'explosion ; fig. exutoire.

soupçon n. m. – XIIe ; lat. *suspicio* 1 Conjecture qui fait attribuer à qqn des actes ou intentions blâmables. ⇒ **suspicion.** *Il est au-dessus, à l'abri de tout soupçon :* son honnêteté, sa bonne foi ne peuvent être mises en doute. *De graves soupçons pèsent sur lui.* 2 Fait de soupçonner (qqch.). « *Des luttes dont le public n'a pas soupçon* » (Romains). 3 Très petite quantité. ⇒ ① **ombre, pointe.** « *de l'eau chaude, avec un soupçon de thé* » (Muss.). ✪ CONTR. Certitude.

❑ Le *soupçon* est une manifestation ponctuelle, tandis que la *suspicion* est une méfiance caractérielle.

soupçonnable adj. – XIIIe ■ rare Sur qui, sur quoi peuvent peser des soupçons. ✪ CONTR. Insoupçonnable.

soupçonner v. tr. [1] – XIIIe 1 Faire peser des soupçons sur (qqn). ⇒ **suspecter.** *Un « député soupçonné de tripotages »* (Maupass.). ♦ Mettre en doute (qqch.). *Soupçonner la bonne foi de qqn.* 2 Concevoir ou pressentir d'après certains indices ; avoir une idée vague de. ⇒ se **douter, entrevoir.** « *Vous m'avez ouvert un monde d'idées que je ne soupçonnais pas* » (Proust).

soupçonneusement adv. – XIVe ■ littér. En concevant des soupçons.

soupçonneux, euse adj. – XIIe ■ Enclin aux soupçons. ⇒ **défiant, méfiant.** « *Quiconque est soupçonneux invite à le trahir* » (Volt.). ➛ *Un air soupçonneux.* ⇒ **suspicieux.** ✪ CONTR. Crédule.

soupe n. f. – XIIe ; germ. 1 vx Tranche de pain que l'on arrose de bouillon, de lait... *Tremper une soupe.* ➛ loc. *Être trempé comme une soupe,* complètement trempé (par la pluie). 2 Potage ou bouillon épaissi par des tranches de pain ou des aliments solides non passés. *Soupe à l'oignon. Soupe de légumes.* par ext. Potage, bouillon. ➛ loc. *Monter comme une soupe au lait :* se mettre vite et facilement en colère. « *elle prenait de brèves mais vives colères, car elle était soupe au lait* » (Beauv.). ➛ fam. *Un gros plein de soupe :* un homme, un enfant très gros. ♦ Soupe épaisse constituant le plat unique dans certaines communautés (armée, prison...). ⇒ **rata.** « *Les roulantes distribuaient la soupe* » (Carco). ➛ fam. Nourriture, repas. *À la soupe !* à table ! ➛ *Soupe populaire,* servie aux indigents. ♦ loc. fig. et fam. *Cracher dans la soupe :*

affecter de mépriser ce dont on tire avantage. *Par ici la bonne soupe !* à moi, à nous l'argent, le bénéfice. **3** Neige saturée d'eau.

> ❑ Pour le sens → potage (rem.). ♦ Les « Restaurants du cœur » jouent le même rôle que l'ancienne institution de la *soupe populaire*.

soupente n. f. – XIVe ; a. fr. *so(u)spendre* « suspendre » **1** Réduit aménagé dans la hauteur d'une pièce ou sous un escalier. **2** Barre soutenant la hotte d'une cheminée.

① **souper** n. m. – Xe **1** vx ou région. (Belgique, Canada, Suisse) Repas du soir. ⇒ ② **dîner.** **2** Repas ou collation qu'on prend à une heure avancée de la nuit. « *sur le minuit, une espèce de souper avec du vin de Champagne* » (Stendh.).

② **souper** v. intr. [1] – XIIe **1** vx ou région. Prendre le repas du soir. ⇒ ① **dîner.** *Condamné « à m'aller coucher sans souper »* (Rouss.). **2** Faire un souper (2°). **3** fig., fam. *J'en ai soupé :* j'en ai assez.

> ❑ Pour l'évolution du sens → ① dîner (rem.).

soupeser v. tr. [5] – XIIIe **1** Soulever et soutenir dans la main pour juger approximativement du poids. **2** Peser, évaluer. *Soupeser des arguments.*

soupière n. f. – XVIIIe ■ Pièce de vaisselle, récipient large et profond dans lequel on sert la soupe ou le potage.

soupir n. m. – XIIe **1** Inspiration ou respiration plus ou moins bruyante, qui exprime ou manifeste une émotion. « *il ne put retenir un soupir de satisfaction* » (Mart. du G.). ➛ loc. *Rendre le dernier soupir :* mourir. ⇒ **expirer.** ♦ vx ou littér. Plainte, expression de l'amour. « *Tu vis naître ma flamme et mes premiers soupirs* » (Rac.). **2** Silence de la durée d'une noire, en musique ; signe indiquant ce silence.

soupirail, aux n. m. – XIIe ; de *soupirer* « exhaler » ■ Ouverture pratiquée au bas d'un bâtiment pour donner de l'air et du jour aux pièces en sous-sol et aux caves.

soupirant, ante adj. et n. m. – XIIIe **1** littér. Qui soupire, se plaint. « *La jeune Adèle, soupirante mais consentante* » (Courtel.). **2** n. m. plaisant Amoureux.

soupirer v. [1] – Xe ; lat. **1** v. intr. Pousser un soupir, des soupirs. *Soupirer d'ennui, de désespoir.* ♦ *Soupirer pour une belle.* ➛ vieilli « *Je soupire après d'autres conquêtes* » (Rac.). → **aspirer** (à). **2** v. tr. Dire en soupirant. « *"Allons..." soupira-t-elle* » (Mart. du G.).

souple adj. – XIIe ; lat. *supplex* « qui se prosterne » **1** Capable de s'adapter à la volonté d'autrui, aux exigences de la situation. *Nous sommes « attentifs, dociles et souples pour épouser la volonté du Maître »* (Mauriac). ♦ Accommodant. *La direction est souple sur les horaires.* **2** Capable d'adaptation intellectuelle. « *Pour opérer une telle transposition avec charme, il fallait une imagination à la fois forte et souple* » (Ste-Beuve). **3** Qui donne une impression d'aisance et de liberté. *Le coup de pinceau « ferme, bien que souple et gracieux »* (Ste-Beuve). **4** Qu'on peut plier et replier facilement, sans le casser ni le détériorer. ⇒ **élastique, flexible.** *Cuir souple.* **5** Qui se plie et se meut avec aisance (membres, corps). « *Le corps souple se tord, de droite et de gauche, pour essayer de se libérer* » (Robbe-Grillet). ➛ loc. *Avoir l'échine souple, les reins souples :* savoir céder, se soumettre. ✪ CONTR. Indocile, têtu ; intransigeant. Raide, rigide.

souplesse n. f. – XIIIe **1** Propriété de ce qui est souple, flexible. ⇒ **élasticité.** « *elle avait des muscles d'acier, dans sa souplesse de chatte* » (Zola). *Escalader un mur en souplesse.* **2** Qualité de qqn qui sait s'adapter. *Montrer « plus de ruse, de souplesse, d'invention féminine »* (Maupass.). ♦ Faculté d'adaptation intellectuelle ; aisance, liberté. ✪ CONTR. Raideur ; intransigeance ; automatisme.

souquenille n. f. – XIIe ; slave ■ vieilli Longue blouse de travail. « *Dans sa flottante souquenille de Pierrot* » (Colette).

souquer v. [1] – XVIIe ; provenç. **1** v. tr. *Souquer un nœud, un cordage,* le serrer fort. **2** v. intr. Tirer fortement sur les avirons. *Souquer ferme, dur.* ⇒ ① **ramer.**

sourate n. f. – XVIIIe ; ar. ■ Chapitre du Coran. *Réciter une sourate.*

source n. f. – XIIe ; de *sourdre* **1** Eau qui sort de terre ; issue par laquelle une eau souterraine se déverse à la surface du sol. ⇒ **fontaine, griffon,** ① **point** (d'eau). *Source thermale. Eau de source.* ♦ spécialt *La source d'un cours d'eau,* celle qui lui donne naissance. **2** Origine. « *La source de la joie est au-dedans* » (Alain). *Retour aux sources.* ⇒ **ressourcement.** ➛ Ce qui crée, produit (qqch.). *Sources de revenus. L'imparfait est « pour moi une source inépuisable de mystérieuses tristesses »* (Proust). **3** Origine d'une information. *Tenir, savoir de source sûre.* ♦ Document, texte original. *Puiser aux sources :* se référer aux auteurs, aux textes originaux. ♦ Information à laquelle on fait subir un traitement informatique. *Fichier source,* sur lequel travaille un programme. ➛ *Langue source :* dans le processus de traduction, langue que l'on traduit (opposé à *langue cible*). **4** Système, substance ou objet qui fournit de l'énergie ; lieu, point d'où la lumière, la chaleur rayonne et se propage. ⇒ **foyer.** *Une source de chaleur, d'énergie.* **5** Électrode d'un transistor à effet de champ et servant à injecter le courant électrique.

sourcier, ière n. – XVIIIe ■ Personne censée être capable de découvrir les sources, les nappes d'eau souterraines. ⇒ **radiesthésiste, rhabdomancien.**

sourcil [sursi] n. m. – XIIe ; lat. *supercilium* ■ Saillie arquée, garnie de poils, au-dessus de l'orbite ; ces poils.

> ❑ La prononciation élégante est [sursi], mais on entend aussi [sursil]. → chenil (rem.).

sourcilier, ière adj. – XVIe ■ Relatif aux sourcils. *Arcade sourcilière.*

sourciller v. intr. [1] – XIIIe ■ Manifester son trouble, son mécontentement. « *L'autre ne sourcilla pas et continua* » (Daud.). *Il a payé sans sourciller.*

> ❑ Ce verbe s'emploie surtout en construction négative.

sourcilleux, euse adj. – XVe **1** littér. Hautain ; sévère, renfrogné. **2** Qui montre une exigence pointilleuse, minutieuse. *Un chef sourcilleux.* ➛ « *Notre législation actuelle, sourcilleuse et si compliquée* » (Duham.).

sourd, sourde adj. et n. – XIe ; lat. *surdus* **1** Qui perçoit mal les sons ou ne les perçoit pas du tout. « *Ce bruit me rendit non tout à fait sourd mais dur d'oreille* » (Rouss.). loc. *Sourd comme un pot :* complètement sourd. *Faire la sourde oreille :* faire semblant de ne pas entendre ou de ne pas comprendre. ♦ n. *Les sourds et les malentendants.* loc. *Crier, frapper comme un sourd,* de toutes ses forces. *Dialogue de sourds,* entre des personnes qui ne s'écoutent pas l'une l'autre, qui ne tiennent pas compte de ce que dit l'autre. **2** fig. SOURD À... : qui refuse d'entendre, de comprendre, qui reste insensible à. *Les richesses « rendent sensible aux flatteries et sourd aux malheureux »* (Alain). **3** Peu sonore, qui ne retentit pas. *Une voix « bien timbrée quoique sourde »* (Mart. du G.). ⇒ **étouffé.** *Consonne sourde,* émise sans vibration des cordes vocales. *Les sourdes et les sonores.* ♦ Où le son est étouffé. *La neige « rendait l'air muet et sourd »* (France). **4** Qui est peu prononcé, qui ne se manifeste pas nettement. *Une douleur sourde.* « *une révolte sourde qui attendait un mot pour éclater* » (Zola). ♦ Qui s'accomplit dans l'ombre, sans qu'on en ait clairement conscience. ⇒ **caché,** ① **secret.** « *Dans ce gouvernement* [...], *une lutte sourde divisait les ministres* » (Madelin). ✪ CONTR. Éclatant, sonore. Vif. Aigu.

sourdement adv. – XIIe 1 Avec un bruit sourd. 2 fig. D'une manière sourde, cachée. « *elle agissait sourdement sans qu'il s'en aperçût* » (Rouss.).

sourdine n. f. – XVIe ■ Dispositif qu'on adapte à des instruments de musique, pour amortir le son. ➛ fig. « *Je vous demande de mettre désormais une sourdine à votre gaieté* » (Aymé), de la manifester moins bruyamment. ♦ *EN SOURDINE. L'orchestre joue en sourdine.* ➛ fig. Sans éclat. ⇒ **discrètement.** « *Tout se passait d'ailleurs en sourdine* » (Mauriac).

sourdingue adj. et n. – 1926 ■ fam. et péj. (injurieux) Sourd. « *Tu te fous de moi ou bien t'es vraiment sourdingue ?* » (Queneau).

sourd-muet, sourde-muette [suʀmɥɛ, suʀdəmɥɛt ; suʀdmɥɛt] n. et adj. – XVIe ■ Personne atteinte de surdité congénitale ou très précoce et dont la parole n'a pas été éduquée. ➛ adj. *Des enfants sourds-muets.*

❑ L'état du sourd-muet est la *surdimutité,* mot savant. ♦ La notion de *sourd-muet* tend à disparaître en médecine grâce à un autre type d'apprentissage de la parole que par l'oreille.

sourdre v. intr. ; seult inf. et 3e pers. indic. : *il sourd, ils sourdent ; il sourdait, ils sourdaient* – XIe ; lat. *surgere* 1 littér. Sortir de la terre avec une faible puissance, en parlant de l'eau. ⇒ **filtrer.** 2 Naître, surgir. « *Comment lutter contre ce qui sourdait en lui* » (Mauriac).

❑ Même famille étymologique que *surgir* et *insurgé.*

souriant, iante adj. – XIIIe 1 Qui sourit, est aimable et gai. 2 Plaisant, agréable. *Une campagne souriante.* ✪ CONTR. Grave.

souriceau n. m. – XIVe ■ Petit d'une souris, jeune souris.

souricière n. f. – XIVe 1 Piège à souris. ⇒ **ratière.** 2 Piège tendu par la police qui cerne un endroit où le suspect, le malfaiteur doit se rendre. *Tomber dans une souricière.*

① **sourire** v. intr. [36] – XIIe ; lat. *subridere* 1 Faire un sourire. « *Il ne souriait pas, ne disait ni bonjour ni bonsoir* » (Valéry). ♦ S'amuser de qqch. (en manifestant ou non par l'expression du visage l'ironie, le dédain, etc.). *Elle souriait de le voir si coquet.* 2 *SOURIRE À* (qqn), lui être agréable ou convenable. ⇒ **convenir, plaire.** « *Cette idée me sourit* » (Stendh.). ♦ Être favorable. *Enfin la chance lui sourit.*

❑ Le participe passé est toujours invariable : *elles se sont souri.*

② **sourire** n. m. – XIIe ■ Mouvement léger de la bouche et des yeux, qui exprime l'amusement, la gaieté ou l'ironie. *Les premiers sourires d'un bébé. Faire, adresser un sourire à qqn. Être tout sourire :* sourire largement. ➛ loc. fam. *Avoir le sourire :* montrer sa satisfaction de ce qui est arrivé. *Garder le sourire :* rester souriant en dépit d'un échec, d'une déception.

souris n. f. – XIIe ; lat. *sorex* 1 Petit mammifère rongeur *(muridés),* voisin du rat, au pelage gris. ➛ *Gris souris,* ton de gris. « *Un tailleur en velours souris* » (Colette), en velours gris souris. ♦ *Souris blanche :* variété albinos. ♦ loc. *Filer, trotter comme une souris,* silencieusement, furtivement. 2 fam. *Souris d'hôtel :* femme qui fait le « rat* d'hôtel ». ♦ fam. Jeune fille, jeune femme ; bonne amie. ⇒ **nana.** « *Elle est drôlement roulée, sa souris* » (Sartre). 3 Muscle charnu à l'extrémité du gigot, contre l'os. 4 Boîtier connecté à un terminal ou à un micro-ordinateur dont le déplacement manuel permet de désigner un point sur l'écran de visualisation et d'agir sur lui. *Cliquer avec la souris.*

sournois, oise adj. et n. – XVIe ; lat. *surdus* 1 Qui dissimule ses sentiments réels, souvent dans une intention malveillante. ⇒ **dissimulé, fourbe.** n. « *Vous faites la sournoise ; mais je vous connais* » (Mol.). ⇒ **hypocrite.** ♦ « *un crime bas, lâche, sournois* » (Hugo). 2 Qui ne se manifeste pas franchement. *Une douleur sournoise.* ✪ CONTR. ② Franc.

sournoisement adv. – XVIIe ■ D'une manière sournoise.

sournoiserie n. f. – XIXe ■ Caractère, comportement d'une personne sournoise. ⇒ **dissimulation, fourberie.** ✪ CONTR. Candeur, franchise.

sous prép. – X^e ; lat. *subtus* I Marque la position en bas par rapport à ce qui est en haut, ou en dedans par rapport à ce qui est en dehors. 1 « *Un oreiller sous la tête, des coussins sous les bras* » (Lesage). ♦ *Sous l'eau :* sous la surface de l'eau. 2 « *Me cachant à moitié sous l'édredon* » (Radiguet). « *Tous ces petits villages sous la neige* » (Renard). ♦ fig. Derrière. *Elle* « *dissimulait tant de bonté sous des dehors austères* » (Mauriac). *Apparaître sous les traits, la forme de... Sous le nom, le titre de...* 3 *Dormir sous les ponts. Température sous abri.* ➛ *Sous les remparts.* ⇒ **pied** (au pied de). *Naviguer sous pavillon français. Inscrit sous tel numéro.* ♦ « *Quand la nation se trouve sous le canon des ennemis* » (France). II - 1 Marquant un rapport de subordination ou de dépendance. *Sous ses ordres, sa responsabilité. Être sous le coup d'une accusation.* ➛ *Sous condition. Sous peine de... Sous réserve de...* ➛ Sous l'action de. *Un malade sous antibiotiques.* ➛ Soumis à (une grandeur physique). *Un appareil électrique sous tension. Un pneu sous pression.* ➛ En utilisant (un système d'exploitation). *Travailler sous MS-DOS.* 2 Pendant le règne de..., à l'époque de. « *C'est sous Charles X que la petite est née* » (Aragon). ♦ Avant que ne soit écoulé (tel espace de temps). ⇒ **dans.** *Sous quinzaine. Sous peu :* bientôt. 3 Par l'effet de, du fait de l'influence de. *Avouer sous la torture. Sous la pression, l'impulsion de qqn.* 4 *Sous cet angle, ce rapport.* ✪ CONTR. ① Sur. — HOM. Sou, soue, soûl.

sous- Préfixe à valeur de préposition ou d'adverbe marquant la position, la subordination, la subdivision, le degré inférieur ou l'insuffisance. ⇒ **hypo-, infra-, sub-.** ➛ *Un sous-James Bond :* une médiocre imitation du personnage.

❑ Dans les mots les plus anciens, ce préfixe, réduit à *sou-,* s'est soudé devant consonne (ex. *souterrain, soutirer, soulever*).

sous-admissible [suzadmisibl] adj. et n. – 1964 ■ Se dit d'un candidat ayant franchi la première étape pour être admissible.

sous-alimentation [suzalimɑ̃tasjɔ̃] n. f. – 1918 ■ Insuffisance alimentaire capable de compromettre la santé ou la vie de l'homme. ⇒ **dénutrition, famine.** ✪ CONTR. Suralimentation.

sous-alimenté, ée [suzalimɑ̃te] adj. et n. – 1925 ■ Victime de la sous-alimentation. *Nourrir* « *des milliers de sous-alimentés et leur rendre force et santé* » (Aymé). ✪ CONTR. Suralimenté.

sous-amendement [suzamɑ̃dmɑ̃] n. m. – XVIIIe ■ Amendement proposé ou apporté à un amendement. *Des sous-amendements.*

sous-arbrisseau [suzaʀbʀiso] n. m. – XVIe ▪ Plante ligneuse à la base et dont les ramifications sont herbacées. *Des sous-arbrisseaux.*

sous-barbe n. f. – XVIIe 1 Partie postérieure de la mâchoire inférieure du cheval, sur laquelle porte la gourmette. ♦ Pièce du harnais qui réunit les deux montants du licou. 2 Câble ou chaîne qui maintient le beaupré par-dessous. *Des sous-barbes.*

sous-bibliothécaire n. – XVIIe ▪ Bibliothécaire en second.

sous-bois n. m. – XIXe 1 Végétation qui pousse sous les arbres, dans les futaies des forêts. ♦ Partie de la forêt où pousse cette végétation. 2 Représentation de l'intérieur d'une forêt. *Les sous-bois de Courbet.*

sous-brigadier n. m. – XVIIe ▪ Douanier, gardien de la paix qui a le rang immédiatement inférieur au brigadier. *Des sous-brigadiers.*

sous-calibré, ée adj. – 1964 ▪ *Projectile sous-calibré,* d'un calibre inférieur à celui du canon.

sous-chef n. m. – XVIIIe ▪ Celui qui seconde le chef. *Des sous-chefs de bureau.*

❑ On trouve parfois le féminin *la sous-chef.* → chef (rem.).

sous-classe n. f. – XIXe ▪ Subdivision de la classification des êtres vivants, immédiatement inférieure à la classe.

sous-clavier, ière adj. – XVIe ▪ Qui est sous la clavicule. *Artère sous-clavière.*

sous-commission n. f. – XIXe ▪ Commission secondaire qu'une commission nomme parmi ses membres.

sous-consommation n. f. – 1926 ▪ Niveau de consommation inférieur aux possibilités quantitatives de l'offre. ➙ Consommation inférieure à la normale.

sous-couche n. f. – XIXe ▪ Première couche (d'un produit) qui sert de support ou prépare le support pour les couches suivantes. *Sous couche d'impression avant peinture. Des sous-couches.*

souscripteur, trice n. – XVIIe 1 Personne qui souscrit (un billet, une lettre de change). *Les souscripteurs à un emprunt.* 2 Personne qui souscrit (à une publication).

souscription n. f. – XIIIe ▪ Action de souscrire (à une publication, un emprunt), engagement de paiement ; somme versée pour sa part par le souscripteur.

souscrire v. tr. [39] XIVe ; lat. *subscribere* I v. tr. dir. vieilli Signer pour approuver. ♦ S'engager à payer, en signant. ➙ *Capital entièrement souscrit.* II v. tr. ind. SOUSCRIRE À. 1 Donner son adhésion. ⇒ **consentir.** « *Je filai doux, et souscrivis à toutes tes exigences* » (Mauriac). 2 S'engager à fournir une somme pour sa part. *Souscrire à une publication :* prendre l'engagement d'acheter, en versant une partie de la somme, un ouvrage en cours de publication.

sous-cutané, ée adj. – XVIIIe ▪ Situé sous la peau ou qui se fait sous la peau (⇒ **hypodermique**). *Injections sous-cutanées.*

sous-développé, ée adj. – 1952 ▪ Se dit d'un pays qui souffre d'une insuffisance de productivité et d'équipement et, par suite, dont les habitants ont un faible niveau de vie moyen. *Les pays sous-développés.* ♦ subst. Habitant d'un pays sous-développé. *Les sous-développés.*

❑ On dit plutôt aujourd'hui *les pays en voie de développement.*

sous-développement n. m. – 1956 ▪ Économie sous-développée. État d'un pays sous-développé.

❑ *Sous-développement* est un calque de l'anglais *underdevelopment,* de même que *sous-développé* (de *underdeveloped*).

sous-diaconat n. m. – XVIIe ▪ Le troisième des ordres ecclésiastiques (et le premier des ordres majeurs).

sous-diacre n. m. – XIIIe ▪ Celui qui est promu au sous-diaconat.

sous-directeur, trice n. – XVIIIe ▪ Directeur, directrice en second.

sous-dominante n. f. – XVIIIe ▪ Quatrième degré de la gamme diatonique. ✪ CONTR. Sus-dominante.

sous-embranchement [suzɑ̃bʀɑ̃ʃmɑ̃] n. m. – XIXe ▪ Subdivision d'un embranchement de la classification des êtres vivants.

sous-emploi [suzɑ̃plwa] n. m. – 1942 ▪ Emploi d'un nombre de travailleurs inférieur au nombre des travailleurs disponibles (⇒ **chômage**). ➙ Utilisation insuffisante des compétences d'un employé. ✪ CONTR. Plein-emploi.

sous-employer [suzɑ̃plwaje] v. tr. [8] – 1962 ▪ Utiliser en partie seulement les capacités, le temps, les possibilités de (qqn, qqch.).

sous-ensemble [suzɑ̃sɑ̃bl] n. m. – av. 1937 ▪ En mathématiques, Ensemble dont tous les éléments font partie d'un autre ensemble.

sous-entendre [suzɑ̃tɑ̃dʀ] v. tr. [41] – XVIIe ▪ Avoir dans l'esprit sans dire expressément, laisser entendre. ⇒ **suggérer.** *Ce* « *que les Anglais sous-entendent dans le confortable mot* d'honorability » (Barbey). ➙ *Il est sous-entendu que... :* il va sans dire que...

sous-entendu [suzɑ̃tɑ̃dy] n. m. – XVIIIe ▪ Action de sous-entendre ; ce qui est sous-entendu (souvent dans une intention malveillante). ⇒ **insinuation.** « *Notre désespoir se prélasse dans la mousseline des pires sous-entendus* » (Eluard).

sous-entrepreneur [suzɑ̃tʀəpʀənœʀ] n. m. – XIXe ▪ Entrepreneur qui prend en sous-ordre une partie des travaux d'un autre entrepreneur. ⇒ **marchandeur, sous-traitant.**

sous-équipé, ée [suzekipe] adj. – v. 1960 ▪ Dont l'équipement, les infrastructures sont insuffisants.

sous-équipement [suzekipmɑ̃] n. m. – v. 1900 ▪ Insuffisance en équipements, en infrastructures, par rapport aux besoins. ✪ CONTR. Suréquipement.

sous-espèce [suzɛspɛs] n. f. – XIXe ▪ Subdivision de l'espèce.

sous-estimation [suzɛstimasjɔ̃] n. f. – XIXe ▪ Action de sous-estimer. ⇒ **sous-évaluation.** ✪ CONTR. Surestimation.

sous-estimer [suzɛstime] v. tr. [1] – XIXe ▪ Estimer au-dessous de sa valeur, de son importance. ⇒ **sous-évaluer.** *Sous-estimer son adversaire.* ✪ CONTR. Surestimer.

sous-évaluation [suzevalɥasjɔ̃] n. f. – 1966 ▪ Action de sous-évaluer.

sous-évaluer [suzevalɥe] v. tr. [1] – XIXe ▪ Estimer (qqch.) à une valeur inférieure à la valeur réelle, marchande. *Monnaie, devise sous-évaluée.* ✪ CONTR. Surévaluer.

sous-exposer [suzɛkspoze] v. tr. [1] – XIXe ▪ Exposer insuffisamment (une pellicule, un film). ➙ *Photo sous-exposée.* ✪ CONTR. Surexposer.

sous-exposition [suzɛkspozisjɔ̃] n. f. – 1904 ▪ Exposition insuffisante (d'une pellicule photographique). ✪ CONTR. Surexposition.

sous-faîte n. m. – XVIIe ▪ Pièce de charpente posée horizontalement au-dessous du faîte.

sous-famille n. f. – 1904 ■ Subdivision de la classification des animaux, inférieure à la famille.

sous-fifre n. m. – 1904 ■ fam. Subalterne, tout petit employé. *Des sous-fifres.*

sous-garde n. f. – XVIIe ■ Pièce protégeant la détente (d'une arme à feu).

sous-genre n. m. – XIXe ■ En sciences naturelles, Division venant après le genre.

sous-gorge n. f. – XVIIe ■ Partie de la bride qui passe sous la gorge du cheval. *Des sous-gorges* ou *des sous-gorge.*

sous-gouverneur n. m. – XVIIe ■ Adjoint du gouverneur de certaines banques.

sous-groupe n. m. – XIXe ■ En mathématiques, Partie d'un groupe ayant elle-même une structure de groupe. ➝ Groupe faisant partie d'un groupe plus important (dans une classification, une répartition). ⇒ aussi **sous-ensemble.**

sous-homme [suzɔm] n. m. – 1903 ■ Homme inférieur, privé de sa dignité d'homme. « *L'homme est en butte à deux tentations :* [...] *sous-homme et sur-homme, jamais* lui-même » (Cioran). ✪ CONTR. Surhomme.

sous-humanité [suzymanite] n. f. – 1938 ■ État de sous-homme ; ensemble des sous-hommes.

sous-information [suzɛ̃fɔʀmasjɔ̃] n. f. – v. 1965 ■ Insuffisance d'information.

❑ Ne pas confondre avec *désinformation* où certaines informations sont volontairement dissimulées.

sous-informé, ée [suzɛ̃fɔʀme] adj. – v. 1965 ■ Qui ne bénéficie pas d'une information suffisante.

sous-jacent, ente adj. – XIXe ■ Qui s'étend, qui est situé au-dessous. ♦ Caché, profond. « *une sensualité sous-jacente qui, de temps à autre, affleure* » (Maurois).

sous-lieutenant n. m. – XVe ■ Officier subalterne du premier grade des officiers, au-dessous du lieutenant. *Des sous-lieutenants.*

sous-locataire n. – XVIe ■ Personne qui prend un local en sous-location.

sous-location n. f. – XIXe ■ Action de sous-louer.

sous-louer v. tr. [1] – XVIe 1 Donner à loyer (ce dont on est soi-même locataire principal). *Un logement* « *que son occupant désirait sous-louer* » (Romains). 2 Prendre en sous-location, louer au locataire principal. *Sous-louer une chambre.*

sous-main n. m. inv. – XVe 1 *En sous-main :* en secret. 2 Accessoire de bureau, sur lequel on place le papier pour écrire.

sous-maître n. m. – XVe 1 vx Surveillant et adjoint d'enseignement. 2 Sous-officier de l'école d'équitation de Saumur. ✪ HOM. Soumettre.

sous-maîtresse n. f. – XVIIIe 1 vx Surveillante et adjointe d'enseignement. 2 Surveillante d'une maison de tolérance (avant leur interdiction légale). ⇒ **maquerelle.**

sous-marin, ine adj. et n. m. – XVIe 1 Qui est dans la mer, au fond de la mer. ⇒ **subaquatique.** *Relief sous-marin.* ♦ Qui s'effectue, circule sous la surface de la mer. *Exploration sous-marine.* ⇒ **bathyscaphe, bathysphère.** *Explorateur sous-marin.* ⇒ **aquanaute, océanaute, plongeur.** « *les meilleures plongeuses sous-marines du monde* » (Perec). *Faire de la plongée sous-marine. Pêche sous-marine.* 2 n. m. Navire capable de naviguer sous l'eau, en plongée. ⇒ **submersible.** *Sous-marin nucléaire.* « *La terre sembla fendre l'eau avec ses longs caps noirs comme des étraves de sous-marins* » (Le Clézio).

sous-marinier n. m. – 1934 ■ Marin faisant partie de l'équipage d'un sous-marin.

❑ Attention à la formation du mot, il ne s'agit pas d'un *marinier* en second, comme dans *sous-officier.*

sous-marque n. f. – 1983 ■ Marque utilisée par un fabricant qui exploite aussi une autre marque plus connue ou plus prestigieuse.

sous-maxillaire [sumaksilɛʀ] adj. – XVIIIe ■ Qui est placé sous la mâchoire. *Ganglions sous-maxillaires.*

sous-multiple n. m. et adj. – XVIe ■ Se dit d'un nombre contenu un nombre entier de fois dans un autre nombre. *3 et 5 sont des sous-multiples de 15.* ⇒ **diviseur.** ✪ CONTR. Multiple.

sous-nappe n. f. – XIXe ■ Molleton qu'on met sous la nappe. ⇒ **bulgomme.**

sous-occipital, ale, aux [suzɔksipital, o] adj. – XVIIIe ■ Qui est situé, ou qui s'effectue au-dessous de l'os occipital. *Ponction sous-occipitale.*

sous-œuvre (en) [ɑ̃suzœvʀ] loc. adv. – XVIIe ■ En reprenant les fondations, en reconstruisant les parties inférieures (sans abattre le bâtiment).

sous-officier [suzɔfisje] n. m. – XVIIIe ■ Militaire d'un grade qui fait de lui un auxiliaire de l'officier. ⇒ **adjudant, aspirant, maréchal** (des logis), **sergent.** « *un sous-officier de l'ex-Garde impériale à qui l'on chicanait sa pension de retraite* » (Balz.). ➝ abrév. fam. SOUS-OFF [suzɔf]. *Des sous-offs.*

sous-orbitaire [suzɔʀbitɛʀ] adj. – XVIIIe ■ Situé au-dessous de l'orbite. *Artère sous-orbitaire.*

sous-ordre [suzɔʀdʀ] n. m. – XVIIe 1 Procédure par laquelle les créanciers d'un débiteur, lui-même créancier dans une procédure d'ordre, prennent sa place et se partagent le montant de ce qui lui revient. ♦ Ordre pris en second. 2 Employé subalterne. ⇒ **sous-fifre.** 3 Subdivision de la classification des animaux, immédiatement inférieure à l'ordre.

sous-payer v. tr. [8] – 1972 ■ Payer insuffisamment ou au-dessous de la normale. ⇒ **exploiter.** ➝ *Des ouvriers sous-payés.*

sous-peuplé, ée adj. – v. 1960 ■ Dont le peuplement est faible. *Région sous-peuplée.* ✪ CONTR. Surpeuplé.

sous-peuplement n. m. – v. 1960 ■ État d'un pays insuffisamment peuplé (compte tenu de ses ressources potentielles). ✪ CONTR. Surpeuplement.

sous-pied n. m. – XIXe ■ Bande d'un pantalon, d'une guêtre qui passe sous le pied et les maintient sous tension. *Pantalon fuseau à sous-pieds.*

sous-préfectoral, ale, aux adj. – XIXe ■ Qui appartient, a rapport à une sous-préfecture, à un sous-préfet.

sous-préfecture n. f. – XIXe 1 Ville où réside le sous-préfet et où sont installés ses services ; bâtiment qui les abrite. 2 Fonction de sous-préfet.

sous-préfet n. m. – XIXe ■ Fonctionnaire représentant le pouvoir central dans un arrondissement. « *un salon de Paris, où l'on fabrique des sous-préfets pour la province* » (Goncourt). *Madame le sous-préfet.*

❑ Le féminin *sous-préfète,* peu usité, désigne une femme titulaire de cette fonction ou plus rarement aujourd'hui, l'épouse d'un sous-préfet.

sous-production n. f. – 1926 ■ Production insuffisante. ✪ CONTR. Surproduction.

sous-produit n. m. – XIXe 1 Produit secondaire obtenu au cours de la fabrication du produit principal. 2 Mauvaise imitation. « *ces sous-produits d'Adolphe, de Dominique, d'Amiel, avouent leur vanité* » (Daniel-Rops).

sous-programme n. m. – mil. XXe ▪ Ensemble d'instructions constituant une unité de programme informatique et pouvant être utilisé en plusieurs points d'un programme principal (⇒ **module**).

sous-prolétariat n. m. – 1945 ▪ Partie la plus exploitée et la plus pauvre du prolétariat.

sous-pubien, ienne adj. – XIXe ▪ Situé sous le pubis. *Ligament sous-pubien.*

sous-pull [supyl] n. m. – apr. 1970 ▪ Pull à col montant et à mailles très fines qui se porte sous un chandail.

sous-qualifié, iée adj. – 1965 ▪ Qui n'a pas la qualification nécessaire pour un emploi déterminé. *Main-d'œuvre sous-qualifiée.* ✪ CONTR. Surqualifié.

sous-scapulaire adj. – XVIIIe ▪ Situé sous l'omoplate. *Muscle sous-scapulaire.*

sous-secrétaire n. m. – XVIIe ▪ *Sous-secrétaire d'État* : membre du gouvernement auquel est dévolue une partie de la compétence d'un ministre ou d'un secrétaire d'État.

soussigné, ée adj. – XVIe ▪ Qui a signé plus bas. « *les liquidateurs soussignés prennent l'engagement de payer toutes les créances passives* » (Balz.). *Je soussignée Une Telle...* subst. *Les soussignés.*

sous-sol n. m. – XIXe 1 Partie de l'écorce terrestre qui se trouve au-dessous de la couche arable. *Les richesses du sous-sol.* 2 Étage souterrain. *Il « descendait six ou sept fois par jour à la réserve du sous-sol »* (Duham.). *Premier, second sous-sol.*

sous-soleuse n. f. – XIXe ▪ Charrue remuant le sol en profondeur et sans le retourner.

sous-station n. f. – 1900 ▪ Station secondaire (d'un réseau de distribution d'électricité).

sous-tasse n. f. – XIXe ▪ (Belgique, Suisse) Soucoupe.

sous-tendre v. tr. [41] – XIXe 1 Constituer la corde de (un arc). 2 Servir de base plus ou moins nette à (un raisonnement, une politique).

sous-tension n. f. – mil. XXe ▪ Tension électrique inférieure à la normale.

sous-titre n. m. – XIXe 1 Titre secondaire d'un livre (placé sous ou après le titre principal). « *Le sous-titre que M. Rimbaud avait donné à son manuscrit* » (Verlaine). 2 Traduction des dialogues d'un film, projetée en surimpression en bas de l'image. *Film en version originale avec sous-titres.*

> ❑ Dans le cas d'un texte intercalé entre deux plans, on parle d'*intertitre*.

sous-titrer v. tr. [1] – 1923 ▪ Mettre des sous-titres à (un film). ➝ *Film en version originale sous-titrée.*

soustractif, ive adj. – XIXe ▪ Relatif à la soustraction.

soustraction n. f. – XIIe 1 Action de soustraire, de retirer. ♦ Délit consistant à enlever une pièce d'un dossier ; crime commis par un fonctionnaire qui s'approprie des pièces qu'il détient. 2 Opération consistant à retrancher un nombre d'un autre, afin d'obtenir la différence de ces deux nombres. *Faire une soustraction : sept ôté* de dix, reste trois.*

soustraire v. tr. [50] – XIIe ; lat. *subtrahere*, de *sub-* et *trahere* « tirer » 1 Enlever (qqch.) à qqn, le plus souvent par la ruse, la fraude. ⇒ **dérober, ôter, subtiliser,** ② **voler.** « *Elle avait soustrait à son mari la modeste fortune héritée de son père* » (Mart. du G.). ➝ *Les pièces soustraites du dossier.* 2 pronom. S'affranchir de. *Se soustraire à un engagement.* ⇒ **échapper, manquer.** « *Il n'est pas possible à l'homme de se soustraire aux influences* » (Gide). 3 Retrancher par soustraction (un nombre d'un autre). ⇒ **déduire, défalquer.** ✪ CONTR. Additionner, ajouter.

> ❑ Ce verbe n'a ni passé simple ni imparfait du subjonctif, comme *traire*.

sous-traitance n. f. – 1959 1 Opération contractuelle par laquelle un entrepreneur confie à un autre entrepreneur le soin de réaliser, pour son compte et selon ses directives, tout ou partie d'un travail destiné à ses propres clients. ➝ Recours à un ou plusieurs sous-traitants. 2 Activité du sous-traitant. *Travailler en sous-traitance.*

sous-traitant n. m. – XVIIe ▪ Personne qui est chargée d'un travail pour le compte et selon les directives d'un entrepreneur principal.

sous-traiter v. [1] – XVIIe 1 v. intr. Agir comme sous-traitant d'un entrepreneur principal. trans. *Usine qui sous-traite la fabrication de certaines pièces.* 2 v. tr. Confier à un sous-traitant.

sous-ventrière n. f. – XIVe ▪ Courroie attachée aux deux limons d'une voiture et qui passe sous le ventre du cheval.

sous-verre n. m. – 1934 ▪ Image ou document que l'on place entre une plaque de verre et un fond rigide ; cet encadrement. *Photos de famille dans des sous-verres.*

sous-vêtement n. m. – 1925 ▪ Vêtement de dessous (de tissu, tricot, etc.). *Sous-vêtements d'homme* (⇒ **linge** [de corps]), *de femme* (⇒ ② **dessous, lingerie**).

sous-virer v. intr. [1] – 1964 ▪ En parlant d'une automobile, Déraper par les roues avant vers l'extérieur du virage (opposé à *survirer*).

sous-vireur, euse adj. – v. 1960 ▪ Qui a tendance à sous-virer.

soutache n. f. – XIXe ; hongr. *suitas* « bordure » ▪ Galon servant d'ornement distinctif sur les anciens uniformes, ou à cacher les coutures d'un vêtement. *Soutache rouge du pantalon des douaniers.*

soutane n. f. – XVIe ; it. *sotto* « sous » ▪ Longue robe boutonnée par-devant, qui était depuis le XVIIIe s. la pièce principale du costume ecclésiastique traditionnel. *Soutane blanche du pape.* ➝ fam. *La soutane* : les prêtres. ⇒ **calotte.** « *L'adjoint, jadis l'ennemi de la soutane* » (Zola).

> ❑ Le vêtement ecclésiastique est largement abandonné dans bon nombre de pays.

soute n. f. – XIVe ; lat. *subtus* « sous » 1 Compartiment fermé contenant des produits, des objets à transporter, dans un navire ou un avion. *Soute à charbon. Soute à bagages.* 2 *Les soutes* : combustible liquide pour les navires.

soutenable adj. – XVe ▪ Qui peut être soutenu par des raisons plausibles. *Cette thèse est parfaitement soutenable.* ⇒ **défendable.**

soutenance n. f. – XIIe ▪ Action de soutenir (un mémoire, une thèse de doctorat). *Assister à une soutenance de thèse.*

soutènement n. m. – XIIe ▪ *Mur de soutènement,* qui soutient un remblai, une terrasse. ➝ *Soutènement marchant,* composé de piles hydrauliques.

souteneur n. m. – XIIe 1 vx Défenseur, partisan. 2 Individu qui vit de proxénétisme. ⇒ ② **maquereau** (fam.), **proxénète.**

soutenir v. tr. [22] – Xe ; lat. *sustinere* **I** - 1 Tenir (qqch.) par-dessous, en position de stabilité, en servant de support ou d'appui. ⇒ **maintenir,** ① **porter,** ① **supporter.** « *les quatre colonnes soutenant le ciel qui forme au-dessus d'elle comme un dais* » (Robbe-Grillet). 2 Maintenir debout, empêcher (qqn) de tomber, de s'affaisser. *Il « soutint jusqu'à la portière son amie pâle et encore défaillante »* (Maupass.). **3** Empêcher (qqn) de défaillir, en rendant des forces. ⇒ **fortifier, remonter.** *Prenez du café, ça vous soutiendra.* **4** Aider, encourager. *Il les a soutenus dans leur effort. « l'illusion qui l'avait soutenu jusqu'alors »* (Bernanos). pronom. *Elles se soutiennent mutuellement.* ⇒ s'**entraider,** s'**épauler.** ♦ Aider en intervenant financièrement. *Soutenir une entreprise.* ⇒ **financer, subventionner ; commanditer ; parrainer, sponsoriser.** *Soutenir une monnaie.* **5** Appuyer en prenant parti en faveur de (qqn, qqch.). *Soutenir son père contre sa mère.* ⇒ **défendre.** *Deux partis ont décidé de soutenir ce candidat.* ⇒ **cautionner.** **6** Affirmer, faire valoir en appuyant par des raisons. *Soutenir une thèse :* présenter et défendre devant le jury une thèse de doctorat (⇒ **soutenance**). ♦ *Je soutiens que ce n'est pas possible.* ⇒ **assurer.** *Elle soutient l'avoir vu.* ➛ pronom. Être affirmé, donné pour vrai. *Cela peut se soutenir.* ⇒ **soutenable.** **7** Faire que (qqch.) continue sans faiblir. *« Je désespérais de soutenir la conversation »* (Mauriac). *Soutenir l'intérêt d'un auditoire. Soutenez votre effort !* **II** Subir sans fléchir (une force, une action qui s'exerce). *Les « luttes déchirantes qu'elle devrait soutenir »* (Bourget). ➛ *Soutenir le regard de qqn,* ne pas baisser les yeux devant lui. *« On ne pouvait soutenir sans émotion le regard de ses yeux qui se mouillaient »* (France). ♦ loc. *Soutenir la comparaison.* ⇒ **rivaliser.** ✪ CONTR. Abandonner. Contester.

soutenu, ue adj. – XVIIe **1** *STYLE SOUTENU,* qui se maintient à un certain niveau de pureté, d'élégance, évite toute familiarité. **2** Qui se maintient à un niveau élevé. *Cours soutenu des valeurs.* **3** Qui est constant, régulier. *Travail, effort soutenu. « L'objet valait-il tant de soins, et une attention si soutenue ? »* (Valéry). **4** Accentué, prononcé. *Un bleu plus soutenu.* ⇒ **intense.** ✪ CONTR. Relâché. Irrégulier.

souterrain, aine adj. et n. m. – XIIe **1** Qui est, se fait sous terre. *Abri souterrain. Passage souterrain, galerie souterraine.* ⇒ **tunnel.** *Travaux souterrains.* ♦ Caché, obscur. *Des intrigues souterraines. « les attaques secrètes et souterraines qui sapent notre démocratie »* (Mauriac). **2** n. m. Passage souterrain, naturel ou pratiqué par l'homme. *Le souterrain de la Concorde à Paris.* ✪ CONTR. Aérien, surface (en).

soutien [sutjɛ̃] n. m. – XIIIe **1** Ce qui soutient une chose, la maintient en telle ou telle position. ⇒ **appui, support.** **2** Action ou moyen de soutenir (dans l'ordre financier, politique, militaire, moral, spirituel, social). ⇒ ① **aide, appui, protection, secours.** *Vous pouvez compter sur notre soutien. « des promesses de soutien électoral »* (Romains). **3** Personne qui soutient (une cause, un parti). *« C'est un des soutiens du parti. Un banquier »* (Aragon). ⇒ **pilier.** ➛ *SOUTIEN DE FAMILLE :* jeune homme qui assure la subsistance de sa famille et qui, de ce fait, peut obtenir des sursis d'incorporation militaire. ✪ CONTR. Abandon. Adversaire.

soutien-gorge n. m. – v. 1904 ; de *soutien* et *gorge,* vx « poitrine » ▪ Sous-vêtement féminin destiné à soutenir ou recouvrir la poitrine. ⇒ aussi **balconnet, bustier.** *Bonnets d'un soutien-gorge. En slip et en soutien-gorge. Le soutien-gorge d'un maillot de bain deux-pièces.* ⇒ **haut.** *Des soutiens-gorges* ou *des soutiens-gorge.* fam. *Un soutif.*

> ❑ Le premier élément de ce mot composé étant un nom, il prend la marque du pluriel *(des soutiens-gorge[s]).*

soutier [sutje] n. m. – XIXe ▪ Matelot qui était chargé de la soute à charbon.

soutirage n. m. – XVIIIe ▪ Action de soutirer (le vin, la bière).

soutirer v. tr. [1] – XVIIIe ; de *sous-* et *tirer* **1** Transvaser doucement (le vin, le cidre) d'un récipient à un autre, de façon à éliminer les dépôts. ⇒ **clarifier.** **2** *Soutirer qqch. à qqn,* obtenir de lui sans violence, mais par des moyens peu délicats, une chose qu'il ne céderait pas spontanément. ⇒ **arracher, escroquer, extorquer.** *« l'argent qu'il soutirait à son père »* (Beauv.).

soutra ou **sûtra** [sutʀa] n. m. – XIXe ; mot sanskr. ▪ Précepte sanskrit.

souvenance n. f. – XIIe ▪ littér. *Avoir souvenance :* se souvenir. ⇒ ② **souvenir.** *« J'ai une vague souvenance de vous avoir envoyé* [...] *une lettre sans queue ni tête »* (Loti).

① **souvenir** v. [22] – XIe ; lat. *subvenire* « se présenter à l'esprit » **I** v. intr. (impers.) littér. Revenir à la mémoire, à l'esprit. *« C'était, il m'en souvient, par une nuit d'automne »* (Muss.). **II** *SE SOUVENIR* v. pron. **1** Avoir de nouveau présent à l'esprit (qqch. qui appartient à une expérience passée). ⇒ se **rappeler,** se **remémorer.** *Se souvenir d'un paysage, d'une date, d'une personne. Je me souviens qu'il m'a parlé ; l'avoir rencontré ; comment il était. Je ne me souviens pas qu'il ait dit cela.* ♦ (étonnement, menace) *Je m'en souviendrai !* **2** (à l'impér.) Ne pas oublier. *Je suis votre ami, souvenez-vous-en.* ✪ CONTR. Oublier.

> ❑ Attention à la différence de construction avec *se rappeler : je me souviens de lui, je me le rappelle.* → rappeler (rem.). ♦ *Je me souviens* est la devise du Québec.

② **souvenir** n. m. – XIIIe **1** Mémoire. *« L'absence l'avait idéalisé dans son souvenir »* (Flaub.). *Rappelez-moi à son bon souvenir :* rappelez-lui ma sympathie. **2** Le fait de se souvenir. *Avoir souvenir de..., que...* (⇒ **souvenance**). *Conserver, perdre le souvenir d'un événement.* **3** Ce qui revient ou peut revenir à l'esprit des expériences passées ; image que garde et fournit la mémoire. ⇒ **réminiscence.** *« J'ai plus de souvenirs que si j'avais mille ans »* (Baud.). *Un souvenir d'enfance. « Je crains de ne garder qu'un souvenir confus »* (Gide). *Ce n'est plus qu'un mauvais souvenir :* cet événement pénible appartient maintenant au passé. *Bon souvenir de Tokyo* (sur une carte postale). *Un petit cadeau en souvenir de notre rencontre.* **4** au plur. Mémoires. *Écrire des souvenirs de guerre.* **5** (objets concrets) Ce qui fait souvenir, ce qui reste comme un témoignage (de qqch. qui appartient au passé). *Souvenirs de famille.* ♦ Bibelot qu'on vend aux touristes. *Marchand de souvenirs. Souvenirs de Paris.* ✪ CONTR. Oubli.

souvent adv. – XIe ; lat. *subinde,* de *sub-* et *inde* « de là » **1** Plusieurs fois, à plusieurs reprises dans un espace de temps limité. ⇒ **fréquemment.** *« L'amour ? je le fais souvent, mais je n'en parle jamais »* (Proust). ➛ loc. *Plus souvent qu'à mon (ton, son...) tour :* plus souvent qu'il n'est normal pour moi (toi...). **2** En de nombreux cas (sans considérer le temps). *Les fleurs sont souvent odorantes,* pour la plupart. *Le plus souvent :* dans la plupart des cas. ⇒ **généralement.** *« Les hommes le plus souvent se querellent pour des mots »* (France). ✪ CONTR. Rarement.

> ❑ Bien distinguer le sens temporel *(il vient souvent)* et le sens distributif à sujet collectif ou pluriel (*les gens sont souvent petits :* « beaucoup de gens sont petits »). Même cas pour *parfois.*

souverain, aine adj. et n. – XIIe ; lat. *superus* « supérieur » **I** adj. **1** Qui est au-dessus des autres, dans son genre. ⇒ **supérieur, suprême.** *« La bêtise, c'est* [...] *le souverain contentement »* (France). ➛ *Un remède souverain.* **2** Qui, dans son domaine, n'est subordonné à personne. *Le souverain pontife :* le pape. *État souverain.* ⇒ **indépendant.** *Assemblée souveraine.* ♦ *Un souverain mépris.* ⇒ **extrême.** **II** n. **1** Chef d'État monarchique. ⇒ **empereur, impératrice, monarque, prince,**

reine, roi. → « *cette terre où sa mère régnait en souveraine absolue* » (Balz.). ♦ n. m. La personne physique ou morale en qui réside la souveraineté. « *Il y avait l'Assemblée du peuple. C'était le vrai souverain* » (Fustel de Coul.). 2 n. m. Monnaie d'or anglaise *(sovereign)* de valeur égale à la livre sterling.

souverainement adv. – XIIIe 1 Extrêmement. « *Il avait souverainement déplu au général* » (Stendh.). 2 Avec une autorité souveraine. « *décider souverainement des vies et des fortunes des hommes* » (La Bruy.).

souveraineté n. f. – XIIIe 1 Autorité suprême (d'un souverain, d'un prince). ♦ Le principe abstrait d'autorité suprême dans le corps politique. « *la souveraineté, n'étant que l'exercice de la volonté générale, ne peut jamais s'aliéner* » (Rouss.). 2 Caractère d'un État ou d'un organe qui n'est soumis à aucun autre. ⇒ **indépendance.** *Atteinte à la souveraineté d'un État.* ✪ CONTR. Dépendance.

soviet [sɔvjɛt] n. m. – 1917 ; mot russe « conseil » 1 Chambre des représentants de la nation et des républiques fédérées qui formait le parlement de l'U.R.S.S. (ou *Soviet suprême*). 2 *Les Soviets :* autrefois, l'Union soviétique, les Soviétiques.

soviétique adj. et n. – 1918 1 Relatif à l'État fédéral socialiste, né de la Révolution en 1917 et dissous en 1991 (nommé *Union des Républiques Socialistes Soviétiques [U.R.S.S.] ou Union soviétique*). abusivt Relatif à la Russie soviétique ⇒ **russe.** 2 n. *Les Soviétiques,* les gens d'U.R.S.S. ; abusivt les Russes d'U.R.S.S.

soviétiser v. tr. [1] – 1921 ▪ Soumettre à l'autorité ou à l'influence de la Russie soviétique.

soviétologue n. – 1960 ▪ Spécialiste de la politique soviétique (⇒ **kremlinologie**).

sovkhoze [sɔvkoz] n. m. – 1931 ; russe *sovkhoz,* de *sov(ietskoïé) khoz(iaïstvo)* → kolkhoze ▪ En U.R.S.S., Ferme pilote qui appartenait à l'État.

> ❑ Ne pas confondre avec *kolkhoze* « exploitation agricole collective (en U.R.S.S.). »

soyeux, euse adj. et n. m. – XIVe 1 Qui est doux et brillant comme la soie. *Cheveux fins et soyeux. Le pelage soyeux des chats.* 2 n. m. À Lyon, Industriel de la soierie.

spacieux, ieuse adj. – XIIe ; lat. *spatium* « espace » ▪ Où l'on a de l'espace, où l'on est au large. ⇒ **grand, vaste.** « *Une maison du siècle dernier, spacieuse et sonore* » (Duham.). *Une voiture spacieuse.* ✪ CONTR. Étroit, petit.

> ❑ Pour la graphie → spatial (rem.).

spadassin n. m. – XVIe ; it. *spada* « épée » 1 vx Homme d'épée. 2 littér. Tueur à gages.

spadice n. m. – XVIIIe ; gr. « branche de palmier » ▪ Inflorescence en épi ou en panicule enveloppée par une spathe.

spaghetti [spageti] n. m. – 1923 ; lat. *spacus* « ficelle » ▪ au plur. Pâtes alimentaires fines et longues. *Des spaghettis à la sauce tomate.*

> ❑ Le pluriel de ce mot est désormais francisé *(des spaghettis)* alors que *spaghetti* représente le pluriel en italien. → ravioli (rem.).

spahi n. m. – XVIe ; o. persane ▪ Soldat des corps de cavalerie indigène organisés autrefois par l'armée française en Afrique du Nord. *Les « pèlerines rouges des spahis »* (R. Gary).

spalax [spalaks] n. m. – XIXe ; mot gr. ▪ Petit rongeur d'Europe centrale et orientale, sans queue, à oreilles courtes, à fourrure épaisse, appelé aussi *rat-taupe.*

spallation n. f. – v. 1960 ; angl. *to spall* « éclater » ▪ Réaction nucléaire provoquée par des particules accélérées avec une si grande énergie que le noyau « éclate » en éjectant diverses particules.

spalter [spaltɛʀ] n. m. – XIXe ; all. *spalten* « crevasser » ▪ Brosse de peintre en bâtiment, utilisée pour faire les faux bois.

sparadrap n. m. – XIVe ; p.-ê lat. *spargere* « étendre » et *drap* ▪ Adhésif, souvent combiné avec un petit pansement. « *Sur les poignets, il colla deux fils avec des morceaux de sparadrap* » (Le Clézio).

spardeck n. m. – XIXe ; angl. *spar* « barre » et *deck* « pont » ▪ Pont supérieur qui s'étend sans interruption de l'avant à l'arrière du bateau (sans dunette ni gaillard).

sparganier n. m. – XIXe ; gr. ▪ Plante aquatique, communément appelée *ruban d'eau.*

sparring-partner [spaʀiŋpaʀtnɛʀ] n. m. – 1925 ; angl. *sparring* « combat » et *partner* « partenaire » ▪ Boxeur servant, à l'entraînement, d'adversaire à un boxeur qui prépare un match. *Des sparring-partners.*

spartakiste n. – 1916 ; all. *Spartakist,* de *Spartakus,* chef des esclaves romains révoltés ▪ Membre d'un mouvement socialiste et communiste allemand (le *spartakisme*) animé par Karl Liebknecht et Rosa Luxemburg (de 1914 à 1919). → adj. *Le groupe spartakiste.*

sparte ou **spart** [spaʀt] n. m. – XIXe ; gr. ▪ Genêt d'Espagne dont les fibres sont utilisées en sparterie.

spartéine n. f. – XIXe ; de *sparte* ▪ Alcaloïde d'abord extrait du genêt à balai, du cytise ou du lupin, utilisé comme antispasmodique.

sparterie n. f. – XVIIIe ; de *sparte* 1 Fabrication d'objets en fibres végétales (jonc, alfa, crin) vannées ou tissées. *Tapis en sparterie* ⇒ **corde.** 2 Ouvrage ainsi fabriqué.

spartiate [spaʀsjat] n. et adj. – XVIe 1 Citoyen de l'ancienne Sparte. 2 adj. Qui rappelle l'austérité des mœurs à Sparte. *Un confort spartiate.* → loc. *À la spartiate.* « *il tâchait de former son fils, voulant qu'on l'élevât durement, à la spartiate* » (Flaub.). ♦ n. *Il « tenait du spartiate et du puritain »* (Hugo). 3 n. f. pl. Sandales faites de lanières de cuir croisées.

spasme n. m. – XIVe ; gr. *spasmos* ▪ Contraction brusque et violente, involontaire, d'un ou de plusieurs muscles, plus ou moins douloureuse. ⇒ **convulsion, crampe, crispation.** *Spasme de l'estomac, de l'intestin. Médicament contre les spasmes* (⇒ **antispasmodique**). ♦ *Spasme de plaisir* (⇒ **orgasme**).

spasmodique adj. – XVIIIe ▪ Caractérisé par des spasmes. « *des frissons spasmodiques couraient sur son corps* » (Gaut.). *Rire spasmodique.* ⇒ **convulsif.**

spasmolytique adj. – 1953 ; de *spasme* et *lytique* ▪ Qui supprime les spasmes. → n. m. ⇒ **antispasmodique.**

spasmophilie n. f. – 1907 ; de *spasme* et *-philie* ▪ Tendance aux spasmes musculaires et viscéraux due à une excitabilité nerveuse et musculaire anormale. ⇒ **tétanie.**

spatangue n. m. – XVIIIe ; gr. ▪ Oursin ovoïde, à piquants courts, vivant dans les sables vaseux.

spath n. m. – XVIIIe ; mot all. ▪ Roche aux faces cristallines nettement taillées. *Spath d'Islande :* variété naturelle de calcite biréfringente dans laquelle on taille des prismes polariseurs. *Spath fluor.* ⇒ **fluorine.** *Des spaths.* ✪ HOM. Spathe.

spathe n. f. – XVIe ; gr. 1 Épée à large lame des Gaulois et des Germains. 2 Grande bractée en forme de cornet, enveloppant les spadices d'une plante. ✪ HOM. Spath.

spathique adj. – XVIIIe ▪ De la nature ou de l'aspect d'un spath. *Fer spathique.*

spatial, iale, iaux adj. – XIXe ; lat. *spatium* « espace » 1 Qui est du domaine de l'espace. « *Nous pouvons le mesurer, selon sa nature spatiale et temporelle* » (Valéry). 2 Relatif à l'espace interplanétaire, interstellaire, à son exploration. ⇒ **cosmique.**

❑ Attention à la finale ...*tial* avec *t* étymologique, contrairement à *spacieux.*

spatialisation n. f. – 1927 ▪ Localisation dans l'espace d'un stimulus visuel ou auditif.

spatialiser v. tr. [1] – 1907 1 Localiser une sensation. 2 Adapter (un engin, un appareillage...) aux conditions de l'espace.

spatialité n. f. – 1907 ▪ Caractère de ce qui est spatial.

spatio- Élément, de *spatial,* qui signifie « espace ».

spatiologie n. f. – 1984 ▪ Ensemble des sciences et des techniques spatiales.

spationaute n. – 1962 ▪ rare ⇒ **astronaute.**

spatiotemporel, elle adj. – 1904 ▪ Qui appartient à l'espace et au temps. *Notre univers est spatiotemporel. Repères spatiotemporels* (où ?, quand ?).

❑ On écrit aussi *spatio-temporel.*

spatule n. f. – XIVe ; lat. *spat(h)ula* 1 Baguette aplatie à un bout, utilisée pour remuer, étaler ; instrument formé d'un manche et d'une lame large. *Spatule de sculpteur. Spatule pour l'examen du pharynx.* ⇒ **abaisse-langue.** « *des doigts en spatule* [...] *larges et carrés du bout* » (Gide). ♦ Extrémité évasée (d'un manche de cuillère, de fourchette). ♦ Extrémité antérieure relevée d'un ski. 2 Oiseau échassier à long bec en spatule, qui vit en colonies au bord de l'eau, dans les marais.

spatulé, ée adj. – XVIIIe ▪ En spatule, large et plat du bout. *Bec spatulé.*

speaker [spikœʀ] n. m. – XVIIe ; mot angl. « celui qui parle » 1 Président de la Chambre des communes, en Angleterre. 2 vieilli Annonceur de radio, de télévision. ⇒ **annonceur, présentateur.**

speakerine [spikʀin] n. f. – 1934 ▪ vieilli Annonceuse, présentatrice.

spécial, iale, iaux adj. – XIIe ; lat. *specialis* « relatif à l'espèce » 1 Qui concerne une espèce, une sorte de choses (opposé à ① *général*). *Connaissances trop spéciales.* ⇒ **limité, restreint.** *Spécial et spécifique**. 2 Qui est propre, particulier à (une personne, un groupe, à l'exclusion des autres). « *l'isolement de leurs malades dans les salles spéciales de l'hôpital* » (Camus). ♦ Qui constitue une exception, est employé pour les circonstances extraordinaires. *Autorisation spéciale. L'envoyé spécial d'un journal* (opposé à *permanent*). 3 Qui présente des caractères particuliers dans son genre. ⇒ **atypique, particulier.** « *il y a entre eux un cri spécial ; un certain "o-hau" connu d'eux seuls* » (Romains). ♦ Qui n'est pas commun. ⇒ **singulier.** « *Rien de spécial à citer* » (Flaub.). *Effets spéciaux, au cinéma.* ➛ Bizarre, non accepté par tous. *Il est assez spécial.* ➛ vieilli *Des mœurs spéciales* (homosexualité). ✪ CONTR. ① Général ; ordinaire ; régulier.

spécialement adv. – XIIe 1 D'une manière spéciale, en particulier. ⇒ **notamment.** *Il y fait très chaud, spécialement dans l'est du pays.* ➛ Dans un sens restreint (mot). 2 À l'exclusion des autres. ⇒ **particulièrement.** *Être spécialement désigné pour qqch., chargé de qqch.* « *un escalier de service spécialement affecté à l'usage du personnel* » (Courtel.). 3 Tout exprès. *Elle est venue spécialement pour vous voir.* 4 D'une manière très caractéristique, plus qu'une autre chose du même genre. ⇒ **particulièrement, très.** « *les préoccupations d'intérêt lui sont spécialement sensibles* » (Romains).

spécialisation n. f. – XIXe ▪ Action, fait de (se) spécialiser, de se restreindre. *Spécialisation des fonctions d'un organe, du sens d'un mot.* ♦ Action, fait de se spécialiser dans un domaine de la connaissance.

spécialisé, ée adj. ▪ Qui a une spécialité. *Ouvrier spécialisé (O.S.)* (sans C.A.P.). *Revues spécialisées.* ♦ *Recherche très spécialisée.* ⇒ fam. **pointu.**

spécialiser v. tr. [1] – XIXe 1 Donner un emploi spécial, déterminé et restreint à. 2 v. pron. Prendre un sens restreint (mot). ♦ Acquérir des connaissances approfondies dans un domaine particulier. « *Maintenant, chaque médecin se spécialise* » (Huysm.).

spécialiste n. – XIXe 1 Personne qui s'est spécialisée dans une activité précise. *Coureur spécialiste du 100m. Historien spécialiste du XVIe siècle.* ♦ Médecin qui s'est spécialisé dans une branche de la médecine (opposé à *généraliste*). « *C'est la paralysie générale qui vous guette. Vous devriez voir un spécialiste* » (Courtel.). 2 Personne qui s'y connaît (en qqch.), est coutumière (de qqch.). « *un spécialiste des coups bas* » (Mauriac). ✪ CONTR. Amateur.

spécialité n. f. – XIIIe 1 Caractère de ce qui est spécial, réservé à. *Spécialité administrative* (les autorités ont chacune leur espèce d'attribution et doivent s'y cantonner). *Spécialité budgétaire* (les crédits votés pour un chapitre ne peuvent servir à un autre). 2 Ensemble de connaissances approfondies sur un objet d'étude limité. ⇒ **branche.** « *chaque spécialiste croit* [...] *que chaque malade relève de sa spécialité* » (Maurois). *Langages, langues de spécialités* (⇒ **terminologie ;** ① **jargon).** 3 Activité, production déterminée à laquelle se consacre qqn. ⇒ **domaine, partie.** « *Monsieur a bien une petite profession, une spécialité...* » (Gide). ♦ Mets propre à un chef, à une région. *Spécialités régionales.* 4 fam. Comportement particulier et personnel. *Il s'est encore trompé d'heure, c'est sa spécialité.*

spéciation n. f. – mil. XXe ; mot angl. ▪ Différenciation des espèces au cours de l'évolution.

spécieux, ieuse adj. – XIVe ; lat. *species* « aspect » ▪ Qui n'a qu'une belle apparence, qui est sans réalité, sans valeur (paroles). ⇒ **fallacieux.** *Sous un prétexte spécieux. Raisonnement spécieux.* ✪ CONTR. Sérieux, sincère.

❑ Même famille étymologique que *espèce* et *spectacle.*

spécification n. f. – XIVe 1 Action de spécifier. *Sans spécification de l'heure ni du lieu.* ⇒ **précision.** 2 Définition (d'un produit industriel).

spécificité n. f. – XIXe ▪ Qualité de ce qui est spécifique. *La spécificité d'un art, d'une maladie. Perdre sa spécificité.*

spécifier v. tr. [7] – XIIIe ; lat. *specificare,* de *species* « aspect » et *facere* « faire » ▪ Mentionner de façon précise. ⇒ **indiquer, préciser.** « *les génuflexions* [...] *spécifiées par le rituel* » (Huysm.). ➛ *Il a bien spécifié qu'il resterait deux jours.*

spécifique adj. – XVe 1 Propre à une espèce et à elle seule (opposé à ① *générique*). « *l'humanité a toujours cherché à s'évader de sa destinée spécifique* » (Beauv.). ➛ *Droits, taxes spécifiques,* calculés sur une grandeur physique (poids, métrage, surface, etc.) caractéristique du produit (opposé à *ad valorem*). **2** Qui a son caractère et ses lois propres, ne peut se rattacher à autre chose ou en dépendre. *Il était plus facile « de voir en la peinture la représentation d'une fiction, que d'y voir un langage spécifique »* (Malraux).

> ❑ Dans tous les sens ce mot ne peut s'appliquer à aucun être unique susceptible de porter un nom propre. → particulier (rem.).

spécifiquement adv. – XIVe ▪ D'une manière spécifique, proprement. « *Une trouvaille purement et spécifiquement bourgeoise* » (Montherl.). ⇒ **typiquement.**

spécimen [spesimɛn] n. m. – XVIIe ; mot lat. **1** Individu qui donne une idée de l'espèce à laquelle il appartient ; unité ou partie d'un ensemble qui donne une idée du tout. ⇒ **échantillon, exemple, représentant.** « *un spécimen accompli de la jeune fille moderne* » (Duham.). **2** Exemplaire ou feuillet publicitaire (d'une revue, d'un manuel). *Il est interdit de revendre les spécimens.*

spectacle n. m. – XIIIe ; lat. *specere* « regarder » **1** Ensemble de choses ou de faits qui s'offre au regard. ⇒ **aspect, tableau.** « *le magnifique spectacle de cette impuissante fureur de l'Océan* » (J. Verne). ➤ *Au spectacle de* : à la vue de. *Se donner en spectacle* : se faire remarquer de façon déplacée. **2** Représentation théâtrale (⇒ **pièce**), cinématographique (⇒ **film**), chorégraphique (⇒ **danse**). *Salle de spectacle(s). Aller au spectacle. Spectacle à un seul personnage.* ⇒ **one man show, solo.** *Cote de succès des spectacles.* ⇒ **box-office.** *Le monde, l'industrie du spectacle.* **3** vx Mise en scène. loc. *Pièce, revue à grand spectacle,* qui comporte une mise en scène somptueuse.

> ❑ De la même famille : *inspecter, perspective, prospectus.*

spectaculaire adj. – 1908 ▪ Qui parle aux yeux, en impose à l'imagination. *Un accident plus spectaculaire que grave.* « *rien n'est moins spectaculaire qu'un fléau* » (Camus).

spectateur, trice n. – XIVe **1** Personne qui regarde ce qui se passe sans y être mêlée. ⇒ **observateur.** *Assister à un événement en spectateur.* **2** Personne qui assiste à un spectacle, à une cérémonie, à une manifestation sportive, etc. ⇒ **assistant, auditeur, téléspectateur.** « *la grouillante et sombre masse des spectateurs* » (Gide). ✪ CONTR. Acteur.

spectral, ale, aux adj. – XIXe **1** Du spectre (2°). *Analyse spectrale. Couleurs spectrales* : les couleurs de l'arc-en-ciel. **2** littér. Qui a l'apparence d'un spectre (1°), évoque un fantôme. ⇒ **fantomatique.** *Les « peupliers spectraux de l'automne »* (Gracq).

spectre n. m. – XVIe ; lat. *specere* « regarder » **1** Apparition effrayante d'un mort. ⇒ **fantôme, revenant.** ♦ Ce qui épouvante et menace. *Le spectre de la guerre, de la récession.* « *J'agitai le spectre du scandale* » (Maupass.). ⇒ **épouvantail. 2** Images juxtaposées formant une suite ininterrompue de couleurs, et correspondant à la décomposition de la lumière blanche par réfraction (prisme) ou par diffraction (réseau). ⇒ **arc-en-ciel.** *Spectre solaire.* ♦ Variation dans l'intensité ou dans la phase d'un rayonnement complexe. ➤ *Spectre de masse,* reflétant la distribution des masses dans les atomes ionisés, les molécules. ♦ Matérialisation des lignes de champ. *Spectre électrique, magnétique.* **3** Champ d'action, d'efficacité. *Antibiotique à large spectre.*

> ❑ Ne pas confondre avec *sceptre* « bâton de commandement ».

spectrogramme n. m. – 1949 ▪ Photographie d'un spectre (2°) lumineux.

spectrographe n. m. – 1902 ▪ Appareil permettant d'enregistrer un spectre (photographiquement ou par d'autres procédés). ♦ *Spectrographe de masse,* permettant de séparer et d'identifier, par leur masse et leur charge électrique, des atomes, des radicaux, des molécules.

spectrohéliographe n. m. – 1904 ▪ Appareil servant à photographier le Soleil, muni d'une fente qui permet de sélectionner une seule radiation.

spectromètre n. m. – XIXe ▪ Appareil de mesure utilisant la détermination de spectres.

spectrométrie n. f. – XIXe ▪ Ensemble des techniques associées à l'étude des spectres (2°).

spectroscope n. m. – XIXe ▪ Instrument à observation visuelle directe, qui disperse un rayonnement sous forme de spectre, permettant d'en analyser les constituants. *Spectroscope à prisme, à réseau, à ondes courtes.*

spectroscopie n. f. – XIXe ▪ Analyse des constituants d'un corps par leur spectre d'absorption obtenu au moyen d'un spectroscope.

spéculaire adj. et n. f. – XVIe ; lat. *speculum* « miroir » **1** Qui réfléchit la lumière comme un miroir, en parlant d'un minéral. « *Un petit miroir fait de pierre spéculaire* » (Gaut.). **2** Relatif au miroir, produit par un miroir. *Image spéculaire.* ➤ *Écriture spéculaire* : écriture de droite à gauche (comme si l'écriture normale était réfléchie dans un miroir).

spéculateur, trice n. – XIVe ▪ Personne qui fait des spéculations financières en Bourse. *La situation politique profite aux spéculateurs.*

spéculatif, ive adj. – XIIIe **1** Qui pratique la spéculation (1°). « *cette philosophie spéculative qu'on enseigne dans les écoles* » (Desc.). **2** Relatif à la spéculation boursière et commerciale.

spéculation n. f. – XIIIe **1** Étude, recherche abstraite. ⇒ **théorie.** « *les profondeurs inouïes de l'abstraction et de la spéculation pure* » (Hugo). ♦ Considération théorique. *Les spéculations des philosophes.* **2** Opération financière ou commerciale qui consiste à profiter des fluctuations du marché en anticipant l'évolution du prix (d'une marchandise, d'une valeur) pour réaliser une plus-value ; pratique de ce genre d'opérations. *Spéculations immobilières. Spéculation illicite* (cf. Délit d'initié*). **3** Action de spéculer (3°).

spéculer v. intr. [1] – XIVe ; lat. *specere* « regarder » **1** Méditer. « *Un philosophe qui spécule sur le monde, sur la connaissance* » (Valéry). **2** Faire des spéculations financières, commerciales. *Spéculer en Bourse.* **3** SPÉCULER SUR (qqch.), compter dessus pour réussir, obtenir qqch. « *C'est une grande erreur de spéculer sur la sottise des sots* » (Valéry).

> ❑ Malgré son sens, ce mot n'a aucun rapport étymologique avec *pécule.*

spéculos ou **spéculoos** [spekylos] n. m. – 1938 ; o. i. ▪ Biscuit belge au sucre candi.

spéculum [spekylɔm] n. m. – XIVe ; lat. « miroir » ▪ Instrument, dont une face forme miroir, servant à explorer des cavités ou conduits de l'organisme, muni d'un dispositif permettant de les élargir en vue d'en faciliter l'examen. *Examen gynécologique au spéculum. Des spéculums.*

speech [spitʃ] n. m. – XIXe ; mot angl. ▪ vieilli Petite allocution de circonstance, notamment en réponse à un toast. ⇒ **laïus.** « *vous aviez fait un speech moral aux invités du déjeuner de noces* » (Mérimée). *Des speechs.*

speed [spid] n. m. et adj. – 1968 ; mot angl., proprt « vitesse » **1** Amphétamine, L.S.D. *Prendre du speed.* **2** adj. ⇒ **speedé.**

speedé, ée [spide] adj. – 1972 1 fam. Qui est sous l'effet des amphétamines. 2 fam. Agité, hyperactif. ⇒ **surexcité, survolté.**

spéléo- Élément, du gr. *spêlaion* « caverne ».

spéléologie n. f. – XIXe ; *spéléo-* et *-logie* ■ Exploration et étude scientifique des cavités du sous-sol (grottes, cavernes, gouffres, eaux souterraines, etc.).

spéléologue n. – XIXe ■ Spécialiste de la spéléologie, explorateur des cavernes.

spéléonaute n. – 1965 ■ Spéléologue qui se prête à des expérimentations scientifiques en séjournant longtemps sous la terre.

spencer [spɛnsœʀ ; spɛnsɛʀ] n. m. – XVIIIe ; mot angl., n. pr. ■ Veste courte ajustée et sans basques.

❑ Lord John Charles *Spencer* (1758-1834) mit ce vêtement à la mode.

spéos [speos] n. m. – XIXe ; gr. « caverne » ■ Temple de l'Égypte ancienne creusé dans le roc.

spergule n. f. – XVIIe ; lat. *asparagus* « asperge » ■ Petite plante herbacée *(caryophyllacées)*, à feuilles en lanières dont une variété est appelée *fourrage de disette*.

spermaceti [spɛʀmaseti] n. m. – XVIe ; lat. *sperma* « semence » et *cetus* « baleine » ■ Blanc de baleine*.

spermaphytes n. m. pl. – 1964 ; gr. *sperma* « semence » et *-phyte* ■ Embranchement du règne végétal regroupant les plantes à graines nues (⇒ **gymnosperme**) ou contenues dans un fruit (⇒ **angiosperme**). ⇒ **phanérogame.**

❑ On a dit *spermatophytes*.

spermatide n. f. – XIXe ■ Cellule sexuelle mâle dont dérive le spermatozoïde.

spermatique adj. – XIVe ■ *Cordon spermatique* : pédicule du testicule renfermant le canal déférent, les vaisseaux, les nerfs et les éléments conjonctifs de soutien de la glande.

spermat(o)- Élément empr. au gr. « semence », qui signifie le plus souvent « sperme ».

❑ Pour le sens → sperme (rem.).

spermatocyte n. m. – XIXe ; *spermato-* et *-cyte* ■ Cellule germinale mâle qui devient une spermatide, puis un spermatozoïde.

spermatogenèse n. f. – XIXe ■ Ensemble des processus qui aboutissent à la formation des gamètes mâles.

spermatozoïde n. m. – XIXe ; *spermato-* et gr. *zôon* « animal » ■ Cellule reproductrice (gamète) mâle des animaux sexués. *Fécondation de l'ovule par un spermatozoïde.*

❑ Ce mot a remplacé l'expression *animal spermatique*.

sperme n. m. – XIVe ; gr. *sperma* « semence » ■ Liquide blanchâtre émis par éjaculation, constitué par les sécrétions des différentes glandes génitales mâles et par les spermatozoïdes. ⇒ **semence.** *Banque de sperme* (⇒ **insémination**).

❑ Les dérivés savants de ce mot sont plutôt formés sur *spermato-* alors que ceux en *spermo-*, *-sperme*, ont plutôt rapport aux *graines*.

-sperme → sperm(o)-

spermicide n. m. et adj. – v. 1965 ; de *sperme* et *-cide* ■ Contraceptif local qui détruit les spermatozoïdes.

sperm(o)-, -sperme Élément du gr. *sperma* « semence », qui signifie « graine » *(spermophile, gymnosperme)* ou « sperme » *(spermogramme)*.

❑ Distinguer les mots formés sur *spermato-* de ceux formés sur *spermo-*. → sperme (rem.).

spermogramme n. m. – 1959 ; *spermo-* et *-gramme* ■ Résultats fournis par l'examen en laboratoire du sperme.

spermophile n. m. – XIXe ; *spermo-* et *-phile* ■ Petit rongeur voisin de la marmotte, à abajoues volumineuses, qui vit dans des terriers où il entasse des graines.

sphacèle n. m. – XVIe ; gr. *sphakelos* « gangrène » ■ Fragment de tissu nécrosé qui se détache d'une plaie.

sphaigne n. f. – XVIIIe ; gr. ■ Mousse des marais, dont la décomposition est à l'origine de la formation de la tourbe.

sphénisque n. m. – XIXe ; gr. *spheniskôs* « cheville » ■ Manchot de l'hémisphère Sud.

sphénoïde n. m. – XVIe ; gr. « en forme *(sphên)* de coin *(eidos)* » ■ Os constituant la partie moyenne de la base du crâne. ➛ adj. *Os sphénoïde.*

sphère n. f. – XIIe ; gr. *sphaira* « boule » 1 Surface fermée dont tous les points sont situés à égale distance d'un point donné (centre) ; solide délimité par cette surface (⇒ ① **balle**, ① **bille**, **boule**). ➛ *Sphère céleste* : sphère fictive sur laquelle les corps célestes semblent situés pour un observateur qui serait au centre. ➛ *Sphère terrestre* : la Terre, considérée comme une sphère légèrement aplatie aux pôles. ♦ Sa représentation. ⇒ **globe, mappemonde.** 2 Domaine circonscrit à l'intérieur duquel s'exerce une activité, une science, un art. « *une sphère inaccessible au reste de l'humanité* » (Renan). « *Les esprits bornés et resserrés dans leur petite sphère* » (La Bruy.). ♦ *Les hautes sphères* (de qqch.) : les instances dirigeantes. *Les hautes sphères de la politique, de la finance.* ➛ *Sphère d'attribution* : domaine, matière qui sont de la compétence d'une autorité.

❑ Les noms dérivés de *sphère* sont féminins (*atmosphère, stratosphère*, etc.), sauf *hémisphère* et *planisphère* qui sont masculins.

sphéricité n. f. – XVIIe ■ Forme sphérique. ⇒ **rotondité.**

sphérique adj. – XIVe 1 En forme de sphère. ⇒ **rond.** 2 En géométrie, Qui appartient à la sphère. *Anneau, calotte, secteur, segment sphérique.* ➛ *Miroir sphérique* : miroir dont la surface réfléchissante est une portion de sphère.

sphéroïdal, ale, aux adj. – XVIIIe ■ En forme de sphéroïde ; propre à un sphéroïde.

sphéroïde n. m. – XVIe ■ Solide à peu près sphérique. *La Terre est un sphéroïde.*

sphéromètre n. m. – XVIIIe ■ Instrument servant à mesurer la courbure des surfaces sphériques, des verres d'optique.

sphex [sfɛks] n. m. – XIXe ; gr. « guêpe » ■ Insecte hyménoptère, sorte de grande guêpe qui creuse des terriers où elle dépose ses proies.

sphincter [sfɛ̃ktɛʀ] n. m. – XVIe ; mot gr., de *sphingein* « serrer » ■ Muscle annulaire disposé autour d'un orifice naturel qu'il resserre ou ferme en se contractant.

sphinctérien, ienne adj. – XIXe ■ Relatif à un sphincter. *Contrôle sphinctérien* (de l'anus).

sphinge n. f. – XVIe 1 Sphinx à buste de femme. 2 Femme énigmatique.

❑ On trouve parfois la graphie *sphynge* : « *son sourire de sphynge innocente* » (Huysmans). Ce mot est rare et littéraire.

sphinx [sfẽks] n. m. – XVIe ; mot gr. 1 Monstre fabuleux, lion ailé à tête et buste de femme, qui tuait les voyageurs quand ils ne résolvaient pas l'énigme qu'il leur proposait. *Œdipe et le Sphinx.* ♦ Statue de lion couché, à tête d'homme, de bélier ou d'épervier, représentant une divinité égyptienne. 2 Personne énigmatique, figée dans une attitude mystérieuse. « *son air impénétrable de jeune sphinx* » (From.). 3 Grand papillon crépusculaire au vol puissant. « *un magnifique sphinx des vignes aux ailes* [...] *semblables au plumage du chat-huant* » (Dumas).

sphygmo- Élément, du gr. *sphugmos* « pouls, pulsation ».

sphygmogramme n. m. – XIXe ▪ Tracé enregistré du pouls.

sphygmographe n. m. – XIXe ▪ Instrument destiné à enregistrer les pulsations artérielles.

sphygmomanomètre n. m. – XIXe ▪ Appareil composé d'un manomètre et d'un manchon gonflable qu'on enroule autour du bras, servant à mesurer la tension artérielle. ⇒ **tensiomètre.**

sphynge → **sphinge**

sphyrène n. f. – XIXe ; gr. ▪ Grand poisson de mer, à la mâchoire inférieure saillante. ⇒ **barracuda.**

spi → **spinnaker**

spic n. m. – XIIe ; lat. *spicus* « épi, herbe odoriférante » ▪ Lavande dont on extrait une essence odorante, dite *huile de spic* (ou *d'aspic*).

spica n. m. – XVIe ; mot lat. « épi » ▪ Bandage croisé, appliqué au niveau de la racine d'un membre.

spiciforme adj. – XIXe ; lat. *spicus* « épi » et *-forme* ▪ En forme d'épi.

spicule n. m. – XIXe ; lat. « dard » 1 sc. Structure en forme d'épi ou de dard. ➝ Chacun des petits bâtonnets calcaires ou siliceux du squelette des éponges. 2 Jet de matière dans la chromosphère solaire, ayant l'apparence de flammes.

spider [spidɛʀ] n. m. – XIXe ; mot angl. « araignée » 1 Voiture hippomobile décapotable, à quatre roues, proche du phaéton. 2 Coffre à l'arrière d'un cabriolet automobile pour un passager, des bagages.

spiegel [spigœl ; ʃpigœl] n. m. – XIXe ; all. *Spiegeleisen,* « fer *(Eisen)* à miroir » ▪ Alliage de fer, manganèse et carbone, employé dans la fabrication de l'acier Bessemer.

spin [spin] n. m. – 1938 ; mot angl. « rotation » ▪ Moment cinétique intrinsèque d'une particule. ➝ *Spin isotopique.* ⇒ **isospin.**

spina-bifida n. m. inv. – XIXe ; mots lat. « épine (dorsale) bifide » ▪ Malformation congénitale qui consiste en une fissure du rachis, pouvant se compliquer d'une hernie des méninges et de la moelle épinière.

spinal, ale, aux adj. – XVIe ; lat. *spina* « épine dorsale » ▪ Relatif ou qui appartient à la colonne vertébrale (⇒ **rachidien**), ou à la moelle épinière (⇒ **médullaire**).

spinelle n. m. – XVIe ; lat. *spina* « épine » ▪ Aluminate naturel de magnésium de couleur variée, utilisé en joaillerie.

spinnaker [spinakɛʀ ; spinɛkœʀ] n. m. – XIXe ; mot angl. ▪ Grande voile d'avant, légère et très creuse, utilisée aux allures portantes sur les voiliers modernes. abrév. fam. *spi.*

spinosisme ou **spinozisme** n. m. – XVIIe ▪ Système philosophique de Spinoza.

spiracle n. m. – XVIe ; lat. ▪ Orifice de sortie de l'eau qui a baigné les branchies des têtards de batraciens anoures.

spiral, ale, aux adj. – XVIe ▪ Qui a la forme d'une courbe tournant autour d'un pôle dont elle s'éloigne. *Courbe, ligne spirale. Ressort spiral,* dont la lame décrit des spires autour d'un axe, et qui sert à régulariser la rotation des rouages. n. m. *Un spiral de montre.* ➝ *Galaxie spirale,* se présentant sous la forme d'un noyau central entouré de bras se développant en spirale.

spirale n. f. – XVIe ; pour *ligne spirale* 1 Courbe plane qui décrit des révolutions autour d'un point fixe (ou pôle), en s'en écartant de plus en plus. 2 Courbe qui tourne autour d'un axe, forme un enroulement. ⇒ **hélice.** *L'avion* « *virevoltait, décrivait des courbes, des spirales, tombait en vrille* » (Cendrars). *Elle* « *monte en courant* [...] *l'étroit colimaçon où son tablier gris tournoie en spirale* » (Robbe-Grillet). *Spirales de fumée.* ⇒ **volute.** *Cahier à spirale.* 3 Montée rapide et irrépressible d'un phénomène. *La spirale inflationniste.*

❑ Pour l'emploi → hélice (rem.).

spiralé, ée adj. – XIXe ▪ Disposé en spirale.

spirant, ante adj. et n. f. – XIXe ; lat. *spirans* « respirant, soufflant » ▪ *Consonne spirante* ou n. f. *une spirante* : consonne produite comme une fricative, correspondant souvent à l'articulation d'une occlusive relâchée.

spire n. f. – XVIe ; gr. ▪ Tour complet dans une structure hélicoïdale. *Les spires d'un solénoïde.* ♦ Enroulement (d'une coquille).

spirée n. f. – XVIIe ; gr. ▪ Plante herbacée *(rosacées),* à fleurs décoratives. ⇒ **filipendule, reine-des-prés.**

spirifer [spiʀifɛʀ] n. m. – XIXe ; mot lat. « qui porte des spires » ▪ Brachiopode fossile du primaire, à supports brachiaux en spirale.

❑ La prononciation du *r* final est normale (à l'origine *spirifère,* comme *conifère*).

spirille [spiʀij] n. m. – XIXe ▪ Micro-organisme mobile, en forme de filament ondulé ou contourné en spirale, à extrémités pourvues de flagelles.

spirillose [spiʀiloz] n. f. – 1903 ▪ Maladie infectieuse provoquée par des spirilles.

spirite adj. et n. – XIXe ; angl. *spirit(-rapper)* « esprit (frappeur) » 1 Relatif aux esprits des morts, à leurs manifestations supposées ; propre au spiritisme. 2 n. Adepte du spiritisme.

spiritisme n. m. – XIXe ▪ Science occulte fondée sur l'existence, les manifestations et l'enseignement des esprits. « *la première loi à observer* [...] *dans le Spiritisme, c'est d'éloigner les incrédules* » (Huysm.).

spiritualisation n. f. – XVIIe ▪ littér. Action de spiritualiser, fait d'être spiritualisé.

spiritualiser v. tr. [1] – XVIe ▪ littér. Doter, imprégner de spiritualité ; dégager de la matière. « *Son visage, que ne spiritualise aucune flamme intérieure* » (Gide). ✪ CONTR. Matérialiser.

spiritualisme n. m. – XVIIIe ▪ Doctrine philosophique pour laquelle l'esprit constitue une réalité indépendante et supérieure. ➝ Doctrine reconnaissant en outre l'existence de Dieu (⇒ **déisme**) et des valeurs spirituelles constituant la fin propre de l'activité humaine. ✪ CONTR. Matérialisme.

spiritualiste adj. et n. – XVIIIe ▪ Propre au spiritualisme. ♦ Partisan du spiritualisme. ✪ CONTR. Matérialiste.

spiritualité n. f. – XIIIe 1 Caractère de ce qui est spirituel (I), indépendant de la matière. *La spiritualité de l'âme.* 2 Ensemble des croyances, des pratiques concernant la vie spirituelle. *La spiritualité franciscaine.* ♦ Vie spirituelle, attachement aux valeurs spirituelles, morales. ✪ CONTR. Matérialité.

spirituel, elle adj. – X^e ; lat. *spiritus* « esprit » **I - 1** Qui est esprit, de l'ordre de l'esprit considéré comme un principe indépendant. ⇒ **immatériel, incorporel.** *L'âme, réalité spirituelle.* 2 Propre ou relatif à l'âme, en tant qu'émanation et reflet d'un principe supérieur, divin. *Vie spirituelle.* 3 Qui est d'ordre moral, n'appartient pas au monde physique. *Pouvoir spirituel* (Église) *et pouvoir temporel* (État). *Les valeurs spirituelles d'une civilisation.* 4 *Concert spirituel,* de musique sacrée. **II - 1** Qui a de l'esprit*, de la vivacité, de l'à-propos. ⇒ **amusant,** ① **brillant,** ② **fin, vif.** « *Il y a deux façons d'être spirituel : par l'esprit qu'on met dans ce qu'on dit, et par celui qu'on met dans sa manière de dire* » (Mart. du G.). ➤ « *joli gamin, la mine spirituelle et effrontée* » (Goncourt). 2 Plein d'esprit. ⇒ ② **fin,** ① **piquant.** *Une plaisanterie spirituelle.* ✪ CONTR. Matériel. — Lourd, ① plat.

spirituellement adv. - XIIe 1 En esprit, dans l'ordre de l'esprit, de la spiritualité. 2 Avec un esprit fin et vif. ✪ CONTR. Matériellement.

spiritueux, euse adj. et n. m. - XVIe ; lat. *spiritus* « esprit » ▪ Qui contient une forte proportion d'alcool. *Boissons spiritueuses.* ♦ n. m. *Vins et spiritueux.* ⇒ **alcool, liqueur.**

❑ Même famille que *spirituel ;* cette bizarrerie passe par le mot *esprit* (même étymon) au sens d'« alcool » *(esprit-de-vin).*

spirochète [spiʀɔkɛt] n. m. - XIXe ; de *spire* et gr. *khaitê* « longs cheveux, crinière » ▪ Micro-organisme à corps grêle et spiralé, se déplaçant par des mouvements en vrille. ⇒ **leptospire, tréponème.**

spirochétose [spiʀɔketoz] n. f. - 1909 ▪ Maladie causée par un spirochète.

spirographe n. m. - XIXe ; lat. *spira* « spire » et *graphis* « crayon, pinceau » ▪ Annélide sédentaire aux branchies céphaliques, fines et ondulées, en panache.

❑ On peut remarquer que l'étymologie détourne parfois du sens (« crayon à faire des spires »).

spiroïdal, ale, aux adj. - XIXe ▪ En forme de spire, en spirale.

spiromètre n. m. - XIXe ; lat. *spirare* « respirer » et *-mètre* ▪ Instrument servant à mesurer la capacité respiratoire des poumons.

spirorbe n. m. - XIXe ; lat. *spira* « spire » et *orbis* « cercle » ▪ Annélide sédentaire construisant un petit tube blanc spiralé.

spitant, ante adj. - attesté XXe ; mot d'o. flamande ▪ (Belgique) Pétillant. *Eau spitante.* ♦ *L'esprit spitant,* vif, déluré.

splanchnique [splɑ̃knik] adj. - XVIIIe ▪ Qui appartient aux viscères.

splanchnologie [splɑ̃knɔlɔʒi] n. f. - XVIIe ; gr. *splagkhnon* « viscère » et *-logie* ▪ Partie de l'anatomie qui traite des viscères.

spleen [splin] n. m. - XVIIIe ; mot angl., du gr. *splên* « rate (siège des humeurs noires) » ▪ littér. Mélancolie sans cause apparente, caractérisée par le dégoût de toute chose. ⇒ **cafard, neurasthénie.** « *j'ai le spleen, tristesse physique, véritable maladie* » (Chateaub.).

❑ Le mot s'est répandu en France dans le contexte romantique et post-romantique, grâce surtout à Baudelaire *(Le Spleen de Paris ; Spleen et Idéal) ;* il est sorti de l'usage courant.

splendeur n. f. - XIIe ; lat. *splendere* « briller » 1 littér. Grand éclat de lumière. « *la splendeur aveuglante de la plage* » (Proust). 2 Beauté donnant une impression de luxe, de magnificence. ⇒ **somptuosité.** *La splendeur du décor.* ➤ loc. iron. *Dans toute sa splendeur !* absolu, intégral. *C'est le macho dans toute sa splendeur !* ♦ Prospérité, gloire. *Du temps de ma splendeur.* 3 Chose splendide. « *les splendeurs des temps passés* » (Balz.).

splendide adj. - XVe 1 Plein d'éclat. ⇒ **clair, rayonnant.** *Il fait un temps splendide.* ♦ Riche et beau. ⇒ **magnifique, somptueux.** *Une fête splendide.* 2 D'une beauté éclatante. ⇒ **merveilleux,** ② **superbe.** ➤ *Une fille splendide. Un panorama splendide.* « *que d'amours splendides j'ai rêvées !* » (Rimb.). ✪ CONTR. ① Terne ; laid.

❑ Même famille que *resplendir.*

splendidement adv. - XVIe ▪ D'une manière splendide. ⇒ **magnifiquement, somptueusement.** « *Le palais splendidement illuminé* » (Hugo).

splénectomie n. f. - XIXe ; gr. *splên* « rate » et *-ectomie* ▪ Ablation totale ou partielle de la rate.

splénique adj. - XVIe ▪ Relatif ou propre à la rate. *Artère splénique.*

splénite n. f. - XVIIIe ; gr. *splen* « rate » et *-ite* ▪ Inflammation de la rate.

splénomégalie n. f. - 1904 ; gr. *splên* « rate » et *-mégalie* ▪ Augmentation du volume de la rate.

spoiler [spɔjlœʀ] n. m. - 1975 ; mot angl. « aérofrein » ▪ Élément de carrosserie automobile, pour améliorer l'aérodynamisme ou réduire la portance.

spoliateur, trice n. et adj. - XVe ▪ Personne qui spolie. ♦ adj. *Une loi spoliatrice,* qui entraîne des spoliations.

spoliation n. f. - XVe ▪ Action de spolier ; son résultat.

spolier v. tr. 7 - XVe ; lat. ▪ Dépouiller (qqn) par violence, par fraude ou abus de pouvoir.

spondée n. m. - XIVe ; gr. ▪ Pied de deux syllabes longues, dans la métrique gréco-latine. *Dactyles et spondées.*

spondias [spɔ̃djɑs] n. m. - XVIIIe ; gr. ▪ Arbre exotique *(anacardiacées)* à fruits comestibles dits *pommes de Cythère.*

spondylarthrite n. f. - 1945 ; gr. *spondulos* « vertèbre » et *arthrite* ▪ Arthrite de la colonne vertébrale.

spondylarthrose n. f. - 1953 ; gr. *spondulos* « vertèbre » et *arthrose* ▪ Arthrose de la colonne vertébrale.

spondylite n. f. - XIXe ; gr. *spondulos* « vertèbre » et *-ite* ▪ Inflammation d'un ou de plusieurs corps vertébraux souvent associée à celle des disques intervertébraux correspondants.

spongiaires n. m. pl. - XIXe ▪ Embranchement constitué par les éponges.

spongieux, ieuse adj. - XIIIe ; lat. *spongia* « éponge » 1 Qui rappelle l'éponge, par sa structure et sa consistance. *Tissu osseux spongieux.* 2 Qui est mou et retient les liquides. *Sol spongieux.*

spongiforme adj. - XIXe ▪ didact. Qui rappelle la structure alvéolaire de l'éponge. ➤ *Encéphalite spongiforme bovine.*

spongille [spɔ̃ʒil] n. f. - XIXe ▪ Éponge d'eau douce.

sponsor [spɔ̃sɔʀ ; spɔnsɔʀ] n. m. - 1954 ; mot angl. « parrain » ▪ Personne, organisme qui soutient financièrement une entreprise à des fins publicitaires. Recomm. offic. ⇒ **commanditaire, parrain.** *Sponsor d'un voilier, d'un coureur ; d'une exposition.*

sponsorisation [spɔ̃sɔʀizasjɔ̃] n. f. - 1986 ▪ Aide financière apportée à des fins publicitaires à une action sportive ou culturelle. ⇒ **mécénat, parrainage.**

❑ *Sponsorisation* tend à remplacer l'anglicisme de même sens *sponsoring ;* ce mot, hybride de français et d'anglais, n'est guère préférable.

sponsoriser [spɔ̃sɔʀize] **v. tr.** [1] – av. 1980 ■ Financer à des fins publicitaires (une entreprise). Recomm. offic. *COMMANDITER, PARRAINER.*

spontané, ée **adj.** – XIIIe ; lat. **1** Que l'on fait de soi-même, sans être incité ni contraint. ⇒ **libre. 2** Qui se fait de soi-même, sans avoir été provoqué. ⇒ **naturel.** *Combustion spontanée.* **3** Qui se fait sans que la volonté intervienne. ⇒ **involontaire.** « *des associations d'idées naïves et spontanées* » (Maurois). ♦ Qui se fait, s'exprime directement, sans réflexion ni calcul. ⇒ **instinctif, sincère.** *Une réaction spontanée.* « *les élans spontanés d'un cœur libre* » (Baud.). ♦ Qui obéit au premier mouvement, ne calcule pas. *Être spontané avec qqn.* ✪ CONTR. Imposé. Provoqué. Volontaire. Étudié.

spontanéisme **n. m.** – v. 1968 ■ Doctrine ou attitude politique qui repose sur la confiance dans la spontanéité révolutionnaire des masses, la spontanéité créatrice de l'individu.

spontanéité **n. f.** – XVIIe ■ Qualité de ce qui est spontané (3°). ⇒ **franchise, naturel, sincérité.** *La spontanéité des enfants.* « *l'automatisme appelé bonnes manières détruit toute spontanéité* » (Proust). → *Spontanéité d'une réponse.* ✪ CONTR. ① Calcul.

spontanément **adv.** – XIVe ■ Sans y être invité, ni contraint. « *Chacun renonça spontanément à avoir barre sur l'autre* » (Morand). ♦ Sans intervention extérieure. → Instinctivement, naturellement, sans réfléchir. *Répondre spontanément.* « *La tendresse que je lui inspirais spontanément* » (France).

sporadicité **n. f.** – XIXe ■ didact. Caractère de ce qui est sporadique.

sporadique **adj.** – XVIIe ; gr. *speirein* « semer » **1** Se dit d'une maladie qui atteint quelques individus isolément (opposé à *endémique, épidémique*). ♦ sc. Dispersé dans l'espace. *Espèce végétale sporadique.* **2** Qui apparaît, se produit çà et là et de temps à autre. *Troubles sporadiques.* « *ces actions locales, sporadiques, qui pèsent à peine* » (St-Exup.). ✪ CONTR. Constant, régulier.

❑ Même famille étym. que *sperme, spore.* → spore (rem.).

sporadiquement **adv.** – XIXe ■ D'une manière sporadique, irrégulière. ✪ CONTR. Constamment.

sporange **n. m.** – XIXe ; de *spore* et gr. *aggos* « réceptacle » ■ Organe qui produit ou renferme les spores.

spore **n. f.** – XIXe ; gr. « semence » ■ Corpuscule reproducteur de nombreuses espèces végétales et de certains protozoaires. ⇒ **asque, baside, conidie, macrospore, microspore, zoospore.** → Chez les végétaux supérieurs, Corpuscule reproducteur produit dans les loges de l'anthère (*spores mâles*) et dans les nucelles (*spores femelles*). ✪ HOM. Sport.

❑ Même famille étymologique que *sperme,* par le grec *speiren* « semer », et *diaspora* « dispersion d'une ethnie ». ♦ Nom féminin : *grandes spores, petites spores* de certaines fougères.

sporogone **n. m.** – 1900 ; de *spore* et ② *-gone* ■ Appareil producteur des spores chez les bryophytes.

sporophyte **n. m.** – XIXe ; de *spore* et *-phyte* **1** Individu producteur de spores d'une espèce à reproduction sexuée. **2** Phase du cycle reproducteur de certains végétaux inférieurs et de tous les spermaphytes et ptéridophytes.

sporotriche [spɔʀɔtʀiʃ] **n. m.** – XIXe ; gr. *trix* « cheveu » ■ Moisissure parasite.

sporotrichose [spɔʀɔtʀikoz] **n. f.** – 1903 ■ Mycose provoquée par un sporotriche, dont les lésions caractéristiques sont des nodules inflammatoires sous-cutanés d'aspect gommeux (⇒ **gomme**).

sporozoaires **n. m. pl.** – XIXe ; de *spore* et *-zoaire* ■ Classe de protozoaires parasites des cellules ou des tissus chez l'homme et les animaux.

sport **n. m.** – XIXe ; mot angl., de l'a. fr. *se desporter* « s'amuser » **1** *Le sport* : activité physique exercée dans le sens du jeu, de la lutte et de l'effort, et dont la pratique suppose un entraînement méthodique, le respect de certaines règles. « *Le sport est un art. Une recette morale dont l'exercice est physique* » (Giraud). → *Faire du sport, un peu de sport. Voiture de sport,* rapide et légère. *Terrain, salle de sport. Vêtements* (⇒ **sportwear**), *chaussures de sport. Magasin de sport,* où l'on vend des articles de sport. → **adj. inv.** fam. *Des chaussures sport,* pour la promenade, la campagne (opposé à *de ville* ou *habillé*). ♦ fig. et fam. *C'est du sport !* c'est très difficile ou dangereux. → « *Essaie donc ! je te jure qu'il y aurait du sport* » (Beauv.), de l'agitation, de la bagarre. **2** **adj. inv.** vieilli *Être sport,* loyal et sans rancune, selon l'esprit du sport ; faire preuve de fair-play. ⇒ **sportif. 3** *Un sport* : chacune des formes particulières et réglementées de cette activité. *Pratiquer plusieurs sports. Sports en salle, sports de plein air. Sports de combat.* ⇒ **boxe, catch, escrime, lutte.** *Sports individuels, collectifs ; d'équipe. Sports nautiques, équestres.* → *Sports d'hiver.* ♦ fig. Activité ou exercice comparable. « *Ils étaient exercés à ce sport de la causerie française* » (Maupass.). → loc. *Sport national* : activité dans laquelle une nation excelle. *Le marchandage, sport national.* ✪ HOM. Spore.

sportif, ive **adj.** – XIXe **1** Propre ou relatif au sport, aux différents sports. *Épreuves, compétitions sportives. Journaliste sportif,* de sport. *Association sportive.* ⇒ ① **club.** ♦ Qui a un caractère de sport, de compétition. *Pêche sportive.* → *Conduite sportive,* inspirée par celle des pilotes de course. **2** Qui pratique, aime le sport. *Elle est très sportive.* → **n.** *Un sportif de haut niveau.* ♦ Qui atteste la pratique du sport. *Allure sportive.* **3** Qui respecte l'esprit du sport, manifeste de la sportivité. ⇒ **sport** (2°). ✪ CONTR. Antisportif.

sportivement **adv.** – XIXe ■ Avec un esprit sportif, loyal. *Accepter sportivement sa défaite.*

sportivité **n. f.** – XIXe ■ Esprit sportif, attitude sportive. ⇒ **fair-play.**

sportwear [spɔʀtwɛʀ] ou **sportswear** [spɔʀtswɛʀ] **n. m.** – 1962 ; angl. *sport(s)* « sport » et *wear* « vêtements » ■ Ensemble des vêtements de sport réunissant les qualités de confort, de commodité et d'élégance.

sporulation **n. f.** – XIXe ■ Formation des spores. ♦ Production d'une spore par une bactérie, une levure ou une moisissure.

sporuler **v. intr.** [1] – XIXe ■ Se reproduire par spores, produire des spores.

spot [spɔt] **n. m. et adj. inv.** – XIXe ; mot angl. « tache, point » **I** **n. m. 1** Point lumineux réfléchi par le miroir de certains instruments de mesure (galvanomètre, etc.) qui se déplace le long d'une échelle graduée. ♦ Tache lumineuse produite par les électrons qui viennent frapper l'écran d'un tube cathodique. **2** Petit projecteur à faisceau lumineux assez étroit, destiné à éclairer un acteur ou une partie du décor. → Projecteur analogue, servant de lampe d'intérieur. « *la lumière dure et froide des spots* » (Le Clézio). **3** (critiqué) *Spot publicitaire* : bref passage publicitaire. **II** **adj. inv.** Ponctuel (en parlant d'une transaction sur le marché du pétrole). *Marché spot.* → *Crédit spot,* à court terme exceptionnel.

❑ L'emploi de *spot publicitaire* est en léger recul devant *message publicitaire,* recommandé officiellement.

spoule **n. m.** – 1983 ; angl. *spool* ■ Mode d'exploitation d'un ordinateur en multiprogrammation ou d'un réseau d'ordinateurs, dans lequel les opérations d'entrée et de sortie sont dissociées des autres traitements par l'utilisation de mémoires tampons.

spoutnik [sputnik] n. m. – 1957 ; russe « compagnon de route » ▪ Nom des premiers satellites artificiels lancés par l'Union soviétique.

sprat [spʀat] n. m. – XVIIIe ; mot angl. ▪ Petit poisson marin *(clupéiformes),* voisin du hareng, qui se mange surtout fumé. ⇒ **harenguet.**

spray [spʀɛ] n. m. – 1964 ; mot angl. ▪ Jet de liquide (parfum, déodorant, désodorisant, etc.) projeté en fines gouttelettes par pulvérisation. ♦ Le pulvérisateur lui-même, son contenu. ⇒ **atomiseur, vaporisateur.** *Eau de toilette en spray. Des sprays.*

sprechgesang [ʃpʀɛʃgesaŋ] n. m. – 1964 ; mot all. ▪ Style de chant déclamé et modulé d'après les intonations de la parole, utilisé dans la musique dodécaphonique. *L'hostilité « d'un public manifestement peu habitué à la technique du* Sprechgesang » (Perec).

springbok [spʀiŋbɔk] n. m. – XVIIIe ; mot holl. « bouc sauteur » ▪ Antilope d'Afrique australe.

springer [spʀiŋgɛʀ] n. m. – XIXe ; mot angl. ▪ Race anglaise de chiens de chasse.

sprint [spʀint] n. m. – XIXe ; mot angl. « course rapide et brève » ▪ Allure la plus rapide possible, qu'un coureur prend, notamment à la fin d'une course ; ce moment, cette fin de course. ⇒ **finish, pointe, rush.** *Battre son adversaire au sprint.* ➛ loc. fam. *Piquer un sprint :* courir très vite sur une petite distance (⇒ **sprinter**). ♦ En athlétisme et en cyclisme, Course de vitesse sur petite distance.

sprinter [spʀinte] v. intr. [1] – XIXe ▪ Accélérer et soutenir l'allure la plus rapide possible, notamment en fin de course. ➛ fam. Courir, pédaler à toute vitesse (hors de toute compétition sportive).

sprinteur ou **sprinter** [spʀintœʀ] n. m. – XIXe ▪ Athlète, cycliste spécialiste des courses de vitesse ; coureur remarquable au sprint.

> ❑ La graphie francisée *sprinteur* évite la confusion avec le verbe *sprinter* et permet la formation du féminin *sprinteuse.*

sprue n. f. – 1923 ; mot angl. ▪ Affection intestinale chronique caractérisée par une diarrhée fréquente et abondante.

spumescent, ente adj. – XIXe ; lat. *spuma* « écume, bave » ▪ didact. Qui est semblable à de l'écume ; qui produit de l'écume. ⇒ **écumant.**

spumeux, euse adj. – XIVe ▪ didact. Qui a l'aspect de l'écume, qui contient de l'écume. ⇒ **écumeux.** *Expectoration spumeuse.*

spumosité n. f. – XVIIIe ▪ didact. Caractère, aspect de ce qui est spumeux.

squale [skwal] n. m. – XVIIIe ; lat. « requin » ▪ Poisson cartilagineux appartenant à la sous-classe des sélaciens (ex. requin, raie, mante).

> ❑ Le mot est le synonyme scientifique de *requin.* ♦ Pour la prononciation → ① q (rem.).

squame [skwam] n. f. – XIIIe ; lat. **1** littér. Écaille (de poisson, de serpent). **2** Lamelle qui se détache de l'épiderme. *Des « sécrétions cireuses qui partaient en squames minces et sèches »* (Tournier).

squamé, ée [skwame] adj. et n. m. – XIXe ▪ Couvert de petites écailles. ➛ n. m. pl. Ordre de la classe des reptiles, constitué par les lézards et les serpents écailleux. ⇒ **ophidien, sauriens.**

squameux, euse [skwamø, øz] adj. – XIIIe **1** littér. Écailleux. *« la nageoire* [...] *aux squameux replis »* (Gaut.). **2** sc. Couvert de squames, caractérisé par la présence de squames. *Dermatose squameuse.*

squamifère [skwamifɛʀ] adj. – XIXe ▪ Recouvert d'écailles. ⇒ **écailleux, squamé.**

square [skwaʀ] n. m. – XVIIIe ; angl. « carré », de l'a. fr. *esquarre* « carré » ▪ Petit jardin public, aménagé au milieu d'une place. *Enfants qui jouent dans un square.*

> ❑ Les mots commençant par *squa...* se prononcent tous [skwa...] à l'exception de *squaw* [skwo].

squash [skwaʃ] n. m. – 1930 ; mot angl. ▪ Sport dans lequel deux joueurs côte à côte se renvoient avec une raquette une balle de caoutchouc qui rebondit sur les murs d'un court fermé.

squat [skwat] n. m. – v. 1975 **1** Occupation d'un immeuble par des squatteurs. **2** Habitation occupée par un squatteur.

squatine [skwatin] n. m. ou f. – XVIe ; lat. ▪ Poisson marin *(sélaciens)* appelé aussi *ange* de mer.*

squatter [skwate] v. tr. [1] – 1969 ▪ Occuper illégalement (une habitation vide).

> ❑ On trouve aussi la forme *squattériser : « les bohémiens avaient squattérisé le sous-sol »* (Le Clézio).

squatteur ou **squatter** [skwatœʀ] n. m. – XIXe ; angl. *to squat* « s'asseoir sur les talons » **1** Pionnier qui s'installait sur une terre inexploitée de l'Ouest américain, sans titre légal de propriété et sans payer de redevance. **2** Occupant illégal d'un logement vide.

squaw [skwo] n. f. – XVIIIe ; mot amérind. ▪ En Amérique du Nord, Épouse d'un Indien. *Des squaws.*

> ❑ Apparu dans une traduction au XVIIe s., c'est par Chateaubriand que le mot fut introduit en français (1797). ♦ Pour la prononciation → square (rem.).

squeezer [skwize] v. tr. [1] – 1964 ; angl. *to squeeze* « presser, comprimer » **1** Au bridge, Obliger (l'adversaire) à se défausser, à supprimer sa garde dans les couleurs qui lui restent. **2** fam. Prendre l'avantage sur (qqn) en parvenant à bénéficier d'une supériorité. *Il s'est fait squeezer.*

squelette n. m. – XVIe ; gr. *skeletos* « desséché » **I - 1** Ensemble des os qui constitue la charpente du corps de l'homme et des vertébrés. ⇒ **ossature.** ➛ Structure rigide jouant un rôle de soutien pour un organe. *Le squelette du nez.* ♦ Ces os, dépouillés de tous les tissus mous, et conservés dans la position qu'ils ont dans le corps vivant. ⇒ **carcasse, ossements.** *« Je suis mort* [...] *il ne reste plus que mon squelette, puis mes os s'effritent »* (Queneau). ♦ fig. Personne très maigre. *« il avait porté à son col sa main de squelette »* (Mart. du G.). **2** Ensemble des tissus plus ou moins durs qui servent d'armature ou de protection au corps d'un invertébré (test, carapace, coquille). *Squelette siliceux des radiolaires.* **3** Combinaison des atomes de carbone dans la molécule (d'un corps organique). **II - 1** Charpente (d'un navire, d'un édifice). ➛ Ensemble des parties les plus dures (d'une montagne) qui résistent le mieux à l'érosion. ➛ *« Les squelettes d'arbres morts »* (Hugo). **2** Les grandes lignes (d'un ensemble abstrait, d'une œuvre). ⇒ **architecture,** ③ **plan.** *« Un dictionnaire sans citation est un squelette »* (Volt.).

squelettique adj. – XIXe **1** Qui évoque un squelette. *Maigreur squelettique.* ➛ *Il est squelettique.* ⇒ **décharné,** ① **maigre.** ♦ fig. Très réduit, peu nombreux. *Des effectifs squelettiques.* ♦ Trop schématique. *Un exposé squelettique.* **2** Relatif, propre au squelette.

squille n. f. – XVIe ; lat. ▪ Crustacé *(malacostracés)* appelé couramment *sauterelle* ou *cigale de mer.*

squirre ou **squirrhe** n. m. – XVIe ; gr. ▪ Cancer *(épithélioma)* de consistance dure du fait de la prédominance d'une sclérose avec rétraction des tissus. *Squirre du sein.*

squirreux, euse ou **squirrheux, euse** adj. – XVIe ▪ Qui est de la nature du squirre, constitue un squirre.

***S. S.** [ɛsɛs] n. m. – 1934 ; sigle de l'all. *Schutzstaffel* « échelon de protection (*Schutz*) » ▪ Membre des formations de police militarisées de l'Allemagne nazie. *Les S. S.*

❑ Cette organisation nazie fut créée en 1925.

stabat mater [stabatmatɛʀ] n. m. inv. – XVIIIe ; mots lat. « sa mère se tenait debout » ▪ Prose du missel romain rappelant la douleur de la mère du Christ crucifié. ➝ Œuvre musicale sur cette prose.

stabile n. m. – mil. XXe ; mot angl., de *stable*, d'apr. *mobile* ▪ Construction sculpturale non articulée et immobile.

stabilisateur, trice adj. et n. m. – XIXe **1** Propre à stabiliser. **2** n. m. Dispositif assurant à un véhicule la stabilité de route ; mécanisme servant à équilibrer (gyroscope, etc.). ➝ Chacune des petites roues à l'arrière d'une bicyclette d'enfant. ➝ Dispositif destiné à augmenter la stabilité d'un navire **(⇒ antiroulis).**

stabilisation n. f. – XVIIIe **1** Action, manière de stabiliser (1°). ♦ Interruption (spontanée ou volontaire) d'un mouvement économique de hausse ou de baisse à un niveau donné (palier). *Stabilisation des prix.* ➝ *Stabilisation du dollar.* ⇒ **régularisation. 2** sc. Action de stabiliser (une substance, un système). ♦ *La stabilisation d'une maladie :* fait de ne plus évoluer ni vers une aggravation ni vers la guérison. ⇒ **consolidation. 3** Action, manière d'assurer la stabilité de (un véhicule), de consolider (un sol). **4** *Stabilisation (d'orientation)* ou *stabilisation des fusées :* régulation de la trajectoire d'un engin spatial.

stabiliser v. tr. [1] – XVIIIe **1** Rendre stable (la monnaie, les prix, les institutions, une situation). ⇒ **fixer.** ♦ pronom. Devenir, redevenir stable. *Son poids s'est stabilisé,* il ne varie plus. ➝ *Maladie stabilisée,* qui n'évolue plus. *Handicap stabilisé,* irréversible. **2** Amener (un système, une substance) à la stabilité. *Stabiliser une matière explosive.* **3** Assurer la stabilité de (un véhicule). ⇒ **équilibrer.** ♦ Consolider, affermir (un sol, une surface de roulement). *Accotements non stabilisés.* ✪ CONTR. Déstabiliser.

stabilité n. f. – XIIe **1** Caractère de ce qui tend à demeurer dans le même état. ⇒ **constance, continuité, permanence.** *La stabilité des institutions.* ➝ *Stabilité de la monnaie, des cours.* ⇒ **fermeté. 2** État d'une construction capable de demeurer dans un équilibre permanent. ⇒ **aplomb, équilibre.** *Assurer la stabilité d'un échafaudage.* **3** Propriété d'un corps de revenir à sa position d'équilibre et de reprendre son mouvement après une modification passagère. *Stabilité d'un avion.* **4** Propriété d'un système qui demeure dans un état d'équilibre ou de régime permanent. ♦ État d'une molécule qui ne subit aucune transformation spontanée. ✪ CONTR. Instabilité. Déséquilibre.

stable adj. – XIIe ; lat. *stare* « se tenir debout » **1** Qui n'est pas sujet à changer ou à disparaître ; qui demeure dans le même état. ⇒ **constant, durable, ① ferme, permanent, solide.** « *Rien de stable dans ce monde : aujourd'hui au sommet, demain au bas de la roue* » (Dider.). *Un gouvernement, un régime stable. Prix stables.* ➝ *Une personne stable.* ⇒ **équilibré. 2** Qui est en équilibre. *L'échelle est stable.* ➝ *Élément stable :* instrument, système de navigation qui garde son orientation indépendamment du mouvement. **3** *Élément atomique stable,* non radioactif ou de demi-vie très longue. ♦ *Molécule, composé stable,* qui ne participe pas spontanément à une réaction. ✪ CONTR. Instable. Déséquilibré.

stabulation n. f. – XIXe ; lat. *stabulum* « endroit où l'on s'arrête » ▪ Séjour des bestiaux en étable. *Stabulation libre,* où les animaux se déplacent librement.

staccato adv. et n. m. – XVIIIe ; mot it. « détaché » ▪ En détachant nettement les notes de musique. ♦ n. m. Passage ainsi joué. ⇒ ① **piqué.** *Des staccatos* ou plur. it. *des staccati.* ✪ CONTR. Legato.

stade n. m. – XIIe ; gr. *stadios* « droit, solide » **1** Mesure de longueur de la Grèce ancienne (environ 180 m). ♦ Piste de cette longueur où l'on disputait les courses ; enceintes comprenant cette piste et des emplacements aménagés pour d'autres exercices. *Les jeux du stade.* **2** Grande enceinte, terrain aménagé pour la pratique des sports. *Stade olympique, municipal.* « *les dictateurs ont canalisé d'énormes masses d'hommes* [...] *dans des stades* » (Giono). ➝ *Le stade :* le sport, en général. *Les dieux du stade :* les grands athlètes. **3** Chacune des périodes distinctes d'une maladie. *Stade fébrile.* ♦ Chacune des étapes distinctes d'une évolution, d'un phénomène ; chaque forme d'une réalité en devenir. ⇒ **degré, période, phase.** *Les différents stades du développement de l'embryon.* « *Sa curiosité est demeurée* [...] *au stade de l'indiscrétion* » (Gide). *Nous arrivons au stade décisif.*

stadia n. m. – XIXe ; gr. *stadios* « qui se tient debout, tout droit » ▪ Instrument de mesure des distances, formé d'une mire graduée, observée par un instrument d'optique muni d'un réticule.

① **staff** n. m. – XIXe ; mot all., de *staffieren* « garnir, orner » ▪ Composition plastique de plâtre et de fibres végétales, employée dans la décoration et l'industrie. *Des « plinthes de staff à effets de boiseries »* (Perec).

❑ Ce mot allemand est emprunté à l'ancien français *estoffer* « étoffer ».

② **staff** n. m. – v. 1950 ; mot angl. « bâton de commandement » **1** Équipe de personnes, notamment de cadres, assurant une fonction spécifique dans une entreprise, une catégorie d'activités. *Réunir le staff.* ⇒ **état-major. 2** Réunion de service, dans un hôpital, au cours de laquelle on présente les malades, on expose leur cas.

staffer v. tr. [1] – 1904 ▪ Construire en staff (①).

staffeur, euse n. – 1904 ▪ Ouvrier spécialiste des ouvrages en staff (①).

stage n. m. – XVIIe ; a. fr. *estage* « séjour » **1** Période d'études pratiques imposée aux candidats à certaines professions libérales ou publiques. *Il « se proposait d'y faire son stage afin d'entrer dans la magistrature »* (Balz.). **2** Période de formation ou de perfectionnement dans un service d'une entreprise. *Être en stage. Suivre un stage. Stages de formation, de perfectionnement.*

stagflation n. f. – 1970 ; mot angl., de *stag(nation)* et *(in)flation* ▪ Situation économique d'un pays caractérisée par la stagnation de l'activité et par l'inflation des prix.

❑ Ce mot-valise est peu compréhensible, même si l'on connaît la parenté entre *stage* et *stagnation.*

stagiaire adj. et n. – XVIIIe ▪ Qui fait son stage. *Avocat stagiaire.*

stagnant, ante [stagnɑ̃, ɑ̃t] adj. – XVIe **1** Qui ne s'écoule pas, reste immobile (d'un fluide). ⇒ **dormant.** « *cette* *lourde citerne d'eau stagnante où couraient les cirons et les moustiques* » (Le Clézio). 2 Qui est peu actif, ne fait aucun progrès. *Le commerce est stagnant.*

stagnation [stagnasjɔ̃] **n. f.** – XVIIIᵉ 1 État d'un fluide stagnant. 2 État fâcheux d'immobilité, d'inactivité. ⇒ **arrêt, inertie, marasme.** *La stagnation des affaires.* « *Je ne suis pas fait pour la stagnation contemplative* » (Gide).

stagner [stagne] **v. intr.** [1] – XVIIIᵉ ; lat. *stagnum* « étang » 1 Rester immobile sans couler, sans se renouveler (en parlant d'un fluide). ⇒ **croupir.** « *cette pièce où stagnait la fumée froide d'un poêle* » (Aragon). 2 Être inerte, languir. « *ce dénuement où il stagnait depuis des mois* » (Céline).

stakhanovisme **n. m.** – 1936 ; de *Stakhanov,* n. pr. ■ En U.R.S.S., Méthode d'augmentation du rendement par des initiatives des travailleurs.

❑ Le mineur soviétique *Stakhanov* fut donné en exemple pour les records de production qu'il avait établis.

stakhanoviste **adj.** et **n.** – 1936 1 Qui applique les principes du stakhanovisme. ➛ **n.** *Une stakhanoviste.* 2 Qui relève du stakhanovisme. *Un rendement stakhanoviste.*

stakning [staknin̩] **n. m.** – 1939 ; mot norv. ■ Le fait d'avancer à ski en poussant simultanément sur les deux bâtons.

stalactite **n. f.** – XVIIIᵉ ; gr. *stalaktos* « qui coule goutte à goutte » ■ Concrétion calcaire qui se forme à la voûte d'une grotte par l'évaporation des gouttes d'eau qui filtrent. *Stalactites et stalagmites.* ♦ « *la glace avait fait des stalactites au bout des toits* » (Le Clézio).

❑ Nom féminin : « *des stalactites merveilleuses* » (Baudelaire). ♦ Se souvenir que la *stalagmite* monte, alors que la *stalactite* tombe.

stalag [stalag] **n. m.** – 1940 ; mot all., abrév. de *Stammlager* « camp d'origine » ■ Camp allemand, pendant la guerre de 1939-1945, où étaient internés les prisonniers de guerre non officiers. *Stalags et oflags.*

stalagmite **n. f.** – XVIIIᵉ ; gr. *stalagmos* « écoulement goutte à goutte » ■ Concrétion analogue à la stalactite, mais s'élevant en colonne sur le sol. *Des* « *stalagmites dressées comme des cierges* » (Tournier).

❑ Nom féminin : *de hautes stalagmites.* ♦ Pour se souvenir de la direction de cette concrétion → stalactite (rem.).

stalagmomètre **n. m.** – XIXᵉ ; gr. *stalagmos* « écoulement goutte à goutte » ■ Instrument servant à mesurer la tension superficielle d'un liquide par la détermination du nombre de gouttes qui s'écoulent d'un tube gradué en un temps déterminé et pour une quantité totale connue du liquide.

stalagmométrie **n. f.** – 1938 ■ Mesure de la tension superficielle à l'aide d'un stalagmomètre.

stalinien, ienne **adj.** – v. 1930 ■ De Staline, propre à Staline, au stalinisme. *La dictature stalinienne. Méthodes staliniennes.* ♦ Partisan de Staline et du stalinisme, qui reste fidèle à l'esprit stalinien malgré la « déstalinisation ». ➛ **n.** *Les staliniens.*

❑ De *Staline* « homme d'acier » (pseudonyme de I. V. Djougachvili), homme d'État soviétique (1879-1953).

stalinisme **n. m.** – v. 1930 ■ Politique stalinienne d'autorité, de contrainte. ➛ Théories et méthodes de Staline, déviation totalitaire du marxisme-léninisme.

stalle **n. f.** – XVIIᵉ ; germ. 1 Chacun des sièges de bois à dossier élevé qui garnissent les deux côtés du chœur d'une église, réservés au clergé. « *Les garçons à droite, les filles à gauche, emplissaient les stalles du chœur* » (Flaub.). 2 Dans une écurie, Compartiment cloisonné réservé à un cheval, et par ext. à une voiture. ⇒ ② **box.**

❑ Même famille étymologique que *étal, installer.*

staminal, ale, aux **adj.** – XIXᵉ ■ Qui appartient aux étamines. *Filet staminal.*

staminé, ée **adj.** – XVIIIᵉ ; lat. *stamen* « fil » ■ *Fleur staminée,* pourvue d'étamines.

staminifère **adj.** – XIXᵉ ■ Qui porte des étamines.

stance **n. f.** – XVIᵉ ; lat. *stare* « rester » 1 vx Strophe. 2 plur. Poème lyrique d'inspiration grave (religieuse, morale, élégiaque), formé de strophes habituellement du même type. *Les stances du Cid.*

① **stand** [stɑ̃d] **n. m.** – XVIᵉ ; mot suisse all. ■ Emplacement aménagé pour le tir à la cible. *Stand de tir.*

② **stand** [stɑ̃d] **n. m.** – XIXᵉ ; même o. que ① *stand* 1 Dans une exposition, Emplacement réservé à un exposant, ou à une catégorie de produits ; ensemble des installations et des produits exposés. *Tenir un stand.* 2 *Stand de ravitaillement :* emplacement en bordure de piste, réservé à un concurrent, une écurie, dans une course automobile.

① **standard** **n. m.** et **adj. inv.** – XIXᵉ ; mot angl., du germ. « inébranlable » 1 Type, norme de fabrication. ➛ Ensemble des caractéristiques définissant un système de télévision. ♦ appos. ou **adj. inv.** Conforme à un type ou à une norme de fabrication en série. ⇒ ① **courant, normalisé.** *Prises électriques standard. Modèle standard. Échange standard :* remplacement d'une pièce par une autre du même type. ➛ fig. Conforme au modèle habituel, sans originalité. « *la même cité standard, en damier, avec les mêmes feux rouges et verts* » (Sartre). 2 Thème classique de jazz, sur lequel on improvise.

② **standard** **n. m.** – XIXᵉ ; mot angl. « support, panneau » ■ Dispositif permettant, dans un réseau téléphonique peu important, de mettre en relation les interlocuteurs. ⇒ **central.** « *Le téléphoniste plantait ses fiches dans le standard* » (St-Exup.). ➛ Dispositif permettant de brancher les postes intérieurs (d'une administration, d'une entreprise) sur le réseau urbain ou de les mettre en communication entre eux. *Ligne directe qui permet d'éviter le standard.*

standardisation **n. f.** – 1904 ; de ① *standard* ■ Définition, mise en application de standards (afin d'abaisser les coûts, de faciliter l'utilisation). ⇒ **normalisation.**

standardiser **v. tr.** [1] – 1904 ; de ① *standard* 1 Normaliser (1°). 2 Uniformiser. ➛ « *Le rendement industriel et la satisfaction standardisée* » (Valéry).

standardiste **n.** – 1933 ■ Téléphoniste qui assure le service d'un standard (②).

stand-by [stɑ̃dbaj] **n. inv.** et **adj. inv.** – 1975 ; angl. *to stand by* « se tenir prêt » 1 Personne qui voyage en avion sans avoir réservé sa place. 2 **n. m.** Voyage en avion sans réservation préalable. ♦ **adj. inv.** *Des billets stand-by.*

standing [stɑ̃diŋ] **n. m.** – 1928 ; mot angl. « situation, position » 1 Position économique et sociale (de qqn). ⇒ **niveau** (de vie), **prestige.** *Améliorer son standing.* 2 Grand confort, luxe. ⇒ **classe.** *Immeuble, hôtel de grand standing.*

❑ Dans le vocabulaire publicitaire, *standing* évoque un niveau élevé de confort plus que le luxe ou le prestige. ♦ Cet anglicisme critiqué équivaut à *classe.*

stanneux, euse **adj.** – XIXᵉ ; lat. *stannum* « étain » ■ *Composés, sels stanneux,* de l'étain bivalent.

stannifère **adj.** – XIXᵉ ■ Qui contient de l'étain. *Minerai stannifère.*

stannique adj. – XIXe ▪ *Sels stanniques,* d'étain tétravalent. *Oxyde stannique.* ⇒ **cassitérite.**

❑ Attention, deux *n* pour tous les mots de la même famille étymologique que *étain.*

staphisaigre n. f. – XIIIe ; gr. « raisin sauvage » ▪ Dauphinelle d'une variété à graines toxiques, utilisée en décoction comme insecticide (d'où son nom courant, *herbe aux poux*).

staphylier n. m. – XIXe ; gr. *staphulê* « grappe de raisin » ▪ Arbrisseau d'Europe *(staphyléacées)* appelé aussi *faux pistachier,* dont les graines peuvent se consommer comme des pistaches.

① **staphylin** n. m. – XVIIIe ; gr. ▪ Insecte carnassier *(coléoptères)* à élytres très courts.

② **staphylin, ine** adj. – XVIIIe ; gr. *staphulê* « luette » ▪ Qui appartient à la luette.

staphylococcie n. f. – 1904 ▪ Infection due aux staphylocoques. *Staphylococcie cutanée.* ⇒ **furonculose, impétigo, pyodermite.**

staphylocoque n. m. – XIXe ; gr. *staphulê* « grappe de raisin » et *-coque* ▪ Bactérie sphérique, pathogène et souvent pyogène, se regroupant en grappes, agent de diverses infections. *Staphylocoque doré.*

staphylome n. m. – XVIe ; gr. ▪ Saillie de la cornée ou de la sclérotique, due à un affaiblissement local de la paroi du globe oculaire.

star n. f. – XIXe ; mot angl. « étoile » ▪ Célèbre vedette de cinéma. ⇒ **étoile ; superstar.** « *Les stars, non seulement dépossédées de leur personne, mais encore de leur visage, que l'écran métamorphose* » (Malraux). ♦ Personne très en vue. *Les stars de la politique, du sport.*

❑ Ce mot féminin, autrefois plutôt réservé aux actrices, s'applique de nos jours aussi bien aux hommes qu'aux femmes.

starets [staʀɛts] n. m. – XIXe ; mot russe « vieillard » ▪ Dans l'ancienne Russie, Ermite ou pèlerin, considéré comme thaumaturge ou prophète, et souvent choisi comme maître spirituel.

starie n. f. – XIXe ; lat. *stare* « rester » ▪ Nombre de jours stipulés pour les opérations de chargement et de déchargement d'une cargaison.

starification n. f. – 1905 ▪ Action de transformer (qqn) en star, de devenir une star. ⇒ **vedettisation.**

❑ On trouve également *starisation,* mot plus récent de même sens.

stariser v. tr. [1] – 1967 ▪ fam. Transformer en star, en vedette.

starking [staʀkiŋ] n. f. – 1960 ; mot angl. ▪ Pomme rouge, originaire d'Amérique.

starlette n. f. – 1922 ; angl. ▪ Jeune actrice de cinéma qui rêve d'une carrière de star.

❑ Le diminutif anglais *-let* (*booklet, riverlet, starlet,* etc.) est le même que notre *-elet (porcelet, ruisselet).*

staroste n. m. – XVIIe ; polonais ▪ Dans l'ancienne Pologne, Noble qui avait reçu en fief un domaine de la Couronne et en percevait les revenus.

star-système n. m. – 1948 ▪ Organisation de la production et du commerce cinématographiques, basée sur la publicité et sur le culte de la vedette, des stars.

❑ On écrit aussi *star-system,* d'après l'anglais.

starter [staʀtɛʀ] n. m. – XIXe ; angl. *to start* « faire partir » 1 Personne chargée de donner le départ d'une course. « *le premier départ ne fut pas bon, le starter* [...] *n'avait pas abaissé son drapeau rouge* » (Zola). 2 Dispositif incorporé au carburateur, destiné à faciliter le démarrage d'un moteur à explosion. *Démarrer au starter.* ♦ Dispositif d'amorçage d'une lampe à décharge. *Starter d'un tube fluorescent.*

starting-block [staʀtiŋblɔk] n. m. – 1939 ; mot angl. « bloc pour partir » ▪ Dispositif formé de deux cales réglables sur lesquelles les coureurs de vitesse mettent leurs pieds, au départ. *Coureurs dans les starting-blocks.* ➝ Recomm. offic. BLOC DE DÉPART.

starting-gate [staʀtiŋgɛt] n. m. – 1900 ; mot angl. « barrière pour partir » ▪ Barrière faite d'élastiques tendus, de portes, devant laquelle s'alignent les chevaux au départ de la course. *Des starting-gates.*

stase n. f. – XVIIIe ; gr. « immobilité » ▪ Arrêt ou ralentissement considérable dans la circulation ou l'écoulement d'un liquide organique. ⇒ **congestion.**

stat → **statistique** (I, 2°)

-stat Élément, du gr. *statos* « stable ».

statère n. m. – XIVe ; gr. ▪ Monnaie d'argent de la Grèce antique valant de deux à quatre drachmes. *Statère d'or :* étalon monétaire (vingt à vingt-huit drachmes). ♦ Poids de valeur variable (8 à 12 grammes).

stathouder [statudɛʀ] n. m. – XVIIe ; mot néerl. « lieutenant » ▪ Gouverneur de province, dans les Pays-Bas espagnols. ➝ Dans les Provinces-Unies, Titre porté par les chefs de l'exécutif (notamment les princes d'Orange-Nassau).

statice n. m. – XVIIe ; gr. *statikê* « qui arrête, astringent » ▪ Plante herbacée à fleurs roses ou mauves *(plombaginacées).*

statif n. m. – 1904 ; lat. *stare* « être debout » ▪ Partie métallique massive servant de support à un appareil optique. *Le statif d'un microscope.*

station n. f. – XIIe ; lat. *stare* « se tenir debout, s'arrêter » **I - 1** Fait de s'arrêter au cours d'un déplacement. ⇒ **arrêt, halte, pause.** *Une brève station.* « *nous regagnions la maison, faisant à chaque pas de longues stations pour mieux échanger nos souvenirs* » (Alain-Fourn.). *Faire station devant une vitrine.* ➝ *Stations de la croix :* les arrêts de Jésus, pendant la montée au Calvaire. 2 Arrêt apparent d'une planète qui passe du mouvement direct au mouvement rétrograde. **II - 1** Autel devant lequel on s'arrête pour prier, au cours d'une procession ; cérémonie au cours de laquelle on fait des prières devant une station. ➝ Église désignée pour ces prières **(⇒ pèlerinage).** 2 Endroit où l'on se place pour effectuer des observations. *Station météorologique.* ♦ Centre de production de courant électrique. ⇒ **centrale.** ➝ *Station radiophonique, de radiodiffusion. Station d'émission.* ⇒ **émetteur.** ♦ *Station spatiale :* « engin spatial ne disposant que de moyens autonomes de propulsion limités et destiné à assurer une mission déterminée avec une certaine permanence » (J.O.). *Station orbitale :* station spatiale sur orbite. ♦ Lieu où se fait un certain travail. *Station d'épuration, de pompage. Station d'essence.* ⇒ ③ **poste, station-service.** 3 Endroit aménagé pour l'arrêt momentané des véhicules publics ; bâtiments et installations qu'il comporte. ⇒ **arrêt.** *Station de métro, d'autobus. La station Madeleine.* ➝ *Station de taxis.* ➝ *Station de chemin de fer :* gare de peu d'importance. ⇒ **halte.** « *Les quais déserts et mal éclairés d'une station secondaire* » (Robbe-Grillet). 4 Étendue de mer où des bâtiments de guerre se tiennent pour exercer la police maritime ; ces bâtiments. *Relever la station.* 5 *Station thermale :* lieu de séjour où l'on fait une cure thermale. ➝ *Station balnéaire, de sports d'hiver. Une station à la mode.* 6 Lieu où vit une espèce végétale ou animale. ➝ Espace restreint défini par l'uniformité de ses facteurs écologiques. 7 *Station de travail :* installation affectée à une certaine tâche, reliée à un ordinateur central par un réseau. III Le fait de se tenir (de telle façon) et spécialt de se tenir debout, droit. ⇒ **attitude, posture.** *Station verticale.* « *je ne peux plus supporter ces stations debout* » (Proust). ⇒ **orthostatique.**

stationnaire adj. et n. m. – XIVe I adj. 1 didact. Qui reste un certain temps à la même place. *Planète stationnaire,* qui fait une station. 2 Qui demeure un certain temps dans le même état, qui ne change, n'évolue pas. *Démographie stationnaire.* ➛ *Maladie stationnaire,* dont l'évolution est insensible. *Son état est stationnaire.* 3 sc. *Suite stationnaire,* dont les termes sont égaux à partir d'un certain rang. ➛ Se dit d'un phénomène physique qui se reproduit identiquement à lui-même au cours du temps. *Ondes stationnaires :* système d'ondes dans lequel les plans nodaux et ventraux sont stables. ♦ Se dit d'un réacteur thermonucléaire dont la réaction n'est ni instantanée ni explosive. II n. m. Navire désigné pour exercer une surveillance. « *le stationnaire anglais le* Deerhound, *qui se promène* [...] *dans les eaux du Bosphore* » (Loti). ✪ CONTR. Variable.

stationnarité n. f. – mil. XXe ▪ didact. État d'un facteur, d'un phénomène, d'un processus stationnaire.

stationnement n. m. – XIXe 1 Fait de stationner sur la voie publique. *Stationnement autorisé. Stationnement payant. Compteur de stationnement.* ⇒ **parcmètre.** *Voitures en stationnement.* 2 Fait d'occuper un emplacement sur le domaine public. *Droit de stationnement des riverains.* 3 Fait d'être à l'arrêt. *Troupes en stationnement.*

❏ En français du Canada, ce mot équivaut à *parc de stationnement (mettre sa voiture au stationnement),* là où le français d'Europe utilise l'anglicisme *parking.*

stationner v. intr. [1] – XVIe ▪ Faire une station, rester à la même place. « *des badauds stationnaient sous les arbres* » (Carco). ➛ Être rangé le long de la voie publique, en parlant d'un véhicule (⇒ **garer**). *Défense de stationner.* « *Quelques autos stationnaient devant la grande porte de l'hôtel* » (Mac Orlan). ♦ En stationnement. *Voitures stationnées en double file.* ➛ *Armes nucléaires stationnées en Europe.* ✪ CONTR. Circuler.

❏ La plupart des puristes admettent de nos jours l'emploi transitif du verbe : *stationner sa voiture.* Cet emploi (assez rare) autorise le participe passé adjectivé, « *plusieurs équipages stationnés à la grille* » (Balzac), autrefois très critiqué.

station-service n. f. – 1932 ▪ Poste de distribution d'essence auquel sont généralement adjoints des ateliers pour l'entretien des véhicules. ⇒ **station.** *Des stations-service* ou *des stations-services.*

statique n. f. et adj. – XVIIe ; gr. *histanai* « placer, faire tenir » I n. f. Branche de la mécanique qui étudie l'équilibre des forces auxquelles est soumis un système physique. *La statique des fluides.* II adj. 1 didact. Relatif à l'équilibre des forces, aux états d'équilibre. *Force statique,* exercée sur un corps par les autres corps avec lesquels il est en équilibre. 2 Qui est fixé, n'évolue pas. *Un art statique.* ✪ CONTR. Dynamique.

statisme n. m. – 1931 ▪ didact. État de ce qui est statique. ✪ CONTR. Dynamisme.

statisticien, ienne n. – XIXe ▪ Spécialiste qui élabore et analyse des statistiques.

statistique n. f. et adj. – XVIIIe ; lat. *status* « état » I n. f. 1 Branche des mathématiques appliquées qui utilise le calcul des probabilités pour établir des hypothèses à partir d'événements réels et faire des prévisions concernant des circonstances analogues. ⇒ **stochastique.** ♦ Étude du comportement des systèmes physiques à grand nombre d'objets. *La statistique quantique des particules.* 2 Ensemble de données numériques concernant une catégorie de faits (et utilisable selon ces méthodes d'interprétation). *Statistiques démographiques, économiques. Statistiques de natalité, de morbidité.* « *malgré les indications favorables données par les statistiques, il valait mieux ne pas encore crier victoire* » (Camus). ➛ abrév. fam. STAT [stat]. *Faire des stats.* II adj. 1 Relatif à la statistique. *Analyses, méthodes statistiques. Échantillon statistique.* 2 Qui concerne les grands nombres, les phénomènes complexes. ➛ *Mécanique statistique,* destinée à prédire le comportement moyen ou le plus probable des molécules.

statistiquement adv. – XIXe 1 Par des méthodes statistiques. *Indice de prix établi statistiquement.* 2 En ce qui concerne les grands nombres. *C'est statistiquement possible.*

stator n. m. – 1901 ; lat. *status* « fixé » ▪ Partie fixe d'un générateur, d'un moteur électrique (opposé à *rotor*).

statoréacteur n. m. – 1949 ▪ Réacteur d'avion sans organe mobile, composé d'un diffuseur, d'une chambre de combustion et d'une tuyère.

statthalter [stataltɛʀ ; ʃtataltœʀ] n. m. – XIXe ; mot all. ▪ Gouverneur allemand, spécialt en Alsace-Lorraine, de 1879 à 1918.

statuaire n. et adj. – XVe 1 littér. Sculpteur de statues. « *il semblait avoir été retouché par le ciseau d'un statuaire habile* » (Gaut.). 2 n. f. Art de réaliser des statues. ⇒ **sculpture.** « *Pour la statuaire antique, la partie mobile du visage* [...] *compte peu* » (Malraux). 3 adj. Qui consiste en statues, est destiné à faire des statues. *Marbre statuaire.*

statue n. f. – XIIe ; lat. *statuere* « établir, poser » 1 Ouvrage de sculpture en ronde-bosse représentant en entier un être vivant. ⇒ **atlante, cariatide, colosse, gisant, orant, statuette.** *Statue équestre. Statue de pierre, de marbre.* « *le marbre dépoli des statues antiques* » (Gaut.). *La statue de la Liberté, à New York.* ➛ *Droit, immobile comme une statue :* absolument immobile. 2 Personne figée dans une attitude et qui semble représenter (un sentiment). « *cette statue de la douleur qui présidait la table* » (Mauriac). ✪ HOM. Statut.

❏ Pour des représentations partielles on dit *buste, tête, torse.*

statuer v. tr. ind. [1] – XIIIe ; lat. *statuere* « établir, poser » ▪ *STATUER SUR.* Prendre une décision (sur un cas, une affaire). *La Cour de cassation ne statue pas sur le fond.*

statuette n. f. – XVIIe ▪ Statue de très petite taille. ⇒ **figurine.**

statufier v. tr. [7] – XIXe 1 fam. Représenter (qqn) par une statue, élever une statue à (qqn). 2 Rendre semblable à une statue. « *Un silence de mort statufiait les convives* » (Cocteau).

statu quo [statykwo] n. m. inv. – XVIIIe ; de la loc. lat. *in statu quo ante* « dans l'état où (les choses étaient) auparavant » ▪ État actuel des choses. *Maintenir le statu quo.*

stature n. f. – XIIe ; lat. *stare* « se tenir debout » ▪ Le corps considéré dans sa taille. *Un* « *gaillard de haute stature* » (Hugo). ♦ fig. Importance, valeur (de qqn). ⇒ **gabarit.** *C'est un candidat d'une autre stature que ses concurrents.*

statut n. m. – XIIIe 1 vx Ce qui a été statué ; décision juridique. 2 Ensemble des lois qui concernent l'état et la capacité de qqn *(statut personnel),* les biens individuels *(statut réel).* ♦ Textes qui règlent la situation d'un groupe ; cette situation. *Le statut des magistrats.* 3 État, situation de fait, dans la société (opposé à *contrat*). *Le statut de la femme mariée.* ➛ (critiqué) Situation de fait, position. *Le statut social.* 4 plur. Acte écrit constitutif d'une société, d'une association, précisant objectif, moyens et règles de fonctionnement. *Modifier les statuts.* ✪ HOM. Statue.

statutaire adj. – XVIe ▪ Conforme aux statuts (4°). *Répartition statutaire du dividende.* ♦ Conforme à une règle. « *Ils croyaient de bonne foi ce régime normal, statutaire* » (Siegfried).

statutairement adv. – XIXe ▪ Conformément aux statuts (4°).

stawug [stavyg] n. m. – 1930 ; mot norv. ▪ Technique du ski de fond associant le stakning avec les pas alternatifs.

stayer [stɛjœʀ] n. m. – XIXe ; mot angl., de *to stay* « soutenir l'allure » 1 Cheval apte aux courses sur longue distance. 2 Coureur cycliste de demi-fond. ➛ Coureur sur piste derrière moto.

steak [stɛk] n. m. – XIXe ; mot angl. ▪ Tranche de bœuf grillée. ⇒ **bifteck ; chateaubriand, ① pavé, tournedos.** *Steak au poivre. Steak frites,* avec des frites. *Un steak saignant, bleu, à point. Steak haché.*

❑ Attention à la disparité des graphies de *steak* et *bifteck, romsteck,* ces derniers en partie francisés mais présentant des graphies aberrantes *(-teck, -steck)* en français comme en anglais.

steamer [stimœʀ] n. m. – XIXe ; mot angl., de *steam* « vapeur » ▪ vieilli Bateau à vapeur. ⇒ ② **vapeur.** « *Les grands steamers, dragons dégorgeant des flots noirs* » (Hugo).

stéarate n. m. – XIXe ▪ Sel ou ester de l'acide stéarique.

stéarine n. f. – XIXe ▪ Ester de l'acide stéarique et du glycérol. ♦ Corps solide, blanc, dur, obtenu par saponification des graisses naturelles. *Bougie en stéarine.*

stéarique adj. – XIXe ; gr. *stear* « graisse » ▪ *Acide stéarique :* acide gras saturé, abondant dans le suif de bœuf et de mouton.

stéatite n. f. – XVIIIe ; gr. ▪ Silicate de magnésium naturel, talc compact ou granulaire, dit *craie de Briançon.*

stéat(o)- Élément, du gr. *stear, steatos* « graisse ».

stéatopyge adj. – XIXe ; *stéato-* et *-pyge* ▪ didact. Dont le tissu adipeux est très développé au niveau des fesses.

stéatose n. f. – XIXe ; *stéat(o)-* et ② *-ose* ▪ Accumulation anormale de graisses dans les cellules. *Stéatose du foie due à l'alcoolisme.* ⇒ **cirrhose.**

steeple [stipœl] n. m. – XIXe 1 Steeple-chase. 2 Course de fond (3 000 m) dans laquelle des obstacles sont dispersés sur la piste.

steeple-chase [stipœlʃɛz] n. m. – XIXe ; mot angl. « course *(chase)* au clocher *(steeple)* » ▪ Course d'obstacles pour chevaux, comportant haies, murs, fossés. ⇒ **steeple.** *Des steeple-chases.*

❑ À l'origine, la course avait pour point d'arrivée un clocher, dans la campagne anglaise.

stégo- Élément, du gr. *stegos* « toit ».

stégocéphales n. m. pl. – XIXe ; *stégo-* et *-céphale* ▪ Groupe d'amphibiens fossiles, comprenant des formes géantes du dévonien et du trias.

stégomyie n. f. – 1907 ; de *stégo-* et gr. *muia* « mouche » ▪ Moustique des régions chaudes qui transmet la fièvre jaune, la filariose.

stégosaure n. m. – XIXe ; *stégo-* et *-saure* ▪ Grand reptile dinosaurien du crétacé d'Amérique, au dos muni de larges plaques osseuses.

steinbock [stɛnbɔk ; stɛjnbɔk] n. m. – XVIIIe ; germ. ▪ Petite antilope à oreilles noires, d'Afrique australe.

stèle n. f. – XVIIe ; gr. ▪ Monument monolithe qui porte une inscription, des ornements sculptés. *Stèle commémorative, funéraire.*

stellage n. m. – 1907 ; all. *stellen* « mettre debout » ▪ Opération à terme conditionnelle, concernant des titres, dont l'opérateur peut se porter soit acquéreur, soit vendeur, à une échéance convenue ; ces titres.

stellaire adj. et n. f. – XVIIIe ; lat. *stella* « étoile » 1 didact., littér. Relatif aux étoiles. ⇒ **astral.** « *quelques vieux exemplaires De l'infini, tombé des profondeurs stellaires* » (Hugo). 2 n. f. Plante *(caryophyllacées),* dont une variété est le mouron* des oiseaux.

stellionat n. m. – XVIe ; lat. *stellio* « lézard de couleur changeante », puis « fourbe » ▪ Fraude consistant à vendre ou hypothéquer un immeuble dont on sait n'être pas propriétaire ou qui est déjà hypothéqué. ⇒ **dol, escroquerie.**

stellionataire adj. et n. – XVIIe ▪ Coupable de stellionat. ⇒ **escroc.**

stellite n. m. – 1923 ; nom déposé, probablt du lat. *stella* « étoile » ▪ Alliage à haute teneur en cobalt (plus de 40 %), contenant du chrome, du tungstène, etc.

stem [stɛm] n. m. – 1924 ; mot norv. ▪ Virage accompli en ouvrant le ski aval et en le ramenant à la sortie de la courbe.

❑ On écrit aussi *stemm.*

stemmate n. m. – XIXe ; gr. *stemma* « couronne » ▪ Œil simple des larves d'insectes (⇒ **ocelle).**

stencil [stɛnsil] n. m. – 1910 ; mot angl. « pochoir » ▪ Papier paraffiné perforé à la main ou à la machine à écrire, et servant de pochoir, de cliché pour la polycopie. *Tirer des stencils à la ronéo.*

❑ De l'anglais *to stencil* « enluminer », lui-même emprunté à l'ancien français *estenceler* « étinceler ».

sténo n. – 1937 ; abrév. de *sténographe, sténographie* 1 Personne qui pratique à titre professionnel la sténographie (rare au masc.). → **sténographe.** *Dicter un texte à une sténo. Des sténos.* 2 n. f. Sténographie*. *Prendre une lettre en sténo.*

sténo- Élément, du gr. *stenos* « étroit ».

sténodactylo n. – 1911 ; de *sténo(graphe)* et *dactylo(graphe)* ▪ Dactylo qui connaît la sténographie. *Des sténodactylos.*

sténodactylographie n. f. – 1907 ▪ Emploi combiné de la sténographie et de la dactylographie.

sténogramme n. m. – 1904 ; *sténo-* et *-gramme* ▪ Tracé en sténographie d'une syllabe ou d'un mot.

sténographe n. – XVIIIe ; *sténo-* et *-graphe* ▪ rare Sténodactylo.

sténographie n. f. – XVIIIe ▪ Écriture abrégée et simplifiée, formée de signes conventionnels qui permettent de noter la parole à la vitesse de prononciation normale. « *Rien n'est plus fugitif qu'un discours et la sténographie, qui en conserve les mots, n'en conserve pas toujours l'esprit* » (Sand). ➛ abrév. cour. ⇒ **sténo.**

❑ Emprunté la première fois à l'anglais *stenography* par Voltaire (1771) ; ce mot avait été créé par John Willis (1602) à partir du grec *stenos* « étroit ». ♦ La *sténographie* est un langage subrogé. → subrogé.

sténographier v. tr. 7 - XVIIIe ■ Noter par la sténographie.

sténographique adj. - XVIIIe ■ Relatif à la sténographie.

sténopé n. m. - 1904 ; de *sténo-* et gr. *ôps* « œil » ■ Petit trou faisant office d'objectif photographique.

sténosage n. m. - 1949 ; gr. *stenos* « étroit » ■ Traitement des fibres cellulosiques pour les durcir.

sténose n. f. - XIXe ; gr. *stenôsis* ■ Rétrécissement d'un canal ou d'un orifice. *Sténose du pylore.*

sténotype n. f. - 1907 ■ Appareil qui sert à sténographier mécaniquement. *Clavier d'une sténotype.*

sténotypie n. f. - XIXe ■ Sténographie mécanique au moyen d'une sténotype.

sténotypiste n. - 1907 ■ Personne qui sténographie au moyen d'une sténotype.

stentor n. m. - XVIe ; de *Stentor,* personnage de l'Iliade **I** *Voix de stentor :* voix forte, retentissante. « *le père Sorel appela Julien de sa voix de stentor* » (Stendh.). **II** Protozoaire d'eau douce *(hétérotriches)* en forme de trompe.

steppage n. m. - XIXe ; angl. *to step* « trotter » ■ Trouble de la marche obligeant à lever très haut la jambe à chaque pas pour éviter de heurter le sol, la flexion du pied sur la jambe étant impossible.

steppe n. f. - XVIIe ; russe *step* ■ Grande plaine inculte, sans arbres, au climat sec, à la végétation pauvre et herbeuse. *Steppes d'Asie centrale.* « *la steppe orientale où les sonorités s'étouffent dans l'illimité des distances* » (Proust). ♦ *Art, civilisation, peuple des steppes,* des plaines de la Russie méridionale, à l'âge du bronze et du fer.

steppeur n. m. - XIXe ; angl. *to step* « trotter » ■ Cheval de trot à l'allure vive, qui lève haut et lance bien en avant ses membres antérieurs.

❑ On écrit aussi *stepper :* « *des* steppers *russes qui trottent d'un pied si ferme* » (Gautier).

steppique adj. - 1909 **1** Des steppes, de la steppe. *Flore steppique.* **2** Qui habite les steppes. *Oiseaux steppiques.*

stéradian n. m. - 1923 ; gr. *stereos* « solide » et *radian* ■ Unité de mesure d'angle solide (symb. sr).

stercoraire n. m. - XVIIIe ; lat. *stercus* « excrément ; fumier » ■ Oiseau palmipède, appelé *mouette pillarde,* qui attaque les oiseaux de mer et les oblige à dégorger le poisson qu'ils viennent de saisir. ⇒ **labbe.**

stercoral, ale, aux adj. - XVIIIe ■ Relatif aux excréments. ⇒ **excrémentiel.**

stère n. m. - XVIIIe ; gr. *stereos* « solide » **1** Unité de mesure (abrév. st), équivalant à 1 mètre cube, utilisée pour les bois de chauffage et de charpente. **2** Dispositif qui sert à mesurer le bois.

❑ Nom masculin : *un stère de bois.*

stéréo adj. inv. et n. f. - 1957 ; abrév. **I** adj. inv. Stéréophonique. « *tu prends ce qui se vend bien et sans problèmes, les télévisions, les chaînes stéréo* » (Le Clézio). **II** n. f. Stéréophonie. *Émission retransmise en stéréo.*

stéréo- Élément, du gr. *stereos* « solide ».

stéréobate n. m. - XVIIe ; lat. ■ vx Soubassement sans moulure, portant le plus souvent des colonnes sans base.

stéréochimie n. f. - XIXe ■ Étude, science de la disposition dans l'espace des atomes d'une molécule.

stéréocomparateur n. m. - 1903 ■ Comparateur utilisé par la photographie dans les levés de plans, pour déduire la position de points topographiques à partir de mesures de coordonnées effectuées sur les clichés.

stéréoduc n. m. - 1971 ; *stéréo-* et *-duc* ■ Transporteur de matières solides.

stéréognosie [steʀeognozi] n. f. - 1938 ■ Reconnaissance ou identification des objets par le toucher.

stéréogramme n. m. - XIXe ■ Épreuve photographique double, destinée à la vision stéréoscopique.

stéréographie n. f. - XVIIIe ; lat. ■ Représentation des objets à trois dimensions sur un plan.

stéréographique adj. - XVIIe ■ Qui relève de la stéréographie.

stéréo-isomère n. m. - 1903 ■ Molécule ne différant des autres isomères que par sa configuration spatiale.

stéréométrie n. f. - XVIe ; lat. ■ Application pratique de la géométrie à la mesure des solides naturels (cubage, jaugeage, métrage).

stéréophonie n. f. - 1944 ■ Ensemble des procédés d'enregistrement, de reproduction et de diffusion permettant de donner l'impression du relief acoustique. abrév. cour. ⇒ **stéréo.**

stéréophonique adj. - 1940 ■ Qui appartient à la stéréophonie (opposé à *monophonique*). abrév. cour. ⇒ **stéréo.**

stéréophotographie n. f. - 1904 ■ Photographie stéréoscopique.

stéréoradiographie n. f. - 1904 ■ Radiographie stéréoscopique.

stéréoscope n. m. - XIXe ; *stéréo-* et *-scope* ■ Instrument d'optique où l'observation des deux images simultanées donne la sensation de la profondeur et du relief.

stéréoscopie n. f. - XIXe ■ Procédé permettant d'obtenir l'impression de relief ; cette impression.

stéréoscopique adj. - XIXe ■ Relatif à la stéréoscopie.

stéréospécificité n. f. - 1973 ■ Propriété d'une réaction chimique catalysée qui peut conduire à plusieurs stéréo-isomères, mais qui n'en donne qu'un seul à cause du mécanisme de la réaction.

stéréospondyles n. m. pl. - 1910 ■ Groupe de stégocéphales très grands et massifs. ⇒ **labyrinthodonte.**

stéréotaxie n. f. - 1964 ; *stéréo-* et *-taxie* ■ Technique radiologique de repérage des structures intracrâniennes.

stéréotomie n. f. - XVIIe ; *stéréo-* et *-tomie* ■ Taille et coupe (des pierres et matériaux de construction).

stéréotype n. m. - XVIIIe ■ Opinion toute faite, réduisant les singularités. ⇒ **cliché,** ① **lieu** (commun).

stéréotypé, ée adj. - XIXe ■ Qui paraît sortir d'un moule ; tout fait, figé. « *ce froid sourire stéréotypé à leurs lèvres* » (Barbey).

stéréotypie n. f. - XVIIIe ■ Caractère stéréotypé. ➛ Tendance à conserver la même attitude, à répéter le même mouvement ou les mêmes paroles. *Stéréotypie des schizophrènes.*

stérer v. tr. 6 - XIXe ■ Mesurer (du bois) au stère.

stéride n. m. - 1941 ■ Substance lipidique, ester d'un acide gras et d'un stérol.

stérile adj. - XIVe ; lat. **I - 1** Inapte à la génération, à la reproduction. *Un couple stérile.* ➛ *Fleur stérile,* impropre à la fécondation. **2** Qui ne produit pas de végétaux utiles. *Terre, sol stérile.* **3** Qui ne produit rien, ne donne naissance à aucune création, à aucun résultat positif. ⇒ **improductif.** *Pensées stériles.* « *sans l'action, comme l'intelligence est stérile !* » (Mart.

du G.). ♦ Qui est inutile. *Discussion, débat stérile.* ⇒ **creux, oiseux.** « *le stérile plaisir d'un contact mondain* » (Proust). **II** Exempt de tout germe microbien. *Compresse stérile. Milieu stérile.* ⇒ **aseptique, axénique.** ✪ CONTR. Fécond, fertile, prolifique ; fructueux, utile. – Contaminé, pathogène.

> ❑ Chez l'homme, ne pas confondre *stérile* et *impuissant* : le sperme d'un homme *stérile* se caractérise par l'absence, l'insuffisance ou la mauvaise qualité des spermatozoïdes, l'homme *impuissant* est physiquement incapable d'accomplir l'acte sexuel.

stérilement adv. – XVIe ▪ D'une manière stérile (I, 3°). ⇒ **inutilement, vainement.**

stérilet n. m. – av. 1960 ▪ Dispositif contraceptif féminin destiné à être introduit dans l'utérus pour assurer une stérilité permanente mais réversible.

stérilisant, ante adj. – XVe ▪ Qui stérilise.

stérilisateur n. m. – XIXe ▪ Appareil à stériliser.

stérilisation n. f. – XIXe **1** Suppression définitive, accidentelle ou intentionnelle, de la capacité de procréer. *Stérilisation de la femme par la ligature des trompes.* **2** Opération qui consiste à détruire les toxines et les microbes. ⇒ **antisepsie, asepsie.** *Stérilisation du lait à ultra-haute température.* ⇒ **U.H.T.**

stériliser v. tr. [1] – XVIIIe **I** Pratiquer une stérilisation chirurgicale sur (un être vivant). *Faire stériliser un chat.* **II** Opérer la stérilisation de (qqch.) en détruisant les toxines et les microbes pour éviter toute contamination. *Stériliser un instrument.* ⇒ **aseptiser, désinfecter.** *Stériliser des biberons.*

stérilité n. f. – XIVe ; lat. **1** Incapacité (pour un être vivant) de procréer. ⇒ **infécondité.** *Stérilité masculine, féminine. Traitement de la stérilité.* ♦ État de ce qui ne donne pas de fruits, de production végétale. ⇒ **aridité, pauvreté.** **2** Caractère de ce qui, intellectuellement, ne produit rien. *Des romanciers « qui suppléent à la stérilité de leurs idées à force de personnages et d'aventures »* (Rouss.). ♦ Inefficacité, inutilité. *La stérilité d'un débat.* **3** Absence de micro-organismes. *Contrôler la stérilité des instruments chirurgicaux.* ✪ CONTR. Fécondité ; fertilité.

stérique adj. – 1922 ; angl. ▪ Relatif à la configuration d'un composé chimique dans les trois dimensions de l'espace. *Effet stérique.*

sterlet n. m. – XVIe ; russe *sterlyadi* ▪ Variété d'esturgeon de la mer du Nord, de la mer Noire et des fleuves russes. *Œufs de sterlet.* ⇒ **caviar**

sterling [stɛʀliŋ] adj. inv. – XVIIe ; angl. ▪ *Livre sterling.* ⇒ ② **livre** (3°).

sternal, ale, aux adj. – XIXe ▪ Qui a rapport au sternum.

sterne n. f. – XVIe ; a. angl. *stern* ▪ Petit oiseau marin *(lariformes)* de la famille de la mouette et du goéland, appelé aussi *hirondelle de mer.*

sterno-cléido-mastoïdien adj. m. et n. m. – XVIIIe ; de *sternum,* du gr. *kleis* « clavicule » et *mastoïdien* ▪ Se dit d'un muscle qui s'insère sur le sternum, la clavicule et l'apophyse mastoïde.

sternum [stɛʀnɔm] n. m. – XVIe ; gr. *sternon* ▪ Os plat, allongé, situé au milieu de la face antérieure du thorax, s'articulant avec les sept premières paires de côtes. *Sternum de l'oiseau.* ⇒ **bréchet.**

sternutation n. f. – XVe ; lat. *sternuere* « éternuer » ▪ didact. Fait d'éternuer ; éternuements répétés.

sternutatoire adj. – XVe ▪ Qui provoque l'éternuement. *Poudre sternutatoire.*

stéroïde n. m. et adj. – 1936 ; gr. *steros* « solide » ▪ Hormone ayant la structure d'un stérol. *Stéroïde hormonal* ou *hormone stéroïde.* ⇒ **corticoïdes.**

stérol n. m. – 1913 ; du suff. de *cholestérol* ▪ Alcool polycyclique de masse moléculaire élevée, très répandu dans les règnes animal et végétal. ⇒ **cholestérol, ergostérol.**

stertor n. m. – 1904 ; lat. *stertere* « ronfler » ▪ Respiration bruyante, ronflante.

> ❑ À rapprocher de *stridor,* autre bruit physiologique.

stertoreux, euse adj. – XVIIIe ; lat. *stertere* « ronfler » ▪ *Respiration stertoreuse* : respiration bruyante accompagnée de ronflement. ⇒ **stertor.**

stéthoscope n. m. – XIXe ; gr. *stêthos* « poitrine » ▪ Instrument destiné à l'auscultation des bruits à travers les parois du corps.

> ❑ Ce mot a été créé par Laënnec, inventeur de l'instrument.

stetson [stɛtsɔn] n. m. – mil. XXe ; mot angl., n. de marque ▪ Chapeau d'homme à larges bords relevés sur les côtés, aux États-Unis.

steward [stiwaʀt] n. m. – XIXe ; mot angl. **1** Maître d'hôtel ou garçon de service à bord d'un paquebot. **2** Membre masculin du personnel de cabine d'un avion chargé du service des passagers.

> ❑ En parlant d'une femme chargée du service des passagers d'un avion, on dit *hôtesse de l'air ; stewardess, stewardesse* ne se sont pas imposés.

sthène n. m. – 1923 ; gr. *sthenos* « force » ▪ Ancienne unité de force du système M.T.S., valant 1 000 newtons.

-sthénie Élément, du gr. *sthenos* « force ».

stibié, iée adj. – XVIIIe ; lat. *stibium* « antimoine » ▪ Qui contient de l'antimoine.

stibine n. f. – XIXe ▪ Sulfure naturel d'antimoine Sb_2S_3.

stichomythie [stikɔmiti] n. f. – XIXe ; gr. *stikhos* « vers » et *muthos* « récit » ▪ Dialogue tragique où les interlocuteurs se répondent d'une façon symétrique (vers pour vers, distique pour distique, etc.).

① **stick** n. m. – XVIIIe ; mot angl. **1** Canne mince et souple. ⇒ **badine, baguette, cravache.** *Des sticks.* **2** Crosse de hockey. **3** Conditionnement d'un produit moulé en forme de bâtonnet. *Déodorant en stick.*

② **stick** n. m. – 1958 ; mot angl. ▪ Équipe de parachutistes sautant du même avion.

stigmate n. m. – XVe ; gr. « piqûre, point » **I - 1** plur. Blessures, cicatrices, marques miraculeuses, disposées sur le corps comme les cinq blessures du Christ. *Recevoir les stigmates.* « *La force de leur piété faisait apparaître sur leurs mains les stigmates miraculeux* » (Bourget). **2** Marque laissée sur la peau (par une plaie, une maladie). ⇒ **cicatrice, marque.** *Les stigmates de la petite vérole.* **3** littér. Marque, signe qui révèle un état de détérioration. ⇒ **empreinte, trace.** « *les ignobles stigmates de l'indigence* » (Balz.). **II - 1** Chacun des orifices de la région latérale du corps (d'un insecte) par où l'air pénètre dans les trachées. **2** Extrémité supérieure du pistil qui retient le grain de pollen.

stigmatique adj. – XIXe ; gr. *stigma* « point » ▪ Qui présente la qualité de stigmatisme.

stigmatisation n. f. – XIXe **1** Fait de recevoir les stigmates (I, 1°). **2** littér. Action de stigmatiser, de flétrir. *La stigmatisation du racisme.*

stigmatisé, ée adj. – XVIe ▪ Qui a reçu les stigmates (I, 1o).

stigmatiser v. tr. [1] – XVIe ▪ Noter d'infamie, condamner définitivement et ignominieusement. *Stigmatiser la conduite de qqn.* ⇒ **blâmer, condamner, dénoncer,** ② **flétrir, fustiger.** *Il « stigmatisa ces œuvres où l'on bafoue les choses les plus saintes »* (Flaub.).

❑ *Stigmatiser* a signifié sous l'Ancien Régime « marquer au fer rouge (un condamné) ».

stigmatisme n. m. – 1949 ; gr. *stigma* « point » ▪ Qualité d'un système optique qui donne une image nette d'un point objet (opposé à *astigmatisme*).

stillation [stilasjɔ̃] n. f. – XVe ; lat. *stillare* « tomber goutte à goutte » ▪ Écoulement d'un liquide qui tombe goutte à goutte.

❑ Même famille étymologique que *distiller, instiller.*

stillatoire [stilatwaʀ] adj. – XVIIe ▪ Qui tombe goutte à goutte.

stilligoutte [stiligut] n. m. – 1903 ▪ Compte-gouttes.

stilton [stiltɔn] n. m. – XVIIIe ; mot angl. ▪ Fromage de lait de vache à pâte persillée, d'origine anglaise.

stimugène n. m. et adj. – 1973 ▪ Produit pharmaceutique stimulant les défenses naturelles de l'organisme.

stimulant, ante adj. et n. m. – XVIIIe 1 Qui accroît l'activité physique ou psychique. ⇒ **fortifiant, remontant,** ① **tonique.** ♦ n. m. *« L'air vif est un stimulant délicieux »* (Duham.). 2 Qui stimule, augmente l'énergie, l'ardeur de qqn. ⇒ **dynamisant, encourageant, motivant.** *Une émulation stimulante.* ♦ n. m. Ce qui stimule, excite. *Les difficultés « doivent être des stimulants et non des empêchements »* (Sand). ✪ CONTR. Décourageant, stérilisant.

stimulateur, trice adj. et n. m. – XVIe 1 littér. Qui stimule. ⇒ **stimulant.** *Action stimulatrice.* 2 n. m. Appareil électrique implanté dans l'organisme pour suppléer une commande nerveuse déficiente. *Stimulateur cardiaque :* prothèse cardiaque électronique. ⇒ **pacemaker.**

stimulation n. f. – XVe 1 Action de stimuler. *La stimulation des élèves par la compétitivité.* 2 Augmentation de l'activité de fonctions organiques par l'action de stimulants. *Stimulation ovarienne.* 3 Action d'un stimulus sur une structure excitable. *Stimulation de l'œil par la lumière.*

stimuler v. tr. [1] – XIVe ; lat. *stimulus* « aiguillon » 1 Augmenter l'énergie, l'activité de (qqn) ; inciter, inviter, pousser à faire qqch. ⇒ **encourager, exciter, motiver.** ➛ *« Me sentir regardé, jugé, admiré, stimulait toutes mes facultés »* (Mart. du G.). 2 Augmenter l'activité (des fonctions organiques). *Le grand air stimule l'appétit.* ⇒ **aiguiser.** ♦ Redonner des forces, de l'ardeur à. ⇒ **réconforter, remonter.** *« stimulé par ce bain de lumière, par ces odeurs de végétations naissantes »* (From.). ✪ CONTR. Apaiser, calmer, endormir.

stimuline n. f. – 1916 ▪ Substance capable d'accroître l'activité d'un organe ou d'un tissu. *Les hormones sécrétées par l'hypophyse sont des stimulines.*

stimulus [stimylys] n. m. – XVIIIe ; mot lat. ▪ Cause externe ou interne capable de provoquer la réaction d'un système excitable. ⇒ **stimulation.** *Réflexe conditionné déclenché par un stimulus artificiel. Des stimulus* ou *des stimuli.*

stipe n. m. – XVIIIe ; lat. *stipes* « tige, souche » ▪ Tige ligneuse de plantes arborescentes et des fougères, sans rameaux inférieurs. *Le stipe du palmier.* ♦ Pied des champignons basidiomycètes.

stipendié, iée adj. – XVIe ▪ littér. Acheté, corrompu. *Complice stipendié.*

stipendier v. tr. [7] – XVe ; lat. *stipendium* « solde » ▪ littér. Corrompre pour de l'argent. ⇒ **acheter, soudoyer.**

stipité, ée adj. – XIXe ▪ Qui est porté par un stipe.

stipulaire adj. – XIXe ▪ Qui est le produit de stipules. *Épines stipulaires.*

stipulation n. f. – XIIIe ; lat. 1 Clause, condition, mention (énoncée dans un contrat). 2 Précision donnée expressément. *Sauf stipulation contraire.*

stipule n. f. – XVIIIe ; lat. « tige des céréales » ▪ Chacun des deux organes foliacés insérés à la base du pétiole (d'une feuille).

stipulé, ée adj. – XVIIIe ▪ Muni de stipules. *Feuille stipulée.*

stipuler v. tr. [1] – XIIIe ; lat. « promettre » 1 Énoncer comme condition (dans un contrat, un acte). *Le contrat stipule que les associés sont solidaires. Un « contrat par lequel les deux parties s'obligent à l'observation des lois qui y sont stipulées »* (Rouss.). 2 Faire savoir expressément. *Il est stipulé dans l'annonce qu'il faut écrire au journal.* ⇒ **préciser, spécifier.**

stochastique [stɔkastik] adj. et n. f. – 1953 ; gr. « conjectural » 1 Qui est le fruit du hasard, au moins en partie. ⇒ **aléatoire.** 2 n. f. Calcul des probabilités appliqué au traitement des données statistiques.

❑ Ne pas confondre *stochastique* et *scolastique.*

stock n. m. – XIXe ; mot angl. « souche » 1 Quantité de marchandises en réserve. *Constituer, renouveler un stock.* ⇒ **approvisionnement, provision, réserve.** *Avoir un article en stock. Ils « en avaient profité pour écouler un stock de vêtements démodés »* (Camus). ♦ Ensemble des produits finis non vendus, des produits semi-ouvrés et des matières premières, détenu par une entreprise à une date donnée. *Gérer les stocks.* 2 fam. Choses en réserve. ➛ Choses possédées en grande quantité. *Gardez-le, j'en ai tout un stock.* 3 *Stock chromosomique :* ensemble des chromosomes portés par un gamète normal. ⇒ **génome.** *Stock génétique.* ⇒ **génotype.**

❑ Le sens familier de « choses en réserve » est une création française.

stockage n. m. – XIXe ▪ Action de stocker. ✪ CONTR. Écoulement.

stock-car n. m. – 1950 ; angl. « voiture de série gardée en stock » ▪ Course où de vieilles automobiles de série, munies de dispositifs de sécurité, se heurtent à des obstacles, font des carambolages. ♦ Véhicule aménagé pour de telles courses.

❑ Ce mot, peu aisé à prononcer en français, est souvent altéré en [stɔpkaʀ].

stocker v. tr. [1] – XIXe 1 Mettre en stock, faire une réserve de (qqch.). *Stocker des marchandises en magasin.* 2 Enregistrer sur ordinateur pour une utilisation ultérieure. *Stocker des informations.* ✪ CONTR. Déstocker, écouler.

stockfisch n. m. inv. – XIVe ; néerl. *stocvisch* « poisson *(visch)* séché sur des bâtons *(stoc)* » ▪ Morue séchée à l'air. Poisson salé et séché. *Un, des stockfisch ; du stockfisch.*

stockiste n. m. – 1904 ▪ Commerçant, industriel qui détient en magasin le stock disponible d'un fabricant. ➛ Agent qui détient en dépôt les pièces détachées de machines d'un constructeur. ⇒ **dépositaire.**

stock-option n. f. – 1987 ■ Système d'option sur achat d'actions au sein d'une entreprise. *Des stock-options.*

stœchiométrie [stekjɔmetʀi] n. f. – XVIIIe ; gr. *stoekheion* « élément » ■ Étude des proportions suivant lesquelles les corps chimiques se combinent entre eux.

stoïcien, ienne adj. et n. – XIVe ; gr. *stoikos,* de *stoa* « portique » 1 Qui suit la doctrine de Zénon. ♦ Qui appartient au stoïcisme. *La maxime stoïcienne : « Supporte et abstiens-toi ».* 2 n. Philosophe, disciple de Zénon, qui professe le stoïcisme. « *l'art d'être heureux quand le malheur vous tombe sur la tête ; je laisse cela aux Stoïciens* » (Alain).

❑ Le *poikilê stoa* « portique du Pécile » était, à Athènes, le lieu où enseignait le philosophe Zénon.

stoïcisme n. m. – XVIIe 1 Doctrine de Zénon et de ses disciples, selon laquelle le bonheur est dans la vertu, et qui professe l'indifférence devant ce qui affecte la sensibilité. 2 Courage pour supporter la douleur, le malheur, les privations, avec les apparences de l'indifférence. « *avalant sa rage dans un stoïcisme muet* » (Flaub.).

stoïque adj. et n. – XVe ; lat. ■ Qui a du stoïcisme. ⇒ **courageux, héroïque, impassible.** « *l'arme au bras, front haut, graves, stoïques* » (Hugo). *Rester stoïque devant le danger.* ♦ n. Personne stoïque.

stoïquement adv. – XVIe ■ D'une manière stoïque, avec un grand courage et sans se plaindre. ⇒ **courageusement, héroïquement.** *Supporter stoïquement qqch.*

stokes [stɔks] n. m. – 1953 ; n. pr. ■ Ancienne unité C. G. S. de mesure de la viscosité cinématique (symb. St) équivalant à 10^{-4} mètre carré par seconde.

stol n. m. – 1964 ; acronyme angl., de ***S****hort* ***T****aking-****O****ff and* ***L****anding* ■ Avion susceptible de décoller ou d'atterrir sur une distance très courte. ➛ Recomm. offic. ADAC (**a**vion à **d**écollage et à **a**tterrissage **c**ourts).

stolon n. m. – XVIe ; lat. « rejeton, bouture » 1 Tige provenant d'un bourgeon axillaire, qui croît couché sur le sol et s'enracine en produisant de nouveaux individus. 2 Long tube filiforme qui porte les individus d'une colonie (ex. cœlentérés, bryozoaires).

stolonifère adj. – XVIIIe ■ Qui produit des stolons.

stomacal, ale, aux adj. – XVe ; lat. *stomachus* « estomac » ■ Relatif à l'estomac. ⇒ **gastrique.** *Douleurs stomacales.*

stomachique adj. – XVIe ; lat. *stomachicus* « de l'estomac » ■ Qui facilite la digestion gastrique.

stomate n. m. – XIXe ; gr. *stoma* « bouche » ■ Ouverture naturelle sur l'épiderme de la tige ou de la feuille, qui assure des échanges gazeux avec le milieu extérieur. ⇒ **pore.**

stomatite n. f. – XIXe ; de *stomat(o)-* et *-ite* ■ Inflammation de la muqueuse buccale.

stomat(o)- Élément, du gr. *stoma, atos* « bouche ».

❑ Ne pas confondre ce radical avec celui des dérivés de *estomac (stomachique, stomacal).*

stomatologie n. f. – XIXe ; *stomato-* et *-logie* ■ Partie de la médecine qui traite des maladies de la bouche et des dents.

stomatologue n. – 1964 ; *stomato-* et *-logue* ■ Médecin spécialisé en stomatologie ou chirurgien-dentiste qualifié pour exercer la stomatologie. abrév. fam. STOMATO.

stomatoplastie n. f. – XIXe ; *stomato-* et *-plastie* 1 Élargissement chirurgical du col utérin. 2 Réfection par autoplastie des malformations de la cavité buccale.

stomoxe n. m. – XVIIIe ; gr. *stoma* « bouche » et *oxus* « aigu » ■ Mouche piqueuse susceptible de transmettre notamment le bacille du charbon.

stop [stɔp] interj. et n. m. – XVIIIe ; mot angl. « arrêt » A interj. 1 Commandement ou cri d'arrêt. 2 Mot employé dans les télégrammes pour séparer nettement les phrases. B n. m. 1 Feu arrière d'un véhicule qui s'allume quand on freine. *Des stops.* ➛ appos. inv. *Des feux stop.* 2 Panneau routier obligeant tout véhicule à s'arrêter à une intersection. *Brûler un stop.* 3 fam. Auto-stop. *Faire du stop.* « *Venus en train, en autocar, certains en stop* » (Le Clézio).

❑ Considéré comme un anglicisme au Québec, ce mot est remplacé, la plupart du temps, sur les panneaux routiers par *arrêt.*

stop-over [stɔpɔvœʀ] n. m. inv. – v. 1975 ; angl. *to stop over* « faire escale » ■ Escale volontairement prolongée en un point du trajet aérien par le voyageur.

stoppage n. m. – XIXe ■ Opération par laquelle on stoppe un tissu.

① **stopper** v. [1] – XIXe ; angl. *to stop* A v. tr. 1 Faire s'arrêter (un navire, une machine...). *Stopper l'ancre.* 2 Arrêter, juguler ; empêcher de se continuer. B v. intr. S'arrêter (en parlant de navires, de véhicules). « *Pour un billet en resquille, elles feraient stopper toute la ligne* » (Céline). ✪ CONTR. Démarrer, ② repartir.

❑ Ce terme est apparu en français comme terme de marine à l'époque de la machine à vapeur *(« stoppez les machines ! »).*

② **stopper** v. tr. [1] – XIXe ; néerl. *stoppen* « étouper » ■ Réparer (une déchirure, un vêtement déchiré) en refaisant la trame et la chaîne. *Faire stopper une veste.*

① **stoppeur, euse** n. – XIXe ■ Personne dont le métier est de stopper les étoffes.

② **stoppeur** n. m. – 1940 ; angl. *to stop* « arrêter » ■ Au football, Arrière central chargé de surveiller et d'arrêter l'attaque adverse. *Le stoppeur et le libéro.*

storax [stɔʀaks] n. m. – XIIIe ; de *styrax* ■ vx Résine du styrax*. ➛ *Baume storax.*

store n. m. – XIIIe ; lat. « natte » ■ Rideau ou assemblage souple d'éléments, qui s'enroule ou se replie à son extrémité supérieure, à l'extérieur ou à l'intérieur d'une fenêtre. *Baisser, lever un store.* « *les stores vénitiens qui découpaient le soleil en tranches minces* » (Simenon). ♦ Grand rideau, à la devanture d'un magasin.

storiste n. – 1972 ■ Fabricant ou commerçant de stores.

story-board [stɔʀibɔʀd] n. m. – 1983 ; mot angl., de *story* « histoire » et *board* « planche, tableau » ■ Montage de dessins réalisé avant le tournage pour visualiser les plans d'une séquence cinématographique. *Des story-boards.*

stoupa → **stûpa**

stout [staut ; stut] n. m. – XIXe ; mot angl. « épais » ■ Bière brune, épaisse et forte, d'origine britannique ou irlandaise, voisine du porter. « *cet effrayant mélange d'eau-de-vie, de stout et d'absinthe* » (Hugo).

strabisme n. m. – XVIe ; gr. *strabos* « qui louche » ■ Défaut de parallélisme des axes visuels, se traduisant par la déviation de l'un ou des deux yeux (⇒ **loucher**). *Strabisme convergent, divergent.*

stradivarius [stʀadivaʀjys] **n. m.** – XIXe ; n. pr. ▪ Violon, alto ou violoncelle fabriqué par Antonio Stradivari, dit Stradivarius.

❑ La réputation des prestigieux instruments du luthier de Crémone vient de leur merveilleuse justesse de proportions; le rôle prétendument mystérieux du vernis n'a pas été confirmé.

stramoine **n. f.** – XVIe ; lat. ▪ Datura dont les feuilles contiennent des alcaloïdes toxiques.

strangulation **n. f.** – XVIe ; lat. *strangulare* « étrangler » ▪ Le fait d'étrangler qqn. *Mort par strangulation.*

strapontin **n. m.** – XVe ; it. « sorte de matelas » **I - 1** Siège d'appoint à abattant (dans une voiture, une salle de spectacle). **2** Place d'importance secondaire et souvent éphémère (dans une assemblée, une conférence, un organisme). **II** ancienn Coussinet que les femmes attachaient par-derrière, à la taille, et qui faisait bouffer la robe.

strass **n. m.** – XVIIIe ; du nom de l'inventeur ▪ Verre au plomb imitant certaines pierres précieuses. *Boucles d'oreilles en strass.*

❑ Un joaillier strasbourgeois nommé *Stras* mit à la mode ce genre de pierre peu coûteuse.

stratagème **n. m.** – XIVe ; gr. ▪ Ruse habile, bien combinée. ⇒ **subtilité**, ③ **tour**. « *Comme la partie n'est pas égale, il faut user de stratagème* » (Mol.). *Déjouer un stratagème.*

strate **n. f.** – XVIIIe ; lat. *sternere* « étendre » **1** Chacune des couches de matériaux qui constituent un terrain, spécialt un terrain sédimentaire. ♦ Chacun des lits successifs de végétation d'un biotope. **2** Couche, niveau (parmi plusieurs).

stratège **n. m.** – XVIIIe ; gr. *stratos* « armée » et *agein* « conduire » **1** Dans diverses cités grecques, notamment à Athènes, Magistrat chargé de toutes les questions militaires. **2** Général en chef qui conduit des opérations de grande envergure. ♦ (Opposé à *tacticien*) Celui qui est spécialisé en stratégie (1°). **3** Personne habile à élaborer des plans, à diriger une action dans un but précis. *Un fin stratège.*

stratégie **n. f.** – XVIe **1** (Opposé à *tactique*) Art de faire évoluer une armée sur un théâtre d'opérations jusqu'au moment où elle entre en contact avec l'ennemi. « *une méthode imperturbable, la stratégie qui profite du terrain, la tactique qui équilibre les bataillons* » (Hugo). ♦ Partie de la science militaire qui concerne la conduite générale de la guerre. *Stratégie nucléaire. Stratégie navale, aérienne.* **2** Ensemble d'actions coordonnées, de manœuvres en vue d'une victoire. *La stratégie d'un parti politique.* ♦ Ensemble d'objectifs opérationnels choisis pour mettre en œuvre une politique préalablement définie. *Stratégie d'entreprise.* → *Stratégies de vente.*

stratégique **adj.** – XIXe ; gr. **1** (Opposé à *tactique*) Qui concerne la stratégie (1°). *Armes stratégiques.* **2** Relatif à l'art de la guerre ; qui présente un intérêt militaire (opposé à ① *politique, économique*). ⇒ **militaire, tactique**. *Position stratégique. Sites stratégiques.* ♦ fig. D'une importance déterminante. *Un poste stratégique* (cf. Un poste-clé*).

stratégiquement **adv.** – XIXe ▪ Selon les règles de la stratégie ; du point de vue de la stratégie.

stratification **n. f.** – XVIIe ▪ Disposition des matériaux par strates (dans les terrains sédimentaires) ; processus géologique par lequel les matériaux se sont ainsi disposés.

stratifié, iée **adj.** – XVIIIe **1** Qui est disposé en couches superposées, en strates. *Roches stratifiées.* **2** Se dit d'un matériau constitué de couches (fibres de verre, lamelles de bois, feuilles de papier), liées par des résines ou des polymères. *Polyester stratifié.* → **n. m.** *Plan de travail en stratifié.*

stratifier **v. tr.** 7 – XVIIe ▪ Disposer en couches superposées.

stratigraphie **n. f.** – XIXe ; de *stratifier* et *-graphie* **1** Étude de la succession des dépôts sédimentaires à la surface de la Terre. **2** Procédé de tomographie où le tube émetteur reste fixe.

stratiome [stʀatjom] **n. m.** – XIXe ; gr. *stratiôtês* « soldat » (à cause de l'aiguillon) et *muia* « mouche » ▪ Mouche à l'abdomen large et aplati, qui vit parmi les plantes aquatiques.

strato- Élément, du lat. *stratum* « chose étendue ».

stratocumulus [stʀatokymylys] **n. m.** – XIXe ▪ Couche nuageuse sombre ou ensemble de bancs nuageux minces et d'épaisseur régulière situés à une altitude moyenne de 2000 m. ⇒ **cumulostratus**.

stratopause **n. f.** – v. 1960 ; de *strato-* et gr. *pausis* « cessation, fin » ▪ Limite supérieure de la stratosphère.

stratosphère **n. f.** – XIXe ▪ Couche de l'atmosphère située de 18 à 50 km d'altitude, entre la troposphère et la mésosphère. *Le ciel « marqué de traits blancs étranges laissés par les avions de la stratosphère »* (Le Clézio).

stratosphérique **adj.** – 1931 ▪ De la stratosphère. « *le vide absolu, le grand calme stratosphérique* » (Tournier).

stratum [stʀatɔm] **n. m.** – XVIIIe ; mot lat. ▪ Couche.

stratus [stʀatys] **n. m.** – XIXe ; mot lat. « étendu » ▪ Nuage de grande étendue qui présente l'aspect d'un voile gris continu. ⇒ **altostratus, cirrostratus, stratocumulus**.

strepto- Élément, du gr. *streptos* « contourné, recourbé ».

streptobacille [stʀɛptobasil] **n. m.** – XIXe ▪ Bacille qui forme des colonies en chaînes.

streptococcie **n. f.** – XIXe ▪ Infection par des streptocoques.

streptocoque **n. m.** – XIXe ; *strepto-* et *-coque* ▪ Bactérie de forme arrondie, qui s'associe en chaînettes.

streptomycète **n. m.** – 1971 ; *strepto-* et *-mycète* ▪ Microorganisme d'aspect filamenteux appartenant au règne des bactéries.

streptomycine **n. f.** – 1944 ; de *strepto-*, *-myce* et *-ine* ▪ Antibiotique produit par un actinomycète, actif sur un grand nombre de bactéries, en particulier sur le bacille de la tuberculose.

stress **n. m.** – 1950 ; mot angl. « effort intense, tension » ▪ Ensemble de réactions non spécifiques de l'organisme (physiologique, métabolique, comportementale) à un agent agressif. ♦ Situation, fait traumatisant pour l'individu, tension nerveuse. *Les stress de la vie moderne.* ⇒ **agression, pression**.

❑ Ce mot anglais est emprunté à l'ancien français *destrece* « détresse ».

stressant, ante **adj.** – 1953 ▪ Qui peut provoquer un stress. *Vie stressante.*

stresser **v. tr.** 1 – v. 1960 ▪ Causer un stress à (qqn). → *Être stressé.* → pronom. *Ne vous stressez pas, prenez votre temps.*

stretch **n. m.** – 1963 ; nom déposé, angl. *to stretch* « allonger, étendre » ▪ Procédé de traitement des tissus les rendant élastiques dans le sens horizontal. ♦ Le tissu ainsi traité. *Du stretch.* → *Pantalon en velours stretch.*

stretching [stʀɛtʃiŋ] **n. m.** – 1982 ; angl. *to stretch* « s'étirer » ■ Gymnastique douce basée sur des étirements musculaires.

strette **n. f.** – XIXe ; it. « étreinte, resserrement » ■ Partie d'une fugue qui précède la conclusion et dans laquelle le sujet et la réponse se poursuivent avec des entrées de plus en plus rapprochées.

striation **n. f.** – XIXe ■ Opération qui consiste à tracer des stries sur une surface. Ensemble de stries.

strict, stricte [stʀikt] **adj.** – XVIIIe ; lat. « serré, étroit ; rigoureux » 1 Qui laisse très peu de liberté d'action ou d'interprétation. *Principes stricts.* ⇒ **sévère.** ♦ Rigoureusement conforme aux règles, à un modèle. ⇒ **exact.** *C'est la stricte vérité.* ⇒ **pur.** 2 Qui ne tolère (pour soi-même ou pour les autres) aucun relâchement, aucune négligence, aucune infraction. *Il est très strict sur la discipline.* « *Il n'était certes pas avare, mais strict dans ses dépenses* » (Duham.). 3 Qui constitue le minimum permis ou exigible. *C'est son droit le plus strict.* ♦ Réduit à la plus petite valeur. *Le strict nécessaire.* ➝ *Sens strict d'un mot :* le sens qui a la plus petite extension. ⇒ **littéral, propre.** ➝ *Inégalité* (mathématique) *stricte,* excluant l'égalité. 4 Très correct et dépourvu d'ornements ; conforme à un type classique. *Tenue très stricte.* ✪ CONTR. Approximatif. Laxiste, souple. Débraillé.

strictement **adv.** – XVIe 1 D'une manière stricte. ⇒ **rigoureusement.** *Strictement confidentiel. Objets strictement semblables.* 2 D'une manière simple et sévère. *Strictement vêtu.*

striction **n. f.** – XVIIIe ; lat. « pression » 1 Constriction, resserrement pathologique d'un organe. 2 Resserrement, diminution de section (d'un fluide en écoulement, d'une pièce métallique soumise à une traction, d'un plasma soumis à des forces électromagnétiques).

stricto sensu [stʀiktosɛ̃sy] **loc. adv.** – 1936 ; mots lat. ■ Au sens strict. ⇒ **littéralement, proprement.** ✪ CONTR. Lato sensu.

stridence **n. f.** – XIXe ■ littér. et rare Bruit strident. « *la stridence du couteau sur l'aiguisoir* » (Mart. du G.).

strident, ente **adj.** – XVIe ; lat. *stridere* « produire un bruit aigu » ■ Se dit d'un bruit, d'un son à la fois aigu et intense. ⇒ **perçant.** *Pousser des cris stridents.* « *un rire strident, éclatant* » (Flaub.).

stridor **n. m.** – 1914 ; mot lat. « sifflement » ■ Bruit strident lors de l'inspiration, parfois provoqué par une obstruction partielle du larynx ou de la trachée. ⇒ **stridulation.**

❑ À rapprocher de *stertor,* autre bruit physiologique.

stridulant, ante **adj.** – XIXe ; lat. ■ Qui produit une stridulation. *Insectes stridulants.*

stridulation **n. f.** – XIXe ; lat. ■ Bruit modulé que produisent certains insectes (cigale, grillon, criquet) en frottant l'un contre l'autre des organes striés. ⇒ **cricri.** ♦ méd. ⇒ **stridor.**

striduler **v. intr.** [1] – XIXe ; lat. *stridulus* « strident » ■ Produire une stridulation. *La cigale stridule.*

striduleux, euse **adj.** – XVIIIe ■ Qui a un son aigu et sifflant. *Respiration striduleuse.*

strie **n. f.** – XVIe ; lat. « rainure » 1 (rare au sing.) Chacun des sillons parallèles, séparés par des arêtes saillantes. *Stries d'une coquille ; d'une lime.* ⇒ **rainure, sillon.** 2 Chacune des rayures ou des lignes parallèles qui se détachent sur un fond.

strié, striée **adj.** – XVIe 1 Couvert, marqué de stries, de raies. *Colonne, tige striée.* « *des paupières tombantes et striées comme des coquilles* » (Daud.). 2 *Muscles striés,* qui présentent des stries transversales résultant de l'alternance de disques sombres et de disques clairs des éléments contractiles du muscle. *Muscles striés volontaires et muscles lisses viscéraux, involontaires.* ♦ CORPS STRIÉ : masses de substance grise à la base du cerveau.

strier **v. tr.** [7] – XIXe ■ Couvrir, marquer, orner de stries, de raies. ⇒ **rayer.** « *un ciel strié par les vols de martinets* » (Mauriac).

strige ou **stryge** **n. f.** – XVIe ; gr. *strigx* ■ littér. Vampire tenant de la femme et de la chienne. « *c'est un vivant qui n'est ni stryge ni lémure* » (Hugo).

strigiformes **n. m. pl.** – 1933 ; lat. *strix* « strige » ■ Ordre de rapaces nocturnes comprenant les chouettes, les effraies et les hiboux.

string [stʀiŋ] **n. m.** – 1977 ; mot angl. « ficelle » ■ Maillot de bain ou slip très petit laissant les fesses nues. ⇒ **cache-sexe.**

strioscopie **n. f.** – 1949 ; de *strie* et *-scopie* ■ Méthode photographique pour étudier les ondes de choc, les turbulences produites dans un fluide (notamment par un projectile dans l'air, ou par un profil d'aile d'avion dans une soufflerie).

stripage **n. m.** – 1969 ; d'apr. l'angl. *stripping* ■ Réaction nucléaire dans laquelle certains nucléons du noyau projectile sont captés par le noyau cible, les autres étant diffusés. ➝ Recomm. offic. pour *stripping*.*

① **stripper** [stʀipœʀ] **n. m.** – 1964 ; angl. *to strip* « dépouiller » ■ Instrument utilisé en chirurgie pour extirper les veines, dans le traitement contre les varices. Recomm. offic. ⇒ **tire-veine.**

② **stripper** [stʀipe] **v. tr.** [1] – mil. XXe ■ Dépouiller (un liquide pétrolier) de ses fractions trop volatiles (opération de distillation). ⇒ **stripping.**

stripping [stʀipiŋ] **n. m.** – mil. XXe ; mot angl. 1 Entraînement des fractions trop volatiles d'un liquide. 2 Méthode d'ablation chirurgicale des varices. Équivalents recommandés *éveinage, phlébectomie.* 3 ⇒ **stripage** (recomm. offic.).

strip-tease ou **striptease** [stʀiptiz] **n. m.** – 1949 ; angl. *to strip* « déshabiller » et *to tease* « agacer, taquiner » ■ Spectacle de cabaret au cours duquel une femme, ou parfois un homme, se déshabille progressivement, en musique. ⇒ **effeuillage.** *Faire du strip-tease, un strip-tease.* ➝ Établissement proposant ce spectacle. *Les strip-teases de Pigalle.*

strip-teaseur, euse ou **stripteaseur, euse** [stʀiptizœʀ, øz] **n.** – v. 1950 ■ Artiste qui exécute un numéro de strip-tease. *Des strip-teaseuses, des strip-teaseurs.*

❑ Le mot masculin n'est attesté que depuis 1981 ; il est peu fréquent, comme ce qu'il désigne.

striure **n. f.** – XVIe ; lat. ■ Disposition par stries parallèles ; manière dont une chose est striée. « *un beau cadran blanc en métal, avec de petites striures à la place des chiffres* » (Le Clézio).

strobile **n. m.** – XVIIIe ; gr. « toupie » 1 Formation végétale compacte en forme d'épi ou de cône (chez les fougères, le houblon, etc.). 2 Ensemble des segments qui forme le corps du ténia.

strobo- Élément, du gr. *strobos* « rotation, tournoiement ».

stroboscope **n. m.** – XIXe ; *strobo-* et *-scope* 1 Appareil rotatif (disque, cylindre) qui donnait l'illusion du mouvement par une suite d'images fixes. 2 Instrument qui émet de brefs éclairs lumineux à une certaine fréquence, destiné à faire apparaître immobile ou animé d'un mouvement lent ce qui est animé d'un mouvement périodique rapide.

stroboscopie n. f. – XIXe ▪ Méthode d'observation du mouvement à l'aide du stroboscope (2°).

stroboscopique adj. – XIXe ▪ Relatif à la stroboscopie. *Effet stroboscopique.*

stroma n. m. – XIXe ; gr. « tapis, couverture » ▪ Tissu conjonctif constituant la charpente d'un organe, d'une tumeur.

strombe n. m. – XIXe ; gr. *strombos* « toupie » ▪ Mollusque tropical de grande taille *(gastéropodes)*, dont la coquille porte une large fente.

❑ Ce mot est du masculin (comme *lombe[s]* et *rhombe*) à la différence des autres mots présentant la même finale *(bombe, colombe, palombe, trombe...)*.

strongyle n. m. – XVIIIe ; gr. *stroggulos* « rond » ▪ Long ver cylindrique *(nématodes)* parasite des mammifères, responsable de la strongylose.

❑ On dit aussi *strongle.*

strongylose n. f. – XIXe ▪ Maladie parasitaire des animaux domestiques, notamment les équidés, due au strongyle.

strontium [strɔ̃sjɔm] n. m. – XIXe ; de *Strontian,* nom d'un village d'Écosse ▪ Élément (Sr ; n° at. 38 ; m. at. 87,63), métal alcalinoterreux, mou comme le plomb. *Les sels de strontium sont utilisés en pyrotechnie, en médecine.*

strophante n. m. – XIXe ; gr. *strophos* « torsade » et *anthos* « fleur » ▪ Liane *(apocynacées)* d'Afrique et d'Asie tropicale, dont les graines renferment des glucosides (⇒ **ouabaïne).**

strophe n. f. – XVIe ; gr. *strophein* « tourner » 1 Première des trois parties d'une pièce lyrique de la tragédie grecque antique chantée par le chœur. 2 Ensemble formé par plusieurs vers, avec une disposition déterminée de mètres et de rimes qui assure sa cohésion. « *la strophe, dont le quatrain est en rimes croisées et le distique en rimes plates* » (Valéry).

structural, ale, aux adj. – XIXe 1 De la structure, quant à la structure (2° et 3°). *État structural d'un organe* (opposé à *fonctionnel*). 2 Qui étudie les structures (4°), qui relève du structuralisme*. *Linguistique structurale, fonctionnelle.*

structuralisme n. m. – v. 1945 ▪ Théorie selon laquelle l'étude d'une catégorie de faits doit envisager principalement les structures (4°). ➛ Théorie descriptive de la langue en tant que système dans lequel les éléments entretiennent des relations mutuelles de solidarité (opposé à *linguistique générative*).

structuraliste adj. et n. – 1951 ▪ Relatif au structuralisme. ♦ Partisan du structuralisme.

structurant, ante adj. – v. 1969 ▪ Qui favorise, détermine la structuration.

structuration n. f. – av. 1962 ▪ Le fait de donner ou d'acquérir une structure. *Structuration de la personnalité.* ✪ CONTR. Déstructuration.

structure n. f. – XIVe ; lat. *struere* « construire » 1 Disposition, agencement des parties (d'une œuvre, d'un bâtiment). ⇒ **charpente, composition.** *Étudier la structure d'un poème.* 2 Manière dont un ensemble concret, spatial, est envisagé dans ses parties, dans son organisation ; forme observable et analysable que présentent les éléments d'un objet. ⇒ **constitution.** *Structure d'une cellule.* « *la structure fine des ligaments* » (Caillois). *Structure de l'écorce terrestre.* ♦ Groupement de différentes parties d'un ensemble ou de points qui en permettent la cohésion. *Structure de l'atome. Structure moléculaire.* 3 Disposition des parties d'un ensemble abstrait, d'un phénomène ou d'un système complexe, généralement envisagée comme caractéristique de cet ensemble et comme durable. *Structure d'un État. Structure d'une entreprise.* ⇒ **organisation.** ➛ Organisation complexe et importante, envisagée dans ses éléments essentiels. *Les grandes structures administratives.* ♦ *Structure(s) d'accueil :* ensemble de services d'accueil. 4 Ensemble, système formé de phénomènes solidaires, tels que « chacun dépend des autres et ne peut être ce qu'il est que dans et par sa relation avec eux » (Lalande). ⇒ **forme.** *Structures sociales. Structures de parenté.* ➛ Agencement interne des unités qui forment un système linguistique. *Structures logiques étudiées par la logique des prédicats.*

❑ Ce mot, au sens de « relations entre les éléments d'un ensemble », est déjà présent chez Valéry et Saussure mais c'est son emploi en sociologie par Lévi-Strauss qui l'a répandu dans les sciences humaines des années 1960.

structuré, ée adj. – XIXe 1 Qui a une structure propre ; qui peut être défini par une structure. 2 Qui correspond à une structure (3°). ⇒ **organisé.** *Parti (peu, fortement) structuré.*

structurel, elle adj. – v. 1960 1 Des structures (3°). *Déséquilibre structurel* (opposé à *conjoncturel*). 2 Qui a une structure (4°), qui concerne la structure (4°). *Analyse structurelle,* en grammaire générative.

structurer v. tr. [1] – XIXe ▪ Pourvoir d'une structure. *Structurer un mouvement.* ➛ pronom. Acquérir une structure. ✪ CONTR. Déstructurer.

structurologie n. f. – 1969 ▪ Étude de la structure des roches et de leurs déformations.

strudel [ʃtrudœl] n. m. – XXe ; all. *Apfelstrudel* « roulé aux pommes » ▪ Pâtisserie garnie de morceaux de pomme et de raisins secs parfumés à la cannelle.

❑ Les *strudels* sont généralement servis chauds avec une crème.

struthioniformes n. m. pl. – 1904 ; lat. *struthio* « autruche » ▪ Ordre d'oiseaux *(ratites)* comprenant les autruches.

strychnine [striknin] n. f. – XIXe ▪ Alcaloïde toxique extrait de la noix vomique ou obtenu par synthèse.

strychnos [striknos ; -nɔs] n. m. – XIXe ; gr. « vomiquier » ▪ Arbre ou liane des régions tropicales *(loganiacées)*, dont plusieurs variétés contiennent des alcaloïdes toxiques (curare, strychnine, etc.).

stryge → **strige**

stuc n. m. – XVIe ; germ. ▪ Composition de plâtre (ou de poussière de marbre) gâché avec une solution de colle forte, formant un enduit qui, poli, imite le marbre. « *le plâtre, qui acquiert entre leurs mains la dureté du stuc sans en avoir le luisant désagréable* » (Gaut.). ♦ Motif décoratif en stuc. *Des stucs rococo.*

❑ Ce mot est apparenté à l'allemand *Stück* « morceau ».

stucateur n. m. – XVIIe ▪ Spécialiste qui prépare, applique ou travaille le stuc.

stud-book [stœdbuk] n. m. – XIXe ; angl. *stud* « haras » et *book* « livre » ▪ Registre portant les noms, les généalogies, les victoires des pur-sang. *Des stud-books.*

studette n. f. – 1969 ▪ fam. Petit studio (2°).

studieusement adv. – XIIe ▪ D'une manière studieuse, appliquée et sérieuse.

studieux, ieuse adj. – XIIe ; lat. *studium* « étude, zèle » 1 Qui aime l'étude, le travail intellectuel ; qui travaille avec application. ⇒ **appliqué.** *Un élève studieux.* 2 Favorable ou consacré à l'étude. « *la rançon d'une enfance trop studieuse, d'une adolescence malsaine* » (Mauriac). ✪ CONTR. Dissipé, oisif, paresseux.

studio n. m. – XIXe ; lat. *studium* « étude » 1 Atelier d'artiste. Atelier de photographe d'art. ♦ Ensemble des locaux aménagés pour les prises de vues cinématographiques. *Tourner en studio ou en extérieur.* ➛ Local aménagé pour les enregistrements (radio, télévision, maison de disques). 2 Logement formé d'une seule pièce principale. 3 Petite salle de spectacle qui passe des films à audience restreinte. *Studios d'art et d'essai.*

stûpa [stupa] n. m. – XIXe ; mot sanskr. ■ Monument commémoratif ou reliquaire d'origine indienne. *Le stûpa bouddhique de Borobudur.*

❑ On écrit aussi *stoupa.*

stupéfaction n. f. – XIVe ■ État d'une personne stupéfaite. ⇒ **étonnement, stupeur, surprise.** « *la nouvelle suscita autant de stupéfaction que d'indignation* » (Beauv.). *À la stupéfaction générale.*

stupéfaire v. tr. 60 ; rare sauf 3e pers. sing. prés. et temps comp. – XVIIIe ; de *stupéfait,* d'apr. *faire* ■ Frapper de stupeur. ⇒ **étonner, stupéfier.** *Elle fut* « *stupéfaite par le tapage des ménétriers* » (Flaub.).

❑ Ce verbe d'apparition récente a été condamné. En principe *stupéfait* ne se construit qu'avec *de ;* sa construction avec *par* (comme *stupéfié*) en a fait le participe d'un verbe jusqu'alors inexistant.

stupéfait, aite adj. – XVIIe ; lat. *stupefacere* ■ Étonné au point de ne pouvoir agir ou réagir. ⇒ **abasourdi, ahuri, ébahi, éberlué,** ① **interdit, interloqué, médusé, sidéré ;** fam. **estomaqué, soufflé.** « *Stupéfaite de la voir en pantoufles dans la rue* » (Zola).

stupéfiant, iante adj. et n. m. – XVIIe 1 Qui stupéfie (1°). ♦ n. m. Substance toxique agissant sur le système nerveux, soit comme narcotique, soit comme euphorisant* et dont l'usage provoque une dépendance (⇒ **toxicomanie**). *Lutte contre le trafic et la consommation de stupéfiants.* ⇒ **drogue.** *Brigade des stupéfiants.* abrév. fam. STUP. 2 Qui stupéfie (2°). ⇒ **étonnant ; effarant, incroyable, renversant, sidérant, suffocant.** *Nouvelle stupéfiante.* ✪ CONTR. Stimulant.

stupéfier v. tr. 7 – XVe ; lat. *stupefacere* 1 littér. Engourdir par une sorte d'inhibition des centres nerveux. « *l'état visionnaire accable l'homme et le stupéfie* » (Hugo). 2 Rendre stupéfait. ⇒ **étonner, sidérer.** *Des revendications* « *dont le flot stupéfiait et épouvantait les paysans* » (Zola). ✪ CONTR. Stimuler.

❑ Le participe passé adjectif *stupéfié, ée* a les mêmes emplois que l'adjectif *stupéfait, aite ;* ce dernier est plus élégant.

stupeur n. f. – XIVe ; lat. 1 Incapacité totale d'agir et de penser (due à un trouble, à un choc moral, psychologique, à des substances chimiques). « *cette espèce de stupeur et d'accablement délicieux que donne la contemplation de la mer* » (Daud.). 2 Étonnement profond. ⇒ **stupéfaction.** *Frappé de stupeur. À notre (grande) stupeur.*

stupide adj. – XIVe ; lat. 1 Qui est atteint d'une sorte d'inertie mentale ; qui a peu d'intelligence ou de sensibilité. ⇒ **abruti, borné, inintelligent.** « *Oriane n'est pas un aigle, mais elle n'est tout de même pas stupide* » (Proust). ♦ ⇒ **bête, idiot, imbécile, sot.** *Le vin* « *rend l'homme stupide et non pas méchant* » (Rouss.). 2 Absurde, inepte, insensé (d'un comportement, d'un propos...). *C'est stupide. Accident stupide,* que rien ne laissait prévoir, qui aurait dû être évité. ✪ CONTR. ② Fin, intelligent, judicieux.

stupidement adv. – XVIe 1 D'une manière stupide. ⇒ **bêtement, sottement.** *Rire stupidement.* 2 D'une manière absurde. *Il s'est tué stupidement sur la route.*

stupidité n. f. – XVIe 1 Nature ou caractère d'une personne stupide. ⇒ **bêtise, idiotie.** ➛ « *La stupidité des propos de mes voisins* » (Gide). ⇒ **absurdité, ineptie.** 2 Action ou parole stupide. ⇒ **ânerie, imbécillité, sottise.** « *Voilà un quart d'heure perdu à des stupidités* » (Zola). ✪ CONTR. Intelligence ; finesse.

stupre n. m. – XIVe ; lat. ■ littér. Débauche honteuse, humiliante. ⇒ **luxure.** *Vivre dans le stupre.*

stuquer v. tr. 1 – XIXe ■ Enduire de stuc. « *les murs du vestibule stuqué comme un nougat* » (Huysm.).

style n. m. – XIVe ; lat. *stilus* « poinçon servant à écrire » **I - A** (dans le lang.) 1 Aspect de l'expression littéraire, dû à la mise en œuvre de moyens d'expression dont le choix résulte, dans la conception classique, des conditions du sujet et du genre, et dans la conception moderne, de la réaction personnelle de l'auteur en situation. ⇒ **écriture, expression, langage, langue.** « *Le style est l'homme même* » (Buff.). « *savoir assortir toujours son style à la matière qu'on traite* » (Volt.). ➛ *Le style de Rabelais.* ⇒ **manière,** ② **ton.** ♦ Bon style, style original, présentant des qualités artistiques. *Avoir du style. Exercice de style.* 2 « L'aspect de l'énoncé qui résulte du choix des moyens d'expression déterminé par la nature et les intentions du sujet parlant ou écrivant » (P. Guiraud). *Style parlé et écrit, familier et soutenu. Style administratif.* **B** (dans les arts de l'espace et du temps) 1 Manière particulière (personnelle ou collective) de traiter la matière et les formes en vue de la réalisation d'une œuvre d'art ; ensemble des caractères d'une œuvre qui permettent de la classer avec d'autres dans un ensemble constituant un type esthétique. *Le style d'un peintre, d'une école.* ⇒ ① **facture, genre, manière, touche.** *Chapiteau de style corinthien, dorique.* ⇒ **ordre.** *Style Louis XIII, Empire, 1900.* ♦ DE STYLE, se dit d'un objet d'art appartenant à un style ancien bien défini. *Meubles de style.* 2 « Qualité supérieure de l'œuvre d'art, celle qui lui permet d'échapper au temps » (Focillon). « *les maisons sont trop basses pour avoir du style* » (Stendh.). **C** Façon personnelle d'agir, de se comporter ; manière d'être. *Cette robe ne te va pas, ce n'est pas ton style. Styles de vie.* ➛ *Opération, offensive de grand style,* mettant en œuvre de puissants moyens d'action. ♦ Manière personnelle de pratiquer un sport, tendant à l'efficacité et la beauté. *Marco* « *sous prétexte d'acquérir du style, s'exerçait indéfiniment au chasse-neige* » (Beauv.). **II** (concret) 1 Poinçon de fer ou d'os, dont une extrémité, pointue, servait à écrire sur la cire des tablettes, et l'autre, aplatie, à effacer. ⇒ **stylet.** 2 Tige dont l'ombre indique l'heure, sur un cadran solaire. 3 Partie allongée du pistil (et du carpelle), reliant l'ovaire au(x) stigmate(s).

❑ Un meuble *de style* n'est pas forcément *d'époque.* ♦ Le *style* (d'un écrivain) procède de la même métaphore que la locution « Avoir un beau brin de *plume* ».

stylé, ée adj. – XIVe ■ Qui accomplit son service dans les formes. *Domestique stylé.*

stylet n. m. – XVIe ; lat. *stilus* « poinçon » 1 Poignard à lame mince et très pointue. ⇒ **dague.** ♦ Instrument pointu servant à écrire, dessiner. ⇒ **style.** ♦ Petite tige métallique dont une extrémité est parfois percée d'un chas, destinée à explorer les canaux naturels, les plaies. 2 Pièce buccale pointue de certains insectes piqueurs et suceurs. ⇒ **rostre.**

stylisation n. f. – 1907 ■ Action de styliser ; son résultat.

styliser v. tr. 1 – XVIIIe ■ Représenter (un objet naturel) en simplifiant les formes en vue d'un effet décoratif. ➛ *Fleurs stylisées.*

stylisme n. m. – XIXe I littér. Souci extrême, souvent exagéré du style, de la forme. II Activité, profession de styliste* (II).

styliste n. – XIXe I Écrivain remarquable par son style, son culte du style. II Spécialiste de l'esthétique industrielle. ⇒ **designer.** ♦ Personne dont le métier est de créer de nouveaux modèles, d'élaborer une collection dans les métiers du textile.

stylisticien, ienne n. – 1964 ▪ Spécialiste des études stylistiques.

stylistique n. f. et adj. – XIXe 1 Étude scientifique du style (I, A, 2°), de ses procédés, de ses effets. *Stylistique comparée.* 2 adj. Relatif au style et à la stylistique. *Analyse stylistique.* ➛ Qui appartient à l'expressivité, à l'aspect non logique de l'expression. *Procédés stylistiques.*

stylite n. m. – XVIIe ; gr. *stulitês* « de colonne » ▪ Solitaire qui vivait au sommet d'une colonne ou d'une tour.

stylo n. m. – 1920 ; de *stylographe* ▪ Instrument pour écrire dont le corps contient une réserve d'encre. *Écrire au stylo ou au crayon. Des stylos (à) bille.* ⇒ **bic, crayon** (à bille). *Cartouche, recharge pour stylo. Stylo qui fuit.*

> ❑ Le mot s'appliquant à différents instruments pour écrire, on dit *stylo à encre* ou *stylo (à) plume* pour désigner le stylographe.

stylo-, -style Éléments, du gr. *stulon* « colonne » (ex. *stylobate, péristyle*).

stylobate n. m. – XVIe ; gr. ▪ Soubassement continu, orné de moulures, supportant une colonnade.

stylo-feutre n. m. – 1970 ▪ Crayon, stylo, dont la pointe est en feutre, en nylon. ⇒ **feutre, marqueur, surligneur.** *Des stylos-feutres.*

stylographe n. m. – XIXe ; lat. *stilus* « poinçon à écrire » et *-graphe* ▪ vx Porte-plume à réservoir d'encre. ⇒ **stylo.** « *la pointe d'or adoucie d'un de mes stylographes* » (Colette).

styloïde adj. – XVIIIe ; gr. « qui ressemble à une colonne » ▪ Se dit de certaines apophyses allongées.

stylomine n. m. – 1951 ; nom déposé ▪ Portemine.

styrax [stiʀaks] n. m. – XVIIe ; gr. « arbre », « baume » ▪ Nom scientifique de l'aliboufier *(styracacées)*, arbrisseau exotique fournissant le benjoin et le baume storax*.

styrène ou **styrolène** n. m. – 1936 ; de *styrax* ▪ Hydrocarbure benzénique, entrant dans la composition de nombreuses matières plastiques. ⇒ **polystyrène.**

su, sue adj. et n. m. – XIIe ; de ① *savoir* 1 Qui est connu, que l'on a appris, ou dont on a été informé. *Leçon bien sue, mal sue.* 2 n. m. *Au vu* et au su de tout le monde.* ✪ HOM. Sus.

suage n. m. – XVIIe ; de *suer* ▪ Eau qui suinte (du bois chauffé, etc.).

suaire n. m. – XIIe ; lat. *sudarium* « linge pour essuyer la sueur du visage » 1 littér. Linceul blanc avec lequel on se représente les revenants, les fantômes. *Les deux spectres « Traînant leur suaire en lambeaux »* (Hugo). 2 loc. *Le saint suaire :* le linceul dans lequel le Christ aurait été enseveli, relique sacrée.

suant, suante adj. – XIIe ▪ fam. 1 En sueur, qui sue. « *Tout un personnel haletant, suant* » (Morand). 2 Qui fait suer, qui ennuie. ⇒ **fatigant.**

suave adj. – XVe ; lat. ▪ Qui a une douceur délicieuse. ⇒ **agréable, doux, exquis.** *Parfum, musique suave.* ✪ CONTR. Désagréable, rude.

> ❑ Apparenté à l'anglais *sweet* et à l'allemand *süß.*

suavité n. f. – XIIe ▪ Qualité de ce qui est suave, douceur délicieuse. *Suavité des formes.* ⇒ **délicatesse, grâce.**

sub- Préfixe, du lat. *sub* « sous », qui exprime la position en dessous (⇒ **hypo-, infra-, sous-**), et le faible degré et l'approximation.

> ❑ Ce préfixe peut perdre son *b* devant une consonne qui redouble *(succéder, suffixe, suggérer, supposer)* ou être remplacé par *s (suspendre).* ♦ Ne pas confondre avec *sus-* « au-dessus ».

subaérien, ienne adj. – XIXe ▪ Qui est au contact de la couche inférieure de l'atmosphère. ➛ *Dépôts subaériens,* formés à l'air libre (dépôts éoliens, éboulis).

subaigu, uë [sybegy] adj. – XIXe ▪ Dont les caractères sont intermédiaires entre l'état aigu et l'état chronique. *Inflammation subaiguë.*

subalpin, ine adj. – XIXe ▪ Situé au pied des Alpes.

subalterne adj. et n. – XVe ; lat. *alter* « autre » 1 Qui occupe un rang inférieur. *Officier subalterne.* ➛ Qui caractérise une position subordonnée. *Un emploi subalterne. Un rôle subalterne,* secondaire. 2 n. Personne subalterne. « *le subalterne ne dit jamais ce qui est, mais seulement ce qui plaît* » (Alain). ✪ CONTR. Chef, supérieur.

subaquatique [sybakwatik] adj. – XIXe ▪ didact. Qui existe, qui a lieu sous l'eau. ⇒ **immergé.** *Plongée subaquatique.* ⇒ **sous-marin.**

subatomique adj. – 1903 ▪ *Particules subatomiques,* situées à l'intérieur de l'atome, et notamment du noyau. ⇒ **nucléaire.**

subcellulaire adj. – v. 1970 ▪ Qui se situe en deçà de l'unité cellulaire. *Organisme subcellulaire.*

subconscient, iente [sypkɔ̃sjɑ̃, jɑ̃t] adj. et n. m. – XIXe 1 Se dit d'un phénomène inconscient qui intervient comme élément de processus mentaux actifs. 2 n. m. vieilli Inconscient. « *nul ne peut se porter garant de son subconscient* » (R. Gary).

subdéléguer v. tr. [6] – XIVe ▪ Déléguer (qqn) dans une fonction pour laquelle on a été délégué soi-même (surtout p. p. ou pass.).

subdésertique adj. – 1921 ▪ Dont les conditions climatiques et biologiques sont voisines de celles du désert. ⇒ **semi-aride.** *Climat subdésertique.*

subdiviser v. tr. [1] – XIVe ▪ Diviser (un tout déjà divisé ; une partie d'un tout divisé). *Subdiviser un lot en parts.* ♦ v. pron. *SE SUBDIVISER :* être divisé en de nombreuses parties.

subdivision n. f. – XIVe 1 Action de (se) subdiviser. *La subdivision de la matière en corps isolés.* 2 Partie obtenue en subdivisant. *Subdivision administrative* (cf. mots formés avec *sous*). 3 *Les subdivisions d'un classeur.* ⇒ **case, compartiment.**

subduction n. f. – 1975 ; lat. « action de tirer les navires sur le rivage » ▪ Glissement d'une plaque océanique de la lithosphère sous une plaque adjacente avançant en sens opposé. *Fosse de subduction.*

subéquatorial, iale, iaux [sybekwatɔʀjal, jo] adj. – 1925 ▪ Proche de l'équateur ; dont les caractères climatiques et biologiques sont proches de ceux de l'équateur. *Climat subéquatorial.*

suber [sybɛʀ] n. m. – XIVe ; mot lat. ▪ Liège.

subéreux, euse adj. – XVIIIe ▪ De la nature du liège. *Partie subéreuse de l'écorce des arbres.*

subérine n. f. – XIXe ▪ Substance lipidique qui se dépose sur les parois cellulosiques des cellules végétales.

subfébrile adj. – 1964 ▪ Légèrement fébrile. *État subfébrile.*

subintrant, ante adj. – XVe ; lat. *subintrare* « entrer dessous » ▪ Se dit d'accès (de fièvre, de convulsions) dont l'un commence avant que le précédent soit terminé. *Crises épileptiques subintrantes.*

subir v. tr. [2] – XVe ; lat. « aller *(ire)* sous » 1 Être l'objet sur lequel s'exerce (une action, un pouvoir qu'on n'a pas voulu). ⇒ ① **supporter.** *Subir les conséquences de ses fautes. Subir un interrogatoire. Subir une grave défaite.* ♦ Avoir une attitude passive envers. « *La lecture, pratiquée par eux, est toute passive ; ils subissent les textes ; ils ne les interprètent pas* » (Maurois). 2 Se soumettre à (un traitement, un examen). « *Il a subi l'amputation de l'avant-bras droit* » (Duham.). 3 Endurer l'autorité, le pouvoir de (qqn). fam. Supporter effectivement (qqn qui déplaît, ennuie, agace). *Il va falloir le subir pendant toute une journée.* 4 Être l'objet de (une action, une opération). *Corps qui subit l'action du feu.* ♦ Être l'objet de (une modification). ⇒ **éprouver.** *Société qui subit de profondes mutations.* ✪ CONTR. Imposer, infliger, provoquer ; agir, ① faire.

subit, ite adj. – XIIe ; lat. ■ Qui arrive, se produit en très peu de temps, de façon soudaine. ⇒ **brusque, soudain.** *Un froid subit.* ✪ CONTR. ② Graduel, progressif.

❑ *Subit* insiste sur la rapidité de l'événement, *soudain* sur son caractère imprévu.

subitement adv. – XIIe ■ D'une manière subite. ⇒ **instantanément.** *S'arrêter subitement. Il est mort subitement.* ⇒ **brutalement.** ✪ CONTR. Graduellement, peu (peu à peu).

subito adv. – XVIe ; mot lat. ■ fam. Subitement. « *Je fais demi-tour subito* » (Céline).

subjacent, ente adj. – XVIe ■ littér. Sous-jacent.

subjectif, ive adj. – XIVe ; lat. 1 Qui concerne le sujet en tant qu'être conscient ; qui est du domaine du psychisme. *La pensée est un phénomène subjectif.* 2 Propre à un ou plusieurs sujets déterminés (et non à tous les autres) ; qui repose sur l'affectivité du sujet. *Les goûts sont subjectifs.* ⇒ **individuel, personnel.** « *Ce n'est pas seulement un plaisir subjectif et éphémère que l'homme cherche dans l'acte sexuel* » (Beauv.). ➛ *Opinions, critiques subjectives,* personnelles et partiales. 3 Qui n'est pas observable directement de l'extérieur. *Signes objectifs et symptômes subjectifs d'une maladie.* ✪ CONTR. ① Objectif.

subjectile n. m. – XIXe ; lat. *subjectus* « placé dessous » ■ Surface (mur, panneau, toile) servant de support à une peinture.

subjectivement adv. – XVe ■ D'une façon subjective, toute personnelle. ✪ CONTR. Objectivement.

subjectivisme n. m. – XIXe 1 Tendance ou théorie qui ramène l'existence à celle du sujet* ou de la pensée (métaphysique), les jugements de valeur, les certitudes à des états de conscience, à des assentiments individuels (logique, morale, esthétique). 2 Attitude de qqn qui ne tient compte que de ses sentiments et opinions individuels.

subjectiviste adj. et n. – XIXe ■ Du subjectivisme. ♦ Partisan de cette doctrine.

subjectivité n. f. – XIXe 1 Caractère de ce qui appartient au sujet*, et spécialt au sujet seul (à l'individu ou à plusieurs). *La subjectivité d'un jugement.* ➛ État de qqn qui considère les choses d'une manière subjective en donnant la primauté à ses états de conscience. 2 Domaine des réalités subjectives ; la conscience, le moi. « *l'écriture automatique est avant tout la destruction de la subjectivité* » (Sartre). ✪ CONTR. Objectivité.

subjonctif, ive adj. et n. m. – XVIe ; lat. *subjunctivus* « attaché sous..., subordonné » ■ *Mode subjonctif,* et n. m. LE SUBJONCTIF : mode personnel du verbe, considéré d'abord comme propre à exprimer une relation de dépendance, et de nos jours, comme mode de la tension psychologique (volonté, sentiment) et de la subjectivité (doute, incertitude ⇒ aussi **potentiel**). *Subjonctif présent* (ex. je veux que tu *viennes* me voir demain). « *la disparition de l'imparfait du subjonctif tué par le ridicule et l'almanach Vermot* » (Queneau). *Passé, plus-que-parfait du subjonctif* (ex. je veux que tu *aies terminé* à temps ; je voulais que tu *eusses terminé*). ♦ *Le subjonctif est surtout le mode de la subordonnée.* ➛ Complétives par *que,* placées avant (ex. « Que Jacques *fût* vivant ne le surprenait guère » [Mart. du G.]), ou après les verbes de volonté, de sentiment, ou exprimant le doute, une ignorance (ex. j'ordonne que vous vous *taisiez.* Je ne crois pas qu'il en *soit* capable) ; après des loc. impers. (ex. il est impossible qu'il ne le *sache* pas) ; dans les contextes interrogatifs ou négatifs de certains verbes d'opinions. ➛ Circonstancielles : introduites par des loc. conjonctives exprimant le temps, la cause, la concession, le but, etc. (ex. sortez avant qu'il [ne] *pleuve.* Elle minaude pour qu'on la *flatte*). ♦ Relatives, exprimant la finalité ou dont l'antécédent est un interrogatif, une proposition négative, un superlatif (*le premier, le dernier, le seul,* etc.) [ex. Le plus beau livre que j'*aie* jamais *lu*]. ♦ *Dans la principale, le subjonctif exprime le souhait, le regret, l'ordre, la défense, l'exhortation, l'éventualité, la supposition, la concession* (ex. *Vive* la France. *Advienne* que pourra. « Que son nom *soit béni* » [Rac.]).

❑ À l'imparfait du subjonctif, les autres formes verbales que celles de la 3e personne du singulier sont délaissées en raison de leur caractère ridicule ou peu esthétique (ex. *vous auriez souhaité que je parlasse, que nous vinssions, que nous mourussions !*).

subjuguer v. tr. [1] – XIIe ; lat. « faire passer sous *(sub)* le joug *(jugum)* » 1 vieilli Réduire par les armes à la soumission complète ; mettre sous le joug*. ⇒ **asservir, conquérir, dompter.** 2 Séduire complètement. ⇒ **charmer, conquérir, envoûter,** ② **fasciner, séduire.** *Le plaisir* « *de subjuguer par sa personne le public aux mille têtes* » (R. Rolland). ✪ CONTR. Affranchir, délivrer.

sublimation n. f. – XIVe 1 En alchimie, Épuration d'un corps solide qu'on transforme en vapeur en le chauffant. ⇒ **distillation, volatilisation.** ➛ Passage (d'un corps) de l'état solide à l'état gazeux sans passage par l'état liquide. 2 littér. Action de purifier, de transformer en élevant. ⇒ **exaltation, purification.** *Sublimation des instincts,* leur dérivation vers des buts altruistes, spirituels. ➛ Processus par lequel la pulsion sexuelle déplace son but sexuel initial vers un autre but, visant des objets socialement valorisés.

sublime adj. et n. m. – XVe ; lat. « élevé dans les airs, haut » **I** adj. 1 Qui est très haut, dans la hiérarchie des valeurs (morales, esthétiques) ; qui mérite l'admiration. ⇒ ① **beau, extraordinaire.** *Une musique sublime.* ➛ par exagér. *Ce camembert est sublime,* excellent, délicieux. 2 Dont le mérite est immense, qui fait preuve de génie ou d'une vertu exceptionnelle. « *Ce grand, ce sublime Corneille* » (Volt.). *Un homme sublime de dévouement.* **II** n. m. 1 Ce qu'il y a de plus élevé dans l'ordre moral, esthétique, intellectuel. ⇒ **grandeur.** « *Le sublime est toujours le sentiment intime d'une puissance de l'homme* » (Alain). 2 Dans l'esthétique classique, Le style, le ton qui est propre aux sujets élevés. *Les romantiques ont préconisé le mélange du grotesque, du vulgaire et du sublime.* ✪ CONTR. ① Bas, vil, vulgaire.

❑ L'étymologie latine n'est pas claire (latin *limus* « en biais »). Semble sans rapport avec *subliminal, liminaire.*

sublimé, ée adj. et n. m. – XIVe 1 Produit par une sublimation. *Soufre sublimé.* 2 n. m. *Sublimé corrosif* ou *sublimé* (chlorure mercurique), antiseptique.

sublimer v. tr. [1] – XIVe ; lat. « élever » 1 En alchimie, Opérer la sublimation de. ➛ Faire passer de l'état solide à l'état gazeux. 2 Épurer, raffiner. ⇒ **idéaliser, magnifier.** « *petit à petit, il sublime son personnage au long des années* » (Duham.). 3 Transposer (les pulsions) sur un plan supérieur de réalisation de façon consciente ou non. *Sublimer ses tendances agressives.*

subliminal, ale, aux adj. – XIXe ; de *sub-* et lat. *limen* « seuil » ▪ Qui est inférieur au seuil de la conscience. ⇒ **subconscient.** *Perception subliminale.* ⇒ **infraliminal.** « *un monde subliminal où il n'y avait de réel que notre forme* » (Bousquet).

❑ On dit aussi *subliminaire.* ♦ Mots de la même famille étymologique : *éliminer, liminaire, préliminaire.*

sublimité n. f. – XIIIe ▪ littér. 1 Caractère de ce qui mérite une admiration enthousiaste (par sa beauté, sa perfection, sa valeur morale). *La sublimité d'un poème.* « *je passai de la sublimité de l'héroïsme à la bassesse d'un vaurien* » (Rouss.). 2 Pensée ou action sublime. « *Au lieu des sublimités qu'il attendait, il ne rencontra que des platitudes* » (Flaub.).

sublingual, ale, aux [syblɛ̃gwal, o] adj. – XVIIIe ▪ Qui est sous la langue. *Artère sublinguale.* ➛ *Comprimé sublingual,* à faire fondre sous la langue.

submerger v. tr. [3] – XIIe ; lat. *mergere* « plonger » 1 Recouvrir complètement, en parlant d'un liquide ; mettre complètement dans un liquide, en parlant d'une cause naturelle. ⇒ **couvrir, engloutir, inonder,** ① **noyer.** *Le fleuve submergea les terres.* 2 Envahir, emplir complètement, en supprimant les autres émotions. « *une vague de détresse, violente comme une lame de fond, le submergea* » (Mart. du G.). ➛ (pass. ou p. p.) *Être submergé de travail.* ⇒ **débordé.**

❑ Même famille que *émerger, immerger.*

submersible adj. et n. m. – XVIIIe 1 Qui peut être submergé. *Terrains submersibles.* ➛ *Machine submersible,* capable de fonctionner sous l'eau. 2 *Navire submersible,* et n. m. *un submersible :* sous-marin à ballasts extérieurs, conçu pour mieux naviguer en surface. ➛ Sous-marin. *Les « hommes enfermés dans le submersible échoué au fond de la mer »* (Simenon). ✪ CONTR. Insubmersible.

submersion n. f. – XIIe ▪ Le fait de submerger ou d'être submergé. *Submersion d'une terre.*

submillimétrique [sybmilimetʀik] adj. – 1975 ▪ De l'ordre d'un dixième de millimètre.

subnarcose n. f. – 1959 ▪ Narcose incomplète obtenue au moyen de barbituriques.

subodorer v. tr. [1] – XVIIe ; lat. *odorari* « sentir » ▪ fam. Pressentir. ⇒ **deviner, flairer, soupçonner.** *Je subodore une manœuvre de dernière minute ; qu'ils nous préparent un mauvais coup.*

subordination n. f. – XVIIe ; lat. 1 *Subordination à... :* fait d'être soumis à l'autorité de (qqn). ⇒ **assujettissement, dépendance, tutelle.** ➛ « *l'esprit de subordination des masses allemandes devant la chose militaire* » (Mart. du G.). ⇒ **soumission.** 2 Le fait de subordonner une chose à une autre ; position inférieure d'un élément par rapport à un autre dans un ensemble. *Subordination des intérêts particuliers à l'intérêt général.* 3 (Opposé à *juxtaposition* et à *coordination*) Construction grammaticale dans laquelle une proposition non autonome est liée à une autre proposition qui lui sert de support syntaxique et sémantique ; emploi de cette construction. ⇒ **subordonné.** *Conjonctions de subordination.* ✪ CONTR. Autorité. Autonomie. Insubordination.

subordonnant, ante adj. et n. m. – XIXe ▪ Qui établit un lien de subordination* (3°) entre deux propositions. ➛ n. m. *Les relatifs sont des subordonnants.*

subordonné, ée adj. et n. – XVIIe 1 Qui est dans un état de dépendance ; qui est soumis à une autorité. ⇒ **dépendant.** « *Toutes choses sont liées et subordonnées dans ce monde* » (Gide). 2 (Opposé à *proposition indépendante, proposition principale*) *Proposition subordonnée,* qui est dans une relation de dépendance syntaxique (marquée explicitement par un subordonnant ou par le mode) par rapport à une autre (dite *proposition principale*). n. f. *Une subordonnée.* 3 n. Personne placée sous l'autorité d'une autre (quand on la considère du point de vue de sa dépendance hiérarchique). ⇒ **adjoint, inférieur,** fam. **sous-fifre, subalterne.** « *L'incapacité des subordonnés est souvent entretenue par le chef* » (Romains). ✪ CONTR. Indépendant. Chef, directeur, supérieur.

subordonner v. tr. [1] – XVe ; lat. 1 Placer (une personne, un groupe) sous l'autorité de qqn, dans un ensemble hiérarchisé. *Il est subordonné au chef de service.* 2 Donner à (une chose) une place inférieure ou une importance secondaire. « *La couleur de Latour n'est jamais subordonnée au modèle* » (Malraux).

subornation n. f. – XIVe ▪ Action de suborner (un témoin).

❑ Ne pas confondre avec *subordination.*

suborner v. tr. [1] – XIIIe ; lat. 1 littér. *Suborner une jeune fille.* ⇒ **séduire.** 2 Déterminer (qqn) à déposer en justice d'une façon contraire à la vérité. ⇒ **corrompre.** « *Le père Voisin [...] suborna des témoins* » (Gaut.).

suborneur n. m. – XVe ▪ vieilli Celui qui a séduit une jeune fille, une femme. ⇒ **séducteur.**

subrécargue n. m. – XVIIe ; esp. *sobrecargo* « qui est en surcharge » ▪ Sur un navire, Agent qui représente les intérêts de l'armateur ou de l'affréteur et veille à la gestion de la cargaison.

subreptice adj. – XIIIe ; lat. *subrepere* « ramper dessous » ▪ Qui est obtenu, qui se fait par surprise, à l'insu de qqn et contre sa volonté. ⇒ **caché, clandestin, furtif, sournois.** *Par une manœuvre subreptice.* ✪ CONTR. ① Manifeste, ostensible.

❑ De même origine étymologique que *reptile.*

subrepticement adv. – XIVe ▪ Par surprise, sans bruit ; d'une manière dissimulée, furtive. ⇒ **clandestinement.** ✪ CONTR. Ostensiblement.

subrogatif, ive adj. – XIXe ▪ Qui produit ou constitue une subrogation.

subrogation n. f. – XVe ▪ Substitution d'une personne à une autre dans une relation juridique *(subrogation personnelle)* ; transmission à une chose des qualités juridiques de celle qu'elle remplace dans un patrimoine ou une universalité *(subrogation réelle).*

subrogatoire adj. – XIXe ▪ Qui produit subrogation. *Acte subrogatoire.*

subrogé, ée adj. – XVIIe ▪ *Subrogé tuteur* ou *subrogé-tuteur :* personne choisie par le conseil de famille pour surveiller la gestion du tuteur ou le suppléer. ➛ n. *Un, une subrogé(e) :* personne qui en remplace une autre par subrogation*.

subroger v. tr. [3] – XIVe ; lat. « proposer un magistrat à la place d'un autre » ▪ Substituer (une personne, une chose) à une autre par subrogation.

subséquemment [sypsekamɑ̃] adv. – XIIIe ▪ vx ou dr. Après cela ; en conséquence de quoi.

subséquent, ente [sypsekɑ̃, ɑ̃t] **adj.** – XIVe ; lat. *subsequi* « suivre de près » 1 Qui vient immédiatement après, du point de vue de la succession dans le temps ou du rang dans une série. *Le degré subséquent de parenté.* 2 *Rivière subséquente,* qui longe le pied de la côte, dans un relief de côte. ✪ CONTR. Antécédent, précédent.

subside [sybzid ; sypsid] **n. m.** – XIIIe ; lat. « renfort, ressources » ▪ Somme versée à un particulier ou à un groupement à titre d'aide, de subvention, en rémunération de services. ⇒ ① **aide, allocation, subvention.** *Demander des subsides.* « *les journaux vont être obligés tôt ou tard d'accepter des subsides privés* » (Beauv.).

subsidence [sypsidɑ̃s ; sybzidɑ̃s] **n. f.** – XVIe ; lat. ▪ Affaissement lent d'une partie de l'écorce terrestre sous le poids des sédiments. ♦ Mouvement d'affaissement d'une masse d'air.

subsidiaire [sybzidjɛʀ ; sypsidjɛʀ] **adj.** – XIVe ; lat. « (troupes) de réserve » ▪ Qui constitue un recours, qui doit venir à l'appui d'une chose plus importante si c'est nécessaire. *Motif subsidiaire. Question subsidiaire,* destinée à départager les gagnants d'un concours. ♦ Accessoire, secondaire. « *de petits faits subsidiaires, si particuliers, si menus* » (Gide). ✪ CONTR. Dominant, principal.

subsidiairement [sybzidjɛʀmɑ̃ ; sypsidjɛʀmɑ̃] **adv.** – XVIe ▪ De manière subsidiaire, accessoire ; en second lieu.

subsidiarité [sybzidjaʀite ; sypsidjaʀite] **n. f.** – 1964 ▪ Qualité, statut de ce qui est subsidiaire. ➛ *Principe de subsidiarité,* qui limite les pouvoirs de la Communauté européenne considérés comme subsidiaires par rapport à ceux des États membres et des régions.

subsistance [sybzistɑ̃s] **n. f.** – XVIe 1 Le fait de subsister, de pourvoir à ses besoins ; ce qui sert à assurer l'existence matérielle. « *assurer à leurs familles des moyens de subsistance complémentaires* » (Aymé). ➛ « *il nous faut sans cesse penser à notre subsistance matérielle, à notre nourriture* » (Duham.). ⇒ **nourriture.** 2 *Économie de subsistance,* orientée vers la satisfaction directe des besoins matériels. 3 *Service des subsistances :* service de l'Intendance chargé de fournir ce qui est nécessaire à la nourriture des troupes. 4 *Militaire en subsistance,* rattaché administrativement à une unité autre que la sienne.

subsistant, ante [sybzistɑ̃, ɑ̃t] **adj. et n.** – XVe 1 Qui existe encore, après la disparition des autres éléments. ⇒ ② **restant.** « *la seule force subsistante autour de quoi nous puissions nous regrouper* » (Mauriac). 2 **n. m.** Militaire en subsistance*. ♦ **n.** Assuré social qui perçoit ses prestations d'une autre caisse que celle à laquelle il est affilié.

subsister [sybziste] **v. intr.** [1] – XIVe ; lat. « s'arrêter ; rester » 1 Continuer d'exister, après élimination des autres éléments, ou malgré le temps. ⇒ **demeurer, durer, persister, rester, survivre.** « *l'image qui pourra subsister de nous dans l'esprit des survivants* » (Mauriac). ➛ *Il subsiste quelques doutes quant à son innocence.* 2 Entretenir son existence, pourvoir à ses besoins. ⇒ **survivre.** *Cette fortune « lui avait permis jusqu'alors de subsister tant bien que mal »* (Mart. du G.). ✪ CONTR. Disparaître, périr.

subsonique [sypsɔnik] **adj.** – v. 1950 ▪ Inférieur à la vitesse du son. *Vitesse subsonique.* ➛ *Avion subsonique.* ✪ CONTR. Sonique, supersonique.

❑ Mot créé à cause de *supersonique* (tous les avions étaient subsoniques).

substance **n. f.** – XIIe ; lat. *substare* « se tenir *(stare)* dessous » I Partie essentielle. 1 Ce qui est permanent dans un sujet susceptible de changer (opposé à *accident*). ⇒ **essence, nature, substrat.** « *le temps n'est rien, parce qu'il n'a ni forme ni substance* » (Boss.). 2 Ce qu'il y a d'essentiel dans une pensée, un discours, un écrit. ⇒ **fond, principal.** *Voici en quelques lignes la substance de cette discussion.* ⇒ **objet,** ③ **sujet.** ➛ *EN SUBSTANCE :* pour ne donner que l'idée essentielle, pour s'en tenir au fond. ⇒ **sommairement** (cf. En gros, en résumé). *Voilà ce qu'ils auraient dit, en substance.* II Totalité. 1 Ce qui existe par soi-même (n'étant ni un attribut, ni une relation). ⇒ ② **être** (cf. La chose* en soi). *Substance matérielle, immatérielle.* ➛ Dans la religion catholique, *Changement de substance du pain et du vin.* ⇒ **transsubstantiation.** 2 Substance matérielle. ⇒ **matière.** *Substance organique, vivante.* ➛ loc. *Perte de substance :* tissus manquants (dans une plaie). 3 *Substance d'une chose abstraite,* ce qui la constitue ; sa matière, son contenu. *La littérature « a pour substance et pour agent la parole »* (Valéry). 4 *UNE SUBSTANCE :* une matière caractérisée par ses propriétés. ⇒ **corps.** ♦ *Substance grise (des centres nerveux),* représentée par les corps des cellules nerveuses (au centre de la moelle épinière, à la surface du cerveau et à sa partie centrale sous forme de noyaux gris). ⇒ **matière** (grise). III vx Ce qui nourrit l'esprit, les sentiments. ⇒ **aliment, nourriture.** ✪ CONTR. Accident, apparence ; forme.

substantialisme **n. m.** – XIXe ; lat. ▪ Doctrine qui admet l'existence d'une substance (I, 1° ou II, 1°).

substantialité **n. f.** – XVIe ▪ Caractère de ce qui est une substance.

substantiel, ielle **adj.** – XIIIe 1 Qui appartient à la substance (I, II, 1°), à l'essence, à la chose en soi. « *les qualités originales ou substantielles, qui donnent l'être aux qualités sensibles* » (Dider.). 2 Qui nourrit beaucoup. « *un goûter champêtre aussi substantiel que le dîner* » (Staël). ⇒ **nourrissant, riche.** 3 Riche en substance par son contenu. *Un exposé très substantiel.* « *la phrase nerveuse, substantielle, claire* » (Flaub.). 4 Important. ⇒ **considérable.** *Une augmentation substantielle.* ⇒ **appréciable.** ✪ CONTR. ① Maigre. Faible, nul. Négligeable.

❑ Cet adjectif a une finale en *...tiel* sur le modèle de *démence/démentiel, préférence/préférentiel.*

substantiellement **adv.** – XVe 1 Quant à la substance, à ce qui est substantiel. 2 rare En substance, pour ne dire que l'essentiel.

substantif, ive **n. m.** et **adj.** – XIVe ; lat. *verbum substantivum* 1 Unité du lexique (mot ou groupe de mots) qui peut se combiner avec divers morphèmes exprimant des modalités particulières (articles ; pronoms démonstratifs, possessifs ; marques du genre et du nombre, etc.) et qui correspond pour le sens à une substance (être ou classe d'êtres, choses, notions). ⇒ **nom.** *Substantif masculin, singulier. Substantif verbal :* nom dérivé d'un verbe. 2 **adj.** Qui a rapport au nom. *Relative substantive,* à valeur de nom.

substantifique **adj.** – XVIe ▪ allus. littér. « *La substantifique moelle* » (Rab.) : ce qu'il y a de plus riche en substance, dans un écrit. ⇒ **quintessence.**

substantivation **n. f.** – 1929 ▪ Transformation en substantif.

substantivement **adv.** – XVIIe ▪ En tant que substantif. *Adjectif pris substantivement.*

substantiver **v. tr.** [1] – XIVe ▪ Transformer en nom, en substantif. ➛ *Adjectif substantivé.*

substituable **adj.** – 1964 ▪ Qui peut être substitué. ⇒ **commutable, interchangeable.**

substituer **v. tr.** [1] – XIIIe ; lat. « mettre sous » 1 Mettre (qqch., qqn) à la place (de qqch., qqn d'autre), pour faire jouer le même rôle. ⇒ **remplacer, subroger.** « *Renver-*

ser l'ordre des classes, c'est seulement substituer un mal à un autre » (Mart. du G.). 2 Appeler (qqn) à une succession en remplacement d'un autre ; laisser en héritage par substitution. 3 pronom. *SE SUBSTITUER À :* se mettre à la place de (qqn), dans la même situation en l'évinçant, en le remplaçant, ou en s'identifiant à lui.

substitut n. m. – XIVe 1 Magistrat du ministère public, chargé de suppléer un autre magistrat, en cas d'absence ou d'empêchement. *Ce jeune avocat « fut nommé substitut du procureur général à Paris »* (Balz.). 2 Ce qui tient lieu d'autre chose, ce qui remplace, joue le même rôle. *Un substitut du champagne.* ⇒ **ersatz, succédané.**

substitutif, ive adj. – XIXe ▪ Qui peut remplacer, tenir lieu de (qqch.). *Produit substitutif,* de remplacement.

substitution n. f. – XIVe 1 Action de substituer (2°) ; disposition par laquelle on désigne une personne qui recueillera le don ou le legs au cas où le donataire, le légataire ne le recueillerait pas. ⇒ **donation, héritage.** 2 Action de substituer (1°), de remplacer par autre chose. ➤ *Peine de substitution :* peine que le tribunal peut prononcer à la place d'une peine d'emprisonnement. 3 Le fait de substituer ; son résultat. ⇒ **changement, commutation, remplacement.** *Substitution de documents. « L'ivresse n'est jamais qu'une substitution du bonheur »* (Gide). ➤ *Substitution d'enfant :* fait de mettre un nouveau-né à la place d'un autre dont il prend l'état civil. 4 Remplacement, dans un composé chimique, d'atomes ou de radicaux par d'autres atomes ou radicaux, sans changement de constitution. ➤ Remplacement d'un élément d'un ensemble mathématique par un autre, d'une variable par une expression, une fonction la représentant. ➤ Remplacement d'un produit par un autre supposé présenter des qualités similaires. *La méthadone, produit de substitution à l'héroïne.*

substrat n. m. – XVIIIe ; lat. *substernere* « étendre sous » 1 « Ce qui sert de support à une autre existence » (Lalande), ce sans quoi une réalité (conçue comme un mode, un accident) ne saurait subsister. ⇒ **substance ; essence, fond.** 2 Élément sur lequel repose une couche géologique. ♦ Monocristal semi-conducteur sur lequel est réalisé un circuit actif ou un circuit* intégré. 3 Parler supplanté par un autre parler (nettement distinct du premier) sur un territoire donné, dans des conditions telles que son influence est perceptible dans le second parler. *Le substrat gaulois en français.*

subsumer [sypsyme] v. tr. [1] – XIXe ; lat. *sumere* « prendre » ▪ Penser (un objet individuel) comme compris dans un ensemble (un individu dans une espèce, une espèce dans un genre).

subterfuge n. m. – XIVe ; lat. « fuir *(fugere)* en cachette » ▪ Moyen habile et détourné pour échapper à une situation, pour se tirer d'embarras. ⇒ **détour, échappatoire, faux-fuyant, ruse, stratagème.** *Il sut inventer « un subterfuge où s'avéra sa fertile ingéniosité »* (Gide). *User de subterfuges dans la discussion.*

subtil, ile adj. – XIIe ; lat. « fin, délié » I - 1 Qui a de la finesse, qui est habile à percevoir, à sentir des nuances, des rapports que la plupart ne discernent pas, ou à agir avec une ingéniosité raffinée. ⇒ **adroit, habile,** ② **fin, perspicace, sagace.** *Un « reporter, sûr de ses informations, rusé, rapide, subtil »* (Maupass.). ➤ *« elle avait l'esprit subtil et sarcastique de son père »* (Proust). ⇒ **clairvoyant, pénétrant.** 2 Qui est dit ou fait avec finesse, habileté. ⇒ **délicat,** ② **fin, ingénieux, raffiné.** *Sa réponse est très subtile.* II - 1 Qui s'insinue, pénètre facilement. *Parfum subtil.* 2 Qui est difficile à percevoir, à définir ou à préciser, par suite de son caractère délicat, fugitif ou indiscernable. *Nuance subtile.* ⇒ **ténu.** *C'est trop subtil pour moi.* ✪ CONTR. Balourd, grossier, lourd ; épais ; évident.

❑ Pour la finale → volatil (rem.).

subtilement adv. – XIIe ▪ D'une manière subtile, avec finesse, subtilité. *Pensée exprimée subtilement.* ⇒ **délicatement.**

subtilisation n. f. – XVIe ▪ Vol, escamotage.

subtiliser v. [1] – XVe ; de *subtil* I v. tr. fam. Dérober avec adresse ; s'emparer avec habileté de (qqch.). ⇒ **escamoter.** *On lui a subtilisé son portefeuille dans le métro.* II v. intr. péj. Raffiner à l'extrême, à l'excès (dans le raisonnement, la pensée, le style). ⇒ fam. **chinoiser.** « *Une foule de soi-disant grammairiens ont subtilisé sur les mots et les tours de phrase* » (Renan).

subtilité n. f. – XIIe 1 Caractère d'une personne subtile ; aptitude à penser, à parler ou à agir avec finesse et habileté. ⇒ ② **adresse, délicatesse, finesse, raffinement.** *Se tirer d'affaire avec subtilité.* ♦ Caractère de ce qui est subtil. « *la subtilité sophistique de quelque syllogisme* » (Montaigne). 2 Pensée, parole ou action subtile (habile et fine ou difficile à percevoir, à comprendre). *Subtilités de langage.* ⇒ **argutie, chicane.** ✪ CONTR. Bêtise, balourdise, épaisseur, lourdeur.

subtropical, ale, aux adj. – XIXe ▪ Situé sous le tropique (de l'hémisphère Nord). *La partie subtropicale de l'Égypte.* ♦ Intertropical.

suburbain, aine adj. – XIVe ; lat. « sous *(sub)* la ville *(urbs)* » ▪ Qui est près d'une grande ville, qui l'entoure. *Zone suburbaine* (⇒ **banlieue, faubourg**).

subvenir v. tr. ind. [22] ; auxil. *avoir* – XIIIe ; lat. *subvenire* « venir au secours de » ▪ *SUBVENIR À :* fournir en nature, en argent, ce qui est nécessaire à. ⇒ **pourvoir, satisfaire.** *Subvenir aux besoins de qqn.*

subvention n. f. – XIIIe ; lat. *subvenire* « subvenir » ▪ Aide que l'État, qu'une association (de droit public ou privé) accorde à un groupement, une entreprise, une association. ⇒ ① **don, subside.** *Subventions de l'État aux collectivités locales. Une politique politicienne « faite de petites charités et de subventions éparpillées »* (Camus).

subventionnel, elle adj. – XVIIIe ▪ Qui constitue une subvention ; d'une subvention. *Aide subventionnelle.*

subventionner v. tr. [1] – XIXe ▪ Aider financièrement, soutenir par une subvention. ➤ *Théâtre subventionné,* recevant de l'État une partie de ses ressources.

subventionnite n. f. – 1988 ▪ Manie de demander des subventions à l'État dans toutes les entreprises coûteuses.

❑ Formation plaisante, comme *espionite, réformite, réunionite.* → réunionite (rem.). ♦ Les deux *n* de *subventionnite* viennent de ceux de *subventionner ;* à l'origine, *espionite* prenait aussi deux *n*.

subversif, ive adj. – XVe ; lat. *subvertere* « subvertir » ▪ Qui renverse, détruit l'ordre établi ; qui est susceptible de menacer les valeurs reçues. ⇒ **destructeur, séditieux.** *Idées subversives.*

subversion n. f. – XIIe ; lat. ▪ Bouleversement, renversement de l'ordre établi, des idées et des valeurs reçues, surtout dans le domaine de la politique. *Subversion et révolte.* ✪ CONTR. Appui, construction.

subvertir v. tr. [2] – XIIIe ; lat. *vertere* « tourner » ▪ Bouleverser, renverser (un ordre).

suc n. m. – XVe ; lat. *sucus* 1 Liquide organique susceptible d'être extrait des tissus végétaux ou animaux. *Suc des plantes, des fruits.* ⇒ **jus, sève.** ➤ Produit de sécrétion de consistance liquide. *Sucs digestifs : suc* *gastrique, pancréatique.* 2 Ce qu'il y a de plus substantiel. ⇒ **quintessence, substance.**

> ❑ Ne pas confondre *suc* et *sucre,* qui ont des étymologies différentes. ♦ Famille de *succulent* et *sucer.*

succédané n. m. – XVIIe ; lat. *succedere* « remplacer » 1 Produit qui peut en remplacer un autre. ⇒ **ersatz.** *Un succédané de sucre.* « *L'écorce de saule, en effet, a été justement considérée comme un succédané du quinquina* » (J. Verne). 2 Ce qui peut remplacer, suppléer (une chose absente, insuffisante). ⇒ **substitut.** « *La confidence n'est parfois qu'un succédané laïque de la confession* » (Romains).

succéder v. tr. ind. [6] – XIVe ; lat. *succedere* « venir sous, à la place de » I SUCCÉDER À. 1 Venir après (qqn) de manière à prendre sa charge, sa place. *Roi, chef d'État qui succède à un autre.* 2 Recueillir par succession le patrimoine de (qqn). ⇒ **hériter.** 3 Se produire, venir après (dans l'ordre chronologique). ⇒ **remplacer, suivre.** « *À sa clientèle de la nuit, succédait celle du petit jour* » (Carco). ➤ (dans l'espace) *Des champs succédaient aux vignes.* II SE SUCCÉDER v. pron. Venir l'un après l'autre. « *Les orateurs se succédaient à la tribune* » (Aymé). ➤ « *mille gênes qui se sont succédé m'ont empêché de quitter Paris* » (Ste-Beuve). ⇒ se **suivre.** ➤ (dans l'espace) « *Des rayons se succédaient pour chaque sorte de linge* » (Zola). ✪ CONTR. Accompagner, coexister ; devancer.

> ❑ Le participe passé est invariable dans tous les cas.

succenturié adj. m. – XVIIe ; lat. *succenturiatus* « qui remplace » ■ *Ventricule succenturié :* renflement de l'œsophage des oiseaux.

succès n. m. – XVIe ; lat. *successus* 1 Heureux résultat (d'une décision, d'une entreprise, d'une suite d'événements) ; caractère favorable de ce qui arrive. ⇒ **réussite.** *Tentative couronnée de succès. J'ai essayé à plusieurs reprises, sans succès,* sans résultat, sans y parvenir. ➤ *Succès ou échec à un examen.* 2 Le fait, pour qqn, d'obtenir ce qu'il a cherché, de parvenir à un résultat souhaité. « *le succès* [des hommes d'action] *est la seule mesure de leur mérite* » (Flaub.). 3 Événement particulier, circonstance qui constitue un résultat très heureux pour qqn. *Obtenir, remporter des succès.* « *les succès faciles et les occasions de gain rapide* » (Gaut.). *Se tailler un franc succès.* 4 Le fait d'obtenir une audience nombreuse et favorable, d'être connu du public. ⇒ **réussite.** *Avoir du succès, beaucoup de succès.* « *Un auteur, même du plus grand talent, connût-il le plus grand succès, n'est pas nécessairement un "écrivain"* » (Valéry). ➤ À SUCCÈS : qui a du succès *(un chanteur à succès),* qui procure du succès *(un rôle à succès).* ♦ *Un succès :* ce qui a du succès (pièce de théâtre, film, chanson). *Ce disque est un succès.* ⇒ fam. **tube.** *Un succès de librairie :* un livre qui se vend beaucoup. ⇒ **best-seller.** 5 Le fait de plaire. « *Mon peu de succès auprès des femmes est toujours venu de les trop aimer* » (Rouss.). ✪ CONTR. Insuccès. Déconfiture, échec, fiasco, four, revers.

successeur n. m. – XIIe ; lat. *succedere* « succéder » 1 Personne qui succède ou doit succéder (à qqn). ⇒ **continuateur, remplaçant.** *Le successeur d'un chef d'État, d'un roi.* ⇒ ② **dauphin.** *Elle sera bientôt son successeur.* ➤ Personne qui continue l'œuvre de. *Être le digne successeur de...* 2 Personne appelée à recueillir une succession. *Héritiers et successeurs irréguliers.* ✪ CONTR. Devancier, prédécesseur.

> ❑ *Successeur* n'a pas de féminin. → -eur (rem.).

successibilité n. f. – XVIIIe ■ Droit à la succession.

successible adj. – XVIIIe 1 Qui est apte à recueillir une succession. 2 Qui donne droit à la succession. *Parent au degré successible.*

successif, ive adj. – XIVe ■ au plur. Qui succèdent à d'autres ; qui se succèdent, présentent un rapport de succession. *Il est découragé par ses échecs successifs.* « *les empreintes successives imprimées dans la pierre par la main et l'âme de nos aïeux* » (France). ✪ CONTR. Simultané.

succession n. f. – XIIIe I - 1 Transmission du patrimoine laissé par une personne décédée (l'auteur) à une ou plusieurs personnes vivantes (les ayants cause) ; manière dont se fait cette transmission. ⇒ **héritage, legs.** *Léguer, recevoir, obtenir par voie de succession. Ouverture, liquidation d'une succession. Payer des droits de succession.* ♦ Patrimoine transmis par une personne décédée à ses successeurs. ⇒ ② **bien, héritage, propriété.** *Parts de succession.* 2 Le fait de succéder à qqn, et spécialt d'obtenir le pouvoir d'un prédécesseur ; transmission du pouvoir politique selon les règles. *Lutte pour la succession au trône. La succession d'Untel à la direction d'une société.* ➤ *Guerre de Succession d'Espagne.* II - 1 Ensemble de termes (événements, phénomènes) qui occupent dans le temps des moments voisins mais distincts, de manière à présenter un ordre ; rapport qui existe entre ces termes. ⇒ **enchaînement, ordre, série, suite.** *Une succession ininterrompue de difficultés.* 2 Suite, série de choses rapprochées dans l'espace, entre lesquelles on peut établir un ordre. « *C'était une succession de champs de seigle mûr* » (Tournier). ✪ CONTR. Coexistence, simultanéité.

successivement adv. – XIIIe ■ Selon un ordre de succession, par éléments successifs. « *Successivement elle reçut l'odeur de l'herbe, l'odeur de l'eau, l'odeur de la terre* » (Montherl.). ➤ *Successivement furieux et ravi.* ⇒ **alternativement.** ✪ CONTR. Fois (à la fois), simultanément.

successoral, ale, aux adj. – XIXe ■ Relatif aux successions (I). *Droits successoraux.*

succin n. m. – XVIIe ; lat. ■ Ambre jaune. ✪ HOM. Succinct.

succinct, incte [syksɛ̃, ɛ̃t] adj. – XVe ; lat. *succingere* « retrousser » ■ Qui est dit, écrit en peu de mots. ⇒ ① **bref,** ① **court, schématique, sommaire.** *Un compte rendu succinct. Soyez succinct.* ⇒ **concis, laconique.** ✪ CONTR. Long, verbeux. Prolixe. Abondant. — HOM. Succin.

> ❑ Pour la prononciation → exact (rem.).

succinctement [syksɛ̃tmɑ̃] adv. – XVe ■ D'une manière succincte. ⇒ **brièvement, sommairement.** *Exprimer succinctement sa pensée.* ✪ CONTR. Longuement.

succinique adj. – XIXe ; de *succin* ■ *Acide succinique :* substance blanche cristallisée, présente dans tous les organismes vivants.

succion [sy(k)sjɔ̃] n. f. – XIVe ; lat. *sugere* « sucer » 1 Action de sucer (I), d'attirer un fluide dans la bouche en y faisant le vide. *Bruit de succion.* 2 Aspiration au moyen d'*appareils de succion* qui créent un vide partiel (trompes à eau, à mercure ; vases de dépression).

succomber v. intr. [1] – XIVe ; lat. *succumbere* « tomber sous » 1 Être vaincu dans une lutte ; subir une défaite. « *Quand on combat ce que l'on aime, on succombe tôt ou tard* » (Mariv.). 2 Mourir. *Le blessé a succombé à ses blessures.* 3 S'affaisser (sous un poids trop lourd). *Succomber sous un fardeau.* 4 SUCCOMBER À : se laisser aller à, ne pas résister à. ⇒ s'**abandonner, céder.** « *Le silence est une facilité à laquelle je succombe toujours* » (Mauriac). *Succomber à la tentation :* se laisser séduire, tenter. ✪ CONTR. Résister.

succube n. m. – XIVe ; lat. *succuba* « concubine », de *sub* « sous » et *cubare* « coucher » ▪ Démon femelle, qui vient la nuit s'unir à un homme. *Les incubes et les succubes.*

❑ Le mot *succube* est masculin, cependant Michel Leiris l'emploie au féminin, conformément à son sens.

succulence n. f. – XVIIIe ▪ littér. Caractère de ce qui est succulent. ⇒ **délicatesse, saveur.** *La succulence d'un mets.*

succulent, ente adj. – XVIe ; lat. *sucus* « suc » 1 *Plante succulente,* dont les tissus charnus sont riches en eau. 2 Qui a une saveur délicieuse. ⇒ **excellent, exquis, savoureux.** « *Il se paya un déjeuner succulent* » (Maupass.). ✪ CONTR. Mauvais.

succursale adj. et n. f. – XVIIe ; lat. *succurrere* « aider, secourir » ▪ Établissement (spécialt commerce) qui jouit d'une certaine autonomie par rapport à l'entreprise ou à la société qui l'a créé. ⇒ **agence, annexe, comptoir, dépôt.** *Magasin à succursales multiples.*

❑ Apparenté à *secours* (salle de secours, annexe).

succursalisme n. m. – 1963 ▪ Mode d'organisation commerciale par magasins à succursales multiples.

succursaliste adj. – 1963 ▪ Organisé selon les méthodes du succursalisme.

sucer v. tr. [3] – XIIe ; lat. *succus* « suc » I - 1 Aspirer au moyen des lèvres, en faisant le vide dans la bouche (la partie liquide que renferme un corps solide). ⇒ **absorber.** *Sucer le jus d'une orange.* « *suçant sa fine champagne avec une application de nourrisson alcoolique* » (Colette). 2 Aspirer (un liquide nutritif) au moyen d'un organe qui pompe *(suçoir). Sangsue qui suce le sang.* ⇒ ① **boire.** II - 1 Exercer une pression et une aspiration avec les lèvres, la langue, pour faire fondre (une substance) et en tirer le liquide. *Sucer une sucette.* « *un de ces rouleaux de réglisse* [...] *que sucent les collégiens* » (Cocteau). ➤ pronom. *Comprimés qui se sucent.* ♦ loc. *Sucer qqn jusqu'à la moelle, jusqu'au dernier sou...,* lui soutirer progressivement toute son énergie, tout son argent. 2 Exercer une succion sur (un corps que l'on a dans la bouche, que l'on porte à la bouche). *Sucer son pouce.* ✪ HOM. *Suce :* susse (① savoir).

sucette n. f. – XIXe 1 Bonbon fixé à l'extrémité d'un bâtonnet. ⇒ région. **suçon.** *Sucette à l'anis.* 2 Petite tétine qu'on donne à un bébé pour l'empêcher de sucer son pouce.

suceur, euse n. – XVIe 1 *Les suceurs* ou adj. *insectes suceurs :* insectes qui aspirent leur nourriture avec une trompe, sans piquer (papillons) ou en piquant (hémiptères, diptères). 2 n. f. Machine servant à aspirer une matière pulvérulente ou concassée.

suçoir n. m. – XVIIIe 1 Trompe d'un insecte suceur. *Le suçoir d'un pou.* 2 Organe des plantes parasites qui s'implante et se ramifie à l'intérieur des hôtes dont elles se nourrissent.

suçon n. m. – XVIIe 1 Légère ecchymose qu'on fait à la peau en la tirant par succion. 2 (Canada) Sucette.

suçoter v. tr. [1] – XVIe ▪ Sucer longuement et délicatement.

sucrage n. m. – XIXe ▪ Dans la fabrication des vins, Addition de sucre au moût avant la fermentation. ⇒ **chaptalisation.**

sucrant, ante adj. – XIXe ▪ Qui sucre, en parlant d'une substance. *Matière sucrante.*

❑ Il est plus judicieux de dire *édulcorant* n. m. pour *matière sucrante,* lorsqu'elle ne contient pas de sucre (par ex. l'aspartame).

sucrase n. f. – 1903 ▪ Saccharase.

sucrate n. m. – XIXe ▪ Composé d'un sucre avec un oxyde basique.

sucre n. m. – XIIe ; ar. *sukkar* 1 Produit alimentaire, substance de saveur très douce, soluble dans l'eau, fabriquée industriellement avec la *canne à sucre* ou la betterave sucrière. *Sucre de canne, de betterave. Sucre roux. Sucre en morceaux. Un morceau de sucre. Sucre en poudre. Confiture pur sucre.* ➤ *Au sucre :* servi avec du sucre en poudre. *Fraises, crêpe au sucre.* ♦ *Succédané de sucre,* (fam.) *faux sucre.* ⇒ **édulcorant ; aspartame, polyol, saccharine ; sucrette.** *Chewing-gum sans sucre,* sans saccharose. 2 *Un sucre :* un morceau de sucre. *Mettre deux sucres dans son café.* 3 En confiserie, Sucre parfumé, coloré..., avec quoi sont faits certains bonbons, certaines friandises. loc. fam. *Ne pas être en sucre :* ne pas être trop fragile. ➤ SUCRE D'ORGE : sucre cuit et parfumé présenté en petits bâtons (confiserie). *Acheter des sucres d'orge.* 4 Saccharose ; excipient sucré (en pharmacie). ⇒ **sacchari-.** ♦ Substance qui possède plusieurs fonctions alcool avec au moins une fonction aldéhyde ou cétone, et quatre atomes de carbone (ou plus) dans sa molécule. *Sucre de miel, de raisin.* ⇒ **glucose.** ➤ *Présence de sucre dans les urines* (⇒ **glycosurie),** *dans le sang* (⇒ **diabète, glycémie).** *Insuffisance du taux de sucre dans le sang.* ⇒ **hypoglycémie.**

sucré, ée adj. – XIIIe 1 Qui a le goût du sucre ; se dit d'une des saveurs fondamentales, douce et agréable. *Fruit mûr, bien sucré.* ➤ Additionné de sucre. *Ce café est trop sucré.* ♦ n. m. La saveur sucrée. *Le sucré et le salé.* 2 péj. D'une douceur affectée. ⇒ **doucereux, hypocrite, mielleux.** « *Cet air pincé de la bouche lui donne un petit air sucré* » (Dider.). ✪ CONTR. Aigre, ① amer ; sec (vin).

sucrer v. tr. [1] – XIIIe I - 1 Additionner de sucre, ou d'une matière sucrante. ⇒ **adoucir, édulcorer.** *Sucrer son café.* 2 Donner une saveur sucrée, en parlant d'une substance. *La saccharine sucre beaucoup plus que le sucre, à poids égal.* 3 fam. Supprimer, confisquer. *On lui a sucré, il s'est fait sucrer son permis de conduire.* II SE SUCRER v. pron. fam. Se servir amplement, faire de gros bénéfices (au détriment des autres). *Il* « *a déjà revendu le lot entièrement et il a dû se sucrer confortablement* » (Aymé).

sucrerie n. f. – XVIIe 1 Usine où l'on fabrique le sucre de canne, de betterave. ♦ Raffinerie. ♦ (Canada) Fabrique de sucre d'érable. 2 Friandise à base de sucre (généralt plur.). ⇒ **bonbon, douceur.** « *il leur faisait des dînettes, les gorgeant de friandises, de sucreries et de gâteaux* » (Maupass.).

sucrette n. f. – 1987 ; *sucrettes,* nom déposé ▪ Petite pastille à base d'édulcorant de synthèse, qui remplace le sucre.

sucrier, ière adj. et n. m. – XVIe 1 Qui produit du sucre. *Betterave sucrière.* ➤ *Industrie sucrière.* 2 n. m. Pièce de vaisselle ou d'orfèvrerie où l'on met le sucre. « *sur un ancien plateau de laque, des tasses, la théière, le sucrier* » (Huysm.).

sud [syd] n. m. – XIIe ; a. angl. *suth* 1 Celui des quatre points cardinaux qui est diamétralement opposé au nord. *Du nord au sud. Vent du sud.* ⇒ **autan.** *Façade exposée au sud.* ⇒ **midi.** *Au sud de... :* dans une région située du côté du sud par rapport à la latitude d'un lieu. ♦ adj. inv. *Pôle Sud.* ⇒ **antarctique.** *Hémisphère Sud.* ⇒ **austral.** *Banlieue sud.* 2 (avec majuscule) Ensemble des régions situées (au moins en majeure partie) dans l'hémisphère Sud. « *Le Sud ! le désert, les nomades, les terres inexplorées* » (Maupass.). *Du Sud.* ⇒ **méridional.** *Amérique, Afrique du Sud.* ♦ Région sud d'un pays. *Le sud de la France.* ⇒ **midi.** *Le Sud algérien, marocain ; le grand Sud, l'extrême Sud.* ✪ CONTR. Nord.

sud-africain, aine adj. – déb. XXe ▪ De l'Afrique du Sud, spécialt de l'*Union sud-africaine.* ♦ n. *Les Sud-Africains.* ⇒ **afrikaner.**

> ❑ *Sud-africain* est un calque de l'anglais *South-African.* → nord (rem.).

sud-américain, aine adj. – XIXe ▪ De l'Amérique du Sud. *Musique sud-américaine.* ♦ n. *Les Sud-Américains.*

> ❑ *Sud-américain* est un calque de l'anglais *South-American.* → nord (rem.).

sudation n. f. – XIVe ; lat. *sudare* « suer » ▪ Transpiration abondante, physiologique (effort, chaleur) ou pathologique (maladie fébrile, hypoglycémie).

sudatoire adj. – XIXe ▪ Accompagné de sudation.

sud-est [sydɛst] n. m. – XVe ▪ Point de l'horizon situé à égale distance entre le sud et l'est (abrév. S.-E.). ♦ Partie d'un pays située dans cette direction. *Le Sud-Est asiatique.* ➛ adj. inv. *La région sud-est d'un pays.*

sudiste n. et adj. – XIXe ▪ Aux États-Unis, Partisan de l'esclavagisme et de l'indépendance du Sud, pendant la guerre de Sécession. ⇒ **sécessionniste.** *Armée sudiste.* ⇒ **confédéré.**

sudoral, ale, aux adj. – 1904 ; lat. *sudor* « sueur » ▪ Relatif à la sueur. *Sécrétion sudorale.*

sudorifère adj. – XVIIIe ▪ Qui conduit la sueur. ⇒ **sudoripare.** *Conduit sudorifère.*

sudorifique adj. – XVIe ▪ Qui provoque la sudation. ⇒ **diaphorétique.**

sudoripare adj. – XIXe ▪ Qui sécrète la sueur ; qui donne passage à la sueur (⇒ **sudorifère**). *Glandes sudoripares.*

sud-ouest [sydwɛst] n. m. – XVe ▪ Point de l'horizon situé à égale distance entre le sud et l'ouest (abrév. S.-O.). ♦ Partie d'un pays située dans cette direction. *Le Sud-Ouest de la France. À Bergerac, « ils avaient tous l'accent du Sud-Ouest »* (Romains). ➛ adj. inv. *Région sud-ouest.*

suède n. m. – XIXe ; n. pr. ▪ Peau dont le côté chair est à l'extérieur, employée en ganterie. ⇒ **suédé.** *« ses hauts gants de suède fauves »* (Huysm.).

> ❑ Ce cuir proviendrait de *Suède ;* ce mot a vieilli, on dit *veau retourné, daim, nubuck,* etc. → suédé.

suédé, ée adj. et n. m. – 1964 1 Se dit d'une peau, d'un cuir dont le côté chair est à l'extérieur. *Cuir suédé.* ⇒ **daim, veau** (retourné). 2 Qui imite l'aspect du suède. *Tissu suédé.* ⇒ **suédine.** 3 n. m. Cuir ou tissu suédé.

suédine n. f. – 1933 ▪ Tissu suédé.

suédois, oise adj. et n. – XVIe 1 De Suède. ➛ *Gymnastique suédoise,* comportant une série de mouvements simples et rationnels. 2 n. Habitant de la Suède. *Les Suédois.* ♦ n. m. *Le suédois :* langue du groupe germanique nordique parlée en Suède et dans une partie de la Finlande.

suée n. f. – XVe ▪ fam. Transpiration abondante sous l'effet d'un travail, d'une émotion.

suer v. [1] – Xe ; lat. *sudare* I v. intr. 1 Rendre beaucoup de sueur, être en sueur. ⇒ **transpirer.** *Suer à grosses gouttes.* ♦ Se fatiguer, se donner beaucoup de mal. ⇒ **peiner.** ➛ loc. fam. *Faire suer le burnous,* se disait de colons d'Afrique du Nord accusés d'exploiter la main-d'œuvre indigène. 2 *FAIRE SUER.* fam. Fatiguer, embêter (qqn). ⇒ **ennuyer ;** fam. **barber, raser ;** très fam. **emmerder.** *« ce que tu me fais suer quand tu te mets à être andouille comme ça ! »* (Romains). ♦ *Se faire suer :* s'ennuyer. 3 Dégager de l'humidité. *Les plâtres suent.* ⇒ **suinter.** ➛ *Faire suer des légumes, de la viande,* leur faire rendre de l'eau par une première cuisson. II v. tr. 1 Rendre par les pores de la peau. ⇒ **dégoutter, exsuder.** *« Il a l'air de suer la crasse »* (Duham.). ➛ loc. *Suer sang et eau :* faire de grands efforts, se donner beaucoup de peine. ♦ *« Les arbres, vêtus de givre semblent avoir sué de la glace »* (Maupass.). 2 Exhaler. ⇒ **respirer.** *« Il avait peur. Il suait la peur »* (Genet). ✪ HOM. *Sue :* sus (① savoir).

suet [syɛ(t)] n. m. – XVIe ▪ Sud-est. *Vent de suet.*

suette n. f. – XVIe ▪ *Suette miliaire :* maladie fébrile contagieuse caractérisée par une sudation abondante et une éruption cutanée.

sueur n. f. – Xe ; lat. *sudor* 1 Produit de la sécrétion des glandes sudoripares, d'odeur plus ou moins forte, essentiellement composé d'eau, de sels minéraux et d'acides gras, qui, dans certaines conditions (chaleur, effort, émotion, etc.) s'amasse à la surface de la peau, sous forme de gouttes ou de gouttelettes. ⇒ **sudation, transpiration.** *« Des gouttes de sueur* [...] *se rejoignaient le long de son petit nez »* (Green). *Être en sueur, couvert de sueur. « Une froide sueur d'angoisse »* (Gaut.). ➛ loc. *Gagner son pain à la sueur de son front,* par son travail, ses efforts. 2 *Sueur de sang :* hématidrose. 3 Fait de suer. ⇒ **suée, transpiration.** *« les continuelles petites sueurs dont je suis importunée »* (Sév.). ➛ *Sueur froide,* accompagnée d'une sensation de froid et de frisson. loc. fam. *Cela me donne, j'en ai des sueurs froides :* cela me fait peur, m'inquiète vivement. 4 *La sueur,* symbole du travail et de l'effort. *« oisifs et jouisseurs, engraissés de la sueur du peuple »* (Mart. du G.).

suffète n. m. – XVIIe ; punique ▪ À Carthage, Chacun des deux premiers magistrats de la République revêtus du pouvoir exécutif et du commandement des armées.

suffire v. tr. ind. [37] – XIIe ; lat. *sufficere* « supporter, résister » I (choses) 1 *SUFFIRE À :* avoir juste la quantité, la qualité, la force nécessaire à..., pour (qqch.). *Cela suffit à mon bonheur.* Loc. *À chaque jour suffit sa peine.* ♦ *SUFFIRE À, POUR. « Que peu de temps suffit pour changer toutes choses ! »* (Hugo). ➛ *Le moindre prétexte suffit pour qu'il se mette en colère.* 2 *SUFFIRE À :* être de nature à contenter (qqn) sans qu'il ait besoin de plus ou d'autre chose. *« Messieurs, mon lopin me suffit »* (La Font.). 3 Être suffisant. *Ça suffira pour aujourd'hui.* 4 impers. *IL SUFFIT À* (qqn) *DE... Il lui suffit d'être tranquille, ça lui suffit :* il se contente de. *Il vous suffira de le lui dire. « il suffit à l'honnête homme d'avoir passé en faisant son œuvre »* (Zola). *Ça ne te suffit pas ?* ♦ *IL SUFFIT DE. Il suffit d'une fois !* ➛ *Il suffisait d'y penser !* ➛ *Il suffit que tu le préviennes.* ♦ *ÇA SUFFIT ! ; ÇA SUFFIT COMME ÇA :* je suis (nous sommes) excédé(s). → **assez.** II (personnes) *SUFFIRE À.* 1 Être capable de fournir ce qui est nécessaire à..., de satisfaire à (qqch.). *Suffire à tous ses besoins. Ils « ne suffisaient plus à servir les narguilés »* (Loti). 2 Être pour qqn tel qu'il n'ait pas besoin d'une autre personne. *Sa famille lui suffit, il ne voit personne.* 3 v. pron. *SE SUFFIRE :* avoir en soi-même, trouver par ses propres moyens de quoi satisfaire à ses besoins matériels ou à ses aspirations morales. *« Je vais avoir besoin de me suffire à moi-même »* (Mart. du G.). ♦ (récipr.) *« Ils se suffisaient, ils pensaient à deux la même pensée »* (Hugo).

suffisamment adv. – XIIIe ▪ En quantité suffisante, d'une manière suffisante (1°). ⇒ **assez.** ♦ *Suffisamment de... :* assez de. *Avoir suffisamment d'argent.* ✪ CONTR. Insuffisamment.

> ❑ Littré considère que *suffisamment de* (imité de *assez de*) est incorrect. Cette tournure est aujourd'hui acceptée de tous.

suffisance n. f. – XIIe 1 région. Quantité suffisante (à qqn). *Il « n'avait pas à sa suffisance à la cantine »*

(Proust). 2 Caractère, esprit suffisant (2°). ⇒ **autosatisfaction, orgueil, vanité.** « *agacé cependant de l'entendre soutenir une erreur avec tant de certitude et de suffisance* » (Proust). ✪ CONTR. Insuffisance. Modestie.

suffisant, ante adj. – XIIe 1 Qui suffit (I). « *dès que vous aurez le moyen de construire une embarcation suffisante pour tenir la mer !* » (J. Verne). *C'est suffisant pour qu'il se mette en colère.* ♦ *En quantité suffisante. C'est amplement suffisant, bien suffisant.* ⇒ **assez.** ➝ *Résultats suffisants,* assez bons. ⇒ **honnête, honorable, satisfaisant.** ➝ *Condition suffisante,* qui suffit à elle seule pour entraîner une conséquence. *Condition nécessaire et suffisante.* 2 littér. ou vieilli Qui a une trop haute idée de soi et donne son opinion, décide sans douter de rien. ⇒ **arrogant, fat, prétentieux, vaniteux.** *Individu suffisant et antipathique.* ➝ *Faire le suffisant,* l'important. ➝ *Air, ton suffisant.* ⇒ **avantageux, pédant, satisfait.** ✪ CONTR. Insuffisant. Modeste.

suffixal, ale, aux adj. – XIXe ■ Relatif au suffixe ; qui constitue ou utilise un suffixe. *Élément suffixal. Dérivation suffixale.*

suffixation n. f. – XIXe ■ Dérivation par suffixe.

suffixe n. m. – XIXe ; lat. *suffixus* « fixé dessous, après » ■ Élément (affixe) placé après une racine, un radical, un thème, pour former un dérivé. ⇒ **terminaison.** *Suffixe flexionnel* (⇒ **désinence**). ♦ *Dérivation par suffixe.* ⇒ **suffixation.** *Suffixes diminutifs* (ex. -et, jardin/jardinet).

❑ Un radical, même terminal, ne saurait être un suffixe (ex. *insectivore, magnétophone*). →préfixe, terminaison (rem.).

suffixer v. tr. [1] – XIXe ■ Pourvoir d'un suffixe.

suffocant, ante adj. – XVIe 1 Qui suffoque. ⇒ **asphyxiant, étouffant.** *Fumées suffocantes.* « *Le temps était lourd, orageux, d'une chaleur suffocante* » (Gaut.). 2 Qui suffoque d'étonnement, d'indignation. ⇒ **ahurissant, étonnant, stupéfiant.** *Des révélations suffocantes.*

❑ Ne pas confondre avec *suffoquant,* participe présent de *suffoquer :* « *Il restait là, suffoquant* » (Zola). →participe (rem.).

suffocation n. f. – XIVe 1 Fait de suffoquer ; impossibilité ou difficulté de respirer. ⇒ **étouffement, oppression.** *Le boxeur* « *laissa échapper le hoquet de suffocation qui indique que le coup a touché juste* » (Hémon). 2 État pathologique dans lequel l'accès normal de l'air dans les poumons est empêché ; asphyxie causée par un obstacle mécanique. ⇒ **étouffement.** *Une attaque, une crise de suffocation.* ⇒ **asthme.** « *Pour éviter les crises de suffocation que me donnerait le voyage* » (Proust).

suffoquer v. [1] – XIVe ; lat. **I** v. tr. 1 Empêcher (qqn) de respirer, rendre la respiration difficile. ⇒ **étouffer, oppresser.** *Les sanglots la suffoquaient.* ➝ *Une odeur, une fumée qui suffoque.* ⇒ **suffocant.** 2 Remplir d'une émotion vive de stupéfaction. *Vous pardonnerez* « *à l'émotion qui me suffoque* » (Courtel.). ♦ *Il m'a suffoqué, avec ses déclarations.* ⇒ **stupéfier ;** fam. **estomaquer, sidérer, souffler.** **II** v. intr. 1 Respirer avec difficulté, perdre le souffle. ⇒ **étouffer.** « *Elle suffoque, elle se dégage, elle voudrait fuir* » (Mart. du G.). 2 SUFFOQUER DE : être étouffé, oppressé par une émotion vive. *Suffoquer d'indignation.*

suffragant, ante adj. m. et n. – XIIe ; lat. *suffragari* « voter pour, favoriser » 1 Se dit d'un évêque dépendant (de tel archevêque). *Évêque suffragant de l'archevêque de Tours.* 2 n. Personne qui a droit de suffrage dans une assemblée, un jury de thèse.

suffrage n. m. – XIIIe ; lat. *suffragium* « tesson avec lequel on votait », de *frangere* « briser » 1 Acte par lequel on déclare sa volonté, son opinion (favorable), dans un choix, une délibération, une désignation, notamment dans le domaine juridique, politique. ⇒ **élection, scrutin, vote.** *Droit de suffrage.* ➝ *Suffrage restreint :* système où le droit de suffrage est réservé à certains citoyens. *Suffrage censitaire.* ⇒ **cens.** *Suffrage universel,* dans lequel l'électorat n'est pas restreint par des conditions de fortune, de capacité, d'hérédité, mais qui peut cependant comporter des exclusions (d'âge, d'indignité...). ➝ *Suffrage direct* dans lequel les électeurs désignent les élus sans intermédiaire ; *suffrage indirect,* où le corps électoral désigne les électeurs du second degré (grands électeurs). ♦ *Le suffrage d'un électeur.* ⇒ **voix.** *Recueillir, obtenir tant de suffrages.* 2 littér. Opinion, avis favorable. ⇒ **approbation.** *Accorder son suffrage.* ⇒ **adhésion, concours.** *Rallier, remporter tous les suffrages.*

suffragette n. f. – 1907 ■ Femme qui, en Angleterre, militait pour le droit de vote féminin.

suffusion n. f. – XIVe ; lat. *sub* « sous » et *fundere* « verser » ■ Infiltration diffuse des tissus par un liquide organique (sang, sérosité). ⇒ **épanchement.**

suggérer v. tr. [6] – XIVe ; lat. « porter *(gerere)* sous *(sub)* » 1 Faire concevoir, faire penser (qqch.) à qqn sans exprimer ni formuler. ⇒ **insinuer, inspirer, souffler ; sous-entendre.** « *votre curé suggère toutes ces mesures-là* » (Balz.). ⇒ **dicter.** ♦ Présenter (une idée, un projet) en tant que suggestion, conseil. *Ils s'ennuyaient, je leur ai suggéré d'aller au cinéma.* ⇒ ① **conseiller, proposer.** 2 Faire naître (une idée, un sentiment...) dans l'esprit. « *la vraie musique suggère des idées analogues dans des cerveaux différents* » (Baudelaire). ♦ Susciter l'idée ou l'image de (qqch.) ; faire penser à (qqch.). *Mot qui en suggère un autre* (⇒ **analogie**). *La nécessité* « *nous suggéra une invention* » (Rouss.). ➝ *Le plus grand poète* « *c'est celui qui suggère le plus* » (Ste-Beuve). 3 Faire penser ou exécuter (qqch.) par suggestion (3°). « *on suggère alors un rêve, et même on le conduit de bout en bout, ce qui donne un grand pouvoir* » (Alain).

suggestibilité n. f. – XIXe ■ Caractère d'une personne suggestible.

suggestible adj. – XIXe ■ didact. Qui accepte facilement les suggestions, est influençable par suggestion (3°).

suggestif, ive adj. – XIXe 1 Qui a le pouvoir de suggérer des idées, des images, des sentiments. ⇒ **évocateur, parlant.** *Une musique suggestive.* 2 Qui suggère des idées érotiques. *Une tenue très suggestive.* ⇒ **aguichant, provocant.** *Des photos suggestives.*

suggestion [sygʒɛstjɔ̃] n. f. – XIIe 1 littér. Action de suggérer. ⇒ **influence.** « *la suggestion* [...] *qui consiste à faire dans l'esprit des autres une petite incision où l'on met une idée à soi* » (Hugo). ♦ dr. Le fait d'influencer qqn, de lui dicter sa conduite pour en tirer profit. 2 Ce qui est suggéré ; idée, image, projet que l'esprit reçoit de l'extérieur. ⇒ **inspiration.** ♦ Idée, projet que l'on propose, en laissant la liberté d'accepter, de faire sien ou de rejeter. ⇒ **conseil, proposition.** *C'est une simple suggestion que je te fais. Il a fallu* « *retenir surtout les faits, les chiffres et les suggestions qui risquent d'être encore utiles* » (Camus). 3 Le fait d'avoir une croyance, une idée, un désir, provenant d'une autre conscience, sans que le sujet reconnaisse l'influence qu'il subit ; idée, croyance, désir suggéré. « *il est possible d'évoquer chez un sujet hypnotisé, par simple suggestion, des visions hallucinatoires* » (Bergson). *Suggestion (mentale) :* télépathie.

❑ Bien prononcer le premier g [g] et ne pas confondre avec *sujétion* « assujettissement ».

suggestionner v. tr. [1] – XIXe ▪ Influencer, faire penser ou agir par la suggestion (1°, 3°). *Se laisser suggestionner.* ⇒ **manipuler, mener.** ♦ v. pron. *Se suggestionner :* s'imposer une idée fixe, se faire des idées (⇒ **autosuggestion).**

❑ Même relation avec *suggestion* et *suggérer* que *émotionner* avec *émotion* et *émouvoir.*

suggestivité n. f. – 1904 ▪ rare Caractère de ce qui est suggestif.

suicidaire adj. et n. – 1901 1 Du suicide ; qui mène au suicide. *Tendances suicidaires. Comportement suicidaire.* « *le geste suicidaire reste un phénomène inexplicable d'une soudaineté effrayante* » (Bernanos). 2 Qui, par sa psychologie, semble prédisposé au suicide. ♦ n. *Un, une suicidaire.* ⇒ **suicidant.** 3 Qui mène à l'échec, à la faillite. *Une entreprise, un projet suicidaire.* ♦ Qui a un comportement d'échec.

suicidant, ante n. – XIXe ▪ Personne qui a fait une ou des tentatives de suicide, ou risque de le faire.

suicide n. m. – XVIIIe ; lat. *sui* « de soi » et *-cide* 1 Action de causer volontairement sa propre mort (ou de le tenter), pour échapper à une situation psychologique intolérable. ⇒ **autolyse.** *Projet, tentative de suicide. Pousser qqn au suicide.* « *Ne savez-vous pas que le suicide est le plus grand des crimes ?* » (Artaud). ♦ Mort par suicide. *Meurtre maquillé en suicide.* 2 Le fait de risquer sa vie sans nécessité. *Rouler si vite sur une telle route, c'est un suicide ! ;* fam. *c'est du suicide.* 3 Action de se détruire, de se nuire. 4 en appos. Qui comporte des risques mortels. *Opération, mission suicide. Des missions suicide.* ➛ *Avion-suicide,* dont le pilote est sacrifié. ⇒ **kamikaze.**

suicidé, ée adj. et n. – XIXe ▪ Qui s'est tué volontairement ; mort par suicide. ♦ n. *Un, une suicidé(e).* ⇒ **désespéré.**

suicider (se) v. pron. [1] – XVIIIe 1 Se tuer par un suicide. ⇒ se **détruire,** se **supprimer.** *Se suicider d'un coup de revolver, de fusil.* ⇒ fam. se **flinguer.** 2 v. tr. plais. *On l'a suicidé,* on a déguisé son meurtre en suicide.

❑ Ce verbe pronominal *(se suicider)* est critiquable pour sa redondance (*se* et *sui-* expriment la même idée, « soi-même »). → auto- (rem.). ♦ L'emploi transitif plaisant est à rapprocher de *on l'a démissionné.*

suidés n. m. pl. – XIXe ; lat. *sus* « porc » ▪ Famille de mammifères *(artiodactyles)* au corps massif, couvert de soies, au groin fouisseur et aux pattes courtes (ex. babiroussa, porc, phacochère, sanglier).

suie n. f. – XIIe ; probablt gaul. ▪ Noir de fumée mêlé d'impuretés, que produisent les combustibles qui ne brûlent qu'incomplètement. *Dépôt de suie dans une cheminée, un tuyau.* « *la suie que crachaient sans arrêt cinquante petits tuyaux de poêle* » (Duham.). ➛ loc. *Noir comme de la suie.* ⇒ **fuligineux.**

suif n. m. – XIIe ; lat. *sebum* ▪ Graisse animale, composée de plusieurs glycérides ; cette graisse fondue. *Suif de mouton, de bœuf,* composés de stéarine, margarine et oléine. *Chandelle de suif.* ♦ Corps gras végétal. *Arbre à suif.* ➛ *Suif minéral :* variété de cire fossile. ♦ péj. Graisse humaine. « *Boule de suif* », *nouvelle de Maupassant.*

suiffer v. tr. [1] – XIVe ▪ Enduire de suif. ⇒ **graisser.**

suiffeux, euse adj. – XIXe 1 De la nature du suif. 2 péj. Très gras.

sui generis [sɥiʒeneʀis] loc. adj. – XVIIIe ; mots lat. « de son espèce » ▪ Propre à une espèce, à une chose, qui n'appartient qu'à elle. ⇒ **spécial, spécifique.** « *C'est un humoriste qui mérite une place à part ; il y a là une saveur* sui generis, *un goût fin qui se distingue de tous autres* » (Baud.). ➛ *Odeur sui generis :* mauvaise odeur.

suint n. m. – XIVe ; de *suer* 1 Matière sébacée que sécrète la peau du mouton, et qui se mêle à la laine ; ensemble des matières grasses que contient la laine. *La lanoline est extraite du suint.* ➛ *Laine en suint,* non dessuintée. 2 Scorie sur le verre en fusion.

suintant, ante adj. – XIXe ▪ Qui suinte (2°). *Pierres suintantes.* ⇒ **humide.**

suintement n. m. – XVIIIe ▪ Écoulement lent d'un liquide, goutte à goutte. ⇒ **exsudation, suage.**

suinter v. intr. [1] – XVIe ; de *suint* 1 S'écouler très lentement, sortir goutte à goutte. ⇒ **dégoutter, exsuder.** « *C'est long à suinter le caoutchouc dans les petits godets qu'on accroche au tronc des arbres* » (Céline). 2 Produire un liquide qui s'écoule goutte à goutte. *Murailles qui suintent.* ➛ *Plaie qui suinte.*

suisse adj. et n. – XVIe ; all. *Schweiz* I De la Suisse. *Les Alpes suisses. La Confédération suisse est formée de cantons.* ⇒ **helvétique.** *Le peuple suisse.* ⇒ **helvète.** *Expressions, particularités suisses en français.* ⇒ **helvétisme.** ➛ *Franc suisse.* ➛ *Régiments suisses,* qui servaient en France sous l'Ancien Régime. ♦ n. *Un Suisse. Suisses qui parlent le français* (⇒ **romand**), *un dialecte germanique* (⇒ **alémanique**), *l'italien, le romanche.* II n. m. 1 loc. *Manger ou boire en suisse,* tout seul, sans personne ou en cachette. 2 Employé chargé de la garde d'une église, de l'ordonnance des cérémonies. ⇒ **bedeau, gardien.** « *En tête, s'avançait un suisse superbe, bleu et argent, que suivait la croix processionnelle* » (Zola). 3 Soldat de la garde suisse, au Vatican. III n. m. Écureuil rayé (sur la longueur) qui vit en Russie et en Amérique du Nord. ⇒ **tamia.**

❑ Le nom féminin *une Suissesse* tend à sortir de l'usage ; on dit plutôt *une Suisse.* ♦ Le *chipmunk* ou *tamia* s'appelle *suisse* (nom donné par Buffon) à cause de ses rayures qui évoquent l'uniforme rayé des soldats mercenaires de ce pays. → tamia (rem.).

suite n. f. – XIe I A Action de poursuivre. 1 *Droit de suite,* qui permet au créancier hypothécaire de suivre l'immeuble hypothéqué dans les mains de tout détenteur et d'exiger le paiement de la somme due. Droit par lequel un artiste peut prélever une certaine somme sur le produit de la vente publique de ses œuvres. 2 Poursuite du gibier. B - 1 Situation de ce qui suit, vient après (dans des loc.). *Prendre la suite de qqn,* lui succéder. ➛ FAIRE SUITE À... *Le vote qui fit suite à cette proposition.* ⇒ **succéder, suivre.** ➛ « *la ville indigène, qui fait suite à la "ville blanche"* » (Loti). ⇒ **prolonger.** ♦ À LA SUITE DE : en suivant derrière, en se faisant suivre. *Le cortège marchait à la suite des mariés.* ➛ (dans le temps) Après, en suivant. *Trois coups furent tirés à la suite.* ⇒ **successivement.** ➛ À cause de, en raison de. « *à la suite de ce scandale, toutes les maisons lui furent fermées* » (R. Rolland). 2 Ordre de ce qui se suit en formant un sens. *La suite d'un raisonnement, de la conversation.* ⇒ **cours, déroulement, fil.** ➛ *Propos, mots sans suite,* incohérents, incompréhensibles. ♦ Le fait de suivre la même idée, le même projet. littér. *Étudier, lire avec suite,* avec persévérance. ➛ ESPRIT DE SUITE : aptitude à suivre une direction avec constance (dans le raisonnement ou l'action). ➛ loc. *Avoir de la suite dans les idées :* tenir à ses idées, être opiniâtre ; iron. être entêté. 3 DE SUITE : à la suite les uns des autres, sans interruption. « *ils y retournèrent trois matins de suite* » (Romains). *Conduire cinq heures de suite.* ➛ ET AINSI DE SUITE : en continuant de la même façon. 4 TOUT DE SUITE : sans délai, sans plus attendre. ⇒ **immédiatement, incessamment ;** fam. **illico.** *Venez tout de suite !* « *si je pouvais t'oublier, je t'oublierai* *tout de suite* » (Prévert). ➛ (spatial) « *si vous voulez tourner au court, tournez tout de suite à droite* » (Simenon). ♦ vx, région. ou pop. (critiqué) *DE SUITE* : immédiatement, incontinent. « *Je lui téléphone de suite* » (Queneau). **II** Ce qui suit, ce qui se suit. **1** Personnes qui se déplacent avec une autre dont elles sont les subordonnées. ⇒ **cortège, équipage, escorte.** *La suite présidentielle.* ♦ Domestiques qui accompagnent leur maître. ⇒ ① **gens,** ① **suivant. 2** Ce qui suit qqch. ; ce qui vient après ce qui n'était pas terminé, entier. « *la suite de cette histoire* [...] *m'a fait anticiper sur les temps* » (Rouss.). ➛ *La suite au prochain épisode. Suite et fin* : suite qui termine l'histoire. ➛ « *Valentin enlève les assiettes et va chercher la suite* » (Queneau), les plats suivants. ♦ *Article sans suite,* dont l'approvisionnement n'est pas renouvelé (opposé à *suivi*). **3** Temps qui vient après ce dont il est question. *Attendons la suite.* ➛ *PAR LA SUITE* : dans la période qui a suivi ou qui suivra. ⇒ **ensuite, tard** (plus tard). **4** Ce qui résulte (de qqch.). ⇒ **aboutissement, conséquence, effet, résultat.** *Un projet qui n'eut pas de suite. Les suites d'une affaire.* ⇒ **développement, prolongement.** « *l'aventure pouvait avoir des suites fâcheuses* » (Nerval). ➛ plur. Troubles de santé qui se manifestent quand la cause a cessé d'agir. *Les suites d'une maladie.* ⇒ **séquelle.** « *il est mort en 27 des suites de la guerre* » (Sartre). ➛ *DONNER SUITE À un projet, une demande,* poursuivre son action pour lui donner un aboutissement. *Suite à... (votre lettre, votre demande),* en réponse à. ♦ *PAR SUITE DE...* : à cause de, en conséquence de. « *Par suite d'un refroidissement il lui vint une angine* » (Flaub.). **5** Ensemble de choses, de personnes qui se suivent. *Suite de personnes.* ⇒ **chaîne, file, procession, queue, ribambelle.** « *une suite de rues tranquilles* » (Romains). ♦ Ensemble de cartes qui se suivent. ⇒ **tierce, quarte,** ① **quinte.** ♦ Personnes, choses qui se succèdent dans le temps. ⇒ **succession.** *Une longue suite de descendants.* ⇒ **postérité.** *Une suite de catastrophes.* ⇒ **série.** ♦ Ensemble de termes qui se présentent dans un ordre tel que celui des nombres entiers (⇒ **progression, série).** *La suite des nombres premiers. Suite finie, infinie, transfinie.* **6** Ensemble des gravures d'un ouvrage. ♦ Tenture composée de plusieurs tapisseries dont chacune représente un épisode d'une histoire. **7** Composition musicale faite de plusieurs pièces de même tonalité. *Suite pour piano et orchestre. Suite en ré.* **8** Appartement de plusieurs pièces, dans un hôtel de luxe.

> ❑ L'emploi de *de suite* pour *tout de suite,* critiqué par les puristes et populaire aujourd'hui, était encore littéraire au XIXe s. « *Il recommença de suite* » (Flaubert). ♦ *Suite* dans le langage de l'hôtellerie est un anglicisme critiqué dans la mesure où *appartement* suffit, par opposition à *chambre.*

suitée adj. f. – XIXe ▪ Suivie de son (ou ses) petit(s). *Jument, laie suitée.*

① **suivant, ante** adj. et n. – XIIIe **I - 1** Qui vient immédiatement après. *L'échelon suivant.* n. *Dans ces pages et dans les suivantes.* ➛ Qui vient tout de suite après une autre personne, à son tour. *La personne suivante.* n. *Au suivant !* ♦ (dans le temps) *Les années suivantes.* ⇒ **futur.** *La fois suivante.* ⇒ **autre, prochain. 2** Qui va suivre (dans un énoncé, une énumération). *L'exemple suivant,* ci-dessous, ci-après. ➛ n. *La démarche est la suivante.* **II - 1** n. f. Autrefois, Dame de compagnie. **2** n. littér. Personne qui en accompagne une autre pour la servir. « *Ceux qui sont toujours mécontents de la cour, ces suivants inutiles* » (Mol.). ✪ CONTR. ① Avant (d'), précédent.

> ❑ À distinguer de *prochain.* → prochain (rem.).

② **suivant** prép. – XVe **1** Conformément à ; en suivant. ⇒ **selon.** *Il est en retard, suivant son habitude. Suivant l'expression consacrée.* **2** En fonction de. *Suivant une proportion géométrique.* **3** Conformément à (des circonstances qui changent). ⇒ **selon.** *Suivant son humeur.* **4** loc. conj. *SUIVANT QUE* : dans la mesure où..., selon que... « *les choses valent plus ou moins suivant qu'elles sont produites en quantité plus ou moins suffisante pour nos besoins* » (Gide).

suivante → ① **suivant** (II, 1°)

suiveur, euse n. et adj. – XIIe **1** Personne qui suit une course, à titre officiel (observateur, journaliste). *La caravane des suiveurs du Tour de France.* ➛ adj. *Les voitures suiveuses du Tour.* **2** Personne qui s'inspire d'autrui, sans esprit critique, qui ne fait que suivre (un mouvement intellectuel, etc.). ⇒ **imitateur.** « *Les opposants m'intéressent plus que les suiveurs* » (Gide).

suivi, ie adj. et n. m. – XVIIe **1** Qu'on suit (II, 3°), qui se fait d'une manière continue. *Un travail suivi. Une correspondance suivie.* ⇒ **régulier.** ♦ *Article suivi,* que l'on peut se procurer régulièrement (opposé à *sans suite**). **2** Qui se suit (I, B, 1°), dont les éléments s'enchaînent pour former un tout. *Un raisonnement suivi,* logique, ordonné. **3** n. m. Action de suivre, de surveiller, pendant une période en vue de contrôler. *Le suivi d'une affaire ; d'un produit.* ✪ CONTR. Irrégulier. Décousu.

suivisme n. m. – 1927 ▪ Attitude du suiveur (2°) ; fait d'imiter un initiateur ou de suivre une consigne, un programme, sans examen.

suiviste adj. et n. – 1950 ▪ Caractérisé par le suivisme. *Attitude, politique suiviste.*

suivre v. tr. [40] – XIe ; lat. *sequi* **I** Venir après. **A** avec mouvement **1** Aller derrière (qqn qui marche, qqch. qui avance). *Suivre qqn de près* (⇒ **talonner),** *pas à pas.* ⇒ **emboîter** (le pas). *Taxi, suivez cette voiture !* ➛ *Suivre une procession.* « *Nous suivrons à pas lents le char des funérailles* » (Hugo). *Suivez le guide !* ➛ pronom. *Se suivre à la queue leu leu.* ♦ Être transporté après (qqn). *Bagages qui suivent un voyageur. Faire suivre,* mention portée sur l'enveloppe d'une lettre afin que celle-ci puisse suivre le destinataire à sa nouvelle adresse. ♦ Arriver derrière, après (qqn, qqch.). *Lettre suit,* formule utilisée dans les messages brefs (télégrammes, etc.). **2** Aller derrière pour rejoindre, rattraper, surveiller. ⇒ **poursuivre.** *Suivre une bête à la trace.* « *Javert avait suivi Jean Valjean d'arbre en arbre* [...] *et ne l'avait pas perdu de vue* » (Hugo). ⇒ **filer. 3** Aller avec (qqn qui a l'initiative d'un déplacement). ⇒ **accompagner.** *Jésus* « *dit à un autre : "Suis-moi"* » (BIBLE). *Suivre qqn comme un caniche, un mouton, comme son ombre.* allus. hist. *Qui m'aime me suive !* (attribué à Philippe VI de Valois, que ses barons hésitaient à suivre dans son expédition en Flandre). **4** *Suivre des yeux, du regard* : accompagner par le regard (ce qui se déplace). *Je* « *suivais longuement des yeux ce gracieux, ce fragile engin qui virevoltait* » (Cendrars). *Suivez mon regard* : vous voyez tous à qui je fais allusion. **B** sans mouvement **1** Être placé ou considéré après, dans un ordre donné. *La maison qui suit la mienne.* ➛ *Conjonction suivie du subjonctif.* ➛ *On le verra dans l'exemple qui suit.* ⇒ ① **suivant.** ♦ *SE SUIVRE* v. pron. Se présenter dans un ordre, sans qu'il manque un élément. *Cartes qui se suivent* (⇒ **séquence, suite). 2** Venir, se produire après, dans le temps. ⇒ **succéder** (à). « *l'irritation suit l'excitation* » (Alain). ♦ pronom. *SE SUIVRE.* ⇒ **se succéder.** *Événements qui se suivent.* **3** Venir après comme effet, être produit par (⇒ **conséquence, résultat, suite).** « *Trop peu d'honneur pour moi suivrait cette victoire* » (Corn.). **II** Garder une direction. **1** Aller dans (une direction, une voie). ⇒ **parcourir ; emprunter, prendre.** *Suivre un chemin. Suivre un fleuve* (⇒ **descendre, remonter).** ➛ *Suivre la piste, les traces* de qqn. ♦ *Suivre une filière. Suivre le fil de ses idées.* ➙ SUIVRE SON COURS : évoluer normalement. *La maladie suit son cours.* **2** Aller le long de. ⇒ **longer.** *Suivez la côte. La frontière suit le fleuve.* **3** Garder (une idée, etc.) avec constance. *Suivre son idée.* ♦ S'occuper régulièrement à (qqch.). *Suivre un cours,* assister aux leçons qu'il comporte. « *refusant de suivre les cours d'élève-officier* » (Aymé). ➙ *Des cours très suivis,* très fréquentés. ➙ *Suivre un traitement, un régime* : le pratiquer régulièrement. ➙ Au poker, Miser pour rester dans le jeu. *Je suis.* ♦ *Suivre un feuilleton à la télévision,* regarder chaque épisode. ➙ À SUIVRE, mention indiquant qu'un récit n'est pas terminé. ♦ (critiqué) *Suivre un produit, un article,* se réapprovisionner régulièrement (⇒ **suivi**). **III** Se conformer à. **1** Aller dans le sens de (ses mouvements intérieurs, son destin) ; obéir à (une force, une impulsion). ⇒ s'**abandonner.** *Suivre le caprice du moment.* ⇒ **obéir** (à). *Suivre son premier mouvement, son penchant.* **2** Penser ou agir selon (les idées, la conduite de qqn). ⇒ **imiter.** *Exemple à suivre. Suivre l'opinion commune.* ⇒ **adhérer** (à), **embrasser.** *Suivre la mode.* ⇒ **sacrifier** (à). ➙ Faire comme (qqn). ⇒ se **joindre** (à). *Majorité qui suit le gouvernement.* ⇒ **soutenir.** ➙ Approuver (qqn). *Là, je ne vous suis plus.* ♦ Se montrer apte à poursuivre (des études). *Suivre aisément sa classe.* ➙ *Il ne pourra pas suivre en troisième.* « *elle entreprit de donner des leçons à ceux qui suivaient mal* » (Tournier). **3** Faire la même chose que. *Les salaires ne suivent pas l'inflation.* **4** Se conformer à (un ordre, une recommandation). ⇒ **obéir.** *Suivre les directives. Le mot d'ordre de grève a été suivi.* ⇒ **respecter.** **5** Se conformer à (un projet, un modèle abstrait conçu comme une ligne, un chemin). *Suivre la bonne méthode.* ⇒ **observer.** *Suivre une politique.* **IV** Porter son attention sur. **1** Rester attentif à (un énoncé). *Suivre la conversation.* ➙ Lire des yeux et simultanément (ce qui est lu à voix haute, ou joué). *Suivre une symphonie sur la partition.* **2** Observer attentivement et continûment dans son cours (l'évolution d'une action). *Suivre la messe. Suivre un match.* ➙ (En prenant connaissance des états successifs, en se tenant au courant) *Suivre l'actualité.* loc. *Affaire à suivre,* dont les suites peuvent être intéressantes. ♦ *Suivre qqn,* être attentif à son comportement, pour le surveiller, le diriger. *Le médecin qui me suit.* **3** Comprendre dans son déroulement (un énoncé, un raisonnement, un exposé). *Suivre une démonstration. Je ne suis pas votre raisonnement.* ➙ *Vous me suivez ?* ✪ CONTR. Devancer, précéder ; diriger. ① Écarter (s'), éloigner (s'), fuir. Opposer (s'). — HOM. *Suis* : suis (① être).

❑ Ne pas confondre avec *s'ensuivre.* → ensuivre (s') (rem.).

① **sujet, ette** adj. – XIIe ; lat. *subjicere* « mettre sous » **1** Soumis à une nécessité, à une loi ; dépendant de qqch. ⇒ **astreint.** *Sujet à un droit, à une obligation.* **2** Exposé à. ⇒ **susceptible** (de). *Être sujet au mal de mer, au vertige.* ➙ *Le titre est sujet à changer.* ✪ CONTR. Autonome, gouvernant.

② **sujet, ette** n. – XIIe ; de ① *sujet* **1** Personne soumise à une autorité souveraine (⇒ **gouverné, inférieur**). *Le souverain et ses sujets.* « *La France contient trente-six millions de sujets, sans compter les sujets de mécontentement* » (H. Rochefort). **2** Ressortissant d'un État. *Il est sujet britannique.* ✪ CONTR. Maître, souverain ; gouvernement.

③ **sujet** n. m. – XIVe ; lat. *subjectus* « soumis » **I - 1** Ce qui est soumis à l'esprit, à la pensée ; ce sur quoi s'exerce la réflexion. *Des sujets de méditation, de discussion.* ➙ Ce dont il s'agit, dans la conversation, un écrit. ⇒ **matière,** ① **point, question.** *Aborder des sujets graves. Passer d'un sujet à un autre.* ➙ *Sur le sujet de... ; sur ce sujet.* ⇒ **article, chapitre.** *Assez sur le sujet ! Au sujet de.* « *il circule à son sujet beaucoup de plaisanteries* » (Romains). *C'est à quel sujet ?* ⇒ **propos.** **2** Ce qui, dans une œuvre littéraire, constitue le contenu de pensée sur lequel s'est exercé le talent créateur de l'auteur. ⇒ **fond, idée, thème.** *Un sujet de roman.* « *des sujets cent fois traités. C'est la sensibilité de l'écrivain qui les renouvelle* » (Léautaud). **3** Ce sur quoi s'applique la réflexion, dans un travail scientifique, une œuvre didactique. ⇒ **problème, question.** *Bibliographie par sujets.* ⇒ **thématique.** *Traiter un sujet. Dissertation hors (du) sujet.* **4** Thème ou motif principal, spécialt dans la musique contrapuntique. *Sujet et contre-sujets d'une fugue.* **5** Ce qui est représenté ou évoqué dans une œuvre graphique, plastique. *Sujet de tableau.* ⇒ **motif.** *Les peintres* « *n'ont pas cette préoccupation du sujet qui tourmente la foule avant tout* » (Zola). **II** Ce qui fournit matière, occasion à (un sentiment, une action). ⇒ **motif, occasion, raison.** « *les mêmes sujets de préoccupation, de réflexion, de plaisanteries, leur amitié les réunissait par mille liens* » (Proust). *Sujet de dispute.* ♦ *Je n'ai pas sujet de me plaindre.* **III - 1** Dans une proposition attributive, L'être auquel est attribué le prédicat, l'attribut. **2** Terme considéré comme le point de départ de l'énoncé, que l'on définit d'une manière logique (terme à propos duquel on exprime qqch.) ou formelle (terme qui régit le verbe). *Sujet réel* (logique) *et sujet apparent* (formel). *Sujet, verbe et complément. Inversion du sujet.* **IV - 1** BON, MAUVAIS SUJET, qui se conduit bien, mal. « *Tu es un mauvais sujet, un joueur, un débauché* » (Balz.). ➙ *Un brillant sujet* : un bon élève. **2** Être vivant soumis à l'observation ; individu présentant tel ou tel caractère. *Sujet d'étude, d'expérience.* ⇒ **cobaye.** *Le sujet parlant, en linguistique.* ⇒ **locuteur.** **3** Troisième échelon dans la hiérarchie du corps de ballet de l'Opéra. **4** *Sujet de droit* : titulaire (d'un droit) ; personne considérée comme le support d'un droit. **5** Être pensant, considéré comme le siège de la connaissance (opposé à *objet*). ⇒ **conscience, esprit,** ① **personne ; subjectif.** *Le sujet pensant.*

sujétion n. f. – XIIe ; lat. *subjicere* « mettre sous » **1** Situation d'une personne soumise à une autorité, une domination souveraine. ⇒ **assujettissement, dépendance, soumission.** *Maintenir un peuple dans la sujétion.* ⇒ **oppression.** ➙ État d'un pays soumis (par conquête, etc.). **2** littér. État, situation d'une personne qui est astreinte à une nécessité, qui n'est pas libre d'agir à sa guise. ⇒ **assujettissement, contrainte.** ➙ *La sujétion aux passions.* ♦ Obligation pénible, contrainte. *La sujétion d'habiter loin de son lieu de travail.* ⇒ **gêne, incommodité.** **3** Action de soumettre, autorité qui opprime. ⇒ **oppression.** « *Un des ennuis de Gervaise [...] était de retomber sous la sujétion de quelque mauvaise bête* » (Zola). ✪ CONTR. Indépendance.

❑ Ne pas confondre avec *suggestion* « ce qui est suggéré ».

sulcature n. f. – XIXe ; lat. *sulcus* « sillon » ▪ Trace en forme de sillon.

sulciforme adj. – XIXe ; lat. *sulcus* « sillon » et *-forme* ▪ didact. Qui a la forme d'un sillon.

sulfamide n. m. – XIXe ; de *sulf(o)-* et *amide* ▪ Composé organique de synthèse dont les dérivés sont utilisés dans le traitement de maladies infectieuses.

sulfatage n. m. – XIXe ▪ Opération qui consiste à sulfater. *Le sulfatage de la vigne.*

sulfate n. m. – XVIIIe ▪ Sel ou ester de l'acide sulfurique. *Sulfates acides.* ⇒ **bisulfate.** *Sulfates naturels de plomb, de calcium hydraté.* ⇒ **gypse.** *Sulfate de cuivre.*

sulfaté, ée adj. – XIXe **1** Qui contient un radical sulfate. *Amide sulfaté.* ♦ Qui contient un sulfate. *Eau miné-*

rale sulfatée. 2 Qui a subi un sulfatage. *Vignes sulfatées.*

sulfater v. tr. [1] – XIXe 1 Enduire de sulfate de cuivre (le bois) ; traiter (le vin, le moût) en y ajoutant du plâtre. 2 Traiter (la vigne) contre les maladies cryptogamiques en pulvérisant une bouillie de sulfate de cuivre. ➝ *Sulfater un champ* (au sulfate de fer).

sulfateur, euse n. – XIXe ▪ Ouvrier, ouvrière agricole qui sulfate la vigne.

sulfateuse n. f. – 1964 1 Machine qui pulvérise le sulfate de cuivre sur la vigne. 2 arg. Mitraillette.

sulfhémoglobine n. f. – 1953 ; de *sulf(o)-* et *hémoglobine* ▪ Combinaison irréversible de l'hémoglobine avec l'hydrogène sulfuré lors d'une intoxication par ce gaz.

sulfinisation n. f. – 1954 ▪ Cémentation (des alliages ferreux) par diffusion superficielle de soufre (pour en améliorer les propriétés de frottement).

sulfitage n. m. – 1904 ▪ Traitement (des moûts) au sulfite acide de potasse ou à l'anhydride sulfureux.

sulfite n. m. – XVIIIe ▪ Sel de l'acide thiosulfurique ou sulfureux.

sulf(o)- Élément, du lat. *sulfur* « soufre ».

❑ Cet élément a été introduit dans la nouvelle nomenclature chimique par Guyton de Morveau et Lavoisier, à la fin du XVIIIe s.

sulfocarbonate n. m. – XIXe ▪ Sel ou ester dérivé des carbonates par substitution du soufre à l'oxygène.

sulfocarbonique adj. – XIXe ▪ Se dit des acides dérivant de l'acide carbonique par substitution du soufre à l'oxygène.

sulfone n. m. – XIXe ▪ Composé obtenu par oxydation d'un sulfure.

sulfoné, ée adj. – XIXe ▪ Se dit d'un dérivé renfermant le radical SO_3H dans sa molécule.

sulfosel [sylfosɛl] n. m. – XIXe ▪ Sel complexe renfermant le groupe SO_4 dans l'anion.

sulfurage n. m. – 1904 ▪ Destruction des parasites de la vigne (phylloxéra, etc.) par injection de sulfure de carbone dans le sol.

sulfuration n. f. – XIXe ▪ Combinaison d'une substance avec le soufre ; transformation en sulfure.

sulfure n. m. – XVIIIe 1 Composé du soufre avec un métal ou un cation complexe. ⇒ **persulfure, polysulfure.** *Sulfure naturel de plomb* **(⇒ galène),** *de fer* **(⇒ pyrite).** *Les montagnes « bleuies par des sulfures à nu sous le soleil »* (Duras). 2 Objet en cristal, décoré dans la masse. *Collection de sulfures.*

sulfuré, ée adj. – XIVe 1 Combiné avec le soufre. *Hydrogène sulfuré :* gaz incolore dont l'odeur forte se perçoit dans le pourrissement des œufs. *Sources sulfurées.* 2 Traité par le soufre.

sulfurer v. tr. [1] – XIXe 1 Combiner avec le soufre. 2 Recouvrir de soufre. ➝ Traiter (la vigne) au sulfure de carbone pour la débarrasser du phylloxéra **(⇒ sulfurage).**

sulfureux, euse adj. – XIIIe 1 Qui contient du soufre libre ou à l'état d'ion sulfure ; relatif au soufre. *Vapeurs sulfureuses.* 2 *Anhydride* (ou *gaz*) *sulfureux :* composé binaire du soufre, gaz incolore, d'odeur suffocante, utilisé dans la fabrication de l'acide sulfurique, les industries de blanchiment, etc. ♦ *Sels de l'acide sulfureux.* ⇒ **sulfite.** 3 *Eau sulfureuse,* qui contient et dégage de l'hydrogène sulfuré. *Bains sulfureux* (contre l'eczéma, etc.). 4 littér. Qui rappelle le démon, l'enfer, qui sent le soufre. *Un personnage sulfureux. « Une splendeur sulfureuse émanait de ces trois personnages »* (Baudelaire).

sulfurique adj. – XVIe ▪ Combiné avec le cation SO_4^{2-}. *Acide sulfurique :* acide fort, corrosif, qui attaque les métaux sauf l'or et le platine. ⇒ **oléum, vitriol.** *L'acide sulfurique est utilisé dans la fabrication des superphosphates, de produits chimiques, d'explosifs.* ➝ *Anhydride sulfurique :* anhydride solide, qui se combine énergiquement à l'eau pour donner de l'acide sulfurique.

sulfurisé, ée adj. – 1907 ; ▪ Traité à l'acide sulfurique. ➝ *Papier sulfurisé,* rendu imperméable par un trempage dans l'acide sulfurique dilué.

sulky n. m. – XIXe ; mot angl., de *sulky* « boudeur », parce que cette voiture n'a qu'une place ▪ Voiture légère à deux roues, sans caisse, utilisée pour les courses de trot attelé. *Des sulkys* ou *des sulkies.*

❑ Pour le pluriel → ① y (rem.).

sulpicien, ienne adj. et n. – XVIIIe 1 De la congrégation de Saint-Sulpice, congrégation de prêtres voués à l'instruction des jeunes ecclésiastiques. ♦ n. Membre de cette congrégation ; élève, ancien élève du séminaire Saint-Sulpice. 2 Propre aux boutiques d'art religieux du quartier de l'église Saint-Sulpice à Paris. *Imagerie sulpicienne,* dont l'idéalisation et les couleurs sont de mauvais goût.

sultan n. m. – XIIIe ; arabo-turc ▪ Souverain de l'empire ottoman. ⇒ **padischah.** ➝ Prince de certains pays musulmans. *Le sultan du Maroc.* ⇒ **roi.**

sultanat n. m. – XIXe 1 Dignité, règne d'un sultan. 2 État sous l'autorité d'un sultan. *Le sultanat d'Oman.*

sultane n. f. – XVIe 1 Chacune des femmes du sultan turc. *Il « mène les sultanes au bain ; il voit luire* [...] *ces beaux corps tout ruisselants de perles et plus polis que des agates »* (Gaut.). 2 Ancien vaisseau de guerre turc. ⇒ **galère.** 3 appos. *Poule sultane :* oiseau échassier *(rallidés).* 4 Canapé formé d'une banquette et de deux dossiers latéraux.

sumac n. m. – XIIIe ; ar. ▪ Plante dicotylédone *(térébinthacées),* arbuste aux nombreuses variétés. *Sumac de Virginie.* ⇒ **amarante.** *Sumac des teinturiers.* ⇒ **fustet.** *Sumac de Sicile,* dont on utilise les feuilles en tannerie.

sumérien, ienne adj. et n. – XIXe ▪ Relatif au pays de Sumer et à son peuple, qui s'installa vers le IVe millénaire dans la basse Mésopotamie. *Art sumérien. Écriture sumérienne,* cunéiforme. ➝ n. *Les Sumériens.* ➝ n. m. *Le sumérien :* langue sumérienne originelle, la plus vieille langue écrite de l'humanité. *L'akkadien a succédé au sumérien.*

summum [so(m)mɔm] n. m. – XIXe ; lat. *summus* « le plus haut » ▪ Le plus haut point, le plus haut degré. ⇒ **apogée, faîte, sommet.** *« le summum de la grâce et de la féminité »* (Anouilh). *Être au summum de la gloire. Atteindre le summum. Des summums.*

sumo n. m. – XIXe ; mot jap. « lutte » 1 Lutte japonaise où chaque lutteur, d'un poids exceptionnel, doit contraindre l'adversaire à sortir d'un espace très limité. *Tournoi de sumo.* 2 Lutteur de sumo. *Des sumos.*

❑ Les lutteurs de sumo sont aussi appelés *sumotoris.*

sunlight [sœnlajt] n. m. – XIXe ; mot angl., « lumière *(light)* du soleil *(sun)* » ▪ Projecteur puissant utilisé dans les studios cinématographiques. *Des sunlights.*

sunna n. f. – XVIe ; mot ar. « loi, règle traditionnelle » ▪ Orthodoxie musulmane, d'après la tradition qui rapporte les paroles et les actions de Mahomet.

sunnite adj. et n. – XVIIe ▪ Qui se conforme à la sunna. *Rites sunnites.* ➝ n. *Les sunnites et les chiites.*

① **super** [sypɛʀ] n. m. – 1956 ▪ Supercarburant. *Du super ou de l'ordinaire ? Faire le plein de super.* ✪ HOM. Supère.

② **super** [sypɛʀ] adj. inv. – 1968 ▪ fam. Supérieur, formidable, épatant. ⇒ **extra, géant, génial, sensationnel.** *Un mec super. C'était super, cette fête ! « C'était super et chérot »* (Queneau).

super- 1 Élément, du lat. *super* « au-dessus, sur ». 2 Préfixe de renforcement, marquant le plus haut degré ou la supériorité.

superalliage n. m. – 1964 ▪ Alliage réfractaire.

superamas n. m. – v. 1970 ▪ Amas d'amas galactiques.

① **superbe** n. f. – XIIe ; lat. *superbia* « orgueil » ▪ littér. Assurance orgueilleuse, qui se manifeste par l'air, le maintien. ⇒ **fierté.** *Il n'a rien perdu de sa superbe.* ✪ CONTR. Humilité.

② **superbe** adj. – XIIe ; lat. *superbus* « orgueilleux », puis « magnifique » 1 littér. Orgueilleux ; plein de superbe (①). *« Elle fait tout l'orgueil d'une superbe mère »* (Rac.). ➝ *Un air superbe.* 2 littér. Qui est plein de magnificence, donne une impression de grandeur et de luxe. ⇒ **imposant, magnifique, somptueux.** 3 Très beau, d'une beauté évidente, magnifique. ⇒ **splendide.** *Un superbe appartement. Un temps, une vue superbe. « C'était une superbe enfant de cinq ans »* (Zola). ➝ Excellent, remarquable. *Une situation superbe.* ➝ *Superbe de... :* qui tire sa beauté, sa perfection de... *Elle était superbe d'indifférence.* ✪ CONTR. Humble. Affreux, laid.

superbement adv. – XVIe ▪ Magnifiquement. *Il était superbement habillé.*

superbénéfice n. m. – 1951 ▪ Bénéfice très élevé. ⇒ **superprofit.**

supercalculateur n. m. – v. 1985 ▪ Ordinateur d'une très grande puissance, possédant la possibilité d'effectuer des opérations en parallèle.

supercarburant n. m. – 1931 ▪ Carburant de qualité supérieure, à indice d'octane plus élevé que l'essence ordinaire. ⇒ ① **super.**

superchampion, ionne n. – 1961 ▪ Champion célèbre qui obtient de nombreuses victoires.

supercherie n. f. – XVIe ; it. *soperchio* « excessif » ▪ Tromperie qui implique généralement la substitution du faux à l'authentique. ⇒ **fraude.** *Par une habile supercherie. Découvrir la supercherie.*

superciment n. m. – 1949 ▪ Ciment artificiel à haute résistance initiale, à durcissement rapide.

supercritique adj. – 1968 ▪ Se dit d'une aile d'avion dont le profil permet un vol sonique sans accroissement de la traînée.

supère adj. – XVIIIe ; lat. « qui est au-dessus » ▪ *Ovaire supère,* situé au-dessus du niveau d'insertion des autres pièces florales sur le pédoncule. *Fleur à ovaire supère.* ⇒ **superovarié ; hypogyne.** ✪ CONTR. Infère. — HOM. Super.

supérette n. f. – v. 1959 ; angl. ▪ Magasin d'alimentation en libre-service d'une superficie moyenne. ⇒ **libre-service, supermarché.**

> ❑ *Supérette* désigne un magasin d'une superficie de 120 à 400 m². → hypermarché, supermarché (rem.). ♦ Seul mot formé sur *super-* qui porte un accent aigu sur le *é*. → hypéron (rem.).

superfamille n. f. – 1961 ▪ Subdivision de la classification des animaux, qui regroupe plusieurs familles.

superfécondation n. f. – XIXe ▪ Fécondation multiple simultanée causée par une ovulation multiple.

superfétation n. f. – XVIe ; lat. *fetare* « faire des petits » 1 Fécondation de deux ovules, lors d'ovulations successives (phénomène dont la réalité n'a pas été confirmée scientifiquement). 2 Production superfétatoire, addition inutile. *« elle en découvrait assez pour que tout nouveau malheur ne lui parût qu'une superfétation »* (Romains).

superfétatoire adj. – 1901 ▪ littér. Qui s'ajoute inutilement (à qqch. d'utile). ⇒ **superflu.**

superficialité n. f. – XVIe ▪ Caractère superficiel. *« leur superficialité d'images d'Épinal, ou de bandes dessinées »* (Robbe-Grillet).

superficie n. f. – XIIe ; lat. *super* « sur » et *facies* « face » 1 Surface d'un corps, considérée surtout dans son étendue et dans son caractère extérieur. *« Le toucher n'est qu'un contact de superficie »* (Buff.). ♦ Nombre caractérisant l'étendue d'une surface. ⇒ **aire.** *Calculer, mesurer la superficie d'un terrain, d'une exploitation.* 2 littér. Aspect superficiel (opposé à *fond*). ⇒ **surface.** *S'en tenir à la superficie des choses.* ✪ CONTR. Fond, profondeur.

superficiel, ielle adj. – XIVe 1 Relatif ou propre à la surface d'un corps. ♦ Qui n'appartient qu'à la surface, n'intéresse que la surface. *Couche superficielle de la peau. Sensibilité superficielle. Brûlure superficielle.* 2 Qui n'est ni profond ni essentiel. ⇒ **apparent.** *Une amitié superficielle.* ♦ Qui, dans l'ordre de la connaissance, ne fait qu'effleurer sans approfondir. *« des gens aussi corrompus et aussi superficiels que nous »* (Dider.). ⇒ **frivole, futile, léger.** *Elle est gentille, mais un peu superficielle.* ➝ *Une analyse superficielle.* ✪ CONTR. Profond.

superficiellement adv. – XIVe ▪ D'une manière superficielle. *Il a été blessé superficiellement.* ♦ *Connaître son sujet superficiellement.* ✪ CONTR. Profondément.

superfin, ine adj. – XVIIe ▪ Extrêmement fin ; de qualité supérieure. ⇒ **surfin.** *Miel, beurre superfin.*

superfinition n. f. – 1949 ▪ Polissage très poussé (d'une pièce), destiné à éliminer la couche superficielle rendue amorphe par l'usinage.

superflu, ue adj. – XIVe ; lat. *fluere* « couler » 1 Qui est en plus de ce qui est nécessaire, qui n'est pas strictement nécessaire. *Biens superflus.* ⇒ **superfétatoire, surabondant.** ♦ n. m. *Les hommes « se rendent malheureux par le désir du superflu »* (Fén.). 2 Qui est on trop (discours, manifestations..., signes). ⇒ **inutile, oiseux, vain.** *Précautions superflues.* ➝ *Il est superflu d'insister.* ✪ CONTR. Indispensable, nécessaire ; utile.

> ❑ Apparenté, par le radical *flu-* « écoulement », à *flux, fluide, affluence, melliflu.*

superfluide adj. et n. m. – v. 1960 ▪ De viscosité nulle. ➝ n. m. *L'hélium liquide est un superfluide.*

superfluidité n. f. – v. 1960 ▪ État de l'hélium liquide à une température très basse (au-dessous de 2,2 °F).

superfluité n. f. – XIIe 1 Abondance où il entre du superflu. ⇒ **surabondance.** 2 littér. Ce qui est superflu. ⇒ **luxe.** *« aussi ne donne-t-on en général le nom de luxe qu'aux superfluités dont un petit nombre d'individus seulement peuvent jouir »* (Volt.).

supergrand n. m. – 1966 ▪ fam. Grande puissance qui domine le monde. ⇒ **superpuissance.** *Les deux supergrands* (les États-Unis et l'U.R.S.S. avant sa disparition).

superhétérodyne adj. et n. m. – 1931 ▪ Se dit d'un récepteur de radio dans lequel les oscillations de haute fréquence venant de l'onde reçue sont mélangées avec celles d'un oscillateur local, de manière à obtenir des oscillations de moyenne fréquence, qu'on amplifie et qu'on détecte.

super-huit [sypɛʀɥit] n. m. inv. – 1965 ■ Format de film d'amateur intermédiaire entre le huit millimètres standard et le seize. *Filmer en super-huit.* ♦ adj. inv. *Caméra super-huit.*

❑ On écrit aussi *super-8.*

supérieur, ieure adj. et n. – XIIe ; lat. *superior,* comparatif de *superus* → supère **I - 1** Qui est plus haut, au-dessus, en haut. *Les étages supérieurs d'un immeuble. La mâchoire supérieure.* **2** Dont l'altitude est plus grande ; plus haut. *Le cours supérieur d'un fleuve.* **3** *Planètes supérieures,* plus éloignées du Soleil que la Terre. **II - 1** Qui a une valeur plus grande ; qui occupe une place, un degré au-dessus dans une hiérarchie. SUPÉRIEUR À. *La vérité est « supérieure à toutes les fictions »* (Renan). ⇒ **dépasser, surpasser, valoir** (mieux). « *Supérieur en cela aux poètes descriptifs* » (Gaut.). ➛ Qui est au-dessus des autres. ⇒ **suprême.** *Des intérêts supérieurs. Cet accord « doit se faire, au nom d'un principe supérieur. Ce principe, pour nous, est la justice »* (Camus). *Les hommes supérieurs.* ➛ *Un homme supérieur à la situation, à sa tâche,* qui la domine. **2** Plus grand que. *8 est supérieur à 7. Note supérieure à la moyenne.* ➛ (sans compl. en *à*) *Passer à la vitesse supérieure.* **3** Plus avancé dans une évolution. *Les animaux supérieurs :* les vertébrés. **4** Plus élevé dans une hiérarchie politique, administrative, sociale. *Les classes dites supérieures de la société.* ⇒ **dominant, prééminent, prépondérant.** *École normale supérieure* (arg. scol. *Normale sup*). ➛ *Cadres, officiers supérieurs.* **5** n. m. Personne hiérarchiquement placée au-dessus d'autres qui sont sous ses ordres. *Son supérieur direct, hiérarchique.* **6** n. Religieux ou religieuse qui dirige une communauté ou un couvent. ⇒ **doyen,** ② **général, prieur.** par appos. *Le Père supérieur, la Mère supérieure.* **7** Qui témoigne d'un sentiment de supériorité. ⇒ **condescendant, dédaigneux, fier.** *Un air supérieur.* ✪ CONTR. ① Bas, ② dessous (au-dessous), inférieur ; moindre ; médiocre, ① mineur ; subalterne ; humble.

❑ Cet adjectif étant par nature un comparatif, on ne peut pas dire *plus, moins supérieur* mais *très, si, le plus supérieur* sont possibles : « *Les talents les plus supérieurs* » (Voltaire). *Antérieur, inférieur* et *postérieur* sont dans le même cas. ♦ Contrairement aux autres comparatifs, *supérieur* et *inférieur* sont suivis de *à* et non de *que.*

supérieurement adv. – XVIIe ■ D'une manière supérieure (II). ⇒ **éminemment, excellemment, parfaitement.** *Elle est supérieurement douée, intelligente.*

supériorité n. f. – XVe **1** Fait d'être supérieur (II). ⇒ **prééminence, suprématie.** *Supériorité numérique. Supériorité intellectuelle.* **2** Qualité d'une personne supérieure. ⇒ **excellence, transcendance.** « *j'étalais devant elle ma supériorité* » (France). *Sentiment,* et abusivt *complexe de supériorité.* ➛ *Air, sourire de supériorité,* supérieur (II, 7°). ⇒ **condescendance, orgueil.** ✪ CONTR. Infériorité, insuffisance.

superlatif, ive n. m. et adj. – XIIIe ; lat. *superferre* « porter *(fere)* au-dessus » **1** Terme qui exprime le degré supérieur d'une qualité. *Superlatifs italiens en* -issime. ➛ adj. *Préfixes superlatifs* (ex. : archi-, extra-). ♦ Terme exagéré, hyperbolique. **2** *Le superlatif :* l'ensemble des procédés grammaticaux qui expriment la qualité au degré le plus élevé. *Superlatif relatif, formé du comparatif précédé de l'article défini* (le plus, le moindre, le meilleur). *Superlatif absolu* (très). ♦ Le maximum. « *Le superlatif de ses espérances* » (Balz.).

superléger ou **super-léger** n. m. – 1961 ■ Boxeur de la catégorie de poids entre 60 et 63,5 kg. *Des superlégers, des super-légers.*

supermalloy [sypɛʀmalɔj ; sypɛʀmalwa] n. m. – mil. XXe ; nom déposé, de *super-* et *(per)malloy* ■ Alliage de nickel, molybdène et fer.

superman [sypɛʀman] n. m. – 1949 ; nom d'un héros amér. de bandes dessinées **1** Personnage fantastique doué d'une force colossale et de pouvoirs surhumains. **2** fam. (souvent iron.) Homme supérieur. *Jouer les supermans* ou *les supermen* [sypɛʀmɛn].

❑ On trouve le féminin *superwoman* [sypɛʀwuman].

supermarché n. m. – v. 1960 ■ Vaste magasin vendant en libre-service des denrées alimentaires et des produits d'achat courant. « *Dans le supermarché, il y a beaucoup de lumières. Les gens vont et viennent avec leurs petits chariots de métal* » (Le Clézio).

❑ *Supermarché* est la traduction littérale de l'anglais *supermarket.* ♦ *Supermarché* désigne un magasin d'une superficie de 400 à 2 500 m². → hypermarché, supérette (rem.).

supernova, plur. **supernovæ** [sypɛʀnɔva, e] n. f. – 1949 ■ Explosion très lumineuse qui marque la fin de la vie de certaines étoiles ; étoile dans ce stade.

superordre n. m. – 1964 ■ Subdivision d'une sous-classe ou d'une classe de la classification des êtres vivants.

superovarié, iée adj. – XIXe ■ *Fleur, plante superovariée,* dont l'ovaire est supère. ✪ CONTR. Inférovarié.

❑ L'importance de cette notion, c'est qu'elle décide du processus de pollinisation.

superphosphate n. m. – XIXe ■ Engrais artificiel composé de phosphate et de sulfate de calcium.

superposable adj. – XIXe ■ Que l'on peut superposer. *Étagères superposables. Figures, solides superposables,* égaux (opposé à *symétrique*). ⇒ **applicable.**

superposer v. tr. [1] – XVIIIe **1** Mettre, poser au-dessus, par-dessus ; disposer l'un au-dessus de l'autre. *Superposer une chose à une autre, plusieurs choses. Superposer des livres.* ⇒ **amonceler, entasser.** ➛ *Lits superposés.* ♦ Placer (une figure) au-dessus d'une autre, pour en constater ou en vérifier l'égalité. ⇒ **appliquer ; superposable. 2** Mettre en plus. ⇒ **accumuler.** « *cette administration militaire qui* [...] *superpose les consignes aux consignes* » (Alain). **3** SE SUPERPOSER v. pron. « *les croquis s'empilent et se superposent par dizaines* » (Baudelaire). ➛ S'ajouter. *Les souvenirs se superposent.*

superposition n. f. – XVIIe **1** Action de superposer ; état de ce qui est superposé. *Superposition des couches géologiques, des strates.* ⇒ **stratification.** ♦ Application de deux figures géométriques l'une sur l'autre. ⇒ **coïncidence.** ♦ Le fait, pour plusieurs systèmes physiques, de coexister en un même point de l'espace. **2** Ensemble de choses superposées. *Une superposition de terrasses.* ➛ « *Notre Moi est fait de la superposition de nos états successifs* » (Proust).

super-préfet n. m. – 1948 ■ (En France) Inspecteur général de l'Administration en mission extraordinaire (IGAME). *Des super-préfets.*

superproduction n. f. – 1921 ■ Film, et par ext. spectacle réalisé à grands frais.

superprofit n. m. – 1962 ■ Profit, bénéfice particulièrement important. ⇒ **superbénéfice.**

superpuissance n. f. – 1963 ■ Puissance, État qui surpasse les autres par son importance (politique ou économique). ⇒ fam. **supergrand.**

superréaction n. f. – 1933 ■ Phénomène par lequel une réaction est poussée jusqu'à l'amorçage d'oscillations à très haute fréquence, d'amplitude croissante.

supersonique adj. – v. 1945 ■ *Fréquence supersonique,* supérieure à la fréquence limite des sons audibles. *Vitesse supersonique,* supérieure à celle du son dans le même milieu. ⇒ **hypersonique, sonique, ultrasonique.** ➤ *Avion supersonique,* ou n. m. *un supersonique :* avion qui atteint une vitesse supersonique. ✪ CONTR. Subsonique.

superstar n. f. – v. 1970 ■ Vedette, personnalité très célèbre. ⇒ **star.**

superstitieusement adv. – XVIe ■ D'une manière superstitieuse.

superstitieux, ieuse adj. et n. – 1375 1 Qui a de la superstition. *Croyants superstitieux.* ♦ Qui voit des signes favorables ou néfastes dans certains faits. ➤ n. *Un superstitieux.* 2 Où entre de la superstition. *Pratiques superstitieuses. « Soit indifférence, soit crainte superstitieuse, elle ne parlait jamais de religion »* (Daudet).

superstition n. f. – XIVe ; lat. *superstare* « se tenir dessus », pour désigner ceux qui prient pour que leurs enfants leur survivent 1 Comportement irrationnel, généralement formaliste et conventionnel, vis-à-vis du sacré ; attitude religieuse considérée comme vaine. *« Soutenir la piété jusqu'à la superstition, c'est la détruire »* (Pasc.). ♦ Ensemble des traditions religieuses, des préjugés contraires à la raison (par opposition à la philosophie). 2 Le fait de croire que certains actes, certains signes entraînent mystérieusement des conséquences bonnes ou mauvaises. Croyance ou pratique qui en résulte.

superstrat n. m. – 1938 ; d'apr. *substrat* ■ Ensemble de faits propres à une langue qui, s'étant introduite sur une nouvelle aire linguistique, peut disparaître en laissant des traces dans l'autre langue. *Substrat et superstrat.*

superstructure n. f. – XVIIIe 1 Partie (d'une construction) située au-dessus du sol, d'un niveau. *Superstructure d'un pont.* ➤ Ensemble des travaux exécutés hors de terre. 2 Dans l'analyse marxiste, Système d'institutions, d'idées..., correspondant à une forme déterminée de conscience sociale et dépendant d'une « base », d'une structure économique. ✪ CONTR. Fond, fondation. Infrastructure.

supertanker [sypɛʀtɑ̃kœʀ] n. m. – 1964 ; mot angl. ■ Pétrolier de très grande capacité (plus de 100 000 t).

superviser v. tr. ⊡1 – 1918 ; lat. *supervidere* « inspecter » ■ Contrôler (un travail effectué par d'autres), sans entrer dans les détails.

superviseur n. m. – XVe 1 Personne qui supervise. 2 Programme du système d'exploitation d'un ordinateur assurant l'enchaînement des tâches et la gestion des ressources.

> ❑ Le féminin *superviseuse* serait normal, comme *réviseuse* sur *réviseur.* → -eur (rem.).

supervision n. f. – 1921 ■ Le fait de superviser.

superwelter [sypɛʀwɛltɛʀ] adj. et n. m. – 1964 ■ Boxeur pesant entre 67 et 71 kg.

supin n. m. – XIIIe ; lat. *supinus* « renversé en arrière » ■ Substantif du verbe latin.

supinateur n. m. et adj. m. – XVIe ; lat. *supinare* « mettre sur le dos » ■ Chacun des deux muscles de l'avant-bras qui déterminent la supination. ➤ adj. *Muscles supinateurs.*

supination n. f. – XVIIe ■ Mouvement de rotation que la main et l'avant-bras exécutent de dedans en dehors sous l'action des muscles supinateurs ; position de la main après ce mouvement (opposé à *pronation*).

supplanter v. tr. ⊡1 – XIIe ; lat. « faire un croc-en-jambe à qqn » 1 Passer devant (qqn), prendre la place de (qqn) en lui faisant perdre son crédit auprès de qqn. ⇒ **évincer.** ➤ spécialt *Supplanter un rival.* ➤ pronom. *Les deux fils « avaient aussitôt commencé à la courtiser, moins par désir de lui plaire que par envie de se supplanter »* (Maupass.). 2 Éliminer (une chose), la remplacer. *Le disque compact supplante le microsillon.*

suppléance n. f. – XVIIIe 1 Le fait de suppléer qqn ; fonction de la personne qui supplée. 2 Fait de suppléer qqch.

suppléant, ante adj. et n. – XVIIIe 1 Qui supplée qqn ou est chargé de le suppléer dans ses fonctions, sans être titulaire. ⇒ **adjoint.** ♦ n. ⇒ **remplaçant.** *Le juge ou ses suppléants.* ⇒ **assesseur.** 2 Se dit d'un terme qui en supplée, en remplace un autre. *« Faire » est un verbe suppléant.*

suppléer v. tr. ⊡1 – XIIe ; lat. *supplere* « remplir, compléter » I v. tr. dir. littér. 1 Mettre à la place de (ce qui est insuffisant). ⇒ **remplacer.** ➤ Compléter. 2 Combler, en remplaçant, en ajoutant. *Suppléer une lacune.* ➤ Remédier à. *Suppléer un manque, un défaut.* 3 Être à la place de... pour remplacer (ce qui manque) ou renforcer (ce qui est insuffisant). *Suppléer qqn,* remplir ses fonctions. *Il « suppléa de plus en plus son beau-père dans la direction de l'entreprise »* (Romains). ♦ Remplacer, jouer le rôle de (qqch.). II v. tr. ind. SUPPLÉER À... 1 Apporter ce qu'il faut pour remplacer ou pour fournir (ce qui manque). 2 Remédier à (un défaut, une insuffisance) en remplaçant, en compensant. ⇒ **réparer.** *« les plus insipides romanciers, qui suppléent à la stérilité de leurs idées à force de personnages et d'aventures »* (Rouss.).

> ❑ *Suppléer à* ne s'emploie qu'avec un complément nom de chose.

supplément n. m. – XIVe 1 rare Ce qu'on fournit, ce qui est ajouté à (qqch.) pour compléter, rendre égal. 2 Ce qui est ajouté à une chose déjà complète ; addition extérieure (par oppos. à *complément*). ⇒ **surplus.** *Supplément d'information. « vos papiers que nous sommes obligés de retenir pour un supplément d'enquête »* (Blondin). 3 Ce qui est ajouté (à un livre, à une publication). ⇒ **addenda, appendice.** *Supplément illustré à une revue.* 4 Ce qu'il faut ajouter à un angle pour obtenir un angle plat. 5 Dans un tarif, Somme payée en plus pour obtenir ce qui n'était pas compris dans le prix initial. *Supplément pour excédent de bagages. « En payant un supplément on avait droit à un mince matelas et à un oreiller »* (Cl. Simon). ➤ *Supplément au menu dans un restaurant.* 6 EN SUPPLÉMENT : en plus, en sus (d'un nombre prescrit, fixé, indiqué ; d'un prix ; d'une quantité). *Vin en supplément* (au restaurant). ✪ CONTR. Remise ; réduction.

supplémentaire adj. – XVIIIe 1 Qui est en supplément. *Demander un délai supplémentaire,* une prolongation. *Trains supplémentaires. Heures supplémentaires :* heures de travail faites en plus de l'horaire normal. 2 *Angles supplémentaires,* dont la somme est égale à l'angle plat.

supplémenter v. tr. ⊡1 – XIXe 1 Charger d'un supplément à payer. 2 Enrichir (un aliment). *Lait supplémenté en vitamines.*

supplétif, ive adj. et n. m. – XVIe ; lat. *supplere* → suppléer 1 vx Qui supplée, complète. *Articles supplétifs d'un traité.* 2 *Forces militaires supplétives,* recrutées temporairement pour renforcer les forces régulières. ➤ n. m. *Un supplétif.*

supplétoire adj. – XVIIIe ■ Qui est déféré par le juge pour suppléer les preuves insuffisantes. *Serment supplétoire.*

suppliant, iante adj. et n. – XIVe 1 Qui supplie. ♦ Qui exprime la supplication. *Air, regard suppliant.* 2 n. Personne qui supplie.

supplication n. f. – XIIe 1 Prière faite avec instance et soumission. ⇒ **adjuration, imploration.** *La fille « se débattait, résistait, avec des supplications basses, chuchotées »* (Zola). 2 Prière solennelle. ⇒ **déprécation.** 3 Remontrance que le parlement pouvait adresser au roi.

supplice n. m. – XVe ; lat. 1 Peine corporelle grave, très douloureuse, mortelle ou non, infligée par la justice à un condamné. ⇒ **torture.** *Les supplices des martyrs.* ⇒ **martyre.** *Supplices infligés par l'Inquisition. Atroces supplices. Personne qui applique le supplice* (bourreau), *qui le subit* (patient, supplicié). ➝ *Supplice chinois ;* fig. tourment particulièrement cruel et raffiné. ➝ *« Le Jardin des supplices », œuvre d'Octave Mirbeau.* ♦ *Le dernier supplice, le supplice :* la peine de mort. ⇒ **exécution.** 2 Souffrances infligées par les dieux, par Dieu, en punition des fautes humaines. *Le supplice de Tantale ;* fig. situation où l'on est proche de l'objet de ses désirs, sans pouvoir l'atteindre. ♦ Les souffrances du purgatoire, de l'enfer. ⇒ **damnation.** 3 Souffrance très vive (physique ou morale). ⇒ **calvaire, martyre, tourment.** *« ma vue est pour elle un supplice »* (Mol.). ➝ *ÊTRE AU SUPPLICE :* souffrir beaucoup ; être dans une situation très pénible.

supplicier v. tr. [7] – XVe 1 Livrer au supplice ; mettre à mort par un supplice. ⇒ **exécuter, martyriser, torturer.** ➝ *Corps suppliciés.* subst. *« son cadavre de supplicié »* (Yourcenar). 2 littér. Torturer moralement. *La jalousie le suppliciait.*

supplier v. tr. [7] – XIIe ; lat. *supplicare* « se plier (sur les genoux) » ▪ Prier (qqn) en demandant qqch. comme une grâce, avec une insistance humble et soumise. ⇒ **adjurer, implorer ; supplication.** *« Elle aurait voulu le supplier de s'exprimer plus simplement »* (Mauriac). *Faites-le, je vous en supplie.* ♦ par exagér. Prier instamment. *Je vous supplie de vous taire.*

supplique n. f. – XIVe ▪ Demande par laquelle on sollicite une grâce, une faveur d'un supérieur. ⇒ **requête.**

support n. m. – XVe 1 Ce qui supporte ; ce sur quoi une chose repose. Appui ou soutien d'une chose pesante. *Les supports, en architecture.* ⇒ **colonne, pilier, pylône ; base, socle.** 2 Élément concret, matériel, qui sert de base à une œuvre graphique. ⇒ **subjectile.** *Support d'un dessin,* le papier, le carton sur lequel il est fait. ➝ *Support (d'une information) :* toute mémoire recevant, conservant et restituant l'information, dans un système électronique. ➝ *Support d'un vecteur,* la droite qui le porte. 3 littér. Substrat matériel. *Le signe, le symbole, support de l'idée, du concept.* ♦ *Support publicitaire :* moyen matériel (affiches, journaux, télévision, etc.) par lequel se fait une publicité ou se diffuse un message. *Ce média est un bon support.*

supportable adj. – XVe 1 Qu'on peut supporter. *Douleur supportable.* ➝ subst. *C'est à la limite du supportable.* 2 Qu'on peut tolérer. ⇒ **excusable.** *Sa conduite n'est pas supportable.* ✪ CONTR. Insupportable, intolérable.

① **supporter** v. tr. [1] – XIIe ; lat. *supportare* « porter » I - 1 Recevoir le poids, la poussée de (qqch.) sur soi, en maintenant. ⇒ **soutenir ;** ① **porter.** *Poutres qui supportent un plafond.* 2 Avoir (qqch.) comme charge, comme obligation ; être assujetti à. *Supporter une responsabilité* (⇒ **assumer**). *Vous en supporterez les conséquences.* ⇒ **subir.** *Supporter une dépense.* 3 Permettre le fonctionnement de (un logiciel). II - 1 Subir, éprouver les effets pénibles de (qqch.) sans faiblir. ⇒ **souffrir ; endurer.** *« nous aurions à supporter ensemble une si grande épreuve »* (Romains). *« elle supporta avec un courage d'héroïne d'abominables tortures »* (Maupass.). *Difficile, impossible à supporter. Elle ne supporte pas de rester inactive.* 2 Subir de la part d'autrui, sans réagir, sans se rebeller ou sans interdire. *« Il ne supporte rien d'autrui parce qu'il supporte tout d'une personne unique »* (Mauriac). ➝ *Supporter que. « il eût mal supporté que Denise rouvrît le débat »* (Maurois). 3 *Supporter qqn,* admettre, tolérer sa présence, son comportement. *Il ne peut plus le supporter.* ➝ pronom. *Il faut se supporter quand on vit ensemble.* 4 Subir sans dommage (une action physique). *Hiver dur à supporter.* ➝ *Son estomac ne supporte aucune nourriture solide. Plat, verre qui supporte le feu.* ⇒ **résister.** ♦ Résister à une épreuve. *Son livre ne supporte pas la comparaison avec le précédent. Cette règle ne supporte aucune exception.* ⇒ **admettre, souffrir.** 5 Admettre, considérer comme acceptable. ⇒ **tolérer.** *Il ne supporte pas la violence à la télévision.* III Encourager, soutenir (un sportif, une équipe sportive). ➝ Donner son appui à. *Supporter un parti politique.*

❑ Le sens « encourager, soutenir » est un emprunt à l'anglais *to support.*

② **supporter** [sypɔʀtɛʀ ; sypɔʀtœʀ] n. m. – 1907 ; mot angl. ▪ Partisan (d'un sportif, d'une équipe), qui manifeste son appui. ♦ Personne qui apporte son appui à qqn. *Les supporters du candidat.*

supposable adj. – XVe ▪ rare Qui peut être supposé. *Toutes les qualités supposables.* ⇒ **imaginable.**

supposé, ée adj. – XVIIe 1 Admis comme hypothèse. ➝ Considéré comme probable. *L'auteur supposé du vol.* 2 Qui n'est pas authentique. *Testament supposé.* ⇒ **apocryphe.**

supposer v. tr. [1] – XIIIe ; lat. *supponere* « mettre sous, substituer » I - 1 Poser à titre d'hypothèse n'impliquant aucun jugement et servant seulement de point de départ (⇒ **imaginer**). *« On doit supposer* [en géométrie] *les idées abstraites de surface plane et de ligne droite »* (d'Alemb.). ➝ *La température étant supposée constante.* ➝ *SUPPOSER QUE. « Supposez que vous ayez une maladie grave incurable »* (Camus). *En supposant qu'il y arrive, que ce soit possible.* ➝ Poser en principe (pour une démonstration). *« Supposons donc maintenant que nous sommes endormis »* (Desc.). 2 Penser, admettre comme chose probable ou comme explication plausible, sans pouvoir affirmer de façon positive. ⇒ **conjecturer, présumer.** *« Il y a ce que l'on sait* [et] *ce que l'on ignore. Entre les deux, il y a ce que l'on suppose »* (Gide). ➝ *Je suppose qu'il était présent. Cela laisse supposer que. Churchill « ne supposait pas que la ligne Maginot eût cette force »* (Dorgelès). II Comporter comme condition nécessaire. *Tout achat suppose une vente préalable.* ➝ Comporter comme nécessairement lié. ⇒ **impliquer.** *« Un message suppose un expéditeur, un messager et un destinataire »* (Sartre). III Donner pour authentique, en trompant. *Supposer un testament, une signature.* ⇒ **supposé.**

supposition n. f. – XIIIe I - 1 littér. Hypothèse de l'esprit. *« Un point géométrique est une supposition, une abstraction de l'esprit »* (Volt.). ♦ pop. *UNE SUPPOSITION (QUE)... :* supposons (que)... *« une supposition qu'on lui aurait donné une chiquenaude, à coup sûr, il ne se serait pas relevé »* (Zola). 2 Conjecture de l'esprit qui suppose sans pouvoir affirmer. *« à partir de là, les commentaires et suppositions sont allés bon train »* (Robbe-Grillet). II Substitution frauduleuse (du faux à l'authentique). *Supposition de testament.* ➝ *Supposition d'enfant* ou *de part :* attribution à une femme d'un enfant dont elle n'est pas accouchée. *Supposition de nom.* ⇒ **usurpation.**

suppositoire n. m. – XIIIe ; lat. *supponere* « mettre au-dessous » ▪ Préparation pharmaceutique, de consistance solide, de forme conique, que l'on introduit dans l'anus.

suppôt **n. m.** – XIIIe ; lat. *supponere* « placer au-dessous » **1** VX Employé, subalterne. « *Suppôt de justice* » (Boil.). **2** littér. Partisan (d'une personne nuisible). *Les suppôts d'un tyran.* ⇒ **agent, serviteur.** ➡ loc. cour. *Suppôt de Satan* : démon ; personne méchante.

suppresseur **n. m.** et **adj. m.** – mil. XXe ▪ Gène dont la mutation est capable de supprimer les effets de mutations d'autres gènes. ➡ **adj.** *Gène suppresseur.*

suppression **n. f.** – XIVe **1** *Suppression de part, d'enfant* : délit consistant à faire disparaître la preuve de son existence sur l'état civil. *Suppression d'état* : crime par lequel on prive qqn de son véritable état civil. **2** Le fait de supprimer. ⇒ **abolition, abrogation, annulation.** *La suppression d'un privilège.* ♦ Le fait de faire disparaître, de détruire. *Suppression d'une chose matérielle. Suppression des libertés. Suppression d'emplois.* ⇒ **débauchage, licenciement.** ➡ *La suppression d'un témoin gênant.* ⇒ **assassinat.** ♦ Le fait d'enlever, de retrancher. ⇒ **diminution.** *Faire des suppressions dans un texte.* ✪ CONTR. Addition, adjonction, ajout, maintien.

supprimer **v. tr.** [1] – XIVe ; lat. *sub* et *premere* « presser » **1** Rendre sans effet légal ; enlever de l'usage. ⇒ **abolir, abroger, annuler, casser.** *Supprimer une loi. Supprimer une taxe.* **2** Faire disparaître, faire cesser d'être en altérant profondément, en défaisant. ⇒ **détruire ; éliminer.** *Supprimer des difficultés, les obstacles. Supprimer un avantage. Supprimer la douleur, le mal.* ⇒ **arrêter, empêcher, inhiber.** « *En pleurant sur les malheureux, on ne supprime pas leur misère* » (Gide). ➡ Réduire considérablement. *L'avion supprime les distances.* ♦ Faire cesser d'être dans (un ensemble), avec (qqch.). ⇒ **ôter, retrancher.** *Il y a beaucoup à supprimer dans ce texte.* « *On avait copié le discours au château, en supprimant quelques passages* » (Chateaub.). ➡ *Supprimer qqch. à qqn. Supprimer le sel de son alimentation.* **3** *Supprimer qqn,* faire disparaître en tuant. ⇒ **éliminer, liquider.** ➡ pronom. Se tuer. ⇒ **se suicider.** *Il « a cru bon de se "supprimer"* » (Green). ✪ CONTR. Instituer, maintenir, proroger. Additionner, adjoindre. ① Faire, former.

suppurant, ante **adj.** – XIXe ▪ Qui suppure.

suppuratif, ive **adj.** – XIVe ; lat. ▪ Qui facilite l'écoulement du pus. ➡ subst. *Un suppuratif.*

suppuration **n. f.** – XIVe ▪ Production et écoulement de pus. ⇒ **pyorrhée.**

suppurer **v. intr.** [1] – XIIIe ; lat. *sub* et *pus* « pus » ▪ Laisser écouler du pus ; produire du pus. *La plaie suppure.*

supputation **n. f.** – XVIe ▪ Appréciation, estimation. *Ce ne sont que des supputations.*

supputer **v. tr.** [1] – XVIe ; lat. *sub* et *putare* « calculer » **1** Évaluer indirectement, par un calcul. « *la raison ose à peine supputer les sommes que représentent ces magnificences* » (Gaut.). ♦ Estimer la valeur de. **2** Évaluer empiriquement ; apprécier (les chances, la probabilité). ⇒ **examiner.** *Supputer ses chances.*

supra **adv.** – mot lat. « au-dessus » ▪ Sert à renvoyer à un passage qui se trouve avant, dans un texte. ✪ CONTR. Infra.

supra- Élément, du lat. *supra* « au-dessus, au-delà ».

supraconducteur, trice **adj.** et **n. m.** – 1964 ▪ Doué de supraconductivité. *Matériau supraconducteur.* ➡ **n. m.** *Les supraconducteurs à haute température.* ♦ Qui utilise la supraconductivité. *Électroaimant supraconducteur.*

supraconductivité **n. f.** – 1932 ▪ Phénomène par lequel la résistivité de certains matériaux, après avoir décru régulièrement à mesure que leur température s'abaissait, tombe brusquement à une valeur proche de zéro.

supranational, ale, aux **adj.** – 1911 ▪ Placé au-dessus des institutions nationales. *Organisme supranational.* ➡ *Décision supranationale.*

supranationalisme **n. m.** – 1964 ▪ Doctrine ou tendance à défendre ou privilégier les institutions supranationales.

supranationalité **n. f.** – 1963 ▪ Caractère de ce qui est supranational.

suprasegmental, ale, aux **adj.** – v. 1960 ▪ Se dit d'une caractéristique phonique affectant des unités plus longues que le segment. *L'intonation, l'accent et la durée sont des traits suprasegmentaux.* ✪ CONTR. Segmental.

suprasensible **adj.** – XIXe ▪ Qui n'est pas accessible aux sens ; qui est considéré comme supérieur à la réalité sensible. ⇒ **surnaturel.**

supraterrestre **adj.** – XIXe ▪ De l'au-delà. *Un monde supraterrestre.*

> ❑ Ne pas confondre ce mot à emploi philosophico-religieux et *extraterrestre* qui concerne la conquête de l'espace.

suprématie **n. f.** – XVIIe **1** Situation dominante, suprême (en matière politique, religieuse). ⇒ **hégémonie, prééminence.** **2** Supériorité active. « *ces questions de suprématie de races sont niaises et dégoûtantes* » (R. Rolland). *Exercer sa suprématie sur...*

> ❑ *Suprématie* vient de l'anglais *supremacy,* dérivé de *supreme* lui-même emprunté au français *suprême.*

suprême **adj.** et **n. m.** – XVe ; lat. *supremus,* superl. de *superus* → supérieur **I** **adj.** **1** Qui est au-dessus de tous, dans son genre, dans son espèce. ⇒ **supérieur.** *Autorité suprême.* ⇒ **souverain.** *Le chef suprême des armées.* ➡ *Le principe suprême.* ⇒ **divin.** ♦ Le plus élevé en valeur. *Bonheur suprême.* « *Se faire justice à soi-même, n'est-ce pas la suprême justice ?* » (Lamart.). ➡ Très grand. *Une suprême habileté.* ➡ loc. *Au suprême degré* : au plus haut, au dernier degré. **2** Le dernier (avec une idée de solennité ou de tragique). *Le moment, l'heure suprême,* de la mort. *Dans un suprême effort.* **II** **n. m.** Blancs de volaille préparés en chaud-froid. *Un suprême de volaille.* ♦ Filets de gibier, de poisson, servis avec un velouté à la crème *(sauce suprême).* ✪ CONTR. Inférieur, infime.

suprêmement **adv.** – XVIe ▪ Au suprême degré ; extrêmement. *La génération Louis XIII « suprêmement aristocratique, élégante, raffinée* » (Claudel).

① **sur** **prép.** – X^e ; lat. *super* ou *supra* **I** Marquant la position « en haut » ou « en dehors ». **1** *Poser un objet sur une table. S'asseoir sur une chaise. Le terrain sur lequel on a construit.* ⇒ **où.** *Sur les lieux. Marcher sur* (un chemin, une route, etc.). *Monter sur une bicyclette.* ➡ *Avoir un chapeau sur la tête.* « *Un énorme cheval brabançon... Sur ses pattes, comme une maison sur ses quatre murs* » (Michaux). *Se coucher sur le dos.* ➡ *Les uns sur les autres,* serrés, à l'étroit. ♦ Contre (une surface verticale). *La clé est sur la porte.* ➡ *Porter un pull sur un chemisier.* ⇒ ① **dessus** (par-dessus). ➡ *Sur soi* : avec soi, sur le corps, dans sa poche... *Je n'ai pas d'argent sur moi.* **2** *S'étendre sur...* : couvrir (telle distance). *Pièce de trois mètres sur cinq (3 × 5).* **3** *Frapper, peser, presser sur. Appuyer sur un bouton.* ➡ *Recevoir un coup sur la tête. Tomber sur qqch.* ➡ *Rejeter une faute sur qqn. Agir sur* (qqn, qqch.). ➡ *Peinture sur soie.* ➡ *Vérifier sur la carte.* ♦ En enlevant, en ôtant à (ce qui subit l'action). *Impôt sur le revenu. Retenue sur le salaire. Empiéter, mordre sur.* ➡ *Un jour sur deux. Une chance sur mille. Mériter dix sur dix* (note). **4** *Les ponts sur la Moselle.* ⇒ ② **dessus** (au-dessus de). *Se pencher sur qqch.* ♦ ⇒ **près.**

Bar-sur-Aube. Boulogne-sur-Mer. **5** *Sur votre droite.* ⇒ **à.** *Sur le côté. Vue sur la mer.* ➛ *Se jeter sur qqn. Revenir sur Paris.* ⇒ ① **vers.** ➛ *Elle va sur ses vingt ans :* elle va bientôt avoir vingt ans. **II - 1** *Juger les gens sur la mine. « Que le monde juge sur les faits »* (Stendh.). *Sur ses conseils.* ➛ *Sur un signe du chef, il obéit.* ♦ *Compter sur qqn, qqch. Jurer sur son honneur. Être cru sur parole.* ♦ *Prendre exemple sur qqn.* ♦ Relativement à (une matière, un sujet, un propos). ⇒ ① **de.** *Être fixé sur les intentions de qqn. Gémir sur ses malheurs. « abandonnez cette habitude de pleurer sur vous-même »* (Duras). *Sur ce sujet, sur ce point.* ➛ *Laisser qqn sur une mauvaise impression.* ➛ *Je suis sur ce travail depuis une semaine.* **2** Immédiatement après, à la suite de... *Sur le moment, sur l'heure.* ♦ ⇒ **après.** *« Il fumait cigarette sur cigarette »* (Simenon). *Il fait bêtise sur bêtise.* ➛ *SUR CE :* après quoi, là-dessus. *« Sur ce, nous allons vous laisser coucher »* (Huysm.). ♦ ⇒ **environ,** ① **vers.** *Sur les onze heures.* ➛ *Être sur le départ,* près de partir. **3** *Prendre l'avantage sur qqn. Victoire sur soi-même. Avoir des droits sur qqn.* **4** *Rester, se tenir sur la défensive. Être sur ses gardes, sur le qui-vive.* ➛ *Ne me parle pas sur ce ton.* ✪ CONTR. ② Dessous (au-dessous de), sous. — HOM. Sûr.

❑ On dit *vérifier un trajet sur une carte* mais *je l'ai lu dans le journal.*

② **sur, sure** adj. - XIIe ; germ. ▪ Qui a un goût acide, légèrement aigre. *Pommes sures. Soupe qui devient sure.* ⇒ **surir.** ✪ CONTR. Doux.

❑ Mot apparenté à l'anglais *sour* et à l'allemand *sauer.*

sur- Élément, du lat. *super,* employé au sens spatial ou temporel de « au-dessus » ou pour marquer l'excès. ⇒ **hyper-, super-, sus-.**

❑ Ne pas confondre la construction des mots composés avec *sur- (surchauffer)* et celle de leurs dérivés *(surchauffeur = surchauffer + -eur ;* même cas dans *surgélateur, surligneur).*

sûr, sûre adj. - XIe ; lat. *securus* « libre de souci » **1** Qui envisage (les événements) avec une confiance tranquille, sereine ; qui tient pour assuré (un événement). ⇒ **assuré, certain, convaincu.** *Être sûr du résultat.* loc. *Être sûr de son coup.* ➛ *Il n'est pas sûr d'y arriver.* ➛ *Ça y est, j'en étais sûr...* ♦ *Être sûr de qqn, d'un ami,* avoir confiance en lui, être assuré de sa fidélité. ➛ *SÛR DE SOI :* assuré de ce qu'on fera dans telle ou telle circonstance. Qui se comporte avec assurance. *« L'homme trop heureux, trop sûr de lui, est inhumain »* (Maurois). **2** Qui sait avec certitude, qui est assuré de ne pas se tromper. *Être sûr de qqch. En êtes-vous sûr ?* ➛ *SÛR QUE. Je suis sûr qu'il viendra.* ➛ fam. *J'en suis sûr et certain.* **3** Où l'on ne risque rien ; où une personne, une chose est à l'abri du danger (⇒ **sécurité, sûreté).** *Le quartier n'est pas très sûr, la nuit.* ➛ *C'est plus sûr :* cela constituera une sécurité. ➛ loc. *Le plus sûr :* le mieux, le parti le meilleur. **4** En qui l'on peut avoir confiance ; qui ne saurait décevoir, tromper. *Un ami sûr.* ⇒ **fidèle. 5** Sur quoi l'on peut compter. ⇒ **fiable, sérieux, solide.** *« cette époque fabuleuse où un homme prudent tablait sur des valeurs sûres »* (Mauriac). *De source sûre.* ♦ Qui produit les résultats escomptés. *Moyen sûr.* **6** Qui agit, fonctionne avec efficacité et exactitude, sans erreur. *« on reconnaît aisément la main sûre et savante d'un grand peintre »* (Dider.). ➛ *Une mémoire sûre.* ➛ Qui se fait avec assurance, exactitude. *Un diagnostic sûr.* **7** Dont on ne peut douter, dont on est convaincu ; qui est considéré comme vrai ou inéluctable. ⇒ **certain, exact, indubitable, vrai.** *Ce qui est sûr, c'est que je n'irai pas. Ce n'est pas si sûr. Rien n'est moins sûr :* c'est peu probable. ➛ fam. *Ça, c'est sûr.* ➛ loc. fam. *Bon sang, mais c'est bien sûr !* **8** loc. adv. *BIEN SÛR :* c'est évident, cela va de soi. *Bien sûr, vous serez rémunéré. Bien sûr que oui ; oui bien sûr.* ➛ *Bien sûr, on peut toujours dire que...* **9** loc. adv. pop. *POUR SÛR :* certainement. **10** adv. fam. Sûrement. *Tu crois qu'il viendra ? – Pas sûr...,* peut-être pas. ✪ CONTR. Méfiant, sceptique ; ① incertain. — Dangereux ; infidèle. Aventureux, illusoire. Douteux, ① faux, inexact. — HOM. Sur.

❑ L'accent remplace le *e* de l'ancien français *seur* plus proche du latin *securus.* → sécurité.

surabondance n. f. - XIVe ▪ Abondance extrême ou excessive. ⇒ **profusion.** *Surabondance de produits sur le marché.* ⇒ **pléthore.** *Une surabondance d'ornements.* ⇒ **débauche.** ➛ *« Les inconvénients de Madame de Chateaubriand, si elle en a, découlent de la surabondance de ses qualités »* (Chateaub.). ✪ CONTR. Insuffisance, pénurie.

surabondant, ante adj. - XIIe ▪ Qui existe en quantité plus grande qu'il n'est nécessaire. ⇒ **excessif, pléthorique.** *Production, récolte surabondante.* ✪ CONTR. Insuffisant.

surabonder v. intr. [1] - XIIe **1** Exister en quantité plus grande qu'il n'est nécessaire. *« un saucisson plat où le poivre surabonde »* (Gide). **2** *Surabonder de, en :* avoir en surabondance. ⇒ **regorger** (de). *La région surabonde de richesses.* ✪ CONTR. Manquer.

suractivé, ée adj. - 1939 ▪ Traité pour avoir une activité augmentée. *Sérum suractivé.*

suractivité n. f. - XIXe ▪ Activité supérieure à la normale.

surah n. m. - XIXe ; de *Surate,* centre textile de l'Inde ▪ Étoffe de soie croisée, légère et souple. *« des foulards et des surahs légers »* (Zola).

suraigu, uë [syʀegy] adj. - XVIIIe ▪ Très aigu. *Cri, son suraigu.* ⇒ **strident.** *« une voix cocasse et suraiguë qu'elle cherchait vainement à adoucir »* (Alain-Fourn.). ♦ *Angine suraiguë.*

❑ Pour le tréma du *ë* au féminin → aigu (rem.).

surajouter v. tr. [1] - XIVe ▪ Ajouter à (ce qui est déjà complet) ; ajouter après coup. ➛ pronom. *Un contretemps s'est surajouté à tous ces ennuis.* ⇒ se **greffer.**

suralimentation n. f. - XIXe **1** Alimentation plus riche, plus abondante que la ration d'entretien. **2** Introduction d'air à une pression supérieure à la pression atmosphérique dans un moteur à combustion interne. ✪ CONTR. Malnutrition, sous-alimentation.

suralimenter v. tr. [1] - XIXe **1** Alimenter (qqn, un animal) au-delà de la normale (⇒ **suralimentation).** ➛ *« ces dégoûts de gens gavés, suralimentés »* (Sarraute). **2** *Suralimenter un moteur.* ✪ CONTR. (du p. p.) Sous-alimenté.

suranné, ée adj. - XIIIe ; de *sur-* et *an* ▪ Qui a cessé d'être en usage, qui évoque une époque révolue. ⇒ **démodé, désuet, vieillot.** *Il a des idées surannées. « il a le style bon, bien qu'un peu suranné »* (Sainte-Beuve). ✪ CONTR. Actuel, ② neuf.

❑ Deux *n* comme dans tous les dérivés de *an.*

surarbitre n. m. - XVe ▪ Arbitre choisi pour trancher, en cas de contestation entre arbitres (cf. Tiers* arbitre).

surarmement n. m. - 1910 ▪ Armement excessif.

surarmer v. tr. [1] - 1938 ▪ Armer en excès. ➛ *Pays surarmé.*

surbaissé, ée adj. - XVIIe ▪ Se dit d'un arc ou d'une voûte dont la hauteur est inférieure à la moitié de l'ouverture. « *l'arche surbaissée d'un pont naturel* » (Lamart.). ➛ *Voiture surbaissée*, très basse. ✪ CONTR. Surhaussé ; surélevé.

surbaisser v. tr. [1] – XVIIe ▪ Rendre surbaissé. *Surbaisser une voûte.*

surboum [syʀbum] n. f. – 1947 ; de *sur(prise-partie)* et *boum*, var. de *boom* « fête d'une grande école » ▪ fam. et vieilli Surprise-partie. ⇒ ② **boum.**

surcapacité n. f. – 1966 ▪ Capacité de production supérieure aux besoins.

surcapitalisation n. f. – XIXe 1 Excès des ressources en biens de production par rapport aux besoins. ⇒ **surinvestissement.** 2 *Surcapitalisation boursière* : cours excessif d'un titre de société par rapport à sa valeur réelle ; différence entre ces deux valeurs.

surcharge n. f. – XVe **I** - 1 Charge ajoutée à la charge ordinaire. ♦ Surplus de poids imposé à un cheval. ⇒ **handicap.** ♦ *Surcharge de travail.* ⇒ **surcroît.** 2 Charge qui excède la charge permise. *Surcharge de bagages.* ⇒ **excédent.** 3 Le fait de surcharger, d'être surchargé. *Ascenseur en surcharge.* ➛ *Surcharge d'un générateur.* ♦ *Surcharge du foie en glycogène.* 4 Excès, surabondance. « *une langue très abstraite, compliquée à l'excès par la surcharge des significations* » (Valéry). ⇒ **pléthore.** **II** - 1 Mot écrit sur un autre mot. Mot écrit au-dessus d'un autre raturé. ⇒ **correction.** « *l'indéchiffrable gribouillis d'un papier noir de surcharges et de ratures* » (Courtel.). ♦ Inscription imprimée en recouvrant une autre. *Surcharge d'un timbre-poste.* 2 Morceau peint ou dessiné pardessus un autre comme retouche ou effet spécial.

surchargé, ée adj. – XVIe 1 Qui est trop chargé. *Un bateau « norvégien surchargé, qu'avait défoncé l'écluse »* (Céline). ➛ Qui comporte trop d'occupants. *Autobus surchargé. Classes surchargées.* ♦ Qui a trop d'ornements. 2 Qui a trop d'occupations, de travail. ➛ *Emploi du temps surchargé.* 3 Qui porte une surcharge. *Brouillons raturés et surchargés.*

surcharger v. tr. [3] – XIIe **I** - 1 Charger d'un poids qui excède la charge ordinaire ; charger à l'excès. ➛ Constituer une surcharge pour. ♦ Alourdir d'éléments inutiles. *Surcharger sa mémoire.* ⇒ **encombrer.** 2 Charger (qqn) à l'excès. ➛ *Être surchargé d'impôts.* ➛ *Être surchargé de travail.* **II** Faire une surcharge sur un texte, sur un dessin, etc. ✪ CONTR. Alléger, décharger.

surchauffe n. f. – XIXe 1 Opération qui consiste à chauffer la vapeur pour améliorer le rendement d'une machine à vapeur. ♦ État d'un liquide chauffé au-dessus de sa température d'ébullition sans qu'il se vaporise. 2 État de tension excessive dans l'activité économique.

surchauffé, ée adj. – XIXe 1 Se dit de l'air, d'un lieu chauffé ou chaud au-delà de ce qui convient. « *leurs hélices courbes brassaient l'air crémeux et surchauffé* » (Camus). 2 Exalté. *Une imagination, un esprit surchauffés.* ⇒ **survolté.**

surchauffer v. tr. [1] – XIXe ▪ Chauffer à l'excès. ♦ Réchauffer (ce qui était déjà chaud). *Surchauffer la vapeur d'eau pour en augmenter la tension* (⇒ **surchauffe**). ♦ Porter (un liquide) au-dessus de son point d'ébullition sans qu'il se vaporise.

surchauffeur n. m. – XIXe ▪ Appareil à surchauffer la vapeur.

> ❑ Il ne s'agit pas de *chauffeur*. → sur- (rem.).

surchoix n. m. et adj. – XIXe ▪ Premier choix, première qualité. *Viande de surchoix.* ➛ adj. *Un produit surchoix.* ⇒ **extra, supérieur.**

surclassement n. m. – 1990 ▪ Action de surclasser. *Surclassement d'une technique par une technique plus récente.*

surclasser v. tr. [1] – XIXe 1 Avoir une incontestable supériorité de classe sur. *Coureur qui en surclasse un autre.* 2 Être nettement supérieur à. ⇒ **dépasser, surpasser.** *Cette voiture surclasse les autres par sa puissance.*

surcompensation n. f. – 1957 1 Égalisation du rapport des charges et des recettes de plusieurs caisses. 2 Conduite par laquelle une personne, en réaction à un sentiment d'infériorité, réussit particulièrement dans le domaine qui lui semblait inaccessible.

surcomposé, ée adj. – XVIIIe ▪ *Temps surcomposé* : composé où l'auxiliaire est lui-même à un temps composé (ex. quand il a été parti).

surcompression n. f. – XIXe ▪ Augmentation de la compression d'un gaz, spécialt du mélange gazeux d'un moteur à explosion.

surcomprimer v. tr. [1] – 1964 ▪ Augmenter la compression de (un gaz déjà comprimé). ⇒ **compresseur.** ➛ *Moteur surcomprimé.*

surconsommation n. f. – 1955 ▪ Consommation excessive. *Surconsommation de médicaments.* ✪ CONTR. Sous-consommation.

surcontrer v. tr. [1] – 1932 ▪ Contrer (l'adversaire qui vient de contrer), au bridge.

surcostal, ale, aux adj. – XVIIIe ▪ Qui est situé sur les côtes. *Muscles surcostaux*, ou n. m. pl. *les surcostaux.*

surcot n. m. – XIIe ▪ Vêtement porté sur la cotte, au Moyen Âge.

surcouper v. intr. [1] – XIXe ▪ Aux cartes, Couper avec un atout supérieur à celui qui vient d'être joué.

surcoût n. m. – 1978 ▪ Coût supplémentaire, additionnel.

surcreusement n. m. – 1909 ▪ Creusement d'un fond de vallée au-dessous de son profil limite.

surcroît n. m. – XIIIe ▪ Ce qui apporte un accroissement, ce qui vient s'ajouter à ce que l'on a déjà. ⇒ **supplément, surplus.** *Il « regardait avec un surcroît d'inquiétude cet homme »* (Loti). *Un surcroît de travail.* ⇒ **surcharge.** ➛ loc. adv. DE SURCROÎT ; PAR SURCROÎT : en plus, en outre. *La plupart des révolutions « ont, de surcroît, pratiqué le régicide et le déicide »* (Camus).

> ❑ Un accent circonflexe sur le *î* (famille de *croître*).

surdéterminant, ante adj. – 1928 ▪ Qui produit une surdétermination ou qui y concourt.

surdétermination n. f. – 1906 1 Caractère d'une conduite déterminée par plusieurs motivations concourantes ; d'une image évoquée par des actions concourantes. 2 Fait qu'une formation de l'inconscient (rêve, fantasme, symptôme) renvoie à plusieurs facteurs déterminants. 3 Restriction du sens d'un terme par un contexte.

surdéterminé, ée adj. – 1913 ▪ Qui fait l'objet d'une surdétermination.

surdimensionné, ée adj. – 1979 ▪ Dont les dimensions sont plus grandes qu'il n'est nécessaire ; trop important. ⇒ **démesuré.**

surdimutité n. f. – XIXe ▪ État du sourd-muet.

surdité n. f. – XIVe ; lat. ▪ Affaiblissement ou perte complète du sens de l'ouïe (⇒ **sourd**). *Surdité partielle* (⇒ **hypoacousie ; malentendant**). *Surdité congé-*

nitale, entraînant la mutité. ⇒ **surdimutité.** ♦ *Surdité verbale :* impossibilité de comprendre le sens des mots dont on perçoit le son.

surdosage n. m. – 1964 ■ Dosage excessif, en particulier de médicaments.

surdose n. f. – 1974 ■ Dose excessive et dangereuse, voire mortelle **(⇒ overdose).**

surdoué, ée adj. et n. – 1975 ■ Qui est d'un niveau mental très supérieur à la moyenne (Q. I. supérieur à 170). *Enfant surdoué.* ➝ n. *Une surdouée.*

sureau n. m. – XIe ; lat. *sabucus* ■ Arbre ou arbrisseau *(caprifoliacées)* dont le bois très léger renferme un large canal médullaire et dont la fleur odorante donne des grappes de baies rouges ou noires. *Des sureaux.* « *Le sureau tend le cou pour le lait du couteau* » (Eluard). *Évider une tige de sureau pour faire une sarbacane.* ✪ HOM. Suros.

sureffectif n. m. – v. 1980 ■ Effectif trop important par rapport aux besoins.

surélévation n. f. – XIXe ■ Action de surélever ; accroissement en hauteur. ⇒ **exhaussement.**

surélever v. tr. [5] – XIVe **1** Accroître la hauteur de, donner plus de hauteur à. ⇒ **exhausser, hausser, surhausser.** *Surélever une maison d'un étage.* ➝ *Rez-de-chaussée surélevé,* qui n'est pas de plain-pied. **2** Mettre à un niveau plus haut. ⇒ **rehausser.** « *le patron, légèrement surélevé derrière son comptoir* » (Robbe-Grillet). ✪ CONTR. Abaisser.

surelle n. f. – XIIe ; de ② *sur* ■ région. Oseille.

sûrement adv. – XIe **1** littér. D'une manière sûre, sans prendre de risques. *Qui va lentement va sûrement.* **2** D'une manière sûre, qui ne saurait manquer. « *je n'aurais qu'à prendre des cartes, rien ne m'endort plus sûrement* » (Sév.). **3** D'une manière certaine, évidente. ⇒ **inévitablement.** *Cette femme assassinée* « *on allait sûrement l'identifier* » (Aragon). ➝ *Vous pensez venir nous voir ? – Sûrement !* ⇒ **assurément.** *Sûrement pas.* **4** De façon très probable. ⇒ **vraisemblablement.** *Ça lui plaira sûrement.*

❑ Un accent circonflexe sur le *û* (famille de *sûr*). ♦ *Sûrement que* est très négligé.

surémission n. f. – XIXe ■ Émission exagérée de billets de banque.

suremploi n. m. – 1963 ■ Utilisation excessive d'une ressource, en raison d'une insuffisance des moyens disponibles. *Le suremploi des équipements.* ➝ Emploi excessif de la main-d'œuvre disponible. ✪ CONTR. Sous-emploi ; chômage.

surenchère n. f. – XVIe **1** Enchère, offre d'un prix supérieur au prix déjà obtenu dans la vente ou l'adjudication d'un immeuble, d'un fonds de commerce. ⇒ **suroffre.** ♦ Enchère plus élevée que l'enchère précédente. **2** Promesse, offre supérieure. *La surenchère électorale. Faire de la surenchère. Il a compris* « *qu'à l'anarchie de surenchère* [...] *il fallait substituer des alliances entre les puissances productives* » (Aragon). ♦ Action de renchérir. *Une surenchère de violences, de menaces.* ⇒ **escalade.**

surenchérir v. intr. [2] – XVIe **1** Faire une surenchère, augmenter l'offre. **2** *Surenchérir sur qqn,* promettre, en faire plus que lui.

surenchérissement n. m. – XVIIIe ■ Nouveau renchérissement. ⇒ **renchérissement ; augmentation.** « *La hausse des salaires ne correspondant pas au surenchérissement de la vie* » (Goncourt).

surenchérisseur, euse n. – XIXe ■ Personne qui fait une surenchère dans une adjudication.

surencombré, ée adj. – v. 1970 ■ Très encombré. *Des rues surencombrées de voitures.*

surencombrement n. m. – 1901 ■ Encombrement extrême.

surendetté, ée adj. – 1985 ■ Endetté de manière excessive par rapport à ses ressources.

surendettement n. m. – 1985 ■ Endettement excessif.

surentraînement n. m. – XIXe ■ Entraînement exagéré, qui risque de surmener le sportif, le concurrent.

surentraîner v. tr. [1] – XIXe ■ Entraîner d'une manière trop poussée. ➝ *Cheval surentraîné.*

suréquipement n. m. – 1955 ■ Équipement supérieur aux besoins. ✪ CONTR. Sous-équipement.

suréquiper v. tr. [1] – 1964 ■ Pourvoir d'un suréquipement. ➝ *Armée suréquipée.*

surestarie n. f. – XVIIIe ; de *sur-* et *starie* ■ Dépassement du temps convenu **(⇒ starie)** pour le chargement ou le déchargement des marchandises d'un navire. Somme que l'affréteur doit payer à l'armateur en compensation de ce dépassement.

surestimation n. f. – XIXe ■ Le fait de surestimer ; son résultat. ⇒ **majoration ; surévaluation.** ✪ CONTR. Sous-estimation.

surestimer v. tr. [1] – XVIe **1** Estimer au-delà de sa valeur. *Surestimer les bénéfices d'une opération.* ➝ Évaluer au-delà de son prix réel. ⇒ **surévaluer. 2** Apprécier au-delà de son importance. ⇒ **exagérer.** *Surestimer ses possibilités.* ➝ pronom. Avoir une trop bonne opinion de soi. ✪ CONTR. Sous-estimer.

suret, ette adj. – XIIIe ■ Un peu aigrelet. ⇒ **acidulé.** *Pommes surettes.*

❑ Pas d'accent sur le *u* (famille de ② *sur*).

sûreté n. f. – XIIe **1** Ce par quoi une personne est rendue sûre de qqn ou de qqch. ; ce qui garantit qu'une chose est sûre. ⇒ **assurance, garantie.** ➝ Garantie fournie à un créancier pour le recouvrement de sa créance. ⇒ **gage, hypothèque, privilège, warrant. 2** État, situation d'une personne qui n'est pas en danger, qui ne risque rien. ⇒ **sécurité.** ➝ *Pour plus de sûreté, ferme la porte à clé.* ➝ *Sûreté individuelle,* garantie contre les arrestations, les détentions arbitraires **(⇒ habeas corpus).** « *Tout individu a droit à la vie, à la liberté et à la sûreté de sa personne* » (DÉCLAR. DR. HOM.). ♦ loc. *EN SÛRETÉ. Mettre qqn en sûreté,* à l'abri du danger. *Mettre qqch. en sûreté.* ➝ *DE SÛRETÉ :* qui est destiné à assurer une protection, à éviter un danger. *Chaîne de sûreté.* « *Ayant fermé sa porte à clef et poussé le verrou de sûreté* » (Maupass.). ♦ *Une sûreté :* un dispositif de sûreté. *Ce collier a deux sûretés.* **3** Situation d'un groupe social qui est à l'abri du danger. ⇒ **sécurité ; ordre.** *La sûreté publique. Attentat contre la sûreté de l'État.* ➝ *Maison de sûreté* (vx) : prison. *Période, peine de sûreté,* ne comportant aucune mesure de sortie ni de suspension de peine. **4** (En France) *Sûreté générale* (jusqu'en 1934), *nationale,* et *la Sûreté :* ancien service d'information et de surveillance policière. **5** Caractère de ce qui est sûr. *La sûreté des routes.* **6** Efficacité. *Sûreté de main.* « *Quelle fermeté, et en même temps quelle légèreté, sûreté, facilité de pinceau !* » (Dider.). **7** littér. Caractère d'une personne confiante, sûre d'elle. ⇒ **assurance.** « *Je ne vis là que sûreté de vous-même, sentiment de votre force et caprice* » (Barbey). ✪ CONTR. Danger, détresse, péril.

❑ Un accent circonflexe sur le *û* (famille de *sûr*).

surévaluation n. f. – 1964 ▪ Évaluation excessive. ⇒ **surestimation.**

surévaluer v. tr. [1] – 1935 ▪ Évaluer au-dessus de sa valeur réelle. *Surévaluer ses frais.* ➛ Évaluer au-dessus de sa valeur marchande. ⇒ aussi **surestimer.** *Une action surévaluée.* ✪ CONTR. Sous-évaluer.

❑ Ne pas confondre avec *survaloriser,* qui est d'ordre moral.

surexcitant, ante adj. – XIXe ▪ Qui surexcite. ⇒ **excitant.**

surexcitation n. f. – XIXe ▪ État d'excitation, de nervosité extrême. ⇒ **énervement, exaltation.** « *j'avais besoin d'air et d'une fatigue physique qui épuisât la surexcitation à laquelle j'étais en proie* » (Dumas). ✪ CONTR. Abattement, apaisement, ① calme.

surexcité, ée adj. – XIXe ▪ Qui est dans un état d'excitation, d'agitation extrême. *Les enfants étaient surexcités. Les esprits sont surexcités.* ⇒ **survolté.** ✪ CONTR. ② Calme.

surexciter v. tr. [1] – XIXe ▪ Exciter à l'extrême ; mettre dans un état d'exaltation, de nervosité extrême. *Le départ a surexcité les enfants.* ➛ Porter au paroxysme. « *aucun sous-entendu ne surexcitait la curiosité* » (Maupass.). ⇒ **exacerber, stimuler.** ✪ CONTR. Apaiser, calmer.

surexploiter v. tr. [1] – 1918 ▪ Exploiter outre mesure. ➛ *Terre surexploitée.*

surexposer v. tr. [1] – XIXe ▪ Exposer la surface sensible de (une pellicule photographique) plus longtemps que la normale ; donner un temps de pose anormalement élevé à. ➛ *Photo surexposée,* trop claire. ✪ CONTR. Sous-exposer.

surexposition n. f. – XIXe ▪ Fait de surexposer ; son résultat. ✪ CONTR. Sous-exposition.

surf [sœʀf] n. m. – 1961 ; mot angl. « déferlante » ▪ Sport d'origine polynésienne qui consiste à se maintenir en équilibre sur une planche portée par une vague déferlante. *Faire du surf.* ⇒ **surfer ; surfeur.** ➛ La planche elle-même. ♦ *Surf des neiges :* glisse pratiquée sur la poudreuse (⇒ aussi **monoski).**

surfaçage n. m. – 1933 ▪ Polissage d'une surface.

surface n. f. – XVIe 1 Partie extérieure (d'un corps), qui le limite en tous sens. ⇒ **face.** *La surface de la Terre. À la surface du sol.* « *La lune nulle part n'a sa surface unie* » (La Font.). ➛ Limite extérieure d'un liquide. *Poissons qui nagent en surface,* près de la surface. *Faire surface.* ⇒ **émerger.** loc. *Refaire surface :* réapparaître après une période d'absence ; fam. se remettre après une maladie, un choc psychologique. 2 Aspect apparent, directement accessible (opposé à *fond, profondeur*). ⇒ **dehors, ② extérieur, superficie.** *Rester à la surface des choses, en surface. Une politesse de surface.* « *modeste au fond, vantard en surface* » (Colette). 3 Étendue plane. ⇒ **aire.** ➛ Nombre qui la mesure. ⇒ **superficie.** *Cent mètres carrés de surface. Surface corrigée :* surface réelle d'un local, à laquelle on applique certains coefficients (situation, confort, etc.) et qui entre en compte dans le calcul du loyer. ♦ GRANDE SURFACE : magasin vendant de nombreux produits en libre service, sur une vaste superficie. ⇒ **hypermarché, supermarché.** ♦ fam. Moyens, crédit reconnu. « *De là une certaine "surface" due à ce que ses chèques étaient régulièrement payés à vue* » (J. Verne). *La surface médiatique de qqn.* 4 Ensemble des points du plan limités par une courbe fermée, dans $\mathbb{R}^2$. *Mesure d'une surface plane. Calculer la surface d'un triangle. Surface courbe :* ensemble des points qui limitent un volume dans $\mathbb{R}^3$. *La surface d'une sphère.* 5 Limite entre deux milieux physiques différents. *Surface de séparation.* ⇒ **interface.** *Tension de surface.* ⇒ **superficiel.** ✪ CONTR. Fond, profondeur.

❑ *Surface* est formé de *sur* et *face,* sur le modèle latin de *superficies* (de *super-* et *facies*) qui a donné le français *superficie.*

surfacer v. tr. [3] – 1933 ▪ Polir mécaniquement (une surface).

surfaceuse n. f. – 1933 ▪ Machine à surfacer.

surfacturer v. tr. [1] – 1921 ▪ Facturer à un prix supérieur au prix réel.

surfait, aite adj. – XIIe ▪ Qui est apprécié, estimé plus que de raison ; qui est inférieur à sa réputation. « *Irez-vous en Italie ? – C'est bien surfait* » (Anouilh). ✪ HOM. Surfaix.

surfaix n. m. – XVIe ▪ Pièce du harnais, sangle servant à maintenir une charge sur le dos d'une bête. ✪ HOM. Surfait.

surfer [sœʀfe] v. intr. [1] – 1964 ▪ Faire du surf.

surfeur, euse [sœʀfœʀ, øz] n. – 1970 ▪ Personne qui pratique le surf.

surfil n. m. – 1964 ▪ Action de surfiler. ⇒ **surfilage.**

surfilage n. m. – XIXe 1 Supplément de torsion donné au fil. 2 Surfil.

surfiler v. tr. [1] – XIXe 1 Passer un fil qui chevauche le bord de (un tissu) pour l'empêcher de s'effilocher. ➛ *Ourlet surfilé.* 2 Augmenter la torsion de (un fil) pour le rendre plus fin.

surfin, ine adj. – XIXe ▪ De la qualité la plus fine. ⇒ **superfin.** *Chocolats surfins.*

surfondu, ue adj. – XIXe ▪ En surfusion.

surfusion n. f. – XIXe ▪ État d'une substance qui reste liquide au-dessous de son point de solidification.

surgélateur n. m. – v. 1966 ▪ Appareil servant à la surgélation.

surgélation n. f. – 1948 ▪ Congélation rapide, à très basse température.

surgelé, ée adj. et n. m. – 1969 ▪ Qui a subi la surgélation. ➛ n. m. *Décongélation des surgelés.*

surgeler v. tr. [5] – 1960 ▪ Traiter par surgélation (un produit alimentaire). ⇒ **congeler.** ➛ *Poisson surgelé en mer.*

surgénérateur, trice adj. et n. m. – v. 1970 ▪ Qui produit plus de noyaux fissiles qu'il n'en consomme. *Réacteur surgénérateur,* ou n. m. *un surgénérateur.* ⇒ **surrégénérateur.**

surgeon n. m. – XIIIe ; de *sourdre,* d'apr. lat. *surgere* ▪ Drageon. *Surgeons d'un rosier.*

surgeonner v. intr. [1] – XVIe ▪ Pousser, produire des surgeons, des drageons. ⇒ **drageonner.**

surgir v. intr. [2] – XIXe ; lat. *surgere* « se lever, s'élever » 1 Apparaître ou naître brusquement en s'élevant, en sortant de. ⇒ **jaillir.** *Un avion a surgi des nuages.* ➛ Se montrer brusquement. *Elle « surgit de derrière la porte du vestibule, où apparemment elle était embusquée »* (Gide). 2 Se manifester brusquement. ⇒ **naître.** « *Des souvenirs lancinants surgissent de l'oubli* » (Mart. du G.). *Des difficultés surgissent de toutes parts.*

❑ *Surgir* est un doublet de *sourdre.*

surhaussé, ée adj. – XVIIe ▪ Dont la hauteur est supérieure à la moitié de l'ouverture. *Voûte, ogive surhaussée.* ✪ CONTR. Surbaissé.

surhaussement n. m. – XIXe ▪ Augmentation de la hauteur ; état de ce qui est surhaussé. ⇒ **surélévation.**

surhausser v. tr. [1] – XVIIe ▪ Surélever. ⇒ **exhausser.**

surhomme n. m. – XIXe ; all. *Übermensch* 1 Chez Nietzsche, Type d'homme supérieur que doit engendrer l'humanité. « *Le fascisme veut instaurer l'avènement du surhomme nietzschéen* » (Camus). 2 Être humain mythique, supérieur en tous genres à l'homme ordinaire. ⇒ **superman.** ♦ Homme supérieurement doué, génie qui semble dépasser les limites des facultés humaines. ⇒ **géant.** ✪ CONTR. Sous-homme.

❑ Ce mot est associé à l'œuvre de Nietzsche, qui l'avait lui-même emprunté à Goethe *(Faust)*.

surhumain, aine adj. – XVIe ▪ Qui, dans le monde humain, apparaît au-dessus des forces et des aptitudes normales. *Effort surhumain.* ➛ *Une mémoire surhumaine.* « *L'éclair de l'immense, quelque chose qui resplendit et qui est brusquement surhumain, voilà le génie* » (Hugo).

surhumanité n. f. – XIXe ▪ littér. Condition surhumaine, état du surhomme.

suri, ie adj. – XIXe ▪ Qui est devenu aigre. ⇒ ② **sur.** *Soupe surie.*

❑ Pas d'accent sur le *u* (famille de ② *sur*).

suricate n. m. – XVIIIe ; mot d'une langue d'Afrique du Sud ▪ Mammifère carnivore *(viverridés)* d'Afrique australe, voisin de la mangouste.

surimi n. m. – 1986 ; mot jap. ▪ Succédané de crabe ou de langouste, etc., à base de pâte de poisson aromatisée. *Bâtonnets de surimi.*

surimposer v. tr. [1] – XVIIe 1 Frapper d'un impôt supplémentaire, imposer à l'excès. ⇒ **surtaxer.** 2 *Cours d'eau surimposés,* creusés par épigénie.

surimposition n. f. – XVIIe 1 Surtaxe, surcroît d'impôt. 2 Épigénie.

surimpression n. f. – 1908 ▪ Impression de deux ou plusieurs images sur une même surface sensible.

surin n. m. – XIXe ; tsigane ▪ arg. vieilli Couteau, poignard. « *tuée à coups de surin par mon père* » (Hugo).

surinfection n. f. – 1926 ▪ Infection surajoutée, par des germes différents, survenant au cours d'une maladie infectieuse.

surintendance n. f. – XVIe ▪ Charge, fonction, résidence du surintendant. ➛ Direction, surveillance générale.

surintendant n. m. – XVIe ▪ Officier qui était chargé de la haute surveillance d'une administration, sous l'Ancien Régime. « *Fouquet, dernier surintendant des finances* » (Volt.).

surintendante n. f. – XVIIe 1 Femme du surintendant ; dame qui était placée à la tête de la Maison de la Reine. 2 Titre de la directrice d'une maison d'éducation de la Légion d'honneur. ♦ Assistante sociale exerçant dans une entreprise.

surintensité n. f. – 1909 ▪ Intensité anormalement forte (d'un courant).

surinvestissement n. m. – 1964 1 Investissement supérieur aux besoins réels. 2 Action de mettre trop d'énergie psychique dans (une activité, un objet déjà investi). « *les surinvestissements du paranoïaque le conduisent à déraisonner* » (Piaget).

surir v. intr. [2] – XVIIe ; de ② *sur* ▪ Devenir un peu aigre. ⇒ **aigrir.** *Ce vin a un peu suri.* ⇒ **suri.**

surjectif, ive adj. – mil. XXe ; d'apr. *bijectif* ▪ *Application surjective,* telle que tout élément de l'ensemble d'arrivée soit l'image d'au moins un élément de l'ensemble de départ.

surjet n. m. – XIVe ▪ Point serré servant à assembler deux lisières. *Point de surjet.* ♦ Suture réalisée au moyen d'un seul fil.

surjeter v. tr. [4] – XIIIe ▪ Coudre en surjet. *Machine à surjeter.* ➛ *Couture surjetée.*

sur-le-champ → **champ** (II, 2°)

surlendemain n. m. – XVIIIe ▪ Jour qui suit le lendemain (⇒ **après-demain).**

surligner v. tr. [1] – 1968 ▪ Recouvrir (une partie d'un texte) d'un trait de surligneur afin d'attirer l'attention.

surligneur n. m. – 1985 ▪ Marqueur à encre transparente et fluorescente.

❑ Pour la formation du mot → sur- (rem.).

surlonge n. f. – XIVe ▪ Morceau de l'échine du bœuf, utilisé surtout pour les ragoûts et les pot-au-feu. ⇒ **flanchet.**

surloyer n. m. – 1963 ▪ Somme versée par le locataire d'un appartement, en plus du loyer principal et des charges locatives.

surmédicaliser v. tr. [1] – 1976 ▪ Médicaliser à l'excès.

surmenage n. m. – XIXe ▪ Fait de surmener qqn, de se surmener. *Surmenage des écoliers.* ➛ Ensemble des troubles résultant d'un exercice excessif, d'un excès de travail.

surmené, ée adj. – XIIIe ▪ Fatigué à l'excès ; en état de surmenage. « *un avocat d'affaires surmené* » (Mauriac).

surmener v. tr. [5] – XIIe 1 Fatiguer outre mesure (un cheval, une bête de somme). *Les chevaux* « *je les surmène tellement, qu'il faut qu'ils crèvent ou qu'ils disent pourquoi* » (Gaut.). 2 Imposer un effort excessif à (qqn). ⇒ **éreinter, fatiguer.** ➛ *Son travail le surmène.* ➛ pronom. *Il se surmène trop.*

surmoi n. m. – 1923 ; all. *über* « au-dessus de » et *ich* « je, moi » ▪ Un des éléments de la structure psychique décrits par S. Freud, agissant inconsciemment sur le moi comme moyen de défense contre les pulsions susceptibles de provoquer une culpabilisation, et qui se développe dès l'enfance par intériorisation des exigences et des interdits parentaux. « *au-dessus du moi conscient, il y a le* surmoi, *une sorte de ciel habité par des idéaux, les principes moraux, la religion* » (Tournier).

❑ Le mot a été formé en allemand par Freud.

surmontable adj. – XVe ▪ Qu'on peut surmonter, dominer. *Difficultés difficilement surmontables.* ✪ CONTR. Insurmontable.

surmonter v. tr. [1] – XIIe 1 Être placé, situé au-dessus de. *La cheminée est surmontée d'une glace.* 2 Aller au-delà de, laisser derrière soi (ce qui constituait un obstacle) par un effort victorieux. ⇒ **triompher** (de), **vaincre.** « *avec du courage et de la probité, on surmonte toutes les épreuves* » (France). ♦ Vaincre, par un effort volontaire (une difficulté psychologique). ⇒ **dominer, maîtriser.** *Surmonter sa peur, sa timidité.* « *tu sais surmonter ta fierté pour faire ton devoir* » (Sand). 3 *SE SURMONTER* v. pron. Vaincre, dépasser par la volonté ses penchants. ⇒ se **dominer.** ➛ Pouvoir être surmonté.

surmortalité n. f. – 1947 ▪ Supériorité d'un taux de mortalité par rapport à un autre.

surmoulage n. m. – XVIIIe ■ Action de surmouler. ➛ Moulage pris sur un moulage.

surmoule n. m. – XIXe ■ Moule pris sur un moulage.

surmouler v. tr. [1] – XVIIIe ■ Mouler dans un moule obtenu sur un moulage (et non sur le modèle ou sur l'œuvre originale). ➛ *Statues, médailles surmoulées.*

surmulet n. m. – XIIIe ; de l'a. adj. *sor* « jaune brun » et ② *mulet* ■ Rouget de roche (Atlantique et Méditerranée), aux écailles roses.

surmulot n. m. – XVIIIe ■ Rat commun de grande taille appelé aussi *rat gris, rat d'égout.*

surmultiplication n. f. – 1932 ■ Dispositif d'un changement de vitesse qui permet d'obtenir une vitesse surmultipliée. ⇒ **overdrive.**

surmultiplié, iée adj. – av. 1947 ■ Se dit d'un dispositif permettant de donner à l'arbre de transmission une vitesse supérieure à celle du moteur (opposé à *démultiplié, en prise directe*). *Vitesse surmultipliée,* ou n. f. *la surmultipliée.*

surnager v. intr. [3] – XIVe **1** Rester à la surface d'un liquide, surtout en parlant de ce qui pourrait couler ou se dissoudre. « *une couche de naphte liquide, qui surnageait à la partie supérieure du courant* » (J. Verne). **2** Subsister, se maintenir (parmi ce qui disparaît). « *Chaque souvenir qui surnageait de mon passé* » (Giraud.). ✪ CONTR. Enfoncer, ① noyer, plonger.

surnatalité n. f. – 1966 ■ Taux de natalité supérieur à l'accroissement des biens de consommation.

surnaturel, elle adj. et n. m. – XVIe **I** adj. **1** D'origine divine. *Impulsion surnaturelle.* ⇒ **grâce.** *Événement surnaturel.* ⇒ **miracle. 2** Qui ne s'explique pas par les lois naturelles connues. ⇒ **extraordinaire, magique.** « *le monde surnaturel, habité par ces déités impalpables* » (Baudelaire). **3** Qui semble inexplicable, trop grand, trop intense pour être naturel. ⇒ **fabuleux.** *Une beauté surnaturelle.* **II** n. m. **1** La grâce. **2** Le sacré, le religieux ; la magie. *Croire au surnaturel.* ✪ CONTR. Naturel ; commun.

surnom n. m. – XIIIe **1** Nom ajouté, lorsqu'il ne s'agit pas du nom de famille, du nom patronymique. « *son plus jeune fils, qui mérita le surnom de Hardi* » (Michelet). **2** Désignation caractéristique que l'on substitue au véritable nom (d'une personne). *Surnom plaisant, moqueur.* ⇒ **sobriquet.**

surnombre n. m. – XIXe ■ rare Quantité qui dépasse un nombre fixé. ➛ loc. cour. EN SURNOMBRE : en excédent, en trop par rapport à un nombre prévu, fixé.

surnommer v. tr. [1] – XIIe ■ Désigner par un surnom. « *on surnomme votre père "le Maître de Santiago"* » (Montherl.). ➛ *Louis XIV, surnommé le Roi-Soleil.* ⇒ **dit.**

surnuméraire adj. et n. – XVIe ; lat. *numerus* « nombre » **1** Qui est en surnombre, en trop. *Doigt surnuméraire* (⇒ **polydactylie**). **2** Se disait d'employés de grade inférieur, non titularisés. n. *Les surnuméraires.*

suroffre n. f. – XIXe ■ Offre supérieure à une offre précédente. ⇒ **surenchère.**

suroît n. m. – XVe ; norm. **1** Vent du sud-ouest. « *Le suroît qui pousse les lames un peu obliquement contre la falaise édentée* » (Gracq). **2** Chapeau imperméable dont le bord descend en arrière sur la nuque.

> ❑ *Suroît* est l'altération orale de *sud-ouest, sud* étant prononcé *sur* d'après *nord* dans *noroît.*

suros [syʀo] n. m. – XIIe ; de *sur-* et *os* ■ Tumeur osseuse du canon du cheval. ⇒ **exostose.** ✪ HOM. Sureau.

suroxyder v. tr. [1] – XIXe ■ Oxyder au maximum ; transformer (un oxyde) en peroxyde. ⇒ **peroxyder.**

surpassement n. m. – 1931 ■ Action de (se) surpasser. « *ce surpassement de soi qu'obtient la volonté tendue* » (Gide). ⇒ **dépassement.**

surpasser v. tr. [1] – XIVe ■ Faire mieux que. *Surpasser qqn.* ⇒ **dépasser, distancer, dominer.** *Il est grand « pour avoir surpassé tous les vainqueurs qui le précédèrent »* (Chateaub.). *Surpasser en habileté, en connaissance.* ⇒ **surclasser.** ♦ SE SURPASSER v. pron. Faire mieux qu'à l'ordinaire. « *Pourvu d'un adversaire à sa mesure, mon père s'était surpassé* » (Duham.).

surpayer v. tr. [8] – XVIe **1** Payer (qqn) au-dessus du salaire habituel, légal, ou de ce qu'il mérite. **2** Acheter (qqch.) trop cher. *Une maison qu'il a surpayée.* ✪ CONTR. Sous-payer.

surpeuplé, ée adj. – XIXe ■ Se dit d'une région où la population est trop nombreuse. ♦ Où les occupants sont trop nombreux. « *un travail d'assistance préventive dans les quartiers surpeuplés* » (Camus). ✪ CONTR. ① Désert, sous-peuplé.

surpeuplement n. m. – 1909 ■ État d'une région surpeuplée (⇒ **surpopulation**) ; d'un local surpeuplé. ✪ CONTR. Sous-peuplement.

surpiqûre n. f. – 1965 ■ Piqûre apparente, le plus souvent décorative, sur la couture d'un vêtement, d'un objet en cuir. *Sac à surpiqûres.*

surplace ou **sur-place** → **place** (II, 1°)

surplis n. m. – XIIe ; lat. *superpellicium* « ce qui est sur la pelisse » ■ Vêtement de lin à manches larges, que les prêtres portent sur la soutane, et qui descend à mi-jambe. ⇒ ① **rochet.**

> ❑ Attention au *s* final : *surplis* n'est pas de la famille de *pli.*

surplomb [syʀplɔ̃] n. m. – XVIIe ■ Partie qui surplombe, est en saillie par rapport à la base. ➛ EN SURPLOMB. *Mur en surplomb,* qui penche. *Ascension d'une paroi en surplomb. Falaise en surplomb,* dont la base est creusée par l'action des vagues.

surplombant, ante adj. – XIXe ■ Qui surplombe.

surplombement n. m. – XVIIe ■ Fait de surplomber, d'être en surplomb.

surplomber v. [1] – XVIIe ; de *sur-* et *plomb* **1** v. intr. Dépasser par le sommet la ligne de l'aplomb. *Mur qui surplombe.* **2** v. tr. Dominer en se trouvant au-dessus et en surplomb ; faire saillie au-dessus de. *Les rochers qui surplombent la mer.* « *des boursouflures mauves surplombaient des pommettes vermiculées de couperose* » (Mart. du G.).

surplus n. m. – XIe **1** Ce qui excède la quantité voulue. ⇒ **excédent, excès.** « *il ne pouvait payer seul la dépense, elle complétait le surplus* » (Flaub.). *En surplus.* ⇒ **supplément.** ♦ Excédent de l'offre par rapport à la demande, conduisant à une baisse des prix (⇒ aussi **surproduction**) ; stock constitué par cet excédent. ➛ *Surplus américains :* stocks de matériel militaire écoulés après la guerre de 1939-1945. **2** loc. adv. AU SURPLUS : au reste, de plus, mais aussi. « *encore l'écouter jérémiader au surplus, c'était vraiment trop* » (Céline). **3** Gain de productivité. *Comptes de surplus,* qui mesurent ce gain de productivité.

surpoids n. m. – XVIe ■ Poids excessif ; surplus de poids.

surpopulation n. f. – 1910 ■ Population trop nombreuse par rapport à l'accroissement de la production, ou par rapport aux capacités d'accueil. ⇒ **surpeuplement.**

surprenant, ante adj. – XVIIe **1** Qui surprend, étonne. ➛ *Apparition surprenante.* ⇒ **inattendu, inopiné.** ➛ ⇒ **déconcertant, saisissant.** *Nouvelle surprenante.* Ça, *c'est surprenant.* ⇒ **bizarre.** 2 Remarquable, étonnant. « *Ses progrès en musique ont été surprenants* » (Gide). *Il n'est pas surprenant qu'il ait échoué.*

surprendre v. tr. [58] – XIIe 1 Prendre sur le fait. « *Il avait surpris un soir les deux amoureux derrière une meule* » (Zola). 2 Découvrir (ce que qqn cache). « *Ils s'imaginent avoir surpris un secret* » (Hugo). ♦ Apercevoir, déceler (une chose fugitive). « *elle surprenait* [...] *une expression sauvage dans ses traits* » (Green). ♦ pronom. *SE SURPRENDRE À :* constater soudain qu'on fait (ce qu'on ne pensait pas, ce qu'on ne voulait pas faire). « *Je me surprends quelquefois à pleurer comme un enfant* » (Rouss.). 3 Prendre (qqn) au dépourvu. ➤ Se présenter inopinément à, chez (qqn). spécialt Attaquer par surprise. *Surprendre l'ennemi.* ♦ *La pluie m'a surpris.* ➤ *SE LAISSER SURPRENDRE. Il est* « *humiliant de se laisser surprendre par les événements* » (Green). 4 Frapper l'esprit de (qqn). ⇒ **déconcerter, étonner.** « *je vais peut-être vous surprendre, mais il y a une âme sous votre petite queue de cheval* » (Anouilh). ♦ *ÊTRE SURPRIS :* être frappé ou troublé, faute de préparation, d'imagination. ⇒ **étonné, stupéfait.** *Elle* « *fut surprise du ton calme dont elle parlait* » (Green). ➤ *Être agréablement, désagréablement surpris.* ➤ « *Je ne serais pas surpris qu'un de ces jours il me confie un poste plus important* » (Simenon).

surpression n. f. – XIXe ▪ Pression supérieure à la normale. *Surpression pulmonaire.*

surprime n. f. – XIXe ▪ Prime supplémentaire demandée par l'assureur pour couvrir un risque exceptionnel. ⇒ aussi **malus.** *Une surprime jeune conducteur.*

surpris, ise → **surprendre**

surprise n. f. – XIIIe 1 vx Action par laquelle on prend ou l'on est pris à l'improviste. « *La Surprise de l'amour* », *comédie de Marivaux.* 2 *PAR SURPRISE :* par une attaque brusque, à l'improviste. « *je ne pouvais réussir qu'en attaquant Bill par surprise* » (Maurois). 3 État d'une personne surprise, émotion provoquée par qqch. d'inattendu. ⇒ **étonnement ; stupeur.** « *à vous le plaisir de la surprise* » (Mol.). *Un effet de surprise. Quelle n'a pas été sa surprise de constater que* (et indic.). *Surprise agréable, désagréable. Cri, exclamation de surprise. À ma grande surprise... Ne pas revenir de sa surprise.* 4 Ce qui surprend ; chose inattendue. « *le monde et l'homme sont médiocres, transparents, sans surprises* » (Sartre). *Une mauvaise surprise l'attend.* ♦ (deuxième élément de subst. comp.) Inattendu, soudain, brusque. *Attaque-surprise, visite-surprise.* 5 Plaisir ou cadeau fait à qqn de manière à le surprendre agréablement. *Apporter une petite surprise à qqn. Ne regardez pas encore, c'est une surprise.*

surprise-partie n. f. – XIXe ; angl. *surprise party* ▪ vieilli 1 Réunion de personnes qui s'invitent (en principe à l'improviste) chez qqn. 2 Soirée ou après-midi dansante de jeunes gens, qui a lieu chez l'un d'entre eux. ⇒ ② **boum, surboum.** « *C'était l'époque des "surprises-parties"* » (Tournier).

surproducteur, trice adj. – 1963 ▪ Qui produit en excès. *Pays surproducteurs.*

surproduction n. f. – XIXe ▪ Production excessive par rapport à la demande solvable ; son résultat (⇒ **surplus**). *Surproduction agricole, laitière.* ✪ CONTR. Sous-production.

surproduire v. tr. [38] – XIXe ▪ Produire en excès.

surprotecteur, trice adj. – v. 1970 ▪ Se dit de qqn qui protège excessivement, manifeste une attention excessive.

surprotection n. f. – 1966 ▪ Manifestations excessives d'amour parental et de protection.

surprotéger v. tr. [6] et [3] – 1970 ▪ Manifester une attention excessive pour protéger à l'excès (⇒ **surprotecteur, surprotection**).

surpuissant, ante adj. – v. 1968 ▪ Très puissant. *Moteur surpuissant.*

surqualifié, iée adj. – v. 1970 ▪ Qui a un niveau de qualification trop élevé par rapport au travail à effectuer. ✪ CONTR. Sous-qualifié.

surréalisme [syʀʀealism] n. m. – 1917 ▪ Ensemble de procédés de création et d'expression utilisant toutes les forces psychiques (automatisme, rêve, inconscient) libérées du contrôle de la raison et en lutte contre les valeurs reçues ; mouvement intellectuel révolutionnaire affirmant la supériorité de ces procédés. « *Manifeste du surréalisme* », *d'A. Breton.* « *Le surréalisme* [...] *travaille à mettre au jour la conscience profonde de l'homme* » (Eluard). ✪ CONTR. Naturalisme, réalisme ; rationalisme.

❑ La création du mot est attribuée à Apollinaire (*Les Mamelles de Tirésias, drame surréaliste*).

surréaliste [syʀʀealist] adj. et n. – 1917 1 Du surréalisme. ➤ *Peintre, poète surréaliste.* n. *Les surréalistes.* 2 fam. Se dit de ce qui évoque l'art surréaliste (par l'étrangeté, la bizarrerie).

surrection n. f. – XIIe ; lat. *surgere* « surgir » ▪ Le fait de se soulever ; soulèvement lent et progressif d'une zone de l'écorce terrestre. ✪ CONTR. Subsidence.

surréel, elle adj. – 1928 ▪ Qui est au-delà du réel. ➤ subst. *Le surréel.*

surrégénérateur [syʀʀeʒeneʀatœʀ] n. m. – v. 1970 ▪ Réacteur surgénérateur.

surrégime [syʀʀeʒim] n. m. – 1974 ▪ Régime (d'un moteur) supérieur à celui pour lequel il a été prévu. *Tourner en surrégime.* ➤ Activité excessive, trop rapide.

surrénal, ale, aux [sy(ʀ)ʀenal, o] adj. – XVIIIe ▪ Placé au-dessus du rein. *Région surrénale.* ➤ *Capsules, glandes surrénales,* et n. f. *les surrénales :* glandes endocrines situées sur le sommet des reins. ➤ Relatif aux glandes surrénales. *Artère surrénale.*

surrénalite n. f. – 1923 ▪ Inflammation des glandes surrénales.

surréservation n. f. – 1973 ▪ Réservation de places (transports, hôtels, spectacles) en surnombre par rapport au nombre de places réelles.

sursalaire n. m. – 1925 ▪ Supplément au salaire normal.

sursaturant, ante adj. – 1964 ▪ Qui cause la sursaturation. *Vapeur sursaturante.*

sursaturation n. f. – XIXe ▪ État de faux équilibre d'une solution contenant une quantité de substance dissoute supérieure à celle qui est normalement nécessaire à la saturation de la solution.

sursaturé, ée adj. – XVIIIe 1 Qui est dans un état de sursaturation. ➤ *Air sursaturé en vapeur d'eau.* 2 littér. Saturé à l'extrême. « *Mathieu était sursaturé de réalité, de vérité* » (Sartre).

sursaut n. m. – XIIe 1 loc. adv. *EN SURSAUT :* d'une manière brusque, par un mouvement brusque (avec une idée de surprise et d'émotion). *S'éveiller en sursaut.* 2 Mouvement involontaire par lequel on se dresse brusquement (⇒ **haut-le-corps**). « *Le sous-chef eut un sursaut et étouffa mal une exclamation* » (Courtel.). 3 En athlétisme, Petit rebondissement fautif à la réception d'un saut. 4 Regain subit (d'un sentiment conduisant à une réaction vive). *Dans un dernier sursaut.* ⇒ **effort.** 5 Brève émission du rayonnement d'un astre.

sursauter v. intr. [1] – XVIe ■ Avoir un mouvement brusque, un sursaut. ⇒ **tressauter.** *Sursauter de frayeur.*

sursemer v. tr. [5] – XVIe ■ Semer dans une terre déjà ensemencée.

surseoir [syʀswaʀ] v. tr. ind. [26] ; fut. *je surseoirai,* condit. *je surseoirais* – XIe ; de *sur-* et *seoir,* d'apr. lat. *supersedere* ■ dr. ou littér. *SURSEOIR À :* attendre l'expiration d'un délai pour procéder à. ⇒ ② **différer, remettre ; sursis.** *Surseoir à l'exécution, aux poursuites. Surseoir à juger.*

sursis n. m. – XIIIe 1 Ajournement, remise à une date postérieure. *Sursis à l'exécution des peines.* ➙ *Trois ans de prison avec sursis.* ➙ *Sursis d'appel, d'incorporation :* report d'incorporation (⇒ **sursitaire).** « *il bénéficiait d'un sursis en raison de ses études* » (Aragon). 2 Délai par lequel on sursoit à qqch. « *Un sursis de départ de deux jours* » (Loti). ◆ Période de répit, délai. « *un mort en sursis* » (Mart. du G.).

> ❑ *Sursis* est la substantivation du participe passé de *surseoir.*

sursitaire adj. et n. – 1923 ■ Qui bénéficie d'un sursis, notamment d'un sursis d'incorporation. *Étudiant sursitaire.* ➙ n. *Un sursitaire.*

sursoufflage n. m. – v. 1960 ■ Alimentation forcée en air soufflé des convertisseurs, lors de l'affinage de l'acier.

surstock n. m. – v. 1970 ■ Stock en excédent par rapport à un quota habituel, à une demande.

surtaxe n. f. – XVIIIe 1 Taxe excessive illégale. 2 Majoration d'une taxe ; droit perçu en même temps qu'une autre taxe. *Surtaxe pour affranchissement insuffisant. Surtaxes locales,* pour le remboursement des emprunts des collectivités locales.

surtaxer v. tr. [1] – XVIe 1 Taxer excessivement. 2 Frapper d'une surtaxe (2°).

surtension n. f. – 1907 1 Élévation, supérieure à la normale, de la différence de potentiel appliquée à un appareil. ⇒ **survoltage.** 2 littér. Tension extrême. « *Cette surtension d'esprit* » (Gido).

surtoilé, ée adj. – 1985 ■ Se dit d'un voilier muni d'une surface de voile supérieure à la normale.

surtondre v. tr. [41] – XVIIIe ■ Couper les extrémités de (la laine, le poil), après le lavage des peaux.

① **surtout** adv. – XVIe 1 vieilli Par-dessus tout, plus que tout autre chose. « *J'aime surtout les vers* » (Muss.). ◆ (renforçant un conseil, un ordre...) *Surtout soyez prudents. N'entrez surtout pas.* « *Évite surtout de brûler les feux rouges* » (Simenon). 2 Plus particulièrement. « *son cortège d'admirateurs, et surtout de femmes* » (Ste-Beuve). ➙ *Il aime le sport, surtout la boxe.* ⇒ **particulièrement, spécialement.** 3 fam. (critiqué) *SURTOUT QUE... :* d'autant plus que. « *On ne fait pas du pré dans une baissière en pleins bois, surtout que le fond est gras* » (Aymé).

② **surtout** n. m. – XVIIe ■ Pièce de vaisselle ou d'orfèvrerie décorative, qu'on place sur une table. ⇒ **milieu** (de table). « *Un admirable surtout d'argent mat, dont les ciselures luisaient* » (Zola).

survaleur n. f. – XVIIe 1 didact. Valeur excessive attribuée à qqch. 2 Plus-value résultant de variables n'ayant pas de réalité comptable. *Survaleur immobilière d'un quartier.*

survaloriser v. tr. [1] – 1972 ■ Valoriser avec excès. *Survaloriser un collaborateur.* ➙ *Une idée survalorisée.*
✪ CONTR. Dévaloriser.

> ❑ Ne pas confondre avec *surévaluer,* qui a un sens concret et mesurable.

surveillance n. f. – XVIIe 1 Le fait de surveiller ; ensemble des actes par lesquels on exerce un contrôle suivi. ⇒ ① **garde, inspection, vigilance.** *Déjouer, tromper la surveillance du gardien. Laisser un enfant sans surveillance. Être sous la surveillance de la police.* ➙ *La surveillance des travaux. La surveillance de l'étude.* ➙ *Surveillance militaire.* ⇒ **faction, guet, sentinelle.** *Ronde de surveillance.* ⇒ **patrouille.** *Régime de surveillance policière.* ⇒ fam. et péj. **flicage.** *Société de surveillance. Surveillance à distance.* ⇒ **télésurveillance, vidéosurveillance.** ➙ (En France) *Direction de la surveillance du territoire (D. S. T.),* chargée de la répression de l'espionnage. ➙ *Surveillance électronique :* surveillance médicale grâce à un appareillage électronique qui contrôle certaines fonctions importantes. 2 Situation d'une personne surveillée. *Être, rester en surveillance à l'hôpital.* ⇒ **observation.**

surveillant, ante n. – XVIe 1 Personne qui surveille ce dont elle a la responsabilité, la charge. ⇒ ② **garde, gardien.** ➙ *Surveillants d'établissement pénitentiaire.* ⇒ **garde-chiourme, gardien,** arg. **maton.** ◆ Agent qualifié chargé de surveiller des travaux. *Surveillant de travaux* (⇒ aussi **conducteur),** *de mine* (porion). 2 Personne chargée de la discipline, dans un établissement d'enseignement, une communauté. « *On demandait des surveillants pour la rentrée* » (Montherl.). ⇒ fam. ① **pion.** ➙ *La surveillante,* qui dirige les infirmières, surveille la bonne marche d'un service hospitalier. ◆ *Surveillant(e) général(e),* qui était chargé(e) de l'administration intérieure, de la discipline, etc., dans un établissement d'enseignement (arg. scol. *surgé*). ⇒ ② **conseiller** (d'éducation).

surveillé, ée adj. – XVIIIe ■ *Liberté surveillée :* situation des délinquants qui doivent se présenter régulièrement à la police pour rendre compte de leurs activités.

surveiller v. tr. [1] – XVIe ; de *sur-* et *veiller* 1 Observer avec une attention soutenue, de manière à exercer un contrôle, une vérification. ⇒ **contrôler, examiner.** ◆ *Surveiller qqn,* observer son comportement pour vérifier qu'il ne manque pas à son devoir, pour l'empêcher de mal faire. « *Le chef de rayon sur le dos à vous surveiller* » (Aymé). ➙ Avoir autorité pour contrôler. *Surveiller des élèves. Surveiller un prisonnier.* ⇒ **garder** (à vue). ➙ Veiller avec attention et autorité sur. *Surveiller des enfants.* ⇒ **garder.** ◆ *Surveiller qqch.* ⇒ **contrôler, inspecter.** *Surveiller des réparations, la construction d'une maison. Surveiller la cuisson du rôti.* 2 Observer attentivement, fixer son attention sur, pour éviter ou prévenir un danger, une action. ⇒ **observer ; veiller.** « *Elle surveille du coin de l'œil l'invité* » (Queneau). *Surveiller ses bagages. Le chat surveille sa proie.* ⇒ ② **épier, guetter.** 3 Exercer une surveillance policière ou militaire sur (qqn, qqch.), par l'observation, les moyens de défense ou de répression. ⇒ **guetter.** 4 Être attentif à (ce que l'on fait, ce que l'on dit). *Surveiller son langage.* ➙ *Surveiller sa ligne.* ◆ *SE SURVEILLER* v. pron. Être attentif à ce qu'on dit, à ce qu'on fait. ⇒ **s'observer.** « *Je commence à prendre du ventre. Faut que je me surveille* » (Romains).

survenance n. f. – XVe ■ dr. Le fait de survenir. ⇒ **apparition, création.**

> ❑ Ne pas confondre avec *survenue,* terme littéraire.

survenir v. intr. [22] – XIIe 1 vx ou dr. *SURVENIR À :* venir après, par surcroît, s'ajouter à. « *Les améliorations survenues à l'immeuble* » (CODE CIV.). 2 Arriver, venir à l'improviste, brusquement. *Changements qui surviennent dans une société.* ⇒ **apparaître,** se **manifester,** se **produire.** *Quand survint l'orage.* ➙ impers. *S'il survenait un témoin.* ⇒ se **présenter.**

survente n. f. – XVIIe ▪ Vente à un prix trop élevé. « *la survente des vieux brouillons* » (Bloy).

survenue n. f. – XVe ▪ littér. Action de survenir. *La survenue d'un accident.*

❑ Ne pas confondre avec *survenance*, terme de droit.

surveste n. f. – 1985 ▪ Veste large qui se porte sur une autre veste. *Tailleur et surveste assortis.*

survêtement n. m. – XVIIe ▪ Blouson, pantalon molletonné que les sportifs passent sur leur tenue de sport lorsqu'ils interrompent leurs exercices. ♦ Vêtement de sport ou de détente, composé d'un blouson (ou d'un sweat-shirt) et d'un pantalon. ⇒ **jogging, training.** ➛ abrév. fam. SURVÊT [syʀvɛt].

survie n. f. – XVIIe 1 dr. État d'une personne qui survit à qqn. 2 Vie après la mort (dans les croyances religieuses). ➛ « *nous causons de la survie par le livre* » (Goncourt). ⇒ **immortalité.** 3 Le fait de survivre, de se maintenir en vie. *Chances de survie d'un blessé.* ➛ *Table de survie :* tableau statistique établi d'après la table de mortalité, qui donne, dans un pays, le nombre de personnes en vie par âge. ♦ *La survie d'une entreprise.*

survirage n. m. – 1964 ▪ Fait de survirer.

survirer v. intr. [1] – 1964 ▪ Déraper par l'arrière, l'axe médian du véhicule s'orientant vers l'intérieur du virage (opposé à *sous-virer*).

survitrage n. m. – 1975 ▪ Seconde vitre placée sur une autre en ménageant un espace qui améliore l'isolation.

survivance n. f. – XVIe 1 littér. Survie (2°). 2 Ce qui survit, ce qui subsiste d'une chose disparue. ⇒ **vestige.** *Ce sens est une survivance du passé* (⇒ **archaïsme**). 3 littér. Le fait de continuer à vivre, de se maintenir en vie. ⇒ **survie** (3°). « *la survivance de cette race et la conservation de cette cité* » (Péguy).

survivant, ante adj. et n. – XIIe 1 Qui survit à qqn, à d'autres. *L'époux survivant.* ➛ n. « *dans notre contrat de mariage* [...] *la totalité est au dernier survivant* » (Queneau). 2 Qui survit à l'époque, à la société à laquelle il appartenait. ♦ Qui subsiste. « *fragment survivant d'une vie disparue* » (Proust). 3 Qui a échappé à la mort là où d'autres ont péri. ⇒ **rescapé.** ➛ n. *Aucun survivant parmi les passagers de l'avion.*

survivre v. [46] – XIe I v. tr. ind. SURVIVRE À. 1 Demeurer en vie après la mort de (qqn). « *je ne vous survivrai pas d'une heure* » (Stendh.). ♦ Vivre encore après (un temps révolu, une chose passée, disparue). *Survivre à une époque, à une génération.* ➛ « *Un poète mort jeune à qui l'homme survit* » (Muss.). 2 Exister encore après que qqn, qqch. a disparu ; durer plus longtemps que. « *Le meilleur moyen de triompher de son adversaire, c'est de lui survivre* » (Colette). *L'œuvre d'art survit à l'artiste.* 3 Continuer à vivre après (une chose insupportable). *Survivre à la honte, à l'humiliation.* 4 Échapper à (une mort violente et collective). *Survivre à une catastrophe* (⇒ **survivant**). ♦ Résister à (ce qui menace). *Leurs coutumes ont survécu à l'urbanisation.* II v. intr. 1 Continuer à vivre après une cause de mort, rester en vie. *La force de survivre.* 2 *Rien n'a survécu de cette civilisation.* ⇒ se **conserver, demeurer, subsister.** III SE SURVIVRE v. pron. 1 Vivre après sa mort (dans qqn, qqch. qui perpétue le souvenir). *Se survivre dans ses enfants.* ⇒ se **perpétuer.** 2 Vivre encore alors qu'on n'est plus soi-même, qu'on a perdu ses qualités. *Cet auteur se survit, il n'écrit plus rien de bon.* 3 Vivre encore alors qu'on a failli mourir ou que l'on estime sa vie achevée. « *l'exil condamne à se survivre* » (Staël).

survol n. m. – 1911 1 Action, fait de survoler. *Le survol à basse altitude d'une ville.* 2 Examen rapide et superficiel.

survoler v. tr. [1] – XVe 1 Voler au-dessus de, en parlant d'un oiseau, d'un avion. ➛ *Mesdames, messieurs, nous survolons actuellement les Baléares.* 2 Passer rapidement sur, lire superficiellement. *Survoler les journaux.*

survoltage n. m. – 1908 ▪ Augmentation anormale de la tension. ⇒ **surtension.**

survolter v. tr. [1] – 1908 1 Augmenter la tension de (qqch.) au-delà de la valeur normale. ➛ *Lampe survoltée.* 2 rare Mettre dans une grande excitation. ⇒ **surexciter.** ➛ *Les esprits étaient survoltés.* ✪ CONTR. Dévolter.

survolteur n. m. – 1900 ▪ Appareil destiné à survolter le courant.

survolteur-dévolteur n. m. – 1932 ▪ Transformateur qui augmente ou diminue la tension à volonté. *Des survolteurs-dévolteurs.*

sus [sy(s)] adv. – X^e ; lat. *sursum* « en haut » 1 vx *Courir sus à l'ennemi*, l'attaquer. ➛ *Sus à l'ennemi !* 2 loc. adv., vieilli EN SUS : en plus. *Service en sus.* ➛ loc. prép. EN SUS DE. « *L'honoraire est ce que le client doit, en sus des frais, à son avoué* » (Balz.). ✪ HOM. Su.

sus- Élément, de l'adv. *sus* « au-dessus », « ci-dessus, plus haut ».

❑ Ne pas confondre avec l'élément *sub-* « sous ». → sub- (rem.). ♦ On prononce toujours le *s* même avec un trait d'union : *susdit, susnommé, sus-maxillaire.*

susceptibilité n. f. – XVIIIe 1 Fait d'être susceptible ; vive sensibilité. ♦ didact. *Susceptibilité à une maladie.* ⇒ **prédisposition, réceptivité.** *Gènes de susceptibilité ou de résistance au cancer.* 2 Caractère de qqn dont l'amour-propre est très sensible. *Blesser la susceptibilité de qqn.* « *une dignité hérissée, une susceptibilité agressive* » (Goncourt). *Veillez à ménager les susceptibilités.* 3 *Susceptibilité magnétique* : constante de proportionnalité entre la magnétisation et le champ magnétisant.

susceptible adj. – XIVe ; lat. *sub* « sous » et *capere* « prendre » 1 Particulièrement sensible dans son amour-propre ; qui se vexe, s'offense facilement. ⇒ **chatouilleux, ombrageux.** « *un être susceptible, désagréable, insociable* [...] *à ne pas prendre avec des pincettes* » (Labiche). 2 SUSCEPTIBLE DE... : qui peut éventuellement. ⇒ **apte, capable.** *Des lèvres « susceptibles d'exprimer la passion la plus ardente »* (Stendh.). *Un texte susceptible d'être amélioré, d'améliorations. Des propositions susceptibles de vous intéresser.*

❑ À la différence de *susceptible, capable* implique une capacité permanente et reconnue.

susciter v. tr. [1] – X^e ; lat. *sub* « sous » et *ciere* « mouvoir » 1 littér. Faire naître (qqn, qqch.) pour aider ou pour contrecarrer. « *Si justement Dieu voulait te susciter une épreuve* » (Artaud). *Susciter des querelles, des troubles.* ⇒ **fomenter.** 2 Faire naître (un sentiment, une idée). ⇒ **éveiller, évoquer.** *Susciter l'admiration, un grand intérêt.* ⇒ **soulever.** ♦ Produire, faire apparaître en tant que cause ou occasion déterminante. ⇒ ① **causer, créer, occasionner, provoquer.** « *la nouvelle suscita autant de stupéfaction que d'indignation* » (Beauv.).

suscription n. f. – XVIe ; lat. *super-* « au-dessus » et *scribere* « écrire » ▪ Adresse d'une lettre, écrite sur le pli extérieur ou sur l'enveloppe. « *un rectangle de papier vert dont il relut plusieurs fois la suscription* » (Aymé).

susdit, dite [sysdi, dit] adj. et n. – XIVe ▪ dr. Dit, mentionné ci-dessus. ⇒ **susmentionné.**

❑ Pour la prononciation → sus- (rem.).

sus-dominante [sysdɔminɑ̃t] n. f. – XIXe ▪ Sixième degré de la gamme diatonique. ✪ CONTR. Sous-dominante.

sus-hépatique [syzepatik] adj. – XIXe ▪ Qui est au-dessus du foie, qui concerne la partie supérieure du foie. *Veines sus-hépatiques.*

sushi [suʃi] n. m. – 1979 ; mot jap. ▪ Boulette de poisson cru ou cuit, de riz assaisonné, souvent roulée dans une feuille d'algue (cuisine japonaise).

sus-maxillaire [sysmaksilɛʀ] adj. – XIXe ▪ De la mâchoire supérieure.

susmentionné, ée [sysmɑ̃sjɔne] adj. – XVe ▪ Mentionné plus haut. ⇒ **susdit.**

susnommé, ée [sysnɔme] adj. – XVIe ▪ Nommé plus haut.

❑ Pour la prononciation → sus- (rem.).

suspect, ecte [syspɛ(kt), ɛkt] adj. et n. – XIVe ; lat. *suspicere* « regarder de bas en haut » **1** Qui est soupçonné ou éveille les soupçons. « *Je deviendrais suspect, à parler davantage* » (Corn.). *Individus suspects.* ⇒ **douteux, équivoque, interlope,** ① **louche.** ➙ n. *La police interroge les suspects.* ➙ *SUSPECT DE :* qu'on soupçonne de. **2** (choses) Qui éveille les soupçons ; dont la valeur, l'intérêt, la sûreté sont douteux. *Repérer une valise suspecte.* **3** Susceptible d'avoir une maladie contagieuse (d'après les symptômes, etc.). *Malades suspects.* ✪ CONTR. Certain, sûr.

❑ Pour la prononciation → exact (rem.).

suspecter v. tr. [1] – XVe ▪ Tenir pour suspect (qqn, qqch.). ⇒ **incriminer, soupçonner.** « *Il n'avait jamais suspecté personne, tant il était tranquille, sûr d'elle, confiant* » (Maupass.). ➙ *Il est suspecté de sympathies anarchistes, d'être proche du pouvoir.*

❑ *Suspecter* est nettement plus péjoratif que *soupçonner.*

suspendre v. tr. [41] – XIIe ; lat. *sub* « sous » et *pendere* « pendre » **I** Rendre pour un temps immobile, inactif ; supprimer pour un temps. **1** Interrompre (une action). ⇒ **arrêter.** *Suspendre les combats.* ⇒ **cesser.** « *L'aiglon suspend son vol, à peine déployé* » (Hugo). **2** Mettre un terme aux activités, aux effets de. *Suspendre la constitution. Suspendre un journal.* ♦ *Suspendre qqn,* le destituer provisoirement. **3** Remettre à plus tard. ⇒ **surseoir** (à). « *la banqueroute d'un associé l'a forcé à suspendre ses paiements* » (Muss.). *Suspendre son jugement.* ⇒ **réserver. II** Faire pendre. **1** Tenir ou faire tenir (une chose), de manière à ce qu'elle pende. ⇒ **fixer.** *Suspendre un lustre au plafond* (⇒ **suspension**), *un hamac entre deux arbres.* **2** *SE SUSPENDRE* v. pron. Se pendre, se tenir pendu. ➙ « *un bambin de trois ans* [...] *se suspendant à son bras* » (Mart. du G.). ⇒ s'**accrocher. 3** loc. *Être suspendu aux lèvres, aux paroles de qqn,* l'écouter avidement. ✪ CONTR. Continuer. — Décrocher, ② dépendre.

suspendu, ue adj. – XVIe **I** Momentanément arrêté. *Séance suspendue.* ➙ Remis à plus tard. *Jugement suspendu.* ♦ À qui on a interdit l'exercice de ses fonctions. *Magistrat suspendu.* **II - 1** Attaché, soutenu de manière à pendre. « *une ampoule nue suspendue au bout de son fil* » (Robbe-Grillet). *PONT SUSPENDU,* dont le tablier est maintenu par des câbles ancrés aux extrémités du pont. ♦ *Voiture suspendue,* dont le châssis ne porte pas sur les essieux, mais repose sur des ressorts (⇒ **suspension**). *Voiture bien, mal suspendue,* à la suspension plus ou moins souple. **2** Qui tient ou se tient à une certaine hauteur, et semble être accroché. *Les jardins suspendus de Babylone.* « *Suspendue au-dessus des dunes du levant, une chapelle rougeoyait* » (Tournier).

suspens [syspɑ̃] adj. m. et n. m. – XIVe **1** Se dit d'un ecclésiastique suspendu de ses fonctions. *Un prêtre suspens.* **2** loc. adv. *EN SUSPENS :* dans l'incertitude, l'indécision. *Être, demeurer, rester en suspens,* irrésolu (⇒ **balancer, hésiter**). « *Elle restait en suspens, le regard dans le vide* » (Le Clézio). ♦ Arrêté momentanément. *La question reste en suspens.* ➙ Remis à plus tard. ♦ Suspendu, en suspension. « *Une fine fumée flotte encore, mêlée à de la poussière en suspens* » (Romains). ➙ « *il lui sembla qu'il restait en suspens dans le vide avec une intolérable impression de liberté* » (Sartre). **3** n. m. littér. Suspense (②). ♦ Attente, incertitude. « *elle-même n'était rien qu'attente, suspens* » (Sarraute).

① **suspense** [syspɑ̃s] n. f. – XIVe ▪ Censure ecclésiastique qui prive un clerc, un prêtre de son bénéfice et parfois de ses pouvoirs. ⇒ **suspens** (1°).

② **suspense** [syspɛns] n. m. – v. 1955 ; mot angl., du fr. *suspens* ▪ Moment ou passage d'un récit, d'un spectacle de nature à faire naître un sentiment d'attente angoissée ; caractère de ce qui est susceptible de provoquer ce sentiment. *Film, roman à suspense.* ♦ Situation d'attente angoissée, dans la vie courante. ⇒ **suspens** (3°).

❑ Les nombreuses variantes de prononciation montrent que le mot est encore senti comme étranger.

suspenseur adj. m. et n. m. – XVIe ▪ Qui soutient. *Ligaments suspenseurs (du foie, de l'œsophage).* ♦ n. m. Ensemble des cellules allongées qui surmontent les cellules embryonnaires, dans le développement de l'embryon (plantule) des spermaphytes.

suspensif, ive adj. – XIVe **1** Qui suspend (II). **2** dr. Qui constitue ou qui provoque la suspension (I). *Appel suspensif.*

suspension n. f. – XIIe **I** Le fait de suspendre (I), d'interrompre ou d'interdire ; son résultat. **1** dr. (ou en loc.) Interruption ou remise à plus tard. *La suspension des hostilités.* ⇒ **arrêt, cessation.** loc. *Suspension d'armes :* arrêt concerté, local et momentané, des opérations. ⇒ **trêve.** ➙ *Suspension d'audience,* par le président du tribunal. *Suspension de peine.* ⇒ **remise.** ➙ *Suspension de paiements* (→ **moratoire**). ♦ Fait de retirer ses fonctions (à un magistrat, un fonctionnaire) à titre de sanction disciplinaire. **2** loc. *Points de suspension :* signe de ponctuation (...) servant à remplacer une partie de l'énoncé ou à interrompre l'énoncé. **II - 1** Manière dont un objet suspendu est maintenu en équilibre stable. *La suspension d'un balancier.* ♦ Appui élastique d'un véhicule sur ses roues ; et des roues sur le sol. *Suspension oléopneumatique.* ➙ Ensemble des pièces (amortisseurs, ressorts) assurant la liaison élastique du véhicule et des roues. **2** rare Fait d'être suspendu. *La vertigineuse horreur* « *qu'inspire la suspension au-dessus d'un gouffre* » (Gaut.). **3** État d'une substance formée de particules solides finement divisées dans un fluide. *Poussières en suspension dans l'air.* ➙ Système formé par une ou plusieurs phases en suspension dans un milieu dispersif. ⇒ **colloïde. 4** Support suspendu au plafond. *Suspension contenant des fleurs.* ➙ Appareil d'éclairage à suspendre. ⇒ ② **lustre.** « *la suspension oscillait et vibrait comme la lampe d'un navire* » (Maupass.). ✪ CONTR. Continuité.

suspensoir n. m. – XIVe **1** Bandage, dispositif destiné à soutenir un organe, notamment le scrotum, les testicules. **2** Crochet, sangle de marine.

suspente n. f. – XVIIe ; de *soupente* **1** Cordage, chaîne qui entoure un mât et supporte la basse vergue. **2** Corde attachant la nacelle au filet d'un ballon. 3 Élément reliant la voilure d'un parachute au harnais. « *il se tient aux suspentes comme aux poignées d'un bus* » (Echenoz).

suspicieux, ieuse adj. – XIVe ▪ Plein de suspicion. ⇒ **soupçonneux.** *Des regards suspicieux.*

❑ Pour l'emploi → suspicion (rem.).

suspicion n. f. – XIIe ; lat. *suspicere* « suspecter » ▪ Fait de tenir pour suspect, de ne pas avoir confiance. ⇒ **défiance, méfiance.** *Avoir de la suspicion à l'égard de, contre qqn. Regard plein de suspicion.* ➛ littér. *Tenir en suspicion.* dr. *Suspicion légitime* : crainte légitime qu'un tribunal puisse juger avec partialité. ✪ CONTR. Confiance.

❑ Pour la différence de sens avec *soupçon* → soupçon (rem.). Cette différence s'efface dans les adjectifs *soupçonneux* et *suspicieux* qui ont les mêmes emplois.

sustentateur, trice adj. – 1909 ▪ Qui assure la sustentation. *Surfaces sustentatrices d'un avion,* sur lesquelles s'exerce la portance (ailes).

sustentation n. f. – XIIIe ▪ didact. 1 *Sustentation d'un malade,* son soutien par un régime et un traitement appropriés. 2 Fait de soutenir, de maintenir en équilibre. *Plan, base* ou *polygone de sustentation,* obtenu en joignant les points d'appui les plus extérieurs d'un corps posé sur une surface et à l'intérieur duquel doit se trouver la projection du centre de gravité du corps pour qu'il y ait équilibre stable. ♦ Maintien en équilibre d'un appareil se déplaçant sans contact avec le sol. ⇒ **portance.** *Sustentation d'un hélicoptère par un rotor.*

sustenter v. tr. [1] – XIIe ; lat. *sustinere* « soutenir » 1 vieilli Soutenir les forces de (qqn) par la nourriture. ⇒ **alimenter, nourrir.** 2 v. pron. *SE SUSTENTER.* plais. Se nourrir. ⇒ ① **manger,** se **restaurer.**

sus-tonique n. f. – XIXe ▪ Deuxième degré de la gamme diatonique.

susurrant, ante [sysyʀɑ̃, ɑ̃t] adj. – XIXe ▪ Qui susurre. *Une voix susurrante.*

susurration [sysyʀasjɔ̃] n. f. – XVIIIe ▪ rare Bruit de ce qui susurre. « *des nuages de moustiques, dont la susurration et les piqûres ne s'arrêtaient ni jour ni nuit* » (Flaub.).

susurrement [sysyʀmɑ̃] n. m. – XIXe ▪ Action de susurrer ; bruit de ce qui susurre. ⇒ **murmure.** « *un susurrement d'une ténuité délicieuse* » (Huysm.).

susurrer [sysyʀe] v. [1] – XVIe ; lat. *susurrus* « murmure » 1 v. intr. Murmurer doucement. ⇒ **chuchoter.** « *Sa voix fade susurrait, comme un ruisseau qui coule* » (Flaub.). 2 v. tr. *Il lui susurrait des mots doux à l'oreille.*

❑ *Susurrer* et ses dérivés seraient mieux écrits avec deux *s* : l'orthographe serait ainsi en conformité avec la prononciation.

susvisé, ée adj. – 1964 ▪ Visé plus haut. *Les articles susvisés.*

sûtra → **soutra**

sutural, ale, aux adj. – XIXe ▪ didact. Relatif à une suture.

suture n. f. – XVIe ; lat. *suere* « coudre » 1 Réunion, à l'aide de fils, d'un tissu ou d'un organe divisé à la suite d'un accident ou d'une opération. *Faire une suture. Points de suture.* 2 Articulation immobile caractérisée par deux surfaces articulaires réunies par du tissu fibreux. *Sutures du crâne.* 3 sc. Ligne de jonction entre deux organes, deux parties. *La suture des carpelles d'un fruit.*

suturer v. tr. [1] – XIXe ▪ Réunir par une suture (1°). *Suturer les bords d'une plaie.* ⇒ **recoudre.**

suzerain, aine n. – XIVe ; de *sus,* d'apr. *souverain* ▪ Seigneur féodal qui était au-dessus de tous les autres, dans un territoire donné. spécialt Seigneur qui a concédé un fief à un vassal. *Le vassal et son suzerain.* ➛ appos. *Dame suzeraine.*

suzeraineté n. f. – XIVe ▪ Qualité de suzerain. *Reconnaître la suzeraineté d'un seigneur.* ♦ littér. *Suzeraineté d'un État sur un autre.*

svastika ou **swastika** [svastika] n. m. – XIXe ; sanskr. *svasti* « salut » ▪ Symbole sacré de l'Inde, en forme de croix à branches coudées vers la gauche.

❑ La croix gammée, emblème du parti nazi, est un svastika dont les branches sont coudées vers la droite.

svelte adj. – XVIIe ; it. *svellere* « arracher, dégager » ▪ Qui produit une impression de légèreté, de souplesse, par sa forme élancée, sa finesse. *Formes sveltes.* ⇒ **élancé.** *Taille svelte.* ➛ « *Pour devenir aussi svelte qu'Annette, elle continuait à ne point boire* » (Maupass.). ✪ CONTR. Massif.

sveltesse n. f. – XVIIIe ▪ Caractère de ce qui est svelte. « *la soutane convenait à sa sveltesse* » (Mauriac).

S.V.P. [silvuplɛ ; ɛsvepe] – XVIIIe ▪ S'il vous plaît* (abrév. écrite). ➛ fam. (à l'oral) *Fermez la porte, S.V.P.* [ɛsvepe].

swahili, ie [swaili] ou **souahéli, ie** [swaeli] n. m. et adj. – XIXe ; ar. *sawāhil* ▪ Langue bantoue parlée au Kenya, en Tanzanie. ➛ adj. *Grammaire swahilie.*

❑ La forme *swahili* est utilisée par les spécialistes.

swap [swap] n. m. – 1963 ; mot angl. « troc, échange » ▪ *Accord de swap,* de crédit réciproque. ⇒ **report.** ➛ Recomm. offic. *crédit croisé.*

swastika → **svastika**

sweater [switœʀ ; swɛtœʀ] n. m. – 1902 ; mot angl., de *to sweat* « suer » ▪ vieilli Tricot de sportif pour l'entraînement. ♦ Gilet de laine, de coton.

sweat-shirt [switʃœʀt ; swɛtʃœʀt] n. m. – 1939 ; mot angl., de *sweat* « sueur » et *shirt* « chemise » ▪ Pull-over en coton molletonné ou en tissu éponge, terminé à la taille et aux poignets par un bord côtes. *Des sweat-shirts.* ➛ abrév. cour. *SWEAT.*

❑ Le français a forgé la prononciation en [i] de *sweat,* très fréquente chez les non-anglophones.

sweepstake [swipstɛk] n. m. – XIXe ; mot angl., de *to sweep* « enlever, rafler » et *stake* « enjeu » ▪ Loterie par souscription entre propriétaires de chevaux engagés dans une course. ➛ Loterie où l'attribution des prix dépend à la fois d'un tirage et du résultat d'une course. *Un billet de sweepstake.*

swi-manga → **soui-manga**

swing [swiŋ] n. m. – XIXe ; mot angl., de *to swing* « balancer » **I** - **1** Coup de poing donné par un boxeur en ramenant le bras de l'extérieur à l'intérieur. « *un furieux swing du droit* » (Hémon). 2 Mouvement de balancement du golfeur qui frappe la balle. **II** - **1** Qualité rythmique propre au jazz. ⇒ **rythme.** 2 Danse sur une musique très rythmée, inspirée du jazz américain, à la mode entre 1940 et 1945. *Danser le swing. Orchestre de swing.*

swinguer [swinge] v. intr. [1] – v. 1950 ▪ Jouer avec swing ; avoir du swing. « *Des airs de jazz qui swinguaient bien* » (Vian).

❑ Ce verbe ne s'emploie plus guère qu'au neutre : *ça swingue* prononcé comme le nom *swing.*

sybarite n. et adj. – XVIe ; de *Sybaris,* a. ville grecque d'Italie ▪ littér. Personne qui recherche les plaisirs de la vie dans une atmosphère raffinée. ⇒ **jouisseur, sensuel, voluptueux.** ✪ CONTR. Ascète.

sybaritisme n. m. – XIXe ▪ littér. Goût, vie de sybarite. ⇒ **indolence, mollesse, sensualité.** « *ce sybaritisme caché* » (Sand). ✪ CONTR. Ascétisme.

sycomore n. m. – XIIe ; gr. *sukon* « figue » et *moron* « mûre » 1 Figuier originaire d'Égypte, au bois très léger et incorruptible. 2 Érable blanc, dit *érable sycomore, faux platane.*

sycophante n. m. – XVe ; gr. « dénonciateur des voleurs de figues *(sukon)* » ▪ littér. Délateur, mouchard, et par ext. Espion, fourbe.

sycosis [sikozis] n. m. – XVIIIe ; gr. « tumeur en forme de figue *(sukon)* » ▪ Folliculite suppurée des poils de la barbe et de la moustache, due à des staphylocoques.

syénite n. f. – XVIIe ; de *Syène,* a. nom d'Assouan ▪ Roche plutonique grenue, composée de feldspath alcalin, de biotite et de hornblende.

syl- → **syn-**

syllabaire n. m. – XVIIIe ▪ Manuel, livre élémentaire de lecture présentant les mots décomposés en syllabes. ♦ didact. Série de signes graphiques correspondant aux syllabes d'une langue.

syllabation n. f. – XIXe ▪ Répartition d'un système d'articulations en syllabes.

syllabe n. f. – XIIe ; gr. *sullambanein* « rassembler » ▪ Unité phonétique fondamentale, groupe de consonnes et/ou de voyelles prononcé d'une seule émission de voix. *Les syllabes « a » et « mour » de « amour ».* « *cette façon tendre [...] qu'il avait toujours eue de prononcer : "Ma-man" en détachant les syllabes* » (Mart. du G.). *Mot d'une syllabe* **(⇒ monosyllabe),** *de plusieurs syllabes* **(⇒ polysyllabe).** « *Notre métrique est basée sur le nombre des syllabes* » (Gide). *Syllabe muette,* terminée par un *e* muet. ➙ *Syllabe ouverte, fermée,* terminée par une voyelle, une consonne prononcée. ♦ (dans des loc.) Mot, parole. « *Jeanne écoutait sans perdre une syllabe* » (Romains).

> ❑ Le nombre de syllabes d'un énoncé varie selon qu'il s'agit de convention ou de vers. La phrase de Baudelaire *Homme libre, toujours tu chériras la mer !* comporte dix syllabes, mais elle constitue un vers de douze syllabes (car on fait entendre les *e* « muets »). ♦ Ne pas confondre l'emploi de *syllabe* et celui de *pied* (métrique ancienne).

syllabique adj. – XVIe ▪ Relatif à la syllabe. *Écriture syllabique,* où chaque syllabe est représentée par un signe. *Vers syllabique,* qui se mesure par le nombre de syllabes.

syllabus [si(l)labys] n. m. – XIXe ; gr. *sillubos* « bande portant le titre d'un volume » ▪ Liste de propositions émanant de l'autorité ecclésiastique. ➙ *Le Syllabus :* ensemble des idées condamnées par Pie IX, publié en 1864.

syllepse n. f. – XVIIe ; gr. « compréhension » ▪ Accord selon le sens et non selon les règles grammaticales. *Syllepse de nombre* (ex. Minuit sonnèrent), *de genre* (ex. « C'est la sentinelle qui le premier s'inquiète » [Perret]).

syllogisme n. m. – XIIIe ; gr. « conclusion logique » 1 Raisonnement déductif rigoureux qui ne suppose aucune proposition étrangère sous-entendue. ⇒ **déduction, démonstration, raisonnement.** ➙ Opération par laquelle, du rapport de deux termes avec un troisième appelé moyen terme, on conclut à leur rapport mutuel. *Prémisses (majeure et mineure) et conclusion d'un syllogisme.* 2 péj. Raisonnement purement formel, étranger au réel.

syllogistique adj. et n. f. – XVIe ▪ didact. Qui concerne le syllogisme, procède par syllogisme. ♦ n. f. Partie de la logique qui traite du syllogisme.

sylphe n. m. – XVIIe ; p.-ê. gaul. ▪ Génie de l'air (dans les mythologies celtique et germanique). ⇒ **elfe.** ✪ HOM. Silphe.

> ❑ Dans la mythologie scandinave, le génie de l'air est l'*elfe.*

sylphide n. f. – XVIIe ▪ Génie aérien féminin plein de grâce. *Une taille de sylphide,* très mince. ♦ fig. Femme mince et gracieuse. « *cette légèreté de sylphide qui semble changer les lois de la pesanteur* » (Balz.).

sylvain n. m. – XVe ▪ didact. Divinité des forêts, dans la mythologie latine. ⇒ **dryade,** ① **faune.**

sylve n. f. – XIe ; lat. *silva* ▪ poét. Forêt, bois. *Les essences « donnaient à cette sylve abandonnée l'aspect d'une forêt mystérieuse »* (Bosco).

sylvestre adj. – XIIIe ▪ Propre aux forêts, aux bois. ⇒ **forestier.** « *discerner les bruits humains des rumeurs sylvestres* » (Pergaud). ♦ *Pin sylvestre :* pin commun et résistant.

> ❑ *Sylvestre* est le doublet de *sauvage.* → sauvage (rem.).

sylv(i)- Élément, du lat. *silva* « forêt ».

sylvicole adj. – XVIe 1 Qui vit dans les forêts (plantes, oiseaux). 2 Relatif à la sylviculture. ⇒ **forestier.**

sylviculteur, trice n. – XIXe ▪ Exploitant de forêts. ⇒ **arboriculteur, forestier.**

sylviculture n. f. – XIXe ▪ Exploitation rationnelle de la forêt (conservation, entretien, reboisement, etc.). ⇒ **arboriculture, foresterie.**

sylvinite n. f. – 1923 ; de *Sylvius,* n. pr. ▪ Minerai de potassium, mélange de chlorure de potassium et de sodium, utilisé comme engrais.

sym- → **syn-**

symbiose n. f. – XIXe ; gr. *sumbioun* « vivre *(bioun)* ensemble *(sun)* » 1 Association durable et réciproquement profitable entre deux organismes vivants. ⇒ **commensalisme, mutualisme.** *Le lichen, association d'une algue et d'un champignon vivant en symbiose. Symbiose et parasitisme.* 2 Étroite union. « *Ainsi vivions-nous, elle* [ma mère] *et moi, en une sorte de symbiose* » (Beauv.).

> ❑ Ne pas confondre *symbiose* et *commensalisme.* → commensalisme (rem.).

symbiote n. m. – XIXe ▪ Chacun des êtres associés en symbiose.

symbiotique adj. – XIXe ▪ Relatif à la symbiose.

symbole n. m. – XIVe ; gr. *sumbolon* « objet formé de deux moitiés à assembler *(sumballein)* pour constituer un signe de reconnaissance » **I** Formule dans laquelle l'Église résume sa foi. ⇒ **credo.** *Symbole des apôtres, de Nicée.* **II - 1** Objet ou fait naturel de caractère imagé qui évoque une association d'idées spontanée (dans un groupe social donné) avec qqch. d'abstrait ou d'absent. ⇒ **attribut, emblème,** ② **insigne, représentation.** *La colombe, symbole de la paix.* « *le gratte-ciel est pour nos artistes modernes le symbole de l'Amérique* » (Morand). *Interprétation des symboles.* ⇒ **herméneutique.** ♦ Objet ou image ayant une valeur évocatrice, magique et mystique. « *les mythes sont des symboles – comme nos rêves* » (Sartre). *Symboles solaires, lunaires.* ♦ littér. Élément ou énoncé descriptif ou narratif, susceptible d'une double interprétation, sur le plan réaliste et sur le plan des idées. ⇒ **allégorie, figure, image, métaphore.** *Les symboles dans la poésie symboliste.* 2 Ce qui, par convention arbitraire, correspond à une chose ou à une opération qu'il désigne. ⇒ **algorithme, alphabet, notation, signe.** *Symboles algébriques. Symbole logique.* ⇒ **quantificateur.** *Symbole d'opérateur.* ♦ En sémiotique, Signe établissant un rapport non causal (à la différence de l'indice) et non analogique (à la différence de l'icone). ♦ Lettre majuscule (ou groupe de lettres dont la première est une majuscule) représentant un élément chimique. *Na, symbole du sodium.* ♦ *Symbole d'une marque, d'un produit.* ⇒ **logo.** 3 Personne qui incarne, qui personnifie de façon exemplaire. ⇒ **personnification.**

symbolique adj. et n. – XVIe I adj. 1 Qui constitue un symbole (II), repose sur des symboles. ⇒ **allégorique, emblématique, figuratif.** *Objets, peintures symboliques. La signification, la valeur symbolique de qqch.* ➛ *Pensée symbolique,* qui procède par images, par analogies. *Logique symbolique.* ⇒ **logistique.** 2 Qui vaut surtout par ce qu'il représente. *Obtenir le franc symbolique de dommages et intérêts.* « *ce bombardement était sans importance réelle : une manière d'avertissement, de démonstration symbolique* » (Mart. du G.). II n. f. didact. 1 Logique symbolique. 2 Science, théorie générale des symboles (II, 1°). *La symbolique des rêves, chez Freud.* 3 Système de symboles relatif à (un domaine déterminé, un peuple, une époque, un système éthique ou politique). ⇒ **symbolisme.** *La symbolique des pierres précieuses, des fleurs.* ⇒ **langage** (fig.). III n. m. *Le symbolique :* le domaine des symboles (II, 1°), et par ext. des signes arbitraires, notamment, acceptés et véhiculés par la culture. ♦ L'ordre des phénomènes auxquels la psychanalyse a à faire en tant qu'ils sont structurés comme un langage.

symboliquement adv. – XVIe ▪ D'une manière symbolique.

symbolisation n. f. – XIVe 1 Action de symboliser. *La littérature est* « *la symbolisation de l'idée au moyen de héros imaginaires* » (R. de Gourmont). ♦ Élaboration des symboles du rêve. 2 Fait d'utiliser des symboles (II, 2°). ⇒ **formalisation.**

symboliser v. tr. [1] – XIVe 1 Représenter, exprimer ou matérialiser par un symbole. *Symboliser la justice par une balance.* 2 Être le symbole de. « *Ce chariot poursuivant son voyage symbolisait la vie* » (Gaut.).

symbolisme n. m. – XIXe 1 Emploi de symboles ; figuration par des symboles (II) ; système de symboles. *Symbolisme religieux.* ➛ *Symbolisme de... :* signification symbolique de, ensemble des symboles rattachés à (tel objet, telle figure). ⇒ **symbolique** (II, 3°). 2 Théorie des symboles ; interprétation symbolique des événements de l'histoire. 3 Mouvement littéraire et poétique du XIXe s. qui s'efforça de fonder l'art sur une vision symbolique et spirituelle du monde. « *lorsque le symbolisme découvre l'étroite parenté de la beauté et de la mort* » (Sartre). ➛ *Le symbolisme en peinture.*

> ❑ Le mouvement littéraire, à l'origine essentiellement poétique, fut représenté principalement par Verlaine, Rimbaud, Mallarmé. Cet emploi du mot est ensuite passé en peinture.

symboliste adj. et n. – XIXe ▪ Propre au symbolisme (3°), partisan du symbolisme. *Le mouvement symboliste. Peintre symboliste.* ➛ n. *Les symbolistes.*

symétrie n. f. – XVIe ; gr. *sun* « avec » et *metron* « mesure » I littér. Régularité et harmonie, dans les parties d'un objet ou dans la disposition d'objets semblables. « *Il y a en architecture, comme en musique, des rythmes carrés d'une symétrie harmonieuse qui charment l'œil et l'oreille* » (Gaut.). II - 1 Correspondance exacte en forme, taille et position de parties opposées ; distribution régulière de parties, d'objets semblables de part et d'autre d'un axe, autour d'un centre. *La symétrie des deux ailes d'un château.* « *elle avait déplacé les meubles du salon, brisant la symétrie qui existait dans la disposition des fauteuils* » (Green). ♦ Similitude des deux moitiés (d'une chose). *Symétrie d'un bâtiment, d'un vêtement, d'un ornement.* 2 Transformation géométrique (⇒ **involution**) qui ne change ni la forme, ni les dimensions d'une figure. *Symétrie de deux points par rapport à un point O,* telle que O soit le milieu du segment formé par ces deux points. *Symétrie par rapport à une droite, un plan,* telle que la droite soit la médiatrice, le plan soit le plan médiateur des segments. ♦ *Symétrie d'une figure,* telle qu'il y ait symétrie entre ses parties, par rapport à un point, une droite ou un plan. *Centre, axe, plan de symétrie.* ✪ CONTR. Irrégularité. — Asymétrie, dissymétrie.

symétrique adj. – XVIe 1 Qui présente une symétrie, est en rapport de symétrie (II). « *La nature a fait l'animal symétrique* » (Dider.). « *la grande ville symétrique et monotone* » (Robbe-Grillet). ♦ Se dit de deux choses semblables et opposées. *Ailes symétriques d'un bâtiment. Les deux mains sont symétriques.* ♦ Se dit d'une de ces choses par rapport à l'autre. *La main droite est symétrique de la main gauche.* ♦ (abstrait) Qui correspond(ent) point par point. *Considérer deux systèmes, deux théories comme symétriques.* 2 Se dit de deux figures en rapport de symétrie. *Figures symétriques par rapport à un point, une droite, un plan.* ➛ n. *Une figure plane est égale à sa symétrique. Le symétrique d'un point.* ♦ Qui a un axe de symétrie. ⇒ **axisymétrique.** *Le triangle isocèle est symétrique.* 3 *Fonction symétrique :* fonction algébrique dont la valeur ne change pas lorsqu'on en échange les variables par permutation. *Relation symétrique :* relation binaire dans un ensemble, qui si elle est établie pour les éléments *x* et *y*, l'est aussi pour *y* et *x*. ♦ *Éléments symétriques,* qui, associés dans une loi de composition interne, forment l'élément neutre (⇒ **inverse, opposé**). ✪ CONTR. Antisymétrique, asymétrique, dissymétrique, irrégulier.

> ❑ Attention à l'orthographe des composés *antisymétrique, asymétrique* (un *s*) et *dissymétrique* (deux *s*, le premier appartenant à l'élément *dis-*).

symétriquement adv. – XVIe ▪ Avec symétrie (II). *Bougeoirs disposés symétriquement.*

sympa adj. – 1906 ▪ fam. Sympathique. *Ils sont très sympas.* ♦ (choses) Agréable. *Les lycéennes* « *disaient* c'est sympa *ici* » (Aragon). *Oui, venez, ça serait sympa.*

> ❑ Certains laissent cet adjectif invariable : *ils sont assez sympa.*

sympathectomie n. f. – 1900 ; de *sympathique* et *-ectomie* ▪ Résection d'un nerf, d'un ganglion sympathique.

> ❑ On dit aussi *sympathicectomie.*

sympathic(o)- Élément, de *sympathique* (I).

sympathicotonie n. f. – 1916 ; *sympathico-* et *-tonie* ▪ Sensibilité spéciale de l'orthosympathique. ✪ CONTR. Vagotonie.

sympathie n. f. – XVe ; gr. *sun* « avec » et *pathos* « ce que l'on éprouve » 1 Relations entre personnes qui, ayant des affinités, se conviennent, se plaisent spontanément. *La sympathie qui existe entre eux.* 2 Sentiment chaleureux et spontané, qu'une personne éprouve (pour une autre). « *je n'ai aucune sympathie particulière pour votre mère* » (Romains). *Éprouver une vive sym-*

pathie pour qqn. ⇒ **inclination, penchant ; amitié, bienveillance, cordialité.** « *il avait toujours eu la sympathie de ses camarades* » (Mart. du G.). 3 Bonne disposition (à l'égard d'une action, d'une production humaine). *Je n'ai aucune sympathie pour ce genre d'idées. On voit très bien où vont ses sympathies.* 4 littér. Fait de ressentir ce qui touche autrui, de participer à sa douleur. *Témoignages de sympathie à l'occasion d'un décès.* ⇒ **condoléances.** ✪ CONTR. Antipathie, aversion ; prévention ; indifférence.

sympathique adj. et n. m. – XVIe I - 1 vx Qui agit par affinité avec certains corps, peut guérir à distance. ◆ ENCRE SYMPATHIQUE, incolore et invisible tant qu'on ne la soumet pas à un réactif ou à une température élevée. 2 *Ophtalmie sympathique* : inflammation grave de l'œil, consécutive à une blessure importante de l'autre œil. 3 Relatif au système nerveux végétatif. ⇒ **neurovégétatif.** ♦ Orthosympathique. *Cellule, nerf, ganglion sympathique.* ◆ n. m. Système nerveux périphérique qui commande la vie organique et végétative. ⇒ **orthosympathique.** 4 littér. Relatif aux affinités morales. ♦ didact. Qui fait participer aux souffrances et par ext. à tous les sentiments d'autrui. II - 1 vieilli Qui a de la sympathie pour qqn (⇒ **amical**), qqch. (⇒ **favorable**). *Ils « s'approchèrent, affables, contents, sympathiques au prêtre »* (Maupass.). 2 Qui inspire la sympathie. ⇒ **agréable, aimable, plaisant,** fam. **sympa.** « *Je les ai trouvés, par moments, assez sympathiques* » (P. Léautaud). *Sympathique à qqn et antipathique à d'autres.* ◆ *Un geste sympathique. Des « types qu'on a rencontrés la veille, et à qui on trouve une gueule sympathique »* (Romains). 3 (choses) fam. Très agréable. ⇒ **sympa.** *Une soirée très sympathique.* ⇒ **charmant.** ✪ CONTR. Malveillant ; hostile. Antipathique, déplaisant.

> ❑ L'*encre sympathique* demeure incolore tant qu'on ne la soumet pas à l'action d'un corps avec lequel elle est en « sympathie », en affinité.

sympathiquement adv. – XVIIe ■ Avec sympathie, d'une façon sympathique (II). *Accueillir sympathiquement qqn.* ⇒ **amicalement, chaleureusement, favorablement.**

sympathisant, ante adj. et n. – XVIe ■ Qui, sans appartenir à un parti, en adopte les vues, approuve l'essentiel de sa politique. ◆ n. ⇒ **adepte.** « *les types plus ou moins [...] de gauche, les sympathisants comme toi* » (Sartre). *Les militants et les sympathisants d'un parti.*

sympathiser v. intr. [1] – XVIe 1 S'entendre bien dès la première rencontre ; être en affinité morale. *Ils ont tout de suite sympathisé.* 2 didact. Participer par sympathie, s'identifier à. « *Cette imagination [de Michelet] sympathise avec la vie des siècles comme avec la vie des individus* » (Taine).

sympatrique adj. – 1964 ; de *syn-* et gr. *patris* « patrie » ■ Se dit d'espèces voisines vivant dans la même aire géographique, sans s'hybrider.

symphonie n. f. – XIIe ; gr. « accord, ensemble de sons » 1 Morceau de musique ancienne pour un ensemble d'instruments ; pièce d'orchestre. *Les symphonies de Lully.* 2 Composition musicale à plusieurs mouvements, construite sur le plan de la sonate et exécutée par un nombre important d'instrumentistes. *Les neuf symphonies de Beethoven. « La Symphonie fantastique », de Berlioz.* 3 littér. Ensemble de choses qui concourent harmonieusement à un effet. ⇒ **chœur, harmonie.**

symphonique adj. – XVIIIe 1 POÈME SYMPHONIQUE : composition musicale assez ample, écrite pour tout l'orchestre (en général), et illustrant un thème. 2 De la symphonie ; de la musique classique pour grand orchestre. *Œuvres symphoniques. Orchestre symphonique,* comportant la plus grande variété instrumentale et de nombreux exécutants. ⇒ **philharmonique.**

symphoniste n. – XVIIe 1 Auteur de symphonies. 2 Membre d'un orchestre symphonique.

symphorine n. f. – XIXe ; gr. *sumphoros* « qui accompagne » ■ Arbuste buissonnant *(caprifoliacées)*, à baies blanches ou roses.

symphyse n. f. – XVIe ; gr. « union, cohésion » 1 Articulation peu mobile. ⇒ **amphiarthrose.** *La symphyse pubienne.* 2 Adhérence de deux feuillets d'une séreuse. *Symphyse pleurale.*

symplectique adj. – XIXe ; gr. ■ didact. Qui est entrelacé (avec un autre corps, une autre partie).

symposium [sɛ̃pozjɔm] n. m. – XIXe ; gr. « banquet » ■ Congrès scientifique réunissant un nombre restreint de spécialistes et traitant un sujet particulier. ⇒ **colloque, forum, séminaire.**

symptomatique adj. – XVe 1 Qui constitue un symptôme. *Éruption symptomatique. Maladie symptomatique,* qui est la conséquence et le signe d'une autre. ♦ Qui concerne les symptômes, vise à les supprimer. *Analyse symptomatique.* ⇒ **symptomatologie.** *Guérison symptomatique* : disparition des symptômes. 2 Qui révèle ou fait prévoir (un état ou un processus caché). ⇒ **caractéristique.** « *Ça n'est rien [...] Mais c'est tout de même symptomatique* » (Sartre). ⇒ **révélateur.**

> ❑ Pour la graphie → symptôme (rem.).

symptomatologie n. f. – XVIIIe ■ Étude des symptômes des maladies. ⇒ **sémiologie** (1°). ♦ Ensemble des symptômes étudiés. *La symptomatologie d'une maladie.*

symptôme n. m. – XIVe ; gr. 1 Phénomène, caractère perceptible ou observable lié à un état ou à une évolution (le plus souvent morbide) qu'il permet de déceler. ⇒ **indice, signe.** « *Il n'y a chez l'opérée, ni érysipèle, ni phlegmon, ni symptôme de péritonite* » (Goncourt). *Symptôme avant-coureur.* ⇒ **prodrome.** 2 Ce qui révèle ou permet de prévoir (un état, une évolution). ⇒ **marque, présage, signe.** « *il indiqua les symptômes auxquels on reconnaissait qu'une femme avait du tempérament* » (Flaub.).

> ❑ *Symptôme* s'écrit avec un accent circonflexe contrairement à *symptomatique* (et autres dérivés). Le même phénomène se retrouve dans *arôme, fantôme (aromatique, fantomatique)* et pour le *a* dans *infâme, infamie.*

syn- Élément, du gr. *sun* « avec » qui marque l'idée de réunion dans l'espace ou le temps (var. *sy-, syl-, sym-*).

synagogue n. f. – XIe ; gr. « assemblée, réunion » ■ Édifice, temple consacré au culte israélite. *Le rabbin d'une synagogue.*

synalèphe n. f. – XVe ; gr. « élision » ■ Fusion de deux ou de plusieurs syllabes en une seule, par élision, synérèse ou contraction.

synallagmatique adj. – XVIIe ; gr. *sunallagma* « contrat » ■ Qui comporte obligation réciproque entre les parties. ⇒ **bilatéral, réciproque.** *Contrat synallagmatique.* ✪ CONTR. Unilatéral.

synanthéré, ée adj. – XIXe ■ *Étamines synanthérées,* soudées par leurs anthères. ◆ *Plante synanthérée.*

synapse n. f. – XIXe ; gr. « liaison ; point de jonction » 1 Région de contact de deux neurones. *Synapse neuromusculaire,* entre un neurone et le muscle qu'il innerve.

2 Association de deux chromatides « sœurs », correspondant à des chromosomes homologues, au cours de la méiose.

synaptique adj. – 1904 ■ didact. Relatif à une synapse. *Vésicules synaptiques.*

synarchie n. f. – XIXe ; gr. « pouvoir commun ou partagé » ■ didact. Gouvernement d'un État, autorité exercée par plusieurs personnes ou plusieurs groupements à la fois. ⇒ **oligarchie.**

synarthrose n. f. – XVIe ; gr. ■ Articulation fixe de deux os. ⇒ **synchondrose.**

synchondrose n. f. – XVIe ; gr. *khondros* « cartilage » ■ Synarthrose dans laquelle les os sont unis par du tissu cartilagineux.

synchrocyclotron n. m. – v. 1950 ; de *synchro(ne)* et *cyclotron* ■ Cyclotron dans lequel le synchronisme des corpuscules avec la tension haute fréquence est obtenu par une modulation de fréquence de cette tension.

synchrone [sɛ̃kʀon] adj. – XVIIIe ; gr. « contemporain » 1 didact. Qui se produit dans le même temps ou à des intervalles de temps égaux ; qui a la même période, la même vitesse. ⇒ **simultané.** *Les rues « résonnaient sous leurs pas synchrones »* (Perec). 2 Qui produit des mouvements synchrones. *Moteur synchrone,* dont la vitesse de rotation est telle qu'il tourne en synchronisme avec la fréquence du courant. ♦ Dont le fonctionnement (acquisition et production d'informations) s'effectue simultanément en tous points à des instants déterminés par une horloge. *Électronique numérique synchrone.* ✪ CONTR. Asynchrone.

synchronie [sɛ̃kʀɔni] n. f. – XIXe 1 Ensemble des faits linguistiques considérés à un moment déterminé de l'évolution d'une langue (opposé à *diachronie*). *Étude en synchronie,* d'un état de langue. 2 Ensemble d'événements considérés comme simultanés, par ext. comme en accord. *« ils avaient l'impression d'une synchronie parfaite : ils étaient à l'unisson du monde »* (Perec).

❑ La *diachronie* s'attache aux changements, et la *synchronie* aux différences.

synchronique [sɛ̃kʀɔnik] adj. – XVIIIe ■ Qui étudie ou présente des événements survenus à la même époque mais dans des lieux, des domaines différents ; relatif aux aspects d'un ensemble à un même moment d'une évolution. ➙ *Linguistique synchronique.* ⇒ **synchronie.** ✪ CONTR. Diachronique.

synchronisation [sɛ̃kʀɔnizasjɔ̃] n. f. – XIXe ■ Opération qui consiste à synchroniser ; fait d'être synchronisé. ⇒ **concordance.** *La synchronisation de deux pendules.* ➙ *Synchronisation des images d'un film avec le son.* ⇒ **sonorisation ; postsynchronisation.**

synchronisé, ée [sɛ̃kʀɔnize] adj. – 1909 ■ Rendu synchrone. *Opérations parfaitement synchronisées.* ➙ *Feux de signalisation synchronisés,* de manière à assurer une circulation régulière. ♦ Qui se fait en même temps. *« Avec ensemble, dans un acquiescement rapide, identique et parfaitement synchronisé, elles inclinent toutes les trois la tête »* (Robbe-Grillet).

synchroniser v. tr. [1] – XIXe ■ Rendre synchrones (des phénomènes, des mouvements, des mécanismes). *Synchroniser un processus avec un autre ; deux processus. Synchroniser des mouvements.* ⇒ **coordonner.** ➙ Mettre en concordance la piste sonore et la bande des images de (un film). ♦ Faire se produire ou s'accomplir simultanément (des faits, actions appartenant à des séries différentes). ✪ CONTR. Désynchroniser.

synchroniseur [sɛ̃kʀɔnizœʀ] n. m. – v. 1930 1 Système qui permet de coupler automatiquement deux alternateurs au moment où ils sont synchrones. 2 Phénomène cyclique entraînant un rythme biologique.

synchronisme [sɛ̃kʀɔnism] n. m. – XVIIIe 1 Coïncidence de dates, identité d'époques (en parlant d'événements historiques). ⇒ **concordance, correspondance, simultanéité.** 2 Caractère de ce qui est synchrone (1°). *Synchronisme des oscillations de deux pendules.* 3 Caractère de ce qui est synchronisé. *Ils se levèrent avec un synchronisme parfait,* en même temps.

synchrotron [sɛ̃kʀɔtʀɔ̃] n. m. – 1949 ; de *synchro(ne)* et *(cyclo)tron* ■ Cyclotron dans lequel l'augmentation de la masse relativiste des particules est compensée par une variation du champ magnétique. *Synchrotron à électrons. Radiation de synchrotron,* émise par les électrons de haute énergie dans les anneaux de stockage du synchrotron.

synclinal, ale, aux n. m. et adj. – XIXe ; gr. *sun* « avec » et *klinein* « incliner, plier » 1 Pli géologique concave. ⇒ **auge, géosynclinal.** 2 adj. Qui appartient à un synclinal ; qui constitue un synclinal. *Charnière synclinale.* ✪ CONTR. Anticlinal.

syncope n. f. – XIVe ; gr. *sugkoptein* « briser » 1 Arrêt ou ralentissement marqué des battements du cœur, accompagné de la suspension de la respiration et de la perte de la conscience. ⇒ **éblouissement, étourdissement, évanouissement, lipothymie.** *Avoir une syncope, tomber en syncope :* s'évanouir. *« Sur le point d'entrer en syncope, j'ai vu tous les objets réduire leurs dimensions »* (Bousquet). 2 didact. Suppression d'une lettre ou d'une syllabe à l'intérieur d'un mot (ex. l'orthographe *dénoûment* pour *dénouement*). 3 Prolongation sur un temps fort d'un élément accentué d'un temps faible produisant un effet de rupture dans le rythme. *« des contre-temps vigoureux, appelés syncopes »* (Alain).

syncopé, ée adj. – XIIIe 1 *Vers syncopé,* dans lequel deux demi-pieds sont remplacés par une longue. 2 Caractérisé par l'emploi de la syncope (3°). *Le rythme syncopé du jazz.* ♦ Fortement accentué, au rythme marqué.

syncoper v. [1] – XIVe 1 v. tr. Unir (une note à la suivante) en formant une syncope. 2 v. intr. Former une syncope (3°).

syncrétique adj. – XIXe ■ didact. 1 Relatif au syncrétisme (1°). 2 Qui forme un ensemble perçu globalement.

syncrétisme n. m. – XVIIe ; gr. *sugkrêtismos* « union des Crétois » ■ didact. 1 Combinaison relativement cohérente de doctrines, de systèmes. *Le syncrétisme religieux du vaudou.* 2 Appréhension globale et plus ou moins confuse d'un tout. ♦ Appréhension globale et indifférenciée qui précède la perception et la pensée par objets nettement distincts les uns des autres.

syncrétiste n. et adj. – XVIIIe ■ didact. 1 Partisan d'un syncrétisme (1°) philosophique ou religieux. ➙ adj. *Philosophe, secte syncrétiste.* 2 adj. Relatif au syncrétisme (1°) ; qui constitue un syncrétisme. *Doctrine syncrétiste.*

syncristalliser v. intr. [1] – 1923 ■ Cristalliser ensemble.

syncytium [sɛ̃sitjɔm] n. m. – XIXe ; gr. *kutos* « cellule » ■ Masse cytoplasmique à plusieurs noyaux.

syndactylie n. f. – XIXe ; gr. *daktulos* « doigt » ■ Malformation caractérisée par la soudure de deux ou plusieurs doigts ou orteils.

synderme n. m. – av. 1947 ; de *syn(thétique)* et gr. *derma* « peau » ■ Cuir synthétique formé de fibres de cuir agglomérées par du latex.

syndic n. m. – XIIIe ; gr. « celui qui assiste qqn en justice » 1 Dans une ville franche, Chacun des représentants des habitants auprès du seigneur suzerain de la ville. 2 Membre du bureau du conseil municipal de Paris chargé des locaux réservés au conseil, de l'organisation des fêtes et des réceptions. ♦ *Syndic des gens* *de mer* : représentant de l'Inscription maritime. ♦ Membre d'une chambre de discipline chargé de surveiller les officiers ministériels. 3 *Syndic de faillite.* ⇒ **liquidateur** (judiciaire), **mandataire** (liquidateur). 4 Mandataire choisi par la copropriété pour faire exécuter les décisions de l'assemblée.

syndical, ale, aux adj. – XVe 1 Relatif à une association professionnelle, à un syndicat (II, 2°). *Chambre syndicale* : syndicat patronal. 2 Relatif à un syndicat de salariés, au syndicalisme. *Action syndicale.* « *une révolution directement issue du mouvement syndical* » (Romains). *Délégué syndical.* ⇒ **syndicaliste.** *Confédération, centrale syndicale* (ex. en France, C.G.T., C.F.D.T., F.O.). ➤ *Tarif syndical,* fixé par le syndicat. 3 *Conseil syndical* : organe chargé d'assister le syndic de copropriété et de contrôler sa gestion.

syndicalisation n. f. – 1921 ▪ Fait d'adhérer ou d'appartenir à un syndicat.

syndicaliser v. tr. [1] – 1926 ▪ Établir une force syndicale dans (un milieu professionnel). *Syndicaliser un secteur économique.* ➤ *Activité peu syndicalisée.*

syndicalisme n. m. – XIXe 1 Le mouvement syndical, le fait social et politique que représentent l'existence et l'action des syndicats de salariés ; leur doctrine sociale, économique et politique. *Syndicalisme et corporatisme. Syndicalisme ouvrier. Syndicalisme chrétien.* 2 Activité exercée dans un syndicat. *Faire du syndicalisme.*

syndicaliste n. et adj. – XIXe 1 Personne qui fait partie d'un syndicat et y joue un rôle actif. *Syndicalistes et syndiqués.* 2 adj. Relatif aux syndicats, au syndicalisme. ⇒ **syndical.** *Mouvement syndicaliste.*

syndicat n. m. – XVe **I** - 1 Fonction de syndic ; sa durée. 2 Subdivision d'une région maritime. **II** - 1 *Syndicat financier* : groupement constitué par des banques pour assurer le placement de titres lors de leur émission. ⇒ **consortium, pool.** ➤ Groupement d'organismes de placement en vue d'une action concertée sur le marché financier. ➤ *Syndicat de propriétaires,* qui a pour objet la réalisation de travaux d'utilité générale intéressant plusieurs propriétés. ♦ *Syndicat de communes, syndicat interdépartemental,* qui gère des services communs. ♦ *SYNDICAT D'INITIATIVE* : organisme destiné à développer le tourisme dans une localité. 2 Association qui a pour objet la défense d'intérêts professionnels. ⇒ **groupement.** *Syndicat national de l'édition. Syndicat patronal ; syndicat de producteurs.* ♦ Syndicat groupant des salariés. *Syndicats ouvriers. Syndicat de fonctionnaires. Syndicat anglais.* ⇒ **trade-union.** *Négociations entre syndicats et patronat.* « *un temps où syndicats et grèves n'existaient guère* » (Maurois). ♦ loc. *Le syndicat du crime,* la Mafia.

❑ C'est après 1871 que le sens de *syndicat* « association de défense des salariés » devint dominant. Employé seul, le mot réfère en général à ce sens.

syndicataire n. et adj. – XIXe ▪ Membre d'un syndicat financier, d'un syndicat de propriétaires. ➤ Qui est relatif à un tel syndicat.

syndiqué, ée adj. et n. – XIXe ▪ Qui fait partie d'un syndicat. *Ouvriers syndiqués.*

syndiquer v. tr. [1] – XVIIIe 1 Grouper (des personnes), organiser (une profession) en syndicat. ⇒ **associer.** 2 *SE SYNDIQUER* v. pron. Se grouper en une association, en un syndicat professionnel. ♦ Adhérer à un syndicat.

syndrome n. m. – XIXe ; gr. *sundromê* « réunion » ▪ Association de plusieurs symptômes, signes ou anomalies constituant une entité clinique reconnaissable. ⇒ **affection, maladie.** « *notre confrère croit à la peste. Sa description du syndrome le prouve* » (Camus). ♦ Ensemble des signes révélateurs d'une situation jugée mauvaise.

synecdoque n. f. – XVIIIe ; gr. *sunekdokhê* « compréhension simultanée » ▪ Figure de rhétorique qui consiste à prendre le plus pour le moins, la matière pour l'objet, l'espèce pour le genre, la partie pour le tout, le singulier pour le pluriel ou inversement (ex. « les mortels » pour les hommes ; « un fer » pour une épée ; « une voile » pour un navire). ⇒ **métonymie.**

❑ Certaines synecdoques sont des métonymies, *boire un verre,* par exemple, où le contenant est pris pour le contenu.

synéchie n. f. – XIXe ; gr. *sunekheia* « continuité » ▪ Fusion pathologique de deux tissus contigus qui sont normalement séparés.

synérèse n. f. – XVIe ; gr. *sunairesis* « rapprochement » 1 Prononciation groupant en une seule syllabe deux voyelles contiguës d'un même mot, la première devenant une semi-voyelle (ex. *ancien,* prononciation courante [ɑ̃sjɛ̃], poétique [ɑ̃sijɛ̃]). ⇒ **contraction.** 2 Agrégation spontanée des particules d'un gel. ✪ CONTR. Diérèse.

❑ La métrique impose parfois une *diérèse* là où on emploierait une *synérèse.* Ainsi, dans les vers de Verlaine « Les sanglots longs Des violons De l'automne », *violons* doit être prononcé avec trois syllabes.

synergie n. f. – XVIIIe ; gr. *sunergein* « travailler ensemble » 1 Action coordonnée de plusieurs organes, association de plusieurs facteurs qui concourent à une action, à un effet unique. *Synergie musculaire* : contraction coordonnée de plusieurs muscles pour l'exécution d'un même mouvement. 2 Action coordonnée de plusieurs éléments. *Travailler en synergie avec d'autres professions.* ✪ CONTR. Antagonisme.

synergique adj. – XIXe ▪ Relatif à la synergie. *Muscles synergiques.*

synesthésie n. f. – XIXe ; gr. *sunaisthêsis* « perception simultanée » ▪ Trouble de la perception sensorielle caractérisé par la perception d'une sensation supplémentaire à celle perçue normalement, dans une autre région du corps ou concernant un autre domaine sensoriel. ⇒ **synopsie.**

❑ Ne pas confondre avec *cénesthésie* « impression globale d'aise ou de malaise résultant d'un ensemble de sensations internes ».

syngnathe [sɛ̃gnat] n. m. – XIXe ; gr. *sun* « avec » et *gnathos* « mâchoire » ▪ Poisson de mer (*lophobranches*), au corps long et grêle, au museau allongé, qu'on appelle aussi *serpent de mer.*

synodal, ale, aux adj. – XIVe ▪ Relatif à un synode ; qui constitue un synode. *Assemblée synodale.*

synode n. m. – XVIe ; gr. *sunodos* « assemblée » ▪ Assemblée d'ecclésiastiques convoquée par l'évêque ou l'archevêque. *Synode diocésain, épiscopal.* ➤ Réunion de pasteurs (dans certaines Églises protestantes). ⇒ **consistoire.** ➤ *Le saint-synode* : le conseil suprême de l'Église russe.

synodique adj. – XVIe 1 Relatif à une conjonction d'astres. *Révolution, période synodique d'une planète* : temps qui sépare deux conjonctions consécutives de cette planète avec le Soleil. 2 Relatif à un synode.

synonyme adj. et n. m. – XIVe ; gr. *sun* « avec » et *onoma* « nom » 1 Se dit de mots ou d'expressions qui ont une signification très voisine et, à la limite, le même sens. *Mots, termes synonymes.* ♦ *Être synonyme de* : évoquer une notion équivalente, correspondre à. *Le « fox-trot qui,* *là-bas, est synonyme de débauche capitaliste et occidentale* » (Morand). **2** **n. m.** Mot ou expression synonyme (d'une autre). *Dictionnaire des synonymes.* « *il chercha un synonyme de mystère. Énigme, non, cacher, bien ; mais le substantif correspondant ?* » (Queneau). ✪ CONTR. Antonyme, contraire.

❑ Sont synonymes des mots qui peuvent n'avoir pas tout à fait la même valeur, les mêmes connotations. L'équivalence exacte des sens est très rare.

synonymie **n. f.** – XVIe ▪ Relation entre deux mots ou deux expressions synonymes. ✪ CONTR. Antonymie.

synonymique **adj.** – XIXe ▪ Relatif aux synonymes, à la synonymie. *Série synonymique.*

synopse **n. f.** – XIXe ; gr. *sunopsis* « vue d'ensemble » ▪ Livre qui présente les Évangiles de manière parallèle. ⇒ **synoptique** (2°).

synopsie **n. f.** – XIXe ; *syn-* et *-opsie* ▪ Synesthésie dans laquelle un sujet perçoit un son, une voyelle comme étant d'une couleur déterminée.

synopsis [sinɔpsis] **n. m.** et **f.** – XIXe ; mot gr. **I** **n. m.** ou **f.** Vue générale, tableau synoptique (d'une science, d'une question). **II** **n. m.** Récit très bref qui constitue un schéma de scénario.

❑ Ce mot, à l'origine féminin, tend à devenir masculin, notamment dans le vocabulaire du cinéma. On le retrouve encore parfois au féminin : « *un résumé, une synopsis* » (Romains).

synoptique **adj.** – XVIIe ; gr. *sunoptikos* « qui embrasse d'un coup d'œil » **1** Qui permet de voir un ensemble d'un seul coup d'œil, qui donne une vue générale. *Tableau synoptique.* **2** *Les Évangiles synoptiques,* ou *les Synoptiques* : les trois Évangiles (de saint Matthieu, de saint Marc, de saint Luc) dont les plans sont à peu près semblables (⇒ **concordance, synopse**).

synostose **n. f.** – XIXe ; de *syn-* et gr. *osteon* « os » ▪ Soudure de deux os primitivement séparés. *Les sutures de la voûte du crâne sont des synostoses.*

synovial, iale, iaux **adj.** – XVIIIe ▪ Relatif à la synovie, qui contient, sécrète la synovie. *Membrane synoviale,* ou *la synoviale* : membrane séreuse qui tapisse l'intérieur des cavités des articulations mobiles, sauf sur les surfaces articulaires.

synovie **n. f.** – XVIIe ; lat. ▪ Liquide d'aspect filant qui est sécrété par les synoviales et qui lubrifie les articulations mobiles. « *Mon genou est douloureux, je crains d'avoir un épanchement de synovie* » (Montherl.). ⇒ **hydarthrose.**

synovite **n. f.** – XIXe ▪ Inflammation d'une membrane synoviale ou d'une gaine synoviale. *Synovite du coude* (⇒ **tennis-elbow**).

syntacticien, ienne **n.** – 1953 ▪ Linguiste spécialiste de la syntaxe. ⇒ **grammairien.**

syntactique **n. f.** – XIXe ▪ « Science des combinaisons et de l'ordre » (A. Cournot) ; syntaxe ou syntagmatique logique. ♦ L'une des parties de la sémiotique.

syntagmatique **adj.** et **n. f.** – 1906 ▪ Du syntagme. *Axe syntagmatique* (opposé à *paradigmatique*) : axe de succession des unités linguistiques. ➸ En grammaire générative, *Règles syntagmatiques,* qui consistent à récrire une catégorie linguistique sous la forme d'une structure formelle (arbre) rendant compte de ses constituants. *Grammaire syntagmatique* : ensemble ordonné de règles syntagmatiques. ♦ **n. f.** Étude des syntagmes.

syntagme **n. m.** – 1916 ; gr. « ensemble de choses rangées » ▪ Groupe de morphèmes ou de mots qui se suivent avec un sens (ex. relire, crayons rouges, sans s'arrêter). *Syntagme verbal, nominal, adjectival, adverbial.*

syntaxe **n. f.** – XVIe ; gr. *suntaxis,* de *taxis* « ordre, arrangement » **1** Étude des règles qui président à l'ordre des mots et à la construction des phrases, dans une langue ; ces règles. ⇒ **grammaire.** *Respecter la syntaxe. Syntaxe fautive. Les mots « sont esclaves et libres, soumis à la discipline de la syntaxe* » (Staël). ♦ Étude descriptive des relations existant entre les unités linguistiques et des fonctions qui leur sont attachées. *Syntaxe et morphologie.* ♦ Ouvrage de syntaxe. **2** Relations qui existent entre les unités linguistiques. « *On ne raisonne justement qu'avec une syntaxe rigoureuse et un vocabulaire exact* » (France). **3** En Belgique, Première année du « secondaire supérieur ». **4** Ensemble des règles qui régissent l'écriture des instructions d'un programme informatique.

syntaxique **adj.** – XIXe ▪ De la syntaxe ; qui concerne les relations entre unités linguistiques, la construction grammaticale. ⇒ **grammatical.** *Analyse syntaxique* (dite « logique »).

synthèse **n. f.** – XVIe ; gr. *sunthesis* « réunion, composition » **I - 1** Suite d'opérations mentales qui permettent d'aller des notions ou propositions simples aux composées (opposé à *analyse*). ⇒ **association, combinaison** (des concepts, des idées). **2** Démarche de l'esprit qui va de propositions certaines à des propositions qui en sont la conséquence. ⇒ **déduction.** *Démonstration par synthèse.* **3** Opération intellectuelle par laquelle on rassemble les éléments de connaissance concernant un objet de pensée en un ensemble cohérent ; vue d'ensemble. *Esprit de synthèse* : tendance à envisager un objet d'étude comme un tout. **4** Formation (d'un tout matériel) au moyen d'éléments. ⇒ **composition, constitution, reconstitution, réunion.** ➸ En chimie, Préparation (d'un composé) à partir des éléments constituants ou d'un composé de formule plus simple. ⇒ **combinaison.** *Faire la synthèse d'un composé organique. Produits de synthèse. Synthèse d'une substance dans l'organisme.* ⇒ **biosynthèse ;** aussi **chimiosynthèse, photosynthèse. 5** Réunion d'éléments psychiques en un tout structuré, présentant des qualités ou des valeurs nouvelles par rapport aux éléments. *Synthèse mentale.* **6** Reconstruction de phénomènes naturels par des procédés techniques utilisant notamment des moyens informatiques. *Synthèse vocale* : production artificielle du langage parlé. *Image de synthèse* : image vidéo produite par des moyens informatiques et électroniques. ⇒ **infographie. II - 1** Ensemble complexe (d'objets de pensée). « *La philosophie n'est pas une synthèse des sciences particulières* » (Bergson). ➸ Exposé d'ensemble. *Rapport de synthèse.* **2** Notion ou proposition qui réalise l'accord de la thèse et de l'antithèse en les faisant passer à un niveau supérieur ; réalité nouvelle qui embrasse la thèse et l'antithèse en un tout (⇒ **dialectique**). ✪ CONTR. Analyse ; dissociation, dissolution. Élément.

❑ Ne pas confondre avec les mots en *-centèse* « ponction », élément de même prononciation *(amniocentèse, paracentèse, thoracentèse).*

synthétase **n. f.** – 1985 ▪ Enzyme catalysant la réunion de deux molécules avec hydrolyse concomitante d'A.T.P. ou de pyrophosphate.

synthétique **adj.** – XVIIe **1** Qui constitue une synthèse ou provient d'une synthèse. *Méthode synthétique.* ➸ *Jugement synthétique,* qui fait une synthèse du sujet et du prédicat et ne peut être vrai que par rapport aux faits (ex. Paul est à Paris). ⇒ **empirique** (opposé à *analytique*). ♦ Qui envisage la totalité. *Un exposé synthétique.* **2** Produit par synthèse chimique, artificiellement. *Caoutchouc, résines synthétiques. Fibres synthétiques.* « *on préféra carrément aux boissons synthétiques* [...] *les vins de chez nous, les vins qui ont* *des noms* » (Fargue). ➛ n. m. Textile synthétique. ♦ Artificiel, fabriqué par l'homme. *Sons synthétiques.* 3 *Langue synthétique,* où une seule forme, un seul élément linguistique correspond à plusieurs éléments conceptuels et où les rapports grammaticaux se marquent par des modifications internes. ⇒ **polysynthétique.** 4 Qui est apte à la synthèse. *Esprit synthétique.* ✪ CONTR. Analytique. Naturel.

synthétiquement adv. – XVIIIe ▪ Par une synthèse.

synthétiser v. tr. [1] – XIXe 1 Associer, combiner, réunir (des éléments abstraits) par une synthèse. *Synthétiser les éléments d'une théorie.* 2 Produire par synthèse. *Synthétiser une protéine.* ⇒ **traduire.**

synthétiseur n. m. – v. 1960 ▪ Appareil électroacoustique capable de transformer des éléments sonores et d'en faire la synthèse à partir de leurs constituants. *Synthétiseur de parole,* recomposant le langage humain. ♦ Instrument électronique synthétisant les sons musicaux. ➛ abrév. fam. SYNTHÉ.

syntone adj. – déb. XXe 1 rare Qui est en syntonie. 2 Dont les sentiments, les tendances sont en harmonie. « *les* syntones *et les* schizoïdes : *ceux qui acceptent la vie, et ceux qui la refusent* » (Mart. du G.).

syntonie n. f. – 1907 ; gr. *suntonos* 1 Égalité de fréquence des oscillations libres de deux ou plusieurs circuits (⇒ **accord).** *Circuits en syntonie,* accordés sur la même longueur d'ondes. 2 Caractère du sujet syntone.

syntonisation n. f. – 1902 ▪ Accord de deux circuits oscillants.

syntoniser v. tr. [1] – 1903 ▪ Mettre en état de syntonie. ➛ *Système syntonisé.*

syntoniseur n. m. – 1987 ▪ Recomm. offic. pour *tuner**.

syphilis [sifilis] n. f. – XVIIe ; lat., de *Sipylus,* personnage d'Ovide ▪ Maladie vénérienne contagieuse causée par le tréponème. ⇒ arg. **chtouille,** fam. **vérole.** *Syphilis congénitale.*

❑ La maladie s'est répandue en Europe à la fin du XVe s., en particulier avec l'expédition de Charles VIII à Naples. La *syphilis,* dite usuellement *vérole,* était attribuée par chaque peuple à son voisin : pour les Français *mal de Naples,* pour les Italiens et les Allemands, *il male francese, die Franzosenkrankheit.*

syphilitique adj. et n. – XVIIe 1 Relatif à la syphilis. *Chancre syphilitique.* 2 Atteint de syphilis. *Un syphilitique.*

syriaque n. m. – XVIIe ▪ Langue sémitique ancienne du groupe araméen (Syrie, Arabie, Palestine), devenue langue littéraire chrétienne (du IIIe au XIIIe s.).

syringe n. f. – XIXe ; gr. *surigx* « tuyau » ▪ Tombe royale d'Égypte pharaonique.

syringomyélie n. f. – XIXe ; gr. *surigx* « tuyau » et *muelos* « moelle » ▪ Affection chronique de la moelle épinière, caractérisée par la formation d'une cavité allongée siégeant près du canal central.

syrinx [sirɛ̃ks] n. f. ou rare m. – XVIIIe ; gr. *surigx* « tuyau » 1 Flûte de Pan. 2 Larynx inférieur des oiseaux.

syrphe n. m. – XIXe ; gr. *surphos* « mouche » ▪ Insecte *(diptères)* aux antennes courtes, mouche à abdomen jaune et noir, au vol rapide.

syrte n. f. – XVIIe ; gr. *surein* « entraîner, balayer » (en parlant d'un cours d'eau) 1 vx, au plur. Banc de sables mouvants. 2 Région côtière sablonneuse. « *Le Rivage des Syrtes* », *roman de J. Gracq.*

systématicien, ienne n. – 1943 ▪ Spécialiste de la systématique, de la classification. ⇒ **taxinomiste.**

systématique adj. et n. f. – XVIe I adj. 1 Qui appartient à un système (I), est intégré dans un système. *Opinion systématique.* ♦ Qui constitue un système. « *Dès que l'esprit commence à se faire une représentation systématique de la nature* » (France). 2 Relatif à un système (II). *Affections systématiques,* limitées à un système de fibres de même fonction. ➛ Qui forme un système abstrait. *Raisonnement systématique.* 3 Qui procède avec méthode, dans un ordre défini, pour un but déterminé. ⇒ **méthodique, réglé.** *Un travail systématique.* ♦ Cohérent, soutenu ; qui ne se dément pas. *Volonté systématique de nuire. Un refus systématique,* entêté. « *l'altération systématique de la vérité* » (Queneau). 4 Qui pense ou agit selon un système. *Esprit systématique.* ⇒ **déductif,** ② **logique, méthodique.** ➛ péj. Qui est péremptoire et dogmatique. ⇒ **doctrinaire.** II n. f. Science des classifications des formes vivantes. ⇒ **taxinomie.** ♦ Ensemble de vues et de méthodes relevant d'un système de pensée. « *la systématique freudienne* » (Ricœur). ✪ CONTR. Empirique.

systématiquement adv. – XVIIIe 1 D'une manière systématique ; selon un système (I). « *Mais je n'eus pas assez de bon sens pour arranger systématiquement ma vie* » (Stendh.). 2 D'une manière constante, suivie. « *Il usait et abusait systématiquement des épithètes* » (Valéry).

systématisation n. f. – XIXe ▪ Réunion en un système (surtout abstrait). *Une volonté de systématisation.*

systématisé, ée adj. – XVIIIe ▪ Qui forme un système. ➛ *Délire systématisé,* où les idées délirantes sont ordonnées.

systématiser v. tr. [1] – XVIIIe 1 Réunir (plusieurs éléments) en un système (I). « *Ce plan généralisait, systématisait les mesures que la nécessité avait imposées* » (Michelet). 2 pronom. Constituer un système (II). *Délire qui se systématise.*

système n. m. – XVIe ; gr. *sustêma* « assemblage, composition » I - 1 Ensemble conçu par l'esprit d'objets de pensée unis par une loi. ⇒ **théorie.** *Le système astronomique de Ptolémée.* ♦ Distribution d'un ensemble d'objets de connaissance selon un ordre qui en rend l'étude plus facile ; classification qui en résulte. ⇒ **méthode.** *Le système de Linné.* 2 Ensemble d'idées, logiquement solidaires, considérées dans leurs relations ; construction théorique que forme l'esprit sur un vaste sujet. ⇒ **doctrine, idéologie, opinion, philosophie, théorie, thèse.** « *Mais tout système est une entreprise de l'esprit contre lui-même* » (Valéry). 3 Ensemble coordonné de pratiques tendant à obtenir un résultat (⇒ **manière, méthode,** ② **moyen,** ③ **plan)** ou présentant une certaine unité. *Le système de défense d'un accusé. Il* « *se renferma tout d'abord dans un système de dénégation* » (Balz.). ♦ fam. Moyen habile. ⇒ **combinaison, combine.** *Je connais un système pour s'en sortir.* 4 Ensemble de pratiques, de méthodes et d'institutions formant à la fois une construction théorique et une méthode pratique. *Système d'enseignement. Système électoral.* « *Mon cher, quel que soit le système politique, les hommes de pouvoir sont toujours des parleurs* » (Duham.). ♦ L'armature économique, politique, morale d'une société donnée considérée comme aliénante, contraignante. *Être récupéré par le système.* 5 ESPRIT DE SYSTÈME : tendance à organiser, à relier les connaissances particulières en ensembles cohérents. ➛ péj. Tendance à faire prévaloir la cohérence interne, l'intégration à un système, sur la juste appréciation du réel. ⇒ **systématisation.** II - 1 Ensemble structuré d'éléments naturels de même espèce ou de même fonction. « *un système d'objets reliés par des rapports universels* » (Sartre). ➛ Région de la matière contenant une quantité définie de substance ; plan d'arrangement des termes d'un ensemble matériel. *Système planétaire, solaire. Systèmes moléculaires, atomiques.* ➛ Ensemble de terrains appartenant à une période géologique. ♦ Ensemble d'organes ayant une structure analogue. *Système nerveux. Système pileux.* ➛ fam. *Le système* : les nerfs. *Courir, taper sur le système* : énerver. 2 Appareil, dispositif formé par une réunion d'organes, d'éléments analogues constituant un ensemble cohérent. *Systèmes électriques, électroniques. Système dynamique,* où intervient la notion du temps (opposé à *statique*). ➛ *Système de traitement de l'information. Ingénieur système* : responsable de la mise en place des systèmes d'exploitation et des logiciels. ➛ *Système de gestion de bases de données* : logiciel permettant de gérer une base de données. 3 Appareil plus ou moins complexe. *Un* « *système compliqué de béquilles et de jambes de bois* » (Hugo). 4 Ensemble structuré (de choses abstraites). *Un système de concepts, de notions, de relations.* ♦ *Système d'équations. Système de forces.* ➛ *Système décimal.* ➛ *Système d'unités* : ensemble d'unités choisies de manière à pouvoir exprimer les mesures de grandeurs physiques rationnellement et simplement. *Système C.G.S. Système métrique, M.K.S., S.I.*

❑ En anatomie, on distingue *système* et *appareil* (*système nerveux, appareil digestif, respiratoire*), *système* s'appliquant à des organes de même structure et destinés à des fonctions analogues et *appareil* à des organes de nature différente et affectés à telle ou telle fonction.

systémicien, ienne n. – v. 1970 ▪ Spécialiste de la systémique.

systémique adj. et n. f. – v. 1970 ; angl. 1 Relatif à un système dans son ensemble. *Insecticide systémique,* qui contamine toute la plante. 2 n. f. Technique des systèmes complexes.

systole n. f. – XVIe ; gr. *sustolê* « contraction » ▪ Contraction du cœur par laquelle le sang est chassé dans les artères. *Systole et diastole.*

systolique adj. – XVIe ▪ Relatif à la systole. *Bruit systolique,* correspondant à la fermeture des valvules entre les oreillettes et les ventricules correspondants. ➛ *Souffle systolique.*

systyle n. m. et adj. – XVIIe ; gr. *sustulos* « aux colonnes rapprochées » ▪ Ordonnance où les entrecolonnements sont de deux diamètres de colonnes. ➛ *Portique systyle.*

syzygie n. f. – XVIe ; gr. *suzugia* « assemblage, réunion » ▪ Position de la Lune en conjonction ou en opposition avec le Soleil (nouvelle lune et pleine lune). « *à l'époque des syzygies* [...] *le mer est prise soudain d'une tranquillité étrange* » (Hugo).

T ① **t** [te] n. m. inv. 1 Vingtième lettre et seizième consonne de l'alphabet : *t majuscule* (T), *t minuscule* (t). *Ne pas oublier la barre du t.* ➤ Lettre qui note l'occlusive dentale sourde [t] *(tard, bateau, hotte, pirouette),* sauf devant un *i* suivi d'une voyelle où *t* note généralement [s] (*initiation* [inisjasjɔ̃], *confidentiel, ambitieux, inertie*), s'il n'est pas précédé du son [s] *(amnistie, bestial, bastion). Le t est généralement muet à la finale.* ➤ *Digramme comportant t : th,* qui note [t] dans des mots issus du grec *(théâtre, thon, thym). Le t euphonique,* intercalé entre le verbe et le pronom sujet postposé commençant par une voyelle pour éviter l'hiatus *(comment va-t-il ?).* 2 Forme du T majuscule. *Bandage, antenne en T.* ✪ HOM. Té, tes (① ton), thé. ❑ On peut penser que le *t euphonique* de liaison interrogative *(viendra-t-il)* est, avec la forme en *t* du conditionnel (*il viendrait aussi* [vjɛ̃dRɛtosi]), la cause de liaisons fautives assez fréquentes du type *il viendra (t) avec nous.*

② **t** abrév. et symboles 1 **T** [teRa] n. m. inv. Téra-. 2 **T** [tɛsla] n. m. inv. Tesla. 3 **T** [tu(t)ti] n. m. inv. Tutti. 4 **t** [tɔm] n. m. inv. Tome. 5 **t** [tɔn] n. f. inv. Tonne.

t' → **te**

ta → ① **ton**

① **tabac** [taba] n. m. – XVIe ; esp. *tabaco,* haïtien *tsibatl* 1 Plante *(solanacées)* originaire d'Amérique, haute et à larges feuilles, qui contient de la nicotine. *Pied, champ de tabac.* 2 Produit manufacturé fait de feuilles de tabac séchées et préparées, pour priser, chiquer, fumer. *Tabac brun* (ou *noir*) ; *blond, d'Orient. Tabac fort, léger. Tabacs étrangers.* ⇒ **havane, virginie.** « *il demanda du tabac français pour bourrer sa pipe* » (Loti). *Tabac à mâcher, à chiquer, à priser.* « *Parfois, maman aspirait une petite prise de tabac* » (Duham.). *Tabac découpé pour fumer.* ⇒ **scaferlati.** *Tabac gris.* ⇒ **caporal.** « *J'ai du bon tabac dans ma tabatière* » (chans. pop.). *Abus du tabac, intoxication par le tabac.* ⇒ **nicotinisme, tabacomanie, tabagisme.** (En France) *Service d'exploitation industrielle des tabacs et des allumettes (S.E.I.T.A.).* ♦ *Les tabacs :* l'administration des tabacs (en France). ♦ loc. fam. *C'est toujours le même tabac :* c'est toujours la même chose. ➤ *Du même tabac :* du même genre. ♦ *Couleur de tabac, couleur tabac ;* adj. inv. *tabac :* d'un brun-roux. *Des vêtements tabac.* 3 Bureau de tabac. *Bar-tabac, café-tabac :* café où se trouve un bureau de tabac. « *un tabac et un P.M.U. y attiraient un supplément de clientèle* » (Queneau).

② **tabac** [taba] n. m. – XIXe ; de *tabasser* ▪ fam. 1 *Passage à tabac :* violences sur une personne qui ne peut se défendre. « *Encore un qui va être passé à tabac* » (Eluard). ⇒ **tabasser.** ♦ *Coup de tabac :* tempête, mauvais temps. 2 loc. *Faire un tabac :* avoir un grand succès. *La pièce a fait un tabac pendant plusieurs mois.* ➤ *Quel tabac !*

tabacomanie [tabakɔmani] n. f. – XIXe ▪ Abus du tabac. ⇒ **nicotinisme, tabagisme.**

tabagie [tabaʒi] n. f. – XVIIe ; mot algonquin « festin » 1 Endroit mal aéré où l'on a beaucoup fumé. *Ce bureau est une tabagie. Quelle tabagie ! Un « café de Montparnasse, une de ces infectes tabagies qui sentaient le linge sale »* (Sartre). 2 (Canada) Bureau de tabac.

tabagique [tabaʒik] adj. et n. – XIXe ▪ Relatif au tabagisme. *Intoxication tabagique.* ♦ n. Personne qui abuse du tabac.

tabagisme [tabaʒism] n. m. – XIXe ▪ Intoxication, troubles physiologiques et psychiques provoqués par l'abus du tabac. ⇒ **nicotinisme.** *Tabagisme passif,* des non-fumeurs, par inhalation.

tabard [tabaR] n. m. – XIIIe ; o. i. ▪ Au Moyen Âge, Manteau court, porté sur l'armure.

tabasser [tabase] v. tr. [1] – 1918 ; d'un rad. *tabb-,* idée de « frapper » ▪ fam. Battre, rouer de coups, passer à tabac. *Elle s'est fait tabasser.*

tabatière [tabatjɛR] n. f. – XVIIe 1 Petite boîte à couvercle dans laquelle on mettait le tabac à priser, et qu'on emportait dans sa poche. 2 Vitre d'une lucarne à charnière. *Fenêtre à tabatière.* ➤ La lucarne. 3 *Tabatière anatomique :* dépression de la partie latérale et postérieure du poignet, formée par la saillie des tendons des muscles extenseurs long et court du pouce, lorsque ces derniers se contractent.

tabellaire [tabelɛR] adj. – XIXe ; lat. *tabella* « tablette » ▪ *Impression tabellaire,* qui se faisait avec des planches gravées.

tabellion [tabeljɔ̃] n. m. – XIIIe ; lat. *tabellio* « qui écrit sur des tablettes » 1 vx Officier chargé de conserver les actes rédigés par les notaires et d'en délivrer les grosses. « *Le tabellion, car il se nommait lui-même le tabellion, garde-notes, petit notaire, en se mettant par la raillerie au-dessus de son état* » (Balz.). 2 par plais. Notaire.

tabernacle [tabɛRnakl] n. m. – XIIe ; lat. *tabernaculum* « tente » 1 Tente où étaient enfermés l'Arche d'alliance et les objets sacrés, avant la construction du temple de Jérusalem. *Fête des tabernacles,* célébrée après la moisson sous des abris de feuillage. 2 Petite armoire fermant à clé, qui occupe le milieu de l'autel et contient le ciboire. « *Elle salua le tabernacle du maître-autel d'une grande inclinaison de tête* » (Maupass.). 3 Espace libre maçonné autour d'un robinet souterrain.

tabès [tabɛs] n. m. – XIXe ; lat. « écoulement », « langueur, consomption » ▪ Forme tardive nerveuse de syphilis par atteinte dégénérative des cordons postérieurs de la moelle épinière et des racines nerveuses rachidiennes qui en émergent. ⇒ aussi **paralysie** (générale). *Tabès héréditaire.*

tabétique [tabetik] **adj. et n.** – XIXe ▪ Qui appartient au tabès. *Démarche tabétique.* ♦ Atteint du tabès.

❑ Les noms en -*ès* produisent des adjectifs en -*étique* (*herpès/herpétique*).

tabla [tabla] **n. m.** – mil. XXe ; mot hindi ▪ Instrument de musique indienne, petites timbales dont on joue avec la main.

tablar ou **tablard** [tablaʀ] **n. m.** – XVe ; lat. *tabula* « tablette » ▪ (Suisse) Étagère. *Sur « les tablards en cristal gisaient, bien ordonnées, des armes plus petites »* (Cendrars).

tablature [tablatyʀ] **n. f.** – XVIe ; lat. ▪ Figuration graphique des sons musicaux propres à un instrument. *La tablature d'un orgue.*

table [tabl] **n. f.** – XIe ; lat. *tabula* « planche, tablette » **I** - **1** Surface plane dressée à une hauteur convenable pour recevoir tout ce qui est nécessaire aux repas ; meuble sur pieds construit pour cet usage. *Table de bois, de marbre. Table ronde, ovale, rectangulaire ; à rallonges. Poser un plat sur la table.* ➙ *Dresser, mettre la table :* disposer, mettre sur la table tout ce qu'il faut pour le repas (cf. Mettre le couvert*). « *le maître d'hôtel avait dressé la table dans le salon, une table où tenaient vingt-cinq couverts, un peu serrés* » (Zola). *Débarrasser la table.* ➙ DE TABLE : qui sert au repas, qui se met sur la table. *Linge de table. Service de table.* ➙ *Raisin de table,* destiné à être mangé (et non à faire le vin). *Bière, vin de table,* de qualité courante. ♦ *Réserver, retenir une table dans un restaurant.* ♦ À TABLE. *Aller, s'asseoir, se mettre, passer à table :* s'attabler pour manger. « *le soir, quand il se trouva à table avec toute sa famille* » (R. Rolland). loc. fam. *Se mettre à table :* avouer, parler (cf. Manger le morceau*). *À table !* mettez-vous, mettons-nous à table. *Être à table,* en train de prendre un repas. *Inviter, recevoir qqn à sa table.* ♦ loc. *Tenir table ouverte :* inviter tous ceux qui se présentent. *Se tenir bien à table,* s'y comporter selon les usages. ➙ *Se lever de table, quitter la table. Sortir de table.* ➙ *Faire longue table :* rester longtemps à table. ➙ *Rouler sous la table :* s'enivrer au cours du repas. **2** La nourriture servie à table. *Les plaisirs de la table. Bonne table.* ⇒ **chère.** *La meilleure table de la région.* ♦ Personnes qui prennent leur repas, qui sont à table. ⇒ **tablée.** « *Cette table, assez nombreuse, était très gaie, sans être bruyante* » (Rouss.). **3** Meuble formé d'une surface plane supportée par des pieds, et servant à divers usages. *Table basse, haute. Petite table décorative.* ⇒ **console, guéridon.** *Table de cuisine. Table pliante. Table roulante.* ⇒ ② **desserte.** ➙ *Table de travail.* ⇒ **bureau.** ➙ *Table d'architecte.* ➙ *Table d'opération.* ⇒ fam. **billard.** ➙ *Table de jeu. Table de bridge,* légère, à pieds pliants, recouverte de drap vert. ➙ *Tennis de table :* le ping-pong. ♦ *Table tournante,* dont les mouvements sont censés transmettre un message des esprits. *Faire tourner les tables.* **4** TABLE RONDE : réunion, caractérisée par le principe d'égalité entre participants à l'image de la table ronde autour de laquelle peuvent s'asseoir les convives, sans hiérarchie ni préséance, pour discuter de questions d'intérêt commun, généralement litigieuses. *Participer à une table ronde.* ➙ *La table des négociations.* ♦ TOUR DE TABLE : prise de parole successive des participants à une discussion. *Faire un tour de table.* ➙ Ensemble des personnes apportant des capitaux dans une entreprise, une affaire. ⇒ **consortium, pool.** **5** Objet mobilier d'usage domestique pouvant constituer un meuble fermé. ➙ TABLE DE NUIT, DE CHEVET : petit meuble placé au chevet du lit. « *Une petite lampe électrique veillait, sur la table de nuit, dans un abat-jour de soie* » (Duham.). ➙ TABLE À LANGER : petit meuble sur lequel on change un bébé. ➙ TABLE À OUVRAGE : travailleuse, tricoteuse. **6** TABLE D'ORIENTATION : table circulaire de pierre, sur laquelle sont figurés les directions des points cardinaux et les principaux accidents topographiques visibles du lieu où elle se trouve. **7** Partie supérieure de l'autel. *La sainte table :* l'autel. **II** Surface plane. ⇒ **planche, plaque, plateau, tableau, tablette, tablier.** TABLE DE CUISSON : plaque servant de support pour des brûleurs à gaz ou des plaques électriques, encastrée dans un élément de cuisine. ➙ *Diamant en table,* taillé de façon à présenter une facette horizontale supérieure. *Table de roulement :* surface de roulement d'un rail. ♦ Partie plane ou légèrement incurvée d'un instrument de musique sur laquelle les cordes sont tendues. *Table (d'harmonie),* sur laquelle repose le chevalet. ♦ Tableau. *Table interurbaine d'un standard.* ➙ *Table traçante :* unité de sortie d'un ordinateur qui permet le tracé de courbes et de graphiques. ♦ Surface plane naturelle. *Table calcaire.* ♦ *Table de lancement :* « dispositif assurant le support et le maintien d'un véhicule spatial et permettant un décollage vertical ou voisin de la verticale » (J.O.). **III** - **1** Surface plane sur laquelle on peut écrire, graver. ➙ Ce qui est écrit. *Les Tables de la Loi.* ⇒ **décalogue.** **2** Présentation méthodique, sous forme de liste, d'un ensemble de données, d'informations. ⇒ **index.** *Table alphabétique. Table des chapitres, des matières :* dans un livre, énumération des chapitres, des questions traitées. ⇒ **inventaire, répertoire, sommaire.** ➙ Ensemble de données dont chaque article peut être identifié sans ambiguïté au moyen d'un ou plusieurs arguments. ⇒ **tableau.** *Tables chronologiques, généalogiques, démographiques.* ♦ Recueil d'informations, de données, groupées de façon systématique, en vue d'une consultation aisée. *Tables astronomiques.* ➙ *Tables de multiplication*.* ➙ *Table de logarithmes.* ➙ *Table de vérité :* tableau formé de cases indiquant par « vrai » ou « faux » le résultat d'une opération logique sur des propositions selon tous les cas possibles où chacune d'elles est vraie ou fausse. ➙ *Table de Pythagore :* tableau donnant les composés d'une loi à l'intersection des lignes et des colonnes représentatives des composants. ➙ *Tables de Mendeleïev :* classification périodique des éléments. ➙ En athlétisme, Tableau de cotation des différentes performances, indiquant les équivalences conventionnelles en points. ➙ *Tables de Bacon :* recueil systématique d'exemples concernant un phénomène ou une qualité dont on veut découvrir l'essence.

❑ L'expression *mettre la table* vient du Moyen Âge où la table était une planche que l'on mettait effectivement sur des tréteaux au moment des repas.

tableau [tablo] **n. m.** – XIIIe ; de *table* **I** - **1** Œuvre picturale exécutée sur un support rigide et autonome ⇒ **panneau, peinture, toile.** *Tableau sur bois, toile, papier. Tableau peint à l'huile, à la gouache, au pastel. Nettoyer, restaurer, revernir, rentoiler, maroufler un tableau. Tableau abstrait, non figuratif. Tableau de maître. Tableau de musée.* ➙ *Marchand de tableaux. Galerie de tableaux. Amateur, collectionneur de tableaux.* ➙ *Accrocher, pendre un tableau au mur. Faire encadrer un tableau.* ➙ Image encadrée. **2** TABLEAU VIVANT : spectacle constitué d'un groupe de personnes immobiles disposées sur la scène de manière à évoquer un tableau célèbre. **3** VIEUX TABLEAU : vieille coquette. Vieillard ridicule. **4** Image, scène réelle qui évoque une représentation picturale. *La plaine « Dont le tableau changeant se déroule à mes pieds »* (Lamart.). ➙ fam. et iron. *Vous voyez d'ici* *le tableau !* la scène. ♦ *TABLEAU DE CHASSE* : ensemble des animaux abattus, rangés par espèces. fig. Ensemble de succès. 5 Description ou évocation imagée. ⇒ **image, récit.** « *Quel tableau Bourdaloue ne fait-il point de l'ambition !* » (Chateaub.). *Brosser un tableau de la situation.* ➜ loc. *Pour achever le tableau* : pour comble. 6 Subdivision d'un acte qui correspond à un changement de décor, au théâtre. *Drame en vingt tableaux.* **II - 1** Panneau destiné à recevoir une inscription, une annonce ; cadre de bois où l'on affiche une feuille d'avis, etc. *Tableau d'affichage.* ♦ *TABLEAU (NOIR)* : panneau sur lequel on écrit à la craie ou au feutre dans une salle de classe. *Écrire au tableau.* « *il s'approche du tableau noir, fait des figures avec de la craie, entame une démonstration* » (Sand). ➜ *Tableau aimanté.* 2 Parois latérales encadrant une baie de porte ou de fenêtre. 3 Partie plate de la poupe d'un navire en bois. 4 vx À certains jeux d'argent, Surface, emplacement où l'on mise. ➜ mod., loc. *Jouer, miser sur les deux tableaux, sur tous les tableaux* : se ménager un intérêt dans deux partis, deux côtés opposés, afin de ne pas perdre. 5 Support plat. « *dans le bureau de l'hôtel, à côté du tableau des clefs* » (Aragon). ➜ Support des appareils de commande, de mesure d'un réseau électrique. *Tableau d'une installation téléphonique. Tableau de commande* (d'un appareil ménager). *Tableau de contrôle* (d'une machine, d'une installation, d'un réseau). 6 *TABLEAU DE BORD* : panneau où sont réunis les instruments de bord. *Tableau de bord d'un avion, d'une automobile.* **III - 1** Liste des personnes appartenant à une compagnie, à un corps. *Tableau de l'ordre des avocats.* ➜ *Tableau d'avancement* : liste des personnes prévues pour un avancement hiérarchique. ➜ *Tableau d'honneur* : liste des élèves les plus méritants. « *L'attribution des tableaux d'honneurs et des prix d'excellence créaient des inimitiés sans merci* » (Aymé). ♦ Liste de prescriptions, de renseignements, affichée ou consultable. *Tableau de service.* 2 Série de données, de renseignements, disposés en lignes et en colonnes, d'une manière claire et ordonnée, parfois figurée, pour faciliter la consultation. *Les tableaux d'un inventaire, d'une comptabilité* (⇒ **bilan**). *Tableau de prix* (⇒ **tarif**). *Tableau des emplois et des ressources.* ⇒ **grille.** ➜ *Tableau économique d'ensemble (T.E.E.). Tableau des entrées-sorties (T.E.S.),* présentant l'équilibre entre les ressources et les emplois. *Tableau chronologique. Tableau statistique. Données économiques présentées en tableau* (⇒ **tableur**). *Tableau généalogique. Tableau des conjugaisons. Tableau synchronique, synoptique.* ⇒ **table.** *Tableau de Boole* : table de vérité. ➜ *Tableau A, B, C* : liste où sont répartis les médicaments dangereux, toxiques et stupéfiants, uniquement délivrés sur ordonnance.

tableautin n. m. – XIXe ■ Tableau de petite dimension.

tablée n. f. – XIIIe ■ Ensemble des personnes assises à une même table, qui prennent ensemble leur repas. ⇒ **table.**

tabler v. tr. ind. [1] – XVIIe ; de *table* ■ *TABLER SUR* (qqn, qqch.). ⇒ **compter.** *On ne peut tabler sur sa présence.*

❑ Les sens anciens de *tabler* « se mettre à table » (XIIIe s.) et « être à table » (XVIe s.) seront repris par *s'attabler.*

tabletier, ière [tabl̥ətje, jɛʀ] n. – XIIIe ; de *table* « échiquier, damier » ■ Ouvrier spécialiste du travail de certains bois, du corozo, de l'os, de l'ivoire pour la fabrication des objets de tabletterie.

tablette n. f. – XIIIe **I** vx Petite table ; planchette ou petite surface plane destinée à recevoir une image, une inscription. ♦ au plur., loc. *Écrire, noter, marquer qqch. sur ses tablettes,* en prendre bonne note. « *dites-moi le nom de cet homme, afin que je le mette sur mes tablettes* » (Dider.). *Rayer de ses tablettes* : effacer de son souvenir. **II - 1** Petite planche horizontale. ⇒ **planchette,** ② **rayon.** « *mes tablettes chargées de livres* » (France). *Les tablettes d'une armoire.* ♦ Plaque d'une matière dure, servant de support, d'appui, d'ornement. *Tablette d'une cheminée* : plaque posée sur les montants. « *sur une étagère de bambou, au-dessus de la tablette du lavabo, un tohu-bohu de fioles* » (Huysm.). ♦ Dalle mince couvrant l'appui d'une fenêtre. ♦ Appui d'un balustre, d'une balustrade. 2 *Tablette graphique* : unité d'entrée d'un ordinateur permettant l'acquisition et la numérisation de courbes, de graphiques. **III** Produit alimentaire solide, solidifié, présenté en petites plaques de forme rectangulaire. *Tablette de chocolat* (⇒ **plaque**), *de chewing-gum.* ➜ *Médicament en tablette.*

tabletterie n. f. – XVe 1 Métier, commerce du tabletier. 2 Objets de tabletterie (coffrets, échiquiers, damiers ; éventails, peignes ; objets pour fumeurs).

tableur n. m. – 1983 ; de *tableau* ■ Progiciel permettant la création, la manipulation et l'édition de données organisées sous forme de tableaux.

tablier n. m. – XIIe ; de *table* **I - 1** Surface plane sur laquelle se jouaient certains jeux (échecs, dames, trictrac). 2 Plateforme qui constitue le plancher d'un pont. « *on pouvait s'arrêter sur le pont, pêcher du haut du tablier, contre les piles* » (Genevoix). **II - 1** Vêtement de protection constitué par une pièce de matière souple maintenue par des attaches, qui garantit le devant du corps. *Tablier à bavette. Tablier de boucher.* « *Un grand tablier bleu la ceignait* » (Colette). ➜ *Tablier de sapeur,* en cuir. ➜ *Tablier de franc-maçon.* ➜ loc. fam. *Ça lui va comme un tablier à une vache,* très mal. ♦ loc. *Rendre son tablier* : démissionner. ♦ Blouse de protection. *Tablier d'écolier.* 2 Dispositif servant à protéger. « *Une cheminée au tablier levé, mais sur un âtre sans chenets, aux cendres refroidies* » (Robbe-Grillet). ⇒ **rideau.** ♦ Sur un scooter, un vélomoteur, Pièce de métal qui sépare le conducteur de la roue avant et se prolonge horizontalement pour servir d'appui.

tabloïd ou **tabloïde** n. m. – 1955 , angl. (nom déposé) ■ Quotidien de demi-format. ➜ Périodique de petit format. *Publication tabloïd.*

tabou, e n. m. et adj. – XIXe ; polynésien *tapu* « interdit, sacré » 1 Interdiction rituelle. « *Le tabou se présente comme un impératif catégorique négatif* » (Caillois). ➜ *Des armes taboues.* 2 Ce sur quoi on fait silence, par crainte, pudeur. *Les tabous sexuels.* ➜ (parfois inv.) → ① **interdit.** *Sujets tabous.*

tabouiser v. tr. [1] – 1953 ■ Déclarer, rendre tabou.

taboulé n. m. – v. 1975 ; ar. « relevé avec des condiments » ■ Mets d'origine syro-libanaise préparé avec du blé concassé (ou du couscous), du persil, de la menthe, des oignons et des tomates hachés, assaisonné d'huile d'olive et de jus de citron.

tabouret n. m. – XVIe ; a. fr. *tabour* « tambour » ■ Siège sans bras ni dossier, à pied(s). *Tabouret de piano,* monté sur vis pour en régler la hauteur. *Il « s'assit sur un tabouret au siège capitonné de caoutchouc alvéolé »* (Vian).

tabulaire adj. – XVe ; lat. *tabularius* « caissier » 1 Disposé en tables, en tableaux. *Logarithmes tabulaires.* 2 Se dit d'un relief relativement plat, moins vaste que le plateau, et qui domine les environs. ⇒ **mesa, table.**

tabulateur n. m. – 1908 ; lat. *tabula* « tablette » ■ Dispositif d'une machine à écrire permettant d'aligner des signes de manière à former des tables, des tableaux.

tabulatrice n. f. – 1921 ; de *tabulaire* ■ Machine qui traitait les cartes perforées. ♦ Imprimante fonctionnant ligne par ligne.

tabun [tabun] n. m. – 1969 ; all. *Tabun* ■ Gaz de combat.

tac interj. et n. m. – XVIe ; onomat. ■ Bruit sec. ♦ *Répondre, riposter du tac au tac* : répondre à un mot désagréable en rendant aussitôt la pareille.

tacaud n. m. – XVIIIe ; bret. *takohed* ■ Poisson de petite taille *(gadiformes)*, commun sur les côtes de l'Atlantique. ✪ HOM. Tacot.

tacca n. m. – XIXe ; malais *takah* « dentelé » ■ Plante herbacée tropicale *(taccacées)*, à grandes feuilles découpées, dont les tubercules fournissent une fécule comestible.

tacet [tasɛt] n. m. – XVIIe ; mot lat. « il se tait » ■ Silence d'un instrument, d'une voix, pendant une partie d'un morceau. ✪ HOM. poss. Tassette.

tache n. f. – XIIe ; p.-ê. du got. *taikns* « signe » **I** - **1** Altération à la surface d'une substance, petite étendue de couleur, d'aspect différent du reste. ➛ (sur la peau) *Taches de rousseur, de son.* ⇒ **éphélide.** *Tache de vin.* ⇒ **envie, nævus.** « *Une sorte de lupus tuberculeux, qui a débuté par une tache légère sur une joue* » (Léautaud). **2** Marque colorée naturelle sur le poil, les plumes, le tégument. *Taches du léopard, de la panthère.* ♦ *Tache jaune de l'œil.* ⇒ **macula.** ➛ *Taches auditives* : formations blanchâtres sur la surface intérieure de l'utricule et du saccule de l'oreille interne, où se termine le nerf auditif. **3** *Tache solaire* : région de la photosphère moins sombre et plus rouge. **4** Élément coloré qui apparaît dans le champ visuel sur un fond de couleur plus ou moins uniforme. « *une allée sombre s'enfonçait, avec une tache de lumière, très loin* » (Zola). ♦ Petit élément d'un tableau dont la couleur tranche sur le reste. ➛ (depuis les impressionnistes) Chacune des touches de couleur uniforme, juxtaposées dans un tableau (⇒ **tachisme**). **II** - **1** Surface salie par une substance étrangère ; cette substance. ⇒ **éclaboussure, salissure, souillure.** *Tache d'huile, de graisse, de cambouis, d'encre, de rouille. Sans tache* (⇒ **immaculé**). *Son uniforme,* « *quoique râpé, n'avait pas une tache* » (Bosco). *Faire des ratures et des taches en écrivant.* ⇒ **bavure, pâté.** ♦ *FAIRE TACHE* : rompre une harmonie de couleurs ou toute autre harmonie. *Ce vase fait tache dans le salon.* ⇒ **détonner. 2** Souillure morale. ⇒ **déshonneur, tare.** « *Si ma naissance est basse, elle est du moins sans tache* » (Corn.). ➛ Chose impure, contraire à la religion. ⇒ **impureté, péché.** « *L'innocence, une pureté sans tache* » (Vauven.). **3** fam. Personne méprisable. ✪ HOM. Tâche.

taché, ée adj. – XVe **1** Sali d'une tache, de plusieurs taches. ⇒ **maculé.** *Un gilet taché.* « *un immense tapis vert tout taché d'encre* » (Stendh.). **2** Qui porte naturellement une tache, des taches (⇒ **tacheté**). « *un bel oiseau brun de plumage, taché de blanc* » (Genevoix). « *Le visage taché de son, tailladé par les rides* » (Duham.). ➛ *Fruits tachés.* ⇒ **talé, tavelé.** ✪ CONTR. Immaculé, propre, uni.

tâche n. f. – XVe ; lat. *taxa* « prestation rurale » **1** Travail déterminé qu'on doit exécuter. ⇒ **besogne, ouvrage.** *Tâche pénible.* « *Il accomplissait sa petite tâche quotidienne à la manière du cheval de manège qui tourne en place, les yeux bandés* » (Flaub.). *S'acquitter d'une tâche ; remplir une tâche. S'atteler à une tâche. Vous ne me facilitez pas la tâche.* ➛ *À LA TÂCHE,* se dit des ouvriers, des artisans qui sont payés selon l'ouvrage exécuté. *Travailler à la tâche* (⇒ **pièce,** ① **pige**). ♦ Élément de programme informatique susceptible d'être activé par le système d'exploitation. **2** Ce qu'il faut faire ; conduite commandée par une nécessité ou dont on se fait une obligation. ⇒ ② **devoir, mission, rôle.** « *La noble tâche d'encourager les jeunes talents* » (Hugo). ✪ HOM. Tache.

tachéo- Élément, du gr. *takheos* « rapide ». ⇒ **tachy-.**

tachéographe [takeɔgʀaf] n. m. – 1903 ; *tachéo-* et *-graphe* ■ Appareil de visée utilisé en planimétrie et altimétrie.

tachéomètre [takeɔmɛtʀ] n. m. – XIXe ; *tachéo-* et *-mètre* ■ Instrument dérivé du théodolite, permettant de lever rapidement un plan nivelé.

tacher v. tr. [1] – XVe **I** - **1** Salir en faisant une tache, des taches. ⇒ **maculer, salir, souiller.** *Tacher ses vêtements.* ➛ *Le vin rouge tache.* **2** vx Souiller au moral, ternir (l'honneur, la réputation). ⇒ **entacher.** « *Si de mes libertés j'ai taché votre nom* » (Mol.). **II** *SE TACHER* v. pron. **1** Faire des taches sur soi, sur ses vêtements. *Elle s'est encore tachée.* **2** Recevoir des taches, se salir. *Une nappe blanche se tache vite.* **3** Se couvrir de taches. *Les bananes se tachent de points noirs en mûrissant.* ✪ CONTR. ② Détacher. — HOM. Tâcher.

tâcher v. [1] – XVe ; de *tâche* **1** v. tr. ind. *TÂCHER DE.* Faire des efforts, faire ce qu'il faut pour. ⇒ **s'efforcer, essayer.** *Je vais tâcher d'y penser.* ➛ À l'impér. *Tâche d'être à l'heure !* **2** v. tr. dir. *TÂCHER QUE* : faire en sorte que. *Tâchez que cela ne se reproduise plus.* ✪ CONTR. Éviter. — HOM. Tacher.

> ❑ Par croisement de *tâcher de...* et *trouver moyen,* la langue populaire a créé *tâcher moyen* au sens de « s'efforcer, essayer » : « *C'est vrai qu'il faudra "tâcher moyen" de penser à autre chose qu'à ça* » (Mauriac).

tâcheron n. m. – XVIe **1** Ouvrier, entrepreneur à la tâche. **2** Personne qui effectue sans initiative des besognes de commande, des travaux ingrats.

tacheté, ée adj. – XVIe ; a. fr. *tachete* « petite tache » ■ Qui présente de nombreuses petites taches. *Chiens à robe blanche tachetée de brun.* ♦ Orné de petites taches de couleur. *Papier tacheté.* ⇒ **marqueté, moucheté.**

tacheter v. tr. [4] – XVIe ■ Marquer, couvrir de nombreuses petites taches. ⇒ **moucheter.**

tacheture n. f. – XVIIe ■ Marques de ce qui est tacheté ; aspect tacheté.

tachine [takin] n. m. ou f. – XIXe ; gr. *takinos* « rapide » ■ Grosse mouche dont les larves sont parasites des chenilles. ✪ HOM. Taquine (taquin).

tachisme n. m. – 1904 ■ Façon de peindre par taches de couleur juxtaposées. ⇒ **pointillisme.**

tachiste adj. et n. – XIXe **1** Relatif au tachisme. *Abstraction tachiste.* **2** n. Peintre qui fait du tachisme. ⇒ **pointilliste.**

tachistoscope [takistɔskɔp] n. m. – mil. XXe ; de *tach(éo)-*, gr. *-istos* « le plus » et *-scope* ■ Appareil de projection à différentes vitesses, utilisé pour l'entraînement à la lecture rapide et pour des recherches commerciales de mesure de la perception.

tachy- Élément, du gr. *takhus* « rapide ». ⇒ **tachéo-.**

tachyarythmie [takiaʀitmi] n. f. – 1912 ; de *tachy(cardie)* et *arythmie* ■ Accélération et irrégularité des battements du cœur.

> ❑ Prononciation : bien séparer les cinq syllabes *(chy/a).*

tachycardie [takikaʀdi] n. f. – XIXe ; *tachy-* et *-cardie* ■ Accélération du rythme des battements du cœur. *Crise de tachycardie.* « *c'est par l'hypertension et la tachycardie que le cœur lutte victorieusement contre l'obstruction des alvéoles pulmonaires* » (Mart. du G.). ✪ CONTR. Bradycardie.

tachygraphe [takigʀaf] n. m. – XIXe ; *tachy-* et *-graphe* ■ Appareil enregistreur de vitesse.

tachymètre [takimɛtʀ] n. m. – XIXe ; *tachy-* et *-mètre* ■ Appareil de mesure de la vitesse angulaire d'un arbre en rotation (⇒ **cinémomètre, compte-tours**).

tachyon [takjɔ̃] n. m. – 1970 ■ Particule hypothétique, de vitesse supérieure à celle de la lumière dans le vide.

tachyphagie [takifaʒi] n. f. – 1908 ; *tachy-* et *-phagie* ■ Action de manger trop vite.

tachyphémie [takifemi] n. f. – 1923 ; de *tachy-* et gr. *phêmê* « parole » ■ Trouble de la parole caractérisé par l'accélération du rythme d'émission des mots.

❑ On dit aussi *tachylalie, tachylogie, tachyphasie, tachyphrasie.*

tachyphylaxie [takifilaksi] n. f. – 1916 ; de *tachy-* et *(pro)phylaxie* ■ Immunisation rapide contre l'action d'une dose mortelle de poison, par inoculation préalable d'une dose non mortelle du même poison.

tacite adj. – XVe ; lat. *tacere* « se taire » ■ Non exprimé, sous-entendu. ⇒ **implicite, inexprimé.** *Accord tacite.* « *C'est une sorte de convention tacite que personne n'invoque et à laquelle tout le monde obéit* » (Gaut.). *Tacite reconduction.* ✪ CONTR. Exprimé, formel, ① manifeste.

tacitement adv. – XVIe ■ De façon tacite. ⇒ **implicitement.** « *Il y a des familles où il est tacitement convenu que ce qui déplaît à l'un est interdit à tous les autres* » (Alain).

taciturne adj. – XVIe ; lat. *tacere* « se taire » ■ Qui par nature parle peu, reste silencieux. ➛ n. *Guillaume le Taciturne* : Guillaume Ier d'Orange. ♦ Qui n'est pas d'humeur à faire la conversation. ⇒ **morose, sombre.** « *Lui qui était volontiers taciturne, il abondait en paroles* » (Romains). ✪ CONTR. Communicatif, disert, loquace, parleur.

tacle n. m. – 1954 ; angl. *to tackle* « saisir » ■ Au football, Action de déposséder un adversaire du ballon, en effectuant une glissade.

① **tacon** n. m. – XVe ; germ. *°takko* « dentelure » ■ (Suisse) Pièce servant à raccommoder les vêtements.

② **tacon** n. m. – XVIe ; probablt mot gaul. ■ rare Jeune saumon.

taconeos [takɔneɔs ; neos] n. m. pl. – mil. XXe ; esp. *taconear* « frapper du talon » ■ Rythme de martèlement des talons, dans la danse flamenco.

tacot n. m. – 1904 ; de *tac* ■ fam. Vieille automobile qui n'avance pas. ⇒ **chignole, guimbarde.** ✪ HOM. Tacaud.

tact [takt] n. m. – XIVe ; lat. *tangere* « toucher » 1 Sens du toucher permettant d'apprécier les divers stimulus mécaniques qui s'exercent sur la peau et les muqueuses. 2 Appréciation intuitive, spontanée et délicate, de ce qu'il convient de dire, de faire ou d'éviter dans les relations humaines. ⇒ **délicatesse, doigté.** *Avoir du tact. Agir avec tact et circonspection.* « *elle manquait d'éducation et de tact, n'avait ni bon sens ni esprit* » (Huysm.).

tacticien, ienne n. – XVIIIe 1 Spécialiste de la tactique. « *un savant militaire, un tacticien* » (Goncourt). 2 Personne qui est habile en tactique (2°). ⇒ **stratège.** *Un négociateur et un fin tacticien.*

tactile adj. – XVIe ; lat. 1 Qui est perçu par le toucher. ⇒ **palpable.** 2 Qui concerne le tact. *Poils tactiles*, qui chez certains animaux servent au tact. ⇒ **vibrisse.** 3 *Écran tactile* : écran muni d'un dispositif de détection qui permet à l'utilisateur de dialoguer avec l'ordinateur par le simple contact du doigt.

tactique n. f. et adj. – XVIIe ; gr. *taktikhê (tekhnê)* « art de ranger, de disposer » I n. f. 1 Art de combiner tous les moyens militaires au combat ; exécution locale, adaptée aux circonstances, des plans de la stratégie. *Tactique aérienne.* ➛ *La tactique d'une équipe de football.* 2 Ensemble des moyens coordonnés que l'on emploie pour parvenir à un résultat. ⇒ ③ **plan, stratégie.** « *L'ordinaire tactique de son père était de la ramener ainsi à la maison* » (Zola). *Essayer une nouvelle tactique.* II adj. Relatif à la tactique. *Arme nucléaire tactique.* ⇒ **préstratégique.** ➛ « *Les chefs ne s'étaient même pas mis d'accord sur un plan tactique d'ensemble* » (Mart. du G.). ⇒ **stratégique.**

tactisme n. m. – XIXe ; lat. ■ Taxie observée chez les cellules isolées et mobiles. *Tactismes et tropismes.*

tadorne n. m. – XVe ; lat. *anas tadorna* ■ Oiseau aquatique migrateur *(ansériformes).* « *le tadorne, c'est superbe. Un canard à tête rouge, plus gros que les canards ordinaires* » (P. Benoit).

taekwondo [tekwɔ̃do] n. m. – v. 1980 ; mot coréen ■ Sport de combat d'origine coréenne.

tael [taɛl] n. m. – XVIIIe ; malais *tahil* ■ Ancienne monnaie de compte chinoise.

tænia → **ténia**

taffetas n. m. – XIVe ; turco-persan *taftâ* « tissé » ■ Tissu de soie à armure unie. « *Sa robe de taffetas lilas avait des manches à crevés, d'où s'échappaient des bouillons de mousseline* » (Flaub.).

tafia n. m. – XVIIe ; mot créole ■ Autrefois, Eau-de-vie tirée des mélasses de canne à sucre.

tag [tag] n. m. – 1981 ; mot angl. « insigne » ■ Signature codée formant un dessin d'intention décorative, sur une surface (mur, voiture de métro...). ⇒ **graffiti.**

tagal n. m. – XIXe ; malais *taga* « indigène » 1 Langue malayo-polynésienne, parlée par les Tagals. 2 Fibre végétale tirée de certains palmiers.

❑ En parlant de la langue on dit aussi *tagalog* n. m.

tagète n. m. – XVIIIe ; lat. *Tages*, divinité étrusque ■ Plante herbacée *(astéracées)*, cultivée pour ses fleurs ornementales jaunes ou orangées à senteur poivrée, appelée communément *œillet, rose d'Inde.*

tagliatelle [taljatɛl] n. f. – 1903 ; mot it. « petites tranches » ■ au plur. Pâtes alimentaires en forme de minces lanières.

❑ La prononciation du *gl* à l'italienne est courante dans ce mot, alors qu'elle est affectée dans d'autres. Ainsi le rapprochement oral de *tagliatelle* et *tailler* peut se faire, alors qu'il n'est pas ressenti pour *imbroglio/embrouille.* → imbroglio (rem.).

taguer v. intr. [1] – 1988 ■ Dessiner des tags. ⇒ **bomber, graffiter.** ➛ trans. *Un mur tagué.*

tagueur, euse n. – 1988 ■ Personne qui dessine des tags. ⇒ **graffiteur.**

taïaut [tajo] interj. – XVIIe ; onomat. ■ Dans la chasse à courre, Cri du veneur pour signaler la bête.

❑ On écrit aussi *tayaut*, moins courant.

taï chi [tajʃi] n. m. – 1979 ; mot chin. ■ Gymnastique chinoise, série de mouvements lents et très précis.

❑ On dit aussi *taï-chi-chuan* [tajʃiʃwan].

taie n. f. – XIIe ; gr. *thêkê* « étui, fourreau » 1 Enveloppe de tissu destinée à recouvrir (un oreiller). ⇒ région. **fourre.** *Taie d'oreiller.* ➛ *Taie de traversin.* 2 Tache opaque de la cornée. ⇒ **albugo, leucome, néphélion.** ✪ HOM. ① Têt.

taïga n. f. – 1905 ; mot russe ■ Forêt de conifères, entrecoupée de tourbières, qui borde la toundra en Amérique septentrionale et en Asie.

taillable adj. – XIIIe ■ Qui était soumis à l'impôt de la taille. ♦ loc. littér. *Être taillable et corvéable (à merci)* :

être bon pour toutes les corvées, être destiné à payer, à être exploité.

❑ *Taillable à merci* → merci (rem.).

taillade n. f. – XVIe ; it. *tagliata*, même rac. que *tailler* **1** Coupure faite dans les chairs avec un instrument tranchant. ⇒ **balafre, entaille, estafilade.** ♦ Incision. *Taillade dans un tronc d'arbre.* **2** Autrefois, Ouverture allongée faite dans l'étoffe d'un vêtement. *Manches à taillades.* ⇒ **crevé.**

❑ Ce mot a pris le sens régional de « morceau taillé, tranche » : « *une grande taillade de jambon* » (Giono).

taillader v. tr. [1] – XVIe **1** Entamer, couper par des taillades. *Il s'est tailladé le menton en se rasant.* ⇒ **balafrer, entailler.** **2** *Pourpoint tailladé,* orné de taillades (2°). « *il portait une fraise à la Henri IV et les manches tailladées à la manière du dernier règne* » (Vigny).

taillage n. m. – XIIIe ■ Usinage spécial de certaines pièces métalliques. *Le taillage d'une roue dentée.*

taillanderie n. f. – XVIIe ■ Commerce, métier de taillandier ; fabrication des outils et fers tranchants. *Coutellerie et taillanderie.* ♦ Ensemble des articles fabriqués par le taillandier.

taillandier n. m. – XIIIe ; de *tailler* ■ Artisan, ouvrier qui fabrique les outils et fers tranchants. « *C'était des boutiques de taillandiers, à la forge allumée* » (Goncourt).

taille n. f. – XIIe **I** - **1** Opération qui consiste à tailler qqch. ; manière particulière de tailler ; forme qu'on donne à une chose en la taillant. ♦ *Pierre de taille,* taillée. ➛ *Taille de la pierre, du bois.* ➛ *La taille d'un diamant. Taille en brillant, en étoile, en rose.* ♦ *Taille des arbres.* ⇒ **élagage, émondage.** *Taille au sécateur. Taille en berceau, en boule, en cône, en espalier, en rideau.* ♦ Bois, rameau coupé et qui commence à repousser. ⇒ **taillis.** **2** Opération qui consiste à faire des incisions dans une matière ; son résultat. ➛ Chacune des incisions faites avec le burin dans le cuivre, en gravure. ♦ La manière dont une lime est striée. *Lime de grosse taille.* **3** Incision d'un organe creux pour en extraire un calcul. **4** Galerie où l'on extrait, où l'on « taille » la houille ou un minerai. « *la taille s'ouvrait, montait ainsi qu'une large cheminée* » (Zola). **5** (Opposé à *pointe*) Tranchant de l'épée, du sabre. « *Le sabre gaulois ne frappait que de taille* » (Michelet). **6** *Taille seigneuriale :* redevance payée au seigneur par les serfs et les roturiers. ➛ *Taille royale :* impôt direct au profit du trésor royal. **7** vx Ténor. **II** - **1** Hauteur du corps humain, debout et droit, mesurée du sol au sommet du crâne. ⇒ **stature.** *Une taille de 1,75 m.* « *Des nations d'hommes d'une taille gigantesque* » (Rouss.). « *Il était de petite taille, vif, avec des yeux vairons* » (Duham.). *Avoir la taille requise pour être mannequin. Se redresser de toute sa taille.* ♦ *Un conquérant de la taille d'Alexandre,* comparable à Alexandre. ⇒ **envergure.** ➛ *À LA TAILLE DE ; DE LA TAILLE DE... :* en rapport avec. « *Un sujet à sa taille, à la taille de son génie* » (Gide). ♦ *ÊTRE DE TAILLE À :* avoir la force suffisante, les qualités nécessaires pour ; être capable de. « *Je me sens de taille à mener la barque tout seul* » (Maurois). *Ne pas être de taille.* **2** Grandeur, grosseur et conformation du corps, par rapport aux vêtements. *Cette veste n'est pas à ma taille.* ♦ Chacun des types standard dans une série de confection. *Grande taille. Taille 40.* **3** Grosseur ou grandeur. ⇒ **dimension.** *Une pierre de grande, de belle taille. Fruits de tailles différentes.* ⇒ **calibre.** *Photo de la taille d'une carte postale.* ⇒ **dimension, format.** ➛ *La taille d'une entreprise.* ➛ *Une erreur de cette taille.* ⇒ **importance.** ➛ fam. *DE TAILLE :* très grand, très important. *C'est une erreur de taille.* « *Et il est de taille, le gâteau ! Y en aura pour tout le monde* » (Queneau). ♦ « *Il existe un rapport entre le nombre d'espèces et la taille des animaux* » (J. Ruffié). **4** Partie plus ou moins resserrée du tronc entre les côtes et les hanches. *Entrer dans l'eau jusqu'à la taille. Taille cambrée.* Loc. *Taille de guêpe,* très fine. *Tour de taille,* mesuré à la ceinture. *Un « habit boutonné, serré et pincé à la taille »* (Hugo). *Se tenir par la taille.* ♦ Partie plus ou moins resserrée (d'un vêtement) à cet endroit du corps. *Manteau à taille marquée.* **5** loc. *En taille :* sans manteau, sans pardessus. *Sortir en taille.* « *Une grosse revendeuse en taille et en cheveux* » (France).

❑ *Taille* se dit surtout de la grandeur d'un vêtement. Pour les chaussures, gants et chapeaux on dit *pointure.*

taillé, ée adj. – XIIe **1** Fait (du corps humain). *Il est taillé en Hercule, en athlète.* ⇒ ① **bâti.** ➛ *Être taillé pour :* être fait pour, apte à. **2** Coupé, rendu moins long. *Ongles bien taillés.* ➛ Élagué. *Arbres taillés.* ♦ *TAILLÉ EN :* qu'on a taillé en donnant la forme de. *Cheveux taillés en brosse.*

taille-crayon n. m. – XIXe ■ Petit instrument avec lequel on taille les crayons. *Des taille-crayons.*

taille-douce n. f. – XVIe ■ Gravure sur cuivre au burin ; planche ainsi gravée. *Graveur en taille-douce.* ♦ Estampe tirée au moyen d'une telle planche. « *L'ouvrage est orné de tailles-douces* » (Gaut.).

taille-haie n. m. – 1985 ■ Cisaille électrique munie de lames superposées, utilisée pour tailler les haies. *Des taille-haies.*

tailler v. [1] – X^e ; lat. *talea* « bouture, scion » **I** v. tr. **1** Frapper avec une arme tranchante. ➛ *Tailler une armée en pièces.* **2** Couper, travailler (une matière) avec un instrument tranchant, de manière à lui donner une forme déterminée. « *l'ouvrier taillait tranquillement son zinc à coups de cisaille* » (Zola). *Tailler qqch. en pointe, en biseau. Tailler un diamant en brillant.* « *il se faisait des coupures aux mains en taillant son crayon* » (France). **3** *Tailler un arbre,* en couper certains bourgeons, rameaux ou branches pour le débarrasser d'un excès de feuillage, lui donner une forme régulière, améliorer la production des fruits. ⇒ **élaguer, émonder, ravaler.** « *La mère taillait ses bananiers* » (Duras). *Tailler la vigne au sécateur.* **4** Confectionner, obtenir (une chose) en découpant une matière et en en retranchant ce qui est inutile. *Tailler des torchons dans un drap.* ➛ *Tailler un vêtement :* découper les morceaux que l'on coud ensuite pour faire le vêtement. ⇒ **couper.** ♦ fam. *Tailler un costard, une veste à qqn,* dire du mal de lui en son absence. ♦ « *C'est avec son couteau qu'il se taillait des bâtons de voyage* » (France). ➛ *Se tailler un franc succès,* l'obtenir. **II** v. intr. **1** Faire des incisions, des entailles. *Les chirurgiens « taillaient à même la chair »* (Duham.). ➛ loc. *Tailler dans le vif.* **2** *Modèle qui taille petit, grand,* qui est petit, grand pour la taille annoncée. **III** *SE TAILLER* v. pron. pop. Partir, s'enfuir. ⇒ se **casser,** se **tirer.** « *En auto, en moto, ils se sont tous taillés* » (Sartre).

taillerie n. f. – XIXe ■ Atelier où l'on taille des pierres précieuses ou semi-précieuses. *Taillerie de diamants.* ♦ Industrie, art de la taille de ces pierres.

tailleur n. m. – XIIe ; de *tailler* **1** Artisan, ouvrier qui fait des vêtements sur mesure pour hommes. *Se faire faire un costume chez un tailleur.* **2** *EN TAILLEUR. S'asseoir en tailleur,* par terre, les jambes à plat sur le sol et repliées, les genoux écartés. **3** Tenue féminine constituée d'une veste et d'une jupe de même tissu. *Tailleur habillé.* « *il la trouvait romanesque dans son tailleur austère* » (Beauv.). ➛ *Tailleur-pantalon,* composé d'un pantalon et d'une veste assortie. **4**

TAILLEUR DE PIERRE(S) : ouvrier qui taille les pierres à bâtir. ➛ *Tailleur de diamants, de pierres précieuses.* ⇒ **lapidaire.** ♦ *Tailleur de verres d'optique.* ➛ *Tailleur de bouchons de liège.*

❑ *Tailleuse,* au sens de « couturière », est encore en usage en Belgique et dans quelques régions du midi de la France.

taillis n. m. – XIIIe ; de *tailler* ■ Partie d'un bois ou d'une forêt où il n'y a que des arbres de faible dimension issus de souches et de drageons et qu'on coupe à intervalles rapprochés ; ces arbres eux-mêmes. *Taillis et futaie. Battre, fouiller les taillis.*

tailloir n. m. – XIIe **1** Plat de bois ou de métal sur lequel on découpait la viande. **2** Partie supérieure d'un chapiteau, tablette carrée ou polygonale sur laquelle repose la retombée des voûtes. ⇒ **abaque.**

taillole n. f. – XVIIe ; lat. *taliare* « tailler » ■ (Provence) Ceinture de laine entourée plusieurs fois à la taille.

tain n. m. – XIIIe ; de *étain* **1** Amalgame métallique qu'on applique derrière une glace pour qu'elle puisse réfléchir la lumière. *Glace sans tain.* **2** Bain d'étain dans lequel on plonge un métal, pour l'étamer. ✪ HOM. Teint, thym, tin.

taire v. tr. [54] ; sauf *il tait* sans accent circonflexe, et p. p. fém. *tue* – Xe ; lat. *tacere* **I** *SE TAIRE* v. pron. **1** Rester sans parler, s'abstenir de parler. « *Il est bon de parler et meilleur de se taire* » (La Font.). « *Quand on manque de preuves, on se tait* » (Muss.). ➛ loc. fam. *Il a perdu une belle occasion de se taire* : il a parlé mal à propos. *Tu aurais mieux fait de te taire.* ➛ *Souffrir et se taire* : ne pas se plaindre. ➛ *Savoir se taire* : être discret. **2** Cesser de parler (ou de crier, de pleurer). *Elles se sont tues à notre approche. Taisez-vous !* ⇒ **chut, silence.** ➛ *FAIRE TAIRE* : empêcher de parler, de crier, de pleurer ; forcer à se taire. *Faites-les taire.* ➛ *Faire taire l'opposition.* ⇒ **museler.** ♦ trans. fam. *Taire sa gueule* : se taire. « *La tairas-tu ? dit-il. La tairas-tu ta grande gueule ?* » (Sartre). ♦ Ne plus se faire entendre. ⇒ **s'éteindre.** « *Les bruits de la rue se sont tus* » (Barrès). **II** v. tr. Ne pas dire ; s'abstenir ou refuser d'exprimer. ⇒ ① **cacher, celer.** « *Taire la vérité, n'est-ce pas déjà mentir ?* » (Péguy). « *quelqu'un dont je tairai le nom* » (Mol.). ✪ CONTR. ① Dire, ① parler. Bavarder. — Confesser, publier. — HOM. Ter, terre ; *tairez* : terrez (terrer) ; *tus* : tue (tuer).

taiseux, euse n. – d. i. ■ (Belgique) Personne qui ne parle guère. ⇒ **taciturne.** « *tu es devenu taiseux. Il y a de la grogne dans tes silences, du grommellement dans tes apartés* » (Tournier).

tajine n. m. – v. 1960 ; mot ar. ■ Ragoût de mouton, de poulet, d'origine nord-africaine. ➛ Plat en terre muni d'un couvercle conique dans lequel cuit ce ragoût.

take-off [tɛkɔf] n. m. inv. – 1961 ; mot angl., de *to take off* « décoller (avion) » ■ Phase de démarrage (d'une entreprise, d'une unité sociale) ; croissance auto-entretenue (d'un pays, d'une économie en voie de développement). ⇒ **décollage.**

tala adj. et n. – XIXe ; p.-ê. abrév. iron. de *talapoin* « moine, prêtre » ; on a proposé aussi *(ceux qui von)t à la (messe)* ■ arg. Catholique militant(e). *Elles* « *jouaient de mauvais tours aux "talas" et aux "réacs" et défiaient les autorités* » (Beauv.).

talc n. m. – XVIe ; ar. ■ Silicate naturel de magnésium, qui se présente sous la forme de fines paillettes nacrées dans les roches métamorphiques ; poudre de cette substance. *Saupoudrer de talc.* ⇒ **talquer.**

talé, ée adj. – XIXe ■ Meurtri, taché. *Pêches talées.* ✪ HOM. Taller.

talent n. m. – XIIe ; gr. *talanton* « plateau de balance » **I** Poids de 20 à 27 kg, dans la Grèce antique. ♦ Monnaie de compte équivalant à un talent d'or ou d'argent. *La parabole des talents, dans l'Évangile.* **II - 1** vieilli Disposition naturelle ou acquise « pour réussir en quelque chose » (Furetière). ⇒ **aptitude, capacité,** ① **don.** « *Ne forçons point notre talent* » (La Font.). « *Il avait en outre le talent de prédire l'avenir par la cartomancie* » (Nerval). ♦ mod. Aptitude particulière, dans une activité. « *Celui qui se fait connaître par quelque talent* » (Chamf.). fam. ou plaisant *Montrez-nous vos talents,* ce que vous savez faire. *Talent littéraire. Talent de virtuose. Avoir des talents cachés.* ⇒ ① **don. 2** Aptitude remarquable dans le domaine intellectuel ou artistique. *Avoir du talent. Manquer de talent. N'avoir aucun talent.* « *Le génie est peut-être au talent ce que l'instinct est à la raison* » (Renard). « *Un écrivain de grand talent* » (Zola). ♦ Personne qui a un talent particulier, qui a du talent. « *Encourager les jeunes talents* » (Hugo).

talentueux, euse adj. – XIXe ■ Qui a du talent. *Un écrivain talentueux.*

taler v. tr. [1] – XVe ; germ. °*tâlôn* ■ Fouler, meurtrir (les fruits). ♦ fig. et région. Importuner. « *Sa conscience ne le talait presque plus* » (Aymé). ✪ HOM. Taller.

taleth n. m. – XVIIIe ; hébr. *tatal* « couvrir » ■ Châle rituel dont les juifs se couvrent les épaules pour prier.

❑ On trouve aussi les formes *taleb, taled, talès* : « *il se jetait sur la tête le* talès *de soie blanche et noire* » (Gary).

talion n. m. – XIVe ; lat. ■ Châtiment qui consiste à infliger au coupable le traitement même qu'il a fait subir à sa victime. *La loi du talion* : l'institution de telles peines. ♦ Le fait de rendre la pareille, de se venger avec rigueur.

talipot → **tallipot**

talisman n. m. – XVIIe ; gr. *telesma* « rite religieux » ■ Objet sur lequel sont gravés ou inscrits des signes consacrés, et auquel on attribue des vertus magiques de protection, de pouvoir. ⇒ **amulette.** « *Certains talismans qui les protégeaient contre la colère des dieux* » (Nerval). ♦ Objet ou image porte-bonheur. ⇒ **mascotte.** ♦ Ce qui a un effet souverain, merveilleux. *Elle croyait* « *sa beauté un talisman auquel rien ne pouvait résister* » (Muss.).

talismanique adj. – XVIIe ■ Qui figure sur les talismans. • Qui a le pouvoir d'un talisman. « *le caractère talismanique de la liturgie* » (Huysm.).

talitre n. m. – XIXe ; lat. *talistrum* « chiquenaude » ■ Petit crustacé sauteur qui vit au bord des plages, appelé couramment *puce de sable, de mer.*

talkie-walkie [tokiwoki ; tɔlkiwɔlki] n. m. – 1945 ; mot angl., de *talkee-(talkee)* « bavardage » et *walk* « promenade » ■ Petit poste émetteur-récepteur portatif, à faible portée. *Des talkies-walkies.*

❑ On dit en anglais *walkie-talkie,* ce qui ne change pas le sens.

talk-show [to(l)kʃo] n. m. – 1987 ; mot angl., de *to talk* « parler » et *show* « spectacle » ■ Émission de télévision consistant en une conversation entre un animateur et ses invités. *Des talk-shows.*

tallage n. m. – XIXe **1** Ensemble des talles. *Le tallage d'une variété de blé.* **2** Production des talles. ➛ Phase de la pousse des céréales qui se termine à l'apparition des talles.

talle n. f. – XVIe ; gr. *thallos* ■ Ramification se formant au niveau du collet d'une plante, dont l'ensemble forme la touffe. ⇒ **rejeton.** ✪ HOM. Thalle.

taller v. intr. [1] – XVIe ■ Émettre des tiges secondaires à la base de sa tige. *Plus le blé talle, plus il produit.* ➛

Émettre un grand nombre de talles ramifiées qui s'étendent sur le sol. ✪ HOM. Talé, taler.

tallipot n. m. – XVIIe ; hindi *talpat* ▪ Palmier à larges feuilles en éventail qui pousse en Asie du Sud, à Ceylan.

❑ On écrit aussi *talipot*.

Talmud [talmyd] n. m. – XVIIe ; hébr. *lamad* « apprendre » ▪ Recueil des enseignements des grands rabbins.

talmudique adj. – XVIIIe ▪ Relatif au Talmud. *Recueil talmudique*.

talmudiste n. m. – XVIe ▪ Érudit qui étudie les textes du Talmud.

① **taloche** n. f. – XVIIe ; de *taler* ▪ fam. Gifle. *Il « fit suivre ces paroles d'une bonne taloche derrière l'oreille droite »* (Queneau).

② **taloche** n. f. – XIXe ; a. fr. *taloche* « bouclier » ▪ Planche munie d'un manche sur une de ses faces servant à étendre un enduit. ♦ Petite pelle avec laquelle on frappe les meules de culture des champignons.

talon n. m. – XIIe ; lat. *talus* I - 1 Partie postérieure du pied (chez l'être humain), dont la face inférieure touche le sol pendant la marche. *Talon et pointe du pied.* ➛ *S'asseoir, être accroupi sur ses talons. Pivoter sur ses talons.* ♦ loc. *Marcher, être* SUR LES TALONS *de qqn*, le suivre de tout près. ➛ *Montrer, tourner les talons* : partir, s'enfuir. ➛ *Avoir l'estomac dans les talons* : avoir très faim. ➛ *C'est son talon d'Achille*, son seul point faible. 2 Partie du pied du cheval, en arrière de la fourchette et opposée à la pince. ➛ Chacune des deux extrémités du fer à cheval. 3 Partie d'un bas, d'une chaussette, qui enveloppe le talon. *Bas à talons renforcés.* 4 Pièce rigide et saillante qui pose sur le sol et qui exhausse le derrière d'une chaussure. *Talons plats, talons hauts. Talons aiguilles*, hauts et fins ; *talons bottier*, moyens et larges. *Talons bobines*, évidés, à courbes concaves. « *de hautes bottines blanches à lacets et talons "bobines"* » (Céline). ➛ Talons hauts. *Des chaussures à talons.* ♦ Partie rapportée de cette pièce qui touche le sol. *Faire remettre des talons à ses chaussures.* II - 1 Extrémité inférieure et postérieure (de certains objets). ➛ *Talon de quille* : extrémité postérieure de la quille sur laquelle repose l'étambot. ➛ *Talon de lame* (d'un couteau, etc.) : partie opposée à la pointe, qui s'appuie sur le manche ou y pénètre. ⇒ ② **soie.** ➛ Extrémité arrière du ski (opposé à *spatule*). 2 Reste, bout d'un pain, d'un fromage, où il y a beaucoup de croûte. « *Un talon de pain chaud fariné* » (Colette). ➛ Extrémité d'un jambon. 3 Ce qui reste d'un jeu de cartes après la première distribution. *Piocher dans le talon.* 4 Partie d'une feuille de carnet, de registre, qui demeure fixée à la souche après qu'on en a ôté la partie détachable. *Le talon du chèque fait foi.* 5 Moulure à profil alternativement concave et convexe de haut en bas.

❑ À la fin du XVIIIe s., on appelait *talon rouge* un noble élégant aux belles manières d'après les souliers à talons rouges qu'il portait.

talonnage n. m. – XVIIIe ▪ Au rugby, Action de talonner le ballon.

talonnement n. m. – XVIe 1 Action de talonner (un cheval). 2 Harcèlement.

talonner v. 1 – XVIe I v. tr. 1 Suivre ou poursuivre de très près. *Ses poursuivants le talonnent.* ⇒ **serrer** (de près). ➛ « *talonné par la mort* » (Goncourt). 2 Presser (un cheval) du talon, de l'éperon pour le faire avancer. ♦ Presser vivement et sans relâche. ⇒ **harceler.** *Ses créanciers le talonnent.* ➛ « *Il était talonné par ses autres engagements* » (R. Rolland). 3 *Talonner (le ballon)* : au rugby, lors d'une mêlée, envoyer le ballon dans son camp d'un coup de talon. II v. intr. Toucher, heurter le fond par l'arrière. « *en retombant le brick talonna* » (Baud.).

talonnette n. f. – XIXe 1 Lame de liège que l'on place sous le talon dans la chaussure. 2 Extrafort cousu à l'extrémité intérieure des jambes d'un pantalon, afin d'en éviter l'usure. *Coudre une talonnette.*

talonneur n. m. – 1924 ▪ Joueur de rugby chargé de talonner.

talonnière n. f. – XVIe 1 Aile que Mercure porte à chaque talon. 2 Étrier de contention d'une table d'opération.

talpack n. m. – XIXe ; mot turc ▪ Bonnet d'astrakan porté, sous le second Empire, par les chasseurs à cheval de l'armée française.

talquer v. tr. 1 – 1903 ▪ Enduire, saupoudrer de talc. ➛ *Gants de caoutchouc talqués.*

talqueux, euse adj. – XVIIIe ▪ Formé de talc.

talure n. f. – XVIIe ▪ rare Meurtrissure d'un fruit.

talus n. m. – XVIe ; gaul. °*talo* « front » 1 Pente, inclinaison. *Tailler en talus*, en biseau, obliquement. 2 Terrain en pente. *Talus continental* : forte pente entre les fonds pélagiques et le plateau continental. 3 Terrain en pente très inclinée, aménagé par des travaux de terrassement. *Talus de déblai, de remblai. Les talus qui bordent un chemin.* « *Le courant jaillissait au pied du talus gazonné* » (Genevoix). *Talus protégeant les cultures.* ⇒ **ados.**

talweg [talvɛg] n. m. – XIXe ; mot all., de *Tal* « vallée » et *Weg* « chemin » ▪ Ligne de fond d'une vallée.

❑ La graphie *thalweg* est aujourd'hui moins courante.

tamandua n. m. – XVIIe ; mot tupi ▪ Fourmilier arboricole des forêts tropicales, à la queue préhensile.

tamanoir n. m. – XVIIIe ; de *tamanoa*, mot caraïbe ▪ Mammifère *(édentés)* communément appelé *grand fourmilier*, qui peut dépasser 2 m, à museau très long, et dont la langue, effilée et visqueuse, lui sert à capturer les fourmis dont il se nourrit.

① **tamarin** n. m. – XVe ; ar. *tamar hindi* « datte de l'Inde » 1 Fruit du tamarinier, longue gousse dont la pulpe est utilisée comme laxatif. « *Il prendra deux grains de rhubarbe, où vous mêlerez un peu de tamarin* » (Beaum.). ♦ Tamarinier. « *mon père attache le cheval à la branche d'un tamarin* » (Le Clézio). 2 rare Tamaris.

② **tamarin** n. m. – XVIIIe ; d'une langue indienne de l'Amazone ▪ Singe de petite taille *(callithricidés)* qui vit en Amérique du Sud.

tamarinier n. m. – XVIIIe ▪ Grand arbre à feuilles persistantes *(légumineuses césalpiniacées)* à fleurs en grappes, qui pousse dans les régions tropicales.

tamaris [tamaʀis] n. m. – XIIIe ; probablt ar. *tamar* « datte » ▪ Arbuste *(tamaricacées)*, à petites feuilles en écailles, à fines fleurs roses en épi, très décoratif, qui croît dans les sables du littoral. *Allée de tamaris.* « *un liseré continu de saules et de tamaris au léger et tremblant plumage* » (Gracq).

❑ On dit parfois *tamarix* [tamaʀiks]. ♦ Ne pas confondre avec *tamarinier*, autre arbre.

tambouille n. f. – XIXe ; p.-ê. de *pot-bouille*, ou de l'it. *tampone* « bombance » ▪ fam. 1 Plat grossier, grosse cuisine médiocre. ⇒ **ratatouille.** 2 Cuisine. « *les cuistots y faisaient leur tambouille* » (Dorgelès).

tambour n. m. – XIVe ; p.-ê. du persan *tabir* I - 1 Instrument à percussion, formé de deux peaux tendues sur un cadre cylindrique (⇒ **caisse**) et que l'on fait résonner à l'aide de baguettes. *Battement, roulement de tam-*

bour. « *ce tambour, instrument guerrier magnifique pour ébranler les nerfs des hommes qui vont se battre* » (Sand). ♦ Son du tambour. « *Nous fûmes réveillés par les tambours de la mobilisation* » (Maurois). ♦ loc. *Sans tambour ni trompette* : sans attirer l'attention. ➤ fam. *Raisonner comme un tambour,* très mal. 2 Celui qui bat le tambour. « *Trois jeunes tambours* » (chans. pop.). *Tambour de ville* : garde champêtre qui faisait des annonces au son du tambour. ⇒ **tambourinaire.** 3 Tout instrument à percussion à membrane tendue. ⇒ **timbale.** *Tambour de basque* : petit cerceau de bois muni d'une peau tendue et entouré de grelots. ⇒ **tambourin.** *Tambours africains.* ⇒ **tam-tam.** *Tambour arabe* (⇒ **darbouka**), *cubain* (⇒ **conga**). **II - 1** Petite entrée à double porte, servant à mieux isoler l'intérieur d'un édifice. *Tambour d'église.* ➤ Tourniquet formé de quatre portes vitrées, en croix, à l'entrée d'un édifice public, d'un hôtel. « *à peine êtes-vous engagé dans le tambour de cette porte tournante* » (Cendrars). *Porte à tambour.* 2 Cylindre sur lequel s'enroulait la chaîne d'une horloge ; boîtier de ressort d'une montre. 3 Assise cylindrique d'un fût de colonne. ♦ Soubassement cylindrique d'une coupole. 4 Métier circulaire pour broder à l'aiguille. 5 Cylindre d'un treuil. *Câble enroulé sur le tambour.* ➤ Cylindre. *Le tambour d'un lave-linge.* ➤ Poulie large à jante non bombée. ➤ *Tambour magnétique* : mémoire de masse d'un ordinateur. 6 Bouton gradué permettant d'effectuer des mesures. *Tambour de frein* : pièce cylindrique solidaire de la roue, à l'intérieur de laquelle frottent les segments. 7 Engin de pêche cylindrique (en filet, en fil de fer), sorte de verveux à deux ouvertures.

❑ L'ancienne forme *tabour* (XIe s.), encore vivante dans quelques patois, a donné comme dérivé *tabouret.*

tambourin n. m. – XVe ; de *tabour* « tambour » ▪ 1 Tambour de basque. ♦ Cercle de bois tendu de peau, sur lequel on fait rebondir une balle, un volant ; jeu qui se joue avec cet instrument. 2 Tambour haut et étroit, que l'on bat d'une seule baguette. *Tambourin provençal.* 3 Danse folklorique provençale. ➤ Au XVIIIe s., Danse de théâtre à deux temps, très rapide ; musique de cette danse.

tambourinage n. m. – XVIe ▪ Action de tambouriner.

tambourinaire n. m. – XIXe 1 Joueur de tambourin provençal. « *le galoubet, la naïve flûte rustique à trois trous des anciens tambourinaires* » (Daudet). 2 Tambour de ville. *Les annonces du tambourinaire.* 3 Joueur de tambour d'Afrique noire.

tambourinement n. m. – XIXe 1 Bruit, roulement de tambour. 2 Roulement semblable à celui du tambour. « *Un tambourinement des doigts sur le marbre de la table* » (Simenon).

tambourinER v. [1] – XVIIe **I** v. intr. 1 vx Jouer du tambour, du tambourin. 2 mod. Faire un bruit de roulement, de batterie. « *Il se mit à tambouriner contre la vitre et les mouches effrayées voletèrent autour de lui* » (Sartre). ➤ « *La pluie, la bienfaisante pluie inconnue au désert, tambourine sur nos tentes* » (Loti). **II** v. tr. 1 Jouer (un air), sur un tambour, un tambourin. *Tambouriner une marche.* 2 vieilli Annoncer au son du tambour. ♦ *Tambouriner une nouvelle,* la publier bruyamment.

tambourineur, euse n. – XVIe ▪ Joueur de tambour, de tambourin, de tam-tam.

tambour-major n. m. – XVIIe ▪ Sous-officier qui commande les tambours et les clairons d'un régiment. « *le tambour-major leva sa canne et la musique s'arrêta net* » (Mac Orlan). *Des tambours-majors.*

tamia n. m. – XVIIIe ; p.-ê. gr. *tamias* « économe » ▪ Petit écureuil de l'Amérique du Nord et de l'Asie septentrionale, au pelage rayé dans le sens de l'échine. ⇒ **suisse.**

❑ On lui donne souvent en français son nom américain, *chipmunk* [tʃipmœnk], connu par les dessins animés. Au Québec on l'appelle *suisse.* → suisse (rem.).

tamier n. m. – XVIIIe ; gr. *thamnos* « buisson » ▪ Plante grimpante *(dioscoréacées),* aux baies rutilantes et aux feuilles cordées.

tamis n. m. – XIIe ; probablt gaul. ▪ Instrument formé d'un réseau plus ou moins serré ou d'une surface percée de petits trous, et d'un cadre, qui sert à maintenir la substance à passer et à séparer les éléments d'un mélange, selon la dimension des particules. ⇒ **crible, sas.** *Passer au tamis.* ♦ *Tamis moléculaire* : composés chimiques ayant de petits pores uniformes dans leur réseau cristallin et qui permettent la filtration et la séparation des molécules assez petites pour passer au travers des pores. ♦ *Tamis d'une raquette* : surface de cordage d'une raquette.

tamisage n. m. – XIXe ▪ Passage au tamis.

tamiser v. [1] – XIIe 1 v. tr. Trier au tamis, faire passer par le tamis. ⇒ **cribler, sasser.** *Tamiser du sable.* ➤ *Farine tamisée,* sans grumeaux. 2 v. tr. Laisser passer (la lumière) en partie. ⇒ ① **voiler.** « *le velum de toile tamisait le soleil en une vive lumière blanche* » (Zola). ➤ *Lumière tamisée,* filtrée ; douce, voilée. 3 v. intr. Passer par un tamis ; être tamisé. *Poudre qui tamise bien.*

tamiserie n. f. – XIXe ▪ Fabrique de tamis, cribles, sas. ♦ Commerce, fabrication de ces instruments.

tamiseur, euse n. – XIVe 1 Personne qui tamise certaines substances. 2 n. m. Tamis grossier, crible pour les cendres du foyer. 3 n. f. Machine à tamiser.

tamisier, ière n. – XVIIIe ▪ Fabricant, commerçant spécialisé en tamiserie.

tamoul, e adj. et n. – XVIIIe ; de *davila,* en pali ; *dramila,* en sanskr. ▪ Des Tamouls, peuples du sud-est de l'Inde. *La langue tamoule.* ♦ n. m. Langue dravidienne des Tamouls.

tamouré n. m. – 1971 ; mot polynésien ▪ Danse polynésienne à deux temps.

tampico n. m. – XIXe ; nom d'une ville du Mexique ▪ Crin végétal provenant d'un agave du Mexique.

tampon n. m. – XVe ; germ. *°tappon* 1 Petite masse pressée, qui sert à boucher un trou, à empêcher l'écoulement d'un liquide. ⇒ **bouchon.** *Tampon de liège, de bois, de tissu.* ➤ Bonde d'un étang. ♦ Cylindre servant à calibrer les trous. 2 Cheville qu'on plante dans un mur, pour y fixer un clou, une vis. 3 Plaque métallique servant à fermer une ouverture. *Tampon d'écubier.* ➤ Couvercle, dalle qui ferme un puisard, un égout. 4 Petite masse formée de tissu entortillé, roulé en boule ou pressé. *Vernir un meuble au tampon.* ➤ *Tampon métallique à récurer,* formé d'une masse de fils métalliques. ♦ *Tampon encreur* : coussinet imprégné d'encre. ♦ *Tampon buvard* : objet de bureau formé d'un support courbe muni d'une poignée et recouvert d'une feuille de buvard. 5 Petite masse de gaze, d'ouate, de charpie roulée en boule. *Tampon imbibé d'éther.* ♦ *Tampons hygiéniques* ou *périodiques* : tampons absorbants introduits dans le vagin pendant les règles. 6 EN TAMPON : froissé en boule. *Elle* « *mordit son mouchoir qu'elle avait roulé en tampon* » (Green). ⇒ **tapon.** 7 Plateau métallique vertical destiné à recevoir et à amortir les chocs. *Les tampons d'une locomotive.* « *les échos de tampons entrechoqués et de grincements de freins* » (Cl. Simon). *Tampon d'un butoir.* ♦ Ce qui amortit les chocs, empêche les heurts. *Servir de tampon entre deux personnes qui se disputent.* ➤ *État tampon,* dont la situation intermédiaire entre deux autres États empêche les conflits directs. *Zone tampon* : zone de protection. ♦

Solution tampon : mélange qui permet de stabiliser le pH à une valeur donnée. ➝ Substance alcaline assurant la stabilité de l'équilibre acide-base du sang. ♦ *Mémoire tampon* : zone de mémoire permettant d'adapter les vitesses de transfert d'information d'une unité de traitement et d'utilisation des informations par un périphérique. 8 Timbre (qu'on encre sur un tampon encreur) qui sert à marquer, à oblitérer. *Donner un coup de tampon sur un passeport.* ➝ Cachet, oblitération. *Le tampon de la poste sert à dater les lettres.*

tamponnade n. f. - 1968 ■ Compression brutale du cœur due à un épanchement liquidien à l'intérieur du péricarde.

tamponnage n. m. - XIXe 1 Action de tamponner (une solution). 2 Action de passer un liquide approprié (sur une partie du corps) à l'aide d'un tampon d'étoffe. ⇒ **tamponnement.**

tamponnement n. m. - XVIIIe 1 Le fait de tamponner ; son résultat. ⇒ **tamponnage.** ➝ Introduction de tampons très serrés dans une cavité où s'est produite une hémorragie. 2 Le fait de heurter avec les tampons. ➝ Accident résultant du heurt de deux trains. « *un tamponnement dû à une négligence de sa part, un train de voyageurs lancé sur une voie de garage* » (Zola).

tamponner v. tr. [1] - XVIe 1 Placer des tampons, des chevilles dans (un mur). 2 Étendre un liquide sur (qqch.) à l'aide d'un tampon. ♦ Essuyer, étancher, nettoyer avec un tampon. *Il* « *se tamponna le nez de son mouchoir tassé en boule* » (Courtel.). ♦ loc. fam. *S'en tamponner le coquillard* : s'en moquer. « *on s'en tamponnait le coquillard de son histoire à la flan* » (Perec). 3 Heurter avec les tampons (7°). ♦ Heurter violemment. ➝ pronom. « *Les autos électriques commençaient à se tamponner sur la piste* » (Queneau). 4 Marquer (un document) d'un cachet. *Faire tamponner une autorisation.* 5 *Tamponner une solution* : ajouter une solution tampon à un liquide pour en maintenir le pH.

tamponneur, euse adj. - XIXe ■ Se dit d'un véhicule qui en tamponne un autre. ➝ AUTOS TAMPONNEUSES : attraction foraine où de petites voitures électriques, protégées par un bourrelet de caoutchouc, circulent et se heurtent sur une piste.

tamponnoir n. m. - 1904 ■ Mèche d'acier avec laquelle on perce les murs pour y placer un tampon, une cheville, un taquet.

tam-tam [tamtam] n. m. inv. - XVIIIe ; onomat. créole « tambour indien » 1 Tambour de bronze d'Extrême-Orient. ⇒ **gong.** 2 Tambour en usage en Afrique noire comme instrument de musique et pour la transmission de messages. « *Je dansais, plus noir que les noirs au bruit du tam-tam* » (Genet). *Des tam-tam.* 3 Bruit, publicité tapageuse, scandale bruyant. ⇒ **ramdam.** *Faire du tam-tam autour d'un événement.*

tan n. m. - XIIIe ; p.-ê. gaul. °*tann-* « chêne » ■ Écorce de chêne pulvérisée utilisée pour la préparation des cuirs. « *Des tanneurs portant l'odeur du cuir, et la couleur du tan sur les mains* » (Aragon). ✪ HOM. Tant, taon, temps.

tanagra n. m. ou f. - XIXe ; nom d'un bourg de Béotie ■ Statuette en terre cuite de Tanagra, d'une grâce simple. ♦ Jeune fille, jeune femme fine et gracieuse.

tanaisie n. f. - XVIe ; lat. *tanacetum* ■ Plante des talus *(composacées)*, à fleurs jaunes, appelée communément *herbe aux coqs.*

tancer v. tr. [3] - XIe ; lat. *tendere* « tendre ; combattre » ■ littér. Réprimander. « *les pères et les maîtres n'ont jamais assez tôt tancé, corrigé, réprimandé* » (Rouss.).

tanche n. f. - XIIIe ; mot gaul. ■ Poisson *(cyprinidés)* vivant dans les eaux douces, à peau sombre et gluante, à chair délicate. « *les tanches sombres et magnifiques* » (Zola).

tandem [tɑ̃dɛm] n. m. - XIXe ; mot lat. « enfin » 1 Cabriolet à deux chevaux en flèche. ♦ *Cylindres en tandem*, l'un derrière l'autre, en ligne. 2 Bicyclette à deux sièges et deux pédaliers placés l'un derrière l'autre. 3 fam. Se dit de deux personnes associées, d'un couple. *Le tandem Boileau-Narcejac.* ➝ *Travailler en tandem*, en collaboration, à deux.

tandis que loc. conj. - XIIe ; lat. *tamdiu* « aussi longtemps » 1 Pendant le temps que, dans le même moment que... (marquant la simultanéité). ⇒ **alors** (que), **comme, cependant** (que), ③ **pendant** (que). « *son cœur se serrait un peu, tandis qu'on levait l'ancre gaîment* » (Loti). 2 (marquant l'opposition) ⇒ **alors** (que). « *Plaire n'est pour lui qu'un moyen de succès ; tandis que pour elle, c'est le succès même* » (Laclos).

tandouri adj. et n. m. - d. i. ; hindi *tandour* « four à pain », altér. de l'ar. *tannur* ■ Accommodé à l'indienne avec une sauce épicée et cuit au four. *Poulet tandouri.*

> ❑ On écrit aussi *tandoori*, à l'anglaise (cf. anglais *taboo* → tabou).

tangage n. m. - XVIIe 1 Mouvement alternatif d'un navire dont l'avant et l'arrière plongent successivement. « *la jolie grimace qu'il ferait avec le tangage et le roulis de haute mer* » (Sand). 2 Déplacement angulaire d'un engin spatial autour d'un axe défini comme étant son axe transversal (opposé à *roulis* et à *lacet*).

tangara n. m. - XVIIe ; mot tupi ■ Oiseau passereau d'Amérique du Sud *(passériformes)*, aux vives couleurs.

tangence n. f. - XIXe ■ Position de ce qui est tangent. *Point de tangence*, où deux lignes, deux surfaces sont tangentes.

tangent, ente adj. - XVIIIe ; lat. *tangere* « toucher » 1 Qui n'a qu'un point de contact en un seul point. *Plan tangent à une surface* : ensemble des tangentes en un point à cette surface. « *Le disque* [du Soleil] *est tangent à l'horizon* » (Valéry). ♦ Qui a un ensemble de points de contact. *Droite d'un plan tangente à un cylindre.* 2 fam. Qui se fait de justesse. *Il a été reçu au bac, mais c'était tangent.* ✪ CONTR. Distant, sécant.

tangente n. f. - XVIIe 1 *Tangente à une courbe, à une surface* : droite tangente en un point à cette courbe, à cette surface. ♦ *Tangente (tg) d'un arc, d'un angle* : rapport du sinus au cosinus de cet arc, de cet angle. *Fonction tangente.* 2 loc. fam. *Prendre la tangente* : se sauver sans être vu. ⇒ s'**esquiver, filer.**

tangentiel, ielle adj. - XIXe ■ Relatif aux tangentes. *Accélération tangentielle d'un mobile ponctuel.* ♦ *Force tangentielle*, exercée dans le sens de la tangente à une courbe. ➝ Force horizontale qui produit des plis couchés, des nappes de charriage.

> ❑ Le *t* se prononce [s] dans les dérivés provenant des mots en *...ence (essentiel)* ou en *-ent (torrentiel).*

tangentiellement adv. - XVIIIe ■ D'une façon tangentielle.

tangerine n. f. - 1947 ; mot angl. « mandarine », « (orange) de *Tanger* » ■ Fruit comestible, hybride de citron et d'orange.

tangibilité n. f. - XIXe ■ Caractère de ce qui est tangible.

tangible adj. - XIVe ; lat. *tangere* « toucher » 1 Qui tombe sous le sens du tact, que l'on peut connaître en touchant. ⇒ **palpable.** « *De visibles et tangibles spectres* »

(Huysm.). ◆ *Des plaisirs plus tangibles.* ⇒ **charnel, matériel.** 2 Dont la réalité est évidente, qu'on peut « toucher du doigt ». « *nous en avons des preuves tangibles* » (Duham.). ⇒ **concret, matériel, palpable.**

tango n. m. – XIXe ; mot esp. d'Argentine. 1 Danse originaire de l'Argentine, sur un rythme assez lent à deux temps. *Un tango langoureux.* ◆ La musique de cette danse. 2 n. m et adj. inv. Orange foncé. « *des chemisettes de soie blanche, rose ou tango* » (Duham.). 3 Demi de bière additionné de grenadine.

❑ La couleur tango fut mise à la mode lors de la vogue du tango en 1914.

tangon n. m. – XVIIIe ; p.-ê. du moy. néerl. *tange* ▪ Poutre mobile établie horizontalement à l'extérieur d'un navire à la hauteur du pont supérieur et perpendiculairement à la coque, sur laquelle on amarre les embarcations lorsque le navire est à l'ancre. ◆ Sur les thoniers, Longue perche au pied du grand mât, s'abaissant à l'horizontale, et à laquelle on attache les lignes. ◆ *Tangon de spinnaker* : long espar servant à maintenir l'ouverture du spinnaker.

tangue n. f. – XIIe ; a. nord. *thang* « goémon » ▪ Sable vaseux, calcaire, très fin, grisâtre, du littoral de la Manche, qu'on utilise comme engrais.

tanguer v. intr. [1] – XVIIe ; p.-ê. de l'a. nord. *tangi* « pointe » ▪ Se balancer par un mouvement de tangage. ⇒ aussi **rouler.** « *le navire tangue horriblement ; impossible de se tenir debout !* » (Daudet). ◆ Remuer par un mouvement alternatif d'avant en arrière, et abusivt par un mouvement latéral. *Un autorail suivait « une voie tortueuse, en tanguant dangereusement »* (Beauv.).

tanguière n. f. – XIXe ▪ Sablière où l'on prend la tangue.

tanière n. f. – XVe ; gaul. *taxo* « blaireau » 1 Retraite d'une bête sauvage. ⇒ **antre, gîte, repaire,** ① **terrier.** ◆ Habitation sordide. ⇒ **taudis.** 2 Logis dans lequel on s'isole, on se cache. ⇒ **trou.** ◆ loc. *Rentrer dans sa tanière* : retourner à sa solitude. « *je rentrerai dans ma tanière où je crèverai obscur ou illustre, manuscrit ou imprimé* » (Flaub.).

tanin n. m. – XVIIIe ; de *tan* ▪ Substance organique d'origine végétale, rendant les peaux imputrescibles. *Tanin d'écorce de chêne, de châtaignier, de saule.* ◆ *Tanin officinal,* tiré de la noix de galle, astringent et tonique. ◆ *Tanin du vin,* présent dans le vin rouge, provenant des pépins et des rafles du raisin.

❑ On écrit aussi *tannin* comme *tannique* et *tanner.*

tanisage n. m. – XIXe ▪ Action de taniser

taniser v. tr. [1] – XIXe 1 Ajouter du tan à. 2 Ajouter du tanin à.

tank [tɑ̃k] n. m. – XIXe ; mot angl. « réservoir » 1 Citerne d'un navire pétrolier. ◆ Grand cylindre métallique utilisé comme réservoir dans certaines industries. 2 vieilli Char d'assaut. « *C'était un tank allemand, très rapide et très mobile* » (Malraux). ◆ fam. Grosse automobile.

tanker [tɑ̃kœʀ] n. m. – 1933 ; mot angl. ▪ Bateau-citerne transportant des produits pétroliers. ◆ Recomm. offic. *navire-citerne.* ⇒ **navire.**

tankiste n. m. – 1919 ▪ Soldat d'une unité de tanks, de blindés. « *un soldat allemand en uniforme noir de tankiste* » (Genet).

tannage n. m. – XIVe ▪ Action de tanner les peaux ; ensemble des opérations qu'on fait subir aux peaux brutes pour en faire des cuirs, avant le corroyage.

tannant, ante adj. – XVIIIe 1 Qui tanne. *Substances tannantes.* 2 fam. Qui tanne (2°), lasse. *Il est tannant avec ses questions.* ⇒ **ennuyeux, fatigant, lassant.**

tanne n. f. – XVIIe 1 Marque brune qui reste sur une peau après le tannage. 2 Kyste sébacé formé par la rétention de sébum dans un conduit pilosébacé de la peau. ⇒ **loupe.** ✪ HOM. Thane.

tanné, ée adj. – XIIIe 1 Qui a subi le tannage. *Peau tannée.* ⇒ **cuir.** ◆ Qui a pris l'aspect du cuir. *Avoir la peau tannée.* 2 De couleur brun clair, brun-roux. ⇒ **basané, bistre.** « *sa figure, tannée, sillonnée de rides, creusée* » (Balz.).

tannée n. f. – XVIIe 1 Résidu du tan, qui ne contient plus de tanin. 2 fam., vieilli Volée de coups. *Il a reçu une sacrée tannée.* ◆ Lourde défaite.

tanner v. tr. [1] – XIIe ; de *tan* 1 Préparer (les peaux) avec du tan ou d'autres substances pour les rendre imputrescibles et en faire du cuir. ⇒ **mégir.** « *Il tannait chez lui de petites peaux d'animaux* » (Giono). abusivt *Tanner le cuir.* ◆ loc. fam. *Tanner le cuir à qqn,* le rosser. 2 fig. et fam. Agacer, importuner. *Il tanne son père pour avoir de l'argent.* ⇒ **harceler.** « *Ça fait quinze ans que Baponot me tanne les oreilles avec cette histoire-là* » (Queneau). 3 Rendre tanné, brun. ⇒ **boucaner, bronzer, hâler.** « *Le vent tanna sa peau* » (Flaub.).

tannerie n. f. – XIIIe 1 Établissement où l'on tanne les peaux. 2 Ensemble des opérations de tannage.

tanneur n. m. – XIIIe ▪ Ouvrier, artisan qui tanne les peaux. « *Des tanneurs portant l'odeur du cuir, et la couleur du tan sur les mains* » (Aragon). ◆ Personne qui possède une tannerie et vend des cuirs.

tannin → **tanin**

tannique adj. – XIXe ▪ Constitué par le tanin ; qui contient du tanin. *Vin rouge tannique.* ◆ *Acide tannique :* solide blanc amorphe qu'on extrait de la noix de galle.

tanrec → **tenrec**

tansad [tɑ̃sad] n. m. – 1919 ; abrév. angl. *tandem saddle* « selle en tandem » ▪ Selle pour passager, derrière la selle d'une motocyclette.

tant adv. et nominal – X[e] ; lat. *tantum* **I** adv. de quantité 1 *TANT QUE.* ⇒ **tellement.** « *Je souffre tant que je ne peux pas me relever* » (Sand). 2 *TANT DE... QUE... :* une si grande quantité, un si grand nombre de... que... *Elle éprouvait « tant de rancœur qu'elle souhaita de mourir »* (Mart. du G.). ◆ Tant de choses. *Il en fit tant et tant qu'on le renvoya.* loc. *TANT ET SI BIEN QUE* [tɑ̃tesibjɛ̃] : de telle manière que, tellement bien que. « *Tant et si bien que les assaillants se retirèrent en déroute* » (Barrès). ◆ littér. *À TANT FAIRE QUE DE... :* si l'on fait tout ce qu'il faut pour, si l'on va jusqu'à. « *À tant faire que de le rencontrer, j'aime mieux qu'il me voie autrement* » (Colette). 3 ⇒ **tellement.** « *Votre oncle Adolphe qui vous aimait tant* » (Proust). 4 *TANT DE :* une si grande, une telle quantité de. *Je lui ai dit tant de fois !* « *après tant d'années passées ensemble* » (Muss.). *Des gens comme il y en a tant.* ⇒ **beaucoup.** « *À quoi bon tant de haine, Et faire tant de mal, et prendre tant de peine ?* » (Hugo). ⇒ **autant.** loc. fam. *Vous m'en direz tant !* je ne suis plus étonné après ce que vous m'avez dit. ◆ *TANT SOIT PEU :* si peu que ce soit. *S'il est (un) tant soit peu délicat, il comprendra.* ◆ *TANT S'EN FAUT :* il s'en faut de beaucoup. 5 littér. « *Rien ne touche son goût, tant il est difficile* » (Mol.). ◆ loc. *Tant il est vrai que...,* introduit une vérité qui découle de ce qui vient d'être dit. **II** nominal Exprimant à titre d'exemple une quantité qu'on ne précise pas mais qui est supposée définie. *Toucher tant par mois,* telle somme. ◆ *Tant pour cent.* ◆ *TANT DE.* « *tu mesures tant de centi-*

mètres, tu pèses tant de kilogrammes, tu as tant de litres de sang, etc.* » (Aymé). ♦ LE TANT : tel jour du mois. ⇒ **quantième.** ♦ TANT ET PLUS [tɑ̃teply(s)] : la quantité dont on parle et plus encore. « *J'eus aussi des visites de Genève tant et plus* » (Rouss.). **III - 1** TANT... TANT..., marquant l'égalité. « *tant valait l'instituteur primaire, tant vaudrait l'enseignement* » (Zola). **2** TANT... QUE, marquant l'égalité. ⇒ **autant.** « *Vous ne me plaisez pas tant qu'elle* » (Bussy-Rabutin). ♦ ⇒ **autant.** « *Tant qu'il vous plaira* » (Mol.). fam. *Tant que...* (et le v. *pouvoir*) : beaucoup, énormément. « *Myope tant qu'il pouvait* » (Céline). ➜ *Tant que ça* : à ce point. « *Dis-moi pourquoi tu tiens à lui tant que ça* » (Sartre). ♦ SI TANT EST QUE... [sitɑ̃tɛkə] : à supposer que, en admettant que. « *Voilà de l'argent qui n'est guère propre, si tant est qu'il y en ait qui le soit* » (Mirbeau). ➜ TOUS TANT QUE : tous, autant qu'il y en a, sans exception. « *quelle idée vous faites-vous de nos devoirs, à tous tant que nous sommes ?* » (Vigny). **3** EN TANT QUE : dans la mesure où. « *La loi est la raison humaine, en tant qu'elle gouverne tous les peuples de la terre* » (Montesq.). ♦ Considéré comme. « *En tant qu'hommes, animaux sociables, ils aspirent à s'enrôler* » (Barrès). *Le cinéma « en tant qu'art »* (Malraux). **4** TANT... QUE... : aussi bien... que. « *La liberté, tant civile que politique* » (Rouss.). ➜ TANT BIEN QUE MAL : ni bien ni mal, médiocrement. ⇒ **cahin-caha.** *Il s'y efforce tant bien que mal.* **5** TANT QU'À... : puisqu'il faut... (cour. et négligé pour *à tant faire que de...*). « *tant qu'à m'ennuyer, je préfère que ce ne soit pas avec M.* » (Gide). « *Tant qu'à être innocent, il vaut mieux l'être tout à fait* » (Aymé). **6** TANT MIEUX ; TANT PIS, locutions exprimant qu'un fait est heureux ou malheureux pour qqn. *Tant pis pour toi, pour lui,* c'est dommage, mais c'est mérité, c'est bien fait. ➜ fam. *Docteur Tant Mieux, docteur Tant Pis,* optimiste, pessimiste pour ses patients. **IV** TANT QUE... : aussi longtemps que. « *Et nul ne se connaît tant qu'il n'a pas souffert* » (Muss.). ➜ loc. fam. *Tant qu'il y a de la vie, il y a de l'espoir.* ➜ « *Jusqu'à tant qu'elle devienne sa veuve* » (Henriot), jusqu'à ce que. ♦ Pendant que. *Sortons tant qu'il y a du soleil.* iron. « *Il faut qu'il prenne des leçons d'équitation... Mais oui, bien sûr ! et des leçons de danse, tant que tu y es !* » (Mauriac). ✪ HOM. Tan, taon, temps.

> ❑ Avec *que, tant* peut s'employer comme *autant* en phrase négative : *je ne travaille pas tant que cela ;* ceci est impossible à l'affirmatif.

tantale n. m. – XVIIe ; lat. **I** Oiseau échassier d'Amérique centrale, voisin des cigognes. **II** Élément chimique (Ta ; n° at. 73 ; m. at. 180,95), métal légèrement bleuté, d'une grande densité, très réfractaire. *Le tantale accompagne le niobium et le vanadium dans ses minerais. Alliages au tantale* (instruments chirurgicaux, etc.).

tante n. f. – XIIe ; de *ta* et a. fr. *ante,* du lat. *amita* « tante paternelle » **1** Sœur du père ou de la mère, et par ext. Femme de l'oncle. ⇒ **tantine, tata,** enfantin ; aussi **grand-tante.** *Tante paternelle, maternelle.* « *la tante Marie alla frapper aux volets d'un voisin* » (Pagnol). *Mon oncle et ma tante.* ➜ (appellatif) *Oui ma tante.* **2** fam. *Ma tante* : le Crédit municipal. **3** fam. et vulg. Homosexuel efféminé. ⇒ **pédé, tantouse, tata.** « *Je fais mon numéro habillé en femme dans une boîte de tantes* » (Queneau). ✪ HOM. Tente.

> ❑ L'usage d'employer le possessif *ton (mon)* devant un nom féminin commençant par une voyelle date de la fin du XIIe s. Jusqu'alors on élidait le *a* de *ta* : *t'ante* (cf. l'anglais *aunt*). Le même phénomène est à l'origine de *mamours (ma amour)* et *ma mie (ma amie).*

tantième [tɑ̃tjɛm] adj. et n. m. – XVIIe ; de *tant* **1** vx Qui représente une fraction déterminée mais non précisée d'une grandeur. *La tantième partie d'un nombre.* ➜ adj. ord. *Le tantième jour,* et n. m. *le tantième courant* (style commercial). *Il « commençait ses lettres par la formule suivante : "Me reportant à votre honorée du tantième courant"* » (Aymé). **2** n. m. Pourcentage d'un tout. ➜ au plur. Fraction spécifique des bénéfices distribuables d'une société qui était attribuée aux administrateurs.

tantine n. f. – XIIe ▪ appellatif enfantin Ma tante. *Bonjour, tantine.*

tantinet n. m. – XVe ; de *tant* **1** vieilli *Un tantinet de* : un tout petit peu de. *Donne-moi un tantinet de pain.* **2** loc. adv. Un petit peu, légèrement. *Tu exagères un tantinet.* « *S'il avait un défaut mignon, c'était d'être un tantinet gourmand* » (J. Verne).

tant mieux → **tant** (III, 6°)

tantôt adv. et n. m. – XIIe ; de *tant* et *tôt* **1** vx ou région. Dans un passé ou un futur proche. *À tantôt* : à bientôt, à tout à l'heure. **2** Cet après-midi. *Venez tantôt prendre le thé.* ➜ n. m. fam. et région. Après-midi. « *Ils sont restés encore, comme ce tantôt, la bouche pleine, à écouter* » (Giono). **3** TANTÔT..., TANTÔT... (souvent répété plusieurs fois) : à tel moment..., à un autre moment (pour exprimer des états différents d'une même chose). ⇒ **parfois.** *Tantôt bien, tantôt mal.* « *Tantôt à pied, tantôt avec toute la vitesse de son automobile* » (Proust).

tantouse ou **tantouze** n. f. – 1900 ; de *tante* (3°) ▪ fam. et vulg. Homosexuel efféminé. ⇒ **tante, tata.**

tant pis → **tant** (III, 6°)

tantrisme n. m. – 1904 ; sanskr. *tantra* « doctrine, règle » ▪ Forme de l'hindouisme, inspirée des livres sacrés ésotériques, dont les fidèles s'adonnent au culte des divinités féminines.

taoïsme n. m. – XIXe ; chin. *tao* « raison ; être suprême » ▪ Religion populaire d'Extrême-Orient, fondée par Lao-tseu au VIe s. av. J.-C., mélange de sa philosophie et de croyances, de pratiques plus populaires.

taoïste adj. et n. – XVIIe ▪ Adepte du taoïsme.

taon [tɑ̃] n. m. – XIIe ; lat. *tabanus* ▪ Grosse mouche piqueuse et suceuse *(tabanidés),* dont la femelle se nourrit du sang des animaux. « *Comme un taureau* [...] *supporte avec impatience la piqûre du taon* » (Chateaub.). ✪ HOM. Tan, tant, temps.

> ❑ Attention à la prononciation ; même difficulté que pour *paon, faon* et *Laon* (ville).

tapage n. m. – XVIIe ; de ② *taper* **1** Bruit violent, confus, désordonné produit par un groupe de personnes. ⇒ **raffut, ramdam, vacarme.** *Faire du tapage, un tapage infernal.* « *le tapage des oiseaux ivres de lumière* » (Baudelaire). ➜ dr. *Tapage injurieux, tapage nocturne,* consistant à troubler la tranquillité des habitants en faisant du bruit, notamment la nuit, sans motif légitime. **2** Bruit causé par un événement. ⇒ **éclat, esclandre, scandale.** *On a fait beaucoup de tapage autour de ce divorce.* ⇒ **publicité.** ♦ littér. Éclat, contraste violent de couleurs **(⇒ tapageur).** « *un tapage de toilettes claires, bleues et roses* » (Zola). ✪ CONTR. Silence.

tapager v. intr. [3] – XIXe ▪ rare Faire du tapage. *Cette noce « qui tapageait de son mieux »* (Balz.).

tapageur, euse adj. – XVIIIe **1** Qui fait du tapage. « *une réputation de noctambule tapageur* » (Aymé). **2** Qui fait du tapage (2°), du scandale. *Une liaison tapageuse.* ♦ Qui se fait remarquer par l'outrance, le contraste des couleurs. ⇒ **criard, voyant.** *Toilette tapageuse.* ⇒ **tape-à-l'œil.** « *il gardait une certaine élégance tapageuse* » (Maupass.).

tapant, ante adj. – 1900 ; de ② *taper* ▪ À l'instant même où sonne telle ou telle heure. *À midi tapant.* « *À neuf* *heures tapantes, Léonie est à son poste* » (Queneau). ⇒ ① **précis, sonnant** ; fam. **pétant.** ➤ valeur de p. prés. *À neuf heures tapant.* ⇒ ③ **pile.**

tapas [tapas] **n. f. pl.** – 1987 ; esp. *tapa* « couvercle » ■ Assortiment de petites entrées variées, à l'espagnole, servi à l'apéritif. *Un bar à tapas.*

① **tape** **n. f.** – XVIIIe ; de ① *taper* ■ Bouchon servant à boucher les écubiers, à fermer la bouche d'un canon.

② **tape** **n. f.** – XIVe ; de ② *taper* ■ Coup donné avec le plat de la main. *Donner des tapes à qqn.* ⇒ ② **taper.** *Tape sur la figure.* ⇒ ① **claque, gifle.** « *La vieille lui appliqua légèrement une tape sur le derrière* » (Balz.). ⇒ **fessée.** ➤ *Tape amicale.*

tapé, ée **adj.** – XVIIe ; de ② *taper* 1 Trop mûr, taché par endroits. ⇒ **talé.** *Pommes tapées.* ♦ fig. et fam. Marqué par l'âge, la fatigue. « *ses joues tapées et bises* » (Céline). ➤ *Elle est un peu tapée.* 2 fam. BIEN TAPÉ : réussi, bien fait. *Une réponse bien tapée,* bien envoyée. 3 fam. Fou.

tape-à-l'œil [tapalœj] **adj. inv.** et **n. m. inv.** – XIXe ■ Qui attire l'attention par des couleurs voyantes, un luxe tapageur. *Des bijoux tape-à-l'œil.* ♦ **n. m. inv.** Ce qui fait beaucoup d'effet mais a peu de valeur. « *Je déteste le tape-à-l'œil* » (Bazin).

tapecul [tapky] **n. m.** – XVe 1 Bascule à contrepoids fermant l'entrée d'une barrière. 2 Balançoire rudimentaire, bascule qui « tape le cul » en touchant le sol. *Des tapeculs.* 3 Petite voile à l'arrière de certaines embarcations, pour résister à la dérive. *Cotre à tapecul.* ⇒ **ketch.** 4 Automobile mal suspendue. 5 Fam. Monte du cavalier inexpérimenté qui tape du derrière à chaque trot du cheval. *Passer du tapecul au trot enlevé.* ♦ Brimade consistant à soulever qqn par les pieds et les épaules et à lui taper le derrière par terre.

❑ On écrit aussi *tape-cul (des tape-culs).*

tapée **n. f.** – XVIIIe ; de ② *taper* ■ fam. Grande quantité. ⇒ **chiée.** « *On aurait des gosses... toute une tapée de gosses* » (Prévert). ⇒ **flopée, ribambelle, tripotée.**

tapement **n. m.** – XVIe ■ Action de taper ; son résultat. « *tapements de pattes d'un lapin donnant l'alerte au goupil* » (Tournier).

tapenade **n. f.** – d. i. ; provenç. *tapeno* « câpre » ■ Préparation à base de câpres, d'olives noires et d'anchois écrasés, additionnée d'huile d'olive.

① **taper** **v. tr.** [1] – XVIIIe ; néerl. *tap* « bouchon » ■ Boucher avec une tape (①). *Taper les écubiers.*

② **taper** **v.** [1] – XIIe ; probablt onomat. **I v. tr.** 1 Frapper (qqn) du plat de la main ou avec un objet. ⇒ **battre.** Surtout à propos des enfants. *Maman, il m'a tapé !* 2 Donner des coups sur (qqch.). *Taper la table du poing. Taper les tapis.* ⇒ **battre.** ➤ loc. fam. *Se taper les cuisses,* en signe de contentement. ➤ *Il y a de quoi se taper le derrière (le cul) par terre :* c'est risible, grotesque. ➤ *C'est à se taper la tête contre les murs* (d'impuissance, de désespoir). 3 Produire (un bruit) en tapant (II). *Taper trois coups à la porte. Taper un air sur un piano,* le jouer médiocrement. ⇒ **pianoter, tapoter.** ♦ Écrire (un texte) au moyen de la machine à écrire (⇒ **dactylographier** ; ① **frappe**), du micro-ordinateur (⇒ **saisir**). *Taper une lettre.* ➤ *Tapez 36 15 code...* (sur le minitel). 4 fam. Emprunter de l'argent à (qqn). *Il m'a tapé de cent balles.* **II v. intr.** 1 Donner une tape. « *Quelqu'un qui lui tapait sur l'épaule* » (Sand). ♦ Donner un coup, des coups. *Taper des mains.* ⇒ **battre.** *Taper sur qqn, lui taper dessus,* le frapper. *Taper comme un sourd.* ⇒ **cogner.** *Taper sur un piano,* en jouer brutalement. *Bateau qui tape,* dont le fond heurte chaque lame. ♦ fig. et fam. *Taper sur qqn,* en dire du mal en son absence. ♦ loc. fam. *Taper sur les nerfs, sur le système,* agacer. « *ces détonations me tapaient sur les nerfs* » (Gide). ➤ *Taper dans l'œil,* plaire vivement. *Elle lui a tapé dans l'œil, c'est le coup de foudre.* 2 Écrire en tapant sur les touches d'une machine. *Taper à la machine. Cette dactylo tape vite.* 3 Monter à la tête. *Un vin qui tape.* ⇒ **cogner.** ♦ *Le soleil tape dur,* chauffe très fort. fam. *Ça tape aujourd'hui.* 4 fam. Prendre dans, se servir de. *Taper dans les provisions.* ⇒ **puiser.** *Tapez dans le tas !* **III** SE TAPER 1 **v. pron. (récipr.)** Se frapper l'un l'autre. 2 **(réfl.)** *Se taper sur les cuisses* (de contentement). 3 (avec un compl.) fam. Manger, boire (qqch.). ⇒ s'**enfiler,** s'**envoyer.** *Se taper un gueuleton.* ♦ vulg. *Se taper qqn :* avoir des relations sexuelles avec qqn. ⇒ se **faire,** se **farcir.** 4 fam. Faire (une corvée). ⇒ s'**appuyer.** *Se taper tout le travail.* ➤ péj. Supporter. *Il va falloir encore se taper la famille.* ⇒ se **farcir.** 5 fam. *S'en taper :* s'en moquer. *Vos histoires, je m'en tape.*

tapette **n. f.** – XVIe **I** de ① *taper* Palette de bois pour enfoncer les bouchons. *Tapette de tonnelier.* ⇒ **batte.** ♦ Tampon de graveur. **II** de ② *taper* 1 Petite tape. « *Le premier (de nous deux) qui rira aura une tapette* » (chans. enfantine). 2 Raquette d'osier pour battre les tapis ; pour tuer les mouches. 3 Piège à souris, à rats dans lequel un crochet actionné par une planchette tue l'animal. 4 Jeu de billes dans lequel la bille doit toucher les autres après avoir tapé contre un mur. 5 fam. Langue bien pendue, loquacité. *Il a une de ces tapettes !* ➤ par ext. *Quelle tapette, cette concierge !* 6 fam. et vulg. Homosexuel efféminé. ⇒ **folle, tante.** « *scandaleux et provocants comme des tapettes* » (Sartre).

tapeur, euse **n.** – XIXe ■ Personne qui emprunte souvent de l'argent. « *un tapeur professionnel venait nous demander cent sous* » (Beauv.).

taphophilie **n. f.** – 1969 ; gr. *taphos* « tombeau » ■ Attrait pathologique pour les tombes, les cimetières.

❑ Ne pas oublier que *ph* se prononce comme *f* dans tous les cas. ♦ *Épitaphe* appartient à la même famille étymologique.

tapi, ie **adj.** – XVIIe ; de *se tapir* 1 Caché, dans une posture ramassée. « *tapi comme un lièvre au milieu des hautes herbes sèches* » (Maupass.). 2 (abstrait) Caché, d'une manière plus ou moins menaçante. ⇒ **embusqué.** « *Un mal guettait Joseph, déjà tapi en lui* » (Mauriac). ✪ HOM. Tapis.

tapin **n. m.** – XVIIIe ; de ② *taper* ■ loc. arg. *Faire le tapin :* racoler, se prostituer. ⇒ **tapiner.** ♦ par méton. Prostitué(e). ⇒ **tapineuse.**

❑ *Faire le tapin* est à rapprocher de *faire la retape,* peut-être d'après l'idée de « racolage bruyant ».

tapiner **v. intr.** [1] – 1920 ■ arg. Racoler ; faire le tapin.

tapineuse **n. f.** – XIXe ■ arg. Prostituée. ⇒ **tapin.**

tapinois (en) **loc. adv.** – XVe ; de *se tapir* ■ En se cachant, à la dérobée. ⇒ **catimini** (en), **sournoisement.**

tapioca **n. m.** – XVIIe ; tupi-guarani *tipi* « résidu » et *ok-* « presser » ■ Fécule amylacée de manioc, cuite, concassée en flocons et séchée. « *cochon de lait farci à la rissole et saupoudré de farine de tapioca* » (Cendrars). *Potage au tapioca,* ou ellipt *un tapioca, du tapioca.*

tapir (se) **v. pron.** [2] – XIIe ; germ. « fermer » ■ Se cacher, se dissimuler en se blottissant. *Hannibal* [le chat] « *s'alla tapir sous une bibliothèque* » (France). ➤ Se retirer, se mettre à l'abri. *Se tapir chez soi.* ⇒ se **terrer.** ✪ HOM. *Tapissent :* tapissent (tapisser).

❑ Les formes plurielles des temps simples s'emploient peu à cause de l'homonymie avec les formes correspondantes du verbe *tapisser* : « *des roches où se tapissent* [...] *les mousses* » (Bernardin de Saint-Pierre).

tapir n. m. – XVIe ; mot tupi **1** Mammifère herbivore d'assez grande taille *(ongulés)*, au corps massif, dont le nez se prolonge en une courte trompe préhensile. *Tapir d'Amérique du Sud.* **2** arg. de l'École normale Élève qui prend des leçons particulières.

tapis n. m. – XIIe ; gr. **1** Ouvrage de fibres textiles, destiné à être étendu sur le sol pour s'asseoir, s'agenouiller *(tapis de prière)*, en Orient ; et en Occident, pour décorer le sol des maisons, étouffer les bruits, les pas. ⇒ **carpette, descente** (de lit). *Tapis de haute laine, de soie. Tapis d'Orient. Tapis persan. Tapis de la Savonnerie. Tapis noué main, mécanique. Tapis tissé.* ⇒ **kilim, lirette.** « *un méchant tapis étroit qui montrait la corde* » (Balz.). ➛ *Battre, secouer les tapis. Tapis cloué.* ⇒ **moquette.** ♦ loc. *Dérouler le tapis rouge* : recevoir qqn avec tous les honneurs. ➛ *Le tapis volant*, dans les contes orientaux. ➛ *Se prendre les pieds dans le tapis* : commettre une maladresse, cafouiller. ➛ *Marchand de tapis* : marchand ambulant qui propose des tapis ; fig. et péj. personne trop insistante, qui marchande âprement. **2** Revêtement souple de sol. *Tapis de sparterie* (alfa, jonc, etc.). ⇒ **natte.** *Tapis de bain. Tapis de judo.* ⇒ **tatami.** ➛ *TAPIS-BROSSE*, en fibres végétales, pour s'essuyer les pieds. ⇒ **paillasson.** *Des tapis-brosses.* ➛ *Boxeur qui va au tapis, qui envoie son adversaire au tapis*, à terre. ♦ *TAPIS ROULANT* : dispositif formé d'une surface plane animée d'un mouvement de translation et servant à transporter des personnes, des marchandises. ⇒ **convoyeur, transporteur. 3** Couche, surface qui évoque un tapis. *Un épais tapis de mousse.* « *des groupes d'arbres et des tapis de gazon* » (Chateaub.). ♦ *Tapis de bombes* : nombreuses bombes très rapprochées. **4** Pièce de tissu recouvrant un meuble, une table. *Tapis de table. Tapis de billard.* ♦ *Tapis d'une table de jeu*, généralement vert. ➛ par ext. La table de jeu. « *un joueur éparpillant sur le tapis vert une liasse de billets* » (Cl. Simon). loc. *Le tapis brûle*, se dit lorsqu'un joueur a oublié de miser avant que les jeux soient faits. ♦ *Le tapis vert d'une table de conseil d'administration, d'un bureau. Négocier autour du tapis vert.* ➛ loc. fig. *Mettre une affaire, une question SUR LE TAPIS*, la proposer à un examen collectif, à une discussion. *L'affaire revient sur le tapis.* ✪ HOM. Tapi.

tapissage n. m. – 1988 ; de *tapisser* arg. « identifier », de *taper* ▪ Présentation par la police de plusieurs personnes, dont un suspect, au(x) témoin(s) d'un délit, d'un crime, derrière une vitre sans tain, dans le but d'identifier le coupable.

tapisser v. tr. [1] – XVe **1** Couvrir de tapisseries, tentures, étoffes, etc., pour orner. *Tapisser un mur de papier peint.* ♦ par ext. *Tapisser sa chambre d'affiches.* **2** (sujet chose) Recouvrir (un mur, une paroi) en manière d'ornement. *Tenture qui tapisse un appartement.* ♦ Recouvrir parfaitement. « *Vallons que tapissait le givre du matin* » (Lamart.). ➛ *Muqueuse qui tapisse un organe.* ✪ HOM. *Tapissent* : tapissent (se tapir).

tapisserie n. f. – XIVe **1** Tenture d'ameublement, généralement faite de tapisserie (2° ou 4°) ; tissu dont elle est faite. « *Une petite porte battante, masquée par une tapisserie* » (Muss.). ♦ loc. *Faire tapisserie* : ne pas être invitée à danser, dans un lieu où l'on danse. **2** Ouvrage d'art en tissu, effectué au métier, dans lequel le dessin résulte de l'armure même et qui est destiné à former des panneaux verticaux ; un de ces panneaux. *Tapisserie de haute, de basse lice. Carton de tapisserie* : œuvre d'art d'après laquelle la tapisserie est exécutée. *Tapisseries des Gobelins, d'Aubusson.* ➛ abusivt *La tapisserie de Bayeux est une broderie.* ♦ Art de ces ouvrages. « *la tapisserie est un art perdu* » (Goncourt). **3** Papier peint tendu sur les murs. **4** Ouvrage de dame à l'aiguille, dans lequel un canevas est recouvert de fils de laine, de soie, de coton, suivant le tracé d'un dessin. « *la duchesse était occupée à sa tapisserie* » (Proust). *Une tapisserie au point de croix.* ♦ L'art de ces ouvrages. *Points de tapisserie.*

tapissier, ière n. – XIIIe **1** Personne qui exécute à la main des tapis sur métier, des tapisseries. ⇒ **licier. 2** n. m. Celui qui tapisse (1°) une pièce, une maison, pose les papiers peints. *Peintres et tapissiers.* **3** Personne qui vend, pose les tissus, les cuirs d'ameublement. *Marteau de tapissier.*

tapon n. m. – XIVe ; germ. ▪ vieilli Petite boule de matière pressée, chiffonnée. ⇒ **tampon.** « *quelques effets roulés en tapon* » (Mart. du G.).

tapotement n. m. – XIXe ▪ Fait de tapoter ; son résultat. ♦ Massage par petits coups légers à l'aide des doigts ou du bord de la main.

tapoter v. tr. [1] – XIIIe **1** Taper légèrement à petits coups répétés. *Tapoter une cigarette, pour faire tomber la cendre. Tapoter affectueusement la joue d'un enfant.* « *un volume, qu'il tapota plusieurs fois du plat de la main* » (Mart. du G.). **2** Jouer mal ou négligemment sur un piano. *Tapoter une sonate.* ♦ intrans. *Tapoter sur un ordinateur.*

tapuscrit n. m. – 1985 ▪ Texte dactylographié envoyé à la composition. ⇒ **manuscrit.**

❑ Ce mot est mal formé, du radical de *taper* (à la machine) et *(man)uscrit*, mais tout le monde le comprend comme souvent les mots-valises. → manuscrit (rem.).

taquer v. tr. [1] – XVIIIe ; p.-ê. de *tac*, onomat. ▪ Mettre de niveau (les caractères typographiques).

taquet n. m. – XIVe ; germ. « poteau » **1** Pièce de bois qui maintient en place qqch. *Taquet soutenant un tasseau, calant un meuble.* ➛ Morceau de bois qui tourne autour d'un axe et sert à maintenir une porte fermée. ⇒ **loquet.** ♦ Pièce (de bois, de métal) servant à tourner, à amarrer des cordages, des manœuvres. ♦ *Taquet d'arrêt* : pièce de charpente mobile pour arrêter un wagon à une bifurcation. **2** Ensemble composé de deux pièces en équerre, dont l'une est réglable à hauteur voulue pour les travaux dans les escaliers.

taquin, ine adj. – XVe ; néerl. ▪ Qui prend plaisir à taquiner autrui. « *Elle me faisait faire des châteaux de cartes* [...] *Mon oncle, qui était taquin, se retournait pour souffler dessus* » (Sand). ➛ *Caractère taquin.* ⇒ **malicieux.** ✪ HOM. Tachine.

taquiner v. tr. [1] – XVIIe **1** S'amuser à contrarier (qqn) dans de petites choses, sans y mettre de méchanceté. ⇒ fam. **embêter.** « *Nicole le taquine, l'asticote inutilement* » (Mart. du G.). **2** (sujet chose) Être la cause de petites contrariétés, d'une douleur légère pour (qqn). « *Ces petites misères qui taquinent le génie* » (Gaut.). ⇒ **inquiéter.** *J'ai une dent qui me taquine.* ⇒ **agacer.**

taquinerie n. f. – XVIe **1** Caractère d'une personne taquine. **2** Comportement taquin. ♦ Action de taquiner ; parole taquine. « *il le harcelait de taquineries stupides* » (R. Rolland).

tarabiscot n. m. – XIXe ; o. i. **1** Petite rainure qui sépare deux éléments d'une moulure. **2** Outil de menuisier servant à creuser cette rainure.

tarabiscotage n. m. – XIXe ▪ Caractère de ce qui est tarabiscoté.

tarabiscoté, ée adj. – XIXe 1 Qui comprend beaucoup de moulures (⇒ **tarabiscot**), d'ornements. *Meubles tarabiscotés.* 2 Affecté, contourné. *Style tarabiscoté.* ⇒ **alambiqué.** ✪ CONTR. Simple, sobre.

tarabuster v. tr. [1] – XVIe ; provenç. *tabustar* « faire du bruit » et *rabasta* « querelle, bruit » ■ Importuner par des paroles, des interventions renouvelées. ⇒ **asticoter, harceler, tourmenter.** « *elle supportait mal d'être sans cesse tarabustée par ma tante* » (Gide). ♦ (sujet chose) Causer de la contrariété, de l'inquiétude à (qqn). *Cette affaire le tarabuste.* ⇒ **ennuyer, préoccuper, tracasser, travailler.**

tarage n. m. – XIXe ■ Opération qui consiste à tarer un récipient ou un emballage.

tarama n. m. – v. 1960 ; turc *taramak* « gratter, racler » ■ Préparation à base d'œufs de poisson (cabillaud, mulet), d'huile d'olive et de citron.

tarare n. m. – XVIIIe ; onomat. ■ Appareil qui sépare le grain de la balle, par ventilation. ⇒ **vanneuse.**

tarasque n. f. – XVIIe ; de *Tarascon*, nom de ville ■ Animal fabuleux, dragon des légendes provençales ; sa représentation que l'on promène en procession dans certaines villes méridionales. ♦ Monstre sculpté, sorte de gargouille. « *les guivres et les tarasques au bout des gouttières gothiques* » (Gaut.).

taratata interj. – XVe ; onomat. ■ Onomatopée exprimant l'incrédulité, la défiance, le mépris (en réponse à ce qui vient d'être dit). ⇒ **ta, ta, ta.** *Taratata, je n'en crois pas un mot.*

taraud n. m. – XVIe ; a. fr. *tarere* « tarière » ■ Outil d'acier à main ou à machine servant à faire des pas de vis. ✪ HOM. Taro, tarot.

taraudage n. m. – XIXe 1 Action de tarauder ; son résultat. *Taraudage à la machine* (perceuse, tour à décolleter, taraudeuse). 2 Filetage intérieur d'un trou cylindrique.

taraudant, ante adj. – mil. XXe ■ littér. Qui taraude (3°), transperce. ⇒ **taraudeur.** « *De taraudantes inquiétudes* » (Duham.).

tarauder v. tr. [1] – XVIIe 1 Creuser, percer (une matière dure) pour y pratiquer un filetage, avec le taraud ou une machine. *Tarauder une plaque d'acier.* ➤ par ext. *Tarauder un écrou.* ♦ abusivt *Tarauder une vis.* ⇒ **fileter.** 2 Percer avec une tarière. *Le* « *bruit d'un insecte qui taraudait une poutre* » (Bosco). 3 littér. Percer, transpercer. « *L'idée est là, qui vous poursuit. Qui vous taraude. Jusqu'à l'obsession* » (Dorgelès). ⇒ **torturer, tourmenter.**

taraudeur, euse n. et adj. – XVIIe 1 n. m. Ouvrier qui taille des filets en creux. ♦ n. f. Machine-outil servant à tarauder (et à fileter). ⇒ **filière.** 2 adj. Qui taraude, transperce. *Insecte taraudeur.* ➤ fig. « *Torturé par mille pensées taraudeuses* » (Duham.). ⇒ **taraudant.**

taravelle n. f. – XVIIe ; lat. *terebra* « vrille » ■ région. Plantoir en forme d'étrier, employé par les viticulteurs du Bordelais et des Charentes.

tarbouche n. m. – XIXe ; ar. ■ Coiffure masculine orientale, bonnet rouge cylindrique portant un gland de soie.

> ❑ On écrit aussi *tarbouch* : « *Je suis rasé et porte tarbouch rouge avec les deux petits bonnets blancs en dessous* » (Flaubert).

tard adv. – XIe ; lat. « lentement » 1 Après le moment habituel ; après un temps considéré comme long. *Se lever tard.* « *Je ne me suis mis à l'anglais que très tard* » (Gide). ⇒ **tardivement.** ➤ TÔT OU TARD [to(t)taʀ] : inévitablement, mais à un moment qu'on ne peut prévoir avec certitude. « *Tôt ou tard nous romprons indubitablement* » (Mol.). ➤ UN PEU TARD ; BIEN TARD ; TROP TARD : après un temps trop long, après le moment convenable, quand l'occasion est passée. « *Le corbeau, honteux et confus, Jura, mais un peu tard, qu'on ne l'y prendrait plus* » (La Font.). « *Je suis venu trop tard dans un monde trop vieux* » (Muss.). ➤ *Il est trop tard.* ➤ LE PLUS TARD. « *De toutes les facultés de l'homme, la raison est celle qui se développe le plus difficilement et le plus tard* » (Rouss.). *Le plus tard possible. Au plus tard* : en prenant le délai le plus long, qu'on puisse admettre comme vraisemblable. ➤ PLUS TARD : dans l'avenir. ⇒ **ultérieurement.** *Ce sera pour plus tard. Remettre un rendez-vous à plus tard.* « *Cinq minutes plus tard, le train repartait* » (Queneau). ➤ *Il me l'a encore affirmé pas plus tard qu'hier*, tout récemment. 2 À la fin d'une période, d'un temps, spécialt À une heure avancée du jour ou de la nuit. *Rentrer tard. Tard dans la nuit. Se coucher tard* (⇒ **couche-tard**). ♦ adj. *Il est, il se fait tard* : l'heure est avancée. 3 n. m. SUR LE TARD : à un âge considéré comme avancé. *S'assagir sur le tard.* ✪ CONTR. Tôt. — HOM. Tare.

tarder v. intr. [1] – XIe 1 Se faire attendre ; être lent à venir. « *Je languis après une lettre qui tarde* » (Apoll.). *Les résultats ne tarderont pas. Ça n'a pas tardé !* 2 Mettre beaucoup de temps, être lent à faire qqch. ; rester longtemps avant de commencer à agir. *Ne tardez pas, décidez-vous. Venez sans (plus) tarder.* ⇒ **promptement, rapidement, vite.** ➤ TARDER À (et l'inf.). « *Aussi ne tarda-t-il pas à ressentir une sourde irritation* » (R. Rolland). *Je ne vais pas tarder à partir.* 3 (choses) TARDER À QQN : être attendu avec impatience par (qqn). *Le temps me tarde d'arriver chez vous.* ♦ impers. Exprime l'impatience de faire, de voir se produire qqch. *Il me tarde de les voir.* ➤ « *Il me tarde que ce cahier soit achevé* » (Gide). ✪ CONTR. Dépêcher (se), hâter (se).

tardif, ive adj. – XIIe 1 vx ou poét. Qui est long à venir. « *Ô toi tardive aurore Viens-tu ? vas-tu venir ?* » (A. Chénier). 2 Qui apparaît, qui a lieu tard, vers la fin d'une période, d'une évolution. « *Mon goût tardif des déplacements et du voyage* » (Colette). ➤ Qui a lieu tard dans la journée, la matinée ou la soirée. *Repas tardif.* « *Peu de monde à cette heure tardive* » (Queneau). ⇒ **avancé.** ♦ Qui vient, qui se fait trop tard, quand il n'est plus temps. *Des remords tardifs.* 3 Qui se forme, se développe plus lentement ou plus tard que la moyenne, après la pleine saison. *Fraises tardives.* ✪ CONTR. Anticipé, prématuré. Hâtif, précoce.

tardigrade n. m. – XVIIe ; lat. *tardus* « lentement » et *gradi* « marcher » ■ Petit acarien pourvu de quatre paires de pattes non articulées, qui vit dans les mousses ou l'eau.

tardivement adv. – XIIIe ■ D'une manière tardive, à une période ou à une heure tardive. ⇒ **tard.** *Rentrer tardivement.* ✪ CONTR. Précocement.

tare n. f. – XIVe ; ar. « déduction, décompte » **I** - 1 Poids de l'emballage, du récipient pesé avec la marchandise, à déduire du poids brut pour obtenir le poids net. 2 Poids non marqué qu'on place sur le plateau d'une balance pour faire équilibre à un objet (récipient, etc.) placé sur l'autre plateau et qu'on ne veut pas compter dans le poids total. *Faire la tare.* ⇒ **tarer.** **II** - 1 Défaut qui déprécie l'objet d'une transaction commerciale, vice rédhibitoire. *Les tares d'un cheval.* 2 Grave défaut (d'une personne, d'une société, d'une institution). « *Les ridicules et les tares humaines* » (Léautaud). 3 Défectuosité héréditaire, plus ou moins grave, d'ordre physique ou psychique. ✪ HOM. Tard.

taré, ée adj. – XVIe 1 Affecté d'une tare. *Cheval taré.* 2 Affecté de tares morales. *Régime taré.* 3 Atteint d'une tare physique ou psychique. ⇒ **dégénéré.** ♦ fam. Idiot. *Il est taré, ce mec !* n. *Bande de tarés !*

tarente n. f. – XIIe ; de *Tarente,* n. pr. ■ région. (Midi) Gecko.

tarentelle n. f. – XVIe ■ Danse du sud de l'Italie, à trois temps, dont le rythme va s'accélérant. ♦ Cet air.

tarentule n. f. – XIVe ; de *Tarente,* n. pr. ■ Grosse araignée dont la piqûre est douloureuse, commune en Europe méridionale. ⇒ **lycose.**

❑ Cette araignée était commune à Tarente, ville des Pouilles, ainsi que dans toute l'Italie du Sud.

tarer v. tr. 1 – XVIIIe ■ Peser (un emballage, un récipient) avant de le remplir afin de pouvoir déduire son poids du poids brut.

taret n. m. – XVIIIe ; de *tarière* ■ Mollusque *(lamellibranches),* au corps vermiforme, à coquille très réduite, qui creuse des galeries dans les bois immergés. « *les longs tarets mangeurs de poutres* » (Maupass.). *La créosote protège le bois contre les tarets.*

targe n. f. – XIe ; germ. ■ Petit bouclier en usage au Moyen Âge.

targette n. f. – XIVe ; de *targe* ■ Petit verrou, généralement à tige plate, que l'on manœuvre en poussant ou en tournant un bouton. « *les targettes poussées et les volets clos* » (Aymé).

targuer (se) v. pron. 1 – XIVe ; de *targe* ■ littér. *SE TARGUER DE (QQCH.) :* se prévaloir avec ostentation, se vanter de. « *J'ai connu tant de jeunes gens qui se targuaient de sincérité* » (Gide). *Il se targue d'y parvenir.*

targui, ie adj. sing. et n. sing. – XIXe ; mot berbère ■ didact. Qui appartient aux populations nomades du Sahara, de langue berbère. « *la piste invisible qu'ouvre* [...] *le guide targui* » (Le Clézio). ➛ n. *Un Targui, des Touareg.* ⇒ **touareg.**

❑ L'usage courant emploie surtout *touareg,* même au singulier. Mais la langue parlée par les Touareg est appelée *le touareg.*

tari, ie adj. – XVIIe ■ Sans eau ; qui ne peut plus couler. *Source tarie.*

tarière n. f. – XIIe ; gaul. 1 Grande vrille pour percer des trous dans le bois. ⇒ **queue-de-cochon, taraud.** *Tarière de menuisier, de charron.* ♦ Instrument pour forer le sol. *Tarière de mine.* ♦ Instrument chirurgical, vrille servant à percer des trous dans les os. 2 Prolongement de l'abdomen, qui sert à la femelle de certains insectes (⇒ **térébrant**) à creuser des trous pour y déposer ses œufs.

tarif n. m. – XVIe ; ar. « notification » 1 Tableau qui indique le montant des droits à acquitter, liste des prix fixés pour certaines marchandises ou certains services ; l'ensemble de ces prix. *Tarif d'un impôt.* ⇒ **taux** (1°) ; **contribution, taxe.** *Tarif douanier. Plein tarif,* sans réduction. *Payer plein tarif. Tarif de groupe. Tarif réduit.* ⇒ **demi-tarif.** *Tarifs postaux, aériens.* ➛ « *les teinturières affichaient des tarifs exorbitants* » (Beauv.). 2 Le prix tarifé ou usuel (d'une marchandise déterminée, d'un travail). ⇒ **barème, taux** (2°). *Comptez dans les cinq cents francs, c'est le tarif.* ♦ loc. fam. *C'est le même tarif :* cela se fera de toute façon. *À ce tarif-là :* dans ces conditions.

tarifaire adj. – 1919 ■ Relatif à un tarif. *Dispositions tarifaires.*

tarifer v. tr. 1 – XVIIIe 1 rare Soumettre (qqn) à un tarif (pour le paiement des impôts, etc.). 2 Fixer le montant de (droits à acquitter), le prix de (une marchandise, un service). ➛ p. p. adj. *Acte tarifé.* Par euphém. *L'amour tarifé.* ⇒ **vénal.**

tarification n. f. – XIXe ■ Fixation selon un tarif précis (des droits à acquitter, du prix de marchandises).

① **tarin** n. m. – XIVe ; p.-ê. onomat. ■ Petit chardonneret jaune, vert et noir qui vit surtout en Europe septentrionale.

② **tarin** n. m. – 1904 ; o. i., p.-ê. de ① *tarin,* à cause du bec ■ fam. Nez. « *Gabriel extirpa de sa manche une pochette de soie couleur mauve et s'en tamponna le tarin* » (Queneau).

tarir v. 2 – XIIe ; germ. « sécher » I v. intr. 1 Cesser de couler, s'épuiser. « *Les yeux troublés par les larmes, qui ne tarissaient plus* » (Apoll.). 2 *L'entretien, la conversation tarit,* s'arrête parce qu'on n'a plus rien à se dire. ➛ *NE PAS TARIR :* ne pas cesser de dire, de parler. *Il ne tarit pas sur ce sujet* (⇒ **intarissable**). *Il ne tarit pas d'éloges sur vous.* II v. tr. Faire cesser de couler ; mettre à sec. ⇒ **assécher, épuiser.** *La sécheresse a tari le puits.* ➛ pronom. *La source s'est tarie.* ➛ loc. littér. *Tarir les larmes de qqn,* le consoler. ♦ fig. « *Le contact avec la misère avait comme tari son imagination* » (Chardonne).

tarissement n. m. – XVIe ■ Fait de tarir ; état de ce qui est tari. ⇒ **épuisement.**

tarlatane n. f. – XVIIIe ; o. i., p.-ê. de *Ternate,* ville des Moluques ■ Étoffe de coton très légère, très peu serrée et chargée d'apprêt. ⇒ **singalette.** « *Le blanc défilait* [...] *le blanc de fil, les nansoucks, les mousselines, les tarlatanes* » (Zola).

tarmac n. m. – 1910 ; mot angl., de *tar* « goudron » et *mac(adam)* ■ Partie d'un aérodrome réservée à la circulation et au stationnement des avions.

taro n. m. – XIXe ; mot polynésien ■ Plante tropicale *(aracées)* cultivée pour son tubercule alimentaire. ⇒ **colocase.** ✪ HOM. Taraud, tarot.

tarot n. m. – XVIe ; p.-ê. it. *tara* « déduction » ■ Carte à jouer plus longue que les cartes ordinaires et portant différentes figures symboliques. *Un jeu de tarots* (ou ellipt *un tarot*) *comprend soixante-dix-huit cartes.* « *Des titres légendaient parfois les bords inférieurs des tarots : le Bateleur, le Chariot, la Tempérance, la Lune, la Mort* » (Y. Queffélec). ♦ Jeu qui se joue avec ces cartes. *Jouer au(x) tarot(s).* ✪ HOM. Taraud, taro.

tarpan n. m. – XVIIIe ; mot kirghize (Asie centrale) ■ Cheval retourné à l'état sauvage, dans les steppes de l'Asie occidentale.

tarpon n. m. – 1907 ; mot angl. ■ Gros poisson marin très primitif *(élopiformes)* de l'Atlantique tropical, recherché pour ses écailles.

tarse n. m. – XIVe ; gr. « claie » 1 Partie du squelette du pied constituée par une double rangée d'os courts située au-dessous de la jambe. *Le tarse et le métatarse.* ♦ *Tarse palpébral :* lame de tissu conjonctif assez dense formant le bord libre de la paupière. 2 Troisième article du pied (d'un oiseau). ➛ Partie terminale de la patte (des insectes).

tarsectomie n. f. – XIXe ■ Ablation totale ou partielle des os du tarse. ♦ Excision d'une partie du tarse palpébral.

tarsien, ienne adj. – XVIIIe ■ Relatif au tarse, qui constitue le tarse. *Os tarsiens.* ♦ Relatif au tarse palpébral. *Conjonctive tarsienne.*

tarsier n. m. – XVIIIe ; de *tarse* ■ Petit mammifère prosimien, nocturne et arboricole, à la face aplatie.

① **tartan** n. m. – XVIIIe ; mot angl., d'o. i. 1 Étoffe de laine à bandes de couleur se coupant à angle droit, vêtement traditionnel des montagnards d'Écosse (⇒ ② **plaid**). ♦ Dessin particulier à chaque clan écossais. 2 Tissu écossais. « *un pantalon de tartan bleu de ciel* » (Baudelaire).

② **tartan** n. m. – av. 1968 ; nom déposé par une société qui commercialise des produits dont le conditionnement porte un dessin de tartan (①) ■ Aggloméral de caoutchouc, de matières plastiques et d'amiante utilisé comme revêtement des pistes d'athlétisme et des courts de tennis.

tartane n. f. – XVIIe ; provenç. « buse » ▪ Petit navire de la Méditerranée, portant un grand mât avec antenne, un beaupré, utilisé pour la pêche et le cabotage. « *ces tartanes qui oscillent dans les bras du vent* » (Giono).

tartare adj. et n. – XIIIe ; mot d'o. turco-mongole **1** Relatif aux populations d'Asie centrale (Turcs et Mongols). ⇒ **tatar.** **2** *Sauce tartare :* mayonnaise aux câpres assez relevée. ♦ *Un steak tartare,* ou n. m. *un tartare :* viande de bœuf (ou de cheval) hachée, servie crue avec des condiments (oignons, câpres, etc.). ⇒ région. **cannibale.**

❑ Le *steak tartare* s'appelle en Belgique *filet américain.*

tarte n. f. et adj. – XIIe ; p.-ê. var. de *tourte* **I** n. f. **1** Pâtisserie formée d'une croûte de pâte garnie (de confiture, de fruits, de crème). *Moule à tarte. Tarte individuelle.* ⇒ **tartelette.** *Une part de tarte. Tarte au citron, aux pommes. Tarte à la crème ;* fig. formule vide et prétentieuse par laquelle on prétend avoir réponse à tout. « *Les intellectuels, c'est la tarte à la crème de ces messieurs* » (Proust). ♦ loc. fam. *C'est pas de la tarte :* ce n'est pas facile. **2** Cette même pâtisserie avec une garniture salée, servie en entrée. ⇒ **tourte.** « *j'aurai toujours mon mot d'éloge sur la tarte aux poireaux* » (Colette). ⇒ **flamiche.** **3** fam. Coup, gifle. **II** adj. (accordé ou inv.) fam. Laid ; sot et ridicule, peu dégourdi. ⇒ ② **cloche, cruche, tocard.** « *Il les trouvait toujours soit trop dindes, soit trop tartes* » (Queneau). « *Ce qu'ils sont tarte, tout de même, ces provinciaux !* » (Aragon). ➛ *Il est un peu tarte, son blouson !* ⇒ **tartignolle.**

tartelette n. f. – XIVe ▪ Petite tarte individuelle.

tartempion n. pr. et n. m. – XIXe ; de *tarte* et *pion* ▪ péj. Nom propre utilisé pour parler d'une personne quelconque. ⇒ **machin,** ① **truc.** « *sous-secrétaire d'État sans portefeuille dans le cabinet Tartempion qui dure une semaine* » (Dutourd). ♦ Individu quelconque. *Un vague tartempion.*

tartignolle adj. – 1925 ; de *tarte,* adj. ▪ fam. Sans intérêt et un peu ridicule. ⇒ **tarte.** *Elle est vraiment tartignolle. Un manteau tartignolle.*

❑ On écrit aussi *tartignole.*

tartine n. f. – XVIe ; de *tarte* **1** Tranche de pain recouverte de beurre, de confiture, ou destinée à l'être. « *un arôme de tartines grillées* » (Colette). ⇒ **toast ;** région. **rôtie.** « *une tartine de pain noir bien beurré* » (Loti). ➛ par ext. *Tartine de confiture, de tarama.* **2** fam. Développement interminable sur un sujet quelconque. ⇒ **laïus, tirade.** « *l'écrivais sur ce sujet de larges "tartines" détaillées et précises* » (Mac Orlan).

tartiner v. [1] – XIXe **1** v. tr. Étaler (du beurre, etc.) sur une tranche de pain pour faire une tartine. **2** v. intr. Faire de longs développements. *Journaliste qui tartine.*

tartir v. intr. [2] – XIXe ; arg. it. anc. ▪ pop. *Envoyer tartir qqn,* le rembarrer. *Faire tartir qqn,* l'ennuyer. « *ça me faisait salement tartir d'abandonner le coin* » (Simonin).

tartrate n. m. – XVIIIe ▪ Sel de l'acide tartrique.

tartre n. m. – XVe ; p.-ê. crois. lat. *Tartarus* « Enfer » et ar. *durdi* « sédiment, dépôt » **1** Dépôt qui se forme dans le vin et recouvre les parois des récipients. « *ils passaient des jours dans la cave à enlever le tartre des bouteilles* » (Flaub.). **2** Dépôt de matières organiques, de phosphates et de carbonates qui se forme sur les dents, surtout au niveau du collet. *Des dents « brunies et haut cerclées de tartre verdâtre »* (Céline). **3** Dépôt de carbonate de calcium laissé par l'eau (dans les ustensiles, conduits, chaudières).

tartré, ée adj. – XIXe ▪ Additionné de tartre (1°).

tartreux, euse adj. – XIXe ▪ Relatif au tartre ; qui contient du tartre.

tartrique adj. – XVIIIe ▪ *Acide tartrique :* acide-alcool extrait du tartre (1°), utilisé pour la fabrication des levures chimiques, des sels effervescents.

tartufe ou **tartuffe** n. m. et adj. – XVIIe ; de *Tartufo,* personnage de la comédie italienne « truffe » ▪ vieilli Faux dévot. ⇒ **bigot, cagot.** ♦ Personne hypocrite. ⇒ **hypocrite.**

tartuferie ou **tartufferie** n. f. – XVIIe ▪ Conduite d'un tartufe. ⇒ **hypocrisie.** « *la tartuferie consiste à feindre des sentiments qu'on n'éprouve pas* » (Mauriac). ✪ CONTR. Loyauté.

tarzan n. m. – v. 1935 ; personnage de roman et de film américain ▪ fam. et plais. Bel athlète.

tas n. m. – XIIe ; germ. **1** Amas (de matériaux, de morceaux, d'objets) s'élevant sur une large base. ⇒ **monceau.** *Un, des tas de pierres, de gravats. Tas de sable, de charbon.* ➛ *Mettre en tas.* ⇒ **entasser.** ➛ fam. et péj. Personne lourde et peu agile. *Un gros tas.* **2** Grande quantité, grand nombre (de choses). ⇒ **quantité.** « *on a acheté des tas de bonnes choses : des cigarettes, des cigarillos* » (Perec). *Un tas de trucs.* Fam. *Il y en a des tas et des tas ; (il n')y en a pas des tas.* ⇒ **beaucoup.** ♦ péj. ou fam. Grand nombre (de personnes). ⇒ **multitude.** « *Un tas de péquenots* » (Bernanos). *Un tas de gens :* beaucoup de gens. *Il doit bien y en avoir un dans le tas qui... Tirer dans le tas,* sans viser précisément qqn. ➛ exclam. (injure à un groupe) *Tas de salauds !* ⇒ ② **bande.** **3** Bâtisse en construction, chantier à pied d'œuvre. *Tailler les pierres sur le tas,* à l'endroit où on les emploie. ➛ par ext. *Sur le tas :* sur le lieu du travail. *Grève sur le tas.* Fam. *Formation sur le tas.* **4** *Tas de charge :* masse de pierre en forme de coussinet où prennent naissance les arcs-doubleaux, les formerets et les ogives. ✪ CONTR. Éparpillement. — HOM. poss. Ta (① ton).

tassage n. m. – XVe ▪ Action, fait de tasser, notamment un adversaire sportif.

tasse n. f. – XIIe ; ar. ▪ Petit récipient à anse ou à oreille, servant à boire. *Tasse de porcelaine. Tasse pour goûter le vin.* ⇒ **taste-vin.** *Tasses à thé, à café.* « *Elle approcha la tasse de ses lèvres et but à lentes gorgées* » (Mauriac). ♦ Contenu d'une tasse. « *Il but ensuite une tasse de camomille* » (Romains). ♦ loc. fam. *Ce n'est pas ma tasse de thé :* cela ne me convient guère. ➛ *Boire une tasse, la tasse :* avaler involontairement de l'eau en se baignant ; fig. subir des pertes. *Sachant « que je boirais la tasse si mes fesses venaient à déraper sur le fond de la baignoire »* (Tournier).

tassé, ée adj. – XVIIe **1** Qu'on a tassé. *Terre tassée.* ➛ *Voyageurs tassés dans un compartiment.* ⇒ **entassé.** « *Nous serons tassés comme des harengs en caque* » (Renard). **2** Affaissé. « *Pauvre maison en loques, tassée, lézardée et branlante* » (Zola). « *Je serai un vieux tassé, un vieux chenu* » (Péguy). ⇒ **recroquevillé.** **3** fam. BIEN TASSÉ : qui remplit bien le verre. *Un demi bien tassé.* ➛ *Un café, un pastis bien tassé,* très fort. ⇒ **serré.** ➛ fig. (avec un numér.) Au moins. *Il a cinquante ans bien tassés.*

tasseau n. m. – XIIe ; crois. lat. *taxillus* « dé à jouer » et *tessella* « cube, dé » ▪ Petite pièce (de bois, de métal...) destinée à soutenir l'extrémité d'une tablette. ⇒ **support.** « *une planche, supportée par deux tasseaux, placée contre le mur* » (Chateaub.).

tassement n. m. – XIVe **1** Action de tasser ; fait de se tasser. ⇒ **affaissement.** *Tassement du sol.* ➛ *Tassement de vertèbres.* **2** Perte de vitesse dans un mouvement croissant, une progression. *Le tassement des ventes.*

tasser v. tr. [1] – XIIe ; de *tas* 1 Comprimer le plus possible, en tapant, poussant, serrant. *Tasser le tabac dans sa pipe.* ⇒ **bourrer.** *Tasser le contenu d'une valise.* ♦ *Tasser des prisonniers dans un wagon.* ⇒ **entasser.** ➤ Serrer irrégulièrement (un adversaire) en ne conservant pas sa ligne (⇒ **tassage**). 2 pronom. SE TASSER : s'affaisser sur soi-même. *Sols, terrains qui se tassent.* « *Sa taille peu élevée* [...] *se tassait* » (Huysm.). ♦ fig., fam. Revenir à la normale, après quelque incident (sujet chose). ⇒ s'**arranger.** *Il y a des difficultés ; ça se tassera ! Les choses vont se tasser.*

tassette n. f. – XIVe ; a. fr. *tasse* « poche, bourse » ■ Plaque d'acier articulée d'une armure, qui protégeait le haut des cuisses. ✪ HOM. poss. Tacet.

taste-vin [tastəvɛ̃] ou **tâte-vin** [tatvɛ̃] n. m. inv. – XVe ; de *taster, tâter* « goûter » ■ Petite tasse d'argent, ou pipette servant aux dégustateurs de vin. *Chevaliers du tastevin* (confrérie bourguignonne).

❑ La forme archaïque *taste-vin,* aussi écrite *tastevin,* est de beaucoup la plus fréquente, par goût du pittoresque.

T.A.T. [teate] ou **TAT** [tat] n. m. – 1950 ; sigle angl. de ***T****hematic* ***A****pperception* ***T****est* ■ Test thématique d'aperception, test psychologique projectif couramment utilisé.

tata n. f. – XVIIIe ; formation enfantine 1 fam. ou enfantin Tante. *Tata Marie. Tata et tonton.* 2 pop. Homosexuel efféminé. ⇒ **tante, tantouse.** « *Le tonton est une tata. – C'est pas vrai, gueula Gridoux* » (Queneau).

tatami n. m. – 1917 ; mot jap. ■ Tapis, natte couvrant le sol des locaux où l'on pratique les sports de combat.

tatane n. f. – 1916 ; de *titine* « bottine » ■ fam. Chaussure.

tatar, are adj. et n. – XVIIIe ; p.-ê. russe → tartare ■ Se disait des populations d'Asie centrale (Mongols) et de Russie orientale. ♦ n. m. Langue turque parlée dans la vallée de la Volga, les monts Oural et la Sibérie.

tâter v. tr. [1] – XIIe ; lat. *tangere* « toucher » 1 Toucher attentivement avec la main, afin d'explorer, d'éprouver, de reconnaître. ⇒ **manier, palper.** *Tâter des pêches.* « *Je tâte votre habit ; l'étoffe en est moelleuse* » (Mol.). ➤ par ext. *Un pied* « *qui tâte l'eau d'une source* » (Zola). 2 Chercher à connaître les forces ou les dispositions de (qqn), en le questionnant avec prudence. ⇒ **ausculter, sonder.** *Tâter l'opinion.* ➤ pronom. S'étudier avec attention ; s'interroger longuement. ⇒ **hésiter.** « *Il a beau se tâter : il ne se trouve nulle part du courage* » (Romains). *Il n'a rien décidé, il se tâte.* 3 v. tr. ind. *TÂTER DE :* faire l'expérience de. ⇒ **essayer.** *Tâter de la prison.* ➤ fam. Se livrer momentanément à (une activité, un jeu). « *après avoir tâté d'une infinité de professions inconnues et excentriques* » (Goncourt).

tâte-vin → **taste-vin**

tatillon, onne adj. et n. – XVIIe ; de *tâter* ■ Exagérément minutieux, exigeant, attaché aux détails des règlements. ⇒ **pointilleux, vétilleux.** *Un contremaître tatillon.* « *cette paperasserie procédurière et tatillonne* » (Duham.).

tâtonnant, ante adj. – XIXe ■ Qui tâtonne. *Gestes tâtonnants.*

tâtonnement n. m. – XVe 1 Action de tâtonner. 2 Essai hésitant et renouvelé pour trouver qqch. *Procéder par tâtonnements.* « *les tâtonnements d'une pensée naissante qui cherche son expression* » (Valéry).

tâtonner v. intr. [1] – XIIe 1 Tâter plusieurs fois le sol, les objets autour de soi, pour se diriger ou trouver qqch. dans l'obscurité. « *aveuglé par la pluie,* [il] *tâtonna pour tirer le bouton de la sonnette* » (Zola). 2 Hésiter, faute de compréhension suffisante. « *le lecteur qui hésite et tâtonne* » (Paulhan). ♦ Faire des essais en divers sens afin de trouver sa voie, de découvrir la solution.

tâtons (à) loc. adv. – XIIe 1 En tâtonnant (1°). ⇒ **aveuglette** (à l'). *Il* « *s'habilla dans la pénombre, presque à tâtons* » (Duham.). 2 Au hasard, sans méthode. « *je fais tout à tâtons et à la grâce de Dieu* » (Montherl.).

❑ Pour le suffixe → reculons (rem.).

tatou n. m. – XVIe ; tupi ■ Mammifère d'Amérique *(édentés),* cuirassé de plaques cornées disposées en bandes articulées. *Grand tatou, tatou géant.* ⇒ **priodonte.** « *les tatous à carapace grise* » (Cendrars).

tatouage n. m. – XVIIIe ■ Action de tatouer. ♦ Signe, dessin exécuté en tatouant la peau. *Des avant-bras* « *ornés de tatouages canailles* » (Tournier).

tatouer v. tr. [1] – XVIIIe ; polynésien 1 Marquer, orner (une partie du corps) d'inscriptions ou de dessins indélébiles en introduisant des matières colorantes sous l'épiderme au moyen de piqûres. ➤ *Chat tatoué dans l'oreille* (pour son identité). 2 Exécuter (un dessin) par tatouage. « *une ancre tatouée sur l'avant-bras gauche* » (Sartre).

tatoueur, euse n. – XVIIIe ■ Personne qui pratique l'art du tatouage.

tau n. m. inv. – XVIe ; mot gr. 1 Lettre grecque (Τ, τ) correspondant au *t.* 2 Figure héraldique en forme de T, appelée aussi croix de Saint-Antoine. ✪ HOM. Taud, taux, tôt.

taud n. m. – XIIe ; a. norm. « tente » ■ Abri de toile goudronnée, qu'on établit sur le pont d'une embarcation lorsqu'il pleut. « *une table dressée sous le taud protégeant la barre* » (Simenon). ♦ Étui pour protéger les voiles serrées. ✪ HOM. Tau, taux, tôt.

taudis n. m. – XIVe ; même o. que *taud* ■ Logement misérable sans confort ni hygiène. ⇒ **galetas.** ♦ Maison, pièce mal tenue. ⇒ **turne.** *Ta chambre est un vrai taudis.*

taulard, arde n. – 1940 ■ arg. Prisonnier. *Un ancien taulard.*

❑ On trouve aussi la graphie *tôlard, arde.*

taule n. f. – XIXe ; forme dial. de *table* 1 fam. Chambre ; chambre d'hôtel (⇒ **taulier**). « *Il n'y a pas d'électricité dans cette taule* » (Mac Orlan). ⇒ **piaule.** 2 arg. Prison. *Aller en taule, faire de la taule* (⇒ **taulard**). ✪ HOM. Tôle.

❑ On écrit aussi *tôle :* « *Donne-les moi ces lettres ou je fous le feu à la tôle* » (Aragon).

taulier, ière n. – 1928 ■ fam. Propriétaire, gérant d'un hôtel.

❑ On écrit parfois *tôlier, ière.*

① **taupe** n. f. – XIIIe ; lat. 1 Petit mammifère fouisseur *(insectivores),* à beau poil sombre, qui vit dans des galeries souterraines qu'il creuse avec ses membres antérieurs formant une sorte de pelle. *La taupe vit dans l'obscurité, mais n'est pas aveugle. Piège à taupes* (⇒ **taupière**). ♦ loc. *Myope comme une taupe :* très myope. ➤ *Vieille taupe :* vieille femme désagréable. ♦ adj. inv. De couleur grise à reflets bruns. *Des robes taupe.* 2 Fourrure à poil court et soyeux de cet animal. 3 Squale pélagique de l'Atlantique, mesurant jusqu'à 3 ou 4 m. ⇒ **lamie.** 4 Engin de génie civil servant à creuser des tunnels. ⇒ **tunnelier.** 5 fam. Espion infiltré dans le milieu qu'il observe.

② **taupe** n. f. – XIXe ; de *taupin* ■ arg. scol. Classe de mathématiques spéciales préparant aux grandes écoles, à Polytechnique. *Être en taupe.*

taupé, ée adj. – XIXe ■ *Feutre taupé,* qui rappelle la fourrure de la taupe. ♦ n. m. Chapeau de feutre taupé. « *sur ses cheveux blonds, un taupé relevé de côté* » (Aragon). ✪ HOM. poss. Toper.

taupe-grillon n. m. – XVIIIe ▪ Courtilière. *Des taupes-grillons.*

taupier n. m. – XVIIe ▪ Spécialiste de la destruction des taupes.

taupière n. f. – XVIIe ▪ Piège à taupes.

taupin n. m. – XVIe 1 Insecte *(coléoptères)* dont la larve filiforme, appelée *ver fil de fer* ou *ver jaune,* cause des dégâts dans les cultures en sectionnant les jeunes racines. ⇒ **agriote.** 2 Élève qui se prépare à Polytechnique (d'où sortent les officiers du Génie) ; par ext. Élève de mathématiques spéciales (⇒ ② **taupe).**

taupinière n. f. – XIIIe ▪ Monticule de terre formé par les rejets de la taupe lorsqu'elle creuse ses galeries ; ces galeries. « *J'ai toujours vécu comme une taupe dans sa taupinière* » (Mart. du G.).

taure n. f. – XVIe ; lat. ▪ région. Génisse. « *Elle était vautrée comme une taure dans une litière de brumes bleues* » (Giono). ✪ HOM. Tore, torr, tors, tort.

taureau n. m. – XIIe ; gr. 1 Mammifère ruminant, mâle de la vache. *Jeune taureau.* ⇒ **taurillon.** « *Un taureau furieux, cornes en avant, et qui grattait le sable avec son pied* » (Flaub.). *Mener une vache au taureau.* ➛ *Le Minotaure, homme à tête de taureau.* ♦ loc. *Fort comme un taureau :* très fort. ♦ *TAUREAU DE COMBAT,* destiné à être opposé à des hommes (⇒ **torero)** lors des *courses de taureaux.* ⇒ **corrida ; taurin, tauromachie ; novillo.** *La course de taureaux comprend la pique* (⇒ **picador),** *la pose des banderilles, les passes de cape* (⇒ ② **véronique)** *et de muleta et la mise à mort* (⇒ **estocade ; matador).** « *le taureau se précipita dans l'arène au milieu d'un hourra immense* » (Gaut.). 2 Constellation zodiacale de l'hémisphère boréal comprenant les Hyades* et les Pléiades*. ⇒ **taurides.** ♦ Deuxième signe du zodiaque (21 avril-20 mai). ➛ ellipt *Elle est Taureau,* née sous ce signe.

taurides n. f. pl. – XIXe ▪ Groupe de météores observables, en novembre, dans la constellation du Taureau. ✪ HOM. Torride.

taurillon n. m. – XIVe ▪ Jeune taureau qui ne s'est pas encore accouplé.

taurin, ine adj. – XVIe ▪ Relatif au taureau, à la tauromachie. *Spectacle taurin.* → **corrida, novillada.**

taurobole n. m. – XVIIIe ▪ Sacrifice expiatoire, dans les cultes de Cybèle et de Mithra, où le prêtre se faisait arroser du sang d'un taureau égorgé.

tauromachie n. f. – XIXe ▪ Art de combattre les taureaux dans l'arène.

> ❑ On trouve ce mot, pour la première fois, dans l'œuvre de Mérimée (1831).

tauromachique adj. – XIXe ▪ Relatif à la tauromachie.

tauto- Élément, du gr. *tauto* « le même ».

tautochrone [totokʀɔn] adj. – XVIIIe ; *tauto-* et *-chrone* ▪ *Courbe tautochrone,* telle que le temps de déplacement d'un mobile partant avec une vitesse initiale nulle est indépendant de son point de départ sur la courbe.

tautologie n. f. – XVIe ; gr. 1 Vice logique consistant à présenter, comme ayant un sens différent, une proposition dont le prédicat ne dit rien de plus que le sujet. *La tautologie est un truisme* (⇒ **lapalissade).** ➛ Répétition inutile de la même idée sous une autre forme. ⇒ **pléonasme, redondance** (ex. « *Mais enfin je l'ai vu, vu de mes yeux, vous dis-je* » [La Font.]). 2 Proposition qui reste vraie en vertu de sa forme, quelle que soit la valeur de vérité des propositions qui la composent. *La tautologie est le fondement des lois logiques.*

> ❑ La reprise du même mot sujet dans le prédicat n'est pas une tautologie (ex. *Un sou est un sou* signifie « un sou qui est bien peu n'est cependant pas négligeable »).

tautologique adj. – XVIIIe 1 Qui a le caractère d'une tautologie (1°). *Raisonnement tautologique.* 2 Se dit de toute relation ou expression logique qui peut se réduire par analyse à une tautologie ; qui est toujours vrai. ⇒ **analytique** (II, 1°). *La relation d'identité est tautologique.*

tautomère adj. – XIXe ; *tauto-* et *-mère* ▪ didact. 1 Se dit des organes entièrement situés du même côté du corps. 2 *Corps tautomères,* qui existent sous plusieurs formes (isomères) en équilibre.

tautomérie n. f. – XIXe ▪ Propriété d'un composé d'exister sous des formes tautomères.

taux n. m. – XIVe ; d'une a. var. de *taxer* 1 Pourcentage appliqué à la base imposable pour déterminer le montant de l'impôt dû pour chaque contribuable. ⇒ **taxe.** ➛ Élément d'un barème réglementé. *Taux des cotisations sociales.* 2 Montant d'un prix réglementé, fixé par l'État. 3 *TAUX D'INTÉRÊT :* rapport entre l'intérêt annuel et la valeur nominale d'une somme prêtée ou empruntée. Montant annuel produit (ou à payer) pour une somme de cent francs. ⇒ **pourcentage.** *Taux d'intérêt fixe, progressif, indexé.* ♦ *Taux de l'usure :* taux d'intérêt maximum autorisé (par le ministère des Finances). 4 Expression mathématique d'une variation relative dans le temps ou d'un rapport entre deux grandeurs à un instant donné. *Taux d'activité :* rapport de la population active sur la population totale. *Taux d'alcool* (⇒ **alcoolémie),** *de lipides* (⇒ **lipidémie)** *dans le sang.* ♦ Rapport de deux grandeurs. ⇒ **proportion.** *Taux de nuptialité.* « *Taux de mortalité générale appelé parfois simplement mortalité* » (Sauvy). ♦ *TAUX DE CHANGE :* valeur de la monnaie nationale exprimée en monnaie étrangère. ⇒ **cours,** ① **pair, parité.** « *à quel taux se font les sequins de Venise ?* » (Balz.). ✪ HOM. Tau, taud, tôt.

tauzin n. m. – XIXe ; o. i. ▪ *Tauzin* ou *Chêne tauzin :* chêne noir du sud-ouest de la France, à feuilles cotonneuses.

tavelé, ée adj. – XIIIe ; lat. *tabella* « planchette » ▪ Marqué de petites taches. « *un visage légèrement tavelé de petite vérole* » (Cendrars). *Fruit tavelé.*

tavelure n. f. – XVIe ▪ Tache de ce qui est tavelé. « *la chair* [de sa main] *était ridée avec des tavelures mauves* » (Sartre). *Tavelures d'une poire.* ♦ Maladie cryptogamique du pommier et du poirier.

taverne n. f. – XIIe ; lat. *taberna* 1 Lieu public où l'on mangeait et l'on buvait en payant. ⇒ **auberge, cabaret.** « *Il hante la taverne, et souvent il s'enivre* » (La Font.). 2 Petit café, restaurant populaire, dans certains pays. ➛ Au Canada, Débit de boissons réservé aux hommes (opposé à *brasserie*). ♦ Restaurant de style rustique. ⇒ **hostellerie.**

> ❑ *Taverne* a disparu de nos jours au profit de *café* et de *restaurant* (mais pas de *bar,* lieu où la clientèle est plus choisie).

tavillon n. m. – XIIIe ; lat. *tabella* « planchette » ▪ (Suisse) Petit bardeau servant à recouvrir les toits. *Après l'hiver, il faut* « *remettre les tavillons qui ont glissé avec la neige* » (Ramuz).

taxable adj. – XVIIIe ▪ Qui peut être taxé, soumis à une taxe (3°). ⇒ **imposable.**

taxateur, trice n. et adj. – XVIIIe 1 Personne qui fixe de manière autoritaire une somme à payer, une taxe (1°). *Taxateur des dépens.* ➝ adj. *Le juge taxateur.* 2 Personne qui fixe une imposition, applique une taxe.

taxation n. f. – XIIIe 1 Fixation par voie administrative, réglementaire, du prix maximum (parfois minimum) applicable à certains biens, certains services. *Taxation de denrées alimentaires.* 2 Le fait de soumettre à une imposition, à une taxe. ⇒ **imposition.** ✪ CONTR. Détaxation.

taxe n. f. – XIVe ; lat. « tâche » 1 Prix fixé de manière autoritaire. ♦ dr. Fixation, contrôle, ou révision de l'état des frais. *La taxe des dépens.* ⇒ **taxation.** 2 Part d'imposition que doit payer un particulier ; somme fixée pour l'imposition. ⇒ **contribution, impôt.** « *Le privilégié évite ou repousse la taxe* » (Taine). 3 Procédé de répartition des charges publiques proportionnellement aux services rendus ; somme établie par ce procédé, et que doit payer le bénéficiaire d'une prestation fournie par l'autorité publique. *Taxe de séjour,* perçue à raison du séjour dans une station thermale, touristique. ♦ Imposition obligatoire, qui, lorsqu'elle correspond à un service, n'est pas proportionnelle à ce service. *Taxe d'habitation. Taxe foncière.* ➝ *Taxe professionnelle :* impôt remplaçant la patente. *Taxe sur la valeur ajoutée* (⇒ **T.V.A.**). ➝ *Prix de revient, taxes comprises. Prix hors taxes (H.T.), toutes taxes comprises (T.T.C.* [tetese]). *Prix T.T.C. Boutique hors taxes,* vendant des produits détaxés. ✪ CONTR. Détaxe, remise.

taxer v. tr. [1] – XIIIe ; gr. *tassein* « ranger, fixer » I - 1 Fixer à une somme déterminée, en parlant de l'État, d'un tribunal. *Prix taxés. Taxer les dépens.* 2 Soumettre à une imposition, une taxe (2°). 3 Frapper d'une taxe (3°) ; percevoir une taxe sur. ⇒ **imposer.** *Taxer les objets de luxe, les boissons.* « *On taxe tout, hormis l'air* » (Bainville). 4 fam. Extorquer de force, voler. ⇒ **piquer.** *Il m'a taxé cent balles.* II TAXER QQN DE..., l'accuser de. « *Si nous cessons d'être piteux on nous taxe aussitôt d'arrogance* » (Gide). ♦ Qualifier (qqn, qqch.) de. ⇒ **appeler, qualifier.** « *Les gens qui ne connaissent pas la campagne taxent de fable l'amitié du bœuf pour son camarade d'attelage* » (Sand).

① **taxi** n. m. – 1906 ; de *taximètre* 1 Voiture automobile de place, munie d'un compteur (⇒ **taximètre**) qui indique le prix de la course. ⇒ fam. **bahut.** *Héler, appeler, prendre un taxi. Hep taxi !* « *Au geste de sa canne levée, un taxi s'arrêta* » (Colette). ➝ *Chauffeur de taxi. Taxi en stationnement, en maraude, qui prend, qui charge un client.* ➝ *Les taxis de la Marne :* taxis parisiens réquisitionnés par Gallieni en 1914 pour transporter des renforts militaires. ♦ *Avion-taxi :* avion (hélicoptère, etc.) qu'on peut louer pour un déplacement. 2 fam. Chauffeur de taxi. *Il, elle fait le taxi. Elle est taxi.* ✪ HOM. Taxie.

② **taxi** n. m. – v. 1950 ; de *taxe* ▪ fam. Personne qui fournit de fausses factures. ➝ appos. *Société taxi. Comptes taxis.*

taxi-, taxo-, -taxie Éléments, du gr. *taxis* « arrangement, ordre », et spécialt « fixation d'une imposition ».

taxidermie n. f. – XIXe ; *taxi-* et *-dermie* ▪ Art de préparer, d'empailler les animaux morts pour les conserver avec l'apparence de la vie. ⇒ **empaillage, naturalisation.**

taxidermiste n. – XIXe ▪ Spécialiste en taxidermie. ⇒ **empailleur, naturaliste.**

taxie n. f. – v. 1900 ; gr. *taxis* « arrangement, ordre » ▪ Mouvement ou réaction d'orientation des organismes se déplaçant librement dans l'espace. ✪ HOM. Taxi.

taxi-girl [taksigœʀl] n. f. – 1931 ; angl. ▪ Jeune femme qui loue ses services comme partenaire de danse, dans un bar, un cabaret. ⇒ **entraîneuse.** *Des taxi-girls.*

taximètre n. m. – 1901 ▪ Compteur horokilométrique déterminant la somme à payer pour un trajet en taxi, d'après la longueur et la durée du trajet.

taxinomie n. f. – XIXe ; *taxi-* et *-nomie* 1 Étude théorique des principes d'une classification. ➝ Domaine des mathématiques appliquées consacré à la classification des données. 2 Classification d'éléments. *Taxinomie botanique.*

> ❑ Au sens de « classification » on dit aussi *taxonomie,* qui correspond à l'anglais *taxonomy.*

taxinomique adj. – XIXe ▪ Relatif à la taxinomie.

taxinomiste n. – XIXe ▪ Spécialiste en taxinomie.

> ❑ On emploie aussi *taxonomiste,* qui est un anglicisme.

taxiphone n. m. – 1933 ; marque déposée, de *taxi-* et *(télé)phone* ▪ Téléphone public fonctionnant avec des jetons ou des pièces.

taxiway [taksiwɛ] n. m. – v. 1950 ; mot angl. ▪ Dans un aéroport, Voie de circulation des avions, chemin de roulement. ⇒ **tarmac.**

taxodium [taksɔdjɔm] n. m. – XIXe ; gr. *taxos* « if » ▪ Grand conifère ornemental *(taxodiacées),* à feuilles caduques, appelé aussi *cyprès de la Louisiane* ou *cyprès chauve.*

taxol n. m. – 1981 ; gr. *taxos* « if » ▪ Terpène extrait de plusieurs espèces d'if, aux propriétés cytotoxiques.

taxon n. m. – 1964 ; gr. *taxis* « ordre » ▪ Unité formelle représentée par un groupe d'organismes, à chaque niveau de la classification. *Taxon de rang spécifique, de rang familial.*

taxonomie → **taxinomie**

tayaut → **taïaut**

taylorisation n. f. – v. 1920 ▪ Application du taylorisme.

tayloriser v. tr. [1] – v. 1920 ▪ Appliquer le taylorisme à.

taylorisme [tɛlɔʀism] n. m. – v. 1918 ; de *F. Taylor,* économiste amér. ▪ Méthode d'organisation scientifique de la gestion d'entreprise, s'appuyant sur la rationalisation du travail industriel, un système de rémunération stimulant et une spécialisation stricte par fonction.

tchador n. m. – XIXe ; mot persan ▪ Voile noir recouvrant la tête, porté par les musulmanes chiites, en particulier en Iran (cf. Foulard* islamique).

tchao ou **ciao** [tʃao] interj. – 1905 ; it. *ciao* ▪ fam. Au revoir. ⇒ **bye-bye, salut.**

> ❑ Cette interjection d'origine italienne tend à remplacer le *bye-bye* anglais, qui apparaît comme vieilli.

tchapalo n. m. – d. et o. i. ▪ En Afrique, Bière de petit mil ou de sorgho.

tchatche [tʃatʃ] n. f. – 1959 ; esp. *chacharear* « bavarder » ▪ fam. Disposition à s'exprimer facilement, à parler beaucoup. ⇒ **bagout.** *Avoir de la tchatche.*

tchatcher v. intr. [1] – 1983 ▪ fam. Parler beaucoup. ⇒ **bavarder.**

tchèque adj. et n. – XVIIIe ; tchèque *cezky* ▪ De la partie de la Tchécoslovaquie comprenant la Bohême et la Moravie-Silésie. ➝ n. *Les Tchèques.* ♦ n. m. Langue du groupe slave occidental.

tchérémisse n. m. – XVIIIe ; mot russe ▪ Langue finno-ougrienne parlée dans la région de la haute Volga.

tchernoziom [tʃɛʀnozjɔm] **n. m.** – XIXe ; mot russe « terre noire » ▪ Type de sol russe très fertile caractérisé par sa couleur noire.

tchin-tchin [tʃintʃin] **interj.** – XIXe ; du pidgin-english de Canton *tsing-tsing* « salut » ▪ fam. Mot que prononcent les gens qui trinquent ensemble.

tchitola **n. m.** – 1964 ; mot d'une langue africaine ▪ Bois d'Afrique, résineux et grossier, brun-rouge, utilisé en menuiserie et pour le contreplaqué.

te **pron. pers.** – Xe ; lat. *te* « toi, tu » ❑ *Te* s'élide en *t'* devant une voyelle ou un *h* muet. ▪ Pronom personnel de la deuxième personne du singulier des deux genres, employé comme complément. 1 (compl. d'objet dir.) « *Je t'ai prise avec plaisir, je te quitte sans regret* » (Laclos). *Cela va te rendre malade.* 2 (compl. d'objet ind.) À toi, pour toi. « *Je te donnerai quinze cents francs* » (Balz.). ➛ fam. *Elle te court après,* après toi. ♦ *Cela peut t'être utile.* ➛ *Si cela te vient à l'esprit.* ♦ fam. (explétif et emphat.) « *Si c'était mon fils, je te le dresserais* » (Mauriac). 3 avec un v. pron. *Tu te perdras. Tu t'en souviens.* 4 (avec *voici, voilà*) *Te voilà enfin.*

❑ Dans le langage familier le *e* peut tomber devant une consonne : *Nous te raccompagnons* [nutʀakɔ̃paɲɔ̃], *Je te le donne* [ʒətlədɔn] (mieux que [ʒətəldɔn]).

① **té** **n. m.** – XVIIIe ; nom de la lettre *t* ▪ Objet, instrument ayant la forme du T majuscule ou dont la section est en T. ➛ Règle plate, faite de deux branches en équerre, destinée au dessin sur la planchette. ➛ *Fer en té, à double té,* employés en construction. ➛ Ferrure ou équerre permettant de consolider des assemblages. ✪ HOM. ① T, tes (① ton), thé.

② **té** **interj.** – XIXe ; déform. phonét. de *tiens !* ▪ Exclamation méridionale marquant la surprise. « *Té ! que faire à cela ?... nous sommes tous mortels !* » (Labiche).

tec **n. m. inv.** – 1969 ; acronyme de ***T****onne* ***É****quivalent* ***C****harbon* ▪ Unité de mesure thermique correspondant aux thermies produites par une tonne de charbon (1 000 thermies). ✪ HOM. Teck, thèque.

technème [tɛknɛm] **n. m.** – 1972 ; de *technique,* d'apr. *phonème, morphème,* etc. ▪ Élément technique minimum.

technétium [tɛknesjɔm] **n. m.** – 1937 ; gr. *tekhnêtos* « artificiel » ▪ Élément atomique radioactif artificiel (Tc ; n° at. 43 ; m. at. 98,90).

technicien, ienne [tɛknisjɛ̃, jɛn] **n.** – XIXe 1 Personne qui possède, connaît une technique particulière. ⇒ **professionnel, spécialiste.** « *avec le léger agacement du technicien devant le profane* » (Maurois). ♦ *Technicien de surface :* personne chargée de l'entretien et du ménage dans les lieux publics, les bureaux. 2 Personne qui connaît et contrôle professionnellement les applications pratiques, économiques de diverses sciences. *Pays qui a besoin de techniciens.* 3 Agent spécialisé qui travaille sous les ordres directs de l'ingénieur, dans une industrie, une entreprise. *Brevet* de technicien supérieur (B. T. S.).*

techniciser [tɛknisize] **v. tr.** [1] – v. 1964 ▪ Rendre technique ; pourvoir de moyens techniques.

technicité [tɛknisite] **n. f.** – XIXe 1 Caractère technique (I, 1°). *Travail d'une haute technicité.* 2 (emploi critiqué) L'art, l'habileté du technicien. ⇒ **technique.** « *sans avoir les technicités ou l'utilité requises* » (Sauvy).

technico-commercial, iale, iaux [tɛknikokɔmɛʀsjal, jo] **adj.** – 1964 ▪ *Agent, cadre, ingénieur, personnel technico-commercial,* possédant des connaissances techniques sur la marchandise à vendre. ➛ **n.** *Un technico-commercial.*

technicolor [tɛknikɔlɔʀ] **n. m.** – 1938 ; nom déposé, mot angl., de *technic* « technique » et *color* « couleur » ▪ Procédé de films en couleurs. *Une « superproduction en technicolor avec martyrs, fauves et bains de dames »* (Butor).

-technie, -technique Éléments, du gr. *tekhnê* « art, métier ».

technique [tɛknik] **adj.** et **n.** – XVIIe ; gr. *tekhnê* « art, métier » **I adj.** 1 (Opposé à *commun,* ① *général,* ① *courant*) Qui appartient à un domaine particulier, spécialisé, de l'activité ou de la connaissance. ⇒ **spécial.** *Revues techniques. Vocabulaire technique.* 2 (Opposé à *esthétique*) Qui, dans le domaine de l'art, concerne les procédés de travail et d'expression plus que l'inspiration. *Habileté technique.* 3 Qui concerne les applications de la connaissance théorique, dans le domaine de la production et de l'économie. *Progrès techniques. Enseignement technique,* et subst. *le technique. Conseillers techniques.* ♦ Qui concerne les objets, les mécanismes nécessaires à une action. *Incident technique,* dû à une défaillance du matériel. **II n. f.** 1 Ensemble de procédés employés pour produire une œuvre ou obtenir un résultat déterminé. ⇒ **art, méthode, métier, procédé.** *Des techniques nouvelles.* « *elle a inventé une intéressante technique de peinture sur altuglass et polyester* » (Beauv.). ♦ Habileté, savoir-faire dans la pratique d'une activité. *Pianiste qui a une très bonne technique. Ce boxeur « qui corrige méthodiquement sa technique »* (Cendrars). ➛ fam. *N'avoir pas la (bonne) technique :* ne pas savoir s'y prendre. 2 Ensemble de procédés méthodiques, fondés sur des connaissances scientifiques, employés à la production. *Les industries et les techniques. Techniques de pointe. Techniques informatiques.*

❑ Le substantif est concurrencé, dans certains emplois, depuis les années 1960-1970, par l'anglicisme *technologie.* → technologie (rem.).

techniquement [tɛknikmɑ̃] **adv.** – XVIIIe ▪ Selon des procédés techniques, du point de vue technique. *Un procédé techniquement au point.*

techno [tɛknɔ] **adj.** et **n. f.** – v. 1990 ▪ *Musique techno,* musique électronique à rythme constant, et peu mélodique.

techno- Élément, du gr. *tekhnê* « métier, procédé ».

technobureaucratique [tɛknobyʀokʀatik] **adj.** – 1968 ▪ Qui est caractérisé à la fois par la bureaucratie et la technique.

technocrate [tɛknɔkʀat] **n. m.** – v. 1920 ▪ (souvent péj.) Ministre, haut fonctionnaire, tendant à faire prévaloir les conceptions techniques d'un problème au détriment des conséquences sociales et humaines.

technocratie [tɛknɔkʀasi] **n. f.** – 1934 ; *techno-* et *-cratie* ▪ Système politique dans lequel les techniciens ont un pouvoir prédominant (au détriment de la vie politique proprement dite).

❑ Ce mot est passé dans le langage courant avec une connotation souvent péjorative.

technocratique [tɛknɔkʀatik] **adj.** – 1933 ▪ Propre à la technocratie, aux technocrates.

technocratiser [tɛknɔkʀatize] **v. tr.** [1] – v. 1965 ▪ Rendre technocratique ; soumettre à l'autorité des technocrates.

technocratisme [tɛknɔkʀatism] **n. m.** – 1947 ▪ Système qui préconise ou favorise la technocratie.

technologie [tɛknɔlɔʒi] **n. f.** – XVIIe ; gr. 1 Théorie générale et études spécifiques (outils, machines, procédés...) des techniques (II, 2°). *Institut universitaire de technologie (I. U. T.).* 2 Technique moderne et complexe. *Les technologies avancées. Transfert de technologie :*

fait pour un pays développé d'exporter, à l'aide d'opérations financières, sa compétence technique vers un autre pays moins industrialisé (vente d'usine clé-en-main, cession de licence, assistance technique...).

❑ *Technologie,* comme ses dérivés, tend à être employé pour *technique,* surtout lorsqu'il s'agit d'une technique de pointe, avec une connotation méliorative (publicitaire ou politique).

technologique [tɛknɔlɔʒik] adj. – XVIIIe ; gr. ▪ Qui appartient à la technologie. *Enseignement technologique.* ➤ *Le progrès technologique.* ⇒ **technique** (I, 3°).

❑ *Technologique* a remplacé, dans beaucoup d'emplois, *technique* (comme *sociologique* a remplacé *social* sans nécessité).

technologue [tɛknɔlɔg] n. – XIXe ▪ Spécialiste de la technologie.

technopole [tɛknɔpɔl] n. f. – 1983 ; *techno-* et *-pole* ▪ Centre urbain disposant de structures de recherche et d'enseignement technologiques propices au développement d'industries utilisant des techniques de pointe. ⇒ **technopôle.**

technopôle [tɛknopol] n. m. – 1986 ▪ Site regroupant des entreprises de haute technologie.

technostructure [tɛknostʀyktyʀ] n. f. – 1969 ▪ Ensemble des technocrates de l'administration, des techniciens et spécialistes participant au processus de prise de décision.

teck n. m. – XVIIe ; de *tekku,* mot de Malabar ▪ Arbre des zones d'Asie tropicale *(verbénacées)* qui fournit un bois apprécié. ➤ Ce bois brunâtre, dur, très dense, imputrescible. *Pont latté en teck.* « *L'intérieur* [du yacht] *est en pin du nord verni, avec encadrements de teck* » (Maupass.). ✪ HOM. Tec, thèque.

teckel n. m. – XIXe ; mot all. « chien pour la chasse au blaireau », dimin. de *Dachs* « blaireau » ▪ Basset allemand, à pattes très courtes.

tectonique n. f. et adj. – XIXe ; gr. « propre au charpentier *(tektôn)* » 1 Ensemble des déformations subies par les couches géologiques déjà formées. *Tectonique des plaques :* théorie d'après laquelle la lithosphère est formée de plaques rigides flottant sur l'asthénosphère. ⇒ **subduction.** 2 Étude des déformations. ♦ adj. Qui concerne la tectonique (étude de structure). *Dislocations tectoniques.*

tectrice adj. f. et n. f. – XIXe ; lat. *tectus* « couvert » ▪ *Les plumes tectrices* ou *les tectrices :* plumes du dos des oiseaux.

Te Deum [tedeɔm] n. m. inv. – XVe ; du cantique *Te Deum laudamus* « nous te louons, Dieu » ▪ Chant latin de louange et d'action de grâces ; cérémonie qui l'accompagne. *Des Te Deum.*

tee [ti] n. m. – XIXe ; mot angl. ▪ Petit socle sur lequel on place une balle de golf afin de la lancer.

teenager [tinɛdʒœʀ] n. – 1946 ; angl. *teen,* de la finale des nombres *thirteen* à *nineteen* (de 13 à 19 ans) et *age* « âge » ▪ Adolescent de 13 à 19 ans. *Les teenagers.*

tee-shirt [tiʃœʀt] n. m. – 1950 ; mot angl. « chemise *(shirt)* en forme de T » ▪ Maillot de coton à manches courtes ou longues, en forme de T (porté à l'origine par les joueurs de base-ball). « *tee-shirt bordeaux, fuseaux outremer, chaussures de basket noires* » (Perec). *Des tee-shirts.*

❑ On trouve quelquefois la graphie *T-shirt* qui ne sert pas la prononciation.

téflon n. m. – 1948 ; angl., nom déposé, d'apr. *té(tra)fl(uoroéthylène)* et suff. *-on* des matières plastiques ▪ Matière plastique dérivée de l'éthylène et du fluor, dont on fait les joints et les garnitures, très résistante aux agents chimiques et à la température. *Poêle à revêtement de téflon.*

tégénaire n. f. – XIXe ; lat. *tegere* « couvrir » ▪ Araignée sédentaire *(tubitèles)* qui tend ses vastes toiles dans les greniers, les caves.

tégéviste n. – 1994 ; de *T. G. V.* ▪ Personne qui conduit un T. G. V.

❑ Ce mot est bien formé sur le sigle (comme *cégétiste,* de *C. G. T.*) et ne pose pas de problème de graphie. → érémiste (rem.).

tégument n. m. – XIIIe ; lat. *tegere* « couvrir » ▪ Tissu différencié (peau, carapace, écailles...) couvrant le corps d'un animal. ♦ Enveloppe protectrice. *Le tégument de la graine.*

tégumentaire adj. – XIXe ▪ Propre aux téguments ; de la nature des téguments, qui sert de tégument.

teigne n. f. – XIIe ; lat. *tinea* 1 Petit papillon de couleur terne *(tinéidés).* ⇒ **mite.** 2 Dermatose parasitaire du cuir chevelu pouvant entraîner la chute des cheveux. ⇒ **favus, pelade.** *Avoir la teigne.* « *un enfant au visage émacié, au crâne tondu par la teigne* » (Le Clézio). ♦ loc. *Méchant comme une teigne,* très méchant. « *mauvais comme une teigne, hargneux comme un cocher* » (Huysm.). ➤ *C'est une vraie teigne,* une personne méchante, hargneuse. ⇒ **peste.**

teigneux, euse adj. – XIIIe 1 Qui a la teigne. ➤ subst. *Un teigneux.* 2 fam. Hargneux, agressif.

teillage n. m. – XIXe ▪ Opération consistant à teiller (le chanvre, le lin).

teille n. f. – XIIIe ; lat. *tilia* « écorce de tilleul » 1 Liber du tilleul, dont on fait des cordes, des nattes. 2 Écorce de la tige de chanvre.

teiller v. tr. [1] – XVe ▪ Débarrasser (le chanvre, le lin) de la teille, séparer les parties ligneuses de la fibre. ✪ HOM. Théier.

teilleur, euse n. – XVIe 1 Ouvrier, ouvrière qui teille, capable d'assurer les opérations de rouissage et de teillage. 2 n. f. Machine à teiller.

teindre v. tr. [52] – XIe ; lat. *tingere* 1 Imprégner d'une substance colorante par teinture. *Substance qui sert à teindre.* ⇒ **tinctorial.** *Elle s'est fait teindre les cheveux en blond.* « *Il devait se teindre les moustaches* » (Céline). ♦ SE TEINDRE v. pron. Teindre ses cheveux. 2 littér. Colorer. ⇒ **teinter.** ➤ pronom. « *Les sainfoins se teignaient d'amarante* » (From.). ✪ HOM. *Teins :* tins (tenir).

① **teint** n. m. – XIe 1 Manière de teindre, couleur obtenue par la teinture (dans des expr.). *Tissu bon teint, grand teint,* dont la teinture résiste au lavage et à la lumière. ➤ plais. BON TEINT, qui ne change pas, solide. *Un catholique bon teint.* 2 Nuance ou aspect particulier de la couleur du visage. ⇒ **carnation.** *Teint clair. Un teint de blonde.* « *gros Turc à teint basané, à barbe noire* » (Gaut.). *Teint mat ; teint coloré.* ➤ *Avoir le teint frais. Cette couleur va bien au teint.* ✪ HOM. Tain, thym, tin.

② **teint, teinte** adj. – XIe ▪ Qu'on a teint. *Cheveux teints.*

teintant, ante adj. – 1967 ▪ Qui sert à teinter. ⇒ **colorant.** *Crème teintante pour le cuir.*

teinte n. f. – XIIIe 1 Couleur complexe obtenue par mélange. ⇒ **nuance,** ② **ton.** *Les* « *huit cent dix-neuf teintes de la palette* » (Dider.). 2 (dans la nature) Couleur plus ou moins mêlée, plus ou moins intense ; nuance d'une couleur. « *Le ciel prenait la teinte des ardoises* » (Flaub.). 3 Apparence peu marquée ; petite dose. *Sa réponse avait une légère teinte d'ironie.*

teinté, ée adj. – XVIIIe ▪ Légèrement coloré. *Crème teintée pour la peau.*

teinter v. tr. [1] – XVe ; lat. *tingere* ▪ Couvrir uniformément d'une teinte légère, colorer légèrement. « *un aigre printemps teintait de violet le jardin trop soigné* » (Mauriac). *Blanc teinté de rose.* ➝ « *Notre littérature teintée d'espagnolisme* » (Gide). ✪ HOM. Tinter ; *teinte :* tintes (tenir).

teinture n. f. – XIIIe 1 Action de teindre, de fixer une matière colorante (sur une matière). *La teinture de la laine. Bain de teinture. Produit pour la teinture des cheveux.* ♦ Résultat de cette action ; couleur obtenue. *Matière qui prend bien la teinture.* 2 *TEINTURE DE... :* connaissance superficielle. ⇒ **vernis.** *Il « a malheureusement des teintures de science et de philosophie »* (Sartre). 3 Substance colorante, végétale ou synthétique, servant à cette opération. ⇒ **colorant.** *Teinture végétale.* 4 Préparation à base d'alcool où l'on a incorporé une ou plusieurs substances médicamenteuses. *Teinture d'iode.*

teinturerie n. f. – XIIIe 1 Industrie de la teinture, métier de teinturier. 2 Boutique de teinturier. *Donner un costume à la teinturerie.* ⇒ **pressing.**

teinturier, ière n. – XIIIe 1 Personne qui assure les diverses opérations de la teinture. *Teinturier en cuirs et peaux.* 2 Personne dont le métier est d'entretenir les vêtements (nettoyage, dégraissage, repassage, et aussi teinture). *Porter un costume chez le teinturier* (⇒ **teinturerie**).

tel, telle adj., pron. et nominal – X^e ; lat. *talis* I (marquant la ressemblance, la similitude) 1 Semblable, du même genre. ⇒ **pareil.** *Je suis étonné qu'il tienne de tels propos. S'ils ne sont pas avares, ils passent pour tels. Telle est ma décision.* ➝ *COMME TEL :* en cette qualité, à ce titre. *Il a toujours été considéré comme tel.* ➝ *EN TANT QUE TEL :* en soi, par sa seule nature. *Respecter la morale en tant que telle.* ♦ *Tel père, tel fils :* le père et le fils sont semblables. 2 *TEL QUE... :* comme (suivi d'un nom ou d'un pron.). « *Un ami tel que lui* » (Dider.). « *Ces déités impalpables, [...] telles que les Fées, les Gnomes* » (Baud.). ♦ « *S'accepter tel qu'on est* » (Mart. du G.). *Tel qu'en lui-même :* comme il est. 3 littér. Comme. « *Le fjord dort entre les monts à pic, tel un long lac tortueux* » (Suarès). 4 *TEL QUEL :* sans arrangement ; sans modification. « *presque rien n'en était utilisable tel quel* » (Romains). *Laisser les choses telles quelles,* telles qu'elles sont, en l'état. II (exprimant l'intensité) Si grand, si fort, qui atteint un degré si élevé. ⇒ **pareil, semblable.** « *Qui se hasarderait contre un tel adversaire ?* » (Corn.). ➝ *À TEL POINT.* ⇒ **tellement.** ➝ *De telle manière que.* ➝ *RIEN DE TEL :* rien de si efficace. ➝ *J'ai eu une peur telle que je me suis enfui.* ➝ *Je n'en ai pas un besoin tel que je ne puisse attendre.* III Un... particulier. 1 adj. *Tel ou tel :* un... ou un autre. « *Que m'importe que tel ou tel numéro sorte de l'urne* » (Valéry). ♦ *Telle quantité de.* ⇒ **tant.** *Il faut telle longueur de fil.* « *Il fut convenu que je prendrai le train tel jour, à telle heure, pour telle gare* » (Mirbeau). 2 pronom. littér. Certain, quelqu'un. « *Tel est pris qui croyait prendre* » (La Font.). ♦ *UN TEL,* tenant lieu d'un nom propre. *J'ai rencontré un tel, une telle.* ⇒ **machin, tartempion.** ➝ (en un seul mot et avec une majuscule) *Madame Untel. La famille Untel. Les Untel.* ✪ HOM. Tell.

❑ *Laissez-les telles que* est du français très négligé, mais assez courant ; il faut dire *laissez-les telles quelles.*

télamon n. m. – XVIIe ; gr. *talân* « supporter » ▪ Statue qui supporte une corniche, un entablement. ⇒ **atlante.**

télé n. f. – v. 1952 ; abrév. ▪ fam. 1 Télévision. *Regarder la télé.* 2 Téléviseur. « *la télé noire au fond de la pièce* » (Aragon).

① **télé-** Élément, du gr. *têle* « loin », signifiant « au loin, à distance ».

② **télé-** Élément, de *télévision,* signifiant « de télévision, par télévision ».

③ **télé-** Élément, de *téléphérique.*

téléachat ou **télé-achat** n. m. – 1987 ; de ② *télé* et *achat* ▪ Offre à la vente de produits ou de services par l'intermédiaire d'un support audiovisuel. ⇒ **télévente.** ➝ Présentation à la télévision de produits que le téléspectateur peut commander.

téléaffichage n. m. – 1949 ; de ① *télé-* et *affichage* ▪ Affichage télécommandé d'informations d'actualité immédiate. *Téléaffichage des horaires dans les gares, les aéroports.*

télébenne n. f. – v. 1920 ; de ③ *télé-* et *benne* ▪ Téléphérique à un seul câble et à plusieurs petites cabines ; chacune de ces cabines. ⇒ **télécabine.**

télécabine n. f. – mil. XXe ; de ③ *télé-* et *cabine* ▪ Syn. de *télébenne**.

télécarte n. f. – 1984 ; de *télé(phone)* et *carte* ▪ Carte de téléphone à mémoire utilisable dans les cabines publiques.

téléchargement n. m. – v. 1985 ; de ① *télé-* et *chargement* ▪ Transfert de données entre ordinateurs au moyen d'un réseau téléinformatique.

télécinéma n. m. – 1933 ; de ② *télé-* et *cinéma* ▪ Appareil servant à transmettre par télévision un film de cinéma.

télécommande n. f. – 1945 ; de ① *télé-* et *commande* ▪ Transmission à distance d'un signal déclenchant l'exécution d'un ordre par un dispositif. ⇒ **radiocommande.** *Télécommande des aiguillages.* ➝ L'équipement assurant cette transmission. *Antenne de télécommande.* ➝ *La télécommande d'un téléviseur.* « *il pressa trois plots d'une télécommande qu'il braqua vers le coffre* » (Echenoz).

télécommander v. tr. [1] – 1945 ; de ① *télé-* et *commander* ▪ Commander à distance (une opération). *Télécommander la mise à feu d'une fusée.* ➝ fig. *Manœuvre télécommandée de l'étranger.* ⇒ **téléguider.**

télécommunication n. f. – 1904 ; de ① *télé-* et *communication* ▪ Ensemble des procédés de transmission d'informations à distance. ⇒ **radiocommunication, télégraphe, télématique, téléphone, télévision, vidéographie.** *Satellite artificiel utilisé comme relais en télécommunications. Les télécommunications* (abrév. fam. *Les télécoms*).

téléconférence n. f. – 1971 ; de ① *télé-* et *conférence* ▪ Discussion entre des interlocuteurs qui se trouvent dans des lieux différents et sont reliés entre eux par des moyens de télécommunication. ⇒ **audioconférence, vidéoconférence, visioconférence.**

télécopie n. f. – 1973 ; de ① *télé-* et *copie* ▪ Procédé permettant la reproduction à distance d'un document graphique semblable à l'original. ⇒ **fax.**

télécopieur n. m. – v. 1973 ▪ Appareil permettant la télécopie. ⇒ **fax.**

télédétection n. f. – v. 1960 ; de ① *télé-* et *détection* ▪ Science et techniques de la détection à distance. *Télédétection par satellite.*

télédiffuser v. tr. [1] – v. 1960 ; de ② *télé-* et *diffuser* ▪ (surtout au p. p.) Diffuser par la télévision. ⇒ **téléviser.**

télédiffusion n. f. – v. 1960 ; de ② *télé-* et *diffusion* ▪ Diffusion par télévision.

télédistribution n. f. – v. 1960 ; ② *télé-* et *distribution* ▪ Procédé de diffusion de programmes télévisés par câbles ou par relais hertziens.

téléécriture n. f. – 1979 ; ① *télé-* et *écriture* ▪ Transmission d'informations manuscrites et graphiques en temps réel.

téléenseignement n. m. – v. 1960 ; ① *télé-* et *enseignement* ▪ Enseignement à distance par correspondance. ◆ Enseignement utilisant des moyens audiovisuels.

❑ On écrit aussi *télé-enseignement,* la rencontre du *é* de *télé-* avec le *e* de *en* paraissant gênante.

téléfax → **fax**

téléférage ; téléférique → **téléphérage ; téléphérique**

téléfilm [telefilm] n. m. – 1965 ; de ② *télé-* et *film* ▪ Film produit pour la télévision. ⇒ aussi **docudrame.**

téléga ou **télègue** n. f. – 1812 ; mot russe ▪ Charrette à quatre roues, utilisée en Russie.

télégénique adj. – 1947 ; de ② *télé-*, d'apr. *photogénique* ▪ Qui fait bel effet à la télévision.

télégestion n. f. – 1966 ; de ① *télé-* et *gestion* ▪ Mode de traitement des informations à distance au moyen d'un système téléinformatique. ⇒ **télétraitement.**

télégramme n. m. – XIXe ; de ① *télé-* et *gramme* ▪ Communication transmise par le télégraphe ou par radiotélégraphie ; contenu de cette communication ; feuille sur laquelle elle est inscrite. ⇒ **dépêche.** « *je lui envoyai un télégramme désespéré lui demandant de revenir* » (Proust).

télégraphe n. m. – XVIIIe ; ① *télé-* et *-graphe* ▪ Système de transmission de messages écrits par une ligne électrique. *Envoyer une dépêche par télégraphe,* la télégraphier.

❑ Le premier télégraphe (1792), inventé par les frères Chappe (qui le nommèrent *tachygraphe* « appareil d'écriture rapide »), était un appareil transmettant des signaux par une combinaison de bras mobiles. Puis Morse inventa le télégraphe électrique en 1842.

télégraphie n. f. – XIXe 1 Technique, science de la transmission par télégraphe électrique. 2 vx *Télégraphie sans fil.* ⇒ **T.S.F.**

télégraphier v. tr. 7 – XIXe 1 Transmettre par télégraphe. *Télégraphier une dépêche.* ♦ Envoyer un télégramme. *Il faut lui télégraphier.* 2 Faire connaître par télégramme. *Télégraphier une nouvelle à un ami.*

télégraphique adj. – XVIIe 1 Du télégraphe. *Poteaux télégraphiques.* « *les fils télégraphiques sur lesquels des oiseaux, fatigués par la chaleur, venaient se reposer* » (Green). 2 Expédié par télégraphe ou sous forme de télégramme. *Message télégraphique.* 3 *Style télégraphique,* abrégé comme dans les télégrammes.

télégraphiquement adv. – XIXe ▪ Par télégraphie ; par télégramme.

télégraphiste n. – XIXe 1 Spécialiste de la transmission et de la réception des messages par télégraphe. 2 Personne qui porte les télégrammes et autres messages urgents.

télègue → **téléga**

téléguidage n. m. – 1949 ; de ① *télé-* et *guidage* ▪ Ensemble des procédés de guidage à distance d'un véhicule ou d'un engin, sans intervention d'un pilote. ⇒ **télécommande.**

téléguider v. tr. 1 – 1947 ; de ① *télé-* et *guider* 1 Diriger par téléguidage. *Fusées téléguidées.* 2 Diriger de loin, souvent de manière occulte. ◆ *Attentat terroriste téléguidé de l'étranger.* ⇒ **télécommander.**

téléimprimeur n. m. – 1948 ; de ① *télé-* et *imprimeur* ▪ Appareil télégraphique qui permet l'envoi direct d'un texte par clavier dactylographique et son inscription au poste de réception. ⇒ **téléscripteur, télétype, télex.**

téléinformatique n. f. et adj. – v. 1968 ; de ① *télé-* et *informatique* ▪ Informatique faisant appel à des moyens de transmission à distance. ⇒ **télécommunication, télématique, télétraitement.**

télékinésie n. f. – XIXe ; de ① *télé-* et gr. *kinesis* « mouvement » ▪ Mouvement spontané d'objet sans intervention d'une énergie observable. ⇒ **psychokinésie.**

télémaintenance n. f. – v. 1970 ; de ① *télé-* et *maintenance* ▪ Maintenance à distance d'un véhicule spatial au moyen de liaisons de télémesure et de télécommande.

télémanipulateur n. m. – mil. XXe ; de ① *télé-* et *manipulateur* ▪ Appareil de manipulation à distance.

télémanipulation n. f. – 1974 ; de ① *télé-* et *manipulation* ▪ Manipulation à distance (de substances dangereuses, d'objets inaccessibles...).

télématique n. f. et adj. – 1977 ; de ① *télé-* et *(infor)matique* ▪ Ensemble des techniques et des services qui combine les moyens de l'informatique avec ceux des télécommunications. ⇒ **téléinformatique.** ◆ adj. *Services télématiques.*

télémesure n. f. – 1949 ; de ① *télé-* et *mesure* ▪ Transmission à distance d'un signal porteur d'un résultat de mesure.

télémètre n. m. – XIXe ; de ① *télé-* et *-mètre* ▪ Appareil de mesure des distances par procédés acoustiques, optiques ou radioélectriques.

télémétreur, euse n. – 1923 ▪ Spécialiste des mesures au télémètre.

télémétrie n. f. – XIXe ▪ Mesure des distances par procédé optique, acoustique ou radioélectrique. *Télémétrie laser.*

télencéphale n. m. – 1904 ; du gr. *tel(os)* « ① fin » et *encéphale* ▪ Structure nerveuse de l'embryon à partir de laquelle se différencient les hémisphères cérébraux.

télénomie → **téléonomie**

téléo-, télo- Éléments, du gr. *telos, teleos* « fin, but », et *teleios* « complet, achevé ».

téléobjectif n. m. – 1903 ; de ① *télé-* et *objectif* ▪ Objectif photographique à longue focale et de faible ouverture, capable d'agrandir l'image et servant à photographier des objets éloignés. « *un petit groupe de promeneurs qui braquent des lorgnettes et des téléobjectifs vers le large* » (Tournier). *Détail d'architecture pris au téléobjectif.*

téléologie n. f. – XVIIIe ; *téléo-* et *-logie* ▪ Science des fins de l'homme. ⇒ **téléonomie.** ◆ Doctrine qui considère le monde comme un système de rapports entre moyens et fins.

téléologique adj. – XIXe ▪ Relatif à la téléologie ; qui constitue un rapport de finalité.

téléonomie n. f. – 1970 ; *téléo-* et *-nomie* ▪ Interprétation causale des processus finalisés ; équivalent mécanique de la finalité. ⇒ **téléologie.**

❑ On dit aussi *télénomie* n. f., moins recommandé à cause de la confusion possible avec *télé-*.

téléopérateur n. m. – 1973 ; de ① *télé-* et *opérateur* ▪ Véhicule tout-terrain téléguidé, équipé de télémanipulateurs et de caméras de télévision.

téléosaure n. m. – XIXe ; *téléo-* et *-saure* ▪ Crocodile fossile du jurassique, au long museau et à la cuirasse épaisse.

❑ Même famille que *saurien, brontosaure, dinosaure.*

téléostéens n. m. pl. – XIXe ; gr. *teleios* « achevé » et *osteon* « os » ▪ Superordre de poissons vertébrés *(ostéichtyens)*, au squelette complètement ossifié, à nageoire caudale homocerque.

télépaiement n. m. – 1986 ; de ① *télé-* et *paiement* ▪ Paiement électronique.

télépathe n. et adj. – 1913 ▪ Personne qui a le sentiment d'une communication à distance extrasensorielle. *Médiums et télépathes.*

télépathie n. f. – XIXe ; ① *télé-* et *-pathie* ▪ Sentiment de communication à distance par la pensée ; communication réelle extrasensorielle. ⇒ **transmission** (de pensée). *Il était « comme relié à elle, même absent, par un fil secret* [...] *par une télépathie mystérieuse »* (Jouhand.).

télépathique adj. – XIXe ▪ Relatif à la télépathie.

téléphagie n. – v. 1990 ▪ Comportement d'un grand consommateur d'images télévisées.

❑ Signifie littéralement « fait de dévorer *(-phagie)* la *télé* ».

téléphérage n. m. – XIXe ; de ① *télé-* et gr. *pherein* « porter » ▪ Procédé de transport par des véhicules suspendus et portés par des câbles aériens.

❑ On écrit parfois *téléférage, phèr-* et *fer-* « qui porte » étant des variantes. → -fère.

téléphérique n. m. – 1923 ; de *téléphér(age)* ▪ Dispositif de transport par cabine suspendue à un câble, en montagne surtout. ⇒ aussi **télébenne, télécabine, télésiège.** *Station de téléphérique. Prendre le téléphérique.*

❑ L'orthographe *téléférique* est courante. → téléphérage (rem.).

téléphone n. m. – XIXe ; ① *télé-* et *-phone* **1** Instrument qui permet de transmettre à distance des sons par l'intermédiaire d'un circuit électrique. ➛ Ensemble des procédés et des dispositifs permettant la liaison d'un grand nombre de personnes au moyen de cet appareil ; réseau téléphonique. → **central, ligne,** ② **standard.** *Avoir le téléphone. Numéro de téléphone. Annuaire du téléphone* : liste des abonnés. → **bottin, minitel.** *Appeler qqn au téléphone. La patronne du café « cria à la cantonade : "On demande Thibault au téléphone" »* (Mart. du G.). ➛ *Sonnerie du téléphone.* ♦ COUP DE TÉLÉPHONE : appel, communication téléphonique (cf. Coup de fil*). *Donner, passer un coup de téléphone. « on attendait leur coup de téléphone »* (É. Ajar). ♦ *Téléphone rouge* : ligne téléphonique spéciale réservée à des échanges d'informations militaires, politiques, entre chefs d'États. ➛ *Téléphone rose* : réseau téléphonique à finalité érotique. **2** Appareil constitué d'un combiné microphone-récepteur qui repose sur un support. *Téléphone à touches. Téléphone sans fil.* ⇒ **sans-fil.** *Téléphone de voiture, hertzien.* ⇒ **radiotéléphone.** *Téléphone public.* ⇒ **publiphone, taxiphone.** *Carte de téléphone.* ⇒ **télécarte.** ➛ *Téléphone portable* : téléphone de petite dimension, non relié à un support, qui fonctionne par radio haute fréquence et que l'on peut utiliser chez soi comme à l'extérieur. **3** *Téléphone arabe* : transmission rapide des nouvelles par des relais de messagers ou d'informateurs.

téléphoner v. [1] – XIXe **1** v. tr. Communiquer, transmettre par téléphone. *Téléphone-lui de venir.* ➛ *Télégramme téléphoné.* ➛ pronom. *On se téléphone demain.* ♦ fam. *C'est téléphoné* : c'est trop prévisible. **2** v. tr. ind. et intr. Se mettre, être en communication par téléphone. *Téléphonez-moi demain.* ⇒ **appeler.** *« un homme très brun qui téléphonait, la main en cornet autour de sa bouche »* (Simenon).

téléphonie n. f. – XIXe ▪ Technique de la transmission des sons à distance ; correspondance par un système de sons. ➛ *Téléphonie sans fil.* ⇒ **radiotéléphonie.**

téléphonique adj. – XIXe ▪ Relatif au téléphone (appareil, réseau de liaison ou organisation). *Communication téléphonique. Cabine téléphonique.*

téléphoniquement adv. – XIXe ▪ rare Par téléphone.

téléphoniste n. – XIXe ▪ Personne chargée d'assurer les liaisons, les transmissions téléphoniques. *« le téléphoniste plantait ses fiches dans le standard et notait sur un livre épais les télégrammes »* (St-Exup.).

téléphotographie n. f. – XIXe ; de ① *télé-* et *photographie* ▪ Technique de la photographie des objets éloignés.

télépointage n. m. – 1943 ; de ① *télé-* et *pointage* ▪ Dispositif qui permet le pointage à distance des canons d'un navire de guerre, à partir d'un poste central de tir.

téléport n. m. – 1986 ; de *télé(communication)* et *port* ▪ Complexe de télécommunication hors monopole, destiné à recevoir et à distribuer des informations à des utilisateurs dans une zone d'activité.

téléradar n. m. – 1961 ; de ② *télé* et *radar* ▪ Technique d'émission ou de réception d'une image radar au moyen de la télévision.

téléradiographie n. f. – 1951 ; de ① *télé-* et *radiographie* ▪ Radiographie effectuée à une distance d'au moins 1,50 m, donnant une image grandeur nature de l'organe et supprimant la déformation conique de l'image. ➛ abrév. TÉLÉRADIO.

téléreportage n. m. – 1948 ; de ② *télé-* et *reportage* ▪ Reportage télévisé.

télescopage n. m. – XIXe ▪ Le fait de télescoper, de se télescoper. *Télescopage de voitures.* ⇒ **carambolage.** ♦ Fait de se confondre, de s'interpénétrer. *Télescopage de souvenirs.*

télescope n. m. – XVIIe ; gr. ▪ Instrument d'optique astronomique utilisant un ou plusieurs miroirs (le terme de *lunette* est réservé aux instruments à lentilles). *Pouvoir amplifiant, grossissement d'un télescope.*

❑ C'est à Galilée que revient la fabrication de la première grande lunette astronomique en 1609. ♦ Attention, pas d'accent sur le second *e*.

télescoper v. tr. [1] – XIXe ; angl. « lunette d'approche à tubes emboîtés » ▪ Rentrer dans, enfoncer par un choc violent (un autre véhicule). ⇒ **heurter, tamponner.** ♦ pronom. *Wagons qui se télescopent.* ➛ S'interpénétrer. *« Cela c'est l'âge : le temps qui s'évanouit, les semaines qui se télescopent »* (Green).

télescopique adj. – XVIIe **1** Qui se fait à l'aide du télescope. *Observations télescopiques.* **2** Dont les éléments s'emboîtent et coulissent les uns dans les autres. *Antenne télescopique.*

téléscripteur n. m. – XIXe ; de ① *télé-* et lat. *scriptor* « celui qui écrit » ▪ Appareil de transmission électrique des dépêches par un procédé quelconque. ⇒ **téléimprimeur, télétype ; télex.**

télésiège [telesjɛʒ] n. m. – v. 1940 ; de ③ *télé-* et *siège* ▪ Remontée mécanique constituée par une série de sièges suspendus à un câble unique.

❑ Pour le *s* unique entre voyelles → ① s (rem.).

télésignalisation [telesiɲalizasjɔ̃] n. f. – 1966 ; de ① *télé-* et *signalisation* ▪ Signalisation à distance, par câbles ou par voie hertzienne, pouvant servir à déclencher l'alarme ou à communiquer des informations codées.

téléski n. m. – 1935 ; de ③ *télé-* et *ski* ▪ Remonte-pente pour les skieurs. ⇒ **tire-fesses.**

télésouffleur [telesuflœʀ] n. m. – 1983 ; de ② *télé-* et *souffleur* ▪ Appareil qui fait défiler au-dessus de la caméra de télévision le texte que doit dire la personne visible sur l'écran. Recomm. offic. pour *prompteur.*

téléspectateur, trice n. – 1947 ; de ② *télé-* et *spectateur* ▪ Spectateur et auditeur de la télévision. « *Le téléspectateur est un dieu maître d'interrompre à la seconde une revue à grand spectacle* » (Mauriac).

télesthésie n. f. – 1953 ; ① *télé-* et *-esthésie* ▪ Perception extrasensorielle.

télésurveillance [telesyʀvɛjɑ̃s] n. f. – 1968 ; de ① *télé-* et *surveillance* ▪ Surveillance effectuée à distance (notamment à l'aide de moyens électroniques).

❑ *Télésurveillance* remplace les anglicismes *monitoring* et *monitorage.* ♦ Pour le *s* unique entre voyelles → ① s (rem.).

télétex [teletɛks] n. m. – v. 1980 ; nom déposé ; angl. ▪ Service de l'administration des Télécommunications, permettant la transmission numérique de textes.

téléthèque n. f. – 1967 ; ② *télé-* et *-thèque,* d'apr. *bibliothèque, discothèque,* etc. ▪ Endroit où l'on conserve des documents d'archives de télévision.

télétoxique adj. – v. 1950 ; de ① *télé-* et *toxique* ▪ *Espèce télétoxique,* dont la toxicité envers d'autres espèces se manifeste à distance.

télétraitement n. m. – v. 1950 ; de ① *télé-* et *traitement* ▪ Traitement (d'une information) à distance éloignée de l'unité centrale d'un ordinateur. ⇒ **télégestion, téléinformatique.**

télétransmission n. f. – 1947 ; de ① *télé-* et *transmission* ▪ Transmission d'informations à distance. ⇒ **télécommunication.**

télétravail n. m. – 1981 ; de ① *télé-* et ① *travail* ▪ Activité professionnelle exercée hors de l'entreprise (notamment à domicile) grâce à la télématique.

télétype n. m. – 1923 ; marque déposée ; mot angl. *teletype(writer)* « machine à écrire *(typewriter)* à distance » ▪ Téléimprimeur.

télévendeur, euse n. – 1983 ▪ Professionnel de la télévente.

❑ On dit aussi *téléacteur, trice,* mot plus obscur et apparemment moins « commercial ».

télévente n. f. – 1971 ; de ① *télé-* et *vente* ▪ Vente sur commande, effectuée par téléphone ou minitel.

télévérité n. f. – 1990 ; de ② *télé-* et *vérité* ▪ Émission de télévision qui reconstitue des faits divers poignants à l'aide de comédiens.

❑ Ce mot remplace l'anglicisme *reality show.*

télévisé, ée adj. – 1933 ▪ Transmis par la télévision. *Journal télévisé.* « *Hier soir, conférence de presse télévisée du général de Gaulle* » (Mauriac).

téléviser v. tr. [1] – v. 1930 ▪ Transmettre (des images, un spectacle) par télévision. ⇒ **télédiffuser.**

téléviseur n. m. – 1934 ▪ Poste récepteur de télévision. ⇒ **télévision ;** fam. **télé.** *Téléviseur couleur,* pour la télévision en couleurs. « *on entend les voix des téléviseurs qui grognent, qui ricanent, qui chantonnent* » (Le Clézio).

télévision n. f. – 1913 ; de ① *télé-* et *vision* **1** Ensemble des procédés et techniques employés pour la transmission des images instantanées d'objets fixes ou en mouvement, après analyse et transformation en ondes hertziennes. ⇒ fam. **télé.** *Caméra de télévision. Télévision en couleurs. Satellite de télévision. Télévision par câble.* ♦ Ensemble des activités et des services assurant l'élaboration et la diffusion (par des techniques de transmission des images et des sons) d'informations et de spectacles, à un grand nombre de personnes ; art et technique de mise en œuvre de ces programmes. *Télévision publique, privée. Émissions de télévision. Passer à la télévision. Programmes de télévision. Film pour la télévision.* ⇒ **téléfilm. 2** Poste récepteur de télévision. ⇒ **téléviseur ;** fam. **télé.**

❑ *Télé* est déjà beaucoup plus courant dans la langue parlée que *télévision ;* mais *télévision* reste vivant à cause de *télévisé, télévisuel.* → cinéma (rem.). ♦ Dans les années 50, on a employé l'américanisme *T. V.* [teve] (cf. Queneau : « *le cinéma, la tévé, l'électronique* »).

télévisuel, elle adj. – 1963 ; de *télé(vision)* et *visuel* ▪ De la télévision, en tant que moyen d'expression. *Langage télévisuel.*

télex [telɛks] n. m. – 1946 ; angl. *tel(egraph)* et *ex(change)* ▪ Service de dactylographie à distance par téléscripteur. *Confirmer par télex.* ➛ Message transmis par télex. *Envoyer des télex.*

❑ On a critiqué cette graphie francisée avec *é ;* elle est parfaitement justifiée à cause des dérivés *télexer, télexiste.*

télexer v. tr. [1] – mil. XXe ▪ Transmettre par télex.

télexiste n. – 1958 ▪ Personne chargée d'assurer les liaisons par télex.

tell n. m. – XIXe ; mot ar. « colline » ▪ Colline artificielle, tertre ou tumulus formé par des ruines. ✪ HOM. Tel.

tellement adv. – XIIIe **1** À un degré si élevé, d'une manière si intense. « *Il me sait tellement incapable de lui mentir* » (Bourget). « *Un être tellement au-dessus de moi* » (Bourget). ➛ fam. *Pas tellement, plus tellement,* pas autant qu'on pourrait le penser, pas très, pas beaucoup. « *Je n'aime pas tellement l'alcool. Et pourtant si je ne bois pas, ça ne va pas* » (Ionesco). *Vous aimez ça ? Pas tellement.* ♦ TELLEMENT... QUE... *Il allait tellement vite qu'il ne nous a pas vus.* ⇒ ② **si.** ♦ « *Oriane était tellement plus intelligente, tellement plus riche, surtout tellement plus à la mode que ses sœurs* » (Proust). **2** fam. *TELLEMENT DE... :* une telle quantité de. ⇒ **tant.** *J'ai tellement de travail.* **3** Tant. « *On aurait dit que leur peau allait craquer, tellement elle était tendue* » (Daud.).

❑ Dans la proposition consécutive introduite par *tellement... que...* on met normalement l'indicatif ou le conditionnel quand la principale est affirmative et le subjonctif quand elle est négative ou interrogative (ex. *Il n'est pas tellement vieux qu'il ne puisse travailler*).

tellière adj. – XVIIIe ; de *Le Tellier,* n. pr. ▪ Format de papier (34×44). *Papier tellière* ou n. m. *tellière.*

tellurate n. m. – XIXe ▪ Sel ou ester de l'acide tellurique.

tellure n. m. – XIXe ; lat. *tellus* « terre » ▪ Élément atomique (Te ; n^o^ at. 52 ; m. at. 127,60) qui se rencontre à l'état natif en cristaux blancs hexagonaux ou le plus souvent associé à des métaux (or, argent, mercure, fer) sous forme de tellurures.

tellureux, euse adj. – XIXe ▪ Se dit d'un acide dérivé du tellure.

① **tellurique** adj. – XIXe ; lat. *tellus* « terre » ▪ De la Terre ; qui provient de la Terre. *Secousse tellurique :* tremblement de terre. ⇒ **séisme.**

② **tellurique** adj. – XIXe ▪ *Acide tellurique, anhydride tellurique,* les plus stables des composés oxygénés du tellure.

tellurure n. m. – XIXe ▪ Combinaison de tellure avec des éléments.

télo- → **téléo-**

télomère n. m. – mil. XXe ; *télo-* et *-mère* ▪ Extrémité naturelle d'un chromosome.

télophase n. f. – XIXe ; de *télo-* et *phase* ▪ Phase terminale de la mitose qui comprend la reconstitution de deux noyaux cellulaires, la division du cytoplasme, puis la formation des deux cellules filles.

telson [tɛlsɔ̃] n. m. – XIXe ; mot gr. « limite » ▪ Dernier anneau de l'abdomen, chez les arthropodes. *Le telson des scorpions porte l'aiguillon.*

téméraire adj. – XIVe ; lat. « accidentel », d'où « inconsidéré » 1 Hardi à l'excès, avec imprudence. ⇒ **aventureux, imprudent ; présomptueux.** *Audacieux mais pas téméraire.* ♦ (sans valeur péj.) Très hardi. *Charles le Téméraire.* 2 Qui dénote une hardiesse imprudente. *Entreprise téméraire.* ⇒ **aventuré, hasardé, hasardeux.** « *Il est toujours téméraire d'expliquer un caractère par l'hérédité* » (Maurois). ✪ CONTR. Lâche, peureux, timoré. Réfléchi ; prudent, sage.

témérairement adv. – XVIe ▪ littér. Avec une hardiesse inconsidérée, imprudente. *Juger témérairement,* à la légère. ✪ CONTR. Prudemment.

témérité n. f. – XIVe ; lat. ▪ Disposition à oser, à entreprendre sans réflexion ou sans prudence. ⇒ **audace, imprudence, hardiesse.** « *Tu seras châtié de ta témérité* » (La Font.). ✪ CONTR. Circonspection, prudence.

> ❑ Ce mot tend à sortir de l'usage ainsi que ceux de sa famille ; son sens participe de ceux des mots *imprudence* et *aplomb* (fam. *culot*).

témoignage n. m. – XIIe 1 Fait de témoigner ; déclaration de ce qu'on a vu, entendu, perçu, servant à l'établissement de la vérité. ⇒ **attestation, rapport.** *D'après, selon, sur le témoignage de qqn. Témoignage irrécusable.* ♦ *Rendre témoignage à, pour qqn,* témoigner en sa faveur. 2 Déclaration d'un témoin. ⇒ **déposition.** *Témoignages écrasants contre un accusé.* ➛ FAUX TÉMOIGNAGE : témoignage inexact d'un témoin de mauvaise foi. 3 Le fait de donner des marques extérieures, de témoigner par des paroles ou des actes ; ces marques (paroles ou actes). ⇒ **démonstration, gage, manifestation, preuve.** « *Il y a des témoignages d'intérêt et de bienveillance qui font plus d'effet* [...] *que tous les dons* » (Rouss.). ♦ Ce qui constitue la preuve, la marque (d'une chose, d'un être). *Acceptez ce modeste témoignage de ma reconnaissance.*

témoigner v. tr. [1] – XIIe ; lat. *testimonium* « témoignage » **I** v. tr. dir. 1 Certifier qu'on a vu ou entendu ; attester la vérité ou la véracité de. ⇒ **attester.** (avec *que* ou l'inf. passé) *Il a témoigné qu'il l'a vu, l'avoir vu.* ♦ Déposer en tant que témoin. *Témoigner en justice. Témoigner en faveur de qqn, contre qqn.* ♦ Attester par son comportement ; porter témoignage. « *Je meurs pour témoigner qu'il est impossible de vivre* » (Sartre). 2 Exprimer, faire connaître ou faire paraître. ⇒ **manifester, montrer.** « *Je lui témoignais de la froideur* » (Bosco). 3 littér. Être l'indice, la preuve, le signe de. ⇒ **attester, montrer, révéler.** *Ce geste témoigne qu'il vous est attaché, combien il vous est attaché.* **II** v. tr. ind. TÉMOIGNER DE : confirmer la vérité, la valeur de (qqch.), par des paroles, des déclarations ou par ses actes, son existence même. *Il était d'accord, je peux en témoigner.* ♦ Être la marque, le signe de. « *tout en lui témoignait d'une nervosité qui ne lui était pas habituelle* » (Mart. du G.).

> ❑ Même famille que *tester, testament.* → testicule (rem.).

témoin n. m. – XIe ; lat. *testis* « témoin » **I** - 1 loc. PRENDRE À TÉMOIN (inv.) : invoquer le témoignage de. « *Ô fleuves* [...] *Je vous prends à témoin que cet homme est méchant* » (Hugo). 2 loc. *Dieu, le ciel m'est témoin :* j'atteste la véracité de ce que je dis. **II** - 1 Personne qui certifie ou peut certifier qqch., qui peut en témoigner. *Témoin oculaire. Témoin impartial.* 2 Personne en présence de qui s'est accompli un fait et qui est appelée à l'attester en justice. *Assignation, comparution, déposition de témoins. Confrontation de témoins.* ♦ Personne qui doit certifier les identités, l'exactitude des déclarations, lorsqu'un acte est dressé. *Les témoins d'un mariage.* ♦ Personne chargée de régler les conditions d'un duel. 3 littér. Personne qui porte témoignage, affirme une croyance ou atteste une vérité par ses déclarations, ses actes, son existence. *Les Témoins de Jéhovah,* nom d'une secte religieuse. 4 Personne qui assiste à un événement, un fait, et le perçoit (sans qu'elle soit forcément amenée à en témoigner). ⇒ **spectateur.** « *J'ai été témoin de la scène* » (France). *Parler devant témoins,* devant des tiers. *Se débarrasser d'un témoin gênant.* **III** - 1 TÉMOIN... en tête de phrase, inv. À preuve. « *Une religion chargée de beaucoup de pratiques attache plus à elle qu'une autre qui l'est moins* [...] : *témoin l'obstination tenace des mahométans et des juifs* » (Montesq.). 2 littér. Chose qui, par sa présence, son existence, atteste, permet de constater, de vérifier... « *Certains êtres sont les derniers témoins d'une forme de vie que la nature a abandonnée* » (Proust). ♦ Scellement de plâtre ou de ciment daté, placé en travers d'une fissure, afin d'en contrôler l'évolution. ♦ BUTTE-TÉMOIN, qui a échappé à l'érosion. ♦ Bâtonnet que doivent se passer les coureurs de relais. *Passage, transmission du témoin.* ♦ Élément qui sert de repère, de point de comparaison (dans une expérience, un essai), par oppos. à *index. Animaux, plantes, sujets témoins.* ➛ Chose servant de point de repère, de modèle. *Visitez l'appartement-témoin.* ♦ *Lampe témoin,* dont l'allumage permet de contrôler une opération, un fonctionnement. ⇒ **voyant.**

> ❑ Selon les grammairiens classiques (Vaugelas, Ménage), *à témoin,* dans la locution *prendre à témoin,* signifie « témoignage », et l'expression doit rester invariable. Cette règle est parfois transgressée de nos jours par confusion avec *témoin* « personne qui certifie » : « *Vous preniez les passants à témoins de votre misère* » (Duhamel).

① **tempe** n. f. – XIe ; lat. *tempora,* plur. de *tempus* ▪ Région latérale de la tête, entre le coin de l'œil et le haut de l'oreille, correspondant à la fosse temporale du crâne. « *Elle se pencha vite, très vite, et mit sur la tempe du jeune homme un baiser d'oiseau* » (Duham.).

② **tempe** n. f. – XVIIIe ; p.-ê. de *templum* « traverse » ▪ Morceau de bois au moyen duquel le boucher tient ouvert le ventre d'un animal.

tempera (a) [atɑ̃pɛʀa] loc. adj. – XIXe ; mots it. « à détrempe » ▪ Se dit d'une couleur délayée dans de l'eau additionnée d'un agglutinant (gomme, colle, œuf), et du procédé de peinture avec cette couleur. ⇒ ① **détrempe.** ➛ loc. adv. *Peindre a tempera.* ➛ On dit aussi *à la tempera.*

> ❑ Pas d'accent sur le *a* ni sur le *e* dans *a tempera.* ♦ Ne pas confondre avec *tempura* « beignet de légumes ».

tempérament n. m. – XVe ; lat. *temperamentum* « juste proportion », d'où « action de tempérer », de *temperare* « adoucir » **I** - 1 Organisation de l'échelle des sons, de manière à égaliser les intervalles. *Tempérament égal :* système musical qui divise l'octave en douze demi-tons chromatiques égaux. *Tempérament inégal, moyen,* comprenant huit tierces par octave. 2 *Vente, achat* À TEMPÉRAMENT, permettant de disposer de l'objet et de le payer en plusieurs versements (cf. À crédit, à terme). « *les pièges des ventes à tempérament* » (Perec). **II** - **1** Type humain considéré dans les caractères généraux congénitaux de son fonctionnement. *Tempérament lymphatique, nerveux, sanguin.* ➛ loc. fam. *Se tuer, s'esquinter le tempérament* : s'user la santé. 2 Caractère (d'une personne). ⇒ **naturel.** « *le Français est frondeur de tempérament. On ne va pas contre sa nature* » (Aymé). ♦ Ensemble de caractères innés chez une personne, constitution physiologique et psychique qui détermine ses comportements. ⇒ **nature.** « *ce tempérament bilieux fait pour sentir profondément les injures et la haine* » (Stendh.). « *j'ai voulu étudier des tempéraments et non des caractères* » (Zola). ➛ *C'est un tempérament,* une forte personnalité. 3 Appétit sexuel, propension à l'amour. ⇒ **sensualité.** « *Il indiqua les symptômes auxquels on reconnaissait qu'une femme avait du tempérament* » (Flaub.).

tempéramental, ale, aux adj. – XIXe ■ Qui a trait, se rapporte au tempérament constitutionnel d'un individu.

tempérance n. f. – XIIe ; lat. 1 Modération dans tous les plaisirs des sens. ⇒ **continence, mesure.** *La tempérance est une vertu cardinale.* 2 Modération dans le boire et le manger. ⇒ **frugalité, sobriété.** ➛ Modération dans la consommation des boissons alcoolisées. ✪ CONTR. Excès, intempérance. Gourmandise ; alcoolisme.

tempérant, ante adj. – XVIe ■ vieilli Qui a de la tempérance. ⇒ ① **continent, frugal, sobre.** ✪ CONTR. Intempérant.

température n. f. – XVIe ; lat. *temperare* « adoucir » 1 Degré de chaleur ou de froid de l'atmosphère en un lieu, lié à la sensation éprouvée par le corps et qui peut être exprimée par le thermomètre. *Moyennes de température, courbes des températures. Température en hausse, en baisse. Température qui s'adoucit.* « *Depuis quelques jours, la température s'était sensiblement refroidie* » (Gaut.). ♦ L'air d'un lieu considéré dans son état thermique. *La température ambiante.* ♦ Degré de chaleur ou de froid (d'une substance, d'un corps inanimé). *Température de l'eau.* 2 Degré de chaleur du corps. *Animaux à température constante* **(⇒ homéotherme),** *variable* **(⇒ poïkilotherme).** *Prendre sa température avec un thermomètre.* « *Auprès de maman dont la température montait en flèche* » (Bazin). ♦ Température audessus de la normale ; hyperthermie. ⇒ **fièvre.** *Avoir de la température.* ♦ *Prendre la température d'une assemblée, d'un groupe,* etc., prendre connaissance de son état d'esprit. 3 Manifestation de l'énergie cinétique d'un système thermodynamique due à l'agitation des constituants de la matière. *Mesure d'une température,* son rapport à une échelle arbitraire divisée en degrés **(⇒ thermomètre).** *Échelles de température : échelle centésimale ; échelle Celsius, Fahrenheit, Kelvin* (qui débute au zéro* absolu). *Unité de mesure thermodynamique de température* **(⇒ kelvin).**

tempéré, ée adj. – XIIe 1 *Climat tempéré,* ni très chaud ni très froid. ⇒ **doux.** *Les pays tempérés.* 2 *Gamme tempérée,* à tempérament égal. ➛ « *Le Clavecin* (ou *clavier*) *bien tempéré* », *suite de préludes et fugues de J.-S. Bach.* ✪ CONTR. Excessif, extrême.

> ❑ Attention au sens musical de *tempéré* et de *tempérament,* difficile à comprendre aujourd'hui.

tempérer v. tr. 6 – XIIe ; lat. « mélanger ; adoucir, modérer » 1 Adoucir l'intensité de (les conditions climatiques). « *les ardeurs du soleil que tempéraient les souffles frais des ombrages* » (Zola). 2 littér. Adoucir, modérer. « *les douceurs de l'amitié tempérèrent les emportements de l'amour* » (Rouss.). ⇒ **calmer.** ♦ pronom. « *un sourire où la colère se tempérait de pitié* » (Romains). ✪ CONTR. Exciter, renforcer.

tempête n. f. – XIe ; lat. *tempus* « temps » 1 Violente perturbation atmosphérique près du centre d'une dépression ; vent rapide qui souffle en violentes rafales, souvent accompagné d'orage et de précipitations. ⇒ **bourrasque, cyclone, ouragan, tourmente.** ➛ Ce temps sur mer, qui provoque l'agitation des eaux et met les navires en péril. ⇒ **houle.** *Tempête qui se lève, souffle, se déchaîne, fait rage. Affronter, essuyer des tempêtes.* ➛ *Tempête de neige* : chutes de neige avec un vent violent. *Tempête de sable* : vent violent qui soulève le sable en tourbillons. ♦ *Lampe-tempête, briquet-tempête,* dont la flamme protégée ne s'éteint pas par grand vent. 2 Agitation. loc. *Une tempête dans un verre d'eau* : beaucoup d'agitation pour rien. Allus. littér. *Une tempête sous un crâne* : agitation mentale face à une difficulté. ♦ *Qui sème le vent récolte la tempête* : une personne qui incite à la violence, à la révolte, s'expose à de grands périls. 3 Bruit violent qui rappelle celui de la tempête. *Une tempête d'applaudissements.* ⇒ **tonnerre.** ✪ CONTR. Bonace, ① calme, embellie, sérénité.

tempêter v. intr. 1 – XIIe ■ Manifester à grand bruit son mécontentement, sa colère. ⇒ **fulminer,** fam. **gueuler, pester, tonner.** « *Le patron et ses deux acolytes juraient, tempêtaient* » (Gaut.). *Tempêter contre qqn, qqch.*

tempétueux, euse adj. – XIIe ; lat. ■ littér. Plein d'agitation, de trouble. ⇒ **tumultueux.** « *la plus vaine et tempétueuse maladie qui afflige les âmes humaines, qui est la jalousie* » (Montaigne). ✪ CONTR. ② Calme.

temple n. m. – XIe ; lat. 1 Édifice public consacré au culte d'une divinité. ⇒ aussi **église, mosquée, pagode, synagogue.** 2 Édifice religieux consacré à (un certain culte). « *le lourd temple égyptien* » (Gaut.). *Temple grec, romain. Temple dorique. Temple d'Apollon. L'autel, le sanctuaire d'un temple.* ♦ *Le temple de Salomon,* ou *le Temple,* construit par Salomon sur l'ordre de Yahvé, détruit puis rebâti au VIe s. av. J.-C., et qui fut anéanti à la prise de Jérusalem (en 70). ♦ Édifice où les protestants célèbrent leur culte. *Aller au temple.* 3 *Ordre du Temple,* ou *le Temple* : ordre religieux et militaire fondé à Jérusalem lors des premières croisades (1119) pour protéger les pèlerins en route vers la Terre sainte, et supprimé en 1312. ♦ Ancien monastère fortifié des Templiers, à Paris. *Louis XVI et sa famille furent détenus dans la tour du Temple.* 4 littér. Lieu où l'on rend un culte. « *Ce temple de l'amour* » (Laclos).

> ❑ Dans l'usage courant, on n'emploie pas *temple* pour la synagogue, l'église et la mosquée.

templier n. m. – XIIIe ■ Chevalier de l'ordre du Temple*. *Le trésor des Templiers.*

tempo, plur. **tempi** [tɛmpo ; tɛ̃po, i] n. m. – XVIIIe ; mot it., du lat. *tempus* « temps » 1 Mouvement dans lequel s'exécute une œuvre musicale. *Indication des tempi* (ou parfois *des tempos*). *Tempo lent, rapide.* 2 Rythme d'une action.

temporaire adj. – XVIe ; lat. *tempus* « temps » ■ Qui ne dure ou ne doit durer qu'un temps limité. ⇒ **momentané, passager, provisoire.** *Travail temporaire.* ♦ Qui n'exerce ses activités que pour un temps. *Personnel temporaire.* ⇒ **intérimaire.** ✪ CONTR. Définitif, durable, permanent.

temporairement adv. – XIXe ■ À titre temporaire, pour un temps. ⇒ **momentanément.**

temporal, ale, aux adj. – XIVe ; lat. *tempus* « tempe » ▪ Qui appartient aux tempes. *Région temporale.*

temporalité n. f. – XIIe ▪ Caractère de ce qui est dans le temps ; le temps vécu, conçu comme une succession. ✪ CONTR. Intemporalité.

temporel, elle adj. – XIIe ; lat. *temporalis* « du monde », « temporaire » 1 Qui est du domaine du temps, des choses qui passent (opposé à *éternel*). « *les joies temporelles couvrent les maux éternels qu'elles causent* » (Pasc.). ♦ Qui est du domaine des choses matérielles (opposé à *spirituel,* I, 3°). ⇒ **séculier, terrestre.** *Puissance temporelle de l'Église.* ♦ subst. *Le spirituel et le temporel.* 2 Qui concerne, qui marque le temps, les temps. *Subordonnées temporelles :* propositions circonstancielles de temps. 3 Relatif au temps ; situé dans le temps (surtout opposé à *spatial*). *Déroulement temporel.* ✪ CONTR. Éternel, intemporel ; spirituel.

❑ Ce qui est dans le temps et dans l'espace est *spatiotemporel.*

temporellement adv. – XIIe 1 Dans l'ordre temporel (opposé à *spirituellement*). 2 Relativement au temps.

temporisateur, trice n. et adj. – XVIe I Personne qui temporise, a l'habitude de temporiser. ➛ adj. *Politique temporisatrice.* ⇒ **dilatoire.** II n. m. Appareil commandant le changement d'opération d'un dispositif électrique au temps voulu ou un certain temps après la commande.

temporisation n. f. – XVe 1 Action, habitude de temporiser. ⇒ **attentisme.** 2 Retard, d'une durée déterminée, à l'exécution d'une action. *Introduire une temporisation dans une commande.*

temporiser v. [1] – XIVe ; lat. *tempus* « temps » 1 v. intr. Différer d'agir, par calcul, dans l'attente d'un moment plus favorable. ⇒ **attendre.** « *il temporisait, sûr de la victoire finale* » (Maupass.). 2 v. tr. Doter d'une temporisation. ⇒ **retarder.** *Relais temporisé.* ✪ CONTR. Hâter (se).

temps [tɑ̃] n. m. – Xe ; lat. *tempus* I - 1 Durée globale. « *Il faut du temps à l'âme pour s'accoutumer à la douleur* » (R. Rolland). *Perdre, gagner du temps. Rattraper le temps perdu.* « *Que peu de temps suffit pour changer toutes choses !* » (Hugo). allus. « *Il faut laisser du temps au temps* » (Mitterrand), permettre au temps d'agir. *Peu de temps avant, après. Dans, sous peu de temps.* ⇒ **prochainement.** *Combien de temps dure ce film ? Un laps, un bout de temps. En peu de temps.* ⇒ **rapidement.** *En moins de temps qu'il n'en faut pour le dire.* ♦ *Unités de temps.* ⇒ **jour, heure, minute,** ② **seconde.** *Division du temps.* ⇒ **calendrier, chronologie ; semaine, mois, année, siècle, millénaire.** 2 Portion limitée de cette durée globale ; espace de temps. ⇒ **moment, période.** *Trouver le temps long. Ça fait passer le temps. Le temps presse. Emploi du temps. Travailler à plein temps, à temps partiel, à mi-temps. Avoir du temps (de) libre, du temps à soi.* ⇒ **loisir.** ➛ *Pendant ce temps.* « *Ces empoisonnements qui n'agissent qu'au bout d'un certain temps* » (Proust). *Pendant, depuis quelque temps. Quelque temps après. Pour un temps.* loc. *N'avoir, ne durer qu'un temps :* être éphémère, provisoire. ➛ *Depuis le temps que tu le sais, tu aurais pu me prévenir.* ♦ *Il attendit un certain temps, quelque temps,* pendant quelque temps. *C'est comme cela la plupart, la moitié, les trois quarts du temps :* presque toujours, le plus souvent. *Il répète tout le temps la même chose,* continuellement, sans cesse. ♦ LE TEMPS DE (et inf.) : le temps nécessaire pour... *Avoir, n'avoir pas le temps de s'amuser.* ⇒ **loisir.** « *Malheureusement je n'avais pas le temps de prolonger indéfiniment ces visites* » (Proust). *Trouver, prendre le temps de se reposer. Vous avez tout le temps. Je n'ai pas le temps.* ➛ *Le temps de* (et inf.), *le temps que* (et subj.). *Le temps de mettre mon manteau et j'arrive.* « *on a prévenu les pompiers, mais le temps qu'ils viennent, la fumée aura étouffé ces petits* » (Gide). ♦ *MON, SON TEMPS... Passer son temps à travailler. Perdre son temps.* loc. *Le plus clair de son temps. Nous avons tout notre temps :* nous ne sommes pas pressés. *Prendre (tout) son temps :* ne pas se presser. ➛ *Avoir fait son temps :* être hors d'usage ; dépassé, périmé. ♦ Espace de temps mesuré. *Temps qu'un mobile emploie à parcourir un espace.* 3 Chacune des divisions égales de la mesure, en musique. *Temps fort,* qui doit être fortement accentué ; le moment crucial, le point culminant. *Les temps forts du match. Valse à trois temps.* loc. fam. *En deux temps, trois mouvements :* très rapidement (cf. En deux coups de cuillère* à pot). *Au temps pour moi :* se dit lorsqu'on admet son erreur. 4 Chacune des phases d'une action, d'une opération, d'un cycle de fonctionnement. *Vous procéderez en deux temps.* ⇒ **étape.** *Dans un premier temps... ; dans un deuxième temps...* ⇒ **abord** (d'abord) ; **ensuite.** ➛ *Moteur à quatre temps, à deux temps.* subst. *Un deux temps.* 5 Durée chronométrée d'une course. *Réaliser le meilleur temps.* ➛ loc. TEMPS MORT, pendant lequel l'arbitre interrompt un match, et qui s'ajoute à la durée totale prévue ; moment où il ne se passe rien. *Un film d'action sans temps mort.* 6 *Temps partagé* ou *partage de temps :* découpage du temps permettant à un ordinateur d'exploiter périodiquement plusieurs voies à un rythme assez rapide pour donner à leurs utilisateurs l'impression d'un traitement simultané. ➛ *Temps réel :* intervalle de temps compatible avec le rythme réel d'arrivée des données et à l'intérieur duquel un ordinateur peut effectuer les traitements nécessaires. 7 Point repérable dans une succession par référence à un « avant » et un « après ». ⇒ **date, époque, moment.** « *Il me souvient d'un temps fort éloigné* » (Valéry). *En ce temps-là.* ➛ loc. *En temps utile* [ɑ̃tɑ̃zytil], *voulu, opportun :* dans les délais, au moment convenable. ➛ *Chaque chose en son temps :* il faut procéder par ordre. *Il y a un temps pour tout.* ➛ *Adverbes, compléments de temps,* marquant un temps. ♦ Ce point déterminé par le calcul. *Temps solaire vrai :* angle horaire du Soleil à l'instant considéré. *Temps sidéral :* angle horaire du point vernal* à l'instant considéré. *Temps moyen* ou *astronomique :* temps solaire vrai, dépouillé de ses inégalités séculaires ou périodiques. *Temps civil :* temps moyen avancé de 12 heures. *Temps universel (T. U.) :* temps civil de Greenwich (Angleterre). *Temps légal :* pour un État, temps universel corrigé du nombre entier d'heures le plus voisin de sa longitude moyenne. ⇒ **fuseau** (horaire) ; **heure** (légale). *Temps atomique international (T. A. I.) :* échelle de temps fondée sur la transition entre deux niveaux d'énergie atomique ou moléculaire (cf. Horloge* atomique). 8 La suite des événements, dans l'histoire. ⇒ **ère, époque, génération, siècle.** *Notre temps,* celui où nous vivons. *Être de son temps,* en avoir les mœurs, les idées. fam. *Par le(s) temps qui cour(en)t :* les choses de ce temps étant ce qu'elles sont. *Le temps passé ; l'ancien, le bon vieux temps.* ➛ *En temps de paix, de guerre. En temps normal,* ordinaire, sans événements exceptionnels. ➛ *LES TEMPS* (avec une nuance d'indétermination). *Les temps les plus reculés. Les temps modernes, futurs.* « *Autres temps, autres mœurs ! Le progrès marche et nous ne voulons pas rester en arrière* » (J. Verne). « *Ô temps ! ô mœurs !* » (La Font.) (cf. lat. *O tempora ! o mores !* [Cicéron]). loc. *Les temps sont durs :* l'époque est difficile. ➛ lang. bibl. Ce qui a été prophétisé. *La consommation des temps.* ➛ *Dans les premiers, derniers temps (de qqch.) :* au début, à la fin. *Je l'ai vu ces derniers temps, ces temps derniers. Elle est un peu fatiguée ces temps-ci.* 9 Époque de la vie. ⇒ **âge.** *De mon temps,* quand j'étais jeune. ➛ BON TEMPS : moments agréables, de plaisir. *Se donner, se* *payer, prendre du bon temps,* s'amuser, profiter des plaisirs de la vie. « *Oh mais vous êtes engraissé* [...] *vous avez un teint ! Vous avez pris du bon temps ?* » (Goncourt). *C'était le bon temps,* une époque où l'on était plus jeune et plus heureux. ♦ Époque de l'année. ⇒ **saison.** *Le temps des cerises.* « *Le temps des lilas approchait de sa fin* » (Proust). ♦ *LE TEMPS DE* (et inf.) : le temps où il convient de... « *Ai-je passé le temps d'aimer ?* » (La Font.). « *Il serait toujours temps d'aviser* » (Proust). « *Il était temps que le secours arrive* » (Hugo). *Il était temps !* **10** loc. adv. *À TEMPS :* juste assez tôt ; à point nommé. « *Nous arrivâmes à temps pour voir rentrer la procession* » (Daud.). ➛ *EN MÊME TEMPS :* simultanément. *Faire deux choses en même temps.* ⇒ **parallèlement.** À la fois. *Le père* « *était en même temps juge et maître* » (Fustel de Coul.). ➛ *ENTRE TEMPS.* ⇒ **entre-temps.** ➛ *DE TEMPS EN TEMPS* [d(ə)tɑ̃zɑ̃tɑ̃] ; *DE TEMPS À AUTRE* [d(ə)tɑ̃zaotʀ] : à des intervalles de temps plus ou moins longs et irréguliers. ⇒ **parfois, quelquefois.** « *Les prêtres, de temps à autre, pinçaient sur leurs lyres des accords presque étouffés* » (Flaub.). ➛ *DE TOUT TEMPS :* depuis toujours. ➛ *EN TOUT TEMPS :* pas plus à une époque qu'à une autre, toujours. ➛ fam. *DANS LE TEMPS :* autrefois, jadis. « *C'est sans doute pour cela,* [...] *que dans le temps il a refusé de m'épouser* » (Stendh.). ➛ *DU TEMPS QUE* (et indic.) : lorsque. *Du temps que les bêtes parlaient... DANS LE TEMPS, AU TEMPS, DU TEMPS OÙ... :* alors que..., quand. **11** Forme verbale particulière à valeur temporelle. *Temps et modes. Temps simples :* présent, imparfait, passé simple, futur. *Temps composés,* formés avec les auxiliaires de temps : futur antérieur, passé composé, passé antérieur, plus-que-parfait. **12** *LE TEMPS :* entité (souvent personnifiée) représentative du changement continuel de l'univers. *Le cours, la marche du temps.* « *tant s'accélère de plus en plus la fuite du temps, au déclin de la vie* » (Loti). « *Ô temps, suspends ton vol !* » (Lamart.). *Les outrages du temps.* « *Le temps guérit les douleurs* » (Pasc.). ➛ loc. *Tromper, tuer le temps :* échapper à l'ennui, en s'occupant ou en se distrayant avec peu de chose. **13** Catégorie fondamentale de l'entendement, objet de la réflexion philosophique et scientifique lié à l'expérience de la durée. *Le temps et l'espace. Hors du temps. Temps réel, vécu ; temps objectif, mesurable, opératoire.* ⇒ **durée, temporalité. II** État de l'atmosphère à un moment donné considéré surtout dans son influence sur la vie et l'activité humaines. *Temps chaud, froid ; sec, pluvieux. Quel beau temps ! Quel temps fait-il ? Il fait un temps superbe.* ➛ *Mauvais, vilain temps. Quel sale temps ! Gros temps* (⇒ **tempête**), *temps calme* (⇒ **bonace**). loc. fam. *Un temps de saison,* considéré comme normal pour la saison. *Temps couvert. Temps clair. Temps lourd. Un temps à ne pas mettre un chien dehors. Le temps se gâte, se rafraîchit, s'éclaircit. Le temps est au beau, est à la pluie. Sortir par tous les temps.* ➛ *Étude et prévision scientifiques du temps.* ⇒ **météorologie.** ✪ HOM. Tan, taon, tant.

> ❑ La locution *au temps pour moi,* qui se dit lorsqu'on admet son erreur, est souvent écrite à tort *autant pour moi.* Or cette expression vient du commandement militaire *Au temps ! Au temps pour les crosses !* (quand les crosses de fusils ne sont pas retombées en même temps et que le mouvement doit être repris).

tempura [tɛmpuʀa] **n. f.** – 1970 ; mot jap. ▪ Beignet très léger de légumes ou de poisson. *Les sushis et les tempuras.*

tenable adj. – XIIe **1** Où l'on peut se tenir, demeurer (en emploi négatif). « *S'il fallait tolérer aux autres tout ce qu'on se permet à soi-même, la vie ne serait plus tenable* » (Courtel.). ⇒ **supportable, tolérable. 2** Que l'on peut faire tenir tranquille, maîtriser. « *fallait pas l'exciter... Il était plus tenable* [...] *dès qu'on croisait les militaires* » (Céline). ✪ CONTR. Intenable.

tenace adj. – XVIe ; lat. *tenere* « tenir » **1** *Odeur, parfum tenace,* qui persiste pendant longtemps. *Tache tenace.* **2** Difficile à détruire. « *cette mélancolie tenace qui enveloppe l'âme comme une brume* » (France). *Une douleur tenace. Préjugés tenaces.* ⇒ **durable. 3** Qui tient avec opiniâtreté à ses opinions, à ses décisions. ⇒ **entêté,** ① **ferme, obstiné, têtu.** « *Un solliciteur trop tenace* » (Romains). ➛ Qui implique la ténacité, l'obstination. *Rancune tenace.* ⇒ **opiniâtre.** ✪ CONTR. Fugace ; ① volatile. Changeant, versatile.

ténacité n. f. – XIVe ; lat. **1** Caractère persistant. *Ténacité d'une odeur.* **2** Caractère tenace. *Ténacité d'un préjugé.* **3** Caractère d'une personne tenace, attachement opiniâtre à une idée, un projet, une volonté. ⇒ **fermeté, obstination, opiniâtreté, persévérance.** « *Douée d'une ténacité à toute épreuve* » (Mart. du G.). ✪ CONTR. Fragilité, fugacité, versatilité.

tenaillant, ante adj. – XIXe ▪ Qui tenaille, fait souffrir. « *Quelque chose de plus pénible et de plus tenaillant que tout ce qu'il avait ressenti* » (Maupass.).

tenaille n. f. – XIIIe ; lat. *tenere* « tenir » **1** (surtout au plur.) Outil de métal, formé de deux branches croisées et articulées qui se terminent par des mors. ⇒ **pince.** *Arracher un clou avec des tenailles.* **2** Ouvrage fortifié présentant un angle rentrant (face à l'ennemi).

tenaillement n. m. – XVIIe ▪ Action de tenailler. *Le tenaillement du remords.*

tenailler v. tr. [1] – XVIe ▪ Faire souffrir moralement ou physiquement. ⇒ **torturer, tourmenter.** « *La faim me tenaille et je défaille* » (Queneau). *Il est tenaillé par les remords.*

> ❑ Au XVIe siècle, *tenailler* avait le sens concret de « supplicier avec des *tenailles* » : « *Damiens fut tenaillé avec de grosses pinces ardentes* » (Voltaire).

tenancier, ière n. – XVe ▪ péj. Personne qui dirige *(tient),* qui gère un établissement soumis à une réglementation ou à une surveillance des pouvoirs publics. *Tenancier d'une maison de jeux.* ➛ (sans valeur péj.) *Tenancier d'un hôtel.* ⇒ ① **patron,** fam. **taulier.**

tenant, ante adj. et **n.** – XIIe **I adj. 1** Qui « se tient », ne s'interrompt pas. *Séance* tenante.* **2** *Chemise à col tenant,* qui tient, n'est pas séparé (opposé à *faux col, col dur*). **II n. 1** En sport, *Le tenant, la tenante du titre,* la personne qui le détient. ⇒ **détenteur. 2 n. m.** Personne qui soutient. ⇒ **adepte, champion, défenseur, partisan.** *Les tenants d'un parti.* **3 n. m.** Figure qui soutient l'écu. **4 n. m.** Ce qui n'est pas séparé, forme un ensemble qui se tient ; seult dans les loc. *d'un tenant, d'un seul tenant :* d'une seule pièce. « *ces deux hectares d'un seul tenant !* » (Zola). ♦ *Les tenants et les aboutissants* d'une affaire.* ✪ CONTR. Adversaire.

tendance n. f. – XIIIe ; de ① *tendre* **1** Ce qui porte qqn à agir, à se comporter de telle ou telle façon. ⇒ **disposition, inclination, penchant, pente, prédisposition, propension.** *Une fâcheuse tendance.* « *Je suis partagé entre des tendances qui se contredisent* » (Mart. du G.). « *Roberti a des tendances au sadisme* » (Dutourd). ➛ *AVOIR TENDANCE À* (et l'inf.) : être enclin à. « *Les enfants ont toujours une tendance soit à déprécier, soit à exalter leurs parents* » (Proust). *Avoir tendance à grossir.* ♦ Principe dynamique, considéré comme la cause de l'orientation des activités humaines. ➛ *Tendances inconscientes.* ⇒ **pulsion. 2** Orientation commune à une catégorie de personnes. *À quelle tendance politique appartient-il ?* ⇒ ② **courant, mouvance. 3** Évolution (de qqch.) dans un même sens. ⇒ **direction, orientation.** *Les dernières tendances de la mode.* ➝ *Les prix ont tendance à monter.* ♦ *Faire à qqn un procès de tendance,* le juger sur les intentions qu'il a ou qu'on lui prête, sans attendre les actes (cf. Un procès d'intention*).

tendanciel, ielle adj. – XIXe ▪ Qui marque une tendance, une orientation déterminée (dans une évolution, un phénomène). *Loi tendancielle.*

tendancieux, ieuse adj. – 1906 ▪ péj. Qui manifeste ou trahit une tendance intellectuelle, idéologique inexprimée, des préjugés. ⇒ **partial.** *Tenir des propos tendancieux.* ✪ CONTR. ① Objectif.

tendelle n. f. – XIXe ; de *tendre (un piège)* ▪ Collet pour prendre les grives.

tender [tɑ̃dɛʀ] n. m. – XIXe ; angl. *to tend* « servir (qqn) » ▪ Wagon qui suivait une locomotive à vapeur et contenait le combustible et l'eau nécessaires.

tenderie n. f. – XVIe ; de ① *tendre* ▪ Chasse où l'on tend des pièges (aux oiseaux) ; terrain où l'on a tendu ces pièges.

tendeur, euse n. – XIIIe ; de ① *tendre* **1** Personne qui tend qqch. *Tendeur de tapisseries.* **2** n. m. Appareil, dispositif servant à tendre, à maintenir tendue une chose souple. *Tendeurs de fils métalliques.* ♦ Câble extensible muni d'un crochet à chaque extrémité. ⇒ **sandow.** *Arrimer des bagages sur une galerie avec des tendeurs.*

tendineux, euse adj. – XVIe ; lat. **1** Des tendons. *Fibre tendineuse.* « *la pomme d'Adam saillante entre deux cordons tendineux* » (Mart. du G.). **2** Qui contient beaucoup de tendons. *Viande tendineuse.*

tendinite n. f. – 1909 ; de *tendineux* ▪ Inflammation d'un tendon.

tendon n. m. – XIVe ; p.-ê. gr. *tenôn* « muscle allongé », avec infl. de ① *tendre* ▪ Structure conjonctive fibreuse, blanche nacrée, par laquelle un muscle s'insère sur un os. *Tendon d'Achille* : gros tendon du talon.

① **tendre** v. tr. [41] – X^e ; lat. *tendere* **I** v. tr. **1** Soumettre (une chose souple ou élastique) à une tension, une traction et la rendre droite. ⇒ **bander, raidir.** *Tendre un arc.* ➝ *Tendre ses muscles.* ⇒ ② **contracter.** ♦ Déployer en allongeant en tous sens. *Araignée qui tend sa toile.* ♦ *Tendre un piège.* ♦ Disposer en étendant. *Tendre une tapisserie,* l'installer. **2** Recouvrir (de qqch. qui est tendu) en guise de décoration. ⇒ **tapisser.** « *un petit boudoir japonais, tendu de soies éclatantes* » (France). **3** pronom. Menacer de rompre, devenir tendu (liens, rapports). « *les rapports de Sartre et d'Olga se tendirent. Ils eurent quelques sérieuses disputes* » (Beauv.). **4** Allonger ou présenter en avançant (une partie du corps). *Tendre le cou.* fig. *Tendre l'oreille,* s'efforcer d'entendre. ➝ *Tendre les bras* (pour accueillir, embrasser ; pour appeler, invoquer). ➝ pronom. *Les mains se tendent vers la nourriture.* **5** Présenter (qqch.) à qqn. *Tendre un paquet de cigarettes à qqn.* ⇒ **donner.** *Tendre son verre.* « *c'était vous qui l'assistiez dans les opérations graves* [...] *C'était vous qui lui tendiez les instruments* » (Baudelaire). ♦ Présenter, offrir (aux coups, aux mauvais traitements), livrer sans se défendre. *Tendre le dos.* **II** v. tr. ind. *Tendre à, vers.* **1** Avoir un but, une fin et s'en rapprocher, d'une manière délibérée. ⇒ **aspirer** (à), ① **viser** (à). *Tendre à, vers la perfection.* ♦ Aller intentionnellement vers (tel but). *Efforts qui tendent au même résultat.* ⇒ **concourir, contribuer, converger.** « *inventions humaines qui tendent à l'amélioration de la vie individuelle et sociale* » (Duham.). **2** (choses) Avoir tendance à, évoluer de façon à (et l'inf.). *Cette coutume tend à disparaître.* ♦ Conduire, mener à (tel effet) sans le réaliser pleinement. « *Ce qui tendrait à prouver* [...] *qu'il y a une chance pour les fous, un Dieu pour les téméraires* » (Loti). ⇒ **sembler. 3** S'approcher d'une valeur limite sans l'atteindre. *Bénéfices qui tendent vers zéro.* ✪ CONTR. Détendre, relâcher.

② **tendre** adj. et n. – XIe ; lat. *tener* **1** Qui se laisse facilement entamer, qui oppose une résistance relativement faible. ⇒ ① **mou.** *Peau tendre.* ➝ (des choses comestibles) Facile à couper, à mâcher. *Viande tendre.* « *l'herbe tendre* » (La Font.). ♦ Moins dur, moins résistant que d'autres, dans son genre. *Le calcaire est une pierre tendre.* **2** Délicat, fragile. *Depuis ma tendre enfance.* **3** (personnes) Porté à la sensibilité ; très accessible aux émotions et aux sentiments d'attachement. ⇒ **sensible.** *Un cœur tendre.* « *La plus tendre des mères* » (Rouss.). ⇒ **affectueux,** ② **aimant, doux.** ➝ n. *C'est un tendre.* ⇒ **sentimental.** ♦ Qui manifeste de la tendresse. *Il devient tendre avec moi.* ⇒ **câlin.** ➝ fam. *Ne pas être tendre pour, avec qqn,* être sévère, impitoyable. **4** Qui présente un caractère de douceur et de délicatesse (sentiments). *Une tendre affection.* « *Deux pigeons s'aimaient d'amour tendre* » (La Font.). ♦ Qui manifeste l'affection, l'amour tendre. *Dire des mots tendres.* ⇒ **doux.** « *une caresse imperceptible, mais si tiède et si tendre* » (Duham.). **5** vx Qui suscite une émotion. ⇒ **attendrissant. 6** Doux, atténué. *Vert tendre.* ⇒ **pâle.** ✪ CONTR. Coriace, cruel, dur, ① froid, insensible, sec. Criard, vif.

tendrement adv. – XIIe ▪ Avec tendresse. *Aimer, embrasser tendrement.*

tendresse n. f. – XIVe **1** Sentiment tendre pour qqn. ⇒ **affection, attachement.** *Ressentir, éprouver de la tendresse pour qqn. Geste de tendresse.* « *la vie sans tendresse et sans amour n'était qu'un rouage sec, criard et déchirant* » (Hugo). ♦ Sentiment fondamental de sympathie, d'altruisme. « *Le lait de la tendresse humaine* » (trad. de Shakespeare). **2** au plur. Expressions, témoignages de tendresse. *Mille tendresses* (au bas d'une lettre). **3** fam. Préférence complaisante. ⇒ **faible, penchant.** *Je n'ai aucune tendresse pour ce genre de procédé* : cela me déplaît. ✪ CONTR. Dureté, froideur.

tendreté n. f. – XIIe ▪ Caractère de ce qui est tendre (1°). *La tendreté de la viande.* ✪ CONTR. Dureté.

> ❑ Le mot reste rare et surtout signalé pour l'opposer à *tendresse* qui n'a pas de sens concret.

tendron n. m. – XIIe ; lat. *tener* « tendre » ▪ *Tendron de veau* : morceau de viande constituant la paroi inférieure du thorax.

tendu, ue adj. – XIe ; de ① *tendre* **1** Rendu droit par traction. *Toile tendue sur un châssis. Muscles tendus.* ⇒ **contracté.** ♦ *Tir tendu,* dont la trajectoire, ou une partie, est proche d'une droite (opposé à *courbe*). **2** *Esprit tendu, volonté tendue,* qui s'applique avec effort à un objet. ➝ Dans un état de tension morale. ⇒ **contracté, stressé.** « *je suis tendu : je ne sais pas me laisser aller* » (Sartre). **3** Qui menace de se dégrader, de rompre. ⇒ **difficile.** *Avoir des rapports tendus avec qqn.* **4** Que l'on tend, que l'on avance. « *le doigt tendu vers moi* » (Camus). ⇒ **pointé.** ✪ CONTR. Ballant, ① flasque, lâche. Décontracté, détendu, serein.

ténèbres n. f. pl. – XIe ; lat. **1** Obscurité profonde, considérée le plus souvent comme un milieu matériel. « *Les ténèbres s'épaississaient autour de lui* » (Mart. du G.). ♦ « *Les ténèbres de la barbarie se dissipent* » (Chateaub.). **2** (Opposé à *la lumière de Dieu*) *Le prince des ténèbres.* ⇒ **démon.** *L'empire des ténèbres.* ⇒ **enfer.** ✪ CONTR. Lumière.

ténébreux, euse adj. – XIe **1** littér. (le plus souvent avec une valeur morale) Où il y a des ténèbres, où il fait noir. ⇒ **obscur, sombre.** « *Ma jeunesse ne fut qu'un ténébreux orage* » (Baud.). **2** Secret et dangereux.

⇒ **sombre.** « *Une ténébreuse affaire* », roman de Balzac. 3 Sombre et mélancolique. subst. « *Je suis le ténébreux, le veuf, l'inconsolé* » (Nerval). ➝ allus. littér. *Le Beau Ténébreux* : surnom d'Amadis de Gaule qui, repoussé par celle qu'il aimait, se retira dans un ermitage. ➝ par plais. *Un beau ténébreux* : un bel homme à l'air mystérieux et mélancolique. ✪ CONTR. ① Brillant, clair, lumineux.

ténébrion n. m. – XVIe ; lat. « ami des ténèbres » ▪ Insecte coléoptère *(ténébrionidés)* d'un noir profond, qui habite les lieux sombres et dont la larve vit dans la farine (ver de farine).

ténesme n. m. – XIVe ; gr. *teinein* « tendre » ▪ Tension douloureuse avec sensation de brûlure et envies continuelles d'aller à la selle ou d'uriner. ⇒ **épreintes.**

① **teneur** n. f. – XIIe ; lat. *tenere* « tenir » 1 Contenu exact, texte littéral (d'un écrit, d'une communication orale). *La teneur d'un discours.* 2 Quantité (d'une matière) contenue dans (un corps). ⇒ **titre.** *Teneur en or d'un minerai.* ➝ *Teneur isotopique* : rapport du nombre des atomes d'un isotope d'un élément chimique au nombre total des atomes de l'élément contenus dans une matière.

② **teneur, euse** n. – XIIe ▪ *Teneur, teneuse de livres* : personne qui tient les livres de comptabilité. ➝ *Teneur de compte,* qui tient un compte de titres.

ténia [tenja] n. m. – XVe ; gr. *tainia* « bandelette » ▪ Ver plathelminthe *(cestodes)*, parasite de l'intestin des mammifères, au corps formé d'un grand nombre d'anneaux plats, muni de ventouses ou de crochets de fixation. ⇒ **bothriocéphale.** *Le ténia de l'homme,* ou *ver solitaire, est long de 4 à 12 mètres.*

❑ On écrivait aussi *tænia* : « *la vie du tænia est horrible... j'admets...* » (Céline).

ténifuge adj. et n. m. – XIXe ▪ Qui provoque l'expulsion des ténias. *Remède ténifuge.*

❑ Formé comme *vermifuge* (et *fébrifuge, ignifuge*).

tenir v. 22 – Xe ; lat. *tenere* I v. tr. 1 Avoir (un objet) avec soi en le serrant afin qu'il ne tombe pas, ne s'échappe pas. « *Il tenait un luth d'une main, De l'autre un bouquet d'églantine* » (Muss.). « *Sous le bras, elle tenait son parapluie* » (Suarès). *Tenir qqn dans ses bras.* ⇒ **embrasser, étreindre, serrer.** ➝ *Tenir la porte à qqn.* ♦ Avoir à la main, dans les mains en serrant. *Tenir les rênes d'un cheval, la rampe d'un escalier.* ➝ *Tenir un enfant par la main. Il la tient par la taille.* « *plusieurs années s'étaient écoulées depuis qu'il n'avait tenu une femme dans ses bras* » (Maupass.). *Je te tiens, tu me tiens par la barbichette* (chans. enfantine). 2 Faire rester en place. ⇒ **retenir.** « *Les rouleaux des amarres qui le tenaient* [le chalut] » (Maupass.). ➝ Conserver, garder. « *Ses cheveux tenaient la frisure* » (Balz.). *Piano qui tient l'accord.* ♦ *Tenir sa langue**. *Tenir qqch. secret.* 3 Faire rester dans un certain état, pendant un certain temps. ⇒ **maintenir.** *Il* « *la tenait doucement serrée contre lui* » (Romains). *Il lui a tenu la tête sous l'eau. Ces travaux me tiennent occupé jusqu'en juillet. Un vêtement qui tient chaud.* « *L'espérance les tient en haleine* » (Mariv.). ➝ *Tenir un plat au chaud.* ➝ *Tenir une note,* en prolonger le son. ➝ *Ficelles et clous qui tiennent un assemblage.* 4 Saisir (ce qui s'échappe), s'emparer de. *Nous tenons les voleurs.* « *Si je le tenais maintenant, ce tailleur détestable* » (Mol.). ➝ « *Amour, amour quand tu nous tiens* » (La Font.). 5 Résister à. *Un navire qui tient bien la mer,* qui ne risque pas de chavirer. ➝ *Tenir l'alcool* : être capable de boire beaucoup sans être ivre. « *un des rares hommes à tenir le whisky aussi bien que le colonel* » (Simenon). ➝ fam. *Tenir bon.* 6 Avoir en sa possession. ⇒ **détenir, posséder.** *Le bonheur* « *lorsqu'on le tient, ce n'est plus rien de bon* » (Alain). ➝ *Tenir un territoire, une position,* en être maître. ♦ fam. *Je tiens un de ces rhumes. Il en tient une couche* : il est bête. ♦ littér. FAIRE TENIR QQCH. À QQN : faire parvenir. « *Une petite fille nommée Carmen, à qui je fis tenir* [...] *une lettre* » (Radiguet). ♦ TIENS, TENEZ ! prends, prenez. « *Il gifla le gosse. "Tiens, ça t'apprendra !"* » (Aragon). *Tenez, je l'ai vu hier.* ➝ *Tiens ! je ne l'aurais pas pensé.* ♦ TENIR EN : avoir en. *Tenir qqn en estime.* 7 TENIR QQCH. DE QQN, l'avoir par lui. « *Tu tiens ces nouvelles de mon oncle* » (Mol.). ♦ Avoir par hérédité. « *Je tenais de ma grand-mère d'être dénué d'amour-propre* » (Proust). 8 Occuper (un certain espace). « *L'enseigne, qui tenait toute la largeur de la boutique* » (Flaub.). ➝ « *Ces questions d'intérêt* [...] *qui tiennent une si grande place dans la vie* » (Loti). 9 Occuper (un lieu), sans s'en écarter. *Conducteur qui tient sa droite.* ♦ *Tenir une place éminente dans la société.* 10 Remplir (une activité). ⇒ **exercer.** *Tenir son rôle. Tenir compagnie. La conduite à tenir.* ➝ Avoir sous sa direction, sous son autorité... ⇒ **diriger, gérer.** *Tenir un hôtel. Elle* « *tenait l'orgue pour un cachet minime* » (Vialar). *Tenir une rubrique dans un journal. Tenir les livres de comptes.* ♦ Présider (une réunion), prendre part à. *Tenir une conférence.* ♦ *Tenir un langage. Tenir des propos scandaleux.* 11 TENIR... POUR... : considérer, croire. « *il la tient pour sensée et de bon jugement* » (Rac.). *Tenir un fait pour certain. Tenez-vous-le pour dit.* 12 Observer fidèlement (ce qu'on a promis). *Tenir parole, sa parole, ses engagements, ses promesses.* ➝ Mettre un enjeu équivalent, au jeu. *Pari tenu.* II v. intr. 1 Être attaché, fixé, se maintenir dans la même position. « *Des lunettes qui tiennent sur le bout des narines* » (Balz.). ➝ *Votre histoire ne tient pas debout,* est invraisemblable. *Un échafaudage qui tient en équilibre.* 2 Être solide, ne pas céder, ne pas rompre. « *Des chaînes qu'on croit rompues et qui tiennent toujours* » (Maupass.). « *Un granit escarpé où la neige ne tient même pas* » (Michelet). *Tenir bon* : bien résister. « *L'arbre tient bon, le roseau plie* » (La Font.). *Il n'y a pas de raison qui tienne,* qui puisse s'opposer à... ♦ Ne pas se défaire. *Coiffure qui ne tient pas.* ♦ Résister à l'épreuve du temps ; rester valable. ⇒ **durer.** « *Le marché ne tint pas* » (La Font.). *Leur union tient toujours.* fam. *Cela tient toujours pour jeudi ?* ➝ Résister à l'analyse. *Son raisonnement ne tient pas.* 3 Résister. « *Quelques carrés de la garde* [...] *tinrent jusqu'à la nuit* » (Hugo). « *Il a fallu tenir dix jours* » (Dorgelès). ♦ *Ne plus pouvoir tenir, ne pouvoir y tenir* : être au comble de l'impatience, à bout, hors de soi. *N'y tenant plus, il est parti en claquant la porte.* ♦ vieilli *Tenir pour qqn* : ne pas abandonner son parti. ⇒ **soutenir.** « *Les médecins qui tenaient pour les anciens intentèrent un procès* » (Volt.). *Tenir pour une opinion,* la soutenir. 4 Être contenu dans un certain espace. *Tous mes livres tiennent dans cette armoire.* ⇒ **entrer.** « *une voiture démodée où l'on pouvait tenir à dix* » (Simenon). III v. tr. ind. 1 TENIR À QQN, À QQCH., y être attaché par un sentiment durable. « *je tiens passionnément à lui et ne voudrais à aucun prix le perdre* » (Maurois). *Tenir à la vie, à la liberté.* ♦ Vouloir absolument. « *Ils tiennent à ne pas se mettre mal avec la police* » (Romains). *Il ne tient pas à ce que je vienne.* 2 TENIR À QQCH. : avoir un rapport de dépendance, d'effet à cause. ⇒ **provenir, résulter.** « *Cette médiocrité ne tenait pas au genre, elle tenait au talent insuffisant des auteurs* » (Caillois). impers. (négatif) *Il ne tient qu'à moi qu'il obtienne satisfaction,* il ne dépend que de moi. *Qu'à cela ne tienne !* peu importe. 3 TENIR DE QQN, DE QQCH. : avoir des rapports de filiation, de parenté, d'analogie qui amènent une ressemblance. « *moralement, c'est moi qui tenais de papa* » (Mart. du G.). *Il a de qui tenir.* ♦ Participer de la nature de. *Cela tient du miracle.* IV SE TENIR v. pron.

1 SE TENIR À QQCH. : tenir qqch. afin de ne pas tomber, de ne pas changer de position. ⇒ s'**accrocher,** s'**agripper,** se **cramponner,** se **retenir.** « *La corde à laquelle il se tenait d'une main* » (Hugo). *Le blessé se tenait au mur.* ⇒ s'**appuyer.** ➛ *Tiens-toi bien !* 2 Être, demeurer (en telle position). *Se tenir debout, à genoux, au garde-à-vous.* « *Je me tiens un peu de guingois, selon l'expression de ma mère* » (Duham.). *Tiens-toi droit !* ♦ Être formé d'éléments cohérents qui entraînent la vraisemblance. *Son raisonnement se tient.* 3 Être (quelque part). « *Pablo se tenait au milieu de la chambre* » (Sartre). *Se tenir auprès de qqn.* ➛ *Lieux où se tiennent les foires,* où elles ont lieu. 4 Être et rester. *Se tenir prêt. Se tenir caché, sur ses gardes. Se tenir tranquille :* ne pas agir, rester sage. ♦ *Se tenir bien, se tenir mal :* se conduire en personne bien, mal élevée. ➛ *Il sait se tenir en société,* se tenir bien. 5 VX ou LITTÉR. NE POUVOIR SE TENIR DE... : ne pouvoir s'empêcher, se retenir de. « *Ses voisins de dortoir* [...] *ne pouvaient se tenir de rire* » (Maupass.). 6 LITTÉR. SE TENIR À QQCH. : observer, pratiquer fidèlement et exclusivement. « *Tu parles d'or, maman, et je me tiens à ton avis* » (Beaum.). ♦ S'EN TENIR À QQCH. : ne pas aller au-delà, ne vouloir rien de plus. ⇒ se **borner.** « *Ils s'en tenaient aux lieux communs* » (Flaub.). *Tenez-vous-en là.* ➛ *Savoir à quoi s'en tenir :* être fixé. « *J'en suis malade, à la fin, de ne pas savoir à quoi m'en tenir. Il me faut un oui ou un non* » (Zola). 7 SE TENIR POUR... : se considérer comme. « *Un mot de plus, et je me tiens pour insulté* » (Gobineau). 8 Se tenir l'un l'autre. *Se tenir par la main.* « *ils se mirent en route vers la gare Saint-Lazare en se tenant par le bras* » (Maupass.). 9 Être dans une dépendance réciproque. « *Ces choses complexes où tout se tient, où les qualités sortent des défauts, et où l'on ne peut rien changer sans faire crouler l'ensemble* » (Renan). 10 Être très proches, très voisins. *Les deux candidats se tiennent.* ✪ CONTR. ① Lâcher, laisser, quitter. Abandonner, capituler, céder, fléchir. — Branler, chanceler. Manquer (à). — HOM. *Tins :* teins (teindre) ; *tintes :* teinte (teinter), tinte (tinter).

tennis [tenis] **n. m.** et **f.** – XIXe ; mot angl., du fr. *tenez,* exclam. du joueur lançant la balle **I n. m.** 1 Sport dans lequel deux ou quatre joueurs se renvoient une balle, à l'aide de raquettes, de part et d'autre d'un filet, sur un court. *Jouer au tennis. Match de tennis. Tennis sur terre battue, sur gazon, sur revêtement synthétique* (⇒ **quick**). *Chaussures de tennis.* 2 Terrain de tennis, comprenant le court et une enceinte aménagé. *Un tennis couvert.* 3 Cotonnade d'armure sergé. 4 *Tennis de table* ⇒ **ping-pong. II n. m.** ou **f.** Chaussure basse, à semelle de caoutchouc souple et adhérente. ⇒ ② **basket.** *Tennis en cuir.* « *Elle est jeune. Elle porte des tennis blancs* » (Duras).

tennis-elbow [tenisɛlbo] **n. m.** – 1964 ; mot angl., de *elbow* « coude » ▪ Synovite du coude, fréquente chez les joueurs de tennis. *Des tennis-elbows.*

tennisman [tenisman] **n. m.** – 1903 ▪ Joueur de tennis. *Des tennismans* ou *des tennismen* [tenismɛn].

❑ *Tennisman* est un faux anglicisme qui a vieilli, formé de l'anglais *tennis* et de *man* « homme » détaché d'emprunts véritables *(barman, policeman).* ♦ Certains confondent la finale *-man* et le radical *-mane (mélomane).*

tennistique **adj.** – 1922 ▪ Relatif au tennis.

tenon **n. m.** – XIIIe ; de *tenir* ▪ Partie saillante, à l'extrémité d'une pièce, destinée à s'ajuster dans une partie creuse correspondante (⇒ **mortaise**). *Tenon en queue d'aronde.* « *L'assemblage à tenon et mortaise ne veut point de colle, si l'ouvrage est bien dressé* » (France). ♦ Fil métallique destiné à la fixation d'une couronne ou d'une dent artificielle. *Dent à tenon.* ⇒ **pivot.**

tenonner **v. tr.** [1] – XIXe ▪ Pratiquer un tenon sur (une pièce de bois).

ténor **n. m.** – XVe ; lat. *tenere* « tenir » 1 Voix d'homme de registre aigu, au-dessus du baryton ; chanteur qui a ce type de voix. *Ténor léger. Chanter la partie de ténor.* « *Le ténor, c'est l'amour, c'est la voix qui touche le cœur, qui vibre dans l'âme* » (Balz.). ♦ **adj.** *Saxophone ténor,* dont l'étendue correspond à celle de la voix de ténor. 2 Personnage très en vue dans l'activité qu'il exerce. *Les grands ténors du barreau.*

ténorino **n. m.** – XIXe ; mot it. ▪ Ténor très léger.

ténoriser **v. intr.** [1] – XVIIIe ▪ Chanter comme un ténor.

ténorite **n. f.** – XIXe ; de *G. Tenore,* naturaliste it. ▪ Oxyde naturel de cuivre.

ténotomie **n. f.** – XIXe ; gr. *tenôn* « tendon » et *-tomie* ▪ Section chirurgicale d'un tendon.

tenrec **n. m.** – XVIIIe ; malgache *tandraka* ▪ Mammifère insectivore de Madagascar, à museau pointu, au corps couvert de poils et de piquants.

❑ On écrit aussi *tanrec.*

tenseur **n. m.** et **adj. m.** – XIXe ; lat. *tendere* « ① tendre » 1 Muscle qui tend, produit une tension. 2 Tendeur. *Poids tenseur.* 3 Être mathématique constituant une généralisation du vecteur, défini dans un espace à *n* dimensions par n^k *composantes* (*k* étant l'*ordre* du tenseur) et dont les propriétés sont indépendantes du système d'axes de coordonnées choisi. *Un vecteur est un tenseur d'ordre 1.* ➛ *Tenseur de conductivité électrique.*

tensioactif, ive **adj.** et **n. m.** – XXe ; lat. *tensio* « tension » et *actif* ▪ Susceptible d'augmenter les propriétés d'étalement, de mouillage d'un liquide, en abaissant sa tension superficielle. *Agent tensioactif.*

tensiomètre **n. m.** – 1949 ; lat. *tensio* « tension » et *-mètre* 1 Appareil de mesure des déformations d'un corps soumis à des contraintes mécaniques. ➛ Appareil servant à mesurer la tension superficielle d'un liquide. 2 ⇒ **sphygmomanomètre.**

tension **n. f.** – XVe ; lat. **I - 1** Résistance opposée par une paroi organique aux liquides, aux gaz contenus dans la cavité qu'elle limite. *Tension de la paroi abdominale.* 2 État d'une substance tendue. *Régler la tension d'une corde de violon.* ♦ État des muscles contractés. ⇒ **contraction.** 3 *Tension superficielle :* force due aux interactions moléculaires, qui s'exerce à la surface d'un liquide au contact d'un autre fluide. ♦ Force interne ou contrainte qui agit dans un corps en équilibre. 4 Pression. *Mesure des tensions à l'aide d'un manomètre.* ➛ *Tension osmotique.* ♦ *Tension artérielle, veineuse :* pression du sang. *Prendre la tension de qqn au sphygmomanomètre.* ➛ Hypertension. *Avoir de la tension.* 5 Différence de potentiel. *Haute tension (H. T.) :* tension élevée, de plusieurs milliers de volts. *Très haute tension (T. H. T.). Basse tension (B. T.).* **II - 1** Effort intellectuel ; application soutenue. ⇒ **concentration,** ① **contention.** « *Il en faut de la volonté et de la tension pour ne jamais être distrait !* » (Camus). 2 État de ce qui menace de rompre. *Tension des relations.* ⇒ **crispation.** *Tensions raciales.* 3 État psychique où le besoin d'une détente se fait sentir. « *On connaît la tension prodigieuse de la vie moderne pour les hommes de travail* » (Michelet). *Tension nerveuse,* énervement. ⇒ **stress.** « *Il était parvenu à une telle tension nerveuse qu'il claquait des dents* » (Mart. du G.). 4 Le fait de se diriger vers, de tendre à... « *Cette foi, qui n'était qu'une pure tension vers le royaume à venir* » (Camus). ✪ CONTR. Laxité, relâchement. Abandon, détente.

tensoriel, ielle **adj.** – XXe ▪ Qui concerne les tenseurs. *Analyse tensorielle.*

tentaculaire adj. – XVIIIe **1** Des tentacules. *Bras tentaculaires du poulpe.* **2** Qui se développe dans toutes les directions, de façon envahissante et peu maîtrisée. « *Les Villes tentaculaires* », *de Verhaeren.*

tentacule n. m. – XVIIIe ; lat. *tentare* « tâter, palper » ▪ Appendice allongé et souple, servant généralement au tact et à la préhension. ♦ Bras des céphalopodes, organe allongé muni de ventouses. *Les tentacules de la pieuvre.*

❑ Attention, ce mot est masculin. → opuscule (rem.).

tentant, ante adj. – XVe ▪ Qui tente, inspire ou excite le désir. ⇒ **alléchant, engageant, séduisant.** « *Les sentiers de falaise sont habituellement d'une déclivité peu tentante* » (Hugo).

tentateur, trice n. et adj. – XVe ; lat. *temptator* « séducteur » **1** n. m. Démon qui tente les hommes, les induit au mal. – *L'esprit tentateur.* **2** Personne qui cherche à tenter, à séduire. – *Beauté tentatrice.*

tentation n. f. – XIIe ; lat. **1** Ce qui porte à enfreindre une loi religieuse, morale ; impulsion qui pousse au péché, au mal, en éveillant le désir. *Les tentations de la chair.* « *nous cédons à des tentations légères dont nous méprisons le danger* » (Rouss.). *Résister à la tentation.* **2** Action du tentateur. *La tentation de saint Antoine.* **3** Ce qui incite (à une action) en éveillant le désir. Tendance qui se manifeste alors. ⇒ **envie ; désir.** « *Ne cède point à la tentation de briller, garde le silence* » (Stendh.).

tentative n. f. – XVIe ; lat. *tentare* « tenter » ▪ Action par laquelle on s'efforce d'obtenir un résultat. ⇒ **essai.** *Tentative de suicide. Tentative infructueuse. À la première tentative.* « *Leurs vaines tentatives pour combattre ces barbares* » (Michelet). *Faire une tentative auprès de qqn pour obtenir qqch.* ⇒ **démarche.** « *toutes ses tentatives avaient échoué* » (Balz.). ♦ Volonté de commettre une infraction, manifestée par un commencement d'exécution interrompu par des circonstances indépendantes de la volonté de son auteur. *Tentative d'homicide.*

tente n. f. – XIIe ; lat. *tendere* « tendre » **1** Abri transportable fait d'une matière souple tendue sur des supports rigides. *Mâts, piquets, toile de tente. Monter une tente, planter sa tente.* « *les nomades aux lentes caravanes* [...] *dans un décor vierge, le soir, dressaient leur tente* » (St-Exup.). *Tente de camping. Vivre sous la tente.* ♦ littér. *Se retirer sous sa tente* : abandonner une cause par dépit. ♦ *Tente à oxygène* : abri étanche où l'on place un malade dans une atmosphère d'oxygène. **2** Prolongement de la dure-mère, entre le cerveau et le cervelet. – Repli de la dure-mère recouvrant l'hypophyse. ✪ HOM. Tante.

tenter v. tr. [1] – XIIe ; lat. *temptare,* confondu avec *tentare* « agiter » **1** vx Faire apparaître par une épreuve la valeur de (qqn). ⇒ **éprouver.** « *Dieu tenta Abraham* » (BIBLE). ♦ mod. *Il ne faut pas tenter le diable,* présenter à qqn ce qui le fera succomber à la tentation. **2** Essayer d'entraîner au mal, au péché. « *Ce qui nous est défendu n'est pas d'être tentés, mais de nous laisser vaincre aux tentations* » (Rouss.). **3** Éveiller le désir, l'envie de (qqn). ⇒ **allécher, séduire.** *Ce ruban « me tenta, je le volai »* (Rouss.). *Se laisser tenter* : céder. ♦ Avoir envie de, tendance à. « *Les identifications qu'on pourrait être tenté d'établir* » (Renan). **4** Éprouver (les chances de réussite) ; commencer, en vue de réussir. *Tenter l'ascension d'un sommet.* loc. *Tenter le tout pour le tout* : risquer de tout perdre pour tout gagner. « *La démarche que je tente auprès de vous* » (Romains). – *Tenter de.* ⇒ **chercher** (à), **essayer** (de). « *elle ferma les yeux et tenta de rassembler ses idées* » (Green). ♦ *Tenter sa chance, tenter fortune* : tenter de gagner, de réussir.

tenthrède n. f. – XIXe ; gr. *tenthrêdôn* « sorte de guêpe » ▪ Insecte hyménoptère *(tenthrédinidés),* appelé *mouche à scie.*

tenture n. f. – XVIe **1** Ensemble des éléments destinés à recouvrir et décorer les murs d'une pièce. *Tenture formée d'une suite de tapisseries.* **2** Pièce de tissu, de cuir, de papier, servant d'élément de décoration murale. ⇒ **tapisserie.** *Tentures de cretonne, de velours. L'appartement « bien feutré de tapis doux, de tentures lourdes »* (Bosco).

tenu, ue adj. – XIIIe **1** ÊTRE TENU À : être obligé à (une action). *Le médecin est tenu au secret professionnel.* ♦ ÊTRE TENU DE. *Le preneur est tenu des dégradations,* il en est responsable. – Être obligé de. « *Les riches sont moralement tenus d'être probes* » (France). **2** *Bien tenu* : en bon état de propreté et d'ordre, bien entretenu. *Maison bien tenue.* « *Il était mal tenu, presque sale ; ses cheveux, trop longs, relevaient du bout* » (Mart. du G.). **3** Dont le cours est ferme. *Valeurs bien tenues.* **4** *Note tenue* : note de musique dont on prolonge la durée. **5** n. m. Faute qui consiste à immobiliser trop longtemps le ballon (basket, handball).

ténu, ue adj. – XVIe ; lat. **1** Très mince, très fin, très petit. *Fil ténu.* – *Voix ténue,* de peu d'ampleur, de force. **2** Peu perceptible, subtil. « *Des nuances si ténues de sentiment* » (Ribot). ✪ CONTR. Épais, gros.

❑ Même famille étymologique que *atténuer, exténuer.*

tenue n. f. – XIIe **1** vx Continuité, durée, suite. *D'une seule tenue* : sans interruption. ♦ Émission prolongée d'un son. ♦ Fermeté du cours d'une valeur boursière. ♦ Qualité d'un cheval capable de soutenir un effort prolongé. **2** Le fait de tenir séance ; la durée d'une réunion. *Tenue d'un congrès.* **3** Le fait, la manière de tenir, de gérer (un établissement) ; la manière dont la discipline, l'économie, y sont assurées. ⇒ **ordre.** *Veiller à la bonne tenue d'un établissement.* ♦ *La tenue de la comptabilité,* le fait de s'en occuper. **4** Action de se tenir à cheval. **5** Dignité de la conduite. *Un peu de tenue !* surveillez vos manières. ♦ Manière de se conduire, de se tenir. « *Elle faisait exprès de parler haut et d'avoir une mauvaise tenue* » (Larbaud). – Attitude du corps. ⇒ **maintien.** **6** Manière dont une personne est habillée. ⇒ **allure, équipage, mise, présentation.** *En tenue légère, en petite tenue* : en sous-vêtements, en déshabillé. *En tenue d'Adam, d'Ève* : nu, nue. *Une tenue négligée.* ♦ Ensemble des vêtements et des accessoires particuliers (à une profession, à une activité). ⇒ **costume.** *Tenue de voyage, de ski. Tenue d'infirmière. Se mettre en tenue* : revêtir la tenue qui convient à un travail, une activité. – *Tenue de soirée* : habit ou smoking, robe du soir. ♦ *Militaire en tenue* (opposé à *en civil*). « *les officiers en grande tenue* » (Zola). **7** *Tenue de route* : aptitude d'un véhicule à se maintenir dans la direction commandée par le conducteur, manière dont une voiture tient la route.

ténuirostre adj. – XIXe ; lat. *tenuis* « fin » et *-rostre* ▪ Qui a le bec fin. *Oiseau ténuirostre.*

ténuité n. f. – XIIe ▪ littér. Caractère de ce qui est ténu.

tenure n. f. – XIIe ; de *tenir* ▪ Mode de concession d'une terre ; cette terre elle-même. *Tenure noble, féodale,* concédée par un seigneur à un autre (⇒ **fief**). ✪ CONTR. Franc-alleu.

tenuto [tenuto] adv. – XVIIIe ; mot it. « tenu » ▪ Mot indiquant que les sons doivent être soutenus (abrév. ten).

téocalli n. m. – XIXe ; mot mexicain, de *teotl* « dieu » et *calli* « maison » ▪ Chez les Aztèques, Pyramide tronquée à quatre côtés, portant un temple et un autel.

❑ Les Aztèques offraient des sacrifices humains sur les téocallis.

tep [tɛp] **n. f.** – 1976 ; acronyme de *Tonne Équivalent Pétrole* ■ Unité de mesure destinée à évaluer les diverses sources d'énergie par comparaison avec la quantité de thermies produite par une tonne de pétrole brut.

tephillim ou **téphillim** [tefilim] **n. m. pl.** – 1904 ; hébr. *t'phillin,* plur. de *t'phillah* « prière » ■ Bandes de cuir contenant des versets de la Bible, que les Juifs portent au front et au bras gauche pendant les prières. ⇒ **phylactère.**

téphrochronologie [tefʀokʀɔnɔlɔʒi] **n. f.** – 1973 ; gr. *tephra* « cendre » et *chronologie* ■ Procédé de datation basé sur l'analyse comparée des couches de cendres volcaniques.

téphrosie **n. f.** – XIXe ; gr. *tephra* « cendre » ■ Plante exotique *(légumineuses),* dont une espèce fournit un indigo et une autre un insecticide.

tepidarium ou **tépidarium** [tepidaʀjɔm] **n. m.** – XVIIIe ; mot lat., de *tepidus* « tiède » ■ Partie des bains romains dans laquelle on maintenait une température modérée.

❑ Le *tépidarium* servait de lieu de transition entre le *caldarium* et le *frigidarium.*

tequila [tekila] **n. f.** – 1954 ; de *(l'agave) tequilana* « du district de *Tequila* » au Mexique ■ Alcool d'agave du Mexique. *On boit la tequila avec une pincée de sel. Nous avons « bu du tequilla* [sic] *dans les bars mal famés »* (Beauv.).

❑ On écrirait mieux *téquila.*

ter [tɛʀ] **adv.** – XVIIIe ; mot lat. « trois fois » 1 Indication d'avoir à répéter un passage, un refrain trois fois. 2 Indique la répétition, une troisième fois, du numéro. *Le 12, le 12 bis et le 12 ter de la rue Balzac.* ✪ HOM. Taire, terre.

téra- Élément (symb. T), du gr. *teras* qui indique la multiplication par un million de millions (10^{12}) ou par un très grand nombre, de l'unité dont il précède le nom : *térawatt.*

téragone **n. m.** – 1978 ; *téra-* et *-gone* ■ Polygone qui a un très grand nombre de côtés.

térato- Élément, du gr. *teras* « monstre ».

tératogène **adj.** – 1904 ; *térato-* et *-gène* ■ Qui, par son action sur l'embryon, peut produire un monstre. *Radiations tératogènes.*

tératogenèse **n. f.** – XIXe ; *térato-* et *-genèse* ■ Formation et développement in utero d'anomalies aboutissant à des malformations ou à des monstruosités.

tératogénie **n. f.** – XIXe ; *térato-* et *-génie* ■ Production de monstres.

tératologie **n. f.** – XVIIIe ; *térato-* et *-logie* ■ Science qui a pour objet l'étude des anomalies et des monstruosités des êtres vivants.

❑ « *On doit à Geoffroy Saint-Hilaire* [...] *la création de la science des monstres ou* tératologie » (Rostand).

tératologique **adj.** – XIXe ■ Relatif à la tératologie. « *La femme du coiffeur venait d'accoucher heureusement d'un phénomène tératologique viable* » (Queneau).

tératome **n. m.** – XIXe ; *térat(o)-* et *-ome* ■ Tumeur des cellules germinales de mammifères qui garde la capacité de se différencier en structures embryonnaires précoces.

terbium [tɛʀbjɔm] **n. m.** – XIXe ; de *Ytterby,* nom de la localité suéd. où fut découvert le minerai ■ Élément atomique du groupe des terres rares (Tb ; n° at. 65 ; m. at. 158,92).

tercet **n. m.** – XVIe ; it. *terzo* « troisième, tiers » ■ Couplet, strophe de trois vers.

térébelle **n. f.** – XIXe ; lat. *terebra* « tarière » ■ Ver marin *(annélides)* dont le corps est enfermé dans un tube fait de sable agglutiné et dont une extrémité porte des branchies rouges et des tentacules, l'autre étant plongée dans le sable.

terebellum ou **térébellum** [teʀebelɔm] **n. m.** – XIXe ; lat. *terebra* « tarière » ■ Mollusque *(gastéropodes)* vivant dans l'océan Indien.

térébenthine [teʀebɑ̃tin] **n. f.** – XIIe ■ Huile essentielle résineuse recueillie par incision ou perforation de conifères ou de térébinthacées. « *La plus fine résine entre toutes est celle du mélèze, c'est ce qu'on nomme la térébenthine de Venise* » (Michelet). *Essence de térébenthine,* obtenue par distillation de térébenthines.

❑ Le ...*en* de ce mot était autrefois prononcé comme ...*in* (cf. les mots commençant par *ben* + consonne). → benzine, térébinthe.

térébinthacées **n. f. pl.** – XIXe ■ Famille de plantes phanérogames angiospermes *(dicotylédones dialypétales),* qui comprend des arbres et des arbrisseaux lactescents ou résineux.

térébinthe [teʀebɛ̃t] **n. m.** – XIIIe ; gr. ■ Pistachier qui donne une résine très aromatique dite *térébenthine de Chio.*

térébrant, ante **adj.** – XIXe ; lat. *terebrare* « percer avec une tarière » 1 Qui perce des trous, creuse des galeries. « *Bestioles piquantes, suçantes ou térébrantes, rougets, taons, guêpes, frelons, mille-pattes, fourmis, perce-oreilles* » (Bazin). 2 Qui tend à pénétrer profondément dans les tissus. *Ulcération térébrante.* ➛ *Douleur térébrante,* qui donne l'impression qu'une pointe s'enfonce dans la partie douloureuse. ♦ littér. Aigu. ⇒ **taraudant.**

térébratule **n. f.** – XVIIIe ; lat. ■ Animal marin *(brachiopodes)* à coquille lisse en forme de V ou de W.

téréphtalique **adj.** – XIXe ; de *téré(benthine)* et *phtalique* ■ *Acide téréphtalique :* isomère de l'acide phtalique, dont les sels réagissent avec les glycols pour former des résines polyesters.

tergal **n. m.** – 1955 ; nom déposé, de acide *tér(éphtalique)* ■ Fibre textile polyester. ⇒ **dacron.** *Des tergals.*

tergiversation **n. f.** – XIVe ■ Le fait de tergiverser. ⇒ **atermoiement, faux-fuyant, hésitation.** « *le baron s'irritait de ces tergiversations* » (Maupass.).

❑ Ce mot s'emploie presque toujours au pluriel.

tergiverser **v. intr.** [1] – XVIe ; lat. *tergiversari* « tourner *(versare)* le dos *(tergum)* » ■ littér. User de détours, de faux-fuyants pour éviter de donner une réponse nette, pour retarder le moment de la décision. ⇒ **atermoyer.** *Sans tergiverser.*

termaillage **n. m.** – 1971 ; de *ter(me)* et *maille* ■ Décalage des règlements des transactions internationales, afin de mettre à profit les variations des taux de change.

terme **n. m.** – XIe ; lat. *terminus* « borne » I - 1 Limite fixée dans l'espace. *Arriver au terme de son voyage.* ➛ Limite fixée dans le temps. *Passé ce terme. Mettre un terme à :* faire cesser. 2 Échéance. *Terme suspensif :* date limite à laquelle une obligation doit être exécutée. *Terme extinctif :* date à laquelle est fixée l'extinction d'une obligation. ➛ À TERME : dont l'exécution ou l'extinction correspond à un terme fixé (opposé à *au comptant*). *Crédit, emprunt à court, moyen, long terme.* ♦ Date postérieure à la négociation fixée pour la livraison et le règlement des valeurs boursières. *Marché à terme,* à règlement mensuel. ♦ *Termes de paiement :* échéance et modalités prévues pour le règlement d'une transaction. 3 Époque fixée pour le paiement des baux. ⇒ **délai, échéance.** « *Mon terme était échu* » (Beaum.). ♦ Période (généralement de trois mois) qui s'achève au terme. ♦ Somme due au terme. « *Pour toucher le terme c'était un drame... et la révolte des locataires* » (Céline). 4 littér. Dernier élément, dernier stade de ce qui a une durée. ⇒ **bout,** ① **fin.** *Le terme de la vie* : la mort. *Mener une œuvre à terme,* l'accomplir jusqu'au bout. « *Philosophiquement, je ne demande pas mieux que l'homme soit apparu au terme d'une évolution* » (Sartre). ♦ Temps normal de la naissance, neuf mois après la conception, chez la femme. « *Elle n'était pas à terme, l'enfantement n'étant prévu que pour septembre* » (Maupass.). 5 Relation avec qqn. *Être en bons, en mauvais termes.* ⇒ **rapport, relation.** II - 1 Mot ou expression. *Le terme exact.* ➛ Unité de dénomination appartenant à une terminologie. ♦ au plur. Ensemble de mots et d'expressions choisis pour faire savoir qqch. ; manière de s'exprimer. *Respecter les termes d'un contrat. En d'autres termes :* pour donner une équivalence à l'aide d'autres mots. « *Ah ! qu'en termes galants ces choses-là sont mises !* » (Mol.). 2 Mot appartenant à un vocabulaire spécial. *Termes régionaux, techniques.* 3 Chacun des éléments simples entre lesquels on établit une relation. *Les trois termes d'un syllogisme.* ➛ *Moyen terme :* solution, situation intermédiaire. ♦ *Les termes de la proposition. Le second terme d'une comparaison.* 4 *Terme d'une série, d'une progression :* quantité déterminée correspondant à l'un des éléments d'une série, d'une progression. *Les deux termes d'une fraction,* son numérateur et son dénominateur. ♦ Monôme en relation avec d'autres. *Les termes d'une équation.* III Statue dont la partie inférieure est terminée en gaine. ✪ CONTR. Commencement, début, ① départ. — HOM. Thermes.

terminaison n. f. – XIIe 1 rare Action de mettre fin à ; de se terminer. ⇒ **conclusion.** 2 rare Ce qui termine qqch dans l'espace. ⇒ **bout, extrémité.** 3 *Terminaison d'un nerf* (⇒ aussi **synapse**). *Terminaisons nerveuses des organes des sens* (⇒ ① **récepteur**). 4 Fin d'un mot considéré sous un aspect quelconque. ⇒ ① **finale.** ♦ Dernier élément d'un mot qui s'ajoute au radical, à la racine. ⇒ **désinence, suffixe.** *Terminaisons des formes conjuguées d'un verbe.* « *On sait que la terminaison en one exprime la grandeur et la grosseur* » (Sand). ✪ CONTR. Commencement, début.

> ❑ Bien qu'un suffixe soit une *terminaison,* on réserve ce terme à un groupe de lettres final qui ne signifie rien dans l'analyse du mot (ex. la terminaison *...ate* de *acrobate*). ♦ Les terminaisons sont présentées précédées de trois points, alors que les radicaux et les affixes ont un tiret *(-phage, pré-).*

① **terminal, ale, aux** adj. et n. f. – XVIe 1 Qui termine, qui forme l'extrémité de qqch. *Bourgeon terminal,* qui se développe à l'extrémité de la tige. 2 Qui forme le dernier élément, la fin. ⇒ **final.** *Phase terminale d'une maladie,* qui précède la mort. ♦ *Classe terminale* ou n. f. *la terminale :* dernière classe du lycée, où l'on prépare le baccalauréat. ✪ CONTR. Initial, premier.

② **terminal, aux** n. m. – v. 1950 ; mot angl. « terminus » 1 Ensemble des installations pour le déchargement des pétroliers et le stockage des produits pétroliers, à l'extrémité d'un pipeline. ♦ Lieu équipé pour la réception et l'expédition des conteneurs. ♦ Gare, aérogare urbaine servant de point de départ et d'arrivée pour les passagers. 2 Périphérique d'entrée et de sortie d'un ordinateur distant. « *Les votes seront enregistrés sur des terminaux reliés eux-mêmes à Bruxelles* » (Le Clézio).

terminer v. tr. 1 – XIIe ; lat. *terminus* « fin » I - 1 vieilli Arrêter en formant une limite. ⇒ **borner, limiter.** « *De grandes bruyères terminées par des forêts* » (Chateaub.). ♦ mod. Faire cesser dans le temps par une décision. *Terminer une séance, un débat.* ⇒ **clore, clôturer, fermer,** ① **lever.** 2 Faire arriver à son terme, mener à terme. ⇒ **achever, finir.** *Terminer un travail. La hâte d'en avoir terminé avec une tâche fastidieuse,* d'avoir enfin fini. ♦ Passer la dernière partie de. *On terminera la soirée chez Paul.* ♦ *Terminer une chose par...,* lui donner comme fin... « *La morale par laquelle on termine la plupart des fables* » (Rouss.). 3 Constituer, former le dernier élément de. *Phrase terminée par un point.* « *Vers minuit, un joyeux souper terminait la séance de travail* » (Gaut.). II *SE TERMINER* v. pron. 1 Prendre fin. *Rue qui commence à la Seine et se termine (au) boulevard Saint-Germain.* « *L'averse se termine brutalement* » (Duras). « *Ainsi se termina cette échauffourée* » (Vigny). 2 *SE TERMINER PAR...* Avoir pour dernier élément, pour extrémité. *Les mots qui se terminent par un* x. ♦ Avoir pour dernier moment, dernière phase ou pour conclusion. « *l'office du soir se termina par une grande fanfare de flûtes et de trompettes* » (Baudelaire). 3 *SE TERMINER EN :* avoir (telle forme) à son extrémité. *Les verbes qui se terminent en* -er. ♦ Prendre (tel aspect) à sa fin. « *Une comédie d'alcôve se terminant en drame* » (Faguet). ✪ CONTR. Ouvrir. Amorcer, commencer, continuer, engager ; durer.

terminologie n. f. – XVIIIe ; lat. *terminus* « ce qui limite le sens » et *-logie* 1 Vocabulaire particulier utilisé dans un domaine ; ensemble structuré de termes. *La terminologie de la médecine, de la publicité.* ⇒ ① **jargon.** *La terminologie de Leibniz.* 2 Étude systématique des termes ou mots et syntagmes spéciaux servant à dénommer classes d'objets et concepts. *Commissions de terminologie.*

terminologique adj. – XVIIIe ▪ De la terminologie.

terminologue n. – v. 1960 ▪ Spécialiste de la terminologie.

terminus [tɛʀminys] n. m. – XIXe ; mot lat. « fin » ▪ Dernière station d'une ligne de transports. *Terminus ! Tout le monde descend.*

> ❑ Le mot *terminus* est passé en français par l'intermédiaire de l'anglais.

termite n. m. – XVIIIe ; lat. *tarmes* ▪ Insecte archiptère à quatre ailes, à pièces buccales broyeuses, à métamorphoses incomplètes, qui vit en société dans des termitières, et ronge les pièces de bois par l'intérieur. ➛ loc. *Travail de termite :* travail de destruction lent et caché. ✪ HOM. Thermite.

> ❑ Ce mot est attesté dans le *Tableau élémentaire de l'histoire des animaux* de Cuvier. ♦ Attention au genre masculin de ce mot (sans rapport avec *la mite*).

termitière [tɛʀmitjɛʀ] n. f. – XIXe ▪ Monticule de terre durcie provenant des rejets des termites, percé de galeries ventilées.

ternaire adj. – XIVe ; lat. *terni* « par trois ; trois » ▪ Composé de trois éléments, de trois unités. *Composés ternaires.* ♦ *Système ternaire de numération,* qui possède les trois éléments 0, 1 et 2. ♦ Qui se compose de trois éléments rythmiques. *Rythme ternaire.*

① **terne** adj. – XVIe ; de *ternir* 1 Qui manque de brillant, qui reflète peu ou mal la lumière ; sans éclat. *Coloris ternes.* ⇒ **éteint, fade.** *Blanc terne,* sale. ➛ *Teint pâle et terne.* ⇒ **blafard, blême.** *Œil, regard terne,* sans éclat ni expression. « *terne comme l'œil d'un poisson qu'on fait frire* » (Baudelaire). 2 Qui n'attire ni ne retient l'intérêt ; que son manque de caractère rend ennuyeux. *Style terne.* ➛ *Vie terne et grise.* ⇒ ① **morne.** ♦ Falot, insignifiant. *Gens* « *insipides et ternes* » (Taine). ✪ CONTR. ① Brillant, éclatant, étincelant, luisant, radieux. Expressif, intéressant.

② **terne** n. m. – XIIe ; lat. *terni* « par trois » 1 Coup où chacun des deux dés amène un trois. ➛ Au loto, Groupe de trois numéros sortis sur une même ligne. 2 À la loterie, Groupe de trois numéros qui doivent sortir au même tirage pour gagner. 3 Ensemble des trois câbles de transport d'un courant triphasé.

ternir v. tr. 2 – XIVe ; lat. *tetricus* « sombre » ■ 1 Rendre terne. « *La fine poussière qui ternit le brillant des surfaces horizontales* » (Robbe-Grillet). 2 Porter atteinte à. ⇒ ② **flétrir.** « *De pareilles faveurs terniraient trop sa gloire* » (Corn.). ✪ CONTR. Aviver, polir. Briller.

ternissement n. m. – XVIe ■ rare Action de ternir.

ternissure n. f. – XVIe ■ État de ce qui est terni ; endroit où qqch. est terni. *La ternissure d'une vitre.*

terpène n. m. – XIXe ; all. *Terpentin* « térébenthine » ■ Hydrocarbure insaturé extrait des huiles essentielles et des résines végétales.

terpénique adj. – XIXe ■ Relatif au terpène. *Composés terpéniques.*

terpinol n. m. – XIXe ; de l'angl. *turp(ent)ine* « térébenthine » ■ Isomère d'un des trois alcools C_{10} H_{17} OH.

terrage n. m. – XIIIe ■ Champart.

terrain n. m. – XIIe ; lat. *terrenus* « formé de terre » **I** - 1 Étendue de terre. ⇒ ① **sol.** *Terrain accidenté. Accident, plis de terrain. Marcher en terrain plat.* ♦ *Terrain fertile. Terrain boisé. Glissement de terrain. Terrain lourd, sec.* ♦ *Acheter du terrain, deux hectares de terrain.* ⇒ **terre.** 2 Portion de l'écorce terrestre, considérée quant à sa nature, son origine ou son âge. ⇒ **formation.** *Terrains crétacés. Terrains glaciaires.* 3 Lieux où se déroulent des opérations militaires. *Avoir l'avantage du terrain,* de la situation, de l'emplacement. *Reconnaître le terrain,* le champ de bataille. *Le terrain conquis.* ➛ Lieu où se déroule un duel. ⇒ **pré.** *Sur le terrain :* sur les lieux mêmes du combat, sur place. ➛ *Un homme de terrain,* qui observe et agit sur les lieux mêmes de l'action. ♦ *Gagner, perdre, céder du terrain. Être sur son terrain,* dans un domaine familier, où l'on est à l'aise. *Occuper le terrain :* imposer sa présence. *Je ne vous suivrai pas sur ce terrain,* dans ce domaine. *Un terrain d'entente :* une base, un sujet sur lequel on s'entend. *Préparer, tâter le terrain :* s'assurer, en prenant tous les renseignements utiles, qu'on peut agir sans trop de risques. 4 État d'un organisme, quant à sa résistance aux agents pathogènes ou à sa prédisposition à diverses affections. *Terrain allergique.* « *ces remèdes qui tuent ou qui sauvent suivant le terrain qu'ils rencontrent* » (Caillois). **II** - 1 Espace, étendue de terres de forme et de dimensions déterminées. ⇒ **emplacement, parcelle.** *Acheter un terrain. Un terrain cultivé, laissé en friche. Niveler un terrain. Terrain cadastré. Terrains à bâtir. Terrain viabilisé.* ➛ *Terrain vague,* vide de cultures et de constructions. 2 Emplacement aménagé pour une activité particulière. *Terrain de camping. Terrain de jeu. Terrain d'exercice, de tir.* ➛ *Terrain d'aviation.* ⇒ **aérodrome.**

① **terramare** n. f. – XIXe ; it. *terra* « terre » et *amara* « amère » ■ Terre ammoniacale utilisée comme engrais.

② **terramare** n. f. – XIXe ; it. *terra mala* « mauvaise terre » ■ Butte de terre constituant un type d'habitat préhistorique, en haute Italie.

terrarium [teʀaʀjɔm] n. m. – XIXe ; de *terre,* d'apr. *aquarium* ■ Terrain, lieu aménagé pour l'élevage de reptiles, batraciens, etc. ⇒ **vivarium.**

terrasse n. f. – XIIe ; de *terre* 1 Surface d'un socle plat ; ce socle. *Terrasse d'une statue.* 2 Levée de terre formant plateforme. *Les terrasses d'un parc. Terrasse devant une maison.* ♦ *Cultures en terrasses :* dans les terrains en pente, cultures en étages, soutenues par de petits murs. ♦ *Terrasse fluviale :* fond de vallée entaillé par une rivière. 3 Plateforme en plein air d'un étage de maison. *Appartement avec terrasse.* par ext. Balcon de grandes dimensions. ➛ Toiture plate accessible. *Terrasse avec piscine.* 4 Emplacement sur le trottoir d'une voie publique, où l'on dispose des tables et des chaises pour les consommateurs, devant un café, un restaurant. « *Une des parures du café* [...] *c'est sa terrasse* » (Fargue).

terrassement n. m. – XVIe ■ Opération par laquelle on creuse, on déplace la terre ; travaux destinés à modifier la forme naturelle du terrain. ♦ Matériaux déplacés et disposés par des travaux de terrassement. ⇒ **remblai.** *Les terrassements d'une voie ferrée.*

① **terrasser** v. tr. 1 – XVIe 1 Creuser, remuer la terre de. 2 région. Recouvrir (la neige) de cendres et de terre pour la faire fondre.

② **terrasser** v. tr. 1 – XVIe 1 Jeter à terre (qqn) dans une lutte. *Terrasser son adversaire.* « *Il fut colleté, terrassé, garrotté* » (Hugo). ➛ Vaincre complètement. *Terrasser l'ennemi.* 2 Abattre, rendre incapable de réagir. *Être terrassé par la maladie. Terrassé par l'émotion.*

terrassier n. m. – XVIe ■ Ouvrier employé aux travaux de terrassement.

terre n. f. – Xe ; lat. **I** - 1 Surface sur laquelle l'homme, les animaux se tiennent et se déplacent. *Tomber à terre, face contre terre.* ➛ *Mettre pied à terre :* descendre de cheval, d'un véhicule à deux roues. *Toucher terre, la terre.* ⇒ ① **sol.** « *Il saluait... Il s'inclinait jusqu'à terre* » (Hugo). ➛ loc. *Courir ventre à terre,* très vite. ➛ *Sous terre :* sous le niveau du sol. ♦ loc. *Vouloir rentrer sous terre* (de honte). *Avoir les pieds sur terre :* être réaliste. ♦ PAR TERRE : sur le sol. *Tomber par terre. S'asseoir par terre. Ne jetez pas vos papiers par terre. Laver par terre,* le sol. 2 Matière qui forme la couche superficielle de la croûte terrestre. « *La terre des allées, détrempée par la pluie* » (Chateaub.). ⇒ **boue.** *Un sol de terre battue. Élévation de terre.* ⇒ **levée, talus.** *Terre pulvérulente.* ⇒ **poussière.** *Mottes de terre. Creuser, remuer la terre. Cacher, enfouir dans la terre.* ⇒ **enterrer.** *Mettre, porter un mort en terre.* ♦ au plur. Quantité de terre. *Terres rapportées.* 3 Élément où poussent les végétaux ; étendue de cet élément. *Terre inculte, fertile.* ⇒ **terrain.** *Bonne terre. Terre arable, cultivée. Terre végétale.* ⇒ **humus, terreau.** *Coin, parcelle de terre. Labourer, cultiver, travailler la terre* (⇒ **agriculture**). *Les produits de la terre.* « *vous oubliez que les fruits sont à tous, et que la terre n'est à personne !* » (Rouss.). ➛ *La terre s'épuise, s'appauvrit. Amender, fertiliser la terre par des engrais. Terre en jachère.* ➛ EN PLEINE TERRE : dans une terre qui n'est pas dans un contenant. *Arbuste qui pousse en pleine terre.* ♦ Étendue indéterminée de terrain où poussent les végétaux. *Terres cultivées, labourées.* ⇒ **labour.** *Défricher les terres vierges.* ♦ LA TERRE : les activités de la campagne, de la vie paysanne. *Le paysan* « *est normalement attaché à la terre comme à une partie de son corps* » (Giono). ➛ *Le retour à la terre,* aux activités agricoles, à la vie rurale. 4 Étendue limitée, bornée, de surfaces cultivables, considérée comme objet de possession. ⇒ ② **bien, domaine, héritage, propriété.** *Acheter, vendre une terre.* ➛ au plur. *Vivre de ses terres. Partage des terres. Se retirer sur ses terres.* 5 Vaste étendue de la surface solide du globe. ⇒ **territoire, zone.** *Terres arctiques, australes, boréales.* « *À mille milles de toute terre habitée* » (St-Exup.). ➛ *Terre sainte :* les lieux où vécut le Christ, selon les Évangiles. 6 LA TERRE, LES TERRES, opposée(s) à un autre élément, à la mer, aux eaux, ou limitées par elles. ⇒ ② **continent, île.** *La terre ferme. Transports par air, par mer et par terre. L'armée de terre* (opposé à *la marine, l'aviation*). *Un village dans les terres,* éloigné du rivage, de la côte. *Aller à terre.* ⇒ **débarquer.** « *Vous êtes à terre ?* [...] *Vous rentrerez avec la vedette suivante* » (Genet).

Terre ! exclamation poussée par le premier qui aperçoit la terre. ➛ *Avion qui se pose à terre.* ⇒ **atterrir.** ♦ *Ligne de terre :* intersection des plans de projection horizontal et vertical, en géométrie descriptive. **7** La croûte terrestre. *Tremblement de terre.* ⇒ **séisme.** *Les secousses de la terre.* ⇒ ① **tellurique. 8** Le sol, qui a un potentiel électrique égal à zéro. *Prise de terre.* ➛ *Mettre à la terre :* relier à la terre par un conducteur. ♦ Masse jouant dans un circuit électrique le même rôle que le sol. ♦ Conducteur allant de l'appareil à la terre. **II - 1** Ensemble des lieux où l'homme peut aller (avant les voyages spatiaux). *Cet homme « qui avait parcouru vingt-cinq ans la terre entière »* (France). **2** Le milieu où vit l'humanité, considéré d'une manière abstraite et générale. *« Terre des hommes », ouvrage de Saint-Exupéry. Être sur terre.* ⇒ **exister,** ① **vivre.** *Sur toute la terre.* ⇒ **mondial, planétaire, universel.** ♦ Le lieu où l'homme passe sa vie matérielle, charnelle (opposé à *ciel,* à *vie éternelle*). ⇒ **terrestre.** ➛ *Le paradis sur la terre.* **3** Notre monde considéré comme un astre, un corps sphérique. ⇒ **globe.** *Faire le tour de la terre.* ♦ Planète appartenant au système solaire, animée d'un mouvement de rotation sur elle-même et de révolution autour du Soleil. *La Lune, satellite de la Terre. « Voyage au centre de la Terre », de J. Verne.* ♦ Ensemble formé par la lithosphère (écorce terrestre) et l'hydrosphère, étudié par la géographie et la géologie. ➛ *Représentation de la Terre.* ⇒ **cartographie ; mappemonde, planisphère.** *Coordonnées d'un point de la Terre* (⇒ **latitude, longitude). III - 1** *TERRES RARES :* oxydes métalliques existant en proportion variable dans des minerais disséminés. ⇒ **lanthanides.** ➛ Les métaux correspondant à ces oxydes (de n° at. 57 à 71). *Le lanthane, l'europium, le terbium, l'holmium sont des terres rares.* **2** Matière pulvérulente dans la composition de laquelle entre généralement l'argile, et qui sert à fabriquer des objets. *Terre à porcelaine* (⇒ **kaolin),** *à briques. Terre glaise.* ♦ *TERRE CUITE :* argile ordinaire ferrugineuse durcie par la chaleur ; ensemble des produits céramiques fabriqués avec cette substance. ➛ *Une terre cuite :* statuette, médaillon, modèle, etc., en terre cuite. ♦ Nom de différents colorants (couleurs minérales). *Terre de Sienne* ou *terre d'ombre,* colorants bruns. ⇒ **ocre.** ✪ HOM. Taire, ter.

> ❑ On écrit *Terre* avec une majuscule quand il s'agit de la planète.

terre-à-terre loc. adj. – XVIe ▪ Matériel et peu poétique. *Un esprit terre-à-terre.*

> ❑ On écrit aussi *terre à terre* sans traits d'union : *« La bourgeoisie des habitudes, la vie terre à terre »* (Hugo).

terreau n. m. – XVIIe ▪ Engrais naturel, formé d'un mélange de terre végétale et de produits de décomposition. ⇒ **humus.**

terreauter v. tr. [1] – XVIIIe ▪ Améliorer (un sol, une terre) avec du terreau.

terre-neuvas ou **terre-neuvier** adj. et n. m. – XVIIe **1** n. m. Navire qui pêche à Terre-Neuve. ♦ Professionnel de la grande pêche à Terre-Neuve. **2** adj. Qui participe à une campagne de pêche à la morue sur les bancs de Terre-Neuve.

terre-neuve n. m. inv. – XIXe ▪ Gros chien à tête large, à longs poils, dont la race est originaire de Terre-Neuve.

terre-plein n. m. – XVIe ; it. *terrapieno* « rempli de terre » **1** Partie horizontale d'un rempart, d'une batterie. **2** Plateforme, levée de terre. *Le terre-plein d'une terrasse. Des terre-pleins.*

> ❑ La confusion entre *plein* et *plain* « plan » a modifié le sens du mot par rapport à l'italien. → ① plain (rem.).

terrer v. tr. [1] – XIIe **1** Mettre de la nouvelle terre, une terre d'engrais sur, au pied de. *Terrer une vigne.* **2** v. pron. *SE TERRER :* se cacher dans un terrier ou se blottir contre terre (en parlant d'un animal). ♦ Se mettre à l'abri, se cacher dans un lieu couvert, souterrain. *Se terrer chez soi.* ✪ HOM. *Terrez :* tairez (taire).

terrestre adj. – XIe **1** (opposé à *céleste*) Du monde où vit l'homme ; d'ici-bas. *La vie terrestre. Les choses terrestres,* temporelles, matérielles. **2** De la planète Terre. *Le globe terrestre :* la Terre. ➛ *La croûte, l'écorce, la surface terrestre.* **3** Des terres émergées. ♦ Qui vit sur la terre ferme (opposé à *aquatique,* ① *marin*). *La flore terrestre.* ♦ Qui est, qui se déplace sur le sol (opposé à *aérien, maritime*). *Transport terrestre.*

terreur n. f. – XIIIe ; lat. *terrere* « effrayer » **1** Peur extrême qui bouleverse, paralyse. ⇒ **effroi, épouvante, frayeur.** *Terreur panique. Vivre dans la terreur. Inspirer de la terreur à qqn* (⇒ **terrifier, terroriser).** *Une nouvelle qui sème la terreur. « Une telle terreur d'être assassiné [...] l'avait saisi »* (Zola). ♦ au plur. ⇒ **alarme.** *Vaines, fausses terreurs.* ♦ Vive angoisse. *« Je voyais avec terreur que ma paresse allait être impunie »* (Radiguet). **2** Peur collective qu'on fait régner dans une population pour briser sa résistance ; régime politique fondé sur l'emploi des mesures d'exception et de la violence (⇒ **terrorisme).** *Gouverner par la terreur. « Dénoncer le régime de terreur, d'exception, de délation »* (Stendh.). ➛ Ensemble des mesures d'exception prises par le gouvernement révolutionnaire depuis la chute des Girondins jusqu'à celle de Robespierre. Cette période. *Pendant la Terreur.* ➛ *Terreur blanche :* nom donné aux deux périodes de terreur que les royalistes firent régner en France en 1795 et en 1815. **3** Être ou chose qui fait régner, qui inspire une grande peur. *« mon père était la terreur des domestiques »* (Chateaub.). ♦ fam. Individu dangereux qui fait régner la terreur autour de lui. *Il « prenait volontiers des airs de "terreur" »* (Simenon).

terreux, euse adj. – XIIe **1** Qui appartient à la terre, qui est de la nature de la terre. *Goût terreux. Odeur terreuse.* **2** Mêlé, souillé de terre. *Chaussures terreuses. Salade terreuse.* **3** D'une couleur grisâtre, jaunâtre ou brunâtre sans éclat ni fraîcheur. ➛ *Teint terreux.* ⇒ **blafard, cireux.**

terri → **terril**

terrible adj. – XIIe ; lat. *terrere* « effrayer » **1** Qui inspire de la terreur, qui amène ou peut amener de grands malheurs. *Cauchemar terrible.* ⇒ **affreux.** *Une terrible maladie. « Ce fut un coup terrible. Il me sembla que le ciel croulait »* (Daudet). *Une terrible catastrophe.* ⇒ **effroyable, épouvantable, tragique.** ♦ Dur, sans pitié. *Ivan le Terrible.* ⇒ **redoutable. 2** Très pénible, très fort. *Vent, froid terrible. Une terrible sécheresse. Bruit terrible.* ➛ *C'est terrible de ne pouvoir compter sur lui. Cela n'a rien de terrible, ce n'est pas bien grave !* ♦ Agressif, très désagréable. *Il est terrible avec sa manie de s'occuper de ce qui ne le regarde pas.* ➛ *Enfant terrible :* personne qui se signale par certaine turbulence, dans un groupe. *L'enfant terrible du parti.* **3** Extraordinaire, très grand. ⇒ **formidable.** *Un appétit terrible.* ♦ fam. Remarquable, excellent. *Ce film n'a rien de terrible. Pas terrible :* médiocre. ➛ *C'est un type terrible,* très fort. ⇒ **étonnant.** ✪ CONTR. Débonnaire.

> ❑ L'emploi de *terrible* comme intensif, très en vogue chez les Précieuses au XVIIe s., a repris une grande vigueur dans le langage familier.

terriblement adv. – XIVe ▪ D'une manière très dure, très intense ; à l'extrême. *« Le voilà terriblement troublé »* (Queneau).

terricole adj. et n. m. – XIXe ▪ Qui vit dans la terre ou dans la vase.

terrien, ienne adj. et n. – XIIe 1 Qui possède des terres. *Propriétaire terrien.* ⇒ **foncier.** 2 Qui concerne la terre, la campagne, qui est propre aux paysans (opposé à *citadin*). ⇒ **rural.** ➛ n. *Buteau « était un vrai terrien, attaché au sol »* (Zola). 3 n. Habitant de la planète Terre (opposé à *extraterrestre, martien*). 4 Qui vit dans l'intérieur des terres et non sur les côtes (opposé à *marin, maritime*).

① **terrier** n. m. – XIIe ▪ Trou, galerie ou ensemble de galeries que certains animaux creusent dans la terre et qui leur sert d'abri et de retraite. ⇒ **tanière.**

② **terrier, ière** n. – XIVe ▪ Chien utilisé autrefois pour la chasse des animaux à terrier.

terrifiant, iante adj. – XVIe ▪ Qui terrifie, qui est propre à inspirer de la terreur, de l'horreur. ⇒ **effrayant, terrible.** *Cris terrifiants.* ♦ Très intense, très remarquable, et qui effraye un peu. ⇒ **terrible.** *C'est terrifiant comme il a vieilli !*

terrifier v. tr. [7] – XVIIIe ▪ Frapper de terreur, d'une vive crainte. ⇒ **effrayer, terroriser.** ➛ *Un enfant terrifié.* ✪ CONTR. Rassurer.

> ❑ Pour le sens → terroriser (rem.).

terrigène adj. – XIVe 1 Qui a été arraché à la terre par l'érosion ou entraîné par un courant d'eau. 2 D'origine terrestre. *Bactéries terrigènes.*

terril [teʀi(l)] n. m. – 1949 ; de *terre* ▪ Monticule de déchets miniers ou métallurgiques, au voisinage d'une mine. ⇒ **crassier.**

> ❑ On a écrit aussi *terri* : *« il se risqua enfin à gravir le terri »* (Zola). ♦ Pour la prononciation → chenil (rem.).

terrine n. f. – XVe ; de l'a. adj. *terrin* « de terre » ▪ Récipient de terre, assez profond, muni d'un couvercle, où l'on fait cuire et où l'on conserve certaines viandes ; son contenu. *Terrine de lapin.* ➛ *Terrine de légumes.* ⇒ **pain.** *Terrine de poisson.*

territoire n. m. – XIIIe ; lat. 1 Étendue de la surface terrestre sur laquelle vit un groupe humain, et spécialt une collectivité politique nationale (⇒ **état, nation,** ① **pays**). ➛ *Défendre, occuper un territoire. Direction de la surveillance du territoire (D. S. T.).* ♦ *Aménagement du territoire* : politique qui tend à distribuer les activités économiques selon un plan régional. *Territoire d'outre-mer (T. O. M.* [tɔm]) : collectivité territoriale de la République française. 2 Étendue de pays sur laquelle s'exerce une autorité, une juridiction. ➛ *Le territoire de la commune.* ♦ Étendue de pays qui jouit d'une personnalité propre mais ne constitue pas un État souverain. *Territoires coloniaux.* ➛ *Territoires assignés aux Indiens.* ⇒ **réserve.** 3 Zone, région anatomique précisément déterminée. *Douleurs dans le territoire d'un nerf.* 4 Zone qu'un animal se réserve et dont il interdit l'accès à ses congénères. *Lion qui marque son territoire.*

territorial, iale, iaux adj. – XVIIIe 1 Qui consiste en un territoire, le concerne. 2 Dont la qualité, l'existence juridique dépend du territoire. *Eaux territoriales* : zone d'eau sur laquelle s'exerce la souveraineté d'un État riverain. 3 *Armée territoriale,* ou n. f. *la territoriale* : autrefois ensemble des troupes mobilisables des classes les plus anciennes.

territorialité n. f. – XIXe ▪ Qualité juridique tenant au territoire.

terroir n. m. – XIIe 1 Étendue de terre considérée du point de vue de ses aptitudes agricoles. ⇒ ① **sol, terrain.** ➛ Sol apte à la culture d'un vin. *Terroir produisant un grand cru.* 2 Région rurale, provinciale, considérée comme influant sur ses habitants. ➛ *Accent du terroir.*

terrorisant, ante adj. – 1938 ▪ Qui terrorise. ⇒ **terrible, terrifiant.**

terroriser v. tr. [1] – XVIIIe 1 Frapper de crainte (au moyen des mesures d'exception prises par le gouvernement révolutionnaire). ⇒ **terreur.** 2 Faire vivre dans la terreur, sous la menace. *« Terroriser le bourgeois pantouflard, en massacrant les consommateurs d'une terrasse »* (Romains). ➛ *Être terrorisé* : être annihilé par la peur (de qqn).

> ❑ Au sens de « qui a peur », *terrorisé* se dit plutôt lorsque la cause est humaine, et *terrifié* dans les autres cas *(terrifié par l'orage, par un éléphant).*

terrorisme n. m. – XVIIIe 1 Politique de terreur des années 1793-1794 en France. 2 Emploi systématique de la violence pour atteindre un but politique. ➛ Ensemble des actes de violence, des attentats, des prises d'otages civils qu'une organisation politique commet pour impressionner un pays (le sien ou un autre). *Cet acte de terrorisme n'a pas été revendiqué.* 3 Attitude d'intimidation. *Terrorisme intellectuel.*

terroriste n. et adj. – XVIIIe **I** n. **1** n. m. Personne qui appliqua la politique de la terreur des années 1793-1794. 2 Membre d'une organisation politique qui use du terrorisme comme moyen d'action. *« Les terroristes ont décidé de ne plus intervenir que par l'"action directe", c'est-à-dire par les exécutions »* (Malraux). **II** adj. 1 Relatif au terrorisme, à la Terreur. 2 Relatif au terrorisme ; qui utilise le terrorisme comme moyen d'action. *« Les activités "terroristes" se multiplièrent en dépit des répressions ; les collaborateurs se déchaînèrent »* (Beauv.).

> ❑ Ce mot a changé de contexte en même temps que *attentat*. Il ne s'agit plus d'assassiner les princes.

tertiaire adj. et n. – XVIIIe ; lat. *tertius* « troisième » **I** adj. 1 *Ère tertiaire,* ou n. m. *le tertiaire* : ère géologique (environ 70 millions d'années) qui a succédé à l'ère secondaire. ♦ De l'ère tertiaire. *Terrains tertiaires.* 2 *Secteur tertiaire* : secteur comprenant toutes les activités non directement productrices de biens de consommation. ⇒ **service.** ➛ n. m. *Travailler dans le tertiaire.* **II** n. Dans la religion catholique, Membre d'un tiers ordre.

tertiarisation n. f. – 1970 ▪ Développement du secteur tertiaire. *Tertiarisation de l'économie.*

tertiariser (se) v. pron. [1] – 1995 ▪ Basculer dans le secteur tertiaire* de l'économie. *L'industrie se tertiarise.* ➛ *Secteur tertiarisé.*

tertio adv. – XVe ; mot lat. ▪ En troisième lieu. ⇒ **troisièmement.**

tertre n. m. – XIe ; lat. *termen* « borne », crois. prob. avec *limes* « limite » ▪ Petite éminence isolée à sommet aplati. ⇒ **butte, monticule.** *« ma maison est juchée sur un tertre »* (Montaigne). ♦ *Tertre (funéraire)* : élévation de terre recouvrant une sépulture. ⇒ **tumulus.**

terza rima [tɛʀtsaʀima ; tɛʀdza-] n. f. – XIXe ; mots it. « troisième rime » ▪ littér. Type de poème composé de tercets dont le premier et le troisième vers riment ensemble, tandis que le second fournit les rimes extrêmes du tercet suivant.

tes → ① **ton**

tesla [tɛsla] n. m. – 1930 ; nom d'un physicien yougoslave ▪ Unité de mesure d'induction et de densité de flux magnétique (symb. T), valant un weber par mètre carré.

tesselle n. f. – XIXe ; lat. *tessera* « dé » ▪ Pièce qui fait partie d'une composition ornementale formée de petits éléments juxtaposés (mosaïque, pavement, etc.).

tessiture n. f. – XIXe ; it. *tessere* « tisser » ▪ Échelle des sons qui peuvent être émis par une voix sans difficulté.

⇒ **ambitus, registre.** ♦ Échelle des sons d'un instrument.

tesson n. m. – XIIIe ; de ① *têt* ▪ Débris d'un objet de verre ou d'une poterie. *Tessons de bouteille.*

① **test** [tɛst] n. m. – XVIe ; lat. *testa* « coquille dure » ▪ Enveloppe dure de calcaire ou de chitine (coquille, coque, carapace) qui protège le corps de nombreux invertébrés (⇒ **testacé**). *Ces « crustacés, dont le test présentait une couleur bleu cobalt »* (J. Verne).

② **test** [tɛst] n. m. – XIXe ; angl., même o. que ① *têt* 1 *Test (psychologique)* : épreuve impliquant une tâche à remplir avec une technique d'évaluation précise. *Soumettre qqn à un test. Faire passer un test.* ➛ *Test d'efficience* (intellectuelle, sensorimotrice) ou *test psychométrique* : suite d'opérations destinées à mesurer soit le quotient intellectuel du sujet, soit des fonctions particulières (mémoire, raisonnement, concentration, etc.). ⇒ **épreuve.** ➛ *Test de personnalité, test de projection* ou *projectif*, destiné à évaluer le comportement dans une situation donnée. *Il dut « se plier aux batteries de tests perceptifs, cognitifs, projectifs »* (Echenoz). ♦ *Test d'orientation scolaire, professionnelle*, servant à déterminer les aptitudes du sujet et le choix d'un métier. ♦ Examen, contrôle périodique. 2 Épreuve biologique ou chimique, biopsie, essai de laboratoire. ⇒ aussi **kit.** *Test de grossesse.* 3 Épreuve ou expérience décisive, fait témoin permettant de juger (⇒ **critère**), de confronter un fait avec une hypothèse, une idée a priori. *Le test de sa bonne foi.* ♦ par appos. Fait, lieu, chose servant de référence, constituant une expérience. ⇒ **essai, expérience, expérimentation.** *Zone-test. Élection-test.*

❑ L'anglais *test*, abréviation de *mental test* « épreuve psychologique », est un emprunt comme terme d'alchimie au français *test* « pot servant à l'essai de l'or ». → ① têt.

③ **test** → ① **têt**

testabilité n. f. – 1906 Caractère d'un fait plus ou moins propre à devenir objet de témoignage.

testable adj. – v. 1900 ▪ Qui peut être mesuré, évalué, contrôlé ; qui peut être éprouvé.

testacé, ée adj. – XVIe ; lat. *testa* « coquille dure » ▪ Couvert d'une coquille, d'un test.

testacelle n. f. – XIXe ▪ Mollusque gastéropode, pourvu d'une petite coquille à l'arrière du corps, qui vit généralement enfoui dans le sol.

testage n. m. – v. 1950 ▪ Méthode de sélection des reproducteurs mâles d'après la valeur de leurs descendants.

testament n. m. – XIIe ; lat. *testari* « prendre à témoin » I Nom de deux parties de l'Écriture sainte (livres de l'ancienne et de la nouvelle alliance). *L'Ancien et le Nouveau Testament.* ⇒ **bible.** II - 1 Acte par lequel une personne dispose de tout ou partie des biens qu'elle laissera en mourant (⇒ **héritage, succession**). *Testament authentique* ou *par acte public*, dicté par le testateur à un notaire. *Testament mystique*, écrit par le testateur et remis clos et scellé à un notaire. *Clauses, codicille d'un testament. Léguer par testament* (⇒ **legs**). *Mettre, coucher qqn sur son testament*, l'y inscrire comme légataire. *Révoquer un testament. Ouverture, lecture d'un testament. Décédé sans testament.* ⇒ **ab intestat.** 2 *Testament politique* : écrit politique posthume attribué à un homme d'État. ♦ Dernière œuvre d'un artiste, suprême expression de sa pensée et de son art.

testamentaire adj. – XIVe ▪ Qui se fait par testament, se rapporte à un testament. *« à la fin de mes dispositions testamentaires, tu trouveras une liste de legs »* (Mart. du G.). *Héritier testamentaire*, institué par testament. *Succession testamentaire* (opposé à *succession légale*).

testateur, trice n. – XIIIe ▪ Auteur d'un testament.

① **tester** v. intr. [1] – XIIIe ▪ Disposer de ses biens par testament, faire un testament.

② **tester** v. tr. [1] – 1941 1 Soumettre à un test, à des tests. 2 Contrôler, éprouver, essayer, expérimenter. *Tester un nouveau produit.*

testeur, euse n. – 1952 1 Personne qui administre des tests. 2 n. m. Appareil de contrôle pour l'observation de certains phénomènes. ⇒ **contrôleur.** ♦ Appareil effectuant des diagnostics sur des composants ou des équipements.

testiculaire adj. – XIXe ▪ Qui concerne les testicules.

testicule n. m. – XIVe ; lat. *testis* « témoin (de virilité) » ▪ Gonade mâle de forme ovale productrice des spermatozoïdes. ➛ Cet organe et ses enveloppes, chez les vertébrés supérieurs. ⇒ ① **bourse**, fam. **couille.** *Les deux testicules.*

❑ Même famille étym. que *tester* et *témoin* ; les *testicules* étaient les « témoins du sexe, spécialement du sexe viril ».

testimonial, iale, iaux adj. – XIIIe ; lat. *testis* « témoin » ▪ *Preuve testimoniale*, qui repose sur des témoignages.

testologie n. f. – 1958 ▪ Science qui a pour objet la conception et l'interprétation des tests psychologiques (⇒ **psychométrie**).

testostérone n. f. – 1935 ; de *test(icule), stér(ol)* et *(horm)one* ▪ Hormone mâle sécrétée par les testicules, qui stimule le développement des organes génitaux et détermine l'apparition des caractères sexuels mâles secondaires.

① **têt** [tɛ(t)] ou **test** [tɛst] n. m. – XIIe ; lat. *testum* « pot de terre » ▪ Petite capsule en terre réfractaire employée pour la calcination ou l'oxydation de certaines substances. ⇒ **coupelle.** *Têt à gaz* : support en terre cuite destiné à soutenir une éprouvette à gaz. ✪ HOM. Taie ; tête, tette.

② **Têt** [tɛt] n. m. – XIXe ; mot vietnamien ▪ Premier jour de l'année vietnamienne. *La fête du Têt.* ✪ HOM. Tête, tette.

tétanie n. f. – XIXe ▪ Excitabilité neuromusculaire anormalement élevée se traduisant par des accès de contractures ou de spasmes musculaires. ⇒ **spasmophilie.**

tétanique adj. – XVIe ▪ Propre au tétanos, de la nature du tétanos. *Rigidité, convulsions tétaniques.* ♦ Atteint du tétanos. ➛ n. *« l'épouvantable simagrée du* trismus *des tétaniques »* (Bloy). ♦ Qui cause le tétanos. *Bacille tétanique.*

tétanisation n. f. – XIXe ▪ Fait pour un muscle de se tétaniser. *Tétanisation utérine* (complication au cours de l'accouchement).

tétaniser v. tr. [1] – XIXe ▪ Mettre en état de tétanos physiologique. ➛ pronom. *Muscle qui se tétanise.*

tétanos [tetanos] n. m. – XVIe ; gr. *teinein* « tendre » ▪ Maladie infectieuse grave et souvent mortelle, causée par le bacille tétanique introduit dans l'organisme par une blessure souillée de terre, de rouille, et qui produit une toxine agissant sur le système nerveux, caractérisée par des contractures douloureuses des muscles. *Se faire vacciner contre le tétanos.*

têtard n. m. – XIVe ; de *tête* 1 Larve de batracien, à grosse tête prolongée par un corps effilé, à respiration branchiale. *« l'ornière est pleine d'eau, la grenouille y fait tranquillement ses têtards »* (Balz.). 2 Arbre écimé et taillé de façon à favoriser le développement des repousses supérieures. *Saules taillés en têtards.* ➛ *Chênes têtards.*

❑ Un accent circonflexe sur le *e* de *têtard* comme dans *tête*.

tête n. f. – XIe ; lat. *testa* « boîte crânienne », sens spécialisé de « coquille dure » **I - 1** Partie, extrémité antérieure (et supérieure chez les animaux à station verticale) du corps des artiozoaires, qui porte la bouche et les principaux organes des sens. ⇒ **céphal(o)-.** ♦ Cette partie d'un animal préparée pour la consommation. *Tête de veau vinaigrette.* **2** Partie supérieure du corps de l'être humain contenant le cerveau et les principaux organes des sens, qui est de forme arrondie et tient au tronc par le cou. ⇒ **chef.** *Squelette de la tête.* ⇒ **crâne.** « *la tête plutôt enfoncée, grosse, sans être énorme, et d'une forme très singulière : peu de menton, peu de crâne* » (Romains). — loc. *Voix de tête* : voix de registre aigu, pour laquelle la résonance se fait essentiellement dans la boîte crânienne (opposé à *voix de poitrine*). ⇒ ① **fausset ; haute-contre.** ♦ *Mal de tête.* ⇒ **céphalée, migraine.** *Crier à tue-tête.* ⇒ **tue-tête** (à). ♦ *La tête haute ;* fig. sans honte, sans avoir rien à se reprocher. *Partir la tête haute. La tête basse ;* fig. ⇒ **confus, honteux.** *Hocher la tête. Acquiescer de la tête. Signe de tête.* ♦ loc. *Ne savoir où donner de la tête :* ne savoir que faire, avoir trop d'occupations. ♦ fam. *Se jeter à la tête de qqn,* se présenter à lui brusquement ; fig. lui faire des avances. ♦ *Couper, trancher la tête,* le cou. ⇒ **décapiter, guillotiner ; décollation.** ♦ FAIRE TÊTE : faire front, s'opposer efficacement à. « *Il faisait tête, comme un gibier courageux qui cherche où rendre les coups dont il saigne* » (Toulet). — TENIR TÊTE : résister (à l'adversaire). — S'opposer avec fermeté (à la volonté de qqn). *Tenir tête à son père, à l'opinion.* ♦ loc. adv. TÊTE À TÊTE : ensemble et seuls (en parlant de deux personnes) ; seul (avec qqn ; cf. Seul à seul). « *le petit entretien que vous avez en tête à tête avec lui* » (Mariv.). ⇒ **tête-à-tête** (n. m.). **3** Partie de la tête où poussent les cheveux, cuir chevelu. *Se gratter la tête. Tête nue, nu-tête.* **4** *La tête,* considérée comme la partie vitale. ⇒ **vie.** « *Sur la tête de mes enfants, je jure que je vous ai dit la vérité* » (Maupass.). *Réclamer la tête de qqn,* l'échafaud, la peine de mort ; fig. sa destitution. **5** Le visage, quant aux traits et à l'expression. ⇒ **face, figure,** fam. **gueule.** « *Belle tête, dit-il, mais de cervelle point* » (La Font.). *Une sale tête.* ⇒ fam. **tronche.** *Il a une tête qui ne me revient pas :* il ne m'est pas sympathique. *À la tête du client :* selon les apparences de la personne. *Avoir ses têtes :* manifester de la sympathie ou de l'hostilité sans objectivité. — *La tête,* dont l'expression manifeste l'humeur. ⇒ ① **mine.** « *Qu'est-ce qu'il a le petit ? il en fait une tête* » (Prévert). *Faire une tête de six pieds de long :* être triste, maussade. — FAIRE LA TÊTE. ⇒ **bouder** (cf. fam. Faire la gueule). **6** Représentation de cette partie du corps. *Tête sculptée.* — *Tête d'une médaille ; côté tête.* ⇒ **avers, face.** — TÊTE DE TURC : dynamomètre sur lequel on s'exerçait dans les foires en frappant une tête coiffée d'un turban. fig. *Être la tête de Turc de qqn :* être sans cesse en butte aux railleries de qqn. ⇒ **souffre-douleur.** ♦ Carte à jouer figurant un personnage (roi, dame, cavalier, valet). ⇒ **figure, honneur.** **7** Mesure de cette partie du corps ; hauteur d'une tête humaine. « *Bien que Paul eût la tête de plus que sa mère* » (Maupass.). ♦ Longueur d'une tête de cheval, dans une course. *Gagner d'une courte tête,* de justesse. **8** Partie d'une chose où l'on pose la tête. ⇒ **chevet.** *Tête de lit.* « *le lit, dont la tête seule s'appuyait à la muraille* » (Maupass.). **9** Bois ou cornes des bêtes fauves. *Cerf qui fait sa tête,* dont le bois pousse. **10** Coup de tête dans le ballon. *Footballeur qui fait une tête.* **II** TÊTE DE MORT. **1** fam. Crâne, os provenant de la tête d'un mort. « *Une tête de mort véritable, avec ses trous, ses sutures, ses apophyses* » (Duham.). **2** Emblème de la mort, représentation de ce squelette ou de la face de ce squelette. **3** Fromage de Hollande à croûte rouge. ⇒ **tête-de-Maure.** **III - 1** Le siège des idées, de la mémoire, du jugement. ⇒ **cerveau, cervelle.** *N'avoir rien dans la tête :* n'avoir ni idées ni jugement. — *Faut voir plus loin que le bout de son nez, petite tête !* — fam. *Une grosse tête :* une personne savante, instruite. loc. fam. *Avoir (pris) la grosse tête :* être prétentieux. *Depuis qu'il a réussi son coup, il a la grosse tête.* — *Avoir de la tête,* du jugement et de la mémoire. *Il n'a pas de tête :* il est écervelé, oublie tout. — « *Ce n'est pas son cœur, c'est sa tête qui fait tout* » (Dider.). ⇒ **raison, réflexion.** — *De tête :* mentalement. *Calculer de tête.* — *Moi, je crois « que vous avez quelque nouvel amour en tête »* (Mol.). *N'avoir qu'une idée en tête,* ne penser qu'à cette idée. *Il a une idée derrière la tête,* une intention cachée. *Avoir la tête vide :* ne plus pouvoir réfléchir, se souvenir. — *Se mettre dans la tête, en tête de..., que... :* décider de..., que... et ne pas en démordre. Imaginer, se persuader que. *Elle s'est mis dans la tête que vous viendriez la voir.* **2** Le siège des états psychologiques. — *Une forte tête :* une personne qui s'oppose aux autres et fait ce qu'elle veut. ⇒ **indiscipliné.** *Faire la forte tête.* — *Une mauvaise tête :* une personne obstinée, querelleuse. « *les mauvaises têtes agissent souvent en héros* » (Alain). ♦ *Perdre la tête :* perdre son sang-froid. ⇒ **boule, boussole ; s'affoler.** *Avoir la tête à ce qu'on fait,* y appliquer son esprit, son attention. *Avoir la tête ailleurs :* penser à autre chose. *Où avais-je la tête ?* comment se fait-il que je n'y aie pas pensé ? *N'en faire qu'à sa tête :* agir selon son idée, selon l'humeur du moment. — UN COUP DE TÊTE : une décision, une action irréfléchie. *Faire qqch. sur un coup de tête.* **3** (en loc.) *La tête,* symbole de l'état mental. *Être tombé sur la tête :* être un peu fou, déraisonner. — *Perdre la tête :* devenir fou ou gâteux. *Le vieux perdait la tête.* ⇒ **raison.** *N'avoir plus sa tête à soi. Avoir toute sa tête.* ⇒ **lucidité.** **IV** (Représentant une personne, un animal) **1** *Attirer la haine sur sa tête,* sur soi. *Faute qui retombe sur la tête de qqn.* ♦ La personne elle-même. *Une tête couronnée. Mettre un nom sur une tête.* — *Partage par tête,* personnel (opposé à *par souche**). **2** PAR TÊTE : par personne, individu. *Ça coûte cent francs par tête.* **3** Personne qui conçoit et dirige. « *Sire, j'en suis la tête, il n'en est que le bras* » (Corn.). **4** Animal (d'un troupeau). *Cent têtes de bétail.* ⇒ **pièce.** **V - 1** Partie supérieure (d'une chose). *La tête des arbres.* ⇒ **cime.** *Ce tableau est accroché la tête en bas.* **2** Partie terminale, extrémité (d'une chose arrondie). *Tête du fémur.* — *Tête d'ail :* bulbe de l'ail. — *Tête d'épingle, de clou.* ♦ *Tête de lecture d'une platine tourne-disque :* extrémité du bras qui porte la pointe de lecture. — *Tête de lecture, d'enregistrement d'un magnétoscope.* — *Tête d'impression d'une imprimante.* **VI - 1** Partie antérieure (d'une chose qui se déplace). *Tête d'un missile, tête nucléaire, thermonucléaire.* ⇒ **ogive.** ♦ TÊTE CHERCHEUSE. *Fusée à tête chercheuse,* pouvant modifier sa trajectoire vers l'objectif. — Dispositif d'un classeur électronique destiné à la recherche des informations. ♦ *Virer tête à queue.* ⇒ **tête-à-queue.** **2** Premier(s) élément(s) (d'un ensemble de véhicules, d'un groupe de personnes qui se déplacent). *La tête d'un train.* **3** Partie antérieure (d'une chose orientée), ou première partie (de ce qui se présente dans un ordre). *Tête de ligne :* station, gare de chemin de fer, de métro, d'autobus... où commence la ligne ; point de départ. *Tête de liste,* premier nom d'une liste. *Tête d'affiche.* **4** Place de ce qui est à l'avant. *Voiture de tête. Prendre la tête du cortège. Passer en tête.* ⇒ ② **devant, premier.** *Coureur en tête du peloton.* **5** Première place dans un classement, une compétition quelconque. *Être à la tête de sa classe :* être le meilleur élève. « *Barbentane en tête... Il y aura ballottage* » (Aragon). **6** Place de ce qui est en avant, devant, au début. *Mot en tête de phrase.*

Impression en tête d'un papier. ⇒ **en-tête.** 7 Place de la personne qui dirige, commande. *Il fut tué à la tête de ses troupes. Prendre la tête d'un mouvement* (⇒ **leader, meneur**). ➤ *Se trouver à la tête d'une fortune :* être en mesure d'en disposer. ⇒ **posséder.** ✪ CONTR. Pied, queue. ② Arrière, ① fin. — HOM. Têt, tette.

tête-à-queue n. m. inv. – XIXe 1 Mouvement du cheval qui pivote brusquement sur lui-même. 2 Brusque changement de direction d'un véhicule qui se retrouve en sens contraire.

tête-à-tête n. m. inv. – XVIIe 1 Situation de deux personnes qui se trouvent seules ensemble, qui s'isolent ensemble. *Un tête-à-tête amoureux.* « *vivre dans un éternel tête-à-tête* » (Gaut.). ♦ loc. adv. *EN TÊTE(-)À(-)TÊTE :* dans la situation de deux personnes qui se trouvent seule à seule. 2 Petit canapé à deux places (pour rester en tête à tête). 3 Service à petit-déjeuner pour deux personnes.

têteau n. m. – XVIIIe ▪ région. Arbre étêté qui commence à refaire des branches. « *les branches épaisses et encore fraîches d'un têteau de chêne* » (Sand).

tête-bêche adv. – XIXe ; de *à tête béchevet,* de *béchevet* « double tête *(chevet)* » ▪ Dans la position de deux personnes dont l'une a la tête du côté où l'autre a les pieds ; parallèlement et en sens inverse, opposé. *Ranger des bouteilles tête-bêche.*

tète-chèvre n. m. – XVIIe ▪ région. Engoulevent. *Des tète-chèvres.*

❑ Attention au *è* de *tète :* il s'agit du verbe *téter.*

tête-de-clou n. m. – XVIIIe ▪ Petite pyramide à quatre faces qui sert d'ornement. *Les têtes-de-clou d'un portail roman.*

tête-de-loup n. f. – XIXe ▪ Brosse ronde munie d'un long manche, pour nettoyer les plafonds. *Des têtes-de-loup.*

tête-de-Maure n. f. – XIXe ▪ Fromage de Hollande de forme sphérique (cf. Tête* de mort). *Des têtes-de-Maure.*

tête-de-nègre adj. inv. et n. – XIXe 1 De couleur marron foncé. ➤ n. m. inv. *Un brun tirant sur le tête-de-nègre.* 2 n. f. Pâtisserie composée d'une meringue sphérique enrobée de chocolat. 3 n. f. Bolet bronzé. *Des têtes-de-nègre.*

tétée n. f. – XVIIe 1 Action de téter. 2 Repas du nourrisson au sein. ⇒ **allaitement.**

téter v. tr. [6] – XIIe ; de *tette* 1 Sucer (le mamelon, le sein) de manière à boire le lait. ➤ *Bébé, veau qui tète. Donner à téter à son enfant.* ⇒ **allaiter.** ➤ *Téter sa mère.* 2 Sucer avec délectation. *Enfant qui tète son pouce.*

❑ Attention à l'accent du *é* de *téter :* rien à voir avec *tête.*

téterelle n. f. – XIXe ▪ Petit appareil qu'on applique au bout du sein pour faciliter l'allaitement de l'enfant (surtout en cas de crevasses du mamelon).

têtière n. f. – XIIe 1 Pièce d'armure qui couvrait entièrement la tête du cheval. ➤ Partie de la bride qui passe derrière les oreilles et soutient le mors. ⇒ **frontail.** 2 Garniture ou petit coussin, qu'on fixe au dossier d'un fauteuil, d'un divan, à l'endroit où on appuie la tête. « *des fauteuils à têtière de guipure* » (Simenon). 3 Partie supérieure d'une voile carrée. 4 Garniture placée en tête des pages à l'imposition.

tétin n. m. – XIVe ; de *tette* ▪ vieilli Mamelon du sein. ♦ Tétine.

tétine n. f. – XIIe ; de *tétin* 1 Mamelle (de certains mammifères). ⇒ ① **pis.** ➤ *Tétine (de vache) :* morceau de triperie vendu cuit à l'eau. 2 Embouchure de caoutchouc (ou de silicone) percée de trous et ajustée à un biberon, que tète le nourrisson. ♦ Embout de caoutchouc (ou de silicone) que suce le bébé pour se calmer. ⇒ **sucette.**

téton n. m. – XVe 1 fam. Sein. ⇒ fam. **nichon.** « *vos petits tétons rondelets* » (Mol.). 2 Petite saillie sur une pièce métallique, maintenant une autre pièce.

❑ Le mot s'est aussi écrit sans accent sur le *e. Il y a « tant d'espèces de tetons différents »* (Flaubert). ♦ → tette (rem.).

tétra n. m. – 1985 ; o. i. ▪ Poisson exotique d'eau douce *(cypriniformes).*

tétra- Élément, du gr. *tetra-,* de *tettares* « quatre ».

❑ Le correspondant latin est *quadri- ;* comparer *tétrasyllabe* et *quadrisyllabe.*

tétrachlorure [tetʀaklɔʀyʀ] n. m. – XIXe ▪ Composé dont la molécule comporte quatre atomes de chlore. *Tétrachlorure de carbone,* employé comme détachant.

tétracorde n. m. – XIVe 1 Système coordonné de quatre sons conjoints, dont les deux extrêmes sont à distance de quarte juste. 2 Lyre à quatre cordes.

tétracycline n. f. – 1954 ▪ Antibiotique à large spectre d'action et dont la molécule comprend quatre cycles.

tétradactyle adj. – XIXe ; *tétra-* et *-dactyle* ▪ Qui a quatre doigts au pied (animaux).

tétrade n. f. – XVIe ; gr. « groupe de quatre » 1 Ensemble formé par une paire de chromosomes dédoublés, lors de la méiose. 2 *Tétrade de Fallot :* forme typique de la maladie bleue*, qui comporte quatre malformations associées.

tétraèdre n. m. – XVIe ; *tétra-* et *-èdre* ▪ Polyèdre à quatre faces triangulaires. ⇒ **pyramide.** ♦ adj. *Figure tétraèdre.*

tétragone n. f. – XIVe ; *tétra-* et ① *-gone* ▪ Plante potagère *(aizoacées)* à feuilles épaisses, appelée parfois *épinard d'été.*

tétralogie n. f. – XVIIIe ; *tétra-* et *-logie* ▪ Ensemble de quatre pièces que les premiers poètes grecs présentaient aux concours dramatiques des dionysies. ♦ Les quatre opéras de Wagner constituant *L'Anneau des Niebelungen.* ➤ littér. Ensemble de quatre œuvres distinctes présentant une certaine unité d'inspiration.

tétramère adj. et n. m. – XIXe ; *tétra-* et *-mère* 1 Se dit des insectes dont les tarses sont composés de quatre articles. 2 n. m. Oligomère formé de quatre monomères.

tétramètre n. m. – XVIe ▪ Vers composé de quatre groupes de deux pieds (quatre mètres*), dans la prosodie grecque.

tétraplégie n. f. – 1904 ; *tétra-* et *-plégie* ▪ Paralysie des quatre membres.

tétraplégique adj. et n. – déb. XXe ▪ Relatif à la tétraplégie. ♦ Atteint de tétraplégie. ➤ n. *Un, une tétraplégique.*

tétraploïde adj. – 1948 ; gr. « quadruple » ▪ Se dit d'un individu dont les cellules ont quatre stocks de chromosomes au lieu de deux.

tétrapode n. m. et adj. – XIXe ; *tétra-* et *-pode* I *LES TÉTRAPODES :* ensemble de vertébrés dont le squelette comporte deux paires d'appendices appelés membres, que ces membres soient apparents ou non. ⇒ aussi **quadrumane.** adj. *Animal tétrapode.* **II** (marque déposée) Bloc de béton à quatre pieds, utilisé dans la construction des barrages, digues et jetées.

❑ Certains *tétrapodes* sont des mammifères quadrupèdes, d'autres ont quatre pattes (comme la grenouille), d'autres ont deux pattes et deux ailes (les oiseaux), d'autres enfin ont quatre membres avortés et cachés (le serpent).

tétraptère adj. et n. m. – XVIIIe ; *tétra-* et *-ptère* ■ Se dit des insectes à deux paires d'ailes.

❑ La mouche est *diptère* et le papillon est *tétraptère.*

tétrarchat [tetʀaʀka] n. m. – XVIIIe ■ Fonctions, dignité de tétrarque ; durée de ces fonctions.

tétrarchie [tetʀaʀʃi] n. f. – XVe 1 Partie d'une province sous l'autorité d'un tétrarque. 2 Organisation de l'Empire romain sous Dioclétien, en un gouvernement collégial de quatre empereurs.

tétrarque n. m. – XIIIe ; gr. ■ Gouverneur d'une partie d'une province divisée en quatre régions à l'époque gallo-romaine. *Les « tribunaux d'Hérode, tétrarque de Galilée »* (Caillois).

tétras [tetʀɑ(s)] n. m. – XVIIIe ; gr. ■ Oiseau sauvage *(galliformes)* qui vit dans les régions montagneuses. *Le grand tétras :* grand coq de bruyère.

tétrastyle adj. – XVIIe ■ Dont la façade présente quatre colonnes de front. *Un temple tétrastyle.* n. m. *Un tétrastyle.*

tétrasyllabe n. m. – XVIIe ■ Mot, vers qui a quatre syllabes. ⇒ **quadrisyllabe.** ➝ adj. *Mot, vers tétrasyllabe.*

tétrasyllabique adj. – XIXe ■ Qui a quatre syllabes.

tétratomique adj. – XIXe ■ Se dit d'un corps qui contient quatre atomes par molécule.

tétravalent, ente adj. – XIXe ; *tétra-* et *-valent* ■ Qui a pour valence chimique 4. ⇒ **quadrivalent.**

tétrode n. f. – 1948 ; de *tétra-* et *électrode* ■ Tube électronique à quatre électrodes.

tétrodon n. m. – XVIIIe ; gr. *tetra-* « quatre » et *odous* « dent » ■ Poisson des mers chaudes *(gymnodontes)* au corps massif (qui peut augmenter de volume à volonté) appelé aussi *poisson coffre.*

❑ Pour la graphie → ptéranodon (rem.)

tette n. f. – XIIe ; germ. ■ Bout de la mamelle, chez les animaux. ✪ HOM. Têt, tête.

❑ Ce mot, sorti de l'usage courant, a produit plusieurs dérivés : *tétine, téter, téton* (ou vx, *tétin*).

têtu, ue adj. – XIIIe ■ Qui est par nature attaché à ce qu'il a en tête, au point que rien ne peut le faire changer d'avis. ⇒ **entêté ;** fam. **cabochard.** *Têtu comme une mule.* ➝ subst. « *vous entendez, sacré têtu ?* » (Zola). ♦ Qui dénote un certain entêtement. *Un air têtu.* « *un pli barrant son petit front têtu* » (Dorgelès). ✪ CONTR. Souple.

❑ Être *têtu, buté, entêté* est ressenti comme un défaut, alors que l'*obstination,* la *persévérance,* la *ténacité* sont des traits de caractère plutôt positifs.

-teur, -trice Suffixe de nom de personne qui signifie « qui fait l'action » *(distributeur, trice)* et qui suit le plus souvent un radical savant *(électeur, trice ; producteur, trice ; traducteur, trice).*

❑ D'autres noms font leur féminin en *-euse* → -eur (rem.)

teuton, onne adj. et n. – XVIIe ; lat. ■ Relatif aux anciens Teutons ou aux anciens peuples de la Germanie. ⇒ ② **germain.** ♦ péj. vieilli Allemand, germanique. ⇒ **tudesque.** ➝ n. *Les Teutons.*

teutonique adj. – XVIe ■ Qui appartient au pays des anciens Teutons, à la Germanie.

tévé → **télévision**

tex [tɛks] n. m. – 1956 ; abrév. de *textile* ■ Unité de finesse d'une fibre textile, correspondant à un gramme au kilomètre de fil.

texte n. m. – XIIe ; lat. *texere* « tisser » 1 Suite de mots, de phrases qui constitue un écrit ou une œuvre. *Lire Platon dans le texte,* dans l'original grec. *Se reporter au texte.* « *Il a relu le texte, en détachant le sens de chaque phrase* » (Romains). *Texte d'une pièce. Apprendre son texte,* son rôle. *Texte écrit à la main, tapé à la machine, saisi* (⇒ **manuscrit, tapuscrit**), *imprimé* (⇒ **incunable ; édition**). ♦ *Le texte et la musique d'une chanson, d'un opéra.* ⇒ **livret, parole.** 2 La composition, la page imprimée. *Illustration dans le texte* (opposé à *hors-texte*). 3 Écrit considéré dans sa rédaction originale et authentique. *Les textes anciens. Textes hiéroglyphiques, cunéiformes.* ➝ *Textes juridiques, législatifs. Texte d'un testament.* ♦ Œuvre littéraire. *Texte accepté, refusé par un éditeur.* 4 Sujet. *Le texte d'un devoir, d'une dissertation.* ⇒ **énoncé.** *Cahier de textes :* cahier où l'élève inscrit les devoirs à faire de la semaine. 5 Fragment d'une œuvre caractéristique de la pensée ou de l'art de l'auteur. *Choix de textes, textes choisis.* ⇒ **morceau ; anthologie.** *Explication de textes.*

textile adj. et n. m. – XVIIIe ; lat. *texere* « tisser » 1 Susceptible d'être tissé ; d'être divisé en fils que l'on peut tisser. *Matières textiles végétales* (coton, jute, lin...), *minérales* (amiante), *synthétiques* (nylon), *animales* (laine, poil, soie...). *Plantes, végétaux textiles,* dont on tire des fibres textiles. ♦ n. m. Fibre, matière textile. *Textiles artificiels.* 2 Qui concerne la fabrication des tissus. *Industries textiles.* ⇒ **filature, tissage.** ➝ n. m. *La crise du textile.*

texto adv. – mil. XXe ; abrév. de *textuellement* ■ fam. Textuellement. *Je te répète texto ce qu'il m'a dit.*

textuel, elle adj. – XVe 1 Qui est tiré du texte, figure dans le texte. 2 Conforme au texte. *Copie textuelle.* ⇒ **exact.** *Traduction textuelle.* ⇒ **littéral.** 3 Didact. Du texte. *Analyse textuelle.*

textuellement adv. – XVe ■ D'une manière exactement conforme (au texte, aux paroles).

texturant n. m. – v. 1970 ■ Agent de texture*.

texture n. f. – XIVe ; lat. 1 Disposition des fils (d'une chose tissée). ⇒ **tissage.** 2 Arrangement, disposition (des éléments d'une matière). ⇒ **constitution, structure.** *Texture des sols. Texture d'un lait de beauté.* ➝ *Agent de texture :* produit ajouté aux aliments pour leur donner une consistance particulière. ⇒ **émulsifiant, épaississant, gélifiant.** 3 Agencement des parties, des éléments (d'une œuvre, d'un tout).

texturer v. tr. [1] – mil. XXe ■ Traiter (les fils de matières synthétiques) par des procédés propres à différencier leurs caractéristiques et leurs usages.

tézigue pron. pers. 2e pers. – XIXe ; formé avec *tes,* d'apr. *mézigue* ■ pop. Toi.

T. G. V. [teʒeve] n. m. – v. 1970 ; sigle ■ Train à grande vitesse. *Prendre le T. G. V. Conducteur de T. G. V.* ⇒ **tégéviste.**

thaï, thaïe [taj] adj. et n. – XIXe 1 Se dit de langues parlées en Asie du Sud-Est. *Langues thaïes, groupe* *thaï.* ➝ Se dit des populations dont la langue est le thaï. **n.** *Les Thaïs.* **2 n.m.** *Le thaï :* les langues du groupe thaï.

❑ L'ethnie thaïe se répartit entre la Thaïlande, le Laos et le Viêtnam.

thalamique **adj.** – 1905 ▪ Du thalamus.

thalamus [talamys] **n. m.** – XIXe ; gr. « lit » ▪ Les deux gros noyaux sensitifs situés de part et d'autre du troisième ventricule cérébral et jouant un rôle de relais pour les voies sensitives.

❑ *Épithalame* est de même origine.

thalassémie **n. f.** – 1959 ; gr. *thalassa* « mer » et *-émie* ▪ Maladie génétique caractérisée par une anémie grave, observée d'abord chez les Méditerranéens.

thalasso- Élément, du gr. *thalassa* « mer ».

thalassothérapie **n. f.** – XIXe ; *thalasso-* et *-thérapie* ▪ Usage thérapeutique de l'eau de mer, du climat marin. ⇒ **balnéothérapie.**

thalassotoque **adj.** – 1927 ; de *thalasso-* et gr. *tokos* « frai » ▪ *Poisson thalassotoque :* poisson migrateur qui vit en eau douce et se reproduit en mer. ➝ **n. m.** *L'anguille est un thalassotoque.*

thaler [talɛʀ] **n. m.** – XVIe ; mot all. ▪ Ancienne monnaie allemande d'argent.

❑ Le mot *dollar* est de même origine que *thaler.*

thalidomide **n. f.** – v. 1960 ; du nom d'un acide ▪ Médicament utilisé comme tranquillisant qui s'est révélé tératogène.

❑ La thalidomide est encore employée dans le traitement de la lèpre, notamment.

thalle **n. m.** – XIXe ; gr. « rameau, pousse » ▪ Appareil végétatif des plantes inférieures sans feuilles, tiges ni racines, non vascularisé. *Thalle des algues, des champignons* (⇒ **mycélium**). ✪ HOM. Talle.

thallium [taljɔm] **n. m.** – XIXe ; gr. « rameau vert » ▪ Élément atomique (Tl ; n° at. 81 ; m. at. 204,39), métal blanc bleuâtre, très malléable, de toxicité voisine de celle du plomb.

❑ Une raie verte caractérise le spectre de ce métal.

thallophytes **n. f. pl.** – XIXe ; de *thalle* et *-phyte* ▪ Ensemble des végétaux inférieurs non vascularisés, sans feuilles, tiges ni racines. ⇒ **algue, bactérie, champignon.** ➝ au sing. *Une thallophyte.*

thalweg → **talweg**

thanato- Élément, du gr. *thanatos* « mort ».

thanatologie **n. f.** – mil. XXe ; *thanato-* et *-logie* **1** Étude des différents aspects biologiques et sociologiques de la mort. **2** Étude médicolégale des circonstances ayant entraîné la mort.

thanatopraxie **n. f.** – v. 1975 ; de *thanato-* et *praxie,* d'apr. *chiropraxie* ▪ Technique de l'embaumement des cadavres.

thanatos [tanatɔs ; tanatos] **n. m.** – déb. XXe ; mot gr. « mort » ▪ Ensemble des pulsions de mort (opposé à *éros*).

thane **n. m.** – XVIIIe ; gr. *teknos* « enfant » ▪ En Écosse, Titre que le roi accordait à certains nobles, à certains hommes d'armes. *Macbeth, thane de Cawdor.* ✪ HOM. Tanne.

thaumaturge **adj.** et **n. m.** – XVIIe ; gr. *thauma* « miracle » ▪ **littér.** Qui fait des miracles. « *Je ne crois pas à l'existence du romancier thaumaturge qui tire tout du néant* » (Duham.). ➝ **n. m.** ⇒ **magicien.**

thaumaturgie **n. f.** – XIXe ▪ Magie, pouvoir des thaumaturges.

thé **n. m.** – XVIIe ; chinois ou malais **1** Arbre ou arbrisseau *(ternstrœmiacées)* d'Extrême-Orient (⇒ ② **théier**), cultivé pour ses feuilles qui contiennent des alcaloïdes. ♦ Feuilles de thé séchées *(thé vert)* ou fermentées et séchées *(thé noir). Sachet de thé.* **2** Boisson préparée avec des feuilles de thé infusées. *Faire du thé. Thé léger, fort.* « *L'heure du thé fumant et des livres fermés* » (Verlaine). *Une tasse de thé.* ♦ Consommation, tasse de thé. *Un thé citron.* ♦ Collation où l'on boit du thé. *Prendre le thé. Salon de thé.* ➝ Réunion où l'on sert du thé, des gâteaux. « *Nos invitations étant faites, nous donnerons ce soir notre thé* » (Loti). par ext. *Thé dansant :* réunion dansante à l'heure du thé. **3** *Une rose thé* ou *rose-thé,* de la couleur de la boisson. *Des roses(-)thé.* ✪ HOM. ① T, té, tes (① ton).

théâtral, ale, aux **adj.** – XVIe **1** Qui appartient au théâtre ; de théâtre. ⇒ **dramatique.** *Représentation théâtrale.* ➝ Du théâtre, genre littéraire. *Œuvre théâtrale.* ♦ *Saison théâtrale :* l'époque de l'année où les théâtres (d'une ville) jouent régulièrement. **2** Qui a les caractères spécifiques du théâtre. *Situation théâtrale.* **3** Qui a le côté artificiel, emphatique, outré du théâtre. « *elle m'ouvrit ses bras d'un geste théâtral* » (R. Gary). ➝ *Un personnage théâtral.*

théâtralement **adv.** – XVIIIe **1** Conformément aux lois, aux règles du théâtre. **2** fig. D'une manière théâtrale. *Gesticuler théâtralement.*

théâtraliser **v. tr.** [1] – 1927 ▪ Donner le caractère de théâtralité à. *Théâtraliser un roman pour la scène.*

théâtralisme **n. m.** – 1915 ▪ Tendance pathologique aux manifestations émotives spectaculaires. ♦ **littér.** Attitude théâtrale.

théâtralité **n. f.** – XIXe ▪ Conformité d'une œuvre aux exigences de la construction théâtrale.

théâtre **n. m.** – XIIIe ; gr. **I - 1** Dans l'Antiquité, Construction en plein air, généralement adossée à une colline creusée en hémicycle, réservée aux spectacles. *Théâtre antique d'Orange.* ♦ Construction ou salle destinée aux spectacles se rattachant à l'art dramatique. *Scène, coulisses, cintres d'un théâtre. Aménagement d'un théâtre* (⇒ **scénographie**). **2** Sorte de scène mobile construite sur des tréteaux (utilisée au Moyen Âge par les troupes ambulantes). **3** Cette construction, cette salle lorsqu'un spectacle est présenté au public ; le spectacle auquel on assiste. *Aller au théâtre.* ⇒ **spectacle.** **4** Entreprise de spectacles dramatiques, généralement attachée à une salle. ⇒ aussi **compagnie, troupe.** *Théâtre-Français* (cf. Comédie*-Française). *Théâtre de l'Odéon. Théâtre national populaire (T.N.P.).* ➝ *Théâtre qui joue, qui donne, monte une pièce, un spectacle. Répertoire d'un théâtre. Théâtre qui fait relâche. Répétitions de théâtre.* **5** Construction, petite scène, écran où l'on donne un spectacle sans acteurs. *Théâtre d'ombres, de marionnettes.* **6** *Théâtre d'eau, de verdure :* aménagement artistique dans un parc de pièces d'eau, d'arbres et de plantes. **7** *LE THÉÂTRE DE :* le cadre, le lieu où se passe un événement. ⇒ **scène.** *Le « quartier, qui avait été le théâtre de plusieurs échauffourées »* (Mart. du G.). ➝ *Théâtre d'opérations :* zone d'opérations militaires. **II - 1** Art visant à représenter devant un public une suite d'événements (⇒ ① **action**) où sont engagés des êtres humains agissant et parlant. ⇒ **scène, spectacle.** « *Nous concevons le théâtre comme une véritable opération de magie* » (Artaud). *Personnages, rôles de théâtre. Accessoires, costumes, décors de théâtre.* ➝ *Critique de théâtre,* qui juge les spectacles. ➝ *PIÈCE DE THÉÂTRE :* texte littéraire qui expose une action dramatique. ⇒ **comédie, drame,** ② **farce, tragédie, vaudeville.** ➝ *COUP DE THÉÂTRE :* retournement brutal d'une situation dans une pièce, destiné à accroître l'intérêt de l'action. ⇒ **péripétie, rebondissement.** fig. Brusque changement imprévu. 2 Genre littéraire ; ensemble des textes destinés à être représentés en action devant un public. 3 Ensemble d'œuvres dramatiques présentant des caractères communs, une origine commune. ⇒ **œuvre.** *Le théâtre d'Eschyle, de Shakespeare, de Corneille, de Beckett.* ➛ *Le théâtre antique. Le théâtre japonais* (⇒ **kabuki, nô).** *Le théâtre religieux du Moyen Âge.* ⇒ **miracle, mystère.** 4 Activités de l'acteur ; profession de comédien de théâtre. *Cours de théâtre,* d'art dramatique. *Faire du théâtre.* ⇒ **jouer.**

thébaïde n. f. – XVIIe ; de *Thèbes* ▪ littér. Lieu isolé et sauvage, endroit retiré et paisible où l'on mène une vie austère, calme, solitaire. « *Vous qui l'avez suivi dans cette thébaïde* » (Hugo).

> ❑ Des chrétiens fuyant les persécutions se réfugièrent dans les déserts proches de *Thèbes,* en Haute-Égypte, pour y mener une vie ascétique.

thébaïne n. f. – XIXe ▪ Alcaloïde très toxique extrait de l'opium.

> ❑ Cette substance s'appelle aussi *paramorphine.*

thébaïque adj. – XVIIIe ; de *Thèbes* ▪ Relatif à l'opium ; qui en contient. ⇒ **opiacé.**

> ❑ Thèbes, en Égypte, était un centre du commerce de l'opium.

thébaïsme n. m. – XIXe ▪ Intoxication due à l'opium (⇒ **opiomanie).**

-thée Élément, du gr. *theos* « dieu ».

① **théier, ière** adj. – XIXe ▪ rare Relatif au thé, à son commerce. *Industrie théière.* ✪ HOM. Teiller.

② **théier** n. m. – 1936 ▪ Arbre à thé. ⇒ **thé** (1°).

théière n. f. – XVIIIe ▪ Récipient dans lequel on fait infuser le thé.

théine n. f. – XIXe ▪ Caféine contenue dans les feuilles de thé.

① **théisme** n. m. – XVIIIe ; gr. *theos* « dieu » ▪ Doctrine indépendante de toute religion positive, qui admet l'existence d'un Dieu unique, distinct du monde mais exerçant une action sur lui (⇒ **déisme).** ✪ CONTR. Athéisme (plus cour.).

> ❑ De la même famille étymologique : *apothéose, athée, enthousiasme, théologie.*

② **théisme** n. m. – XIXe ▪ Ensemble des accidents aigus ou chroniques dus à l'abus de la consommation de thé (⇒ **théine).**

-théisme, -théiste Éléments, du gr. *theos* « dieu ».

théiste n. et adj. – XVIIIe ; gr. *theos* « dieu » 1 Personne qui professe le théisme. « *un Dieu que tous les théistes se sont accordés à nommer* bon » (Volt.). 2 adj. Du théisme. ✪ CONTR. Athée (plus cour.).

thématique adj. et n. f. – XVIe 1 adj. Relatif à un thème. *Chaîne de télévision thématique* (opposé à *généraliste*). ♦ Relatif aux thèmes musicaux. ♦ Se dit d'un morphème lexical qui appartient à un thème de pensée, à une terminologie. *Vocabulaire thématique.* ➛ *Voyelle thématique,* qui s'ajoute à la racine pour constituer le thème portant les désinences. 2 n. f. Ensemble, système organisé de thèmes (conscients et inconscients). ✪ CONTR. Athématique.

thématisme n. m. – 1951 ▪ Rapport d'un thème aux phénomènes qu'il dirige. Caractère des phénomènes dirigés par un thème. *Thématisme affectif inconscient des associations d'idées.*

thème n. m. – XIIIe ; gr. « ce qui est posé » 1 Sujet, idée qu'on développe (dans un discours, un ouvrage didactique ou littéraire, une activité). *Thème d'un discours.* « *les principaux thèmes gidiens : ferveur, refus de tout ce qui peut lier* » (Maurois). *Ensemble de thèmes.* ⇒ **thématique.** ➛ *Thème de composition d'un peintre.* ♦ Idée, pensée qui constitue le sujet des propos d'une personne, le centre de ses préoccupations ; ce sur quoi s'exerce la réflexion ou l'activité. *Débat sur le thème de la paix.* ➛ *Dîner, voyage à thème,* organisé autour d'un thème. 2 Exercice scolaire qui consiste à traduire un texte de sa langue maternelle dans une langue étrangère (⇒ **traduction)** ; ce texte. *Thème et version.* ➛ UN FORT EN THÈME : un très bon élève (⇒ **as,** ① **crack).** « *Vous méprisez les forts en thème et vous citez Hérodote* » (Maurois). 3 Dessin mélodique qui constitue le sujet d'une composition musicale et qui est l'objet de variations. ⇒ aussi **motif.** *Répétition d'un thème* (⇒ **leitmotiv ;** ② **canon).** *Les* « *deux thèmes principaux* [de Tannhäuser], *le motif religieux et le chant de volupté* » (Baud.). 4 *Thème astral de nativité :* représentation symbolique de l'état du ciel au moment de la naissance de qqn, permettant d'établir son horoscope. 5 Partie du mot composée de la racine, élargie parfois d'un élément thématique, à laquelle on ajoute les désinences. ⇒ **radical.**

> ❑ *Fort en thème* connote également le manque d'originalité, le conformisme, le travail plus que le véritable don.

thénar n. m. – XVIe ; gr. « paume » ▪ *Thénar,* ou *éminence thénar :* saillie formée sur la paume de la main par les muscles courts du pouce. ⇒ **hypothénar.**

théo- Élément, du gr. *theos* « dieu ».

théobromine n. f. – XIXe ; gr. *theos* « dieu » et *brôma* « nourriture » ▪ Alcaloïde principal du cacao, qui se trouve également dans le thé, le café, la noix de cola.

théocratie [teɔkʀasi] n. f. – XVIIe ; gr. ▪ Mode de gouvernement dans lequel l'autorité est exercée par une caste sacerdotale ou par un souverain considéré comme le représentant de Dieu (parfois même comme un dieu incarné). « *les païens sans clergé, sans théocratie* » (Malraux).

théocratique adj. – XVIIIe ▪ Relatif à la théocratie, qui est de la nature de la théocratie.

théodicée n. f. – XVIIIe ; gr. *dikê* « justice » ▪ Justification de la bonté de Dieu par la réfutation des arguments tirés de l'existence du mal.

théodolite n. m. – XVIIIe ; o. i. ▪ Instrument de visée muni d'une lunette, qui sert en géodésie à mesurer les angles horizontaux (⇒ **azimut)** et verticaux (⇒ **site),** à lever les plans.

théogonie n. f. – XVIe ; gr. ▪ Dans les religions polythéistes, Système, récit qui explique la naissance des dieux et présente leur généalogie. ⇒ **mythologie.**

théogonique adj. – XIXe ▪ Relatif à une théogonie, qui constitue une théogonie.

théologal, ale, aux adj. et n. m. – XIVe ; de *théologie* 1 Dans la religion catholique, Qui a Dieu lui-même pour objet. *Vertus théologales : la foi, l'espérance et la charité.* 2 n. m. Chanoine du chapitre d'une cathédrale chargé d'enseigner la théologie. *Des théologaux.*

théologie n. f. – XIIIe ; *théo-* et *-logie* 1 Étude des questions religieuses fondée sur les textes sacrés, les dogmes et la tradition (⇒ **révélation).** *Théologie dogmatique* ou *morale.* ⇒ aussi **casuistique.** *Importance de la théologie au Moyen Âge.* ⇒ **scolastique.** *École, études de théologie. Il* « *sort du grand séminaire après trois mois de théologie pour être sacristain* » (Jouhand.). 2 Doctrine de l'Église portant sur un point déterminé de dogme, de morale, etc. *La théologie sacramentaire.*

théologien, ienne n. - XIVe ■ Spécialiste de théologie. ⇒ **docteur ; casuiste.**

théologique adj. - XIVe ■ De théologie, relatif à la théologie. *Études, querelles théologiques. Preuves théologiques de l'existence de Dieu.* « *l'idée d'expiation, qui est toute théologique* » (France).

théophylline n. f. - XIXe ; de *thé* et gr. *phullon* « feuille » ■ Principal alcaloïde des feuilles de thé, obtenu aussi par synthèse.

théorbe n. m. - XVIe ; o. i. ■ Sorte de luth à deux manches, à son plus grave que celui du luth ordinaire. « *un théorbe à caisse ovale, un de ces luths à double manche* » (Perec).

❑ Cet instrument connut une vogue considérable au XVIIe s. ; il est souvent représenté en peinture.

théorématique adj. - 1901 ■ Qui a le caractère d'un théorème.

théorème n. m. - XVIe ; gr. *theôrein* « observer » ■ Proposition démontrable qui résulte d'autres propositions déjà posées (opposé à *définition, axiome, postulat, principe*). *Démontrer un théorème.* ⇒ **démonstration.** *Théorème de géométrie, de mathématique. Le théorème de Pythagore.*

théorétique adj. et n. f. - XVIIIe 1 Qui a pour objet la théorie. *Doctrine théorétique.* 2 n. f. Étude de la connaissance qui « voit l'absolu dans la connaissance » (G. Berger) et renonce aux considérations ontologiques.

théoricien, ienne n. - XVIe 1 Personne qui connaît la théorie, les principes d'un art, d'une science. 2 Personne qui élabore, professe, défend une théorie sur un sujet. *Baudelaire* « *a été le théoricien le plus profond du dandysme* » (Camus). 3 Personne qui, dans un domaine déterminé, se préoccupe surtout de connaissance abstraite et spéculative et non de la pratique.

théorie n. f. - XIVe ; gr. *theôrein* « observer » **I - 1** Ensemble d'idées, de concepts abstraits, plus ou moins organisés, appliqué à un domaine particulier. ⇒ **spéculation ; conception, doctrine, système, thèse.** *Bâtir une théorie. Théories artistiques. Mettre une théorie en application. D'après, selon telle théorie...* ♦ LA THÉORIE. « *En matière de révolution, c'est comme en médecine : il y a la théorie ; et puis il y a la pratique* » (Mart. du G.). ➛ *EN THÉORIE* : en envisageant la question d'une manière abstraite, spéculative. *C'est très beau en théorie, mais en fait c'est impossible.* 2 sc. Construction intellectuelle méthodique et organisée, de caractère hypothétique (au moins en certaines de ses parties) et synthétique. ⇒ **hypothèse, système.** *Principes et lois d'une théorie.* ➛ Éléments de connaissance organisés en système. « *En solfège, je ne mordais qu'à la théorie ; je chantais faux et ratais lamentablement mes dictées musicales* » (Beauv.). **II** Procession solennelle, dans l'Antiquité. ➛ littér. *Il est surgi* « *une théorie de petits champignons* » (Gaut.). ⇒ **cortège.**

théorique adj. - XIIIe 1 Qui consiste en connaissance abstraite, théories, spéculations. ⇒ **spéculatif.** *Cours, enseignement théorique.* 2 Qui est considéré, défini, étudié d'une manière abstraite et souvent incorrecte (opposé à *réel, vécu*). « *Une égalité théorique recouvre des inégalités de fait* » (Camus). *Une décision toute théorique*, irréalisable. ♦ *Rendement théorique d'une machine.* ⇒ ① **idéal.** ✪ CONTR. ② Pratique ; expérimental ; réel.

théoriquement adv. - XVIe 1 Par la théorie, la spéculation abstraite. *Justifier théoriquement une œuvre.* 2 D'après une conception abstraite qui ne tient pas compte de la réalité. *Théoriquement, il a raison.* ➛ Selon ce qui est prévu, attendu. *Théoriquement, l'avion devrait atterrir vers midi* (⇒ **normalement).** ✪ CONTR. Pratiquement.

théoriser v. 1 - XIXe 1 v. intr. Présenter une théorie. *Théoriser sur un problème. Il n'est plus temps de théoriser, il faut agir.* 2 v. tr. Mettre en théorie. *Théoriser une opinion.*

théosophe n. - XVIIIe ; gr. « qui connaît les choses divines » ■ Adepte de la théosophie.

théosophie n. f. - XVIIIe ■ Doctrine qui vise à la connaissance de Dieu par l'approfondissement de la vie intérieure et à l'action sur l'univers par des moyens surnaturels. ⇒ **cabale, gnose, magie, occultisme.**

thèque n. f. - XIXe ; gr. « loge » ■ Enveloppe à l'intérieur de laquelle se forment les spores ou les grains de pollen. ✪ HOM. Tec, teck.

-thèque Élément, du gr. *thêkê* « loge, réceptacle, armoire » : *cartothèque, cassettothèque, cinémathèque, diathèque, discothèque, logithèque, ludothèque, médiathèque, phonothèque, pinacothèque, pochothèque, sonothèque, téléthèque, vidéothèque.*

thérapeute n. - XVIIIe ; gr. *thêrapeuein* « soigner » 1 Ascète juif de l'Antiquité. 2 Personne qui soigne les malades (⇒ **guérisseur, médecin).** ➛ Psychothérapeute.

thérapeutique adj. et n. f. - XVe 1 Qui concerne les actions et pratiques destinées à guérir, à traiter les maladies ; apte à guérir. ⇒ **curatif, médical, médicinal.** *Vertus thérapeutiques d'une plante. Procédés* (⇒ **remède),** *substances thérapeutiques* (⇒ **médicament).** 2 n. f. Partie de la médecine qui étudie et met en application les moyens propres à guérir et à soulager les malades. ⇒ **médecine ; chirurgie.** ➛ *Thérapeutique des animaux* (⇒ **vétérinaire).** ♦ Ensemble de procédés concernant un traitement déterminé. ⇒ **thérapie.** *Une thérapeutique nouvelle.*

thérapie n. f. - XVIIe ; gr. « soin, cure » ■ Thérapeutique. ♦ Traitement de certaines névroses ou troubles du comportement. *Thérapie psychanalytique.* ⇒ **analyse, psychanalyse ; psychothérapie.** *Thérapie familiale, de groupe* (⇒ **gestalt-thérapie).**

-thérapie Élément, du gr. *therapeia* « soin, cure ».

❑ Cet élément est très productif, chaque nouveau traitement donnant lieu à un néologisme : *aromathérapie, auriculothérapie, chimiothérapie, cryothérapie, fangothérapie, héliothérapie, mésothérapie, thalassothérapie*, etc. ; mais on parle plus volontiers de *thérapie génique* que de *génothérapie.*

thériaque n. f. - XIIe ; gr. *thêrion* « bête sauvage » ■ Préparation pharmaceutique qui était employée contre la morsure des serpents.

théridion [teʀidjɔ̃] ou **theridium** [teʀidjɔm] n. m. - XIXe ; gr. *thêrion* « bête sauvage » ■ Petite araignée aux couleurs vives qui construit une toile irrégulière.

thermal, ale, aux adj. - XVIIe 1 Qui a une température élevée à la source et des propriétés thérapeutiques. *Eaux thermales chargées de principes minéralisateurs.* ⇒ **minéral.** ➛ *Source thermale.* 2 Où l'on utilise les eaux médicinales (chaudes ou non). *Établissement thermal.* ⇒ **hydrominéral ; thermes.** *Station thermale. Cure thermale.*

thermalisme n. m. - XIXe ■ Science de l'utilisation des eaux minérales. ♦ Tout ce qui concerne l'aménagement et l'exploitation des stations thermales.

thermalité n. f. - XIXe ■ Propriété d'une eau naturelle qui sort de la source à une température relativement élevée (plus de 20-25° C).

-therme → **therm(o)-**

thermes n. m. pl. – XIIIe ; gr. *thermos* « chaud » 1 Établissement de bains publics de l'Antiquité. ⇒ **bain.** 2 Établissement thermal. ✪ HOM. Terme.

thermicien, ienne n. – 1964 ▪ Spécialiste de l'énergie thermique. ⇒ **énergéticien.**

thermicité n. f. – v. 1950 ▪ Le fait d'avoir un effet thermique.

thermidor n. m. – XVIIIe ; gr. *thermon* « chaleur estivale » et *dôron* « don » ▪ Onzième mois du calendrier républicain (19 juillet-18 août). *Le 9 thermidor :* journée de la chute et de l'arrestation de Robespierre. ♦ *Homard thermidor,* accompagné d'une sauce et gratiné au four.

thermidorien, ienne adj. et n. – XVIIIe 1 Relatif à la coalition qui renversa Robespierre le 9 thermidor. 2 n. *Les thermidoriens :* les coalisés, députés faisant partie de la coalition de thermidor.

thermie n. f. – 1920 ; de *therm(o)-,* d'apr. *calorie* ▪ Ancienne unité de mesure de quantité de chaleur du système M.T.S., égale à un million de calories (symb. th).

thermique adj. – XIXe 1 Relatif à la chaleur, qui se traduit par des sensations spécifiques chez l'homme (⇒ **chaud,** ② **froid),** par des phénomènes physiques, et à laquelle correspond la température. *Effet thermique.* ⇒ **calorifique.** *Énergie thermique,* chaleur. ⇒ **thermodynamique.** ♦ *Isolation thermique. Analyse thermique :* enregistrement continu des variations de température d'un système. 2 *Moteur thermique,* qui transforme l'énergie thermique en énergie mécanique. *Propulsion thermique.* ⇒ **thermopropulsion.** *Centrale thermique,* utilisant des moteurs thermiques pour produire l'énergie électrique. ➡ (appareils de mesure) Dont l'indication est liée à une dissipation de chaleur. *Voltmètre thermique.* ➡ sc. *Choc thermique :* brusque élévation de température.

thermisation n. f. – v. 1960 ▪ Traitement thermique doux que l'on fait subir au lait de fromagerie pour en réduire la flore microbienne.

thermistance n. f. – 1964 ; de *therm(o)-* et *(rés)istance* ▪ Dipôle semi-conducteur dont la résistance varie selon la température.

thermite n. f. – 1907 ▪ Mélange pulvérisé d'aluminium et d'oxyde ferrique utilisé en aluminothermie. ✪ HOM. Termite.

therm(o)-, -therme Éléments, du gr. *thermos* « chaud », ou *thermon* « chaleur » *(thermomètre, isotherme).*

thermocautère n. m. – XIXe ▪ Instrument formé d'une tige creuse en platine maintenue incandescente et utilisé pour cautériser.

thermochimie n. f. – XIXe ▪ Étude et mesure des échanges thermiques qui accompagnent les réactions chimiques.

thermocline n. f. – 1964 ; de *thermo-* et gr. *klinein* « incliner » ▪ Couche d'eau marine dont la température diminue rapidement avec la profondeur.

thermocollant, ante adj. – 1974 ▪ Que la chaleur rend adhésif. *Galon thermocollant pour fixer l'ourlet d'un pantalon.*

thermocouple n. m. – 1936 ▪ Couple thermoélectrique, capteur qui permet la mesure des températures.

thermodurcissable adj. – 1949 ▪ Se dit des matières plastiques auxquelles un échauffement prolongé fait perdre leur plasticité.

thermodynamicien, ienne n. – 1968 ▪ Spécialiste de thermodynamique. ⇒ **énergéticien.**

thermodynamique n. f. et adj. – XIXe ▪ Branche de la physique qui étudie tous les phénomènes dans lesquels interviennent les échanges thermiques. ➡ adj. *Équilibre thermodynamique d'un système.*

thermoélectricité n. f. – XIXe 1 Étude des relations entre les phénomènes thermiques et électriques. 2 Électricité produite à partir d'énergie thermique.

thermoélectrique adj. – XIXe ▪ Relatif à la thermoélectricité. *Effet thermoélectrique :* phénomène réciproque de transformation d'énergie thermique en énergie électrique.

thermoélectronique adj. – 1949 ▪ *Effet thermoélectronique :* émission d'électrons par les métaux incandescents. ⇒ **thermoïonique.**

thermoformage n. m. – 1973 ▪ Technique permettant la réalisation de formes d'un matériau par chauffage.

thermogène adj. – XIXe ; *thermo-* et *-gène* ▪ Qui produit la chaleur.

thermogénèse n. f. – XIXe ; *thermo-* et *-génèse* ▪ Production de la chaleur physiologique.

thermogénie n. f. – XIXe ; *thermo-* et *-génie* ▪ Ensemble des techniques ayant pour objet la production d'énergie calorifique.

thermographe n. m. – XIXe ; *thermo-* et *-graphe* ▪ Thermomètre enregistreur.

thermographie n. f. – XIXe ▪ Technique d'enregistrement graphique des températures des divers points du corps par détection du rayonnement infrarouge qu'il émet.

thermogravimétrie n. f. – v. 1960 ▪ Technique consistant à enregistrer les variations de masse d'un échantillon en fonction de la température et du temps.

thermoïonique adj. – 1933 ▪ ⇒ **thermoélectronique.**

thermolabile adj. – 1905 ▪ Qui subit des modifications lorsqu'une élévation de température s'est produite. ✪ CONTR. Thermostable.

thermoluminescence n. f. – 1905 ▪ Luminescence provoquée par l'élévation de la température d'une substance préalablement excitée par irradiation.

thermolyse n. f. – 1948 ; *thermo-* et *-lyse* 1 Décomposition d'un corps par la chaleur. ⇒ **pyrolyse.** 2 Déperdition de chaleur par l'organisme.

thermomagnétique adj. – XIXe ▪ Qui concerne le magnétisme lié à la température. *Effet thermomagnétique.*

thermomécanique adj. – XIXe ▪ Où interviennent simultanément des phénomènes mécaniques et thermiques.

thermomètre n. m. – XVIIe ; *thermo-* et *-mètre* 1 Instrument destiné à la mesure des températures, généralement grâce à la dilatation d'un liquide ou d'un gaz contenu dans un réservoir que l'on plonge dans le milieu dont on désire connaître la température. *Thermomètre à mercure, à alcool, à gaz, à résistance de platine.* ➡ *Thermomètre médical,* destiné à indiquer la température interne du corps. « *Le docteur met son thermomètre dans le derrière de l'Esther qui le trouve bien familier* » (Aymé). ♦ *Le thermomètre monte,* la colonne de liquide s'élève. 2 Indice qui permet de déterminer, d'évaluer (qqch.). ⇒ **baromètre.** « *La table est le plus sûr thermomètre de la fortune dans les ménages parisiens* » (Balz.)

thermométrie n. f. – XIXe ▪ Mesure des températures au moyen de points fixes.

thermométrique adj. – XVIIIe ▪ Relatif au thermomètre, à la température. *Échelle thermométrique.* « *des sondes thermométriques qui rapportent la température des diverses couches d'eau* » (J. Verne).

thermonucléaire adj. – 1953 ▪ Relatif à la réaction de fusion de deux noyaux d'atomes légers. *Énergie thermonucléaire.*

thermophile adj. et n. m. – 1904 ; *thermo-* et *-phile* ▪ Se dit des organismes qui vivent dans des conditions optimales à des températures élevées.

thermoplastique adj. – 1956 ▪ Se dit d'une matière malléable à la chaleur.

thermoplongeur n. m. – 1964 ▪ Petit appareil portatif constitué d'une résistance électrique, que l'on plonge dans l'eau pour la faire chauffer.

thermopompe n. f. – XIXe ▪ Pompe à chaleur.

thermopropulsion n. f. – 1949 ▪ Propulsion d'un mobile obtenue directement par l'énergie thermique d'une combustion. ⇒ **statoréacteur, tuyère.**

thermorégulateur, trice adj. – XIXe ▪ Qui concerne la thermorégulation. *L'hypothalamus, centre thermorégulateur de l'organisme.*

thermorégulation n. f. – 1904 ▪ Mécanisme régulateur par lequel la température interne du corps des animaux homéothermes se maintient constante.

thermorésistant, ante adj. – v. 1968 1 Se dit d'une matière plastique qui, après avoir été soumise à la chaleur ou à la pression, ne se déforme plus sous l'action de la chaleur. 2 Se dit d'un organisme qui résiste à des températures élevées.

thermos [tɛʀmos] n. m. ou f. – 1907 ; nom déposé, mot gr. « chaud » ▪ Récipient isolant à double paroi de verre séparée par un vide, qui maintient durant quelques heures la température du liquide qu'il contient. *Mettre du café dans un thermos. Bouteille thermos.*

thermosensible [tɛʀmosɑ̃sibl] adj. – 1972 ▪ Sensible à une élévation de température. *Papier thermosensible.*

thermosiphon [tɛʀmosifɔ̃] n. m. – XIXe ▪ Mode de circulation naturelle de l'eau chaude dans une installation de chauffage.

❑ Pour le *s* unique → ① s (rem.).

thermosphère n. f. – 1964 ▪ Couche de l'atmosphère située au-dessus de la mésosphère, caractérisée par une augmentation continue de la température avec l'altitude.

thermostable adj. – 1914 ▪ Se dit d'un composé ou d'un objet qui garde ses propriétés sous l'action de la chaleur. ⇒ **réfractaire.** ✪ CONTR. Thermolabile.

thermostat n. m. – XIXe ; de *thermo-* et gr. *istanai* « fixer » ▪ Appareil ou dispositif qui permet d'obtenir une température constante dans une enceinte fermée.

thermostatique adj. – 1949 ▪ Qui permet de maintenir une température constante.

thésard, arde n. – 1965 ▪ fam. Personne qui prépare une thèse de doctorat. ⇒ **doctorant.**

thésaurisation n. f. – XVIIIe ▪ Action de thésauriser. ♦ Fait de constituer une épargne, sans l'affecter à un placement productif.

thésauriser v. intr. [1] – XIVe ; lat. *thesaurus* « trésor » ▪ littér. Amasser des valeurs pour les garder, sans les faire circuler, sans les placer. ⇒ **économiser, entasser, épargner.** ♦ trans. « *Il a trouvé le moyen* [...] *de thésauriser quarante écus de vingt francs* » (Gide). ✪ CONTR. Dépenser.

thésaurus ou **thesaurus** [tezɔʀys] n. m. – 1904 ; mot lat. « trésor » 1 Recueil ou lexique de philologie ou d'archéologie. 2 Répertoire alphabétique de termes normalisés pour l'analyse de contenu et le classement des documents d'information.

thèse n. f. – XVIe ; gr. *thesis* « action de poser » 1 Proposition ou théorie particulière qu'on tient pour vraie et qu'on s'engage à défendre par des arguments. *Avancer, soutenir, défendre une thèse.* « *Deux thèses s'affrontaient, toujours les mêmes* » (Mart. du G.). *Thèses économiques, philosophiques.* ⇒ **doctrine, opinion.** ➛ *Pièce, roman à thèse,* qui illustre une thèse que l'auteur propose au public. « *Une pièce à thèse, et le titre en était tout un programme :* Alsace » (Aragon). 2 Proposition ou série de propositions que le candidat à un grade de bachelier, de licencié, de docteur, etc., s'engageait à soutenir. ➛ Ouvrage présenté pour l'obtention du doctorat. *Soutenance de thèse.* ➛ La thèse imprimée. 3 (Hegel) Premier moment de la démarche dialectique auquel s'oppose l'*antithèse**, jusqu'à ce que ces contraires soient conciliés par la synthèse. ♦ Simple position par la pensée de quelque réalité ou vérité, qui n'implique pas une affirmation, dans la phénoménologie.

❑ On soutient un *mémoire* de maîtrise et une *thèse* de doctorat. ♦ Il fallait autrefois soutenir deux thèses pour être docteur (*thèse d'État* et *thèse complémentaire*).

thêta n. m. – mot gr. ▪ Huitième lettre de l'alphabet grec (Θ, θ) à laquelle correspond *th.*

thétique adj. – 1912 ▪ Qui concerne une thèse (3°). *Termes, jugements thétiques.* ♦ Qui pose qqch. en tant qu'existant. *Conscience thétique.* ⇒ **existentiel.**

théurgie n. f. – XIVe ; gr. « opération divine » ▪ Magie faisant appel aux divinités célestes et aux esprits surnaturels dont l'homme utilise les pouvoirs. ⇒ **théosophie.**

thiamine n. f. – mil. XXe ; de *thi(o)-* et *amine* ▪ Vitamine B1.

thibaude n. f. – XIXe ; de *Thibaud,* nom traditionnel de berger ▪ Molleton de tissu grossier ou de feutre qu'on met entre le sol et les tapis, les moquettes. *Il* « *avait mis un lit de paille, une thibaude et un tapis très épais dans la chambre* » (Balz.).

thi(o)- Élément, du gr. *theion* « soufre ».

thioalcool n. m. – 1906 ▪ Alcool ou phénol sulfuré. ⇒ **mercaptan.**

thionine n. f. – XIXe ; de *thion-* (var. de *thio-*) ▪ Matière colorante, dite aussi *violet de Lauth.*

thionique adj. – XIXe ; de *thion-* (var. de *thio-*) ▪ Qui concerne le soufre. *Série thionique :* série des acides oxygénés du soufre.

thiosulfate [tjosylfat] n. m. – XIXe ▪ Sel de l'acide thiosulfurique.

thiosulfurique [tjosylfyʀik] adj. – 1949 ▪ *Acide thiosulfurique :* acide instable qui se décompose en soufre et acide sulfureux.

thio-urée n. f. – 1903 ▪ Composé qui dérive de l'urée par substitution de soufre à l'oxygène.

thixotrope adj. – 1964 ; gr. *thixis* « action de toucher » et *-trope* ▪ Se dit de gels qui se liquéfient par agitation et se régénèrent au repos.

thlaspi n. m. – XVIe ; gr. ▪ Plante des lieux incultes *(crucifèracées),* à fleurs en grappes. ⇒ **ibéris.**

tholos [tɔlɔs] n. f. – XVIIe ; mot gr. 1 Sépulture préhistorique, à rotonde et coupole. 2 Temple grec circulaire.

thomise n. m. – XIXe ; gr. *thômigx* « corde, fil » ▪ Araignée à marche oblique qui tend des fils isolés et change de couleur pour capturer les insectes.

thomisme n. m. – XVIIIe ▪ Système théologique et philosophique de saint Thomas d'Aquin. ⇒ **scolastique.**

thomiste n. et adj. – XVIIe 1 Partisan du thomisme. 2 Relatif, propre au thomisme.

thon n. m. – XIVe ; gr. *thunnos* ▪ Grand poisson à sang chaud *(scombridés)*, de l'Atlantique et la Méditerranée. « *les thons, lisses et vernis, pareils à des sacs de cuir noirâtre* » (Zola). *Thon à l'huile. Miettes de thon.* ✪ HOM. Ton.

thonaire n. m. – XVIIe ▪ Série de filets de pêche amarrés bout à bout, dont une extrémité est fixée à la côte et l'autre au bateau. ✪ HOM. Tonnerre.

thonier n. m. – XIXe ▪ Navire pour la pêche au thon.

thonine n. f. – XVIe ▪ Petit thon de Méditerranée.

thora → **torah**

thoracentèse [tɔʀasɛ̃tɛz ; -sɑ̃tɛz] n. f. – XIXe ; *thora(co)-* et *-centèse* ▪ Ponction de la paroi thoracique.

❑ *Amniocentèse* et *paracentèse* présentent le même élément. ♦ Pour la prononciation → synthèse (rem.).

thoracique adj. – XVIe ▪ Qui appartient au thorax. *Cage thoracique.* « *Sa capacité thoracique était proprement phénoménale* » (Perec).

thorac(o)- Élément, du gr. *thôrax* « thorax ».

thoracoplastie n. f. – XIXe ; *thoraco-* et *-plastie* ▪ Résection d'une ou plusieurs côtes, ou parties de côtes, pratiquée dans certains cas de tuberculose pulmonaire, pour provoquer l'affaissement du poumon malade.

thorax [tɔʀaks] n. m. – XVe ; gr. ▪ Chez l'homme, Partie supérieure du tronc limitée par le diaphragme, délimitée en arrière par la colonne vertébrale, en avant par le sternum et latéralement par les arcs dorsaux, et dont l'intérieur constitue la cavité thoracique. ⇒ **poitrine, torse.** « *le col ouvert laissait voir un thorax velu et décharné* » (Mart. du G.). ➛ Chez les vertébrés, Partie antérieure du tronc qui fait immédiatement suite à la tête, sans être nettement séparée de l'abdomen (sauf chez les mammifères). ♦ Partie du corps de l'insecte portant les organes locomoteurs.

thorite n. f. – XIXe ▪ Silicate naturel de thorium.

thorium [tɔʀjɔm] n. m. – XIXe ; mot suéd., de *thorjord* « terre de *Thor* » ▪ Élément atomique (Th ; n° at. 90 ; m. at. 232,04), métal gris de la série des actinides.

thoron n. m. – 1923 ▪ Émanation du thorium, isotope du radon. ✪ HOM. Toron.

thréonine n. f. – apr. 1935 ; all. *threose*, altér. de *erythrose*, et *-ine* ▪ Acide aminé essentiel, l'un des principaux constituants des protéines.

thridace n. f. – XIXe ; gr. *thridax* « laitue » ▪ Extrait sec préparé avec du suc de laitue, employé comme calmant.

thriller [sʀilœʀ] n. m. – 1927 ; mot angl., de *to thrill* « faire frissonner » ▪ Film (policier, fantastique), roman, pièce qui procure des sensations fortes. *Une sympathie « pour les westerns, les thrillers, les comédies américaines »* (Perec).

thrips [tʀips] n. m. – XVIIIe ; mot gr. ▪ Insecte archiptère *(thysanoptères)*. *Thrips de la vigne.*

thrombine n. f. – 1903 ; *thromb(o)-* et *-ine* ▪ Enzyme provenant de la prothrombine, provoquant la transformation du fibrinogène en fibrine. ✪ HOM. Trombine.

thromb(o)- Élément, du gr. *thrombos* « caillot ».

thrombocyte n. m. – XIXe ; *thrombo-* et *-cyte* ▪ Plaquette* sanguine.

thrombokinase n. f. – 1953 ▪ Enzyme protéolytique sécrétée par les plaquettes sanguines.

thrombophlébite n. f. – 1933 ▪ Inflammation des parois d'une veine, compliquée de thrombose.

thrombose n. f. – XIXe ; gr. « coagulation » ▪ Formation d'un caillot dans un vaisseau sanguin ou dans une des cavités du cœur.

thrombus [tʀɔ̃bys] n. m. – XVIe ; gr. ▪ Masse sanguine coagulée dans un vaisseau, où elle détermine une thrombose.

thulium [tyljɔm] n. m. – 1904 ; gr. *Thoulê*, nom de la Scandinavie ▪ Élément atomique (Tm ; n° at. 69 ; m. at. 168,93), métal blanc argenté, du groupe des terres rares, utilisé dans la fabrication des ferrites.

thune n. f. – XVIIe ; o. i. ▪ pop. Argent. *Je n'ai plus une thune,* plus un sou.

❑ Ce mot a désigné l'ancienne pièce de cinq francs en usage jusqu'en 1920.

thuriféraire n. m. – XVIIe ; lat. « qui porte *(ferre)* l'encens *(tus, turis)* » 1 Porteur d'encensoir. « *Les thuriféraires, qui, marchant à reculons, balançaient dans les airs leurs encensoirs* » (Nerval). 2 littér. Encenseur, flatteur, laudateur. ⇒ **flagorneur.**

thurne → **turne**

thuya [tyja] n. m. – XVIe ; gr. ▪ Grand conifère *(cupressacées)* proche du genévrier et du cyprès. *Des « senteurs d'orangers et de thuyas »* (Daud.).

thyade n. f. – XVIe ; gr. *thuias* ▪ Bacchante.

thylacine n. m. – XIXe ; gr. *thulakos* « poche, bourse » ▪ Mammifère carnivore *(marsupiaux)* appelé aussi *loup de Tasmanie.*

thym n. m. – XIIIe ; gr. *thumon* ▪ Plante ligneuse *(labiacées)*, abondante dans les garrigues et les maquis. « *des lavandes, des thyms, brûlés sur la montagne par le soleil d'été* » (Maupass.). *Thym commun,* employé comme aromate. ⇒ **farigoule.** *Thym sauvage.* ⇒ **serpolet.** ✪ HOM. Tain, teint, tin.

thymie n. f. – 1945 ; gr. *thumos* « cœur, affectivité » ▪ rare Humeur de base.

-thymie Élément, du gr. *thumos* « cœur, affectivité ».

thymine n. f. – XIXe ; de *thymus* ▪ Base pyrimidique entrant dans la composition des acides désoxyribonucléiques.

① **thymique** adj. – 1964 ▪ Qui concerne les thymies.

② **thymique** adj. – XVIIe ▪ Du thymus. *Veines thymiques.*

thymoanaleptique adj. et n. m. – 1957 ; de *thymie* et *analeptique* ▪ Se dit d'un médicament psychotrope et antidépresseur.

thymol n. m. – XIXe ; de *thym* et *(crés)ol* ▪ Crésol, qui se trouve dans les essences de thym.

thymus [timys] n. m. – XVIe ; gr. *thumos* « excroissance charnue » ▪ Organe glandulaire situé à la partie inférieure du cou, composé de deux lobes, très développé pendant l'enfance et régressant après la puberté. ➛ *Thymus du veau.* ⇒ ③ **ris.**

thyratron n. m. – 1929 ; nom déposé, gr. *thura* « porte » et *(élec)tron* ▪ Tube triode à gaz dont l'amorçage est déclenché par une grille de commande.

thyréo-, thyro- Éléments, signifiant « thyroïde ».

thyréotrope adj. – 1953 ; *thyréo-* et *-trope* ▪ Qui stimule la sécrétion de la glande thyroïde.

thyristor n. m. – v. 1960 ; de *thyr(atron)* et *(trans)istor* ▪ Semiconducteur possédant une électrode de commande permettant de déclencher le passage du courant.

thyroglobuline n. f. – 1952 ▪ Protéine iodée des vésicules thyroïdiennes (⇒ **thyroxine**).

thyroïde adj. et n. f. – XVIe ; gr. « en forme de porte *(thura)* » 1 *Cartilage thyroïde :* cartilage du larynx, constitué de deux lames dont la réunion sur la ligne médiane forme, chez l'homme, une saillie (pomme* d'Adam). 2 *Corps, glande thyroïde,* ou n. f. *la thyroïde :* glande endocrine, située à la partie antérieure et inférieure du cou, comprenant deux lobes réunis par un isthme, composée de vésicules remplies d'une substance visqueuse qui contient la thyroglobuline.

thyroïdectomie n. f. – XIXe ▪ Ablation de la thyroïde.

thyroïdien, ienne adj. – XVIIIe ▪ Qui appartient, est relatif à la thyroïde. *Insuffisance thyroïdienne.*

thyroïdite n. f. – XIXe ▪ Inflammation de la thyroïde.

thyrotrophine ou **thyrotropine** n. f. – v. 1970 ; de *thyro (ïde)* et gr. *trophê* « nourriture » ▪ Hormone du lobe antérieur de l'hypophyse qui régularise la production des hormones de la thyroïde.

thyroxine n. f. – 1933 ; de *thyr(oïde)* et rad. de *oxyde* ▪ L'une des principales hormones thyroïdiennes contenant de l'iode.

thyrse n. m. – XVe ; gr. 1 Attribut de Bacchus, bâton entouré de feuilles de lierre ou de vigne, et surmonté d'une pomme de pin. 2 Inflorescence en grappe fusiforme. *Thyrses de lilas.* « *les grandes digitales fleuriraient, aligneraient* [...] *leurs thyrses de clochettes écarlates* » (Genev.).

thysanoures n. m. pl. – XIXe ; gr. *thusanos* « frange » et *-oure* ▪ Ordre d'insectes aptères, au corps lisse et plat, sans métamorphoses, vivant dans les endroits humides.

tian [tjɑ̃] n. m. – XIXe ; gr. *teganon* ▪ région. (Provence) Récipient de terre cuite. ➛ Flan aux légumes cuit dans ce récipient. *Tian d'aubergines.*

tiare [tjaʀ] n. f. – XIVe ; o. persane 1 Coiffure circulaire, entourée de trois couronnes, que portait le pape dans certaines circonstances solennelles. 2 Coiffure de forme conique portée par certains dignitaires, dans l'Orient antique.

tiaré n. m. – XIXe ; mot polynésien ▪ Plante de Polynésie dont les fleurs odorantes sont utilisées pour préparer le monoï. *Collier de fleurs de tiaré.*

tibétain, aine adj. et n. – XVIIIe ▪ Du Tibet. ➛ n. m. Langue littéraire dont l'écriture est empruntée à l'Inde du Nord.

tibia n. m. – XVIe ; mot lat. « flûte », puis « os » ▪ Le plus gros des deux os de la jambe, en forme de prisme triangulaire. *Tibia et péroné.* ♦ Partie antérieure de la jambe. ♦ Troisième article (insectes), cinquième division (arachnides) de la patte des arthropodes.

❑ Le latin *tibia* a donné *tige.*

tibial, iale, iaux adj. – XVIIe ▪ Du tibia. *Nerfs tibiaux.*

tic n. m. – XVIIe ; o. onomat. 1 Chez le cheval, Déglutition ou régurgitation spasmodique d'air, accompagnée de contraction de certains muscles. 2 Mouvement convulsif, geste bref automatique, répété involontairement. *Il a des tics. Sa face « était ravagée de tics qui lui donnaient parfois l'air d'un dément »* (Mart. du G.). 3 Geste, attitude habituels, que la répétition rend plus ou moins ridicule. ⇒ **habitude, manie.** « *ce tic qu'il avait de tapoter la cigarette sur le dos de sa main* » (Mart. du G.). ♦ *Tic de langage :* emploi d'un mot, d'un tour qui revient anormalement souvent dans le discours de qqn. ✪ HOM. Tique.

ticket n. m. – XVIIIe ; mot angl., de l'a. fr. *estiquet* « billet de logement » 1 Billet, rectangle de carton, de papier, donnant droit à un service, à l'entrée dans un lieu, etc. *Ticket de métro.* « *Quand elle eut reposé le verre, elle prit le ticket et lut le prix* » (Le Clézio). *Ticket-repas, ticket-restaurant.* 2 *Ticket modérateur :* quote-part de frais laissée à la charge du malade, dans les sociétés de secours mutuel, la Sécurité sociale. 3 fam. Billet de mille anciens francs. 4 loc. fam. *Avoir un ticket avec qqn,* lui plaire manifestement. 5 Aux États-Unis, Couple formé par les deux candidats du même parti à la présidence et à la vice-présidence. ➛ Alliance ponctuelle entre deux hommes politiques du même bord.

❑ Pour la prononciation → gadget (rem.).

tic-tac ou **tic tac** interj. et n. m. inv. – XVIe ; onomat. ▪ Bruit sec et uniformément répété d'un mécanisme. « *les tic-tac de pendule et les fracas de chute d'eau* » (Le Clézio).

tie-break [tajbʀɛk] n. m. – 1970 ; mot angl., de *tie* « égalité » et *break* « écart » ▪ Au tennis, Type de jeu écourté qui se pratique lorsque les joueurs sont à six jeux partout. *Des tie-breaks.* ➛ Recomm. offic. *jeu décisif.*

❑ La recommandation officielle *jeu décisif* s'est bien imposée.

tiédasse adj. – 1964 ▪ D'une tiédeur désagréable.

tiède adj. – XIVe ; lat. *tepidus* 1 Qui procure une sensation thermique modérée, entre le chaud et le froid. ➛ Légèrement chaud. *Eau tiède. Café tiède,* refroidi. ➛ adv. *Boire tiède.* 2 Qui a peu d'ardeur, de zèle ; sans ferveur. ⇒ **indifférent, nonchalant.** *Un militant tiède.* 3 littér. Doux et agréable, comme une légère chaleur. « *cette tiède sensation de bien-être* » (Mart. du G.). ✪ CONTR. Brûlant ; ① frais, ① froid. Ardent, chaleureux, fanatique, fervent.

tièdement adv. – XIVe ▪ D'une manière tiède (2°), sans ardeur. *Tièdement soutenu par son parti.*

tiédeur n. f. – XVIe 1 État, température de ce qui est tiède ; chaleur modérée. « *la tiédeur de l'alcôve* » (Mart. du G.). « *le soleil dont la bonne tiédeur lui caressait l'épaule* » (Courtel.). 2 Défaut d'ardeur, de passion, de zèle. ⇒ **indifférence, nonchalance.** « *La tiédeur des vieilles gens* » (La Rochef.). « *C'est la seule tiédeur de notre volonté qui fait toute notre faiblesse* » (Rouss.). *La tiédeur d'un accueil* (⇒ **fraîcheur**). ✪ CONTR. Fraîcheur, ② froid. Ardeur, chaleur, ferveur, zèle.

tiédir v. [2] – XIVe 1 v. intr. Devenir tiède (1°). *Elle « faisait tiédir une tisane refroidie »* (Goncourt). ⇒ **attiédir.** 2 rare Perdre de son ardeur. 3 v. tr. Rendre tiède (1°), réchauffer légèrement. « *L'air humide, tiédi par un soleil encore faible* » (France). ✪ CONTR. Refroidir.

tien, tienne [tjɛ̃, tjɛn] adj. et pron. poss. de la 2e pers. du sing. – XIIIe ; lat. *tuum* I adj. poss. vx ou littér. De toi. ⇒ ① **ton.** *Un tien parent.* « *tu prétends que cette maison est tienne ?* » (France). II pron. poss. *Le tien, la tienne, les tiens, les tiennes,* l'objet ou l'être lié par un rapport à la personne à qui l'on s'adresse et qu'on tutoie. « *serrer ma main dans la tienne* » (Aragon). ➛ fam. *À la tienne !* formule accompagnant un toast. III subst. 1 *LE TIEN :* ce qui est à toi, ta propriété ; ce qui est à autrui. « *J'aimerais mieux tout céder que de disputer sur le tien et le mien* » (Sand). 2 (partitif) *Il faut y mettre du tien :* il faut que tu fasses un effort. 3 *DES TIENNES :* des folies, des fredaines (⇒ **sien**). *Tu as encore fait des tiennes !* 4 *LES TIENS :* tes parents, tes amis, tes partisans. « *On dirait qu'il n'y a que toi et les tiens au monde* » (Mauriac).

tierce n. f. – XIIe ; fém. de *tiers* 1 Petite heure de l'office, qui se récite après prime vers 9 h. 2 Droit d'un tiers perçu par le seigneur sur les fruits de la terre. 3 Troisième degré de la gamme diatonique. ⇒ **médiante.** *Intervalle de tierce* ou *une tierce :* intervalle de trois degrés. 4 Troisième garde (escrime). 5 Trois cartes de même couleur qui se suivent. *Avoir une tierce à carreau.* 6 Troisième et dernière épreuve d'imprimerie avant tirage. 7 Soixantième partie de la seconde.

tiercé, ée adj. et n. m. – XVIe ; de *tiercer* 1 Qui a subi un troisième labour. *Champ tiercé.* 2 *Pari tiercé,* ou n. m. *le tiercé* : forme de pari mutuel où l'on parie sur trois chevaux engagés dans la même course, en précisant l'ordre d'arrivée (⇒ **P. M. U.**). *Les rapports du tiercé.* ➛ Somme gagnée à ce pari.

tiercelet n. m. – XIVe ; lat. *tertius* « tiers » ▪ Mâle de certains oiseaux de proie, plus petit d'un tiers que la femelle. *Tiercelet de faucon.*

tiercer v. tr. [3] – XVe ; de *tierce* ▪ Donner un troisième labour à. *Tiercer une vigne.*

tierceron n. m. – XVe ; de *tiers* ▪ Nervure supplémentaire de certaines voûtes gothiques, unissant l'extrémité de la lierne aux angles de la voûte.

tiers, tierce [tjɛʀ, tjɛʀs] adj. et n. m. – Xe ; lat. *tertius* **I** adj. 1 vx Troisième. « *Le Tiers Livre* », *de Rabelais.* 2 *Une tierce personne :* une troisième personne, une personne extérieure à un groupe, une affaire. « *cette obligation de passer par une tierce personne est un obstacle* » (Loti). ➛ *Tiers arbitre* (ou *tiers-arbitre*) : personne qui a mission de départager des arbitres en désaccord. ⇒ **surarbitre.** *Tierce opposition,* exercée par une personne sur un jugement qui porte préjudice à ses droits. *Tiers porteur d'un effet de commerce :* personne à qui l'effet est transmis par endossement. ➛ *Assurance tierce collision,* qui, en plus de l'assurance au tiers illimité, rembourse au souscripteur les dommages causés par autrui, si le tiers est identifié. *Assurance tierce,* qui offre au souscripteur un remboursement des dommages subis ou causés par son véhicule, dans tous les cas. ➛ *Fièvre tierce :* fièvre récurrente dont les accès se produisent un jour sur trois. **II** n. m. 1 Troisième personne. *Un couple et un tiers.* ➛ loc. *Le tiers et le quart :* la troisième, la quatrième personne quelconque ; n'importe qui. fam. *Il « se moquait du tiers et du quart, faisait de bons mots »* (Beauv.). ♦ Personne qui n'est et n'a pas été partie à un contrat, à un jugement. ➛ Ayant cause à titre particulier. *Un testament fait à un tiers.* ➛ *Assurance au tiers (illimité) :* garantie automobile qui ne rembourse que les dommages que le souscripteur a causés à autrui. ♦ Personne étrangère (à une affaire, à un groupe). « *On s'engueulait* [...] *mais seulement devant les tiers* » (Colette). 2 Troisième terme, troisième élément. *Principe du tiers exclu.* ⇒ **milieu.** 3 Fraction d'un tout divisé en trois parties égales. « *Description trop longue au moins d'un tiers* » (Chateaub.). ♦ *Tiers provisionnel :* acompte que doit verser aux mois de février et de mai toute personne assujettie à l'impôt sur le revenu, n'ayant pas opté pour sa mensualisation, et qui est égal au tiers de l'imposition de l'année précédente. ♦ *Tiers payant :* modalité d'application des assurances selon laquelle l'organisme assureur paie directement le praticien traitant, l'établissement d'hospitalisation, etc., l'assuré n'ayant à sa charge que le ticket modérateur.

> ❑ Le masculin *tiers* s'écrit avec *s*, le féminin *tierce* avec *c*. Cet échange graphique dans des mots de même famille, réalisé en ancien français, n'est pas rare (cf. *bras, bracelet ; gars, garce* « fille », *garçon ; souris, souricière ; verglas, verglacé*).

tiers-monde n. m. – 1952 ▪ Ensemble des pays en voie de développement. ⇒ **P. M. A.**

tiers-mondisation n. f. – v. 1980 ▪ Évolution économique caractérisée par un appauvrissement et une absence de croissance, qui affecte un pays qui ne fait pas partie du tiers-monde.

tiers-mondisme n. m. – v. 1970 ▪ Idéologie mettant l'accent sur les potentialités novatrices du tiers-monde ; attitude de solidarité avec le tiers-monde.

tiers-mondiste adj. et n. – v. 1970 ▪ Qui a rapport au tiers-monde ou au tiers-mondisme.

tiers-point n. m. – XVIIe 1 En architecture, *Arc en tiers-point,* inscrit dans un triangle équilatéral. 2 Lime, poinçon à section triangulaire.

tif n. m. – XIXe ; a. fr. *tifer* « parer, orner ; coiffer » ▪ fam. Cheveu. « *les tifs non pas coupés mais taillés* » (Cl. Simon).

tifosi n. m. pl. – v. 1980 ; mot it., plur. de *tifoso* « supporter, mordu » ▪ Supporters, fans italiens.

tige n. f. – XIe ; lat. *tibia* « tige » **I - 1** Partie allongée des plantes vasculaires à symétrie axiale, qui naît au-dessus de la racine, croît en sens contraire de la racine, et porte les feuilles. *Tige des plantes herbacées* (⇒ **herbe**) ; *tige souterraine* (⇒ **rhizome**). *Tige aérienne dressée ; grimpante, rampante, volubile. Tige ligneuse. Écorce, bois, liber de la tige.* 2 Cette partie chez les plantes herbacées, lorsqu'elle n'est pas ligneuse. *Tige droite, épineuse. Tige comestible de l'asperge. Tige qui porte la fleur.* ⇒ ① **hampe, pédoncule, queue.** *Rose à longue tige.* 3 Jeune plant d'un arbre à une seule tige. *Pommier en tige ou en palmette.* **II - 1** *Tige de l'arbre généalogique :* personne dont sont issues les branches d'une famille. 2 Axe d'une plume d'oiseau, au-dessus du tuyau. 3 Partie d'une chaussure, d'une botte qui est au-dessus du pied. « *Il était* [...] *chaussé de bottines à tiges de daim pâle* » (Maurois). 4 Partie mince et allongée. *Tige d'une colonne.* ⇒ **fût.** ➛ Pièce métallique allongée droite et mince. ⇒ **barre, tringle.** « *Une lampe-tempête énorme, d'ordinaire accrochée à une tige de fer* » (Bosco). *Tiges de parasol.* ➛ Barre de petit diamètre pour l'armature du béton. ➛ fam. Cigarette.

> ❑ En botanique, le terme s'emploie pour tous les végétaux, mais dans l'usage courant on dit *tronc* et non *tige* pour les arbres.

tigelle n. f. – XIXe ▪ Partie de l'embryon de la plante comprise entre la radicule et le(s) cotylédon(s), et qui devient la tige.

tignasse n. f. – XVIIe ; de *teigne* ▪ Chevelure touffue, rebelle, mal peignée. « *Le dur et délicat visage* [...] *sous la tignasse rouge, drue, sauvage* » (Cl. Simon).

tigre, tigresse n. – XIIe ; gr. *tigris,* p.-ê. d'o. arménienne 1 Le plus grand des félins, au pelage jaune roux rayé de bandes noires transversales, vivant en Sibérie et en Asie du Sud-Est. *Tigre du Bengale. Tigresse avec ses petits. Le tigre feule, râle, rauque.* ♦ *Tigre de papier :* adversaire arrogant mais inoffensif. 2 vx ou littér. Personne cruelle, impitoyable. « *Tigre altéré de sang qui me défend les larmes* » (Corn.). 3 *Tigre :* danseuse du corps de ballet, au-dessus du rat. 4 *Tigre du poirier :* insecte hémiptère, aux élytres tachés de brun.

tigré, ée adj. – XVIIe 1 Marqué de taches arrondies. ⇒ **moucheté, tacheté.** « *Un épouvantable banquier tigré de petite vérole* » (Hugo). *Bananes tigrées.* 2 Qui est marqué de bandes foncées. ⇒ **rayé, zébré.** « *Un gros chat tigré, accroupi sur un angle du comptoir, la regardait dormir* » (Zola).

tigridie n. f. – XIXe ; lat. *tigris* ▪ Plante herbacée, bulbeuse *(iridacées),* à sépales violets mouchetés de jaune et de rouge, dite aussi *œil-de-paon.*

tigron n. m. – v. 1937 ▪ Félin, hybride d'une lionne et d'un tigre.

tilbury [tilbyʀi] n. m. – XIXe ; mot angl., nom d'un carrossier ■ Voiture à cheval, cabriolet à deux places, découvert et léger. *Des tilburys.*

tilde [tild(e)] n. m. – XIXe ; mot esp. **1** Signe en forme de S couché (~) qui se met au-dessus du *n* en espagnol, lorsqu'il se prononce [ɲ]. **2** Signe utilisé en transcription phonétique pour indiquer une prononciation nasale (ex. main [mɛ̃]).

tillac n. m. – XIVe ; p.-ê. germ. *thilja* « planche », ou lat. *tegulum* « toit » ■ Autrefois, Pont supérieur d'un navire.

tillandsie n. f. – XIXe ; du nom du bot. suéd. *Tillands* ■ Plante d'Amérique tropicale *(broméliacées)* aux variétés nombreuses.

tilleul n. m. – XVe ; lat. *tilia* **1** Arbre des régions tempérées *(tiliacées)*, à feuilles alternes simples, stipulées, à fleurs blanches ou jaunâtres, très odorantes. « *Des tilleuls à petites feuilles, couverts de fleurs* » (Sand). *Allée de tilleuls.* ♦ *(Vert) tilleul* : couleur d'un vert clair, très doux. « *vêtue d'une robe d'un vert tilleul passé* » (Huysm.). *Des gants tilleul.* **2** Les inflorescences et les bractées membraneuses de cet arbre, séchées pour faire des infusions. ➝ Cette infusion. « *On fit prendre de force au vieux une tasse de tilleul* » (Zola). *Tilleul-menthe* : infusion de tilleul et de menthe. **3** Le bois de cet arbre, utilisé en tabletterie et par les luthiers.

tilt [tilt] n. m. – 1965 ; mot angl. « action de basculer » ■ Au billard électrique, Signal indiquant que la partie est interrompue. ⇒ **déclic.** *Faire tilt,* déclencher ce signal ; frapper soudain l'attention, donner une inspiration subite.

timbale n. f. – XVe ; esp. *atabal* (mot arabo-persan) **1** Instrument à percussion, sorte de tambour formé d'un bassin hémisphérique en laiton couvert d'une peau tendue sur laquelle on frappe avec des baguettes. **2** Gobelet de métal de forme cylindrique, sans pied. *Une timbale en argent.* ➝ loc. fam. *Décrocher la timbale* : obtenir une chose disputée, un résultat important. **3** Moule de forme circulaire. ♦ Préparation culinaire entourée d'une pâte et cuite dans ce moule. ⇒ **vol-au-vent.** *Une timbale de queues d'écrevisses.*

timbalier n. m. – XVIIe ■ Musicien aux timbales, dans un orchestre. ⇒ **percussionniste.**

timbrage n. m. – XVIIIe ■ Opération qui consiste à timbrer un document. ➝ Oblitération par le timbre de la poste. *Envoi dispensé de timbrage.* ♦ Procédé d'impression en creux doublé d'un estampage.

timbre n. m. – XIVe ; gr. *tumpanon* « tambourin » **I - 1** Cloche immobile frappée par un marteau. *Timbres d'un carillon.* ➝ Calotte de métal qui, frappée par un petit marteau ou un vibreur, joue le rôle d'une sonnette. *Timbre d'appartement. Timbre de bicyclette.* ⇒ **sonnette.** « *le nasillement grêle et harcelant d'un timbre électrique annonça l'express* » (Mart. du G.). ⇒ **sonnerie. 2** Qualité spécifique des sons produits par un instrument, indépendante de leur hauteur, de leur intensité et de leur durée. ⇒ **sonorité.** *Le timbre de la flûte.* ➝ « *sa voix avait un timbre qui donnait à son chant d'irrésistibles séductions* » (Balz.). ➝ *Une voix sans timbre,* blanche. ➝ « Qualité spécifique du son, qui nous permet [...] de distinguer par exemple [...] un *a* d'un *o*, un *e* ouvert [ɛ] d'un *e* fermé [e] » (Marouzeau). **3** Corde à boyau tendue en double contre la peau inférieure d'un tambour. **II - 1** vx Partie du casque qui protégeait le crâne. ♦ Ornement placé au-dessus des armoiries pour indiquer la qualité de celui qui le porte. **2** Marque, cachet que doivent porter certains documents à caractère officiel, et qui donne lieu à la perception d'un droit au profit de l'État. *Acte soumis à l'obligation du timbre fiscal.* ♦ Marque apposée sur un document ou un objet pour en garantir l'origine. ⇒ **cachet, marque, poinçon, tampon.** « *Eusèbe prenait une enveloppe [...], imprimait sur le coin le timbre de la maison* » (Aymé). **3** Instrument qui sert à imprimer une marque. ⇒ **cachet, tampon.** *Timbre de caoutchouc. Timbre dateur.* **4** Cachet sur une lettre, un colis postal, qui indique le lieu, la date et l'heure du départ. ⇒ **oblitération. 5** *TIMBRE* ou *TIMBRE-POSTE* [tɛ̃bʀəpɔst]. Petite vignette qui, collée sur un objet confié à la poste, a une valeur d'affranchissement conventionnelle. *Timbre à 2,80 francs. Carnet de timbres-poste. Coller un timbre sur une enveloppe.* « *Sur l'enveloppe, ni timbre, ni cachet de la poste* » (Romains). *Timbre oblitéré. Collection de timbres* (⇒ **philatélie).** ♦ Vignette gommée représentant une valeur déterminée, que l'on colle sur un acte pour attester le paiement du droit de timbre. ➝ *Timbre-amende.* ♦ Vignette qui atteste le paiement d'une cotisation et que l'on colle sur une carte d'adhérent. ♦ Vignette vendue au profit d'œuvres. **6** Pastille adhésive imprégnée d'un médicament, d'une substance qui pénètre dans l'organisme par voie percutanée (⇒ **patch).** *Timbre tuberculinique.*

> ❏ En France, les premiers timbres postaux furent mis en vente en 1849 (système inventé en Angleterre en 1840).

timbré, ée adj. – XVIIe **I - 1** fam. Un peu fou. « *Le brave homme est un peu timbré ; c'est le malheur et le chagrin* » (Mérimée). **2** Qui a un beau timbre (I, 2°). *Un homme* « *à la voix chaude, vibrante et bien timbrée* » (Gide). **II - 1** *PAPIER TIMBRÉ* : papier émis par le gouvernement, destiné à la rédaction d'actes soumis au droit de timbre, et portant une vignette de valeur déterminée correspondant au montant du droit à acquitter (opposé à *papier libre*). **2** Qui porte un timbre. *Joindre une enveloppe timbrée pour la réponse.*

timbrer v. tr. [1] – XIVe **1** *Timbrer un écu,* mettre un timbre au-dessus de lui. **2** *Timbrer un document, un acte,* mettre en haut de la feuille la date et le sommaire du contenu. **3** Marquer du timbre fiscal. *Faire timbrer un effet de commerce à l'Enregistrement.* **4** Marquer d'un cachet. ⇒ **estampiller, tamponner.** « *j'avais reçu de lui [...] une lettre timbrée de Sfax* » (Breton). **5** *Timbrer une lettre, un envoi postal,* y coller un ou plusieurs timbres dont la valeur représente le prix du port. ⇒ **affranchir.**

timide adj. et n. – XVIe ; lat. *timere* « craindre » **1** Qui manque d'audace et de décision. ⇒ **pusillanime, timoré.** ➝ *Mesures timides.* ⇒ **frileux. 2** Qui manque d'aisance et d'assurance dans ses rapports avec autrui. « *Le jeune homme est souvent sot et timide* » (Romains). *Il est timide avec les femmes.* ➝ *C'est un grand timide.* ➝ *Manières timides.* ⇒ **embarrassé, gauche.** *D'une voix timide.* ✪ CONTR. Brave, courageux. Audacieux, entreprenant, hardi.

timidement adv. – XVIe ■ D'une manière timide, avec timidité. ⇒ **mollement.** ✪ CONTR. Bravement, carrément, hardiment.

timidité n. f. – XVe ; lat. **1** Manque d'audace et de décision dans l'action ou la pensée. ⇒ **pusillanimité.** *Elle s'était reproché* « *la timidité qu'elle avait eue à le contredire* » (Goncourt). ➝ *La timidité de la reprise économique.* ⇒ **frilosité. 2** Manque d'aisance et d'assurance en société. ⇒ **embarras, gaucherie, gêne, modestie.** *Surmonter sa timidité.* ✪ CONTR. Hardiesse. Aplomb, effronterie, insolence.

timing [tajmiŋ] n. m. – 1909 ; mot angl., de *to time* « régler, mesurer le temps » ■ Répartition dans le temps des différentes tâches à effectuer. ⇒ **calendrier, programme.**

timon n. m. – XIIe ; lat. *temo* « flèche d'un char, d'une charrue » **1** Longue pièce de bois disposée à l'avant d'une voiture ou d'une charrue, selon son axe longitudinal, et de chaque côté de laquelle on attelle une bête de trait. ⇒ ① **flèche, palonnier.** 2 vx Gouvernail. *Timon d'un navire.*

timonerie n. f. – XVIIIe 1 Fonction, spécialité de timonier, service dont sont chargés les timoniers. 2 Ensemble des matelots affectés à ce service. 3 Partie du navire qui abrite la roue du gouvernail et les divers appareils de navigation. 4 Ensemble des organes de transmission qui servent à commander la direction et les freins d'une automobile, à appliquer sur les gouvernes les ordres donnés sur les commandes de vol d'un avion.

timonier n. m. – XIIIe 1 Celui qui tient la barre du gouvernail ; chacun des matelots ou des gradés qui s'occupent de la surveillance de la route, de la direction du navire, de la sonde, des signaux, de la transmission des ordres. 2 Chacun des chevaux attelés de part et d'autre du timon.

❑ Par métaphore, *timonier* a eu le sens de « guide », d'où le surnom de Mao Zedong, *le Grand Timonier* (traduction d'une expression chinoise).

timoré, ée adj. et n. – XVIe ; lat. *timor* « crainte » 1 Scrupuleux à l'extrême. « *vos scrupules proviennent d'une délicatesse trop grande. Votre conscience est timorée* » (Jammes). 2 Qui est trop méfiant, trop attaché à ses habitudes, qui craint le risque, les responsabilités, l'imprévu. ⇒ **craintif, pusillanime, timide.** « *elle était trop timorée, attachée à sa petite ville, à son église, à sa maison, elle avait peur des voyages* » (R. Rolland). ✪ CONTR. Audacieux, courageux, entreprenant.

❑ Même famille étymologique que *timide.*

tin n. m. – XVe ; moy. fr. ▪ Pièce de bois qui supporte la quille d'un navire en construction. ⇒ **béquille, billot, chantier.** ✪ HOM. Tain, teint, thym.

tinamou n. m. – XVIIIe ; de *tinamu,* mot des Caraïbes ▪ Oiseau gallinacé d'Amérique du Sud, à ailes réduites et à queue très courte. *Des tinamous.*

tinctorial, iale, iaux adj. – XVIIIe ; lat. *tingere* « teindre » ▪ Qui sert à teindre. *Plantes tinctoriales.* ➙ Relatif à la teinture.

tinette n. f. – XIIIe ; lat. *tina* « vase pour le vin » 1 Tonnelet dont le fond est plus large que le haut, pour le transport du beurre fondu. 2 Baquet servant au transport des matières fécales. ♦ fam. et vieilli Lieux d'aisances. ⇒ **chiotte, goguenots.** « *leur tinette strictement bouchée, elle débordait jusqu'à la rue* » (Céline).

tintamarre n. m. – XVe ; de *tinter* ▪ Grand bruit discordant. *Le tintamarre des klaxons. Faire du tintamarre.* ⇒ ② **boucan, tapage, vacarme.** ✪ CONTR. ① Calme.

tintement n. m. – XVe ▪ Bruit (de ce qui tinte). *Tintement de cloche.* ♦ *Tintement d'oreilles :* bourdonnement analogue à celui d'une cloche qui tinte.

tinter v. [1] – XIIe ; lat. *tinnire* « rendre un son clair » I v. intr. 1 Produire des sons aigus qui se succèdent lentement. ⇒ **résonner, sonner.** « *j'entendis le son lointain d'une cloche qui tintait : elle appelait les fidèles à la prière* » (Chateaub.). 2 Produire des sons clairs, aux harmonies aiguës. ➙ *Les oreilles me tintent.* II v. tr. Faire tinter. « *Vous tintez le glas pour le traître Et pour le brave, le tocsin* » (Hugo). ✪ HOM. Teinter ; *tinte :* tîntes (tenir).

tintin n. m. – XIIIe ; onomat. ▪ fam. *Faire tintin :* être privé, frustré de qqch. *Tintin !* rien du tout.

tintinnabuler v. intr. [1] – XIXe ; lat. *tintinnabulum* « clochette » ▪ littér. Se dit d'une clochette, d'un grelot qui sonne, de ce qui tinte comme un grelot. « *j'écoutais la pluie tintinnabuler dans tous les récipients* » (Le Clézio).

tintouin n. m. – XVe ; de *tinter* ▪ fam. 1 Bruit fatigant, vacarme. ⇒ **tintamarre.** *Ils ont fait du tintouin toute la nuit.* 2 Souci, tracas. « *elle se donnerait encore du tintouin* » (Zola).

TIP [tip] n. m. – 1995 ; acronyme ▪ Titre* interbancaire de paiement.

tipi n. m. – XIXe ; langue amérind. ▪ Tente de forme conique des Indiens d'Amérique du Nord.

tipule n. f. – XVIIe ; lat. *tippula* « araignée d'eau » ▪ Insecte diptère de grande taille *(tipulidés),* à longues pattes grêles.

tique n. f. – XVe ; néerl. *tike* ▪ Acarien *(ixodidés)* parasite, se nourrissant de sang, qui peut transmettre diverses maladies infectieuses. *Ce chien a des tiques.* ✪ HOM. Tic.

tiquer v. intr. [1] – XVIIe 1 Avoir le tic, en parlant du cheval. 2 rare Avoir un tic. 3 Manifester, par la physionomie ou par un mouvement involontaire, son mécontentement, sa surprise. « *Le curé tiquait bien un peu sur ces plaisanteries* » (Céline).

tiqueté, ée adj. – XVIe ; néerl. *tik* « piqûre légère, point » ▪ Marqué de petites taches. ➙ **piqueté, tacheté.** « *ceux qui récoltent dans les broussailles les œufs tiquetés de vert* » (St-John Perse). *Des fruits tiquetés.* ⇒ **tavelé.**

tiqueur, euse adj. et n. – XVIIe 1 Qui tique (1°). *Cheval tiqueur.* 2 n. Personne qui a un tic.

tir n. m. – XVIIe I - 1 Le fait de tirer, de lancer une arme de trait ou des projectiles ; l'art et la manière de tirer. *Tir à l'arc, au fusil, au pistolet.* ➙ *Concours, champion de tir.* ➙ *Champ, polygone, stand de tir.* ♦ *Ligne de tir :* droite passant par l'axe de la bouche à feu indéfiniment prolongée. *Angle de tir :* angle de la ligne de tir avec le plan horizontal. *Plan de tir :* plan vertical contenant la ligne de tir. ♦ Lancement (d'une fusée, d'un engin). *Tir planétaire, lunaire.* 2 Direction selon laquelle une arme à feu lance ses projectiles ; leur trajectoire. *Tir précis. Ajuster, régler, corriger le tir.* ⇒ **hausse, mire** (ligne de mire). « *les armes qui nous ont manqués rajustent leur tir* » (St-Exup.). *Tir direct.* 3 Série de projectiles envoyés. *Tir de mitrailleuse, d'artillerie.* ⇒ **coup, rafale, salve.** « *Sous le tir des policiers* [...] *deux étaient tombés au milieu de la rue* » (Malraux). *Tir de barrage :* tir d'artillerie effectué en avant des troupes ennemies. *Tir de harcèlement, de neutralisation.* ➙ *Concentrer le tir sur.* ➙ *Puissance de tir d'une arme, d'une unité,* quantité de projectiles d'une puissance donnée qu'elles peuvent lancer dans un temps déterminé. 4 Manière dont une arme envoie ses projectiles. *Armes à tir automatique.* 5 Le fait de tirer au jeu de boules. ♦ Au football, Coup pour envoyer le ballon au but. ⇒ **shoot.** *Épreuve des tirs au but :* série de penaltys pour départager deux équipes dans le cas d'un match nul. II Emplacement aménagé pour s'exercer au tir à la cible. ⇒ ① **stand.** *Tir forain.* ➙ TIR AU PIGEON : dispositif pour s'exercer au tir des oiseaux au vol **(⇒ ball-trap).** ✪ HOM. Tire.

tirade n. f. – XVIIe 1 Développement continu et assez long (d'une même idée). « *Des tirades d'amour conjugal* » (Laclos). ➙ Développement littéraire. 2 Longue suite de phrases, de vers, récitée par un personnage de théâtre. ⇒ **monologue.** *La tirade du nez, dans le « Cyrano » de Rostand.* ➙ Long développement, longue phrase emphatique. « *Je vois, lui répondit sa femme en l'interrompant au milieu d'une tirade* » (Balz.). ⇒ **discours,** fam. **laïus.**

❑ *Tirade,* dont l'origine n'est plus guère sentie, vient du verbe *tirer* et du suffixe *-ade* à valeur péjorative (développement long et ennuyeux d'une idée).

tirage n. m. – XVe **I - 1** Allongement, étirage. *Tirage de la soie,* afin de former le fil. *Dévidage et tirage.* ➛ *Tirage des métaux.* ⇒ **étirage, tréfilage. 2** Déplacement. ⇒ **traction,** ① **trait.** *Tirage d'une corde,* pour déclencher un mécanisme. « *Le cordon de tirage* [...] *fit résonner une petite sonnette* » (Balz.). **3** loc. fam. *Il y a du tirage,* des difficultés, des frictions entre personnes. « *il y avait, en effet, du tirage à Washington* » (J. Verne). **4** Attraction par le foyer de l'oxygène nécessaire à une combustion ; mouvement de l'air qui en résulte. *Tirage d'une cheminée.* **II - 1** Le fait d'imprimer, de reproduire par impression. *Tirage sur rotative.* **2** Ce qui est imprimé. *Un tirage sur papier glacé.* ♦ Ensemble des exemplaires, quantité d'exemplaires tirés, sortis de presse en une fois. *Tirage à mille exemplaires.* « *lorsqu'un bon crime éclate, le tirage des journaux triple* » (Cocteau). *Tirage limité. Tirage de luxe, numéroté.* ⇒ **édition.** ➛ Quantité totale d'exemplaires. *Journal à fort tirage.* **3** Opération par laquelle on reproduit sous son aspect définitif sur papier, etc. (une œuvre gravée). ⇒ **gravure.** *Tirage d'une estampe.* ♦ Opération par laquelle on obtient une image photographique positive (épreuve). *Développement et tirage. Tirage sur papier.* **III - 1** Désignation par le sort ; fait de tirer au hasard un ou plusieurs numéros. *Tirage au sort*.* **2** Le fait de tirer le vin. **3** Émission (d'une lettre de change, d'un chèque).

tiraillement n. m. – XVIe **1** Le fait de tirer à plusieurs reprises, en divers sens. **2** Le fait d'être tiraillé, tourmenté, ballotté (entre divers sentiments, désirs, volontés, intérêts contradictoires). ♦ Désaccord, difficulté résultant de volontés ou d'intérêts contradictoires. *Il y a du tiraillement entre eux.* **3** Sensation douloureuse de tension variable ; spasme qui donne cette sensation (⇒ **crampe**). *Tiraillement d'estomac.*

tirailler v. [1] – XVIe **I** v. tr. **1** Tirer à plusieurs reprises, en diverses directions. « *Toute une légion de monstres se suspendent à son manteau et le tiraillent de tous côtés pour lui faire perdre l'équilibre* » (Muss.). **2** Agir d'une manière fréquente et importune sur..., en sollicitant contradictoirement. ⇒ **harceler, houspiller, importuner.** *Il était tiraillé entre toutes les possibilités qui s'offraient à lui.* ⇒ **ballotter, écarteler. II** v. intr. Tirer souvent, irrégulièrement, en divers sens. *Des chasseurs qui tiraillaient dans les bois.*

tirailleur n. m. – XVIIIe **1** Soldat détaché pour tirer à volonté sur l'ennemi. *Francs-tireurs et tirailleurs.* « *ils étaient disséminés en tirailleurs* » (Proust). ➛ fig. Personne qui agit, se bat isolément, en franc-tireur. **2** Autrefois, Soldat de certaines troupes d'infanterie, hors du territoire métropolitain, formées d'autochtones encadrés par des Français. *Tirailleurs sénégalais.*

tirant n. m. – XIVe **1** Ce qui sert à tirer. *Les tirants d'une bourse.* ⇒ **cordon.** ♦ Pièce de cuir, de tissu, servant à chausser des bottes. ➛ *Tirants d'une chaussure,* les parties qui sont de chaque côté, sur le cou-de-pied, et qui portent les attaches. **2** Pièce, généralement horizontale, soumise à un effort de traction. *Tirant d'une ferme de comble.* ⇒ **entrait. 3** TIRANT D'EAU : quantité, volume d'eau que déplace, « tire » un navire ; distance verticale entre la ligne de flottaison et la quille. ⇒ **calaison. 4** *Tirant d'air :* hauteur maximale entre la flottaison et le sommet des superstructures d'un navire. **5** Tendon, dans la viande de boucherie. ✪ HOM. Tyran.

tirasse n. f. – XIVe ; de *tirer* **1** Filet pour prendre certains oiseaux. **2** Combinaison de leviers qui permettent d'accoupler le pédalier d'un orgue aux claviers manuels, ou bien les claviers manuels entre eux ; commande de ce dispositif. ⇒ **pédale.**

① **tire** n. f. – XIIe ; germ. *téri* ▪ Trait ou rangée horizontale du vair. ✪ HOM. Tir.

② **tire** n. f. – XIVe **1** loc. *Vol à la tire,* en tirant qqch. de la poche, du sac de qqn. **2** arg. Automobile. « *Charles avait trouvé une place pour garer sa tire* » (Queneau).

③ **tire** n. f. – XIXe ; de *tirer* ▪ (Canada) Sirop d'érable très épaissi, ayant la consistance du miel.

tiré, ée adj. – XVIe **1** Qui a été tiré, tendu, ajusté. « *Ses cheveux étaient bien reluisants, bien peignés, bien tirés en alignement* » (Sand). ♦ Allongé, amaigri par la fatigue. *Avoir les traits tirés.* ⇒ **fatigué. 2** Qui a été tiré. « *Le verrou tiré, il se crut imprenable* » (Hugo). **3** Qui a été tiré, tracé, imprimé. ♦ Reproduit. *Objets tirés à des milliers d'exemplaires.* **4** Qui est tiré. *Des coups de fusil tirés au hasard.* ♦ n. m. Chasse au fusil. *Cette berge* « *limite les tirés aux lapins* » (Maupass.). ➛ Lieu d'un terrain de chasse réservé au tir. **5** Qui est tiré, que l'on a tiré d'un lieu, d'un ensemble. *Sujet de roman tiré d'un fait divers.* **6** *Chèque tiré sur qqn,* émis de façon à prélever une somme sur le crédit de son compte. *La personne tirée,* n. m. *le tiré :* la personne désignée comme devant effectuer le paiement à l'échéance.

tiré à part n. m. – XVIIe ▪ Extrait d'une revue ou d'un ouvrage relié à part en un petit livret. *Des tirés à part réservés aux auteurs.*

tire-au-cul [tiʀoky] n. inv. – XIXe ▪ fam. Paresseux, paresseuse. ⇒ **tire-au-flanc.**

> ❑ Vient de l'expression *tirer au cul* « en arrière », c'est-à-dire « se dérober ».

tire-au-flanc [tiʀoflɑ̃] n. inv. – XIXe ▪ Personne paresseuse. ⇒ **feignant, flemmard, tire-au-cul.**

> ❑ De *tirer au flanc* « s'en aller sur le côté », donc « se dérober ».

tire-balle n. m. – XVIe ▪ Instrument servant à extraire une balle, un projectile d'une plaie profonde. *Des tire-balles.*

tire-botte n. m. – XVIIe **1** Crochet que l'on passe dans le tirant d'une botte pour la mettre. *Des tire-bottes.* **2** Planchette présentant une entaille où peut s'emboîter le talon, qui sert à se débotter.

tire-bouchon ou **tirebouchon** n. m. – XVIIIe **1** Instrument, formé d'une hélice de métal et d'un manche, qu'on enfonce en tournant dans le bouchon d'une bouteille pour le tirer. *Des tire-bouchons.* **2** loc. *En tire-bouchon :* en hélice (circulaire), en spirale. *Queue en tire-bouchon* (des cochons).

> ❑ Ce composé et le verbe dérivé peuvent s'écrire en un seul mot comme d'autres mots composés sur verbe *(passeport, portefeuille, portemanteau, portemine).*

tire-bouchonner ou **tirebouchonner** v. [1] – XIXe **1** v. intr. Former un, des tire-bouchons. « *Un méchant complet bleu sombre dont le pantalon tirebouchonne* » (Genevoix). **2** v. pron. Se tortiller. « *Tenez, en y pensant, je me tords, je me tire-bouchonne, je vais crever de rire !* » (Larbaud).

tire-clou n. m. – XVIIe ▪ Outil formé d'une tige plate et dentée, pour arracher les clous. *Des tire-clous de couvreur.*

tire-d'aile (à) loc. adv. – XVIe ; de *tire* n. f. « le fait de voler » et *aile* ▪ Avec des coups d'ailes, des battements rapides et ininterrompus. « *des oiseaux qui, deux à deux, passaient à tire d'aile* » (From.).

tirée n. f. – 1927 ▪ fam. Longue distance pénible à parcourir. ⇒ **trotte.** *Il y a une tirée jusqu'à chez toi.*

tire-fesses n. m. inv. – 1960 ▪ fam. Téléski, remonte-pente.

❑ Propositions pour le pluriel → compte-gouttes (rem.).

tire-filet n. m. – XVIIIe ▪ Outil pour tracer des traits fins sur bois ou sur métal. *Des tire-filets.*

tire-fond n. m. – XVIe 1 Longue vis dont la tête est un anneau. 2 Longue vis à bois, à tête carrée. ➛ *Tire-fond fixant un rail à la traverse. Des tire-fonds* ou *des tire-fond.*

tire-jus n. m. inv. – XIXe ▪ pop. Mouchoir.

tire-lait n. m. – XIXe ▪ Petit appareil permettant d'aspirer le lait du sein. *Des tire-lait* ou *des tire-laits.*

tire-larigot (à) loc. adv. – XVIe ▪ Beaucoup, en quantité. « *Deviens gras, mon Antoine, bois et mange à tire-larigot* » (Jouhand.).

tire-ligne n. m. – XVIIe ▪ Petit instrument de métal dont l'extrémité est formée de deux becs serrés par une vis, et servant à tracer des lignes de largeur constante. *Des tire-lignes.*

tirelire n. f. – XIIIe ; probablt même mot que *tire-lire*, refrain de chans., onomat. désignant le chant de l'alouette 1 Petit récipient percé d'une fente par où on introduit des pièces de monnaie. ⇒ **cagnotte, caisse.** ➛ loc. fam. *Casser sa tirelire* : dépenser toutes ses économies. 2 fam. Tête. *Il a reçu un coup sur la tirelire.*

tirer v. [1] – XIe ; p.-ê. réduction de l'a. fr. *martirier* « torturer » **I - A** v. tr. dir. 1 Amener vers soi une extrémité, ou éloigner les extrémités de (qqch.), de manière à étendre, à tendre. ⇒ **allonger, distendre, étendre, étirer,** ① **tendre.** *Tirer une corde. Tirer sa jupe vers le bas.* ➛ *Se tirer les cheveux en arrière.* loc. *Se faire tirer l'oreille* : se faire prier. ➛ *Tirer la sonnette d'alarme.* ➛ loc. *Tirer les ficelles* : faire agir, manœuvrer. ➛ « *Le sparadrap, collé sur sa joue, en tirait obliquement la peau tendue* » (Flaub.). ♦ Étirer. *Tirer du métal en fils.* ➛ loc. *Tirer (qqch.) en longueur* : faire durer à l'excès. ⇒ **allonger.** 2 Faire aller dans une direction, en exerçant une action, une force sur la partie qu'on amène vers soi. ⇒ **attirer.** *Tirer le frein à main.* ➛ *Tirer une porte derrière soi, sur soi.* ⇒ **fermer.** ➛ *Tirer l'aiguille* : coudre. ➛ TIRER (QQCH.) À SOI, l'accaparer, le prendre. ♦ Faire mouvoir latéralement pour ouvrir, fermer. « *Les Turcs se couchent avec le soleil et tirent les verrous sur leurs portes* » (Loti). *Tirer les rideaux.* 3 Faire avancer, mouvoir ; déplacer derrière soi. ⇒ **traîner ; entraîner.** « *Six forts chevaux tiraient un coche* » (La Font.). *Le remorqueur tire un paquebot.* ⇒ **haler, remorquer, touer.** *Tracteur qui tire une machine* ⇒ **tracter.** ♦ *Tirer la jambe* ⇒ **traîner.** 4 fig. et vx Attirer. *Tirer l'attention, le regard.* « *Tirer l'œil par sa mise, sa force, sa beauté* » (Tournier). **B** v. tr. ind. ou intr. 1 TIRER SUR... : exercer une traction, faire effort sur... « *tirant sur ta chaîne, tu aboieras à la lune* » (Alain). loc. fam. *Tirer sur la corde* : exagérer. ➛ *Tirer sur les rênes,* pour arrêter un cheval. ♦ *Tirer de toutes ses forces.* 2 TIRER SUR : exercer une forte aspiration sur. ⇒ **aspirer.** « *tirer tant qu'on veut sur le tuyau de sa pipe et amener à soi toute la quantité de fumée qu'on veut* » (Ramuz). ♦ Avoir une bonne circulation d'air. *Poêle qui tire bien.* 3 Subir une tension, éprouver une sensation de tension. *La peau lui tire.* **II - A** v. intr. 1 *Tirer à sa fin* : approcher de la mort, être à l'agonie. ➛ *L'hiver tire à sa fin.* ♦ *Cela ne tire pas à conséquence* : cela n'est pas grave. 2 TIRER À, VERS, SUR, APRÈS : se rapprocher de, avoir un rapport. ⇒ **ressembler** (à). *Un or « tirant un peu sur le beige »* (Sarraute). **B** v. tr. dir. fam. Passer péniblement (un laps de temps). « *Il pensait : Il a de la chance ; moi, j'ai encore un an à tirer* » (Sartre). ⇒ ① **faire.** « *c'était toujours un dimanche de tiré* » (Camus). **III** v. tr. 1 Allonger sur le papier (une figure) en écrivant, en dessinant, en gravant. ⇒ **tracer.** *Tirer une ligne, un trait. Tirer une perpendiculaire.* ⇒ **abaisser.** ➛ Tracer sur le terrain, en creusant, etc. *Tirer des canaux.* ➛ *Tirer un plan,* le tracer ; l'élaborer. ➛ *Tirer l'horoscope,* l'établir. 2 vx ou plaisant Représenter ou reproduire graphiquement. « *Diderot fut victime d'un petit accident* [...] *Garand en profita pour tirer son portrait à l'huile* » (Billy). *Se faire tirer le portrait* : se faire dessiner, peindre, photographier. ➛ *Tirer des épreuves photographiques.* ♦ Imprimer. *Tirer un livre à mille exemplaires.* ➛ *Journal qui tire à trente mille exemplaires.* ➛ BON À TIRER : mention portée sur les épreuves corrigées, bonnes pour l'impression. **IV - 1** Envoyer au loin au moyen d'une arme. *Tirer une balle.* ➛ *Tirer un coup de revolver ; de fusil, de canon. Tirer un coup de feu sur qqn.* ➛ « *C'était encore la petite pièce de canon* [...] *elle tirait cinq coups par minute* » (Stendh.). ♦ v. intr. Envoyer un projectile avec une arme. *Tirez !* ⇒ ① **feu.** « *Il ajusta de nouveau le capitaine et tira* » (Mac Orlan). allus. hist. *Messieurs les Anglais, tirez les premiers !* paroles des soldats français à Fontenoy (1745). ➛ Se servir d'une arme à feu. *Tirer bien, mal. Tirer dans toutes les directions.* ⇒ **canarder, tirailler.** *Tirer à vue. Tirer sur une cible* : faire mouche. *Tirer sur qqn.* ➛ pronom. *Se tirer dessus.* ➛ *Tirer contre* (un objectif). ➛ *Tirer dans le dos.* ➛ *Tirer en l'air.* ➛ *Tirer dans le tas,* sur un groupe, sans viser d'individu. ♦ *Tirer à l'arc, au fusil, au pistolet.* 2 Faire partir (une arme à feu), faire exploser. ⇒ **décharger.** *Tirer le canon.* ➛ *Tirer un feu d'artifice.* 3 Tirer un coup de feu, ou décocher un trait, de façon à atteindre, abattre. « *un talent naturel et singulier pour tirer les perdrix et les lièvres* » (Stendh.). *Ils l'ont tiré comme un lapin.* ⇒ fam. **descendre.** 4 Lancer (la boule) de manière à heurter le cochonnet ou une autre boule. *Tirer (la boule).* ➛ Shooter, au football. *Tirer un corner.* ➛ intrans. *Tirer au but.* 5 loc. fam. *Tirer un, son coup* : avoir un rapport sexuel. **V - A - 1** Faire sortir d'un contenant. ⇒ **extraire, retirer.** *Tirer un mouchoir de sa poche, de son sac.* ⇒ **prendre,** ① **sortir.** ➛ *Tirer qqn du lit,* le forcer à se lever. ➛ *Tirer la langue,* l'allonger hors de la bouche. 2 Faire sortir, faire couler (un liquide) en le faisant monter, en l'exprimant. *Tirer le vin* (du tonneau). ➛ *Tirer des larmes à qqn,* le faire pleurer. 3 *Tirer l'épée du fourreau.* ⇒ **dégainer.** *Tirer l'épée* : se battre à l'épée. 4 Choisir parmi d'autres, dans un jeu de hasard. *Tirer une carte, un numéro de loterie.* ➛ *Tirer les cartes* : dire la bonne aventure, prédire l'avenir à l'aide des cartes, des tarots. ➛ *Tirer les rois,* à l'Épiphanie. ➛ Désigner, faire désigner ou être désigné par un procédé de hasard. 5 Enlever, ôter (un vêtement, un ornement). ➛ « *Je lui tire tout de même ma casquette* » (Aragon). 6 Faire cesser d'être dans un lieu, une situation où l'on est retenu. ⇒ **délivrer.** *Tirer des blessés des décombres.* ⇒ **dégager.** *Tirer qqn de prison. Tirez-moi de là !* ➛ *Tirer d'affaire, d'un mauvais pas.* ⇒ **dépêtrer,** ① **sortir.** « *Il les tire du sale pétrin où ils venaient de se fourrer* » (Céline). ♦ Faire cesser d'être dans un état. *Tirer qqn du sommeil.* ⇒ **réveiller.** « *le froid le tira de cette hébétude douce* » (Mauriac). **B - 1** Obtenir en utilisant une matière première, une source, une origine. *L'opium est tiré d'un pavot.* ⇒ **provenir.** ➛ *Tirer des sons d'un instrument.* ⇒ **produire.** 2 Obtenir d'une personne ou d'une chose. ⇒ **gagner, recevoir, recueillir.** « *je ne tirais pas grand-chose de ces moments de liberté à la sauvette* » (Beauv.). ➛ *Tirer gloire, vanité de* : s'enorgueillir, se prévaloir de. « *Il tirait argument et avantage de ce qu'il m'en coûtait de céder à mon désir* » (Gide). ♦ Obtenir (des paroles, des renseignements) de qqn. « *il interrogeait un député, dont il tâchait de tirer adroitement des nouvelles* » (Zola). *On ne peut rien en tirer* : il reste muet. ➛ Obtenir (un comportement, une action) de qqn. *Il n'y a pas grand-chose à* *en tirer.* 3 Obtenir (de l'argent, un avantage matériel). ⇒ **retirer.** *Tirer un revenu d'un immeuble.* ⇒ **percevoir.** ♦ *Tirer une lettre de change, un chèque,* de manière à prélever une somme sur le crédit d'un compte. 4 Faire venir (une chose) de. ⇒ **dégager ; déduire, inférer.** *Tirer des conclusions.* ⇒ **conclure.** 5 Emprunter (son origine, sa raison d'être [de] qqch.). ⇒ **prendre.** *Tirer son origine, sa source de :* descendre, venir de. ⇒ **provenir.** ➛ *Tirer sa force, son pouvoir, son importance de...* ♦ Dégager d'un ensemble (un élément) pour l'utiliser. ⇒ **prendre, puiser.** « *Tirer de tout ce qui passe dans la société matière à roman* » (Ste-Beuve). *Tirer des citations d'un texte.* ⇒ **extraire.** ♦ Élaborer, faire, en utilisant des éléments que l'on a extraits. *Tirer une morale d'une doctrine.* ⇒ **dégager, interpréter.** VI *SE TIRER* v. pron. 1 fam. Partir, s'en aller ; s'enfuir. « *Ah ! sur ce, je me tire...* » (Sarraute). 2 fam. S'écouler lentement, en parlant d'une durée ; tirer à sa fin, en parlant d'une tâche fastidieuse. 3 *SE TIRER DE... :* échapper, sortir de (un lieu où l'on est retenu, une situation fâcheuse). *Se tirer d'un endroit par miracle.* ♦ Venir à bout. *Se tirer avec habileté d'un sujet épineux.* 4 *S'EN TIRER :* en réchapper, en sortir indemne. *Il s'en est tiré à bon compte.* Réussir une chose délicate, difficile. *Il s'en est bien tiré.* ⇒ **réussir.** « *nous ne nous en tirions plus que par les métaphores* » (Giraud.). ♦ En être quitte pour. « *Avec de la protection, tu t'en tireras avec dix-huit mois de service* » (Aragon). ✪ CONTR. Détendre, relâcher. Pousser. Éloigner, ① repousser. — Enfoncer, entrer.

tiret n. m. - XVIe ; de *tirer* 1 Petit trait que l'on place après un mot interrompu en fin de ligne pour renvoyer à la fin du mot, au début de la ligne suivante. ⇒ **division.** 2 Trait qui sépare d'un contexte une proposition, une phrase ou qui indique un changement d'interlocuteur dans un dialogue. 3 abusivt Trait d'union.

> ❑ Le *tiret* se distingue du *trait d'union* par son emploi et sa taille (dialogue, fonction de parenthèse) ; néanmoins on parle de *tiret* pour présenter les éléments qui ne sont pas des mots *(anti-, -phage).*

tirette n. f. - XVIIIe 1 vx Cordon pour tirer. 2 Tige métallique que l'on peut tirer pour provoquer un fonctionnement. *Tirette d'aération.* 3 Planchette mobile adaptée à certains meubles. *Table, bureau à tirette.* ⇒ **tablette.** 4 région. (Belgique) Fermeture à glissière.

tireur, euse n. - XVe 1 Étireur. *Tireur d'or.* 2 Personne qui effectue le tirage. *Tireur de copies.* 3 Personne qui se sert d'une arme à feu. *Tireur d'élite.* ♦ Au jeu de boules, Joueur chargé spécialement de tirer (opposé à *pointeur*). ➛ Footballeur qui tire au but. 4 Personne qui extrait, sort qqch. de. *Tireur de bois flotté.* ♦ *Tireur d'épée.* ♦ *Tireuse de cartes :* cartomancienne. 5 n. m. Personne qui tire une lettre de change, une traite, un chèque **(⇒ émetteur).** *Le tireur et le tiré.*

tireuse n. f. - 1921 ▪ Appareil effectuant le tirage des films positifs.

tire-veille n. m. - XVIIIe ▪ Filin bordant l'échelle de coupée d'un navire. *Des tire-veilles* ou *des tire-veille.* ➛ Chacun des deux filins reliés au gouvernail et permettant de le manœuvrer.

> ❑ D'abord au féminin (encore dans certains dictionnaires), ce mot est l'altération de *tire-vieille* (1678), ancienne plaisanterie de marins.

tire-veine n. m. - 1974 ▪ Appareil utilisé pour l'ablation d'un segment de veine (recomm. offic. pour *stripper**). *Des tire-veines.*

tiroir n. m. - XVIe ; de *tirer* 1 Compartiment coulissant emboîté dans un emplacement réservé. *Ouvrir, fermer, pousser un tiroir.* « *les cinq grands tiroirs de la commode se laissent manœuvrer sans plus de résistance* » (Robbe-Grillet). ➛ *FOND DE TIROIR :* ce qu'on met au fond d'un tiroir, ce qu'on y oublie ; chose vieille, sans valeur. ♦ Case, casier. « *Il a parlé lui-même des tiroirs de son cerveau* » (Madelin). ⇒ **compartiment.** 2 *Pièce à tiroirs,* dont l'intrigue comprend des scènes étrangères à l'action principale. ➛ *Charade à tiroirs,* basée sur des jeux de mots successifs. 3 Dans une machine à vapeur, Dispositif destiné à distribuer la vapeur dans le cylindre. ⇒ ② **recouvrement.** *Arbre, tige, boîte de tiroir.*

tiroir-caisse n. m. - XIXe ▪ Caisse où l'argent est renfermé dans un tiroir qu'un mécanisme peut ouvrir lorsqu'un crédit est enregistré. « *le criminel vola le contenu du tiroir-caisse* » (Le Clézio). *Des tiroirs-caisses.*

① **tisane** n. f. - XVIIe ; gr. *ptisanê* « orge mondé » ▪ Boisson contenant une faible proportion d'une substance médicamenteuse végétale. ⇒ **décoction, infusion.** *Tisane aux propriétés diurétiques.* « *des tisanes d'herbes, toutes fleuries et qui descendaient en moi, chaudes, parfumées* » (Giono). *Tisane de queues de cerises. Boire une tisane le soir.*

> ❑ À cause de ses emplois péjoratifs, *tisane,* comme *décoction,* est souvent remplacé par *infusion.*

② **tisane** n. f. - XIXe ; p.-ê. de *tiser* « administrer des coups » ; du rad. de *tison* ▪ fam. Coup, correction, raclée.

tisanière n. f. - XIXe ▪ Pot à infusion, parfois posé sur une veilleuse et permettant de garder la tisane chaude.

tison n. m. - XIIe ; lat. *titio* « brandon » ▪ Reste d'un morceau de bois, d'une bûche dont une partie a brûlé. *Souffler sur les tisons.*

tisonné, ée adj. - XVIe ▪ Se dit d'un cheval à la robe semée de taches noires allongées. ⇒ **tacheté.**

tisonner v. tr. [1] - XIIIe ▪ Remuer les tisons, la braise pour attiser, faire tomber la cendre. ➛ « *il rechargeait le poêle jusqu'à la gueule, tisonnait violemment* » (Simenon).

> ❑ Même famille étymologique que *attiser.*

tisonnier n. m. - XVIIe ▪ Longue barre de fer à extrémité un peu relevée, avec laquelle on remue les tisons, la braise pour attiser le feu. ⇒ ① **ringard.**

tissage n. m. - XIXe ▪ Action de tisser ; ensemble d'opérations consistant à entrelacer des fils textiles pour produire des étoffes.

tisser v. tr. [1] - XIVe ; lat. *texere* 1 (p. p. *tissé*) Fabriquer (un tissu) par tissage. *Tisser une toile.* ➛ *Tisser de la laine. Métier à tisser.* ➛ « *les grosses araignées* [...] *ont tissé leurs toiles dans tous les coins* » (Daudet). 2 (p. p. *tissu* et *tissé*) Former, élaborer, disposer les éléments de (qqch.) comme par tissage. ⇒ **ourdir, tramer.** « *une de ces tristesses* [...] *dont ma vie d'enfant était tissée* » (Loti). ➛ littér. « *une grammaire surprenante, compliquée, tissue de règles strictes et d'exceptions à la règle* » (Duham.).

> ❑ Le participe passé *tissu, ue* vient de l'ancien verbe *tistre* refait en *tisser.* Il est littéraire et ne s'emploie qu'au figuré.

tisserand, ande n. - XIIIe ▪ Ouvrier, ouvrière qui fabrique des tissus sur métier à bras ou qui surveille la marche des métiers à tisser Jacquard. ⇒ **tisseur.**

tisserin n. m. - XIXe ▪ Petit oiseau de la savane africaine *(passériformes),* qui construit de remarquables nids tissés.

tisseur, euse n. - XVIe ▪ Ouvrier, ouvrière sur métier à tisser. ⇒ **tisserand.**

tissu n. m. - XIIIe ; p. p. de l'a. v. *tistre* « tisser » 1 Surface souple et résistante constituée par un assemblage régulier de fils textiles entrelacés. ⇒ **étoffe, tapis, tapisserie.** *Armure, chaîne, trame d'un tissu. Endroit, envers d'un tissu. Tissu synthétique. Tissu imprimé, uni.* ➙ *Tissu éponge. Tissu d'ameublement.* **2** Suite ininterrompue (de choses regrettables ou désagréables). ⇒ **enchaînement, enchevêtrement, mélange.** « *un tissu d'inconséquences et d'incohérences* » (Baudelaire). **3** Ensemble de cellules de même morphologie qui, agencées de manière particulière, remplissent une fonction spécialisée. *Tissus organiques, osseux, musculaires. Tissu épithélial, nerveux. Tissu conjonctif.* **4** Ensemble d'éléments de mêmes fonctions, organisés en un tout homogène. *Le tissu urbain.* « *le tissu des relations sociales se desserrait* » (Tournier).

❑ Même famille étymologique que *texte, textile, texture, toile.* ♦ De nombreux noms de tissus conservent la trace de leur origine orientale : le *damas* (de *Damas* en Syrie), la *gaze* (p.-ê. de *Gaza* en Palestine), la *mousseline* (de *Mossoul* en Irak), le *satin* (de *Tsia-Toung* en Chine), le *shantung* (de *Shandong,* province de l'est de la Chine), le *calicot,* le *madapolam,* le *madras,* le *surah* (du nom de villes indiennes), sans oublier la *perse,* l'*indienne* et l'*ottoman.*

tissulaire adj. – XIXe ▪ Relatif aux tissus cellulaires. *Culture tissulaire.*

titan n. m. – XIXe ; mot gr., nom des enfants d'Ouranos et de Gaïa ▪ Géant. *Une œuvre, un travail de titan.*

titane n. m. – XIXe ; gr. *titanos* « chaux » ▪ Élément atomique (Ti ; n° at. 22 ; m. at. 47,90), métal blanc brillant utilisé en alliages. *Blanc de titane :* oxyde utilisé en peinture.

titanesque adj. – XIXe ▪ Gigantesque, démesuré. ⇒ **colossal, cyclopéen.** *Orgueil titanesque.* ♦ Gigantesque et difficile. *Une entreprise titanesque.*

❑ La forme *titanique,* « *ces combats titaniques* » (Proust), ne s'emploie plus qu'en mythologie.

titi n. m. – XIXe ; mot pop. de formation enfantine ▪ Gamin déluré et malicieux. ⇒ **gavroche.** *Un titi parisien.*

titillation [titijasjɔ̃ ; titilasjɔ̃] n. f. – XIVe ▪ littér. ou plaisant Action de titiller, sensation qu'elle provoque. ⇒ **chatouillement.** « *un chatouillement si vif, des titillations de volupté si piquantes* » (Sade).

titiller v. tr. [1] – XIIe ; lat. ▪ littér. ou plaisant Chatouiller de manière à provoquer une démangeaison légère et agréable. ➙ fam. *Cette idée me titille depuis un moment.*

❑ *Titiller* se prononce [titije] alors que le nom dérivé a deux prononciations du *ill.*

titrage n. m. – XIXe **1** Opération par laquelle on procède au dosage volumétrique des solutions. *Titrage des alcools.* **2** Action de titrer un film. **3** Opération qui a pour objet de déterminer le titre d'un fil.

titre n. m. – XIIe ; lat. *titulus* « inscription, titre d'honneur » **I - 1** Désignation honorifique exprimant une distinction de rang, une dignité. *Titres de noblesse, nobiliaires.* « *Comme tu es bien ainsi ! tu as l'air d'un vrai gentleman. Il ne te manque qu'un titre !* » (Proust). ➙ *Titres de souverains. Grades et titres.* ♦ Appellation d'une personne qui a un titre (ex. altesse, éminence). **2** Nom de charge, de fonction, de grade. *Le titre de président, de docteur, de professeur. Candidat à un titre. Titres universitaires.* « *Monsieur le commissaire, dis-je alors (parce qu'il faut toujours donner leurs titres aux personnes)* » (Nerval). ♦ loc. adj. *EN TITRE :* qui a effectivement le titre de la fonction qu'il exerce (opposé à *auxiliaire, suppléant, honoraire, intérimaire*). ⇒ **titulaire.** ➙ Qui est reconnu pour tel à l'exclusion d'autres ayant le même emploi. ⇒ **attitré.** « *on ne lui connaissait pas de maîtresse en titre* » (Gaut.). ⇒ **officiel. 3** Qualité de gagnant, de champion. *Disputer, remporter un titre dans un championnat.* « *Après avoir battu Tony Daniels, alors tenant du titre* » (Morand). *Boxeur qui remet son titre en jeu.* **4** littér. Nom qui qualifie. ⇒ **nom, qualification.** « *J'ai donc refusé la précieuse amitié et m'en suis tenu à mon titre d'Amant* » (Laclos). **5** loc. prép. *À TITRE DE :* en tant que, comme. « *Je suis ici à titre d'ami* » (Morand). ➙ « *trois mois d'appointements qu'on lui versait à titre d'indemnité* » (Mac Orlan). *À titre d'exemple.* ➙ *À ce titre :* pour cette qualité, cette raison. « *Suis-je son parent et puis-je, à ce titre, provoquer son internement dans une maison de santé ?* » (Courtel.). ➙ *À quel titre se permet-il de nous juger ?* de quel droit, pour quelles raisons ? ♦ *AU MÊME TITRE :* de la même manière. *Une hypothèse, un postulat sont au même titre des principes du raisonnement.* ➙ loc. conj. *Au même titre que :* de la même manière que, de même que. ♦ *À titre amical :* amicalement. *À titre temporaire, personnel.* « *Mon compatriote à double titre* » (Chateaub.). *À plus d'un titre, à plusieurs titres :* pour plusieurs raisons. **II - 1** Écrit qui établit le droit à un titre de noblesse, à une dignité, à une fonction. ⇒ **brevet, parchemin ; diplôme, patente.** ♦ Écrit qui constate un acte juridique ou un acte matériel pouvant produire des effets juridiques. ⇒ ① **acte, certificat, document, instrument, papier, pièce.** *Enregistrement d'un titre. Titre exécutoire,* permettant au bénéficiaire de recourir à l'exécution forcée. ➙ *Titre de propriété.* ➙ *Titres de transport.* ➙ *Titre de crédit. Titre interbancaire, titre universel de paiement (TIP, TUP) :* imprimé édité par le créancier, la signature du débiteur autorisant un prélèvement ponctuel sur son compte afin d'effectuer un paiement déterminé. ♦ Certificat représentatif d'une valeur de bourse. *Titre de rente :* action, obligation, part de fondateur. ⇒ **valeur.** *Titre nominatif, au porteur.* « *Le coffre-fort contenait quelques titres* » (Mart. du G.). *Gérer un portefeuille de titres.* **2** loc. *À JUSTE TITRE :* à bon droit, avec fondement, raison. *L'Anglais* « *considère, à juste titre, le jeu des idées comme une acrobatie spirituelle* » (Maurois). **3** Modalité d'un droit, manière d'aliéner et d'acquérir. *Occupant à titre gratuit. À titre précaire.* **4** littér. Qualité ou service qui donne droit à qqch. « *acquérir de nouveaux pouvoirs, ou même des titres à la considération publique* » (Duham.). **III - 1** Proportion d'or ou d'argent contenue dans un alliage. ⇒ **aloi.** *Titre d'une monnaie.* **2** Rapport de la masse (ou du volume) d'une substance dissoute à la masse (ou au volume) de la solution. ⇒ **degré, titrage.** « *une solution de salicylate de soude dont il venait de modifier le titre avec soin* » (Romains). **3** Masse linéique d'un fil ou d'une fibre. **IV - 1** Désignation du sujet traité (dans un livre) ; nom donné (à une œuvre) par son auteur. « *Nous rassemblons sous le titre :* Histoires extraordinaires, *divers contes* [...] *de Poe* » (Baud.). *Titre d'un journal. Titre d'une pièce de théâtre, d'un film. Rôle-titre :* rôle correspondant au nom propre servant de titre à l'œuvre **(⇒ éponyme).** *Titre d'un poème, d'une chanson, d'une émission. Titre d'une œuvre musicale, d'un tableau.* ➙ *Page de titre :* page qui porte le titre entier, le sous-titre, le nom de l'auteur, etc. ♦ Livre. *Les dix meilleurs titres de l'année.* **2** Expression, phrase qui présente un article de journal. ⇒ **rubrique.** *Titre sur cinq colonnes à la une.* ⇒ **manchette.** *Cette affaire a fait les gros titres des journaux.* ➙ « *une affiche avec un gros titre :* CANAILLES ! » (Aragon). **3** Subdivision d'un recueil juridique, législatif. « *Je suis au titre XIV du IIe livre des* Institutes » (Flaub.).

❑ Autres mots de la même famille : *intituler, titulaire.*

titrer v. tr. [1] – XIIIe **1** Conférer un titre de noblesse à (qqn). ➙ « *Les femmes les plus titrées de France* »

(Maupass.). 2 Déterminer le titre, la proportion de. *Titrer un alliage.* 3 Donner un titre à. ⇒ **intituler.** « *Que de fois j'ai eu envie d'écrire un petit livre, titré "Sur la Seine"* » (Maupass.).

titreuse n. f. – 1936 1 Appareil permettant de filmer titres et sous-titres. 2 Machine utilisée pour composer les gros titres.

titrisation n. f. – 1987 ; de *titre* ■ Mobilisation par une banque des créances qu'elle détient.

titubant, ante adj. – XVIe ■ Qui titube. ⇒ **chancelant, vacillant.** « *des ombres titubantes errent sur le gravier grinçant* » (Duham.). ➛ *Démarche titubante.*

tituber v. intr. [1] – XVe ; lat. ■ Vaciller sur ses jambes, aller de droite et de gauche en marchant. ⇒ **chanceler.** *Ivrogne qui titube.* « *le grand air, le soleil m'étourdissaient, je titubais* » (Beauv.).

titulaire adj. et n. – XVIe ; lat. *titulus* « titre » 1 Qui a une fonction, une charge pour laquelle il a été personnellement nommé (opposé à *auxiliaire*). *Professeur titulaire.* ➛ *La titulaire d'un poste.* 2 Qui possède juridiquement. *Être titulaire d'un diplôme.* ➛ *Les titulaires du permis de conduire.*

titularisation n. f. – XIXe ■ Action de titulariser. *Demande de titularisation.*

titulariser v. tr. [1] – XIXe ■ Rendre titulaire d'une fonction, d'une charge. *Titulariser un fonctionnaire.*

T.N.T. [teɛnte] n. m. – 1964 ; sigle ■ Trinitrotoluène, puissant explosif.

toarcien, ienne adj. et n. m. – XIXe ; de *Thouars* (lat. *Toarcium*), ville des Deux-Sèvres ■ Qui appartient à un étage du jurassique.

toast [tost] n. m. – XVIIIe ; mot angl. « pain grillé » 1 Action (fait de lever son verre) ou discours par quoi l'on propose de boire en l'honneur de qqn ou de qqch. ; fait de boire à la santé de qqn, à l'accomplissement d'un vœu, etc. *Porter un toast à qqn.* « *Je porte un toast à l'allégresse ; soyons allègres !* » (Hugo). 2 Tranche de pain de mie grillée. ⇒ **rôtie.** *Des toasts beurrés.*

❑ Le mot anglais a été emprunté à l'ancien français *tostee* n. f., de *toster* « griller, rôtir » (latin *torrere* « griller » → torréfier, torride). ♦ Le *toast* « tranche de pain de mie grillée » s'appelle *rôtie* en français du Canada.

toasteur [tostœʀ] n. m. – 1959 ■ Ustensile électrique pour griller les toasts. ⇒ **grille-pain.**

toboggan n. m. – XIXe ; mot anglais « traîneau » repris à plusieurs mots indiens du Canada 1 Traîneau à longs patins métalliques. *Piste de toboggan.* ➛ Au Canada, Traîneau sans patins, fait de planches minces recourbées à l'avant. ♦ Piste où l'on fait des descentes en toboggan (⇒ **bobsleigh).** 2 Longue rampe inclinée du haut de laquelle on se laisse glisser. « *on retournait au sol en se lançant pour un bref dévalement, sur un toboggan qui consistait en un plan incliné fait d'une large planche cirée* » (Leiris). ➛ *Toboggans d'évacuation d'un avion.* 3 Glissière. 4 Voie de circulation automobile qui enjambe un carrefour. « *le jour où Paris sera devenu un écheveau d'autoroutes et de toboggans* » (Tournier).

❑ Autres mots d'emprunt écrits avec deux *g* prononcés [g] : *leggings, reggae...*

① **toc** interj. et adj. inv. – XVIe ; onomat. 1 Onomatopée d'un bruit, d'un heurt. « *à la maison de la Mère-grand ; il heurte : toc, toc. – Qui est là ?* » (Perrault). ➛ fam. *Et toc !* bien envoyé !. 2 adj. inv. fam. *Être toc toc,* un peu fou. ⇒ **toqué.** *Il* « *nous fit un clin d'œil et se toucha le front. "Il est toc toc !"* » (Beauv.). ✪ HOM. Toque.

② **toc** n. m. et adj. inv. – XIXe ; onomat. ■ Imitation d'une matière précieuse, d'un objet de valeur. *Bijou en toc. Des* « *marches en marbre et porphyre... c'était pas du toc !* » (Céline). ♦ adj. inv. fam. Sans valeur ; faux et prétentieux. *Ça fait toc.*

tocade n. f. – XIXe ; de *se toquer* (de qqch., qqn) ■ fam. Goût très vif, généralement passager, souvent bizarre et déraisonnable, pour qqn ou qqch. ⇒ **caprice, engouement, passade.** *C'est sa nouvelle tocade.* ⇒ **foucade.**

❑ On écrit parfois *toquade.*

tocante ou **toquante** n. f. – XVIIIe ; de ① *toc* ou de ① *toquer* ■ fam. Montre.

tocard, arde ou **toquard, arde** adj. et n. – XIXe ; de ② *toc* 1 fam. Ridicule, laid. ⇒ **tarte, tartignolle.** 2 n. m. Mauvais cheval, aux performances irrégulières. ♦ n. fam. Personne incapable, sans valeur. ⇒ ② **ringard.** *Quel tocard !*

toccata n. f. – XVIIIe ; mot it. ■ Pièce instrumentale sans structure précise, écrite pour le clavier et organisée à la manière d'un mouvement perpétuel. *Toccatas* (ou plur. it. *toccate*) *et fugues de J.-S. Bach.*

❑ Étymologiquement, la *sonate* est une « pièce à *sonner* », la *cantate* une « pièce à *chanter* » et la *toccata* une « pièce à toucher *(toccare)* ».

tocophérol n. m. – 1948 ; gr. *tokos* « accouchement » et *pherein* « transporter » ■ Alcool organique entrant dans la composition de la vitamine E.

tocsin n. m. – XIVe ; a. provenç. *toca* « touche » et *senh* « cloche » ■ Sonnerie de cloche répétée et prolongée, pour donner l'alarme. ⇒ **signal.** *Les cloches* « *se mirent à sonner le tocsin. Tout était consommé* » (Maurois).

❑ Nicot, dans son dictionnaire (1606), rapporte l'étymologie de *toquesing :* « Composé de deux entiers, *toque* qui signifie *frape,* et *sing* signifiant *cloche,* comme si on disoit *frapecloche* ».

toffee [tɔfe ; tɔfi] n. m. – XIXe ; mot angl. ■ Bonbon anglais caramélisé. ⇒ **caramel.** *Des toffees.*

tofu [tɔfu] n. m. – v. 1985 ; mot jap. ■ Pâté de soja.

toge n. f. – XVIe ; lat. *tegere* « couvrir » ■ Ample pièce d'étoffe sans coutures dans laquelle les Romains se drapaient. ⇒ **robe.** ♦ Habit long, robe de cérémonie, dans certaines professions. *Toge et épitoge de magistrat.*

tohu-bohu [tɔbɔ] n. m. inv. – XVIIIe ; loc. hébr. *tohou vabohou* « le chaos » 1 didact. État de la terre, dans le chaos primitif. 2 vieilli Désordre, confusion de choses mêlées. « *Un tohu-bohu de fioles* » (Huysm.). ♦ Bruit confus, tumulte bruyant. ⇒ **brouhaha, charivari, tintamarre.** « *Tout le monde parlait à la fois dans un tohu-bohu d'affirmations contradictoires* » (Dorgelès).

toi pron. pers. et nominal – XIIe ; lat. *te* ■ Pronom personnel de la 2e pers. du sing. et des deux genres, qui représente la personne à qui l'on s'adresse. ⇒ **tu ;** pop. **tézigue.** I - 1 compl. d'un verbe pronom. à l'impér. « *Aide-toi, le ciel t'aidera* » (La Font.). *Dis-toi bien...* (devant *en* et *y, toi* s'élide en *t*) *Garde-t'en bien.* 2 suivi d'un verbe à l'inf. « *toi, réchauffer au nom des principes des cœurs refroidis* » (Hugo). ➛ (sujet d'un participe) « *Toi parti, j'ai couru ici pour te revoir encore* » (H. Bordeaux). ➛ (sujet d'une propos. elliptique) « *tu deviens folle ? – Moi ! – Oui, toi* » (Cocteau). 3 coordonné à un nom, un pron. *Toi ou moi* (nous) *irons.* « *Gérard et toi, vous entraînez cette petite* » (Cocteau). « *Il n'y a que toi pour y voir clair* » (Gide). *Pour tes parents et toi. Il est plus gentil que toi.* 4 renforçant le pron. « *Et toi, tu n'as pas le droit de me juger* » (Sartre). « *T'épouser, toi, mais tu es folle !* » (Cocteau). 5 TOI QUI... « *Toi l'auvergnat qui sans façon M'as donné quatre bouts de bois* » (Brassens). ➛ TOI

QUE... « *Toi que j'ai vu grand comme ça* » (Balz.). ➜ *Toi dont, à qui, pour qui*... 6 « *Toi Louis ! il t'arrivera malheur* » (Apoll.). « *Et maintenant, toi, Hortense, couche-toi !* » (Courtel.). 7 (attribut) « *Oui, te voilà, c'est toi, ma blonde, C'est toi, ma maîtresse et ma sœur !* » (Muss.). *Si j'étais toi*... : à ta place. « *Hippolyte ? Grands dieux ! – C'est toi qui l'as nommé* » (Rac.). 8 « *Malheur à toi* » (Muss.). *Après, avant toi. Chez toi. Je suis content de toi. Sans toi.* 9 *TOI-MÊME. Connais-toi toi-même.* ➜ *TOI SEUL.* « *Ô mon amour toi seule existes* » (Aragon). *Toi aussi. Toi non plus.* **II** **n. m. inv.** « *un toi romancé qui joue des tours désopilants* » (Gide). ✪ HOM. Toit.

> ❑ Attention à l'accord du verbe : *toi qui le connais bien* ("tu le connais"). → qui (rem.).

toile **n. f.** – XIIᵉ ; lat. *texere* « tisser » **I - 1** Tissu de l'armure la plus simple, fait de fils de lin, de coton, de chanvre, etc. *Tisser la, une toile. Toile de coton, de lin.* ➜ *Grosse toile*, tissée lâche. *Toile fine*, serrée. ➜ *Toile à matelas, à torchons. Toile de parachute. Toile d'avion* (utilisée dans la fabrication des ailes d'avions légers). « *la toile rêche des draps qui sentaient la buanderie* » (Aragon). *Pantalon de toile.* ♦ *Toile imperméabilisée.* ➜ *Papier-toile* : toile fine collée sur papier fort. ♦ *Toile de laine* : tissu de laine à armure unie. *Toile de soie.* ➜ *Toile d'amiante.* 2 Tissu décoratif utilisé comme tenture. *Toiles imprimées, à dessins. Toile de Jouy.* 3 Pièce de toile. *Toile à laver.* ⇒ **serpillière, wassingue.** ➜ *TOILE CIRÉE* : pièce de toile vernie servant de nappe, de revêtement. ➜ *Toile de tente. Village de toile.* ⇒ **camping.** ➜ fam. *Les toiles* : les draps. *Se mettre dans les toiles* : se coucher. « *Ce matin bien avant le jour, j'ai jailli de mes toiles* » (Tournier). ➜ allus. myth. *La toile de Pénélope* : une entreprise interminable. 4 Pièce de toile servant de support à une œuvre peinte. ♦ Œuvre peinte sur toile. ⇒ **peinture, tableau.** *Toile de maître.* ♦ Décor de théâtre. ➜ *TOILE DE FOND* : toile verticale, au fond de la scène, représentant les derniers plans des décors ; fig. ce sur quoi se détache une description, etc. *Avoir pour toile de fond.* ♦ Écran de cinéma. 5 vieilli Rideau de théâtre. 6 Ensemble des voiles d'un navire. *Réduire la toile.* **II - 1** Réseau de fils que font les araignées. *Toile d'araignée. Araignée qui file, ourdit, tisse sa toile.* ➜ fig. Réseau auquel on se prend ; piège. « *cette formidable toile d'araignée qu'était la compagnie de Jésus* » (Maurois). « *et le garçon vint de lui-même se prendre à sa toile et s'y empêtrer* » (Mauriac). 2 Maladie de certaines plantes, formation d'un réseau de filaments produits par un champignon.

toilé, ée **adj.** – XXᵉ ▪ Garni, couvert de toile. *Reliure toilée.* ➜ *Papier toilé*, dont le grain imite la toile.

toilerie **n. f.** – XVIIᵉ ▪ Fabrication, commerce des toiles de lin, coton, chanvre. ➜ Atelier, fabrique de toiles.

toilettage **n. m.** – 1936 1 Soins de propreté donnés à un animal de compagnie. *Le toilettage d'un caniche.* 2 Retouche légère, réforme partielle. ⇒ **lifting.** *Le toilettage d'une institution.*

toilette **n. f.** – XIVᵉ **I - 1** vx Pièce de toile dans laquelle on enveloppait la marchandise. ➜ loc. *Marchande, revendeuse à la toilette*, qui vendait des vêtements, des objets de parure (d'occasion), et qui, souvent, pratiquait l'usure. 2 Membrane dont on se sert en boucherie, en charcuterie, pour envelopper certains morceaux. ⇒ **crépine.** **II - 1** Meuble sur lequel on place ce qui est nécessaire à se parer. ⇒ **coiffeuse, poudreuse.** « *Il y avait un miroir devant elle au-dessus d'une toilette en bois tourné* » (Simenon). 2 Fait de s'habiller et de se parer. *Avoir le goût de la toilette* : être coquet. « *Il se mit à faire le beau ; sa toilette devint une grande affaire* » (Rouss.). ♦ L'habillement, la manière dont une femme est vêtue et apprêtée. ⇒ **mise, vêtement.** *Être en grande toilette, en toilette de bal. Changer de toilette.* ⇒ **tenue.** *Elle porte bien la toilette.* ♦ *UNE TOILETTE* : les vêtements que porte une femme. *Une toilette élégante.* 3 Ensemble des soins de propreté du corps. *Faire sa toilette. Faire la toilette d'un bébé. Faire un brin de toilette. Linge, serviette, gant de toilette. Nécessaire, trousse de toilette. Produits de toilette. Eau de toilette.* ♦ *Papier toilette* : papier hygiénique.

> ❑ *Toilette* a désigné le tissu, la *toile* que l'on étendait sur la table pour y mettre des ustensiles servant à la parure. → bureau (rem.).

toiletter **v. tr.** [1] – XIXᵉ 1 Faire la toilette de (un animal de compagnie). 2 Retoucher légèrement. *Toiletter un dictionnaire.*

toilettes **n. f. pl.** – 1945 ; de *toilette* ▪ Lieux d'aisances. ⇒ **cabinets, latrines, lavabo, sanitaires, waters, W.-C.** ; fam. **chiottes, goguenots, pipi-room, vécés.** *Toilettes publiques.* ⇒ **sanisette, vespasienne** ; fam. **pissotière.** *Aller aux toilettes. Le siège des toilettes* ou *les toilettes.* ⇒ fam. **trône.**

toiletteur, euse **n.** – mil. XXᵉ ▪ Personne qui procède au toilettage des animaux.

toileuse **n. f.** – 1955 ▪ Piqueuse à la machine qui travaille les toiles.

toilier, ière **n.** et **adj.** – XIIᵉ 1 Personne qui fabrique ou vend de la toile. 2 **adj.** Qui concerne la toile, sa fabrication. *Industrie toilière.*

toise **n. f.** – XIIᵉ ; lat. *tendere* « tendre » 1 Mesure de longueur valant six pieds (près de deux mètres). 2 Tige verticale graduée, qui sert à mesurer la taille des personnes. *Passer des soldats à la toise.*

toiser **v. tr.** [1] – XIIIᵉ 1 vieilli Estimer à la vue. « *Il voit les masses d'eau, les toise et les mesure* » (Vigny). 2 Regarder avec défi, avec dédain. « *Le faux dur me toisa d'un air soupçonneux en rejetant son chapeau en arrière* » (Aymé).

toison **n. f.** – XIIᵉ ; lat. *tondere* « tondre » 1 Pelage laineux des ovins ; ensemble des poils mêlés de suint de ces animaux. ⇒ ① **lainage.** ♦ Ce pelage, enlevé par la tonte ; peau de mouton préparée avec ses poils. « *gardeur de chèvres, nu sous une toison de brebis* » (Gide). ♦ *La Toison d'or* : toison d'un bélier fabuleux, que Jason et les Argonautes allèrent conquérir en Colchide. ➜ Ordre de chevalerie institué en 1429 ; collier que portent ses membres. 2 Chevelure très fournie ou d'apparence laineuse. « *La tête entraînée par le poids d'une toison dense et laineuse* » (Mart. du G.).

toit **n. m.** – XIIᵉ ; lat. *tectum* 1 Surface supérieure d'un édifice ; agencement approprié de matériaux recouvrant une construction et la protégeant contre les intempéries. ⇒ **couverture, toiture.** *Toit de tuiles, d'ardoises, de lauses ; de zinc, de tôle ; de chaume. Toit en pente. Maison à toit plat*, faiblement incliné, ou horizontal. ⇒ **terrasse.** *Les toits de Paris.* « *Ô bruit doux de la pluie par terre et sur les toits !* » (Verlaine). ➜ *Habiter sous les toits*, au dernier étage d'un immeuble, dans une mansarde. ♦ *Le toit du monde* : la région du Pamir, en Asie centrale ; le Tibet. 2 Maison, abri où l'on peut vivre. ⇒ **domicile, habitation, logement.** *Être sans toit. Recevoir qqn sous son toit*, chez soi. *Ils vivent sous le même toit.* 3 Paroi supérieure, plafond d'une galerie de mine. ♦ *Toit de la caisse* : paroi supérieure de la caisse du tympan. ♦ Paroi supérieure d'un véhicule. *Voiture à toit ouvrant.* ✪ HOM. Toi.

toiture n. f. – XVIIIe ▪ Ensemble constitué par la couverture d'un édifice et son armature. *Toiture à redents,* en dents de scie, couvrant des bâtiments industriels. « *une lucarne enchâssée dans la toiture* » (Duham.).

tokamak n. m. – 1973 ; mot russe ▪ Appareil contenant un plasma confiné dans un espace restreint à l'aide d'un champ magnétique, dans lequel sont étudiées les réactions de fusion thermonucléaire.

❑ Ne pas confondre avec *tomawak.* → tomahawk (rem.).

tokay [tɔkɛ] n. m. – XVIIIe ; nom d'une ville de Hongrie **1** Vin de liqueur de Hongrie. **2** Vin obtenu en Alsace et dans le midi de la France avec le pinot gris.

❑ On trouve parfois la forme hongroise *tokaj* [tɔkaj].

tokharien, ienne n. m. et adj. – 1914 ; gr. *Tokharoi,* désignant un peuple d'Asie centrale ▪ Langue du groupe indo-européen, encore parlée au VIIe s. dans le Turkestan.

tôlard, arde → **taulard**

tolbutamide n. m. – v. 1960 ; de *tol(yle)* « dérivé du toluène », *but(yle)* et *amide* ▪ Sulfamide administré dans le traitement du diabète.

① **tôle** n. f. – XVIIe ; forme dial. de *table* ▪ Feuille de fer ou d'acier obtenue par laminage. *Tôle étamée* (⇒ **fer-blanc**), *galvanisée, émaillée. Tôle emboutie, profilée.* ➝ TÔLE ONDULÉE : tôle de fer, présentant des plis courbes alternés, qui sert de couverture. ♦ par ext. *Tôle d'aluminium.* ✪ HOM. Taule.

② **tôle** → **taule**

tôlé, ée adj. – 1924 ; de *tôle* « neige durcie » ▪ *Neige tôlée,* qui a gelé après un début de fusion.

tolérable adj. – XIVe **1** Qu'on peut tolérer. ⇒ **acceptable, admissible, excusable. 2** Qu'on peut supporter. ⇒ **supportable.** « *La vie n'est tolérable qu'avec une marotte* » (Flaub.). ➝ subst. *Une douleur à la limite du tolérable.* ✪ CONTR. Intolérable.

tolérance n. f. – XVIe **1** Fait de tolérer, de ne pas interdire ou exiger ; liberté qui en résulte. *Ce n'est pas un droit, c'est une tolérance.* ➝ *Tolérance orthographique, grammaticale* : liberté de ne pas appliquer la règle stricte, dans certains cas. ♦ *Maison de tolérance* : maison de prostitution (qui était tolérée par la loi). **2** Attitude qui consiste à admettre chez autrui une manière de penser ou d'agir différente de celle qu'on adopte soi-même. ⇒ **compréhension, indulgence.** *Faire preuve de tolérance.* « *une tolérance réciproque nous est nécessaire pour que nous puissions continuer de vivre en paix* » (Muss.). **3** Fait de respecter la liberté d'autrui en matière de religion, d'opinions philosophiques, politiques. « *La tolérance est aussi nécessaire en politique qu'en religion* » (Volt.). **4** Aptitude de l'organisme à supporter l'action d'un médicament, d'un agent chimique ou physique déterminé. ♦ Aptitude d'un individu, d'un groupe à supporter les effets d'un facteur extérieur. **5** Limite de l'écart admis entre les caractéristiques réelles d'un objet fabriqué ou d'un produit et les caractéristiques prévues. ✪ CONTR. Intolérance.

tolérant, ante adj. – XVIe ▪ Qui fait preuve de tolérance. ⇒ **compréhensif, indulgent, libéral.** ♦ *Religion tolérante.* ✪ CONTR. Borné, dogmatique, intolérant.

tolérer v. tr. [6] – XIVe ; lat. **1** Laisser se produire ou subsister (ce qu'on aurait le droit ou la possibilité d'empêcher). ⇒ **autoriser, permettre.** « *Sachant tolérer, quand il le fallait, les petits vols des clients riches* » (Zola). *Stationnement toléré sur le trottoir.* ♦ Considérer avec indulgence (ce qu'on n'approuve pas et qu'on pourrait blâmer). ⇒ **excuser, pardonner.** « *mais qu'il fût malhonnête, non, cela je ne le tolérerais pas* » (Gide). **2** Supporter avec patience (ce qu'on trouve désagréable, injuste). ⇒ **endurer,** ① **supporter. 3** Admettre la présence de (qqn) à contrecœur. pronom. « *nous devons nous tolérer mutuellement* » (Volt.). **4** Supporter sans réaction fâcheuse (en parlant de l'organisme). *Tolérer un médicament.* ✪ CONTR. Défendre, interdire, réprimer.

❑ *Tolérer que* est suivi du subjonctif.

tôlerie n. f. – XVIIIe **1** Fabrication, travail ou commerce de la tôle. **2** Atelier où l'on travaille la tôle. **3** Articles en tôle ; ensemble des tôles d'un ouvrage.

tolet n. m. – XVIIe ; germ. ▪ Cheville de fer ou de bois enfoncée dans la toletière, qui sert de point d'appui à l'aviron. « *Les avirons grinçaient dans les tolets* » (Mac Orlan).

toletière n. f. – XVIIe ▪ Pièce de bois fixée sur le platbord d'une embarcation et dans laquelle s'enfoncent les tolets.

① **tôlier** n. m. – XIXe ▪ Celui qui fabrique, travaille ou vend la tôle. ✪ HOM. Taulier.

② **tôlier, ière** → **taulier**

tolite n. f. – 1923 ; de *tol(uène)* ▪ Trinitrotoluène.

tollé n. m. – XVIe ; lat. *tolle hunc* « enlève-le, prends-le » ▪ Clameur de protestation ; mouvement collectif d'indignation. ⇒ **huée.** « *Quand on apprit ces châtiments exemplaires, ce fut un beau tollé* » (Cendrars). ✪ CONTR. Acclamation.

toluène n. m. – XIXe ; de *Tolu,* ville de Colombie ▪ Hydrocarbure benzénique employé notamment comme solvant.

tomahawk [tɔmaok] n. m. – XVIIIe ; algonquin ▪ Hache de guerre des Indiens d'Amérique du Nord.

❑ On trouve aussi le mot *tomawak* [tɔmawak] (1904), qui est resté plus populaire.

tomaison n. f. – XIXe ▪ Indication du numéro du tome d'un ouvrage composé de plusieurs tomes.

toman n. m. – XIIIe ; arabo-persan « dix mille » ▪ Ancienne monnaie d'or de la Perse (encore utilisée comme monnaie de compte).

tomate n. f. – XVIIIe ; aztèque **1** Plante potagère annuelle *(solanacées),* cultivée pour ses fruits. **2** Fruit sphérique, rouge, de cette plante. *Tomate ronde, oblongue* (⇒ **olivette**). *Tomate cerise,* de la taille d'une cerise. *Tomates en salade. Sauce tomate, sauce à la tomate* (⇒ **ketchup**). *Jus de tomate* (boisson). **3** fam. Mélange de pastis et de grenadine.

❑ Avant que ce mot ne se répande, on employait *pomme d'amour, pomme d'or* (cf. italien *pomodoro*) pour désigner ce fruit.

tomawak → **tomahawk**

tombac n. m. – XVIIe ; siamois « cuivre » ▪ Laiton, alliage de cuivre et de zinc.

tombal, ale, aux adj. – XIXe ▪ Qui appartient à une tombe, aux tombes. *Pierre tombale* : dalle qui recouvre une tombe.

tombant, ante adj. – XVIe **1** Qui tombe. *À la nuit tombante* : au crépuscule. **2** Qui pend. *Chien aux oreilles tombantes.* ⇒ ① **pendant.** ➝ Qui s'affaisse au-delà de la normale. *Épaules tombantes.*

tombe n. f. – XIIe ; gr. *tumbos* **1** Lieu où l'on ensevelit un mort ; fosse recouverte d'une dalle. ⇒ **sépulture, tombeau.** « *une tombe de gazon surmontée d'une croix en bois* » (Balz.). *Se recueillir sur la tombe de qqn.* « *L'œil était dans la tombe et regardait Caïn* » (Hugo). *Profanation de tombes.* loc. *Il doit se retourner dans sa tombe,* se dit d'un défunt qu'on imagine soulevé d'indignation par qqch. **2** Pierre tombale ; monument funéraire. 3 loc. fig. *Avoir un pied dans la tombe* : être près de mourir. *Suivre qqn dans la tombe,* mourir peu après lui. ➝ *Outre-tombe.* ⇒ ② **outre.** ➝ *Être muet comme une tombe* : être capable de garder un secret.

tombé, ée adj. et n. m. – XVIIe 1 Déchu. « *L'homme est un dieu tombé qui se souvient des cieux* » (Lamart.). 2 n. m. *Le tombé d'un tissu, d'un vêtement,* le fait de bien tomber, de bien s'adapter au corps.

tombeau n. m. – XIIe 1 Monument funéraire servant de sépulture pour un ou plusieurs morts. ⇒ **caveau, mausolée, sépulcre, stèle, tombe.** « *Le cloître est rempli de tombeaux, la plupart fermés de grilles* » (Gaut.). *Tombeau en marbre. Ensevelir dans un tombeau, mettre au tombeau.* ➝ *Mise au tombeau* : représentation de l'ensevelissement du Christ. ♦ loc. *Fidèle jusqu'au tombeau,* jusqu'à la mort. ♦ loc. *À TOMBEAU OUVERT* : à une vitesse telle que l'on risque un accident mortel. *Rouler à tombeau ouvert.* 2 Lieu d'aspect funèbre. *Cette maison est un vrai tombeau.* 3 *Le tombeau de* (qqn) : composition poétique, œuvre musicale en son honneur.

tombée n. f. – XIIIe 1 littér. Chute. *La tombée de la neige, de la pluie.* 2 *Tombée de la nuit, du jour* : moment où la nuit tombe, où le jour tombe. ⇒ **crépuscule,** ② **tomber.** « *La tombée du soir imprégnait le parc de fraîcheur* » (Maupass.).

❑ *La tombée de la nuit* et *la tombée du jour* (sens) → ① tomber (rem.).

tombelle n. f. – XVIIe ▪ Petite butte funéraire. ⇒ **tumulus.**

① **tomber** v. [1] – XIIe ; probablt infl. de l'a. fr. *tumer* « danser, gambader, culbuter », germ. *tûmon* I v. intr. (auxil. *être*) 1 Être entraîné à terre en perdant son équilibre. *Trébucher, vaciller avant de tomber. Tomber par terre, à terre.* ⇒ **choir,** fam. **chuter ; chute** (cf. Se casser* la figure, la gueule). *Faire tomber qqn. Tomber raide mort.* ➝ par exagér. *Tomber de fatigue, de sommeil.* ♦ Se laisser aller, choir (sans aller à terre). « *elle tomba sur une chaise, les jambes molles* » (Zola). ➝ *Tomber dans les bras de qqn.* ♦ spécialt Tomber mort, mortellement blessé. ⇒ **mourir, succomber.** *Ils sont tombés au champ d'honneur.* ♦ arg. Être arrêté. *Il est tombé pour proxénétisme.* « *Il vient de tomber ! Trois ans de cage !* » (Céline). 2 Crouler. ⇒ s'**affaisser,** s'**écrouler.** *Samson ayant* « *ébranlé les colonnes, la maison tomba* » (BIBLE). ➝ *TOMBER EN* : tomber en se réduisant à l'état de... *Tomber en ruine, en poussière.* 3 Cesser de régner, être déchu, renversé. « *Un roi qu'on avilit tombe* » (Hugo). ♦ Être détruit ou disparaître. ⇒ s'**effondrer.** *La difficulté tombe.* 4 Perdre de sa force. ⇒ s'**affaiblir, diminuer.** *Le jour tombe.* → **décliner.** *Le vent tomba. Sa colère était tombée.* 5 Être entraîné vers le sol, d'un lieu élevé à un lieu bas ou profond. ⇒ **dégringoler.** *Tomber dans un ravin. Tomber dans le vide.* ⇒ **basculer.** *Un jeune enfant* « *tomba du haut du clocher* » (Mol.). ♦ *La foudre est tombée. L'avion tombe en flammes. Eau, ruisseau qui tombe en cascade.* ➝ *La pluie, la neige, la grêle tombe.* impers. *Il tombait de la neige.* ➝ Se détacher, cesser d'être tenu. *Feuilles qui tombent des arbres. Ramasser les fruits tombés.* ➝ *Ce livre me tombe des mains* (d'ennui, de fatigue). ➝ Paraître. *L'édition du soir tombe* (des presses) *à cinq heures. Un fax vient de tomber.* ♦ *LAISSER TOMBER* : laisser échapper. ⇒ ① **lâcher.** « *un aviateur qui laisse tomber ses torpilles* » (Alain). ➝ fig. et fam. *Laisser tomber qqch.* : ne plus s'en occuper. ⇒ **abandonner, négliger.** *Il a laissé tomber le piano. Laisser tomber qqn,* ne plus s'y intéresser, l'oublier. *Il a laissé tomber sa femme.* ⇒ **quitter.** fam. *Laisse, laissez tomber,* invitation à abandonner (un projet, une attitude) ; (verlan) *Laisse béton. Ne te fâche pas, laisse tomber !* ⇒ fam. **écraser.** 6 Arriver, parvenir du haut. ⇒ **frapper.** « *Le radieux soleil tombait en plein sur leurs épais voiles* » (Loti). ➝ *La nuit, le soir tombe.* ➝ *Mots, paroles qui tombent de la bouche, des lèvres de qqn.* 7 Baisser (de façon mesurable). ⇒ **descendre.** *Prix qui tombent. Dollar qui tombe sous la barre des cinq francs. Sa température est tombée. Tomber à rien, à zéro.* ⇒ se **réduire.** 8 fig. Être en décadence. ⇒ **déchoir.** *Il est tombé bien bas.* 9 S'abaisser en certaines parties, tout en restant suspendu ou soutenu. ⇒ **pendre.** « *Sa robe était plus longue et tombait plus convenablement sur ses bas* » (Sand). ➝ *Robe, veste qui tombe bien,* dans un mouvement souple, en s'adaptant aux lignes du corps (⇒ **tombé).** ♦ Donner l'impression de s'affaisser. *Épaules qui tombent.* ⇒ **tombant.** *Les bras lui tombent de fatigue.* 10 S'incliner fortement. ⇒ **descendre.** « *Une large casquette lui tombait sur les yeux* » (Green). 11 *TOMBER SUR* : s'élancer de toute sa force, et en exploitant l'effet de la surprise, sur..., contre... ⇒ **attaquer, charger, foncer, fondre,** se **jeter,** se **précipiter.** « *Pour les empêcher* [les ennemis] *de nous tomber dessus* » (Mart. du G.). ➝ fig. *Tomber sur qqn,* l'accuser ou le critiquer sans ménagement, l'accabler. ➝ « *À présent qu'ils ont perdu la guerre, tout le monde va leur tomber dessus* » (Sartre). 12 *TOMBER EN, DANS* : se trouver entraîné dans (un état critique, une situation fâcheuse). *Tomber dans le désespoir. Tomber en syncope. Tomber dans un piège.* ➝ *Chien qui tombe en arrêt,* qui se met brusquement en arrêt. *Tomber en panne.* ➝ « *les énormes bévues dans lesquelles tombait le prince* » (Stendh.). ➝ « *D'un mal il tomba dans un pire* » (La Font.). loc. *Tomber de Charybde en Scylla* : échapper à un danger, pour tomber dans un autre plus grave. 13 Être, devenir (après une évolution rapide). *Tomber malade. Tomber amoureux.* 14 Arriver ou se présenter inopinément et par l'effet du hasard, à tel endroit ou tel moment. ⇒ **survenir.** *Tomber en pleine réunion.* ♦ *TOMBER SUR* (qqn, qqch.) : rencontrer ou toucher par hasard. « *Vous pourriez tomber sur un imbécile* » (Cocteau). *Je suis tombé sur le livre que j'avais perdu.* ♦ *TOMBER SOUS...* : se présenter à portée de... *Il attrape tout ce qui lui tombe sous la main.* ➝ fig. *Tomber sous le sens* : être évident. ♦ *TOMBER BIEN, MAL* : arriver à propos ou non. *Tu tombes mal, je partais.* « *Elle raffolait des fêtes foraines* [...] *Ça tombait bien !* » (Céline). *Tomber à propos, à pic, pile.* 15 Arriver, par une coïncidence. « *Quel jour de la semaine tombait le 11 novembre 1918 ?* » (Tournier). ➝ *Tomber juste* (opération, calcul). *Division qui tombe juste.* II v. tr. auxil. *avoir* 1 À la lutte, Vaincre (l'adversaire) en le faisant tomber et en lui faisant toucher le sol des deux épaules. ♦ fam. *Tomber une femme,* faire sa conquête (→ **tombeur).** 2 fam. *Tomber la veste,* l'enlever. « *Et il tomba les souliers, resta en chaussettes* » (Montherl.). ✪ CONTR. Relever (se) ; monter, remonter.

❑ *La nuit tombe* et *le jour tombe* désignent le même moment ; c'est le sens de *tomber* qui varie (« venir d'en haut » et « décliner »). ♦ Dans le détroit de Messine, le gouffre de Charybde et ses remous étaient voisins de l'écueil de Scylla. Pour éviter le premier, on risquait de s'échouer. Seul Ulysse réussit à naviguer *de Charybde en Scylla.*

② **tomber** n. m. – XIXe ▪ littér. Tombée. « *Je pris donc l'habitude de l'aller voir, au tomber du jour* » (Jaloux).

tombereau n. m. – XIIIe ; de ① *tomber* ▪ Voiture de charge, faite d'une caisse montée sur deux roues, susceptible d'être déchargée en basculant à l'arrière. ⇒ **banne.** ➝ Contenu de cette voiture. *Un tombereau de sable.* ♦ Engin de terrassement muni d'une benne se vidant par basculement. ➛ fam. *Des tombereaux*, une grande quantité. *Des tombereaux de fruits.*

tombeur n. m. – XIXe ▪ Lutteur qui tombe (son adversaire). ➛ fig. et fam. *Tombeur (de femmes)* : séducteur aux nombreuses conquêtes. ⇒ **don Juan.**

tombola n. f. – XIXe ; mot it. « culbute », puis « loto » ▪ Loterie de société où chaque gagnant reçoit un lot en nature. *Billet de tombola.*

❑ De même origine que le verbe *tomber.*

tombolo n. m. – 1909 ; mot it. « tumulus, tertre » ▪ Cordon littoral constitué par une levée de galets ou de sable, reliant une île au continent.

❑ Ce mot est un doublet de *tumulus* arrivé par l'italien. ♦ La presqu'île de Giens, dans le Var, est reliée au continent par un *tombolo.*

tome n. m. – XVIe ; gr. « portion » ▪ Division d'un ouvrage prévue par l'auteur ou l'éditeur. *L'édition originale de « La Princesse de Clèves », divisée en quatre tomes, se trouve habituellement en deux volumes.* ♦ Volume. « *il se mit à feuilleter négligemment un des tomes de cet ouvrage* » (France). ✪ HOM. Tomme.

❑ De la même famille étymologique : *atome, dichotomie, tomographie.*

-tome, -tomie Éléments, du gr. *-tomos*, et *-tomia*, rad. *temnein* « couper, découper ».

❑ Distinguer *-tomie* et *-ectomie* → -ectomie (rem.).

tomenteux, euse adj. – XIXe ; lat. « bourre, duvet » ▪ Couvert de poils ou d'un duvet (plantes). *Feuilles tomenteuses.*

❑ Seul mot de sa famille. D'autres mots *(duveté, velu, villeux)* s'appliquent aux végétaux dans le même sens. ♦ Un cèpe comestible est appelé *cèpe tomenteux* à cause de son chapeau velouté.

tomer v. tr. [1] – XIXe ▪ Diviser en tomes ; marquer de l'indication du tome.

tomette n. f. – XIXe ; dauphinois *toma* « fromage plat » ▪ Petite brique de carrelage de couleur rouge, originaire du sud de la France (Dauphiné, Provence).

tomme n. f. – XVIe ; lat. ▪ Fromage à pâte pressée non cuite, en forme de disque. *Tomme de Savoie.* ✪ HOM. Tome.

tommy n. m. – 1901 ; mot angl. ▪ vieilli Soldat anglais. *Il connaît « l'argot de tous les braves* tommies » (Proust).

❑ Tommy Atkins est le nom traditionnel du simple soldat anglais.

tomographie n. f. – v. 1930 ; gr. *tomos* « morceau coupé » et *(radio)graphie* ▪ Procédé radiologique permettant d'obtenir la radiographie d'un seul plan de coupe d'organe, avec effacement des autres plans. ⇒ **stratigraphie.** *Tomographie pulmonaire. Tomographie informatisée.* ⇒ **scanographie.** abrév. fam. TOMO [tɔmo].

① **ton, ta, tes** adj. poss. – XIe ; lat. *tuum, tua* → tien **1** Qui est à toi, t'appartient. *Prends ta veste.* ➛ « *Tu sens ton front peser et tes genoux fléchir* » (Muss.). **2** Marquant des rapports de parenté, d'amitié, de vie sociale. *Ton père et le mien.* **3** Marque l'« intérêt personnel » ou des rapports d'appropriation très larges. *Ne fais pas ta maligne. « Tu ne veux pas me jouer ton Prélude ? »* (Maurois). ✪ HOM. Thon ; ① T, té, thé ; tas.

❑ La voyelle reste nasale devant un mot commençant par une voyelle : *ton ami* [tɔ̃nami]. ♦ Pour l'ancienne élision avec un nom féminin → tante (rem.).

② **ton** n. m. – XIIe ; gr. *tonos* **I** - **1** Hauteur de la voix à un moment donné ; hauteur moyenne de la voix. *Ton aigu, élevé ; bas, grave.* ⇒ **voix.** ➛ *Ton nasillard. « un ton rauque, grasseyant »* (Buff.). **2** Qualité de la voix humaine, en hauteur (*ton* proprt dit), en timbre et en intensité, caractéristique de l'expression des états psychologiques et du contenu du discours. ⇒ **accent, expression, intonation.** *Ton froid, dédaigneux. Déclarer sur un ton passionné... Parler d'un ton calme. Ne le prenez pas sur ce ton,* de si haut. loc. *Hausser le ton* : parler plus fort, sur un ton de menace. *Baisser le ton* : se montrer moins arrogant. *Je vous prierai de changer de ton.* ➛ *Répéter sur tous les tons,* de toutes les manières. **3** Manière de s'exprimer, dans un écrit. *Le ton d'une lettre.* ⇒ **forme, manière, style.** ➛ Manière individuelle d'écrire (indépendamment du genre qu'on adopte). *Le style et le ton d'un auteur.* **4** littér. Manière de parler et de se comporter en société ; manière d'être (d'une action) quant aux convenances. ➛ loc. *DE BON TON* : qui a des manières considérées comme bonnes, raffinées. *Une élégance de bon ton.* **5** En phonétique, Hauteur du son de la voix, à un moment donné ; son particulier prononcé sur une note plus élevée (accent de hauteur ⇒ ① **tonique**). ➛ *Langues à ton,* où la hauteur d'une syllabe est un trait pertinent (ex. chinois). **6** Intervalle fondamental entre certains degrés successifs de l'échelle musicale (⇒ **note**). « *la tierce mineure a un ton et demi* » (Rouss.). **7** Hauteur absolue d'une échelle de sons musicaux (réglée par le diapason) ; échelle musicale d'une hauteur déterminée (désignée par le nom de sa tonique) et possédant la même structure interne (à la différence des *modes*). *Passage d'un ton à un autre.* ⇒ **modulation.** ➛ *Le ton de si bémol majeur, mineur* : la modalité majeure, mineure du ton de si bémol. **8** Hauteur des sons émis par la voix dans le chant ou par un instrument, définie par un repère. *Donner le ton ;* fig. imposer ses manières comme normes à un groupe. « *S'il y a une ville qui donne le ton, c'est Madrid* » (Artaud). loc. *Être, se mettre dans le ton,* en accord avec les normes d'un groupe. **II** Couleur, considérée dans sa force, son intensité ; degré d'une couleur. ⇒ **teinte, nuance.** *Tons criards, ternes. Les « tons étranges et riches dont Rubens a réchauffé la ruisselante chevelure »* (Gaut.). *Les satins « aux tons nacrés d'eau de source »* (Zola). *Ton sur ton* : dans une même couleur nuancée, claire et foncée.

tonal, ale, aux adj. – XIXe ; de ② *ton* **1** Qui concerne ou définit un ton, une hauteur caractéristique de sons musicaux. **2** Qui concerne la tonalité, qui est organisé selon ses principes. ✪ CONTR. Atonal. — HOM. Tonneau.

tonalité n. f. – XIXe **1** Organisation de l'ensemble des sons musicaux selon une échelle type, où les intervalles (tons et demi-tons) se succèdent dans le même ordre, et où le premier degré de chaque gamme (⇒ ② **tonique**) se trouve au centre de deux quintes caractéristiques. **2** Ton (7°). *La clé donne la tonalité principale du morceau.* **3** Ensemble des caractères (hauteur, timbre) d'un ensemble de sons, d'une voix. ➛ *La bonne tonalité d'un récepteur de radio.* **4** Valeur moyenne, impression générale produite par un ensemble de tons (II), de nuances. « *Quatre Chardin, dans une tonalité plus chaude* » (Goncourt). **5** Impression générale, « coloration » particulière qui distingue un état affectif. *La tonalité affective d'un rêve.* **6** Son émis par un téléphone avant la composition du numéro d'appel.

tonca → **tonka**

tondage n. m. – XIVe **1** Opération par laquelle on égalise les poils d'un drap. ⇒ **apprêt.** **2** Le fait de tondre le poil (de certains animaux). *Tondage du cheval.*

tondeur, euse n. – XIIIe ▪ Personne dont le métier est de tondre (le drap, les animaux). « *v'là le tondeur, tond les chiens, coupe les chats* » (Huysm.).

tondeuse n. f. – XIXe 1 Machine ou instrument destiné à couper court, et d'une manière égale, les poils de certains tissus (drap). 2 Instrument destiné à tondre le poil des animaux, les cheveux de l'homme. 3 *Tondeuse à gazon* : petite faucheuse rotative. « *les gazons peignés à la tondeuse* » (Loti).

tondre v. tr. [41] – XIIe ; lat. 1 Couper à ras (les poils, la laine). *Tondre la toison d'un mouton.* ➝ *Tondre les cheveux,* les couper très court. « *Le reste de sa barbe était tondu ras* » (Loti). 2 Dépouiller (un animal) de son pelage, de sa toison, en coupant les poils ras. *Tondre les moutons, un caniche.* ➝ fam. *Se faire tondre* : se faire couper les cheveux très court. ♦ fig. *Tondre qqn,* le dépouiller. « *On vous tond, vous tendez le dos, et vous dites merci* » (Aragon). 3 Couper à ras ; égaliser en coupant. *Tondre le drap, le feutre. Tondre le gazon.*

> ❑ Ancien participe passé *tont, tonte* remplacé par *tondu.* → tonte (n. f.). ♦ Ne pas confondre *tondre* et *tonsurer.*

tondu, ue adj. et n. – XIIIe 1 Coupé à ras. *Pré tondu,* récemment fauché. *Poils, cheveux tondus.* ⇒ ③ **ras.** 2 Dont le poil a été coupé à ras. *Crâne tondu.* « *Il y aurait pas eu de vraie Libération sans femme tondue* » (Tournier).

> ❑ Napoléon Bonaparte était surnommé le *Petit Tondu.*

tonétique n. f. – v. 1950 ▪ Partie de la phonétique qui s'attache à l'étude des tons.

tong [tɔ̃g] n. f. – v. 1965 ; angl. *thong* « lanière » ▪ Sandale de plage de plastique léger, formée d'une semelle et d'une bride en V.

tonic n. m. – v. 1970 ; mot angl. ▪ Soda à base d'écorces d'oranges amères et de quinquina. ✪ HOM. Tonique.

> ❑ Ce mot est peu employé car on utilise plutôt les noms de marques (comme Schweppes), sauf dans *gin tonic.*

tonicardiaque adj. et n. m. – 1908 ▪ Qui exerce un effet tonique sur le cœur. ⇒ **cardiotonique.**

tonicité n. f. – XIXe 1 Tonus musculaire. « *la diminution de la tonicité musculaire, la faiblesse des jambes* » (Goncourt). ⇒ **atonie, hypotonie.** 2 Caractère de ce qui est stimulant.

tonie n. f. – 1964 ; de ② ton ▪ Caractère de la sensation auditive, dépendant de la fréquence de la vibration.

-tonie Élément, du gr. *tonos* « tension ».

tonifiant, iante adj. et n. m. – XIXe ▪ Qui tonifie. *Lotion tonifiante. Climat tonifiant.* ⇒ **revigorant.** ➝ n. m. Remède tonique.

tonifier v. tr. [7] – XIXe 1 Rendre plus élastique, plus tonique. ⇒ **raffermir.** *Des* « *pastilles destinées à tonifier les cordes vocales* » (Huysm.) 2 Avoir un effet tonique sur. *Tonifier l'organisme.* ⇒ **fortifier.**

① **tonique** adj. et n. m. – XVIe ; gr. « qui se tend » **I** - 1 Relatif au tonus musculaire. 2 Qui fortifie, stimule les forces de l'organisme. *Médicament tonique.* ⇒ **reconstituant, tonifiant.** ➝ subst. *Les amers, le cola sont des toniques.* ⇒ **fortifiant, remontant, stimulant.** 3 Qui raffermit la peau, l'épiderme. *Lotion tonique et astringente.* ➝ n. m. *Un tonique.* 4 Qui stimule la force vitale, rend plus vif. « *cet air glacé, mais sain et tonique* » (Gaut.). ➝ « *quelle image de l'homme l'art propose-t-il à l'homme ? Déprimante ou tonique ?* » (Caillois). **II** *Voyelle, syllabe tonique,* qui porte le ton. ➝ *Accent tonique,* à la fois d'intensité et de hauteur, portant sur une syllabe. ✪ CONTR. Amollissant, débilitant. Atone. — HOM. Tonic.

② **tonique** n. f. – XVIIIe ▪ Note fondamentale, premier degré de l'échelle des sons dans le système tonal, dont la hauteur caractérise le ton qu'elle établit.

tonitruant, ante adj. – XIXe ▪ fam. Qui fait un bruit de tonnerre. *D'une voix tonitruante.* ➝ « *Le gros, l'épais* [...] *le tonitruant Balzac* » (Henriot).

tonitruer v. intr. [1] – XIXe ; lat. *tonitrus* « tonnerre » ▪ Faire un bruit de tonnerre ; parler, crier d'une voix tonitruante. ⇒ **tonner.**

tonka ou **tonca** n. m. – XIXe ; mot guyanais ▪ Fruit d'un arbre d'Amérique tropicale, d'où l'on extrait la coumarine. ➝ *Fève tonka.*

tonlieu n. m. – XIIe ; gr. *telônion* « bureau du percepteur » ▪ Impôt que l'on percevait sur les marchandises transportées. Droit qui était payé par les marchands pour étaler dans les foires et marchés. « *un ensemble de taxes levées sur la circulation, les "tonlieux"* » (G. Duby).

tonnage n. m. – XVe 1 Droit payé par un navire d'après sa capacité. 2 Capacité de transport d'un navire de commerce (évaluée par le nombre de tonneaux de son volume intérieur). ⇒ **jauge.** *Bâtiment d'un gros, d'un petit tonnage.*

tonnant, ante adj. – XIIe 1 Qui tonne. 2 Qui fait un bruit de tonnerre. *Voix tonnante.* ⇒ **retentissant, tonitruant.** ➝ *Des orateurs* « *plus impétueux, plus tonnants* » (Ste-Beuve).

tonne n. f. – XIIIe ; gaul. « peau », puis « outre » 1 Grand récipient, plus large que le tonneau. ♦ Bouée arrondie, en bois ou en fer. 2 Unité de poids de 1 000 kilogrammes servant à évaluer le déplacement ou le port en lourd d'un navire. *Un paquebot de 16 000 tonnes.* ♦ Unité de mesure de masse valant 1 000 kilogrammes (abrév. t). *Les* « *milliers de tonnes de café qui se vendent actuellement au Harar* » (Rimb.). ♦ par exagér. Énorme quantité (de choses). ➝ loc. fam. *En faire des tonnes* : en faire beaucoup trop. ♦ Mesure du poids des véhicules, spécialt des poids lourds. *Un camion de 7 tonnes,* et subst. *un 7 tonnes.* « *le camion est là. Un trente-deux tonnes* » (Duras).

tonneau n. m. – XIIe **I** - 1 Grand récipient cylindrique, en bois, renflé au milieu, fait de douves assemblées et cerclées, fermé par deux fonds de bois. ⇒ **baril, barrique, fût, futaille.** *Tonneau de bière ; de poudre.* ♦ (sans compl.) Tonneau de vin. *Fond de tonneau* : ce qui reste au fond du tonneau, la lie ; mauvais vin. *Cette piquette* « *n'est pas même de la rinçure de tonneau* » (Zola). loc. fig. *C'est le tonneau des Danaïdes,* une tâche infinie, interminable. ➝ *Du même tonneau* : du même genre. 2 Mouvement d'acrobatie aérienne ; tour complet de l'appareil autour de son axe longitudinal. ♦ Accident par lequel une automobile fait un tour complet en pivotant autour de son axe longitudinal. **II** Unité internationale de volume employée pour déterminer la capacité des navires (⇒ **jauge, tonnage**), et valant 2,83 mètres cubes. ✪ HOM. Tonaux (tonal).

> ❑ Les Danaïdes furent condamnées à verser éternellement de l'eau dans un tonneau sans fond, pour avoir tué leur époux lors de la nuit de noces.

tonnelage n. m. – XIVe ▪ *Marchandises de tonnelage,* qu'on met en tonneaux.

tonnelet n. m. – XIIIe ▪ Petit tonneau, petit fût. ⇒ **baril.**

tonnelier n. m. – XIIIe ▪ Artisan, ouvrier qui fabrique et répare les tonneaux et récipients en bois. « *une grande plane pareille à celle des tonneliers* » (Genevoix).

tonnelle n. f. – XIVe ; de *tonne* ▪ Petite construction circulaire à sommet arrondi, faite de lattes en treillis soutenues par des cerceaux, sur laquelle on fait grimper des plantes et qui sert d'abri. ⇒ **charmille, pergola.** *Des « tonnelles en treillage habillées de chèvrefeuilles et de clématites »* (Maupass.).

tonnellerie n. f. – XIIIe ▪ Métier, atelier, industrie, commerce du tonnelier. ➤ Articles fabriqués par le tonnelier.

tonner v. intr. [1] – XIIe ; lat. 1 rare Faire éclater le tonnerre. ➤ *« le ciel qui tonne, grêle et pleut à torrents »* (Ste-Beuve). 2 impers. Éclater (tonnerre). *Il a tonné toute la nuit mais l'orage n'a pas éclaté.* 3 Faire un bruit de tonnerre. *« le canon et la mousqueterie tonnaient de tous les côtés »* (Stendh.). 4 Exprimer violemment sa colère en parlant très fort. ⇒ **gronder, tonitruer.** *« Après avoir tonné contre les rois, il glorifia la République »* (Flaub.).

tonnerre n. m. – XIe 1 Bruit de la foudre, accompagnant l'éclair. *Coup de tonnerre. On entend le tonnerre. « Un tonnerre sans fin nous retentissait dans la tête et le sol ébranlé tremblait »* (Dorgelès). 2 littér. Foudre. *« Le tonnerre tombe où il veut, et quand il veut »* (R. Rolland). 3 loc. COUP DE TONNERRE : événement brutal et imprévu. ⇒ ① **bombe.** 4 DE TONNERRE, se dit de bruits semblables au tonnerre. *« Un lointain grondement de tonnerre ébranla toute la mine* [...] *la galerie s'effondrait »* (Zola). ♦ loc. fam. DU TONNERRE. ⇒ **formidable, terrible.** *Une fille du tonnerre.* ➤ *« il avait déjà un bagout du tonnerre de Dieu »* (Queneau). *La voiture a marché du tonnerre,* très bien. 5 exclam. *Tonnerre ! Mille tonnerres ! Tonnerre de Brest* (juron de marins, à l'origine). 6 Bruit assourdissant. ➤ Manifestation bruyante. *« un tonnerre d'applaudissements, mêlé à une prodigieuse acclamation »* (Hugo). ⇒ **tempête.** ✪ HOM. Thonaire.

tonométrie n. f. – 1903 ; gr. *tonos* « tension » et *-métrie* ▪ Détermination de la masse molaire du soluté dans une solution diluée. ♦ Mesure des tensions (artérielle, veineuse, oculaire).

tonsure n. f. – XIIIe ; lat. ▪ Petit cercle rasé au sommet de la tête des ecclésiastiques. *Porter la tonsure.*

❑ La *tonsure* est en voie de disparition comme le port de la soutane.

tonsurer v. tr. [1] – XIVe ▪ Conférer la tonsure à (un clerc). ➤ *Combien « de prélats, de ministres tonsurés »* (Romains).

tonte n. f. – XIVe 1 Action de tondre. *Tonte des moutons.* ➤ *Tonte des gazons.* 2 Laine obtenue en tondant les moutons. *Produit de la tonte.*

tontine n. f. – XVIIe ; de *Tonti,* inventeur de ce système 1 Opération par laquelle plusieurs personnes constituent un fonds commun afin de jouir d'une rente viagère ou de se partager, à échéance, le capital accumulé entre les survivants. *« les tontines, basées sur des tables de mortalité reconnues fausses »* (Balz.). 2 Jeu de cartes qui réunissait de nombreux joueurs dont finalement un seul gagnait tous les enjeux. 3 En Afrique, Association de personnes versant régulièrement de l'argent à une caisse commune dont le montant est remis à tour de rôle à chaque membre ; ce montant. 4 Corbeille de mousse ou paillon servant à protéger un arbuste emmotté pendant le transport.

tontiner v. tr. [1] – 1907 ▪ Garnir d'une tontine (4°). ➤ *Plant tontiné.*

tonton n. m. – XVIIIe ; formation enfantine ▪ Oncle. *Tonton Pierre. Mon tonton.* appellatif *Oui, tonton !* fam. *Le tonton et la tata.*

tonture n. f. – XIIIe 1 Action de tondre le drap ; le poil tondu. ⇒ **tondage.** 2 Courbure des ponts des navires, légèrement relevés aux extrémités.

tonus [tɔnys] n. m. – XIXe ; gr. « tension » 1 *Tonus musculaire :* état de légère tension de certains muscles, résultant d'une stimulation continue réflexe de leurs nerfs moteurs. ⇒ **tonicité.** 2 Énergie, dynamisme. *Manquer de tonus.* ⇒ ② **punch.**

① **top** [tɔp] n. m. – XIXe ; onomat. 1 Signal sonore qu'on donne pour déterminer avec précision le début ou la fin d'une opération. *Envoyer, donner le top.* 2 Impulsion électrique de synchronisation (télévision). *Top d'image.*

② **top** Élément, de l'angl. *top* « sommet », qui donne au second élément un sens superlatif : *top niveau, top secret, top model.*

topaze n. f. – XIe ; gr. d'o. orientale, du nom d'une île de la mer Rouge ▪ Pierre fine (silicate d'aluminium naturel), translucide, de teinte variant du blanc au jaune d'or (mais parfois rose, violette, verdâtre, brune...). ⇒ **chrysolithe.** ♦ *Couleur topaze :* d'un jaune vif et transparent.

toper v. intr. [1] – XIIe ▪ Accepter un défi, un enjeu ; taper dans la main, heurter le verre... (du partenaire) pour signifier qu'on accepte, qu'on conclut le marché. *« Il se décida, tendit la main* [...] : *Topez-là, m'sieur l'Baron, c'est fait »* (Maupass.).

topette n. f. – XVIIIe ; germ. « pot » ▪ Petite bouteille longue et étroite.

tophus [tɔfys] n. m. – XVIe ; lat. ▪ Concrétion d'urate de sodium ou de calcium qui se forme, chez les goutteux, aux articulations et parfois au bord du pavillon de l'oreille.

topiaire n. f. – XVIe ; lat. *topiarius* « jardinier » ▪ Art de tailler selon des formes variées les arbres et les arbustes des jardins. ➤ adj. *L'art topiaire.*

topinambour n. m. – XVIe ; de *Topinambous,* peuplade du Brésil 1 Hélianthe tubéreux. 2 Tubercule comestible de cette plante.

❑ Les topinambours, aliment des périodes de restrictions (avec les rutabagas), servent de nos jours à la nourriture du bétail ou à l'ornement des jardins (hautes fleurs jaunes).

topique adj. et n. – XIVe ; gr. *topos* « lieu » 1 Relatif aux lieux communs (tradition aristotélicienne). ➤ n. m. *Un topique :* un lieu commun. ➤ n. f. *La topique :* théorie des catégories générales. 2 *Médicament topique,* ou n. m. *un topique :* médicament qui agit à l'endroit où il est appliqué. 3 Qui se rapporte exactement au sujet dont on parle. *Argument topique.* ⇒ **caractéristique, typique.**

topo n. m. – XIXe ; abrév. de *topographie* ▪ fam. 1 Description détaillée, illustrée de plans, d'un itinéraire, à l'intention des alpinistes, des randonneurs. ⇒ **topoguide.** 2 Discours ; exposé. ⇒ **laïus, speech.** *« Déjà il avait son topo tout prêt dans l'esprit »* (Céline). *Faire un petit topo.* ➤ *C'est toujours le même topo,* la même histoire.

topo-, -tope Éléments, du gr. *topo-,* de *topos* « lieu ».

topographe n. – XVIe ▪ Spécialiste de la topographie.

topographie n. f. – XVIe ; gr. 1 rare Description de la configuration (d'un lieu, d'un pays). 2 Technique du levé des cartes et des plans de terrains en supposant la Terre plane. ⇒ **cartographie, géodésie.** *Topographie maritime.* ⇒ **hydrographie.** 3 Configuration, relief (d'un lieu, terrain ou pays).

❑ Ne pas confondre avec *typographie* « opérations d'impression ». ♦ Les puristes demandent d'éviter le pléonasme avec le générique *lieu (la topographie des lieux).*

topographique adj. – XVIe 1 Relatif à la topographie. 2 *Anatomie topographique,* qui étudie les relations et les connexions entre les organes.

topoguide n. m. – 1910 ▪ Guide topographique destiné aux randonneurs. ⇒ **topo.**

topologie n. f. – XIXe ; *topo-* et *-logie* ▪ Branche des mathématiques qui étudie dans l'espace réel les propriétés liées au concept de voisinage et invariantes dans les déformations continues. ➛ Structure où interviennent ces propriétés dans un ensemble.

❑ Ne pas confondre avec *typologie* « science des types ».

topologique adj. – XIXe ▪ Relatif à la topologie. *Espace topologique* : ensemble sur lequel on a défini une topologie.

topométrie n. f. – v. 1900 ; *topo-* et *-métrie* ▪ Ensemble des travaux effectués sur le terrain pour procéder aux relevés métriques nécessaires à l'établissement d'une carte.

toponyme n. m. – XIXe ▪ Nom de lieu.

❑ Pour la bonne analyse morphologique → onomatopée (rem.).

toponymie n. f. – XIXe ; *top(o)-* et *-onymie* 1 Ensemble des noms de lieux (d'une région, d'une langue). 2 Partie de la linguistique qui étudie les noms de lieux.

toponymiste n. – 1939 ▪ Spécialiste de la toponymie.

toquade → **tocade**

toquante → **tocante**

toquard, arde → **tocard**

toque n. f. – XVe ; o. i. 1 Coiffure en usage aux XVe et XVIe s. *Toque de page.* 2 Coiffure sans bords ou à très petits bords, de forme cylindrique ou tronconique. *Toque de juge. Toque blanche de cuisinier.* 3 Casquette hémisphérique (de jockey).

toqué, ée adj. et n. – XIXe ▪ fam. Un peu fou, bizarre. ⇒ **cinglé, timbré.** *Elle était « tout à fait toquée, née avec un verre d'absinthe dans le ventre »* (Maupass.). ➛ n. *Bande de toqués !* ♦ *Toqué de...* : amoureux fou de...

toquer v. intr. [1] – XVe ▪ région. ou fam. Frapper légèrement, discrètement. « *Cependant, l'on toque à la porte* » (Queneau).

toquer (se) v. pron. [1] – XVIIe ▪ fam. *Se toquer de...* : avoir une tocade pour (qqn). ⇒ **s'amouracher, s'engouer, s'enticher.** « *Tristan s'était toqué de la comtesse* » (Carco).

torah n. f. – XVe ; mot hébr. « doctrine, enseignement, loi » ▪ Nom que les juifs donnent au Pentateuque, et plus spécialt à la loi de Moïse. ➛ Rouleau de parchemin portant le texte du Pentateuque.

❑ On écrit aussi *thora.* « *le vieux rouleau de parchemin qui est une admirable thora* » (Apollinaire).

torche n. f. – XIIe ; lat. *torques* « torsade, collier » 1 Bouchon fait d'un tortis de paille qui protège les arêtes des pierres de taille pendant leur transport. ♦ Ouverture incomplète d'un parachute, qui se met en torsade au lieu de se déployer. *Parachute en torche.* 2 Flambeau grossier (corde tordue enduite d'une matière inflammable, ou bâton de bois résineux, etc.). *Les « lueurs flottantes de la torche »* (Lamart.). ➛ *Être transformé en torche vivante* : brûler vif. 3 *Torche électrique* : lampe électrique de poche, de forme cylindrique.

torché, ée adj. – XVIIIe 1 fam. Peint avec vigueur, bien enlevé. « *vous avez trouvé que c'était joli, bien torché* » (Aymé). 2 Bâclé ; fait trop vite.

torchée n. f. – XVe ▪ fam. Volée de coups, correction. ⇒ **raclée.** « *Les torchées que je lui ai flanquées* » (Aymé).

torcher v. tr. [1] – XIIe ; de *torche* 1 fam. Essuyer pour nettoyer. *Une « assiette si parfaitement torchée que ce serait gâcher de l'eau que de la rincer »* (Queneau). ♦ fam. Essuyer les excréments de. *Torcher le derrière d'un enfant, torcher un enfant.* 2 Construire (un mur, etc.) en torchis. ♦ Bâcler, faire vite et mal. « *pour ce qui est de torcher un papier, ça s'apprend vite* » (Beauv.). 3 fam. et vieilli Battre.

torchère n. f. – XVIIe 1 Grand chandelier qui recevait de gros flambeaux de cire. ♦ Grand vase métallique dans lequel on faisait brûler des matières combustibles pour éclairer une rue, une place. 2 Candélabre monumental ; applique qui porte plusieurs sources lumineuses. ⇒ **flambeau.** *Torchère électrique.* ♦ région. Lampadaire. 3 Installation en forme de haute cheminée pour le brûlage des sous-produits pétroliers. « *des torchères agitent leur langue de flamme* » (Tournier).

torchis n. m. – XIIIe ; de *torcher* ▪ Terre argileuse, malaxée avec de la paille hachée ou du foin, utilisée comme matériau de construction. ⇒ **bousillage, mortier.** « *ses murs de torchis, épaulés de poutres, badigeonnés de chaux* » (Aragon).

torchon n. m. – XIIe 1 Morceau de toile qui sert à essuyer la vaisselle, les meubles. ⇒ **essuie-mains, essuie-verres.** *Donner un coup de torchon sur la table.* ➛ (Belgique) Serpillière. ♦ loc. fam. *Il ne faut pas mélanger les torchons et les serviettes* : il faut traiter différemment les gens selon leur condition sociale, les choses selon leur valeur. ➛ *Le torchon brûle* (entre deux ou plusieurs personnes) : il y a désaccord, l'atmosphère est à la dispute. 2 fam. Écrit sans valeur. *Ce journal est un vrai torchon.* ➛ Texte très mal présenté. *Regardez-moi ce torchon !*

❑ La locution *le torchon brûle* vient d'un emploi de *torchon* au sens de « torche, flambeau ».

torchonner v. tr. [1] – XVIe ▪ fam. Exécuter (un travail) rapidement et sans soin. ⇒ **bâcler, torcher.** ➛ *Du travail torchonné.*

torcol n. m. – XVIe ; de *tordre* et *col, cou* ▪ Oiseau grimpeur (*passériformes*), à cou flexible.

tordage n. m. – XIVe ▪ Opération qui consiste à joindre bout à bout en les tordant les fils d'une chaîne nouvelle à ceux d'une chaîne terminée. *Le tordage de la soie.*

tordant, ante adj. – XIXe ▪ fam. Très drôle, très amusant. ⇒ **comique.**

tord-boyaux n. m. inv. – XIXe ▪ fam. Eau-de-vie très forte, de mauvaise qualité.

tordeur, euse n. – XVe 1 Moulineur, retordeur ; préposé au tordage. ♦ n. f. Machine qui sert à tordre les fils de fer pour en faire des câbles. 2 n. f. Chenille de divers papillons qui attaque les végétaux et roule les feuilles en cornets pour s'isoler dans un étui protecteur.

tordoir n. m. – XIIIe ▪ Bâton qui sert à tordre et à serrer une corde (pour assujettir une charge sur une voiture). ➛ Appareil à tordre le linge. ➛ Machine à tordre les fils.

tordre v. tr. [41] – XIIe ; lat. *torquere* **I** - 1 Déformer par torsion, enrouler en torsade. *Ils « tordent leurs longues chevelures, rajustent leurs chignons »* (Loti). *Tordre un mouchoir entre ses mains.* 2 Soumettre (un membre, une partie du corps) à une torsion. *Tordre le bras, les poignets à qqn.* ♦ « *une brûlure lui tordait la poitrine* » (Daud.). ⇒ **serrer.** 3 Déformer par flexion ; plier. *Tordre une barre de fer. Le vent tord les branches des arbres.* 4 Plier brutalement (une articulation, en la forçant). *Se tordre le pied* (⇒ **entorse**). 5 Déformer. *Tordre la bouche de douleur.* **II** v. pron. 1 Se plier en deux (sous l'effet de la douleur, d'une émotion vive).

Se tordre de douleur. Se tordre (de rire). « Oui, dit-il [Gavroche], *je pouffe, je me tords* » (Hugo). 2 Se plier, se courber dans tous les sens. ⇒ se **replier,** se **tortiller.** « *le pétillement des branches sèches qui se tordaient dans le brasier* » (Gaut.).

tordu, ue adj. – XVIIe 1 Qui est dévié, tourné de travers ; qui n'est pas droit, suit une ligne sinueuse. « *sa bouche tordue de guignol hémiplégique* » (Daud.). *Un vieil homme tout tordu.* ➛ *Coup tordu* : acte malveillant. 2 *Avoir l'esprit tordu,* bizarre, compliqué. ♦ fam. *Il est complètement tordu,* fou. ➛ subst. *Quel tordu !*

tore n. m. – XVIe ; lat. *torus* « renflement » 1 Moulure ronde, demi-cylindrique, qui entoure la base d'une colonne, d'un pilier. ⇒ **boudin.** 2 Surface de révolution engendrée par un cercle qui tourne autour d'un axe situé dans son plan et ne passant pas par son centre (⇒ **toroïdal).** 3 Petit anneau constituant, grâce à ses propriétés magnétiques, certaines mémoires d'ordinateur. ✪ HOM. Taure, torr, tors, tort.

toréador n. m. – XVIIe ; esp. ▪ vx Torero, matador.

❑ Ce mot est inusité dans le langage de la tauromachie ; c'est l'opéra de Bizet « Carmen » qui le fait vivre.

toréer v. intr. [1] – 1926 ; esp. *torear* ▪ Combattre, « travailler » le taureau, selon les règles de la tauromachie.

torero [tɔʀeʀo] n. m. – XVIIIe ; mot esp. ▪ Homme qui affronte le taureau, dans une corrida. « *l'adresse déployée par les toreros* » (Gaut.). ➛ spécialt Le matador.

❑ Les *toreros* combattent revêtus du traditionnel « habit de lumière » étincelant de broderies et de pierreries. ♦ Il existe une *femme torera* qui torée à cheval.

torgnole n. f. – XIIIe ; de *tournoyer* ▪ fam. Coup, gifle.

❑ Ne pas confondre avec *tourniole* « panaris autour de l'ongle ».

torii n. m. inv. – XIXe ; mot jap. ▪ Portique ornemental des temples japonais shintoïstes.

toril [tɔʀil] n. m. – XVIIIe ; mot esp. ▪ Enceinte où l'on tient enfermés les taureaux, avant la corrida.

tormentille n. f. – XIIIe ; lat. *tormentum* « tourment » ▪ Potentille à fleurs jaunes, variété dont le rhizome était employé comme astringent.

tornade n. f. – XVIIe ; esp. *tornar* « tourner » ▪ Perturbation atmosphérique tourbillonnante, très intense. ⇒ **bourrasque, cyclone, ouragan.** ➛ *Il est entré comme une tornade,* brusquement, en coup de vent.

toroïdal, ale, aux adj. – 1968 ▪ En forme de tore.

toron n. m. – XVIIe ; lat. *torus* « corde » ▪ Réunion de fils de caret tordus ensemble. ➛ Câble constitué de conducteurs électriques tordus ensemble. ✪ HOM. Thoron.

toronner v. tr. [1] – XIXe ▪ Assembler (des fils) en toron.

toronneuse n. f. – 1949 ▪ Machine qui tord les torons.

torpédo n. f. – 1910 ; esp. « torpille » ▪ vx Automobile décapotable de forme allongée.

❑ Même famille étymologique que *torpille.*

torpeur n. f. – XVe ; lat. ▪ Ralentissement des fonctions vitales, diminution de l'activité. ⇒ **engourdissement, léthargie.** « *cette torpeur amollissante qui semblait délier une à une toutes ses volontés* » (Goncourt). *Une sorte de torpeur l'envahit.* ⇒ **somnolence.** ♦ Ralentissement de l'activité psychique. « *cette lecture l'avait lentement tiré de sa torpeur, l'avait aidé à reprendre contact avec le monde* » (Mart. du G.). ✪ CONTR. Activité, animation.

torpide adj. – XVIe ; lat. 1 littér. Qui est dans un état de torpeur ; qui a le caractère de la torpeur. « *l'eau torpide des étés* » (Genev.). 2 Se dit d'une lésion ou d'une affection qui ne manifeste aucune tendance à l'amélioration ni à l'aggravation.

torpillage n. m. – 1915 ▪ Action de torpiller ; son résultat. ➛ *Le torpillage d'un projet de loi.*

torpille n. f. – XVIe ; lat. *torpedo* « poisson qui engourdit » 1 Poisson sélacien, voisin des raies, caractérisé par son aptitude à produire des décharges électriques. ➛ *Poisson torpille.* 2 Engin de guerre rempli d'explosifs, utilisé sous l'eau. ♦ Engin automobile chargé d'explosifs lancé d'un navire pour frapper un objectif sous l'eau (⇒ **lance-torpilles).** ♦ *Torpille aérienne* : bombe à ailettes.

torpiller v. tr. [1] – XIXe 1 Attaquer, faire sauter à l'aide de torpilles. *Torpiller un objectif. Sous-marin qui torpille un navire.* 2 Faire échouer par des manœuvres secrètes. *Torpiller un projet.*

torpilleur n. m. – XIXe 1 vx Marin, officier chargé de la manœuvre des torpilles. 2 Bâtiment de surface de faible tonnage dont l'arme principale était la torpille. ⇒ **contre-torpilleur, destroyer.**

torque n. m. et f. – XIIIe ; lat. → torche 1 n. m. Collier métallique rigide des Gaulois, puis des soldats romains. 2 n. f. Rouleau de fil de fer. ♦ Bourrelet d'étoffe tortillée figurant le cimier sur un heaume.

torr n. m. – 1913 ; de *Torricelli* ▪ Unité pratique de mesure des faibles pressions correspondant à la pression exercée par une colonne de 1 mm de mercure. *Un torr vaut 133,33 pascals.* ✪ HOM. Taure, tore, tors, tort.

torréfacteur n. m. – XIXe 1 Appareil servant à torréfier certaines substances. ⇒ **brûloir.** *Torréfacteur à café.* 2 Commerçant qui vend le café qu'il torréfie lui-même.

torréfaction n. f. – XVIe ▪ Action de torréfier. *La torréfaction du tabac ; du cacao, du café.*

torréfier v. tr. [7] – XVIe ; lat. *torrefacere,* de *torrere* « brûler, griller » et *facere* « faire » ▪ Griller, rôtir superficiellement (le café, le tabac, etc.).

torrent n. m. – XIIe ; lat. *torrere* « brûler » 1 Cours d'eau à forte pente, à rives encaissées, à débit rapide et irrégulier. *Torrent à sec. Lit d'un torrent.* « *le grondement d'un torrent gonflé par les pluies* » (Duham.). 2 Écoulement rapide et brutal (⇒ **torrentiel).** *Il pleut à torrents, la pluie tombe à torrents,* abondamment. *Torrents de lave en fusion.* ➛ *La machine « fit halte, époumonée, soufflant des torrents de vapeur* » (Courtel.). 3 Grande abondance (de ce qui afflue violemment). *Verser des torrents de larmes.* ⇒ **déluge.** ♦ *Torrent d'injures.* ⇒ **bordée, flot.**

❑ Désignant d'abord un cours d'eau maigre souvent à sec, *torrent* a pris ensuite son sens actuel « cours d'eau impétueux » qui contredit l'étymologie, mais qui est bien représenté dans *pluie torrentielle, un torrent d'injures.*

torrentiel, ielle adj. – XIXe 1 D'un torrent ; qui caractérise les torrents. 2 Qui coule à flots, comme un torrent. *Une pluie torrentielle.* ⇒ **diluvien.**

torrentueux, euse adj. – XIXe ▪ littér. 1 Qui forme, constitue un torrent. 2 Impétueux, mouvementé. « *Emportés par leur existence torrentueuse* » (Balz.).

torride adj. – XVe ; lat. *torrere* « brûler » 1 Où la chaleur est extrême. ⇒ **brûlant.** *Climat torride. Pays, zone torride.* ⇒ **tropical ; équatorial.** *Un été torride.* ➛ *Chaleur torride,* extrême. 2 Sensuel, ardent. *Ambiance, érotisme torride.* ✪ CONTR. ① Froid. — HOM. Taurides.

❑ Même famille que *torréfier.*

① **tors, torse** adj. – XIIe 1 Qui est tordu (matière souple). *Fil tors. Soie torse* : organsin. ➛ *Colonne* *torse,* à fût contourné en spirale. 2 Qui est tordu, présente des courbes anormales (parties du corps). *Jambes arquées et torses.* ✪ HOM. Taure, tore, torr, tort ; torse.

② **tors** n. m. – XIIe ▪ Torsion donnée aux brins pour former un fil, une corde.

torsade n. f. – XVe ; de ① *tors* 1 Rouleau de fils, cordons tordus en spirale, pour servir d'ornement. *Torsade retenant une tenture.* ➛ *Torsade de cheveux :* cheveux longs réunis et tordus ensemble. 2 Motif ornemental imitant la torsade. *Torsades d'un tricot. Colonnes à torsades.* 3 *En torsade :* en hélice. *Pâtes en torsade.*

torsader v. tr. 1 – XIXe ▪ Rouler, de manière à faire une torsade. ➛ « *des cheveux d'une blondeur sans égale, torsadés d'une façon savante* » (Perec). *Pull torsadé,* à torsades.

torse n. m. – XVIIe ; it. *torso* 1 Figure humaine tronquée, sans tête ni membres. ➛ Buste d'une statue entière. 2 Buste, poitrine. *Le* « *torse sanglé dans la tunique sombre à col blanc* » (Mart. du G.). *Torse nu :* sans rien sur le haut du corps. ✪ HOM. Torse (① tors).

torseur n. m. – 1901 ; de ① *tors* ▪ En mathématiques, Système de vecteurs glissants.

torsion n. f. – XIIIe ; lat. 1 Action de tordre ; déformation que l'on fait subir à un solide en imprimant à l'une de ses parties un mouvement de rotation transversal (les autres parties restant fixes ou étant soumises à un mouvement de sens contraire). *Procéder à la torsion de fils métalliques.* 2 État, position de ce qui subit cette déformation, de ce qui est tordu. ⇒ **courbure, distorsion.** *Torsion de la bouche, des traits,* dans une grimace. ⇒ **contraction, crispation.** ➛ *Torsion de la cheville. Torsion du cou.* ⇒ **torticolis.**

tort n. m. – Xe ; lat. *torquere* « tordre » 1 *AVOIR TORT :* ne pas avoir le droit, la raison de son côté (opposé à *avoir raison*). « *avoir tort le premier jour et raison le second, voilà l'histoire de tous les grands apporteurs de vérités* » (Hugo). ⇒ se **tromper.** *Il n'a pas tort ; pas tout à fait tort.* ➛ *AVOIR TORT DE.* « *on a toujours tort d'essayer d'aimer : on aime ou on n'aime pas* » (Proust). ♦ *DONNER TORT À :* décider, déclarer que (qqn) a tort. ⇒ **accuser, désapprouver.** *On ne peut que lui donner tort.* ➛ *Les faits vous ont donné tort.* 2 loc. adv. *À TORT :* pour de mauvaises, de fausses raisons ; d'une manière erronée, en se trompant. ⇒ **indûment, injustement.** *Accuser à tort. C'est à tort qu'on a prétendu cela* (opposé à *avec raison, à bon droit*). ♦ *À TORT OU À RAISON :* sans motifs ou avec de justes motifs. « *Je passe à tort ou à raison pour un esprit fort* » (Bernanos). ♦ *À TORT ET À TRAVERS :* sans raison ni justesse. ⇒ **inconsidérément.** *Dépenser, parler à tort et à travers.* 3 *DANS SON TORT :* dans la situation d'une personne qui a tort relativement à la loi, à une autre (opposé à *dans son droit*). *Ils se mettent dans leur tort en agissant ainsi. Se sentir dans son tort.* ⇒ **coupable.** ♦ *EN TORT. Vous êtes en tort.* 4 *Un, des torts ; le tort de... :* action, attitude blâmable (envers qqn). *Il n'a aucun tort :* il est sans reproche. *Reconnaître ses torts.* ⇒ **faute.** *Divorce prononcé aux torts du mari. Torts partagés.* ➛ Action, attitude qui constitue une erreur, une faute. ⇒ **défaut.** *Son seul tort a été de lui faire confiance. Vous faites comme ceci ! C'est un tort.* 5 Dommage causé indûment. ⇒ **préjudice.** *Demander réparation d'un tort. Réparer ses torts, le tort qu'on a causé.* ♦ vieilli *FAIRE TORT À... :* léser, nuire. « *les voyages font tort à l'amour, parce qu'ils donnent des distractions* » (Muss.). mod. *FAIRE DU TORT À... Il nous a fait du tort.* ✪ CONTR. ③ Droit, raison. Bienfait. — HOM. Taure, tore, torr, tors.

tortellini [tɔʀtelini] n. m. – mil. XXe ; mot it. ▪ au plur. Pâtes alimentaires farcies d'un hachis d'herbes ou de viande et façonnées en petites couronnes torsadées. *Des tortellinis.*

❑ Pour le pluriel → ravioli (rem.).

torticolis n. m. – XVIe ▪ Torsion involontaire du cou avec inclinaison de la tête accompagnée de douleurs et d'une limitation des mouvements.

tortilla n. f. – XIXe ; mot esp. de Mexique ▪ Galette plate de farine de maïs, plat populaire au Mexique.

❑ En espagnol d'Espagne, *tortilla* signifie « omelette ».

tortillard adj. m. et n. m. – XVIIe 1 région. *Orme tortillard :* variété d'orme à fibres contournées. 2 n. m. Train d'intérêt local sur une voie de chemin de fer qui fait de nombreux détours.

tortillement n. m. – XVIe ▪ Action de tortiller, de se tortiller.

tortiller v. 1 – XVIe I - 1 v. tr. Tordre à plusieurs tours (une chose souple), notamment par nervosité. *Tortiller ses cheveux, sa moustache.* « *se sentant observé, il tortillait* [...] *un pli de son tablier noir d'écolier* » (Aymé). 2 v. intr. Se remuer en ondulant. *Elle marchait en tortillant un peu des hanches.* ⇒ **balancer, remuer.** ♦ loc. fig. *Il n'y a pas à tortiller,* à prendre des détours, à hésiter. ⇒ **tergiverser.** « *Il lui faut son argent demain, il n'y a pas à tortiller* » (Balz.). II *SE TORTILLER* v. pron. Se tourner de côté et d'autre sur soi-même. *Se tortiller comme un ver.* « *Il se tortillait comme une anguille* [...] *mais je l'avais bien bâillonné* » (Maupass.). ✪ CONTR. Détortiller.

tortillon n. m. – XVe ▪ Chose tortillée. *Tortillon de tissu, de papier.* ➛ Linge tortillé en bourrelet qu'on met sur la tête comme coiffure ou pour porter un fardeau. ♦ Estompe faite de papier enroulé.

tortionnaire n. – XVe ; lat. *tortio* « torture » ▪ n. m. Bourreau chargé de torturer les condamnés. ♦ n. Personne qui fait subir des tortures. *Les tortionnaires des résistants.* adj. *Militaires, policiers tortionnaires.*

tortis n. m. – XIIe ▪ Assemblage de plusieurs fils tordus ensemble.

tortorer v. tr. 1 – XIXe ; provenç. *tourtoura* « tordre » ▪ vx, arg. Manger.

tortu, ue adj. – XIIIe ▪ littér. Tordu, tortueux. « *Le regard de travers, nez tortu* » (La Font.). ♦ littér. Qui manque de justesse ou de droiture. ⇒ **retors.** ✪ CONTR. ① Droit. — HOM. Tortue.

tortue n. f. – XIIe ; lat. *tartarucus* « du Tartare, infernal » 1 Reptile *(chéloniens)* à quatre pattes courtes, à corps enfermé dans une carapace, à tête munie d'un bec corné, à marche lente. « *la tortue, cette moitié de grosse noix* » (Renard). *Tortues terrestres, d'eau douce, marines.* ⇒ **caouane,** ② **caret, cistude, trionyx.** ➛ « *Le lièvre et la tortue* », fable de La Fontaine. ♦ « *Cette pauvre petite est à m'obéir d'une lenteur de tortue* » (Balz.). 2 Sorte de toit que les soldats romains formaient avec leurs boucliers, afin de s'abriter des projectiles. ➛ Machine de guerre couverte. ✪ HOM. Tortu.

tortueux, euse adj. – XIIe ; lat. *torquere* « tordre » 1 Qui fait des tours et des détours. ⇒ **sinueux.** « *les canaux tortueux qui traversent la ville* » (Claudel). 2 Plein de détours, qui ne se manifeste pas franchement. *Des manœuvres tortueuses.* ⇒ **hypocrite, oblique.** *Un esprit tortueux.* ⇒ **retors.** ✪ CONTR. ① Droit. ① Direct, ② franc, ② net.

torturant, ante adj. – XIXe ▪ Qui fait subir une torture morale.

torture n. f. – XIIe ; lat. 1 Supplice physique pouvant entraîner la mort. « *Quant à la torture, elle est née de la partie infâme du cœur de l'homme* » (Baud.). *Faire subir, infliger la torture à qqn. Torture destinée à arracher des aveux.* ⇒ **question.** *Parler sous la tor-*

ture. Instruments, chambre de torture. 2 *Mettre qqn à la torture,* le mettre au supplice, lui causer un embarras pénible ou le laisser dans l'incertitude. 3 Souffrance physique ou morale intolérable. ⇒ **martyre, peine, tourment.** « *Dévoré par la gangrène et souffrant d'atroces tortures* » (Bloy). *Les tortures de la jalousie.*

torturer v. tr. [1] - XVe 1 Infliger la torture à (qqn). *Torturer un condamné.* ⇒ **supplicier.** ♦ Faire subir des tortures à (qqn) par esprit de vengeance, pour faire avouer. *Torturer des rebelles, des otages. Des résistants affreusement torturés. Personne qui torture.* ⇒ **bourreau, tortionnaire.** 2 Faire beaucoup souffrir. ⇒ **martyriser.** *Torturer un animal.* ➛ *Torturer qqn de, par des questions.* ➛ *Se torturer le cerveau,* faire des efforts pénibles pour trouver une solution. ➛ pronom. « *Il se torturait à découvrir par quel moyen lui* faire sa déclaration » (Flaub.). ➛ « *Il souffrait moins du froid, la faim surtout le torturait* » (Zola). ⇒ **tenailler.** ➛ *Le doute le torture.* ⇒ **tourmenter.** 3 Défigurer. « *les expressions les plus violentes de la joie et de la douleur ont fini par grimer, torturer ses traits* » (Balz.). ⇒ **ravager.**

torve adj. - XVIe ; lat. ▪ *Œil torve,* dont le regard est oblique, menaçant. ⇒ ② **farouche,** ① **louche.** *Il m'a regardé d'un œil torve.*

tory n. m. - XVIIIe ; mot angl. ▪ Membre du parti conservateur en Grande-Bretagne. *Les whigs et les torys* ou *les tories.* ➛ adj. *Le parti tory.*

❑ Pour le pluriel → ① y (rem.). ♦ *Tory,* proprement « brigand », ne s'emploie plus en Grande-Bretagne que par les adversaires du parti conservateur, avec une nuance de dénigrement ou par allusion historique.

toscan, ane adj. et n. - XVIe ▪ De la Toscane. *Ordre toscan,* ou *le toscan :* un des cinq ordres de l'architecture classique. *Basilique de style toscan.* ➛ n. m. *Le toscan :* dialecte parlé à Florence et dans la Toscane, qui est devenu la base de l'italien.

tôt adv. - IXe ; lat. *tostus* « grillé, brûlé », de *torrere,* par une métaphore évoquant la rapidité 1 *Avoir tôt fait de,* vite fait de... *Ils eurent tôt fait de s'associer.* 2 Au bout de peu de temps et sensiblement avant le moment habituel ou normal. *Il a su lire très tôt.* loc. fam. *Ce n'est pas trop tôt !* cela s'est longtemps fait attendre. « *Il est déjà un peu tard pour aller dîner en ville, encore un peu tôt pour se rendre au spectacle* » (Romains). ♦ *PLUS TÔT :* avant le moment où l'on est ou dont on parle. *Tu aurais pu le dire plus tôt. Beaucoup plus tôt :* bien avant. « *les quartiers populeux où quinze ans plus tôt il colportait des savonnettes* » (Beauv.). *Il est arrivé plus tôt que prévu.* ♦ *Pas de si tôt* : pas dans un proche avenir et peut-être même jamais. *Elle ne reviendra pas de si tôt.* ♦ *LE PLUS TÔT... Le plus tôt que vous pourrez, le plus tôt possible :* dès que vous pourrez. subst. *Le plus tôt sera le mieux.* ♦ *AU PLUS TÔT :* dans un délai aussi court que possible. *Revenez au plus tôt.* 3 Au commencement d'une portion déterminée de temps, et spécialt de la journée. *Se lever tôt,* de bonne heure. *Se coucher tôt.* ✪ CONTR. Tard. — HOM. Tau, taud, taux.

❑ Ne pas confondre *plus tôt* et *plutôt. Venez plutôt demain,* de préférence demain ; *Demain, venez plus tôt,* à une heure moins tardive. ♦ Ne pas confondre *si tôt* et *sitôt, bien tôt* et *bientôt.* → bientôt, sitôt (rem.).

total, ale, aux adj. et n. - XIVe ; lat. *totus* « tous » 1 Qui affecte toutes les parties, tous les éléments (de la chose ou de la personne considérée). ⇒ ① **complet,** ① **général.** *Destruction totale. Éclipse totale.* « *cette absence totale de marée était inexplicable* » (J. Verne). ➛ Qui n'est réduit, altéré, entamé par rien. ⇒ **absolu.** *Dans un silence total.* « *Elle le suivait aveuglément, avec une confiance totale* » (Mauriac). ⇒ **entier, parfait.** ♦ Pris dans son entier, dans la somme de toutes ses parties. *La somme totale. La longueur totale. Le revenu total.* ⇒ **global.** 2 n. m. Nombre total, quantité totale. ⇒ **montant,** ① **somme.** *Le total des recettes. Faire le total :* additionner le tout. ♦ *AU TOTAL :* en additionnant, en comptant tous les éléments. *Au total : cent mille francs.* ➛ fig. *Au total :* tout compte fait, tout bien considéré. « *un homme dont la vie fut au total assez malheureuse* » (Tournier). *Au total, ce n'est pas une mauvaise affaire !* ♦ fam. En conclusion, finalement. *Total, on s'est fait voler.* 3 n. f. fam. Hystérectomie totale. ♦ loc. fig. *C'est la totale !* toutes les catastrophes arrivent ensemble. ✪ CONTR. Fractionnaire, fragmentaire, partiel. — HOM. Toto.

totalement adv. - XIVe ▪ D'une manière totale. ⇒ **complètement, entièrement.** *Une espèce totalement disparue.* « *Jamais les plus explicites protestations n'eussent si vite, si totalement dissipé son angoisse* » (Mart. du G.). *Il en est totalement incapable.* ⇒ **absolument.** ✪ CONTR. Partiellement.

totalisant, ante adj. - 1946 ▪ En philosophie, Qui synthétise le plus grand nombre d'éléments possible.

totalisateur, trice adj. et n. m. - XIXe ▪ Se dit d'appareils enregistreurs et (ou) compteurs, donnant le total d'une série d'opérations. ➛ n. m. *Un totalisateur.*

totalisation n. f. - XIXe ▪ Opération consistant à totaliser.

totaliser v. tr. [1] - XIXe 1 Réunir, rassembler en un total. ⇒ **additionner.** 2 Compter au total. *L'équipe qui totalise le plus grand nombre de points.*

totalitaire adj. - 1936 1 Qui englobe ou prétend englober la totalité des éléments d'un ensemble donné. *Philosophie, religion totalitaire.* « *une vision totalitaire du monde* » (Beauv.). 2 *Régime totalitaire :* régime politique non démocratique, n'admettant aucune opposition organisée, dans lequel le pouvoir dirige souverainement et tend à confisquer la totalité des libertés individuelles. ⇒ **absolu.** *États totalitaires.* ✪ CONTR. Libéral.

totalitarisme n. m. - 1937 ▪ Système politique des régimes totalitaires. ✪ CONTR. Libéralisme.

totalité n. f. - XIVe ▪ Réunion totale des parties ou éléments constitutifs (d'un tout). ⇒ ② **ensemble, entièreté, intégralité.** « *L'un d'eux se porte acquéreur de la totalité de la récolte* » (Gide). *La presque totalité du personnel.* ➛ *En totalité.* ⇒ **intégralement, totalement.** ✪ CONTR. Fraction, partie.

❑ L'adjectif qui correspond à *totalité* est *entier.* → entièreté (rem.).

totem [tɔtɛm] n. m. - XVIIIe ; mot algonquin ▪ Animal (quelquefois végétal) considéré comme l'ancêtre et le protecteur d'un clan, objet de tabous et de devoirs particuliers. ♦ Représentation de l'animal choisi pour totem.

totémique adj. - XIXe ▪ Où intervient, où apparaît un totem, le culte du totem. *Clan totémique.* « *les mâts totémiques aux couleurs brillantes, orgueil de la grande place du village* » (Caillois). ♦ Propre au totémisme. *Système totémique.*

totémisme n. m. - XIXe ▪ Organisation sociale fondée sur les totems et leur culte.

totipotent, ente adj. - XIXe ; lat. *totus* « tout entier », d'apr. *omnipotent* ▪ Se dit de cellules embryonnaires non encore différenciées capables de se développer en un organisme entier (ex. les gamètes).

❑ Ce mot-valise commence par un *toti...* inexistant ; la forme normale serait °*totupotent* (latin *totus*).

toto n. m. – 1902 ; onomat. ▪ fam. Pou. « *à la fin elle y regarde, dans mes cheveux. Mon Dieu [...], mais c'est des totos* » (Queneau). ✪ HOM. Totaux (total).

toton n. m. – XVIe ; lat. *totum* « tout (l'enjeu) » ▪ Dé traversé par une cheville pour qu'on puisse le faire tourner sur lui-même. ➛ Petite toupie qu'on fait tourner entre le pouce et l'index.

touage n. m. – XIIIe ▪ Action de touer.

touareg [twaʀɛg] adj. et n. – XIXe ; berbère ▪ Relatif à la population nomade du Sahara, de race blanche, parlant une langue berbère. *Des guerriers touaregs* (ou *touareg*). *La langue touareg.* ➛ n. *Un Targui, des Touareg.* cour. *Un Touareg, des Touaregs.*

❑ *Touareg* est le pluriel arabe de *targui.* → targui (rem.).

toubib [tubib] n. m. – XIXe ; ar. ▪ fam. Médecin.

toucan n. m. – XVIe ; mot tupi ▪ Oiseau frugivore *(rhamphastidés)* au plumage éclatant, à bec gros et long, qui vit dans les régions montagneuses de l'Amérique du Sud.

① **touchant** prép. – XIVe ▪ littér. Au sujet de... ⇒ **concernant,** ① **sur.** « *quelques notions générales touchant la physique* » (Desc.).

② **touchant, ante** adj. – XVIIe 1 Qui touche, fait naître de la compassion. ⇒ **attendrissant, émouvant.** *Des paroles touchantes.* « *le récit touchant d'une belle action* » (Muss.). 2 Qui émeut, attendrit d'une manière douce et agréable. « *un regard empreint d'une touchante reconnaissance* » (Balz.). ♦ (avec ironie) *Comme c'est touchant !* ➛ *Il est touchant de maladresse.*

touchau n. m. – XIVe ▪ Ensemble de petites plaques d'or ou d'argent de titres différents, disposées sur un support en étoile, permettant de déterminer le titre d'un bijou, en comparant les empreintes laissées sur la pierre de touche.

touche n. f. – XIIe I - 1 Essai de l'or et de l'argent (au moyen de la *pierre* de touche,* du touchau). 2 Fait de toucher l'adversaire, à l'escrime. ♦ Action du poisson qui touche, qui mord à l'hameçon. ➛ loc. fam. *Faire une touche :* être remarqué par qqn à qui l'on plaît physiquement. 3 Action, manière de poser la couleur, les tons sur la toile. « *une légèreté de touche, et une sûreté de dessin* » (Loti). Couleur posée d'un coup de pinceau. ➛ *Mettre une touche de gaieté, une touche exotique* (dans un décor, une toilette, une description, etc.). 4 fam. Aspect d'ensemble. ⇒ **allure,** fam. **dégaine,** ① **tournure.** *Quelle drôle de touche il a !* 5 pop. *La sainte touche :* le jour où l'on touche (sa paye). 6 Au rugby, au football, *ligne de touche,* ou *touche :* chacune des limites latérales du champ de jeu, perpendiculaire aux lignes de but. *Sortie du ballon en touche. Remise en touche :* remise en jeu faite à partir de la touche. *Remplaçant qui reste sur la touche.* ➛ loc. *Être, rester, être mis sur la touche :* être tenu à l'écart d'une activité, d'une entreprise. II - 1 Chacun des petits leviers d'un instrument de musique à clavier que l'on frappe des doigts. ⇒ **note.** *Touches de piano, d'accordéon.* ♦ Pièce d'ébène collée sur le manche d'un instrument à cordes, où appuient les doigts. *Touches d'une guitare.* 2 Chacun des boutons ou leviers d'un appareil à clavier. *Téléphone à touches.*

touche-à-tout n. m. inv. – XIXe ▪ Personne, enfant qui touche à tout. ♦ souvent péj. Personne qui se disperse en activités multiples. « *un touche-à-tout, un homme orchestre, un Paganini du violon d'Ingres* » (Cocteau).

① **toucher** v. tr. [1] – XIe ; lat. *toccare,* rad. onomat. *tokk-* I v. tr. dir. 1 Entrer en contact physique avec (qqn, qqch.). *Toucher un objet.* « *Ce que je touche, ce qui me résiste, voilà ce que je comprends* » (Camus). « *Suivez-moi, dit Antoine, en lui touchant doucement l'épaule* » (Mart. du G.). *Je n'ai jamais touché une carte,* jamais joué. ➛ Manipuler (les éléments d'un instrument de musique) pour en tirer des sons. « *Le prince touchait languissamment les cordes de sa guitare* » (Vigny). *Voilà des années que je n'ai pas touché un piano.* ⇒ **jouer.** ➛ *La chatte se dérobait* « *à la seconde juste où j'allais la toucher* » (Colette). *Ne me touche pas !* ➛ *Toucher du bout des doigts.* ⇒ **effleurer.** *Toucher à pleines mains.* ⇒ **manier.** *Se prosterner en touchant le sol du front.* ♦ Avoir des contacts sexuels avec (qqn). *Il* « *ne la touchait plus du tout, la traitait en camarade* » (Zola). ➛ v. pron. fam. et vieilli *Se toucher :* se masturber. ♦ (sans contact direct du corps) *Toucher qqn, qqch. avec un bâton. Toucher* (avec le fleuret, le sabre) *l'adversaire.* ⇒ **touche.** ➛ « *À la fin de l'envoi, je touche* » (Rostand). ➛ *Toucher la balle de sa raquette.* ♦ (avec un projectile) ⇒ **atteindre.** *Toucher la cible, le but. Il tira et toucha son adversaire à l'épaule.* ⇒ **blesser.** « *un homme touché tombe toujours du côté d'où est parti le coup de feu* » (Tournier). ♦ Joindre, arriver à rencontrer (qqn), par un intermédiaire (lettre, téléphone). *Où peut-on vous toucher ?* 2 Entrer en contact avec (qqn, qqch.) au terme d'un mouvement. « *le choc des roues qui touchent la piste* » (Beauv.). « *l'ombre ne touchait pas encore les hautes terres* » (Bosco). ♦ *Toucher le port :* faire escale, mouiller. *Nous avons touché terre à dix heures.* loc. *Ne pas toucher terre :* ne pas avoir le sens des réalités. 3 Entrer en possession de, prendre livraison de (une somme d'argent). ⇒ **recevoir.** *Toucher de l'argent.* « *un simple prêteur qui touche tant pour cent sur son prêt* » (Zola). *Toucher le gros lot. Toucher un chèque.* ⇒ **encaisser.** ➛ *Toucher le tiercé.* ⇒ **gagner.** ➛ Percevoir de l'argent. *Combien touche-t-il ?* ♦ Percevoir (autre chose que de l'argent). *Toucher sa ration, sa part.* 4 Procurer une émotion à (qqn), faire réagir en suscitant l'intérêt affectif. ⇒ **émouvoir, intéresser.** *La musique le touche particulièrement. Ce reproche l'a touché.* ⇒ **atteindre, blesser.** *Elle est touchée au vif* (⇒ **offenser, piquer, vexer).** ➛ *Sa mort nous a cruellement touchés.* ⇒ ③ **affecter, éprouver.** ♦ Émouvoir en excitant la sympathie et une certaine tendresse. ⇒ **attendrir.** *Rien* « *n'était plus propre à me toucher que cette émotion contenue* » (Gide). ➛ *Je suis profondément touché par votre geste.* 5 *Toucher un mot de* (qqch. à qqn) : dire un mot de (qqch. à qqn). *Avant de décider, il faut lui en toucher un mot.* 6 Se trouver en contact avec ; être tout proche de. ⇒ **jouxter.** « *La maison de Mme Loiseau, qu'elle* [l'église] *touchait sans aucune séparation* » (Proust). ⇒ **contigu.** 7 Avoir des rapports de parenté avec. *Toucher de près qqn, une famille.* 8 Concerner ; avoir un rapport avec. ⇒ **regarder.** « *Chacun connaît son métier, tout ce qui touche à son métier* » (Simenon). ♦ v. pron. Être en rapport étroit. « *Les sciences ont deux extrémités qui se touchent* » (Pasc.). II v. tr. ind. TOUCHER À... 1 Porter la main sur, pour prendre, utiliser. « *Toucher aux outils [...] Bénichat l'avait défendu formellement* » (Bosco). *Cet enfant touche à tout.* ⇒ **touche-à-tout.** *Je te défends d'y toucher !* fam. *Pas touche !* défense de toucher. ♦ *Ne pas toucher à :* ne pas utiliser, consommer. *Il a à peine touché à son dessert. Ne pas toucher à la drogue. Ne pas toucher à son capital.* ⇒ **entamer.** ♦ Se mêler, s'occuper de (qqch.). « *Qu'il est délicat de toucher à ce sujet !* » (Mauriac). ⇒ **aborder.** ➛ S'en prendre (à qqch.), pour modifier, corriger. *Ton travail est parfait, n'y touche plus.* ♦ Y TOUCHER : être mêlé à qqch., y avoir part ou en être responsable. *Un air de ne pas y toucher,* faussement ingénu. ⇒ **sainte nitouche.** 2 littér. Atteindre, arriver à (un point qu'on touche ou dont on approche). *Toucher au port. Toucher au but.* ➛ *Toucher à son terme, à sa fin.* 3 Être en contact avec. *Des poutres* « *qui touchent presque aux* façades des maisons » (Sartre). 4 Concerner. *Des secrets qui touchent à la défense nationale.* 5 Avoir presque le caractère de. ⇒ **confiner.** « *une lassitude qui touchait à la mélancolie* » (Barbey).

❑ *Toucher à* est plus abstrait que le transitif direct : il exclut la sensation de la personne qui touche. ♦ Même famille étymologique que *toc-toc* et *toquer*.

② **toucher** n. m. – XIIIe 1 Un des cinq sens traditionnels, correspondant à la sensibilité cutanée qui intervient dans l'exploration des objets par palpation. ⇒ **tact.** 2 Action ou manière de toucher. ⇒ **attouchement, contact.** « *ses mains étaient douées d'un toucher de caresse et d'enveloppement* » (Goncourt). *Doux au toucher. Toucher de balle* : manière de frapper un ballon, une balle. ♦ Manière de jouer, d'appuyer sur les touches, qui fait la qualité de la sonorité. *Pianiste qui a un beau toucher.* ♦ Examen d'une cavité naturelle par l'introduction d'un ou de plusieurs doigts. *Toucher vaginal.* 3 Qualité que présente un corps pour la main qui le touche. *Une étoffe qui a le toucher de la soie.*

touche-touche (à) loc. adv. – 1920 ▪ fam. En se touchant presque ; en se suivant de près (en parlant de véhicules ; de personnes réunies...).

touée n. f. – XVe 1 Câble, chaîne servant à touer. ➝ Longueur de câble de remorque servant au halage. 2 Longueur de chaîne filée en mouillant l'ancre.

touer v. tr. [1] – XIIIe ; germ. ▪ Faire avancer (un navire, une embarcation) en tirant à bord sur une amarre. ➝ Haler par traction sur un câble, une chaîne fixée (à une amarre ou mouillée au fond de l'eau).

toueur n. m. – XVIIe ▪ Remorqueur qui avance par touage et tire des péniches (qui ne sont pas reliées à la chaîne immergée).

touffe n. f. – XIIe ; germ. 1 Assemblage naturel de plantes, de poils, de brins..., rapprochés par la base. ⇒ ① **bouquet, épi.** *Touffe d'herbe.* 2 littér. Groupe serré (de grands végétaux). ⇒ ① **bouquet.** 3 Ensemble de poils, de brins, etc., rassemblés à la base. *Touffe de poils, de cheveux.* ⇒ **épi,** ① **mèche, toupet.** « *Des touffes de cheveux blancs étaient brusquement apparues dans la chevelure noire* » (R. Rolland).

touffeur n. f. – XVIIe ; de *étouffer* ▪ littér. Atmosphère étouffante et chaude.

touffu, ue adj. – XVe 1 Qui est en touffes, qui est épais et dense. ⇒ **dru, fourni, luxuriant.** *Une haie touffue.* ➝ « *Son menton nourrissait une barbe touffue* » (La Font.). 2 Qui présente en trop peu d'espace des éléments abondants et complexes. ⇒ **chargé, compliqué, dense.** *Un compte rendu touffu.* ✪ CONTR. Clairsemé, ① maigre. Concis, simple.

touillage n. m. – XVIIIe ▪ fam. Action de touiller.

touiller v. tr. [1] – XIIe ; lat. *tudiculare* « piler, broyer » ▪ fam. 1 Remuer, agiter. *Touiller une sauce.* 2 *Touiller la salade.* ⇒ **fatiguer.**

toujours adv. – XIe ; de *tous* (tout) et *jour(s)* 1 Dans la totalité du temps. ⇒ **éternellement, perpétuellement.** « *L'Être éternel est toujours, s'il est une fois* » (Pasc.). 2 Dans la totalité du temps considéré ou pendant tout un ensemble d'instants discontinus ; à chaque instant considéré, sans exception. ⇒ **constamment, continuellement.** « *on est vraiment et toujours et partout seul au monde* » (Maupass.). ➝ *Il arrive toujours à cinq heures.* ⇒ **invariablement.** ♦ *La vie « se déroule toujours pareille, avec la mort au bout »* (Maupass.). ➝ littér. « *La toujours placide Ligeia* » (Baud.). ➝ *Toujours plus..., toujours moins* : de plus en plus, de moins en moins. ♦ COMME TOUJOURS : de même que dans tous les autres cas, les autres occasions. ➝ PRESQUE TOUJOURS : très fréquemment, très souvent. ⇒ **habituellement, ordinairement.** ➝ NE... PAS TOUJOURS : pendant une partie seulement d'une durée ou pendant certains instants et pas à d'autres. « *Nous n'aimons pas toujours ceux que nous admirons* » (La Rochef.). ➝ *Ce sont des amis de toujours. Ils sont amis depuis toujours.* ➝ POUR TOUJOURS ⇒ **définitivement.** *Des sentiments « qu'on croyait enfouis pour toujours dans la nuit du passé »* (Baud.). 3 Encore maintenant, encore au moment considéré. ⇒ **encore.** « *Ils ne se verront plus – Ils s'aimeront toujours* » (Rac.). 4 En tout cas, de toute façon, quelles que soient les circonstances. ⇒ **cependant.** « *Il vient toujours une heure dans l'histoire où celui qui ose dire que deux et deux font quatre est puni de mort* » (Camus). ➝ *C'est toujours mieux que rien. Ça peut toujours servir.* fam. *Cause toujours !* ♦ interj. « *Où est-elle cette preuve ? – Pas dans ma poche, toujours !* » (Daud.). ♦ TOUJOURS EST-IL (QUE)... : sert à introduire un fait ou un jugement que l'on pose comme certain, en opposition avec d'autres qui viennent d'être présentés sous le signe de l'hésitation ou de la probabilité. ✪ CONTR. Jamais ; parfois ; exceptionnellement.

❑ On ne lie pas le *s* sauf dans *toujours est-il* (langage soigné, on dit couramment *n'empêche que*). ♦ La place de l'adverbe est pertinente : *il ne dort pas toujours* (il lui arrive de ne pas dormir), *il ne dort toujours pas* (il n'a pas encore fermé l'œil).

touloupe n. f. – XVIIIe ; mot russe ▪ Peau d'agneau, de mouton ; veste en peau de mouton, portée par les paysans russes.

toundra [tundʀa] n. f. – XIXe ; mot lapon ▪ Steppe de la zone arctique, entre la taïga et la limite polaire, dont le sol est gelé en profondeur une partie de l'année, et qui est caractérisée par des associations végétales de mousses et de lichens, des bruyères et quelques plantes herbacées.

toungouze [tunguz] n. m. et adj. – XVIIe ; nom turc d'un peuple d'Asie ▪ Groupe de langues de la famille ouralo-altaïque.

toupet n. m. – XIIe ; germ. « pointe » 1 Mèches de cheveux relevées au-dessus du front. 2 fam. Hardiesse, assurance effrontée. ⇒ **aplomb, audace,** fam. **culot, effronterie.** « *Comment c'est vous ? Eh bien, vous en avez un toupet, vous, alors !...* » (Anouilh). *Elle a eu le toupet de venir.*

toupie n. f. – XIIIe ; germ. « pointe » 1 Jouet formé d'une masse conique, sphéroïdale, munie d'une pointe sur laquelle elle peut se maintenir en équilibre en tournant. ⇒ **sabot ; toton.** ➝ *Patineur qui tourne comme une toupie.* 2 Outil de plombier, utilisé pour évaser l'extrémité d'un tube. ➝ Machine rotative pour le travail du bois servant à la réalisation des moulures. ➝ Benne qui tourne sur elle-même servant au transport du béton prêt à l'emploi. ♦ Pied de meuble, tourné et évasé (style Louis XVI). 3 *Vieille toupie,* terme d'injure à l'adresse d'une femme sotte et affectée, ridicule et désagréable.

toupiller v. tr. [1] – 1907 ▪ Travailler, évider avec la toupie (2°).

toupilleur n. m. – XIXe ▪ Ouvrier du bois travaillant à la toupie.

toupilleuse n. f. – v. 1960 ▪ Machine-outil munie d'une toupie (2°).

toupillon n. m. – XVe ▪ vx Petit toupet. ♦ Petite touffe, bouquet de branches. ♦ Touffe de poils de la queue des bovidés.

toupiner v. intr. [1] – XIIIe ▪ région. Tourner comme une toupie. « *Vers la fin de la danse elle commença de toupiner* » (Gide).

touque n. f. – XVe ; rad. prélatin °*tukka* « courge » ▪ Récipient métallique pour la conservation et le transport des poudres, pâtes, liquides. ⇒ **fût.**

① **tour** n. f. – XIe ; lat. 1 Bâtiment construit en hauteur, dominant un édifice ou un ensemble architectural. *Tour ronde. Tour d'un château.* ⇒ **donjon.** « *La tour, prends garde De te laisser abattre* » (chans. pop.). ♦ *Tours d'église* (⇒ **campanile**). « *les deux noires et massives tours avec leurs auvents d'ardoise* » (Hugo). *Tours de beffroi. Tour d'une mosquée.* ⇒ **minaret.** *La tour penchée de Pise,* le campanile. ➝ *La tour de Babel,* élevée par les fils de Noé et dont le sommet devait atteindre le ciel ; lieu où l'on parle toutes les langues. ♦ Bâtiment indépendant, de grande hauteur, à usage d'habitation ou de bureaux. ⇒ **immeuble.** *La tour Montparnasse. Il habite au 25e étage d'une tour.* 2 Machine de guerre, haute construction mobile servant à assiéger des remparts. ⇒ **hélépole.** ♦ Pièce du jeu d'échecs en forme de tour crénelée, placée au départ à l'angle de l'échiquier et qui avance en droite ligne. 3 *TOUR D'IVOIRE* : retraite hautaine ; position indépendante et solitaire d'une personne qui refuse de s'engager, de se compromettre. « *Il ne nous restait pour asile que cette tour d'ivoire des poètes, où nous montions toujours plus haut pour nous isoler de la foule* » (Nerval). 4 Construction en hauteur. *La tour Eiffel.* ➝ *Tour de contrôle* : local surélevé d'où s'effectue le contrôle des activités d'un aérodrome, d'une piste. *Tour de lancement* (pour fusées, engins). ➝ *Tour de forage.* 5 fam. Personne grosse, massive. ✪ HOM. Tourd.

❑ *Tour* au sens d'« immeuble élevé » tend à remplacer complètement *building* et *gratte-ciel,* mots vieillis.

② **tour** n. m. – XIIe ; gr. *tornos* « tour de tourneur » 1 Machine-outil qui sert à façonner des pièces en leur imprimant un mouvement de rotation. *Tour de potier. Tour à aléser, à décolleter, à tarauder, à fileter.* 2 Armoire cylindrique tournant sur pivot. « *le tour placé à l'entrée de l'Hospice des Enfants-Trouvés* » (Cendrars).

③ **tour** n. m. – XIe ; de *tourner* **I - 1** Limite d'un corps, d'un lieu circulaire. ⇒ **circonférence.** *Le* « *tronc mesurait vingt pieds de tour à sa base* » (J. Verne). *Tour de poitrine, de hanches, de taille.* ♦ Ligne extérieure, courbe fermée qui limite une surface. ⇒ **bordure, contour, pourtour.** *Le tour des yeux. Le tour du visage,* l'ovale. ➝ *TOUR DE VILLE* : promenade, boulevard circulaire autour de la ville. 2 Chose qui en recouvre une autre en l'entourant. *Tour de cou.* ➝ *Tour de lit* : draperie, bordure d'étoffe qui entoure un lit. 3 *FAIRE LE TOUR* (de qqch.) : aller autour (d'un lieu, d'un espace). « *le sous-chef, après s'être contenté de faire le tour du hangar, s'en retournait rapidement* » (Zola). *L'aiguille fait le tour du cadran.* ♦ Passer en revue, examiner tous les éléments. « *Le temps de faire le tour de la situation, d'envisager le pire* » (Romains). ♦ Entourer en s'étendant autour. « *J'avais autrefois un royaume tellement grand qu'il faisait le tour presque complet de la Terre* » (Michaux). 4 Déplacement bref (où l'on revient en principe au point de départ). « *Ma commère la carpe y faisait mille tours* » (La Font.). ➝ *FAIRE UN TOUR* : faire une petite sortie. ⇒ **promenade,** fam. **virée.** « *Est-ce qu'il vous arrive de temps en temps d'aller faire un tour dehors ?* » (Sartre). 5 Parcours où l'on revient au point de départ. ⇒ **circuit, périple, tournée.** « *Le Tour du monde en quatre-vingts jours* », œuvre de Jules Verne. « *faire le tour du monde, c'est revenir à son point de départ* » (Leiris) (⇒ **tour-du-mondiste**). *Un tour organisé.* ➝ *Le tour de France des compagnons.* ➝ *LE TOUR DE FRANCE* : course cycliste disputée par étapes, sur un long circuit de routes françaises. ♦ Circuit bouclé par un athlète, un coureur, sur une longueur de piste. *Tour de piste* : tour effectué sur une piste par un coureur. ➝ loc. fam. *C'est reparti pour un tour* : on recommence. 6 Ligne sinueuse. *La route fait des tours et des détours.* **II - 1** Mouvement giratoire. ⇒ **révolution, rotation.** *Tours de roue. Tour de manivelle. Moteur qui part au quart de tour,* à la première impulsion donnée par le démarreur. *Partir au quart de tour,* immédiatement et sans difficulté. ➝ *Donner un tour de clé. S'enfermer, fermer la porte à double tour* : en donnant deux tours de clé. ♦ *Tour ou suite de tours d'un danseur, d'un acrobate.* ⇒ **pirouette, virevolte.** *Tour de valse. Quarante-cinq tours, trente-trois tours,* disques microsillons. ♦ *TOUR D'HORIZON* : observation circulaire du terrain d'opérations militaires. Examen. 2 *À TOUR DE BRAS* : de toute la force du bras. « *deux chevaux maigres, que fouettait à tour de bras un cocher* » (Flaub.). ♦ *EN UN TOUR DE MAIN* : très vite. ➝ *Tour de main* : mouvement adroit qu'accomplit la main, et que l'apprentissage et l'aptitude permettent d'exécuter. *Tour de main d'un artisan.* ⇒ ② **adresse, habileté, métier, savoir-faire.** 3 *Tour de rein* : torsion, faux mouvement dans la région des lombes ; douleur qui en résulte. ⇒ **lumbago.** **III - 1** Mouvement, exercice difficile à exécuter, montré en spectacle pour étonner le public. *Tours d'un jongleur, d'un prestidigitateur. Tours de magie. Tours d'adresse, d'agilité.* ➝ *Tours de cartes* : tours d'adresse faits avec des cartes. ♦ *TOUR DE FORCE* : exercice qui exige de la force ; action difficile accomplie avec une habileté remarquable. ⇒ **exploit, performance.** *Il* « *a réussi ce tour de force : il m'a protégée de l'isolement sans me priver de la solitude* » (Beauv.). 2 Action ou moyen d'action qui suppose de l'adresse, de l'habileté, de la malice, de la ruse. « *C'était un vieux routier, il savait plus d'un tour* » (La Font.). ⇒ **artifice, combine, stratagème,** ① **truc.** ♦ *FAIRE, JOUER* (un, des...) *TOUR(S)* : agir au détriment de qqn. *Il trouva moyen* « *de lui rendre* [...] *le mauvais tour qu'elle lui avait joué* » (Muss.). « *Pardonnez-moi si je l'ai oublié. Ma mémoire me joue de ces tours* » (Mauriac). ➝ *Le tour est joué,* c'est accompli, terminé. « *pfutt ! il ne s'en est même pas aperçu ; le tour est joué* » (Anouilh). 3 Aspect que présente une chose selon la façon dont elle est faite, la manière dont elle évolue. ⇒ ① **tournure ; allure, façon, forme.** « *Elle affectait de donner à nos entretiens un tour plus solennel* » (Nodier). ⇒ **direction, évolution.** « *L'affaire prend un tour romanesque* » (Aymé). ➝ *TOUR DE PHRASE* : manière de présenter la pensée selon l'agencement des mots dans un énoncé. *Ce tour de phrase appartient à la langue juridique.* **IV** Moment auquel (ou durant lequel) une personne se présente, accomplit qqch. dans un ordre, une succession d'actions du même genre. « *C'était au tour de Stéfany d'assurer la permanence* » (Mart. du G.). « *L'insoumis rejette la servitude* [...]. *Il veut être maître à son tour* » (Camus). fam. *Plus souvent qu'à son tour* : plus souvent qu'il ne conviendrait. ➝ *Attendre, passer son tour. Les gens* « *attendaient le tramway. Chacun son tour* » (Aragon). ➝ *Tour de chant* : série de morceaux interprétés par un chanteur, une chanteuse. ➝ *Tour de scrutin* : chaque vote, dans un scrutin qui en comporte plusieurs. *Le premier, le second tour.* ♦ loc. *TOUR À TOUR* : l'un, puis l'autre (l'un après l'autre). « *Nous lisions haut et tour à tour* » (Lamart.). « *tour à tour enfant et raisonnable, folâtre et sensible* » (Laclos).

❑ *En un tour de main* « très vite » peut s'employer aussi bien que *en un tournemain,* plus « cultivé », de même sens.

touraille n. f. – XIIIe ; lat. *torrere* « rôtir, brûler » ▪ Étuve dans laquelle on sèche l'orge germée.

touranien, ienne adj. et n. m. – XIXe ; persan *Turan* désignant les pays d'Asie centrale ▪ S'est dit autrefois des langues ouralo-altaïques (⇒ **ouralien**).

① **tourbe** n. f. – XIe ; lat. ▪ péj. et vieilli La foule, la multitude. ⇒ **peuple, populace.** « *Je me figurais au milieu d'une foule turbulente, grossièrement ambitieuse* [...] *et il fallait se mêler à cette tourbe* » (Renan).

❑ Ce mot vieilli n'a aucun rapport avec ② *tourbe* auquel on le rattache à cause du sens (cf. la lie du peuple). Il appartient à la même famille étymologique que *perturber, tourbillon, turbulent.*

② **tourbe** n. f. – XIIIe ; germ. ▪ Matière spongieuse et légère, qui résulte de la décomposition de végétaux à l'abri de l'air, et utilisée comme combustible. ⇒ **bousin.** *Feu de tourbe.*

tourber v. intr. [1] – XIIIe 1 Extraire la tourbe. 2 *Whisky tourbé,* qui a un goût fumé.

tourbeux, euse adj. – XVIIIe ▪ Qui contient de la tourbe. *Terrains tourbeux.*

tourbier, ière n. et adj. – XIIIe 1 Ouvrier, ouvrière qui travaille à l'extraction, à la préparation de la tourbe. ♦ Propriétaire, exploitant d'une tourbière. 2 Qui contient suffisamment de tourbe pour qu'on l'exploite. *Terrain tourbier.*

tourbière n. f. – XIIIe ▪ Association végétale décomposée qui forme une certaine épaisseur de tourbe.

tourbillon n. m. – XIIe ; lat. *turbo* 1 Masse d'air qui tournoie rapidement. ⇒ **cyclone, tornade.** « *Les feuilles mortes, mises en danse par quelques tourbillons soudains* » (Balz.). 2 Mouvement tournant et rapide. ⇒ **remous.** « *Le vent qui soufflait très fort, chassait des tourbillons de sable* » (Flaub.). ♦ Masse d'eau animée d'un mouvement hélicoïdal rapide et formant un creux. ⇒ **maelström, vortex.** *Tourbillons d'une rivière.* ➛ « *ce ne fut plus une valse, ce fut un tourbillon insensé, une rotation vertigineuse* » (J. Verne). 3 Ce qui emporte, entraîne dans un mouvement rapide, irrésistible. *Le tourbillon de la vie.*

❑ Ce mot appartient à la même famille que tous ceux en *turbo-.*

tourbillonnaire adj. – XIXe ▪ Qui forme, constitue un, des tourbillons. *Mouvement tourbillonnaire de l'air, de l'eau.* ➛ Affecté par des tourbillons. ⇒ **turbulent.** *Zone tourbillonnaire.*

tourbillonnant, ante adj. – XVIIIe 1 Qui forme un, des tourbillons. 2 Tournoyant. *La neige tombait « par larges étoiles tourbillonnantes »* (Bourget).

tourbillonnement n. m. – XVIIIe ▪ Mouvement de ce qui tourbillonne, de ce qui forme un tourbillon.

tourbillonner v. intr. [1] – XVIe ▪ Former un tourbillon ; aller ou être emporté en un tournoiement rapide. ⇒ **tourner, tournoyer.** « *Des torrents d'eau s'écoulaient en tourbillonnant* » (Chateaub.).

tourd n. m. – XIVe ; lat. ▪ Labre (poisson). ✪ HOM. Tour.

tour-de-mondiste n. – 1989 ▪ Personne qui fait le tour du monde (voyageur ou sportif). *Des tours-de-mondistes.*

tourdille adj. m. – XVIIe ; esp. *tordillo* « couleur de grive » ▪ *Gris tourdille :* couleur gris-jaune de la robe d'un cheval.

tourelle n. f. – XIIe 1 Petite tour. *Château flanqué de deux tourelles.* 2 Faisceau de tuyaux sur la façade d'un buffet d'orgue. 3 Abri blindé. ⇒ **casemate.** *Tourelle mobile d'un char d'assaut. Tourelles d'un navire.* 4 Monture circulaire et tournante portant plusieurs objectifs et permettant d'en changer rapidement. *Caméra à tourelle.*

touret n. m. – XIIe ▪ Petit tour de graveur en pierres fines. ♦ Petite machine-outil agissant par la rotation de meules ou de disques de feutre. *Touret à polir.*

tourie n. f. – XVIIIe ; o. i. ▪ Grande bouteille, bonbonne entourée de paille, d'osier.

tourier, ière adj. et n. – XIIIe ▪ Se dit du religieux (ou de la religieuse) non cloîtré, chargé de faire passer au tour des choses apportées au couvent, qui s'occupe des relations avec l'extérieur. *Sœur tourière.*

tourillon n. m. – XIIe 1 Partie d'un axe qui tourne dans un support. 2 Cheville de bois rainurée servant à assembler des pièces de menuiserie.

tourillonneuse n. f. – 1953 ▪ Machine-outil dont les outils de coupe sont disposés en couronne.

tourisme n. m. – XIXe 1 Le fait de voyager, de parcourir pour son plaisir un lieu autre que celui où l'on vit habituellement. *Profiter d'un voyage d'affaires pour faire du tourisme.* 2 Ensemble des activités liées aux déplacements des touristes, aux séjours des étrangers. *Office du tourisme. Agence de tourisme. Tourisme organisé.* ♦ loc. adj. DE TOURISME : destiné aux déplacements privés. *Avion, voiture de tourisme.*

touriste n. – XIXe ; angl. *tour* « voyage » ▪ Personne qui se déplace, voyage pour son plaisir. *Groupe de touristes.* « *les voitures des touristes, des types pourvus de casquettes blanches, de chemises à carreaux, d'appareils de photos et de compagnes en shorts* » (Cl. Simon). ♦ vieilli *Classe touriste :* classe économique (en avion).

❑ *Touriste* s'est d'abord appliqué en français aux voyageurs anglais et s'est ensuite répandu avec les *Mémoires d'un touriste,* de Stendhal.

touristique adj. – XIXe 1 Qui concerne les voyages, les déplacements des touristes. *Guide touristique.* 2 Relatif au tourisme. *Voyage touristique.* ⇒ aussi **circuit, croisière.** 3 Qui attire les touristes. *Ville touristique.*

tourmaline n. f. – XVIIIe ; cinghalais *toromalli* ▪ Pierre fine, silicate et borate naturel d'alumine.

tourment n. m. – X^e ; lat. *tormentum* « instrument de torture », de *torquere* « tordre » 1 littér. Très grande douleur physique ; vive souffrance morale. ⇒ **affres, déchirement, martyre, peine, supplice, torture.** « *son tourment qui le rongeait comme un ver au cœur d'une amande* » (Mac Orlan). 2 Cause de tourment. *Pourquoi « suis-je devenu pour toi un tourment, un fléau, un spectre ? »* (Sand). ✪ CONTR. Consolation, plaisir.

❑ Même famille étymologique que *torture.*

tourmente n. f. – XIIe 1 vx ou littér. Tempête soudaine et violente. ⇒ **bourrasque, orage, ouragan.** « *Les tourmentes sont les crises de nerfs et les accès de délire de la mer* » (Hugo). *Pris dans la tourmente.* 2 Troubles (politiques ou sociaux) violents et profonds. ⇒ **révolution.**

tourmenté, ée adj. – XVe 1 Qui est en proie aux tourments, aux soucis, déchiré par les scrupules, l'angoisse. ⇒ **angoissé, anxieux, inquiet.** « *Mon esprit tourmenté s'égarait dans le rêve* » (Maupass.). 2 En proie à une violente agitation. *Mer tourmentée.* 3 littér. Qui s'accomplit dans l'agitation, le tumulte. *Vie tour-*

mentée. ⇒ **agité.** *Époque tourmentée.* ⇒ **troublé.** 4 De forme tordue, très irrégulière. « *Les côtes tourmentées, les arêtes gigantesques des montagnes* » (Loti). ⇒ **accidenté.** ✪ CONTR. ② Calme ; égal ; simple.

tourmenter v. tr. 1 – XIIe **I** - 1 vx Supplicier, torturer. 2 Affliger de souffrances physiques ou morales ; faire vivre dans l'angoisse, être un objet de vives préoccupations pour (qqn). « *Je le tourmentais de questions et de reproches* » (Maurois). ⇒ **assaillir, harceler, importuner.** ♦ Faire souffrir. « *Il n'y a que la faim qui me tourmente un peu* » (Sand). *Être tourmenté par la jalousie.* ⇒ **déchirer, ronger, torturer.** 3 littér. Exciter vivement. « *L'idée me tourmentait de composer une comédie* » (Duham.). ⇒ **agiter, dévorer, travailler.** **II** *SE TOURMENTER* v. pron. Se faire des soucis, éprouver de l'inquiétude, de l'angoisse, des scrupules. ⇒ s'**inquiéter,** se **tracasser.** « *Que tu es bête de te tourmenter pour cela, mon cher petit !* » (Proust).

tourmentin n. m. – XVIIe ; de *tourmente* 1 Petit foc en toile très résistante qu'on utilise par gros temps. 2 Pétrel.

tournage n. m. – XVIe 1 Action de façonner au tour. *Tournage sur métaux.* 2 Cabillot, taquet. 3 Action de tourner un film, de mettre le scénario en images. ⇒ **réalisation.** *Équipe de tournage* (acteurs, techniciens, machinistes et électriciens).

tournailler v. intr. 1 – XVIe ▪ Aller et venir en tournant, sans but précis. ⇒ **tournicoter.**

① **tournant, ante** adj. – XIIe 1 Qui tourne, pivote sur soi-même. *Scène tournante d'un théâtre.* 2 Qui contourne, prend à revers. *Mouvement tournant,* pour contourner l'ennemi, l'encercler ; manœuvre pour circonvenir qqn. 3 Qui fait des détours, présente des courbes. ⇒ **sinueux.** *Escalier tournant,* en colimaçon.

② **tournant** n. m. – XIIIe 1 Endroit où une voie tourne ; portion plus ou moins courbe d'une rue, d'une route. ⇒ **coude.** *Les tournants d'une route en lacet. Tournant relevé. Tournant dangereux, en épingle à cheveux.* ⇒ **virage.** « *ils prenaient les tournants, très à droite, tout à fait en dedans de la ligne jaune* » (Bazin). ➝ loc. fam. *Je l'attends, je l'aurai, je le rattraperai au tournant* : je me vengerai de lui dès que l'occasion s'en présentera. 2 Moment où ce qui évolue change de direction, devient autre. *Il est à un tournant de sa carrière. Fait qui marque un tournant dans l'histoire,* qui manifeste un changement important.

① **tourne** n. f. – XXe ▪ Suite d'un article dans le même numéro d'un journal. *Débuter à la une et la tourne en page six.*

② **tourne** n. f. – XIXe ▪ Action de tourner, de s'altérer. *La tourne du lait.*

tourné, ée adj. – XIIIe 1 vieilli Fait (de telle manière). « *Une petite brune bien tournée* » (Aragon). ⇒ fam. **roulé.** ♦ loc. *Avoir l'esprit mal tourné* : être disposé à prendre les choses en mauvaise part, à les interpréter d'une manière scabreuse. 2 Exprimé de telle manière. *Un compliment bien tourné.* 3 Aigri. *Lait tourné.*

tourne-à-gauche n. m. inv. – XVIIe ▪ Outil formé d'un levier, simple ou double, et creusé d'un œil ou d'une encoche, servant à ployer, à tordre, à faire tourner une pièce.

tournebouler v. tr. 1 – XVIe ; a. fr. *torneboele* « tourne boyau » ▪ fam. Mettre l'esprit à l'envers, bouleverser. *Cette nouvelle l'a tourneboulé.* ⇒ **chambouler, retourner.** « *la politique est en train de te tournebouler la cervelle* » (Duham.).

tournebroche n. m. – XVe 1 Mécanisme servant à faire tourner une broche. ⇒ **rôtissoire.** *Four électrique muni d'un tournebroche.* 2 vx Jeune garçon qui tournait la broche.

tourne-disque n. m. – 1948 ▪ vieilli Appareil électrique composé d'un plateau tournant sur lequel on met un disque, d'une tête de lecture, d'un amplificateur et d'un haut-parleur. ⇒ **électrophone.** *Des tourne-disques.*

> ❑ Le mot a vieilli en même temps que l'objet avec l'apparition des chaînes haute-fidélité et des disques compacts. On parle aujourd'hui de *lecteur de disques* ou de *platine.*

tournedos n. m. – XIXe ▪ Tranche de filet de bœuf. *Tournedos Rossini,* servi avec du foie gras.

tournée n. f. – XIIIe 1 Voyage professionnel à itinéraire fixé. *La tournée du facteur. Voyageur de commerce en tournée.* ➝ Voyage d'une compagnie d'acteurs, d'artistes qui donnent des représentations. *Troupe en tournée à l'étranger.* « *Il serait jeune premier, il irait en tournée par le monde* » (Aragon). 2 Tour dans lequel on visite des endroits de même sorte. *Faire la tournée des châteaux de la Loire. Faire la tournée des boîtes de nuit.* 3 fam. Ensemble des consommations offertes par qqn, au café. « *une tournée générale aux frais du couche-tôt qui se serait permis de donner le signal du départ* » (Carco). *C'est ma tournée ! La tournée du patron.* 4 fam. Volée de coups. ⇒ **raclée.** « *elle a eu une tournée. Et quand je tape, moi, je tape* » (Aragon).

tournemain (en un) [ɑ̃nœtuʀnəmɛ̃] loc. adv. – XVIe ; temps qu'il faut pour *tourner* la *main* ▪ littér. En un instant.

> ❑ On emploie dans le même sens *en un tour de main.* → ③ tour (rem.).

tourne-pierre n. m. – XVIIIe ▪ Oiseau échassier *(charadriidés),* qui se nourrit de petits animaux qu'il trouve sous les pierres. *Des tourne-pierres.*

> ❑ Cet oiseau a été ainsi nommé par Buffon ; c'est un calque de l'anglais *turnstone.*

tourner v. 1 – Xe ; lat. *tornare* « façonner au tour, tourner » **I** v. tr. 1 Façonner au tour. *Tourner le buis, l'ivoire.* ➝ Agencer, arranger les mots d'une certaine manière, selon un certain style. *Tourner un compliment.* 2 Faire mouvoir autour d'un axe, d'un centre ; imprimer un mouvement de rotation à (qqch.). *Il « se mit à tourner une manivelle. Un rideau de fer descendit avec fracas »* (Sartre). ➝ *Tourner la poignée. Tourner la clé dans la serrure.* ♦ Agiter, remuer. *Tourner une sauce.* → fam. **touiller.** *Tourner la salade.* ♦ *Vin qui tourne la tête,* étourdit, grise. *Cette fille lui a tourné la tête,* l'a rendu fou d'amour. ♦ loc. fam. *Tourner le sang, les sangs* : causer une vive émotion. ⇒ **bouleverser.** 3 Mettre à l'envers, sur une face opposée. ⇒ **retourner.** *Tourner les pages d'un livre.* ⇒ **feuilleter.** ➝ *Tourner et retourner* : manier en tous sens, examiner sous toutes ses faces. « *tournant et retournant dans son cœur l'insoluble problème* » (Mart. du G.). 4 Mettre, présenter (qqch.) en sens inverse, ou en accomplissant dans une certaine direction un mouvement approprié. *Tourner le dos à qqn.* 5 Diriger, par un mouvement courbe. *Plante qui tourne ses feuilles vers la lumière.* « *Je l'interpellai, rien que pour lui faire tourner la tête de mon côté* » (Céline). *Tourner les yeux, son regard vers qqn,* se mettre à le regarder. ♦ *L'homme « tourne les trois quarts de son effort vers l'acquisition du bien-être »* (Taine). ⇒ **orienter.** 6 *TOURNER EN, À* : transformer en donnant un aspect, un caractère différent. *Tourner une chose en plaisanterie.* « *La fortune tourne tout à l'avantage de ceux qu'elle favorise* » (La Rochef.). 7 Prendre à revers. *Tourner les positions de l'ennemi.* ⇒ **contourner, déborder.** ➝ *Tourner l'obstacle, la difficulté. Tourner la loi.* 8 *Tourner un film* : faire un film. *Tourner une scène.* ⇒ **filmer.** *Silence, on tourne !* **II** v. intr. 1 Se mouvoir selon un trajet circulaire ou décrire une ligne courbe. *La Terre tourne autour du Soleil.* ⇒ **graviter.** « *On voyait une une lente fumée s'élever en tournant* » (Vigny). ⇒ **tourbillonner, tournoyer.** ➛ *Voir tout tourner* : avoir le vertige. ♦ « *Des écuyers prestes tournèrent sur la piste* » (Mauriac). ⇒ **évoluer.** ➛ loc. *Tourner en rond* : être désœuvré, ne pas savoir que faire. ♦ TOURNER AUTOUR : évoluer sans s'éloigner. ⇒ **tournailler, tournicoter, tourniquer.** « *Les gamins qui tournaient autour du défilé, comme des mouches* » (Maupass.). ➛ *Tourner autour d'une femme* : rester auprès d'elle, la suivre ; lui faire la cour. ➛ Avoir pour centre d'intérêt. « *La seconde partie de l'entrevue tourna autour de la confection du thé* » (Romains). ➛ Être proche par excès ou par défaut. *Le résultat tourne autour de 20 %.* ⇒ **approcher, avoisiner.** ♦ Faire une tournée. *Représentant qui tourne dans une région.* **2** Avoir un mouvement circulaire. *Tourner autour d'un axe, d'un pivot.* ⇒ **pivoter.** « *Une oie dorée tourne mollement à la broche* » (R. Rolland). ♦ Se mouvoir autour d'un axe fixe. « *L'aiguille tourne et le temps grince* » (Aragon). ➛ fam. *L'heure tourne* : le temps passe. **3** Fonctionner, en parlant de mécanismes dont une ou plusieurs pièces ont un mouvement de rotation. « *Tu n'entends pas le moteur, comme il tourne régulier* » (Sartre). ♦ *Faire tourner une entreprise,* la faire marcher. **4** S'enrouler, être disposé en rond. « *La gaze enveloppait la tête et tournait autour du cou* » (Aragon). **5** *Ça me fait tourner la tête* : ça m'étourdit, me donne le vertige. « *Mon sang s'allume et pétille, la tête me tourne* » (Rouss.). **6** Changer de direction. *Tourner à droite.* ⇒ **obliquer.** ➛ « *Le chemin tourne, devient encaissé et sombre* » (Loti). **7** Changer. *La chance a tourné.* ♦ TOURNER À..., EN... : changer d'aspect, d'état, pour aboutir à (tel résultat). *Le temps tourne à la tempête.* « *Jamais amourette n'a si promptement tourné en mariage d'inclination* » (Balz.). ♦ TOURNER BIEN, MAL : être en bonne, en mauvaise voie. ⇒ **marcher.** « *combien disent : Si pourtant les choses avaient tourné autrement !* » (Alain). ➛ *Tourner mal,* se dit de qqn dont la conduite devient condamnable. « *C'est l'assassin courant, le petit gars qui a mal tourné* » (Simenon). **8** Devenir aigre. *Le lait a tourné.* ⇒ **cailler.** **III** SE TOURNER **v. pron. 1** Aller, se mettre en sens inverse ou dans une certaine direction. « *La jeune fille se tourna tout d'une pièce comme sur un tabouret de piano* » (Toulet). ⇒ se **retourner.** *Se tourner vers le public. Se tourner de l'autre côté.* ⇒ se **détourner.** ♦ Se diriger. *Elle* « *s'était tournée vers la couture pour dames* » (Proust). **2** Changer de position. *Se tourner et se retourner dans son lit.*

tournesol [tuʀnəsɔl] **n. m.** – XIVe ; esp. *tornasol* « qui se tourne vers le soleil » **1** Substance d'un bleu-violet qu'on tire de certaines plantes qui vire au rouge sous l'action des acides et au bleu sous celle des bases. **2** Grande plante herbacée, dont les grosses fleurs en capitules jaunes se tournent vers le soleil. ⇒ **hélianthe.** *Fleur de tournesol.* ⇒ **soleil.** *Huile de tournesol,* fournie par les graines.

tourneur, euse **n.** et **adj.** – XIIIe **1** Artisan, ouvrier, qui travaille au tour. *Tourneur sur bois, sur métaux, sur ivoire.* **2** **adj.** *Derviche tourneur,* qui tourne sur lui-même en dansant. **3** **n. m.** Organisateur de tournées de spectacles.

tournevis [tuʀnəvis] **n. m.** – XVIIe ▪ Outil pour tourner les vis, fait d'une tige d'acier emmanchée et présentant à son extrémité une forme s'adaptant dans l'empreinte de la tête de vis. *Tournevis cruciforme.*

tournicoter **v. intr.** [1] – 1939 ▪ fam. Tourner, tourniquer.

tourniole **n. f.** – XIXe ; de *tourner* ▪ fam. Panaris siégeant au pourtour de l'ongle.

❑ Ne pas confondre avec *torgnole* « coup », de la même famille étymologique.

tourniquer **v. intr.** [1] – 1910 ▪ Tourner, aller et venir sur place, sans but. ⇒ **tournailler, tournicoter.**

tourniquet **n. m.** – XVe ; p.-ê. de *turniquet* « vêtement de dessus » **1** Appareil formé d'une croix tournant autour d'un pivot livrant passage aux personnes chacune à son tour. *Le tourniquet du métro.* ➛ Porte à tambour. *Tourniquet d'un hôtel.* ♦ Plateforme horizontale tournant sur un pivot servant de jeu de plein air pour les enfants. *Le tourniquet d'un square.* **2** Lame de fer en S, mobile sur un pivot, qui sert de fermeture à une fenêtre, ou à maintenir un volet ouvert. ♦ Cylindre métallique, tournant sur un pivot, servant de présentoir. « *des tourniquets de cartes postales et des souvenirs en coquillages* » (Le Clézio). **3** Garrot servant à arrêter une hémorragie. **4** Arroseur tournant sous la force de l'eau. **5** Gyrin. **6** arg. Conseil de guerre.

tournis **n. m.** – XIIIe ▪ Maladie des bêtes à cornes, provoquée par la présence du cénure du ténia dans l'encéphale, et qui se manifeste notamment par le tournoiement de la bête atteinte. « *la brebis qui, poussée par le* tournis, *se brise la tête contre un arbre* » (Balz.). ♦ fam. Vertige. « *ne vous retournez pas tout le temps comme ça, à droite et à gauche ; vous me donnez le tournis* » (Sartre).

tournoi **n. m.** – XIIe ; de *tournoyer* « combattre en tournoi » **1** Combat courtois entre plusieurs chevaliers. *Tournois et joutes.* **2** littér. Lutte d'émulation. ⇒ **assaut, concours.** *Un tournoi d'éloquence.* **3** Compétition à plusieurs séries d'épreuves ou de manches. ⇒ **championnat.** *Tournoi de tennis.* ✪ HOM. Tournois.

tournoiement **n. m.** – XIIe ▪ Action de tournoyer, mouvement de ce qui tournoie. « *ces deux cœurs qui battaient en mesure, enfermés dans le tournoiement d'une valse* » (Daud.).

tournois **adj.** – XIIe ; lat. *turonensis* « monnaie frappée à *Tours* » ▪ Se disait de la monnaie frappée à Tours, devenue par la suite monnaie royale. *Livre, denier tournois.* ✪ HOM. Tournoi.

tournoyant, ante **adj.** – XVIe ▪ Qui tournoie, tourbillonne. ⇒ **tourbillonnant.**

tournoyer **v. intr.** [8] – XIIe **1** Décrire des courbes, des cercles inégaux sans s'éloigner. « *Au-dessus de leurs têtes tournoyait* [...] *l'escadrille des Cigognes* » (Maurois). **2** Tourner sur soi (⇒ **pivoter**) ou en spirale, en hélice (⇒ **tourbillonner**). « *Une fumée blanche, qui quelquefois s'élevait dans le ciel en tournoyant* » (Stendh.).

① **tournure** **n. f.** – XIIIe ; lat. *tornare* « tourner » **I** Forme donnée à l'expression. *La tournure d'une phrase. Tournure impersonnelle.* ♦ Expression, groupe de mots dont la construction est déterminée. ⇒ ③ **tour.** *Tournure propre au français.* « *Il avait médité sa phrase* [...] *c'était un chef-d'œuvre de prudence et de transition, de tournures fines et de délicatesse* » (Flaub.). **II** - **1** vieilli Forme, maintien du corps. ⇒ **allure,** ② **port.** **2** Air, apparence. ⇒ **allure.** « *En un tour de main, le cabinet eut une autre tournure* » (Zola). **3** Aspect général que prend une évolution. *Affaire qui prend une mauvaise tournure. Le projet commence à prendre tournure,* à se dessiner. **III** Rembourrage porté autrefois sous la robe, au bas du dos.

② **tournure** **n. f.** – XVe ▪ Fragment métallique détaché par l'outil d'un tour. *Tournure de fer.*

touron [tuʀɔ̃ ; tuʀɔn] **n. m.** – XVIIIe ; esp. *turrón,* lat. *torrere* « griller » ▪ Confiserie aux amandes, aux noisettes, sorte de nougat.

❑ Le mot est employé dans le sud-ouest de la France qui produit cette confiserie ; ailleurs on conserve *turrón* [tuʀɔn] pour désigner le nougat espagnol.

tour-opérateur n. m. – 1973 ; angl. *tour-operator* ▪ Entreprise qui organise et commercialise des voyages à forfait. *Des tour-opérateurs.* ➛ Recomm. offic. VOYAGISTE*.

> ❑ Malgré sa demi-francisation, ce mot est incompréhensible.

tourte n. f. – XIIIe ; lat. *torta (panis)* « (pain) rond » 1 Pâtisserie de forme ronde, garnie de produits salés, que l'on consomme chaude en entrée. *Tourte au saumon.* 2 adj. fam. Peu intelligent. « *une très belle fille, riche, élégante, mais plutôt tourte* » (Aymé). ⇒ **cruche, gourde.**

① **tourteau** n. m. – XIIe ; de *tourte* 1 Résidu de graines, de fruits oléagineux dont on a extrait l'huile ; gâteau cylindrique fait de ce résidu, servant d'aliment pour le bétail ou d'engrais. *Tourteaux de colza, de lin, d'olives* (⇒ **pain**). 2 En héraldique, Figure circulaire en émail.

② **tourteau** n. m. – XVIIe ; a. fr. *tort* « tordu » ▪ Gros crabe à chair très estimée. ⇒ **dormeur.**

tourtereau n. m. – XIIe 1 rare Jeune tourterelle. 2 *Des tourtereaux* : de jeunes amoureux. « *les tourtereaux finissaient par être ennuyeux, tant ils s'embrassaient* » (Zola).

tourterelle n. f. – XIe ; lat. *turtur* ▪ Oiseau voisin du pigeon, mais plus petit. *La tourterelle roucoule, gémit.* ➛ *Gris tourterelle,* très doux.

tourtière [turtjɛʀ] n. f. – XVIe 1 Ustensile de cuisine utilisé pour faire des tourtes. 2 région. (Canada) Tourte à base de porc.

tous → **tout**

toussailler v. intr. [1] – XIXe ▪ Tousser un peu et souvent.

Toussaint n. f. – XIIe ▪ Fête catholique en l'honneur de tous les saints, le 1er novembre. *Un temps de Toussaint,* gris et froid.

tousser v. intr. [1] – XIIIe 1 Avoir un accès de toux. ⇒ **toussailler, toussoter.** « *des torrents d'une fumée noire qui faisait tousser* » (Daud.). ♦ *Moteur qui tousse,* qui a des ratés. 2 Se racler la gorge. « *Elle tousse à petit bruit comme un académicien qui va lire une complainte de réception* » (Muss.).

tousseur, euse n. – XVIe ▪ Personne qui tousse.

toussotement n. m. – XIXe ▪ Action de toussoter.

toussoter v. intr. [1] – XVIIe ▪ Tousser d'une petite toux peu bruyante.

tout [tu] ; **toute** [tut] ; **tous** [tu] (adj.), [tus] (pron.) ; **toutes** [tut] adj., pron., adv. et n. – Xe ; lat. *totus* « tout entier, intégral » I adj. qualificatif TOUT, TOUTE 1 Complet, entier, intégral. *Toute la nuit. Tout le temps.* ⇒ **toujours.** ➛ TOUT LE MONDE : l'ensemble des gens ; chacun d'eux. *Tout le reste* : l'ensemble des choses qui restent à mentionner. ➛ *Tout le village est venu.* ➛ *C'est toute la question. C'est tout le portrait de son père.* ♦ « *Il a passé tout un hiver à rêver seul et en silence* » (Duham.). *C'est toute une affaire,* une véritable, une grave affaire. ♦ *J'ai tout mon temps. Toute sa petite famille.* ➛ *De tout mon cœur.* ♦ *Tout cet été. Toute cette semaine.* ➛ *Tout ceci, cela.* « *Tout ce que la paroisse pouvait fournir de prêtres et d'enfants de chœur précédait le char* » (Mauriac). ♦ TOUT CE QU'IL Y A DE. « *tout ce qu'il y avait à Paris de marauds, de voleurs oisifs et de vagabonds* » (Hugo). « *Tout ce qu'il y a de grands hommes çà et là étouffés me semble composer* [...] *un cœur mystérieux* » (Ste-Beuve). ➛ fam. *Tout ce qu'il y a de plus sérieux* : très sérieux. « *Des embuscades tout ce qu'il y a de plus classiques* » (Perret). « *Des gens tout ce qu'il y a de plus honorable* » (Romains). 2 *Donner toute satisfaction.* ⇒ **plein.** *Avoir tout intérêt,* un intérêt évident et grand. ➛ *À toute vitesse* : à la vitesse la plus grande possible. ➛ *De tout temps. De toute beauté,* très beau. *De tout cœur.* ➛ *En toute franchise. En toute hâte. En toute simplicité. Selon toute apparence* : d'une manière très probable. ➛ « *La solitude est tout mouvement et toute harmonie* » (Chateaub.). ♦ POUR TOUT : en fait de..., sans qu'il y ait rien d'autre. « *avec pour tout bagage un sac de plage* » (Le Clézio). ♦ *Lire tout Racine* : toute l'œuvre de Racine. ➛ TOUT-PARIS ; LE TOUT-PARIS : les personnes les plus notables, tout ce qui compte à Paris. « *cette halle aux beaux-arts où le Tout-Paris artiste invitait le Tout-Paris mondain* » (Maupass.). 3 Entièrement ; tout entier. « *Elle ne s'étonna pas, toute à son désarroi* » (Duras). *Une existence* « *toute de conquête spirituelle* » (Mauriac). II adj. indéf. 1 TOUS [tu], TOUTES : l'ensemble, la totalité de, sans excepter une unité ; le plus grand nombre de. *Tous les hommes.* « *La chair est triste, hélas, et j'ai lu tous les livres* » (Mallarmé). *Tous les moyens sont bons.* « *Tous les instincts et les sens de l'homme primitif* » (Maupass.). « *Que peu de temps suffit pour changer toutes choses !* » (Hugo). *Cesser toutes relations.* ➛ *Tous deux, tous trois.* ➛ « *Elle nous donna tort à tous les deux* » (Mauriac). ➛ *Toutes affaires cessantes. Le train* « *remontait, tous feux éteints, dans la nuit d'automne* » (Duham.). *Toutes proportions gardées.* ➛ *À tous les coins de rue. À tous les coups. À toutes jambes. De tous (les) côtés. De toutes les façons. De toutes parts. Dans tous les sens.* 2 ⇒ **chaque.** *Tous les jours, tous les ans* : une fois par jour, par an. *Tous les matins.* ➛ « *la plate-bande dont elle cueillait les fleurs, tous les premiers vendredis de chaque mois* » (Flaub.). *Tous les trente-six du mois* : jamais. *Tous les combien ? Toutes les cinq minutes. Une borne tous les kilomètres.* 3 TOUT, TOUTE : un quelconque, n'importe quel ; un individu pris au hasard parmi la totalité des individus semblables. « *Tout Français jouira des droits civils* » (CODE CIV.). *Toute personne.* ⇒ **quiconque.** ➛ *À tout âge. À toute heure.* ➛ *En tout état de cause* : quelle que soit la situation. ➛ *Avant toute chose, sur toute chose* : avant tout, plus que tout. ♦ *Tout un chacun* : chaque homme, tout le monde. ♦ « *Tout autre que mon père l'éprouverait sur l'heure* » (Corn.). « *Toute autre se serait rendue à leurs discours* » (Rac.). III pron. 1 TOUS [tus], TOUTES. « *Ils ne mouraient pas tous, mais tous étaient frappés* » (La Font.). ➛ *La première, la dernière de toutes.* « *Alors, il se livra aux sports, avec fureur. Il essaya de tous, il les pratiqua tous* » (R. Rolland). ➛ *Tous ensemble* : en masse. *Tous autant que nous sommes* : nous tous, sans exception. « *Vous tous, soyez témoins !* » (Hugo). ➛ « *campagnards et paysans, villégiaturistes et estivants, tous, tous, tous respiraient le parfum de la quiétude avec les poumons du bonheur* » (Queneau). 2 TOUS [tus], TOUTES : tous les hommes, tout le monde. « *nous sommes tous faits de la même matière que les astres* » (Yourcenar). « *Elle dînait chez toutes* » (France). « *Comment parler en leur nom à tous* » (Sartre). 3 TOUT pronom ou nominal : l'ensemble des choses dont il est question. *C'est tout ou rien,* il n'y a pas de moyen terme. ➛ « *un langage où rien ne serait dit mais tout pressenti* » (Genet). « *Un seul être vous manque et tout est dépeuplé* » (Lamart.). *Tout va bien.* loc. prov. *Tout est bien qui finit bien* : ce qui finit bien peut être considéré comme entièrement bon, heureux. ➛ *Tout est là* : là réside tout le problème. ➛ « *Elle a tout ressenti, tout supporté, tout souffert, tout perdu, tout pleuré* » (Hugo). *Pour tout dire* : en somme. ➛ *À tout faire* : utilisable en toutes circonstances, pour toutes sortes de choses. ➛ *À tout prendre* : tout bien considéré. ➛ *Il faut de tout pour faire un monde. On s'habitue à tout.* ➛ N'importe quoi. *Capable de tout.* ➝ « *Il fallait tout oser, pour empêcher la guerre, tout !* » (Dorgelès). ♦ *Être tout pour (qqn)* : avoir une extrême importance. ➝ *Ce sera tout pour aujourd'hui. Un point, c'est tout.* ➝ *Ce n'est pas tout* : il reste encore qqch. ➝ *Ce n'est pas tout de..., que de...* : ce n'est pas assez. « *Ce n'est pas tout de boire, il faut sortir d'ici* » (La Font.). très fam. *C'est pas tout ça* : il y a autre chose à faire. ➝ VOILÀ TOUT, pour marquer que ce qui est ainsi fini, borné, n'était pas très important. « *C'est un vers qu'aura treize pieds, voilà tout* » (Queneau). ➝ *Malgré tout.* ➝ *Avant tout. Par-dessus tout. Au-dessus de tout.* ♦ EN TOUT : de tout point, à tous égards, complètement. « *Mon exposé était en tout conforme aux dépositions des témoins* » (Beaum.). ➝ Au total. *Il y avait en tout et pour tout trois personnes.* ➝ fam. *Et tout* : et le reste. « *Paul était un type malheureux, complexé et tout* » (Le Clézio). ♦ TOUT DE... *Il ignore tout de cette affaire.* ➝ fam. *Avoir tout de...* : avoir toutes les qualités, les caractéristiques de... « *Pour Fanny, elle avait tout d'une mère, la patience infatigable, l'inquiétude...* » (Daud.). **IV** n. m. *LE, UN TOUT ; DES TOUTS* **1** L'ensemble dont les éléments viennent d'être désignés. « *Il montra son passeport, sa lettre de mission. Il prépara quelques autres papiers* [...] *Le fonctionnaire examina le tout* » (Romains). *Risquer le tout pour le tout* : risquer de tout perdre pour pouvoir tout gagner. **2** L'ensemble des choses dont on parle, l'unité qu'elles forment. *Former un tout.* « *L'homme est un tout indivisible, un tout à l'égard du néant* » (Pasc.). *Il* « *avait envie de penser à lui-même et à son existence comme à des touts* » (Romains). ♦ L'ensemble de l'écu. ➝ Le mot à trouver dans une charade. *Mon premier, mon second... ; mon tout.* **3** L'ensemble de toutes choses. ⇒ **univers.** « *Il faut dans le grand tout tôt ou tard s'absorber* » (Hugo). **4** Ce qu'il y a de plus important, d'essentiel ; le point capital. *Le tout est de* (et l'inf.). **5** *Du tout au tout* : complètement. *Changer du tout au tout.* **6** PAS DU TOUT : absolument pas. *Il ne fait pas froid du tout. Rien du tout.* « *Je commençais chaque phrase sans du tout savoir comment je la finirais* » (Gide). **V** adv. de quantité **1** Entièrement, complètement ; d'une manière absolue, intégrale. ⇒ **absolument,** ① **bien, exactement, extrêmement.** *Tout jeune. Tout ému. Tout entière. Tout fait. Tout petit. Tout enfant. Tout nu. Tout seul. C'est tout naturel.* ➝ *Une toute jeune fille.* ➝ *Tout autre* : entièrement autre, complètement différent. « *Dire tout autre chose que ce que nous voulions dire* » (Sartre). ➝ *C'est tout l'un ou tout l'autre.* ➝ *Le tout premier, la toute première* : celui, celle qui est exactement, réellement le premier. « *Les tout derniers chapitres me paraissent beaucoup moins bons* » (Gide). ♦ *Être tout en larmes.* ➝ *Elle est tout à ses projets,* entièrement à ses projets. ♦ *Tout autrement. Tout simplement. Tout doucement. Tout autant. Tout bas, tout haut. Tout juste.* ➝ *Je vous le dis tout net. Tout près. Tout autour. Tout en haut, tout en bas. Tout droit.* ➝ *Tout au moins. Tout au plus.* ➝ *Tout d'abord.* ➝ *Pour tout de bon.* ➝ *Tout le premier* : le premier, avant tout le monde. *C'est tout le contraire.* ♦ TOUT À FAIT. ⇒ **absolument, complètement, entièrement, pleinement, totalement.** *Ce n'est pas tout à fait pareil.* ⇒ **exactement. 2** TOUT EN... « *Tout en marchant, il avait saisi* [...] *le bras de la jeune fille* » (Romains). ➝ « *tout en me souhaitant du génie, elle se réjouissait que je fusse sans esprit* » (France). **3** TOUT... QUE... « *Tout riche que je suis* » (Mol.). « *Toute dépaysée et terrifiée qu'elle était, elle goûtait le soulagement* » (Romains). « *Tout formidable que soit ce sublime* » (Chateaub.). **4** littér. « *Ces deux existences, celle du comte, tout action, tout agitation, tout émotion ; celle de la comtesse, tout passivité, tout inactivité, tout immobilité* » (Balz.). ✪ CONTR. Aucun, nul, rien. Division, élément, fraction, lot, morceau, partie, pièce. — HOM. Toux.

❑ *Tout,* adverbe, est invariable au masculin et devant les adjectifs féminins commençant par une voyelle ou un *h* muet ; il est variable devant les adjectifs féminins commençant par une consonne ou un *h* aspiré. *Tout* s'accorde avec *autre* quand ce dernier est pronom *(toute autre qu'elle aurait accepté)* mais reste invariable quand *autre* est adjectif : c'est le cas de *tout autre chose.* De nombreux auteurs font cependant l'accord : « *une toute autre complexité* » (Maurois) ; « *toute autre considération* » (Rousseau). ♦ Ne pas confondre *elles étaient toutes en bleu* « toutes étaient en bleu » et *elles étaient tout en bleu* « elles étaient entièrement en bleu ». ♦ Pour les mots formés sur *tout* → brise-tout (rem.).

tout-à-l'égout [tutalegu] n. m. inv. – XIXe ■ Système de vidange qui consiste à envoyer directement à l'égout les eaux ménagères, résiduelles, les matières fécales.

toutefois adv. – XVe ■ En considérant toutes les raisons, toutes les circonstances, et malgré elles. ⇒ **cependant, néanmoins, pourtant.** « *Toutefois le vent ne fraîchit pas autant qu'on aurait pu le craindre* » (J. Verne). « *Il vous regarde avec confiance, sans naïveté toutefois* » (Romains). « *une maison, si toutefois ce nom convient à l'une de ces masures bâties dans les faubourgs* » (Balz.).

❑ Ce mot n'appartient qu'au langage soigné, à la différence de ses synonymes.

toute-puissance n. f. – XIVe ■ Puissance, autorité absolue. ⇒ **omnipotence.** *La toute-puissance de Dieu.*

tout-fou adj. m. et n. m. – mil. XXe ■ fam. Très excité, un peu fou. ⇒ **écervelé.** *Ils sont tout-fous.*

toutim [tutim] n. m. – XVIe ; de *tout* ■ arg. *Et (tout) le toutim* : et le tout, et tout le reste.

toutou n. m. – XVIIe ; formation enfantine ■ Chien. *Elle l'appelait* « *cent fois par jour et il accourait comme un toutou* » (Jouhand.). ♦ *En peau de toutou* : de médiocre qualité, nul.

tout-petit n. m. – 1936 ■ Très jeune enfant ; bébé. *Les tout-petits.*

tout-puissant, toute-puissante adj. – XIIe ■ Qui peut tout, dont la puissance est absolue, illimitée. ⇒ **omnipotent.** *Dieu tout-puissant.* ➝ *Le Tout-Puissant* : Dieu. ♦ Qui a un très grand pouvoir. « *Il subissait cet ensorcellement féminin, mystérieux et tout-puissant* » (Maupass.). *Des assemblées toutes-puissantes.*

❑ *Tout-puissant* est un calque du latin *omnipotens.* → totipotent (rem.).

tout-terrain adj. et n. – v. 1970 ■ Se dit d'un véhicule capable de rouler hors des routes, sur toutes sortes de terrains. *Véhicules tout-terrains.* n. *Des tout-terrains.* ⇒ **jeep, quatre-quatre.** *Vélo tout-terrain.* ⇒ **V.T.T.**

tout-venant n. m. inv. – XIXe **1** Houille non triée, mêlée de poussier. **2** Tout ce qui se présente. « *il y avait des colonels, des généraux* [...] *le tout-venant, grenadiers, mousquetaires, gendarmes, gardes* » (Aragon).

toux n. f. – XIIe ; lat. *tussis* ■ Expulsion forcée et bruyante d'air à travers la glotte rétrécie, due le plus souvent à une irritation des muqueuses des voies respiratoires. *Toux grasse, sèche,* avec, sans expectoration. « *la gorge arrachée par des quintes de toux qui la pliaient en deux* » (Zola). ✪ HOM. Tout.

toxémie n. f. – XIXe ; de *tox(ique)* et *-émie* ■ Présence de toxines dans le sang.

toxicité n. f. – XIXe ■ Caractère toxique. *Coefficient de toxicité* : dose mortelle minimale d'une substance toxique.

toxico- Élément, du lat. *toxicum* « poison ». Souvent abrégé en *toxi-*.

toxicologie n. f. – XIXe ; *toxico-* et *-logie* ■ Science qui étudie les poisons. *Toxicologie appliquée à la criminologie.*

toxicologue n. – XIXe ■ Spécialiste en toxicologie.

toxicomane adj. et n. – 1923 ; *toxico-* et ② *-mane* ■ Atteint de toxicomanie. ⇒ **drogué.** ◆ abrév. fam. TOXICO.

toxicomanie n. f. – 1914 ; *toxico-* et *-manie* ■ État d'intoxication engendré par la prise répétée de substances toxiques créant un état de dépendance psychique et physique.

toxicose n. f. – 1901 ; *toxico-* et ② *-ose* ■ Intoxication endogène. *Toxicose aiguë du nourrisson.*

toxi-infection n. f. – 1903 ; de *toxi(que)* et *infection* ■ Infection compliquée d'intoxication, due à des toxines produites par des germes pathogènes.

toxine n. f. – XIXe ■ Substance toxique élaborée par un organisme vivant auquel elle confère son pouvoir pathogène.

toxique n. m. et adj. – XIIe ; gr. *toxon* « arc, flèche » 1 Poison. *Toxiques gazeux* ou *volatils, minéraux, organiques.* 2 adj. Qui agit comme un poison. *Substance toxique. Gaz toxiques.* ⇒ **délétère, méphitique.** *Champignons toxiques.* ⇒ **vénéneux.** ✪ CONTR. Inoffensif.

toxoplasme n. m. – 1908 ; gr. *toxon* « arc » et *-plasme* ■ Parasite vivant dans les cellules du système lymphatique et de divers organes.

toxoplasmose n. f. – av. 1953 ■ Maladie causée par les toxoplasmes, généralement bénigne, sauf chez la femme enceinte chez qui elle peut entraîner une embryopathie. *Toxoplasmose congénitale.*

trabe n. f. – XVIe ; lat. *trabs* « poutre » ■ Hampe d'une bannière.

traboule n. f. – déb. XXe ■ région. (Lyon) Allée qui traboule. « *Juliette s'enfonçait* [...] *dans une traboule de la maison d'en face* » (Triolet).

trabouler v. intr. [1] – XIXe ; probablt lat. *trans* « à travers » et *ambulare* « aller » ■ région. (Lyon) *Passage qui traboule,* qui suit un trajet entre des maisons rapprochées.

trac n. m. – XIXe ; o. i. ■ Peur ou angoisse irraisonnée que l'on ressent avant d'affronter le public, de subir une épreuve, d'exécuter une résolution, et que l'action dissipe généralement. « *Le garçon était blême, avait visiblement le trac* » (Green). ✪ HOM. Traque.

trac (tout à) [tutatʀak] loc. adv. – XVIe ; de *trac* « trace, piste » ■ vieilli En s'exprimant d'une façon brusque, soudainement et sans préparation.

traçage n. m. – XIXe ■ Opération consistant à exécuter le tracé d'un schéma, d'une pièce à exécuter. *Traçage optique,* par projection sur le sol.

traçant, ante adj. – XVIIe ■ Se dit d'une racine qui s'étend horizontalement entre deux terres. ⇒ **stolon.** ♦ Se dit d'un projectile qui laisse derrière lui un sillage lumineux. *Balle traçante.* ⇒ **traceur.**

tracas n. m. – XVIe ■ vieilli (au sing.) Embarras. *Se donner bien du tracas.* ♦ mod. (souvent au plur.) Souci ou dérangement causé par des préoccupations d'ordre matériel, harcelantes sinon graves. ⇒ **difficulté, ennui.** *Leur déchéance « me consolait un peu de mes tracas personnels »* (Céline).

tracasser v. tr. [1] – XVe ; de *traquer* ■ Tourmenter avec insistance de façon plus agaçante que douloureuse. ⇒ **obséder, travailler, turlupiner.** ♦ pronom. Se donner du tracas, s'inquiéter. *Ne vous tracassez pas pour si peu.*

tracasserie n. f. – XVIe ■ Difficulté ou ennui qu'on suscite à qqn dans un esprit de chicane et de vexation mesquine. *Les tracasseries administratives.*

tracassier, ière adj. – XVIIe ■ Qui se plaît à faire subir des tracasseries. *Une bureaucratie tracassière.* « *L'affection des vieilles gens est souvent minutieuse et tracassière* » (Balz.).

tracassin n. m. – 1906 ; de *tracasser* ■ fam. Humeur inquiète, chagrine.

> ❑ Le mot a connu une vogue passagère à la suite d'un discours du général de Gaulle.

trace n. f. – XIIe 1 Empreinte ou suite d'empreintes, de marques que laisse le passage d'un être ou d'un objet. « *la trace circulaire* [...] *laissée par un cendrier de verre* » (Robbe-Grillet). *Traces de pas. Perdre la trace d'un fugitif.* ⇒ **piste.** *Suivre un gibier à la trace,* en se guidant sur ses traces. loc. *Suivre les traces, marcher sur les traces de qqn :* suivre son exemple. 2 Marque laissée par une action quelconque. « *il n'y avait nulle trace d'effraction* » (Renan). *Traces de coups.* ◆ *Traces de sang, d'encre.* ⇒ **tache.** 3 Très petite quantité perceptible. « *la plupart des médecins qui firent l'autopsie trouvèrent des traces indubitables de poison* » (Michelet). ♦ *Élément trace,* en très faible concentration. 4 *Trace d'une droite sur un plan, d'un plan sur un plan,* leur intersection.

tracé n. m. – XIVe ■ Ensemble des lignes constituant le plan d'un ouvrage à exécuter et art de reporter ces lignes sur le terrain. ⇒ **graphique.** *Le tracé de la future autoroute.* ♦ Ligne continue. *Tracé sinueux d'une rivière.*

tracement n. m. – XVe ■ rare Action de tracer.

tracer v. [3] – XIIe ; lat. *trahere* « tirer, traîner » **I** v. tr. 1 Indiquer et ouvrir plus ou moins (un chemin) en faisant une trace. ⇒ **frayer.** ◆ *Tracer le chemin, la voie :* indiquer la route à suivre, donner l'exemple. *Un chemin tout tracé.* 2 Mener (une ligne) dans une direction ; former ou présenter (une telle ligne). *Tracer une droite, un cercle.* « *des éclairs traçaient une raie violâtre* » (Zola). ♦ Former, en faisant plusieurs traits. ⇒ **dessiner.** « *Le périmètre du corral fut* [...] *tracé par l'ingénieur* » (J. Verne). ◆ *Le tableau qu'en trace cet écrivain.* ♦ Former par les traits de l'écriture. ⇒ **écrire.** « *trois mots écrits au crayon, et tracés d'une main rapide et ferme* » (Nerval). 3 vieilli Représenter au moyen de traits, d'un dessin au trait. ⇒ **dessiner, esquisser.** *Tracer le contour.* **II** v. intr. 1 fam. Aller vite, courir. ⇒ **cavaler.** 2 Être traçant. *Racine qui trace.*

traceret n. m. – XVIIe ■ Instrument servant à tracer les divisions sur les appareils de mesure.

traceur, euse n. – XVIe 1 Spécialiste exécutant des tracés. 2 n. m. Isotope radioactif dont l'évolution peut être suivie par les méthodes de détection de rayonnement. ⇒ **marqueur.** ◆ adj. Qui laisse une trace. *Balle traceuse.* ⇒ **traçant.** 3 n. m. *Traceur de courbes :* machine représentant des informations sous forme de courbes à deux dimensions.

trachéal, ale, aux [tʀakeal, o] adj. – XVIIIe ■ Qui appartient à la trachée.

trachée n. f. – XIVe ; → trachée-artère 1 Portion du conduit aérifère comprise entre l'extrémité inférieure du larynx et l'origine des bronches. 2 Chacun des très nombreux petits tubes membraneux, assurant la respiration des arthropodes en transportant l'air des stigmates jusqu'aux organes. ♦ *Trachées :* vaisseaux annelés et spiralés des plantes vasculaires.

> ❑ Comme le plus souvent, le mot courant a été francisé dans sa prononciation alors que les dérivés savants gardent le *ch* grec [k] *(trachéite).*

trachée-artère n. f. – XVe ; gr. *artêria* « conduit respiratoire » *trakheia* « raboteux » ■ vx Trachée. *Des trachées-artères.*

trachéen, enne [trakeɛ̃, ɛn] adj. – XIXe ▪ Relatif aux trachées. *Respiration trachéenne des insectes.*

trachéite [trakeit] n. f. – XIXe ▪ Inflammation de la trachée.

trachéobronchite [trakeobrɔ̃ʃit] n. f. – XIXe ▪ Inflammation simultanée de la trachée et des bronches.

trachéotomie [trakeɔtɔmi] n. f. – XVIIIe ; de *trachée* et *-tomie* ▪ Ouverture chirurgicale de la trachée à travers la région antérieure du cou, destinée à rétablir le passage de l'air et permettant d'introduire une canule.

trachome [trakom] n. m. – XVIIIe ; gr. *trakhôma* « aspérité » ▪ Conjonctivite granuleuse contagieuse et chronique, pouvant entraîner la cécité.

trachyte [trakit] n. m. – XIXe ; gr. *trakhus* « raboteux » ▪ Lave porphyroïde, rude au toucher. ⇒ **obsidienne.**

traçoir n. m. – XVIIe ▪ Poinçon servant à faire des tracés sur le bois, le métal, etc. ➛ Outil de jardinier servant à tracer les limites des massifs, des semis.

tract [trakt] n. m. – XIXe ; mot angl., de *tractate* « traité » ▪ Petite feuille ou brochure gratuite de propagande. *Distribuer des tracts.* « *une forme d'écriture populaire et spontanée : le tract clandestin et anonyme* » (Sartre).

tractable adj. – v. 1965 ▪ Qu'on peut tracter.

tractation n. f. – XVe ; lat. *tractare* « traiter » ▪ Négociation officieuse et occulte, où interviennent des manœuvres ou des marchandages. *Tractations entre la police et les preneurs d'otages.*

tracté, ée adj. – 1943 ▪ Tiré par un tracteur. *Artillerie tractée.*

tracter v. tr. [1] – 1965 ▪ Tirer au moyen d'un véhicule ou d'un procédé mécanique. *Tracter une caravane avec une voiture.* ⇒ **remorquer.**

① **tracteur** n. m. – XIXe ; lat. *trahere* « tirer » ▪ Véhicule automobile destiné à tirer des remorques, des instruments et des machines agricoles. *Tracteurs à chenilles.*

> ❑ *Tracteur* a d'abord désigné un instrument utilisé en obstétrique, que l'on appelle aujourd'hui *forceps.*

② **tracteur, trice** adj. – v. 1950 ▪ Capable de tracter. *Force tractrice d'un cours d'eau,* sa capacité à entraîner avec lui des matériaux solides.

tractif, ive adj. – XIXe ▪ Qui exerce une traction. *Forces tractives.*

traction n. f. – XVIe ; lat. *trahere* « tirer » 1 Action de tirer en tendant, en étendant ; force longitudinale provoquant l'allongement ou l'extension. *Résistance des matériaux à la traction.* 2 Action de tirer en amenant vers soi sans se déplacer. ➛ Mouvement de gymnastique consistant à tirer le corps (suspendu à une corde, à des anneaux, etc.) en amenant les épaules à la hauteur des mains, ou à relever le corps (étendu à terre, bras repliés sur les avant-bras) en tendant et raidissant les bras. ⇒ fam. ② **pompe.** 3 Action de traîner, d'entraîner. ⇒ **remorquage.** *Traction animale. Traction électrique.* ⇒ **locomotion.** ➛ *TRACTION AVANT :* dispositif dans lequel la transmission de l'effort moteur est répartie entre les roues avant de l'automobile ; voiture équipée de ce dispositif. ✪ CONTR. Compression, poussée.

> ❑ Pour la différence de sens avec *propulsion* → propulsion (rem.). ♦ Les mots terminés par *-traction* sont empruntés à des composés latins et correspondent à des verbes en *-traire (distraire, abstraire, soustraire).*

tractopelle n. f. – v. 1970 ; de ① *tracteur* et *pelle* ▪ Tracteur muni d'une pelle mécanique.

> ❑ Ce mot crée un nouvel élément *tracto-* inconnu jusqu'alors.

tractoriste n. – 1964 ▪ Conducteur, conductrice de tracteur.

tractus [traktys] n. m. – XIXe ; mot lat. « traînée » ▪ En anatomie, Ensemble d'organes qui constitue un appareil. *Le tractus urogénital.*

trader [trɛdœr] n. m. – v. 1980 ; mot angl. « marchand » ▪ Opérateur de marchés financiers. ⇒ **broker.**

tradescantia n. m. – 1902 ; de *Tradescant,* botaniste holl. ▪ Plante exotique ornementale *(scrofulariacées),* aux longues tiges rampantes, communément appelée *misère.*

trade-union [trɛdynjɔ̃ ; trɛdjunjɔn] n. f. – XIXe ; mot angl., de *trade* « métier » et *union* « union » ▪ En Grande-Bretagne, Syndicat ouvrier corporatiste. *Les trade-unions.* ✪ HOM. Trait d'union.

> ❑ Normalement féminin, d'après *union,* le mot tend à être employé au masculin à cause de *syndicat.*

traditeur n. m. – XVe ; lat. ▪ Chrétien qui, durant les persécutions des premiers siècles, livrait aux païens les livres et les vases sacrés pour échapper au supplice.

> ❑ *Traditeur* est un doublet de *traître.* → traducteur (rem.).

tradition n. f. – XIIIe ; lat. *tradere* « remettre, transmettre » **I** Remise matérielle (d'une chose mobilière) en vue d'en transférer la propriété ou d'exécuter une obligation de délivrance. ⇒ **livraison. II - 1** Doctrine, pratique transmise de siècle en siècle, originellement par la parole ou l'exemple. « *non sur des croyances et des traditions populaires, mais sur la révélation d'une vérité* » (Seignobos). ♦ Ensemble de doctrines et pratiques ainsi transmises. *La tradition juive, islamique.* ➛ *La Tradition :* ensemble des manifestations de la pensée et de la vie chrétienne depuis les premières communautés fondées par les Apôtres. **2** Information transmise de génération en génération ; ensemble d'informations de ce genre. ⇒ **légende, mythe.** *Tradition orale. La tradition populaire.* ⇒ **folklore. 3** Manière de penser, de faire ou d'agir, qui est un héritage du passé. ⇒ **coutume, habitude.** *Maintenir, respecter, bouleverser les traditions.* « *un auteur dramatique qui est bien dans la tradition française* » (Léautaud).

traditionalisme n. m. – XIXe **1** Doctrine religieuse extrémiste prônant un retour aux traditions catholiques. ⇒ **intégrisme. 2** Doctrine d'après laquelle il faut conserver les formes politiques et religieuses traditionnelles comme l'expression naturelle des besoins d'une société. **3** Attachement aux notions et aux techniques traditionnelles. ⇒ **conformisme, conservatisme.**

> ❑ Un seul *n* dans *traditionalisme* et *traditionaliste* et deux *n* dans *traditionnel. Rationalisme* et *rationnel* présentent la même difficulté.

traditionaliste adj. et n. – XIXe ▪ Propre au traditionalisme. Partisan du traditionalisme. ⇒ **conformiste, conservateur ; intégriste.** « *les traditionalistes pour lesquels un abus a force de loi parce qu'il s'est éternisé* » (Barbusse).

traditionnaire adj. et n. – XVIIe ▪ Qui interprète la Bible selon la tradition talmudique.

traditionnel, elle adj. – XVIIIe ▪ Qui est fondé sur la tradition, correspond à une tradition. ⇒ **conformiste, conventionnel.** *Musique traditionnelle.* ⇒ **folklorique.**

« *La logique des passions renverse l'ordre traditionnel du raisonnement et place la conclusion avant les prémisses* » (Camus). ⇒ **classique.** ♦ D'un usage ancien et familier, consacré par la tradition. ⇒ **habituel.** « *la morne table que recouvre le traditionnel tapis vert* » (Courtel.).

traditionnellement adv. – XVIIIe ■ D'une manière traditionnelle.

traducteur, trice n. – XVIe **1** Auteur d'une traduction. « *Le traducteur est un peseur perpétuel d'acceptions* » (Hugo). ➛ *Traducteur-interprète* : professionnel chargé de traduire des textes oralement et par écrit. ➛ Appareil électronique fournissant des éléments de traduction. *Traducteur, traductrice de poche.* **2** n. m. Dispositif servant à transformer un courant électrique en impressions lumineuses ou des variations de courant en impressions sonores.

> ❑ Un proverbe italien dit *traduttore, tradittore* « le traducteur est un traître (trahit le texte) ». ♦ *Traducteur* est distinct de *interprète* qui ne traduit que l'oral.

traduction n. f. – XIIIe **1** Action, manière de traduire. « *Sa traduction peut paraître très exacte et fidèlement calquée sur l'original* » (Ste Beuve). *Traduction littérale, mot à mot. Traduction fidèle.* ➛ *Traduction automatique*, opérée par des machines électroniques. ♦ Texte ou ouvrage donnant dans une autre langue l'équivalent du texte original qu'on a traduit. ⇒ **version.** « *de belles affiches annonçaient les traductions en tchèque des romans de Victor Hugo* » (Apoll.). **2** Expression, transposition. « *la peinture de Delacroix me paraît la traduction de ces beaux jours de l'esprit* » (Baud.). **3** Synthèse protéique, ainsi dénommée parce que l'alphabet à quatre lettres des acides nucléiques est traduit en alphabet à vingt lettres des protéines.

traduire v. tr. [38] – XVe ; lat. *traducere* « faire passer » **I** Citer, déférer. *Traduire qqn en justice.* **II - 1** Faire que ce qui était énoncé dans une langue naturelle le soit dans une autre. « *vous savez traduire tous ces mots en anglais, en allemand, en russe* [...] *ce ne sont toujours là que dix manières pour une de parler sans savoir ce que je dis* » (Alain). « *un terme traduit de l'anglais* » (Proust). ➛ *Auteur traduit en vingt langues.* **2** Exprimer en utilisant les moyens du langage ou d'un art. « *traduisant par les mille combinaisons du son les tumultes de l'âme* » (Baud.). ➛ pronom. « *La joie des spectateurs se traduisait en exclamations* » (Gaut.). **3** Manifester aux yeux d'un observateur. *La fièvre traduit les réactions de défense de l'organisme.* ➛ pronom. Prendre la forme (de). *L'oisiveté « se traduit non plus par de la nonchalance, mais par une vivacité fébrile* » (Proust). **4** Transcoder. *Traduire un programme informatique en langage machine.* ⇒ **compiler.** ♦ Synthétiser (une protéine) selon la séquence indiquée par un A.R.N. messager.

traduisible adj. – XVIIIe ■ Qui peut être traduit. *Ce jeu de mots n'est guère traduisible.* ✪ CONTR. Intraduisible.

trafic n. m. – XIVe ; it. *traffico* **I** Commerce plus ou moins clandestin, immoral et illicite. « *l'effroyable trafic de chair humaine qui si longtemps ravagea les côtes de l'Afrique* » (Jaurès). *Faire du trafic d'armes ; de drogue* (⇒ **narcotrafic**). ➛ *Trafic d'influence* : fait d'agréer des offres ou de recevoir des présents pour faire obtenir de l'autorité publique un avantage quelconque. ⇒ **concussion, malversation, prévarication.** ♦ *Qu'est-ce que c'est que tout ce trafic ?* ⇒ **magouille. II** Mouvement général des trains ; fréquence des convois sur une même ligne. *Un trafic intense.* ♦ *Trafic maritime, routier, aérien.*

> ❑ Un seul *f* à *trafic*, bien que le mot italien s'écrive *traffico* et le mot anglais (d'où vient le sens relatif aux trains) *traffic*.

traficoter v. intr. [1] – 1933 ■ fam. Trafiquer (2°). *Un petit escroc qui traficote.*

trafiquant, ante n. – XVIe ■ péj. Commerçant. *Trafiquant de drogue* (⇒ ① **dealer**), *d'armes.*

> ❑ *Trafiquant* s'écrit avec *qu.* → fabricant (rem.).

trafiquer v. tr. [1] – XVe **1** Faire trafic de..., acheter et vendre, en réalisant des profits illicites. « *je trafique des esclaves, je vends de la chair noire* » (Camus). ➛ « *quand M. de Talleyrand ne conspire pas, il trafique* » (Chateaub.). **2** fam. Se livrer à diverses manipulations. *Trafiquer un vin.* ⇒ **frelater.** *Voiture d'occasion dont le moteur a été trafiqué.* ⇒ **bricoler. 3** fam. Faire (qqch. de plus ou moins mystérieux). *Qu'est-ce que tu es en train de trafiquer ?* ⇒ **fabriquer.**

tragédie n. f. – XIVe ; gr. **1** Dans la Grèce antique, Œuvre lyrique et dramatique en vers, représentant quelque grand malheur arrivé à des personnages célèbres et propre à exciter la terreur ou la pitié ; genre dramatique auquel appartient ce type de pièce. *Melpomène, muse de la tragédie. Tragédies d'Eschyle.* ♦ Œuvre dramatique en vers, présentant une action tragique dont les événements se traduisent en conflits intérieurs chez des personnages illustres aux prises avec un destin exceptionnel ; le genre auquel appartient ce type de pièce (opposé à *comédie*). *Tragédies de Corneille, de Racine.* « *Les passions qui doivent être l'âme de la tragédie* » (Corn.). **2** Événement ou ensemble d'événements tragiques. ⇒ **drame.** « *Lamentable tragédie que la vie d'Edgar Poe !* » (Baud.).

> ❑ Le mot *tragos* « bouc » entre dans la composition du mot grec *tragœdia* : peut-être parce que le prix accordé au gagnant d'un concours de chant et de danse aurait été un bouc, ou bien par une analogie entre le sacrifice du bouc de Délos et le sacrifice mis en scène dans la tragédie.

tragédien, ienne n. – XVIIIe ■ Acteur, actrice qui joue spécialement les rôles tragiques.

tragicomédie n. f. – XVIe ; lat. *tragi(co) comœdia* ■ Tragédie dont l'action est romanesque et le dénouement heureux (ex. « Le Cid »). ♦ Événement, situation où le comique se mêle au tragique.

tragicomique adj. – XVIIe ■ Qui appartient à la tragicomédie.

tragique adj. et n. m. – XVe ; gr. **1** De la tragédie. *Le genre tragique. Auteur tragique.* ➛ n. m. *Les tragiques* : les poètes tragiques. ♦ Qui est propre à la tragédie, évoque une situation où l'homme prend douloureusement conscience d'un destin ou d'une fatalité qui pèse sur sa vie, sa nature ou sa condition même. ➛ n. m. *Le tragique et le comique.* **2** Qui inspire une émotion intense. ⇒ **dramatique, émouvant, terrible.** *Il a eu une fin tragique. Une tragique méprise. Air, ton tragique.* ⇒ **pathétique.** ➛ fam. *Ce n'est pas tragique* : ce n'est pas bien grave. ➛ n. m. « *Le mélange du grotesque et du tragique est agréable à l'esprit, comme les discordances aux oreilles blasées* » (Baud.). loc. *Prendre une chose au tragique*, s'en alarmer à l'excès. « *Il faut tout prendre au sérieux, mais rien au tragique* » (Thiers). ✪ CONTR. Comique.

tragiquement adv. – XVIe ■ D'une manière tragique. *Mourir tragiquement.*

tragus [tragys] n. m. – XVIIIe ; gr. *tragos* « bouc » ■ Saillie aplatie triangulaire à la partie antérieure de la conque de l'oreille, au-dessous de l'hélix.

trahir v. tr. [2] – XIe ; lat. *tradere* « livrer » 1 Livrer, ou abandonner (qqn à qui l'on doit fidélité). ⇒ **dénoncer, donner, vendre.** *Trahir ses complices.* ➤ Abandonner (son camp, son armée) en passant à l'ennemi. *Trahir sa patrie.* « *il ne vivait* [...] *que pour conspirer, épier, trahir passionnément* » (Céline). 2 Cesser d'être fidèle à (qqn à qui on est lié par une parole donnée ou par solidarité). *Il a « constamment trahi Alexandre au profit de Napoléon »* (Sartre). ➤ *Il « l'accusa d'avoir trahi sa confiance »* (Muss.). ♦ Desservir par son caractère révélateur. *Son lapsus l'a trahi.* 3 Abandonner (une personne aimée) pour une autre. ⇒ **tromper.** « *À vingt et un ans* [...] *Augustine se vit trahie pour une femme de trente-six ans* » (Balz.). 4 Lâcher. « *Mes nerfs m'ont trahi* » (Bourget). ⇒ **abandonner.** ♦ « *le sentiment que les mots m'entraînaient* [...] *trahissaient ma vraie pensée* » (Mart. du G.). 5 Livrer (un secret). ⇒ **divulguer, révéler.** ♦ Laisser voir. « *de peur de trahir l'émotion trop vive* » (Muss.). ♦ Être le signe, l'indice de. ⇒ **déceler, dénoncer, manifester, révéler.** « *Ses gestes incohérents trahissaient sa fébrilité* » (Mart. du G.). 6 v. pron. Laisser apparaître, laisser échapper ce qu'on voulait cacher. ⇒ se **couper.** « *je me trahirais ; je ne pourrais retenir l'expression du dédain qu'ils m'inspirent* » (Stendh.). ♦ Se manifester, se révéler. « *C'est par lui* [l'amour] *que se trahit la faiblesse des êtres* » (France). ✪ CONTR. Seconder, servir ; ① cacher.

❑ *Traducteur qui trahit un texte* → traducteur (rem.).

trahison n. f. – XIe 1 Crime d'une personne qui trahit, passe à l'ennemi. ⇒ **défection, désertion.** ♦ *Haute trahison* : intelligence avec une puissance étrangère ou ennemie. ➤ Manquement grave, de la part du président de la République, aux devoirs de sa charge. 2 Action de trahir (2°), de manquer au devoir de fidélité. ⇒ **déloyauté, félonie, parjure, perfidie, traîtrise.** *Payer « de quelque trahison* [...] *une tranquillité précaire »* (Péguy). 3 Grave infidélité en amour. 4 Action de dénaturer une pensée. ✪ CONTR. Fidélité.

traille n. f. – XVe ; lat. *tragula* ■ Câble tendu d'une rive à l'autre le long duquel se déplace une embarcation servant de bac ; ce bac lui-même.

train n. m. – XIIe I - 1 File de choses traînées ou entraînées. « *Un train de péniches derrière un remorqueur* » (Vercel). *Train de bois de flottage* : troncs d'arbres réunis et remorqués. *Train routier* : tracteur entraînant plusieurs remorques. ➤ *Train spatial* : ensemble de capsules ou modules circulant soit arrimés ensemble, soit séparément. 2 Suite ou ensemble de choses semblables qui fonctionnent en même temps. *Train de pneus* : ensemble de pneus d'une automobile. *Train de forage* (ou *de sonde*) : ensemble du trépan et des tiges de forage. ♦ Série d'actes de caractère administratif, social, politique, émanant du gouvernement. *Train de mesures, de réformes.* 3 Matériel de transport des unités non autonomes de l'armée. *Train de combat.* ➤ *Unités, soldats du train.* 4 *Train de maison* : domesticité, commodités, dépenses d'une maison. loc. *Mener* GRAND TRAIN : vivre dans un luxe ostentatoire. II La locomotive et l'ensemble des voitures (⇒ **wagon**) qu'elle traîne. ⇒ **convoi,** arg. **dur,** ③ **rame ; autorail.** *Chef, contrôleur, conducteur de train. Le train de 6 h 50,* qui part à 6 h 50. *Billet de train. Voyager en train. Le train entre en gare. Le train est à quai. Déraillement d'un train. Train à grande vitesse.* ⇒ **T. G. V.** *Train d'intérêt local. Train de voyageurs, de marchandises. Train blindé de l'armée.* ➤ *Train de neige* : train de voyageurs qui vont aux sports d'hiver. *Train postal.* ♦ loc. *Comme une vache regarde passer un train* : avec un air passif, abruti. ➤ *Prendre le train en marche* : s'associer à une action déjà en cours. ♦ *Le train* : moyen de transport ferroviaire. *Voyager par le train.* ⇒ **chemin de fer, rail.** ♦ Jouet d'enfant représentant un train en miniature, avec sa voie ferrée. III - 1 Manière d'aller, d'évoluer. « *leur existence avait pris le train actif et monotone des campagnes* » (Zola). *Du train où vont les choses* : si les choses continuent comme cela. « *Au train dont va la science* » (Bergson). *Aller son train* : continuer sa marche, sa progression de la même manière. ⇒ **train-train.** ♦ TRAIN DE VIE : manière de vivre, relativement aux dépenses de la vie courante. *Éléments du train de vie. Un « train de vie de grand seigneur »* (Romains). 2 Allure d'une monture, d'un véhicule ou d'un coureur, d'un marcheur. « *Quatre chevaux qu'il ne pouvait retenir accéléraient leur train* » (Flaub.). *Aller à fond de train,* à toute vitesse. *Aller bon train,* vite. « *les commentaires et suppositions sont allés bon train* » (Robbe-Grillet). ➤ Allure du peloton de tête, dans une course. *Le train est rapide.* 3 loc. adv. EN TRAIN : en mouvement, en action, en humeur d'agir. *Se mettre en train.* ⇒ **branle.** *Je ne suis pas en train* : je ne me sens pas bien disposé. « *Personne ne se sentait en train, ni les maîtres, ni les élèves* » (Daud.). ♦ *Mettre un travail en train,* commencer à l'exécuter. 4 loc. prép. EN TRAIN DE... : disposé à. *Elle n'est pas en train de s'amuser,* elle n'a pas l'esprit à cela. ♦ *Il est en train de travailler* : il travaille en ce moment. IV - 1 Partie qui porte le corps d'une voiture et à laquelle sont attachées les roues. *Train avant, arrière d'une automobile.* ➤ *Train d'atterrissage* : parties d'un avion destinées à être en contact avec le sol. 2 Partie de devant, de derrière des animaux de trait, des quadrupèdes. *Train de devant* (⇒ **avant-train**), *de derrière* (⇒ **arrière-train**). ♦ pop. Derrière. ⇒ **cul.** *Je vais te botter le train ! Filer le train à qqn,* le suivre de près. ✪ HOM. Trin.

traînage n. m. – XVIe ■ Transport par traîneaux.

traînailler v. intr. [1] – XIXe ■ Traîner, être inoccupé. ⇒ **traînasser.**

traînant, ante adj. – XIIe ■ Monotone et lent, qui traîne, en parlant de sons. « *une musique lourde, aux accents traînants* » (Le Clézio).

traînard, arde n. – XVIIe ■ Personne qui traîne, reste en arrière d'un groupe en marche. « *cette route du malheur, semée de traînards, de chevaux morts* » (Aragon). ♦ Personne trop lente dans son travail. ⇒ **lambin.**

traînasser v. intr. [1] – XVe ■ Traîner, être trop long. ⇒ **lambiner.** ♦ Errer inoccupé. ⇒ **traînailler ;** fam. **glander.** *Traînasser dans les cafés.*

traîne n. f. – XIIe 1 loc. adv. À LA TRAÎNE : en amarrant à l'arrière. « *en remorquant notre trophée à la traîne* » (Baud.). ♦ En arrière d'un groupe de personnes qui avance. *Rester à la traîne.* 2 Filet de pêche que l'on traîne. ⇒ **seine.** *Pêche à la traîne.* 3 Bas d'un vêtement qui traîne à terre. « *Son amazone de drap gros bleu, dont elle avait rejeté la longue traîne sur son bras gauche* » (Zola). 4 Secteur postérieur d'un système nuageux à l'arrière d'un front froid. *Ciel de traîne.*

traîneau n. m. – XIIIe 1 Véhicule à patins servant au transport du bois. ⇒ **schlitte.** ♦ Voiture à patins que l'on traîne (ou pousse) sur la neige. ⇒ **luge,** région. **toboggan, troïka.** *Chien de traîneau.* ⇒ **husky, samoyède.** « *les promenades en traîneaux tirés par des chevaux tintinnabulants* » (Tournier). ♦ Que l'on traîne. *Aspirateur-traîneau.* 2 Grand filet de pêche ou de chasse que l'on traîne. ⇒ **seine, traîne.**

traînée n. f. – XIVe I - 1 Longue trace laissée sur une surface par une substance répandue. *Traînées de sang.* ➤ *Traînée de poudre* : poudre à canon répandue selon une ligne, pour communiquer le feu à l'amorce. *Comme une traînée de poudre* : très rapidement, de proche en proche. 2 Ce qui suit un corps en mouvement et semble émaner de lui. *Traînée lumineuse d'une comète.* ♦ *Le soleil « rayait le gazon de traînées d'émeraudes »* (Flaub.). 3 Longue ligne de fond (pêche). 4 Composante des forces aérodynamiques sur le vecteur vitesse ; résistance à l'avancement (opposé à *poussée*). *Coefficient de traînée.* II fam. Femme de mauvaise vie. « *elle serait la dernière des dernières,* une traînée, *si elle ne vous aimait pas* » (Balz.).

traînement n. m. – XVIe ■ Action de traîner. « *Le voilà, se dit-il, en entendant un traînement de pieds* » (Huysm.).

traîne-misère n. inv. – 1907 ■ Personne qui traîne partout sa misère. ⇒ **gueux, miséreux.** « *Souvent un ivrogne, un traîne-misère* [...] *venait nous demander cent sous* » (Beauv.).

traîner v. [1] – XIIe ; lat. *trahere* I v. tr. 1 Tirer après soi. « *une roulotte traînée par un âne* » (Apoll.). « *Je traînai une chaise-longue près de la cheminée* » (Bosco). ➝ *Traîner la jambe, la patte* : avoir de la difficulté à marcher. *Traîner les pieds* ; fig. obéir sans empressement. fam. *Traîner ses bottes, ses guêtres quelque part* : traînasser. 2 Forcer (qqn) à aller (quelque part). « *la maréchaussée le traîne en prison* » (Volt.). 3 Amener, avoir partout avec soi par nécessité. ⇒ fam. **trimballer.** *Elle est obligée de traîner ses enfants partout.* ➝ fam. *Qu'est-ce qu'il traîne !* qu'il est bête ! ♦ Supporter. « *Il me faudra traîner Une vieillesse douloureuse* » (La Font.). 4 Faire durer, faire se prolonger. *Traîner les choses en longueur.* ⇒ **éterniser.** II v. intr. 1 Pendre à terre en balayant le sol. *Attention, vos lacets traînent par terre.* 2 Être étendu, s'étendre comme une traînée. « *des loques de brouillard traînaient encore sur les pelouses* » (Aymé). ♦ Subsister. « *Des restes de barbarie traînent encore* [...] *dans la civilisation moderne* » (France). 3 Durer trop longtemps, ne pas finir. ⇒ s'**éterniser.** « *l'hiver a traîné, s'est étalé pendant des mois* » (Céline). *Faire traîner les choses en longueur.* ♦ Poursuivre une vie pénible, s'acheminer vers la mort. ♦ Émettre des sons lents et bas. « *sa voix s'habitua à traîner et prit un accent* gniangnian » (Goncourt). 4 Être posé ou laissé sans être rangé. « *Sur le piano traînaient les feuillets manuscrits d'un nocturne* » (Loti). ➝ « *tous les vieux fatras qui traînent dans les livres* » (Mol.). *Ça traîne partout* : c'est rebattu, usé. 5 Rester en arrière d'un groupe qui avance. *Des enfants traînaient à quelque distance.* ♦ Aller trop lentement, s'attarder. *Ne traîne pas en rentrant de l'école.* ➝ Agir trop lentement. ⇒ **lambiner, traînasser.** « *Il était lancé, il ne voulait pas traîner* » (Nizan). 6 Aller sans but ou rester longtemps (en un lieu peu recommandable ou peu intéressant). ⇒ **errer, vagabonder,** fam. **zoner.** « *Victor avait traîné dans tous les asiles psychiatriques* » (Tournier). III v. pron. 1 Avancer, marcher avec peine. *J'ai « essayé de me traîner en me soulevant encore sur des béquilles »* (Rimb.). fam. *Voiture qui se traîne,* qui avance lentement. 2 Aller à contrecœur. *Il faut encore se traîner là-bas.* 3 Avancer à plat ventre ou à genoux. ➝ fig. *Se traîner aux pieds de qqn,* s'abaisser à des humiliations. 4 S'étirer en longueur, dans le temps. « *Sa vie se traînait inoccupée, ramenant les mêmes heures monotones* » (Zola). ✪ CONTR. Pousser, soulever. — Élever (s'), monter, ② planer. Dépêcher (se). — Courir.

traîne-savate ou **traîne-savates** n. m. – XVIIIe ■ fam. Personne oisive, indigente. *Des traîne-savates.*

traîneur, euse n. – XVe 1 Personne qui traîne (qqch.). *Traîneur de chariot.* 2 Personne qui a l'habitude de traîner. *Traîneur de rues.*

training [tʀeniŋ] n. m. – XIXe ; mot angl. « éducation, entraînement » 1 Entraînement (sportif). 2 Méthode de relaxation par autosuggestion. 3 Survêtement. ⇒ **jogging.**

train-train n. m. inv. – XVIIIe ■ Marche régulière sans imprévu. ⇒ **routine.** « *un repas tout simple, qui modifiait à peine le train-train familial* » (Romains).

> ❑ Ce mot ne vient pas de *train* mais de *tran,* onomatopée répétée dans les cris des chasseurs et les signaux de la trompe.

traire v. tr. [50] – XIIe ; lat. *trahere* « tirer » 1 *Or trait,* passé à la filière. 2 Tirer le lait de (la femelle de certains animaux) en pressant le pis manuellement ou mécaniquement. *Traire une vache. Les « bêtes, qui n'avaient pas été traites de tout le jour »* (Ramuz). ➝ « *un lait qu'on avait trait pour nous* » (Gide).

> ❑ Pour la conjugaison → soustraire (rem.).

① **trait** n. m. – XIIe ; lat. *tractus* I - 1 Fait d'aspirer d'une manière continue pour boire. *Boire à longs traits.* « *Elle reprit la coupe de champagne et la vida d'un trait* » (Sartre). ⇒ **coup.** ♦ « *Il dormit d'un trait jusqu'au lendemain* » (R. Rolland). 2 vieilli Projectile lancé à la main ou à l'aide d'une arme. ➝ *Filer comme un trait,* comme une flèche. ♦ Action d'envoyer un projectile. *Armes de trait.* ⇒ ① **jet.** ♦ *Trait de lumière* : rayon ; fig. brusque lueur par laquelle on comprend subitement. 3 *Cheval, bête* DE TRAIT, destinés à tirer des voitures. ♦ Corde, lanière servant à tirer une voiture. 4 Action de dessiner une ligne ou un ensemble de lignes. *Dessin au trait,* sans ombres ni modelé, constitué seulement par des lignes. ➝ *Esquisser à grands traits,* en traçant rapidement les linéaments. fig. *Décrire à grands traits,* sans entrer dans le détail. ♦ Marque allongée, exécutée dans une direction déterminée surtout quand on la forme sans lever l'instrument. ⇒ **ligne.** *Tirer, tracer un trait.* « *on traçait au ras de ma tête un trait que l'on confrontait avec un trait plus ancien : j'avais gagné deux* [...] *centimètres* » (Beauv.). ➝ *Barrer, rayer d'un trait.* « *Vingt-deux ans de guerres* [...] *étaient rayés d'un trait de plume* » (Madelin). *Copier, reproduire trait pour trait,* avec une parfaite exactitude. *Peindre sous les traits de,* sous l'apparence de. ➝ *Trait de scie* : marque, repère. ➝ LE TRAIT : l'élément purement graphique. ⇒ **contour.** « *La hardiesse du trait, l'éclat de la couleur* » (Gaut.). ♦ Tracé préparatoire. ♦ Signal de longue durée dans la transmission en morse et représenté par un trait. *Un trait, un point.* 5 au plur. Les lignes caractéristiques de la face humaine ; l'aspect général du visage. ⇒ **physionomie.** *Traits réguliers, fins, délicats. Son visage « aux joues creuses, aux traits tirés »* (Cendrars). II - 1 Acte, fait qui constitue une marque, un signe. « *Un fantastique trait de bravoure que je m'étais attribué* » (Céline). *Un trait d'esprit* : une parole, une remarque vive et spirituelle. « *Il y a des traits de sottise* [...] *aussi précieux que des traits d'esprit* » (Valéry). *Trait de génie* : idée remarquable et soudaine. ⇒ **illumination.** 2 AVOIR TRAIT À : se rapporter à, être relatif à. *Tout ce qui a trait à cette période de notre histoire.* 3 Élément caractéristique qui permet d'identifier, de reconnaître. ⇒ **caractère, caractéristique.** *Trait caractéristique.* « *Le trait dominant de ma nature* [...], *c'est une lucidité affreuse* » (Mauriac). *Trait de caractère. C'est son père, trait pour trait.* 4 Acte ou parole qui manifeste un esprit médisant ou piquant. ⇒ ② **brocard, épigramme,** ① **flèche, raillerie, sarcasme.** ♦ Expression heureuse et spirituelle, dans la conversation ou dans le style. ⇒ **mot, pointe, saillie.** « *On colportait des traits de lui, on citait ses mots* » (Mart. du G.). ♦ Passage musical brillant formé d'une suite de notes rapides. « *après un trait de hautbois, fort champêtre* » (Bosco). ✪ HOM. Très.

② **trait, traite** → **traire**

traitable adj. – XIIIe ; lat. *tractabilis* ■ littér. Qu'on peut influencer, apprivoiser. ⇒ **accommodant, facile, maniable.** ✪ CONTR. Inflexible, intraitable.

traitant, ante n. m. et adj. – XVIIe 1 Financier qui obtenait le droit de lever certains droits et impôts. 2 Qui traite. *Shampoing traitant. Médecin traitant,* qui traite les malades d'une manière suivie. 3 *Officier traitant* ou *traitant :* agent d'un service de renseignements en contact avec un espion ou un indicateur.

trait d'union n. m. – XVIIIe 1 Petit trait horizontal, servant de liaison entre les éléments de certains composés (ex. arc-en-ciel) et entre le verbe et le pronom postposé (ex. Prends-le). *Des traits d'union.* 2 Personne, chose qui sert d'intermédiaire. ✪ HOM. Trade-union.

❑ Le signe typique du mot composé est aussi utilisé pour relier le verbe au pronom postposé (donne-lui-en), à moins qu'il n'y ait une *apostrophe* (donne-m'en). Il indique également la division en fin de ligne. → division. Il faut le distinguer du *tiret* qui annonce un changement d'interlocuteur dans un dialogue, et dont la longueur est plus grande. → tiret (rem.). ♦ Se rappeler que *trait d'union* ne prend justement pas de trait d'union.

traite n. f. – XIVe ; de *traire* « tirer » I - 1 *Traite des nègres :* commerce et transport des esclaves noirs. ➝ *Traite des blanches :* délit consistant à entraîner ou détourner des femmes en vue de la prostitution. 2 Lettre de change ; billet, effet de commerce. *Tirer une traite. Escompter, payer une traite.* II vieilli Trajet effectué sans s'arrêter. ⇒ **chemin, parcours.** ♦ mod. *D'une (seule) traite :* sans interruption. « *Il reprit sa course, arriva d'une traite rue d'Amsterdam* » (Daud.). III Opération par laquelle on trait les vaches, les femelles d'animaux domestiques. *Traite mécanique.*

traité n. m. – XIVe ; de *traiter* 1 vieilli Convention entre des particuliers, ou entre un particulier et une autorité. ⇒ **contrat.** 2 Ouvrage didactique, où est exposé d'une manière systématique un sujet ou un ensemble de sujets concernant une matière. « *Traité sur la tolérance* », *de Voltaire.* 3 Acte juridique par lequel des gouvernements d'États compétents établissent des règles ou des décisions. ⇒ **accord, engagement, entente, pacte, protocole.** *Traité de paix, de commerce. Négocier, conclure, signer, ratifier un traité.*

traitement n. m. – XIIIe 1 Comportement à l'égard de qqn. « *Je jouis d'un traitement de faveur* » (Duham.). *Mauvais traitements :* coups, sévices. 2 Manière de soigner ; ensemble des moyens employés pour guérir. ⇒ ① **cure, médication, soin, thérapeutique.** *Le traitement prescrit par le médecin. Suivre un traitement. Être sous traitement. Traitement de choc.* 3 Rémunération d'un fonctionnaire ; gain attaché à un emploi régulier d'une certaine importance sociale. ⇒ **appointements, émoluments, salaire.** « *une indemnité double de leur maigre traitement* » (Hugo). 4 Manière de traiter (une substance) ; opération, procédé permettant de modifier (une matière). *Traitement du minerai. Traitement des déchets radioactifs.* ⇒ **retraitement.** ♦ *Traitement de l'information :* déroulement systématique d'une suite d'opérations logiques et mathématiques effectuées par des moyens automatiques sur des données pour les exploiter selon un programme. ⇒ **informatique.** *Traitement automatique de la parole.* ➝ *Machine à traitement de texte(s),* pour composer, corriger, éditer des textes. ♦ Attaque, destruction. *Traitement d'un objectif.* 5 Manière de traiter un sujet, un problème. *Cette question mériterait un traitement spécial.*

traiter v. [1] – XIIe ; lat. *tractare* I v. tr. 1 Agir, se conduire envers (qqn) de telle ou telle manière. « *elle me traita avec une froideur qui avait l'air de tenir du mépris* » (Muss.). *Traiter qqn avec beaucoup d'égards, comme un chien. Traiter qqn d'égal à égal.* « *Il continuait à la tutoyer, la traitant en gamine* » (Zola). 2 littér. Convier ou recevoir à sa table. « *ne traitant point ses collègues, n'invitant aucun étranger* » (J. Verne). 3 Soumettre à un traitement médical. ⇒ **soigner.** *Médecin qui traite un malade.* ➝ *Maladie traitée par les antibiotiques.* 4 Qualifier. « *Me traiter de coquin, de fripon, de pendard, d'infâme !* » (Mol.). *Il s'est fait traiter d'imbécile.* pronom. *Ils se sont traités de tous les noms.* 5 Régler en discutant, en négociant. « *L'habitude de traiter les affaires* » (Balz.). ⇒ ① **brasser.** pronom. « *Les affaires se traitent à demi-voix* » (From.). 6 Soumettre à l'action d'agents physiques ou chimiques, de manière à modifier. « *l'ingénieur traita la graisse par la soude, ce qui donna* [...] *la glycérine* » (J. Verne). ♦ Soumettre à l'action de produits chimiques. ➝ *Citrons non traités.* 7 Soumettre (une information) à un programme. *Traiter les résultats d'un sondage.* 8 Soumettre à la pensée en vue d'étudier, d'exposer. ⇒ **aborder, examiner.** « *des sujets cent fois traités* » (Léautaud). ♦ Mettre en œuvre de telle ou telle manière, en art. « *le fond* [du portrait] *est traité avec le même bonheur* » (Baud.). 9 Détruire. *Traiter un objectif derrière les lignes ennemies.* ⇒ **bombarder.** II v. tr. ind. 1 TRAITER DE : disserter, exposer ses vues sur. « *ne traitant ici des choses qu'autant qu'elles sont perçues par l'entendement* » (Desc.). ➝ « *les livres qui traitent de notre maladie* » (Cocteau). ⇒ ① **parler.** 2 Entrer en pourparlers, pour régler une affaire, conclure un marché. ⇒ **négocier, parlementer.** *Je ne peux pas traiter avec vous sur cette base-là.*

traiteur n. m. – XIIIe ; de *traiter* ■ Personne, entreprise qui prépare des repas, des plats à emporter et à consommer chez soi.

traître, traîtresse n. et adj. – XIe ; lat. *traditor* I n. 1 Personne qui trahit, se rend coupable d'une trahison. ⇒ **délateur, judas, parjure, renégat, transfuge.** « *Le véritable traître* [...] *c'est celui qui vend sa foi, qui vend son âme* » (Péguy). ➝ loc. *Prendre qqn* EN TRAÎTRE, d'une manière perfide, sournoise. 2 vieilli Perfide, scélérat. « *un débauché, un traître, qui me mange tout ce que j'ai* » (Mol.). II adj. 1 Qui trahit ou est capable de trahir. *On l'accusa d'être traître à sa patrie.* ⇒ **déloyal, félon.** 2 Qui est dangereux sans le paraître, sans qu'on s'en doute. « *Y a pas plus traître comme endroit. Si on carambole dans la vase,* [...] *on reste au fond* » (Céline). ♦ *Il n'a pas dit un traître mot,* pas un seul mot. ✪ CONTR. Fidèle, loyal.

❑ L'ancienne variante *ne dire pas le traître mot* (« celui qui trahit ») se comprend mieux que la forme actuelle.

traîtreusement adv. – XIVe ■ Avec traîtrise, en prenant en traître. ⇒ **perfidement, sournoisement.**

❑ Ce mot, qui a remplacé *traîtrement* en usage jusqu'au XVIIe s., vient de l'ancien féminin *traistreuse.*

traîtrise n. f. – XIXe 1 Caractère, comportement de traître. ⇒ **déloyauté, fourberie.** « *J'ai une preuve de ta traîtrise* » (Radiguet). ♦ Acte de traître, coup fourré. « *une perfidie préméditée* [...] *une traîtrise* » (Villiers). 2 Danger que présente ce qui est traître (II, 2°). « *l'eau-forte est un art profond et dangereux, plein de traîtrises* » (Baud.).

trajectographie n. f. – 1963 ; de *traject(oire)* et *-graphie* ■ Technique de l'étude de la trajectoire des engins spatiaux.

trajectoire n. f. – XVIIIe ; lat. *trajectus* « traversée, trajet » ■ Courbe décrite par le centre de gravité d'un mobile. *Trajectoire d'une planète.* ⇒ **orbite.** *Fusée qui change de trajectoire.* ♦ Ligne décrite par un projectile, après sa projection hors de l'arme. *Trajectoire d'un missile.*

trajet n. m. – XVIe ; lat. *trajectus* « traversée » 1 Espace, étendue à parcourir. *C'est sur mon trajet.* ⇒ **chemin.** 2 Le fait de parcourir un certain espace. ⇒ **parcours, voyage.** « *Nous fîmes le trajet en calèche* » (Gaut.). *Une heure de trajet.* 3 Parcours linéaire. *Douleur sur le trajet d'un nerf.*

tralala n. m. – XIXe ; onomat. ▪ fam. Luxe recherché et voyant. ⇒ **flafla.** ➛ *Et tout le tralala :* et tout ce qui s'ensuit.

tram [tʀam] n. m. – XIXe ▪ Tramway. *Des trams.* ✪ HOM. Trame.

tramail n. m. – XIIe ; lat. *tremaculum* « à trois mailles » ▪ Grand filet de pêche formé de trois nappes superposées. *Des tramails.*

trame n. f. – XIIe ; lat. I - 1 Ensemble des fils passés au travers des fils de chaîne, dans le sens de la largeur, pour constituer un tissu. *Tapis usé jusqu'à la trame.* ⇒ **corde.** 2 Structure d'un réseau. *Trame broncho-vasculaire du poumon.* ♦ Fin quadrillage sur verre ou film transparent, interposé entre l'original et la couche sensible dans les procédés de reproduction graphique. ♦ Ensemble des lignes horizontales explorées au cours d'un balayage vertical d'une image de télévision. II - 1 vx Intrigue, complot. « *voyant ourdir autour de moi mille trames* » (Rouss.). 2 Ce qui constitue le fond et la liaison d'une chose organisée. ⇒ **texture.** « *ces petits faits insignifiants et délicieux qui forment le fond même, la trame de l'existence* » (Maupass.). ✪ HOM. Tram.

tramer v. tr. [1] – XIIIe 1 Former (un tissu) en croisant les fils de trame avec les fils tendus de la chaîne. ⇒ **tisser.** ♦ Tirer ou agrandir avec une trame. ➛ *Clichés tramés.* 2 Élaborer par des manœuvres cachées. ⇒ **combiner, machiner, ourdir.** « *Ils avaient tramé* [...] *quelque détestable mystification* » (France). ➛ pronom. « *vous me tiendrez au courant de ce qui pourrait se tramer contre moi* » (Mauriac).

traminot n. m. – 1930 ▪ Employé de tramway.

tramontane n. f. – XIIIe ; it. *tramontana (stella)* « (étoile) au-delà des monts » 1 vx Étoile polaire. 2 Vent froid venant du nord-ouest qui souffle sur le Languedoc et le Roussillon. « *une colline, un rempart de cyprès qui m'abritent du mistral et de la tramontane* » (Colette).

❑ Les Alpes représentaient le Nord pour les Latins.

tramping [tʀɑ̃piŋ] n. m. – 1930 ; mot angl., de *tramp* « vagabond » ▪ Mode d'exploitation d'un cargo sans itinéraire fixe. ➛ Recomm. offic. *transport maritime à la demande.*

trampoline n. m. – 1961 ; it. ▪ Engin de gymnastique composé d'une toile tendue fixée par des ressorts à un cadre métallique sur lequel on effectue des sauts. ➛ Le sport ainsi pratiqué.

❑ Attention, ce mot est masculin, contrairement à ceux qui présentent la même finale (*crinoline, gazoline, lanoline, mandoline, santoline,* etc.).

tramway [tʀamwɛ] n. m. – XIXe ; mot angl., de *tram* « rail » et *way* « voie, chemin » ▪ Chemin de fer à rails plats servant surtout aux transports urbains ; voiture qui circule sur ce type de rails. ⇒ **tram.** *Des tramways. Tramway électrique à trolley.*

❑ Les *tramways* se font rares mais il en existe encore, et il y a des partisans des rails en ville.

tranchage n. m. – XIXe 1 Opération par laquelle on débite le bois de placage. ♦ Découpage des métaux au tranchet. 2 Action de trancher.

tranchant, ante adj. et n. m. – XIe I adj. 1 Qui est dur et effilé, peut diviser, couper. ⇒ **coupant.** *Instrument tranchant,* (ciseaux, couteau, hache, sabre). « *un chemin pavé de pierres aiguës et tranchantes* » (Gaut.). 2 Qui tranche, décide d'une manière péremptoire. ⇒ **affirmatif, cassant, dogmatique.** *Peut-être « ai-je été dur et tranchant dans la dispute »* (Beaum.). ➛ *Un ton tranchant.* II n. m. 1 Côté mince, destiné à couper, d'un instrument tranchant. ⇒ **fil, taille.** *Pointe et tranchant d'un sabre.* loc. *À double tranchant :* dont l'emploi peut provoquer des effets opposés. ♦ *Le tranchant de la main :* le côté de la main tendue opposé au pouce. 2 Instrument formé d'une lame et d'un manche. *Tranchant de tanneur.* 3 Caractère tranchant, incisif. *Tant « de réprimandes perdent tout leur tranchant »* (Gide). ⇒ **mordant.** ✪ CONTR. Contondant, émoussé. Conciliant.

tranche n. f. – XIIIe 1 Morceau assez mince, coupé sur toute la largeur d'une chose comestible. *Tranche de pain, de jambon, de saucisson. Tranche épaisse, fine. Des « harengs coupés en petites tranches »* (J. Verne). ♦ *Tranche napolitaine :* glace à plusieurs parfums ayant la forme d'une tranche de gâteau. 2 Partie moyenne de la cuisse de bœuf, au-dessus du gîte. *Tranche grasse,* située en avant de la cuisse. 3 Partie des feuillets d'un livre qui est rognée, pour présenter une surface unie. *Livre doré sur tranche.* 4 Tour d'une pièce de monnaie. 5 Bord mince, de faible épaisseur. *Des tables « portant sur la tranche de nombreuses morsures de canif »* (Romains). 6 Représentation graphique, dessin de la partie d'un objet comprise entre deux plans parallèles rapprochés. ⇒ ② **coupe.** 7 Séries de chiffres. *On divise habituellement les nombres en tranches de trois chiffres.* 8 Partie séparée arbitrairement d'une opération de longue haleine. *La première tranche des travaux est achevée.* ➛ *Tranche horaire.* ⇒ **plage.** *Une tranche de vie :* une scène, un récit réaliste. ➛ loc. fam. *S'en payer une tranche* (de bon temps) : s'amuser beaucoup. ♦ *Tranche d'âge :* âge compris entre deux limites. ⇒ **classe.** 9 Partie séparée arbitrairement. *Tranches d'imposition.*

tranché, ée adj. – XIIe 1 Coupé, sectionné. ♦ *Écu tranché,* divisé par une diagonale de droite à gauche. ♦ Coupé en tranches. *Pain tranché.* 2 Nettement séparé des choses semblables ou comparables ; qui se distingue par des caractères très apparents. « *l'alternance d'espaces de couleurs nettement tranchées* » (Proust). « *la situation est simple et les positions bien tranchées* » (Sartre). ♦ Qui est affirmé catégoriquement. *Opinion tranchée.*

tranchée n. f. – XIIe I - 1 Excavation pratiquée en longueur dans le sol. ⇒ **cavité, fossé, sillon.** *Creuser, ouvrir une tranchée.* « *Le drainage prévoyait un réseau de tranchées* » (Tournier). ♦ Fouille en longueur, généralement aménagée pour donner passage à une voie de communication. ⇒ **encaissement.** *Le pays « que le chemin de fer traverse, alternativement, sur des remblais et dans des tranchées »* (Zola). 2 Dispositif allongé, creusé à proximité des lignes ennemies, et où la troupe demeure à couvert. *Guerre de tranchées* (opposé à *guerre de mouvement*), s'est dit spécialement de la guerre de 1914-1918, après la bataille de la Marne ; conflit où les adversaires s'observent, campent sur leurs positions. « *Sur les vingt-cinq kilomètres de largeur qui forment le front de l'armée, il faut compter mille kilomètres de lignes creuses, tranchées, boyaux, sapes* » (Barbusse). 3 Chemin ouvert dans une forêt, et formant comme un fossé entre les arbres. *Tranchée pare-feu.* 4 Entaille creusée en longueur dans un mur. II au plur. *Tranchées (utérines) :* contractions douloureuses de l'utérus après l'accouchement, faisant évacuer les lochies.

tranchée-abri n. f. – 1907 ▪ Tranchée couverte pour servir d'abri. *Des tranchées-abris.*

tranchefile n. f. – XVe ; de *trancher* et *filer* 1 Petit bourrelet entouré de fils, qui garnit et renforce le haut et le bas du dos d'une reliure. 2 Couture formant bordure, à l'intérieur des souliers.

trancher v. [1] – XIe ; lat. « couper en trois » **I** v. tr. 1 Diviser, séparer d'une manière nette, au moyen d'un instrument dur et fin. ⇒ **couper, tailler.** « *un matelot prit une hache pour trancher le câble d'amarre. Trancher, signe de hâte ; quand on a le temps, on dénoue* » (Hugo). ♦ *Trancher la tête à qqn* : tuer en détachant la tête du tronc. ⇒ **décapiter, guillotiner.** *Trancher la gorge* : égorger. « *il tira de sa poche son couteau ouvert et il trancha la carotide au matelot* » (Genet). ♦ Couper en tranches. *Trancher du jambon.* ➛ *Machine à trancher.* 2 Couper, diviser net. ⇒ **interrompre.** « *Tu as tranché tes attaches bourgeoises* » (Sartre). ⇒ **rompre.** 3 Terminer par une décision, un choix. ⇒ **résoudre.** « *Je ne prendrais pas sur moi de trancher cette difficulté* » (Bourget). **II** v. intr. 1 loc. *Trancher dans le vif* : couper dans la chair encore saine, pour empêcher la gangrène de s'étendre ; fig. agir de manière très énergique. 2 Décider d'une manière franche, catégorique. « *si vous voulez être ministre, il faut beaucoup trancher* » (Balz.). 3 *TRANCHER SUR, AVEC* : se distinguer avec netteté ; former un contraste, une opposition. ⇒ **contraster,** se **détacher,** ① **ressortir.** « *des ceintures marines ou rouges tranchant sur la chemise blanche* » (Aragon). *Le « ton singulier qui règne dans cet ouvrage, et qui tranche si prodigieusement avec celui du précédent* » (Rouss.).

tranchet n. m. – XIIIe ▪ Outil formé d'une lame plate, sans manche, qui sert à couper le cuir. ♦ Outil de plombier, de serrurier pour couper le plomb, le métal chauffé.

trancheur, euse n. – XIIIe 1 Ouvrier chargé d'opérations de tranchage. 2 n. f. Machine à trancher. *Trancheuse à jambon.*

tranchoir n. m. – XIIIe 1 Plateau de bois sur lequel on place la viande à découper. ⇒ **tailloir.** 2 Instrument tranchant, sorte de large couteau, de hachoir.

tranquille [tʀɑ̃kil] adj. – XVe ; lat. 1 Où règnent des conditions relativement stables ; où se manifestent un ordre et un équilibre qui ne sont affectés par aucun changement soudain ou radical. *Mer tranquille.* ⇒ ② **calme.** « *ce petit estaminet tranquille, avec son arrière-salle déserte* » (Bernanos). *Un coin tranquille.* ♦ Que rien ne vient troubler. *Sommeil tranquille.* ➛ Qui s'effectue sans agitation, de façon régulière. *Un pas tranquille. Un grand navire fait « une entrée tranquille et silencieuse* » (Romains). ♦ Qui est, par nature, peu remuant, n'éprouve pas le besoin de mouvement, de bruit. ⇒ **paisible.** « *Elle devint singulièrement tranquille même un peu lente* » (Goncourt). *Des voisins tranquilles.* ➛ Qui est momentanément en repos, qui ne bouge pas. ⇒ **coi.** « *Il faut s'enfermer et se tenir tranquille* » (Flaub.). *Les enfants, restez tranquilles !* ⇒ ② **gentil, sage.** ➛ « *Sois sage, ô ma Douleur, et tiens-toi plus tranquille* » (Baud.). 2 Qui éprouve un sentiment de sécurité, de paix. « *Quand je pense qu'hier j'étais si tranquille et si loin de me douter de rien !* » (Hugo). *Soyez tranquille* : ne vous inquiétez pas. ➛ *Tranquille comme Baptiste.* ➛ *Laisser qqn tranquille,* s'abstenir ou cesser de l'inquiéter, de le tourmenter. ➛ *Laisse ça tranquille* : n'y touche pas, ne t'en occupe plus. ♦ *Avoir l'esprit, la conscience tranquille* : n'avoir rien à se reprocher. 3 fam. Qui ne se pose pas de problème quant à la réalité de la chose en question, qui est sûr de ce qui a été dit. *Il ne reviendra pas, je suis tranquille,* j'en suis certain. ✪ CONTR. Agité, bruyant, furieux ; anxieux, inquiet, tourmenté, troublé.

> ❑ La locution *tranquille comme Baptiste* fait référence à un type comique de niais très calme.

tranquillement [tʀɑ̃kilmɑ̃] adv. – XVIe 1 D'une manière tranquille ; sans agitation. ⇒ **calmement, paisiblement, sereinement.** « *un besoin de se laisser vivre, tranquillement, sans une pensée* » (Courtel.). 2 Sans émotion, sans inquiétude. « *il s'acheminait tranquillement vers le cardinalat, certain d'avoir le chapeau* » (Zola).

tranquillisant, ante [tʀɑ̃kilizɑ̃, ɑ̃t] adj. et n. m. – XVIIIe 1 adj. Qui tranquillise. ⇒ **rassurant.** *Des nouvelles tranquillisantes.* 2 n. m. Médicament qui agit comme calmant global (⇒ **neuroleptique**) ou en faisant disparaître l'état d'angoisse (⇒ **anxiolytique**).

> ❑ Ce nom est peu employé en médecine, où l'on parle de *neuroleptique* ou d'*anxiolytique* selon l'effet souhaité.

tranquilliser [tʀɑ̃kilize] v. tr. [1] – XVe ▪ Rendre tranquille ; délivrer de l'inquiétude. ⇒ **calmer, rassurer.** « *Elle se contraignait à sourire afin de le tranquilliser* » (Mart. du G.). ➛ pronom. *Tranquillisez-vous.* ✪ CONTR. Affoler, alarmer, angoisser, inquiéter.

tranquillité [tʀɑ̃kilite] n. f. – XIIe 1 État stable, constant, ou modifié régulièrement et lentement. « *la mer est prise soudain d'une tranquillité étrange* » (Hugo). ⇒ ① **calme.** ➛ *En toute tranquillité* : sans être dérangé, en toute quiétude. 2 Stabilité morale ; état tranquille (2°). ⇒ ① **calme, paix, quiétude, repos, sérénité.** *Tranquillité d'esprit.* « *J'aurais détesté la grande réputation : j'aime trop ma tranquillité* » (Léautaud). ✪ CONTR. Agitation, angoisse, appréhension, inquiétude ; désordre, ② trouble.

trans- Préfixe, du lat. *trans* « par-delà », qui signifie « au-delà de », « à travers » et qui marque le passage ou le changement.

> ❑ Ce préfixe conserve son *s* devant un mot débutant par la même consonne *(transsibérien, transsexuel),* bien que la prononciation ne fasse pas toujours entendre cette double consonne. ♦ Autre bizarrerie, *trans-* devant une voyelle se prononce plus souvent [tʀɑ̃z] alors qu'il est précédé d'une consonne *(transat, transition, transocéanique, transuranien).*

transaction [tʀɑ̃zaksjɔ̃] n. f. – XIIIe ; lat. *transigere* « transiger » 1 Contrat par lequel les contractants terminent ou préviennent une contestation en renonçant chacun à une partie de leurs prétentions. ⇒ **composition, concordat.** « *la plus mauvaise transaction* [...] *est meilleure que le meilleur procès* » (Balz.). ➛ Convention par laquelle une administration fiscale consent, au cas d'infraction, à n'exercer aucune poursuite moyennant une amende. ♦ Arrangement, compromis. « *les petites misérables transactions de la conscience* » (Goncourt). 2 Contrat entre un acheteur et un vendeur. *Transaction immobilière.* ➛ Opération effectuée sur les marchés commerciaux, financiers. ⇒ **échange.** 3 Opération d'échange d'informations entre systèmes éloignés utilisant des mémoires de masse.

transactionnel, elle [tʀɑ̃zaksjɔnɛl] adj. – XIXe 1 Qui concerne une transaction, a le caractère d'une transaction. *Règlement transactionnel.* 2 *Analyse transactionnelle* : thérapie de groupe visant à améliorer les relations interpersonnelles considérées comme des passages, des échanges comparables à des transactions.

transafricain, aine [tʀɑ̃zafʀikɛ̃, ɛn] adj. – XIXe ▪ Qui traverse l'Afrique.

transalpin, ine [tʀɑ̃zalpɛ̃, in] adj. – XVIe ▪ Qui est au-delà des Alpes. *Gaule cisalpine et Gaule transalpine* (par rapport à l'Italie).

❑ Sur la prononciation du *s* → trans- (rem.). ♦ Pour ce qui est situé au-delà des Alpes par rapport à la France on dit *ultramontain*.

transamazonien, ienne [tʀɑ̃zamazɔnjɛ̃, jɛn] **adj.** – mil. XXe ▪ Qui traverse l'Amazonie.

transaminase [tʀɑ̃zaminaz] **n. f.** – 1964 ; de *trans-*, *amine* et *-ase* ▪ Enzyme qui transporte le groupement moléculaire NH_2 d'un corps à un autre. *Élévation du taux des transaminases lors d'une hépatite.*

transandin, ine [tʀɑ̃zɑ̃dɛ̃, in] **adj.** – XIXe ▪ Qui traverse les Andes.

transat [tʀɑ̃zat] **n. m.** et **f.** – 1912 ; abrév. de *transatlantique* **1 n. m.** Chaise longue pliante en toile. « *Elle passe la nuit sur un "transat", emmitouflée* » (Gide). **2 n. f.** Course transatlantique de voiliers. *La transat en solitaire.*

transatlantique [tʀɑ̃zatlɑ̃tik] **adj.** et **n. m.** – XIXe **1** Qui traverse l'Atlantique. *Paquebot transatlantique.* ➛ **n. m.** Paquebot faisant le service entre l'Europe et l'Amérique. « *la foule qui encombre le môle quand partent les transatlantiques* » (Maupass.). ♦ *Lignes transatlantiques.* ♦ *Course transatlantique :* course de voiliers traversant l'océan Atlantique. ⇒ **transat. 2 n. m.** Chaise longue. ⇒ **transat.**

❑ Pour la prononciation du *s* → trans- (rem.).

transbahuter **v. tr.** [1] – XIXe ; de *trans-* et *bahuter*, de *bahut* ▪ fam. Transporter d'un lieu dans un autre sans délicatesse. « *le taxi les transbahuta à vive allure jusqu'aux portes du Fort* » (Perec).

transbordement **n. m.** – XVIIIe ▪ Action de transborder ; son résultat.

transborder **v. tr.** [1] – XVIIIe ▪ Faire passer d'un bord, d'un navire à un autre, d'un train, d'un wagon à un autre.

transbordeur **n. m.** – XIXe ▪ *Transbordeur* ou *pont transbordeur :* pont mobile, plateforme qui glisse le long d'un tablier.

transcanadien, ienne **adj.** et **n. f.** – XIXe ▪ Qui traverse le Canada d'un océan à l'autre.

transcendance **n. f.** – XVIIe **1** Caractère de ce qui est transcendant. ➛ *Transcendance de Dieu*, par rapport au monde et aux consciences. *La transcendance du monde*, par rapport aux consciences. *La transcendance :* l'existence de réalités transcendantes. **2** Action de transcender ou de se transcender. *Morale de la transcendance*, plaçant la moralité dans le fait de se transcender. **3** vieilli Supériorité, qualité éminente. ⇒ **excellence.** « *les vertus de l'ail, la transcendance de l'huile d'olive* » (Colette). ✪ CONTR. Immanence.

transcendant, ante **adj.** – XIVe ; de *trans-* et lat. *ascendere* « monter » **1** Qui s'élève au-dessus d'un niveau donné, ou au-dessus du niveau moyen. ⇒ **sublime, supérieur.** « *les facultés transcendantes que son père déployait* » (France). **2** Qui dépasse un ordre de réalités déterminé, « ne résulte pas du jeu naturel d'une certaine classe d'êtres ou d'actions, mais suppose l'intervention d'un principe extérieur et supérieur à celle-ci » (Lalande). *Transcendant à... :* d'une nature radicalement supérieure à... ou (en phénoménologie) extérieure à... *Le phénomène, l'objet conçus comme transcendants* (à la conscience). **3** Non algébrique. *Équation, courbe transcendante.* ➛ *Nombre transcendant. L'exponentielle, la fonction logarithmique, les fonctions sinusoïdales sont transcendantes.* ✪ CONTR. Élémentaire ; immanent ; algébrique.

transcendantal, ale, aux **adj.** – XVIe **1** vx Transcendant. **2** (chez Kant) Qui constitue ou exprime une condition a priori de l'expérience. *Esthétique transcendantale.* **3** *Le moi, le sujet transcendantal :* chez Kant, « principe d'activité connaissante unifiant le divers de l'expérience interne » ; chez les phénoménologues, « la conscience pure, c.-à-d. dégagée de toutes les données de l'expérience soit externe, soit interne » (P. Foulquié), seule réalité irréductible. ♦ *Méditation transcendantale :* technique de relaxation obtenue par un effort de l'esprit pour s'abstraire des réalités sensorielles.

transcendantalisme **n. m.** – XIXe ▪ Système admettant des formes et concepts a priori dominant l'expérience. ✪ CONTR. Immanentisme.

transcender **v. tr.** [1] – 1903 ; de *transcendant* ▪ Dépasser en étant supérieur ou d'un autre ordre, se situer au-delà de... « *la mise en question* [...] *de l'homme par tout ce qui lui échappe, par ce qui le dépasse, le transcende* » (Malraux). ➛ pronom. Se dépasser.

transcodage **n. m.** – 1966 ▪ Traduction (d'une information) dans un code différent. ➛ Dans un ordinateur, Transcription des instructions du programme dans un code interne. ➛ Transposition des images télévisées en couleurs d'un système à un autre.

transcoder **v. tr.** [1] – v. 1960 ▪ Traduire dans un code différent.

transcodeur **n. m.** – 1967 ▪ Dispositif capable d'opérer un transcodage.

transconteneur **n. m.** – 1975 ▪ Conteneur conçu pour un transport par plusieurs moyens successifs, sans difficultés de transbordement. ➛ Navire porte-conteneurs.

transcontinental, ale, aux **adj.** – XIXe ▪ Qui traverse un continent d'un bout à l'autre.

transcriptase **n. f.** – 1975 ; mot angl., de *transcription* et *-ase* ▪ *Transcriptase inverse :* enzyme qui catalyse la synthèse d'A.R.N. à partir d'une matrice d'A.D.N. ⇒ **rétrovirus.**

transcripteur **n. m.** – XVIe ▪ Personne, appareil qui transcrit.

transcription **n. f.** – XIVe **1** Action de transcrire ; son résultat. → **copie, enregistrement, report.** *Transcription à l'état civil.* **2** Notation des mots d'une langue dans un autre alphabet. ⇒ **translittération.** *Transcription phonétique.* **3** Arrangement (d'une œuvre musicale) pour un ou plusieurs instruments ou voix autres que ceux pour lesquels elle a été écrite. **4** *Transcription génétique*, par laquelle l'information génétique est transportée des chromosomes de la cellule sur l'acide ribonucléique messager.

transcrire **v. tr.** [39] – XIIIe ; lat. *transcribere* **1** Copier très exactement en reportant. ⇒ **enregistrer.** « *Hors d'état de racheter des livres de botanique, je me suis mis à transcrire ceux qu'on m'a prêtés* » (Rouss.). ➛ Effectuer la transcription de. *Transcrire un texte grec en caractères latins.* ⇒ **translittérer. 2** Opérer la transcription de (une œuvre musicale). *Liszt a transcrit pour le piano des pièces d'orgue de Bach.* **3** Effectuer la copie de (un gène) en A.R.N. messager (⇒ **transcription, 4°**).

transculturel, elle **adj.** – mil. XXe ▪ Qui concerne les relations entre cultures différentes.

transducteur **n. m.** – 1943 ; de *trans-* et *(con)ducteur* ▪ Dispositif assurant la transformation d'une grandeur physique en une autre. *Transducteur électroacoustique.* ⇒ **haut-parleur, microphone.**

transduction **n. f.** – 1941 ; *trans-* et *-duction*, d'apr. *conduction* ▪ Transfert génétique entre bactéries s'effectuant sous l'action d'un bactériophage.

transe **n. f.** – XIe ; de *transir* **1** vx ou littér. Inquiétude ou appréhension extrêmement vive. ⇒ **affres, crainte.**

Être dans les transes, dans des transes mortelles. Il « avait toujours l'air endimanché et dans les transes de gâter son habit » (Stendh.). 2 État du médium dépersonnalisé comme si l'esprit étranger s'était substitué à lui. *« l'apparition est formée par le fluide dégagé du médium en transe »* (Huysm.). ♦ *Être, entrer en transe :* s'énerver, être hors de soi.

transept [tʀɑ̃sɛpt] n. m. – XIXe ; lat. *trans-* et *sæptum* « enclos » ▪ Nef transversale qui coupe la nef principale d'une église et lui donne la forme symbolique d'une croix.

❑ Les consonnes finales se prononcent, à la différence de celles du nombre *sept,* avec lequel ce mot n'a aucun rapport.

transférable adj. – XVIe ▪ dr. Qui peut être transféré. *Valeur transférable.* ⇒ **cessible, négociable.**

transfèrement n. m. – XVIIIe ▪ Action de transférer (un prisonnier ou une personne assimilée). *Transfèrement cellulaire,* en voiture cellulaire.

❑ *Transfèrement* s'applique uniquement aux personnes, et *transfert* plutôt aux choses.

transférer v. tr. [6] – XIVe ; lat. 1 Transporter en observant les formalités prescrites. *Il « passa la nuit au violon et fut transféré, le matin »* (France). ➝ *Transférer le siège d'une organisation.* ⇒ **délocaliser.** ♦ Transmettre la propriété de (un bien ou un droit) d'une personne à une autre selon les formalités requises. *Transférer des titres de propriété.* 2 Étendre (un sentiment) à un autre objet par un transfert (3°). *« Parler. Dénouer la crise. La transférer »* (Duras). ✪ CONTR. Fixer.

transferrine n. f. – 1953 ; lat. *trans-* et *ferrum* « fer » ▪ Sidérophiline du sérum des mammifères, synthétisée dans le foie.

transfert n. m. – XVIIIe ; lat. *transfert* « il transfère » 1 Acte par lequel une personne transmet un droit à une autre. *Transfert de propriété.* ⇒ **aliénation, cession, translation, transmission.** ➝ Substitution du nom du nouveau contribuable sur le rôle des contributions directes à la suite d'un changement de propriété. ♦ Répartition à but social ou économique, sous forme de versements en espèces ou en nature, sans contrepartie apparente et directe. ⇒ **redistribution.** 2 Déplacement d'un lieu à un autre. ⇒ **translation, transport.** *Le transfert des cendres de Napoléon.* ➝ *Transfert de fonds.* ⇒ **virement.** ➝ *Le transfert d'un footballeur* (d'un club à un autre). *Transfert d'une entreprise.* ⇒ **délocalisation.** ➝ *Transfert d'embryon,* d'une éprouvette à l'utérus après fécondation in vitro. ♦ Passage automatique (de chacune des pièces en cours de fabrication) d'un poste de travail au suivant. *Machine-transfert :* machine-outil à postes multiples, dans laquelle les pièces à usiner se déplacent automatiquement d'un poste de travail au suivant. ♦ Décalcomanie, motif reporté sur un vêtement. ♦ Déplacement (d'une information) d'un organe à un autre en vue de son traitement. *Transfert de données.* ♦ *A.R.N. de transfert :* A.R.N. de faible poids moléculaire, qui apporte, au cours du processus de traduction, l'acide aminé correspondant à chaque codon qu'il identifie sur l'A.R.N. messager. 3 Phénomène par lequel un état affectif éprouvé pour un objet est étendu à un objet différent. *Transfert des sentiments.* ⇒ aussi **identification, projection.** ➝ Acte par lequel un sujet reporte sur le psychanalyste soit une affection *(transfert positif),* soit une hostilité *(transfert négatif)* qu'il éprouvait primitivement pour une autre personne. ♦ « Phénomène par lequel les progrès obtenus au cours de l'apprentissage d'une certaine forme d'activité entraînent une amélioration dans l'exercice d'une activité différente, plus ou moins voisine » (H. Piéron).

❑ Pour le sens → transfèrement (rem.).

transfiguration n. f. – XIIIe 1 Changement miraculeux dans l'apparence du Christ transfiguré. 2 Action de transfigurer, état de ce qui est transfiguré. *« C'était moins un sourire qu'une transfiguration. Tout à coup ses traits s'animèrent ; ce fut un éclairement subit »* (Gide).

transfigurer v. tr. [1] – XIIe ; lat. *trans-* et *figura* « forme, figure » 1 Transformer en revêtant d'un aspect éclatant et glorieux. *Jésus fut transfiguré sur le mont Thabor.* 2 Transformer en donnant une beauté et un éclat inhabituels. ⇒ **embellir.** *« une merveilleuse exaltation intérieure la transfigurait »* (Mart. du G.). ⇒ **métamorphoser.**

transfiler v. tr. [1] – XIXe ; var. de *tranchefiler,* de *tranchefile* ▪ Joindre (deux toiles) bord à bord en passant un bout de ligne dans les œillets de l'une et de l'autre alternativement.

transfini, ie adj. – XIXe ▪ *Nombre transfini* ou *cardinal infini :* nombre d'éléments d'un ensemble infini.

transformable adj. – XVIe ▪ Qui peut être transformé, prendre une autre forme, une autre position. *Canapé transformable* (en lit). ⇒ **convertible.**

transformateur, trice adj. et n. m. – XVIIe 1 Qui transforme. *Action transformatrice.* 2 n. m. Appareil servant à modifier la tension, la nature d'un courant électrique alternatif. ➝ abrév. fam. TRANSFO [tʀɑ̃sfo]. *Des transfos.*

transformation n. f. – XIVe 1 Action de transformer, opération par laquelle on transforme. ⇒ **conversion.** *Industrie de transformation. Faire des transformations dans une maison.* ⇒ **aménagement, modification, rénovation.** ♦ En géométrie et en topologie, Fonction. *Transformation identique, linéaire.* ♦ Action de transformer en. *Machine qui effectue la transformation de la chaleur en travail.* ♦ Au rugby, Action de transformer un essai. 2 Le fait de se transformer ; modification qui en résulte. ⇒ **changement, métamorphose.** *« la transformation qu'apporte le temps dans nos corps et dans nos pensées »* (Maurois). *Transformation de l'œuf.* ⇒ **développement, différenciation.** *Transformation de l'énergie. Transformation lente* (⇒ **évolution, transition**), *brutale* (⇒ **mutation, révolution**). ♦ *Transformation chimique :* modification de la composition d'un corps, d'un mélange dans une réaction. ➝ *Transformation thermodynamique :* modification dans un système en relation mécanique et thermique avec le milieu extérieur. ♦ Passage d'une forme à une autre. *Transformation des végétaux en houille.* ♦ Toute opération permettant le passage de la structure profonde des phrases à leur structure superficielle. 3 Modification du patrimoine génétique d'une cellule par introduction d'une information génétique étrangère. ✪ CONTR. Maintien. Fixité, permanence.

transformationnel, elle adj. – v. 1960 ▪ Qui relève des transformations. *Grammaire transformationnelle :* ensemble des règles de réécriture régissant les transformations.

transformée n. f. – XVIIIe ▪ Fonction résultant d'une transformation. *La transformée de Fourier, de Laplace.*

transformer v. tr. [1] – XIIIe ; lat. « former *(formare)* au-delà *(trans)* » I - 1 Faire passer d'une forme à une autre, donner un autre aspect, d'autres caractères formels à. ⇒ **changer, modifier, renouveler.** *Transformer un vêtement. Transformer une matière première.* ⇒ **élaborer, traiter.** *« l'art n'épuise rien : il transforme tout ce qu'il touche, il ajoute aux choses »* (From.). ➝ Améliorer, régénérer de façon visible. *Son séjour à l'étranger l'a* *transformé.* ♦ *Transformer un essai :* au rugby, envoyer le ballon, qu'on a posé au sol, entre les poteaux du but adverse. 2 *TRANSFORMER EN... :* faire prendre la forme, l'aspect, la nature de. ⇒ **convertir, métamorphoser, transmuer.** « *La véranda avait été entièrement vitrée et transformée en un jardin d'hiver* » (Mart. du G.). II *SE TRANSFORMER* **v. pron.** 1 Prendre une autre forme, un autre aspect ; devenir différent. *Animaux à métamorphoses qui se transforment au cours de leur vie.* 2 *SE TRANSFORMER EN... :* devenir différent ou autre en prenant la forme, l'aspect, la nature de. *Leur passion* « *s'était petit à petit transformée en haine* » (Simenon). ✪ CONTR. Maintenir. Rester (le même).

transformisme **n. m.** – XIXe ▪ Théorie de l'évolution selon laquelle les espèces dérivent les unes des autres par des transformations successives (⇒ **évolutionnisme).** ✪ CONTR. Fixisme.

> ❑ Le transformisme englobe le lamarckisme et le darwinisme.

transformiste **n.** et **adj.** – XIXe ▪ Partisan du transformisme. ✪ CONTR. Fixiste.

transfrontalier, ière **adj.** – 1977 ▪ Qui concerne les deux côtés d'une frontière.

transfuge **n.** – XVIIe ; lat. *trans-* et *fugere* « fuir » **1 n. m.** Militaire qui déserte pour passer à l'ennemi. ⇒ **traître. 2** Personne qui abandonne son parti, sa cause pour se rallier à ses adversaires. ⇒ **dissident.** « *qu'était-ce après tout que Lord Clancharlie ? un transfuge. Il avait quitté son camp, l'aristocratie* » (Hugo). ➛ *Un transfuge de l'Administration.* ✪ CONTR. Fidèle.

transfuser **v. tr.** [1] – XIVe ; lat. *trans-* et *fundere* « répandre » ▪ Faire passer (du sang d'un individu) dans le corps d'un autre. *Sang transfusé.* ♦ fam. Soumettre à une transfusion sanguine. ➛ **n.** *Un transfusé :* receveur de sang transfusé (opposé à *donneur*).

transfuseur **n. m.** – XVIIe ▪ Appareil servant à la transfusion du sang.

transfusion **n. f.** – XIVe ▪ *Transfusion (sanguine) :* injection de sang humain (ou d'éléments sanguins) qui passe de la veine du donneur à celle du receveur, ou introduction dans le bras du patient de sang préalablement donné et conservé.

> ❑ La pratique initiale fut interdite en 1668, puis reprise au XIXe s., avec du sang humain, et récemment avec celui du transfusé lui-même. → autotransfusion.

transgénique **adj.** – 1984 ▪ *Animal, plante transgénique,* à qui on a transféré un ou plusieurs gènes supplémentaires.

transgresser **v. tr.** [1] – XIVe ▪ Passer par-dessus (un ordre, une obligation, une loi). ⇒ **contrevenir** (à), **désobéir** (à), **enfreindre, violer.** *Les peintres* « *transgressent les lois d'esthétisme qui les encadrent* » (Cocteau). ✪ CONTR. Observer, respecter.

> ❑ Celui qui *transgresse un interdit, un tabou* franchit ce qui est considéré comme une limite. *Contrevenir à un ordre* ou *enfreindre le règlement* constituent de moindres désobéissances.

transgresseur **n. m.** – XIVe ▪ littér. Personne qui transgresse.

transgressif, ive **adj.** – XIXe ▪ Qui transgresse. ♦ *Eaux transgressives :* eaux chaudes remontant des zones tropicales vers le nord.

transgression **n. f.** – XIIe ; lat. *transgredi* « passer outre » **1** Action de transgresser. ⇒ **désobéissance, violation.** ➛ Le fait de transgresser un interdit, un rite. **2** Mouvement de la mer qui déborde sur les aires continentales avoisinantes ou sur les bords des géosynclinaux. *Les couches de gypse* « *déposées par les transgressions du lac* » (Tournier). ✪ CONTR. Obéissance, respect. Régression.

transhumance [tʀɑ̃zymɑ̃s] **n. f.** – XIXe ▪ Migration périodique du bétail qui change de pacage en été et s'établit en montagne.

transhumant, ante [tʀɑ̃zymɑ̃, ɑ̃t] **adj.** – XIXe ▪ Qui transhume. *Troupeaux transhumants.*

transhumer [tʀɑ̃zyme] **v.** [1] – XIXe ; lat. *trans-* et *humus* « terre » **1 v. tr.** Mener (les troupeaux) paître en montagne pendant l'été. **2 v. intr.** Aller paître dans la montagne l'été.

① **transi** [tʀɑ̃zi] **n. m.** – 1964 ; a. fr. *transi* « mort » ▪ Figure sculptée du Moyen Âge ou de la Renaissance, représentant un cadavre décomposé.

② **transi, ie** [tʀɑ̃zi] **adj.** – XIVe ; de *transir* ▪ Pénétré, engourdi de froid (⇒ **gelé).** *Je suis transi.* ➛ *Un amoureux transi,* timide.

transiger [tʀɑ̃ziʒe] **v. intr.** [3] – XIVe ; lat. *trans-* et *agere* « mener » **1** Faire des concessions réciproques, de manière à régler, à terminer un différend. ⇒ **s'arranger, composer.** Faire une transaction avec l'autre partie. « *Que faire, monsieur le comte ?* [...] *Il n'y a qu'un moyen, transiger* » (Balz.). **2** Se prêter à des accommodements, faire des concessions. « *il faut sans fin manœuvrer, transiger, accepter les compromis boiteux* » (Beauv.). ♦ Ne pas se montrer ferme, céder par faiblesse. « *elle ne transigeait pas sur les principes* » (Mauriac).

transir [tʀɑ̃ziʀ] **v.** [2] ; seult prés. indic., temps composés et inf. – XIIe ; lat. « aller *(ire)* au-delà » **1 v. tr.** littér. Pénétrer en engourdissant, transpercer. ⇒ **glacer, saisir.** « *Un air inerte, qui sans être froid nous transit* » (Genev.). ➛ « *Cette minute de contemplation m'avait transi, et l'âme encore plus que la chair* » (Gide). **2 v. intr.** vx ou littér. Être pénétré d'une sensation, d'un sentiment qui glace, engourdit. « *Je sentis tout mon corps et transir et brûler* » (Rac.).

transistor [tʀɑ̃zistɔʀ] **n. m.** – 1952 ; mot angl., de *transfer resistor* « résistance de transfert » **1** Composant électronique actif associant en deux jonctions trois régions semi-conductrices différemment dopées, munies d'électrodes et utilisé comme amplificateur, modulateur, oscillateur, interrupteur. « *elle allume le poste à transistors et la musique envahit l'appartement* » (Le Clézio). **2** Récepteur portatif de radio équipé de ces dispositifs.

> ❑ La découverte du transistor en 1947 valut à ses auteurs le prix Nobel de physique (1956).

transistoriser [tʀɑ̃zistɔʀize] **v. tr.** [1] – 1962 ▪ Équiper de transistors.

transit [tʀɑ̃zit] **n. m.** – XVIIe ; lat. *transitus* « passage » **1** Dérogation au paiement des droits de douane, accordée à une marchandise qui ne fait que traverser un territoire ; passage en franchise. *Marchandises en transit.* **2** Passage, transport de marchandises ; marchandises transportées. *Transit international routier* (*T.I.R.* [tiʀ]). ♦ Situation de voyageurs à une escale, lorsqu'ils ne franchissent pas les contrôles de police, de douane. *Passagers en transit.* ♦ *Cité de transit :* centre d'hébergement provisoire. **3** Passage des aliments à travers les voies digestives. *Transit intestinal.* ➛ *Transit baryté :* examen radiologique de l'intestin grêle après l'ingestion d'une bouillie contenant de la baryte. **4** Déplacement (des électrons) d'un point à un autre.

> ❑ L'emprunt de ce mot à l'italien *transito* par Colbert est lié à la politique économique qu'il mena en faveur de la libre circulation des marchandises.

transitaire [tʀɑ̃zitɛʀ] adj. et n. – XIXe 1 Où s'effectue le transit. *Pays transitaire.* ♦ Qui se fait en transit. *Commerce transitaire.* 2 n. Commissionnaire de transport ou mandataire qui assure les opérations liées à l'exportation et à l'importation de marchandises. ⇒ **consignataire.** *Transitaire agréé en douane.*

transiter [tʀɑ̃zite] v. [1] – XIXe 1 v. tr. Faire passer en transit. « *pour y transiter des sacs de coprah* » (Bosco). 2 v. intr. Passer, voyager en transit. *Transiter par un pays.*

transitif, ive [tʀɑ̃zitif, iv] adj. – XIIIe ; lat. *transire* « passer » 1 Se dit d'un verbe dont l'énoncé appelle un complément d'objet. *Verbes transitifs directs. Verbes transitifs indirects,* dont le complément est construit avec une préposition. *Construction transitive.* 2 Se dit d'une opération ou d'une relation qui, lorsqu'elle lie un premier terme à un second, et ce dernier à un troisième, lie de la même façon le premier terme au troisième (et ainsi de suite). *Les relations « égale », « plus petit que... », « postérieur à... », « implique... » sont transitives.* ✪ CONTR. Intransitif, neutre.

❑ Le sens grammatical est rare avant le XIXe s. ; on disait *verbe actif.*

transition [tʀɑ̃zisjɔ̃] n. f. – XVIe ; lat. « passage » 1 Manière de passer de l'expression d'une idée à une autre, de lier les parties d'un discours. *Ménager les transitions. Passer sans aucune transition d'un sujet à l'autre.* ➛ Élément servant de passage entre deux thèmes musicaux. ➛ Passage d'un plan cinématographique à un autre. 2 Passage d'un état à un autre, d'une situation à une autre. *Passer sans transition de l'exaltation au désespoir.* « *des inflexions de contralto* [...] *qui succédaient sans transition à des résonances plus rêches* » (Mart. du G.). ♦ *De transition :* qui constitue un intermédiaire. *Gouvernement de transition.* 3 sc. Passage d'un état stationnaire à un autre. *Énergie de transition.* ➛ Passage d'un électron d'un niveau d'énergie quantifiée à un autre. ➛ *Élément de transition :* élément atomique dont une sous-couche électronique interne est incomplète. 4 Ce qui constitue un état intermédiaire. « *La plus délicate des transitions, l'adolescence* » (Hugo).

transitionnel, elle [tʀɑ̃zisjɔnɛl] adj. – XIXe 1 Qui marque une transition. 2 *Objet transitionnel :* objet matériel fortement investi par le jeune enfant et lui assurant la transition entre la première relation orale à la mère et la relation d'objet.

transitivement [tʀɑ̃zitivmɑ̃] adv. – XIXe ▪ Avec la construction d'un verbe transitif direct.

transitivité [tʀɑ̃zitivite] n. f. – 1903 ▪ Caractère de ce qui est transitif.

transitoire [tʀɑ̃zitwaʀ] adj. – XIIe ; lat. *transire* « passer » 1 Qui passe, ne dure pas. ⇒ **fugitif, passager.** 2 Qui constitue une transition, qui remplit l'espace de temps entre deux états. *Dispositions transitoires.* ⇒ **provisoire.** *Fonction transitoire.* ⇒ **intérimaire.** « *je suis maintenant dans une époque transitoire et je suis curieux de voir* [...] *comment j'en sortirai* » (Flaub.). 3 *Expression transitoire :* expression d'un gène nouvellement introduit dans une cellule et non intégré dans le génome. ✪ CONTR. Durable, permanent.

translatif, ive adj. – XIVe ▪ Par lequel on transfère à qqn. *Contrat translatif de propriété.*

translation n. f. – XIIe ; lat. *transferre* « transférer » 1 littér. Le fait de transporter (les restes, le corps d'une personne). ⇒ **transfert.** « *La translation des restes de Napoléon est une faute contre la renommée* » (Chateaub.). 2 Le fait de transférer d'une personne à une autre. *Translation de propriété.* 3 Le fait de transporter d'un lieu à un autre (un dignitaire, une juridiction). *Translation d'un tribunal, d'un évêque.* ➛ Transport d'un prisonnier. ⇒ **transfèrement.** 4 Déplacement (d'un corps, d'une figure) au cours duquel les positions d'une même droite liée à la figure ou au corps restent parallèles. « *ces images fixes projetées sur écran, tirées sur le côté par translation, l'une chassant l'autre* » (Cl. Simon). ➛ Mouvement (d'une planète) autour du Soleil. *Translation de la Terre.* ➛ Transformation ponctuelle faisant correspondre à chaque point de l'espace un autre point par un vecteur fixe.

❑ *Translation* a d'abord eu le sens de « traduction » qui a été conservé en anglais (*to translate* « traduire » et *translation* « traduction »).

translittération n. f. – XIXe ; *trans-* et lat. *littera* « lettre » ▪ Transcription lettre par lettre, dans laquelle on fait correspondre à chaque signe d'un système d'écriture un signe dans un autre système. *Translittération du grec en caractères latins.*

❑ Pour la graphie → oblitération (rem.).

translittérer v. tr. [6] – v. 1950 ▪ Faire correspondre à (un signe d'une écriture) un signe d'une autre écriture.

translocation n. f. – 1941 ; *trans-* et lat. *locatio* « disposition » 1 Modification du trajet d'un tendon pour en changer la fonction. 2 Anomalie génétique due à la cassure d'un segment de chromosome puis à son transfert sur un chromosome non homologue.

translucide adj. – XVIe ; lat. ▪ Qui est perméable à la lumière, la laisse passer, mais ne permet pas de distinguer nettement les objets. ⇒ **diaphane.** *Verre translucide,* dépoli. « *Une espèce d'ectoplasme translucide se formait tout autour* » (Cendrars). ✪ CONTR. Opaque.

translucidité n. f. – XVIe ▪ État, caractère d'un corps translucide. ✪ CONTR. Opacité.

transmetteur n. m. – XVe 1 Technicien travaillant dans les services de transmissions. 2 Appareil qui sert à transmettre les signaux.

transmettre v. tr. [56] – Xe ; lat. *transmittere* 1 Faire passer d'une personne à une autre par une voie légale. *Transmettre un héritage.* ➛ *Transmettre son pouvoir à qqn.* ⇒ **déléguer.** pronom. « *Le pouvoir peut bien se transmettre mais non pas la volonté* » (Rouss.). 2 Faire passer (un objet matériel) d'une personne à une autre. *Transmettre le flambeau.* 3 Laisser à ses descendants, à la postérité. *Transmettre des traditions.* ➛ *Caractères transmis héréditairement* (opposé à ② *acquis*). 4 Faire passer d'une personne à une autre (un écrit, des paroles, etc.). *Transmettre un ordre, une information.* ⇒ **communiquer, répercuter.** « *il se fera renvoyer pour avoir transmis un message pareil* » (Yourcenar). ➛ *Transmettez mes amitiés à M. X.* 5 Faire connaître. *Une recette « dont le secret était transmis de mère à fille »* (Chardonne). 6 Faire parvenir (un phénomène physique) d'un lieu à un autre. ⇒ **conduire.** *Transmettre un mouvement. Dispositif qui transmet des signaux sous forme d'impulsions électriques.* ♦ Faire passer d'un point à un autre d'un organisme. *L'excitation de la rétine est transmise par le nerf optique.* 7 Faire passer (un germe pathogène) d'un organisme à un autre. *Parasite qui transmet une maladie.* ⇒ **véhiculer.** ♦ Donner par hérédité. pronom. *L'hémophilie se transmet par les femmes.* ✪ CONTR. Acquérir, garder, hériter, recevoir.

transmigration n. f. – XIIe ▪ Passage (d'une âme) d'un corps dans un autre. ⇒ **métempsycose.** « *Enfin, Tsing-Chüng ayant complété ses transmigrations, il arriva pour reprendre son corps* » (Restif).

transmigrer v. intr. [1] – XVe ▪ Passer d'un corps dans un autre.

transmissibilité n. f. – XVIIIe ▪ Qualité, caractère de ce qui est transmissible.

transmissible adj. – XVIe ▪ Qui peut être transmis. *Titres transmissibles aux descendants.* ♦ *Maladie transmissible.* ⇒ **contagieux, infectieux.** *Maladie sexuellement transmissible.* ⇒ **M.S.T.** ➛ *Caractères transmissibles par l'hérédité.* ✪ CONTR. Incommunicable, intransmissible.

transmission n. f. – XIVe I - 1 Action de transmettre (1°). *Transmission d'un droit à une autre personne.* ⇒ **cession.** *La transmission des pouvoirs.* ⇒ **passation.** 2 Le fait de laisser à ses descendants, à la postérité. « *Plus de transmission du mérite, abolition de la noblesse* » (Michelet). ♦ *La transmission des caractères.* ⇒ **hérédité.** ♦ *Transmission d'une maladie* (⇒ **contagion, infection**). 3 Action de faire connaître. *Erreur de transmission.* ♦ *Transmission de pensée :* télépathie. 4 Transport d'un lieu à un autre par un système physique. *Ondes électromagnétiques propagées par transmission* (par oppos. à *par réflexion*). *Transmission du son par l'électricité.* ⇒ **télégraphe, téléphone, T.S.F.** *Transmission d'ondes sonores.* ⇒ **diffusion, émission, sonar.** *Transmission d'ondes électromagnétiques* (⇒ **antenne, radar**), *d'informations* (⇒ **télécommunication**) *par fil, par câble, par voie hertzienne, par radiodiffusion.* ➛ *Transmission du mouvement dans une automobile. Organes, arbre, chaîne, courroie de transmission.* II - 1 Organe ou ensemble d'organes servant à transporter la puissance d'un producteur d'énergie au mécanisme utilisateur. *Il* « *s'accroupit pour inspecter la transmission, tout en faisant tourner la pédale avec la main* » (Robbe-Grillet). 2 au plur. Ensemble des moyens destinés à transmettre les informations. *Services des transmissions* (hommes de liaison, signaux, téléphone, radio, etc.). ♦ Troupes spécialisées qui mettent en œuvre ces moyens.

transmodulation n. f. – 1934 ▪ Effet indésirable de modulation résultant d'une interférence entre l'onde sur laquelle un récepteur est accordé et l'onde modulée d'un émetteur voisin.

transmuable adj. – XIVe ▪ rare Qui peut être transmué.

transmuer v. tr. [1] – XIIIe ; lat. *transmutare* 1 Transformer (une substance) en altérant profondément sa nature. ⇒ **changer, convertir.** *Cette liqueur* « *tournera au rouge et acquerra la vertu de transmuer l'argent en or* » (France). 2 Changer en une autre chose. *Le poète* « *domine, transmue son déchirement* » (Leiris).

❑ On dit aussi *transmuter,* d'emploi plus technique et sans pronominal, mot refait d'après *transmutation.*

transmutant, ante adj. – 1949 ▪ Qui peut provoquer une transmutation atomique.

transmutation n. f. – XIIe 1 Changement d'une substance en une autre. *Les alchimistes cherchaient à réussir la transmutation des métaux.* ♦ Transformation d'un élément chimique en un autre par modification du noyau atomique. 2 littér. Changement de nature, transformation totale.

❑ Le mot est passé dans le domaine de la physique atomique avec Frédéric et Irène Joliot-Curie. ♦ Un seul nom pour deux verbes : *transmuer* et *transmuter.*

transmuter → **transmuer**

transnational, ale, aux adj. – 1920 ▪ Qui concerne plusieurs nations. ⇒ **multinational.** *Organisme transnational.*

transocéanique [tʀɑ̃zɔseanik] adj. – XIXe ▪ Qui est au-delà de l'océan. ♦ Qui se fait à travers l'océan. *Navigation transocéanique.*

transparaître v. intr. [57] – XVIIe ▪ Se montrer au travers de qqch. ⇒ **apparaître, paraître.** « *la montmorency d'une chair si fine que le noyau y transparaît à contre-jour* » (Colette). ➛ *Laisser transparaître ses sentiments.*

transparence n. f. – XIVe 1 Qualité d'un corps transparent. « *L'eau de la rivière est d'une transparence qui fait mal* » (Renard). ⇒ **limpidité.** 2 Phénomène par lequel les rayons lumineux visibles sont perçus à travers certaines substances. *Effets par transparence,* derrière un écran, une substance translucide. *Un écran éclairé par transparence.* ♦ Projection d'un film sur un écran transparent, servant de décor devant lequel évoluent les personnages réels. 3 Translucidité. « *Un peigne en écaille blonde d'une transparence rare* » (Loti). 4 littér. Qualité de ce qui laisse paraître la réalité tout entière, de ce qui exprime la vérité sans l'altérer. ⇒ **limpidité.** « *à cet âge innocent où l'on voudrait que toute l'âme ne soit que transparence, tendresse et pureté* » (Gide). ♦ *Transparence d'un texte,* dont le sens n'est pas ambigu. 5 Caractère de ce qui est visible par tous, public. *Transparence des salaires. Transparence fiscale.* 6 Qualité d'un système, d'un mode de fonctionnement qui peut être ignoré de l'utilisateur. ✪ CONTR. Opacité.

transparent, ente adj. et n. m. – XIIIe ; lat. *trans-* et *parere* « paraître » I adj. 1 Qui laisse passer la lumière et paraître avec netteté les objets qui se trouvent derrière. « *Les gouttes de pluie transparentes à la pointe de chaque aiguille de pin* » (Claudel). ⇒ **cristallin, limpide.** ➛ *Tissus transparents,* assez fins pour qu'on puisse voir au travers. ⇒ **vaporeux.** *La Sainte Vierge* « *voile avec une écharpe transparente la divine nudité du petit Jésus* » (Gaut.). *Papiers transparents.* ♦ *Corps transparent,* doué d'un coefficient de transmission voisin de l'unité. ➛ *Milieux transparents de l'œil.* 2 Translucide, diaphane. « *un limaçon, transparent comme une agate* » (Mart. du G.). *Des paupières transparentes.* 3 Qui laisse voir clairement la réalité psychologique. « *Son cœur transparent comme le cristal ne peut rien cacher de ce qui s'y passe* » (Rouss.). ♦ Qui laisse voir le sens. *Allégorie, allusion transparente.* ⇒ **clair, évident.** 4 Visible par tous, non dissimulé. *Comptabilité transparente.* 5 Qui présente la qualité de la transparence (5°). *Mode de gestion de la mémoire transparent pour l'utilisateur.* II n. m. 1 Panneau de matière très fine, derrière lequel on dispose des lumières pour produire un effet décoratif par transparence. 2 Motif décoratif sculpté à jour et destiné à être éclairé par-derrière (dans le gothique flamboyant, le baroque). 3 Document sur support transparent destiné à être projeté à l'aide d'un rétroprojecteur. ✪ CONTR. Opaque, ① trouble ; laiteux. Épais. Caché, obscur.

transpercer v. tr. [3] – XIIe 1 Percer de part en part. « *il plongea l'épée* [...] *c'était une douce chair, facile à transpercer comme l'agneau* » (Giraud.). 2 Pénétrer ; passer au travers de. *La pluie a transpercé mes vêtements.* ⇒ **traverser.**

transphrastique adj. – 1970 ▪ Qui concerne les unités de discours d'un niveau supérieur à la phrase.

❑ Il ne s'agit pas d'étudier des textes, mais des phrases linguistiquement reliées entre elles (par exemple, sujet d'une phrase repris dans une autre sous forme de pronom).

transpirant, ante adj. – 1932 ▪ Qui transpire, est en sueur. ⇒ **suant.** *Ces livres* « *aux pages cornées, souillées par les doigts transpirants* » (Le Clézio).

transpiration n. f. – XVIe 1 Excrétion de la sueur par les glandes sudoripares. ⇒ **diaphorèse, moiteur, sudation ; perspiration.** *Transpiration provoquée par* *la chaleur, l'effort, l'émotion.* « *si on va trop vite, on est en transpiration* » (Camus). 2 Sueur. « *mouillé par ma transpiration comme s'il eût plu à verse* » (Gaut.). 3 *Transpiration végétale* : évacuation dans l'atmosphère de l'eau excédentaire des plantes, à l'état de vapeur.

transpirer v. intr 1 – XVIe ; lat. *trans-* et *spirare* « respirer, exhaler » 1 Éliminer la sueur par les pores de la peau. ⇒ **suer.** « *Il faisait une température orageuse [...] et Joseph commença de transpirer profusément* » (Duham.). *Transpirer des pieds.* ♦ fam. Travailler dur. *Il a transpiré sur son devoir.* 2 littér. Paraître au jour, finir par être connu. *La nouvelle a transpiré.* ⇒ **filtrer.**

transplant n. m. – 1956 ▪ Organe, tissu transplanté. ⇒ **greffon.**

transplantable adj. – XVIIe ▪ Qui peut être transplanté.

transplantation n. f. – XVIe 1 Action de transplanter. ⇒ **plantation.** ♦ Greffe d'un organe entier provenant d'un donneur. *Transplantation cardiaque, rénale.* – *Transplantation d'embryons bovins.* 2 Déplacement (de personnes, d'animaux) de leur lieu d'origine dans un autre lieu.

❑ On emploie *transplantation* lorsqu'il y a rétablissement de la circulation sanguine *(transplantation cardiaque)*, *greffe* dans les autres cas *(greffe de la cornée)*.

transplanté, ée n. et adj. – 1967 1 Personne transportée, installée dans un autre lieu que son lieu d'origine. 2 Personne qui a bénéficié d'une transplantation d'organe.

transplanter v. tr. 1 – XVIe ; lat. 1 Sortir (un végétal) de la terre pour le replanter ailleurs. *Transplanter un arbre.* ♦ Opérer la transplantation de (un organe). ⇒ **greffer.** – Déposer (un embryon) dans un autre utérus que celui de la mère. 2 Transporter d'un pays dans un autre, d'un milieu dans un autre. « *Brusquement transplantée dans un cercle très différent de son entourage provincial* » (Beauv.).

transplantoir n. m. – XVIIIe ▪ Outil pour transplanter.

transpolaire adj. – 1954 ▪ Qui passe par le pôle.

❑ Pas d'accent sur le *o*, comme dans *polaire*.

transpondeur n. m. – 1968 ; angl., de *to transmit* « émettre » et *to respond* « répondre » ▪ Appareil émetteur-récepteur qui répond automatiquement un message d'identification au signal d'un radar.

❑ Ce mot-valise incompréhensible fait penser à *pondre*.

transport n. m. – XIVe I - 1 Cession (d'un droit, d'une créance). 2 Fait de porter pour faire parvenir en un autre lieu ; manière de déplacer ou de faire parvenir par un procédé particulier. *Transport d'un colis.* – *Transport d'un blessé en ambulance.* ♦ Déplacement (de choses, de personnes) sur une assez longue distance. ⇒ **circulation.** *Transport de fonds. Marchandises détériorées pendant le transport.* – *Transport des voyageurs.* « *le morcellement, en multipliant les transports, détériorait les chemins, augmentait les frais de production* » (Zola). – *Transports par chemin de fer, par route. Transport à petite, à grande vitesse* (⇒ **messagerie**). *Transport express.* – *Transports automobiles.* ⇒ **camionnage.** – *Transport par voie d'eau.* ⇒ **batellerie, navigation.** *Transport par avion.* – *Moyen de transport* : matériel utilisé pour transporter les marchandises ou les personnes. *Wells* « *dit que c'est faute d'un moyen de transport que l'on ne peut s'en aller vers les temps futurs* » (Alain). – *Entreprise de transports. Frais de transport.* ⇒ **fret,** ② **port.** « *Le père et la mère avaient des cartes de transport gratuit* » (Duras). – *Transports en commun* : transport des voyageurs dans des véhicules publics. *Transports urbains.* ♦ *Les transports* : ensemble des moyens employés pour transporter les marchandises et les personnes. ⇒ **communication.** ♦ Ce qui sert à transporter des marchandises, des voyageurs. *Un transport de troupes.* 3 Fait de déplacer ou d'être déplacé, par une cause naturelle. ⇒ **mouvement.** *Transport de masse, de chaleur, de quantité de mouvement.* ♦ *Transport au cerveau* : congestion cérébrale. 4 *Transport sur les lieux* : constatation, saisies, reconstitutions opérées par le procureur, le juge d'instruction, en matière répressive. 5 Utilisation (d'un logiciel) sur une autre machine que celle pour laquelle il a été conçu. II littér. Vive émotion, sentiment passionné ; état de la personne qui l'éprouve. ⇒ **agitation,** ① **élan, enthousiasme, exaltation, ivresse.** « *j'ai du mal à me convaincre que ce que j'écris sans plus d'ahan ni de transport puisse valoir quelque chose* » (Gide). *Transports de joie.* « *La vue de la campagne sembla nouvelle à madame de Rênal ; son admiration allait jusqu'aux transports* » (Stendh.). – *Transports amoureux* : ivresse sentimentale ou sensuelle.

transportable adj. – XVIe ▪ Qui peut être transporté. *Marchandise transportable par avion. Malade transportable,* qui peut être transporté sans danger. ♦ Qui peut être utilisé sur diverses machines. *Logiciel facilement transportable.* ✪ CONTR. Intransportable.

transportation n. f. – XVIIIe ; lat. « émigration » ▪ Institution par laquelle les condamnés aux travaux forcés étaient transportés dans une colonie pour y subir leur peine. ⇒ **relégation.**

transporté, ée adj. – XVIe ▪ Qu'un sentiment violent transporte. ⇒ **enivré, éperdu, ivre.** *Transporté d'admiration.*

transporter v. tr. 1 – XIIe ; lat. *trans-* et *portare* « porter » I - 1 Déplacer d'un lieu à un autre en portant. *Transporter un colis. Transporter un blessé. Véhicule qui transporte des marchandises, des voyageurs. Transporter des fonds.* ⇒ **convoyer.** – « *maintenant que je ne peux plus courir ces heureuses contrées, je n'ai qu'à ouvrir mon herbier, et bientôt il m'y transporte* » (Rouss.). 2 Faire subir la peine de la transportation à (qqn) ; condamner au bannissement. ⇒ **déporter.** 3 Faire passer d'un point à un autre. ⇒ **transmettre.** *Transporter l'énergie par des lignes à haute tension.* 4 Céder (un droit). 5 Faire passer à un autre endroit, dans un autre contexte. *Transporter un thème, une idée dans une œuvre.* ⇒ **introduire.** 6 pronom. Se déplacer, aller. *Le procureur s'est transporté sur les lieux.* II Agiter (qqn) par un sentiment violent ; mettre hors de soi. ⇒ **enivrer, exalter, ravir.** « *Oh ! ce discours me transporte, me ravit* » (Pasc.). ⇒ **enthousiasmer.**

transporteur n. m. – XIVe 1 Personne qui transporte. 2 Personne qui, par contrat, se charge de transporter ; entrepreneur, commissionnaire de transport. *Transporteur international.* ⇒ aussi **transitaire.** 3 Dispositif servant à transporter des marchandises d'un point à un autre. *Transporteur automatique.* – Navire qui transporte. 4 Élément intermédiaire capable de faire passer (une substance), de transmettre. – *Transporteur mécanique* : hôte qui transmet l'infection sans subir d'évolution (opposé à *vecteur*). 5 Organisme gérant un réseau de télécommunication par lequel les utilisateurs accèdent aux centres serveurs.

transposable adj. – XIXe 1 Qui peut être changé de place, interverti. – *Éléments génétiques transposables.* 2 Qui peut être transposé (II) dans un autre ton.

transposer v. tr. 1 – XIIIe I - 1 Placer en intervertissant l'ordre. *L'Orient* « *transpose, il intervertit tout ; il renverse les harmonies dont le paysage a vécu depuis des siècles* » (From.). 2 Faire changer de forme ou de contenu en faisant passer dans un autre domaine. ⇒ **traduire.** II Faire passer (une structure musicale) dans un autre ton sans l'altérer.

transpositeur n. m. – XVIIIe ▪ Dispositif adapté à un instrument, qui transpose la musique dans plusieurs tons.

transposition n. f. – XIVe 1 Changement de place ; interversion. « *Chacun d'eux donnait le bras à la femme de l'autre. Au dire de la chronique scandaleuse, cette transposition était complète* » (Balz.). ➝ *Transposition vasculaire* : anomalie congénitale dans laquelle les gros vaisseaux du cœur se trouvent en position inversée par rapport à leur situation normale. ➝ Déplacement ou interversion dans l'ordre des éléments de la langue. *Transposition des mots d'une phrase.* ➝ Permutation. 2 Fait de transposer, de faire passer dans un autre domaine. *Transposition d'une nouvelle à la télévision.* ⇒ **adaptation.** 3 Fait de transposer un morceau de musique en modifiant la hauteur des degrés de la gamme dans laquelle il est composé. ♦ Morceau transposé. ⇒ **arrangement.** *Transposition pour baryton d'un lied pour ténor.*

transposon n. m. – 1984 ; de *trans-* et *poser* ▪ Élément génétique transposable, composé d'A.D.N., capable de réplication autonome et d'insertion dans une nouvelle localisation du génome.

transpyrénéen, enne adj. – XIXe 1 Situé au-delà des Pyrénées. 2 Qui traverse les Pyrénées.

transsaharien, ienne adj. – XIXe ▪ Qui traverse le Sahara.

transsexualisme n. m. – 1956 ▪ Sentiment d'appartenir au sexe opposé, le plus souvent associé au désir de changer de sexe.

❑ Ce mot a été formé d'après l'anglais *transsexualism.*

transsexualité n. f. – v. 1960 ▪ Situation d'une personne qui passe d'un sexe à l'autre.

transsexuel, elle adj. et n. – v. 1965 1 Caractérisé par le transsexualisme ou la transsexualité. 2 n. Personne qui a changé de sexe.

❑ Ce mot a été formé d'après l'anglais *transsexual.* ♦ Pour la présence des deux *s*, rare dans la famille *(asexué, bisexué)* → ① s, trans- (rem.).

transsibérien, ienne adj. – XIXe ▪ Situé au-delà de la Sibérie. ➝ Qui traverse la Sibérie.

transsonique adj. – 1947 ▪ *Vitesse transsonique,* voisine de celle du son.

transsubstantiation n. f. – XIVe ; lat. *trans-* et *substantia* « substance » ▪ Dans la religion catholique et orthodoxe, Changement de toute la substance du pain et du vin en toute la substance du corps et du sang de Jésus-Christ. ⇒ **eucharistie.** « *ce symbole puéril de la transsubstantiation* » (Maupass.).

transsudat n. m. – 1933 ▪ Liquide séreux, pauvre en albumine, accumulé dans une cavité ou un tissu par transsudation.

transsudation n. f. – XVIIIe 1 Action de transsuder. ⇒ **exsudation, suintement.** *Transsudation de l'eau au travers d'un vase.* 2 Passage de liquide séreux du plasma à travers les parois vasculaires intactes.

transsuder v. intr. [1] – XVIIIe ; lat. *trans-* et *sudare* « suer » ▪ Passer au travers des pores, sortir des pores d'un corps en fines gouttelettes. ⇒ **exsuder, filtrer, suinter.** *Des algues « imprégnées du mucilage qui transsudait à travers leurs pores* » (J. Verne). ♦ Passer par transsudation (2°).

transuranien, ienne [tʀɑ̃zyʀanjɛ̃, jɛn] adj. et n. m. – 1940 ▪ Se dit de tout élément de nombre atomique supérieur à celui de l'uranium (92).

transvasement n. m. – XVIe ▪ Action de transvaser.

transvaser v. tr. [1] – XVIe ▪ Verser, faire couler d'un récipient dans un autre. ⇒ **transvider.** *Transvaser du vin.*

transversal, ale, aux adj. – XIIIe 1 Didact. Qui traverse une chose en la coupant perpendiculairement à sa plus grande dimension (longueur ou hauteur). *Coupe transversale.* 2 Qui traverse, est en travers. « *Les rues transversales ne servent guère qu'à marquer la limite des immeubles entre les avenues* » (Sartre). 3 Qui utilise, prend en compte, recouvre plusieurs domaines ou techniques. *Le management, discipline transversale* (⇒ **pluridisciplinaire).**

transversalement adv. – XVe ▪ Dans une position transversale, horizontalement.

transverse adj. – XVIe ; lat. *transversus* « tourné en travers » ▪ Qui est en travers (en parlant d'un organe).

transvider v. tr. [1] – XIXe ▪ Faire passer (un contenu) dans un autre récipient. ⇒ **transvaser.**

trapèze n. m. – XVIe ; gr. « table à quatre pieds » 1 Quadrilatère dont deux côtés sont parallèles (spécialt lorsqu'ils sont inégaux). *Trapèze isocèle, rectangle.* ♦ *Muscle trapèze,* ou n. m. *le trapèze* : muscle du dos qui occupe la partie postérieure et supérieure du tronc. ➝ *Os trapèze* ou *le trapèze* : le premier os de la seconde rangée du carpe, en partant du pouce. 2 Appareil de gymnastique, d'acrobatie ; barre horizontale suspendue par les extrémités à deux cordes. *Trapèze d'un portique* (⇒ **agrès).** « *D'un bond il avait atteint le trapèze, et se balançait dans l'air* » (E. de Goncourt). ♦ Dispositif d'un bateau à voile qui permet de se suspendre à l'extérieur de la coque, pour faire contrepoids.

trapéziste n. – XIXe ▪ Gymnaste, acrobate spécialisé dans les exercices du trapèze.

trapézoïdal, ale, aux adj. – XIXe ▪ En forme de trapèze.

trapézoïde adj. – XVIIe ▪ Qui ressemble à un trapèze. ➝ *Os trapézoïde,* de la rangée inférieure du carpe.

① **trappe** n. f. – XIIe ; germ. 1 Piège pour prendre des bêtes, formé d'un trou recouvert de branchages ou d'une bascule. ⇒ **chausse-trape.** 2 Ouverture à abattant pratiquée dans un plancher ou dans un plafond, pour donner accès à une cave, ou à un grenier, une terrasse. loc. *Passer à la trappe* : être rejeté, tomber dans l'oubli. *Projet qui passe à la trappe.* ♦ Ouverture basculante. *Trappe de visite d'une baignoire encastrée,* qui permet d'accéder aux conduites et mécanismes.

❑ Il y a deux *p* dans *trappe* mais un seul dans *attraper* et toute la série qui sont pourtant de la même famille que *trappe.* ♦ *Chausse-trape* ne vient pas de *trappe.*

② **trappe** n. f. – XVIIe ; de *Notre-Dame-de-la-Trappe* ▪ Ordre religieux des trappistes. « *Il fit vœu de quitter le monde et se retira à la Trappe* » (Nerval). ➝ Maison de trappistes.

trappeur n. m. – XIXe ; angl., de *trap* « piège » ▪ Chasseur professionnel du nord des États-Unis et du Canada qui fait commerce des fourrures. « *les trappeurs qui descendent du nord avec leur chargement de fourrures* » (Cendrars).

trappillon n. m. – XVIIIe ▪ Ouverture dans le plancher de la scène d'un théâtre pour livrer passage aux fermes.

trappiste n. m. – XIXe ■ Moine cistercien qui observe la règle réformée de la Trappe selon laquelle les paroles sont interdites.

trappistine n. f. – XIXe 1 Religieuse qui suit la règle cistercienne réformée de la Trappe. 2 Liqueur fabriquée par les trappistes.

trapu, ue adj. – XVe ; p.-ê. de *tarpe* « grosse patte » 1 Qui est court et large, donnant une impression de robustesse. « *un gaillard, pas grand, mais rond, trapu* » (Maupass.). ♦ Ramassé, massif. *Une construction trapue.* 2 fam. Fort, très savant. *Un candidat trapu.* ⇒ **calé.** ♦ Difficile, ardu. *Problème trapu.* ✪ CONTR. Élancé.

❑ Un seul *p* à *trapu* : rien à voir avec *trappe.*

traque n. f. – XVIIIe 1 Action de traquer le gibier. ⇒ **battue.** 2 fam. Action de poursuivre (qqn). ✪ HOM. Trac.

traquenard n. m. – XVIe ; gascon *tracanart* « amble rompu d'un cheval » 1 Piège pour prendre les animaux nuisibles, sorte de trébuchet. 2 Piège. *Tomber dans un traquenard. Le français* « *est une langue très difficile, pleine de menus traquenards* » (Gide). ⇒ **embûche.**

traquer v. tr. [1] – XVe ; p.-ê. de l'a. fr. *trac* « piste des bêtes » 1 Poursuivre (le gibier d'un bois) en resserrant toujours le cercle qu'on fait autour de lui. ⇒ **forcer.** ➛ Rabattre (le gibier) vers les chasseurs. ➛ *Un air de bête traquée.* 2 Poursuivre (qqn), le forcer dans sa retraite. *Être traqué par la police.*

traquet n. m. – XVe ; rad. expressif *trak-* ■ Oiseau passereau au croupion blanc, appelé aussi *cul-blanc, motteux.*

traqueur n. m. – XVIIIe ■ Chasseur qu'on emploie pour traquer, rabattre le gibier.

trattoria n. f. – XIXe ; mot it. ■ Restaurant populaire et traditionnel, en Italie. *Des trattorias.*

trauma n. m. – XIXe ; mot gr. « blessure » ■ Blessure locale, traumatisme. ➛ Émotion violente qui modifie la personnalité d'un sujet en la sensibilisant aux émotions de même nature.

traumatique adj. – XVIe ■ Qui a rapport aux plaies, aux blessures. *Choc traumatique* : ébranlement de l'organisme après une blessure grave, une opération.

traumatisant, ante adj. – 1926 ■ Qui traumatise. *Une expérience traumatisante.*

traumatiser v. tr. [1] – 1922 ■ Provoquer un traumatisme physique chez (qqn). ♦ Causer un choc psychologique à (qqn). « *Le peuple, traumatisé par la mort de César* » (Barthes).

traumatisme n. m. – XIXe 1 Ensemble des troubles physiques ou psychiques provoqués dans l'organisme par le trauma. *Traumatisme crânien.* 2 *Traumatisme (psychique)* : ensemble des perturbations résultant d'un violent choc émotionnel. ➛ Événement déclenchant chez un sujet un afflux de perturbations psychiques.

traumatologie n. f. – XIXe ■ Branche de la médecine qui traite des accidents. *Service de traumatologie d'un hôpital.*

traumatologique adj. – XIXe ■ Relatif à la traumatologie.

traumatologiste n. – 1969 ■ Médecin spécialiste de traumatologie.

① **travail, aux** n. m. – XIIe I Période de l'accouchement pendant laquelle se produisent les contractions utérines aboutissant à l'expulsion du fœtus. *Salle de travail d'une maternité.* **II - 1** Ensemble des activités humaines coordonnées en vue de produire qqch. ; état, situation d'une personne qui agit en vue de produire qqch. ⇒ ① **action, labeur.** *Le travail et le repos.* « *le travail éloigne de nous trois grands maux, l'ennui, le vice et le besoin* » (Volt.). *Se mettre au travail* : commencer à travailler. ➛ *Cabinet, table de travail.* ⇒ **bureau.** ➛ *Langues de travail utilisées dans les réunions internationales. Déjeuner de travail.* ➛ *Travail manuel. Rééducation par le travail manuel.* ⇒ **ergothérapie.** *Travail intellectuel. Travail scolaire.* ⇒ **étude.** ♦ Activité nécessaire à l'accomplissement d'une tâche. *Être surchargé de travail.* 2 *Le travail de* (qqch.) : action ou façon de travailler une matière ; de manier un instrument. *Le travail du bois.* 3 *Un travail ; le travail de qqn* : ensemble des activités exercées pour parvenir à un résultat. ⇒ **ouvrage ;** fam. ② **boulot.** « *réussissant à faire en quatre heures le travail que ne fournissaient pas en deux jours mes anciens condisciples* » (Radiguet). ➛ loc. *Un travail de Romain,* long et difficile, pénible. ➛ *Un travail de fourmi,* long et demandant beaucoup d'effort. 4 *LES TRAVAUX* : suite d'entreprises, d'opérations exigeant l'activité physique suivie d'une ou de plusieurs personnes et l'emploi de moyens particuliers. *Les travaux des champs* (⇒ **agriculture,** ① **culture**). ➛ *Travaux ménagers.* « *J'ai souvent entendu dire à des femmes de talent que les travaux du ménage, et ceux de l'aiguille particulièrement, étaient abrutissants, insipides* » (Sand). *Gros travaux,* pénibles et n'exigeant pas une habileté particulière. ➛ *Travaux de réfection des routes. Ralentir, travaux !* ➛ *Travaux de construction. Faire faire des travaux dans sa maison.* ➛ (En France) *Travaux d'intérêt général (T. I. G.),* qui remplacent la prison pour les petits délinquants. ➛ *GRANDS TRAVAUX* : grands chantiers d'importance nationale. ♦ *TRAVAUX PUBLICS* : travaux immobiliers d'utilité générale faits pour le compte d'une personne morale administrative. ➛ *Les Travaux publics* : l'administration, le ministère des Travaux publics (cf. Ponts* et chaussées). ♦ *TRAVAUX FORCÉS* : autrefois, peine de droit commun, afflictive et infamante, qui s'exécutait dans les bagnes. ♦ Suite de recherches dans un domaine intellectuel. *Travaux scientifiques.* ➛ *Travaux scolaires. Travaux dirigés,* en application d'un cours magistral. ♦ Délibérations, discussions suivies, devant aboutir à une décision. *Travaux préparatoires d'une assemblée.* 5 Manière dont un ouvrage, une chose faite par l'homme, ont été exécutés. ⇒ **façon,** ① **facture.** *L'organisation de la fête était impeccable : du beau travail !* ➛ iron. *C'est du beau travail ! Regardez-moi ce travail !* ➛ *Et voilà le travail !* 6 Ouvrage. « *Si ce remarquable travail de peinture sur la lave eût décoré une chapelle* » (Gaut.). ♦ Ouvrage de l'esprit. *Un travail consciencieux, bâclé.* 7 Activité laborieuse professionnelle et rétribuée. ⇒ **emploi, fonction, gagne-pain, métier, profession, spécialité ;** fam. ② **boulot, job ;** pop. **turbin.** *Travail à mi-temps, à temps partiel, à plein temps. Rémunération du travail.* ⇒ **appointements, honoraires, rétribution, salaire.** *Arrêt de travail* : grève momentanée, débrayage ; interruption de travail pour cause de maladie. *Être sans travail.* ⇒ **chômeur.** *À travail égal, salaire égal.* ♦ Exercice effectif de l'activité professionnelle. *Aller au travail.* « *le matin, elle se rendait au travail* » (Le Clézio). ➛ *Travail à domicile* (⇒ aussi **télé-travail**). *Lieu de travail. Être à son travail.* ➛ *Vêtement de travail. Bleu de travail.* ⇒ **combinaison, cotte, salopette.** *Instruments de travail.* ➛ *Législation, droit du travail. Code du travail. Accident du travail,* survenu par le fait ou à l'occasion du travail, donnant lieu à des réparations. *Inspection du travail. Carte de travail* (des travailleurs immigrés, remplacée par la carte de séjour ou la carte de résident temporaire). ➛ *Camp de travail* : lieu de détention avec travaux forcés (⇒ **goulag**). 8 Activité économique des hommes. ⇒ **emploi.** *Le travail, facteur de production. Travail et capital. Le marché du travail. Travail à la chaîne. Travail productif,* *improductif.* 9 L'ensemble des travailleurs considérés dans le groupe social (« population active ») ; les travailleurs salariés des secteurs agricole et industriel. ⇒ **ouvrier, paysan, prolétariat ; main-d'œuvre.** *Le monde du travail.* ➝ *Confédération générale du travail (C. G. T.). Confédération française et démocratique du travail (C. F. D. T.).* ➝ *Ministère du Travail.* 10 Action continue, progressive (d'une cause naturelle), aboutissant à un effet que l'on peut constater ; cet effet. *Le travail de la fermentation.* ➝ Effet de certaines contraintes. *Le travail du bois.* ⇒ **gauchissement.** ➝ Élaboration ou modification progressive. *Le travail du temps. Le travail de l'inconscient.* 11 Le fait de produire un effet utile, par son activité. ⇒ **fonctionnement, force.** *Le travail d'une machine, d'un mécanisme.* 12 Produit d'une force par le déplacement de son point d'application. *Unités de travail.* ⇒ ② **erg, joule ; kilowattheure.** *Quantité de travail que peut fournir une machine par unité de temps.* ⇒ **puissance.** ✪ CONTR. Inaction, oisiveté, repos ; loisir, vacances ; chômage.

② **travail** n. m. – XIIIe ; lat. *tripalium* « instrument de torture », de *tripalis* « à trois pieux » ▪ Dispositif servant à immobiliser les chevaux, les bœufs, pour les ferrer, les soigner. *Des travails.*

travaillé, ée adj. – XIe ▪ Ouvragé. *Des « pendeloques en or travaillé »* (Balz.). ♦ Exécuté, élaboré avec le plus grand soin. « *MADRIGAL. Sorte de pièce de musique travaillée et savante* » (Rouss.).

travailler v. [1] – XIe ; lat. *tripalium* → ② travail **I** v. tr. 1 vx Faire souffrir, tourmenter. « *La goutte me travaille les membres* » (France). 2 fam. Préoccuper vivement. *Ça le travaille, cette histoire.* 3 littér. Agiter, troubler. *Travailler les esprits,* les pousser au mécontentement, à la révolte. ⇒ **exciter.** « *Son frère aîné, qui travaillait l'opinion dans un département du Midi* » (Gide). 4 pop. Battre, malmener. ➝ *Boxeur qui travaille son adversaire au corps. Travailler qqn au corps,* le harceler pour le persuader. 5 Soumettre (qqch.) à une action ; façonner. *Travailler une matière première. Le boulanger travaille la pâte.* ⇒ **pétrir.** ➝ *Travailler la terre.* ⇒ **cultiver.** 6 Soumettre à un travail intellectuel, pour améliorer. *Travailler son style.* 7 Chercher à acquérir ou à perfectionner, par l'exercice, l'étude, la connaissance ou la pratique de (une science, un art). ⇒ fam. ② **bûcher, potasser.** *Travailler un morceau de piano.* ➝ *Travailler son piano.* 8 Soumettre à un exercice, à un entraînement. *Travailler un cheval.* 9 tr. ind. TRAVAILLER À : faire tous ses efforts pour obtenir (un résultat) ; apporter ses soins à. *Travailler à la perte de qqn.* « *Des escouades d'agents travaillaient à dégager la sortie* » (Aymé). **II** v. intr. 1 Agir d'une manière suivie, avec plus ou moins d'effort, pour obtenir un résultat utile. ⇒ **œuvrer ;** fam. ② **bosser,** ② **bûcher,** ① **marner, trimer,** ① **turbiner.** « *Plus on vieillit, plus il faut s'occuper. [...] travailler, c'est vivre* » (Volt.). *Travailler dur, d'arrache-pied.* ⇒ fam. **cravacher.** *Travailler comme un esclave, un bœuf, une bête de somme :* travailler à des ouvrages pénibles, en se fatiguant beaucoup. ⇒ fam. se **crever, galérer,** ① **ramer.** *Il ne travaille pas.* ♦ fam. *Faire travailler sa matière grise, son cerveau :* réfléchir. ➝ Apprendre, étudier. *Cesse de jouer et va travailler !* 2 Exercer une activité professionnelle, un métier. « *l'on ne distingue pas trop bien celui qui ne veut pas travailler de celui qui ne peut pas travailler* » (Alain). *Il travaille depuis l'âge de seize ans. Faire travailler des ouvriers, du personnel.* ⇒ **employer.** *Travailler à son compte. Travailler en usine ; aux champs ; dans un bureau.* 3 S'exercer ; effectuer un exercice. *Acrobates qui travaillent sans filet.* 4 Agir. *Travailler pour qqn* (⇒ **servir**), *contre qqn, contre ses intérêts* (⇒ ② **desservir**). « *La rapidité du temps, qui travaille autant contre nous que pour nous* » (Sév.). 5 Produire un revenu. « *il ne faisait pas seulement travailler l'argent, il l'éreintait, il sentait l'usurier* » (J. Verne). 6 Fonctionner pour la production. *Industrie qui travaille pour une clientèle.* 7 Subir une ou plusieurs forces (pression, traction, poussée) qui déforme. *Panneau de bois qui travaille.* ♦ Fermenter, subir une action interne. *Le vin travaille. La pâte travaille,* lève. 8 Être agité. *Son imagination travaille.* ♦ fam. *Travailler du chapeau :* être fou. ✪ CONTR. Amuser (s'), chômer, flâner, ① reposer (se).

travailleur, euse n. et adj. – XIIIe **I** n. 1 Personne qui travaille, fait un travail physique ou intellectuel. *C'est un grand travailleur.* ⇒ fam. ① **bosseur.** 2 Personne qui exerce une profession, un métier. *Travailleurs manuels.* ⇒ **ouvrier.** « *Ses mains étaient celles du travailleur infatigable, larges, épaisses, carrées et ridées* » (Balz.). ➝ *Travailleurs intellectuels. Travailleurs indépendants,* non salariés. *Travailleurs immigrés.* ♦ *Les travailleurs :* les salariés, et spécialt Les ouvriers de l'industrie. ⇒ **prolétaire. II** adj. 1 Qui aime le travail. ⇒ **laborieux.** *Élève travailleur* (⇒ **appliqué, consciencieux ; bûcheur**). 2 littér. Qui est caractérisé par le travail. « *Des rues ouvrières, travailleuses* » (Balz.). 3 Qui concerne les travailleurs. ✪ CONTR. Inactif, oisif ; fainéant, paresseux.

> ❑ *Travailleur* « ouvrier de l'industrie » appartient surtout à l'usage politico-syndical.

travaillisme n. m. – 1929 ▪ Doctrine politique et sociale du parti travailliste britannique. ⇒ **socialisme.**

travailliste n. et adj. – 1907 ▪ Membre d'un parti britannique de tendance socialiste. ➝ adj. Relatif à ce parti.

travailloter v. intr. [1] – 1906 ▪ Travailler peu, sans se fatiguer.

travée n. f. – XIVe ; lat. *trabs* « poutre » 1 Portion de voûte, de comble, de pont... comprise entre deux points d'appui (colonnes, piles, piliers, etc.). *Nef à cinq travées.* 2 Partie d'un édifice, d'un local, comprise entre deux supports, ou séparée d'une autre par un cloisonnement. 3 Rangée de tables, de bancs placés les uns derrière les autres. *Les travées d'un amphithéâtre.*

travelage n. m. – 1949 ; de *travée* ▪ Ensemble des traverses d'une voie ferrée ; nombre de traverses au kilomètre.

traveller's check [tʀavlœʀ(s)ʃɛk] n. m. – 1963 ; mot angl., de *traveller* « voyageur » et *check* « chèque » ▪ vieilli Chèque de voyage.

travelling [tʀavliŋ] n. m. – 1921 ; mot angl. « fait de voyager » ▪ Mouvement de la caméra généralement placée sur un chariot qui glisse sur des rails. *Travelling avant, arrière, latéral.* ➝ Dispositif permettant ce mouvement. ♦ *Travelling optique :* effet de prise de vues obtenu par la variation de la distance focale.

> ❑ On trouve aussi la graphie *traveling,* francisée en accord avec la prononciation (deux syllabes).

travelo n. m. – 1970 ; de *travesti* et suff. pop. *-lo* ▪ fam. Travesti, homosexuel qui s'habille en femme.

> ❑ On retrouve dans *travelo* le même suffixe populaire *-lo* que dans *dirlo* (de *directeur*) ; *-lo* vient peut-être des mots populaires où le suffixe *-o* suit un *l,* comme *populo, métallo.*

travers n. m. – XIe ; lat. *tra(ns)versus* « transversal, oblique » **I** (en loc.) 1 EN TRAVERS : dans une position transversale par rapport à un axe de position ou de direction habituel. *En travers de...* « *Et, pour lui couper la route, je me mis en travers de la porte* » (Loti). fig. et littér. *Se mettre, se jeter en travers de :* s'opposer, faire obstacle à. « *Il ne* *faut pas, pour nos goûts personnels, [...] nous mettre en travers de ce que fait notre temps* » (Renan). ♦ *À TRAVERS* : par un mouvement transversal d'un bout à l'autre d'une surface ou d'un milieu qui constitue un obstacle. *À travers qqch.* ⇒ **entre, milieu** (au milieu de). *Passer à travers champs, à travers la foule.* « *Ainsi parlent les garçons, à travers la fumée des pipes* » (Bernanos). ➝ *À travers les âges.* ♦ *AU TRAVERS* : en passant d'un bout à l'autre ; de part en part. *Passer au travers* : échapper à un danger, à une punition. 2 *EN, PAR LE TRAVERS* : perpendiculairement à l'axe longitudinal du navire. « *le brick, serrant le vent, se trouva par le travers de la Mercy* » (J. Verne). 3 loc. adv. *DE TRAVERS* : dans une direction, une position oblique par rapport à la normale ; qui n'est pas droit, qui est placé ou dirigé autrement qu'il ne faut. *Avoir les dents de travers. Mettre sa casquette de travers,* sur l'œil (cf. De guingois, de traviole). « *L'homme peut aller en avant, en arrière, obliquement ou de travers* » (Valéry). ♦ *Regarder qqn de travers,* avec animosité, suspicion. ➝ *Raisonner, comprendre, entendre de travers, tout de travers.* ⇒ ② **mal.** II *UN, DES TRAVERS.* 1 *Travers de porc* : extrémité des côtes, coupées en travers. *Vent de travers,* perpendiculaire à la route suivie par un bateau. 2 Léger défaut (d'une personne). ⇒ **imperfection.** *Il a été frappé* « *des défauts, des travers, des ridicules du temps* » (Ste-Beuve).

traversable adj. – XIXe ▪ Qui peut être traversé.

traverse n. f. – XIIe 1 loc. adj. *DE TRAVERSE Chemin de traverse,* ou (région.) *une traverse* : chemin qui coupe. ⇒ **raccourci.** 2 Barre ou pièce rigide, disposée en travers, servant à assembler ou à consolider des montants, des barreaux. ⇒ **traversine.** « *Un assemblage de planches vermoulues, grossièrement reliées par des traverses* » (Hugo). ♦ Pièce de bois, d'acier ou de béton placée en travers de la voie pour maintenir l'écartement des rails. 3 vx ou littér. Difficulté qui se dresse sur la route de qqn, qui fait obstacle à ses projets.

traversée n. f. – XVIIe 1 Action de traverser une importante étendue d'eau. *La traversée de Calais à Douvres. Longue, bonne traversée.* 2 Action de traverser (un espace) d'un bout à l'autre. *La traversée du Sahara, d'un glacier. La première traversée de la Manche, de l'Atlantique, en avion.*

traverser v. tr. [1] – X^e 1 Passer, pénétrer de part en part, à travers (un corps, un milieu interposé). ⇒ **percer, transpercer.** *Traverser un mur à coups de pioche.* ➝ *L'eau traverse la toile.* ⇒ **filtrer.** ➝ *Les mots* « *traversaient les yeux, les tympans, ils éclataient à l'intérieur du crâne* » (Le Clézio). 2 Se frayer un passage à travers (des personnes rassemblées). 3 Parcourir (un espace) d'une extrémité, d'un bord à l'autre. ⇒ **franchir.** *Traverser l'Atlantique à la voile. Traverser une ville.* ♦ Couper (une voie de communication), aller d'un bord à l'autre. *Traverser la rue, la route.* ➝ *Piétons qui traversent.* ♦ *Le train traverse une plaine.* ➝ *Une rivière traverse le parc.* ⇒ **arroser.** 4 Être, s'étendre au travers de. *Piste qui traverse le désert. La route traverse une voie ferrée.* ⇒ **croiser.** ➝ « *L'azur du ciel, traversé par des bandes verdâtres* » (Chateaub.). ⇒ **barrer.** 5 Aller d'un bout à l'autre de (un espace de temps), dépasser (un état durable). *Traverser une période, une époque.* ➝ *Traverser une mauvaise période.* 6 Se présenter à (l'esprit), passer par (la tête). « *Une supposition très vraisemblable me traversa l'esprit* » (Maupass.).

traversier, ière adj. et n. m. – XIIIe 1 Dirigé, disposé en travers. *Rue traversière,* de traverse. ➝ *Flûte traversière* : grande flûte métallique, qui se tient horizontalement. 2 *Barque traversière,* faisant le va-et-vient entre deux points peu éloignés. 3 n. m. (Canada) Bac, ferry-boat. *Le traversier de Lévis, face à Québec.*

traversin n. m. – XIIe ▪ Long coussin de chevet qui tient toute la largeur du lit. ⇒ **polochon** ; région. **boudin.** « *les traversins de crin, durs comme des bûches* » (Nerval).

> ❑ Le *traversin* est placé en *travers* de la tête de lit.

traversine n. f. – XVIIIe ▪ Traverse reliant des pilotis. ♦ Traverse d'une palissade, d'un grillage.

travertin n. m. – XVIIe ; lat. *tiburtinus* « de *Tibur* » (Tivoli) ▪ Roche calcaire présentant des cavités inégales.

① **travesti, ie** adj. et n. m. – XVIe 1 Revêtu d'un déguisement. ➝ *Un acteur travesti* ou n. m. *un travesti* : un acteur qui se travestit, et spécialt qui joue un rôle féminin. 2 n. m. Homosexuel qui s'habille en femme. « *Le travesti, c'est le triomphe absolu de l'hétérosexuel sur l'homosexuel nié et ravalé totalement dans l'autre sexe* » (Tournier). ⇒ fam. **travelo.** 3 vx Transposé en vers burlesques. « *Le Virgile travesti* », de *Scarron.*

② **travesti** n. m. – 1907 ▪ vieilli Déguisement pour une mascarade, un bal masqué.

travestir v. tr. [2] – XVIe ; it. *tra-* et *vestire* « vêtir » 1 Déguiser pour une fête ou un rôle de théâtre. ➝ pronom. *Se travestir pour un bal costumé.* spécialt Se déguiser pour prendre l'apparence de l'autre sexe. 2 Transformer en revêtant d'un aspect mensonger qui défigure, dénature. ⇒ **déformer, fausser.** *Travestir les faits, la réalité.*

travestisme n. m. – 1964 ▪ Adoption habituelle, par un homosexuel, des vêtements et des habitudes de l'autre sexe.

travestissement n. m. – XVIIe 1 Action ou manière de travestir, de se travestir. ⇒ **déguisement.** *Goût du travestissement.* ♦ Utilisation par un individu des vêtements propres à des personnes d'une autre condition ou de l'autre sexe. 2 Déformation, parodie. « *L'hypocrisie ne saurait être poussée plus loin, ni le mensonge avec plus d'impudence. C'est un monstrueux travestissement de la vérité* » (Gide).

traviole (de) loc. adv. – XIXe ▪ fam. De travers.

trayeur, euse n. – XVe ▪ Personne chargée de traire. ♦ n. f. Machine effectuant la traite.

trayon n. m. – XIIIe ▪ Chacune des tettes placées à la partie inférieure du pis, correspondant à une glande mammaire.

> ❑ Bien prononcer [tʀɛjɔ̃], comme dans *crayon, rayon.* → hayon (rem.).

trébuchant, ante adj. – XVIe 1 Qui trébuche ; chancelant. *Démarche trébuchante.* ♦ Qui hésite à chaque difficulté. *Une diction trébuchante.* 2 Se disait d'une pièce qui a le poids requis. *Espèces sonnantes et trébuchantes.*

trébucher v. [1] – XIe ; de *tres-* « au-delà » (→ trans-) et germ. *buk* « ventre » I v. intr. 1 Perdre soudain l'équilibre, faire un faux pas. *Trébucher contre, sur qqch.* 2 Être arrêté par une difficulté, faire une erreur. « *La peur de trébucher cramponne notre esprit à la rampe de la logique* » (Gide). II v. tr. Peser au trébuchet.

trébuchet n. m. – XIIe 1 Piège à prendre les petits oiseaux, muni d'une bascule. 2 Petite balance à plateaux très précise. *Trébuchet des orfèvres, des pharmaciens.*

tréfilage n. m. – XIXe ▪ Opération consistant à tréfiler (un métal).

tréfiler v. tr. [1] – XIXe ▪ Étirer (un métal) en le faisant passer au travers des trous d'une filière. ⇒ **fileter.**

tréfilerie n. f. – XIIIe ; de *tré-* « à travers » (cf. trans-) et *fil* ▪ Atelier, usine où se fait le tréfilage des métaux.

tréfileur n. m. – XIXe ▪ Ouvrier employé au tréfilage.

trèfle n. m. – XIVe ; gr. *triphullon* « à trois *(tri-)* feuilles *(phullon)* » 1 Plante herbacée, aux feuilles composées de trois folioles, aux fleurs groupées en capitules ou en épis, qui pousse dans les prairies des régions tempérées. « *les nappes vertes des luzernes et des trèfles* » (Zola). ♦ Plante dont la feuille a trois folioles. 2 Feuille à trois folioles de cette plante. ➛ *Trèfle à quatre feuilles* : feuille de trèfle qui comporte anormalement quatre folioles et que l'on considère comme un porte-bonheur. 3 Forme, motif décoratif évoquant cette triple feuille. « *les volets, percés de trèfles et de cœurs* » (Beauv.). ♦ Ornement architectural trilobé. « *galeries à colonnettes, à ogives, à trèfles, ménagées dans l'épaisseur des murs* » (Chateaub.). 4 Aux cartes, Couleur noire représentant un trèfle. Carte de cette couleur. *Avoir trois trèfles en main.* ♦ *Carrefour en trèfle* ou n. m. *trèfle* : croisement de grandes routes, à niveaux différents. 5 fam. et vx Argent.

tréflé, ée adj. – XVIIe ▪ En forme de trèfle. *Église à plan tréflé,* dont le chevet présente trois absides en éventail.

tréflière n. f. – XIXe ▪ Champ semé de trèfle.

tréfonds n. m. – XIIIe ; de *tres-* (lat. *trans*) et *fonds* 1 Sous-sol possédé comme un fonds. 2 littér. Ce qu'il y a de plus profond, de plus secret. « *des hérédités religieuses, qui sommeillaient au tréfonds de lui-même* » (Loti).

tréhalose n. m. – XIXe ; turc *tigalah* « galle du chardon » et *-ose* ▪ Disaccharide présent dans certains champignons.

treillage n. m. – XVIIe ▪ Assemblage de lattes en treillis, dans un plan vertical. *Le treillage d'un espalier.* ⇒ **berceau, tonnelle.** ♦ Clôture à claire-voie. ⇒ ② **treillis.**

treillager v. tr. ③ – XVIIIe ▪ Garnir ou protéger d'un treillage.

treillageur n. m. – XVIIIe ▪ Ouvrier qui fait des treillages.

treille n. f. – XIe ; lat. *trichila* 1 Berceau de ceps de vigne soutenus par un treillage ; tonnelle où grimpe la vigne. « *Les buffets dressés sous la treille* » (La Font.). 2 Vigne que l'on fait pousser contre un support, spécialt pour la production du raisin de table. ➛ plaisant *Le jus de la treille* : le vin. 3 Maille du tulle.

① **treillis** n. m. – XIIe ; lat. *trilix* « à trois fils » ▪ Toile de chanvre très résistante. *Pantalon de treillis.* ♦ Tenue militaire d'exercice ou de combat. *Soldat en treillis.*

② **treillis** n. m. – XIIIe ; de *treille* 1 Entrecroisement de lattes, de fils métalliques formant claire-voie. ⇒ **treillage.** *Treillis métallique d'un garde-manger.* ♦ Assemblage de poutrelles métalliques rivetées. *Pont en treillis.* 2 En mathématiques, Ensemble ordonné, dont chacun des couples admet une borne supérieure et une borne inférieure.

treillisser v. tr. ① – XIVe ▪ Garnir d'un treillis. *Treillisser une fenêtre.*

treize adj. numér. inv. et n. inv. – XIIe ; lat. I adj. numér. card. Nombre entier équivalant à dix plus trois (13 ; XIII). 1 loc. fam. *Treize à la douzaine* : treize choses pour le prix de douze ; par ext. beaucoup trop, à ne savoir qu'en faire. ➛ *Treize cents* (ou *mille trois cents*). 2 pronom. *Il en a pris treize.* II adj. numér. ord. Treizième. 1 *Louis XIII. Numéro 13.* ➛ *L'an 1300* ([tʀɛzsɑ̃] ou [miltʀwasɑ̃]). *Il est 13 heures.* 2 subst. m. Le treizième jour du mois. *Vendredi 13* : jour qui passe pour porter malheur, et, pour certains, bonheur. ♦ Ce qui porte le numéro 13. III n. m. inv. 1 *Treize est un nombre premier.* ➛ *Treize pour cent* (ou *13 %*). 2 Le chiffre, le numéro 13. ➛ Note correspondant à treize points. *Avoir un 13 en physique.*

> ❑ Pour la graphie → seize (rem.).

treizième adj. et n. – XIIe 1 adj. numér. ord. Qui suit le douzième. *Le XIIIe siècle. Le XIIIe arrondissement.* ➛ *Elle est treizième en anglais.* n. *Être le, la treizième.* ♦ *Quatre-vingt-treizième* (93e). 2 adj. fractionnaire Se dit d'une partie d'un tout également divisé ou divisible en treize. ➛ subst. m. *Un treizième (1/13) de la somme. Huit treizièmes.*

> ❑ La superstition veut qu'on évite d'avoir un treizième convive à table, ce qui porterait malheur. De même, certains buildings américains n'ont pas de *treizième* étage. → étage (rem.).

treizièmement adv. – XVIe ▪ En treizième lieu.

treiziste n. m. – 1935 ▪ Joueur de rugby à treize.

trekking [tʀekiŋ] n. m. – v. 1975 ; néerl. ▪ Randonnée pédestre dans des régions montagneuses difficilement accessibles.

trélingage n. m. – XVIe ; it. ▪ Cordage qui attache les bas haubans de bâbord avec ceux de tribord.

tréma n. m. – XVIe ; gr. « trou, points sur un dé » ▪ Signe formé de deux points juxtaposés que l'on met sur les voyelles *e, i, u,* pour indiquer que la voyelle qui précède doit être prononcée séparément.

> ❑ Le tréma permet d'éviter l'amalgame des voyelles en créant une diérèse *(mais/maïs).* ♦ Les trois mots terminés par *...guïté* prennent le tréma *(ambiguïté, contiguïté, exiguïté)* pour éviter la prononciation [gite]. Les autres mots en *...uité* n'en ont pas besoin *(acuité).*

trématage n. m. – XIXe ▪ Droit de priorité accordé à certains bateaux pour passer les écluses.

trémater v. tr. ① – XVe ; p.-ê. lat. *trames* « sentier » ▪ Dépasser (un bateau) sur une voie fluviale.

trématodes n. m. pl. – XIXe ; gr. *trêma* « trou » ▪ Ordre de vers plathelminthes parasites, à corps non segmenté, possédant des ventouses. *Les bilharzies et les douves sont des trématodes.*

tremblaie n. f. – XIIIe ▪ région. Terrain planté de trembles.

tremblant, ante adj. et n. f. – XIIe I - 1 Qui tremble. « *ses vieilles mains ridées et tremblantes* » (Hugo). *Tremblant de peur, de froid, d'émotion.* ➛ *Lueur tremblante.* ⇒ **vacillant.** « *la voix tremblante des aïeules* » (Norval). ⇒ **chevrotant.** 2 Qui n'est pas solide. « *je ne puis souffrir sous moi un siège tremblant* » (Montaigne). 3 Qui craint, qui a peur. « *encore tout tremblants de la frousse qu'ils avaient eue* » (Courtel.). II n. f. Maladie virale des ovins, caractérisée par des troubles nerveux. ✪ CONTR. ① Ferme, immobile, stable. Hardi.

tremble n. m. – XIIe ▪ Peuplier à écorce lisse, à tige droite, dont les feuilles à minces pétioles frissonnent au moindre souffle.

tremblé, ée adj. – XVIIIe 1 Tracé par une main tremblante. *Écriture tremblée.* 2 Qui tremble (son ; voix).

tremblement n. m. – XIIe 1 Suite de secousses répétées qui agitent une chose solide jusque-là immobile. *Tremblement des vitres, du sol dû à une explosion.* ♦ *TREMBLEMENT DE TERRE* : secousses liées à la déformation de l'écorce terrestre en un lieu. ⇒ **séisme.** ♦ Mouvement, oscillations de ce qui tremble. *Le tremblement des feuilles.* ➛ *Tremblement d'une lueur, des reflets.* ⇒ **vacillement.** *Tremblement de la voix* (⇒ **chevrotement**). 2 Agitation du corps ou d'une partie du corps par petites oscillations rapides, involontaires. ⇒ **trémulation.** *Tremblement de fièvre, de froid* (⇒ **frisson**), causé par la fièvre, le froid. *Tremblement de peur, de colère.* 3 loc. fam. *Et tout le tremblement* : et tout le reste, tout ce qui va avec. « *Se remplir les* *poches, oui, et les petites femmes et tout le tremblement* » (Sartre). ✪ CONTR. Fermeté, immobilité.

trembler v. intr. [1] – XIIe ; lat. *tremere* 1 Être agité par une suite de petites contractions involontaires des muscles. ⇒ **frémir, frissonner.** *Il « tremblait de fièvre sous ses couvertures »* (Queneau). ⇒ **grelotter.** *Avoir les jambes qui tremblent.* ⇒ **flageoler.** ➝ *Trembler de peur, de colère, d'excitation.* « *Voilà ce que ceux qui tremblent de vieillesse enseignent à ceux qui tremblent de peur !* » (Hugo). 2 Être agité de petits mouvements répétés, autour d'une position d'équilibre. ⇒ s'**agiter, frémir, frissonner, remuer.** « *le bouchon de liège qui tremblait au fil de l'eau* » (J. Verne). ♦ Produire une image vacillante ; varier rapidement d'intensité. *Lumière qui tremble.* ♦ Ne pas conserver la même hauteur et la même intensité. *Son, voix qui tremble.* ⇒ **chevroter.** 3 Faire une suite d'oscillations. *La terre tremble.* « *l'escalier à rampe vermoulue tremblait sous le pas pesant* » (Balz.). 4 Éprouver une violente émotion, un trouble intense sous l'effet de la peur. « *des cris si horribles que les dieux et les hommes en tremblaient* » (Gaut.). ➝ *Trembler pour* (qqn ou qqch.) : craindre un malheur, un danger pour.

❑ Correspond à deux noms : *tremblement* et *trémulation.*

trembleur, euse n. – XVIIe 1 rare Personne extrêmement peureuse ou timide. 2 n. m. Dispositif animé d'une vibration. ♦ Sonnerie sans marteau ni timbre, où un bras vibre au passage du courant. ⇒ **vibreur.**

tremblotant, ante adj. – XVIe ▪ Qui tremblote. ➝ *Voix tremblotante.* ⇒ **chevrotant.** « *la tremblotante lueur des étoiles* » (Gaut.). ⇒ **vacillant.**

tremblote n. f. – XIXe ▪ fam. Tremblement. *Avoir la tremblote.*

tremblotement n. m. – XVIe ▪ Léger tremblement.

trembloter v. intr. [1] – XVIe ▪ Trembler légèrement. *Mains qui tremblotent.* ➝ *Voix qui tremblote.* ⇒ **chevroter.**

❑ Attention, un seul *t* dans la plupart des verbes qui viennent d'un autre verbe. → -oter (rem.).

trémie n. f. – XIe ; lat. *trimodia* « récipient contenant *trois muids* » 1 Sorte de grand entonnoir où l'on déverse des substances qui doivent subir un traitement (broyage, concassage, tamisage). ⇒ **auge.** *Trémie à blé. Trémie d'un concasseur.* ♦ Mangeoire pour les oiseaux, la volaille. 2 Espace réservé dans un plancher, destiné à être traversé. *Trémie d'escalier.* 3 Macle de cristallisation du sel marin en forme de pyramide creuse.

❑ L'ancienne graphie *tremouille* est à l'origine du nom propre *La Trémoille.*

trémière adj. f. – XVIe ; altér. de *rose d'outremer* ▪ *Rose trémière :* variété de guimauve à très haute tige, très décorative. ⇒ **passerose, primerose.**

trémolo n. m. – XIXe ; lat. *tremulus* « tremblant » 1 Effet musical obtenu par la répétition rapide d'un même son (instrument à cordes frottées) ; émission sonore ainsi produite. ⇒ **vibrato.** 2 Tremblement d'émotion dans la voix, souvent affecté et outré. *Déclamer avec des trémolos dans la voix.*

❑ Ce mot d'origine italienne est francisé ; il prend un accent et la marque du pluriel.

trémoussement n. m. – XVIe ▪ Agitation, mouvement de qqn qui se trémousse. ⇒ **tortillement.**

trémousser (se) v. pron. [1] – XVIe ; de *tré-* (lat. *trans*) et *mousse* « écume » ▪ S'agiter avec de petits mouvements vifs, rapides. ⇒ **gigoter, remuer.** *Enfant qui se trémousse sur sa chaise.* ⇒ se **tortiller.**

trempabilité n. f. – 1964 ▪ Possibilité, pour un alliage, d'être trempé.

trempage n. m. – XIXe ▪ Action de tremper, de faire tremper. *Trempage des semences* (avant de les semer). ➝ *Trempage du linge,* dans l'eau ou la lessive.

trempe n. f. – XIIe 1 Immersion dans un bain froid d'un métal, d'un alliage chauffé à haute température. *Trempe de l'acier.* ♦ Qualité qu'un métal acquiert par cette opération. « *la trempe élastique et souple de l'acier lui permit de supporter cette épreuve sans se rompre* » (Gaut.). 2 Qualité d'âme ou de corps considérée dans sa vigueur, sa résistance. *Un gars de sa trempe ne se laisse pas faire.* 3 Trempage (des papiers, des peaux...). 4 fam. Volée de coups. ⇒ **raclée.**

❑ Le sens familier reprend l'idée de *lavage* (*laver la tête, passer un savon,* etc.).

trempé, ée adj. – XIIe 1 Durci par la trempe. *Acier, verre trempé.* ♦ fig. *Caractère bien trempé,* aguerri, énergique. 2 Imbibé ; très mouillé. « *ma vareuse trempée fumait sur le poêle* » (Yourcenar).

tremper v. [1] – XIe ; lat. *temperare* « mélanger » **I** v. tr. 1 *Tremper son vin,* le mélanger avec de l'eau. ⇒ **couper.** 2 Imbiber, mouiller. *Sueur qui trempe la chemise. Tremper son mouchoir de larmes.* ➝ « *des miettes de pain bis trempé de cidre* » (Flaub.). 3 Faire entrer (un solide) dans un liquide pour imbiber, enduire. ⇒ **plonger.** *Tremper une compresse dans l'eau. Tremper sa plume dans l'encre, dans l'encrier.* « *Tout en trempant le croissant dans le café au lait* » (Proust). ♦ Baigner, immerger. *Se tremper la tête dans l'eau. Tremper ses lèvres dans une boisson,* commencer à la boire, y goûter. ➝ pronom. *SE TREMPER :* se mettre dans l'eau, un liquide ; spécialt prendre un bain rapide (⇒ **trempette**). 4 Plonger (l'acier porté à une haute température) dans un bain froid (⇒ **trempe**). ♦ fig. et littér. Douer d'une qualité morale (⇒ **trempe**). ⇒ **aguerrir, endurcir.** « *L'humilité trempe les forts* » (Bernanos). **II** v. intr. 1 Rester plongé dans un liquide. *Mettre du linge à tremper,* le laisser longtemps dans l'eau ou la lessive avant de le laver. ⇒ aussi **macérer, mariner.** 2 *Tremper dans* (une affaire malhonnête), y participer, en être complice. « *N'avait-il pas trempé dans une affaire de drogues ?* » (Aragon).

❑ *Tremper une soupe* est souvent mal compris de nos jours : il s'agit de verser du bouillon sur la tranche de pain (*soupe*).

trempette n. f. – XVIIe ▪ fam. *Faire trempette :* prendre un bain hâtif sans entrer complètement dans l'eau. « *il n'y plonge que par les pieds, en rechignant comme une baigneuse qui fait trempette* » (Sartre).

trempeur n. m. – XIXe ▪ Ouvrier qui trempe l'acier.

tremplin n. m. – XVIIe ; germ. ▪ Planche élastique sur laquelle on prend élan pour sauter. ⇒ **trampoline, plongeoir, batoude.** ➝ fig. « *Le grand artiste est celui à qui l'obstacle sert de tremplin* » (Gide).

❑ Le doublet de *tremplin, trampoline,* est arrivé par l'italien.

trémulation n. f. – XIXe ▪ Tremblement à secousses rapides et peu accusées. « *La trémulation en accélérant était devenue un tremblement presque supportable* » (Tournier).

trenail n. m. – XIXe ; angl. *tree* « arbre » et *nail* « clou » ▪ Cheville servant à mettre le tire-fond dans les traverses des voies. *Des trenails.*

❑ Ce mot anglais est parfaitement assimilé en français ; *nail*, anglais [neil], et *rail*, anglais [ʀeil], riment avec *gouvernail*.

trench-coat [tʀɛnʃkot] n. m. – v. 1920 ; mot angl. « manteau *(coat)* de tranchée *(trench)* » ■ vieilli Imperméable à ceinture. *Des trench-coats.*

❑ Le *trench-coat* était porté par les officiers anglais dans les tranchées en 1914.

trentaine n. f. – XIIe 1 Nombre de trente, d'environ trente. *Une trentaine de personnes.* 2 Âge de trente ans. *La marquise avait « dépassé le cap de la trentaine »* (Gaut.).

trente adj. numér. inv. et n. inv. – Xe ; lat. *triginta* I adj. numér. card. Nombre entier naturel équivalant à trois fois dix (30 ; XXX). 1 *Septembre a trente jours. « La Femme de trente ans », de Balzac. Qui porte sur trente ans.* ⇒ **tricennal.** ➝ *Disque trente centimètres,* d'un diamètre de 30 cm. n. m. inv. *Un trente centimètres.* ♦ TRENTE ET UN, UNE [tʀɑ̃teœ̃, yn]. *Dix heures trente et une* (minutes). loc. *Être* (ou *se mettre*) *sur son trente(-)et(-)un* : porter ses plus beaux habits. ➝ ord. *Page 31 (trente et un ou trente et une).* loc. *Du 1er janvier au 31 décembre* : toute l'année. *Disque trente-trois tours* : microsillon effectuant 33 tours 1/3 par minute. n. m. inv. *Un trente-trois tours.* TRENTE-SIX [tʀɑ̃tsis]. Nombre utilisé familièrement pour désigner un grand nombre indéterminé. ⇒ **beaucoup, ① cent, cinquante.** *« Lequel ? – Il n'y en a pas trente-six ! »* loc. *Tous les trente-six du mois* : jamais, très peu souvent. ➝ (pour former un adj. ord.) *Trente et unième.* 2 pronom. *Ils étaient trente. J'en ai vu trente.* II adj. numér. ord. Trentième. 1 *Page 30.* ➝ *Le 30 avril. Les années 30* ou *trente* (1930). 2 subst. m. Le trentième jour du mois. *Le 30 est un jeudi.* ♦ Ce qui porte le numéro 30. ♦ Taille, dimension, pointure numéro 30 (d'un objet). *Elle chausse du 30.* 3 subst. f. Chambre, table numéro 30. III n. m. inv. 1 *Quarante moins dix, trente.* ➝ *Une remise de trente pour cent* (ou *30 %*). 2 Le chiffre, le numéro 30. *Des trente romains (XXX).*

trente et un n. m. – XVe 1 Jeu de cartes où il faut faire 31 points avec trois cartes, pour gagner. 2 *Se mettre sur son trente et un.* ⇒ **trente.**

trentenaire adj. – XVe ■ Qui dure trente ans. *Une concession trentenaire.* ➝ dr. *Prescription trentenaire.*

trente-six → **trente**

trentième [tʀɑ̃tjɛm] adj. et n. – XIIe 1 adj. numér. ord. Qui a le numéro trente pour rang. *Le trentième jour du mois.* ➝ *Arriver trentième sur cinquante.* n. *Être le, la trentième.* ♦ *Trois cent trentième* (330e). 2 adj. fractionnaire Se dit d'une partie d'un tout également divisé ou divisible en trente. ➝ subst. m. *Un trentième* (1/30) *de ses revenus. Trois cent-trentièmes* (3/130).

trépan n. m. – XIVe ; gr. *trupanon* 1 Instrument de chirurgie en forme de vilebrequin, destiné à percer les os (notamment du crâne). 2 Vilebrequin pour forer. ⇒ **② drille, foreuse.** ✪ HOM. Trépang.

trépanation n. f. – XIVe ■ Opération qui consiste à pratiquer un trou dans un os, en particulier dans la boîte crânienne.

trépaner v. tr. [1] – XVe ■ Effectuer une trépanation sur (un patient). ➝ *Malade trépané.* subst. *Un trépané.*

trépang → **tripang**

trépas n. m. – XIIe ■ vx ou littér. Mort (d'un homme). loc. *Passer de vie à trépas* : mourir.

trépasser v. intr. [1] – XIe ; de *tré-* (lat. *trans*) et *passer* ■ vx ou littér. ⇒ **décéder, mourir.** *Il a trépassé dans la nuit ; il était trépassé.* subst. *Les trépassés* : les morts.

❑ L'emploi de l'auxiliaire *avoir* marque l'action, *être* indique l'état.

tréphocyte n. m. – 1967 ; du rad. de *tréphone* et *-cyte* ■ Leucocyte qui élabore des tréphones.

tréphone n. f. – 1924 ; gr. *trephô* « je nourris » ■ Substance nutritive des extraits embryonnaires, capable de stimuler la croissance cellulaire.

trépidant, ante adj. – XIXe 1 Agité de trépidations rapides. *Une voiture trépidante.* 2 Très rapide. *Danse trépidante.* 3 D'une activité, d'une agitation incessante. *La vie trépidante des grandes villes.* ✪ CONTR. Immobile ; ② calme.

trépidation n. f. – XIIIe 1 Agitation de ce qui subit de petites oscillations ou secousses très rapides. *Le « moteur de la tondeuse à gazon communiquait sa trépidation au bras de Higgins »* (Simenon). 2 fig. Agitation. *« dans ce bruit et cette trépidation de la vie parisienne »* (Goncourt).

❑ De la même famille, *intrépide* « qui ne tremble pas ».

trépider v. intr. [1] – XVe ; lat. ■ Être agité de petites secousses ou oscillations rapides.

trépied n. m. – XIIe ; lat. *tripes* « à trois pieds » ■ Meuble ou support à trois pieds. *« un chaudron posé sur un trépied »* (Barbey).

trépignement n. m. – XVIe ■ Action de trépigner, mouvement de qqn qui trépigne.

trépigner v. intr. [1] – XVe ; germ. « sauter » ■ Frapper des pieds contre terre à plusieurs reprises sous le coup d'une émotion. *« elle trépignait des pieds comme un enfant gâté qui s'impatiente »* (Balz.). *Trépigner de colère.*

trépointe n. f. – XVe ; a. fr. *trépoindre* « piquer au travers » ■ Bande de cuir entre deux cuirs cousus ensemble, pour renforcer la couture.

tréponématose n. f. – 1964 ■ Maladie infectieuse et contagieuse causée par des tréponèmes.

tréponème n. m. – 1909 ; gr. *trepô* « je tourne » et *nêma* « fil » ■ Genre de micro-organisme mobile *(spirochètes)* présentant des spires, parasite de l'homme et des animaux, comprenant plusieurs espèces pathogènes, dont le *tréponème pâle,* agent de la syphilis.

très adv. – XIe ; lat. *trans* « au-delà de » ■ À un haut degré. ⇒ **① bien, ② fort.** 1 (avec un adj.) *« Pour avoir de beaux chevaux, il faut être ou très riche ou très malin »* (France). *Très gentil.* ⇒ **extrêmement.** *C'est très clair.* ⇒ **parfaitement.** *Le Très-Haut.* fam. *Je suis très, très content. « Le superflu, chose très nécessaire »* (Volt.). *Supposition très vraisemblable.* ⇒ **hautement.** *Très supérieur.* ➝ *Un monsieur très comme il faut. Un objet très bon marché. Très au courant, très en avance.* ➝ *Elle est très femme. Très fin de siècle. « un vieil émigré français [...] très aimable, très sourd, très dix-huitième siècle »* (Goncourt). 2 (avec un p. p. adj.) *Opinion très répandue. Très doué. « Je suis moi-même très gêné »* (Duham.). ➝ *« Gênes était toujours très menacé par les Piémontais »* (Volt.). 3 (avec un adv.) *« Elle lisait bien, [...] très bien même »* (Maupass.). *Très mal. Très peu. Très souvent. Très tôt, très tard. Très volontiers.* fam. *Très bientôt, à très bientôt.* ➝ *Arriver très en avance. « Cette lettre vint très à propos pour eux »* (Rac.). 4 *Il faisait très chaud. Avoir très froid. « Elle s'était fait très mal »* (R. Rolland). ➝ (emploi critiqué) *Avoir très faim. Avoir très peur. Faire très attention. « il ne trouvait du temps libre que quand il avait très envie d'une* chose » (Proust). 5 fam. *Êtes-vous satisfait ? – Très. Vous avez passé de bonnes vacances ? – Non, pas très.* ✪ CONTR. ② Pas, peu. — HOM. Trait.

❑ L'emploi de *très* devant un nom (*faim, peur, mal, soif,* etc.) est critiqué par les puristes, un adverbe ne déterminant pas un nom ; il conviendrait de dire *grand* : *j'ai grand faim* comme *j'ai grand besoin.* Néanmoins le problème est moins simple et le procédé se répand d'introduire *très* dans une locution verbale (*j'en ai très envie,* et même *j'en ai très besoin,* négligé). → ① bien, ② fort (rem.) ; → adverbe (rem.).

trésor n. m. – XIe ; gr. *thêsauros* 1 Ensemble de choses précieuses amassées et cachées. *Chercher, découvrir un trésor. « L'Île au trésor », roman de Stevenson.* ♦ Chose précieuse (que l'on amasse, que l'on cache, ou que l'on peut découvrir). « *Son plus cher trésor, c'était les bons points du catéchisme* » (Aragon). 2 (souvent plur.) Grandes richesses concrètes ; masse monétaire importante. ⇒ **argent, fortune, ② magot ; thésauriser.** *Accumuler des trésors.* ♦ *Trésors artistiques* : ensemble, collection d'œuvres particulièrement précieuses. ⇒ **chef-d'œuvre, merveille.** *Les trésors des musées du Louvre, du Prado.* 3 Ensemble des ressources financières dont disposait un souverain, un État. *Le Trésor du roi.* ⇒ **cassette.** ♦ Ensemble des moyens financiers dont dispose un État. *Trésor public. Comptable du Trésor.* ⇒ **trésorier.** ➛ par ext. Service financier d'exécution du budget. ⇒ **finance ; trésorerie.** *Direction du Trésor, au ministère des Finances. Recettes du Trésor.* ⇒ **fisc.** *Bons du Trésor.* ⇒ **certificat, emprunt.** 4 par ext. Endroit, lieu où les trésors sont gardés. *Visiter le trésor de la Sainte-Chapelle.* 5 Tout ce qui est considéré comme précieux, excellent. « *j'accumule des trésors de patience* » (Maurois). ♦ Accumulation d'œuvres humaines, considérées comme une richesse. « *C'est par goût pour le trésor spirituel de la France* [...] *que des étrangers de tous pays apprennent la langue française* » (Duham.). ♦ Titre d'ouvrages d'érudition, notamment d'encyclopédies et de dictionnaires. *Le Trésor de la langue française.* 6 fam. Personne comparée à une chose précieuse. ➛ t. d'affection *Oui, mon trésor.*

❑ Le dérivé savant *thésauriser* est plus proche de l'étymologie par la forme.

trésorerie n. f. – XIIIe 1 Administration du Trésor, ses bureaux ; ses services. *Trésorerie générale, principale.* ⇒ **paierie.** ➛ par ext. Service financier. *La trésorerie d'une association.* 2 État et gestion des fonds, des ressources. *Trésorerie publique, de l'État.* ⇒ **finances, trésor.** ♦ *Difficultés de trésorerie* : insuffisance de ressources pour faire face aux dépenses. « *une rentrée d'argent qui facilitait la trésorerie* » (Romains). 3 Charge, fonction de trésorier.

trésorier, ière n. – XIe 1 Personne chargée de l'administration des finances. ⇒ **argentier, caissier.** *Le trésorier d'une association, d'un parti.* ➛ Fonctionnaire du Trésor. *Trésorier-payeur général,* chargé de la gestion du Trésor public dans un département ou une région. *Les trésoriers-payeurs généraux.* 2 Personne qui a la garde du trésor d'une église.

tressage n. m. – XIXe ▪ Action de tresser. ⇒ **nattage.**

tressaillement n. m. – XVIe ▪ Ensemble des secousses musculaires qui agitent brusquement le corps ou une partie du corps sous l'effet d'une émotion vive ou d'une sensation inattendue. *Il la regardait « avec des tressaillements d'aise »* (Maupass.). ⇒ **frisson.** *Violent tressaillement.* ⇒ **soubresaut, sursaut.**

tressaillir v. intr. [13] – XIe ; de *tres-* et *saillir* 1 Éprouver des secousses musculaires, un tressaillement. *Tressaillir de joie, de peur.* ⇒ **frémir, frissonner.** ➛ *Il tressaillait au moindre bruit.* ⇒ **sursauter.** 2 Être agité de secousses brusques, désordonnées. « *à la moindre sensation, tous mes nerfs tressaillent* » (Flaub.).

tressautement n. m. – XVIe ▪ littér. Fait de tressauter ; tressaillement. ➛ *Les tressautements de la carriole.* ⇒ **cahot.**

tressauter v. intr. [1] – XIVe ; de *tres-* (lat. *trans*) et *sauter* 1 Tressaillir, sursauter. *Ce cri l'a fait tressauter.* 2 Subir les inégalités d'une route. *La charrette tressautait sur le chemin défoncé.* ⇒ **bringuebaler, cahoter.**

tresse n. f. – XIIe ; gr. *thrix, trikhos* « cheveu, crin » 1 Assemblage de trois longues mèches de cheveux entrecroisées à plat et retenues par une attache. ⇒ **natte.** *Se faire des tresses.* 2 Cordon plat fait de fils entrelacés ; galon tissé plat ou fait de plusieurs cordons. « *c'est très chic une tresse autour d'un feutre mou au lieu de ruban* » (Queneau).

❑ La différence entre la *natte* et la *tresse* n'est pas très claire ; il semblerait que les *nattes* pendent plutôt, et que les *tresses* servent à des coiffures plus élaborées. Par ailleurs, pour les hommes on dit *natte.*

tresser v. tr. [1] – XIe 1 Assembler, arranger en tresses. *Tresser ses cheveux.* ⇒ **natter.** « *Elle tressait en guirlandes des coquelicots* » (Hugo). ♦ *Chaussures en cuir tressé.* 2 Confectionner en entrelaçant des fils, des brins. *Tresser des paniers.* « *Ils tressèrent une couronne avec des épines, qu'ils posèrent sur sa tête* » (BIBLE). ➛ loc. *Tresser des couronnes, des lauriers à qqn,* le louer, le glorifier.

tresseur, euse n. – XVIIe ▪ Ouvrier, ouvrière exécutant des travaux de tressage.

tréteau n. m. – XIIe ; lat. *transtum* « traverse » 1 Support constitué d'une longue pièce de bois sur quatre pieds. ⇒ **chevalet.** « *Des planches, en guise de table, ont été posées sur des tréteaux* » (Alain-Fourn.). 2 au plur. Ensemble formé par ce support et la surface qu'il supporte. *Démonter les tréteaux après le marché.* ➛ vieilli Théâtre de foire, estrade où l'on donne de petits spectacles. *Monter sur les tréteaux.* ⇒ **scène, planches.**

treuil n. m. – XIIIe ; lat. *torquere* « tordre » 1 vx ou région. Pressoir. 2 Appareil de levage et de chargement, composé d'un cylindre (tambour) qu'on fait tourner sur son axe à l'aide d'une manivelle ou d'un moteur et autour duquel s'enroule une corde, un câble. ⇒ **cabestan, winch.** *Les « treuils dentés qui remontaient, du fond, les ancres »* (Morand).

treuillage n. m. – 1964 ▪ Utilisation d'un treuil pour soulever ou tirer une charge.

treuiller v. tr. [1] – XIIIe ▪ Manipuler à l'aide d'un treuil. *Treuiller une charge du haut d'un hélicoptère.* ⇒ **héli-treuiller.**

trêve n. f. – XIIe ; germ. « contrat, traité » 1 Cessation provisoire des combats, pendant une guerre, par convention des belligérants. ⇒ **cessez-le-feu.** *Demander, accepter, violer une trêve.* ♦ par ext. Interruption dans une lutte quelconque. *Trêve politique.* 2 Arrêt de ce qui est pénible. ⇒ **relâche, répit.** *S'accorder une trêve.* ⇒ **pause.** ♦ loc. adv. *SANS TRÊVE* : sans arrêt, sans interruption. ⇒ **continuellement.** « *Dehors le vent hurle sans trêve* » (Verlaine). ♦ loc. prép. *TRÊVE DE* : assez de... *Trêve de plaisanterie ! parlons sérieusement.* « *mes tristes yeux, trêve aujourd'hui de larmes !* » (Corn.). ✪ CONTR. Continuité, occupation.

trévire n. f. – XVIIIe ▪ Cordage au haut d'un plan incliné pour la manutention d'objets cylindriques (barrique, fût).

trévirer v. tr. [1] – XIIe ; de *tré-* (*trans-*) et *virer* ▪ Déplacer à l'aide d'une trévire.

trévise n. f. – 1984 ; de *Trévise*, ville d'Italie ■ Chicorée rouge à petites feuilles.

tri n. m. – XIIIe ■ Action de trier. *Faire le tri du grain.* ⇒ **triage.** *Faire un tri parmi des candidats.* ⇒ **présélection.** ♦ Répartition. *Le tri des lettres. Centre de tri (postal).*

tri- Préfixe, du lat. et du gr. *tri-* « trois ».

❑ Les composés formés ne prennent pas de trait d'union.

triacide n. m. – XIXe ■ Corps possédant trois fonctions acide, pouvant donner trois séries de sels.

triade n. f. – XVIe ; gr. ■ Groupe de trois personnes ou choses. *Triade de divinités* (ex. Brahma, Vishnou, Shiva). ⇒ **trinité.** ➤ Ensemble de la strophe, de l'antistrophe et de l'épode, dans les odes pindariques.

triage n. m. – XIVe 1 Fait de trier, de choisir dans un ensemble ou de répartir ; son résultat. ⇒ **sélection.** *Il « fit un soigneux triage de sa monnaie »* (Baud.). ♦ Séparation et regroupement des wagons pour former des convois. *Gare de triage.* 2 Dispositif, lieu où l'on trie. *« L'odeur de la laine grasse dans les triages »* (Maurois). ✪ CONTR. Mélange.

triaire n. m. – XIIIe ; lat. ■ Soldat de la troisième ligne, dans la légion romaine. ✪ HOM. Trière.

trial n. m. et f. – 1970 ; mot angl. « essai, épreuve » 1 n. m. Course motocycliste d'obstacles sur tout terrain. ⇒ **enduro, motocross.** *Faire du trial.* 2 n. m. ou f. Moto conçue pour ce type de course. *Des trials.*

trialcool [trialkɔl] n. m. – 1946 ■ Composé possédant trois fonctions alcool.

triandrie n. f. – XVIIIe ; *tri-* et *-andrie* ■ Classe de Linné renfermant des plantes à trois étamines. ♦ Caractère d'une plante à trois étamines.

triangle n. m. – XIIIe ; lat. 1 Figure géométrique, polygone plan à trois côtés. *Triangle quelconque, scalène, isocèle, équilatéral. Triangle rectangle,* qui a un angle droit (⇒ **hypoténuse**). ➤ *En triangle* : en forme de triangle. → **triangulaire.** ♦ Objet de cette forme. *« il n'y avait pas le triangle d'une seule voile en mer »* (Barbey). *Les triangles de la signalisation routière.* ➤ Région formant un triangle. *Le triangle des Bermudes.* 2 Instrument de musique à percussion, fait d'une tige d'acier repliée sur laquelle on frappe avec une baguette du même métal. 3 *Montage triangle* ou *triangle* : système de connexion électrique triphasée dont les trois enroulements sont placés en série et dépourvus de point neutre (opposé à *montage en étoile**).

triangulaire adj. – XIVe 1 En forme de triangle. *Elle avait « le menton pointu, le visage presque triangulaire »* (Balz.). 2 Dont la base ou la section est triangulaire. *Prisme, pyramide triangulaire.* 3 fig. Qui met en jeu trois éléments. *Élection triangulaire,* ou *une triangulaire,* opposant trois candidats.

triangulation n. f. – XIXe ■ Division d'un terrain en triangles pour mesurer une ligne géodésique ou dresser la carte d'une région.

trianguler v. tr. [1] – XIXe ■ Faire la triangulation de. *Trianguler une région.*

trias [trijas] n. m. – XIXe ; mot lat. « triade » ■ Terrain sédimentaire dont les dépôts comprennent trois parties : le grès bigarré, le calcaire coquillier, les marnes irisées. ➤ Période géologique la plus reculée de l'ère secondaire (où se sont déposées ces roches).

triathlon n. m. – 1929 ; de *tri-*, d'apr. *pentathlon* ■ Épreuve d'athlétisme comportant trois parties (course, saut et lancer, ou le plus souvent natation, course cycliste, course à pied).

❑ Même famille que *athlète.*

triatomique adj. – XIXe ■ Qui a trois atomes. *Oxygène triatomique* : ozone (O_3).

tribade n. f. – XVIe ; gr. *tribein* « frotter » ■ vx ou littér. Femme homosexuelle. ⇒ **lesbienne.**

tribal, ale, aux adj. – XIXe ■ De la tribu. *Il distinguait « l'appartenance tribale d'un ânier »* (Tournier).

tribalisme n. m. – 1963 ■ Organisation sociale par tribus.

tribart n. m. – XVIe ; o. i. ■ région. Entrave qu'on attache au cou de certains animaux pour les empêcher de passer au travers des haies.

tribasique adj. – XIXe ■ Qui possède trois fonctions base.

tribo- Élément, du gr. *tribein* « frotter ».

triboélectricité n. f. – 1964 ■ Électricité statique produite par frottement.

tribologie n. f. – 1972 ; *tribo-* et *-logie* 1 Partie de la mécanique traitant du frottement et de ses effets. 2 Étude médicale du frottement et de l'usure articulaires.

triboluminescence n. f. – 1905 ■ Propriété des corps qui deviennent lumineux par frottement, écrasement ou rupture des cristaux.

tribomètre n. m. – XVIIIe ; *tribo-* et *-mètre* ■ Instrument pour mesurer les forces de frottement.

tribométrie n. f. – 1922 ■ sc. Mesure des frottements.

tribord n. m. – XVe ; néerl. « bord *(boord)* du gouvernail *(stier)* » ■ Côté droit d'un navire, quand on regarde vers l'avant, la proue. *Le bateau pencha à tribord.* ✪ CONTR. Bâbord.

❑ Pour se souvenir du côté désigné par ce mot : *tribord* comporte le groupe consonantique *tr,* proche du *dr* de *droite.*

triboulet n. m. – XVIIe ; lat *tribulare* « presser ; tourmenter » ■ Outil d'orfèvre servant à arrondir. ➤ Tige graduée servant à mesurer le diamètre intérieur des bagues.

tribu n. f. – XIVe ; lat. 1 Division topographique du peuple romain. *Les tribus étaient divisées en curies.* ➤ Subdivision ethnique des peuples grecs, divisée en phratries. ♦ Descendance de chacun des douze fils de Jacob, selon la tradition. 2 Groupe social et politique fondé sur une parenté ethnique réelle ou supposée, chez les peuples à organisation dite primitive. *« Chaque horde ou tribu avait son chef »* (Volt.). *Tribus nomades.* 3 péj. ou iron. Groupe nombreux ; grande et nombreuse famille. ⇒ **smala.** *Il est arrivé avec toute sa tribu.* 4 Subdivision de la sous-famille correspondant à un groupe biologique supérieur au genre. *Tribus d'animaux, de bactéries.* ✪ HOM. Tribut.

❑ En ethnologie, ce terme est supplanté par des mots plus récents comme *ethnie.*

tribulation n. f. – XIIe ; lat. *tribulare* « battre avec le *tribulum,* herse à battre le blé » ■ vx (au sing.) Adversité, épreuve physique ou morale. ♦ plur. Aventures plus ou moins désagréables. ⇒ **mésaventure, vicissitude.** *« Elle touchait enfin au terme de ses tribulations »* (Mart. du G.). ⇒ **peine.**

tribun n. m. – XIIIe ; lat. « magistrat de la *tribu* » 1 Officier ou magistrat dans l'ancienne Rome. *Tribun militaire.* ➤

Tribun de la plèbe, du peuple : magistrat élu pour défendre les intérêts des plébéiens. 2 Défenseur éloquent (d'une cause, d'une idée). « *ce peuple ouvrier, venu pour acclamer son tribun* » (Romains). 3 Membre du Tribunat, sous le Consulat et l'Empire.

tribunal, aux n. m. – XIIe 1 Lieu où l'on rend la justice. ⇒ ① **palais** (de justice), **prétoire.** 2 Magistrat ou corps de magistrats exerçant une juridiction (⇒ **juge, juridiction, justice ; chambre, conseil, cour**). Juridiction inférieure (opposé à *cour*). *Tribunaux administratifs, judiciaires. Tribunaux de droit commun et tribunaux d'exception.* ➤ *Tribunal d'instance. Tribunal correctionnel. Tribunal de grande instance* ou *d'arrondissement.* ➤ *Tribunal jugeant les différends d'ordre professionnel.* ⇒ **prud'hommes.** *Tribunaux pour enfants.* ➤ *Saisir un tribunal d'une affaire,* la porter devant les tribunaux (⇒ **procédure**). *Comparaître devant le tribunal. Séance d'un tribunal.* ⇒ **audience, débat ; huis** (clos) ; **siéger.** *Délibérations, décisions d'un tribunal* (⇒ **justice ; arrêt, délibéré, jugement, ordonnance, sentence ; statuer**). 3 Justice (de Dieu). *Comparaître devant le tribunal suprême.* ♦ littér. Jugement moral. *Le tribunal de l'histoire.*

tribunat n. m. – XVIe 1 Charge de tribun dans la Rome antique ; son exercice ; la durée de son exercice. 2 *Le Tribunat :* assemblée instituée par la constitution de l'An VIII, chargée de discuter les projets de loi devant le Corps législatif.

tribune n. f. – XVe 1 Emplacement élevé où sont réservées des places, dans une église, une salle publique. ➤ *Les tribunes de la presse,* à l'Assemblée nationale. ➤ Emplacement en gradins, généralement couvert, dans un champ de courses, un stade. « *au milieu de l'enceinte du pesage, les cinq tribunes* » (Zola). 2 Emplacement élevé ou surélevé, estrade d'où l'orateur s'adresse à une assemblée. « *Les orateurs se succédaient à la tribune* » (Aymé). 3 Rubrique offerte au public par un média. *Tribune libre d'un journal. Organiser une tribune sur un sujet d'actualité.* ⇒ **débat.**

tribut n. m. – XIVe ; lat. *tribuere* « répartir (l'impôt) entre les *tribus* » 1 Contribution forcée, imposée au vaincu par le vainqueur, ou payée par un État à un autre. *Payer tribut, un lourd tribut à l'envahisseur.* 2 Contribution payée à une autorité, un pouvoir. ⇒ **imposition, impôt.** « *il n'est plus question, en notre temps, de lever tribut sur les populations sans leur rendre en services publics l'équivalent de ce qu'elles paient* » (Alain). *Le tribut du sang :* l'obligation militaire. ✪ HOM. Tribu.

tributaire adj. – XIIe 1 Qui paye tribut à un seigneur, à un souverain, à un État. 2 Qui dépend (de qqn, de qqch.). *L'Europe est tributaire des pays tropicaux pour un certain nombre de denrées. Écrivain tributaire de ses prédécesseurs.* 3 Qui se jette dans un cours d'eau plus important. ⇒ **affluent.**

tric → **trick**

tricard, arde n. – XIXe ; de *trique* ▪ arg. Interdit de séjour. « *tous les tricards doivent signer chaque semaine au Commissariat central* » (Mac Orlan).

tricennal, ale, aux adj. – XVIIIe ▪ Qui dure trente ans, porte sur trente ans.

> ❑ Ne pas confondre avec *triennal* « qui a lieu tous les trois ans ; dure trois ans ».

tricentenaire n. m. et adj. – 1922 1 Troisième centenaire. *Le tricentenaire de la mort de La Fontaine.* 2 adj. Qui a trois cents ans. *Bâtiment, arbre tricentenaire.*

tricéphale adj. – XIXe ; *tri-* et *-céphale* ▪ Qui a trois têtes. *Cerbère tricéphale.*

triceps [tʀisɛps] adj. et n. m. – XVIe ; mot lat. « à trois têtes, triple » ▪ Se dit d'un muscle dont l'une des extrémités a trois points d'insertion. n. m. *Le triceps brachial.*

tricératops [tʀiseʀatɔps] n. m. – XIXe ; de *tri-*, gr. *keras, keratos* « corne » et *ôps* « face » ▪ Grand reptile fossile du crétacé supérieur *(dinosauriens),* à tête munie de trois cornes.

triche n. f. – XIIe ▪ fam. Tromperie au jeu ; action de tricher. *C'est de la triche.*

> ❑ Ce mot a perdu du terrain face à *tricherie,* pour se restreindre au langage familier ou enfantin.

-triche → **trich(o)-**

tricher v. intr. [1] – XIIe ; lat. *tricari* « chicaner » 1 Enfreindre discrètement les règles d'un jeu en vue de gagner. « *Si on ne peut plus tricher avec ses amis, ce n'est plus la peine de jouer aux cartes* » (Pagnol). 2 Enfreindre une règle, un usage en affectant de les respecter. *Tricher aux examens* (en copiant, etc.). ⇒ fam. **pomper.** *Tricher sur les prix, la qualité, le poids.* ⇒ **frauder.** 3 Se conduire avec mauvaise foi, trahir ce que l'on affecte de servir, de respecter. *Tricher en affaires.* 4 Dissimuler un manque, un défaut dans la confection d'un ouvrage par une astuce. *Il a fallu tricher pour allonger cette robe.*

tricherie n. f. – XIIe 1 Tromperie au jeu. ⇒ **triche.** *Gagner par tricherie.* 2 Tromperie ou mauvaise foi de qqn qui triche. 3 Fait de dissimuler un défaut ou de produire une illusion.

tricheur, euse n. – XIIe 1 Personne qui triche au jeu. *Tricheur professionnel.* ⇒ **arnaqueur, filou.** 2 Personne qui triche, est de mauvaise foi.

trichiasis [tʀikjazis] n. m. – XVIIe ; gr. ▪ Déviation des cils vers le globe oculaire, pouvant provoquer une irritation.

trichine [tʀikin] n. f. – XIXe ; gr. « cheveu, poil » ▪ Petit ver filiforme *(nématodes)* dont la forme adulte parasite l'intestin grêle de divers animaux (porcs, rongeurs), et dont la larve s'enkyste dans les muscles (⇒ **trichinose**).

trichiné, ée [tʀikine] adj. – XIXe ▪ Envahi de trichines.

trichinose [tʀikinoz] n. f. – XIXe ▪ Parasitose provoquée par les larves de trichines introduites dans l'organisme par consommation de viande de porc ou de cheval.

trichite [tʀikit] n. f. – XVIIIe ; gr. « chevelu » ▪ Fibre minérale monocristalline de résistance très élevée. *Trichite d'alumine.*

trichloracétique [tʀiklɔʀasetik] adj. – XIXe ▪ *Acide trichloracétique :* acide organique (CCl_3CO_2H) dérivant de l'acide acétique par remplacement de trois atomes d'hydrogène par trois atomes de chlore.

trichloréthylène [tʀiklɔʀetilɛn] n. m. – 1933 ▪ Dérivé chloré de l'éthylène, utilisé comme solvant des corps gras.

trich(o)-, -triche Éléments, du gr. *thrix, trikhos* « poil, cheveu ».

trichocéphale [tʀikosefal] n. m. – XIXe ; *tricho-* et *-céphale* ▪ Ver parasite *(nématodes),* qui vit dans l'intestin de l'être humain et de certains animaux.

trichogramme [tʀikɔgʀam] n. m. – 1968 ; *tricho-* et *-gramme* I Insecte (hyménoptère) utilisé pour détruire les vers parasites des fruits. II Examen du cuir chevelu pratiqué pour apprécier l'état des cheveux.

tricholome [tʀikɔlɔm ; tʀikolom] n. m. – XIXe ; de *tricho-* et gr. *lôma* « frange » ▪ Champignon à lamelles et à large chapeau *(basidiomycètes)*, dont plusieurs espèces sont comestibles. ⇒ **griset, mousseron.**

trichoma [tʀikɔma] **n. m.** – XIXe ; gr. « touffe de poils » ■ Feutrage des cheveux dû à une mauvaise hygiène. ⇒ **plique.**

trichomonas [tʀikɔmɔnas] **n. m.** – XIXe ; de *tricho-* et gr. *monas* « unité » ■ Protozoaire à plusieurs flagelles et à membrane ondulante unique, parasite de l'être humain et de certains animaux, agent de maladies sexuellement transmissibles.

trichophyton [tʀikɔfitɔ̃] **n. m.** – XIXe ; *tricho-* et *-phyte* ■ Champignon ascomycète provoquant des mycoses de la peau et une sorte de teigne du cuir chevelu.

trichrome [tʀikʀom] **adj.** – 1902 ; *tri-* et *-chrome* ■ Obtenu par trichromie.

trichromie [tʀikʀɔmi] **n. f.** – XIXe ■ Procédé de reproduction des couleurs basé sur la séparation des trois couleurs fondamentales.

trick ou **tric** **n. m.** – XVIIIe ; angl. *trick* « ruse, stratagème » ■ Au whist, au bridge, Tout pli au-delà du sixième. ✪ HOM. Trique.

> ❑ Apparenté au français *tricher.*

triclinium [tʀiklinjɔm] **n. m.** – XVIIe ; gr. « lit de table pour trois » ■ Salle à manger à lits en pente, de la maison romaine. *Des tricliniums.*

tricoises **n. f. pl.** – XIVe ; altér. de *turcoise,* proprt « (tenailles) *turques* » ■ Tenailles utilisées dans le travail du bois et par le maréchal-ferrant.

tricolore **adj.** – XVIIe 1 Qui est de trois couleurs. 2 Des trois couleurs du drapeau français : le bleu, le blanc et le rouge. *« le drapeau tricolore a fait le tour du monde avec le nom, la gloire et la liberté de la Patrie »* (Lamart.). 3 Français. *L'équipe tricolore.* subst. *Victoire des tricolores.*

tricorne **adj.** et **n. m.** – XIXe 1 vx Qui a trois cornes. *Un chapeau tricorne.* 2 **n. m.** Chapeau à bords repliés en trois cornes.

tricot **n. m.** XVIIe 1 Tissu formé d'une matière textile disposée en mailles et confectionné avec des aiguilles. *Industrie du tricot.* ⇒ **bonneterie,** ① **maille.** 2 Action de tricoter ; ouvrage de qqn qui tricote. *Faire du tricot. « les doigts rapides des femmes, activant les aiguilles de leur tricot »* (Zola). 3 Objet, vêtement tricoté. ⇒ **chandail, pull-over.** *« un bambin en tricot bleu pâle »* (Mart. du G.). ➝ *Un tricot de peau, de corps.* ⇒ **maillot.**

tricotage **n. m.** – XVIIe ■ Action, manière de tricoter.

tricoté, ée **adj.** – XVIIIe ■ Fait de tricot. *« gants et fichus de laine tricotés »* (Zola).

tricoter **v.** [1] – XIVe ; germ. « caresser, frotter » **I - 1** **v. tr.** Exécuter au tricot. *Tricoter de la layette.* 2 **v. intr.** Exécuter à la main, avec des aiguilles, ou à la machine, un tissu à mailles **(⇒ tricot),** avec de la laine, du coton, de la soie... *Aiguilles à tricoter. Apprendre à tricoter.* **II** **v. intr.** fam. Courir, sauter, danser, gigoter. *« Leurs cavaliers bondissaient, tricotaient des pieds »* (Maupass.).

tricoteur, euse **n.** – XVIe 1 Personne qui tricote. ➝ *Les tricoteuses :* les femmes qui assistaient en tricotant aux délibérations de la Convention. 2 **n. f.** Machine, métier à tricoter.

tricourant **adj. inv.** – 1964 ; de *tri-* et ② *courant* ■ Capable de fonctionner avec trois types de courant électrique. *Locomotives tricourant.*

trictrac **n. m.** – XVe ; onomat., d'ab. « bruit de choses heurtées » ■ Jeu de dés, où l'on fait avancer des pions (dames) sur un tablier à deux compartiments comportant chacun six cases triangulaires (ou flèches). ♦ Damier sur lequel on y joue.

tricuspide **adj.** – XVIIe ; lat. « à trois pointes » ■ *Valvule tricuspide,* composée de trois valves triangulaires, qui fait communiquer l'oreillette et le ventricule droits.

tricycle **n. m.** – XIXe ■ Cycle à trois roues, dont deux à l'arrière. *Tricycle d'enfant.*

tridacne **n. m.** – XVIIIe ; gr. « à mordre trois fois » ■ Mollusque *(lamellibranches)* dont les valves égales portent des ondulations rayonnantes formées de lamelles imbriquées. ⇒ **bénitier.**

tridactyle **adj.** – XVIIIe ; gr. ■ Qui a trois doigts.

trident **n. m.** – XIIe 1 Fourche à trois dents, à trois pointes. 2 Instrument agricole, bêche ou fourche à trois pointes.

> ❑ Le *trident* est l'attribut traditionnel du dieu de la mer, Neptune.

tridi **n. m.** – XVIIIe ; de *tri-* et finale de *lundi, mardi,* etc. ■ Troisième jour de la décade, dans le calendrier républicain.

tridimensionnel, elle **adj.** – 1953 ■ Qui a trois dimensions. *Espace tridimensionnel.* ➝ Qui se développe dans un espace à trois dimensions. *Figure tridimensionnelle.*

trièdre **adj.** et **n. m.** – XVIIIe ; *tri-* et *-èdre* ■ Qui a trois faces planes. ➝ **n. m.** Figure formée par trois plans qui se coupent deux à deux ou par trois demi-droites, de même origine, non coplanaires. *Sommet, arêtes, faces d'un trièdre.*

triennal, ale, aux **adj.** – XIVe ; lat. 1 Qui a lieu tous les trois ans. *Prix triennal.* 2 Qui dure trois ans. *Plan triennal.*

> ❑ Ne pas confondre avec *tricennal* « qui dure trente ans », plus rare.

trier **v. tr.** [7] – XIIe ; lat. *tritare* « broyer » 1 Choisir parmi d'autres ; extraire d'un plus grand nombre, après examen. ⇒ **sélectionner.** *Trier des semences une à une.* 2 Examiner (un ensemble) et éliminer ce qui ne convient pas. *Trier des lentilles,* en éliminer les grains non comestibles, les cailloux. 3 Répartir (un ensemble de choses) en plusieurs groupes sans rien éliminer. ⇒ **arranger, classer.** *« Tout en parlant, Jallez rangeait ses papiers, les triait »* (Romains). ✪ CONTR. Mélanger, mêler. — HOM. Triller.

triérarque **n. m.** – XIVe ; gr. ■ Commandant d'une trière ; chef de son équipage. ➝ Citoyen athénien tenu d'armer et d'équiper une trière à ses frais.

trière **n. f.** – XIVe ; gr. ■ Dans l'Antiquité, Navire grec à trois rangs de rames. ⇒ **galère, trirème.** ✪ HOM. Triaire.

> ❑ Navires semblables, la *trière* était grecque et la *trirème* romaine.

triester [tʀiɛstɛʀ] **n. m.** – 1964 ■ Corps possédant trois fonctions ester.

trieur, trieuse **n.** – XVIe 1 Personne qui trie. ➝ Ouvrier, ouvrière chargé(e) d'une opération de triage, d'un tri. 2 **n. m.** Appareil servant au triage.

trieuse **n. f.** – XIXe ■ Machine mécanographique capable de classer rapidement des cartes perforées.

trifide **adj.** – XVIIIe ; lat. *findere* « fendre » ■ Partagé en trois divisions par des fentes profondes (environ la moitié de la longueur totale). *Organe trifide.*

trifoliolé, ée **adj.** – XIXe ■ Dont le pétiole se termine par trois folioles.

triforium [tʀifɔʀjɔm] **n. m.** – XIXe ; lat. *transforare* « percer à jour » ■ Ouverture par laquelle la galerie ménagée au-dessus des bas-côtés d'une église s'ouvre sur l'intérieur ; cette galerie. *Des triforiums.*

trifouiller v. [1] – XIXe ; de *tri(poter)* et *fouiller* ▪ fam. **1** v. tr. Mettre en désordre, en remuant ; remuer d'une manière incohérente. ⇒ **tripatouiller, tripoter.** « *Elle a trifouillé d'autres dossiers* » (Céline). **2** v. intr. Farfouiller. *Ne viens pas trifouiller dans mes affaires !*

trigéminé, ée adj. – XIXe ▪ *Pouls trigéminé,* caractérisé par la succession de trois pulsations suivies d'une pause.

trigle n. m. – XVIe ; gr. « rouget » ▪ Rouget grondin.

triglycéride n. m. – 1964 ▪ Ester du glycérol dont les trois fonctions alcool sont estérifiées par des résidus d'acides gras identiques ou différents. *Taux de triglycérides sanguins.*

triglyphe n. m. – XVIe ; gr. ▪ Ornement de la frise dorique, composé de deux glyphes et de deux demi-glyphes (sur les bords), qui alterne avec les métopes.

trigone adj. et n. m. – XIVe ; gr. **1** rare Triangulaire. **2** n. m. *Trigone cérébral :* lame triangulaire de substance blanche, située entre les deux hémisphères cérébraux au-dessous du corps calleux.

trigonelle n. f. – XVIIIe ; lat. ▪ Plante dicotylédone *(papilionacées)* herbacée, aux feuilles trifoliolées. ⇒ **fenugrec, mélilot** (bleu).

trigonocéphale n. m. – XIXe ▪ Grand serpent venimeux d'Amérique et d'Asie à tête triangulaire, voisin des crotales.

trigonométrie n. f. – XVIIe ; lat. ▪ Étude des fonctions circulaires des angles et des arcs (⇒ ② **sinus** et **cosinus ; tangente**) et de leurs propriétés. ➝ abrév. fam. TRIGO.

trigonométrique adj. – XVIIIe ▪ Qui concerne la trigonométrie ; utilisé en trigonométrie. *Tables trigonométriques.*

trigramme n. m. – XIXe ; gr. ▪ Mot de trois lettres. ➝ Groupe fonctionnel de trois caractères (dans une écriture, un code alphanumérique).

❑ En français il y a de nombreux *digrammes (au, ph)* et un peu moins de *trigrammes (ain, ein, eau, aon).*

trijumeau adj. et n. m. – XVIIIe ▪ *Nerf trijumeau,* et n. m. *le trijumeau :* cinquième nerf crânien qui se divise en trois branches, nerf ophtalmique, nerfs maxillaires supérieur et inférieur.

trilatéral, ale, aux adj. – XVIIIe ; lat. ▪ Qui engage trois parties. *Accord trilatéral.* ⇒ **triparti.**

trilingue adj. – XVIe ; *tri-* et *-lingue* **1** Qui est en trois langues. *Inscription trilingue.* **2** Qui connaît trois langues. *Interprète trilingue.*

trilitère adj. – XIXe ; de *tri-* et lat. *littera* « lettre » ▪ Qui comporte trois consonnes servant de support aux éléments vocaliques. *Racines trilitères des langues sémitiques.*

❑ Pour la graphie avec un seul *t* → oblitération (rem.).

trille n. m. – XVIIIe ; it. *trillo,* onomat. ▪ Battement rapide et ininterrompu sur deux notes voisines, exécuté par la voix ou par un instrument. « *des trilles légers de flûte, des soupirs étouffés de cor* » (Zola).

❑ Ce mot est du masculin. La faute sur le genre est fréquente (« *un doux rire brutal qui s'égrenait en claires trilles* » [Rimbaud]).

triller v. intr. [1] – XIXe ▪ Faire un trille. ✪ HOM. Trier.

trillion [tʀiljɔ̃] n. m. – XVe ; de *tri-,* sur le modèle de *million* ▪ Milliard de milliards (soit 10^{18}). *Million de trillions.* ⇒ **quatrillion.**

❑ Attention de ne pas confondre avec l'ancienne acception « mille milliards ou 10^{12} », encore en usage dans certains pays (aux États-Unis notamment).

trilobé, ée adj. – XVIIIe ▪ Qui a trois lobes. *Feuille trilobée.* ♦ En forme de feuille de trèfle, à trois lobes. ⇒ **tréflé.** « *le style flamboyant et les ogives trilobées* » (Stendh.).

trilobites n. m. pl. – XIXe ; lat. ▪ Classe d'arthropodes marins fossiles de l'époque primaire, dont le tégument dorsal est divisé en trois lobes.

trilogie n. f. – XVIIIe ; gr. **1** Ensemble de trois tragédies grecques sur un même thème. *L'Orestie d'Eschyle* (Agamemnon ; les Choéphores ; les Euménides), *seule trilogie qui nous soit parvenue complète.* **2** Groupe de trois œuvres dont les sujets se font suite.

trimaran n. m. – 1958 ; mot angl., de *tri-* et *(cata)maran* ▪ Bateau formé d'une coque centrale flanquée de deux petites coques parallèles réunies transversalement par une armature rigide.

trimardeur n. m. – XIXe ; de *trimarder,* rad. *trimer* ▪ pop. vieilli Nomade, vagabond.

trimballage n. m. – XIXe ▪ fam. Fait de trimballer (qqch. ou qqn) ; transport difficile ou pénible.

❑ On écrit aussi *trimbalage.*

trimballer v. tr. [1] – XVIIIe ; lat. *tribulare* « battre avec le *tribulum,* herse à battre le blé » **1** fam. Mener, porter partout avec soi (souvent avec l'idée de peine, de difficulté). ⇒ **traîner, transporter.** « *Ils avaient trimballé là des chaises de métal* » (Gide). **2** loc. fam. *Qu'est-ce qu'il trimballe !* comme il est bête !

❑ On écrit aussi *trimbaler.*

trimer v. intr. [1] – XVIIe ; p.-ê. altér. de l'a. fr. *trumer* « courir » ▪ Travailler avec effort, à une besogne pénible. ⇒ **besogner, peiner.** « *l'irritation grondante des gens qui triment dans un métier d'enfer* » (E. de Goncourt).

trimère adj. – XIXe ; *tri-* et gr. *meros* « partie » ▪ Formé de trois parties semblables. *Coléoptères trimères. Plantes trimères.* ✪ HOM. Trimmer.

trimestre n. m. – XVIe ; lat. *tri-* et *mensis* « mois » **1** Durée de trois mois. ♦ Division de l'année scolaire (en France). *Premier trimestre,* de la rentrée scolaire aux vacances de Noël. **2** Somme payée ou allouée tous les trois mois. « *l'idée lui vint de demander à son frère ce premier trimestre* » (Maupass.).

trimestriel, ielle adj. – XIXe **1** Qui dure trois mois. *Charge trimestrielle.* **2** Qui a lieu, qui paraît tous les trois mois. *Bulletin trimestriel.*

trimmer [tʀimœʀ ; tʀimɛʀ] n. m. – XIXe ; mot angl., de *to trim* « équiper, arrimer » ▪ Engin formé d'un flotteur circulaire sur lequel est enroulé le fil (le poisson qui a pris l'hameçon déroule le fil). ✪ HOM. Trimère.

trimoteur n. m. – 1921 ▪ Avion à trois moteurs.

trin, trine adj. – XIIIe ; lat. *trinus* « triple » **1** Divisé en trois, en parlant de Dieu, du mystère de la Trinité. **2** *Trin, trine aspect :* aspect de deux planètes séparées d'un tiers de cercle. ✪ HOM. Train.

❑ La forme *trine* tend à s'employer aux deux genres.

trinervé, ée adj. – XVIIIe ; de *tri-* et rad. de *nervure* ▪ Qui présente trois nervures. *Feuilles trinervées.*

tringle n. f. – XVe ; néerl. *tingel* ▪ Tige métallique servant de support, d'élément d'un mécanisme (poussoir, tirette) ou d'outil. ⇒ **barre, broche.** *Tringle à rideaux,* sur laquelle sont enfilés les anneaux supportant des rideaux. « *les lits étaient séparés par des rideaux de* *toile blanche pendant à des tringles* » (Cl. Simon). ♦ Mince cylindre de métal servant de matière première dans la fabrication des clous, etc.

tringler v. tr. [1] – XIVe 1 Tracer une ligne droite sur (une pièce de bois ou de tissu) à l'aide d'une ficelle (ou d'un cordeau) enduite de craie. 2 vulg. Posséder sexuellement.

tringlot n. m. – XIXe ; de *train,* par attract. plaisante de *tringle* « fusil » ▪ Soldat du train des équipages.

trinitaire adj. et n. – XVIe 1 Relatif à la Trinité ; qui croit à la Trinité. 2 n. Religieux, religieuse de deux ordres fondés en 1198 sous l'invocation de la Trinité.

trinité n. f. – X[e] ; lat. *trinus* « triple » 1 Dans la doctrine chrétienne, Dogme et mystère du Dieu unique en trois personnes coexistantes, consubstantielles, coéternelles ; ce Dieu unique en trois personnes. ⇒ **père, fils, esprit** (Saint-Esprit). *La sainte Trinité.* 2 Groupe de trois principes (ou de trois objets plus ou moins sacralisés). « *Il existe dans l'homme une trinité sainte : La volonté, l'amour et l'esprit sont en nous* » (Vigny).

trinitrobenzène [tʀinitʀobɛ̃zɛn] n. m. – 1933 ▪ Dérivé isomère du benzène utilisé comme explosif.

trinitrotoluène n. m. – XIXe ; de *trinitré* (de *tri-* et *nitré*) et *toluène* ▪ Explosif nitré dérivé du toluène. ⇒ **T.N.T. ; tolite.**

trinôme n. m. – XVIIe ; de *tri-*, d'apr. *binôme* ▪ Polynôme à trois termes. *Trinôme du second degré* (ax^2+bx+c).

trinqueballe → **triqueballe**

trinquer v. intr. [1] – XVIe ; all. *trinken* 1 Boire en même temps que qqn, après avoir choqué les verres (en signe de souhait, de gage d'amitié, etc.). « *elle tendit son verre avant de boire, pour inviter ses hôtes à trinquer* » (Muss.). *Je trinque au succès de notre entreprise.* 2 fam. Éprouver, subir des désagréments, des pertes. ⇒ **écoper.** « *Cette section avait salement trinqué* » (Tournier).

❑ Même famille étymologique que le verbe anglais *to drink* « boire ».

① **trinquet** n. m. – XVe ; it. *trinchetto* « voile triangulaire » ▪ Mât de misaine des bâtiments portant des voiles latines (à antennes).

② **trinquet** n. m. – XIXe ; mot du sud-ouest de la France ; o. i. ▪ région. Pièce quadrangulaire possédant un fronton, où l'on joue à la pelote basque. ➛ Sport ainsi pratiqué.

trinquette n. f. – XVe ; de ① *trinquet* ▪ Foc le plus proche du grand mât ou de la misaine.

trio n. m. – XVIe ; mot it. 1 Morceau pour trois instruments ou trois voix. *Trio pour piano, violon et violoncelle.* ♦ Formation de trois musiciens. *Trio à cordes* (violon, alto, violoncelle). *Trio de jazz. Des trios.* 2 Seconde partie du menuet dans le troisième mouvement de la forme sonate. 3 Groupe de trois personnes (souvent par plais. ou péj.). « *le trio des classiques comédies de boulevard, la femme, l'amant et le mari complaisant* » (Tournier).

triode n. f. – 1923 ; de *tri-*, d'apr. *diode* ▪ Tube électronique possédant trois électrodes (anode, cathode, grille) dans lequel le courant peut être réglé par le potentiel de la grille.

triolet n. m. – XVe ; var. dial. de *trèfle* 1 Poème à forme fixe, de huit vers sur deux rimes, dont le 1er, le 4e et le 7e sont semblables. *Les triolets de Banville.* 2 Groupe de trois notes d'égale valeur qui se jouent dans le temps de deux, lorsqu'elles sont surmontées du chiffre trois.

triolisme n. m. – 1985 ; de *trio* ▪ Relation sexuelle entre trois personnes.

triomphal, ale, aux adj. – XIIe 1 Propre ou relatif à un triomphe. *Marche triomphale,* jouée pour un triomphe ; marche de caractère solennel et joyeux. 2 Qui est accompagné d'honneurs, d'acclamations. *Un accueil triomphal.* 3 Qui constitue un triomphe, une grande réussite. *Succès triomphal.* ⇒ **éclatant.**

triomphalement adv. – XVIe 1 D'une manière triomphale, en triomphe. *Il a été triomphalement accueilli.* 2 D'un air triomphant. *Il nous annonce triomphalement qu'il a été reçu.*

triomphalisme n. m. – 1962 ▪ Attitude d'un groupe (ou d'une personne) qui affiche sans retenue sa croyance en la justesse de sa cause, ou en ses succès.

triomphaliste adj. et n. – v. 1960 ▪ Qui fait preuve de triomphalisme.

triomphant, ante adj. – XVIe 1 Qui triomphe, qui a remporté une éclatante victoire. ⇒ **victorieux.** « *Hannibal écoutait, pensif et triomphant* » (Heredia). 2 Qui exprime le triomphe, est plein d'une joie éclatante, assurée. ⇒ **heureux, jubilant, radieux.** « *adorable quand même, grâce à sa triomphante jeunesse* » (Zola).

triomphateur, trice n. – XIVe 1 Personne qui triomphe, remporte une éclatante victoire. ⇒ **vainqueur.** 2 Général à qui l'on faisait les honneurs du triomphe, dans l'Antiquité romaine. *Le quadrige du triomphateur.*

triomphe n. m. – XIIe ; lat. 1 Victoire éclatante à l'issue d'une lutte, d'une rivalité quelconque. « *la fameuse journée des dupes, qui assura le triomphe de Richelieu sur ses adversaires* » (Gaxotte). ♦ Établissement, avènement éclatant (de ce qui était en lutte avec autre chose). ⇒ **victoire.** *Le triomphe d'une cause.* 2 Dans l'Antiquité romaine, Honneur décerné à un général qui avait remporté une grande victoire : entrée solennelle du vainqueur dans la ville. ⇒ **ovation.** *Le sénat décernait le triomphe.* ➛ *Porter qqn en triomphe,* le hisser au-dessus de la foule pour le faire acclamer. 3 Joie rayonnante, exultation que donne la victoire ; grande satisfaction. *Cri de triomphe.* 4 Réussite éclatante. ⇒ **succès.** « *la vie de Voltaire est une suite de triomphes et d'humiliations* » (Sartre). 5 Approbation enthousiaste du public. *Il a remporté un vrai triomphe.* ♦ Action, représentation qui déchaîne l'enthousiasme du public. *Ce spectacle est un triomphe.* ✪ CONTR. Chute. Déconfiture, défaite, déroute.

triompher v. [1] – XIIIe I v. tr. ind. TRIOMPHER DE... qqn, le vaincre avec éclat à l'issue d'une lutte, d'un jeu, d'un match. *Triompher de son adversaire.* ⇒ **battre, dominer.** ➛ Venir à bout de (qqch.). *Triompher d'une difficulté.* ⇒ **surmonter.** « *Seule une grande ferveur intellectuelle triomphe de la fatigue et de la flétrissure du corps* » (Gide). « *Qu'il triomphe en vainqueur, et périsse en coupable* » (Corn.). II v. intr. 1 Recevoir les honneurs du triomphe (2°). 2 Remporter une éclatante victoire. ➛ S'imposer, s'établir de façon éclatante. « *pour faire triompher leurs convictions, ils ne reculent devant rien* » (Mart. du G.). 3 Éprouver et manifester un sentiment de triomphe. ⇒ se **féliciter, jubiler, pavoiser.** « *Ne triomphez point tant : vous ne tarderez guère à me faire avoir ma revanche* » (Mol.).

trionyx [tʀi(j)ɔniks] n. m. – XIXe ; *tri-* et gr. *onux* « ongle » ▪ Grande tortue carnassière d'eau douce, qui vit dans des régions chaudes du globe.

❑ Cette tortue n'a d'*ongles* qu'à *trois* doigts.

trip [tʀip] n. m. – XIXe ; mot angl. « voyage » ▪ fam. 1 État qui résulte de l'absorption de substances hallucinogènes (notamment de L.S.D.). ⇒ aussi **défonce.** 2 loc. *C'est pas mon trip :* cela ne correspond pas à ce que je suis, je n'aime pas cela. ✪ HOM. Tripe.

tripaille n. f. – XVe ▪ fam. Amas de tripes, d'entrailles.

tripal, ale adj. – 1987 ▪ Fam. Qui vient des tripes, du plus profond de l'être. ⇒ **viscéral.** *Des réactions tripales.* ♦ Très émouvant, qui prend aux tripes. ⇒ **bouleversant, poignant.** *Scènes tripales d'un film.* ✪ HOM. Tripale.

tripale adj. – 1960 ▪ À trois pales. *Hélice tripale.* ✪ HOM. Tripal.

tripang [tʀipɑ̃] ou **trépang** [tʀepɑ̃] n. m. – XVIIIe ; mot malais ▪ Grosse holothurie comestible, très appréciée en Extrême-Orient. ✪ HOM. Trépan.

triparti, ie ou **tripartite** adj. – XIVe 1 Divisé en trois parties. *Feuille tripartie.* 2 TRIPARTITE. Qui réunit trois éléments, trois parties ou partis. *Accord tripartite. Gouvernement tripartite,* où sont représentés trois partis politiques associés.

tripartisme n. m. – 1946 ▪ Système de gouvernement tripartite.

tripartition n. f. – XVIIIe ▪ Division (d'une quantité) en trois parties égales.

tripatouillage n. m. – XIXe ▪ fam. Action de tripatouiller (un texte, des écritures, des chiffres). ♦ Modification malhonnête. ⇒ **magouille.**

tripatouiller v. tr. [1] – XIXe ; var. pop. de *tripoter* 1 fam. Remanier sans scrupule (un texte original). ♦ Altérer, truquer (des écritures, des comptes). « *un politicien habitué à tripatouiller les élections municipales* » (Simenon). 2 Tripoter.

tripatouilleur, euse n. – XIXe ▪ fam. Personne qui tripatouille.

tripe n. f. – XIIIe ; esp. *tripa* ou it. *trippa* 1 au plur. Boyaux de ruminants préparés pour être consommés. ⇒ **gras-double,** région. **tripous.** *Tripes à la mode de Caen.* 2 Intérieur d'un cigare. 3 au plur. fam. Intestin de l'homme ; ventre. « *je te mettrai les tripes à l'air et je te couperai les oreilles* » (Aragon). ♦ Entrailles. *Prendre aux tripes :* émouvoir vivement. ⇒ **bouleverser, empoigner ; tripal.** *Acteur qui joue avec ses tripes,* avec ce qu'il a de plus profond. ➛ au sing. « *l'homme de ce temps a le cœur dur et la tripe sensible* » (Bernanos). ✪ HOM. Trip.

triperie n. f. – XIVe ▪ Boutique ou commerce du tripier.

tripette n. f. – XVe ▪ vx Petite tripe. ♦ mod. loc. *Ça ne vaut pas tripette :* cela ne vaut rien.

triphasé, ée adj. – XIXe ▪ *Courant triphasé,* dont les trois phases sont deux à deux décalées de 1/3 de période.

triphénylméthane n. m. – XIXe ; de *tri-,* rad. de *phénol* et *méthane* ▪ Hydrocarbure dont dérivent de nombreux colorants (fuchsine, vert malachite, violet de méthyle).

triphosphate n. m. – v. 1927 ▪ Molécule présente dans toutes les cellules servant de réserve d'énergie pour les biosynthèses.

triphtongue n. f. – XVIe ; de *tri-,* d'apr. *diphtongue* ▪ Voyelle dont le timbre varie deux fois en cours d'émission.

> ❑ En ancien français, la prononciation du mot *eau* en [eau] se faisait en une seule syllabe, comme la prononciation moderne [o].

tripier, ière n. – XIIIe ▪ Commerçant, boucher qui vend des abats (tripes, foie, rognons, etc.).

triplace adj. – 1917 ▪ À trois places. *Avion de tourisme triplace.*

triplan n. m. – 1908 ▪ Avion à trois plans de sustentation.

triple adj. et n. m. – XIIe 1 Qui équivaut à trois, se présente comme trois. *Triple menton.* 2 Qui est répété, reproduit trois fois. *Texte tapé en triple exemplaire.* 3 fam. Grand. *Triple buse.* ➛ loc. *Au triple galop :* au grand galop, très vite. 4 Trois fois plus grand. *Prendre une triple dose.* ➛ n. m. *Le triple :* quantité trois fois plus grande. *Cela vaut le triple.*

> ❑ *Triple* épithète est toujours antéposé, sauf dans quelques emplois comme *point triple.*

triplé n. m. – 1916 1 Dans une compétition sportive, Triple succès d'un athlète. 2 Combinaison, faite sur le champ de courses, de trois chevaux gagnants. 3 au plur. Les trois enfants nés d'une même grossesse.

① **triplement** adv. – XIVe ▪ Trois fois, de trois façons.

② **triplement** n. m. – XVIe ▪ Action de tripler, augmentation du triple.

tripler v. [1] – XIVe 1 v. tr. Rendre triple, multiplier par trois. *Un homme qui « a doublé et triplé sa fortune »* (Stendh.). 2 v. intr. Devenir triple, être multiplié par trois. *Le prix de cet article a triplé en deux ans.*

triplet n. m. – XIXe 1 Combinaison de trois lentilles (microscopes, objectifs photographiques). 2 Association ordonnée de trois éléments appartenant respectivement à trois ensembles. 3 Unité d'information représentée par trois nucléotides successifs.

triplette n. f. – XIXe 1 Ancien cycle analogue au tandem, mais à trois places. 2 Équipe de trois joueurs, à la pétanque.

① **triplex** [tʀiplɛks] n. m. – 1912 ; marque déposée, de *triple* ▪ Verre de sécurité formé d'une feuille d'acétate de cellulose entre deux feuilles de verre.

② **triplex** [tʀiplɛks] n. m. – XXe ; mot lat. « triple », d'apr. *duplex* ▪ Appartement disposé sur trois étages.

triplicata n. m. – XVIIIe ; lat. ▪ Troisième copie, second double (d'un acte, d'une pièce). *Des triplicatas* ou *des triplicata.*

triploïde adj. – 1953 ; gr. *triplous* « triple » ▪ Se dit d'un individu dont les cellules ont 3n chromosomes au lieu de 2n (diploïde).

triplure n. f. – v. 1960 ; de *triple,* d'apr. *doublure* ▪ Tissu en armure toile, très apprêté, que l'on met entre la doublure et le tissu pour renforcer et soutenir le vêtement.

tripode adj. – XIXe ; gr. *tripous* « à trois pieds » ▪ vieilli Se dit d'un mât métallique en forme de trépied.

tripodie n. f. – XIXe ; gr. ▪ Réunion de trois pieds métriques.

tripoli n. m. – XVIe ; de *Tripoli,* ville du Liban ▪ Diatomite. ➛ Matière pulvérulente tirée de cette roche, employée au polissage du verre et des métaux. ⇒ **kieselguhr.**

triporteur n. m. – 1900 ; de *tri(cycle),* et *porteur* ▪ Tricycle muni d'une caisse pour le transport des marchandises légères.

tripot n. m. – XIIe ; a. fr. *treper, tripper* « frapper du pied, sauter » ▪ péj. Maison de jeu. « *la salle à manger devient tripot* » (Gide).

tripotage n. m. – XVe 1 Arrangement, combinaison louche. ⇒ **intrigue, manigance, trafic ;** fam. **magouille, tripatouillage.** *Un « député soupçonné de tripotages véreux »* (Maupass.). 2 Action de tripoter, de toucher (qqch.) avec insistance.

tripotée n. f. – XIXe ▪ fam. vieilli 1 Raclée, volée. « *Nous aurions dû leur donner une tripotée à ne pas leur donner envie de revenir* » (Goncourt). 2 Grand nombre. *Avoir une tripotée d'enfants.* ⇒ **kyrielle.**

tripoter v. [1] – XVe ; de *tripot* « manège, intrigue » 1 v. tr. Manier, tâter avec insistance et sans délicatesse. *Ne tripotez pas ces fruits.* ➛ Manier machinalement. *Tripoter sa barbe.* ♦ *Tripoter qqn.* ⇒ **peloter.** 2 v. intr. Se livrer à des opérations et combinaisons peu avouables, malhonnêtes. ⇒ **fricoter, magouiller, spéculer, trafiquer.** *Il a tripoté dans pas mal d'affaires.*

tripoteur, euse n. – XVIe 1 Personne qui se livre à des tripotages. ⇒ **spéculateur, trafiquant.** 2 Frôleur, peloteur.

tripous ou **tripoux** n. m. pl. – XVIIe ; de *tripe* ■ région. Tripes accompagnées de pieds de mouton et de fraise de veau, cuisinés à la mode auvergnate.

triptyque n. m. – XIXe ; gr. « plié en trois, triple » ■ Ouvrage de peinture ou de sculpture composé d'un panneau central et de deux volets mobiles susceptibles de se rabattre sur le panneau en le recouvrant exactement. *Prédelle et couronnement d'un triptyque.* ➛ Œuvre littéraire en trois tableaux ou récits (⇒ **trilogie**).

> ❑ Attention à l'ordre des voyelles, un *i* puis un *y* comme dans *diptyque.*

trique n. f. – XIVe ; germ. °*strikan* ■ Bâton utilisé comme arme pour frapper. ⇒ **gourdin, matraque.** « *Vlan ! Et qu'il nous fasse marcher tout ce monde-là à la trique !* » (Romains). ✪ HOM. Trick.

triqueballe ou **trinqueballe** n. m. – XVe ; norm. *triquer* « sauter » et *baller* « danser » ■ Chariot à deux ou quatre roues employé au transport d'objets allongés et lourds (troncs d'arbres…). ⇒ **fardier.**

triquet n. m. – XVIIe ; de *trique* ■ Échafaudage de couvreur. ♦ Échelle double.

trirectangle adj. – XIXe ■ Qui a trois angles droits. *Trièdre trirectangle.*

trirègne n. m. – XVIIe ; *tri-* et lat. *regnum* « règne » ■ Tiare du pape, ou triple couronne, symbolisant les trois pouvoirs, impérial, royal et sacerdotal.

trirème n. f. – XIVe ; lat. ■ Navire de guerre des Romains, des Carthaginois, etc., rapide et léger, à trois rangées de rames superposées. ⇒ **galère, trière.**

> ❑ Même famille étymologique que *rame* (latin *remus*). → trière (rem.).

trisaïeul, eule n. – XVIe ■ Père, mère du bisaïeul ou de la bisaïeule. *Les trisaïeuls.*

trisannuel, elle adj. XVIIIe ■ Qui a lieu tous les trois ans.

trisecteur, trice [tʀisɛktœʀ, tʀis] adj. – XIXe ■ Qui divise en trois parties.

trisection [tʀisɛksjɔ̃] n. f. – XVIIe ■ Division d'une grandeur en trois parties égales. *La trisection de l'angle.*

triskèle n. m. – 1933 ; gr. *tri-* « trois » et *skelos* « jambe » ■ Motif décoratif représentant trois jambes repliées ou trois branches incurvées dans le même sens, rayonnant autour du centre de la figure, souvent inscrites dans un triangle équilatéral.

trismus [tʀismys] n. m. – XVIIIe ; gr. *trizein* « grincer » ■ Spasmes des muscles masticateurs rendant difficile l'ouverture de la bouche.

trisoc [tʀisɔk] n. m. – XIXe ■ Charrue à trois socs.

trisomie n. f. – 1936 ; de *tri-* et gr. *sôma* « corps » ■ Anomalie génétique due à la présence dans une paire chromosomique d'un chromosome surnuméraire. *La trisomie 21, responsable du mongolisme.*

trisomique adj. et n. – v. 1960 ■ Mongolien.

> ❑ *Trisomique,* terme de médecine, tend à passer dans le langage courant comme euphémisme, pour remplacer *mongolien.*

① **trisser** v. intr. [1] – XIXe ; gr. *trizein* « grincer » ■ Crier (en parlant de l'hirondelle).

② **trisser** v. tr. [1] – XIXe ; de *tri-,* d'apr. *bisser* ■ Répéter ou faire répéter trois fois de suite (un morceau) au concert, au théâtre.

③ **trisser (se)** v. pron. [1] – 1905 ; all. *spritzen* « jaillir » ■ fam. Se sauver, s'en aller. ⇒ se **casser,** se **débiner.**

triste adj. – Xe ; lat. **I** - **1** Qui est dans un état de tristesse. ⇒ **abattu, découragé, morose, sombre.** « *Ô triste, triste était mon âme À cause, à cause d'une femme* » (Verlaine). *Triste comme un bonnet de nuit, comme la mort. Triste à mourir :* très triste. **2** Qui, par nature, présente les caractères extérieurs de cet état ; qui ne rit pas, n'est pas gai. ⇒ **mélancolique.** « *j'ai été un enfant doux, triste et malingre* » (Gaut.). **3** Qui exprime la tristesse, est empreint de tristesse. ⇒ **éploré, maussade, rembruni, sombre.** *Faire triste mine.* allus. littér. *Le chevalier à la triste figure :* Don Quichotte. ➛ *Regard, sourire triste.* ➛ fam. *Avoir le vin triste :* être habituellement triste dans l'ivresse. **4** Qui répand la tristesse, rend triste. ⇒ **lugubre,** ① **morne,** ① **sinistre.** *Temps triste et gris.* « *Ville triste, lumières tristes dans les rues tristes, clowns tristes dans les music-halls tristes, queues tristes devant les cinémas tristes, meubles tristes dans les magasins tristes* » (Perec). **II** - **1** Qui fait souffrir, fait de la peine. ⇒ **accablant, affligeant, affreux, attristant, cruel, désolant, douloureux, tragique.** « *J'appréhende au retour cette triste nouvelle* » (Mol.). ♦ Qui raconte ou montre des choses pénibles. *Ce film est trop triste.* **2** (généralt av. le nom) Qui suscite des pensées, des jugements pénibles, qui afflige. ⇒ **déplorable.** « *l'argent était comme une triste nécessité de la vie* » (Stendh.). *Livre dans un triste état.* ⇒ **mauvais, pitoyable.** ➛ fam. *Pas triste :* amusant, pittoresque. *Une soirée chez lui, c'est pas triste !* **3** (toujours devant le nom) péj. Dont le caractère médiocre ou odieux afflige. ⇒ **lamentable.** *Quelle triste époque !* ✪ CONTR. Content, gai, joyeux, réjoui, rieur. Amusant, comique, drôle, riant. Heureux, réconfortant, réjouissant.

tristement adv. – XIIe 1 En étant triste, d'un air triste. « *L'aubergiste baissa tristement la tête* » (Mérimée). **2** D'une manière pénible, affligeante. *Une aventure tristement célèbre.* ✪ CONTR. Gaiement, joyeusement.

tristesse n. f. – XIIe **1** État affectif pénible, calme et durable ; envahissement de la conscience par une douleur, une insatisfaction, ou par un malaise dont on ne démêle pas la cause, et qui empêche de se réjouir du reste. ⇒ **dépression, ennui, mélancolie ; abattement, affliction, amertume, peine ;** fam. **cafard.** « *j'ai le* spleen, *tristesse physique, véritable maladie* » (Chateaub.). « *Une grande tristesse le poignait* » (Zola). ➛ Air triste d'une personne (attitude abandonnée, traits affaissés, regard sans éclat…). *Sourire avec tristesse.* **2** Moment où l'on est dans cet état ; cause de tristesse. ⇒ ② **chagrin.** « *La fin de la vie d'Émile Zola aura été une des tristesses de notre histoire* » (Aragon). **3** Caractère de ce qui exprime cet état. *La tristesse de nos adieux.* **4** Caractère de ce qui incite à cet état. « *la tristesse douce du soir* » (France). ✪ CONTR. Allégresse, enjouement, entrain, euphorie, gaieté, joie. ① Plaisir, satisfaction. Drôlerie.

tristounet, ette adj. – mil. XXe ■ fam. Un peu triste, morose.

> ❑ On trouve aussi l'adjectif *tristouillet.* « *il s'en alla tristouillet avec ses deux compagnons* » (Queneau).

trisyllabe [tʀisi(l)lab] adj. et n. m. – XVIe ■ Qui a trois syllabes.

> ❑ Un seul *s.* → ① s (rem.).

trisyllabique [tʀisi(l)labik] adj. – XVIe ▪ Qui est formé de trois syllabes.

triticale n. m. – 1974 ; lat. *triti(cium)* « blé » et *(se)cale* « seigle » ▪ Hybride de blé et de seigle.

tritium [tʀitjɔm] n. m. – 1949 ; gr. *tritos* « troisième », d'apr. *deutérium* ▪ Isotope radioactif de l'hydrogène (symb. T, ^{3}H) qui donne l'isotope 3 de l'hélium.

① **triton** n. m. – XVIe ; gr. *Tritôn*, nom du fils de Poséidon et d'Amphitrite 1 Dans la mythologie grecque, Divinité de la mer à figure humaine et à queue de poisson dont l'attribut est une conque au son retentissant. 2 Mollusque gastéropode de très grande taille. ♦ Batracien urodèle aquatique, proche de la salamandre, à queue aplatie, et qui présente une crête dorsale chez certains mâles.

② **triton** n. m. – XVIIe ; gr. *tritonon*, de *tri-* « trois » et *tonon* « ton » ▪ Intervalle de trois tons entiers, et spécialt la quarte augmentée.

③ **triton** n. m. – v. 1960 ; de *tritium*, d'apr. *électron, neutron*, etc. ▪ Noyau de l'atome de tritium.

triturateur n. m. – XIXe ▪ Instrument ou appareil servant à la trituration des substances. ⇒ **broyeur.**

trituration n. f. – XIIIe 1 Action de triturer (1°) ; broyage par friction. *Trituration des aliments par les dents.* ⇒ **mastication.** 2 Manipulation. « *de stériles triturations du langage* » (Leiris).

triturer v. tr. [1] – XVIe ; lat. 1 Réduire en poudre ou en pâte en écrasant par pression et frottement. ⇒ **broyer,** ① **piler, pulvériser.** 2 Manier à fond pour pétrir ou mêler. ⇒ **malaxer, pétrir.** ➛ loc. fam. *Se triturer les méninges, la cervelle* : se mettre l'esprit à la torture en cherchant qqch., en se faisant du souci. 3 Manier brutalement ou machinalement. ⇒ **tripoter.** *Triturer son mouchoir.*

triumvir [tʀijɔmviʀ] n. m. – XVIe ; mot lat., de *trium virum* « de trois hommes » ▪ Dans l'Antiquité, Magistrat, commissaire romain chargé, avec deux collègues, de remplir une mission administrative ou d'exercer le pouvoir.

triumvirat [tʀijɔmviʀa] n. m. – XVIe 1 Fonction de triumvir ; durée de cette fonction. ♦ Association de trois personnes qui exerçaient le pouvoir. *Le premier triumvirat* (Pompée, César, Crassus). ➛ Durée de ce gouvernement. 2 Association de trois personnes qui exercent un pouvoir, une influence.

trivalent, ente adj. – XIXe ; *tri-* et *-valent* ▪ Qui possède la triple valence.

trivial, iale, iaux adj. – XVIe ; lat. *trivialis* « commun, banal », de *trivium* « carrefour à trois voies » 1 vieilli ou littér. Qui est devenu ordinaire, plat et commun. « *ces objets triviaux du genre poêle à frire ou édredon* » (Cl. Simon). 2 Qui est caractéristique des éléments les plus bas, les plus décriés de la société ; qui est contraire aux bons usages, aux bienséances. ⇒ ① **bas, choquant, sale, vulgaire.** *Des manières triviales.* ➛ (dans le langage) Qui désigne, ouvertement et d'une manière populaire, des réalités que le bon ton passe sous silence. ⇒ **grossier, obscène.** *Langage trivial.* « *une expression triviale que jamais la baronne n'avait entendue* » (Mauriac). 3 Banal, évident. *Solution triviale.* ✪ CONTR. Exceptionnel, rare. Distingué, noble, sublime.

trivialement adv. – XVIe ▪ D'une manière grossière, vulgaire.

trivialité n. f. – XVIIe 1 vieilli ou littér. Caractère de ce qui est banal, plat. « *une trivialité de style de premier ordre, une plume banale par excellence* » (Villiers). 2 Caractère de ce qui est grossier, vulgaire, choquant. *Une plaisanterie d'une trivialité effrayante.* ✪ CONTR. Originalité. Élévation, noblesse.

troc n. m. – XVe 1 Échange direct d'un bien contre un autre. *Faire un troc avec qqn. Faire le troc d'une chose contre une autre, de deux choses.* ⇒ **troquer.** ➛ Système économique primitif, excluant l'emploi de monnaie. 2 *Accord de troc.* ⇒ **clearing, compensation.**

trocart n. m. – XVIIe ; altér. de *trois-quarts* ▪ Tige métallique pointue coulissant à l'intérieur d'une canule, servant à faire des ponctions.

trochaïque [tʀɔkaik] adj. – XVIe ▪ Dont le pied fondamental est le trochée. *Vers trochaïque.*

trochanter [tʀɔkɑ̃tɛʀ] n. m. – XVIe ; gr. *trokhazein* « courir » ▪ Chacune des deux apophyses de l'extrémité supérieure du fémur. *Grand trochanter. Petit trochanter.*

troche n. f. – XVIIIe ; gr. *trokhos* « roue » ▪ Coquillage univalve en forme de toupie.

① **trochée** n. m. – XVIe ; gr. *trokhos* « course » ▪ Pied de la métrique grecque et latine formé de deux syllabes, une longue et une brève.

② **trochée** n. f. – XVIe ; a. fr. *troche* « touffe, grappe », lat. *tradux* ▪ Faisceau de bourgeons, de rameaux, qui poussent d'un arbre coupé.

trochile [tʀɔkil] n. m. – XVIIe ; gr. *trokhilos* « roitelet » ▪ Colibri, oiseau-mouche *(trochilidés)*.

trochilidés [tʀɔkilide] n. m. pl. – XIXe ; gr. → trochile ▪ Famille de petits oiseaux d'Amérique *(passereaux)*, à plumage multicolore, à bec arqué (colibri) ou droit (oiseau-mouche).

trochin n. m. – XIXe ; gr. *trokhos* « roue » ▪ Petite tubérosité de l'extrémité supérieure de l'humérus.

trochiter [tʀɔkitɛʀ] n. m. – XIXe ; var. de *trochanter* ▪ Grosse tubérosité de l'extrémité supérieure de l'humérus, saillie située en dehors de la tête de cet os.

trochlée [tʀɔkle] n. f. – XVIIIe ; lat. *trochlea* « poulie » ▪ Surface articulaire en forme de poulie. *Trochlée fémorale.*

trochure n. f. – XIVe ; de *troche* → ② trochée ▪ Quatrième andouiller du cerf.

troène n. m. – XIVe ; germ. *°trugil* ▪ Plante dicotylédone *(oléacées)*, arbuste à fleurs blanches odorantes disposées en thyrse, à baies noires. *Haie de troènes.*

❑ *Troène* s'est écrit avec un tréma sur le *ë* : « *la végétation des aubépines et des troënes* » (Sand). Le cas est identique pour *poème.*

troglobie adj. – 1907 ; gr. *trôglê* « trou » et *-bie* ▪ Qui vit en permanence dans les profondeurs souterraines. ➛ n. m. *Les troglobies.* ⇒ **cavernicole.**

troglodyte n. m. – XIIe ; gr. *trôglodutês* « qui entre dans des trous » 1 Habitant d'une excavation naturelle (caverne, grotte), d'une demeure aménagée dans la terre, le roc. « *le pays des Matmata, qui vivent en troglodytes dans des cavernes qu'ils fouissent à même les monticules* » (Duham.). 2 Petit passereau, au corps ramassé, à queue courte et relevée, construisant un nid couvert.

❑ *Troglodyte* est toujours un nom ; l'adjectif correspondant est *troglodytique.*

trogne n. f. – XIVe ; gaul. *°trugna* ▪ fam. Figure rubiconde d'un gros mangeur, d'un buveur. « *sa trogne de potard mal embouché* » (Romains).

trognon n. m. et adj. – XIVe ; lat. *truncare* « tronquer » 1 n. m. Ce qui reste d'un fruit, d'un légume, quand on en a enlevé la partie comestible. *Trognon de poire, de chou.* ➛ loc. fam. *Jusqu'au trognon* : jusqu'au bout, complètement. *Se faire avoir jusqu'au trognon.* 2 adj. Mignon. *Ce qu'elles sont trognons !* (cf. Chou).

troïka n. f. – XIXe ; mot russe 1 Grand traîneau attelé à trois chevaux de front. *On attelle « en troïka, c'est-à-dire avec trois chevaux »* (Gaut.). 2 Groupe de trois dirigeants politiques, de trois entreprises, etc.

(d'abord en parlant du groupe formé par Staline, Zinoviev et Kamenev en 1922, en opposition à Trotski).

trois adj. numér. et n. – X^e ; lat. *tres* **I** adj. numér. card. 1 *Les trois Grâces. « Les Trois Mousquetaires », de Dumas.* ➝ loc. *Les trois coups,* qui, au théâtre, précèdent le lever du rideau. « *Cependant les trois coups solennels du régisseur avaient retenti dans la salle* » (Dumas fils). ➝ *Le voyage a duré trois heures. Composé de trois éléments.* ⇒ **ternaire.** *Pari sur trois chevaux.* ⇒ **tiercé, trio.** *Un plan de trois ans.* ⇒ **triennal.** *Trois fois plus grand.* ⇒ **triple.** ➝ *Vingt-trois. Trois cents.* « *Nous nous vîmes trois mille en arrivant au port* » (Corn.). ➝ *Dix heures moins trois* (minutes). RÈGLE DE TROIS : méthode par laquelle on cherche le quatrième terme d'une proportion quand les trois autres sont connus. 2 pronom. *Sur vingt passagers, trois ont été blessés. Ménage à trois :* le couple, plus l'amant (ou la maîtresse). ➝ loc. *Jamais deux sans trois :* ce qui arrive deux fois a toute chance d'arriver une troisième fois. *Quand (il) y en a pour deux, (il) y en a pour trois,* se dit lors d'un partage, d'une invitation à un repas. **II** adj. numér. ord. Troisième. 1 *Henri III. Page 3.* ➝ *Le 3 juin. Il est 3 heures.* 2 n. m. Le troisième jour du mois. *Le 3 est un lundi.* ♦ Ce qui porte le numéro 3. *Il habite (au) 3, rue de...* **III** n. m. *Deux fois trois, six. Un, deux, trois, partez !* ➝ Le chiffre, le numéro 3. *Vos 3 ressemblent à des 8.* ➝ Note. *Avoir (un) 3 à son examen.*

> ❑ Les noms composés avec *trois* sont toujours masculins.
> ♦ *Trois* est un nombre premier, comme *sept,* ce qui a fait son succès dans les mythologies.

trois-deux n. m. – XVIIIe ▪ Mesure à trois temps qui a la blanche pour unité.

trois-étoiles ou **trois étoiles** n. m. et adj. – XVIIe 1 S'emploie pour désigner qqn dont on veut respecter l'anonymat. *Monsieur trois-étoiles* (M***). 2 Hôtel ou restaurant classé dans la catégorie supérieure. ⇒ **palace.** *Des trois-étoiles.* ➝ adj. *Des hôtels trois-étoiles.*

① **trois-huit** [tʀwaɥit] n. m. inv. – XVIIIe ▪ Mesure à trois temps qui a la croche pour unité.

② **trois-huit** n. m. pl. – XIXe ▪ Système de travail continu qui nécessite la succession de trois équipes travaillant chacune huit heures. *Faire les trois-huit dans une usine.*

troisième adj. et n. – XIIe **I** adj. numér. ord. Qui suit le deuxième, le second. ⇒ **tertiaire, tiers.** *Le troisième chapitre d'un livre.* ⇒ **trois.** « *il y a au troisième acte un embrouillamini qui me déplaît* » (Volt.). *Le IIIe siècle avant J.-C. Habiter au troisième étage,* ou n. m. *au troisième.* ➝ *Elle a fini troisième de sa catégorie.* ♦ *Vingt-troisième* [vɛ̃tʀwazjɛm]. *Quatre-vingt-troisième* [katʀəvɛ̃tʀwazjɛm]. **II** n. 1 *Vous êtes la troisième à arriver.* 2 n. f. Troisième vitesse d'un engin motorisé. *Rétrograder en troisième.* ➝ Quatrième et dernière classe du premier cycle de l'enseignement secondaire. *Il a redoublé sa troisième.* 3 n. m. Troisième élément d'une charade.

troisièmement adv. – XVIIe ▪ En troisième lieu (en chiffres : 3°). ⇒ **tertio.**

trois-mâts n. m. – XIXe ▪ Navire à voiles à trois mâts. « *Le General-Grant était gréé en trois-mâts goélette* » (J. Verne).

trois-ponts n. m. – XIXe ▪ Navire à trois ponts, dans l'ancienne marine de guerre.

trois-quarts n. m. – XIXe 1 Petit violon pour enfants (un quart plus petit que le violon ordinaire). 2 Vêtement dont la longueur est intermédiaire entre celle de la veste et celle du manteau. 3 Au rugby, Joueur de la ligne offensive placée entre les demis et l'arrière.

trois-quatre n. m. inv. – XVIIIe ▪ Mesure à trois temps, avec la noire pour unité.

troll n. m. – XIXe ; mot suéd. ▪ Esprit, lutin des légendes scandinaves. ✪ HOM. Trolle.

> ❑ Les *trolls,* les *elfes,* les *nains* sont de petits personnages propres aux mythologies nordiques.

① **trolle** n. f. – XVIe ; lat. *trahere* « traîner » ▪ Manière de chasser au hasard du lancer, après avoir découplé les chiens, si on n'a pu détourner le cerf avec le limier. ✪ HOM. Troll.

② **trolle** n. m. – XVIIIe ; mot all. ▪ Plante vivace herbacée *(renonculacées),* aux fleurs jaunes globuleuses, appelée aussi *boule d'or.*

trolley n. m. – XIXe ; mot angl., de *to troll* « rouler » 1 Dispositif composé d'une perche fixée au véhicule et d'un organe mobile de contact, servant à transmettre le courant d'un câble conducteur au moteur d'un véhicule. *Tramway à trolley.* 2 fam. Trolleybus. « *le bruit des trolleys sur les rails résonnait régulièrement dans leur tête* » (Le Clézio).

trolleybus [tʀɔlɛbys] n. m. – 1921 ▪ Autobus à trolley.

trombe n. f. – XVIIe ; it. *tromba* « trompe, canal d'une pompe » 1 Cyclone tropical déterminant la formation d'une sorte de colonne nébuleuse tourbillonnante qui soulève la surface des eaux. 2 *Trombe d'eau :* pluie torrentielle (qui se déverse comme retombe l'eau d'une trombe). ⇒ ① **cataracte, déluge.** 3 loc. *Comme une trombe, en trombe :* avec un mouvement rapide et violent. ⇒ **tornade.** « *La police arrivait alors en trombe* » (Céline).

trombidion n. m. – XIXe ; de *trompe* ▪ Acarien de couleur rouge vif dont la larve (⇒ **aoûtat**) pique l'homme.

trombidiose n. f. – 1909 ▪ Dermatose provoquée par le trombidion.

trombine n. f. – XIXe ; p.-ê. de *trompe* « nez » et *bobine* « visage » ▪ fam. Visage. ⇒ **bobine.** « *J'embrasserai ta vieille trombine avec moult satisfaction* » (Flaub.). ✪ HOM. Thrombine.

tromblon n. m. – XIXe ; de *trombone* ▪ Arme à feu portative dont le canon évasé en entonnoir pouvait recevoir une charge de plusieurs balles. ⇒ **espingole.** ♦ Sorte d'entonnoir qu'on adaptait au canon du fusil Lebel, pour le lancement de grenades spéciales.

trombone n. m. – XVIe ; it. *tromba* « trompe » 1 Instrument à vent à embouchure, qui fait partie des cuivres. *Trombone à coulisse,* dont le tube replié forme une longue coulisse pouvant être allongée ou raccourcie de manière à produire des sons différents. ➝ *Trombone à pistons,* où la longueur du tube varie par l'effet du jeu des pistons. ♦ Musicien, musicienne qui joue du trombone. « *un vieux trombone, au pif chaussé de lunettes* » (Huysm.). 2 Petite agrafe de fil de fer repliée en deux boucles, servant à retenir plusieurs feuillets.

> ❑ On a aussi appelé *tromboniste* le musicien qui joue du trombone.

trommel n. m. – XIXe ; mot all. « tambour » ▪ Trieur rotatif, servant à classer les minerais et les cailloux, selon leur grosseur.

trompe n. f. – XIIe ; germ. *°trumba* **I** - 1 Instrument à vent à embouchure, formé d'un tube évasé en pavillon (cor, olifant, schofar, et spécialt trompette). *Sonner de la trompe.* ➝ *À son de trompe :* à grand fracas, de façon publicitaire. « *ces renseignements qu'elle annonçait à grands sons de trompe* » (Barbey). 2 *Trompe (de* *chasse)* : cor simple. 3 Autrefois, Avertisseur (d'auto, de bicyclette). 4 *Trompe de brume* : appareil sonore utilisé en mer comme signal en cas de brume. II - 1 Chez les proboscidiens (éléphant, etc.), Prolongement musculeux de l'appendice nasal, constituant un organe à la fois tactile et préhensile, ainsi qu'un tube de pompage et de refoulement. *Trompe du tapir.* 2 Organe buccal de certains insectes, mollusques, vers..., très développé, servant surtout de tube de pompage. ⇒ **suçoir.** *La trompe des papillons.* 3 *Trompe de Fallope, trompe utérine,* ou *trompe* : conduit qui va de chaque côté de l'utérus vers l'ovaire respectif. *Inflammation des trompes.* ⇒ **salpingite.** ♦ *Trompe d'Eustache* : canal qui relie la partie antérieure de la caisse du tympan au rhinopharynx. III Section de voûte formant saillie et supportant la poussée verticale d'un élément de construction en encorbellement. IV *Trompe à eau, à mercure* : machine pneumatique servant à faire le vide.

> ❑ Les spécialistes ont proscrit l'expression *cor de chasse* et disent toujours *trompe.* → ① cor (rem.).

trompe-la-mort n. inv. - XIXe ▪ Personne qui échappe à la mort, que la mort semble ne pouvoir atteindre.

> ❑ *Trompe-la-mort* apparaît pour la première fois chez Balzac comme sobriquet de Vautrin, personnage de *La Comédie humaine* inspiré par Vidocq.

trompe-l'œil [tʀɔ̃plœj] n. m. inv. - XVIIIe 1 Peinture visant essentiellement à créer, par des artifices de perspective, l'illusion d'objets réels en relief. « *ses peintures en trompe-l'œil imitant de vieilles marbrures* » (Perec). 2 Apparence trompeuse.

tromper v. tr. [1] - XIVe ; de *tromper* « jouer de la *trompe* » I v. tr. 1 Induire (qqn) en erreur quant aux faits ou quant à ses intentions, en usant de mensonge, de dissimulation, de ruse. ⇒ **abuser, duper, leurrer, mystifier** ; fam. ① **blouser, posséder.** *Tromper qqn dans un marché.* ⇒ **escroquer, flouer** ; fam. **estamper, pigeonner, rouler.** « *Qui diable est-ce qu'on trompe ici ? Tout le monde est dans le secret !* » (Beaum.). ➛ Être infidèle à (son partenaire amoureux). *Tromper son amant, son mari, sa femme.* « *Ce n'est pas comme si tu me trompais avec la première venue* » (Zola). ➛ *Un mari trompé.* ⇒ **cocu.** ♦ Échapper à (une poursuite, une surveillance...). *Tromper la vigilance de la police.* ⇒ **déjouer.** 2 Faire tomber (qqn) dans l'erreur, l'illusion, du fait des choses ou sans intervention d'autrui. ⇒ **abuser.** « *Le sublime lasse, le beau trompe* » (Lamart.). *Cela ne trompe personne.* 3 littér. Ne pas répondre à, être inférieur à (ce qu'on attend, ce qu'on souhaite). ⇒ **décevoir, frustrer.** « *mais elle est comme toutes les autres, qui n'aiment pas être trompées dans leur attente* » (Dider.). 4 Donner une satisfaction illusoire ou momentanée à (un besoin, un désir). *Tromper la faim.* ➛ Faire diversion à (qqch.). *Regarder la télévision pour tromper son ennui.* II *SE TROMPER* v. pron. 1 Commettre une erreur. ⇒ s'**abuser,** s'**égarer, errer** (I), **faillir,** s'**illusionner,** se **méprendre** ; fam. se **gourer,** se **planter.** *Tout le monde peut se tromper,* est faillible (cf. L'erreur est humaine). « *Il se trompait pourtant sur le caractère de Formosante* » (Volt.). *Ne t'y trompe pas* : ne t'y laisse pas prendre. *Il lui ressemble à s'y tromper.* ♦ *SE TROMPER DE* : faire une confusion de. ⇒ **confondre.** *Se tromper de route* : prendre la mauvaise route, faire fausse route, se fourvoyer. *Se tromper d'adresse* ; fig. ne pas s'adresser à la personne qui convient. *Si je ne me trompe* : sous réserve d'erreur, sauf erreur de ma part. *À moins que je ne me trompe ; je me trompe fort, ou...,* sert à introduire un énoncé que, sauf erreur improbable, on donne comme vrai. 2 Se mentir. *Des hommes « qui sont nés faux, qui se trompent eux-mêmes »* (La Rochef.). ✪ CONTR. Désabuser, détromper, instruire. — Raison (avoir).

tromperie n. f. - XIVe ▪ Fait d'induire volontairement en erreur ; moyen utilisé dans cette intention (paroles, actes) ; comportement de la personne qui trompe ou cherche à tromper. ⇒ **duperie, imposture, mensonge, tricherie** ; fam. **arnaque.** *Il y a tromperie sur la marchandise.*

trompeter [tʀɔ̃pete] v. [4] - XIVe ; de *trompette* 1 v. intr. Pousser son cri, en parlant de l'aigle. ⇒ **glatir.** 2 v. tr. Publier bien haut et partout. ⇒ **claironner.** « *Ce n'était pas un mufle d'homme qui se serait sacrifié comme ça, sans le trompeter* » (Zola).

trompette n. f. et m. - XIVe ; dimin. de *trompe* I n. f. 1 Instrument à vent à embouchure, à son éclatant, qui fait partie des cuivres. « *on entendait les trompettes turques, au timbre grave, qui sonnaient* » (Loti). *Trompette d'harmonie,* à pistons. ➛ *Trompette bouchée,* dont le pavillon a été muni d'une sourdine. ➛ *Jouer de la trompette. Improviser à la trompette* (jazz). ➛ loc. *Partir sans tambour ni trompette,* sans attirer l'attention. *EN TROMPETTE. Nez en trompette,* retroussé. *Chien à la queue en trompette,* relevée. 2 Coquillage en forme de trompe (buccin, triton, etc.). II n. m. Joueur de trompette d'un régiment de cavalerie. *Un des trompettes de l'escadron.* ➛ Trompettiste.

trompette-de-la-mort n. f. - XIXe ▪ Craterelle. *Des trompettes-de-la-mort.*

> ❑ Ce champignon très apprécié est une *chanterelle* noire, de la même famille botanique que la *girolle.*

trompettiste n. - XIXe ▪ Musicien, musicienne qui joue de la trompette. *Elle est trompettiste dans un orchestre de jazz.*

trompeur, euse adj. - XIIIe 1 Qui trompe, aime à tromper, est capable de tromper par mensonge, dissimulation. ⇒ **déloyal, fourbe, hypocrite, perfide.** *Les méchants sont « trompeurs* [...] *adroits à dissimuler »* (Fén.). ➛ n. « *c'est double plaisir de tromper le trompeur* » (La Font.). 2 Qui trompe (2°), induit en erreur. *Les apparences sont trompeuses.* ⇒ **fallacieux.** « *Ce diamant à l'éclat trompeur* » (Duras). ✪ CONTR. Sincère, vrai.

trompeusement adv. - XVIe ▪ D'une manière qui induit en erreur.

-tron Élément tiré de *électron* qui sert à désigner des accélérateurs de particules, des processus de contrôle scientifique : *bêtatron, bévatron, cryotron, cyclotron, kénotron, magnétron, synchrotron.*

> ❑ Cet élément résulte d'une mauvaise coupe (*électron* s'analyse en *électr/on* comme *électr/ique*).

tronc [tʀɔ̃] n. m. - XIIe ; lat. *truncus* 1 Partie inférieure et dénudée de la tige (de certains arbres), entre les racines et les branches maîtresses, constituée d'un tissu ligneux au centre (bois ; duramen) et de tissus mous formant l'écorce. « *le tronc pourri d'un pin vieux et sauvage* » (La Font.). ➛ *Troncs d'arbres débités, coupés.* ⇒ ② **bille, grume, rondin.** ♦ *TRONC COMMUN* : partie commune appelée à se diviser, à se différencier. 2 Boîte percée d'une fente où l'on dépose aumônes et offrandes, dans les églises. 3 Partie principale (d'un nerf, d'un vaisseau : artère, veine). ➛ *Tronc cérébral,* formé du bulbe rachidien, de la protubérance annulaire et du mésencéphale. 4 Partie du corps humain ou animal où sont fixés la tête et les membres. ➛ *Homme-tronc, femme-tronc,* sans bras ni jambes. 5 Partie comprise entre la base et une section plane parallèle (d'une figure solide). *Tronc de cône.* ⇒ **tronconique.** *Troncs de pyramide, de prisme.*

troncation n. f. – 1964 ; lat. *truncatio* « amputation » ■ Procédé d'abrégement d'un mot par suppression d'une ou plusieurs syllabes. Vélo *est la troncation de* vélocipède. ⇒ **aphérèse, apocope.**

> ❑ Ce mot récent a l'avantage d'être clair et de recouvrir les notions d'apocope et d'aphérèse. La troncation n'est pas une abréviation, elle existe d'abord oralement. La perte de syllabes intérieures n'est pas une troncation. → mot-valise.

troncature n. f. – XIXe ; lat. *truncare* « tronquer » ■ Remplacement d'un angle ou d'une arête par une facette. *La troncature d'un cristal.*

tronche n. f. – XIVe ; de *tronc* 1 Bille de bois. 2 fam. Tête. *Faire une drôle de tronche.* ⇒ **gueule.**

tronchet n. m. – XIIIe ; de *tronc* ■ Gros billot de bois à trois pieds dont se servent les tonneliers.

tronçon n. m. – XIe ; lat. *truncus* « tronqué » 1 Partie coupée, rompue (d'un objet plus long que large). ⇒ **fragment, morceau.** « *C'était un tronçon de pain à l'intérieur duquel on avait enfilé une merguez* » (Tournier). ◆ « *Du reptile tranché, les deux tronçons se tordent* » (Valéry). 2 Partie (d'une voie, d'une distance déterminée). *Tronçon d'une piste de ski, d'une autoroute.* ◆ Partie d'une file de personnes. 3 Partie, fragment (d'une phrase, d'un texte, etc.). ✪ CONTR. Bloc.

tronconique adj. – XIXe ■ En forme de tronc de cône. « *l'abat-jour tronconique de la lampe* » (Robbe-Grillet).

tronçonnage n. m. – XVe ■ Action de tronçonner, de débiter en tronçons (le bois, les métaux).

tronçonner v. tr. [1] – XIIe ■ Couper, diviser en tronçons. *Tronçonner un tronc d'arbre.*

tronçonneur n. m. – XVIIe ■ Ouvrier chargé de la conduite d'une tronçonneuse.

tronçonneuse n. f. – 1920 ■ Machine-outil servant à découper en tronçons du bois, du métal, etc.

tronculaire adj. – XIXe ; lat. *trunculus* « petit tronc » ■ Relatif à un tronc nerveux ou vasculaire.

trône n. m. – XIIe ; gr. *thronos* « siège » 1 Siège élevé sur lequel prennent place souverains et personnalités dans des circonstances solennelles. *Le trône d'un roi. La Place du Trône* (qui doit son nom au trône élevé en 1660 pour l'arrivée de Louis XIV et Marie-Thérèse). *La Foire du Trône* : « foire aux pains d'épices », qui se tenait sur cette place. ♦ fam. et iron. Siège des cabinets d'aisances. 2 Symbole de la puissance d'un souverain. ⇒ **souveraineté.** *Les prétendants au trône.* ◆ *Le Trône et l'Autel* : la puissance du roi et celle de l'Église. 3 au plur. Un des trois ordres parmi les trois chœurs de la hiérarchie des anges. *Séraphins, Chérubins et Trônes.*

trôner v. intr. [1] – XIXe ■ Occuper la place d'honneur. « *Vedette, elle trônait dans une loge tendue de papier blanc et rose* » (Colette). ◆ Être bien en évidence. « *ce service à thé qui trônait sur un bureau désaffecté* » (Mart. du G.).

tronqué, ée adj. – XVIe ■ Dont on a retranché une partie.

tronquer v. tr. [1] – XIIIe ; lat. *truncare* ■ péj. Retrancher qqch. de (un ouvrage, une chose abstraite). *Tronquer un texte.* ⇒ **altérer, mutiler.** *Tronquer une citation.* « *on avait tronqué des phrases et mutilé des vers* » (Gaut.).

trop [tʀo] adv. et nominal – XIe ; germ. *thorp* « village, troupeau, tas » **I** adv. 1 D'une manière excessive, abusive ; plus qu'il ne faudrait. ⇒ **excessivement.** « *ce petit manteau trop jeune pour son âge, trop riant pour son deuil éternel, trop étroit pour son embonpoint* » (Proust). *Trop cher.* ⇒ **exagérément.** *C'est trop fort !* « *On se levait trop tard, on se couchait trop tôt* » (La Font.). *Trop peu* : insuffisamment, pas assez. « *il peut être bon de n'avoir pas d'amour-propre, mais trop peu, c'est trop peu, comme on dit* » (Dumas). ◆ (modifiant une loc. verb. ; emploi contesté) ⇒ **très.** « *On a, tout le temps, trop chaud, trop froid, trop soif, trop faim, et tout le temps, on est trop mal couché, trop mal servi* » (Goncourt). ◆ ⇒ **beaucoup.** « *Elle aimait trop le bal, c'est ce qui l'a tuée* » (Hugo). *Il a trop bu.* ♦ *TROP... POUR*, s'emploie pour exclure une conséquence. *C'est trop beau pour être vrai* : on n'ose y croire. ◆ *Trop*, modifié par un adv. *Un peu trop. Bien trop jolie. Beaucoup trop.* ◆ pop. *DE TROP* : trop. 2 Très suffisamment. ⇒ **beaucoup,** ① **bien,** ② **fort, très.** *Vous êtes trop aimable.* ◆ *Ne... que trop...* : d'une manière déjà plus que suffisante. *Cela n'a que trop duré.* ◆ *Je ne sais pas trop*, pas bien, guère. ◆ *Pas trop* : médiocrement. *Les finances* « *ne vont pas trop bien, je crois* [...] *– Pas trop* » (Ramuz). 3 fam. (lang. des jeunes) Avec une valeur quasi adjective, employé seul. *Elle est trop, cette nana !* elle est excessive, incroyable. **II** nominal Une quantité excessive, plus que suffisante. ⇒ **excès.** « *Et puis à la fin trop, c'est trop* » (Tournier). *Il mange trop. En faire trop. C'est trop !* (en réponse à un compliment, en remerciement pour un cadeau). ◆ *DE TROP ; EN TROP*, avec un nom, un pronom, une expression numérale, pour exprimer la mesure de l'excès. *Je l'ai payé dix francs de trop.* fam. *Boire un coup de trop.* ◆ *DE TROP* : superflu. *Huit jours de travail ne seront pas de trop pour terminer cet ouvrage.* ◆ *Être de trop, en trop* : imposer une présence inutile ou inopportune. ◆ *TROP DE* : une quantité ou une intensité excessive de... « *Quand les récoltes sont abondantes* [...] *nous avons trop de pêches, nous avons trop de poires, nous avons trop de vin, nous avons trop de blé* » (Giono). *Vous me faites trop d'honneur. Sans trop de peine.* ◆ *C'en est trop* : ce n'est plus supportable. ✪ HOM. Trot.

> ❑ L'emploi adjectival de *trop* utilisé seul *(elles sont trop !)* semble être un calque de l'anglais *too much.* ♦ Même famille étymologique que *troupe* et *troupeau.*

trope n. m. – XVIe ; gr. *tropos* « tour, manière » ■ Figure par laquelle un mot ou une expression sont détournés de leur sens propre (ex. antonomase, catachrèse, métaphore, métonymie, synecdoque).

-trope, -tropie, -tropisme Éléments, du gr. *tropos* « tour, direction », de *trepein* « tourner ».

trophée n. m. – XVe ; gr. *tropê* « fuite, déroute » 1 Dans l'Antiquité, Dépouille d'un ennemi vaincu (cuirasse, armes...). ♦ Réunion des marques tangibles d'une victoire (prises de guerre, captures, etc.) destinée à commémorer. ⇒ **butin.** *Ériger un trophée.* ♦ *Trophée de chasse* : tête empaillée de l'animal abattu. ◆ *Trophées d'un sportif* : coupes, médailles, etc. 2 Motif décoratif formé d'armes, de drapeaux, etc., groupés autour d'une armure, d'un casque. « *Les portes de la ville sont monumentales et surmontées de trophées dans le goût du dix-septième siècle* » (Nerval).

> ❑ Pour la finale en -*ée* de ce mot masculin → mausolée (rem.).

trophique adj. – XIXe ; gr. *trophê* « nourriture » ■ Qui concerne la nutrition des tissus.

tropho-, -trophie Éléments, du gr. *trophê* « nourriture ».

trophoblaste n. m. – 1903 ; *tropho-* et *-blaste* ■ Feuillet mince, formé de petites cellules hexagonales enveloppant l'œuf, qui se fixe au tissu utérin et joue un rôle nourricier.

tropical, ale, aux adj. – XIXe 1 Qui concerne les tropiques, la zone intertropicale, les régions situées autour de chaque tropique, de part et d'autre de la zone équatoriale proprement dite. ⇒ **équatorial.** *Cli-*

mat tropical : climat chaud à faible variation annuelle de température, à forte variation du régime des pluies. « *les arbres ont une luxuriance tropicale* » (Beauv.). 2 *Une chaleur, une température tropicale,* très forte, très élevée. ⇒ **caniculaire, torride.** 3 Destiné aux tropiques, au climat tropical. ➤ *Médecine tropicale.*

tropicaliser v. tr. [1] – v. 1900 ▪ Rendre (un matériau, un matériel) peu sensible à l'action du climat tropical, chaud et humide.

-tropie, -tropisme → **-trope**

① **tropique** n. m. et adj. – XIVe ; gr. **I** n. m. 1 Chacun des deux petits cercles de la sphère terrestre, parallèles à l'équateur dont ils sont distants de 23°27' et qui correspondent au passage du Soleil au zénith, à chacun des solstices. *Tropique du Cancer* (hémisphère Nord), *du Capricorne* (Sud). 2 *Les tropiques* : la région intertropicale. *Sous les tropiques.* « *des tropiques de rêve* [...] *des grèves de sable fin, bordées de cocotiers* » (Lévi-Strauss). **II** adj. *Année tropique* : intervalle moyen de deux retours consécutifs du Soleil à l'équinoxe de printemps.

② **tropique** adj. – XVIe ; lat. ▪ Relatif au trope.

tropisme n. m. – 1900 ; gr. *tropos* « tour, direction » 1 Réaction d'orientation ou de locomotion orientée (mouvement), causée par des agents physiques ou chimiques (chaleur, lumière, pesanteur, humidité). 2 littér. Réaction élémentaire à une cause extérieure ; acte réflexe très simple. « *Tropismes* », *de Nathalie Sarraute.*

tropo- Élément, du gr. *tropos* « tour ».

tropopause n. f. – 1936 ; de *tropo(sphère)* et gr. *pausis* « cessation » ▪ Zone de transition entre la troposphère et la stratosphère.

troposphère n. f. – av. 1913 ; de *tropo-* et *(atmo)sphère* ▪ Partie de l'atmosphère comprise entre le sol et la stratosphère.

trop-perçu n. m. – XIXe ▪ Ce qui a été perçu en sus de ce qui était dû. *Des trop-perçus.* ✪ CONTR. Moins-perçu.

trop-plein n. m. – XVIIe 1 Ce qui est en trop, ce qui excède la capacité, les possibilités. ⇒ **excédent, surplus.** *Un trop-plein de vie* : une surabondance d'énergie qui veut être employée. 2 Ce qui excède la capacité d'un récipient, d'un contenant ; ce qui déborde. *Un fossé* « *rempli par les eaux du lac, et dont le trop-plein irait se jeter par une seconde chute* » (J. Verne). 3 Dispositif servant à évacuer, réservoir destiné à recevoir un liquide en excès (lorsqu'il atteint un niveau déterminé). ⇒ **déversoir, puisard.** *Le trop-plein d'un barrage. Des trop-pleins.*

troquer v. tr. [1] – XIVe ; o. i. 1 Donner en troc. ⇒ **échanger.** « *les caravanes de Maures qui vont* [...] *troquer du sel contre de l'or* » (Montesq.). 2 Changer, faire succéder à (sans transaction commerciale). *Le magistrat* « *a troqué sa dignité d'autrefois contre une morgue* » (Balz.).

troquet n. m. – XIXe ; abrév. de *mastroquet* ▪ fam. Café, bar.

trot n. m. – XIIe ; de *trotter* 1 Allure naturelle du cheval et de quelques quadrupèdes, intermédiaire entre le pas et le galop, et dans laquelle les membres oscillent par paires croisées (par exemple l'antérieur gauche avec le postérieur droit). *Les épaules* « *tressautant au rythme rapide du trot* » (Cl. Simon). ➤ *Courses de trot attelé,* où le trotteur est attelé à un sulky, *de trot monté,* où il est monté par un jockey. 2 fam. et brutal En marchant rapidement, sans traîner. *Allez-y, et au trot !* ✪ HOM. Trop.

trotskiste n. et adj. – 1926 ▪ Partisan de Trotski et de ses doctrines, notamment la théorie de la révolution permanente.

trotte n. f. – XVIIe ; de *trotter* ▪ fam. Chemin assez long à parcourir à pied. ⇒ **tirée.** *Il y a une bonne trotte d'ici à là-bas.*

trotte-menu adj. inv. – XVe ▪ vx ou plaisant Qui trotte à petits pas. « *La gent trotte-menu* » (La Font.) : les souris.

trotter v. [1] – XIIe ; germ. « marcher » **I** v. intr. 1 Aller au trot. *Cheval qui trotte.* 2 Marcher rapidement à petits pas. ♦ Faire de nombreuses allées et venues. ⇒ **courir.** « *il y aura des maîtres pour nous faire trotter et des domestiques pour faire leurs caprices* » (Proust). 3 (choses) Courir, aller rapidement. ➤ loc. *Une idée, un air qui vous trotte par la tête.* « *ça m'a trotté dans la cervelle toute la nuit* » (Romains). **II** v. pron. fam. Partir, s'en aller.

❑ Ce verbe a produit deux déverbaux, *trot* et *trotte.*

trotteur, euse n. – XVe 1 Demi-sang entraîné pour les courses au trot. 2 n. m. Chaussure de ville caractérisée par un talon large et assez bas. 3 n. m. Support de métal muni de roulettes et comportant une sorte de culotte dans laquelle on assied un enfant afin qu'il fasse ses premiers pas.

trotteuse n. f. – XIXe ▪ Aiguille des secondes.

trottin n. m. – XVIe ▪ Jeune employée d'une modiste, d'une couturière..., qui était chargée de faire les courses en ville.

❑ Le *trottin* évoque les années 1900 comme la *grisette* rappelle l'époque romantique.

trottinement n. m. – XIXe ▪ Action de trottiner. « *L'on n'entendait que le trottinement des souris* » (Flaub.).

trottiner v. intr. [1] – XIIe 1 Avoir un trot court. *Ânes qui trottinent.* 2 Marcher à petits pas courts et pressés. *Elle* « *s'avançait en trottinant, cassée en deux* » (Mart. du G.).

trottinette n. f. – 1902 1 Jouet d'enfant composé d'une planchette montée sur deux roues, munie d'une tige de direction orientant la roue avant. ⇒ **patinette.** 2 fam. Petite automobile.

trottoir n. m. – XVIe ; de *trotter* 1 Chemin surélevé réservé aux piétons (sur les côtés d'une rue). *Ces vieillards* « *au moment de traverser la rue, s'arrêtaient au bord du trottoir* » (Romains). ♦ loc. *Faire le trottoir* : se prostituer, racoler les passants. 2 *Trottoir roulant* : plateforme qui roule sur des rails ou des galets, et sert à transporter des personnes ou des marchandises.

trou n. m. – XIIe ; lat. **I - 1** Abaissement ou enfoncement (naturel ou artificiel) de la surface extérieure de qqch. ⇒ **cavité, creux, dépression, excavation.** *Trous du gruyère. Trou d'obus. Le fond d'un trou. Tomber dans un trou. Trou d'air* : courant atmosphérique descendant qui fait que l'avion s'enfonce brusquement. ➤ *Trous d'un terrain de golf,* où le joueur doit introduire la balle. *Un golf dix-huit trous.* 2 Abri naturel ou creusé. *Animal se réfugiant dans son trou.* ⇒ **tanière,** ① **terrier.** ➤ loc. *Faire son trou* : se faire une situation, réussir. ♦ *Trou du souffleur* : loge dissimulée sous le devant de la scène, où se tient le souffleur. 3 loc. *C'est le trou noir,* le fond du désespoir, la dépression. ➤ *Faire le trou normand* : boire un verre d'alcool entre deux plats pour ouvrir le pylore et activer ainsi la digestion. 4 fam. Petit village perdu, retiré. ⇒ **bled,** ② **patelin.** *Je suis* « *dans un bien sale trou. On s'y embête effroyablement* » (Queneau). loc. *N'être jamais sorti de son trou* : ne rien connaître du monde. 5 fam. Prison. ⇒ **gnouf.** *Envoyer qqn au trou.* **II - 1** Ouverture pratiquée de part en part dans une surface ou un corps solide. *Une table* « *avec un trou au milieu pour le manche du parasol* » (Sartre). *Trou* *d'une aiguille.* ⇒ **chas.** loc. fam. *Boire comme un trou,* excessivement. ➛ *Le trou de la serrure :* l'orifice par lequel on introduit la clé. ♦ *Trou du chat :* sur les grands voiliers, ouverture permettant d'accéder à la hune. ➛ *Trou d'homme :* ouverture arrondie. ⇒ **regard.** 2 Solution de continuité produite involontairement (du fait de l'usure, d'une brûlure, d'un choc, etc.). ⇒ **accroc, déchirure.** « *Ses orteils se montraient par les trous de ses bottes* » (Flaub.). 3 fam. Orifice, cavité anatomique. *Trous de nez.* ⇒ **narine.** *N'avoir pas les yeux en face des trous :* n'avoir pas une vision nette à cause de la fatigue, de l'ivresse. vulg. *Trou du cul,* fam. *trou de balle :* anus ; t. d'injure petit imbécile. ♦ Orifice de l'organisme donnant accès à une cavité ou laissant passage à des nerfs et à des vaisseaux. *Trous vertébraux.* **III** - 1 Absence d'un élément faisant partie d'un ensemble, d'une série ; espace vide. *Exercice, phrase à trous,* comportant des blancs à compléter. ➛ *Avoir un trou de mémoire,* ou fam. *un trou,* une défaillance passagère de la mémoire concernant un point précis. ➛ *Avoir un trou dans son emploi du temps,* un espace de temps inoccupé. *Il y a un trou dans sa comptabilité,* des sommes d'argent qui ont disparu sans trace comptable. loc. *Boucher un trou :* remplir une place vacante, combler un manque, un déficit. 2 *Trou noir :* objet astronomique théorique extrêmement dense exerçant une attraction si forte qu'il n'émet aucun rayonnement. 3 Charge positive égale et opposée à celle de l'électron, créée dans un cristal par l'absence d'un électron. ⇒ **lacune.**

troubadour n. m. – XVIe ; a. provenç. *trobar* « trouver, composer » 1 Poète lyrique courtois de langue d'oc aux XIIe et XIIIe s. ⇒ **jongleur, ménestrel.** *Trouvères et troubadours.* 2 *Genre, style troubadour :* genre littéraire (imitation de la poésie chevaleresque et courtoise), style artistique (néogothique) du XIXe s.

> ❑ Le *troubadour* s'exprimait en langue d'oc, alors que le *trouvère* était un poète de langue d'oïl. Les deux mots viennent du latin populaire *tropare* « trouver » (d'abord l'inspiration).

troublant, ante adj. – XVIe 1 Qui rend perplexe, embarrasse en inquiétant quelque peu. ⇒ **déconcertant.** *Une coïncidence troublante.* 2 Qui éveille le désir, l'amour. *Un déshabillé troublant.* → **excitant.** ✪ CONTR. Rassurant.

① **trouble** adj. – XIIe ; lat. crois. de *turbidus* « agité » et *turbulentus* « turbulent » 1 Se dit d'un liquide qui n'est pas limpide, qui contient des particules en suspension. *Eau trouble. La vague « était d'un bleu trouble, toute laiteuse de plancton »* (Duham.). ♦ Qui n'est pas net, qui ne se voit pas nettement. *Image trouble.* ⇒ **flou.** 2 Qui contient des éléments obscurs, équivoques, plus ou moins inavouables ou menaçants. ⇒ ① **louche, suspect.** « *Démarche motivée, non par des raisons claires, mais par une trouble méfiance* » (Bosco). ✪ CONTR. Clair, transparent ; ② net.

② **trouble** n. m. – XIIIe ; de *troubler* **I** - 1 littér. État de ce qui cesse d'être en ordre ; agitation confuse qui en résulte. ⇒ **confusion, désordre, remue-ménage.** *Jeter, semer le trouble dans une famille.* ♦ au plur. Ensemble d'événements caractérisés par le désordre, l'agitation. Opposition plus ou moins violente d'un groupe à l'intérieur d'une société. ⇒ **émeute, insurrection, manifestation, révolte, soulèvement.** *Troubles politiques, sociaux. Des troubles ont éclaté.* ➛ *Fauteur de troubles.* ⇒ **agitateur.** 2 Atteinte à l'exercice d'un droit sur une chose. *Trouble de voisinage.* ⇒ **nuisance.** **II** - 1 État affectif pénible, fait d'angoisse et d'une activité mentale excessive, incontrôlée. ⇒ **agitation, émotion, fièvre, inquiétude.** « *Un grand trouble montait à son crâne avec le sang de ses veines* » (Zola). *Causer un grand trouble* (⇒ **bouleverser, émouvoir, remuer, secouer,** ① **toucher, troubler**). ♦ État, attitude de qqn qui manifeste son trouble (rougeur, tremblements ; altération de la voix) ; désarroi, embarras. « *Il faisait de grands efforts pour dominer son trouble et il balbutia d'une voix blanche* » (Duham.). 2 Émotion tendre ; désir amoureux. ⇒ **émoi.** « *Le trouble de l'amour naissant est toujours doux* » (Rouss.). **III** (souvent plur.) Modification pathologique des activités de l'organisme ou du comportement (physique ou mental) de l'être vivant. ⇒ **désordre, perturbation.** *Troubles de la vision.* ➛ *Troubles mentaux, psychiques.* ✪ CONTR. Apaisement, ① calme, équilibre, ordre, paix, repos ; équilibre, sérénité, tranquillité. Aplomb, assurance. ① Calme, sang-froid.

③ **trouble** → **truble**

troublé, ée adj. – XIIe 1 Rendu trouble. *Eau troublée.* ⇒ **turbide.** 2 Agité de troubles. *Une des périodes les plus troublées de notre histoire.* 3 Qui est dans un état affectif de trouble. ⇒ **ému, perturbé.** *Le candidat est troublé.* ✪ CONTR. Clair, pur. Paisible, tranquille. Assuré, sûr.

trouble-fête n. – XIVe ▪ Personne qui trouble des réjouissances ; qui empêche qqn de se réjouir. ⇒ **importun, rabat-joie.** *Je ne voudrais pas jouer les trouble-fêtes,* déranger votre bien-être, votre satisfaction.

troubler v. tr. [1] – XIe ; lat. *turbulus* « trouble » **I** - 1 Modifier en altérant la clarté, la transparence. *Un ciel bleu que rien ne troublait.* ♦ Rendre moins net. « *l'émotion lui troublait la vue* » (Green). ⇒ **brouiller.** 2 Modifier en touchant à l'ordre, à l'équilibre ; rendre agité, confus. ⇒ **bouleverser, déranger, perturber.** *Troubler l'ordre public.* 3 Empêcher (un état calme, paisible) de se continuer. *Troubler le silence. Troubler le sommeil de qqn. Une femme « troublait, par une toux grasse, la paix de ce lieu »* (Colette). 4 Interrompre ou gêner le cours normal de (qqch.). ⇒ **dérégler, désorganiser.** *La cérémonie a été troublée par des manifestants. Troubler la digestion.* **II** - 1 Priver de lucidité. ⇒ **égarer.** « *le vin trouble les facultés mentales, tandis que l'opium y introduit l'ordre suprême* » (Baud.). « *sa vanité, qui était forte, troubla son jugement, qui était faible* » (France). 2 Susciter chez (qqn) un état émotif, une activité psychique anormale ou pénible qui compromet le contrôle de soi. ⇒ **bouleverser, inquiéter.** « *Vous savez, les femmes, un rien les trouble* » (Flaub.). ➛ pronom. « *je me sentais rougir et me troubler comme un enfant fautif* » (Gide). → **s'affoler, paniquer.** ♦ Rendre perplexe. ⇒ **embarrasser, gêner.** *Il y a un détail qui me trouble.* ⇒ **intriguer.** 3 Mettre dans le trouble en suscitant une émotion amoureuse, le désir. ⇒ **émouvoir.** « *Le charme de sa personne lui troublait le cœur plus que les sens* » (Flaub.). ✪ CONTR. Clarifier, purifier. Maintenir, rétablir. Calmer ; apaiser, tranquilliser.

trouée n. f. – XVe ; de *trouer* 1 Large ouverture qui permet le passage. *Ils « y accédaient par une large trouée ménagée dans une haie »* (Aymé). ➛ Espace entre des nuages qui laisse voir le bleu du ciel. « *des trouées d'un bleu intense s'élargissaient d'un bout à l'autre de l'horizon* » (Zola). 2 Ouverture faite dans les rangs de l'armée ennemie. ⇒ ① **brèche, percée.** 3 Large passage naturel dans une chaîne de montagnes, entre deux massifs. *La trouée de Belfort* (entre les Vosges et le Jura).

trouer v. tr. [1] – XIIe 1 Faire un trou, des trous dans (qqch.). ⇒ **percer, perforer.** *Trouer un vêtement* (par usure, brûlure). *Chaussettes trouées.* ➛ loc. fam. *Se faire trouer la peau :* se faire tuer par balles. 2 Faire une trouée dans. « *l'éclair qui troue une seconde les ténèbres* » (Mart. du G.). ⇒ **déchirer.** 3 Former une ouverture dans. *Le mur « que troue [...] une petite porte à secret »* (Gide).

troufignon [tRufiɲɔ̃] n. m. – XVIᵉ ; de *trou* et *fignon*, dimin. dial. de ② *fin* ▪ vulg. Anus. ➛ par ext. Derrière.

troufion n. m. – XIXᵉ ; probablt altér. de *troupier* ▪ fam. Simple soldat. ⇒ **pioupiou.**

trouillard, arde adj. et n. – XVIIIᵉ ▪ fam. Peureux, poltron. ⇒ **froussard.** ✪ CONTR. Courageux.

trouille n. f. – XVᵉ ; néerl. *drollen* « aller à la selle » ▪ fam. Peur. « *vous avez peur de Joseph, et même une trouille pas banale* » (Duras).

trouillomètre n. m. – v. 1940 ▪ loc. fam. *Avoir le trouillomètre à zéro :* avoir très peur.

troupe n. f. – XIIᵉ ; germ. « troupeau » **1** Groupe de personnes, d'animaux. *Les « cris d'une troupe d'enfants »* (Hugo). ⇒ ② **bande, groupe.** « *une troupe de cochons déboucha à un tournant* » (Apoll.). **2** Groupe régulier et organisé de soldats. ⇒ **unité.** *Troupe de partisans, de maquisards.* ⇒ **commando, détachement.** *Rejoindre le gros de la troupe.* ➛ loc. fam. *En route, mauvaise troupe !* allons-y, avançons ! ♦ au plur. La force armée. *Lever, mobiliser des troupes. Le gros des troupes.* ♦ *LA TROUPE :* la force armée, la force publique chargée de réprimer les émeutes. *Intervention de la troupe.* ➛ L'ensemble des soldats (opposé à *officiers*). *Le moral de la troupe. Homme de troupe :* simple soldat. ⇒ **troupier. 3** Groupe de comédiens, d'artistes qui jouent ensemble. *Troupe théâtrale.* ⇒ **compagnie.** *Troupe en tournée.*

❏ Après *une troupe de...*, le verbe se met au singulier (idée d'ensemble) ou au pluriel (idée de pluralité).

troupeau n. m. – XIIᵉ ; germ. « village, troupeau, tas » **1** Réunion d'animaux domestiques qu'on élève, nourrit ensemble. « *Le troupeau des chèvres bises et des moutons* » (Le Clézio). *Troupeau d'oies. Garder les troupeaux.* ♦ (sans compl.) Troupeau de moutons. « *Il était un berger, son chien et son troupeau* » (La Font.). **2** Troupe (de bêtes sauvages). *Troupeau d'éléphants.* **3** péj. Troupe nombreuse et passive de personnes. *On avait embarqué « un grand troupeau d'émigrants »* (Maupass.).

troupiale n. m. – XVIIIᵉ ; probablt de *troupe* ▪ Oiseau exotique *(passereaux)* qui vit en troupes et bâtit des nids aussi remarquables que ceux du tisserin.

troupier n. m. et adj. m. – XIXᵉ ▪ vieilli Homme de troupe, soldat. ⇒ **bidasse, troufion.** ➛ adj. m. *Comique troupier :* genre comique grossier, à base d'histoires de soldats, à la mode vers 1900.

trousse n. f. – XIIIᵉ ; de *trousser* **1** anciennt Haut-de-chausses court et relevé. ♦ loc. *AUX TROUSSES* (de qqn), à sa poursuite. *Avoir la police à ses trousses, aux trousses.* **2** Poche, étui à compartiments pour ranger un ensemble d'objets. *Trousse à outils.* « *J'ai pris une trousse de toilette, avec rasoir, savon et brosse* » (Le Clézio). ⇒ **nécessaire.** *Trousse (d'écolier),* contenant crayons, règle, compas, gomme, etc. **3** *Trousse (de cuvelage) :* anneau à la base du cuvelage d'un puits de mine.

trousseau n. m. – XIIᵉ ; de *trousse* **1** *Trousseau de clés :* ensemble de clés réunies par un anneau, un porte-clés. **2** Vêtements, linge qu'emporte une jeune fille qui se marie (ou qui entre en religion). ♦ Vêtements et linge que l'on donne à un enfant qui va en pension, en colonie de vacances, en apprentissage, etc.

trousse-queue n. m. – XVIᵉ ▪ Pièce de harnais, morceau de cuir dans lequel on passe la queue d'un cheval pour la relever. *Des trousse-queues.*

troussequin n. m. – XVIIᵉ ; dér. dial. de *trousse* ▪ Arcade postérieure relevée de l'arçon de la selle.

trousser v. tr. [1] – XIᵉ ; lat. *torquere* « tordre » **1** Replier les membres de (une volaille) et les lier au corps avant de la faire cuire. ⇒ **brider. 2** vieilli Relever (un vêtement qui pend). ⇒ **retrousser.** ➛ fam. *Trousser les jupes d'une femme,* dans une intention érotique. Posséder sexuellement. « *troussant les servantes d'auberge* » (Maurois). **3** vieilli ou littér. Faire rapidement et habilement. ⇒ **expédier, torcher.** « *le poète trousse en son honneur une ballade* » (Carco). ➛ *Un compliment bien troussé.*

trousseur n. m. – XIXᵉ ▪ loc. fam. vieilli *Un trousseur de jupons :* un coureur, un débauché.

trou-trou n. m. – XIXᵉ ▪ Ornement de lingerie composé de petits trous alignés, dans lesquels on peut passer un ruban. *Volant à trou-trou* (ou *à trous-trous*).

trouvable adj. – XIVᵉ ▪ Qui peut être trouvé, découvert ou rencontré. « *cette femme n'était pas loin, était trouvable* » (Maupass.). ✪ CONTR. Introuvable.

❏ Beaucoup plus rare que *introuvable.*

trouvaille n. f. – XIIᵉ **1** Fait de trouver avec bonheur. *Faire une trouvaille.* ➛ Chose trouvée heureusement. ⇒ **découverte.** « *quelle charmante propriété vous avez là [...] – Une occasion, une trouvaille* » (Zola). **2** Idée originale, intéressante. ⇒ **création, idée.** ➛ iron. *Quelle est encore sa dernière trouvaille ?* ⇒ **invention.** ✪ CONTR. Banalité, cliché, ① lieu (commun).

trouvé, ée adj. – XIIᵉ ▪ en loc. Qu'on a trouvé. *Enfant trouvé. Objets trouvés.* ♦ Qui constitue une trouvaille. ⇒ **heureux,** ② **original.** *Formule bien trouvée.* iron. *Avoir une excuse toute trouvée.*

trouver v. tr. [1] – XIIᵉ ; lat. °*tropare* « composer (un air, un poème) », puis « inventer, découvrir » **I - 1** Apercevoir, rencontrer, toucher (ce que l'on cherchait ou ce que l'on souhaitait avoir). ⇒ **découvrir ;** fam. **dégoter, dénicher.** *Trouver une place pour se garer. Je restai « dans l'obscurité, cherchant des allumettes, n'en trouvant pas »* (Maupass.). *Trouver son chemin.* ➛ « *On trouve* rigodon *dans le* Dictionnaire de l'Académie » (Rouss.). **2** Se procurer ; parvenir à avoir, à obtenir. *Trouver un appartement. Trouver du travail.* ➛ *Ne pouvoir trouver le sommeil. Trouver refuge auprès de qqn.* ➛ *Il y a trouvé son compte. Trouver acquéreur.* **3** Parvenir à rencontrer, à être avec (qqn). ⇒ **atteindre, contacter, joindre.** *Le matin, vous la trouverez chez elle.* ♦ Obtenir (qqn) pour son service. *Trouver une bonne secrétaire.* **II** Découvrir, rencontrer (qqn, qqch.), sans avoir cherché. ⇒ ① **tomber** (sur). « *Les enfants ont trouvé, au pied de l'if, un petit nid* » (Gide). ➛ *Il a trouvé la mort dans un accident.* ➛ Rencontrer au cours d'une lecture. « *Vous ne trouverez jamais, chez Hugo, la moindre impropriété de langage* » (Gide). fam. Essuyer la riposte de (qqn). *Si tu me cherches, tu vas me trouver.* **III - 1** Découvrir par un effort de l'esprit, de l'attention, de l'imagination. ⇒ **imaginer, inventer.** *Trouver un biais, un prétexte. Ne pas trouver ses mots :* avoir du mal à s'exprimer. *Trouver la solution d'un problème.* « *À l'auscultation, ceux qui me soignent affirment qu'ils ne trouvent rien* » (Mart. du G.). ⇒ **déceler.** ♦ *Eurêka ! J'ai trouvé !* ♦ fam. *Où avez-vous trouvé cela ?* qu'est-ce qui vous fait croire cela ? ⇒ fam. ② **pêcher, prendre.** ♦ péj. *Il n'a rien trouvé de mieux que de tout raconter.* **2** Pouvoir disposer de (temps, occasion, etc.). « *elle trouva le temps d'éplucher le livre de comptes* » (Colette). ♦ *TROUVER* (qqch.) *À* (et l'inf.). ⇒ ① **avoir** (à). *Il « ouvrit la bouche mais ne trouva rien à répondre »* (St-Exup.). **3** *TROUVER* (tel sentiment, tel état d'âme) *DANS, À,* etc. : éprouver. *Trouver du plaisir à parler avec qqn.* **IV** Voir (qqn, qqch.) se présenter d'une certaine manière. **1** « *on le trouva comme mort* » (Ste-Beuve). *Trouver qqn au lit.* **2** *TROUVER* (un caractère, une qualité) *À* (qqn, qqch.), lui attribuer, lui reconnaître un caractère, une qualité. *Je lui trouve mauvaise mine.* « *On me trouvait du* *charme, imaginez cela !* » (Camus). ➝ fam. *Mais qu'est-ce qu'elle peut bien lui trouver ?* (comme qualité, agrément). 3 *TROUVER* (qqn, qqch.) et attribut : estimer, juger que (qqn, qqch.) est... ⇒ **considérer, regarder** (comme), **tenir** (pour). « *Il craignait que je ne la trouve moche* » (Montherl.). « *Il trouva charmante la salle à manger qui était hideuse* » (Hugo). *Il a trouvé ce film excellent.* ➝ *Trouver le temps long.* 4 *TROUVER QUE...* : juger, penser que... « *je trouvai que la civilisation avait son bon côté* » (Gaut.). ⇒ **estimer.** « *Il est rudement joli garçon. – Tu trouves ?* » (Maupass.). V *SE TROUVER* **v. pron.** 1 Être en présence de soi-même, découvrir sa véritable personnalité. « *Maintenant je me cherche, et ne me trouve plus* » (Rac.). 2 Être (en un endroit, en une circonstance, en présence de...). *Les personnes qui se trouvaient là.* ➝ *Se trouver tête à tête, nez à nez avec qqn.* « *Il ne faisait pas bon se trouver sur son chemin* » (Hamilton). *Son nom ne se trouve pas sur la liste.* ⇒ ① **être, figurer.** *Cette ville se trouve au bord de la mer.* ⇒ se **situer.** 3 Être (dans un état, une situation). « *la gêne dans laquelle il se trouvait* » (Mart. du G.). *Je me trouve dans l'impossibilité de vous aider.* 4 *SE TROUVER ÊTRE, AVOIR...* : être, avoir, par un concours de circonstances. « *Le secrétaire se trouvait être un assez mauvais sujet* » (Goncourt). ➝ « *le projet du fils se trouva d'accord avec le vœu paternel* » (Gaut.). 5 *IL SE TROUVE...* : il existe, il y a. ⇒ se **rencontrer.** « *Il se trouvera des hommes qui, au milieu du [...] chaos, auront une pensée désintéressée* » (Renan). ➝ *IL SE TROUVE QUE...* : il se fait que, en fait. « *Cette jeune fille qui vous dérange... il se trouve que c'est moi* » (Mariv.). ➝ fam. *Si ça se trouve,* se dit pour présenter une éventualité. ⇒ **peut-être** (que). 6 Se sentir (en tel ou tel état). « *je me trouvais ridicule d'être ainsi aimé* » (Renard). *Comment vous trouvez-vous ce matin ?* ⇒ ① **aller,** se **sentir.** *SE TROUVER MAL* : s'évanouir. ➝ *SE TROUVER BIEN, MAL* (de qqch.), en tirer un avantage, en éprouver du désagrément. « *un remède dont beaucoup de gens se sont bien trouvés* » (Mol.). ⇒ se **féliciter,** se **louer.** ♦ Se croire, se juger. *Elle fait un régime, elle se trouve trop grosse.* ✪ CONTR. Perdre.

❑ Après *trouver que,* le verbe se met à l'indicatif ou au conditionnel dans un tour affirmatif *(je trouve que c'est courageux),* au subjonctif dans un tour négatif *(je ne trouve pas que ce soit courageux).*

trouvère **n. m.** – XVIIe ; a. fr. *troveor* « trouveur » ■ Au Moyen Âge, Poète et jongleur de la France du Nord, s'exprimant en langue d'oïl. ⇒ **ménestrel.** *Trouvères et troubadours.*

trouveur, euse **n.** – XIIe ■ rare Personne qui trouve, invente.

❑ Parmi les *chercheurs,* il y a des *trouveurs.* ♦ Même famille que *trouvère.*

truand **n. m.** – XIIe ; gaul. ■ Malfaiteur qui fait partie du milieu. ⇒ **bandit, gangster.**

truander **v.** [1] – XIIe ■ fam. 1 **v. intr.** Tricher. 2 **v. tr.** Voler, escroquer. *Se faire truander.*

truble [tʀybl] **n. f.** – XIIe ; gr. « bol » ■ Filet de pêche en forme de poche, ajusté à un cerceau muni d'un manche. ⇒ ① **balance, caudrette, crevettier, épuisette.**

❑ On dit aussi *trouble.*

trublion **n. m.** – 1901 ; mot gr. « écuelle » ■ Fauteur de troubles, agitateur. ⇒ **perturbateur.**

❑ Sans rapport étymologique avec *trouble,* ce mot créé par A. France traduit le sobriquet *Gamelle* (« écuelle ») donné au duc d'Orléans.

① **truc** **n. m.** – XIIe ; lat. *trudere* « pousser » ■ fam. 1 Façon d'agir qui requiert de l'habileté, de l'adresse. ⇒ **astuce,** fam. **combine,** ② **moyen, procédé, ruse, stratagème.** « *Malade ? C'est un truc pour que j'ouvre* » (Cocteau). *C'est un bon truc.* ➝ Procédé habile et discret pour obtenir un effet particulier (dans un art d'adresse, un métier, etc.). « *on cherche le truc, le tour de passe-passe* » (Tournier). 2 Chose quelconque, qu'on ne peut ou ne veut pas désigner. ⇒ **chose ;** fam. **bidule, machin, trucmuche.** « *Vous n'avez pas essayé le Braille ? – Vous voulez dire, ces trucs avec les points ?* » (Le Clézio). ➝ *Il lui est arrivé un drôle de truc.*

② **truc** ou **truck** **n. m.** – XIXe ; mot angl. « chariot » ■ Wagon de chemin de fer à plateforme.

trucage ou **truquage** **n. m.** – XIXe 1 Fait de truquer, de falsifier. *Le trucage des élections.* ⇒ fam. **bidonnage.** 2 Au spectacle, Tout procédé destiné à créer une illusion. ➝ Procédé employé au cinéma pour créer l'illusion d'une réalité impossible, fantastique ; effet spécial. *Trucages sonores.*

❑ La variante graphique *truquage* est irrégulière et déroge à la règle simple du son [k] écrit *c* devant *a, o, u* et *qu* devant *e* et *i (expliquer/explicable, révoquer/révocable). Démarcage, placage* et *plasticage* présentent les mêmes hésitations sur la graphie.

truchement **n. m.** – XIIe ; ar. 1 littér. Personne qui parle à la place d'une autre, exprime sa pensée. ⇒ **porte-parole, représentant.** 2 Ce qui exprime, fait comprendre les pensées, les sentiments. ⇒ **interprète.** *La parole « c'est le truchement du cœur, c'est l'image de l'âme »* (Mol.). ♦ *Par le truchement de qqch., qqn,* par l'intermédiaire de.

❑ Ce mot d'apparence si française (d'abord *drugement*), est un doublet de *drogman,* tous deux d'origine arabe.

trucider **v. tr.** [1] – XVe ; lat. « massacrer » ■ fam. Tuer.

❑ Ce mot ne s'emploie que par plaisanterie.

truck → ② **truc**

trucmuche **n. m.** – 1914 ; de ① *truc* et suff. arg. *-muche* ■ pop. Objet, personne que l'on ne nomme pas. ⇒ **machin,** ① **truc.**

truculence **n. f.** – XVIIe ■ Caractère de ce qui est truculent.

truculent, ente **adj.** – XVe ; lat. *trux, trucis* « farouche, cruel » ■ Haut en couleur, qui étonne et réjouit par ses excès. *Un personnage truculent.* ➝ *La prose truculente de Rabelais.*

truelle **n. f.** – XIIIe ; lat. *trulla* 1 Outil de maçon, de plâtrier, formé d'une lame triangulaire ou trapézoïdale reliée à un manche par une tige coudée. « *ma truelle à la main, j'étendais le plâtre sur les murs* » (Giono). 2 Spatule coupante servant à découper et à servir le poisson.

truellée **n. f.** – XIVe ■ Quantité (de plâtre, de mortier) prise en une fois sur la truelle.

truffe **n. f.** – XIVe ; lat. *tuber* « tubercule » 1 Tubercule souterrain que forme le réceptacle de certains champignons et qui constitue un mets très recherché. *Truffe blanche. Truffe du Périgord, truffe noire,* ou *truffe.* « *la truffe est le diamant de la cuisine* » (Brillat-Sav.). ♦ *Truffes en chocolat, truffes* : confiserie faite de beurre et de chocolat. 2 arg. Nez gros et rond. ➝ Extrémité du museau, chez le chien, le chat. *Chien à la truffe humide.*

❑ L'ancien sens « pomme de terre » (1600) survit dans certaines régions (au sud d'une ligne allant de la Normandie au sud des Vosges). → pomme de terre (rem.).

truffer v. tr. [1] - XVIIIe 1 Garnir de truffes. ➛ *Foie gras truffé.* 2 Remplir de choses disséminées en abondance. *Elle parlait « en truffant son discours de mots étrangers »* (Simenon). ⇒ **bourrer.**

trufficulture n. f. - XIXe ▪ Production méthodique des truffes.

truffier, ière adj. - XIXe ▪ Où poussent les truffes. *Chêne truffier,* au voisinage duquel se développent les truffes. ♦ Dressé à la recherche des truffes. *Chien truffier.*

truffière n. f. - XVIIIe ▪ Terrain où poussent des truffes.

truie n. f. - XIIe ; p.-ê. lat. *porcus troianus* « porc farci », allus. plaisante au cheval de Troie ; la truie est « farcie » de petits cochons ▪ Femelle du porc, du verrat. *La truie et ses porcelets. Sale comme une truie :* très sale.

truisme n. m. - XIXe ; angl. *true* « vrai » ▪ Vérité d'évidence. ⇒ **banalité, évidence, lapalissade, tautologie.**

truite n. f. - XIIIe ; lat. *tructa* ▪ Poisson physostome *(salmonidés),* qui vit surtout dans les eaux pures et vives et se nourrit de proies vivantes. *Pêcher la truite. Truite saumonée. Truite de mer,* très semblable au saumon, qui vit dans les mers du Nord et remonte au printemps les fleuves. *Truite arc-en-ciel,* à reflets irisés. ➛ *Manger une truite meunière, une truite au bleu.*

truité, ée adj. - XVIIe 1 Au pelage marqué de petites taches rougeâtres, brunes ou noires. *Ta jument « truitée comme un cheval de cirque »* (Colette). 2 *Porcelaine, céramique truitée,* dont la surface est couverte d'un réseau de fentes. ⇒ **craquelé, fendillé.**

truiticulture n. f. - 1968 ▪ Élevage des truites.

> ❑ Il n'existe pas d'élément °*truiti-* ; il s'agit de *truite* traité comme *pisci-, ostréi-,* etc.

trullo, plur. **trulli** n. m. - XIXe ; mot it. ▪ Construction rurale de forme conique en Italie du Sud. *Les trulli des Pouilles.*

trumeau n. m. - XIIe ; germ. « morceau » 1 Jarret de bœuf. ⇒ **gîte.** 2 Partie d'un mur entre deux baies. ➛ Panneau de glace ou peinture ornant le dessus d'une cheminée. ♦ Pilier qui supporte en son milieu le linteau d'un portail.

truquage → **trucage**

truquer v. tr. [1] - XIXe ▪ Changer pour tromper, donner une fausse apparence. ⇒ **falsifier, trafiquer.** *Truquer les dés.* ⇒ **piper.** ♦ Arranger, fausser de manière à obtenir le résultat souhaité. ⇒ fam. **bidonner.** ➛ *Élections truquées.*

truqueur, euse n. - XIXe ▪ Personne qui truque, fait des contrefaçons, triche.

truquiste n. - 1973 ▪ Spécialiste du trucage cinématographique.

trusquin n. m. - XVIIe ; mot wallon ▪ Outil servant à tracer des lignes parallèles à une surface dressée.

trust [trœst] n. m. - XIXe ; mot angl. « confiance » 1 Forme de concentration financière réunissant plusieurs entreprises sous une direction unique. 2 Entreprise ou groupe d'entreprises assez puissant pour exercer une influence prépondérante dans un secteur économique. *Trust de l'acier, du pétrole.*

truste n. f. - XIXe ; germ. « foi » ▪ Serment prêté par les grands vassaux, chez les Francs ; ensemble des hommes liés par ce serment.

truster [trœste] v. tr. [1] - 1902 ▪ Accaparer, monopoliser, comme le font les trusts. *Truster un marché pour faire monter les prix.* ♦ fig. et fam. Accaparer.

trusteur [trœstœr] n. m. - 1905 ▪ Organisateur d'un trust. ♦ fig. et fam. Personne qui accapare qqch. *Il avait « été chercheur d'or, trappeur, trusteur de rhum »* (Cendrars).

trypanosome n. m. - XIXe ; gr. *trupanon* « tarière » et *sôma* « corps » ▪ Protozoaire flagellé, fusiforme, parasite du sang. *La mouche tsé-tsé peut véhiculer des trypanosomes.*

trypanosomiase n. f. - 1905 ▪ Parasitose de l'homme (maladie du sommeil...) ou de l'animal (dourine...) due aux trypanosomes.

trypsine n. f. - XIXe ; gr. *tripsis* « frottement », ou *thrupsis* « broiement », d'apr. *pepsine* ▪ Enzyme digestive sécrétée par le pancréas, qui dégrade les protéines alimentaires.

trypsinogène n. m. - 1904 ▪ Précurseur de la trypsine sécrété par le pancréas, et transformé en trypsine sous l'action de l'entérokinase intestinale.

tryptamine n. f. - 1972 ; de *trypsine* et *amine* ▪ Amine produite par la décarboxylation du tryptophane.

tryptophane n. m. - 1904 ; du rad. gr. de *trypsine* et *-phane* ▪ Un des acides aminés indispensables à l'organisme.

tsar [dzar ; tsar] n. m. - XVIe ; mot slave ▪ Titre porté par les empereurs de Russie, les souverains serbes et bulgares.

> ❑ L'allemand *Kaiser* a la même origine, le latin *Caesar.* ♦ On trouve aussi les formes *tzar* et *czar.*

tsarévitch [dzarevitʃ ; tsa-] n. m. - XVIIe ; mot russe ▪ Titre porté par le fils aîné du tsar de Russie.

tsarine [dzarin ; tsarin] n. f. - XVIIIe ▪ Femme du tsar. Impératrice de Russie.

tsarisme [dzarism ; tsarism] n. m. - XIXe ▪ Régime autocratique des tsars ; période de l'histoire russe où ont régné les tsars.

tsariste [dzarist ; tsarist] adj. - 1933 ▪ Propre au tsarisme.

tsé-tsé n. f. inv. - XIXe ; mot bantou ▪ Mouche d'Afrique, du genre glossine, dont plusieurs espèces sont des agents de transmission de trypanosomiases. *« Le harcèlement constant des moustiques et des tsé-tsé »* (Gide). ➛ appos. *Mouche tsé-tsé, des mouches tsé-tsé.*

T. S. F. [teɛsɛf] n. f. - 1909 ; sigle de ***t****élégraphie* ***s****ans* ***f****il* ▪ vieilli Radiodiffusion. ⇒ ② **radio.** *Écouter la T. S. F.*

T-shirt → **tee-shirt**

tsigane (didact.) ou **tzigane** (cour.) [dzigan ; tsigan] n. et adj. - XVe ; gr. *Athinganos* « qui ne touche pas », désignant une secte de manichéens venus de Phrygie 1 *Les Tziganes :* ensemble de populations originaires de l'Inde, apparues en Europe au XIVe s., qui mènent une vie nomade en exerçant divers petits métiers. ⇒ **bohémien, gitan,** fam. **manouche, romanichel, zingaro.** *Les « Tziganes et leurs chants si nostalgiquement exotiques »* (Gaut.). ➛ n. m. *Le tsigane :* langue indo-européenne ayant emprunté au grec, puis aux diverses langues d'Europe. 2 *Musique tzigane :* musique populaire de Bohême et de Hongrie, adaptée par les musiciens tsiganes.

tsoin-tsoin interj. - 1917 ; formation expressive ▪ fam. Interjection comique à la fin d'un couplet (imitant un bruit d'instrument). *Tagada tsoin-tsoin !*

tsunami [tsunami] n. m. - 1915 ; mot jap. « raz-de-marée, vague » ▪ Onde océanique d'origine sismique ou volcanique.

T. T. C. ▪ Abrév. de *toutes taxes* comprises.*

tu pron. pers. - IXe ; lat. *tu,* cas nominatif et vocatif ▪ Pronom personnel sujet de la deuxième personne du singulier et des deux genres. 1 pronom *« Tu as vingt ans, lui dis-je, et tu n'en profites pas »* (Jouhand.). *Tu te trompes. As-tu bien dormi ? Penses-tu !* 2 (emploi nominal) *La femme « lui dit vous et tu, tour à tour »* (Romains). ⇒ **tutoyer.** loc. fam. *Être à tu et à toi avec* *qqn* : être tellement lié avec qqn qu'on le tutoie et qu'on est tutoyé par lui ; être intime.

> ❑ Le *u* de *tu* est fréquemment élidé devant voyelle ou *h* muet dans la langue familière : « *t'as la vue trouble* » (Molière).

tuage n. m. – XIXe ▪ Abattage des bestiaux.

tuant, tuante adj. – XVIIe ▪ fam. Épuisant, fatigant. « *marcher en queue de troupe est tuant* » (Gide).

tub [tœb] n. m. – XIXe ; mot angl. « cuve, baquet » ▪ vieilli Large cuvette où l'on peut prendre un bain sommaire ; ce bain.

① **tuba** n. m. – XIXe ; mot lat. « trompette » ▪ Instrument à vent à trois pistons et embouchure (catégorie des cuivres).

② **tuba** n. m. – v. 1950 ; mot lat. « trompette » ▪ Tube respiratoire pour nager la tête sous l'eau. *Masque, palmes et tuba.*

tubage n. m. – XIXe 1 Introduction d'un tube (de métal, de caoutchouc, de matière plastique) dans un conduit ou un organe (pour faciliter le passage de l'air, effectuer un sondage, etc.). *Tubage de la trachée.* ⇒ **intubation.** 2 Pose de tubes.

tubaire adj. – XIXe 1 Relatif aux trompes de Fallope. *Stérilité tubaire.* 2 Relatif aux trompes d'Eustache.

tubard, arde adj. et n. – 1920 ▪ fam. et vieilli Tuberculeux.

tube n. m. – XVe ; lat. 1 Appareil de forme cylindrique, ou conduit à section circulaire, généralement rigide (verre, quartz, plastique, métal), ouvert à une extrémité ou aux deux. *Tubes de verre.* TUBE À ESSAI, cylindrique et fermé à un bout. ⇒ **éprouvette.** ♦ Tuyau de métal. *Tubes d'une machine, d'une chaudière.* ⇒ **tubulure.** ➝ loc. *À plein(s) tube(s)* : à pleine puissance. ♦ Partie cylindrique d'une arme à feu, par où passe le projectile. *Tube d'un canon.* ➝ Cylindre métallique pour le lancement des fusées, des torpilles. *Tubes lance-torpilles.* ♦ *Tube électronique* : enceinte dans laquelle sont produits des électrons par l'émission thermoélectronique d'une cathode chauffée et qui contient une ou plusieurs autres électrodes destinées à capter ou régler le courant électronique. *Tube à vide. Tube à gaz,* dans lequel le gaz résiduel peut être ionisé par le courant électronique. *Tube (de, au) néon. Tube de Crookes, de Coolidge,* produisant des rayons X. *Tube cathodique,* dont le faisceau électronique, concentré et dévié, vient frapper un écran électroluminescent afin d'y reproduire une image. *Tube d'un téléviseur.* ➝ *Tube de Pitot,* servant à mesurer le débit des fluides. 2 Organe creux et allongé. *Tube digestif* : ensemble des conduits de l'appareil digestif (bouche, pharynx, œsophage, estomac, intestin grêle, gros intestin, anus). ➝ *Tube criblé* : petit conduit de la sève élaborée, chez les plantes vasculaires. ⇒ **vaisseau.** 3 Conditionnement cylindrique rigide fermé par un bouchon (pour contenir des solides, des poudres). *Tube de rouge (à lèvres),* l'étui cylindrique qui protège le bâton. ♦ Emballage cylindrique souple à petit goulot fileté pour recevoir un bouchon à vis, destiné à contenir une matière pâteuse qui sort sous la pression des doigts. « *Les tubes de couleurs tortillés et pressés* » (Mac Orlan). *Tube de dentifrice.* 4 fam. Chanson, disque à succès. *Le tube de l'été.*

tuber v. tr. [1] – XVe ▪ Garnir de tubes (un trou de sonde, un puits de pétrole).

tubercule n. m. – XVIe ; lat. *tuber* « truffe, excroissance » 1 Petit nodule arrondi à la surface d'un os ou d'un organe. *Tubercules quadrijumeaux* (du mésencéphale). 2 Petit nodule au centre nécrosé, caractéristique de la tuberculose. 3 Excroissance arrondie d'une racine, d'une tige souterraine (rhizome) ou parfois aérienne, qui est une réserve nutritive de la plante. *Tubercules comestibles* (crosne, igname, patate, pomme de terre, topinambour).

tuberculeux, euse adj. et n. – XVIe ▪ Relatif à la tuberculose. *Foyer tuberculeux.* ♦ Atteint de tuberculose. ➝ n. ⇒ VX **phtisique, poitrinaire,** fam. **tubard.**

tuberculine n. f. – XIXe ▪ Substance extraite de cultures de bacilles tuberculeux qui, injectée à un sujet atteint de tuberculose, provoque une réaction caractéristique (⇒ **cutiréaction).**

tuberculinique adj. – 1912 ▪ Relatif à la tuberculine. *Test tuberculinique.* ⇒ **cutiréaction, intradermo-réaction.**

tuberculisation n. f. – XIXe ▪ Envahissement de l'organisme par les bacilles tuberculeux.

tuberculose n. f. – XIXe ▪ Maladie infectieuse et contagieuse, inoculable, causée par le bacille de Koch, commune à l'homme et à certains animaux, dont la lésion caractéristique est le tubercule (2°), et qui affecte le plus souvent le poumon. ⇒ **bacillose.** *Tuberculose pulmonaire* (⇒ VX **phtisie),** *osseuse* (⇒ **coxalgie),** *cutanée* (⇒ **lupus),** *rénale, intestinale.* ➝ absolt Tuberculose pulmonaire. *Première lésion de la tuberculose.* ⇒ **primo-infection.** ➝ *Tuberculose bovine, aviaire.*

tubéreuse n. f. – XVIIe ▪ Plante bulbeuse *(amaryllidacées),* à hautes tiges florales, portant des grappes de fleurs blanches très parfumées.

tubéreux, euse adj. – XVe ; lat. *tuberosus* « garni de protubérances » ▪ *Plante tubéreuse,* qui présente des tubercules.

tubérisation n. f. – 1915 ▪ Transformation totale ou partielle (d'une tige ou d'une racine) en tubercule.

tubérosité n. f. – XVe ▪ Partie proéminente et arrondie, protubérance. *Tubérosité d'un os.* ⇒ **apophyse, tubercule.**

tubi- Élément, du lat. *tubus* « tube ».

tubicole n. m. – XIXe ; *tubi-* et *-cole* ▪ Annélide sédentaire qui vit dans le tube qu'il a sécrété.

tubifex [tybifɛks] n. m. – XIXe ; de *tubi-* et lat. *-fex* « qui fait » ▪ Petit annélide tubicole *(oligochètes),* appelé également *ver de vase.*

tubipore n. m. – XVIIIe ; de *tubi-* et *pore* ▪ Genre de coralliaires présentant un polypier calcaire formé de tubes juxtaposés. ⇒ **orgue** (de mer).

① **tubiste** n. m. – 1907 ▪ Ouvrier qui fabrique des tubes de métal, des tubes électroniques.

② **tubiste** n. – 1907 ▪ Instrumentiste qui joue du tuba.

tubitèle adj. – XIXe ; de *tubi-* et lat. *tela* « toile » ▪ *Araignée tubitèle,* qui tisse une toile munie d'un tube.

> ❑ L'*orbitèle* est une autre araignée définie par sa toile.

tubul- Élément, du lat. *tubulus* « petit tube ».

tubulaire n. f. et adj. – XVIIIe I n. f. Animal cœlentéré *(hydrozoaires),* polype de grande taille porté sur un long pédoncule et muni de deux couronnes de tentacules. II adj. 1 Qui a la forme d'un tube. ⇒ **cylindrique.** *Fleurs tubulaires.* 2 Qui est fait de tubes métalliques. *Échafaudage tubulaire.*

tubule n. m. – XVIIe ▪ Structure en forme de petit tube. *Tubule rénal.*

tubulé, ée adj. – XVIIIe ▪ *Fleur tubulée* (opposé à *radié*), à la corolle formée de cinq pétales soudés en un tube étroit. ♦ Qui présente une ou plusieurs tubulures.

tubuliflore adj. – XIXe ; lat. *tubulus* « petit tube » et *flos, floris* « fleur » ▪ Dont toutes les fleurs du capitule sont tubulées (chardon, bleuet).

tubulure n. f. – XVIIIe 1 Orifice annexe en forme de tube ménagé dans un récipient. 2 Conduit servant aux échanges liquides ou gazeux dans une machine (chaudière, moteur...). 3 Ensemble de tubes, de tuyaux d'une installation. ⇒ **tuyauterie.**

tudesque adj. – XIVe ; germ. ▪ vx Propre aux anciens Allemands, aux Allemands.

tudieu interj. – XVIe ; abrév. de *par la vertu de Dieu* ▪ Ancien juron familier (XVIe-XVIIe s.).

tue-diable n. m. – XIXe ▪ Appât (chenille ou poisson artificiel) à plusieurs hameçons, pour la pêche à la truite. *Des tue-diable* ou *des tue-diables.*

tue-mouche n. m. et adj. – XIXe 1 n. m. Fausse oronge, champignon vénéneux. appos. *Amanite tue-mouche.* 2 adj. *Papier tue-mouche :* papier imprégné d'une substance poisseuse et empoisonnée, qui sert à engluer et tuer les mouches.

tuer v. tr. [1] – XIIe ; o. i., p.-ê. lat. *tutari* « protéger » **I - 1** Faire mourir (qqn) de mort violente. ⇒ **assassiner, éliminer,** vx **occire ;** fam. ② **buter, descendre, liquider, trucider, zigouiller.** « *elle a tué son amant dans un accès de jalousie* » (Balz.). *Être payé pour tuer qqn.* ⇒ **tueur.** ➤ *Tu ne tueras point* (un des dix commandements). ♦ Faire mourir au combat, à la guerre. « *On leur tua beaucoup de monde* » (Rac.). ⇒ **décimer, exterminer, massacrer.** ➤ *Être tué au front, dans un attentat.* ➤ subst. *Il y a eu dix mille tués et cinquante mille blessés.* ⇒ ③ **mort.** ♦ Donner involontairement la mort à (qqn). *Piéton tué par un automobiliste.* ➤ *Il a été tué dans un accident.* 2 *Tuer le temps :* essayer de s'occuper pour faire passer le temps et éviter de s'ennuyer. « *De cigarette en cigarette, je finirai bien par le tuer ce dimanche* » (Daud.). 3 Faire mourir volontairement (un animal). *Le matador tue le taureau.* loc. *Un coup, une gifle à tuer un bœuf,* très violents. *Tuer dans l'œuf :* étouffer (qqch.) avant tout développement. **II - 1** Causer la mort de. « *cette petite bombe qui peut tuer cent mille hommes d'un coup* » (Sartre). « *une épidémie de peste a tué tous les habitants d'une ville de Perse* » (Camus). ➤ *Poison qui tue.* ⇒ **mortel.** ➤ *Substance qui tue les insectes* (insecticide), *les microbes* (bactéricide). 2 Causer la disparition de..., faire cesser plus ou moins brutalement. ⇒ **ruiner, supprimer.** « *L'abus des livres tue la science* » (Rouss.). 3 Détruire l'effet, la qualité de. *Cette couleur tue les autres.* 4 Lasser, épuiser en brisant la résistance. ⇒ **éreinter, exténuer, user.** *Ces escaliers me tuent.* ♦ Plonger dans un désarroi ou une détresse extrême. ⇒ **désespérer, peiner.** « *la grossièreté de ces gens-là me tuerait* » (Stendh.). **III** SE TUER. v. pron. 1 Mourir par suicide. ⇒ se **suicider.** « *Je me tue pour échapper au déshonneur* » (Romains). ♦ Être victime d'un accident mortel (surtout quand la personne a une part de responsabilité dans l'accident). *Elle s'est tuée au volant de sa voiture.* 2 User ses forces, compromettre sa santé. « *Ils se tuaient à la peine comme des galériens* » (R. Rolland). ♦ Se fatiguer, se donner beaucoup de mal. ⇒ s'**évertuer.** *Je me tue à vous le répéter.* 3 *Arrêtez-les, ils vont se tuer !* ⇒ s'**entretuer.** ✪ CONTR. Épargner, sauver. — HOM. *Tue :* tus (taire).

tuerie n. f. – XIVe ▪ Action de tuer en masse, sauvagement. ⇒ **boucherie, carnage, hécatombe, massacre.** « *l'armistice du 11 novembre, qui mettait fin à plus de quatre ans de tuerie et d'angoisses* » (Bainville).

tue-tête (à) loc. adv. – XVIe ▪ D'une voix si forte qu'on casse la tête, qu'on étourdit. *Chanter à tue-tête.*

tueur, tueuse n. – XIIIe 1 Personne qui tue. ⇒ **assassin, meurtrier.** *La police recherche le tueur sadique.* 2 *Tueur (à gages) :* professionnel du meurtre qui est payé pour tuer qqn. *Les tueurs de la Mafia.* 3 Professionnel qui tue, abat les bêtes dans un abattoir.

tuf n. m. – XIIIe ; lat. *tofus* ▪ Roche de porosité élevée et de faible densité, souvent pulvérulente. *Tufs d'origine volcanique.*

tuffeau ou **tufeau** n. m. – XVe ▪ Variété de tuf calcaire poreux et tendre, qui durcit à l'air, et est utilisé dans la construction.

tuilage n. m. – XVIIIe ; de *tuile* ▪ Recouvrement partiel d'objets abstraits. *Éviter le tuilage des relectures.*

> ❑ Ce mot ancien de draperie a été repris vers 1980 comme métaphore ; il remplace l'anglicisme *overlap.*

tuile n. f. – XIIe ; lat. *tegere* « couvrir » 1 Chacune des petites plaques de terre cuite servant à couvrir des édifices. *Une bâtisse « couverte de tuiles rouges brunies par le temps »* (Romains). 2 Petit four sec moulé en forme de tuile. *Tuiles aux amandes.* 3 fam. Désagrément inattendu (comparé à une tuile qui tombe sur la tête de qqn). ⇒ **catastrophe,** fam. ② **guigne, malchance.** « *Il nous manquait plus que ça comme tuile !* » (Céline).

tuileau n. m. – XIVe ▪ Fragment de tuile.

tuilerie n. f. – XIIIe ▪ Fabrique de tuiles ; four où elles sont cuites.

> ❑ Les jardins des *Tuileries* à Paris sont situés à l'emplacement d'une fabrique de tuiles.

tuilier, ière n. et adj. – XIIe ▪ Ouvrier, ouvrière qui fait les tuiles. ➤ adj. Relatif à la fabrication des tuiles. *L'industrie tuilière.*

tularémie n. f. – 1911 ; de *Tulare,* nom d'un comté de Californie ▪ Maladie infectieuse fébrile due à un bacille, transmise des rongeurs sauvages (comme le lièvre) à l'homme par des tiques.

tulipe n. f. – XVIe ; turc *tülbend* « (plante) turban » 1 Plante herbacée à racine bulbeuse *(liliacées),* dont la fleur renflée à la base est évasée à l'extrémité. *Oignon, bulbe de tulipe.* 2 Objet dont la forme rappelle celle d'une tulipe (verre à boire ; globe électrique, lampe, etc.).

tulipier n. m. – XVIIIe ▪ Arbre originaire d'Amérique du Nord *(magnoliacées),* dont la fleur ressemble à une tulipe. *Tulipier de Virginie.*

tulle n. m. – XVIIe ; nom de ville ▪ Tissu léger, formé d'un réseau de mailles rondes ou polygonales. *Robe, tutu en, de tulle.*

tullerie n. f. – XIXe ▪ Industrie ; commerce du tulle. ➤ Fabrique de tulle.

tullier, ière adj. – XIXe ▪ Du tulle. *Industrie tullière.*

tulliste n. – XIXe ▪ Personne qui fabrique du tulle.

tumbling [tœmbliŋ] n. m. – v. 1980 ; mot angl. « cabriole » ▪ Gymnastique acrobatique consistant en des séries de sauts exécutés rapidement les uns à la suite des autres sur une piste étroite et longue.

tuméfaction n. f. – XVIe ▪ Augmentation de volume (d'une partie du corps ou d'un organe) due en général à une inflammation ou à une infiltration œdémateuse. ⇒ **gonflement, intumescence, œdème.** *Tuméfaction des chairs.* ♦ Partie tuméfiée, enflée.

tuméfié, iée adj. – XVIe ▪ Qui présente une tuméfaction. « *L'œil droit tuméfié, énorme* » (Duham.).

tuméfier (se) v. pron. [7] – XVIe ; lat. *tumere* « être gonflé » et *facere* « faire » ▪ S'enfler, grossir anormalement. « *Le nez qui déjà se tuméfie, bourgeonne* » (Romains).

tumescence n. f. – XIXe ; lat. *tumescere* « s'enfler » ▪ Gonflement des tissus. ♦ Turgescence (d'un organe érectile), marquant un état d'excitation érotique. *Tumescence du pénis, du clitoris.* ⇒ **érection.** ✪ CONTR. Détumescence.

tumescent, ente adj. – XIXe ▪ Qui s'enfle, se gonfle, grossit (tissus vivants).

tumeur n. f. – XIVe ; lat. *tumere* « enfler » ▪ Production pathologique non inflammatoire constituée par un tissu de formation nouvelle (néoplasme). *Tumeur au cerveau.* « *une tumeur dans l'estomac, toujours croissante, qui l'empêchait de manger* » (Rouss.). *Tumeur bénigne.* ⇒ **adénome, fibrome, lipome, molluscum, papillome, polype, verrue.** *Tumeur maligne (cancéreuse).* ⇒ **carcinome, épithélioma, sarcome, squirre.**

tumoral, ale, aux adj. – 1953 ▪ Relatif à une tumeur. *Nodule tumoral.*

tumulaire adj. – XVIIIe ; de *tumulus* ▪ D'une tombe. ⇒ **tombal.**

tumulte n. m. – XIIe ; lat. « gonflement » ▪ Désordre bruyant ; bruit confus que produisent des personnes assemblées. ⇒ **brouhaha, chahut, tohu-bohu, vacarme.** *On ne s'entend plus dans ce tumulte.* ➡ *Le tumulte de la rue.* ♦ fig. et littér. ⇒ **agitation.** « *je suis retombée dans l'enfer des hypothèses, dans le tumulte des soupçons* » (Balz.). ✪ CONTR. ① Calme, ordre, paix, silence, tranquillité.

tumultueusement adv. – XIVe ▪ littér. Dans le tumulte.

tumultueux, euse adj. – XIVe 1 Agité, violent. *Flot tumultueux.* ⇒ **bouillonnant.** 2 Plein d'agitation, de trouble. ⇒ **agité, orageux.** *Jeunesse, vie tumultueuse.* ✪ CONTR. ② Calme, silencieux, tranquille.

tumulus [tymylys] n. m. – XIXe ; mot lat. « tertre » ▪ Tertre artificiel ; amas de terre, de pierres, élevé au-dessus d'une tombe. ⇒ **cairn, galgal.** *Des tumulus.*

❑ On trouve le pluriel latin *tumuli* : *les* « *tumuli étrusques* » (Malraux). ♦ Même étymologique que *tombolo.* → tombolo (rem.).

tuner [tynɛʀ ; tynœʀ] n. m. – v. 1960 ; mot angl., de *to tune* « accorder » (un instrument de musique) ▪ Récepteur de modulation de fréquence, sans amplificateur ni système acoustique, destiné à être branché sur une chaîne haute-fidélité. Recomm. offic. *SYNTONISEUR**.

❑ L'anglais *tune* « air, mélodie » est une variante de *tone* « ton » emprunté (XIVe s.) au français *ton* (de la voix).

tungar n. m. – 1948 ; de *tung(stène)* et *ar(gon)* ▪ Redresseur de courants alternatifs, permettant le passage de grandes intensités.

tungstate n. m. – XVIIIe ▪ Sel d'un acide dérivant du tungstène.

tungstène n. m. – XVIIIe ; suéd. « pierre *(sten)* lourde *(tung)* » ▪ Élément atomique (symb. W ; n° at. 74 ; m. at. 183,85), du groupe du chrome et du molybdène, un des métaux les plus abondants de la croûte terrestre. *Minerai de tungstène. Filaments de lampe en tungstène.*

tuniciers n. m. pl. – XIXe ; lat. *tunica* « tunique » ▪ Sous-embranchement des cordés, formé d'animaux marins primitifs protégés par une tunique cellulosique.

tunique n. f. – XIIe ; lat. *tunica* I - 1 Dans l'Antiquité, Vêtement de dessous, chemise longue, avec ou sans manches. ⇒ **chiton, dalmatique, péplum.** « *Dans la Grèce ancienne, une tunique courte et sans manches pour l'homme, pour la femme une longue tunique* » (Taine). ➡ *La tunique de Nessus* : la tunique empoisonnée qui causa la mort d'Hercule. 2 Veste ou redingote d'uniforme. « *un simple costume russe, tunique serrée à la taille* » (J. Verne). 3 Vêtement féminin, chemisier ou veste, long et ajusté. « *la tunique de soie bleue collant sur le corps* » (Zola). II Membrane formant enveloppe ou tissu de protection. ♦ *Tunique de l'œil.* ⇒ **choroïde, cornée, rétine, sclérotique.** ♦ Chacun des feuillets membranaires d'un bulbe.

tunnel n. m. – XIXe ; mot angl., du fr. *tonnelle* « longue voûte en berceau » 1 Galerie souterraine destinée au passage d'une voie de communication (sous un cours d'eau, un bras de mer ; à travers une élévation de terrain). *Tunnel routier.* ➡ Tunnel de chemin de fer. *Les tunnels du métro.* ➡ *Tunnel sous le mont Blanc. Le tunnel sous la Manche. Percer un tunnel.* 2 Salle d'expérimentation obscure et de forme allongée. *Tunnel aérodynamique.* ⇒ **soufflerie.** *Effet tunnel* : phénomène par lequel des électrons franchissent une barrière de potentiel. 3 Période obscure, pénible. loc. *Sortir du tunnel, voir le bout du tunnel* : sortir d'une période difficile, pénible.

❑ Le mot est apparu en français en 1825 à propos du creusement d'un tunnel sous la Tamise, à Londres.

tunnelier n. m. – 1972 ▪ Engin excavateur destiné à forer des tunnels. ⇒ **foreuse,** ① **taupe.**

T.U.P. [typ] n. m. – v. 1975 ; acronyme ▪ Titre* universel de paiement.

tupaïa ou **tupaja** [typaja] n. m. – XIXe ; mot malais ▪ Mammifère primitif *(insectivores)* d'Asie tropicale, sorte de musaraigne arboricole.

tupi adj. et n. – XIXe ; mot indigène ▪ D'un groupe ethnique du Brésil et du Paraguay, dont les parlers sont affiliés à ceux du groupe guarani. *Les Indiens tupis.* ➡ n. m. *Le tupi* (langue).

tupinambis [typinɑ̃bis] n. m. – XVIIIe ; mot lat., d'apr. le nom des *Tupinambas* ou Indiens *tupi* ▪ Grand lézard carnassier d'Amérique tropicale.

❑ Apparenté à *topinambour.*

tuque n. f. – XVIIIe ; o. i. ▪ (Canada) Bonnet de laine surmonté d'un pompon.

turban n. m. – XVIe ; turc *tülbend* 1 Coiffure d'homme faite d'une longue bande d'étoffe enroulée autour de la tête. *Maharajah « en turban de soie blanche »* (Loti). 2 Coiffure de femme évoquant le turban oriental (à la mode pendant le premier Empire, et vers 1940-1945).

turbé ou **turbeh** [tyʀbe ; tyʀbɛ] n. m. – XVIIe ; ar. *turba* « tumulus » ▪ Édifice funéraire musulman, formé d'un cube surmonté d'une coupole basse.

turbellariés n. m. pl. – XIXe ; lat. *turba* « agitation » ▪ ⇒ **planaire.**

turbide adj. – XVIe ; lat. *turba* « trouble » ▪ littér. Troublé, agité. « *les fleuves équatoriaux entraînent dans leur flot turbide des mondes confus d'arbres et d'herbes* » (Claudel).

❑ Même famille étymologique que ① *tourbe* « foule nombreuse et mêlée ». → turbulent (rem.). ♦ Ne pas confondre avec *turpide (turpitude).*

turbidimétrie n. f. – 1964 ▪ Mesure de la turbidité d'un liquide.

turbidité n. f. – 1909 ▪ État d'un liquide trouble. ♦ Teneur en matériaux en suspension.

turbin n. m. – XIXe ; de ① *turbiner* ▪ pop. et vieilli Métier rémunéré.

❑ Ce mot est vieilli mais encore connu par des chansons *(le samedi soir après l'turbin...).*

turbinage n. m. – XIXe ; de *turbine* ▪ Essorage du sirop de sucre par rotation.

turbine n. f. – XVIe ; lat. *turbo* « tourbillon, toupie » ▪ Dispositif rotatif, destiné à utiliser la force vive d'un fluide et à transmettre le mouvement au moyen d'un arbre (pour qu'il soit utilisé ou transformé en une autre forme d'énergie). *Turbines d'une centrale hydroélectrique.* « *les turbines géantes* [...] *envoient sans cesse le courant électrique le long des fils, d'une tour à l'autre, par-dessus les vallées, les montagnes* » (Le Clézio). ♦ Ensemble formé par les injecteurs, la chambre de combustion, le turbocompresseur. ⇒ **turbomoteur.**

❑ Même famille étymologique que *tourbillon.*

turbiné, ée adj. – XVIe ▪ En forme de toupie, de cône. *Coquille turbinée.* ✪ HOM. Turbiner.

turbinelle n. f. – XIXe ▪ Mollusque *(gastéropodes)* à coquille épaisse, en forme de toupie.

① **turbiner** v. intr. [1] – XIXe ; p.-ê. lat. *turbo* « tourbillon, toupie » ▪ pop. et vieilli Travailler dur, trimer. « *Ça, pour faire turbiner son monde, il s'y entendait* » (Aragon). ✪ HOM. Turbiné.

② **turbiner** v. tr. [1] – XIXe 1 Faire passer dans une turbine pour purifier. *Turbiner le sucre.* 2 Utiliser (l'eau) pour actionner une turbine. *Turbiner 10 m³/s.*

turbith n. m. – XIIIe ; ar. ▪ Purgatif extrait du jalap. ➛ Plante fournissant cette racine purgative. ⇒ **ipomée.**

turbo n. m. – mil. XXe ; abrév. ▪ Turbocompresseur de suralimentation. *Des turbos.* ➛ *Moteur turbo,* à turbine. ⇒ **turbocompressé.**

turbo- Élément, du lat. *turbo.* ⇒ **turbine.**

turboalternateur n. m. – 1904 ▪ Groupe électrogène composé d'une turbine entraînant un alternateur.

turbocompressé, ée adj. – 1983 ▪ Se dit d'un moteur équipé d'un turbocompresseur. ⇒ **turbo.**

turbocompresseur n. m. – 1904 ▪ Turbomachine destinée à augmenter la pression ou le débit d'un gaz.

turboforage n. m. – 1964 ▪ Système de forage dans lequel le trépan est entraîné par une turbine située au-dessus.

turbomachine n. f. – 1900 ▪ Appareil agissant sur un fluide au moyen d'un système rotatif à pales. *Les turbomachines sont réceptrices* (⇒ **turbine**) *ou génératrices* (⇒ **compresseur, hélice,** ② **pompe, ventilateur).**

turbomoteur n. m. – XIXe ▪ Moteur dont l'élément principal est une turbine.

turbopompe n. f. – 1917 ▪ Turbomachine réceptrice destinée à élever la pression d'un gaz, d'une vapeur. ➛ Pompe centrifuge entraînée par une turbine.

turbopropulseur n. m. – 1910 ▪ Moteur d'avion dans lequel une turbine à gaz fait tourner une ou deux hélices.

turboréacteur n. m. – 1946 ▪ Moteur à réaction dans lequel une turbine à gaz alimente les compresseurs.

turbostatoréacteur n. m. – 1967 ▪ Moteur à réaction combinant un turboréacteur et un statoréacteur.

turbot n. m. – XIIe ; germ. *°thorn-butr,* littéralt « barbue *(butr)* à épines *(thorn)* » ▪ Poisson marin plat des côtes européennes *(pleuronectiformes),* à la chair très estimée. ✪ HOM. Turbo.

turbotière n. f. – XIXe ▪ Récipient en losange destiné à la cuisson des poissons plats (turbots, limandes, soles...).

turbotin n. m. – XVIIe ▪ Jeune turbot.

turbotrain n. m. – 1968 ▪ Train mû par des turbines à gaz.

turbulence n. f. – XVe 1 Caractère d'une personne turbulente. ⇒ **dissipation, pétulance, vivacité.** « *cette vivacité d'esprit gascon, cette aimable turbulence qui distingue ces Français du Nord* » (Balz.). 2 Formation de tourbillons, dans un fluide. *Nous entrons dans une zone de turbulences, attachez vos ceintures.* ✪ CONTR. ① Calme, tranquillité ; sagesse.

turbulent, ente adj. – XIIe ; lat. *turba* « trouble » 1 Qui est porté à s'agiter physiquement, qui est souvent dans un état d'excitation bruyante. ⇒ **agité, bruyant, remuant.** *Enfant, élève turbulent.* ⇒ **dissipé.** 2 *Régime turbulent* (opposé à ② *laminaire*) : écoulement irrégulier des fluides, avec des courants aux vitesses diverses (en intensité et en orientation). ✪ CONTR. ② Calme, tranquille ; discipliné, sage.

❑ Même famille étymologique que *tourbillon,* ① *tourbe.*

turc, turque adj. et n. – XIVe ; mongol 1 De la Turquie ottomane ou moderne. *Café turc,* noir et fort, servi avec le marc dans une très petite tasse. *Bain turc :* bain de vapeur suivi de massages. ⇒ **hammam.** ♦ loc. *À LA TURQUE :* à la manière des Turcs. *Assis à la turque,* en tailleur. *Ce* « *café trouble à la turque ne dit-il pas tout le passé de Venise ?* » (Gaut.). ➛ *Cabinets à la turque,* sans siège. 2 n. *Les Turcs.* ➛ *Jeunes Turcs :* les révolutionnaires qui prirent le pouvoir en 1908. ➛ *Le Grand Turc :* le sultan, empereur des Turcs. ➛ loc. *Fort comme un Turc :* très fort. ♦ n. m. *Le turc :* la langue turque parlée en Asie centrale et en Turquie. *Mots français empruntés au turc* (ex. bergamote, cravache, kiosque, tulipe.).

turcique adj. – XVIIIe ; lat. *turcicus* « turc » ▪ *Selle turcique :* face supérieure du corps de l'os sphénoïde, en forme de selle, où est logée la glande hypophyse.

turco- Élément signifiant « turc ».

turco-mongol, ole n. m. et adj. – 1967 ▪ Ensemble formé par les langues turque et mongole.

turdidés n. m. pl. – XIXe ; lat. *turdus* « grive » ▪ Famille d'oiseaux *(passereaux)* comprenant les grives, les merles, le rossignol, le rouge-gorge, le traquet.

turf [tyʀf ; tœʀf] n. m. – XIXe ; mot angl. « pelouse » 1 Ce qui concerne les courses de chevaux, leur préparation (entraînement) et les activités qui en dépendent (paris, etc.). 2 fam. Travail.

❑ *Turf,* employé au sens de « terrain où se disputent les courses de chevaux », a vieilli au profit de *champ de courses, hippodrome ;* mais *turfiste* est très courant.

turfiste [tyʀfist ; tœʀfist] n. – XIXe ▪ Personne qui fréquente les courses de chevaux, qui parie. ⇒ **parieur.**

turgescence n. f. – XVIIIe ; lat. *turgere* « se gonfler » ▪ Augmentation de volume par rétention de sang veineux. ⇒ **congestion, gonflement, tumescence.** *La turgescence du pénis.* ♦ Dureté des tissus végétaux vivants due à l'afflux d'eau.

turgescent, ente adj. – XIXe ▪ Qui se gonfle, enfle par turgescence.

turion n. m. – XVIe ; lat. *turio* « jeune pousse » ▪ Bourgeon souterrain ou formé à fleur de terre par une plante vivace. *Turions d'asperge.*

turkmène adj. et n. – XVIIIe ▪ Du Turkménistan. ➛ n. m. Langue du groupe turc, parlée au Turkménistan, dans le Nord de l'Iran et en Ouzbékistan.

turlupiner v. tr. [1] – XVIIe ; de *Turlupin,* surnom d'un personnage de farce ▪ Tourmenter. « *Il avait sa manie de nous parler de sa peinture, qui le turlupinait vraiment trop* » (Céline). *Ça le turlupine :* ça le tracasse.

turlutte n. f. – XIXe ; o. i. ▪ Engin de pêche, constitué par une tige de plomb armée d'hameçons disposés en couronne.

turlututu interj. – XVIIe ; onomat. et nom dial. de la flûte ▪ Exclamation moqueuse qui sert à refuser. *Turlututu chapeau pointu.*

turne n. f. – XIXe ; alsacien *türn* « prison » ▪ fam. Chambre ou maison sale et sans confort. ⇒ **taudis.** ♦ arg. scol. Chambre, petite salle de travail.

> ❑ Écrit aussi *thurne* dans l'argot de l'École normale supérieure ; le *cothurne* partage sa chambre avec un autre.

turnep ou **turneps** [tyʀnɛp(s)] n. m. – XVIIIe ; angl. *turnep,* de *to turn* « tourner » et a. angl. *naep* « navet » ▪ Variété de navet fourrager. ⇒ **chou-rave.**

turnover [tœʀnɔvœʀ] n. m. – 1972 ; mot angl. « rotation » ▪ Taux de renouvellement du personnel d'une entreprise. *Des turn-over, des turnovers.* ➛ Recomm. offic. *ROTATION.*

turonien, ienne adj. et n. m. – XIXe ; lat. *Turonia* « Touraine » ▪ Se dit d'un des étages du système crétacé qui correspond à la craie marneuse du bassin de Paris.

turpide adj. – XIXe ▪ littér. et vieilli Qui a une certaine laideur morale. ⇒ **turpitude.**

turpitude n. f. – XIVe ; lat. *turpis* « honteux » ▪ littér. ou iron. **1** Caractère de bassesse, d'indignité. ⇒ **ignominie, infamie. 2** Action, parole, idée basse, honteuse. *Elle « était révoltée par les turpitudes hypocrites »* (Flaub.).

turquerie n. f. – XVIe ▪ Objet, composition artistique ou littéraire d'origine, de goût ou d'inspiration turcs, orientaux. *« L'Enlèvement au sérail » est une turquerie.*

turquin adj. m. – XVe ; it. *turchino* « bleu de Turquie » ▪ littér. D'un bleu foncé. ➛ *Marbre turquin* (bleu).

> ❑ Même famille étymologique que *turquoise.*

turquoise n. f. et adj. – XIIIe ; de l'a. adj. *turquois* « turc » **1** Minéral formé de phosphate hydraté de cuivre et d'aluminium, roche non transparente colorée du bleu clair au vert pomme. ➛ Cette pierre taillée et montée. **2** adj. inv. Qui a la couleur de la turquoise. *Couleur bleu turquoise.*

turriculé, ée adj. – XIXe ; lat. *turricula* « petite tour » ▪ En forme de petite tour. *Coquillages turriculés.*

turritelle n. f. – XIXe ; lat. *turris* « tour » ▪ Mollusque *(gastéropodes)* à coquille allongée et pointue.

tussah n. m. – XIXe ; mot angl., de l'hindi occid. *tasar* ▪ Soie sauvage indienne produite par la chenille d'un lépidoptère (bombyx de l'ailante). ⇒ **tussor ; shantung.**

tussilage n. m. – XVIIe ; lat. *tussis* « toux » ▪ Plante herbacée et vivace *(composacées),* appelée communément *pas d'âne,* qui possède des propriétés pectorales.

tussor n. m. – XIXe ; angl. *tussore,* de l'hindi occid. *tasar* ▪ Étoffe légère de soie, analogue au foulard (⇒ **shantung**). *Un homme en « costume de tussor clair »* (Duras).

tut [tyt] interj. – onomat. ▪ (répété) Onomatopée évoquant le son d'un sifflet, d'une trompette. *Le train fait tut tut.*

tutélaire adj. – XVIe **1** littér. Protecteur (en parlant d'une divinité). *Dieu, déesse tutélaire.* **2** Qui concerne la tutelle. *Charges tutélaires.* ➛ *Puissance tutélaire,* chargée d'un territoire sous tutelle.

tutelle n. f. – XVe **1** Institution conférant à un tuteur, assisté d'un conseil de famille et d'un *subrogé tuteur,* le pouvoir de prendre soin, sous le contrôle d'un juge, de la personne et des biens d'un mineur ou d'un incapable majeur ; autorité du tuteur. *En tutelle, hors de tutelle. « Le Code, mon cher, a mis la femme en tutelle, il l'a considérée comme un mineur »* (Balz.). ♦ *Tutelle administrative :* ensemble des moyens de contrôle dont dispose le gouvernement sur les collectivités publiques et les établissements privés d'intérêt public. ➛ *Régime de tutelle,* prévu par la Charte des Nations Unies (en remplacement du mandat), pour des *territoires* dits *sous tutelle.* ♦ *Tutelle pénale :* mesure remplaçant la relégation et tendant au reclassement des délinquants récidivistes. **2** État de dépendance d'une personne soumise à une surveillance gênante. *« le désir de me protéger contre moi-même, de me maintenir en tutelle »* (Gide). ✪ CONTR. Autonomie, indépendance.

tuteur, trice n. – XIIIe ; lat. *tueri* « regarder, surveiller » **I - 1** Personne chargée de veiller sur un mineur ou un incapable majeur, de gérer ses biens et de le représenter dans les actes juridiques. *« Jean Valjean s'arrangea de façon à être désigné* [...] *comme tuteur de Cosette »* (Hugo). *Tuteur ad hoc,* chargé de représenter le mineur dont les intérêts sont en conflit avec ceux de son tuteur. *Le tuteur et sa pupille.* **2** Enseignant qui suit, assiste et conseille particulièrement un élève ou un groupe d'élèves. **II** n. m. Tige, armature de bois ou de métal fixée dans le sol pour soutenir ou redresser des plantes. ⇒ **échalas,** ② **perche,** ② **rame.**

tuteurer v. tr. [1] – 1909 ▪ Munir d'un tuteur (une plante).

tutoiement n. m. – XVIIe ▪ Action de tutoyer qqn.

tutorat n. m. – v. 1980 ▪ Qualité, fonction de tuteur (dans l'éducation).

tutoyer v. tr. [8] – XIVe ; de *tu* et suff. *-eyer, -oyer,* avec *t* de liaison ▪ S'adresser à (qqn) en employant la deuxième personne du singulier. ⇒ **te, toi,** ① **ton, tu** (cf. Vouvoyer). *Il « le traitait en tout comme un inférieur, bien qu'il le tutoyât comme un ami »* (Maupass.). ➛ pronom. *Ils se tutoient depuis le collège.*

> ❑ En règle générale, la pratique du tutoiement est courante en France à l'intérieur des familles, entre les jeunes, dans les relations d'adultes à enfants, dans les relations amicales, et tend à se répandre dans les milieux professionnels.

tutti [tu(t)ti] n. m. inv. – XVIIIe ; mot it. « tous » ▪ Signe (T) sur une partition, indiquant que tous les instruments doivent jouer. ♦ Morceau exécuté par l'orchestre tout entier. *Des tutti.*

tutti frutti [tutifʀuti] loc. adj. inv. – XIXe ; mots it. « tous les fruits » ▪ Composé ou parfumé avec des fruits variés (entremets, glaces, etc.).

tutti quanti [tutikwɑ̃ti] loc. nominale – XVIIe ; mots it. « tous tant qu'ils sont » ▪ (à la fin d'une énumération de noms de personnes) ... *et tutti quanti :* et tous les gens de cette espèce. *« Étaient de ce festin : Henri de Régnier, Desvallières, Besnard, Suarès, Saglio, Marcel, Ernest Charles, et* tutti quanti » (Gide).

> ❑ L'emploi de *tutti quanti* est cavalier, sinon péjoratif.

tutu n. m. – XIXe ; déform. enfantine de *cucu* « petit cul » ▪ Jupe de gaze de diverses longueurs, portée par les danseuses de ballet classique.

tuyau n. m. – XIIe ; germ. *thut-haurn* « cor à sonner ». **1** Canal fermé, conduit à section circulaire ou arrondie (en matière rigide, flexible ou souple) destiné à faire passer un liquide, un gaz. ⇒ ② **buse, conduite, flexible, tube.** *Section, ouverture d'un tuyau. Aboucher, ajointer des tuyaux. Tuyau de descente* (ou *descente*). *« Les toits laissent ruisseler la pluie ; les tuyaux gargouillent »* (Le Clézio). *Tuyau d'arrosage. Tuyau d'échappement d'une automobile.* ⇒ **pot.** ➛ *Tuyaux sonores :* tuyaux dans lesquels une colonne d'air résonne à certaines fréquences. *« les tuyaux innombrables de l'orgue »* (Bosco). ♦ *TUYAU DE CHEMINÉE :* partie extérieure du conduit de cheminée, qui évacue la fumée. ♦ *TUYAU DE POÊLE* : ensemble de tuyaux de tôle ajointés qui relient un poêle à la cheminée. ➛ fam. Sorte de chapeau haut de forme. ➛ vulg. *C'est la famille tuyau de poêle,* dont les membres ont des relations incestueuses. 2 Tige creuse des céréales. ♦ fam. *Le tuyau de l'oreille* : le conduit auditif. loc. vieilli *Dire, raconter qqch. dans le tuyau de l'oreille* : confier tout bas. 3 Pli ornemental en forme de tube que l'on fait au linge au moyen d'un fer spécial. ⇒ **tuyauter.** 4 fam. Indication confidentielle pour le succès d'une opération. ⇒ **information, renseignement.** *Donner à qqn un tuyau sur qqch. Un tuyau crevé* : un mauvais tuyau.

❑ La prononciation [tyjo] (recommandée par Littré) est de nos jours considérée comme négligée, bien que celle de *tuyère* « large tuyau » en [tyjɛʀ] soit admise.

tuyautage n. m. – XIXe 1 Action de tuyauter (1°) ; son résultat. « *son bonnet dont le tuyautage éclatant et fixe avait l'air d'être en biscuit* » (Proust). 2 fam. Le fait de donner des renseignements.

tuyauter v. tr. [1] – XIXe 1 Orner (du linge) de tuyaux (3°) en le repassant avec un fer cylindrique dit *fer à tuyauter.* ➛ « *Ma grand-mère portait toujours sa coiffe tuyautée, empesée, immaculée* » (Gracq). ➛ subst. *Un tuyauté* : ensemble des tuyaux juxtaposés faits au fer à tuyauter. 2 fam. Donner un tuyau (4°), des tuyaux à (qqn). ⇒ **renseigner.** *Je vais vous tuyauter là-dessus.*

tuyauterie n. f. – XIXe ▪ Ensemble des tuyaux (d'une machine, de conduites d'eau, de gaz). ⇒ **canalisation.**

tuyauteur, euse n. – 1906 ▪ fam. Personne qui vend des tuyaux (4°), aux courses.

tuyère [tyjɛʀ ; tɥijɛʀ] n. f. – XIVe 1 Large tuyau d'admission ou de refoulement des gaz, dans une machine ; conduit conique qui amène le vent d'un soufflet dans un four, une forge, un haut fourneau. 2 Tuyau d'admission de la vapeur dans une turbine. *Tuyère (d'éjection)* : canal d'éjection des gaz qui, après avoir été brûlés dans la chambre à combustion d'un réacteur, d'une fusée, sont accélérés pour créer par réaction la force d'avancement.

❑ Pour la prononciation → tuyau (rem.).

T.V. → **télévision**

T.V.A. [tevea] n. f. – 1954 ; sigle de *taxe à la valeur ajoutée* ▪ Taxe payée par les entreprises industrielles ou économiques à chaque stade du circuit économique.

tweed [twid] n. m. – XIXe ; mot angl. ▪ Tissu de laine cardée (d'abord fabriqué en Écosse), avec armure en toile ou sergé. *Vestes de tweed, en tweed.* « *cette ombre de femme* [...] *enveloppée dans des tweeds* » (Tournier).

tweeter [twitœʀ] n. m. – 1954 ; mot angl., de *to tweet* « pépier » ▪ Haut-parleur conçu pour reproduire les fréquences élevées. ➛ Recomm. offic. *haut-parleur d'aigu.*

twin-set [twinsɛt] n. m. – v. 1950 ; mot angl., de *twin* « jumeaux » et *set* « ensemble » ▪ Ensemble formé d'un chandail et d'une veste de tricot assortis. *Des twin-sets.*

twist [twist] n. m. – 1960 ; de l'angl. *to twist* « tordre, tourner » ▪ Danse d'origine américaine, sur un rythme rapide, caractérisée par un mouvement de rotation des jambes et du bassin.

tylenchus [tilɛ̃kys] n. m. – 1904 ; gr. *tulos* « bosse » et *egkhelus* « anguille » ▪ Nématode qui s'attaque aux cultures, provoquant notamment la nielle* du blé. ⇒ **anguillule.**

tympan n. m. – XIIe ; gr. *tumpanon* « tambourin » 1 Espace triangulaire entre la corniche et les deux rampants d'un fronton. ➛ Dans les églises romanes ou gothiques, Espace compris entre le linteau et l'archivolte d'un portail. 2 Membrane fibreuse translucide qui sépare le conduit auditif externe de l'oreille moyenne. ➛ loc. *Crever le tympan* : assourdir par un bruit violent. « *Sa voix glapissante déchirait le tympan* » (Balz.).

❑ Dans l'audition, le tympan se comporte comme une membrane non tendue qui transmet les vibrations sonores à l'oreille moyenne.

tympanal, ale, aux adj. et n. m. – XIXe ▪ *Os tympanal* ou *le tympanal* : le plus petit des trois os du temporal, en forme de gouttière.

tympanique adj. – XIXe ▪ Du tympan, qui a rapport au tympan.

tympanisme n. m. – XIXe ▪ Sonorité particulière que manifestent à la percussion le thorax ou l'abdomen en cas de pneumothorax ou d'occlusion intestinale.

tympanon n. m. – XVIIe ; gr. ▪ Cymbalum. « *les tympanons sonnaient à éclater* » (Flaub.).

type n. m. – XVe ; gr. *tuptein* « appliquer, frapper » I - 1 Pièce portant une empreinte destinée à reproduire des empreintes semblables ; cette empreinte. ⇒ **forme, matrice,** ① **moule.** ♦ Modèle de caractère d'imprimerie. 2 En philosophie, Modèle idéal déterminant la forme d'une série d'objets ; concept abstrait et générique considéré comme un tel modèle. ⇒ **archétype,** ② **étalon, prototype, stéréotype.** 3 Ensemble des caractéristiques (d'un objet), défini avant sa fabrication (industrielle, notamment). ⇒ **modèle, norme,** ① **standard.** *Objet conforme au type réglementaire.* II - 1 Concept exprimant l'essence d'un ensemble d'objets ou de personnes ; ensemble d'images correspondant plus ou moins exactement à un tel concept. ⇒ ② **canon.** *Un certain type de beauté.* ⇒ ② **idéal.** 2 Ensemble des caractères organisés en un tout, constituant un instrument de connaissance par « abstraction rationnelle » (A. Cournot) et permettant de distinguer des catégories d'objets, d'individus, de faits. *Sans type déterminé.* ⇒ **atypique.** ♦ Spécimen permettant de faire la description d'une unité taxinomique, d'une espèce. ♦ *Types humains,* considérés du point de vue ethnique, sexuel, esthétique. *Elle a le type nordique,* les caractéristiques de ce type. 3 Exemple typique, personne ou chose qui réunit les principaux éléments d'un type abstrait, et qui peut être donné en exemple. ⇒ **modèle, représentant ;** aussi **stéréotype.** « *C'est le type même de la maison où, paisibles et médiocres, des gens vieillissent sans à-coups* » (Queneau). ➛ *L'intellectuel type. Une liste type. Des listes types.* 4 fam. *Le type de qqn,* son type physique, esthétique, préféré. ⇒ **genre.** « *Mme de Passelieu lui plaisait infiniment* [...] *elle était tout à fait son type* » (Hermant). 5 *Rencontres du premier type* (observation d'un ovni), *du deuxième type* (évidence d'êtres venus d'ailleurs), *du troisième type* (contact avec ces êtres). 6 Individu. ⇒ **homme ;** fam. **bonhomme, gus, mec.** *Un grand type à moustache. Un type épatant.* « *Tu es un sale type. Un type infect* » (Cocteau).

-type, -typie Éléments, du gr. *tupos* « empreinte ; modèle ».

typé, ée adj. – XIXe ▪ Formé, élaboré d'après un type, un modèle. *Personnage fortement typé.* ♦ Qui présente nettement les caractères d'un type. *Une jolie femme, très typée.*

typer v. tr. [1] – XIXe 1 Marquer d'un type (I), d'une marque, d'une empreinte. 2 Donner à (une création) les caractères apparents d'un type.

typha n. m. – XVIIIe ; gr. *tuphê* ▪ Grande plante amphibie *(typhacées)* à longues feuilles rubanées et longs épis, sorte de roseau.

typhique adj. et n. – XIXe ▪ *Bacille typhique,* de la typhoïde. ♦ Atteint de la typhoïde ou du typhus. ➝ n. *Un typhique.*

typhlite n. f. – XIXe ; gr. *tuphlos* « aveugle » ▪ Inflammation du cæcum.

typh(o)- Élément, du gr. *tuphos* « fumée, torpeur ».

typhobacillose n. f. – XIXe ▪ Forme de primo-infection tuberculeuse, accompagnée d'une fièvre élevée et continue rappelant celle de la fièvre typhoïde.

typhoïde adj. et n. f. – XVIIe ; gr. *tuphos* « torpeur » ▪ *Fièvre typhoïde,* ou n. f. *la typhoïde :* maladie infectieuse, contagieuse et souvent épidémique, due au bacille typhique (bacille d'Eberth), caractérisée par une fièvre élevée « en plateau », un état de stupeur et des troubles digestifs graves.

typhomycine n. f. – mil. XXe ; de *typhoïde* et suff. de *streptomycine* ▪ Chloramphénicol.

typhon n. m. – XVIe ; gr. *tuphon* « tourbillon » ▪ Cyclone des mers de Chine et de l'océan Indien. ⇒ **ouragan.**

typhose n. f. – 1906 ; *typh(o)-* et ② *-ose* ▪ Maladie contagieuse des oiseaux de basse-cour.

typhus [tifys] n. m. – XVIIe ; gr. *tuphos* « torpeur » ▪ Maladie infectieuse, contagieuse et épidémique, causée par une rickettsie et transmise par les poux, caractérisée par une fièvre intense à début brutal, une éruption cutanée de taches rouges et un état de stupeur pouvant aller jusqu'au coma.

typique adj. et n. f. – XVe I adj. 1 Qui constitue un type, un exemple caractéristique. ⇒ **caractéristique, distinctif, remarquable.** *Exemple typique.* « *la typique maison normande qui fait tomber l'estivant dans les pâmes* » (Queneau). « *Le dévouement social s'exprimant dans la réalisation matérielle est typique du protestantisme américain* » (Siegfried). 2 sc. Qui caractérise un type et lui seul ; qui présente suffisamment les caractères d'un type pour servir d'exemple, de repère (dans une classification). *Caractères typiques et atypiques, en biologie.* ⇒ **spécifique.** II n. f. *Typique du jugement* (Kant) : procédé par lequel on détermine si une action particulière est ou non conforme au concept du bien moral (idées ou types du bien et du mal). ✪ CONTR. Atypique.

typiquement adv. – XVIIe ▪ D'une manière typique. ⇒ **spécifiquement.** *Un comportement typiquement français.*

typo- Élément, du gr. *tupos* « marque, caractère ».

typochromie [tipɔkʀɔmi] n. f. – XIXe ; *typo-* et *-chromie* ▪ Impression typographique en couleurs.

typographe n. – XVIe ; *typo-* et *-graphe* ▪ Professionnel qui compose les textes destinés à l'impression typographique. ➝ abrév. fam TYPO.

typographie n. f. – XVIe ; *typo-* et *-graphie* 1 Ensemble des procédés permettant de reproduire des textes par l'impression d'un assemblage de caractères en relief (par opposition aux procédés par report : lithographie, offset) ; les opérations de composition. ⇒ **imprimerie.** 2 Manière dont un texte est imprimé (quant au type des caractères, à la mise en pages, etc.). *Une typographie agréable.* ➝ abrév. TYPO.

typographique adj. – XVIe ▪ De l'impression par caractères mobiles en relief (à l'origine). *Fautes typographiques* (coquilles, doublons, mastics). ➝ abrév. TYPO.

typologie n. f. – XIXe ; *typo-* et *-logie* 1 Science des types humains, considérés du point de vue des rapports entre les caractères organiques et mentaux. *Typologie anthropologique,* de Wechniakoff. 2 Science de l'élaboration des types, facilitant l'analyse d'une réalité complexe et la classification. *Typologie des structures sociales.* ♦ Systèmes de types. ⇒ **classification.** *Une typologie des régimes politiques.*

typologique adj. – 1915 ▪ Qui appartient à la typologie ; est fondé sur une typologie.

typomètre n. m. – 1907 ; *typo* et *-mètre* ▪ Règle divisée en points typographiques.

typto- Élément, du gr. *tuptein* « frapper ».

typtologie n. f. – XIXe ; *typto-* et *-logie* ▪ Communication des esprits frappeurs.

tyramine n. f. – 1945 ; gr. *turos* « fromage », et *amine* ▪ Amine résultant de la décarboxylation de la tyrosine et utilisée dans le traitement de l'hypertension.

tyran n. m. – Xe ; gr. *turannos* « maître absolu » I - 1 Chez les Grecs, Celui qui s'emparait du pouvoir par la force. *Pisistrate, tyran d'Athènes.* 2 Personne qui, ayant le pouvoir suprême, l'exerce de manière absolue, oppressive. ⇒ **despote, dictateur.** « *tout chef sera un détestable tyran si on le laisse faire* » (Alain). 3 littér. ou plaisant Personne autoritaire qui impose sa volonté, abuse de son pouvoir. « *Mariée avec un vaurien de bonnes manières, un de ces tyrans domestiques devant qui tout doit céder et plier* » (Maupass.). ⇒ **despote, macho.** II Oiseau dentirostre *(passereaux),* gobe-mouche d'Amérique tropicale. ✪ HOM. Tirant.

> ❑ Le grec *turannos* s'est employé d'abord en parlant de Zeus. ♦ L'anglais *tyrant,* avec la finale *-ant,* est une graphie reçue de l'ancien français.

tyranneau n. m. – XVIe ▪ littér. Petit tyran.

tyrannicide n. – XVe ▪ littér. 1 Personne qui tue un tyran. 2 n. m. Meurtre d'un tyran.

tyrannie n. f. – XIIe 1 Usurpation et exercice du pouvoir par un tyran (1°). *Tyrannie grecque et dictature romaine.* 2 Gouvernement absolu et oppressif du tyran (2°) considéré surtout dans ce qu'il a d'injuste, d'arbitraire, de cruel. ⇒ **despotisme, dictature.** « *Contre nous de la tyrannie L'étendard sanglant est levé* » (La Marseillaise). 3 littér. Autorité oppressive, abus de pouvoir. ⇒ **dictature.** *Exercer sa tyrannie sur qqn.* ♦ Contrainte impérieuse. « *S'évader de la tyrannie des choses !* » (R. Rolland). ⇒ **diktat, servitude.**

tyrannique adj. – XIVe 1 Qui tient de la tyrannie (2°). ⇒ **absolu, arbitraire, despotique.** « *La force sans la justice est tyrannique* » (Pasc.). « *Y a-t-il rien de plus tyrannique, par exemple, que d'ôter la liberté de la presse ?* » (Volt.). 2 Autoritaire, injuste et violent. *Un père tyrannique.* 3 littér. Qui contraint impérieusement et péniblement ; à quoi on ne peut se dérober. *La mode est tyrannique.* ✪ CONTR. Libéral. Débonnaire, doux.

tyranniser v. tr. 1 – XIVe ▪ Traiter (qqn) avec tyrannie (2°), abuser de son pouvoir ou de son autorité sur (qqn). ⇒ **opprimer, persécuter.** ➝ *Il se laisse tyranniser par ses petits-enfants.*

tyrannosaure n. m. – XIXe ; gr. *turannos* « maître » et *sauros* « lézard » ▪ Reptile fossile d'Amérique du Nord, vivant au crétacé supérieur, carnivore, mesurant jusqu'à 15 m de long.

> ❑ Famille de *saurien,* de *dinosaure* et *brontosaure.*

tyr(o)- Élément, du gr. *turos* « fromage ».

tyrolien, ienne adj. et n. – XIXe ▪ Du Tyrol. ➝ *Chapeau tyrolien :* feutre (d'homme, de femme) à plume passée dans le ruban.

tyrolienne n. f. – XIXe ▪ Chant à trois temps, originaire du Tyrol, caractérisé par le passage rapide de la voix de poitrine à la voix de tête et vice versa (⇒ **iodler).** *Ils* « *se groupaient en chœur et nous chantaient des tyroliennes* » (Sand).

tyrosinase n. f. – XIXe ▪ Enzyme qui active l'oxydation de la tyrosine, aboutissant à la production de mélanine.

tyrosine n. f. – XIXe ; *tyro-* et *-ine* ▪ Acide aminé jouant un rôle important grâce aux composés organiques qui en dérivent (mélanine, adrénaline, dérivés iodés de la glande thyroïde).

tyrothricine n. f. – 1939 ; de *tyro-* et gr. *thrix* « cheveu, filament » ▪ Antibiotique d'usage externe extrait des cultures d'une bactérie *(Bacillus brevis).*

tzar → **tsar**

tzigane → **tsigane**

U

U [y] **n. m. inv. 1** Vingt et unième lettre et cinquième voyelle de l'alphabet : *u majuscule* (U), *u minuscule* (u), *u accent grave* (ù) *(où)*, *u accent circonflexe* (û) *(sûr, août, nous fûmes)*, *u tréma* (ü) *(Saül)*. ➛ prononc. Lettre qui note la voyelle antérieure arrondie fermée [y] *(utile, but, vue, ému)* ou la semi-consonne [ɥ] devant une voyelle prononcée *(huile, lui, muet)*. ➛ *Digrammes, trigrammes comportant u : au, eau* (→ ① a) ; *eu, œu, ue* (→ ① e) ; *ou* (→ ① o) ; *un* (→ ① n) ; *um*, qui note [œ̃] devant *p* ou *b (humble)* et dans *parfum*, mais [ɔm] dans les mots issus du latin *(maximum)* ; *-uy-* (→ ① y) ; *gu* (→ ① g) ; *qu* (→ ① q). **2** loc. *En U :* en forme de U. ✪ HOM. Hue.
❑ Prononciations variables des groupes *qu* et *gu* → ① g, ① q (rem.). ♦ Le groupe *un-* (et *-um*) peut se prononcer [ɔ̃] dans certains emprunts savants au latin *(acupuncture ; lumbago, unciforme, unguéal)* ou à l'anglais *(jungle, punch)*.

ubac n. m. – XVe ; lat. *opacus* « qui est à l'ombre » ▪ Versant d'une montagne exposé au nord (opposé à *adret*).

ubiquiste [ybikɥist] adj. et n. – XVIe ▪ Qui est présent partout à la fois. ⇒ **omniprésent.** ♦ *Espèce ubiquiste*, que l'on rencontre dans des territoires étendus et variés.

ubiquitaire [ybikɥitɛʀ] adj. – XVIIe ▪ Qui se trouve ou semble se trouver partout en même temps (substances, gènes, etc.).

ubiquité [ybikɥite] n. f. – XVIe ; lat. *ubique* « partout » ▪ Possibilité d'être présent en plusieurs lieux à la fois. ➛ loc. *Je n'ai pas le don d'ubiquité :* je ne peux pas être partout à la fois. *Elle « possédait le don d'ubiquité. Elle pouvait à son gré se multiplier »* (Aymé).

❑ Seul mot avec *obliquité* où le *u* de *qu* se prononce devant *-ité*. → obliquité ; équité (rem.).

ubuesque adj. – 1922 ; de *Ubu roi*, pièce d'Alfred Jarry ▪ Qui ressemble au personnage d'Ubu roi par un caractère comiquement cruel et couard. *Un « principe ubuesque :* montrer la force qu'on n'a pas pour être obligé de s'en servir » (Mauriac).

❑ Pour le sens du suffixe → éléphantesque (rem.).

UEM [yøɛm] n. f. – 1991 ; sigle ▪ Union* économique et monétaire (⇒ ② écu).

ufologie n. f. – v. 1972 ; de *ufo*, acronyme angl. de *Unidentified Flying Object* « objet volant non identifié », et *-logie* ▪ Étude des phénomènes associés aux ovnis.

ufologue n. – 1974 ▪ Personne qui s'occupe d'ufologie.

❑ Il est dommage que le mot français *ovni* soit détaché de la famille formée sur l'emprunt à l'angais *ufo* ; °*ovnilogue* serait meilleur.

***uhlan** n. m. – XVIIIe ; mot all., du tatar *oglan* « jeune homme » ▪ Cavalier, mercenaire des armées de Pologne, de Prusse, d'Autriche et d'Allemagne.

❑ On ne fait pas la liaison, ni l'élision : « *les premières patrouilles de uhlans n'étaient plus très loin de la tour Eiffel* » (Leroux).

U. H. T. [yaʃte] n. f. – 1962 ; sigle de *ultra-haute température* ▪ Méthode de stérilisation par élévation des produits à de hautes températures pendant des temps très courts. ➛ *Lait U. H. T.*

ukrainien, ienne adj. et n. – XVIIIe ; de *Ukraine*, du russe *oukraïna* « frontière » ▪ De l'Ukraine. ♦ n. *Les Ukrainiens.* ➛ n. m. Langue slave parlée en Ukraine.

ulcératif, ive adj. – XVe ▪ Qui a trait à l'ulcération ; qui produit une ulcération.

ulcération n. f. – XIVe **1** Formation d'un ulcère. *Début d'ulcération.* **2** Perte de substance (⇒ **ulcère**) en voie de constitution. *Ulcérations cancéreuses.*

ulcère n. m. – XIVe ; lat. *ulcus* **1** Perte de substance de la peau ou d'une muqueuse, sous forme de plaie qui ne cicatrise pas normalement, qui a une évolution chronique. *Ulcère de l'estomac, à l'estomac. « son ulcère, placé à deux doigts du pylore, bien térébrant, bien atroce »* (Céline). **2** Plaie (d'une plante) causée par irritation locale ou maladie infectieuse, et qui ne se cicatrise pas.

ulcéré, ée adj. – XIVe **1** Qui est le siège d'une ulcération. *Lésion ulcérée de la peau.* **2** Qui éprouve un violent ressentiment. « *Leurs cœurs ulcérés se soulageaient, ils alternaient les litanies de leurs récriminations* » (Zola).

ulcérer v. tr. 6 – XIVe **1** Produire un ulcère sur. ➛ pronom. *Plaie qui s'ulcère.* **2** Blesser (qqn) profondément, en l'irritant. ⇒ **froisser, humilier.** *Ce manque de confiance l'a ulcéré.*

ulcéreux, euse adj. – XIVe **1** Qui a la nature de l'ulcère ou de l'ulcération. *Plaie ulcéreuse.* **2** Qui est atteint d'un ulcère de l'estomac ou du duodénum.

uléma [ylema ; ulema] n. m. – XVIIIe ; ar. *âlim* « savant » ▪ Docteur de la loi, théologien musulman.

❑ On écrit aussi *ouléma.*

ulluque n. m. – XIXe ; quechua *ullucu* ▪ Plante herbacée *(salsolacées)* d'Amérique du Sud, à tubercules comestibles.

U. L. M. [yɛlɛm] n. m. inv. – 1982 ; sigle de ***u**ltra-**l**éger **m**otorisé* ▪ Petit avion de conception simplifiée, monoplace ou biplace, à moteur de faible cylindrée.

ulmaire n. f. – XVIe ; lat. *ulmus* « orme » ▪ Spirée. ⇒ **reine-des-prés.**

ulnaire adj. – XIXe ; lat. *ulna* « avant-bras » ▪ Qui a trait au cubitus. ⇒ **cubital.**

ultérieur, ieure adj. – XVIe ; lat. *ultra* « au-delà » 1 Qui est au-delà par rapport à une ligne donnée. 2 Qui sera, arrivera dans le futur. ⇒ **futur, postérieur.** *La séance est reportée à une date ultérieure.* « *une intervention ultérieure de la police* » (Eluard). ✪ CONTR. Antécédent, antérieur.

ultérieurement adv. – XVIe ▪ Plus tard. ⇒ **après, ensuite.** *Nous reparlerons de cette question ultérieurement.* ✪ CONTR. Antérieurement.

ultimatum [yltimatɔm] n. m. – XVIIIe ; lat. *ultimus* « dernier » ▪ Les dernières conditions présentées par un État à un autre et comportant une sommation. *Adresser, envoyer, lancer un ultimatum.* « *la Chambre fit mine de ne pas capituler devant l'ultimatum d'Alger* » (Mauriac). *Des ultimatums.* ♦ Exigence impérative. ⇒ ① **sommation.**

ultime adj. – XIXe ; lat. « dernier » ▪ Dernier, final (dans le temps). « *Quand il eut passé les ultimes examens* » (Duham.).

ultimo adv. – XIXe ; mot lat. ▪ En dernier lieu (après *primo, secundo*...).

ultra n. – XVIIIe ; mot lat. « au-delà » ou ellipse de *ultraroyaliste* ▪ Réactionnaire extrémiste. *Une* « *gauche sur laquelle il puisse s'appuyer pour tenir tête aux ultras* » (Mauriac). ♦ adj. inv. *Ils sont ultra.*

ultra- Élément, du lat. *ultra* « au-delà », qui exprime l'excès, l'exagération.

> ❑ Les composés sur *ultra-* ont été longtemps écrits avec trait d'union : « *une infirmière ultra-chic* » (Beauvoir) ; « *des nerfs ultra-sensibles* » (Baudelaire). Ils sont maintenant écrits en un seul mot. ♦ Pour le *s* non redoublé entre voyelles mais prononcé [s] *(ultrason)* → ① s (rem.).

ultracentrifugation n. f. – 1949 ▪ Centrifugation obtenue à l'aide d'une centrifugeuse dont la vitesse angulaire est très élevée.

ultracentrifugeuse n. f. – 1949 ▪ Appareil de centrifugation dont la vitesse de rotation dépasse 25 000 tours par minute.

ultrachic adj. – 1900 ▪ Très élégant, très chic. *Une robe ultrachic.*

ultracourt, courte adj. – 1933 ▪ *Ondes ultracourtes :* ondes électromagnétiques de très grande fréquence et de courte longueur d'onde. ⇒ **hyperfréquence.**

ultradien, ienne adj. – 1968 ; de *ultra-* et lat. *dies* « jour » ▪ Se dit d'un rythme biologique dont l'évolution est plus rapide que celle des rythmes circadiens (opposé à *infradien*).

ultrafiltration n. f. – 1908 ▪ Filtration à travers une membrane à pores très fins, qui permet la séparation de particules microscopiques.

ultramicroscope n. m. – 1904 ▪ Microscope optique où un éclairage spécial permet de voir des particules trop petites pour être observées au moyen du microscope ordinaire.

ultramoderne adj. – 1902 ▪ Très moderne. *Architecture ultramoderne.*

ultramontain, aine adj. – XIVe ; lat. *ultra* et *mons, montis* « montagne » 1 vx Qui est au-delà des montagnes, et spécialt des Alpes (par rapport à la France). 2 Qui soutient la position traditionnelle de l'Église italienne (pouvoir absolu du pape) (opposé à *gallican*). ➤ subst. *Les ultramontains.*

ultra-petita [yltʀapetita] adv. – XIXe ; mots lat. ▪ dr. Au-delà de ce qui a été demandé. *Juge qui statue ultra-petita.* ➤ n. m. Le fait de statuer sur une chose non demandée, d'adjuger plus qu'il n'a été demandé. *Vice d'ultra-petita.*

ultraplat, plate adj. – XXe ▪ Dont l'épaisseur est particulièrement faible. *Montre ultraplate.*

ultrapression n. f. – 1949 ▪ Pression extrêmement élevée (de 10^3 à 10^5 atmosphères).

ultraroyaliste adj. et n. – XVIIIe ▪ Partisan extrémiste des principes de l'Ancien Régime (royauté absolue, de droit divin), sous la Restauration. ⇒ **ultra.**

ultrasensible [yltʀasɑ̃sibl] adj. – XIXe ▪ Sensible à l'extrême. *Pellicule ultrasensible.*

ultrason [yltʀasɔ̃] n. m. – 1936 ▪ Vibration sonore de fréquence supérieure à 20 000 hertz, qui n'est pas perceptible par l'oreille humaine. *Sondeur sous-marin à ultrasons.*

ultrasonique [yltʀasɔnik] adj. – 1955 ▪ Qui se rapporte aux ultrasons.

> ❑ Pour le *s* unique → ① s (rem.).

ultrasonore [yltʀasɔnɔʀ] adj. – 1928 ▪ Relatif aux ultrasons. *L'échographie ultrasonore.*

ultraviolet, ette adj. et n. m. – XIXe ▪ Se dit des radiations électromagnétiques dont la longueur d'onde se situe entre celle de la lumière visible (extrémité violette du spectre) et celle des rayons X. ➤ n. m. *Les ultraviolets :* les rayons ultraviolets. ⇒ ① **U.V.**

> ❑ Les rayons ultraviolets du soleil ont un effet bronzant.

ulve n. f. – XVIIIe ; mot lat. ▪ Algue verte *(chlorophycées),* communément appelée *laitue de mer,* qui croît dans les lagunes et au fond des baies.

un, une adj. numér. et qualificatif, n., art. et pron. indéf. – Xe ; lat. *unus* **I** numéral Expression de l'unité. **1** adj. numér. card. inv. en nombre ⇒ **mon(o)-, uni-.** *Une ou deux fois par mois. Un jour sur deux. Un quart d'heure. Deux heures un quart. Trois voix contre une.* ➤ *Trois heures une* (minute). *C'était moins une :* il s'en est fallu de peu. ➤ loc. fam. *Sans un* (sou). « *Les voilà donc en liberté, mais "sans un"* » (Cendrars). ➤ *Un seul... ; pas un seul... Une seule chose m'intéresse.* ➤ *Pas un :* aucun, nul. *Pas une fois il n'est venu.* ♦ pronom. *Pas un n'est venu. Pas un qui sache écrire* (aucun ne sait écrire) ; *pas un qui ne sache écrire* (ils savent tous écrire). *Un à un* [œ̃naœ̃], *une à une, un par un, une par une :* à tour de rôle et un(e) seul(e) à la fois. **2** adj. numér. ord. Premier. *Page 1* ([paʒ(ə)œ̃] ou [paʒ(ə)yn]). ⇒ **une.** *Acte I, scène 1* [aktəœ̃sɛnœ̃]. ➤ *Vers les une heure du matin. En 1901* (mille neuf cent un). **3** n. m. inv. Une unité ; le chiffre notant l'unité. *Un et un* [œ̃eœ̃], *deux. Je pose 9 et je retiens 1.* ➤ Numéro correspondant à l'unité. *Le 1 est sorti au loto.* ⇒ **as.** ➤ *Habiter (au) 1 rue de...* **4** loc. *Ne faire qu'un avec (qqn, qqch.) :* se confondre avec. *Lui et son frère ne font qu'un.* **5** adj. qualificatif Qui n'a pas de parties et ne peut être divisé. *La République une et indivisible.* **II** art. indéf. **1** Désigne un objet, un élément distinct mais indéterminé. *Il y a un homme dehors. Il a reçu une lettre. Un quadrilatère est une figure à quatre côtés.* « *Mais ce n'est pas un coupable qu'il nous faut ! C'est le coupable* » (Aymé). **2** (avec le pronom *en*) fam. *Je vais vous en raconter une bien bonne* (une histoire). *S'en jeter un* (verre). ➤ avec *en,* désignant un homme en général. « *En voilà un qui ne manque pas de toupet !* » (Daud.). ♦ (en phrase exclamative, avec une valeur emphatique ou intensive) *Il fait une chaleur ! La ville est d'un triste !* « *Elle est d'un jaloux* » (Queneau). fam. *J'ai une de ces faims !* ♦ (devant un n. pr.) Une personne de (telle famille). *C'est une Saint-Simon.* **III** pron. indéf. **1** UN, UNE. « *Un des hommes les plus remarquables de ce temps* » (Balz.). ➤ *Un, une des... qui... ; un, une des... que...* (suivi d'un verbe au plur., accordé avec le compl. de *un*). « *Un des ouvrages qui contribuèrent le plus à former le goût de la nation* » (Volt.). ➝ suivi d'un verbe au sing. (accordé avec l'indéf.) *Ma pièce « m'apparaît une des meilleures choses que j'aie écrite »* (Gide). ♦ L'UN, L'UNE... « *L'un des auteurs les plus célèbres de ce temps* » (Balz.). ➝ *L'un(e), l'autre ; les uns..., les autres. Ni l'un ni l'autre.* ⇒ **autre.** 2 (nominal) Un homme, une femme ; qqn (⇒ **quelqu'un**). « *il a changé d'hôtel, comme un qui serait poursuivi par les flics* » (Le Clézio). *Une que je plains, c'est la petite.* ✪ CONTR. (du I) Multiple ; divers, varié.

> ❑ La prononciation normale [œ̃] est habituellement conseillée mais dans la région parisienne on prononce plutôt [ɛ̃]. ♦ Pas d'élision devant *un* (adjectif numéral) non suivi de décimales : *une pièce de un franc, un saut de un mètre*, mais *un homme d'un mètre quatre-vingt-cinq*. ♦ Pour l'accord de *un* numéral cardinal →① mille (rem.).

unanime adj. – XVIe ; lat. *unus* « un » et *animus* « esprit » 1 au plur. Qui ont tous la même opinion, le même avis. « *Des témoins venaient d'être entendus, ils avaient été unanimes* » (Hugo). *Être unanimes à penser que...* 2 Qui exprime un avis commun à plusieurs. ⇒ **commun,** ① **général.** *Réprobation unanime.* « *la déposition unanime de mille témoins oculaires* » (Volt.). ✪ CONTR. Contradictoire, partagé.

unanimement adv. – XVe ▪ Par tous ; d'un commun accord.

unanimisme n. m. – 1905 ▪ littér. Doctrine littéraire d'après laquelle le créateur doit exprimer les états d'âme collectifs. ♦ Accord complet, consensus.

unanimiste adj. et n. – 1910 ▪ littér. Partisan de l'unanimisme.

unanimité n. f. – XIVe ▪ Conformité d'opinion ou d'intention entre tous les membres d'un groupe. ⇒ **accord, consensus, consentement.** *Cette décision a fait l'unanimité.* « *L'unanimité ne régnait pas parmi les grévistes* » (Aragon). ♦ Expression de la totalité des opinions dans le même sens. *Être élu à l'unanimité moins trois voix.* « *Le général, élu chef du gouvernement à l'unanimité des votants* » (Malraux). ✪ CONTR. Contradiction, discorde ; minorité.

unau n. m. – XVIIe ; d'une langue indienne du Brésil ▪ Mammifère d'Amérique tropicale, variété de paresseux. *Des unaus.*

unci- Élément, du lat. *uncus* « crochet ».

unciforme [ɔ̃sifɔʀm] adj. – XIXe ; *unci-* et *-forme* ▪ En forme de crochet. *Apophyse unciforme.*

> ❑ Pour la prononciation avec [ɔ̃], même cas que *acupuncture, lumbago*, etc. mais la graphie n'a pas suivi. → u (rem.).

unciné, ée [ɔ̃sine] adj. – XIXe ; lat. *uncus* « crochet » ▪ Qui porte un crochet, se termine en crochet, par des crochets.

underground [œndœʀgʀaund ; œdɛʀgʀ(a)und] adj. inv. et n. m. – 1967 ; mot angl. « souterrain » ▪ Se dit d'un mouvement artistique d'avant-garde indépendant des circuits traditionnels de diffusion commerciale. *Des films underground.*

***une** n. f. – XIXe ; fém. de *un* ▪ La première page d'un journal. *Cinq colonnes à la une.* loc. *Être à la une, faire la une des journaux* : être l'événement dont on parle dans les journaux. ✪ HOM. Hune.

unguéal, ale, aux [ɔ̃gɥeal, o] adj. – XIXe ; lat. *unguis* « ongle » ▪ Relatif à l'ongle.

> ❑ Pour la prononciation de la syllabe *un*... → u (rem.).

ungu(i)- Élément, du lat. *unguis* « ongle ».

unguifère [ɔ̃gɥifɛʀ] adj. – XIXe ; *ungui-* et *-fère* ▪ Qui porte un ongle.

unguis [ɔ̃gɥis] n. m. – XVIIIe ; mot lat. « ongle » ▪ Mince lamelle osseuse à la partie antérieure de la paroi interne de l'orbite (os lacrymal).

uni, unie adj. – Xe **I - 1** Qui est avec *(uni à, avec)* ou qui sont ensemble *(unis)* de manière à former un tout ou à être en union, en association. ⇒ **confondu.** *Unis par les liens du mariage.* ➝ loc. *Unis comme les deux doigts de la main.* ♦ (groupes, États, sociétés) *Les États-Unis (d'Amérique).* 2 Joint, réuni. « *En associant ces deux noms si souvent unis* » (Ste-Beuve). 3 Qui est formé d'éléments liés ; qui constitue une unité. *Opposer un front uni. Le Royaume-Uni.* « *La naissance de l'Europe unie* » (Mauriac). 4 En bonne entente ; qui est dans la concorde. *Couple uni.* **II - 1** Sans aspérités (surface). ⇒ **égal,** ① **lisse.** *Mer unie* : mer d'huile. ♦ De couleur, d'aspect uniforme. « *Le bleu uni du ciel inaltérable* » (Proust). *Tissu uni*, d'une seule couleur. ➝ subst. *De l'imprimé et de l'uni.* 2 littér. Qui s'écoule sans changement notable. ⇒ **monotone, uniforme.** « *la vie moins unie, moins simple que je ne l'avais cru d'abord* » (Proust). ✪ CONTR. Accidenté, inégal, rugueux. Bigarré, orné.

uni- Élément, du lat. *unus* « un ».

uniate n. et adj. – XIXe ; lat. *unio* « union » ▪ Se dit de chacune des Églises chrétiennes orientales qui acceptent les dogmes du catholicisme, reconnaissent l'autorité du pape, tout en conservant leur liturgie et leur organisation.

uniaxe adj. – XIXe ▪ Qui n'a qu'un axe.

unicellulaire adj. – XIXe ▪ Formé d'une seule cellule. ⇒ **monocellulaire.** *Organismes unicellulaires.* ➝ subst. *Les unicellulaires.* ⇒ **protiste.** ✪ CONTR. Pluricellulaire.

> ❑ Les bactéries, les protozoaires, les diatomées, certaines plantes (protophytes, cyanophycées) sont des organismes unicellulaires. ♦ La création en laboratoire d'un être vivant commence par celle d'un être unicellulaire.

unicité n. f. – XVIIIe ▪ Caractère de ce qui est unique. *L'unicité d'un cas.* ✪ CONTR. Multiplicité, pluralité.

unicolore adj. – XIXe ▪ D'une seule couleur. ✪ CONTR. Multicolore.

unicorne n. m. et adj. – XIIe 1 Licorne. 2 adj. Qui n'a qu'une corne. « *Qui est unicorne, le rhinocéros d'Asie ?* » (Ionesco).

unidirectionnel, elle adj. – 1953 ▪ Qui se propage, qui reçoit ou propage dans une seule direction. *Faisceau unidirectionnel.* ✪ CONTR. Omnidirectionnel.

unième adj. numér. ord. – XIIIe ; de *un* ▪ (après un numér.) Qui vient en premier, immédiatement après une dizaine (sauf soixante-dix, quatre-vingt-dix), une centaine, un millier. *Vingt, trente... et unième. Cent unième.*

> ❑ N'est pas précédé d'un trait d'union, sauf dans *quatre-vingt-unième.*

unificateur, trice adj. – XIXe ▪ Qui unifie, qui contribue à unifier.

unification n. f. – XIXe ▪ Le fait d'unifier (plusieurs éléments ; un ensemble d'éléments), de rendre unique et uniforme ; le fait de s'unifier. ⇒ **intégration.** « *cette unification de la France, cet anéantissement de l'esprit provincial* » (Michelet). ✪ CONTR. Schisme, séparation ; fédéralisme.

unifier v. tr. [7] – XIVe ; lat. *unificare* 1 Faire de (plusieurs éléments) une seule et même chose ; rendre unique, faire l'unité de. ⇒ **unir.** *Unifier des régions* (en un seul pays). 2 Rendre semblables (divers éléments que l'on rassemble). ⇒ **normaliser, uniformiser.** *Unifier des* *programmes scolaires.* 3 Rendre homogène, cohérent ; faire l'unité morale de. *Unifier un parti.* 4 S'UNIFIER v. pron. Se fondre en un tout (en parlant de plusieurs éléments). « *tout s'agglutine et s'unifie en un conglomérat sans nom* » (Gide). ✪ CONTR. Désunir, séparer ; différencier, diversifier ; contraster, opposer (s').

unifilaire adj. – 1904 ▪ Qui ne comprend qu'un fil électrique. *Circuit unifilaire.*

uniflore adj. – XVIIIe ; *uni-* et lat. *flos* « fleur » ▪ Qui ne porte qu'une fleur. *Une tige uniflore* (opposé à *multiflore*).

unifolié, iée adj. – XIXe ▪ Qui ne porte qu'une feuille.

uniforme adj. et n. m. – XIVe ; lat. *unus* « un » et *forma* « forme » I adj. 1 Qui présente des éléments tous semblables ; dont toutes les parties sont identiques ou perçues comme telles. *Mouvement uniforme,* d'un corps qui parcourt des espaces égaux dans des temps égaux. ⇒ **régulier.** 2 Qui ne varie pas ou varie peu. « *une vie heureuse et délicieusement uniforme* » (Hugo). ♦ Dont les caractères, l'aspect restent les mêmes d'un bout à l'autre. *Un ciel uniforme et gris.* « *la mollesse uniforme de la contrée* » (Gide). 3 Qui ressemble beaucoup aux autres. ⇒ **même, pareil.** « *la servitude militaire [...] donne à tout homme de guerre une figure uniforme et froide* » (Vigny). *Caractères uniformes.* II n. m. 1 Costume dont la forme, le tissu, la couleur sont définis par un règlement pour toutes les personnes appartenant à une même unité militaire. *Uniforme d'officier. En uniforme ou en civil. En grand uniforme :* en uniforme de cérémonie. ♦ *L'uniforme :* la tenue, l'habit militaire (symbole de l'armée). ➝ loc. *Le prestige de l'uniforme. Endosser l'uniforme :* devenir militaire. *Quitter l'uniforme.* 2 Habit, vêtement déterminé, obligatoire pour un groupe (professionnel, etc.). *Uniforme de contractuelle.* ✪ CONTR. Changeant, divers, inégal, irrégulier.

uniformément adv. – XIVe 1 Par un mouvement régulier. *Avancer uniformément.* ♦ Proportionnellement au temps. *Mouvement uniformément accéléré, retardé.* 2 De la même façon dans toute sa durée, son étendue. *La vie s'écoule uniformément.* 3 Comme tous les autres ; tous de la même façon. *Tous* « *me paraissaient avoir adopté uniformément un masque de convention* » (Gaut.). *Des femmes* « *vêtues de noir uniformément* » (Vigny).

uniformisation n. f. – XIXe ▪ Le fait de rendre uniforme ; son résultat.

uniformiser v. tr. [1] – XVIIIe 1 Rendre uniforme. *Uniformiser la teinte d'un mur.* 2 Rendre semblables ou moins différents. *Uniformiser les programmes.* ✪ CONTR. Diversifier.

uniformité n. f. – XIVe 1 Caractère de ce qui est uniforme. *Uniformité d'un mouvement.* 2 Absence de changement, de variété. *L'uniformité du paysage.* « *l'uniformité terreuse du vaste ciel* » (Zola). 3 Monotonie de ce qui ne varie pas. « *L'ennui naquit un jour de l'uniformité* » (La Motte-Houdar). ✪ CONTR. Diversité, inégalité, variété ; contraste.

unijambiste adj. et n. – 1914 ▪ Qui a été amputé d'une jambe. ➝ n. *Un, une unijambiste.*

unilatéral, ale, aux adj. – XVIIIe ; de *uni-* et lat. *latus* « côté » 1 Qui ne concerne qu'un seul côté (du corps, d'un organe). *Strabisme unilatéral.* ➝ *Stationnement unilatéral,* autorisé d'un seul côté de la voie. ➝ *Saumon à l'unilatéral,* dont la cuisson complète est obtenue en ne le faisant griller que sur un seul côté. 2 Qui n'engage qu'une seule partie. *Engagement unilatéral* (opposé à *synallagmatique*). 3 *Décision unilatérale,* prise sans consulter le ou les partenaires. ✪ CONTR. Réciproque.

unilatéralement adv. – XVIIIe ▪ D'une manière unilatérale. *Décider qqch. unilatéralement,* sans consulter.

unilinéaire adj. – XIXe ▪ Se dit d'un mode de filiation ne reconnaissant qu'une seule ligne, patrilinéaire ou matrilinéaire.

unilingue adj. – XIXe ; *uni-* et *-lingue* ▪ Qui est en une seule langue. ⇒ **monolingue.** *Dictionnaire unilingue.*

> ❑ On dit aussi, moins bien, *monolingue,* composé hybride de grec et de latin mais ce dernier mot est plus courant.

unilobé, ée adj. – XIXe ▪ Qui n'a qu'un seul lobe. ♦ *Une feuille unilobée.*

uniloculaire adj. – XVIIIe ▪ Qui ne comprend qu'une seule loge ; qui n'est pas divisé en compartiments. *Ovaire uniloculaire de la violette.*

uniment adv. – XIIe 1 littér. Avec régularité. ⇒ **régulièrement.** « *L'auto roule uniment* » (Beauv.). 2 TOUT UNIMENT : avec simplicité. ⇒ **simplement.** « *une déclaration nette est nécessaire. Permettez-moi, madame, de la faire tout uniment* » (France).

uninominal, ale, aux adj. – XIXe ▪ Qui porte sur un seul nom. *Scrutin, vote uninominal* (opposé à *de liste*).

① **union** n. f. – XIIIe ; lat. *unio* « perle unique » I - 1 Relation qui existe entre deux ou plusieurs personnes ou choses considérées comme formant un ensemble organique. *Union plus ou moins étroite, intime, entre les éléments d'un tout composé* (de la simple jonction à la fusion). ⇒ **alliance, cohésion, liaison, symbiose.** « *l'union intime de ces deux arts* (musique et poésie) » (Wagner). ♦ *Union mystique,* de l'âme à Dieu. 2 Relation réciproque (qui existe entre deux ou plusieurs personnes) ; sentiments réciproques et relations suivies (vie en commun, liens de parenté). ⇒ **amitié, attachement, fraternité.** « *la circonspection, l'indulgence affermissent l'union entre les amis* » (Volt.). ➝ *Union conjugale. Union libre.* ⇒ **concubinage.** 3 Régime contractuel ou état dans lequel se trouvent des personnes (physiques ou morales) liées par un accord ou par des intérêts communs. ➝ *Union douanière. Union économique et monétaire* (entre pays de la C.E.E.). ⇒ **système** (monétaire européen), **UEM.** *Union européenne :* nouvelle dénomination de la *Communauté européenne* (janvier 1995). 4 Entente entre plusieurs personnes, plusieurs groupes. ⇒ **concorde, entente, harmonie.** *L'union qui doit régner entre les hommes.* ➝ *L'union fait la force :* l'entente, la communauté de vues et d'action engendrent la force. ➝ *Politique, gouvernement d'union nationale.* II Ensemble de ceux qui sont unis ; groupe d'individus ou de collectivités associés. ⇒ **association, groupement, entente, ligue.** *Union des producteurs, des consommateurs.* ♦ *Union ouvrière :* syndicat. ♦ *L'Union des républiques socialistes soviétiques (U.R.S.S.) a été dissoute en 1991.* ➝ Union d'États qui conservent leur autonomie complète mais obéissent à un même souverain, ou qui s'associent sous une même autorité en perdant leur capacité et leur personnalité internationales. *Le message du Président aux États de l'Union* (des États-Unis d'Amérique). III Le fait d'unir, de combiner (des éléments concrets ou abstraits). ⇒ **réunion.** *Union de deux domaines.* ✪ CONTR. Désunion ; division, séparation ; discorde, dissension, divorce, opposition, rupture.

> ❑ *Union* désigne le résultat d'un processus, alors que *unité* désigne plutôt un caractère : « *La société est l'union des hommes, et non pas les hommes* » (Rousseau).

② **union** n. f. – XVIe ; lat. *unio* « plante à bulbe unique » et « perle unique, très grosse » ▪ Grosse perle.

unionisme n. m. – XIXe ▪ Doctrine politique des unionistes.

unioniste n. et adj. – XIXe 1 Au Québec, Membre du parti de l'Union nationale. ♦ Partisan du maintien de l'union dans un État fédéral. 2 adj. *Éclaireurs unionistes :* scouts protestants français.

uniovulé, ée adj. – XIXe ■ Qui ne possède qu'un ovule. *Les ombellifères sont uniovulées.*

unipare adj. – XIXe ; *uni-* et *-pare* ■ Se dit des femelles des mammifères lorsqu'elles ne donnent généralement naissance qu'à un seul petit à chaque portée. ♦ Se dit d'une femme qui n'a eu qu'un seul enfant (opposé à *multipare*).

> ❑ *Unipare* (et *primipare*) s'opposent à *multipare*. ♦ Famille étymologique de *parent*, de *scissiparité*.

unipersonnel, elle adj. – XIXe ■ *Entreprise unipersonnelle à responsabilité limitée,* ne comportant qu'un associé.

unipolaire adj. – XIXe ■ Qui ne concerne qu'un des deux pôles. *Neurone unipolaire.*

unique adj. – XVe ; lat. *unus* « un » **I - 1** (avant ou après le nom) Qui est un seul, n'est pas accompagné d'autres du même genre. *Enfant unique ; fils, fille unique. Son unique fils.* « *l'unique platane bruissait de cris d'oiseaux* » (Mauriac). *Un cas unique.* ⇒ **isolé.** *C'est mon seul et unique souci.* ⇒ **exclusif.** ➛ « *l'homme dont elle était folle était l'unique but de sa vie* » (Stendh.). **2** (généralt apr. le nom) Qui est un seul, qui répond seul à sa désignation et forme une unité. « *Deux aspects d'un même et unique univers* » (Gide). ♦ Qui est le même pour plusieurs choses, plusieurs cas. « *Y a-t-il un principe unique des choses ? Y en a-t-il deux ou plusieurs ?* » (Rouss.). ➛ *Marché unique,* sans frontières intérieures. *Monnaie unique.* **II - 1** (généralt apr. le nom) Qui est le seul de son espèce ou qui dans son espèce présente des caractères qu'aucun autre ne possède ; qui n'a pas son semblable. ⇒ **singulier.** « *une de ces situations uniques, auxquelles on n'a rien éprouvé qui soit semblable* » (abbé Prévost). **2** au sens fort (apr. le nom) Qui est ou qui paraît foncièrement différent des autres. ⇒ **irremplaçable ; exceptionnel.** « *Edgar Poe est unique dans son genre* » (Baud.). ♦ Supérieur, remarquable. ⇒ **incomparable.** *Un spectacle unique au monde.* ♦ fam. Qui étonne beaucoup (en bien ou en mal). ⇒ **curieux, extravagant, impayable, inouï.** *Il est vraiment unique !* ✪ CONTR. Multiple, plusieurs ; différent, divers. — Commun, habituel.

> ❑ *Unique,* au sens de « qui est un seul, n'est pas accompagné », a plus de force placé après le nom (*cas unique, enfant unique*) ; il ne peut alors être remplacé par *seul.*

uniquement adv. – XVe **1** À l'exclusion des autres. ⇒ **exclusivement, seul.** « *Le but, le succès nécessaire comptait uniquement à ses yeux* » (Chardonne). **2** Seulement. « *Il se proposera uniquement de la rendre heureuse* » (Chardonne). *Uniquement pour les faire enrager.* ⇒ **rien** (que), **simplement.** ➛ *Pas uniquement :* pas seulement.

unir v. tr. [2] – XIIe ; lat. *unus* « un » **I - 1** Mettre ensemble (les éléments d'un tout) (rare en emploi concret). ⇒ **agréger, assembler, fondre, fusionner, réunir, souder.** « *La conquête peut attacher ensemble, enchaîner des parties hostiles, mais jamais les unir* » (Michelet). **2** Faire exister, faire vivre ensemble (des personnes). « *La destinée unit brusquement [...] ces deux existences déracinées* » (Hugo). *Le prêtre qui les a unis.* ⇒ **marier.** ♦ Constituer l'élément commun, la cause de l'union entre (des personnes). ⇒ **lier, rapprocher, réunir.** *L'affection, l'amour, l'intérêt qui les unit.* **3** Associer par un lien politique, économique ; faire l'union de. *Unir deux États.* ⇒ **allier, fédérer, réunir.** ♦ Constituer un principe d'union pour. « *la solidarité qui unit les parties d'un même monde entre elles* » (Bergson). **4** Mettre en communication ; faire se toucher. ⇒ **joindre, rapprocher, réunir.** « *chaque fois qu'un homme et une femme unissent leurs lèvres sans unir leurs cœurs* » (Sand). *Unir des mots pour former des phrases.* ⇒ **agencer.** **5** Relier par un moyen de communication. ⇒ ① **desservir.** *Ligne aérienne qui unit deux continents.* **6** Avoir, posséder à la fois (deux ou plusieurs caractères nettement différents et souvent en opposition). ⇒ **allier, associer, joindre.** « *cette grâce qui sait unir la nonchalance et la vivacité* » (Balz.). **II** S'UNIR v. pron. **1** Ne plus former qu'un tout. ⇒ se **fondre, fusionner,** se **joindre,** se **mêler.** « *les lois quantitatives suivant lesquelles les corps simples s'unissent pour former des corps composés* » (Broglie). **2** Faire cause commune. ⇒ s'**associer,** se **coaliser,** se **solidariser ;** se **liguer.** « *Prolétaires de tous les pays, unissez-vous* » (Manifeste communiste). ➛ *S'unir contre l'ennemi.* **3** S'associer politiquement, économiquement. *États qui s'unissent.* **4** Se trouver ensemble, de manière à former un tout. *Couleurs qui s'unissent harmonieusement.* ⇒ s'**associer.** **5** S'UNIR À..., AVEC... *S'unir à, avec qqn. S'unir avec des amis pour former une association.* ➛ S'attacher par des liens affectifs, par le mariage. « *des filles qui s'unissent à des bourgeois* » (Nerval). ✪ CONTR. Désunir ; disjoindre, diviser, isoler, opposer, séparer.

unisexe [ynisɛks] adj. – v. 1960 ■ Destiné indifféremment aux hommes et aux femmes (en parlant d'habillement, de coiffure). *Vêtements unisexes.*

unisexué, ée [ynisɛksɥe] adj. – XVIIIe ■ Se dit d'une fleur qui n'a qu'un seul sexe, mâle ou femelle. ➛ Qui n'a qu'un seul sexe. *Les animaux supérieurs sont unisexués.* ✪ CONTR. Bisexué, hermaphrodite.

> ❑ Comme *asexué, bisexué,* ce mot ne redouble pas le *s* en dépit de la prononciation → ① s, transsexuel (rem.).

unisson n. m. – XIVe ; lat. *unisonus* « d'un seul son » ■ Son unique produit par plusieurs voix ou instruments. ⇒ **consonance.** *Un bel unisson.* ♦ loc. *À L'UNISSON. Chanter, jouer à l'unisson.* ➛ *Nos cœurs à l'unisson,* en accord, en harmonie. ➛ « *je me mets à l'unisson avec lui, et je l'écoute, je l'observe* » (Le Clézio). ✪ CONTR. Polyphonie. Désaccord.

unitaire adj. – XVIIe **1** Qui forme une unité. ⇒ **simple.** ➛ *Vecteur unitaire,* de norme 1. **2** Qui forme une unité politique ; qui concerne cette unité. *Manifestation unitaire.* **3** Relatif à l'unité à un seul objet d'un ensemble. « *Mathias supposa un prix moyen unitaire de deux cents couronnes* » (Robbe-Grillet). ✪ CONTR. Double, multiple. Global, total

unité n. f. – XIIIe ; lat. *unus* « un » **I - 1** Caractère de ce qui est unique, un seul (identité numérique). « *– Dieu est l'unité car il est la vérité qui est une* » (France). *Unité et pluralité.* ➛ *Unité d'action, de lieu, de temps d'une pièce* (de théâtre), qui montre une seule action se déroulant dans un seul lieu, et en moins de vingt-quatre heures. ♦ ⇒ **identité, uniformité.** *Unité de vues dans le gouvernement.* ⇒ **communauté, conformité.** *L'unité de style dans une œuvre.* **2** Caractère de ce qui n'a pas de parties, ne peut être divisé. *L'unité du moi.* ♦ État de ce qui forme un tout organique, dont les parties sont unies par des caractères communs, par leur concours au fonctionnement de l'ensemble. *Faire, maintenir ; briser, rompre l'unité. Unité nationale, politique. L'édit de Nantes* « *établissait l'unité dans l'État* » (Chateaub.). *L'unité européenne.* **3** Cohérence interne. ⇒ **cohésion, homogénéité.** *Mouvement d'ensemble exécuté avec, sans unité. L'unité d'une œuvre.* ⇒ **harmonie, régularité.** **II - 1** Élément simple d'un ensemble homogène. *Le département, unité administrative.* ♦ Objet fabriqué (en série). ⇒ **pièce.** *Prix d'un produit à l'unité.* **2** Formation militaire ayant une composition, un armement, des fonctions déterminées et spécifiques. *Rejoindre son unité.* « *de Gaulle voulait l'amalgame de toutes les unités combattantes avec l'armée régulière* » (Malraux). ♦ Bâtiment de guerre (d'une flotte). **3** Élément arithmétique qui forme les nombres. *Collection d'unités.* ⇒ **nombre.** ➛ Dans les nombres de 2 chiffres et plus, *Le chiffre des unités,* placé à droite de celui des dizaines, des centaines. ♦ Le nombre un. *L'unité opposée à l'infini.* **4** « Grandeur finie servant de base à la mesure des autres grandeurs de même espèce » (Lalande). ⇒ ② **étalon.** *Unités du système international. Le mètre, unité de longueur.* ➛ *Unité de mesure des arcs, des angles.* ➛ *Unité monétaire.* ⇒ **monnaie ;** ② **étalon.** *Unité de compte.* « *ce milieu où l'on ne compte que par milliards et où le million est l'unité* » (Mauriac). **5** Chose qui a de l'unité, dont les éléments sont liés, unis, cohérents. *Les grandes unités politiques.* **6** Structure organisée au sein d'un ensemble plus vaste. *Unité de production.* ⇒ **établissement, usine.** *Unité de recherche.* ♦ UNITÉ DE VALEUR (*U.V.* [yve]) : unité d'enseignement universitaire correspondant à un diplôme et sanctionnée par le contrôle des connaissances. ➛ *Unité de formation et de recherche (U.F.R.).* ➛ *Unité d'enseignement.* **7** *Unité centrale :* partie de l'ordinateur groupant les organes de calcul et la mémoire centrale. ✪ CONTR. Dualité, pluralité ; diversité. Discordance, incohérence.

❑ Pour le sens → ① union (rem.).

unitif, ive adj. – XVe ▪ Qui unit (union* mystique). *Vie unitive.*

univalent, ente adj. – XIXe ; *uni-* et *-valent* ▪ ⇒ **monovalent** (1°).

univalve adj. – XVIIIe ▪ Dont la coquille n'est formée que d'une pièce. *Mollusque univalve.*

univers n. m. – XIIIe ; lat. *universus* « intégral » **1** Ensemble des sociétés de la terre. *Un citoyen de l'univers.* ⇒ **monde.** « *Et le poète soûl engueulait l'univers* » (Rimb.). **2** L'ensemble de tout ce qui existe, considéré selon les philosophies comme la totalité des choses créées, la totalité des êtres, l'ensemble des choses perçues, comprenant ou non la conscience humaine. ⇒ **monde ; nature, tout ; macrocosme.** « *Et, mesurant les cieux sans bouger d'ici-bas, Il connaît l'univers, et ne se connaît pas* » (La Font.). *Les lois de l'univers.* ♦ Ensemble de la matière distribuée dans l'espace et dans le temps. *Structure de l'univers étudiée par l'astronomie.* **3** *Un univers,* système planétaire ou galactique. ⇒ **monde. 4** Milieu réel, matériel ou moral. *Univers mental. L'univers poétique et l'univers du rêve. L'univers de l'enfance.* ♦ Système, tout organisé. ⇒ ② **ensemble.** *L'univers mathématique.*

❑ La notion d'univers s'est modifiée en fonction de l'évolution de la cosmogonie et des progrès de l'astronomie, passant, au XVIIe s., du géocentrisme (la Terre est au centre) à l'héliocentrisme (le Soleil constitue le centre). Au XXe s., on aboutit à un univers immensément plus étendu, non centré. ♦ Mot de même famille : *université.*

universalisation n. f. – XVIIIe ▪ Le fait de répandre largement, d'étendre à tous les hommes, à toute la terre. « *L'universalisation d'une culture humaine* » (Péguy).

universaliser v. tr. 1 – XVIIIe ▪ Rendre commun à tous les hommes ; répandre largement. ⇒ **diffuser, généraliser.** ➛ pronom. *Cette pratique s'universalise.*

universalisme n. m. – XIXe ▪ Doctrine qui considère la réalité comme un tout unique, dont dépendent les individus (opposé à *individualisme, atomisme*).

universaliste adj. et n. – XVIIIe **1** Qui s'adresse à tous les hommes sans distinction de peuple, de race. ⇒ **universel.** *La religion est universaliste.* **2** *Doctrine universaliste.* ⇒ **universalisme.**

universalité n. f. – XIVe **I - 1** Caractère de ce qui est universel (1°) ou considéré sous son aspect de plus grande généralité. *L'universalité d'une vérité.* **2** Caractère d'un esprit universel. « *L'universalité de Voltaire* » (Chamf.). **3** Caractère de ce qui concerne la totalité des hommes, de ce qui s'étend à tout le globe. « *Un vaste drame doué d'un caractère d'universalité* » (Baud.). **II** Ensemble de biens et de dettes, considéré comme formant un tout soumis à des règles particulières.

universaux n. m. pl. – XVIIe ▪ Les concepts et termes universels applicables à tous les individus d'un genre ou d'une espèce. *Les universaux du langage :* ensemble de concepts, formes, relations supposés exister dans toutes les langues du monde.

❑ Il arrive que ce mot s'emploie au singulier pour « un quelconque des universaux ». Dans ce cas on hésite entre *un universal* et *un universel* (moins clair).

universel, elle adj. et n. m. – XIIIe **1** Qui concerne la totalité des individus d'une classe, qui est pris dans toute son extension. *Universel et général. Jugement universel ou particulier.* ♦ n. m. Ce qui s'étend à tous les individus d'une classe ; à tous les objets considérés. *Le particulier et l'universel.* **2** Qui s'étend, s'applique à la totalité des objets (personnes ou choses) que l'on considère. « *il lui portera un remède universel et éternel* » (Vigny). ➛ Servant à plusieurs usages. *Clé universelle,* qui s'adapte à différents types de boulons, d'écrous. ♦ *Communauté universelle :* régime matrimonial stipulant la mise en commun de tous les biens, présents et à venir, des époux. **3** Dont les connaissances, les aptitudes s'appliquent à tous les sujets. ⇒ ① **complet, omniscient.** « *Ce génie fut universel : non seulement Ampère fut,* [...] *un savant admirable* [...] *mais il a été aussi un profond penseur* » (Broglie). **4** À qui échoit la totalité d'un patrimoine. *Légataire universel.* **5** Qui concerne la totalité des hommes, le monde, ou la totalité d'un groupe. « *L'école est universelle parce que le savoir est universel* » (Alain). *L'Exposition universelle de Séville* (1992). ➛ *Suffrage universel,* étendu à tous les individus, sans distinction de classe ou de fortune. ♦ Commun à tous les hommes ou à un groupe donné, qui peut s'appliquer à tous. « *une expérience de signification universelle* » (Valéry). « *un chorus universel de haine* » (Beaum.). **6** Qui s'étend à toute la surface de la terre, ou à une grande partie et concerne tous les hommes. ⇒ **mondial.** *Paix universelle.* ♦ *L'Église universelle.* ⇒ **œcuménique. 7** Qui concerne le cosmos, l'univers tout entier. ⇒ **cosmique.** *La gravitation universelle.* ✪ CONTR. Individuel, particulier, partiel.

universellement adv. – XIIIe ▪ Par tous les hommes, sur toute la terre. ⇒ **mondialement.** « *la vérité morale la plus universellement reçue* » (France). ✪ CONTR. Partiellement ; individuellement.

universitaire adj. et n. – XIXe **1** Relatif à l'université. *Le corps universitaire.* ➛ n. *Un, une universitaire :* un membre de l'Université, enseignant(e) ou chercheur. **2** Propre aux universités, à l'enseignement supérieur. *Études universitaires.* « *en face de la critique universitaire* » (Malraux). *Restaurant universitaire* (fam. *resto U*). **3** Où il y a une ou plusieurs universités. *Ville universitaire.*

université n. f. – XIIIe **1** Autrefois, Chacune des institutions ecclésiastiques d'enseignement secondaire et supérieur, nées de la fusion des écoles cathédrales. *L'université de Paris était appelée au Moyen Âge « la fille aînée des rois de France ».* **2** *L'Université :* corps des maîtres de l'enseignement public des divers degrés. « *la force de l'Université tenait à ce qu'enseigner la littérature est d'abord enseigner son histoire* » (Malraux). ♦ *Une université :* établissement (en France, établissement public) d'enseignement supérieur constitué par un ensemble d'unités de formation et de recherche, d'instituts, de centres et de laboratoires de recherche. *L'université de Paris-Sorbonne, de Paris-V, de Rennes-I. Les grandes universités américaines.* ♦ *Université d'été :* enseignement universitaire ayant lieu pendant les congés d'été.

❑ Même famille étymologique que *univers.* ♦ La forme abrégée familière *uni,* n. f., fréquente en français de Belgique et de Suisse, est inconnue en France.

univitellin, ine adj. – 1956 ; de *uni-* et lat. *vitellus* « jaune de l'œuf » ■ Se dit de jumeaux provenant du même œuf (syn. cour. vrais jumeaux). ⇒ **monozygote.**

univocité n. f. – 1921 ■ Caractère d'un terme, d'un concept, d'une relation univoque.

univoque adj. – XIVe ; lat. *unus* et *vox* « voix, mot » 1 Se dit d'un mot qui garde le même sens dans des emplois différents (opposé à *équivoque*). 2 Se dit d'une correspondance, d'une relation dans laquelle un terme entraîne toujours le même corrélatif. « *Correspondance précise et univoque entre le monde extérieur et l'image que nous parvenons à nous en faire* » (Broglie).

Untel → **tel**

upas [ypa(s)] n. m. – XIXe ; mot malais ■ Poison végétal, utilisé par les indigènes des îles de la Sonde pour empoisonner leurs flèches. ➔ Arbre dont est tiré ce poison.

upérisation n. f. – 1968 ; angl. *to uperize,* de *u(ltra)-p(ast)e(u)rize* « (ultra)pasteuriser » ■ Méthode de stérilisation des aliments liquides par injection continue de vapeur très chaude.

❑ Ce mot-valise n'a pas le mérite d'évoquer *Pasteur* et la *pasteurisation.*

uppercut [ypɛʀkyt] n. m. – XIXe ; mot angl., de *upper* « vers le haut » et *cut* « coup (de couteau) » ■ En boxe, Coup porté de bas en haut. ⇒ **crochet.** *Des uppercuts.*

upsilon [ypsilɔn] n. m. – XIXe ; gr. *u psilon* « u mince » ■ Vingtième lettre de l'alphabet grec (Υ, υ).

uracile n. m. – 1932 ; de *ur(o)-* et *ac(étique)* ■ Base pyrimidique qui entre dans la constitution des acides ribonucléiques cellulaires.

uraète n. m. – 1904 ; gr. *oura* « queue » et *aetos* « aigle » ■ Aigle d'Australie, de très grande envergure.

uræus [yʀeys] n. m. – XIXe ; gr. *ouraios* « de la queue » ■ Représentation du serpent naja dressé et portant sur la tête un disque solaire (emblème des pharaons).

uranate n. m. – XIXe ■ Sel de l'acide uranique.

urane n. m. – XVIIIe ; du nom de la planète *Uranus* ■ Oxyde d'uranium (UO_2), pris pour l'uranium jusqu'en 1841.

uranie n. f. – XIXe ; lat. *urania* « muse de l'Astronomie » ■ Papillon de grande taille aux vives couleurs.

uranifère adj. – 1904 ■ Qui contient de l'uranium.

uraninite n. f. – XIXe ■ ⇒ **pechblende.**

uranique adj. – XIXe ■ De l'uranium. *Acide uranique,* dont les sels sont des uranates.

uranisme n. m. – XIXe ■ Homosexualité masculine. « *Loin de nier ou de cacher son uranisme, il* [Proust] *l'expose* » (Gide).

❑ De l'allemand *Uranismus,* formé soit à partir du grec *Ouranos,* nom d'un dieu de la mythologie qui fut castré par son fils Cronos, soit à partir de *Ourania,* surnom d'Aphrodite.

uranium [yʀanjɔm] n. m. – XIXe ; de *urane* ■ Élément radioactif naturel (U ; n° at. 92 ; m. at. 238,03), métal gris, dur, présent dans plusieurs minerais (comme le pechblende) où il est toujours accompagné de radium. ⇒ **radioactivité.** *Uranium enrichi.*

urano- Élément, du gr. *ouranos* « ciel », signifiant en lat. anat. « voûte du palais ».

uranoplastie n. f. – XIXe ; *urano-* et *-plastie* ■ Opération destinée à restaurer le voile du palais et à obturer ses perforations.

uranoscope n. m. – XVIe ; gr. « qui regarde le ciel » ■ Poisson acanthoptérygien, à grosse tête plate, commun en Méditerranée, appelé aussi *rascasse blanche.*

uranyle n. m. – XIXe ; de *uranium* ■ Radical UO_2. *Sel d'uranyle.*

urate n. m. – XVIIIe ■ Sel ou ester de l'acide urique. *Dépôts d'urates.* ⇒ ② **goutte.**

urbain, aine adj. – XVIIIe ; lat. *urbanus* « de la ville (*Urbs,* Rome) » 1 Qui est de la ville, des villes (opposé à *rural*). *Chauffage urbain. Populations urbaines.* ➔ (En France) *Commune urbaine,* comprenant une agglomération urbaine de plus de 2000 habitants (opposé à *commune rurale*). « *la vie dans l'agglomération urbaine* » (Giraud.). 2 littér. Qui témoigne, fait preuve d'urbanité. *Un homme très urbain.*

urbanisation n. f. – 1919 ■ Concentration croissante de la population dans les agglomérations urbaines.

urbaniser v. tr. [1] – XVIIIe ■ Donner le caractère d'une ville à (un lieu, une région) ; peupler d'agglomérations à caractère urbain. *Zone à urbaniser en priorité (Z. U. P.).*

urbanisme n. m. – XVIIIe ■ Étude des méthodes permettant d'adapter l'habitat urbain aux besoins des hommes ; ensemble des techniques d'application de ces méthodes. *Architecture et urbanisme.*

urbaniste n. – 1911 ■ Spécialiste de l'aménagement des villes.

urbanistique adj. – 1941 ■ Qui a trait à l'urbanisation, à l'urbanisme. *Projet urbanistique.*

urbanité n. f. – XIVe ■ Politesse où entre beaucoup d'affabilité naturelle et d'usage du monde. « *toute apparence de respect et même d'urbanité disparut en un clin d'œil* » (Stendh.).

urbi et orbi [yʀbiɛtɔʀbi] loc. adv. – XIXe ; mots lat. « à la ville (Rome) et à l'univers » ■ Se dit de la bénédiction que le pape donne du haut du balcon de la basilique Saint-Pierre. ➔ Partout. *Proclamer urbi et orbi.*

urcéolé, ée adj. – XIXe ; lat. *urceus* « pot » ■ Renflé en forme d'outre, de grelot. *Corolle urcéolée de la fleur d'arbousier.*

-ure Suffixe indiquant que le composé chimique est un sel d'hydracide : *sulfure, chlorure.*

urédinales n. f. pl. – XVIIIe ; lat. *urere* « brûler » ■ Ordre de champignons *(hétérobasidiomycètes),* parasites des plantes supérieures, produisant des rouilles.

urédospore n. f. – XIXe ; lat. *uredo* « charbon » et *spore* ■ Spore de dissémination, spéciale aux urédinales.

urée n. f. – XVIIIe ; de *urine* ■ Produit de dégradation des acides aminés de l'organisme. *Accumulation pathologique d'urée dans le sang.* ⇒ **urémie.**

uréide n. m. – XIXe ■ Composé dérivant de l'urée par la substitution, à un ou plusieurs atomes d'hydrogène, d'un nombre correspondant de radicaux acides. *Les barbituriques sont des uréides.*

urémie n. f. – XIXe ▪ Ensemble de manifestations pathologiques dues à l'accumulation dans l'organisme de produits azotés (en particulier de l'urée), en général liée à une insuffisance rénale grave. *Crise d'urémie.*

urémique adj. – XIXe ▪ Qui a rapport à l'urémie. ♦ Atteint d'urémie.

-urèse, -urie Éléments, du gr. *ourêsis* « action d'uriner ».

urétéral, ale, aux adj. – 1904 ▪ Qui se rapporte à l'uretère.

uretère n. m. – XVIe ; gr. ▪ Canal qui conduit l'urine du rein à la vessie.

> ❑ Ne pas confondre avec *urètre,* qui aboutit à l'extérieur. ♦ *Uretère* forme ses dérivés sur l'élément *urétéro-* : *urétérotomie, urétérovésical.*

urétérite n. f. – XIXe ▪ Inflammation des uretères.

uréthanne ou **uréthane** n. m. – XIXe ; gr. *ourein* « uriner » et *éthane* ▪ Éther carbonique de formule type NH_2–CO–OR, R représentant un radical carboné.

urétral, ale, aux adj. – XVIIIe ▪ Qui a rapport à l'urètre.

urètre n. m. – XVIIe ; gr. *ourêthra* ▪ Canal excréteur de l'urine qui part de la vessie et aboutit à l'extérieur (⇒ **méat** [urinaire]).

> ❑ Ne pas confondre avec *uretère,* entre le rein et la vessie. ♦ *Urètre* forme ses dérivés sur l'élément *urétro-* : *urétrographie, urétrorragie.* ♦ Chez l'homme, l'urètre sert aussi de canal pour le sperme.

urétrite n. f. – XIXe ▪ Inflammation de l'urètre.

-urge, -urgie Éléments, du gr. *-ourgos* et *-ourgia* ; rad. *ergo* « je fais », *ergon* « œuvre, art ».

urgence n. f. – XVIe **1** Caractère de ce qui est urgent. « *l'urgence de leur besogne leur interdisait de vaines politesses* » (Romains). **2** Nécessité d'agir vite. *Il y a urgence :* c'est urgent. *Mesures d'urgence. En cas d'urgence. Être reçu en urgence par un médecin.* ♦ *Une urgence :* un malade à opérer, à soigner sans délai. *Service des urgences dans un hôpital.* **3** D'URGENCE : sans délai, en toute hâte. « *Le type a passé pendant qu'on l'opérait d'urgence* » (Aragon). « *Qu'il nous fasse parvenir au plus tôt, dans les meilleurs délais, par retour du courrier, et même de toute urgence, un anesthésique* » (Perec).

urgent, ente adj. – XIVe ; lat. *urgere* « pousser, presser » ▪ Dont on doit s'occuper sans retard. « *rien de très urgent ne l'obligeait à sortir* » (Mart. du G.). *Un cas urgent.* ➛ *Besoin urgent.* ⇒ **pressant.** ➛ loc. fam. *Il est urgent d'attendre :* attendre est la seule chose à faire.

urger v. intr. [3] – 1903 ▪ fam. Être urgent, presser. *Vite, ça urge !*

uricémie n. f. – XIXe ; *uric(o)-* et *-émie* ▪ Teneur du sang en acide urique.

uric(o)- Élément, de *urique.*

uricotélique adj. – 1935 ; de *urico-* et gr. *telikos* « qui concerne la fin » ▪ Dont le métabolisme protidique aboutit à la formation d'acide urique.

> ❑ Ne pas confondre avec *urotélique,* qui concerne la formation d'urée.

-urie → **-urèse**

urinaire adj. – XVIe ▪ Qui a rapport à l'urine, à sa production et à son élimination. *Appareil urinaire :* rein, uretère, urètre, vessie.

urinal, aux n. m. – XIIe ▪ Vase à col incliné dans lequel un homme (malade, infirme...) peut uriner allongé.

urine n. f. – XIIe ; lat. *aurum* « or », à cause de la couleur ▪ Liquide organique clair et ambré, limpide, odorant, qui se forme dans le rein, séjourne dans la vessie et est évacué par l'urètre lorsque les sphincters se relâchent. ⇒ fam. **pipi,** vulg. **pisse.** ♦ *Les urines :* l'urine évacuée. *Analyse d'urines.*

uriner v. intr. [1] – XIIIe ▪ Évacuer l'urine. ⇒ fam. **pisser.** « *y'avait des soldats qu'urinaient aux portières* » (Perec).

> ❑ Surtout employé dans la langue médicale, *uriner* est moins courant que les familiers *pisser* et *faire pipi.*

urineux, euse adj. – XVIIe ▪ Qui a rapport à l'urine.

urinifère adj. – XIXe ▪ Qui conduit l'urine.

urinoir n. m. – XVIIIe ▪ Édifice public, lieu, dispositif dans lequel les hommes urinent. ⇒ **pissoir, pissotière, vespasienne.**

> ❑ Ne pas confondre avec *urinal* « récipient pour uriner allongé ».

urique adj. – XIXe ▪ *Acide urique :* produit final du métabolisme des acides aminés, excrété dans l'urine.

urne n. f. – XVe ; lat. *urna* **1** Vase qui sert à renfermer les cendres d'un mort. *Urne funéraire, cinéraire.* **2** Vase à flancs arrondis. *Les urnes et les amphores.* **3** Boîte dont le couvercle est muni d'une fente dans laquelle les électeurs déposent leurs bulletins de vote. ➛ *Aller aux urnes :* voter. *Si les femmes « accédaient aux urnes, la bonne cause en pâtirait »* (Beauv.). **4** Capsule du sporange des bryophytes, fermée par un capuchon qui se détache à maturité.

> ❑ Dans l'Antiquité, le latin *urna* désignait le vase où l'on déposait les suffrages.

① **uro-** Élément, du gr. *oûron* « urine ».

② **uro-** Élément, du gr. *oura* « queue ».

urobiline n. f. – XIXe ; de ① *uro-* et *bile* ▪ Pigment biliaire jaune orangé, résultant de la dégradation de la bilirubine dans l'intestin.

urobilinurie n. f. – XIXe ▪ Présence d'urobiline dans les urines.

urodèles n. m. pl. – XIXe ; de ② *uro-* et gr. *dêlos* « apparent » ▪ Ordre d'amphibiens, à corps allongé portant des membres propres à la reptation (amblystome, axolotl, protée, salamandre, triton).

urogénital, ale, aux adj. – XIXe ▪ Qui a rapport aux appareils urinaire et génital. ⇒ **génito-urinaire.** *L'urètre, canal urogénital chez l'homme.*

urographie n. f. – av. 1947 ; ① *uro-* et *-graphie* ▪ Radiographie de l'appareil urinaire.

urolagnie [yʀɔlagni ; -laɲi] n. f. – av. 1962 ; de ① *uro-* et lat. *lagneia* « rapport sexuel » ▪ Comportement sexuel déviant lié à une érotisation des fonctions urinaires. ⇒ **ondinisme.**

urologie n. f. – XIXe ; ① *uro-* et *-logie* ▪ Branche de la médecine qui traite des affections des voies urinaires ainsi que des maladies génito-urinaires chez l'homme. ⇒ **néphrologie.**

urologue n. – XIXe ■ Spécialiste d'urologie.

uromètre n. m. – XIXe ; ① uro- et -mètre ■ Appareil servant à déterminer la densité de l'urine.

uropode n. m. – 1904 ; ② uro- et -pode ■ Appendice abdominal natatoire des crustacés. ⇒ **queue.**

uropygial, iale, iaux adj. – XIXe ; ② uro- et -pyge ■ Du croupion des oiseaux. *Plumes uropygiales.*

uropygien, ienne adj. – XIXe ■ *Glande uropygienne :* glande cutanée des oiseaux à la base du croupion, dont la sécrétion protège les plumes.

urotélique adj. – mil. XXe ; de *urée* et gr. *telikos* « qui concerne la fin » ■ Dont le métabolisme protidique aboutit à la production d'urée.

> ❑ Ne pas confondre avec *uricotélique*, qui concerne la production d'acide urique.

ursidés n. m. pl. – XIXe ; lat. *ursus* « ours » ■ Famille de mammifères carnivores, plantigrades, dont le type est l'ours.

ursuline n. f. – XVIIe ; de *sainte Ursule* ■ Religieuse d'un ordre fondé en 1537 par sainte Angèle de Mérici. *Elle « était régente dans une école tenue par les ursulines »* (Simenon).

urticaire n. f. – XVIIIe ; lat. *urtica* « ortie » ■ Éruption passagère de papules rosées ou blanchâtres, semblables à des piqûres d'ortie, accompagnée de démangeaisons et d'une sensation de brûlure. ♦ *Donner de l'urticaire à qqn,* l'agacer.

> ❑ Nom féminin : *une urticaire géante.*

urticant, ante adj. – XIXe ■ Dont la piqûre ou le contact produit une urtication sur la peau humaine. *Feuilles urticantes de l'ortie.*

> ❑ Même famille étymologique que *ortie.*

urtication n. f. – XVIIIe ■ Sensation de piqûre d'ortie qui accompagne l'urticaire.

urubu n. m. – XVIIIe ; mot tupi ■ Vautour d'Amérique tropicale, de petite taille. « *Des nuées d'urubus, de vautours* [...] *se disputent les charognes* » (Cendrars).

urus [yRys] n. m. – XVIe ; mot lat. d'o. germ. ■ Aurochs ; bison d'Europe.

us [ys] n. m. pl. – XIIe ; lat. *uti* « faire usage de » ■ *Les* US ET COUTUMES : les usages traditionnels. « *respecter les us et coutumes des pays où l'on voyage* » (Mérimée).

> ❑ Giono a employé ce mot au singulier (rare) : « *C'est l'us* », au sens d'« habitude ».

usage n. m. – XIIe I 1 Le fait d'appliquer, de faire agir (un objet, une matière), pour obtenir un effet, que cet objet, cette matière subsiste, disparaisse ou se modifie en se dégradant. *Connaître, ignorer l'usage d'un outil, d'un instrument.* « *belle encore, malgré les poudres et les crèmes dont elle faisait un usage intempérant* » (Duham.). ⇒ **abus.** *Condamné pour usage de faux.* ♦ Emploi (d'un procédé, d'une technique) par un groupe social. ⇒ **utilisation.** *L'usage de la roue.* ♦ *L'usage de la force.* 2 Mise en activité effective (d'une faculté). ⇒ **activité, exercice, fonctionnement.** « *Comme si on n'avait pas l'usage entier de son libre arbitre* » (Desc.). ➛ « *L'usage de la parole, comme celui de la main, a aidé beaucoup au développement du cerveau* » (Carrel). 3 loc. FAIRE USAGE DE : se servir de. ⇒ **user** (de), **utiliser ; employer.** *Faire mauvais usage de qqch.* ⇒ **mésuser.** ♦ À L'USAGE : lorsqu'on s'en sert, lorsqu'on l'utilise. « *on s'aperçoit, à l'usage, que le nouveau régime crée de nouveaux abus* » (Mart. du G.). ♦ *Dispositifs encore, toujours en usage,* encore employés. ♦ fam. *Faire de l'usage :* pouvoir être utilisé longtemps sans se détériorer. ⇒ **durer.** 4 Le fait de pouvoir produire un effet particulier et voulu. ⇒ **fonction, utilité.** « *détourner chaque objet de son usage* » (Aragon). ♦ HORS D'USAGE : qui ne peut plus être utilisé, fonctionner. ♦ À USAGE : destiné à être utilisé (de telle ou telle façon). *Médicament à usage interne.* 5 À L'USAGE (DE) : destiné à être utilisé (par). ⇒ **pour.** *Des livres à l'usage des écoles.* « *des bars américains à l'usage des matelots* » (Loti). ➛ *Réserver qqch. à son usage personnel,* pour soi. ♦ littér. AVOIR L'USAGE DE : pouvoir se servir de. *Je n'en ai pas l'usage.* 6 Le fait d'employer les éléments du langage, de les réaliser dans le discours ; manière dont ils sont employés. ⇒ **emploi.** « *L'usage qui tend à s'introduire, de "autrement", suivi de "plus"* » (Gide). ♦ Mise en œuvre de l'ensemble des éléments du langage par la parole ; expression verbale de la pensée dans un milieu et un temps donnés. « *L'usage contemporain est le premier et principal objet d'un dictionnaire* » (Littré). ➛ *Le bon usage.* II - 1 Pratique que l'ancienneté ou la fréquence rend normale, dans une société. ⇒ **coutume, habitude, mœurs, us.** *C'est un usage ancien.* ➛ *Les usages :* les comportements considérés comme les meilleurs, ou les seuls normaux dans une société. *Contraire aux usages.* ⇒ **inconvenant, incorrect.** ♦ Habitude particulière (dans un groupe). « *Nous ne connaissons aujourd'hui aucun peuple* [...] *où l'on soit en usage d'épouser sa fille* » (Volt.). 2 L'USAGE : ensemble des pratiques sociales. ⇒ **coutume, habitude.** loc. *C'est l'usage :* c'est ce qu'il convient de faire, de dire. D'USAGE : habituel, normal. *Comme il est d'usage.* « *vous ferez sur leurs paies les retenues d'usage* » (Aymé). « *Il me reste à vous présenter les observations d'usage, ajouta le notaire* » (Zola). 3 littér. Les bonnes manières. ⇒ **éducation, politesse.** *Manquer d'usage.* III Droit réel qui permet à son titulaire de se servir d'une chose appartenant à autrui. *Avoir l'usage d'un bien.* ⇒ **jouir.** ✪ CONTR. Désuétude, non-usage.

> ❑ Pour le sens → emploi (rem.).

usagé, ée adj. – XVIIIe ■ Qui a été longtemps en usage, qui a beaucoup servi (sans être forcément détérioré, à la différence de *usé*). *Vêtements usagés.* ➛ Qui a servi et ne peut plus être utilisé. « *Par terre, il y a des tickets usagés, jetés par les gens* » (Le Clézio).

> ❑ Jusqu'au XVIIIe s., *usagé* a signifié « qui a des usages, de bonnes manières ». Choderlos de Laclos parle d'une *femme usagée.* → maniéré (rem.).

usager n. m. – XIVe 1 Titulaire d'un droit réel d'usage (III). 2 Personne qui utilise (un service public, le domaine public). *Les usagers des transports en commun.* ♦ Utilisateur (de la langue). *Les usagers du français.* ✪ HOM. Usagé.

> ❑ *Utilisateur* a des emplois plus concrets, concernant les outils, appareils et machines. *Les usagers de la banque et les utilisateurs de la billetterie.*

usant, ante adj. – XVe ■ Qui use la santé, les forces. *Un travail usant.* ⇒ **épuisant, fatigant.**

usé, ée adj. – XIIe 1 Altéré par un usage prolongé, par des actions physiques. ⇒ **détérioré ; vieux.** *Vêtements usés.* ⇒ **défraîchi,** ② **râpé.** « *un seuil de pierre très usé, où ont frotté bien des semelles* » (Bosco). ♦ Sali, souillé par l'usage. *Évacuation des eaux usées.* 2 Diminué, affaibli, par une action progressive. ⇒ **émoussé.** « *Tout est usé, aujourd'hui, même le malheur* » (Chateaub.). ➛ fam. *C'est usé !* c'est inutile, sans intérêt. 3 Dont les forces, la santé sont diminuées. ⇒ **décrépit, épuisé.** « *vieilli plutôt que vieux, usé, dévasté* » (Daudet). 4 Qui a perdu son pouvoir d'expression, d'évocation par l'usage courant, la répétition. ⇒ **éculé, rebattu.** *Un argument usé.*

user v. tr. [1] – XIe ; lat. *uti* « se servir de » **I** v. tr. ind. USER DE. Avoir recours à, mettre en œuvre. ⇒ se **servir.** *User d'un droit, d'un privilège. User d'un stratagème.* ♦ Employer, se servir de (tel élément du langage). *User de termes ambigus.* **II** v. tr. dir. **1** Détruire par la consommation ; utiliser (qqch.) jusqu'à l'épuiser. *Cette voiture use trop d'essence.* ⇒ **consommer, dépenser. 2** Modifier (qqch.) progressivement en enlevant certaines de ses parties, en altérant son aspect, par l'usage prolongé qu'on en fait. ⇒ **élimer, entamer, râper.** *Une veste qu'il achevait d'user.* loc. *User ses fonds de culottes sur les bancs (de l'école)* : aller à l'école. « *Dame ! les draps ne sont pas neufs.* [...] *à la longue, le frottement du corps, ça use...* » (Zola). ➛ *Terrains usés par l'érosion.* **3** Diminuer, affaiblir (une sensation, la force de qqn...) par une action lente, progressive. *User sa santé à...* « *La carte d'état-major sur laquelle il s'est tant usé les yeux depuis quatre jours* » (Mart. du G.). ⇒ **abîmer. 4** Diminuer ou supprimer les forces de (qqn). ⇒ **épuiser.** *Les excès l'ont usé.* **III** S'USER v. pron. **1** Se détériorer à l'usage ; perdre de son effet, de son utilité. *Des* « *machines qui tournent trop vite et s'usent* » (Cocteau). **2** S'affaiblir, être diminué avec le temps. « *tout s'use et les beaux sentiments comme autre chose* » (Mariv.). ⇒ s'**émousser. 3** Perdre sa force, sa santé. *Elle s'est usée au travail.* ⇒ s'**épuiser.** ➛ Perdre sa puissance, son influence. *Régime où les ministères s'usent vite.*

usinage n. m. – XIXe ▪ Action d'usiner.

usine n. f. – XIIIe ; lat. *officina* « atelier » **1** Établissement de la grande industrie destiné à la fabrication de produits, à la transformation de matières premières et de produits semi-finis en produits finis, ou à la production d'énergie, à l'aide de machines qui utilisent une source importante d'énergie. ⇒ **établissement, fabrique, industrie, manufacture.** *Aller à l'usine. Travailler dans une usine, en usine.* « *Un groupe d'immenses cheminées d'usines et de fonderies* » (Maupass.). *Usine d'automobiles. Usines textiles* (filature, tissage). *Navire-usine,* où l'on traite les produits de la mer. **2** L'industrie qui travaille, produit, dans les usines ; la grande industrie. *L'ouvrier d'usine.* **3** fam. Local qui, par ses dimensions, son nombreux personnel et l'importance de son rendement, évoque une usine. *Ce restaurant est une véritable usine.*

❑ A d'abord désigné (XIIIe s.) un atelier de brasseur, puis (fin XIIIe-XIVe s.), un moulin, une forge installés sur un cours d'eau.

usiner v. tr. [1] – XVIIIe **1** Façonner (une pièce) avec une machine-outil. « *usiner, tailler et graver à la machine une tonne de marbre* » (Cl. Simon). **2** Fabriquer dans une usine. *Usiner des produits finis.*

usinier, ière adj. – XIXe ▪ vieilli Qui a rapport à l'usine.

usité, ée adj. et p. p. – XVIe ; lat. *usitari* « se servir souvent de » ▪ Qui est employé, en usage. *Un mot très usité.* ⇒ ① **courant, usuel.**

❑ Le verbe *usiter* « se servir de » a disparu. À la forme active, on dit *employer* ou *user de* : *user d'un mot, d'un temps verbal.*

usnée n. f. – XVIe ; ar. *ushnah* « mousse » ▪ Lichen de couleur grisâtre et à longs cils.

ustensile n. m. – XIVe ; lat. *uti* « se servir de » ▪ Objet ou accessoire d'usage domestique sans mécanisme, ou muni d'un mécanisme simple. *Ustensiles de cuisine. Les* « *ustensiles et accessoires dont elle n'aurait pu se passer : son moulin à café et sa boule à thé, une écumoire, un chinois, un presse-purée* » (Perec). ➛ fam. *Qu'est-ce que c'est que cet ustensile ?* ⇒ **engin,** ① **truc.**

❑ Même famille étymologique que *usage, usuel* et *outil.*

ustilaginales n. f. pl. – XIXe ; lat. *ustilago* « chardon sauvage » ▪ Champignons hétérobasidiomycètes parasites qui provoquent le charbon et la rouille.

usucapion n. f. – XIIIe ; lat. *capere* « prendre » et *usus* « usage » ▪ dr. Prescription acquisitive.

usuel, elle adj. et n. m. – XIIIe ; lat. *usus* « usage » **1** Qui est utilisé habituellement, qui est d'un usage courant. *Un objet usuel.* ➛ Qui est dans l'usage courant (langage). *Mots usuels.* ⇒ ① **courant, fréquent.** ➛ *Procédés usuels. Il est usuel de... :* il est habituel de... **2** n. m. Ouvrage de référence, de consultation, dans une bibliothèque. ✪ CONTR. Archaïque, désuet.

usuellement adv. – XVIe ▪ Communément. ⇒ **habituellement.**

usufructuaire adj. – XIIIe ▪ Qui a rapport à l'usufruit.

usufruit n. m. – XIIIe ; lat. *usus fructus* ▪ Droit réel de jouissance qui confère à son titulaire le droit d'utiliser la chose et d'en percevoir les revenus, mais non d'en disposer (opposé à *nue-propriété*). ⇒ **jouissance.** *La mère* « *donne sa fortune en toute propriété à la petite, en ne s'en réservant que l'usufruit* » (Balz.). ➛ *Avoir l'usufruit d'un appartement.*

usufruitier, ière n. et adj. – XVe **1** Personne qui détient un usufruit. **2** adj. *Jouissance usufruitière.* ⇒ **usufructuaire.**

usuraire adj. – XIVe ▪ Qui a le caractère de l'usure (①), est propre à l'usure. *Taux usuraire.*

① **usure** n. f. – XIIe ; lat. « intérêt de l'argent » ▪ Intérêt de taux excessif (par rapport à la norme financière ; spécialt au-delà du taux d'intérêt maximum fixé par la loi, dit *taux de l'usure*) ; le fait de prendre un tel intérêt. *Prêter à usure.*

② **usure** n. f. – XVIe ; de *user* **1** Détérioration par un usage prolongé. ⇒ **attrition,** ① **dégradation.** *Usure des roches.* ⇒ **érosion.** ♦ Action de ce qui use, dégrade. *L'usure du temps.* **2** Diminution ou altération (d'une qualité, de la santé). « *Usure de la sensibilité plutôt, créant un état de moindre réaction* » (Mart. du G.). ♦ Le fait d'user qqn. *Guerre d'usure.* ➛ loc. fam. *Avoir qqn à l'usure,* prendre l'avantage sur lui en le fatiguant peu à peu. **3** État de ce qui est altéré, détérioré par l'usage. *Un complet* « *sous un lustre d'usure à la limite de l'effrangement* » (Genevoix).

usurier, ière n. – XIIe ▪ Personne qui prête à usure. ⇒ **prêteur.**

usurpateur, trice n. – XVe ▪ Personne qui usurpe (un pouvoir, un droit ; spécialt la souveraineté). ⇒ **imposteur.**

usurpation n. f. – XIVe ▪ Action d'usurper ; son résultat. ⇒ ① **appropriation.** ♦ *Usurpation de pouvoir,* commise par un agent administratif qui empiète sur le domaine réservé aux autorités judiciaires.

usurper v. tr. [1] – XIVe ; lat. « prendre possession par l'usage » ▪ S'approprier sans droit, par la violence ou la fraude (un pouvoir, une dignité, un bien). ⇒ s'**arroger,** s'**attribuer,** s'**emparer.** « *un intrigant de bas étage usurpant un nom honorable* » (Gaut.). *Usurper un titre.* ♦ Obtenir de façon illégitime. ➛ *Un* « *consentement usurpé* » (Caillois).

ut [yt] n. m. inv. – XIIIe ; lat., premier mot de l'hymne à saint Jean Baptiste : « *Ut queant laxis* » **1** Autrefois, Première note de la gamme. ⇒ **do.** mod. *Ut de poitrine* (cf. Contre-ut). **2** Ton de do. *La Cinquième Symphonie de Beethoven, en ut mineur.* ✪ HOM. Hutte.

❑ De l'hymne à saint Jean Baptiste furent retenues les six syllabes qui désignent les notes : « **Ut** queant laxis – **Re**sonare fibris – **Mi**ra gestorum – **Fa**muli tuorum – **Sol**ve polluti – **La**bii reatum – **S**ancte **I**ohannes (→ ③ si). »

utérin, ine adj. – XVe 1 Se dit des frères et sœurs qui ont la même mère, mais un père différent (opposé à ① *germain*). 2 Relatif à l'utérus, qui appartient à l'utérus. *Col utérin.*

utérus [yterys] n. m. – XVIe ; lat. *uterus* ▪ Organe de la femme et des mammifères femelles situé entre la vessie et le rectum et destiné à contenir l'œuf fécondé jusqu'à son complet développement. ⇒ vieilli **matrice.** *Col de l'utérus.*

utile adj. et n. m. – XIIe ; lat. *uti* « se servir de » → user 1 Dont l'usage, l'emploi est ou peut être avantageux, satisfait un besoin. ⇒ ① **bon, profitable, salutaire.** « *J'avais lieu d'espérer faire un livre vraiment utile aux hommes* » (Rouss.). *Cet objet peut nous être utile.* ⇒ **servir.** *Dépenses utiles ou inutiles. D'utiles conseils. Il est « utile de faire tomber les barrières entre les esprits et les intelligences »* (Ste-Beuve). ➛ *Utile à* (et l'inf.) : qu'il est utile de... *Ouvrages utiles à consulter.* ♦ *Travail utile d'un moteur,* travail utilisable (compte tenu des résistances). *Charge utile d'un véhicule.* ♦ n. m. *L'UTILE.* ⇒ ② **bien, utilité.** loc. *Joindre l'utile à l'agréable.* 2 Dont l'activité est ou peut être avantageusement mise au service d'autrui. *Chercher à se rendre utile.* « *servir au public et être utile à beaucoup* » (Montaigne). ➛ advt *Voter utile,* pour un candidat susceptible d'être élu, plutôt que pour celui qu'on préfère. 3 loc. *En temps utile :* au moment opportun. ✪ CONTR. Inefficace, inutile, superflu ; nuisible.

utilement adv. – XIIe ▪ D'une manière utile. ✪ CONTR. Inutilement.

utilisable adj. – XIXe ▪ Qui peut être utilisé. ✪ CONTR. Inutilisable.

utilisateur, trice n. – 1948 ▪ Personne qui utilise (qqch.). ⇒ **usager.**

❑ Pour l'emploi → usager (rem.).

utilisation n. f. – XVIIIe ▪ Action, manière d'utiliser. ⇒ **emploi, maniement.** *Notice d'utilisation d'un appareil.*

utiliser v. tr. [1] – XVIIIe 1 Rendre utile, faire servir à une fin précise. « *nous créons des dispositifs mécaniques pour utiliser les forces de la nature* » (Bergson). *L'art d'utiliser les restes.* 2 Employer. ⇒ se **servir, user** (de). *Utiliser un procédé, un instrument.* ✪ CONTR. Éprouver ; perdre.

utilitaire adj. – XIXe 1 Qui professe, ou qui concerne l'utilitarisme philosophique. ⇒ **utilitariste.** 2 Qui vise à l'utile. *Véhicule utilitaire* ou n. m. *un utilitaire :* camion, autocar, etc. (opposé à *voiture de tourisme*). 3 Attaché à ce qui est utile, préoccupé des seuls intérêts matériels. *Préoccupations utilitaires.* → **intéressé.** ✪ CONTR. Désintéressé, gratuit.

utilitarisme n. m. – XIXe ▪ Doctrine selon laquelle l'utile est le principe de toutes les valeurs, dans le domaine de la connaissance et dans le domaine de l'action.

utilitariste adj. – av. 1922 ▪ Qui professe, ou qui concerne l'utilitarisme philosophique.

utilité n. f. – XIIe 1 Caractère de ce qui est utile. *Utilité d'un instrument, d'une méthode. Être d'une grande utilité à qqn, sans utilité.* 2 Le bien ou l'intérêt (de qqn). *Pour mon utilité personnelle.* ⇒ **convenance.** ♦ *UTILITÉ PUBLIQUE :* « avantage qu'une déclaration officielle de l'autorité publique reconnaît pouvoir être procuré soit au public, soit à un service public » (Capitant). *Il « était venu annoncer la décision d'expropriation, pour cause d'utilité publique »* (Le Clézio). *Association reconnue d'utilité publique.* 3 En économie, Satisfaction qu'un bien ou qu'un service procure. 4 Emploi subalterne d'acteur. loc. *Jouer les utilités :* avoir un rôle secondaire, insignifiant. ✪ CONTR. Futilité, gratuité, inefficacité, inutilité.

utopie n. f. – XVIe ; gr. « en aucun lieu » 1 Plan d'un gouvernement imaginaire, à l'exemple de la République de Platon. *L'utopie de Fénelon dans le Télémaque.* 2 Conception ou projet qui paraît irréalisable. ⇒ **chimère, illusion, mirage, rêve.** « *une rêverie d'inventeur songe-creux, une utopie* » (Hugo).

❑ D'abord *l'Utopie,* avec majuscule, pour désigner un « pays imaginaire où un gouvernement idéal règne sur un peuple heureux », sens sorti d'usage.

utopique adj. – XVIIIe ▪ Qui constitue une utopie, tient de l'utopie. ⇒ **chimérique, imaginaire, irréalisable.** *Projet utopique.* ♦ *Socialisme utopique,* celui des saint-simoniens, de Fourier, qui dérive d'un système idéal plus que de l'analyse des réalités économiques (opposé à *socialisme scientifique*).

utopiste n. – XVIIIe ▪ Auteur de systèmes utopiques, esprit attaché à des vues utopiques. ⇒ **rêveur.** « *les caractères d'un idéalisme absolu, martyrs, héros, utopistes, amis de l'impossible* » (Renan).

utriculaire n. f. et adj. – XIXe 1 Herbe aquatique, à feuilles immergées, portant des outres qui servent à la capture de petits animaux. 2 adj. En forme d'utricule.

❑ Pour la formation du mot → outre (rem.).

utricule n. m. – XVIIIe ; lat. *uter, utris* « outre » 1 Petit organe en forme d'outre porté par certains végétaux (flotteur, piège), notamment les utriculaires. 2 Vésicule occupant la partie supérieure du vestibule de l'oreille interne, dans lequel débouchent les canaux semi-circulaires.

utriculeux, euse adj. – XIXe ▪ Pourvu d'utricules. ⇒ **urcéolé.**

① **U. V.** [yve] n. m. pl. – v. 1950, sigle de *ultra-violets* ▪ Rayons ultraviolets. ✪ HOM. Uvée.

② **U. V.** ▪ Sigle de *unité* de valeur.*

uval, ale, aux adj. – XIXe ; lat. *uva* « raisin » ▪ Qui a rapport au raisin.

uva-ursi n. m. inv. – XVIIIe ; mots lat. « raisin d'ours » ▪ ⇒ **busserole.**

uvée n. f. – XVe ; lat. *uva* « raisin », par anal. de couleur avec le grain de raisin noir ▪ Tunique moyenne, vasculaire, de l'œil comprenant la choroïde, le corps ciliaire et l'iris. ✪ HOM. U.V.

uvéite n. f. – XIXe ▪ Inflammation de l'uvée.

uvulaire adj. – XVIIIe ▪ Qui a rapport à la luette. ♦ *R uvulaire,* produit par l'action de la luette vibrant contre le dos de la langue. ⇒ **grasseyé.**

uvule n. f. – XIVe ; lat. *uva* « luette » ▪ Luette.

uxorilocal, ale, aux adj. – mil. XXe ; lat. *uxor* et *local* ▪ Se dit du type de résidence des couples, lorsqu'elle est déterminée par la résidence de l'épouse. ✪ CONTR. Virilocal.

V

① **V** [ve] **n. m. inv. 1** Vingt-deuxième lettre et dix-septième consonne de l'alphabet : *v majuscule* (V), *v minuscule* (v), *double v* (w). **2** *En V :* en forme de V majuscule. *Décolleté en V*, en pointe. « *un chandail vert sombre, à col en V* » (Tournier). ➛ *Un pull en V.* ➛ *Moteur en V*, où les deux axes des lignes de cylindres forment un V. *Un moteur six cylindres en V. Un (moteur) V6.*

② **V** abrév. et symboles **1 V.** [vɔtʀ] **adj. poss.** Votre. *V.E.* : Votre Excellence. ➛ **V.** [vwaʀ] Voir ; voyez. **2 v** [vɔlym] Volume. **3 V** [vɔlt] Volt. **4 V** [sɛ̃k] **adj.** et **n. m. inv.** Cinq, en chiffres romains. *Charles V.*

V1, V2 [veœ̃, vedø] **n. m. inv.** – v. 1944 ; abrév. all. *Vergeltungswaffe* « arme de représailles » ▪ Fusée porteuse d'explosifs, à grand rayon d'action, utilisée par les Allemands contre les Alliés pendant la guerre, en 1944-45. « *là-bas, en Bretagne, dans une lande fréquentée par des V2 à bout de souffle* » (Mac Orlan).

① **VA** ▪ Symb. du voltampère*.

② **va** → ① **aller** (V)

vacance **n. f.** – XVIe ; de *vacant* **I** au plur. *VACANCES.* **1** Période où les tribunaux interrompent leurs travaux. ⇒ **vacation.** *Vacances judiciaires.* **2** Période pendant laquelle les écoles, les facultés rendent leur liberté aux élèves, aux étudiants. *Les grandes vacances :* les vacances scolaires d'été. *Les « cours de récréation vidées par les vacances de Noël »* (Tournier). *Devoirs de vacances.* **3** Repos, cessation des occupations, du travail ordinaires. *Vous êtes fatigué, vous avez besoin de vacances.* **4** Temps de repos excédant quelques jours, accordé légalement aux employés, aux salariés. ⇒ **congé** (payé). **5** Période annuelle d'arrêt du travail coïncidant en partie avec les vacances scolaires, pendant laquelle un grand nombre de personnes se déplacent. *Partir en vacances. Passer ses vacances au bord de la mer. Bonnes vacances !* **II - 1** État d'une charge, d'un poste vacant. *La vacance d'une chaire de faculté.* ♦ *Vacance de succession :* caractère d'une succession vacante. **2** *La vacance du pouvoir :* période où les organes institutionnels du pouvoir politique ne sont pas en mesure de fonctionner. ✪ CONTR. Rentrée. Occupation, ① travail.

vacancier, ière **n.** – v. 1925 ▪ Personne qui se trouve en vacances, dans un endroit autre que son domicile habituel. ⇒ **estivant.**

vacant, ante **adj.** – XIIIe ; lat. *vacare* « être vide » **1** Qui n'a pas de titulaire. *Poste vacant.* « *cette place d'inspecteur de première classe* [...] *elle n'est vacante que depuis hier* » (Labiche). **2** Qui n'a pas de maître, de propriétaire. *Biens vacants.* **3** Qui n'est pas rempli, occupé ; qui est libre. ⇒ **inoccupé.** *Logement vacant.* **4** littér. Sans occupation, disponible ; absent (en parlant de l'esprit). « *Nos aînés écrivaient pour des âmes vacantes* » (Sartre). ✪ CONTR. Occupé, pris, rempli.

> ❑ Ne pas confondre avec *vaquant*, participe présent de *vaquer.*

vacarme **n. m.** – XIIIe ; néerl. *wacharme* « hélas ! pauvre ! » **1** Grand bruit de gens qui crient, se querellent, s'amusent. ⇒ **clameur.** *Un vacarme assourdissant.* ⇒ **chahut, charivari, tapage, tumulte ;** fam. **barouf,** ② **boucan, chambard, potin, ramdam.** « *toutes criant, hurlant, gesticulant, faisant un vacarme à ne pas entendre Dieu tonner* » (Mérimée). **2** Bruit assourdissant. *Le vacarme des klaxons.* ⇒ **tintamarre.** « *Le vacarme inhumain de l'usine* » (Duham.). ✪ CONTR. Murmure, silence.

vacataire **n.** et **adj.** – v. 1950 ▪ Personne affectée à une fonction précise pendant un temps déterminé (⇒ **vacation**).

vacation **n. f.** – XIVe ; de *vaquer* **1** Temps consacré par la justice, par des experts, à l'examen d'une affaire, à l'accomplissement d'une fonction. ♦ Période d'une durée limitée pendant laquelle une personne se voit confier, à titre d'auxiliaire, une tâche, une fonction déterminée ; cette fonction. *Vacation d'enseignement.* **2** au plur. Honoraires, émoluments (des officiers ministériels, des experts).

vaccaire **n. f.** – XIXe ; lat. *vacca* « vache » ▪ Plante à fleurs roses *(caryophyllacées)* appelée aussi *saponaire des vaches.*

vaccin **n. m.** – XIXe ; de *vaccine* **1** Virus de la vaccine (variole des vaches) qui, inoculé à l'homme, le préserve de la variole. **2** Substance préparée à partir de microbes, virus ou parasites (tués, inactivés ou atténués par des procédés spéciaux), qui, inoculée à un individu, lui confère une immunité contre le germe correspondant. *Sérum et vaccin.* **3** fam. Action de vacciner. ⇒ **vaccination.** *Faire un vaccin à un enfant.*

> ❑ Ce mot appartient à la même famille étym. que *vache* à cause des hasards de la recherche scientifique. → vaccine.

vaccinal, ale, aux **adj.** – XIXe **1** Qui a rapport à la vaccine. *Bouton vaccinal.* **2** Qui a trait à la vaccination, qui est causé par une vaccination.

vaccination **n. f.** – XIXe ▪ Le fait de vacciner ; administration de vaccin. *Vaccination obligatoire.*

vaccine **n. f.** – XVIIIe ; lat. *(variola) vaccina* « (variole) de la vache » **1** Maladie infectieuse observée chez la vache (⇒ **cow-pox**), le cheval, due à un virus identique à celui de la variole humaine, et dont l'inoculation chez l'homme confère une immunité contre cette maladie. **2** Réaction provoquée chez l'homme par l'inoculation du vaccin antivariolique.

vacciner **v. tr.** [1] – XIXe ▪ Immuniser par un vaccin. ⇒ **vaccination.** *Vacciner qqn contre le tétanos. Se faire vacciner contre la grippe.* ♦ loc. fam. *Être vacciné contre qqch. :* être préservé d'une chose désagréable, dangereuse pour en avoir fait la pénible expérience. ➛ loc. *Être majeur et vacciné :* être assez grand pour prendre ses décisions et ses responsabilités tout seul.

vaccinide n. f. – XIXe ; de *vaccine* ou de *vaccin* ▪ Réaction cutanée pouvant survenir après une vaccination antivariolique (rougeurs, pustules, vésicules).

vaccino- Élément, de *vaccin* ou de *vaccine.*

vaccinogène adj. – XIXe ; *vaccino-* et *-gène* ▪ Se dit d'un organisme producteur de vaccin.

vaccinostyle n. m. – 1907 ▪ Lancette à vacciner, plume métallique très pointue.

vaccinothérapie n. f. – 1909 ; *vaccino-* et *-thérapie* ▪ Traitement d'une maladie infectieuse par des vaccins.

vachard, arde adj. – XIXe ▪ fam. Méchant. *Une réflexion vacharde.*

vache n. f. – XIe ; lat. *vacca* **1** Femelle du taureau. *Mamelles* (⇒ ① **pis**) *d'une vache. Bouse de vache. La vache meugle, beugle. Jeune vache.* ⇒ **génisse, taure.** *Petit de la vache.* ⇒ **veau.** *Les vaches paissent, ruminent.* « *les vaches, un jarret replié, étalaient leur ventre sur le gazon* » (Flaub.). *Vache laitière. Traire les vaches.* ➤ *Les sept vaches grasses et les sept vaches maigres dont parle la Bible,* symbole de l'alternance de l'abondance et de la disette. « *Demain ce serait à nouveau les vaches maigres, les fins de mois difficiles* » (R. Floriot). **2** *Vache à lait :* personne qu'on exploite, source de profit. « *Quant au Crédit viticole, c'était une vache à lait inépuisable* » (Zola). ➤ fam. *Il pleut comme vache qui pisse,* très fort. ➤ *Queue de vache :* d'un roux jaunâtre, terne. ➤ *Donner des coups (de pied) en vache :* agir en traître, hypocritement, contre qqn. ➤ *Manger de la vache enragée :* en être réduit à de dures privations. ➤ *Parler français comme une vache espagnole,* corrigé pour le sens en « *comme un Basque espagnol* » *:* parler mal le français. ➤ *Une vache n'y trouverait pas son veau,* se dit d'un grand désordre. **3** fam. et vieilli Agent de police ; policier, gendarme. « *On accuse mon client d'avoir dit : "Mort aux vaches !"* » (France). ♦ fam. Personne méchante, qui ne passe rien. *Cette vache de propriétaire.* ⇒ **carne, chameau, rosse.** ➤ (en parlant d'une personne dont on a à se plaindre) *Ah ! les vaches, ils m'ont oublié !* ➤ *La vache !* exclamation exprimant l'étonnement, l'indignation, l'admiration. ➤ (intensif) *Une vache de belle bagnole.* ⇒ ① **sacré.** ♦ adj. fam. Méchant, sévère. *Il a été vache avec moi.* ⇒ **salaud.** *Une critique très vache.* ♦ *Peau de vache :* personne méchante. *C'est une vraie peau de vache.* **4** Peau de la vache apprêtée en fourrure, en cuir. *Sac en vache.* ⇒ **vachette.** ✪ CONTR. Chic, ② gentil, indulgent.

vachement adv. – av. 1930 ▪ fam. Beaucoup ; très. ⇒ **drôlement, rudement, sacrément.** *Elle est vachement bien.*

vacher, ère n. – XIIIe ▪ Personne qui mène paître les vaches et les soigne.

vacherie n. f. – XIIe **I** vx ou région. Étable à vaches. **II** fam. Parole, action méchante. ⇒ **méchanceté.** *Dire des vacheries. Faire une vacherie à qqn.* ♦ Caractère vache, méchant. *La vacherie d'une critique.* ✪ CONTR. Gentillesse.

vacherin n. m. – XVe **1** Fromage de Franche-Comté et de Savoie, à pâte molle et onctueuse, à croûte lavée, cerclé d'écorce de sapin. **2** Entremets composé d'une meringue garnie de glace et de crème Chantilly. *Vacherin au cassis.*

vachette n. f. – XIIe **1** Petite vache. *Course de vachettes* (⇒ **razeteur**). **2** Cuir de génisse. *Sac en vachette.*

vacillant, ante [vasijɑ̃ ; vasilɑ̃, ɑ̃t] adj. – XIVe **1** Qui vacille, remue par manque d'équilibre, menace de tomber. ⇒ **chancelant, tremblant.** *La démarche vacillante d'un ivrogne.* ⇒ **titubant.** ♦ Qui scintille faiblement, tremble. *Lumière vacillante.* **2** Qui est incertain, instable ; sur quoi ou sur qui on ne peut compter. *Mémoire vacillante.* ⇒ **chancelant.** « *Une volonté vacillante et bégayante* » (Ste-Beuve). ✪ CONTR. ① Fixe, immobile ; assuré, ① ferme, sûr.

vacillement [vasijmɑ̃ ; vasilmɑ̃] n. m. – XVIIe **1** Mouvement, oscillation de ce qui vacille. **2** Hésitation à agir, à décider ; changements d'opinion, d'intention dus à la faiblesse. ⇒ **indécision, irrésolution.** « *Un vacillement des esprits* » (Colette).

vaciller [vasije ; vasile] v. intr. [1] – XIIe ; lat. *vacillare* **1** Aller de droite et de gauche, être en équilibre instable et risquer de tomber. ⇒ **chanceler, trembler.** *Vaciller sur ses jambes.* **2** Trembler, être sur le point de s'éteindre ; subir des variations (lumière), scintiller faiblement. ⇒ **trembloter.** *Flamme qui vacille.* « *La lumière des braseros vacillait* » (Le Clézio). **3** Devenir faible, incertain ; manquer de solidité, de fermeté. *Mémoire qui vacille.* ⇒ **vacillant.** « *dans l'esprit de l'homme où tout vacille et fuit* » (Hugo).

❑ Pour la prononciation → osciller (rem.).

va comme je te pousse (à la) → **pousser** (I, 1°)

vacuité n. f. – XIVe ; lat. *vacuus* « vide » **1** État de ce qui est vide. **2** Vide moral, intellectuel ; absence de valeur. *Son discours est d'une vacuité complète.* ✪ CONTR. Plénitude.

❑ Même famille que *vacant, vacance.* ♦ Ne pas confondre avec *viduité* qui ressemble à *vide* et signifie « état de veuf, de veuve ».

vacuolaire adj. – XIXe ▪ Relatif aux vacuoles ; qui renferme des vacuoles.

vacuole n. f. – XVIIIe ; lat. *vacuum* « vide » ▪ Petite cavité, intervalle vide. ➤ Espace circonscrit au sein du cytoplasme d'une cellule ou d'un organisme unicellulaire, à contenu variable.

vacuoliser v. tr. [1] – 1904 ▪ Transformer en vacuole ; produire des vacuoles dans. ➤ pronom. *Se vacuoliser.*

vacuome n. m. – mil. XXe ▪ Ensemble des vacuoles aqueuses d'une cellule végétale. ✪ HOM. Vacuum.

vacuum [vakɥɔm] n. m. – XIXe ; mot lat. ▪ Espace vide, sans matière. ⇒ **vide.** ✪ HOM. Vacuome.

vade-mecum [vademekɔm] n. m. inv. – XVe ; mots lat. « viens *(vade)* avec *(cum)* moi *(me)* » ▪ littér. Livre (guide, manuel, aide-mémoire, répertoire) que l'on garde sur soi pour le consulter.

① **vadrouille** n. f. – XVIIe ; probablt de *drouilles* « hardes » ▪ Instrument de nettoyage du pont, dans un bateau, formé d'un tampon de cordages et d'un manche. ⇒ **balai, faubert.** ➤ (Canada) Balai à franges.

② **vadrouille** n. f. – XIXe ; de *vadrouiller* ▪ fam. Promenade. ⇒ **balade.** ➤ *Être en vadrouille :* ne pas être chez soi, être sorti.

vadrouiller v. intr. [1] – XIXe ; de ① *vadrouille* ▪ fam. Se promener sans but précis, sans raison. ⇒ **traînasser, traîner.** « *À quatre heures et demie il sortait, et vadrouillait jusqu'à la mi-nuit* » (Montherl.).

va-et-vient n. m. inv. – XVIIIe ; de *aller* et *venir* **1** Système de double cordage. *Va-et-vient utilisé entre un navire et la côte.* ♦ Gond de porte permettant l'ouverture dans les deux sens, et le retour à la position d'équilibre. « *en pressant le va-et-vient de la porte de l'estaminet* » (Carco). ♦ Dispositif électrique comportant deux interrupteurs (ou plus) montés en circuit, et permettant d'allumer, d'éteindre, de plusieurs endroits. **2** Mouvement alternatif ; action de ce qui va et vient alternativement. *Va-et-vient d'un piston, d'un pendule.* **3** Déplacement de personnes ou de choses en sens inverse ; allées et venues. *Faire le va-et-vient entre deux endroits. Un café où il y a beaucoup de va-et-vient.* ⇒ **passage.**

vagabond, onde adj. et n. – XIVe ; lat. *vagari* « errer » **I** adj. **1** littér. *Une existence vagabonde,* où l'on se déplace, où l'on voyage constamment. **2** Qui change sans cesse, n'est pas tenu par une règle ou par une disposition naturelle. ⇒ ② **errant, flottant.** « *son instabilité, son humeur vagabonde* » (Duham.). **II** n. Personne sans domicile fixe et sans ressources avouables, qui erre, traîne à l'aventure. ⇒ **clochard, rôdeur, S.D.F.** « *l'humiliant carnet anthropométrique. On le délivre à tous les vagabonds* » (Genet).

vagabondage n. m. – XVIIIe **1** Le fait ou l'habitude d'errer, d'être vagabond. ⇒ **errance. 2** État de vagabond. *Délit de vagabondage :* délit de toute personne « qui n'a ni domicile ni moyens de subsistance et n'exerce habituellement aucun métier » (CODE PÉNAL). **3** État de l'imagination entraînée d'objet en objet par association d'idées. *Vagabondage(s) de l'imagination, de l'esprit.*

vagabonder v. intr. [1] – XIVe **1** Circuler, marcher sans but, à l'aventure ; se déplacer sans cesse. ⇒ **errer.** *Vagabonder sur les routes.* **2** Errer. ⇒ **vaguer.** « *être seul, sur l'eau et sous le ciel, par une nuit chaude, rien ne fait ainsi* [...] *vagabonder l'imagination* » (Maupass.).

vagal, ale, aux adj. – 1926 ■ Relatif au nerf vague.

vagin n. m. – XVIIe ; lat. *vagina* « gaine » ■ Conduit musculaire qui s'étend de l'utérus à la vulve, chez la femelle du mammifère, chez la femme ; partie de l'appareil génital féminin qui constitue l'organe de la copulation.

vaginal, ale, aux adj. – XVIIIe ■ Du vagin. *Muqueuse vaginale.*

vaginisme n. m. – XIXe ■ Contraction spasmodique douloureuse des muscles constricteurs du vagin, qui peut se produire au cours d'un rapport sexuel.

vaginite n. f. – XIXe ■ Inflammation de la muqueuse du vagin.

vagir v. intr. [2] – XVIe ; lat. *vagire* **1** Pousser un cri, des cris, en parlant du nouveau-né. **2** Pousser un cri faible, semblable à celui des nouveau-nés (lièvre, crocodile).

vagissant, ante adj. – XIXe ■ Qui vagit.

vagissement n. m. – XVIe ■ Cri de l'enfant nouveau-né. ♦ Cri plaintif et faible (de quelques animaux).

vagolytique adj. – mil. XXe ; de ③ *vague* et *lytique* ■ Qui paralyse le nerf vague.

vagotonie n. f. – 1923 ; de ③ *vague* et *-tonie* ■ Prédominance de l'activité du système parasympathique, se traduisant par une lenteur du pouls, une tension artérielle basse avec tendance aux syncopes, des accès de sudation, de la constipation, des crampes musculaires. ✪ CONTR. Sympathicotonie.

vagotonique adj. – 1916 ■ Se dit de l'individu chez qui prédomine l'activité du système parasympathique.

① **vague** n. f. – XIIe ; a. scand. *vâgr* **1** Inégalité de la surface d'une étendue liquide (mer, en particulier), due aux diverses forces naturelles qui s'exercent sur le fluide en mouvement (courants, vent, etc.) ; masse d'eau qui se soulève et s'abaisse en se déplaçant ou en paraissant se déplacer. ⇒ **flot, houle, lame.** *La crête, l'écume des vagues. Les vagues déferlent, se brisent.* « *des vagues, accourant vers nous, pareilles à des bêtes, tête dressée, crête étincelante* » (Le Clézio). **2** Mouvement qui se développe, fait remuer un milieu, comparable à la vague (par l'ampleur, la puissance, la progression...). *Une vague de violence.* ⇒ **déferlement.** Loc. fam. *Faire des vagues :* faire des remous, des difficultés ; inquiéter, scandaliser. ♦ Masse (d'hommes, de choses qui se répandent brusquement). *La première vague des départs en vacances.* – *La Nouvelle Vague :* les jeunes cinéastes des années cinquante. ♦ Phénomène physique qui se propage, envahit un lieu. *Vague de froid :* afflux de masses d'air froid.

② **vague** adj. et n. m. – XIIIe ; lat. *vacuus* « vide » ■ *Terrain vague :* terrain vide de cultures et de constructions, dans une ville. ♦ n. m. Espace indéterminé, sans limite précise. *Regarder dans le vague ; avoir les yeux dans le vague :* ne fixer aucun objet précis.

③ **vague** adj. et n. m. – XIVe ; lat. *vagus* « qui va à l'aventure ; indéterminé » **I** adj. **1** *Nerf vague* (à cause de ses ramifications dispersées) : nerf pneumogastrique*. **2** Que l'esprit a du mal à saisir, à cause de son caractère mouvant, de son imprécision ou de son sens mal défini. ⇒ **confus, flou, imprécis, indéterminé.** « *esprit, mot vague auquel on a donné mille acceptions différentes* » (Volt.). *Il est resté vague,* s'est contenté de propos vagues. *Une idée* « *assez vague pour n'être point toute fausse* » (Valéry). **3** Que le caractère lointain, indiscernable de son objet rend faible. *Un vague espoir.* ♦ Qui exprime des pensées ou des sentiments indécis. ⇒ **distrait.** « *il regardait les murs d'un œil vague* » (Zola). **4** Qui est perçu d'une manière imparfaite ; qui est reconnu sans pouvoir être analysé. ⇒ **flou, imprécis.** « *un vague halo blanchâtre* » (Robbe-Grillet). ♦ Qui n'est pas ajusté, serré. *Manteau vague.* ♦ Qu'on ne peut localiser avec précision. « *une euphorie vague qui aboutit, en quelques secondes, à l'évanouissement* » (St-Exup.). **5** (toujours avant le nom) péj. Dont l'identité précise importe peu. ⇒ **quelconque.** *Un vague cousin.* **II** n. m. **1** Ce qui n'est pas défini, fixé (dans le domaine intellectuel, affectif ou sensible). ⇒ **imprécision.** *Rester dans le vague :* ne pas préciser sa pensée, ses intentions. **2** *Avoir du* VAGUE À L'ÂME, un sentiment d'insatisfaction, de tristesse, sans cause discernable, empreint de rêverie. ⇒ **mélancolie.** ✪ CONTR. Défini, déterminé, distinct, ① précis. — Précision.

> ❑ Même famille que *vagabond, divaguer, extravagance.*

vaguelette n. f. – XIXe ■ Petite vague ; ride à la surface de l'eau.

vaguement adv. – XVe **1** Sans donner de précisions. *Il m'a vaguement dit de quoi il était question.* **2** D'une manière incertaine ou douteuse. ⇒ **peu** (un). « *Elle avait un air toujours vaguement offensé* » (Colette). ✪ CONTR. Nettement, précisément.

vaguemestre n. m. – XVIIe ; all. *Wagenmeister* ■ Sous-officier (quartier-maître) chargé du service de la poste dans l'armée (sur un navire).

vaguer v. intr. [1] – XIIe ; lat. *vagari* ■ Errer, ne pas se fixer. *Laisser vaguer son imagination.* ⇒ **vagabonder.**

vahiné n. f. – XIXe ; mot tahitien ■ Femme de Tahiti.

> ❑ En français de Polynésie, *vahiné* se dit pour « épouse » ou « maîtresse ».

vaigrage n. m. – XVIIIe ■ Ensemble des vaigres ; côté intérieur des membrures.

vaigre n. f. – XVIIe ; o. scand. ■ Planche qui revêt le côté intérieur des membrures d'un navire.

vaillamment adv. – XIIIe ■ Avec vaillance. ⇒ **bravement, courageusement.**

vaillance n. f. – XIIe **1** littér. Valeur guerrière, bravoure. **2** vieilli Courage d'une personne que la souffrance, les difficultés, le travail n'effraient pas. *Accueillir* « *avec une vaillance lucide, ce qu'on nomme "les avertissements de l'âge"* » (Duham.). ✪ CONTR. Lâcheté ; faiblesse.

vaillant, ante adj. – XIe ; a. p. prés. de *valoir* **I** loc. *N'avoir pas un sou vaillant* (proprt n'avoir pas un sou en fait de valeur) : être pauvre, sans argent. **II - 1** littér. Brave.

⇒ **courageux.** 2 Qui est prêt à supporter avec courage les difficultés. « *La vaillante petite Mme Pepys* » (R. Rolland). ♦ Qui est en bonne santé, vigoureux. *Il est guéri, mais pas encore bien vaillant.* ✪ CONTR. Lâche. Paresseux ; faible.

❑ Des formes primitives de participes présents ont persisté comme adjectifs ou comme noms. *Vaillant* (doublet de *valant*) mais aussi *puissant (pouvant), savant (sachant), séant (seyant),* etc.

vaillantie [vajɑ̃ti] **n. f.** – XIXe ; du nom de *S. Vaillant* ▪ Plante herbacée des lieux arides *(rubiacées),* à fleurs blanches ou jaunâtres.

vain, vaine **adj.** – XIIe ; lat. *vanus* **1** littér. Dépourvu de valeur, de sens. ⇒ **creux, dérisoire, insignifiant.** « *Puisqu'il y avait la mort, tout lui semblait vain* » (Jouhand.). loc. *Ce n'est pas un vain mot :* c'est une chose prise au sérieux. ♦ Qui n'a pas de base sérieuse, qui est sans fondement. ⇒ **chimérique, illusoire.** *Un vain espoir* [vɛnɛspwaʀ]. ⇒ **fallacieux. 2** Qui est dépourvu d'efficacité, reste sans effet. ⇒ **inefficace, infructueux, inutile.** *Faire de vains efforts. De vains regrets.* ⇒ **superflu.** ➛ « *le spirituel et le matériel* [...] *il est vain de les opposer* » (Gide). ♦ *EN VAIN :* sans obtenir de résultat, sans que la chose en vaille la peine. ⇒ **inutilement, vainement.** « *c'est en vain que se font tuer nos soldats* » (Gide). *Il a protesté en vain,* en pure perte. **3** littér. Fier de soi sans avoir de bonnes raisons de l'être. ⇒ **prétentieux, suffisant, vaniteux.** *Un homme superficiel et vain.* ✪ CONTR. Efficace, utile ; fondé. — HOM. Vin, vingt ; veine.

vaincre **v. tr.** [42] – Xe ; lat. *vincere* **1** L'emporter par les armes sur (un ennemi public ou privé). ⇒ **battre, écraser.** « *les plus superbes d'entre les rois qu'il avait vaincus* » (Fén.). ➛ « *À vaincre sans péril, on triomphe sans gloire* » (Corn.). ♦ Dominer et réduire à sa merci, au terme d'une lutte qui fait songer à la guerre. « *Il y a des femmes qui inspirent l'envie de les vaincre* » (Baudelaire). **2** L'emporter sur (un adversaire, un concurrent) dans une compétition pacifique. ⇒ **battre.** « *le besoin de vaincre des rivaux* » (Maurois). **3** Être plus fort que (une force naturelle), faire reculer ou disparaître. ⇒ **dominer, surmonter.** *Vaincre sa timidité.* ➛ *Vaincre une résistance.* ⇒ **forcer.** *Vaincre des difficultés.* ⇒ **triompher** (de). ✪ HOM. *Vaincs :* vins (venir).

vaincu, ue **adj.** – XIIe ▪ Qui a subi une défaite (de la part d'un ennemi, d'un rival, d'une force quelconque). « *Nous voici vaincus et captifs, humiliés dans notre légitime orgueil national* » (Sartre). *S'avouer vaincu :* reconnaître sa défaite. *Il était vaincu d'avance,* sa nature, les circonstances rendaient sa défaite inévitable. ➛ **n.** *Malheur aux vaincus !* ⇒ **perdant.** « *tous les vaincus sont redevenus maîtres de leurs vainqueurs* » (Giono). ✪ CONTR. Vainqueur.

vainement **adv.** – XIIe ▪ En vain, inutilement. *J'essaie vainement de le joindre.*

vainqueur **n. m.** – XIIe **1** Personne qui a vaincu, gagné la bataille, la guerre. ➛ **adj. m.** Victorieux. *Cette nation sortit vainqueur de la guerre.* **2** Gagnant. ⇒ **champion, lauréat.** *Elle a été le vainqueur de la course.* **3** Personne qui a triomphé (d'une force, d'une difficulté naturelle). *Le vainqueur de l'Everest.* ✪ CONTR. Vaincu.

❑ Le féminin *vainqueresse,* attesté chez Christine de Pisan, est rapidement sorti d'usage. En attribut, le féminin donné est souvent *victorieuse.*

vair **n. m.** – XIe ; lat. *varius* **1** vx Fourrure de petit-gris. *La pantoufle de vair de Cendrillon.* **2** Une des deux fourrures du blason, composée de petites pièces en forme de clochetons, disposées tête-bêche sur des lignes horizontales. ✪ HOM. Ver, verre, vers, vert.

❑ Dans le conte de Perrault, Cendrillon perd sa pantoufle de *verre.* Les interventions de Balzac et de Littré imposeront la variante « pantoufle de *vair* ».

vairé, ée **adj.** – XIIIe ▪ Chargé de vair. *Écu vairé.* ✪ HOM. Verré, verrée.

① **vairon** **n. m.** – XIIe ; de *vair* « gris-bleu, bigarré » ▪ Petit poisson physostome *(cyprinidés),* au corps presque cylindrique, vivant dans les eaux courantes.

② **vairon** **adj. m.** – XVIe ; de *vair* « gris-bleu, bigarré » ▪ *Yeux vairons,* dont l'iris est cerclé d'un anneau blanchâtre, ou qui sont de couleurs différentes. ➛ « *il était vairon, il avait un œil bleu comme une porcelaine chinoise et l'autre œil couleur d'or* » (Perec).

vaisseau **n. m.** – XIe ; lat. *vasculum,* dimin. de *vas* « vase » **I** Canal par lequel circule le sang ou la lymphe. ⇒ **artère, capillaire, veine ; vaso-.** *Vaisseaux sanguins, lymphatiques. Radiographie des vaisseaux.* ⇒ **angiographie.** ➛ Tube où s'effectue la circulation de la sève. **II - 1** vieilli (sauf dans certaines loc.) Navire d'une certaine importance. ⇒ **bateau, bâtiment.** *Capitaine, lieutenant de vaisseau.* « *les vents qui enflent les voiles du vaisseau* » (Volt.). ➛ loc. *Brûler ses vaisseaux* (proprt pour s'interdire de quitter le territoire ennemi où on a débarqué) : accomplir un acte, une démarche qui ôte toute possibilité de recul ou de revirement. ♦ *Vaisseau spatial :* véhicule destiné au déplacement à travers l'espace et à l'exploration spatiale. ⇒ **astronef. 2** Espace allongé que forme l'intérieur d'un grand bâtiment, d'un bâtiment voûté. ⇒ **nef.** « *la cathédrale, vaisseau gothique à flèche élevée* » (Chateaub.).

vaisselier **n. m.** – XVIe ▪ Meuble rustique, dont la partie haute est formée d'étagères sur lesquelles on expose la vaisselle de table. ⇒ **dressoir.**

❑ Un seul *l* comme dans *chandelier.*

vaisselle **n. f.** – XIIe ; lat. *vascellum* « petit vase » **1** Ensemble des récipients qui servent à manger, à présenter la nourriture. *Service de vaisselle.* ➛ *Vaisselle de faïence, de porcelaine, de terre cuite. Vaisselle en pyrex. Pile de vaisselle. Casser de la vaisselle.* ➛ loc. fam. *S'envoyer la vaisselle à la tête :* se disputer violemment. **2** Ensemble des plats, assiettes, ustensiles de table, etc., qui sont à laver. *Machine à laver la vaisselle.* ⇒ **lave-vaisselle.** *Égouttoir à vaisselle.* ♦ Lavage de la vaisselle (⇒ **plonge**). « *J'aidais maman à faire la vaisselle ; elle lavait les assiettes, je les essuyais* » (Beauv.).

val, vals ou **vaux** **n. m.** – XIe ; lat. *vallis* ▪ vx (sauf dans des toponymes) Vallée. *Le Val de Loire :* la région qui entoure une partie de la vallée de la Loire. *Les Vaux-de-Cernay.* ✪ HOM. Vau, veau, vos (votre).

valable **adj.** – XIIIe ; de *valoir* **1** Qui remplit les conditions pour être accepté par une autorité, pour produire son effet. *Billet d'avion valable un an.* **2** À quoi on reconnaît une valeur, un fondement. ⇒ **acceptable, recevable, sérieux.** « *il ne donnait à son aversion aucun motif valable* » (Mart. du G.). **3** Qui a un effet, une valeur dans telle circonstance. « *la méthode critique la plus valable* » (Camus). ♦ (emploi critiqué) Qui a des qualités qu'on peut apprécier, estimer à bon droit. *Un « commandement interallié valable »* (de Gaulle). ➛ *Interlocuteur valable,* qualifié, autorisé. ➛ fam. (emploi négligé) *Un achat tout à fait valable.* ⇒ **intéressant, rentable.**

valablement **adv.** – XVe **1** De manière à être reçu, à produire ses effets juridiques. *Valablement autorisé.*

2 À bon droit. *Alléguer valablement que...* ♦ (emploi critiqué) D'une manière efficace, appréciable.

valdinguer v. intr. [1] – XIXe ; de *valser* et *dinguer* ▪ fam. Tomber. ⇒ **dinguer.** *Envoyer valdinguer qqn, qqch.*, l'envoyer promener. « *les boîtes de conserves rouillées que des galoches expertes envoyaient valdinguer sur les pelouses* » (Perec).

valence n. f. – XIXe ; lat. *valentia* 1 Nombre de liaisons chimiques qu'un atome ou un ion engage avec d'autres atomes ou ions dans une combinaison. *Électrons de valence* : électrons d'un atome, responsables des liaisons de cet atome avec d'autres atomes. 2 Puissance d'attraction *(valence positive)* ou de répulsion *(valence négative)*, d'un objet ou d'une activité.

valenciennes n. f. – XVIIIe ; du nom de la ville ▪ Dentelle fine, fabriquée initialement à Valenciennes, puis en Belgique. « *elle plongeait les mains dans ce flot montant de guipures, de malines, de valenciennes, de chantilly* » (Zola).

-valent, ente Élément, de *équivalent* (en chimie), signifiant « qui a pour valence ».

valentinite n. f. – XIXe ; du nom de l'alchimiste *Basil Valentin* ▪ Oxyde naturel d'antimoine.

valériane n. f. – XIIIe ; lat. *Valeria*, province romaine ▪ Plante herbacée *(valérianacées)*, à fleurs roses ou blanches, à la racine très ramifiée. *Valériane officinale dite* herbe-à-chats.

valérianelle n. f. – XVIIIe ▪ Mâche.

valérique adj. – XIXe ; de *valériane* ▪ Se dit des trois isomères d'un acide ou d'un aldéhyde aliphatique à cinq atomes de carbone.

valet n. m. – XIIe ; gaul. °*vasso* **I** Carte à jouer sur laquelle est représenté un jeune écuyer. *Valet de pique.* ⇒ **mistigri, pouilleux. II - 1** vieilli Domestique. ⇒ **laquais, serviteur.** « *Maître ici, valet là, selon qu'il plaît à la fortune* » (Beaum.). ➛ *VALET DE PIED* : domestique de grande maison, en livrée. ➛ *VALET DE CHAMBRE* : domestique masculin servant dans une maison ou un hôtel. ♦ Personne d'une complaisance servile et intéressée à l'égard d'une autorité. *Les valets du capitalisme.* 2 Salarié chargé de certains travaux. *Valet de ferme* : ouvrier agricole. *Valet d'écurie*, chargé des soins des chevaux. ⇒ **palefrenier. III - 1** Appareil, pièce ou dispositif destinés à faciliter un travail. *Valet de menuisier* : pièce de fer coudée. 2 *Valet (de nuit)* : cintre monté sur pieds sur lequel on place ses vêtements quand on se déshabille. « *le valet de nuit en cuivre et acajou, avec son cintre galbé, avec son système breveté assurant aux pantalons un pli éternel* » (Perec). •

❑ Même famille étymologique que *vassal*.

valetaille n. f. – XVIe ▪ péj. Ensemble des valets d'une maison. « *Partout, une valetaille à larges galons d'or circulait* » (Flaub.).

valétudinaire adj. et n. – XIVe ; lat. *valetudo* « état de santé » ▪ vieilli ou littér. Dont la santé précaire est souvent altérée. ⇒ **égrotant, maladif.** *Vieillard valétudinaire.* ➛ n. *Un, une valétudinaire.*

valeur n. f. – XIe ; lat. *valor* **I - 1** Ce en quoi une personne est digne d'estime (quant aux qualités que l'on souhaite à l'homme dans le domaine moral, intellectuel, professionnel). ⇒ **mérite.** *Haute valeur morale. Un savant de sa valeur, de cette valeur.* ⇒ **carrure, envergure, étoffe, trempe.** « *On ne m'appréciait pas à ma juste valeur* » (Beauv.). ➛ *Un homme de valeur*, qui a une valeur personnelle très grande. 2 littér. Bravoure. ⇒ **vaillance.** « *La valeur n'attend pas le nombre des années* » (Corn.). **II - 1** Caractère mesurable (d'un objet) en tant que susceptible d'être échangé, désiré. ⇒ **prix.** *Valeur d'un terrain. Déterminer la valeur de qqch.* ⇒ **coter, estimer, évaluer, expertiser.** *Objet de valeur, de grande valeur.* « *les poches pleines d'objets sans valeur* » (Cocteau). ♦ loc. *Mettre en valeur* : faire valoir, faire produire (un bien, un capital). *Mettre en valeur des terres incultes.* Faire valoir (une personne, une chose) en la montrant à son avantage. *Savoir se mettre en valeur. Mot mis en valeur dans la phrase.* 2 Qualité (d'un bien, d'un service) fondée sur son utilité, sur le rapport de l'offre à la demande, sur la quantité de facteurs nécessaires à sa production. *Valeur ajoutée* : différence entre la valeur de la production et la valeur des consommations intermédiaires nécessitées par cette production. *Taxe à la valeur ajoutée (T.V.A.).* 3 *Valeurs (mobilières)*, nom générique des titres négociables. ⇒ ② **action,** ② **bon, emprunt, obligation,** ① **part, titre** (de rente) ; **sicav.** *Les charbonnages* « *sont en général d'excellentes valeurs, un peu spéculatives peut-être* » (Romains). ♦ Effet de commerce. ⇒ **billet, papier. III - 1** Caractère de ce qui répond aux normes idéales de son type, qui a de la qualité. *Attacher de la valeur à un objet, un souvenir.* 2 Qualité estimée par un jugement. ⇒ **qualité.** *Des œuvres de valeur inégale.* ➛ *JUGEMENTS DE VALEUR* (opposé à *jugements de réalité*), par lesquels on affirme que qqch. est plus ou moins digne d'estime. *Porter un jugement de valeur sur qqch.* 3 Qualité de ce qui produit l'effet souhaité. ⇒ **efficacité, portée, utilité.** *La valeur d'une méthode.* 4 Caractère de ce qui satisfait à une certaine fin. ⇒ ① **sens.** *La valeur expressive d'un mot.* 5 *UNE VALEUR* : ce qui est vrai, beau, bien, selon un jugement personnel plus ou moins en accord avec celui de la société de l'époque ; ce jugement. « *Ce grand chavirement de toutes les valeurs qui demeuraient pour nous des raisons de vivre* » (Gide). *Échelle des valeurs* : l'ensemble des valeurs classées de la plus haute à la plus faible, dans la conscience, et servant de référence dans les jugements, la conduite. **IV - 1** Mesure (d'une grandeur ou d'une quantité variable). *Valeur de* x. ♦ Quantité approximative. *Ajoutez la valeur d'une cuillère à café.* ⇒ ② **équivalent.** 2 Mesure conventionnelle (attachée à un signe). *La valeur des différentes cartes.* ♦ Durée relative (d'une note, d'un silence), indiquée par sa figure, éventuellement modifiée par certains signes. *La valeur d'une blanche est deux noires.* 3 Sens (d'un mot) limité ou précisé par son contexte. « *Dans la langue, chaque terme a sa valeur par son opposition avec tous les autres termes* » (Saussure). 4 Qualité (d'un ton plus ou moins foncé). ✪ CONTR. Médiocrité, nullité ; non-valeur.

valeureusement adv. – XVe ▪ rare Bravement.

valeureux, euse adj. – XVe ▪ littér. Brave, vaillant. *Nos valeureux soldats.*

valgus [valgys] adj. – XIXe ; mot lat. « bancal » ▪ Se dit du pied, du genou, de la cuisse, de la main qui sont déviés en dehors (opposé à *varus*).

validation n. f. – XVIIe ▪ Fait de valider, son résultat. ⇒ **homologation.** ✪ CONTR. Annulation, invalidation.

valide adj. – XVIe ; lat. *validus* « bien portant » 1 Qui est en bonne santé, capable de travail, d'exercice. ⇒ ① **gaillard, robuste.** « *une sorte de service civil pour obliger les hommes valides à participer au sauvetage général* » (Camus). ➛ *Il n'a plus qu'un bras valide.* 2 Qui présente les conditions requises pour produire son effet ; qui n'est entaché d'aucune cause de nullité. ⇒ **valable.** *Passeport valide.* ✪ CONTR. Impotent, invalide, malade. Nul, périmé.

validement adv. – XVIIe ▪ dr. Valablement.

valider v. tr. [1] – XVe ▪ Rendre ou déclarer valide. ⇒ **entériner, homologuer, ratifier.** *Faire valider une attestation.* ✪ CONTR. Annuler, invalider.

validité n. f. – XVIe ▪ Caractère de ce qui n'est entaché d'aucune cause de nullité. *Durée de validité d'un billet de chemin de fer.* ✪ CONTR. Nullité.

valine n. f. – 1908 ; de *val(érique)* et *(am)ine* ▪ Acide aminé essentiel, l'un des vingt constituants des protéines.

valise n. f. – XVIe ; lat. *valisia* **1** Bagage de forme rectangulaire, relativement plat et assez petit pour pouvoir être porté à la main par une poignée. var. fam. VALOCHE. « *ses belles valises de cuir anglais* » (Romains). *Faire sa valise, ses valises,* y disposer ce qu'on emporte ; s'apprêter à partir en voyage. **2** *Valise diplomatique :* le transport de correspondance ou d'objets sous le couvert de l'immunité diplomatique. **3** fam. Poche sous les yeux. ⇒ **cerne.**

❑ Une *valise* est relativement rigide, ce qui la distingue du *sac de voyage* qui tend à la remplacer quand on porte son bagage.

vallée n. f. – XIe ; de *val* **1** Espace allongé entre deux zones plus élevées (pli concave ou espace situé de part et d'autre du lit d'un cours d'eau). ⇒ **val, vallon.** « *une étroite vallée que la montagne enserre de partout comme un grand mur* » (Daudet). ➛ *Vallée sèche, morte* (par disparition du cours d'eau). *Vallées glaciaires* (anciens lits de glaciers). ➛ *Vallée de larmes :* le monde terrestre, la vie, par opposition au monde céleste. **2** Région qu'arrose un cours d'eau. *La vallée du Nil.*

valleuse n. f. – XIXe ; de *avaler* « descendre » ▪ Dans l'Ouest, Petite vallée suspendue, aboutissant à la mer et formant entaille dans une falaise.

vallisnérie n. f. – XIXe ; du nom de *A. Vallisnieri* ▪ Plante herbacée aquatique *(hydrocharidacées),* à longues feuilles rubanées.

vallon n. m. – XVIe ; it. *vallone* ▪ Petite dépression allongée entre deux collines, deux coteaux. ⇒ **vallée.** « *un hameau enfoncé dans un pli du vallon* » (Maupass.).

vallonné, ée adj. – XIXe ▪ Parcouru de vallons. *Région vallonnée.*

vallonnement n. m. – XIXe ▪ Relief d'un terrain où il y a des vallons et des collines.

valoir v. [29] – XIe ; lat. *valere* **I** v. intr. **1** Correspondre à (une certaine valeur) ; avoir un rapport d'égalité, etc., avec (autre chose) selon l'estimation qui en est faite. ⇒ **coûter.** « *les meilleures toiles finiraient par valoir cent millions* » (Aragon). *Cela ne vaut pas un sou. C'est trop cher pour ce que ça vaut.* ➛ *Cela vaut de l'argent :* c'est une chose de prix. *Cela vaut son pesant d'or !* (d'une chose étonnante, ridicule). **2** Correspondre, dans le jugement des hommes, à (telle qualité, telle utilité). « *Il vous estime. Il vous soupèse. Il se demande ce que vous valez* » (Cendrars). *Prendre une chose pour ce qu'elle vaut,* ne pas se faire d'illusions à son sujet. **3** Avoir de la valeur, de l'intérêt, de l'utilité. « *Une chose ne vaut que par l'importance qu'on lui donne* » (Gide). ♦ loc. *Rien qui vaille :* rien de bon, rien qui soit important. ➛ *VAILLE QUE VAILLE :* tant bien que mal. ➛ *À VALOIR :* en constituant une somme dont la valeur est à déduire d'un tout. *Verser un acompte à valoir sur telle somme.* ⇒ **à-valoir.** ♦ *FAIRE VALOIR :* faire apprécier plus. *Se faire valoir :* se montrer à son avantage, faire étalage de ses mérites, de ses connaissances. *Un « certain art de se faire valoir »* (La Font.). ➛ Rendre plus actif, plus efficace. *Faire valoir ses droits,* les exercer, les défendre. ➛ Rendre productif (un bien). *Faire valoir son domaine, ses capitaux.* **4** Être égal en valeur, en utilité, équivalent à (autre chose). *Rien ne vaut un bon bordeaux ! Cette façon de faire, qui en vaut bien une autre,* qui n'est pas inférieure à une autre. ➛ pronom. *SE VALOIR :* avoir même valeur, être équivalent. fam. *Ça se vaut :* ce n'est ni meilleur ni pire. ♦ Avoir les mêmes qualités, le même mérite que (qqn). « *Il y en a d'autres. Et qui te valent bien !* » (Aragon). ♦ fam. *Tout ça ne vaut pas un clou :* ça ne vaut rien. ♦ *NE RIEN VALOIR :* être sans valeur, médiocre. *Votre argument ne vaut rien.* « *une terre qui ne vaut plus rien pour la vigne* » (Proust). ➛ *L'inaction ne lui vaut rien,* lui est nuisible. **5** *Valoir mieux que* (suivi d'un nom). Avoir plus de valeur, être plus estimable, plus utile. « *Un mauvais arrangement vaut mieux qu'un bon procès* » (Balz.). ♦ *Il vaut mieux, mieux vaut :* il est préférable, meilleur de. « *scélérat pour scélérat, Il vaut mieux être un loup qu'un homme* » (La Font.). ♦ fam. *Ça vaut mieux :* c'est préférable. *Ça vaut mieux que de se casser une jambe !* **6** Être comparable en intérêt à (autre chose), mériter (tel effort, tel sacrifice). *Cela vaut le voyage.* « *Cette leçon vaut bien un fromage, sans doute* » (La Font.). ♦ *VALOIR LA PEINE :* mériter qu'on prenne la peine de... « *le plaisir d'avoir ne vaut pas la peine d'acquérir* » (Rouss.). *Ça ne vaut pas la peine d'en parler, qu'on en parle :* c'est insignifiant, négligeable. ➛ *VALOIR LE COUP :* être digne d'être fait, tenté, vu, etc. *Allez-y, ça vaut le coup.* **II** v. tr. Faire obtenir, avoir pour conséquence. ⇒ **procurer.** « *cinq ans d'exil que lui avait valus sa condamnation* » (Giraud.). *Qu'est-ce qui nous vaut cet honneur ?*

❑ Attention à l'accord du participe passé : *les efforts que cet ouvrage lui a valus* (complément d'objet direct), *la fortune que cette maison a valu* (complément de prix).

valorisant, ante adj. – 1966 ▪ Qui valorise. *Un métier valorisant.* ✪ CONTR. Dévalorisant.

valorisation n. f. – 1907 **1** Fait de valoriser, d'exploiter (qqch.). *La valorisation d'un immeuble.* **2** Fait de conférer une valeur plus grande à (qqch., qqn). *La valorisation de ses efforts.*

valoriser v. tr. [1] – 1925 ; lat. *valor* « valeur » **1** Faire prendre de la valeur à. *Valoriser un terrain.* **2** Donner de la valeur à (qqn, qqch.), en augmenter la valeur. *Sa réussite l'a valorisé aux yeux de ses amis.* ✪ CONTR. Dévaloriser.

valse n. f. – XIXe ; all. **1** Danse à trois temps, où chaque couple tourne sur lui-même tout en se déplaçant. *Valse viennoise* (à pas glissés, rapides). « *Valse mélancolique et langoureux vertige !* » (Baudelaire). ♦ Morceau de musique composé sur le rythme de cette danse. **2** fam. Mouvement de personnel à des postes politiques ou administratifs que les titulaires ont l'air d'échanger. *La valse des ministres.* ➛ Modification, changement, remplacement fréquents (en parlant de choses). *La valse des étiquettes.* ♦ *Valse-hésitation :* suite de décisions, d'actes contradictoires.

valser v. intr. [1] – XVIIIe **1** Danser la valse, une valse. « *elle se roula dans les bras de son amant pour valser* » (Balz.). **2** fam. Être projeté. *Il est allé valser sur le trottoir.* ⇒ **valdinguer.** ♦ fam. *Faire valser les prix,* les modifier continuellement. ➛ loc. *Envoyer valser qqn, qqch.,* le renvoyer sans égards, le jeter loin de soi.

valseur, euse n. – XIXe **1** Personne qui valse, qui sait valser (bien ou mal). **2** n. f. pl. vulg. *Les valseuses :* les testicules.

valvaire adj. – XIXe ▪ Qui appartient aux valves. *Déhiscence valvaire.*

valve n. f. – XVIe ; lat. *valva* « battant de porte » **I - 1** Chacune des deux parties de la coquille de certains mollusques et crustacés. ♦ Fraction du péricarpe d'un fruit, qui se soulève quand se forment les fentes de déhiscence. ♦ *Valves cardiaques :* chacune des lames membraneuses qui forment les valvules cardiaques. **2** Système de régulation d'un courant de liquide ou de gaz (assurant souvent le passage du courant dans un seul sens). ➛ Soupape à clapet, servant spécialement d'obturateur de chambre à air. ♦ Appareil thermoélectronique ou semi-conducteur provoquant une conductibilité unilatérale. ⇒ **détecteur, redresseur.** **II** n. f. pl. (Belgique) Tableau d'affichage, généralement sous vitrine.

❑ Une coquille à deux *valves* est dite *bivalve.*

valvulaire adj. – XVIIIe ▪ Qui présente des valvules, ou fait l'office d'une valvule. *Repli valvulaire.* ♦ Relatif aux valvules du cœur. *Insuffisance valvulaire.*

valvule n. f. – XVIe **1** Nom de divers replis muqueux ou membraneux qui ont pour fonction d'empêcher le reflux, de régler le cours de liquides ou de matières circulant dans les vaisseaux et conduits du corps. **2** Petite valve.

valvuloplastie n. f. – mil. XXe ▪ Opération par laquelle on répare une valvule cardiaque lésée (rétrécie ou élargie).

vamp [vɑ̃p] n. f. – 1921 ; abrév. de *vampire* ▪ Type de femme fatale et irrésistible. *Des vamps.*

❑ *Vamp* avait été donné comme surnom à Theda Bara, actrice américaine du cinéma muet.

vamper v. tr. [1] – 1952 ▪ fam. Séduire par des allures de vamp.

vampire n. m. – XVIIIe ; serbe **1** Fantôme sortant la nuit de son tombeau pour aller sucer le sang des vivants. ⇒ **goule, strige.** « *histoire sinistre d'enterré vivant, de vampire ou de nécrophage* » (Le Clézio). **2** vieilli Homme avide d'argent. ♦ Meurtrier cruel, sadique. *Le vampire de Düsseldorf.* **3** Chauve-souris d'Amérique du Sud *(desmodontidés)* qui suce le sang des animaux pendant leur sommeil.

vampirique adj. – XVIIIe ▪ littér. Relatif aux vampires ; qui ressemble aux vampires.

vampiriser v. tr. [1] – mil. XXe ▪ Enlever à (qqn) sa personnalité et le mettre sous sa totale dépendance.

vampirisme n. m. – XVIIIe **1** vx Faits attribués aux vampires, croyance à leur activité. **2** littér. Comportement d'une personne possessive à l'extrême.

① **van** n. m. – XIIe ; lat. *vannus* ▪ Sorte de panier à fond plat, large, muni de deux anses, qui sert à vanner. « *le grain qu'un vanneur d'un mouvement rythmique Agite et tourne dans son van* » (Baudelaire). ✪ HOM. Vent.

② **van** n. m. – XIXe ; mot angl. ▪ Voiture, fourgon servant au transport des chevaux de course.

vanadinite n. f. – XIXe ▪ Combinaison naturelle du plomb avec le chlore et le vanadium.

vanadium [vanadjɔm] n. m. – XIXe ; de *Vanadis,* divinité scand. ▪ Métal blanc (V ; n^o^ at. 23 ; m. at. 50,94) relativement rare, disséminé dans un grand nombre de minéraux et de roches diverses (argiles, basaltes, etc.).

vanda n. f. – XIXe ; hindi ▪ Plante épiphyte *(orchidacées)* de l'Inde et de l'Océanie, orchidée à grandes fleurs bleues ou brunes, tachetées de pourpre.

vandale n. – XIIIe ; lat. *Vandali,* nom d'un peuple germ. **1** Membre d'un peuple germanique originaire de la région de l'Oder, qui, au Ve siècle, envahit et dévasta la Gaule, l'Espagne du Sud et l'Afrique du Nord. **2** Destructeur brutal, ignorant. ⇒ **iconoclaste.** *La collection a été saccagée par des vandales.*

❑ Les *Vandales* ont symbolisé, encore plus que les Goths, la barbarie et la destruction.

vandaliser v. tr. [1] – 1983 ▪ Commettre des déprédations sur (qqch.). *Vandaliser des cabines téléphoniques.* ⇒ **saccager.**

vandalisme n. m. – XVIIIe ▪ Tendance à détruire stupidement, à détériorer, par ignorance, des œuvres d'art, des équipements publics, etc. « *le vandalisme a badigeonné Notre-Dame* » (Hugo).

vandoise n. f. – XIIe ; gaul. °*vindos* « blanc » ▪ Poisson d'eau douce *(cypriniformes)* très proche du chevesne. ⇒ ② **dard.**

vanesse n. f. – XIXe ; lat. *vanities* « vanité » ▪ Papillon diurne aux riches couleurs, au vol rapide. ⇒ **morio, paon** (de jour), **vulcain.**

vanille n. f. – XVIIe ; lat. *vagina* « gaine » **1** Fruit du vanillier, gousse très allongée qui, séchée, devient noire et aromatique. ➛ *Gousse de vanille.* **2** Substance aromatique contenue dans ce fruit, utilisée en confiserie et en pâtisserie. *Crème à la vanille.*

vanillé, ée adj. – XIXe ▪ Aromatisé avec de la vanille naturelle. *Sucre vanillé.* ✪ HOM. Vanillier.

vanillier n. m. – XVIIIe ▪ Liane épiphyte des régions tropicales *(orchidacées),* dont le fruit est la vanille. ✪ HOM. Vanillé.

❑ À l'écrit, attention de ne pas oublier le *i* du suffixe *-ier* comme pour *groseillier.* → arbre (rem.).

vanilline [vanilin] n. f. – XIXe ▪ Principe odorant de la vanille, qui, obtenu par synthèse, est utilisé comme succédané de la vanille.

vanillisme [vanilism] n. m. – XIXe ▪ Maladie parasitaire provoquée par un acarien présent dans les moisissures des gousses de vanille.

vanillon n. m. – XIXe ▪ Vanille du Mexique et des Antilles, d'une variété inférieure, à petites gousses.

vanité n. f. – XIIe ; lat. *vanitas* **1** Défaut d'une personne vaine, satisfaite d'elle-même et étalant cette satisfaction. ⇒ **fatuité, orgueil, prétention, suffisance.** *Flatter, ménager la vanité de qqn.* « *on peut faire faire tout, à la plupart des hommes, en les prenant par la vanité* » (Montherl.). « *Comme un renseigné qui tire vanité des secrets qu'il détient* » (Proust). ⇒ se **glorifier.** ➛ *Sans vanité :* soit dit sans vouloir me vanter. **2** vieilli Caractère de ce qui est vain, frivole, insignifiant ; chose futile, illusoire. ⇒ **futilité, insignifiance.** « *Vanité des vanités, et tout n'est que vanité* » (BIBLE). ✪ CONTR. Modestie, simplicité. Utilité, valeur.

vaniteusement adv. – XVIIIe ▪ Avec vanité.

vaniteux, euse adj. – XVIIIe ▪ Plein de vanité. ⇒ **infatué, prétentieux, suffisant ;** fam. **ramenard.** *Il est vaniteux comme un paon.* ✪ CONTR. Modeste.

vanity-case [vanitikɛz] n. m. – 1967 ; mot angl., de *vanity* « vanité » et *case* « valise » ▪ Petite valise ou sac rigide pour les objets de toilette féminins. « *mallettes et vanity-case en autruche auburn* » (Echenoz). *Des vanity-cases.*

① **vannage** n. m. – XIIIe ▪ Action de vanner le grain.

② **vannage** n. m. – XIIIe ▪ Ensemble et disposition des vannes qui règlent l'écoulement des fluides.

① **vanne** n. f. – XIIIe ; lat. *venna* ▪ Panneau vertical mobile disposé dans une canalisation pour en régler le débit. *Vannes d'un barrage, d'une écluse.* « *Des vannes furent adaptées aux fossés* [...], *afin de tenir dans la plaine les eaux à des niveaux convenables* » (Balz.). *Ouvrir, fermer une vanne.* ➛ loc. fam. *Ouvrir les vannes :* laisser libre cours à qqch. ; accorder des crédits.

② **vanne** n. f. – XIXe ; de ① *vanner* ▪ fam. Remarque ou allusion désobligeante à l'adresse de qqn. *Lancer, envoyer une vanne, des vannes à qqn.*

vanneau n. m. – XIIIe ; de ① *van,* probablt à cause du bruit des ailes ▪ Oiseau échassier de la taille du pigeon *(charadriiformes),* à huppe noire.

vannelle n. f. – 1904 ▪ Petite vanne d'écluse. ♦ Petite valve d'une conduite d'eau.

① **vanner** v. tr. [1] – XIIe 1 Secouer dans un van (les grains), de façon à les nettoyer en les séparant de la paille, des poussières et des déchets. 2 Accabler de fatigue. ⇒ **éreinter, harasser.** « *Moi, la campagne, ça me vanne* » (Colette). ➛ « *Je suis vannée, crevée, à bout de souffle, je n'en puis plus* » (Cendrars). ⇒ **fatigué, fourbu.**

② **vanner** v. tr. [1] – XVIIe ▪ Garnir de vannes.

vannerie n. f. – XVIIe ▪ Métier de vannier ; fabrication d'objets tressés avec des fibres végétales, des tiges. *Faire de la vannerie.* ♦ Objets ainsi fabriqués.

vannet n. m. – XVIIIe ; lat. *venna* « ① vanne » ▪ Filet de pêche qu'on tend sur le bord de la mer pour qu'il soit recouvert par le flux.

vanneur, euse n. – XIIIe ▪ Personne qui vanne les grains. ♦ n. f. VANNEUSE : machine à vanner le grain. ⇒ **tarare.**

vannier n. m. – XIIIe ; de ① *van* ▪ Ouvrier qui travaille l'osier, le rotin, qui les tresse, pour la fabrication d'objets de vannerie.

❑ Ne pas confondre avec *vanneur ;* le *vannier* faisait des *vans* (corbeilles) et le *vanneur* les utilisait.

vannure n. f. – XIVe ▪ Matières (balle, paille) séparées du grain par le vannage.

vantail, aux n. m. – XIe ; de *vent* ▪ Panneau mobile pivotant autour d'un axe vertical. ⇒ ① **battant.** « *D'un côté de la galerie s'ouvrent les doubles vantaux des hautes portes* » (Tharaud). ✪ HOM. Ventail.

❑ L'orthographe *ventail* (attestée au XIIe s.) serait plus conforme à l'étymologie.

vantard, arde adj. – XVIe ▪ Qui a l'habitude de se vanter. ⇒ **fanfaron, hâbleur.** « *modeste au fond, vantard en surface* » (Colette). ➛ n. *Quel vantard !*

vantardise n. f. – XIXe ▪ Caractère ou propos de vantard. ⇒ **fanfaronnade, forfanterie.**

vanter v. tr. [1] – XIe ; lat. *vanitas* « vanité » I Parler très favorablement de (qqn ou qqch.), en louant publiquement et avec excès. ⇒ **célébrer, exalter.** *Il nous a vanté les mérites de sa femme. Vanter l'efficacité d'un produit.* II SE VANTER v. pron. 1 Exagérer ses mérites ou déformer la vérité par vanité. « *Je compris qu'il ne se vantait point* » (Apoll.). ➛ *Sans me vanter :* soit dit sans vanité. 2 SE VANTER DE : tirer vanité, se glorifier de (qqch. de vrai ou de faux). « *m'être vanté* [...] *de plusieurs vilaines actions que je n'ai jamais commises* » (Baudelaire). fam. *Il ne s'en est pas vanté :* il l'a caché, il n'en a pas parlé. *Il n'y a pas de quoi se vanter :* ce n'est pas très glorieux. ♦ Se déclarer, par vanité, capable de... ⇒ **prétendre.** « *je me vantais de faire pis que je ne faisais* » (Muss.). ✪ CONTR. Abaisser, dénigrer, déprécier. — HOM. Venter.

va-nu-pieds n. inv. – XVIIe ▪ Personne très pauvre, misérable qui vit en vagabond. ⇒ **gueux.**

vape n. f. – 1935 ; abrév. arg. de *vapeur* ▪ loc. fam. *Être dans les vapes :* être un peu abruti, endormi à cause de la fatigue ou de l'abus d'alcool ou de drogue.

① **vapeur** n. f. – XIIIe ; lat. *vapor* 1 Amas visible, en masses ou traînées blanchâtres, de très fines et légères gouttelettes d'eau de condensation. ⇒ ① **brouillard, brume, nuage.** « *des vapeurs imperceptibles qui jetaient sur l'horizon un léger voile transparent* » (Maupass.). 2 *Vapeur (d'eau) :* eau à l'état gazeux, état normal de l'eau au-dessus de son point d'ébullition. ➛ À VAPEUR. *Machine à vapeur,* mue par la vapeur d'eau. *Fer à vapeur :* fer à repasser électrique pouvant projeter de la vapeur sur le linge. ➛ *Renverser la vapeur,* la faire agir sur l'autre face du piston ; arrêter net une action qui se développait dans un sens dangereux et la mener dans un sens opposé. ➛ *À toute vapeur :* à toute vitesse. ➛ *Bain de vapeur.* ⇒ **étuve.** ➛ À LA VAPEUR : mode de cuisson à l'étouffée des aliments disposés au-dessus d'eau en ébullition. *Pommes de terre cuites à la vapeur ; pommes vapeur. Légumes à la vapeur.* 3 vieilli, au plur. VAPEURS : malaise supposé provenir de ces exhalaisons et montant au cerveau. plais. *Avoir ses vapeurs.* « *C'est que ma maîtresse a ses vapeurs* » (Beaum.). 4 Substance à l'état gazeux au-dessous de sa température critique. *Vapeur d'essence. Condensation de la vapeur.*

❑ *Machine à vapeur* est un calque de l'anglais. → machine (rem.).

② **vapeur** n. m. – XIXe ; de *(bateau à) vapeur* ▪ vieilli Bateau à vapeur.

vapocraquage n. m. – 1973 ▪ Craquage d'un hydrocarbure en présence de vapeur d'eau.

vaporeusement adv. – XIXe ▪ rare Avec qqch. de vaporeux.

vaporeux, euse adj. – XIVe 1 littér. Où la présence de la vapeur est sensible ; que des vapeurs couvrent, voilent. ⇒ **nébuleux.** « *la nuée vaporeuse qui montait du sol* » (Tournier). 2 Qui est léger, fin et transparent, quasi immatériel. *Cheveux vaporeux, mousseux.*

vaporisage n. m. – XIXe ▪ Opération consistant à soumettre des textiles à l'action de la vapeur, pour donner de l'apprêt, fixer les couleurs, etc.

vaporisateur n. m. – XIXe ▪ Petit pulvérisateur. ⇒ **atomiseur, spray.** *Vaporisateur à parfum.*

vaporisation n. f. – XVIIIe 1 Passage d'une substance de l'état liquide à l'état gazeux sous l'effet de la chaleur. ⇒ **évaporation.** 2 Action de vaporiser. ⇒ **pulvérisation.**

❑ Ne pas confondre avec *vaporisage* (des tissus).

vaporiser v. tr. [1] – XVIIIe 1 Opérer la vaporisation de. ⇒ **gazéifier.** 2 Disperser et projeter en fines gouttelettes. ⇒ **pulvériser.** « *l'embrun douceâtre que la lourde pluie vaporisait* » (Colette).

vaquer v. [1] – XIIIe ; lat. *vacare* « être vide » 1 v. intr. Cesser pour un temps son activité. *Les tribunaux vaqueront de telle date à telle date.* 2 v. tr. ind. VAQUER À : s'occuper de, s'appliquer à. *Il* « *se mettait à vaquer aux travaux de la ferme* » (Aymé).

❑ Ce verbe a deux sens opposés. On est passé du sens de « cesser son activité, avoir du temps libre » à celui de « occuper son temps libre » d'où *vaquer à* « s'occuper à ». ♦ Ne pas confondre le participe présent *vaquant* et l'adjectif *vacant* « sans titulaire ».

var n. m. – 1948 ; acronyme de ***v****olt* ***a****mpère* ***r****éactif* ▪ Unité de puissance réactive, correspondant à un courant alternatif sinusoïdal de 1 ampère sous une chute de tension de 1 volt.

varaigne n. f. – XVIe ; probablt de *garenne* ▪ Ouverture par laquelle l'eau de mer entre dans un marais salant.

varan n. m. – XIXe ; ar. *waral* « lézard géant » ▪ Reptile saurien, grand lézard carnivore d'Afrique et d'Asie, pouvant atteindre 2 à 3 m de long. ✪ HOM. Warrant.

varangue n. f. – XIVe ; mot germ. ▪ Pièce courbe ou fourchue servant de raidisseur pour la quille d'un navire.

varappe n. f. – 1903 ; de *Varappe,* nom d'un couloir rocheux du mont Salève, près de Genève ▪ Ascension d'un couloir rocheux, d'une paroi abrupte, en montagne. *Faire de la varappe.* ⇒ **escalade, grimpe.**

varapper v. intr. [1] – XIXe ▪ Faire de la varappe.

varappeur, euse n. – XIXe ▪ Alpiniste qui fait de la varappe.

varech [vaʀɛk] n. m. – XIIe ; a. scand. *vagrek* ▪ Ensemble des algues, goémons, fucus..., rejetés par la mer et qu'on récolte sur le rivage, notamment pour les utiliser comme engrais. « *la sueur visqueuse des varechs* » (Maupass.).

vareuse n. f. – XVIIIe ; de *varer*, var. norm. de *garer* « protéger » 1 Blouse courte en grosse toile des marins, des pêcheurs. 2 Veste de certains uniformes. « *la vareuse bleu-marine et le ceinturon de cuir à baudrier* » (Robbe-Grillet). ➛ Veste assez ample de drap, de flanelle... ⇒ **caban.**

variabilité n. f. – XIVe ▪ Caractère de ce qui est variable. *Variabilité du temps. Variabilité des goûts.* ✪ CONTR. Constance, immutabilité, invariabilité.

variable adj. et n. – XIIe 1 Qui est susceptible de se modifier, de changer souvent au cours d'une durée. ⇒ **changeant,** ① **incertain, instable.** *Temps variable.* ♦ sc. Qui prend, peut prendre plusieurs valeurs distinctes (opposé à *constant*). *Grandeur variable.* ➛ n. f. *UNE VARIABLE* : symbole ou terme auquel on peut attribuer plusieurs valeurs distinctes, à l'intérieur d'un domaine défini. ♦ *Mot variable,* dont la forme est susceptible de se modifier (par changement de désinence, etc.). *Mot variable en genre et en nombre.* 2 Qui prend plusieurs valeurs, plusieurs aspects, selon les cas individuels, ou selon les circonstances. *Règlements variables selon les pays.* 3 Qui est conçu, fabriqué pour subir des variations. *Objectif à focale variable.* ✪ CONTR. Constant, immuable, invariable.

variance n. f. – 1904 1 Nombre de conditions définissant un système physique ou chimique et que l'on peut faire varier arbitrairement sans détruire l'état d'équilibre du système. 2 Moyenne des carrés des écarts* (d'une grandeur par rapport à sa valeur moyenne).

variante n. f. – XVIIIe ▪ Leçon différente de la leçon principale ou admise d'un texte ; différence selon les versions. *Édition critique d'un texte accompagné des variantes.* « *on se contente de comparer les différentes éditions d'un même ouvrage, et on nous montre les variantes* » (Alain). ♦ Moyen d'expression (mot, tour, prononciation) qui s'écarte d'une référence, d'un type. *Variante dialectale d'un mot.* ♦ Forme ou solution légèrement différente mais voisine. « *De nouvelles expériences qui ne sont que des variantes des miennes* » (Pasteur).

variateur n. m. – 1904 1 *Variateur de vitesse* : appareil permettant de transmettre le mouvement d'un arbre à un autre arbre en modifiant la vitesse de rotation de ce dernier. 2 Dispositif permettant de faire varier une intensité électrique. *Variateur d'une lampe halogène.*

variation n. f. – XIVe 1 État de ce qui varie au cours d'une durée ; suite des changements qui affectent ce qui varie. « *La variation du regard en direction, en vitesse, en durée* » (Valéry). ➛ « *La thèse darwiniste des variations insensibles* » (Bergson). 2 Passage d'un état à un autre ; différence entre deux états successifs. ⇒ **modification.** ➛ Changement dans les opinions, les conduites. *Variation d'humeur.* ⇒ **fluctuation.** « *il faudrait remonter* [...] *à Mirabeau ; c'est le maître en variations* » (Michelet). 3 Écart entre deux valeurs numériques d'une quantité variable ; modification de la valeur d'une quantité ou d'une grandeur. *Variations de température. Variations d'intensité* (d'un courant, etc.). ♦ Différentielle totale d'une fonctionnelle (en général, une intégrale définie). *Calcul des variations.* 4 Modification d'un thème musical par un procédé quelconque. ♦ Composition formée d'un thème et de la suite de ses modifications. *Variations pour piano* (Mozart, Haydn, Beethoven...). 5 Solo ou pas de deux qui peut être présenté de manière autonome.

varice n. f. – XIVe ; lat. *varix* ▪ Dilatation permanente d'une veine.

❑ On pratique aujourd'hui l'ablation chirurgicale des varices (stripping).

varicelle n. f. – XVIIIe ; de *variole* ▪ Maladie infectieuse, contagieuse, d'origine virale, caractérisée par une éruption en plusieurs poussées de papules et vésicules qui disparaissent en une dizaine de jours.

varicocèle n. f. – XVIIIe ; de *varice* et *-cèle* ▪ Dilatation variqueuse des veines du cordon spermatique (aboutissant à un boursouflement du scrotum), ou des veines ovariennes.

varié, iée adj. – XIIe 1 Qui présente des aspects ou des éléments distincts. ⇒ **divers.** *Un programme de musique variée. Encore du jambon ! Ce n'est pas très varié.* 2 au plur. Qui sont nettement distincts, différents les uns des autres et donnent une impression de diversité. ⇒ **divers, multiple.** *Des distractions peu variées. Hors-d'œuvre variés. Une gamme de modèles variés.* 3 Qui comporte des variations (4°). *Air, thème varié.* ✪ CONTR. Monotone, uniforme.

varier v. [7] – XIIe ; lat. *variare* I v. tr. 1 Donner à (une seule chose) plusieurs aspects distincts, en changeant à plusieurs reprises certains de ses caractères ; rendre divers. ⇒ **diversifier.** *Varier son alimentation.* 2 Rendre (plusieurs choses) nettement distinctes, diverses, de manière à surprendre, à étonner ou à distraire. iron. *Pour varier les plaisirs* : en passant d'un ennui à l'autre. II v. intr. 1 Présenter au cours d'une durée plusieurs modifications ; changer souvent. ⇒ se **modifier.** « *rien n'a varié ; je suis toujours celui Qui va droit au devoir* » (Hugo). ➛ Ne pas conserver la même attitude, les mêmes opinions. ⇒ **changer.** « *Souvent femme varie* » (Hugo). ♦ sc. *Faire varier une donnée,* en modifier la valeur, ne plus la considérer comme constante. ♦ *Mot qui varie en genre et en nombre.* 2 Se réaliser sous des formes différentes, diverses. *Le prix varie du simple au double. Les opinions varient sur ce point.* ⇒ ① **différer.** ✪ CONTR. Fixer (se).

variétal, ale, aux adj. – 1914 ▪ D'une variété, en sciences. *Caractères spécifiques* (de l'espèce) *et caractères variétaux.*

variété n. f. – XIIe ; lat. *varietas* 1 Caractère d'un ensemble formé d'éléments variés ; différences qui existent entre ces éléments. ⇒ **diversité.** *Aimer la variété. Cela manque de variété* : c'est monotone. *La variété de sa production.* « *des plantes remarquables, dues à la variété des terrains* » (Nerval). 2 Subdivision de l'espèce, délimitée par la variation de certains caractères individuels. ⇒ **type.** *Il y a « autant d'hommes différents qu'il y a de variétés en zoologie »* (Balz.). 3 au plur. *Spectacles de variétés,* comprenant des attractions variées (⇒ **music-hall).** *Émission de variétés* (radio, télévision), composée de chansons, numéros variés. ✪ CONTR. Monotonie, uniformité.

variole n. f. – XIVe ; lat. *varus* « pustule » avec attract. de *varius* « tacheté » ▪ Maladie infectieuse, épidémique et contagieuse, grave, d'origine virale, caractérisée par une éruption généralisée qui passe rapidement par le stade de papules, vésicules et pustules dont la cicatrisation laisse des marques indélébiles. ⇒ **vérole** (petite vérole).

❑ Ne pas confondre *variole* et *vérole* (syphilis) bien que l'origine étymologique soit la même à cause des pustules (latin *varus*) qui caractérisent les deux affections. → vérole (rem.).

variolé, ée adj. – XIXe ▪ Marqué de la variole. *Visage variolé.*

variolique adj. – XVIIIe ▪ Relatif à la variole. *Éruption variolique.*

variomètre n. m. – XIXe ; de *varier* et *-mètre* ▪ Appareil servant à la mesure des inductances.

variorum [vaʀjɔʀɔm] adj. inv. – XVIIIe ; abrév. de la loc. lat. *cum notis variorum scriptorum* « avec les notes de plusieurs commentateurs » ▪ *Édition variorum*, avec des notes et des commentaires.

variqueux, euse adj. – XIVe ▪ Relatif aux varices, qui présente des varices. *Ulcère variqueux.*

varlope n. f. – XVe ; néerl. *voorloper* ▪ Grand rabot à poignée, qui se manie à deux mains.

varloper v. tr. [1] – XVIe ▪ Travailler à la varlope (le bois). ⇒ **raboter.** ➛ « *un parfum de bois varlopé, une odeur de menuiserie* » (Maupass.).

varon n. m. – XVIIe ; lat. *varus* « pustule » ▪ Tumeur avec perforation, sur la peau des bovins, provoquée par la larve de l'hypoderme ; cette larve.

varus [vaʀys] adj. et n. m. – XIXe ; mot lat. ▪ Se dit du pied, du genou, de la cuisse, de la main, quand ils sont tournés en dedans (opposé à *valgus*). ⇒ **équin.** « *un léger varus fortement accusé d'équin* » (Flaub.).

varve n. f. – 1910 ; suéd. *varv* « révolution périodique » ▪ Mince lit de vase.

vasard, arde adj. – XVIIe ▪ région. Formé de sable mêlé de vase. ⇒ **vaseux.**

vasculaire adj. – XVIIIe ; lat. *vas* « vaisseau » **1** Relatif aux vaisseaux, qui appartient aux vaisseaux. *Maladies vasculaires* : embolie, phlébite, etc. **2** *Plantes vasculaires* : végétaux supérieurs à tige, racine et feuilles (opposé à *plantes cellulaires*).

vascularisation n. f. – XIXe ▪ Disposition des vaisseaux dans un organe, dans une partie du corps. *Vascularisation de la main.* ➛ Densité du réseau vasculaire. *Une riche vascularisation.*

vascularisé, ée adj. – XIXe ▪ Qui contient des vaisseaux. *Tissu richement vascularisé.*

① **vase** n. m. – XIIIe ; lat. *vas* « vaisseau » **1** vx Tout récipient. *Vase de nuit* : pot de chambre. **2** Récipient servant à des usages nobles ou ayant une valeur historique, artistique. *Vases grecs* (⇒ **amphore, cratère,** ① **coupe, lécythe).** *Vase de Saxe, de Sèvres*, en porcelaine de Saxe, de Sèvres. *Le vase de Soissons.* **3** Récipient destiné à recevoir des fleurs coupées. « *une orchidée dans un vase céladon* » (Giraud.). *Un vase de tulipes blanches*, garni de tulipes blanches. **4** *Vases sacrés*, destinés à la célébration du saint sacrifice ou à la conservation du saint sacrement. ⇒ **burette, calice, ciboire, patène. 5** Récipient de nature et de formes diverses, utilisé en chimie pour différentes opérations. *C'est le principe des vases communicants*, se dit de deux choses en communication dont l'une s'accroît quand l'autre diminue. ➛ *En vase clos* : sans communication avec l'extérieur (autres lieux, personnes). *Vivre en vase clos.*

② **vase** n. f. – XIVe ; germ. °*wasa* « gazon » ▪ Dépôt de terre et de particules organiques en décomposition, qui se forme au fond des eaux stagnantes ou à cours lent. ⇒ **boue,** ① **limon.** « *les barques gisaient échouées sur la vase* » (Gaut.).

vasectomie n. f. – 1933 ; lat. *vas* « canal » et *-ectomie* ▪ Résection partielle ou totale des canaux déférents entraînant la stérilité masculine.

❑ On a dit aussi *vasotomie.*

vaseline n. f. – XIXe ; all. *Wasser* « eau » et *el-*, du gr. *elaion* « huile » ▪ Substance molle, onctueuse et incolore, obtenue à partir des pétroles de la série des paraffines après distillation (utilisée surtout en pharmacie).

vaseliner v. tr. [1] – XIXe ▪ Enduire de vaseline.

vaseux, euse adj. – XVIe **1** rare Qui contient de la vase, est formé de vase. *Fond vaseux.* **2** fam. Qui se trouve dans un état de malaise, de faiblesse. ⇒ **abruti, fatigué.** *Je me sens vaseux ce matin.* ♦ Trouble, embarrassé, obscur. *Un raisonnement vaseux.*

vasière n. f. – XIIIe **1** Endroit, fond vaseux. « *les vasières qui font jaillir des tortillons de limon entre mes orteils* » (Tournier). **2** Premier bassin d'un marais salant où arrive l'eau de mer.

vasistas [vazistas] n. m. – XVIIIe ; all. *was ist das ?* « qu'est-ce que c'est ? », question posée à travers un guichet ▪ Petit vantail mobile pouvant s'ouvrir dans une porte ou une fenêtre.

vaso- Élément, du lat. *vas* « récipient ».

vasoconstricteur adj. m. et n. m. – XIXe ▪ Qui diminue le calibre d'un vaisseau par contraction de ses fibres musculaires. ➛ n. m. *L'adrénaline est un vasoconstricteur.*

vasodilatateur adj. m. et n. m. – XIXe ▪ Qui augmente le calibre d'un vaisseau par relâchement de sa musculature. ➛ n. m. *L'histamine est un vasodilatateur.*

vasomoteur, trice adj. – XIXe ▪ Relatif à la contraction et à la dilatation des vaisseaux. *Troubles vasomoteurs.*

vasopressine n. f. – v. 1950 ; de *vaso-*, *press(ion)* et *-ine* ▪ Hormone hypophysaire qui contracte les artères et élève la pression sanguine.

❑ On dit aussi *hormone antidiurétique.*

vasotomie → **vasectomie**

vasouiller v. intr. [1] – 1904 ; dér. arg. de *vaseux* ▪ fam. Être hésitant, peu sûr de soi, maladroit. « *Je n'ai vasouillé un peu qu'au début* » (Romains). ⇒ **cafouiller, s'embrouiller.** ♦ Marcher mal.

vasque n. f. – XIXe ; lat. *vasculum*, dimin. de *vas* « vaisseau » **1** Bassin ornemental peu profond, qui peut être aménagé en fontaine. *L'*« *eau qui coule, ruisselle et fait au milieu de la cour un clapotis dans une vasque* » (Gide). **2** Coupe large et peu profonde servant à décorer une table.

vassal, ale, aux n. – XIe ; gaul. *vassus* « valet » ▪ Au Moyen Âge, Homme lié personnellement à un seigneur, un suzerain qui lui concédait la possession effective d'un fief. ⇒ **feudataire.** ♦ Homme, groupe dépendant d'un autre et considéré comme inférieur. « *Ma sœur bénéficiait, en tant que vassale, de la souveraineté que je m'attribuais* » (Beauv.). ➛ *Pays vassaux.*

❑ Même famille étymologique que *valet.*

vassalité n. f. – XVe ▪ Condition de dépendance du vassal envers son suzerain (⇒ **féodalité).** ♦ État de dépendance, de soumission. ✪ CONTR. Autonomie.

vaste adj. – XIe ; lat. **1** Très grand, immense (surface). « *le vaste ciel où se reflètent les eaux blêmes* » (Camus).

Un vaste empire. 2 Très grand (construction). « *J'ai longtemps habité sous de vastes portiques* » (Baudelaire). 3 Important en quantité, en nombre. « *Un vaste groupement de jeunes révolutionnaires* » (Mart. du G.). 4 Étendu dans sa portée ou son action. « *le drame de Goethe ? [...] son génie trop vaste et trop universel* » (Gide). *C'est un vaste problème.* ♦ fam. et péj. *C'est une vaste rigolade* : je n'y crois pas. ✪ CONTR. Exigu, petit.

vastitude n. f. – XVIe ▪ littér. Caractère de ce qui est vaste ; immensité.

va-t-en-guerre n. inv. et adj. inv. – 1937 ▪ fam. Militaire, personne qui pousse à la guerre ; partisan de la force pour la résolution d'un conflit. ⇒ **belliciste.** ♦ Personne qui recherche le combat, l'affrontement.

vaticane adj. f. – XIXe ▪ Qui a rapport, appartient au Vatican, au Saint-Siège. *La Bibliothèque vaticane* (ou *la Vaticane*).

vaticinateur, trice n. – XVIe ▪ littér. Personne qui prétend connaître l'avenir. ⇒ **devin, prophète.**

vaticination n. f. – XVIe ▪ littér. Prédiction de l'avenir. ⇒ **oracle, prophétie.**

vaticiner v. intr. [1] – XVe ; lat. *vaticinari* ▪ littér. Prédire l'avenir (en parlant comme un oracle), prophétiser. ♦ S'exprimer dans une sorte de délire prophétique.

va-tout n. m. inv. – XVIIe ▪ Aux cartes, Coup où l'on risque tout son argent. *Faire va-tout.* ♦ loc. *JOUER SON VA-TOUT* : risquer le tout pour le tout, prendre les derniers moyens.

vau n. m. – mil. XXe ; graphie mod. de *veau,* en ce sens ▪ Pièce porteuse d'un cintre, utilisée pendant la construction d'une voûte. *Des vaux.* ✪ HOM. Vaux (val), veau, vos (votre).

vauchérie n. f. – XIXe ; de *Vaucher,* botaniste suisse ▪ Algue verte filamenteuse, ramifiée, qui croît sur la terre humide ou dans les eaux douces.

vauclusien, ienne adj. – 1904 ; de *Vaucluse,* n. pr. ▪ *Source vauclusienne,* située à la sortie d'un siphon karstique. ⇒ **résurgence.**

vaudeville [vod(ə)vil] n. m. – XVIe ; probablt de *vauder* « tourner » et *virer* ▪ Pièce de théâtre mêlée de chansons et de ballets. ♦ Comédie légère, divertissante, fertile en intrigues et rebondissements.

vaudevillesque [vod(ə)vilɛsk] adj. – XIXe ▪ Qui a le caractère léger et burlesque du vaudeville.

vaudevilliste [vod(ə)vilist] n. – XVIIIe ▪ Auteur de vaudevilles.

vaudois, oise n. – XIIIe ; du nom de *Pierre Valdo* ▪ Membre d'une secte chrétienne apparue en France au XIIe s., qui écartait tout ce qui n'était pas expressément dans la Bible. *Les vaudois adhérèrent à la Réforme au XVIe s.* « *le nombre des martyrs réformés, soit vaudois, soit albigeois, soit évangéliques, est innombrable* » (Volt.).

vaudou n. m. – XIXe ; de *vodu,* mot d'une langue du Bénin ▪ Culte animiste originaire du Bénin, répandu chez les Noirs des Antilles et d'Haïti, mélange de pratiques magiques, de sorcellerie et d'éléments pris au rituel chrétien ; divinité de ce culte. *Les vaudous.* « *Un vaudou ! Un de ces maléfices, béants comme une trappe, déposés sur votre chemin par des hommes, ou par le démon* » (Morand). ➛ adj. inv. *Cérémonie vaudou.*

vau-l'eau (à) loc. adv. – XVIe de *à, val* et *eau* ▪ Au fil de l'eau, du courant. ♦ *Aller, s'en aller à vau-l'eau* : se perdre, se désorganiser, péricliter.

vaurien, ienne n. – XVIe ; de *(qui ne) vaut rien* 1 Adolescent effronté ; jeune voyou. ⇒ **chenapan, garnement.** « *un vaurien, un révolté, un paresseux, un âne enfin* » (Chateaub.). 2 Petit bateau de régate, dériveur monotype gréé en sloop.

> ❏ D'autres dénominations péjoratives formées sur *rien* s'appliquent aux personnes : *un moins que rien, une rien du tout, un bon à rien, un propre à rien.*

vautour n. m. – XIIIe ; lat. *vultur* 1 Oiseau rapace *(vulturidés),* de grande taille, au bec crochu, à la tête et au cou dénudés, qui se nourrit de charognes et de détritus. ⇒ **charognard, condor, griffon, gypaète, percnoptère.** « *Des nuées d'urubus, de vautours, de corbeaux à bec rouge se disputent les charognes des chevaux* » (Cendrars). 2 Personnage dur et rapace. ⇒ **requin.**

vautrait n. m. – XVe ; lat. *vertragus* « chien courant » ▪ Grand équipage de chiens pour la chasse au sanglier.

vautrer (se) v. pron. [1] – XIIe ; lat. *volvere* « tourner, rouler » ▪ Se coucher, s'étendre en se roulant, et par ext. en prenant une position abandonnée. ⇒ s'**avachir,** s'**étaler.** « *ce sanglier était sale et couvert de la boue de sa bauge où il s'était vautré* » (Fén.). ♦ péj. Se complaire.

va-vite (à la) loc. adv. – 1929 ▪ Rapidement et sans soin. « *je vous raconte tout à la va-vite* » (Céline).

veau n. m. – XIIe ; lat. *vitellus* 1 Petit de la vache, pendant sa première année, qu'il soit mâle ou femelle. *Après un an, le veau mâle s'appelle* bouvillon, taurillon, *le veau femelle* génisse. ➛ *Veau sous la mère,* qui tète sa mère. 2 loc. (allus. au repas et à la fête donnés en l'honneur du retour de l'enfant prodigue) *Tuer le veau gras* : faire un festin à l'occasion de réjouissances familiales. ➛ *Pleurer comme un veau,* en sanglotant bruyamment. ♦ loc. *Adorer le veau d'or* : avoir le culte de l'argent. 3 Viande de cet animal (viande blanche), vendue en boucherie. *Escalope, côte, foie de veau. Blanquette de veau.* 4 Peau de cet animal (ou de génisse), tannée et apprêtée. ⇒ ① **box, vélin.** *Sacs en veau retourné* (peau suédée). 5 fam. Personne indolente, paresseuse ou niaise. « *Si c'est un veau, il ne s'aperçoit de rien* » (Tournier). ➛ Automobile peu nerveuse. ✪ HOM. Vau, vaux (val), vos (votre).

vécés n. m. pl. – 1931 ; graphie pop. de la prononc. cour. de *W.-C.* ▪ fam. Toilettes. ⇒ **waters.**

vecteur n. m. – XVIe ; lat. *vehere* « conduire » 1 Élément d'un espace vectoriel. *Direction, sens, norme d'un vecteur.* 2 Arthropode (tique, moustique) transmettant un agent infectieux d'un sujet à un autre. ♦ Ce qui véhicule, transmet (qqch.). *Vecteur d'inflation.* 3 Aéronef capable de transporter une charge nucléaire.

vectoriel, ielle adj. – XIXe ▪ Relatif aux vecteurs. Qui opère sur des vecteurs. *Calcul vectoriel* : ensemble des règles de calcul dans un espace vectoriel. *Produit vectoriel.* ♦ Que symbolise un vecteur. *Grandeur vectorielle* (opposé à *grandeur scalaire**) : grandeur orientée.

vécu, ue adj. et n. m. – XIXe ▪ Qui appartient à l'expérience de la vie. ⇒ **réel.** *Histoire vécue.* ⇒ **vrai.** ♦ n. m. *Le vécu* : l'expérience vécue.

Véda n. m. – XVIIIe ; sanskr. *veda-* « savoir » ▪ Ensemble de textes religieux et poétiques qui forment les premiers documents littéraires de l'Inde, écrits en sanskrit archaïque. *Les quatre Védas.*

vedettariat n. m. – 1947 1 Situation de vedette. *Accéder au vedettariat.* 2 Ensemble des phénomènes liés à l'existence de vedettes (dans un domaine quelconque).

> ❏ Ce mot est formé à tort sur le modèle de *secrétariat, notariat* (de *secrétaire, notaire*), alors qu'il n'y a pas de °*vedétaire.* Le suffixe est *-at* (comme dans *patronat*). On trouve le même problème dans *interprétariat.* → -at (rem.)

vedette n. f. – XVIe ; it. *vedetta* « observatoire » **I - 1** *Mettre en vedette :* mettre en évidence, en valeur. « *Son amitié le poussait à mettre François en vedette* » (Radiguet). **2** Au théâtre, Le fait d'avoir son nom imprimé en gros caractères. *Avoir la vedette.* ➛ *Le congrès du parti a, tient la vedette,* est au premier plan de l'actualité. **3** Personne qui jouit d'une grande renommée, dans le monde du spectacle. *Les vedettes de la scène, du cinéma.* ⇒ **étoile, star, superstar.** « *Je vais faire de toi une vedette, tu vas crever l'écran* » (É. Ajar). ➛ loc. *Jouer les vedettes :* faire l'important. ♦ Personnage de premier plan, très connu. *Une vedette du football.* **II** Petit navire de guerre utilisé pour l'observation. ➛ *Vedette lance-torpilles.* ♦ Petite embarcation automobile rapide. *Vedette de la douane.*

vedettisation n. f. – 1970 ▪ Transformation (de qqn) en vedette. ⇒ **starification.** *Vedettisation des présentateurs de télévision.*

védique adj. – XIXe ▪ Relatif aux Védas. ➛ *Langue védique* et n. m. *le védique :* forme archaïque du sanskrit, langue des Védas*.

védisme n. m. – XIXe ▪ Brahmanisme primitif.

végétal, ale, aux n. m. et adj. – XVe ; lat. *vegetare* « croître » **I** n. m. Être vivant caractérisé par rapport aux autres (animaux) par une motilité et une sensibilité plus faibles, une composition chimique particulière (⇒ **chlorophylle, cellulose**), une nutrition à partir d'éléments simples. ⇒ ② **plante, végétation.** *Étude des végétaux.* ⇒ **botanique.** **II** adj. Des plantes ; des êtres vivants appelés végétaux. *Règne végétal* (opposé à *animal* et *minéral*). ➛ *Tapis végétal :* couverture du sol par les végétaux. ♦ Qui provient d'organismes de végétaux. *Huile végétale. Teintures végétales.*

❑ Les végétaux se nourrissent de corps simples non vivants (dont les minéraux) ; ils sont autotrophes. Certains, néanmoins, sont parasites d'êtres vivants végétaux ou animaux.

végétarien, ienne adj. et n. – XIXe ; angl. ▪ Propre au végétarisme. *Régime végétarien.* ⇒ aussi **macrobiotique.** ➛ *Restaurant végétarien.* ♦ Qui ne mange pas la chair des animaux. ➛ n. *Un végétarien, une végétarienne.*

❑ L'anglais *vegetarian* est formé de *veget[able]* « légume » et de *-arian* d'après les noms de sectes religieuses.

végétarisme n. m. – XIXe ▪ Doctrine diététique qui exclut de l'alimentation la viande, mais permet certains produits du règne animal (lait, beurre, œufs, miel).

végétatif, ive adj. – XIIIe **1** *Organes végétatifs :* tiges, feuilles, etc. des plantes supérieures. *Les organes végétatifs et les organes reproducteurs* (fleurs). **2** Relatif aux fonctions physiologiques contrôlées par le système neurovégétatif (respiration, circulation, sécrétion). *Vie végétative* ou *organique* (opposé à *vie animale* ou *de relation*). **3** Qui évoque la vie des végétaux, par son inaction. ⇒ **inactif.** *Mener une vie végétative.*

végétation n. f. – XVIe ; de *végéter* **1** Ensemble des végétaux, des plantes qui poussent en un lieu. ⇒ **flore.** *Zones de végétation* (glaciale arctique, tempérée, tropicale...). *Une végétation luxuriante.* **2** Papillome de la peau ou d'une muqueuse ayant un aspect bourgeonnant. ➛ *Végétations adénoïdes :* tissu lymphoïde constituant l'amygdale pharyngienne, souvent hypertrophié chez l'enfant. *Faire opérer un enfant des végétations.*

végéter v. intr. [6] – XIVe ; lat. *vegetare* « croître », « vivifier » **1** VX Accomplir les fonctions propres au végétal. ⇒ **pousser.** **2** Avoir une activité réduite ; vivre dans une morne inaction, mener une existence insipide. ⇒ s'**encroûter, languir.** *Les Indiens des réserves* « *peuvent végéter à peu près paisiblement à l'intérieur des territoires qui leur sont assignés* » (Beauv.).

véhémence n. f. – XVe ▪ littér. Force impétueuse (des sentiments ou de leur expression). ⇒ ① **fougue, impétuosité, violence.** « *La véhémence et l'ingénuité de tels désirs* » (Duham.). *Il protesta avec véhémence.* ✪ CONTR. ① Calme, froideur.

véhément, ente adj. – XIIe ; lat. *vehemens* ▪ Qui a une grande force expressive, qui entraîne ou émeut. ⇒ **emporté, enflammé, fougueux.** « *les entraînements les plus passionnés de sa nature véhémente* » (Jaurès). *Un ton véhément.*

véhémentement adv. – XVIe ▪ littér. Avec véhémence.

véhiculaire adj. – XIXe ▪ *Langue véhiculaire,* servant aux communications entre des groupes de langue maternelle différente.

véhicule n. m. – XVIe ; lat. *vehere* « transporter » **1** Ce qui sert à transmettre, à faire passer d'un lieu à un autre. ♦ Dispositif qui redresse l'image fournie par un objectif de lunette. **2** Ce qui sert à porter, à communiquer. « *la musique est le véhicule des paroles, elle les imprime dans le cœur* » (R. Rolland). ♦ L'une des voies du salut, dans le bouddhisme. *Le grand véhicule* (Mahayana), *le petit véhicule* (Hinayana) : les deux principales sectes du bouddhisme, en Inde. **3** Moyen de transport routier. *Véhicule automobile. Véhicule de tourisme. Véhicule prioritaire.* « *Un échantillonnage complet de tous les véhicules existants* [...] *fiacres, chars à bancs, caravanes, charrettes, motos avec et sans side-car, et même des triporteurs* » (Tournier). **4** *Véhicule spatial :* engin spatial destiné à transporter une charge utile. ⇒ **astronef, capsule, vaisseau** (spatial).

véhiculer v. tr. [1] – XIXe **1** Transporter au moyen d'un véhicule. *Il nous a véhiculés jusqu'à la gare.* fam. *Se véhiculer :* se transporter. **2** Constituer un véhicule pour (qqch.). *Le sérum sanguin véhicule divers pigments.* ♦ Être le support de, transmettre. *Son ouvrage véhicule une idéologie suspecte.*

veille n. f. – XIIe ; lat. *vigilia* « veille, insomnie » **I - 1** Action de veiller ; moment sans sommeil, généralement consacré à quelque occupation pendant le temps normalement destiné à dormir. « *À force de travaux et de veilles, maître Adoniram avait achevé ses modèles* » (Nerval). **2** Garde de nuit. « *Tandis que les premiers guetteurs* [...] *prenaient la veille* » (Dorgelès). **II** Jour qui en précède un autre, qui précède celui dont il est question. « *La veille de l'offensive* » (Maurois). *La veille et l'avant-veille. La veille au soir.* ♦ *À LA VEILLE DE* (un événement) : dans la période qui le précède immédiatement, juste avant. « *elle était à la veille de son mariage* » (Rouss.). **III** État d'une personne qui ne dort pas (opposé à *sommeil*). « *Tout est possible à l'homme qui se tourne et se retourne entre la veille et le sommeil* » (Valéry). ✪ CONTR. Lendemain. — Sommeil.

❑ Le sens de *veille* (comme celui de *lendemain*) ne dépend pas de la personne qui parle, contrairement à *hier.*

veillée n. f. – XIVe **1** Temps qui s'écoule entre le moment du repas du soir et celui du coucher, consacré à des réunions familiales ou de voisinage (surtout dans les campagnes). ⇒ **soirée.** « *Nous prolongions la veillée sur la terrasse* » (Gide). *Veillée d'armes ;* fig. préparation morale à une épreuve, une action difficile. **2** Action de veiller un malade, un mort ; nuit passée à le veiller. *Veillée funèbre.*

veiller v. [1] – XIIe ; lat. *vigilare* **I** v. intr. **1** Rester volontairement éveillé pendant le temps habituellement consacré au sommeil. « *Je veille à présent, du fond de ma demi-ivresse, je ne veux pas le sommeil* » (Colette et Willy). 2 Être de garde. « *les gardes Aux longues hallebardes Qui veillent aux créneaux Des arsenaux* » (Muss.). ♦ Être en éveil, vigilant. *La police veille.* 3 Faire la veillée. **II** v. tr. 1 Rester la nuit auprès de (un malade pour s'occuper de lui ; un mort). 2 trans. ind. VEILLER À qqch., y faire grande attention et s'en occuper activement. *Veiller à la bonne marche des opérations. Veiller à ne pas être en retard.* ♦ *Veiller sur qqn,* prêter grande attention à ce qu'il fait, à ce qui lui arrive (pour intervenir au besoin). ✪ CONTR. Dormir.

veilleur n. m. – XIVe 1 Soldat de garde. ⇒ **guetteur, sentinelle.** 2 *Veilleur de nuit :* gardien (d'un magasin, d'un chantier, d'une entreprise, etc.) qui est de service la nuit ; employé d'hôtel chargé d'assurer le service et la réception pendant la nuit.

veilleuse n. f. – XVIIIe 1 Petite lampe ou ampoule électrique éclairant peu, qu'on laisse allumée pendant la nuit ou en permanence dans un lieu sombre. « *Un petit train noir, avec au plafond de sombres veilleuses bleues* » (Beauv.). ➝ Lanterne d'automobile. ♦ loc. *EN VEILLEUSE.* Dont l'intensité, les effets, l'activité sont réduits. *Affaire, problème en veilleuse.* ➝ fam. *Mets-la en veilleuse :* du calme, tais-toi. 2 Petit bec d'un chauffe-eau à gaz, d'un réchaud.

veinard, arde adj. et n. – XIXe ▪ fam. Qui a de la veine. ⇒ **chanceux, verni.** ♦ n. *Quelle veinarde !*

veine n. f. – XIIe ; lat. *vena* « conduit sanguin » et « inspiration » **I - 1** Vaisseau qui ramène le sang des capillaires au cœur. *Les veines et les artères. Veines caves, veine coronaire, veine porte. Étude des veines.* ⇒ **phlébologie.** *S'ouvrir les veines :* se trancher les veines du poignet pour se donner la mort. 2 au plur. (dans des expr. de la langue cour., souvent fig.) Les vaisseaux sanguins, conduits du sang, symbole de la vie. *Cette horreur* « *qui glace le sang dans les veines* » (Fén.). *N'avoir pas de sang dans les veines :* être lâche, poltron. **II - 1** Inspiration de l'artiste. *La veine poétique. Deux romans de la même veine.* ➝ *Être en veine,* inspiré. 2 *En veine de... :* disposé à. « *Parfois l'interne était en veine de taquinerie* » (Goncourt). 3 Bonne chance, heureux hasard. ⇒ fam. ① **bol, cul, pot.** *Avoir de la veine. Une veine de cocu, de pendu :* une chance insolente. *C'est un coup de veine. Pas de veine ! C'est bien ma veine :* je n'ai pas de chance. **III - 1** Filon mince (d'un minéral). *Veine de houille.* 2 Dessin coloré, mince et sinueux (dans le bois, les pierres dures). « *les veines du marbre de la cheminée* » (Larbaud). 3 Nervure très saillante (de certaines feuilles). *Les veines du chou.*

veiné, ée adj. – XVIe 1 Qui présente des veines bleues apparentes sous la peau. ♦ Qui présente des nervures saillantes (feuilles des végétaux). 2 Qui présente des veines, des filons. ➝ Qui présente des veines (bois, pierres dures). « *un immense bloc de marbre blanc, veiné de rose* » (From.).

veiner v. tr. [1] – XIXe ▪ Orner de dessins sinueux imitant les veines du bois, du marbre.

veinette n. f. – XIIe ▪ Brosse employée par les peintres pour veiner le faux bois, le faux marbre.

veineux, euse adj. – XVIe 1 Qui a rapport aux veines. *Système veineux.* 2 Qui présente de nombreuses veines. *Bois veineux.*

veinule n. f. – XVIIe 1 Petit vaisseau veineux qui, convergeant avec d'autres, forme les veines. *Veinules et artérioles.* 2 Ramification extrême des nervures des feuilles.

veinure n. f. – av. 1922 ▪ Dessin des veines du bois. Aspect veiné.

vêlage n. m. – XIXe ▪ Parturition de la vache.

> ❑ On dit aussi *vêlement.*

vélaire adj. – XIXe ; lat. *velum* « voile (du palais) » ▪ Se dit des phonèmes (voyelle ou consonne) articulés près du voile du palais. [k] *est une consonne vélaire.* ➝ n. f. *Une vélaire.*

vélani n. m. – XVIe ; gr. *balanidi* « gland » ▪ Chêne à cupules écailleuses qui sont utilisées en teinturerie.

vélar n. m. – XVIe ; mot gaul. ▪ Sisymbre officinal (plante).

vélarium ou **velarium** [velaʀjɔm] n. m. – XIXe ; lat. *velum* « voile » ▪ Dans l'Antiquité romaine, Grande toile formant tente amovible (sur un amphithéâtre, un cirque). « *L'Acropole disparaissait sous des vélariums de couleurs* » (Flaub.).

velche ou **welche** [vɛlʃ] n. m. – XVIIIe ; all. *Welsch* « étranger » ▪ Étranger, pour les Allemands (surtout Français, Italien).

velcro n. m. – 1958 ; marque déposée, de *vel(ours)* et *cro(chet)* ▪ *Fermeture velcro,* composée de deux rubans tissés différemment qui s'agrippent par contact.

veld ou **veldt** [vɛlt] n. m. – 1902 ; mot néerl. « champ, campagne » ▪ Steppe de l'Afrique du Sud. ✪ HOM. Velte.

vêlement → **vêlage**

vêler v. intr. [1] – XIVe ; a. fr. *veel* « veau » ▪ Mettre bas (en parlant de la vache).

vélie n. f. – XIXe ; o. i. ▪ Insecte hémiptère, aquatique, qui court à la surface des eaux vives, appelé aussi *araignée d'eau.*

vélin n. m. – XIVe ; a. fr. *veel* « veau » 1 Peau de veau mort-né, plus fine que le parchemin ordinaire. *Manuscrit sur vélin.* ♦ Cuir de veau. *Reliure de vélin.* 2 *Papier vélin* ou *vélin :* papier très blanc et de pâte très fine. *Exemplaire sur vélin.*

véliplanchiste n. – 1980 ; lat. *velum* « voile » et *planche (à voile)* ▪ Personne qui pratique la planche à voile. ⇒ **planchiste.**

vélique adj. – XVIIIe ; lat. *velum* « voile » ▪ Des voiles (d'un bateau). ➝ *Point vélique :* centre de voilure (point d'application de la résultante des vents).

vélite n. m. – XIIIe ; lat. *veles* 1 Soldat d'infanterie légère, chez les Romains. 2 Soldat d'un corps de chasseurs à pied, sous le premier Empire.

vélivole adj. et n. – XIXe ; lat. *velivolus* « qui vole, va vite *(volare)* à la voile *(velum)* » ▪ Relatif au vol à voile. ♦ Qui pratique le vol à voile. ➝ n. *Un, une vélivole.*

velléitaire adj. et n. – XIXe ▪ Qui n'a que des intentions faibles, ne se décide pas à agir. ⇒ **hésitant.** « *Ces amateurs velléitaires et stériles* » (Proust)

velléité n. f. – XVIIe ; lat. *velle* « vouloir » ▪ Intention qui n'aboutit pas à une décision. *Il a eu des velléités de résister.* ✪ CONTR. Décision.

vélo n. m. – XIXe ; abrév. de *vélocipède* ▪ Bicyclette. *Un vélo de course. À vélo. Il* « *descendit de son vélo. Il mit en place l'antivol sur la jante de la roue avant* » (Le Clézio). ➝ *Vélo tout-terrain.* ⇒ **bicross, V.T.T.** ♦ *Faire du vélo.*

> ❑ En langage soigné, on dit *aller, venir à vélo,* le véhicule n'étant pas clos (comme dans *en voiture*). Cependant *en* se répand au détriment de *à*. → ski (rem.).

véloce adj. – XVIe ; lat. *velox* « rapide » ▪ littér. Agile, rapide. « *Vingt-quatre lévriers barbaresques, plus véloces que des gazelles* » (Flaub.).

vélocement adv. – XIVe ▪ littér. Avec vélocité, rapidité.

vélocimétrie n. f. – v. 1970 ; lat. *velox* « rapide » et *-métrie* ▪ Mesure des vitesses.

vélocipède n. m. – XIXe ; lat. *velox* « rapide » et *-pède* ▪ Appareil de locomotion, siège sur deux ou trois roues. ⇒ **bicyclette, vélo.** ➛ iron. Bicyclette.

vélocité n. f. – XIIIe ▪ rare Mouvement rapide, aptitude à aller vite. ⇒ **célérité, vitesse.** *Les « chiens qu'il avait aux trousses n'étaient pas un médiocre éperon à sa vélocité naturelle »* (Gaut.).

vélodrome n. m. – XIXe ; de *vélo* et *-drome* ▪ Piste entourée de gradins, aménagée pour les courses de bicyclettes.

vélomoteur n. m. – 1931 ▪ Motocycle de cylindrée supérieure à 50 cm³ et inférieure à 125 cm³. *« Je n'étais jamais allée à vélomoteur »* (Le Clézio).

véloski n. m. – v. 1970 ▪ Engin de sport d'hiver, comparable à une bicyclette dont les roues seraient remplacées par des skis. ⇒ **ski-bob.**

velot n. m. – XVIIe ; a. fr. *veel* « veau » ▪ Veau mort-né ; sa peau, servant à fabriquer le vélin.

velours n. m. – XIIe ; lat. *villosus* « velu » 1 Tissu à deux chaînes superposées dont l'une produit le fond du tissu et l'autre le velouté ; tissu analogue dont le velouté est produit par une trame. *Velours de coton, de soie, de laine. Velours uni, côtelé, frappé. Veste en velours. « quand le rideau de velours grenat, sur le fond de l'estrade, s'entrebâillait »* (Aragon). *Tapis de velours d'une table de jeu.* loc. *Jouer sur le velours,* avec le gain, sans risquer d'entamer sa mise initiale ; agir de telle sorte qu'on ne puisse qu'y gagner, sans risques. 2 Ce qui est doux au toucher. *Une peau de velours. « d'énormes pêches aux joues de velours incarnat »* (Gaut.). ♦ loc. *Chat qui fait patte de velours,* qui présente sa patte après avoir rentré ses griffes. ♦ *Veau velours :* peau de veau suédée. ⇒ **daim.** 3 Ce qui donne une impression de douceur. ➛ plaisant *Faire des yeux de velours,* des yeux doux.

velouté, ée adj. et n. m. – XVe I adj. 1 Doux au toucher comme du velours. ⇒ **duveté.** *Une pêche veloutée.* 2 Doux et onctueux. *Potage velouté.* ♦ *« Une voix veloutée de baryton »* (Colette), vibrante et douce. 3 *Étoffe veloutée,* qui porte des applications de velours. II n. m. 1 Douceur de ce qui est velouté. *Le velouté d'une fleur, de la peau.* 2 Potage lisse et très onctueux. *Un velouté d'asperges.* ✪ CONTR. Âpre, dur, rêche.

❑ Pour les végétaux, le terme exact est *tomenteux.*

veloutement n. m. – XIXe ▪ rare Le fait de se velouter ; aspect velouté. *« Les sables avaient des veloutements dans l'ombre »* (Gide).

velouter v. tr. [1] – XVIe 1 Donner à (une surface) l'apparence du velours. *Velouter du papier.* 2 Rendre plus doux, plus onctueux, plus suave. ➛ pronom. *« l'énergie professionnelle qui se veloutait d'une tendresse intime »* (Proust).

velouteux, euse adj. – 1904 ▪ Qui, au toucher, rappelle le velours. ⇒ **velouté.**

veloutier n. m. – XVIe ▪ Ouvrier qui fabrique le velours. ♦ Ouvrier qui donne aux peaux un aspect velouté.

veloutine n. f. – XIXe ▪ Tissu de coton qui a été gratté pour avoir un aspect velouté.

velte n. f. – XVIIe ; all. *Vertel* « quart » 1 Ancienne mesure de capacité (de 7 à 8 litres). 2 Règle servant à jauger les tonneaux. ✪ HOM. Veld.

velu, ue adj. – XIIe ; lat. *villus* « poil » 1 Qui a les poils très abondants. ⇒ ① **poilu.** *« une main grasse, énergique et velue »* (Duham.). 2 Garni de poils fins. *Les feuilles velues de la bourrache.* ⇒ aussi **villeux.** ✪ CONTR. ① Lisse.

❑ Même famille étymologique que *velours* et *velcro.*

vélum ou **velum** [velɔm] n. m. – XIXe ; mot lat. « voile » ▪ Grande pièce d'étoffe servant à tamiser la lumière ou à couvrir un espace sans toiture. *Des vélums.*

velvet [vɛlvɛt] n. m. – XVIIIe ; mot angl. « velours » ▪ Velours de coton uni imitant le velours de soie.

velvote n. f. – XVIe ; de *velu* « velours » ▪ Plante à feuilles velues.

venaison n. f. – XIIe ; lat. *venari* « chasser le gibier » 1 Chair de grand gibier. *En Allemagne « la table reste plus immédiatement proche qu'ailleurs de ses resserres de venaison »* (Gracq). 2 Graisse du cerf, du sanglier.

❑ Même famille étymologique que *vénerie.*

vénal, ale, aux adj. – XIIe ; lat. *venum* « vente » 1 Qui se laisse acheter au mépris de la morale. ⇒ **cupide.** *Un homme vénal,* qui n'agit que par intérêt. ♦ *Amour vénal. « Rien de vénal et de mercantile »* (Rouss.). 2 Qui peut s'obtenir en payant. *Offices vénaux.* ♦ *Valeur vénale,* estimée en argent.

vénalité n. f. – XVIe 1 Le fait de pouvoir s'acheter, se vendre. *La vénalité des charges, des offices* (sous l'Ancien Régime). 2 Le fait d'être cédé pour de l'argent au mépris des valeurs morales. ♦ Caractère ou comportement d'une personne vénale. ⇒ **bassesse, corruption.** *« le parlement entier ne pouvait rester sous l'accusation d'une vénalité déshonorante »* (Zola).

venant n. m. – XIIIe ▪ loc. *À tout (tous) venant(s) :* à chacun, à tout le monde. *« les sanctuaires n'ont plus de défenses et s'ouvrent à tous venants »* (Loti).

vendable adj. – XIIIe ▪ Qui peut être vendu. ✪ CONTR. Invendable.

vendange n. f. – XIIIe ; lat. *vinum* « vin » et *demere* « récolter » 1 Le fait de cueillir et de rassembler les raisins mûrs pour la fabrication du vin. *Faire les vendanges.* ♦ *Les vendanges :* l'époque des vendanges. 2 Raisin récolté pour faire le vin. *Fouler la vendange. « cette cuve immense où la vendange future fermentait dans le sommeil des feuilles bleuies »* (Mauriac).

vendangeoir n. m. – XVIIe ▪ Hotte, panier pour la vendange.

vendangeon n. m. – 1904 ; de *vendanger* ▪ Larve du trombidion.

vendanger v. [3] – XIIIe ▪ v. tr. Récolter les raisins de. ♦ v. intr. Faire la vendange, cueillir les raisins et les transporter ; fouler, presser le raisin.

vendangette n. f. – XVIIIe ; de *vendange* ▪ région. Grive.

vendangeur, euse n. – XIIIe 1 Personne qui fait la vendange. 2 n. f. Plante qui fleurit en automne. ♦ Machine automotrice effectuant la récolte des raisins.

vendéen, enne adj. et n. – XVIIIe ▪ De la Vendée. ♦ De l'insurrection royaliste des provinces de l'Ouest, pendant la Révolution. ➛ n. *Les Vendéens.* ⇒ **chouan.**

vendémiaire n. m. – XVIIIe ; lat. *vindemia* « vendange » ▪ Premier mois du calendrier républicain qui commençait le 22 (ou 23) septembre.

❑ Comme tous les noms de mois du calendrier républicain, *vendémiaire* a été formé par Fabre d'Églantine.

vendetta [vɑ̃deta ; vɑ̃dɛtta] n. f. – XIXe ; mot it. « vengeance » ▪ Coutume corse, par laquelle les membres de deux familles ennemies poursuivent une vengeance réciproque jusqu'au crime.

❑ Même famille étymologique que *vindicte.*

vendeur, euse n. et adj. – XIIe 1 Personne qui vend ou a vendu qqch. ➛ adj. Qui est disposé à vendre. *Je ne suis* *pas vendeur.* 2 Personne dont la profession est de vendre. ⇒ **marchand.** *Vendeur à la sauvette.* « *Des vendeurs de journaux encore endormis [...] offrent leur marchandise aux réverbères dans un geste de somnambules* » (Camus). 3 Employé chargé d'assurer la vente dans un établissement commercial. « *Pendant quarante ans j'ai été vendeur dans les tissus d'ameublement* » (Aymé). 4 Personne qui connaît et applique les procédés de vente. *Ce directeur commercial est un excellent vendeur.* 5 **adj.** Qui fait vendre. *Un slogan vendeur.* ✪ CONTR. Acheteur, acquéreur, client, importateur.

vendre **v. tr.** [41] – Xe ; lat. *vendere* 1 Céder à qqn en échange d'une somme d'argent. *Vendre sa maison.* « *elle a bien pour huit ou dix mille francs de terre qu'elle vendrait volontiers* » (Sand). – *Vendre une chose à tel prix.* « *notre grande maison était une fois de plus à vendre. Déjà un écriteau se balançait à la grille* » (Cendrars). – *Vendre des actions en Bourse.* – *Vendre cher, trop cher, au prix fort. Vendre à perte. Vendre à prix coûtant.* ♦ Faire commerce de. *Vendre des marchandises en gros, au détail. Vendre au rabais, en solde.* ⇒ **brader, liquider, solder.** – pronom. Être vendu. *Cela se vend bien.* ⇒ **s'écouler.** ♦ Faire acheter par un client. *Démarcheur, placier qui vend des valeurs financières.* – *Vendre un article à un client.* ♦ Procéder à la vente de ; mettre en vente. *Vendre un domaine par autorité de justice.* ♦ Organiser, faire la vente de. *Vendre un savoir-faire, un service. Acheter des matières premières et vendre des produits finis. Entreprise qui vend à l'étranger.* ⇒ **exporter.** ♦ Proposer de manière commerciale. *Vendre des vacances ; vendre du rêve.* – pronom. *Se vendre, savoir se vendre :* savoir faire valoir ses mérites. 2 Accorder ou céder contre un avantage matériel. ⇒ **échanger.** « *Ils vendraient Dieu s'il leur tombait dans les pattes* » (Romains). – loc. *Il vendrait père et mère :* il est prêt à toutes les bassesses. – *Personne qui vend son corps,* qui se prostitue. 3 Exiger qqch. en échange de. *Vendre cher qqch.,* ne pas l'accorder facilement. 4 Abandonner, dénoncer par intérêt. ⇒ **trahir ; donner.** *Judas vendit Jésus pour trente deniers.* « *Et surtout ne me vendez pas, ces messieurs se plaignent que je prends trop de vacances* » (Zola). ♦ pronom. Se mettre au service de qqn par esprit de lucre, au mépris de la morale. *Se vendre à un parti.* ✪ CONTR. Acheter, acquérir, conserver, donner, garder, payer.

vendredi **n. m.** – XIIe ; lat. *Veneris dies* « jour de Vénus » ▪ Le cinquième jour de la semaine, qui succède au jeudi. *Il vient tous les vendredis. Vendredi saint,* précédant le dimanche de Pâques.

vendu, ue **adj.** – XIIIe 1 Cédé pour de l'argent. *Adjugé, vendu !* (aux enchères). 2 Qui a aliéné sa liberté, promis ses services pour de l'argent. *Juge vendu.* ⇒ **corrompu,** fam. **ripou, vénal.** ♦ **n.** ⇒ **traître.** « *il fallut en faire un vendu ; il fallut en faire un traître* » (Jaurès). – Crapule. *Bande de vendus !* ✪ CONTR. Invendu ; intègre, probe.

venelle **n. f.** – XIIe ; dimin. de *veine* ▪ Petite rue étroite. ⇒ **ruelle.**

vénéneux, euse **adj.** – XVe ; lat. 1 Qui contient un poison (⇒ **vireux**) ; dont l'ingestion empoisonne. *Champignons vénéneux.* 2 littér. Qui a des effets néfastes, empoisonne. « *la littérature vénéneuse ou débilitante* » (Aymé).

❑ Ne pas confondre avec *venimeux,* qui se dit des animaux.

vénérable **adj.** et **n.** – XIIe ▪ littér. ou plaisant Digne de vénération. *Un vénérable vieillard.* – *D'un âge vénérable :* très vieux. ⇒ **respectable.** « *de vénérables et sages coutumes* » (Duham.). ♦ **n.** Personne qui obtient le premier degré dans la procédure de canonisation. – Président d'une loge maçonnique.

vénération **n. f.** – XIIe 1 Respect religieux fait d'adoration et de crainte. *Objet de vénération.* 2 Grand respect fait d'admiration et d'affection. ⇒ **culte, dévotion.** *Vénération pour son père.* ✪ CONTR. Blasphème. Mépris.

vénérer **v. tr.** [6] – XVe ; lat. 1 Considérer avec le respect dû aux dieux, aux choses sacrées. ⇒ **adorer, honorer, révérer.** *Vénérer une relique.* 2 littér. Avoir de la vénération (2°) pour. ⇒ **aimer, estimer.** ✪ CONTR. Blasphémer. Dédaigner, mépriser.

vénéricarde **n. f.** – XIXe ; lat. *Venus* et *cardium* « mollusque » ▪ Mollusque lamellibranche, à robuste coquille côtelée.

vénerie **n. f.** – XIIe ; lat. *venari* « chasser » 1 Art de la chasse à courre. 2 Administration des officiers des chasses.

❑ *Venaison* est de même origine.

vénérien, ienne **adj.** – XVe ; lat. *venerius* « de Vénus » 1 vx Qui a rapport à l'amour physique. *Acte vénérien.* ⇒ **sexuel.** 2 vieilli *Maladies vénériennes,* transmises par rapport sexuel. ⇒ **M.S.T.**

❑ Bien que ce mot ne soit plus employé dans les services hospitaliers, il est encore usité par de nombreuses personnes.

vénérologie **n. f.** – 1901 ; de *vénér(ien)* et *-logie* ▪ Partie de la médecine qui s'occupe des maladies vénériennes.

venet **n. m.** – XVIIe ; gallo-rom. ▪ Enceinte demi-circulaire de filets verticaux pour retenir le poisson à marée basse.

veneur **n. m.** – XIIe ; lat. *venator* ▪ Officier de la vénerie d'un prince, d'un particulier, qui s'occupait des chasses à courre. – *GRAND VENEUR :* chef d'une vénerie.

vengeance **n. f.** – XIe 1 Action de se venger. ♦ Dédommagement moral de l'offensé par punition de l'offenseur. *Une terrible vengeance.* ⇒ **châtiment, représailles.** – loc. *Tirer vengeance d'un affront.* « *Enfin mon père est mort, j'en demande vengeance* » (Corn.). – « *quelque noir projet de vengeance s'ébauchait déjà dans sa cervelle* » (Gaut.). *Soif, désir de vengeance.* ⇒ **rancune, ressentiment.** *Vengeances corses.* → **vendetta.** 2 Besoin, désir de se venger. *Esprit de vengeance.* « *L'enivrante jouissance de la vengeance satisfaite* » (Balz.). loc. *Crier vengeance.*

venger **v. tr** [3] – Xe ; lat. *vindicare* « réclamer en justice » 1 Dédommager moralement (qqn) en punissant son offenseur. « *Va, cours, vole, et nous venge* » (Corn.). « *je suis vengé, votre mari l'a su !* » (Balz.). – *Venger son honneur, la mémoire d'un ami.* ♦ Constituer une vengeance ou une compensation pour. *Son échec me venge.* 2 Réparer (une offense) en punissant l'offenseur. *Venger un affront dans le sang.* ⇒ **laver.** 3 *SE VENGER* **v. pron.** Rendre une offense (à qqn) pour se dédommager moralement. *Se venger de qqn, d'une insulte.* « *Un grand peuple ne se venge pas, il rétablit le droit* » (R. Rolland). – *Je me vengerai !* – par ext. Trouver une compensation à (une humiliation, une contrainte). « *les hommes méconnus se vengent de l'humilité de leur position par la hauteur de leur coup d'œil* » (Balz.).

❑ Ne pas confondre *se venger* et *se revancher.* → se revancher (rem.).

vengeur, geresse **n.** et **adj.** – XIIe ▪ Personne qui venge (qqn, qqch.). ♦ **adj.** littér. ou plaisant Qui venge, est animé par la vengeance ou sert la vengeance. *Un bras vengeur.* ◆ « *ce ton de frénésie vengeresse* » (Ste-Beuve).

❑ *Vengeresse* ne s'emploie que comme adjectif. → enchanteur (rem.). ♦ Ne pas confondre *vengeur* et *vindicatif* qui ne se dit que des personnes.

véniel, ielle adj. – XIIIe ; lat. *venia* « pardon » ▪ *Péché véniel,* digne de pardon (opposé à *péché mortel*). ♦ littér. Se dit d'une faute légère. ⇒ **excusable, insignifiant.** « *la colère elle-même, entre nous deux, gardait quelque chose de véniel et de tendre* » (Duham.).

venimeux, euse adj. – XIIe 1 Qui a du venin. *Serpents venimeux.* ◆ *Araignée venimeuse.* 2 Qui a de la haine, de la méchanceté. « *Le plus venimeux de tous vos futurs collègues* » (Duham.). ⇒ **haineux, perfide.** par ext. *Langue venimeuse :* mauvaise langue.

❑ Ne pas confondre avec *vénéneux,* qui se dit des végétaux.

venin n. m. – XIIe ; lat. *venenum* « poison » 1 Substance toxique sécrétée (chez certains animaux) par une glande spéciale, qu'ils injectent par piqûre ou morsure. *Crochets à venin des serpents.* ◆ *Venin de scorpion, d'araignée. Sérum contre les venins* (⇒ **antivenimeux**). ◆ Substance toxique des piquants (de certaines plantes). 2 Haine, méchanceté ; discours dangereux. *Jeter, cracher son venin :* dire des méchancetés dans un accès de colère.

❑ L'ancienne forme *venim* (du XIIe au XVIIe s.) se retrouve dans *venimeux, envenimer.*

venir v. intr. [22] ; auxil. *être* – IXe ; lat. **I - 1** Se déplacer de manière à aboutir au lieu où se trouve le locuteur ou un point de référence. ⇒ ① **aller,** fam. s'**amener,** se **rendre.** « *Partez, et merci d'être venue...* » (Bourget). *Venez avec moi :* accompagnez-moi. *Il peut venir d'une seconde à l'autre.* ⇒ **arriver.** ◆ loc. *Aller et venir.* fam. *Je ne fais qu'aller et venir :* je reviens tout de suite. ◆ *Faire venir qqn,* le convoquer. *Faire venir qqch.,* le commander, le faire livrer. ◆ *Voici venir votre ami,* le voici qui vient. ◆ loc. *Je te vois venir (avec tes gros sabots) :* je devine tes intentions. ◆ *Voir venir (les événements) :* attendre prudemment en observant l'évolution des événements. 2 VENIR À, CHEZ, DANS... *Demain vous viendrez chez moi. Venez ici. Venez près de moi.* ⇒ **approcher, avancer.** *Venir à la rencontre de qqn.* ◆ VENIR À (qqn), aller vers lui, aller le trouver. « *Laissez venir à moi les petits enfants* » (Évangile). ♦ « *Quelques larmes qui me vinrent aux yeux* » (Balz.). ◆ *Mot qui vient aux lèvres.* 3 Commencer à être, à se présenter. *Une idée m'est venue à l'esprit. Cela ne m'est pas venu à l'idée.* 4 Arriver à (une limite, un niveau), atteindre. *Votre fils me vient à l'épaule.* ♦ Parvenir à (un but, une étape d'un développement). ◆ *Il faudra bien qu'il y vienne :* il finira bien par s'y résoudre, par l'accepter. ◆ *Venir à* (un sujet, une question). ⇒ **aborder.** « *Mais venons au sujet qui m'amène en ces lieux* » (Mol.). ♦ EN VENIR À : finir par faire, par employer, après une évolution. *En venir aux mains, aux coups. Où veut-il en venir ?* que veut-il, que cherche-t-il en fin de compte ? *Venons-en au fait.* ◆ « *Il était si heureux qu'il en venait à plaindre les hommes autour de lui* » (Hugo). 5 VENIR DE... *D'où venaient-ils ?* ◆ *Venir de la part de qqn.* ◆ *Ce train vient de Genève.* ◆ Provenir de. « *La seule lumière venait du building voisin* » (Malraux). *Des biens qui lui venaient de son grand-père.* 6 Provenir, sortir de. « *certains mots venus du cœur* » (Gide). ◆ *La plupart des mots français viennent du latin.* ⇒ ① **dériver.** 7 Être l'effet de. ⇒ **découler.** « *Tout le malheur des hommes vient d'une seule chose, qui est de ne savoir pas demeurer en repos dans une chambre* » (Pasc.). ◆ *Cela vient de ce que.* « *L'émerveillante beauté de ce monde vient de ceci précisément que rien n'y dure* » (Gide). ◆ *De là vient que... D'où vient que... :* c'est pourquoi. *D'où vient qu'il est toujours en retard ?* ⇒ **pourquoi.** 8 Se mettre à (faire), faire en sorte d'être dans la possibilité de. *Je viens vous chercher.* « *une douce habitude vient émousser toutes les peines de la vie* » (Stendh.). 9 VENIR À : se trouver en train de (faire, subir qqch.). *S'il venait à me perdre :* au cas où il me perdrait. *S'il venait à passer qqn.* ◆ *La nourriture vint à manquer.* 10 VENIR DE : avoir (fait) très récemment, avoir juste fini de... *Elle vient de sortir. Livre qui vient de paraître.* « *je venais de subir le plus cruel des affronts* » (R. Gary). **II - 1** Arriver (dans la vie). *Venir au monde.* ⇒ **naître.** ◆ *Ceux qui viendront après nous.* ⇒ **succéder.** ♦ Se produire. ⇒ **apparaître, arriver, survenir.** *Prendre les choses comme elles viennent,* avec philosophie. « *Chaque jour j'apprenais quelque chose sur la planète, sur le départ, sur le voyage. Ça venait tout doucement* » (St-Exup.). ♦ Apparaître dans le cours du temps. *Quand vint son tour. Les jours, les années qui viennent.* ⇒ **prochain,** ① **suivant.** ◆ *La nuit venue,* tombée. ♦ loc. adj. À VENIR : qui doit venir, qui viendra. ⇒ **futur ; avenir.** « *Il avait peur de ces affronts passés, mais non des affronts à venir* » (Proust). 2 Naître et se développer (végétaux ; tissus vivants). ⇒ **pousser.** *Un sol où le blé vient bien, vient mal.* 3 Se manifester. « *Les idées ne venaient pas facilement* » (Céline). **III** S'EN VENIR. v. pron. vx ou région. Venir. *Un homme « qui s'en venait, à petits pas »* (Maupass.). ✪ HOM. *Vins :* vaincs (vaincre).

vénitien, ienne adj. et n. – XIIIe ; it. ▪ De la ville de Venise, de l'ancienne république de Venise. *La peinture vénitienne. Le dialecte vénitien.* ◆ loc. *Blond vénitien,* tirant sur le roux. ♦ n. *Les Vénitiens.*

vent n. m. – XIe ; lat. 1 Mouvement de l'atmosphère ressenti au voisinage du sol ; déplacement d'air ; air déplacé. *Vent doux, faible, modéré* (⇒ **brise**), *fort, violent, chaud, froid, glacial* (⇒ ① **bise**). *Direction du vent. Le vent se lève, tombe. Il y a du vent, il fait du vent. Coup, rafale de vent :* courant momentané ou augmentation brusque dans les mouvements de l'air. ⇒ **grain.** *Arriver, passer en coup de vent,* très vite, sans prendre le temps de s'arrêter vraiment. « *Elle entre comme une bourrasque* [...] *et repart en coup de vent* » (Sartre). ◆ *Le vent tourne,* change de direction. *Le vent hurle, siffle.* ◆ *Le vent balaie, emporte les feuilles... Le vent chasse les nuages. Abriter, protéger du vent. Marcher contre le vent.* ◆ *Énergie du vent.* ⇒ **éolien.** ◆ *À vent :* mû par le vent. *Moulin à vent.* ♦ « *Tintin à la barre prit le vent* » (Mac Orlan). *Vent arrière,* qui vient par l'arrière du bateau. *Vents contraires,* qui empêchent de suivre la route prévue. *Au vent :* dans la direction du vent. *Sous le vent :* dans la direction opposée à celle du vent. ♦ loc. *Le nez au vent,* se dit du chien qui flaire le gibier (cf. ci-dessous, autre sens). *Prendre le vent.* ⇒ **flairer.** fig. « *Profites-en pour prendre le vent, regarder de près ce qui se passe* » (Mart. du G.). ◆ *Avoir vent de :* apprendre. *Il n'a jamais eu vent de l'affaire.* ♦ *Les quatre vents :* les quatre points cardinaux. *Aux quatre vents ; à tous les vents :* partout, en tous sens. 2 sc. Mouvement de l'atmosphère ; phénomène météorologique dû aux propriétés physiques inégales et changeantes de l'atmosphère. *Instabilité dynamique, thermique du vent.* 3 L'atmosphère, l'air (généralement agité par des courants). « *Le capuchon de son burnous flottait au vent* » (Flaub.). *Cheveux au vent.* « *les cheveux et la pensée au vent* » (Verlaine). *En plein vent :* en plein air, à découvert. ◆ *Le nez au vent :* le nez en l'air, d'un air étourdi. 4 *Le vent,* symbole des impulsions, des influences. (dans des loc.) vieilli *Être dans le vent,* à la mode. ♦ *Quel bon vent vous amène ?* (formule d'accueil). *Bon vent !* bon voyage ; iron. bon débarras.

→ *Le vent tourne* : la tournure des événements va changer. ♦ *Le vent était à l'optimisme.* « *un vent d'héroïsme qui fait battre le cœur* » (Gide). 5 loc. *Aller, filer comme le vent, plus vite que le vent,* très vite. 6 fig. *Du vent* : des choses vaines, vides. → Promesses faites à la légère. « *Ça promet ! Ça promet ! Puis, après, on s'aperçoit que ce n'était que du vent* » (Simenon). 7 Gaz intestinaux. ⇒ **flatuosité, pet.** *Un verre d'eau « bue à jeun pour chasser les vents »* (Zola). ✪ HOM. Van.

❑ La vénerie et la navigation ont fourni de nombreuses locutions métaphoriques, encore connues mais souvent mal interprétées, les références n'étant plus familières (*le nez au vent, avoir vent de qqch., avoir le vent en poupe,* etc.).

ventail, aux n. m. – XIe ; de *venter* ▪ Partie de la visière des casques clos (⇒ **heaume**) par où passait l'air. ✪ HOM. Vantail.

vente n. f. – XIIe ; lat. *vendere* « vendre » ▪ I - 1 Le fait d'échanger (une marchandise) contre son prix ; activité consistant en de telles opérations. *Procéder à la vente de..., à une vente.* → *En vente* : pour être vendu, ou disponible dans le commerce. *Mettre en vente* (⇒ **commercialiser**). → Opération commerciale par laquelle on vend qqch. → *Vente en gros, au détail, en grande surface. Vente par correspondance (V.P.C.). Les métiers de la vente.* → *Force de vente d'une entreprise,* ensemble de ses vendeurs. *Directeur, chef des ventes.* 2 Contrat par lequel une des parties (vendeur) s'engage à livrer la propriété d'un bien à l'autre partie (acheteur, acquéreur), qui s'oblige à en payer le prix. *Promesse de vente. Acte de vente. Vente en viager.* → *Vente publique. Vente judiciaire. Vente par-devant notaire.* 3 Réunion des vendeurs et des acquéreurs éventuels, au cours de laquelle on procède à une vente publique. *Un « tableau noir réservé aux annonces officielles des ventes publiques »* (Cendrars). *Salle des ventes,* où ont lieu les ventes publiques. → *Vente de charité,* au cours de laquelle on vend des objets au bénéfice d'une œuvre. ⇒ **kermesse.** II Coupe réglée dans un bois, une forêt ; partie de la forêt qui vient d'être coupée (pour être vendue). *Jeunes ventes,* où le bois commence à repousser. ✪ CONTR. Acquisition ; achat.

venté, ée adj. – XIXe ▪ Où il y a du vent. ⇒ **éventé, venteux.** *Une plaine ventée.* ✪ HOM. Vanter, venter.

venter v. impers. [1] – XIIe ▪ *Il vente* : il fait du vent. → loc. *Qu'il pleuve ou qu'il vente* : par tous les temps. ✪ HOM. Vanter.

venteux, euse adj. – XIIIe ▪ Où il y a du vent. ⇒ **éventé, venté.** *Plaine venteuse.* → Au cours duquel il y a du vent. *Mois venteux.*

ventilateur n. m. – XVIIIe 1 Appareil servant à brasser l'air pour rafraîchir l'atmosphère. « *Au plafond, un ventilateur à larges pales brassait l'air en silence* » (Le Clézio). 2 Appareil produisant un courant d'air plus ou moins puissant (pour alimenter en oxygène une combustion, etc.). ⇒ **soufflerie.** ♦ Mécanisme utilisé dans le refroidissement du moteur d'une automobile.

ventilation n. f. – XVIe I - 1 Opération par laquelle l'air est brassé, renouvelé. ⇒ **aération.** *La ventilation d'un local.* 2 Production d'un courant d'air pour permettre ou faciliter un phénomène physique ou chimique, lors d'une opération technique. ♦ *Ventilation pulmonaire* (⇒ **respiration**). II Le fait de ventiler (II). → Estimation de la valeur relative d'une partie. ♦ Répartition entre divers comptes, divers chapitres. ♦ Orientation des marchandises vers leur destinataire. ⇒ **répartition.**

ventiler v. tr. [1] – XIe I - 1 Produire un courant d'air dans, sur. ⇒ **aérer.** *Ventiler une cave.* 2 Soumettre un patient à une ventilation artificielle. II - 1 Évaluer (une ou plusieurs portions) relativement au tout, dans une vente. ♦ Répartir (une somme totale) entre plusieurs comptes. 2 Répartir en plusieurs groupes (des choses, des personnes).

ventileuse n. f. – 1901 ▪ Abeille qui bat des ailes à l'entrée de la ruche pour renouveler l'atmosphère.

ventis n. m. pl. – XIXe ▪ Arbres abattus par le vent.

ventôse n. m. – XVIIIe ; lat. « venteux » ▪ Sixième mois du calendrier républicain (du 19, 20 ou 21 février au 21 ou 22 mars).

❑ Pour la graphie → nivôse (rem.).

① **ventouse** n. f. – XIIIe ; lat. « (courge) pleine de vent » 1 Petite cloche de verre appliquée sur la peau après qu'on y a raréfié l'air, pour provoquer une révulsion. *Poser des ventouses à un malade.* 2 Organe de succion, d'aspiration, où un vide partiel se fait. *Les « ventouses disposées sur la face interne des tentacules* [d'un calmar] » (J. Verne). → Disque adhésif de certains batraciens. 3 Dispositif (rondelle de caoutchouc, etc.) qui se fixe par vide partiel sur une surface plane.

② **ventouse** n. f. – XVIIe ▪ Ouverture dans un mur épais (pour l'écoulement de l'humidité). ♦ Hublot d'aération.

ventral, ale, aux adj. – XIVe 1 Relatif au ventre, à l'abdomen. *Nageoires ventrales.* 2 Qui se porte sur le ventre. *Parachute ventral,* et subst. *le ventral* (opposé à *dorsal*). ♦ Qui se fait sur le ventre.

ventre n. m. – XIe ; lat. « estomac » I - 1 Partie antérieure du tronc, au-dessous de la taille, correspondant à la paroi abdominale et à une partie de la cavité de l'abdomen. « *l'habitude de coucher les bébés sur le ventre* » (Tournier). *À plat ventre* : allongé sur le ventre. → loc. fig. *Se mettre à plat ventre devant qqn* : s'humilier par intérêt. *Marcher, passer sur le ventre de, à (qqn),* l'écraser, l'éliminer pour arriver à ses fins. → *Courir ventre à terre,* très vite. 2 Partie analogue au ventre humain chez les mammifères. Paroi inférieure du corps de certains animaux (opposé à *dos*). « *une effraie au ventre neigeux* » (Genev.). 3 Proéminence que forme la paroi antérieure de l'abdomen, de la taille au bas-ventre. ⇒ fam. **bedaine, bide, bidon, brioche, panse.** *Il « bedonnait de l'estomac, ceinturait à peine son ventre de ses deux bras »* (Huysm.). *Rentrer le ventre.* → *Avoir, prendre du ventre,* un gros ventre (⇒ **ventripotent, ventru**). 4 L'abdomen, en tant que siège de la digestion. *Avoir le ventre creux,* l'estomac creux, avoir faim. → *Se remplir le ventre. Avoir le ventre plein* : être rassasié. → *Avoir mal au ventre,* aux intestins. loc. fig. *Faire mal au ventre à qqn,* lui être très désagréable. *Ça me ferait mal au ventre* : cela m'écœurerait, me répugnerait. 5 L'abdomen de la femme, en tant que siège de la gestation et des organes génitaux internes. ⇒ **sein, utérus.** « *aussi neuf qu'au sortir du ventre de sa mère* » (Dider.). 6 loc. *Mettre, remettre du cœur au ventre à qqn,* de l'énergie, du courage. *Avoir qqch. dans le ventre* : avoir de la volonté, de l'énergie. → *Chercher à savoir ce que* (qqn) *a dans le ventre,* quels sont ses projets, ses intentions secrètes. II - 1 Partie creuse, lorsqu'elle présente à l'extérieur un renflement. « *un grand lit, une commode à ventre* » (Huysm.). ♦ Partie bombée de la coque (d'un navire). « *Poids lourds s'engouffrant dans le ventre béant du ferry* » (Tournier). 2 Point (ou ligne ou surface) d'un système d'ondes stationnaires où l'amplitude des vibrations est maximale. *Ventres et nœuds d'une onde.*

ventrebleu interj. – XVIe ■ Juron en usage du XVe au XVIIe s. « *Palsambleu, Morbleu, Ventrebleu, Jarnibleu! Dieu aussi a eu son époque bleue* » (Prévert).

❑ Pour la formation → sacrebleu (rem.).

ventrée n. f. – XIIIe ■ Nourriture copieuse; repas au cours duquel on s'empiffre. *On s'en est mis une ventrée.*

ventriculaire adj. – XIXe ■ Relatif à un ventricule. *Contraction ventriculaire.*

ventricule n. m. – XIVe ; lat. *ventriculus (cordis)* « petit ventre (du cœur) » ■ Chacun des deux compartiments inférieurs du cœur dont les contractions envoient le sang dans les artères. ♦ Chacune des cavités contenues dans l'encéphale.

ventrière n. f. – XIIe 1 Pièce de toile servant à soutenir et soulever un animal (⇒ **sous-ventrière).** 2 Pièce qui soutient par le milieu un assemblage de charpente, de menuiserie.

ventriloque n. et adj. – XVIe ; lat. *loqui* « parler » ■ Personne qui peut articuler sans remuer les lèvres, d'une voix étouffée qui semble venir du ventre. *Ventriloque qui se produit dans un music-hall.* ♦ adj. *Il est ventriloque.*

ventriloquie n. f. – XIXe ■ Art du ventriloque.

ventripotent, ente adj. – XVIe ; lat. *potens* « puissant » ■ Qui a un gros ventre. ⇒ **ventru.**

ventru, ue adj. – XIIIe 1 Qui a un gros ventre. ⇒ **pansu, ventripotent.** 2 Renflé, bombé. *Commode ventrue. Des « églises aux coupoles ventrues »* (J. Verne).

venturi n. m. – 1949 ; nom d'un physicien italien ■ Appareil mesurant le débit d'un gaz.

venu, ue adj. et n. – XVIe 1 littér. *Être bien* (ou *mal*) *venu* : arriver à propos (ou non); être bien (ou mal) accueilli. ➛ *Être mal venu à* (vieilli), *de* : n'être pas fondé à. *Il serait mal venu d'insister.* 2 n. loc. *Le premier venu* : la première personne à se présenter; par ext. n'importe qui. ➛ *De nouveaux venus* : des personnes qui viennent d'arriver. *Il « regardait d'un air méfiant chaque nouveau venu »* (Proust).

venue n. f. – XIIe 1 Action, fait de venir. ⇒ **arrivée.** *Attendre la venue de qqn.* 2 littér. Action, fait de venir. *Prédire le temps de la venue du Messie.* ⇒ **avènement.** *La venue du printemps.* 3 Manière de pousser, de se développer. ⇒ **croissance.** « *Des arbres d'une belle venue dressaient leurs troncs vigoureux* » (Gaut.). ✪ CONTR. ① Départ.

vénus [venys] n. f. – XVIIe ; n. pr. 1 Femme d'une grande beauté. 2 Mollusque *(isomyaires)* à coquille arrondie et à valves épaisses. ⇒ **palourde, praire.** 3 Représentation de la déesse Vénus. *La Vénus de Milo.* ➛ Statue de femme supposée représenter une déesse. *Une Vénus* (ou *vénus*) *callipyge.*

❑ La déesse mythologique étant souvent représentée lorsqu'elle naît de l'écume marine dans une conque, le mollusque s'appela *conque de Vénus,* puis *vénus.*

vénusien, ienne adj. – XIXe ■ De la planète Vénus. ➛ subst. *Les Vénusiens* : habitants imaginaires de Vénus.

vénusté n. f. – XVe ■ littér. Grâce, beauté, charme digne de Vénus. « *une fraîcheur de chair, une tendresse, une vénusté* » (France).

❑ Ne pas confondre avec *vétusté* « délabrement ».

vépéciste n. – 1987 ; de *V. P. C.,* sigle de *vente par correspondance* ■ Entreprise qui fait de la vente par correspondance.

vêpres n. f. pl. – XIIe ; lat. *vespera* « soir » ■ Heures de l'office, dites autrefois le soir, aujourd'hui dans l'après-midi. *Sonner les vêpres.* « *les vêpres chantées, dernier office du jour* » (Loti).

ver [vɛʀ] n. m. – X^e ; lat. *vermis* 1 VER ou VER DE TERRE : petit animal allongé au corps cylindrique et mou, dépourvu de pattes. *Petit ver de terre.* ⇒ **vermisseau.** ➛ *Ver de sable, ver des pêcheurs.* ⇒ **arénicole.** « *les vers rouges se tortillent, nouent et dénouent des 8 précipités* » (Genev.). ➛ loc. fam. *Se tortiller, se tordre comme un ver. Être nu comme un ver,* tout nu. 2 LES VERS : groupe de métazoaires artiozoaires, au corps mou présentant des segments, constituant plusieurs embranchements, les annélides, les némathelminthes et les plathelminthes. *Les vers sont terrestres ou aquatiques. Vers parasites de l'homme et des animaux.* ➛ *Un ver* : un parasite de ce groupe. *Ver solitaire.* ⇒ **ténia.** *Remède pour chasser les vers.* ⇒ **vermifuge.** ♦ loc. fig. *Tirer les vers du nez à qqn,* le faire parler, le questionner habilement. 3 Larve d'insecte, de papillon. ⇒ **chenille.** *Ver blanc* : larve de hanneton. ➛ *Ver luisant* : larve ou femelle de lampyre; luciole. ➛ *Ver à soie* : chenille du bombyx du mûrier, qui s'enferme dans un cocon. *Élevage du ver à soie dans les magnaneries* (⇒ **sériciculture).** *Des vers à soie.* ➛ *Fruits pleins de vers.* ⇒ **véreux.** loc. *Le ver est dans le fruit* : la situation ne peut qu'empirer, se dégrader (lorsque qqch., qqn renferme les germes de sa propre destruction). *Ver de la viande, du fromage.* ⇒ **asticot.** ✪ HOM. Vair, verre, vers, vert.

véracité n. f. – XVIIe ; lat. *verus* « vrai » 1 *Véracité divine* : attribut de Dieu qui garantit la vérité de notre connaissance des choses. 2 littér. Qualité de qqn qui dit la vérité ou croit la dire. *Raconter qqch. avec véracité.* ⇒ **exactitude, fidélité ; sincérité.** 3 Qualité de ce qui est rapporté avec véracité. *La véracité de son témoignage.* ⇒ **authenticité.** ✪ CONTR. Fausseté, hypocrisie, mensonge.

véraison n. f. – XIXe ; lat. *variare* « se colorer » ■ Maturation des fruits.

véranda n. f. – XVIIIe ; lat. *vara* « bâton supportant un filet » 1 Aux Indes, Galerie légère en bois, vitrée, adossée à la façade d'une maison. 2 Galerie vitrée contre une maison.

❑ C'est un mot anglais rapporté des Indes, où le bengali l'avait déjà emprunté au portugais.

vératre n. m. – XVIe ; lat. « ellébore » ■ Plante vivace, vénéneuse *(liliacées),* voisine du colchique. *Vératre blanc* (ellébore blanc), utilisé comme émétique et purgatif.

vératrine n. f. – XIXe ■ Mélange d'alcaloïdes extrait du rhizome et des racines de l'ellébore blanc, à action hypotensive.

verbal, ale, aux adj. – XIVe I - 1 Qui se fait de vive voix (opposé à ② *écrit*). ⇒ **oral.** *Promesse verbale.* ➛ dr. ⇒ **procès-verbal.** 2 Qui concerne les mots plutôt que la chose ou l'idée. *Une explication purement verbale.* ⇒ **formel.** 3 Qui se fait, s'exprime par des mots (et non par d'autres moyens d'expression). « *Ma victoire est verbale et je la dois à la somptuosité des termes* » (Genet). *Violence verbale. Délire verbal.* ➛ par plais. *Des paroles verbales* : des affirmations, des promesses orales, sans valeur. ♦ Des mots. ⇒ **verbe.** *Son théâtre est « d'une splendeur verbale et poétique indéniable »* (Henriot). II Du verbe ; relatif au verbe. *Système verbal d'une langue. Formes verbales. Locution verbale* (ex. avoir l'air, tenir lieu). *Adjectif verbal* : participe présent du verbe, adjectivé (ex. tombant, apaisant). ✪ CONTR. ② Écrit.

❑ Certains adjectifs verbaux se distinguent graphiquement du participe présent. → participe (rem.).

verbalement adv. – XIVe 1 De vive voix et non par écrit. ⇒ **oralement.** 2 Par des mots. *S'exprimer verbalement.*

verbalisation n. f. – XIXe 1 Action de verbaliser. 2 Processus d'extériorisation verbale (des conflits psychologiques).

verbaliser v. [1] – XVIe 1 v. intr. Dresser un procès-verbal. *Agent de police, huissier qui verbalise.* 2 v. intr. et tr. Exprimer au moyen du langage ce qui était intériorisé (⇒ **verbalisation**).

verbalisme n. m. – XIXe ■ péj. Utilisation des mots pour eux-mêmes au détriment de l'idée. « *Le lourd verbalisme intellectuel des philosophes de profession !* » (R. Rolland). ⇒ **logomachie.**

verbe n. m. – XIe ; lat. « parole, verbe » I Mot qui exprime une action, un état, un devenir, et qui présente un système complexe de formes (⇒ **conjugaison**). « *Le verbe est l'âme d'une langue* » (Duham.). *Formes, temps, modes, personnes du verbe. Verbe transitif, intransitif. Verbe pronominal. Verbe personnel, impersonnel. Verbe actif, passif. Verbe d'action, d'état, de mouvement. Verbe auxiliaire. Conjuguer un verbe. Forme nominale du verbe.* ⇒ **infinitif.** *Le verbe s'accorde en personne et en nombre avec son sujet.* II - 1 Parole (de Dieu) adressée aux hommes. *Le Verbe de Dieu ; saint Jean, évangéliste du Verbe.* ⇒ **logos.** ♦ Dieu, en la seconde personne de la Trinité (le Fils). ⇒ **christ.** *Le Verbe s'est fait chair, s'est incarné.* 2 Ton de voix. ➸ loc. *Avoir le verbe haut* : parler, décider avec présomption ; parler très fort. 3 littér. Expression verbale de la pensée (orale ou écrite). ⇒ **langage, langue.** « *La vieillerie poétique avait une bonne part dans mon alchimie du verbe* » (Rimb.).

> ❑ Les verbes sont les emprunts les mieux assimilés à cause de la désinence de l'infinitif, toujours française (ex. *dribbler* de l'anglais *dribble*).

verbeusement adv. – XVIIIe ■ D'une manière verbeuse.

verbeux, euse adj. – XVIe ■ Qui dit les choses en trop de paroles, trop de mots. *Un orateur verbeux.* ⇒ **bavard, prolixe.** ➸ par ext. *Des* « *commentaires verbeux et contradictoires* » (Mart. du G.). *Style verbeux.* ✪ CONTR. ① Bref, concis.

verbiage n. m. – XVIIe ; germ. « tourbillonner » ■ Abondance de paroles, de mots vides de sens ou qui disent peu de chose. ⇒ **bavardage, délayage.** *Il* « *les amusait par son verbiage et par ses farces* » (Léautaud).

> ❑ Dès le XVIIe s., ce mot a été rattaché par étymologie populaire à *verbe* et pour le sens à *verbeux*.

verbigération n. f. – XIXe ; lat. *verbigerare* « se quereller » ■ Discours incohérents avec répétitions, altérations de mots que font certains déments.

verbosité n. f. – XVIe ■ Défaut d'une personne verbeuse, d'un discours verbeux. ✪ CONTR. Brièveté.

ver-coquin [vɛʀkɔkɛ̃] n. m. – XVIe 1 Larve parasite de la vigne. *Des vers-coquins.* 2 Cénure du mouton, qui donne le tournis.

verdage n. m. – XIVe ■ Engrais vert.

verdâtre adj. – XIVe ■ Qui tire sur le vert, est d'un vert un peu trouble. « *une lumière verdâtre, en quelque manière sous-marine* » (Aragon). *Une mer verdâtre.* ⇒ **glauque.** ➸ *Teint verdâtre.* ⇒ **olivâtre.**

> ❑ Les dérivés de l'adjectif *vert* (*verdir, verdure,* etc.) conservent le d étymologique (latin *viridis*) qui s'est longtemps maintenu en français (*verd*).

verdelet, ette adj. – XIVe ■ région. *Vin verdelet,* un peu vert, légèrement acide.

verdet n. m. – XIVe ■ Vert-de-gris du commerce, acétate basique de cuivre, utilisé en teinture.

verdeur n. f. – XIIe 1 Vigueur de la jeunesse. « *Sa grande force et sa verdeur persistante* » (Aragon). 2 Acidité d'un fruit vert, d'un vin trop vert. 3 Liberté dans le langage, pouvant aller jusqu'à la crudité. ✪ CONTR. Débilité, faiblesse.

verdict [vɛʀdik(t)] n. m. – XVIIe ; lat. *veredictum,* proprt « véritablement dit » 1 Déclaration par laquelle la cour d'assises répond, après délibération, aux questions qui lui sont posées. *Prononcer, rendre un verdict. Verdict de culpabilité, d'acquittement.* 2 Jugement rendu par une autorité. ⇒ **décision, sentence.** *Le verdict des électeurs.* ♦ Jugement sévère porté par une personne. « *Le verdict fulgurant qu'il avait saisi dans le regard de Philip* » (Hugo).

verdier n. m. – XIIIe ■ Oiseau à gros bec (*passériformes*), au plumage verdâtre et à la queue fourchue.

verdir v. [2] – XIIe 1 v. intr. Devenir vert. ➸ « *une basse-cour faite de planches verdies* » (Zola). ➸ Pousser, se couvrir de feuilles (végétaux). ♦ Devenir vert de peur. ⇒ aussi **blêmir.** 2 v. tr. Rendre vert, donner une couleur verte à. « *Nul fiel intérieur ne verdit son visage* » (Hugo).

verdissant, ante adj. – XVIe ■ Qui verdit, est en train de verdir.

verdissement n. m. – XIXe ■ littér. Fait de devenir vert.

verdoiement n. m. – XVIe ■ Fait de verdoyer.

verdoyant, ante adj. – XIIe ■ Qui verdoie ; où la végétation est vivace.

verdoyer v. intr. [8] – XIIe ■ Se dit des végétaux qui donnent à l'œil une sensation dominante de vert. « *le bois verdoie ou roussit* » (Baud.).

verdunisation n. f. – 1916 ; de *Verdun* ■ Mode de purification de l'eau, par incorporation de très faibles doses de chlore. ⇒ **javellisation.**

> ❑ Ce procédé fut d'abord utilisé lors de la bataille de *Verdun.*

verdure n. f. – XIIe 1 Couleur verte de la végétation. « *la verdure éternelle du gui* » (Michelet). 2 Arbres, plantes, herbes, feuillage. ⇒ **végétation.** « *les marronniers géants dont la lourde verdure est éclaboussée de grappes rouges ou blanches* » (Maupass.). ⇒ **feuillage.** *Rideau de verdure.* « *Une résidence d'été, noyée dans la verdure* » (Loti). 3 Plante potagère que l'on mange crue, en salade. *Il apporta* « *plusieurs verdures sur de petites assiettes* » (Nerval).

vérétille n. f. ou m. – XIXe ; lat. *veretrum* « parties sexuelles » ■ Animal (*anthozoaires*) vivant dans la vase côtière en colonies, et dont le polypier est un axe cylindrique.

véreux, euse adj. – XIVe 1 Qui contient un ver, est gâté par des vers. *Fruits véreux.* 2 Foncièrement malhonnête. *Financier véreux. Avocat véreux.* ⇒ ② **marron.** ♦ Qui n'est pas sain. ⇒ **douteux,** ① **louche, suspect.** « *Cette véreuse affaire se fit par l'entremise d'un petit usurier* » (Balz.).

verge n. f. – XIe ; lat. *virga* I - 1 Baguette servant à frapper, à corriger. « *le père Fouettard, avec son paquet de verges sous le bras* » (Alain). loc. *Donner des verges pour se faire battre* : fournir des arguments contre soi-même. 2 Tige ou tringle métallique (de certains instruments). *La verge de l'ancre.* ♦ Ancienne mesure agraire (quart d'un arpent). ➸ (au Canada) Unité de longueur valant trois pieds ou trente-six pouces (0,914 m). ⇒ **yard.** II Membre viril, pénis.

vergé, ée adj. – XIIe ▪ *Papier vergé,* marqué de vergeures. n. m. *Du vergé.* ✪ HOM. Verger.

vergence n. f. – 1953 ; de *convergence, divergence* ▪ Inverse de la distance focale d'un système optique centré.

vergeoise n. f. – XVIIIe ; de *verge* ▪ Sucre fabriqué avec des déchets de raffinerie.

verger n. m. – XIe ; lat. *viridis* « vert » ▪ Terrain planté d'arbres fruitiers. « *les fruits mûrs sont l'honneur des vergers* » (Ronsard). ✪ HOM. Vergé.

vergerette n. f. – XIXe ; de *verge* ▪ Érigéron, plante du bord des chemins.

vergeté, ée adj. – XVIIe ; de *verge* 1 Marqué de petites raies. ⇒ **rayé.** *Peau marquetée et vergetée.* 2 Se dit de l'écu palé rebattu plus de cinq fois (⇒ **vergette**).

vergette n. f. – XIIe 1 Petite verge. 2 Pal étroit de l'écu, rebattu cinq fois et plus.

vergeture n. f. – XVIIIe ; de *verge* ▪ (surtout au plur.) Petites raies, semblables à des cicatrices, qui sillonnent la peau aux endroits qui ont été distendus. ⇒ **vibice.** *Vergetures sur le ventre d'une femme après une grossesse.*

vergeure [vɛʀʒyʀ] n. f. – XVIIe ; de *verge* ▪ Fil de cuivre du châssis à fabriquer le papier. ♦ Marque que laissent ces fils, filets blancs qui se trouvent dans le filigrane du papier *vergé.*

> ❑ Pour la prononciation → gageure (rem.).

verglaçant, ante adj. – XVIIe ▪ Qui provoque le verglas.

verglacé, ée adj. – XVIIe ▪ Couvert de verglas.

verglas n. m. – XIIe ▪ Couche de glace très mince. « *les brouillards, qui se gèlent quelquefois jusqu'au verglas* » (Buff.).

> ❑ Signifie littéralement « *glace* qui est comme du *verre* ».

vergne n. m. – XIIe ; gaul. ▪ région. Aulne.

vergobret n. m. – XVIe ; gaul. ▪ Chef et juge suprême chez quelques peuples gaulois.

vergogne n. f. – XIe ; lat. *verecundia* « réserve » ▪ loc. SANS VERGOGNE : sans pudeur, sans scrupule. *Les intellectuels* « *ont goûté sans vergogne aux plaisirs ordinaires* » (Duham.).

> ❑ *Vergonde,* forme du XIIIe s., a pour composé *dévergondé.*

vergue n. f. – XIIe ; forme norm. ou picarde de *verge* ▪ Espar disposé sur l'avant des mâts, et servant à porter la voile qui y est fixée. « *leurs voiles blanches, tendues sur des vergues horizontales* » (Loti). *Grand-vergue,* portant la grand-voile.

> ❑ L'*envergure* est étymologiquement l'« état d'une voile attachée aux *vergues* ».

véridicité n. f. – XVIIIe ▪ littér. Caractère véridique de qqn, qqch. (⇒ **véracité ; exactitude, vérité**). ✪ CONTR. Fausseté, mensonge.

> ❑ S'applique aujourd'hui surtout à une personne et à ce qu'elle dit, alors que *véracité* se dit surtout des choses.

véridique adj. – XVe ; lat. « qui dit la vérité » 1 littér. Qui dit la vérité, qui rapporte qqch. avec exactitude (⇒ **véracité**). ➝ Qui dit habituellement la vérité. *Une personne véridique,* sincère. « *nous autres nobles, c'est à nous d'être véridiques* » (Montherl.). 2 Conforme à la vérité. ⇒ **authentique, exact.** *Témoignage véridique.* « *Voilà la courte et véridique histoire de tous mes méfaits enfantins* » (Rouss.). ✪ CONTR. ① Faux, inexact, mensonger.

véridiquement adv. – XIXe ▪ D'une manière véridique, exacte.

vérifiable adj. – XIXe ▪ Qui peut être vérifié. ⇒ **contrôlable.** ✪ CONTR. Invérifiable.

vérificateur, trice n. – XVIIe 1 Professionnel chargé de vérifier. ⇒ aussi **vérifieur.** ➝ Personne qui vérifie des comptes, des déclarations. ⇒ **contrôleur.** *Vérificateur des douanes.* 2 *Vérificateur orthographique* : logiciel permettant de vérifier l'orthographe d'un texte. ⇒ **correcteur.**

vérificatif, ive adj. – XVIIe ▪ Qui sert de vérification.

vérification n. f. – XIVe 1 Le fait de vérifier. ⇒ **contrôle.** *Procéder à la vérification d'un compte.* ⇒ **apurement.** *Vérification sur inventaire.* ⇒ **pointage, récolement.** *Vérification de la gestion d'une entreprise.* ⇒ ① **audit.** *Son passeport lui a été rendu après vérification.* ♦ Contrôle fiscal de la sincérité d'une déclaration de revenus. *Vérification de comptabilité* (entreprises), *de situation fiscale* (personnes physiques). 2 Résultat favorable d'une telle opération ; constatation qu'une chose est vraie. 3 Le fait de s'avérer exact. ⇒ **confirmation.** « *Un amour vécu ne serait que la vérification anxieuse de l'amour dont j'ai l'expérience intérieure* » (Romains).

vérifier v. intr. [7] – XIIIe ; lat. *verus* « vrai » et *facere* « faire » 1 Examiner la valeur de (qqch.), par une confrontation avec les faits ou par un contrôle de la cohérence interne. ⇒ **contrôler.** *Vérifier une nouvelle, une rumeur.* « *Les récits de Marco Polo ont été vérifiés par les savants* » (Baud.). *Vérifier un compte.* ♦ *Vérifier l'exactitude, l'authenticité d'une assertion. Vérifier une adresse dans son agenda.* ♦ *Vérifier que...* ➝ *Vérifier si...* : examiner de manière à constater que... ⇒ **s'assurer.** « *Il passait son temps à vérifier si on le volait* » (Aragon). 2 Examiner (une chose) de manière à pouvoir établir si elle est conforme à ce qu'elle doit être, si elle fonctionne correctement. « *J'ai vérifié les devoirs de Marcellin. Les additions sont justes* » (Bosco). *Faire vérifier sa voiture.* ⇒ **réviser.** 3 Reconnaître ou faire reconnaître pour vrai par l'examen, l'expérience. ⇒ **constater, expérimenter, prouver.** *La faillite de la science* « *c'est plus facile à affirmer qu'à vérifier* » (Mart. du G.). ➝ Constituer le signe non récusable de la vérité de (qqch.). *Les faits ont vérifié sa théorie.* ⇒ **confirmer, justifier.** ➝ v. pron. SE VÉRIFIER : s'avérer exact, juste. *Nos soupçons se sont vérifiés.* ✪ CONTR. Infirmer ; contredire.

vérifieur, ieuse n. – XXe ▪ Spécialiste chargé d'une vérification. ⇒ aussi **vérificateur.**

vérin n. m. – XIVe ; lat. *veru* « broche, pique » ▪ Appareil de levage à vis. ⇒ **cric.** *Vérin télescopique.* ➝ *Vérins hydrauliques ; pneumatiques, électriques.*

vérine ou **verrine** n. f. – XIXe ; de *vérin* ▪ Bout de filin muni d'un croc pour haler les chaînes d'un navire.

vérisme n. m. – XIXe ; it. *vero* « vrai » ▪ Mouvement littéraire italien de la fin du XIXe s., inspiré par le naturalisme et dirigé contre les romantiques.

vériste adj. et n. – XIXe ▪ Du vérisme. ♦ Adepte du vérisme.

véritable adj. – XIIe 1 Qui a lieu ; qui existe réellement, en dépit de l'apparence (opposé à *inventé, imaginé, faux, apparent*). ⇒ **réel, vrai.** *Son véritable nom est inconnu.* « *Une sorte de mignardise dans la physionomie trompait sur son véritable caractère* » (Balz.). 2 Qui est conforme à l'apparence, qui n'est pas imité. *Un collier en perles véritables. C'est du cuir véritable.* 3 Qui est conforme à l'idée qu'on s'en fait, qui mérite son nom et sa réputation. *Un véritable ami.* 4 Qui est exactement nommé ; qui mérite son nom. ⇒ **vrai.**

C'est une véritable catastrophe. Un véritable escroc. Il devint évident « qu'il s'agissait d'une véritable épidémie » (Camus). **5** par ext. « *Paris est un véritable océan* » (Balz.). ✪ CONTR. ① Faux ; inexact ; inventé.

véritablement adv. – XIIe **1** D'une manière réelle, effective. ⇒ **réellement. 2** Conformément à l'apparence, au mot qui désigne. ⇒ **absolument, proprement, vraiment.** « *Et là, dans ce lieu véritablement sublime, il examinait le vol des oiseaux* » (Proust). ✪ CONTR. Faussement.

vérité n. f. – Xe ; lat. *verus* « vrai » **1** Ce à quoi l'esprit peut et doit donner son assentiment, par suite d'un rapport de conformité avec l'objet de pensée, d'une cohérence interne de la pensée ; connaissance à laquelle on attribue la plus grande valeur (opposé à *erreur, illusion*). *La recherche de la vérité.* « *le faux est susceptible d'une infinité de combinaisons ; mais la vérité n'a qu'une manière d'être* » (Rouss.). ➤ *À chacun sa vérité.* ♦ Dieu, fondement du vrai. ⇒ **lumière, verbe. 2** Connaissance conforme au réel ; son expression ; les faits qui lui correspondent en tant qu'ils sont exprimés, connus ou à connaître (opposé à *erreur, ignorance* ou à *invention, mensonge*). *Amour, besoin, souci de (la) vérité.* ⇒ **lucidité, sincérité.** ➤ *C'est la pure vérité ; la vérité vraie* (fam.). ➤ *Dire la vérité, toute la vérité* (opposé à *mentir*). *La vérité n'est pas toujours bonne à dire. Cacher la vérité.* « *Le monde se nourrit d'un peu de vérité et de beaucoup de mensonge* » (R. Rolland). *Être à côté de la vérité. Déguiser, trahir la vérité* (⇒ **mentir, tromper**). ➤ loc. *La vérité sort de la bouche des enfants :* ce que disent spontanément les enfants apprend beaucoup sur ce que leurs proches cachent. ♦ Ce qui a été effectivement perçu ou fait par la ou les personnes qui le rapportent. *Récit d'un témoin conforme à la vérité.* « *Jurez de dire la vérité, toute la vérité, rien que la vérité.* » ♦ *Cinéma-vérité.* **3** Caractère (d'un fait intellectuel, jugement, pensée) qui est conforme à son objet, au réel ; valeur d'une connaissance. ⇒ **exactitude, justesse, valeur.** *La vérité d'un principe, d'une proposition.* ♦ Valeur, justification de l'existence. ⇒ ① **sens.** « *voilà la vérité de l'existence humaine et sa raison d'être* » (Giono). **4** Caractère de ce qui s'accorde avec le sentiment de la réalité, notamment dans l'expression artistique. *La vérité d'un portrait.* ⇒ **ressemblance.** *La vérité d'un personnage.* ⇒ **justesse. 5** Idée ou proposition vraie, qui mérite un assentiment entier ou qui l'emporte. ⇒ **certitude, conviction, croyance ; évidence.** « *Il n'y a qu'une vérité dans l'art, le beau ; qu'une vérité dans la morale, le bien* » (Sand). *Vérités éternelles. Vérité d'évangile.* ⇒ **dogme.** *Vérités premières,* évidentes mais indémontrables. ➤ *Vérités positives ; d'expérience. Vérité indémontrable, a priori.* ⇒ **axiome, principe.** *Demi-vérité.* ♦ Formule qui exprime une telle certitude. « *à l'abri de ce badinage, je dis des vérités* » (Volt.). *Vérité banale.* ⇒ **truisme.** *Vérité de La Palice.* ⇒ **lapalissade.** ➤ loc. *Dire ses quatre vérités à qqn,* lui dire sur son compte des choses désobligeantes avec une franchise brutale. **6** Le réel (d'une manière générale). ⇒ **réalité.** *La vérité, c'est que j'ai très peur.* ♦ La réalité (opposé à *imagination, invention*). ⇒ **nature.** « *Toutes les horreurs que les romanciers croient inventer sont toujours au-dessous de la vérité* » (Balz.). *Reflet fidèle de la vérité.* ♦ *La vérité des prix :* niveau résultant du marché, sans intervention contraignante. ♦ loc. *Heure, minute de vérité :* moment décisif où on doit affronter une situation réelle, sans faux-fuyant. **7** *La vérité,* considérée comme un principe (⇒ **sagesse, science**). « *La vérité est en marche* » (Zola). **8** L'expression sincère, sans réserves de ce qu'on sait. ⇒ **franchise, sincérité.** *Un accent de vérité qui ne trompe pas.* ⇒ **authenticité. 9** loc. adv. *EN VÉRITÉ,* renforçant une affirmation, une assertion. ⇒ **assurément, certainement, vraiment.** « *Cela s'appelle, en vérité, se moquer du monde* » (Volt.). « *En vérité je vous le dis* », formule évangélique. ✪ CONTR. Erreur ; ignorance ; mensonge. Absurdité. Invention. Apparence.

verjus n. m. – XIIIe ■ Suc acide extrait du raisin cueilli vert.

verjuter v. tr. [1] – XIXe ■ Préparer au verjus. ➤ *Sauce verjutée.*

verlan n. m. – 1953 ; inversion de *(à) l'envers* ■ Argot conventionnel consistant à inverser les syllabes de certains mots (ex. *laisse béton* pour *laisse tomber, ripou* pour *pourri* et, avec altération, *keuf* pour *flic*).

> ❑ L'interversion des syllabes n'est pas un phénomène récent. Ainsi *barjo,* verlan de *jobard,* date du début du XXe siècle.

vermée n. f. – XIIIe ■ Appât fait de vers enfilés à une ficelle.

vermeil, eille adj. et n. m. – XIe ; lat. *vermiculus* « cochenille, teinture écarlate » **I** adj. D'un rouge vif et léger (du teint, de la peau). « *le teint fleuri, la lèvre gaie et vermeille* » (Romains). *Teint vermeil.* ⇒ **fleuri, rubicond. II** n. m. Argent doré recouvert d'une dorure d'un ton chaud tirant sur le rouge. *Plats en vermeil.* ➤ Cette dorure, appliquée sur l'argent. ♦ (En France) *Carte vermeil,* réservée aux personnes âgées et donnant droit à des réductions. ✪ CONTR. Blafard, pâle.

> ❑ De la même famille étymologique (à cause de la forme de la cochenille) : *vermicelle, vermine.*

vermet n. m. – XIIe ; de *ver* ■ Mollusque gastéropode des mers chaudes ou tempérées, qui vit fixé sur les rochers.

verm(i)- Élément, du lat. *vermis* « ver ».

vermicelle n. m. – XVIe ; lat. *vermis* « ver » ■ Pâtes à potage en forme de fils très minces enroulés ou en écheveaux. *Du vermicelle, des vermicelles. Bouillon au vermicelle.*

vermiculaire adj. – XVIe ■ Qui a la forme, l'aspect d'un petit ver. « *ces sangsues vermiculaires venimeuses* » (Baud.). *Appendice vermiculaire :* appendice cylindrique qui prolonge le cæcum. ⇒ **cæcal, vermiforme.**

> ❑ L'appendicite est l'inflammation de l'appendice vermiculaire.

vermiculé, ée adj. – XIVe ■ Orné d'un semis de petites stries sinueuses. *Émaux vermiculés.* ♦ Qui présente de petites stries sinueuses. « *des pommettes vermiculées de couperose* » (Mart. du G.).

vermiculite n. f. – XIXe ■ Silicate hydraté provenant de l'altération du mica, se présentant en petites écailles.

vermiculure n. f. – XIXe ■ Motif ornemental d'un ouvrage vermiculé.

vermiforme adj. – XVIe ; *vermi-* et *-forme* ■ En forme de ver. *Appendice vermiforme.* ⇒ **vermiculaire.** ♦ *Larve vermiforme :* larve d'insecte, apode (ex. asticot).

vermifuge adj. et n. m. – XVIIIe ; *vermi-* et *-fuge* ■ Qui provoque l'expulsion des vers intestinaux. *Sirop vermifuge.*

> ❑ Ce mot a supplanté *vermicide.*

vermille n. f. – XIXe ■ Ligne de fond (avec hameçons et vers), pour la pêche aux anguilles.

vermiller v. intr. [1] – XIVe ; lat. *vermis* « ver » ■ Fouiller la terre du groin (sanglier, cochon). ⇒ aussi ① **vermillonner.**

vermillon n. m. – XIIe ; de *vermeil* **1** Poudre fine de cinabre, substance colorante d'un rouge vif tirant sur le jaune ; couleur extraite de cette substance. 2 Couleur rouge vif. *Le « vermillon de ces baies d'églantier »* (Chateaub.). ➛ adj. inv. « *les robes vermillon de la maîtrise* » (Huysm.).

① **vermillonner** v. intr. [1] – XVIIe ; de *vermiller* ▪ Se dit du blaireau qui fouille la terre. ⇒ aussi **vermiller.**

② **vermillonner** v. tr. [1] – XIVe ▪ Teindre de vermillon. ➛ « *le rouget, aux nageoires pâlement vermillonnées* » (Barbey).

vermine n. f. – XIIe ; lat. *vermis* « ver » 1 Nom collectif désignant tous les insectes parasites de l'homme et des animaux. « *des gredins en haillons* [...] *tout couverts de vermine* » (Flaub.). 2 littér. Ensemble d'individus méprisables, nuisibles à la société. ⇒ **canaille, racaille.** ➛ fam. Personne méprisable.

vermis [vɛrmis] n. m. – XIXe ; mot lat. « ver » ▪ Partie médiane du cervelet des mammifères et des oiseaux.

vermisseau n. m. – XIIe ▪ Petit ver, petite larve.

vermoulu, ue adj. – XIIIe ▪ Se dit du bois, d'un objet de bois rongé, mangé par les vers. ⇒ ① **piqué.** « *prenant garde à ne pas faire craquer le plancher vermoulu* » (Le Clézio).

vermoulure n. f. – XIIIe ▪ Fait de devenir vermoulu ; piqûre, trace de vers dans le bois.

vermouth ou **vermout** [vɛrmut] n. m. – XVIIIe ; all. « absinthe » ▪ Apéritif à base de vin aromatisé de plantes amères et toniques. *Vermouth blanc, rouge.* ♦ Verre de vermouth. *Elles « buvaient des vermouths cassis »* (Queneau).

vernaculaire adj. – XVIIIe ; lat. *verna* « esclave né dans la maison » ▪ Du pays, propre au pays. *Langue vernaculaire* (opposé à *véhiculaire*) : langue parlée seulement à l'intérieur d'une communauté (⇒ **dialecte**). ♦ *Nom vernaculaire* : nom usuel d'un animal ou d'une plante (le nom scientifique étant en latin).

vernal, ale, aux adj. – XVIe ; lat. *ver* « printemps » ▪ De printemps. ➛ *Point vernal* : équinoxe de printemps. ➛ *Espèce vernale*, qui se développe au printemps.

> ❑ Même famille étym. que *primevère.* → printemps (rem.).

vernalisation n. f. – v. 1930 ▪ Technique d'avancement ou de retardement du cycle d'un végétal par traitement des semences à une température basse ou élevée.

vernation n. f. – XIXe ▪ Préfoliation ; préfloraison.

verni, ie adj. – XIIe 1 Enduit de vernis. *Bois verni. Souliers vernis.* ➛ Vernissé. *Des pots « de faïence, ou de terre vernie »* (Gaut.). 2 fam. Qui a de la chance. ⇒ **chanceux, veinard.** « *Eh ben, je suis verni d'avoir échappé à ça* » (Prévert). ✪ HOM. Vernis.

vernier n. m. – XVIIIe ; nom de l'inventeur ▪ Instrument de mesure (⇒ **calibre**) formé de deux règles graduées, la plus grande fixe, l'autre mobile, servant à la mesure précise des subdivisions d'une échelle.

> ❑ Cet instrument créé par Jacques Vernier (1580-1637) fut désigné par son nom en 1795 seulement.

vernir v. tr. [2] – XIIe ▪ Enduire de vernis. *Vernir un tableau. Vernir ses ongles.* ✪ HOM. *Vernissais* : vernissais (vernisser).

vernis n. m. – XIIe ; probablt de *Berenikê*, ville de Cyrénaïque d'où on tirait cette résine 1 Solution résineuse qui laisse sur la surface où on l'applique une pellicule unie et qui sert à la décorer ou à la protéger. ⇒ **enduit, laque.** *Le vernis d'un tableau. Craquelures, écaillage du vernis.* ➛ *Vernis à ongles. Mettre du vernis.* ♦ Éclat d'un vernis. « *le vernis des chaussures jetait des flammes sur l'asphalte des trottoirs* » (Maupass.). 2 Aspect séduisant et superficiel. ⇒ **apparence.** *Avoir un vernis de culture.* « *Tout le vernis craquait, la bête se montrait* » (Zola). ✪ HOM. Verni.

vernissage n. m. – XIXe 1 Action de vernir (un tableau, une planche de gravure, etc.), de vernisser (une poterie). 2 Inauguration privée d'une exposition, notamment de peinture.

> ❑ Le premier jour d'une exposition de peinture, les artistes pouvaient achever de vernir leurs œuvres.

vernissé, ée adj. – XIIe 1 Enduit de vernis (poterie, faïence). ⇒ **verni.** *Tuiles vernissées.* 2 Brillant, luisant comme du vernis. *Des poissons « lustrés, vernissés, étincelants »* (Gaut.).

vernisser v. tr. [1] – XIIe ▪ Enduire de vernis (une poterie, une faïence, etc.). ✪ HOM. *Vernissais* : vernissais (vernir).

vernisseur, euse n. – XVe ▪ Ouvrier, ouvrière spécialiste des travaux de vernissage. *Vernisseur en lutherie.*

vérole n. f. – XIIe ; lat. *variola* 1 PETITE VÉROLE : variole. 2 fam. Syphilis. « *usé de débauche, pourri de vérole* » (Rouss.). ♦ loc. *Tomber sur (qqn, qqch.) comme la vérole sur le bas clergé*, brusquement, avec violence.

> ❑ Ce mot a d'abord eu son sens étym. de « variole » ; cette maladie, à partir du moment ou *vérole* s'est appliqué à la syphilis, s'est appelée *petite vérole* ; cette expression n'a donc rien à voir avec la *vérole* au sens familier.

vérolé, ée adj. – XVIe ▪ fam. 1 Qui a la syphilis. ⇒ **syphilitique.** « *Elles sont toutes vérolées par ici* » (R. Gary). 2 *Programme, fichier informatique vérolé*, comportant des erreurs.

véronal n. m. – 1903 ; de *Vérone* ▪ Barbital. *Des véronals.*

① **véronique** n. f. – XVIe ▪ Plante herbacée des bords d'eau *(scrofulariacées)* aux fleurs bleues à quatre pétales en croix. *Véronique officinale*, dépurative.

② **véronique** n. f. – 1926 ; de *sainte Véronique* ▪ Passe exécutée par le torero avec la cape.

> ❑ Ce mouvement évoque le geste que fit sainte Véronique lorsqu'elle essuya la face du Christ lors de la montée au Calvaire.

verranne n. f. – mil. XXe ▪ Fibre de verre discontinue, à brins de longueur variable.

verrat n. m. – XIVe ; lat. *verres* ▪ Porc mâle employé comme reproducteur.

verre n. m. – XIIe ; lat. *vitrum* 1 Substance fabriquée, dure, cassante et transparente, de structure vitreuse, formée de silicates alcalins. *Pâte de verre* : pâte obtenue par fusion d'un mélange de silices (sable) et de carbonates. *Verre blanc, verre à vitre* : verre ordinaire. *Verre coloré.* ➛ *Verre au plomb.* ⇒ **cristal, strass.** *Verre armé*, dans la masse duquel est incorporé un réseau de fils métalliques. ➛ *Mettre une image sous verre.* ⇒ **sous-verre.** *Un fixé sous verre* : image reproduite sur un support de verre. loc. *Se casser comme du verre*, très facilement. *Bijoux, ornements de verre.* ⇒ **verroterie.** ♦ *Laine de verre* : matière composée de fils de verre très fins, utilisée comme filtrant ou isolant. ➛ *Papier de verre*, où des débris de verre sont fixés au papier, à la toile (abrasif). ♦ *Bouteilles en verre.* ♦ *Travail du verre. Peinture sur verre* (⇒ **vitrail**). ♦ Verre blanc ordinaire (opposé à *cristal*). ♦ par anal. Matières plastiques transparentes utilisées pour leur souplesse, leur résistance à la rupture. *Verre organique.* ⇒ **plexiglas.** 2 Substance minérale naturelle vitreuse. 3 *Un, des verres* : plaque, lame, morceau ou objet de verre. *Verre de montre*, qui en protège le cadran. ➛ *Verres optiques*, auxquels on a donné une forme déterminée, choisie pour ses propriétés optiques. ⇒ **lentille, ménisque.** *Verres correcteurs* (de la vue). ♦ *Des verres :* des verres optiques ou des lentilles en plastique que l'on porte pour mieux voir. *Verres de contact.* ⇒ **lentille.** 4 Récipient à boire, en verre, en cristal. *Verre à pied. Verre à vin, à liqueur. Verre à champagne.* ⇒ ① **coupe,** ① **flûte.** ➝ *Emplir son verre. Lever son verre* (pour trinquer) : porter un toast. *Vider son verre :* boire. « *– Tchin' Tchin', répéta Cuivre, et ils vidèrent leurs verres tous les trois* » (Vian). ♦ VERRE À DENTS : verre servant à se rincer la bouche, quand on se lave les dents. 5 Contenu d'un verre. *Boire un verre d'eau.* ➝ Boisson généralement alcoolisée, que l'on prend hors des repas, au café. ⇒ fam. ① **canon, pot.** *Payer, offrir un verre. Boire, prendre un verre.* « *on s'attardait, les coudes sur la table, dégustant des petits verres* » (Huysm.). ✪ HOM. Vair, ver, vers, vert.

verré, ée adj. – XIIe ▪ Saupoudré de verre en poudre. *Papier verré :* papier de verre. ✪ HOM. Vairé.

verrée n. f. – d. i. ▪ région. (Suisse) Moment d'une réunion où l'on offre à boire. ✪ HOM. Vairé.

verrerie n. f. – XIVe 1 Fabrique, usine où l'on fait et où l'on travaille le verre. 2 Fabrication du verre et des objets en verre. ⇒ **cristallerie, miroiterie, optique, vitrerie.** 3 Commerce du verre, des objets en verre. *Rayon de verrerie d'un grand magasin.* 4 Objets, ouvrages de verre. « *les verreries du grand lustre à gaz* » (Romains).

verrier n. m. – XIIIe 1 Celui qui fabrique le verre ou des objets en verre. ➝ « *les artisans verriers tournent au bout de leur longue canne* [...] *une énorme goutte irisée* » (Tournier). ⇒ aussi **souffleur.** 2 Artiste en vitraux ; peintre sur verre.

verrière n. f. – XIIe 1 Grande ouverture ornée de vitraux ; vitrail de grande dimension. *Les verrières de la cathédrale de Chartres.* 2 Grand vitrage ; paroi vitrée (d'une véranda, etc.). « *la gare immense avec sa verrière où ruisselait la pluie* » (Le Clézio). 3 Dôme transparent recouvrant le poste de pilotage d'un avion.

① **verrine** n. f. – XIIe ▪ Petit globe de verre protégeant une lampe.

② **verrine** › **vérine**

verroterie n. f. – XVIIe Petit(s) ouvrage(s) de verre coloré et travaillé, dont on fait des bijoux (colliers, bracelets) et des ornements de faible valeur. *De la verroterie. Bijoux en verroterie.* ⇒ **pacotille.**

verrou n. m. – XIIe, lat. *veru* « broche » → vérin 1 Système de fermeture constitué par une pièce de métal allongée qui coulisse horizontalement de manière à s'engager dans une gâche. ⇒ **targette.** *Verrou de sûreté,* muni d'une clé qui permet de l'ouvrir du dehors. ➝ *Pousser, tirer le verrou* (pour fermer et ouvrir). « *Ayant fermé sa porte à clef et poussé le verrou de sûreté* [...] *elle se mit au lit* » (Maupass.). *Mettre le verrou :* fermer. ➝ loc. *Mettre qqn sous les verrous,* l'enfermer, l'emprisonner. *Être sous les verrous,* en prison. 2 Dispositif d'ouverture d'une culasse d'arme à feu. 3 Barre rocheuse fermant une vallée glaciaire. 4 Système défensif ou obstacle visant à empêcher le déroulement d'une action. « *Le verrou est mis. On ne passera plus.* [...] *La frontière est occupée* » (Cendrars). 5 En alpinisme, Le fait de coincer une main ou un pied par torsion. *Effectuer un verrou.*

verrouillage n. m. – 1924 1 Le fait de verrouiller ; manière dont une ouverture est verrouillée. 2 Dispositif bloquant un fonctionnement. *Verrouillage d'un ordinateur.* ➝ *Verrouillage central* ou *centralisé :* blocage simultané de toutes les portes d'un véhicule. ♦ fig. Tactique visant à figer une situation, à l'empêcher d'évoluer. 3 Opération militaire défensive qui consiste à interdire le passage sur un point du front. 4 En alpinisme, Action d'effectuer un verrou. ✪ CONTR. Déverrouillage.

verrouiller v. tr. [1] – XIIe 1 Fermer à l'aide d'un verrou. *Verrouiller une porte, une fenêtre.* ♦ Fermer par un dispositif spécial. *Verrouiller la culasse d'un fusil.* ➝ Rendre inaccessible. *La police a verrouillé le quartier.* 2 Enfermer, mettre (qqn) sous les verrous. 3 Empêcher d'évoluer, bloquer. *La situation est verrouillée,* bloquée et contrôlée. ✪ CONTR. Déverrouiller.

verrucaire n. f. – XVIe ; lat. « qui guérit les verrues » ▪ Lichen *(verrucariacées)* dont les fructifications forment des excroissances rugueuses sur le thalle.

verrucosité n. f. – 1908 ▪ Végétation cutanée, couverte d'une couche cornée dure, la faisant ressembler à une verrue.

verrue n. f. – XIIIe ; lat. 1 Petite excroissance de la peau (papillome), de consistance molle **(⇒ nævus)** ou recouverte d'une couche cornée. ⇒ fam. **poireau.** « *Une petite verrue qui joue le grain de beauté dans son visage* » (Vallès). ♦ loc. *Herbe aux verrues :* chélidoine, héliotrope. 2 littér. Ce qui défigure, enlaidit. « *Cette église parasite, monstrueux champignon de pierre, verrue architecturale* » (Gaut.).

verruqueux, euse adj. – XVe 1 En forme de verrue. *Excroissance verruqueuse.* 2 Qui a des verrues, est couvert de verrues. « *Une chair épaisse et verruqueuse* » (Goncourt).

① **vers** prép. – X[e] ; lat. *vertere* « tourner » 1 En direction de. *Se diriger vers la sortie. Il vint vers moi.* ➝ (emploi critiqué) « *La garrigue, vers où m'entraînait déjà cet étrange amour de l'inhumain* » (Gide). ➝ « *Soudain, tournant vers moi son regard émouvant* » (Verlaine). « *Il acheva son geste en lissant sa chevelure vers l'arrière* » (Genet). *La façade de l'immeuble regarde vers le sud.* 2 (Pour marquer le terme d'une évolution ou d'une tendance). « *La science marche vers l'unité et la simplicité* » (Poincaré). *Être entraîné, poussé vers... « Aspiration vers l'infini »* (Baud.). 3 Du côté de. *Vers le nord. Vers le fond, le centre.* ♦ Aux environs de. « *Vers Livourne, nous rencontrâmes les vingt voiles* » (Hugo). 4 À peu près (à telle époque). ⇒ **environ,** ① **sur.** *Vers midi. Vers le milieu de sa vie.* ✪ HOM. Vair, ver, verre, vert.

② **vers** n. m. – XIIe ; lat. « sillon, ligne, vers » 1 *Un vers :* fragment d'énoncé formant une unité rythmique définie par des règles concernant la longueur, l'accentuation ou le nombre des syllabes **(⇒ versification).** *Vers grecs, latins. Scander des vers de Virgile.* « *les vers rimés sont les plus beaux, s'ils sont beaux* » (Alain). ⇒ **assonance, rime.** *Vers de six, sept, huit, neuf, dix, onze, douze syllabes,* etc. ⇒ aussi **alexandrin.** *Vers réguliers* conformes aux règles de la versification traditionnelle. *Vers libres,* non rimés et irréguliers. ⇒ **vers-librisme.** *Suite de vers* (strophe, tercet, quatrain, etc. ; poème). 2 *Les vers :* l'écriture en vers. ⇒ **poésie.** *L'idée se fait jour* « *qu'il existe des vers qui ne sont pas de la poésie et qu'il est au contraire de la poésie en dehors des vers* » (Caillois). *Composer, écrire, faire des vers. Faiseur de vers.* ⇒ **rimeur, versificateur.** *Recueil de vers. Dire, réciter, déclamer des vers. Mettre en vers, écrire en vers.* ⇒ **rimer, versifier.** ✪ CONTR. Prose.

versaillais, aise adj. et n. – XIXe ▪ Fidèle à l'Assemblée nationale qui siégeait à Versailles et combattit la Commune. ➝ n. *Les versaillais et les communards.*

versant n. m. – XVIIIe ; de *verser* 1 Chacune des deux pentes (d'une montagne ou d'une vallée). *Versant nord* **(⇒ ubac),** *sud* **(⇒ adret).** 2 L'un des deux aspects opposés ou simplement différents (de qqch.). « *Serait-ce que le principal versant de notre volonté serait du côté du mal ?* » (Hugo).

versatile adj. – XVIe ; lat. *versare* « tourner » ▪ Sujet à changer facilement d'opinion ; exposé à des revirements soudains. ⇒ **changeant, inconstant, lunatique.** *Un esprit, un caractère versatile.* ✪ CONTR. Persévérant.

versatilité n. f. – XVIIIe ▪ Caractère versatile. ⇒ **inconstance.** *La versatilité des foules. Ce petit « a l'esprit d'une consternante versatilité »* (Gide). ✪ CONTR. Persévérance.

verse n. f. – XVIIe 1 loc. adv. *À VERSE,* se dit de la pluie qui tombe en abondance. *Il pleuvait à verse.* ⇒ **averse.** 2 État des céréales, des légumineuses inclinées sur le sol par les pluies, la maladie, etc.

versé, ée adj. – XVIe ; lat. *versari* « vivre habituellement dans, s'occuper de » ▪ *Versé dans :* qui est expérimenté et savant (en une matière), qui en a une longue expérience. *Versé dans les lettres et les arts. « un des hommes de France les plus profondément versés dans les mystères de l'hippologie »* (J. Verne). ✪ HOM. Verser.

① **Verseau** n. m. – XVIe ; de *verser* et *eau,* trad. du gr. *hudrokhoeus* ▪ Constellation zodiacale de l'hémisphère austral. ♦ Onzième signe du zodiaque (20 janvier-18 février). ➛ *Elle est Verseau.* ✪ HOM. Verso.

❑ La période du *Verseau* est souvent pluvieuse, d'où son nom.

② **verseau** n. m. – XIXe ▪ Pente du dessus d'un entablement non couvert.

versement n. m. – XVIIe 1 Action de verser de l'argent. ⇒ **paiement, règlement.** *Le versement d'une somme à qqn. S'acquitter en plusieurs versements.* 2 Somme d'argent versée. *Le premier versement s'élève à mille francs.*

verser v. [1] – XIe ; lat. *vertere* « tourner, retourner » I v. tr. 1 Faire basculer, faire tomber sur le côté en inclinant. ⇒ **renverser.** ➛ *L'orage a versé les blés.* ⇒ ① **coucher ; verse.** 2 Faire tomber, faire couler (un liquide) d'un récipient qu'on incline. *Verser du vin dans un verre. Verser le thé, le café.* ⇒ **servir.** *Verser du vin à qqn.* ➛ *Se verser du champagne.* ➛ *« il arrachait la pomme de l'arrosoir et versait à plein goulot »* (Flaub.). ♦ Répandre. *Verser des larmes.* ⇒ **pleurer.** ➛ *Verser le sang,* le faire couler, en blessant, en tuant. *Verser son sang :* être blessé, ou mourir (pour une cause). 3 Déverser, répandre. *« dans les viviers, on versait des sacs de jeunes carpes »* (Zola). ➛ fig. et littér. *« un immense vitrail qui versait dans le temple endormi un jour épais et violet »* (Maupass.). ♦ Donner en répandant. ⇒ **prodiguer.** *Verser l'or à pleines mains.* 4 Apporter (de l'argent) à une caisse, à une personne, à titre de paiement, de dépôt, de mise de fonds. *Les sommes à verser au fisc. Verser une pension alimentaire à son ex-femme. Verser de l'argent sur son compte.* ⇒ ① **déposer.** ♦ Déposer, annexer (des documents). *Verser une nouvelle pièce au dossier.* 5 Affecter (qqn) à une arme, à un corps. ⇒ **incorporer.** *« Gilieth fut versé à la première compagnie »* (Mac Orlan). II v. intr. 1 Basculer et tomber sur le côté. ⇒ **culbuter.** *Sa voiture a versé dans le fossé. « mes chevaux couraient la poste à fond de train. [...] nous versâmes au milieu d'un effroyable craquement »* (Artaud). ➛ Être définitivement couché au sol par la pluie ou le vent (végétaux). ⇒ **verse.** 2 *VERSER DANS... :* tomber dans. *Auteur qui verse dans le mélo.* ✪ HOM. Versé.

verset n. m. – XIIIe 1 Chacun des petits paragraphes traditionnellement constitués pour diviser (un texte sacré). *Les versets de la Bible, du Coran.* 2 Dans la liturgie, Brève formule ou maxime, récitée ou chantée à l'office. ⇒ ① **graduel.** 3 Phrase ou suite de phrases rythmées d'une seule respiration, découpées dans un texte poétique. *Les versets d'un poème de Claudel.*

verseur n. m. et adj. m. – XVIe 1 Appareil servant à verser. 2 adj. m. Qui sert à verser. *Bec verseur.*

verseuse n. f. – XIXe ▪ Cafetière à poignée droite.

versicolore adj. – XIXe ; lat. ▪ De couleur changeante. ➛ Aux couleurs variées. ⇒ **multicolore.** *Un « podium décoré de petits drapeaux, d'ampoules versicolores »* (Cendrars).

versificateur n. m. – XIVe 1 Écrivain qui pratique l'art des vers réguliers. 2 péj. Faiseur de vers dépourvu d'inspiration. *« un rimeur, un versificateur, un aligneur de mots »* (Renard).

versification n. f. – XVe 1 Technique du vers régulier (⇒ **poésie).** *Les règles de la versification.* ⇒ **métrique, prosodie.** 2 Technique du vers propre à un poète. *La versification de Verlaine.*

versifier v. tr. [7] – XIIIe ▪ Mettre en vers.

version n. f. – XIIIe ; lat. *vertere* « tourner » 1 Traduction (d'un texte ancien ou officiel). ♦ Exercice scolaire de traduction d'un texte d'une langue étrangère dans la langue de l'élève (opposé à *thème*). *Version latine, allemande. Faire une version. « la version prouve l'intelligence »* (Flaub.). 2 Chacun des états d'un texte qui a subi des modifications. ⇒ **variante.** *Les différentes versions de la Chanson de Roland.* ♦ *Film en version originale* (*V. O.* [veo]), avec la bande sonore originale. *Version originale sous-titrée. Film américain en version française* (*V. F.* [veɛf]), doublé. 3 Manière de rapporter, d'interpréter un fait, une série de faits. *Chacun a donné sa version de l'accident. « il avait toujours deux versions d'une anecdote, l'une pour les dames, l'autre pour les hommes »* (Zola).

vers-librisme n. m. – XIXe ▪ École, mouvement des poètes symbolistes partisans du vers libre.

verso n. m. – XVIIe ; lat. *vertere* « tourner » ▪ Envers d'un feuillet (opposé à *recto*). *Au verso.* ⇒ **dos.** *Au verso d'une photographie. Les rectos et les versos.* ➛ *Recto verso.* ✪ CONTR. Endroit, recto. — HOM. Verseau.

versoir n. m. – XVIIIe ▪ Pièce de la charrue qui rabat sur le côté la terre détachée par le soc.

verste n. f. – XVIIe ; russe ▪ Ancienne unité de mesure itinéraire utilisée en Russie (1 067 mètres).

versus [vɛʀsys] prép. – v. 1965 ; mot lat. ▪ Opposé à, par opposition à. ➛ abrév. *vs. Vieux* vs *neuf.*

vert, verte adj. et n. m. – XIe ; lat. *viridis* I adj. 1 Intermédiaire dans le spectre entre le bleu et le jaune. ➛ Tirant sur le vert. *Bleu-vert, gris-vert.* ♦ Qui est de la couleur verte des plantes à chlorophylle. *Feuillage vert, herbe verte.* ⇒ **verdure.** *Pousses vertes,* nouvelles. ➛ *Poivrons verts. Olives vertes.* ➛ (Opposé à *sec*) *Légumes verts,* consommés frais. ➛ *Chêne vert,* à feuilles persistantes. ➛ loc. fig. *Avoir la main verte :* être habile à cultiver les plantes. ♦ De couleur verte. *Lézard vert. Pierres vertes :* émeraude, jade, malachite, serpentine... ♦ *Un chapeau vert, une robe verte.* ➛ *Sauce verte,* aux fines herbes pilées. ➛ *Le billet vert :* le dollar. ➛ *Feu vert,* indiquant que la voie est libre. n. m. *« Le feu passa au jaune, puis au vert »* (Le Clézio). loc. fig. *Donner le feu vert à... :* permettre d'entrer en action, d'agir. ➛ *Numéro vert :* numéro de téléphone à appel gratuit, en France. ♦ *Le teint vert d'un malade.* ⇒ **verdâtre ; livide.** *Visage vert de froid ; vert de peur.* ⇒ **blême.** ➛ loc. *Les petits hommes verts :* les martiens, les extraterrestres. 2 Qui n'est pas mûr (céréales, fruits). *Blé vert.* ➛ loc. *En voir, en dire des vertes et des pas mûres, de vertes et de pas mûres :* dire, voir des choses étonnantes, choquantes. ♦ Qui n'est pas fait, pas propre à être utilisé. *Ce vin est encore vert, il faut le laisser vieillir.* ⇒ **jeune.** ♦ Se dit des végétaux qui ont encore de la sève (opposé à *sec*). *Bois vert. « De l'odeur du foin vert à loisir on s'enivre »*

(Nerval). 3 Qui a de la vigueur, de la verdeur. « *La verte jeunesse* » (Ronsard). ➛ *Un vieillard encore vert.* ⇒ ① **gaillard, vaillant.** 4 fig. Rude. *Une verte réprimande.* ♦ LANGUE VERTE. ⇒ **argot.** *Dictionnaire de la langue verte de Delvau* (1866). 5 De la nature, de la campagne. *L'Europe verte* : la Communauté européenne agricole. *Tourisme vert.* ♦ Qui défend la nature, l'environnement. *Les partis verts.* ⇒ **écologiste.** ➛ subst. *Les verts.* ➛ adv. *Voter vert.* ♦ Qui contribue au respect de l'environnement. *Lessive verte.* ➛ *Carburant vert* : biocarburant. II n. m. 1 Couleur verte. *Le vert, couleur de l'espérance.* « *il distingua de loin le vert jaune du blé, le vert bleu de l'avoine, le vert gris du seigle* » (Zola). *Vert foncé, clair. Vert amande, olive, pistache. Vert d'eau. Vert bouteille ; vert émeraude.* ♦ Colorant vert (peinture). « *Corot ne se servait jamais de vert, il obtenait ses verts au moyen du mélange des jaunes avec du bleu* » (Goncourt). ➛ Couleur verte des vêtements. *Être habillé de, en vert.* « *Elle avait cru coquet de s'habiller tout en vert* » (Flaub.). *Aimer le vert.* 2 Végétaux verts. ⇒ **verdure.** *Mettre un cheval au vert,* le nourrir au fourrage frais. ♦ loc. *Se mettre au vert* : prendre du repos à la campagne, pour se refaire. ✪ CONTR. Blet, mûr, ② passé. Desséché, sec. — HOM. Vair, ver, verre, vers.

❑ Le fait de devenir vert s'appelle *virescence.* ♦ Les expressions *la verte, la fée verte,* « l'absinthe », sont sorties d'usage après la Première Guerre mondiale. ♦ Pour les dérivés → verdâtre (rem.).

vert-de-gris n. m. inv. et adj. inv. – XIIIe ; altér. de *vert de Grèce* 1 Dépôt verdâtre (hydrocarbonate de cuivre) qui se forme à l'air humide sur le cuivre ou certains de ses alliages. « *une dalle de bronze tachée de plaques de vert-de-gris* » (Genev.). 2 Acétate de cuivre parfois utilisé comme pigment. 3 adj. inv. D'un vert grisâtre. *L'uniforme vert-de-gris des soldats allemands.*

vert-de-grisé, ée adj. – XIXe ▪ Couvert de vert-de-gris. fig. Qui a l'aspect, la couleur du cuivre vert-de-grisé. *Des* « *choux aux feuilles veinées et vert-de-grisées* » (Gaut.).

vertébral, ale, aux adj. – XVIIe ▪ Qui appartient aux vertèbres, qui a rapport aux vertèbres. *Colonne vertébrale.* ➛ *Douleurs vertébrales.*

vertèbre n. f. – XVIe ; lat. ▪ Chacun des os séparés par les disques intervertébraux, qui forment la colonne vertébrale. *Vertèbres cervicales, dorsales, lombaires, sacrées. Se déplacer une vertèbre.*

vertébré, ée adj. et n. m. – XVIIIe 1 Qui a des vertèbres, un squelette. *Animaux vertébrés et invertébrés.* 2 n. m. pl. Embranchement du règne animal comprenant tous les organismes possédant une colonne vertébrale constituée de vertèbres osseuses ou cartilagineuses. ✪ CONTR. Invertébré.

❑ Lamarck imposa les concepts zoologiques de *vertébrés* et *invertébrés,* essentiels dans la classification des animaux.

vertement adv. – XVIe ▪ Avec vivacité, rudesse. ⇒ **crûment.** *Répliquer vertement.* « *des réflexions désobligeantes, exprimées vertement* » (Colette).

vertex [vɛʀtɛks] n. m. – XVIe ; mot lat. ▪ Sommet du crâne.

vertical, ale, aux adj. et n. – XVIe ; lat. *vertex* « sommet » I adj. 1 Qui suit la direction de la pesanteur, du fil à plomb en un lieu ; perpendiculaire à un plan horizontal. *Ligne verticale. Position verticale.* ⇒ **aplomb ;** ① **droit.** *Station verticale de l'homme.* ⇒ **debout.** ➛ par ext. *Écriture verticale du chinois* (de haut en bas). 2 fig. Dont la structure repose sur une hiérarchie. *Organisation verticale d'un parti.* II n. 1 n. f. Position verticale. loc. adv. *À la verticale* : dans la position verticale. *Hélicoptère qui s'élève à la verticale.* 2 n. f. Ligne verticale. *Les* « *verticales sur lesquelles étaient distribuées les cuisines* » (Aymé). 3 n. m. Grand cercle de la sphère céleste contenant la verticale du lieu. *Tous les verticaux passent par le zénith.* ✪ CONTR. Horizontal, oblique.

verticalement adv. – XVIe ▪ En suivant une ligne verticale. ✪ CONTR. Horizontalement, obliquement.

verticalité n. f. – XVIIIe ▪ Caractère, position de ce qui est vertical. *Vérifier la verticalité d'un mur.* ⇒ **aplomb.** ✪ CONTR. Horizontalité, obliquité.

verticille [vɛʀtisil] n. m. – XVIIe ; lat. *vertex* « sommet » 1 Groupe de plus de deux feuilles qui naissent au même niveau sur la tige, en anneau. 2 abusivt Organes disposés de manière circulaire autour de la partie centrale d'une fleur (pétales, sépales, étamines).

verticillé, ée [vɛʀtisile] adj. – XVIIe ▪ Disposé en verticille, en anneau. *Feuilles verticillées.*

vertige n. m. – XIVe ; lat. *vertere* « tourner » 1 Impression par laquelle une personne croit que les objets environnants et elle-même sont animés d'un mouvement circulaire ou d'oscillations et qui peut s'accompagner de troubles de l'équilibre. ⇒ **étourdissement, tournis.** *Avoir un vertige, des vertiges.* ➛ « *Ce papillotement d'images lui donnait le vertige* » (R. Rolland). 2 Peur de tomber dans le vide (pour une personne placée au-dessus de celui-ci). 3 Égarement (d'une personne placée dans une situation qu'elle ne maîtrise pas). « *Il y a, dans la fréquentation des fous, un subtil vertige* » (Duham.). *Le vertige de la gloire,* que donne la gloire. ⇒ **exaltation, ivresse.**

vertigineux, euse adj. – XVe 1 Qui s'accompagne de vertiges. « *une ivresse vertigineuse suivie d'un nouveau malaise* » (Baud.). 2 Qui donne le vertige ou est de nature à le donner. *Des hauteurs vertigineuses. Une chute vertigineuse. Rapidité vertigineuse.* 3 fig. Très grand. *Une hausse des prix vertigineuse.*

vertigo n. m. – XVe ; mot lat. ▪ Maladie du cheval qui provoque des mouvements désordonnés, des tournoiements.

vertu n. f. – XIe ; lat. *virtus* « mérite de l'homme *(vir)* » I LA VERTU. 1 vx Énergie morale ; force d'âme. ⇒ **cœur, courage.** « *J'ai poussé la vertu jusques à la rudesse* » (Rac.). 2 vieilli Force avec laquelle l'homme tend au bien ; force morale appliquée à suivre la règle, la loi morale définie par la religion et la société (→ **morale**). 3 littér. Conduite, vie vertueuse. « *Et voilà comment la vertu est toujours récompensée. Si elle était récompensée, elle ne serait pas la vertu* » (Flaub.). 4 Chasteté ou fidélité sentimentale, conjugale (d'une femme). « *hélas ! c'est le dernier cri de la vertu qui succombe !* » (Gaut.). loc. *Femme de petite vertu,* de mœurs légères. 5 La règle morale, le principe qui pousse à la vertu (2°). 6 Disposition constante à accomplir une sorte d'actes moraux par un effort de volonté ; qualité portée à un haut degré. « *La charité, l'indulgence, la mansuétude, voilà toute une gamme de vertus qu'il me faut acquérir* » (Duham.). ➛ *Parer qqn de toutes les vertus,* lui attribuer toutes les qualités. ➛ *Les quatre vertus cardinales* (religion catholique) : courage, justice, prudence, tempérance. *Les trois vertus théologales* : charité, espérance, foi. II - 1 Principe qui, dans une chose, est considéré comme la cause des effets qu'elle produit. ⇒ ② **pouvoir, propriété.** *Les vertus thérapeutiques des plantes.* 2 loc. EN VERTU DE... : par le pouvoir de... ➛ *En vertu de la loi.* ➛ Au nom de. *En vertu des principes démocratiques. En vertu de quoi.* ⇒ **pourquoi** (I). ✪ CONTR. Lâcheté ; défaut, vice. Libertinage.

❑ Sous la Révolution, *vertu* était le nom d'une figure du jeu de cartes, remplaçant la *dame,* terme jugé trop aristocratique.

vertubleu interj. – XVIe ; de *vertu Dieu* ■ vx Juron en usage aux XVIIe et XVIIIe s.

❑ Pour la formation du mot → sacrebleu (rem.).

vertueusement adv. – XIIe ■ D'une manière vertueuse. « *Il ne s'indignait pas vertueusement* » (Barbey).

vertueux, euse adj. – XIe 1 Qui fait habituellement le bien ; qui a des vertus, des qualités morales. ⇒ **honnête, méritant, moral, sage.** « *ô ministres intègres ! Conseillers vertueux* » (Hugo). 2 vieilli ou plaisant Chaste ou fidèle. ⇒ **honnête, pur.** « *Ce libertin voulait pour épouse une femme vertueuse* » (Balz.). 3 vx ou littér. Qui a le caractère de la vertu. *Conduite vertueuse.* ⇒ **édifiant, méritoire.** « *ses penchants étaient droits et vertueux* » (Rouss.). ✪ CONTR. Corrompu, débauché, dépravé, immoral, mauvais, vicieux.

vertugadin n. m. – XVIIe ; esp. *verde* « vert » 1 Bourrelet, cercle qui faisait bouffer la jupe autour des hanches ; robe munie de ce bourrelet. ⇒ **panier.** 2 Glacis de gazon en amphithéâtre, dans un jardin à la française.

❑ Cet objet, qui créait ce qu'on appelle aujourd'hui la silhouette, fut très employé sous Henri IV.

verve n. f. – XIIe ; lat. *verbum* « parole » 1 vx Inspiration vive ; fantaisie créatrice. ⇒ **veine.** « *travaillez, pensez, poétisez, quand la verve vous presse* » (Ste-Beuve). 2 Imagination et fantaisie dans la parole. ⇒ **esprit ; brio.** « *il causait avec cette verve incisive* » (Gaut.). ➛ loc. *Être en verve* : être plus brillant qu'à l'ordinaire. ✪ CONTR. Platitude ; froideur.

verveine n. f. – XIIIe ; lat. *verbenæ* « rameaux de laurier, d'olivier » 1 Plante *(verbénacées)*, dont une espèce *(verveine officinale)* a des vertus calmantes. *Verveine odorante*, cultivée pour son parfum **(⇒ citronnelle).** 2 Infusion de verveine. *Une tasse de verveine.* 3 Liqueur de verveine.

① **verveux** n. m. – XIVe ; lat. *vertere* « tourner » ■ Filet de pêche monté sur des cercles et fermé au fond, en forme d'entonnoir. ⇒ **nasse.**

② **verveux, euse** adj. – XVIe ■ littér. Qui a de la verve, du brio, de la vivacité ; qui est en verve. ➛ « *Discussions verveuses et paradoxales* » (Gide).

vésanie n. f. – XVIIIe ; lat. *vesanus* « insensé » ■ littér. Aliénation, folie. *La guerre « cette monstrueuse vésanie »* (Duham.).

vesce n. f. – XIIe ; lat. *vicia* ■ Plante herbacée à feuilles pennées, à vrilles fleuries. *Vesce des haies, vesce cultivée.* ✪ HOM. Vesse.

vésical, ale, aux adj. – XVe ; lat. *vesica* « vessie » ■ Qui appartient à la vessie, a rapport à la vessie. *Calculs vésicaux.*

vésicant, ante adj. et n. m. – XVe ; lat. *vesica* « ampoule » ■ Qui détermine des ampoules sur la peau. *Plantes à propriétés vésicantes.*

vésication n. f. – XIVe ■ Formation d'ampoules sur la peau par l'action d'un vésicatoire.

vésicatoire adj. et n. m. – XIVe ■ Se dit d'un médicament topique qui provoque la formation d'ampoules cutanées et qui est utilisé comme révulsif. *Emplâtre vésicatoire.*

vésiculaire adj. – XVIIIe 1 Qui constitue une vésicule, présente des vésicules. 2 Des vésicules pulmonaires. ♦ De la vésicule biliaire. *Lithiase vésiculaire.*

vésicule n. f. – XVIe ; lat. *vesica* « vessie » 1 Organe en forme de petit sac. *Vésicule (biliaire)* : réservoir musculo-membraneux situé à la face inférieure du foie et qui emmagasine la bile. ➛ *Vésicules séminales* : réservoirs dans lesquels s'accumule le sperme, situés en arrière de la vessie, au-dessus de la prostate. ♦ Renflement rempli d'air (plantes aquatiques). *Les vésicules aérifères servent de flotteurs aux algues.* 2 Lésion de la peau, boursouflure de l'épiderme contenant une sérosité. ⇒ **ampoule,** ② **bulle, cloque ; bouton, pustule.** *Vésicules du zona.*

vésiculeux, euse adj. – XVIIIe ■ En forme de vésicule. *Des « cosses vésiculeuses »* (Colette). ♦ Qui porte des vésicules. *Fucus vésiculeux.*

vesou n. m. – XVIIe ; mot créole des Antilles ■ Jus de la canne à sucre écrasée.

vespa n. f. – v. 1950 ; marque déposée, mot it. « guêpe » ■ Scooter de cette marque. *Des « vespas qui zigzaguaient entre les trolleybus et les voitures »* (Le Clézio).

vespasienne n. f. – XIXe ; de *Vespasien* ■ Urinoir public pour hommes. ⇒ fam. **pissotière.**

❑ On a attribué à tort l'établissement d'urinoirs à Vespasien ; en réalité, celui-ci institua un impôt sur la collecte de l'urine, source d'ammoniac pour le foulage. ♦ Les vespasiennes, édifices ouverts et malodorants, ont quasiment disparu et sont remplacées par les sanisettes.

vespéral, ale, aux n. m. et adj. – XIXe ; lat. *vespera* « soir » 1 Livre liturgique contenant les prières et offices du soir. 2 littér. Du soir, du couchant. *Un herbage « ruisselant de rosée vespérale »* (Beckett).

vespertilion n. m. – XIVe ; lat. *vesper* « soir » ■ Chauve-souris à oreilles pointues, à museau conique, à ailes courtes et larges.

❑ *Pipistrelle,* emprunté à l'italien, est de même origine.

vespidés n. m. pl. – XIXe ; lat. *vespa* « guêpe » ■ Famille d'insectes *(hyménoptères)* à ailes antérieures repliées.

vesse n. f. – XVe ; lat. *vissire* « faire un pet silencieux » ■ vieilli Gaz intestinal qui sort sans bruit et répand une mauvaise odeur. ⇒ **pet, vent.** ✪ HOM. Vesce.

vesse-de-loup n. f. – XVIe ■ Champignon blanc, comestible à l'état jeune et qui, à maturité, brunit et se remplit de spores. ⇒ **lycoperdon.** « *ces vesses-de-loup que nous nous amusions à presser comme des poires pour en faire jaillir un petit nuage de poussière brune* » (Tournier).

vessie n. f. – XIIe ; lat. *vesica* 1 Réservoir musculo-membraneux dans lequel s'accumule l'urine qui arrive des reins par les uretères. *Inflammation de la vessie.* ⇒ **cystite.** 2 Vessie desséchée d'un animal, formant sac. *Il « chercha dans sa poche une vessie de porc qui contenait le tabac »* (Simenon). ➛ Membrane gonflée d'air quelle qu'en soit la matière. 3 *Vessie natatoire* : chez certains poissons, sac membraneux qui, en se remplissant plus ou moins de gaz, règle l'équilibre de l'animal dans l'eau.

vestale n. f. – XIVe 1 Prêtresse de la déesse Vesta, vouée à la chasteté et chargée d'entretenir le feu sacré. 2 littér. Femme d'une parfaite chasteté. « *Elles ne passaient pas pour des vestales* » (Lesage).

veste n. f. – XVIe ; lat. *vestis* « vêtement » ■ Vêtement court, avec manches, couvrant le torse, ouvert devant et qui se porte sur la chemise, le gilet. *Veste droite, croisée. Veste de costume.* ⇒ **veston.** *Veste de tailleur. Veste courte.* ⇒ **boléro, spencer.** ♦ *Chemise-veste. Veste de pyjama* : partie du pyjama couvrant le torse. ♦ loc. fam. *Ramasser, prendre une veste* : subir un échec.

vestiaire [vɛstjɛʀ] n. m. – XIIe ; lat. *vestiarium* « armoire à vêtements » 1 Lieu où l'on dépose momentanément vêtements d'extérieur et objets dans certains établissements publics. *Vestiaire d'un théâtre.* « *son pépin qu'il ne se résignait pas* [...] *à confier à la dame du vestiaire* » (Carco). ➛ Lieu où l'on quitte ses vêtements de ville pour la tenue correspondant à une activité particulière. *Les vestiaires d'une piscine.* ➛ fam. *Au vestiaire !* cri hostile à l'égard de sportifs, d'acteurs, etc. *Laisser ses convictions au vestiaire,* les oublier, les abandonner. ♦ Meuble ou endroit d'un logement aménagé pour déposer les vêtements. Recomm. offic. pour *dressing-room*.* 2 Ensemble de vêtements d'une garde-robe. *Il remua « tout son vestiaire de mascarade orientale »* (Goncourt). ♦ Les vêtements et objets déposés au vestiaire. *« Apportez les vestiaires, Charles »* (Anouilh).

vestibulaire adj. – XIXe ▪ Qui a rapport au vestibule de l'oreille interne.

vestibule n. m. – XIVe ; lat. 1 Pièce d'entrée. ⇒ **antichambre, entrée, hall.** *« l'hôtel de Guermantes commençait pour moi à la porte de son vestibule »* (Proust). 2 Partie moyenne du labyrinthe de l'oreille interne. *Vestibule osseux,* compris entre le limaçon et les canaux semi-circulaires. *Vestibule membraneux,* contenu dans le vestibule osseux et constitué de deux vésicules, l'utricule et le saccule.

vestige n. m. – XIVe ; lat. *vestigare* « suivre à la trace » 1 Ce qui demeure (d'une chose détruite, disparue). ⇒ **reste.** *« les vestiges cyclopéens, les pyramides d'Égypte »* (Hugo). ⇒ **débris, ruine.** ♦ Ce qui reste (d'un groupe, d'une société). *« les vestiges de notre division »* (Aragon). 2 Ce qui reste (d'une chose abstraite). *« Il y avait dans ses vêtements des vestiges de magnificence »* (Balz.). ⇒ **marque, reste, trace.**

❑ *Investigation* est de même origine.

vestimentaire adj. – XIXe ; lat. *vestimentum* « vêtement » ▪ Qui a rapport aux vêtements. *Détail vestimentaire.*

veston n. m. – XVIIIe ▪ Veste d'un complet d'homme, d'un smoking. *Des complets-veston. « de petits vestons bien serrés, ouverts en cœur sur son ventre plat »* (Giono).

vêtement n. m. – XIe ; de *vêtir* 1 *LE VÊTEMENT :* objets fabriqués pour couvrir le corps humain, le cacher, le protéger, le parer. ⇒ **garde-robe.** *« une petite robe de laine, un tablier, une brassière de futaine, un jupon, un fichu, des bas de laine, des souliers, un vêtement complet pour une fille de huit ans »* (Hugo). 2 *LES VÊTEMENTS :* ensemble des objets servant à couvrir le corps humain ; les vêtements de dessus (opposé à *sous-vêtements*). ⇒ **habillement, habit, tenue, toilette ;** fam. **fringues, frusques, nippe,** ⓪ **sape.** *Les vêtements de qqn.* ⇒ **affaires, effets, garde-robe.** *Vêtements d'homme, de femme. Vêtements civils, militaires. « Elle aimait les vêtements de coupe sobre »* (Mart. du G.). *Vêtements habillés, de ville, de sport. Des vêtements légers, chauds, d'hiver, d'été. Vêtements démodés. Mettre, porter des vêtements. Des « vêtements pendus ou pliés, ou jetés au hasard »* (Robbe-Grillet). *Placard, armoire à vêtements.* ⇒ **penderie ; vestiaire.** ♦ *LE VÊTEMENT :* les vêtements. *Fabrication, industrie, commerce du vêtement.* 3 Pièce de l'habillement de dessus (manteau, veste). *Donnez-moi votre vêtement. Vêtement de travail, de soirée.* 4 Ce qui couvre, cache, pare, protège. ⇒ **enveloppe, manteau, parure.** *« la musique instrumentale se fait le souple vêtement de l'âme »* (R. Rolland).

vétéran n. m. – XVIe ; lat. *vetus* « vieux » 1 Soldat qui a de longs états de service. *« Fier vétéran âgé de quarante ans de guerre »* (Hugo). ➛ Ancien combattant. *Les vétérans du Viêtnam.* 2 Personne pleine d'expérience. *Un vétéran de l'enseignement.* ⇒ **ancien.** 3 Sportif ayant dépassé 35 ans pour les femmes, 40 ans pour les hommes. ✪ CONTR. Bleu, nouveau.

❑ Ce mot ne possède pas de féminin. On entend parfois *une vétérante* (comme *une partisante*) par confusion morphologique, sur le modèle de *géant, géante.*

vétérinaire adj. et n. – XVIe ; lat. *veterina* « bêtes de somme » 1 Qui a rapport au soin des bêtes. *Le service vétérinaire de l'armée.* 2 n. Spécialiste de la médecine des animaux. abrév. fam. *véto. Des vétos.* ✪ HOM. Veto.

vététiste n. – 1989 ▪ Cycliste qui fait du vélo tout-terrain.

❑ Mot formé à partir du sigle *V. T. T.*, comme *tégéviste* de *T. G. V.*

vétille n. f. – XVIe ▪ Chose insignifiante. ⇒ **bagatelle, détail, rien.** *Des querelles « pour des vétilles, pour une tasse qu'elle venait de casser »* (Zola).

vétiller v. intr. [1] – XVIe ; lat. *vitta* « bandelette » ▪ vx 1 S'occuper à des choses insignifiantes. 2 Chicaner, chercher querelle sur des riens.

vétilleux, euse adj. – XVIIe ▪ littér. Qui s'attache à des détails, à des vétilles. *Esprit vétilleux.* ⇒ **chicaneur, minutieux, pointilleux, tatillon.**

vêtir v. tr. [20] – Xe ; lat. *vestire* « vêtir, revêtir » 1 Couvrir (qqn) de vêtements ; mettre des vêtements à. *Vêtir un enfant.* ⇒ **habiller.** 2 Mettre sur soi (un vêtement). ⇒ **revêtir.** *« chaque femme était obligée de* [...] *vêtir une lévite blanche »* (Nerval). 3 v. pron. Mettre des vêtements. ⇒ **s'habiller.** *Elle s'était vêtue chaudement.* ➛ *« Dans la splendeur adorable du soir, de quels rayons se vêtait ma joie ! »* (Gide). ✪ CONTR. Dépouiller, déshabiller, dévêtir.

❑ Attention à la conjugaison de ce verbe. Les anciennes formes (type *finir*) ne sont plus admises aujourd'hui (*« les étoffes dont ils se vêtissent* [se vêtent] *»* [Buffon]).

vétiver [vetivʀ] n. m. – XIXe ; tamoul 1 Plante indienne *(graminées)* dont l'odeur éloigne les insectes. 2 Parfum frais de la racine de cette plante.

veto [veto] n. m. inv. – XVIIIe ; mot lat. « je m'oppose » 1 Formule par laquelle, à Rome, les tribuns du peuple pouvaient s'opposer aux décrets du Sénat, des consuls, aux actes des magistrats. 2 Institution par laquelle une autorité peut s'opposer à l'entrée en vigueur d'une loi votée par l'organe compétent. *Veto absolu.* ➛ *Se servir de son droit de veto.* 3 Opposition, refus. *Mettre son veto à une décision,* la refuser, la repousser. ✪ CONTR. Assentiment. — HOM. Véto (vétérinaire).

véto → **vétérinaire**

vêtu, ue adj. – XIIIe ▪ Qui porte un vêtement ; qui a mis ou à qui l'on a mis un vêtement. ⇒ **habillé, mis.** *« Elle était à demi vêtue, dans un peignoir qu'elle serrait autour de la taille »* (R. Rolland). *Un « garçon vêtu à l'anglaise d'une jolie veste à col rabattu »* (Balz.). ✪ CONTR. ① Nu.

vêture n. f. – XIIe 1 vx ou littér. Habit, vêtement. 2 Cérémonie par laquelle les postulants d'un ordre religieux reçoivent l'habit avec lequel ils feront leur noviciat. ⇒ **prise** (d'habit, de voile).

vétuste adj. – XVIe ; lat. *vetus* « vieux » ▪ littér. 1 Qui est vieux, n'est plus en bon état. ⇒ **délabré, détérioré.** *« L'escalier de pierre était obscur, affaissé par endroits, odorant et vétuste »* (Mart. du G.). *Maison vétuste.* ⇒ **branlant, croulant.** 2 Qui n'est plus utilisable à cause de son âge. *Un outillage vétuste.* ⇒ **caduc, obsolète, périmé.** ✪ CONTR. Moderne, ② neuf, récent.

vétusté n. f. – XVe ▪ littér. État de ce qui est vétuste, abîmé par le temps. ⇒ **délabrement.** *Coefficient de vétusté,* pris en considération dans l'évaluation d'un bien. ✪ CONTR. Modernité.

❑ Ne pas confondre avec *vénusté* « beauté ».

veuf, veuve adj. et n. – XIe ; lat. *viduus* « vide, privé de » I adj. Dont le conjoint est mort. *« Vous aimeriez mieux, je* *parie, que son mari fût veuf !* » (Stendh.). **II n. 1** Personne veuve. « *Je suis le ténébreux, – le veuf – l'inconsolé* » (Nerval). *Veuve de guerre,* dont le mari est mort à la guerre. ➝ *Madame veuve Lorrain.* **2 n. f.** arg. anc. La guillotine. « La Veuve, *c'est la guillotine, veuve de tous ceux qu'elle tue* » (J. Verne). ♦ fam. *La veuve poignet :* la masturbation (pour un homme). **3 n. f.** Passereau d'Afrique au plumage noir et blanc.

veuglaire **n. m.** – XVe ; o. i. ▪ Canon des XIVe et XVe s. qui se chargeait par la culasse.

veule **adj.** – XIIIe ; lat. *volare* « voler » **1** littér. Qui n'a aucune énergie, aucune volonté. ⇒ **faible, lâche,** ① **mou.** « *Je suis un enfant faible et veule, lâche devant mes passions* » (Sartre). ➝ *Un air veule.* **2** Sans vigueur. *Tige veule.* ✪ CONTR. Énergique, ① ferme.

veulerie **n. f.** – XIXe ▪ littér. Caractère, état d'une personne veule. ⇒ **apathie, faiblesse, lâcheté.** ✪ CONTR. Énergie, fermeté, volonté.

veuvage **n. m.** – XIVe ▪ Situation d'une personne veuve et non remariée (⇒ **viduité).** « *depuis son veuvage* [...] *il n'avait ri ni folâtré avec aucune autre* » (Sand).

vexant, ante **adj.** – XIXe **1** Qui contrarie, peine. *Nous avons raté le train, c'est vexant !* ⇒ **rageant. 2** Qui blesse l'amour-propre. *Une remarque, un refus vexants.* ⇒ **blessant, humiliant, mortifiant.**

vexateur, trice **n.** – XVIe ▪ littér. Personne qui cause des vexations (1°).

vexation **n. f.** – XIIIe **1** vieilli Action de vexer (1°), de maltraiter ; son résultat. ⇒ **abus** (de pouvoir), **brimade, exaction, oppression, persécution.** « *je fus en butte à des vexations sans nombre* » (France). **2** Action de vexer (2°) ; blessure d'amour-propre. ⇒ **humiliation, insulte, mortification, rebuffade.** *Essuyer des vexations.* ✪ CONTR. Attention.

vexatoire **adj.** – XVIIIe ▪ littér. Qui a le caractère d'une vexation (1°). *Mesure vexatoire.*

vexer **v. tr.** [1] – XIVe ; lat. « tourmenter » **1** vx Maltraiter par abus de pouvoir. ⇒ **tourmenter. 2** Blesser (qqn) dans son amour-propre. ⇒ **désobliger, froisser, heurter, humilier, mortifier, offenser, piquer.** « *Ce rire strident, aigu* [...] *le vexa* » (Huysm.). ➝ *Facilement vexé.* ⇒ **susceptible. 3 v. pron.** Être vexé, se piquer. « *Du coup, ce fut elle qui se vexa horriblement d'être ainsi accusée d'avarice* » (Zola). ✪ CONTR. Flatter.

vexillaire [vɛksilɛʀ] **n. m.** – XVIe ▪ Porte-étendard romain.

vexille [vɛksil] **n. m.** – XVIe ; lat. **1** Étendard des armées romaines. **2** Une des deux rangées de barbes que porte le rachis des plumes d'oiseau.

vexillologie [vɛksilɔlɔʒi] **n. f.** – v. 1960 ▪ Étude des drapeaux, des pavillons.

via **prép.** – XIXe ; mot lat. « voie » ▪ En passant par. « *une information du Maroc via Berlin* » (Romains).

> ❑ Cette préposition ne s'emploie qu'avec un nom de lieu ; pour un moyen de communication ou de liaison, on dit *par* ou *sur* (« émission retransmise par satellite »).

viabiliser **v. tr.** [1] – v. 1950 ▪ Rendre habitable, ou apte à la construction, en exécutant l'ensemble des travaux d'aménagement nécessaires. *Terrain entièrement viabilisé.*

① **viabilité** **n. f.** – XIXe ; lat. *via* « chemin, voie » **1** État d'un chemin carrossable, d'une route où l'on peut circuler. **2** Ensemble des travaux d'aménagement à exécuter avant toute construction sur un terrain.

② **viabilité** **n. f.** – XIXe **1** État d'un fœtus viable. **2** Caractère de ce qui est viable, peut vivre, se développer. *Viabilité d'un projet.*

viable **adj.** – XVIe ; de *vie* **1** Apte à vivre. *Après le 180e jour de la grossesse, l'enfant est légalement reconnu viable.* **2** Qui présente les conditions nécessaires pour durer, se développer. ⇒ **durable.** *Entreprise viable.* ✪ CONTR. Non-viable.

viaduc **n. m.** – XIXe ; lat. *via* « voie » et *ductus* « conduite » ▪ Pont de grande longueur servant au passage d'une voie ferrée, d'une route.

> ❑ On retrouve la finale *-duc* dans *aqueduc, gazoduc, oléoduc.* → -duc (rem.).

viager, ère **adj.** et **n. m.** – XIIIe ; de *viage* « durée de *vie ;* usufruit » ▪ Qui doit durer pendant la vie d'une personne et pas au-delà. *Rente viagère.* ♦ **n. m.** « *sa fortune, consistant en usufruits et viager* » (Beaum.). *Vendre une maison en viager,* moyennant une rente viagère.

viande **n. f.** – XIe ; lat. *vivere* « vivre » **1** Chair des mammifères et des oiseaux, et plus particulièrement des animaux de boucherie, que l'homme emploie pour sa nourriture. *Viande de boucherie. Viande de cheval, de porc. Viande rouge :* bœuf, cheval, mouton. *Viande blanche :* volaille, veau, porc, lapin. *Viande noire :* sanglier, chevreuil, lièvre, bécasse. ➝ *Viande maigre, grasse, persillée.* ➝ *Viande bouillie, braisée, grillée, rôtie.* « *de la viande cuite à la broche, simplement* » (Beauv.). *Viande en sauce. Viande froide. Viande tendre ; dure, filandreuse.* ⇒ fam. **barbaque, bidoche. 2** fam. Chair de l'homme, corps. *Sac à viande :* sac de couchage.

> ❑ Le mot, qui autrefois désignait l'ensemble des aliments, la nourriture, ne s'est spécialisé dans son sens moderne qu'au XIVe s. ♦ Pour les volailles (quand on ne peut pas dire *viande*), le poisson, on parle de *chair,* ainsi que pour certaines préparations de viande hachée *(chair à saucisse).*

viander **v.** [1] – XIVe **1 v. intr.** Pâturer, en parlant du cerf, du daim, du chevreuil. **2 v. pron.** fam. Être gravement accidenté. *Un motard* « *venait de se viander salement* » (Courchay).

viatique **n. m.** – XIVe ; lat. *viaticus* « du voyage », de *via* « voie » **1** Argent, provisions données pour voyager. **2** Communion portée à un mourant. **3** littér. Soutien, secours indispensable. « *Savoir est un viatique* » (Hugo).

vibice **n. f.** – XIXe ; lat. *vibex* « meurtrissure » **1** Vergeture. **2** au plur. Hémorragie cutanée, formant des stries sur la peau. ⇒ **purpura.**

> ❑ Ne pas confondre avec *vibrisse* « poil tactile ».

vibord **n. m.** – XVIIe ; scand. *wigi-bord* ▪ Partie de la muraille d'un navire qui renferme les gaillards.

vibrage **n. m.** – 1949 ▪ Transmission d'une série d'impulsions, de chocs, capables de faire entrer un milieu en vibration. *Vibrage du béton.*

vibrant, ante **adj.** – XVIIIe **1** Qui vibre (1°), est en vibration. *Membranes vibrantes.* ➝ *Consonne vibrante,* et **n. f.** *une vibrante :* consonne produite par la vibration de la langue *(l)* ou du gosier *(r).* **2** Qui porte loin, est perçu avec force. « *une voix s'éleva, forte, vibrante, autoritaire* » (Duham.). **3** Qui vibre (2°), exprime un sentiment violent. *Il était encore tout vibrant de colère.* « *elle l'interrogeait, vibrante de curiosité* » (Maupass.).

vibraphone **n. m.** – 1935 ▪ Instrument de musique formé de plaques métalliques vibrantes, que l'on frappe à l'aide de marteaux. ⇒ **métallophone.**

vibraphoniste **n.** – mil. XXe ▪ Musicien, musicienne qui joue du vibraphone. *Vibraphoniste de jazz.*

vibrateur n. m. – XIXe 1 Appareil qui produit, qui transmet des vibrations. 2 Appareil utilisé pour le vibrage du béton.

vibratile adj. – XVIIIe ▪ Qui peut être animé de vibrations. *Cils vibratiles des protozoaires.*

vibration n. f. – XVIe 1 Mouvement, état de ce qui vibre ; effet qui en résulte. ⇒ **battement.** *Vibration de moteur.* « *il se fit une très légère vibration dans les cristaux de la table* [...] *et dans les verreries du grand lustre* » (Romains). ⇒ **frémissement.** ♦ Oscillation de fréquence élevée et de faible amplitude. « *une masse de vibrations sonores qui se dégage sans cesse des innombrables clochers* » (Hugo). *Vibrations lumineuses, sonores, électromagnétiques. Amplitude de la vibration :* le déplacement maximum. 2 Caractère de ce qui vibre, change rapidement et périodiquement d'intensité. ⇒ **tremblement.** *La vibration d'une voix.* ➤ *Vibration de l'air, de la lumière :* impression de tremblotement que donne l'air chaud. ♦ Forme de massage manuel par des vibrations imprimées au moyen de pressions répétées et rapides des doigts. 3 *Avoir de bonnes, de mauvaises vibrations :* se sentir en harmonie intime avec l'environnement.

❑ En physique, *vibration* peut désigner soit une période complète du phénomène (avec pour synonyme *oscillation*), soit le mouvement oscillatoire envisagé globalement (système qui entre en vibration).

vibrato n. m. – XIXe ; mot it. ▪ Tremblement rapide d'un son (⇒ **trémolo**), utilisé dans la musique vocale ou instrumentale. *Des vibratos.*

vibratoire adj. – XIXe 1 Qui forme une série de vibrations. *Mouvement vibratoire.* 2 Qui s'effectue en vibrant, en faisant vibrer. *Massage vibratoire.*

vibrer v. [1] – XVIe ; lat. « brandir, vibrer » **I** v. intr. 1 Se mouvoir périodiquement autour de sa position d'équilibre avec une très faible amplitude et une très grande rapidité ; être en vibration. *Faire vibrer un diapason. Un robinet* « *qui vibre et gronde chaque fois qu'on l'ouvre et qu'on le ferme* » (Le Clézio). *Vitre qui vibre.* ⇒ **trembler.** « *un gros bourdon qui vous frôlait en vibrant* » (Daud.). ⇒ **vrombir.** *Plancher, bateau qui vibre.* ⇒ **trépider.** 2 Avoir une sonorité tremblée, qui dénote une émotion intense. « *Sa voix vibrait de plaisir et de défi* » (Mart. du G.). ➤ « *cette vieille rancune d'amour qui vibrait encore dans sa voix* » (Daud.). 3 Réagir à une émotion par une sorte de tremblement affectif ; être enflammé ou vivement ému. *Elle* « *se sentait elle-même vibrer de tout son être* » (Flaub.). **II** v. tr. Modifier dans ses propriétés physiques par une suite de vibrations. ➤ *Béton vibré,* qui a subi le vibrage.

vibreur n. m. – 1890 ▪ Trembleur. ➤ Élément qui produit, transmet une vibration. *Vibreur d'un haut-parleur électromagnétique.*

vibrion n. m. – XVIIIe ; lat. *vibrare* « vibrer » 1 Bactérie incurvée en forme de virgule, ciliée et mobile. ⇒ **bacille.** 2 fam. Personne agitée. « *Remuez, remuez désespérément, vibrions tragiques entraînés dans une aventure complexe* » (Aragon).

vibrionnant, ante adj. – 1969 ▪ fam. Qui vibrionne, s'agite en tous sens. *Une secrétaire vibrionnante.*

vibrionner v. intr. [1] – XVIIIe ▪ fam. S'agiter sans cesse. *Elle vibrionnait d'un invité à un autre.*

vibrisse n. f. – XIXe 1 Poil implanté à l'intérieur des narines. ♦ Poil tactile de certains mammifères (moustaches de chat). 2 Plume filiforme, à barbes rares.

❑ Ne pas confondre avec *vibice* « strie sur la peau ».

vibromasseur n. m. – 1912 ▪ Appareil électrique qui produit des massages vibratoires. ➤ Cet appareil utilisé à des fins érotiques.

vicaire n. m. – XIIe ; lat. *vicarius* « remplaçant » 1 Suppléant. ➤ *Vicaire de Dieu, de saint Pierre :* le pape. 2 Prêtre qui aide et remplace éventuellement le curé. « *Cet honnête ecclésiastique était un pauvre vicaire savoyard* » (Rouss.). ➤ *Vicaire général :* auxiliaire de l'évêque. ⇒ **archidiacre.**

❑ Mot formé sur l'élément *vic-* « remplacer ». → vice-.

vicariant, iante adj. – XIXe 1 Qui remplace. ➤ *Hôte vicariant :* hôte occasionnel d'un parasite remplaçant l'hôte habituel. 2 vieilli *Organe vicariant,* capable de suppléer à l'insuffisance fonctionnelle d'un autre organe.

vicariat n. m. – XVe ▪ Fonction, dignité de vicaire ; durée de cette fonction. ➤ Territoire, résidence d'un vicaire.

vice n. m. – XIIe ; lat. *vitium* **I** - 1 vieilli Disposition habituelle au mal ; conduite qui en résulte. ⇒ **immoralité,** ③ **mal, péché.** « *L'hypocrisie est un hommage que le vice rend à la vertu* » (La Rochef.). ➤ fam. Dépravation du goût. *Il n'aime que les laiderons, c'est du vice !* ♦ Dérèglement dans la conduite. ⇒ **débauche, inconduite, luxure.** 2 Mauvais penchant, défaut grave que réprouve la morale, la religion. « *Mais quelque vice, et le plus grand de tous, le manque de volonté qui empêche de résister à aucun* » (Proust). *Il a tous les vices !* ♦ vieilli Pratique, goûts sexuels réprouvés par la société. *Vice contre nature.* ⇒ **perversion.** 3 vx ou littér. Défaut habituel, mauvaise habitude qu'on ne peut réprimer. *L'affectation de style* « *est un vice assez ordinaire* [...] *aux beaux parleurs* » (d'Alemb.). ⇒ **faible, faiblesse, travers.** ♦ Habitude morbide qui donne du plaisir. ⇒ **manie ; maladie.** « *Prenez garde à la tristesse. C'est un vice* » (Flaub.). ➤ « *Ce vice impuni, la lecture* », de Larbaud. **II** Imperfection grave, anomalie qui rend une personne, une chose impropre à sa destination. ⇒ **défaut, défectuosité.** *Vice de prononciation. Vice de fabrication.* « *la procédure française a des vices* » (Balz.). *Vice caché,* qui rend la chose achetée inutilisable et dont doit répondre le vendeur. ➤ *VICE DE FORME :* absence d'une formalité obligatoire qui rend nul un acte juridique. ✪ CONTR. Vertu. — HOM. Vis.

vice- Élément du lat. *vice* « à la place de, pour ». ⇒ **adjoint, remplaçant.**

❑ Élément invariable, « *les vice-présidentes, les dames patronnesses* » (Proust), qui prend la forme *vi-* dans *vicomte, vidame.*

vice-amiral, aux n. m. – XIVe ▪ Officier de grade immédiatement inférieur à celui d'amiral.

vice-consul n. m. – XVIe ▪ Personne qui remplit les fonctions de consul dans une résidence où il n'y a pas de consulat. *Elle est vice-consul de France.*

vicelard, arde adj. et n. – 1928 ▪ fam. Un peu vicieux. *Un air vicelard.* ♦ Malin, rusé, retors. « *Toutes les singeries vicelardes qu'il avait pu faire au cours de sa vie* » (Simonin).

vicennal, ale, aux adj. – XVIIIe ; lat. *vicies* « vingt fois » et *annus* « année » 1 Qui couvre une période de vingt ans. *Plan vicennal.* 2 Qui a lieu tous les vingt ans.

vice-présidence n. f. – XVIIIe ▪ Fonction de vice-président, de vice-présidente. *Vice-présidence d'une société.*

vice-président, ente n. – XVe ▪ Personne qui seconde ou supplée le président, la présidente. *Vice-président des États-Unis.*

vice-recteur n. m. – XIXe 1 Personne qui supplée le recteur. 2 Titre de la personne qui était à la tête de l'Académie de Paris.

vice-reine n. f. – XVIIIe 1 Épouse du vice-roi. 2 Femme qui a l'autorité d'un vice-roi.

vice-roi n. m. – XVe ▪ Celui à qui un roi, un empereur a délégué son autorité pour gouverner un royaume, ou une province ayant eu titre de royaume. *Le vice-roi des Indes.*

vice-royauté n. f. – XVIIe 1 rare Fonction de vice-roi. 2 Pays gouverné par un vice-roi.

vicésimal, ale, aux adj. – XIXe ; lat. *vicesimus* « vingtième » ▪ Qui a pour base le nombre vingt.

vice versa ou **vice-versa** [viseVERsa ; visVERsa] loc. adv. – XVe ; loc. lat. « à tour *(vice)* renversé *(versa)* » ▪ Réciproquement, inversement. « *passer du blanc au tricolore, et vice versa* » (Hugo).

❑ La graphie avec le trait d'union et la prononciation [vis] pour [vise] sont évitées par les personnes cultivées.

vichy n. m. – déb. XXe ; nom d'une ville de l'Allier ▪ Toile de coton à carreaux, rayée.

vichyssois, oise adj. et n. – XIXe 1 De Vichy. *La population vichyssoise.* 2 Du gouvernement, du régime de Pétain, installé à Vichy.

vicié, iée adj. – XIIIe 1 Qui a un vice (II). *Acte vicié, entaché de nullité.* 2 Impur. *Le souffle frais « sembla venir attaquer l'air vicié de la chambre »* (Mart. du G.). 3 Qui a perdu sa valeur. *Tentative « viciée par le* favoritisme » (Ste-Beuve). ✪ CONTR. Pur, ① sain.

vicier v. tr. [7] – XIVe 1 Rendre défectueux, affecter d'un vice (II). *Incompatibilité qui ne vicie pas l'élection.* 2 vx Corrompre (l'air). *Des fumées d'usine qui vicient l'air.* ⇒ **empester, polluer.** ✪ CONTR. Purifier. — HOM. *Viciez :* vissiez (visser).

vicieusement adv. – XIIIe ▪ rare D'une manière vicieuse.

vicieux, ieuse adj. – XIIe I - 1 vx ou littér. Qui a un vice, des vices, de mauvais penchants. ⇒ **corrompu, dépravé, immoral, pervers ; mauvais.** « *Néron était déjà vicieux* [...] *et Narcisse l'entretenait dans ses mauvaises inclinations* » (Rac.). ♦ Ombrageux et rétif. *Cheval vicieux.* ♦ Qui n'est pas envoyé, exécuté franchement. *Balle vicieuse.* 2 Qui a des mœurs déréglées, des habitudes sexuelles que réprouve le sentiment moral collectif. ⇒ **pervers,** fam. **vicelard.** *Il est un peu vicieux. Air, regard, geste vicieux.* ➛ n. « *cette vicieuse, qui savait comment on excite les hommes* » (Zola). 3 fam. Qui a des goûts dépravés, bizarres. *Il faut être vicieux pour aimer ça.* II Qui va à l'encontre des règles, des normes ; qui a des vices (II). *Expression vicieuse.* ⇒ **fautif.** *Tour vicieux.* ⇒ **impropre.** ✪ CONTR. Chaste, pur, vertueux. ① Bon, correct.

vicinal, ale, aux adj. – XIVe ; lat. *vicus* « bourg » ▪ *Chemin vicinal :* route étroite qui met en communication des villages.

❑ En Belgique, un *vicinal* désigne un tramway reliant des communes rurales.

vicinalité n. f. – XIXe 1 État d'un chemin vicinal. 2 Ensemble des chemins vicinaux.

vicissitude n. f. – XIVe ; lat. « alternative, échange » 1 vx Changement, succession. 2 littér. au plur. Variations dues au changement. ➛ Choses bonnes et mauvaises, événements heureux et malheureux qui se succèdent dans une vie. « *insoucieux des vicissitudes de l'avenir* » (Proust). ⇒ **aléa, hasard, tribulation.** ♦ Événements malheureux.

❑ Même origine que *vice-* (idée de changement). ♦ De nos jours, ce mot évoque surtout des ennuis, peut-être sous l'influence de *vice* « défaut ».

vicomte, esse n. – XIe ▪ Personne dont le titre de noblesse est au-dessous de celui de comte, de comtesse.

❑ Ce mot est formé sur l'élément *vice-*. → vice- (rem.).

vicomté n. f. – XIIIe ▪ Titre attaché à une seigneurie appartenant à un vicomte, une vicomtesse. ➛ La terre de cette seigneurie.

❑ Nom féminin : *une vicomté,* alors que *comté* est masculin (autrefois également féminin, comme en témoigne *Franche-Comté*).

victime n. f. – XVe ; lat. 1 Créature vivante offerte en sacrifice aux dieux. *Immoler une victime sur l'autel d'un dieu.* 2 Personne qui subit la haine, les tourments, les injustices de qqn. « *chacun ayant sa victime et chacun son bourreau* » (Léautaud). *Les victimes d'un dictateur.* « *pour être cruel et méchant sans danger, il a choisi les femmes pour victimes* » (Laclos). ➛ *Se poser en victime.* 3 VICTIME DE : personne qui souffre, pâtit (des agissements d'autrui, ou de choses, d'événements néfastes). *Victime de la calomnie. J'ai été (la) victime d'une hallucination.* ⇒ **proie.** *Victime de guerre,* qui a subi des dommages de guerre. *Entreprise victime de la crise. Être victime d'une agression, d'un viol, d'un vol.* 4 Personne arbitrairement condamnée à mort. *Les victimes du nazisme. D'innocentes victimes.* ➛ Personne torturée, violentée, assassinée. « *les deux victimes ont été trouvées il y a deux heures, au fond d'un garage* » (Duras). *Le corps de la victime.* ➛ Personne tuée ou blessée. *Le tremblement de terre a fait de nombreuses victimes.* ⇒ ③ **mort.** ➛ Personne tuée dans une émeute, une guerre. *Les victimes de la guerre.* ✪ CONTR. Bourreau. Meurtrier. Rescapé.

victimiser v. tr. [1] – 1985 ▪ Transformer (qqn) en victime. ⇒ **maltraiter.** *La criminalité qui victimise des enfants.*

❑ Ce mot est emprunté à l'anglais *to victimize ;* il remplace le français *victimer* (vx) encore employé par Balzac.

victimologie n. f. – mil. XXe ▪ Branche de la criminologie qui étudie le statut psychosocial des victimes de crimes et de délits.

victoire n. f. – XIe ; lat. *vincere* « vaincre » 1 Succès obtenu dans un combat, une bataille, une guerre. *Remporter une victoire* **(⇒ vaincre).** *Victoire de qqn sur qqn.* « *des batailles très indécises, qualifiées de victoires* » (Volt.). *Victoire navale, aérienne. Fêter une victoire.* ➛ loc. *Victoire à la Pyrrhus,* trop chèrement obtenue. ♦ *La Victoire :* divinité allégorique représentée par une femme ailée. ➛ « *La victoire, en chantant, nous ouvre la carrière* » (Chant du départ). ➛ Statue de cette divinité. *La Victoire de Samothrace.* 2 Heureuse issue (d'une lutte, d'une opposition, d'une compétition, pour la personne qui a eu l'avantage). ⇒ **exploit, réussite, succès, triomphe.** *Victoire électorale.* « *En amour, notre vanité dédaigne une victoire trop facile* » (Stendh.). ➛ loc. *Chanter victoire :* se glorifier d'une réussite. « *il valait mieux ne pas encore crier victoire* » (Camus). ♦ Situation de qui gagne contre qqn, dans un jeu, une compétition. *Victoire d'une équipe sportive.* ♦ *Victoire sur soi-même,* quand la volonté triomphe des instincts, des passions. ♦ *C'est une belle victoire pour la recherche médicale. La vic-*

toire du bon sens. ✪ CONTR. Défaite, déroute. Contre-performance, échec.

> ❏ La locution *victoire à la Pyrrhus* fait allusion aux victoires sanglantes de Pyrrhus sur les Romains, à la suite desquelles il aurait eu ce commentaire : « *Encore une victoire comme celle-là et nous sommes perdus !* »

victoria n. f. – XIXe ; du nom de la reine *Victoria* **1** Plante aquatique *(nymphéacées)*, à fleurs rouges et blanches, dont les immenses feuilles rondes flottent sur l'eau. **2** Ancienne voiture découverte à quatre roues. « *La victoria fort élégante, attelée de deux superbes chevaux noirs* » (Maupass.).

victorien, ienne adj. – 1913 ▪ Relatif à la reine Victoria, à son règne (1837-1901). *Style victorien.*

victorieusement adv. – XIVe ▪ D'une manière victorieuse, en remportant la victoire. « *à la grève du 30 novembre, le patronat riposta victorieusement* » (Beauv.).

victorieux, ieuse adj. – XIIIe **1** Qui a remporté une victoire (1°). ⇒ **vainqueur.** *Armée, troupes victorieuses.* **2** Qui a remporté une victoire (2°), qui l'a emporté sur qqn. *Sortir victorieux d'une dispute.* « *Je me croyais victorieux, oui victorieux* » (Gide). *L'équipe victorieuse.* ♦ *Un air victorieux,* de triomphe. ⇒ **triomphant.** ✪ CONTR. Battu, perdant, vaincu.

victuailles n. f. pl. – XIIe ; lat. *victualis* « relatif aux vivres » ▪ Provisions de bouche. ⇒ ② **vivres.**

vidage n. m. – XIIIe ▪ rare Action de vider. ♦ fam. Action de vider (II, 2°) les indésirables. ✪ CONTR. Remplissage.

vidame n. m. – XIIe ; lat. *vice dominus* ▪ Au Moyen Âge, Officier qui remplaçait les seigneurs ecclésiastiques dans les fonctions juridiques ou militaires.

> ❏ Mot formé sur l'élément *vice-*. → vice- (rem.).

vidamé n. m. ou **vidamie** n. f. – XIIe ▪ Dignité de vidame. ➸ Terre à laquelle est attaché ce titre.

vidange n. f. – XIIIe **1** Action de vider. *Procéder à la vidange d'un réservoir. Tuyau de vidange.* ⇒ **écoulement.** ➸ *Vidange du réservoir d'huile d'une automobile.* **2** Opération par laquelle on vide une fosse d'aisances, on évacue les eaux usées. **3** Ce qui est enlevé, vidé. ➸ Ensemble des opérations consistant à enlever la totalité des bois abattus dans une coupe. ➸ Les matières vidées d'une fosse d'aisances ; l'engrais animal. ⇒ **gadoue ; eaux-vannes.** « *la vidange seule de Paris pourrait fertiliser trente mille hectares* » (Zola). **4** Ce qui sert à vider, à évacuer l'eau. ⇒ **nable.** *La vidange d'un lavabo.* **5** (Belgique) Verre consigné. ➸ au plur. Bouteilles vides.

vidanger v. tr. [0] – XIXe **1** Vider (une fosse, un ballast, un réservoir...). *Vidanger une conduite.* ⇒ **purger.** ➸ Faire la vidange de (une fosse d'aisances). **2** Évacuer par une vidange. *Vidanger les eaux résiduelles.*

vidangeur n. m. – XVIIe ▪ Personne qui fait la vidange des fosses d'aisances.

vide adj. et n. m. – XIIIe ; lat. *vacuus* **I** adj. **1** Qui ne contient rien de perceptible. Où il n'y a pas de matière. « *il ne peut y avoir aucun espace entièrement vide* » (Desc.). ♦ *Ensemble vide,* qui n'a aucun élément. ♦ Qui ne contient pas d'information, dénué de sens. ⇒ **nul.** **2** Dépourvu de son contenu normal. *Verre à moitié vide. Louer un appartement vide,* sans meubles (opposé à *meublé*). ➸ loc. *Avoir l'estomac, le ventre vide.* ⇒ **creux.** *Rentrer les mains vides,* sans rapporter ce que l'on allait chercher. **3** Qui est sans occupant, où il n'y a personne. ⇒ **inoccupé.** *Chambre vide.* « *Ils n'imaginaient pas que le trône pût rester toujours vide* » (Camus). ⇒ **vacant.** « *Un tramway vide sur une place vide entre deux églises vides* » (Sartre). ➸ Qui est loin d'être plein. *Paris est vide au mois d'août.* ⇒ ① **désert.** **4** Qui n'est pas employé, occupé comme il pourrait l'être. « *ces longues journées qui, pour un témoin, eussent semblé vides* » (Radiguet). ♦ *Avoir la tête vide :* ne plus avoir momentanément sa présence d'esprit, ses connaissances et ses souvenirs. « *se croire malheureux, lorsqu'on n'est que vide et ennuyé* » (Muss.). ♦ Qui manque d'intérêt, de substance. ⇒ **creux.** *Discussion, propos vides.* ⇒ **futile, insignifiant.** *Une existence vide.* ⇒ **insipide,** ① **morne.** **5** Qui n'est pas couvert, recouvert. ⇒ **dénudé,** ① **nu.** *Mur vide.* « *le grand espace vide des steppes et des pampas* » (Sartre). **6** *VIDE DE :* qui ne contient pas (ce qu'il devrait normalement contenir). ⇒ **sans.** « *Il poussa la porte d'un petit café, à cette heure complètement vide de clients* » (Mac Orlan). ➸ *Mots vides de sens.* ⇒ **dépourvu.** **II** n. m. **1** Espace qui n'est pas occupé par de la matière. ⇒ **vacuité.** *La nature a horreur du vide :* aphorisme de ceux qui soutenaient l'impossibilité du vide. ♦ Abaissement très important de la pression d'un gaz, dans une enceinte ; état de la matière dans cet espace. ➸ *Faire le vide en aspirant l'air. Produit conservé, emballé sous vide.* **2** Espace vide ; milieu où il n'y a pas d'objets sensibles. ⇒ **néant.** « *elle éprouvait cette espèce de volupté qu'il y a, quand on détruit en rangeant, à voir le vide prendre la place des objets* » (Montherl.). loc. *Faire le vide autour de qqn,* l'isoler, écarter tout le monde de lui. *Faire le vide dans son esprit :* ne plus penser à rien. ♦ Espace où il n'y a aucun corps solide. *Avoir peur du vide. Sauter dans le vide.* ♦ Espace, considéré indépendamment de ce qui s'y trouve. *Regarder dans le vide,* dans le vague. ♦ loc. *Parler dans le vide,* sans objet ou sans auditeur. **3** Espace vide ou solution de continuité. ⇒ **cavité,** ① **espace, fente, ouverture.** *Laisser un vide dans un récipient. Remplir les vides.* ➸ *Vide d'air, de construction :* espace ménagé dans les parois (d'un bâtiment). *Vide sanitaire :* espace réglementaire devant être ménagé sous le sol du rez-de-chaussée des maisons sans cave. ♦ Espace où manque qqch. ⇒ ② **blanc, lacune.** *Vides dans un tableau.* ➸ *Combler les vides d'un récit.* ⇒ **trou.** ♦ Ce qui est ressenti comme un manque. *Son départ fait un grand vide. Je ne savais* « *comment combler ce vide de deux années* » (From.). **4** Caractère de ce qui manque de réalité, d'intérêt. ⇒ **inanité, néant, vacuité.** *L'écroulement de ma vie* « *me laissait un sentiment de vide* » (Renan). **5** loc. adv. *À VIDE :* sans rien contenir. *Bus qui part à vide.* ♦ Sans avoir l'effet attendu. *Tourner à vide.* ➸ loc. *Passage à vide,* moment où un moteur, un mécanisme tourne à vide ; moment où une activité s'exerce sans effet utile ; baisse de l'activité ou de l'efficacité d'une personne. *Avoir un passage à vide.* ✪ CONTR. Plein, rempli ; surpeuplé ; occupé.

> ❏ *À moitié vide* et *à moitié plein* désignent le même état d'un contenant, mais les sens en contexte sont différents.

vidéaste n. – 1982 ; de *vidéo,* d'apr. *cinéaste* ▪ Personne qui réalise des films vidéo, exerce une activité ayant rapport à la vidéo.

vide-cave n. m. – mil. XXe ▪ Pompe hydraulique pour évacuer l'eau d'un local inondé. *Des vide-caves.*

videlle n. f. – XVIIe ; de *vider* ▪ Instrument servant à vider certains fruits à confire.

vidéo adj. inv. et n. f. – v. 1960 ; lat. *video* « je vois » **I** adj. inv. Qui concerne l'enregistrement des images et des sons et leur retransmission sur un écran de visualisation. *Signal vidéo. Système vidéo,* permettant la transmission à distance du son et de l'image. *Caméra vidéo. Jeu vidéo,* dans lequel les mouvements, sur un écran de visualisation, sont commandés de manière électronique. **II** n. f. **1** Vidéofréquence. ➸ Signal, message que ces fréquences contiennent. **2** Vidéophonie. Technique qui permet d'enregistrer l'image et le son sur un support magnétique au moyen d'un magnétoscope, et de les retransmettre sur un écran de télévision. ➛ Équipement vidéo.

vidéo- Élément, du lat. *videre* « voir ».

vidéocassette n. f. – 1971 ▪ Cassette dont la bande magnétique enregistre ou reproduit le son et l'image.

> ❑ Ce calque syntaxique de l'anglais *video cartridge* ou *video cassette* est concurrencé par *cassette vidéo,* où *vidéo* est adjectif (même phénomène pour *vidéodisque*).

vidéoclip → ② **clip**

vidéoclub [videoklœb] n. m. – v. 1980 ▪ Boutique qui vend ou loue des enregistrements vidéo.

vidéocommunication n. f. – 1974 ▪ Ensemble des techniques permettant de transmettre des informations sous forme d'images fixes ou animées.

vidéoconférence n. f. – 1979 ▪ ⇒ **visioconférence.**

vidéodisque n. m. – 1972 ▪ Disque qui permet de restituer sur certains postes de télévision des images et des sons enregistrés.

> ❑ On dit aussi *disque vidéo.* → vidéocassette (rem.).

vidéofréquence n. f. – 1964 ▪ Fréquence qui donne un signal d'image en télévision ; ensemble de ces fréquences. ⇒ **vidéo.**

vidéogramme n. m. – 1974 ; *vidéo-* et *-gramme* ▪ Support permettant l'enregistrement, la conservation et la reproduction d'un document audiovisuel ; ce document. ⇒ **CD-ROM, vidéocassette, vidéodisque.**

vidéographie n. f. – v. 1975 ▪ Transmission des messages graphiques et alphanumériques sur un écran de visualisation. *Vidéographie interactive.* ⇒ **vidéotex.** *Vidéographie diffusée.* ⇒ **télétex.**

vidéophonie n. f. – 1970 ; *vidéo-* et *-phonie* ▪ Transmission de signaux vidéo par câbles téléphoniques.

vide-ordures n. m. inv. – 1935 ▪ Conduit vertical dans lequel on peut jeter les ordures par une trappe ménagée à chaque étage, dans un immeuble. ⇒ région. **dévaloir.** *Il est interdit de jeter des bouteilles dans le vide-ordures.*

vidéosurveillance [videosyʀvɛjɑ̃s] n. f. – 1981 ▪ Surveillance des lieux publics par caméras vidéo.

vidéotex [videɔtɛks] n. m. – 1979 ; nom déposé, angl. ▪ Système permettant de visionner, sur un écran de télévision, des textes en mémoire appelés au moyen d'un code. ⇒ **vidéographie.**

vidéothèque n. f. – 1970 ; *vidéo-* et *-thèque* ▪ Collection de documents vidéo. ➛ Lieu où ils sont entreposés.

vidéotransmission n. f. – 1984 ▪ Retransmission de programmes audiovisuels sur grand écran.

vide-poche n. m. – XVIIIe **1** Petit meuble, coupe, corbeille où l'on peut déposer de petits objets. « *ces jolies coupes d'agate ou de bronze que l'on met sur les cheminées et qu'on appelle* [...] *des vide-poches* » (Barbey). **2** Compartiment aménagé au bas de l'intérieur des portières d'une automobile ou au dos des sièges avant.

> ❑ On écrit aussi *vide-poches,* au singulier : « *je me sers de ce tiroir comme d'un vide-poches* » (Simenon). → comptegouttes (rem.).

vide-pomme n. m. – XIXe ▪ Instrument ménager servant à ôter le cœur, les pépins d'une pomme, sans la couper. *Des vide-pommes.*

vider v. tr. [1] – XIIe **I - 1** Rendre vide (un contenant) en enlevant ce qui était dedans. *Vider ses poches, un meuble. Il « regarde passer le camion des éboueurs qui vident les poubelles »* (Le Clézio). *Vider un réservoir.* ⇒ **vidanger.** ♦ loc. *Vider son cœur :* s'épancher. ➛ *Vider une bouteille* (en la buvant). ⇒ **finir.** « *Elle reprit la coupe de champagne et la vida* » (Sartre). ♦ VIDER (qqch.) DANS, SUR : répandre tout le contenu de (qqch.) quelque part. ⇒ **verser.** « *Camille vidait la boîte de dominos sur la toile cirée* » (Zola). ➛ pronom. *Le réservoir se vide dans un bassin.* ⇒ se **déverser. 2** Ôter les entrailles de (un poisson, une volaille) pour le faire cuire. ⇒ **étriper.** *Vider et flamber un poulet.* **3** VIDER... DE : débarrasser de. *Vider une maison de ses meubles. Vider un bassin de ses poissons.* **4** Rendre vide (un lieu) en s'en allant. « *le nouveau propriétaire leur donna huit jours pour vider la maison* » (Loti). ♦ *Vider les étriers :* être désarçonné. **5** fam. Épuiser les forces de (qqn). ⇒ **lessiver, pomper.** *Ce travail l'a vidé.* ➛ « *Ruiné, vidé, une loque* » (Daud.). **6** Faire en sorte que (une question) soit épuisée, réglée. ⇒ **régler, résoudre, terminer.** *Vider un différend.* **II - 1** Enlever (le contenu d'un contenant) souvent en jetant. « *Salavin tira son porte-monnaie, en vida dans sa main le contenu* » (Duham.). *Vider l'eau d'une barque.* ⇒ **écoper.** ➛ pronom. S'écouler. *Les eaux sales se vident dans l'égout.* **2** fam. Faire sortir brutalement (qqn) d'un lieu, d'un emploi. ⇒ **chasser, expulser, renvoyer.** *Il s'est fait vider.* « *Je l'ai vidé sans y mettre de formes* » (Aymé). ➛ *Le cheval a vidé son cavalier,* l'a désarçonné. ✪ CONTR. Emplir, remplir.

videur, euse n. – XIIIe **1** rare Personne qui vide, est chargée de vider. **2** Personne qui est chargée d'expulser les ivrognes, les indésirables (d'un cabaret).

vide-vite n. m. inv. – 1933 ▪ Dispositif de vidange rapide utilisé en cas de danger.

vidimer v. tr. [1] – XVe ; de *vidimus* ▪ Certifier conforme à l'original, après avoir collationné. *Vidimer la copie d'un acte.*

> ❑ Même famille étymologique que *voir* et *vidéo.*

vidimus [vidimys] n. m. – XIVe ; mot lat. « nous avons vu » ▪ Attestation par laquelle on certifie qu'un acte a été vidimé.

vidoir n. m. – 1911 ▪ Cuvette dans laquelle on déverse les eaux de vidange. ➛ Partie d'un vide-ordures par où l'on jette les ordures.

viduité n. f. – XIIIe ; lat. *vidua* « veuve » ▪ État de veuve, de veuf. ⇒ **veuvage.** *Délai de viduité :* délai imposé à la femme veuve ou divorcée avant de pouvoir se remarier. ♦ Abandon, solitude. « *dans cette paternité la viduité même de sa vie avait introduit tous les amours* » (Hugo).

> ❑ On emploie abusivement ce mot au sens de « état de ce qui est vide », par attraction de *vide,* à la place de *vacuité.*

vidure n. f. – XVe ▪ Ce qu'on enlève en vidant une volaille, un poisson. ♦ au plur. Ordures.

vie n. f. – XIe ; lat. *vita* **I - 1** Fait de vivre, propriété essentielle des êtres organisés qui évoluent de la naissance à la mort en remplissant des fonctions qui leur sont communes. ⇒ **existence.** *La vie des végétaux, des animaux.* « *La vie est le roman de la matière* » (Cioran). ➛ *Être en vie,* vivant. *Être sans vie,* mort. *Il « avait été retrouvé sans vie au pied d'une barrière »* (Gide). *Revenir à la vie. Mère qui donne la vie à un enfant.* ➛ loc. *Perdre la vie* (⇒ **mourir**). *Ôter la vie à qqn* (⇒ **tuer**). *Attenter à sa vie* (⇒ **suicide**). ➛ *Devoir la vie à qqn,* avoir été sauvé par lui. *Sauver la vie de qqn. Laisser la vie sauve à qqn,* l'épargner. *Avoir la vie sauve. Donner, sacrifier, risquer sa vie pour qqn, qqch. Au péril de ma vie. Jurer qqch. sur sa vie. Assu-*

rance sur la vie. ♦ Fait de vivre intensément. ⇒ **vigueur, vitalité.** « *cette petite fille, si pleine de vie, si turbulente* » (Radiguet). ♦ Animation que l'artiste donne à la matière qu'il met en œuvre. « *La vie est le don propre de l'artiste* » (Suarès). « *Modeler une statue et lui donner la vie* » (Hugo). 2 Ensemble des phénomènes que présentent tous les organismes, de la naissance à la mort. ⇒ **bio-.** « *La vie est l'ensemble des fonctions qui résistent à la mort* » (Bichat). *Vie organique. Vie animale, végétale. Vie végétative. Vie latente.* ⇒ **cryptobiose, dormance.** *Vie intra-utérine.* « *Il est vraisemblable que la vie anime toutes les planètes suspendues à toutes les étoiles* » (Bergson). *Le problème de l'origine de la vie.* 3 Espace de temps compris entre la naissance et la mort. « *Chaque instant de la vie est un pas vers la mort* » (Corn.). *Au commencement, à la fin de la vie.* « *La vie si courte, si longue, devient parfois insupportable* » (Maupass.). « *Le sommeil occupe le tiers de notre vie* » (Nerval). ➤ *De ma vie je n'ai vu chose pareille !* jamais. ♦ La vie éternelle, l'esprit, la spiritualité. « *Je suis la Résurrection et la Vie* » (Évangile). ♦ Temps qui reste à vivre à une personne. « *Chagrin d'amour dure toute la vie* » (Florian). *Amis pour la vie, à la vie à la mort,* pour toujours. loc. *À VIE :* pour tout le temps qui reste à vivre. *Pairs nommés à vie.* ➤ *De ma (ta, sa...) vie :* qui a la plus grande importance possible pour (qqn). *La femme de sa vie.* 4 Ensemble des activités et des événements qui remplissent pour chaque être ces espaces de temps. ⇒ **destin, destinée.** « *Les actions les plus décisives de notre vie* » (Gide). « *Il m'a raconté toute sa vie* » (Mart. du G.). ➤ *Écrire une vie de Rimbaud.* ⇒ **biographie.** ♦ Manière de vivre. *Mode, train, style de vie. Changer de vie. Mener une double vie. Vie simple, rangée, casanière.* « *La vie humble aux travaux ennuyeux et faciles* » (Verlaine). *Il nous fait, nous mène la vie dure :* il nous tourmente, nous fait souffrir. *Ce n'est pas une vie !* c'est insupportable. *C'est la belle vie. Vivre sa vie,* la vie pour laquelle on s'estime fait, en la menant à sa guise. *Refaire sa vie. La vie d'artiste.* vx *Femme de mauvaise vie :* prostituée. ➤ fam. et vx *Faire la vie :* mener une vie de plaisirs. ♦ Manière de vivre commune à une collectivité, une société. *La vie des marins. La vie animale. La vie des Romains sous l'Empire.* 5 Part de l'activité humaine, type d'activité qui s'exerce dans certaines conditions, certains domaines. *Vie privée, publique. Vie civile, militaire. Vie conjugale.* « *la vie de famille devenait fort pénible* » (Maupass.). *Vie sauvage. Vie professionnelle. Vie matérielle, pratique, quotidienne, courante. La vie politique, économique. Vie active. Vie scolaire, ouvrière. La vie à la campagne. La vie parisienne. La vie littéraire, théâtrale, sportive.* ♦ Monde, univers où s'exerce une activité psychique. *La vie intérieure, spirituelle. La vie affective, sentimentale. Vie mentale, psychique. Vie intellectuelle.* 6 Moyens matériels d'assurer la subsistance d'un être vivant. *Gagner sa vie. Prix, coût de la vie. Lutte contre la vie chère. Niveau de vie* (⇒ **standing).** 7 Le monde humain, le cours des choses humaines, la participation au monde réel. *Regarder la vie en face. Prendre la vie du bon côté.* « *La vie, ça ne se détaille pas, il faut la prendre en bloc, c'est tout ou rien* » (Beauv.). *Que voulez-vous, c'est la vie !* c'est comme ça ! II Existence dont le caractère temporel et dynamique évoque la vie. *La vie du pays.* « *cette généralité nécessaire à la vie des livres* » (Henriot). *La vie des mots. La vie d'une doctrine.* ➤ *Vie des étoiles. Vie d'un volcan.* ♦ *Durée de vie, vie moyenne :* temps moyen que met une population d'éléments instables (radioactifs) pour être divisée par un coefficient *e* égal à 2,71828. ✪ CONTR. ① Mort. — HOM. Vit.

vieil, vieille → **vieux**

vieillard n. m. – XIIe 1 Homme d'un grand âge. ⇒ **vieux.** *Vieillard respectable, vénérable.* ⇒ **patriarche.** *Vieillard impotent.* « *Il était impossible de voir un vieillard plus jeune et plus vif* » (Sand). « *la misère des vieillards n'intéresse personne* » (Hugo). 2 Personne (homme ou femme) d'un grand âge. *Asile, maison de vieillards,* de personnes âgées. *Médecine des vieillards.* ⇒ **gériatrie.**

❑ La valeur de ce mot est variable : au XVIIe s. un homme de 60 ans était un vieillard, de nos jours *vieillard* implique un âge avancé très évident. ♦ Le féminin de *vieillard* est *vieille.* On trouve aussi *vieillarde,* souvent péjoratif : « *la vieillarde s'était payé des gigolos* » (Cendrars).

vieillerie n. f. – XVIIe 1 Objet vieux, démodé, usé. ⇒ **antiquaille, friperie.** *Un tas de vieilleries.* 2 Idée, conception rebattue, usée. « *ce que l'on nous donne pour des découvertes sont des vieilleries qui traînent depuis quinze cents ans* » (Chateaub.). ➤ Œuvre démodée. ✪ CONTR. Nouveauté. Jeunesse.

vieillesse n. f. – XIIe 1 Dernière période de la vie qui succède à la maturité, caractérisée par un affaiblissement des fonctions physiologiques et des facultés mentales et par des modifications (atrophie) des tissus et des organes. ⇒ **géront(o)-.** *Avoir une vieillesse heureuse.* ➤ *Assurance vieillesse.* 2 Fait d'être vieux. ⇒ **âge.** « *il portait sa verte vieillesse d'un air guilleret* » (Balz.). *Mourir de vieillesse,* par le seul effet du vieillissement de l'organisme. ➤ « *la vieillesse des monuments* » (Hugo). ⇒ **ancienneté.** ♦ Altération, dégradation qui accompagne cette période de la vie. ⇒ **caducité, décrépitude, sénescence, sénilité.** *Les rides, marques de vieillesse.* ➤ « *Ô vieillesse ennemie !* » (Corn.). L'ensemble des personnes âgées. *Aide à la vieillesse.* ✪ CONTR. Enfance, jeunesse.

vieilli, ie adj. – XVIIe 1 Demeuré longtemps (dans un état, un métier où on a acquis de l'expérience). « *vieilli dans le sérail* » (Courtel.). 2 Marqué par l'âge. « *Plus vieillie que vieille, elle se faisait âpre et sèche* » (Balz.). *Je l'ai trouvé vieilli.* 3 Qui a perdu de sa force, de son intérêt, avec le temps. ⇒ **dépassé, suranné, usé.** *Formules vieillies.* ➤ *Mots vieillis,* qui tombent en désuétude, sans être absolument écartés de l'usage normal ; plutôt compris qu'employés.

vieillir v. [2] – XIIe I v. intr. 1 Prendre de l'âge, s'approcher de la vieillesse ; continuer à vivre, vivre alors qu'on est déjà vieux. « *Plus on vieillit, plus il faut s'occuper* » (Volt.). ♦ Demeurer longuement (dans un état, une situation). *Vieillir dans un métier.* 2 Acquérir les caractères de la vieillesse ; changer par l'effet du vieillissement. « *La baronne, en ces six mois d'hiver, avait vieilli de dix ans* » (Maupass.). ➤ « *Le cœur seul ne vieillit pas* » (Flaub.). ➤ Subir les modifications organiques du vieillissement. 3 Perdre de sa force, de son intérêt, avec le temps. *Livre qui a vieilli. Les religions* « *s'apaisent en vieillissant* » (France). ➤ Être en voie de disparition. *Locution qui vieillit.* 4 Acquérir certaines qualités, par le temps. *Laisser vieillir un fromage. Ce vin a bien vieilli.* II v. tr. 1 Rendre vieux, plus vieux ; faire paraître plus vieux ; donner les caractères de la vieillesse. *Ce vêtement la vieillit.* ➤ pronom. « *Elle n'était pas vieille, cette fille, elle se vieillissait* » (Maupass.). 2 Attribuer à (qqn) un âge supérieur à son âge réel. *Vous me vieillissez d'un an !* ✪ CONTR. Rajeunir.

vieillissant, ante adj. – XVIe ■ Qui est en train de vieillir. *Les génuflexions* « *représentent, pour les hommes vieillissants, une gymnastique efficace* » (Duham.). ➤ « *les chefs-d'œuvre dramatiques vieillissants* » (Chateaub.).

vieillissement n. m. – XVIe 1 Fait de devenir vieux ou de s'affaiblir par l'effet de l'âge. ➤ Processus physiologique normal que subit tout organisme vivant au cours de la dernière période de sa vie. ⇒ **sénescence.**

➛ *Vieillissement d'une population :* augmentation de la proportion des personnes âgées. ♦ *Le vieillissement de l'esprit.* 2 Fait de vieillir, de se démoder. *Le vieillissement d'une doctrine ; d'un mot.* ⇒ **obsolescence.** ✪ CONTR. Actualité. Rajeunissement.

vieillot, otte adj. – XIIIe ■ Qui a un caractère vieilli et un peu ridicule. ⇒ **ancien, démodé, désuet, suranné.** « *il fut surpris par l'aspect vieillot de ce quartier* » (Chardonne).

vielle n. f. – XIIe ■ Instrument dont les cordes sont frottées par une roue à manivelle.

vieller v. intr. [1] – XIIe ; onomat. ■ Jouer de la vielle.

vielleur, euse n. – XIIe ■ Musicien, musicienne qui joue de la vielle.

viennois, oise adj. et n. – XIe ■ De Vienne, en Autriche. « *L'orchestre joue un refrain d'opérette viennoise* » (Mart. du G.). *Chocolat viennois,* avec de la crème chantilly. *Pain viennois,* au lait. *Escalope viennoise,* panée.

viennoiserie n. f. – 1977 ■ Ensemble des produits fins de boulangerie qui ne sont pas des pains (⇒ **croissanterie).**

vierge n. f. et adj. – Xe ; lat. *virgo* **I** n. f. 1 Fille qui n'a jamais eu de relations sexuelles complètes, et possède encore l'hymen. ⇒ **pucelle.** *Épouser une vierge.* ➛ loc. *Être amoureux des onze mille vierges,* de toutes les femmes. 2 *La Vierge, la Sainte Vierge, la Vierge Marie :* Marie, mère de Jésus. ♦ loc. *Fil de la vierge :* fil d'araignée des champs. ♦ Représentation, image de la Sainte Vierge. ⇒ **madone, pietà.** *La Vierge et l'Enfant.* 3 Constellation zodiacale de l'hémisphère boréal. ♦ Sixième signe du zodiaque (23 août-22 sept.). ➛ *Il, elle est Vierge,* né(e) sous le signe de la Vierge. **II** adj. 1 Qui n'a jamais eu de relations sexuelles. « *chose étrange ! si la* Fille aux yeux d'or *était vierge, elle n'était certes pas innocente* » (Balz.). « *Joli comme vous êtes, vous en avez eu, des femmes. – Je suis vierge, dit Philippe* » (Sartre). ⇒ **puceau.** ♦ *Ovule vierge,* non fécondé. 2 Qui n'a jamais été touché, sali, souillé, terni ou simplement utilisé. ⇒ ① **blanc, intact,** ② **net, pur.** *Feuille vierge,* sur quoi on n'a pas écrit. *Casier judiciaire vierge. Pellicule, film vierge,* non impressionnés. *Cassette vierge.* ➛ *Huile vierge,* extraite des olives écrasées à froid. ♦ Inculte, inexploité. *Terre vierge.* FORÊT VIERGE : forêt tropicale impénétrable. ♦ VIERGE DE... : qui n'est pas sali de... ✪ CONTR. Impur, souillé.

❑ Autres mots de la même famille étymologique : *virginal, virginité.*

vietnamien, ienne adj. et n. – 1945 ■ Du Viêtnam. *Restaurant vietnamien.* ♦ n. m. Langue parlée par l'ethnie vietnamienne.

vieux ou **vieil** (plur. **vieux), vieille** adj. et n. – XIe ; lat. *vetus.* ❑ *Vieux* prend la forme *vieil* devant une voyelle ou un *h* muet : *un vieil ami, un vieil homme.* **I** adj. (opposé à *jeune*) 1 Qui a vécu longtemps ; qui est dans la vieillesse ou qui paraît l'être. ⇒ **âgé.** *Un vieil homme. Une vieille dame. Les vieilles gens.* « *Marianne est très vieille et court sur ses cent ans* » (Verlaine). « *Ceux qui me paraissaient si vieux quand j'étais jeune* » (Gide). ➛ fam. *Il est vieux comme Mathusalem,* très vieux. ♦ *Vieille baderne, vieux chnoque.* ➛ *Vieille bique, taupe.* vulg. *Vieille peau.* ➛ « *Tu es une vieille crapule* » (France). *Vieille noix, vieux crétin.* ♦ « *Notre bon chien* [...] *se fait vieux* » (France). « *À l'ombre du vieux chêne* » (Lamart.). 2 Qui a les caractères physiques ou moraux d'une personne âgée, d'un vieillard. ⇒ **caduc, décrépit, sénile.** « *Très vieille pour ses trente ans* » (Zola). *Vieux avant l'âge.* 3 Relatif aux personnes avancées en âge. *Sur ses vieux jours :* dans sa vieillesse. ➛ Qui appartient à une personne âgée ou présente les caractères de la vieillesse. « *Ses vieilles mains ridées et tremblantes* » (Hugo). ♦ adv. *S'habiller vieux,* de façon à paraître vieux. *Sa robe fait vieux.* 4 Qui est ancien dans un état, un métier. ⇒ **ancien, vétéran.** « *Il faut être très vieux dans le métier* » (Alain). *Vieux loup de mer.* ♦ Qui est depuis longtemps dans l'état indiqué. *Un vieux couple. C'est un vieil ami, un vieux copain.* ➛ « *il blaguait le pacifisme de Hugo, vieux roublard, vieux malin* » (Maurois). ➛ *Les vieux habitués d'un café.* 5 Âgé. « *Je voudrais être plus vieux d'un an* » (Duham.). « *Je pleure parce que je suis trop vieille pour toi* » (Radiguet). **II** adj. (opposé à *neuf, nouveau, récent*) 1 Qui existe depuis longtemps, remonte à une date éloignée. ⇒ **ancien, historique.** *Vieille demeure. Vieux meubles.* « *On va passer de vieux films muets* » (Beauv.). *Le vieux Nice.* ➛ « *Ma vieille robe de chambre* » (Dider.). ➛ Hors d'usage, bon à jeter. « *Les vieux rogatons qu'il ramasse* » (Mol.). ♦ Se dit de certaines couleurs adoucies, passées. *Vieil or. Vieux rose.* ➛ Se dit de boissons améliorées par le temps. *Vin vieux.* 2 Dont l'origine, la création, le début... est ancien. *Le vieux continent, le vieux monde :* l'Europe. *Le plus vieux métier du monde* (⇒ **prostitution).** ➛ Auquel on est attaché depuis longtemps. « *Cette bonne vieille ville de Paris* » (Flaub.). 3 Qui se dit, se fait, se pratique... depuis longtemps. *C'est vieux comme le monde, comme Hérode,* très ancien, très connu. ➛ *Vieille habitude.* ⇒ **invétéré.** *Une vieille amitié.* ➛ *C'est toujours la vieille question,* la question qui revient toujours. ♦ Qui a perdu son intérêt, ses qualités, avec la nouveauté. « *Les utopies les plus vieilles* » (Bourget). ⇒ **démodé, dépassé, suranné, vieillot.** ♦ Sorti de l'usage. *Mot vieux.* 4 Qui a existé autrefois, il y a longtemps. ⇒ **éloigné, lointain, révolu.** *Le bon vieux temps. Une politesse très vieille France,* très raffinée et désuète. ➛ « *Repris par mon vieil enthousiasme* » (Alain-Fourn.). ➛ Se dit de l'état ancien d'une langue. *Le vieil anglais, le vieux français.* ⇒ **ancien.** 5 Qui précède, après changement, l'objet actuel. « *Le vieux logement est oublié* » (Alain). **III** n. 1 UN VIEUX, UNE VIEILLE : un vieil homme, une vieille femme. ⇒ **vieillard ;** fam. **croulant, vioque.** « *Bonsoir, mes enfants, chevrote la vieille* » (Barbusse). fam. « *un petit vieux frétillant, sec, tout en nerfs, alerte et gai* » (Daudet). ➛ loc. *Un vieux de la vieille* (garde) : un vieux soldat (sous le Ier Empire) ; un vieux routier, un vieux travailleur. 2 (opposé à *jeune*) Se dit des gens plus âgés ou trop âgés. « *Un vieux de trente-trois ans, épouser une jeunesse de dix-huit !* » (Zola). 3 fam. Père, mère ; parents. *Je préviens mon vieux, mes vieux.* « *Quand on ne les a plus, ses vieux* » (Daud.). 4 fam. Terme d'amitié, même entre personnes jeunes. *Salut, ma vieille.* ➛ « *Ça ne va pas, vieux ?* » (Sartre). 5 fam. *Un coup de vieux :* vieillissement subit. « *Elle a reçu un sacré coup de vieux, cet été* » (Colette). **IV** n. f. *La vieille :* le labre (poisson). « *Dans un nuage de sable, la vieille sort de sa cachette* » (Le Clézio). ✪ CONTR. Jeune, juvénile ; ① frais, moderne, ② neuf, nouveau, récent. Adolescent, enfant.

❑ En ancien français, *vieux* était le cas sujet et *vieil* le cas régime. On relève encore *vieil* devant consonne au XVIIe s. Les adjectifs *beau, fou* et *nouveau* présentent également une variation dans la forme masculin singulier (*bel, fol* et *nouvel* devant voyelle ou *h* muet).

vieux-lille [vjølil] n. m. inv. – mil. XXe ; de *vieux* et *Lille,* ville du nord de la France ■ Fromage de Maroilles très longuement affiné, à l'odeur puissante.

vif, vive adj. et n. m. – Xe ; lat. *vivus* **I** - 1 Vivant, en vie. « *Les prendre morts ou vifs* » (Vigny). *Brûlée vive.* « *Cris d'orfraie plumée vive* » (Gaut.). « *Tailler dans la chair vive* » (Duham.). ♦ *Poids vif.* 2 n. m. Personne vivante.

Donation entre vifs. ➛ vieilli *Peindre sur le vif,* d'après un modèle vivant. mod. D'après nature. *Prendre sur le vif,* dans l'état naturel, tel que la vie le présente. ♦ Appât vivant. ⇒ **esche.** *Pêcher au vif.* ♦ La chair vive. *Trancher dans le vif. Entrer dans le vif du sujet :* toucher au point essentiel. ⇒ **cœur, fond.** *Être piqué au vif,* au point le plus sensible. *Vif de l'eau :* marées de nouvelle et de pleine lune. ➛ loc. adj. *À VIF :* avec la chair à nu. *Plaie à vif. Avoir les nerfs à vif :* être irrité, sensible à tout. 3 Mis à nu. *Pierres vives,* non recouvertes de terre, de bousin. *Joints vifs,* sans mortier. *Pierre coupée à vive arête,* en formant une arête bien nette, aiguë. ➛ « *Le nez busqué à arête vive* » (Madelin). *Angles vifs,* nettement découpés. 4 Où la vie semble résider. *Eau vive :* eau pure qui coule d'une source. ➛ *Air vif,* frais et pur. **II** - 1 Dont la vitalité se manifeste par la rapidité, la vivacité des mouvements et des réactions. ⇒ **agile,** ② **alerte, fringant,** ① **gaillard, léger, leste, pétulant, sémillant.** *Enfant vif.* ⇒ **éveillé, remuant.** « *Il était très vif et très gai* » (France). *Œil, regard vif,* brillant, prompt à suivre, à saisir. ➛ *Mouvements, gestes vifs. Marcher d'un pas vif.* ⇒ **allègre, dégagé.** ♦ *Rythmes, airs, morceaux... vifs.* ⇒ **rapide.** 2 Qui s'emporte facilement. ⇒ **brusque, emporté, violent.** *Je regrette « d'avoir été aussi vif »* (Huysm.). ➛ *Échanger des propos très vifs,* qui ont qqch. de blessant, qui ne ménagent pas l'adversaire. ⇒ **dur.** 3 Prompt dans ses opérations. *Esprit vif.* ⇒ ① **brillant, éveillé, ouvert.** *Intelligence vive.* 4 Très intense. « *Adieu, vive clarté de nos étés trop courts* » (Baud.). *Couleurs, teintes vives.* ⇒ **éclatant,** ② **franc, gai.** *Rouge, jaune vif.* « *subitement, le froid devint très vif* » (J. Verne). ⇒ **mordant,** ① **piquant.** ➛ *Ressentir une vive douleur.* ⇒ **aigu.** *À mon vif regret. Vive satisfaction. Vive reconnaissance.* « *un vif désir de plaire* » (Gaut.). *Vive curiosité.* ⇒ **fébrile, fou.** *Ce souvenir est resté très vif. Vifs applaudissements.* ⇒ **chaleureux.** *Vif succès. Vive discussion.* ⇒ **animé.** *Vifs reproches.* ✪ CONTR. ② Mort. Apathique, indolent, ① mou, nonchalant, paresseux. Mesuré, patient. Faible, pâle. — HOM. Vive.

❑ Autres mots de la même famille : *aviver, vivace, vivarium, vivier, vivifier.*

vif-argent n. m. sing. – XIIIe ; de *vif* « vivant » et *argent* ■ vx Mercure. ➛ *C'est du vif-argent,* une personne très vive.

vigie n. f. – XVIIe ; lat. *vigilare* « veiller » 1 Haut fond ou écueil à fleur d'eau. Balise qui le signale. 2 Surveillance exercée par un matelot en un endroit élevé ; son poste d'observation. ♦ Matelot chargé de cette surveillance. « *Une vigie était placée sur le beaupré, une autre dans le petit hunier du grand mât* » (Chateaub.). 3 Poste d'observation des conducteurs de trains.

❑ *Vigie,* comme *estafette, ordonnance* et *sentinelle,* illustre le cas rare d'un nom féminin correspondant à une fonction exercée par un homme → sentinelle (rem.).

vigilance n. f. – XIVe ; lat. *vigilare* « veiller » 1 Surveillance attentive, sans défaillance. ⇒ **attention.** « *Résolu à ne pas relâcher de ma vigilance* » (Duham.). *Endormir, tromper la vigilance de qqn. Redoubler de vigilance.* 2 État de veille. ✪ CONTR. Distraction, étourderie ; sommeil.

vigilant, ante adj. – XVe ■ Qui fait preuve de vigilance. ⇒ **attentif.** *Soins vigilants. Attention vigilante.* ✪ CONTR. Endormi, étourdi.

① **vigile** n. f. – XIIe ; lat. *vigilia* « veille, veillée » ■ Veille d'une fête catholique importante. *La vigile de Noël.*

❑ Nom féminin : « *j'ai manqué de faire maigre deux fois, pour la vigile de la Pentecôte* » (Romains).

② **vigile** n. m. – XIXe ; lat. *vigil* « éveillé » ■ Chacun des gardes de nuit, institués par Auguste pour la police nocturne de Rome. ♦ Personne exerçant une fonction de surveillance au sein d'une police privée. *Vigiles d'un centre commercial.*

❑ Nom masculin : *des vigiles urbains.*

③ **vigile** adj. – 1964 ; lat. *vigil* « éveillé » ■ Qui a trait à l'état de veille, qui se produit à l'état de veille.

vigne n. f. – XIIe ; lat. *vinum* « vin » 1 Arbrisseau *(vitacées)* sarmenteux, grimpant, muni de vrilles, cultivé pour ses fruits en grappes (⇒ **raisin**) et la production du vin. ⇒ **viti-.** *Pied de vigne.* ⇒ **cep.** *Sarment de vigne.* « *Les Vrilles de la vigne* », de Colette. *Vigne en berceau, en tonnelle.* ⇒ **treille.** 2 Plantation de vignes. ⇒ **vignoble.** *Raisin de vigne* (opposé à *raisin de treille*). *Les vignes de Bourgogne. Faire la vendange dans sa vigne.* ♦ *Travailler à la vigne du Seigneur :* convertir les âmes. « *Julien sera un ouvrier remarquable dans la vigne du Seigneur* » (Stendh.). 3 *Vigne vierge* (⇒ **ampélopsis**). *Vigne du Mont-Ida* (⇒ **airelle**). *Vigne blanche, noire* (⇒ **clématite, tamier**). *Vigne du Nord* (⇒ **houblon**). ➛ *Pêche de vigne,* provenant de pêchers cultivés en plein vent et qui produisent à l'époque où la vigne donne du raisin.

① **vigneau** ou **vignot** n. m. – XVIe ; de *vigne* ■ Littorine. ⇒ **bigorneau.**

② **vigneau** n. m. – XVIe ; de *vigne* ■ En Normandie, Tertre dans un jardin, surmonté d'une treille. « *Une tonnelle aboutissait à un vigneau* » (Flaub.).

vigneron, onne n. – XIIe ■ Personne qui cultive la vigne, fait le vin. ⇒ **viticulteur.** « *L'image même du vigneron de jadis* » (Peyré). ♦ adj. Du vigneron. *Charrue vigneronne.*

vignetage ou **vignettage** n. m. – v. 1960 ; de *vignette* ■ Assombrissement des angles de l'image photographique, dû à un défaut de l'objectif.

vignette n. f. – XIIIe ; de *vigne* 1 Motif ornemental d'un livre. ♦ Ornement de papier à lettres. 2 Dessin d'encadrement des miniatures médiévales, de certaines gravures. ♦ Gravure, estampe entourée d'un cartouche. 3 Chacune des illustrations d'un livre, d'un journal. ⇒ **image.** ♦ Chacun des dessins d'une bande dessinée. 4 Petit carré de papier collé ou joint à un produit, ayant valeur légale. *Vignette d'une boîte de cigares.* ➛ *Vignette attestant le paiement d'un droit.* ⇒ **timbre.** *Vignette auto(mobile) :* document fiscal attestant le paiement de la taxe différentielle sur les véhicules à moteur. ➛ Timbre porté par certains médicaments, destiné aux services de la Sécurité sociale.

❑ Diminutif de *vigne, vignette* a d'abord désigné un ornement en branches et feuilles de vigne entrelacées. Seule l'idée d'« ornement » s'est conservée et le rapport avec *vigne* n'est plus perçu.

vignettiste n. – XIXe ■ Dessinateur de vignettes (3°).

vigneture n. f. – XIVe ; de *vignette* ■ Ornement qui encadrait les miniatures.

vignoble n. m. – XIIe ■ Plantation de vignes. *Pays de vignobles. Le phylloxéra « détruisit les vignobles charentais »* (Chardonne). ♦ Ensemble des vignes d'une région. *Le vignoble bordelais.*

vignot → ① **vigneau**

vigogne n. f. – XVIe ; quechua ■ Mammifère des montagnes d'Amérique du Sud *(camélidés).* ♦ Laine de vigogne. ➛ Tissu léger fait de cette laine.

vigoureusement adv. – XIIe 1 Avec vigueur. *Des arbres qui poussent vigoureusement.* 2 Avec force, puissance. « *il frotta vigoureusement l'une contre l'autre ses mains sèches* » (Mart. du G.). ♦ « *Alex a vigoureusement protesté* » (J. Cau). ⇒ **énergiquement.**

3 Avec netteté. *Les profils des dômes « découpaient vigoureusement leurs dentelures »* (Lautréam.). 4 Avec de la vigueur dans l'expression. *Écrire, peindre vigoureusement.* ✪ CONTR. Faiblement, mollement.

vigoureux, euse adj. – XIIe ; de *vigueur* 1 Dont la force, la santé est épanouie ; qui se développe, agit avec facilité et puissance. ⇒ ① **fort, solide.** *« Cinq vigoureux chevaux »* (Zola). ⇒ **puissant.** ➛ *« Manier d'un bras vigoureux la hache »* (Rouss.). *Une vigoureuse poignée de main. Il « avança en écartant le coq d'un vigoureux coup de pied »* (Camus). ♦ Qui pousse bien. *« L'arbre vigoureux qui veut reverdir au printemps »* (France). ➛ *« De gros cheveux gris vigoureux »* (Colette). 2 Qui s'exprime, agit sans contrainte, avec efficacité. *Esprit vigoureux.* ♦ *Résistance vigoureuse.* ♦ Qui a de la force, de la fermeté dans l'exécution. ⇒ **énergique,** ① **ferme.** *Dessin vigoureux.* 3 Énergique, efficace. *« L'alcaloïde tiré du haschisch a des effets plus ou moins vigoureux »* (Baud.). ✪ CONTR. Chétif, débile, faible, frêle. Mièvre, ① mou.

viguerie n. f. – XIVe ▪ Fonction de viguier ; territoire de sa juridiction.

vigueur n. f. – XIe ; lat. *vigere* « être plein de force » 1 Force, énergie d'un être en pleine santé et dans la plénitude de son développement. ⇒ **puissance, robustesse.** *« Il était encore dans toute la vigueur de la jeunesse »* (Fén.). *« Mathias appuya sur les pédales avec vigueur »* (Robbe-Grillet). *Perdre sa vigueur :* devenir faible. ➛ *La vigueur d'un coup.* ♦ *Vigueur d'une plante.* 2 Activité libre et efficace. *Vigueur de l'esprit. « J'exprimai ma répugnance avec une vigueur qui surprit beaucoup mes parents »* (Beauv.). ⇒ **véhémence.** ➛ *Vigueur d'une réaction.* ♦ *Vigueur de l'expression.* 3 Qualité de ce qui est dessiné, peint avec une netteté pleine de force. ⇒ **fermeté.** 4 *EN VIGUEUR :* en application. *Loi, règlement en vigueur,* qui entre en vigueur. ➛ En usage. *« Les anciennes formules de politesse qui sont encore en vigueur »* (Staël). ✪ CONTR. Atonie, débilité, faiblesse, mollesse, mièvrerie. Abandon, désuétude.

❑ *Revigorer* et sa variante *ravigoter* sont de la même famille étymologique.

viguier n. m. – XIIIe ; lat. *vicarius* « remplaçant » 1 Dans certaines provinces du midi de la France, Magistrat qui avait des fonctions analogues à celles du prévôt. 2 Magistrat en Andorre.

V.I.H. [veiaʃ] n. m. – v. 1980 ; sigle de ***V****irus de l'****I****mmunodéficience* ***H****umaine* ▪ ⇒ **HIV.**

viking n. m. et adj. – XIXe ; mot scand., p.-ê. du vieux nord. *vik* « baie » ▪ *Les Vikings :* les Scandinaves qui prirent part à l'expansion maritime, du VIIIe au XIe s. *Invasion des Vikings en Normandie.* ➛ *Bateau viking.*

vil, vile adj. – XIe ; lat. *vilis* « à bas prix » 1 littér. Qui inspire le mépris. ⇒ **abject,** ① **bas, ignoble, indigne, infâme, lâche, méprisable, misérable.** *« En proie aux geôliers vils comme un vil criminel »* (Hugo). *Vil flatteur.* ⇒ **servile.** ➛ *« on se débat en vain contre tout ce qui est bas et vil »* (Maurois). 2 vx Qui est de la plus basse condition (opposé à *noble*). *« Ces naissances viles et vulgaires »* (Boss.). 3 *À vil prix :* à très bas prix. ✪ CONTR. Estimable, noble. Cher. — HOM. Ville.

❑ *Avilir, avilissement,* sont formés sur *vil,* mais pas *vilain.*

vilain, aine n. et adj. – XIe ; lat. *villanus* « habitant de la campagne (*villa*) » **I** n. Paysan libre, au Moyen Âge. ⇒ **manant.** *Serfs et vilains. « Les sabots d'Hélène Étaient tout crottés Les trois capitaines l'auraient appelée vilaine »* (Brassens). **II** adj. et n. 1 vieilli Méprisable, déshonorant. ⇒ **vil.** *La gourmandise est un vilain défaut.* loc. *C'est un vilain monsieur. Vilaine bête.* ⇒ **méchant, sale.** ♦ Qui blesse la pudeur. ⇒ **déshonnête.** *Avoir de vilaines pensées. Vilains mots.* ⇒ **grossier, malhonnête.** 2 Qui ne se conduit pas bien. ⇒ **méchant.** *« Ainsi que ses vilains frères* [de Gribouille] *»* (Gide). ➛ *C'est vilain de tirer la langue. « Il rapporte, dit Zazie. C'est vilain »* (Queneau). ➛ subst. *La vilaine ! « Taisez-vous, vous êtes un vilain »* (Proust). 3 Désagréable à voir. ⇒ **laid, moche.** *« Les gens qui passent sont vilains, vilains, et je n'ai pas aperçu un seul beau garçon »* (Mirbeau). *Vilaines dents, vilains cheveux. Vilains habits.* 4 Mauvais. *Vilain temps.* ➛ fam. *« il avait fait si vilain pendant le mois de juillet »* (Céline). ♦ Déplaisant et dangereux. *Une vilaine blessure.* ➛ *Vilaine affaire.* ⇒ **sale.** *Jouer un vilain tour.* ⇒ **méchant.** ♦ n. m. Grabuge. *« Comme la discussion tournait au vilain »* (Zola). ✪ CONTR. Bourgeois, gentilhomme, noble. — ② Gentil. ① Beau, joli.

❑ L'idée de mépris, très longtemps liée à la condition sociale du paysan, explique l'évolution sémantique du mot influencé par *vil.*

vilainement adv. – XIIe ▪ D'une manière vilaine, laide. *« Lui dont le teint était vilainement brouillé »* (Aragon).

vilayet [vilajɛt] n. m. – XIXe ; turc *vilâyet,* de l'ar. ▪ Province de l'Empire ottoman.

vilebrequin n. m. – XIVe ; d'apr. *virer, vibrer* et flam. *boorkin* « tarière » 1 Outil formé d'une mèche que l'on fait tourner à l'aide d'une manivelle, et qui sert à forer, à percer des trous. ⇒ **chignole.** 2 Dans un moteur à explosion, Arbre articulé avec des bielles, permettant de transformer le mouvement rectiligne des pistons en mouvement de rotation.

vilenie [vil(ə)ni ; vileni] ou **vilénie** [vileni] n. f. – XIIe ; de *vilain* 1 littér. Action vile et basse. ⇒ **infamie, saleté.** *Il « n'admettait point qu'elle osât le soupçonner d'une pareille vilenie »* (Maupass.). 2 Caractère vil. *« il sent au fond de l'homme la vilenie mieux installée que la noblesse »* (Caillois). ✪ CONTR. Générosité, noblesse.

❑ L'ancienne forme était *vilanie ;* la graphie accentuée *vilénie* est conforme à la prononciation relativement fréquente en [e], prononciation soutenue par *vilain, vilaine.*

vilipender v. tr. [1] – XIVe ; lat. *vili* (« à vil prix ») *pendere* (« estimer ») ▪ littér. Dénoncer comme vil, méprisable. ⇒ **bafouer, honnir.** *« Je suis vilipendé, honni, injurié comme un débutant »* (Goncourt). ✪ CONTR. ① Louer.

villa [villa] n. f. – XVIIIe ; mot lat. « ferme » 1 Riche maison de plaisance en Italie. *« la villa Médicis, dont les jardins sont déjà une parure »* (Chateaub.). 2 Maison moderne de plaisance ou d'habitation, avec un jardin. *« Tout était tellement différent ! Les villas avaient disparu, ou bien elles avaient été repeintes, agrandies »* (Le Clézio). 3 Voie, impasse bordée de maisons individuelles. 4 Domaine rural dans l'Italie antique et en Gaule.

villafranchien, ienne [vilafʀɑ̃ʃjɛ̃, jɛn] adj. et n. m. – XIXe ; de *Villafranca d'Asti,* n. d'une ville du Piémont ▪ Étage le plus ancien du quaternaire, entre le pliocène et le pléistocène.

village [vilaʒ] n. m. – XIIIe 1 Agglomération rurale ; groupe d'habitations assez important pour avoir une vie propre. *Gros village.* ⇒ **bourg.** *« Du temps qu'Arcachon n'était qu'un village »* (Mauriac). *« et l'imbécile de la ville tourne toujours à dérision l'idiot du village »* (Prévert). ♦ *Village de vacances* ou *village-vacances. « le village de vacances était bien équipé : on pouvait y faire aussi bien du cheval que de la voile »* (Perec). 2 Les habitants d'un village. *« Le village tout entier y assistait, hommes et femmes »* (Ramuz). ✪ CONTR. Cité, ville.

villageois, oise [vilaʒwa, waz] adj. et n. – XVIe 1 vieilli D'un village, de ses habitants. ⇒ **campagnard, paysan,**

rural. *Coutumes, danses, fêtes villageoises.* 2 **n.** Habitant de la campagne. ⇒ **paysan.** *Un jeune villageois.* ✪ CONTR. Citadin, urbain.

villanelle [vilanɛl] **n. f.** – XVIe ; it. *villano* « paysan » ▪ Chanson, poésie pastorale ; danse qu'elle accompagnait, à l'origine. ➛ Poème à forme fixe (fin du XVIe s.) à couplets de trois vers et à refrains, terminé par un quatrain.

ville [vil] **n. f.** – Xe ; lat. *villa* « ferme, maison de campagne » 1 Milieu géographique et social formé par une réunion organique et relativement considérable de constructions et dont les habitants travaillent, pour la plupart, à l'intérieur de l'agglomération, au commerce, à l'industrie, à l'administration. ⇒ **agglomération, cité ; -pole.** « *Le pauvre homme des villes est un paysan qui a tout perdu* » (Giono). *Bâtir une ville. Ville qui s'étend. Villes réunies.* ⇒ **conurbation.** « *Les Villes tentaculaires* », *poésies de Verhaeren. Ville satellite. Ville-dortoir.* ⇒ **cité.** ➛ *Petites et grandes villes.* « *Venise était bien la ville de mes rêves* » (Sand). *La ville de Paris. La Ville lumière :* Paris. *La Ville éternelle :* Rome. *Villes saintes. Ville industrielle, universitaire. Ville d'eau(x) :* station thermale. *Ville fortifiée.* ⇒ **citadelle.** *Ville nouvelle.* ➛ *Centre, faubourgs d'une ville. Banlieue d'une grande ville. Dans la ville* (intramuros) ; *hors la ville, hors de la ville* (extra-muros). ➛ *Porter une lettre en ville* (sans la mettre à la poste, abrév. E. V.). *En ville :* hors de chez soi, en étant invité. « *En allant dîner tous les jours en ville* » (Balz.). ♦ L'administration, la personne morale de la ville. ⇒ **municipalité.** *Travaux financés par la ville. Gaz de ville.* ♦ Partie importante d'une ville. *Ville haute, basse :* les quartiers hauts, bas, d'une même ville. « *La ville indigène, qui fait suite à la "ville blanche"* » (Loti). *La vieille ville.* 2 La vie, les habitudes sociales dans une grande ville (opposé à *la campagne, la terre*). « *la vie de la grande ville (frivolité, vulgarité, fausse gaieté, etc.)* » (Michelet). ➛ *Il* « *avait troqué ses vêtements de travail contre un complet et un pardessus de ville* » (Simenon). *Chaussures de ville.* 3 Les habitants de la ville. *La maladie* « *risque de tuer la moitié de la ville* » (Camus). ✪ CONTR. Campagne, village. — HOM. Vil.

villégiature [vi(l)leʒjatyʀ] **n. f.** – XVIIIe ; it. *villeggiare* « aller à la campagne » ▪ Séjour de repos, à la campagne ou dans un lieu de plaisance. *Maison de campagne où l'on va en villégiature.* ♦ Lieu de ce séjour.

villeux, euse [vilø, øz] **adj.** – XIVe ; lat. *villus* « poil » ▪ Qui porte des poils, de petites saillies filiformes analogues à des poils. ⇒ **velu.** *Insecte villeux.*

villosité [vilozite] **n. f.** – XVIIIe ▪ Poil ou saillie filiforme donnant un aspect velu à une surface muqueuse. *Villosités intestinales.*

vin **n. m.** – Xe ; lat. *vinum* 1 Boisson alcoolisée provenant de la fermentation du raisin. ⇒ **œn(o)-, vini-, viti-.** *Mettre le vin en fûts, en tonneaux ; en cave, en chais. Soutirer, tirer le vin.* ➛ *Mise en bouteilles du vin. Vin cacheté.* ➛ *Élevage du vin,* prévention et traitement des maladies, surveillance du vieillissement, etc. ➛ *Vin nouveau,* consommé dès la fin de la fermentation. *Vin trop jeune. Vin qui se fait, se bonifie, travaille. Vin qui dépose.* ➛ *Vin rouge,* dont la couleur vient de la pellicule des raisins noirs. *Vin blanc,* de raisins blancs (blanc de blanc) ; de raisins noirs sans leurs pellicules. *Vins rosés. Vins jaunes, de paille, pelure d'oignon. Vin résiné.* ➛ *Vin mousseux.* ➛ *Vin de pays,* provenant d'un terroir non délimité. *Vins ordinaires, de table. Vin A. O. C.,* d'appellation d'origine contrôlée. *Vin V. D. Q. S. :* vin délimité de qualité supérieure. *Grand vin,* provenant d'un cru célèbre. *Vins vieux, bons vins. Vins fins.* ➛ *Petit vin, vin de pays. Vins de France. Vins d'Algérie.* ➛ *Bouquet d'un vin. Vin âpre, râpeux. Vin capiteux, fort, généreux. Vin clairet, léger, moelleux. Vin sec, vin doux, sucré. Lie de vin.* ♦ *Vins doux naturels et vins de liqueur :* vins très chargés en sucre, auxquels on ajoute de l'alcool de raisin en cours de fermentation. ➛ *Vins aromatisés,* utilisés comme apéritifs. ⇒ **vermouth.** *Vins cuits. Vin d'orange :* vin rouge dans lequel on fait macérer des oranges. ➛ « *L'eau, c'est pour la soif. Le vin c'est, selon sa qualité et son terroir, un tonique nécessaire, un luxe, l'honneur des mets* » (Colette). *Bouteille de vin.* « *La loi de Mahomet qui défend de boire du vin* » (Montesq.). ➛ *Coq au vin. Maquereau au vin blanc. Entrecôte marchand de vin,* servie avec une sauce au vin rouge. ♦ Symbole de l'ivresse, de l'ivrognerie. *Sac à vin :* ivrogne. *Vin qui monte à la tête, tourne la tête.* « *Profondes joies du vin, qui ne vous a connues ?* » (Baud.). ➛ *Avoir le vin gai, triste,* l'ivresse gaie, triste. « *Vous pensez comme cela ce soir, parce que vous avez le vin triste* » (Dumas fils). 2 Quantité de vin bue en certaine occasion. *Vin d'honneur,* offert en l'honneur de qqn. *Être entre deux vins,* un peu gris. 3 L'une des deux espèces sous lesquelles se fait la consécration. ⇒ **eucharistie.** *Vin de messe.* 4 Liqueur alcoolisée, obtenue par fermentation d'un produit végétal. *Vin de palme, de pêches, de noix.* ✪ HOM. Vain, vingt.

> ❑ On écrit, avec une majuscule, *vin de Bourgogne, de Champagne,* mais *du bourgogne, du champagne ;* au pluriel, *des bourgognes, des champagnes.*

vinage **n. m.** – XIXe ▪ Opération par laquelle on augmente le degré alcoolique d'un vin par addition d'un moût.

vinaigre **n. m.** – XIIIe ; de *vin* et *aigre* 1 Liquide provenant du vin ou d'une solution alcoolisée modifiés par la fermentation acétique, utilisé comme assaisonnement, comme condiment. *Vinaigre de vin, d'alcool. Vinaigre de xérès ; vinaigre de framboise. Vinaigre à l'estragon. Un filet de vinaigre.* ♦ loc. *Tourner au vinaigre :* mal tourner, empirer. *On ne prend pas les mouches avec du vinaigre :* on ne réussit pas par la dureté, on n'attire pas les gens en les traitant ainsi. 2 fam. *Faire vinaigre :* se dépêcher. « *Par ici !... Eh ! les gars, faites vinaigre !* » (Barbusse).

> ❑ On ne perçoit plus guère *vin* dans *vinaigre* (à la différence de *aviné*), aussi peut-on dire *vinaigre de vin, de cidre,* etc.

vinaigrer **v. tr.** [1] – XVIIe ▪ Assaisonner avec du vinaigre.

vinaigrerie **n. f.** – XVIIIe ▪ Fabrique de vinaigre. Fabrication et commerce des vinaigres.

vinaigrette **n. f.** – XIVe 1 Sauce faite d'huile, de vinaigre et de sel, souvent aromatisée, qui sert à assaisonner la salade, les crudités. « *vous pourrez manger des artichauts crus à la sauce vinaigrette, votre plat préféré !* » (Queneau). *Poireaux vinaigrette.* 2 Ancienne voiture à deux roues, analogue à la chaise à porteurs.

vinaigrier **n. m.** – XVIe 1 Celui qui fait, qui vend du vinaigre. 2 Flacon pour mettre le vinaigre. *Huilier-vinaigrier.* ♦ Ustensile domestique pour la fermentation et le soutirage du vinaigre.

vinasse **n. f.** – XVIIIe 1 Résidu liquide des liqueurs alcooliques ; résidu de la fabrication du sucre. 2 Mauvais vin. *Ivrogne qui sent la vinasse.*

vindas [vɛ̃dɑ(s)] **n. m.** – XIIe ; a. scand. ▪ Petit treuil ou cabestan volant.

vindicatif, ive **adj.** – XVe ; lat. *vindicare* « venger » ▪ Porté à la vengeance. ⇒ **rancunier.** « *On m'a beaucoup parlé du caractère vindicatif de nos compatriotes* » (Mérimée).

« *lui, si fier et si vindicatif, il avait soudain l'air humble et embarrassé* » (Duham.).

> ❑ *Vindicatif* ne se dit que des personnes ; *vengeur* (adj.) s'emploie pour les choses. → vengeur (rem.).

vindicte n. f. – XVIe ; lat. *vindicta* « punition » ■ *Vindicte publique* : poursuite et punition des crimes par l'autorité, au nom de la société. ⇒ **justice.** ➤ littér. *Désigner qqn à la vindicte publique,* le signaler au public comme coupable et méritant un châtiment.

vinée n. f. – XIIIe 1 Récolte de vin. 2 Branche à fruits, dans la taille longue de la vigne.

viner v. tr. [1] – XIXe ■ Additionner d'alcool (les moûts, les vins). ➤ *Le madère est un vin viné.*

vineux, euse adj. – XIIIe 1 Qui a la couleur du vin rouge. *Visage « blafard ou vineux »* (Baud.). ➤ Qui a l'odeur du vin. *Haleine vineuse.* ➤ *Pêche vineuse, melon vineux,* qui a un goût, une odeur de vin. 2 vx Riche, fertile en vin. « *Les coteaux vineux de la Bourgogne* » (Michelet). ♦ *Vin vineux,* riche en alcool ; qui a une saveur chaude, puissante.

vingt [vɛ̃] adj. numér. inv. et n. inv. – XIe ; lat. *viginti* **I** adj. numér. card. 1 Nombre entier naturel équivalant à deux fois dix (20 ; XX). « *Vingt ans après* », *de A. Dumas.* ➤ *Cinq heures moins vingt* (minutes). *Avoir 18 sur 20* (points). ♦ *Vingt-six. Onze heures vingt et une* (minutes). fam. *Vingt-deux !* attention ! loc. *Vingt-quatre heures sur vingt-quatre :* sans discontinuer, tout le temps. *Dans les vingt-quatre heures :* avant demain à la même heure. ➤ *Quatre-vingts.* ♦ *Vingt ans :* âge représentatif de la jeunesse. *Il n'a plus vingt ans :* il n'est plus très jeune. ➤ Un grand nombre de. *Je vous l'ai dit vingt fois.* ⇒ ① **cent, dix.** ➤ *Vingt dieux !* juron familier. 2 pronom. *Il y en avait vingt.* **II** adj. numér. ord. Vingtième. *Chapitre XX.* ➤ *Le 20 mars. Page 21* (*vingt et un* ou *vingt et une*). *Les années 20* ou *vingt* (dites *années folles*). **III** n. m. inv. *Système de base vingt* (⇒ **vicésimal).** ➤ *Vingt pour cent* (ou *20 %*). ➤ Le chiffre, le numéro 20. ➤ Note correspondant à vingt points. ✪ HOM. Vain, vin.

> ❑ *Vingt* se prononce [vɛ̃] isolé ou devant une consonne, *ils sont vingt, vingt fois ;* [vɛ̃t] dans les nombres 22 à 29 [vɛ̃tnœf] et en liaison, *vingt ans* [vɛ̃tɑ̃], *vingt et un* [vɛ̃teœ̃], *vingt heures* [vɛ̃tœʀ]. ♦ Ce mot peut prendre la marque du pluriel. → quatre-vingt (rem.).

vingtaine [vɛ̃tɛn] n. f. – XVIe ■ Nombre approximatif de vingt. *Une fille d'une vingtaine d'années.* « *ils étaient là une vingtaine, peut-être davantage* » (Gaut.).

vingtième [vɛ̃tjɛm] adj. et n. – XIIe 1 adj. numér. ord. Qui succède au dix-neuvième. « *Ce fut pendant la vingtième année de son règne* » (Louÿs). « *Pour la vingtième fois il la suppliait* » (Huysm.). ➤ *Se classer (le, la) vingtième.* ♦ *Sept cent vingtième* (720e). 2 adj. fractionnaire Se dit d'une partie d'un tout également divisé ou divisible en vingt. ➤ n. m. *Un vingtième* (1/20).

vini- Élément, du latin *vinum* « vin ». ⇒ **viti-.**

vinicole adj. – XIXe ; *vini-* et *-cole* ■ Relatif à la production du vin. *Région vinicole.* ⇒ **viticole.**

vinification n. f. – XVIIIe 1 Procédé par lequel le jus de raisin est transformé en vin. 2 Fermentation alcoolique, transformation des glucides en alcool par des levures.

vinifier v. tr. [7] – XIXe ■ Traiter (les moûts) pour en faire du vin.

vinique adj. – XIXe ■ Du vin. *Alcool vinique.*

vinosité n. f. – XIVe ■ Qualité d'un vin vineux, qui a de la force, une forte teneur en alcool.

vintage n. m. – 1985 ; mot angl. « vin millésimé » ■ Porto, champagne millésimé.

vinyle n. m. – XIXe ; de *vin(i)-,* d'apr. *éthyle* 1 Radical monovalent non saturé CH_2=CH–. *Chlorure de vinyle :* gaz employé comme réfrigérant. 2 Matière plastique imitant le cuir, utilisée dans l'ameublement et le vêtement. « *les murs et le plafond sont tendus de vinyle blanc* » (Perec).

vinylique adj. – XIXe ■ Se dit d'une substance renfermant le groupement vinyle. *Éther vinylique.*

vinylite n. f. – v. 1964 ; nom déposé ■ Copolymère de chlorure et d'acétate de vinyle utilisé pour les disques microsillons.

vioc, viocque → **vioque**

viol n. m. – XVIIe 1 Acte de violence par lequel un homme impose des relations sexuelles avec pénétration à une autre personne, contre sa volonté. *Plainte pour viol.* « *On crie d'une fenêtre : au viol ! au viol !* » (Romains). 2 *Viol de conscience :* non-respect des opinions, convictions et croyances d'autrui. 3 Le fait de violer (2°). *Le viol d'un sanctuaire.* ⇒ **profanation.** ✪ HOM. Viole.

> ❑ Jusqu'au XIXe s., le viol n'était juridiquement reconnu que sur la personne des femmes. Depuis la seconde moitié du XXe s., le viol désigne tout acte de pénétration sexuelle commis sur la personne d'autrui (hommes, femmes, enfants).

violacé, ée adj. – XVIIIe ; lat. *viola* « violette » ■ Qui tire sur le violet. « *Le marbre gris violacé affleure* » (Taine). *Nez, teint violacé.*

violacer v. tr. [3] – XIXe ■ Rendre violet ou violacé.

violat adj. m. – XIIIe ■ Qui contient de l'extrait de violettes. *Sirop violat.*

> ❑ Même formation que *rosat.*

violateur, trice n. – XIVe ■ Personne qui viole, profane ce qui doit être respecté. ⇒ **profanateur.** *Violateur des lois.*

violation n. f. – XIIIe ■ Action de violer (un engagement, un droit), de profaner une chose sacrée (ou protégée par la loi). ⇒ **outrage.** *Je l'accuse « de violation de domicile, et de tentative de meurtre »* (Romains) (⇒ **effraction).** ➤ *Violation de sépulture.* ⇒ **profanation.**

violâtre adj. – XVe ■ rare Violacé.

viole n. f. – XIIe ; a. provenç. *violar* « jouer (de la vielle, etc.) » ■ Instrument à six cordes frottées, à timbre très clair. *Viole d'amour,* qui possède sept cordes mélodiques et dont on joue à l'épaule. ✪ HOM. Viol.

violemment [vjɔlamɑ̃] adv. – XIVe ■ Avec violence. ⇒ **brutalement.** « *il arrivait de plus en plus souvent que Camille la frappât violemment* » (Beauv.). ♦ Vivement. « *Manifester violemment son opinion* » (Michelet). ⇒ **énergiquement, hautement.** ✪ CONTR. Doucement, légèrement.

violence n. f. – XIIIe 1 FAIRE VIOLENCE : agir sur qqn ou le faire agir contre sa volonté, en employant la force ou l'intimidation. ➤ iron. *Se faire une douce violence :* accepter avec plaisir après avoir feint de résister. ♦ Force brutale pour soumettre qqn. ⇒ **brutalité.** *Acte de violence.* « *la violence et la force ne construisent jamais* » (Giono). *Avoir recours à la violence. Obtenir, prendre par la violence. Répondre à la violence par la violence. Flambées de violence.* 2 Acte par lequel s'exerce cette force. *Des violences physiques, morales.* ⇒ **sévices.** *Une énorme forteresse « d'abus, de violences, d'iniquités »* (Hugo). 3 Disposition naturelle à l'expression brutale des sentiments ; cette expression. « *pour qu'il devînt injurieux, puis honteux de sa violence* » (Colette). ⇒ **brutalité, colère, fureur, irascibilité.** « *Ils préconisent leur façon de voir avec la dernière violence* » (Duham.). ⇒ **véhémence.** ➛ « *Elle ouvre la porte d'un seul coup, avec violence* » (Robbe-Grillet). **4** Force brutale. *La violence de la tempête.* ⇒ **fureur.** ♦ Caractère de ce qui produit des effets brutaux. « *La violence du venin tord mes membres* » (Rimb.). ⇒ **virulence.** ♦ *La violence d'une passion.* ⇒ **intensité, vivacité.** *La violence des désirs.* ⇒ **ardeur, frénésie, impétuosité.** ✪ CONTR. Non-violence. ① Calme, douceur, mesure, paix.

violent, ente adj. – XIIIe ; lat. *vis* « force exercée contre qqn » **1** Impétueux ; qui agit ou s'exprime sans aucune retenue. ⇒ **brusque, coléreux.** « *Les hommes ont été de tout temps* [...] *égoïstes, violents* » (France). « *Il s'est montré grossier, violent* » (Duham.). ⇒ **brutal.** *Caractère violent.* ⇒ **coléreux, irascible, vif.** ➛ *C'est un violent.* ♦ « *Sous des paroles violentes* » (Michelet). ⇒ **virulent.** ♦ Brutal, où l'on use de violences. *Violents accrochages entre les manifestants et la police. Mort violente,* par accident ou par meurtre. **2** Qui a un intense pouvoir d'action ou d'expression. ⇒ **ardent, frénétique.** « *Une fureur renfermée qui n'en était que plus violente* » (Dider.). « *ces violents chagrins* » (Colette). ⇒ **intense.** *Un violent dégoût.* ♦ *Des vents violents. Un violent orage. Choc violent.* ⇒ ① **fort, terrible.** *Poison violent.* ♦ Qui a un effet intense sur les sens. ⇒ **intense.** *Bruit violent.* ⇒ **terrible.** « *Parfums violents* » (Maupass.). « *Une violente odeur de tannerie* » (Romains). **3** Qui exige de la force, de l'énergie. « *Son horreur pour les exercices violents* » (Goncourt). *Les sports violents. Faire de violents efforts pour...* ✪ CONTR. Anodin, bénin, ② calme, doux, léger, pacifique. Non-violent.

violenter v. tr. 1 – XIVe ▪ littér. *Violenter une femme,* la violer.

violer v. tr. 1 – XIe **1** Agir contre, porter atteinte à (ce qu'on doit respecter), faire violence à... *Violer la constitution.* ⇒ **enfreindre, transgresser.** *Violer un serment,* ne pas le respecter. *Violer un secret,* le révéler (⇒ **trahir**). *Violer un traité.* **2** Ouvrir, pénétrer dans (un lieu sacré ou protégé par la loi). *Violer une sépulture.* ⇒ **profaner.** ➛ *Violer la porte de qqn,* pénétrer de force chez lui. « *En vertu de quel droit violez-vous ainsi mon domicile ?* » (Balz.). ➛ *Violer les consciences,* pénétrer dans leur secret ou leur imposer certaines idées, contre leur volonté. **3** *Violer qqn,* se dit d'un homme qui se livre à un viol. ⇒ **abuser** (de). ✪ CONTR. Consacrer, observer, respecter ; inviolé.

violet, ette adj. et n. m. – XIIIe **1** D'une couleur qui s'obtient par le mélange du bleu et du rouge. *Iris violet. Ruban violet.* ➛ *Devenir violet de colère. Marque violette sur la peau.* ⇒ **bleu. 2** n. m. Couleur violette. *Violet pâle.* ⇒ **lilas, mauve, parme.** *Bleu-violet. Rouge tirant sur le violet. Violet foncé.* « *le violet sombre d'une grappe d'aubergines* » (Zola). *Pierre violette.* ⇒ **améthyste.** ➛ *Radiations au-delà du violet.* ⇒ **ultraviolet.** ♦ Coquillage de la Méditerranée, appelé aussi *figue de mer.*

violette n. f. – XIIe ; lat. ▪ Petite plante herbacée *(violacées)* à fleurs violettes ou blanches souvent très odorantes. Sa fleur. « *Les bois étaient pleins de violettes* » (Proust). *Essence de violette utilisée en parfumerie.* ➛ *L'humble violette, symbole de la modestie.* ♦ *De violette,* qui a la couleur de la violette. *Bois de violette :* palissandre.

violeur n. m. – XIVe ▪ Celui qui a commis un viol.

violier n. m. – XIVe ; même o. que *violette* ▪ Giroflée rouge, appelée aussi *matthiole.*

violine n. f. et adj. – XIXe **1** Colorant violet d'aniline. **2** adj. De couleur violet pourpre.

violiste n. – XVIe ▪ Musicien, musicienne qui joue de la viole de gambe (également appelé *gambiste*).

violon n. m. – XVIe ; it. « grosse viole, contrebasse » **I - 1** Instrument de musique à quatre cordes accordées en quintes, que l'on frotte avec un archet, et qui se tient entre l'épaule et le menton. *Facteur de violons.* ⇒ **luthier.** *Violon signé Stradivarius (un Stradivarius). Jouer du violon.* « *Les sanglots longs Des violons* » (Verlaine). ➛ *Sonate pour piano et violon.* ➛ par ext. *Famille des violons :* le violon lui-même, l'alto, le violoncelle, la contrebasse. ➛ VIOLON D'INGRES : activité artistique exercée en dehors d'une profession. *L'aquarelle est son violon d'Ingres.* ⇒ **hobby, passe-temps. 2** Musicien, musicienne qui joue du violon. ⇒ **violoniste.** *Elle est violon dans un orchestre. Premier violon d'un orchestre,* qui dirige les violons. ♦ loc. fig. *Aller plus vite que les violons :* aller trop vite, précipiter les choses. ➛ *Payer les violons (du bal) :* anciennt offrir un bal à une belle ; fig. et mod. payer les frais sans en avoir le profit. **II** Prison d'un poste de police. *Passer la nuit au violon.*

❑ L'expression *violon d'Ingres* fait référence au peintre Ingres qui pratiquait le violon par plaisir.

violoncelle n. m. – XVIIIe **1** Instrument de musique à quatre cordes et à archet, semblable au violon mais plus gros, dont on joue assis en le tenant entre les jambes. **2** Violoncelliste. *Il est violoncelle.*

violoncelliste n. – XIXe ▪ Musicien, musicienne qui joue du violoncelle.

violoné, ée adj. – 1930 ▪ En forme de violon (style Louis XV). *Fauteuil à dossier violoné.*

violoneux n. m. – XVIIIe ▪ Violoniste de village. ⇒ **ménétrier.** ♦ fam. Violoniste médiocre.

violoniste n. – XIXe ▪ Musicien, musicienne qui joue du violon.

vioque adj. – XIXe ; de *vieux* ou provenç. *velhaco* ▪ fam. Vieux. *Elles sont un peu vioques.* ➛ subst. pop. *Les vioques :* spécialt les parents. *Demande à tes vioques.*

❑ On écrit aussi *vioc* au masculin : *Tu me prends pour « un archaïque* [...] *un vioc »* (Queneau). On trouve la forme *viocque* aux deux genres : « *Tiens, dit-il, voilà la viocque !* » (Aymé).

viorne n. f. – XIIIe ; lat. *viburnum* **1** Arbrisseau des haies et des clairières *(caprifoliacées)* à floraison en bouquets blancs et à petites baies. « *noirs comme des baies de viorne mûres* » (Genevoix). **2** Clématite *(renonculacées).*

V.I.P. [veipe ; viajpi] n. m. inv. – av. 1959 ; sigle angl. de *Very Important Person* « personne très importante » ▪ Personnalité de marque.

❑ La traduction française n'est pas usitée.

vipère n. f. – XIVe ; lat. **1** Serpent à tête triangulaire aplatie *(vipéridés),* à deux dents ou crochets à venin, ovovivipare, qui vit dans les terrains ensoleillés. *La morsure* (et abusivt *la piqûre*) *de vipère est dangereuse. Sifflement de vipère. La* « *vipère céraste ou vipère à cornes, dont la piqûre est mortelle et presque foudroyante* » (Maupass.). **2** fig. Personne malfaisante. *Nid de vipères.* « *Taisez-vous, sales petites vipères* » (Giraud.).

vipereau [vip(ə)ʀo ; vipeʀo] n. m. – XVIe ▪ Petit d'une vipère.

vipéridés n. m. pl. – XIXe ▪ Famille de serpents qui comprend les vipères et les crotales. ➛ au sing. *Un vipéridé.*

vipérin, ine n. f. et adj. – XVe **1** n. f. Plante rudérale *(borraginacées)* à fleurs bleues, villeuse, dont la tige présente des taches rappelant la peau de la vipère. 2 adj. Relatif à la vipère. *Couleuvre vipérine,* ressemblant à la vipère, mais non venimeuse.

vir-, -vir Éléments, du latin *vir* « homme » : *virago, viril, triumvir.*

❑ Attention aux confusions avec *vir...* des mots dérivés de *virus (virémie, virologie).*

virage n. m. – XVIIIe 1 Mouvement d'un véhicule qui tourne, change de direction. *Amorcer un virage. Virage sur les chapeaux de roues. Virages d'un avion.* « *L'avion s'incline à gauche. Virage sur l'aile ?* » (Mart. du G.). ➛ *Virages à ski.* ♦ par ext. Courbure du tracé d'une route, d'une piste. ⇒ **coude,** ② **tournant.** *Virage dangereux. Suite de virages.* ⇒ **lacet.** *Véhicule qui prend un virage. Négocier un virage.* 2 fig. Changement important (d'attitude, de politique). *Personnalité politique qui amorce un virage à droite, à gauche. Virage à 180°.* ⇒ **volte-face.** ➛ loc. *Prendre le virage :* s'adapter aux circonstances nouvelles. 3 Transformation chimique que subit l'image photographique. ♦ Changement de couleur (d'un indicateur), marquant la fin d'une réaction chimique. *Virage du bleu au rouge du papier de tournesol.* 4 Se dit de la cuti-réaction qui devient positive.

virago n. f. – XIVe ; mot lat. « femme qui a le courage d'un homme » ▪ Femme d'allure masculine, aux manières rudes et autoritaires. « *Cette virago à moustaches, large d'un mètre, d'un poids de cent vingt kilogrammes* » (Balz.).

viral, ale, aux adj. – 1950 ▪ Qui se rapporte à un virus. Provoqué par un virus filtrant. *Infections virales. Hépatite virale.*

vire n. f. – XIXe ▪ Dans les Alpes, Palier très étroit qui rompt une pente raide.

virée n. f. – XVIe ▪ fam. Promenade, voyage rapide. ⇒ ③ **tour.** ♦ Tournée des cafés, des boîtes, etc.

virelai n. m. – XIIIe ; probablt de *virer* « tourner », avec infl. de ② *lai* ▪ Poème du Moyen Âge, petite pièce sur deux rimes avec refrain.

virement n. m. – XVIe 1 Action de virer de bord, pour un bateau. 2 Transfert de fonds du compte d'une personne au compte d'une autre personne. *Virement bancaire. Paiement par virement. Virement électronique* (⇒ **monétique**). *Ordre de virement.*

virémie n. f. – 1959 ▪ Présence de virus dans le sang.

virer v. [1] – XIIe ; lat. *vibrare* « faire tournoyer » **I** v. tr. 1 Transporter (une somme) d'un compte à un autre ; effectuer le virement de. *Virez la somme à mon compte.* 2 Faire virer (une épreuve photographique). ♦ fam. *Virer sa cuti**. 3 fam. *Virer qqn,* le renvoyer. *Il s'est fait virer (de son travail).* ⇒ **licencier.** ♦ fam. *Virez-moi tous ces vieux journaux.* **II** v. intr. 1 Tourner sur soi, tourner en rond. « *Elle virait comme une toupie* » (Giono). 2 Changer de direction, pour un bateau. *Virer de bord :* changer d'amures. 3 Aller en tournant. *Virer à droite, sur sa droite.* « *L'auto du colonel vira dans la cour en fin de course et vint s'arrêter mollement* » (Mac Orlan). 4 En photographie, Changer de couleur par le virage. ➛ par ext. *Les bleus de cette reproduction ont viré.* ♦ *Cutiréaction qui vire,* qui devient positive. **III** v. tr. ind. VIRER À : devenir ; changer d'aspect, de caractère. ⇒ **tourner.** *Virer à l'aigre.* Changer de couleur. *Papier de tournesol qui vire au rouge.* ♦ *Virer (à) :* changer, évoluer pour devenir. *Il a viré voyou.* ✪ HOM. *Vire :* virent (voir).

virescence n. f. – v. 1900 ; lat. *virescere* « devenir vert » ▪ Verdissement d'un organe végétal ordinairement d'autre couleur.

vireux, euse adj. – XVIIe ; lat. *virus* « poison » ▪ Vénéneux. *Plante vireuse.* ➛ *Plante à odeur, à saveur vireuse.*

virevoltant, ante adj. – XVIIe ▪ Qui virevolte, tourne sur soi. ➛ par ext. *Grande jupe virevoltante.*

virevolte n. f. – XVIe ▪ Mouvement de ce qui fait un demi-tour. *Les virevoltes d'une danseuse.* ♦ fig. Changement complet. ⇒ **volte-face.** « *les caprices et les virevoltes de la mode* » (Duham.). ➛ littér. Changement radical d'avis, d'opinion. ⇒ **revirement.** « *Ma virevolte fut subite ; certainement il y entrait du dépit* » (Gide).

virevolter v. intr. [1] – XVIe ▪ Faire une virevolte, des virevoltes ; tourner rapidement sur soi. ♦ Aller en tous sens sans nécessité. ⇒ **papillonner, vibrionner.** *Cesse de virevolter autour de moi.*

① **virginal, ale, aux** adj. – XIe ▪ D'une vierge ; propre à une vierge. *Pudeur, fraîcheur virginale.*

② **virginal** n. m. – XVIe ▪ Épinette rectangulaire. *Le virginal était très répandu au XVIIe siècle. Des virginals.*

virginie n. m. – XIXe ▪ Tabac provenant à l'origine de la Virginie, désormais cultivé dans différents pays du monde.

virginité n. f. – Xe ▪ État d'une personne vierge. *Virginité du puceau. Garder sa virginité.* ⇒ **pucelage.** *Fille qui perd sa virginité.* ♦ fig. *Se refaire une virginité :* retrouver une innocence perdue, et repartir sur la bonne voie. « *un magnat du marché noir qui vient de se faire une virginité dans la politique* » (Aymé).

virgule n. f. – XVIe ; lat. « petit trait, accent » ▪ Signe de ponctuation (,) marquant une courte pause, qui s'emploie à l'intérieur de la phrase pour isoler des propositions ou des éléments de proposition. loc. *Sans y changer une virgule :* sans faire le moindre changement (à un texte). ➛ *Point-virgule* (;), séparant des phrases sans les isoler. ➛ Signe qui précède la décimale dans un nombre décimal. ♦ (en informatique) *Virgule flottante :* mode de représentation (d'un nombre en machine) sous forme d'un nombre décimal et d'une puissance de 10. ➛ *Virgule fixée,* ou abusivt *virgule fixe :* mode de représentation (d'un nombre en machine) sous forme d'un nombre entier auquel le programmateur fixe une place virtuelle pour la virgule. ➛ *Bacille virgule,* du choléra.

❑ La virgule peut à elle seule changer le sens d'une phrase : *La maison, de la colline, était toute petite.* ♦ On ne met pas de majuscule après un point-virgule.

viril, ile adj. – XVe ; lat. *vir* « homme » 1 Propre à l'homme. ⇒ **mâle, masculin.** ➛ « *De grandes femmes aux formes viriles* » (From.). ⇒ **virago.** ♦ Propre à l'homme adulte. *Force virile.* 2 Qui a l'appétit sexuel d'un homme normal et peut le satisfaire. « *on savait combien il était viril et qu'il aimait passionnément les femmes* » (Proust). 3 Qui a les caractères moraux qu'on attribue plus spécialement à l'homme : actif, énergique, courageux, etc. ✪ CONTR. Efféminé, féminin.

❑ Pour la finale → volatil (rem.). ♦ Même famille étymologique : *vertu.*

virilisation n. f. – 1945 ▪ Apparition, chez une femme pubère, de caractères sexuels secondaires masculins.

viriliser v. tr. [1] – XIXe ▪ Revêtir d'un caractère, d'un aspect viril ; donner de la virilité à. « *La moustache en frange, soyeuse et couleur d'argent dédoré, virilise à peine un sourire de gosse* » (Mart. du G.). ✪ CONTR. Efféminer, féminiser.

virilisme n. m. – XIXe ▪ État d'une femme qui présente des caractères sexuels secondaires de type masculin (pilosité, timbre de voix, etc.).

virilité n. f. – XVe 1 Ensemble des attributs et caractères physiques et sexuels de l'homme. ➛ Symbolique qui s'y rattache (opposé à *féminité*). *Se sentir* *menacé dans sa virilité.* 2 Puissance sexuelle chez l'homme. ⇒ **vigueur.** 3 Caractère viril, énergie. *Manquer de virilité.* ✪ CONTR. Impuissance.

virilocal, ale, aux adj. – 1968 ; lat. *vir, viri* « homme » et *local* ▪ Se dit du mode de résidence des couples qui ont l'obligation d'habiter dans le village des parents du mari. ⇒ aussi **patrilocal.** ✪ CONTR. Uxorilocal.

virion n. m. – 1972 ▪ Particule infectieuse d'un virus constituée d'un acide nucléique et de protéines.

virocide adj. et n. m. – 1972 ; de *viro-* « virus » et *-cide* ▪ Qui détruit le pouvoir infectieux d'un virus. ⇒ **antiviral.** ➛ n. m. *Un virocide.*

virolage n. m. – XIXe ▪ Action de viroler.

virole n. f. – XIIe ; o. gaul. 1 Bague de métal dont on garnit l'extrémité d'un manche pour assujettir ce qui y est fixé et empêcher le bois de se fendre. *La virole d'un couteau.* « *à sa main gantée de fil, elle tenait un parapluie dont elle agaçait la virole* » (Green). 2 Moule d'acier pour la frappe des monnaies et des médailles.

viroler v. tr. [1] – XIIIe 1 Munir d'une virole. 2 Introduire (les flans) dans la virole (2°).

virolier n. m. – 1955 ▪ Ouvrier fabriquant les viroles.

virologie n. f. – 1945 ; *viro-* « virus » et *-logie* ▪ Branche de la microbiologie qui traite des virus.

virologiste n. – 1970 ▪ Spécialiste de la virologie.

❑ On trouve parfois *virologue ;* cette double forme est assez fréquente pour désigner les spécialistes de disciplines médicales. → -logue, -logiste (rem.).

virose n. f. – 1953 ▪ Affection causée par le développement d'un virus.

virtualité n. f. – XVIIe ▪ Caractère de ce qui est virtuel.

virtuel, elle adj. – XVIe ; lat. *virtus* « vertu » 1 Qui n'est tel qu'en puissance, qui est à l'état de simple possibilité. ⇒ **possible, potentiel.** *À l'état virtuel. Candidat virtuel à la présidence.* ➛ subst. *Le possible, le probable et le virtuel.* 2 (en physique) *Particules virtuelles :* particules élémentaires de durée de vie trop courte pour pouvoir être détectées. ➛ *Image virtuelle,* formée par des rayons divergents. ♦ *Réalité virtuelle :* simulation d'un environnement réel par des images de synthèse tridimensionnelles. ♦ Qui apparaît fonctionnellement pour l'utilisateur d'un ordinateur, indépendamment de la structure physique et logique utilisée. *Mémoire virtuelle. Disque virtuel.* ✪ CONTR. ① Effectif, réel.

virtuellement adv. – XVe ▪ D'une manière virtuelle, en puissance. ⇒ **potentiellement.** ♦ Selon toute probabilité.

virtuose n. – XVIIe ; même o. que *vertu* 1 Musicien exécutant doué d'une technique brillante. *Virtuose du piano.* « *cette assurance insupportable du virtuose* » (Gide). ➛ adj. *Il est plus virtuose qu'inspiré.* 2 Personne, artiste extrêmement habile, dont le métier, la technique sont supérieurs. *Rivarol* « *était un virtuose de la parole* » (Ste-Beuve).

virtuosité n. f. – XIXe ▪ Talent, technique de virtuose. ⇒ **brio, maestria.** ♦ Technique brillante (d'un artiste, d'un écrivain, d'un artisan, etc.).

virulence n. f. – XVe ; de *virus* 1 Âpreté, violence. « *Bien qu'ils protestent avec virulence du contraire* » (Sartre). ⇒ **véhémence, violence.** 2 Aptitude d'un germe pathogène à se multiplier dans un organisme vivant et à y entraîner des manifestations morbides. *Degré de virulence d'un germe.* ♦ par ext. Caractère nocif. *La virulence d'un poison.*

virulent, ente adj. – XVe 1 Qui a un certain degré de virulence. *Microbe très virulent.* 2 fig. Plein d'âpreté, de violence. ⇒ **corrosif, venimeux.** « *la plus virulente haine* » (Péguy). ♦ *Il est très virulent envers le gouvernement.*

virure n. f. – XVIIe ; de *virer* ▪ File de bordages, s'étendant sur toute la longueur de la carène d'un navire.

virus [viRys] n. m. – XVe ; mot lat. « suc, venin, poison » 1 Micro-organisme infectieux, parasite absolu des cellules vivantes, possédant un seul type d'acide nucléique et se reproduisant à partir de son seul matériel génétique. ⇒ **arbovirus, filovirus, hantavirus, rétrovirus.** *Virus de la rage, de la poliomyélite. Virus du sida.* ⇒ **HIV, V.I.H.** *Virus mutant.* 2 *Virus informatique :* programme ou instruction cachés (volontairement ou non), pouvant entraîner des troubles de fonctionnement, voire des pannes majeures, et contaminer d'autres systèmes informatiques. 3 Principe moral de contagion. *Il a attrapé le virus de la contestation.*

vis [vis] n. f. – XVe ; lat. *vitis* « vigne, vrille de vigne » 1 Escalier tournant en hélice autour d'un axe, qui soutient toutes les marches. *Escalier à vis.* 2 Tige cylindrique de bois, de métal, présentant une partie saillante en hélice, destinée à s'enfoncer en tournant sur elle-même. *Tête d'une vis. Pas de vis. Longue vis.* ⇒ **tire-fond.** *Serrer, desserrer une vis* (⇒ **tournevis**). *Donner un tour de vis* (⇒ **visser**). ➛ loc. fig. *Serrer la vis à qqn,* le traiter avec une grande sévérité, restreindre ses libertés. 3 Machine simple permettant de transformer un mouvement circulaire en mouvement rectiligne. *Tire-bouchon à vis. Vis de pressoir.* ➛ *Vis sans fin,* dont le filet engrène avec une roue dentée, lui imprimant un mouvement de rotation. *Direction d'automobile à vis sans fin.* ✪ HOM. Vice.

visa n. m. – XVIe ; mot lat. « choses vues » ▪ Formule ou sceau accompagné d'une signature qu'on appose sur un acte pour le rendre régulier ou valable ; spécialt Formule exigée en sus du passeport pour entrer dans certains pays. *Demander, obtenir un visa. Visa de censure* (d'un film). *Des visas.* ➛ fig. *Donner son visa,* son approbation.

❑ Le mot *visa* était inscrit, chez les Romains, sur les actes qui avaient été vérifiés.

visage n. m. – XIe ; lat. *visus* « aspect, apparence », proprt « vue » 1 Partie antérieure de la tête de l'homme. ⇒ **face, figure, tête.** *Visage allongé, en lame de couteau. Visage rond, plein, bouffi.* « *Un visage qui semble mou, malgré l'accentuation de certains traits* » (Romains). *Plis du visage : rides.* « *La beauté du visage est un frêle ornement* » (Mol.). ➛ loc. *Avoir bon visage :* avoir bonne mine. *Soins du visage :* soins de beauté. *Rajeunissement du visage.* ⇒ **lifting.** *Maquillage du visage.* ➛ *Tourner son visage vers...* « *Le visage de Lucienne tourné vers le mien* » (Romains). ➛ *Frapper qqn au visage.* ⇒ **gifler, souffleter.** ➛ *Visage mobile, expressif* (⇒ **expression,** ① **mine, physionomie**). *Visage ouvert.* « *L'ennui me paraît écrit et gravé sur son visage* » (Sév.). 2 Expression du visage. *Faire bon visage :* prendre un air content quand il n'y a pas lieu de l'être. « *J'avais beau vouloir faire bon visage au réveillon, tout ce que je mangeais s'arrêtait à ma gorge* » (Daudet). *Faire bon visage à qqn,* être aimable avec lui, spécialt lorsqu'on lui est hostile. 3 La personne (considérée dans son visage). *Un visage inconnu ; connu, de connaissance. Ne pas réussir à mettre un nom sur un visage. Avoir la mémoire des visages. Visage ami.* ➛ *Les Visages pâles :* les Blancs (pour les Indiens). 4 fig. Aspect particulier et reconnaissable (de qqch.). ⇒ **caractère, forme, image.** « *Le visage terrible de la réalité* » (R. Rolland). loc. *À visage humain :* qui tient compte des aspirations individuelles dans leur diversité. *Urbanisme à visage* humain. ♦ Personnalité. *Un homme à deux visages,* double, fourbe.

❑ *Visage* s'emploie dans la langue courante, comme *figure,* mais la langue médicale utilise plutôt *face.*

visagiste n. – 1936 ; nom déposé ■ Esthéticien, esthéticienne qui cherche à mettre en valeur la beauté, le caractère du visage. « *il n'existe pas encore de visagiste qui sache rectifier le regard* » (Beauv.).

vis-à-vis [vizavi] adv. et n. m. – XIIIe adv. ; de l'a. fr. *vis* « visage » **I** adv. vieilli Face à face. *Nous nous sommes trouvés vis-à-vis.* **II** loc. prép. VIS-À-VIS DE. **1** En face de... (⇒ **opposite**). « *assis vis-à-vis d'un feu ardent et lumineux* » (Montaigne). *Des statues placées vis-à-vis l'une de l'autre. L'un vis-à-vis de l'autre.* **2** fig. En face de, en présence de..., devant. « *j'en rougis vis-à-vis de moi-même* » (Flaub.). ♦ En regard, en comparaison de... *Ma fortune est modeste vis-à-vis de la sienne.* **3** Envers (qqn). « *Il s'était engagé vis-à-vis d'elle* » (Maupass.). ➛ (très négligé) À l'égard de, en ce qui concerne (qqch.). *Elle* « *eut l'élégance de continuer* [...] *à n'avoir vis-à-vis de l'argent qu'une âpreté simplement aryenne* » (Montherl.). **III** n. m. **1** Position de deux personnes, deux choses qui se font face. *Un pénible vis-à-vis.* ⇒ **tête-à-tête.** « *Des fenêtres en vis-à-vis sur la cour et dans le fond des jardins* » (Aragon). **2** Personne placée en face d'une autre. *Parler à son vis-à-vis.* ♦ par ext. Se dit des choses situées en face d'une personne, d'une propriété. *Un immeuble sans vis-à-vis.* **3** Canapé en S où deux personnes peuvent converser face à face.

❑ Les puristes ont condamné l'emploi de *vis-à-vis* pour « à l'égard de qqch. » car le *visage* implique la personne, mais *vis-à-vis* se dit des choses depuis le XVIe s. ♦ On abuse de l'adverbe *vis-à-vis* qu'on applique à toutes sortes de relations, dans l'ignorance du mot qui convient.

viscache n. f. – XVIIIe ; o. quechua ■ Petit mammifère d'Amérique du Sud *(rongeurs)* appelé *lièvre des pampas,* voisin du chinchilla.

viscéral, ale, aux adj. – XVe **1** Profond, intime, inconscient (opposé à *réfléchi*). *Réaction viscérale.* ⇒ **tripal.** *Une haine viscérale,* irraisonnée. *Avoir une peur viscérale des araignées.* **2** Relatif aux viscères, qui appartient à un viscère. « *les douleurs viscérales et les névralgies* » (Mart. du G.).

viscéralement adv. – XVIe ■ De façon irraisonnée, profonde.

viscère n. m. – XVe ; lat. « chair, entrailles » **1** Tout organe contenu dans les cavités crânienne, thoracique et abdominale. **2** *Les viscères,* ceux de l'abdomen. ⇒ **boyaux, entrailles.** *Viscères comestibles d'animaux.* ⇒ **tripes.**

viscose n. f. – XIXe ; de *visqueux* et ① *-ose* ■ Solution colloïdale de cellulose et de soude, qui donne des fibres de rayonne, de fibranne et aussi de la cellophane.

viscosimètre n. m. – XIXe ■ Appareil servant à déterminer la viscosité des fluides.

viscosité n. f. – XIIIe ■ État de ce qui est visqueux. ➛ *Viscosité d'un fluide :* état d'un fluide dont l'écoulement est freiné par le frottement entre les molécules qui le composent. *Viscosité d'une huile.* ♦ État d'un corps dont la surface est visqueuse, gluante. *La viscosité du chapeau de certains bolets.* ✪ CONTR. Fluidité.

visé n. m. – 1907 ■ Le fait de viser avec une arme à feu. *Tirer, tir au visé* (opposé à *au jugé*).

visée n. f. – XIIIe **1** Action de diriger la vue, le regard (et par ext. une arme, un instrument d'optique) vers un but, un objectif. *Ligne de visée.* **2** fig. Direction de l'esprit vers un but, un objectif qu'il se propose. ⇒ **ambition, dessein, intention,** ② **objectif.** *Visées ambitieuses, belliqueuses.* « *je ne veux pas pour gendre d'homme à grandes visées* » (Balz.). *Avoir des visées sur qqn, qqch.* ⇒ **vue.**

① **viser** v. [1] – XIIe ; lat. *videre* « voir » **I** v. intr. **1** Diriger attentivement son regard (et par ext. un objet, une arme) vers le but, la cible à atteindre. *Vise bien avant de tirer.* **2** fig. *Visez moins haut, plus haut :* ayez des ambitions plus modestes, plus grandes. « *Elle recommande constamment à son fils de viser haut en toute chose* » (Ste-Beuve). **II** v. tr. ind. VISER À. **1** Diriger un objet, une arme sur. *Il a visé au cœur.* **2** fig. Avoir en vue (une certaine fin). « *Bonaparte aimait la puissance et visait à la toute-puissance* » (Vigny). **III** v. tr. dir. **1** Regarder attentivement (un but, une cible) afin de l'atteindre d'un coup, d'un projectile. « *Un Allemand le vise avec un fusil* » (Sartre). ➛ *Viser le cochonnet avec la boule.* ⇒ ① **pointer.** ➛ *Bien visé !* **2** fig. Avoir en vue, s'efforcer d'atteindre (un résultat). ⇒ **ambitionner, briguer.** « *Il visait la députation* » (Aragon). **3** S'appliquer à. *Cette remarque vise tout le monde.* ⇒ **concerner.** ➛ *Être, se sentir visé :* se croire l'objet d'une allusion, d'une critique. ♦ très fam. Regarder. « *Visez la gueule du cuistot* » (Dorgelès).

❑ Même famille étymologique : *aviser, rétroviseur, réviser, superviser, visiter.*

② **viser** v. tr. [1] – XVIe ■ Examiner (un acte) et le revêtir d'un visa ou d'une mention qui le rend valable. *Faire viser son passeport.*

viseur n. m. – XIIIe ■ Instrument, dispositif optique servant à effectuer une visée. *Viseur d'une carabine. Regarder dans le viseur.* ➛ Dispositif permettant de délimiter le champ (en photo, cinéma). « *j'adapte des bonnettes de deux dioptries au viseur et à l'objectif* » (Tournier).

visibilité n. f. – XIVe **1** Caractère de ce qui est perceptible par la vue, sensible à l'œil humain. ➛ Caractère des radiations électromagnétiques qui impressionnent la rétine humaine. **2** Qualité de l'atmosphère, permettant de voir à une plus ou moins grande distance. *Bonne, mauvaise visibilité. Visibilité nulle.* **3** Possibilité, en un point donné, de voir plus ou moins bien les abords. *Virage sans visibilité.* ✪ CONTR. Invisibilité.

visible adj. – XIIe **1** Qui peut être vu. *Objets visibles. La face visible de la Lune* (à partir de la Terre). ➛ *Spectre visible,* ou subst. *le visible :* domaine des radiations électromagnétiques dont les longueurs d'onde vont du rouge au violet. ➛ *Visible à l'œil nu, au microscope.* ♦ Qu'on voit facilement. *Elle prenait* « *un embonpoint assez visible* » (Maupass.). **2** Sensible ou rendu sensible aux sens, en parlant d'une réalité abstraite, mentale ou globale (opposé à *caché, invisible*). ⇒ **apparent,** ① **manifeste.** ♦ subst. « *N'acceptons que le visible et le tangible* » (Hugo). *Représentation du visible.* ⇒ **image. 3** Qui se manifeste, s'extériorise, peut être constaté par les sens. ⇒ **évident, flagrant,** ① **manifeste.** *Il a fait des progrès visibles.* ⇒ **sensible.** ➛ *Il est visible que...,* clair, évident. **4** En état de recevoir une visite. *Ma mère* « *n'est jamais visible de deux heures à quatre* » (Balz.). ➛ fam. En état d'être vu (habillé, apprêté). ✪ CONTR. Caché, invisible, ① secret ; douteux.

visiblement adv. – XIIe **1** De manière à être vu ; en se manifestant à la vue. **2** D'une manière évidente, claire. ⇒ **manifestement.** « *Le garçon était blême, avait visiblement le trac* » (Green).

visière n. f. – XIIIe **1** Pièce mobile du casque, de l'armure de tête qui couvrait le visage. ➛ *Visière d'un casque (de moto).* **2** Partie d'une casquette, d'un képi qui abrite les yeux. ➛ « *elle met sa main en visière au-dessus de ses lunettes* » (Le Clézio). ♦ Pièce rigide qui protège les yeux et qui s'attache autour de la tête.

visioconférence n. f. – 1975 ▪ Téléconférence par l'intermédiaire du réseau de télécommunication, en utilisant la diffusion d'images de télévision. ⇒ **vidéoconférence.**

vision n. f. – XIIe ; lat. **I** - **1** Perception du monde extérieur par les organes de la vue ; mécanisme physiologique par lequel les stimulus lumineux donnent naissance à des sensations. *Organes de vision.* ⇒ **œil, optique** (nerf optique). *Vision normale. Troubles, anomalies de la vision.* ⇒ **vue.** **2** Action de voir, de se représenter en esprit. *Vision de l'avenir.* ♦ Façon de voir, de concevoir un ensemble de choses complexes. *Vision exacte.* ⇒ **clairvoyance.** *Une vision réaliste, poétique.* **II** - **1** Représentation conçue comme d'origine surnaturelle ; chose surnaturelle qui apparaît aux yeux ou à l'esprit. ⇒ **apparition, révélation.** *Visions des prophètes.* **2** Représentation imaginaire. ⇒ **hallucination.** « *ces incohérentes visions qui peuplaient son délire* » (Mart. du G.). **3** fam. *Avoir des visions :* déraisonner. *Tu as des visions !* **4** Image mentale. « *cette vision obsédante, toujours la même* » (Loti). ✪ CONTR. Réalité.

> ❑ Le *champ de la vision* varie beaucoup d'une espèce animale à l'autre selon la place et la mobilité des yeux ainsi que leur structure (œil simple ou à facettes).

visionique n. f. – 1986 ▪ Ensemble des techniques liées au traitement informatique des images. *Visionique et infographie.* ➛ par ext. Le dispositif lui-même.

visionnage n. m. – 1982 ▪ Action de visionner (un film, une émission).

visionnaire n. et adj. – XVIIe ▪ Personne qui a ou croit avoir des visions, des révélations surnaturelles, ou qui a des idées folles, extravagantes. ♦ adj. Capable d'anticiper, qui a une intuition juste de l'avenir. *Écrivain visionnaire.*

visionner v. tr. [1] – 1921 **1** Examiner (un film) d'un point de vue technique. **2** Faire apparaître (une image, un texte...) sur un écran de visualisation. *Visionner des diapositives.*

visionneuse n. f. – 1947 ▪ Appareil formé d'un dispositif optique grossissant, pour examiner un film, des diapositives.

visiophone n. m. – v. 1970 ; de *visio(n)* et *-phone* ▪ Téléphone équipé d'une caméra et d'un écran de télévision permettant aux correspondants de se voir.

> ❑ Ce terme a été proposé pour remplacer *vidéophone.*

Visitation n. f. – XIIe ▪ Visite que fit la Sainte Vierge à sainte Élisabeth, alors enceinte de saint Jean Baptiste ; fête commémorant cet événement.

visite n. f. – XVIe **1** Le fait d'aller voir qqn et de rester avec lui un certain temps ; le fait de recevoir un visiteur. *Une petite, une longue visite. Vos visites se font rares. L'heure des visites* (dans une pension, un hôpital, une prison, etc.). ➛ *Faire une visite, rendre visite à qqn. Recevoir la visite de qqn.* **2** La personne qui se rend chez une autre. ⇒ **visiteur.** ➛ fam. *Avoir de la visite,* des visiteurs. **3** Pour un médecin, Le fait de se rendre auprès d'un malade. *Les visites et les consultations.* ♦ *Droit de visite (aux enfants),* pour l'époux qui n'en a pas la garde. ♦ Action de visiter (un client). *Visites d'un représentant.* **4** Le fait de se rendre dans un lieu, pour voir, pour visiter. *Visite touristique.* « *le charme d'une visite à un musée* » (Proust). ♦ *Visite d'un chef d'État dans un pays étranger.* **5** Le fait de se rendre dans un lieu, pour procéder à une inspection, à des constatations. ⇒ **ronde, tournée.** *Visite d'expert. Trappe de visite :* accès permettant d'effectuer des réparations. ➛ *Visite domiciliaire.* ⇒ **perquisition.** ➛ *Visite de douane :* formalité d'examen des marchandises, des bagages. ⇒ **fouille.** ➛ *Droit de visite,* reconnu par un accord international aux vaisseaux de guerre, de visiter les navires marchands. **6** Examen de patients, de malades par un médecin à l'hôpital, dans une communauté, etc. *Visite médicale annuelle obligatoire.*

visiter v. tr. [1] – Xe ; lat. *visere* « voir » **1** vx Se rendre auprès de (qqn), en lui faisant une visite. ⇒ **fréquenter.** **2** cour. Se rendre auprès de (qqn) par charité. *Visiter les indigents, les prisonniers.* ♦ Se rendre auprès de (un malade, pour l'examiner, le soigner à domicile). ♦ Aller voir (un client). **3** (en parlant de Dieu) Agir sur, se manifester auprès de (l'homme). ➛ *Être visité par la grâce.* **4** Parcourir (un lieu) en examinant. ⇒ **voir.** *Visiter la Grèce.* « *après avoir visité quelque bel édifice* » (Giraud.). *Je lui fis visiter notre maison.* ♦ *Visiter des appartements en vue d'un achat, d'une location.* **5** par ext. Aller dans (un lieu) pour trouver qqch. ⇒ ① **faire.** « *Elle avait passé la journée à visiter avec Jean des boutiques de tapissiers* » (Maupass.).

> ❑ Aujourd'hui *visiter* au sens général de « rendre visite à qqn, aller voir qqn » est un anglicisme.

visiteur, euse n. – XIVe **1** Personne qui visite, inspecte, examine. *Visiteur, visiteuse des douanes,* chargé(e) de la visite des bagages. **2** Personne qui visite un lieu. « *le visiteur des mastabas, des tombeaux de l'ancienne Égypte* » (Duham.). *Ville qui accueille bien les visiteurs.* ⇒ **touriste, voyageur.** **3** Personne qui va voir qqn chez lui, lui fait une visite. *Ma mère* « *introduisait les visiteurs dans la salle à manger* » (Sartre). ♦ Personne qui visite (un pensionnaire, un malade, un prisonnier). **4** Personne qui se rend à domicile dans un but professionnel. *Infirmière visiteuse,* qui donne des soins à domicile. *Visiteuse hospitalière,* qui rend bénévolement visite aux malades.

visnage n. m. – XVIIIe ; o. i. ▪ Fenouil annuel.

vison n. m. – XVe ; lat. *vissire* « lâcher un pet » **1** Petit mammifère *(carnivores),* dont la variété d'Amérique du Nord est chassée et élevée pour sa fourrure. **2** Fourrure de cet animal. ♦ fam. Manteau ou veste de vison.

> ❑ Le manteau de vison a longtemps symbolisé le luxe, cette fourrure étant très onéreuse. → caviar (rem.).

visonnière n. f. – déb. XXe ▪ rare (sauf au Canada) Élevage de visons.

visqueux, euse adj. – XIIIe ; lat. *viscum* « glu » **1** Qui est épais et s'écoule avec difficulté ; qui forme une couche gluante. ⇒ **collant, poisseux.** « *le goudron bouillait, épais, visqueux* » (Barbey). ➛ péj. Dont la surface est couverte d'une couche gluante. *La peau visqueuse du crapaud.* ♦ *Fluide visqueux.* ⇒ **viscosité.** **2** fig. et littér. Répugnant (par un caractère de bassesse de traîtrise). « *Des êtres visqueux, douteux* » (Maurois). ✪ CONTR. Fluide.

> ❑ Le mot a presque toujours une valeur péjorative.

vissage n. m. – XIXe **1** Action de visser. **2** En mathématiques, Déplacement hélicoïdal.

visser v. tr. [1] – XVIIIe **1** Fixer, faire tenir avec une vis, des vis. *Visser une applique au mur.* ♦ loc. fig. « *Être vissé sur sa chaise* » (Balz.), s'y tenir raide et immobile. **2** Serrer en tournant sur un pas de vis. ⇒ **tourner.** *Visser un couvercle.* pronom. *Ce bouchon se visse.* ➛ *Visser à bloc.* **3** fig. et fam. Traiter sévèrement, serrer la vis à (qqn). ⇒ ① **mater.** ✪ HOM. *Vissiez :* viciez (vicier).

visserie n. f. – XIXe ▪ Ensemble des pièces qui fonctionnent par un pas de vis (⇒ **boulon,** ② **écrou, vis).** ➛ Usine où l'on fabrique ces pièces.

visseuse n. f. – v. 1973 ▪ Appareil ou machine servant à visser.

visu n. f. inv. – 1982 ▪ Console de visualisation.

visu (de) → **de visu**

visualisation n. f. – XIXe ▪ Le fait de visualiser. ♦ Présentation d'informations sur un écran (de télévision ; d'oscilloscope).

visualiser v. tr. [1] – XIXe 1 Rendre visible (un phénomène qui ne l'est pas). ♦ Faire apparaître sur un écran, un visuel (les résultats d'un traitement d'information). ⇒ **afficher.** 2 Se représenter mentalement qqch.

visuel, elle adj. et n. – XVIe ; lat. *videre* « voir » **I** adj. 1 Relatif à la vue. *Organes visuels, centre visuel.* ⇒ **œil, rétine.** *Champ visuel. Angle visuel.* ⇒ **optique.** *Correction des troubles visuels.* ⇒ **orthoptique.** ➤ *Mémoire visuelle :* mémoire des choses vues. 2 Qui fait appel au sens de la vue. *Mot visuel.* ⇒ **graphique.** *Méthodes visuelles,* dans l'enseignement (⇒ **audiovisuel**). **II** n. m. 1 Dispositif d'affichage sur un écran ou une console à tube cathodique ; l'écran, la console. ⇒ **visu.** 2 Thème en image d'une publicité.

visuellement adv. – XIXe ▪ Par le sens de la vue.

vit [vi] n. m. – XIIIe ; lat. *vectis* « levier, barre » ▪ vx ou littér. Pénis. ✪ HOM. Vie.

> ❑ Attention, sans rapport avec *vital.* ♦ Ce mot sort de l'usage, et si l'on veut insister sur l'érection, on dit *phallus.*

vital, ale, aux adj. – XIVe 1 Qui concerne, constitue la vie. *Fonctions vitales. Les besoins vitaux de l'individu.* 2 Essentiel à la vie d'un individu, d'une collectivité. ⇒ **indispensable.** *Minimum* vital.* ♦ par ext. Qui touche à l'essentiel de la vie. *Problème vital, question vitale,* d'une importance extrême. ⇒ **fondamental.**

vitalité n. f. – XVIIIe 1 Vie, propriétés vitales. 2 Caractère de ce qui manifeste une santé, une activité remarquables. ⇒ **dynamisme, énergie, vigueur.** *Vitalité d'une personne, d'une plante. Plein de vitalité. Il était « l'être le plus apathique, mou, affaissé, atone, sans ressort ni vitalité »* (Léautaud). ➤ *Le préfixe* super- *« se montre d'une étonnante vitalité »* (M. Galliot). ✪ CONTR. Atonie, langueur, léthargie.

vitamine n. f. – 1913 ; lat. *vita* « vie » et *amine* ▪ Substance indispensable au bon fonctionnement de l'organisme, apportée par l'alimentation. *Fruits, légumes riches en vitamines. Vitamine C* (⇒ **ascorbique**). *Vitamine D,* contre le rachitisme (⇒ **calciférol**).

vitaminé, ée adj. – 1933 ▪ Où l'on incorpore une ou plusieurs vitamines. *Lait vitaminé.* ✪ CONTR. Dévitaminé.

vitaminique adj. – 1933 ▪ Relatif aux vitamines, de la nature des vitamines.

vite adj. et adv. – XIIe ; o. i. **I** adj. Rapide. *Le coureur le plus vite.* **II** adv. 1 En parcourant un grand espace en peu de temps. *« Elle grimpa aussi vite que ses grosses jambes le lui permettaient »* (Green). *Rouler vite. « Le télégraphe va plus vite que les meilleurs chevaux »* (Balz.). ♦ À un rythme rapide. *Je sentis mon cœur battre plus vite.* 2 En peu de temps ; en hâte. ⇒ **rapidement.** *Faire vite.* ⇒ se **dépêcher,** se **hâter,** se **presser.** *Trop vite.* ⇒ **hâtivement, précipitamment.** *Travail fait trop vite. Le temps passe vite.* ➤ *Il va un peu vite :* il agit inconsidérément ; il anticipe sur ce qu'il souhaite. ♦ Sans plus attendre, immédiatement. *Allons vite, dépêchez-vous ! Sauve-toi vite.* ➤ *« Et plus vite que ça ! »* (Balz.). *« Hé ! pas si vite »* (Courtel.). 3 Au bout d'une courte durée. ⇒ **bientôt.** *Vous oublierez vite. « les pêcheurs avaient eu vite épuisé toute la surprise de l'aventure »* (Roger Vercel). ➤ *Au plus vite :* dans le plus court délai. ➤ *Il a eu vite fait de, il aura vite fait de* (et l'inf.) : il n'a pas tardé, il ne tardera pas à. ♦ loc. adv. fam. VITE FAIT : rapidement. *Il s'est tiré vite fait.* ➤ *Vite fait, bien fait.* ✪ CONTR. Lent. — Lentement ; doucement, tranquillement.

> ❑ *Vite* adj. est repris au début du XIXe s., en hippisme, pour traduire l'anglais *fast ;* vers 1900, il qualifie un coureur. Cet adjectif, qui était pourtant usuel entre le XIIe et le XVIIIe s. appliqué à une personne ou à une action, est senti aujourd'hui comme technique ou anormal, sinon fautif.

vitellin, ine adj. et n. m. – XIIIe ▪ Relatif au vitellus.

vitellus [vitelys] n. m. – XIXe ; mot lat. « jaune d'œuf » ▪ Ensemble des substances élaborées par l'ovocyte qui serviront à la nourriture du germe.

vitesse n. f. – XIIe 1 Le fait ou le pouvoir de parcourir un grand espace en peu de temps. ⇒ **rapidité.** *Course de vitesse. L'avion prend de la vitesse. Faire de la vitesse. Excès de vitesse.* ♦ Le fait d'accomplir une action en peu de temps. ⇒ **promptitude.** loc. *Prendre qqn de vitesse,* faire qqch. plus vite que lui. ⇒ **devancer.** ➤ loc. fam. EN VITESSE : au plus vite. *« un de ces tissus riches et laids choisis en vitesse »* (Cl. Simon). 2 Le fait d'aller plus ou moins vite, de parcourir une distance plus ou moins grande par unité de temps. ⇒ **allure.** *Vitesse de la marche. Avion en perte de vitesse,* dont la vitesse devient inférieure à la vitesse de sustentation. fig. *En perte de vitesse,* qui perd son dynamisme, son succès. *Mouvement politique en perte de vitesse.* ➤ *Vitesse d'une automobile,* appréciée en kilomètres-heure. *Compteur, indicateur de vitesse. Variations de vitesse* (⇒ **accélération, ralentissement**). *À pleine, à grande vitesse.* À TOUTE VITESSE : le plus vite possible, et par ext. très vite. *À petite vitesse, à vitesse réduite.* ➤ loc. fig. *À deux vitesses :* dont l'application varie selon le type d'usagers, en particulier selon leurs revenus. *Une société à deux vitesses.* ➤ *Vitesse du vent,* celle du fluide atmosphérique en un point. ➤ *Vitesse d'un courant liquide.* 3 Rapport entre la vitesse de rotation de l'arbre moteur et la vitesse de rotation des roues. *Changement de vitesse,* dispositif permettant de changer ce rapport. *Première vitesse ; seconde, troisième, quatrième vitesse* (ellipt *passer en seconde,* etc.). loc. fam. *En quatrième vitesse :* très vite. *Passer les vitesses.* loc. *Passer la vitesse supérieure ;* fig. améliorer la situation, passer à un rythme, à un stade supérieur. 4 Quantité exprimée par le rapport d'une distance au temps mis à la parcourir. *Vecteur vitesse :* vecteur dont l'origine est le mobile, l'axe la tangente à la trajectoire, et la mesure la vitesse instantanée. *Vitesse relative. Vitesse initiale :* vitesse d'un projectile au début de sa trajectoire. *Vitesse radiale :* vitesse qui caractérise le mouvement d'un astre suivant la direction. ➤ *Vitesse de propagation du son, des ondes électromagnétiques.* ⇒ **célérité.** ♦ Le fait de s'accomplir en un temps donné, pour un phénomène quelconque. *Vitesse de réaction.* ➤ loc. *(À la) vitesse grand V* [vitɛsgʀɑ̃ve] : très vite.

viti- Élément, du latin *vitis* « vigne ».

> ❑ Ne pas confondre avec *vini-* « vin », bien que le *vin* soit lié à la *vigne.*

viticole adj. – XIXe ; *viti-* et *-cole* ▪ Relatif à la culture de la vigne et à la production du vin. ⇒ **vinicole.** ♦ Qui produit de la vigne. *Région viticole.*

viticulteur, trice n. – XIXe ▪ Personne qui cultive de la vigne, pour la production du vin. ⇒ **vigneron.**

viticulture n. f. – XIXe ▪ Culture de la vigne.

vitiligo n. m. – XVIe ; mot lat. « tache blanche » ▪ Trouble de la pigmentation de la peau caractérisé par la présence de taches décolorées, sans modification de l'épiderme. ⇒ **albinisme, dyschromie.**

vitrage n. m. – XVIIe 1 Ensemble des vitres (d'un édifice). *Vitrage d'une église.* ⇒ **vitrail.** ➤ Vitres (d'une baie, d'une fenêtre, d'une marquise, d'une serre). « *La pluie tombait et grésillait sur le vitrage* » (Sand). *Fenêtre à double vitrage.* ⇒ **survitrage.** ellipt *Des doubles-vitrages.* 2 Châssis garni de vitres, servant de cloison, de toit, de paroi. ➛ Paroi de verre. *Vitrage d'une tour moderne.* 3 Le fait de poser des vitres, de garnir de vitres.

vitrail, aux n. m. – XVe ▪ Panneau constitué de morceaux de verre, généralement colorés, assemblés pour former une décoration. *Les « lueurs colorées que laissent filtrer les vitraux »* (Loti). *Vitrail d'église, d'une cathédrale.* ⇒ **rosace,** ① **rose, verrière.** ♦ *Le vitrail* : la technique de la fabrication des vitraux.

> ❑ Réfection de *vitral* (XVe s.), *vitrail* ne se répand qu'au début du XIXe s. se substituant alors à *verrière* ; en ancien et en moyen français on employait *verrine.*

vitre n. f. – XIIIe ; lat. « verre » 1 Panneau de verre garnissant une baie ou un vitrage. ⇒ **carreau.** *Vitres d'une fenêtre. Vitres d'une boutique.* ⇒ **vitrine.** *Regarder par la vitre. La guêpe « bat et bourdonne contre la vitre »* (Montherl.). *Vitre qui vole en éclats.* 2 Panneau de verre permettant de voir à l'extérieur lorsqu'on est dans un véhicule. ⇒ **glace.** *Les vitres d'une voiture. Vitre avant* (⇒ **pare-brise**), *arrière* (⇒ **lunette**) *d'une voiture. Le train « cliquetait de toutes ses vitres »* (Duham.). ♦ Panneau de verre de protection. *Les vitres des cadres.*

vitré, ée adj. – XIVe 1 Transparent (comme une vitre). *Corps vitré* ou n. m. *le vitré* : masse transparente, de l'œil, entre la rétine et la face postérieure du cristallin. 2 Garni de vitres. *Châssis, panneau vitré. Le « salon, dont la porte vitrée était restée ouverte »* (Barbey).

vitrer v. tr. [1] – XVe ▪ Garnir de vitres. « *La véranda avait été entièrement vitrée* » (Mart. du G.).

vitrerie n. f. – XIVe 1 Industrie des vitres : fabrication, pose, etc. ➛ Ensemble des vitraux, des vitres d'un édifice. 2 Marchandises du vitrier.

vitreux, euse adj. – XIIIe 1 Qui ressemble au verre fondu, à la pâte de verre. *Humeur vitreuse.* ⇒ **vitré.** 2 De l'aspect ou de la nature du verre. *Cassure vitreuse d'une roche.* ♦ *État vitreux de la matière.* ⇒ **verre.** ♦ *Roche vitreuse.* ⇒ **hyalin.** 3 Dont l'éclat est terni. *Regard vitreux.* « *les yeux rougis et vitreux semblaient pleurer du sang* » (Balz.).

vitrier n. m. – XIVe ▪ Celui qui vend, coupe et pose les vitres. « *Un vitrier dont le cri perçant, discordant, monta jusqu'à moi* » (Baud.).

vitrifiable adj. – XVIIIe ▪ Qui peut être vitrifié, prendre la structure vitreuse.

vitrification n. f. – XVIe 1 Transformation en verre ; acquisition de la structure vitreuse. *Vitrification de l'émail par fusion.* 2 Action de vitrifier (un parquet). ✪ CONTR. Dévitrification.

vitrifier v. tr. [7] – XVIe ; lat. *vitrum* « verre » et *-fier* 1 Transformer en verre par fusion ou donner la consistance du verre à. sc. Donner la structure vitreuse à. ➛ pronom. *Se vitrifier sous l'effet de la chaleur.* 2 Recouvrir (un parquet) d'une matière plastique transparente pour le protéger. ✪ CONTR. Dévitrifier.

vitrine n. f. – XIXe 1 Devanture vitrée d'un local commercial ; espace ménagé derrière cette vitre, et où l'on expose des objets à vendre. ⇒ **étalage.** *Vitrine de libraire.* « *Coffre-fort fragile et provocant, la vitrine appelle l'effraction* » (Tournier). *Article en vitrine. Regarder les vitrines.* ⇒ **lèche-vitrine.** ♦ L'aménagement, le contenu d'une vitrine. *Étalagiste qui refait la vitrine.* ♦ fig. Ce qu'on montre comme modèle. *Cette ville est un peu la vitrine de la France.* 2 Petit meuble, armoire vitrée où l'on expose des objets de collection.

vitriol n. m. – XIIe ; lat. « vitreux » 1 vx Sulfate. 2 Acide sulfurique concentré, très corrosif. *Huile de vitriol.* « *Un regard corrosif comme une goutte de vitriol* » (Duham.).

> ❑ Le vitriol était utilisé par vengeance pour défigurer les gens, si l'on en croit les romans populaires du XIXe siècle.

vitriolage n. m. – XIXe ▪ Action de vitrioler ; son résultat.

vitrioler v. tr. [1] – XVIIe 1 Additionner d'acide sulfurique ; soumettre à l'action de l'acide sulfurique. 2 Lancer du vitriol sur (qqn) pour le défigurer.

vitrioleur, euse n. – XIXe ▪ Personne qui défigure qqn en le vitriolant.

vitrocéramique n. f. – 1974 ▪ Mélange de minerai de fer et de sable fondu ayant les propriétés de la pierre naturelle et celles du verre. *Table de cuisson en vitrocéramique.*

vitulaire adj. – XIXe ; lat. *vitulus* « veau » ▪ *Fièvre vitulaire* : fièvre puerpérale des vaches.

vitupération n. f. – XIIe ▪ littér. Action de vitupérer. ♦ Blâme ou reproche violent. ✪ CONTR. Approbation.

vitupérer v. [6] – X^e ; lat. 1 v. tr. littér. Blâmer vivement. « *La voix de Marthe vitupère le zèle maladroit des domestiques* » (Colette). 2 v. intr. *Vitupérer contre* (qqn, qqch.) : élever de violentes protestations. ⇒ **pester, protester.** *Vitupérer contre les chauffards.* ✪ CONTR. Approuver, ① louer.

vivable adj. – XIIe ▪ fam. Que l'on peut vivre, supporter dans la vie. « *Construire pour de bon un monde vivable* » (Sartre). *Ce n'est pas vivable !* ✪ CONTR. Invivable.

① **vivace** adj. – XVe ; lat. *vivere* « ① vivre » 1 Constitué de façon à résister longtemps à ce qui peut compromettre la santé ou la vie. ⇒ **résistant, robuste.** « *De grandes forêts de chênes verts, noueux, vivaces, incorruptibles* » (Gaut.). ♦ *Plante vivace,* ou subst. *une vivace,* qui vit plus d'un cycle annuel, grâce à la conservation de son appareil végétatif. ⇒ **pluriannuel.** 2 fig. Qui se maintient sans défaillance, qu'il est difficile de détruire. ⇒ **durable, persistant, tenace.** *Haine vivace.* « *un sentiment [...] aussi profond, aussi ancien, resté aussi vivace, en dépit de tout !* » (Mart. du G.).

> ❑ Les plantes vivaces peuvent avoir ou non des feuilles persistantes ; ce sont les parties souterraines qui importent (racine, bulbe, etc.).

② **vivace** [vivatʃe] adj. inv. – XVIIIe ; mot it. ▪ D'un mouvement vif, rapide, en musique. *Allegro vivace.*

vivacité n. f. – XVe 1 Caractère de ce qui a de la vie, est vif. ⇒ **activité, entrain, pétulance.** *Vivacité de geste et de parole.* ➛ *Vivacité du regard.* ♦ fig. *Vivacité d'esprit* : rapidité à comprendre, à concevoir. « *L'inestimable don de la vivacité* » (Valéry). 2 Caractère de ce qui est vif, a de l'intensité. « *Quand l'amour perd de sa vivacité* » (Stendh.). ⇒ **force.** 3 Caractère vif (de l'air). « *L'air à ce point si élevé devenait d'une vivacité et d'une pureté qui m'enivraient* » (Proust). 4 Caractère vif, emporté. *Vivacité des propos.* ✪ CONTR. Apathie, lenteur, lourdeur, mollesse, nonchalance.

vivandier, ière n. – XIIe ; lat. *vivenda* « vivres » ▪ (vx au masc.) VIVANDIÈRE : femme qui était autorisée à suivre les troupes pour leur vendre des vivres et des boissons.

> ❑ *Vivandière* a été remplacé au cours du XIXe s. par *cantinière.*

① **vivant** n. m. - XIe ▪ *Du vivant de..., de son vivant :* pendant la vie de (qqn), sa vie. « *M. Newton était honoré de son vivant, et l'a été après sa mort comme il devait l'être* » (Volt.).

② **vivant, ante** adj. - XIIe **1** Qui vit, est en vie. *Il est encore vivant. Vivant après une catastrophe.* ⇒ **survivant.** « *Les vestales infidèles à leurs vœux étaient enterrées vivantes* » (Staël). ⇒ **vif.** *Expériences sur des animaux vivants.* ⇒ **vivisection.** ♦ subst. *Les vivants et les morts.* « *elle m'a semblé plutôt appartenir à la nature des ombres qu'au monde des vivants* » (Balz.). *Rayer du nombre des vivants :* faire mourir. ♦ *Le Dieu vivant. Le pain vivant :* l'Eucharistie. **2** Plein de vie. ⇒ ① **fort ; vif.** *Un enfant très vivant.* ♦ fig. Qui a l'expression, les qualités de ce qui vit. *Les personnages de Molière sont très vivants.* **3** Doué de vie (opposé à *inanimé, inorganique*). ⇒ **animé, organisé ; bio-.** *Matière vivante,* possédant les caractères de la vie. *Les êtres vivants.* **4** Qui vit d'une certaine façon. ⇒ **bon vivant. 5** Constitué par un ou plusieurs êtres vivants. *Tableaux vivants. C'est le portrait vivant de sa mère.* ⇒ **ressemblant.** *Vous en êtes la preuve vivante.* ♦ Que les vivants animent de leur activité. *Rues vivantes.* **6** fig. Animé d'une sorte de vie ; actif, actuel. *Langues vivantes. Un mot, un emploi très vivant,* en usage. ➛ *Croyances qui restent vivantes. Souvenir toujours vivant.* ⇒ **durable.** ✪ CONTR. ② Mort ; endormi, figé.

vivarium [vivaʀjɔm] n. m. - 1923 ; mot lat. ▪ Cage vitrée où l'on garde de petits animaux vivants (insectes, reptiles, etc.) en reconstituant leur milieu naturel. *Des vivariums.* ➛ Établissement groupant plusieurs de ces cages.

vivat interj. et n. m. - XVIe ; mot lat. « vive ! » **1** interj. vx Bravo ! **2** n. m. mod. Acclamation en l'honneur de qqn. ⇒ **hourra.** *Des cris, des vivats saluèrent son arrivée.* ✪ CONTR. Huée.

① **vive** n. f. - XIIIe ; lat. *vipera* « vipère » ▪ Poisson *(perciformes)* aux nageoires épineuses et venimeuses, vivant surtout dans le sable des côtes. ✪ HOM. Vive (vif).

② **vive** → ① **vivre**

vivement adv. - XIIe **1** D'une manière vive ; avec vivacité, ardeur. ⇒ **prestement, promptement, rapidement.** « *Julien se tourna vivement* » (Stendh.). *Mener vivement une affaire.* ⇒ **rondement.** ♦ exclam. Rapidement ! vite ! « *Au fait ! et vivement !* » (Balz.). *Vivement demain ! Vivement que ça finisse.* **2** D'un ton vif, avec un peu de colère. *Il répliqua vivement.* **3** Avec force, intensité. *Des tissus vivement colorés.* ➛ *Vivement affecté, touché par...* « *Quiconque est vivement ému voit les choses d'un autre œil que les autres hommes* » (Volt.). *Regretter vivement.* ⇒ **beaucoup.** ✪ CONTR. Doucement, lentement ; faiblement.

viveur n. m. - XIXe ▪ Homme qui mène une vie de plaisirs. ⇒ **fêtard, noceur.** ✪ CONTR. Ascète.

vivi- Élément, du latin *vivus, vivi* « vivant ».

vivier n. m. - XIIe ; lat. *vivus* « vivant » ▪ Étang, bassin d'eau aménagé pour la conservation et l'élevage du poisson, des crustacés. *Truites en vivier.* ➛ fig. Milieu, cadre favorable au développement d'idées, de personnalités... **(⇒ pépinière).** *Un vivier de talents.*

vivifiant, iante adj. - XIIe ▪ Qui vivifie. ⇒ **stimulant.** « *Elle était tiède, cette brise, mais si vivifiante, qu'elle semblait fraîche* » (Loti). ➛ fig. *Joie vivifiante.* ✪ CONTR. Étouffant, mortel.

vivifier v. tr. [7] - XIIe ▪ Donner de la vitalité à. *Ce climat me vivifie.* ♦ fig. « *L'intelligence doit vivifier l'action* » (Mart. du G.). ✪ CONTR. Débiliter, déprimer.

vivipare adj. - XVIIe ; lat. *vivus* « vivant » et *parere* « mettre au monde » ▪ Se dit d'un animal dont les petits naissent sans enveloppe, déjà développés et autonomes. ⇒ aussi **ovipare, ovovivipare.** « *Vivipare, il élabore dans son sein le jeune requin* [...] *qui naît terrible et tout armé* » (Michelet). ➛ subst. *Les vivipares.*

❑ Même famille que *nullipare, ovipare, primipare* et *unipare.*

viviparité n. f. - XIXe ▪ Mode de reproduction des vivipares.

vivisection [vivisɛksjɔ̃] n. f. - XVIIIe ▪ Opération pratiquée à titre d'expérience sur des animaux vivants. ⇒ **dissection.**

❑ La vivisection est fortement combattue par les défenseurs des animaux. ♦ Pour le *s* non redoublé → ① s (rem.).

vivoir n. m. - 1913 ▪ rare ou région. (Canada) Salon, pièce commune dans un appartement.

vivoter v. intr. [1] - XVe ▪ Vivre au ralenti, faute de santé ou de moyens. ⇒ **végéter.** *Des* « *étudiants au linge élimé, qui vivotaient en donnant des leçons* » (Mart. du G.). ♦ Avoir une activité faible, médiocre. *Son affaire vivote tant bien que mal.*

❑ *Vivoter* est moins péjoratif que *végéter* (figuré), le sens propre venant des plantes.

① **vivre** v. [46] - Xe ; lat. **I** v. intr. **1** Être en vie ; exister. *La joie de vivre.* « *Je ne sais plus bien ce qui me maintient encore en vie sinon l'habitude de vivre* » (Gide). « *Il faut manger pour vivre et non pas vivre pour manger* » (Mol.). *Ne vivre que pour... :* se consacrer entièrement à... *Se laisser vivre :* vivre sans faire d'effort. *Cesser de vivre :* mourir. ♦ exclam. VIVE !, VIVENT ! *Vive la mariée !* ➛ *Vive la France, la République, la liberté !* « *Vivent les gens faciles en affaires !* » (Volt.). ➛ interj. VIVE ! *Vive les vacances !* **2** Avoir une vie d'une certaine durée. ⇒ **durer.** *Vivre longtemps,* jusqu'à un âge avancé. « *J'ai trop peu de temps à vivre pour perdre ce peu* » (Chateaub.). ➛ « *Les années qu'il a vécu* » (Littré). ➛ *Vivre du temps de..., dans un temps...* « *Nous vivons à une triste époque* » (Maurois). ➛ *Vivre dans le présent, dans la minute présente :* ne se soucier que du présent. ♦ Passer sa vie, une partie de sa vie en résidant habituellement (dans un lieu). ⇒ **habiter.** *Vivre à Paris, à la campagne. Elle* « *vivait chez ses beaux-parents* » (Chardonne). ➛ « *Nous vivons trop dans les livres et pas assez dans la nature* » (France). **3** Mener une certaine vie. *Vivre indépendant, libre. Vivre avec qqn.* ⇒ **cohabiter.** *Vivre en paix.* ♦ *Art de vivre,* de se conduire d'une certaine façon, d'avoir certaines habitudes morales. *Vivre dangereusement. Vivre dans l'anxiété.* ♦ *Être facile, difficile à vivre,* d'un caractère accommodant ou non. **4** Disposer des moyens matériels qui permettent de subsister. ⇒ **vie.** *Travailler pour vivre. Il faut bien vivre,* se dit pour justifier une activité dont on n'est pas fier mais qui fournit de quoi vivre (cf. Travail alimentaire*). ➛ *Faire vivre qqn :* fournir, subvenir aux besoins de qqn. ➛ *Vivre pauvrement ; largement.* ➛ *Vivre de lait, de fruits...* ⇒ se **nourrir.** *Vivre de ses rentes.* ➛ *Avoir de quoi vivre,* assez de ressources pour subsister. ♦ fig. et littér. Trouver dans (qqch.) un aliment à la vie morale, intellectuelle. *Vivre d'espérance.* ➛ *L'amour* « *vit de mensonges* » (Radiguet). **5** Se comporter comme le veut l'usage social **(⇒ savoir-vivre).** « *Enfin il est mort en homme qui sait vivre* » (Ste-Beuve). **6** Réaliser toutes les possibilités de la vie ; jouir de la vie. « *Ceux qui vivent, ce sont ceux qui luttent* » (Hugo). **7** Exister parmi les hommes. « *Le monde où vivent nos croyances* » (Proust). **II** v. tr. **1** Avoir, mener (telle ou telle vie). *Ils ont vécu une existence heureuse.* « *Autrement elle* [la vie] *ne vaudrait pas la peine d'être vécue* » (M. Donnay). ♦ Passer, traverser (un espace de temps). *Vivre des jours heureux. Les jours difficiles qu'il a vécus.* 2 Éprouver intimement, réellement par l'expérience même de la vie. ⇒ **expérimenter.** « *Mes amours, je les ai vécus, je les ai sentis* » (Proust). ➛ Traduire en actes réels. *Vivre sa foi, son art.* ✪ CONTR. Mourir. — HOM. *Vis* : vis (voir).

> ❑ Attention à l'accord du participe passé : *les enfers qu'il a vécus* (complément d'objet direct), mais *les cinq années qu'ils ont vécu ensemble* (complément de temps).

② **vivre** n. m. – XIIe 1 *Le vivre et le couvert* : la nourriture et le logement. 2 *LES VIVRES* : tout ce qui sert à l'alimentation de l'homme. ⇒ **aliment, nourriture.** *Fournir des vivres.* ⇒ **ravitailler.** « *L'eau pénètre dans la cambuse et abîme les vivres emmagasinés* » (Cendrars). *Couper* les vivres à qqn.* (à l'armée) *Les vivres et les munitions.*

vivrier, ière adj. – XIXe ▪ Dont les produits sont destinés à l'alimentation. *Cultures vivrières.*

vizir n. m. – XVe ; persan ▪ Ministre, sous l'Empire ottoman. « *Un Vizir aux sultans fait toujours quelque ombrage* » (Rac.).

vlan interj. – XIXe ▪ Onomatopée imitant un bruit fort et sec. « *et vlan ! un grand coup cinglé à travers la figure* » (Mart. du G.).

V.O. [veo] ▪ Sigle de *version* originale.*

vobulateur n. m. – v. 1960 ; angl. *to wobble* « osciller, vaciller » ▪ Appareil générateur d'un signal électrique dont la fréquence évolue selon une loi périodique.

vocable n. m. – XIVe ; lat. *vox* « voix » 1 Mot considéré dans sa signification particulière. « *Le vers qui de plusieurs vocables refait un mot total, neuf* » (Mallarmé). 2 *Cette église est sous le vocable de saint Jean,* sous son patronage.

vocabulaire n. m. – XVe ; lat. 1 Dictionnaire succinct qui ne donne que les mots essentiels d'une langue. *Vocabulaire français-anglais.* ➛ Dictionnaire spécialisé dans une science, un art **(⇒ lexique),** un état de langue **(⇒ glossaire).** ♦ Livre d'enseignement consacré à l'étude des mots. *Un vocabulaire pour débutants.* 2 Ensemble de mots dont dispose une personne. « *Il ne disposait que d'un vocabulaire très pauvre* » (Mauriac). *Enrichir son vocabulaire.* ♦ Mots employés effectivement par une personne, un groupe. *Le vocabulaire des maçons, des enfants.* « *quand on veut écrire, faut avoir du vocabulaire* » (Perec). 3 Termes spécialisés (d'une science, d'un art, ou qui caractérisent une forme d'esprit). *Vocabulaire juridique, sociologique, technique.* ⇒ **terminologie.** ♦ Ensemble fini de symboles utilisé dans un langage informatique. 4 Mots d'une langue considérés dans leur histoire, leur formation, leur sens **(⇒ lexical).**

vocal, ale, aux adj. – XVe 1 Qui produit la voix. *Organes vocaux. Cordes* vocales.* 2 De la voix. *Technique vocale,* du chant. ➛ par ext. *Musique vocale* (opposé à *instrumentale*).

vocalement adv. – XVIe ▪ En utilisant la voix, la parole. ⇒ **oralement.**

vocalique adj. – XIXe ▪ Qui a rapport aux voyelles. *Système vocalique d'une langue,* ensemble de ses voyelles.

> ❑ Attention au radical *vocal-*, commun aux *voyelles* et à la *voix* (*vocalise*).

vocalisation n. f. – XIXe 1 Émission de voyelles. 2 Action, manière de faire des vocalises. 3 Changement d'une consonne en voyelle.

vocalise n. f. – XIXe ▪ Exercice de technique du chant. *Faire des vocalises.* « *son nom chanté, paraphrasé, prolongé en vocalises éperdues et tremblantes* » (Loti).

vocaliser v. [1] – XVIIe 1 v. tr. Changer en voyelle. *Vocaliser une consonne.* pronom. *Le l s'est vocalisé.* 2 v. intr. Faire des vocalises.

vocalisme n. m. – XIXe 1 Théorie relative aux lois qui régissent la formation et la transformation des voyelles dans un mot. 2 Ensemble des voyelles d'un mot.

vocatif n. m. – XVIe ; lat. *vocare* « appeler » ▪ Dans les langues à déclinaisons, Cas employé pour s'adresser directement à qqn, à qqch. *Vocatif latin, grec.* ♦ Dans les langues sans déclinaisons, Construction, phrase exclamative par laquelle on s'adresse directement à qqn, qqch.

vocation n. f. – XIIe ; lat. « action d'appeler » 1 Mouvement intérieur par lequel on se sent appelé par Dieu. « *Toute vocation est un appel* » (Bernanos). *Avoir, ne pas avoir la vocation.* 2 Inclination, penchant (pour une profession, un état). ⇒ **attirance, disposition, goût.** *Vocation artistique.* « *Sa vocation était d'enseigner* » (Henriot). « *Tu as manqué ta vocation* [...] *Tu étais né policier !* » (Mart. du G.). 3 Destination (d'une personne, d'un peuple, d'un pays). *La vocation industrielle, agricole, artistique d'un pays.* ⇒ **mission.** ➛ *Avoir vocation à, pour* : être qualifié, indiqué pour. *Nous n'avons pas vocation pour en décider.*

voceratrice [vɔtʃeratritʃe ; vɔseratris] ou **vocératrice** n. f. – XIXe ▪ En Corse, Pleureuse, femme qui improvise un vocero.

vocero, plur. **voceri** [vɔtʃero ; vɔsero, i] ou **vocéro** n. m. – XIXe ; mot corse ▪ En Corse, Chant funèbre exécuté par une pleureuse pour un défunt. *Des voceri, des vocéros.*

vocifération n. f. – XIIe ▪ Parole bruyante, prononcée dans la colère. « *Alors ce sont des cris, des hurlements, des vociférations, des trépignements, des explosions de bravos* » (Gaut.).

vociférer v. intr. [6] – XIVe ; lat. *vox* « voix » et *ferre* « porter » ▪ Parler en criant et avec colère. ⇒ **hurler ;** fam. **gueuler.** *Vociférer contre qqn.* ⇒ **vitupérer.** ♦ trans. *Vociférer des blasphèmes, des injures.*

vocodeur n. m. – v. 1970 ; adapt. de l'angl. *vo(ice) coder* « appareil qui code la voix » ▪ Appareil qui analyse la voix et permet la synthèse des réponses vocales.

> ❑ On trouve aussi la graphie anglaise *vocoder.*

vodka n. f. – XIXe ; mot russe, de *voda* « eau » ▪ Eau-de-vie de grain (seigle, orge). *Caviar accompagné de vodka.*

vœu n. m. – XIIe ; lat. *votum* → vote 1 Promesse faite à une divinité, à Dieu, en remerciement d'une demande exaucée. *Offrande en accomplissement d'un vœu.* ⇒ **ex-voto ; votif.** 2 Promesse librement faite à une divinité, à Dieu ; engagement religieux. ➛ *Vœux de religion* : les trois vœux (pauvreté, chasteté, obéissance) prononcés par un homme, une femme à leur entrée en religion. *La novice* « *avait encore sept mois de noviciat à faire avant de prononcer ses vœux* » (Goncourt). *Faire vœu de pauvreté. Vœu de chasteté.* ➛ *Les vœux du baptême,* par lesquels on renonce « à Satan, à ses pompes et à ses œuvres ». ♦ par ext. Engagement pris envers soi-même. ⇒ **résolution.** 3 Souhait que l'on adresse à une divinité, à Dieu. ⇒ **prière.** *Nos vœux ont été exaucés.* 4 Souhait que s'accomplisse qqch. *Faire un vœu. Vœu pieux,* sans espoir de réalisation. *Faire, former des vœux pour la santé de qqn ; pour la réussite d'une entreprise. Il est de coutume de faire un vœu à la vue d'une étoile filante.* ♦ Souhaits adressés à qqn. *Vœux de prompt rétablissement. Vœux de bonheur adressés à des jeunes mariés. Tous mes vœux !* ➛ *Vœux de bonne année. Meilleurs vœux pour l'année nouvelle.* 5 Demande, requête... faite par qui n'a pas autorité, ou pouvoir pour la satisfaire. *Les assemblées consultatives n'émettent que des vœux.* ⇒ **résolution.**

vogoul ou **vogoule** n. m. et adj. – 1952 ; nom donné par les Russes au *kanti*, nom autochtone de cette langue ■ Langue ougrienne parlée dans l'Oural. *L'ostiak et le vogoul.* ➤ adj. *Les parlers vogouls.*

vogue n. f. – XVe ; même o. que *voguer* 1 État de ce qui est apprécié momentanément du public ; de ce qui est à la mode. *Sa vogue augmente, baisse.* ⇒ **faveur, popularité.** ➤ *La vogue d'un roman, d'un auteur.* ⇒ **succès.** ➤ *EN VOGUE :* actuellement très apprécié, à la mode. « *des bonbons achetés en passant chez le confiseur en vogue de Stamboul* » (Loti). 2 région. Fête, foire annuelle d'un village (Lyonnais et région du Sud-Est). ✪ CONTR. Impopularité ; désuétude.

voguer v. intr. [1] – XIIIe ; germ. *wagon* ■ Avancer sur l'eau. ⇒ **naviguer.** « *nous voguions en silence* » (Lamart.). ♦ loc. fig. *Vogue la galère !* laissons les choses suivre leur cours ; advienne que pourra. « *Vogue la galère, dit-il. Au diable toutes ces sottises !* » (Balz.).

voici prép. – XVe ; de *voir* et *ci* 1 Présente une chose ou une personne relativement proche. *Voici mon fils.* « *Et Pilate leur dit : Voici l'homme* » (BIBLE). ⇒ **ecce homo.** *Le voici, les voici.* « *Voici des fruits, des fleurs* » (Verlaine). *En voici.* ♦ « *Les frusques que voici* » (Duham.). *Monsieur que voici,* qui est ici. 2 Désigne ce qui approche, commence à se produire. « *Tu réclamais le soir ; il descend ; le voici* » (Baud.). *Voici la pluie.* 3 Désignant les choses dont il va être question dans le discours (opposé à *voilà*). *Voici nos informations. En voici un exemple particulièrement parlant.* ➤ ellipt *Voici...* « *Voici. Je m'appelle Jean Valjean* » (Hugo). 4 Présentant un objet caractérisé. ⇒ **voilà.** *Vous voici tranquille :* vous êtes tranquille, maintenant. « *Le voici donc enfin abattu, l'édifice de votre amour-propre ?* » (Claudel). 5 (suivi d'une complétive, souvent avec inversion du sujet) *Voici que tombe la nuit. C'est faux, et voici pourquoi.* 6 littér. Il y a (un certain temps). ⇒ **voilà.** « *Voici tantôt mille ans que* [...] » (La Font.).

❏ *Voici* est beaucoup moins courant que *voilà.* → voilà (rem.). ♦ Certains lui attribuent, à juste titre, la fonction d'un verbe (*voici l'autobus* « l'autobus arrive »).

voie [vwa] n. f. – XIe ; lat. *via* → via **I - 1** Espace à parcourir pour aller quelque part. ⇒ **chemin, passage.** *Se frayer une voie dans les broussailles. Trouver, suivre, perdre la bonne voie. Boucher, dégager la voie.* 2 Cet espace, lorsqu'il est tracé et aménagé. ⇒ **artère, chemin, route,** ① **rue.** *Les grandes voies de communication d'un pays,* routes et voies ferrées. ➤ *La voie publique :* espace du domaine public destiné à la circulation (y compris les places, squares, etc., dans les villes). *Sur la voie publique :* au su et au vu de tous. ➤ *Voie prioritaire, à sens unique, interdite aux véhicules.* ➤ Partie d'une route de la largeur d'un véhicule, et délimitée par une bande jaune ou blanche. *Route à trois, quatre voies. Passage à voie unique.* 3 Grande route de l'Antiquité. *Les voies romaines.* ➤ *Voie sacrée,* commémorant un itinéraire (religieux, militaire). 4 *VOIE FERRÉE,* et absolt *la voie :* l'ensemble des rails qui forment une voie, un chemin pour les convois. ⇒ **chemin de fer.** *Les voies d'une ligne.* « *un chemin de fer à voie unique* » (Cl. Simon). *Voie principale, d'évitement. Signal qui ferme la voie. Voies et quais d'une gare.* ♦ Espace entre les deux files de rails. *Voie étroite, normale.* 5 *Voies navigables :* les fleuves et canaux. 6 *La voie maritime, aérienne :* les déplacements, transports par mer, air. 7 Chemin suivi par le gibier. ⇒ **piste, trace.** ➤ par métaph. *Les faibles,* « *sans principes, perdirent la voie* » (Michelet). cour. *Mettre sur la voie :* donner des indications, aider à trouver. 8 Traces parallèles laissées par les roues d'une voiture. ♦ par ext. Écartement des roues. 9 Chemin matérialisé par un circuit électrique par lequel peut passer un signal (⇒ **canal**). *Enceinte acoustique à deux, trois voies.* 10 *VOIE D'EAU :* ouverture accidentelle par laquelle l'eau entre dans un navire. « *on calfate des vaisseaux qui ont une voie d'eau* » (Volt.). 11 Passage, conduit anatomique. ⇒ **canal.** *Les voies digestives, respiratoires, urinaires. Par voie buccale, orale :* par la bouche. **II - 1** Conduite, suite d'actes orientés vers une fin et considérée comme un chemin que l'on peut suivre. ⇒ **filière, ligne, route.** *Aller, avancer dans telle ou telle voie. Préparer la voie :* faciliter les choses en réduisant les obstacles. *Ouvrir la voie.* ➤ *La bonne, la mauvaise voie* (pour obtenir qqch.). ⇒ **direction.** *Être dans la bonne voie,* en passe de réussir. ➤ *La voie de qqn,* la conduite qui lui convient, lui réussit. ♦ *La voie, les voies du salut, de la perdition.* ➤ Les desseins, les commandements (de Dieu). 2 Conduite suivie ou à suivre ; façon de procéder. ⇒ ② **moyen.** « *Régler le litige par voie de négociations* » (Sartre). *Opérer par une voie détournée.* ♦ *Voie de droit :* moyen légal d'assurer la sanction d'un droit. *Voies de recours. Voie de fait :* violence ou acte matériel insultant. 3 Intermédiaire ou suite d'intermédiaires qui permet d'obtenir ou de faire qqch. *Intervenir par la voie diplomatique.* 4 *EN VOIE (DE),* se dit de ce qui se modifie dans un sens déterminé. *Les pays en voie de développement. Espèce animale en voie de disparition.* « *Les pourparlers sont en bonne voie* » (Romains). ✪ HOM. poss. Voix.

voilà prép. – XVe ; de *voir* et *là* 1 Présentant une chose ou une personne. « *Tiens, dit-elle en ouvrant les rideaux. Les voilà !* » (Hugo). *Voilà pour vous.* « *Ah ! vous voilà, bandit ! – Oui, cousin, me voilà* » (Hugo). *Coucou, le voilà ! Voilà notre ami qui vient.* ⇒ **voici.** ♦ *EN VOILÀ. En voilà pour dix francs. En veux-tu en voilà :* beaucoup, tant qu'on en veut. « *des maîtresses en veux-tu en voilà* » (Aragon). « *En voilà une blague, la politique* » (Zola). ♦ *QUE VOILÀ.* « *La belle que voilà* » (chans.). ➤ « *Que voilà donc du sens commun* » (Siegfried). ♦ *Voilà !* interjection qui répond à un appel. *Voilà, voilà... j'arrive !* 2 Présentant les choses dont il vient d'être question. *Voilà toutes les informations dont nous disposons.* « *valeur, magnanimité, bonté* [...] *voilà pour le cœur ; vivacité, pénétration* [...] *voilà pour l'esprit* » (Boss.). « *Voilà* [...] *ce qui fait que votre fille est muette* » (Mol.). « *est-il exigeant cet animal-là ! voilà ce que c'est que de les gâter* » (Labiche). ➤ *En voilà assez :* cela suffit. ➤ *Voilà, et voilà,* sert à clore une déclaration. ➤ *Voilà qui est bien,* c'est bien. ♦ C'est (ce sont) bien..., c'est vraiment. *Voilà bien les hommes.* ➤ *Ah ! voilà !* c'était donc ça. 3 *Vous voilà content :* vous êtes content maintenant. *La voilà partie :* enfin, elle est partie ! « *Vous voilà bien embarrassés tous deux* » (Mol.). « *Comme te voilà grande, Camille !* » (Muss.). ➤ « *Le voilà qui prend tout à coup le mors aux dents* » (Dider.). ♦ *Nous voilà dans la place.* ➤ *Nous y voilà :* nous abordons enfin le problème, la question. « *Je n'ai pu me défendre de t'aimer. – Nous y voilà* » (Mariv.). 4 Pour présenter une circonstance nouvelle. « *Mais voilà que la belle route* [...] *n'est plus qu'une ornière affreuse* » (Maupass.). *Voilà pourquoi.* ➤ *Voilà où je veux en venir.* 5 fam. ou région. *Voilà-t-il pas que...* « *Mais ne voilà-t-il pas, patatras, qu'un jour, tout s'écroula !* » (Perec). 6 Pour présenter ou souligner un argument, une objection. *C'était simple,* « *seulement voilà, il suffisait d'y penser* » (Anouilh). 7 Il y a. « *Voilà dix ans que je n'ai vu le soleil* » (Flaub.).

❑ On entend souvent [vla] (*v'là* dans la langue écrite). ♦ L'opposition classique entre *voici* et *voilà* (proche et éloigné) n'est plus guère respectée ; la langue courante emploie *voilà* dans tous les cas. ♦ Pour la construction comparée de *c'est là* et *voilà* → là (rem.). ♦ Pour la fonction → voici (rem.).

① **voilage** n. m. – 1933 ▪ Grand rideau de voile. *Voilages pour baies vitrées.*

② **voilage** n. m. – mil. XXe ▪ Fait, pour une roue, de se voiler. ⇒ **gauchissement, voilement.**

① **voile** n. m. – XIIe ; lat. *velum* **I - 1** Étoffe qui cache une ouverture ou qui couvre un monument, une plaque... avant l'inauguration. **2** Morceau d'étoffe destiné à cacher le visage ou le front et les cheveux d'une femme. *Voile islamique.* ⇒ **foulard, haïk, tchador.** *Voile de religieuse.* ➤ loc. *Prendre le voile* : se faire religieuse. « *Elle a été destinée au couvent dès sa naissance, et elle prendra le voile sitôt rentrée à Madrid* » (Artaud). **3** Partie d'un vêtement féminin en voile, porté sur la tête. *Voile de mariée. Voile de veuve.* ⇒ ② **crêpe. 4** littér. Vêtement léger et transparent. *La danse des sept voiles de Salomé.* **5** Tissu léger et fin. *Voile de coton, de soie.* « *Dans ta robe de voile mauve et de strass* » (Colette). **II - 1** Ce qui cache qqch. ⇒ **enveloppe, masque.** « *Je ne veux mettre aucun voile au-devant des sentiments que j'ai pour vous* » (Sév.). ♦ loc. littér. *Étendre, jeter, tirer un voile (sur qqch.)*, le cacher ; le condamner à l'oubli. « *la pieuse hypocrisie qui conseille de jeter sur la vilenie un voile pudique* » (Caillois). ➤ *Lever le voile. Soulever un coin du voile* : faire entrevoir. **2** Ce qui rend moins net, ou obscurcit. *Des vapeurs « qui jetaient sur l'horizon un léger voile »* (Maupass.). *Voile de brume.* ➤ Partie anormalement obscure d'une épreuve photographique. ♦ Obscurcissement du champ visuel. ♦ Diminution de la transparence d'une partie du poumon, visible à la radioscopie. **III - 1** *Voile du palais* : cloison musculaire et membraneuse, qui sépare l'arrière-bouche de l'arrière-nez. *Appendice charnu du voile du palais.* ⇒ **luette. 2** Ensemble des membranes qui tapissent le dessous du chapeau de jeunes champignons. **3** En architecture, Structure de grande surface et de faible épaisseur formant une coque autoporteuse.

❑ Dans la pratique des islamistes, on distingue le voile, qui passe sur la bouche et le nez, et le foulard.

② **voile** n. f. – XIIe **1** Morceau de forte toile destiné à recevoir l'action du vent pour faire avancer le navire. *Bateau à voiles. Naviguer à la voile. La grand-voile* : principale voile du grand mât. ➤ « *Déjà dans les vaisseaux la voile se déploie* » (Rac.). *Amener, brasser, caler, carguer, enverguer, établir, ferler, hisser, larguer, serrer les voiles.* « *Le vent impétueux qui soufflait dans les voiles* » (A. Chénier). *Voiles qui claquent. Voile qui ralingue contre le mât.* ➤ *Mettre les voiles*, pour faire avancer le bateau ; fam. s'en aller, partir. *Mettre toutes voiles dehors* : employer tous les moyens. *Faire voile dans une direction.* ♦ *Avoir le vent dans les voiles* : être est en train de réussir. ➤ fam. *Être à voile et à vapeur* : être bisexuel. **2** Voilier. « *Au loin court quelque voile hellène* » (Hugo). **3** Sport nautique sur voilier. *Faire de la voile.* **4** *VOL À VOILE* : pilotage des planeurs. **5** *Voile solaire* : large structure destinée à recevoir des photons solaires pour permettre des déplacements dans l'espace.

① **voilé, ée** adj. – XIIe **1** Recouvert d'un voile. *Statue voilée.* ➤ Qui porte le voile. *Femme voilée* : musulmane qui porte le voile. **2** Rendu obscur, incompréhensible. *Sens voilé.* ⇒ **opaque.** « *L'ironie voilée imperceptible aux imbéciles* » (Henriot). **3** Qui a peu d'éclat, de netteté. *Ciel voilé.* « *Le soleil du matin, légèrement voilé* » (Robbe-Grillet). *Contours voilés.* ⇒ **estompé.** ➤ *Photo voilée*, qui présente un voile. ➤ *Diamant voilé*, dont la transparence et l'éclat ne sont plus parfaits. **4** Qui n'émet pas des sons clairs. « *Il chantait d'une voix faible, voilée, comme intérieure* » (R. Rolland). ✪ CONTR. Éclatant, ② net, pur. Clair, sonore.

❑ On dit encore *femmes voilées*, même si *voile* semble sortir de l'usage lorsque le visage n'est pas caché (foulard islamique).

② **voilé, ée** → ② **voiler**

voilement n. m. – 1949 État d'une pièce voilée. *Voilement d'une poutre.* ⇒ ② **voilure.**

① **voiler** v. tr. [1] – XIIe **I - 1** Couvrir, cacher d'un voile ; étendre un voile sur. « *La mantille blanche dont elle avait voilé ses cheveux* » (Mart. du G.). *Elle « se voila le visage jusqu'aux yeux »* (Mac Orlan). ♦ loc. *Se voiler la face* : s'empêcher de voir ce qui indigne, représente une tentation. « *Quoi donc ! boire, manger, jouir, voilons nos faces* » (Hugo). ♦ Cacher. *Tissu qui voile les contours du corps.* **2** Dissimuler. ⇒ **estomper, masquer.** *Voiler la vérité.* ➤ Rendre moins visible. *L'humour « voile les émotions »* (M. Jacob). **3** Rendre moins net. ⇒ **obscurcir.** *Yeux voilés de larmes.* « *Les brouillards du soir voilèrent avec douceur le disque rouge du soleil couchant* » (Maurois). ⇒ **estomper. II** *SE VOILER* v. pron. **1** Porter le voile. *Beaucoup de musulmanes ne se voilent plus.* **2** Perdre son éclat, se ternir. *Son regard se voile. Le Soleil se voile*, disparaît plus ou moins derrière les nuages, la brume. *Le ciel se voile*, se couvre de nuées. **3** Perdre sa netteté, sa sonorité. *Sa voix se voile.*

② **voiler** v. [1] – XIIe **1** v. tr. Garnir de voiles. *Bâtiment voilé en goélette.* **2** v. pron. Se dit d'une pièce de bois, de métal qui n'est plus plane, qui s'est déformée. ⇒ **gauchir.** *Étagère qui se voile sous le poids des livres.* ➤ Se dit d'une roue qui s'est légèrement tordue. *Roues de bicyclette voilées.*

voilerie n. f. – XVIIe ▪ Atelier pour la confection et la réparation des voiles de bateau.

voilette n. f. – XIXe ▪ Petit voile transparent à mailles fixé sur un chapeau de femme, et qui peut couvrir tout ou partie du visage. « *Derrière les mailles fines de sa voilette, son visage était presque entièrement caché* » (Green).

voilier n. m. – XVIe **1** Navire à voiles. « *les grands voiliers aux mâtures légères glissant sur le ciel* » (Maupass.). ♦ Bateau de sport ou de plaisance, qui avance à la voile. *Voilier monocoque, multicoque* (⇒ **catamaran, trimaran).** *Voilier sous-toilé, surtoilé. Course de voiliers.* ⇒ **régate. 2** *Grand voilier* : oiseau de mer à ailes longues et puissantes (⇒ **albatros).** ♦ Grand poisson carnivore *(perciformes)* dont la nageoire dorsale forme comme une grande voile. **3** *Voilier solaire* : engin spatial équipé d'une voile solaire. **4** Homme qui fait ou raccommode les voiles. *Il « maniait habilement l'aiguille du voilier »* (J. Verne).

① **voilure** n. f. – XVIIe **1** Ensemble des voiles d'un bâtiment. « *Une voilure de trois mille mètres carrés de surface* » (Hugo). ➤ Surface de ces voiles déployées. *Réduire la voilure.* **2** Ensemble des toiles des ailes et de l'empennage des premiers avions, des planeurs ; ensemble des surfaces portantes d'un avion. *Voilure tournante*, d'un giravion. ♦ Toile d'un parachute.

② **voilure** n. f. – XIXe ▪ État d'une pièce de bois, de métal, d'une roue qui se voile. ⇒ **gauchissement,** ② **voilage, voilement.**

voir v. [30] – X^e ; lat. *videre* **I** v. intr. Percevoir les images des objets par le sens de la vue. *Ne plus voir* : perdre la vue. *Regarder sans voir. Voir trouble, mal. On ne voit pas à dix pas. Voir distinctement.* « *On y voyait* *encore un peu ici, à cause des étoiles* » (Ramuz). *On commence à y voir clair. Il n'y voit pas très bien* : il souffre d'un trouble, d'une affection de la vue. *Mettre des lunettes pour mieux voir.* ♦ loc. *Voir loin* : prévoir. ➝ *Ne voir que par les yeux de qqn*, se fier entièrement à son jugement, suivre son opinion en tout. ➝ *Voir avec les yeux de la foi* : considérer les choses à la lumière de la foi. **II** v. tr. dir. **1** Percevoir par les yeux. *Voir qqch. de ses propres yeux.* « *Il avait vu, de ses yeux vu,* [...] *le grand Karathoustra* » (Perec). *Je le vois très bien.* ⇒ **distinguer.** *Je l'ai à peine vu.* ⇒ **apercevoir, entrevoir.** « *Voir tout cela d'un clin d'œil* » (Balz.). ⇒ **embrasser, saisir.** « *Je faisais semblant de ne pas les voir* » (France). « *Dans la haute montagne, il avait vu de près des glaciers* » (Aragon). *Que vois-je ? Cela fait plaisir à voir.* ➝ *J'ai vu cela dans le journal.* ⇒ ① **lire.** ♦ loc. *Voir le jour* : naître ; paraître. *Je l'ai vu comme je vous vois*, aussi réellement. ➝ FAIRE VOIR. ⇒ **montrer.** *Faites-moi voir les lieux. Il nous a fait voir comment procéder. Il essaie de ne pas se faire voir* : il se cache. « *Il y a des endroits où il faut se faire voir* » (La Bruy.). fam. *Va te faire voir (chez les Grecs) !* ♦ LAISSER VOIR : ne pas cacher. *Ne pas laisser voir son trouble.* ➝ Montrer. « *les toits effondrés laissaient voir les chambres béantes* » (Hugo). ♦ Avoir l'image de. ⇒ se **représenter.** *Voir qqn en rêve.* « *Je vois un beau film à faire* » (Aymé). loc. fam. *Tu vois ça d'ici !* imagine cela. *Don de voir l'avenir.* ♦ « *Le facteur est entré. Il l'a vu mourir* » (Céline). *Les voitures que j'ai vues rouler, que j'ai vu conduire.* ➝ « *Anne, ma sœur Anne, ne vois-tu rien venir ?* » (Perrault). *Il faut voir venir*, attendre. *Le pays qui l'a vue naître*, où elle est née. ➝ *Quand je l'ai vue si malade, j'ai appelé le médecin. Vous m'en voyez ravi, navré* : je suis ravi, navré de cela. *Je voudrais bien le voir parti*, qu'il parte. fam. *Je voudrais vous y voir !* à ma place vous n'agiriez pas autrement. ➝ *Je la vois qui vient.* ➝ « *Un jour l'évêque le vit faisant la charité* » (Hugo). **2** Être spectateur, témoin de. *Voir une pièce de théâtre.* ⇒ **assister** (à). « *Il nous arrivait de voir ensemble un film nouveau* » (Beauv.). *J'ai vu l'accident.* « *je fais des vœux pour que nos fils ne voient plus jamais la guerre* » (Maupass.). ⇒ **connaître.** ➝ *Voir une ville, un pays*, y aller, visiter. loc., vieilli *Voir Naples et mourir. C'est une chose à voir*, qui mérite d'être vue. *Voir du pays* : voyager. ♦ loc. *En voir de belles. On n'a jamais rien vu de pareil. Vous n'avez encore rien vu* : vous allez voir mieux encore. fam. *Qu'est-ce qu'il ne faut pas voir ! Tu vois ce que je vois ? Vous allez voir ce que vous allez voir. On aura tout vu !* ➝ *J'en ai vu d'autres !* j'ai vu pire. *En faire voir à qqn*, lui causer des tourments. « *Cette petite femme-là lui en fait voir de toutes les couleurs* » (Daudet). **3** Être, se trouver en présence de. « *Comment jugerais-je d'un homme que je n'ai vu qu'une après-midi* » (Rouss.). *Je l'ai déjà vu.* ⇒ **rencontrer.** *Pourrais-je voir le chef de service ? Aller, venir voir qqn*, lui rendre visite. *Médecin qui va voir ses malades.* ⇒ **visiter.** *Il ne veut voir personne.* ⇒ **recevoir.** ➝ loc. fam. *Je l'ai assez vu* : je ne tiens plus à le voir. *Je ne peux pas le voir*, le supporter. ♦ Trouver, rencontrer (qqch.). « *Vous n'avez, dans votre vie, jamais rien vu de si beau* » (Mol.). **4** Regarder attentivement, avec intérêt. ⇒ **examiner.** *Il faut voir cela de plus près*, considérer. *Allez voir ce qui se passe à côté. Voyez ci-dessous.* ♦ Prêter attention à, avoir présent à la vue. ⇒ **remarquer.** *J'ai vu des fautes dans ce texte.* ⇒ **découvrir.** « *Les regards des puissants passent par dessus les petits sans les voir* » (Gide). ⇒ **percevoir.** ➝ *Les dames* « *veulent avoir le temps de voir et d'être vues* » (Romains). ⇒ **observer.** ➝ « *Lorsqu'elle vit* [...] *que l'escalier était obscur* » (Muss.). ➝ *Voyez comme il est grand.* « *Mignonne, allons voir si la rose* » (Ronsard). loc. fam. *Allez voir là-bas si j'y suis* : allez-vous-en. **5** Se faire une opinion sur. *Voyons un peu cette affaire.* ⇒ **considérer, étudier.** *Il faut voir ce qu'on peut faire. Il faut voir*, réfléchir. *On verra* : on décidera plus tard. *On verra bien !* attendons la suite des événements. *Je voudrais bien voir ce qu'il ferait à ma place*, je voudrais savoir. ➝ POUR VOIR : pour se faire une opinion. « *J'ai essayé un peu pour voir les frusques de mon père* » (Céline). ➝ *Essaie un peu, pour voir !* ➝ VOIR QUE, COMME, COMBIEN... ⇒ **constater.** « *on voit bien que ce sont des nomades* » (Larbaud). *Quand il a vu qu'il avait tort*, quand il s'en est rendu compte. *Voyez comme le hasard fait bien les choses !* ➝ VOIR SI... ⇒ **éprouver,** ① **savoir.** *Voyez si elle accepte*, informez-vous-en. *Il téléphonait pour voir si elle était chez elle.* ♦ « *Vois-tu mon ami, l'amour c'est comme la coqueluche* » (Labiche). ♦ fam. *Voyons voir ! Regardez voir sur la table s'il y est.* « *Essaye voir !* » (Zola). ♦ VOYONS ! s'emploie en manière de reproche. « *Calmez-vous, voyons !* » (Céline). « *Il me répondit* "Ben ! Voyons !" *comme s'il s'agissait là d'une évidence* » (St-Exup.). **6** Se représenter par la pensée. ⇒ **concevoir, imaginer.** *Voir la réalité telle qu'elle est. C'est une façon de voir.* « *Je vous vois pas dans un bureau* » (Fallet). ➝ *Nous ne voyons pas de quoi il s'agit, de qui vous parlez.* « *C'est mon bureau, si tu vois ce que je veux dire* » (Le Clézio). *Ah ! je vois !* je comprends. *Je ne vois plus rien à dire. J'ai vu le moment où il se mettait en colère. Si vous n'y voyez pas d'inconvénient* : si vous le permettez. ➝ *Voir grand* : avoir de grands projets. ♦ VOIR... EN (qqn), le considérer comme. « *vous voyez en moi un paysan qui s'est révolté* » (Stendh.). **7** AVOIR QQCH. À VOIR (avec, dans) : avoir une relation, un rapport avec. *Je n'ai rien à voir dans cette affaire* : cela ne me concerne pas. *Cela n'a rien à voir !* c'est tout différent. « *La sensualité n'a pas grand-chose à voir avec les sentiments* » (Maurois). **III** v. tr. ind. VOIR À : songer, veiller à. « *Buteau verra, j'espère, à épouser sa cousine* » (Zola). ➝ fam. *Il faudrait voir à ne pas nous raconter d'histoires ! (Il) faudrait voir à voir !* il faudrait songer à faire attention. **IV** SE VOIR v. pron. **1** Voir sa propre image. *Se voir dans une glace.* ♦ *Elle ne s'est pas vue mourir.* ⇒ **sentir.** ➝ S'imaginer. *Ils se voyaient déjà morts. Je ne me vois pas habiter là.* ➝ *Elle s'est vue contrainte à renoncer*, elle se trouva contrainte. *Elle s'est vu refuser l'entrée du club*, on lui a refusé l'entrée. **2** Se rencontrer, se trouver ensemble. *Nous nous sommes vues récemment. Nous ne nous voyons plus.* ⇒ **fréquenter.** ➝ loc. *Ils ne peuvent pas se voir* : ils se détestent. ⇒ se **sentir. 3** Être, pouvoir être vu. *Un film qui se voit avec plaisir.* ♦ Être remarqué, visible. *Une reprise qui ne se voit pas.* ♦ Se rencontrer, se trouver. *Cet appareil se voit encore dans les campagnes.* loc. *Cela ne s'est jamais vu* : c'est impossible, inepte. ✪ HOM. Voire ; *virent* : vire (virer) ; *visse* : visse (visser) ; *vis* : vis (① vivre).

❑ Attention à l'accord du participe passé. *Ils se sont vus tomber ; cette femme que j'ai vue peindre* (ils tombaient, elle peignait). *La femme que j'ai vu peindre* (elle servait de modèle) ; *ils se sont vu infliger une sanction* (on leur a infligé une sanction).

voire adv. – XIIe ; lat. *verus* « vrai » ■ Et même. « *mes considérations pratiques, loin de l'ébranler, lui paraissent parfaitement négligeables, voire mesquines* » (Mart. du G.). ✪ HOM. Voir.

❑ L'emploi répété de *voire* est assez pédant. ♦ Parfois compris et écrit comme *voir.* ♦ Le renforcement par *même* est critiqué comme pléonasme.

voirie n. f. – XIIe ; de *voyer* « officier de justice » **1** Ensemble des voies aménagées et entretenues par l'administration publique. « *Les espacements exigus d'une voirie tortue et maladroite* » (Hugo). **2** Entretien des voies, des chemins. *Travaux de voirie.* ➝ Partie de l'administration publique qui s'occupe de l'ensemble des voies de communication. ♦ *Service de voirie* : entretien, nettoyage des voies publiques. Enlèvement quotidien des ordures dans les villes.

voisin, ine adj. et n. – XIIe ; lat. *vicinus* **1** Qui est à une distance relativement petite. ⇒ **proche.** *Ils « portaient déjà des provisions du marché voisin »* (Céline). ◆ Qui touche, est à côté. *La pièce voisine.* ⇒ **adjacent, attenant, contigu.** ◆ *Les régions voisines de l'équateur.* ♦ Proche dans le temps. *Les années voisines de 1789.* **2** Qui présente un trait de ressemblance, une analogie. *Espèces voisines.* ◆ *« des galanteries voisines de l'obscénité »* (Romains). ⇒ **approchant.** **3** n. Personne qui vit, habite le plus près. *« tous les voisins sont aux fenêtres et se plaignent du tapage »* (Balz.). *Se rendre service entre voisins.* ♦ Personne qui occupe la place la plus proche. *« Un camarade, un voisin de table »* (Duham.). ♦ Pays voisin. *« cet État fondé sur la guerre, et par là naturellement disposé à empiéter sur ses voisins »* (Boss.). ✪ CONTR. Distant, éloigné, lointain. Différent, opposé.

❑ Même famille étymologique que *vicinal.*

voisinage n. m. – XIIIe **1** Ensemble des voisins. ⇒ **entourage.** *« Le voisinage est superchic. Tu es à cent mètres de l'avenue du Bois »* (Romains). **2** État de proximité. *« des pins que le voisinage de la mer rend énormes »* (Mauriac). ♦ Relations entre voisins. *Vivre en bon voisinage avec qqn.* **3** Proximité dans le temps. ⇒ **approche.** *Voisinage de l'hiver.* **4** Espace qui se trouve à faible distance. *Se trouver dans le voisinage.* ⇒ **environs, parages.** ♦ *Voisinage d'un point,* ensemble ouvert contenant ce point. ✪ CONTR. Éloignement.

voisiner v. intr. [1] – XIIe **1** vx ou littér. Fréquenter ses voisins. *« elle ne recevait jamais de lettres, ni de visites, elle ne voisinait point »* (Balz.). **2** *Voisiner avec :* être placé près de. *« Je voisinais à table avec quatre agents »* (Céline).

voiturage n. m. – XIVe ▪ Transport par voiture attelée.

voiture n. f. – XIIIe ; lat. *vehere* « transporter » **I** vx Mode de transport. *« Les voitures d'Orient se font par des bœufs, ou des chameaux »* (Furetière). **II - 1** Véhicule monté sur roues, tiré ou poussé par un animal, un homme. *Voiture à deux, quatre roues. Voiture attelée. Voiture à cheval. Voiture de poste* (⇒ **malle**). *Voiture de maître. Voiture particulière. Voiture de louage, de remise.* ♦ *Voiture à bras :* dispositif sur roues, poussé ou tiré à force de bras. ♦ *Voiture d'enfant,* dans laquelle on promène les bébés. ⇒ **landau, poussette.** ◆ *Voiture d'infirme.* fam. *Quand je serai dans une petite voiture...,* vieux et infirme. **2** Véhicule automobile. ⇒ **automobile ;** fam. **bagnole, caisse, chignole, chiotte,** ② **tire, trottinette.** *Moteur, châssis, carrosserie d'une voiture. Voiture à moteur électrique, à explosion, à combustion interne, à turbine. Organes de transmission d'une voiture.* ⇒ **changement** (de vitesses), ② **différentiel, embrayage.** *Voiture à traction avant, à propulsion arrière, à quatre roues motrices* (⇒ **quatre-quatre**). *Éclairage d'une voiture.* ⇒ **phare ; cataphote, code,** ① **feu, lanterne, stop ; clignotant.** *Ceinture de sécurité d'une voiture. Voiture puissante. Voiture décapotable. Voiture à deux, quatre portes. Voiture de place.* ⇒ ① **taxi.** *Voiture de course, (de) sport, de tourisme. Voiture de fonction. Voiture cellulaire. Voiture de pompiers.* ◆ *Voiture neuve, d'occasion. Voiture rapide, nerveuse. Vieille voiture délabrée.* ⇒ **guimbarde, tacot.** ◆ *Louer une voiture. Se déplacer en voiture.* ◆ *Conduire une voiture.* ⇒ **automobiliste, chauffeur, conducteur.** *Arrêter, garer sa voiture. Voitures en stationnement. Accident de voiture.* ♦ *Voiture-balai,* qui recueille les coureurs cyclistes qui abandonnent. ♦ loc. fam. *Se ranger, être rangé des voitures :* s'assagir après avoir mené une vie dissipée. **3** Grand véhicule, roulant sur des rails, destiné aux voyageurs. *Voitures et wagons attelés à une locomotive.* ⇒ **train.** *Voiture de tête, de queue, de première, de seconde. Compartiments, couloir, portières d'une voiture. Voiture nº 17, place 28. Voiture-lit.* ⇒ **wagon-lit.** *Voitures du métro.* ⇒ ③ **rame.** ♦ loc. *En voiture !* montez dans le train ; le train va partir.

❑ Pour l'emploi de *voiture* et *wagon* → wagon (rem.). ♦ Pour le sens → auto, automobile (rem.).

voiture-bar n. f. – v. 1970 ▪ Voiture d'un train aménagée en bar. *Des voitures-bars.*

voiturée n. f. – XIXe ▪ Contenu d'une voiture. *Trois voiturées de bois.*

voiturer v. tr. [1] – XIIIe **1** vx Transporter. *« Voiturez-nous ici les commodités de la conversation »* (Mol.) **2** Transporter dans une voiture. ⇒ **véhiculer.** *« Leur table se couvrait de raviers bariolés et l'on voiturait un jambon dans sa conque de métal »* (Chardonne).

voiturette n. f. – XIXe ▪ Petite voiture. *« La voiturette de la marchande de glaces et de sucettes était toujours à la même place »* (Cl. Simon). *Voiturette automobile :* voiture légère de faible cylindrée.

voiturier n. m. – XIIIe ▪ Personne qui effectue un transport. ⇒ **transporteur.** ♦ Dans un hôtel, un grand restaurant, Employé chargé de garer les voitures des clients.

voïvodat n. m. – XIXe ▪ Titre, dignité de voïvode.

❑ Pour la formation → -at (rem.).

voïvode n. m. – XVIe ; mot slave « chef d'armée » ▪ Gouverneur dans les pays d'Europe orientale, autrefois. ♦ En Pologne, Préfet.

voïvodie n. f. – XIXe ▪ En Pologne, District administratif ; province.

voix [vwa] n. f. – XIe ; lat. *vox* **I - 1** Ensemble des sons produits par les vibrations des cordes vocales. *Être sans voix :* être aphone ; rester interdit sous l'effet de l'émotion. ⇒ **muet.** *« Je restai sans voix et sans mouvement »* (Vigny) ◆ *Tremblement, vibrations de la voix. Un filet de voix. Bruit, éclats de voix.* ◆ *Voix d'homme, de femme. Voix forte, puissante, bien timbrée. Une grosse voix. Voix faible, cassée, chevrotante, sourde. Voix aiguë, criarde, perçante, stridente. Voix de crécelle, de fausset. Voix grave, basse, caverneuse, profonde, sépulcrale.* ◆ *Voix chaude. Je suis sensible « au timbre, à l'étoffe, à l'étendue, à la souplesse d'une voix riche et bien conduite »* (Duham.). *Voix claire, pure. Voix enrouée, éraillée, rauque. Voix juste.* ♦ *Avoir de la voix,* une voix appropriée au chant. *Forcer sa voix. Une belle voix.* ◆ *Être en voix :* se sentir dans de bonnes dispositions pour chanter. ◆ *Chanter à pleine voix.* ⇒ **tue-tête** (à). *Voix dans le masque :* voix travaillée qui utilise les résonateurs de la poitrine et les résonateurs de la face. *Pièces vocales à plusieurs voix.* ♦ *Voix céleste, voix humaine :* jeux de l'orgue. ⇒ ② **régale.** ♦ Organe de la parole. *De vive voix :* oralement. *Parler à voix basse, à mi-voix, à voix haute ; à haute et intelligible voix. Couvrir la voix de qqn,* en parlant plus fort que lui. *Baisser la voix. « L'inflexion des voix chères qui se sont tues »* (Verlaine). *Tousser pour éclaircir sa voix.* ◆ *« Sa mère le gronda [...] en prenant une grosse voix »* (Loti). *« une voix déchirée, naïve, chancelante, une voix d'enfant malheureux »* (Duham.). ⇒ ② **ton.** **2** Parole. *« une troupe disciplinée, obéissant [...] à la voix d'un seul chef »* (Lautréam.). ♦ littér. *« Avant que tous les Grecs vous parlent par ma voix »* (Rac.), par ma bouche. loc. *Être la voix de son maître,* le porte-parole soumis. **3** La personne qui parle. *« Feu ! dit la voix »* (Hugo). **4** Cri (d'un animal). *Donner de la voix :*

aboyer ; protester. ➝ « *une tourterelle éleva sa voix plaintive* » (France). 5 littér. Bruit, son. « *des voix chantantes de violon* » (Zola). « *les voix du vent et des vagues* » (Maupass.). **II - 1** Ce que nous ressentons en nous-mêmes, nous parlant, nous avertissant, nous inspirant. ⇒ **appel, avertissement, inspiration.** *La voix de la raison.* ⇒ **avis, conseil.** « *C'est cette voix du cœur qui seule au cœur arrive* » (Muss.). 2 vx Expression de l'opinion. ⇒ **avis, jugement.** « *Rome le louait d'une commune voix* » (Rac.). ♦ mod. Droit d'opiner dans une assemblée, dans un vote. ➝ *Donner sa voix à un candidat,* voter pour lui. « *La constitution de l'an VIII* [...] *fut approuvée par trois millions de voix* » (Bainville). **III** « Aspect de l'action verbale dans ses rapports avec le sujet, suivant que l'action est considérée comme accomplie par lui *(voix active),* ou subie par lui *(voix passive)* » (Vendryes). ✪ HOM. poss. Voie.

① **vol** n. m. – XIIe 1 Action de voler ; ensemble des mouvements coordonnés faits par les animaux capables de se maintenir en l'air pour s'y mouvoir. *Vol des oiseaux, des insectes, de certains mammifères. Prendre son vol :* s'envoler. *Oiseau de haut vol,* capable de voler haut. ➝ « *L'oiseau foudroyé en plein vol* » (From.). ♦ Manière particulière de voler. *Vol ramé, plané. Vol à voile,* particulier aux oiseaux à ailes longues qui utilisent les courants aériens. « *Le grand vol anguleux des éperviers rapaces* » (Verlaine). ♦ Essor. *La calomnie « s'élance, étend son vol, tourbillonne »* (Beaum.). loc. *Prendre son vol :* améliorer sa position, sa situation. ➝ *Le vol du temps.* « *Ô temps, suspends ton vol !* » (Lamart.). ➝ loc. *Au vol :* rapidement au passage. *Il « avait saisi au vol la petite main brûlante »* (Mart. du G.). ➝ *De haut vol :* de grande envergure. *Un escroc de haut vol.* ⇒ **volée.** ♦ *Temps de vol d'une particule,* temps nécessaire pour effectuer son libre parcours moyen. 2 Le fait, pour un engin, de se soutenir et de se déplacer dans l'air. *Vitesse de vol. Vol des avions, des engins spatiaux.* « *Vol de nuit* », *roman de Saint-Exupéry.* ➝ *Vol à haute altitude ; en rase-mottes. Conditions de vol. En vol, en plein vol :* pendant le vol. ➝ *Heures de vol,* accomplies par un professionnel de l'aviation ; expérience dans un domaine professionnel. ➝ *VOL À VOILE :* manœuvre des engins plus lourds que l'air et sans moteur, qui planent. ♦ Déplacement en vol. *Vol libre,* au moyen d'un deltaplane, sans moteur ni traction. ➝ Le sport ainsi pratiqué. ➝ *Vol de reconnaissance, d'observation, de bombardement. Le vol en provenance de New York est retardé.* « *Il a fallu aller à Rome pour trouver des vols en direction de Tunis* » (Tournier). *Vols domestiques,* à l'intérieur du pays. 3 Distance parcourue en volant ; le fait de voler d'un lieu à un autre. *Les vols migrateurs.* 4 La quantité d'oiseaux, d'insectes qui se déplacent ensemble dans l'air. ⇒ **volée.** *Un vol d'oiseaux migrateurs, de sauterelles* (⇒ **nuage**). « *Comme un vol de gerfauts hors du charnier natal* » (Heredia). 5 Chasse avec des oiseaux de proie. ⇒ **fauconnerie, volerie.** ♦ Équipage des oiseaux de proie utilisés pour la chasse. 6 Envergure d'un oiseau. ✪ HOM. Vole.

② **vol** n. m. – XVIIe 1 Le fait de s'emparer du bien d'autrui, par la force ou à son insu ; action qui consiste à soustraire frauduleusement le bien d'autrui. « *Le vol du pauvre devient une malicieuse reprise individuelle* » (Céline). *Commettre un vol. Vol avec effraction. Vol à main armée* (⇒ **hold-up**). *Vol à l'étalage.* « *Le crime n'aurait pas eu le vol pour mobile* » (Gide). *Assurances contre le vol.* 2 Le fait de prendre à autrui plus qu'il ne doit, ou de ne pas donner ce que l'on doit. « *Un jeu subtil d'amendes, de retenues, de petits vols* » (Nizan). ➝ Le fait de prendre des bénéfices excessifs. ⇒ **escroquerie.**

volage adj. – XIe ; lat. *volaticus* « qui vole, a des ailes » 1 Qui change aisément, souvent, de sentiment ; qui se détache facilement. ⇒ **changeant.** « *Étourdi, pétulant, volage* » (Rouss.). ➝ « *J'ai été légère et volage* » (abbé Prévost). ⇒ **frivole, inconstant, infidèle, léger.** ➝ *Cœur volage.* 2 *Navire volage,* instable. ✪ CONTR. Constant, fidèle.

volaille n. f. – XIIIe ; lat. *volatilis* « qui a des ailes » 1 Ensemble des oiseaux qu'on élève pour leurs œufs ou leur chair. *Les poules, les canards, oies, dindons sont de la volaille.* ♦ Viande de volaille. *Chaud-froid, galantine, quenelles de volaille.* 2 Oiseau de basse-cour. ⇒ ② **volatile.** *Élever, engraisser des volailles.* « *S'occuper de ses volailles, les six cents bêtes, poules, canards, pigeons, qui voletaient, cancanaient* » (Zola). *Plumer, flamber, trousser, vider une volaille. Volaille rôtie.* 3 arg. Femme, fille.

❑ *Volaille* est le doublet populaire de *volatile.*

volailler, ère n. – XVIIe ▪ Marchand(e) de volailles et de gibier.

volailleur, euse n. – XIXe ▪ Éleveur de volailles. ⇒ **aviculteur.**

① **volant, ante** adj. – XIIe 1 Capable de s'élever, de se déplacer dans les airs. ⇒ **aérien.** *Poisson volant.* ⇒ **exocet.** *Écureuil volant.* « *Il n'y a de mammifère volant que la chauve-souris* » (Hugo). ➝ *Tapis volant des légendes orientales. Objet volant non identifié.* ⇒ **ovni.** ♦ *Machines volantes, appareils volants :* les premiers engins aériens. ➝ *Personnel volant* (opposé à *rampant*). ⇒ **navigant.** subst. *Les volants.* 2 Qui peut être déplacé facilement, rapidement. *Escalier, pont volant.* ⇒ **mobile.** ➝ *Manœuvres volantes* ou *courantes* (opposé à *dormant, fixe*). ♦ *Feuille* (de papier) *volante,* détachée. 3 Qui n'est pas à un poste fixe, intervient en fonction des besoins. « *l'escadron volant des chèvres, toujours prêtes à s'égailler* » (Tournier). *Gardien de but volant.*

② **volant** n. m. – XIVe 1 vx Aile de moulin à vent. *Les quatre volants forment la voilure.* 2 Petit morceau de liège, de bois léger, muni de plumes en couronne. ➝ Jeu qui se joue avec des raquettes et un volant. ⇒ **badminton.** 3 Bande de tissu libre à un bord et formant une garniture rapportée. *Robe à volants.* ⇒ **falbala.** 4 Roue de grand diamètre dont la masse en rotation sert à régulariser l'allure d'un moteur. *Volant magnétique :* volant aimanté pour produire le courant d'allumage. ♦ *Volant de sécurité :* ce qui sert à régulariser ou à entretenir un processus. ⇒ **marge, réserve.** 5 Dispositif en forme de roue qui, par l'intermédiaire d'engrenages et d'une timonerie, sert à orienter les roues directrices d'une automobile. *Être, se mettre au volant :* conduire. « *Il est distrait au volant de son auto* » (Camus). ➝ Conduite des automobiles. *Les as du volant.* 6 Perche sur laquelle les oiseleurs disposent les gluaux. *Chasse aux volants.* 7 Partie détachable d'un carnet à souches. *Le volant et le talon.* 8 *Volant d'eau.* ⇒ **myriophylle.**

volapük ou **volapuk** [vɔlapyk] n. m. – XIXe ; de *vola* (angl. *world* « monde ») et *pük* (angl. *speak* « parler ») « langue du monde » ▪ Une des langues internationales artificielles. « *Notre langue présente cette singularité* [...] *d'avoir figuré le* volapük *snob de l'époque des Lumières* » (Gracq).

❑ Le volapük, créé en 1879 par l'Allemand J.M. Schleyer, garde une connotation péjorative contrairement à l'espéranto.

volatil, ile adj. – XVIIe ; lat. *volatilis* 1 Qui passe spontanément ou facilement à l'état de vapeur. *L'éther est volatil.* ♦ littér. Qui disparaît facilement. « *La spécifique et volatile essence* [du bonheur perdu] » (Proust). ♦ *Mémoire volatile* (d'un ordinateur), ne conservant pas les informations lors d'une coupure de l'alimentation. 2 Qui paraît surévalué, présente une certaine volatilité. *Monnaies volatiles.* ✪ HOM. Volatile.

> ❑ Attention, pas de *e* au masculin (comme pour *civil, viril, subtil*), alors que la majorité des adjectifs masculins en prennent un (*facile, habile, utile*, etc.).

① **volatile** adj. – XIVe ; lat. *volatilis* ■ vx Qui a des ailes. « *la gent volatile* » (Hugo). ◆ littér. Formé d'oiseaux. ✪ HOM. Volatil.

② **volatile** n. m. – XVIIe ; a. fr. *volatilie* « ensemble des oiseaux » ■ vieilli Oiseau. ➙ Oiseau de basse-cour. ⇒ **volaille.**

volatilisation n. f. – XVIIe 1 Le fait de passer à l'état gazeux. ⇒ **sublimation.** 2 Disparition.

volatiliser v. tr. [1] – XVIIe ; de *volatil* 1 Faire passer à l'état gazeux. ⇒ **vaporiser ; sublimer.** ◆ Faire disparaître. *Une frénésie* « *qui vitrifiait ou volatilisait tout ce qui s'approchait de mon cœur* » (Gide). 2 SE VOLATILISER v. pron. Passer à l'état de vapeur. ⇒ se **vaporiser.** ◆ Se dissiper, disparaître. ⇒ s'**évaporer.** « *au dessert, il semblait qu'elle se volatilisât* » (Mauriac). ⇒ s'**éclipser.**

volatilité n. f. – XVIIe 1 Propriété de ce qui est volatil. 2 Grande réactivité d'une valeur, d'une monnaie. ⇒ **instabilité, versatilité.**

vol-au-vent n. m. inv. – XVIIe ■ Moule de pâte feuilletée garni d'une préparation de viande ou de poisson en sauce, avec des champignons, des quenelles. ⇒ **timbale.**

volcan n. m. – XIVe ; de *Vulcanus* « Vulcain » 1 Montagne qui émet ou a émis des matières en fusion. « *Quant au volcan lui-même, on ne pouvait douter qu'il ne fût complètement éteint* » (J. Verne). ◆ En géographie et en géologie, Orifice de l'écorce terrestre qui met en communication les régions internes (magma) et la surface, et donne généralement naissance à un édifice naturel. *Socle, cheminée, cratère, cône d'un volcan. Volcan actif, en activité. Réveil d'un volcan.* 2 Violence impétueuse, dangereuse, qui se manifeste ou reste cachée. « *dans ce siècle ardent toute âme est un cratère Et tout peuple un volcan* » (Hugo). ◆ Danger imminent. *Être, danser sur un volcan.*

> ❑ *Vulcain*, dieu du feu chez les Romains, était censé habiter sous l'Etna.

volcanique adj. – XVIIIe 1 Relatif aux volcans et à leur activité ; qui fait partie, provient d'un volcan. *Éruption volcanique. Déjections, projections volcaniques, de matières volcaniques. Roches volcaniques.* ⇒ **éruptif, magmatique, plutonique ; basalte, lave, obsidienne.** ➙ Qui comporte des volcans. *Région volcanique.* 2 Ardent, impétueux. ⇒ ① **explosif.** *Tempérament volcanique.*

volcanisme n. m. – XIXe ■ Ensemble des manifestations volcaniques.

volcanologie n. f. – XIXe ■ Science qui étudie les phénomènes volcaniques.

> ❑ On a d'abord dit *vulcanologie*. Depuis 1967, l'Académie française recommande de réserver *vulcanologie* pour désigner le traitement du caoutchouc. → vulcaniser.

vole n. f. – XVIe ; de ① *voler* ■ Aux cartes, Coup où l'un des joueurs fait toutes les levées. ✪ HOM. Vol.

> ❑ Les levées paraissent *s'envoler*.

volée n. f. – XIIe I - 1 Le fait de voler (①) ; distance parcourue par un oiseau en un seul vol. ◆ Envol, essor. *Prendre sa volée* : s'affranchir, s'émanciper. ➙ *Donner la volée à un oiseau*, le lâcher, le laisser aller. ◆ loc., vieilli *À la volée* : d'un seul coup, sans hésiter ; à la légère. « *Il faut procéder avec circonspection et ne rien faire, comme on dit, à la volée* » (Mol.). ➙ *D'une seule volée* : sans s'interrompre. 2 Groupe d'oiseaux qui volent ou s'envolent ensemble. ⇒ ① **vol.** « *Des volées de petits moineaux s'abattaient sur cette moisson perdue* » (Daudet). ◆ Groupe. ⇒ **essaim.** *Une volée d'enfants.* ➙ (Suisse) Élèves d'une même promotion. ◆ « *Une volée de souvenirs* » (Flaub.). 3 Rang, qualité. *De haute volée* : de haut rang, de haute condition ; de grande envergure. « *des alliances avec des gens de haute volée* » (Michelet). II - 1 Mouvement rapide ou violent. *Une volée de flèches.* « *Mademoiselle fit tirer ce jour-là quelques volées de canon de la Bastille* » (Ste-Beuve). ⇒ **décharge, salve.** ◆ À LA VOLÉE ; À TOUTE VOLÉE : en faisant un mouvement ample, souvent avec force. *Semer à la volée. Gifler qqn à toute volée.* « *au milieu des psaumes, des litanies* [...] *et des cloches qui sonnaient à toute volée* » (Daudet). 2 Mouvement de ce qui a été lancé et n'a pas encore touché le sol. *Attraper une balle à la volée*, en l'air. ➙ *Reprendre la balle de volée au volley-ball.* ◆ Coup par lequel on renvoie une balle avant qu'elle n'ait touché le sol. *Volée de revers* (au tennis). 3 Suite de coups rapprochés. *Volée de coups de bâton.* loc. *Volée de bois vert* : attaques violentes. ➙ fam. *Flanquer une volée.* ⇒ fam. **dégelée, dérouillée, raclée, rouste, trempe.** 4 Support de la poulie d'une grue. ◆ Partie d'un tube de canon la plus rapprochée de la bouche. ◆ Pièce transversale, à l'avant du train d'une voiture ou au bout du timon. 5 Partie d'un escalier qui s'élève d'un palier à l'autre. *Une volée de marches.* « *un escalier assez exigu, qui s'élève, en courtes volées* » (Robbe-Grillet).

volémie n. f. – 1968 ; de *volume* et *-émie* ■ Volume sanguin total.

① **voler** v. [1] – IXe ; lat. *volare* I v. intr. 1 Se soutenir et se déplacer dans l'air au moyen d'ailes. *Voler en rasant le sol. Vouloir voler avant d'avoir des ailes* : vouloir entreprendre qqch. avant d'en avoir les moyens. ➙ fam. *Se voler dans les plumes.* ◆ Se soutenir et se déplacer au-dessus du sol. *Voler à haute altitude. Voler en rase-mottes. Voler au-dessus d'une ville.* ⇒ **survoler.** ➙ Se trouver dans un appareil en vol. Effectuer des vols. 2 Être projeté dans l'air. *Flèche qui vole.* ➙ « *Les menaces volaient et se croisaient* » (Hugo). ➙ loc. VOLER EN ÉCLATS : se briser en menus morceaux. « *La marmite saute en l'air, vole en éclats* » (Loti). *Le projet de loi a volé en éclats.* ◆ S'élever en l'air ou tomber lentement. ⇒ ① **flotter.** *Le vent fait voler la poussière.* 3 Aller très vite ; s'élancer. *Je vais, je viens* « *je vole* [...] *d'une chambre à l'autre* » (Valéry). *Voler au secours de qqn.* « *Va, cours, vole et nous venge* » (Corn.). 4 Se propager rapidement. « *Cette promesse vole bientôt de bouche en bouche* » (Rivarol). 5 littér. Passer rapidement, s'écouler. *Le temps vole.* ⇒ **fuir.** II v. tr. vx Chasser (une proie) en volant. *Ils se servent* « *du tiercelet de faucon* [...] *pour voler les perdrix, pies, geais* » (Buff.).

② **voler** v. tr. [1] – XVIe ; de ① *voler* (II) I - 1 Prendre (ce qui appartient à qqn), contre le gré ou à l'insu de qqn. ⇒ **dérober,** s'**emparer, escamoter, piller, ravir, soustraire, subtiliser ;** fam. **barboter, chaparder, chiper, chouraver,** ① **faire, faucher, piquer, rafler, tirer.** *Pickpocket qui vole un portefeuille à un passant. Voler de l'argent. Voler des fonds* (⇒ **détourner**). ➙ *Objets volés.* ➙ *Voler et séquestrer un enfant.* ⇒ **enlever, kidnapper.** ◆ Commettre un vol. *Le cleptomane ne peut s'empêcher de voler.* 2 S'approprier (ce à quoi on n'a pas droit). « *Il volait à un autre son existence, sa vie, sa paix, sa place au soleil !* » (Hugo). ⇒ **usurper.** ➙ *Voler un baiser.* ➙ loc. fam. *Il ne l'a pas volé* : il l'a bien mérité. 3 Donner comme sien (ce qui est emprunté). ⇒ s'**attribuer, copier, plagier.** *Voler une idée.* ➙ *Prendre* « *un mot, une phrase, une page, est voler comme si on volait un mouchoir dans une poche* » (Gaut.). II - 1 Dépouiller (qqn) de son bien, de sa propriété. *Voler qqn sous la menace.* ⇒ **délester,**

⇒ **dépouiller, détrousser, dévaliser.** Priver (qqn) de ce qui lui revient, par ruse. ⇒ **escroquer, flouer, gruger ;** fam. **arnaquer, entôler, pigeonner, plumer, refaire, rouler.** *« La volait-on ? Oubliait-elle de marquer toutes ses dépenses ? »* (Green). *« les procédés pour n'être pas volé »* (Maupass.). 2 Ne pas donner ce que l'on doit ou prendre plus qu'il n'est dû à (qqn). *Voler le client. Il nous a volés comme dans un bois,* sans que nous puissions nous défendre. *Le boutiquier « avait volé sur le poids des bonbons pendant toute sa vie »* (Aragon). ➝ fam. *On n'est pas volé, on en a pour son argent :* on n'est pas déçu.

volerie n. f. – XIIe ; de ① *voler* ▪ Chasse avec des oiseaux de proie. ⇒ **fauconnerie.**

volet n. m. – XIIIe ; de ① *voler* 1 vx Petite tablette servant à trier des graines, de petits objets. ➝ mod. loc. *Trier sur le volet :* choisir avec le plus grand soin. *« On restreint le nombre des nouveaux arrivants, on les trie sur le volet »* (Duham.). 2 Panneau, battant qui protège une baie. ⇒ **contrevent, jalousie, persienne.** *Volets de bois, de fer. Ouvrir, fermer les volets. « Un rai de soleil fuse des volets mi-clos »* (Mauriac). *Volets qui battent.* ♦ Vantail, aile (d'un retable). *Panneau central et volets d'un triptyque.* ♦ Chacune des parties reliées d'un document. *Permis de conduire en trois volets. Plan, projet en plusieurs volets.* ⇒ ① **pan, partie, subdivision.** 3 Ailette (d'une roue à aubes). ➝ Panneau articulé. *Volets des anciens capots à ouverture latérale.* ♦ Partie d'une aile d'avion ou d'une gouverne orientable sur un axe parallèle à l'envergure et destinée à modifier les conditions de vol. *Volets de freinage.* ➝ *Volets de courbure d'un parachute.* ✪ HOM. Volley (volley-ball).

voletant, ante adj. – XIXe ▪ Qui vole çà et là. *Des « pensées voletantes »* (Romains).

voleter v. intr. [4] – XIIe 1 Voler à petits coups d'aile, en se posant souvent, en changeant fréquemment de direction. ⇒ **voltiger.** *« Des moucherons voletaient autour de la lampe en chantant de leur voix minuscule »* (Green). 2 S'agiter d'un mouvement semblable à celui des ailes. *« ses mains voletaient sur les touches* [du piano] *»* (Duham.). ✪ HOM. Volter.

volette n. f. – XIXe ; de ② *voler* ▪ Claie servant à égoutter les fromages. ♦ Grille circulaire sur laquelle on place une pâtisserie.

voleur, euse n. et adj. – XVIe **I** n. 1 Personne qui s'approprie ou s'est approprié, par ruse ou par force, le bien d'autrui. Personne qui tire ses ressources de délits de vol. ⇒ **malfaiteur.** *Voleurs de grand chemin.* ⇒ **brigand.** *La Cour des miracles, cité de voleurs.* ⇒ **truand.** *« Un voleur de fruits, un maraudeur »* (Hugo). *Voleur par effraction* (⇒ **cambrioleur**). *Voleur à la tire.* ⇒ **pickpocket.** *Le voleur et le receleur. Au voleur ! Poursuivre, arrêter un voleur. S'enfuir comme un voleur. Un voleur d'enfants.* ⇒ **kidnappeur, ravisseur.** ➝ *Jouer au gendarme et au voleur.* 2 Personne qui dérobe ou détourne à son profit de l'argent. ⇒ **escroc.** ➝ Personne qui prend plus qu'il ne lui est dû, qui ne donne pas ce qu'elle doit. ⇒ **malhonnête.** *Ce commerçant est un voleur.* **II** adj. 1 Qui a l'habitude de voler. *Être voleur comme une pie. « Est-ce qu'ils sont très voleurs ? »* (Nerval). 2 *Douille voleuse :* dispositif s'enfichant dans une douille et permettant de prélever une partie du courant destiné à l'ampoule. ✪ CONTR. Honnête.

volière n. f. – XIVe ▪ Enclos grillagé assez vaste pour que les oiseaux enfermés puissent y voler.

volige n. f. – XVIIe ; de ① *voler* ▪ Latte sur laquelle sont fixées les ardoises, les tuiles d'un toit.

❑ La *volige* est si légère que le vent la ferait *s'envoler.*

voliger v. tr. [3] – XIXe ▪ Garnir de voliges.

volis n. m. – XIVe ; de ① *voler* ▪ Cime d'un arbre rompue, arrachée par le vent.

volitif, ive adj. – XIXe ▪ Relatif à la volonté, à la volition.

volition n. f. – XVIe ; lat. *voluntas* « volonté » ▪ Acte de volonté. ♦ Exercice de la volonté dans une expérience parapsychologique.

volley-ball [vɔlɛbol] n. m. – v. 1925 ; mot angl., de *volley* « volée » et *ball* « ballon » ▪ Sport opposant deux équipes de six joueurs, séparées par un filet, au-dessus duquel chaque camp doit renvoyer le ballon à la main et de volée. abrév. VOLLEY. ✪ HOM. Volet.

❑ Pour la prononciation → football (rem.).

volleyer v. intr. [1] – 1925 ; angl. *to volley* « jouer à la volée » ▪ Pratiquer le jeu de volée, au tennis.

volleyeur, euse n. – v. 1960 1 Joueur, joueuse de volley-ball. 2 Au tennis, Spécialiste de la volée.

volontaire adj. et n. – XIIIe 1 Qui résulte d'un acte de volonté. *Acte volontaire. « l'offense était consciente, volontaire »* (Mart. du G.). ⇒ **délibéré, intentionnel, voulu.** ➝ *Muscle volontaire,* dont la contraction dépend de la volonté. ♦ Qui n'est pas l'effet d'une contrainte, qui n'est pas forcé. *Contribution volontaire.* 2 Qui a, ou marque une volonté ferme. ⇒ **décidé, opiniâtre.** *« quelqu'un de volontaire, capable de se montrer âpre et dur à l'occasion »* (Romains). ➝ *Un menton volontaire.* 3 Qui agit librement, sans contrainte extérieure. *Engagé volontaire :* soldat qui s'engage dans une armée sans y être obligé par la loi. ♦ n. Personne qui se propose pour une action dangereuse, une expédition périlleuse. *« un des corps de volontaires qui participaient à la lutte antibolchévique en Courlande »* (Yourcenar). ➝ Bénévole qui offre ses services par simple dévouement. *On demande une volontaire.* ✪ CONTR. Involontaire ; forcé.

volontairement adv. – XIVe 1 Par un acte volontaire, délibéré. ⇒ **délibérément,** ② **exprès.** *« un air de préoccupation volontairement peint sur son visage »* (Le Clézio). 2 rare Sans y être forcé. ✪ CONTR. Involontairement.

volontariat n. m. – XIXe ▪ État de l'engagé volontaire, de toute personne qui offre ses services par simple dévouement.

❑ Pour la formation du mot → -at (rem.).

volontarisme n. m. – 1909 ▪ Doctrine d'après laquelle le fond des choses est volonté et non représentation. ➝ Théorie d'après laquelle les normes du vrai et du bien dépendent d'une libre détermination de la volonté divine. ♦ Doctrine tendant à attribuer à la volonté des fonctions habituellement reconnues à l'intelligence. ♦ Attitude d'une personne qui croit pouvoir soumettre le réel à ses volontés.

volontariste adj. et n. – 1902 ▪ Qui professe le volontarisme ; empreint de volontarisme. *Une attitude volontariste.*

❑ Cet adjectif a pris un sens positif depuis 1995, pour signifier « animé d'une ferme volonté ». *Prendre des mesures volontaristes.*

volonté n. f. – Xe ; lat. *voluntas* **I** - 1 Ce que veut qqn et qui tend à se traduire par une décision effective conforme à une intention. ⇒ **dessein, détermination, intention, résolution, volition.** *Imposer sa volonté. Respecter les volontés de qqn.* fam. *Faire les quatre volontés de qqn,* obéir à tous ses caprices. ♦ *À VOLONTÉ :* de la manière qu'on veut et autant qu'on veut. *« L'orateur est celui qui sait se mettre à volonté dans un état de transport »* (Claudel). ♦ *Volonté décla-*

rée, expressément manifestée dans un acte juridique. ➛ loc. *Les dernières volontés de qqn,* celles qu'il manifeste avant de mourir pour qu'on les exécute après sa mort. ♦ Ce que veut un être collectif. « *la volonté générale est toujours droite et tend toujours à l'utilité publique* » (Rouss.). ♦ « *une œuvre exprime non* l'être *d'un auteur, mais sa* volonté de paraître » (Valéry). « *une telle volonté de calme et de paix* » (Larbaud). 2 Disposition à vouloir et à agir dans un cas déterminé ou à l'égard de qqn. ➛ *BONNE VOLONTÉ :* disposition à bien faire. « *La bonne volonté peut faire autant de dégâts que la méchanceté* » (Camus). *Les bonnes volontés :* les gens de bonne volonté. ➛ *MAUVAISE VOLONTÉ :* disposition à se dérober à un ordre, à un devoir, ou à exécuter un ordre de mauvaise grâce. *Vous y mettez de la mauvaise volonté.* **II - 1** Faculté de vouloir, de se déterminer librement à agir ou à s'abstenir. « *L'épuisement des forces n'épuise pas la volonté* » (Hugo). *Effort de volonté.* ♦ Cette faculté, considérée comme une qualité individuelle, de fermeté dans la décision et de constance dans l'exécution. ⇒ **caractère, énergie, fermeté, opiniâtreté, résolution ; volontarisme.** « *Il en faut de la volonté et de la tension pour ne jamais être distrait* » (Camus). 2 Forme de l'activité personnelle caractérisée par une représentation mentale préalable du but à atteindre. *Mouvements où la volonté n'intervient pas.*

volontiers [vɔlɔ̃tje] **adv.** – Xe ; lat. *voluntarius* « volontaire » **1** Par inclination et avec plaisir ou du moins sans répugnance. *Il répondit « qu'il m'aiderait volontiers de ses conseils »* (Daudet). ➛ « *Volontiers, lui dit-il, car avec mes amis Je ne fais point de cérémonie* » (La Font.). ⇒ **oui.** *Très volontiers.* 2 Par une tendance naturelle ou ordinaire. « *les politiques se vantent volontiers d'aller "jusqu'au bout de leurs idées"* » (Duham.). « *Les âmes excessivement bonnes sont volontiers imprudentes* » (Mariv.). ⇒ **habituellement, ordinairement.** *Certains rêves « s'allient volontiers, par une sorte d'affinité, au souvenir* [...] *d'une femme* » (Proust). ✪ CONTR. ① Contrecœur (à).

> ❑ *Volontiers* est le seul adverbe avec une finale en *...iers.*

volorécepteur **n. m.** – av. 1969 ; de *vol(ume)* et *récepteur* ■ Récepteur sensible aux variations de volume sanguin.

volt [vɔlt] **n. m.** – XIXe ; du nom du physicien *Volta* ■ Unité de mesure de potentiel, de différence de potentiel (ou tension) et de force électromotrice (symb. V). ➛ *Volt par mètre* (symb. V/m) : unité d'intensité de champ électrique. ✪ HOM. Volte.

voltage **n. m.** – XIXe ■ Force électromotrice ou différence de potentiel mesurée en volts (emploi critiqué). ⇒ **tension.** ♦ Nombre de volts pour lequel un appareil électrique fonctionne normalement.

voltaïque **adj.** – XIXe ■ Se dit de la pile de Volta. *Arc voltaïque :* arc électrique.

voltaire **n. m.** – XIXe ; n. pr. ■ Fauteuil à siège bas, à dossier élevé et légèrement renversé en arrière, qui date de la Restauration. « *ses deux voltaires au damas roussi* » (Huysm.).

voltairianisme **n. m.** – XVIIIe ■ Esprit voltairien, irréligieux.

voltairien, ienne **adj.** et **n.** – XVIIIe ■ Qui adopte ou exprime l'incrédulité, l'anticléricalisme et le scepticisme railleur de Voltaire. « *La bourgeoisie voltairienne contre la bourgeoisie catholique* » (Péguy). ♦ De Voltaire, propre à Voltaire. *L'influence voltairienne.*

voltamètre **n. m.** – XIXe ; de *Volta* et *-mètre* ■ Cuve à électrolyse.

voltampère **n. m.** – XIXe ; de *Volt(a)* et *ampère* ■ Unité de mesure de puissance apparente évaluée comme le produit de la tension efficace par l'intensité efficace d'un courant sinusoïdal (symb. VA [vea]).

volte **n. f.** – XVe ; lat. *volvere* « tourner » **1** Tour complet qu'on fait exécuter au cheval. 2 Danse du folklore provençal. 3 Changement de cap. ✪ HOM. Volt.

volte-face **n. f. inv.** – XVIIe ; it. *voltare* « tourner » et *faccia* « face » ■ Action de se retourner pour faire face. « *Les truands effarés firent volte-face* [...] *c'étaient en effet les troupes du roi qui survenaient* » (Hugo). ♦ Changement brusque et total d'opinion, d'attitude. ⇒ **palinodie, retournement, revirement.** « *je ne vois que bonds, que volte-face, que surprises, illuminations et revirements* » (Duham.).

volter **v. intr.** [1] – XVIe ■ Tourner en exécutant une volte. ✪ HOM. Voleter.

voltige **n. f.** – XVIe **1** Exercice d'acrobatie sur la corde, au trapèze volant. ⇒ **saut.** *Haute voltige.* ➛ Art des acrobaties aériennes. ♦ Ensemble des exercices acrobatiques exécutés à cheval. 2 Entreprise risquée. *C'est de la haute voltige.*

voltigement **n. m.** – XVIe ■ Mouvement de ce qui voltige.

voltiger **v. intr.** [3] – XVIe ; it. *volta* « volte » ■ Voleter. « *des lucioles voltigeaient dans les bosquets d'orangers* » (Maupass.). ♦ Voler, flotter çà et là. « *des papiers épais, boueux, qui voltigent sur le pavé* » (Sartre).

voltigeur **n. m.** – XVIe **1** Acrobate qui fait de la voltige. 2 Fantassin appartenant à des compagnies d'élite mobiles. *Voltigeur motorisé, motocycliste.* ♦ Pilote de voltige aérienne.

voltmètre **n. m.** – XIXe ■ Appareil à résistance élevée, servant à mesurer des différences de potentiel.

volubile **adj.** – XVIe ; lat. *volubilis* « qui tourne » **1** Se dit d'une tige grêle qui ne peut s'élever qu'en s'enroulant autour d'un support. ➛ *Plante volubile,* à tige volubile. 2 Qui parle avec abondance, rapidité. ⇒ **bavard, loquace.** « *Éloquente, grandiloquente, volubile,* [...] *agitant autour d'elle des paroles nombreuses* » (Colette). ✪ CONTR. Silencieux.

volubilis [vɔlybilis] **n. m.** – XIVe ; mot lat. ■ Ipomée ornementale, à grosses fleurs colorées en entonnoir, qu'on fait grimper sur les clôtures. ⇒ **liseron.** « *les grands volubilis bleu sombre qui grimpaient autour des piliers* » (Genevoix).

volubilité **n. f.** – XIVe ■ Abondance, rapidité et facilité de parole. ⇒ **loquacité.** « *la femme en colère a peut être plus de volubilité* » (Alain).

volucelle **n. f.** – XIXe ; lat. *volucer* « ailé » ■ Insecte *(diptères),* mouche ressemblant au bourdon.

volucompteur [vɔlykɔ̃tœʀ] **n. m.** – 1964 ; marque déposée, de *volu(me)* et *compteur* ■ Compteur d'un distributeur d'essence, indiquant la quantité débitée.

volumateur, trice **adj.** – 1985 ■ Qui donne du volume aux cheveux. *Shampoing volumateur.*

volume **n. m.** – XIIIe ; lat. *volumen* « feuilles manuscrites enroulées » **I - 1** Réunion d'un certain nombre de cahiers brochés ou reliés ensemble. ⇒ ① **livre.** « *Je publie quarante volumes à dix mille exemplaires* » (Balz.). 2 Chacune des parties, brochées ou reliées à part, d'un ouvrage (⇒ **tome**). *Dictionnaire en neuf volumes.* **II - 1** Partie de l'espace qu'occupe un corps ; quantité qui la mesure. *Le volume d'un solide. Volume exprimé en mesures cubiques.* ⇒ **cubage.** *Diminuer, augmenter de volume. Volume d'un récipient.* ⇒ **capacité, contenance.** *Volume d'eau d'un fleuve,* son débit. ♦ *La* *mesure générale des volumes se calcule par une intégrale triple.* ♦ *Eau oxygénée à vingt volumes,* susceptible de dégager vingt fois son propre volume d'oxygène. *Un litre de vin à 10% en volume d'alcool,* contenant 100 ml d'alcool. 2 Figure à trois dimensions, limitée par des surfaces. ⇒ **solide.** *Les lignes, les surfaces et les volumes.* ➛ Caractère de ce qui a trois dimensions. « *C'est du volume qu'il* [Giotto] *tire son accent* » (Malraux). 3 Intensité de la voix. ⇒ **ampleur.** ♦ *Volume sonore :* intensité des sons. « *La patronne augmenta un peu le volume de la radio* » (Duras). 4 Masse. *Un gros volume de travail. Le volume des investissements. Croissance en volume,* en quantité (opposé à *valeur*). ♦ *Volume de mémoire* (d'un ordinateur). ⇒ **capacité.**

volumétrique adj. – XIXe ; de *volu(me)* et *-métrique,* de *-métrie* ▪ Qui a rapport à la détermination des volumes. *Analyse volumétrique.*

volumineux, euse adj. – XVIIIe ▪ Qui a un grand volume, occupe une grande place. ⇒ **gros.** *Paquet volumineux.* ⇒ **embarrassant, encombrant.** ✪ CONTR. ① Menu.

volumique adj. – 1956 ▪ Relatif à l'unité de volume. *Masse volumique.*

volupté n. f. – XVe ; lat. *voluptas* ▪ littér. 1 Vif plaisir des sens, jouissance pleinement goûtée. « *Là, tout n'est qu'ordre et beauté Luxe, calme et volupté* » (Baudelaire). 2 Plaisir sexuel. « *un désir de volupté bestiale* » (Flaub.). 3 Plaisir moral ou esthétique très vif. ⇒ **délectation.** « *éprouvant plus de volupté dans le châtiment que dans la faute* » (Gide).

voluptuaire adj. – XIVe ▪ Se dit des dépenses consacrées aux choses de luxe ou de fantaisie.

❑ Ce mot évoque trop la *volupté* pour que l'usage courant l'ait retenu ; il a préféré *somptuaire.*

voluptueusement adv. – XIVe ▪ Avec volupté, en prenant du plaisir.

voluptueux, euse adj. – XIVe 1 littér. ou vieilli Qui aime, recherche la jouissance, les plaisirs raffinés. ⇒ **sensuel.** ♦ Qui est porté aux plaisirs de l'amour. ⇒ **lascif.** « *Plus voluptueuse que tendre* » (Balz.). 2 Qui fait éprouver du plaisir. « *Un frisson voluptueux lui parcourait l'échine* » (Genevoix). 3 littér. ou plais. Qui exprime ou inspire la volupté, les plaisirs amoureux. *Attitude voluptueuse.* ⇒ **excitant.** ✪ CONTR. Ascétique, chaste.

volute n. f. – XVIe ; lat. *volvere* « rouler » 1 Enroulement sculpté en spirale. « *les fenêtres sont encadrées d'ornements et d'architectures simulées avec force volutes, enroulements* » (Gaut.). ➛ *Les volutes d'une grille.* ♦ Partie ronde du bas d'un limon d'escalier sur laquelle repose le pilastre de la rampe. 2 Forme enroulée en spirale, en hélice. *Un ventilateur* « *brassait l'air en silence, coupant les volutes de fumée de cigarettes* » (Le Clézio). 3 Mollusque gastéropode *(prosobranches),* à coquille ovoïde terminée en hélice.

volvaire n. f. – 1907 ▪ Champignon *(basidiomycètes)* à lames et à volve.

volvation n. f. – 1968 ; lat. *volvere* « rouler » ▪ Action de se rouler en boule pour se protéger. *La volvation du hérisson.*

volve n. f. – XIXe ; lat. ▪ Membrane épaisse qui enveloppe le pied et le chapeau de certains champignons jeunes. ⇒ ① **voile.** « *L'oronge moite qui crève sa volve* » (Genev.).

❑ Même famille étymologique que *vulve.* ♦ C'est parmi les *champignons à volve* que figurent les plus dangereux. → champignon (rem.).

volvoce ou **volvox** [vɔlvɔks] n. m. – XVIIIe ; lat. *volvox* « chenille » ▪ Algue verte des eaux douces.

volvulus [vɔlvylys] n. m. – XVIIe ; lat. *volvere* « rouler » ▪ Torsion d'un organe creux entraînant son obstruction. *Volvulus intestinal.*

vomer [vɔmɛʀ] n. m. – XVIIe ; mot lat. « soc de charrue » ▪ Os du nez, qui forme la partie postérieure de la cloison des fosses nasales.

vomi n. m. – XIXe ▪ fam. Vomissure.

① **vomique** adj. f. – XIIIe ; lat. *vomicus* « qui fait vomir » ▪ *Noix vomique :* fruit du vomiquier, qui contient de la strychnine.

② **vomique** n. f. – XVIe ; lat. *vomica* ▪ Expectoration de sérosité, de pus ou de sang provenant d'une collection purulente du poumon ou du médiastin ouverte dans une bronche.

vomiquier n. m. – XIXe ▪ Arbrisseau qui produit la noix vomique. ⇒ **strychnos.**

vomir v. tr. [2] – XIIe ; lat. *vomere* 1 Rejeter par la bouche de manière spasmodique. ⇒ **régurgiter, rendre.** *Il* « *mettait les doigts dans sa bouche pour vomir tout ce qu'il avait mangé* » (Le Clézio). ➛ *Avoir envie de vomir.* ⇒ fam. **dégobiller, dégueuler, gerber.** *Cela donne envie de vomir, c'est à vomir :* cela soulève le cœur, c'est ignoble, répugnant. ♦ Rejeter avec violence et répugnance. ⇒ **exécrer.** « *Ils ne furent pas seulement haïs, mais vomis* » (Genet). 2 littér. Projeter au dehors. *Laves vomies par un volcan.* ♦ Proférer avec violence. *Une femme* « *leur vomissait un torrent d'injures* » (Dider.). ✪ CONTR. Absorber, ① manger.

vomissement n. m. – XIIIe 1 Fait de vomir. 2 Matière vomie. ⇒ **vomi, vomissure.**

vomissure n. f. – XIIIe ▪ Matière vomie. ⇒ **vomi, vomissement** ; fam. **dégueulis.**

vomitif, ive adj. – XIVe 1 Qui provoque le vomissement. ⇒ **émétique.** ➛ n. m. *Un vomitif puissant.* 2 fam. Répugnant. ⇒ fam. **dégueulasse.**

vomitoire n. m. – XVIIe ; lat. *vomitorium* ▪ Large issue servant à évacuer la foule (d'un amphithéâtre, d'un théâtre antique). « *Les vomitoires des tribunes se dégorgeaient dans un labyrinthe de corridors* » (Hugo).

vomito negro [vɔmitonegʀo] n. m. – XIXe ; mots esp. « vomissement noir » ▪ Fièvre jaune.

vorace adj. – XVIe ; lat. *vorax* 1 Qui dévore, mange avec avidité. « *le tigre vorace et le chameau frugal* » (Hugo). ➛ *Un appétit vorace.* 2 *Plantes voraces,* qui épuisent le sol. ✪ CONTR. Frugal.

❑ Même famille étymologique que *dévorer.*

voracement adv. – XIXe ▪ Avec voracité. ⇒ **gloutonnement.**

voracité n. f. – XIVe 1 Avidité à manger, à dévorer. ⇒ **gloutonnerie, goinfrerie.** 2 Avidité à accomplir qqch. *Lire avec voracité.* ♦ Âpreté au gain. ✪ CONTR. Frugalité.

-vore Élément, du lat. *vorare* « avaler, manger ». ⇒ **-phage.**

vortex [vɔʀtɛks] n. m. – XVIIe ; mot lat. ▪ Tourbillon creux qui se produit dans un fluide en écoulement. ♦ Tourbillon de courant induit par le champ magnétique.

vorticelle n. f. – XIXe ; lat. *vortex* « tourbillon » ▪ Infusoire à cils vibratiles puissants insérés suivant une hélice sur le péristome.

vos → **votre**

votant, ante n. – XVIIIe ▪ Personne qui a le droit de voter, qui participe à un vote. *Les abstentionnistes et les votants.*

votation n. f. – XVIIIe ■ (Suisse) Vote.

vote n. m. – XVIIIe ; mot angl., du lat. *votum* « vœu » 1 Opinion exprimée, dans une assemblée délibérante, un corps politique. ⇒ **suffrage, voix.** *Compter les votes favorables à un projet.* ♦ Le fait d'exprimer ou de pouvoir exprimer une telle opinion. *Droit de vote.* « *une campagne intégrationniste, en faveur du vote des Noirs* » (Le Clézio). 2 Opération par laquelle les membres d'un corps politique donnent leur avis sur une décision à prendre. ⇒ **consultation, élection, scrutin.** « *Ils s'abstiendront de prendre part au vote* » (Mart. du G.). ➤ *Vote des projets de loi.* ➤ *Bulletin, bureau de vote.* ♦ Décision positive ainsi obtenue. *Vote d'une loi.* ⇒ **adoption.** 3 Manière par laquelle les membres d'une assemblée ou d'un corps sont appelés à exprimer leur choix. ⇒ **scrutin.** *Vote à main levée, secret. Vote par correspondance, par procuration.* ✪ CONTR. Abstention.

❑ Bien qu'étant un emprunt à l'anglais, *vote* peut être considéré comme le doublet savant de *vœu*.

voter v. [1] – XVIIe 1 v. intr. Exprimer son opinion par son vote, son suffrage. « *Aux élections, il voterait pour le socialiste* » (Aragon). ➤ *Voter à droite. Voter communiste. Voter utile.* 2 v. tr. Contribuer à faire adopter par son vote ; décider par un vote majoritaire. « *un ancien représentant du peuple, qui avait voté la mort du roi* » (Barbey). ✪ CONTR. Abstenir (s').

votif, ive adj. – XIVe ; lat. *votum* « vœu » ■ littér. 1 Qui commémore l'accomplissement d'un vœu, est offert comme gage d'un vœu. *Inscription votive.* ⇒ **ex-voto.** 2 Qui exprime un vœu. *Fête votive* : fête du saint auquel est vouée une paroisse.

❑ Même famille étymologique que *dévot* et *ex-voto*.

votre, plur. **vos** adj. poss. – X^e ; lat. *vester* ■ Adjectif possessif de la deuxième personne du pluriel et des deux genres, correspondant au pronom personnel *vous.* 1 (représentant un groupe dont le locuteur est exclu) *Chrétiens* « *pourquoi désespérez-vous de votre salut ?* » (Boss.). 2 (représentant une seule personne) « *Voilà justement ce qui fait que votre fille est muette* » (Mol.). ➤ « *Mon attachement pour Votre Excellence* » (Volt.). ♦ « *Votre monsieur Lainé est un méchant homme* » (France), la personne dont vous prenez le parti, que vous estimez... ➤ « *Un pays où on veut être sûr que votre crémier vous vende des œufs bien pourris* » (Proust), que le crémier qui vous sert... 3 De vous, de votre personne. *Pour votre gouverne. À votre santé ! Dans votre intérêt. À votre place.* « *Quand je vis votre photographie dans un journal* » (Montherl.). ✪ HOM. Vau, vaux (val), veau.

❑ Dans la langue orale et familière le *r* tombe parfois devant un mot commençant par une consonne (transcrit *vot'manteau*).

vôtre adj., pron. poss. et n. – XVe I adj. vx ou littér. À vous. *Amicalement vôtre.* II pron. LE VÔTRE, LA VÔTRE, LES VÔTRES, désigne ce qui appartient, a rapport à un groupe de personnes auquel le locuteur n'appartient pas ; ou une personne à laquelle on s'adresse au pluriel de politesse. « *Je ne suis d'aucune famille, moi. Je ne suis pas de la vôtre* » (Hugo). fam. « *À la bonne vôtre, dit Charlier. [...] Ils trinquèrent* » (Sartre). III n. 1 loc. *Il faut que vous y mettiez du vôtre. Vous avez encore fait des vôtres.* 2 LES VÔTRES : vos parents, vos amis, vos partisans. *Je ne pourrai être des vôtres* : je ne pourrai pas être parmi vous.

vouer v. tr. [1] – XIIe ; de *vœu* 1 Consacrer à Dieu, à un saint, par un vœu. *Vouer un enfant à la Sainte Vierge.* 2 Promettre, engager d'une manière solennelle, irrévocable. « *Je lui vouai dès lors une amitié sincère* » (Rac.). 3 Employer avec un zèle soutenu. ⇒ **consacrer.** *Ce n'est point* « *à de sales aventures que Walter Scott voue son talent* » (Hugo). ➤ pronom. « *L'homme qui se voue au théâtre* » (Beaum.). 4 Destiner irrévocablement à un état, une activité. ⇒ **condamner.** *Un vieux quartier voué à la démolition.* ♦ Promettre à un état pénible, mauvais. *Mon père* « *vouait à la ruine toute l'humanité* » (Beauv.).

vouge n. m. – XIIe ; gaul. ■ Au Moyen Âge, Arme d'hast à lame tranchante recourbée à la pointe. ♦ région. Serpe à long manche servant à tailler les arbres.

vouivre n. f. – XIIe ; de *guivre* ■ région. Serpent fabuleux. « *La Vouivre des campagnes jurassiennes* » (Aymé).

① **vouloir** v. tr. [31] – X^e ; lat. *velle* I - 1 Avoir une volonté, une intention, un désir. « *Je veux être Chateaubriand ou rien* » (Hugo). *Elle* « *voulut absolument lui donner à souper* » (Stendh.). ⇒ **tenir** (à). ➤ « *J'aurais voulu vivre et mourir libre* » (Rouss.). ➤ « *Je voudrais bien connaître cette femme-là* » (Sand). ⇒ **aimer, désirer.** ➤ « *Je voudrais vous parler en particulier* » (Balz.). ➤ « *Monsieur, veuillez poursuivre maintenant, dit l'avoué* » (Balz.). ♦ « *Il n'a pas voulu vous insulter* » (Stendh.), sa volonté n'était pas de... ➤ fam. « *Ce maudit rhume qui ne veut pas me quitter* » (Zola). 2 VOULOIR QUE. « *Si tu veux qu'on t'épargne, épargne aussi les autres* » (La Font.). ➤ « *Comment voulez-vous que je m'en sorte ?* » (Romains). fam. *Qu'est-ce que vous voulez que j'y fasse ?* je n'y peux rien, c'est comme ça. ➤ *Que veux-tu ? Que voulez-vous ?*, marque l'embarras, ou une sorte de résignation fataliste. « *Qu'est-ce que vous voulez, un premier prix, ça ne nourrit pas* » (Colette). ♦ *Je ne veux pas que tu viennes.* ⇒ **défendre, interdire.** 3 « *Revenez près de moi, je le veux* » (Balz.). ⇒ **commander, exiger, ordonner.** *Vous l'avez voulu, bien voulu* : c'est de votre faute. *Que tu le veuilles ou non. Sans le vouloir.* ⇒ **involontairement.** « *Fais ce que [tu] voudras* » (Rab.). ➤ « *Il frappera le taureau où il voudra, quand il voudra, comme il voudra* » (Gaut.). *Tant que vous voudrez.* ➤ *Si tu veux, si vous voulez, si on veut*, sert à introduire une expression qu'on suppose préférée par l'interlocuteur. « *Guenille, si l'on veut, ma guenille m'est chère* » (Mol.). 4 Prétendre obtenir ou souhaiter que se produise... ⇒ **demander, désirer.** « *Louis XVIII voulait sa tranquillité à tout prix* » (Chateaub.). ➤ « *Je veux de la poudre et des balles* » (Hugo). *En vouloir pour son argent.* ♦ « *Monsieur veut-il une friction ?* » (Huysm.). « *Nous voudrions une chambre* » (Romains). ♦ Vouloir posséder sexuellement. « *Ce n'était pas Lise qu'il voulait, c'était cette gamine !* » (Zola). ⇒ **désirer.** ♦ *Vouloir qqch. de qqn*, vouloir obtenir de lui. ⇒ **attendre.** « *Et Ruth ne savait point ce que Dieu voulait d'elle* » (Hugo). ➤ *Qu'est-ce que vous me voulez ?* ♦ loc. EN VOULOIR : avoir de l'ambition. 5 *Vouloir du bien, du mal, qqch. à qqn* : souhaiter que qqch. échoie, arrive, soit à qqn. « *des parents éloignés qui vous veulent du bien* » (Queneau). 6 EN VOULOIR À : avoir des visées sur, s'intéresser à. « *On n'en veut qu'à sa signature* » (Sartre). ♦ Garder du ressentiment, de la rancune contre (qqn). *Ne m'en veuille* (fam. *veux*) *pas ; ne m'en veuillez* (fam. *voulez*) *pas.* « *Il ne lui en voulait pas de déprécier les choses qu'il estimait* » (Larbaud). ➤ *Je m'en veux d'avoir accepté*, je me le reproche. ⇒ se **repentir.** fam. « *Moi, aller voir des femmes ? Ah ! je m'en voudrais !* » (Montherl.). 7 Souhaiter avoir une chose qui présente certain caractère. « *Il les voulait telles qu'elles étaient* » (Michelet). 8 pronom. Vouloir être, prétendre être. *Une analyse qui s'est voulue objective.* 9 VOULOIR DE (qqch. ou qqn) : être disposé à s'intéresser à, à accepter. *Il ne veut pas de tes excuses.* « *Une femme pardonne tout, excepté qu'on ne veuille pas d'elle* » (Muss.). 10 Faire preuve de volonté. *Il* « *avait la qualité dauphinoise, il savait vouloir* » (Stendh.). II Avoir besoin de, demander. *L'attention « veut être relâchée de temps en temps »* (Boss.). « *L'honneur veut que ce suppliant devienne, à l'instant, sacré* » (Gobineau). ⇒ **prescrire.** « *Un malheureux hasard voulut qu'ils ne fussent point réunis* » (Alain-Fourn.). III Affirmer. ⇒ **prétendre.** « *Descartes a voulu, contre toute apparence, que les animaux fussent des machines* » (France). ♦ fam. *Je veux !* formule d'approbation ou d'affirmation énergique. ⇒ **oui.** IV Consentir, accepter. « *Demande-lui s'il veut venir souper avec moi* » (Mol.). « *Si vous voulez me suivre par ici, Monsieur* » (Balz.). « *Voulez-vous avoir l'obligeance de remplir ces formulaires ?* » (Sartre). *Veuillez agréer, Madame, l'expression de mes sentiments distingués.* ➛ « *Veux-tu te taire, animal ?* » (Zola). ♦ « *Si elle voulait bien me recommander à quelque employeur* » (Céline). ➛ « *nous allons mener l'affaire rondement, si vous voulez bien* » (Romains). iron. « *Ils appellent cela un studio* [...] *Moi, je veux bien* » (Romains). ✪ CONTR. Refuser.

❑ Ce verbe présente des difficultés à l'impératif. Devant un verbe, la 2e personne du singulier est défective, on préfère *veux-tu (fermer la porte)* à *veux* ou *veuille.* La 1re personne du pluriel est rare *(veuillons respecter les normes).* La 2e personne du pluriel est *veuillez.* Dans l'emploi *en vouloir à qqn,* on dit le plus souvent *ne m'en veux pas* (*veuille* est rare, alors que *veuillez* est courant). Enfin devant un nom, un pronom (rare) il faut employer *veux, voulons, voulez (voulons ce que nous voulons, voulons la libération des otages).*

② **vouloir** n. m. – XIIe 1 littér. Faculté de vouloir. ⇒ **volonté.** 2 BON, MAUVAIS VOULOIR : bonne, mauvaise volonté. « *notre bonne volonté était mise en échec par le mauvais vouloir et les préjugés* » (Césaire).

voulu, ue adj. – XVIe 1 Exigé, requis par les circonstances. « *Sans avoir la quantité de drap voulue* » (Balz.). *En temps voulu.* 2 Délibéré, volontaire. fam. *C'est voulu :* ce n'est pas le fait du hasard. ⇒ **intentionnel.**

vous pron. pers. – Xe ; lat. *vos* ▪ Pronom personnel de la deuxième personne du pluriel (réel ou de politesse). 1 (plur.) Représente un groupe de personnes dont le locuteur est exclu. « *Ceux que vous oubliez ne vous oublieront pas* » (Hugo). *Elle et toi, vous resterez.* ➛ « *Soldats, je suis content de vous* » (Bonap.). ♦ *Je crois que vous vous connaissez.* ➛ « *Je veux que vous vous réjouissiez* » (Mol.). 2 (sing.) Représente une personne que le locuteur vouvoie. « *Je viens à vous, Seigneur, père auquel il faut croire* » (Hugo). ➛ *Eux ont accepté, vous pas. Si j'étais vous... :* à votre place. ➛ « *Vous êtes seul, vous, vous pouvez vous serrer le ventre* » (Balz.). ➛ *Vous devriez lui en parler vous-même.* 3 (indéf.) Remplace *on,* en fonction de complément. « *la fraîcheur vous tombait sur les épaules* » (Dorgelès). ♦ « *Ce Lenoir, avec ses stupides bavardages vous compromettait n'importe qui* » (Aragon). 4 *Dire vous à qqn,* le vouvoyer. « *Malgré mes supplications, elle n'a jamais cessé de me dire vous* » (Tournier).

❑ *Vous* peut être sujet (comme *tu*), apposition ou attribut (comme *toi*) et complément direct ou indirect (comme *te* et *toi*). ♦ Si ce pronom désigne une seule personne, l'accord se fait au singulier et selon le sexe.

voussoir n. m. – XIIIe ; de *voûte* ▪ Pierre taillée qui entre dans la construction d'une voûte ou d'un arc. ⇒ **claveau.**

voussoyer → **vouvoyer**

voussure n. f. – XIIe ; de *voussoir* 1 Exagération de la convexité du thorax dans une région limitée. 2 Partie courbe qui surmonte une porte, une fenêtre. « *Sous la poterne basse à voussure de brique* » (Lec. de Lisle). ♦ Chacun des arcs concentriques formant l'archivolte d'une arcade, d'un portail.

voûte n. f. – XIIe ; lat. *volvere* « tourner, rouler » 1 Ouvrage de maçonnerie cintré, servant à couvrir un espace en s'appuyant sur des murs, des piliers, des colonnes. « *Les bas-côtés se partagent en deux voûtes étroites soutenues par un seul rang de piliers* » (Chateaub.). *Voûtes en berceau. Voûte d'arête :* intersection de quatre voûtes cylindriques. 2 Paroi, région supérieure présentant une courbure analogue. *Une voûte d'arbres.* ⇒ **berceau, dais.** ➛ *La voûte céleste.* ♦ Partie supérieure arrondie. *La voûte d'un four.* ➛ *Voûte crânienne. Voûte palatine.* ⇒ ② **palais.** *Voûte plantaire :* courbure de la partie inférieure du pied.

voûté, ée adj. – XIIIe 1 Couvert d'une voûte. *Cave voûtée.* 2 Dont le dos est courbé et ne peut plus se redresser. ⇒ **cassé.** « *Des équipiers reviennent vers le stade, un peu voûtés, à pas lourds* » (Montherl.). ➛ *Dos voûté.*

voûter v. tr. 1 – XIIIe 1 Fermer par une voûte. *Voûter une galerie.* « *cette nef, voûtée de pesants berceaux* » (Huysm.). 2 Rendre voûté (qqn). *L'âge l'a voûté.* pronom. *Il s'est voûté avec l'âge.*

vouvoiement n. m. – XIXe ▪ Le fait de vouvoyer qqn. *Passer du vouvoiement au tutoiement.*

❑ On dit aussi *vousoiement* et *voussoiement* (vieilli ou région.).

vouvoyer v. tr. 8 – XIXe ; de *vous* ▪ S'adresser à (qqn) en employant la deuxième personne du pluriel (opposé à *tutoyer*).

❑ On dit aussi *vousoyer* et *voussoyer* (vieilli ou région.).

vox populi [vɔkspɔpyli] n. f. inv. – XIXe ; mots lat. « voix du peuple » ▪ littér. L'opinion du plus grand nombre, de la masse.

voyage n. m. – XIe ; lat. *viaticum* « ce qui sert à faire la route » 1 Déplacement d'une personne qui se rend en un lieu assez éloigné. *Entreprendre un voyage.* « *Heureux qui comme Ulysse a fait un beau voyage* » (du Bellay). « *J'ai fait trois voyages en Angleterre* » (Nerval). *Ça vaut le voyage :* c'est remarquable. ➛ *Voyage à pied, en voiture, en avion.* ♦ *Voyage d'agrément, touristique. Voyage organisé. Voyage d'affaires. Voyage d'étude.* ♦ *Partir, être en voyage.* ♦ *Vêtements, couvertures, sacs de voyage,* faits pour les voyages. *Agence de voyage.* ➛ *Notes, carnets, souvenirs, récits de voyage.* ➛ *Nous avons fait bon voyage. Souhaiter bon voyage à qqn.* ➛ *Pendant le voyage.* ⇒ **route, trajet.** *Rentrer de voyage.* ➛ loc. *Les gens du voyage :* les comédiens ambulants, les forains. ♦ loc. *Faire le grand voyage :* mourir. 2 Course que l'on fait pour transporter qqn ou qqch. *Un seul voyage suffira pour transporter ces meubles.* 3 État provoqué par l'absorption d'hallucinogènes. ⇒ **défonce,** fam. **trip.**

voyager v. intr. 3 – XVe 1 Faire un voyage. « *Après sa démission* [Cromwell] *voyagea en France* » (Volt.). ⇒ ① **aller,** se **transporter.** *Voyager en première classe. Voyager en train, à pied.* ♦ Faire des voyages, aller en différents lieux pour voir du pays. « *On s'instruit en voyageant* » (Alain). ⇒ **bourlinguer.** 2 Être transporté. *Denrées qui voyagent bien,* qui supportent bien le transport.

voyageur, euse n. – XIVe 1 Personne qui est en voyage. ♦ Personne qui use d'un véhicule de transport public. ⇒ **passager.** « *Les bouches du métro refoulaient jusque sur le trottoir le flot des voyageurs* » (Mart. du G.). ➛ *Voyageur-kilomètre :* unité correspondant au déplacement d'une personne sur un kilomètre. 2 Personne qui voyage pour voir de nouveaux pays. ⇒ **explorateur.** *Le « métier actif, pénible, errant et dissipé de voyageur »* (Dider.). 3 *Voyageur (de commerce) :* représentant de commerce.

⇒ **commis** (voyageur). *Voyageur en tournée. Voyageurs, représentants, placiers (V.R.P.).* 4 **adj.** *Pigeon* voyageur.*

voyagiste **n.** – 1980 ▪ Organisme qui organise et parfois commercialise des voyages. Recomm. offic. pour *tour-opérateur.*

voyance **n. f.** – XIIIe ▪ Don de double vue ; qualité de voyant.

voyant, ante **n. et adj.** – XVIe **I n.** 1 Personne douée de seconde vue. ⇒ **devin, extralucide, spirite, visionnaire.** « *Cet état extatique où le pressentiment équivaut à la vision des voyants* » (Balz.). ➛ Personne qui fait métier de lire le passé et prédire l'avenir par divers moyens. « *Dans les officines* [...] *des voyantes et des sorciers* » (Huysm.). 2 Personne qui voit. *Les voyants et les aveugles* (ou *non-voyants*). ⇒ aussi **malvoyant.** 3 **n. m.** Signal lumineux destiné à attirer l'attention de l'utilisateur. *Voyant d'essence,* avertissant le conducteur que l'essence est presque épuisée. ♦ Plaque, moitié noire, moitié blanche, utilisée dans les opérations de nivellement. 4 **n. m.** Partie transparente d'un casque. ♦ Partie vitrée qui permet de voir à l'intérieur d'un dispositif. **II adj.** Qui attire la vue, se voit de loin. *Des couleurs voyantes.* ⇒ **criard, éclatant.** « *Des cravates voyantes et compliquées* » (Aragon). ⇒ **tapageur, tape-à-l'œil.** ♦ Qui attire l'attention, est trop visible. *Une duplicité trop voyante.* ✪ CONTR. Aveugle. ① Discret.

voyelle **n. f.** – XIIe ; lat. *vocalis* 1 Son émis par la voix sans bruit d'air, phonème caractérisé par une résonance de la cavité buccale, parfois en communication avec la cavité nasale. « *L'accent jurassien aux voyelles largement ouvertes* » (Aymé). 2 Lettre qui sert à noter ce son (a ; e ; i ; o ; u ; y). « *J'inventai la couleur des voyelles* » (Rimb.). *Rencontre de voyelles.* ⇒ **hiatus.**

voyer **n. m.** – XIe ; lat. *vicarius* « remplaçant » ▪ vx Officier chargé des voies publiques.

voyeur, euse **n.** – XVIIIe ; de *voir* 1 vieilli Spectateur attiré par une curiosité plus ou moins malsaine. 2 Personne qui cherche à assister pour sa satisfaction et sans être vue à une scène intime ou érotique. ⇒ arg. **mateur.**

voyeurisme **n. m.** – 1957 ▪ Comportement du voyeur. *Voyeurisme et exhibitionnisme.*

voyou **n. m.** – XIXe ; de *voie* 1 Homme du peuple, ayant des activités délictueuses. ⇒ **chenapan, garnement, vaurien ;** fam. **loubard.** « *Cet accent des voyous parisiens qui semble un râle* » (Nerval). ➛ *Petit voyou !* 2 Individu de mœurs et de moralité condamnables. ⇒ **arsouille, crapule, fripouille, gouape ;** ② **frappe.** 3 **adj** « *elle était si voyou, qu'on s'amusait à la faire causer* » (Zola). « *des termes d'argot si voyous et criés si fort* » (Proust).

> ❑ La finale -ou vient peut-être de l'influence de *filou.* ♦ On trouve parfois le féminin *voyoute.* « *des petites voyoutes exquises* » (Huysmans). Comparez à *choute, filoute, louloute.*

voyoucratie **n. f.** – XIXe ; de *voyou* et *-cratie* ▪ fam. Pouvoir exercé par des personnes corrompues.

V.P.C. ▪ Sigle de *vente* par correspondance.*

> ❑ Ce sigle a donné le dérivé *vépéciste,* comme *T.G.V. tégéviste.*

vrac (en) **loc. adv.** – XVIIe ; néerl. *wrac* « (harengs) mal salés, mauvais » 1 Pêle-mêle, sans être arrimé et sans emballage. *Marchandises expédiées en vrac.* 2 En désordre. *Poser ses affaires en vrac sur une chaise.* 3 Au poids (opposé à *en paquet*). *Thé en vrac.*

vrai, vraie **adj., n. m. et adv.** – XIe ; lat. *verus* **I adj.** 1 Qui présente un caractère de vérité ; à quoi on peut et doit donner son assentiment (opposé à *faux, illusoire, mensonger*). ⇒ **avéré, certain, exact, incontestable, sûr, véritable.** « *ne recevoir aucune chose pour vraie, que je ne la connusse évidemment être telle* » (Desc.). « *L'adage :* loin des yeux, loin du cœur, *est vrai pour la plupart des femmes* » (Balz.). ⇒ **juste.** « *L'histoire est le récit des faits donnés pour vrais* » (Volt.). ⇒ **authentique, fidèle, véridique.** ➛ fam. *C'est la vérité vraie.* ⇒ **pur, strict.** ♦ « *Il est bien vrai qu'avant lui on avait découvert des secrets étonnants* » (Volt.). *Il n'en est pas moins vrai que... C'est pourtant vrai.* fam. *Il est commerçant, pas vrai ?* « *Non ? – Pas possible ! – Pas vrai !* » (Cocteau). fam. *C'est pas vrai !* c'est pas possible ! ➛ *Alors c'est vrai, vous partez ?* ⇒ **sérieux.** ➛ *Il n'y a pas un mot de vrai dans tout cela.* ➛ loc. *Incroyable mais vrai :* vrai mais peu vraisemblable. ➛ « *C'est vrai, ça, j'aime pas les gens qui ricanent pour rien* » (Tournier). 2 Qui existe indépendamment de l'esprit qui le pense (opposé à *imaginaire*). ⇒ **réel.** « *Bonaparte n'est plus le vrai Bonaparte, c'est une figure légendaire* » (Chateaub.). ♦ Réel, observable. *Hauteur vraie d'un astre* (opposé à *hauteur apparente*). 3 Conforme à son apparence ou à sa désignation (opposé à *faux*). ⇒ **véritable.** *De vraies perles. Un vrai Renoir.* ⇒ **authentique.** « *Il n'est pas le vrai père* [...] *ou pas légalement le père* » (Robbe-Grillet). ⇒ aussi **biologique.** ♦ Nommé à bon escient. « *La vraie éloquence se moque de l'éloquence* » (Pasc.). ➛ *Il mange comme un vrai cochon.* « *C'est la perle des duègnes, un vrai dragon* » (Lesage). ♦ loc. fam. *VRAI DE VRAI :* absolument vrai, authentique, véritable. ♦ iron. Faux, mais issu d'une source officielle. *Les vrais faux passeports d'un agent secret.* 4 vieilli Qui dit la vérité (⇒ **véridique**) et qui se comporte sans dissimuler ni tromper. ⇒ **loyal, sincère.** « *J'aimais un homme vrai, sans mensonge au front* » (Balz.). 5 Qui s'accorde avec le sentiment de la réalité du spectateur, de l'auditeur. ⇒ **naturel, senti, vécu.** « *Les personnages de Molière* [...] *sont bien devant vous, entiers, vrais, vivants* » (Léautaud). **II n. m.** 1 La vérité. « *Platon mettait le bien au-dessus du vrai* » (Alain). ♦ Ce qui, dans l'art, correspond à notre sentiment du réel. « *Rien n'est beau que le vrai* » (Boil.). 2 La réalité. *Vous êtes dans le vrai,* vous avez raison. 3 loc. « *Tu dis vrai. Le bonheur, amie, est chose grave* » (Hugo), ce que tu dis est vrai, tu as raison. ➛ *À dire le vrai ; à dire vrai ; à vrai dire,* s'emploient pour introduire une restriction. ⇒ **franchement.** ➛ loc. adv. *Au vrai :* en fait, pour être tout à fait exact. « *Au vrai, avait-elle jamais arrêté sa pensée sur cette enfant ?* » (Mauriac). ➛ loc. fam. *Pour de vrai :* vraiment. « *ce n'était pas une amourette comme il y en a tant. Mais c'était pour de vrai* » (Aragon). **III adv.** Conformément à la vérité, avec exactitude. *Parler vrai. Faire vrai.* ➛ fam. et vieilli Vraiment. « *Vrai, nous n'avions pas pensé que ça tournerait si mal* » (Maupass.). ✪ CONTR. Erroné, ① faux, inexact, mensonger. Artificiel, factice ; feint. Imaginaire ; illusoire. Forcé, imité. — Erreur.

> ❑ Ce qui est *vrai* et ce qui pourrait l'être. → vraisemblable (rem.). ♦ On peut dire *c'est faussement vrai* (« ce n'est pas tout à fait vrai, mais on le croit »).

vraiment **adv.** – XIIe 1 D'une façon indiscutable et que la réalité ne dément pas. ⇒ **effectivement, réellement, sérieusement, véritablement.** « *Ça vous intéresse vraiment ?* » (Romains). « *Il avait vraiment de la chance* » (Maupass.). 2 S'emploie pour souligner une affirmation. ⇒ **assurément, certainement, franchement.** « *Mais vraiment j'ai des raisons de croire que celle-ci m'a aimé* » (Maurois). « *Je ne sais vraiment pas comment il supporterait ce malheur* » (Muss.). ➛ *Vraiment ?* croyez-vous ? ➛ *PAS VRAIMENT :* pas complètement, un peu, vaguement.

vraisemblable [vʀɛsɑ̃blabl] **adj.** – XIIIe ▪ Qui est à bon droit considéré comme vrai ; qui semble vrai. ⇒ **cré-**

dible, croyable, plausible. « *il me parut vraisemblable qu'il n'avait pas mangé depuis quarante-huit heures au moins* » (Mérimée). ➛ *Sa réussite est vraisemblable.* ⇒ **possible, probable.** ♦ Qui, dans l'art, correspond apparemment à l'idée qu'on se fait du réel. « *Nous ne prétendons pas que le portrait* [...] *soit vraisemblable* [...] *il est ressemblant* » (Hugo). ✪ CONTR. Invraisemblable.

❑ Ce mot est un calque du latin *verisimilis.* ♦ Boileau a écrit « *Le vrai peut quelquefois n'être pas vraisemblable* » (cf. la formule familière « Incroyable mais vrai ! »).

vraisemblablement [vʀɛsɑ̃blabləmɑ̃] **adv.** – XIVe ▪ Selon la vraisemblance, les probabilités. ⇒ **probablement.** *Il arrivera vraisemblablement demain.* ✪ CONTR. Invraisemblablement.

vraisemblance [vʀɛsɑ̃blɑ̃s] **n. f.** – XIVe ▪ Caractère vraisemblable ; apparence de vérité. ⇒ **crédibilité.** *L'hypothèse « gagnait en force ce qu'elle perdait en vraisemblance »* (Proust). *Louis Racine, « contre toute vraisemblance, a cru devoir nier la liaison de son père »* (Henriot). *Selon toute vraisemblance :* sans doute. ✪ CONTR. Invraisemblance.

vraquier **n. m.** – 1973 ▪ Navire transportant des produits en vrac.

vrillage **n. m.** – XIXe ▪ Défaut des fils qui vrillent. ♦ Torsion donnée aux pales d'une hélice, aux ailes d'un avion.

vrille **n. f.** – XIIIe ; lat. *vitis* « vigne » **1** Organe de fixation de certaines plantes grimpantes, production foliaire allongée qui s'enroule en hélice. ⇒ **cirre.** *Vrilles de la vigne.* **2** Outil formé d'une tige que termine une vis. ⇒ **foret,** ① **mèche, percerette, tarière.** *Percer avec une vrille.* **3** Hélice. *Escalier en vrille.* ♦ Mouvement d'un avion en perte de vitesse, qui descend en tournant sur lui-même. ⇒ **tire-bouchon.** « *ce fragile engin qui* [...] *tombait en vrille, en feuille morte, sur l'aile, sur l'autre aile* » (Cendrars).

vrillé, ée **adj.** – XVIIIe **1** Muni de vrilles. « *Des cordons de vignes dont les pampres vrillés* [...] *entraient par les fenêtres* » (Balz.). **2** Tordu plusieurs fois sur soi-même. *Un fil tout vrillé.*

vrillée **n. f.** – XVIIIe ; de *vrille* ▪ Renouée, appelée aussi *faux liseron.*

vriller **v.** [1] – XVIIIe **1** **v. intr.** Monter, descendre en tournant sur soi-même. *Fusée qui vrille.* ♦ Se tordre, s'enrouler sur soi-même. *Cordon qui vrille.* **2** **v. tr.** Percer avec une vrille, comme avec une vrille. ⇒ **tarauder.** ➛ « *une névralgie furieuse lui vrillait les tempes* » (Huysm.).

vrillette **n. f.** – XVIIIe ; de *vrille* ▪ Petit insecte coléoptère dont la larve ronge les bois ouvragés.

vrombir **v. intr.** [2] – 1908 ; onomat. ▪ Produire un son vibré. ⇒ **bourdonner.** « *des essaims de mouches bleues vrombissaient furieusement* » (Tournier). *Moteur qui vrombit.* ⇒ **ronfler.**

vrombissement **n. m.** – XIXe ▪ Bruit de ce qui vrombit. ⇒ **bourdonnement.** *Le vrombissement du moteur.* ⇒ **ronflement.** « *dans le vrombissement des canots automobiles* » (Beauv.).

vroum [vʀum] **interj.** – v. 1960 ; onomat. ▪ Onomatopée imitant le bruit d'un moteur qui accélère.

V.R.P. [veɛʀpe] **n. m.** – XXe ; sigle ▪ Abrév. de *voyageur*, représentant, placier.*

vs → **versus**

V.S.N. [veɛsɛn] **n. m.** – XXe ; sigle ▪ fr. d'Afrique Volontaire du service national, jeune Français effectuant son service militaire en coopération. ⇒ **coopérant.**

V.T.T. [vetete] **n. m.** – 1989 ; sigle ▪ Vélo tout-terrain. *Faire du V.T.T.* (⇒ **vététiste).**

① **vu, vue** **adj.** – XVe **1** Perçu par le regard. « *Choses vues* », *souvenirs de Hugo.* ♦ **n. m.** *Au vu et au su de tout le monde :* au grand jour. ⇒ **ostensiblement, ouvertement.** ➛ *C'est du déjà vu :* ce n'est pas une nouveauté. ➛ *Au vu de :* en voyant. **2** Compris. *C'est bien vu ?* ♦ fam. *C'est tout vu !* il n'y a pas à revenir là-dessus. **3** *Bien, mal vu :* qui est bien, mal considéré.

② **vu** **prép.** – XIVe **1** En considérant, eu égard à. *Vu les circonstances, il vaut mieux attendre.* « *vu la quantité, ce n'est pas trop cher* » (Flaub.). **2** loc. conj. *Vu que... :* étant donné que... ⇒ **attendu** (que). « *J'aime fort les bonnes ménagères, vu que j'ai la prétention d'en être une moi-même* » (Muss.).

❑ Employé devant le nom, sans auxiliaire, *vu* est préposition et reste invariable.

vue **n. f.** – XIe **I - 1** Sens par lequel les stimulations lumineuses donnent naissance à des sensations spécifiques organisées en une représentation de l'espace. « *La vue est de tous les sens celui dont on peut le moins séparer les jugements de l'esprit* » (Rouss.). *Perdre la vue :* devenir aveugle. *Organes de la vue :* œil, nerf optique, etc. **2** Manière de percevoir les sensations visuelles. ⇒ **vision.** *Troubles de la vue.* ➛ *Avoir une bonne, une mauvaise vue. Vue basse. Vue perçante.* ♦ La vision humaine dans ses caractères normaux. « *Aussi loin que la vue allait* » (Maupass.). **3** Fait de regarder. ⇒ **regard.** « *Alors sa vue se tournant vers le palais, il aperçut* [...] » (Flaub.). ➛ « *Les objets qui se présentaient à sa vue* » (Lautréam.). *À la vue de tous :* en public. ➛ *À PREMIÈRE VUE :* au premier regard, au premier coup d'œil. « *Ces portraits séduisent à première vue* [...] *mais, en général, ils sont outrés* » (Ste-Beuve). ♦ Manière de regarder ; direction du regard. *Vue plongeante.* ♦ *Je le connais de vue :* je le connais pour l'avoir déjà vu. ➛ *Piloter, voler, atterrir à vue,* en se guidant seulement avec ce qu'on peut voir. ➛ *Changement à vue :* changement de décor sans baisser le rideau ; changement soudain et total. ➛ *Effet payable à vue,* à la première présentation. ♦ *À VUE D'ŒIL :* d'une manière perceptible par le sens de la vue. *Les pages noircissaient à vue d'œil,* très rapidement. **4** Les yeux, les organes qui permettent de voir. « *Mme d'Holbach s'use la vue à broder* » (Dider.). *Une lumière qui fatigue la vue.* ➛ loc. fam. *En mettre plein la vue à qqn,* l'éblouir. **II - 1** Étendue de ce qu'on peut voir d'un lieu. ⇒ **panorama, perspective.** « *La vue est bornée à droite et à gauche par l'enceinte des roches* » (Flaub.). « *De ma chambre, la vue n'était ni belle, ni étendue* » (France). ⇒ **paysage.** *Chambre avec vue.* **2** Aspect sous lequel se présente (un objet). *Vue de face, de côté.* ♦ *EN VUE :* dans une situation telle que la vue le perçoit. *Un objet d'art bien en vue dans la vitrine.* ➛ « *Une des jeunes femmes les plus en vue de Moscou* » (Morand). **3** *La vue de... :* la perception visuelle de... ; l'aspect visible que présente... ⇒ **image, spectacle, vision.** *Ces dernières roses « dont la vue fait plaisir »* (Balz.). « *la vue des gens heureux donne la nausée du bonheur* » (Yourcenar). « *Je le vis, je rougis, je pâlis à sa vue* » (Rac.), en le voyant. ➛ *EN VUE DE :* à une distance d'où l'on voit. *La côte est en vue. Le règlement du conflit est en vue,* imminent. ♦ *VUE D'ENSEMBLE.* « *Venise est une ville qui se dérobe à toute vue d'ensemble* » (Sartre). « *Donnant de ces choses la vue d'ensemble la plus juste* » (Michelet). **4** Ce qui représente. *Je vous envoie « une vue de Fribourg* [...] *vous y verrez que je suis au milieu des rocs »* (Senancour). ⇒ **image.**

Vue cavalière. 5 Ouverture. *Faire boucher des vues.* 6 *Avoir vue sur :* permettre de voir. « *Un cabinet ayant vue sur le jardin* » (Balz.). III - 1 Faculté de former des images mentales, de se représenter ; exercice de cette faculté. « *L'intuition est une vue du cœur dans les ténèbres* » (Suarès). *Une politique à courte vue.* ➛ *Hauteur de vues :* ampleur de vision. ♦ *Seconde vue, double vue :* faculté de voir par l'esprit des objets réels, des faits qui sont hors de portée des yeux. ⇒ **voyance.** 2 Image, idée ; façon de se représenter (qqch.) et de présenter. *Une vue exacte, superficielle des choses.* « *La profondeur de vos vues* » (Laclos). « *Cette vue pessimiste du monde* » (Maurois). ➛ *Exposer, présenter ses vues.* ➛ loc. *ÉCHANGE DE VUES :* entretien où l'on expose les conceptions des parties en présence. ➛ loc. *C'est une vue de l'esprit,* une vue théorique. 3 Le fait de considérer. ⇒ **intention.** *Avoir qqch. en vue,* y songer, l'envisager. *Qu'avez-vous en vue ?* quels sont vos projets ? ➛ *Avoir qqn en vue pour une mission.* ♦ loc. prép. EN VUE DE... : de manière à permettre, à préparer. ⇒ **pour.** « *Ce laborieux échafaudage que l'Empereur construisait* [...] *en vue d'une paix générale* » (Madelin). ➛ Dans l'intention de. ⇒ **afin de, pour.** *La science* « *mesure et calcule en vue de prévoir et d'agir* » (Bergson). 4 Dessein, projet. « *Je vous repasse l'affaire, si cela reste dans vos vues* » (Romains). ♦ *J'ai des vues sur lui pour la direction de l'affaire.* ⇒ **songer** (à). *Il a des vues sur son héritage.* ⇒ **guigner.**

vulcain n. m. – XVIIIe ; de *Vulcain,* dieu du feu ■ Vanesse rouge et noire. « *Voici le vulcain rapide, Qui vole comme un oiseau* » (Nerval).

vulcanales n. f. pl. – XVIIIe ■ Fêtes en l'honneur de Vulcain.

vulcanien, ienne adj. – XIXe ■ Se dit d'un type de volcan ou d'éruption volcanique caractérisé par une lave très visqueuse qui le plus souvent se fige dans la cheminée, déterminant des explosions.

vulcanisation n. f. – XIXe ■ Opération de polymérisation consistant à incorporer du soufre au caoutchouc. « *Une odeur de vulcanisation flottait dans l'air* » (Le Clézio).

vulcaniser v. tr. [1] – XIXe ; de *Vulcain,* dieu du feu ■ Traiter par vulcanisation. *Caoutchouc vulcanisé.*

❑ Ce mot est une adaptation de l'anglais *to vulcanize* dérivé de *Vulcan* « Vulcain ». ♦ Même famille étymologique que *volcan.* → volcanologie (rem.).

vulcanologie → **volcanologie**

vulgaire adj. et n. m. – XIIIe ; lat. *vulgus* « le commun des hommes » I adj. 1 vx Très répandu. ⇒ **banal,** ① **courant.** « *La plus vulgaire prudence leur commandait de s'éloigner* » (J. Verne). ♦ Se dit de la forme de langue connue de tous (opposé à *littéraire*). *Latin vulgaire,* le latin populaire, modifié, parlé dans les pays romans. *Langues vulgaires :* les principales langues romanes (opposé à *latin, langue savante*). ➛ *Nom vulgaire d'une plante, d'un animal.* ⇒ **usuel** (opposé à *scientifique, technique*). 2 littér. Qui ne se distingue en rien ; ordinaire. « *depuis le coton vulgaire jusqu'à la plus fine batiste* » (Maupass.). ➛ Quelconque. « *Un passant, un vulgaire passant de la rue, qui me ressemble* » (Duham.). « *De vulgaires études d'atelier* » (Baud.). 3 Qui est ordinaire, sans intérêt particulier, sans élévation morale. ⇒ ① **bas, commun, grossier, trivial.** « *C'est tout à fait commun. C'est très répandu. C'est même vulgaire* » (Aragon). *Des goûts vulgaires.* ➛ *Des êtres vulgaires,* de condition médiocre et de pensers ordinaires. ♦ Qui est considéré comme propre aux couches les plus basses de la société. « *Quelque chose de lourd, de vulgaire à la fois et de cossu* » (Romains). ➛ Qui exprime les tabous sociaux. *Mot vulgaire.* II n. m. 1 vieilli Le commun des hommes, la foule. « *La gloire d'un homme ordinaire* [...] *est* [...] *une secrète flatterie au vulgaire* » (France). 2 littér. Ce qui est vulgaire. « *Le vulgaire, dans la nature, se mêle souvent au sublime* » (Staël). 3 Langue véhiculaire, courante (opposé à *langue savante*). *Le vulgaire roman qui a précédé le français.* ✪ CONTR. Distingué, ② fin. ② Original, remarquable. — Aristocratie, élite.

vulgairement adv. – XIIIe 1 D'une manière commune, courante ; dans la langue commune. « *un de ces grands sacs que l'on appelle vulgairement baise-en-ville* » (Perec). ➛ « *une variété de renouée, appelée vulgairement poivre d'eau* » (Tournier) (opposé à *scientifiquement*). 2 Avec vulgarité. *Elle est maquillée vulgairement.*

vulgarisateur, trice n. et adj. – XIXe 1 Spécialiste de la vulgarisation scientifique. 2 adj. Qui est propre, apte à vulgariser. « *une documentation abondante et vulgarisatrice sur la question* » (Queneau).

vulgarisation n. f. – XIXe ■ Fait d'adapter un ensemble de connaissances de manière à les rendre accessibles à un lecteur non spécialiste. *Un ouvrage de vulgarisation.*

vulgariser v. tr. [1] – XVIe 1 Répandre (des connaissances) en mettant à la portée du grand public. *Voltaire* « *vulgarisa les résultats et les problèmes de l'exégèse biblique* » (Lanson). 2 Rendre ou faire paraître vulgaire (I, 3°). *Une expression* « *insolemment sensuelle déformait et vulgarisait ses traits* » (Mart. du G.). ✪ CONTR. Anoblir.

vulgarisme n. m. – XIXe ■ Expression propre aux personnes peu instruites.

vulgarité n. f. – XVe 1 Caractère commun ou terre à terre. *Ceux* « *dont le raffinement supporte mal la vulgarité de l'existence moderne* » (Carrel). 2 Caractère vulgaire, absence totale de distinction et de délicatesse. ⇒ **bassesse, trivialité.** *La vulgarité de ses manières.* ♦ Manière vulgaire d'agir, de parler. ⇒ **vulgarisme.** ✪ CONTR. Délicatesse, distinction, raffinement.

Vulgate n. f. – XVIIe ; lat. *vulgata (versio)* « (version) répandue » ■ Version latine de la Bible, due à saint Jérôme.

vulgum pecus [vylgɔmpekys] n. m. sing. – XIXe ; lat. *vulgus* « foule » et *pecus* « troupeau » ■ fam. Le commun des mortels, les ignorants.

❑ *Vulgum pecus* est une locution pseudo-latine, imitant le *servum pecus* d'Horace (« le troupeau servile »).

vulnérabilité n. f. – XIXe ■ littér. Caractère vulnérable. ⇒ **fragilité.** *La vulnérabilité de l'organisme.*

vulnérable adj. – XVIIe ; lat. *vulnerare* « blesser » 1 Qui peut être blessé, frappé par un mal physique. *Ils* « *ne sont pas immunisés, ils sont vulnérables* » (Duham.). 2 Qui peut être facilement atteint, se défend mal. ⇒ **sensible.** « *Sa jeunesse, son inexpérience* [...] *la rendaient vulnérable* » (Beauv.). 3 Au bridge, Se dit de l'équipe qui a gagné une première manche et qui risque de ce fait des pénalisations doubles. ✪ CONTR. Insensible, invulnérable.

vulnéraire adj. et n. f. – XVIe ; lat. *vulnus* « blessure » 1 vx Qui guérit les blessures. 2 n. f. Plante dicotylédone, anthyllis utilisée en médecine populaire.

vulnérant, ante adj. – XVIe ; lat. *vulnerare* « blesser » ■ *Animaux vulnérants,* qui, sans être parasites, causent des lésions à d'autres organismes.

vulpin, ine adj. et n. m. – XIVe ; lat. *vulpes* « renard » 1 Du renard. *La rage vulpine.* 2 n. m. Plante herbacée *(graminées),* à panicules en forme de queue de renard.

vultueux, euse adj. – XIXe ; lat. *vultus* « mine, visage » ■ Se dit du visage quand il est congestionné et gonflé. ⇒ **bouffi.**

① **vulvaire** n. f. – XVIIe ; lat. *vulva* « vulve » ▪ Chénopode des décombres.

② **vulvaire** adj. – XIXe ▪ Relatif à la vulve.

vulve n. f. – XIVe ; lat. ▪ Ensemble des organes génitaux externes de la femme (et des femelles de mammifères).

vulvite n. f. – XIXe ▪ Inflammation de la vulve.

vumètre n. m. – mil. XXe ; angl. *Volume Unit (Meter)* « unité de volume » ▪ Appareil de mesure électrique du volume sonore.

W ① **W** [dubləve] **n. m. inv.** ▪ Vingt-troisième lettre et dix-huitième consonne de l'alphabet, présente dans des emprunts à l'anglais, à l'allemand et aux langues slaves. ➛ prononc. Lettre qui, prononcée, note à l'initiale la fricative labiodentale sonore [v] *(wagon)* ou la semi-consonne [w] *(watt)*. ❑ Cette lettre a été empruntée à l'alphabet des langues germaniques au Moyen Âge. ♦ Au *w* germanique, correspond souvent un *g* en français (ex. *guède*, angl. *woad*, all. *Waid ; guêpe*, all. *Wespe ; Guillaume*, angl. *William*).

② **W** abrév. et symboles 1 **W** [wat] **n. m. inv.** Watt. ➛ Wh [watœʀ] Watt-heure. 2 **W**⁺, **W**⁻ [dubləveplys, dubləvemwɛ̃] **n. m. inv.** Boson chargé.

wading [wediŋ] **n. m.** – 1952 ; mot angl., de *to wade* « patauger » ▪ Pêche en rivière, le pêcheur étant dans l'eau.

wagnérien, ienne [vagneʀjɛ̃, jɛn] **adj.** – XIXe ▪ Qui concerne Wagner et sa musique. *Les opéras wagnériens.* ♦ **n.** Admirateur de Wagner. « *Le roi Louis* [de Bavière], *ce wagnérien enragé* » (Daud.).

wagon **n. m.** – XVIIIe ; mot angl. 1 Véhicule sur rails, tiré par une locomotive. *Wagon de marchandises, à bestiaux.* ⇒ **fourgon, plateau, plateforme, ② truc.** *Wagons frigorifiques.* ➛ (abusif) Voiture destinée aux voyageurs. *Sa redingote « froissée par la banquette du wagon »* (P. Benoit). 2 Contenu d'un wagon. *Un wagon de charbon.* ➛ fam. Grande quantité. *Il y en a un wagon !*

> ❑ La S.N.C.F. réserve ce mot au transport des marchandises et utilise *voiture* pour les voyageurs.

wagon-bar **n. m.** – 1906 ▪ vieilli ⇒ **voiture-bar.** *Des wagons-bars.*

wagon-citerne **n. m.** – XIXe ▪ Wagon aménagé pour le transport des liquides. ⇒ **wagon-réservoir.** *Des wagons-citernes.*

wagon-lit **n. m.** – XIXe ▪ Dans un train, Voiture formée de compartiments fermés, munis de couchettes et d'eau courante. ⇒ **sleeping.** *Des wagons-lits.*

wagonnet **n. m.** – XIXe ▪ Petit chariot sur rails ⇒ **benne, lorry.**

wagonnier **n. m.** – XIXe ▪ Homme d'équipe employé à la manœuvre des wagons.

wagon-réservoir **n. m.** – XIXe ▪ Wagon-citerne.

wagon-restaurant **n. m.** – XIXe ▪ Voiture d'un train aménagée en restaurant. *Des wagons-restaurants.*

wagon-tombereau **n. m.** – XIXe ▪ Wagon à bords élevés, dont le chargement se fait par le haut et le déchargement par des portes latérales.

wagon-trémie **n. m.** – 1964 ▪ Wagon à trémies servant au transport des matériaux en vrac.

wagon-vanne **n. m.** – XIXe ▪ Wagon circulant sur une voie ferrée à l'intérieur de certains égouts.

wahhabisme [waabism] **n. m.** – XIXe ▪ Mouvement musulman puritain fondé par Muhammad ibn 'Abd al-Wahhab.

walé [wale] **n. m.** – d. i. ; mot d'une langue africaine ▪ Jeu africain qui consiste à faire passer des pions d'un trou à l'autre dans une table évidée de douze trous ; cette table.

> ❑ On dit aussi *awalé.*

wali [wali] **n. m.** – mil. XXe ; mot ar. ▪ En Algérie, Haut fonctionnaire responsable d'une wilaya.

walkie-talkie → **talkie-walkie**

walkman [wa(l)kman] **n. m.** – 1980 ; nom déposé, de l'angl. *to walk* « marcher » et *man* « homme » ▪ Baladeur. *Des walkmans.*

> ❑ Ce mot anglais ne signifie littéralement que « marcheur » et n'évoque aucunement la musique. ♦ La recommandation officielle est un calque bien implanté mais qui n'a pas éliminé *walkman.*

walk-over [wa(l)kɔvœʀ ; walkɔvœʀ] **n. m. inv.** – XIXe ; angl. *to walk over* « marcher facilement » ▪ Compétition à laquelle ne prend part qu'un seul concurrent, par suite du forfait des autres engagés. *Gagner par walk-over* (abrév. *W. O.*).

walkyrie **n. f.** – XVIIIe ; haut all. *wal* « champ de bataille » et *kyrja* « celle qui choisit » ▪ Chacune des trois déesses guerrières de la mythologie nordique. « *La Walkyrie* », opéra de *Richard Wagner.*

wallaby [walabi] **n. m.** – XIXe ; mot indigène australien ▪ Kangourou de petite taille. *Des wallabys* ou *des wallabies.*

> ❑ Pour le pluriel → ① y (rem.)

wallingant, ante [walɛ̃gɑ̃, ɑ̃t] **n. et adj.** – 1912 ; de *wallon* ▪ (Belgique) Wallon partisan de l'autonomie de la Wallonie.

wallon, onne [walɔ̃, ɔn] **n. et adj.** – XVIe ; germ. « étranger » désignant les peuples romanisés ▪ Belge de la Belgique du Sud, de langue et de civilisation romanes. *Les Flamands et les Wallons.* ➛ **n. m.** *Le wallon :* dialecte roman français parlé dans cette région. ♦ **adj.** *La littérature wallonne.*

> ❑ *Gallois* et *Gaulois* sont des noms de peuples de même étymologie que *wallon.* ♦ *Estaminet, grisou, houille* sont des mots wallons.

wallonisme [walɔnism] **n. m.** – XIXe ▪ Fait de langue propre au wallon.

wapiti [wapiti] **n. m.** – XIXe ; mot algonquin « croupe blanche » ▪ Grand cerf d'Amérique du Nord et de Sibérie.

wargame [wargɛm] **n. m.** – 1977 ; mot angl., de *war* « guerre » et *game* « jeu » ▪ Jeu de simulation d'un conflit armé.

❑ *Wargame* est un calque anglais de l'allemand *Kriegspiel.*

warning [warniŋ] **n. m.** – v. 1980 ; angl. *warning (light)* « voyant (lumineux) », de *to warn* « avertir d'un danger » ▪ Feux de détresse d'une automobile.

warrant **n. m.** – XVIIe ; mot angl., a. fr. *warant,* de *garant* ▪ Billet à ordre dont le paiement est garanti par un gage portant sur des marchandises. ⇒ **récépissé ; caution, gage.** *Warrant pétrolier.* ♦ Titre donnant à son propriétaire le droit d'en acquérir un autre. ✪ HOM. Varan.

warrantage **n. m.** – XIXe ▪ Constitution d'un warrant.

warranter **v. tr.** [1] – XIXe ▪ Gager par un warrant.

washingtonia [waʃiŋtɔnja] **n. m.** – 1906 ; du nom d'un État des États-Unis ▪ Grand palmier de Californie et du Mexique.

wasp [wasp] **n.** et **adj.** – v. 1980 ; acronyme de ***W****hite* ***A****nglo-****S****axon* ***P****rotestant* ▪ Aux États-Unis, Anglo-Saxon blanc et protestant. *Les wasps.*

❑ Il s'agissait à l'origine d'une formule employée dans les statistiques démographiques américaines.

wassingue **n. f.** – 1908 ; flam. ▪ région. (Nord) Toile à laver. ⇒ **serpillière.**

water-ballast [watɛrbalast] **n. m.** – XIXe ; mot angl., de *water* « eau » et *ballast* **1** Compartiment d'un navire servant au transport de l'eau, du mazout. **2** Réservoir de plongée d'un sous-marin. *Des water-ballasts.*

water-closet → **W.-C.**

watergang [watɛrgɑ̃g] **n. m.** – XIIIe ; mot néerl., de *water* « eau » et *gang* « voie » ▪ région. (Belgique, nord de la France) Canal ou fossé en bordure d'un polder ou d'un chemin.

wateringue [watrɛ̃g] **n. m.** ou **f.** – XIIIe ; flam. ▪ région. (Belgique, nord de la France) Ensemble des travaux de dessèchement et de drainage. ⇒ **moere.**

water-polo [watɛrpɔlo] **n. m.** – XIXe ; mot angl., de *water* « eau » et *polo* ▪ Sport de ballon qui se joue dans l'eau.

waterproof [watɛrpruf] **adj. inv.** et **n. m.** – XVIIIe ; mot angl. « à l'épreuve *(proof)* de l'eau *(water)* » ▪ Étanche. *Montre waterproof.* ➛ Résistant à l'eau. *Mascara waterproof.*

waters [watɛr] **n. m. pl.** – 1913 ; abrév. de *water-closet* ▪ vieilli Lieux d'aisances. ⇒ **W.-C.** « *feignant de chercher ce que Cottard appelait les "waters"* » (Proust). ➛ Cuvette des waters.

❑ Ce mot vieilli a une connotation assez populaire. On emploie *toilettes,* ou encore des mots familiers.

watt [wat] **n. m.** – XIXe ; n. pr. ▪ Unité de mesure de puissance mécanique ou électrique, de flux thermique et de flux énergétique de rayonnement (symb. W), correspondant à un transfert d'énergie de 1 joule en 1 seconde. *Watt par mètre-kelvin :* unité de mesure de conductivité thermique (symb. W/m.K). *Watt par stéradian :* unité de mesure d'intensité énergétique de rayonnement (symb. W/sr). ✪ HOM. Ouate.

wattheure [watœr] **n. m.** – XIXe ▪ Unité de mesure d'énergie, de travail et de quantité de chaleur (symb. Wh) valant 3600 joules.

wattman [watman] **n. m.** – XIXe ; de *watt* et angl. *man* « homme » ▪ Conducteur d'un tramway électrique. *Des wattmans.* « *au cri du wattman je n'eus que le temps de me ranger* » (Proust).

wattmètre [watmɛtr] **n. m.** – XIXe ▪ Appareil de mesure de la puissance électrique dissipée dans une charge.

W.-C. [dubləvese ; vese] **n. m. pl.** – XIXe ; abrév. de *water closet,* de *water* « eau » et *closet* « cabinet » ▪ Waters. ⇒ **toilettes.** ➛ Siège d'aisances.

❑ L'anglais *closet* « cabinet » fut emprunté à l'ancien français *closet* proprement « petit *clos* ».

weber [vebɛr] **n. m.** – XIXe ; n. pr. ▪ Unité de mesure de flux d'induction magnétique (symb. Wb) et de masse magnétique fictive.

week-end [wikɛnd] **n. m.** – 1906 ; mot angl., de *week* « semaine » et *end* « fin » ▪ Congé de fin de semaine, comprenant la journée ou l'après-midi du samedi et le dimanche. « *les voluptés du week-end* » (Giraud.). *Des week-ends.*

❑ Sous l'influence de *samedi* et *dimanche,* noms masculins, ce mot est également masculin. Ce qui n'est pas le cas de *happy end,* parfois doté du genre féminin, sous l'influence de *fin (end). Fin de semaine,* calque des Québécois, n'existait pas à l'époque, d'où l'impossibilité du féminin.

welche → **velche**

wellingtonia [weliŋtɔnja] **n. m.** – XIXe ; du nom de *Wellington* ▪ Séquoia.

Weltanschauung [vɛltanʃauŋ(g)] **n. f.** – v. 1930 ; mot all., de *Welt* « monde » et *Anschauung* « intuition » ▪ Vue métaphysique du monde, sous-jacente à la conception qu'on se fait de la vie.

welter [wɛltɛr ; vɛltɛr] **n. m.** – 1909 ; de l'angl. *welter weight* ▪ En boxe, Poids mi-moyen.

wergeld [vɛrgɛld] **n. m.** – XVIIIe ; mot saxon, de *wer* « homme » et *geld* « argent » ▪ Dans le droit germanique, Indemnité que l'auteur d'un dommage payait à la victime ou à ses ayants droit.

western [wɛstɛrn] **n. m.** – 1919 ; mot angl. « de l'Ouest » ▪ Film d'aventure ayant pour thème la conquête de l'Ouest des États-Unis sur les Indiens au XIXe s. ; genre cinématographique que constituent ces films.

wharf [warf] **n. m.** – XIXe ; mot angl. « quai » ▪ Appontement qui s'avance dans la mer, pour permettre aux navires d'accoster.

whig [wig] **n. m.** et **adj.** – XVIIe ; mot angl. ▪ Membre du parti libéral opposé aux torys, aux XVIIIe et XIXe s. ➛ **Adj.** « *leurs adversaires whigs* » (Madelin).

whipcord [wipkɔrd] **n. m.** – XIXe ; mot angl. « corde *(cord)* à fouet *(whip)* » ▪ Tissu serré, à côtes parallèles et obliques.

whisky [wiski] **n. m.** – XVIIIe ; mot angl., du gaélique *usquebaugh* « eau de vie » ▪ Eau-de-vie de grains, fabriquée dans les îles Britanniques et en Amérique du Nord. *Whisky pur malt. Des whiskys* ou *des whiskies.* ➛ Verre de cette eau-de-vie. « *suant les whiskys* » (Céline).

❑ Pour le pluriel → ① y (rem.). ♦ Ce mot est le générique de différentes boissons selon la nature des grains employés : *scotch,* lorsqu'il s'agit du whisky d'orge, *bourbon,* de maïs, *rye,* de seigle. En France, si l'on demande du *whisky,* on obtient du *scotch.*

whist [wist] **n. m.** – XVIIe ; mot angl. ▪ Jeu de cartes, ancêtre du bridge. « *jouer au whist, à ce jeu du silence* » (J. Verne).

white-spirit [wajtspirit] **n. m.** – 1931 ; mot angl. « essence blanche » ▪ Produit pétrolier utilisé comme solvant de dégraissage et comme diluant de peinture.

❑ La forme abrégée *white* est généralement prononcée [wit].

wigwam [wigwam] **n. m.** – XVIIe ; algonquin *wikiwam* « leur maison » ▪ Hutte ou tente des Indiens d'Amérique du Nord ; village indien. « *C'était une sauvage digne de partager le wigwam d'un Apache* » (J. Verne).

wilaya [vilaja] **n. f.** – v. 1955 ; mot ar. ■ Division administrative de l'Algérie.

williams [wiljams] **n. f.** – 1874 ; du nom du premier distributeur ■ Poire à peau fine d'une variété fondante et parfumée.

winch [win(t)ʃ] **n. m.** – 1953 ; mot angl. ■ Petit treuil à main **(⇒ cabestan),** sur un yacht. *Des winchs* ou *des winches.*

winchester [win(t)ʃɛstɛʀ] **n. f.** – XIXe ; du nom de l'inventeur ■ Carabine à répétition par levier de sous-garde.

wintergreen [wintɛʀgʀin ; wintœʀgʀin] **n. m.** – XIXe ; mot angl. « gaulthérie » ■ *Essence de wintergreen :* huile essentielle, extraite des feuilles de gaulthérie ou de l'écorce de bouleau.

wishbone [wiʃbon] **n. m.** – XIXe ; mot angl. ■ Espar formé d'un arceau très allongé qui entoure la voile dans certains gréements.

wisigoth, othe [vizigo, ɔt] **adj.** et **n.** – XVIIe ; lat. *Visigothus,* p.-ê. « Goth de l'Ouest » ■ De la partie occidentale des territoires occupés par les Goths. *Art wisigoth d'Espagne.* ➛ **N.** *Les Wisigoths et les Ostrogoths.*

❑ Le gotique des Wisigoths était parlé en Gaule et en Espagne, les Ostrogoths étant établis en Italie.

witloof [witlɔf] **n. f.** – XIXe ; mot flam. *wit* « blanc » et *loof* « feuille » ■ Chicorée sauvage à grosse racine qui, traitée par étiolement, donne l'endive.

wolfram [vɔlfʀam] **n. m.** – XVIIIe ; mot all., de *Wolf* « loup » et *Rahm* « crème » ■ Principal minerai de tungstène, tungstate naturel de fer et de manganèse.

wolof ou **ouolof** [wɔlɔf] **adj.** et **n.** – XIXe ; mot africain ■ Relatif à une ethnie du Sénégal. ♦ **n. m.** Une des langues nationales du Sénégal.

wombat [wɔ̃ba] **n. m.** – XIXe ; d'une langue indigène d'Australie ■ Phascolome.

won [wɔn] **n. m.** – 1964 ; mot coréen ■ Unité monétaire de la Corée du Nord et du Sud. *Des wons* ou *des won.*

woofer [wufœʀ] **n. m.** – 1955 ; mot angl., de *woof* « bruit imitant un aboiement » ■ Haut-parleur reproduisant les sons graves.

wormien **adj. m.** – XVIIIe ; de *Worm,* nom d'un médecin danois ■ *Os wormiens :* petits os surnuméraires qui peuvent se rencontrer entre les divers os du crâne.

würmien, ienne **adj.** – av. 1964 ; de *Würm,* nom d'un lac et d'une rivière d'Allemagne ■ Relatif à la quatrième période glaciaire.

wyandotte **n. f.** et **adj.** – XIXe ; nom d'un comté des États-Unis ■ Poule d'une race américaine.

X ① **X** [iks] **n. m. inv. 1** Vingt-quatrième lettre et dix-neuvième consonne de l'alphabet : *x majuscule* (X), *x minuscule* (x). ➛ Lettre qui note les groupes de consonnes [ks] *(extrême, lynx)* ou [gz], en particulier dans les mots commençant par *ex-* suivi d'une voyelle *(exagéré, exemple, exiger, exhibition)*, ou à l'initiale *(xénon)*. ➛ X est généralement muet à la finale *(deux)* et se prononce [z] en liaison *(deux amis* [døzami]). **2** *Les deux routes font un X*, sont croisées comme les barres d'un X. ♦ marque déposée *Crochets X* : crochets qu'on peut fixer solidement par des clous. ❑ Au pluriel, les mots en *-eau* et *-au* (sauf *landau* et *sarrau*) prennent un *x*, ainsi que certains mots en *-ou* : *bijou, caillou, chou, genou, hibou, joujou, pou*. Les mots en *-eu* prennent un *x* au pluriel, sauf *bleu, lieu* [poisson] et *pneu* qui font leur pluriel en *s*.

② **X** abrév. et symboles **1 x** ou **X** [iks] **n. m. inv.** En algèbre, Symbole littéral désignant une inconnue. *Les x et les y.* ➛ En géométrie, La première des coordonnées cartésiennes. *L'axe des x*, des abscisses. ♦ **n.** Personne, chose inconnue. *Plainte contre X. Madame X*, une femme dont on ne veut pas dévoiler l'identité. *Accoucher sous X*, en gardant l'anonymat, en abandonnant l'enfant. ♦ **adj.** *Pendant x temps, x années* : pendant un temps, un nombre d'années indéterminés. *Je te l'ai répété x fois.* ➛ *Chromosome X.* **2 n.** vx *Les x* : les mathématiques. ♦ mod. *L'X* [liks] : l'École polytechnique. ⇒ **pipo.** *Un X, une X* : un polytechnicien, une polytechnicienne (⇒ fam. **ixette**). **3 adj. X** [iks]. *Un film (classé) X*, pornographique. « *les photos porno et les films X* » (Le Clézio). **4 X** [dis] **adj.** et **n. m. inv.** Dix, en chiffres romains. *Charles X.*

xanthie **n. f.** – XIXe ■ Papillon de nuit, jaune et roux. ⇒ **noctuelle.**

xanthine **n. f.** – XIXe ■ Base organique dérivée de la purine et qui donne sa couleur jaune à l'urine.

xantho- Élément, du gr. *xanthos* « jaune ».

xanthome **n. m.** – XIXe ; *xanth(o)-* et *-ome* ■ Petit nodule ou petite tache jaunâtre de la peau, constitués de cellules chargées de cholestérol.

xanthophylle **n. f.** – XIXe ; *xantho-* et *-phylle* ■ Pigment jaune qui colore les feuilles, les pétales, les fruits.

xénarthres **n. m. pl.** – 1906 ; gr. *xenon* « étrange » et *arthron* « articulation » ■ Ordre de mammifères édentés, à deux ou trois doigts. *Les xénarthres comprennent les fourmiliers, les paresseux et les tatous.*

xénélasie **n. f.** – XVIIIe ; gr. *xenos* « étranger » et *elaunein* « chasser » ■ Droit pour un État belligérant d'expulser les nationaux de l'ennemi.

xén(o)- Élément, du gr. *xenos* « étranger ».

xénodevise **n. f.** – v. 1970 ■ Avoir en devises détenu par des non-résidents hors de leur pays d'origine.

xénogreffe **n. f.** – 1973 ■ Hétérogreffe où le donneur et le receveur appartiennent à des espèces différentes.

❑ *Xéno-* désigne ici une espèce étrangère à celle qui reçoit la greffe.

xénon **n. m.** – XIXe ; gr. *xenon* « chose étrangère, étrange » ■ Corps simple (Xe ; n° at. 54 ; m. at. 131,30), le plus lourd des gaz rares de l'air.

xénophile **adj.** et **n.** – 1906 ; *xéno-* et *-phile* ■ rare Qui a de la sympathie pour les étrangers. ✪ CONTR. Xénophobe.

xénophilie **n. f.** – 1906 ■ rare Sympathie pour les étrangers. ✪ CONTR. Xénophobie.

xénophobe **adj.** et **n.** – 1903 ; *xéno-* et *-phobe* ■ Hostile aux étrangers, à tout ce qui vient de l'étranger. ⇒ **chauvin.** *Attitude xénophobe.* ✪ CONTR. Xénophile.

xénophobie **n. f.** – 1904 ■ Hostilité à ce qui est étranger. ⇒ **chauvinisme.** « *Une vague de xénophobie souleva la France* » (Beauv.). ✪ CONTR. Xénophilie.

❑ Ne pas confondre avec *racisme*. → racisme (rem.).

xéranthème **n. m.** – XVIIIe ; gr. *xêros* « sec » et *anthemon* « fleur » ■ Plante herbacée *(composées)*, communément appelée *immortelle annuelle*.

xérès [gzeʀɛs ; keʀɛs ; kseʀɛs] **n. m.** – XVIIIe ■ Vin blanc de la région de Jerez (Andalousie). ⇒ **manzanilla, sherry.** *Vinaigre de xérès.*

❑ On dit aussi *jerez* à l'espagnole [xeʀɛs]. ♦ Les difficultés de prononciation de ce mot font qu'il est souvent remplacé par *sherry*, transcription anglaise de l'espagnol *Jerez*.

xér(o)- Élément, du gr. *xêros* « sec ».

xérodermie **n. f.** – XIXe ; *xéro-* et *-dermie* ■ Sécheresse anormale de la peau qui présente une desquamation pulvérulente.

xérographie **n. f.** – v. 1950 ; *xéro-* et *-graphie* ■ Technique permettant de reproduire des documents sans contact, en nombre illimité.

xérophile **adj.** – XIXe ; *xéro-* et *-phile* ■ Qui vit, peut vivre dans des lieux secs. *Plantes xérophiles.* ⇒ **xérophyte.**

xérophtalmie **n. f.** – XVIIe ; *xér(o)-* et *ophtalmie* ■ Sécheresse et atrophie de la conjonctive.

xérophyte **n. f.** – XIXe ; *xéro-* et *-phyte* ■ Plante xérophile.

xérus [gzeʀys ; kseʀys] **n. m.** – XIXe ; gr. *xêros* « sec » ■ Petit rongeur, aux poils durs et épineux, communément appelé *rat palmiste*.

xi ou **ksi** [ksi] **n. m.** ■ Quatorzième lettre de l'alphabet grec (Ξ, ξ), correspondant à x.

ximénie n. f. – XVIIIe ; de *Ximénès,* nom d'un missionnaire espagnol ▪ Petit arbre des régions tropicales *(olacacées),* dont les fruits comestibles sont appelés *pommes* ou *citrons de mer.*

xiphoïde adj. – XVIe ; gr. *xiphos* « épée » et *-oïde* ▪ *Appendice xiphoïde* : partie terminale inférieure du sternum.

xiphophore n. m. – 1955 ; gr. *xiphos* « épée » et *-phore* ▪ Poisson osseux du golfe du Mexique, à prolongement caudal en forme de glaive, appelé aussi *porte-épée.*

xylème n. m. – mil. XXe ; gr. *xulon* « bois » ▪ SC. Le bois (par opposition à l'écorce, à l'aubier, aux feuilles, etc.).

xylène [gzilɛn ; ksilɛn] n. m. – XIXe ; *xyl(o)-* et *-ène* ▪ Hydrocarbure liquide benzénique extrait du benzol ou de certaines fractions de pétrole.

xylidine n. f. – XIXe ▪ Amine dérivée du xylène.

xyl(o)- Élément, du gr. *xulon* « bois ».

xylocope n. m. – XIXe ; gr. « coupeur de bois » ▪ Grosse abeille solitaire qui creuse des galeries de ponte dans le bois mort.

xylographe n. – XIXe ▪ Graveur pratiquant la xylographie.

xylographie n. f. – XVIIIe ; *xylo-* et *-graphie* ▪ Ancienne technique d'impression avec des planches gravées en relief ; gravure ainsi obtenue. « *Lorsqu'à la cantilène a succédé la radio, à la xylographie la photo des magazines* » (Malraux).

xylographique adj. – XIXe ▪ Qui utilise la xylographie.

xylophage adj. et n. m. – XIXe ; *xylo-* et *-phage* ▪ Qui se nourrit de bois. *Les* « *galeries creusées par des insectes xylophages* » (Robbe-Grillet).

❑ Les xylophages sont particulièrement menaçants pour le bois des meubles anciens et des charpentes où ils creusent des galeries.

xylophone n. m. – XIXe ; *xylo-* et *-phone* ▪ Instrument de musique à percussion, formé de lames de bois sur lesquelles on frappe avec des maillets.

xylophoniste n. – XXe ▪ Joueur de xylophone.

xylose n. m. – 1904 ; *xyl(o)-* et ① *-ose* ▪ Sucre de bois (pentose).

xyste [ksist] n. m. – XVIe ; gr. ▪ Galerie couverte d'un gymnase.

Y ① **y** [igʀɛk] **n. m. inv. 1** Vingt-cinquième lettre et sixième voyelle de l'alphabet, dont les Latins se servaient pour transcrire le upsilon grec : *y majuscule* (Y), *y minuscule* (y). ➛ prononc. Lettre qui correspond à la voyelle étirée fermée [i] *(ypérite, cycle)* et à la semi-consonne [j] **(⇒ yod)** quand elle est suivie d'une voyelle *(yeux, myope)*. ➛ *Digrammes comportant y* : en général, suivis d'une voyelle, *ay, ey* notent [ɛj] ou [ej] *(balayer, grasseyer)*, *oy* note [waj] *(noyer, voyage, moyen)*, *uy* note [ɥij] *(essuyer)* ; *ay, ey* notent [ɛ] à la finale *(tramway, poney)* ; *yn* (→ ① n) ; *ym* (→ ① m). **2** (Forme de Y majuscule) « *L'Y est une lettre pittoresque* [...] *l'arbre est un Y ; l'embranchement de deux routes est un Y* » (Hugo). ❑ Les groupes *ay* + voyelle *(payer)*, *oy* + voyelle *(noyau)* et *uy* + voyelle *(tuyau)* se prononcent généralement [ɛj], [waj] et [ɥij] sauf dans *tuyère* et certains mots empruntés → hayon (rem.). ♦ Pas de liaison ni d'élision devant les mots commençant par *y* suivi de voyelle : *le yacht, la yourte, des yaourts* [dejauʀt], sauf pour les mots *yèble, yeuse* et *yeux* (*l'yèble, l'yeuse, les yeux* [lezjø]). ♦ La tendance est à la francisation du pluriel des noms d'origine anglaise terminés par une consonne suivie de *y* (ex. *une lady, des ladys*). Le pluriel à l'anglaise *(des ladies)* est à éviter.

② **Y** abrév. et symboles ■ **y** [igʀɛk] **n. m. inv.** En algèbre, La seconde inconnue (après *x*). ➛ Fonction de la variable *x*. ➛ La seconde des coordonnées cartésiennes. *Axe des y*, des ordonnées. ♦ (avec *x*) Personne indéterminée. *Qu'il sorte avec X ou Y, ça m'est égal.* ➛ **adj.** *Chromosome Y.*

③ **y** [i] **pron. et adv.** – Xe ; lat. *ibi* **1** Dans ce lieu, dans cela. « *On y entre et on en sort* » (Muss.). *J'y suis, j'y reste. Allons-y. Je n'y suis pour personne* : je ne veux recevoir personne. ➛ *Ah ! j'y suis* : je comprends. *Je n'y suis pour rien* : je n'ai aucune responsabilité dans cette affaire. **2** À ce(s)..., à cette..., à cela. « *Je n'ai plus qu'une idée ; j'y pense le jour, et j'y rêve la nuit* » (Laclos). *Que voulez-vous que j'y fasse ?* ♦ rare À lui, à elle. « *Souvent femme varie, Bien fol est qui s'y fie* » (Hugo). ♦ pop. Lui. « *Un jour j'y ai flanqué des gifles pour la faire jaser* » (Maupass.). ♦ *N'y comptez pas* : ne compter pas là-dessus. **3** (dans divers gallicismes) *Il y a. Il s'y connaît, s'y entend. Savoir s'y prendre. Je n'y tiens plus. Ça y est !* ✪ HOM. Hi.

❑ Lorsque *y* suit un verbe terminé par *e* ou *a* à l'impératif *(pense, va)*, on ajoute à cette forme verbale un *s* euphonique : *penses-y* [pɑ̃s(ə)zi], *vas-y* [vazi] sur le modèle de *allons-y*. ♦ Pour la préposition et le pronom *y* → compter, insister. ♦ Pour l'euphonie, *y* est omis devant les formes en *ir-* du verbe *aller (si vous y allez j'irai aussi)*.

④ **y** [i] **pron.** – XIXe ; notation de la prononc. pop. de *il* ■ pop. Il. « *Qu'est-ce qu'il fait ? – Y chiale* » (Anouilh).

***yacht** [jɔt] **n. m.** – XVIe ; néerl. *jacht* ■ Navire de plaisance à voiles ou à moteur.

❑ La prononciation hollandaise d'origine [jak] a disparu, remplacée par cette prononciation à l'anglaise.

***yacht-club** [jɔtklœb] **n. m.** – XIXe ; mot angl. ■ Association groupant des pratiquants du yachting et des sports nautiques. *Des yacht-clubs.*

***yachting** [jɔtiŋ] **n. m.** – XIXe ; mot angl. ■ vieilli Pratique de la navigation de plaisance, et en particulier de la voile.

***yachtman** ou ***yachtsman** [jɔtman] **n. m.** – XIXe ; mot angl. ■ vieilli Homme qui pratique le yachting. *Des yachtmans* ou *des yachtmen* [jɔtmɛn].

***yack** **n. m.** – XIXe ; tibétain *gyak* ■ Ruminant *(bovidés)* au corps massif, à longue toison soyeuse, qui vit au Tibet.

❑ On écrit aussi *yak*, graphie moins courante.

***yakitori** **n. m.** – v. 1970 ; mot jap. ■ Brochette de volaille préalablement marinée.

***yakusa** [jakuza] **n. m.** – v. 1985 ; mot jap. ■ Membre d'une organisation japonaise comparable à la Mafia. *Des yakusas* ou *des yakusa.*

***yang** [jɑ̃g] **n. m.** – XVIIIe ; mot chin. ■ Principe fondamental de la philosophie taoïste chinoise, correspondant approximativement à la notion d'activité. *Le yin et le yang.*

❑ Dans la doctrine de Confucius, le *yang* correspond au principe mâle, au feu, au soleil. → yin (rem.).

***yankee** [jɑ̃ki] **n.** – XVIIIe ; mot angl. ■ **1** Habitant de la Nouvelle-Angleterre, puis Nordiste (pour les Sudistes). **2** vieilli Américain des États-Unis. ⇒ **étasunien.** ➛ **adj.** « *les aéroplanes yankees stationnaient* » (Gracq).

❑ Emprunté aux Américains en 1776 ; l'étymologie la plus probable est *English* « Anglais » devenu *Yeengeese* dans une langue des Indiens.

***yaourt** [jauʀt] **n. m.** – XVIIIe ; turc *yoğurmak* « pétrir » ■ Préparation de lait non égoutté et fermenté. *Pot de yaourt.*

❑ On dit aussi *yogourt* [jɔguʀt] mais *yaourt* est plus fréquent et a produit un dérivé, *yaourtière.*

***yaourtière** **n. f.** – mil. XXe ■ Appareil servant à confectionner les yaourts.

***yard** [jaʀd] **n. m.** – XVIIe ; mot angl. ■ Mesure de longueur anglo-saxonne (0,914 m). ⇒ **verge.**

***yatagan** n. m. – XVIIIe ; turc ▪ Sabre turc, à lame recourbée vers la pointe. ⇒ **cimeterre.** *Des groupes d'hommes « aiguisaient leurs yatagans sur les pierres »* (Loti).

***yearling** [jœʀliŋ] n. m. – XIXe ; mot angl. « d'un an *(year)* » ▪ Cheval pur sang âgé d'un an.

yèble → **hièble**

***yen** [jɛn] n. m. – XIXe ; mot jap. ▪ Unité monétaire du Japon. ⇒ **sen.** ✪ HOM. Hyène.

***yeoman** [jɔman] n. m. – XVIIIe ; mot angl. ▪ En Angleterre, Vétéran de la garde, en costume du XVe s. *Les yeomans* ou *les yeomen* [jɔmɛn].

***yéti** n. m. – v. 1960 ; mot tibétain ▪ Humanoïde légendaire de l'Himalaya, surnommé aussi « l'abominable homme des neiges ».

❑ On écrit aussi *yeti,* sans accent.

yeuse n. f. – XVIe ; lat. *ilex* ▪ Chêne vert. *« La colline était couverte de grandes yeuses crépues »* (Giono).

yeux → **œil**

***yéyé** ou ***yé-yé** n. – 1962 ; de *yeah, yah,* refrain de chans., altér. de l'angl. *yes* ▪ vieilli Nom donné au début des années soixante aux jeunes amateurs d'un style de musique venu des États-Unis. ◆ adj. inv. *La musique yéyé.*

***yiddish** [jidiʃ] n. m. inv. – XIXe ; all. *jüdisch* « juif » ▪ Ensemble des parlers germaniques des communautés juives d'Europe orientale. ⇒ **judéo-allemand.** ◆ adj. inv. *La littérature yiddish.*

***yin** [jin] n. m. – XVIIIe ; mot chin. ▪ Principe fondamental de la philosophie taoïste chinoise, correspondant approximativement à la notion de passivité. *Le yin et le yang.*

❑ Dans la doctrine de Confucius, le *yin* correspond au principe femelle, à l'ombre, à l'eau, à la lune. → yang (rem.).

ylang-ylang → **ilang-ilang**

-yle Élément, du gr. *hulê* « matière, substance ». ⇒ **hyl(é)-.**

***yod** [jɔd] n. m. – XVIIIe ; mot hébr. **1** Consonne des alphabets phénicien et hébreu correspondant au *y.* **2** Semi-consonne fricative palatale [j], transcrite en français par *y (ayant), i (pied), il (soleil), ille (maille).* ✪ HOM. Iode.

***yoga** n. m. – XIXe ; mot sanskr. « jonction » ▪ Discipline indienne visant à libérer l'âme de sa condition existentielle, dans l'union à l'absolu, par un ensemble de pratiques psychiques et corporelles. ♦ Discipline spirituelle et corporelle basée sur des exercices de postures et de respiration.

***yogi** [jɔgi] n. m. – XIIIe ; sanskr. *yug* « joindre » ▪ Ascète hindou qui pratique le yoga.

***yogourt** → **yaourt**

***yohimbehe** [jɔimbe] n. m. – 1908 ; mot bantou ▪ Arbre du Cameroun *(rubiacées),* de couleur violacée.

***yohimbine** [jɔimbin] n. f. – 1904 ▪ Alcaloïde extrait de l'écorce de yohimbehe.

***yole** n. f. – XVIIIe ; néerl. *jol,* danois-norv. *jolle* ▪ Embarcation non pontée et légère, étroite et allongée, propulsée à l'aviron. *« il aperçut des yoles qui passaient enlevées à grands coups d'aviron par des canotiers »* (Maupass.).

***Yom Kippour** [jɔmkipuʀ] n. m. – XIXe ; mot hébr. ▪ Fête juive de l'Expiation, appelée aussi *jour du Grand Pardon.*

***yorkshire** [jɔʀkʃœʀ] n. m. – 1933 ; mot angl. ▪ Petit chien d'agrément aux très longs poils. *Des yorkshire-terriers.*

❑ On dit aussi *york, yorkshire-terrier.*

***youp** [jup] interj. – XIXe ; onomat. ▪ S'emploie pour exprimer l'allégresse, un mouvement vif, etc. ⇒ **zou.** *« Et youp ! la la ! Caracole ! Sautez muscade ! »* (Céline).

***youpi** interj. – 1947 ▪ Cri d'enthousiasme souvent accompagné d'un geste exubérant. ⇒ **hourra.** ✪ HOM. Yuppie.

***youpin, ine** n. – XIXe ; déform. arg. de *youdi,* ar. algér. *yaoudi,* du rad. lat. de *juif* ▪ fam. et péj. (injure raciste) Juif.

***yourte** n. f. – XVIIIe ; russe *jorta* ▪ Tente des nomades de l'Asie centrale.

① ***youyou** [juju] n. m. – XIXe ; p.-ê. d'un dial. chin. ▪ Petit canot court et large utilisé pour la navette entre les bateaux au mouillage et les quais. *Des youyous.*

❑ On a écrit *you-you* : *« un des ces petits canots qu'on appelle you-yous »* (Hugo).

② ***youyou** [juju] n. m. – XIXe ; onomat. ▪ Cri aigu modulé poussé en certaines circonstances par les femmes arabes. *« Des rappels rauques et des youyous suraigus »* (Tournier).

***yoyo** ou ***yo-yo** n. m. – 1932 ; nom déposé ; p.-ê. d'o. chin. ▪ Jouet formé d'un disque évidé par le milieu de la tranche, qu'on fait descendre et monter le long d'un fil enroulé autour de son axe. *« Gide était fort habile au yo-yo »* (Beauv.). *Des yoyos, des yo-yo.*

ypérite n. f. – 1917 ; de *Ypres,* nom d'une ville belge ▪ Gaz de combat, à base de sulfure d'éthyle, vésicant. *« L'ypérite [...] Le gaz d'Ypres. Qu'on appelle aussi moutarde... »* (Mart. du G.).

ypréau n. m. – XVe ; de *Ypres,* nom d'une ville belge ▪ région. Orme à larges feuilles ; peuplier blanc.

ysopet ou **isopet** n. m. – XIIe ; du nom de *Ésope* ▪ Au Moyen Âge, Recueil de fables.

ytterbine n. f. – XIXe ▪ Oxyde d'ytterbium.

ytterbium [itɛʀbjɔm] n. m. – XIXe ; de *Ytterby,* nom d'un village de Suède ▪ Corps simple (Yb ; n° at. 70 ; m. at. 173,04), métal blanc du groupe des lanthanides.

yttria n. m. – XIXe ; lat. « terre d'Ytterby » ▪ Oxyde naturel d'yttrium.

yttrialite n. f. – 1907 ; de *yttrium* ▪ Silicate naturel d'yttrium, de thorium, etc.

yttrifère adj. – XIXe ▪ Qui contient de l'yttrium.

yttrique adj. – XIXe ▪ Se dit de composés de l'yttrium.

yttrium [itʀijɔm] n. m. – XIXe ; de *yttria* ▪ Corps simple (Y ; n° at. 39 ; m. at. 88,90), métal gris proche des lanthanides.

***yuan** [jyɑ̃n] n. m. – 1949 ; mot chinois « rond » ▪ Unité monétaire de la République populaire de Chine.

***yucca** [juka] n. m. – XVIe ; mot d'Haïti ▪ Plante arborescente *(liliacées)* à tige ligneuse.

***yuppie** [jupi] n. – 1984 ; acronyme angl. de ***Y**oung **u**rban **p**rofessional,* et allus. à *hippie,* son contraire ▪ Jeune cadre dynamique et ambitieux. *Les yuppies.* ✪ HOM. Youpi.

Z

① **Z** [zɛd] n. m. inv. ▪ Vingt-sixième lettre et vingtième consonne de l'alphabet : *z majuscule* (Z), *z minuscule* (z). ➝ prononc. Lettre qui note la fricative dentale sonore [z] *(zan, bazar, puzzle, gaz, jazz).* ➝ Z est généralement muet à la finale *(raz).* ❑ En français, le son [z] est très souvent noté par *s* entre voyelles graphiques *(rose).* ♦ La finale ...*ez* des mots français est généralement prononcée [e] : *assez, chez, nez, recevez.*

② **Z** abrév. et symboles **1** *z* [zɛd] n. m. Dans l'espace euclidien, Troisième coordonnée cartésienne (verticale, usuellement). *L'axe des z.* **2** ℤ [zɛd] n. m. L'ensemble des nombres entiers relatifs.

zabre n. m. – XIXe ; lat. ▪ Insecte coléoptère parasite des céréales.

Z.A.C. [zak] n. f. – 1967 ; acronyme ▪ Zone d'aménagement concerté.

Z.A.D. [zad] n. f. – 1962 ; acronyme de [ig]*Zone d'***a***ménagement* ***d****ifféré* ▪ Zone dont l'aménagement est prévu pour une époque ultérieure.

zain adj. m. – XVIe ; ar. ▪ Se dit d'un cheval dont la robe, toute d'une couleur, n'a aucun poil blanc.

zakouski n. m. – XIXe ; mot russe ▪ Hors-d'œuvre à la russe. *Des zakouskis* ou *des zakouski.*

> ❑ Pluriel du russe *zakouska,* longtemps noté nom pluriel dans les dictionnaires français ; rien n'empêche de dire *un zakouski, des zakouskis.* Même évolution pour certains noms de pâtes avec pluriel italien en *-i* (*ravioli,* autrefois n. m. pl.).

zamak n. m. – v. 1970 ; nom déposé ▪ Alliage de zinc, d'aluminium et de magnésium.

zamier n. m. – XVIIIe ; lat. *azaniæ nuces* « noix desséchées » ▪ Arbre des régions équatoriales *(cycadacées),* dont la moelle fournit le sagou.

zancle n. m. – XIXe ; gr. *zagklon* « faucille » ▪ Poisson au tronc extrêmement aplati, à la tête effilée, communément appelé *tranchoir.*

zanzi n. m. – 1929 ; abrév. de *zanzibar* du nom de l'île d'Afrique orientale ▪ Jeu de dés qui se joue ordinairement à trois dés.

zapatéado [zapateado ; sapa-] n. m. – XIXe ; esp. *zapato* « soulier » ▪ Danse espagnole sur un rythme à trois temps, scandée par des martèlements de pied au sol.

zapper v. intr. [1] – 1984 ; angl. *to zap* ▪ Passer constamment d'une chaîne de télévision à d'autres à l'aide d'une télécommande. ⇒ région. **pitonner.**

zappeur, euse n. – 1986 ▪ Personne qui zappe en regardant la télévision. ♦ fig. Personne qui passe d'une chose à une autre, sans s'arrêter sur rien.

zapping n. m. – v. 1985 ▪ Action de zapper. ⇒ région. **pitonnage.**

zazou n. et adj. – 1937 ; onomat., p.-ê. d'apr. les onomat. en *a* et *ou* de certains chants en *jazz* ▪ Nom donné, pendant la Seconde Guerre mondiale et dans les années qui suivirent, à des jeunes gens qui se signalaient par leur passion pour le jazz américain et leur élégance tapageuse. « *Les zazous donnaient des "parties" où ils se grisaient de musique "swing"* » (Beauv.). ➝ *La jeunesse zazou* ou *zazoue.*

zèbre n. m. – XVIIe ; esp. *cebra* ou port. *zebra* **1** Mammifère d'Afrique, voisin du cheval, à la robe rayée de bandes noires ou brunes, à la courte crinière en brosse. ➝ loc. fam. *Courir, filer comme un zèbre,* très vite. **2** fam. Individu bizarre. *Un drôle de zèbre.* ⇒ ② **coco, zozo.**

zébrer v. tr. [6] – XIXe ▪ Marquer de raies qui rappellent celles de la robe du zèbre. ⇒ **rayer.** « *au moyen d'incisions noires ou bleues, ils zébraient leurs joues depuis les tempes jusqu'à la bouche* » (J. Verne). ➝ « *une allée zébrée d'ombre et de lumière* » (Baud.).

zébrure n. f. – XIXe **1** Rayure sur le pelage. **2** Marque allongée, raie sur une surface. ⇒ **strie, traînée.** « *l'horizon était obscurci de zébrures noires* » (Duras).

zébu n. m. – XVIIIe ; p.-ê. du tibétain *zeu, zeba* « bosse du zébu, du chameau » ▪ Grand bovidé domestique caractérisé par une bosse graisseuse sur le garrot.

zée n. m. – XIXe ; lat. ▪ Saint-pierre (poisson).

zélateur, trice n. – XIVe ▪ littér. Partisan ou défenseur zélé. ⇒ **adepte.** « *ses zélateurs les plus fidèles devinrent à la longue ses plus farouches détracteurs* » (Artaud).

zèle n. m. – XIIIe ; lat. *zelus* « jalousie, ardeur » **1** littér. ou vieilli Vive ardeur à servir la cause de Dieu et de la religion. ⇒ **ferveur. 2** Vive ardeur à servir une personne ou une cause. ⇒ **dévouement, empressement.** « *Il apportait à recruter ses clients un zèle agressif de jeune missionnaire* » (Duham.). ➝ *FAIRE DU ZÈLE :* mettre une application exagérée et ostensible dans l'exécution d'une tâche. *GRÈVE DU ZÈLE :* application stricte des moindres consignes et règlements de façon à perturber le déroulement du travail. ✪ CONTR. Laisser-aller, négligence, tiédeur. Sabotage.

zélé, ée adj. – XVIe ▪ Qui est plein de zèle. *Un secrétaire zélé.* ⇒ **dévoué, diligent.** ✪ CONTR. Indifférent, négligent.

zellige n. m. – 1919 ; mot ar. ▪ Petit morceau de brique émaillée servant à la décoration de monuments ou d'intérieurs marocains.

zélote n. – XVIIe ; gr. *zêlôtês* « zélateur » ▪ Patriote juif du Ier siècle après J.-C., qui prônait la révolte contre l'occupant romain.

zen [zɛn] n. m. et adj. inv. – XIXe ; sanskr. *dyāna* « méditation » ▪ Secte bouddhique du Japon (venue de Chine), où la méditation prend la première place. ➛ *Les sectes zen.*

zénana n. m. – XIXe ; mot hindi 1 Appartement des femmes, chez les musulmans de l'Inde. 2 Étoffe cloquée employée pour les vêtements d'intérieur. « *une liseuse en zénana, un bonnet de dentelle et des mules à pompons* » (Perec).

zend [zɛ̃d] n. m. – XVIIIe ; mot de cette langue ▪ vieilli Langue de l'*Avesta*, livre sacré du mazdéisme.

zénith n. m. – XIVe ; ar. *samt, semt* « chemin » 1 Point de la sphère céleste situé sur la verticale ascendante de l'observateur. *Zénith et nadir.* « *Véga, l'étoile bleue, apparaissait presque au zénith* » (Alain). 2 Point culminant. ⇒ **apogée, sommet.** « *il était au zénith de sa gloire* » (Tournier).

❑ *Zénith* est le doublet de *azimut.*

zénithal, ale, aux adj. – XVIIe ▪ Relatif au zénith. *Distance zénithale :* distance angulaire d'un point de la sphère céleste au zénith.

zéolithe ou **zéolite** n. f. – 1904, XVIIIe ; gr. *zein* « bouillonner » et *-lithe* ▪ Silicate naturel hydraté.

❑ Pour la variante graphique → -lithe (rem.).

zéphyr n. m. – XVIe ; gr. « vent d'ouest ou du nord-ouest » 1 Vent doux et agréable, brise légère. « *Tout vous est aquilon, tout me semble zéphyr* » (La Font.). 2 *Laine zéphyr :* laine de deux fils à torsion peu serrée. ♦ Toile de coton jumel peigné, fine et souple.

zeppelin n. m. – 1907 ; du nom du constructeur ▪ Dirigeable rigide à carcasse métallique que les Allemands construisirent de 1900 à 1937.

zéro n. m. – XVe ; ar. *sifr* « vide ; zéro » 1 Symbole numéral (0) destiné à remplacer les ordres d'unités absentes. *Zéro mètre cinquante* (0 m 50). 2 Nombre qui représente une collection inexistante, un ensemble vide ; grandeur, valeur nulle. « *Ces opérations algébriques compliquées, dont le résultat doit être zéro* » (Sartre). *Tendre vers zéro.* ➛ *Appareil de zéro,* permettant d'effectuer des mesures par opposition de deux grandeurs égales, par lecture de la graduation zéro. ♦ fam. Néant, rien. *Réduire à zéro.* loc. *Avoir la boule à zéro :* avoir les cheveux coupés ras ; être chauve. ➛ *Partir de zéro :* commencer qqch. sans acquis antérieur. *Repartir à zéro :* recommencer après avoir échoué. « *Ils rêvaient de repartir à zéro, de tout recommencer sur de nouvelles bases* » (Perec). *Reprendre à zéro :* reprendre à la base l'étude d'un problème. *Remettre le(s) compteur(s) à zéro :* repartir du début, sur de nouvelles bases. ➛ *Avoir le moral à zéro :* avoir très mauvais moral. ➛ pop. *Les avoir à zéro :* avoir très peur. ➛ « *Il y a des millions d'hommes pour qui la littérature c'est zéro* » (Beauv.). ♦ adj. numér. card. ⇒ **aucun.** *Il a fait zéro faute à sa dictée. Fromage blanc à zéro pour cent* (0 %) *de matières grasses.* ➛ *Gagner par trois buts à zéro.* 3 Point de départ des graduations thermométriques et de diverses échelles de grandeurs. *Dix degrés au-dessus, au-dessous de zéro. Zéro absolu :* température la plus basse qu'on puisse concevoir (– 273,16 °C). ♦ Point de départ du décompte des heures. ➛ adj. *Le train part à zéro heure dix.* ⇒ **minuit.** ♦ *État, degré zéro,* défini par l'absence des caractères d'un autre état pris comme référence. « *Le Degré zéro de l'écriture* », *de R. Barthes.* 4 La plus basse note correspondant à la nullité absolue. *Avoir zéro en orthographe. Collectionner les zéros. Zéro de conduite.*

❑ *Zéro,* transcription de l'arabe *sifr,* a été emprunté en français sous la forme *cifre* (XIIIe s.), d'où *chiffre,* à l'origine de même sens. ♦ *Degré zéro* ne doit pas être confondu avec *absence ;* c'est la situation d'une information volontairement non présentée.

zérotage n. m. – XIXe ▪ Action de calibrer un instrument de mesure pour en déterminer le point zéro.

zest ou **zeste** [zɛst] n. m. – XVIIe ; rad. onomat. *zek* ▪ *Entre le zist et le zest :* difficile à définir ou à juger. « *un monsieur cauteleux, toujours entre le zist et le zest* » (Proust). ✪ HOM. Zeste.

zeste n. m. – XVIIe ; probablt onomat. 1 Cloison membraneuse partageant en quatre cavités l'intérieur de la noix. 2 Partie externe du péricarpe des agrumes. ♦ Petite lame très mince qu'on y découpe. *Ajouter un zeste de citron.* « *un citron soigneusement épluché dont le zeste s'enroulait en serpent d'or* » (Tournier). ➛ Très petite quantité. ✪ HOM. Zest.

zêta [(d)zɛta] n. m. ▪ Sixième lettre de l'alphabet grec (Z, ζ).

zététique adj. – XVIIe ; gr. *zêtêtikos* « qui recherche » ▪ Qui cherche, qui examine (qualificatif donné aux philosophes sceptiques).

zeugma ou **zeugme** n. m. – XIVe ; gr. « lien » ▪ Construction qui consiste à ne pas énoncer un mot ou un groupe de mots déjà exprimés dans une proposition immédiatement voisine (ex. « L'air était plein d'encens et les prés de verdure » [Hugo]).

zeuzère n. f. – XIXe ; o. i. ▪ Papillon nocturne *(cossidés),* dont les chenilles creusent des galeries dans les jeunes arbres.

zézaiement n. m. – XIXe ▪ Défaut de prononciation de qqn qui zézaie.

zézayer v. intr. [8] – XIXe ; onomat. ▪ Prononcer comme s'il y avait un z [z] à la place d'un *j* [ʒ] ou d'un *s.* ⇒ **bléser, zozoter.** *Une émotion* « *le fait zézayer davantage* » (Romains).

zibeline n. f. – XIVe ; o. slave ▪ Petit mammifère carnivore du genre martre. ♦ Fourrure de cet animal.

zidovudine n. f. – 1987 ; mot angl., de *(a)zido (deoxythymi)dine* ▪ Produit utilisé dans le traitement du sida, couramment nommé *AZT.*

zieuter v. tr. [1] – 1909 ; de *yeux* ▪ fam. Jeter un coup d'œil. ⇒ **regarder ; lorgner, reluquer.** « *La môme en tient* [...] *Zieute-la. Tu t'rends compte* » (Carco).

❑ On écrit aussi *zyeuter,* plus conforme à l'étymologie : « *Il remontait dans sa soupente, zyeutant sa montre à chaque pas* » (Céline). ♦ Même accident de liaison que *zoreille* et *nounours (mon ours).*

zig ou **zigue** n. m. – XIXe ; p.-ê. de ① *gigue* ▪ fam. Individu, type. ⇒ **zèbre, zigoto.** « *Et avec ça, pourtant, un bon zig* » (Maupass.).

❑ Ce mot a servi à former les pronoms argotiques *mézigue, tézigue,* etc.

ziggourat [ziguʀat] n. f. – 1908 ; assyrien ▪ Temple des anciens Babyloniens, pyramide à étages, qui portait un sanctuaire sur son sommet. *La tour de Babel était une ziggourat.*

zigoto n. m. – 1900 ▪ fam. Zig. *Faire le zigoto :* faire l'intéressant.

zigouiller v. tr. [1] – XIXe ; p.-ê. lat. *secare* « couper » ▪ fam. Tuer.

zigue → **zig**

zigzag [zigzag] n. m. – XVIIe ; formation expressive évoquant un va-et-vient ▪ Ligne brisée formant des angles alternativement saillants et rentrants. *Route en zigzag.* ⇒ **lacet.** « *ce bonhomme marchait en zigzag comme s'il était ivre* » (Hugo). « *Un pagne neuf, à zigzags bleus et roses* » (Loti).

zigzagant, ante **adj.** – XIXe ▪ Qui avance en faisant des zigzags. *Des blessés zigzagants.* → **titubant.**

> ❑ Ne pas confondre avec le participe présent qui prend un *u* : *en zigzaguant. Fatigant, intrigant* et *navigant* sont dans le même cas → participe (rem.).

zigzaguer **v. intr.** [1] – XVIIIe ▪ Faire des zigzags, aller de travers. « *Son vélomoteur ralentit, zigzague un peu sur la chaussée* » (Le Clézio). ⇒ aussi **slalomer.**

zinc [zɛ̃g] **n. m.** – XVIIe ; all. *Zink* **1** Corps simple (Zn ; n° at. 30 ; m. at. 65,37), métal dur d'un blanc bleuâtre, qu'on trouve dans la nature sous forme de blende, de calamine, de smithsonite, etc. *Tuyaux en zinc.* **2** fam. Comptoir d'un débit de boissons. « *après avoir commandé un apéritif au zinc* » (Queneau). ➙ « *Le zinc du canal ouvrait juste avant le petit jour* » (Céline). **3** fam. Avion. « *C'est une bourrique ; qui vole. C'est un zinc, quoi !* » (Giono).

> ❑ Le *c* final étymologique se prononce [g], d'où la graphie des dérivés *zingage, zinguer, zingueur.* Voir aussi *second.*

zincifère **adj.** – XIXe ▪ Qui contient du zinc.

zincographie **n. f.** – XIXe ▪ Procédé d'impression par gravure au trait utilisant des clichés sur zinc.

zingage **n. m.** – XIXe ▪ Opération consistant à recouvrir une pièce de fer ou d'acier d'une mince couche de zinc. ⇒ **galvanisation.**

zingaro, plur. **zingari** [(d)ziŋgaro ; zɛ̃garo, i] **n. m.** – XVIIIe ; mot it. ▪ vx Bohémien d'Italie.

zinguer **v. tr.** [1] – XIXe ▪ Revêtir de zinc. *Zinguer une toiture.* ➙ Traiter par zingage.

zingueur **n. m.** – XIXe ▪ Ouvrier spécialisé dans les revêtements en zinc ou dans les opérations de zingage. *Plombier zingueur.*

zinjanthrope **n. m.** – 1959 ; de *Zinj* (nom de lieu) et *-anthrope* ▪ Australopithèque découvert en Tanzanie.

zinnia **n. m.** – XIXe ; du nom du bot. all. *Zinn* ▪ Plante herbacée *(composacées)* à fleurs jaunes, rouges, orange et roses.

① **zinzin** **n.** et **adj.** – 1914 ; onomat. **1 n. m.** vieilli Engin bruyant. **2 n. m.** Chose dont le nom échappe. → **bidule, machin,** ① **truc. 3 adj. inv.** Un peu fou, bizarre. ⇒ **cinglé, toqué.** *Elle est un peu zinzin.* « *s'il y avait quelqu'un de zinzin dans le régiment, c'était bien lui* » (Perec). ➙ **n.** *Une bande de zinzins.*

② **zinzin** **n. m.** – v. 1960 ; abrév. phonétique de *les investisseurs institutionnels,* avec les [z] de liaison ▪ Institution financière qui place une grande partie de ses ressources en valeurs mobilières.

zinzinuler **v. intr.** [1] – 1923 ; onomat. ▪ Se dit de la mésange, de la fauvette qui pousse son cri.

zinzolin **n. m.** – XVIe ; ar. d'Espagne *djoudjolân* « semence de sésame » ▪ vieilli ou littér. Couleur d'un violet rougeâtre. ➙ **adj.** « *de légères combinaisons d'acrylique zinzolin fluorescent* » (Echenoz).

zip **n. m.** – 1965 ; nom déposé ▪ Fermeture à glissière.

zipper **v. tr.** [1] – 1965 ▪ Munir d'une fermeture à glissière. *Blouson zippé.*

zircon **n. m.** – XVIIIe ; de ② *jargon* ▪ Silicate de zirconium. *Le zircon incolore imite le diamant.*

zircone **n. f.** – XIXe ▪ Oxyde de zirconium.

zirconium [ziʀkɔnjɔm] **n. m.** – XIXe ▪ Corps simple (Zr ; n° at. 40 ; m. at. 91,22), métal blanc du groupe du titane.

zist → **zest**

zizanie **n. f.** – XIIIe ; gr. *zizanion* « ivraie », mot d'o. sémitique **1** *Semer la zizanie* : faire naître la discorde, les disputes. « *La vieille zizanie entre les frères renaissait* » (Aragon). ⇒ **désaccord, mésentente. 2** Plante herbacée *(graminées),* qui ressemble au riz. ✪ CONTR. Concorde, entente.

> ❑ D'abord employé pour « mauvaise herbe, ivraie », sens que l'on retrouve dans la locution métaphorique *semer la zizanie.*

① **zizi** **n. m.** – XVIIIe ; onomat. ▪ Variété de bruant.

② **zizi** **n. m.** – XIXe ; lang. enfantin, probablt déform. du mot *oiseau* ▪ fam. Pénis. ➙ Sexe féminin.

zloty **n. m.** – 1924 ; mot polonais ▪ Unité monétaire polonaise. *Des zlotys.*

-zoaire Élément, du gr. *zôon* « animal » et du suff. taxinomique de biologie *-aire.*

zob [zɔb] **n. m.** – XIXe ; ar. ▪ vulg. Pénis.

zodiacal, ale, aux **adj.** – XVIe **1** Du zodiaque. *Signes zodiacaux.* **2** *Lumière zodiacale* : lueur qu'on aperçoit dans le plan de l'écliptique, avant le lever ou après le coucher du Soleil.

zodiaque **n. m.** – XIIIe ; gr. *zôon* « être vivant, figure » ▪ Zone de la sphère céleste limitée par deux petits cercles de cette sphère, parallèles à l'écliptique et situés à 8° 5' de lui. ➙ Cette zone, divisée en douze parties égales par de grands cercles perpendiculaires à l'écliptique. *L'astrologie établit les horoscopes d'après les signes du zodiaque.*

zoé **n. f.** – XIXe ; gr. *zôê* « vie » ▪ Forme larvaire des crustacés décapodes.

zoécie **n. f.** – XIXe ; gr. *zôon* « animal » et *oikia* « maison » ▪ Élément d'une colonie de bryozoaires.

zoïde **n. m.** – XIXe ; gr. *zôoeidês* « semblable à un animal » ▪ Cellule qui, pourvue de cils ou de flagelles, a la mobilité d'un animal.

zoïle **n. m.** – XVIe ; gr. *Zôilos,* nom d'un critique d'Alexandrie détracteur d'Homère ▪ littér. Critique injuste et envieux. ⇒ **détracteur.**

-zoïque Élément, du gr. *zôikos* « relatif aux animaux ».

zombie ou **zombi** **n. m.** – XIXe ; créole **1** Fantôme, dans les croyances vaudou. **2** Personne qui paraît vidée de sa substance et dépourvue de toute volonté.

zona **n. m.** – XIXe ; mot lat. « ceinture » ▪ Affection causée par un virus du groupe des herpès, caractérisée par une éruption de vésicules disposées sur le trajet de certains nerfs sensitifs.

zonage **n. m.** – 1953 ; angl. **1** Réglementation organisant la répartition d'un territoire en zones et fixant le genre et les conditions de l'utilisation du sol. **2** Répartition (des informations) en zones.

zonal, ale, aux **adj.** – XIXe ▪ Propre à une zone. *Climat zonal.*

zonard, arde **n.** et **adj.** – v. 1930 ▪ fam. Jeune, en particulier des banlieues défavorisées, menant une existence marginale. ⇒ **loubard.**

zone **n. f.** – XIIe ; gr. *zônê* « ceinture » **1** Chacune des cinq parties de la sphère terrestre, divisée selon les cercles polaires et les tropiques, et caractérisée par un climat particulier. *Zones polaires, zones tempérées et zones tropicales. Zones de végétation.* ➝ Partie de la sphère céleste, comprise entre deux cercles parallèles. *La zone du zodiaque.* ➝ Partie d'une surface sphérique comprise entre deux plans parallèles. ♦ Bande, partie allongée d'une surface. ⇒ **ceinture.** « *Le Lido est une zone de dunes irrégulières* » (Chateaub.). **2** Surface quelconque ; partie importante. ⇒ ① **espace, région, secteur.** *Zone de basse pression. Zone pétrolifère.* ♦ Ensemble des faces d'un cristal qui sont parallèles à une direction. **3** Région. *Zone des frontières, zones de défense, zones de tir, zone démilitarisée. Zone libre, zone occupée* (en France, 1940-1942). ➝ *Zone franche,* soumise à un régime administratif et fiscal avantageux. ➝ *Zones monétaires,* dans lesquelles les échanges se font en une monnaie déterminée. *La zone franc.* ➝ *Zone d'aménagement différé (Z.A.D.). Zone d'aménagement concerté (Z.A.C.). Zone à urbaniser en priorité (Z.U.P.). Zone industrielle (Z.I.). Zone résidentielle.* **4** Domaine. « *Tout ce rêve le haussait dans une zone d'extase* » (Cocteau). ➝ loc. *De deuxième, de troisième zone :* de second ordre, mineur, médiocre. « *Poète et romancier [...] de seconde zone* » (Henriot). **5** *LA ZONE :* les faubourgs misérables qui se sont constitués sur les terrains des anciennes fortifications de Paris. « *La zone... cette espèce de village qui n'arrive jamais à se dégager tout à fait de la boue, coincé dans les ordures* » (Céline). ➝ Banlieue d'une grande agglomération urbaine caractérisée par la pauvreté de ses aménagements.

❑ On prononce [zon] en dépit de l'absence d'accent → circonflexe (rem.).

zoné, ée adj. – XIXe ■ Qui présente des zones, des bandes de structure ou d'aspects différents. *Roche zonée.*

zoner v. [1] – v. 1980 **1** v. tr. Effectuer le zonage (2°) de. **2** v. intr. fam. Mener une existence marginale, vivre en zonard.

zonier, ière n. – XIXe **1** Habitant(e) de la zone autour de Paris. **2** Habitant(e) d'une zone frontière, d'une zone franche. ⇒ **frontalier.**

zonure n. m. – XIXe ; gr. *zônê* « ceinture » et *oura* « queue » ■ Reptile saurien, lézard d'Afrique du Sud, recouvert d'écailles épineuses.

zoo [z(o)o] n. m. – XIXe ; abrév. de *(jardin) zoologique* ■ Jardin zoologique. *Le zoo de Vincennes.*

zoo- Élément, du gr. *zôon* « être vivant, animal ».

zoogamète n. m. – v. 1965 ■ Gamète mobile à flagelles des algues, des champignons. ⇒ **zoïde.**

zoogéographie n. f. – 1904 ■ Géographie zoologique.

zoolâtre adj. et n. – XIXe ■ Adorateur, adoratrice d'animaux.

zoolâtrie n. f. – XVIIIe ; *zoo-* et *-lâtrie* ■ Adoration d'animaux divinisés.

zoologie n. f. – XVIIIe ; *zoo-* et *-logie* ■ Branche de la biologie qui a pour objet l'étude des animaux.

zoologique adj. – XVIIIe ■ Qui concerne la zoologie, les animaux. *Classification zoologique.* ➝ *Jardin* ou *parc zoologique :* emplacement où des animaux sont présentés dans des conditions rappelant leur vie en liberté. ⇒ **zoo.** « *comme on va dans un jardin zoologique regarder de bêtes curieuses* » (Cl. Simon).

zoologiste n. – XVIIIe ■ Spécialiste de la zoologie.

zoom [zum] n. m. – v. 1950 ; mot angl. ■ Effet d'éloignements ou de rapprochements successifs obtenu par la variété des plans, avec un objectif à focale variable. « *zoom avant sur la fenêtre* » (Tournier). ➝ L'objectif qui permet cette fonction. *Prendre des photos au zoom.*

zoomorphe adj. – XIXe ; *zoo-* et *-morphe* ■ Qui représente un animal, des animaux. *Décoration zoomorphe.*

zoomorphisme n. m. – XIXe ; *zoo-* et *-morphisme* ■ Métamorphose en animal.

zoonose n. f. – 1953 ; de *zoo-* et gr. *nosos* « maladie » ■ Maladie infectieuse des animaux vertébrés transmissible à l'être humain.

zoopathie n. f. – mil. XXe ; *zoo-* et *-pathie* ■ Délire de possession dans lequel le malade se croit habité par un animal.

zoophile adj. – XIXe ■ Relatif à la zoophilie.

❑ Pour le sens de l'élément *-phile* → pédophile (rem.).

zoophilie n. f. – XIXe ; *zoo-* et *-philie* **1** Attachement excessif, plus ou moins pathologique, pour les animaux. **2** Déviation sexuelle. ⇒ **bestialité.**

❑ Pour le sens de *-philie* → pédophile (rem.).

zoophobie n. f. – XIXe ; *zoo-* et *-phobie* ■ Peur morbide ressentie à la vue ou à la pensée de certains animaux.

zoophyte n. m. – XVIe ; *zoo-* et *-phyte* ■ Nom ancien des phytozoaires.

zooplancton n. m. – mil. XXe ■ Plancton animal.

zoosémiotique [zoosemjɔtik] n. f. – 1967 ■ Science qui étudie les signaux par lesquels les animaux communiquent entre eux.

zoospore n. f. – XIXe ■ Spore mobile à flagelles des algues et des champignons. ⇒ **zoïde.**

zootaxie n. f. – XIXe ; *zoo-* et *-taxie* ■ Taxinomie zoologique.

zootechnicien, ienne n. – XIXe ■ Spécialiste de zootechnie.

zootechnie n. f. – XIXe ; *zoo-* et *-technie* ■ Étude scientifique de l'élevage des animaux, de leur reproduction et de leur adaptation à des besoins déterminés.

zootechnique adj. – XIXe ■ Propre, relatif à la zootechnie.

zoreille n. – 1983 ; de *oreille,* en créole ■ fam. Métropolitain installé depuis peu de temps dans les D.O.M.-T.O.M. ⇒ ② **métro.**

zorille n. f. – XVIIIe ; esp. *zorra* « renard » ■ Mammifère carnivore d'Afrique dont la fourrure noire à bandes claires est estimée. ➝ Cette fourrure.

zoroastrien, ienne adj. et n. – XIXe ■ Qui est propre à Zarathoustra (Zoroastre), à sa religion. ⇒ **guèbre, parsi.**

zoroastrisme n. m. – XIXe ■ Religion dualiste fondée par Zarathoustra et professée par les parsis. ⇒ **manichéisme, mazdéisme.**

zostère n. f. – XVIIe ; gr. « ceinture » ■ Plante *(potamogétonacées)* qui forme des prairies sous-marines. « *les chevelures gluantes des zostères* » (Colette).

zostérien, ienne adj. – 1901 ; gr. *zoster* « zona » ■ Propre au zona, causé par le zona.

zou interj. – XVIIIe ; onomat. ■ Allons ! vivement !

zouave n. m. – XVIIe ; arabo-berbère *Zwāwa,* tribu kabyle **1** Soldat d'un corps d'infanterie légère formé en Algérie en 1830. *Culotte de zouave.* ♦ *Zouave pontifical :* membre de la garde du pape. **2** fam. *Faire le zouave,* le malin ; faire le pitre, perdre son temps.

zoulou, e n. et adj. – d. i. ; mot bantou **1** Personne appartenant à un peuple noir d'Afrique australe. ➝ adj. *La musique zouloue.* ♦ n. m. Langue bantoue parlée par les Zoulous. 2 Jeune, d'origine africaine, intégré dans une bande et se réclamant d'éléments culturels négro-américains.

zozo n. m. – XIXe ; p.-ê. de la 2e syll. de *oiseau* redoublée ■ fam. Naïf, niais. « *Il me dit que je suis bien gentil, en d'autres termes que je suis un zozo* » (Montherl.).

zozoter v. intr. [1] – XIXe ; onomat. ■ fam. Zézayer.

Z.U.P. ou **ZUP** [zyp] n. f. – 1958 ; acronyme ■ Zone à urbaniser en priorité. ⇒ **zone.**

zut [zyt] interj. – XIXe ; probablt onomat. ■ fam. Exclamation exprimant le dépit, la colère. ⇒ ① **flûte.** *Zut, alors ! Un gamin avait écrit « Zut pour celui ou celle qui le lira »* (Giraud.).

zutique adj. – XIXe ■ Du groupe des zutistes.

❑ Le mot est surtout connu dans le titre l'*Album zutique*, recueil de poèmes des zutistes (notamment Rimbaud et Verlaine).

zutiste n. – XIXe ■ Membre d'un cercle de poètes (qui disaient « zut ! » à tout), présidé par Ch. Cros.

zwanze [zwɑ̃z ; swantse ; sv-] n. f. ou m. – 1908 ; mot bruxellois ■ région. Plaisanterie populaire, histoire humoristique, à Bruxelles.

zwinglianisme [zvɛ̃glijanism ; swiŋglijanism] n. m. – XVIIe ■ Doctrine religieuse de Zwingli.

zygène n. f. – XVIIe ; gr. ■ Requin marteau. ♦ Papillon qui sécrète un liquide volatil contenant de l'acide cyanhydrique.

zygo- Élément, du gr. *zugon* « joug », « couple ».

zygoma n. m. – XVIe ; gr. *zugôma* « joint » ■ Apophyse zygomatique.

zygomatique adj. et n. m. – XVIIe ■ De la pommette. *Apophyse zygomatique* : apophyse saillante de l'écaille de l'os temporal. ⇒ **zygoma.** ➛ *Les (muscles) zygomatiques* : les muscles rubanés qui s'étendent obliquement de la pommette à la commissure des lèvres.

zygomorphe adj. – 1907 ; *zygo-* et *-morphe* ■ Se dit des fleurs symétriques par rapport à un plan.

zygomycètes n. m. pl. – 1907 ; *zygo-* et *-mycète* ■ Sous-groupe de champignons siphomycètes, caractérisés par la formation d'œufs nés de la fusion de gamètes.

zygopétale n. m. – XIXe ■ Orchidée tropicale.

zygote n. m. – XIXe ; gr. *zugôtos* « attelé » ■ Œuf fécondé, avant la première segmentation.

zymase n. f. – XIXe ; *zym(o)-* et *-ase* ■ Enzyme qui détermine la fermentation alcoolique du glucose.

zym(o)- Élément, du gr. *zumê* « levain, ferment ».

zymotique adj. – XIXe ■ Relatif à la fermentation ou causé par la fermentation.

zythum [zitɔm] ou **zython** n. m. – XVIIIe, -1923 ; gr. *zuthos* « bière » ■ Bière que les Égyptiens faisaient avec de l'orge germée.

zzzz... interj. – onomat. ■ Onomatopée notant un bruit, un sifflement léger et continu. *La dame « enfonce une longue épingle à chapeau dans son chapeau, zzzzz, à travers la cervelle !* » (Green).

ANNEXES

LISTE DES NOMS COMMUNS ET DES ADJECTIFS CORRESPONDANT AUX NOMS PROPRES DE PERSONNES ET DE LIEUX

1 - noms et adjectifs correspondant aux noms de personnes (réelles, mythologiques, imaginaires)

abélien, ienne Abel
adamique Adam
aldin, ine Alde
ambrosien, ienne saint Ambroise
anacréontique Anacréon
aphrodisiaque Aphrodite
apollinarien, ienne Apollinaire
apollinien, ienne Apollon
arien, ienne Arius
aristophanesque Aristophane
aristotélicien, ienne; aristotélique Aristote
arminien, ienne Arminius
augustéen, enne Auguste
augustinien, ienne saint Augustin
averroïste ou **averrhoïste** Averroès

babouviste Babeuf
bachique Bacchus
baconien, ienne Francis Bacon
balzacien, ienne Balzac
barrésien, ienne Barrès
barriste Barre
barthésien, ienne Roland Barthes
barthézien, ienne Barthez
baudelairien, ienne Baudelaire
beethovénien, ienne Beethoven
bergmanien, ienne Bergman
bergsonien, ienne Bergson
bernanosien, ienne Bernanos
bismarckien, ienne Bismarck
blanquiste Blanqui
bodléien, ienne Bodley
bollandiste Bolland
bonapartiste Bonaparte
bouddhique Bouddha
boulangiste Boulanger → boulangisme
bourbonien, ienne les Bourbons
bourguibiste Bourguiba
brechtien, ienne Bertolt Brecht
brejnévien, ienne Brejnev
brownien, ienne Robert Brown
byronien, ienne Byron

calviniste Calvin
camusien, ienne Camus
capétien, ienne Hugues Capet
caravagesque; caravagiste Le Caravage
cartésien, ienne Descartes
castriste Fidel Castro → castrisme
célinien, ienne Céline
césarien, ienne Jules César
cézannien, ienne Cézanne
chaplinesque Chaplin
chaucérien, ienne Chaucer
chiraquien, ienne Chirac
chomskien, ienne Chomsky
churchillien, ienne Winston Churchill
churrigueresque Churriguera
cicéronien, ienne Cicéron
claudélien, ienne Claudel
clémentin, ine Clément VII, VIII, etc., papes
colbertiste Colbert
comtien, ienne Auguste Comte
condillacien, ienne Condillac
confucéen, enne Confucius
constantinien, ienne Constantin Ier le Grand
cornélien, ienne Corneille
courtelinesque Courteline

dantesque Dante
dantoniste Danton
darwinien, ienne Darwin
davidien, ienne Louis David, peintre
debussyste Debussy
dioclétien, ienne Dioclétien
disraelien, ienne Disraeli
dominicain, aine saint Dominique
domitien, ienne Domitien
donatiste Donat
donjuanesque Don Juan
donquichotesque Don Quichotte
dostoïevskien, ienne Dostoïevski
dreyfusard, arde Dreyfus
durassien, ienne Duras

einsteinien, ienne Einstein
élisabéthain, aine Élisabeth Ire
ellingtonien, ienne Duke Ellington
épicurien, ienne Épicure
érasmien, ienne Érasme
eschylien, ienne Eschyle
ésopique Ésope
euclidien, ienne Euclide
euripidien, ienne Euripide

faradique Faraday
faulknérien, ienne Faulkner
faustien, ienne Faust
fellinien, ienne Fellini
fénelonien, ienne Fénelon
flaubertien, ienne Flaubert
flavien, ienne Titus Flavius Vespasianus-Vespasien
fouriériste Charles Fourier
francien, ienne Anatole France
franciscain, aine saint François
franckiste César Franck
franquiste Franco
freudien, ienne Freud

galiléen, enne Galilée
gandhiste; gandhien, ienne Gandhi
gargantuesque Gargantua
garibaldien, ienne Garibaldi
gassendiste Gassendi
gaulliste; gaullien, ienne de Gaulle
gidien, ienne Gide
giralducien, ienne Giraudoux
giscardien, ienne Giscard d'Estaing
gluckiste Gluck
godardien, ienne Godard
goethéen, enne Goethe
gorbatchévien, ienne Gorbatchev
goyesque Goya
grégorien, ienne saint Grégoire
guesdiste Guesde

habsbourgeois, oise les Habsbourg
1. hébertiste Jacques Hébert, révolutionnaire
2. hébertiste Georges Hébert → hébertisme
hégélien, ienne Hegel → hégélianisme

héraclitéen, enne Héraclite
herculéen, enne Hercule
hermétique Hermès
hertzien, ienne Hertz
hésiodique Hésiode
hiéronymien, ienne saint Jérôme
hippocratique Hippocrate
hitchcockien, ienne Hitchcock
hitlérien, ienne Hitler
holbachique d'Holbach
homérique Homère
horacien, ienne ; **horatien, ienne** Horace
hugolien, ienne Hugo
hussite Huss

ibsénien, ienne Ibsen
icarien, ienne Icare
ignacien, ienne saint Ignace de Loyola
ingriste ; **ingresque** Ingres
isiaque Isis
ismaélien, ienne Ismā'īl, imam

jacobite Jacques Baraddaï
janséniste Jansen
jaurésien, ienne; jaurésiste Jaurès
jennérien, ienne Jenner
johannique saint Jean
joséphiste Joseph II d'Autriche
julien, ienne Jules
jungien, ienne Jung
junonien, ienne Junon
jupitérien, ienne Jupiter

kafkaïen, ïenne Kafka
kantien, ienne Kant
keplérien, ienne Kepler
keynésien, ienne Keynes
khomeiniste Khomeiny
khrouchtchévien, ienne Khrouchtchev
kierkegaardien, ienne Kierkegaard

lacanien, ienne Lacan
lamarckien, ienne ; **lamarckiste** Lamarck
lamartinien, ienne Lamartine
leibnizien, ienne Leibniz
léniniste Lénine
lepéniste Le Pen
linnéen, enne Linné
lockiste Locke
louis-philippard, arde Louis-Philippe
luthérien, ienne Luther

machiavélien, ienne ; **machiavélique** Machiavel
mallarméen, enne Mallarmé
malraucien, ienne ; **malrucien, ienne** Malraux
malthusien, ienne Malthus
manuélin, ine Manuel
maoïste Mao Zedong
mariste ; **marial** Marie
marivaudesque Marivaux
marotique Clément Marot
marxiste ; **marxien, ienne** Marx
masochiste Sacher-Masoch
mauriacien, ienne Mauriac
maurrassien, ienne Maurras
ménaisien, ienne Lamennais
mendélien, ienne Mendel
mendésiste Mendès France
mérovingien, ienne Mérovée
mesmérien, ienne Mesmer
michelangélesque Michel-Ange
mitchourinien, ienne Mitchourine
mitterrandiste ; **mitterrandien, ienne** Mitterrand
moliéresque Molière
mosaïque Moïse

mozartien, ienne Mozart
mussolinien, ienne Mussolini

napoléonien, ienne Napoléon
nassérien, ienne Nasser
neptunien, ienne Neptune
nervalien, ienne Nerval
newtonien, ienne Newton
nietzschéen, enne Nietzsche

octavien, ienne Octave
œdipien, ienne Œdipe
orléaniste duc d'Orléans
orphique Orphée
osirien, ienne Osiris
ossianique Ossian
ovidien, ienne Ovide

palladien, ienne Palladio
pantagruélique Pantagruel
pascalien, ienne Pascal
pastorien, ienne ; **pasteurien, ienne** Pasteur
paulinien, ienne saint Paul
pavésien, ienne Pavese
pavlovien, ienne Pavlov
péroniste Perón
pétainiste ; **pétiniste** Pétain
pétrarquiste Pétrarque
pétrinien, ienne saint Pierre
phidiesque Phidias
picassien, ienne Picasso
pickwickien, ienne Pickwick
pindarique Pindare
pirandellien, ienne Pirandello
platonicien, ienne ; **platonique** Platon
plinien, ienne Pline
plutonien, ienne ; **plutonique** Pluton
pompéien, ienne Pompée
poussiniste Poussin
praxitélien, ienne Praxitèle
prométhéen, enne Prométhée
proudhonien, ienne Proudhon
proustien, ienne Proust
ptolémaïque Ptolémée
pythagoréen, enne ; **pythagoricien, ienne** Pythagore

rabelaisien, ienne Rabelais
racinien, ienne Racine
raphaélique ; **raphaélesque** Raphaël
ravélien, ienne Ravel
reaganien, ienne Reagan
rembranesque Rembrandt
riemannien, ienne Bernhard Riemann
rimbaldien, ienne Rimbaud
robespierriste Robespierre
rocambolesque Rocambole
rocardien, ienne Rocard
rossellinien, ienne Rossellini
rousseauiste Rousseau
roussélien, ienne Roussel

sadique ; **sadien, ienne** Sade
saint-simonien, ienne Saint-Simon
sandiniste Sandino
saphique Sapho
sardanapalesque Sardanapale
sartrien, ienne Sartre
saturnien, ienne Saturne
saussurien, ienne Saussure
schönberguien, ienne Schönberg
schubertien, ienne Schubert
schumannien, ienne Schumann
shakespearien, ienne Shakespeare
socratique Socrate
spinoziste Spinoza

stalinien, ienne Staline
stendhalien, ienne Stendhal
swedenborgien, ienne Swedenborg
swiftien, ienne Swift

tainien, ienne Taine
tchékhovien, ienne Tchekhov
thatchérien, ienne Thatcher
thomiste saint Thomas
tibérien, ienne Tibère
titianesque Titien
titiste Tito
tolstoïen, ïenne Tolstoï
trotskiste Trotski

ubuesque Ubu

valérien, ienne Valéry
vénusien, ienne Vénus
verlainien, ienne Verlaine
victorien, ienne reine Victoria
virgilien, ienne Virgile
voltairien, ienne Voltaire

wagnérien, ienne Wagner
wildien, ienne Wilde

zolien, ienne; rare **zoléen, enne** Zola
zoroastrien, ienne Zoroastre

2 - noms et adjectifs correspondant aux noms de lieux

REM. On trouvera à la nomenclature les dérivés de noms propres qui désignent une langue ou qui entrent dans des locutions.

Abbevillois, oise Abbeville (Somme)
Ablonais, aise Ablon-sur-Seine (Val-de-Marne)
Abyssinien, ienne ou **Abyssin, ine** Abyssinie (Afrique)
Acadien, ienne Acadie (Canada)
Acquae-Sextien, ienne ou **Acquae-Sextian, iane** → Aixois
Adamois, oise [L'] Isle-Adam (Val-d'Oise)
Afghan, ane Afghanistan (Asie)
Africain, aine Afrique
Agenais, aise Agen (Lot-et-Garonne)
Aigrefeuillais, aise Aigrefeuille-d'Aunis (Charente-Maritime)
Aiguebellin, inche Aiguebelle (Savoie)
Aiguepersois, oise Aigueperse (Puy-de-Dôme)
Aigues-Mortais, aise Aigues-Mortes (Gard)
Aiguillon, onne Aiguilles-en-Queyras (Hautes-Alpes)
Aiguillonnais, aise Aiguillon (Lot-et-Garonne)
Aigurandais, aise Aigurande (Indre)
Airois, oise Aire-sur-la-Lys (Pas-de-Calais)
Airvaudais, aise Airvault (Deux-Sèvres)
Aixois, oise Aix-les-Bains (Savoie)
Aixois, oise ou **Acquae-Sextien, ienne** ou **Acquae-Sextian, iane** Aix-en-Provence (Bouches-du-Rhône)
Ajaccien, ienne Ajaccio (Corse-du-Sud)
Akkadien, ienne Akkad (Mésopotamie)
Albanais, aise Albanie (Europe)
Albertin, ine Albert (Somme)
Albertivillarien, ienne Aubervilliers (Seine-Saint-Denis)
Albertvillois, oise Albertville (Savoie)
Albigeois, oise Albi (Tarn)
Albinien, ienne Aubigny-sur-Nère (Cher)
Alençonnais, aise Alençon (Orne)
Aleppin, ine Alep (Syrie)
Alésien, ienne Alès (Gard)
Alexandrin, ine Alexandrie (Égypte)
Alfortvillais, aise Alfortville (Val-de-Marne)
Algérien, ienne Algérie (Afrique)
Algérois, oise Alger (Algérie)
Allaudien, ienne Allauch (Bouches-du-Rhône)
Allemand, ande Allemagne (Europe)
Allossard, arde Allos (Alpes-de-Haute-Provence)
Alnélois, oise Auneau (Eure-et-Loir)
Alpin, ine Alpes (Europe)
Alréen, enne Auray (Morbihan)
Alsacien, ienne Alsace (France)
Altaïque Altaï (Asie)
Altkirchois, oise Altkirch (Bas-Rhin)
Altoséquanais, aise Hauts-de-Seine (France)
Amandin, ine → Saint-Amandinois
Amandinois, oise ou **Amandois, oise** Saint-Amand-en-Puisaye (Nièvre)
Amandinois, oise Saint-Amand-les-Eaux (Nord)
Amazonien, ienne Amazonie (Amérique du Sud)
Ambarrois, oise Ambérieu-en-Bugey (Ain)
Ambertois, oise Ambert (Puy-de-Dôme)
Amboisien, ienne Amboise (Indre-et-Loire)
Amélien, ienne ou **Palaldéen, enne** Amélie-les-Bains-Palalda (Pyrénées-Orientales)
Américain, aine Amérique
Amiénois, oise Amiens (Somme)
Amollois, oise Amou (Landes)
Amstellodamien, ienne ou **Amstellodamois, oise** Amsterdam (Pays-Bas)
Ancenien, ienne Ancenis (Loire-Atlantique)
Anconitain, aine Ancône (Italie)
Andalou, ouse Andalousie (Espagne)
Andelisien, ienne [Les] Andelys (Eure)
Andernosien, ienne Andernos-les-Bains (Gironde)
Andin, ine Andes (Amérique du Sud)
Andorran, ane [principauté d'] Andorre (Europe)
Andrésien, ienne Saint-André-de-l'Eure (Eure)
Angelinos [plur.] Los Angeles (États-Unis)
Angérien, ienne Saint-Jean-d'Angély (Charente-Maritime)
Angevin, ine Angers (Maine-et-Loire); Anjou (France)
Anglais, aise Angleterre (Grande-Bretagne, Europe)
Angloy, oye Anglet (Pyrénées-Atlantiques)
Angolais, aise Angola (Afrique)
Angoumoisin, ine Angoulême (Charente)
Anianais, aise Aniane (Hérault)
Annamite Annam (Viêtnam)
Annécien, ienne Annecy (Haute-Savoie)
Annemassien, ienne Annemasse (Haute-Savoie)
Annonéen, enne Annonay (Ardèche)
Annotain, aine Annot (Alpes-de-Haute-Provence)
Antibois, oise Antibes (Alpes-Maritimes)
Antiguais et Barbudien, Antiguaise et Barbudienne Antigua-et-Barbuda (Antilles)
Antillais, aise Antilles (Amérique centrale)
Antonien, ienne Antony (Hauts-de-Seine)
Antraiguain, aine Antraigues-sur-Volane (Ardèche)
Antrainais, aise Antrain (Ille-et-Vilaine)
Anversois, oise Anvers (Belgique)
Anzinois, oise Anzin (Nord)
Appaméen, enne Pamiers (Ariège)
Aptésien, ienne Apt (Vaucluse)
Aquitain, aine Aquitaine (France)
Arabe Arabie (Asie)
Aragonais, aise Aragon (Espagne)
Aramonais, aise Aramon (Gard)
Arboisien, ienne Arbois (Jura)
Arcachonnais, aise Arcachon (Gironde)
Arcadien, ienne Arcadie (Grèce)

Archepontain, aine Pont-de-l'Arche (Eure)
Arcisien, ienne Arcis-sur-Aube (Aube)
Ardéchois, oise Ardèche (France)
Ardennais, aise Ardenne (Belgique, France)
Arédien, ienne Saint-Yrieix-la-Perche (Haute-Vienne)
Arétin, ine Arezzo (Italie)
Argelésien, ienne Argelès-Gazost (Hautes-Pyrénées)
Argentacois, oise Argentat (Corrèze)
Argentais, aise Argent-sur-Sauldre (Cher)
Argentanais, aise Argentan (Orne)
Argenteuillais, aise Argenteuil (Val-d'Oise)
Argentiérois, oise [L'] Argentière-la-Bessée (Hautes-Alpes)
Argentin, ine Argentine (Amérique du Sud)
Argentonnais, aise Argenton-Château (Deux-Sèvres); Argenton-sur-Creuse (Indre)
Argentréen, enne Argentré-du-Plessis (Ille-et-Vilaine)
Ariégeois, oise Ariège (France)
Arlésien, ienne Arles (Bouches-du-Rhône)
Arleusien, ienne Arleux (Nord)
Arménien, ienne Arménie (Asie)
Armentiérois, oise Armentières (Nord)
Armoricain, aine Armorique (France)
Arnétois, oise Arnay-le-Duc (Côte-d'Or)
Arrageois, oise Arras (Pas-de-Calais)
Arsais, aise Ars-en-Ré (Charente-Maritime)
Artésien, ienne Artois (France)
Ascquois, oise Ascq (Nord)
Asiate ou **Asiatique** Asie
Asniérois, oise Asnières-sur-Seine (Hauts-de-Seine)
Assyrien, ienne Assyrie (Asie)
Asturien, ienne Asturies (Espagne)
Athégien, ienne Athis-Mons (Essonne)
Athénien, ienne Athènes (Grèce)
Athisien, ienne Athis-de-l'Orne (Orne)
Aturin, ine Aire-sur-l'Adour (Landes)
Aubeterrien, ienne Aubeterre-sur-Dronne (Charente)
Aubois, oise Aube (France)
Aubussonnais, aise Aubusson (Creuse)
Auchellois, oise Auchel (Pas-de-Calais)
Audiernais, aise Audierne (Finistère)
Audincourtois, oise Audincourt (Doubs)
Audois, oise Aude (France)
Audomarois, oise Saint-Omer (Pas-de-Calais)
Audonien, ienne Saint-Ouen (Seine-Saint-Denis)
Audruicquois, oise Audruicq (Pas-de-Calais)
Audunois, oise Audun-le-Roman (Meurthe-et-Moselle)
Augeron, onne [pays d'] Auge (France)
Aulnaisien, ienne Aulnay-sous-Bois (Seine-Saint-Denis)
Aulnésien, ienne Aulnoye-Aymeries (Nord)
Aultois, oise Ault (Somme)
Aumalois, oise Aumale (Seine-Maritime)
Aunais, aise Aunay-sur-Odon (Calvados)
Aunisien, ienne Aunis (France)
Aupsois, oise Aups (Var)
Aurignacais, aise Aurignac (Haute-Garonne)
Aurillacois, oise Aurillac (Cantal)
Auscitain, aine Auch (Gers)
Australien, ienne (Australie)
Autrichien, ienne Autriche (Europe)
Autunois, oise Autun (Saône-et-Loire)
Auvergnat, ate Auvergne (France)
Auxerrois, oise Auxerre (Yonne)
Avallonnais, aise Avallon (Yonne)
Avesnois, oise Avesnes-sur-Helpe (Nord)
Aveyronnais, aise Aveyron (France)
Avignonnais, aise Avignon (Vaucluse)
Avranchinais, aise Avranches (Manche)
Axonais, aise Aisne (France)
Azéri, ie ou **Azerbaïdjanais, aise** Azerbaïdjan (Caucase)

Babylonien, ienne Babylone (Mésopotamie)
Bachamois, oise Baccarat (Meurthe-et-Moselle)
Badonvillois, oise Badonviller (Meurthe-et-Moselle)
Bagnérais, aise Bagnères-de-Bigorre (Hautes-Pyrénées)
Bahamien, ienne Bahamas (Amérique centrale)
Bahreïni Bahreïn (Proche-Orient)
Baixanenc, Baixanenque Baixas (Pyrénées-Orientales)
Bajocasse → Bayeusain
Balbynien, ienne Bobigny (Seine-Saint-Denis)
Baléare Baléares (Espagne)
Balinais, aise Bali (Asie)
Balkanique Balkans (Europe)
Bâlois, oise Bâle (Suisse)
Balte Baltique (Europe)
Bangladais, aise Bangladesh (Asie)
Banyulenc, Banyulencque Banyuls-sur-Mer (Pyrénées-Orientales)
Bapalmois, oise Bapaume (Pas-de-Calais)
Baralbin, ine Bar-sur-Aube (Aube)
Barbadien, ienne [La] Barbade (Antilles)
Barcelonais, aise Barcelone (Espagne)
Barcelonnette Barcelonnette (Alpes-de-Haute-Provence)
Barisien, ienne Bar-le-Duc (Meuse)
Barois, oise [Le] Bar-sur-Loup (Alpes-Maritimes)
Barséquanais, aise Bar-sur-Seine (Aube)
Bas-Alpin, ine Alpes-de-Haute-Provence (France)
Basque, Basquaise [Pays] Basque → Euskarien
Bas-Rhinois, oise Bas-Rhin (France)
Basse-Terrien, ienne Basse-Terre (Guadeloupe)
Bastiais, iaise Bastia (Haute-Corse)
Bavarois, oise Bavière (Allemagne)
Bayeusain, aine ou **Bajocasse** Bayeux (Calvados)
Bayonnais, aise Bayonne (Pyrénées-Atlantiques)
Béarnais, aise Béarn (France)
Beauceron, onne Beauce (France)
Beaunois, oise Beaune (Côte-d'Or)
Beauvaisien, ienne ou **Beauvaisin, ine** Beauvais (Oise)
Belfortain, aine [Territoire de ou ville] Belfort (France)
Belge Belgique (Europe)
Belgradois, oise Belgrade (Yougoslavie)
Bélizais, aise Bélize (Amérique centrale)
Bellachon, onne Bellac (Haute-Vienne)
Belleysan, ane Belley (Ain)
Bellifontain, aine Fontainebleau (Seine-et-Marne)
Bellilois, oise Belle-Île (Morbihan)
Bénédictin, ine Saint-Benoît-du-Sault (Indre)
Bengali, ie ou **Bengalais, aise** Bengale (Inde)
Béninois, oise Bénin (Afrique)
Béotien, ienne Béotie (Grèce)
Bergeracois, oise Bergerac (Dordogne)
Berlinois, oise Berlin (Allemagne)
Bernayen, enne Bernay (Eure)
Bernois, oise Berne (Suisse)
Berrichon, onne Berry (France)
Berruyer, ère Bourges (Cher)
Béthunois, oise Béthune (Pas-de-Calais)
Bhoutanais, aise Bouthan (Asie)
Biafrais, aise Biafra (Afrique)
Biarrot, ote Biarritz (Pyrénées-Atlantiques)
Bidartars [plur.] Bidart (Pyrénées-Atlantiques)
Biélorusse Biélorussie (Europe)
Bigourdan, ane Bigorre (France)
Birman, ane Birmanie (Asie)
Biscaïen, ïenne Biscaye (Espagne)
Bisontin, ine Besançon (Doubs)
Bissau-Guinéen, enne Guinée-Bissau (Afrique)
Biterrois, oise Béziers (Hérault)
Blancois, oise [Le] Blanc (Indre)
Blangeois, oise Blangy-sur-Bresle (Seine-Maritime)
Blayais, aise Blaye (Gironde)
Blésois, oise Blois (Loir-et-Cher)
Bohémien, ienne Bohême (République tchèque)
Bolivien, ienne Bolivie (Amérique du Sud)
Bolonais, aise Bologne (Italie)
Bonifacien, ienne Bonifacio (Corse-du-Sud)
Bonnevillois, oise Bonneville (Haute-Savoie)
Bonnois, oise Bonn (Allemagne)
Bônois, oise Bône (Algérie)
Borain, aine Borinage (Belgique); Bourg-Saint-Maurice (Savoie)

Bordelais, aise Bordeaux (Gironde)
Bosniaque ou **Bosnien, ienne** Bosnie-Herzégovine (Europe)
Bostonien, ienne Boston (États-Unis)
Botswanais, aise Botswana (Afrique)
Boucalais, aise [Le] Boucau (Pyrénées-Atlantiques)
Bougivalais, aise Bougival (Yvelines)
Boulageois, oise Boulay-Moselle (Moselle)
Boulonnais, aise Boulogne-Billancourt (Hauts-de-Seine); Boulogne-sur-Mer (Pas-de-Calais)
Bourbonnais, aise Bourbonnais (France)
Bourbourgeois, oise Bourbourg (Nord)
Bourcain, aine Bourg-lès-Valence (Drôme)
Bourcat, ate Bourg-d'Oisans (Isère)
Bourgetin, ine [Le] Bourget (Seine-Saint-Denis)
Bourguésan, ane Bourg-Saint-Andéol (Ardèche)
Bourguignon, onne Bourgogne (France)
Bourguisan, ane Bourg-Argental (Loire)
Brabançon, onne Brabant (Belgique)
Bragard, arde Saint-Dizier (Haute-Marne)
Brandebourgeois, oise Brandebourg (Allemagne)
Brésilien, ienne Brésil (Amérique du Sud)
Bressan, ane Bresse (France)
Bressuirais, aise Bressuire (Deux-Sèvres)
Brestois, oise Brest (Finistère)
Breton, onne Bretagne (France)
Briançonnais, aise Briançon (Hautes-Alpes)
Briard, arde Brie (France)
Briéron, onne Brière (France)
Brignolais, aise Brignoles (Var)
Briochin, ine Saint-Brieuc (Côtes-d'Armor)
Briotin, ine Briey (Meurthe-et-Moselle)
Britannique Grande-Bretagne (Europe)
Brivadois, oise Brioude (Haute-Loire)
Briviste Brive-la-Gaillarde (Corrèze)
Bruaysien, ienne Bruay-en-Artois (Pas-de-Calais)
Brugeois, oise Bruges (Belgique)
Brunéien, ienne Brunei (Asie)
Bruxellois, oise Bruxelles (Belgique)
Bucarestois, oise Bucarest (Roumanie)
Budapestois, oise Budapest (Hongrie)
Bulgare Bulgarie (Europe)
Burgien, ienne Bourg-en-Bresse (Ain)
Burkinabé Burkina-Faso (Afrique)
Burundais, aise Burundi (Afrique)
Byzantin, ine Byzance (Europe)

Cadurcien, ienne, Cahorsien, ienne ou **Cahorsin, ine** Cahors (Lot)
Caennais, aise Caen (Calvados)
Cahorsien, ienne ou **Cahorsin, ine** → Cadurcien
Cairote [Le] Caire (Égypte)
Calabrais, aise Calabre (Italie)
Caladois, oise Villefranche-sur-Saône (Rhône)
Calaisien, ienne Calais (Pas-de-Calais); Saint-Calais (Sarthe)
Californien, ienne Californie (États-Unis)
Calvadosien, ienne Calvados (France)
Calvais, aise Calvi (Haute-Corse)
Camarguais, aise, Camarguin, ine ou **Camarguen, enne** Camargue (France)
Cambodgien, ienne Cambodge (Asie)
Cambrésien, ienne Cambrai (Nord)
Camerounais, aise Cameroun (Afrique)
Canadien, ienne Canada (Amérique du Nord)
Cananéen, enne [pays de] Canaan
Canarien, ienne [îles] Canaries (Espagne)
Candiote → Crétois
Cannois, oise Cannes (Alpes-Maritimes)
Cantalien, ienne Cantal (France)
Cantilien, ienne Chantilly (Oise)
Cantonais, aise Canton (Chine)
Capouan, ane Capoue (Italie)
Cap-Verdien, ienne [îles du] Cap-Vert (océan Atlantique)
Caraïbe Caraïbe (Amérique centrale)
Carcassonnais, aise Carcassonne (Aude)
Caribéen, enne Caraïbe (Amérique centrale)
Carioca Rio de Janeiro (Brésil)
Carolomacérien, ienne Charleville-Mézières (Ardennes)
Carolorégien, ienne Charleroi (Belgique)
Carpentrassien, ienne Carpentras (Vaucluse)
Carquefolien, ienne Carquefou (Loire-Atlantique)
Carrillon, onne ou **Carriérois, oise** Carrières-sur-Seine (Yvelines)
Carthaginois, oise Carthage (Tunisie)
Casablancais, aise Casablanca (Maroc)
Cassidain, aine Cassis (Bouches-du-Rhône)
Castelbriantais, aise Châteaubriant (Loire-Atlantique)
Castellanais, aise Castellane (Alpes-de-Haute-Provence)
Castelnaudarien, ienne → Chaurien
Castelneuvien, ienne Châteauneuf-la-Forêt (Haute-Vienne)
Castelnovien, ienne Châteauneuf-sur-Charente (Charente)
Castélorien, ienne Château-du-Loir (Sarthe)
Castel-Papaux → Châteauneuvois
Castelroussin, ine Châteauroux (Indre)
Castelsalinois, oise Château-Salins (Moselle)
Castelsarrasinois, oise Castelsarrasin (Tarn-et-Garonne)
Castillan, ane Castille (Espagne)
Castrais, aise Castres (Tarn); [La] Châtre (Indre)
Castrogontérien, ienne Château-Gontier (Mayenne)
Castrothéodoricien, ienne Château-Thierry (Aisne)
Catalan, ane Catalogne (Espagne)
Caucasien, ienne Caucase
Cayennais, aise Cayenne (Guyane française)
Centrafricain, aine [République] centrafricaine (Afrique)
Cerdan, ane ou **Cerdagnol, ole** Cerdagne (Espagne)
Cérétan, ane Céret (Pyrénées-Orientales)
Cévenol, ole Cévennes (France)
Ceylanais, aise [île de] Ceylan (Asie)
Chaldéen, enne Chaldée (Mésopotamie)
Chalonnais, aise Chalon-sur-Saône (Saône-et-Loire)
Châlonnais, aise Châlons-sur-Marne (Marne)
Chambérien, ienne Chambéry (Savoie)
Chamoniard, iarde Chamonix (Haute-Savoie)
Champenois, oise Champagne (France)
Charentais, aise Charente (France)
Charentais, aise maritime Charente-Maritime (France)
Charollais, aise Charolles (Saône-et-Loire)
Chartrain, aine Chartres (Eure-et-Loir)
Château-Chinonais, aise Château-Chinon (Nièvre)
Châteaulinois, oise Châteaulin (Finistère)
Châteauneuvois, oise ou **Castel-Papaux** [plur.] Châteauneuf-du-Pape (Vaucluse)
Châtelain, aine Château-d'Oléron (Charente-Maritime)
Châtelleraudais, aise Châtellerault (Vienne)
Chaumontais, aise Chaumont (Haute-Marne)
Chaurien, ienne ou **Castelnaudarien, ienne** Castelnaudary (Aude)
Cherbourgeois, oise Cherbourg (Manche)
Chilien, ienne Chili (Amérique du Sud)
Chinois, oise Chine (Asie)
Chinonais, aise Chinon (Indre-et-Loire)
Choletais, aise Cholet (Maine-et-Loire)
Chypriote ou **Cypriote** Chypre (Méditerranée)
Ciotaden, enne [La] Ciotat (Bouches-du-Rhône)
Cisjordanien, ienne Cisjordanie (Proche-Orient)
Civraisien, ienne Civray (Vienne)
Clamartois, oise Clamart (Hauts-de-Seine)
Clamecycois, oise Clamecy (Nièvre)
Clermontois, oise Clermont (Oise); Clermont-Ferrand (Puy-de-Dôme)
Clodoaldien, ienne Saint-Cloud (Hauts-de-Seine)
Clusien, ienne Cluses (Haute-Savoie)
Cochinchinois, oise Cochinchine (Asie)
Cognaçais, aise Cognac (Charente)
Colmarien, ienne Colmar (Haut-Rhin)
Colombien, ienne Colombie (Amérique du Sud)
Commercien, ienne Commercy (Meuse)
Comorien, ienne Comores (océan Indien)
Compiégnois, oise Compiègne (Oise)
Comtois, oise → Franc-Comtois
Concarnois, oise Concarneau (Finistère)

Condomois, oise Condom (Gers)
Confolentais, aise Confolens (Charente)
Congolais, aise Congo (Afrique)
Constantinois, oise Constantine (Algérie)
Copenhagois, oise Copenhague (Danemark)
Corbeil-Essonnois, oise Corbeil-Essonnes (Essonne)
Cordouan, ane Cordoue (Espagne)
Coréen, enne Corée (Asie)
Corfiote Corfou (Grèce)
Corpopétrussien, ienne Saint-Pierre-des-Corps (Indre-et-Loire)
Corrézien, ienne Corrèze (France)
Corse Corse (France)
Cortenais, aise Corte (Haute-Corse)
Cosnois, oise Cosne-Cours-sur-Loire (Nièvre)
Costaricain, aine ou **Costaricien, ienne** Costa Rica (Amérique centrale)
Costarmoricain, aine Côtes-d'Armor (France)
Côte d'Orien, ienne Côte-d'Or (France)
Côtois, oise [La] Côte-Saint-André (Isère)
Cotterézien, ienne Villers-Cotterêts (Aisne)
Coulumérien, ienne Coulommiers (Seine-et-Marne)
Courbevoisien, ienne Courbevoie (Hauts-de-Seine)
Courtraisien, ienne Courtrai (Belgique)
Coutançais, aise Coutances (Manche)
Creillois, oise Creil (Oise)
Crétois, oise ou **Candiote** Crète (Grèce)
Creusois, oise Creuse (France)
Cristolien, ienne Créteil (Val-de-Marne)
Croate Croatie (Europe)
Croisicais, aise [Le] Croisic (Loire-Atlantique)
Cubain, aine Cuba (Amérique centrale)
Cubzaguais, aise Saint-André-de-Cubzac (Gironde)
Cypriote → Chypriote

Dacquois, oise Dax (Landes)
Dahoméen, enne Dahomey (Afrique)
Dalmate Dalmatie (Croatie)
Damascène Damas (Syrie)
Danois, oise Danemark (Europe)
Danubien, ienne Danube (Europe centrale)
Dauphinois, oise Dauphiné (France)
Délien, ienne ou **Déliaque** Délos (Grèce)
Denaisien, ienne Denain (Nord)
Déodatien, ienne Saint-Dié-des-Vosges (Vosges)
Deux-Sévrien, ienne Deux-Sèvres (France)
Dieppois, oise Dieppe (Seine-Maritime)
Dignois, oise Digne (Alpes-de-Haute-Provence)
Dijonnais, aise Dijon (Côte-d'Or)
Dinannais, aise Dinan (Côtes-d'Armor)
Diois, Dioise Die (Drôme)
Dionysien, ienne Saint-Denis (Réunion); (Seine-Saint-Denis)
Djiboutien, ienne [République de et ville] Djibouti (Afrique)
Dolois, oise Dole (Jura)
Dominicain, aine [République] Dominicaine (Amérique centrale)
Dominiquais, aise Dominique (Antilles)
Dordognais, aise Dordogne (France)
Douaisien, ienne Douai (Nord)
Douarneniste Douarnenez (Finistère)
Doubiste ou **Doubien, ienne** Doubs (France)
Dracénois, oise Draguignan (Var)
Drômois, oise Drôme (France)
Drouais, aise Dreux (Eure-et-Loir)
Dryat, Dryate Saint-André-les-Vergers (Aube)
Dublinois, oise Dublin (Irlande)
Dunkerquois, oise Dunkerque (Nord)
Dunois, oise Châteaudun (Eure-et-Loir)

Ébroïcien, ienne Évreux (Eure)
Écossais, aise Écosse (Grande-Bretagne)
Édimbourgeois, oise Édimbourg (Écosse)
Égyptien, ienne Égypte (Proche-Orient)
Elbeuvien, ienne Elbeuf (Seine-Maritime)
Elbois, oise [île d'] Elbe (Italie)
Émirien, ienne Émirats arabes unis (Arabie)
Équato-Guinéen, enne Guinée-Équatoriale (Afrique)
Équatorien, ienne Équateur (Amérique du Sud)
Érythréen, enne Érythrée (Afrique)
Espagnol, ole Espagne (Europe)
Essonnien, ienne Essonne (France)
Estonien, ienne ou **Este** Estonie (Europe)
Étampois, oise Étampes (Essonne)
Étasunien, ienne États-Unis d'Amérique
Éthiopien, ienne Éthiopie (Afrique)
Étolien, ienne Étolie (Grèce)
Étrusque Étrurie (Italie)
Eurasien, ienne Eurasie
Européen, enne Europe
Euskarien, ienne ou **Euscarien, ienne** Pays Basque → Basque
Évahonien, ienne Évaux-les-Bains (Creuse)
Évianais, aise Évian-les-Bains (Haute-Savoie)
Évryen, enne Évry (Essonne)
Ézasque Èze (Alpes-Maritimes)

Faouëtais, aise [Le] Faouët (Morbihan)
Fassi, ie Fez (Maroc)
Fécampois, oise Fécamp (Seine-Maritime)
Féringien, ienne ou **Féroïen, ïenne** [îles] Féroé (Danemark)
Ferrarais, aise Ferrare (Italie)
Ferton, onne Fère-Champenoise (Marne)
Fidésien, ienne Sainte-Foy-lès-Lyon (Rhône)
Fidjien, ienne [îles] Fidji ou Fiji (Océanie)
Figeacois, oise Figeac (Lot)
Finistérien, ienne Finistère (France)
Finlandais, aise ou **Finnois, oise** Finlande (Europe)
Flamand, ande Flandre ou Flandres (Europe)
Flandrien, ienne Flandres
Fléchois, oise [La] Flèche (Sarthe)
Flérien, ienne Flers-de-l'Orne (Orne)
Fleurantin, ine Fleurance (Gers)
Floracois, oise Florac (Lozère)
Florentin, ine Florence (Italie)
Florentinois, oise Saint-Florentin (Yonne)
Fontenaisien, ienne Fontenay-le-Comte (Vendée)
Forbachois, oise Forbach (Moselle)
Forcalquiérien, ienne Forcalquier (Alpes-de-Haute-Provence)
Forgion, ionne Forges-les-Eaux (Seine-Maritime)
Formosan, ane Formose (Asie)
Fouesnantais, aise Fouesnant (Finistère)
Fougerais, aise Fougères (Ille-et-Vilaine)
Fourasin, ine Fouras (Charente-Maritime)
Fourchambaultais, aise Fourchambault (Nièvre)
Fourmisien, ienne Fourmies (Nord)
Foyalais, aise Fort-de-France (Martinique)
Foyen, enne Sainte-Foy-la-Grande (Gironde)
Français, aise France (Europe)
Franc-Comtois, oise ou **Comtois, oise** Franche-Comté (France)
Francfortois, oise Francfort-sur-le-Main (Allemagne)
Francilien, ienne Île-de-France (France)
Fréjusien, ienne Fréjus (Var)
Fribourgeois, oise Fribourg (Suisse)
Frison, onne Frise (Pays-Bas)
Fuégien, ienne Terre de Feu (Amérique du Sud)
Fuxéen, enne Foix (Ariège)

Gabalitain, aine Gévaudan (Lozère)
Gabonais, aise Gabon (Afrique)
Gaditan, ane Cadix (Espagne)
Galicien, ienne Galice (Espagne)
Galiléen, enne Galilée (Israël)
Gallois, oise [pays de] Galles (Grande-Bretagne)
Gambien, ienne Gambie (Afrique)
Gantois, oise Gand (Belgique)
Gapençais, aise Gap (Hautes-Alpes)
Gardois, oise Gard (France)
Gascon, onne Gascogne (France)
Gaspésien, ienne [péninsule de] Gaspé ou Gaspésie (Canada)

Gaulois, oise Gaule
Genevois, oise Genève (Suisse)
Génois, oise Gênes (Italie)
Géorgien, ienne Géorgie (Caucase) ; (États-Unis)
Gergolien, ienne Jargeau (Loiret)
Germain, aine Germanie
Germanois, oise Saint-Germain-Laval (Loire)
Germanopratin, ine Saint-Germain-des-Prés (Paris)
Gersois, oise Gers (France)
Gessien, ienne ou **Gexois, oise** Gex (Ain)
Ghanéen, enne Ghana (Afrique)
Giennois, oise Gien (Loiret)
Gillocrucien, ienne Saint-Gilles-Croix-de-Vie (Vendée)
Girondin, ine Gironde (France)
Gisorsien, ienne Gisors (Eure)
Gourdonnais, aise Gourdon (Lot)
Grandvallier, ière Saint-Laurent-en-Grandvaux (Jura)
Grassois, oise Grasse (Alpes-Maritimes)
Grec, grecque Grèce (Europe)
Grenadin, ine Grenade (Espagne)
Grenoblois, oise Grenoble (Isère)
Grésillon, onne → Groisillon
Grison, onne [canton des] Grisons (Suisse)
Groenlandais, aise Groenland (Amérique du Nord)
Groisillon, onne ou **Grésillon, onne** [île de] Groix (Morbihan)
Guadeloupéen, enne Guadeloupe (Antilles fr.)
Guatémaltèque Guatemala (Amérique centrale)
Guebwillerois, oise Guebwiller (Haut-Rhin)
Guérandais, aise Guérande (Loire-Atlantique)
Guérétois, oise Guéret (Creuse)
Guernesiais, iaise [île de] Guernesey (Grande-Bretagne)
Guinéen, enne Guinée (Afrique)
Guingampais, aise Guingamp (Côtes-d'Armor)
Guingettois, oise Bourg-Madame (Pyrénées-Orientales)
Guyanais, aise Guyana ; Guyane (Amérique du Sud)
Guyanien, ienne Guyana (Amérique du Sud)

Hagetmautien, ienne Hagetmau (Landes)
Haguenois, oise [La] Haye (Pays-Bas)
Haguenovien, ienne Haguenau (Bas-Rhin)
Haillicourtois, oise Haillicourt (Pas-de-Calais)
Hainuyer, ère, **Hannuyer, ère** ou **Hennuyer, ère** Hainaut (Belgique)
Haïtien, ienne Haïti (Amérique centrale)
Haligonien, ienne Halifax (Canada)
Hambourgeois, oise Hambourg (Allemagne)
Hamois, oise Ham (Somme)
Hannuyer, ère → Hainuyer
Hanovrien, ienne Hanovre (Allemagne)
Haut Alpin, ine Hautes-Alpes (France)
Haut-Garonnais, aise Haute-Garonne (France)
Haut-Marnais, aise Haute-Marne (France)
Haut-Pyrénéen, Haute-Pyrénéenne Hautes-Pyrénées (France)
Haut-Rhinois, oise Haut-Rhin (France)
Haut-Viennois, oise Haute-Vienne (France)
Havanais, aise [La] Havane (Cuba)
Havrais, aise [Le] Havre (Seine-Maritime)
Hawaïen, ïenne [îles] Hawaï (Polynésie)
Haytillon, onne [La] Haye-du-Puits (Manche)
Hédéen, enne Hédé (Ille-et-Vilaine)
Hellène Hellade → Grec
Helsinkien, ienne Helsinki (Finlande)
Hendayais, aise Hendaye (Pyrénées-Atlantiques)
Hennebontais, aise Hennebont (Morbihan)
Hennuyer, ère → Hainuyer
Héraultais, aise Hérault (France)
Hiérosolymite ou **Hiérosolymitain, aine** Jérusalem (Israël)
Himalayen, enne Himalaya (Asie)
Hirsonnais, aise Hirson (Aisne)
Hollandais, aise Hollande (Pays-Bas, Europe) → Néerlandais
Hondurien, ienne Honduras (Amérique centrale)
Honfleurais, aise Honfleur (Calvados)
Hongrois, oise Hongrie (Europe)
Hullois, oise Hull (Canada)
Hyèrois, oise Hyères (Var)

Ibère Ibérie (Gaule-Espagne)
Icaunais, aise Yonne (France)
Indien, ienne Inde (Asie)
Indochinois, oise Indochine (Asie)
Indonésien, ienne Indonésie (Asie)
Indrien, ienne Indre (France)
Ionien, ienne Ionie
Irakien, ienne ; **Iraquien, ienne** Irak ou Iraq (Proche-Orient)
Iranien, ienne Iran (Proche-Orient)
Irlandais, aise Irlande (Europe)
Isérois, oise ou **Iseran, ane** Isère (France)
Isignais, aise Isigny-sur-Mer (Calvados)
Islandais, aise Islande (Europe)
Islois, oise [L'] Isle-sur-la-Sorgue (Vaucluse)
Israélien, ienne Israël (Proche-Orient)
Isséen, enne Issy-les-Moulineaux (Hauts-de-Seine)
Issoirien, ienne Issoire (Puy-de-Dôme)
Issoldunois, oise Issoudun (Indre)
Istanbuliote Istanbul (Turquie)
Istréen, enne Istres (Bouches-du-Rhône)
Italien, ienne Italie (Europe)
Ivoirien, ienne Côte-d'Ivoire (Afrique)
Ivryen, enne Ivry-sur-Seine (Val-de-Marne)

Jamaïcain, aine Jamaïque (Antilles)
Japonais, aise Japon (Asie)
Jarlandin, ine Château-Arnoux (Alpes-de-Haute-Provence)
Javanais, aise Java (Indonésie)
Jersiais, iaise [île de] Jersey (Grande-Bretagne)
Joinvillois, oise Joinville (Haute-Marne)
Jonzacais, aise Jonzac (Charente-Maritime)
Jordanien, ienne Jordanie (Proche-Orient)
Jurassien, ienne Jura (France)

Kabyle Kabylie (Algérie)
Kalmouk, e Kalmoukie (Russie)
Kazakh Kazakhstan (Asie)
Kényan, ane Kenya (Afrique)
Kiévien, ienne Kiev (Ukraine)
Kirghiz, e Kirghizistan (Asie)
Kiribatien, ienne Kiribati (Micronésie)
Kitticien et Névicien, Kitticienne et Névicienne Saint-Kitts-et-Nevis (Antilles)
Kosovars [plur.] Kosovo (Yougoslavie)
Koweïtien, ienne Koweït (Arabie)

Labradorien, ienne [péninsule du] Labrador (Canada)
Lacaunais, aise Lacaune (Tarn)
Lacédémonien, ienne Lacédémone (Grèce)
Lagnolan, ane Lagnieu (Ain)
Landais, aise Landes (France)
Landernéen, enne Landerneau (Finistère)
Landivisien, ienne Landivisiau (Finistère)
Landrecien, ienne Landrecies (Nord)
Langonais, aise Langogne (Lozère)
Langonnais, aise Langon (Gironde)
Langrois, oise Langres (Haute-Marne)
Languedocien, ienne Languedoc (France)
Lanmeurien, ienne Lanmeur (Finistère)
Lannionnais, aise Lannion (Côtes-d'Armor)
Laonnois, oise Laon (Aisne)
Laotien, ienne Laos (Asie)
Lapalissois, oise Lapalisse (Allier)
Lapon, one Laponie (Europe)
Largentièrois, oise Largentière (Ardèche)
Latino-Américain, aine Amérique latine
Latvien, ienne → Letton
Laudinien, ienne → Saint-Lois
Laurentin, ine Saint-Laurent-de-Cerdans (Pyrénées-Orientales)
Laurentinois, oise Saint-Laurent-du-Pont (Isère)
Lausannois, oise Lausanne (Suisse)

Lavallois, oise Laval (Mayenne)
Lédonien, ienne Lons-le-Saunier (Jura)
Leipzigois, oise Leipzig (Allemagne)
Lensois, oise Lens (Pas-de-Calais)
Léonais, aise ou **Léonard, arde** [pays de] Léon (Bretagne)
Lesbien, ienne Lesbos (Grèce)
Lescarien, ienne Lescar (Pyrénées-Atlantiques)
Lesothan, ane Lesotho (Afrique)
Lesparrain, aine Lesparre-Médoc (Gironde)
Letton, one, Lette ou **Latvien, ienne** Lettonie (Europe)
Levantin, ine Levant
L'Haÿssien, ienne [L'] Haÿ-les-Roses (Val-de-Marne)
Libanais, aise Liban (Proche-Orient)
Libérien, ienne Liberia (Afrique)
Libournais, aise Libourne (Gironde)
Libyen, enne Libye (Afrique)
Liechtensteinois, oise Liechtenstein (Europe)
Liégeois, oise Liège (Belgique)
Ligurien, ienne Ligurie (Italie)
Lillois, oise Lille (Nord)
Lillot, ote [L'] Isle-d'Abeau (Isère)
Liménien, ienne Lima (Pérou)
Limougeaud, aude Limoges (Haute-Vienne)
Limousin, ine Limousin (France)
Limouxin, ine Limoux (Aude)
Lisbonnin, ine Lisbonne (Portugal)
Lislois, oise [L'] Isle-Jourdain (Gers)
Lituanien, ienne ou **Lithuanien, ienne** Lituanie (Europe)
Lochois, oise Loches (Indre-et-Loire)
Loctudiste Loctudy (Finistère)
Lodévois, oise Lodève (Hérault)
Loir-et-Chérien, ienne Loir-et-Cher (France)
Lombard, arde Lombardie (Italie)
Lommois, oise Lomme (Nord)
Londonien, ienne Londres (Angleterre)
Longjumellois, oise Longjumeau (Essonne)
Longnycien, ienne Longny-au-Perche (Orne)
Longovicien, ienne Longwy (Meurthe-et-Moselle)
Loossois, oise Loos (Nord)
Lorientais, aise Lorient (Morbihan)
Lorrain, aine Lorraine (France)
Lot-et-Garonnais, aise Lot-et-Garonne (France)
Lotois, oise Lot (France)
Loudéacien, ienne Loudéac (Côtes-d'Armor)
Loudunais, aise Loudun (Vienne)
Louhannais, aise Louhans (Saône-et-Loire)
Louisianais, aise Louisiane (États-Unis)
Lourdais, aise Lourdes (Hautes-Pyrénées)
Louvaniste Louvain (Belgique)
Louveciennois, oise Louveciennes (Yvelines)
Lovérien, ienne Louviers (Eure)
Lozérien, ienne Lozère (France)
Lucanien, ienne Lucanie (Italie)
Luchonnais, aise Bagnères-de-Luchon (Haute-Garonne)
Lunévillois, oise Lunéville (Meurthe-et-Moselle)
Lurcyquois, oise Lurcy-Lévis (Allier)
Luron, onne Lure (Haute-Saône)
Lusitanien, ienne ou **Lusitain, aine** Lusitanie → Portugais
Lussacais, aise Lussac (Gironde)
Luxembourgeois, oise Luxembourg (Europe)
Luzarchois, oise Luzarches (Val-d'Oise)
Luzien, ienne Saint-Jean-de-Luz (Pyrénées-Atlantiques)
Lydien, ienne Lydie
Lyonnais, aise Lyon (Rhône)
Lyonsais, aise Lyons-la-Forêt (Eure)

Macédonien, ienne Macédoine (Grèce); (Europe)
Machecoulais, aise Machecoul (Loire-Atlantique)
Mâconnais, aise Mâcon (Saône-et-Loire)
Madelinot, Madelinienne [îles de la] Madeleine (Canada)
Madérien, ienne ou **Madérois, oise** Madère (Portugal)
Madrilène Madrid (Espagne)
Maghrébin, ine Maghreb (Afrique)
Mahorais, aise Mayotte (océan Indien)
Maintenonnais, aise Maintenon (Eure-et-Loir)
Majorquin, ine Majorque (Espagne)
Malabare Malabar (Inde)
Malais, aise et **Malaysien, ienne** Malaisie et Malaysia (Asie)
Malawite ou **Malawien, ienne** Malawi (Afrique)
Maldivien, ienne [îles] Maldives (océan Indien)
Malgache Madagascar (océan Indien)
Malien, ienne Mali (Afrique)
Malinois, oise Malines (Belgique)
Malouin, ine Saint-Malo (Ille-et-Vilaine)
Maltais, aise Malte (Europe)
Mamertin, ine Mamers (Sarthe)
Manceau, Mancelle Maine (France); [Le] Mans (Sarthe)
Manchois, oise Manche (France)
Mandchou, e Mandchourie (Chine)
Manitobain, aine [province du] Manitoba (Canada)
Mannois, oise [île de] Man (Grande-Bretagne)
Manosquin, ine Manosque (Alpes-de-Haute-Provence)
Mantais, aise Mantes-la-Jolie (Yvelines)
Mantevillois, oise Mantes-la-Ville (Yvelines)
Mantouan, ane Mantoue (Italie)
Marandais, aise Marans (Charente-Maritime)
Marcquois, oise Marcq-en-Barœul (Nord)
Marennais, aise Marennes (Charente-Maritime)
Marignanais, aise Marignane (Bouches-du-Rhône)
Maringois, oise Maringues (Puy-de-Dôme)
Marlois, oise Marle (Aisne)
Marlychois, oise Marly-le-Roi (Yvelines)
Marmandais, aise Marmande (Lot-et-Garonne)
Marnais, aise Marne (France)
Marocain, aine Maroc (Afrique)
Marommais, aise Maromme (Seine-Maritime)
Marseillais, aise Marseille (Bouches-du-Rhône)
Marshallais, aise [îles] Marshall (Micronésie)
Martégaux [plur.] Martigues (Bouches-du-Rhône)
Martien, ienne Mars (planète)
Martinais, aise Saint-Martin-de-Ré (Charente-Maritime)
Martinérois, oise Saint-Martin-d'Hères (Isère)
Martiniquais, aise Martinique (Antilles fr.)
Marvejolais, aise Marvejols (Lozère)
Maskoutain, aine Saint-Hyacinthe (Canada)
Masopolitain, aine Masevaux (Haut-Rhin)
Mathalien, ienne Matha (Charente-Maritime)
Maubeugeois, oise Maubeuge (Nord)
Maubourguetois, oise Maubourguet (Hautes-Pyrénées)
Maure ou **More** Mauritanie (Afrique)
Mauriacois, oise Mauriac (Cantal)
Mauricien, ienne [île] Maurice (océan Indien)
Mauritanien, ienne Mauritanie (Afrique)
Maxipontain, aine ou **Pontois, oise** Pont-Sainte-Maxence (Oise)
Mayençais, aise Mayence (Allemagne)
Mayennais, aise Mayenne (dép. et ville de France)
Mazamétain, aine Mazamet (Tarn)
Mélanésien, ienne Mélanésie (Océanie)
Meldois, oise Meaux (Seine-et-Marne)
Melunais, aise Melun (Seine-et-Marne)
Mendois, oise Mende (Lozère)
Ménéhildien, ienne Sainte-Menehould (Marne)
Mentonnais, aise Menton (Alpes-Maritimes)
Merdrignacien, ienne Merdrignac (Côtes-d'Armor)
Mersois, oise Mers-les-Bains (Somme)
Mervillois, oise Merville (Nord)
Mesnilois, oise [Le] Mesnil-le-Roi (Yvelines)
Mésopotamien, ienne Mésopotamie (Asie)
Messin, ine Metz (Moselle)
Meudonnais, aise Meudon-la-Forêt (Hauts-de-Seine)
Meulanais, aise Meulan (Yvelines)
Meusien, ienne Meuse (France)
Mexicain, aine Mexique (Amérique centrale)
Meyrueisien, ienne Meyrueis (Lozère)
Micronésien, ienne Micronésie (Océanie)
Milanais, aise Milan (Italie)
Millavois, oise Millau (Aveyron)
Milliacois, oise Milly-la-Forêt (Essonne)
Mimizanais, aise Mimizan (Landes)

Minhote Minho (Portugal)
Minorquin, ine Minorque (Espagne)
Miquelonnais, aise Saint-Pierre-et-Miquelon (océan Atlantique)
Miramasséen, enne Miramas (Bouches-du-Rhône)
Mirandais, aise Mirande (Gers)
Mirapicien, ienne Mirepoix (Ariège)
Mirebalais, aise Mirebeau (Vienne)
Miribelan, ane Miribel (Ain)
Modanais, aise Modane (Savoie)
Modénais, aise Modène (Italie)
Moirantin, ine Moirans-en-Montagne (Jura)
Moissagais, aise Moissac (Tarn-et-Garonne)
Moldave Moldavie (Roumanie); (Europe)
Molsheimien, ienne ou **Molsheimois, oise** Molsheim (Bas-Rhin)
Moncoutantais, aise Moncoutant (Deux-Sèvres)
Monégasque [principauté de] Monaco (Europe)
Monestois, oise Mennetou-sur-Cher (Loir-et-Cher)
Mongol, e Mongolie (Asie)
Monistrolien, ienne Monistrol-sur-Loire (Haute-Loire)
Monpaziérois, oise Monpazier (Dordogne)
Monségurais, aise Monségur (Gironde)
Monsois, oise Mons-en-Barœul (Nord)
Montacutain, aine ou **Montaigusien, ienne** Montaigu (Vendée)
Montalbanais, aise Montauban (Tarn-et-Garonne)
Montargois, oise Montargis (Loiret)
Montbardois, oise Montbard (Côte-d'Or)
Montbéliardais, aise Montbéliard (Doubs)
Montbrisonnais, aise Montbrison (Loire)
Montbronnais, aise Montbron (Charente)
Montcellien, ienne Montceau-les-Mines (Saône-et-Loire)
Montchaninois, oise Montchanin (Saône-et-Loire)
Montcuquois, oise Montcuq (Lot)
Montdidérien, ienne Montdidier (Somme)
Mont-Dorien, ienne [Le] Mont-Dore (Puy-de-Dôme)
Monténégrin, ine Monténégro (Yougoslavie)
Monticinois, oise Montcenis (Saône-et-Loire)
Montilien, ienne Montélimar (Drôme)
Montluçonnais, aise Montluçon (Allier)
Montmartrois, oise Montmartre (Paris)
Montmorencéen, enne Montmorency (Val-d'Oise)
Montmorillonnais, aise Montmorillon (Vienne)
Montois, oise Mont-de-Marsan (Landes)
Montpelliérain, aine Montpellier (Hérault)
Montponnais, aise Montpon-Ménestérol (Dordogne)
Montréalais, aise Montréal (Canada)
Montréjeaulais, aise Montréjeau (Haute-Garonne)
Montreuillois, oise Montreuil (Pas-de-Calais); Montreuil-sous-Bois (Seine-Saint-Denis)
Montrichardais, aise Montrichard (Loir-et-Cher)
Montrougien, ienne Montrouge (Hauts-de-Seine)
Morave Moravie (République tchèque)
Morbihannais, aise Morbihan (France)
Morcenais, aise Morcenx (Landes)
Moretain, aine Moret-sur-Loing (Seine-et-Marne)
Morlaisien, ienne Morlaix (Finistère)
Morlan, ane Morlaas (Pyrénées-Atlantiques)
Mortagnais, aise Mortagne-au-Perche (Orne)
Mortainais, aise Mortain (Manche)
Mortuacien, ienne Morteau (Doubs)
Morvandiau, Morvandelle Morvan (France)
Morzinois, oise Morzine (Haute-Savoie)
Moscovite Moscou (Russie)
Mosellan, ane Moselle (France)
Moulinois, oise Moulins (Allier)
Mouysard, arde Mouy (Oise)
Mouzonnais, aise Mouzon (Ardennes)
Mozambicain, aine Mozambique (Afrique)
Mulhousien, ienne Mulhouse (Haut-Rhin)
Munichois, oise Munich (Allemagne)
Muratais, aise Murat (Cantal)
Muretain, aine Muret (Haute-Garonne)
Murisaltien, ienne Meursault (Côte-d'Or)
Murois, oise [La] Mure (Isère)
Murviellois, oise Murviel-lès-Béziers (Hérault)
Mussipontain, aine Pont-à-Mousson (Meurthe-et-Moselle)
Mycénien, ienne Mycènes (Grèce)

Namibien, ienne Namibie (Afrique)
Namurois, oise Namur (Belgique)
Nancéien, ienne Nancy (Meurthe-et-Moselle)
Nantais, aise Nantes (Loire-Atlantique)
Nanterrien, ienne Nanterre (Hauts-de-Seine)
Nantuatien, ienne Nantua (Ain)
Napolitain, aine Naples (Italie)
Narbonnais, aise Narbonne (Aude)
Nauruan, ane Nauru (Micronésie)
Navarrais, aise Navarre (Espagne)
Nazairien, ienne Saint-Nazaire (Loire-Atlantique)
Nazaréen, enne Nazareth (Galilée)
Néerlandais, aise Nederland, Pays-Bas (Europe) › Hollandais
Nemourien, ienne Nemours (Seine-et-Marne)
Néo-Brisacien, ienne Neuf-Brisach (Haut-Rhin)
Néo-Calédonien, ienne Nouvelle-Calédonie (Océanie)
Néocastrien, ienne Neufchâteau (Vosges)
Néodomien, ienne Neuves-Maisons (Meurthe-et-Moselle)
Néo-Écossais, aise Nouvelle-Écosse (Canada)
Néo-Zélandais, aise Nouvelle-Zélande (Océanie)
Népalais, aise Népal (Asie)
Néracais, aise Nérac (Lot-et-Garonne)
Neuchâtelois, oise Neuchâtel (Suisse)
Neufchâtelois, oise Neufchâtel-en-Bray (Seine-Maritime)
Neuilléen, enne Neuilly-sur-Seine (Hauts-de-Seine)
Neustrien, ienne Neustrie (Gaule)
Neuvicois, oise Neuvic (Corrèze)
Neuvillois, oise Neuville-de-Poitou (Vienne)
Neversois, oise Nevers (Nièvre)
New-Yorkais, aise New York (États-Unis)
Nicaraguayen, enne Nicaragua (Amérique centrale)
Niçois, oise Nice (Alpes-Maritimes)
Nigérian, iane Nigeria (Afrique)
Nigérien, ienne Niger (Afrique)
Nîmois, oise Nîmes (Gard)
Niortais, aise Niort (Deux-Sèvres)
Nivellois, oise Nivelles (Belgique)
Nivernais, aise Nièvre (France); Nevers (Nièvre)
Nocéen, enne Neuilly-Plaisance (Seine-Saint-Denis)
Nogarolien, ienne Nogaro (Gers)
Nogentais, aise Nogent (Haute-Marne); Nogent-le-Rotrou (Eure-et-Loir); Nogent-sur-Marne (Val-de-Marne)
Noirmoutrin, ine Noirmoutier-en-l'Île (Vendée)
Nolaytois, oise Nolay (Côte-d'Or)
Nonancourtois, oise Nonancourt (Eure)
Nontronnais, aise Nontron (Dordogne)
Nord-Africain, aine Afrique du Nord
Nord-Américain, aine Amérique du Nord
Nord-Coréen, enne Corée du Nord
Nordiste Nord (France)
Normand, ande Normandie (France)
Norvégien, ienne Norvège (Europe)
Nouvionnais, aise [Le] Nouvion-en-Thiérache (Aisne)
Nubien, ienne Nubie (Afrique)
Nuiton, onne Nuits-Saint-Georges (Côte-d'Or)
Numide Numidie (Afrique)
Nyonsais, aise Nyons (Drôme)

Océanien, ienne Océanie
Ogien, ienne [L'] Île-d'Yeu (Vendée)
Oléronais, aise [île d'] Oléron (Charente-Maritime)
Ollierguois, oise Olliergues (Puy-de-Dôme)
Oloronais, aise Oloron-Sainte-Marie (Pyrénées-Atlantiques)
Omanais, aise Oman (Arabie)
Ombrien, ienne Ombrie (Italie)
Ontarien, ienne [province de l'] Ontario (Canada)
Oranais, aise Oran, auj. Ouahran (Algérie)
Orangeois, oise Orange (Vaucluse)
Orléanais, aise Orléans (Loiret)
Orlysien, ienne Orly (Val-de-Marne)

Ormessonnais, aise Ormesson-sur-Marne (Val-de-Marne)
Ornais, aise Orne (France)
Ornanais, aise Ornans (Doubs)
Ostendais, aise Ostende (Belgique)
Ouessantin, ine ou **Ouessantais, aise** [île d'] Ouessant (Finistère)
Ougandais, aise Ouganda (Afrique)
Ouzbek Ouzbékistan (Asie)
Oxonien, ienne ou **Oxfordien, ienne** Oxford (Angleterre)
Oyonnaxien, ienne Oyonnax (Ain)

Pacéen, enne Pacy-sur-Eure (Eure)
Padouan, ane Padoue (Italie)
Paimblotin, ine Paimbœuf (Loire-Atlantique)
Paimpolais, aise Paimpol (Côtes-d'Armor)
Pakistanais, aise Pakistan (Asie)
Palaisien, ienne Palaiseau (Essonne); [Le] Palais-sur-Vienne (Haute-Vienne)
Palaldéen, enne → Amélien
Palantin, ine [Le] Palais (Morbihan)
Palauan, ane Palau (Micronésie)
Palermitain, aine ou **Panormitain, aine** Palerme (Italie)
Palestinien, ienne Palestine (Proche-Orient)
Palois, oise Pau (Pyrénées-Atlantiques)
Panaméen, enne ou **Panamien, ienne** Panamá (Amérique centrale)
Pantinois, oise Pantin (Seine-Saint-Denis)
Papouan-Néo-Guinéen, Papouane-Néo-Guinéenne Papouasie-Nouvelle-Guinée (Mélanésie)
Paraguayen, enne Paraguay (Amérique du Sud)
Parisien, ienne Paris (Seine)
Parmesan, ane Parme (Italie)
Parodien, ienne Paray-le-Monial (Saône-et-Loire)
Parthenaisien, ienne Parthenay (Deux-Sèvres)
Pascuan, ane [île de] Pâques (Polynésie)
Pauillacais, aise Pauillac (Gironde)
Pauliste São Paulo (Brésil)
Pavesan, ane Pavie (Italie)
Péageois, oise Bourg-de-Péage (Drôme)
Pékinois, oise Pékin (Chine)
Péloponnésien, ienne Péloponnèse (Grèce)
Pennsylvanien, ienne Pennsylvanie (États-Unis)
Percheron, onne Perche (France)
Percyais, aise Percy (Manche)
Périgourdin, ine Périgord (France); Périgueux (Dordogne)
Pernois, oise Pernes-les-Fontaines (Vaucluse)
Péronnais, aise Péronne (Somme)
Pérougien, ienne Pérouges (Ain)
Perpignanais, aise Perpignan (Pyrénées-Orientales)
Persan, ane Perse
Persanais, aise Persan (Val-d'Oise)
Pérugin, ine Pérouse (Italie)
Péruvien, ienne Pérou (Amérique du Sud)
Pétrifontain, aine Pierrefonds (Oise)
Pétruvien, ienne Saint-Pierre-sur-Dives (Calvados)
Phalsbourgeois, oise Phalsbourg (Moselle)
Phénicien, ienne Phénicie (Asie)
Philadelphien, ienne Philadelphie (États-Unis)
Philippin, ine Philippines (Océanie)
Phocidien, ienne ou **Phocéen, enne** Phocide (Grèce)
Picard, arde Picardie (France)
Pictavien, ienne Poitiers (Vienne)
Picto-Charentais, aise Poitou-Charentes (France)
Piémontais, aise Piémont (Italie)
Pierrefittois, oise Pierrefitte (Seine-Saint-Denis)
Pierrelattin, ine Pierrelatte (Drôme)
Pierrotin, ine Saint-Pierre (Martinique)
Piscénois, oise Pézenas (Hérault)
Pisciacais, aise Poissy (Yvelines)
Pithivérien, ienne Pithiviers (Loiret)
Placentin, ine Plaisance (Italie)
Plouescatais, aise Plouescat (Finistère)
Plouhatin, ine Plouha (Côtes-d'Armor)
Pointois, oise Pointe-à-Pitre (Guadeloupe)
Poitevin, ine Poitou (France)
Polinois, oise Poligny (Jura)
Polonais, aise Pologne (Europe)
Polynésien, ienne Polynésie (Océanie)
Pompéien, ienne Pompéi (Italie)
Poncinois, oise Poncin (Ain)
Pondinois, oise Pont-d'Ain (Ain)
Ponot, ote [Le] Puy-en-Velay (Haute-Loire)
Pont-Audemérien, ienne Pont-Audemer (Eure)
Pontaveniste Pont-Aven (Finistère)
Pontépiscopien, ienne Pont-l'Évêque (Calvados)
Pontissalien, ienne Pontarlier (Doubs)
Pontivyen, enne Pontivy (Morbihan)
Pont-l'Abbiste Pont-l'Abbé (Finistère)
Pontois, oise → Maxipontain
Pontois, oise Pons (Charente-Maritime); Pont-en-Royans (Isère)
Pontoisien, ienne Pontoise (Val-d'Oise)
Pontorsonnais, aise Pontorson (Manche)
Pontrambertois, oise Saint-Just-Saint-Rambert (Loire)
Pontrivien, ienne Pontrieux (Côtes-d'Armor)
Pornicais, aise Pornic (Loire-Atlantique)
Pornichetain, aine Pornichet (Loire-Atlantique)
Portais, aise Port-Sainte-Marie (Lot-et-Garonne)
Portoricain, aine Porto Rico (Amérique centrale)
Portugais, aise Portugal (Europe)
Portusien, ienne Port-sur-Saône (Haute-Saône)
Port-Vendrais, aise Port-Vendres (Pyrénées-Orientales)
Pouillonnais, aise Pouillon (Landes)
Poyais, aise Poix-de-Picardie (Somme)
Pradéen, enne Prades (Pyrénées-Orientales)
Pragois, oise Prague (République tchèque)
Prémerycois, oise Prémery (Nièvre)
Privadois, oise Privas (Ardèche)
Provençal, ale, aux Provence (France)
Provinois, oise Provins (Seine-et-Marne)
Prussien, ienne Prusse
Pugétais, aise Puget-Théniers (Alpes-Maritimes)
Puiseautin, ine Puiseaux (Loiret)
Pyrénéen, enne Pyrénées (France)

Qatari [plur.] Qatar ou Katar (Proche-Orient)
Québécois, oise Québec (Canada)
Quercinois, oise Quercy (France)
Quercitain, aine [Le] Quesnoy (Nord)
Quesnoysien, ienne Quesnoy-sur-Deûle (Nord)
Quiberonnais, aise Quiberon (Morbihan)
Quillanais, aise Quillan (Aude)
Quillebois, oise Quillebeuf-sur-Seine (Eure)
Quimperlois, oise Quimperlé (Finistère)
Quimpérois, oise Quimper (Finistère)

Rabastinois, oise Rabastens (Tarn)
Radounaud, aude Oradour-sur-Glane (Haute-Vienne)
Raincéen, enne [Le] Raincy (Seine-Saint-Denis)
Raismois, oise Raismes (Nord)
Rambertois, oise Saint-Rambert-d'Albon (Drôme)
Rambolitain, aine Rambouillet (Yvelines)
Rambuvetais, aise Rambervillers (Vosges)
Ravennate Ravenne (Italie)
Redonnais, aise Redon (Ille-et-Vilaine)
Réginaburgien, ienne Bourg-la-Reine (Hauts-de-Seine)
Rémois, oise Reims (Marne)
Renazéen, enne Renazé (Mayenne)
Rennais, aise Rennes (Ille-et-Vilaine)
Réolais, aise [La] Réole (Gironde)
Restérien, ienne Retiers (Ille-et-Vilaine)
Rétais, aise [île de] Ré (Charente-Maritime)
Rethélois, oise Rethel (Ardennes)
Réunionnais, aise [île de la] Réunion (océan Indien)
Rhénan, ane Rhénanie (Allemagne); Rhin
Rhodanien, ienne Rhône (France)
Rhodien, ienne [île de] Rhodes (Grèce)
Ribeauvillois, oise Ribeauvillé (Haut-Rhin)
Riceton, one [Les] Riceys (Aube)
Riézois, oise Riez (Alpes-de-Haute-Provence)

Rifain, aine Rif (Maroc)
Riomois, oise Riom (Puy-de-Dôme)
Ripagérien, ienne Rive-de-Gier (Loire)
Rivesaltais, aise Rivesaltes (Pyrénées-Orientales)
Rivois, oise Rives (Isère)
Roannais, aise Roanne (Loire)
Robertin, ine [Le] Robert (Martinique)
Rochechouartais, aise Rochechouart (Haute-Vienne)
Rochefortais, aise Rochefort (Charente-Maritime)
Rochelais, aise [La] Rochelle (Charente-Maritime); [La] Roche-Posay (Vienne)
Rochois, oise [La] Roche-Bernard (Morbihan)
Roisséen, enne Roissy-en-France (Val-d'Oise)
Romain, aine Rome (Italie)
Romarimontain, aine Remiremont (Vosges)
Romorantinais, aise Romorantin (Loir-et-Cher)
Roubaisien, ienne Roubaix (Nord)
Rouchon, onne Roche-la-Molière (Loire)
Rouennais, aise Rouen (Seine-Maritime)
Rouergat, ate Rouergue (France)
Rougéen, enne Rougé (Loire-Atlantique)
Roumain, aine Roumanie (Europe)
Roussillonnais, aise Roussillon (Isère)
Royannais, aise Royan (Charente-Maritime)
Royen, enne Roye (Somme)
Rueillois, oise Rueil-Malmaison (Hauts-de-Seine)
Ruffécois, oise Ruffec (Charente)
Rumillien, ienne Rumilly (Haute-Savoie)
Russe Russie (Europe)
Ruthénois, oise Rodez (Aveyron)
Rwandais, aise Rwanda (Afrique)

Sabéen, enne Saba
Sablais, aise [Les] Sables-d'Olonne (Vendée)
Sabolien, ienne Sablé-sur-Sarthe (Sarthe)
Sagranier, ière Salers (Cantal)
Saint-Affricain, aine Saint-Affrique (Aveyron)
Saint-Agrèvois, oise Saint-Agrève (Ardèche)
Saint-Aignanais, aise Saint-Aignan-sur-Cher (Loir-et-Cher)
Saintais, aise Saintes (Charente-Maritime)
Saint-Amandois, oise ou **Amandin, ine** Saint-Amand-Montrond (Cher)
Saint-Andréen, enne Saint-André-les-Alpes (Alpes-de-Haute-Provence)
Saint-Aubinais, aise Saint-Aubin-sur-Mer (Calvados)
Saint-Béatais, aise Saint-Béat (Haute-Garonne)
Saint-Céréen, enne Saint-Céré (Lot)
Saint-Chamonais, aise Saint-Chamond (Loire)
Saint-Chinianais, aise Saint-Chinian (Hérault)
Saint-Cyrien, ienne Saint-Cyr-l'École (Yvelines)
Sainte-Crix [inv.] Sainte-Croix (Suisse)
Saint-Estevard, arde Saint-Étienne-en-Dévoluy (Hautes-Alpes)
Saint-Fidéen, enne Sainte-Foy (Canada)
Saint-Fonlard, iarde Saint-Fons (Rhône)
Saint-Fulgentais, aise Saint-Fulgent (Vendée)
Saint-Gallois, oise Saint-Gall (Suisse)
Saint-Gaudinois, oise Saint-Gaudens (Haute-Garonne)
Saint-Germanois, oise Saint-Germain-en-Laye (Yvelines)
Saint-Gillois, oise Saint-Gilles (Gard)
Saint-Gironnais, aise Saint-Girons (Ariège)
Saint-Jean-de-Losnais, aise Saint-Jean-de-Losne (Côte-d'Or)
Saint-Jeannais, aise Saint-Jean-de-Maurienne (Savoie); Saint-Jean-Pied-de-Port (Pyrénées-Atlantiques)
Saint-Jeannois, oise Saint-Jean-Cap-Ferrat (Alpes-Maritimes)
Saint-Julien, ienne Saint-Julien-Chapteuil (Haute-Loire)
Saint-Juliennois, oise Saint-Julien-en-Genevois (Haute-Savoie)
Saint-Juniaud, iaude Saint-Junien (Haute-Vienne)
Saint-Juraud, aude Saint-Just-en-Chevalet (Loire)
Saint-Justois, oise Saint-Just-en-Chaussée (Oise)
Saint-Laurentin, ine Saint-Laurent-de-Neste (Hautes-Pyrénées)
Saint-Lois, Loise ou **Laudinien, ienne** Saint-Lô (Manche)
Saint-Louisien, ienne Port-Saint-Louis-du-Rhône (Bouches-du-Rhône)
Saint-Lucien, ienne Sainte-Lucie (Antilles)
Saint-Maixentais, aise Saint Maixent-l'École (Deux-Sèvres)
Saint-Marcellinois, oise Saint-Marcellin (Isère)
Saint-Martinois, oise Saint-Martin-Vésubie (Alpes-Maritimes)
Saint-Mihielois, oise ou **Sammiellois, oise** Saint-Mihiel (Meuse)
Saintois, oise Saintes-Maries-de-la-Mer (Bouches-du-Rhône)
Saintongeais, aise Saintonge (France)
Saint-Ouennais, aise Saint-Ouen-l'Aumône (Val-d'Oise)
Saint-Paulais, aise Saint-Paul-de-Fenouillet (Pyrénées-Orientales)
Saint-Paulois, oise Saint-Paul-de-Vence (Alpes-Maritimes)
Saint-Pérollais, aise Saint-Péray (Ardèche)
Saint-Pierrais, aise Saint-Pierre-et-Miquelon (océan Atlantique)
Saint-Pierrois, oise Saint-Pierre-le-Moûtier (Nièvre)
Saint-Politain, aine Saint-Pol-de-Léon (Finistère)
Saint-Polois, oise Saint-Pol-sur-Ternoise (Pas-de-Calais)
Saint-Ponais, aise Saint-Pons-de-Thomières (Hérault)
Saint-Pourcinois, oise Saint-Pourçain-sur-Sioule (Allier)
Saint-Quentinois, oise Saint-Quentin (Aisne)
Saint-Rémois, oise Saint-Rémy-sur-Durolle (Puy-de-Dôme)
Saint-Severin, ine Saint Sever (Landes)
Saint-Valliérois, oise Saint-Vallier-sur-Rhône (Drôme)
Saint-Vincentais et Grenadin, Saint-Vincentaise et Grenadine Saint-Vincent-et-les-Grenadines (Antilles)
Salinois, oise Salins-les-Bains (Jura)
Salisien, ienne Salies-de-Béarn (Pyrénées-Atlantiques)
Sallanchard, arde Sallanches (Haute-Savoie)
Salomonais, aise [îles] Salomon (Mélanésie)
Salonicien, ienne Salonique (Grèce)
Saltusien, ienne Saint-Julien-du-Saut (Yonne)
Salvadorien, ienne Salvador (Amérique centrale)
Samaritain, aine Samarie (Palestine)
Samien, ienne ou **Samiote** Samos (Grèce)
Sammiellois, oise → Saint-Mihielois
Samoan, ane [îles] Samoa (Polynésie)
Sancerrois, oise Sancerre (Cher)
San-Claudien, ienne ou **Sanclaudien, ienne** Saint-Claude (Jura)
Sanflorain, aine Saint-Flour (Cantal)
San-Marinais, aise Saint-Marin (Europe)
Santoméen, enne São Tomé e Príncipe (Afrique)
Saône-et-Loirien, ienne Saône-et-Loire (France)
Saoudien, ienne Arabie Saoudite (Proche-Orient)
Sarde Sardaigne (Italie)
Sarladais, aise Sarlat-la-Canéda (Dordogne)
Sarrebourgeois, oise Sarrebourg (Moselle)
Sarrebruckois, oise Sarrebruck (Allemagne)
Sarregueminois, oise Sarreguemines (Moselle)
Sarrois, oise Sarre (Allemagne)
Sartenais, aise Sartène (Corse-du-Sud)
Sarthois, oise Sarthe (France)
Saskatchewanais, aise [province de la] Saskatchewan (Canada)
Saulxuron, onne Saulxures-sur-Moselotte (Vosges)
Saumurois, oise Saumur (Maine-et-Loire)
Sauveterrien, ienne Sauveterre-de-Béarn (Pyrénées-Atlantiques)
Savenaisien, ienne Savenay (Loire-Atlantique)
Savernois, oise Saverne (Bas-Rhin)
Savinien, ienne Savigny-sur-Orge (Essonne)
Savoyard, arde ou **Savoisien, ienne** Savoie (France)
Saxon, onne Saxe (Allemagne)
Scandinave Scandinavie (Europe)
Scéen, enne Sceaux (Hauts-de-Seine)
Seclinois, oise Seclin (Nord)
Sedanais, aise Sedan (Ardennes)
Sédélocien, ienne Saulieu (Côte-d'Or)
Ségovien, ienne Ségovie (Espagne)
Segréen, enne Segré (Maine-et-Loire)

Sélestadien, ienne Sélestat (Bas-Rhin)
Semurois, oise Semur-en-Auxois (Côte-d'Or)
Sénéçois, oise ou **Sénécien, ienne** Senez (Alpes-de-Haute-Provence)
Sénégalais, aise Sénégal (Afrique)
Sénégambien, ienne Sénégambie (Afrique)
Senlisien, ienne Senlis (Oise)
Sénonais, aise Sens (Yonne)
Septimontain, aine Samoëns (Haute-Savoie)
Séquano-Dyonisien, ienne Seine-Saint-Denis (France)
Serbe Serbie (Yougoslavie)
Sétois, oise Sète (Hérault)
Seurrois, oise Seurre (Côte-d'Or)
Séveragais, aise Séverac-le-Château (Aveyron)
Sevranais, aise Sevran (Seine-Saint-Denis)
Sévrien, ienne Sèvres (Hauts-de-Seine)
Seychellois, oise Seychelles (océan Indien)
Siamois, oise Siam
Sibérien, ienne Sibérie (Russie)
Sicilien, ienne Sicile (Italie)
Siennois, oise Sienne (Italie)
Sierra-Léonais, aise Sierra Leone (Afrique)
Singapourien, ienne Singapour (Asie)
Sissonnais, aise Sissonne (Aisne)
Sisteronais, aise Sisteron (Alpes-de-Haute-Provence)
Slovaque Slovaquie (Europe)
Slovène Slovénie (Europe)
Smyrniote Smyrne (Turquie)
Sochalien, ienne Sochaux (Doubs)
Sofiote Sofia (Bulgarie)
Soiséen, enne Soisy-sous-Montmorency (Val-d'Oise)
Soissonnais, aise Soissons (Aisne)
Solesmien, ienne Solesmes (Sarthe)
Solesmois, oise Solesmes (Nord)
Soleurois, oise Soleure (Suisse)
Solliès-Pontois, oise Solliès-Pont (Var)
Solognot, ote Sologne (France)
Solrézien, ienne Solre-le-Château (Nord)
Somalien, ienne Somalie (Afrique)
Sommièrois, oise Sommières (Gard)
Sonégien, ienne Soignies (Belgique)
Sorien, ienne Sore (Landes)
Sospellois, oise Sospel (Alpes-Maritimes)
Sostranien, ienne [La] Souterraine (Creuse)
Soudanais, aise Soudan (Afrique)
Souillagais, aise Souillac (Lot)
Sourdevalais, aise Sourdeval (Manche)
Soussien, ienne Sousse (Tunisie)
Soviétique Union soviétique ou URSS
Spadois, oise Spa (Belgique)
Sparnacien, ienne Épernay (Marne)
Spartiate Sparte (Grèce)
Spinalien, ienne Épinal (Vosges)
Spiripontain, aine Pont-Saint-Esprit (Gard)
Sri Lankais, aise Sri Lanka (Asie)
Stanois, oise Stains (Seine-Saint-Denis)
Stéoruellan, ane Saint-Jean-de-la-Ruelle (Loiret)
Stéphanais, aise Saint-Étienne-du-Rouvray (Seine-Maritime)
Stéphanois, oise Saint-Étienne (Loire)
Stockholmois, oise Stockholm (Suède)
Strasbourgeois, oise Strasbourg (Bas-Rhin)
Sud-Africain, aine Afrique du Sud
Sud-Américain, aine Amérique du Sud
Sud-Coréen, enne Corée du Sud
Suédois, oise Suède (Europe)
Suisse Suisse (Europe)
Sullylois, oise Sully-sur-Loire (Loiret)
Suménois, oise Sumène (Gard)
Surinamien, ienne Surinam (Amérique du Sud)
Swazi, ie Swaziland (Afrique)
Syracusain, aine Syracuse (Sicile)
Syrien, ienne Syrie (Proche-Orient)

Tadjik, e Tadjikistan (Asie)
Tahitien, ienne Tahiti (Polynésie)
Taïwanais, aise Taïwan (Asie)
Talmondais, aise Talmont-Saint-Hilaire (Vendée)
Tanzanien, ienne Tanzanie (Afrique)
Tararien, ienne Tarare (Rhône)
Tarasconnais, aise Tarascon (Bouches-du-Rhône)
Tarbais, aise Tarbes (Hautes-Pyrénées)
Tarnais, aise Tarn (France)
Tarusate Tartas (Landes)
Tasmanien, ienne Tasmanie (Australie)
Taulésien, ienne Taulé (Finistère)
Tchadien, ienne Tchad (Afrique)
Tchécoslovaque ou **Tchèque** Tchécoslovaquie (Europe)
Tchèque République tchèque (Europe)
Tençois, oise Tence (Haute-Loire)
Tendasque Tende (Alpes-Maritimes)
Ternois, oise Tergnier (Aisne)
Terrassonnais, aise Terrasson-la-Villedieu (Dordogne)
Terre-Neuvien, ienne Terre-Neuve (Canada)
Testerin, ine [La] Teste (Gironde)
Texan, ane Texas (États-Unis)
Thaïlandais, aise Thaïlande (Asie)
Thannois, oise Thann (Haut-Rhin)
Thébain, aine Thèbes (Grèce)
Théoulien, ienne Théoule-sur-Mer (Alpes-Maritimes)
Thessalien, ienne Thessalie (Grèce)
Theutois, oise Theux (Belgique)
Thiaisien, ienne Thiais (Val-de-Marne)
Thiernois, oise Thiers (Puy-de-Dôme)
Thillotin, ine [Le] Thillot (Vosges)
Thionvillois, oise Thionville (Moselle)
Thironnais, aise Thiron-Gardais (Eure-et-Loir)
Thononais, aise Thonon-les-Bains (Haute-Savoie)
Thouarsais, aise Thouars (Deux-Sèvres)
Thuirinois, oise Thuir (Pyrénées-Orientales)
Tibétain, aine Tibet (Asie)
Togolais, aise Togo (Afrique)
Tokyote ou **Tokyoïte** Tokyo (Japon)
Tonguien, ienne Tonga (Polynésie)
Tonkinois, oise Tonkin (Viêtnam)
Tonneinquais, aise Tonneins (Lot-et-Garonne)
Tonnerrois, oise Tonnerre (Yonne)
Torontois, oise Toronto (Canada)
Toscan, ane Toscane (Italie)
Toulois, oise Toul (Meurthe-et-Moselle)
Toulonnais, aise Toulon (Var)
Toulousain, aine Toulouse (Haute-Garonne)
Touquettois, oise [Le] Touquet-Paris-Plage (Pas-de-Calais)
Tourangeau, elle Touraine (France); Tours (Indre-et-Loire)
Tournaisien, ienne Tournai (Belgique)
Tournonais, aise Tournon-sur-Rhône (Ardèche)
Tournusien, ienne Tournus (Saône-et-Loire)
Tourouvrain, aine Tourouvre (Orne)
Tourquennois, oise Tourcoing (Nord)
Traiton, onne [Le] Trait (Seine-Maritime)
Transylvain, aine ou **Transylvanien, ienne** Transylvanie (Roumanie)
Trappiste Trappes (Yvelines)
Trégastellois, oise Trégastel (Côtes-d'Armor)
Trégorrois, oise ou **Trécorrois, oise** Tréguier (Côtes-d'Armor)
Treignacois, oise Treignac (Corrèze)
Trélonais, aise Trélon (Nord)
Trembladais, aise [La] Tremblade (Charente-Maritime)
Trévire ou **Trévère** Trèves (Allemagne)
Trévisan, ane Trévise (Italie)
Trévoltien, ienne Trévoux (Ain)
Tricastin, ine Saint-Paul-Trois-Châteaux (Drôme)
Triestin, ine Trieste (Italie)
Trifluvien, ienne Trois-Rivières (Canada)
Trinidadien, ienne Trinité-et-Tobago (Antilles)
Tropézien, ienne Saint-Tropez (Var)
Trouvillais, aise Trouville-sur-Mer (Calvados)
Troyen, enne Troie (Asie Mineure); Troyes (Aube)
Tulliste Tulle (Corrèze)
Tunisien, ienne Tunisie (Afrique)

Tunisois, oise Tunis (Tunisie)
Turc, turque Turquie (Proche-Orient)
Turinois, oise Turin (Italie)
Turkmène Turkménistan (Asie)
Turripinois, oise [La] Tour-du-Pin (Isère)
Tuvaluan, ane Tuvalu (Micronésie)
Tyrolien, ienne Tyrol (Autriche)

Uginois, oise Ugine (Savoie)
Ukrainien, ienne Ukraine (Europe)
Uruguayen, enne Uruguay (Amérique du Sud)
Ussellois, oise Ussel (Corrèze)
Uzellois, oise Uzel (Côtes-d'Armor)
Uzerchois, oise Uzerche (Corrèze)
Uzétien, ienne Uzès (Gard)
Uztaritztarrak Ustaritz (Pyrénées-Atlantiques)

Vaillicien, ienne Vailly-sur-Aisne (Aisne)
Vaisonnais, aise Vaison-la-Romaine (Vaucluse)
Valaisan, ane Valais (Suisse)
Val-de-Marnais, aise Val-de-Marne (France)
Val d'Oisien, ienne Val-d'Oise (France)
Valdôtain, aine [val d'] Aoste (Italie)
Valencéen, enne Valençay (Indre)
Valenciennois, oise Valenciennes (Nord)
Valentinois, oise Valence (Drôme)
Valericain, aine Saint-Valery-sur-Somme (Somme)
Valériquais, aise Saint-Valéry-en-Caux (Seine-Maritime)
Vallaurien, ienne Vallauris (Alpes-Maritimes)
Valmontais, aise Valmont (Seine-Maritime)
Valognais, aise Valognes (Manche)
Valréassien, ienne Valréas (Vaucluse)
Vannetais, aise Vannes (Morbihan)
Vanuatuan, ane Vanuatu (Mélanésie)
Varennois, oise Varennes-sur-Allier (Allier)
Varois, oise Var (France)
Varsovien, ienne Varsovie (Pologne)
Vauclusien, ienne Vaucluse (France)
Vaudois, oise [canton de] Vaud (Suisse)
Vauverdois, oise Vauvert (Gard)
Védrarien, ienne → Verriérois
Vençois, oise Vence (Alpes-Maritimes)
Vendéen, enne Vendée (France)
Vendômois, oise Vendôme (Loir-et-Cher)
Vénézuélien, ienne ou **Vénézolan, ane** Venezuela (Amérique du Sud)
Vénissian, iane Vénissieux (Rhône)
Vénitien, ienne Venise (Italie)
Verdunois, oise Verdun (Meuse)
Vermandois, oise Vermand (Aisne)
Vernois, oise Vergt (Dordogne)
Vernolien, ienne Verneuil-sur-Avre (Eure)
Vernonnais, aise Vernon (Eure)
Vernousain, aine Vernoux-en-Vivarais (Ardèche)
Véronais, aise Vérone (Italie)
Verriérois, oise ou **Védrarien, ienne** Verrières-le-Buisson (Essonne)
Versaillais, aise Versailles (Yvelines)
Vertavien, ienne Vertou (Loire-Atlantique)
Vervinois, oise Vervins (Aisne)
Vésigondin, ine [Le] Vésinet (Yvelines)
Vésulien, ienne Vesoul (Haute-Saône)
Veveysan, ane Vevey (Suisse)
Vézélien, ienne Vézelay (Yonne)
Vibraysien, ienne Vibraye (Sarthe)
Vicentin, ine Vicence (Italie)
Vichyssois, oise Vichy (Allier)
Vicois, oise Vic-Fezensac (Gers); Vic-sur-Cère (Cantal)
Vicolais, aise Vico (Corse-du-Sud)
Vicomtois, oise Vic-le-Comte (Puy-de-Dôme)
Vicquois, oise Vic-en-Bigorre (Hautes-Pyrénées)
Viennois, oise Vienne (Autriche); (Isère)
Vierzonnais, aise Vierzon (Cher)
Vietnamien, ienne Viêtnam ou Viêt-nam (Asie)
Viganais, aise [Le] Vigan (Gard)
Vigeoyeux, euse Vigeois (Corrèze)
Vigneusien, ienne Vigneux-sur-Seine (Essonne)
Villandrautais, aise Villandraut (Gironde)
Villardien, ienne Villard-de-Lans (Isère)
Villarois, oise Villers-lès-Nancy (Meurthe-et-Moselle)
Villefortais, aise Villefort (Lozère)
Villefranchois, oise Villefranche-de-Rouergue (Aveyron)
Villejuifois, oise Villejuif (Val-de-Marne)
Villemomblois, oise Villemomble (Seine-Saint-Denis)
Villemurien, ienne Villemur (Haute-Garonne)
Villeneuvien, ienne Villeneuve-sur-Yonne (Yonne)
Villeneuvois, oise Villeneuve-sur-Lot (Lot-et-Garonne)
Villenogarennois, oise Villeneuve-la-Garenne (Hauts-de-Seine)
Villepintois, oise Villepinte (Seine-Saint-Denis)
Villérier, ière Villers-le-Lac (Doubs)
Villersois, oise Villers-Saint-Paul (Oise)
Villeruptien, ienne Villerupt (Meurthe-et-Moselle)
Villeurbannais, aise Villeurbanne (Rhône)
Vimonastérien, ienne Vimoutiers (Orne)
Vimynois, oise Vimy (Pas-de-Calais)
Vinçanais, aise Vinça (Pyrénées-Orientales)
Vincennois, oise Vincennes (Val-de-Marne)
Viroflaysien, ienne Viroflay (Yvelines)
Virois, oise Vire (Calvados)
Vitréen, enne Vitré (Ille-et-Vilaine)
Vitriot, iote Vitry-sur-Seine (Val-de-Marne)
Vitryat, ate Vitry-le-François (Marne)
Vivarois, oise Viviers (Ardèche)
Vizillois, oise Vizille (Isère)
Vogladien, ienne → Vouglaisien
Voironnais, aise Voiron (Isère)
Volvicois, oise Volvic (Puy-de-Dôme)
Vosgien, ienne Vosges (France)
Vouglaisien, ienne ou **Vogladien, ienne** Vouillé (Vienne)
Vouvrillon, onne Vouvray (Indre-et-Loire)
Vouzinois, oise Vouziers (Ardennes)

Wallon, onne Wallonie (Belgique)
Wasselonnais, aise Wasselonne (Bas-Rhin)
Wasseyen, enne Wassy (Haute-Marne)
Wattignisien, ienne Wattignies (Nord)
Wattrelosien, ienne Wattrelos (Nord)
Winnipegois, oise Winnipeg (Canada)
Wissembourgeois, oise Wissembourg (Bas-Rhin)

Yéménite Yémen (Arabie)
Yennois, oise Yenne (Savoie)
Yerrois, oise Yerres (Essonne)
Yonnais, aise [La] Roche-sur-Yon (Vendée)
Yougoslave Yougoslavie (Europe)
Yssingelais, aise Yssingeaux (Haute-Loire)
Yvelinois, oise Yvelines (France)
Yvetotais, aise Yvetot (Seine-Maritime)
Yzeurien, ienne Yzeure (Allier)

Zagrébois, oise Zagreb (Croatie)
Zaïrois, oise Zaïre (Afrique)
Zambien, ienne Zambie (Afrique)
Zélandais, aise Zélande (Pays-Bas)
Zicavais, aise Zicavo (Corse-du-Sud)
Zimbabwéen, enne Zimbabwe (Afrique)
Zurichois, oise Zurich (Suisse)

LISTE DES NOMS PROPRES DE LIEUX ET DES NOMS D'HABITANTS ET ADJECTIFS CORRESPONDANTS

Abbeville (Somme) Abbevillois, oise
Ablon-sur-Seine (Val-de-Marne) Ablonais, aise
Abyssinie (Afrique) Abyssin, ine ou Abyssinien, ienne → Éthiopie
Acadie (Canada) Acadien, ienne
Afghanistan (Asie) Afghan, ane
Afrique Africain, aine
Afrique du Nord Nord-Africain, aine
Afrique du Sud Sud-Africain, aine
Agen (Lot-et-Garonne) Agenais, aise
Aigrefeuille-d'Aunis (Charente-Maritime) Aigrefeuillais, aise
Aiguebelle (Savoie) Aiguebellin, inché
Aigueperse (Puy-de-Dôme) Aiguepersois, oise
Aigues-Mortes (Gard) Aigues-Mortais, aise
Aiguilles-en-Queyras (Hautes-Alpes) Aiguillon, onne
Aiguillon (Lot-et-Garonne) Aiguillonnais, aise
Aigurande (Indre) Aigurandais, aise
Aire-sur-l'Adour (Landes) Aturin, ine
Aire-sur-la-Lys (Pas-de-Calais) Airois, oise
Airvault (Deux-Sèvres) Airvaudais, aise
Aisne (France) Axonais, aise
Aix-en-Provence (Bouches-du-Rhône) Aixois, oise; Acquae-Sextien, ienne ou Acquae-Sextian, iane
Aix-les-Bains (Savoie) Aixois, oise
Ajaccio (Corse-du-Sud) Ajaccien, ienne
Akkad (Mésopotamie) Akkadien, ienne
Albanie (Europe) Albanais, aise
Albert (Somme) Albertin, ine
Albertville (Savoie) Albertvillois, oise
Albi (Tarn) Albigeois, oise
Alençon (Orne) Alençonnais, aise
Alep (Syrie) Aleppin, ine
Alès (Gard) Alésien, ienne
Alexandrie (Égypte) Alexandrin, ine
Alfortville (Val-de-Marne) Alfortvillais, aise
Alger (Algérie) Algérois, oise
Algérie (Afrique) Algérien, ienne
Allauch (Bouches-du-Rhône) Allaudien, ienne
Allemagne (Europe) Allemand, ande
Allos (Alpes-de-Haute-Provence) Allossard, arde
Alpes (Europe) Alpin, ine
Alpes-de-Haute-Provence (France) Bas-Alpin, ine
Alsace (France) Alsacien, ienne
Altaï (Asie) Altaïque
Altkirch (Bas-Rhin) Altkirchois, oise
Amazonie (Amérique du Sud) Amazonien, ienne
Ambérieu-en-Bugey (Ain) Ambarrois, oise
Ambert (Puy-de-Dôme) Ambertois, oise
Amboise (Indre-et-Loire) Amboisien, ienne
Amélie-les-Bains-Palalda (Pyrénées-Orientales) Amélien, ienne ou Palaldéen, enne
Amérique Américain, aine
Amérique du Nord Nord-Américain, aine
Amérique du Sud Sud-Américain, aine, ou **Amérique latine** Latino-Américain, aine
Amiens (Somme) Amiénois, oise
Amou (Landes) Amollois, oise
Amsterdam (Pays-Bas) Amstellodamien, ienne ou Amstellodamois, oise
Ancenis (Loire-Atlantique) Ancenien, ienne
Ancône (Italie) Anconitain, aine
Andalousie (Espagne) Andalou, ouse
Andelys [Les] (Eure) Andelisien, ienne
Andernos-les-Bains (Gironde) Andernosien, ienne
Andes (Amérique du Sud) Andin, ine
Andorre [principauté d'] (Europe) Andorran, ane
Angers (Maine-et-Loire) Angevin, ine
Anglet (Pyrénées-Atlantiques) Angloy, oye
Angleterre (Grande-Bretagne, Europe) Anglais, aise
Angola (Afrique) Angolais, aise
Angoulême (Charente) Angoumoisin, ine
Aniane (Hérault) Anianais, aise
Anjou (France) Angevin, ine
Annam (Viêtnam) Annamite
Annecy (Haute-Savoie) Annécien, ienne
Annemasse (Haute-Savoie) Annemassien, ienne
Annonay (Ardèche) Annonéen, enne
Annot (Alpes-de-Haute-Provence) Annotain, aine
Antibes (Alpes-Maritimes) Antibois, oise
Antigua-et-Barbuda (Antilles) Antiguais et Barbudien, Antiguaise et Barbudienne
Antilles (Amérique centrale) Antillais, aise
Antony (Hauts-de-Seine) Antonien, ienne
Antraigues-sur-Volane (Ardèche) Antraiguain, aine
Antrain (Ille-et-Vilaine) Antrainais, aise
Anvers (Belgique) Anversois, oise
Anzin (Nord) Anzinois, oise
Aoste [val d'] (Italie) Valdôtain, aine
Apt (Vaucluse) Aptésien, ienne
Aquitaine (France) Aquitain, aine
Arabie (Asie) Arabe
Arabie Saoudite (Proche-Orient) Saoudien, ienne
Aragon (Espagne) Aragonais, aise
Aramon (Gard) Aramonais, aise
Arbois (Jura) Arboisien, ienne
Arcachon (Gironde) Arcachonnais, aise
Arcadie (Grèce) Arcadien, ienne
Arcis-sur-Aube (Aube) Arcisien, ienne
Ardèche (France) Ardéchois, oise
Ardenne (Belgique, France) Ardennais, aise
Arezzo (Italie) Arétin, ine
Argelès-Gazost (Hautes-Pyrénées) Argelésien, ienne
Argentan (Orne) Argentanais, aise
Argentat (Corrèze) Argentacois, oise
Argenteuil (Val-d'Oise) Argenteuillais, aise
Argentière-la-Bessée [L'] (Hautes-Alpes) Argentiérois, oise
Argentine (Amérique du Sud) Argentin, ine
Argenton-Château (Deux-Sèvres) Argentonnais, aise
Argenton-sur-Creuse (Indre) Argentonnais, aise
Argentré-du-Plessis (Ille-et-Vilaine) Argentréen, enne
Argent-sur-Sauldre (Cher) Argentais, aise
Ariège (France) Ariégeois, oise
Arles (Bouches-du-Rhône) Arlésien, ienne
Arleux (Nord) Arleusien, ienne
Arménie (Asie) Arménien, ienne
Armentières (Nord) Armentiérois, oise
Armorique (France) Armoricain, aine
Arnay-le-Duc (Côte-d'Or) Arnétois, oise
Arras (Pas-de-Calais) Arrageois, oise
Ars-en-Ré (Charente-Maritime) Arsais, aise
Artois (France) Artésien, ienne
Ascq (Nord) Ascquois, oise
Asie Asiate ou Asiatique
Asnières-sur-Seine (Hauts-de-Seine) Asniérois, oise
Assyrie (Asie) Assyrien, ienne
Asturies (Espagne) Asturien, ienne
Athènes (Grèce) Athénien, ienne
Athis-de-l'Orne (Orne) Athisien, ienne
Athis-Mons (Essonne) Athégien, ienne
Aube (France) Aubois, oise
Aubervilliers (Seine-Saint-Denis) Albertivillarien, ienne
Aubeterre-sur-Dronne (Charente) Aubeterrien, ienne
Aubigny-sur-Nère (Cher) Albinien, ienne
Aubusson (Creuse) Aubussonnais, aise
Auch (Gers) Auscitain, aine
Auchel (Pas-de-Calais) Auchellois, oise

Aude (France) Audois, oise

Audierne (Finistère) Audiernais, aise

Audincourt (Doubs) Audincourtois, oise

Audruicq (Pas-de-Calais) Audruicquois, oise

Audun-le-Roman (Meurthe-et-Moselle) Audunois, oise

Auge [pays d'] (France) Augeron, onne

Aulnay-sous-Bois (Seine-Saint-Denis) Aulnaisien, ienne

Aulnoye-Aymeries (Nord) Aulnésien, ienne

Ault (Somme) Aultois, oise

Aumale (Seine-Maritime) Aumalois, oise

Aunay-sur-Odon (Calvados) Aunais, aise

Auneau (Eure-et-Loir) Alnélois, oise

Aunis (France) Aunisien, ienne

Aups (Var) Aupsois, oise

Auray (Morbihan) Alréen, enne

Aurignac (Haute-Garonne) Aurignacais, aise

Aurillac (Cantal) Aurillacois, oise

Australie Australien, ienne

Autriche (Europe) Autrichien, ienne

Autun (Saône-et-Loire) Autunois, oise

Auvergne (France) Auvergnat, ate

Auxerre (Yonne) Auxerrois, oise

Avallon (Yonne) Avallonnais, aise

Avesnes-sur-Helpe (Nord) Avesnois, oise

Aveyron (France) Aveyronnais, aise

Avignon (Vaucluse) Avignonnais, aise

Avranches (Manche) Avranchinais, aise

Azerbaïdjan (Caucase) Azéri, ie ou Azerbaïdjanais, aise

Babylone (Mésopotamie) Babylonien, ienne

Baccarat (Meurthe-et-Moselle) Bachamois, oise

Badonviller (Meurthe-et-Moselle) Badonvillois, oise

Bagnères-de-Bigorre (Hautes-Pyrénées) Bagnérais, aise

Bagnères-de-Luchon (Haute-Garonne) Luchonnais, aise

Bahamas (Amérique centrale) Bahamien, ienne

Bahreïn (Proche-Orient) Bahreïni

Baixas (Pyrénées-Orientales) Baixanenc, Baixanenque

Bâle (Suisse) Bâlois, oise

Baléares (Espagne) Baléare

Bali (Asie) Balinais, aise

Balkans (Europe) Balkanique

Baltique (Europe) Balte

Bangladesh (Asie) Bangladais, aise

Banyuls-sur-Mer (Pyrénées-Orientales) Banyulenc, Banyulencque

Bapaume (Pas-de-Calais) Bapalmois, oise

Barbade [La] (Antilles) Barbadien, ienne

Barcelone (Espagne) Barcelonais, aise

Barcelonnette (Alpes-de-Haute-Provence) Barcelonnette

Bar-le-Duc (Meuse) Barisien, ienne

Bar-sur-Aube (Aube) Baralbin, ine

Bar-sur-Loup [Le] (Alpes-Maritimes) Barois, oise

Bar-sur-Seine (Aube) Barséquanais, aise

Basque [Pays] Basque, Basquaise, Euskarien, ienne ou Euscarien, ienne

Bas-Rhin (France) Bas-Rhinois, oise

Basse-Terre (Guadeloupe) Basse-Terrien, ienne

Bastia (Haute-Corse) Bastiais, iaise

Bavière (Allemagne) Bavarois, oise

Bayeux (Calvados) Bayeusain, aine ou Bajocasse

Bayonne (Pyrénées-Atlantiques) Bayonnais, aise

Béarn (France) Béarnais, aise

Beauce (France) Beauceron, onne

Beaune (Côte-d'Or) Beaunois, oise

Beauvais (Oise) Beauvaisien, ienne ou Beauvaisin, ine

Belfort [territoire de et ville] (France) Belfortain, aine

Belgique (Europe) Belge

Belgrade (Yougoslavie) Belgradois, oise

Bélize (Amérique centrale) Bélizais, aise

Bellac (Haute-Vienne) Bellachon, onne

Belle-Île (Morbihan) Bellilois, oise

Belley (Ain) Belleysan, ane

Bengale (Inde) Bengali, ie ou Bengalais, aise

Bénin (Afrique) Béninois, oise

Béotie (Grèce) Béotien, ienne

Bergerac (Dordogne) Bergeracois, oise

Berlin (Allemagne) Berlinois, oise

Bernay (Eure) Bernayen, enne

Berne (Suisse) Bernois, oise

Berry (France) Berrichon, onne

Besançon (Doubs) Bisontin, ine

Béthune (Pas-de-Calais) Béthunois, oise

Béziers (Hérault) Biterrois, oise

Bhoutan (Asie) Bhoutanais, aise

Biafra (Afrique) Biafrais, aise

Biarritz (Pyrénées-Atlantiques) Biarrot, ote

Bidart (Pyrénées-Atlantiques) Bidartars [plur.]

Biélorussie (Europe) Biélorusse

Bigorre (France) Bigourdan, ane

Birmanie (Asie) Birman, ane

Biscaye (Espagne) Biscaïen, ïenne

Blanc [Le] (Indre) Blancois, oise

Blangy-sur-Bresle (Seine-Maritime) Blangeois, oise

Blaye (Gironde) Blayais, aise

Blois (Loir-et-Cher) Blésois, oise

Bobigny (Seine-Saint-Denis) Balbynien, ienne

Bohême (République tchèque) Bohémien, ienne

Bolivie (Amérique du Sud) Bolivien, ienne

Bologne (Italie) Bolonais, aise

Bône (Algérie) Bônois, oise

Bonifacio (Corse-du-Sud) Bonifacien, ienne

Bonn (Allemagne) Bonnois, oise

Bonneville (Haute-Savoie) Bonnevillois, oise

Bordeaux (Gironde) Bordelais, aise

Borinage (Belgique) Borain, aine

Bosnie-Herzégovine (Europe) Bosniaque ou Bosnien, ienne

Boston (États-Unis) Bostonien, ienne

Botswana (Afrique) Botswanais, aise

Boucau [Le] (Pyrénées-Atlantiques) Boucalais, aise

Bougival (Yvelines) Bougivalais, aise

Boulay-Moselle (Moselle) Boulageois, oise

Boulogne-Billancourt (Hauts-de-Seine) Boulonnais, aise

Boulogne-sur-Mer (Pas-de-Calais) Boulonnais, aise

Bourbonnais (France) Bourbonnais, aise

Bourbourg (Nord) Bourbourgeois, oise

Bourg-Argental (Loire) Bourguisan, ane

Bourg-de-Péage (Drôme) Péageois, oise

Bourg-d'Oisans (Isère) Bourcat, ate

Bourg-en-Bresse (Ain) Burgien, ienne

Bourges (Cher) Berruyer, ère

Bourget [Le] (Seine-Saint-Denis) Bourgetin, ine

Bourg-la-Reine (Hauts-de-Seine) Réginaburgien, ienne

Bourg-lès-Valence (Drôme) Bourcain, aine

Bourg-Madame (Pyrénées-Orientales) Guingettois, oise

Bourgogne (France) Bourguignon, onne

Bourg-Saint-Andéol (Ardèche) Bourguésan, ane

Bourg-Saint-Maurice (Savoie) Borain, aine

Brabant (Belgique) Brabançon, onne

Brandebourg (Allemagne) Brandebourgeois, oise

Brésil (Amérique du Sud) Brésilien, ienne

Bresse (France) Bressan, ane

Bressuire (Deux-Sèvres) Bressuirais, aise

Brest (Finistère) Brestois, oise

Bretagne (France) Breton, onne

Briançon (Hautes-Alpes) Briançonnais, aise

Brie (France) Briard, arde

Brière (France) Briéron, onne

Briey (Meurthe-et-Moselle) Briotin, ine

Brignoles (Var) Brignolais, aise

Brioude (Haute-Loire) Brivadois, oise

Brive-la-Gaillarde (Corrèze) Briviste

Bruay-en-Artois (Pas-de-Calais) Bruaysien, ienne

Bruges (Belgique) Brugeois, oise

Brunei (Asie) Brunéien, ienne

Bruxelles (Belgique) Bruxellois, oise

Bucarest (Roumanie) Bucarestois, oise

Budapest (Hongrie) Budapestois, oise

Bulgarie (Europe) Bulgare

Burkina-Faso (Afrique) Burkinabé

Burundi (Afrique) Burundais, aise

Byzance (Europe) Byzantin, ine → Istanbul

Cadix (Espagne) Gaditan, ane
Caen (Calvados) Caennais, aise
Cahors (Lot) Cadurcien, ienne, Cahorsien, ienne ou Cahorsin, ine
Caire [Le] (Égypte) Cairote
Calabre (Italie) Calabrais, aise
Calais (Pas-de-Calais) Calaisien, ienne
Californie (États-Unis) Californien, ienne
Calvados (France) Calvadossien, ienne
Calvi (Haute-Corse) Calvais, aise
Camargue (France) Camarguais, aise, Camarguin, ine ou Camarguen, enne
Cambodge (Asie) Cambodgien, ienne
Cambrai (Nord) Cambrésien, ienne
Cameroun (Afrique) Camerounais, aise
Canaan [pays de] Cananéen, enne
Canada (Amérique du Nord) Canadien, ienne
Canaries [îles] (Espagne) Canarien, ienne
Cannes (Alpes-Maritimes) Cannois, oise
Cantal (France) Cantalien, ienne
Canton (Chine) Cantonais, aise
Capoue (Italie) Capouan, ane
Cap-Vert [îles du] (océan Atlantique) Cap-Verdien, ienne
Caraïbe (Amérique centrale) Caraïbe ou Caribéen, enne
Carcassonne (Aude) Carcassonnais, aise
Carpentras (Vaucluse) Carpentrassien, ienne
Carquefou (Loire-Atlantique) Carquefolien, ienne
Carrières-sur-Seine (Yvelines) Carrillon, onne ou Carriérois, oise
Carthage (Tunisie) Carthaginois, oise
Casablanca (Maroc) Casablancais, aise
Cassis (Bouches-du-Rhône) Cassidain, aine
Castellane (Alpes-de-Haute-Provence) Castellanais, aise
Castelnaudary (Aude) Chaurien, ienne ou Castelnaudarien, ienne
Castelsarrasin (Tarn-et-Garonne) Castelsarrasinois, oise
Castille (Espagne) Castillan, ane
Castres (Tarn) Castrais, aise
Catalogne (Espagne) Catalan, ane
Caucase Caucasien, ienne
Cayenne (Guyane française) Cayennais, aise
Centrafricaine [République] (Afrique) Centrafricain, aine
Cerdagne (Espagne) Cerdan, ane ou Cerdagnol, ole
Céret (Pyrénées-Orientales) Céretan, ane
Cévennes (France) Cévenol, ole
Ceylan [île de] (Asie) Ceylanais, aise
Chaldée (Mésopotamie) Chaldéen, enne
Châlons-sur-Marne (Marne) Châlonnais, aise
Chalon-sur-Saône (Saône-et-Loire) Chalonnais, aise
Chambéry (Savoie) Chambérien, ienne
Chamonix (Haute-Savoie) Chamoniard, iarde
Champagne (France) Champenois, oise
Chantilly (Oise) Cantilien, ienne
Charente (France) Charentais, aise
Charente-Maritime (France) Charentais, aise maritime
Charleroi (Belgique) Carolorégien, ienne
Charleville-Mézières (Ardennes) Carolomacérien, ienne
Charolles (Saône-et-Loire) Charollais, aise
Chartres (Eure-et-Loir) Chartrain, aine
Château-Arnoux (Alpes-de-Haute-Provence) Jarlandin, ine
Châteaubriant (Loire-Atlantique) Castelbriantais, aise
Château-Chinon (Nièvre) Château-Chinonais, aise
Château-d'Oléron (Charente-Maritime) Châtelain, aine
Château-du-Loir (Sarthe) Castélorien, ienne
Châteaudun (Eure-et-Loir) Dunois, oise
Château-Gontier (Mayenne) Castrogontérien, ienne
Châteaulin (Finistère) Châteaulinois, oise
Châteauneuf-du-Pape (Vaucluse) Châteauneuvois, oise ou Castel-Papaux [plur.]
Châteauneuf-la-Forêt (Haute-Vienne) Castelneuvien, ienne
Châteauneuf-sur-Charente (Charente) Castelnovien, ienne
Châteauroux (Indre) Castelroussin, ine
Château-Salins (Moselle) Castelsalinois, oise
Château-Thierry (Aisne) Castrothéodoricien, ienne
Châtellerault (Vienne) Châtelleraudais, aise
Châtre [La] (Indre) Castrais, aise
Chaumont (Haute-Marne) Chaumontais, aise
Cherbourg (Manche) Cherbourgeois, oise
Chili (Amérique du Sud) Chilien, ienne
Chine (Asie) Chinois, oise
Chinon (Indre-et-Loire) Chinonais, aise
Cholet (Maine-et-Loire) Choletais, aise
Chypre (Méditerranée) Chypriote ou Cypriote
Ciotat [La] (Bouches-du-Rhône) Ciotaden, enne
Cisjordanie (Proche-Orient) Cisjordanien, ienne
Civray (Vienne) Civraisien, ienne
Clamart (Hauts-de-Seine) Clamartois, oise
Clamecy (Nièvre) Clamecycois, oise
Clermont (Oise) Clermontois, oise
Clermont-Ferrand (Puy-de-Dôme) Clermontois, oise
Cluses (Haute-Savoie) Clusien, ienne
Cochinchine (Asie) Cochinchinois, oise
Cognac (Charente) Cognaçais, aise
Colmar (Haut-Rhin) Colmarien, ienne
Colombie (Amérique du Sud) Colombien, ienne
Commercy (Meuse) Commercien, ienne
Comores (océan Indien) Comorien, ienne
Compiègne (Oise) Compiégnois, oise
Concarneau (Finistère) Concarnois, oise
Condom (Gers) Condomois, oise
Confolens (Charente) Confolentais, aise
Congo (Afrique) Congolais, aise
Constantine (Algérie) Constantinois, oise
Copenhague (Danemark) Copenhagois, oise
Corbeil-Essonnes (Essonne) Corbeil-Essonnois, oise
Cordoue (Espagne) Cordouan, ane
Corée (Asie) Coréen, enne
Corée du Nord Nord-Coréen, enne
Corée du Sud Sud-Coréen, enne
Corfou (Grèce) Corfiote
Corrèze (France) Corrézien, ienne
Corse (France) Corse
Corte (Haute-Corse) Cortenais, aise
Cosne-Cours-sur-Loire (Nièvre) Cosnois, oise
Costa Rica (Amérique centrale) Costaricain, aine ou Costaricien, ienne
Côte-d'Ivoire (Afrique) Ivoirien, ienne
Côte-d'Or (France) Côte d'Orien, ienne
Côte-Saint-André [La] (Isère) Côtois, oise
Côtes-d'Armor (France) Costarmoricain, aine
Coulommiers (Seine-et-Marne) Coulumérien, ienne
Courbevoie (Hauts-de-Seine) Courbevoisien, ienne
Courtrai (Belgique) Courtraisien, ienne
Coutances (Manche) Coutançais, aise
Creil (Oise) Creillois, oise
Crète (Grèce) Crétois, oise ou Candiote
Créteil (Val-de-Marne) Cristolien, ienne
Creuse (France) Creusois, oise
Croatie (Europe) Croate
Croisic [Le] (Loire-Atlantique) Croisicais, aise
Cuba (Amérique centrale) Cubain, aine

Dahomey (Afrique) Dahoméen, enne
Dalmatie (Croatie) Dalmate
Damas (Syrie) Damascène
Danemark (Europe) Danois, oise
Danube (Europe centrale) Danubien, ienne
Dauphiné (France) Dauphinois, oise
Dax (Landes) Dacquois, oise
Délos (Grèce) Délien, ienne ou Déliaque
Denain (Nord) Denaisien, ienne
Deux-Sèvres (France) Deux-Sévrien, ienne
Die (Drôme) Diois, Dioise
Dieppe (Seine-Maritime) Dieppois, oise
Digne (Alpes-de-Haute-Provence) Dignois, oise
Dijon (Côte-d'Or) Dijonnais, aise
Dinan (Côtes-d'Armor) Dinannais, aise
Djibouti [République de et ville] (Afrique) Djiboutien, ienne

Dole (Jura) Dolois, oise
Dominicaine [République] (Amérique centrale) Dominicain, aine
Dominique (Antilles) Dominiquais, aise
Dordogne (France) Dordognais, aise
Douai (Nord) Douaisien, ienne
Douarnenez (Finistère) Douarneniste
Doubs (France) Doubiste ou Doubien, ienne
Draguignan (Var) Dracénois, oise
Dreux (Eure-et-Loir) Drouais, aise
Drôme (France) Drômois, oise
Dublin (Irlande) Dublinois, oise
Dunkerque (Nord) Dunkerquois, oise

Écosse (Grande-Bretagne) Écossais, aise
Édimbourg (Écosse) Édimbourgeois, oise
Égypte (Proche-Orient) Égyptien, ienne
Elbe [île d'] (Italie) Elbois, oise
Elbeuf (Seine-Maritime) Elbeuvien, ienne
Émirats arabes unis (Arabie) Émirien, ienne
Épernay (Marne) Sparnacien, ienne
Épinal (Vosges) Spinalien, ienne
Équateur (Amérique du Sud) Équatorien, ienne
Érythrée (Afrique) Érythréen, enne
Espagne (Europe) Espagnol, ole
Essonne (France) Essonnien, ienne
Estonie (Europe) Estonien, ienne ou Este
Étampes (Essonne) Étampois, oise
États-Unis d'Amérique Étasunien, ienne ou Américain, aine
Éthiopie (Afrique) Éthiopien, ienne
Étolie (Grèce) Étolien, ienne
Étrurie (Italie) Étrusque
Eurasie Eurasien, ienne
Europe Européen, enne
Évaux-les-Bains (Creuse) Évahonien, ienne
Évian-les-Bains (Haute-Savoie) Évianais, aise
Évreux (Eure) Ébroïcien, ienne
Évry (Essonne) Évryen, enne
Èze (Alpes-Maritimes) Ézasque

Faouët [Le] (Morbihan) Faouëtais, aise
Fécamp (Seine-Maritime) Fécampois, oise
Fère-Champenoise (Marne) Ferton, onne
Féroé [îles] (Danemark) Féringien, ienne ou Féroïen, ïenne
Ferrare (Italie) Ferrarais, aise
Fez (Maroc) Fassi, ie
Fidji ou **Fiji [îles]** (Océanie) Fidjien, ienne
Figeac (Lot) Figeacois, oise
Finistère (France) Finistérien, ienne
Finlande (Europe) Finlandais, aise ou Finnois, oise
Flandre ou **Flandres** (Europe) Flamand, ande; Flandrien, ienne
Flèche [La] (Sarthe) Fléchois, oise
Flers-de-l'Orne (Orne) Flérien, ienne
Fleurance (Gers) Fleurantin, ine
Florac (Lozère) Floracois, oise
Florence (Italie) Florentin, ine
Foix (Ariège) Fuxéen, enne
Fontainebleau (Seine-et-Marne) Bellifontain, aine
Fontenay-le-Comte (Vendée) Fontenaisien, ienne
Forbach (Moselle) Forbachois, oise
Forcalquier (Alpes-de-Haute-Provence) Forcalquiérien, ienne
Forges-les-Eaux (Seine-Maritime) Forgion, ionne
Formose (Asie) Formosan, ane
Fort-de-France (Martinique) Foyalais, aise
Fouesnant (Finistère) Fouesnantais, aise
Fougères (Ille-et-Vilaine) Fougerais, aise
Fouras (Charente-Maritime) Fourasin, ine
Fourchambault (Nièvre) Fourchambaultais, aise
Fourmies (Nord) Fourmisien, ienne
France (Europe) Français, aise
Francfort-sur-le-Main (Allemagne) Francfortois, oise
Franche-Comté (France) Franc-Comtois, oise ou Comtois, oise
Fréjus (Var) Fréjusien, ienne
Fribourg (Suisse) Fribourgeois, oise
Frise (Pays-Bas) Frison, onne

Gabon (Afrique) Gabonais, aise
Galice (Espagne) Galicien, ienne
Galilée (Israël) Galiléen, enne
Galles [pays de] (Grande-Bretagne) Gallois, oise
Gambie (Afrique) Gambien, ienne
Gand (Belgique) Gantois, oise
Gap (Hautes-Alpes) Gapençais, aise
Gard (France) Gardois, oise
Gascogne (France) Gascon, onne
Gaspé ou **Gaspésie [péninsule de]** (Canada) Gaspésien, ienne
Gaule Gaulois, oise → France
Gênes (Italie) Génois, oise
Genève (Suisse) Genevois, oise
Géorgie (Caucase); (États-Unis) Géorgien, ienne
Germanie Germain, aine
Gers (France) Gersois, oise
Gévaudan (Lozère) Gabalitain, aine
Gex (Ain) Gessien, ienne ou Gexois, oise
Ghana (Afrique) Ghanéen, enne
Gien (Loiret) Giennois, oise
Gironde (France) Girondin, ine
Gisors (Eure) Gisorsien, ienne
Gourdon (Lot) Gourdonnais, aise
Grande-Bretagne (Europe) Britannique
Grasse (Alpes-Maritimes) Grassois, oise
Grèce (Europe) Grec, Grecque
Grenade (Espagne) Grenadin, ine
Grenoble (Isère) Grenoblois, oise
Grisons [canton des] (Suisse) Grison, onne
Groenland (Amérique du Nord) Groenlandais, aise
Groix [île de] (Morbihan) Groisillon, onne ou Grésillon, onne
Guadeloupe (Antilles fr.) Guadeloupéen, enne
Guatemala (Amérique centrale) Guatémaltèque
Guebwiller (Haut-Rhin) Guebwillerois, oise
Guérande (Loire-Atlantique) Guérandais, aise
Guéret (Creuse) Guérétois, oise
Guernesey [île de] (Grande-Bretagne) Guernesiais, iaise
Guinée (Afrique) Guinéen, enne
Guinée-Bissau (Afrique) Bissau-Guinéen, enne
Guinée-Équatoriale (Afrique) Équato Guinéen, enne
Guingamp (Côtes-d'Armor) Guingampais, aise
Guyana (Amérique du Sud) Guyanais, aise ou Guyanien, ienne
Guyane (Amérique du Sud) Guyanais, aise

Hagetmau (Landes) Hagetmautien, ienne
Haguenau (Bas-Rhin) Haguenovien, ienne
Haillicourt (Pas-de-Calais) Haillicourtois, oise
Hainaut (Belgique) Hainuyer, ère ou Hannuyer, ère ou Hennuyer, ère
Haïti (Amérique centrale) Haïtien, ienne
Halifax (Canada) Haligonien, ienne
Ham (Somme) Hamois, oise
Hambourg (Allemagne) Hambourgeois, oise
Hanovre (Allemagne) Hanovrien, ienne
Haute-Garonne (France) Haut-Garonnais, aise
Haute-Marne (France) Haut-Marnais, aise
Hautes-Alpes (France) Haut-Alpin, ine
Hautes-Pyrénées (France) Haut-Pyrénéen, Haute-Pyrénéenne
Haute-Vienne (France) Haut-Viennois, oise
Haut-Rhin (France) Haut-Rhinois, oise
Hauts-de-Seine (France) Altoséquanais, aise
Havane [La] (Cuba) Havanais, aise
Havre [Le] (Seine-Maritime) Havrais, aise
Hawaï [îles] (Polynésie) Hawaïen, ïenne
Haye [La] (Pays-Bas) Haguenois, oise
Haye-du-Puits [La] (Manche) Haytillon, onne
Haÿ-les-Roses [L'] (Val-de-Marne) L'Haÿssien, ienne
Hédé (Ille-et-Vilaine) Hédéen, enne
Hellade Hellène → Grèce

Helsinki (Finlande) Helsinkien, ienne
Hendaye (Pyrénées-Atlantiques) Hendayais, aise
Hennebont (Morbihan) Hennebontais, aise
Hérault (France) Héraultais, aise
Himalaya (Asie) Himalayen, enne
Hirson (Aisne) Hirsonnais, aise
Hollande (Europe) Hollandais, aise ou Néerlandais, aise → Pays-Bas
Honduras (Amérique centrale) Hondurien, ienne
Honfleur (Calvados) Honfleurais, aise
Hongrie (Europe) Hongrois, oise
Hull (Canada) Hullois, oise
Hyères (Var) Hyèrois, oise

Ibérie (Gaule-Espagne) Ibère
Île-de-France (France) Francilien, ienne
Île-d'Yeu [L'] (Vendée) Ogien, ienne
Inde (Asie) Indien, ienne
Indochine (Asie) Indochinois, oise
Indonésie (Asie) Indonésien, ienne
Indre (France) Indrien, ienne
Ionie Ionien, ienne
Irak ou **Iraq** (Proche-Orient) Irakien, ienne ou Iraquien, ienne
Iran (Proche-Orient) Iranien, ienne
Irlande (Europe) Irlandais, aise
Isère (France) Isérois, oise ou Iseran, ane
Isigny-sur-Mer (Calvados) Isignais, aise
Islande (Europe) Islandais, aise
Isle-Adam [L'] (Val-d'Oise) Adamois, oise
Isle-d'Abeau [L'] (Isère) Lillot, ote
Isle-Jourdain [L'] (Gers) Lislois, oise
Isle-sur-la-Sorgue [L'] (Vaucluse) Islois, oise
Israël (Proche-Orient) Israélien, ienne
Issoire (Puy-de-Dôme) Issoirien, ienne
Issoudun (Indre) Issoldunois, oise
Issy-les-Moulineaux (Hauts-de-Seine) Isséen, enne
Istanbul (Turquie) Istanbuliote
Istres (Bouches-du-Rhône) Istréen, enne
Italie (Europe) Italien, ienne
Ivry-sur-Seine (Val-de-Marne) Ivryen, enne

Jamaïque (Antilles) Jamaïcain, aine
Japon (Asie) Japonais, aise
Jargeau (Loiret) Gergolien, ienne
Java (Indonésie) Javanais, aise
Jersey [île de] (Grande-Bretagne) Jersiais, iaise
Jérusalem (Israël) Hiérosolymite ou Hiérosolymitain, aine
Joinville (Haute-Marne) Joinvillois, oise
Jonzac (Charente-Maritime) Jonzacais, aise
Jordanie (Proche-Orient) Jordanien, ienne
Jura (France) Jurassien, ienne

Kabylie (Algérie) Kabyle
Kalmoukie (Russie) Kalmouk, e
Kazakhstan (Asie) Kazakh
Kenya (Afrique) Kényan, ane
Kiev (Ukraine) Kiévien, ienne
Kirghizistan (Asie) Kirghiz, e
Kiribati (Micronésie) Kiribatien, ienne
Kosovo (Yougoslavie) Kosovars [plur.]
Koweït (Arabie) Koweïtien, ienne

Labrador [péninsule du] (Canada) Labradorien, ienne
Lacaune (Tarn) Lacaunais, aise
Lacédémone (Grèce) Lacédémonien, ienne
Lagnieu (Ain) Lagnolan, ane
Landerneau (Finistère) Landernéen, enne
Landes (France) Landais, aise
Landivisiau (Finistère) Landivisien, ienne
Landrecies (Nord) Landrecien, ienne
Langogne (Lozère) Langonais, aise
Langon (Gironde) Langonnais, aise
Langres (Haute-Marne) Langrois, oise
Languedoc (France) Languedocien, ienne
Lanmeur (Finistère) Lanmeurien, ienne
Lannion (Côtes-d'Armor) Lannionnais, aise
Laon (Aisne) Laonnois, oise
Laos (Asie) Laotien, ienne
Lapalisse (Allier) Lapalissois, oise
Laponie (Europe) Lapon, one
Largentière (Ardèche) Largentièrois, oise
Lausanne (Suisse) Lausannois, oise
Laval (Mayenne) Lavallois, oise
Leipzig (Allemagne) Leipzigois, oise
Lens (Pas-de-Calais) Lensois, oise
Léon [pays de] (Bretagne) Léonais, aise ou Léonard, arde
Lesbos (Grèce) Lesbien, ienne
Lescar (Pyrénées-Atlantiques) Lescarien, ienne
Lesotho (Afrique) Lesothan, ane
Lesparre-Médoc (Gironde) Lesparrain, aine
Lettonie (Europe) Letton, one, Lette ou Latvien, ienne
Levant Levantin, ine
Liban (Proche-Orient) Libanais, aise
Liberia (Afrique) Libérien, ienne
Libourne (Gironde) Libournais, aise
Libye (Afrique) Libyen, enne
Liechtenstein (Europe) Liechtensteinois, oise
Liège (Belgique) Liégeois, oise
Ligurie (Italie) Ligurien, ienne
Lille (Nord) Lillois, oise
Lima (Pérou) Liménien, ienne
Limoges (Haute-Vienne) Limougeaud, aude
Limousin (France) Limousin, ine
Limoux (Aude) Limouxin, ine
Lisbonne (Portugal) Lisbonnin, ine
Lisieux (Calvados) Lexovien, ienne
Lituanie (Europe) Lituanien, ienne ou Lithuanien, ienne
Loches (Indre-et-Loire) Lochois, oise
Loctudy (Finistère) Loctudiste
Lodève (Hérault) Lodévois, oise
Loire (France) Logérien, ienne
Loir-et-Cher (France) Loir-et-Chérien, ienne
Lombardie (Italie) Lombard, arde
Lomme (Nord) Lommois, oise
Londres (Angleterre) Londonien, ienne
Longjumeau (Essonne) Longjumellois, oise
Longny-au-Perche (Orne) Longnycien, ienne
Longwy (Meurthe-et-Moselle) Longovicien, ienne
Lons-le-Saunier (Jura) Lédonien, ienne
Loos (Nord) Loossois, oise
Lorient (Morbihan) Lorientais, aise
Lorraine (France) Lorrain, aine
Los Angeles (États-Unis) Angelinos [plur.]
Lot (France) Lotois, oise
Lot-et-Garonne (France) Lot-et-Garonnais, aise
Loudéac (Côtes-d'Armor) Loudéacien, ienne
Loudun (Vienne) Loudunais, aise
Louhans (Saône-et-Loire) Louhannais, aise
Louisiane (États-Unis) Louisianais, aise
Lourdes (Hautes-Pyrénées) Lourdais, aise
Louvain (Belgique) Louvaniste
Louveciennes (Yvelines) Louveciennois, oise
Louviers (Eure) Lovérien, ienne
Lozère (France) Lozérien, ienne
Lucanie (Italie) Lucanien, ienne
Lunéville (Meurthe-et-Moselle) Lunévillois, oise
Lurcy-Lévis (Allier) Lurcyquois, oise
Lure (Haute-Saône) Luron, onne
Lusitanie Lusitanien, ienne ou Lusitain, aine → Portugal
Lussac (Gironde) Lussacais, aise
Luxembourg (Europe) Luxembourgeois, oise
Luzarches (Val-d'Oise) Luzarchois, oise
Lydie Lydien, ienne
Lyon (Rhône) Lyonnais, aise
Lyons-la-Forêt (Eure) Lyonsais, aise

Macédoine (Grèce); (Europe) Macédonien, ienne
Machecoul (Loire-Atlantique) Machecoulais, aise
Mâcon (Saône-et-Loire) Mâconnais, aise
Madagascar (océan Indien) Malgache

Madeleine [îles de la] (Canada) Madelinot [masc.], Madelinienne [fém.]
Madère (Portugal) Madérien, ienne ou Madérois, oise
Madrid (Espagne) Madrilène
Maghreb (Afrique) Maghrébin, ine
Maine (France) Manceau, Mancelle
Maintenon (Eure-et-Loir) Maintenonnais, aise
Majorque (Espagne) Majorquin, ine
Malabar (Inde) Malabare
Malaisie et **Malaysia** (Asie) Malais, aise et Malaysien, ienne
Malawi (Afrique) Malawite ou Malawien, ienne
Maldives [îles] (océan Indien) Maldivien, ienne
Mali (Afrique) Malien, ienne
Malines (Belgique) Malinois, oise
Malte (Europe) Maltais, aise
Mamers (Sarthe) Mamertin, ine
Man [île de] (Grande-Bretagne) Mannois, oise
Manche (France) Manchois, oise
Mandchourie (Chine) Mandchou, e
Manitoba [province du] (Canada) Manitobain, aine
Manosque (Alpes-de-Haute-Provence) Manosquin, ine
Mans [Le] (Sarthe) Manceau, Mancelle
Mantes-la-Jolie (Yvelines) Mantais, aise
Mantes-la-Ville (Yvelines) Mantevillois, oise
Mantoue (Italie) Mantouan, ane
Marans (Charente-Maritime) Marandais, aise
Marcq-en-Barœul (Nord) Marcquois, oise
Marennes (Charente-Maritime) Marennais, aise
Marignane (Bouches-du-Rhône) Marignanais, aise
Maringues (Puy-de-Dôme) Maringois, oise
Marle (Aisne) Marlois, oise
Marly-le-Roi (Yvelines) Marlychois, oise
Marmande (Lot-et-Garonne) Marmandais, aise
Marne (France) Marnais, aise
Maroc (Afrique) Marocain, aine
Maromme (Seine-Maritime) Marommais, aise
Mars (planète) Martien, ienne
Marseille (Bouches-du-Rhône) Marseillais, aise
Marshall [îles] (Micronésie) Marshallais, aise
Martigues (Bouches-du-Rhône) Martégaux [plur.]
Martinique (Antilles fr.) Martiniquais, aise
Marvejols (Lozère) Marvejolais, aise
Masevaux (Haut-Rhin) Masopolitain, aine
Matha (Charente-Maritime) Mathalien, ienne
Maubeuge (Nord) Maubeugeois, oise
Maubourguet (Hautes-Pyrénées) Maubourguetois, oise
Mauriac (Cantal) Mauriacois, oise
Maurice [île] (océan Indien) Mauricien, ienne
Mauritanie (Afrique) Mauritanien, ienne ; Maure ou More
Mayence (Allemagne) Mayençais, aise
Mayenne (dép. et ville) (France) Mayennais, aise
Mayotte (océan Indien) Mahorais, aise
Mazamet (Tarn) Mazamétain, aine
Meaux (Seine-et-Marne) Meldois, oise
Mélanésie (Océanie) Mélanésien, ienne
Melun (Seine-et-Marne) Melunais, aise
Mende (Lozère) Mendois, oise
Mennetou-sur-Cher (Loir-et-Cher) Monestois, oise
Menton (Alpes-Maritimes) Mentonnais, aise
Merdrignac (Côtes-d'Armor) Merdrignacien, ienne
Mers-les-Bains (Somme) Mersois, oise
Merville (Nord) Mervillois, oise
Mesnil-le-Roi [Le] (Yvelines) Mesnilois, oise
Mésopotamie (Asie) Mésopotamien, ienne
Metz (Moselle) Messin, ine
Meudon-la-Forêt (Hauts-de-Seine) Meudonnais, aise
Meulan (Yvelines) Meulanais, aise
Meursault (Côte-d'Or) Murisaltien, ienne
Meuse (France) Meusien, ienne
Mexique (Amérique centrale) Mexicain, aine
Meyrueis (Lozère) Meyrueisien, ienne
Micronésie (Océanie) Micronésien, ienne
Milan (Italie) Milanais, aise
Millau (Aveyron) Millavois, oise
Milly-la-Forêt (Essonne) Milliacois, oise
Mimizan (Landes) Mimizanais, aise
Minho (Portugal) Minhote
Minorque (Espagne) Minorquin, ine
Miramas (Bouches-du-Rhône) Miramasséen, enne
Mirande (Gers) Mirandais, aise
Mirebeau (Vienne) Mirebalais, aise
Mirepoix (Ariège) Mirapicien, ienne
Miribel (Ain) Miribelan, ane
Modane (Savoie) Modanais, aise
Modène (Italie) Modénais, aise
Moirans-en-Montagne (Jura) Moirantin, ine
Moissac (Tarn-et-Garonne) Moissagais, aise
Moldavie (Roumanie) ; (Europe) Moldave
Molsheim (Bas-Rhin) Molsheimien, ienne ou Molsheimois, oise
Monaco [principauté de] (Europe) Monégasque
Moncoutant (Deux-Sèvres) Moncoutantais, aise
Mongolie (Asie) Mongol, e
Monistrol-sur-Loire (Haute-Loire) Monistrolien, ienne
Monpazier (Dordogne) Monpaziérois, oise
Monségur (Gironde) Monségurais, aise
Mons-en-Barœul (Nord) Monsois, oise
Montaigu (Vendée) Montacutain, aine ou Montaigusien, ienne
Montargis (Loiret) Montargois, oise
Montauban (Tarn-et-Garonne) Montalbanais, aise
Montbard (Côte-d'Or) Montbardois, oise
Montbéliard (Doubs) Montbéliardais, aise
Montbrison (Loire) Montbrisonnais, aise
Montbron (Charente) Montbronnais, aise
Montceau-les-Mines (Saône-et-Loire) Montcellien, ienne
Montcenis (Saône-et-Loire) Monticinois, oise
Montchanin (Saône-et-Loire) Montchaninois, oise
Montcuq (Lot) Montcuquois, oise
Mont-de-Marsan (Landes) Montois, oise
Montdidier (Somme) Montdidérien, ienne
Mont-Dore [Le] (Puy-de-Dôme) Mont-Dorien, ienne
Montélimar (Drôme) Montilien, ienne
Monténégro (Yougoslavie) Monténégrin, ine
Montluçon (Allier) Montluçonnais, aise
Montmartre (Paris) Montmartrois, oise
Montmorency (Val-d'Oise) Montmorencéen, enne
Montmorillon (Vienne) Montmorillonnais, aise
Montpellier (Hérault) Montpelliérain, aine
Montpon-Ménestérol (Dordogne) Montponnais, aise
Montréal (Canada) Montréalais, aise
Montréjeau (Haute-Garonne) Montréjeaulais, aise
Montreuil (Pas-de-Calais) Montreuillois, oise
Montreuil-sous-Bois (Seine-Saint-Denis) Montreuillois, oise
Montrichard (Loir-et-Cher) Montrichardais, aise
Montrouge (Hauts-de-Seine) Montrougien, ienne
Moravie (République tchèque) Morave
Morbihan (France) Morbihannais, aise
Morcenx (Landes) Morcenais, aise
Moret-sur-Loing (Seine-et-Marne) Morétain, aine
Morlaas (Pyrénées-Atlantiques) Morlan, ane
Morlaix (Finistère) Morlaisien, ienne
Mortagne-au-Perche (Orne) Mortagnais, aise
Mortain (Manche) Mortainais, aise
Morteau (Doubs) Mortuacien, ienne
Morvan (France) Morvandiau, Morvandelle
Morzine (Haute-Savoie) Morzinois, oise
Moscou (Russie) Moscovite
Moselle (France) Mosellan, ane
Moulins (Allier) Moulinois, oise
Mouy (Oise) Mouysard, arde
Mouzon (Ardennes) Mouzonnais, aise
Mozambique (Afrique) Mozambicain, aine
Mulhouse (Haut-Rhin) Mulhousien, ienne
Munich (Allemagne) Munichois, oise
Murat (Cantal) Muratais, aise
Mure [La] (Isère) Murois, oise
Muret (Haute-Garonne) Muretain, aine
Murviel-lès-Béziers (Hérault) Murviellois, oise
Mycènes (Grèce) Mycénien, ienne

Namibie (Afrique) Namibien, ienne
Namur (Belgique) Namurois, oise
Nancy (Meurthe-et-Moselle) Nancéien, ienne
Nanterre (Hauts-de-Seine) Nanterrien, ienne
Nantes (Loire-Atlantique) Nantais, aise
Nantua (Ain) Nantuatien, ienne
Naples (Italie) Napolitain, aine
Narbonne (Aude) Narbonnais, aise
Nauru (Micronésie) Nauruan, ane
Navarre (Espagne) Navarrais, aise
Nazareth (Galilée) Nazaréen, enne
Nemours (Seine-et-Marne) Nemourien, ienne
Népal (Asie) Népalais, aise
Nérac (Lot-et-Garonne) Néracais, aise
Neuchâtel (Suisse) Neuchâtelois, oise
Neuf-Brisach (Haut-Rhin) Néo-Brisacien, ienne
Neufchâteau (Vosges) Néocastrien, ienne
Neufchâtel-en-Bray (Seine-Maritime) Neufchâtelois, oise
Neuilly-Plaisance (Seine-Saint-Denis) Nocéen, enne
Neuilly-sur-Seine (Hauts-de-Seine) Neuilléen, enne
Neustrie (Gaule) Neustrien, ienne
Neuves-Maisons (Meurthe-et-Moselle) Néodomien, ienne
Neuvic (Corrèze) Neuvicois, oise
Neuville-de-Poitou (Vienne) Neuvillois, oise
Nevers (Nièvre) Neversois, oise ou Nivernais, aise
New York (États-Unis) New-Yorkais, aise
Nicaragua (Amérique centrale) Nicaraguayen, enne
Nice (Alpes-Maritimes) Niçois, oise
Nièvre (France) Nivernais, aise
Niger (Afrique) Nigérien, ienne
Nigeria (Afrique) Nigérian, iane
Nîmes (Gard) Nîmois, oise
Niort (Deux-Sèvres) Niortais, aise
Nivelles (Belgique) Nivellois, oise
Nogaro (Gers) Nogarolien, ienne
Nogent (Haute-Marne) Nogentais, aise
Nogent-le-Rotrou (Eure-et-Loir) Nogentais, aise
Nogent-sur-Marne (Val-de-Marne) Nogentais, aise
Noirmoutier-en-l'Île (Vendée) Noirmoutrin, ine
Nolay (Côte-d'Or) Nolaytois, oise
Nonancourt (Eure) Nonancourtois, oise
Nontron (Dordogne) Nontronnais, aise
Nord (France) Nordiste
Normandie (France) Normand, ande
Norvège (Europe) Norvégien, ienne
Nouvelle-Calédonie (Océanie) Néo-Calédonien, ienne
Nouvelle-Écosse (Canada) Néo-Écossais, aise
Nouvelle-Zélande (Océanie) Néo-Zélandais, aise
Nouvion-en-Thiérache [Le] (Aisne) Nouvionnais, aise
Nubie (Afrique) Nubien, ienne
Nuits-Saint-Georges (Côte-d'Or) Nuiton, onne
Numidie (Afrique) Numide
Nyons (Drôme) Nyonsais, aise

Océanie Océanien, ienne
Oléron [île d'] (Charente-Maritime) Oléronais, aise
Olliergues (Puy-de-Dôme) Ollierguois, oise
Oloron-Sainte-Marie (Pyrénées-Atlantiques) Oloronais, aise
Oman (Arabie) Omanais, aise
Ombrie (Italie) Ombrien, ienne
Ontario [province de l'] (Canada) Ontarien, ienne
Oradour-sur-Glane (Haute-Vienne) Radounaud, aude
Oran, auj. Ouahran (Algérie) Oranais, aise
Orange (Vaucluse) Orangeois, oise
Orléans (Loiret) Orléanais, aise
Orly (Val-de-Marne) Orlysien, ienne
Ormesson-sur-Marne (Val-de-Marne) Ormessonnais, aise
Ornans (Doubs) Ornanais, aise
Orne (France) Ornais, aise
Ostende (Belgique) Ostendais, aise
Ouessant [île d'] (Finistère) Ouessantin, ine ou Ouessantais, aise
Ouganda (Afrique) Ougandais, aise
Ouzbékistan (Asie) Ouzbek
Oxford (Angleterre) Oxonien, ienne ou Oxfordien, ienne
Oyonnax (Ain) Oyonnaxien, ienne

Pacy-sur-Eure (Eure) Pacéen, enne
Padoue (Italie) Padouan, ane
Paimbœuf (Loire-Atlantique) Paimblotin, ine
Paimpol (Côtes-d'Armor) Paimpolais, aise
Pakistan (Asie) Pakistanais, aise
Palais [Le] (Morbihan) Palantin, ine
Palaiseau (Essonne) Palaisien, ienne
Palais-sur-Vienne [Le] (Haute-Vienne) Palaisien, ienne
Palau (Micronésie) Palauan, ane
Palerme (Italie) Palermitain, aine ou Panormitain, aine
Palestine (Proche-Orient) Palestinien, ienne
Pamiers (Ariège) Appaméen, enne
Panamá (Amérique centrale) Panaméen, enne ou Panamien, ienne
Pantin (Seine-Saint-Denis) Pantinois, oise
Papouasie-Nouvelle-Guinée (Mélanésie) Papouan-Néo-Guinéen, Papouane-Néo-Guinéenne
Pâques [île de] (Polynésie) Pascuan, ane
Paraguay (Amérique du Sud) Paraguayen, enne
Paray-le-Monial (Saône-et-Loire) Parodien, ienne
Paris (Seine) Parisien, ienne
Parme (Italie) Parmesan, ane
Parthenay (Deux-Sèvres) Parthenaisien, ienne
Pau (Pyrénées-Atlantiques) Palois, oise
Pauillac (Gironde) Pauillacais, aise
Pavie (Italie) Pavesan, ane
Pays-Bas (Europe) Néerlandais, aise → Hollande
Pékin (Chine) Pékinois, oise
Péloponnèse (Grèce) Péloponnésien, ienne
Pennsylvanie (États-Unis) Pennsylvanien, ienne
Perche (France) Percheron, onne
Percy (Manche) Percyais, aise
Périgord (France) Périgourdin, ine
Périgueux (Dordogne) Périgourdin, ine
Pernes-les-Fontaines (Vaucluse) Pernois, oise
Péronne (Somme) Péronnais, aise
Pérou (Amérique du Sud) Péruvien, ienne
Pérouges (Ain) Pérougien, ienne
Pérouse (Italie) Pérugin, ine
Perpignan (Pyrénées-Orientales) Perpignanais, aise
Persan (Val-d'Oise) Persanais, aise
Perse Persan, ane
Pézenas (Hérault) Piscénois, oise
Phalsbourg (Moselle) Phalsbourgeois, oise
Phénicie (Asie) Phénicien, ienne
Philadelphie (États-Unis) Philadelphien, ienne
Philippines (Océanie) Philippin, ine
Phocide (Grèce) Phocidien, ienne ou Phocéen, enne
Picardie (France) Picard, arde
Piémont (Italie) Piémontais, aise
Pierrefitte (Seine-Saint-Denis) Pierrefittois, oise
Pierrefonds (Oise) Pétrifontain, aine
Pierrelatte (Drôme) Pierrelattin, ine
Pithiviers (Loiret) Pithivérien, ienne
Plaisance (Italie) Placentin, ine
Plouescat (Finistère) Plouescatais, aise
Plouha (Côtes-d'Armor) Plouhatin, ine
Pointe-à-Pitre (Guadeloupe) Pointois, oise
Poissy (Yvelines) Pisciacais, aise
Poitiers (Vienne) Pictavien, ienne
Poitou (France) Poitevin, ine
Poitou-Charentes (France) Picto-Charentais, aise
Poix-de-Picardie (Somme) Poyais, aise
Poligny (Jura) Polinois, oise
Pologne (Europe) Polonais, aise
Polynésie (Océanie) Polynésien, ienne
Pompéi (Italie) Pompéien, ienne
Poncin (Ain) Poncinois, oise
Pons (Charente-Maritime) Pontois, oise
Pont-à-Mousson (Meurthe-et-Moselle) Mussipontain, aine
Pontarlier (Doubs) Pontissalien, ienne
Pont-Audemer (Eure) Pont-Audemérien, ienne
Pont-Aven (Finistère) Pontaveniste

Pont-d'Ain (Ain) Pondinois, oise

Pont-de-l'Arche (Eure) Archepontain, aine

Pont-en-Royans (Isère) Pontois, oise

Pontivy (Morbihan) Pontivyen, enne

Pont-l'Abbé (Finistère) Pont-l'Abbiste

Pont-l'Évêque (Calvados) Pontépiscopien, ienne

Pontoise (Val-d'Oise) Pontoisien, ienne

Pontorson (Manche) Pontorsonnais, aise

Pontrieux (Côtes-d'Armor) Pontrivien, ienne

Pont-Sainte-Maxence (Oise) Maxipontain, aine ou Pontois, oise

Pont-Saint-Esprit (Gard) Spiripontain, aine

Pornic (Loire-Atlantique) Pornicais, aise

Pornichet (Loire-Atlantique) Pornichetain, aine

Porto Rico (Amérique centrale) Portoricain, aine

Port-Sainte-Marie (Lot-et-Garonne) Portais, aise

Port-Saint-Louis-du-Rhône (Bouches-du-Rhône) Saint-Louisien, ienne

Port-sur-Saône (Haute-Saône) Portusien, ienne

Portugal (Europe) Portugais, aise → Lusitanie

Port-Vendres (Pyrénées-Orientales) Port-Vendrais, aise

Pouillon (Landes) Pouillonnais, aise

Prades (Pyrénées-Orientales) Pradéen, enne

Prague (République tchèque) Pragois, oise

Prémery (Nièvre) Prémerycois, oise

Privas (Ardèche) Privadois, oise

Provence (France) Provençal, ale, aux

Provins (Seine-et-Marne) Provinois, oise

Prusse Prussien, ienne

Puget-Théniers (Alpes-Maritimes) Pugétais, aise

Puiseaux (Loiret) Puiseautin, ine

Puy-en-Velay [Le] (Haute-Loire) Ponot, ote

Pyrénées (France) Pyrénéen, enne

Qatar ou **Katar** (Proche-Orient) Qatari [plur.]

Québec (Canada) Québécois, oise

Quercy (France) Quercinois, oise

Quesnoy [Le] (Nord) Quercitain, aine

Quesnoy-sur-Deûle (Nord) Quesnoysien, ienne

Quiberon (Morbihan) Quiberonnais, aise

Quillan (Aude) Quillanais, aise

Quillebeuf-sur-Seine (Eure) Quillebois, oise

Quimper (Finistère) Quimpérois, oise

Quimperlé (Finistère) Quimperlois, oise

Rabastens (Tarn) Rabastinois, oise

Raincy [Le] (Seine-Saint-Denis) Raincéen, enne

Raismes (Nord) Raismois, oise

Rambervillers (Vosges) Rambuvetais, aise

Rambouillet (Yvelines) Rambolitain, aine

Ravenne (Italie) Ravennate

Ré [île de] (Charente-Maritime) Rétais, aise

Redon (Ille-et-Vilaine) Redonnais, aise

Reims (Marne) Rémois, oise

Remiremont (Vosges) Romarimontain, aine

Renazé (Mayenne) Renazéen, enne

Rennes (Ille-et-Vilaine) Rennais, aise

Réole [La] (Gironde) Réolais, aise

Rethel (Ardennes) Rethélois, oise

Retiers (Ille-et-Vilaine) Restérien, ienne

Réunion [île de la] (océan Indien) Réunionnais, aise

Rhénanie (Allemagne) Rhénan, ane

Rhin Rhénan, ane

Rhodes [île de] (Grèce) Rhodien, ienne

Rhône (France) Rhodanien, ienne

Ribeauvillé (Haut-Rhin) Ribeauvillois, oise

Riceys [Les] (Aube) Riceton, one

Riez (Alpes-de-Haute-Provence) Riézois, oise

Rif (Maroc) Rifain, aine

Rio de Janeiro (Brésil) Carioca

Riom (Puy-de-Dôme) Riomois, oise

Rive-de-Gier (Loire) Ripagérien, ienne

Rives (Isère) Rivois, oise

Rivesaltes (Pyrénées-Orientales) Rivesaltais, aise

Roanne (Loire) Roannais, aise

Robert [Le] (Martinique) Robertin, ine

Roche-Bernard [La] (Morbihan) Rochois, oise

Rochechouart (Haute-Vienne) Rochechouartais, aise

Rochefort (Charente-Maritime) Rochefortais, aise

Roche-la-Molière (Loire) Rouchon, onne

Rochelle [La] (Charente-Maritime) Rochelais, aise

Roche-Posay [La] (Vienne) Rochelais, aise

Roche-sur-Yon [La] (Vendée) Yonnais, aise

Rodez (Aveyron) Ruthénois, oise

Roissy-en-France (Val-d'Oise) Roisséen, enne

Rome (Italie) Romain, aine

Romorantin (Loir-et-Cher) Romorantinais, aise

Roubaix (Nord) Roubaisien, ienne

Rouen (Seine-Maritime) Rouennais, aise

Rouergue (France) Rouergat, ate

Rougé (Loire-Atlantique) Rougéen, enne

Roumanie (Europe) Roumain, aine

Roussillon (Isère) Roussillonnais, aise

Royan (Charente-Maritime) Royannais, aise

Roye (Somme) Royen, enne

Rueil-Malmaison (Hauts-de-Seine) Rueillois, oise

Ruffec (Charente) Ruffécois, oise

Rumilly (Haute-Savoie) Rumillien, ienne

Russie (Europe) Russe

Rwanda (Afrique) Rwandais, aise

Saba Sabéen, enne

Sables-d'Olonne [Les] (Vendée) Sablais, aise

Sablé-sur-Sarthe (Sarthe) Sabolien, ienne

Saint-Affrique (Aveyron) Saint-Affricain, aine

Saint-Agrève (Ardèche) Saint-Agrèvois, oise

Saint-Aignan-sur-Cher (Loir-et-Cher) Saint-Aignanais, aise

Saint-Amand-en-Puisaye (Nièvre) Amandinois, oise ou Amandois, oise

Saint-Amand-les-Eaux (Nord) Amandinois, oise

Saint-Amand-Montrond (Cher) Saint-Amandois, oise ou Amandin, ine

Saint-André-de-Cubzac (Gironde) Cubzaguais, aise

Saint-André-de-l'Eure (Eure) Andrésien, ienne

Saint-André-les-Alpes (Alpes-de-Haute-Provence) Saint-Andréen, enne

Saint-André-les-Vergers (Aube) Dryat, Dryate

Saint-Aubin-sur-Mer (Calvados) Saint-Aubinais, aise

Saint-Béat (Haute-Garonne) Saint-Béatais, aise

Saint-Benoît-du-Sault (Indre) Bénédictin, ine

Saint-Brieuc (Côtes-d'Armor) Briochin, ine

Saint-Calais (Sarthe) Calaisien, ienne

Saint-Céré (Lot) Saint-Céréen, enne

Saint-Chamond (Loire) Saint-Chamonais, aise

Saint-Chinian (Hérault) Saint-Chinianais, aise

Saint-Claude (Jura) San-Claudien, ienne ou Sanclaudien, ienne

Saint-Cloud (Hauts-de-Seine) Clodoaldien, ienne

Saint-Cyr-l'École (Yvelines) Saint-Cyrien, ienne

Saint-Denis (Réunion) Dionysien, ienne

Saint-Denis (Seine-Saint-Denis) Dionysien, ienne

Saint-Dié-des-Vosges (Vosges) Déodatien, ienne

Saint-Dizier (Haute-Marne) Bragard, arde

Saint-Étienne (Loire) Stéphanois, oise

Saint-Étienne-du-Rouvray (Seine-Maritime) Stéphanais, aise

Saint-Étienne-en-Dévoluy (Hautes-Alpes) Saint-Estevard, arde

Saint-Florentin (Yonne) Florentinois, oise

Saint-Flour (Cantal) Sanflorain, aine

Saint-Fons (Rhône) Saint-Foniard, iarde

Saint-Fulgent (Vendée) Saint-Fulgentais, aise

Saint-Gall (Suisse) Saint-Gallois, oise

Saint-Gaudens (Haute-Garonne) Saint-Gaudinois, oise

Saint-Germain-des-Prés (Paris) Germanopratin, ine

Saint-Germain-en-Laye (Yvelines) Saint-Germanois, oise

Saint-Germain-Laval (Loire) Germanois, oise

Saint-Gilles (Gard) Saint-Gillois, oise

Saint-Gilles-Croix-de-Vie (Vendée) Gillocrucien, ienne

Saint-Girons (Ariège) Saint-Gironnais, aise

Saint-Hyacinthe (Canada) Maskoutain, aine

Saint-Jean-Cap-Ferrat (Alpes-Maritimes) Saint-Jeannois, oise
Saint-Jean-d'Angély (Charente-Maritime) Angérien, ienne
Saint-Jean-de-la-Ruelle (Loiret) Stéoruellan, ane
Saint-Jean-de-Losne (Côte-d'Or) Saint-Jean-de-Losnais, aise
Saint-Jean-de-Luz (Pyrénées-Atlantiques) Luzien, ienne
Saint-Jean-de-Maurienne (Savoie) Saint-Jeannais, aise
Saint-Jean-Pied-de-Port (Pyrénées-Atlantiques) Saint-Jeannais, aise
Saint-Julien-Chapteuil (Haute-Loire) Saint-Julien, ienne
Saint-Julien-du-Saut (Yonne) Saltusien, ienne
Saint-Julien-en-Genevois (Haute-Savoie) Saint-Juliennois, oise
Saint-Junien (Haute-Vienne) Saint-Juniaud, iaude
Saint-Just-en-Chaussée (Oise) Saint-Justois, oise
Saint-Just-en-Chevalet (Loire) Saint-Juraud, aude
Saint-Just-Saint-Rambert (Loire) Pontrambertois, oise
Saint-Kitts-et-Nevis (Antilles) Kitticien et Névicien, Kitticienne et Névicienne
Saint-Laurent-de-Cerdans (Pyrénées-Orientales) Laurentin, ine
Saint-Laurent-de-Neste (Hautes-Pyrénées) Saint-Laurentin, ine
Saint-Laurent-du-Pont (Isère) Laurentinois, oise
Saint-Laurent-en-Grandvaux (Jura) Grandvallier, ière
Saint-Lô (Manche) Saint-Lois, Loise ou Laudinien, ienne
Saint-Maixent-l'École (Deux-Sèvres) Saint-Maixentais, aise
Saint-Malo (Ille-et-Vilaine) Malouin, ine
Saint-Marcellin (Isère) Saint-Marcellinois, oise
Saint-Marin (Europe) San-Marinais, aise
Saint-Martin-de-Ré (Charente-Maritime) Martinais, aise
Saint-Martin-d'Hères (Isère) Martinérois, oise
Saint-Martin-Vésubie (Alpes-Maritimes) Saint-Martinois, oise
Saint-Mihiel (Meuse) Saint-Mihielois, oise ou Sammiellois, oise
Saint-Nazaire (Loire-Atlantique) Nazairien, ienne
Saint-Omer (Pas-de-Calais) Audomarois, oise
Saintonge (France) Saintongeais, aise
Saint-Ouen (Seine-Saint-Denis) Audonien, ienne
Saint-Ouen-l'Aumône (Val-d'Oise) Saint-Ouennais, aise
Saint-Paul-de-Fenouillet (Pyrénées-Orientales) Saint-Paulais, aise
Saint-Paul-de-Vence (Alpes-Maritimes) Saint-Paulois, oise
Saint-Paul-Trois-Châteaux (Drôme) Tricastin, ine
Saint-Péray (Ardèche) Saint-Pérollais, aise
Saint-Pierre (Martinique) Pierrotin, ine
Saint-Pierre-des-Corps (Indre-et-Loire) Corpopétrussien, ienne
Saint-Pierre-et-Miquelon (océan Atlantique) Saint-Pierrais, aise et Miquelonnais, aise
Saint-Pierre-le-Moûtier (Nièvre) Saint-Pierrois, oise
Saint-Pierre-sur-Dives (Calvados) Pétruvien, ienne
Saint-Pol-de-Léon (Finistère) Saint-Politain, aine
Saint-Pol-sur-Ternoise (Pas-de-Calais) Saint-Polois, oise
Saint-Pons-de-Thomières (Hérault) Saint-Ponais, aise
Saint-Pourçain-sur-Sioule (Allier) Saint-Pourcinois, oise
Saint-Quentin (Aisne) Saint-Quentinois, oise
Saint-Rambert-d'Albon (Drôme) Rambertois, oise
Saint-Rémy-sur-Durolle (Puy-de-Dôme) Saint-Rémois, oise
Saint-Sever (Landes) Saint-Severin, ine
Saint-Tropez (Var) Tropézien, ienne
Saint-Valéry-en-Caux (Seine-Maritime) Valériquais, aise
Saint-Valery-sur-Somme (Somme) Valericain, aine
Saint-Vallier-sur-Rhône (Drôme) Saint-Valliérois, oise
Saint-Vincent-et-les-Grenadines (Antilles) Saint-Vincentais et Grenadin, Saint-Vincentaise et Grenadine
Saint-Yrieix-la-Perche (Haute-Vienne) Arédien, ienne
Sainte-Croix (Suisse) Sainte-Crix [inv.]
Sainte-Foy (Canada) Saint-Fidéen, enne
Sainte-Foy-la-Grande (Gironde) Foyen, enne
Sainte-Foy-lès-Lyon (Rhône) Fidésien, ienne
Sainte-Lucie (Antilles) Saint-Lucien, ienne
Sainte-Menehould (Marne) Ménéhildien, ienne
Saintes (Charente-Maritime) Saintais, aise
Saintes-Maries-de-la-Mer (Bouches-du-Rhône) Saintois, oise
Salers (Cantal) Sagranier, ière
Salies-de-Béarn (Pyrénées-Atlantiques) Salisien, ienne
Salins-les-Bains (Jura) Salinois, oise
Sallanches (Haute-Savoie) Sallanchard, arde
Salomon [îles] (Mélanésie) Salomonais, aise
Salonique (Grèce) Salonicien, ienne
Salvador (Amérique centrale) Salvadorien, ienne
Samarie (Palestine) Samaritain, aine
Samoa [îles] (Polynésie) Samoan, ane
Samoëns (Haute-Savoie) Septimontain, aine
Samos (Grèce) Samien, ienne ou Samiote
Sancerre (Cher) Sancerrois, oise
Saône-et-Loire (France) Saône-et-Loirien, ienne
São Paulo (Brésil) Pauliste
São Tomé e Príncipe (Afrique) Santoméen, enne
Sardaigne (Italie) Sarde
Sarlat-la-Canéda (Dordogne) Sarladais, aise
Sarre (Allemagne) Sarrois, oise
Sarrebourg (Moselle) Sarrebourgeois, oise
Sarrebruck (Allemagne) Sarrebruckois, oise
Sarreguemines (Moselle) Sarregueminois, oise
Sartène (Corse-du-Sud) Sartenais, aise
Sarthe (France) Sarthois, oise
Saskatchewan [province de la] (Canada) Saskatchewanais, aise
Saulieu (Côte-d'Or) Sédélocien, ienne
Saulxures-sur-Moselotte (Vosges) Saulxuron, onne
Saumur (Maine-et-Loire) Saumurois, oise
Sauveterre-de-Béarn (Pyrénées-Atlantiques) Sauveterrien, ienne
Savenay (Loire-Atlantique) Savenaisien, ienne
Saverne (Bas-Rhin) Savernois, oise
Savigny-sur-Orge (Essonne) Savinien, ienne
Savoie (France) Savoyard, arde ou Savoisien, ienne
Saxe (Allemagne) Saxon, onne
Scandinavie (Europe) Scandinave
Sceaux (Hauts-de-Seine) Scéen, enne
Seclin (Nord) Seclinois, oise
Sedan (Ardennes) Sedanais, aise
Ségovie (Espagne) Ségovien, ienne
Segré (Maine-et-Loire) Segréen, enne
Seine-Saint-Denis (France) Séquano-Dyonisien, ienne
Sélestat (Bas-Rhin) Sélestadien, ienne
Semur-en-Auxois (Côte-d'Or) Semurois, oise
Sénégal (Afrique) Sénégalais, aise
Sénégambie (Afrique) Sénégambien, ienne
Senez (Alpes-de-Haute-Provence) Sénéçois, oise ou Sénécien, ienne
Senlis (Oise) Senlisien, ienne
Sens (Yonne) Sénonais, aise
Serbie (Yougoslavie) Serbe
Sète (Hérault) Sétois, oise
Seurre (Côte-d'Or) Seurrois, oise
Séverac-le-Château (Aveyron) Séveragais, aise
Sevran (Seine-Saint-Denis) Sevranais, aise
Sèvres (Hauts-de-Seine) Sévrien, ienne
Seychelles (océan Indien) Seychellois, oise
Siam Siamois, oise
Sibérie (Russie) Sibérien, ienne
Sicile (Italie) Sicilien, ienne
Sienne (Italie) Siennois, oise
Sierra Leone (Afrique) Sierra-Léonais, aise
Singapour (Asie) Singapourien, ienne
Sissonne (Aisne) Sissonnais, aise
Sisteron (Alpes-de-Haute-Provence) Sisteronais, aise
Slovaquie (Europe) Slovaque
Slovénie (Europe) Slovène
Smyrne (Turquie) Smyrniote
Sochaux (Doubs) Sochalien, ienne
Sofia (Bulgarie) Sofiote
Soignies (Belgique) Sonégien, ienne
Soissons (Aisne) Soissonnais, aise
Soisy-sous-Montmorency (Val-d'Oise) Soiséen, enne
Solesmes (Nord) Solesmois, oise

Solesmes (Sarthe) Solesmien, ienne
Soleure (Suisse) Soleurois, oise
Solliès-Pont (Var) Solliès-Pontois, oise
Sologne (France) Solognot, ote
Solre-le-Château (Nord) Solrézien, ienne
Somalie (Afrique) Somalien, ienne
Sommières (Gard) Sommièrois, oise
Sore (Landes) Sorien, ienne
Sospel (Alpes-Maritimes) Sospellois, oise
Soudan (Afrique) Soudanais, aise
Souillac (Lot) Souillagais, aise
Sourdeval (Manche) Sourdevalais, aise
Sousse (Tunisie) Soussien, ienne
Souterraine [La] (Creuse) Sostranien, ienne
Spa (Belgique) Spadois, oise
Sparte (Grèce) Spartiate
Sri Lanka (Asie) Sri Lankais, aise
Stains (Seine-Saint-Denis) Stanois, oise
Stockholm (Suède) Stockholmois, oise
Strasbourg (Bas-Rhin) Strasbourgeois, oise
Suède (Europe) Suédois, oise
Suisse (Europe) Suisse
Sully-sur-Loire (Loiret) Sullylois, oise
Sumène (Gard) Suménois, oise
Surinam (Amérique du Sud) Surinamien, ienne
Swaziland (Afrique) Swazi, ie
Syracuse (Sicile) Syracusain, aine
Syrie (Proche-Orient) Syrien, ienne

Tadjikistan (Asie) Tadjk, e
Tahiti (Polynésie) Tahitien, ienne
Taïwan (Asie) Taïwanais, aise
Talmont-Saint-Hilaire (Vendée) Talmondais, aise
Tanzanie (Afrique) Tanzanien, ienne
Tarare (Rhône) Tararien, ienne
Tarascon (Bouches-du-Rhône) Tarasconnais, aise
Tarbes (Hautes-Pyrénées) Tarbais, aise
Tarn (France) Tarnais, aise
Tartas (Landes) Tarusate
Tasmanie (Australie) Tasmanien, ienne
Taulé (Finistère) Taulésien, ienne
Tchad (Afrique) Tchadien, ienne
Tchécoslovaquie (Europe) Tchécoslovaque ou Tchèque
Tchèque [République] (Europe) Tchèque
Tence (Haute-Loire) Tençois, oise
Tende (Alpes-Maritimes) Tendasque
Tergnier (Aisne) Ternois, oise
Terrasson-la-Villedieu (Dordogne) Terrassonnais, aise
Terre de Feu (Amérique du Sud) Fuégien, ienne
Terre-Neuve (Canada) Terre-Neuvien, ienne
Teste [La] (Gironde) Testerin, ine
Texas (États-Unis) Texan, ane
Thaïlande (Asie) Thaïlandais, aise
Thann (Haut-Rhin) Thannois, oise
Thèbes (Grèce) Thébain, aine
Théoule-sur-Mer (Alpes-Maritimes) Théoulien, ienne
Thessalie (Grèce) Thessalien, ienne
Theux (Belgique) Theutois, oise
Thiais (Val-de-Marne) Thiaisien, ienne
Thiers (Puy-de-Dôme) Thiernois, oise
Thillot [Le] (Vosges) Thillotin, ine
Thionville (Moselle) Thionvillois, oise
Thiron-Gardais (Eure-et-Loir) Thironnais, aise
Thonon-les-Bains (Haute-Savoie) Thononais, aise
Thouars (Deux-Sèvres) Thouarsais, aise
Thuir (Pyrénées-Orientales) Thuirinois, oise
Tibet (Asie) Tibétain, aine
Togo (Afrique) Togolais, aise
Tokyo (Japon) Tokyote ou Tokyoïte
Tonga (Polynésie) Tonguien, ienne
Tonkin (Viêtnam) Tonkinois, oise
Tonneins (Lot-et-Garonne) Tonneinquais, aise
Tonnerre (Yonne) Tonnerrois, oise
Toronto (Canada) Torontois, oise
Toscane (Italie) Toscan, ane
Toul (Meurthe-et-Moselle) Toulois, oise
Toulon (Var) Toulonnais, aise
Toulouse (Haute-Garonne) Toulousain, aine
Touquet-Paris-Plage [Le] (Pas-de-Calais) Touquettois, oise
Touraine (France) Tourangeau, elle
Tourcoing (Nord) Tourquennois, oise
Tour-du-Pin [La] (Isère) Turripinois, oise
Tournai (Belgique) Tournaisien, ienne
Tournon-sur-Rhône (Ardèche) Tournonais, aise
Tournus (Saône-et-Loire) Tournusien, ienne
Tourouvre (Orne) Tourouvrain, aine
Tours (Indre-et-Loire) Tourangeau, elle
Trait [Le] (Seine-Maritime) Traiton, onne
Transylvanie (Roumanie) Transylvain, aine ou Transylvanien, ienne
Trappes (Yvelines) Trappiste
Trégastel (Côtes-d'Armor) Trégastellois, oise
Tréguier (Côtes-d'Armor) Trégorrois, oise ou Trécorrois, oise
Treignac (Corrèze) Treignacois, oise
Trélon (Nord) Trélonais, aise
Tremblade [La] (Charente-Maritime) Trembladais, aise
Trèves (Allemagne) Trévire ou Trévère
Trévise (Italie) Trévisan, ane
Trévoux (Ain) Trévoltien, ienne
Trieste (Italie) Triestin, ine
Trinité-et-Tobago (Antilles) Trinidadien, ienne
Troie (Asie Mineure) Troyen, enne
Trois-Rivières (Canada) Trifluvien, ienne
Trouville-sur-Mer (Calvados) Trouvillais, aise
Troyes (Aube) Troyen, enne
Tulle (Corrèze) Tulliste
Tunis (Tunisie) Tunisois, oise
Tunisie (Afrique) Tunisien, ienne
Turin (Italie) Turinois, oise
Turkménistan (Asie) Turkmène
Turquie (Proche-Orient) Turc, Turque
Tuvalu (Micronésie) Tuvaluan, ane
Tyrol (Autriche) Tyrolien, ienne

Ugine (Savoie) Uginois, oise
Ukraine (Europe) Ukrainien, ienne
Union soviétique ou **Urss** Soviétique
Uruguay (Amérique du Sud) Uruguayen, enne
Ussel (Corrèze) Ussellois, oise
Ustaritz (Pyrénées-Atlantiques) Uztaritztarrak
Uzel (Côtes-d'Armor) Uzellois, oise
Uzerche (Corrèze) Uzerchois, oise
Uzès (Gard) Uzétien, ienne

Vailly-sur-Aisne (Aisne) Vaillicien, ienne
Vaison-la-Romaine (Vaucluse) Vaisonnais, aise
Valais (Suisse) Valaisan, ane
Val-de-Marne (France) Val-de-Marnais, aise
Val-d'Oise (France) Val d'Oisien, ienne
Valençay (Indre) Valencéen, enne
Valence (Drôme) Valentinois, oise
Valenciennes (Nord) Valenciennois, oise
Vallauris (Alpes-Maritimes) Vallaurien, ienne
Valmont (Seine-Maritime) Valmontais, aise
Valognes (Manche) Valognais, aise
Valréas (Vaucluse) Valréassien, ienne
Vannes (Morbihan) Vannetais, aise
Vanuatu (Mélanésie) Vanuatuan, ane
Var (France) Varois, oise
Varennes-sur-Allier (Allier) Varennois, oise
Varsovie (Pologne) Varsovien, ienne
Vaucluse (France) Vauclusien, ienne
Vaud [canton de] (Suisse) Vaudois, oise
Vauvert (Gard) Vauverdois, oise
Vence (Alpes-Maritimes) Vençois, oise
Vendée (France) Vendéen, enne
Vendôme (Loir-et-Cher) Vendômois, oise
Venezuela (Amérique du Sud) Vénézuélien, ienne ou Vénézolan, ane
Venise (Italie) Vénitien, ienne

Vénissieux (Rhône) Vénissian, iane
Verdun (Meuse) Verdunois, oise
Vergt (Dordogne) Vernois, oise
Vermand (Aisne) Vermandois, oise
Verneuil-sur-Avre (Eure) Vernolien, ienne
Vernon (Eure) Vernonnais, aise
Vernoux-en-Vivarais (Ardèche) Vernousain, aine
Vérone (Italie) Véronais, aise
Verrières-le-Buisson (Essonne) Verriérois, oise ou Védrarien, ienne
Versailles (Yvelines) Versaillais, aise
Vertou (Loire-Atlantique) Vertavien, ienne
Vervins (Aisne) Vervinois, oise
Vésinet [Le] (Yvelines) Vésigondin, ine
Vesoul (Haute-Saône) Vésulien, ienne
Vevey (Suisse) Veveysan, ane
Vézelay (Yonne) Vézélien, ienne
Vibraye (Sarthe) Vibraysien, ienne
Vic-en-Bigorre (Hautes-Pyrénées) Vicquois, oise
Vicence (Italie) Vicentin, ine
Vic-Fezensac (Gers) Vicois, oise
Vichy (Allier) Vichyssois, oise
Vic-le-Comte (Puy-de-Dôme) Vicomtois, oise
Vico (Corse-du-Sud) Vicolais, aise
Vic-sur-Cère (Cantal) Vicois, oise
Vienne (Autriche) Viennois, oise
Vienne (Isère) Viennois, oise
Vierzon (Cher) Vierzonnais, aise
Viêtnam ou **Viêt-nam** (Asie) Vietnamien, ienne
Vigan [Le] (Gard) Viganais, aise
Vigeois (Corrèze) Vigeoyeux, euse
Vigneux-sur-Seine (Essonne) Vigneusien, ienne
Villandraut (Gironde) Villandrautais, aise
Villard-de-Lans (Isère) Villardien, ienne
Villefort (Lozère) Villefortais, aise
Villefranche-de-Rouergue (Aveyron) Villefranchois, oise
Villefranche-sur-Saône (Rhône) Caladois, oise
Villejuif (Val-de-Marne) Villejuifois, oise
Villemomble (Seine-Saint-Denis) Villemomblois, oise
Villemur (Haute-Garonne) Villemurien, ienne
Villeneuve-la-Garenne (Hauts-de-Seine) Villenogarennois, oise
Villeneuve-sur-Lot (Lot-et-Garonne) Villeneuvois, oise
Villeneuve-sur-Yonne (Yonne) Villeneuvien, ienne
Villepinte (Seine-Saint-Denis) Villepintois, oise
Villers-Cotterêts (Aisne) Cotterézien, ienne
Villers-le-Lac (Doubs) Villérier, ière
Villers-lès-Nancy (Meurthe-et-Moselle) Villarois, oise
Villers-Saint-Paul (Oise) Villersois, oise
Villerupt (Meurthe-et-Moselle) Villeruptien, ienne
Villeurbanne (Rhône) Villeurbannais, aise
Vimoutiers (Orne) Vimonastérien, ienne
Vimy (Pas-de-Calais) Vimynois, oise
Vinça (Pyrénées-Orientales) Vinçanais, aise
Vincennes (Val-de-Marne) Vincennois, oise
Vire (Calvados) Virois, oise
Viroflay (Yvelines) Viroflaysien, ienne
Vitré (Ille-et-Vilaine) Vitréen, enne
Vitry-le-François (Marne) Vitryat, ate
Vitry-sur-Seine (Val-de-Marne) Vitriot, iote
Viviers (Ardèche) Vivarois, oise
Vizille (Isère) Vizillois, oise
Voiron (Isère) Voironnais, aise
Volvic (Puy-de-Dôme) Volvicois, oise
Vosges (France) Vosgien, ienne
Vouillé (Vienne) Vouglaisien, ienne ou Vogladien, ienne
Vouvray (Indre-et-Loire) Vouvrillon, onne
Vouziers (Ardennes) Vouzinois, oise

Wallonie (Belgique) Wallon, onne
Wasselonne (Bas-Rhin) Wasselonnais, aise
Wassy (Haute-Marne) Wasseyen, enne
Wattignies (Nord) Wattignisien, ienne
Wattrelos (Nord) Wattrelosien, ienne
Winnipeg (Canada) Winnipegois, oise
Wissembourg (Bas-Rhin) Wissembourgeois, oise

Yémen (Arabie) Yéménite
Yenne (Savoie) Yennois, oise
Yerres (Essonne) Yerrois, oise
Yonne (France) Icaunais, aise
Yougoslavie (Europe) Yougoslave
Yssingeaux (Haute-Loire) Yssingelais, aise
Yvelines (France) Yvelinois, oise
Yvetot (Seine-Maritime) Yvetotais, aise
Yzeure (Allier) Yzeurien, ienne

Zagreb (Croatie) Zagrébois, oise
Zaïre (Afrique) Zaïrois, oise
Zambie (Afrique) Zambien, ienne
Zélande (Pays-Bas) Zélandais, aise
Zicavo (Corse-du-Sud) Zicavais, aise
Zimbabwe (Afrique) Zimbabwéen, enne
Zurich (Suisse) Zurichois, oise

TABLEAU DES CONJUGAISONS

conjugaison avec l'auxiliaire *avoir : réussir*
conjugaison avec l'auxiliaire *être : arriver*
conjugaison forme pronominale : *se reposer*

VERBES RÉGULIERS :
conjugaison 1 : *chanter ; naviguer*
conjugaison 2 : *finir*

VERBES IRRÉGULIERS :
conjugaisons 3 à 9 : verbes irréguliers en *-er*
conjugaisons 10 à 22 : verbes irréguliers en *-ir*
conjugaisons 23 à 34 : verbes irréguliers en *-oir*
(conjugaison 34 : verbe *avoir*)
conjugaisons 35 à 61 : verbes irréguliers en *-re*
(conjugaison 61 : verbe *être*)

INDICATIF

PRÉSENT

je réussis
tu réussis
il/elle réussit
nous réussissons
vous réussissez
ils/elles réussissent

PASSÉ COMPOSÉ

j'ai réussi
tu as réussi
il/elle a réussi
nous avons réussi
vous avez réussi
ils/elles ont réussi

IMPARFAIT

je réussissais
tu réussissais
il/elle réussissait
nous réussissions
vous réussissiez
ils/elles réussissaient

PLUS-QUE-PARFAIT

j'avais réussi
tu avais réussi
il/elle avait réussi
nous avions réussi
vous aviez réussi
ils/elles avaient réussi

PASSÉ SIMPLE

je réussis
tu réussis
il/elle réussit
nous réussîmes
vous réussîtes
ils/elles réussirent

PASSÉ ANTÉRIEUR

j'eus réussi
tu eus réussi
il/elle eut réussi
nous eûmes réussi
vous eûtes réussi
ils/elles eurent réussi

FUTUR SIMPLE

je réussirai
tu réussiras
il/elle réussira
nous réussirons
vous réussirez
ils/elles réussiront

FUTUR ANTÉRIEUR

j'aurai réussi
tu auras réussi
il/elle aura réussi
nous aurons réussi
vous aurez réussi
ils/elles auront réussi

SUBJONCTIF

PRÉSENT

que je réussisse
que tu réussisses
qu'il/qu'elle réussisse
que nous réussissions
que vous réussissiez
qu'ils/qu'elles réussissent

IMPARFAIT

que je réussisse
que tu réussisses
qu'il/qu'elle réussît
que nous réussissions
que vous réussissiez
qu'ils/qu'elles réussissent

PASSÉ

que j'aie réussi
que tu aies réussi
qu'il/qu'elle ait réussi
que nous ayons réussi
que vous ayez réussi
qu'ils/qu'elles aient réussi

PLUS-QUE-PARFAIT

que j'eusse réussi
que tu eusses réussi
qu'il/qu'elle eût réussi
que nous eussions réussi
que vous eussiez réussi
qu'ils/qu'elles eussent réussi

CONDITIONNEL

PRÉSENT

je réussirais
tu réussirais
il/elle réussirait
nous réussirions
vous réussiriez
ils/elles réussiraient

PASSÉ 1re FORME

j'aurais réussi
tu aurais réussi
il/elle aurait réussi
nous aurions réussi
vous auriez réussi
ils/elles auraient réussi

PASSÉ 2e FORME

j'eusse réussi
tu eusses réussi
il/elle eût réussi
nous eussions réussi
vous eussiez réussi
ils/elles eussent réussi

IMPÉRATIF

PRÉSENT

réussis
réussissons
réussissez

PASSÉ

aie réussi
ayons réussi
ayez réussi

PARTICIPE

PRÉSENT

réussissant

PASSÉ

réussi, ie, is, ies
ayant réussi

INFINITIF

PRÉSENT

réussir

PASSÉ

avoir réussi

INDICATIF

PRÉSENT

j'arrive
tu arrives
il/elle arrive
nous arrivons
vous arrivez
ils/elles arrivent

PASSÉ COMPOSÉ

je suis arrivé, ée
tu es arrivé, ée
il/elle est arrivé, ée
nous sommes arrivés, ées
vous êtes arrivés, ées
ils/elles sont arrivés, ées

IMPARFAIT

j'arrivais
tu arrivais
il/elle arrivait
nous arrivions
vous arriviez
ils/elles arrivaient

PLUS-QUE-PARFAIT

j'étais arrivé, ée
tu étais arrivé, ée
il/elle était arrivé, ée
nous étions arrivés, ées
vous étiez arrivés, ées
ils/elles étaient arrivés, ées

PASSÉ SIMPLE

j'arrivai
tu arrivas
il/elle arriva
nous arrivâmes
vous arrivâtes
ils/elles arrivèrent

PASSÉ ANTÉRIEUR

je fus arrivé, ée
tu fus arrivé, ée
il/elle fut arrivé, ée
nous fûmes arrivés, ées
vous fûtes arrivés, ées
ils/elles furent arrivés, ées

FUTUR SIMPLE

j'arriverai
tu arriveras
il/elle arrivera
nous arriverons [aʀiv(ə)ʀɔ̃]
vous arriverez
ils/elles arriveront

FUTUR ANTÉRIEUR

je serai arrivé, ée
tu seras arrivé, ée
il/elle sera arrivé, ée
nous serons arrivés, ées
vous serez arrivés, ées
ils/elles seront arrivés, ées

SUBJONCTIF

PRÉSENT

que j'arrive
que tu arrives
qu'il/qu'elle arrive
que nous arrivions
que vous arriviez
qu'ils/qu'elles arrivent

IMPARFAIT

que j'arrivasse
que tu arrivasses
qu'il/qu'elle arrivât
que nous arrivassions
que vous arrivassiez
qu'ils/qu'elles arrivassent

PASSÉ

que je sois arrivé, ée
que tu sois arrivé, ée
qu'il/qu'elle soit arrivé, ée
que nous soyons arrivés, ées
que vous soyez arrivés, ées
qu'ils/qu'elles soient arrivés, ées

PLUS-QUE-PARFAIT

que je fusse arrivé, ée
que tu fusses arrivé, ée
qu'il/qu'elle fût arrivé, ée
que nous fussions arrivés, ées
que vous fussiez arrivés, ées
qu'ils/qu'elles fussent arrivés, ées

CONDITIONNEL

PRÉSENT

j'arriverais
tu arriverais
il/elle arriverait
nous arriverions [aʀivəʀjɔ̃]
vous arriveriez
ils/elles arriveraient

PASSÉ 1re FORME

je serais arrivé, ée
tu serais arrivé, ée
il/elle serait arrivé, ée
nous serions arrivés, ées
vous seriez arrivés, ées
ils/elles seraient arrivés, ées

PASSÉ 2e FORME

je fusse arrivé, ée
tu fusses arrivé, ée
il/elle fût arrivé, ée
nous fussions arrivés, ées
vous fussiez arrivés, ées
ils/elles fussent arrivés, ées

IMPÉRATIF

	PRÉSENT	PASSÉ
IMPÉRATIF	arrive	sois arrivé, ée
	arrivons	soyons arrivés, ées
	arrivez	soyez arrivés, ées

PARTICIPE

	PRÉSENT	PASSÉ
PARTICIPE	arrivant	arrivé, ée, és, ées
		étant arrivé, ée, és, ées

INFINITIF

	PRÉSENT	PASSÉ
INFINITIF	arriver	être arrivé, ée, és, ées

conjugaison forme pronominale : SE REPOSER

INDICATIF

PRÉSENT

je me repose
tu te reposes
il/elle se repose
nous nous reposons
vous vous reposez
ils/elles se reposent

PASSÉ COMPOSÉ

je me suis reposé, ée
tu t'es reposé, ée
il/elle s'est reposé, ée
nous nous sommes reposés, ées
vous vous êtes reposés, ées
ils/elles se sont reposés, ées

IMPARFAIT

je me reposais
tu te reposais
il/elle se reposait
nous nous reposions
vous vous reposiez
ils/elles se reposaient

PLUS-QUE-PARFAIT

je m'étais reposé, ée
tu t'étais reposé, ée
il/elle s'était reposé, ée
nous nous étions reposés, ées
vous vous étiez reposés, ées
ils/elles s'étaient reposés, ées

PASSÉ SIMPLE

je me reposai
tu te reposas
il/elle se reposa
nous nous reposâmes
vous vous reposâtes
ils/elles se reposèrent

PASSÉ ANTÉRIEUR

je me fus reposé, ée
tu te fus reposé, ée
il/elle se fut reposé, ée
nous nous fûmes reposés, ées
vous vous fûtes reposés, ées
ils/elles se furent reposés, ées

FUTUR SIMPLE

je me reposerai
tu te reposeras
il/elle se reposera
nous nous reposerons
vous vous reposerez
ils/elles se reposeront

FUTUR ANTÉRIEUR

je me serai reposé, ée
tu te seras reposé, ée
il/elle se sera reposé, ée
nous nous serons reposés, ées
vous vous serez reposés, ées
ils/elles se seront reposés, ées

SUBJONCTIF

PRÉSENT

que je me repose
que tu te reposes
qu'il/qu'elle se repose
que nous nous reposions
que vous vous reposiez
qu'ils/qu'elles se reposent

IMPARFAIT

que je me reposasse
que tu te reposasses
qu'il/qu'elle se reposât
que nous nous reposassions
que vous vous reposassiez
qu'ils/qu'elles se reposassent

PASSÉ

que je me sois reposé, ée
que tu te sois reposé, ée
qu'il/qu'elle se soit reposé, ée
que nous nous soyons reposés, ées
que vous vous soyez reposés, ées
qu'ils/qu'elles se soient reposés, ées

PLUS-QUE-PARFAIT

que je me fusse reposé, ée
que tu te fusses reposé, ée
qu'il/qu'elle se fût reposé, ée
que nous nous fussions reposés, ées
que vous vous fussiez reposés, ées
qu'ils/qu'elles se fussent reposés, ées

CONDITIONNEL

PRÉSENT

je me reposerais
tu te reposerais
il/elle se reposerait
nous nous reposerions
vous vous reposeriez
ils/elles se reposeraient

PASSÉ 1re FORME

je me serais reposé, ée
tu te serais reposé, ée
il/elle se serait reposé, ée
nous nous serions reposés, ées
vous vous seriez reposés, ées
ils/elles se seraient reposés, ées

PASSÉ 2e FORME

je me fusse reposé, ée
tu te fusses reposé, ée
il/elle se fût reposé, ée
nous nous fussions reposés, ées
vous vous fussiez reposés, ées
ils/elles se fussent reposés, ées

IMPÉRATIF

PRÉSENT

repose-toi
reposons-nous
reposez-vous

PARTICIPE

PRÉSENT

se reposant

PASSÉ

reposé, ée, és, ées
s'étant reposé, ée, és, ées

INFINITIF

PRÉSENT

se reposer

PASSÉ

s'être reposé, ée, és, ées

REM. Les verbes pronominaux n'ont pas d'impératif passé.

INDICATIF

PRÉSENT	PASSÉ COMPOSÉ
je chante	j'ai chanté
tu chantes	tu as chanté
il/elle chante	il/elle a chanté
nous chantons	nous avons chanté
vous chantez	vous avez chanté
ils/elles chantent	ils/elles ont chanté

IMPARFAIT	PLUS-QUE-PARFAIT
je chantais	j'avais chanté
tu chantais	tu avais chanté
il/elle chantait	il/elle avait chanté
nous chantions	nous avions chanté
vous chantiez	vous aviez chanté
ils/elles chantaient	ils/elles avaient chanté

PASSÉ SIMPLE	PASSÉ ANTÉRIEUR
je chantai	j'eus chanté
tu chantas	tu eus chanté
il/elle chanta	il/elle eut chanté
nous chantâmes	nous eûmes chanté
vous chantâtes	vous eûtes chanté
ils/elles chantèrent	ils/elles eurent chanté

FUTUR SIMPLE	FUTUR ANTÉRIEUR
je chanterai	j'aurai chanté
tu chanteras	tu auras chanté
il/elle chantera	il/elle aura chanté
nous chanterons [ʃɑ̃t(ə)ʀɔ̃]	nous aurons chanté
vous chanterez	vous aurez chanté
ils/elles chanteront	ils/elles auront chanté

SUBJONCTIF

PRÉSENT

que je chante
que tu chantes
qu'il/qu'elle chante
que nous chantions
que vous chantiez
qu'ils/qu'elles chantent

IMPARFAIT

que je chantasse
que tu chantasses
qu'il/qu'elle chantât
que nous chantassions
que vous chantassiez
qu'ils/qu'elles chantassent

PASSÉ

que j'aie chanté
que tu aies chanté
qu'il/qu'elle ait chanté
que nous ayons chanté
que vous ayez chanté
qu'ils/qu'elles aient chanté

PLUS-QUE-PARFAIT

que j'eusse chanté
que tu eusses chanté
qu'il/qu'elle eût chanté
que nous eussions chanté
que vous eussiez chanté
qu'ils/qu'elles eussent chanté

CONDITIONNEL

PRÉSENT

je chanterais
tu chanterais
il/elle chanterait
nous chanterions [ʃɑ̃təʀjɔ̃]
vous chanteriez
ils/elles chanteraient

PASSÉ 1re FORME

j'aurais chanté
tu aurais chanté
il/elle aurait chanté
nous aurions chanté
vous auriez chanté
ils/elles auraient chanté

PASSÉ 2e FORME

j'eusse chanté
tu eusses chanté
il/elle eût chanté
nous eussions chanté
vous eussiez chanté
ils/elles eussent chanté

	PRÉSENT	PASSÉ
IMPÉRATIF	chante chantons chantez	aie chanté ayons chanté ayez chanté
PARTICIPE	chantant	chanté, ée, és, ées ayant chanté
INFINITIF	chanter	avoir chanté

REM. Il ne faut pas oublier le *i* des 1re et 2e personnes de l'imparfait de l'indicatif et du présent du subjonctif des verbes en ***-iller*** (ex. *mouiller : nous mouillions, vous mouilliez*), des verbes en ***-gner*** (ex. *signer : nous signions, vous signiez*) et des verbes en ***-eyer*** (ex. *grasseyer : nous grasseyions, vous grasseyiez*).

INDICATIF

PRÉSENT
je navigue
tu navigues
il/elle navigue
nous naviguons
vous naviguez
ils/elles naviguent

PASSÉ COMPOSÉ
j'ai navigué
tu as navigué
il/elle a navigué
nous avons navigué
vous avez navigué
ils/elles ont navigué

IMPARFAIT
je naviguais
tu naviguais
il/elle naviguait
nous naviguions
vous naviguiez
ils/elles naviguaient

PLUS-QUE-PARFAIT
j'avais navigué
tu avais navigué
il/elle avait navigué
nous avions navigué
vous aviez navigué
ils/elles avaient navigué

PASSÉ SIMPLE
je naviguai
tu naviguas
il/elle navigua
nous naviguâmes
vous naviguâtes
ils/elles naviguèrent

PASSÉ ANTÉRIEUR
j'eus navigué
tu eus navigué
il/elle eut navigué
nous eûmes navigué
vous eûtes navigué
ils/elles eurent navigué

FUTUR SIMPLE
je naviguerai
tu navigueras
il/elle naviguera
nous naviguerons [navig(ə)ʀɔ̃]
vous naviguerez
ils/elles navigueront

FUTUR ANTÉRIEUR
j'aurai navigué
tu auras navigué
il/elle aura navigué
nous aurons navigué
vous aurez navigué
ils/elles auront navigué

SUBJONCTIF

PRÉSENT
que je navigue
que tu navigues
qu'il/qu'elle navigue
que nous naviguions
que vous naviguiez
qu'ils/qu'elles naviguent

IMPARFAIT
que je naviguasse
que tu naviguasses
qu'il/qu'elle naviguât
que nous naviguassions
que vous naviguassiez
qu'ils/qu'elles naviguassent

PASSÉ
que j'aie navigué
que tu aies navigué
qu'il/qu'elle ait navigué
que nous ayons navigué
que vous ayez navigué
qu'ils/qu'elles aient navigué

PLUS-QUE-PARFAIT
que j'eusse navigué
que tu eusses navigué
qu'il/qu'elle eût navigué
que nous eussions navigué
que vous eussiez navigué
qu'ils/qu'elles eussent navigué

CONDITIONNEL

PRÉSENT
je naviguerais
tu naviguerais
il/elle naviguerait
nous naviguerions [navigəʀjɔ̃]
vous navigueriez
ils/elles navigueraient

PASSÉ 1re FORME
j'aurais navigué
tu aurais navigué
il/elle aurait navigué
nous aurions navigué
vous auriez navigué
ils/elles auraient navigué

PASSÉ 2e FORME
j'eusse navigué
tu eusses navigué
il/elle eût navigué
nous eussions navigué
vous eussiez navigué
ils/elles eussent navigué

IMPÉRATIF

PRÉSENT	PASSÉ
navigue	aie navigué
naviguons	ayons navigué
naviguez	ayez navigué

PARTICIPE

PRÉSENT	PASSÉ
naviguant	navigué
	ayant navigué

INFINITIF

PRÉSENT	PASSÉ
naviguer	avoir navigué

REM. 1 – On garde le *u* après le *g* même devant *a* et *o* *(naviguant)*.
2 – Les verbes en ***-éguer*** (ex. *léguer*) se conjuguent comme ***céder*** avec la particularité des verbes en ***-guer*** (cf. Rem. 1).
3 – Le verbe ***arguer*** se conjugue comme ***tuer*** avec le *u* prononcé, et non comme ***naviguer.***

INDICATIF

PRÉSENT	PASSÉ COMPOSÉ
je finis	j'ai fini
tu finis	tu as fini
il/elle finit	il/elle a fini
nous finissons	nous avons fini
vous finissez	vous avez fini
ils/elles finissent	ils/elles ont fini

IMPARFAIT	PLUS-QUE-PARFAIT
je finissais	j'avais fini
tu finissais	tu avais fini
il/elle finissait	il/elle avait fini
nous finissions	nous avions fini
vous finissiez	vous aviez fini
ils/elles finissaient	ils/elles avaient fini

PASSÉ SIMPLE	PASSÉ ANTÉRIEUR
je finis	j'eus fini
tu finis	tu eus fini
il/elle finit	il/elle eut fini
nous finîmes	nous eûmes fini
vous finîtes	vous eûtes fini
ils/elles finirent	ils/elles eurent fini

FUTUR SIMPLE	FUTUR ANTÉRIEUR
je finirai	j'aurai fini
tu finiras	tu auras fini
il/elle finira	il/elle aura fini
nous finirons	nous aurons fini
vous finirez	vous aurez fini
ils/elles finiront	ils/elles auront fini

SUBJONCTIF

PRÉSENT

que je finisse
que tu finisses
qu'il/qu'elle finisse
que nous finissions
que vous finissiez
qu'ils/qu'elles finissent

IMPARFAIT

que je finisse
que tu finisses
qu'il/qu'elle finît
que nous finissions
que vous finissiez
qu'ils/qu'elles finissent

PASSÉ

que j'aie fini
que tu aies fini
qu'il/qu'elle ait fini
que nous ayons fini
que vous ayez fini
qu'ils/qu'elles aient fini

PLUS-QUE-PARFAIT

que j'eusse fini
que tu eusses fini
qu'il/qu'elle eût fini
que nous eussions fini
que vous eussiez fini
qu'ils/qu'elles eussent fini

CONDITIONNEL

PRÉSENT

je finirais
tu finirais
il/elle finirait
nous finirions
vous finiriez
ils/elles finiraient

PASSÉ 1re FORME

j'aurais fini
tu aurais fini
il/elle aurait fini
nous aurions fini
vous auriez fini
ils/elles auraient fini

PASSÉ 2e FORME

j'eusse fini
tu eusses fini
il/elle eût fini
nous eussions fini
vous eussiez fini
ils/elles eussent fini

IMPÉRATIF

PRÉSENT	PASSÉ
finis	aie fini
finissons	ayons fini
finissez	ayez fini

PARTICIPE

PRÉSENT	PASSÉ
finissant	fini, ie, is, ies
	ayant fini

INFINITIF

PRÉSENT	PASSÉ
finir	avoir fini

REM. 1 – ***Bénir*** a pour participe passé *béni, ie (une région bénie des dieux)* et *bénit, ite.* 2 – ***Maudire*** se conjugue comme ***finir*** sauf à l'infinitif et au participe passé *(maudit, ite).* 3 – Les verbes ***impartir, répartir, réassortir,*** 3. ***sortir,*** 2. ***ressortir*** se conjuguent comme ***finir*** mais les verbes ***repartir, départir,*** 1. ***sortir,*** 1. ***ressortir*** se conjuguent comme ***partir.*** 4 – Le verbe ***asservir*** se conjugue comme ***finir*** et non comme ***servir.*** 5 – Le verbe ***faillir*** au sens (vx) de « faire faillite » se conjugue comme ***finir*** et non comme ***assaillir.***

INDICATIF

PRÉSENT	PASSÉ COMPOSÉ
je place [plas]	j'ai placé
tu places	tu as placé
il/elle place	il/elle a placé
nous plaçons [plasɔ̃]	nous avons placé
vous placez	vous avez placé
ils/elles placent	ils/elles ont placé

IMPARFAIT	PLUS-QUE-PARFAIT
je plaçais [plasɛ]	j'avais placé
tu plaçais	tu avais placé
il/elle plaçait	il/elle avait placé
nous placions [plasjɔ̃]	nous avions placé
vous placiez	vous aviez placé
ils/elles plaçaient	ils/elles avaient placé

PASSÉ SIMPLE	PASSÉ ANTÉRIEUR
je plaçai	j'eus placé
tu plaças	tu eus placé
il/elle plaça	il/elle eut placé
nous plaçâmes	nous eûmes placé
vous plaçâtes	vous eûtes placé
ils/elles placèrent	ils/elles eurent placé

FUTUR SIMPLE	FUTUR ANTÉRIEUR
je placerai	j'aurai placé
tu placeras	tu auras placé
il/elle placera	il/elle aura placé
nous placerons [plas(ə)ʀɔ̃]	nous aurons placé
vous placerez	vous aurez placé
ils/elles placeront	ils/elles auront placé

SUBJONCTIF

PRÉSENT

que je place
que tu places
qu'il/qu'elle place
que nous placions
que vous placiez
qu'ils/qu'elles placent

IMPARFAIT

que je plaçasse
que tu plaçasses
qu'il/qu'elle plaçât
que nous plaçassions
que vous plaçassiez
qu'ils/qu'elles plaçassent

PASSÉ

que j'aie placé
que tu aies placé
qu'il/qu'elle ait placé
que nous ayons placé
que vous ayez placé
qu'ils/qu'elles aient placé

PLUS-QUE-PARFAIT

que j'eusse placé
que tu eusses placé
qu'il/qu'elle eût placé
que nous eussions placé
que vous eussiez placé
qu'ils/qu'elles eussent placé

CONDITIONNEL

PRÉSENT

je placerais
tu placerais
il/elle placerait
nous placerions [plasəʀjɔ̃]
vous placeriez
ils/elles placeraient

PASSÉ 1re FORME

j'aurais placé
tu aurais placé
il/elle aurait placé
nous aurions placé
vous auriez placé
ils/elles auraient placé

PASSÉ 2e FORME

j'eusse placé
tu eusses placé
il/elle eût placé
nous eussions placé
vous eussiez placé
ils/elles eussent placé

	PRÉSENT	PASSÉ
IMPÉRATIF	place plaçons placez	aie placé ayons placé ayez placé
PARTICIPE	plaçant	placé, ée, és, ées ayant placé
INFINITIF	placer	avoir placé

REM. Les verbes en *-ecer* (ex. *dépecer*) se conjuguent comme *placer* et *peler.* Les verbes en *-écer* (ex. *rapiécer*) se conjuguent comme *placer* et *céder.*

INDICATIF

PRÉSENT

je bouge
tu bouges
il/elle bouge
nous bougeons [buʒɔ̃]
vous bougez
ils/elles bougent

PASSÉ COMPOSÉ

j'ai bougé
tu as bougé
il/elle a bougé
nous avons bougé
vous avez bougé
ils/elles ont bougé

IMPARFAIT

je bougeais [buʒɛ]
tu bougeais
il/elle bougeait
nous bougions
vous bougiez
ils/elles bougeaient

PLUS-QUE-PARFAIT

j'avais bougé
tu avais bougé
il/elle avait bougé
nous avions bougé
vous aviez bougé
ils/elles avaient bougé

PASSÉ SIMPLE

je bougeai
tu bougeas
il/elle bougea
nous bougeâmes
vous bougeâtes
ils/elles bougèrent

PASSÉ ANTÉRIEUR

j'eus bougé
tu eus bougé
il/elle eut bougé
nous eûmes bougé
vous eûtes bougé
ils/elles eurent bougé

FUTUR SIMPLE

je bougerai
tu bougeras
il/elle bougera
nous bougerons
vous bougerez
ils/elles bougeront

FUTUR ANTÉRIEUR

j'aurai bougé
tu auras bougé
il/elle aura bougé
nous aurons bougé
vous aurez bougé
ils/elles auront bougé

SUBJONCTIF

PRÉSENT

que je bouge
que tu bouges
qu'il/qu'elle bouge
que nous bougions
que vous bougiez
qu'ils/qu'elles bougent

IMPARFAIT

que je bougeasse
que tu bougeasses
qu'il/qu'elle bougeât
que nous bougeassions
que vous bougeassiez
qu'ils/qu'elles bougeassent

PASSÉ

que j'aie bougé
que tu aies bougé
qu'il/qu'elle ait bougé
que nous ayons bougé
que vous ayez bougé
qu'ils/qu'elles aient bougé

PLUS-QUE-PARFAIT

que j'eusse bougé
que tu eusses bougé
qu'il/qu'elle eût bougé
que nous eussions bougé
que vous eussiez bougé
qu'ils/qu'elles eussent bougé

CONDITIONNEL

PRÉSENT

je bougerais
tu bougerais
il/elle bougerait
nous bougerions
vous bougeriez
ils/elles bougeraient

PASSÉ 1re FORME

j'aurais bougé
tu aurais bougé
il/elle aurait bougé
nous aurions bougé
vous auriez bougé
ils/elles auraient bougé

PASSÉ 2e FORME

j'eusse bougé
tu eusses bougé
il/elle eût bougé
nous eussions bougé
vous eussiez bougé
ils/elles eussent bougé

IMPÉRATIF

PRÉSENT

bouge
bougeons
bougez

PASSÉ

aie bougé
ayons bougé
ayez bougé

PARTICIPE

PRÉSENT

bougeant [buʒɑ̃]

PASSÉ

bougé, ée, és, ées
ayant bougé

INFINITIF

PRÉSENT

bouger

PASSÉ

avoir bougé

REM. Les verbes en *-éger* (ex. *protéger*) se conjuguent comme ***bouger*** et ***céder***.

conjugaison 4 a (alternance de *l* et *ll*) type **APPELER**

verbes irréguliers en **-ER**

INDICATIF

PRÉSENT	PASSÉ COMPOSÉ
j'appelle [apɛl]	j'ai appelé
tu appelles	tu as appelé
il/elle appelle	il/elle a appelé
nous appelons [ap(ə)lɔ̃]	nous avons appelé
vous appelez	vous avez appelé
ils/elles appellent	ils/elles ont appelé

IMPARFAIT	PLUS-QUE-PARFAIT
j'appelais [ap(ə)lɛ]	j'avais appelé
tu appelais	tu avais appelé
il/elle appelait	il/elle avait appelé
nous appelions [apəljɔ̃]	nous avions appelé
vous appeliez	vous aviez appelé
ils/elles appelaient	ils/elles avaient appelé

PASSÉ SIMPLE	PASSÉ ANTÉRIEUR
j'appelai	j'eus appelé
tu appelas	tu eus appelé
il/elle appela	il/elle eut appelé
nous appelâmes	nous eûmes appelé
vous appelâtes	vous eûtes appelé
ils/elles appelèrent	ils/elles eurent appelé

FUTUR SIMPLE	FUTUR ANTÉRIEUR
j'appellerai [apɛlʀɛ]	j'aurai appelé
tu appelleras	tu auras appelé
il/elle appellera	il/elle aura appelé
nous appellerons [apɛlʀɔ̃]	nous aurons appelé
vous appellerez	vous aurez appelé
ils/elles appelleront	ils/elles auront appelé

SUBJONCTIF

PRÉSENT

que j'appelle
que tu appelles
qu'il/qu'elle appelle
que nous appelions
que vous appeliez
qu'ils/qu'elles appellent

IMPARFAIT

que j'appelasse
que tu appelasses
qu'il/qu'elle appelât
que nous appelassions
que vous appelassiez
qu'ils/qu'elles appelassent

PASSÉ

que j'aie appelé
que tu aies appelé
qu'il/qu'elle ait appelé
que nous ayons appelé
que vous ayez appelé
qu'ils/qu'elles aient appelé

PLUS-QUE-PARFAIT

que j'eusse appelé
que tu eusses appelé
qu'il/qu'elle eût appelé
que nous eussions appelé
que vous eussiez appelé
qu'ils/qu'elles eussent appelé

CONDITIONNEL

PRÉSENT

j'appellerais
tu appellerais
il/elle appellerait
nous appellerions [apɛləʀjɔ̃]
vous appelleriez
ils/elles appelleraient

PASSÉ 1re FORME

j'aurais appelé
tu aurais appelé
il/elle aurait appelé
nous aurions appelé
vous auriez appelé
ils/elles auraient appelé

PASSÉ 2e FORME

j'eusse appelé
tu eusses appelé
il/elle eût appelé
nous eussions appelé
vous eussiez appelé
ils/elles eussent appelé

IMPÉRATIF

PRÉSENT	PASSÉ
appelle	aie appelé
appelons	ayons appelé
appelez	ayez appelé

PARTICIPE

PRÉSENT	PASSÉ
appelant	appelé, ée, és, ées
	ayant appelé

INFINITIF

PRÉSENT	PASSÉ
appeler	avoir appelé

REM. 1 – Actuellement, le verbe ***interpeller*** ne se conjugue pas comme ***appeler*** et on écrit *nous interpellons.*
2 – Quelques verbes ne doublent pas le *l* devant un *e* muet mais prennent un accent grave sur le *e* qui précède le *l* (ex. *je pèle*) ; voir *peler* (conjug. 5 a).

INDICATIF

PRÉSENT	PASSÉ COMPOSÉ
je jette [ʒɛt]	j'ai jeté
tu jettes	tu as jeté
il/elle jette	il/elle a jeté
nous jetons [ʒ(ə)tɔ̃]	nous avons jeté
vous jetez	vous avez jeté
ils/elles jettent	ils/elles ont jeté

IMPARFAIT	PLUS-QUE-PARFAIT
je jetais [ʒ(ə)tɛ]	j'avais jeté
tu jetais	tu avais jeté
il/elle jetait	il/elle avait jeté
nous jetions [ʒ(ə)tjɔ̃]	nous avions jeté
vous jetiez	vous aviez jeté
ils/elles jetaient	ils/elles avaient jeté

PASSÉ SIMPLE	PASSÉ ANTÉRIEUR
je jetai	j'eus jeté
tu jetas	tu eus jeté
il/elle jeta	il/elle eut jeté
nous jetâmes	nous eûmes jeté
vous jetâtes	vous eûtes jeté
ils/elles jetèrent	ils/elles eurent jeté

FUTUR SIMPLE	FUTUR ANTÉRIEUR
je jetterai [ʒɛtʀɛ]	j'aurai jeté
tu jetteras	tu auras jeté
il/elle jettera	il/elle aura jeté
nous jetterons [ʒɛtʀɔ̃]	nous aurons jeté
vous jetterez	vous aurez jeté
ils/elles jetteront	ils/elles auront jeté

SUBJONCTIF

PRÉSENT

que je jette
que tu jettes
qu'il/qu'elle jette
que nous jetions
que vous jetiez
qu'ils/qu'elles jettent

IMPARFAIT

que je jetasse
que tu jetasses
qu'il/qu'elle jetât
que nous jetassions
que vous jetassiez
qu'ils/qu'elles jetassent

PASSÉ

que j'aie jeté
que tu aies jeté
qu'il/qu'elle ait jeté
que nous ayons jeté
que vous ayez jeté
qu'ils/qu'elles aient jeté

PLUS-QUE-PARFAIT

que j'eusse jeté
que tu eusses jeté
qu'il/qu'elle eût jeté
que nous eussions jeté
que vous eussiez jeté
qu'ils/qu'elles eussent jeté

CONDITIONNEL

PRÉSENT

je jetterais
tu jetterais
il/elle jetterait
nous jetterions [ʒɛtəʀjɔ̃]
vous jetteriez
ils/elles jetteraient

PASSÉ 1re FORME

j'aurais jeté
tu aurais jeté
il/elle aurait jeté
nous aurions jeté
vous auriez jeté
ils/elles auraient jeté

PASSÉ 2e FORME

j'eusse jeté
tu eusses jeté
il/elle eût jeté
nous eussions jeté
vous eussiez jeté
ils/elles eussent jeté

	PRÉSENT	PASSÉ
IMPÉRATIF	jette jetons jetez	aie jeté ayons jeté ayez jeté
PARTICIPE	jetant	jeté, ée, és, ées ayant jeté
INFINITIF	jeter	avoir jeté

REM. 1 – Quelques verbes ne doublent pas le *t* devant un *e* muet mais prennent un accent grave sur le *e* qui précède le *t* (ex. *j'achète*) ; voir *acheter* (conjug. 5 b).

2 – Les verbes ***trompeter*** et ***guillemeter*** se conjuguent comme ***jeter*** mais se prononcent avec [e] comme dans ***moquetter.***

INDICATIF

PRÉSENT	PASSÉ COMPOSÉ
je pèle [pɛl]	j'ai pelé
tu pèles	tu as pelé
il/elle pèle	il/elle a pelé
nous pelons [p(ə)lɔ̃]	nous avons pelé
vous pelez	vous avez pelé
ils/elles pèlent	ils/elles ont pelé

IMPARFAIT	PLUS-QUE-PARFAIT
je pelais [p(ə)lɛ]	j'avais pelé
tu pelais	tu avais pelé
il/elle pelait	il/elle avait pelé
nous pelions [pəljɔ̃]	nous avions pelé
vous peliez	vous aviez pelé
ils/elles pelaient	ils/elles avaient pelé

PASSÉ SIMPLE	PASSÉ ANTÉRIEUR
je pelai	j'eus pelé
tu pelas	tu eus pelé
il/elle pela	il/elle eut pelé
nous pelâmes	nous eûmes pelé
vous pelâtes	vous eûtes pelé
ils/elles pelèrent	ils/elles eurent pelé

FUTUR SIMPLE	FUTUR ANTÉRIEUR
je pèlerai [pɛlʀɛ]	j'aurai pelé
tu pèleras	tu auras pelé
il/elle pèlera	il/elle aura pelé
nous pèlerons [pɛlʀɔ̃]	nous aurons pelé
vous pèlerez	vous aurez pelé
ils/elles pèleront	ils/elles auront pelé

SUBJONCTIF

PRÉSENT

que je pèle
que tu pèles
qu'il/qu'elle pèle
que nous pelions
que vous peliez
qu'ils/qu'elles pèlent

IMPARFAIT

que je pelasse
que tu pelasses
qu'il/qu'elle pelât
que nous pelassions
que vous pelassiez
qu'ils/qu'elles pelassent

PASSÉ

que j'aie pelé
que tu aies pelé
qu'il/qu'elle ait pelé
que nous ayons pelé
que vous ayez pelé
qu'ils/qu'elles aient pelé

PLUS-QUE-PARFAIT

que j'eusse pelé
que tu eusses pelé
qu'il/qu'elle eût pelé
que nous eussions pelé
que vous eussiez pelé
qu'ils/qu'elles eussent pelé

CONDITIONNEL

PRÉSENT

je pèlerais
tu pèlerais
il/elle pèlerait
nous pèlerions [pɛləʀjɔ̃]
vous pèleriez
ils/elles pèleraient

PASSÉ 1re FORME

j'aurais pelé
tu aurais pelé
il/elle aurait pelé
nous aurions pelé
vous auriez pelé
ils/elles auraient pelé

PASSÉ 2e FORME

j'eusse pelé
tu eusses pelé
il/elle eût pelé
nous eussions pelé
vous eussiez pelé
ils/elles eussent pelé

IMPÉRATIF

PRÉSENT	PASSÉ
pèle	aie pelé
pelons	ayons pelé
pelez	ayez pelé

PARTICIPE

PRÉSENT	PASSÉ
pelant	pelé, ée, és, ées
	ayant pelé

INFINITIF

PRÉSENT	PASSÉ
peler	avoir pelé

* Et les verbes en ***-emer*** (ex. *semer*), ***-ener*** (ex. *mener*), ***-eser*** (ex. ***peser***), ***-ever*** (ex. ***lever***), etc.

REM. 1 – Les verbes en ***-ecer*** (ex. ***dépecer***) se conjuguent comme ***peler*** et ***placer***.

2 – Pour certains verbes l'usage hésite entre la conjugaison de ***peler*** et celle de ***céder*** (ex. *celer, receler, gangrener, grever, dégrever, halener, engrener, rangrener, assener*).

INDICATIF

PRÉSENT

j'achète [aʃɛt]
tu achètes
il/elle achète
nous achetons [aʃ(ə)tɔ̃]
vous achetez
ils/elles achètent

PASSÉ COMPOSÉ

j'ai acheté
tu as acheté
il/elle a acheté
nous avons acheté
vous avez acheté
ils/elles ont acheté

IMPARFAIT

j'achetais [aʃ(ə)tɛ]
tu achetais
il/elle achetait
nous achetions
vous achetiez
ils/elles achetaient

PLUS-QUE-PARFAIT

j'avais acheté
tu avais acheté
il/elle avait acheté
nous avions acheté
vous aviez acheté
ils/elles avaient acheté

PASSÉ SIMPLE

j'achetai
tu achetas
il/elle acheta
nous achetâmes
vous achetâtes
ils/elles achetèrent

PASSÉ ANTÉRIEUR

j'eus acheté
tu eus acheté
il/elle eut acheté
nous eûmes acheté
vous eûtes acheté
ils/elles eurent acheté

FUTUR SIMPLE

j'achèterai [aʃɛtʀɛ]
tu achèteras
il/elle achètera
nous achèterons
vous achèterez
ils/elles achèteront

FUTUR ANTÉRIEUR

j'aurai acheté
tu auras acheté
il/elle aura acheté
nous aurons acheté
vous aurez acheté
ils/elles auront acheté

SUBJONCTIF

PRÉSENT

que j'achète
que tu achètes
qu'il/qu'elle achète
que nous achetions
que vous achetiez
qu'ils/qu'elles achètent

IMPARFAIT

que j'achetasse
que tu achetasses
qu'il/qu'elle achetât
que nous achetassions
que vous achetassiez
qu'ils/qu'elles achetassent

PASSÉ

que j'aie acheté
que tu aies acheté
qu'il/qu'elle ait acheté
que nous ayons acheté
que vous ayez acheté
qu'ils/qu'elles aient acheté

PLUS-QUE-PARFAIT

que j'eusse acheté
que tu eusses acheté
qu'il/qu'elle eût acheté
que nous eussions acheté
que vous eussiez acheté
qu'ils/qu'elles eussent acheté

CONDITIONNEL

PRÉSENT

j'achèterais
tu achèterais
il/elle achèterait
nous achèterions
vous achèteriez
ils/elles achèteraient

PASSÉ 1re FORME

j'aurais acheté
tu aurais acheté
il/elle aurait acheté
nous aurions acheté
vous auriez acheté
ils/elles auraient acheté

PASSÉ 2e FORME

j'eusse acheté
tu eusses acheté
il/elle eût acheté
nous eussions acheté
vous eussiez acheté
ils/elles eussent acheté

IMPÉRATIF

PRÉSENT	PASSÉ
achète	aie acheté
achetons	ayons acheté
achetez	ayez acheté

PARTICIPE

PRÉSENT	PASSÉ
achetant	acheté, ée, és, ées
	ayant acheté

INFINITIF

PRÉSENT	PASSÉ
acheter	avoir acheté

REM. Les verbes ***bégueter, corseter, crocheter, duveter, fileter, fureter, haleter, racheter*** se conjuguent comme ***acheter.***

INDICATIF

PRÉSENT	PASSÉ COMPOSÉ
je cède [sɛd]	j'ai cédé
tu cèdes	tu as cédé
il/elle cède	il/elle a cédé
nous cédons [sedɔ̃]	nous avons cédé
vous cédez	vous avez cédé
ils/elles cèdent	ils/elles ont cédé

IMPARFAIT	PLUS-QUE-PARFAIT
je cédais [sedɛ]	j'avais cédé
tu cédais	tu avais cédé
il/elle cédait	il/elle avait cédé
nous cédions	nous avions cédé
vous cédiez	vous aviez cédé
ils/elles cédaient	ils/elles avaient cédé

PASSÉ SIMPLE	PASSÉ ANTÉRIEUR
je cédai	j'eus cédé
tu cédas	tu eus cédé
il/elle céda	il/elle eut cédé
nous cédâmes	nous eûmes cédé
vous cédâtes	vous eûtes cédé
ils/elles cédèrent	ils/elles eurent cédé

FUTUR SIMPLE	FUTUR ANTÉRIEUR
je céderai [sedʀɛ ; sɛdʀɛ]	j'aurai cédé
tu céderas	tu auras cédé
il/elle cédera	il/elle aura cédé
nous céderons	nous aurons cédé
vous céderez	vous aurez cédé
ils/elles céderont	ils/elles auront cédé

SUBJONCTIF

PRÉSENT

que je cède
que tu cèdes
qu'il/qu'elle cède
que nous cédions
que vous cédiez
qu'ils/qu'elles cèdent

IMPARFAIT

que je cédasse
que tu cédasses
qu'il/qu'elle cédât
que nous cédassions
que vous cédassiez
qu'ils/qu'elles cédassent

PASSÉ

que j'aie cédé
que tu aies cédé
qu'il/qu'elle ait cédé
que nous ayons cédé
que vous ayez cédé
qu'ils/qu'elles aient cédé

PLUS-QUE-PARFAIT

que j'eusse cédé
que tu eusses cédé
qu'il/qu'elle eût cédé
que nous eussions cédé
que vous eussiez cédé
qu'ils/qu'elles eussent cédé

CONDITIONNEL

PRÉSENT

je céderais
tu céderais
il/elle céderait
nous céderions
vous céderiez
ils/elles céderaient

PASSÉ 1re FORME

j'aurais cédé
tu aurais cédé
il/elle aurait cédé
nous aurions cédé
vous auriez cédé
ils/elles auraient cédé

PASSÉ 2e FORME

j'eusse cédé
tu eusses cédé
il/elle eût cédé
nous eussions cédé
vous eussiez cédé
ils/elles eussent cédé

	PRÉSENT	PASSÉ
IMPÉRATIF	cède cédons cédez	aie cédé ayons cédé ayez cédé
PARTICIPE	cédant	cédé, ée, és, ées ayant cédé
INFINITIF	céder	avoir cédé

* Et les verbes en *-É* + consonne(s) + *-er* (ex. *célébrer, lécher, déléguer, préférer,* etc).

REM. 1 – Les verbes en ***-éger*** (ex. *protéger*) se conjuguent comme ***céder*** et ***bouger.*** Les verbes en *-écer* (ex. *rapiécer*) se conjuguent comme ***céder*** et ***placer.*** Les verbes en ***-éguer*** (ex. *léguer*) se conjuguent comme ***céder*** (et ***naviguer*** ; voir conjug. 1 b).

2 – La prononciation actuelle appellerait plutôt l'accent grave au futur et au conditionnel (je *cèderai* ; je *cèderais*) comme pour ***acheter.***

INDICATIF

PRÉSENT	PASSÉ COMPOSÉ
j'épie [epi]	j'ai épié
tu épies	tu as épié
il/elle épie	il/elle a épié
nous épions [epjɔ̃]	nous avons épié
vous épiez	vous avez épié
ils/elles épient [epi]	ils/elles ont épié

IMPARFAIT	PLUS-QUE-PARFAIT
j'épiais [epjɛ]	j'avais épié
tu épiais	tu avais épié
il/elle épiait	il/elle avait épié
nous épiions [epijɔ̃]	nous avions épié
vous épiiez	vous aviez épié
ils/elles épiaient	ils/elles avaient épié

PASSÉ SIMPLE	PASSÉ ANTÉRIEUR
j'épiai	j'eus épié
tu épias	tu eus épié
il/elle épia	il/elle eut épié
nous épiâmes	nous eûmes épié
vous épiâtes	vous eûtes épié
ils/elles épièrent	ils/elles eurent épié

FUTUR SIMPLE	FUTUR ANTÉRIEUR
j'épierai [epiʀɛ]	j'aurai épié
tu épieras	tu auras épié
il/elle épiera	il/elle aura épié
nous épierons	nous aurons épié
vous épierez	vous aurez épié
ils/elles épieront	ils/elles auront épié

SUBJONCTIF

PRÉSENT

que j'épie
que tu épies
qu'il/qu'elle épie
que nous épiions [epijɔ̃]
que vous épiiez
qu'ils/qu'elles épient

IMPARFAIT

que j'épiasse
que tu épiasses
qu'il/qu'elle épiât
que nous épiassions
que vous épiassiez
qu'ils/qu'elles épiassent

PASSÉ

que j'aie épié
que tu aies épié
qu'il/qu'elle ait épié
que nous ayons épié
que vous ayez épié
qu'ils/qu'elles aient épié

PLUS-QUE-PARFAIT

que j'eusse épié
que tu eusses épié
qu'il/qu'elle eût épié
que nous eussions épié
que vous eussiez épié
qu'ils/qu'elles eussent épié

CONDITIONNEL

PRÉSENT

j'épierais [epiʀɛ]
tu épierais
il/elle épierait
nous épierions
vous épieriez
ils/elles épieraient

PASSÉ 1re FORME

j'aurais épié
tu aurais épié
il/elle aurait épié
nous aurions épié
vous auriez épié
ils/elles auraient épié

PASSÉ 2e FORME

j'eusse épié
tu eusses épié
il/elle eût épié
nous eussions épié
vous eussiez épié
ils/elles eussent épié

IMPÉRATIF

PRÉSENT	PASSÉ
épie	aie épié
épions	ayons épié
épiez	ayez épié

PARTICIPE

PRÉSENT	PASSÉ
épiant	épié, iée, iés, iées
	ayant épié

INFINITIF

PRÉSENT	PASSÉ
épier	avoir épié

REM. 1 – Attention aux deux *i* à la 1re et à la 2e personne du pluriel de l'imparfait de l'indicatif et du présent du subjonctif.
2 – Attention au *e* après le *i* au futur et au conditionnel présent (ex. *j'épierai*).

INDICATIF

PRÉSENT	PASSÉ COMPOSÉ
je prie [pri]	j'ai prié
tu pries	tu as prié
il/elle prie	il/elle a prié
nous prions [prijɔ̃]	nous avons prié
vous priez	vous avez prié
ils/elles prient [pri]	ils/elles ont prié

IMPARFAIT	PLUS-QUE-PARFAIT
je priais [prijɛ]	j'avais prié
tu priais	tu avais prié
il/elle priait	il/elle avait prié
nous priions [prijjɔ̃]	nous avions prié
vous priiez	vous aviez prié
ils/elles priaient	ils/elles avaient prié

PASSÉ SIMPLE	PASSÉ ANTÉRIEUR
je priai	j'eus prié
tu prias	tu eus prié
il/elle pria	il/elle eut prié
nous priâmes	nous eûmes prié
vous priâtes	vous eûtes prié
ils/elles prièrent	ils/elles eurent prié

FUTUR SIMPLE	FUTUR ANTÉRIEUR
je prierai [prirɛ]	j'aurai prié
tu prieras	tu auras prié
il/elle priera	il/elle aura prié
nous prierons	nous aurons prié
vous prierez	vous aurez prié
ils/elles prieront	ils/elles auront prié

SUBJONCTIF

PRÉSENT

que je prie
que tu pries
qu'il/qu'elle prie
que nous priions
que vous priiez
qu'ils/qu'elles prient

IMPARFAIT

que je priasse
que tu priasses
qu'il/qu'elle priât
que nous priassions
que vous priassiez
qu'ils/qu'elles priassent

PASSÉ

que j'aie prié
que tu aies prié
qu'il/qu'elle ait prié
que nous ayons prié
que vous ayez prié
qu'ils/qu'elles aient prié

PLUS-QUE-PARFAIT

que j'eusse prié
que tu eusses prié
qu'il/qu'elle eût prié
que nous eussions prié
que vous eussiez prié
qu'ils/qu'elles eussent prié

CONDITIONNEL

PRÉSENT

je prierais [prirɛ]
tu prierais
il/elle prierait
nous prierions
vous prieriez
ils/elles prieraient

PASSÉ 1re FORME

j'aurais prié
tu aurais prié
il/elle aurait prié
nous aurions prié
vous auriez prié
ils/elles auraient prié

PASSÉ 2e FORME

j'eusse prié
tu eusses prié
il/elle eût prié
nous eussions prié
vous eussiez prié
ils/elles eussent prié

	PRÉSENT	PASSÉ
IMPÉRATIF	prie prions priez	aie prié ayons prié ayez prié
PARTICIPE	priant	prié, priée, priés, priées ayant prié
INFINITIF	prier	avoir prié

REM. 1 – Attention aux deux *i* à la 1re et à la 2e personne du pluriel de l'imparfait de l'indicatif et du présent du subjonctif. La différence de prononciation entre *prions* et *priions* n'est pas toujours sensible.
2 – Attention au *e* après le *i* au futur et au conditionnel présent.

INDICATIF

PRÉSENT	PASSÉ COMPOSÉ
je cours	j'ai couru
tu cours	tu as couru
il/elle court	il/elle a couru
nous courons	nous avons couru
vous courez	vous avez couru
ils/elles courent	ils/elles ont couru

IMPARFAIT	PLUS-QUE-PARFAIT
je courais [kurɛ]	j'avais couru
tu courais	tu avais couru
il/elle courait	il/elle avait couru
nous courions [kurjɔ̃]	nous avions couru
vous couriez	vous aviez couru
ils/elles couraient	ils/elles avaient couru

PASSÉ SIMPLE	PASSÉ ANTÉRIEUR
je courus	j'eus couru
tu courus	tu eus couru
il/elle courut	il/elle eut couru
nous courûmes	nous eûmes couru
vous courûtes	vous eûtes couru
ils/elles coururent	ils/elles eurent couru

FUTUR SIMPLE	FUTUR ANTÉRIEUR
je courrai [kurrɛ]	j'aurai couru
tu courras	tu auras couru
il/elle courra	il/elle aura couru
nous courrons	nous aurons couru
vous courrez	vous aurez couru
ils/elles courront	ils/elles auront couru

SUBJONCTIF

PRÉSENT

que je coure
que tu coures
qu'il/qu'elle coure
que nous courions
que vous couriez
qu'ils/qu'elles courent

IMPARFAIT

que je courusse
que tu courusses
qu'il/qu'elle courût
que nous courussions
que vous courussiez
qu'ils/qu'elles courussent

PASSÉ

que j'aie couru
que tu aies couru
qu'il/qu'elle ait couru
que nous ayons couru
que vous ayez couru
qu'ils/qu'elles aient couru

PLUS-QUE-PARFAIT

que j'eusse couru
que tu eusses couru
qu'il/qu'elle eût couru
que nous eussions couru
que vous eussiez couru
qu'ils/qu'elles eussent couru

CONDITIONNEL

PRÉSENT

je courrais [kurrɛ]
tu courrais
il/elle courrait
nous courrions [kurrjɔ̃]
vous courriez
ils/elles courraient

PASSÉ 1re FORME

j'aurais couru
tu aurais couru
il/elle aurait couru
nous aurions couru
vous auriez couru
ils/elles auraient couru

PASSÉ 2e FORME

j'eusse couru
tu eusses couru
il/elle eût couru
nous eussions couru
vous eussiez couru
ils/elles eussent couru

	PRÉSENT	PASSÉ
IMPÉRATIF	cours courons courez	aie couru ayons couru ayez couru
PARTICIPE	courant	couru, ue, us, ues ayant couru
INFINITIF	courir	avoir couru

REM. On prononce les deux *r* au futur et au conditionnel.

INDICATIF

PRÉSENT	PASSÉ COMPOSÉ
je cueille [kœj]	j'ai cueilli
tu cueilles	tu as cueilli
il/elle cueille	il/elle a cueilli
nous cueillons [kœjɔ̃]	nous avons cueilli
vous cueillez	vous avez cueilli
ils/elles cueillent	ils/elles ont cueilli

IMPARFAIT	PLUS-QUE-PARFAIT
je cueillais	j'avais cueilli
tu cueillais	tu avais cueilli
il/elle cueillait	il/elle avait cueilli
nous cueillions [kœjjɔ̃]	nous avions cueilli
vous cueilliez	vous aviez cueilli
ils/elles cueillaient	ils/elles avaient cueilli

PASSÉ SIMPLE	PASSÉ ANTÉRIEUR
je cueillis	j'eus cueilli
tu cueillis	tu eus cueilli
il/elle cueillit	il/elle eut cueilli
nous cueillîmes	nous eûmes cueilli
vous cueillîtes	vous eûtes cueilli
ils/elles cueillirent	ils/elles eurent cueilli

FUTUR SIMPLE	FUTUR ANTÉRIEUR
je cueillerai	j'aurai cueilli
tu cueilleras	tu auras cueilli
il/elle cueillera	il/elle aura cueilli
nous cueillerons	nous aurons cueilli
vous cueillerez	vous aurez cueilli
ils/elles cueilleront	ils/elles auront cueilli

SUBJONCTIF

PRÉSENT

que je cueille
que tu cueilles
qu'il/qu'elle cueille
que nous cueillions
que vous cueilliez
qu'ils/qu'elles cueillent

IMPARFAIT

que je cueillisse
que tu cueillisses
qu'il/qu'elle cueillît
que nous cueillissions
que vous cueillissiez
qu'ils/qu'elles cueillissent

PASSÉ

que j'aie cueilli
que tu aies cueilli
qu'il/qu'elle ait cueilli
que nous ayons cueilli
que vous ayez cueilli
qu'ils/qu'elles aient cueilli

PLUS-QUE-PARFAIT

que j'eusse cueilli
que tu eusses cueilli
qu'il/qu'elle eût cueilli
que nous eussions cueilli
que vous eussiez cueilli
qu'ils/qu'elles eussent cueilli

CONDITIONNEL

PRÉSENT

je cueillerais
tu cueillerais
il/elle cueillerait
nous cueillerions
vous cueilleriez
ils/elles cueilleraient

PASSÉ 1re FORME

j'aurais cueilli
tu aurais cueilli
il/elle aurait cueilli
nous aurions cueilli
vous auriez cueilli
ils/elles auraient cueilli

PASSÉ 2e FORME

j'eusse cueilli
tu eusses cueilli
il/elle eût cueilli
nous eussions cueilli
vous eussiez cueilli
ils/elles eussent cueilli

	PRÉSENT	PASSÉ
IMPÉRATIF	cueille cueillons cueillez	aie cueilli ayons cueilli ayez cueilli
PARTICIPE	cueillant	cueilli, ie, is, ies ayant cueilli
INFINITIF	cueillir	avoir cueilli

REM. *Cueillons* et *cueillions* ont une prononciation assez proche. Il ne faut pas oublier le *i* à l'imparfait de l'indicatif et au subjonctif présent.

INDICATIF

PRÉSENT
j'assaille
tu assailles
il/elle assaille
nous assaillons [asajɔ̃]
vous assaillez
ils/elles assaillent

PASSÉ COMPOSÉ
j'ai assailli
tu as assailli
il/elle a assailli
nous avons assailli
vous avez assailli
ils/elles ont assailli

IMPARFAIT
j'assaillais
tu assaillais
il/elle assaillait
nous assaillions [asajjɔ̃]
vous assailliez
ils/elles assaillaient

PLUS-QUE-PARFAIT
j'avais assailli
tu avais assailli
il/elle avait assailli
nous avions assailli
vous aviez assailli
ils/elles avaient assailli

PASSÉ SIMPLE
j'assaillis
tu assaillis
il/elle assaillit
nous assaillîmes
vous assaillîtes
ils/elles assaillirent

PASSÉ ANTÉRIEUR
j'eus assailli
tu eus assailli
il/elle eut assailli
nous eûmes assailli
vous eûtes assailli
ils/elles eurent assailli

FUTUR SIMPLE
j'assaillirai
tu assailliras
il/elle assaillira
nous assaillirons
vous assaillirez
ils/elles assailliront

FUTUR ANTÉRIEUR
j'aurai assailli
tu auras assailli
il/elle aura assailli
nous aurons assailli
vous aurez assailli
ils/elles auront assailli

SUBJONCTIF

PRÉSENT
que j'assaille
que tu assailles
qu'il/qu'elle assaille
que nous assaillions [asajjɔ̃]
que vous assailliez
qu'ils/qu'elles assaillent

IMPARFAIT
que j'assaillisse
que tu assaillisses
qu'il/qu'elle assaillît
que nous assaillissions
que vous assaillissiez
qu'ils/qu'elles assaillissent

PASSÉ
que j'aie assailli
que tu aies assailli
qu'il/qu'elle ait assailli
que nous ayons assailli
que vous ayez assailli
qu'ils/qu'elles aient assailli

PLUS-QUE-PARFAIT
que j'eusse assailli
que tu eusses assailli
qu'il/qu'elle eût assailli
que nous eussions assailli
que vous eussiez assailli
qu'ils/qu'elles eussent assailli

CONDITIONNEL

PRÉSENT
j'assaillirais
tu assaillirais
il/elle assaillirait
nous assaillirions
vous assailliriez
ils/elles assailliraient

PASSÉ 1re FORME
j'aurais assailli
tu aurais assailli
il/elle aurait assailli
nous aurions assailli
vous auriez assailli
ils/elles auraient assailli

PASSÉ 2e FORME
j'eusse assailli
tu eusses assailli
il/elle eût assailli
nous eussions assailli
vous eussiez assailli
ils/elles eussent assailli

IMPÉRATIF

PRÉSENT
assaille
assaillons
assaillez

PASSÉ
aie assailli
ayons assailli
ayez assailli

PARTICIPE

PRÉSENT
assaillant

PASSÉ
assailli, ie, is, ies
ayant assailli

INFINITIF

PRÉSENT
assaillir

PASSÉ
avoir assailli

REM. 1 – *Assaillons* et *assaillions* ont une prononciation très proche. Attention de ne pas oublier le *i* à l'imparfait de l'indicatif et au subjonctif présent.

2 – ***Défaillir, saillir, tressaillir*** se conjuguent comme ***assaillir.*** Mais le verbe ***faillir*** au sens (vx) de « faire faillite » se conjugue comme ***finir*** ; pour d'autres sens il a des formes archaïques (voir ce verbe).

INDICATIF

PRÉSENT

je sers
tu sers
il/elle sert
nous servons
vous servez
ils/elles servent

PASSÉ COMPOSÉ

j'ai servi
tu as servi
il/elle a servi
nous avons servi
vous avez servi
ils/elles ont servi

IMPARFAIT

je servais
tu servais
il/elle servait
nous servions
vous serviez
ils/elles servaient

PLUS-QUE-PARFAIT

j'avais servi
tu avais servi
il/elle avait servi
nous avions servi
vous aviez servi
ils/elles avaient servi

PASSÉ SIMPLE

je servis
tu servis
il/elle servit
nous servîmes
vous servîtes
ils/elles servirent

PASSÉ ANTÉRIEUR

j'eus servi
tu eus servi
il/elle eut servi
nous eûmes servi
vous eûtes servi
ils/elles eurent servi

FUTUR SIMPLE

je servirai
tu serviras
il/elle servira
nous servirons
vous servirez
ils/elles serviront

FUTUR ANTÉRIEUR

j'aurai servi
tu auras servi
il/elle aura servi
nous aurons servi
vous aurez servi
ils/elles auront servi

SUBJONCTIF

PRÉSENT

que je serve
que tu serves
qu'il/qu'elle serve
que nous servions
que vous serviez
qu'ils/qu'elles servent

IMPARFAIT

que je servisse
que tu servisses
qu'il/qu'elle servît
que nous servissions
que vous servissiez
qu'ils/qu'elles servissent

PASSÉ

que j'aie servi
que tu aies servi
qu'il/qu'elle ait servi
que nous ayons servi
que vous ayez servi
qu'ils/qu'elles aient servi

PLUS-QUE-PARFAIT

que j'eusse servi
que tu eusses servi
qu'il/qu'elle eût servi
que nous eussions servi
que vous eussiez servi
qu'ils/qu'elles eussent servi

CONDITIONNEL

PRÉSENT

je servirais
tu servirais
il/elle servirait
nous servirions
vous serviriez
ils/elles serviraient

PASSÉ 1re FORME

j'aurais servi
tu aurais servi
il/elle aurait servi
nous aurions servi
vous auriez servi
ils/elles auraient servi

PASSÉ 2e FORME

j'eusse servi
tu eusses servi
il/elle eût servi
nous eussions servi
vous eussiez servi
ils/elles eussent servi

IMPÉRATIF

PRÉSENT

sers
servons
servez

PASSÉ

aie servi
ayons servi
ayez servi

PARTICIPE

PRÉSENT

servant

PASSÉ

servi, ie, is, ies
ayant servi

INFINITIF

PRÉSENT

servir

PASSÉ

avoir servi

REM. Ainsi se conjuguent ***desservir*** et ***resservir.*** Mais ***asservir*** se conjugue comme ***finir.***

INDICATIF

PRÉSENT

je bous [bu]
tu bous
il/elle bout
nous bouillons [bujɔ̃]
vous bouillez
ils/elles bouillent [buj]

PASSÉ COMPOSÉ

j'ai bouilli
tu as bouilli
il/elle a bouilli
nous avons bouilli
vous avez bouilli
ils/elles ont bouilli

IMPARFAIT

je bouillais [bujɛ]
tu bouillais
il/elle bouillait
nous bouillions [bujjɔ̃]
vous bouilliez
ils/elles bouillaient

PLUS-QUE-PARFAIT

j'avais bouilli
tu avais bouilli
il/elle avait bouilli
nous avions bouilli
vous aviez bouilli
ils/elles avaient bouilli

PASSÉ SIMPLE

je bouillis
tu bouillis
il/elle bouillit
nous bouillîmes
vous bouillîtes
ils/elles bouillirent

PASSÉ ANTÉRIEUR

j'eus bouilli
tu eus bouilli
il/elle eut bouilli
nous eûmes bouilli
vous eûtes bouilli
ils/elles eurent bouilli

FUTUR SIMPLE

je bouillirai
tu bouilliras
il/elle bouillira
nous bouillirons
vous bouillirez
ils/elles bouilliront

FUTUR ANTÉRIEUR

j'aurai bouilli
tu auras bouilli
il/elle aura bouilli
nous aurons bouilli
vous aurez bouilli
ils/elles auront bouilli

SUBJONCTIF

PRÉSENT

que je bouille [buj]
que tu bouilles
qu'il/qu'elle bouille
que nous bouillions [bujjɔ̃]
que vous bouilliez
qu'ils/qu'elles bouillent

IMPARFAIT

que je bouillisse
que tu bouillisses
qu'il/qu'elle bouillît
que nous bouillissions
que vous bouillissiez
qu'ils/qu'elles bouillissent

PASSÉ

que j'aie bouilli
que tu aies bouilli
qu'il/qu'elle ait bouilli
que nous ayons bouilli
que vous ayez bouilli
qu'ils/qu'elles aient bouilli

PLUS-QUE-PARFAIT

que j'eusse bouilli
que tu eusses bouilli
qu'il/qu'elle eût bouilli
que nous eussions bouilli
que vous eussiez bouilli
qu'ils/qu'elles eussent bouilli

CONDITIONNEL

PRÉSENT

je bouillirais
tu bouillirais
il/elle bouillirait
nous bouillirions
vous bouilliriez
ils/elles bouilliraient

PASSÉ 1re FORME

j'aurais bouilli
tu aurais bouilli
il/elle aurait bouilli
nous aurions bouilli
vous auriez bouilli
ils/elles auraient bouilli

PASSÉ 2e FORME

j'eusse bouilli
tu eusses bouilli
il/elle eût bouilli
nous eussions bouilli
vous eussiez bouilli
ils/elles eussent bouilli

IMPÉRATIF

PRÉSENT

bous
bouillons
bouillez

PASSÉ

aie bouilli
ayons bouilli
ayez bouilli

PARTICIPE

PRÉSENT

bouillant

PASSÉ

bouilli, ie, is, ies
ayant bouilli

INFINITIF

PRÉSENT

bouillir

PASSÉ

avoir bouilli

REM. Les formes *bouillons* et *bouillions* ont une prononciation très proche. Attention de ne pas oublier le *i* à l'imparfait de l'indicatif et au subjonctif présent.

conjugaison **16 a** type **PARTIR** — verbes irréguliers en **-IR**

INDICATIF

PRÉSENT	PASSÉ COMPOSÉ
je pars	je suis parti, ie
tu pars	tu es parti, ie
il/elle part	il/elle est parti, ie
nous partons	nous sommes partis, ies
vous partez	vous êtes partis, ies
ils/elles partent	ils/elles sont partis, ies

IMPARFAIT	PLUS-QUE-PARFAIT
je partais	j'étais parti, ie
tu partais	tu étais parti, ie
il/elle partait	il/elle était parti, ie
nous partions	nous étions partis, ies
vous partiez	vous étiez partis, ies
ils/elles partaient	ils/elles étaient partis, ies

PASSÉ SIMPLE	PASSÉ ANTÉRIEUR
je partis	je fus parti, ie
tu partis	tu fus parti, ie
il/elle partit	il/elle fut parti, ie
nous partîmes	nous fûmes partis, ies
vous partîtes	vous fûtes partis, ies
ils/elles partirent	ils/elles furent parti, ies

FUTUR SIMPLE	FUTUR ANTÉRIEUR
je partirai	je serai parti, ie
tu partiras	tu seras parti, ie
il/elle partira	il/elle sera parti, ie
nous partirons	nous serons partis, ies
vous partirez	vous serez partis, ies
ils/elles partiront	ils/elles seront partis, ies

SUBJONCTIF

PRÉSENT

que je parte
que tu partes
qu'il/qu'elle parte
que nous partions
que vous partiez
qu'ils/qu'elles partent

IMPARFAIT

que je partisse
que tu partisses
qu'il/qu'elle partît
que nous partissions
que vous partissiez
qu'ils/qu'elles partissent

PASSÉ

que je sois parti, ie
que tu sois parti, ie
qu'il/qu'elle soit parti, ie
que nous soyons partis, ies
que vous soyez partis, ies
qu'ils/qu'elles soient partis, ies

PLUS-QUE-PARFAIT

que je fusse parti, ie
que tu fusses parti, ie
qu'il/qu'elle fût parti, ie
que nous fussions partis, ies
que vous fussiez partis, ies
qu'ils/qu'elles fussent partis, ies

CONDITIONNEL

PRÉSENT

je partirais
tu partirais
il/elle partirait
nous partirions
vous partiriez
ils/elles partiraient

PASSÉ 1re FORME

je serais parti, ie
tu serais parti, ie
il/elle serait parti, ie
nous serions partis, ies
vous seriez partis, ies
ils/elles seraient partis, ies

PASSÉ 2e FORME

je fusse parti, ie
tu fusses parti, ie
il/elle fût parti, ie
nous fussions partis, ies
vous fussiez partis, ies
ils/elles fussent partis, ies

IMPÉRATIF

PRÉSENT	PASSÉ
pars	sois parti, ie
partons	soyons partis, ies
partez	soyez partis, ies

PARTICIPE

PRÉSENT	PASSÉ
partant	parti, ie, is, ies
	étant parti, ie, is, ies

INFINITIF

PRÉSENT	PASSÉ
partir	être parti, ie, is, ies

REM. 1 – Les verbes *repartir* (1. et 2.), *départir*, 1. *sortir*, 1. *ressortir* se conjuguent comme *partir* mais les verbes *impartir, répartir*, 3. *sortir*, 2. *ressortir* se conjuguent comme *finir*.

2 – L'ancien verbe 2. *partir* avait les formes de *finir*.

INDICATIF

PRÉSENT

je sens
tu sens
il/elle sent
nous sentons
vous sentez
ils/elles sentent

PASSÉ COMPOSÉ

j'ai senti
tu as senti
il/elle a senti
nous avons senti
vous avez senti
ils/elles ont senti

IMPARFAIT

je sentais
tu sentais
il/elle sentait
nous sentions
vous sentiez
ils/elles sentaient

PLUS-QUE-PARFAIT

j'avais senti
tu avais senti
il/elle avait senti
nous avions senti
vous aviez senti
ils/elles avaient senti

PASSÉ SIMPLE

je sentis
tu sentis
il/elle sentit
nous sentîmes
vous sentîtes
ils/elles sentirent

PASSÉ ANTÉRIEUR

j'eus senti
tu eus senti
il/elle eut senti
nous eûmes senti
vous eûtes senti
ils/elles eurent senti

FUTUR SIMPLE

je sentirai
tu sentiras
il/elle sentira
nous sentirons
vous sentirez
ils/elles sentiront

FUTUR ANTÉRIEUR

j'aurai senti
tu auras senti
il/elle aura senti
nous aurons senti
vous aurez senti
ils/elles auront senti

SUBJONCTIF

PRÉSENT

que je sente
que tu sentes
qu'il/qu'elle sente
que nous sentions
que vous sentiez
qu'ils/qu'elles sentent

IMPARFAIT

que je sentisse
que tu sentisses
qu'il/qu'elle sentît
que nous sentissions
que vous sentissiez
qu'ils/qu'elles sentissent

PASSÉ

que j'aie senti
que tu aies senti
qu'il/qu'elle ait senti
que nous ayons senti
que vous ayez senti
qu'ils/qu'elles aient senti

PLUS-QUE-PARFAIT

que j'eusse senti
que tu eusses senti
qu'il/qu'elle eût senti
que nous eussions senti
que vous eussiez senti
qu'ils/qu'elles eussent senti

CONDITIONNEL

PRÉSENT

je sentirais
tu sentirais
il/elle sentirait
nous sentirions
vous sentiriez
ils/elles sentiraient

PASSÉ 1re FORME

j'aurais senti
tu aurais senti
il/elle aurait senti
nous aurions senti
vous auriez senti
ils/elles auraient senti

PASSÉ 2e FORME

j'eusse senti
tu eusses senti
il/elle eût senti
nous eussions senti
vous eussiez senti
ils/elles eussent senti

IMPÉRATIF

PRÉSENT

sens
sentons
sentez

PASSÉ

aie senti
ayons senti
ayez senti

PARTICIPE

PRÉSENT

sentant

PASSÉ

senti, ie, is, ies
ayant senti

INFINITIF

PRÉSENT

sentir

PASSÉ

avoir senti

INDICATIF

PRÉSENT	PASSÉ COMPOSÉ
je fuis [fɥi]	j'ai fui
tu fuis	tu as fui
il/elle fuit	il/elle a fui
nous fuyons [fɥijɔ̃]	nous avons fui
vous fuyez	vous avez fui
ils/elles fuient	ils/elles ont fui

IMPARFAIT	PLUS-QUE-PARFAIT
je fuyais	j'avais fui
tu fuyais	tu avais fui
il/elle fuyait	il/elle avait fui
nous fuyions [fɥijjɔ̃]	nous avions fui
vous fuyiez	vous aviez fui
ils/elles fuyaient	ils/elles avaient fui

PASSÉ SIMPLE	PASSÉ ANTÉRIEUR
je fuis	j'eus fui
tu fuis	tu eus fui
il/elle fuit	il/elle eut fui
nous fuîmes	nous eûmes fui
vous fuîtes	vous eûtes fui
ils/elles fuirent	ils/elles eurent fui

FUTUR SIMPLE	FUTUR ANTÉRIEUR
je fuirai	j'aurai fui
tu fuiras	tu auras fui
il/elle fuira	il/elle aura fui
nous fuirons	nous aurons fui
vous fuirez	vous aurez fui
ils/elles fuiront	ils/elles auront fui

SUBJONCTIF

PRÉSENT

que je fuie [fɥi]
que tu fuies
qu'il/qu'elle fuie
que nous fuyions [fɥijjɔ̃]
que vous fuyiez
qu'ils/qu'elles fuient

IMPARFAIT

que je fuisse
que tu fuisses
qu'il/qu'elle fuît
que nous fuissions
que vous fuissiez
qu'ils/qu'elles fuissent

PASSÉ

que j'aie fui
que tu aies fui
qu'il/qu'elle ait fui
que nous ayons fui
que vous ayez fui
qu'ils/qu'elles aient fui

PLUS-QUE-PARFAIT

que j'eusse fui
que tu eusses fui
qu'il/qu'elle eût fui
que nous eussions fui
que vous eussiez fui
qu'ils/qu'elles eussent fui

CONDITIONNEL

PRÉSENT

je fuirais
tu fuirais
il/elle fuirait
nous fuirions
vous fuiriez
ils/elles fuiraient

PASSÉ 1re FORME

j'aurais fui
tu aurais fui
il/elle aurait fui
nous aurions fui
vous auriez fui
ils/elles auraient fui

PASSÉ 2e FORME

j'eusse fui
tu eusses fui
il/elle eût fui
nous eussions fui
vous eussiez fui
ils/elles eussent fui

	PRÉSENT	PASSÉ
IMPÉRATIF	fuis fuyons fuyez	aie fui ayons fui ayez fui
PARTICIPE	fuyant	fui, fuie, fuis, fuies ayant fui
INFINITIF	fuir	avoir fui

REM. Les formes *fuyons* et *fuyions* ont une prononciation très proche. Attention de ne pas oublier le *i* de l'imparfait de l'indicatif et du subjonctif présent.

INDICATIF

PRÉSENT
je couvre
tu couvres
il/elle couvre
nous couvrons
vous couvrez
ils/elles couvrent

PASSÉ COMPOSÉ
j'ai couvert
tu as couvert
il/elle a couvert
nous avons couvert
vous avez couvert
ils/elles ont couvert

IMPARFAIT
je couvrais
tu couvrais
il/elle couvrait
nous couvrions
vous couvriez
ils/elles couvraient

PLUS-QUE-PARFAIT
j'avais couvert
tu avais couvert
il/elle avait couvert
nous avions couvert
vous aviez couvert
ils/elles avaient couvert

PASSÉ SIMPLE
je couvris
tu couvris
il/elle couvrit
nous couvrîmes
vous couvrîtes
ils/elles couvrirent

PASSÉ ANTÉRIEUR
j'eus couvert
tu eus couvert
il/elle eut couvert
nous eûmes couvert
vous eûtes couvert
ils/elles eurent couvert

FUTUR SIMPLE
je couvrirai
tu couvriras
il/elle couvrira
nous couvrirons
vous couvrirez
ils/elles couvriront

FUTUR ANTÉRIEUR
j'aurai couvert
tu auras couvert
il/elle aura couvert
nous aurons couvert
vous aurez couvert
ils/elles auront couvert

SUBJONCTIF

PRÉSENT
que je couvre
que tu couvres
qu'il/qu'elle couvre
que nous couvrions
que vous couvriez
qu'ils/qu'elles couvrent

IMPARFAIT
que je couvrisse
que tu couvrisses
qu'il/qu'elle couvrît
que nous couvrissions
que vous couvrissiez
qu'ils/qu'elles couvrissent

PASSÉ
que j'aie couvert
que tu aies couvert
qu'il/qu'elle ait couvert
que nous ayons couvert
que vous ayez couvert
qu'ils/qu'elles aient couvert

PLUS-QUE-PARFAIT
que j'eusse couvert
que tu eusses couvert
qu'il/qu'elle eût couvert
que nous eussions couvert
que vous eussiez couvert
qu'ils/qu'elles eussent couvert

CONDITIONNEL

PRÉSENT
je couvrirais
tu couvrirais
il/elle couvrirait
nous couvririons
vous couvririez
ils/elles couvriraient

PASSÉ 1re FORME
j'aurais couvert
tu aurais couvert
il/elle aurait couvert
nous aurions couvert
vous auriez couvert
ils/elles auraient couvert

PASSÉ 2e FORME
j'eusse couvert
tu eusses couvert
il/elle eût couvert
nous eussions couvert
vous eussiez couvert
ils/elles eussent couvert

IMPÉRATIF

PRÉSENT
couvre
couvrons
couvrez

PASSÉ
aie couvert
ayons couvert
ayez couvert

PARTICIPE

PRÉSENT
couvrant

PASSÉ
couvert, erte, erts, ertes
ayant couvert

INFINITIF

PRÉSENT
couvrir

PASSÉ
avoir couvert

INDICATIF

PRÉSENT	PASSÉ COMPOSÉ
je meurs [mœʀ]	je suis mort, morte
tu meurs	tu es mort, morte
il/elle meurt	il/elle est mort, morte
nous mourons [muʀɔ̃]	nous sommes morts, mortes
vous mourez	vous êtes morts, mortes
ils/elles meurent	ils/elles sont morts, mortes
IMPARFAIT	**PLUS-QUE-PARFAIT**
je mourais [muʀɛ]	j'étais mort, morte
tu mourais	tu étais mort, morte
il/elle mourait	il/elle était mort, morte
nous mourions [muʀjɔ̃]	nous étions morts, mortes
vous mouriez	vous étiez morts, mortes
ils/elles mouraient	ils/elles étaient morts, mortes
PASSÉ SIMPLE	**PASSÉ ANTÉRIEUR**
je mourus	je fus mort, morte
tu mourus	tu fus mort, morte
il/elle mourut	il/elle fut mort, morte
nous mourûmes	nous fûmes morts, mortes
vous mourûtes	vous fûtes morts, mortes
ils/elles moururent	ils/elles furent morts, mortes
FUTUR SIMPLE	**FUTUR ANTÉRIEUR**
je mourrai [muʀʀe]	je serai mort, morte
tu mourras	tu seras mort, morte
il/elle mourra	il/elle sera mort, morte
nous mourrons [muʀʀɔ̃]	nous serons morts, mortes
vous mourrez	vous serez morts, mortes
ils/elles mourront	ils/elles seront morts, mortes

SUBJONCTIF

PRÉSENT

que je meure
que tu meures
qu'il/qu'elle meure
que nous mourions
que vous mouriez
qu'ils/qu'elles meurent

IMPARFAIT

que je mourusse
que tu mourusses
qu'il/qu'elle mourût
que nous mourussions
que vous mourussiez
qu'ils/qu'elles mourussent

PASSÉ

que je sois mort, morte
que tu sois mort, morte
qu'il/qu'elle soit mort, morte
que nous soyons morts, mortes
que vous soyez morts, mortes
qu'ils/qu'elles soient morts, mortes

PLUS-QUE-PARFAIT

que je fusse mort, morte
que tu fusses mort, morte
qu'il/qu'elle fût mort, morte
que nous fussions morts, mortes
que vous fussiez morts, mortes
qu'ils/qu'elles fussent morts, mortes

CONDITIONNEL

PRÉSENT

je mourrais [muʀʀɛ]
tu mourrais
il/elle mourrait
nous mourrions [muʀʀjɔ̃]
vous mourriez
ils/elles mourraient

PASSÉ 1re FORME

je serais mort, morte
tu serais mort, morte
il/elle serait mort, morte
nous serions morts, mortes
vous seriez morts, mortes
ils/elles seraient morts, mortes

PASSÉ 2e FORME

je fusse mort, morte
tu fusses mort, morte
il/elle fût mort, morte
nous fussions morts, mortes
vous fussiez morts, mortes
ils/elles fussent morts, mortes

IMPÉRATIF

PRÉSENT	PASSÉ
meurs	sois mort, morte
mourons	soyons morts, mortes
mourez	soyez morts, mortes

PARTICIPE

PRÉSENT	PASSÉ
mourant	mort, morte, morts, mortes étant mort, morte, morts, mortes

INFINITIF

PRÉSENT	PASSÉ
mourir	être mort, morte, morts, mortes

REM. On prononce les deux *r* au futur et au conditionnel.

INDICATIF

PRÉSENT

je vêts
tu vêts
il/elle vêt
nous vêtons
vous vêtez
ils/elles vêtent

PASSÉ COMPOSÉ

j'ai vêtu
tu as vêtu
il/elle a vêtu
nous avons vêtu
vous avez vêtu
ils/elles ont vêtu

IMPARFAIT

je vêtais
tu vêtais
il/elle vêtait
nous vêtions
vous vêtiez
ils/elles vêtaient

PLUS-QUE-PARFAIT

j'avais vêtu
tu avais vêtu
il/elle avait vêtu
nous avions vêtu
vous aviez vêtu
ils/elles avaient vêtu

PASSÉ SIMPLE

je vêtis
tu vêtis
il/elle vêtit
nous vêtîmes
vous vêtîtes
ils/elles vêtirent

PASSÉ ANTÉRIEUR

j'eus vêtu
tu eus vêtu
il/elle eut vêtu
nous eûmes vêtu
vous eûtes vêtu
ils/elles eurent vêtu

FUTUR SIMPLE

je vêtirai
tu vêtiras
il/elle vêtira
nous vêtirons
vous vêtirez
ils/elles vêtiront

FUTUR ANTÉRIEUR

j'aurai vêtu
tu auras vêtu
il/elle aura vêtu
nous aurons vêtu
vous aurez vêtu
ils/elles auront vêtu

SUBJONCTIF

PRÉSENT

que je vête
que tu vêtes
qu'il/qu'elle vête
que nous vêtions
que vous vêtiez
qu'ils/qu'elles vêtent

IMPARFAIT

que je vêtisse
que tu vêtisses
qu'il/qu'elle vêtît
que nous vêtissions
que vous vêtissiez
qu'ils/qu'elles vêtissent

PASSÉ

que j'aie vêtu
que tu aies vêtu
qu'il/qu'elle ait vêtu
que nous ayons vêtu
que vous ayez vêtu
qu'ils/qu'elles aient vêtu

PLUS-QUE-PARFAIT

que j'eusse vêtu
que tu eusses vêtu
qu'il/qu'elle eût vêtu
que nous eussions vêtu
que vous eussiez vêtu
qu'ils/qu'elles eussent vêtu

CONDITIONNEL

PRÉSENT

je vêtirais
tu vêtirais
il/elle vêtirait
nous vêtirions
vous vêtiriez
ils/elles vêtiraient

PASSÉ 1re FORME

j'aurais vêtu
tu aurais vêtu
il/elle aurait vêtu
nous aurions vêtu
vous auriez vêtu
ils/elles auraient vêtu

PASSÉ 2e FORME

j'eusse vêtu
tu eusses vêtu
il/elle eût vêtu
nous eussions vêtu
vous eussiez vêtu
ils/elles eussent vêtu

IMPÉRATIF

	PRÉSENT	PASSÉ
IMPÉRATIF	vêts vêtons vêtez	aie vêtu ayons vêtu ayez vêtu

PARTICIPE

	PRÉSENT	PASSÉ
PARTICIPE	vêtant	vêtu, ue, us, ues ayant vêtu

INFINITIF

	PRÉSENT	PASSÉ
INFINITIF	vêtir	avoir vêtu

INDICATIF

PRÉSENT

j'acquiers [akjɛʀ]
tu acquiers
il/elle acquiert
nous acquérons [akeʀɔ̃]
vous acquérez
ils/elles acquièrent

PASSÉ COMPOSÉ

j'ai acquis
tu as acquis
il/elle a acquis
nous avons acquis
vous avez acquis
ils/elles ont acquis

IMPARFAIT

j'acquérais [akeʀɛ]
tu acquérais
il/elle acquérait
nous acquérions [akeʀjɔ̃]
vous acquériez
ils/elles acquéraient

PLUS-QUE-PARFAIT

j'avais acquis
tu avais acquis
il/elle avait acquis
nous avions acquis
vous aviez acquis
ils/elles avaient acquis

PASSÉ SIMPLE

j'acquis
tu acquis
il/elle acquit
nous acquîmes
vous acquîtes
ils/elles acquirent

PASSÉ ANTÉRIEUR

j'eus acquis
tu eus acquis
il/elle eut acquis
nous eûmes acquis
vous eûtes acquis
ils/elles eurent acquis

FUTUR SIMPLE

j'acquerrai [akɛʀʀɛ]
tu acquerras
il/elle acquerra
nous acquerrons [akɛʀʀɔ̃]
vous acquerrez
ils/elles acquerront

FUTUR ANTÉRIEUR

j'aurai acquis
tu auras acquis
il/elle aura acquis
nous aurons acquis
vous aurez acquis
ils/elles auront acquis

SUBJONCTIF

PRÉSENT

que j'acquière [akjɛʀ]
que tu acquières
qu'il/qu'elle acquière
que nous acquérions [akeʀjɔ̃]
que vous acquériez
qu'ils/qu'elles acquièrent

IMPARFAIT

que j'acquisse
que tu acquisses
qu'il/qu'elle acquît
que nous acquissions
que vous acquissiez
qu'ils/qu'elles acquissent

PASSÉ

que j'aie acquis
que tu aies acquis
qu'il/qu'elle ait acquis
que nous ayons acquis
que vous ayez acquis
qu'ils/qu'elles aient acquis

PLUS-QUE-PARFAIT

que j'eusse acquis
que tu eusses acquis
qu'il/qu'elle eût acquis
que nous eussions acquis
que vous eussiez acquis
qu'ils/qu'elles eussent acquis

CONDITIONNEL

PRÉSENT

j'acquerrais [akɛʀʀɛ]
tu acquerrais
il/elle acquerrait
nous acquerrions [akɛʀʀjɔ̃]
vous acquerriez
ils/elles acquerraient

PASSÉ 1re FORME

j'aurais acquis
tu aurais acquis
il/elle aurait acquis
nous aurions acquis
vous auriez acquis
ils/elles auraient acquis

PASSÉ 2e FORME

j'eusse acquis
tu eusses acquis
il/elle eût acquis
nous eussions acquis
vous eussiez acquis
ils/elles eussent acquis

IMPÉRATIF

PRÉSENT

acquiers
acquérons
acquérez

PASSÉ

aie acquis
ayons acquis
ayez acquis

PARTICIPE

PRÉSENT

acquérant

PASSÉ

acquis, ise, is, ises
ayant acquis

INFINITIF

PRÉSENT

acquérir

PASSÉ

avoir acquis

REM. 1 – Il ne faut pas confondre *acquis*, p. p. de ***acquérir*** et *acquit*, p. p. substantivé de ***acquitter.***
2 – On prononce les deux *r* au futur et au conditionnel.

INDICATIF

PRÉSENT

je viens [vjɛ̃]
tu viens
il/elle vient
nous venons [v(ə)nɔ̃]
vous venez
ils/elles viennent [vjɛn]

PASSÉ COMPOSÉ

je suis venu, ue
tu es venu, ue
il/elle est venu, ue
nous sommes venus, ues
vous êtes venus, ues
ils/elles sont venus, ues

IMPARFAIT

je venais
tu venais
il/elle venait
nous venions [vənjɔ̃]
vous veniez
ils/elles venaient

PLUS-QUE-PARFAIT

j'étais venu, ue
tu étais venu, ue
il/elle était venu, ue
nous étions venus, ues
vous étiez venus, ues
ils/elles étaient venus, ues

PASSÉ SIMPLE

je vins [vɛ̃]
tu vins
il/elle vint
nous vînmes [vɛ̃m]
vous vîntes [vɛ̃t]
ils/elles vinrent

PASSÉ ANTÉRIEUR

je fus venu, ue
tu fus venu, ue
il/elle fut venu, ue
nous fûmes venus, ues
vous fûtes venus, ues
ils/elles furent venus, ues

FUTUR SIMPLE

je viendrai
tu viendras
il/elle viendra
nous viendrons
vous viendrez
ils/elles viendront

FUTUR ANTÉRIEUR

je serai venu, ue
tu seras venu, ue
il/elle sera venu, ue
nous serons venus, ues
vous serez venus, ues
ils/elles seront venus, ues

SUBJONCTIF

PRÉSENT

que je vienne [vjɛn]
que tu viennes
qu'il/qu'elle vienne
que nous venions
que vous veniez
qu'ils/qu'elles viennent

IMPARFAIT

que je vinsse
que tu vinsses
qu'il/qu'elle vînt
que nous vinssions [vɛ̃sjɔ̃]
que vous vinssiez
qu'ils/qu'elles vinssent

PASSÉ

que je sois venu, ue
que tu sois venu, ue
qu'il/qu'elle soit venu, ue
que nous soyons venus, ues
que vous soyez venus, ues
qu'ils/qu'elles soient venus, ues

PLUS-QUE-PARFAIT

que je fusse venu, ue
que tu fusses venu, ue
qu'il/qu'elle fût venu, ue
que nous fussions venus, ues
que vous fussiez venus, ues
qu'ils/qu'elles fussent venus, ues

CONDITIONNEL

PRÉSENT

je viendrais
tu viendrais
il/elle viendrait
nous viendrions
vous viendriez
ils/elles viendraient

PASSÉ 1re FORME

je serais venu, ue
tu serais venu, ue
il/elle serait venu, ue
nous serions venus, ues
vous seriez venus, ues
ils/elles seraient venus, ues

PASSÉ 2e FORME

je fusse venu, ue
tu fusses venu, ue
il/elle fût venu, ue
nous fussions venus, ues
vous fussiez venus, ues
ils/elles fussent venus, ues

IMPÉRATIF

PRÉSENT

viens
venons
venez

PASSÉ

sois venu, ue
soyons venus, ues
soyez venus, ues

PARTICIPE

PRÉSENT

venant

PASSÉ

venu, ue, us, ues
étant venu, ue, us, ues

INFINITIF

PRÉSENT

venir

PASSÉ

venu, ue
être venu, ue, us, ues

REM. Attention au passé simple *(nous vînmes)* où la première syllabe reste nasale, et au subjonctif imparfait *(que je vinsse)* où deux *s* suivent une consonne.

INDICATIF

PRÉSENT	PASSÉ COMPOSÉ
il pleut	il a plu
IMPARFAIT	**PLUS-QUE-PARFAIT**
il pleuvait	il avait plu
PASSÉ SIMPLE	**PASSÉ ANTÉRIEUR**
il plut	il eut plu
FUTUR SIMPLE	**FUTUR ANTÉRIEUR**
il pleuvra	il aura plu

SUBJONCTIF

PRÉSENT
qu'il pleuve
IMPARFAIT
qu'il plût
PASSÉ
qu'il ait plu
PLUS-QUE-PARFAIT
qu'il eût plu

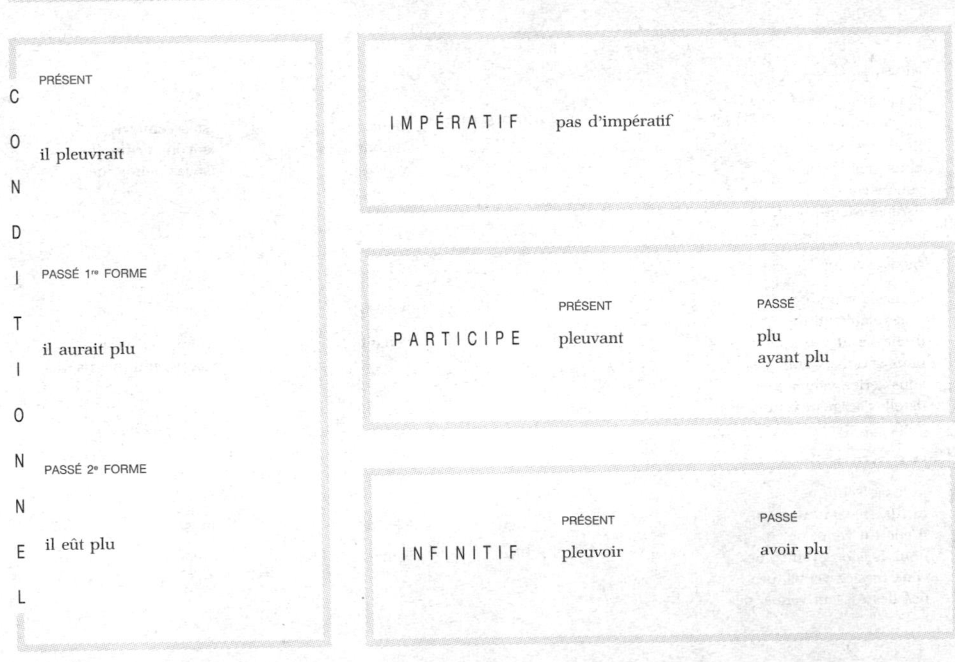

CONDITIONNEL

PRÉSENT
il pleuvrait
PASSÉ 1re FORME
il aurait plu
PASSÉ 2e FORME
il eût plu

IMPÉRATIF pas d'impératif

PARTICIPE	PRÉSENT	PASSÉ
	pleuvant	plu ayant plu

INFINITIF	PRÉSENT	PASSÉ
	pleuvoir	avoir plu

REM. Ce verbe comporte également des emplois figurés au pluriel *(les coups, les obus pleuvaient)*.

INDICATIF

PRÉSENT

je prévois [prevwa]
tu prévois
il/elle prévoit
nous prévoyons [prevwajɔ̃]
vous prévoyez
ils/elles prévoient

PASSÉ COMPOSÉ

j'ai prévu
tu as prévu
il/elle a prévu
nous avons prévu
vous avez prévu
ils/elles ont prévu

IMPARFAIT

je prévoyais
tu prévoyais
il/elle prévoyait
nous prévoyions [prevwajjɔ̃]
vous prévoyiez
ils/elles prévoyaient

PLUS-QUE-PARFAIT

j'avais prévu
tu avais prévu
il/elle avait prévu
nous avions prévu
vous aviez prévu
ils/elles avaient prévu

PASSÉ SIMPLE

je prévis
tu prévis
il/elle prévit
nous prévîmes
vous prévîtes
ils/elles prévirent

PASSÉ ANTÉRIEUR

j'eus prévu
tu eus prévu
il/elle eut prévu
nous eûmes prévu
vous eûtes prévu
ils/elles eurent prévu

FUTUR SIMPLE

je prévoirai
tu prévoiras
il/elle prévoira
nous prévoirons
vous prévoirez
ils/elles prévoiront

FUTUR ANTÉRIEUR

j'aurai prévu
tu auras prévu
il/elle aura prévu
nous aurons prévu
vous aurez prévu
ils/elles auront prévu

SUBJONCTIF

PRÉSENT

que je prévoie
que tu prévoies
qu'il/qu'elle prévoie
que nous prévoyions [prevwajjɔ̃]
que vous prévoyiez
qu'ils/qu'elles prévoient

IMPARFAIT

que je prévisse
que tu prévisses
qu'il/qu'elle prévît
que nous prévissions
que vous prévissiez
qu'ils/qu'elles prévissent

PASSÉ

que j'aie prévu
que tu aies prévu
qu'il/qu'elle ait prévu
que nous ayons prévu
que vous ayez prévu
qu'ils/qu'elles aient prévu

PLUS-QUE-PARFAIT

que j'eusse prévu
que tu eusses prévu
qu'il/qu'elle eût prévu
que nous eussions prévu
que vous eussiez prévu
qu'ils/qu'elles eussent prévu

CONDITIONNEL

PRÉSENT

je prévoirais
tu prévoirais
il/elle prévoirait
nous prévoirions
vous prévoiriez
ils/elles prévoiraient

PASSÉ 1re FORME

j'aurais prévu
tu aurais prévu
il/elle aurait prévu
nous aurions prévu
vous auriez prévu
ils/elles auraient prévu

PASSÉ 2e FORME

j'eusse prévu
tu eusses prévu
il/elle eût prévu
nous eussions prévu
vous eussiez prévu
ils/elles eussent prévu

IMPÉRATIF

PRÉSENT	PASSÉ
prévois	aie prévu
prévoyons	ayons prévu
prévoyez	ayez prévu

PARTICIPE

PRÉSENT	PASSÉ
prévoyant	prévu, ue, us, ues ayant prévu

INFINITIF

PRÉSENT	PASSÉ
prévoir	avoir prévu

REM. Les formes *prévoyons* et *prévoyions* ont une prononciation assez proche. Attention au *i* à l'imparfait de l'indicatif et au subjonctif présent.

INDICATIF

PRÉSENT	PASSÉ COMPOSÉ
je pourvois [puʀvwa]	j'ai pourvu
tu pourvois	tu as pourvu
il/elle pourvoit	il/elle a pourvu
nous pourvoyons [puʀvwajɔ̃]	nous avons pourvu
vous pourvoyez	vous avez pourvu
ils/elles pourvoient	ils/elles ont pourvu

IMPARFAIT	PLUS-QUE-PARFAIT
je pourvoyais	j'avais pourvu
tu pourvoyais	tu avais pourvu
il/elle pourvoyait	il/elle avait pourvu
nous pourvoyions [puʀvwajjɔ̃]	nous avions pourvu
vous pourvoyiez	vous aviez pourvu
ils/elles pourvoyaient	ils/elles avaient pourvu

PASSÉ SIMPLE	PASSÉ ANTÉRIEUR
je pourvus	j'eus pourvu
tu pourvus	tu eus pourvu
il/elle pourvut	il/elle eut pourvu
nous pourvûmes	nous eûmes pourvu
vous pourvûtes	vous eûtes pourvu
ils/elles pourvurent	ils/elles eurent pourvu

FUTUR SIMPLE	FUTUR ANTÉRIEUR
je pourvoirai	j'aurai pourvu
tu pourvoiras	tu auras pourvu
il/elle pourvoira	il/elle aura pourvu
nous pourvoirons	nous aurons pourvu
vous pourvoirez	vous aurez pourvu
ils/elles pourvoiront	ils/elles auront pourvu

SUBJONCTIF

PRÉSENT

que je pourvoie
que tu pourvoies
qu'il/qu'elle pourvoie
que nous pourvoyions [puʀvwajjɔ̃]
que vous pourvoyiez
qu'ils/qu'elles pourvoient

IMPARFAIT

que je pourvusse
que tu pourvusses
qu'il/qu'elle pourvût
que nous pourvussions
que vous pourvussiez
qu'ils/qu'elles pourvussent

PASSÉ

que j'aie pourvu
que tu aies pourvu
qu'il/qu'elle ait pourvu
que nous ayons pourvu
que vous ayez pourvu
qu'ils/qu'elles aient pourvu

PLUS-QUE-PARFAIT

que j'eusse pourvu
que tu eusses pourvu
qu'il/qu'elle eût pourvu
que nous eussions pourvu
que vous eussiez pourvu
qu'ils/qu'elles eussent pourvu

CONDITIONNEL

PRÉSENT

je pourvoirais
tu pourvoirais
il/elle pourvoirait
nous pourvoirions
vous pourvoiriez
ils/elles pourvoiraient

PASSÉ 1re FORME

j'aurais pourvu
tu aurais pourvu
il/elle aurait pourvu
nous aurions pourvu
vous auriez pourvu
ils/elles auraient pourvu

PASSÉ 2e FORME

j'eusse pourvu
tu eusses pourvu
il/elle eût pourvu
nous eussions pourvu
vous eussiez pourvu
ils/elles eussent pourvu

	PRÉSENT	PASSÉ
IMPÉRATIF	pourvois pourvoyons pourvoyez	aie pourvu ayons pourvu ayez pourvu
PARTICIPE	pourvoyant	pourvu, ue, us, ues ayant pourvu
INFINITIF	pourvoir	avoir pourvu

REM. Les formes *pourvoyons* et *pourvoyions* ont une prononciation très proche. Attention de ne pas oublier le *i* à l'imparfait de l'indicatif et au subjonctif présent.

INDICATIF

PRÉSENT

j'assieds ou assois
tu assieds ou assois
il/elle assied ou assoit
nous asseyons ou assoyons
vous asseyez ou assoyez
ils/elles asseyent ou assoient

PASSÉ COMPOSÉ

j'ai assis
tu as assis
il/elle a assis
nous avons assis
vous avez assis
ils/elles ont assis

IMPARFAIT

j'asseyais ou assoyais
tu asseyais ou assoyais
il/elle asseyait ou assoyait
nous asseyions ou assoyions
vous asseyiez ou assoyiez
ils/elles asseyaient ou assoyaient

PLUS-QUE-PARFAIT

j'avais assis
tu avais assis
il/elle avait assis
nous avions assis
vous aviez assis
ils/elles avaient assis

PASSÉ SIMPLE

j'assis
tu assis
il/elle assit
nous assîmes
vous assîtes
ils/elles assirent

PASSÉ ANTÉRIEUR

j'eus assis
tu eus assis
il/elle eut assis
nous eûmes assis
vous eûtes assis
ils/elles eurent assis

FUTUR SIMPLE

j'assiérai ou assoirai
tu assiéras ou assoiras
il/elle assiéra ou assoira
nous assiérons ou assoirons
vous assiérez ou assoirez
ils/elles assiéront ou assoiront

FUTUR ANTÉRIEUR

j'aurai assis
tu auras assis
il/elle aura assis
nous aurons assis
vous aurez assis
ils/elles auront assis

SUBJONCTIF

PRÉSENT

que j'asseye ou assoie
que tu asseyes ou assoies
qu'il/qu'elle asseye ou assoie
que nous asseyions ou assoyions
que vous asseyiez ou assoyiez
qu'ils/qu'elles asseyent ou assoient

IMPARFAIT

que j'assisse
que tu assisses
qu'il/qu'elle assît
que nous assissions
que vous assissiez
qu'ils/qu'elles assissent

PASSÉ

que j'aie assis
que tu aies assis
qu'il/qu'elle ait assis
que nous ayons assis
que vous ayez assis
qu'ils/qu'elles aient assis

PLUS-QUE-PARFAIT

que j'eusse assis
que tu eusses assis
qu'il/qu'elle eût assis
que nous eussions assis
que vous eussiez assis
qu'ils/qu'elles eussent assis

CONDITIONNEL

PRÉSENT

j'assiérais ou assoirais
tu assiérais ou assoirais
il/elle assiérait ou assoirait
nous assiérions ou assoirions
vous assiériez ou assoiriez
ils/elles assiéraient ou assoiraient

PASSÉ 1re FORME

j'aurais assis
tu aurais assis
il/elle aurait assis
nous aurions assis
vous auriez assis
ils/elles auraient assis

PASSÉ 2e FORME

j'eusse assis
tu eusses assis
il/elle eût assis
nous eussions assis
vous eussiez assis
ils/elles eussent assis

IMPÉRATIF

PRÉSENT

assieds ou assois
asseyons ou assoyons
asseyez ou assoyez

PASSÉ

aie assis
ayons assis
ayez assis

PARTICIPE

PRÉSENT

asseyant ou assoyant

PASSÉ

assis, ise, is, ises
ayant assis

INFINITIF

PRÉSENT

asseoir

PASSÉ

avoir assis

REM. 1 – Voyez à l'article le choix entre les deux formes, lié au niveau de langue. La forme *j'asseyerai* (futur) est vieillie.
2 – Attention au *i* de l'imparfait de l'indicatif et du subjonctif présent dans les formes *asseyions, asseyiez, assoyions, assoyiez.*
3 – *Surseoir* conserve le *e* de l'infinitif au futur et au conditionnel : *je surseoirai, je surseoirais. Seoir* (1. seoir) a pour participe présent *séant* et pour participe passé *sis.*

INDICATIF

PRÉSENT
je meus [mø]
tu meus
il/elle meut
nous mouvons [muvɔ̃]
vous mouvez
ils/elles meuvent [mœv]

PASSÉ COMPOSÉ
j'ai mû
tu as mû
il/elle a mû
nous avons mû
vous avez mû
ils/elles ont mû

IMPARFAIT
je mouvais
tu mouvais
il/elle mouvait
nous mouvions
vous mouviez
ils/elles mouvaient

PLUS-QUE-PARFAIT
j'avais mû
tu avais mû
il/elle avait mû
nous avions mû
vous aviez mû
ils/elles avaient mû

PASSÉ SIMPLE
je mus
tu mus
il/elle mut
nous mûmes
vous mûtes
ils/elles murent

PASSÉ ANTÉRIEUR
j'eus mû
tu eus mû
il/elle eut mû
nous eûmes mû
vous eûtes mû
ils/elles eurent mû

FUTUR SIMPLE
je mouvrai
tu mouvras
il/elle mouvra
nous mouvrons
vous mouvrez
ils/elles mouvront

FUTUR ANTÉRIEUR
j'aurai mû
tu auras mû
il/elle aura mû
nous aurons mû
vous aurez mû
ils/elles auront mû

SUBJONCTIF

PRÉSENT
que je meuve
que tu meuves
qu'il/qu'elle meuve
que nous mouvions
que vous mouviez
qu'ils/qu'elles meuvent

IMPARFAIT
que je musse
que tu musses
qu'il/qu'elle mût
que nous mussions
que vous mussiez
qu'ils/qu'elles mussent

PASSÉ
que j'aie mû
que tu aies mû
qu'il/qu'elle ait mû
que nous ayons mû
que vous ayez mû
qu'ils/qu'elles aient mû

PLUS-QUE-PARFAIT
que j'eusse mû
que tu eusses mû
qu'il/qu'elle eût mû
que nous eussions mû
que vous eussiez mû
qu'ils/qu'elles eussent mû

CONDITIONNEL

PRÉSENT
je mouvrais
tu mouvrais
il/elle mouvrait
nous mouvrions
vous mouvriez
ils/elles mouvraient

PASSÉ 1re FORME
j'aurais mû
tu aurais mû
il/elle aurait mû
nous aurions mû
vous auriez mû
ils/elles auraient mû

PASSÉ 2e FORME
j'eusse mû
tu eusses mû
il/elle eût mû
nous eussions mû
vous eussiez mû
ils/elles eussent mû

IMPÉRATIF

PRÉSENT
meus
mouvons
mouvez

PASSÉ
aie mû
ayons mû
ayez mû

PARTICIPE

PRÉSENT
mouvant

PASSÉ
mû, mue, mus, mues
ayant mû

INFINITIF

PRÉSENT
mouvoir

PASSÉ
avoir mû

REM. 1 – La conjugaison complète est plus courante pour *se mouvoir* que pour *mouvoir.*
2 – *Émouvoir* et *promouvoir* se conjuguent comme *mouvoir* sauf au participe passé *(ému, promu).*

INDICATIF

PRÉSENT

je reçois
tu reçois
il/elle reçoit
nous recevons
vous recevez
ils/elles reçoivent

PASSÉ COMPOSÉ

j'ai reçu
tu as reçu
il/elle a reçu
nous avons reçu
vous avez reçu
ils/elles ont reçu

IMPARFAIT

je recevais
tu recevais
il/elle recevait
nous recevions
vous receviez
ils/elles recevaient

PLUS-QUE-PARFAIT

j'avais reçu
tu avais reçu
il/elle avait reçu
nous avions reçu
vous aviez reçu
ils/elles avaient reçu

PASSÉ SIMPLE

je reçus
tu reçus
il/elle reçut
nous reçûmes
vous reçûtes
ils/elles reçurent

PASSÉ ANTÉRIEUR

j'eus reçu
tu eus reçu
il/elle eut reçu
nous eûmes reçu
vous eûtes reçu
ils/elles eurent reçu

FUTUR SIMPLE

je recevrai
tu recevras
il/elle recevra
nous recevrons
vous recevrez
ils/elles recevront

FUTUR ANTÉRIEUR

j'aurai reçu
tu auras reçu
il/elle aura reçu
nous aurons reçu
vous aurez reçu
ils/elles auront reçu

SUBJONCTIF

PRÉSENT

que je reçoive
que tu reçoives
qu'il/qu'elle reçoive
que nous recevions
que vous receviez
qu'ils/qu'elles reçoivent

IMPARFAIT

que je reçusse
que tu reçusses
qu'il/qu'elle reçût
que nous reçussions
que vous reçussiez
qu'ils/qu'elles reçussent

PASSÉ

que j'aie reçu
que tu aies reçu
qu'il/qu'elle ait reçu
que nous ayons reçu
que vous ayez reçu
qu'ils/qu'elles aient reçu

PLUS-QUE-PARFAIT

que j'eusse reçu
que tu eusses reçu
qu'il/qu'elle eût reçu
que nous eussions reçu
que vous eussiez reçu
qu'ils/qu'elles eussent reçu

CONDITIONNEL

PRÉSENT

je recevrais
tu recevrais
il/elle recevrait
nous recevrions
vous recevriez
ils/elles recevraient

PASSÉ 1re FORME

j'aurais reçu
tu aurais reçu
il/elle aurait reçu
nous aurions reçu
vous auriez reçu
ils/elles auraient reçu

PASSÉ 2e FORME

j'eusse reçu
tu eusses reçu
il/elle eût reçu
nous eussions reçu
vous eussiez reçu
ils/elles eussent reçu

IMPÉRATIF

PRÉSENT	PASSÉ
reçois	aie reçu
recevons	ayons reçu
recevez	ayez reçu

PARTICIPE

PRÉSENT	PASSÉ
recevant	reçu, ue, us, ues ayant reçu

INFINITIF

PRÉSENT	PASSÉ
recevoir	avoir reçu

REM. 1 – Ainsi se conjuguent ***apercevoir, concevoir, décevoir, entrapercevoir, percevoir, devoir, redevoir.***
2 – Dans les verbes en *-cevoir*, *c* devient *ç* devant *o* et *u* pour garder le son [s].
3 – ***Devoir, redevoir*** font au participe passé *dû, due, dus, dues ; redû, redue, redus, redues.*

INDICATIF

PRÉSENT

je vaux
tu vaux
il/elle vaut
nous valons
vous valez
ils/elles valent

PASSÉ COMPOSÉ

j'ai valu
tu as valu
il/elle a valu
nous avons valu
vous avez valu
ils/elles ont valu

IMPARFAIT

je valais
tu valais
il/elle valait
nous valions
vous valiez
ils/elles valaient

PLUS-QUE-PARFAIT

j'avais valu
tu avais valu
il/elle avait valu
nous avions valu
vous aviez valu
ils/elles avaient valu

PASSÉ SIMPLE

je valus
tu valus
il/elle valut
nous valûmes
vous valûtes
ils/elles valurent

PASSÉ ANTÉRIEUR

j'eus valu
tu eus valu
il/elle eut valu
nous eûmes valu
vous eûtes valu
ils/elles eurent valu

FUTUR SIMPLE

je vaudrai
tu vaudras
il/elle vaudra
nous vaudrons
vous vaudrez
ils/elles vaudront

FUTUR ANTÉRIEUR

j'aurai valu
tu auras valu
il/elle aura valu
nous aurons valu
vous aurez valu
ils/elles auront valu

SUBJONCTIF

PRÉSENT

que je vaille [vaj]
que tu vailles
qu'il/qu'elle vaille
que nous valions [valjɔ̃]
que vous valiez
qu'ils/qu'elles vaillent [vaj]

IMPARFAIT

que je valusse
que tu valusses
qu'il/qu'elle valût
que nous valussions
que vous valussiez
qu'ils/qu'elles valussent

PASSÉ

que j'aie valu
que tu aies valu
qu'il/qu'elle ait valu
que nous ayons valu
que vous ayez valu
qu'ils/qu'elles aient valu

PLUS-QUE-PARFAIT

que j'eusse valu
que tu eusses valu
qu'il/qu'elle eût valu
que nous eussions valu
que vous eussiez valu
qu'ils/qu'elles eussent valu

CONDITIONNEL

PRÉSENT

je vaudrais
tu vaudrais
il/elle vaudrait
nous vaudrions
vous vaudriez
ils/elles vaudraient

PASSÉ 1re FORME

j'aurais valu
tu aurais valu
il/elle aurait valu
nous aurions valu
vous auriez valu
ils/elles auraient valu

PASSÉ 2e FORME

j'eusse valu
tu eusses valu
il/elle eût valu
nous eussions valu
vous eussiez valu
ils/elles eussent valu

IMPÉRATIF

PRÉSENT

vaux
valons
valez

PASSÉ

aie valu
ayons valu
ayez valu

PARTICIPE

PRÉSENT

valant

PASSÉ

valu, ue, us, ues
ayant valu

INFINITIF

PRÉSENT

valoir

PASSÉ

avoir valu

REM. ***Équivaloir*** fait au participe passé *équivalu* (inv.), forme rare. ***Prévaloir*** fait au subjonctif présent *que je prévale.*

INDICATIF

PRÉSENT

il faut

PASSÉ COMPOSÉ

il a fallu

IMPARFAIT

il fallait

PLUS-QUE-PARFAIT

il avait fallu

PASSÉ SIMPLE

il fallut

PASSÉ ANTÉRIEUR

il eut fallu

FUTUR SIMPLE

il faudra

FUTUR ANTÉRIEUR

il aura fallu

SUBJONCTIF

PRÉSENT

qu'il faille

IMPARFAIT

qu'il fallût

PASSÉ

qu'il ait fallu

PLUS-QUE-PARFAIT

qu'il eût fallu

CONDITIONNEL

PRÉSENT

il faudrait

PASSÉ 1re FORME

il aurait fallu

PASSÉ 2e FORME

il eût fallu

IMPÉRATIF

pas d'impératif

PARTICIPE

pas de participe présent

PASSÉ

fallu

INFINITIF

PRÉSENT

falloir

pas d'infinitif passé

INDICATIF

PRÉSENT

je vois [vwa]
tu vois
il/elle voit
nous voyons [vwajɔ̃]
vous voyez
ils/elles voient [vwa]

PASSÉ COMPOSÉ

j'ai vu
tu as vu
il/elle a vu
nous avons vu
vous avez vu
ils/elles ont vu

IMPARFAIT

je voyais [vwajɛ]
tu voyais
il/elle voyait
nous voyions [vwajjɔ̃]
vous voyiez
ils/elles voyaient

PLUS-QUE-PARFAIT

j'avais vu
tu avais vu
il/elle avait vu
nous avions vu
vous aviez vu
ils/elles avaient vu

PASSÉ SIMPLE

je vis
tu vis
il/elle vit
nous vîmes
vous vîtes
ils/elles virent

PASSÉ ANTÉRIEUR

j'eus vu
tu eus vu
il/elle eut vu
nous eûmes vu
vous eûtes vu
ils/elles eurent vu

FUTUR SIMPLE

je verrai [veʀɛ]
tu verras
il/elle verra
nous verrons [veʀɔ̃]
vous verrez
ils/elles verront

FUTUR ANTÉRIEUR

j'aurai vu
tu auras vu
il/elle aura vu
nous aurons vu
vous aurez vu
ils/elles auront vu

SUBJONCTIF

PRÉSENT

que je voie [vwa]
que tu voies
qu'il/qu'elle voie
que nous voyions [vwajjɔ̃]
que vous voyiez
qu'ils/qu'elles voient

IMPARFAIT

que je visse
que tu visses
qu'il/qu'elle vît
que nous vissions
que vous vissiez
qu'ils/qu'elles vissent

PASSÉ

que j'aie vu
que tu aies vu
qu'il/qu'elle ait vu
que nous ayons vu
que vous ayez vu
qu'ils/qu'elles aient vu

PLUS-QUE-PARFAIT

que j'eusse vu
que tu eusses vu
qu'il/qu'elle eût vu
que nous eussions vu
que vous eussiez vu
qu'ils/qu'elles eussent vu

CONDITIONNEL

PRÉSENT

je verrais [veʀɛ]
tu verrais
il/elle verrait
nous verrions [veʀjɔ̃]
vous verriez
ils/elles verraient

PASSÉ 1re FORME

j'aurais vu
tu aurais vu
il/elle aurait vu
nous aurions vu
vous auriez vu
ils/elles auraient vu

PASSÉ 2e FORME

j'eusse vu
tu eusses vu
il/elle eût vu
nous eussions vu
vous eussiez vu
ils/elles eussent vu

IMPÉRATIF

PRÉSENT

vois
voyons
voyez

PASSÉ

aie vu
ayons vu
ayez vu

PARTICIPE

PRÉSENT

voyant

PASSÉ

vu, vue, vus, vues
ayant vu

INFINITIF

PRÉSENT

voir

PASSÉ

avoir vu

REM. 1 - Attention de ne pas oublier le *i* à l'imparfait de l'indicatif et au subjonctif présent dans les formes *voyions, voyiez*.
2 - Ainsi se conjuguent ***entrevoir*** et ***revoir***. ***Prévoir*** fait *je prévoirai* au futur.

INDICATIF

PRÉSENT

je veux
tu veux
il/elle veut
nous voulons
vous voulez
ils/elles veulent

PASSÉ COMPOSÉ

j'ai voulu
tu as voulu
il/elle a voulu
nous avons voulu
vous avez voulu
ils/elles ont voulu

IMPARFAIT

je voulais
tu voulais
il/elle voulait
nous voulions
vous vouliez
ils/elles voulaient

PLUS-QUE-PARFAIT

j'avais voulu
tu avais voulu
il/elle avait voulu
nous avions voulu
vous aviez voulu
ils/elles avaient voulu

PASSÉ SIMPLE

je voulus
tu voulus
il/elle voulut
nous voulûmes
vous voulûtes
ils/elles voulurent

PASSÉ ANTÉRIEUR

j'eus voulu
tu eus voulu
il/elle eut voulu
nous eûmes voulu
vous eûtes voulu
ils/elles eurent voulu

FUTUR SIMPLE

je voudrai
tu voudras
il/elle voudra
nous voudrons
vous voudrez
ils/elles voudront

FUTUR ANTÉRIEUR

j'aurai voulu
tu auras voulu
il/elle aura voulu
nous aurons voulu
vous aurez voulu
ils/elles auront voulu

SUBJONCTIF

PRÉSENT

que je veuille [vœj]
que tu veuilles
qu'il/qu'elle veuille
que nous voulions [vuljɔ̃]
que vous vouliez
qu'ils/qu'elles veuillent

IMPARFAIT

que je voulusse
que tu voulusses
qu'il/qu'elle voulût
que nous voulussions
que vous voulussiez
qu'ils/qu'elles voulussent

PASSÉ

que j'aie voulu
que tu aies voulu
qu'il/qu'elle ait voulu
que nous ayons voulu
que vous ayez voulu
qu'ils/qu'elles aient voulu

PLUS-QUE-PARFAIT

que j'eusse voulu
que tu eusses voulu
qu'il/qu'elle eût voulu
que nous eussions voulu
que vous eussiez voulu
qu'ils/qu'elles eussent voulu

CONDITIONNEL

PRÉSENT

je voudrais
tu voudrais
il/elle voudrait
nous voudrions
vous voudriez
ils/elles voudraient

PASSÉ 1re FORME

j'aurais voulu
tu aurais voulu
il/elle aurait voulu
nous aurions voulu
vous auriez voulu
ils/elles auraient voulu

PASSÉ 2e FORME

j'eusse voulu
tu eusses voulu
il/elle eût voulu
nous eussions voulu
vous eussiez voulu
ils/elles eussent voulu

IMPÉRATIF

	PRÉSENT	PASSÉ
IMPÉRATIF	veux (veuille [vœj]) voulons voulez (veuillez [vœje])	aie voulu ayons voulu ayez voulu

PARTICIPE

	PRÉSENT	PASSÉ
PARTICIPE	voulant	voulu, ue, us, ues ayant voulu

INFINITIF

	PRÉSENT	PASSÉ
INFINITIF	vouloir	avoir voulu

REM. L'impératif *veux, voulons, voulez* est rare sauf dans les expressions : *ne m'en veux pas, ne m'en voulez pas.* L'impératif *veuillez* est utilisé par politesse (*veuillez agréer...*).

INDICATIF

PRÉSENT

je sais
tu sais
il/elle sait
nous savons
vous savez
ils/elles savent

PASSÉ COMPOSÉ

j'ai su
tu as su
il/elle a su
nous avons su
vous avez su
ils/elles ont su

IMPARFAIT

je savais
tu savais
il/elle savait
nous savions [savjɔ̃]
vous saviez
ils/elles savaient

PLUS-QUE-PARFAIT

j'avais su
tu avais su
il/elle avait su
nous avions su
vous aviez su
ils/elles avaient su

PASSÉ SIMPLE

je sus
tu sus
il/elle sut
nous sûmes
vous sûtes
ils/elles surent

PASSÉ ANTÉRIEUR

j'eus su
tu eus su
il/elle eut su
nous eûmes su
vous eûtes su
ils/elles eurent su

FUTUR SIMPLE

je saurai
tu sauras
il/elle saura
nous saurons
vous saurez
ils/elles sauront

FUTUR ANTÉRIEUR

j'aurai su
tu auras su
il/elle aura su
nous aurons su
vous aurez su
ils/elles auront su

SUBJONCTIF

PRÉSENT

que je sache [saʃ]
que tu saches
qu'il/qu'elle sache
que nous sachions [saʃjɔ̃]
que vous sachiez
qu'ils/qu'elles sachent

IMPARFAIT

que je susse
que tu susses
qu'il/qu'elle sût
que nous sussions
que vous sussiez
qu'ils/qu'elles sussent

PASSÉ

que j'aie su
que tu aies su
qu'il/qu'elle ait su
que nous ayons su
que vous ayez su
qu'ils/qu'elles aient su

PLUS-QUE-PARFAIT

que j'eusse su
que tu eusses su
qu'il/qu'elle eût su
que nous eussions su
que vous eussiez su
qu'ils/qu'elles eussent su

CONDITIONNEL

PRÉSENT

je saurais
tu saurais
il/elle saurait
nous saurions
vous sauriez
ils/elles sauraient

PASSÉ 1re FORME

j'aurais su
tu aurais su
il/elle aurait su
nous aurions su
vous auriez su
ils/elles auraient su

PASSÉ 2e FORME

j'eusse su
tu eusses su
il/elle eût su
nous eussions su
vous eussiez su
ils/elles eussent su

IMPÉRATIF

	PRÉSENT	PASSÉ
IMPÉRATIF	sache [saʃ] sachons [saʃɔ̃] sachez [saʃe]	aie su ayons su ayez su

PARTICIPE

	PRÉSENT	PASSÉ
PARTICIPE	sachant	su, sue, sus, sues ayant su

INFINITIF

	PRÉSENT	PASSÉ
INFINITIF	savoir	avoir su

REM. L'impératif s'emploie surtout suivi d'un infinitif ou de *que (sachons être patients, sachez que tout est faux).*

INDICATIF

PRÉSENT

je peux [pø] ou je puis [pɥi]
tu peux
il/elle peut
nous pouvons [puvɔ̃]
vous pouvez
ils/elles peuvent [pœv]

PASSÉ COMPOSÉ

j'ai pu
tu as pu
il/elle a pu
nous avons pu
vous avez pu
ils/elles ont pu

IMPARFAIT

je pouvais
tu pouvais
il/elle pouvait
nous pouvions
vous pouviez
ils/elles pouvaient

PLUS-QUE-PARFAIT

j'avais pu
tu avais pu
il/elle avait pu
nous avions pu
vous aviez pu
ils/elles avaient pu

PASSÉ SIMPLE

je pus
tu pus
il/elle put
nous pûmes
vous pûtes
ils/elles purent

PASSÉ ANTÉRIEUR

j'eus pu
tu eus pu
il/elle eut pu
nous eûmes pu
vous eûtes pu
ils/elles eurent pu

FUTUR SIMPLE

je pourrai [puʀɛ]
tu pourras
il/elle pourra
nous pourrons [puʀɔ̃]
vous pourrez
ils/elles pourront

FUTUR ANTÉRIEUR

j'aurai pu
tu auras pu
il/elle aura pu
nous aurons pu
vous aurez pu
ils/elles auront pu

SUBJONCTIF

PRÉSENT

que je puisse [pɥis]
que tu puisses
qu'il/qu'elle puisse
que nous puissions
que vous puissiez
qu'ils/qu'elles puissent

IMPARFAIT

que je pusse
que tu pusses
qu'il/qu'elle pût
que nous pussions
que vous pussiez
qu'ils/qu'elles pussent

PASSÉ

que j'aie pu
que tu aies pu
qu'il/qu'elle ait pu
que nous ayons pu
que vous ayez pu
qu'ils/qu'elles aient pu

PLUS-QUE-PARFAIT

que j'eusse pu
que tu eusses pu
qu'il/qu'elle eût pu
que nous eussions pu
que vous eussiez pu
qu'ils/qu'elles eussent pu

CONDITIONNEL

PRÉSENT

je pourrais [puʀɛ]
tu pourrais
il/elle pourrait
nous pourrions [puʀjɔ̃]
vous pourriez
ils/elles pourraient

PASSÉ 1re FORME

j'aurais pu
tu aurais pu
il/elle aurait pu
nous aurions pu
vous auriez pu
ils/elles auraient pu

PASSÉ 2e FORME

j'eusse pu
tu eusses pu
il/elle eût pu
nous eussions pu
vous eussiez pu
ils/elles eussent pu

IMPÉRATIF

pas d'impératif

PARTICIPE

PRÉSENT

pouvant

PASSÉ

pu
ayant pu

INFINITIF

PRÉSENT

pouvoir

PASSÉ

avoir pu

REM. À la forme interrogative, seule la forme *puis* est en usage *(puis-je venir ?)*. *Puis* est plus recherché que *peux* à la forme négative, et encore plus à l'affirmative.

conjugaison 34 AVOIR

INDICATIF

PRÉSENT	PASSÉ COMPOSÉ
j'ai [e ; ɛ]	j'ai eu
tu as [a]	tu as eu
il/elle a [a]	il/elle a eu
nous avons [avɔ̃]	nous avons eu
vous avez [ave]	vous avez eu
ils/elles ont [ɔ̃]	ils/elles ont eu

IMPARFAIT	PLUS-QUE-PARFAIT
j'avais	j'avais eu
tu avais	tu avais eu
il/elle avait	il/elle avait eu
nous avions	nous avions eu
vous aviez	vous aviez eu
ils/elles avaient	ils/elles avaient eu

PASSÉ SIMPLE	PASSÉ ANTÉRIEUR
j'eus [y]	j'eus eu
tu eus	tu eus eu
il/elle eut [y]	il/elle eut eu
nous eûmes [ym]	nous eûmes eu
vous eûtes [yt]	vous eûtes eu
ils/elles eurent [yʀ]	ils/elles eurent eu

FUTUR SIMPLE	FUTUR ANTÉRIEUR
j'aurai [ɔʀɛ]	j'aurai eu
tu auras	tu auras eu
il/elle aura	il/elle aura eu
nous aurons	nous aurons eu
vous aurez	vous aurez eu
ils/elles auront	ils/elles auront eu

SUBJONCTIF

PRÉSENT	PASSÉ
que j'aie [ɛ]	que j'aie eu
que tu aies	que tu aies eu
qu'il/qu'elle ait	qu'il/qu'elle ait eu
que nous ayons [ɛjɔ̃]	que nous ayons eu
que vous ayez [eje]	que vous ayez eu
qu'ils/qu'elles aient [ɛ]	qu'ils/qu'elles aient eu

IMPARFAIT	PLUS-QUE-PARFAIT
que j'eusse [ys]	que j'eusse eu
que tu eusses	que tu eusses eu
qu'il/qu'elle eût [y]	qu'il/qu'elle eût eu
que nous eussions [ysjɔ̃]	que nous eussions eu
que vous eussiez	que vous eussiez eu
qu'ils/qu'elles eussent	qu'ils/qu'elles eussent eu

CONDITIONNEL

PRÉSENT	PASSÉ 1re FORME	PASSÉ 2e FORME
j'aurais [ɔʀɛ]	j'aurais eu	j'eusse eu
tu aurais	tu aurais eu	tu eusses eu
il/elle aurait	il/elle aurait eu	il/elle eût eu
nous aurions	nous aurions eu	nous eussions eu
vous auriez	vous auriez eu	vous eussiez eu
ils/elles auraient	ils/elles auraient eu	ils/elles eussent eu

	PRÉSENT	PASSÉ
IMPÉRATIF	aie [ɛ] ayons [ɛjɔ̃] ayez [eje]	aie eu ayons eu ayez eu
PARTICIPE	ayant [ɛjɑ̃]	eu, eue, eus, eues [y] ayant eu
INFINITIF	avoir	avoir eu

REM. 1 – Attention, au subjonctif présent *ayez, ayons* ne prennent pas de *i* (à la différence de *payions, payiez*).
2 – Le passé composé de ***avoir*** sert à former le passé surcomposé d'autres verbes *(quand j'ai eu fini)*.

INDICATIF

PRÉSENT	PASSÉ COMPOSÉ
je conclus	j'ai conclu
tu conclus	tu as conclu
il/elle conclut	il/elle a conclu
nous concluons	nous avons conclu
vous concluez	vous avez conclu
ils/elles concluent	ils/elles ont conclu

IMPARFAIT	PLUS-QUE-PARFAIT
je concluais	j'avais conclu
tu concluais	tu avais conclu
il/elle concluait	il/elle avait conclu
nous concluions [kɔ̃klyjɔ̃]	nous avions conclu
vous concluiez	vous aviez conclu
ils/elles concluaient	ils/elles avaient conclu

PASSÉ SIMPLE	PASSÉ ANTÉRIEUR
je conclus	j'eus conclu
tu conclus	tu eus conclu
il/elle conclut	il/elle eut conclu
nous conclûmes	nous eûmes conclu
vous conclûtes	vous eûtes conclu
ils/elles conclurent	ils/elles eurent conclu

FUTUR SIMPLE	FUTUR ANTÉRIEUR
je conclurai	j'aurai conclu
tu concluras	tu auras conclu
il/elle conclura	il/elle aura conclu
nous conclurons	nous aurons conclu
vous conclurez	vous aurez conclu
ils/elles concluront	ils/elles auront conclu

SUBJONCTIF

PRÉSENT
que je conclue
que tu conclues
qu'il/qu'elle conclue
que nous concluions [kɔ̃klyjɔ̃]
que vous concluiez
qu'ils/qu'elles concluent

IMPARFAIT
que je conclusse
que tu conclusses
qu'il/qu'elle conclût
que nous conclussions
que vous conclussiez
qu'ils/qu'elles conclussent

PASSÉ
que j'aie conclu
que tu aies conclu
qu'il/qu'elle ait conclu
que nous ayons conclu
que vous ayez conclu
qu'ils/qu'elles aient conclu

PLUS-QUE-PARFAIT
que j'eusse conclu
que tu eusses conclu
qu'il/qu'elle eût conclu
que nous eussions conclu
que vous eussiez conclu
qu'ils/qu'elles eussent conclu

CONDITIONNEL

PRÉSENT
je conclurais
tu conclurais
il/elle conclurait
nous conclurions
vous concluriez
ils/elles concluraient

PASSÉ 1re FORME
j'aurais conclu
tu aurais conclu
il/elle aurait conclu
nous aurions conclu
vous auriez conclu
ils/elles auraient conclu

PASSÉ 2e FORME
j'eusse conclu
tu eusses conclu
il/elle eût conclu
nous eussions conclu
vous eussiez conclu
ils/elles eussent conclu

IMPÉRATIF

PRÉSENT	PASSÉ
conclus	aie conclu
concluons	ayons conclu
concluez	ayez conclu

PARTICIPE

PRÉSENT	PASSÉ
concluant	conclu, ue, us, ues
	ayant conclu

INFINITIF

PRÉSENT	PASSÉ
conclure	avoir conclu

REM. ***Exclure*** se conjugue comme ***conclure :*** participe passé *exclu, ue ;* ***inclure*** et ***occlure*** se conjuguent comme ***conclure*** sauf au participe passé : *inclus, use ; occlus, use.*

INDICATIF

PRÉSENT	PASSÉ COMPOSÉ
je ris	j'ai ri
tu ris	tu as ri
il/elle rit	il/elle a ri
nous rions [ʀjɔ̃ ; ʀijjɔ̃]	nous avons ri
vous riez	vous avez ri
ils/elles rient	ils/elles ont ri

IMPARFAIT	PLUS-QUE-PARFAIT
je riais	j'avais ri
tu riais	tu avais ri
il/elle riait	il/elle avait ri
nous riions [ʀijɔ̃ ; ʀijjɔ̃]	nous avions ri
vous riiez	vous aviez ri
ils/elles riaient	ils/elles avaient ri

PASSÉ SIMPLE	PASSÉ ANTÉRIEUR
je ris	j'eus ri
tu ris	tu eus ri
il/elle rit	il/elle eut ri
nous rîmes	nous eûmes ri
vous rîtes	vous eûtes ri
ils/elles rirent	ils/elles eurent ri

FUTUR SIMPLE	FUTUR ANTÉRIEUR
je rirai	j'aurai ri
tu riras	tu auras ri
il/elle rira	il/elle aura ri
nous rirons	nous aurons ri
vous rirez	vous aurez ri
ils/elles riront	ils/elles auront ri

SUBJONCTIF

PRÉSENT

que je rie
que tu ries
qu'il/qu'elle rie
que nous riions [ʀijɔ̃ ; ʀijjɔ̃]
que vous riiez
qu'ils/qu'elles rient

IMPARFAIT (rare)

que je risse
que tu risses
qu'il/qu'elle rît
que nous rissions
que vous rissiez
qu'ils/qu'elles rissent

PASSÉ

que j'aie ri
que tu aies ri
qu'il/qu'elle ait ri
que nous ayons ri
que vous ayez ri
qu'ils/qu'elles aient ri

PLUS-QUE-PARFAIT

que j'eusse ri
que tu eusses ri
qu'il/qu'elle eût ri
que nous eussions ri
que vous eussiez ri
qu'ils/qu'elles eussent ri

CONDITIONNEL

PRÉSENT

je rirais
tu rirais
il/elle rirait
nous ririons
vous ririez
ils/elles riraient

PASSÉ 1re FORME

j'aurais ri
tu aurais ri
il/elle aurait ri
nous aurions ri
vous auriez ri
ils/elles auraient ri

PASSÉ 2e FORME

j'eusse ri
tu eusses ri
il/elle eût ri
nous eussions ri
vous eussiez ri
ils/elles eussent ri

IMPÉRATIF

PRÉSENT	PASSÉ
ris	aie ri
rions	ayons ri
riez	ayez ri

PARTICIPE

PRÉSENT	PASSÉ
riant	ri
	ayant ri

INFINITIF

PRÉSENT	PASSÉ
rire	avoir ri

REM. Attention de ne pas oublier les deux *i* à l'imparfait de l'indicatif et au subjonctif présent dans les formes *riions, riiez.*

INDICATIF

PRÉSENT	PASSÉ COMPOSÉ
je dis	j'ai dit
tu dis	tu as dit
il/elle dit	il/elle a dit
nous disons [dizɔ̃]	nous avons dit
vous dites [dit]	vous avez dit
ils/elles disent	ils/elles ont dit

IMPARFAIT	PLUS-QUE-PARFAIT
je disais	j'avais dit
tu disais	tu avais dit
il/elle disait	il/elle avait dit
nous disions	nous avions dit
vous disiez	vous aviez dit
ils/elles disaient	ils/elles avaient dit

PASSÉ SIMPLE	PASSÉ ANTÉRIEUR
je dis	j'eus dit
tu dis	tu eus dit
il/elle dit	il/elle eut dit
nous dîmes	nous eûmes dit
vous dîtes	vous eûtes dit
ils/elles dirent	ils/elles eurent dit

FUTUR SIMPLE	FUTUR ANTÉRIEUR
je dirai	j'aurai dit
tu diras	tu auras dit
il/elle dira	il/elle aura dit
nous dirons	nous aurons dit
vous direz	vous aurez dit
ils/elles diront	ils/elles auront dit

SUBJONCTIF

PRÉSENT

que je dise [diz]
que tu dises
qu'il/qu'elle dise
que nous disions
que vous disiez
qu'ils/qu'elles disent

IMPARFAIT

que je disse [dis]
que tu disses
qu'il/qu'elle dît
que nous dissions
que vous dissiez
qu'ils/qu'elles dissent

PASSÉ

que j'aie dit
que tu aies dit
qu'il/qu'elle ait dit
que nous ayons dit
que vous ayez dit
qu'ils/qu'elles aient dit

PLUS-QUE-PARFAIT

que j'eusse dit
que tu eusses dit
qu'il/qu'elle eût dit
que nous eussions dit
que vous eussiez dit
qu'ils/qu'elles eussent dit

CONDITIONNEL

PRÉSENT

je dirais
tu dirais
il/elle dirait
nous dirions
vous diriez
ils/elles diraient

PASSÉ 1re FORME

j'aurais dit
tu aurais dit
il/elle aurait dit
nous aurions dit
vous auriez dit
ils/elles auraient dit

PASSÉ 2e FORME

j'eusse dit
tu eusses dit
il/elle eût dit
nous eussions dit
vous eussiez dit
ils/elles eussent dit

	PRÉSENT	PASSÉ
IMPÉRATIF	dis disons dites	aie dit ayons dit ayez dit
PARTICIPE	disant	dit, dite, dits, dites ayant dit
INFINITIF	dire	avoir dit

REM. 1 – ***Maudire*** se conjugue comme ***finir*** sauf au participe passé *(maudit, ite)* et à l'infinitif.
2 – ***Médire, contredire, dédire, interdire, prédire*** se conjuguent comme ***dire*** sauf au présent de l'indicatif et de l'impératif à la deuxième personne du pluriel : *médisez, contredisez, dédisez, interdisez, prédisez*. Mais ***redire*** fait *vous redites*.

INDICATIF

PRÉSENT	PASSÉ COMPOSÉ
je suffis	j'ai suffi
tu suffis	tu as suffi
il/elle suffit	il/elle a suffi
nous suffisons	nous avons suffi
vous suffisez	vous avez suffi
ils/elles suffisent	ils/elles ont suffi

IMPARFAIT	PLUS-QUE-PARFAIT
je suffisais	j'avais suffi
tu suffisais	tu avais suffi
il/elle suffisait	il/elle avait suffi
nous suffisions	nous avions suffi
vous suffisiez	vous aviez suffi
ils/elles suffisaient	ils/elles avaient suffi

PASSÉ SIMPLE	PASSÉ ANTÉRIEUR
je suffis	j'eus suffi
tu suffis	tu eus suffi
il/elle suffit	il/elle eut suffi
nous suffîmes	nous eûmes suffi
vous suffîtes	vous eûtes suffi
ils/elles suffirent	ils/elles eurent suffi

FUTUR SIMPLE	FUTUR ANTÉRIEUR
je suffirai	j'aurai suffi
tu suffiras	tu auras suffi
il/elle suffira	il/elle aura suffi
nous suffirons	nous aurons suffi
vous suffirez	vous aurez suffi
ils/elles suffiront	ils/elles auront suffi

SUBJONCTIF

PRÉSENT

que je suffise
que tu suffises
qu'il/qu'elle suffise
que nous suffisions
que vous suffisiez
qu'ils/qu'elles suffisent

IMPARFAIT

que je suffisse
que tu suffisses
qu'il/qu'elle suffît
que nous suffissions
que vous suffissiez
qu'ils/qu'elles suffissent

PASSÉ

que j'aie suffi
que tu aies suffi
qu'il/qu'elle ait suffi
que nous ayons suffi
que vous ayez suffi
qu'ils/qu'elles aient suffi

PLUS-QUE-PARFAIT

que j'eusse suffi
que tu eusses suffi
qu'il/qu'elle eût suffi
que nous eussions suffi
que vous eussiez suffi
qu'ils/qu'elles eussent suffi

CONDITIONNEL

PRÉSENT

je suffirais
tu suffirais
il/elle suffirait
nous suffirions
vous suffiriez
ils/elles suffiraient

PASSÉ 1re FORME

j'aurais suffi
tu aurais suffi
il/elle aurait suffi
nous aurions suffi
vous auriez suffi
ils/elles auraient suffi

PASSÉ 2e FORME

j'eusse suffi
tu eusses suffi
il/elle eût suffi
nous eussions suffi
vous eussiez suffi
ils/elles eussent suffi

IMPÉRATIF

PRÉSENT	PASSÉ
suffis	aie suffi
suffisons	ayons suffi
suffisez	ayez suffi

PARTICIPE

PRÉSENT	PASSÉ
suffisant	suffi
	ayant suffi

INFINITIF

PRÉSENT	PASSÉ
suffire	avoir suffi

REM. ***Confire*** se conjugue comme ***suffire*** sauf au participe passé : *confit, ite.* ***Circoncire*** se conjugue comme ***suffire*** sauf au participe passé : *circoncis, ise.*

INDICATIF

PRÉSENT	PASSÉ COMPOSÉ
j'écris	j'ai écrit
tu écris	tu as écrit
il/elle écrit	il/elle a écrit
nous écrivons	nous avons écrit
vous écrivez	vous avez écrit
ils/elles écrivent	ils/elles ont écrit

IMPARFAIT	PLUS-QUE-PARFAIT
j'écrivais	j'avais écrit
tu écrivais	tu avais écrit
il/elle écrivait	il/elle avait écrit
nous écrivions	nous avions écrit
vous écriviez	vous aviez écrit
ils/elles écrivaient	ils/elles avaient écrit

PASSÉ SIMPLE	PASSÉ ANTÉRIEUR
j'écrivis	j'eus écrit
tu écrivis	tu eus écrit
il/elle écrivit	il/elle eut écrit
nous écrivîmes	nous eûmes écrit
vous écrivîtes	vous eûtes écrit
ils/elles écrivirent	ils/elles eurent écrit

FUTUR SIMPLE	FUTUR ANTÉRIEUR
j'écrirai	j'aurai écrit
tu écriras	tu auras écrit
il/elle écrira	il/elle aura écrit
nous écrirons	nous aurons écrit
vous écrirez	vous aurez écrit
ils/elles écriront	ils/elles auront écrit

SUBJONCTIF

PRÉSENT

que j'écrive
que tu écrives
qu'il/qu'elle écrive
que nous écrivions
que vous écriviez
qu'ils/qu'elles écrivent

IMPARFAIT

que j'écrivisse
que tu écrivisses
qu'il/qu'elle écrivît
que nous écrivissions
que vous écrivissiez
qu'ils/qu'elles écrivissent

PASSÉ

que j'aie écrit
que tu aies écrit
qu'il/qu'elle ait écrit
que nous ayons écrit
que vous ayez écrit
qu'ils/qu'elles aient écrit

PLUS-QUE-PARFAIT

que j'eusse écrit
que tu eusses écrit
qu'il/qu'elle eût écrit
que nous eussions écrit
que vous eussiez écrit
qu'ils/qu'elles eussent écrit

CONDITIONNEL

PRÉSENT

j'écrirais
tu écrirais
il/elle écrirait
nous écririons
vous écririez
ils/elles écriraient

PASSÉ 1re FORME

j'aurais écrit
tu aurais écrit
il/elle aurait écrit
nous aurions écrit
vous auriez écrit
ils/elles auraient écrit

PASSÉ 2e FORME

j'eusse écrit
tu eusses écrit
il/elle eût écrit
nous eussions écrit
vous eussiez écrit
ils/elles eussent écrit

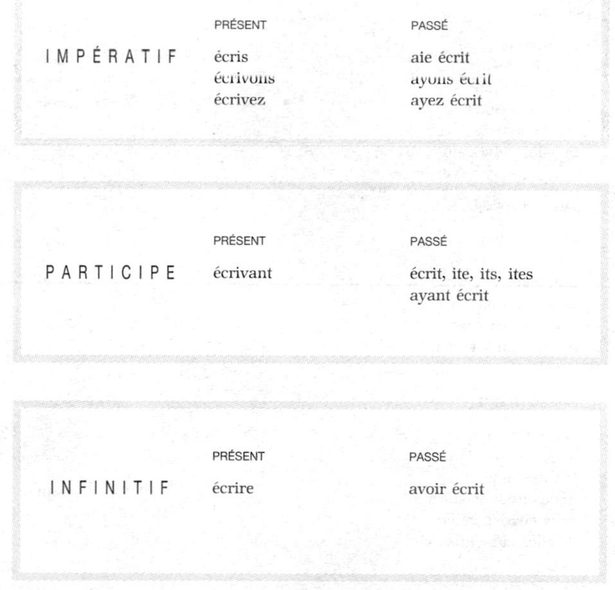

	PRÉSENT	PASSÉ
IMPÉRATIF	écris écrivons écrivez	aie écrit ayons écrit ayez écrit
PARTICIPE	écrivant	écrit, ite, its, ites ayant écrit
INFINITIF	écrire	avoir écrit

REM. Ainsi se conjuguent ***décrire, récrire*** et les verbes en ***-scrire.***

INDICATIF

PRÉSENT	PASSÉ COMPOSÉ
je suis	j'ai suivi
tu suis	tu as suivi
il/elle suit	il/elle a suivi
nous suivons	nous avons suivi
vous suivez	vous avez suivi
ils/elles suivent	ils/elles ont suivi

IMPARFAIT	PLUS-QUE-PARFAIT
je suivais	j'avais suivi
tu suivais	tu avais suivi
il/elle suivait	il/elle avait suivi
nous suivions	nous avions suivi
vous suiviez	vous aviez suivi
ils/elles suivaient	ils/elles avaient suivi

PASSÉ SIMPLE	PASSÉ ANTÉRIEUR
je suivis	j'eus suivi
tu suivis	tu eus suivi
il/elle suivit	il/elle eut suivi
nous suivîmes	nous eûmes suivi
vous suivîtes	vous eûtes suivi
ils/elles suivirent	ils/elles eurent suivi

FUTUR SIMPLE	FUTUR ANTÉRIEUR
je suivrai	j'aurai suivi
tu suivras	tu auras suivi
il/elle suivra	il/elle aura suivi
nous suivrons	nous aurons suivi
vous suivrez	vous aurez suivi
ils/elles suivront	ils/elles auront suivi

SUBJONCTIF

PRÉSENT

que je suive
que tu suives
qu'il/qu'elle suive
que nous suivions
que vous suiviez
qu'ils/qu'elles suivent

IMPARFAIT

que je suivisse
que tu suivisses
qu'il/qu'elle suivît
que nous suivissions
que vous suivissiez
qu'ils/qu'elles suivissent

PASSÉ

que j'aie suivi
que tu aies suivi
qu'il/qu'elle ait suivi
que nous ayons suivi
que vous ayez suivi
qu'ils/qu'elles aient suivi

PLUS-QUE-PARFAIT

que j'eusse suivi
que tu eusses suivi
qu'il/qu'elle eût suivi
que nous eussions suivi
que vous eussiez suivi
qu'ils/qu'elles eussent suivi

CONDITIONNEL

PRÉSENT

je suivrais
tu suivrais
il/elle suivrait
nous suivrions
vous suivriez
ils/elles suivraient

PASSÉ 1re FORME

j'aurais suivi
tu aurais suivi
il/elle aurait suivi
nous aurions suivi
vous auriez suivi
ils/elles auraient suivi

PASSÉ 2e FORME

j'eusse suivi
tu eusses suivi
il/elle eût suivi
nous eussions suivi
vous eussiez suivi
ils/elles eussent suivi

IMPÉRATIF

PRÉSENT	PASSÉ
suis	aie suivi
suivons	ayons suivi
suivez	ayez suivi

PARTICIPE

PRÉSENT	PASSÉ
suivant	suivi, ie, is, ies
	ayant suivi

INFINITIF

PRÉSENT	PASSÉ
suivre	avoir suivi

INDICATIF

PRÉSENT	PASSÉ COMPOSÉ
je rends	j'ai rendu
tu rends	tu as rendu
il/elle rend	il/elle a rendu
nous rendons	nous avons rendu
vous rendez	vous avez rendu
ils/elles rendent	ils/elles ont rendu

IMPARFAIT	PLUS-QUE-PARFAIT
je rendais	j'avais rendu
tu rendais	tu avais rendu
il/elle rendait	il/elle avait rendu
nous rendions	nous avions rendu
vous rendiez	vous aviez rendu
ils/elles rendaient	ils/elles avaient rendu

PASSÉ SIMPLE	PASSÉ ANTÉRIEUR
je rendis	j'eus rendu
tu rendis	tu eus rendu
il/elle rendit	il/elle eut rendu
nous rendîmes	nous eûmes rendu
vous rendîtes	vous eûtes rendu
ils/elles rendirent	ils/elles eurent rendu

FUTUR SIMPLE	FUTUR ANTÉRIEUR
je rendrai	j'aurai rendu
tu rendras	tu auras rendu
il/elle rendra	il/elle aura rendu
nous rendrons	nous aurons rendu
vous rendrez	vous aurez rendu
ils/elles rendront	ils/elles auront rendu

SUBJONCTIF

PRÉSENT

que je rende
que tu rendes
qu'il/qu'elle rende
que nous rendions
que vous rendiez
qu'ils/qu'elles rendent

IMPARFAIT

que je rendisse
que tu rendisses
qu'il/qu'elle rendît
que nous rendissions
que vous rendissiez
qu'ils/qu'elles rendissent

PASSÉ

que j'aie rendu
que tu aies rendu
qu'il/qu'elle ait rendu
que nous ayons rendu
que vous ayez rendu
qu'ils/qu'elles aient rendu

PLUS-QUE-PARFAIT

que j'eusse rendu
que tu eusses rendu
qu'il/qu'elle eût rendu
que nous eussions rendu
que vous eussiez rendu
qu'ils/qu'elles eussent rendu

CONDITIONNEL

PRÉSENT

je rendrais
tu rendrais
il/elle rendrait
nous rendrions
vous rendriez
ils/elles rendraient

PASSÉ 1re FORME

j'aurais rendu
tu aurais rendu
il/elle aurait rendu
nous aurions rendu
vous auriez rendu
ils/elles auraient rendu

PASSÉ 2e FORME

j'eusse rendu
tu eusses rendu
il/elle eût rendu
nous eussions rendu
vous eussiez rendu
ils/elles eussent rendu

	PRÉSENT	PASSÉ
IMPÉRATIF	rends rendons rendez	aie rendu ayons rendu ayez rendu
PARTICIPE	rendant	rendu, ue, us, ues ayant rendu
INFINITIF	rendre	avoir rendu

* Et les verbes en ***-endre*** (sauf *prendre* et ses dérivés, voir conjug. 58), ***-andre*** (ex. *répandre*), ***-erdre*** (ex. *perdre*), ***-ondre*** (ex. *répondre*), ***-ordre*** (ex. *mordre*).

INDICATIF

PRÉSENT

je romps
tu romps
il/elle rompt [rɔ̃]
nous rompons
vous rompez
ils/elles rompent

PASSÉ COMPOSÉ

j'ai rompu
tu as rompu
il/elle a rompu
nous avons rompu
vous avez rompu
ils/elles ont rompu

IMPARFAIT

je rompais
tu rompais
il/elle rompait
nous rompions
vous rompiez
ils/elles rompaient

PLUS-QUE-PARFAIT

j'avais rompu
tu avais rompu
il/elle avait rompu
nous avions rompu
vous aviez rompu
ils/elles avaient rompu

PASSÉ SIMPLE

je rompis
tu rompis
il/elle rompit
nous rompîmes
vous rompîtes
ils/elles rompirent

PASSÉ ANTÉRIEUR

j'eus rompu
tu eus rompu
il/elle eut rompu
nous eûmes rompu
vous eûtes rompu
ils/elles eurent rompu

FUTUR SIMPLE

je romprai
tu rompras
il/elle rompra
nous romprons
vous romprez
ils/elles rompront

FUTUR ANTÉRIEUR

j'aurai rompu
tu auras rompu
il/elle aura rompu
nous aurons rompu
vous aurez rompu
ils/elles auront rompu

SUBJONCTIF

PRÉSENT

que je rompe
que tu rompes
qu'il/qu'elle rompe
que nous rompions
que vous rompiez
qu'ils/qu'elles rompent

IMPARFAIT

que je rompisse
que tu rompisses
qu'il/qu'elle rompît
que nous rompissions
que vous rompissiez
qu'ils/qu'elles rompissent

PASSÉ

que j'aie rompu
que tu aies rompu
qu'il/qu'elle ait rompu
que nous ayons rompu
que vous ayez rompu
qu'ils/qu'elles aient rompu

PLUS-QUE-PARFAIT

que j'eusse rompu
que tu eusses rompu
qu'il/qu'elle eût rompu
que nous eussions rompu
que vous eussiez rompu
qu'ils/qu'elles eussent rompu

CONDITIONNEL

PRÉSENT

je romprais
tu romprais
il/elle romprait
nous romprions
vous rompriez
ils/elles rompraient

PASSÉ 1re FORME

j'aurais rompu
tu aurais rompu
il/elle aurait rompu
nous aurions rompu
vous auriez rompu
ils/elles auraient rompu

PASSÉ 2e FORME

j'eusse rompu
tu eusses rompu
il/elle eût rompu
nous eussions rompu
vous eussiez rompu
ils/elles eussent rompu

IMPÉRATIF

	PRÉSENT	PASSÉ
IMPÉRATIF	romps rompons rompez	aie rompu ayons rompu ayez rompu

PARTICIPE

	PRÉSENT	PASSÉ
PARTICIPE	rompant	rompu, ue, us, ues ayant rompu

INFINITIF

	PRÉSENT	PASSÉ
INFINITIF	rompre	avoir rompu

INDICATIF

PRÉSENT

je bats
tu bats
il/elle bat
nous battons
vous battez
ils/elles battent

PASSÉ COMPOSÉ

j'ai battu
tu as battu
il/elle a battu
nous avons battu
vous avez battu
ils/elles ont battu

IMPARFAIT

je battais
tu battais
il/elle battait
nous battions
vous battiez
ils/elles battaient

PLUS-QUE-PARFAIT

j'avais battu
tu avais battu
il/elle avait battu
nous avions battu
vous aviez battu
ils/elles avaient battu

PASSÉ SIMPLE

je battis
tu battis
il/elle battit
nous battîmes
vous battîtes
ils/elles battirent

PASSÉ ANTÉRIEUR

j'eus battu
tu eus battu
il/elle eut battu
nous eûmes battu
vous eûtes battu
ils/elles eurent battu

FUTUR SIMPLE

je battrai
tu battras
il/elle battra
nous battrons
vous battrez
ils/elles battront

FUTUR ANTÉRIEUR

j'aurai battu
tu auras battu
il/elle aura battu
nous aurons battu
vous aurez battu
ils/elles auront battu

SUBJONCTIF

PRÉSENT

que je batte
que tu battes
qu'il/qu'elle batte
que nous battions
que vous battiez
qu'ils/qu'elles battent

IMPARFAIT

que je battisse
que tu battisses
qu'il/qu'elle battît
que nous battissions
que vous battissiez
qu'ils/qu'elles battissent

PASSÉ

que j'aie battu
que tu aies battu
qu'il/qu'elle ait battu
que nous ayons battu
que vous ayez battu
qu'ils/qu'elles aient battu

PLUS-QUE-PARFAIT

que j'eusse battu
que tu eusses battu
qu'il/qu'elle eût battu
que nous eussions battu
que vous eussiez battu
qu'ils/qu'elles eussent battu

CONDITIONNEL

PRÉSENT

je battrais
tu battrais
il/elle battrait
nous battrions
vous battriez
ils/elles battraient

PASSÉ 1re FORME

j'aurais battu
tu aurais battu
il/elle aurait battu
nous aurions battu
vous auriez battu
ils/elles auraient battu

PASSÉ 2e FORME

j'eusse battu
tu eusses battu
il/elle eût battu
nous eussions battu
vous eussiez battu
ils/elles eussent battu

IMPÉRATIF

	PRÉSENT	PASSÉ
IMPÉRATIF	bats battons battez	aie battu ayons battu ayez battu

PARTICIPE

	PRÉSENT	PASSÉ
PARTICIPE	battant	battu, ue, us, ues ayant battu

INFINITIF

	PRÉSENT	PASSÉ
INFINITIF	battre	avoir battu

INDICATIF

PRÉSENT	PASSÉ COMPOSÉ
je vaincs [vɛ̃]	j'ai vaincu
tu vaincs	tu as vaincu
il/elle vainc [vɛ̃]	il/elle a vaincu
nous vainquons [vɛ̃kɔ̃]	nous avons vaincu
vous vainquez	vous avez vaincu
ils/elles vainquent [vɛ̃k]	ils/elles ont vaincu

IMPARFAIT	PLUS-QUE-PARFAIT
je vainquais	j'avais vaincu
tu vainquais	tu avais vaincu
il/elle vainquait	il/elle avait vaincu
nous vainquions	nous avions vaincu
vous vainquiez	vous aviez vaincu
ils/elles vainquaient	ils/elles avaient vaincu

PASSÉ SIMPLE	PASSÉ ANTÉRIEUR
je vainquis	j'eus vaincu
tu vainquis	tu eus vaincu
il/elle vainquit	il/elle eut vaincu
nous vainquîmes	nous eûmes vaincu
vous vainquîtes	vous eûtes vaincu
ils/elles vainquirent	ils/elles eurent vaincu

FUTUR SIMPLE	FUTUR ANTÉRIEUR
je vaincrai	j'aurai vaincu
tu vaincras	tu auras vaincu
il/elle vaincra	il/elle aura vaincu
nous vaincrons	nous aurons vaincu
vous vaincrez	vous aurez vaincu
ils/elles vaincront	ils/elles auront vaincu

SUBJONCTIF

PRÉSENT

que je vainque
que tu vainques
qu'il/qu'elle vainque
que nous vainquions
que vous vainquiez
qu'ils/qu'elles vainquent

IMPARFAIT

que je vainquisse
que tu vainquisses
qu'il/qu'elle vainquît
que nous vainquissions
que vous vainquissiez
qu'ils/qu'elles vainquissent

PASSÉ

que j'aie vaincu
que tu aies vaincu
qu'il/qu'elle ait vaincu
que nous ayons vaincu
que vous ayez vaincu
qu'ils/qu'elles aient vaincu

PLUS-QUE-PARFAIT

que j'eusse vaincu
que tu eusses vaincu
qu'il/qu'elle eût vaincu
que nous eussions vaincu
que vous eussiez vaincu
qu'ils/qu'elles eussent vaincu

CONDITIONNEL

PRÉSENT

je vaincrais
tu vaincrais
il/elle vaincrait
nous vaincrions
vous vaincriez
ils/elles vaincraient

PASSÉ 1re FORME

j'aurais vaincu
tu aurais vaincu
il/elle aurait vaincu
nous aurions vaincu
vous auriez vaincu
ils/elles auraient vaincu

PASSÉ 2e FORME

j'eusse vaincu
tu eusses vaincu
il/elle eût vaincu
nous eussions vaincu
vous eussiez vaincu
ils/elles eussent vaincu

	PRÉSENT	PASSÉ
IMPÉRATIF	vaincs vainquons vainquez	aie vaincu ayons vaincu ayez vaincu
PARTICIPE	vainquant	vaincu, ue, us, ues ayant vaincu
INFINITIF	vaincre	avoir vaincu

REM. 1 – Devant une voyelle autre que *u* prononcé, le son [k] se note *qu* (ex. *nous vainquons, je vainquis*).
2 – À la 3e personne du singulier du présent de l'indicatif, ***vaincre*** ne prend pas de *-t (il vainc).*
3 – Le verbe ***convaincre*** se conjugue comme ***vaincre.***

INDICATIF

PRÉSENT	PASSÉ COMPOSÉ
je lis	j'ai lu
tu lis	tu as lu
il/elle lit	il/elle a lu
nous lisons	nous avons lu
vous lisez	vous avez lu
ils/elles lisent	ils/elles ont lu

IMPARFAIT	PLUS-QUE-PARFAIT
je lisais	j'avais lu
tu lisais	tu avais lu
il/elle lisait	il/elle avait lu
nous lisions	nous avions lu
vous lisiez	vous aviez lu
ils/elles lisaient	ils/elles avaient lu

PASSÉ SIMPLE	PASSÉ ANTÉRIEUR
je lus	j'eus lu
tu lus	tu eus lu
il/elle lut	il/elle eut lu
nous lûmes	nous eûmes lu
vous lûtes	vous eûtes lu
ils/elles lurent	ils/elles eurent lu

FUTUR SIMPLE	FUTUR ANTÉRIEUR
je lirai	j'aurai lu
tu liras	tu auras lu
il/elle lira	il/elle aura lu
nous lirons	nous aurons lu
vous lirez	vous aurez lu
ils/elles liront	ils/elles auront lu

SUBJONCTIF

PRÉSENT

que je lise
que tu lises
qu'il/qu'elle lise
que nous lisions
que vous lisiez
qu'ils/qu'elles lisent

IMPARFAIT

que je lusse
que tu lusses
qu'il/qu'elle lût
que nous lussions
que vous lussiez
qu'ils/qu'elles lussent

PASSÉ

que j'aie lu
que tu aies lu
qu'il/qu'elle ait lu
que nous ayons lu
que vous ayez lu
qu'ils/qu'elles aient lu

PLUS-QUE-PARFAIT

que j'eusse lu
que tu eusses lu
qu'il/qu'elle eût lu
que nous eussions lu
que vous eussiez lu
qu'ils/qu'elles eussent lu

CONDITIONNEL

PRÉSENT

je lirais
tu lirais
il/elle lirait
nous lirions
vous liriez
ils/elles liraient

PASSÉ 1re FORME

j'aurais lu
tu aurais lu
il/elle aurait lu
nous aurions lu
vous auriez lu
ils/elles auraient lu

PASSÉ 2e FORME

j'eusse lu
tu eusses lu
il/elle eût lu
nous eussions lu
vous eussiez lu
ils/elles eussent lu

IMPÉRATIF

PRÉSENT	PASSÉ
lis	aie lu
lisons	ayons lu
lisez	ayez lu

PARTICIPE

PRÉSENT	PASSÉ
lisant	lu, lue, lus, lues
	ayant lu

INFINITIF

PRÉSENT	PASSÉ
lire	avoir lu

INDICATIF

PRÉSENT	PASSÉ COMPOSÉ
je crois [kʀwa]	j'ai cru
tu crois	tu as cru
il/elle croit	il/elle a cru
nous croyons [kʀwajɔ̃]	nous avons cru
vous croyez	vous avez cru
ils/elles croient [kʀwa]	ils/elles ont cru

IMPARFAIT	PLUS-QUE-PARFAIT
je croyais [kʀwajɛ]	j'avais cru
tu croyais	tu avais cru
il/elle croyait	il/elle avait cru
nous croyions [kʀwajjɔ̃]	nous avions cru
vous croyiez	vous aviez cru
ils/elles croyaient	ils/elles avaient cru

PASSÉ SIMPLE	PASSÉ ANTÉRIEUR
je crus	j'eus cru
tu crus	tu eus cru
il/elle crut	il/elle eut cru
nous crûmes	nous eûmes cru
vous crûtes	vous eûtes cru
ils/elles crurent	ils/elles eurent cru

FUTUR SIMPLE	FUTUR ANTÉRIEUR
je croirai	j'aurai cru
tu croiras	tu auras cru
il/elle croira	il/elle aura cru
nous croirons	nous aurons cru
vous croirez	vous aurez cru
ils/elles croiront	ils/elles auront cru

SUBJONCTIF

PRÉSENT

que je croie [kʀwa]
que tu croies
qu'il/qu'elle croie
que nous croyions [kʀwajjɔ̃]
que vous croyiez
qu'ils/qu'elles croient

IMPARFAIT

que je crusse
que tu crusses
qu'il/qu'elle crût
que nous crussions
que vous crussiez
qu'ils/qu'elles crussent

PASSÉ

que j'aie cru
que tu aies cru
qu'il/qu'elle ait cru
que nous ayons cru
que vous ayez cru
qu'ils/qu'elles aient cru

PLUS-QUE-PARFAIT

que j'eusse cru
que tu eusses cru
qu'il/qu'elle eût cru
que nous eussions cru
que vous eussiez cru
qu'ils/qu'elles eussent cru

CONDITIONNEL

PRÉSENT

je croirais
tu croirais
il/elle croirait
nous croirions
vous croiriez
ils/elles croiraient

PASSÉ 1re FORME

j'aurais cru
tu aurais cru
il/elle aurait cru
nous aurions cru
vous auriez cru
ils/elles auraient cru

PASSÉ 2e FORME

j'eusse cru
tu eusses cru
il/elle eût cru
nous eussions cru
vous eussiez cru
ils/elles eussent cru

	PRÉSENT	PASSÉ
IMPÉRATIF	crois croyons croyez	aie cru ayons cru ayez cru
PARTICIPE	croyant	cru, crue, crus, crues ayant cru
INFINITIF	croire	avoir cru

REM. *Croyons* et *croyions* ont une prononciation très proche. Attention de ne pas oublier le *i* à l'imparfait de l'indicatif et au subjonctif présent.

INDICATIF

PRÉSENT	PASSÉ COMPOSÉ
je clos	j'ai clos
tu clos	tu as clos
il/elle clôt	il/elle a clos
	nous avons clos
	vous avez clos
ils/elles closent	ils/elles ont clos

IMPARFAIT	PLUS-QUE-PARFAIT
n'existe pas	j'avais clos
	tu avais clos
	il/elle avait clos
	nous avions clos
	vous aviez clos
	ils/elles avaient clos

PASSÉ SIMPLE	PASSÉ ANTÉRIEUR
n'existe pas	j'eus clos
	tu eus clos
	il/elle eut clos
	nous eûmes clos
	vous eûtes clos
	ils/elles eurent clos

FUTUR SIMPLE	FUTUR ANTÉRIEUR
je clorai	j'aurai clos
tu cloras	tu auras clos
il/elle clora	il/elle aura clos
nous clorons	nous aurons clos
vous clorez	vous aurez clos
ils/elles cloront	ils/elles auront clos

SUBJONCTIF

PRÉSENT

que je close
que tu closes
qu'il/qu'elle close
que nous closions
que vous closiez
qu'ils/qu'elles closent

IMPARFAIT

n'existe pas

PASSÉ

que j'aie clos
que tu aies clos
qu'il/qu'elle ait clos
que nous ayons clos
que vous ayez clos
qu'ils/qu'elles aient clos

PLUS-QUE-PARFAIT

que j'eusse clos
que tu eusses clos
qu'il/qu'elle eût clos
que nous eussions clos
que vous eussiez clos
qu'ils/qu'elles eussent clos

CONDITIONNEL

PRÉSENT

je clorais
tu clorais
il/elle clorait
nous clorions
vous cloriez
ils/elles cloraient

PASSÉ 1re FORME

j'aurais clos
tu aurais clos
il/elle aurait clos
nous aurions clos
vous auriez clos
ils/elles auraient clos

PASSÉ 2e FORME

j'eusse clos
tu eusses clos
il/elle eût clos
nous eussions clos
vous eussiez clos
ils/elles eussent clos

IMPÉRATIF

PRÉSENT	PASSÉ
clos	aie clos
	ayons clos
	ayez clos

PARTICIPE

PRÉSENT	PASSÉ
closant	clos, close, clos, closes
	ayant clos

INFINITIF

PRÉSENT	PASSÉ
clore	avoir clos

REM. 1 – *Éclore* s'emploie surtout à l'infinitif, au présent et au participe passé, *forclore* à l'infinitif et au participe passé.
2 – Au présent de l'indicatif on écrit : *il éclot, il enclot, il déclot* sans accent circonflexe ; par contre *il clôt* en prend un.

INDICATIF

PRÉSENT

je vis
tu vis
il/elle vit
nous vivons
vous vivez
ils/elles vivent

PASSÉ COMPOSÉ

j'ai vécu
tu as vécu
il/elle a vécu
nous avons vécu
vous avez vécu
ils/elles ont vécu

IMPARFAIT

je vivais
tu vivais
il/elle vivait
nous vivions
vous viviez
ils/elles vivaient

PLUS-QUE-PARFAIT

j'avais vécu
tu avais vécu
il/elle avait vécu
nous avions vécu
vous aviez vécu
ils/elles avaient vécu

PASSÉ SIMPLE

je vécus
tu vécus
il/elle vécut
nous vécûmes
vous vécûtes
ils/elles vécurent

PASSÉ ANTÉRIEUR

j'eus vécu
tu eus vécu
il/elle eut vécu
nous eûmes vécu
vous eûtes vécu
ils/elles eurent vécu

FUTUR SIMPLE

je vivrai
tu vivras
il/elle vivra
nous vivrons
vous vivrez
ils/elles vivront

FUTUR ANTÉRIEUR

j'aurai vécu
tu auras vécu
il/elle aura vécu
nous aurons vécu
vous aurez vécu
ils/elles auront vécu

SUBJONCTIF

PRÉSENT

que je vive
que tu vives
qu'il/qu'elle vive
que nous vivions
que vous viviez
qu'ils/qu'elles vivent

IMPARFAIT

que je vécusse
que tu vécusses
qu'il/qu'elle vécût
que nous vécussions
que vous vécussiez
qu'ils/qu'elles vécussent

PASSÉ

que j'aie vécu
que tu aies vécu
qu'il/qu'elle ait vécu
que nous ayons vécu
que vous ayez vécu
qu'ils/qu'elles aient vécu

PLUS-QUE-PARFAIT

que j'eusse vécu
que tu eusses vécu
qu'il/qu'elle eût vécu
que nous eussions vécu
que vous eussiez vécu
qu'ils/qu'elles eussent vécu

CONDITIONNEL

PRÉSENT

je vivrais
tu vivrais
il/elle vivrait
nous vivrions
vous vivriez
ils/elles vivraient

PASSÉ 1re FORME

j'aurais vécu
tu aurais vécu
il/elle aurait vécu
nous aurions vécu
vous auriez vécu
ils/elles auraient vécu

PASSÉ 2e FORME

j'eusse vécu
tu eusses vécu
il/elle eût vécu
nous eussions vécu
vous eussiez vécu
ils/elles eussent vécu

IMPÉRATIF

	PRÉSENT	PASSÉ
	vis	aie vécu
	vivons	ayons vécu
	vivez	ayez vécu

PARTICIPE

	PRÉSENT	PASSÉ
	vivant	vécu, ue, us, ues
		ayant vécu

INFINITIF

	PRÉSENT	PASSÉ
	vivre	avoir vécu

INDICATIF

PRÉSENT	PASSÉ COMPOSÉ
je mouds	j'ai moulu
tu mouds	tu as moulu
il/elle moud	il/elle a moulu
nous moulons	nous avons moulu
vous moulez	vous avez moulu
ils/elles moulent	ils/elles ont moulu

IMPARFAIT	PLUS-QUE-PARFAIT
je moulais	j'avais moulu
tu moulais	tu avais moulu
il/elle moulait	il/elle avait moulu
nous moulions	nous avions moulu
vous mouliez	vous aviez moulu
ils/elles moulaient	ils/elles avaient moulu

PASSÉ SIMPLE	PASSÉ ANTÉRIEUR
je moulus	j'eus moulu
tu moulus	tu eus moulu
il/elle moulut	il/elle eut moulu
nous moulûmes	nous eûmes moulu
vous moulûtes	vous eûtes moulu
ils/elles moulurent	ils/elles eurent moulu

FUTUR SIMPLE	FUTUR ANTÉRIEUR
je moudrai	j'aurai moulu
tu moudras	tu auras moulu
il/elle moudra	il/elle aura moulu
nous moudrons	nous aurons moulu
vous moudrez	vous aurez moulu
ils/elles moudront	ils/elles auront moulu

SUBJONCTIF

PRÉSENT

que je moule
que tu moules
qu'il/qu'elle moule
que nous moulions
que vous mouliez
qu'ils/qu'elles moulent

IMPARFAIT

que je moulusse
que tu moulusses
qu'il/qu'elle moulût
que nous moulussions
que vous moulussiez
qu'ils/qu'elles moulussent

PASSÉ

que j'aie moulu
que tu aies moulu
qu'il/qu'elle ait moulu
que nous ayons moulu
que vous ayez moulu
qu'ils/qu'elles aient moulu

PLUS-QUE-PARFAIT

que j'eusse moulu
que tu eusses moulu
qu'il/qu'elle eût moulu
que nous eussions moulu
que vous eussiez moulu
qu'ils/qu'elles eussent moulu

CONDITIONNEL

PRÉSENT

je moudrais
tu moudrais
il/elle moudrait
nous moudrions
vous moudriez
ils/elles moudraient

PASSÉ 1re FORME

j'aurais moulu
tu aurais moulu
il/elle aurait moulu
nous aurions moulu
vous auriez moulu
ils/elles auraient moulu

PASSÉ 2e FORME

j'eusse moulu
tu eusses moulu
il/elle eût moulu
nous eussions moulu
vous eussiez moulu
ils/elles eussent moulu

	PRÉSENT	PASSÉ
IMPÉRATIF	mouds moulons moulez	aie moulu ayons moulu ayez moulu
PARTICIPE	moulant	moulu, ue, us, ues ayant moulu
INFINITIF	moudre	avoir moulu

REM. Formes conjuguées rares (sauf *moudre, moudrai(s), moulu, ue*) par risque de confusion avec certaines formes du verbe ***mouler.***

INDICATIF

PRÉSENT	PASSÉ COMPOSÉ
je couds	j'ai cousu
tu couds	tu as cousu
il/elle coud	il/elle a cousu
nous cousons	nous avons cousu
vous cousez	vous avez cousu
ils/elles cousent	ils/elles ont cousu

IMPARFAIT	PLUS-QUE-PARFAIT
je cousais	j'avais cousu
tu cousais	tu avais cousu
il/elle cousait	il/elle avait cousu
nous cousions	nous avions cousu
vous cousiez	vous aviez cousu
ils/elles cousaient	ils/elles avaient cousu

PASSÉ SIMPLE	PASSÉ ANTÉRIEUR
je cousis	j'eus cousu
tu cousis	tu eus cousu
il/elle cousit	il/elle eut cousu
nous cousîmes	nous eûmes cousu
vous cousîtes	vous eûtes cousu
ils/elles cousirent	ils/elles eurent cousu

FUTUR SIMPLE	FUTUR ANTÉRIEUR
je coudrai	j'aurai cousu
tu coudras	tu auras cousu
il/elle coudra	il/elle aura cousu
nous coudrons	nous aurons cousu
vous coudrez	vous aurez cousu
ils/elles coudront	ils/elles auront cousu

SUBJONCTIF

PRÉSENT

que je couse
que tu couses
qu'il/qu'elle couse
que nous cousions
que vous cousiez
qu'ils/qu'elles cousent

IMPARFAIT

que je cousisse
que tu cousisses
qu'il/qu'elle cousît
que nous cousissions
que vous cousissiez
qu'ils/qu'elles cousissent

PASSÉ

que j'aie cousu
que tu aies cousu
qu'il/qu'elle ait cousu
que nous ayons cousu
que vous ayez cousu
qu'ils/qu'elles aient cousu

PLUS-QUE-PARFAIT

que j'eusse cousu
que tu eusses cousu
qu'il/qu'elle eût cousu
que nous eussions cousu
que vous eussiez cousu
qu'ils/qu'elles eussent cousu

CONDITIONNEL

PRÉSENT

je coudrais
tu coudrais
il/elle coudrait
nous coudrions
vous coudriez
ils/elles coudraient

PASSÉ 1re FORME

j'aurais cousu
tu aurais cousu
il/elle aurait cousu
nous aurions cousu
vous auriez cousu
ils/elles auraient cousu

PASSÉ 2e FORME

j'eusse cousu
tu eusses cousu
il/elle eût cousu
nous eussions cousu
vous eussiez cousu
ils/elles eussent cousu

IMPÉRATIF

PRÉSENT	PASSÉ
couds	aie cousu
cousons	ayons cousu
cousez	ayez cousu

PARTICIPE

PRÉSENT	PASSÉ
cousant	cousu, ue, us, ues
	ayant cousu

INFINITIF

PRÉSENT	PASSÉ
coudre	avoir cousu

REM. Le passé simple et l'imparfait du subjonctif sont rares.

INDICATIF

PRÉSENT	PASSÉ COMPOSÉ
je joins [ʒwɛ̃]	j'ai joint
tu joins	tu as joint
il/elle joint	il/elle a joint
nous joignons [ʒwaɲɔ̃]	nous avons joint
vous joignez	vous avez joint
ils/elles joignent [ʒwaɲ]	ils/elles ont joint

IMPARFAIT	PLUS-QUE-PARFAIT
je joignais	j'avais joint
tu joignais	tu avais joint
il/elle joignait	il/elle avait joint
nous joignions [ʒwaɲjɔ̃]	nous avions joint
vous joigniez	vous aviez joint
ils/elles joignaient	ils/elles avaient joint

PASSÉ SIMPLE	PASSÉ ANTÉRIEUR
je joignis	j'eus joint
tu joignis	tu eus joint
il/elle joignit	il/elle eut joint
nous joignîmes	nous eûmes joint
vous joignîtes	vous eûtes joint
ils/elles joignirent	ils/elles eurent joint

FUTUR SIMPLE	FUTUR ANTÉRIEUR
je joindrai	j'aurai joint
tu joindras	tu auras joint
il/elle joindra	il/elle aura joint
nous joindrons	nous aurons joint
vous joindrez	vous aurez joint
ils/elles joindront	ils/elles auront joint

SUBJONCTIF

PRÉSENT

que je joigne
que tu joignes
qu'il/qu'elle joigne
que nous joignions [ʒwaɲjɔ̃]
que vous joigniez
qu'ils/qu'elles joignent

IMPARFAIT

que je joignisse
que tu joignisses
qu'il/qu'elle joignît
que nous joignissions
que vous joignissiez
qu'ils/qu'elles joignissent

PASSÉ

que j'aie joint
que tu aies joint
qu'il/qu'elle ait joint
que nous ayons joint
que vous ayez joint
qu'ils/qu'elles aient joint

PLUS-QUE-PARFAIT

que j'eusse joint
que tu eusses joint
qu'il/qu'elle eût joint
que nous eussions joint
que vous eussiez joint
qu'ils/qu'elles eussent joint

CONDITIONNEL

PRÉSENT

je joindrais
tu joindrais
il/elle joindrait
nous joindrions
vous joindriez
ils/elles joindraient

PASSÉ 1re FORME

j'aurais joint
tu aurais joint
il/elle aurait joint
nous aurions joint
vous auriez joint
ils/elles auraient joint

PASSÉ 2e FORME

j'eusse joint
tu eusses joint
il/elle eût joint
nous eussions joint
vous eussiez joint
ils/elles eussent joint

	PRÉSENT	PASSÉ
IMPÉRATIF	joins joignons joignez	aie joint ayons joint ayez joint
PARTICIPE	joignant	joint, jointe, joints, jointes ayant joint
INFINITIF	joindre	avoir joint

REM. 1 – *Joignons* et *joignions* ont une prononciation très proche. Attention de ne pas oublier le *i* à l'imparfait de l'indicatif et au subjonctif présent.

2 – ***Poindre*** s'emploie surtout à l'infinitif et aux formes suivantes : *il point, il poindra, il poindrait, il a point.* ***Oindre*** ne s'emploie qu'à l'infinitif et au participe passé.

INDICATIF

PRÉSENT

je trais [tʀɛ]
tu trais
il/elle trait
nous trayons [tʀɛjɔ̃]
vous trayez
ils/elles traient [tʀɛ]

PASSÉ COMPOSÉ

j'ai trait
tu as trait
il/elle a trait
nous avons trait
vous avez trait
ils/elles ont trait

IMPARFAIT

je trayais
tu trayais
il/elle trayait
nous trayions [tʀɛjjɔ̃]
vous trayiez
ils/elles trayaient

PLUS-QUE-PARFAIT

j'avais trait
tu avais trait
il/elle avait trait
nous avions trait
vous aviez trait
ils/elles avaient trait

PASSÉ SIMPLE

n'existe pas

PASSÉ ANTÉRIEUR

j'eus trait
tu eus trait
il/elle eut trait
nous eûmes trait
vous eûtes trait
ils/elles eurent trait

FUTUR SIMPLE

je trairai
tu trairas
il/elle traira
nous trairons
vous trairez
ils/elles trairont

FUTUR ANTÉRIEUR

j'aurai trait
tu auras trait
il/elle aura trait
nous aurons trait
vous aurez trait
ils/elles auront trait

SUBJONCTIF

PRÉSENT

que je traie [tʀɛ]
que tu traies
qu'il/qu'elle traie
que nous trayions [tʀɛjjɔ̃]
que vous trayiez
qu'ils/qu'elles traient

IMPARFAIT

n'existe pas

PASSÉ

que j'aie trait
que tu aies trait
qu'il/qu'elle ait trait
que nous ayons trait
que vous ayez trait
qu'ils/qu'elles aient trait

PLUS-QUE-PARFAIT

que j'eusse trait
que tu eusses trait
qu'il/qu'elle eût trait
que nous eussions trait
que vous eussiez trait
qu'ils/qu'elles eussent trait

CONDITIONNEL

PRÉSENT

je trairais
tu trairais
il/elle trairait
nous trairions
vous trairiez
ils/elles trairaient

PASSÉ 1re FORME

j'aurais trait
tu aurais trait
il/elle aurait trait
nous aurions trait
vous auriez trait
ils/elles auraient trait

PASSÉ 2e FORME

j'eusse trait
tu eusses trait
il/elle eût trait
nous eussions trait
vous eussiez trait
ils/elles eussent trait

IMPÉRATIF

PRÉSENT	PASSÉ
trais	aie trait
trayons	ayons trait
trayez	ayez trait

PARTICIPE

PRÉSENT	PASSÉ
trayant	trait, traite, traits, traites ayant trait

INFINITIF

PRÉSENT	PASSÉ
traire	avoir trait

REM. *Trayons* et *trayions* ont une prononciation très proche. Attention de ne pas oublier le *i* à l'imparfait de l'indicatif et au subjonctif présent.

INDICATIF

PRÉSENT	PASSÉ COMPOSÉ
j'absous [apsu]	j'ai absous
tu absous	tu as absous
il/elle absout	il/elle a absous
nous absolvons [apsɔlvɔ̃]	nous avons absous
vous absolvez	vous avez absous
ils/elles absolvent [apsɔlv]	ils/elles ont absous

IMPARFAIT	PLUS-QUE-PARFAIT
j'absolvais	j'avais absous
tu absolvais	tu avais absous
il/elle absolvait	il/elle avait absous
nous absolvions	nous avions absous
vous absolviez	vous aviez absous
ils/elles absolvaient	ils/elles avaient absous

PASSÉ SIMPLE	PASSÉ ANTÉRIEUR
n'existe pas	j'eus absous
	tu eus absous
	il/elle eut absous
	nous eûmes absous
	vous eûtes absous
	ils/elles eurent absous

FUTUR SIMPLE	FUTUR ANTÉRIEUR
j'absoudrai [apsudʀɛ]	j'aurai absous
tu absoudras	tu auras absous
il/elle absoudra	il/elle aura absous
nous absoudrons	nous aurons absous
vous absoudrez	vous aurez absous
ils/elles absoudront	ils/elles auront absous

SUBJONCTIF

PRÉSENT

que j'absolve
que tu absolves
qu'il/qu'elle absolve
que nous absolvions
que vous absolviez
qu'ils/qu'elles absolvent

IMPARFAIT

n'existe pas

PASSÉ

que j'aie absous
que tu aies absous
qu'il/qu'elle ait absous
que nous ayons absous
que vous ayez absous
qu'ils/qu'elles aient absous

PLUS-QUE-PARFAIT

que j'eusse absous
que tu eusses absous
qu'il/qu'elle eût absous
que nous eussions absous
que vous eussiez absous
qu'ils/qu'elles eussent absous

CONDITIONNEL

PRÉSENT

j'absoudrais
tu absoudrais
il/elle absoudrait
nous absoudrions
vous absoudriez
ils/elles absoudraient

PASSÉ 1re FORME

j'aurais absous
tu aurais absous
il/elle aurait absous
nous aurions absous
vous auriez absous
ils/elles auraient absous

PASSÉ 2e FORME

j'eusse absous
tu eusses absous
il/elle eût absous
nous eussions absous
vous eussiez absous
ils/elles eussent absous

	PRÉSENT	PASSÉ
IMPÉRATIF	absous	aie absous
	absolvons	ayons absous
	absolvez	ayez absous

	PRÉSENT	PASSÉ
PARTICIPE	absolvant	absous, oute, ous, outes
		ayant absous

	PRÉSENT	PASSÉ
INFINITIF	absoudre	avoir absous

REM. 1 – Au participe passé on écrirait mieux *absout, dissout* avec un *t* final, sur le modèle des féminins *absoute, dissoute.*
2 – ***Dissoudre*** se conjugue comme ***absoudre ; résoudre*** se conjugue comme ***absoudre,*** mais le passé simple *je résolus* est courant. Il a deux participes passés : *résolu, ue (problème résolu)* et *résous, oute (brouillard résous en pluie).*

INDICATIF

PRÉSENT

je crains [kʀɛ̃]
tu crains
il/elle craint
nous craignons [kʀɛɲɔ̃]
vous craignez
ils/elles craignent [kʀɛɲ]

PASSÉ COMPOSÉ

j'ai craint
tu as craint
il/elle a craint
nous avons craint
vous avez craint
ils/elles ont craint

IMPARFAIT

je craignais
tu craignais
il/elle craignait
nous craignions [kʀɛɲjɔ̃]
vous craigniez
ils/elles craignaient

PLUS-QUE-PARFAIT

j'avais craint
tu avais craint
il/elle avait craint
nous avions craint
vous aviez craint
ils/elles avaient craint

PASSÉ SIMPLE

je craignis
tu craignis
il/elle craignit
nous craignîmes
vous craignîtes
ils/elles craignirent

PASSÉ ANTÉRIEUR

j'eus craint
tu eus craint
il/elle eut craint
nous eûmes craint
vous eûtes craint
ils/elles eurent craint

FUTUR SIMPLE

je craindrai
tu craindras
il/elle craindra
nous craindrons
vous craindrez
ils/elles craindront

FUTUR ANTÉRIEUR

j'aurai craint
tu auras craint
il/elle aura craint
nous aurons craint
vous aurez craint
ils/elles auront craint

SUBJONCTIF

PRÉSENT

que je craigne [kʀɛɲ]
que tu craignes
qu'il/qu'elle craigne
que nous craignions [kʀɛɲjɔ̃]
que vous craigniez
qu'ils/qu'elles craignent

IMPARFAIT

que je craignisse
que tu craignisses
qu'il/qu'elle craignît
que nous craignissions
que vous craignissiez
qu'ils/qu'elles craignissent

PASSÉ

que j'aie craint
que tu aies craint
qu'il/qu'elle ait craint
que nous ayons craint
que vous ayez craint
qu'ils/qu'elles aient craint

PLUS-QUE-PARFAIT

que j'eusse craint
que tu eusses craint
qu'il/qu'elle eût craint
que nous eussions craint
que vous eussiez craint
qu'ils/qu'elles eussent craint

CONDITIONNEL

PRÉSENT

je craindrais
tu craindrais
il/elle craindrait
nous craindrions
vous craindriez
ils/elles craindraient

PASSÉ 1re FORME

j'aurais craint
tu aurais craint
il/elle aurait craint
nous aurions craint
vous auriez craint
ils/elles auraient craint

PASSÉ 2e FORME

j'eusse craint
tu eusses craint
il/elle eût craint
nous eussions craint
vous eussiez craint
ils/elles eussent craint

IMPÉRATIF

PRÉSENT

crains
craignons
craignez

PASSÉ

aie craint
ayons craint
ayez craint

PARTICIPE

PRÉSENT

craignant

PASSÉ

craint, crainte, craints, craintes
ayant craint

INFINITIF

PRÉSENT

craindre

PASSÉ

avoir craint

REM. *Craignons* et *craignions* ont une prononciation proche. Attention de ne pas oublier le *i* à l'imparfait de l'indicatif et au subjonctif présent.

conjugaison 52 b type PEINDRE

INDICATIF

PRÉSENT	PASSÉ COMPOSÉ
je peins [pɛ̃]	j'ai peint
tu peins	tu as peint
il/elle peint	il/elle a peint
nous peignons [pɛɲɔ̃]	nous avons peint
vous peignez	vous avez peint
ils/elles peignent [pɛɲ]	ils/elles ont peint

IMPARFAIT	PLUS-QUE-PARFAIT
je peignais	j'avais peint
tu peignais	tu avais peint
il/elle peignait	il/elle avait peint
nous peignions [pɛɲjɔ̃]	nous avions peint
vous peigniez	vous aviez peint
ils/elles peignaient	ils/elles avaient peint

PASSÉ SIMPLE	PASSÉ ANTÉRIEUR
je peignis	j'eus peint
tu peignis	tu eus peint
il/elle peignit	il/elle eut peint
nous peignîmes	nous eûmes peint
vous peignîtes	vous eûtes peint
ils/elles peignirent	ils/elles eurent peint

FUTUR SIMPLE	FUTUR ANTÉRIEUR
je peindrai [pɛ̃dʀɛ]	j'aurai peint
tu peindras	tu auras peint
il/elle peindra	il/elle aura peint
nous peindrons	nous aurons peint
vous peindrez	vous aurez peint
ils/elles peindront	ils/elles auront peint

SUBJONCTIF

PRÉSENT

que je peigne [pɛɲ]
que tu peignes
qu'il/qu'elle peigne
que nous peignions [pɛɲjɔ̃]
que vous peigniez
qu'ils/qu'elles peignent

IMPARFAIT

que je peignisse
que tu peignisses
qu'il/qu'elle peignît
que nous peignissions
que vous peignissiez
qu'ils/qu'elles peignissent

PASSÉ

que j'aie peint
que tu aies peint
qu'il/qu'elle ait peint
que nous ayons peint
que vous ayez peint
qu'ils/qu'elles aient peint

PLUS-QUE-PARFAIT

que j'eusse peint
que tu eusses peint
qu'il/qu'elle eût peint
que nous eussions peint
que vous eussiez peint
qu'ils/qu'elles eussent peint

CONDITIONNEL

PRÉSENT

je peindrais
tu peindrais
il/elle peindrait
nous peindrions
vous peindriez
ils/elles peindraient

PASSÉ 1re FORME

j'aurais peint
tu aurais peint
il/elle aurait peint
nous aurions peint
vous auriez peint
ils/elles auraient peint

PASSÉ 2e FORME

j'eusse peint
tu eusses peint
il/elle eût peint
nous eussions peint
vous eussiez peint
ils/elles eussent peint

IMPÉRATIF

PRÉSENT	PASSÉ
peins	aie peint
peignons	ayons peint
peignez	ayez peint

PARTICIPE

PRÉSENT	PASSÉ
peignant	peint, peinte, peints, peintes
	ayant peint

INFINITIF

PRÉSENT	PASSÉ
peindre	avoir peint

REM. 1 – *Peignons* et *peignions* ont une prononciation très proche. Attention de ne pas oublier le *i* à l'imparfait de l'indicatif et au subjonctif présent.

2 – Beaucoup de formes du verbe *peindre* sont communes avec le verbe *peigner*.

INDICATIF

PRÉSENT	PASSÉ COMPOSÉ
je bois	j'ai bu
tu bois	tu as bu
il/elle boit	il/elle a bu
nous buvons	nous avons bu
vous buvez	vous avez bu
ils/elles boivent	ils/elles ont bu

IMPARFAIT	PLUS-QUE-PARFAIT
je buvais	j'avais bu
tu buvais	tu avais bu
il/elle buvait	il/elle avait bu
nous buvions	nous avions bu
vous buviez	vous aviez bu
ils/elles buvaient	ils/elles avaient bu

PASSÉ SIMPLE	PASSÉ ANTÉRIEUR
je bus	j'eus bu
tu bus	tu eus bu
il/elle but	il/elle eut bu
nous bûmes	nous eûmes bu
vous bûtes	vous eûtes bu
ils/elles burent	ils/elles eurent bu

FUTUR SIMPLE	FUTUR ANTÉRIEUR
je boirai	j'aurai bu
tu boiras	tu auras bu
il/elle boira	il/elle aura bu
nous boirons	nous aurons bu
vous boirez	vous aurez bu
ils/elles boiront	ils/elles auront bu

SUBJONCTIF

PRÉSENT

que je boive
que tu boives
qu'il/qu'elle boive
que nous buvions
que vous buviez
qu'ils/qu'elles boivent

IMPARFAIT

que je busse
que tu busses
qu'il/qu'elle bût
que nous bussions
que vous bussiez
qu'ils/qu'elles bussent

PASSÉ

que j'aie bu
que tu aies bu
qu'il/qu'elle ait bu
que nous ayons bu
que vous ayez bu
qu'ils/qu'elles aient bu

PLUS-QUE-PARFAIT

que j'eusse bu
que tu eusses bu
qu'il/qu'elle eût bu
que nous eussions bu
que vous eussiez bu
qu'ils/qu'elles eussent bu

CONDITIONNEL

PRÉSENT

je boirais
tu boirais
il/elle boirait
nous boirions
vous boiriez
ils/elles boiraient

PASSÉ 1re FORME

j'aurais bu
tu aurais bu
il/elle aurait bu
nous aurions bu
vous auriez bu
ils/elles auraient bu

PASSÉ 2e FORME

j'eusse bu
tu eusses bu
il/elle eût bu
nous eussions bu
vous eussiez bu
ils/elles eussent bu

	PRÉSENT	PASSÉ
IMPÉRATIF	bois buvons buvez	aie bu ayons bu ayez bu
PARTICIPE	buvant	bu, bue, bus, bues ayant bu
INFINITIF	boire	avoir bu

INDICATIF

PRÉSENT	PASSÉ COMPOSÉ
je plais	j'ai plu
tu plais	tu as plu
il/elle plaît	il/elle a plu
nous plaisons	nous avons plu
vous plaisez	vous avez plu
ils/elles plaisent	ils/elles ont plu

IMPARFAIT	PLUS-QUE-PARFAIT
je plaisais	j'avais plu
tu plaisais	tu avais plu
il/elle plaisait	il/elle avait plu
nous plaisions	nous avions plu
vous plaisiez	vous aviez plu
ils/elles plaisaient	ils/elles avaient plu

PASSÉ SIMPLE	PASSÉ ANTÉRIEUR
je plus	j'eus plu
tu plus	tu eus plu
il/elle plut	il/elle eut plu
nous plûmes	nous eûmes plu
vous plûtes	vous eûtes plu
ils/elles plurent	ils/elles eurent plu

FUTUR SIMPLE	FUTUR ANTÉRIEUR
je plairai	j'aurai plu
tu plairas	tu auras plu
il/elle plaira	il/elle aura plu
nous plairons	nous aurons plu
vous plairez	vous aurez plu
ils/elles plairont	ils/elles auront plu

SUBJONCTIF

PRÉSENT

que je plaise
que tu plaises
qu'il/qu'elle plaise
que nous plaisions
que vous plaisiez
qu'ils/qu'elles plaisent

IMPARFAIT

que je plusse
que tu plusses
qu'il/qu'elle plût
que nous plussions
que vous plussiez
qu'ils/qu'elles plussent

PASSÉ

que j'aie plu
que tu aies plu
qu'il/qu'elle ait plu
que nous ayons plu
que vous ayez plu
qu'ils/qu'elles aient plu

PLUS-QUE-PARFAIT

que j'eusse plu
que tu eusses plu
qu'il/qu'elle eût plu
que nous eussions plu
que vous eussiez plu
qu'ils/qu'elles eussent plu

CONDITIONNEL

PRÉSENT

je plairais
tu plairais
il/elle plairait
nous plairions
vous plairiez
ils/elles plairaient

PASSÉ 1re FORME

j'aurais plu
tu aurais plu
il/elle aurait plu
nous aurions plu
vous auriez plu
ils/elles auraient plu

PASSÉ 2e FORME

j'eusse plu
tu eusses plu
il/elle eût plu
nous eussions plu
vous eussiez plu
ils/elles eussent plu

IMPÉRATIF

PRÉSENT	PASSÉ
plais	aie plu
plaisons	ayons plu
plaisez	ayez plu

PARTICIPE

PRÉSENT	PASSÉ
plaisant	plu
	ayant plu

INFINITIF

PRÉSENT	PASSÉ
plaire	avoir plu

REM. 1 – *Complaire* et *déplaire* prennent un accent circonflexe au présent de l'indicatif comme *plaire : il déplaît.*
2 – *Taire* se conjugue comme *plaire* sauf au présent *(il tait)* et au participe passé *(tu, tue).*

INDICATIF

PRÉSENT	PASSÉ COMPOSÉ
je croîs	j'ai crû
tu croîs	tu as crû
il/elle croît	il/elle a crû
nous croissons	nous avons crû
vous croissez	vous avez crû
ils/elles croissent	ils/elles ont crû

IMPARFAIT	PLUS-QUE-PARFAIT
je croissais	j'avais crû
tu croissais	tu avais crû
il/elle croissait	il/elle avait crû
nous croissions	nous avions crû
vous croissiez	vous aviez crû
ils/elles croissaient	ils/elles avaient crû

PASSÉ SIMPLE	PASSÉ ANTÉRIEUR
je crûs	j'eus crû
tu crûs	tu eus crû
il/elle crût	il/elle eut crû
nous crûmes	nous eûmes crû
vous crûtes	vous eûtes crû
ils/elles crurent	ils/elles eurent crû

FUTUR SIMPLE	FUTUR ANTÉRIEUR
je croîtrai	j'aurai crû
tu croîtras	tu auras crû
il/elle croîtra	il/elle aura crû
nous croîtrons	nous aurons crû
vous croîtrez	vous aurez crû
ils/elles croîtront	ils/elles auront crû

SUBJONCTIF

PRÉSENT

que je croisse
que tu croisses
qu'il/qu'elle croisse
que nous croissions
que vous croissiez
qu'ils/qu'elles croissent

IMPARFAIT

que je crûsse
que tu crûsses
qu'il/qu'elle crût
que nous crûssions
que vous crûssiez
qu'ils/qu'elles crûssent

PASSÉ

que j'aie crû
que tu aies crû
qu'il/qu'elle ait crû
que nous ayons crû
que vous ayez crû
qu'ils/qu'elles aient crû

PLUS-QUE-PARFAIT

que j'eusse crû
que tu eusses crû
qu'il/qu'elle eût crû
que nous eussions crû
que vous eussiez crû
qu'ils/qu'elles eussent crû

CONDITIONNEL

PRÉSENT

je croîtrais
tu croîtrais
il/elle croîtrait
nous croîtrions
vous croîtriez
ils/elles croîtraient

PASSÉ 1re FORME

j'aurais crû
tu aurais crû
il/elle aurait crû
nous aurions crû
vous auriez crû
ils/elles auraient crû

PASSÉ 2e FORME

j'eusse crû
tu eusses crû
il/elle eût crû
nous eussions crû
vous eussiez crû
ils/elles eussent crû

IMPÉRATIF

PRÉSENT	PASSÉ
croîs	aie crû
croissons	ayons crû
croissez	ayez crû

PARTICIPE

PRÉSENT	PASSÉ
croissant	crû, crue, crus, crues
	ayant crû

INFINITIF

PRÉSENT	PASSÉ
croître	avoir crû

REM. Le verbe *croître* prend un accent circonflexe aux trois personnes du singulier de l'indicatif présent et du passé simple et au participe passé, ce qui distingue ces formes des formes correspondantes du verbe *croire*.

INDICATIF

PRÉSENT

j'accrois
tu accrois
il/elle accroît
nous accroissons
vous accroissez
ils/elles accroissent

PASSÉ COMPOSÉ

j'ai accru
tu as accru
il/elle a accru
nous avons accru
vous avez accru
ils/elles ont accru

IMPARFAIT

j'accroissais
tu accroissais
il/elle accroissait
nous accroissions
vous accroissiez
ils/elles accroissaient

PLUS-QUE-PARFAIT

j'avais accru
tu avais accru
il/elle avait accru
nous avions accru
vous aviez accru
ils/elles avaient accru

PASSÉ SIMPLE

j'accrus
tu accrus
il/elle accrut
nous accrûmes
vous accrûtes
ils/elles accrurent

PASSÉ ANTÉRIEUR

j'eus accru
tu eus accru
il/elle eut accru
nous eûmes accru
vous eûtes accru
ils/elles eurent accru

FUTUR SIMPLE

j'accroîtrai
tu accroîtras
il/elle accroîtra
nous accroîtrons
vous accroîtrez
ils/elles accroîtront

FUTUR ANTÉRIEUR

j'aurai accru
tu auras accru
il/elle aura accru
nous aurons accru
vous aurez accru
ils/elles auront accru

SUBJONCTIF

PRÉSENT

que j'accroisse
que tu accroisses
qu'il/qu'elle accroisse
que nous accroissions
que vous accroissiez
qu'ils/qu'elles accroissent

IMPARFAIT

que j'accrusse
que tu accrusses
qu'il/qu'elle accrût
que nous accrussions
que vous accrussiez
qu'ils/qu'elles accrussent

PASSÉ

que j'aie accru
que tu aies accru
qu'il/qu'elle ait accru
que nous ayons accru
que vous ayez accru
qu'ils/qu'elles aient accru

PLUS-QUE-PARFAIT

que j'eusse accru
que tu eusses accru
qu'il/qu'elle eût accru
que nous eussions accru
que vous eussiez accru
qu'ils/qu'elles eussent accru

CONDITIONNEL

PRÉSENT

j'accroîtrais
tu accroîtrais
il/elle accroîtrait
nous accroîtrions
vous accroîtriez
ils/elles accroîtraient

PASSÉ 1re FORME

j'aurais accru
tu aurais accru
il/elle aurait accru
nous aurions accru
vous auriez accru
ils/elles auraient accru

PASSÉ 2e FORME

j'eusse accru
tu eusses accru
il/elle eût accru
nous eussions accru
vous eussiez accru
ils/elles eussent accru

IMPÉRATIF

	PRÉSENT	PASSÉ
IMPÉRATIF	accrois accroissons accroissez	aie accru ayons accru ayez accru
PARTICIPE	accroissant	accru, ue, us, ues ayant accru
INFINITIF	accroître	avoir accru

REM. 1 – *Décroître* se conjugue comme *accroître.*
2 – Le *i* prend un accent circonflexe devant *t (il accroît, nous décroîtrons).*

INDICATIF

PRÉSENT	PASSÉ COMPOSÉ
je mets [mɛ]	j'ai mis
tu mets	tu as mis
il/elle met	il/elle a mis
nous mettons	nous avons mis
vous mettez	vous avez mis
ils/elles mettent	ils/elles ont mis

IMPARFAIT	PLUS-QUE-PARFAIT
je mettais	j'avais mis
tu mettais	tu avais mis
il/elle mettait	il/elle avait mis
nous mettions	nous avions mis
vous mettiez	vous aviez mis
ils/elles mettaient	ils/elles avaient mis

PASSÉ SIMPLE	PASSÉ ANTÉRIEUR
je mis	j'eus mis
tu mis	tu eus mis
il/elle mit	il/elle eut mis
nous mîmes	nous eûmes mis
vous mîtes	vous eûtes mis
ils/elles mirent	ils/elles eurent mis

FUTUR SIMPLE	FUTUR ANTÉRIEUR
je mettrai	j'aurai mis
tu mettras	tu auras mis
il/elle mettra	il/elle aura mis
nous mettrons	nous aurons mis
vous mettrez	vous aurez mis
ils/elles mettront	ils/elles auront mis

SUBJONCTIF

PRÉSENT

que je mette
que tu mettes
qu'il/qu'elle mette
que nous mettions
que vous mettiez
qu'ils/qu'elles mettent

IMPARFAIT

que je misse
que tu misses
qu'il/qu'elle mît
que nous missions
que vous missiez
qu'ils/qu'elles missent

PASSÉ

que j'aie mis
que tu aies mis
qu'il/qu'elle ait mis
que nous ayons mis
que vous ayez mis
qu'ils/qu'elles aient mis

PLUS-QUE-PARFAIT

que j'eusse mis
que tu eusses mis
qu'il/qu'elle eût mis
que nous eussions mis
que vous eussiez mis
qu'ils/qu'elles eussent mis

CONDITIONNEL

PRÉSENT

je mettrais
tu mettrais
il/elle mettrait
nous mettrions
vous mettriez
ils/elles mettraient

PASSÉ 1re FORME

j'aurais mis
tu aurais mis
il/elle aurait mis
nous aurions mis
vous auriez mis
ils/elles auraient mis

PASSÉ 2e FORME

j'eusse mis
tu eusses mis
il/elle eût mis
nous eussions mis
vous eussiez mis
ils/elles eussent mis

IMPÉRATIF

PRÉSENT	PASSÉ
mets	aie mis
mettons	ayons mis
mettez	ayez mis

PARTICIPE

PRÉSENT	PASSÉ
mettant	mis, mise, mis, mises ayant mis

INFINITIF

PRÉSENT	PASSÉ
mettre	avoir mis

INDICATIF

PRÉSENT	PASSÉ COMPOSÉ
je connais	j'ai connu
tu connais	tu as connu
il/elle connaît	il/elle a connu
nous connaissons	nous avons connu
vous connaissez	vous avez connu
ils/elles connaissent	ils/elles ont connu

IMPARFAIT	PLUS-QUE-PARFAIT
je connaissais	j'avais connu
tu connaissais	tu avais connu
il/elle connaissait	il/elle avait connu
nous connaissions	nous avions connu
vous connaissiez	vous aviez connu
ils/elles connaissaient	ils/elles avaient connu

PASSÉ SIMPLE	PASSÉ ANTÉRIEUR
je connus	j'eus connu
tu connus	tu eus connu
il/elle connut	il/elle eut connu
nous connûmes	nous eûmes connu
vous connûtes	vous eûtes connu
ils/elles connurent	ils/elles eurent connu

FUTUR SIMPLE	FUTUR ANTÉRIEUR
je connaîtrai	j'aurai connu
tu connaîtras	tu auras connu
il/elle connaîtra	il/elle aura connu
nous connaîtrons	nous aurons connu
vous connaîtrez	vous aurez connu
ils/elles connaîtront	ils/elles auront connu

SUBJONCTIF

PRÉSENT

que je connaisse
que tu connaisses
qu'il/qu'elle connaisse
que nous connaissions
que vous connaissiez
qu'ils/qu'elles connaissent

IMPARFAIT

que je connusse
que tu connusses
qu'il/qu'elle connût
que nous connussions
que vous connussiez
qu'ils/qu'elles connussent

PASSÉ

que j'aie connu
que tu aies connu
qu'il/qu'elle ait connu
que nous ayons connu
que vous ayez connu
qu'ils/qu'elles aient connu

PLUS-QUE-PARFAIT

que j'eusse connu
que tu eusses connu
qu'il/qu'elle eût connu
que nous eussions connu
que vous eussiez connu
qu'ils/qu'elles eussent connu

CONDITIONNEL

PRÉSENT

je connaîtrais
tu connaîtrais
il/elle connaîtrait
nous connaîtrions
vous connaîtriez
ils/elles connaîtraient

PASSÉ 1re FORME

j'aurais connu
tu aurais connu
il/elle aurait connu
nous aurions connu
vous auriez connu
ils/elles auraient connu

PASSÉ 2e FORME

j'eusse connu
tu eusses connu
il/elle eût connu
nous eussions connu
vous eussiez connu
ils/elles eussent connu

IMPÉRATIF

PRÉSENT	PASSÉ
connais	aie connu
connaissons	ayons connu
connaissez	ayez connu

PARTICIPE

PRÉSENT	PASSÉ
connaissant	connu, ue, us, ues
	ayant connu

INFINITIF

PRÉSENT	PASSÉ
connaître	avoir connu

REM. 1 – ***Paître*** n'a pas de temps composés ni de participe passé, ni de passé simple, ni de subjonctif imparfait. Mais ces formes existent pour ***repaître*** *(repu, ue ; je repus).*
2 – Le *i* prend un accent circonflexe devant *t (il connaît, je connaîtrai).*

INDICATIF

PRÉSENT	PASSÉ COMPOSÉ
je prends [prɑ̃]	j'ai pris
tu prends	tu as pris
il/elle prend	il/elle a pris
nous prenons [prənɔ̃]	nous avons pris
vous prenez	vous avez pris
ils/elles prennent [prɛn]	ils/elles ont pris

IMPARFAIT	PLUS-QUE-PARFAIT
je prenais	j'avais pris
tu prenais	tu avais pris
il/elle prenait	il/elle avait pris
nous prenions	nous avions pris
vous preniez	vous aviez pris
ils/elles prenaient	ils/elles avaient pris

PASSÉ SIMPLE	PASSÉ ANTÉRIEUR
je pris	j'eus pris
tu pris	tu eus pris
il/elle prit	il/elle eut pris
nous prîmes	nous eûmes pris
vous prîtes	vous eûtes pris
ils/elles prirent	ils/elles eurent pris

FUTUR SIMPLE	FUTUR ANTÉRIEUR
je prendrai	j'aurai pris
tu prendras	tu auras pris
il/elle prendra	il/elle aura pris
nous prendrons	nous aurons pris
vous prendrez	vous aurez pris
ils/elles prendront	ils/elles auront pris

SUBJONCTIF

PRÉSENT

que je prenne
que tu prennes
qu'il/qu'elle prenne
que nous prenions
que vous preniez
qu'ils/qu'elles prennent

IMPARFAIT

que je prisse
que tu prisses
qu'il/qu'elle prisse
que nous prissions
que vous prissiez
qu'ils/qu'elles prissent

PASSÉ

que j'aie pris
que tu aies pris
qu'il/qu'elle ait pris
que nous ayons pris
que vous ayez pris
qu'ils/qu'elles aient pris

PLUS-QUE-PARFAIT

que j'eusse pris
que tu eusses pris
qu'il/qu'elle eût pris
que nous eussions pris
que vous eussiez pris
qu'ils/qu'elles eussent pris

CONDITIONNEL

PRÉSENT

je prendrais
tu prendrais
il/elle prendrait
nous prendrions
vous prendriez
ils/elles prendraient

PASSÉ 1re FORME

j'aurais pris
tu aurais pris
il/elle aurait pris
nous aurions pris
vous auriez pris
ils/elles auraient pris

PASSÉ 2e FORME

j'eusse pris
tu eusses pris
il/elle eût pris
nous eussions pris
vous eussiez pris
ils/elles eussent pris

IMPÉRATIF

PRÉSENT	PASSÉ
prends	aie pris
prenons	ayons pris
prenez	ayez pris

PARTICIPE

PRÉSENT	PASSÉ
prenant	pris, prise, pris, prises
	ayant pris

INFINITIF

PRÉSENT	PASSÉ
prendre	avoir pris

conjugaison 59 NAÎTRE

INDICATIF

PRÉSENT	PASSÉ COMPOSÉ
je nais	je suis né, née
tu nais	tu es né, née
il/elle naît	il/elle est né, née
nous naissons	nous sommes nés, nées
vous naissez	vous êtes nés, nées
ils/elles naissent	ils/elles sont nés, nées

IMPARFAIT	PLUS-QUE-PARFAIT
je naissais	j'étais né, née
tu naissais	tu étais né, née
il/elle naissait	il/elle était né, née
nous naissions	nous étions nés, nées
vous naissiez	vous étiez nés, nées
ils/elles naissaient	ils/elles étaient nés, nées

PASSÉ SIMPLE	PASSÉ ANTÉRIEUR
je naquis	je fus né, née
tu naquis	tu fus né, née
il/elle naquit	il/elle fut né, née
nous naquîmes	nous fûmes nés, nées
vous naquîtes	vous fûtes nés, nées
ils/elles naquirent	ils/elles furent nés, nées

FUTUR SIMPLE	FUTUR ANTÉRIEUR
je naîtrai	je serai né, née
tu naîtras	tu seras né, née
il/elle naîtra	il/elle sera né, née
nous naîtrons	nous serons nés, nées
vous naîtrez	vous serez nés, nées
ils/elles naîtront	ils/elles seront nés, nées

SUBJONCTIF

PRÉSENT

que je naisse
que tu naisses
qu'il/qu'elle naisse
que nous naissions
que vous naissiez
qu'ils/qu'elles naissent

IMPARFAIT

que je naquisse
que tu naquisses
qu'il/qu'elle naquît
que nous naquissions
que vous naquissiez
qu'ils/qu'elles naquissent

PASSÉ

que je sois né, née
que tu sois né, née
qu'il/qu'elle soit né, née
que nous soyons nés, nées
que vous soyez nés, nées
qu'ils/qu'elles soient nés, nées

PLUS-QUE-PARFAIT

que je fusse né, née
que tu fusses né, née
qu'il/qu'elle fût né, née
que nous fussions nés, nées
que vous fussiez nés, nées
qu'ils/qu'elles fussent nés, nées

CONDITIONNEL

PRÉSENT

je naîtrais
tu naîtrais
il/elle naîtrait
nous naîtrions
vous naîtriez
ils/elles naîtraient

PASSÉ 1re FORME

je serais né, née
tu serais né, née
il/elle serait né, née
nous serions nés, nées
vous seriez nés, nées
ils/elles seraient nés, nées

PASSÉ 2e FORME

je fusse né, née
tu fusses né, née
il/elle fût né, nées
nous fussions nés, nées
vous fussiez nés, nées
ils/elles fussent nés, nées

IMPÉRATIF

PRÉSENT	PASSÉ
nais	sois né, née
naissons	soyons nés, nées
naissez	soyez nés, nées

PARTICIPE

PRÉSENT	PASSÉ
naissant	né, née, nés, nées
	étant né, née, nés, nées

INFINITIF

PRÉSENT	PASSÉ
naître	être né, née, nés, nées

REM. 1 – Le *i* prend un accent circonflexe devant *t (il naît, il naîtra).*
2 – ***Renaître*** se conjugue comme ***naître.*** Le participe passé est rare (cf. le prénom *René*).

INDICATIF

PRÉSENT	PASSÉ COMPOSÉ
je fais [fɛ]	j'ai fait
tu fais	tu as fait
il/elle fait	il/elle a fait
nous faisons [f(ə)zɔ̃]	nous avons fait
vous faites [fɛt]	vous avez fait
ils/elles font [fɔ̃]	ils/elles ont fait

IMPARFAIT	PLUS-QUE-PARFAIT
je faisais [f(ə)zɛ]	j'avais fait
tu faisais	tu avais fait
il/elle faisait	il/elle avait fait
nous faisions [fəzjɔ̃]	nous avions fait
vous faisiez [fəzje]	vous aviez fait
ils/elles faisaient	ils/elles avaient fait

PASSÉ SIMPLE	PASSÉ ANTÉRIEUR
je fis	j'eus fait
tu fis	tu eus fait
il/elle fit	il/elle eut fait
nous fîmes	nous eûmes fait
vous fîtes	vous eûtes fait
ils/elles firent	ils/elles eurent fait

FUTUR SIMPLE	FUTUR ANTÉRIEUR
je ferai [f(ə)ʀɛ]	j'aurai fait
tu feras	tu auras fait
il/elle fera	il/elle aura fait
nous ferons [f(ə)ʀɔ̃]	nous aurons fait
vous ferez	vous aurez fait
ils/elles feront	ils/elles auront fait

SUBJONCTIF

PRÉSENT

que je fasse [fas]
que tu fasses
qu'il/qu'elle fasse
que nous fassions
que vous fassiez
qu'ils/qu'elles fassent

IMPARFAIT

que je fisse [fis]
que tu fisses
qu'il/qu'elle fît
que nous fissions
que vous fissiez
qu'ils/qu'elles fissent

PASSÉ

que j'aie fait
que tu aies fait
qu'il/qu'elle ait fait
que nous ayons fait
que vous ayez fait
qu'ils/qu'elles aient fait

PLUS-QUE-PARFAIT

que j'eusse fait
que tu eusses fait
qu'il/qu'elle eût fait
que nous eussions fait
que vous eussiez fait
qu'ils/qu'elles eussent fait

CONDITIONNEL

PRÉSENT

je ferais [f(ə)ʀɛ]
tu ferais
il/elle ferait
nous ferions [fəʀjɔ̃]
vous feriez
ils/elles feraient

PASSÉ 1re FORME

j'aurais fait
tu aurais fait
il/elle aurait fait
nous aurions fait
vous auriez fait
ils/elles auraient fait

PASSÉ 2e FORME

j'eusse fait
tu eusses fait
il/elle eût fait
nous eussions fait
vous eussiez fait
ils/elles eussent fait

IMPÉRATIF

PRÉSENT	PASSÉ
fais [fɛ]	aie fait
faisons [f(ə)zɔ̃]	ayons fait
faites [fɛt]	ayez fait

PARTICIPE

PRÉSENT	PASSÉ
faisant [f(ə)zɑ̃]	fait, faite, faits, faites
	ayant fait

INFINITIF

PRÉSENT	PASSÉ
faire	avoir fait

REM. *Forfaire* ne s'emploie qu'à l'infinitif, à l'indicatif présent (singulier) et aux temps composés ; *parfaire* s'emploie à l'infinitif et aux temps composés ; *stupéfaire* s'emploie surtout à la 3e personne du singulier du présent et aux temps composés.

INDICATIF

PRÉSENT	PASSÉ COMPOSÉ
je suis [sɥi]	j'ai été
tu es [ɛ]	tu as été
il/elle est [ɛ]	il/elle a été
nous sommes [sɔm]	nous avons été
vous êtes [ɛt]	vous avez été
ils/elles sont [sɔ̃]	ils/elles ont été

IMPARFAIT	PLUS-QUE-PARFAIT
j'étais [etɛ]	j'avais été
tu étais	tu avais été
il/elle était	il/elle avait été
nous étions [etjɔ̃]	nous avions été
vous étiez [etje]	vous aviez été
ils/elles étaient	ils/elles avaient été

PASSÉ SIMPLE	PASSÉ ANTÉRIEUR
je fus [fy]	j'eus été
tu fus	tu eus été
il/elle fut	il/elle eut été
nous fûmes	nous eûmes été
vous fûtes	vous eûtes été
ils/elles furent	ils/elles eurent été

FUTUR SIMPLE	FUTUR ANTÉRIEUR
je serai [s(ə)ʀɛ]	j'aurai été
tu seras	tu auras été
il/elle sera	il/elle aura été
nous serons [s(ə)ʀɔ̃]	nous aurons été
vous serez	vous aurez été
ils/elles seront	ils/elles auront été

SUBJONCTIF

PRÉSENT

que je sois [swa]
que tu sois
qu'il/qu'elle soit
que nous soyons [swajɔ̃]
que vous soyez
qu'ils/qu'elles soient [swa]

IMPARFAIT

que je fusse
que tu fusses
qu'il/qu'elle fût
que nous fussions
que vous fussiez
qu'ils/qu'elles fussent

PASSÉ

que j'aie été
que tu aies été
qu'il/qu'elle ait été
que nous ayons été
que vous ayez été
qu'ils/qu'elles aient été

PLUS-QUE-PARFAIT

que j'eusse été
que tu eusses été
qu'il/qu'elle eût été
que nous eussions été
que vous eussiez été
qu'ils/qu'elles eussent été

CONDITIONNEL

PRÉSENT

je serais [s(ə)ʀɛ]
tu serais
il/elle serait
nous serions [səʀjɔ̃]
vous seriez
ils/elles seraient

PASSÉ 1re FORME

j'aurais été
tu aurais été
il/elle aurait été
nous aurions été
vous auriez été
ils/elles auraient été

PASSÉ 2e FORME

j'eusse été
tu eusses été
il/elle eût été
nous eussions été
vous eussiez été
ils/elles eussent été

	PRÉSENT	PASSÉ
IMPÉRATIF	sois [swa] soyons [swajɔ̃] soyez [swaje]	aie été ayons été ayez été
PARTICIPE	étant	été [ete] ayant été
INFINITIF	être	avoir été

REM. 1 – Aux temps composés, se conjugue avec ***avoir.***
2 – Le passé composé de ***être*** sert à former le passé surcomposé d'autres verbes *(quand j'ai été parti).*

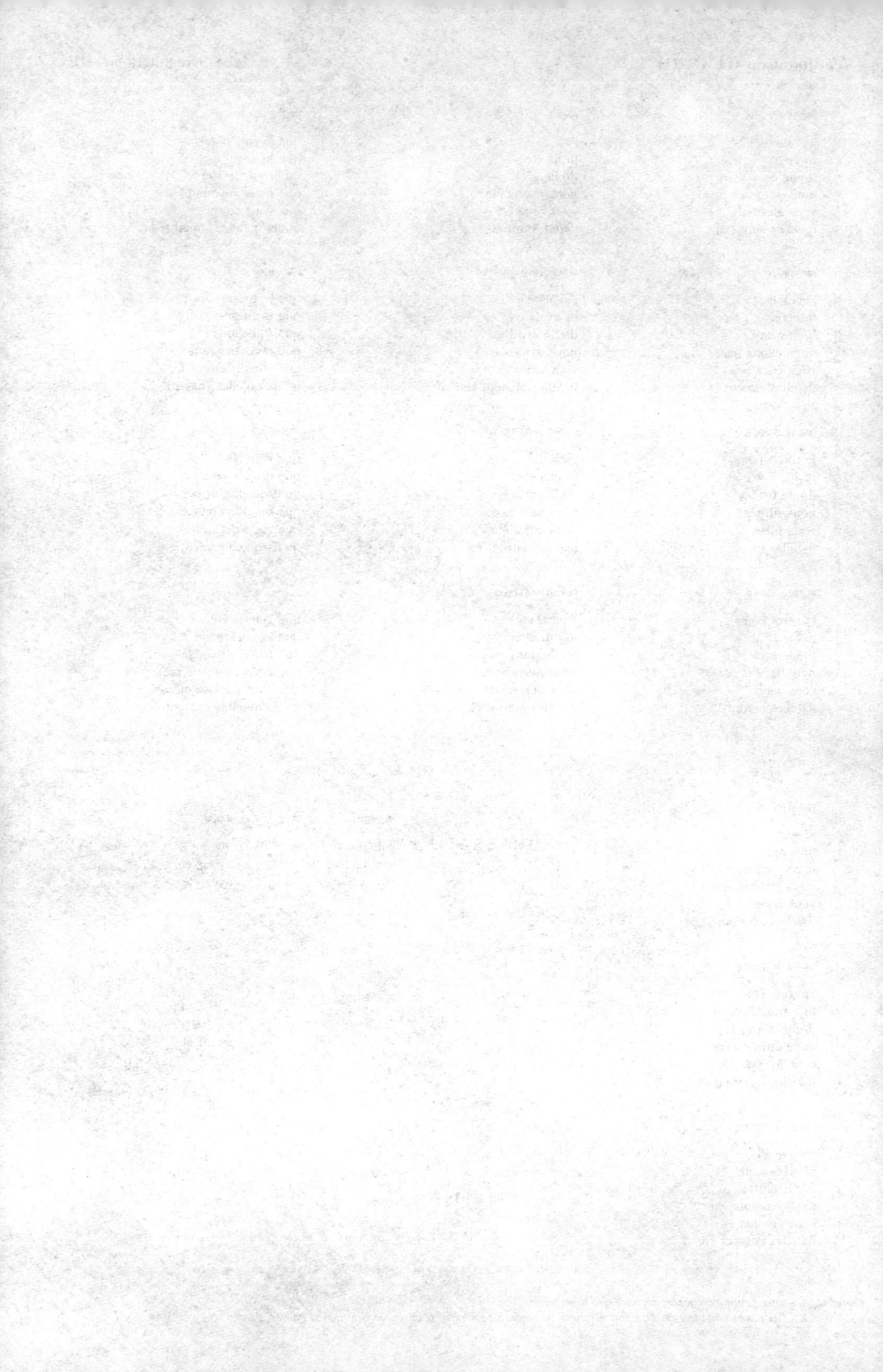

TABLE DES MATIÈRES

Photocomposition : Euronumérique - Montrouge

N° de projet 10034606 (1) 60 (Valop 45)
Mai 1996
Imprimé en France - Par Gibert-Clarey S.A. à Tours - N° 96040096